Münchener Kommentar zur Zivilprozessordnung

Gesamtwerk herausgegeben von

Dr. Thomas Rauscher
Professor an der
Universität Leipzig

Peter Wax
Präsident des Landgerichts
Hechingen a. D.

und

Dr. Joachim Wenzel †
Vizepräsident des Bundesgerichtshofs a. D.
Karlsruhe

Die einzelnen Bände
des Münchener Kommentars zur ZPO

Band 1
Einleitung, §§ 1–510 c ZPO

Band 2
§§ 511–945 ZPO

Band 3
§§ 946–1086 ZPO
EGZPO · GVG · EGGVG
Internationales Zivilprozessrecht

Band 4
Gesetz über das Verfahren in Familiensachen
und in den Angelegenheiten
der freiwilligen Gerichtsbarkeit (FamFG)

Münchener Kommentar zur Zivilprozessordnung

mit Gerichtsverfassungsgesetz
und Nebengesetzen

Band 4
Gesetz über das Verfahren in Familiensachen
und in den Angelegenheiten
der freiwilligen Gerichtsbarkeit (FamFG)

Herausgegeben von

Dr. Thomas Rauscher
Professor an der
Universität Leipzig

Verlag C. H. Beck München 2010

Zitiervorschlag:
MünchKommZPO/*Pabst* § 1 FamFG Rn. 1

Verlag C. H. Beck im Internet:
beck.de

ISBN 978 3406 57766 6

© 2010 Verlag C. H. Beck oHG
Wilhelmstraße 9, 80801 München

Gesamtherstellung: Druckerei C. H. Beck Nördlingen
(Adresse wie Verlag)

Gedruckt auf säurefreiem, alterungsbeständigem Papier
(hergestellt aus chlorfrei gebleichtem Zellstoff)

Bearbeiter des vierten Bandes

Dr. Dagmar Coester-Waltjen
LL.M. University of Michigan
Professorin an der Georg-August-Universität Göttingen
Direktorin des Lichtenberg-Kollegs

Julia Dötsch
Rechtsanwältin in München

Dieter Eickmann
Professor a. D. an der Hochschule für Wirtschaft und Recht Berlin

Alexander Erbarth
Richter am Amtsgericht Greiz

Dr. Christian Fischer
Professor an der Friedrich-Schiller-Universität Jena

Dr. Stefan Heilmann
Richter am Oberlandesgericht Frankfurt am Main

Norbert Heiter
Richter am Oberlandesgericht Stuttgart

Dr. Katharina Hilbig
Wissenschaftliche Assistentin an der Georg-August-Universität Göttingen

Dr. Nikola Koritz
LL.M. American University Washington College of Law
Rechtsanwältin in Berlin

Dr. Alexander Krafka
Notar in Passau

Carola Macco
Richterin am Oberlandesgericht Stuttgart

Dr. Hans-Ulrich Maurer
Vorsitzender Richter am Oberlandesgericht Stuttgart

Dr. Jörg Mayer
Notar in Simbach

Dr. Karlheinz Muscheler
Professor an der Ruhr-Universität Bochum

Dr. Steffen Pabst
LL.M. Stockholms Universitet
Wissenschaftlicher Mitarbeiter an der Universität Leipzig

Dr. Manfred Postler
Vorsitzender Richter am Oberlandesgericht Nürnberg

Dr. jur. Dipl. Math. Thomas Rauscher
Professor an der Universität Leipzig

Bearbeiterverzeichnis

Wulf Schindler
Richter am Oberlandesgericht Stuttgart

Dr. Adrian Schmidt-Recla
Privatdozent, Leipzig

Dr. Eva Schumann
Professorin an der Georg-August-Universität Göttingen

Dr. Jürgen Soyka
Vorsitzender Richter am Oberlandesgericht Düsseldorf

Angelika Stein
Richterin am Amtsgericht Pinneberg

Dr. Bernhard Ulrici
Wissenschaftlicher Assistent an der Universität Leipzig,
Rechtsanwalt in Leipzig

Dr. Wolfram Viefhues
Aufsicht führender Richter am Amtsgericht Oberhausen/Rheinland

Dr. Holger Wendtland
Vizepräsident des Landgerichts Frankfurt (Oder)

Dr. Walter Zimmermann
Vizepräsident des Landgerichts Passau a. D.
Honorarprofessor an der Universität Regensburg

Im Einzelnen haben bearbeitet:

§§ 1–22a	Dr. Steffen Pabst
Vor §§ 23 ff., §§ 23–48	Dr. Bernhard Ulrici
Vor §§ 49 ff., §§ 49–57	Dr. Jürgen Soyka
§§ 58–75	Dr. Nikola Koritz
§§ 76–79	Dr. Wolfram Viefhues
§§ 80–85	Wulf Schindler
§§ 86–96a	Dr. Walter Zimmermann
§§ 97–110	Dr. Thomas Rauscher
§§ 111–120	Dr. Christian Fischer
Vor §§ 121 ff., §§ 121–132	Dr. Katharina Hilbig
Vor §§ 133 ff., §§ 133–142	Norbert Heiter
§§ 143–150	Dr. Nikola Koritz
§§ 151–155	Dr. Stefan Heilmann
§§ 156–165	Dr. Eva Schumann
§§ 166–168a	Dr. Stefan Heilmann
Vor §§ 169 ff., §§ 169–185	Dr. Dagmar Coester-Waltjen/Dr. Katharina Hilbig
Vor §§ 186 ff., §§ 186–199	Dr. Hans-Ulrich Maurer
§§ 200–216a	Alexander Erbarth
Vor §§ 217 ff., §§ 217–230	Angelika Stein
§§ 231–248	Julia Dötsch
Vor §§ 249 ff., §§ 249–260	Carola Macco
§§ 261–265	Julia Dötsch
§§ 266–268	Alexander Erbarth
§§ 269, 270	Dr. Thomas Rauscher
Vor §§ 271 ff., §§ 271–341	Dr. Adrian Schmidt-Recla
§§ 342–345	Dr. Jörg Mayer
§§ 346–351	Dr. Karlheinz Muscheler
§§ 352–373	Dr. Jörg Mayer
§ 374	Dr. Alexander Krafka
§ 375	Dr. Alexander Krafka/Dr. Manfred Postler
§ 376	Dr. Alexander Krafka
§ 377	Dr. Alexander Krafka/Dr. Manfred Postler
§§ 378–401	Dr. Alexander Krafka
§ 402	Dr. Alexander Krafka/Dr. Manfred Postler
§§ 403–409	Dr. Manfred Postler
§§ 410–414	Dr. Walter Zimmermann
§§ 415–432	Dr. Holger Wendtland
§§ 433–484	Dieter Eickmann
§§ 485, 486	Dr. Steffen Pabst
§ 487	Dr. Jörg Mayer
§ 488	Dr. Steffen Pabst
§ 489	Dr. Nikola Koritz
§§ 490, 491	Dieter Eickmann
Art. 111, 112 FGG-RG	Dr. Steffen Pabst
Sachregister	Bettina Resch

Vorwort

Mit dem Inkrafttreten des Gesetzes über das Verfahren in Familiensachen und in den Angelegenheiten der freiwilligen Gerichtsbarkeit (FamFG) am 1. 9. 2009 wird erstmals im deutschen Recht das Verfahren in Familienverfahren, unabhängig von der streitigen oder rechtsfürsorgenden Natur des jeweiligen Gegenstandes, in einem Gesetz zusammengefasst. Zugleich wird das Verfahren der Freiwilligen Gerichtsbarkeit auch für andere Materien unter Aufgabe des FGG in diesem Gesetz geregelt.

Inhaltlich verwirklicht das FamFG den seit der Reform des Ehescheidungsrechts im 1. EheRG vielfach geforderten Ansatz eines „Großen Familiengerichts", die Übertragung auch jener Sachen auf die Familiengerichte, die, obgleich in ihrer Typizität durch die bestehende oder geschiedene Ehe der Parteien geprägt, nicht unmittelbar familienrechtlicher Natur sind und bisher der allgemeinen Zivilgerichtsbarkeit zugewiesen waren. Ein weiterer Markstein der Reform ist der bereits in § 44 IntFamRVG vorgezeichnete Wandel der Zwangsvollstreckung vom Zwangs- zum Ordnungsmittel, der insbesondere bei Vollstreckung von Umgangsregelungen die unerfreuliche Situation beenden soll, dass der Zeitablauf für den obstruktiven Vollstreckungsschuldner arbeitet. Nicht zuletzt verdient der gesetzessystematische Vorzug einer in sich geschlossenen Regelung der Erwähnung, die an die Stelle des gerade in Familiensachen nur schwer überschaubaren bisherigen Rechtszustands zwischen FGG und ZPO tritt, auch wenn die Dichotomie des streitigen und des rechtsfürsorgenden Familienverfahrens der Natur der Sache entspricht und daher auch unter neuem Recht unter dem Dach eines Gesetzes fortbesteht.

Ein neues Gesetz dieser Dimension bringt neben verfahrensrechtlichen Verbesserungen freilich gerade für den in der Praxis erprobten Rechtsanwender nicht zu übersehende Belastungen mit sich. Vor allem auf die Familiengerichte kommen ohne eine erkennbare personelle Verstärkung neue Verfahrensgegenstände zu, die neben der täglich bestehenden Belastung Einarbeitung erfordern. Zu beklagen ist, dass angesichts der angespannten Lage der Justizhaushalte offenbar ein ausreichendes Fortbildungsangebot in Vorbereitung auf das Inkrafttreten des FamFG nicht darstellbar war. Für die Anwaltschaft dürfte hingegen das Problem im Vordergrund stehen, dass nach sehr kurzer Vorbereitungszeit der interessengerechte Umgang mit dem neuen Recht erwartet wird.

Verlag und Herausgeber haben sich vor diesem Hintergrund bewusst zu einer Erweiterung der Grundthematik des Münchener Kommentars zur ZPO entschlossen. Der vorliegende vierte Band umfasst eine in allen Bereichen gleichgewichtig angelegte umfassende Kommentierung des neuen FamFG und bietet damit zum Inkrafttreten des neuen Gesetzes dem Rechtsanwender nachhaltigen Rat auf dem vom Münchener Kommentar zur ZPO gewohnten Niveau. Damit liegt erstmals ein Münchener Kommentar zur ZPO vor, der neben dem Zivilprozessrecht auch das Verfahrensrecht der Freiwilligen Gerichtsbarkeit vollständig darstellt. Jeder andere Zuschnitt hätte bedeutet, dem Grundansatz des Gesetzgebers zuwider, das neue FamFG mit rückwärts gerichtetem Blick in einen ZPO-Teil und einen FG-Teil zu spalten. Einbezogen sind zahlreiche Hinweise auf die in der Materie vielfach einschlägigen europarechtlichen und völkervertraglichen Rechtsinstrumente, die im Dritten Band des Münchener Kommentars zur ZPO behandelt und im vorliegenden Band in ihrem Verhältnis zum neuen FamFG erfasst sind. Der Band kommentiert das FamFG mit Rechtsstand 1. September 2009, Literatur und Rechtsprechung wurden bis Mitte Juli 2009, in zahlreichen Fällen bis Ende September 2009 berücksichtigt.

Allen Nutzern des Werkes wünschen wir erfolgreiche Arbeit und einen guten Beginn der Anwendung des FamFG.

Vor wenigen Tagen mussten wir erfahren, dass einer der herausragenden Gestalter des Münchener Kommentars zur ZPO nach kurzer schwerer Krankheit verstorben ist: Vizepräsident des BGH a. D. Dr. Joachim Wenzel hat den Kommentar lange Jahre durch sein unschätzbares Wirken, sein menschlich und fachlich herausragendes Engagement und seinen wertvollen Rat als Autor und Herausgeber maßgeblich geprägt. Wir werden versuchen, den Kommentar in seinem Sinne weiterzuführen.

München, im Oktober 2009 *Herausgeber und Verlag*

Inhaltsverzeichnis

Gesetz über das Verfahren in Familiensachen und in den Angelegenheiten der freiwilligen Gerichtsbarkeit (FamFG)

	§§	Seite
(Amtliche) Inhaltsübersicht.		1

Buch 1. Allgemeiner Teil

	§§	Seite
Abschnitt 1. Allgemeine Vorschriften	1–22 a	7
Abschnitt 2. Verfahren im ersten Rechtszug	23–37	107
Abschnitt 3. Beschluss	38–48	218
Abschnitt 4. Einstweilige Anordnung	49–57	292
Abschnitt 5. Rechtsmittel	58–75	316
Unterabschnitt 1. Beschwerde	58–69	316
Unterabschnitt 2. Rechtsbeschwerde	70–75	331
Abschnitt 6. Verfahrenskostenhilfe	76–79	340
Abschnitt 7. Kosten	80–85	356
Abschnitt 8. Vollstreckung	86–96 a	392
Unterabschnitt 1. Allgemeine Vorschriften	86, 87	392
Unterabschnitt 2. Vollstreckung von Entscheidungen über die Herausgabe von Personen und die Regelung des Umgangs	88–94	400
Unterabschnitt 3. Vollstreckung nach der Zivilprozessordnung	95–96 a	422
Abschnitt 9. Verfahren mit Auslandsbezug	97–110	432
Unterabschnitt 1. Verhältnis zu völkerrechtlichen Vereinbarungen und Rechtsakten der Europäischen Gemeinschaft	97	432
Unterabschnitt 2. Internationale Zuständigkeit	98–106	441
Unterabschnitt 3. Anerkennung und Vollstreckbarkeit ausländischer Entscheidungen	107–110	506

Buch 2. Verfahren in Familiensachen

	§§	Seite
Abschnitt 1. Allgemeine Vorschriften	111–120	547
Abschnitt 2. Verfahren in Ehesachen; Verfahren in Scheidungssachen und Folgesachen	121–150	586
Unterabschnitt 1. Verfahren in Ehesachen	121–132	586
Unterabschnitt 2. Verfahren in Scheidungssachen und Folgesachen	133–150	650
Abschnitt 3. Verfahren in Kindschaftssachen	151–168 a	738
Abschnitt 4. Verfahren in Abstammungssachen	169–185	869
Abschnitt 5. Verfahren in Adoptionssachen	186–199	930
Abschnitt 6. Verfahren in Wohnungszuweisungssachen und Haushaltssachen	200–209	1004
Abschnitt 7. Verfahren in Gewaltschutzsachen	210–216 a	1045
Abschnitt 8. Verfahren in Versorgungsausgleichssachen	217–230	1064
Abschnitt 9. Verfahren in Unterhaltssachen	231–260	1160
Unterabschnitt 1. Besondere Verfahrensvorschriften	231–245	1160
Unterabschnitt 2. Einstweilige Anordnung	246–248	1216
Unterabschnitt 3. Vereinfachtes Verfahren über den Unterhalt Minderjähriger	249–260	1223
Abschnitt 10. Verfahren in Güterrechtssachen	261–265	1253
Abschnitt 11. Verfahren in sonstigen Familiensachen	266–268	1263
Abschnitt 12. Verfahren in Lebenspartnerschaftssachen	269, 270	1301

Inhaltsverzeichnis

Buch 3. Verfahren in Betreuungs- und Unterbringungssachen

Abschnitt 1. Verfahren in Betreuungssachen	271–311	1311
Abschnitt 2. Verfahren in Unterbringungssachen	312–339	1452
Abschnitt 3. Verfahren in betreuungsgerichtlichen Zuweisungssachen	340, 341	1519

Buch 4. Verfahren in Nachlass- und Teilungssachen

Abschnitt 1. Begriffsbestimmung; örtliche Zuständigkeit	342–344	1521
Abschnitt 2. Verfahren in Nachlasssachen	345–362	1538
Unterabschnitt 1. Allgemeine Bestimmungen	345	1538
Unterabschnitt 2. Verwahrung von Verfügungen von Todes wegen	346, 347	1542
Unterabschnitt 3. Eröffnung von Verfügungen von Todes wegen	348–351	1548
Unterabschnitt 4. Erbscheinsverfahren; Testamentsvollstreckung	352–355	1562
Unterabschnitt 5. Sonstige verfahrensrechtliche Regelungen	356–362	1577
Abschnitt 3. Verfahren in Teilungssachen	363–373	1590

Buch 5. Verfahren in Registersachen, unternehmensrechtliche Verfahren

Abschnitt 1. Begriffsbestimmung	354, 375	1617
Abschnitt 2. Zuständigkeit	376, 377	1640
Abschnitt 3. Registersachen	378–401	1646
Unterabschnitt 1. Verfahren	378–387	1646
Unterabschnitt 2. Zwangsgeldverfahren	388–392	1675
Unterabschnitt 3. Löschungs- und Auflösungsverfahren	393–399	1693
Unterabschnitt 4. Ergänzende Vorschriften für das Vereinsregister	400, 401	1722
Abschnitt 4. Unternehmensrechtliche Verfahren	402–409	1724

Buch 6. Verfahren in weiteren Angelegenheiten der freiwilligen Gerichtsbarkeit

	410–414	1747

Buch 7. Verfahren in Freiheitsentziehungssachen

	415–432	1757

Buch 8. Verfahren in Aufgebotssachen

Abschnitt 1. Allgemeine Verfahrensvorschriften	433–441	1791
Abschnitt 2. Aufgebot des Eigentümers von Grundstücken, Schiffen und Schiffsbauwerken	442–446	1801
Abschnitt 3. Aufgebot des Gläubigers von Grund- und Schiffspfandrechten sowie des Berechtigten sonstiger dinglicher Rechte	447–453	1804
Abschnitt 4. Aufgebot von Nachlassgläubigern	454–464	1811
Abschnitt 5. Aufgebot der Schiffsgläubiger	465	1816
Abschnitt 6. Aufgebot zur Kraftloserklärung von Urkunden	466–484	1817

Buch 9. Schlussvorschriften

	485–491	1827

Anhang. Gesetz zur Reform des Verfahrens in Familiensachen und in den Angelegenheiten der freiwilligen Gerichtsbarkeit (FGG-Reformgesetz – FGG-RG) vom 17. 12. 2008 (Art. 111, 112) 1835

Sachregister 1845

Verzeichnis der Abkürzungen

a.	auch
aA	anderer Ansicht
aaO	am angegebenen Ort
abgedr.	abgedruckt
Abk.	Abkommen
ABl.	Amtsblatt
abl.	ablehnend
Abs.	Absatz
Abschn.	Abschnitt
abw.	abweichend
AcP	Archiv für die civilistische Praxis (Zeitschrift; zitiert nach Band und Seite; in Klammer Erscheinungsjahr des jeweiligen Bandes)
aE	am Ende
aF	alte Fassung
allgM	allgemeine Meinung
Alt.	Alternative
aM	anderer Meinung
amtl.	amtlich
Amtl. Begr.	Amtliche Begründung
ÄndG	Gesetz zur Änderung
Anh.	Anhang
Anl.	Anlage
Anm.	Anmerkung
AnwBl.	Anwaltsblatt (Zeitschrift)
arg.	argumentum
Art.	Artikel
AT	Allgemeiner Teil
Aufl.	Auflage
ausf.	ausführlich
AusfG	Ausführungsgesetz
AusfVO	Ausführungsverordnung
Az.	Aktenzeichen
BAnz.	Bundesanzeiger
BaWü.	Baden-Württemberg
Bay., bay.	Bayern, bayerisch
BayGVBl.	Bayerisches Gesetz- und Verordnungsblatt
BayNotZ	Bayerische Notariats-Zeitung und Zeitschrift für die freiwillige Rechtspflege der Gerichte in Bayern
BayObLG	Bayerisches Oberstes Landesgericht
BayObLGZ	Amtliche Sammlung von Entscheidungen des Bayerischen Obersten Landesgerichts in Zivilsachen
BayVerfGE	Sammlung von Entscheidungen des Bayerischen Verfassungsgerichtshofes
Bd. (Bde.)	Band (Bände)
Bearb., bearb.	Bearbeitung/Bearbeiter; bearbeitet
BeckRS	Beck Rechtsprechung
Begr.	Begründung
begr. (v.)	begründet (von)
Beil.	Beilage
Bek.	Bekanntmachung
Bem.	Bemerkung
ber.	berichtigt
Beschl.	Beschluss
bestr.	bestritten
betr.	betreffend
BGB	Bürgerliches Gesetzbuch idF d. Bek. v. 2. 1. 2002 (BGBl. I S. 42)

Abkürzungen

BGBl. I–III	Bundesgesetzblatt, Teil I–III (zitiert nach Jahr, sofern es nicht mit dem Jahr des Gesetzeserlasses übereinstimmt, Teil u. Seite)
BGH	Bundesgerichtshof
BGHGZs	Bundesgerichtshof, Großer Senat in Zivilsachen
BGHR	Systematische Sammlung der Entscheidungen des Bundesgerichtshofes, Loseblatt (zitiert nach Gesetz, sofern nicht die ZPO gemeint ist, §, sofern sich die Gesetzesstelle nicht auf den gerade kommentierten Paragraphen bezieht, und Stichwort)
BGHReport	BGHReport (Jahr und Seite)
BGHVGS	Bundesgerichtshof, Vereinigte Große Senate
BGHZ	Entscheidungssammlung des Bundesgerichtshofs in Zivilsachen
Bl.	Blatt
BMJ	Bundesminister(ium) der Justiz
BNotO	Bundesnotarordnung idF d. Bek. v. 24. 2. 1961 (BGBl. I S. 98)
BRat.	Bundesrat
BR-Drucks.	Drucksache des Deutschen Bundesrates
Brüssel I-VO	Verordnung (EG) Nr. 44/2001 des Rates vom 22. 12. 2000 über die gerichtliche Zuständigkeit und die Anerkennung und Vollstreckung von Entscheidungen in Zivil- und Handelssachen (ABl. L Nr. 12/1 v. 16. 1. 2001)
Brüssel II-VO	Verordnung (EG) Nr. 1347/2000 des Rates vom 29. 5. 2000 über die Zuständigkeit und die Anerkennung und Vollstreckung von Entscheidungen betreffend die elterliche Verantwortung für die gemeinsamen Kinder der Ehegatten (ABl. L Nr. 160/19 v. 30. 6. 2000), aufgehoben durch die Brüssel II a-VO
Brüssel IIa-VO	Verordnung (EG) Nr. 2201/2003 des Rates vom 27. 11. 2003 über die Zuständigkeit und die Anerkennung und Vollstreckung von Entscheidungen in Ehesachen und in Verfahren betreffend die elterliche Verantwortung und zur Aufhebung der Verordnung (EG) Nr. 1347/2000 v. 23. 12. 2000 (ABl. L Nr. 338/1 v. 23. 12. 2003)
Bsp.	Beispiel
BT	Besonderer Teil
BTag	Bundestag
BT-Drucks.	Drucksache des Deutschen Bundestages
BT-Prot.	Protokoll des Deutschen Bundestages
Buchst.	Buchstabe
BVerfG	Bundesverfassungsgericht
BVerfGE	Entscheidungen des Bundesverfassungsgerichts
bzgl.	bezüglich
bzw.	beziehungsweise
ders.	derselbe
dgl.	desgleichen; dergleichen
dh.	das heißt
dies.	dieselbe(n)
Diss.	Dissertation
DIV	Deutsches Institut für Vormundschaftswesen
DNotI-Report	Report des Deutschen Notarinstituts (Zeitschrift)
DNotZ	Deutsche Notar-Zeitschrift
Drucks.	Drucksache
dt.	deutsch
DVO	Durchführungsverordnung
E	Entwurf, Entscheidung (in der amtlichen Sammlung)
EGBGB	Einführungsgesetz zum Bürgerlichen Gesetzbuch idF d. Bek. v. 21. 9. 1994 (BGBl. I S. 2494)
EGGVG	Einführungsgesetz zum Gerichtsverfassungsgesetz v. 27. 1. 1877 (RGBl. S. 77)
EGMR	Europäischer Gerichtshof für Menschenrechte
EGZPO	Einführungsgesetz zur Zivilprozeßordnung v. 30. 1. 1877 (RGBl. S. 244)
1. EheRG	Erstes Gesetz zur Reform des Ehe- und Familienrechts v. 14. 6. 1976 (BGBl. I S. 1421)

Abkürzungen

Einf.	Einführung
Einl.	Einleitung (ohne Zusatz: am Anfang dieses Buches)
einschl.	einschließlich
einschr.	einschränkend
einstw.	einstweilig
einstw. AnO	einstweilige Anordnung
einstw. Vfg.	einstweilige Verfügung
Entsch.	Entscheidung
entspr.	entsprechend, entspricht
Erg.	Ergänzung
Erl.	Erläuterung
EU	Europa, Europäische Union
EuGH	Gerichtshof der Europäischen Gemeinschaft
EuGHE	Entscheidungen des Gerichtshofes der Europäischen Gemeinschaften
EuSorgRÜbk.	Europäisches Übereinkommen v. 20. 5. 1980 über die Anerkennung und Vollstreckung von Entscheidungen über das Sorgerecht für Kinder und die Wiederherstellung des Sorgeverhältnisses, G v. 5. 4. 1990 (BGBl. II S. 206, 220), in Kraft getreten am 1. 2. 1991 aufgrund Bek. v. 19. 12. 1990 (BGBl. 1991 II S. 392); zum Ausführungsgesetz s. Sorge-RÜbkAG
evtl.	eventuell
EzFamR	Entscheidungssammlung zum Familienrecht, Loseblatt (zitiert nach Gesetz, sofern nicht die ZPO gemeint ist, §, sofern sich die Gesetzesstelle nicht auf den gerade kommentierten Paragraphen bezieht, und Nr.)
f., ff.	folgend(e)
FamFG	Gesetz über das Verfahren in Familiensachen und in den Angelegenheiten der freiwilligen Gerichtsbarkeit (FamFG) v. 17. 12. 2008 (BGBl. I S. 2586, 2587)
FamG	Familiengericht
FamRZ	Zeitschrift für das gesamte Familienrecht
FamS	Familiensache/Familiensenat
FEVG	Gesetz über das gerichtliche Verfahren bei Freiheitsentziehungen v. 29. 6. 1956 (BGBl. I S. 599), außer Kraft seit 1. 9. 2009
FGG	Gesetz über die Angelegenheiten der freiwilligen Gerichtsbarkeit idF der Bek. v. 20. 5. 1898 (RGBl. I S. 771)
FGPrax	Praxis der Freiwilligen Gerichtsbarkeit (Zeitschrift), vereinigt mit OLGZ
Fn.	Fußnote
FNA	Fundstellennachweis A, Beilage zum Bundesgesetzblatt Teil I
FNB	Fundstellennachweis B, Beilage zum Bundesgesetzblatt Teil II
FPR	Familie Partnerschaft Recht (Zeitschrift)
FRES	Entscheidungssammlung zum gesamten Bereich von Ehe und Familie
FS	Festschrift
FuR	Familie und Recht (Zeitschrift)
G.	Gesetz
GAnwZ	Geschäftsanweisung für die Geschäftsstellen der Gerichte in Zivilsachen
GedS	Gedenkschrift
gem.	gemäß
GemS	Gemeinsamer Senat der obersten Gerichtshöfe des Bundes
GenRegV	Verordnung über das Genossenschaftsregister (Genossenschaftsregisterverordnung) v. 11. 7. 1889
ggf.	gegebenenfalls
ggü.	gegenüber
grdl.	grundlegend
grds.	grundsätzlich
GS	Großer Senat
GSZ	Großer Senat in Zivilsachen
GVBl.	Gesetz- und Verordnungsblatt

Abkürzungen

GVG	Gerichtsverfassungsgesetz idF d. Bek. v. 9. 5. 1975 (BGBl. I S. 1077)
GVOBl./(GVBl.)	Gesetz- und Verordnungsblatt
HaagAbk.	Haager Abkommen
HaagEntmündAbk.	Haager Abkommen über die Entmündigung usw. v. 17. 7. 1905 (RGBl. 1912 S. 463)
HaagKindEÜbk.	Haager Übereinkommen v. 25. 10. 1980 über die zivilrechtlichen Aspekte internationaler Kindesentführung, G v. 5. 4. 1990 (BGBl. II S. 206), in Kraft getreten am 1. 12. 1990 aufgrund Bek. v. 11. 12. 1990 (BGBl. 1991 II S. 329); zum Ausführungsgesetz s. SorgeRÜbkAG
Habil.	Habilitation
Halbbd.	Halbband
Halbs.	Halbsatz
Hdb.	Handbuch
Hinw.	Hinweis
hL	herrschende Lehre
hM	herrschende Meinung
HRR	Höchstrichterliche Rechtsprechung (Zeitschrift)
Hrsg., hrsg.	Herausgeber, herausgegeben
h. Rspr.	herrschende Rechtsprechung
HRV	Verordnung über die Einrichtung und Führung des Handelsregisters (Handelsregisterverordnung) v. 12. 8. 1937 (RMBl. 1937, 515)
HUVÜ 1958	Haager Übereinkommen über die Anerkennung und Vollstreckung von Entscheidungen auf dem Gebiet der Unterhaltspflicht gegenüber Kindern v. 15. 4. 1958 (BGBl. 1961 II S. 1006)
HUVÜ 1973	Haager Übereinkommen über die Anerkennung und Vollstreckung von Unterhaltsentscheidungen v. 2. 10. 1973 (BGBl. 1986 II S. 826)
HZPÜ 1954	Haager Übereinkommen über den Zivilprozeß v. 1. 3. 1954 (BGBl. II 1958 S. 577)
HZÜ	Haager Übereinkommen über die Zustellung gerichtlicher und außergerichtlicher Entscheidungen im Ausland in Zivil- und Handelssachen v. 15. 11. 1965 (BGBl. II 1977 S. 1453)
idF	in der Fassung
idR	in der Regel
idS	in diesem Sinne
iE	im Ergebnis
i. e.	im Einzelnen
ieS	im engeren Sinne
iHv.	in Höhe von
insb.	insbesondere
iS(d.)	im Sinne (des, der)
iSv.	im Sinne von
i. Ü.	im Übrigen
iVm.	in Verbindung mit
iwS	im weiteren Sinne
jew.	jeweils
Jg.	Jahrgang
JURA	Juristische Ausbildung (Zeitschrift)
Kap.	Kapitel
KG	Kammergericht (Berlin); Kommanditgesellschaft
KindRG	Gesetz zur Reform des Kindschaftsrechts (Kindschaftsrechtsreformgesetz) v. 16. 12. 1997 (BGBl. I S. 2942), außer Kraft 1. 7. 2003
KindUG	Gesetz zur Vereinheitlichung des Unterhaltsrechts minderjähriger Kinder (Kindesunterhaltsgesetz) v. 6. 4. 1998 (BGBl. I S. 666)
KindUVV	Verordnung zur Einführung von Vordrucken für das vereinfachte Verfahren über den Unterhalt minderjähriger Kinder (Kindesunterhalts-Vordruckverordnung) v. 19. 6. 1998 (BGBl. I S. 1364)

Abkürzungen

KJHG	Gesetz zur Neuordnung des Kinder- und Jugendhilferechts (Kinder- und Jugendhilfegesetz) v. 26. 6. 1990 (BGBl. I S. 1163); s. SGB VIII
KostO	Gesetz über die Kosten in Angelegenheiten der freiwilligen Gerichtsbarkeit (Kostenordnung) idF d. Bek. v. 26. 7. 1957 (BGBl. I S. 960)
krit.	kritisch
KritJ	Kritische Justiz (Zeitschrift)
KrVjschr.	Kritische Vierteljahresschrift für Gesetzgebung und Rechtswissenschaft
LG.	Landgericht (mit Ortsnamen)
li. Sp.	linke Spalte
Lit.; lit.	Literatur; Litera
LS	Leitsatz
m. abl. Anm.	mit ablehnender Anmerkung
m. Anm.	mit Anmerkung
mE	meines Erachtens
Mitt.	Mitteilung(en)
Mitt. AGJ	Mitteilungen der Arbeitsgemeinschaft für Jugendhilfe (Zeitschrift)
Mitt. AGJJ	Mitteilungen der Arbeitsgemeinschaft für Jugendpflege und Jugendfürsorge (Zeitschrift)
MittBayNot.	Mitteilungen des Bayerischen Notarvereins (Zeitschrift)
MittRhNotK	Mitteilungen der Rheinischen Notarkammer (Zeitschrift)
MiZi	Anordnung des Bundesministeriums der Justiz über die Mitteilungen in Zivilsachen vom 29. 4. 1998 (BAnz. Nr. 138 a) in der Fassung der Bekanntmachung vom 25. 8. 2008 (BAnz. Nr. 144, S. 3428)
m. krit. Anm.	mit kritischer Anmerkung
Mot.	Motive
MSA	Übereinkommen über die Zuständigkeit und das anzuwendende Recht auf dem Gebiet des Schutzes von Minderjährigen (Haager Minderjährigenschutzabkommen) v. 5. 10. 1961 (BGBl. 1971 II S. 217)
m. umf. Nachw.	mit umfangreichen Nachweisen
m. weit. Nachw.	mit weiteren Nachweisen
m. zahlr. Nachw.	mit zahlreichen Nachweisen
m. zust. Anm.	mit zustimmender Anmerkung
nachf.	nachfolgend
Nachw.	Nachweis
NEhelG.	Gesetz über die rechtliche Stellung der nichtehelichen Kinder v. 19. 8. 1969 (BGBl. I S. 1243)
nF	neue Fassung
NichtehelG	s. NEhelG
NJW	Neue Juristische Wochenschrift (Zeitschrift)
NJW-RR	Neue Juristische Wochenschrift Rechtsprechungs-Report (Zeitschrift)
Nov.	Novelle
Nr.	Nummer
NRW	Nordrhein-Westfalen
NZG	Neue Zeitschrift für Gesellschaftsrecht (Zeitschrift)
o.	oben
OLG	Oberlandesgericht
OLG-NL	OLG-Rechtsprechung Neue Länder (Zeitschrift)
OLGR	OLG-Report (Zeitschrift)
OLGRspr.	OLG Rechtsprechung (Zeitschrift)
OLGZ.	Rechtsprechung der Oberlandesgerichte in Zivilsachen, Amtliche Entscheidungssammlung
PKH	Prozesskostenhilfe
PKV	Prozesskostenvorschuss
Prot.	Protokolle

Abkürzungen

PRV	Verordnung über die Einrichtung und Führung des Partnerschaftsregisters (Partnerschaftsregisterverordnung) v. 16. 6. 1995 (BGBl. I S. 808)
PStG	Personenstandsgesetz idF d. Bek. v. 8. 8. 1957 (BGBl. I S. 1125)
PStV	Verordnung zur Ausführung des Personenstandsgesetzes (Personenstandsverordnung – PStV) v. 22. 11. 2008 (BGBl. I S. 2263)
RdJ	Recht der Jugend (Zeitschrift)
RdJB	Recht der Jugend und des Bildungswesens (Zeitschrift)
RdSchr.	Rundschreiben
RefE	Referentenentwurf
Reg.	Regierung
RegBedarfsV	Verordnung zur Neufestsetzung des Regelbedarfs v. 30. 7. 1976 (BGBl. I S. 2042)
RegBetrVO	Regelbetrag-Verordnung (Art. 2 des KindUG) v. 6. 4. 1998 (BGBl. I S. 666, 668) idF d. 1. VO zur Änderung der RegBetrVO v. 25. 5. 1999 (BGBl. I S. 1100)
RegUnterhV	Regelunterhalt-Verordnung v. 27. 6. 1970 (BGBl. I S. 1010)
re. Sp.	rechte Spalte
RG	Reichsgericht
RGBl.	Reichsgesetzblatt
RGZ	Amtliche Sammlung von Entscheidungen des Reichsgerichts in Zivilsachen
Rn.	Randnummer(n)
Rpfl.	Rechtspfleger
RpflBl.	Rechtspflegerblatt (Zeitschrift)
Rpfleger	Der Deutsche Rechtspfleger (Zeitschrift)
RpflG	Rechtspflegergesetz v. 5. 11. 1969 (BGBl. I S. 2065)
RpflJB	Rechtspflegerjahrbuch
Rspr.	Rechtsprechung
RsprEinhG	Gesetz zur Wahrung der Einheitlichkeit der Rechtsprechung der obersten Gerichtshöfe des Bundes v. 19. 6. 1968 (BGBl. I S. 661)
S.	Seite; Satz
s.	siehe
s. a.	siehe auch
Sa.	Sachsen-Anhalt
Sachs.	Sachsen
SchlH	Schleswig-Holstein
Schlussanh.	Schlussanhang
SchVG	Schuldverschreibungsgesetz v. 31. 7. 2009 (BGBl. I S. 2512)
s. o.	siehe oben
SorgerechtsÄndG	Gesetz zur Neuregelung des Rechts der elterlichen Sorge v. 18. 7. 1979 (BGBl. I S. 1061)
SorgeRÜbkAG	Gesetz zur Ausführung des Haager Übereinkommens v. 25. 10. 1980 über die zivilrechtlichen Aspekte internationaler Kindesentführung und des Europäischen Übereinkommens v. 20. 5. 1980 über die Anerkennung und Vollstreckung von Entscheidungen über das Sorgerecht für Kinder und die Wiederherstellung des Sorgeverhältnisses (Sorgerechtsübereinkommens-Ausführungsgesetz) v. 5. 4. 1990 (BGBl. I S. 701), außer Kraft; s. a. HaagKindEÜbk. u. EuSorgeRÜbk.
Sp.	Spalte
st.	ständig
s. u.	siehe unten
u.	und; unten; unter
u. a.	unter anderem; und andere
u. a. m.	und andere(s) mehr
UÄndG	Gesetz zur Änderung unterhaltsrechtlicher, verfahrensrechtlicher und anderer Vorschriften v. 20. 2. 1986 (BGBl. I S. 86, 301)
u. Ä.	und Ähnliche(s)

Abkürzungen

überwM	überwiegende Meinung
Übk.	Übereinkommen
umst.	umstritten
unstr.	unstreitig
Urk.	Urkunde
Urt.	Urteil
usw.	und so weiter
uU.	unter Umständen
v.	vom; von
VAHRG	Gesetz zur Regelung von Härten im Versorgungsausgleich v. 21. 2. 1983 (BGBl. I S. 105)
vAw.	von Amts wegen
vgl.	vergleiche
vH.	von (vom) Hundert
VO	Verordnung
Vorb.	Vorbemerkung
VRV	Vereinsregisterverordnung v. 10. 2. 1999 (BGBl. I S. 147)
z.	zur, zum
ZAP	Zeitschrift für Anwaltspraxis
zB	zum Beispiel
Ziff.	Ziffer(n)
ZPO	Zivilprozessordnung idF der Bek. v. 5. 12. 2005 (BGBl. I S. 3202)
ZPO-RG	Gesetz zur Reform des Zivilprozesses (Zivilprozessreformgesetz – ZPO-RG) v. 27. 7. 2002 (BGBl. I S. 1887)
ZS	Zivilsenat
zT.	zum Teil
zust.	zuständig, zustimmend
ZustG/MSA	(deutsches) Gesetz vom 30. 4. 1971 zu dem Haager Übereinkommen vom 5. 10. 1961 über die Zuständigkeit der Behörden und das anzuwendende Recht auf dem Gebiet des Schutzes von Minderjährigen
zutr.	zutreffend
ZwVerst.	Zwangsversteigerung
ZwVerw.	Zwangsverwaltung
zZ	zur Zeit

Verzeichnis der abgekürzt zitierten Literatur

Anders/Gehle	*Anders/Gehle,* Antrag und Entscheidung im Zivilprozeß, 3. Aufl. 2000
Anders/Gehle Assessor	*Anders/Gehle,* Das Assessorexamen im Zivilrecht, 9. Aufl. 2008
Anders/Gehle Streitwert ..	*Andes/Gehle/Kunze,* Streitwert-Lexikon, 4. Aufl. 2002
AnwK-BGB/*Bearbeiter* ...	Anwaltskommentar BGB, von *Dauner-Lieb* u. a. (Hrsg.), 2004 ff.
Arens	siehe *Lüke*
Arnold/Meyer-Stolte/ Bearbeiter............	*Arnold/Meyer-Stolte,* Rechtspflegergesetz, 6. Aufl. 2002
Bamberger/Roth.........	*Bamberger/Roth,* Kommentar zum BGB, 3 Bände, 2. Aufl. 2008
Bassenge/Roth..........	*Bassenge/Roth,* Gesetz über die Angelegenheiten der Freiwilligen Gerichtsbarkeit, Rechtspflegergesetz, 11. Aufl. 2007
Baumbach/Lauterbach/ Bearbeiter............	*Baumbach/Lauterbach/Albers/Hartmann,* Zivilprozessordnung, 67. Aufl. 2009
Baumgärtel/Laumen/Prütting/ Bearbeiter............	*Baumgärtel/Laumen/Prütting/,* Handbuch der Beweislast im Privatrecht, 1981 ff.; 2. Aufl. Bd. 1 2006 u. 3. Aufl. Bd. 2 2007
Baur FGG	*Baur,* Freiwillige Gerichtsbarkeit, Buch 1 Allgemeines Verfahrensrecht, 1955
Baur/Grunsky ZivilprR...	*Baur/Grunsky,* Zivilprozessrecht, 13. Aufl. 2008
Beck'sches Richterhandbuch/*Bearbeiter*.......	Beck'sches Richterhandbuch, hrsg. v. *Seitz/Büchel,* 2. Aufl. 1999
Beitzke FamR..........	siehe *Lüderitz/Dethloff*
Bender/Nack/Treuer......	*Bender/Nack/Treuer,* Tatsachenfeststellung vor Gericht, 3. Aufl. 2007
Berger	*Berger,* Einstweiliger Rechtsschutz im Zivilrecht, 2006
Bergerfurth............	*Bergerfurth,* Der Zivilprozeß, 6. Aufl. 1991
Bergerfurth Anwaltzw.	*Bergerfurth,* Der Anwaltszwang und seine Ausnahmen, 2. Aufl. 1988 mit Nachtrag 1991
Bergerfurth Eheverf.......	*Bergerfurth,* Der Ehescheidungsprozess und die anderen Eheverfahren, 15. Aufl. 2006
Bergmann/Ferid.........	Internationales Ehe- und Kindschaftsrecht mit Staatsangehörigkeitsrecht, hrsg. v. *Bergmann/Ferid,* Loseblatt, Stand 2009
Bienwald/Sonnenfeld/ Hoffmann	*Bienwald/Sonnenfeld/Hoffmann,* Betreuungsrecht, 4. Aufl. 2005
Blomeyer	*Blomeyer,* Zivilprozeßrecht – Erkenntnisverfahren, 2. Aufl. 1985
Blomeyer ZVR	*Blomeyer,* Zivilprozeßrecht – Vollstreckungsverfahren, 1975
Böttcher...............	*Böttcher,* Gesetz über die Zwangsversteigerung und Zwangsverwaltung (ZVG), 4. Aufl. 2005
Brehm	*Brehm,* Freiwillige Gerichtsbarkeit, 4. Aufl. 2009 (bei Drucklegung noch nicht veröffentlicht, nach Fahnen zitiert)
Bumiller/Winkler	*Bumiller/Winkler,* Freiwillige Gerichtsbarkeit, 8. Aufl. 2006
Bumiller/Harders	*Bumiller/Harders,* Freiwillige Gerichtsbarkeit, 9. Aufl. 2009
Burhoff/Willemsen	*Burhoff/Willemsen,* Handbuch der nichtehelichen Lebensgemeinschaft, 3. Aufl. 2009
Coester-Waltjen	*Coester-Waltjen,* Internationales Beweisrecht, 1983
Dallmayer/Eickmann	*Dallmayer/Eickmann,* Rechtspflegergesetz, 1996
Erman/Bearbeiter.......	*Erman,* Bürgerliches Gesetzbuch, 12. Aufl. 2008
Finke/Garbe/Bearbeiter ...	Familienrecht in der anwaltlichen Praxis, hrsg. v. *Finke/Ebert,* 6. Aufl. 2008
Firsching/Graba.........	*Firsching/Graba,* Familienrecht, 1. Halbband: Familiensachen, 6. Aufl. 1998

Literatur

Firsching/Dodegge	*Firsching/Dodegge,* Familienrecht, 2. Halbband, Kindschaftssachen, 6. Aufl. 1999
Fölsch	*Fölsch,* Das neue FamFG in Familiensachen, 2008
Friederici/Kemper	*Friederici/Kemper,* Familienverfahrensrecht, 2009
Gernhuber/Coester-Waltjen	*Gernhuber/Coester-Waltjen,* Lehrbuch des Familienrechts, 5. Aufl. 2006 (teilweise auch schon 6. Aufl. 2010, die nach Fahnen zitiert wurde, da bei Drucklegung noch nicht veröffentlicht)
Gießler/Soyka	*Gießler/Soyka,* Vorläufiger Rechtsschutz in Ehe-, Familien- und Kindschaftssachen, 4. Aufl. 2005
Göppinger/Börger	Vereinbarungen anlässlich der Ehescheidung, begr. v. *Göppinger,* 8. Aufl. 2005
Göppinger/Wax/Bearbeiter	Unterhaltsrecht, hrsg. v. *Wax,* 9. Aufl. 2008
Graba	*Graba,* Die Abänderung von Unterhaltstiteln, 3. Aufl. 2004
Grziwotz	*Grziwotz,* Nichteheliche Lebensgemeinschaft, 4. Aufl. 2006
Habscheid	*Habscheid,* Freiwillige Gerichtsbarkeit, 7. Aufl. 1983
Hartmann	*Hartmann,* Kostengesetze, 39. Aufl. 2009
Hausmann/Hohloch/Bearbeiter	Das Recht der nichtehelichen Lebensgemeinschaft, hrsg. v. *Hausmann/Hohloch,* 2. Aufl. 2004
Hdb. FamR/*Bearbeiter*	Handbuch des Fachanwalts – Familienrecht, hrsg. v. *Gerhardt/v. Heintschel-Heinegg/Klein,* 6. Aufl. 2007
Heiß/Born/Bearbeiter	*Heiß/Born,* Unterhaltsrecht, Ein Handbuch für die Praxis, Loseblatt, 35. Aufl., Stand 2009
Hk-ZPO/*Bearbeiter*	Handkommentar zur ZPO, hrsg. von *Saenger,* 2. Aufl. 2007; auch *Saenger/Bearbeiter*
Hoppenz	*Hoppenz,* Familiensachen, 8. Aufl. 2005
Horndasch/Viefhues	*Horndasch/Viefhues,* Kommentar zum FamFG, 2009
Jansen/Bearbeiter	FGG, Großkommentar, hrsg. von *v. Schuckmann/Sonnenfeld,* 3. Aufl. 2006 ff.
Jauernig/Bearbeiter	*Jauernig,* Bürgerliches Gesetzbuch, 13. Aufl. 2009
Jauernig	*Jauernig,* Zivilprozessrecht, 29. Aufl. 2007
Johannsen/Henrich	*Johannsen/Henrich,* Eherecht, 4. Aufl. 2003
Josef	*Josef,* Freiwillige Gerichtsbarkeit, 2. Aufl. 1906
Jürgens	*Jürgens,* Betreuungsrecht, 3. Aufl. 2005
Kalthoener/Büttner/Niepmann	*Kalthoener/Büttner/Niepmann,* Die Rechtsprechung zur Höhe des Unterhalts, 10. Aufl. 2008
Keidel/Kuntze/Winkler	*Keidel/Kuntze/Winkler,* Freiwillige Gerichtsbarkeit, 15. Aufl. 2003, ab 16. Aufl. 2009: FamFG
Keidel/Bearbeiter	*Keidel,* FamFG, 16. Aufl. 2009 (bei Drucklegung noch nicht veröffentlicht, nach Fahnen zitiert)
Kissel/Mayer	*Kissel/Mayer,* Gerichtsverfassungsgesetz, 5. Aufl. 2008
Klüsener	*Klüsener,* Freiwillige Gerichtsbarkeit, 1987
Knöringer FGG	*Knöringer,* Freiwillige Gerichtsbarkeit, 4. Aufl. 2005
Koritz	*Koritz,* Das neue FamFG, 2009
Kroiß/Seiler	*Kroiß/Seiler,* Das neue FamFG, 2009
Lent	*Lent,* Freiwillige Gerichtsbarkeit, 3. Aufl. 1958
Lipp/Schumann/Veit/Bearbeiter	*Lipp/Schumann/Veit* (Hrsg.), Reform des familiengerichtlichen Verfahrens, Göttinger Juristische Schriften Bd. 6 (http://webdoc.sub.gwdg.de/univerlag/2009/GJS6_familienrecht.pdf)
Lüderitz/Dethloff	*Lüderit/Dethloff,* Familienrecht, begr. v. *Beitzke,* 28. Aufl. 2007
Lüke	*Lüke,* Zivilprozessrecht, 9. Aufl. 2006

Literatur

Marschner/Volckart	*Marschner/Volckart,* Freiheitsentziehung und Unterbringung, 4. Aufl. 2001
MünchKommBGB/ *Bearbeiter*	Münchener Kommentar zum BGB, 5. Aufl. 2007 f
Meyer-Seitz/Frantzioch/ Ziegler	*Meyer-Seitz/Frantzioch/Ziegler,* Die FGG-Reform – Das neue Verfahrensrecht, 2009
Musielak/Borth	*Musielak/Borth,* Familiengerichtliches Verfahren: FamFG, 2009 (bei Drucklegung noch nicht veröffentlicht, nach Fahnen zitiert)
Musielak/Bearbeiter	*Musielak* (Hrsg.), Kommentar zur ZPO, 6. Aufl. 2008
Oelkers	*Oelkers,* Sorge- und Umgangsrecht in der Praxis, 2. Aufl. 2004
Palandt/Bearbeiter	*Palandt,* Bürgerliches Gesetzbuch, 68. Aufl. 2009
Pawlowski/Smid	*Pawlowski/Smid,* Freiwillige Gerichtsbarkeit, 1993
Praxiskommentar FamFG/ *Bearbeiter*	*Meysen/Balloff/Finke/Kindermann/Niepmann/Rakete-Dombek/Stötzel,* Das Familienverfahrensrecht – FamFG, 2009
Rabe	*Rabe,* Seehandelsrecht, 4. Aufl. 2000
Rahm/Künkel/Bearbeiter	*Rahm/Künkel,* Handbuch des Familiengerichtsverfahrens, Loseblatt, Stand 2009
Rauscher/Bearbeiter	*Rauscher* (Hrsg.), Europäisches Zivilprozessrecht, 2. Aufl. 2006
Rauscher	*Rauscher,* Familienrecht, 2. Aufl. 2008
RGRK/*Bearbeiter*	Das Bürgerliche Gesetzbuch, hrsg. v. Mitgliedern des Bundesgerichtshofs, 12. Aufl. 1974–2000
Rosenberg/Gaul/Schilken	*Rosenberg/Gaul/Schilken,* Zwangsvollstreckungsrecht, 11. Aufl. 1997
Rosenberg/Schwab/Gottwald	*Rosenberg/Schwab/Gottwald,* Zivilprozessrecht, 16. Aufl. 2004
Schlegelberger	*Schlegelberger,* FGG, 7. Aufl. 1956
Schoch/Schmidt-Aßmann/ Scholz/Stein/Bearbeiter	Praxishandbuch Familienrecht, hrsg. v. *Scholz/Stein,* Loseblatt, Stand 2009
Schulte-Bunert	*Schulte-Bunert,* Das neue FamFG, 2009
Schulte-Bunert/Weinreich/ Bearbeiter	*Schulte-Bunert/Weinreich,* Kommentar zum FamFG, 2009
Schwab/Bearbeiter Familienrecht	Das neue Familienrecht, hrsg. v. *Schwab,* 1998
Schwab/Bearbeiter ScheidungsR	Handbuch des Scheidungsrechts, hrsg. v. *Schwab,* 5. Aufl. 2004
Soergel/Bearbeiter	Bürgerliches Gesetzbuch mit Einführungsgesetz und Nebengesetzen, begründet von *Soergel,* 13. Aufl. 1999 ff.
Staudinger/Bearbeiter	Kommentar zum Bürgerlichen Gesetzbuch, begründet von *v. Staudinger,* Bearbeitung 1993 ff., 14. Bearbeitung ab 2006
Stein/Jonas/Bearbeiter	Zivilprozessordnung, begr. v. *Stein/Jonas,* 22. Aufl. 2002 ff.
Thomas/Putzo/Bearbeiter	Zivilprozessordnung mit Gerichtsverfassungsgesetz und den Einführungsgesetzen, begründet von *Thomas/Putzo,* 29. Aufl. 2008
v. Waldstein/Holland	*v. Waldstein/Holland,* Binnenschifffahrtsrecht, 5. Aufl. 2007
Weinreich/Klein/Bearbeiter	*Weinreich/Klein* (Hrsg.), Kompaktkommentar Familienrecht, 3. Aufl. 2008
Wendl/Staudigl/Bearbeiter	Das Unterhaltsrecht in der familienrichterlichen Praxis, begr. v. *Wendl/Staudigl,* 7. Aufl. 2008
Wieczorek/Schütze/ Bearbeiter	Zivilprozeßordnung und Nebengesetze, begr. von *Wieczorek,* hrsg. v. *Schütze,* 3. Aufl. 1994 ff.
Wohlfahrt Bd. 1	*Wohlfahrt,* Familienrecht, Band 1: Scheidungs-, Sorge-, Umgangs-, Hausrats- und Kindschaftssachen, 2. Aufl. 2001
Wohlfahrt Bd. 2	*Wohlfahrt,* Familienrecht, Band 2: Unterhalts- und Güterrecht, 2. Aufl. 2001

Literatur

Zimmermann	*Zimmermann,* ZPO, 8. Aufl. 2007
Zimmermann PKH	*Zimmermann,* Prozesskostenhilfe insbesondere in Familiensachen, 3. Aufl. 2007
Zimmermann FamFG	*Zimmermann,* Das neue FamFG, 2009
Zöller/Bearbeiter.	Kommentar zur ZPO, begr. v. *Zöller,* 27. Aufl. 2009

Gesetz über das Verfahren in Familiensachen und in den Angelegenheiten der freiwilligen Gerichtsbarkeit (FamFG)

Vom 17. Dezember 2008 (BGBl. S. 2586, 2587)

Verkündet als Art. 1 Gesetz zur Reform des Verfahrens in Familiensachen und in den Angelegenheiten der freiwilligen Gerichtsbarkeit (FGG-Reformgesetz – FGG-RG) vom 17. 12. 2008 (BGBl. I S. 2586)
Zuletzt geändert durch Gesetz vom 31. Juli 2009 (BGBl. I S. 2512)

(Amtliche) Inhaltsübersicht

Buch 1. Allgemeiner Teil

Abschnitt 1. Allgemeine Vorschriften
- § 1 Anwendungsbereich
- § 2 Örtliche Zuständigkeit
- § 3 Verweisung bei Unzuständigkeit
- § 4 Abgabe an ein anderes Gericht
- § 5 Gerichtliche Bestimmung der Zuständigkeit
- § 6 Ausschließung und Ablehnung der Gerichtspersonen
- § 7 Beteiligte
- § 8 Beteiligtenfähigkeit
- § 9 Verfahrensfähigkeit
- § 10 Bevollmächtigte
- § 11 Verfahrensvollmacht
- § 12 Beistand
- § 13 Akteneinsicht
- § 14 Elektronische Akte; elektronisches Dokument
- § 15 Bekanntgabe; formlose Mitteilung
- § 16 Fristen
- § 17 Wiedereinsetzung in den vorigen Stand
- § 18 Antrag auf Wiedereinsetzung
- § 19 Entscheidung über die Wiedereinsetzung
- § 20 Verfahrensverbindung und -trennung
- § 21 Aussetzung des Verfahrens
- § 22 Antragsrücknahme; Beendigungserklärung
- § 22 a Mitteilungen an die Familien- und Betreuungsgerichte

Abschnitt 2. Verfahren im ersten Rechtszug
- § 23 Verfahrenseinleitender Antrag
- § 24 Anregung des Verfahrens
- § 25 Anträge und Erklärungen zur Niederschrift der Geschäftsstelle
- § 26 Ermittlung von Amts wegen
- § 27 Mitwirkung der Beteiligten
- § 28 Verfahrensleitung
- § 29 Beweiserhebung
- § 30 Förmliche Beweisaufnahme
- § 31 Glaubhaftmachung
- § 32 Termin
- § 33 Persönliches Erscheinen der Beteiligten
- § 34 Persönliche Anhörung
- § 35 Zwangsmittel
- § 36 Vergleich
- § 37 Grundlage der Entscheidung

Abschnitt 3. Beschluss
- § 38 Entscheidung durch Beschluss
- § 39 Rechtsbehelfsbelehrung
- § 40 Wirksamwerden
- § 41 Bekanntgabe des Beschlusses
- § 42 Berichtigung des Beschlusses
- § 43 Ergänzung des Beschlusses
- § 44 Abhilfe bei Verletzung des Anspruchs auf rechtliches Gehör
- § 45 Formelle Rechtskraft
- § 46 Rechtskraftzeugnis
- § 47 Wirksam bleibende Rechtsgeschäfte
- § 48 Abänderung und Wiederaufnahme

Abschnitt 4. Einstweilige Anordnung
- § 49 Einstweilige Anordnung
- § 50 Zuständigkeit
- § 51 Verfahren
- § 52 Einleitung des Hauptsacheverfahrens
- § 53 Vollstreckung
- § 54 Aufhebung oder Änderung der Entscheidung
- § 55 Aussetzung der Vollstreckung
- § 56 Außerkrafttreten
- § 57 Rechtsmittel

Abschnitt 5. Rechtsmittel

Unterabschnitt 1. Beschwerde
- § 58 Statthaftigkeit der Beschwerde
- § 59 Beschwerdeberechtigte
- § 60 Beschwerderecht Minderjähriger
- § 61 Beschwerdewert; Zulassungsbeschwerde
- § 62 Statthaftigkeit der Beschwerde nach Erledigung der Hauptsache
- § 63 Beschwerdefrist
- § 64 Einlegung der Beschwerde
- § 65 Beschwerdebegründung
- § 66 Anschlussbeschwerde
- § 67 Verzicht auf die Beschwerde; Rücknahme der Beschwerde
- § 68 Gang des Beschwerdeverfahrens
- § 69 Beschwerdeentscheidung

Unterabschnitt 2. Rechtsbeschwerde
- § 70 Statthaftigkeit der Rechtsbeschwerde
- § 71 Frist und Form der Rechtsbeschwerde
- § 72 Gründe der Rechtsbeschwerde
- § 73 Anschlussrechtsbeschwerde
- § 74 Entscheidung über die Rechtsbeschwerde
- § 74 a Zurückweisungsbeschluss
- § 75 Sprungrechtsbeschwerde

Abschnitt 6. Verfahrenskostenhilfe
- § 76 Voraussetzungen
- § 77 Bewilligung

§ 78 Beiordnung eines Rechtsanwalts
§ 79 (entfallen)

Abschnitt 7. Kosten

§ 80 Umfang der Kostenpflicht
§ 81 Grundsatz der Kostenpflicht
§ 82 Zeitpunkt der Kostenentscheidung
§ 83 Kostenpflicht bei Vergleich, Erledigung und Rücknahme
§ 84 Rechtsmittelkosten
§ 85 Kostenfestsetzung

Abschnitt 8. Vollstreckung

Unterabschnitt 1. Allgemeine Vorschriften
§ 86 Vollstreckungstitel
§ 87 Verfahren; Beschwerde
Unterabschnitt 2. Vollstreckung von Entscheidungen über die Herausgabe von Personen und die Regelung des Umgangs
§ 88 Grundsätze
§ 89 Ordnungsmittel
§ 90 Anwendung unmittelbaren Zwanges
§ 91 Richterlicher Durchsuchungsbeschluss
§ 92 Vollstreckungsverfahren
§ 93 Einstellung der Vollstreckung
§ 94 Eidesstattliche Versicherung
Unterabschnitt 3. Vollstreckung nach der Zivilprozessordnung
§ 95 Anwendung der Zivilprozessordnung
§ 96 Vollstreckung in Verfahren nach dem Gewaltschutzgesetz und in Ehewohnungssachen
§ 96 a Vollstreckung in Abstammungssachen

Abschnitt 9. Verfahren mit Auslandsbezug

Unterabschnitt 1. Verhältnis zu völkerrechtlichen Vereinbarungen und Rechtsakten der Europäischen Gemeinschaft
§ 97 Vorrang und Unberührtheit
Unterabschnitt 2. Internationale Zuständigkeit
§ 98 Ehesachen; Verbund von Scheidungs- und Folgesachen
§ 99 Kindschaftssachen
§ 100 Abstammungssachen
§ 101 Adoptionssachen
§ 102 Versorgungsausgleichssachen
§ 103 Lebenspartnerschaftssachen
§ 104 Betreuungs- und Unterbringungssachen; Pflegschaft für Erwachsene
§ 105 Andere Verfahren
§ 106 Keine ausschließliche Zuständigkeit
Unterabschnitt 3. Anerkennung und Vollstreckbarkeit ausländischer Entscheidungen
§ 107 Anerkennung ausländischer Entscheidungen in Ehesachen
§ 108 Anerkennung anderer ausländischer Entscheidungen
§ 109 Anerkennungshindernisse
§ 110 Vollstreckbarkeit ausländischer Entscheidungen

Buch 2. Verfahren in Familiensachen

Abschnitt 1. Allgemeine Vorschriften

§ 111 Familiensachen
§ 112 Familienstreitsachen
§ 113 Anwendung von Vorschriften der Zivilprozessordnung
§ 114 Vertretung durch einen Rechtsanwalt; Vollmacht
§ 115 Zurückweisung von Angriffs- und Verteidigungsmitteln
§ 116 Entscheidung durch Beschluss; Wirksamkeit
§ 117 Rechtsmittel in Ehe- und Familienstreitsachen
§ 118 Wiederaufnahme
§ 119 Einstweilige Anordnung und Arrest
§ 120 Vollstreckung

Abschnitt 2. Verfahren in Ehesachen; Verfahren in Scheidungssachen und Folgesachen

Unterabschnitt 1. Verfahren in Ehesachen
§ 121 Ehesachen
§ 122 Örtliche Zuständigkeit
§ 123 Abgabe bei Anhängigkeit mehrerer Ehesachen
§ 124 Antrag
§ 125 Verfahrensfähigkeit
§ 126 Mehrere Ehesachen; Ehesachen und andere Verfahren
§ 127 Eingeschränkte Amtsermittlung
§ 128 Persönliches Erscheinen der Ehegatten
§ 129 Mitwirkung der Verwaltungsbehörde oder dritter Personen
§ 130 Säumnis der Beteiligten
§ 131 Tod eines Ehegatten
§ 132 Kosten bei Aufhebung der Ehe
Unterabschnitt 2. Verfahren in Scheidungssachen und Folgesachen
§ 133 Inhalt der Antragsschrift
§ 134 Zustimmung zur Scheidung und zur Rücknahme; Widerruf
§ 135 Außergerichtliche Streitbeilegung über Folgesachen
§ 136 Aussetzung des Verfahrens
§ 137 Verbund von Scheidungs- und Folgesachen
§ 138 Beiordnung eines Rechtsanwalts
§ 139 Einbeziehung weiterer Beteiligter und dritter Personen
§ 140 Abtrennung
§ 141 Rücknahme des Scheidungsantrags
§ 142 Einheitliche Endentscheidung; Abweisung des Scheidungsantrags
§ 143 Einspruch
§ 144 Verzicht auf Anschlussrechtsmittel
§ 145 Befristung von Rechtsmittelerweiterung und Anschlussrechtsmittel
§ 146 Zurückverweisung
§ 147 Erweiterte Aufhebung
§ 148 Wirksamwerden von Entscheidungen in Folgesachen
§ 149 Erstreckung der Bewilligung von Verfahrenskostenhilfe
§ 150 Kosten in Scheidungssachen und Folgesachen

Abschnitt 3. Verfahren in Kindschaftssachen

§ 151 Kindschaftssachen
§ 152 Örtliche Zuständigkeit
§ 153 Abgabe an das Gericht der Ehesache
§ 154 Verweisung bei einseitiger Änderung des Aufenthalts des Kindes
§ 155 Vorrang- und Beschleunigungsgebot
§ 156 Hinwirken auf Einvernehmen
§ 157 Erörterung der Kindeswohlgefährdung; einstweilige Anordnung
§ 158 Verfahrensbeistand

Inhaltsübersicht

§ 159 Persönliche Anhörung des Kindes
§ 160 Anhörung der Eltern
§ 161 Mitwirkung der Pflegeperson
§ 162 Mitwirkung des Jugendamts
§ 163 Fristsetzung bei schriftlicher Begutachtung; Inhalt des Gutachtenauftrags; Vernehmung des Kindes
§ 164 Bekanntgabe der Entscheidung an das Kind
§ 165 Vermittlungsverfahren
§ 166 Abänderung und Überprüfung von Entscheidungen und gerichtlich gebilligten Vergleichen
§ 167 Anwendbare Vorschriften bei Unterbringung Minderjähriger
§ 168 Beschluss über Zahlungen des Mündels
§ 168 a Mitteilungspflichten des Standesamts

Abschnitt 4. Verfahren in Abstammungssachen

§ 169 Abstammungssachen
§ 170 Örtliche Zuständigkeit
§ 171 Antrag
§ 172 Beteiligte
§ 173 Vertretung eines Kindes durch einen Beistand
§ 174 Verfahrensbeistand
§ 175 Erörterungstermin; persönliche Anhörung
§ 176 Anhörung des Jugendamts
§ 177 Eingeschränkte Amtsermittlung; förmliche Beweisaufnahme
§ 178 Untersuchungen zur Feststellung der Abstammung
§ 179 Mehrheit von Verfahren
§ 180 Erklärungen zur Niederschrift des Gerichts
§ 181 Tod eines Beteiligten
§ 182 Inhalt des Beschlusses
§ 183 Kosten bei Anfechtung der Vaterschaft
§ 184 Wirksamkeit des Beschlusses; Ausschluss der Abänderung; ergänzende Vorschriften über die Beschwerde
§ 185 Wiederaufnahme des Verfahrens

Abschnitt 5. Verfahren in Adoptionssachen

§ 186 Adoptionssachen
§ 187 Örtliche Zuständigkeit
§ 188 Beteiligte
§ 189 Fachliche Äußerung einer Adoptionsvermittlungsstelle
§ 190 Bescheinigung über den Eintritt der Vormundschaft
§ 191 Verfahrensbeistand
§ 192 Anhörung der Beteiligten
§ 193 Anhörung weiterer Personen
§ 194 Anhörung des Jugendamts
§ 195 Anhörung des Landesjugendamts
§ 196 Unzulässigkeit der Verbindung
§ 197 Beschluss über die Annahme als Kind
§ 198 Beschluss in weiteren Verfahren
§ 199 Anwendung des Adoptionswirkungsgesetzes

Abschnitt 6. Verfahren in Ehewohnungs- und Haushaltssachen

§ 200 Ehewohnungssachen; Haushaltssachen
§ 201 Örtliche Zuständigkeit
§ 202 Abgabe an das Gericht der Ehesache
§ 203 Antrag
§ 204 Beteiligte
§ 205 Anhörung des Jugendamts in Ehewohnungssachen
§ 206 Besondere Vorschriften in Haushaltssachen
§ 207 Erörterungstermin
§ 208 Tod eines Ehegatten
§ 209 Durchführung der Entscheidung, Wirksamkeit

Abschnitt 7. Verfahren in Gewaltschutzsachen

§ 210 Gewaltschutzsachen
§ 211 Örtliche Zuständigkeit
§ 212 Beteiligte
§ 213 Anhörung des Jugendamts
§ 214 Einstweilige Anordnung
§ 215 Durchführung der Endentscheidung
§ 216 Wirksamkeit; Vollstreckung vor Zustellung
§ 216 a Mitteilung von Entscheidungen

Abschnitt 8. Verfahren in Versorgungsausgleichssachen

§ 217 Versorgungsausgleichssachen
§ 218 Örtliche Zuständigkeit
§ 219 Beteiligte
§ 220 Verfahrensrechtliche Auskunftspflicht
§ 221 Erörterung, Aussetzung
§ 222 Durchführung der externen Teilung
§ 223 Antragserfordernis für Ausgleichsansprüche nach der Scheidung
§ 224 Entscheidung über den Versorgungsausgleich
§ 225 Zulässigkeit einer Abänderung des Wertausgleichs bei der Scheidung
§ 226 Durchführung einer Abänderung des Wertausgleichs bei der Scheidung
§ 227 Sonstige Abänderungen
§ 228 Zulässigkeit der Beschwerde
§ 229 Elektronischer Rechtsverkehr zwischen den Familiengerichten und den Versorgungsträgern
§ 230 [aufgehoben]

Abschnitt 9. Verfahren in Unterhaltssachen

Unterabschnitt 1. Besondere Verfahrensvorschriften
§ 231 Unterhaltssachen
§ 232 Örtliche Zuständigkeit
§ 233 Abgabe an das Gericht der Ehesache
§ 234 Vertretung eines Kindes durch einen Beistand
§ 235 Verfahrensrechtliche Auskunftspflicht der Beteiligten
§ 236 Verfahrensrechtliche Auskunftspflicht Dritter
§ 237 Unterhalt bei Feststellung der Vaterschaft
§ 238 Abänderung gerichtlicher Entscheidungen
§ 239 Abänderung von Vergleichen und Urkunden
§ 240 Abänderung von Entscheidungen nach den §§ 237 und 253
§ 241 Verschärfte Haftung
§ 242 Einstweilige Einstellung der Vollstreckung
§ 243 Kostenentscheidung
§ 244 Unzulässiger Einwand der Volljährigkeit
§ 245 Bezifferung dynamisierter Unterhaltstitel zur Zwangsvollstreckung im Ausland

Unterabschnitt 2. Einstweilige Anordnung
§ 246 Besondere Vorschriften für die einstweilige Anordnung
§ 247 Einstweilige Anordnung vor Geburt des Kindes
§ 248 Einstweilige Anordnung bei Feststellung der Vaterschaft

Unterabschnitt 3. Vereinfachtes Verfahren über den Unterhalt Minderjähriger
§ 249 Statthaftigkeit des vereinfachten Verfahrens
§ 250 Antrag
§ 251 Maßnahmen des Gerichts

§ 252 Einwendungen des Antragsgegners
§ 253 Festsetzungsbeschluss
§ 254 Mitteilungen über Einwendungen
§ 255 Streitiges Verfahren
§ 256 Beschwerde
§ 257 Besondere Verfahrensvorschriften
§ 258 Sonderregelungen für maschinelle Bearbeitung
§ 259 Formulare
§ 260 Bestimmung des Amtsgerichts

Abschnitt 10. Verfahren in Güterrechtssachen

§ 261 Güterrechtssachen
§ 262 Örtliche Zuständigkeit
§ 263 Abgabe an das Gericht der Ehesache
§ 264 Verfahren nach den §§ 1382 und 1383 des Bürgerlichen Gesetzbuchs
§ 265 Einheitliche Entscheidung

Abschnitt 11. Verfahren in sonstigen Familiensachen

§ 266 Sonstige Familiensachen
§ 267 Örtliche Zuständigkeit
§ 268 Abgabe an das Gericht der Ehesache

Abschnitt 12. Verfahren in Lebenspartnerschaftssachen

§ 269 Lebenspartnerschaftssachen
§ 270 Anwendbare Vorschriften

Buch 3. Verfahren in Betreuungs- und Unterbringungssachen

Abschnitt 1. Verfahren in Betreuungssachen

§ 271 Betreuungssachen
§ 272 Örtliche Zuständigkeit
§ 273 Abgabe bei Änderung des gewöhnlichen Aufenthalts
§ 274 Beteiligte
§ 275 Verfahrensfähigkeit
§ 276 Verfahrenspfleger
§ 277 Vergütung und Aufwendungsersatz des Verfahrenspflegers
§ 278 Anhörung des Betroffenen
§ 279 Anhörung der sonstigen Beteiligten, der Betreuungsbehörde und des gesetzlichen Vertreters
§ 280 Einholung eines Gutachtens
§ 281 Ärztliches Zeugnis; Entbehrlichkeit eines Gutachtens
§ 282 Vorhandene Gutachten des Medizinischen Dienstes der Krankenversicherung
§ 283 Vorführung zur Untersuchung
§ 284 Unterbringung zur Begutachtung
§ 285 Herausgabe einer Betreuungsverfügung oder der Abschrift einer Vorsorgevollmacht
§ 286 Inhalt der Beschlussformel
§ 287 Wirksamwerden von Beschlüssen
§ 288 Bekanntgabe
§ 289 Verpflichtung des Betreuers
§ 290 Bestellungsurkunde
§ 291 Überprüfung der Betreuerauswahl
§ 292 Zahlungen an den Betreuer
§ 293 Erweiterung der Betreuung oder des Einwilligungsvorbehalts
§ 294 Aufhebung und Einschränkung der Betreuung oder des Einwilligungsvorbehalts
§ 295 Verlängerung der Betreuung oder des Einwilligungsvorbehalts
§ 296 Entlassung des Betreuers und Bestellung eines neuen Betreuers
§ 297 Sterilisation
§ 298 Verfahren in Fällen des § 1904 des Bürgerlichen Gesetzbuchs
§ 299 Verfahren in anderen Entscheidungen
§ 300 Einstweilige Anordnung
§ 301 Einstweilige Anordnung bei gesteigerter Dringlichkeit
§ 302 Dauer der einstweiligen Anordnung
§ 303 Ergänzende Vorschriften über die Beschwerde
§ 304 Beschwerde der Staatskasse
§ 305 Beschwerde der Untergebrachten
§ 306 Aufhebung des Einwilligungsvorbehalts
§ 307 Kosten in Betreuungssachen
§ 308 Mitteilung von Entscheidungen
§ 309 Besondere Mitteilungen
§ 310 Mitteilungen während einer Unterbringung
§ 311 Mitteilungen zur Strafverfolgung

Abschnitt 2. Verfahren in Unterbringungssachen

§ 312 Unterbringungssachen
§ 313 Örtliche Zuständigkeit
§ 314 Abgabe der Unterbringungssache
§ 315 Beteiligte
§ 316 Verfahrensfähigkeit
§ 317 Verfahrenspfleger
§ 318 Vergütung und Aufwendungsersatz des Verfahrenspflegers
§ 319 Anhörung des Betroffenen
§ 320 Anhörung der sonstigen Beteiligten und der zuständigen Behörde
§ 321 Einholung eines Gutachtens
§ 322 Vorführung zur Untersuchung; Unterbringung zur Begutachtung
§ 323 Inhalt der Beschlussformel
§ 324 Wirksamwerden von Beschlüssen
§ 325 Bekanntgabe
§ 326 Zuführung zur Unterbringung
§ 327 Vollzugsangelegenheiten
§ 328 Aussetzung des Vollzugs
§ 329 Dauer und Verlängerung der Unterbringung
§ 330 Aufhebung der Unterbringung
§ 331 Einstweilige Anordnung
§ 332 Einstweilige Anordnung bei gesteigerter Dringlichkeit
§ 333 Dauer der einstweiligen Anordnung
§ 334 Einstweilige Maßregeln
§ 335 Ergänzende Vorschriften über die Beschwerde
§ 336 Einlegung der Beschwerde durch den Betroffenen
§ 337 Kosten in Unterbringungssachen
§ 338 Mitteilung von Entscheidungen
§ 339 Benachrichtigung von Angehörigen

Abschnitt 3. Verfahren in betreuungsgerichtlichen Zuweisungssachen

§ 340 Betreuungsgerichtliche Zuweisungssachen
§ 341 Örtliche Zuständigkeit

Buch 4. Verfahren in Nachlass- und Teilungssachen

Abschnitt 1. Begriffsbestimmung; örtliche Zuständigkeit

§ 342 Begriffsbestimmung
§ 343 Örtliche Zuständigkeit
§ 344 Besondere örtliche Zuständigkeit

Abschnitt 2. Verfahren in Nachlasssachen
Unterabschnitt 1. Allgemeine Bestimmungen
§ 345 Beteiligte
Unterabschnitt 2. Verwahrung von Verfügungen von Todes wegen
§ 346 Verfahren bei besonderer amtlicher Verwahrung
§ 347 Mitteilung über die Verwahrung
Unterabschnitt 3. Eröffnung von Verfügungen von Todes wegen
§ 348 Eröffnung von Verfügungen von Todes wegen durch das Nachlassgericht
§ 349 Besonderheiten bei der Eröffnung von gemeinschaftlichen Testamenten und Erbverträgen
§ 350 Eröffnung der Verfügung von Todes wegen durch ein anderes Gericht
§ 351 Eröffnungsfrist für Verfügungen von Todes wegen
Unterabschnitt 4. Erbscheinsverfahren; Testamentsvollstreckung
§ 352 Entscheidung über Erbscheinsanträge
§ 353 Einziehung oder Kraftloserklärung von Erbscheinen
§ 354 Sonstige Zeugnisse
§ 355 Testamentsvollstreckung
Unterabschnitt 5. Sonstige verfahrensrechtliche Regelungen
§ 356 Mitteilungspflichten
§ 357 Einsicht in eine eröffnete Verfügung von Todes wegen; Ausfertigung eines Erbscheins oder anderen Zeugnisses
§ 358 Zwang zur Ablieferung von Testamenten
§ 359 Nachlassverwaltung
§ 360 Bestimmung einer Inventarfrist
§ 361 Eidesstattliche Versicherung
§ 362 Stundung des Pflichtteilsanspruchs

Abschnitt 3. Verfahren in Teilungssachen
§ 363 Antrag
§ 364 Pflegschaft für abwesende Beteiligte
§ 365 Ladung
§ 366 Außergerichtliche Vereinbarung
§ 367 Wiedereinsetzung
§ 368 Auseinandersetzungsplan; Bestätigung
§ 369 Verteilung durch das Los
§ 370 Aussetzung bei Streit
§ 371 Wirkung der bestätigten Vereinbarung und Auseinandersetzung; Vollstreckung
§ 372 Rechtsmittel
§ 373 Auseinandersetzung einer Gütergemeinschaft

Buch 5. Verfahren in Registersachen, unternehmensrechtliche Verfahren

Abschnitt 1. Begriffsbestimmung
§ 374. Registersachen
§ 375. Unternehmensrechtliche Verfahren

Abschnitt 2. Zuständigkeit
§ 376 Besondere Zuständigkeitsregelungen
§ 377 Örtliche Zuständigkeit

Abschnitt 3. Registersachen
Unterabschnitt 1. Verfahren
§ 378 Antragsrecht der Notare
§ 379 Mitteilungspflichten der Behörden
§ 380 Beteiligung der berufsständischen Organe; Beschwerderecht
§ 381 Aussetzung des Verfahrens
§ 382 Entscheidung über Eintragungsanträge
§ 383 Bekanntgabe; Anfechtbarkeit
§ 384 Von Amts wegen vorzunehmende Eintragungen
§ 385 Einsicht in die Register
§ 386 Bescheinigungen
§ 387 Ermächtigungen
Unterabschnitt 2. Zwangsgeldverfahren
§ 388 Androhung
§ 389 Festsetzung
§ 390 Verfahren bei Einspruch
§ 391 Beschwerde
§ 392 Verfahren bei unbefugtem Firmengebrauch
Unterabschnitt 3. Löschungs- und Auflösungsverfahren
§ 393 Löschung einer Firma
§ 394 Löschung vermögensloser Gesellschaften und Genossenschaften
§ 395 Löschung unzulässiger Eintragungen
§ 396 (entfallen)
§ 397 Löschung nichtiger Gesellschaften und Genossenschaften
§ 398 Löschung nichtiger Beschlüsse
§ 399 Auflösung wegen Mangels der Satzung
Unterabschnitt 4. Ergänzende Vorschriften für das Vereinsregister
§ 400 Mitteilungspflichten
§ 401 Entziehung der Rechtsfähigkeit

Abschnitt 4. Unternehmensrechtliche Verfahren
§ 402 Anfechtbarkeit
§ 403 Weigerung des Dispacheurs
§ 404 Aushändigung von Schriftstücken; Einsichtsrecht
§ 405 Termin; Ladung
§ 406 Verfahren im Termin
§ 407 Verfolgung des Widerspruchs
§ 408 Beschwerde
§ 409 Wirksamkeit; Vollstreckung

Buch 6. Verfahren in weiteren Angelegenheiten der freiwilligen Gerichtsbarkeit
§ 410 Weitere Angelegenheiten der freiwilligen Gerichtsbarkeit
§ 411 Örtliche Zuständigkeit
§ 412 Beteiligte
§ 413 Eidesstattliche Versicherung
§ 414 Unanfechtbarkeit

Buch 7. Verfahren in Freiheitsentziehungssachen
§ 415 Freiheitsentziehungssachen
§ 416 Örtliche Zuständigkeit
§ 417 Antrag
§ 418 Beteiligte
§ 419 Verfahrenspfleger
§ 420 Anhörung; Vorführung
§ 421 Inhalt der Beschlussformel
§ 422 Wirksamwerden von Beschlüssen
§ 423 Absehen von der Bekanntgabe
§ 424 Aussetzung des Vollzugs
§ 425 Dauer und Verlängerung der Freiheitsentziehung
§ 426 Aufhebung
§ 427 Einstweilige Anordnung
§ 428 Verwaltungsmaßnahme; richterliche Prüfung
§ 429 Ergänzende Vorschriften über die Beschwerde
§ 430 Auslagenersatz

FamFG

§ 431 Mitteilung von Entscheidungen
§ 432 Benachrichtigung von Angehörigen

Buch 8. Verfahren in Aufgebotssachen

Abschnitt 1. Allgemeine Verfahrensvorschriften

§ 433 Aufgebotssachen
§ 434 Antrag; Inhalt des Aufgebots
§ 435 Öffentliche Bekanntmachung
§ 436 Gültigkeit der öffentlichen Bekanntmachung
§ 437 Aufgebotsfrist
§ 438 Anmeldung nach dem Anmeldezeitpunkt
§ 439 Erlass des Ausschließungsbeschlusses; Beschwerde; Wiedereinsetzung und Wiederaufnahme
§ 440 Wirkung einer Anmeldung
§ 441 Öffentliche Zustellung des Ausschließungsbeschlusses

Abschnitt 2. Aufgebot des Eigentümers von Grundstücken, Schiffen und Schiffsbauwerken

§ 442 Aufgebot des Grundstückseigentümers; örtliche Zuständigkeit
§ 443 Antragsberechtigter
§ 444 Glaubhaftmachung
§ 445 Inhalt des Aufgebots
§ 446 Aufgebot des Schiffseigentümers

Abschnitt 3. Aufgebot des Gläubigers von Grund- und Schiffspfandrechten sowie des Berechtigten sonstiger dinglicher Rechte

§ 447 Aufgebot des Grundpfandrechtsgläubigers, örtliche Zuständigkeit
§ 448 Antragsberechtigter
§ 449 Glaubhaftmachung
§ 450 Besondere Glaubhaftmachung
§ 451 Verfahren bei Ausschluss mittels Hinterlegung
§ 452 Aufgebot des Schiffshypothekengläubigers; örtliche Zuständigkeit
§ 453 Aufgebot des Berechtigten bei Vormerkung, Vorkaufsrecht, Reallast

Abschnitt 4. Aufgebot von Nachlassgläubigern

§ 454 Aufgebot von Nachlassgläubigern; örtliche Zuständigkeit
§ 455 Antragsberechtigter
§ 456 Verzeichnis der Nachlassgläubiger
§ 457 Nachlassinsolvenzverfahren

§ 458 Inhalt des Aufgebots; Aufgebotsfrist
§ 459 Forderungsanmeldung
§ 460 Mehrheit von Erben
§ 461 Nacherbfolge
§ 462 Gütergemeinschaft
§ 463 Erbschaftskäufer
§ 464 Aufgebot der Gesamtgutsgläubiger

Abschnitt 5. Aufgebot der Schiffsgläubiger

§ 465 Aufgebot der Schiffsgläubiger

Abschnitt 6. Aufgebot zur Kraftloserklärung von Urkunden

§ 466 Örtliche Zuständigkeit
§ 467 Antragsberechtigter
§ 468 Antragsbegründung
§ 469 Inhalt des Aufgebots
§ 470 Ergänzende Bekanntmachung in besonderen Fällen
§ 471 Wertpapiere mit Zinsscheinen
§ 472 Zinsscheine für mehr als vier Jahre
§ 473 Vorlegung der Zinsscheine
§ 474 Abgelaufene Ausgabe der Zinsscheine
§ 475 Anmeldezeitpunkt bei bestimmter Fälligkeit
§ 476 Aufgebotsfrist
§ 477 Anmeldung der Rechte
§ 478 Ausschließungsbeschluss
§ 479 Wirkung des Ausschließungsbeschlusses
§ 480 Zahlungssperre
§ 481 Entbehrlichkeit des Zeugnisses nach § 471 Abs. 2
§ 482 Aufhebung der Zahlungssperre
§ 483 Hinkende Inhaberpapiere
§ 484 Vorbehalt für die Landesgesetzgebung

Buch 9. Schlussvorschriften

§ 485 Verhältnis zu anderen Gesetzen
§ 486 Landesrechtliche Vorbehalte; Ergänzungs- und Ausführungsbestimmungen
§ 487 Nachlassauseinandersetzung; Auseinandersetzung einer Gütergemeinschaft
§ 488 Verfahren vor landesgesetzlich zugelassenen Behörden
§ 489 Rechtsmittel
§ 490 Landesrechtliche Aufgebotsverfahren
§ 491 Landesrechtliche Vorbehalte bei Verfahren zur Kraftloserklärung von Urkunden

Buch 1. Allgemeiner Teil

Schrifttum: *Borth,* Die Reform des Verfahrens in Familiensachen, FamRZ 2007, 1925; *Borth,* Einführung in das Gesetz zur Reform des Verfahrens in Familiensachen und in Angelegenheiten der freiwilligen Gerichtsbarkeit v. 17. 12. 2008 (FGG-ReformG), FamRZ 2009, 157; *Brehm,* Der Allgemeine Teil des Referentenentwurfes eines Gesetzes zur Reform des Verfahrens in Familiensachen und in Angelegenheiten der freiwilligen Gerichtsbarkeit (FamFG), FPR 2006, 401; *Büte,* Das Gesetz zur Reform des Verfahrens in Familiensachen und in Angelegenheiten der freiwilligen Gerichtsbarkeit (FamFG) – Teil 1, FuR 2008, 537; *Jacoby,* Der Regierungsentwurf für ein FamFG, FamRZ 2007, 1703; *Kollhosser,* Zur Problematik eines „Allgemeinen Teils" in einer Verfahrensordnung für die Freiwillige Gerichtsbarkeit, ZZP 1980, 265; *Rohlfing,* Entwurf eines Gesetzes über das Verfahren in Familiensachen und in den Angelegenheiten der freiwilligen Gerichtsbarkeit (FamFG-Entwurf), ErbR 2008, 144.

Abschnitt 1. Allgemeine Vorschriften

§ 1 Anwendungsbereich

Dieses Gesetz gilt für das Verfahren in Familiensachen sowie in den Angelegenheiten der freiwilligen Gerichtsbarkeit, soweit sie durch Bundesgesetz den Gerichten zugewiesen sind.

Schrifttum: *Bettermann,* Die Freiwillige Gerichtsbarkeit im Spannungsfeld zwischen Verwaltung und Rechtspflege, FS Lent, 1957, S. 17; *Kroiß,* Ausgewählte Zuständigkeitsprobleme der freiwilligen Gerichtsbarkeit, 1994.

Übersicht

	Rn.		Rn.
I. Normzweck	1, 2	a) formeller Begriff	8, 9
II. Familiensachen	3–5	b) materieller Begriff	10–17
1. Definition	3	c) Definition	18–20
2. Einzelfälle	4	2. Zuweisung an Gerichte	21
3. Keine anderen Familiensachen	5	3. Zuweisung durch Bundesgesetz	22
III. Freiwillige Gerichtsbarkeit	6–26	4. Landesrechtlicher Vorbehalt	23
1. Angelegenheiten der FG	6–20	5. Einzelfälle	24–26

I. Normzweck

Durch das FGG-RG wird § 2 EGGVG derart reformiert, dass nunmehr das GVG generell für die ordentliche Gerichtsbarkeit, nicht mehr allein für die streitige Anwendung findet. Aus § 13 GVG wird sodann deutlich, dass sich die **ordentliche Gerichtsbarkeit** mit drei verschiedenen Verfahrensarten beschäftigt, den bürgerlichen Rechtsstreitigkeiten, den Familiensachen und Angelegenheiten der freiwilligen Gerichtsbarkeit und den Strafsachen. Die Familiensachen und Angelegenheiten der freiwilligen Gerichtsbarkeit werden so als eigenständiger und gleichwertiger Zweig der ordentlichen Gerichtsbarkeit etabliert. Die **Verfahrensordnung** für diesen Zweig wird vom FamFG bereitgestellt. 1

§ 1 beschreibt den **Anwendungsbereich** dieser Verfahrensordnung entsprechend. Die Vorgängernorm findet sich für Angelegenheiten der freiwilligen Gerichtsbarkeit in § 1 FGG. 2

II. Familiensachen

1. Definition. Der Begriff „Familiensachen" wird von **§ 111** durch eine enumerative Aufzählung **legaldefiniert** und die Untergruppen in den einzelnen Abschnitten des 2. Buches näher ausgefüllt (s. im Einzelnen dort). Durch das Nebeneinander von Familiensachen und Angelegenheiten der freiwilligen Gerichtsbarkeit im Anwendungsbereich des FamFG muss bei Familiensachen zunächst nicht differenziert werden, ob die konkrete Materie (auch) eine Angelegenheit der freiwilligen Gerichtsbarkeit ist. 3

Eine Abgrenzung kann daher unterbleiben. Familiensachen werden stets nach der Verfahrensordnung des FamFG durchgeführt. So soll sichergestellt werden, dass zusammenhängende Rechtsstreitigkeiten auch zusammen entschieden werden können. Einziges Ordnungskriterium ist dabei die Sachnähe des Familiengerichts.[1] Für die konkrete Ausgestaltung des Verfahrens ist sodann jedoch relevant, ob es sich um eine Ehesache (§ 121) oder eine Familienstreitsache (§ 112) handelt. Für solche Verfahren erklärt § 113 statt zahlreicher Vorschriften des Allgemeinen Teils des FamFG Teile der ZPO für anwendbar.

4   **2. Einzelfälle.** Im Einzelnen sind die folgenden Angelegenheiten Familiensachen iSv. § 111: Ehesachen gemäß § 121, Kindschaftssachen gemäß § 151, Abstammungssachen gemäß § 169, Adoptionssachen gemäß § 186, Ehewohnungssachen und Haushaltssachen gemäß § 200, Gewaltschutzsachen gemäß § 210, Versorgungsausgleichssachen gemäß § 217, Unterhaltssachen gemäß § 231, Güterrechtssachen gemäß § 261, sonstige Familiensachen gemäß § 266 und Lebenspartnerschaftssachen gemäß § 269.

5   **3. Keine anderen Familiensachen.** Der Begriff der Familiensache wird von den Vorschriften des 2. Buches abschließend ausgefüllt. Die Definition des § 111 iVm. den in Rn. 4 benannten Normen lässt keinen Raum für Erweiterungen außerhalb des geschlossenen Systems des 2. Buches. Jedoch ist zu überprüfen, ob eine Angelegenheit, die nicht unter den Begriff der Familiensache fällt, eine Angelegenheit der freiwilligen Gerichtsbarkeit ist (s. Rn. 6 ff.).

III. Freiwillige Gerichtsbarkeit

6   **1. Angelegenheiten der FG.** § 1 setzt den Begriff „Angelegenheiten der freiwilligen Gerichtsbarkeit" voraus. Bereits der Entwurf der Bundesregierung verneinte für das FamFG die Möglichkeit einer **Legaldefinition** auf Grund der Unterschiedlichkeit der Verfahrensgegenstände.[2] Jedoch wollte der gleiche Regierungsentwurf in Art. 23a Abs. 2 GVG eine dem Wortlaut dieser Norm nach abschließende Legaldefinition einfügen, die allein die im Besonderen Teil des FamFG geregelten Materien, die nicht Familiensachen sind, als solche erfasst.[3] Der Bundesrat erkannte, dass die Norm abschließend formuliert war und über § 23a GVG hinaus Bedeutung haben würde. Zahlreiche weitere Materien, die unstreitig der freiwilligen Gerichtsbarkeit zugeordnet werden, würden durch die neue Definition der Bundesregierung in Zukunft ausgeklammert werden. Er intervenierte entsprechend und verlangte eine Begrenzung der gegebenen Definition auf § 23a GVG, so dass allein die benannten Angelegenheiten den Amtsgerichten zugewiesen werden, jedoch nicht auch die Angelegenheiten der Begriff der freiwilligen Gerichtsbarkeit allgemein für alle anderen Zwecke definiert werden.[4] Die Bundesregierung hielt jedoch formal an einer allgemeinen Definition fest, fügte (neben weiteren Einzelmaterien) als letzte Nr. 11 aber eine derartig tautologische Begriffsbestimmung an, dass die Definition zur Begriffsklärung nicht mehr tauglich ist. Gemäß § 23a Abs. 2 Nr. 11 GVG sind Angelegenheiten der freiwilligen Gerichtsbarkeit nun auch sonstige Angelegenheiten der freiwilligen Gerichtsbarkeit.[5] Der sodann folgende letzte Halbs. nimmt allein die Angelegenheiten der freiwilligen Gerichtsbarkeit, die nicht durch Bundesgesetz den Gerichten zugewiesen sind, aus und kann daher nicht zur Begriffsklärung selbst beitragen. § 23a Abs. 2 GVG kann so keinen Beitrag zur allgemeinen Definition leisten und erfüllt, abgesehen von der Einschränkung des letzten Halbs. in § 23a Abs. 2 Nr. 11, auch keine Funktion für die Bestimmung der sachlichen Zuständigkeit, die § 23a GVG vornehmen will. Eine gründlichere Arbeit des Gesetzgebers wäre hier wünschenswert gewesen. Die Ausfüllung des Begriffs „Angelegenheiten der freiwilligen Gerichtsbarkeit" muss jedenfalls auf andere Weise erfolgen.

7   Historisch kann ein erster Bedeutungsansatz im **römischen Recht** gefunden werden, wo bereits zwischen der *iurisdictio contentiosa* und der *iurisdictio voluntaria* unterschieden wurde (vgl. Dig. 1.XVI.2: „*Omnes proconsules ... habent iurisdictionem, sed non contentiosam, sed voluntariam*").[6] Dies macht deutlich, dass im Bereich der Zivilgerichtsbarkeit zwischen einer streitigen und einer freiwilligen Gerichtsbarkeit als zwei verschiedene Zweige zu unterscheiden ist. Der Versuch einer Definition zur Abgrenzung beider Zweige voneinander gestaltet sich jedoch schwierig.

8   **a) formeller Begriff.** Heute wird vorherrschend der Begriff der freiwilligen Gerichtsbarkeit allein formell ausgefüllt. Angelegenheiten der freiwilligen Gerichtsbarkeit sind solche Materien, die dieser Ge-

---

[1] BT-Drucks. 16/6308, S. 169.
[2] BT-Drucks. 16/6308, S. 175.
[3] Art. 22 Nr. 7 FGG-RG-E, BT-Drucks. 16/6308, S. 114.
[4] BT-Drucks. 16/6308, S. 397.
[5] BT-Drucks. 16/6308, S. 425.
[6] Alle Prokonsuln haben ... Gerichtsbarkeit, allerdings nicht die streitige, sondern nur die freiwillige. – Übersetzung nach *Behrends/Knütel/Kupisch/Seiler-Raber*, CIC-II (1995) D.1.16 Rn. 2.

richtsbarkeit **durch Gesetz zugewiesen** werden; die Zuweisung ist folglich **konstitutiv** für die Einordnung als Angelegenheit der freiwilligen Gerichtsbarkeit.[7] Hiervon geht auch der Gesetzgeber aus.[8]

Die Zuweisung kann **gesetzestechnisch** auf verschiedene Weise erfolgen: Zum einen können die Materien durch Gesetz als Angelegenheiten der freiwilligen Gerichtsbarkeit bezeichnet werden. Zum anderen ist es möglich, die Erledigung den Gerichten bzw. Behörden der freiwilligen Gerichtsbarkeit zuzuweisen. Auch kann allein für die verfahrensrechtliche Behandlung der Materie das Verfahren der freiwilligen Gerichtsbarkeit für anwendbar erklärt werden. Schließlich sind solche Materien erfasst, bei denen der Sachzusammenhang die Anwendung des Verfahrens der freiwilligen Gerichtsbarkeit gebietet.[9] 9

b) materieller Begriff. Neben der formellen Einordnung stellt sich aber die Frage, ob ein materieller Begriff gefunden werden kann, der die der freiwilligen Gerichtsbarkeit zuzuordnenden Angelegenheiten ohne Rückgriff auf deren gesetzliche Zuweisung definiert. In der Wissenschaft wird seit langem nach einem solchen FG-Begriff gesucht.[10] 10

Eine materielle Legaldefinition war in Teil 2 Titel 1 § 1 der **Preußischen Allgemeinen Gerichtsordnung** von 1793 enthalten: „Zu den Handlungen der freiwilligen Gerichtsbarkeit werden hier sowohl diejenigen gerechnet, welche, ob sie gleich keine Prozesse sind, dennoch nach vorhandenen gesetzlichen Vorschriften von Gerichten vollzogen werden müssen; als diejenigen, zu deren gerichtlicher Vollziehung die Parteien sich, mehrerer Gewissheit und Beglaubigung wegen, aus freiem Willen entschließen." Hier wird die **Freiwilligkeit,** welche diesem Zweig der ordentlichen Gerichtsbarkeit als Übersetzung des oben Rn. 7 genannten Digestensatzes seinen Namen gab, als Abgrenzungskriterium zwischen streitiger und freiwilliger Gerichtsbarkeit in den Vordergrund gestellt. Eine derartig am Namen orientierte Definition greift aber deutlich zu kurz.[11] Zwar gibt es zahlreiche Fälle, in denen sich die Beteiligten mit gleichen Interessen gemeinsam an das Gericht wenden. Jedoch zählen unstreitig auch zahlreiche von Amts wegen einzuleitende Verfahren zum Bereich der freiwilligen Gerichtsbarkeit. Zudem können auch im Bereich der freiwilligen Gerichtsbarkeitdie Beteiligten durchaus widerstreitende Interessen verfolgen und – gleich der streitigen Gerichtsbarkeit – vor das Gericht gezwungen werden, damit sie dort ihre Interessen wahrnehmen. Die Freiwilligkeit ist mithin kein taugliches Abgrenzungskriterium, sondern allein historisch bedingter Namensgeber. In Österreich verzichtet man daher auch im Namen auf die Freiwilligkeit und bezeichnet die entsprechenden Angelegenheiten als Außerstreitsachen.[12] 11

Ein anderer Ansatz setzte beim **Verfahrensgegenstand** und **Verfahrensziel** an. Freiwillige Gerichtsbarkeit solle danach die Privatrechtsordnung begründen und entwickeln, Rechtsverhältnisse herstellen, fortentwickeln und verändern; streitige Gerichtsbarkeit habe dagegen zur Aufgabe, die bestehende Privatrechtsordnung zu schützen und zu bewähren. Der Zweck der freiwilligen Gerichtsbarkeit sei Rechtsproduktion, der der streitigen Gerichtsbarkeit Rechtsschutz.[13] Jedoch dient auch der Zivilprozess der Fortbildung und Veränderung rechtlicher Verhältnisse (zB durch richterliche Vertragsumgestaltung oder Gestaltungsklagen); auf der anderen Seite schützt auch die freiwillige Gerichtsbarkeit bereits in ihrem klassischen Bereich die Privatrechtsordnung (zB Anspruch auf Kindesherausgabe nach § 1632 Abs. 3 BGB).[14] Die Gestaltungswirkung ist jedenfalls keine Besonderheit der freiwilligen Gerichtsbarkeit.[15] Auch diese Abgrenzung kann daher nicht zu einem befriedigenden Ergebnis führen. 12

Ein weiterer materieller Definitionsversuch will auf den **vorbeugenden Zweck** bzw. den **Fürsorgezweck**[16] abstellen. Dieser spielt bei Angelegenheiten der freiwilligen Gerichtsbarkeit sicher eine nicht unbedeutende Rolle. Insbesondere in den klassischen Bereichen der freiwilligen Gerichts- 13

---

[7] *Brehm* § 1 Rn. 5; *Pawlowski/Smid* Rn. 6 *Baur/Wolf*, Grundbegriffe des Rechts der freiwilligen Gerichtsbarkeit, 2. Aufl. 1980, S. 30; *Baur* FGG S. 30 f.; *Rosenberg/Schwab/Gottwald* § 11 Rn. 10; bereits *Bornhak* ZZP 1920, 38 (47): „Verwaltungsaufgaben für die die Gerichte zuständig sind".

[8] BT-Drucks. 16/6308, S. 174 f.

[9] S. *Baur* FGG S. 30 f.; *Brehm* § 1 Rn. 6.

[10] Vgl. *Wach,* HdB des deutschen Civilprozessrechts Bd. 1, 1885, S. 47 ff.; *Lent,* Grundriss der Freiwilligen Gerichtsbarkeit, 1922, S. 4; *Habscheid* S. 18 ff.; *Brehm* § 1 Rn. 10 ff.

[11] *Lent,* Grundriss der Freiwilligen Gerichtsbarkeit, 1922, S. 4 nennt die Bezeichnung gar irreführend.

[12] S. österreichisches Bundesgesetz über das gerichtliche Verfahren in Rechtsangelegenheiten außer Streitsachen (Außerstreitgesetz – AußStrG), österrBGBl. I Nr. 111/2003, zuletzt geändert durch Art. IV Feilbietungsrechtsänderungsgesetz, österrBGBl. I Nr. 68/2008.

[13] *Wach,* HdB des deutschen Civilprozessrechts Bd. 1 (1885) S. 47 f., 53.

[14] *Habscheid* S. 20.

[15] *Brehm* § 1 Rn. 23.

[16] *Schmidt,* Lehrbuch des Deutschen Zivilprozessrechts, 2. Aufl. 1910 S. 163; *Goldschmidt,* Zivilprozessrecht, 2. Aufl. (1932) S. 68; *Lent* DNotZ 1950, 320; *Hellwig,* System des Deutschen Zivilprozessrechts – Erster Teil (1912) S. 54; *Habscheid* Rpfleger 2001, 1; *Pikart/Henn,* Lehrbuch der Freiwilligen Gerichtsbarkeit (1963) S. 5.

barkeit tritt er hervor. Jedoch wirkt auch der Zivilprozess vorbeugend und fürsorgend, wenn man nur die Feststellungsklage oder die Klage auf zukünftige Leistung betrachtet,[17] so dass auch hier keine wirkliche Abgrenzung erfolgen kann.

14 Es wird daher heute allgemein anerkannt, dass ein materielles Alleinstellungsmerkmal für die freiwillige Gerichtsbarkeit nicht gefunden werden kann. Zu verschiedenartig und vielfältig sind die der freiwilligen Gerichtsbarkeit zugeordneten Materien. Eine generelle, die gesamte freiwillige Gerichtsbarkeit **umfassende materielle Definition** gilt als **unmöglich.**[18] Insbesondere ließ sich der Gesetzgeber bei der Zuweisung neuer Materien nicht von systematischen, sondern von Zweckmäßigkeitserwägungen leiten.[19]

15 Jedoch liegt hier gerade die Schwäche des Definitionsversuches. Es soll die nicht zwingend auf Grund systematischer Erwägungen getroffene Entscheidung des Gesetzgebers nachträglich einem materiellen Begriff untergeordnet werden, so dass alle der freiwilligen Gerichtsbarkeit zugewiesenen Angelegenheiten erfasst werden. Bei einem Definitionsversuch müssen jedoch gerade auch allein von Zweckmäßigkeitserwägungen geleitete Entscheidungen des Gesetzgebers akzeptiert werden und außen vor bleiben. Ein materieller Begriff der Angelegenheiten der freiwilligen Gerichtsbarkeit kann und muss daher nicht alle FG-Sachen umfassen. Er kann jedoch einen **Kernbereich abstecken,** der jedenfalls unabhängig von einer formellen Zuweisung als Angelegenheit der freiwilligen Gerichtsbarkeit angesehen werden muss.

16 Ausgehend vom formellen Begriff der freiwilligen Gerichtsbarkeit (s oben Rn. 8) können die formell der freiwilligen Gerichtsbarkeit zugewiesenen Materien systematisch in **drei Gruppen** unterschieden werden.[20] Neben den als klassische FG-Sachen bezeichneten,[21] finden sich die privatrechtlichen Streitigkeiten sowie die öffentlich-rechtlichen Streitigkeiten. Gerade die Streitsachen sind der freiwilligen Gerichtsbarkeit vom Gesetzgeber nicht auf Grund ihres materiellen Gehalts, sondern allein auf Grund Zweckmäßigkeitserwägungen zugewiesen worden, sei es, dass das formlosere und kostengünstigere Verfahren der freiwilligen Gerichtsbarkeit als geeigneter erschien,[22] sei es, dass eine besondere Sachnähe zur ordentlichen Gerichtsbarkeit nahe lag. Beide Gruppen wird man daher unter keinen materiellen FG-Begriff ordnen können. Insbesondere die öffentlich-rechtlichen Streitsachen machen deutlich, dass sich der Gesetzgeber bei der Zuweisung nicht von einem materiellen Begriff leiten lässt. Noch zu Beginn des 20. Jahrhunderts galt eine Abgrenzung zur Verwaltungsgerichtsbarkeit als unproblematisch,[23] als FG-Sachen wurden zwingend allein privatrechtliche Angelegenheiten angesehen.

17 Im Bereich der ersten Gruppe erscheint jedoch eine materielle Definition möglich: FG-Sachen sind insofern solche Sachen, bei denen der Staat **rechtsfürsorgende**[24] **staatliche Verwaltungstätigkeit im Dienste der Privatrechtsordnung** vornimmt,[25] einschließlich der Überprüfung dieses Verwaltungshandelns. Derartige Angelegenheiten sind unabhängig von ihrer formellen Zuweisung materielle Angelegenheiten der freiwilligen Gerichtsbarkeit. Entsprechend wird auch im Schrifttum unabhängig von der formellen Zuweisung in bestimmten Angelegenheiten materiell von einer FG-Sache gesprochen (zB beim Aufgebotsverfahren bis zum 1. 9. 2009 [§§ 946 ff. ZPO],[26] bei der Bewilligung der öffentlichen Zustellung einer Willenserklärung [§ 132 Abs. 2 S. 2 BGB][27] oder bei der Bewilligung der Veröffentlichung der Kraftloserklärung einer Vollmachtsurkunde [§ 176 Abs. 2 BGB]).[28]

18 **c) Definition.** Als Angelegenheiten der freiwilligen Gerichtsbarkeit iSv. § 1 müssen zum einen alle formellen FG-Sachen verstanden werden. Daneben sind jedoch auch solche anzuerkennen, die

---

[17] *Lent,* Grundriss der Freiwilligen Gerichtsbarkeit (1922) S. 6; *Brehm* § 1 Rn. 24.
[18] *Schulte-Bunert* Rn. 58; *Habscheid* S. 22; *Bärmann* AcP 154 (1955) 373 (378); für die Schweiz: *Guldener,* Grundzüge der freiwilligen Gerichtsbarkeit der Schweiz, 1954, S. 2.
[19] *Habscheid* S. 22; *Pawlowski/Smid* Rn. 6; vgl. dazu auch BGHZ 6, 248 (254); OLG Frankfurt NJW 1953, 1713; *Bärmann* AcP 154 (1955), 373 (418); *Habscheid* Rpfleger 1957, 164 (168).
[20] S. dazu *Habscheid* S. 32 ff.
[21] *Baur/Wolf,* Grundbegriffe des Rechts der freiwilligen Gerichtsbarkeit, 2. Aufl. 1980, S. 23; *Habscheid* S. 32; *Pawlowski/Smid* Rn. 21; *Rosenberg/Schwab/Gottwald* § 11 Rn. 1; *Bumiller/Harders* Rn. 4.
[22] *Rosenberg/Schwab/Gottwald* § 11 Rn. 1; *Bumiller/Harders* Rn. 6.
[23] Vgl. *Lent,* Grundriss der Freiwilligen Gerichtsbarkeit (1922) S. 4.
[24] *Baur/Wolf,* Grundbegriffe des Rechts der freiwilligen Gerichtsbarkeit, 2. Aufl. 1980, S. 23; *Habscheid* S. 32; *Rosenberg/Schwab/Gottwald* § 11 Rn. 1; *Bumiller/Harders* Rn. 4.
[25] *Brehm* § 1 Rn. 12.
[26] Oben § 946 ZPO Rn. 2; *Zöller/Geimer* Vor § 946 ZPO Rn. 8; LG Frankenth Rpfleger 1983, 413.
[27] *Keidel/Sternal* Rn. 17.
[28] MünchKommBGB/*Schramm* § 176 BGB Rn. 4; *Staudinger/Schilken,* 2003, § 176 BGB Rn. 6; *Keidel/Sternal* Rn. 17.

dem materiellen FG-Begriff untergeordnet werden können,[29] es sei denn, sie wurden vom Gesetzgeber ausdrücklich einer anderen Gerichtsbarkeit zugewiesen.

Zum einen ist eine derartige **Erweiterung** eines rein formellen Begriffs notwendig, da der 19 Gesetzgeber nicht stets eine klare Zuweisung zu einer Gerichtsbarkeit vornimmt. Nur so sind Lücken bei der Annahme einer Angelegenheit als FG-Sache zu vermeiden.[30] Beispielsweise wird die Bewilligung der öffentlichen Zustellung einer Willenserklärung (§ 132 Abs. 2 S. 2 BGB)[31] oder die Veröffentlichung der Kraftloserklärung einer Vollmachtsurkunde (§ 176 Abs. 2 BGB)[32] unstreitig als eine Angelegenheit der freiwilligen Gerichtsbarkeit behandelt, obwohl eine klare Zuweisung gerade nicht zu erkennen ist.

Jedoch muss dem Gesetzgeber auch mit einer **Einschränkung** Rechnung getragen werden. Auch 20 wenn Angelegenheiten materiell der freiwilligen Gerichtsbarkeit zuzuordnen sind, können diese vom Gesetzgeber einer anderen Gerichtsbarkeit zugewiesen werden. So war bis zum 1. 9. 2009 das Aufgebotsverfahren (nunmehr §§ 433 ff.) in den §§ 946 ff. ZPO als Teil der streitigen Gerichtsbarkeit geregelt, obwohl es materiell als Angelegenheit der freiwilligen Gerichtsbarkeit anerkannt wurde.[33]

2. Zuweisung an Gerichte. Der letzte Halbs. von § 1 schränkt sodann die Anwendung der 21 Verfahrensordnung des FamFG allein auf solche Angelegenheiten der freiwilligen Gerichtsbarkeit ein, die den Gerichten zugewiesen sind. Es wird dabei keine ausdrückliche Zuweisung an Organe der freiwilligen Gerichtsbarkeit verlangt; die allgemeine Zuweisung an ein Gericht ist ausreichend.[34] So genügt zB die Zuweisung an das Amtsgericht in § 132 Abs. 2 S. 2 BGB oder § 176 Abs. 2 BGB. Das FamFG kommt dagegen nicht zur Anwendung, soweit die Verrichtungen anderen Stellen zugewiesen sind (zB den Notaren, dem Standesamt oder dem Patentamt).[35]

3. Zuweisung durch Bundesgesetz. Die Zuweisung an die Gerichte muss zudem durch 22 Bundesgesetz erfolgen. Es genügt nicht, wenn der Bundesgesetzgeber es den Ländern überlässt, die zuständige Stelle zu bestimmen und sich sodann der Landesgesetzgeber für die Zuweisung an die Gerichte entscheidet.[36] Genügend ist jedoch die Zuweisung landesrechtlich gestalteter Angelegenheiten durch Bundesgesetz[37] (zB ist die freiheitsentziehende Unterbringung psychisch Kranker nach den Landesgesetzen mit § 312 Nr. 3 durch Bundesgesetz der freiwilligen Gerichtsbarkeit zugewiesen).

4. Landesrechtlicher Vorbehalt. Das FamFG findet grundsätzlich auch dann Anwendung, wenn 23 vom Bundesgesetzgeber eine Zuweisung an die Gerichte erfolgt, der Landesgesetzgeber aber ermächtigt wird (s. § 486 Rn. 1), die Angelegenheiten auf eine andere Behörde zu übertragen, und dieser davon Gebrauch macht.[38] Sodann sind jedoch die Besonderheiten der §§ 486, 488 zu beachten. Insbesondere wird der Landesgesetzgeber durch § 486 Abs. 1 in diesem Fall auch ermächtigt, insoweit abweichende Verfahrensvorschriften zu erlassen.[39]

5. Einzelfälle. Das FamFG bestimmt in seinen **Büchern 3 bis 8** die folgenden Sachen als 24 Angelegenheiten der freiwilligen Gerichtsbarkeit: Betreuungssachen gemäß § 271, Unterbringungssachen gemäß § 312, Betreuungsgerichtliche Zuweisungssachen gemäß § 340, Nachlasssachen gemäß § 342 Abs. 1, Teilungssachen gemäß § 342 Abs. 2, Registersachen gemäß § 374, unternehmensrechtliche Verfahren gemäß § 375, weitere Angelegenheiten der freiwilligen Gerichtsbarkeit gemäß § 410, Freiheitsentziehungssachen gemäß § 415, und Aufgebotssachen gemäß § 433.

Anders als bei den Familiensachen bilden die in den Büchern 3 bis 8 aufgeführten Materien jedoch 25 nur einen Ausschnitt der Angelegenheiten der freiwilligen Gerichtsbarkeit. Das FamFG ist daher zB auch auf folgende, in **anderen Bundesgesetzen** den Gerichten zugewiesene Angelegenheiten der freiwilligen Gerichtsbarkeit anwendbar:
– Grundbuchsachen (§ 1 GBO), soweit die Grundbuchordnung keine besonderen Verfahrensbestimmungen enthält

---

[29] Soweit wohl bereits *Goldschmidt,* Zivilprozessrecht, 2. Aufl. 1932, S. 68.
[30] So auch *Brehm* § 1 Rn. 8, 11.
[31] *Keidel/Sternal* Rn. 17.
[32] MünchKommBGB/*Schramm* § 176 BGB Rn. 4; *Staudinger/Schilken,* 2003, § 176 BGB Rn. 6; *Keidel/Sternal* Rn. 17.
[33] Oben § 946 ZPO Rn. 2; *Zöller/Geimer* Vor § 946 ZPO Rn. 8; LG Frankenth Rpfleger 1983, 413.
[34] AA noch zum FGG *Keidel/Kuntze/Winkler/Schmidt* § 1 FGG Rn. 47, der jedoch in der Folge (Rn. 86, 87) auch nicht die konkrete Benennung eines FG-Gerichts verlangt.
[35] *Keidel/Sternal* Rn. 7; *Bumiller/Harders* Rn. 2; *Zimmermann* FamFG Rn. 3.
[36] *Zimmermann* FamFG Rn. 3; aA *Bumiller/Harders* Rn. 2.
[37] BT-Drucks. 16/6308, S. 175.
[38] *Keidel/Sternal* Rn. 7; *Zimmermann* FamFG Rn. 3.
[39] *Staudinger/Mayer,* 2005, Art. 147 EGBGB Rn. 19.

- § 13 VerschG: Todeserklärung eines Verschollenen
- § 17 Abs. 1 SpruchG: Gesellschaftsrechtliche Spruchverfahren nach § 1 SpruchG
- § 138 Abs. 2 UrhG: Entscheidungen über Ablehnung der Eintragung in das Register anonymer und pseudonymer Werke
- § 111 BNotO iVm. § 40 Abs. 4 BRAO: Anfechtung von Verwaltungsakten nach der BNotO
- § 40 Abs. 4 BRAO:[40] Verfahren vor dem Anwaltsgericht und dem Anwaltsgerichtshof nach BRAO
- § 36 Abs. 4 PatAnwO: Gerichtliche Entscheidung bei Nichtzulassung als Patentanwalt (§ 35 Abs. 1 PatAnwO) sowie Anfechtung von sonstigen Verwaltungsakten, nach der PatAnwO, dem Gesetz über die Eignungsprüfung für die Zulassung zur Patentanwaltschaft oder einer auf Grund dieser Gesetze erlassenen Rechtsverordnung (§ 184 PatAnwO)
- § 156 Abs. 5 S. 3 KostO: Einwendungen gegen die Kostenberechnung der Notare

26 Materielle FG-Sachen **ohne Zuweisung** sind folgende:
- Niederlegung des Verpfändungsbeitrages beim Amtsgericht (§ 2 PachtkredG)
- Anfechtung von Justizverwaltungsakten (§ 23 ff. EGGVG): Bisher verwies § 29 Abs. 2 für das Verfahren ergänzend auf die Vorschriften des FGG. Mit dem FGG-RG wird nunmehr allein für die Rechtsbeschwerde zum BGH auf die §§ 71–74 FamFG verwiesen, für das Verfahren vor dem OLG erfolgt jedoch kein Verweis und somit auch keine Zuweisung mehr. Eine Änderung der Verfahrensart war jedoch nicht gewollt. Dies macht insbesondere die Anwendbarkeit des FamFG im Rechtsbeschwerdeverfahren deutlich. Hinweise auf eine bewusste Änderung der Verfahrensart ergeben sich auch nicht aus den Materialien. Man wird daher auch weiterhin eine öffentlich-rechtliche Streitigkeit der freiwilligen Gerichtsbarkeit annehmen müssen, für die ergänzend zu den besonderen Regelungen der Allgemeine Teil des FamFG anwendbar ist.

Vorbemerkung zu den §§ 2–5

Schrifttum: *Büte,* Zuständigkeitsregelungen im Gesetz zur Reform des Verfahrens in Familiensachen und in Angelegenheiten der freiwilligen Gerichtsbarkeit (FamFG), FuR 2009, 121; *Deckers,* Zur Verfahrensgestaltung im Fall kumulativer Rechtswegzuständigkeit ZZP 110 (1997), 341; *Kroiß,* Ausgewählte Zuständigkeitsprobleme der freiwilligen Gerichtsbarkeit, 1994; *Schwab,* Das Verhältnis der freiwilligen Gerichtsbarkeit zur streitigen Gerichtsbarkeit – eine Frage der Verfahrensart, 1960.

I. Gerichtliche Zuständigkeit

1 Mit der gerichtlichen Zuständigkeit wird die Befugnis eines Rechtspflegeorgans bezeichnet, eine bestimmte Rechtspflegeaufgabe in einer bestimmten Angelegenheit wahrzunehmen.[1] Die Zuständigkeit ist **Verfahrensvoraussetzung** und – soweit nicht ausdrücklich anders angeordnet – in jeder Verfahrenslage für alle Zuständigkeitsarten von Amts wegen zu prüfen.[2]

2 Unter dem FamFG steht die Zuständigkeit **grundsätzlich nicht zur Disposition** der Beteiligten. (Nachträgliche) Zuständigkeitsvereinbarungen und Rügeverzichte sind insoweit unwirksam.[3] Die §§ 38–40 ZPO sind (auch in FG-Streitsachen) nicht entsprechend anwendbar.[4] Ausnahmen gelten in Familiensachen allein insoweit, als für Familienstreitsachen auf die Allgemeinen Vorschriften der ZPO verwiesen wird (Unterhaltssachen § 232 Abs. 3, Güterrechtssachen § 262 Abs. 2, sonstige Familiensachen § 267 Abs. 2). Für Angelegenheiten der freiwilligen Gerichtsbarkeit werden Ausnahmen in § 344 Abs. 2 Halbs. 2 (amtliche Verwahrung von Testamenten), § 411 Abs. 2 (privat veranlasste Ernennung, Beeidigung und Vernehmung von Sachverständigen), § 84 Abs. 2 VVG (Ernennung von Sachverständigen im Rahmen der Schadensversicherung) zugelassen.

3 **Schiedsfähig** sind gemäß § 1030 Abs. 1 ZPO alle vermögensrechtlichen Ansprüche sowie nicht-vermögensrechtliche Ansprüche, über die die Parteien einen Vergleich schließen können. Allein echte Streitsachen der freiwilligen Gerichtsbarkeit kommen daher als schiedsfähig in Betracht.[5] Im Einzelnen werden Schiedsvereinbarungen anerkannt betreffend Ansprüche der Gesellschafter auf

---

[40] In § 40 Abs. 4 BRAO wurde die Anpassung des Verweises auf das FGG durch das FGG-RG durch den Gesetzgeber vergessen; er ist dennoch nunmehr als Verweis auf das FamFG zu verstehen.
[1] Oben § 1 ZPO Rn. 2.
[2] BGH FamRZ 2007, 113, 114; BGH NJW 2003, 426; *Bassenge/Roth* § 4 FGG Rn. 1.
[3] Für Angelegenheiten der FG: OLG Hamm FamRZ 1997, 1295; *Bassenge/Roth* § 4 FGG Rn. 1.
[4] *Keidel/Sternal* § 3 Rn. 40.
[5] Grundlegend BGHZ 6, 248 (253 ff.).

Vorbemerkung zu den §§ 2–5   4–10   **Vor §§ 2–5**

Auskunft der Gesellschaft nach § 166 HGB,[6] §§ 131, 132 AktG, §§ 51a, 51b GmbHG[7] und Streitigkeiten nach § 43 WEG.

Das FamFG enthält **keine umfassende Kodifizierung** der Zuständigkeitsregelungen. In den §§ 2–5 FamFG sind einzelne Vorschriften zum Umgang mit Zuständigkeitsproblemen enthalten. An zahlreichen Stellen im FamFG sowie im GVG und im materiellen Recht werden die verschiedenen Aspekte der Zuständigkeit geregelt. Systematisch sind verschiedene Arten der Zuständigkeit zu unterscheiden: Die Rechtswegzuständigkeit, die Verfahrenszuständigkeit, die internationale Zuständigkeit, die sachliche Zuständigkeit, die örtliche Zuständigkeit und die funktionelle Zuständigkeit.   4

II. Rechtswegzuständigkeit

Die Rechtswegzuständigkeit bestimmt, welche der **fünf Gerichtsbarkeiten** (ordentliche Gerichtsbarkeit, Verwaltungsgerichtsbarkeit, Arbeitsgerichtsbarkeit, Sozialgerichtsbarkeit, Finanzgerichtsbarkeit) für die Sache zuständig ist.[8]   5

Bisher war die freiwillige Gerichtsbarkeit zwar als Teil der ordentlichen Gerichtsbarkeit anerkannt, der sachliche Anwendungsbereich des die ordentliche Gerichtsbarkeit organisierenden GVG war jedoch in Zivilsachen auf die streitige Gerichtsbarkeit beschränkt (§ 2 EGGVG). In der freiwilligen Gerichtsbarkeit erfolgte mittels eines eingeschränkten Verweises auf bestimmte Teile des GVG in § 8 FGG allein eine analoge Anwendung.[9] Zum 1. 9. 2009 ändert Art. 21 Nr. 1 FGG-RG § 2 EGGVG dahingehend, dass das GVG nunmehr insgesamt für die ordentliche Gerichtsbarkeit anwendbar ist. Aufgrund Art. 22 Nr. 2 FGG-RG stellt § 13 GVG sodann klar, dass die Familiensachen und Angelegenheiten der freiwilligen Gerichtsbarkeit **Zivilsachen der ordentlichen Gerichtsbarkeit** sind.   6

Die **Rechtswegunzuständigkeit** und ihre Folgen regeln die §§ 17–17b GVG,[10] welche auch in den Verfahrensordnungen der anderen Gerichtsbarkeiten durch Verweis (§ 173 VwGO, § 48 ArbGG, § 202 SGG, § 155 FGO) anwendbar sind. Die Regelung ist Ausdruck der Gleichwertigkeit der Rechtswege und verkürzt den meist unergiebigen Streit über den richtigen Rechtsweg.[11] Zur Verweisung bei fehlender Rechtswegzuständigkeit s. § 3 Rn. 24 ff.   7

III. Verfahrenszuständigkeit

Innerhalb der ordentlichen Gerichtsbarkeit wird zwischen den bürgerlichen Streitsachen, den Familiensachen und Angelegenheiten der freiwilligen Gerichtsbarkeit sowie den Strafsachen unterschieden (§ 13 GVG). Für jeden Zweig ist ein eigenes Verfahren vorgesehen, das der ZPO, des FamFG sowie das der StPO. Es ist heute anerkannt, dass die Frage, welcher **Zweig der ordentlichen Gerichtsbarkeit** zuständig ist, keine Frage des Rechtsweges, sondern eine eigene Zuständigkeitsart darstellt.[12] Die Verfahrenszuständigkeit bestimmt, welchem dieser Zweige die Sache zuzuordnen ist, und folglich welche Verfahrensordnung originär zur Anwendung gelangt. Die Verfahrenszuständigkeit wird bestimmt durch den Anwendungsbereich der jeweiligen Verfahrensordnung, mithin für die Familiensachen und Angelegenheiten der freiwilligen Gerichtsbarkeit die Anwendbarkeit des FamFG durch dessen § 1, für die bürgerlichen Streitsachen die Anwendbarkeit der ZPO durch § 3 EGZPO.   8

Davon zu unterscheiden ist der Fall, dass von einer Verfahrensordnung die Vorschriften einer anderen Verfahrensordnung für anwendbar erklärt werden (so zB von § 113 für Ehesachen und Familienstreitsachen bestimmte Teile der ZPO). Das Verfahren bleibt dabei dennoch ein FamFG-Verfahren, die ZPO kommt nicht auf Grund ihres eigenen Anwendungsbereiches zur Geltung, sondern allein auf Grund des Verweises aus dem FamFG.[13]   9

Bei der Rechtswegzuständigkeit wird grundsätzlich auch über das anwendbare Verfahren entschieden. Bei der ordentlichen Gerichtsbarkeit fehlt dies jedoch auf der Ebene der Rechtswegzuständigkeit, da hier verschiedene Verfahren einem Rechtsweg zugeordnet werden. Die Entscheidung muss   10

---

[6] BayObLG MDR 1979, 317.
[7] OLG Hamm BB 2000, 1159.
[8] *Kissel/Mayer* § 17 GVG Rn. 3 a; *Brehm* § 4 Rn. 1.
[9] S. BGHZ 9, 30 (33); OLG Hamm NJW 1992, 2643 (2644); oben § 2 EGGVG Rn. 8; *Keidel/Kuntze/Winkler/Schmidt* § 1 FGG Rn. 17; *Kissel/Mayer* § 17 GVG Rn. 54.
[10] Die auch bisher bereits analog herangezogen wurden, BGH NJW 1998, 231.
[11] *Zöller/Lückemann* Vor §§ 17–17b GVG Rn. 2.
[12] BGH NJW 1980, 2466; *Keidel/Sternal* § 1 Rn. 47; *Brehm* § 4 Rn. 5; zur Entwicklung *Baur* FGG S. 32 f.; *Baur/Wolf*, Grundbegriffe des Rechts der freiwilligen Gerichtsbarkeit, 2. Aufl. 1980, S. 31 f.; aA noch RGZ 106, 406 (408); BGHZ 10, 155 (162); BGHZ 19, 185 (195); *Habscheid* S. 79.
[13] AA wohl *Brehm* § 4 Rn. 8.

daher auf der zweiten Ebene, der Verfahrenszuständigkeit, getroffen werden. Der Entscheidungsgehalt von zulässigem Rechtsweg und Verfahren ist entsprechend vergleichbar, weshalb die Regelungen zur Rechtswegunzuständigkeit (§§ 17–17b GVG) für die **Verfahrensunzuständigkeit** entsprechend herangezogen wurden.[14] Art. 22 Nr. 3 FGG-RG fügte **§ 17a Abs. 6 GVG** ein, der § 17a Abs. 1–5 GVG für die Verfahrenszuständigkeit entsprechend anwendbar erklärt. Die §§ 17–17b GVG stellen jedoch ein Gesamtkonzept dar, in dem § 17a Abs. 1–5 GVG allein den Ausschnitt der Entscheidung und Verweisung regelt. Die ergänzenden Bestimmungen sind für die Umsetzung des Gesamtkonzeptes jedoch ebenso bedeutsam. Der Verweis in § 17a Abs. 6 GVG muss daher so verstanden werden, dass der Gesetzgeber dieses Gesamtkonzept auch bei der Verfahrenszuständigkeit angewandt wissen möchte. **§§ 17–17b GVG** sind mithin insgesamt entweder **auf Grund Verweises oder analog** anzuwenden.

IV. Internationale Zuständigkeit

11 Die internationale Zuständigkeit bestimmt, ob für einen Fall die **deutschen Gerichte** Rechtschutz gewähren.[15] Sie dient wie die örtliche Zuständigkeit der Bestimmung des räumlich besten Gerichts; Zuordnungsgegenstand sind die verschiedenen Staaten.[16] Vorrangig sind die Regelungen in völkervertraglichen Vereinbarungen und Rechtsakten der Europäischen Gemeinschaft zu beachten (§ 97). Soweit diese die Regelungen des FamFG nicht verdrängen, wird die internationale Zuständigkeit in den §§ 98–106 umfassend geregelt.

12 Fehlt die internationale Zuständigkeit, so hat das Gericht sich für unzuständig zu erklären und das Verfahren zu beenden. Eine Verweisung (§ 3 Abs. 1 S. 1 analog) kommt nicht in Betracht. Eine grenzüberschreitende **Verweisung** ist auf Grund der staatlichen Souveränität **unzulässig,** jeder hoheitliche Akt endet an der Staatsgrenze.[17]

V. Sachliche Zuständigkeit

13 Mit der sachlichen Zuständigkeit wird die Angelegenheit einer **Gerichtsart** der dem Gerichtszweig zugeordneten Gerichte **als Eingangsinstanz** zugewiesen. Die ordentliche Gerichtsbarkeit wird gemäß § 12 GVG durch die Amtsgerichte, Landgerichte, Oberlandesgerichte und den Bundesgerichtshof ausgeübt. Aufgrund § 8 EGGVG kann in Bundesländern, in denen mehrere Oberlandesgerichte errichtet sind, ein Oberstes Landesgericht eingerichtet werden. Dies ist derzeit jedoch in keinem Bundesland der Fall.[18]

14 Den **Amtsgerichten** werden durch § 23a Abs. 1 GVG die Familiensachen generell und die Angelegenheiten der freiwilligen Gerichtsbarkeit insoweit zugewiesen, als nicht durch Gesetz eine andere Zuständigkeit begründet ist. Derartige **Sonderzuweisungen** finden sich zB zum Landgericht in § 71 Abs. 2 Nr. 4 GVG, § 15 Abs. 2 BNotO (Beschwerden gegen Amtsverweigerung des Notars), § 54 BeurkG (Beschwerden gegen Notartätigkeiten bei Beurkundungen) § 156 Abs. 1 KostO (Einwendungen gegen Kostenberechnung der Notare), zum Oberlandesgericht in § 107 Abs. 5 (Anerkennung ausländischer Entscheidungen in Ehesachen), § 25 Abs. 1 EGGVG (Anfechtung von Justizverwaltungsakten), wobei den Ländern die Möglichkeit der Übertragung auf ein Oberstes Landesgericht in § 25 Abs. 2 EGGVG eingeräumt wird, § 111 Abs. 3, 4 BNotO, § 40 Abs. 4 BRAO (Anfechtung von Verwaltungsakten nach der BNotO), § 33 PatAnwO (Gerichtliche Entscheidung bei Nichtzulassung als Patentanwalt sowie sonstige Verwaltungsakte gemäß § 184 PatAnw), § 138 Abs. 2 UrhG (Entscheidung über Ablehnung der Eintragung in das Register anonymer und pseudonymer Werke) bzw. zum BGH in §§ 191, 91 Abs. 7, 40 Abs. 4 BRAO[19] (Nichtigerklärung von Wahlen und Beschlüssen der Organe der BRAK).

15 Fehlt die sachliche Zuständigkeit, so ist nach § 3 an das zuständige Gericht zu **verweisen.**

---

[14] BGH NJW-RR 2005, 721 (722); BGH NJW 2001, 2181; BGH NJW 2003, 1032 (1036); oben § 17 GVG Rn. 5; *Zöller/Lückemann* Vor §§ 17–17b GVG Rn. 11; *Thomas/Putzo/Hüßtege* § 17 GVG Rn. 2; *Kissel/Mayer* § 17 GVG Rn. 55.

[15] *Rosenberg/Schwab/Gottwald* § 29 Rn. 8.

[16] *Kegel/Schurig,* IPR, 9. Aufl. 2004, S. 1049.

[17] Vgl. oben § 281 ZPO Rn. 5; OLG Düsseldorf WM 2000, 2192 (2195); OLG Köln NJW 1988, 2182 (2183); *Rüßmann* IPRax 1996, 402; *Zöller/Greger* § 281 ZPO Rn. 5; zur grenzüberschreitenden Verweisung s. *McGuire* ZfRV 2005, 83.

[18] S. zur Auflösung des BayObLG § 8 EGGVG Rn. 14 f.

[19] In § 40 Abs. 4 BRAO wurde die Anpassung des Verweises auf das FGG durch das FGG-RG durch den Gesetzgeber vergessen; er ist dennoch nunmehr als Verweis auf das FamFG zu verstehen.

VI. Örtliche Zuständigkeit

Die örtliche Zuständigkeit legt den räumlichen Wirkungskreis eines Gerichts fest.[20] Eine **allge-** **meine Regelung** der örtlichen Zuständigkeit bzw. der Gerichtsstände existiert auf Grund der Verschiedenartigkeit der im FamFG zusammengefassten Verfahren nicht.[21] Sie ist stattdessen den besonderen Bestimmungen zu den einzelnen Verfahren zu entnehmen.[22] So enthält der Besondere Teil des FamFG zahlreiche Einzelregelungen für die verschiedenen Angelegenheiten.

Hinsichtlich der **Familiensachen** des 2. Buches findet sich die Regelung der örtlichen Zuständigkeit für Ehesachen in § 122, für Kindschaftssachen in § 152, für Abstammungssachen in § 170, für Adoptionssachen in § 187, für Ehewohnungssachen und Haushaltssachen in § 201, für Gewaltschutzsachen in § 211, für Versorgungsausgleichssachen in § 218, für Unterhaltssachen in § 232 (sowie bei nicht bestehender Vaterschaft aber Anhängigkeit eines Vaterschaftsfeststellungsverfahrens in § 237 Abs. 2; zu beachten ist die Möglichkeit der Konzentration bei einem Amtsgericht nach § 260), für Güterrechtssachen in § 262, für sonstige Familiensachen in § 267. Für Lebenspartnerschaftssachen verweist § 270 auf die entsprechenden Familiensachen einschließlich der dort erfolgten Regelung der örtlichen Zuständigkeit.

Hinsichtlich der anderen **Angelegenheiten der freiwilligen Gerichtsbarkeit** des 3. bis 8. Buches ist die örtliche Zuständigkeit für Betreuungssachen in § 272, für Unterbringungssachen in § 313, für betreuungsgerichtliche Zuweisungssachen in § 341 mit Verweis auf § 272, für Nachlasssachen und Teilungssachen in §§ 343f., für Registersachen und unternehmensrechtliche Verfahren in § 376, 377, für weitere Angelegenheiten der freiwilligen Gerichtsbarkeit in § 411, für Freiheitsentziehungssachen in § 416 und für Aufgebotssachen zur Ausschließung des Eigentümers eines Grundstückes in § 442 Abs. 2, zur Ausschließung des Eigentümers eines eingetragenen Schiffes oder Schiffsbauwerkes in § 446 Abs. 2, zur Ausschließung eines Hypotheken-, Grundschuld- oder Rentenschuldgläubigers in § 447 Abs. 2, zur Ausschließung eines Schiffshypothekengläubigers in § 452 Abs. 2, zur Ausschließung von Nachlassgläubigern in § 454 Abs. 2, zur Ausschließung von Schiffsgläubigern in § 465 Abs. 2 und zur Kraftloserklärung von Urkunden in § 466 geregelt.

Auch in anderen, **vom Besonderen Teil des FamFG nicht geregelten Verfahren,** auf die jedoch als Angelegenheiten der freiwilligen Gerichtsbarkeit die Allgemeinen Vorschriften des FamFG anwendbar sind, ergibt sich die örtliche Zuständigkeit aus den die konkrete Angelegenheit regelnden besonderen Normen. Zu beachten ist die Konzentrationsermächtigung für sachlich den Landgerichten gemäß § 71 Abs. 2 Nr. 4 GVG zugewiesene Angelegenheiten bei einem Landgericht (§ 71 Abs. 4 GVG).

Bei Fehlen der örtlichen Zuständigkeit ist nach § 3 an das zuständige Gericht zu **verweisen.**

VII. Funktionelle Zuständigkeit

Die funktionelle Zuständigkeit betrifft die Aufgabenverteilung innerhalb eines Gerichts. Sie verteilt die Aufgaben auf die dort angesiedelten **verschiedenen Rechtspflegeorgane.**[23]

Zum einen wird die Zuweisung an die besonderen Spruchkörper eines Gerichts vorgenommen.[24] Diese erfolgt zum Teil durch Gesetz. Bei den Amtsgerichten folgt die Zuweisung an die Abteilungen für Familiensachen (Familiengericht) aus § 23b GVG und an die Abteilungen für Betreuungssachen, Unterbringungssachen und betreuungsrechtliche Zuweisungssachen (Betreuungsgericht) aus § 23c GVG. Beim Landgericht folgt sie an die Kammer für Handelssachen aus §§ 95, 94 GVG. Im Übrigen wird die Verteilung durch den Geschäftsverteilungsplan des einzelnen Gerichts vorgenommen.

Bei **Fehlen** der funktionellen Zuständigkeit kommt eine Anwendung von § 17a Abs. 6 GVG nicht in Betracht. Zwar spricht der Wortlaut von den „Spruchkörpern in ihrem Verhältnis zueinander", jedoch ist hier allein das Verhältnis der einzelnen Verfahrensarten der ordentlichen Gerichtsbarkeit in Zivilsachen gemeint. § 17a Abs. 6 GVG dient allein der Verweisung von ZPO-Verfahren in FamFG-Verfahren und umgekehrt.[25] Auch eine Verweisung wie bei örtlicher oder sachlicher Zuständigkeit nach § 3 analog wird nicht zugelassen.[26] Es kommt allein eine **formlose Abgabe entsprechend der Geschäftsverteilung** zwischen verschiedenen Spruchkörpern desselben Gerichts in

---

[20] *Brehm* § 4 Rn. 1.
[21] *Brehm* § 4 Rn. 34; *Zimmermann* FamFG Rn. 9.
[22] *Schulte-Bunert* Rn. 63; *Kroiß/Seiler* § 2 Rn. 4.
[23] *Bassenge/Roth* § 4 FGG Rn. 4.
[24] BGH NJW 1978, 1531; aA *Jauernig* FamRZ 1977, 681 f., der dies als eine Frage der sachlichen Zuständigkeit betrachtet.
[25] BT-Drucks. 16/6308, S. 318.
[26] OLG Rostock FamRZ 2007, 742; OLG Brandenburg NJW-RR 2001, 645.

Betracht.[27] Eine Bindungswirkung der Abgabe besteht nicht,[28] ein Zuständigkeitsstreit ist vom Präsidium des Gerichts zu entscheiden.[29]

24 Auch die Zuweisung der Sache an den **Richter** oder den **Rechtspfleger** ist eine Frage der funktionellen Zuständigkeit. Die Regelungen hierzu finden sich in §§ 3 ff. RPflG. Gemäß § 7 RPflG entscheidet bei Streit oder Ungewissheit über die funktionelle Zuständigkeit hier der Richter durch unanfechtbaren Beschluss.

§ 2 Örtliche Zuständigkeit

(1) Unter mehreren örtlich zuständigen Gerichten ist das Gericht zuständig, das zuerst mit der Angelegenheit befasst ist.

(2) Die örtliche Zuständigkeit eines Gerichts bleibt bei Veränderung der sie begründenden Umstände erhalten.

(3) Gerichtliche Handlungen sind nicht deswegen unwirksam, weil sie von einem örtlich unzuständigen Gericht vorgenommen worden sind.

Schrifttum: *Habscheid,* Fehlerhafte Entscheidungen im Verfahren der Freiwilligen Gerichtsbarkeit NJW 1966, 1787; *Schefold,* Über Nichtigkeit und Anfechtbarkeit in der nichtstreitigen Rechtspflege AcP 87 (1897), 453; *Schwab,* Zum Sachzusammenhang bei Rechtsweg- und Zuständigkeitsentscheidungen, FS Zeuner, 1994, S. 499.

Übersicht

	Rn.		Rn.
I. Normzweck	1–5	d) Härtefälle	31
II. Mehrfache Anhängigkeit	6–26	e) Anfängliche Unzuständigkeit	32
1. Entstehen konkurrierender Zuständigkeiten	6–8	2. Internationale Zuständigkeit	33
		3. Andere Zuständigkeitsarten	34–36
2. Örtliche Zuständigkeit	9–24	IV. Verrichtungen des unzuständigen Gerichts	37–66
a) Gerichte	9		
b) Dieselbe Angelegenheit	10–14	1. Örtliche Unzuständigkeit	37–50
c) Befassen	15–17	a) Gerichtliche Handlungen	38–40
d) Zeitliche Priorität	18, 19	b) Entgegennahme von Erklärungen	41–44
e) Rechtsfolge	20–22	c) Niederlegung von Urkunden	45
f) Bestimmung der Zuständigkeit	23	d) Rechtsfolgen	46–50
g) Wahl des Antragstellers	24	2. Rechtswegunzuständigkeit	51–53
3. Internationale Zuständigkeit	25	3. Verfahrensunzuständigkeit	54–56
4. Andere Zuständigkeitsarten	26	4. Internationale Unzuständigkeit	57–59
III. Wegfall der zuständigkeitsbegründenden Umstände	27–36	5. Sachliche Unzuständigkeit	60, 61
		6. Funktionelle Unzuständigkeit	62, 63
1. Örtliche Zuständigkeit	27–32	7. Unzuständigkeit nach Geschäftsverteilung	64
a) Perpetuatio fori	27		
b) Eintritt	28	8. Andere Unwirksamkeitsgründe	65
c) Verbundzuständigkeiten	29, 30	9. Einzelfälle	66

I. Normzweck

1 Die **amtliche Überschrift** von § 2 ist irreleitend: Die Norm enthält gerade keine Regelung der örtlichen Zuständigkeit (s. dazu Vor §§ 2–5 Rn. 16). § 2 befasst sich vielmehr mit Fragen, die im Zusammenhang mit der örtlichen Zuständigkeit stehen: Die mehrfache, die wegfallende und die nicht bestehende örtliche Zuständigkeit.

2 Die Regelung des **Abs. 1** befand sich früher in § 4 FGG. Er löst Konflikte der mehrfachen Anhängigkeit, soweit mehrere Gerichte örtlich zuständig sind. Doppelbehandlungen derselben Sache sollen ebenso ausgeschlossen werden, wie einander widersprechende Entscheidungen.[1] Er übernimmt die Funktion, die in der streitigen Gerichtsbarkeit § 261 Abs. 3 Nr. 1 ZPO hat, wonach eine anderweitige Rechtshängigkeit jedes weitere Verfahren sperrt. Da im Bereich der Familiensachen und

---
[27] BGH NJW 1978, 1531 (1532 f.); BGH NJW 1964, 200 (201); OLG München NJW 1964, 1282; *Zöller/Greger* § 281 ZPO Rn. 4.
[28] BGH NJW 1978, 1531 (1532 f.).
[29] *Zöller/Greger* § 281 ZPO Rn. 4.
[1] *Jansen/Müther* § 4 FGG Rn. 1.

der freiwilligen Gerichtsbarkeit Verfahren auch von Amts wegen eingeleitet werden können, ist ein Abstellen auf das Tätigwerden des Antragstellers nicht möglich. § 2 Abs. 1 ist in **Registersachen** (§ 377 Abs. 4) nicht anzuwenden.

Abs. 2 normiert den auch im streitigen Verfahren gemäß § 261 Abs. 3 Nr. 2 ZPO geltenden und bereits früher unter dem FGG anerkannten[2] Grundsatz der perpetuatio fori für das FamFG-Verfahren. Es soll verhindert werden, dass mit jeder Änderung der Umstände ein neues Gericht mit der Sache befasst wird. Die Vorschrift dient so der Prozess- und Kostenökonomie.[3] 3

Abs. 3 regelt die Wirksamkeit von Handlungen, die von einem örtlich unzuständigen Gericht vorgenommen werden. Da Sanktionen von Zuständigkeitsfehlern die Verlässlichkeit gerichtlicher Verfügungen für den Rechtsverkehr mindern,[4] will Abs. 3 sowohl Rechtssicherheit schaffen als auch das Vertrauen der Beteiligten auf die Richtigkeit gerichtlicher Handlungen schützen.[5] Den Betroffenen soll ein Zuständigkeitsirrtum nicht aufgebürdet und das Verfahren zudem beschleunigt werden.[6] Die Regelung befand sich früher in § 7 FGG. Soweit von diesem auch gerichtliche Handlungen des ausgeschlossenen oder abgelehnten Richters erfasst wurden, ist diese Problematik heute umfassend in § 6 iVm. den §§ 41–49 ZPO geregelt. 4

In **Ehesachen** (§ 121) und in **Familienstreitsachen** (§ 112) gelten gemäß § 113 Abs. 1 S. 2 die Allgemeinen Vorschriften der ZPO (1. Buch, §§ 1–252 ZPO) und die Vorschriften der ZPO über das Verfahren vor den Landgerichten (2. Buch, 1. Abschnitt, §§ 253–494a ZPO). § 2 ist gemäß § 113 Abs. 1 S. 1 nicht anwendbar. 5

II. Mehrfache Anhängigkeit

1. Entstehen konkurrierender Zuständigkeiten. Konkurrierende Zuständigkeiten können auf Grund verschiedener Umstände auftreten. Zum einen kann ein **nicht eineindeutiges Anknüpfungskriterium** gewählt sein. Bei einer Anknüpfung an den Wohnsitz (zB in Nachlass- und Teilungssachen § 343 Abs. 1 S. 1, § 344 Abs. 7, in weiteren Angelegenheiten der freiwilligen Gerichtsbarkeit § 411) ist ein mehrfacher Wohnsitz auf Grund § 7 Abs. 2 BGB möglich. Auch Minderjährige, deren Eltern verschiedene Wohnsitze haben, besitzen einen mehrfachen Wohnsitz (§ 11 S. 1 BGB). Bei einer Anknüpfung an die Belegenheit von Sachmengen kann an dem Ort, an dem sich ein Teil befindet, die Zuständigkeit für die gesamte Menge gewährt werden (zB in Nachlass- und Teilungssachen § 343 Abs. 3). Letztlich kann auch eine Allzuständigkeit geschaffen worden sein (zB für die Testamentsverwahrung § 244 Abs. 1 Nr. 3, Abs. 2). Zum anderen können **verschiedene Anknüpfungskriterien alternativ** nebeneinander gestellt werden (zB in Familiensachen § 187 Abs. 1, 3, § 211, § 232 Abs. 1 Nr. 2, Abs. 3, § 262 Abs. 2, § 267 Abs. 2). 6

Es muss die Zuständigkeit mehrerer Gerichte **tatsächlich bestehen.** Soweit Zuständigkeitsvereinbarungen zulässig sind (s. Vor §§ 2–5 Rn. 2) und eine solche Vereinbarung auch einen derogierenden Effekt hat, ist das Gericht, dem sonst die Zuständigkeit vom Gesetz zugewiesen wird, von vornherein ein Unzuständiges. Es genügt nicht, dass das Gericht seine Zuständigkeit irrtümlich annimmt.[7] Ein unzuständiges Gericht wird nicht auf Grund der Vornahme gerichtlicher Handlungen oder der Entgegennahme von Erklärungen zu einem zuständigen Gericht, auch wenn seine Verrichtungen gemäß § 2 Abs. 3 wirksam sind.[8] 7

Eilgerichtsstände als Hilfsgerichtsstände konkurrieren nicht mit den regulären Gerichtsständen. Aus der Zuständigkeit in einem Eilverfahren folgt daher keine Zuständigkeit für das Hauptverfahren.[9] Zwischen verschiedenen Eilverfahren ist § 2 Abs. 1 jedoch anwendbar.[10] 8

2. Örtliche Zuständigkeit. a) Gerichte. Grundsätzlich gilt § 2 Abs. 1 allein für eine Anhängigkeit bei verschiedenen Gerichten. Die Norm ist als Teil des FamFG auf Grund des allgemeinen Anwendungsbereiches des FamFG (s. § 1) für Verfahren vor anderen Behörden nicht anwendbar. Wird auf Grund des Vorbehalts zugunsten der **Landesgesetzgeber** (§ 486) jedoch neben den Gerichten einer **anderen Behörde** die Zuständigkeit gewährt, so gilt § 2 Abs. 1 auch im Verhältnis zwischen den Gerichten und dieser anderen Behörde. Bei dem dort durchgeführten Verfahren han- 9

---

[2] BGH NJW-RR 1993, 1091; BayObLGZ 1977, 175; *Bassenge/Roth* § 4 FGG Rn. 3; *Bumiller/Winkler* Vor §§ 3–5 FGG Rn. 2.
[3] *Musielak/Foerste* § 261 ZPO Rn. 13.
[4] *Habscheid* S. 85.
[5] *Keidel/Sternal* Rn. 1; *Kroiß*, Ausgewählte Zuständigkeitsprobleme, 1994, S. 78.
[6] BGH Rpfleger 1977, 406.
[7] OLG Oldenburg NJW-RR 1992, 1533.
[8] *Jansen/Müther* § 4 FGG Rn. 2.
[9] BayObLG FamRZ 1996, 1339.
[10] *Jansen/Müther* § 4 FGG Rn. 1; *Keidel/Giers* § 50 Rn. 3.

delt es sich um ein FamFG-Verfahren, welches allein auf Grund des Vorbehalts des § 486 vor einer anderen Behörde durchgeführt wird. Diese ist daher den Gerichten insoweit gleichzustellen. Für die Vermittlung der Auseinandersetzung eines Nachlasses oder des Gesamtguts einer aufgehobenen ehelichen oder fortgesetzten Gütergemeinschaft ist nach § 38 Abs. 1 bayAGGVG neben dem Amtsgericht auch der Notar zuständig; sind sowohl Amtsgericht als auch Notar mit der Sache befasst, entscheidet § 2 Abs. 1 über die Zuständigkeit.[11]

10   **b) Dieselbe Angelegenheit.** Bei den verschiedenen in Frage stehenden Gerichten muss dieselbe Angelegenheit vorliegen. Der Begriff ist in gleicher Weise zu verstehen, wie bisher dieselbe Sache iSv. § 4 FGG. Es handelt sich dann um **dieselbe Angelegenheit,** wenn diese Gegenstand eines einheitlichen und selbständigen Verfahrens sein kann.[12]

11   In Freiheitsentziehungssachen (§§ 415 ff.) ist die Entscheidung über den Fortbestand der Freiheitsentziehung (§ 425) noch dieselbe Angelegenheit wie die erstmalige Anordnung der Freiheitsentziehung. Das erste Gericht bleibt daher auch für die Folgeentscheidung zuständig.[13] Die Führung einer Vormundschaft, Pflegschaft oder Betreuung als Ganzes wird als eine Angelegenheit betrachtet, so dass die verschiedenen gerichtlichen Verrichtungen dazu stets dieselbe Sache betreffen.[14] Auf die Auseinandersetzung eines einheitlichen Nachlasses gerichtet und daher dieselbe Angelegenheit ist die Führung einer Nachlasspflegschaft, die Nachlassverwaltung und die Vermittlung der Erbauseinandersetzung.[15] Auch das Erbscheinverfahren (Erteilung, Erteilung weiterer Ausfertigungen und Einziehung) stellt ein einheitliches Verfahren dar.[16] Dieselbe Sache betrifft die Feststellung des Fiskuserbrechts und die Aufhebung eines entsprechenden Beschlusses.[17]

12   **Verschiedene Angelegenheiten** werden nicht erfasst; auch dann nicht, wenn zwischen ihnen ein Zusammenhang besteht.[18]

13   So sind die Entscheidung über die elterliche Sorge (§ 1671 BGB) und die Abänderung der elterlichen Sorge (§ 1696 BGB) verschiedene Angelegenheiten.[19] Ebenso ist die Überprüfung und Abänderung einer Ergänzungspflegschaft (§ 1909 BGB) im Verhältnis zu ihrer ursprünglichen Anordnung ein neues Verfahren.[20] Dies gilt auch für das Adoptionsannahmeverfahren und das Adoptionsaufhebungsverfahren.[21] Die einzelnen Verrichtungen des Nachlassgerichtes auch in Bezug auf denselben Nachlass (Nachlasspflegschaft, Testamentseröffnung, Entgegennahme einer Ausschlagungserklärung, Setzen der Inventarfrist, Erbscheinserteilung, nacheinander erfolgte Erteilung von Teilerbscheinen) sind verschiedene Angelegenheiten.[22]

14   Die einzelnen Spruchverfahren nach § 1 SpruchG sind zwar verschiedene Verrichtungen, auf Grund der in § 2 Abs. 1 S. 2 SpruchG angeordneten erweiterten Anwendung von § 2 Abs. 1 genügt hier jedoch **ausnahmsweise** bereits ein **sachlicher Zusammenhang.**

15   **c) Befassen.** Entgegen dem bisherigen § 4 FGG, der auf ein Tätigwerden des Gerichts abstellte, kommt es nunmehr auf die Befassung mit der Angelegenheit an. Dieser Begriff war bisher bereits in den §§ 5, 43 Abs. 1, 65 Abs. 1 FGG enthalten, so dass auf die bisherige Auslegung zurückgegriffen werden kann. War für ein Tätigwerden eine wenn auch nicht nach außen in Erscheinung tretende Förderung der Sache notwendig,[23] mithin eine zumindest gerichtsinterne Handlung, so wird der entscheidende Zeitpunkt nun nach vorn verlagert. Ein Tätigwerden ist für ein Befassen gerade noch nicht erforderlich.[24] Unbedeutend ist ein Vorbehalt hinsichtlich der Feststellung der endgültigen Zuständigkeit.[25]

---

[11] *Keidel/Sternal* Rn. 3.
[12] OLG Frankfurt Rpfleger 1998, 26 (27); KG OLGZ 1994, 73 (74); BayObLG FamRZ 1985, 533 (534); *Jansen/Müther* § 4 FGG Rn. 6; *Bassenge/Roth* § 4 FGG Rn. 14.
[13] OLG Zweibrücken FGPrax 2000, 212 (213).
[14] *Jansen/Müther* § 4 FGG Rn. 6.
[15] *Jansen/Müther* § 4 FGG Rn. 6.
[16] BayObLG FamRZ 1985, 533 (534); KG OLGZ 1994, 73 (75); KG OLGZ 1994, 563 (564); KG OLGZ 1993, 293 (294).
[17] KG OLGZ 1994, 73 (75).
[18] *Keidel/Sternal* Rn. 20; *Bumiller/Harders* Rn. 8.
[19] BayObLG FamRZ 2001, 775 (776); KG NJW 1955, 552 (553); BayObLGZ 1953, 221 (223); OLG Freiburg Rpfleger 1951, 319.
[20] BayObLG FamRZ 2001, 775 (776).
[21] KG FGPrax 1995, 71.
[22] Testamentseröffnung und Erbscheinsverfahren: BayObLGZ 1994, 346 (350); OLG Frankfurt Rpfleger 1998, 26 (27); Entgegennahme der Ausschlagungserklärung und Erbscheinsverfahren: LG Berlin Rpfleger 1971, 318; mehrere Teilerbscheine: BayObLG FamRZ 1991, 992.
[23] BayObLGZ 1996, 18; *Bassenge/Roth* § 4 FGG Rn. 16.
[24] KG OLGZ 1969, 493; *Jansen/Müther* § 4 FGG Rn. 4.
[25] OLG Karlsruhe FamRZ 1969, 657 (658).

In **Antragsverfahren** ist ein Befassen des Gerichts ab Einreichung des Antrags mit dem Ziel der 16 dortigen Erledigung anzunehmen.[26] Die Unvollständigkeit des Antrags schadet nicht. Auch genügt es, wenn allein das PKH-Ersuchen eingereicht wird.[27] Nicht ausreichend ist es dagegen, wenn die Einreichung bei einem Gericht allein zur Weiterleitung an ein anderes Gericht erfolgt.[28]

Im **Amtsverfahren** ist ein Befassen in dem Moment anzunehmen, in dem das Gericht Tatsachen 17 erfährt, die ein Einschreiten gebieten.[29]

d) Zeitliche Priorität. § 2 Abs. 1 setzt, wie in der streitigen Gerichtsbarkeit § 261 Abs. 3 Nr. 1 18 ZPO, den Grundsatz der strengen zeitlichen Priorität durch. Das Verfahren soll bei dem Gericht durchgeführt werden, welches zuerst mit der Angelegenheit befasst war. Die Feststellung, ob das Gericht **Erst- oder Zweitgericht** ist, muss jedes Gericht selbst vornehmen. Eine Bindung an die Entscheidung des anderen Gerichts besteht nicht.

Keine Regelung wird für den Fall getroffen, dass zwei Gerichte sich unabhängig voneinander 19 gleichzeitig mit der Sache befassten. Problematisch ist zunächst, wann **Gleichzeitigkeit** anzunehmen ist. Aus praktischen Erwägungen wird man auf den gleichen Tag abstellen müssen, eine feinere Unterscheidung nach Stunden oder gar Minuten wird in aller Regel mangels Dokumentation in den Akten nicht möglich sein. Wird Gleichzeitigkeit festgestellt, so versagt § 2 Abs. 1, seine Voraussetzungen liegen nicht vor.

e) Rechtsfolge. Das mit der Angelegenheit **zuerst befasste Gericht** wird fortan einzig zuständi- 20 ges Gericht. Die nunmehr bestehende ausschließliche Zuständigkeit beschränkt sich auf die Angelegenheit, mit der das erste Gericht befasst ist. Eine Zuständigkeitsvereinbarung zwischen den Beteiligten, soweit eine solche überhaupt zulässig ist (s. Vor §§ 2–5 Rn. 2), die geschlossen wird, nachdem die Sache bei dem Erstgericht anhängig geworden ist, ändert dessen Zuständigkeit nicht (§ 2 Abs. 2).[30] Sie hat mithin keine Bedeutung für die Annahme der Zuständigkeit durch das Erstgericht.

Alle **anderen Gerichte** werden hinsichtlich der beim ersten Gericht anhängigen Angelegenheit 21 unzuständig.[31] Sie haben sich insoweit gemäß § 3 für unzuständig zu erklären und die Sache an das allein zuständige Gericht zu verweisen. Durch die Verweisung wird sichergestellt, dass kein negativer Kompetenzkonflikt eintritt. Anderenfalls könnte sich das Zweitgericht allein für unzuständig erklären und die Sache abweisen bzw. einstellen, obwohl das erste Gericht sich tatsächlich nicht mit derselben Angelegenheit beschäftigt. Den Beteiligten würde insofern der ihnen garantierte Rechtsschutz verweigert. § 3 will gerade Abweisungen auf Grund fehlender Zuständigkeit vermeiden. Auf diese Weise werden alle zur gleichen Sache anhängigen Verfahren beim Erstgericht zusammengeführt. Soweit ein Zweitgericht gerichtliche Handlungen vornimmt, sind diese auf Grund § 2 Abs. 3 trotz fehlender Zuständigkeit wirksam (s. Rn. 37 ff.).

Nicht ausgeschlossen wird die **Abgabe aus wichtigem Grund** (§ 4) an ein anderes Gericht. Auf 22 diese Weise ist auch eine Abgabe an ein auf Grund § 2 Abs. 1 unzuständig gewordenes Gericht möglich.[32]

f) Bestimmung der Zuständigkeit. Erklären sich auf Grund der unabhängigen Prüfung mehre- 23 re Gerichte rechtskräftig für zuständig oder alle für unzuständig, so ist gemäß **§ 5 das zuständige Gericht** nach Zweckmäßigkeitsgründen zu bestimmen.[33] So wird das Ziel des § 2 Abs. 1 effektiv durchgesetzt und gleichzeitig eine Rechtsschutzverweigerung für die Beteiligten verhindert.

g) Wahl des Antragstellers. Soweit in Antragsverfahren verschiedene Anknüpfungsmomente 24 und somit verschiedene zuständige Gerichte zur Verfügung gestellt werden, hat der Antragsteller die **freie Wahl.** Sinn und Zweck derartiger gleichrangiger Zuständigkeitsvarianten ist es gerade, demjenigen, der das Verfahren in Gang setzt, die Entscheidung über das mit der Sache zu befassende Gericht zu überlassen.[34] Die Ausübung des Wahlrechts erfolgt mit dem Anhängigmachen des Verfahrens.[35] Ist das Wahlrecht einmal ausgeübt worden, so lässt **§ 2 Abs. 1** dieses **erlöschen.** Das erste

---

[26] BT-Drucks. 16/6308, S. 175; KG MDR 1957, 366; OLG Hamm FGPrax 2006, 222; *Bumiller/Harders* Rn. 5; *Bassenge/Roth* § 5 FGG Rn. 5; *Schulte-Bunert* Rn. 64; *Büte* FuR 2009, 121 (124).
[27] *Keidel/Sternal* § 5 Rn. 33.
[28] KG MDR 1957, 366; KG Rpfleger 1968, 227; BayObLGZ 1992, 123 (124).
[29] BT-Drucks. 16/6308, S. 175; OLG Karlsruhe NJW 1955, 1885; OLG Frankfurt Rpfleger 1998, 26 (27); *Bumiller/Harders* Rn. 5; *Schulte-Bunert* Rn. 65.
[30] Vgl. auch *Zöller/Vollkommer* § 38 ZPO Rn. 12.
[31] BayObLG FamRZ 1985, 533 (534).
[32] *Jansen/Müther* § 4 FGG Rn. 9.
[33] BayObLGZ 1983, 223 (228); *Jansen/Müther* § 4 FGG Rn. 5.
[34] Für die streitige Gerichtsbarkeit findet sich eine ausdrückliche Normierung dieses allgemeinen Grundsatzes in § 35 ZPO.
[35] Vgl. oben § 35 ZPO Rn. 4; *Thomas/Putzo/Hüßtege* § 35 ZPO Rn. 2.

Gericht ist nunmehr mit der Angelegenheit befasst, jedes andere Gericht mithin unzuständig. Die einmal getroffene Wahl ist daher für dieses Verfahren endgültig und unwiderruflich.[36] Allein wenn ein unzuständiges Gericht gewählt wurde, kann im Rahmen eines Verweisungsantrages nunmehr das zuständige Gericht gewählt werden (§ 3 Abs. 2 S. 1). Das Wahlrecht lebt erst wieder auf, wenn das Verfahren beendet wurde, mithin das Gericht nicht mehr mit der Sache befasst ist.[37]

25   **3. Internationale Zuständigkeit.** Bei konkurrierender internationaler Zuständigkeit ist **§ 2 Abs. 1 nicht anwendbar.**[38] Vorrangig sind europarechtliche oder völkervertragliche Normen hinsichtlich der Berücksichtigung einer anderweitigen Anhängigkeit im Ausland zu beachten. Soweit solche nicht einschlägig sind, hält das deutsche Recht nach dem FGG-RG keine ausdrückliche Regelung bereit. In Streitverfahren ist § 261 Abs. 3 Nr. 1 ZPO analog heranzuziehen, in Fürsorgeverfahren hindert das Tätigwerden ausländischer Gerichte in derselben Angelegenheit ein Tätigwerden der deutschen Gerichte nicht (s. ausführlich § 106 Rn. 6 f.).

26   **4. Andere Zuständigkeitsarten.** Soweit eine konkurrierende **sachliche Zuständigkeit** besteht, wird eine entsprechende Anwendung von § 2 Abs. 1 abgelehnt.[39] Das zuständige Gericht ist, wenn mehrere Gerichte die Zuständigkeit in derselben Angelegenheit bejahen, nach § 5 zu bestimmen. Für die **Rechtswegzuständigkeit** gilt § 17 Abs. 1 S. 2 GVG, wonach das erste Gericht den Vorrang erhält; Gerichte in anderen Rechtswegen sind wegen einer anderweitigen Rechtshängigkeit unzuständig. Auf die **Verfahrenszuständigkeit** ist § 17 GVG analog anzuwenden. § 17a Abs. 6 GVG erklärt auf Grund der Vergleichbarkeit mit der Rechtswegzuständigkeit zwar § 17a Abs. 1–5 GVG für anwendbar, jedoch übersah der Gesetzgeber auch die übrigen, in diesem Zusammenhang stehenden Regelungen mit für anwendbar zu erklären. Es sind keine Gründe ersichtlich, die insoweit für eine differenzierte Behandlung von Rechtsweg- und Verfahrenszuständigkeit sprechen.

III. Wegfall der zuständigkeitsbegründenden Umstände

27   **1. Örtliche Zuständigkeit. a) Perpetuatio fori.** Die örtliche Zuständigkeit wird im Verfahren erhalten, auch wenn sich die sie begründenden Umstände ändern. Das Bestehen der Zuständigkeit wird folglich vorausgesetzt, von der Norm aber nicht geschaffen.[40] Es muss sich zudem weiter um **dieselbe Angelegenheit** handeln; wird der Gegenstand des Verfahrens derart geändert, dass nicht mehr dieselbe Angelegenheit vorliegt, ist die Zuständigkeit erneut zu prüfen. Es darf nicht durch die spätere Änderung des Verfahrensgegenstandes eine Zuständigkeit erschlichen werden können. In Dauerverfahren (zB Vormundschaft[41] (§ 1837 BGB), Betreuung (§ 1908i BGB iVm. § 1837 BGB), Pflegschaft (§ 1915 Abs. 1 BGB iVm. § 1837 BGB), Unterbringung in einer Freiheitsentziehungssache nach § 415),[42] welche sich aus zahlreichen Einzelverrichtungen zusammensetzen, ist insgesamt dieselbe Angelegenheit betroffen. Die perpetuatio fori wirkt daher für den gesamten Zeitraum der Durchführung eines Dauerverfahrens. Möglich ist jedoch bei Bedarf eine Abgabe (s. § 4).

28   **b) Eintritt.** Problematisch ist, wann die Gründe der Zuständigkeit zumindest vorgelegen haben müssen. Ohne Bedeutung muss bleiben, wenn die zuständigkeitsbegründenden Tatsachen allein vor jeder Befassung des Gerichts mit der Sache gegeben waren. Eine Zuständigkeit wird nicht für einen künftigen Prozess konserviert. In Verfahren der freiwilligen Gerichtsbarkeit, die auch von Amts wegen einzuleiten sind, kommt auf der anderen Seite nur Abstellen auf die Rechtshängigkeit im Sinne der streitigen Gerichtsbarkeit[43] in Betracht. Entscheidender Zeitpunkt ist für die Konkurrenz mehrerer zuständiger Gerichte das **erstmalige Befassen** mit der Angelegenheit (§ 2 Abs. 1). Wird das Gericht in dem Moment das alleinig zuständige Gericht, so muss dieser Moment auch für das Eingreifen der perpetuatio fori als entscheidender Zeitpunkt herangezogen werden (s. dazu Rn. 15 ff.).

29   **c) Verbundzuständigkeiten.** Wird eine Ehesache rechtshängig, während eine mit dieser im Sachzusammenhang stehende Kindschaftssache, die ein gemeinschaftliches Kind der Ehegatten betrifft (§ 153), eine Ehewohnungs- und Haushaltssache (§ 202), eine Unterhaltssache (§ 233),

---

[36] BayObLG NJW-RR 1991, 187 (188); *Thomas/Putzo/Hüßtege* § 35 ZPO Rn. 2.
[37] KG OLGZ 1970, 257 (258); *Thomas/Putzo/Hüßtege* § 35 ZPO Rn. 3; aA KG NJW-RR 2001, 62 bei Verfahrenserweiterung nach Bekanntwerden neuer Tatsachen.
[38] KG OLGZ 1970, 96 (105); *Keidel/Sternal* Rn. 4; *Bassenge/Roth* § 4 FGG Rn. 12.
[39] *Jansen/Müther* § 4 FGG Rn. 1; *Keidel/Sternal* Rn. 4; *Bassenge/Roth* § 4 FGG Rn. 12.
[40] Oben § 261 ZPO Rn. 82.
[41] *Pawlowski/Smid* Rn. 138.
[42] OLG Zweibrücken FGPrax 2000, 212 (213); *Pawlowski/Smid* Rn. 755.
[43] Oben § 261 ZPO Rn. 80.

eine Güterrechtssache (§ 263) oder eine sonstige Familiensache (§ 268) anhängig ist, so entfällt die Zuständigkeit in dieser Sache nicht; das Gericht ist allein verpflichtet, die Sache auf Grund dieser speziellen Abgabeanordnung **an das Gericht der Ehesache abzugeben** (s. auch § 4 Rn. 39).

Ist das Gericht allein wegen der Anhängigkeit einer Ehesache zuständig (§ 152 Abs. 1 in Kindschaftssachen, § 201 Nr. 1 in Ehewohnungs- und Haushaltssachen, § 218 Nr. 1 in Versorgungsausgleichssachen, § 232 Abs. 1 Nr. 1 in Unterhaltssachen, § 262 Abs. 1 in Güterrechtssachen, § 267 Abs. 1 in sonstigen Familiensachen) und wird diese **Ehesache beendet,** so bleibt dieser nach Anhängigkeit der anderen Sache eintretende Umstand unberücksichtigt und die Zuständigkeit für die andere Angelegenheit wegen § 2 Abs. 2 (bzw. auf Grund § 113, soweit es sich um eine Familienstreitsache iSv. § 112 handelt, § 261 Abs. 3 Nr. 2 ZPO) bis zum Abschluss des Verfahrens erhalten.[44] Auch hier greift der Grundsatz der perpetuatio fori. Es wird für das derzeitige Verfahren nicht das ohne Anhängigkeit einer Ehesache berufene Gericht zuständig. Dabei ist unerheblich, ob die andere Sache an das Gericht der Ehesache abgegeben wurde oder ob sie erst später wegen der Anhängigkeit der Ehesache bereits dort ursprünglich anhängig wurde. Gleiches gilt auch in anderen Fällen der Abhängigkeit der Zuständigkeit von einem anderen Verfahren.

d) Härtefälle. Aufgrund der perpetuatio fori können sich in der freiwilligen Gerichtsbarkeit 31 Unzuträglichkeiten ergeben. Insbesondere in Kindschaftssachen kann bei Verlegung des gewöhnlichen Aufenthalts des Kindes die Zusammenarbeit von Gericht, Jugendamt, Kind, Eltern und Vormund deutlich erschwert werden oder es unmöglich sein, persönlichen Kontakt mit dem Kind herzustellen.[45] Daher ist gemäß § 4 die **Abgabe** an ein anderes Gericht **aus wichtigem Grund** bei Bereitschaft des anderen Gerichts, die Sache zu übernehmen, möglich. Der Grundsatz der perpetuatio fori wird so nicht streng durchgesetzt. Können sich die beteiligten Gerichte nicht einigen, ist eine gerichtliche Bestimmung der Zuständigkeit nach § 5 Abs. 1 Nr. 5 möglich.

e) Anfängliche Unzuständigkeit. § 2 Abs. 2 gilt allein für die einmal begründete Zuständigkeit, 32 nicht jedoch für eine bei Verfahrensbeginn bestehende Unzuständigkeit. **Nachträgliche Änderungen** der zuständigkeitsbegründenden Umstände sind daher **beachtlich.** Ist das Gericht auf Grund der nunmehr gegebenen Tatsachen zuständig, ist das Verfahren weiterzuführen. Einem Verweisungsantrag wird die Grundlage entzogen, nicht jedoch einem bereits erfolgten Verweisungsbeschluss nach § 3.[46]

2. Internationale Zuständigkeit. Für die Internationale Zuständigkeit wird der Grundsatz der 33 perpetuatio fori in der freiwilligen Gerichtsbarkeit nur eingeschränkt anerkannt. Insbesondere wenn Fürsorgeinteressen im Vordergrund stehen, wird eine perpetuatio fori internationalis verneint. S. im Einzelnen § 98 Rn. 28, § 99 Rn. 58, § 100 Rn. 22, § 101 Rn. 22, § 102 Rn. 13, § 103 Rn. 17, § 104 Rn. 18.

3. Andere Zuständigkeitsarten. Anders als die örtliche und internationale Zuständigkeit, die 34 allein an räumliche Befindlichkeiten anknüpfen, wird bei der Rechtswegzuständigkeit, der Verfahrenszuständigkeit, bei der sachlichen und funktionellen Zuständigkeit an den für das Verfahren identitätsstiftenden Verfahrensgegenstand angeknüpft. Eine Änderung wird hier meist nicht mehr dasselbe Verfahren bedeuten. Die Veränderung der die Zuständigkeit begründenden Umstände nach Verfahrenseinleitung ist daher für diese Zuständigkeitsarten kaum denkbar, so dass **selten ein Bedürfnis** für eine perpetuatio fori bestehen wird.

Soweit dennoch eine entsprechende Veränderung eintreten sollte (zB Änderung der gesetzlichen 35 Rechtswegzuweisung ohne Übergangsregelung),[47] schreibt für die **Rechtswegzuständigkeit** § 17 Abs. 1 S. 1 GVG den Grundsatz der perpetuatio fori fest. Diese Regelung ist für die Verfahrenszuständigkeit entsprechend heranzuziehen. Zwar wird durch § 17a Abs. 6 GVG allein § 17a Abs. 1–5 GVG ausdrücklich für die **Verfahrenszuständigkeit** für anwendbar erklärt, sie ist jedoch insgesamt der Rechtswegzuständigkeit vergleichbar, so dass die §§ 17–17b GVG umfänglich entsprechend anzuwenden sind. So sind Altverfahren in WEG-Streitigkeiten auch über den 1. 7. 2007 hinaus in der freiwilligen Gerichtsbarkeit durchzuführen, auch wenn diese fortan der streitigen Gerichtsbarkeit zugeordnet wurden.[48]

---

[44] *Keidel/Weber* § 233 Rn. 4.
[45] *Habscheid* S. 76.
[46] *Musielak/Foerste* § 261 ZPO Rn. 15; *Zöller/Greger* § 261 ZPO Rn. 12.
[47] BGH NJW 1991, 2963 (2964); BGH NJW 2002, 1351.
[48] S. Art. 3 Abs. 1 Nr. 1 G zur Änderung des Wohneigentumsgesetzes [...] v. 26. 3. 2007, BGBl. I S. 370; BT-Drucks. 16/887, S. 12.

36 Soweit die **sachliche Zuständigkeit** in Verfahren der freiwilligen Gerichtsbarkeit an wandelbare Umstände angeknüpft wird, muss auch hier, wie in der streitigen Gerichtsbarkeit,[49] eine perpetuatio fori bejaht werden. § 2 Abs. 2 ist analog heranzuziehen.

IV. Verrichtungen des unzuständigen Gerichts

37 **1. Örtliche Unzuständigkeit.** § 2 Abs. 3 enthält allein eine Regelung über die Wirksamkeit von gerichtlichen Handlungen des örtlich unzuständigen Gerichts. Für weitergehende Verrichtungen ist über eine analoge Anwendung nachzudenken (s. Rn. 41 ff.).

38 **a) Gerichtliche Handlungen.** Unter Handlungen wird jede **positive Tätigkeit** verstanden.[50] Unbedeutend ist, wie diese vom Gesetz bezeichnet wird (zB Verrichtung, Verfügung, Anordnung, Maßnahme, Maßregel, Entscheidung, Beschluss). Unbedeutend ist auch, ob das handelnde Organ formell fehlerhaft ernannt[51] oder geschäftsunfähig war bzw. das Gericht fehlerhaft besetzt war.[52] Erfasst werden verfahrensrechtliche Willenserklärungen des Gerichts ebenso wie Handlungen tatsächlicher Art.[53]

39 Allein **gerichtliche** Handlungen sind erfasst. Die Tätigkeit muss daher der Erledigung amtlicher Aufgaben im Bereich der Familiensachen oder der Angelegenheiten der freiwilligen Gerichtsbarkeit dienen.[54] Sie wird von einem Organ des Gerichts, sei es der Richter, das Richterkollegium, die Geschäftsstelle[55] oder der Rechtspfleger,[56] ausgeführt.[57]

40 Fehlt der äußere Tatbestand der gerichtlichen Handlung, so wird von **Nichthandlungen** gesprochen. Sie erzeugen keine Rechtswirkungen.[58] Sie werden daher auch nicht von § 2 Abs. 3 erfasst, sind mithin von vornherein **unwirksam.** Hierzu zählt die Entscheidung eines nicht zur Ausübung der Gerichtsgewalt bestimmten Organs (zB Wachtmeister) oder die nicht erlassene und nur als Entwurf in den Verkehr gelangte Entscheidung.[59] Nichthandlungen können jedoch, soweit sie äußerlich einen Rechtsschein erzeugen, zur Beseitigung desselben angefochten werden.[60]

41 **b) Entgegennahme von Erklärungen.** Die Entgegennahme von Erklärungen, also allein **passives Tätigwerden,** wird von § 2 Abs. 3 nicht direkt erfasst.[61] Jedoch will § 2 Abs. 3 das Vertrauen der Beteiligten schützen, dass das Gericht bei Tätigwerden auch zuständig sei. Dies muss als allgemeiner Grundsatz auch für die Entgegennahme von Erklärungen gelten. Die fehlerhafte Annahme der Zuständigkeit durch das Gericht soll nicht den Beteiligten belasten.[62]

42 Ein derartiges Vertrauen kann nicht bestehen, wenn die **Entgegennahme** der Erklärung vom Gericht **abgelehnt** und unverzüglich zurückgegeben wird. Die Erklärung ist in diesem Fall unwirksam.[63] Der Beteiligte ist an das zuständige Gericht zu verweisen, um dort seine Erklärung abzugeben. Eine generelle Annahme der Erklärung und Weiterleitungspflicht stünde im Widerspruch zu § 25 Abs. 2, 3, wonach allein für den Fall der funktionellen Zuständigkeit des **Urkundsbeamten der Geschäftsstelle** vorgesehen ist, dass dieser auch beim unzuständigen Gericht gemäß § 25 Abs. 2 die Erklärung entgegennehmen muss. Die Entgegennahme hier entspricht auf Grund § 25 Abs. 3 allein der Möglichkeit der Abgabe der Erklärung und der Einschaltung des örtlich unzuständigen Urkundsbeamten der Geschäftsstelle als **Boten.** Er übermittelt die Erklärung unverzüglich an das zuständige Gericht. Die Wirksamkeit der Erklärung tritt mit Zugang beim zuständigen Gericht ein. § 25 Abs. 3 macht auch deutlich, dass, wenn das unzuständige Gericht nicht den Anschein erweckt als zuständiges zu handeln, kein Raum bleibt, um den Gedanken von § 2 Abs. 3 anzuwenden.

---

[49] Vgl. *Musielak/Foerste* § 261 ZPO Rn. 14.
[50] *Bumiller/Harders* Rn. 13; *Keidel/Sternal* Rn. 32.
[51] OLG Frankfurt MDR 1964, 598.
[52] *Bassenge/Roth* § 7 FGG Rn. 15.
[53] *Jansen/Müther* § 7 FGG Rn. 4.
[54] *Keidel/Sternal* Rn. 32.
[55] *Friederici/Kemper/Friederici* Rn. 10; aA *Keidel/Sternal* Rn. 35.
[56] *Jansen/Müther* § 7 FGG Rn. 14; für den örtlich unzuständigen Rechtspfleger nimmt *Keidel/Sternal* Rn. 35 jedoch allein eine analoge Anwendung an.
[57] BayObLG NJW-RR 1996, 938 (939); *Bassenge/Roth* § 7 FGG Rn. 1; *Friederici/Kemper/Friederici* Rn. 10.
[58] *Bassenge/Roth* § 7 FGG Rn. 15.
[59] BayObLG NJW 1969, 195 (fehlender Entscheidungswille); OLG Zweibrücken FGPrax 2003, 249 (250) (fehlende Unterschrift).
[60] BayObLG NJW 1969, 195; *Bassenge/Roth* § 7 FGG Rn. 15.
[61] BGH NJW 1962, 491; *Keidel/Sternal* Rn. 33; *Bumiller/Harders* Rn. 14; *Pawlowski/Smid* Rn. 137; *Brehm* § 4 Rn. 50.
[62] RGZ 71, 380 (384); BGH FamRZ 1977, 786 (787); *Brehm* § 4 Rn. 50; *Pikart/Henn,* Lehrbuch der Freiwilligen Gerichtsbarkeit (1963) S. 64.
[63] *Keidel/Sternal* Rn. 33; *Bumiller/Harders* Rn. 14; *Brehm* § 4 Rn. 51.

Soll mit der Erklärung jedoch eine **Frist gewahrt** werden, muss die Erklärung wirksam vor dem **43** unzuständigen Gericht abgegeben werden können. Dieses ist sodann zur Weiterleitung an das zuständige Gericht verpflichtet.[64] Eine Frist wird gemäß § 17b Abs. 1 S. 2 GVG gewahrt, wenn der Antrag im falschen Rechtsweg gestellt wird. Er wird sodann an das (auch örtlich) zuständige Gericht verwiesen. In Streitsachen ist zur Vermeidung von Rechtsverlusten allgemein anerkannt, dass die Klageerhebung vor dem örtlich unzuständigen Gericht zur Fristwahrung genügt; bei Verweisung an das zuständige Gericht wechselt zwar die Rechtshängigkeit, deren Wirkungen bleiben jedoch für das gesamte Verfahren erhalten.[65] Der gleiche Gedanke muss auch in Familiensachen und bei Angelegenheiten der freiwilligen Gerichtsbarkeit zur Anwendung gelangen. Dem sich zur Fristwahrung an ein Gericht Wendenden darf nicht dadurch ein Rechtsverlust entstehen, dass dieses das örtlich unzuständige ist. Dies wird durch eine Anwendung von **§ 2 Abs. 3 analog** sichergestellt.

Bei **Entgegennahme** der Erklärung durch das unzuständige Gericht ist **§ 2 Abs. 3 analog** **44** anzuwenden. Dies muss zum einen gelten, wenn sich das Gericht irrtümlich für zuständig hält. Dem Beteiligten, der die Erklärung abgibt, darf dieser Fehler nicht mehr angelastet werden, als dies bei der Vornahme einer positiven Handlung durch das Gericht der Fall ist. Das durch die Entgegennahme gesetzte Vertrauen ist in gleicher Weise zu schützen.[66] Jedoch ist § 2 Abs. 3 ebenfalls analog anzuwenden, wenn das Gericht die Unzuständigkeit zwar erkennt, jedoch nichts unternimmt, insbesondere den Erklärenden nicht darüber informiert.[67] Der die Erklärung Abgebende setzt das Gleiche zu schützende Vertrauen in das Gericht.

c) Niederlegung von Urkunden. Die gleichen Grundsätze wie für die Entgegennahme von **45** Erklärungen müssen auch bei der **Niederlegung von Urkunden** gelten. Notwendige Ausnahmen von diesen Grundsätzen sind nicht zu sehen.[68] Mögliche Bescheinigungen, dass eine Niederlegung von Dokumenten beim jeweiligen Gericht erfolgt ist, bieten generell keine volle Sicherheit, da sich die örtliche Zuständigkeit durch Änderung des Anknüpfungsmoments ändern kann.[69] Sie können daher kein Argument für eine Ausnahme sein. Das Vertrauen in eine generell nicht gänzlich Sicherheit gewährende Bescheinigung, ausgestellt auf Grund eines Fehlers eines Gerichts, darf nicht höher gewertet werden, als das Vertrauen desjenigen, der sich zur Niederlegung an ein unzuständiges Gericht wandte, welches seine Unzuständigkeit selbst nicht erkannte oder offenbarte. Weist ein Gericht ein Dokument zur Niederlegung wegen seiner Unzuständigkeit nicht zurück, so ist die Niederlegung nach § 2 Abs. 3 analog als wirksam anzusehen.

d) Rechtsfolgen. Aufgrund § 2 Abs. 3 sind die vorgenommenen Handlungen nicht nichtig, son- **46** dern als **wirksam** zu behandeln,[70] obgleich die Vorschriften über die örtliche Zuständigkeit zwingendes Recht, somit der Disposition der Beteiligten entzogen und in jeder Instanz von Amts wegen zu beachten sind.[71] Die Norm ist jedoch **keine Heilungsvorschrift,** sie lässt den Rechtsverstoß bestehen. Dieser wäre grundsätzlich mit Rechtsmitteln angreifbar.[72]

Zur Verfahrensbeschleunigung kann jedoch mit Geltung des FamFG in Familiensachen und für **47** Angelegenheiten der freiwilligen Gerichtsbarkeit die Beschwerde und die Rechtsbeschwerde gemäß §§ 65 Abs. 4, 72 Abs. 2 nicht mehr darauf gestützt werden, dass das Gericht des ersten Rechtszuges seine Zuständigkeit zu Unrecht angenommen hat. Es wird insoweit Übereinstimmung mit der streitigen Gerichtsbarkeit hergestellt (§§ 513 Abs. 2, 571 Abs. 2 S. 2, 545 Abs. 2 ZPO).[73] Tatsächlich ist daher ein Vorgehen gegen das unzuständige Tätigwerden des Gerichts nicht mehr möglich, so dass die Wirksamkeit in der Praxis **nicht mehr angegriffen** werden kann. Damit ist der bisherige Streit,

---

[64] BGH FGPrax 1998, 220; OLG Köln DNotZ 1975, 743 (744); *Brehm* § 4 Rn. 52; *Habscheid* S. 87; *Keidel/Sternal* Rn. 33 will allein eine Wiedereinsetzungsmöglichkeit gewähren.

[65] Oben § 281 ZPO Rn. 43; *Musielak/Foerste* § 281 ZPO Rn. 13.

[66] BGH NJW 1962, 491; BGH FamRZ 1977, 786; BayObLG FamRZ 1994, 1354 (1356); *Keidel/Sternal* Rn. 33; *Brehm* § 4 Rn. 50; *Habscheid* S. 87; aA KG OLGZ 1976, 167.

[67] *Keidel/Sternal* Rn. 33; *Bumiler/Harders* Rn. 14; *Habscheid* S. 88; *Baur* FGG S. 98; aA noch *Bumiller/Winkler* § 7 FGG Rn. 3.

[68] AA für die Niederlegung des Verpfändungsvertrages nach § 2 PachtkredG *Sichtermann,* Pachtkreditgesetz (1954) § 2 PachtkredG Anm. 2, sich dem ohne eigene Begründung anschließend *Keidel/Kuntze/Winkler/Zimmermann* § 7 FGG Rn. 11.

[69] So für die Pfandfreiheitsbescheinigung nach § 16 Abs. 2 PfandkredG selbst *Sichtermann,* Pachtkreditgesetz (1954) § 2 PachtkredG Anm. 2.

[70] OLG Brandenburg FGPrax 2000, 103.

[71] *Keidel/Sternal* § 3 Rn. 4.

[72] So zum bisherigen Recht unter dem FGG: *Baur* FGG S. 96; *Habscheid* S. 86; *Bumiller/Winkler* § 7 FGG Rn. 16; *Jansen/Müther* § 7 FGG Rn. 3.

[73] BT-Drucks. 16/6308, S. 206; *Schulte-Bunert,* Rn. 268.

ob eine Rechtsmittelentscheidung wegen der grundsätzlichen Wirksamkeit der gerichtlichen Handlung nur ex nunc wirken darf,[74] gegenstandslos.

48 Durch das Tätigwerden des unzuständigen Gerichts wird trotz § 2 Abs. 3 **keine Zuständigkeit begründet**.[75] Das Gericht bleibt, obwohl seine Handlungen wirksam sind, ein unzuständiges. § 2 Abs. 1 ist daher im Verhältnis zu ihm nicht anwendbar.[76]

49 Für **Fürsorgeangelegenheiten** wird teils eine teleologische Reduktion verlangt, so dass vergleichbar dem Verwaltungsverfahren Nichtigkeit bei örtlicher Unzuständigkeit einträte.[77] Indes ist der Zuständigkeitsverstoß, wenn diesen auch das vornehmende Gericht nicht erkennt, schwer als offensichtlich zu qualifizieren. Den Interessen Dritter steht stets das Vertrauen der Beteiligten gegenüber, die sich an das Gericht wandten. Eine Abwägung dahingehend, die klare gesetzliche Regelung einzuschränken, erscheint nicht möglich.[78]

50 Nachdem eine Beschwerde allein auf Grund der Unzuständigkeit des Gerichts nicht mehr möglich ist, wird man eine grundsätzliche Verpflichtung des Gerichts, seine als unzuständiges Gericht vorgenommenen Handlugen für die Zukunft von Amts wegen (soweit ihm dies grundsätzlich gestatten wäre) zu korrigieren, ablehnen müssen. Ist in Antragsverfahren eine Korrektur auf Betreiben der Beteiligten durch Beschwerde bzw. Rechtsbeschwerde nicht möglich, so muss in Amtsverfahren ebenfalls der Wegfall der Verpflichtung angenommen werden. Ein **Erbschein** ist daher nicht mehr schon deshalb einzuziehen, weil ihn das unzuständige Gericht erteilt hat.[79] Etwas anderes gilt, soweit für die einzelnen Angelegenheiten eine besondere Regelung getroffen wurde. In **Registersachen** hat daher wegen § 395 Abs. 1 eine Löschung der unzulässigen Eintragung von Amts wegen zu erfolgen.

51 **2. Rechtswegunzuständigkeit.** Eine Anwendung des § 2 Abs. 3 bei Rechtswegunzuständigkeit kommt nicht in Betracht. Die §§ 17–17b GVG enthalten für die Fragen der Rechtswegzuständigkeit eine umfassende Regelung. Sie geben dem zuerst angerufenen Gericht die Kompetenz zur abschließenden Entscheidung über den Rechtsweg. Soweit eine Vorabentscheidung erfolgt, ist eine Nachprüfung im besonderen Rechtsmittelverfahren nach § 17a Abs. 4 GVG möglich; wird über die Zulässigkeit des Rechtsweges erst (konkludent) in der Hauptsacheentscheidung entschieden, kann eine Nachprüfung im Rechtsmittelverfahren gemäß § 17a Abs. 5 GVG nicht mehr erfolgen.[80] Daraus folgt, dass gerichtliche Handlungen, die bei fehlender Rechtswegzuständigkeit vorgenommen werden, **grundsätzlich wirksam** sind.

52 Dies gilt insoweit, als in der freiwilligen Gerichtsbarkeit Rechtsprechungsaufgaben wahrgenommen werden, mithin eine urteilsmäßige Entscheidung erfolgt, wie es insbesondere in **Streitverfahren** der Fall ist. Insofern kann auch im umgekehrten Fall der Entscheidung von FG-Sachen in einem anderen Rechtsweg die Wirksamkeit der gerichtlichen Handlung angenommen werden.

53 Soweit jedoch in einem klassischen erga omnes wirkenden **Fürsorgeverfahren** Verwaltungstätigkeit und keine Rechtsprechung ausgeübt wird, muss eine in einen anderen Rechtsweg gehörende Handlung nichtig sein.[81] Das FG-Gericht wird insofern als Verwaltungsbehörde und nicht als Rechtsprechungsorgan tätig. Das Argument, das FG-Gericht sei Teil der ordentlichen Gerichtsbarkeit, verfängt nicht. Es wird insofern gerade nicht als Rechtsprechungsorgan, sondern im Rahmen von anderen ihm zugewiesenen Aufgabenbereichen tätig. Es trifft keine für die Qualifikation als Rechtsprechung erforderliche urteilsmäßige Entscheidung. Im umgekehrten Fall der Entscheidung von erga omnes wirkenden Fürsorgeangelegenheiten in einem andern Rechtsweg kann das Gericht allein die Parteien, nicht aber, wie in der freiwilligen Gerichtsbarkeit, auch Dritte binden. Es ist daher auch insofern Nichtigkeit anzunehmen.

54 **3. Verfahrensunzuständigkeit.** § 2 Abs. 3 ist für die fehlende Verfahrenszuständigkeit nicht anwendbar. Früher wurde generell Nichtigkeit der Entscheidung angenommen, wenn diese anstatt von einem Streitgericht durch ein FG-Gericht getroffen wurde.[82] Heute wird ein differenzierter Ansatz vertreten. Da bei fehlender Verfahrenszuständigkeit gemäß § 17a Abs. 6 GVG das Verfahren bei Rechtswegunzuständigkeit entsprechend anzuwenden ist, muss auch hinsichtlich der Wirksamkeit

---

[74] S. *Habscheid* S. 86; *Baur* FGG S. 98.
[75] *Friederici/Kemper/Friederici* Rn. 11.
[76] BayObLGZ 1957, 47 (48); BayObLGZ 1972, 392 (396); *Bassenge/Roth* § 7 FGG Rn. 2; *Jansen/Müther* § 7 FGG Rn. 3.
[77] Vgl. *Soergel/Gaul* § 1558 BGB Rn. 6 (Eintragungen im Güterrechtsregister).
[78] S. ausführlich *Kroiß*, Ausgewählte Zuständigkeitsprobleme (1994) S. 81 ff.
[79] AA noch zum FGG *Jansen/Müther* § 7 FGG Rn. 18.
[80] Unten § 17a GVG Rn. 11.
[81] Dies wird in der Literatur allein als Problem der Verfahrenszuständigkeit hinsichtlich Überschreitungen zwischen streitiger und freiwilliger Gerichtsbarkeit diskutiert, s Rn. 54.
[82] *Baur* FGG S. 36 f.; *Lent*, Freiwillige Gerichtsbarkeit, 1951, S. 18.

gerichtlicher Handlungen entsprechend auf die Grundsätze zurückgegriffen werden, die für die Wirksamkeit gerichtlicher Handlungen bei Fehlen der Rechtswegzuständigkeit gelten.[83]

So sind in klassischen erga omnes wirkenden **Fürsorgeverfahren** vorgenommene Handlungen **55** der streitigen Gerichtsbarkeit nichtig.[84] Es fehlt bereits an der Ausübung von Rechtsprechungstätigkeit durch das FG-Gericht (s. Rn. 53). Auch im umgekehrten Fall der Entscheidung des Prozessgerichts in einer reinen Fürsorgeangelegenheit ist insoweit Nichtigkeit anzunehmen, als eine Wirkung gegenüber Dritten eintreten soll.[85] Anders als ein Gericht der freiwilligen Gerichtsbarkeit kann die Entscheidung des Prozessgerichts allein die Parteien binden.

Anders ist bei Überschreitungen der Verfahrenszuständigkeit zu entscheiden, wenn in der Sache **56** eine urteilsmäßige Entscheidung zu erfolgen hat.[86] Dies ist insbesondere in **Streitverfahren** der Fall. Sowohl vor dem FG-Gericht als auch vor dem Prozessgericht wird insofern allein das falsche Verfahrensrecht angewandt. In beiden Fällen wird jedoch Rechtsprechungstätigkeit geleistet. Es ist daher keine Nichtigkeit, sondern entsprechend den Grundsätzen der §§ 17–17b GVG Wirksamkeit anzunehmen.[87]

4. Internationale Unzuständigkeit. Die internationale Zuständigkeit (s. Vor §§ 2–5 Rn. 11) **57** wird von § 2 Abs. 3 nicht direkt erfasst. Es wird jedoch entsprechend der örtlichen Zuständigkeit heute von der hM Wirksamkeit auf Grund entsprechender Anwendung von § 2 Abs. 3 angenommen.[88]

Jedoch kann § 2 Abs. 3 nur die Wirksamkeit im **Geltungsbereich der deutschen Gerichts-** **58** **barkeit** sicherstellen und nicht darüber hinaus. Es ist die Entscheidung der fremden Rechtsordnung, ob das deutsche gerichtliche Handeln anerkannt wird.

Gleiches gilt grundsätzlich auch bei fehlender **Interlokaler Zuständigkeit.** Für die Erbausschla- **59** gung hinsichtlich von Grundstücken in der DDR bestand wegen Art. 3 Abs. 3 EGBGB, § 25 Abs. 2 DDR-RAG und dem vor dem Erlass des FamFG nach hM anwendbaren Gleichlaufprinzip keine Zuständigkeit in der Bundesrepublik. Die in der Bundesrepublik vorgenommene Erbausschlagung vor dem unzuständigen Gericht wurde in der DDR nicht anerkannt. § 2 Abs. 3 (ehemals § 7 FGG) konnte der Erbausschlagung in der Bundesrepublik in der DDR keine Wirkungen verleihen. Wegen Art. 235 § 1 EGBGB blieben diese Verhältnisse nach dem Beitritt auch in der Bundesrepublik wirksam.[89] Bei entsprechenden Hinweisen auf das Grundvermögen in der DDR bei der Ausschlagungserklärung wurde jedoch eine analoge Anwendung von § 2 Abs. 3 (ehemals § 7 FGG) bejaht.[90]

5. Sachliche Unzuständigkeit. Eine § 2 Abs. 3 entsprechende Regelung bei mangelnder sachli- **60** cher Zuständigkeit existiert nicht. Teils wird daher die Unwirksamkeit der entsprechenden Handlungen angenommen.[91] Gründe für eine derartige Ungleichbehandlung mit dem örtlich unzuständigen Gericht sind jedoch nicht erkennbar. Die richtigerweise vorzunehmende Handlung des Gerichts, Unzuständigerklärung und Verweis an das zuständige Gericht, ist für die örtliche und sachliche Unzuständigkeit gemeinsam in § 3 geregelt. Wird fälschlicherweise vom sachlich unzuständigen Gericht eine andere Handlung als die nach § 3 vorgenommen, ist daher auch diese in gleicher Weise wie bei einem örtlich unzuständigen Gericht zu beurteilen. Nach hM muss mithin § 2 Abs. 3 entsprechend herangezogen[92] und die Wirksamkeit dieser Handlung angenommen werden.

Gleiches gilt für die Entgegennahme von Erklärungen durch das sachlich unzuständige Gericht. **61** § 2 Abs. 3 ist hier insoweit analog heranzuziehen, als dieser auch für die Entgegennahme von Erklärungen durch das örtlich unzuständige Gericht analog zur Anwendung gelangt[93] (s. Rn. 41 ff.).

---

[83] AA *Bassenge/Roth* § 7 FGG Rn. 3, der § 7 FGG, dessen Norm heute § 2 Abs. 3 entspricht, generell analog anwenden will.
[84] *Jansen/Müther* § 7 FGG Rn. 25; *Pawlowski/Smid* Rn. 108; *Brehm* § 4 Rn. 15 mit der Einschränkung, dass die Verfahrenszuständigkeit offensichtlich nicht gegeben war.
[85] *Jansen/Müther* § 7 FGG Rn. 26; vgl. auch *Brehm* § 4 Rn. 15.
[86] *Jauernig* S. 15.
[87] *Jansen/Müther* § 7 FGG Rn. 27; *Brehm* § 4 Rn. 14; *Pawlowski/Smid* Rn. 109; aA noch BGH NJW 1959, 723.
[88] BGH FamRZ 1977, 786; BayObLG FamRZ 1994, 1354; *Bassenge/Roth* § 7 FGG Rn. 3; *Kegel/Schurig*, IPR, 9. Aufl. 2004, S. 1053; *Habscheid* S. 90; *Reu*, Die staatliche Zuständigkeit im IPR (1938) S. 199; aA noch RG JW 1932, 588 Anm. *Frankenstein*; *Josef* ZBlFG 1913/1914, 152 (160); eine Einzelfallbetrachtung will *Bumiller/Harders* Rn. 24 vornehmen.
[89] BayObLG FamRZ 1996, 765.
[90] BayObLG FamRZ 1994, 1354; dazu *Lorenz* ZEV 1994, 146.
[91] So BGHZ 24, 47 (51 f.); *Keitel/Sternal* Rn. 34.
[92] OLG Brandenburg FGPrax 2000, 103; *Bassenge/Roth* § 7 FGG Rn. 3; *Keidel/Kuntze/Winkler/Zimmermann* § 7 FGG Rn. 9, 26; *Bumiller/Harders* Rn. 25; *Habscheid* S. 90; *Habscheid* NJW 1966, 1787 (1792); vgl. auch BGH NJW 1961, 2259 (2260); OLG Hamburg NJW 1953, 1230.
[93] *Keidel/Kuntze/Winkler/Zimmermann* § 7 FGG Rn. 9.

62 **6. Funktionelle Unzuständigkeit.** Soweit das Verhältnis zwischen **Richter, Rechtspfleger und Urkundsbeamtem der Geschäftsstelle** betroffen ist, stellt **§ 8 RPflG** eine besondere Regelung bereit.

63 Im Übrigen ist hinsichtlich der funktionellen Zuständigkeit **§ 2 Abs. 3 analog** heranzuziehen. Dies gilt insbesondere, wenn innerhalb der FamFG-Verfahrenszuständigkeit ein **anderer Spruchkörper** (zB das Familiengericht anstelle des Betreuungsgerichts oder Nachlassgerichts) entschieden hat.[94]

64 **7. Unzuständigkeit nach Geschäftsverteilung.** Die Wirksamkeit von Handlungen innerhalb eines **Amtsgerichts** durch einen nach der Geschäftsverteilung unzuständigen Richter bestimmt § 22d GVG. Über den Wortlaut hinaus wird § 22d GVG auch auf **andere Gerichte** angewandt.[95] Auch bei Handlungen durch den nach Geschäftsverteilung unzuständigen Rechtspfleger wird § 22d GVG analog herangezogen.[96] Einer entsprechenden Heranziehung von § 2 Abs. 3 bedarf es daher nicht.

65 **8. Andere Unwirksamkeitsgründe.** § 2 Abs. 3 will nicht jedem gerichtlichem Handeln des unzuständigen Gerichts zur Wirksamkeit verhelfen. Er dient allein der Verfahrensökonomie und dem Schutz des Vertrauens, das Gericht werde seine Zuständigkeit richtig beurteilen. Soweit § 2 Abs. 3 direkt oder analog anzuwenden ist, sind daher nur solche Verrichtungen wirksam, die ebenfalls **wirksam** wären, hätte sie das **zuständige Gericht vorgenommen**. Weitergehende Fehler werden nicht korrigiert.[97] Soweit eine Unwirksamkeit der gerichtlichen Entscheidung beim zuständigen Gericht angenommen würde, gilt dies erst recht für das unzuständige Gericht. Ob eine Entscheidung bei Verstößen gegen formelles oder materielles Recht wirksam ist oder aber Nichtigkeit angenommen werden muss, ist keine Frage von § 2 Abs. 3.[98]

66 **9. Einzelfälle.** – Die Sitzverlegung eines Vereins durch Satzungsänderung und Eintragung in das Vereinsregister bei örtlich unzuständigem Registergericht ist wirksam.[99]
– Wirksam sind gerichtliche Handlungen nach fälschlicher Abgabe durch den Rechtspfleger an ein örtlich unzuständiges Gericht in einem Betreuungsverfahren.[100]
– Ebenfalls wirksam sind Kindesannahmen und deren Aufhebung durch ein örtlich unzuständiges Gericht.[101]
– Wird im Grundbuchverfahren über einen Grundbuchberichtigungsanspruch entschieden, so fehlt es an der Verfahrenszuständigkeit. Es wird überdies reine Rechtsprechung in einem erga omnes wirkenden Fürsorgeverfahren ausgeübt. Die Entscheidung ist nichtig.[102]
– Der vom Prozessgericht erteilte Erbschein ist unwirksam.[103] Auch hier fehlt es an der Verfahrenszuständigkeit. Es liegt zudem keine urteilsmäßige Entscheidung vor, sondern die behördliche Ausstellung einer Bescheinigung.
– Dagegen ist das Urteil des Prozessgerichts über die Herausgabe des Kindes nach § 1632 BGB wirksam.[104] Zwar fehlt es auch hier an der Verfahrenszuständigkeit, jedoch wird allein die falsche Verfahrensordnung angewandt. Auch in der richtigen Verfahrensart hätte aber Rechtsprechung erfolgen müssen.
– Die im Inland angeordnete Vormundschaft ist trotz Fehlens der internationalen Zuständigkeit wirksam.[105]
– Wirksam ist der Erbschein, der vom funktionell unzuständigen Nachlassgericht anstatt vom auf Grund §§ 1, 18 HöfeO zuständigen Landwirtschaftsgericht erteilt wurde.[106]

---

[94] *Bumiller/Harders* Rn. 26; *Keidel/Kuntze/Winkler/Zimmermann* § 7 FGG Rn. 26 b.
[95] BGH NJW 1962, 1396; unten § 22d GVG Rn. 1; *Jansen/Müther* § 7 FGG Rn. 13; *Zöller/Gummer* § 22d GVG Rn. 1; *Thomas/Putzo/Hüßtege* § 22d GVG Rn. 1.
[96] *Jansen/Müther* § 7 FGG Rn. 13.
[97] *Jansen/Müther* § 7 FGG Rn. 2.
[98] So aber *Bassenge/Roth* § 7 FGG Rn. 6 ff.; *Bumiller/Harders* Rn. 29 mit zahlreichen Einzelfällen.
[99] BayObLG NJW-RR 1996, 938.
[100] BayObLG FamRZ 1993, 448 (449).
[101] OLG Hamm Rpfleger 1954, 314.
[102] *Brehm* § 14 Rn. 15.
[103] *Brehm* § 14 Rn. 15; *Jauernig* S. 15.
[104] *Jauernig* S. 15.
[105] OLG Karlsruhe Rpfleger 1957, 308; *Jansen/Müther* § 7 FGG Rn. 20; *Keidel/Kuntze/Winkler/Zimmermann* § 7 FGG Rn. 27.
[106] *MünchKommBGB/Mayer* § 2353 BGB Rn. 156; *Jansen/Müther* § 7 FGG Rn. 19.

§ 3 Verweisung bei Unzuständigkeit

(1) ¹Ist das angerufene Gericht örtlich oder sachlich unzuständig, hat es sich, sofern das zuständige Gericht bestimmt werden kann, durch Beschluss für unzuständig zu erklären und die Sache an das zuständige Gericht zu verweisen. ²Vor der Verweisung sind die Beteiligten anzuhören.

(2) ¹Sind mehrere Gerichte zuständig, ist die Sache an das vom Antragsteller gewählte Gericht zu verweisen. ²Unterbleibt die Wahl oder ist das Verfahren von Amts wegen eingeleitet worden, ist die Sache an das vom angerufenen Gericht bestimmte Gericht zu verweisen.

(3) ¹Der Beschluss ist nicht anfechtbar. ²Er ist für das als zuständig bezeichnete Gericht bindend.

(4) Die im Verfahren vor dem angerufenen Gericht entstehenden Kosten werden als Teil der Kosten behandelt, die bei dem im Beschluss bezeichneten Gericht anfallen.

Schrifttum: *Sachsenhausen,* Die Entwicklung der Verweisung eines Verfahrens in den Reichs- und Bundesgesetzen, 1989.

Übersicht

	Rn.		Rn.
I. Normzweck	1, 2	1. Anwendbare Regelung	24
II. Verweisung bei sachlicher und örtlicher Unzuständigkeit	3–23	2. Antragsverfahren	25
		3. Amtsverfahren	26
1. Anwendungsbereich	3–7	4. Verweisung zur ordentlichen Gerichtsbarkeit	27
2. Voraussetzungen	8, 9		
3. Verfahren	10–13	IV. Verweisung bei Verfahrensunzuständigkeit	28–32
4. Entscheidung	14–16		
5. Wirkungen	17–20	1. Anwendbare Regelung	28, 29
6. Kosten	21–23	2. Antrags- und Amtsverfahren	30
III. Verweisung bei Rechtswegunzuständigkeit	24–27	3. Familiensachen	31
		4. Aufnehmendes Gericht	32

I. Normzweck

Die Frage, wie bei örtlicher oder sachlicher Unzuständigkeit zu verfahren ist, war bisher für den Bereich der freiwilligen Gerichtsbarkeit mangels einer gesetzlichen Regelung umstritten. Teils wurde eine Abgabemöglichkeit ohne besondere gesetzliche Regelung angenommen,[1] teils wurde § 281 ZPO entsprechend herangezogen.[2] § 3 **normiert** nun **erstmals** für die freiwillige Gerichtsbarkeit diese Problematik.[3] Vorbild für die Norm waren § 17a Abs. 2 GVG und § 281 ZPO. § 48 Abs. 1 ArbGG, § 83 S. 1 VwGO, § 98 SGG und § 70 S. 1 FGO verweisen für die sachliche und örtliche Zuständigkeit auf § 17a Abs. 2 GVG. Mit § 3 wird insofern eine Harmonisierung der Verfahrensordnungen abgeschlossen. 1

Grundsätzlich müsste das Verfahren vor dem unzuständigen Gericht beendet werden und vor dem zuständigen Gericht erneut eingeleitet werden. Bereits erzielte Prozessergebnisse wären im Neuprozess nicht verwertbar.[4] Diesen langwierigen und auch mit Mehrarbeit für die Justiz behafteten Weg vermeidet § 3. Er dient daher vor allem der **Zeit-** (Abs. 1, 3) und **Kostenersparnis** (Abs. 4) und somit der Prozessökonomie. Eine Abweisung bzw. Einstellung wegen Unzuständigkeit und eine anschließende erneute Verfahrenseinleitung beim zuständigen Gericht wird vermieden. Wegen der Gefahr eines Verstoßes gegen das Gebot des gesetzlichen Richters (Art. 101 Abs. 1 S. 2 GG) ist die Norm eng auszulegen, jedoch auch mit Bedacht anzuwenden. Möglicher Fantasie, um eine Sache wegen Unzuständigkeit abweisen zu können, darf nicht Vorschub geleistet werden.[5] 2

---

[1] BayObLG FGPrax 1998, 103; *Bumiller/Winkler* Vor §§ 3–5 FGG Rn. 5; *Habscheid* S. 78.
[2] BGH NJW 1998, 3648; *Bassenge/Roth* § 4 FGG Rn. 3.
[3] *Kroiß/Seiler* § 2 Rn. 5.
[4] *Musielak/Foerste* § 281 ZPO Rn. 1.
[5] *Baumbach/Lauterbach/Hartmann* § 281 ZPO Rn. 2; vgl. auch bei *Fischer* MDR 2000, 684.

II. Verweisung bei sachlicher und örtlicher Unzuständigkeit

3 **1. Anwendungsbereich.** § 3 ist auf Grund § 113 Abs. 1 S. 1 nicht anwendbar in **Ehesachen** (§ 121)[6] und **Familienstreitsachen** (§ 112), wo gemäß § 113 Abs. 1 S. 2 die Allgemeinen Vorschriften der ZPO (1. Buch, §§ 1–252 ZPO) und die Vorschriften der ZPO über das Verfahren vor den Landgerichten (2. Buch, 1. Abschnitt, §§ 253–494a ZPO) gelten. Es ist insoweit der § 3 ähnliche, jedoch um ein Antragserfordernis erweiterte § 281 ZPO anzuwenden.

4 Bei **Rechtsweg-** (s. Rn. 24 ff.) wie bei **Verfahrensunzuständigkeit** (s. Rn. 28 ff.) ist § 3 nicht anzuwenden. Eine entsprechende Regelung befindet sich in § 17a GVG, welches nach der Reform durch das FGG-RG nunmehr unmittelbar auch in Angelegenheiten der freiwilligen Gerichtsbarkeit Anwendung findet (§ 2 EGGVG).[7]

5 § 3 gilt allein für die sachliche und örtliche Unzuständigkeit, nicht jedoch für die **funktionelle Unzuständigkeit** (s. Vor §§ 2–5 Rn. 23).

6 Auch bei **internationaler Unzuständigkeit** kommt eine Verweisung auf Grund des staatlichen Souveränitätsanspruchs nicht in Betracht (s. Vor §§ 2–5 Rn. 12).

7 Eine Verweisung nach § 3 kann nicht an eine andere Stelle als ein **staatliches Gericht** erfolgen. Die Verweisung an Behörden einschließlich Notare, Schiedsgerichte oder außergerichtliche Schlichtungsstellen ist ausgeschlossen.[8]

8 **2. Voraussetzungen.** Der Rechtsstreit muss bei dem unzuständigen Gericht **anhängig** sein, das Gericht also iSv. § 2 Abs. 1 mit der Angelegenheit befasst sein (s. zum Zeitpunkt des Befassens § 2 Rn. 15 ff.). Auf die Rechtshängigkeit der ZPO (§§ 261 Abs. 1, 253 Abs. 1 ZPO) ist im Verfahren der freiwilligen Gerichtsbarkeit auch nicht entsprechend abzustellen. Der Zustellung an einen Beteiligten kommt hier gerade keine vergleichbare Bedeutung zu.

9 Das Gericht muss im Zeitpunkt der Verweisung **sachlich oder örtlich unzuständig** sein. Die Zuständigkeit kann auch nach Anhängigkeit durch Veränderung der Umstände entstehen. Sodann entfällt die Möglichkeit der Verweisung.[9] Ein Wegfall der Zuständigkeit nach Anhängigkeit ist auf Grund der perpetuatio fori (§ 2 Rn. 27 ff., 36) nicht möglich. Bei entsprechender Veränderung der die Zuständigkeitsanknüpfung begründenden Umstände kommt es daher nicht zur Verweisungsmöglichkeit nach § 3.

10 **3. Verfahren.** Die Verweisung erfolgt **von Amts wegen.** Dies korrespondiert mit der generellen Verfahrensführung in der freiwilligen Gerichtsbarkeit: FamFG-Verfahren werden vielfach generell von Amts wegen eingeleitet und durchgeführt. Ein Antragserfordernis wäre damit unvereinbar.[10] Es besteht konsequenterweise auch in reinen Antragsverfahren nicht.

11 Den **Beteiligten** ist vor der Entscheidung **rechtliches Gehör** zu gewähren (§ 3 Abs. 1 S. 2). Wer Beteiligter ist, wird von § 7 definiert. Im Interesse der Verfahrensökonomie will der historische Gesetzgeber den Kreis der anzuhörenden Beteiligten eingeschränkt sehen auf die zurzeit der Verweisung dem Gericht bereits namentlich Bekannten.[11] Diese Einschränkung hat in § 3 keinen Niederschlag gefunden. Sie deckt sich mit den Kann-Beteiligten des § 7 Abs. 3, die auch im Übrigen allein insoweit vom Gericht benachrichtigt werden müssen, wie sie diesem namentlich bekannt sind (§ 7 Abs. 4 S. 1). Muss-Beteiligte gemäß § 7 Abs. 2 sind jedoch stets zum Verfahren hinzuzuziehen, weil sie durch das Verfahren unmittelbar in eigenen Rechten betroffen sind. Soweit sie dem Gericht noch nicht bekannt sind, muss es sie ermitteln. Die Einschätzungen des Gesetzgebers lassen sich mit der Regelung nicht in Einklang bringen. Zudem stellt er, als der Bundesrat die Anhörung allein fakultativ ausgestalten wollte,[12] gerade klar, dass eine grundsätzliche Anhörungspflicht geboten ist.[13] Dem ist zuzustimmen. Wegen ihrer besonderen Betroffenheit ist es gerade den Muss-Beteiligten zu ermöglichen, im gesamten Verfahren, also auch bei der Zuständigkeitsentscheidung, seine Interessen wahrzunehmen. Eine Hinzuziehung erst in einem späteren Verfahrensstadium wird dem nicht gerecht; sie muss daher von Anfang an und mithin vor der Verweisung erfolgen. Prozessökonomische Gründe lassen zudem keine andere Sicht zu. Die Ermittlung der Muss-Beteiligten durch das Gericht

---

[6] AA entgegen dem klaren Gesetzeswortlaut *Baumbach/Lauterbach/Hartmann* § 281 ZPO Rn. 11.
[7] Geändert durch Art. 21 Nr. 1 FGG-RG v. 17. 12. 2008, BGBl. I S. 2586.
[8] Vgl. BGH ZZP 1986, 90 (93) Anm *Prütting; Junker* KTS 1987, 37; oben § 281 ZPO Rn. 11.
[9] Oben § 281 ZPO Rn. 26.
[10] *Baumbach/Lauterbach/Hartmann* Rn. 2.
[11] BT-Drucks. 16/6308, S. 175.
[12] BT-Drucks. 16/6308, S. 362.
[13] BT-Drucks. 16/6308, S. 404.

hat in jedem Fall zu erfolgen, dann kann dies aber im Interesse dieser Personen auch das unzuständige Gericht übernehmen.[14] Es ist gerade Sinn und Zweck der Verweisung, die Arbeit des verweisenden Gerichts sodann auch im weiteren Verfahren nutzbar zu machen. Die Ermittlung fehlender Anschriften der Beteiligten kann auch dem Antragsteller vom Gericht aufgegeben werden, dem eine Mitwirkungspflicht aus § 27 zukommt.[15]

Die **Ermittlung des zuständigen Gerichts** erfolgt durch das befasste Gericht. Aus Gründen der Prozessökonomie obliegt es allein dem befassten Gericht über die Zuständigkeit zu entscheiden. Da der Verweisungsbeschluss unanfechtbar, die Entscheidung für das Gericht, an welches verwiesen wurde, bindend und in Rechtsmittelverfahren eine Berufung auf die Unzuständigkeit der ersten Instanz ausgeschlossen ist (§§ 65 Abs. 4, 72 Abs. 2), wird dem verweisenden Gericht die endgültige Kompetenz zur Entscheidung über die Zuständigkeit eingeräumt. Eine Entscheidung ohne abschließende Prüfung der Zuständigkeit des anderen Gerichts ist daher unzulässig.[16] Das zuständige Gericht muss im Verweisungsbeschluss bestimmt bezeichnet werden.[17]

Bei **mehreren zuständigen Gerichten** ist auf das Wahlrecht des Antragstellers, das zuständige Gericht zu bestimmen, Rücksicht zu nehmen (s. § 2 Rn. 24). § 3 Abs. 2 S. 1 lässt ihn seine zuvor fehlerhafte Wahl korrigieren. Der Antragsteller kann jedoch allein zwischen den vom befassten Gericht für zuständig erachteten Gerichten wählen. Es obliegt ihm nicht ein anderes Gericht zu bestimmen. Soweit von ihm eine derartige Wahl vorgenommen wird, ist so zu entscheiden, als ob keine Wahl getroffen wurde. Das Bestimmungsrecht liegt daher für Antragsverfahren bei Unterbleiben einer Wahl und bei Wahl eines unzuständigen Gerichts, bei Amtsverfahren stets beim befassten Gericht (§ 3 Abs. 2 S. 2).

4. Entscheidung. Die Entscheidung ergeht durch **Beschluss.** Das Gericht erklärt sich in ihm für örtlich und/oder sachlich unzuständig und bezeichnet das zuständige Gericht.[18] Unterbleibt die Unzuständigkeitserklärung, ist dies unerheblich, solange sie als Grundlage der Verweisung eindeutig erkennbar ist.[19] Auf den Beschluss sind die Regelungen der §§ 38 ff. anzuwenden, auch wenn es sich nicht um eine den Verfahrensgegenstand erledigende Entscheidung handelt.[20] Danach ist der Beschluss grundsätzlich (§ 38 Abs. 3, 4) zu begründen. Er muss sowohl die Unzuständigkeit des verweisenden Gerichts darlegen, als auch die Zuständigkeit des aufnehmenden Gerichts bestimmen.[21] Der Beschluss enthält wegen § 3 Abs. 4 keine Kostenentscheidung (s. Rn. 22).

Der Verweisungsbeschluss ist durch die Beteiligten **grundsätzlich nicht anfechtbar** (§ 3 Abs. 3 S. 1).[22] Streit über die Zuständigkeit soll den Prozess nicht entscheidend verlängern oder verteuern. Die Entscheidung eines Gerichts wird als gleichwertig mit der eines anderen angesehen. Fehler hinsichtlich der Entscheidung über die Zuständigkeit werden daher vom Gesetzgeber bei Abwägung mit den prozessökonomischen Interessen in Kauf genommen.[23] Dies gilt auch bei Verletzungen ausschließlicher Zuständigkeiten.[24] Soweit ein Verweisungsantrag gestellt und angelehnt wird, ist auch diese Entscheidung unanfechtbar.[25]

Bei schwerwiegenden Verfahrensfehlern ist eine **teleologische Reduktion** von § 3 Abs. 3 S. 1[26] geboten: Beruht[26] die Verweisung auf der Verletzung des rechtlichen Gehörs[27] oder auf Willkür,[28] muss die Beschwerde zulässig sein.[29] Anderenfalls bestünde ein Verstoß gegen das Rechtsstaatsprinzip (s. auch Rn. 20).

---

[14] AA *Friederici/Kemper/Friederici* Rn. 3.
[15] BT-Drucks. 16/6308, S. 175.
[16] OLG Celle MDR 1953, 111 (112).
[17] *Zöller/Greger* § 281 ZPO Rn. 10.
[18] *Thomas/Putzo/Reichold* § 281 ZPO Rn. 8.
[19] *Baumbach/Lauterbach/Hartmann* § 281 ZPO Rn. 25.
[20] BT-Drucks. 16/6308, S. 195.
[21] OLG München MDR 2007, 1277 (1278); *Baumbach/Lauterbach/Hartmann* § 281 ZPO Rn. 15.
[22] BGH NJW 2003, 2990; BGH FamRZ 2004, 869; OLG Rostock FamRZ 2006, 432; OLG Naumburg FamRZ 2000, 545.
[23] S. BGH NJW 2003, 2990; BAG NJW 1991, 1630; OLG Naumburg FamRZ 2000, 545.
[24] BAG BB 1983, 579; OLG Frankfurt MDR 1979, 851; OLG Düsseldorf Rpfleger 1975, 102.
[25] OLG Oldenburg MDR 1992, 518.
[26] BGH NJW 1978, 1163 (1164); OLG Düsseldorf Rpfleger 1975, 102.
[27] BGH NJW 1988, 1794 (1795); *Stein/Jonas/Leipold* § 281 ZPO Rn. 29; aA *Scherer* ZZP 1997, 167 (171 ff.).
[28] BGH NJW 1984, 740; BGH NJW 1993, 1273.
[29] BGH NJW 1964, 1416 (1418); BGH NJW 1978, 1163 (1164); BayObLG MDR 1980, 583; OLG München NJW-RR 1995, 957; *Fischer* NJW 1993, 2417 (2420); aA OLG Köln VersR 1992, 1111; *Dunz* NJW 1962, 814; *Scherer* ZZP 1997, 167 (171 ff.); *Zöller/Greger* § 281 ZPO Rn. 14.

17 **5. Wirkungen.** Die Sache wird bei dem Gericht, an das verwiesen wird, anhängig. Die **Anhängigkeit** tritt nach den allgemeinen Regeln ein, mithin wenn dieses Gericht mit der Sache befasst ist (§ 2 Rn. 15 ff.). Es ist nicht allein auf den Eingang der Akten im aufnehmenden Gericht abzustellen.[30] Wird in anderen Verfahrensarten der formalisierten Rechtshängigkeit entscheidende Bedeutung zugemessen, so genügt auf Grund der besonderen Fürsorgeinteressen in der freiwilligen Gerichtsbarkeit die bei Befassen mit der Angelegenheit eintretende Anhängigkeit. Auch bei der Verweisung der Sache ist daher nicht auf einen formalisierten Zeitpunkt abzustellen, sondern auf die Grundregel zurückzugreifen. Die besondere Definition des Zeitpunktes wurde daher nicht in § 3 aufgenommen (s. aber für die ordentliche Gerichtsbarkeit § 281 Abs. 2 S. 3 ZPO und für die Rechtswegverweisung § 17b Abs. 1 S. 1 GVG). Die Anhängigkeit bei dem verweisenden Gericht endet, wenn die neue Anhängigkeit eintritt. Es handelt sich um einen Wechsel der Anhängigkeit, nicht um eine Unterbrechung.[31]

18 Das gesamte Verfahren stellt ein **einheitliches Verfahren** dar, frühere Verfahrenshandlungen wirken fort. Handlungen vor dem unzuständigen Gericht genügen daher, um evtl. Fristen zu wahren.[32] Das Verfahren wird in der Lage fortgesetzt, in der es sich vor dem verweisenden Gericht vor der Verweisung befand.[33]

19 Das aufnehmende Gericht ist an die Entscheidung gebunden (Abs. 3 S. 2).[34] Diese **Bindungswirkung** korrespondiert mit der Unanfechtbarkeit durch die Beteiligten. Das aufnehmende Gericht ist weder befugt eine Nachprüfung der Entscheidung des verweisenden Gerichts vorzunehmen, noch kann es die Sache zurückverweisen oder an ein anderes Gericht weiterverweisen. Auch wenn die Verweisung inhaltlich falsch ist, ein Rechtsirrtum[35] oder Verfahrensfehler[36] vorlag, muss das nunmehr bestimmte Gericht das Verfahren durchführen.[37] Die Bindung reicht jedoch nur soweit, wie das verweisende Gericht eine Zuständigkeitsentscheidung getroffen hat, dann jedoch auch hinsichtlich einer mit vorgenommenen Verweisung in der anderen Zuständigkeitsart.[38] Im Übrigen ist die Zuständigkeit vom Gericht, an das verwiesen wurde, von Amts wegen zu prüfen. Ist allein über die örtliche/sachliche Zuständigkeit entschieden worden, so kann das aufnehmende Gericht eine Verweisungsentscheidung hinsichtlich der sachlichen/örtlichen Zuständigkeit treffen.[39] Ebenso ist eine Verweisung wegen Rechtswegunzuständigkeit (Rn. 24) denkbar oder eine Abweisung wegen fehlender internationaler Zuständigkeit.

20 Auch hier ist eine **teleologische Reduktion** von § 3 Abs. 3 S. 2 angezeigt: Ausnahmen werden bei **offensichtlichem Irrtum** (nicht aber bei falscher rechtlicher Beurteilung) des verweisenden Gerichts zugelassen, so wenn es einen landesrechtlichen Spezialgerichtsstand übersehen hat[40] oder die Gerichtsbezirksgrenzen nicht kannte und daher einen falschen Ort angegeben hat.[41] Auch soweit ausnahmsweise eine Anfechtbarkeit des Verweisungsbeschlusses angenommen wurde (s. Rn. 16), muss ein Wegfall der Bindungswirkung erfolgen.[42] Fehlt es an jeglicher rechtlicher Grundlage für die Verweisung, ist mithin **objektiv willkürlich** entschieden worden, so ist das Gericht, an das verwiesen wurde, an die Entscheidung ausnahmsweise nicht gebunden.[43] (S. im Einzelnen § 281 ZPO Rn. 56 f.)

21 **6. Kosten.** Die **Kostenpflicht** umfasst nach § 80 die Gerichtskosten, mithin Gebühren und Auslagen, sowie die notwendigen Aufwendungen zur Verfahrensdurchführung. **Mehrkosten** auf Grund der Verweisung sind dabei diejenigen Kosten, die über die Kosten hinausgehen, die auch bei anfänglicher Anhängigkeit beim zuständigen Gericht entstanden wären.[44]

---

[30] OLG Celle FGPrax 2007, 244.
[31] *Musielak/Foerste* § 281 ZPO Rn. 12.
[32] BGH NJW-RR 2006, 1113 (1114); *Zöller/Greger* § 281 ZPO Rn. 15 a; *Thomas/Putzo/Reichold* § 281 ZPO Rn. 16.
[33] *Thomas/Putzo/Reichold* § 281 ZPO Rn. 15; *Musielak/Foerste* § 281 ZPO Rn. 13.
[34] BGH NJW 2003, 2990 (2991); OLG Köln FamRZ 2008, 283; OLG Schleswig NJW 2006, 3361 (3362).
[35] BGH NJW-RR 1992, 902.
[36] BGHZ 2, 278 (279 f.); BGH FamRZ 1990 1226 (1227); BGH NJW 1962, 1819.
[37] *Schulte-Bunert*, Rn. 69.
[38] BGH NJW-RR 1998, 1219; *Baumbach/Lauterbach/Hartmann* § 281 ZPO Rn. 30; *Thomas/Putzo/Reichold* § 281 ZPO Rn. 13.
[39] Vgl. *Zöller/Greger* § 281 ZPO Rn. 16 a;. *Baumbach/Lauterbach/Hartmann* § 281 ZPO Rn. 33.
[40] LG Regensburg JurBüro 2004, 390.
[41] BAG DB 1994, 1380.
[42] *Zöller/Greger* § 281 ZPO Rn. 14 verneint zwar die Anfechtbarkeit, lässt aber dennoch die Bindungswirkung entfallen.
[43] BT-Drucks. 16/6308, S. 175; *Schulte-Bunert*, Rn. 69.
[44] OLG München NJW 1969, 1217; *Thomas/Putzo/Reichold* § 281 ZPO Rn. 18.

Die bis zur Verweisung entstandenen Kosten werden als Teil der Kosten behandelt, die im weiteren **22** Verfahren vor dem Gericht, an das verwiesen wurde, anfallen (§ 3 Abs. 4). Die Angelegenheit ist hinsichtlich der Kosten so zu behandeln, als wäre sie von Anfang an bei dem Gericht, an welches verwiesen wurde, anhängig gewesen.[45] Das **verweisende Gericht** darf daher über die Kosten, auch die durch seine Anrufung entstandenen (Mehr)Kosten nicht entscheiden.[46] Allein das **aufnehmende Gericht** trifft eine Kostenentscheidung. In dieser wird das Gesamtverfahren kostenrechtlich als eine Einheit betrachtet, die **Gebühren** daher **nicht doppelt** berechnet.[47] Das aufnehmende Gericht entscheidet über die gesamten Auslagen, auch über die bis zur Verweisung angefallenen.

Eine besondere Regelung für die **Mehrkosten** bei Verweisung ist in § 3 nicht enthalten. Dies **23** gründet in dem im Vergleich zur streitigen Gerichtsbarkeit verschiedenen Kostengrundsatz. Die Auferlegung der Kosten erfolgt gemäß § 81 nach billigem, aber doch pflichtgemäßem[48] Ermessen, wobei von der Kostenerhebung auch ganz abgesehen werden kann. Dies schließt die Mehrkosten mit ein. Auch über diese wird zusammen mit den anderen Kosten mit entschieden. Für Familiensachen enthält betreffend die Gerichtskosten § 6 Abs. 3 FamGKG eine besondere Kostentragungsregel. Sie werden nur dann erhoben, wenn in Antragsverfahren die Anhängigkeit beim unzuständigen Gericht auf Grund verschuldeter Unkenntnis herbeigeführt wurde. Anderenfalls werden sie im Umkehrschluss den Beteiligten nicht auferlegt. Derartige Mehrkosten können auf Grund der von § 3 Abs. 4 angeordneten Gebühreneinheit für das Gesamtverfahren allein Auslagen sein.

III. Verweisung bei Rechtswegunzuständigkeit

1. Anwendbare Regelung. § 3 ist nicht auf Verweisungen wegen fehlender Rechtswegzustän- **24** digkeit anwendbar. Es ist, wenn mit einem nach dem FamFG eingeleiteten Verfahren der falsche Rechtsweg beschritten wurde, gemäß **§ 17a Abs. 2 GVG** durch Beschluss an das zuständige Gericht des zulässigen Rechtsweges zu verweisen. Gegen den Beschluss ist die sofortige Beschwerde statthaft (§ 17a Abs. 4 S. 3 GVG iVm. § 58 Abs. 1). Die Wirkungen der Verweisung regelt § 17b GVG.

2. Antragsverfahren. In Antragsverfahren ist stets eine Verweisung wegen Rechtswegunzustän- **25** digkeit möglich.[49] § 17a Abs. 2 S. 1 GVG lässt dem Gericht bei fehlender Rechtswegzuständigkeit **kein Ermessen**, als Folge ist allein die Verweisung in den richtigen Rechtsweg vorgesehen. Eine Abweisung wegen Unzulässigkeit des Rechtsweges ist nicht möglich.[50] Eine teleologische Einschränkung bei Fürsorgeverfahren mit der Begründung, in einem anderen Rechtsweg werde allein streitige Gerichtsbarkeit ausgeübt,[51] ist nicht notwendig. Ist die Sache einer anderen Gerichtsbarkeit zuzuordnen, besteht also eine Rechtswegunzuständigkeit, dann muss sie auch in den richtigen Rechtsweg verwiesen werden können. Es ist sodann Aufgabe der Gerichte dieses Rechtsweges zu entscheiden, wie mit dem Antrag weiter zu verfahren ist. Handelt es sich jedoch tatsächlich um eine Fürsorgesache der FG, so besteht keine Rechtswegunzuständigkeit und ein Verweisungsbeschluss darf nicht ergehen. Die Verweisung wegen fehlender Rechtswegzuständigkeit kann jedoch nicht ausgeschlossen werden, um derartige falsche Verweisungsbeschlüsse zu vermeiden, die sodann eine Fürsorgesache einem Gericht einer anderen Gerichtsbarkeit aufdrängen. Soweit ein Rechtsmittel gegen einen solchen Beschluss nicht erfolgt, muss das Gericht der anderen Gerichtsbarkeit das FG-Verfahren auf Grund der Bindungswirkung von § 17a Abs. 2 S. 3 GVG durchführen, es sei denn eine Durchbrechung der Bindungswirkung kommt in Betracht.[52] Dies ist Ausdruck der Gleichwertigkeit aller Rechtswege und Basis der Gesamtregelung der §§ 17–17b GVG.

3. Amtsverfahren. In Amtsverfahren ist nach hM **keine Rechtswegverweisung** möglich.[53] Bei **26** fehlender Rechtswegzuständigkeit ist das Verfahren einzustellen. Zwar wird auch in einem Amtsverfahren ein Rechtsweg iSv. § 17a GVG beschritten.[54] Als solches muss bei einem prozessualen Verständnis des Rechtswegbegriffs jedes Tätigwerden eines Gerichts einer Gerichtsbarkeit in der Sache verstanden werden. Jedoch fehlt es an einem das Verfahren einleitenden Antrag, der in allen

---

[45] *Baumbach/Lauterbach/Hartmann* Anh. II § 281 ZPO Rn. 8.
[46] *Baumbach/Lauterbach/Hartmann* Anh. II § 281 ZPO Rn. 8.
[47] Oben § 281 ZPO Rn. 60.
[48] *Baumbach/Lauterbach/Hartmann* § 81 FamFG Rn. 4.
[49] Vgl. *Kissel/Mayer* § 17 GVG Rn. 56; unten § 17a GVG Rn. 3.
[50] *Zöller/Lückemann* Vor §§ 17–17b GVG Rn. 4.
[51] *Brehm* § 4 Rn. 4.
[52] Vgl. *Kissel/Mayer* § 17 GVG Rn. 39.
[53] *Keidel/Sternal* § 1 Rn. 50; *Jansen/v. Schuckmann* § 1 FGG Rn. 130; *Wieczoreck/Schreiber* § 17a GVG Rn. 5; unten § 17a GVG Rn. 4; *Kissel/Mayer* § 17 GVG Rn. 56; *Zöller/Lückemann* Vor §§ 17–17b GVG Rn. 11; *Brehm* § 4 Rn. 4.
[54] Dies wird von der Bundesregierung bereits verneint, BT-Drucks. 16/6308, S. 318.

anderen Gerichtsbarkeiten vorausgesetzt wird.[55] Eine Verfahrenseinleitung von Amts wegen durch das Gericht ist in anderen Gerichtsbarkeiten nicht vorgesehen.[56] Dies kann nicht mittels einer Rechtswegverweisung umgangen werden.

27 **4. Verweisung zur ordentlichen Gerichtsbarkeit.** Wird eine Familiensache oder eine Angelegenheit der freiwilligen Gerichtsbarkeit **in einer anderen Gerichtsbarkeit** als der ordentlichen **geltend gemacht**, so ist sie gemäß § 17a GVG iVm. § 173 VwGO,[57] § 48 ArbGG, § 202 SGG, § 155 FGO an das zuständige Gericht der ordentlichen Gerichtsbarkeit zu verweisen. Die Verweisung sollte an ein verfahrenszuständiges Gericht erfolgen. Das Gericht der ordentlichen Gerichtsbarkeit ist jedoch allein hinsichtlich des Rechtsweges an den Verweisungsbeschluss gebunden (§ 17a Abs. 2 S. 3 GVG), nicht jedoch hinsichtlich der anderen Zuständigkeitsarten.

IV. Verweisung bei Verfahrensunzuständigkeit

28 **1. Anwendbare Regelung.** Auch bei fehlender Verfahrenszuständigkeit greift § 3 nicht ein. Unter der bisherigen Rechtslage wandte die hM §§ 17–17b GVG analog an.[58] Aufgrund des durch Art. 22 Nr. 3 FGG-RG neu eingefügten **§ 17a Abs. 6 GVG** wurde diese Ansicht zum 1. 9. 2009 dahingehend kodifiziert, dass § 17a Abs. 1–5 GVG, mithin die Vorschriften zur Rechtswegverweisung, für die Spruchkörper in ihrem Verhältnis zueinander entsprechend anzuwenden sind.

29 Folge der Verfahrensunzuständigkeit ist damit die **Verweisung** der Sache. Eine solche kommt jedoch nur in Betracht, wenn der **konkrete Streitgegenstand** in einer anderen Verfahrensart zu entscheiden ist. Es genügt nicht, dass grundsätzlich eine Rechtsmaterie der anderen Verfahrensart zugewiesen ist.[59] Für die Wirkungen der Verweisung ist § 17b GVG analog anzuwenden.[60]

30 **2. Antrags- und Amtsverfahren.** In **Antragsverfahren** hat die Verweisung **stets** zu erfolgen. § 17a Abs. 2 S. 1 GVG, der über den Verweis in § 17 Abs. 6 GVG auch für die Verfahrenszuständigkeit anzuwenden ist, lässt dem Gericht kein Ermessen. Eine Abweisung wegen Unzuständigkeit ist nicht möglich. In **Amtsverfahren** ist jedoch, wie bei der Rechtswegunzuständigkeit, eine **teleologische Reduktion** notwendig. Zwar ist auch hier im prozessualen Sinne ein Rechtsweg beschritten (vgl. Rn. 26). Im streitigen Verfahren ist jedoch eine Verfahrenseinleitung von Amts wegen, mithin ohne Initiative einer Partei, nicht vorgesehen. Eine Umgehung mittels einer Einleitung von Amts wegen und anschließender Verweisung darf nicht möglich sein. Es fehlt zudem an einem Antrag, der sodann die erforderliche Klage ersetzen könnte.[61] Eine Verweisung scheidet daher hier aus.[62] Das Verfahren ist bei fehlender Verfahrenszuständigkeit einzustellen.

31 **3. Familiensachen.** Nach dem Inkrafttreten des FGG-RG ist auch in Familiensachen zwischen Prozessgericht und Familiengericht gemäß § 17a Abs. 6 GVG zu **verweisen** und nicht mehr lediglich formlos abzugeben.[63] Familiensachen sind nunmehr vollständig dem FamFG-Verfahren, mithin der zweiten, anderen Verfahrensart der Zivilsachen zugewiesen. Die Neuregelung in § 17a Abs. 6 GVG bezweckt gerade die Institutionalisierung des Wechsels zwischen den Verfahrensarten der ZPO und des FamFG, so dass die vormalige Meinung[64] vom Gesetzgeber überholt wurde.

---

[55] *Keidel/Sternal* § 1 Rn. 50; *Brehm* § 4 Rn. 4.
[56] Unten § 17a GVG Rn. 4.
[57] *Eyermann/Rennert*, VwGO, 12. Aufl. 2006, § 41 Rn. 1; aA unten § 17a GVG Rn. 2, der auf § 83 S. 1 VwGO abstellt, der jedoch allein für die örtliche und sachliche Unzuständigkeit die Regelungen der §§ 17–17b GVG entsprechend heranzieht, nicht jedoch für die Rechtswegunzuständigkeit.
[58] BGH NJW-RR 2005, 721 (722); BGH NJW 2003, 1032 (1036); BGH NJW 2001, 2181; BGH MDR 1996, 1290; BGH NJW 1995, 2851 (2852); BayObLG NJW-RR 1994, 856; OLG Köln MDR 1996, 144; OLG Frankfurt NJW-RR 1994, 447 (448); unten § 17a GVG Rn. 3; *Kissel/Mayer* § 17 GVG Rn. 55; *Bumiller/Winkler* § 1 FGG Rn. 9; *Rosenberg/Schwab/Gottwald* § 11 Rn. 16.
[59] Vgl. das Beispiel bei *Brehm* § 4 Rn. 11: Wird der Entzug der elterlichen Sorge durch ein Kind als privates Gestaltungsrecht im ZPO-Verfahren geltend gemacht, so käme eine Verweisung in ein FamFG-Verfahren nicht in Betracht. Zwar wird über die elterliche Sorge grundsätzlich in FamFG-Verfahren entschieden, jedoch wird dort nicht über ein privates Gestaltungsrecht, sondern auf Grund einer Eingriffsbefugnis des Staates entschieden. Insofern würde mit einer Verweisung der Streitgegenstand verändert.
[60] So bereits vor Inkrafttreten des FGG-RG BayObLG FGPrax 1995, 211 (212).
[61] *Keidel/Sternal* § 1 Rn. 50.
[62] Davon geht auch die Gesetzesbegründung aus, ohne das dies im Gesetzestext deutlich wird, BT-Drucks. 16/6308, S. 318; *Brehm* § 4 Rn. 11; *Zöller/Lückemann* Vor §§ 17–17b GVG Rn. 11.
[63] AA *Baumbach/Lauterbach/Hartmann* § 281 ZPO Rn. 5, der an der früheren Auffassung trotz des neuen Art. 17a Abs. 6 GVG festhält.
[64] Dazu oben § 281 ZPO Rn. 13.

4. Aufnehmendes Gericht. Die Verweisung kann von einem Spruchkörper an einen **anderen** **32** **Spruchkörper** desselben Gerichts erfolgen. Jedoch darf der Wortlaut des § 17a Abs. 6 GVG „gelten für ... Spruchkörper in ihrem Verhältnis zueinander" nicht derart eng verstanden werden, dass bei fehlender Verfahrenszuständigkeit allein gerichtsintern von Spruchkörper zu Spruchkörper zu verweisen ist. § 17a Abs. 2 GVG lässt für die Rechtswegunzuständigkeit gerade nicht nur den Verweis in den richtigen Rechtsweg zu, sondern zugleich den Verweis an das auch unter allen anderen Aspekten zuständige Gericht. In gleicher Weise muss § 17a Abs. 2 GVG bei der entsprechenden Anwendung durch § 17a Abs. 6 GVG für die Verfahrensunzuständigkeit gelten. Es ist an das **unter allen Aspekten zuständige Gericht** zu verweisen. Bindend gemäß § 17a Abs. 2 S. 3 GVG ist die Verweisung sodann allein hinsichtlich der Verfahrenszuständigkeit.

§ 4 Abgabe an ein anderes Gericht

Das Gericht kann die Sache aus wichtigem Grund an ein anderes Gericht abgeben, wenn sich dieses zur Übernahme der Sache bereit erklärt hat. Vor der Abgabe sollen die Beteiligten angehört werden.

Schrifttum: *Schmidt-Bardeleben,* Rechtszug nach einem Gerichtswechsel in Angelegenheiten der freiwilligen Gerichtsbarkeit, 1910.

Übersicht

	Rn.		Rn.
I. Normzweck	1–3	6. Rechtliches Gehör	27, 28
II. Voraussetzungen	4–29	7. Zustimmung der Beteiligten	29
1. Anhängigkeit	4, 5	III. Rechtsfolge	30–35
2. Zuständigkeit	6–11	1. Abgabe	30–33
3. Wichtiger Grund	12–23	2. Rechtsmittel	34, 35
a) Allgemeine Definition	12–14	IV. Kosten	36
b) Einzelfälle	15–21	V. Notzuständigkeit des AG Schöne-	
c) Gesetzliche Vermutungen	22, 23	berg	37, 38
4. Bereitwilligkeit des befassten Gerichts	24	VI. Scheidungsverbund	39–41
5. Bereiterklärung des anderen Gerichts	25, 26		

I. Normzweck

Neben die bindende Verweisung auf Grund örtlicher oder sachlicher Unzuständigkeit des § 3 stellt **1** § 4 die nicht bindende Abgabe bei bestehender Zuständigkeit. Bisher wurde die Abgabe für einzelne Verfahrensarten besonders geregelt (§§ 46, 65a, 70 Abs. 3 FGG). Diese Spezialnormen werden mit dem FamFG **verallgemeinert** und mit der Einstellung im Allgemeinen Teil grundsätzlich für alle FamFG-Verfahren zur Verfügung gestellt. Zugleich soll das Abgabeverfahren vereinfacht werden.[1]

In den Verfahren der freiwilligen Gerichtsbarkeit steht regelmäßig der **Personenbezug** im Vor- **2** dergrund. Der Grundsatz der perpetuatio fori (§ 2 Abs. 2) lässt sowohl nachträgliche Veränderungen der tatsächlichen Verhältnisse als auch gesetzliche Veränderungen der Zuständigkeit[2] für laufende Verfahren unberücksichtigt. Es kann daher bei Fortführung des Verfahrens am zuerst mit der Sache befassten Gericht zu Unzuträglichkeiten kommen. Aus Zweckmäßigkeitserwägungen soll es hier die Möglichkeit der Abgabe trotz eigener Zuständigkeit an ein anderes Gericht geben. Dies ist regelmäßig das Gericht, in dessen Nähe sich die Beteiligten (zwischenzeitlich) befinden.[3]

§ 4 findet in **Ehesachen** (§ 121)[4] und **Familienstreitsachen** (§ 112) keine Anwendung (§ 113 **3** Abs. 1 S. 1). Stattdessen sind gemäß § 113 Abs. 1 S. 2 die Allgemeinen Vorschriften der ZPO (1. Buch, §§ 1–252 ZPO) und die Vorschriften der ZPO über das Verfahren vor den Landgerichten (2. Buch, 1. Abschnitt, §§ 253–494a ZPO) anzuwenden. Es ist insoweit der § 3 ähnliche, jedoch um ein Antragserfordernis erweiterte § 281 ZPO anzuwenden.

---

[1] BT-Drucks. 16/6308, S. 175.
[2] BayObLGZ 1977, 175.
[3] BT-Drucks. 16/6308, S. 175.
[4] AA entgegen dem klaren Gesetzeswortlaut *Baumbach/Lauterbach/Hartmann* § 281 ZPO Rn. 11.

II. Voraussetzungen

4 **1. Anhängigkeit.** Eine Sache muss bei Gericht anhängig sein. Die Anhängigkeit **tritt ein,** sobald das Gericht mit der Sache befasst ist (vgl. § 2 Rn. 15). Für die **Beendigung** ist zu unterscheiden, ob es sich um ein Einzel- oder ein Dauerverfahren handelt. Ein Dauerverfahren (zB Vormundschaft[5] (§ 1837 BGB), Betreuung (§ 1908i BGB iVm. § 1837 BGB), Pflegschaft (§ 1915 Abs. 1 BGB iVm. § 1837 BGB), Unterbringung in einer Freiheitsentziehungssache nach § 415),[6] in dem verschiedene Einzelverrichtungen durchgeführt werden, wird erst entsprechend den materiellen Beendigungstatbeständen abgeschlossen. Das Einzelverfahren endet dagegen mit der den Verfahrensgegenstand erledigenden Endentscheidung (§ 38 Abs. 1).

5 Eine Abgabe ist während der **gesamten Anhängigkeit** zulässig. In Dauerverfahren kann sie daher sowohl während der Anhängigkeit einer Einzelverrichtung[7] als auch in Zwischenphasen erfolgen. Auch muss ein Vormund, Betreuer[8] bzw. Pfleger noch nicht bestellt sein.[9] So kann bereits bei der Auswahl der entsprechenden Person das besser geeignete und auch für die Zukunft zuständige Gericht das Verfahren führen. Dies mag insbesondere dann zweckmäßig sein, wenn die Auswahl eines Vormundes, Betreuers oder Pflegers längere Ermittlungen erwarten lässt.[10] Eine Abgabe vor Anhängigkeit für mögliche zukünftige Verrichtungen ist dagegen ebenso nicht möglich,[11] wie die Abgabe nachdem das Verfahren beendet wurde.[12]

6 **2. Zuständigkeit.** Das **abgebende Gericht** muss grundsätzlich **zuständig** sein.[13] Bei nachträglicher Veränderung der die Zuständigkeit begründenden Tatsachen bleibt das Gericht zuständig (perpetuatio fori, § 2 Rn. 27 ff.).

7 Es genügt, wenn sich das Gericht für **zuständig hält.**[14] Dies steht im Einklang mit § 2 Abs. 3, wonach auch gerichtliche Handlungen des unzuständigen Gerichts wirksam sind.[15] Die fehlerhafte Annahme der Zuständigkeit hindert daher eine Abgabe nicht.

8 Hält sich das Gericht für **unzuständig,** hat es die Sache zu verweisen, und zwar bei Unzuständigkeit hinsichtlich des Rechtswegs nach § 17a Abs. 2 S. 1 GVG (s. § 3 Rn. 24 ff.), des Verfahrens nach § 17a Abs. 6, Abs. 2 S. 1 GVG (s. § 3 Rn. 28 ff.) und der sachlichen oder örtlichen Zuständigkeit nach § 3 Abs. 1 S. 1 (s. § 3 Rn. 8 ff.). Bei internationaler Unzuständigkeit kommt eine Verweisung gemäß § 3 Abs. 1 S. 1 analog allein auf Grund der Begrenzung staatlichen Handelns auf das eigene Staatsgebiet nicht in Betracht (Vor §§ 2–5 Rn. 12). Lediglich bei der funktionellen Unzuständigkeit erfolgt keine Verweisung, sondern eine formlose Abgabe. Hierbei handelt es sich jedoch um eine gerichtsinterne Abgabe und daher nicht um eine Abgabe iSv. § 4, die stets zu einem anderen Gericht weist. Die **Verweisung** ist **vorrangig** und zwingend durchzuführen, für eine Abgabe nach § 4 S. 1 bleibt insoweit kein Raum.[16] Anderenfalls würde § 3 unterlaufen und das unzuständige Gericht seiner Alleinkompetenz zur Bestimmung des zuständigen Gerichts nicht gerecht werden. Zudem wäre es möglich, die Zuständigkeitsvorschriften zur Gänze zu umgehen.

9 Der Wortlaut des § 4 lässt die Frage offen, ob das aufnehmende Gericht ein im Zeitpunkt der Abgabe bereits zuständiges Gericht sein muss. Die Bundesregierung geht davon aus, dass dies nicht der Fall ist und auch an ein unzuständiges Gericht abgegeben werden kann.[17] Diese Ansicht wurde auch für die bisherigen besonderen Abgaberegelungen für einzelne **Fürsorgeangelegenheiten** vertreten.[18] Eine Änderung durch das FamFG ist nicht gewollt. Das **aufnehmende Gericht** muss daher in Fürsorgeangelegenheiten im Zeitpunkt der Abgabe **nicht zuständig** sein. Die Zuständigkeit des aufnehmenden Gerichts wird durch die Abgabe begründet.[19] Es kann so auf die besonderen Umstände des

---

[5] *Pawlowski/Smid* Rn. 138.
[6] OLG Zweibrücken FGPrax 2000, 212 (213); *Pawlowski/Smid* Rn. 755.
[7] BayObLG FamRZ 1997, 439 (440); *Bassenge/Roth* § 65a FGG Rn. 3.
[8] BayObLG FamRZ 1996, 1341; BayObLG FamRZ 1993, 449; BayObLG FamRZ 1993, 449.
[9] *Keidel/Sternal* Rn. 9; *Kumme* Rpfleger 1972, 158 (160).
[10] BayObLG FamRZ 1993, 449.
[11] BayObLGZ 1951, 171.
[12] OLG Karlsruhe/Freiburg ZBlJR 1955, 141; *Jansen/Sonnenfeld* § 65a FGG Rn. 5.
[13] OLG Köln Rpfleger 1960, 90 (91); *Schulte-Bunert,* Rn. 71.
[14] BayObLG NJW-FER 1997, 282; BayObLGZ 1958, 281 (285); *Keidel* Rpfleger 1960, 91.
[15] *Jansen/Müller-Lukoschek* § 46 FGG Rn. 4.
[16] *Baumbach/Lauterbach/Hartmann* Rn. 1; aA wohl BT-Drucks. 16/6308, S. 404.
[17] Inzident BT-Drucks. 16/6308, S. 234, 413.
[18] KG Rpfleger 1968, 394 (395).
[19] BayObLG NJW-FER 1998, 136; so auch explizit zum bisherigen Recht des FGG *Bumiller/Winkler* § 65a FGG Rn. 3.

Einzelfalls, die mit einem festen Zuständigkeitssystem nicht stets erfasst werden können, Rücksicht genommen werden. Mangels einander streitig gegenüberstehender Beteiligter ist ein entsprechender Interessenausgleich und Rechtssicherheit insbesondere eines Antragsgegners nicht vordergründig. Korrektiv gegen eine Allzuständigkeit eines Gerichts ist hier nicht der abschließende Zuständigkeitskatalog mit seiner Anknüpfung an bestimmte sachnahe Momente, sondern der für die Abgabe erforderliche, allein auf Grund von Zweckmäßigkeitserwägungen bestimmte wichtige Grund (s. Rn. 12).

In **privaten und öffentlichen Streitsachen** ist die Interessenlage jedoch eine andere. Zweckmäßigkeitserwägungen allein können hier nicht entscheidend sein. Die Beteiligten stehen sich einem Streitverfahren im Zivilprozess vergleichbar gegenüber. Insbesondere der Schutz der Interessen des Antragsgegners ist zu berücksichtigen. Die Bestimmung des zuständigen Gerichts muss hier für die Beteiligten im Vorhinein sicher erfolgen können. Der Antragsgegner muss sich darauf einstellen können, wo er gerichtspflichtig ist. Zudem steht die Bestimmung des gesetzlichen Richters iSv. Art. 101 Abs. 1 GG in Frage. Gerechtigkeits- und Beteiligteninteressen treten zur Gewährung von Rechtssicherheit neben die Zweckmäßigkeitserwägungen. Die Berücksichtigung der Interessen aller Beteiligten wird durch ein festes Zuständigkeitssystem gesichert. Eine freie Abgabemöglichkeit allein auf Grund Zweckmäßigkeitserwägungen unterläuft dieses Zuständigkeitssystem und lässt die übrigen Beteiligteninteressen unberücksichtigt. Zudem erscheint eine derart freie Verfügungsmöglichkeit mit den Vorgaben des Art. 101 Abs. 1 GG nicht vereinbar.[20] Bei dem potentiell übernehmenden Gericht sollten die Beteiligten die Sache mangels Zuständigkeit nicht anhängig machen. Geschieht dies doch, wäre dieses Gericht nicht zur Entscheidung berufen, sondern zur Verweisung nach § 3 verpflichtet. Das Gericht hat gerade keine Kompetenz, seine Zuständigkeit frei anzunehmen. In Streitsachen muss die Sache bereits vom Antragsteller bei dem Gericht anhängig gemacht werden können, welches sodann auch das Verfahren durchführt. Dies wäre nicht gewährleistet, wenn an ein unzuständiges Gericht abgegeben werden kann. In Streitverfahren ist § 4 daher teleologisch insoweit einzuschränken, als das **aufnehmende Gericht** spätestens **im Zeitpunkt der Abgabe zuständig** sein muss.[21] § 4 kann dem aufnehmenden Gericht keine Zuständigkeit vermitteln, sondern setzt sie in Streitverfahren voraus. Durch ein Einvernehmen mit einem (evtl. selbst nicht zuständigen, s. Rn. 7 f.) Gericht darf ein unzuständiges Gericht allein auf Grund Zweckmäßigkeitserwägungen nicht zuständig werden. Die gesetzlichen Zuständigkeitswertungen können nicht von der Rechtsprechung erweitert werden. Wenn der Gesetzgeber weitere Möglichkeiten der Entscheidungszuständigkeit für notwendig ansieht, ist dem durch weitere alternative Anknüpfungskriterien nachzukommen.

Eine **(noch) bestehende Unzuständigkeit** während des Einigungsprozesses zwischen den Gerichten schadet dagegen nicht. Auf die zukünftigen Verhältnisse kann im Sinne einer effizienten Verfahrensgestaltung bereits Bezug genommen werden. Entscheidender Zeitpunkt ist die Abgabeentscheidung.

3. Wichtiger Grund. a) Allgemeine Definition. Eine Abgabe kann allein aus wichtigem Grund erfolgen. Dieser muss sich auf Grund **Zweckmäßigkeitserwägungen**[22] aus der durchzuführenden Angelegenheit ergeben. Das Verfahren soll durch die Abgabe leichter durchgeführt werden können. Die bestehende Zuständigkeit des übernehmenden Gerichts im Zeitpunkt der Abgabe allein ist kein wichtiger Grund.[23] Dies wäre mit dem Grundsatz der perpetuatio fori (§ 2 Abs. 2) nicht vereinbar. Das Gericht hat durch Abwägung der Gründe, die für und gegen eine Abgabe sprechen, nach pflichtgemäßem Ermessen zu ermitteln, ob ein wichtiger Grund vorliegt. Es muss dazu den Sachverhalt umfassend aufklären.[24]

In Kindschaftssachen hat das **Kindeswohl** im Vordergrund zu stehen, in Betreuungssachen das **Wohl des Betroffenen,**[25] nachrangig ist das Interesse der übrigen Beteiligten und des Gerichts an einer ordnungsgemäßen Bearbeitung der Angelegenheit.[26] Zu berücksichtigen ist, ob das Gericht mit

---

[20] Vorwerk, Stellungnahme zur Anhörung im Rechtsausschuss des Bundestages (16. Wahlperiode, 86. Sitzung, 11. 2. 2008) S. 8.
[21] Einer Aufforderung von Vorwerk, Stellungnahme zur Anhörung im Rechtsausschuss des Bundestages (16. Wahlperiode, 86. Sitzung, 11. 2. 2008) S. 8 zur Klarstellung im Gesetzestext ist der Gesetzgeber nicht nachgekommen.
[22] Vgl. BayObLG FamRZ 1993, 449; BayObLG FamRZ 1994, 1187 (1188); BayObLG FamRZ 2001, 1536; OLG Karlsruhe FamRZ 1990, 896 (897); Bassenge/Roth § 46 FGG Rn. 3.
[23] BayObLG NJW-FER 1998, 136.
[24] OLG Brandenburg NJWE-FER 2000, 322; OLG Karlsruhe Rpfleger 1995, 458 (459); Jansen/Sonnenfeld § 65a FGG Rn. 6.
[25] OLG Brandenburg FGPrax 1997, 186; BayObLG FamRZ 1992, 1326; OLG Karlsruhe Rpfleger 1990, 208; Keidel/Sternal Rn. 13.
[26] BayObLG FamRZ 1997, 438 (439); OLG Brandenburg FamRZ 2000, 1295; OLG Celle FamRZ 1993, 220; OLG Karlsruhe Rpfleger 1990, 208; Bassenge/Roth § 46 FGG Rn. 3.

den örtlichen Verhältnissen vertraut sein muss und ob ein (regelmäßiger) persönlicher Umgang mit den Beteiligten für Anhörungen oder Erörterungen erforderlich und praktisch umsetzbar ist.[27] Grundsätzlich geht das Interesse des Betroffenen, die Sache bei einem ortsnahen Gericht zu wissen, dem Interesse des Gerichts, die Sache mit weniger Arbeitsaufwand führen zu können, vor.[28] Stets sind alle Umstände des Einzelfalls in die Betrachtung einzubeziehen.[29]

14 **Maßgeblicher Zeitpunkt** für die Beurteilung ist die Abgabeentscheidung. Darüber hinausgehende künftige Entwicklungen (zB weitere absehbare Aufenthaltsverlegungen[30]) haben unberücksichtigt zu bleiben.[31]

15 **b) Einzelfälle.** Bei einer **Vormundschaft** wird (nur) der dauerhafte Aufenthaltswechsel des Mündels und des Vormunds oder der Eltern als wichtiger Grund anerkannt,[32] nicht entscheidend ist der Wechsel des gewöhnlichen Aufenthalts des Mündels[33] oder des Vormunds[34] allein. Treten jedoch weitere Umstände hinzu, kann auch der Aufenthalt des Vormunds entscheidend sein. Ist eine einmalige Anhörung notwendig, so genügt eine Distanz zwischen Gericht und Mündel allein nicht für einen wichtigen Grund, anderes gilt jedoch, wenn mit häufigeren Anhörungen zu rechnen ist.[35] Die Vormundschaft für Geschwister soll grundsätzlich nicht durch eine Abgabe nur hinsichtlich eines Kindes getrennt werden,[36] es handelt sich jedoch um verschiedene Vormundschaften, die einzeln zu behandeln sind.[37] Kosteninteressen des Jugendamtes bei der Führung einer Amtsvormundschaft (§§ 1791b, 1791c BGB) haben allein untergeordnete Bedeutung.[38] Gegen das Vorliegen eines wichtigen Grundes kann sprechen, dass eine Endentscheidung kurz bevorsteht und ein besonderes Vertrauensverhältnis zwischen Richter und Kind aufgebaut wurde.[39] Wird aus besonderen Gründen die Anklage in einer Jugendstrafsache nicht nach § 42 Abs. 1 Nr. 1 JGG vor dem Richter, dem die Führung einer Vormundschaft obliegt, erhoben, liegt im Regelfall ein wichtiger Grund für die Abgabe der Vormundschaft an diesen Richter vor. Die bisherige gesetzliche Normierung (§ 46 Abs. 1 S. 2 FGG) ist auf Grund der Verallgemeinerung der Abgabe entfallen. Dadurch sollte aber keine Änderung in der Sache herbeigeführt werden.

16 Bei einer **Vermögenspflegschaft** haben die Interessen der Vermögensverwaltung im Vordergrund zu stehen.[40] Der Wechsel des gewöhnlichen Aufenthaltes der Mutter mit den Kindern wurde als ausreichend erachtet, wenn persönliche Fühlungnahme mit dem Familiengericht erforderlich ist.[41] Wenn eine besondere Überwachung des Pflegers erforderlich ist, kann auf dessen Person abgestellt werden.[42] Allgemein wurde in **Pflegschaftssachen** ein wichtiger Grund bejaht, wenn der Pflegebefohlene einen neuen gewöhnlichen Aufenthalt nimmt, der Pfleger ebenfalls dort tätig ist und dem persönlichen Kontakt zum Gericht erhebliche Bedeutung zukommt.[43]

17 **Unterhaltspflegschaften** sollen regelmäßig an den Wohnort des Unterhaltspflichtigen abgegeben werden,[44] um die Ansprüche leichter geltend machen zu können. Einschränkungen werden bei häufigem Wohnsitzwechsel des Unterhaltspflichtigen gemacht.[45]

18 In **Adoptionssachen** kann ein wichtiger Grund vorliegen, wenn der Annehmende und das Kind ihren gewöhnlichen Aufenthalt verlegen.[46] Die Verlegung des Wohnsitzes[47] ist unter dem FamFG nicht mehr bedeutsam, da die örtliche Zuständigkeit (§ 187) nicht an den Wohnsitz, sondern allein an den gewöhnlichen Aufenthalt anknüpft. Eine Verlegung des Wohnsitzes ist daher unbedeutsam für eine Veränderung der Nähebeziehung des zuständigen Gerichts zu den Beteiligten.

---

[27] BayObLG Rpfleger 1996, 343.
[28] OLG Köln FamRZ 2001, 1543.
[29] BayObLG FamRZ 1999, 796; *Keidel/Sternal* Rn. 12.
[30] OLG Karlsruhe/Freiburg Rpfleger 1956, 49 (50).
[31] OLG Köln Rpfleger 1972, 448; OLG Karlsruhe FamRZ 1990, 896 (897); BayObLG Rpfleger 1996, 343; BayObLG DAV 1997, 436 (437).
[32] BT-Drucks. 16/6308, S. 176; OLG Karlsruhe FamRZ 1990, 896 (897).
[33] KG NJW 1969, 195 (196); OLG Zweibrücken Rpfleger 1982, 146; *Jansen/Müller-Lukoschek* § 46 FGG Rn. 7.
[34] BayObLG Rpfleger 1979, 264; OLG Düsseldorf MDR 1961, 512.
[35] BayObLG FamRZ 1999, 796.
[36] OLG Hamm FamRZ 2007, 567; *Bumiller/Harders* Rn. 7.
[37] *Jansen/Müller-Lukoschek* § 46 FGG Rn. 9, 52.
[38] Vgl. OLG Schleswig ZBlJR 1964, 275; LG Stuttgart DAV 1974, 670 (674).
[39] OLG Brandenburg FamRZ 2000, 1295.
[40] *Keidel/Sternal* Rn. 13.
[41] Vgl. BayObLG Rpfleger 1986, 95.
[42] BayObLG Rpfleger 1980, 432 (433); BayObLG Rpfleger 1986, 95.
[43] BayObLG Rpfleger 1981, 63.
[44] OLG Hamm Rpfleger 1958, 189; KG NJW 1969, 195 (196); *Keidel/Sternal* Rn. 17.
[45] OLG Hamm ZBlJR 1956, 211.
[46] BayObLG FamRZ 2001, 1536.
[47] So aber BT-Drucks. 16/6308, S. 176.

In **Unterbringungssachen** kann bei Überprüfung der Genehmigung die örtliche Nähe zwischen 19 entscheidendem Richter und Unterzubringenden zur erleichterten persönlichen Anhörung entscheidend sein.[48]

Einer Abgabe steht nicht entgegen, dass über einen Antrag des Betreuten auf Aufhebung einer 20 **Betreuung** noch nicht entschieden wurde.[49] Ein wichtiger Grund wird angenommen, wenn stets neue Maßnahmen oder die Verlängerung beschlossener Maßnahmen erforderlich sind und es hierfür auf den persönlichen Kontakt von Betreuer und Gericht mit dem Betroffenen und die Kenntnis seiner Lebensumstände ankommt.[50] Die Notwendigkeit wiederholter persönlicher Anhörung im Rahmen der regelmäßigen Überprüfung der Betreuungsvoraussetzungen kann wichtiger Grund sein.[51]

Justizinterne Gründe, wie die verschiedene Arbeitsbelastung der Gerichte, stellen **keinen wich-** 21 **tigen Grund** iSv. § 4 dar und können nicht berücksichtigt werden.[52] Auch ist es in Dauerverfahren kein wichtiger Grund, wenn eine Einzelverrichtung beim abgebenden Gericht anhängig und das Ergebnis nicht absehbar ist.[53] Genauso muss bei der Beurteilung eine wichtigen Grundes unberücksichtigt bleiben, wenn der Richter des abgebenden Gerichts eine besondere Sachkunde in dem Verfahren erlangt hat.[54]

c) **Gesetzliche Vermutungen.** Ein wichtiger Grund wird in **Betreuungssachen** gemäß § 273 22 gesetzlich vermutet, in **Unterbringungssachen** gemäß § 314. Auch hier ist jedoch eine Einzelfallabwägung vorzunehmen, so dass bei Vorliegen besonderer Umstände trotz Aufenthaltswechsels ein wichtiger Grund verneint werden kann. Dies kann der Fall sein, wenn zB der Betreute ein besonderes Vertrauen zu dem bisherigen Betreuungsgericht aufgebaut hat[55] oder der Schwerpunkt der Tätigkeit weiter am bisherigen Aufenthaltsort liegen wird,[56] insbesondere dann, wenn sich die Betreuung in erster Linie auf umfangreiche Vermögensverhältnisse bezieht, mit denen Gericht und Betreuer in besonderer Weise vertraut sind.[57] Maßgebend ist, ob mit der Abgabe eine zweckmäßigere und leichtere Verfahrensdurchführung ermöglicht wird.[58]

In **Kindschaftssachen** stellt § 154 (Verweisung bei einseitiger Änderung des Aufenthaltes des 23 Kindes) entgegen dem Vorschlag der Bundesregierung[59] in der endgültigen Gesetzesfassung keine Sonderregelung eines wichtigen Grundes für die Abgabe des Verfahrens nach § 4 dar, sondern ausweislich der Entwicklung der Norm im Gesetzgebungsverfahren[60] eine fakultative Verweisung mit den Rechtsfolgen des § 3.

4. Bereitwilligkeit des befassten Gerichts. Das befasste Gericht hat die Voraussetzungen der 24 Abgabe zu prüfen. Kommt es zu dem Ergebnis, dass alle Voraussetzungen für eine Abgabe gegeben sind, insbesondere ein wichtiger Grund vorliegt, hat es von dem ihm eingeräumten **Ermessen** („kann ... abgeben") **pflichtgemäß** Gebrauch zu machen. Sprechen in einer Gesamtabwägung überwiegende sachliche Gründe für eine Abgabe, so muss es das Verfahren zur Abgabe einleiten.[61]

5. Bereiterklärung des anderen Gerichts. Zusätzliche Voraussetzung ist, dass das potentiell 25 übernehmende Gericht erklärt, zur Übernahme bereit zu sein. Das potentiell übernehmende Gericht hat bei seiner Entscheidungsfindung ein **pflichtgemäßes Ermessen** auszuüben.[62] Dazu sind ihm vom abgabewilligen Gericht die Abgabegründe umfassend mitzuteilen. Sachfremde Erwägungen dürfen in die Entscheidung nicht einfließen.[63] Die Einverständniserklärung ist Voraussetzung der Abgabe, nicht Teil des Abgabeaktes.[64] Sie kann formlos[65] und konkludent[66] erfolgen. Ein Widerruf

---

[48] BayObLG NJW 1980, 1699.
[49] OLG Karlsruhe FamRZ 1994, 449 (450).
[50] OLG Stuttgart BWNotZ 1993, 63 (64) Anm *Bühler, Jansen/Sonnenfeld* § 65a FGG Rn. 8.
[51] BayObLG FamRZ 1999, 1594.
[52] *Keidel/Sternal* Rn. 14.
[53] BayObLG FamRZ 1983, 744 (745); BayObLG Rpfleger 1991, 110.
[54] OLG Brandenburg FamRZ 2000, 1295.
[55] BayObLG FamRZ 2000, 1299.
[56] OLG Stuttgart BWNotZ 2001, 20; *Jansen/Müller-Lukoschek* § 46 FGG Rn. 8.
[57] BayObLG FamRZ 1997, 438 (439); BayObLG NJW-FER 1998, 136.
[58] OLG Schleswig FGPrax 2006, 23.
[59] BT-Drucks. 16/6308, S. 235.
[60] BT-Drucks. 16/6308, S. 374 f., 414.
[61] *Jansen/Müller-Lukoschek* § 46 FGG Rn. 20.
[62] OLG Celle FamRZ 1995, 753; *Keidel/Sternal* Rn. 29; *Jansen/Sonnenfeld* § 65a FGG Rn. 11.
[63] *Jansen/Müller-Lukoschek* § 46 FGG Rn. 15.
[64] *Keidel/Sternal* Rn. 29.
[65] *Bumiller/Harders* Rn. 8.
[66] Erst-Recht-Schluss aus OLG Hamm Rpfleger 1967, 147.

ist bis zum Vollzug der Abgabe möglich.[67] Verweigert das Gericht die Bereitschaft, kann eine Entscheidung nach § 5 herbeigeführt werden.

26 Eine **Verpflichtung zur Übernahme** ist gegeben, wenn ein wichtiger Grund durch das potenziell übernehmende Gericht bejaht wird.[68]

27 **6. Rechtliches Gehör.** Vor der Abgabe soll den Beteiligten rechtliches Gehör gewährt werden (§ 4 S. 2). Die Anhörung ist durch das abgebende Gericht vorzunehmen. Wer **Beteiligter** ist, bestimmt sich **nach § 7**. Im Grundsatz gilt das Gleiche wie bei Anhörung vor einem Verweisungsbeschluss (s. § 3 Rn. 11). Anzuhören sind sowohl Muss-Beteiligte nach § 7 Abs. 2 als auch Kann-Beteiligte nach § 7 Abs. 3, 4. Soweit Muss-Beteiligte dem Gericht noch nicht bekannt sind, hat es sie zu ermitteln. Kann-Beteiligte sind nur zu hören, soweit sie dem Gericht namentlich bekannt sind. Die Anhörung ist **formfrei**, sie kann daher auch unter Setzung einer angemessenen Frist schriftlich erfolgen.[69] Wird vor Ablauf der Frist entschieden, so stellt dies einen Verstoß gegen Art. 103 Abs. 2 GG dar.[70]

28 Im Gegensatz zu § 3 Abs. 1 S. 2 ist § 4 S. 2 jedoch als **Soll-Vorschrift** ausgestaltet. Das Gericht ist nicht uneingeschränkt verpflichtet, hinsichtlich der beabsichtigten Abgabe rechtliches Gehör zu gewähren. Es entscheidet nach pflichtgemäßem Ermessen. In dieses Ermessen hat es die Interessen der Beteiligten am rechtlichen Gehör, aber auch besondere Eilbedürftigkeiten einzustellen. Die tatsächliche Möglichkeit der Äußerung eines Beteiligten, insbesondere in Betreuungs- und Unterhaltssachen, ist zu berücksichtigen.[71] Das Gericht kann bei entsprechender Abwägung von einer Anhörung absehen. Ist der Betroffene in Betreuungssachen nicht in der Lage, den Vorgang der Abgabe zu begreifen, wird man die Bestellung eines Verfahrenspflegers zur Wahrung seiner Interessen erwägen müssen (§ 276 Abs. 1 S. 1).[72]

29 **7. Zustimmung der Beteiligten.** Ursprünglich war die Zustimmung zur Abgabe durch bestimmte Beteiligte erforderlich, anderenfalls musste das beiden betroffenen Gerichten übergeordnete Gericht über die Abgabe entscheiden (vgl § 46 Abs. 2 FGG). In Betreuungsverfahren entfiel das Zustimmungserfordernis bereits mit der Änderung von § 65a Abs. 2 FGG durch Art. 5 Nr. 4 2. BtÄndG v. 21. 4. 2005.[73] Diese Reform wird nunmehr generell auf alle Abgaben in FamFG-Verfahren ausgedehnt. Eine **Zustimmung** der Beteiligten ist **nicht notwendig**, kein Beteiligter kann durch die Verweigerung der Zustimmung zur Abgabe die Entscheidung des übergeordneten Gerichts nach § 5 herbeiführen. Dies ist allein bei fehlender Einigung zwischen den Gerichten möglich (s. § 5 Rn. 14).

III. Rechtsfolge

30 **1. Abgabe.** Das mit der Sache befasste Gericht muss die Sache **abgeben.** Die alleinige Erklärung der Bereitschaft des anderen Gerichts, die Sache zu übernehmen, genügt nicht. Die Abgabe ist ein einseitiger Akt, keine Vereinbarung zwischen den beiden beteiligten Gerichten.[74] Sie kann auch konkludent erfolgen.[75] Besteht Streit zwischen den beiden Gerichten, so kann von jedem Gericht das Bestimmungsverfahren nach § 5 eingeleitet werden (s. § 5 Rn. 22). Mit der Abgabe geht die örtliche Zuständigkeit auf das übernehmende Gericht über.

31 Die Abgabe erfolgt an das **konkrete Gericht**, welches sich zuvor mit der Übernahme einverstanden erklärt hat. Es muss sich dabei um ein deutsches Gericht handeln.[76] Eine Initiative des Bundesrates, auch eine europäische Abgabemöglichkeit zu integrieren,[77] wurde nicht verwirklicht. Für Vormundschaftssachen besteht in § 99 Abs. 3 eine Sonderregelung (s. § 99 Rn. 75 ff.), die in Betreuungssachen gemäß § 104 Abs. 2 entsprechend anwendbar ist. Die Abgabe ist **nicht bindend.** Das übernehmende Gericht kann die Sache daher auch an ein anderes Gericht **weitergeben** oder an das ursprüngliche Gericht **zurückgeben.**[78] Die Voraussetzungen des § 4 sind dabei erneut zu be-

---

[67] BayObLG FGPrax 1998, 145; BayObLG FamRZ 1999, 248; *Bassenge/Roth* § 46 FGG Rn. 7.
[68] *Bumiller/Harders* Rn. 8.
[69] *Jansen/Sonnenfeld* § 65a FGG Rn. 18.
[70] BVerfG NJW 1988, 1773.
[71] BT-Drucks. 16/6308, S. 176.
[72] OLG Brandenburg NJW-FER 2000, 322 (323); aA *Bumiller/Harders* Rn. 10.
[73] BGBl. 2005 I 1073, in Kraft getreten am 1. 7. 2005.
[74] *Jansen/Müller-Lukoschek* § 46 FGG Rn. 24; *Keidel/Sternal* Rn. 32; aA *Jansen/Sonnenfeld* § 65a FGG Rn. 27, der neben der Abgabeverfügung eine Übernahmeerklärung verlangt.
[75] BayObLG FGPrax 1998, 145; OLG Hamm Rpfleger 1967, 147.
[76] *Jansen/Sonnenfeld* § 65a FGG Rn. 1.
[77] BT-Drucks. 16/6308, S. 362.
[78] *Keidel/Sternal* Rn. 38.

achten. Die Abgabe bewirkt den Übergang der örtlichen Zuständigkeit, das abgebende Gericht wird in der abgegebenen Angelegenheit unzuständig, das aufnehmende Gericht zuständig.[79]

Abgegeben wird das **gesamte Verfahren.**[80] Eine Aufteilung ist nicht vorgesehen. Dauerverfahren werden daher immer insgesamt übertragen,[81] nicht möglich ist die Abgabe einzelner Verrichtungen. Soweit eine Aufteilung für besondere Verfahrensarten im bisherigen Recht möglich war (§ 65a Abs. 1 S. 3 FGG für die Bestellung mehrerer Betreuer für unterschiedliche Aufgabenkreise), hat sich der Gesetzgeber zur Vermeidung widerstreitender Entscheidungen ausdrücklich für eine Konzentration bei einem Gericht entschieden und die Altregelung nicht in das FamFG übernommen.[82] Andere mit dem Verfahren nur im Zusammenhang stehende Verfahren (zB eine nicht die Vormundschaft selbst betreffende vormundschaftsrechtliche Einzelverrichtung[83]) werden nicht automatisch mit abgegeben; sie müssen bzw. können einzeln daneben oder gesondert abgegeben werden.[84] 32

Das **Verfahren** wird in der Lage **übernommen,** in der es sich beim abgebenden Gericht befand, und fortgeführt. Die bisher vorgenommenen Verrichtungen des abgebenden Gerichts bleiben wirksam und werden von nun an als Verrichtungen des übernehmenden Gerichts behandelt.[85] Für Rechtsmittel ist von nun an allein das dem übernehmenden Gericht übergeordnete Gericht zuständig, auch wenn das Rechtsmittel bereits vor der Abgabe eingelegt wurde.[86] 33

2. Rechtsmittel. Der historische Gesetzgeber spricht davon, dass die Abgabeentscheidung im Beschwerdeweg überprüft werden kann.[87] Dies ist nach dem FamFG jedoch nicht unmittelbar möglich. Die Beschwerde als Rechtsmittel ist allein gegen eine Endentscheidung statthaft (§ 58 Abs. 1, § 38 Abs. 1). Die Abgabeentscheidung erledigt den Verfahrensgegenstand auch nicht teilweise, ist daher allein eine Zwischenentscheidung. Solche sind im Umkehrschluss aus § 58 **nicht isoliert angreifbar.** Eine spezialgesetzliche Anfechtbarkeit wurde vom Gesetzgeber in § 4 nicht eingefügt. 34

Jedoch ist die Abgabe auch nicht unanfechtbar ausgestaltet und daher im Beschwerdeverfahren gegen die Endentscheidung **inzident überprüfbar** (§ 58 Abs. 2). Dabei kann sowohl die positive als auch die negative Entscheidung des abgebenden wie des übernehmenden Gerichts überprüft werden. Allein ist diese Überprüfung erst sehr spät möglich, es muss zunächst die Entscheidung in der Sache abgewartet werden, ehe eine Kontrolle der Abgabe erfolgen kann. Zu den einzelnen Voraussetzungen der Beschwerde s. §§ 58 ff. 35

IV. Kosten

Eine besondere Kostenregelung vergleichbar § 3 Abs. 4 zur Verweisung enthält § 4 nicht. Für die Gerichtskosten in Familiensachen stellt jedoch § 6 Abs. 1 S. 2 FamGKG klar, dass auch bei der Abgabe die bei der Verweisung geltende Kostenregelung zur Anwendung kommt (s. § 3 Rn. 22 f.). Für die übrigen Angelegenheiten der freiwilligen Gerichtsbarkeit fehlt eine entsprechende Regelung in der KostO. Gründe für eine Andersbehandlung der Abgabe gegenüber der Verweisung, wie auch gegenüber den Familiensachen, sind jedoch nicht ersichtlich. **§ 3 Abs. 4 ist daher entsprechend anzuwenden.**[88] 36

V. Notzuständigkeit des AG Schöneberg

Bei Bestehen einer Notzuständigkeit des AG Schöneberg (Ehesachen § 122 Nr. 6, Abstammungssachen § 170 Abs. 3, Versorgungsausgleichssachen § 218 Nr. 5, Betreuungssachen § 272 Abs. 1 Nr. 4, Unterbringungssachen § 313 Abs. 1 Nr. 4) kann dieses die Angelegenheit allein unter den allgemeinen Voraussetzungen des § 4 an ein anderes Gericht **abgeben.** 37

Eine (bindende) **Verweisung** ist allein in **Adoptionssachen** (§ 187 Abs. 4 S. 2) sowie **Nachlass- und Teilungssachen** (§ 343 Abs. 2 S. 2) vom FamFG vorgesehen. Es ist von einer bewussten 38

---

[79] *Jansen/Müller-Lukoschek* § 46 FGG Rn. 51.
[80] Vgl. auch *Bumiller/Harders* Rn. 12.
[81] *Jansen/Müller-Lukoschek* § 46 FGG Rn. 51.
[82] BT-Drucks. 16/6308, S. 264.
[83] *Bumiller/Harders* Rn. 12.
[84] BayObLGZ 1964, 22 (25); KG FamRZ 1972, 46 (47); *Jansen/Müller-Lukoschek* § 46 FGG Rn. 52; *Keidel/Sternal* Rn. 37.
[85] *Jansen/Müller-Lukoschek* § 46 FGG Rn. 53.
[86] BayObLG FamRZ 1996, 1157.
[87] BT-Drucks. 16/6308, S. 176; ebenso *Jansen/Müller-Lukoschek* § 46 FGG Rn. 64.
[88] Für die kostenrechtliche Gleichstellung des Verweisungs- und des Abgabebeschlusses *Zöller/Greger* § 281 ZPO Rn. 22.

Aufnahme der Ausnahmeregelung auszugehen. Die besondere Problematik der Notzuständigkeit des AG Schöneberg wurde im Gesetzgebungsverfahren diskutiert, die Verweisungsmöglichkeit jedoch allein für Adoptionssachen zusätzlich eingefügt.[89] Es muss daher eine bewusste Regelung des Gesetzgebers angenommen werden, so dass kein Raum für eine Verallgemeinerung der Verweisungsmöglichkeit bleibt. In allen anderen Angelegenheiten bleibt daher nur die Abgabe unter den Voraussetzungen des § 4.

VI. Scheidungsverbund

39 Der Verbund der Ehesache mit anderen Familiensachen wird durch **besondere Abgabevorschriften** für die einzelnen Familiensachen sichergestellt. Bei Anhängigkeit mehrerer Ehesachen (§ 123) bzw. bei Anhängigkeit einer Kindschaftssache (§ 153), Ehewohnungssache, Haushaltssache (§ 202), Unterhaltssache (§ 233), Güterrechtssache (§ 263) oder einer sonstigen Familiensache (§ 268) ist bei Rechtshängig werden einer Ehesache auf Grund der genannten Regelungen an das Gericht, bei dem die Scheidung anhängig ist, bzw. bei mehreren Ehesachen ohne Scheidungssache an das Gericht, bei dem eine Ehesache zuerst anhängig wurde, abzugeben.

40 Die benannten Regelungen verdrängen als **lex specialis** § 4 (soweit dieser auf Grund § 113 anwendbar wäre). Die Abgabe hat daher auch nicht unter den weiteren Voraussetzungen des § 4 zu erfolgen. Insbesondere ist keine Anhörung der Beteiligten vorgesehen. Diese Abgaben sind auf Grund der stets angeordneten entsprechenden Geltung von § 281 Abs. 2 ZPO nicht anfechtbar und für das empfangende Gericht bindend.

41 Systematisch kann in diesen Fällen nicht mehr von einer Abgabe, mithin einer freiwilligen, nicht bindenden Entscheidung des Gerichts gesprochen werden. Diese Abgaben sind verpflichtend, das Gericht muss den Verbund herstellen. Ihm wird so auf Grund eines nach Anhängigkeit eintretenden Umstandes seine Zuständigkeit entzogen, mithin handelt es sich um eine Durchbrechung des Grundsatzes der perpetuatio fori. Die zu erfolgende nicht anfechtbare und bindende Abgabe ist eine dem **§ 3 entsprechende Verweisung** des nunmehr unzuständigen Gerichts, bei der zudem auf das rechtliche Gehör der Beteiligten verzichtet wird.

§ 5 Gerichtliche Bestimmung der Zuständigkeit

(1) Das zuständige Gericht wird durch das nächsthöhere gemeinsame Gericht bestimmt:
1. wenn das an sich zuständige Gericht in einem einzelnen Fall an der Ausübung der Gerichtsbarkeit rechtlich oder tatsächlich verhindert ist;
2. wenn es mit Rücksicht auf die Grenzen verschiedener Gerichtsbezirke oder aus sonstigen tatsächlichen Gründen ungewiss ist, welches Gericht für das Verfahren zuständig ist;
3. wenn verschiedene Gerichte sich rechtskräftig für zuständig erklärt haben;
4. wenn verschiedene Gerichte, von denen eines für das Verfahren zuständig ist, sich rechtskräftig für unzuständig erklärt haben;
5. wenn eine Abgabe aus wichtigem Grund (§ 4) erfolgen soll, die Gerichte sich jedoch nicht einigen können.

(2) Ist das nächsthöhere gemeinsame Gericht der Bundesgerichtshof, wird das zuständige Gericht durch das Oberlandesgericht bestimmt, zu dessen Bezirk das zuerst mit der Sache befasste Gericht gehört.

(3) Der Beschluss, der das zuständige Gericht bestimmt, ist nicht anfechtbar.

Schrifttum: *Bornkamm*, Die Gerichtsstandsbestimmung nach §§ 36, 37 ZPO, NJW 1989, 2713; *Herz*, Die gerichtliche Zuständigkeitsbestimmung, 1990; *Kemper*, Einige Bemerkungen zur gerichtlichen Bestimmung der Zuständigkeit nach § 36 ZPO in der Fassung des Schiedsverfahrens-Neuregelungsgesetzes, NJW 1998, 3551; *Kumme*, Streitigkeiten wegen der örtlichen Zuständigkeit und wegen der Abgabe von Vormundschaftssachen (§§ 5, 46 FGG), Rpfleger 1972, 158; *Schreieder*, Die Bestimmung des örtlich zuständigen Gerichts und die Entscheidung über die Berechtigung der Abgabe durch das gemeinschaftliche obere Gericht in Betreuungssachen, BtPrax 1998, 203.

---

[89] BT-Drucks. 16/6308, S. 247, 380, 417.

Übersicht

	Rn.		Rn.
I. Normzweck	1–3	a) Grundsatz	15, 16
II. Anwendungsbereich	4	b) Ausnahme: BGH nächsthöheres, gemeinsames Gericht	17, 18
III. Fälle der gerichtlichen Zuständigkeitsbestimmung	5–14	c) Keine Konzentrationsermächtigung	19
1. Verhinderung an Ausübung der Gerichtsbarkeit (Abs. 1 Nr. 1)	5–8	d) Rechtswegzuständigkeit	20
		e) Verfahrenszuständigkeit	21
2. Ungewissheit über Zuständigkeit (Abs. 1 Nr. 2)	9	2. Verfahrenseinleitung	22
3. Positiver und negativer Kompetenzkonflikt (Abs. 1 Nr. 3, 4)	10–13	3. Tatsachengericht	23
		4. Divergenzvorlage	24
4. Einigungsmangel bei Abgabe aus wichtigem Grund (Abs. 1 Nr. 5)	14	**V. Entscheidung**	25–31
IV. Verfahren	15–24	1. Auswahl des Gerichts	25, 26
		2. Bestimmung eines Gerichts	27
1. Zuständigkeit des bestimmenden Gerichts	15–21	3. Bindung und Rechtsmittel	28, 29
		4. Sonstige Wirkungen	30, 31
		VI. Kosten	32, 33

I. Normzweck

§ 5 hat seinen **Vorgänger** in § 5 FGG. Jedoch wird die vormalige Regelung neu strukturiert und detaillierter formuliert. Zudem erfolgt eine Ausdehnung des Anwendungsbereiches sowie auf Grund der Verallgemeinerung der Abgabemöglichkeit (§ 4) eine Erweiterung um die Bestimmung bei einem Einigungsmangel zwischen den Gerichten im Falle der Abgabe aus wichtigem Grund (bisher § 46 Abs. 2 FGG). Die Norm orientiert sich nunmehr an § 36 ZPO.[1]   1

Im Interesse einer funktionierenden Rechtspflege und der Rechtssicherheit soll gewährleistet werden, dass ein **lückenloser Rechtschutz** zur Verfügung steht und Zuständigkeitskonflikte zwischen den Gerichten schnell, einfach und abschließend gelöst werden.[2] Die Norm dient der Ergänzung des Zuständigkeitssystems und der Prozessökonomie.   2

Die Zuständigkeitsbestimmung, mit der der **gesetzliche Richter** für das weitere Verfahren festgelegt wird, ist nicht Justizverwaltungsakt,[3] sondern Teil der Rechtsprechung.[4] Das Bestimmungsverfahren ist allein aus dem sonstigen Verfahren herausverlagert und verselbständigt. Gesetzlicher Richter ist sowohl der bestimmende wie auch der für das weitere Verfahren bestimmte Richter, weshalb ein Verstoß gegen Art. 101 Abs. 1 S. 2 GG zu verneinen ist.[5]   3

II. Anwendungsbereich

§ 5 gilt für alle Familiensachen mit Ausnahme der **Ehesachen** und **Familienstreitsachen** (§ 113 Abs. 1) und alle sonstigen Angelegenheiten der freiwilligen Gerichtsbarkeit. Er betrifft nicht mehr (wie noch § 5 FGG) allein die örtliche Zuständigkeit. Die Norm ist für die Bestimmung **jeder Zuständigkeitsart** anwendbar.[6]   4

III. Fälle der gerichtlichen Zuständigkeitsbestimmung

1. Verhinderung an Ausübung der Gerichtsbarkeit (Abs. 1 Nr. 1). Voraussetzung ist, dass das fragliche Gericht in der Sache **zuständig** ist. Diese ist daher zu überprüfen.[7] Wird die Zuständigkeit verneint, erfolgt keine Bestimmung. Das fragliche Gericht muss jedoch nicht das allein zuständige Gericht sein. Eine Bestimmung ist auch vorzunehmen, wenn dieses Gericht neben einem anderen Gericht auch zuständig ist.[8]   5

---

[1] BT-Drucks. 16/6308, S. 176.
[2] BGH NJW 2002, 1425 (1426); BGH NJW 2001, 3631 (3632).
[3] *Jansen/Müther* § 5 FGG Rn. 1; *Zöller/Vollkommer* § 36 ZPO Rn. 7.
[4] *Stein/Jonas/Roth* § 36 ZPO Rn. 2; *Keidel/Sternal* Rn. 35; aA *Jansen/Müther* § 5 FGG Rn. 1, der allein einen Akt der Rechtspflege annimmt.
[5] BVerfGE 9, 223; *Jansen/Müther* § 5 FGG Rn. 1; *Stein/Jonas/Roth* § 36 ZPO Rn. 2.
[6] Vgl. *Kemper* NJW 1998, 3551; für analoge Anwendung *Zöller/Vollkommer* § 36 ZPO Rn. 2a.
[7] RGZ 44, 394.
[8] *Jansen/Müther* § 5 FGG Rn. 17.

6 Notwendig ist die **Verhinderung** an der Ausübung der Gerichtsbarkeit. Der für das Gericht tätig werdende Richter oder Rechtspfleger kann aus tatsächlichen oder rechtlichen Gründen verhindert sein. **Tatsächliche Gründe** sind Absperrungen, Nichterreichbarkeit wegen Erkrankung oder Urlaub sowie Vakanzen auf Grund von Ausscheiden oder Tod ohne bisher erfolgte Wiederbesetzung. Auch ein Stillstand der Rechtspflege wegen Krieg oder Umwelt- und Naturkatastrophen (zB Hochwasser) ist als tatsächlicher Grund für eine Verhinderung zu qualifizieren.[9] Diese Fallgruppe ist nicht deshalb anders zu behandeln, weil nicht allein ein einzelner Fall, sondern alle Fälle des Gerichts betroffen sind. Ein Rückgriff auf den Gedanken des § 245 ZPO[10] ist nicht möglich: Gerade in Fürsorgeangelegenheiten bedarf es zur Sicherung der Beteiligteninteressen eines zügigen Tätigwerdens der Rechtspflege, so dass das Verfahren nicht bis zur Wiederaufnahme der Tätigkeit des Gerichts unterbrochen werden kann. Dies wird insbesondere bei allein partiellem Stillstand mittels der Bestimmung eines anderen Gerichts gesichert. Unter **rechtliche Gründe** sind die Ausschließung und Ablehnung des Richters iSv. § 6 iVm. § 41, 42, 48 ZPO zu fassen.

7 Es genügt jedoch nicht, wenn die Einzelne tätig zu werdende Person verhindert ist, vielmehr muss das **Gericht** als Ganzes an der Ausübung der Gerichtsbarkeit verhindert sein. Dies ist erst gegeben, wenn bei Einzelrichtern alle Richter einschließlich ihrer Vertreter verhindert sind. Ist ein Kollegialorgan zuständig, darf dieses mit den nicht verhinderten Richtern nicht mehr ordnungsgemäß zu besetzen sein.[11] Ist der Rechtspfleger zuständig, so genügt die Verhinderung aller Rechtspfleger nicht, sodann tritt zunächst der Richter ein (vgl. § 7 RPflG). Eine Verhinderung kann erst dann angenommen werden, wenn auch kein Richter mehr vorhanden ist.[12]

8 Die Verhinderung muss einen **einzelnen Fall** betreffen. Auch wenn die Verhinderung für alle Fälle des Gerichts besteht, so muss die Entscheidung doch für jeden konkreten Einzelfall individuell getroffen werden. Die Bestimmung kann nicht allgemein für alle Fälle des verhinderten Gerichts erfolgen und diese geschlossen auf ein anderes Gericht übertragen werden.[13] Die Prüfung der Voraussetzungen wie die anschließende Bestimmung hat für jeden Fall, in dem die Verhinderung des Gerichts eintritt, gesondert unter Berücksichtigung der Umstände des Einzelfalls zu erfolgen.

9 **2. Ungewissheit über Zuständigkeit (Abs. 1 Nr. 2).** Ungewissheit über die Zuständigkeit besteht, wenn die maßgeblichen tatsächlichen Verhältnisse für die Bestimmung der Zuständigkeit **nicht objektiv durch Ermittlungen aufgeklärt** werden können.[14] Subjektive Zweifel allein genügen ebenso nicht wie rechtliche Zweifel, solange eine Aufklärung des Sachverhaltes noch möglich ist.[15] Eine solche ist gegeben, wenn die für die Zuständigkeitsanknüpfung maßgeblichen Tatsachen, zB der Wohnsitz oder gewöhnliche Aufenthalt des maßgeblichen Beteiligten, nicht aufgeklärt werden können. Nicht erforderlich ist, dass ein anderes Gericht die Zuständigkeit bereits abgelehnt haben muss;[16] es handelt sich hier nicht um einen Kompetenzkonflikt.

10 **3. Positiver und negativer Kompetenzkonflikt (Abs. 1 Nr. 3, 4). Positive Kompetenzkonflikte** treten auf, wenn mehrere Gerichte in derselben Angelegenheit ihre Zuständigkeit bejahen. Grundsätzlich sollen diese durch § 2 Abs. 1 ausgeschlossen werden. Ausnahmsweise kann dieser Mechanismus jedoch versagen, so dass eine Lösung mittels der Zuständigkeitsbestimmung geboten ist. Eine derartige Situation ist denkbar, wenn ein Erstgericht mit der Sache befasst ist, das Zweitgericht von der Unzuständigkeit des Erstgerichtes ausgeht, daher seine Zuständigkeit bejaht, das Erstgericht jedoch sodann über seine Zuständigkeit positiv entscheidet. Hat ein Gericht bereits in der Sache selbst entschieden, so ist § 5 nicht mehr anwendbar.[17]

11 **Negative Kompetenzkonflikte** treten auf, wenn alle als zuständig in Betracht kommenden Gerichte die Zuständigkeit ablehnen. Grundsätzlich sind auf Grund der bindenden Verweisung bei Unzuständigkeit gemäß § 3 negative Kompetenzkonflikte ausgeschlossen. Um Rechtssicherheit auch bei Versagen der Verweisungsregel zu schaffen, sieht § 5 Abs. 1 Nr. 4 dennoch die Bestimmung der Zuständigkeit in diesem Fall vor.

12 Eine Zuständigkeitsbestimmung kommt nicht bereits mit Anhängigkeit bei mehreren Gerichten in Betracht; die einzelnen Gerichte müssen erst selbst eine Entscheidung über ihre Zuständigkeit herbeigeführt haben, allein bestehende rechtliche Zweifel genügen nicht. Die Darlegung der Auf-

---

[9] *Keidel/Sternal* Rn. 14; aA *Jansen/Müther* § 5 FGG Rn. 17.
[10] So aber *Jansen/Müther* § 5 FGG Rn. 17.
[11] Oben § 36 ZPO Rn. 20; *Stein/Jonas/Roth* § 36 ZPO Rn. 20; *Zöller/Vollkommer* § 36 ZPO Rn. 11.
[12] *Keidel/Sternal* Rn. 13; *Bassenge/Roth* § 5 FGG Rn. 9.
[13] *Keidel/Sternal* Rn. 11; *Löwe/Rosenberg/Erb* § 15 StPO Rn. 6.
[14] *Bassenge/Roth* § 5 FGG Rn. 3.
[15] *Jansen/Müther* § 5 FGG Rn. 11.
[16] OLG Hamm JMBlNRW 1959, 163 (164).
[17] *Baumbach/Lauterbach/Hartmann* § 36 ZPO Rn. 25; oben § 36 ZPO Rn. 33.

fassung des Gerichts zur Zuständigkeit in einem Vermerk, der nicht oder nur formlos bekannt gemacht wurde, genügt nicht.[18] Notwendig sind **rechtskräftige Zuständigkeitsentscheidungen.** Hat nach diesen nicht allein genau ein Gericht seine Zuständigkeit bejaht, mithin keines oder mehrere diese angenommen, ist die Voraussetzung für eine Zuständigkeitsbestimmung gegeben.

Grundsätzlich ist im Rahmen der **Rechtswegzuständigkeit** auf Grund des Verweisungs- und Bindungsgebotes des § 17a GVG ein Zuständigkeitsstreit im Sinne der Verweigerung des Rechtschutzes in allen Rechtswegen nicht möglich. Ausnahmsweise ist jedoch auch hier ein Kompetenzkonflikt denkbar. Ein positiver erscheinen möglich, wenn dieselbe Angelegenheit in verschiedenen Rechtswegen anhängig wird und mehrere Gerichte ihre Rechtswegzuständigkeit bejahen. Ein negativer ist gegeben, wenn – zB durch die Verweigerung der Sachbearbeitung durch das zuständige Gericht – das Verfahren im zulässigen Rechtsweg nicht durchgeführt wird. Im Interesse einer funktionierenden Rechtspflege und der Rechtssicherheit ist sodann gemäß Abs. 1 Nr. 3 bzw. 4 analog eine Bestimmung der Zuständigkeit vorzunehmen.[19] 13

4. Einigungsmangel bei Abgabe aus wichtigem Grund (Abs. 1 Nr. 5). Die Einigung über die Abgabe muss zwischen den Gerichten scheitern. Nicht ausreichend für eine Zuständigkeitsbestimmung ist die Verweigerung der Abgabe gegenüber einem Beteiligten.[20] Vor der Anrufung müssen die beteiligten Gerichte einander gehört haben.[21] Das abgabewillige Gericht kann eine Bestimmung nicht sofort durch das übergeordnete Gericht herbeiführen. Die Möglichkeit besteht allein, wenn die Einigung scheitert, die beiden beteiligten Gerichte sich mithin **im entgegengesetzten Sinn zur Abgabe geäußert** haben.[22] Das abgebende Gericht hat den Sachverhalt soweit vollständig zu ermitteln, dass das übergeordnete Gericht abschließend über die Abgabe entscheiden, insbesondere alle Tatbestandsvoraussetzungen beurteilen kann.[23] Ist die Abgabe bereits vollzogen, kommt eine Anrufung des übergeordneten Gerichts nicht mehr in Betracht.[24] 14

IV. Verfahren

1. Zuständigkeit des bestimmenden Gerichts. a) Grundsatz. Die Zuständigkeitsbestimmung wird vom übergeordneten Gericht vorgenommen. Abzustellen ist dabei auf den **allgemeinen Gerichtsaufbau** entsprechend dem GVG. Nicht entscheidend ist die Rechtsmittelzuständigkeit.[25] § 5 verweist gerade nicht auf § 119 Abs. 1 GVG, sondern bestimmt generell das nächsthöhere gemeinsame Gericht. Zudem ist ein Abstellen auf die Rechtsmittelzuständigkeit nicht mehr möglich, sobald Gerichte aus verschiedenen OLG-Bezirken betroffen sind oder Gerichte verschiedener Ebenen tätig sind. Auch in diesen Fällen soll aber allgemein das gemeinsame nächsthöhere Gericht die Bestimmung vornehmen. Dies ist allein bei einem Rückgriff auf den allgemeinen Gerichtsaufbau möglich. 15

Soweit allein ein Gericht involviert ist **(Abs. 1 Nr. 1)**, ist das **übergeordnete Gericht** zuständig, mithin das Landgericht für beim Amtsgericht, das Oberlandesgericht für beim Landgericht anhängige Sachen. Sind mehrere Gerichte beteiligt **(Abs. 1 Nr. 2–5)**, ist das Erste allen Gerichten **gemeinsam übergeordnete Gericht** zuständig. Sind zwei Amtsgerichte desselben Landgerichtsbezirks involviert, so entscheidet mithin das entsprechende Landgericht. Befinden sich beide Amtsgerichte hingegen in verschiedenen Landgerichtsbezirken eines OLG-Bezirks, so ist das OLG zuständig. Gleiches gilt, wenn Landgerichte oder Land- und Amtsgerichte desselben OLG-Bezirkes betroffen sind. 16

b) Ausnahme: BGH nächsthöheres, gemeinsames Gericht. Wenn die befassten Gerichte sich in verschiedenen OLG-Bezirken befinden, wäre der BGH das nächsthöhere gemeinsame Gericht. Dieser soll jedoch von Zuständigkeitsbestimmungen entlastet werden.[26] Bereits im Verfahren der ZPO sollte der BGH von Zuständigkeitsbestimmungen entlastet werden. Entsprechend weist Abs. 2 bei grundsätzlicher Zuständigkeit des BGH die Zuständigkeitsbestimmung dem **OLG** zu, in dessen Gerichtsbezirk sich das **zuerst mit der Sache befasste Gericht** befindet, auch wenn dieses 17

---

[18] BGH FamRZ 1998, 609 (610); BayObLG Rpfleger 2004, 234; aA OLG Dresden NJW 1999, 797 (798).
[19] BAG NJW 2006, 2798; BAG NJW 2003, 1068; BGH NJW 2001, 3631; *Baumbach/Lauterbach/Hartmann* § 36 ZPO Rn. 1; *Zöller/Lückemann* Vor § 17–17b GVG Rn. 9.
[20] KG OLGZ 1972, 366.
[21] BayObLG NJW 1992, 1633 (1634); *Bumiller/Harders* Rn. 11 (nicht einigen); *Keidel/Sternal* Rn. 26.
[22] *Jansen/Müller-Lukoschek* § 46 FGG Rn. 39.
[23] BayObLG Rpfleger 1991, 110; BayObLG Rpfleger 1996, 344; KG Rpfleger 1996, 237 (238); *Bumiller/Harders* Rn. 19.
[24] BayObLG FGPrax 1998, 134; BayObLG FGPrax 1998, 145; OLG Karlsruhe FamRZ 1966, 243 (244).
[25] BGH NJW 1979, 2249 änderte insofern ausdrücklich seine Rechtsprechung entgegen der überwiegenden Zahl der OLGe, zusammen mit dem BayObLG NJW 1979, 1050; aA noch heute oben § 36 ZPO Rn. 6; *Musielak/Heinrich* § 36 ZPO Rn. 8; *Stein/Jonas/Roth* § 36 ZPO Rn. 6; *Thomas/Putzo/Hüßtege* § 36 ZPO Rn. 5.
[26] S. bereits zur vergleichbaren Problematik des § 36 ZPO BT-Drucks. 13/9124, S. 45.

am Streit zwischen den Gerichten nicht mehr beteiligt ist.[27] Die Zuständigkeitsbestimmung wird so auf der Ebene der Landesgerichte belassen. Wann ein Gericht mit der Sache befasst ist, muss in gleicher Weise wie bei § 2 Abs. 1 bestimmt werden, wobei Sache hier in gleicher Weise wie Angelegenheit in § 2 zu verstehen ist (s. dazu § 2 Rn. 15 ff.). Schwierigkeiten bei der Feststellung, welches Gericht zuerst mit der Sache befasst und welches OLG somit zur Entscheidung berufen ist, rechtfertigen keine entgegen dem Wortlaut erfolgende Anrufung des BGH. Unklarheiten sollen die Landesgerichte unter sich klären.[28] Mehrere in Betracht kommende OLGe müssen sich daher einigen, welchem von ihnen das Recht zur Bestimmung der Zuständigkeit zukommt. Vorkehrungen gegen einen **negativen Kompetenzkonflikt** zwischen den beteiligten OLGen trifft das FamFG nicht! Lehnt das grundsätzlich berufene OLG die Entscheidung ab, so kann und muss das andere OLG entscheiden.[29] War noch kein Gericht mit der Sache befasst oder ist ein zuerst mit der Sache befasstes Gericht nicht bestimmbar, so ist das OLG zuständig, das im Bestimmungsverfahren zuerst mit der Sache befasst ist.[30]

18 Problematisch wird die Zuweisung an das OLG, zu dessen Bezirk das zuerst mit der Sache befasste Gericht gehört, wenn gerade das **OLG** eines der nach Abs. 1 **betroffenen Gerichte** ist. Soweit es sich um Fälle des **Abs. 1 Nr. 2–5** handelt, insbesondere das OLG erstinstanzlich in der Sache zuständig ist, verlagert Abs. 2 als lex specialis die Kompetenz in die Ebene der streitenden Gerichte und weist einem dieser die abschließende Entscheidungskompetenz zu. Es entscheidet in diesem Fall nicht ein höheres Gericht.[31] Im Fall des **Abs. 1 Nr. 1** verhindert die Regelung jedoch gerade eine Lösung des Problems. Das OLG, welches an der Ausübung der Gerichtsbarkeit gehindert ist, soll nun die Entscheidung über die Zuständigkeit eines anderen Gerichts treffen. Kann es jedoch in der Sache nicht entscheiden, wird es auch über die Zuständigkeit nicht entscheiden können. In § 5 Abs. 1 S. 2 FGG wurde daher bisher die Zuständigkeit in diesem Fall beim BGH belassen.[32] Der Regierungsentwurf sah entsprechend vor, Abs. 2 nicht auf Abs. 1 Nr. 1 anzuwenden, so dass in diesem Fall der Bundesgerichtshof zu entscheiden hätte.[33] Der Bundesrat mahnte allgemein für § 5 einen Abgleich mit der vergleichbaren Vorschrift des § 36 ZPO an,[34] worauf vom Rechtsausschuss eine blinde Harmonisierung von Abs. 2 vorgenommen wurde.[35] Über den Sinn und Zweck der Differenzierung wurde hier offensichtlich nicht mehr nachgedacht. Das Problem wurde bereits bei Einführung von § 36 Abs. 2 ZPO durch Art. 1 Abs. 1 SchiedsVfG,[36] in das die Regelung auf Anregung des Bundesjustizministers ohne sachlichen Zusammenhang in der Beschlussempfehlung des Rechtsausschusses eingestellt wurde,[37] nicht bedacht. Um eine schnelle Entlastung des BGH zu erreichen, wurde die Reform in ein laufendes parlamentarisches Verfahren durch den Rechtsausschuss integriert. Bei der Auslegung der ZPO hilft jedoch, dass § 36 Abs. 1 ZPO allein das „zunächst höhere" Gericht beruft, § 36 Abs. 2 ZPO dagegen allein für die Fälle des „zunächst höheren gemeinschaftlichen" Gerichts anwendbar ist.[38] Hier beruft jedoch bereits § 5 Abs. 1 das „nächsthöhere gemeinsame" Gericht, so dass § 5 Abs. 2 für alle Fälle des Abs. 1 anwendbar wäre. Insoweit ist eine Harmonisierung von FamFG und ZPO nicht erfolgt. Um jedoch auch in der ZPO eine deutlichere Regelung zu haben, hätte, wenn harmonisiert werden sollte, diese besser zu einer Reform des § 36 Abs. 2 ZPO iSd. § 5 Abs. 2 FamFG-E führen müssen. Stattdessen hat der Rechtsausschuss auf Grund ungenauer Arbeit ohne Not ein Problem in das FamFG-Verfahren transportiert, welches hier nicht mehr mit einer Auslegung am Wortlaut gelöst werden kann. Dem ist nun allein dadurch zu begegnen, dass im Fall der Verhinderung der Ausübung der Gerichtsbarkeit durch das OLG Abs. 2 teleologisch reduziert wird und keine Anwendung findet. In dieser Ausnahmesituation muss der BGH die Bestimmung der Zuständigkeit übernehmen.

19 **c) Keine Konzentrationsermächtigung.** Bisher bestand für die Länder die Möglichkeit, die weitere Beschwerde bei einem OLG zu konzentrieren (§ 199 Abs. 1 FGG). Von dieser Möglichkeit haben Bayern (mit der Abschaffung des BayObLG) mit einer Konzentration beim OLG München

---

[27] KG Rpfleger 1972, 173.
[28] BGH NJW 1999, 221 f; oben § 36 ZPO Rn. 8.
[29] BayObLG FamRZ 1958, 387 (388); KG OLG-NL 2000, 141.
[30] BayObLGZ 1986, 433 (434); OLG Frankfurt FamRZ 1999, 25 (26); *Keidel/Sternal* Rn. 31.
[31] BGH NJW-RR 1999, 1081; *Thomas/Putzo/Hüßtege* § 36 ZPO Rn. 6; aA *Jansen/Müther* § 5 FGG Rn. 13.
[32] Vgl. auch *Jansen/Müther* § 5 FGG Rn. 19.
[33] BT-Drucks. 16/6308, S. 17; jedoch wurde der Grund für die differenzierte Regelung in der Regierungsbegründung nicht dargelegt, s BT-Drucks. 16/6308, S. 176.
[34] BT-Drucks. 16/6308, S. 361.
[35] BT-Drucks. 16/9733, S. 24, 287.
[36] BGBl. 1997 I S. 3224.
[37] BT-Drucks. 13/9124, S. 4, 45.
[38] *Kemper* NJW 1998, 3551 (3552); *Thomas/Putzo/Hüßtege* § 36 ZPO Rn. 8.

(§ 11a bayAGGVG[39]) und Rheinland-Pfalz mit einer Konzentration beim OLG Zweibrücken (§ 4 Abs. 3 Nr. 2 rhpfGerOrgG) Gebrauch gemacht. Aufgrund von § 199 Abs. 2 S. 2 FGG war auch die Zuständigkeitsbestimmung iSv. § 5 FGG, soweit ein OLG zur Entscheidung berufen war, für das jeweilige Bundesland bei diesem OLG konzentriert. Mit der Reformierung des Instanzenzuges und der Einführung der Rechtsbeschwerde zum BGH anstatt der weiteren Beschwerde zum OLG bestand für die Konzentrationsermächtigung des § 199 Abs. 1 FGG kein Bedarf mehr. Vom FamFG wird jedoch (ohne dass hierfür Gründe in den Gesetzesmaterialien angegeben werden) die gesamte Regelung des § 199 FGG nicht übernommen, so dass auch die **Konzentration der Zuständigkeitsbestimmung** bei einem OLG **entfällt.**

Eine Fortgeltung der Konzentrationsregelung kann auch nicht aus den Grundsätzen der Weitergeltung einer ordnungsgemäß erlassenen Rechtsverordnung bei späterem Wegfall der Ermächtigungsgrundlage[40] konstruiert werden, da regelungssystematisch hier eine doppelte Abhängigkeit bestand. Die an die Länder gerichtete Ermächtigungsnorm bezog sich allein auf die weitere Beschwerde (§ 199 Abs. 1 FGG). Entsprechend konzentriert § 11a bayAGGVG und § 4 Abs. 3 Nr. 2 rhpfGerOrgG die Zuständigkeit allein für diese weitere Beschwerde. Mit der Änderung der Rechtsmittel durch das FamFG laufen diese landesrechtlichen Bestimmungen nunmehr leer. Die Konzentration für die Zuständigkeitsbestimmung erfolgte jedoch nicht durch landesrechtliche Regelung, sondern durch § 199 Abs. 2 FGG, mithin durch den Bundesgesetzgeber für den Fall, dass der Landesgesetzgeber von der Möglichkeit des § 199 Abs. 1 FGG Gebrauch gemacht hat. Diese bundesrechtliche Regelung ist nunmehr nicht in das FamFG überführt und somit aufgehoben worden. Dies erfolgt unabhängig von einem Fortgelten der landesrechtlichen Bestimmungen. Die Zuständigkeit des jeweiligen OLG ist daher nunmehr auch in **Bayern** und **Rheinland-Pfalz** allein **anhand der OLG**-Bezirke nach den allgemeinen Regeln des § 5 zu bestimmen.[41] 19a

d) Rechtswegzuständigkeit. Bezieht sich die vorzunehmende Bestimmung auf die Rechtswegzuständigkeit, so ist der **BGH zuständig,** wenn dieser das zuerst angerufene oberste Bundesgericht ist. Für Abs. 2 bleibt bereits auf Grund dessen Wortlaut kein Raum. Der BGH ist gerade nicht das nächsthöhere gemeinsame Gericht. Ein solches besteht zwischen verschiedenen Rechtswegen nicht. Die Entscheidungskompetenz ist daher zur Rechtswegbestimmung nicht auf die OLGe übertragen.[42] Um eine möglichst schnelle Entscheidung des Rechtswegkonfliktes zu erreichen hat der BGH ausdrücklich die Heranziehung des Gedanken des Abs. 2 insofern abgelehnt, als das oberste Bundesgericht zur Entscheidung berufen sei, in dessen Rechtszweig sich das zuerst mit der Sache befasste Gericht befinde. Es entscheidet in diesem Fall das zuerst mit der Rechtswegbestimmung befasste oberste Bundesgericht.[43] 20

e) Verfahrenszuständigkeit. Auch wenn grundsätzlich die Verfahrenszuständigkeit der Rechtswegzuständigkeit ähnelt und daher im Wesentlichen deren Vorschriften analog herangezogen werden, so ist eine Gleichbehandlung mit der Rechtswegbestimmung hier nicht angezeigt. Die Situation ist gerade von der Rechtswegbestimmung verschieden. In den verschiedenen Verfahrensarten werden die gleichen Gerichte tätig, so dass stets ein nächsthöheres gemeinsames Gericht vorhanden ist. Dieses kann, wie von **§ 5** allgemein vorgesehen, die Bestimmung übernehmen. Ist das nächsthöhere gemeinsame Gericht der BGH, so ist das nach Abs. 2 bestimmte OLG zuständig. 21

2. Verfahrenseinleitung. Die Zuständigkeitsbestimmung kann **auf Antrag** eines der beteiligten Gerichte[44] oder eines Beteiligten[45] erfolgen. Erfolgt der Antrag durch ein Gericht, so kann dieser (nur) im Rahmen seiner funktionellen Zuständigkeit auch vom Rechtspfleger ohne vorherige Entscheidung durch den Richter gestellt werden.[46] Das nächsthöhere Gericht kann, wenn es Kenntnis vom Bedürfnis einer Zuständigkeitsbestimmung durch Hinweise zB der beteiligten Gerichte, der Beteiligten, eines Notars oder eines Verfahrensvertreters erlangt, diese auch **von Amts wegen** vornehmen.[47] Bei negativem Kompetenzkonflikt sind die Gerichte im Amtsverfahren verpflichtet, 22

---

[39] Eingefügt durch § 2 Nr. 4 bayObLGAuflG, bayGVBl. 2004, 400.
[40] BVerfGE 9, 3 (12); BVerfGE 14, 245 (249); BVerfGE 31, 357 (362 f.); BVerfGE 78, 179 (198).
[41] AA *Keidel/Sternal* Rn. 29 f.; der ohne Angabe der Rechtsgrundlage weiter von einer Konzentration beim OLG München bzw. OLG Zweibrücken ausgeht.
[42] BGH NJW-RR 2002, 713 (714); BGH NJW 2001, 3631 (3632); BayObLG NJW-RR 2000, 1310; *Kemper* NJW 1998, 3551 (3552).
[43] BGH NJW 2001, 3631 (3632); BGH NJW-RR 2002, 713 (714).
[44] *Bumiller/Harders* Rn. 16.
[45] BayObLG FGPrax 1998, 145.
[46] BayObLG FamRZ 1989, 1317; OLG Köln FGPrax 2003, 82.
[47] OLG Hamm NJW 2006, 2707 (2708); *Baur* FGG S. 95.

dem nächsthöheren Gericht die Sache zur Kenntnis zu bringen, damit dieses ein Bestimmungsverfahren einleiten kann.[48]

23   **3. Tatsachengericht.** Das nächsthöhere Gericht wird als Tatsachengericht tätig.[49] Es prüft allein die Voraussetzungen für das Bestimmungsverfahren, jedoch nicht die Verfahrensvoraussetzungen im Hauptsacheverfahren. Hierzu zählt ein schutzwürdiges Interesse am Bestimmungsverfahren.[50] Es hat den **Sachverhalt von Amts wegen aufzuklären**,[51] so dass es über das Vorliegen der Voraussetzungen des Abs. 1 entscheiden kann. Jedoch ist es grundsätzlich Aufgabe der unteren Gerichte die für die Feststellung der eigenen Zuständigkeit maßgebenden Umstände aufzuklären. Fehlte es daran, ist das bestimmende Gericht nach eigenem Ermessen befugt, die Sache zur Nachholung der Sachverhaltsaufklärung an das untere Gericht zurückzugeben und eine Bestimmung vorerst abzulehnen.[52]

24   **4. Divergenzvorlage.** Eine Harmonisierung mit § 36 Abs. 3 ZPO ist nicht erfolgt. Im FamFG-Verfahren ist eine Divergenzvorlage an den BGH **nicht möglich.** Eine solche war auch unter § 5 FGG bei Zuständigkeitsbestimmungen nicht vorgesehen.[53] Durch die Ausgestaltung des Beschlusses als unanfechtbar (Abs. 3) ist jedoch auch eine Überprüfung im normalen Instanzenzug nicht möglich. Bei Schaffung des § 36 ZPO sah es der Gesetzgeber als erforderlich an, die Einheitlichkeit der Rechtsprechung mittels der Divergenzvorlage abzusichern.[54] Er hat hier offensichtlich seine Meinung geändert. Das FGG-RG übernimmt die Divergenzvorlage generell nicht in das FamFG und nutzt stattdessen die unmittelbare Rechtsbeschwerde zum BGH (s. § 70, § 133 GVG).[55] Eine Einführung der Divergenzvorlage bei Zuständigkeitsbestimmungen kam für den Gesetzgeber daher nicht in Betracht. Andererseits strebte er eine Harmonisierung von § 5 mit § 36 ZPO an.[56] Diese findet jedoch allein hinsichtlich § 36 Abs. 2 ZPO (s. Rn. 18), nicht jedoch hinsichtlich § 36 Abs. 3 ZPO statt. Gründe dafür sind nicht ersichtlich. Konsequenterweise hätte § 36 ZPO entsprechend mit reformiert werden müssen.

V. Entscheidung

25   **1. Auswahl des Gerichts.** Die **Auswahl** des bestimmten Gerichts erfolgt in erster Linie nach rechtlichen Gesichtspunkten, in zweiter nach Zweckmäßigkeitserwägungen.[57] Das bestimmte Gericht muss grundsätzlich ein dem bestimmenden Gericht **nachgeordnetes** sein. Befindet sich das auf Grund rechtlicher Gesichtspunkte zu bestimmende Gericht in einem anderen Gerichtsbezirk, kann kein Gericht bestimmt werden.[58] Das Bestimmungsverfahren muss sodann von einem den in Frage kommenden Gerichten gemeinsam übergeordnetem Gericht durchgeführt werden. Allein wenn ein OLG anstelle des BGH (Abs. 2) entscheidet, nicht jedoch, wenn es originär als OLG entscheidet, kann jedes ordentliche Gericht bestimmt werden.[59]

26   Im Fall der Unmöglichkeit der Ausübung der Gerichtsbarkeit durch das zuständige Gericht **(Abs. 1 Nr. 1)** sind mangels rechtlicher Anhaltspunkte allein Zweckmäßigkeitserwägungen zu berücksichtigen.[60] Auch bei unaufklärbarer Ungewissheit **(Abs. 1 Nr. 2)** beschränkt sich die Auswahl auf Zweckmäßigkeitserwägungen. Diese sprechen in der Regel für das Gericht, welches mit der höchsten Wahrscheinlichkeit zuständig ist. Die Auswahl eines dritten Gerichtes ist möglich, jedoch selten zweckmäßig.[61] Bei einem Kompetenzkonflikt **(Abs. 1 Nr. 3, 4)** muss das zuständige Gericht ermittelt werden. Sind mehrere Gerichte zuständig, ist nach § 2 Abs. 1 das zuerst mit der Sache befasste Gericht als das zuständige zu bestimmen. Kann danach die alleinige Zuständigkeit eines Gerichts nicht ermittelt werden, so ist nach Zweckmäßigkeitserwägungen zu entscheiden. Jedoch sollten die Fälle, in denen ein zuerst mit der Sache befasstes Gericht nicht feststellbar ist, im Vergleich

---

[48] *Jansen/Müther* § 5 FGG Rn. 20.
[49] *Keidel/Sternal* Rn. 38.
[50] *Keidel/Sternal* Rn. 38; *Thomas/Putzo/Hüßtege* § 36 ZPO Rn. 4.
[51] *Jansen/Müther* § 5 FGG Rn. 23.
[52] BayObLG Rpfleger 1985, 485.
[53] BGH FamRZ 1967, 606; *Jansen/Müther* § 5 FGG Rn. 6; *Jansen/Müller-Lukoschek* § 46 FGG Rn. 46.
[54] BT-Drucks. 13/9124 S. 46; so auch § 36 ZPO Rn. 10.
[55] In gleicher Weise wird das Rechtmittelrecht in Art. 29 EGGVG, § 78 GBO; § 83 SchRegO reformiert.
[56] BT-Drucks. 16/6308, S. 361; BT-Drucks. 16/9733 S. 287.
[57] *Baur* FGG S. 95; *Jansen/Müther* § 5 FGG Rn. 24.
[58] *Baur* FGG S. 95.
[59] *Jansen/Müther* § 5 FGG Rn. 4.
[60] *Bassenge/Roth* § 5 FGG Rn. 10.
[61] *Keidel/Sternal* Rn. 44.

zur alten Rechtslage, nach der auf das Tätigwerden abgestellt wurde, deutlich geringer sein. Ist keines der bisher beteiligten Gerichte zuständig, kann auch ein drittes Gericht bestimmt werden.[62] Ist gemäß § 3 verwiesen worden und hat das zur Aufnahme verpflichtete Gericht diese verweigert bzw. zurück- oder weiterverwiesen, so stellt das bestimmende Gericht den ersten Verweisungsbeschluss wieder her, wenn nicht ausnahmsweise dessen Bindungswirkung (s. § 3 Rn. 20) entfiel.[63] Bei Streit auf Grund einer Abgabe aus wichtigem Grund **(Abs. 1 Nr. 5)** sind die Voraussetzungen des § 4 zu prüfen und daraus folgend das zu bestimmende Gericht zu wählen. Es kann nur eines der über die Abgabe streitenden Gerichte bestimmt werden.[64] Ein drittes Gericht, welches wegen der Übernahme noch nicht in das Abgabeverfahren einbezogen wurde, kann nicht bestimmt werden,[65] wohl aber ein erstes in den Abgabestreit einbezogenes Gericht, wenn nach dessen Ablehnung zunächst an ein anderes Gericht abgegeben werden sollte.[66]

2. Bestimmung eines Gerichts. Durch Beschluss wird ein Gericht als das zuständige bestimmt. **27** Dieses ist in dieser Sache sodann **ausschließlich zuständig**. Soweit das Gericht für die Bestimmung mehrerer Zuständigkeitsarten zuständig ist und dem Beschluss entsprechende Anhaltspunkte zu entnehmen sind, bezieht sich die Bestimmung im Interesse der schnellen Beilegung von Zuständigkeitskonflikten auf **alle Zuständigkeitsarten**. Im Falle der Bestimmung bei einer Abgabe aus wichtigem Grund (Abs. 1 Nr. 5) kann die Entscheidung zudem eine **Verteilung der Aufgaben** als noch vom abgebenden Gericht vorzunehmende und sodann vom aufnehmenden Gericht zu übernehmende enthalten.[67] Die Entscheidung des OLG **wird wirksam** mit der Bekanntmachung an das Gericht, welches das Verfahren fortsetzen soll.[68] Eine Zuständigkeitsbestimmung ist **abzulehnen,** wenn das Verfahren zwischenzeitlich abgeschlossen ist.[69]

3. Bindung und Rechtsmittel. Ein eine Zuständigkeitsbestimmung vornehmender Beschluss ist **28 nicht anfechtbar** (Abs. 3). Auch bei offenbarer Gesetzeswidrigkeit ist wegen des verfassungsrechtlichen Grundsatzes der Rechtsmittelklarheit[70] eine Ausnahme nicht zuzulassen.[71] Wird eine Zuständigkeitsbestimmung getroffen, so ist diese bindend für die Verfahrensbeteiligten sowie beteiligte und dritte Gerichte,[72] auch wenn diese dem bestimmenden Gericht nicht nachgeordnet sind.[73] Die Entscheidung kann jedoch vom bestimmenden Gericht bei Veränderung der Sach- und Rechtslage **abgeändert** werden (§ 48 Abs. 1).[74] Dies ist insbesondere möglich, wenn das an sich zuständige Gericht nunmehr nicht mehr an der Ausübung der Gerichtsbarkeit gehindert ist (Abs. 1 Nr. 1) oder nunmehr Gewissheit über die grundsätzliche Zuständigkeit eines Gerichts besteht (Abs. 1 Nr. 2). Bereits wirksam gewordene Entscheidungen des vormals bestimmten Gerichts werden von der Abänderung nicht betroffen.

Wird eine **Zuständigkeitsbestimmung abgelehnt,** so greift Abs. 3 seinem klaren Wortlaut nach **29** nicht ein. Bei dem Beschluss handelt es sich jedoch nicht um eine Endentscheidung iSv. § 38 Abs. 1, sondern lediglich um eine Zwischenentscheidung, so dass das Rechtsmittel der Beschwerde gemäß § 58 nicht zur Verfügung steht. Der Entscheidung kommt jedoch keine bindende Wirkung zu, wenn diese die Unzuständigkeit der streitenden Gerichte (mit)ausspricht.[75]

4. Sonstige Wirkungen. Das bestimmte Gericht **übernimmt das Verfahren** in der Lage, in der **30** es sich befindet, und führt es fort.[76] Die von den anderen Gerichten vorgenommenen Handlungen gelten als solche des bestimmten Gerichts; dieses ist für die Zukunft zur Abänderung gemäß § 48 befugt.[77]

---

[62] *Thomas/Putzo/Hüßtege* § 36 ZPO Rn. 24.
[63] BGH NJW-RR 1995, 702; BGH NJW-RR 1994, 126; BGH NJW-RR 1993, 1091; BayObLG NJW-RR 2001, 1325 (1326); *Baumbach/Lauterbach/Hartmann* § 36 ZPO Rn. 39.
[64] OLG Köln FamRZ 1996, 859 (860).
[65] BayObLGZ 1986, 433 (435).
[66] OLG Karlsruhe/Freiburg FamRZ 1957, 183 (184); BayObLGZ 1986, 433 (435); *Keidel/Sternal* Rn. 47.
[67] *Jansen/Müther* § 5 FGG Rn. 5.
[68] *Bumiller/Harders* Rn. 21; *Jansen/Sonnenfeld* § 65a FGG Rn. 37.
[69] OLG Hamm JMBlNRW 1959, 163 (164); *Keidel/Sternal* Rn. 38.
[70] BVerfG NJW 2003, 1924 (1928).
[71] *Bassenge/Roth* § 5 FGG Rn. 8; aA OLG Zweibrücken OLGZ 1974, 323.
[72] BayObLGZ 1955, 132; KG FamRZ 1958, 426; *Keidel/Sternal* Rn. 48.
[73] *Baur* FGG S. 95 f.
[74] *Jansen/Müther* § 5 FGG Rn. 31.
[75] BayObLGZ 1958, 210 (211); KG FamRZ 1958, 426; *Jansen/Müther* § 5 FGG Rn. 31.
[76] *Jansen/Müther* § 5 FGG Rn. 30.
[77] *Jansen/Müther* § 5 FGG Rn. 30.

31 Für **Rechtsmittel** ist allein das dem bestimmten Gericht vorgeordnete Rechtsmittelgericht zuständig.[78] Nicht erledigte Rechtsmittelverfahren gehen auf dieses Gericht über.[79] Die Einlegung neuer Rechtsmittel ist sowohl bei dem bestimmten Gericht als auch bei dem Gericht, welches auf Grund der Bestimmung seine Zuständigkeit verloren hat, möglich.[80]

VI. Kosten

32 Die Erhebung von Gebühren für das Bestimmungsverfahren ist in der KostO und im FamGKG nicht vorgesehen. Es ist daher **gerichtskostenfrei.**

33 Für den **Rechtsanwalt** entstehen ebenfalls keine gesonderten Gebühren, das Bestimmungsverfahren ist Teil des Rechtszuges des Hauptsacheverfahrens (§ 19 Abs. 1 S. 2 Nr. 3 RVG) und daher mit dessen Vergütung mit abgegolten.

§ 6 Ausschließung und Ablehnung der Gerichtspersonen

(1) ¹ **Für die Ausschließung und Ablehnung der Gerichtspersonen gelten die §§ 41 bis 49 der Zivilprozessordnung entsprechend.** ² **Ausgeschlossen ist auch, wer bei einem vorausgegangenen Verwaltungsverfahren mitgewirkt hat.**

(2) **Der Beschluss, durch den das Ablehnungsgesuch für unbegründet erklärt wird, ist mit der sofortigen Beschwerde in entsprechender Anwendung der §§ 567 bis 572 der Zivilprozessordnung anfechtbar.**

Schrifttum: *Habscheid,* Ausschluss und Ablehnung des Richters und des Rechtspflegers in der Freiwilligen Gerichtsbarkeit, Rpfleger 1964, 200; *Josef,* Handlungen eines geisteskranken Richters in der freiwilligen Gerichtsbarkeit JW 1929, 1862; *Riedel,* Das Postulat der Unparteilichkeit des Richters, 1980; *Vollkommer,* Der ablehnbare Richter, 2001; Zum Sachverständigen: *Völker,* Die Ablehnung des Sachverständigen im ZPO-/FGG-/FamFG-Verfahren, FPR 2008, 287.

I. Normzweck

1 Die Norm sichert die Unparteilichkeit des Gerichts in Familiensachen und Angelegenheiten der freiwilligen Gerichtsbarkeit ab. Entscheiden soll der neutrale, unbefangene, objektiv urteilende, nicht mit den Beteiligten in Verbindung stehende Richter. § 6 sichert das **faire Verfahren,** die gerechte Entscheidung des Einzelfalles ebenso wie die **Integrität der Rechtsprechung** und die funktionierende Rechtspflege.[1] Durch ihn wird Vorsorge getroffen, um den grundrechtlichen Schutz des Art. 101 Abs. 1 S. 2 GG zu garantieren.[2] Im Einzelfall ist eine Gerichtsperson, die nicht die an sie gestellten Anforderungen der Unabhängigkeit erfüllt, von ihrem Amt ausgeschlossen bzw. kann mit entsprechenden Antrag abgelehnt werden.

2 Vor der **Reform** durch das FGG-RG enthielt § 6 FGG eine eigenständige Regelung zur Ausschließung von Richtern, die in Details von der der ZPO abwich. Für das Ablehnungsverfahren wurden auf Grund verfassungsrechtlicher Gebotenheit die §§ 42 ff. ZPO analog herangezogen.[3] Gründe für eine Verschiedenbehandlung waren jedoch nicht gegeben, weshalb nunmehr mittels des Verweises auf die ZPO-Vorschriften ein Gleichlauf hinsichtlich Gründen und Verfahren für die Ausschließung und Ablehnung von Gerichtspersonen hergestellt wird.

II. Anwendungsbereich

3 In **Ehesachen** und **Familienstreitsachen** ist § 6 auf Grund § 113 Abs. 1 S. 1 nicht anwendbar. Die §§ 41–49 ZPO gelten hier jedoch auf Grund des Verweises in § 113 Abs. 1 S. 2. Gegen den das Ablehnungsgesuch zurückweisenden Beschluss ist originär auf Grund von § 46 Abs. 2 ZPO die sofortige Beschwerde gemäß der §§ 567–572 ZPO statthaft. In Ehesachen und Familienstreitsachen

---

[78] *Bumiller/Harders* Rn. 21.
[79] BayObLGZ 1985, 296.
[80] *Baur* FGG S. 96; *Bumiller/Harders* Rn. 21 will dagegen die Einlegung allein bei dem Gericht, das die Entscheidung erlassen hat, zulassen; *Keidel/Sternal* Rn. 50 hält allein die Einlegung beim neuen Gericht für möglich.
[1] Oben § 41 ZPO Rn. 1.
[2] BVerfG NJW 1998, 369.
[3] S. *Bumiller/Winkler* § 6 FGG Rn. 16; *Keidel/Kuntze/Winkler/Zimmermann* § 6 FGG Rn. 39.

finden daher für die Ausschließung und Ablehnung von Gerichtspersonen die gleichen Regelungen Anwendung.

III. Ausschließung und Ablehnung

1. Gerichtspersonen. § 6 regelt anders als § 6 FGG nicht mehr allein die Ausschließung und Ablehnung von Richtern, sondern erfasst insgesamt Gerichtspersonen.[4] Auf die **hauptberuflichen und ehrenamtlichen Richter** finden die § 41–48 ZPO unmittelbar aus dem Gesamtverweis des Abs. 1 Anwendung. Für den **Urkundsbeamten der Geschäftsstelle** geht der Verweis auf § 49 ZPO, der sodann die § 41–48 ZPO mit der Maßgabe für anwendbar erklärt, dass die Entscheidung durch das Gericht, bei dem er angestellt ist, ergeht. **Rechtspfleger** sind ebenfalls als Gerichtspersonen zu qualifizieren. § 10 RPflG stellt sie den Richtern gleich, so dass die §§ 41–48 ZPO auf sie anzuwenden sind, jedoch mit der Maßgabe, dass über ihre Ablehnung nicht der Rechtspfleger selbst, sondern der Richter entscheidet. 4

2. Verweis auf ZPO-Vorschriften. Für die Gründe, unter denen ein **Ausschluss kraft Gesetzes** erfolgt, verweist Abs. 1 auf § 41 ZPO. Soweit hier auf eine Partei abgestellt wird, ist anstatt dessen auf den Beteiligten iSv. § 7 abzustellen. Die Besorgnis der fehlenden Unparteilichkeit besteht jedoch nur, soweit die entsprechende Person tatsächlich an dem Verfahren beteiligt ist. Nicht von Amts wegen hinzugezogene Kann-Beteiligte, die keinen Antrag auf Hinzuziehung gestellt haben, sind daher unberücksichtigt zu lassen. Ebenso bleiben unberücksichtigt Kann-Beteiligte, deren Antrag auf Beteiligung rechtskräftig abgewiesen wurde. 5

Eine **Ablehnung** wegen Ausschlusses oder Befangenheit ist gemäß Abs. 1 entsprechend dem Verfahren in den §§ 42–48 ZPO durchzuführen. Anstatt des Parteibegriffs ist auch hier auf die hinzugezogenen Beteiligten sowie auf diejenigen, die einen Antrag auf Hinzuziehung gestellt haben, abzustellen, bei letzteren bei Ablehnung der Hinzuziehung allein solange bis die Ablehnung rechtskräftig ist. 6

3. Besonderer Ausschließungsgrund. Neben die Ausschließungsgründe des § 41 ZPO tritt der **weitere Ausschließungsgrund des Abs. 1 S. 2**: Bei Mitwirkung an einem vorangegangenen Verwaltungsverfahren soll die entsprechende Person nicht als Gerichtsperson in dieser Sache tätig werden. Es wird so das verfassungsrechtliche Gebot der Unparteilichkeit des Gerichts abgesichert.[5] Ein vergleichbarer Ausschlussgrund findet sich in § 54 Abs. 2 VwGO, § 60 Abs. 2 SGG und § 51 Abs. 2 FGO. Im Rahmen des FamFG ist insbesondere die Mitwirkung in der Justizverwaltung relevant. 7

Ein **vorangegangenes Verwaltungsverfahren** ist das gesamte Verfahren einschließlich eines Widerspruchsverfahrens, welches zu der nunmehr im gerichtlichen Verfahren zu überprüfenden Entscheidung geführt hat bzw. in dem eine nunmehr begehrte Entscheidung hätte ergehen sollen.[6] Es ist nicht auf den Begriff des § 9 VwVfG beschränkt, sondern umfasst jegliches Verwaltungshandeln.[7] Ein Ausschluss erfolgt daher nicht, wenn die Gerichtsperson an einer bereits rechtskräftigen und nicht im Streit stehenden Entscheidung mitgewirkt hat. 8

Mitwirkung im Verwaltungsverfahren liegt nicht nur vor, wenn die entsprechende Person an der Entscheidung unmittelbar beteiligt war.[8] Es genügt, dass sie in Bezug auf die Sache tätig wurde, zB durch Teilnahme an Besprechungen und Erörterungen, durch Sammeln und Sichten von Material oder durch Unterzeichnen von Schriftsätzen. Ausreichend ist auch die beratende Tätigkeit[9] oder die Mitwirkung an auf die Entscheidung Einfluss nehmenden Maßnahmen der Aufsichtsbehörde.[10] Unerheblich ist, ob die betroffene Person noch mit Verwaltungstätigkeiten befasst ist.[11] 9

Keine Mitwirkung ist gegeben, wenn die Tätigkeit die überprüfte Maßnahme in keiner Weise vorbereitet hat und andere Fragen oder Verwaltungsangelegenheiten betroffen waren.[12] Die Teilnahme an vergleichbaren Parallelverfahren mit gleichem oder ähnlichem Sachstand ist ebenfalls nicht ausreichend.[13] 10

---

[4] S. auch BT-Drucks. 16/6308, S. 176.
[5] Vgl. BVerfG NVwZ 1996, 885.
[6] BVerwG DÖV 1983, 552; BFHE 102, 192 (194).
[7] *Posser/Wolff/Kimmel*, VwGO, 2008, § 54 VwGO Rn. 20.
[8] BVerwG DÖV 1988, 977.
[9] BFHE 125, 33; BSG 22. 5. 1984 – 6 RKa 15/83.
[10] BVerwGE 52, 47 (49); *Posser/Wolff/Kimmel*, VwGO, 2008, § 54 VwGO Rn. 21; *Meyer-Ladewig/Keller*, SGG, 9. Aufl. 2008, § 60 SGG Rn. 5.
[11] *Meyer-Ladewig/Keller*, SGG, 9. Aufl. 2008, § 60 SGG Rn. 5.
[12] *Gräber/Stapperfend*, FGO, 6. Aufl. 2006, § 51 FGO Rn. 17.
[13] BVerwG NJW 1977, 312.

IV. Rechtsmittel

11   Gegen den die Ablehnung einer Gerichtsperson ablehnenden Beschluss ist gemäß § 46 Abs. 2 ZPO die sofortige Beschwerde statthaft. Auch für das Beschwerdeverfahren wird auf die **Vorschriften der ZPO** verwiesen (Abs. 2). Nicht anwendbar sind daher die § 58 ff. Das Beschwerdeverfahren ist gemäß der §§ 567–572 ZPO durchzuführen (s. dort).

12   Wesentlicher Unterschied ist die **Beschwerdefrist:** Sie beträgt im Gegensatz zur FamFG-Beschwerde gemäß § 63 Abs. 1 nicht einen Monat, sondern gemäß § 569 Abs. 1 S. 1 ZPO lediglich **2 Wochen.** Zudem entscheidet gemäß § 568 ZPO grundsätzlich ein **Einzelrichter.**

V. Kosten

13   **1. Gerichtskosten.** Das Ablehnungsverfahren ist Teil des Hauptsacheverfahrens. Gesonderte Gerichtskosten werden daher nicht erhoben. Auch das erfolgreiche Beschwerdeverfahren ist kostenfrei (§ 131 Abs. 3 KostO).

14   In **Familiensachen** werden Gerichtsgebühren im Beschwerdeverfahren gemäß Nr. 1912 KV-FamGKG für die verworfene und zurückgewiesene Beschwerde in Höhe von 50 Euro erhoben. Wird wegen Zurücknahme der Beschwerde keine Entscheidung getroffen, ist das Verfahren gerichtskostenfrei.[14]

15   Für **Angelegenheiten der freiwilligen Gerichtsbarkeit** werden Gerichtsgebühren im Beschwerdeverfahren gemäß § 131 Abs. 1 KostO erhoben. Wird die Beschwerde verworfen oder zurückgewiesen, ist eine volle Gebühr nach § 32 KostO, höchstens jedoch 800 Euro anzusetzen, bei Rücknahme der Beschwerde wird eine halbe Gebühr nach § 32 KostO, höchstens jedoch 500 Euro angesetzt. Der Wert wird gemäß § 131 Abs. 4 KostO stets nach § 30 KostO festgesetzt. Ist die Ausschließung einer Gerichtsperson des Betreuungsgerichts betroffen, ist das nicht erfolgreiche Beschwerdeverfahren ebenfalls gebührenfrei (§ 131 Abs. 5 KostO).

16   **2. Rechtsanwaltsgebühren.** Das Ablehnungsverfahren ist Teil der Hauptsache, extra Gebühren entstehen nicht. Das Beschwerdeverfahren ist nicht Teil des Rechtszuges.[15] Der Rechtsanwalt erhält für das Beschwerdeverfahren eine halbe Gebühr nach § 13 RVG (Nr. 3500 VV-RVG) und eine weitere halbe Gebühr nach § 13 RVG bei Terminswahrnehmung (Nr. 3513 VV-RVG). Die Bestimmung des Gegenstandswertes erfolgt nach §§ 22 ff RVG.

§ 7 Beteiligte

(1) In Antragsverfahren ist der Antragsteller Beteiligter.

(2) Als Beteiligte sind hinzuzuziehen:
1. diejenigen, deren Recht durch das Verfahren unmittelbar betroffen wird,
2. diejenigen, die auf Grund dieses oder eines anderen Gesetzes von Amts wegen oder auf Antrag zu beteiligen sind.

(3) Das Gericht kann von Amts wegen oder auf Antrag weitere Personen als Beteiligte hinzuziehen, soweit dies in diesem oder einem anderen Gesetz vorgesehen ist.

(4) ¹Diejenigen, die auf ihren Antrag als Beteiligte zu dem Verfahren hinzuzuziehen sind oder hinzugezogen werden können, sind von der Einleitung des Verfahrens zu benachrichtigen, soweit sie dem Gericht bekannt sind. ²Sie sind über ihr Antragsrecht zu belehren.

(5) ¹Das Gericht entscheidet durch Beschluss, wenn es einem Antrag auf Hinzuziehung gemäß Absatz 2 oder Absatz 3 nicht entspricht. ²Der Beschluss ist mit der sofortigen Beschwerde in entsprechender Anwendung der §§ 567 bis 572 der Zivilprozessordnung anfechtbar.

(6) Wer anzuhören ist oder eine Auskunft zu erteilen hat, ohne dass die Voraussetzungen des Absatzes 2 oder Absatzes 3 vorliegen, wird dadurch nicht Beteiligter.

Schrifttum: *Gramlich,* Der Begriff des Beteiligten in § 6 des Gesetzes über die Angelegenheiten der Freiwilligen Gerichtsbarkeit vom 17. Mai 1898, 1968; *Jacoby,* Der Regierungsentwurf für ein FamFG, FamRZ 2007, 1703; *Kollhosser,* Zur Stellung und zum Begriff der Verfahrensbeteiligten im Erkenntnisverfahren der freiwilligen Gerichtsbarkeit, 1970; *Krafka,* Registerrechtliche Neuerungen durch das FamFG, NZG 2009, 650; *Liermann,* Die

---

[14] *Hartmann,* KostG, 37. Aufl. 2007, 1812 KV Rn. 3.
[15] Oben § 46 ZPO Rn. 6.

Beteiligten im Verfahren der Freiwilligen Gerichtsbarkeit, FS Baumgärtel, 1990, S. 325; *Nothdurft,* Der Begriff des Beteiligten in der freiwilligen Gerichtsbarkeit, 1925; *Zimmermann,* Behörden als Beteiligte im Verfahren der freiwilligen Gerichtsbarkeit, Rpfleger 1958, 209; *Zimmermann,* Die Beteiligten im neuen FamFG, FPR 2009, 5.

Übersicht

	Rn.		Rn.
I. Normzweck	1, 2	2. Kann-Beteiligte	14–18
II. Beteiligter kraft Gesetzes	3–5	3. Nicht-Beteiligte	19–21
III. Beteiligter durch Hinzuziehung	6–21	IV. Hinzuziehung von Amts wegen	22
1. Muss-Beteiligte	7–13	V. Hinzuziehung auf Antrag	23–31
a) Unmittelbare Betroffenheit eines Rechts	7–9	1. Benachrichtigungspflicht	23–27
b) Aufgrund gesetzlicher Sonderregelung	10–12	2. Belehrungspflicht	28
c) Antrag von von Amts wegen Hinzuziehenden	13	3. Entscheidung über den Antrag	29, 30
		4. Rechtsmittel gegen negative Entscheidung	31

I. Normzweck

§ 7 ist eine der **zentralen Reformen** des FGG-RG. Die Beteiligten sind traditionell die Verfahrenssubjekte in der freiwilligen Gerichtsbarkeit. Obwohl vom FGG an verschiedenen Stellen auf den Beteiligten Bezug genommen wurde, fehlte es an einer allgemeinen Definition, wer am Verfahren zu beteiligen ist. Dem Beteiligten fehlte eine gesicherte Rechtsposition als Verfahrenssubjekt.[1] Mit § 7 wird der Beteiligtenbegriff erstmals einer gesetzlichen Regelung zugeführt. Sie soll dazu beitragen, der freiwilligen Gerichtsbarkeit ein klar strukturiertes Verfahrensrecht zu geben.[2] Dabei soll die Stellung als Beteiligter des Verfahrens in Zukunft weniger von materiellen Elementen abhängen und stattdessen **mehr an formelle Elemente angeknüpft** werden. Durch das FamFG findet der Begriff „Beteiligter" anstatt „Partei" nunmehr in allen Familiensachen Verwendung. In Antragsverfahren werden für bestimmte Beteiligte die Begriffe Antragsteller und Antragsgegner verwendet. 1

Aufgrund § 113 Abs. 1 S. 1 gilt § 7 nicht in **Ehesachen** und **Familienstreitsachen.** Stattdessen ist nach § 113 Abs. 1 S. 2 auf die Regelungen der ZPO zurückzugreifen. Gemäß § 113 Abs. 5 Nr. 3–5 ist jedoch auch in diesen Verfahren anstatt der Begriffe Partei, Kläger und Beklagter die Bezeichnung Beteiligter, Antragsteller und Antragsgegner zu verwenden. Die Ausfüllung der Begriffe ergibt sich jedoch entsprechend der Regelung für die streitige Gerichtsbarkeit. 2

II. Beteiligter kraft Gesetzes

Abs. 1 nimmt eine rein formale Anknüpfung vor. In **Antragsverfahren** ist der **Antragsteller** Beteiligter. Dabei wird insoweit der Inhalt des in der streitigen Gerichtsbarkeit heute herrschenden formellen Parteibegriffs übernommen. Beteiligter ist, wer im eigenen Namen Rechtsschutz sucht.[3] Allein die formelle Eigenschaft als Antragsteller ist entscheidend. Auf die materielle Inhaberschaft eines Anspruches kommt es dagegen nicht an; es ist irrelevant, ob der Antragsteller auch in einem materiellen Sinn Subjekt eines streitigen Rechtsverhältnisses ist. Zu entscheiden ist vom Gericht auch über den unzulässigen oder unbegründeten Antrag.[4] 3

Die Regelung des Abs. 1 ist jedoch unvollständig. Ein möglicher **Antragsgegner,** insbesondere in den echten Streitsachen der freiwilligen Gerichtsbarkeit, wird nach dem Wortlaut des Abs. 1 nicht kraft Gesetz zum Beteiligten. Wie in der streitigen Gerichtsbarkeit ist hier – über den Wortlaut des Abs. 1 hinaus – derjenige, gegen den Rechtsschutz begehrt wird,[5] als Beteiligter kraft Gesetzes anzuerkennen. 4

Nach dem Wortlaut bezieht sich Abs. 1 allein auf Antragsverfahren, nicht jedoch auf Antragsteller in **Amtsverfahren.** Wie nach bisheriger hM zum FGG[6] würde danach einem Antrag in einem Amtsverfahren allein die Bedeutung einer Anregung zur Verfahrenseinleitung zukommen, der das Gericht nicht nachkommen muss. Dem ist jedenfalls insoweit zu folgen, soweit dem Antragsteller 5

---

[1] *Kollhosser,* Zur Stellung und zum Begriff der Verfahrensbeteiligten im Erkenntnisverfahren der freiwilligen Gerichtsbarkeit (1970) S. 14 f., 23.
[2] BT-Drucks. 16/6308, S. 177.
[3] *Jauernig* S. 46; *Rosenberg/Schwab/Gottwald* § 40 Rn. 2.
[4] *Brehm* § 7 Rn. 4.
[5] *Rosenberg/Schwab/Gottwald* § 40 Rn. 2; *Grunsky,* ZPR Rn. 73.
[6] *Baur* FGG S. 169; *Habscheid* S. 123; *Keidel/Kuntze/Winkler/Meyer-Holz* Vorb §§ 8–18 FGG Rn. 6.

keinerlei materielle Betroffenheit zukommt, da er weder eigene noch anvertraute Rechte geltend macht.[7] So erwirbt der Lehrer, der zum Schutz eines Schülers Maßnahmen beim Familiengericht „beantragt", nicht die Stellung eines Beteiligten, es handelt sich allein um eine Anregung zugunsten von Dritten.[8] Sobald jedoch der **Schutz eigener oder anvertrauter Interessen begehrt** wird, sind derartige Anträge als Rechtsschutzgesuche zu verstehen und dem **Antragsteller** ist unabhängig davon, ob entsprechende Ansprüche auf Schutz tatsächlich bestehen, die Position eines Beteiligten allein auf Grund des Antrags einzuräumen. Das Rechtsstaatsprinzip gebietet es, dass ihm insoweit rechtliches Gehör gewährt und über seinen Antrag entschieden wird.[9]

III. Beteiligter durch Hinzuziehung

6   Neben der Beteiligung kraft Gesetzes sieht das FamFG nunmehr die Beteiligung durch Hinzuziehung vor. Auch hierbei wird auf ein formelles Element abgestellt, den **Hinzuziehungsakt**. Derjenige ist nicht bereits auf Grund materieller Voraussetzungen Beteiligter, er wird es auf Grund der Hinzuziehung. Die Voraussetzungen, wann eine Hinzuziehung erfolgen muss oder kann, sind dabei regelmäßig materieller Natur. Differenziert wird danach, ob eine Hinzuziehung stets zu erfolgen hat, mithin seitens des potentiell zu Beteiligenden ein Anspruch auf Hinzuziehung besteht (Muss-Beteiligter, Abs. 2), oder ob das Gericht hinsichtlich der Hinzuziehung ein Ermessen besitzt, mithin entscheiden kann, ob die Hinzuziehung verfahrensfördernd und sachgerecht ist (Kann-Beteiligter, Abs. 3).

7   **1. Muss-Beteiligte. a) Unmittelbare Betroffenheit eines Rechts.** Mit Abs. 2 Nr. 1 wird eine Generalklausel geschaffen. Als Beteiligter hinzuziehen ist, wessen Recht durch das Verfahren unmittelbar betroffen wird. Die **Betroffenheit eines Rechts** genügt, es bedarf keiner Prognose, ob es sich dabei um eine Rechtsbeeinträchtigung handeln wird. Ausreichend ist, dass der Verfahrensgegenstand geeignet ist, das Recht zu beeinflussen,[10] unabhängig davon, ob die über ihn positiv zu entscheiden ist oder ob er rechtserweiternd oder rechtseinschränkend wirken soll.[11] Das Kriterium der **Unmittelbarkeit** verlangt, dass der Verfahrensgegenstand direkte Auswirkungen auf das subjektive Recht des Einzelnen haben muss.[12] Soweit es sich allein um eine mittelbare Betroffenheit handelt, soll dem Rechteinhaber keine Beteiligtenstellung eingeräumt werden. Dies ist in Verfahren über eine familiengerichtliche Genehmigung der Fall (§ 1828 BGB); Verfahrensgegenstand ist allein der Umfang der Vertretungsmacht des gesetzlichen Vertreters, die Vertragspartner sind nur mittelbar betroffen.[13] Insbesondere besteht keine Hinzuziehungsmöglichkeit für Dritte, in allein rechtlich und tatsächlich gleich gelagerte Fälle involviert sind, für die das Verfahren eine tatsächliche Präjudizwirkung haben könnte. Ebenso genügt es nicht, dass ideelle, soziale oder allein wirtschaftliche Interessen durch das Verfahren berührt werden.[14] Liegen die Voraussetzungen vor, so ist die Hinzuziehung durch das Gericht **von Amts wegen** vorzunehmen.

8   Die Generalklausel des Abs. 2 Nr. 1 kann jedoch von einer **lex specialis überlagert** sein. Soweit durch besondere Bestimmungen für Personen, die der Generalklausel unterfallen, vorgesehen wird, dass diese nicht, allein auf Antrag oder auf Grund Ermessen des Gerichts hinzuzuziehen sind (vgl. zB § 345 Abs. 1), ist dieser besonderen Regelung Vorrang zu gewähren.[15] Abs. 2 Nr. 1 stellt insoweit eine Auffangregelung dar. Wird für eine unmittelbar in ihren Rechten betroffene Person keine besondere Anordnung zu deren Hinzuziehung getroffen (welche Abs. 2 Nr. 2 oder Abs. 3 unterfällt), so muss diese von Amts wegen auf Grund Abs. 2 Nr. 1 hinzugezogen werden.

9   Das Gericht ist **verpflichtet zu ermitteln,** ob über die bereits kraft Gesetzes Beteiligten und die auf Grund gesetzlicher Sonderregelung verpflichtend oder auf Grund Ermessens Hinzuziehenden hinaus **weitere Personen** vorhanden sind, die durch das Verfahren in eigenen Rechten unmittelbar betroffen werden. Diese sind verpflichtend gemäß Abs. 2 Nr. 1 an dem Verfahren zu beteiligen.

---

[7] *Brehm* § 7 Rn. 5.
[8] *Friederici/Kemper/Friederici* Rn. 4.
[9] S. *Brehm* § 7 Rn. 5; nur bei bestehendem Beschwerderecht *Jansen/v. König/v. Schuckmann* Vor §§ 8–18 FGG Rn. 5; aA *Schulte-Bunert* Rn. 5; *Zimmermann* FamFG Rn. 73.
[10] *Brehm* § 7 Rn. 7.
[11] BT-Drucks. 16/6308, S. 178.
[12] *Borth* FamRZ 2007, 1925 (1928).
[13] *Jacoby* FamRZ 2007, 1703 (1704 f.).
[14] BT-Drucks. 16/6308, S. 178.
[15] *Jacoby* FamRZ 2007, 1703 (1705) kritisiert zu Recht die unklare Gesetzessprache, welche Nr. 1 und 2 neben einander erscheinen lässt.

b) Aufgrund gesetzlicher Sonderregelung. Daneben kann durch **gesetzliche Sonderregelung** vorgesehen werden, dass eine Hinzuziehung von Amts wegen oder auf Antrag zu erfolgen hat (Abs. 2 Nr. 2). Die Vorschrift hat keine eigenständige Bedeutung und dient allein der Klarstellung. Aufgrund des Grundsatzes „Lex specialis derogat legi generali." begründet bereits die gesetzliche Sonderregelung den Anspruch auf Hinzuziehung unabhängig von dem Vorliegen der unmittelbaren Betroffenheit in einem eigenen Recht (Abs. 2 Nr. 1).

Die Norm macht dabei deutlich, dass zum einen die stete Hinzuziehung durch das Gericht **von Amts wegen** angeordnet werden kann (Abs. 2 Nr. 2 Alt. 1), zum anderen aber es in die **Disposition des Einzelnen** gestellt werden kann, ob dieser sich selbst durch Stellung des Antrags zum Muss-Beteiligten macht. Es ist möglich, dass es sich vor Stellung des Antrags um einen Kann-Beteiligten iSv. Abs. 3 Alt. 1 handelte, dieser mithin vom Gericht zwar nicht hinzugezogen werden musste, auf Grund dessen Ermessen jedoch von Amts wegen hinzugezogen werden konnte. Mit der Stellung des Antrags ändert sich dessen Eigenschaft vom Kann- zum Muss-Beteiligten.

Ist die Hinzuziehung zwingend angeordnet oder aber allein von einem Antrag abhängig und dieser gestellt, so hat das Gericht denjenigen als Beteiligten hinzuzuziehen. Ihm steht **kein Ermessen** zu. Zu beachten ist hier die auf Antrag zwingende Beteiligung des **Jugendamtes** in Kindschaftssachen (§ 162 Abs. 2), Abstammungssachen (§ 172 Abs. 2), Adoptionssachen (§ 188 Abs. 2), Ehewohnungssachen (§ 204 Abs. 2) und Gewaltschutzsachen (§ 212).

c) Antrag von von Amts wegen Hinzuzuziehenden. Auch soweit es eines Antrages des Muss-Beteiligten nicht bedarf, ergibt sich inzident aus Abs. 5 S. 1, dass dieser stets ein entsprechendes Antragsrecht besitzt. Für den von Abs. 2 Nr. 1, Nr. 2 Alt. 1 beschriebenen Personenkreis nimmt der Gesetzgeber die Wertung vor, dass er ein besonderes Interesse an dem Verfahren besitzt und daher zwingend zu beteiligen ist. Wird diese besondere Stellung vom Gericht nicht erkannt und eine **Hinzuziehung von Amts wegen nicht vorgenommen**, gebietet es das Rechtsstaatsgebot, dass der grundsätzlich von Amts wegen zu Beteiligende seine Position geltend machen kann. Dies wird durch das Antragsrecht ermöglicht, über welches, sollte auch daraufhin eine Hinzuziehung nicht vorgenommen werden, durch mit der sofortigen Beschwerde anfechtbaren Beschluss zu entscheiden ist.[16]

2. Kann-Beteiligte. Daneben kann die Hinzuziehung weiterer Personen vom Gesetz in das Ermessen des Gerichts gestellt werden (Kann-Beteiligte, Abs. 3). Voraussetzung ist die **gesetzliche Anordnung** der Möglichkeit einer Beteiligtenstellung. Diese Anordnungen sind abschließend.[17] Soweit eine gesetzliche Anordnung nicht getroffen wird, kommt eine Hinzuziehung nicht in Betracht. Dem Gericht wird insoweit keine Ermessensmöglichkeit eingeräumt.

Nach der Begründung des Gesetzgebers sollen alle durch Antrag zum Muss-Beteiligten Werdenden (Abs. 2 Nr. 2 Alt. 2, s. Rn. 11) Kann-Beteiligte iSv. Abs. 3 sein.[18] Der Wortlaut des Abs. 3 verlangt jedoch nicht allein, dass von einer gesetzlichen Regelung vorgesehen wird, dass jemand überhaupt Beteiligter sein kann. Vielmehr ist erforderlich, dass der potentiell zu Beteiligende vom Gericht von Amts wegen oder auf Antrag hinzugezogen werden *kann,* mithin gerade die **Hinzuziehung auf Grund Ermessen des Gerichts angeordnet** wird. Diese Ansicht wird auch von der Systematik der Einzelnen gesetzlichen Anordnungen, die den Kreis der Beteiligten betreffen, gestützt. Diese Anordnungen differenzieren sehr genau: Zum einen wird allein angeordnet, dass jemand auf seinen Antrag hin am Verfahren zu beteiligen ist, mithin Muss-Beteiligter im Sinne von Abs. 2 Nr. 2 Alt. 2 ist (vgl. zB § 172 Abs. 2, § 274 Abs. 3, § 315 Abs. 3). Eine darüber hinausgehende Hinzuziehung von Amts wegen wird gerade nicht vorgesehen. Zum anderen aber wird die Beteiligung ermöglicht, mithin die Hinzuziehung auf Grund Abs. 3. Für den Fall, dass ein Antrag gestellt wird, muss dagegen beteiligt werden, der Status wandelt sich vom potentiellen Kann- zum potentiellen Muss-Beteiligten (vgl. zB § 345 Abs. 1). Die Existenz dieser zwei verschiedenen Regelungstechniken macht deutlich, dass nicht jeder auf Antrag zum Muss-Beteiligten Werdende bereits Kann-Beteiligter ist. Das Gericht hat daher bei einer alleinigen Anordnung der zwingenden Beteiligung auf Antrag nicht die Möglichkeit, den ANtragsberechtigten gegen seinen Willen von Amts wegen auf Grund Abs. 3 als Kann-Beteiligten hinzuzuziehen.

Die gesetzliche Anordnung kann sodann zum einen die Möglichkeit der **Hinzuziehung von Amts wegen** vorsehen (Abs. 3 Alt. 1). Das Gericht hat es in der Hand über die Beteiligung zu entscheiden. Auf den Willen des potentiell Beteiligten kommt es dabei nicht an. Es liegt allein im **Ermessen** des Gerichts, ob die Hinzuziehung vorgenommen wird.

---

[16] BT-Drucks. 16/9733, S. 287.
[17] BT-Drucks. 16/6308, S. 179.
[18] BT-Drucks. 16/6308, S. 179.

17 Zum anderen kann die Hinzuziehung von der Stellung eines **Antrages** des potentiell zu Beteiligenden abhängig gemacht werden (Abs. 3 Alt. 2). Ohne Antrag ist dann eine Hinzuziehung unzulässig. Daneben wird aus Abs. 5 S. 1 ein Antragsrecht auch dann gefolgert, wenn die Beteiligung durch das Gericht von Amts wegen erfolgen kann.[19] Soweit jemand vom Gericht zum Verfahren hinzugezogen werden kann, muss ihm die Möglichkeit eröffnet werden, die Initiative auch selbst zu ergreifen. Dem potentiell zu Beteiligenden wird jedoch kein Anspruch auf Beteiligung eingeräumt. Die Hinzuziehung liegt allein im **Ermessen** des Gerichts, der potentiell Beteiligte hat daher nur Anspruch auf eine ermessensfehlerfreie Entscheidung des Gerichts über seine Hinzuziehung.

18 Für die **Ermessensausübung** muss das Gericht berücksichtigen, ob die Hinzuziehung verfahrensfördernd und sachgerecht ist. Dabei sind die Interessen desjenigen einzustellen, auf Grund dessen die Möglichkeit der Beteiligung angeordnet wird. Dies können zum einen die Interessen des zu Beteiligenden sein. Dies wird regelmäßig der Fall sein, wenn durch einen Antrag auf Beteiligung der Status vom Kann- zum Muss-Beteiligten wechselt (s. § 345 Abs. 1). Es ist jedoch auch möglich, dass die Beteiligung allein im Interesse eines Dritten, regelmäßig des Betroffenen, angeordnet wird (s. § 274 Abs. 4 Nr. 1, § 315 Abs. 4). Maßstab muss dann das wohlverstandene Interesse des Dritten sein. Wenn Zweifel bestehen, ob der Dritte mit einer Hinzuziehung einverstanden ist, muss dieser gehört werden; widerspricht er mit nachvollziehbaren Gründen, sind diese entsprechend bei der Ermessensentscheidung zu berücksichtigen.

19 **3. Nicht-Beteiligte.** Eine Hinzuziehung als Beteiligter kommt dagegen nicht in Betracht, wenn allein eine **Pflicht zur Anhörung oder Auskunftserteilung** besteht. Dies wird von Abs. 6 ausdrücklich klargestellt. Für die Hinzuziehung als Beteiligter sind allein die Voraussetzungen der Abs. 1–3 entscheidend.

20 Der **Vertreter oder Beistand** eines Beteiligten kann daher aus dieser Funktion keine eigene Beteiligtenstellung erlangen. Dies schließt jedoch nicht aus, dass in der Person des Vertreters Eigenschaften vorliegen, die eine eigene Hinzuziehung als Beteiligter auf Grund der Abs. 1–3 erfordern oder ermöglichen.

21 So erfüllt der **Bevollmächtigte** nach § 1896 Abs. 2 S. 2 BGB auf Grund der gesetzlichen Regelung in § 274 Abs. 1 die Voraussetzungen des Abs. 2 Nr. 2 Alt. 1 und ist daher Muss-Beteiligter. Auch der **Verfahrenspfleger** wird nicht auf Grund seiner Eigenschaft als Vertreter der Interessen des Betroffenen Beteiligter, wohl aber auf Grund der in Betreuungs- (§ 274 Abs. 2), Unterbringungs- (§ 315 Abs. 2) und Freiheitsentziehungssachen (§ 418 Abs. 2) erfolgten spezialgesetzlichen Regelung Beteiligter iSv. Abs. 2 Nr. 2 Alt. 1. Diese Regelung fingiert darüber hinaus sogar die Hinzuziehung mit der erfolgten Bestellung als Verfahrenspfleger, so dass eine solche vom Gericht nicht mehr gesondert vorgenommen werden muss.

IV. Hinzuziehung von Amts wegen

22 Eine Hinzuziehung von Amts wegen bedarf **keiner formellen Entscheidung.** Das Gericht kann die Hinzuziehung daher neben einem expliziten Hinzuziehungsbeschluss auch durch konkludentes Handeln vornehmen. Eine solche konkludente Hinzuziehung ist anzunehmen, wenn die Zusendung von Schriftstücken, die allein Beteiligten übersandt werden, erfolgt oder zum Termin in der Eigenschaft als Beteiligter geladen wird.

V. Hinzuziehung auf Antrag

23 **1. Benachrichtigungspflicht.** Soweit eine Beteiligung am Verfahren durch Antrag erfolgen kann, ist das Gericht verpflichtet, den **potentiellen Beteiligten** über die **Einleitung eines Verfahrens zu benachrichtigen** (Abs. 4 S. 1). Die Art der Verfahrenseinleitung, durch Antrag oder von Amts wegen, ist dabei irrelevant. Damit werden potentiell zu Beteiligende in die Lage versetzt, das ihnen zustehende Dispositionsrecht über ihre Beteiligtenstellung positiv auszuüben. Abs. 4 gewährleistet so die Umsetzung des Anspruches auf rechtliches Gehör.[20]

24 Die Benachrichtigungspflicht des Gerichts erstreckt sich auf alle allein auf Antrag hin zu Beteiligenden.[21] Dies schließt zum einen die **potentiellen Muss-Beteiligten** des Abs. 2 Nr. 2 Alt. 2 ein, unabhängig davon, ob es sich dabei derzeit um einen Kann-Beteiligten nach Abs. 3 Alt. 1 handelt oder nicht. Zum anderen sind die **potentiellen Kann-Beteiligten** nach Abs. 3 Alt. 2 erfasst. Das Gericht darf an dieser Stelle noch nicht über eine mögliche Hinzuziehung entscheiden. Die Benach-

---

[19] BT-Drucks. 16/6308, S. 179.
[20] BT-Drucks. 16/6308, S. 179.
[21] BT-Drucks. 16/9733, S. 287.

richtigung einschließlich der Belehrung über die Antragsmöglichkeit (s. dazu sogleich Rn. 28) hat unabhängig von der Absicht der Hinzuziehung durch das Gericht zu erfolgen. Eine Ausübung des Ermessens über die Hinzuziehung kommt erst nach Antragstellung in Betracht, der potentiell Beteiligte muss mit dem Antrag Gelegenheit erhalten, Umstände dem Gericht vorzutragen, die sodann in die Ermessensentscheidung mit einzustellen sind.

Jedoch muss zwischen den Interessen der potentiellen Beteiligten und dem Interesse der bereits tatsächlich am Verfahren Beteiligten an einer zügigen Verfahrensdurchführung abgewogen werden. Um langwierige Verfahrensverzögerungen zu vermeiden, besteht die Benachrichtigungspflicht allein **insoweit,** als die potentiell zu Beteiligenden **dem Gericht bekannt sind** (Abs. 4 S. 1 letzter Hs.). Es soll verhindert werden, dass das Gericht zu umfassenden Ermittlungstätigkeiten verpflichtet wird und dadurch entsprechende Verfahrensverzögerungen eintreten.[22] 25

Problematisch ist aber, wann jemand dem Gericht **bekannt** ist und mithin die Benachrichtigungspflicht einsetzt. Dabei können die Grenzen klar festgestellt werden: Unbekannt ist eine Person jedenfalls dann, wenn noch nicht einmal ein Hinweis auf deren Existenz dem Gericht vorliegt. Auf der anderen Seite ist die Person bekannt, wenn alle notwendigen Angaben zur Übersendung der Mitteilung, mithin Name und Anschrift, dem Gericht vorliegen. Die Bereiche dazwischen werden auf Grund des Sinn und Zwecks der Einschränkung, Verfahrensverzögerungen durch umfangreiche Ermittlungstätigkeiten des Gerichts zu verhindern,[23] zu lösen sein. Unbekanntheit muss daher auch noch angenommen werden, wenn zwar grundsätzlich die Existenz eines bestimmten potentiellen Beteiligten bekannt ist, dieser jedoch nicht individualisiert werden kann, mithin regelmäßig dann, wenn der Name unbekannt ist. Dagegen wird man bei bekanntem Namen und den notwenigen Angaben für eine Mitteilung in irgendeiner Art Bekanntheit annehmen müssen. Die Benachrichtigung muss nicht durch Schriftstück erfolgen, sie kann auch telefonisch, per Telefax oder durch einfache E-Mail vorgenommen werden. Wenn dem Gericht ein derartiger Kommunikationsweg eröffnet ist, so ist ihm zumutbar, diesen zu nutzen. Verfahrensverzögerungen werden sodann nicht verursacht, die Interessen des potentiell zu Beteiligenden an einer Mitteilung sind entsprechend höher zu bewerten. Problematisch bleibt es, wenn der Name der Person bekannt ist, jedoch kein Kommunikationsweg zu dieser. Hierzu sind auch die Fälle zu zählen, in denen die bekannten Kommunikationswege falsch sind, zB die angegebene Adresse nicht stimmt. Anhand des Sinn und Zwecks wird für die Bestimmung des Vorliegens einer Benachrichtigungspflicht eine Interessenabwägung im Einzelfall zu erfolgen haben: Dabei einzustellen sind, wie stark das Interesse an der Beteiligung zu bewerten ist und wieweit eine Ermittlung eines möglichen Kommunikationsweges tatsächlich eine Verfahrensverzögerung darstellen würde. Neben den eigenen Ermittlungen kann das Gericht auch anderen Beteiligten im Rahmen deren Mitwirkungspflicht nach § 27 aufgeben, entsprechende Angaben zu machen. 26

Wird im Ergebnis bejaht, dass ein potentiell zu Beteiligender unbekannt ist, so entbindet dies das Gericht allein von der Pflicht zur Benachrichtigung. Es schränkt jedoch nicht dessen **Recht zur Ermittlung** entsprechender Personen oder notwendiger Angaben zur Kommunikation ein, soweit dies vom Gericht im Rahmen der Verfahrensdurchführung für erforderlich erachtet wird. 27

2. Belehrungspflicht. Diejenigen, denen ein Antragsrecht hinsichtlich ihrer Beteiligtenstellung zusteht, sind **über das Antragsrecht** zu belehren (Abs. 4 S. 2). Grammatikalisch könnte die Vorschrift dahingehend verstanden werden, dass, anders als die Benachrichtigungspflicht, die Belehrungspflicht unbeschränkt besteht. Dies widerspricht jedoch dem Sinn und Zweck des gesamten Absatzes, der einen Kompromiss zwischen dem Schutz weiterer möglicher Beteiligter bei der Wahrnehmung ihrer Interessen und einer zügigen Verfahrensgestaltung sucht. Die Belehrungspflicht besteht daher allein insoweit, wie auch eine Benachrichtigungspflicht nach Abs. 4 S. 1 besteht, mithin **soweit** die potentiell Beteiligten **dem Gericht bekannt** sind. Sie besteht im Übrigen aber auch genau so weit, wie die Benachrichtigungspflicht reicht, betrifft mithin potentielle Muss- und Kann-Beteiligte. Die Belehrung sollte zudem gemeinsam mit der Benachrichtigung erfolgen. 28

3. Entscheidung über den Antrag. Wie bei der Hinzuziehung von Amts wegen ist bei einer **positiven Entscheidung** über den Antrag ein förmlicher Beschluss möglich, aber nicht zwingend. Die Hinzuziehung kann ebenso formlos erfolgen und auch konkludent durch gegenüber dem Beteiligten vorgenommene Verfahrenshandlungen geschehen. 29

Die **negative Entscheidung** über den Antrag auf Hinzuziehung wird durch Beschluss getroffen (Abs. 5 S. 1). Es sind daher die förmlichen Anforderungen der §§ 38 ff. zu wahren. Derjenige, der die Hinzuziehung als Beteiligter im Hauptsacheverfahren beantragte, ist jedenfalls im Zwischenver- 30

---

[22] BT-Drucks. 16/6308, S. 179.
[23] BT-Drucks. 16/6308, S. 179.

fahren über die Hinzuziehung Beteiligter. Der Beschluss ist daher ihm bekanntzugeben (§ 41). Die Vorschrift gilt sowohl für potentielle Kann-Beteiligte nach Abs. 3, als auch für potentielle Muss-Beteiligte nach Abs. 2,[24] unabhängig davon, ob ein Antrag notwendig war oder nicht. Entscheidend ist allein, dass ein Antrag gestellt wurde.

31 **4. Rechtsmittel gegen negative Entscheidung.** Der Beschluss über die Ablehnung der Hinzuziehung ist nach Abs. 5 S. 2 als Zwischenentscheidung selbständig anfechtbar. Statthaftes Rechtsmittel ist jedoch nicht die Beschwerde nach § 58, sondern die **sofortige Beschwerde** nach §§ 567 ff. ZPO (s. dort). Wesentlicher Unterschied ist die **Beschwerdefrist:** Sie beträgt im Gegensatz zur FamFG-Beschwerde gemäß § 63 Abs. 1 nicht einen Monat, sondern gemäß § 569 Abs. 1 S. 1 ZPO lediglich **2 Wochen.** Zudem entscheidet gemäß § 568 ZPO grundsätzlich ein **Einzelrichter.** Hinsichtlich der Ablehnung eines potentiellen Muss-Beteiligten sind die Voraussetzungen des Abs. 2 Nr. 2 im Beschwerdeverfahren voll überprüfbar. Wurde ein potentieller Kann-Beteiligter abgelehnt, so sind die Voraussetzungen, die denjenigen zum Kann-Beteiligten machen, überprüfbar. Die Entscheidung des Gerichts über die Hinzuziehung kann dagegen allein auf Ermessensfehler hin überprüft werden. Wegen der selbständigen Anfechtbarkeit kann der Aussetzungsbeschluss später nicht im Beschwerde- oder Rechtsbeschwerdeverfahren gegen die Endentscheidung angegriffen werden. Ein doppelter Rechtsschutz gegen den ablehnenden Beschluss soll nicht gewährt werden, vielmehr soll der Kreis der Beteiligten aus Gründen der Rechtssicherheit für die anderen Verfahrensbeteiligten rasch endgültig festgestellt werden.

§ 8 Beteiligtenfähigkeit

Beteiligtenfähig sind
1. **natürliche und juristische Personen,**
2. **Vereinigungen, Personengruppen und Einrichtungen, soweit ihnen ein Recht zustehen kann,**
3. **Behörden.**

Schrifttum: *Bork,* Die als vermögenslos gelöschte GmbH im Prozeß, JZ 1991, 841; *Dolde,* Die Beteiligtenfähigkeit im Verwaltungsprozeß (§ 61 VwGO), FS Menger, 1985, S. 423; *Herbert,* Die Klagebefugnis von Gremien, DÖV 1994, 108; *Hess,* Grundfragen und Entwicklung der Parteifähigkeit, ZZP 2004, 267; *Maurer,* Zur Rechtsstellung der Fachbereiche, WissR 1977, 192; *v. Mutius,* Die Beteiligten im Verwaltungsprozeß, Jura 1988, 470; *Schmidt,* Die BGB-Außengesellschaft: rechts- und parteifähig, NJW 2001, 993.

I. Normzweck

1 Die Beteiligtenfähigkeit war vor dem Inkrafttreten des FGG-RG nicht ausdrücklich geregelt. Jedoch entsprach es allgemeiner Ansicht, dass sie eine von Amts wegen zu prüfende Verfahrensvoraussetzung darstellt.[1] Mit § 8 erfährt die Beteiligtenfähigkeit nunmehr eine gesetzliche Normierung. Es wird geregelt, wer **Subjekt in einem Verfahren** sein kann. Die Norm steht in einem systematischen Zusammenhang mit § 7: Allein die von § 8 erfassten Subjekte können nach § 7 beteiligt werden. Die Vorschrift entspricht weitgehend der Regelung der Parteifähigkeit im Zivilprozess (§ 50 ZPO) und lehnt sich an § 61 VwGO an.[2]

2 Die Vorschrift ist in **Ehesachen** und **Familienstreitsachen** wegen § 113 Abs. 1 S. 1 nicht anwendbar. Stattdessen ist § 50 ZPO gemäß § 113 Abs. 1 S. 2 unter der Maßgabe anzuwenden, dass an der Stelle der Bezeichnung Partei die Bezeichnung Beteiligter zu verwenden ist (§ 113 Abs. 5 Nr. 5).

II. Beteiligtenfähigkeit

3 Die Beteiligtenfähigkeit iSd. FamFG beschreibt die Möglichkeit als **Subjekt in einem Verfahren** in Familiensachen oder einer Angelegenheit der freiwilligen Gerichtsbarkeit teilzunehmen, sei es als Antragsteller oder Antragsgegner oder sonstiger Beteiligter,[3] mithin die Möglichkeit an einem Verfahren aktiv oder passiv teilnehmen zu können.

---

[24] *Brehm* § 7 Rn. 17.
[1] KG 21. 8. 2001 – 1 W 8620/99; *Jansen/v. König* § 13 FGG Rn. 2; *Keidel/Kuntze/Winkler/Schmidt* § 12 FGG Rn. 143; *Keidel/Kuntze/Winkler/Zimmermann* § 13 FGG Rn. 51.
[2] BT-Drucks. 16/6308, S. 180.
[3] *Posser/Wolff/Kintz,* VwGO (2008) § 61 VwGO Rn. 1.

Die Beteiligtenfähigkeit ist eine in jeder Lage des Verfahrens und in allen Instanzen[4] **von Amts** 4
wegen zu prüfende **Verfahrensvoraussetzung** (§ 9 Abs. 5, § 56 Abs. 1 ZPO). Sie muss spätestens
zum Zeitpunkt der Entscheidung der letzten Tatsacheninstanz vorliegen.[5] Fehlt sie in einem Antragsverfahren beim Antragsteller oder Antragsgegner, so ist der Antrag als unzulässig abzuweisen.[6] Fehlt
sie in einem Amtsverfahren bei einem Muss-Beteiligten iSd. § 7 Abs. 2, so ist das Verfahren insoweit
einzustellen. Soweit Streit um die Beteiligtenfähigkeit besteht, ist der Betroffene für die Klärung
dieses Streits einschließlich möglicher Rechtsmittel als beteiligtenfähig anzusehen.[7]

III. Personengruppen

1. Natürliche Personen. Jede natürliche Person, mithin jeder Mensch ist beteiligtenfähig. Die 5
Beteiligtenfähigkeit tritt wie die Rechtsfähigkeit umfassend mit der **Vollendung der Geburt** ein
(§ 1 BGB). Der **nasciturus** ebenso wie die noch nicht gezeugte Person sind nicht rechtsfähig und
daher grundsätzlich nicht beteiligtenfähig.[8] Allein soweit sie bereits mit künftigen Rechten ausgestattet sind, muss die Beteiligtenfähigkeit für Verfahren zur Wahrung dieser Rechte zugestanden werden.[9]
Eine solche Stellung ergibt sich für den nasciturus für Nachlasssachen aus § 1923 Abs. 2 BGB
(Eintritt der Erbenstellung) und für Abstammungssachen, wenn ein Fall des § 1595 Abs. 2, 3, § 1594
Abs. 4 BGB vorliegt (Zustimmung des Kindes zur Vaterschaftsanerkennung). Für eine nicht gezeugte
Person kann sie sich ergeben aus § 2101 Abs. 1 BGB (Nacherbe), § 2162 Abs. 2 BGB (Vermächtnisnehmer). Die Beteiligtenfähigkeit ist auflösend bedingt; kommt es nicht zu einer Lebendgeburt, so
verliert das durchgeführte Verfahren seine Bedeutung, ergangene Entscheidungen sind wirkungslos.[10]
Die Beteiligtenfähigkeit endet mit dem **Tod.**

2. Juristische Personen. Juristische Personen des Privatrechts sind die nichtwirtschaftlichen 6
Vereine (einschließlich des Versicherungsvereins auf Gegenseitigkeit) mit Eintragung in das Vereinsregister (§ 21 BGB), wirtschaftliche Vereine mit staatlicher Verleihung der Rechtsfähigkeit (§ 22
BGB), Stiftungen mit Anerkennung durch die zuständige Landesbehörde (§ 80 Abs. 1 BGB) und die
Kapitalgesellschaften des Handelsrechts, im Einzelnen die Aktiengesellschaft (§ 1 AktG), die Kommanditgesellschaft auf Aktien (§ 278 AktG), die GmbH (§ 13 GmbHG) und die eingetragene
Genossenschaft (§ 17 GenG).

Die **Personengesellschaften** des Handelsrechts sind zwar keine juristischen Personen, sie werden 7
diesen jedoch durch spezialgesetzliche Regelung gleichgestellt, im Einzelnen ergibt sich dies für die
OHG aus § 124 Abs. 1 HGB, die KG aus § 161 Abs. 2 HGB, die Reederei aus § 493 HGB und die
Partnerschaftsgesellschaft aus § 7 Abs. 2 PartGG iVm. § 124 HGB. Auch der **BGB-Gesellschaft** als
Außengesellschaft wird nunmehr Rechtsfähigkeit zuerkannt,[11] weshalb sie entsprechend beteiligtenfähig ist. Ebenso wird **Gewerkschaften** und sonstigen **Tarifvertragsparteien** gewohnheitsrechtlich
die Fähigkeit zuerkannt in eigenem Namen zu klagen und verklagt zu werden.[12] Gleiches gilt für die
Politischen Parteien, soweit ihnen durch § 3 PartG die Aktiv- und Passivlegitimation verliehen
wird. Nicht beteiligtenfähig sind dagegen grundsätzlich deren Unterorganisationen (Orts- oder
Kreisverbände).[13]

Juristische Personen des öffentlichen Rechts sind die Gebietskörperschaften, mithin die 8
Bundesrepublik, die einzelnen Bundesländer, die Gemeinden und Gemeindeverbände, sowie sonstige
rechtsfähige Körperschaften des öffentlichen Rechts, wie öffentlich-rechtliche Anstalten (zB Sparkassen, Rundfunkanstalten, Studentenwerke, Zentralstelle für die Vergabe von Studienplätzen),[14]
Stiftungen des öffentlichen Rechts, Universitäten und gleichgestellte Hochschulen sowie „Europäische Schulen" als zwischenstaatliche Institutionen,[15] Industrie- und Handelskammern (§ 3 Abs. 1
IHKG), Handwerksinnungen (§ 53 HandwO), Handwerkskammern (§ 90 Abs. 1 HandwO), Rechts-

---

[4] *Rosenberg/Schwab/Gottwald* § 43 Rn. 47.
[5] *Jansen/v. König* § 13 FGG Rn. 12.
[6] Vgl. *Posser/Wolff/Kintz,* VwGO, 2008, § 61 VwGO Rn. 2.
[7] BGH NJW 1982, 238; BGH NJW 1982, 2070; BayVerfGH BayVBl 1985, 363.
[8] BVerwG NJW 1992, 1524.
[9] Vgl. BGH ZZP 1958, 473.
[10] *Jansen/v. König* § 13 FGG Rn. 3; *Rosenberg/Schwab/Gottwald* § 43 Rn. 6.
[11] BGH NJW 2001, 1056; dazu *Schmidt* NJW 2001, 993; *Demharter* Rpfleger 2001, 329; *Jauernig* NJW 2001, 2231.
[12] *Kopp/Schenke,* VwGO, 15. Aufl. 2007, § 61 VwGO Rn. 6; *Posser/Wolff/Kintz,* VwGO, 2008, § 61 VwGO Rn. 5.
[13] *Jansen/v. König* § 13 FGG Rn. 11; *Baumbach/Lauterbach/Hartmann* § 50 ZPO Rn. 15; *Zöller/Vollkommer* § 50 ZPO Rn. 23.
[14] *Posser/Wolff/Kintz,* VwGO, 2008, § 61 VwGO Rn. 4.
[15] VGH Mannheim NVwZ-RR 2000, 657.

anwaltskammern (§ 62 Abs. 1 BRAO), die Sozialversicherungsträger (§ 29 Abs. 1 SGB-IV), die Bundesagentur für Arbeit (§ 367 Abs. 1 SGB-III), die Bundesbank (§ 2 BBankG), die Kirchen und anerkannte öffentliche Religionsgesellschaften (Art. 140 GG, Art. 137 Abs. 5 WRV), deren Bistümer und Gemeinden.[16]

9   Juristische Personen sowohl des Privatrechts als auch des öffentlichen Rechts sind beteiligtenfähig. Für Juristische Personen des Privatrechts **endet** diese erst mit der Beendigung der Abwicklung. Auch nach ihrer Löschung als vermögenslos (§ 394) bleiben die Kapitalgesellschaften des Handelsrechts für Streitigkeiten über die Löschung und für sonstige Verfahren zur Geltendmachung von Ansprüchen, die sich erst nach der Löschung herausstellen, beteiligtenfähig.[17] Ist eine juristische Person endgültig aufgelöst, so fehlt die Beteiligtenfähigkeit.[18] Juristische Personen des öffentlichen Rechts können grundsätzlich allein unter Mitwirkung des Staates aufgelöst werden. Sie erlöschen durch Erlass eines staatlichen Hoheitsaktes.[19]

10   **Ausländischen juristischen Personen** ist die Beteiligtenfähigkeit zuzugestehen, soweit sie als rechtsfähig anerkannt werden. Aus Art. 43 EGV und der dazu ergangenen EuGH-Rechtsprechung[20] ist eine Anerkennungspflicht der Rechtsfähigkeit juristischer Personen zu folgern, soweit sich diese auf die Niederlassungsfreiheit berufen können. Dies sind **wirtschaftlich tätige**[21] **juristische Personen**, die nach dem Recht **eines Mitgliedstaats der Europäischen Union** wirksam gegründet und denen nach dieser Rechtsordnung Rechtsfähigkeit zuerkannt wurde. Art. 31 EWR-Vertrag[22] enthält eine dem EGV vergleichbare Niederlassungsfreiheit, weshalb die Anerkennungspflicht in gleicher Weise für juristische Personen aus dem **EWR**[23] gelten muss.[24] Im Verhältnis zu den **USA** verlangt Art. XXV Abs. 5 des bilateralen Freundschafts-, Handels- und Schifffahrtsvertrages[25] die Anerkennung von in den USA wirksam errichteten Gesellschaften, Vereinigungen und juristischen Personen. Insoweit ist unabhängig von einer wirtschaftlichen Tätigkeit die Gründungstheorie anzuwenden. Im Übrigen, mithin gegenüber **nichtwirtschaftlichen juristischen Personen im EU und EWR-Ausland**[26] sowie **allen juristischen Personen aus Drittstaaten** mit Ausnahme der USA, ist auf die Sitztheorie zurückzugreifen. Wird der juristischen Person nach dem Recht des Staates, in dem die juristische Person ihren tatsächlichen Verwaltungssitz hat, für dessen Bestimmung nicht der satzungsmäßige Sitz, sondern die tatsächlichen Gegebenheiten maßgeblich sind,[27] die Rechtsfähigkeit verliehen, so wird diese auch in Deutschland anerkannt.

11   **3. Vereinigungen, Personengruppen und Einrichtungen.** Vereinigungen, Personengruppen und Einrichtungen wird durch Nr. 2 die Beteiligtenfähigkeit zugesprochen, soweit ihnen ein Recht zustehen kann. Entscheidend ist, dass die grundsätzlich nicht rechtsfähige **Personenmehrheit nach materiellem Recht Zuordnungsobjekt eines Rechtssatzes** ist.[28] Die Personenmehrheit muss dabei über ein Mindestmaß an innerer Organisation verfügen und der konkrete Verfahrensgegenstand muss die subjektiven Rechte der Vereinigung, und nicht allein der Mitglieder, betreffen. Unerheblich dagegen ist, ob der Vereinigung das Recht tatsächlich zusteht, dies ist Frage der Begründetheit und nicht der Beteiligtenfähigkeit im Rahmen der Zulässigkeit.[29]

12   Im Einzelfall können so im konkreten Fall zB auch nicht rechtsfähige Vereine,[30] Betriebs- und Personalräte,[31] nicht rechtsfähige Orts- und Kreisverbände politischer Parteien,[32] Wählervereinigungen,[33]

---

[16] VG Freiburg DVBl 2007, 1251 f.
[17] BayObLGZ 1993, 332; VGH München 23. 3. 2006 – 6 B 02.1975; *Jansen/v. König* § 13 FGG Rn. 4.
[18] Für eine aufgelöste GmBH VG Stuttgart 16. 10. 2007 – 11 K 5213/07.
[19] KG WM 1957, 1470 (1472); KG WM 1966, 171 (172); *Jansen/v. König* § 13 FGG Rn. 4.
[20] EuGH Rs. C-212/97 *(Centros)* EuZW 1999, 216; EuGH Rs. C-208/00 *(Überseering BV)* NJW 2002, 3614; EuGH Rs. C-167/01 *(Inspire Art)* NJW 2003, 3331.
[21] OLG Zweibrücken NJW-RR 2006, 42.
[22] Abkommen über den Europäischen Wirtschaftsraum v. 2. 5. 1992, ABl. EG 1994 L 1/3, BGBl. 1993 II S. 266.
[23] Zu diesem gehören neben den EU-Staaten Liechtenstein, Norwegen und Island.
[24] BGH NJW 2005, 3351.
[25] Freundschafts-, Handels- und Schifffahrtsvertrag zwischen der Bundesrepublik Deutschland und den Vereinigten Staaten von Amerika v. 29. 10. 1954, BGBl. 1956 II 488.
[26] Vgl. OLG Zweibrücken NJW-RR 2006, 42.
[27] *Rauscher*, IPR, 3. Aufl. 2009, Rn. 616, 625.
[28] BVerwG NVwZ 2004, 887; *Posser/Wolff/Kintz*, VwGO, 2008, § 61 VwGO Rn. 7.
[29] *Posser/Wolff/Kintz*, VwGO, 2008, § 61 VwGO Rn. 7.
[30] BVerwG NVwZ 2004, 887.
[31] BVerwG NVwZ 1993, 174.
[32] BVerwGE 32, 333 (334); OVG Saarlouis NVwZ-RR 1999, 218 (219).
[33] VG Bremen BeckRS 2007 24963.

Hochschulorgane wie Senat,[34] Fakultät oder Fachbereich[35] beteiligtenfähig sein. Ebenfalls erfasst sind die von **§ 98 Abs. 2 AktG** bzw. **§ 104 Abs. 1 AktG** aufgelisteten Gruppen und Vereinigungen für die jeweils dort benannten Verfahren. Die ungeteilte Erbengemeinschaft hingegen ist nicht beteiligtenfähig.[36]

4. Behörden. Behörden besitzen keine eigene Rechtspersönlichkeit und stellen lediglich eine organisatorische Einrichtung des öffentlich-rechtlichen Trägers dar.[37] Ihnen wurde bisher allein die Beteiligtenfähigkeit zugestanden, wenn ihnen durch Gesetz ein eigenes Antrags- oder Beschwerderecht eingeräumt wurde oder ein von ihnen erlassener (Justiz-)Verwaltungsakt in dem Verfahren angefochten oder der Erlass eines abgelehnten oder unterlassenen Verwaltungsaktes erstrebt wurde.[38] Nr. 3 erübrigt eine derartige Prüfung nunmehr für die Beteiligtenfähigkeit; Behörden wird diese mit der Neuregelung **generell zuerkannt**.

13

§ 9 Verfahrensfähigkeit

(1) Verfahrensfähig sind
1. die nach bürgerlichem Recht Geschäftsfähigen,
2. die nach bürgerlichem Recht beschränkt Geschäftsfähigen, soweit sie für den Gegenstand des Verfahrens nach bürgerlichem Recht als geschäftsfähig anerkannt sind,
3. die nach bürgerlichem Recht beschränkt Geschäftsfähigen, soweit sie das 14. Lebensjahr vollendet haben und sie in einem Verfahren, das ihre Person betrifft, ein ihnen nach bürgerlichem Recht zustehendes Recht geltend machen,
4. diejenigen, die auf Grund dieses oder eines anderen Gesetzes dazu bestimmt werden.

(2) Soweit ein Geschäftsunfähiger oder in der Geschäftsfähigkeit Beschränkter nicht verfahrensfähig ist, handeln für ihn die nach bürgerlichem Recht dazu befugten Personen.

(3) Für Vereinigungen sowie für Behörden handeln ihre gesetzlichen Vertreter und Vorstände.

(4) Das Verschulden eines gesetzlichen Vertreters steht dem Verschulden eines Beteiligten gleich.

(5) Die §§ 53 bis 58 der Zivilprozessordnung gelten entsprechend.

Schrifttum: *Heiter,* Verfahrensfähigkeit des Kindes in personenbezogenen Verfahren nach dem FamFG, FamRZ 2009, 85.

I. Normzweck

Unter Verfahrensfähigkeit wird die Fähigkeit eines Beteiligten verstanden, **Verfahrenshandlungen** selbst oder durch selbst bestellten Vertreter **wirksam vor- oder entgegenzunehmen**.[1] Das FGG enthielt keine Regelung der Verfahrensfähigkeit. Eine entsprechende Anwendung der Vorschriften der ZPO über die Prozessfähigkeit wurde abgelehnt und stattdessen auf die Geschäftsfähigkeit nach materiellem Recht zurückgegriffen.[2] Die neue Regelung schafft eine differenzierte, an den Bedürfnissen der freiwilligen Gerichtsbarkeit ausgerichtete selbständige Regelung der Verfahrensfähigkeit und greift ergänzend auf die Regeln der ZPO zur Prozessfähigkeit zurück. Sie lehnt sich an die vergleichbare Regelung des § 62 VwGO an.

1

Die Vorschrift ist in **Ehesachen** und **Familienstreitsachen** nicht anwendbar (§ 113 Abs. 1 S. 1). Stattdessen finden gemäß § 113 Abs. 1 S. 2 die §§ 51–58 ZPO Anwendung. In Ehesachen ist vorrangig § 125 zu beachten.

2

---

[34] OVG Hamburg NVwZ-RR 1994, 587.
[35] BVerwG NVwZ 1985, 654.
[36] BGH NJW 2006, 3715 (3716); OVG Koblenz BeckRS 2007 20554.
[37] *Jansen/v. König* § 13 FGG Rn. 11.
[38] *Jansen/v. König* § 13 FGG Rn. 11.
[1] BT-Drucks. 16/6308, S. 180; BayObLG NJW-RR 2005, 1384; *Bassenge/Roth* Einl FGG Rn. 34.
[2] BGH NJW 1961, 1397; BayObLG Rpfleger 1989, 366 (367); *Jansen/v. König* § 13 FGG Rn. 14; *Keidel/Kuntze/Winkler/Schmidt* § 12 FGG Rn. 144.

II. Verfahrensfähigkeit natürlicher Personen

3   **1. Volle Verfahrensfähigkeit.** In jeder Hinsicht verfahrensfähig ist, wer **voll geschäftsfähig** ist (Abs. 1 Nr. 1). Die Geschäftsfähigkeit bestimmt sich nach den §§ 2, 104, 106 BGB. Verfahrensfähig sind danach Beteiligte, die das 18. Lebensjahr vollendet haben und sich nicht in einem nur vorübergehenden, die freie Willensbildung ausschließenden Zustand krankhafter Störung der Geistestätigkeit befinden. Da derartige Störungen nach allgemeiner Lebenserfahrung Ausnahmeerscheinungen bilden, wird insoweit eine besondere Prüfungspflicht des Gerichts allein dann angenommen, wenn sich aus irgendeinem Grund vernünftige Zweifel ergeben.[3] Bis zur Entscheidung in einem Betreuungsverfahren kommt eine Aussetzung (§ 21 Rn. 6) in Betracht.[4] Besteht eine **Betreuung** oder **Pflegschaft**, so bestimmen sich deren Auswirkungen auf die Verfahrensfähigkeit nach Abs. 5, § 53 ZPO, s. die Erläuterungen dort.

4   Für **Ausländer** ist auf das nach dem IPR bestimmte Personalstatut abzustellen. Dieses bestimmt, ob die Person geschäftsfähig oder beschränkt geschäftsfähig ist.[5] Fehlt es danach an einer Verfahrensfähigkeit, ist zusätzlich die lex fori zu prüfen, Abs. 5, § 55 ZPO, s. die Erläuterungen dort.

5   **2. Partielle Verfahrensfähigkeit. a) Beschränkt Geschäftsfähige.** In der Geschäftsfähigkeit beschränkte Personen sind unter den in Abs. 1 Nr. 2, 3 benannten besonderen Voraussetzungen verfahrensfähig. Wer in der Geschäftsfähigkeit beschränkt ist, bestimmt sich nach bürgerlichem Recht. Zum einen sind **Minderjährige,** die das 7. Lebensjahr vollendet haben, gemäß § 106 BGB erfasst. Soweit für Volljährige ein Betreuer bestellt wurde (§ 1896, 1897 BGB), berührt dies die Geschäftsfähigkeit noch nicht. Wird jedoch bei einer **Betreuung** ein **Einwilligungsvorbehalt** gemäß § 1903 BGB angeordnet, so ist die Geschäftsfähigkeit des Betreuten entsprechend beschränkt.

6   **b) Als geschäftsfähig anerkannt.** Der in der Geschäftsfähigkeit Beschränkte kann nach bürgerlichem Recht für bestimmte Bereiche als geschäftsfähig anerkannt werden. In diesen Fällen stellt Abs. 1 Nr. 2 die Kohärenz von materiellem Recht und Verfahrensrecht her. Soweit nach materiellem Recht ein Tätigwerden als Geschäftsfähiger zugelassen wird, soll dies auch im Verfahrensrecht ermöglicht werden. Zu beachten sind insbesondere die §§ 112, 113 BGB. Die Verfahrensfähigkeit wird allein soweit anerkannt, wie die Geschäftsfähigkeit nicht beschränkt ist. Der Verfahrensgegenstand muss daher einer Materie entstammen, für die der Beteiligte als unbeschränkt geschäftsfähig anerkannt ist.

7   **c) Geltendmachung höchstpersönlicher Rechte.** Mit Nr. 3 wird der **beschränkt Geschäftsfähige** bereits ab Vollendung des **14. Lebensjahres** verfahrensfähig, soweit er in seine Person betreffenden Verfahren ein ihm **nach bürgerlichem Recht zustehendes Recht** geltend macht. Nicht ausreichend ist die Geltendmachung von Rechtspositionen mit Grundlage in Verfassungs-, Verwaltungs- oder Verfahrensrecht.[6] Hierdurch wird die notwendige Kohärenz zwischen materiellem Recht und Verfahrensrecht hergestellt.[7] Dem Kind im materiellen bürgerlichen Recht eingeräumte Widerspruchs- und Mitwirkungsrechte (zB § 1671 Abs. 2 Nr. 1 BGB) müssen, wenn sie ihren Zweck erfüllen sollen, auch im Verfahren von diesem selbst geltend gemacht werden können. Gleiches gilt, wenn nach materiellem Recht in der Geschäftsfähigkeit Beschränkte ihnen zustehende Rechte allein höchstpersönlich ausüben dürfen (§ 1600a Abs. 2 BGB). Die Verfahrensfähigkeit nach Nr. 3 reicht allein soweit, als derartige Rechte des materiellen Rechts geltend gemacht werden sollen; im Übrigen vermittelt Nr. 3 keine Verfahrensfähigkeit. Die Verfahrensfähigkeit ist mithin vom Willen des beschränkt Geschäftsfähigen abhängig, sie wird gewährt, wenn das Recht geltend gemacht wird, sie endet, wenn das Recht nicht mehr länger geltend gemacht wird.[8]

8   Nr. 3 **ersetzt** die bisher bestehende **Sonderregelung** des § 640b ZPO. Ein Bedürfnis, bereits vor dem 14. Lebensjahr eine Verfahrensfähigkeit für die Anfechtung der Vaterschaft zu gewähren, wird mit dessen Streichung vom Gesetzgeber verneint.

9   **3. Besondere gesetzliche Anordnung.** Nr. 4 macht darauf aufmerksam, dass, soweit es nach Abs. 1 Nr. 1–3 an der Verfahrensfähigkeit fehlt, diese dennoch für ein bestimmtes Verfahren durch besondere gesetzliche Vorschrift angeordnet werden kann. Es handelt sich dabei regelmäßig nicht um eine umfassende Verfahrensfähigkeit, sondern allein eine auf das konkret bestimmte Verfahren Beschränkte. Die Sonderregelungen vermitteln die Verfahrensfähigkeit als **leges speciales,** Abs. 1 Nr. 4

---

[3] *Posser/Wolff/Kintz*, VwGO, 2008, § 62 VwGO Rn. 2.
[4] VGH München BayVBl 1998, 185.
[5] *Keidel/Zimmermann* Rn. 8.
[6] *Heiter* FamRZ 2009, 85 (87).
[7] BT-Drucks. 16/9733 S. 288; *Schael* FamRZ 2009, 265 (267).
[8] *Heiter* FamRZ 2009, 85 (86).

hat daher allein deklaratorischen Charakter. Eine derartige besondere Gewährung der Verfahrensfähigkeit besteht für die jeweils von den Maßnahmen Betroffenen gemäß § 167 Abs. 3 bei der Unterbringung Minderjähriger, gemäß § 275 in Betreuungssachen und gemäß § 316 in Unterbringungssachen.

4. Vertretung bei fehlender Verfahrensfähigkeit. Fehlt es nach Abs. 1 an der Verfahrensfähigkeit einer natürlichen Person, so handelt für diese ihr nach materiellem Recht zu bestimmender **gesetzlicher Vertreter** (Abs. 2). Wer Vertreter ist und wie weit dessen Vertretungsmacht reicht, bestimmt sich nach dem materiellen Recht. Die prozessuale Bedeutung der **materiellen Beistandschaft** iSv. § 1758 BGB erfasst Abs. 5, § 53a ZPO.

III. Verfahrensfähigkeit sonstiger Beteiligter

Abs. 3 enthält eine Regelung für **Vereinigungen** und **Behörden.** Der Begriff der Vereinigung ist dabei weit zu verstehen; er umfasst alle Beteiligten, die nach § 8 Nr. 1 Alt. 2 oder Nr. 2 beteiligtenfähig sind, mithin alle juristischen Personen, Vereinigungen, Personengruppen und Einrichtungen.[9] Diese sind nicht selbst verfahrensfähig, können aus der Natur der Sache nicht selbständig Handlungen vornehmen. Sie handeln durch ihre gesetzlichen Vertreter oder kraft Amtes vertretungsbefugte Personen. Wer gesetzlicher Vertreter ist, bestimmt sich nach materiellem Recht.

Die Rechtsfigur des **„besonders Beauftragten"** war bis zum 1. 7. 2008 in den § 9 vergleichbaren Vorschriften der § 62 Abs. 3 VwGO und § 71 Abs. 3 SGG enthalten. In der ordentlichen Gerichtsbarkeit und in der Finanzgerichtsbarkeit war sie jedoch unbekannt. Um die Verfahrensordnungen zu vereinheitlichen und die Vertretung im Verfahren klarer zu regeln, wurde sie in der VwGO und dem SGG gestrichen.[10] Ein Bedürfnis für eine weitere Vertretungsmöglichkeit wurde verneint.[11] Das FamFG führte die Rechtsfigur zunächst wieder ein, was allein auf eine nur oberflächliche Berücksichtigung des RBerNeuregelungsG im Gesetzgebungsverfahren des FamFG zurückgeführt werden kann. Dieser Fehler wurde vom Gesetzgeber noch vor Inkrafttreten des FamFG durch Art. 8 Nr. 1 lit. a1 Gesetz vom 30. 7. 2009[12] korrigiert.

IV. Stellung des gesetzlichen Vertreters

Handelt für den Beteiligten der gesetzliche Vertreter, so wird dieser nicht selbst Beteiligter des Verfahrens. Er handelt **mit Fremdwirkungen;** Beteiligter ist allein der Vertretene, auch wenn der Vertreter im Verhältnis zum Gericht oft die Stellung eines Beteiligten zB hinsichtlich des persönlichen Erscheinens oder der Parteieinvernahme einnimmt.[13] Der Umfang der Vertretungsmacht ergibt sich aus dem matereriellen Recht. Das **Verschulden** des gesetzlichen Vertreters bei der Verfahrensführung wird dem vertretenen Beteiligten zugerechnet (Abs. 4).[14] Bei Pflicht- und Obliegenheitsverletzungen des gesetzlichen Vertreters wird der Beteiligte so gestellt, als wären diese von ihm selbst begangen worden.

V. Prüfung und Folgen

Die Verfahrensfähigkeit ist in jeder Lage des Verfahrens **von Amts wegen** zu prüfende Verfahrensvoraussetzung (Abs. 5, § 56 ZPO).[15] Dies schließt die Prüfung der Vertretungsmacht des gesetzlichen Vertreters mit ein. Für das Verfahren der Prüfung und einer einstweiligen Zulassung des Beteiligten als verfahrensunfähige s. § 56 ZPO Rn. 1–7. Bei Streit über die Verfahrensfähigkeit gilt der vermeintlich Verfahrensunfähige bis zur endgültigen Entscheidung als verfahrensfähig.[16] Dieser ist daher auch befugt, entsprechende Rechtsmittel einzulegen.[17]

Handlungen, die ein **Verfahrensunfähiger** vorgenommen hat bzw. die ihm gegenüber vorgenommen wurden, sind unwirksam.[18] Die Unwirksamkeit erstreckt sich jedoch nicht auf die Entscheidung des Gerichts; die fehlende Verfahrensfähigkeit eines Beteiligten bewirkt daher nicht die

---

[9] BT-Drucks. 16/6308, S. 180.
[10] Art. 13 Nr. 1, Art. 12 Nr. 2 RBerNeuregelungsG v. 12. 12. 2007, BGBl. I S. 2840.
[11] BT-Drucks. 16/3655 S. 95, 97.
[12] BGBl. I S. 2449, in Kraft seit 5. 8. 2009.
[13] Oben §§ 51, 52 ZPO Rn. 31.
[14] Zur Zurechnung des Verschuldens des gewillkürten Vertreters § 11 S. 5, § 85 Abs. 2 ZPO.
[15] BGHZ 86, 184 (186); BayObLG WuM 2000, 565.
[16] BGH NJW 1990, 1734 (1735); BayObLG NJW-RR 2005, 1384; OLG Stuttgart NJW 2006, 1887.
[17] BGHZ 86, 184 (186).
[18] BT-Drucks. 16/6308, S. 180.

Nichtigkeit einer Entscheidung.[19] Jedoch ist die Abänderung oder Wiederaufnahme des Verfahrens möglich.[20] Möglich ist zudem eine Heilung im laufenden Verfahren durch Genehmigung des gesetzlichen Vertreters oder des sodann verfahrensfähig Gewordenen.[21] Dies ist auch noch im Rechtsbeschwerdeverfahren möglich.[22]

16 Erfolgt die Handlung durch einen **angeblichen gesetzlichen Vertreter,** der keine Vertretungsmacht besitzt, so ist dieser durch Beschluss aus dem Verfahren zu weisen.[23]

17 Für am Verfahren Beteiligte, die verfahrensunfähig sind und für die kein gesetzlicher Vertreter bestellt ist, muss gemäß Abs. 5, § 57 ZPO ein **Verfahrenspfleger** bestellt werden.[24] Gleiches gilt nach Abs. 5, § 58 ZPO bei herrenlosen Grundstücken oder Schiffen. Besondere Vorschriften sehen unter bestimmten Voraussetzungen die Bestellung eines Verfahrenspflegers in Betreuungssachen (§ 276), in Unterbringungssachen (§ 317) und in Freiheitsentziehungssachen (§ 419) vor.

§ 10 Bevollmächtigte

(1) Soweit eine Vertretung durch Rechtsanwälte nicht geboten ist, können die Beteiligten das Verfahren selbst betreiben.

(2) ¹Die Beteiligten können sich durch einen Rechtsanwalt als Bevollmächtigten vertreten lassen. ²Darüber hinaus sind als Bevollmächtigte, soweit eine Vertretung durch Rechtsanwälte nicht geboten ist, vertretungsbefugt nur

1. Beschäftigte des Beteiligten oder eines mit ihm verbundenen Unternehmens (§ 15 des Aktiengesetzes); Behörden und juristische Personen des öffentlichen Rechts einschließlich der von ihnen zur Erfüllung ihrer öffentlichen Aufgaben gebildeten Zusammenschlüsse können sich auch durch Beschäftigte anderer Behörden oder juristischer Personen des öffentlichen Rechts einschließlich der von ihnen zur Erfüllung ihrer öffentlichen Aufgaben gebildeten Zusammenschlüsse vertreten lassen;
2. volljährige Familienangehörige (§ 15 der Abgabenordnung, § 11 des Lebenspartnerschaftsgesetzes), Personen mit Befähigung zum Richteramt und die Beteiligten, wenn die Vertretung nicht im Zusammenhang mit einer entgeltlichen Tätigkeit steht;
3. Notare.

(3) ¹Das Gericht weist Bevollmächtigte, die nicht nach Maßgabe des Absatzes 2 vertretungsbefugt sind, durch unanfechtbaren Beschluss zurück. ²Verfahrenshandlungen, die ein nicht vertretungsbefugter Bevollmächtigter bis zu seiner Zurückweisung vorgenommen hat, und Zustellungen oder Mitteilungen an diesen Bevollmächtigten sind wirksam. ³Das Gericht kann den in Absatz 2 Satz 2 Nr. 1 und 2 bezeichneten Bevollmächtigten durch unanfechtbaren Beschluss die weitere Vertretung untersagen, wenn sie nicht in der Lage sind, das Sach- und Streitverhältnis sachgerecht darzustellen.

(4) ¹Vor dem Bundesgerichtshof müssen sich die Beteiligten, außer im Verfahren über die Ausschließung und Ablehnung von Gerichtspersonen und im Verfahren über die Verfahrenskostenhilfe, durch einen beim Bundesgerichtshof zugelassenen Rechtsanwalt vertreten lassen. ²Behörden und juristische Personen des öffentlichen Rechts einschließlich der von ihnen zur Erfüllung ihrer öffentlichen Aufgaben gebildeten Zusammenschlüsse können sich durch eigene Beschäftigte mit Befähigung zum Richteramt oder durch Beschäftigte mit Befähigung zum Richteramt anderer Behörden oder juristischer Personen des öffentlichen Rechts einschließlich der von ihnen zur Erfüllung ihrer öffentlichen Aufgaben gebildeten Zusammenschlüsse vertreten lassen. ³Für die Beiordnung eines Notanwaltes gelten die §§ 78b und 78c der Zivilprozessordnung entsprechend.

(5) Richter dürfen nicht als Bevollmächtigte vor dem Gericht auftreten, dem sie angehören.

Schrifttum: *Jansen,* Umfang und Grenzen der Vertretungsmacht des Abwesenheitspflegers, DNotZ 1954, 592; *Krafka,* Registerrechtliche Neuerungen durch das FamFG, NZG 2009, 650.

---

[19] *Bassenge/Roth* Einl FGG Rn. 43.
[20] BayObLG NJW-RR 2005, 1384 (1385).
[21] BGH FGPrax 2008, 103; *Posser/Wolff/Kintz,* VwGO, 2008 § 62 VwGO Rn. 4.
[22] BGH NJW 1989, 984 (985).
[23] Vgl. oben §§ 51, 52 ZPO Rn. 34.
[24] Zur bisherigen analogen Anwendung BGH NJW 1989, 985.

Übersicht

	Rn.		Rn.
I. Normzweck	1, 2	b) Familienangehörige	15, 16
II. Anwaltszwang	3–6	c) Personen mit Befähigung zum Richteramt	17, 18
1. Grundsatz: Kein Anwaltszwang	3	d) Beteiligte	19
2. Beschwerdeverfahren	4	e) Sonstige Personen	20
3. Rechtsbeschwerdeverfahren	5	4. Notare	21
4. Notanwalt	6	5. Juristische Personen	22, 23
III. Vertretung ohne Anwaltszwang	7–23	**IV. Gerichtliches Verfahren**	24–27
1. Rechtsanwalt	8	1. Prüfung und Entscheidung	24
2. Beschäftigte	9–11	2. Wirksamkeit von Verfahrenshandlungen	25
3. Unentgeltliche Vertretung	12–20	3. Konkret ungeeigneter Vertreter	26, 27
a) Unentgeltlichkeit	12–14		

I. Normzweck

§ 10 schafft eine umfassende Regelung zur **gewillkürten Vertretung.** Er bestimmt zum einen, **1** ob ein Beteiligter das Verfahren selbst betreiben darf oder es einer zwingenden Vertretung bedarf. Soweit ein Beteiligter das Verfahren selbst betreiben darf, wird zudem normiert, von welchen Personen er sich dabei vertreten lassen kann. Die Vorschrift geht zurück auf die Neufassung des § 13 FGG durch Art. 10 RBerNeuregelungsG.[1] Aufgrund der nunmehrigen Zuweisung der Rechtsbeschwerde an den BGH wird Abs. 4 nach Vorbild der durch das RBerNeuregelungsG geschaffenen § 11 Abs. 4 ArbGG, § 67 Abs. VwGO, § 73 Abs. 4 SGG, § 62 Abs. 4 FGO eingefügt.

Die Norm findet in **Ehesachen** und **Familienstreitsachen** keine Anwendung (§ 113 Abs. 1 **2** S. 1). § 113 Abs. 1 S. 2 verweist insoweit auf die Regelungen der ZPO. Vorrangig ist jedoch § 114 zu beachten; § 78 ZPO wurde durch Art. 29 Nr. 3 FGG-RG entsprechend geändert.

II. Anwaltszwang

1. Grundsatz: Kein Anwaltszwang. Grundsätzlich besteht in FamFG-Verfahren kein Anwalts- **3** zwang (Abs. 1). Die **Beteiligten** können das Verfahren selbst betreiben. Ihnen wird die unbeschränkte **Postulationsfähigkeit eingeräumt.** Es erfolgt keine Einschränkung für Beteiligte, die nicht in der Lage sind, das Verfahren sachgerecht zu führen. Dies hielt der Gesetzgeber zu Recht nicht für notwendig. Die ordnungspolizeilichen Befugnisse und Verfahrensleitungspflichten des Gerichts sind als ausreichend zu erachten, um das Interesse des Gerichts und der anderen Beteiligten an einem ordnungsgemäßen Sachvortrag zu wahren und extreme Störungen des Verfahrensablaufes zu unterbinden.[2] Abweichungen können in den besonderen Bestimmungen zu den einzelnen Verfahren getroffen werden. Für **Familiensachen** befindet sich eine solche Regelung in § 114.

2. Beschwerdeverfahren. Für das **Beschwerdeverfahren,** unabhängig davon ob dafür das Land- **4** gericht (§ 72 Abs. 1 GVG, Betreuungssachen und Freiheitsentziehungssachen) oder das Oberlandesgericht (§ 119 Abs. 1 Nr. 1 GVG, Familiensachen und andere Angelegenheiten der freiwilligen Gerichtsbarkeit) zuständig ist, besteht kein Anwaltszwang.[3]

3. Rechtsbeschwerdeverfahren. Für Verfahren vor dem **Bundesgerichtshof,** mithin im Rechts- **5** beschwerdeverfahren (§ 133 GVG), schreibt Abs. 4 S. 1 die zwingende Vertretung durch einen **beim BGH zugelassenen Rechtsanwalt** vor. Ausgenommen werden allein die Verfahren über die Verfahrenskostenhilfe und das Verfahren über die Ausschließung und Ablehnung von Gerichtspersonen nach § 6. Insoweit besteht kein Anwaltszwang. Die Beteiligten können diese Verfahren daher selbst betreiben oder sich durch die in Abs. 2, 5 benannten Personen vertreten lassen (s. Rn. 7 ff.). **Behörden, juristischen Personen des öffentlichen Rechts** und von ihnen zur Erfüllung ihrer öffentlichen Aufgaben gebildeten Zusammenschlüssen wird darüber hinausgehend zugestanden, für die Vertretung auf Beschäftigte, die bei ihnen selbst oder bei einer anderen Behörde, juristischen Person des öffentlichen Rechts oder einem von diesen zur Erfüllung ihrer öffentlichen Aufgaben gebildeten Zusammenschluss tätig sind, zurückzugreifen (s. dazu Rn. 11), soweit diese die Befähigung zum Richteramt (§ 5 DRiG) besitzen (vgl. Rn. 17).

---

[1] Vom 12. 12. 2007, BGBl. I S. 2840, in Kraft seit 1. 7. 2008.
[2] BT-Drucks. 16/3655, S. 86.
[3] BT-Drucks. 16/6308, S. 181.

6 4. Notanwalt. Ist ein Anwaltszwang angeordnet, kann der Beteiligte jedoch keinen vertretungsberechtigten Rechtsanwalt finden, so ist es geboten, ihm einen entsprechenden Rechtsanwalt beizuordnen. Sein Rechtsschutz darf nicht am Fehlen eines postulationsfähigen Vertreters scheitern. Abs. 4 S. 3 verweist daher für die Beiordnung eines Notanwaltes auf die **§§ 78b–78c ZPO** (s. im Einzelnen die Erläuterungen dort). Systematisch wurde der Verweis bei der Anordnung des Anwaltszwanges vor dem BGH eingestellt, da dies innerhalb der allgemeinen Regelungen der einzige Fall des Anwaltszwanges ist. Daraus darf jedoch nicht gefolgert werden, dass die Beiordnung eines Notanwalts allein in Verfahren vor dem BGH in Betracht kommt. Vielmehr ist Abs. 4 S. 3 nach seinem Sinn und Zweck in **jedem Fall, in dem** auf Grund besonderer Bestimmung ein **Anwaltszwang besteht,** heranzuziehen. Er greift dagegen nicht ein, wenn der Beteiligte in einem Verfahren, welches er selbst betreiben darf, sich durch einen Rechtsanwalt vertreten lassen möchte und keinen finden kann. Sein Rechtsschutz wird auf Grund der eigenen Postulationsfähigkeit hier nicht verhindert.

III. Vertretung ohne Anwaltszwang

7 Soweit dem Beteiligten die volle Postulationsfähigkeit eingeräumt ist, mithin nicht durch besondere Regelung ausnahmsweise ein Anwaltszwang besteht, und ihm ermöglicht wird, das Verfahren selbst zu betreiben, geht damit nicht einher, dass sich der Beteiligte von jeder beliebigen Person vertreten lassen kann. Zwar ist eine Vertretung nach Abs. 2 generell möglich, der **Kreis der zugelassenen Personen** wird jedoch auf die im Katalog des Abs. 2 benannten **eingeschränkt.** Die vertretungsberechtigten Personen werden abschließend aufgezählt.[4] Andererseits ist nicht allein die Vertretung durch einen Rechtsanwalt möglich (Abs. 2 S. 1). Abs. 2 S. 2 gibt dem Beteiligten die Möglichkeit, sich auch von anderen Personen vertreten zu lassen.

8 1. Rechtsanwalt. Die Vertretung durch den **Rechtsanwalt** wird von Abs. 2 S. 1 als Regelfall angesehen. Dem in Deutschland zugelassenen Rechtsanwalt (§ 12 BRAO) stehen dabei die europäischen Rechtsanwälte nach § 27 Abs. 1 S. 1 EuRAG und die Rechtsanwaltsgesellschaft nach § 59l BRAO gleich.

9 2. Beschäftigte. Abs. 2 S. 2 Nr. 1 lässt als Bevollmächtigte die **Beschäftigten** des Beteiligten zu. Der Begriff des Beschäftigten ist weit auszulegen. Unter ihn sind sowohl Arbeitnehmer des Beteiligten als auch bei dem Beteiligten tätige Beamte zu fassen. Auf die Art des Beschäftigungsverhältnisses als privat-rechtlich oder öffentlich-rechtlich kommt es nicht an.[5] Entscheidend ist, dass der Vertreter in einer arbeitsrechtlichen Abhängigkeit zu dem Beteiligten steht. Die Vertretungsbefugnis erstreckt sich allein auf den Arbeitgeber oder Dienstherren, nicht jedoch auf dessen Kunden, Gesellschafter oder Mitglieder.[6]

10 Weitergehend können jedoch Beschäftigte eines Unternehmens auch die Vertretung von mit diesem **verbundenen Unternehmen** iSd. § 15 AktG wahrnehmen. Es wurde dabei vom Gesetzgeber bewusst nicht allein auf den Konzern abgestellt, sondern auf den weiteren Begriff des verbundenen Unternehmens. Dieser ist Oberbegriff für fünf verschiedene Unternehmensverbindungen: Die Mehrheitsbeteiligung, die Beherrschung, den Konzern, die wechselseitige Beteiligung und die Verbindung durch Unternehmensvertrag.[7] Aus der Vollmacht muss sich ergeben, dass der Vertreter nicht für seinen Arbeitgeber, sondern für ein verbundenes Unternehmen auftritt.[8]

11 Vergleichbar der Vertretung durch Beschäftigte eines verbundenen Unternehmens im Privatrecht können sich **Behörden, juristische Personen des öffentlichen Rechts** (s. § 8 Rn. 8) und von ihnen zur Erfüllung ihrer öffentlichen Aufgaben gebildete Zusammenschlüsse durch Beschäftigte anderer Behörden, juristischer Personen des öffentlichen Rechts oder von ihnen zur Erfüllung ihrer öffentlichen Aufgaben gebildeter Zusammenschlüsse vertreten lassen. Der gesamte öffentliche Sektor wird mit einem verbundenen Unternehmen verglichen, eine Vertretung ist von jedem Beschäftigten einer derartigen öffentlichen Körperschaft möglich. Durch die mit Art. 8 Nr. 1 lit. b Gesetz vom 30. 7. 2009[9] erfolgte Korrektur, wurde im FamFG die bereits in § 13 FGG enthaltene Fassung wiederhergestellt. Die Arbeiten des Rechtsausschusses am § 13 FGG reformierenden Art. 10 RBerNeuregelungsG[10] waren bei den Arbeiten am FamFG nicht berücksichtigt worden.[11]

---

[4] BT-Drucks. 16/3655, S. 87.
[5] *Zöller/Vollkommer* § 79 ZPO Rn. 6.
[6] BT-Drucks. 16/3655, S. 87.
[7] Vgl. MünchKommAktG/*Bayer* § 15 AktG Rn. 1.
[8] *Zöller/Vollkommer* § 79 ZPO Rn. 6.
[9] BGBl. I S. 2449 in Kraft seit 5. 8. 2009.
[10] BT-Drucks. 16/6634, S. 29.
[11] S. den Regierungsentwurf des RBerNeuregelungsG, BT-Drucks. 16/3655 S. 17 f. und die ursprüngliche Fassung des FGG-RG, BGBl. 2008 I S. 2586 (2595).

3. Unentgeltliche Vertretung. a) Unentgeltlichkeit. Die unentgeltliche Rechtsberatung wurde durch § 6 RDG[12] grundsätzlich zugelassen. Das entsprechende Verbot musste als nicht mehr zeitgemäß und dem Gedanken des bürgerschaftlichen Engagements entgegenstehend erkannt werden.[13] Abs. 2 S. 2 Nr. 2 dehnt nun die unentgeltliche Rechtsdienstleistung für besondere Personengruppen derart aus, dass auch eine Vertretung im gerichtlichen Verfahren zugelassen wird. Abs. 2 S. 2 Nr. 2 gestattet die Vertretung durch die benannten Personen, wenn diese nicht im Zusammenhang mit einer entgeltlichen Tätigkeit steht. Dies entspricht der Legaldefinition für unentgeltliche Rechtsdienstleistungen des § 6 RDG. Die Vertretung wird folglich zugelassen, wenn es sich um eine **unentgeltliche Rechtsdienstleistung iSd. § 6 RDG** handelt. Die Auslegung muss daher in beiden Vorschriften in gleicher Weise erfolgen. Sie ist autonom, vom bürgerlichen Recht (§ 516 Abs. 1 BGB) verschieden vorzunehmen.[14]

Unentgeltlichkeit ist stets dann zu bejahen, wenn die Vertretung uneigennützig von dem Vertreter durchgeführt wird. Im Rahmen des Üblichen erfolgende freiwillige Geschenke, die insbesondere im Familien- und Bekanntenkreis weit verbreitet sind, stehen der Unentgeltlichkeit ebenso wenig entgegen wie eine nicht einzelfallbezogene Finanzierung der Vertretungstätigkeit durch öffentliche oder private Gelder. Aufwandsentschädigungen, die sich nicht auf die eingesetzte Arbeitszeit, sondern allein auf reine Auslagen (Schreib- und Portokosten, Fahrtkosten) beziehen, sind unschädlich.[15]

Entgeltlichkeit muss dagegen angenommen werden, wenn die Vertretung von einer Gegenleistung abhängen soll, wobei als solche nicht allein eine Geldzahlung, sondern jeder Vermögensvorteil in Betracht kommt.[16] An der Unentgeltlichkeit fehlt es auch, wenn die Vergütung zwar nicht explizit auf die Vertretungstätigkeit, jedoch im Zusammenhang mit einer anderen beruflichen Tätigkeit anfällt oder auch nur anfallen kann.[17] Eine mittelbare Gewinnerzielungsabsicht genügt. Auch wenn die Vertretung selbst ohne besonderes Entgelt geleistet wird, jedoch die Mitgliedschaft in einer Vereinigung dafür verlangt wird, fehlt es an der Unentgeltlichkeit.[18]

b) Familienangehörige. Die unentgeltliche Vertretung ist zum einen durch volljährige Familienangehörige zulässig. Abs. 2 S. 2 Nr. 2 nimmt dabei keine eigene Definition des Familienangehörigen vor, sondern verweist stattdessen abschließend auf die in **§ 15 AO** aufgezählten Personen. Der Verweis auf § 11 LPartG stellt den eingetragenen Lebenspartner insoweit dem Ehegatten in Person und als vermittelnden Familienangehörigen iSv. § 15 AO gleich. Der Kreis der Familienangehörigen wird so klar bestimmt.

Der Familienangehörige muss **volljährig** sein, mithin das 18. Lebensjahr vollendet haben (§ 2 BGB). Auf die Geschäftsfähigkeit kommt es dabei nicht an. Minderjährige, die für einen bestimmten Bereich unbeschränkt geschäftsfähig sind (§§ 112, 113 BGB), können daher dennoch nicht die Vertretung eines Beteiligten übernehmen, auch wenn das Verfahren in den Bereich ihrer unbeschränkten Geschäftsfähigkeit fällt.

c) Personen mit Befähigung zum Richteramt. Wer die Befähigung zum Richteramt besitzt, mithin gemäß **§ 5 DRiG** ein rechtswissenschaftliches Studium an einer Universität mit der ersten Prüfung und einen anschließenden Vorbereitungsdienst mit der zweiten Staatsprüfung abgeschlossen hat, kann unabhängig von einer besonderen Beziehung zum Beteiligten von diesem bevollmächtigt werden und ihn sodann im Verfahren vertreten, soweit er die Vertretung nur unentgeltlich durchführt. Auf eine Zulassung als Rechtsanwalt kommt es insofern gerade nicht an; ebenso ist unbedeutend, ob der Bevollmächtigte in einem anderen der klassischen juristischen Berufe (Notar, Richter, Staatsanwalt) tätig ist.

Jedoch untersagt Abs. 5 **Richtern** als Bevollmächtigter vor dem Gericht aufzutreten, dem sie angehören. Es soll jeglicher Anschein der Voreingenommenheit des Gerichts vermieden und eine Interessenkollision von vornherein ausgeschlossen werden.[19] Es wird nicht auf die gleichzeitige Tätigkeit im konkreten Verfahren bzw. auf die Tätigkeit bei einem bestimmten Spruchkörper abgestellt. Vielmehr wird die gesamte organisatorische Einheit erfasst, innerhalb derer der Richter auf Grund des Geschäftsverteilungsplans einem Spruchkörper zugeordnet ist und Verfahren zugeteilt bekommt. Dem Richter, der derzeit einem bestimmten AG, LG, OLG oder dem BGH zugeordnet ist, wird die

---

[12] Erlassen als Art. 1 RBerNeuregelungsG v. 12. 12. 2007, BGBl. I S. 2840, in Kraft seit 1. 7. 2008.
[13] BT-Drucks. 16/3655, S. 39.
[14] *Zöller/Vollkommer* § 79 ZPO Rn. 7.
[15] BT-Drucks. 16/3655 S. 57.
[16] BT-Drucks. 16/3655 S. 57.
[17] BT-Drucks. 16/3655 S. 57.
[18] BT-Drucks. 16/3655 S. 57.
[19] BT-Drucks. 16/3655 S. 89.

Vertretung eines Beteiligten vor diesem Gericht untersagt. Eine frühere Tätigkeit ist dagegen unschädlich.[20] Die besondere Verbindung mit dem Gericht ist durch die Versetzung aufgelöst. Problematisch ist eine Vertretung vor dem Gericht, dem der Bevollmächtigte zukünftig angehören wird, wenn die Versetzung für bereits erfolgt ist. Aus dem Sinn und Zweck der Regelung wird man erweiternd schlussfolgern müssen, dass dem Richter die Vertretung vor seinem zukünftigen Gericht bereits mit der dienstrechtlichen Wirksamkeit der Versetzung untersagt ist und nicht erst mit dem Tag des Dienstantritts bei diesem Gericht. Möglicherweise bestehende Vertretungen sind ab diesem Zeitpunkt von dem Richter zu beenden.

19   d) Beteiligte. Die Vertretung kann auch durch jeden **anderen Beteiligten** übernommen werden. Wer Beteiligter des Verfahrens ist, bestimmt sich nach § 7. Die Zulassung der Vertretung eines Beteiligten durch einen anderen dient in erster Linie der Prozessökonomie, insbesondere wenn diese durch ein besonderes Näheverhältnis miteinander verbunden sind.[21]

20   e) Sonstige Personen. Weitere Personen werden zur Vertretung nicht zugelassen, selbst wenn diese unentgeltlich erfolgt. Für die gerichtliche Vertretung steht damit ein kleinerer Kreis zur Verfügung als für die außergerichtliche Rechtsberatung nach § 6 RDG. Insbesondere die bloße **nachbarschaftliche** oder **freundschaftliche Beziehung genügt nicht.** Das Gericht soll die Frage, ob eine Person vertretungsbefugt ist, schnell und zuverlässig anhand eindeutig nachweisbarer Kriterien überprüfen können.[22]

21   **4. Notare.** Abs. 2 S. 2 Nr. 3 regelt die Vertretungsbefugnis der Notare, die in Angelegenheiten der freiwilligen Gerichtsbarkeit vielfach auch Vertretungsfunktion vor Gericht übernehmen. Die Übernahme der Vertretung im gerichtlichen Verfahren darf stets allein im Rahmen der Befugnisse und Zuständigkeiten nach der BNotO erfolgen, weshalb eine höhere Regelungsdichte hinsichtlich einer Eingrenzung der Vertretungsbefugnis hier entbehrlich ist.[23]

22   **5. Juristische Personen.** Der aus anderen Verfahrensordnungen bekannte, im ursprünglichen Entwurf der Neufassung des § 13 FGG enthaltene Abs. 2 S. 3, wonach **Bevollmächtigte, die keine natürlichen Personen sind,** durch ihre Organe und mit der Prozessvertretung beauftragten Vertreter handeln,[24] wurde für die freiwillige Gerichtsbarkeit im Gesetzgebungsverfahren gestrichen[25] und sodann auch nicht in das FamFG eingeführt, da der Katalog des Abs. 2 S. 2 **keine juristischen Personen** enthält, die als Bevollmächtigte zugelassen werden.[26]

23   Die **Rechtsanwaltsgesellschaft** („Anwalts-GmbH") kann dagegen auch im FamFG-Verfahren Bevollmächtigte sein. Ihre Gleichstellung mit dem Rechtsanwalt in Abs. 2 S. 1, die Handlung durch ihre Organe und Vertreter sowie die besonderen Anforderungen an diese ergeben sich aus § 59l BRAO.

IV. Gerichtliches Verfahren

24   **1. Prüfung und Entscheidung.** Das Gericht prüft **von Amts wegen,** ob die auftretende Person vertretungsbefugt ist, und muss bei Zweifeln auf eine Klärung hinwirken. Die Zuordnung zu einer bestimmten Personengruppe des Abs. 2 kann sich aus der nach § 11 vorzulegenden Vollmachtsurkunde ergeben. Handelt es sich bei dem Vertreter nicht um eine Person, die die Anforderungen des Abs. 2 erfüllt, ist diese nicht vertretungsbefugt und wird durch **konstitutiven, unanfechtbaren Beschluss** als Vertreter zurückgewiesen (Abs. 3 S. 1). Eine Überprüfung der Entscheidung ist weder durch Rechtsmittel des vertretenen Beteiligten noch durch den zurückgewiesenen Vertreter möglich. Auch eine inzidente Überprüfung im Rechtsmittelverfahren die Hauptsache betreffend scheidet aus, es sei denn, mit der Zurückweisung ist zugleich der verfassungsrechtlich garantierte Anspruch auf rechtliches Gehör (Art. 103 Abs. 1 GG) verletzt worden.[27]

25   **2. Wirksamkeit von Verfahrenshandlungen. Verfahrenshandlungen,** die der Vertreter vor seiner Zurückweisung vorgenommen hat, sind ebenso wie Zustellungen und Mitteilungen an ihn wirksam (Abs. 3 S. 2). Die Norm muss betreffend **Zustellungen und Mitteilungen** an den Vertreter dahingehend einschränkend verstanden werden, dass auch diese nur wirksam sind, wenn sie vor

---

[20] *Zöller/Vollkommer* § 79 ZPO Rn. 12.
[21] BT-Drucks. 16/3655, S. 88.
[22] BT-Drucks. 16/3655, S. 88.
[23] BT-Drucks. 16/3655, S. 92.
[24] Vgl. BT-Drucks. 16/ 3655, S. 18.
[25] BT-Drucks. 16/6634, S. 29.
[26] BT-Drucks. 16/6634, S. 57.
[27] BT-Drucks. 16/3655, S. 89; *Zöller/Vollkommer* § 79 ZPO Rn. 11.

der Zurückweisung erfolgt sind.[28] Nach Wirksamwerden des Zurückweisungsbeschlusses können an den zurückgewiesenen Vertreter keine wirksamen Zustellungen und Mitteilungen mehr erfolgen, dieser kann keine wirksamen Verfahrenshandlungen mehr vornehmen. Die Regelung bewirkt Rechtssicherheit; ein Rechtsmittel kann nicht darauf gestützt werden, dass der Vertreter eines Beteiligten nicht vertretungsbefugt war.

3. Konkret ungeeigneter Vertreter. Zur Vertretung sind nicht allein Organe der Rechtspflege berufen. Es besteht daher die Gefahr, dass im konkreten Fall die grundsätzlich vertretungsbefugte Person nicht die Fähigkeit zu einer sachlichen Verfahrensführung besitzt. Nach Abs. 3 S. 3 kann daher in diesem Fall die **Vertretung für die Zukunft** durch unanfechtbaren Beschluss **versagt** werden. Bis zum Beschluss bestand eine Vertretungsbefugnis, weshalb unproblematisch alle bis dahin durch die Person vorgenommenen Verfahrenshandlungen und an die Person erfolgten Zustellungen und Mitteilungen wirksam sind. Einer besonderen Regelung, vergleichbar Abs. 3 S. 2, bedarf es nicht. 26

Bei **Organen der Rechtspflege** wird unwiderleglich vermutet, dass diese die Fähigkeit zur sachlichen Verfahrensführung besitzen. Das Gericht darf daher Rechtsanwälten und Notaren (den in Abs. 2 S. 1 bzw. Abs. 2 S. 2 Nr. 3 benannten Personen) die Vertretung nicht versagen. Die Ausnahme betrifft jedoch nicht diejenigen, die allein die Befähigung zum Richteramt besitzen und daher auf Grund Abs. 2 S. 2 Nr. 2 als Vertreter tätig werden. 27

§ 11 Verfahrensvollmacht

Die Vollmacht ist schriftlich zu den Gerichtsakten einzureichen. Sie kann nachgereicht werden; hierfür kann das Gericht eine Frist bestimmen. Der Mangel der Vollmacht kann in jeder Lage des Verfahrens geltend gemacht werden. Das Gericht hat den Mangel der Vollmacht von Amts wegen zu berücksichtigen, wenn nicht als Bevollmächtigter ein Rechtsanwalt oder Notar auftritt. Im Übrigen gelten die §§ 81 bis 87 und 89 der Zivilprozessordnung entsprechend.

I. Normzweck

S. 1–4 entsprechen § 13 Abs. 5 FGG,[1] der zusammen mit §§ 80, 88 ZPO, § 46 Abs. 2 ArbGG iVm. §§ 80, 88 ZPO, § 67 Abs. 6 VwGO, § 73 Abs. 6 SGG, § 62 Abs. 6 FGO[2] eine für alle Verfahrensordnungen einheitliche Regelung zum **Nachweis der Verfahrensvollmacht** und dem **Verfahren bei Vollmachtsmängeln** schuf. Zugunsten des Rechtsanwenders soll eine einheitliche Rechtsanwendung gewährleistet werden.[3] Dies ist bei der Auslegung zu berücksichtigen. Durch den zusätzlich angefügten S. 5 wird nunmehr auch der Umfang, die Wirkung und der Fortbestand der Vollmacht durch Verweis identisch mit der streitigen Gerichtsbarkeit geregelt. 1

Die möglichst frühzeitige Klärung der ordnungsgemäßen Vollmachtserteilung ist wichtig, da die vollmachtlose Vertretung einen schweren, die Rechtsbeschwerde begründenden Verfahrensmangel darstellt (§ 72 Abs. 3, § 547 Nr. 4 ZPO). Mit der zweifellosen Feststellung der Bevollmächtigung werden daher nicht allein die Interessen der anderen Beteiligten, sondern auch ein **öffentliches Interesse** verfolgt.[4] § 11 erfasst allein die Verfahrensvollmacht, die gesetzliche Vertretung von natürlichen wie juristischen Personen beurteilt sich nach § 9 Abs. 2, 3. 2

Die Norm ist in **Ehesachen** und **Familienstreitsachen** auf Grund § 113 Abs. 1 S. 1 nicht anwendbar. Es gelten die §§ 80–89 ZPO gemäß § 113 Abs. 1 S. 2. Für **Familiensachen** als Folgesachen einer Scheidungssache ist die Sonderregelung in § 114 Abs. 5 zu beachten. 3

II. Erteilung der Vollmacht

Vollmachtgeber können die **Beteiligten oder ein Vertreter** sein; die Erteilung von Untervollmachten ist zulässig.[5] Wer Vertreter sein darf, regeln § 10 Abs. 2, 5. Die Erteilung der Vollmacht ist gesetzlich nicht geregelt. Sie kann **formlos** (vgl. S. 5, § 89 Abs. 2 ZPO) durch **Erklärung des Vollmachtgebers** gegenüber dem zu Bevollmächtigenden, dem Gericht oder einem Antragsgegner 4

---

[28] So auch BT-Drucks. 16/3655, S. 92.
[1] IdF des Art. 10 RBerNeuregelungsG v. 12. 12. 2007, BGBl. I S. 2840, in Kraft seit 1. 7. 2008.
[2] IdF des RBerNeuregelungsG v. 12. 12. 2007, BGBl. I S. 2840, in Kraft seit 1. 7. 2008.
[3] BT-Drucks. 16/3655, S. 90.
[4] *Musielak/Weth* § 88 ZPO Rn. 1.
[5] *Thomas/Putzo/Hüßtege* § 80 ZPO Rn. 4, 5 a.

erteilt werden.[6] Sie kann mündlich oder durch schlüssiges Verhalten erfolgen.[7] Ein Verstoß gegen das Tätigkeitsverbot aus § 45 BRAO steht der Wirksamkeit der Vollmacht grundsätzlich nicht entgegen.[8] Inhaltlich muss die Vollmacht das Verfahren und den Vertreter bezeichnen sowie die Bevollmächtigung zum Ausdruck bringen.[9]

III. Prüfung der Vollmacht

5   Die Prüfung der Vollmacht umfasst die gesamte **Kette der Bevollmächtigungen** vom Beteiligten bis hin zum im Verfahren Auftretenden, schließt also Untervollmachten mit ein.

6   Wie in den anderen zivil- und öffentlich-rechtlichen Verfahrensordnungen ist bei einer Vertretung durch ein Organ der Rechtspflege, Rechtsanwalt (§ 10 Abs. 2 S. 1) oder Notar (§ 10 Abs. 2 S. 2 Nr. 3), denen ein besonderes Vertrauen entgegengebracht wird, die Vollmacht nicht von Amts wegen, sondern **allein auf Rüge** eines Beteiligten hin zu prüfen.[10] Dem Rechtsanwalt steht der bei ihm beschäftigte Assessor ebenso wie der bei ihm tätige Referendar, unabhängig davon, ob dieser ihm im Rahmen des juristischen Vorbereitungsdienstes zugewiesen ist, gerade nicht gleich.[11] Ausnahmsweise wird jedoch die Amtsprüfung zugelassen, wenn sich auch ohne Rüge begründete Zweifel an der Wirksamkeit der Vollmacht ergeben,[12] wenn die Vollmacht zB von dem vertretenen Beteiligten selbst oder einem seiner weiteren Vertreter bestritten wird, der Verdacht eines unlauteren Zusammenwirkens mit anderen Beteiligten besteht oder der Bevollmächtigte die Wirksamkeit der ihm erteilten Vollmacht selbst bezweifelt. Die Rüge ist eine formlose Verfahrenshandlung, die alle von der Verfahrensvollmacht gedeckten Verfahrenshandlungen (S. 5, § 81 ZPO) betrifft. Bei Erhebung in einer unteren Instanz wirkt sie in der Rechtsmittelinstanz fort und muss nicht wiederholt werden.[13] Eine wirksame Rücknahme der Rüge ist möglich.[14] Die Rüge kann in **jeder Lage des Verfahrens** erhoben werden (S. 2), mithin auch im Beschwerde- und Rechtsbeschwerdeverfahren.[15] Eine Präklusion wird bereits im streitigen Zivilprozess ausgeschlossen[16] und kann daher im FamFG-Verfahren erst recht nicht angenommen werden.

7   Erfolgt die Vertretung durch eine andere Person (§ 10 Abs. 2 S. 2 Nr. 1, 2), so ist die Vollmacht **von Amts wegen** zu überprüfen, wobei eine derartige Prüfung durch Rüge eines jeden Beteiligten angeregt werden kann.

IV. Nachweis der Vollmacht

8   Für den Nachweis der Vollmacht ist **Schriftform** vorgeschrieben, mithin eine Urkunde, die den Inhalt der Vollmacht enthält und die eigenhändige Unterschrift des Vollmachtgebers trägt. Die Schriftform wird durch eine öffentliche Urkunde iSv. § 415 ZPO, der insoweit eine allgemeingültige Regelung enthält,[17] voll ersetzt. Daher genügt die Erklärung zu Protokoll im Termin oder sonst zur Niederschrift des Gerichts.[18] Die Angabe des Datums ist für die Wirksamkeit entbehrlich, es kann jedoch Bedeutung erlangen, wenn zu klären ist, ob bestimmte Verfahrenshandlungen zeitlich bereits von der Vollmacht umfasst sind.

9   Nachzuweisen ist die **Haupt-** wie die **Untervollmacht.**[19] Besteht eine Kette von Vollmachten, muss der Nachweis lückenlos bis zum Beteiligten erbracht werden.[20]

10 Die gesetzte **Frist** ist keine Ausschlussfrist, der Nachweis kann bis zum Erlass der Entscheidung nachgeholt werden oder die bisherige Prozessführung durch den Beteiligten oder den nachgewiesenen Vertreter genehmigt werden.[21] Nach Abschluss der Instanz ist eine Genehmigung ausgeschlossen.[22]

11 Wird der Nachweis nicht erbracht, so ergeben sich die Folgen aus S. 5, § 89 ZPO.

---

[6] *Thomas/Putzo/Hüßtege* § 80 ZPO Rn. 2, 3.
[7] BGH FamRZ 1995, 1484.
[8] BGH NJW 1993, 1926.
[9] *Thomas/Putzo/Hüßtege* § 80 ZPO Rn. 6.
[10] BT-Drucks. 16/3655 S. 92; *Musielak/Weth* § 88 ZPO Rn. 5.
[11] *Musielak/Weth* § 88 ZPO Rn. 5; *Stein/Jonas/Bork* § 88 ZPO Rn. 5; *Hartmann* AnwBl. 1977, 90 (91).
[12] BGH NJW 2001, 2095 (2096); BVerwG NJW 1985, 2963 (2964); OLG Zweibrücken NJW-RR 2001, 359; oben § 88 ZPO Rn. 4; *Musielak/Weth* § 88 ZPO Rn. 5; *Stein/Jonas/Bork* § 88 ZPO Rn. 4.
[13] BGH NJW-RR 1986, 1252 (1253); OLG Hamburg NJW-RR 1988, 1182 (1183).
[14] OLG Köln NJW-RR 1992, 1162.
[15] OLG München OLGZ 1992, 217; *Musielak/Weth* § 88 ZPO Rn. 4.
[16] *Musielak/Weth* § 88 ZPO Rn. 4; aA LG Münster MDR 1980, 853 (854).
[17] *Jansen/v. König* § 15 FGG Rn. 79.
[18] BT-Drucks. 16/3655, S. 90.
[19] BGH NJW 2007, 772 (773).
[20] BGH NJW-RR 2002, 933; *Zöller/Vollkommer* § 80 ZPO Rn. 7.
[21] Vgl. *Thomas/Putzo/Hüßtege* § 80 ZPO Rn. 8.
[22] BGH NJW 1984, 2149; OLG Koblenz NJW-RR 2006, 377.

§ 12 Beistand

¹ Im Termin können die Beteiligten mit Beiständen erscheinen. Beistand kann sein, wer in Verfahren, in denen die Beteiligten das Verfahren selbst betreiben können, als Bevollmächtigter zur Vertretung befugt ist. ² Das Gericht kann andere Personen als Beistand zulassen, wenn dies sachdienlich ist und hierfür nach den Umständen des Einzelfalls ein Bedürfnis besteht. § 10 Abs. 3 Satz 1 und 3 und Abs. 5 gilt entsprechend. ³ Das von dem Beistand Vorgetragene gilt als von dem Beteiligten vorgebracht, soweit es nicht von diesem sofort widerrufen oder berichtigt wird.

I. Normzweck

Die Norm entspricht § 13 Abs. 6 FGG,[1] der die Regelung zur Beistandschaft umfassend reformierte, die Regelungsdichte erhöhte und eine Harmonisierung mit der streitigen Gerichtsbarkeit (§ 90 ZPO[2]) herbeiführte. § 12 bestimmt die **verfahrensrechtlichen Voraussetzungen** des Beistandes sowie den **zulässigen Personenkreis**. Der Beistand iSd. Verfahrensrechts ist nicht zu verwechseln mit dem Beistand nach § 1712 BGB. 1

Die Norm gilt nicht in **Ehesachen** und **Familienstreitsachen** (§ 113 Abs. 1 S. 1). In diesen ist § 90 ZPO auf Grund § 113 Abs. 1 S. 2 anzuwenden. 2

II. Beistand

Ein Beistand tritt, anders als der Vertreter, nicht anstelle, sondern **neben dem Beteiligten** (s. § 7) auf. **Legitimiert** wird der Beistand **durch die Anwesenheit des Beteiligten**.[3] Entfernt sich der Beteiligte, erlischt die Legitimation für den Beistand.[4] Er erscheint zusätzlich zu dem Beteiligten und unterstützt diesen im Termin, indem er Beteiligtenrechte ausüben kann. Er hat jederzeit die Befugnis den Beteiligten zu beraten. Gibt der Beistand gegenüber dem Gericht Erklärungen ab oder nimmt er Handlungen vor, so gelten diese als solche des Beteiligten, es sei denn der Beteiligte widerruft oder berichtigt sofort (S. 5). Der Beistand ist damit befugt alle Verfahrenshandlungen und Erklärungen im Termin für den Beteiligten vorzunehmen bzw. abzugeben.[5] Ist der Beistand der deutschen Sprache nicht mächtig, so muss vom Gericht ein Dolmetscher nicht hinzugezogen werden.[6] Kein Beistand sind dagegen die für die eigene Prozessführung hinzugezogenen Hilfskräfte, etwa Privatgutachter oder sonstige Fachleute. Diese sollen gerade keine Beteiligtenrechte ausüben.[7] 3

Ein Beistand wird grundsätzlich nur dem **Beteiligten** zugestanden, diesem jedoch uneingeschränkt für **jeden Termin** (S. 1), eine Einschränkung auf Verfahren, in denen kein Anwaltszwang besteht, erfolgt nicht.[8] Die Möglichkeit einen Beistand mitzubringen besteht daher stets bei persönlichem Erscheinen des Beteiligten, unabhängig ob dieser das Verfahren selbst führt oder er einen bevollmächtigten Vertreter besitzt.[9] 4

Die bisher strittige Frage der Zulässigkeit eines Beistandes bei **anderen Maßnahmen** als einem Termin[10] ist vom Gesetzgeber nunmehr negativ entschieden worden. S. 1 lässt das Erscheinen mit Beistand ausdrücklich allein im Termin zu, welcher allein die nach Datum, Uhrzeit und Ort im Vorhinein festgelegte Gerichtssitzung ist.[11] Erfasst werden sowohl der Erörterungstermin nach § 32, der Anhörungstermin gemäß § 34 als auch jeder Verkündungstermin. 5

Sonstigen am Verfahren teilnehmenden **Personen** wie zB Zeugen, Sachverständigen oder Auskunftspersonen ist es grundsätzlich nicht gestattet, einen Beistand hinzuzuziehen. Eine Ausnahme muss gelten, wenn diese Personen in dem Verfahren eigene Interessen geltend machen, zB einem gegen sie verhängten Ordnungsmittel oder einem nicht gewährten Verweigerungsrecht entgegentreten. Dann ist ihnen das Recht auf die Hinzuziehung von Bevollmächtigten und Beiständen zuzuge- 6

---

[1] IdF des Art. 10 RBerNeuregelungsG v. 12. 12. 2007, BGBl. I S. 2840, in Kraft seit 1. 7. 2008.
[2] Gemäß Art. 8 Nr. 5 RBerNeuregelungsG v. 12. 12. 2007, BGBl. I S. 2840, in Kraft seit 1. 7. 2008.
[3] *Zöller/Vollkommer* § 90 ZPO Rn. 2 lässt darüber hinaus die Anwesenheit des Vertreters ausreichen.
[4] *Jansen/v. König* § 13 FGG Rn. 32; *Keidel/Zimmermann* Rn. 5.
[5] *Zöller/Vollkommer* § 90 ZPO Rn. 5.
[6] *Jansen/v. König* § 13 FGG Rn. 32.
[7] BT-Drucks. 16/3655, S. 90.
[8] BT-Drucks. 16/3655, S. 91; *Thomas/Putzo/Hüßtege* § 90 ZPO Rn. 1; aA *Baumbach/Lauterbach/Hartmann* Rn. 3.
[9] *Zöller/Vollkommer* § 90 ZPO Rn. 2.
[10] Positiv: OLG Zweibrücken FGPrax 2000, 109; *Jansen/v. König* § 13 FGG Rn. 32; negativ: *Keidel/Zimmermann* § 13 FGG Rn. 2b.
[11] Oben § 215 ZPO Rn. 3.

stehen. Der Zeuge kann zudem seine Aussage stets von der Anwesenheit eines **Rechtsbeistandes** abhängig machen, der zwar kein eigenes Fragerecht besitzt, den Zeugen jedoch bei seiner Aussage beraten darf.[12]

III. Beistandsfähigkeit

7   Beistand kann ohne weitere Entscheidung des Gerichts sein, wer in Nicht-Anwaltsverfahren als **Bevollmächtigter** zugelassen ist (S. 2). Dies sind neben dem Rechtsanwalt (§ 10 Abs. 2 S. 1) die in § 10 Abs. 2 S. 2 Nr. 1–3 benannten Personen (s. zu diesen im Einzelnen § 10 Rn. 7 ff.). So wird die Möglichkeit der Umgehung der Einschränkungen hinsichtlich der Bevollmächtigung vermieden.[13] Hinzutreten spezialgesetzlich zugelassene Beistände, zB Antidiskriminierungsverbände gemäß § 23 Abs. 2 AGG.

8   Soweit eine Person des in § 10 Abs. 2 S. 2 Nr. 1, 2 beschriebenen Kreises **Richter** am das Verfahren durchführenden Gericht ist, wird diese als Beistand **ausgeschlossen** (S. 4 iVm. § 10 Abs. 5). So sollen Interessenkonflikte vermieden werden und an der Unabhängigkeit des Gerichts nicht auch nur ein geringer Zweifel entstehen können. Gericht ist hierbei in einem organisatorischen Sinn zu verstehen. Gemeint ist das Gericht innerhalb dessen dem Richter im Rahmen des Geschäftsverteilungsplanes Verfahren zugewiesen werden können, mithin das einzelne Amtsgericht, Landgericht, Oberlandesgericht oder der BGH.

9   Sollen **andere Personen** als Beistand auftreten, bedarf es einer Entscheidung des Gerichts über deren Zulassung (S. 3). So wird dem Interesse des Beteiligten Rechnung getragen, in eng umgrenzten Ausnahmefällen vor Gericht mit einer besonders vertrauten und sachkundigen Person erscheinen zu können und dieser den Vortrag zu überlassen.[14] Voraussetzungen für die Zulassung sind deren Sachdienlichkeit und das Bestehen eines Bedürfnisses im Einzelfall. Sachdienlich ist die Zulassung stets, wenn sie verfahrensfördernd ist.[15] Ein Bedürfnis im Einzelfall muss angenommen werden, wenn eine nicht vertretene Person hilfebedürftig oder geschäftsungewandt ist.[16] Das Bedürfnis im Einzelfall kann durch ein besonderes Nähe- und Vertrauensverhältnis des Beteiligten zu der anderen Person begründet werden, welches im individuellen Fall einer Beziehung mit Familienangehörigen iSd. § 10 Abs. 2 S. 2 Nr. 2 gleicht.[17] Allein das Vorliegen von besonderen juristischen Kenntnissen soll dagegen nicht genügen; der Beteiligte kann sich hierfür eines Rechtsanwaltes bedienen.[18] Werden die Voraussetzungen bejaht, ist die Entscheidung auf Grund eines pflichtgemäß auszuübenden Ermessens unter Berücksichtigung und Abwägung aller Umstände zu treffen.

IV. Zurückweisung und Untersagung

10   **1. Zurückweisung.** Darf eine Person nicht Beistand sein, da sie nicht dem Katalog des Personenkreises entstammt, der auch Bevollmächtigter sein kann, so ist sie vom Gericht durch unanfechtbaren Beschluss als Beistand zurückzuweisen (S. 4 iVm. § 10 Abs. 3 S. 1). Das Zurückweisungsrecht ist analog anzuwenden auf Fälle des S. 4 iVm. § 10 Abs. 5, der Beistand also dem das Verfahren durchführenden Gericht angehört.

11   Eines besonderen Zurückweisungsrechtes bedarf es dagegen nicht gegenüber weiteren als Beistand zuzulassenden Personen. Bis zur Zulassung gehört die Person nicht zum beistandsfähigen Personenkreis und kann daher zurückgewiesen werden (s. Rn. 10). Mit der positiven Entscheidung über die Zulassung kommt eine Zurückweisung dagegen nicht mehr in Betracht. Es besteht jedoch unter besonderen Voraussetzungen die Möglichkeit der Untersagung für die Zukunft (s. Rn. 13).

12   **2. Untersagung.** Die Verweisung des S. 4 auf § 10 Abs. 3 S. 3 ermöglicht die Untersagung des Auftretens als Beistand durch **Beschluss**. Zur Verfahrensbeschleunigung werden Rechtsmittel gegen die Entscheidung nicht zugelassen. Die Entscheidung kann **jederzeit im Verfahren** erfolgen und schließt die jeweilige Person für die Zukunft in diesem Verfahren als Beistand aus.

13   Die Untersagung ist nicht gegenüber jedem Beistand zulässig, sie wird auf den Personenkreis des § 10 Abs. 2 S. 2 Nr. 1, 2 beschränkt. Den als berufliche Organe der Rechtspflege tätigen **Rechtsanwälten** (§ 10 Abs. 2 S. 1) und **Notaren** (§ 10 Abs. 2 S. 2 Nr. 3) kann das Auftreten als Beistand

---

[12] BVerfG NJW 1975, 103; *Keidel/Zimmermann* Rn. 6.
[13] BT-Drucks. 16/3655, S. 91.
[14] BT-Drucks. 16/3655, S. 91.
[15] *Musielak/Borth* Rn. 2.
[16] *Musielak/Borth* Rn. 2.
[17] BT-Drucks. 16/3655, S. 91; *Zöller/Vollkommer* § 90 ZPO Rn. 4.
[18] BT-Drucks. 16/3655, S. 91.

nicht untersagt werden. Dem Gericht wird unabhängig von den tatsächlichen Gegebenheiten auf Grund deren beruflichen Stellung keine Kompetenz eingeräumt, über deren Eignung als Beistand zu urteilen. Allein hinsichtlich **anderer Personen** kann das Gericht im Einzelfall wegen deren fehlender Eignung verfahrensfördernd tätig werden. Aufgrund der spezialgesetzlichen Regelung (§ 23 Abs. 2 S. 2 AGG) erstreckt sich die Untersagungsbefugnis auch auf die als Beistände gemäß § 23 Abs. 2 S. 1 AGG zugelassenen Antidiskriminierungsverbände. Ein gleiches Bedürfnis ist bei sonstigen nach S. 3 zugelassenen Personen zu bejahen. Auch hier ist deren Eignung nicht durch ihre Eigenschaft als Rechtsanwalt oder Notar von Berufs wegen zu unterstellen. Stellt sich nach der Zulassung durch das Gericht im Verfahrensverlauf heraus, dass eine entsprechende Eignung nicht gegeben ist, muss die Möglichkeit zur Reaktion ebenso eröffnet sein, die im Übrigen bei nichtjuristischen Beiständen gegeben ist. Nach seinem Sinn und Zweck ist daher S. 4, § 10 Abs. 3 S. 3 auf diesen Personenkreis analog anzuwenden.

§ 13 Akteneinsicht

(1) Die Beteiligten können die Gerichtsakten auf der Geschäftsstelle einsehen, soweit nicht schwerwiegende Interessen eines Beteiligten oder eines Dritten entgegenstehen.

(2) [1]**Personen, die an dem Verfahren nicht beteiligt sind, kann Einsicht nur gestattet werden, soweit sie ein berechtigtes Interesse glaubhaft machen und schutzwürdige Interessen eines Beteiligten oder eines Dritten nicht entgegenstehen.** [2]**Die Einsicht ist zu versagen, wenn ein Fall des § 1758 des Bürgerlichen Gesetzbuchs vorliegt.**

(3) [1]**Soweit Akteneinsicht gewährt wird, können die Berechtigten sich auf ihre Kosten durch die Geschäftsstelle Ausfertigungen, Auszüge und Abschriften erteilen lassen.** [2]**Die Abschrift ist auf Verlangen zu beglaubigen.**

(4) [1]**Einem Rechtsanwalt, einem Notar oder einer beteiligten Behörde kann das Gericht die Akten in die Amts- oder Geschäftsräume überlassen.** [2]**Ein Recht auf Überlassung von Beweisstücken in die Amts- oder Geschäftsräume besteht nicht.** [3]**Die Entscheidung nach Satz 1 ist nicht anfechtbar.**

(5) [1]**Werden die Gerichtsakten elektronisch geführt, gilt § 299 Abs. 3 der Zivilprozessordnung entsprechend.** [2]**Der elektronische Zugriff nach § 299 Abs. 3 Satz 2 und 3 der Zivilprozessordnung kann auch dem Notar oder der beteiligten Behörde gestattet werden.**

(6) Die Entwürfe zu Beschlüssen und Verfügungen, die zu ihrer Vorbereitung gelieferten Arbeiten sowie die Dokumente, die Abstimmungen betreffen, werden weder vorgelegt noch abschriftlich mitgeteilt.

(7) Über die Akteneinsicht entscheidet das Gericht, bei Kollegialgerichten der Vorsitzende.

Schrifttum: *Haertlein,* Die Erteilung von Abschriften gerichtlicher Entscheidungen an wissenschaftlich Interessierte und die Erhebung von Kosten, ZZP 2001, 441; *Hirte,* Mitteilung und Publikation von Gerichtsentscheidungen, NJW 1988, 1698; *Holch,* Die Einsicht von Gerichtsakten durch Behörden und Gerichte, ZZP 1974, 14; *Keller,* Die Akteneinsicht Dritter zu Forschungszwecken, NJW 2004, 413; *Pardey,* Informationelles Selbstbestimmungsrecht und Akteneinsicht, NJW 1989, 1647; *Pawlita,* Die Wahrnehmung des Akteneinsichtsrechts im gerichtlichen und behördlichen Verfahren durch Überlassung der Akten in die Rechtsanwaltskanzlei, AnwBl 1986, 1.

Übersicht

	Rn.		Rn.
I. Normzweck	1–4	**IV. Elektronische Aktenführung**	12
II. Einsichtsrecht Beteiligter (Abs. 1)	5–8	**V. Ort der Akteneinsicht**	13–15
1. Beteiligte	5	**VI. Umfang des Einsichtsrechts**	16–20
2. Grenze des Einsichtsrechts	6, 7	1. Gerichtsakten	16–18
3. Entscheidung und weitere Wirkungen	8	2. Gerichtsinterne Dokumente	19, 20
III. Einsichtsrecht Dritter (Abs. 2)	9–11	**VII. Gerichtskosten**	21–24

I. Normzweck

1 Mit der Vorschrift wird die bisher in § 34 FGG bestehende Regelung zur Einsicht in Gerichtsakten erweitert und deutlich detaillierter ausgeführt. Die Norm entspricht weitgehend § 299 ZPO. Sie regelt in Abs. 1, 2 den **Anspruch** auf Akteneinsicht und gestaltet in den Abs. 3–7 das **Verfahren** der Einsichtnahme aus.

2 Soweit die **Akteneinsicht der Beteiligten** (Abs. 1) in Frage steht, wird damit der verfassungsrechtlich geschützte Anspruch auf rechtliches Gehör (Art. 103 Abs. 1 GG) ausgestaltet.[1] Die Beteiligten besitzen im Grundsatz einen uneingeschränkten Anspruch auf Einsicht in die Gerichtsakten ihres Verfahrens;[2] wird dieser verwehrt, liegt darin ein Verfassungsverstoß. Das **Akteneinsichtsrecht Dritter**, nicht am Verfahren Beteiligter, (Abs. 2) unterliegt dagegen keinem besonderen verfassungsrechtlichen Schutz, insbesondere ist es nicht Ausfluss des Anspruchs auf rechtliches Gehör. Die Gewährung des allein einfachgesetzlich ausgestalteten Anspruches kann daher in das Ermessen des Gerichts gestellt werden.

3 Die **Datenschutzgesetze** sind auf die Einsichtnahme in die Gerichtsakten nicht anwendbar; es handelt sich bei § 13 um eine sie verdrängende Spezialregelung.[3] Bei der Auslegung ist daher stets auch das Grundrecht auf informationelle Selbstbestimmung zu beachten.[4] S. zur Datenschutzproblematik § 299 ZPO Rn. 30–34. Die Gewährung der Akteneinsicht ersetzt nicht die ebenfalls von Art. 103 Abs. 1 GG gebotene **Mitteilung des Vorbringens** der anderen Beteiligten.[5]

4 Die Norm findet auf Grund § 113 Abs. 1 S. 1 in **Ehesachen** und **Familienstreitsachen** keine Anwendung. Dort ist § 299 ZPO gemäß § 113 Abs. 1 S. 2 anwendbar. Für öffentliche Register bestehen **Sondervorschriften:** Handels- und Unternehmensregister § 9 HGB, Genossenschaftsregister § 156 GenG, Geschmacksmusterregister § 22 GeschmMG, Grundbuch § 12 GBO, Güterrechtsregister § 1563 BGB, Personenstandsregister § 62 PStG, Vereinsregister § 79 BGB.

II. Einsichtsrecht Beteiligter (Abs. 1)

5 **1. Beteiligte.** Abs. 1 gewährt das Einsichtsrecht allen Beteiligten. Wer Beteiligter ist, wird von § 7 bestimmt. Die **Beteiligteneigenschaft** endet nicht mit dem Abschluss des Verfahrens, auch darüber hinaus können diese Personen das Akteneinsichtsrecht auf Grund Abs. 1 geltend machen.[6] Eine derartige Beschränkung ist Abs. 1 nicht zu entnehmen und im Hinblick auf mögliche Vollstreckungsmaßnahmen und Verfassungsbeschwerden auch nicht angezeigt. An den Beteiligten werden keine weiteren Voraussetzungen für ein Akteneinsichtsrecht geknüpft. Ihm steht im Grundsatz ein uneingeschränktes Einsichtnahmerecht zu. Wie auch bisher nach § 34 FGG[7] kommt es auf die Glaubhaftmachung eines berechtigten Interesses nicht an.[8]

6 **2. Grenze des Einsichtsrechts.** Der Anspruch findet seine Grenze, wo **schwerwiegende Interessen** einer anderen Person, nicht zwingend eines Verfahrensbeteiligten entgegenstehen. Es ist eine sorgfältige Abwägung vorzunehmen, bei der zu berücksichtigen ist, dass ein verfassungsrechtlich geschütztes Recht eingeschränkt werden soll. Die schwerwiegenden Interessen der anderen Person bedürfen daher eines besonderen Gewichts, was wohl allein bei ebenfalls verfassungsrechtlichen Garantien denkbar ist. In Verfahrenskostenhilfesachen muss zum Schutz der engeren Privatsphäre der betroffenen Person die Akteneinsicht hinsichtlich der Erklärungen über die persönlichen und wirtschaftlichen Verhältnisse ausgeschlossen werden.[9] Dies wird von § 76 iVm. § 117 Abs. 2 S. 2 ZPO klargestellt. Die psychische Erkrankung eines Beteiligten kann, soweit deren Bekanntwerden eine Gefahr für den Betroffenen bedeutet, ein schwerwiegendes Interesse begründen. In Gewaltschutzsachen ist das Bekanntwerden des Aufenthaltsortes des Geschädigten durch eine Akteneinsicht als

---

[1] BVerfGE 18, 399 (405); BVerfGE 63, 45 (60); oben § 299 ZPO Rn. 1; *Stein/Jonas/Leipold* § 299 ZPO Rn. 1; *Maunz/Dürig/Schmidt-Aßmann* Art. 103 Abs. 1 GG Rn. 74.
[2] BT-Drucks. 16/6308, S. 181.
[3] *Prütting* ZZP 1993, 427 (456); *Zöller/Greger* § 299 ZPO Rn. 1; *Keidel/Sternal* Rn. 7.
[4] *Keidel/Sternal* Rn. 33.
[5] OLG München NJW 2005, 1130.
[6] OLG Köln ZIP 1990, 876 (877); oben § 199 ZPO Rn. 9; *Stein/Jonas/Leipold* § 299 ZPO Rn. 21; *Keidel/Sternal* Rn. 21; aA *Werner* FS Kim (1995) 311 (319); *Schneider* MDR 1984, 108 (109).
[7] *Keidel/Kuntze/Winkler/Kahl* § 34 FGG Rn. 1.
[8] BT-Drucks. 16/6308, S. 181.
[9] BVerfG NJW 1991, 2078; BGHZ 89, 65 (69); *Holch* NJW 1981, 151 (154); *Pentz* NJW 1983, 1037; aA OLG Karlsruhe NJW 1982, 2507.

schwerwiegendes Interesse anzuerkennen.[10] Allein die Geheimhaltung der Privatsphäre oder wirtschaftliche Interessen genügen dagegen nicht, um eine Akteneinsicht abzulehnen.[11]

Ist die **Akteneinsicht einzuschränken,** muss um dem verfassungsrechtlichen Gebot des rechtlichen Gehörs gerecht zu werden, die Einschränkung so gering wie möglich gehalten werden. Eine Akteneinsicht darf nicht stets zur Gänze verwehrt werden, wenn ein milderer Weg möglich ist, mit dem die Interessen der anderen Person gleich geschützt werden. So ist zu prüfen, ob es ausreicht, bestimmte Aktenteile vor Einsichtnahme zu entfernen, oder ob der Einsichtnahme Beantragende zumindest über den wesentlichen Verfahrensverlauf durch Erstellung von Auszügen und (schriftlichen oder mündlichen) Zusammenfassungen informiert werden kann.[12] Soweit keine Informationen zum Inhalt des Verfahrens erteilt werden können, dürfen diese auf Grund des Gebots rechtlichen Gehörs nicht Grundlage der Entscheidung werden.[13]

3. Entscheidung und weitere Wirkungen. Die Entscheidung über das Akteneinsichtsgesuch wird von dem Gericht getroffen, bei Kollegialgerichten von dem Vorsitzenden, nicht jedoch von der Verwaltung (Abs. 7). Sie ist Zwischenentscheidung im laufenden Verfahren und kann inzident im Rechtsmittelverfahren gegen die Endentscheidung angegriffen werden. Ein unmittelbarer Angriff der Entscheidung über die Akteneinsicht ist nicht vorgesehen. Insbesondere handelt es sich hier um einen Teil der Rechtsprechung,[14] weshalb eine Überprüfung nach den §§ 23 ff. EGGVG nicht möglich ist. Die Beantragung der Akteneinsicht ist **kein förmlicher Verfahrensantrag.** Durch ihn verliert der Beteiligte daher das Recht auf Richterablehnung nach § 6 Abs. 1, § 43 ZPO nicht.[15]

III. Einsichtsrecht Dritter (Abs. 2)

Dritte haben kein allgemeines Akteneinsichtsrecht. Die Akteneinsicht kann allein bei Vorliegen der besonderen Voraussetzung des Abs. 2 S. 1 gestattet werden: Notwendig ist die Glaubhaftmachung (s. dazu § 31) eines **berechtigten Interesses.** Dieses Interesse kann zum einen ein rechtliches sein, der Dritte mithin einen rechtlichen Bezug zum Gegenstand des Verfahrens haben.[16] Daneben ist auch ein wissenschaftliches Interesse, zB zur Rechtstatsachenforschung, anzuerkennen.[17] Tatsächliche bzw. wirtschaftliche Interessen können ebenso ausreichend sein.[18]

Die **Grenze** des Akteneinsichtsrechts Dritter ist jedoch deutlich enger gezogen als bei Beteiligten. Bereits bei dem Bestehen von **schutzwürdigen Interessen** einer anderen Person ist die Einsichtnahme nicht zu gewähren. Den Beteiligten ist daher vor Entscheidung über das Akteneinsichtsgesuch rechtliches Gehör zu gewähren, damit sie gegebenenfalls ihre Interessen darlegen können.[19] Es ist nicht notwendig, dass es sich um schwerwiegende Interessen handelt. Das Akteneinsichtsrecht ist nicht verfassungsrechtlich garantiert, weshalb an die ihm entgegenstehenden Interessen entsprechend geringere Anforderungen gestellt werden. Diese müssen nicht verfassungsrechtlich garantiert werden, jedes andere geschützte Interesse kann genügen. Soweit dem Einsichtsrecht verfassungsrechtlich geschützte Rechte entgegenstehen, bedarf es einer sehr sorgfältigen Abwägung, ob diese durch die Akteneinsicht eingeschränkt werden dürfen. Zu beachten ist hier stets das Recht auf informationelle Selbstbestimmung der anderen Person.[20] Die vorherige öffentliche mündliche Verhandlung rechtfertigt aus sich heraus noch keine Akteneinsicht Dritter, da eine solche regelmäßig weniger offenbart als eine Akteneinsicht.[21] Würde das der Akteneinsicht entgegenstehende Interesse bereits eine Akteneinsicht eines Beteiligten nach Abs. 1 verhindern, so ist erst recht die Akteneinsicht nach Abs. 2 zu verwehren. Stimmen dagegen alle Beteiligten einer Akteneinsicht zu, so können schutzwürdige Interessen nicht entgegenstehen.[22] Nicht verweigert werden darf die Akteneinsicht dagegen wegen einer allgemeinen Arbeits- oder -überlastung bei Gericht.[23] In **Adoptionssachen** sichert Abs. 2 S. 2 ab, dass das bestehende Verbot der Offenbarung und Ausforschung von Tatsachen, welche die

---

[10] *Musielak/Borth* Rn. 2.
[11] BT-Drucks. 16/6308, S. 181; *Musielak/Borth* Rn. 2.
[12] *Musielak/Borth* Rn. 2.
[13] BT-Drucks. 16/6308, S. 181.
[14] OLG Hamm FGPrax 2004, 141 (142); *Baumbach/Lauterbach/Hartmann* § 299 ZPO Rn. 1.
[15] BayObLG EWiR 2000, 937 Anm. *Vollkommer.*
[16] Vgl. KG NJW 2008, 1748; OLG Frankfurt NJW-RR 2004, 1194.
[17] Gegen eine zu enge Handhabung *Prütting* ZZP 1993, 427 (457); *Keller* NJW 2004, 413.
[18] *Bumiller/Harders* Rn. 9.
[19] BGH ZIP 1998, 961; *Musielak/Huber* § 299 ZPO Rn. 5; *Holzer* ZIP 1998, 1333 (1337).
[20] *Zöller/Greger* § 299 ZPO Rn. 6 b.
[21] *Zöller/Greger* § 299 ZPO Rn. 6 b.
[22] *Musielak/Borth* Rn. 2.
[23] *Baumbach/Lauterbach/Hartmann* § 299 ZPO Rn. 23.

Annahme und ihre Umstände aufdecken könnten, nicht durch das Akteneinsichtsrecht ausgehöhlt wird. Die von § 1758 BGB verlangte Geheimhaltung wird auch bei einer Akteneinsicht durchgesetzt. Liegt ein derartiger Umstand vor, so muss eine umfassende Akteneinsicht verweigert werden. Jedoch ist zu prüfen, ob das Geheimhaltungsinteresse gewahrt werden kann, wenn geschwärzte Akten zur Verfügung gestellt werden.[24]

11 Die **Entscheidung** über das Akteneinsichtsgesuch wird durch das Gericht getroffen (Abs. 7). Es wird insofern nicht als Rechtspflegeorgan in einem Verfahren, sondern als Organ der Justizverwaltung tätig; die Entscheidung ist daher Justizverwaltungsakt und gemäß den §§ 23 ff. EGGVG überprüfbar.[25] **Andere Vorschriften,** nach denen am Verfahren nicht beteiligte Behörden Akteneinsicht erlangen können, bleiben unberührt.[26]

IV. Elektronische Aktenführung

12 Werden die Gerichtsakten als elektronische Akte geführt (s. § 14 Rn. 6 ff.), so verweist Abs. 5 für die **technische Durchführung** der Akteneinsicht auf **§ 299 Abs. 3 ZPO,** s. dazu die Erläuterungen dort. Nach § 299 Abs. 3 S. 2, 3 ZPO kann bevollmächtigten Rechtsanwälten und sonstigen Mitgliedern der Rechtsanwaltskammern (s. § 209 BRAO) der elektronische Zugriff auf den Akteninhalt gestattet werden. Dieser **Personenkreis** wird von Abs. 5 S. 2 um den Notar oder die beteiligte Behörde **erweitert.**

V. Ort der Akteneinsicht

13 Örtlich beschränkt sich das Einsichtsrecht auf die **Geschäftsstelle des Gerichts** (Abs. 1). Aufgrund der Gefahr des Verlustes von Aktenteilen und der praktischen Anforderungen an den Geschäftsbetrieb[27] kann eine Einsichtnahme an einem anderen Ort oder die Versendung an die eigene Wohnanschrift nicht verlangt werden. Die Einsichtnahme kann in **zeitlicher Hinsicht** durch die Geschäftzeiten der Geschäftstelle oder andere besondere Zeitangaben beschränkt sein. Die Beschränkung des Zugriffs auf die Akten allein in einem bestimmten regelmäßigen Zeitfenster stellt keine bedeutsame Einschränkung des Anspruches und des Gebots auf rechtliches Gehör dar, solange dieses geeignet ist, dem Sinn und Zweck der Akteneinsicht zu genügen. Die Möglichkeit der Akteneinsicht innerhalb der üblichen Geschäftszeiten genügt.[28]

14 Gleiches gilt grundsätzlich auch für **Rechtsanwälte, Notare und andere Behörden.** Bei diesen wird jedoch grundsätzlich von einer besonderen Zuverlässigkeit ausgegangen,[29] weshalb Abs. 4 S. 1 die Möglichkeit der Überlassung der Akten in die Amts- oder Geschäftsräume einräumt. Die Entscheidung steht im **pflichtgemäßen Ermessen** des Gerichts und ist zur Vermeidung von Zwischenstreitigkeiten[30] nicht anfechtbar (Abs. 4 S. 3). Einer pflichtgemäßen Ausübung des Ermessens entspricht es nicht, die Herausgabe der Akten grundsätzlich zu versagen, vielmehr sind stets die Umstände des Einzelfalles einzustellen. Der Hinweis auf eine anderweitige übliche Praxis[31] oder die Zulässigkeit nur in besonderen Ausnahmefällen[32] tragen eine ablehnende Ermessensentscheidung nicht. Dabei ist zu berücksichtigen, ob der Geschäftgang im konkreten Versendungsfall behindert wird.[33] Berücksichtigung werden darf die Gefahr des Verlustes unersetzlicher Akten[34] oder die in anderen Fällen bereits aufgetretene Unzuverlässigkeit des konkreten Rechtsanwalts hinsichtlich der rechtzeitigen Rückgabe der Akten.[35] Insgesamt wird sich für eine großzügige Handhabung ausgesprochen.[36]

15 Abs. 4 S. 2 macht deutlich, dass eine eigene Ermessensentscheidung des Gerichts darüber getroffen werden kann, ob auch **Beweisstücke** mit überlassen werden. Die regelmäßig bestehende Einzigartig-

---

[24] *Bumiller/Harders* Rn. 3.
[25] *Baumbach/Lauterbach/Hartmann* § 299 ZPO Rn. 30.
[26] BT-Drucks. 16/6308, S. 181.
[27] BGH NJW 1961, 559; OLG Hamm NJW 1990, 843; *Pawlita* AnwBl 1986, 1 (3).
[28] *Keidel/Sternal* Rn. 58.
[29] BT-Drucks. 16/6308, S. 182.
[30] BT-Drucks. 16/6308, S. 182.
[31] OLG Stuttgart AnwBl 1958, 95.
[32] LAG Hamm NJW 1974, 1920.
[33] OLG Hamm NJW 1990, 843 (844).
[34] OLG Schleswig Rpfleger 1976, 108 (109).
[35] OLG Düsseldorf MDR 1987, 768 (769); *Schneider* MDR 1984, 108 (110).
[36] OLG Hamm ZIP 1990, 1369; LAG Hamm NJW 1974, 1920; oben § 299 ZPO Rn. 11; *Thomas/Putzo/Reichold* § 299 ZPO Rn. 1; *Pawlita* AnwBl 1986, 1 (7); *Schneider* MDR 1984, 108 (110); aA OLG Brandenburg NJW-RR 2008, 512.

VI. Umfang des Einsichtsrechts

1. Gerichtsakten. Das Akteneinsichtsrecht erfasst die Gerichtsakten einschließlich bestehender **16** Beiakten, mithin die Akten, die bei einem Gericht **für ein bestimmtes Verfahren** nach der AktO **geführt** werden. Bestandteil der Akten sind alle zu diesem Verfahren bei Gericht eingereichten Schriftsätze nebst deren Anlagen, gerichtliche Protokolle, die Urschriften von Beschlüssen und Verfügungen, Zustellungsurkunden, andere amtliche Schriftstücke[38] sowie die Prozessvollmacht.[39]

Urkunden der Beteiligten, auch wenn diese dem Gericht vorzulegen sind, sowie **Akten von** **17** **Behörden, anderen Gerichten oder Dritten** werden dagegen nicht Bestandteil der Gerichtsakten. Insofern besteht auch kein unmittelbares Akteneinsichtsrecht.[40] Sollen derartige Akten jedoch Grundlage der Entscheidung des Gerichts sein, gebietet es der Anspruch auf rechtliches Gehör aus Art. 103 Abs. 1 GG, dass auch diese Akten von den Beteiligten eingesehen werden können. Eine Berücksichtigung für die Entscheidung kann daher nur erfolgen, wenn der ursprüngliche Akteninhaber mit der Einsicht durch die Beteiligten einverstanden ist und Einsicht bei Verlangen gewährt wird; anderenfalls müssen solche Akten bei der Entscheidung unberücksichtigt bleiben.[41] Jedenfalls in der Übersendung der Akten an das Gericht durch andere Gerichte und Behörden wird man in der Regel eine stillschweigende Zustimmung sehen müssen, dass Akteneinsicht den Beteiligten gewährt wird.[42]

Dem Einsichtnehmenden steht es frei, sich während der Einsichtnahme **Notizen** über den **Ak-** **18** **teninhalt** anzufertigen oder Aktenteile abzuschreiben.[43] Nach Abs. 3 S. 1 kann auch die Anfertigung von Ausfertigungen, Auszügen und Abschriften durch die Geschäftsstelle verlangt werden. Abschriften sind zudem auf Verlangen zu beglaubigen (Abs. 3 S. 2). Eines besonderen Interesses hierfür bedarf es nicht, soweit Akteneinsicht gewährt wurde, besteht dieser Anspruch. Eine Beschränkung ist nicht möglich.[44]

2. Gerichtsinterne Dokumente. Abs. 6 zählt drei Kategorien von gerichtsinternen Dokumen- **19** ten auf: Zum einen **Entwürfe von Beschlüssen und Verfügungen,** zum Zweiten **vorbereitende** **Arbeiten** zu Beschlüssen und Verfügungen und zum Dritten die **Abstimmung betreffende** **Dokumente** bei Kollegialgerichten.[45] Hierzu zählen zum einen die von einem Richter selbst gefertigten Entwürfe, mithin alle Arbeiten am Text des Beschlusses oder der Verfügung vor dem Erlass. Auch vom Richter in Vorbereitung des Beschlusses gefertigte Arbeiten, zB Exzerpte von Entscheidungen oder Literatur oder zum Verständnis angefertigte Skizzen, werden erfasst. Ebenfalls eingeschlossen sind die von einem zugeordneten Rechtsreferendar gefertigten Entwürfe und die beim Bundesgerichtshof geführten Senatshefte, die das Votum des Berichterstatters enthalten.[46] Keine vorbereitenden Arbeiten und daher **nicht mit erfasst** sind erstattete Gutachten, hinsichtlich dieser besteht ein Akteneinsichtsrecht.[47] Ebenso verhält es sich bei der dienstlichen Äußerung eines Richters zu einer Selbstablehnung.[48]

Das **Akteneinsichtrecht** ist für die benannten gerichtsinternen Dokumente **generell aus-** **20** **geschlossen.** Derartige Dokumente können die Beteiligten und Dritte, aber auch andere Behörden oder Gerichte weder im Gericht einsehen, noch kann eine Abschrift oder Kopie verlangt werden.[49] Entsprechende Dokumente sind daher vor der Gewährung der Akteneinsicht aus der Akte herauszunehmen. Unterbleibt dies und erlangen die Beteiligten Kenntnis von derartigen Dokumenten, folgt aus dem Ausschluss von der Akteneinsicht **kein Verwertungsverbot.** Die erlangten Informa-

---

[37] BT-Drucks. 16/6308, S. 364.
[38] Oben § 299 ZPO Rn. 4.
[39] Oben § 299 ZPO Rn. 5.
[40] BGH NJW 1952, 305 (306).
[41] BGH NJW 1952, 305 (306); BayObLG NJW-RR 1999, 86 (87); *Schneider* MDR 1984, 108 (109); *Zöller/* *Greger* § 299 ZPO Rn. 3.
[42] *Schneider* MDR 1984, 108 (109); *Stein/Jonas/Leipold* § 299 ZPO Rn. 15.
[43] Oben § 299 ZPO Rn. 5.
[44] Oben § 299 ZPO Rn. 13; *Stein/Jonas/Leipold* § 299 ZPO Rn. 18.
[45] Zur Rechtfertigung für den Ausschluss dieser Dokumente s. *Sendler*, FS Lerche, 1993, S. 833 (844 ff.).
[46] *Musielak/Huber* § 299 ZPO Rn. 7.
[47] Vgl. OLG Celle ZInsO 2007, 150 (152); OLG Celle NZI 2002, 261; OLG Düsseldorf ZIP 2000, 322 (323).
[48] BVerfG NJW 1993, 2229.
[49] *Musielak/Huber* § 299 ZPO Rn. 7.

tionen können daher auch genutzt werden, um damit eine Ablehnung einer Gerichtsperson nach § 6 zu begründen.[50]

VII. Gerichtskosten

21 Die **Entscheidung über die Akteneinsicht** wie die **Einsichtnahme selbst** ist gebührenfrei.[51] Für keine der Entscheidungen des Gerichts im Rahmen des § 13 werden Gebühren erhoben.

22 In **Familiensachen** wird für die Versendung von Akten je Sendung eine Auslagenpauschale von 12 Euro, für die Übermittlung einer elektronisch geführten Akte von 5 Euro nach Nr. 2003 KV-FamGKG erhoben. Die Höhe der Kosten für die Erstellung von Ausfertigungen, Ablichtungen oder Ausdrucken bestimmt sich nach Nr. 2000 KV-FamGKG. Kostenschuldner ist gemäß § 23 FamGKG derjenige, der die Übermittlung bzw. die Anfertigung beantragt hat.

23 In anderen **Angelegenheiten der freiwilligen Gerichtsbarkeit** wird die gleiche Auslagenpauschale von 12 Euro nach § 137 Ab. 1 Nr. 3 KostO erhoben. Die Kosten für die Erstellung von Ausfertigungen, Ablichtungen oder Ausdrucken bestimmen sich nach § 136 KostO. Schuldner ist nach § 2 Nr. 1 KostO, wer die Aktenübermittlung bzw. die Anfertigungen beantragt hat.

24 An der **Versendung** einer Akte **fehlt** es, wenn diese über ein Gerichtsfach zur Verfügung gestellt wird,[52] nicht jedoch, wenn die über die Dienstpost erst zu dem Gerichtsgebäude gebracht werden muss, in dem sich das Gerichtsfach befindet.[53]

§ 14 Elektronische Akte; elektronisches Dokument

(1) [1]Die Gerichtsakten können elektronisch geführt werden. [2]§ 298a Abs. 2 und 3 der Zivilprozessordnung gilt entsprechend.

(2) [1]Die Beteiligten können Anträge und Erklärungen als elektronisches Dokument übermitteln. [2]Für das elektronische Dokument gelten § 130a Abs. 1 und 3 sowie § 298 der Zivilprozessordnung entsprechend.

(3) Für das gerichtliche elektronische Dokument gelten die §§ 130b und 298 der Zivilprozessordnung entsprechend.

(4) [1]Die Bundesregierung und die Landesregierungen bestimmen für ihren Bereich durch Rechtsverordnung den Zeitpunkt, von dem an elektronische Akten geführt und elektronische Dokumente bei Gericht eingereicht werden können. [2]Die Bundesregierung und die Landesregierungen bestimmen für ihren Bereich durch Rechtsverordnung die geltenden organisatorisch-technischen Rahmenbedingungen für die Bildung, Führung und Aufbewahrung der elektronischen Akten und die für die Bearbeitung der Dokumente geeignete Form. [3]Die Landesregierungen können die Ermächtigung durch Rechtsverordnung auf die jeweils zuständige oberste Landesbehörde übertragen. [4]Die Zulassung der elektronischen Akte und der elektronischen Form kann auf einzelne Gerichte oder Verfahren beschränkt werden.

(5) [1]Sind die Gerichtsakten nach ordnungsgemäßen Grundsätzen zur Ersetzung der Urschrift auf einen Bild- oder anderen Datenträger übertragen worden und liegt der schriftliche Nachweis darüber vor, dass die Wiedergabe mit der Urschrift übereinstimmt, so können Ausfertigungen, Auszüge und Abschriften von dem Bild- oder dem Datenträger erteilt werden. [2]Auf der Urschrift anzubringende Vermerke werden in diesem Fall bei dem Nachweis angebracht.

Schrifttum: *Ahrens,* Elektronische Dokumente und technische Aufzeichnungen als Beweismittel. Zum Urkunden- und Augenscheinbeweis der ZPO, FS Geimer, 2002, S. 1; *Bacher,* Eingang von E-Mail-Sendungen bei Gericht, MDR 2002, 669; *Berger,* Beweisführung mit elektronischen Dokumenten, NJW 2005, 1016; *Dästner,* Neue Formvorschriften im Prozessrecht, NJW 2002, 3469; *Fischer,* Justiz-Kommunikation – „Reform der Form?", DRiZ 2005, 90; *Gassen,* Digitale Signaturen in der Praxis, 2003; *Gottwald,* Auswirkungen des elektronischen Rechtsverkehrs auf Parteivortrag und richterliche Sachbearbeitung im Zivilprozess, FS Vollkommer (2006) S. 259; *Hähnchen,* Elektronische Akten bei Gericht – Chancen und Hindernisse, NJW 2005, 2257; *Gilles,* Zur beginnenden Elektronifizierung von Zivilgerichtsverfahren und ihrer Verrechtlichung in der deutschen Zivil-

---

[50] OLG Frankfurt NJW 2007, 928 Anm. *Kroppenberg.*
[51] Oben § 299 ZPO Rn. 14; *Stein/Jonas/Leipold* § 299 ZPO Rn. 14.
[52] LG Münster AnwBl 1995, 378.
[53] BVerfG AnwBl 1996, 293.

prozessordnung durch Sondernormen eines neuen „E-Prozeßrechts", FS Németh, 2003, S. 271; *Jungermann,* Der Beweiswert elektronischer Signaturen, 2002; *Mankowski,* Zum Nachweis des Zugangs bei elektronischen Erklärungen, NJW 2004, 1901; *Roßnagel,* Das neue Recht elektronischer Signaturen, NJW 2001, 1817; *Splittgerber,* Die elektronische Form von bestimmenden Schriftsätzen, CR 2003, 23; *Suermann,* Schöne (?) neue Welt: die elektronische Akte, DRiZ 2001, 291; *Viefhues,* Das Gesetz über die Verwendung elektronischer Kommunikationsformen in der Justiz, NJW 2005, 1009.

Übersicht

	Rn.		Rn.
I. Normzweck	1, 2	2. Form der elektronischen Dokumente	18–22
II. Anwendungsbereich	3–5	3. Eingang bei Gericht	23–25
III. Elektronische Akte	6–13	4. Fehlgeschlagene und fehlerhafte Übermittlung	26–28
1. Einführung der elektronischen Akte	6, 7	5. Weiterverarbeitung	29
2. Übertragung in elektronische Dokumente	8–10	V. Gerichtliche elektronische Dokumente	30
3. Aufbewahrung der Originaldokumente	11–13	VI. Datenträgerarchiv	31
IV. Elektronische Dokumente der Beteiligten	14–29		
1. Allgemeines	14–17		

I. Normzweck

Mit dem JKomG v. 22. 3. 2005 (BGBl. I S. 837) sollte die Justiz weiter für den **elektronischen** 1 **Rechtsverkehr,** insbesondere durch die Ermöglichung einer umfassenden elektronischen Aktenbearbeitung innerhalb des Gerichts und die Einführung des gerichtlichen elektronischen Dokuments als Äquivalent zur Papierform sowie die Regelungen im Hinblick auf Signaturerfordernis und Beweiskraft, geöffnet werden. Dazu wurden in allen Verfahrensordnungen außer dem FGG vergleichbare Regelungen eingefügt (vgl. §§ 130a, 130b, 298, 298a ZPO, §§ 46b–36d ArbGG, §§ 55a, 55b VwGO, §§ 65a, 65b SGG, §§ 52a, 52b FGO). In Anbetracht der bereits 2005 vorgesehenen umfassenden Reform der freiwilligen Gerichtsbarkeit unterblieb die Einstellung einer entsprechenden Regelung im FGG. Dies wird nunmehr mit § 14 nachgeholt, durch den auch in der freiwilligen Gerichtsbarkeit die rechtliche Grundlage für die **Einreichung elektronischer Schriftsätze** geschaffen und die **elektronische Aktenführung** ermöglicht wird. Die Norm bildet damit die Grundlage für eine allmähliche Überleitung zu einem elektronischen Aktenführungssystem.

Aufgrund § 113 Abs. 1 gilt § 14 nicht in **Ehesachen** und **Familienstreitsachen.** Es sind statt- 2 dessen gemäß § 113 Abs. 1 S. 2 insgesamt die entsprechenden Vorschriften der ZPO anzuwenden.

II. Anwendungsbereich

Die Verarbeitung elektronischer Dokumente wie die elektronische Aktenführung bedürfen der 3 Bereitstellung einer entsprechenden Infrastruktur bei den Gerichten. Dies ist auch heute noch nicht generell sichergestellt und kann insbesondere aus fiskalischen Gründen kurzfristig nicht flächendeckend erwartet werden. Der **Zeitpunkt,** ab dem Dokumente elektronisch eingereicht werden können sowie ab dem die Gerichtsakten elektronisch geführt werden, ist daher vom jeweiligen Dienstherrn **durch Rechtsverordnung** festzusetzen (Abs. 4 S. 1). Ebenso müssen die organisatorisch-technischen Rahmenbedingungen für die elektronische Aktenführung sowie die zulässige Form für einzureichende Dokumente durch Rechtsverordnung festgelegt werden (Abs. 4 S. 2). **Zuständig** ist der jeweilige Dienstherr, für den BGH mithin die Bundesregierung, für die Landesgerichte die jeweilige Landesregierung, der eine Subdelegation auf die zuständige oberste Landesbehörde eingeräumt wird (Abs. 4 S. 3). Abs. 4 S. 4 ermöglicht es sukzessive mit der Bereitstellung der notwendigen Infrastruktur bei einzelnen Gerichten und allein für einzelne Verfahren zum elektronischen Rechtsverkehr überzugehen.

Auf **Bundesebene** ist die **Bundesregierung** für die Einführung des elektronischen Rechts- 4 verkehrs beim BGH zuständig. Sie hatte die **Einreichung elektronischer Dokumente** beim BGH bereits für FGG-Verfahren zugelassen (s. Nr. 2 Anlage zu § 1 BGH/BPatGERVV).[1] Um Kontinuität

---

[1] Verordnung über den elektronischen Rechtsverkehr beim Bundesgerichtshof und Bundespatentgericht v. 24. 8. 2007, BGBl. I S. 2130.

zu wahren wird dort durch Art. 30 FGG-RG das FamFG ergänzt. Einer „Entsteinerungsklausel" bedarf es nach der jüngeren Rechtsprechung des BVerfG nicht.[2] Die Regelung verbleibt auch nach der Änderung durch formelles Gesetz allein im Verordnungsrang. Auf Bundesebene ist mithin die Einreichung von elektronischen Dokumenten mit Inkrafttreten des FamFG möglich. Eine **elektronische Aktenführung** ist dagegen beim BGH derzeit noch nicht vorgesehen.

5 Auf **Landesebene** ist damit zu rechnen, dass für die Einreichung von **elektronischen Dokumenten** analog zu § 130a ZPO kurzfristig die entsprechenden Rechtsverordnungen erlassen bzw. um das FamFG erweitert werden. Eine **elektronische Aktenführung** ist derzeit auch für den Zivilprozess noch nicht vorgesehen, entsprechend wird diese kurzfristig auch nicht für das FamFG-Verfahren eingeführt werden. Hier wird mittelfristig noch die notwendige Infrastruktur bei den Gerichten aufzubauen sein.

III. Elektronische Akte

6 **1. Einführung der elektronischen Akte.** Abs. 1 ermöglicht die Führung der Gerichtsakten auf elektronischem Weg, sobald für das jeweilige Gericht und das entsprechende Verfahren die Einführung durch **Rechtsverordnung** festgesetzt wurde (Abs. 4 S. 1, 4; s. Rn. 3 ff.). Auch die organisatorischtechnischen Rahmenbedingungen für die Bildung, Führung und Aufbewahrung der elektronischen Akten sind für den BGH durch Rechtsverordnung der Bundesregierung, für die übrigen Gerichte durch Rechtsverordnung der jeweiligen Landesregierung zu schaffen (Abs. 4 S. 2). Den Landesregierungen wird die Möglichkeit der Subdelegation auf die zuständige oberste Landesbehörde eingeräumt (Abs. 4 S. 3). Derzeit sind noch keine Verordnungen auf Grundlage des Abs. 4 erlassen worden, so dass eine elektronische Aktenführung in Familiensachen und Angelegenheiten der freiwilligen Gerichtsbarkeit **derzeit nicht stattfindet**.

7 Abs. 1, Abs. 4 eröffnet dem Bund bzw. den Ländern jeweils für ihre Zuständigkeit die Möglichkeit zur elektronischen Aktenführung, eine **Pflicht** dazu besteht nicht. Wurde durch Rechtsverordnung für ein bestimmtes Gericht und ein bestimmtes Verfahren die elektronische Aktenführung eingeführt, ergibt sich hieraus eine Pflicht im konkreten Verfahren die Akte tatsächlich elektronisch zu führen.[3]

8 **2. Übertragung in elektronische Dokumente.** Wurde auf ein elektronisches Aktenführungssystem umgestellt, sollen nach Abs. 1 S. 2, § 298a Abs. 2 S. 1 ZPO **in Papierform eingereichte Dokumente** in ein elektronisches Dokument übertragen werden, welches sodann das Original ersetzt. So wird eine einheitliche elektronische Akte, die alle Verfahrensdokumente enthält, ermöglicht. Der Gesetzgeber ging hierbei von einer grundsätzlichen Transferpflicht aus, gestaltete die Norm jedoch als Soll-Vorschrift, damit bei besonderen Umständen, etwa einem besonders großen Umfang, von einem Medientransfer abgesehen werden kann.[4] Es steht daher im pflichtgemäßen Ermessen des Gerichts, ob eine Übertragung stattfindet.

9 Aufgrund der Ersetzung muss dem elektronischen Dokument **grundsätzlich** der **gleiche Beweiswert** zukommen wie dem Papier-Original. Es stellt nach der Übertragung ein weiteres Originaldokument dar.[5] Kann in Ausnahmefällen dem elektronischen Dokument nicht der gleiche Beweiswert zukommen, so muss das Papierdokument weiter aufbewahrt werden (s. Rn. 11).

10 Die Übertragung wird in der Praxis durch den Urkundsbeamten erfolgen. Aufgrund der Ersetzung des Papierdokuments durch das elektronische sind an die Übertragung hohe Sorgfaltsanforderungen zu stellen. Es muss sichergestellt werden, dass eine vollständige Übertragung stattfindet. Abs. 1 S. 2, § 298a Abs. 3 ZPO schreibt zwingend vor, dass das Erstellte elektronische Dokument mit einem **Vermerk** versehen wird, wann und durch wen die Übertragung erfolgte. Es ist die Person zu benennen, die die Übertragung tatsächlich vornahm, auch wenn auf Anweisung des Rechtspflegers oder Richters gehandelt wurde. Da der Vermerk keine Außenwirkung hat, wurde auf das Erfordernis einer elektronischen Signatur verzichtet.[6] Auch die ausdrückliche Feststellung der Identität von Papieroriginal und elektronischem Abbild wurde vom Gesetzgeber zur Vereinfachung justizieller Verfahrensabläufe für nicht notwendig erachtet. Es soll mittels der geringen Anforderungen eine maschinelle Übertragung in elektronische Dokumente ermöglicht werden.[7]

11 **3. Aufbewahrung der Originaldokumente.** Die Aufbewahrung der Dokumente bei Gericht in Papierform neben dem erzeugten elektronischen Dokument wird nur angeordnet (Abs. 1 S. 2,

---

[2] BVerfG NVwZ 2006, 191 (197 Rn. 217).
[3] *Baumbach/Lauterbach/Hartmann* § 298a ZPO Rn. 3.
[4] BT-Drucks. 15/4067, S. 33.
[5] Oben § 298a ZPO Rn. 9; aA *Viefhues* NJW 2005, 1009 (1013).
[6] BT-Drucks. 15/4067, S. 33; aA *Baumbach/Lauterbach/Hartmann* § 298a ZPO Rn. 7.
[7] BT-Drucks. 15/4067, S. 33.

§ 298a Abs. 2 S. 2 ZPO), **sofern diese weiter benötigt werden.** Die Entscheidung darüber trifft der Urkundsbeamte in eigener Zuständigkeit und Verantwortung nach pflichtgemäßem Ermessen, soweit nicht eine Entscheidung durch den Rechtspfleger, Richter oder das Richterkollegium getroffen wurde. Eine Aufbewahrung wird notwendig sein, soweit eine Diskrepanz zwischen dem Beweiswert der beiden Dokumente angenommen wird, eine weitere Augenscheinnahme zur Echtheitsprüfung in Betracht kommt, bereits das Original schwer lesbar ist oder Streit über eine Unterschrift besteht.[8]

Bei **positiver Entscheidung** wird von Abs. 1 S. 2, § 298a Abs. 2 S. 3 eine **Mindestaufbewahrungsfrist** festgelegt. Die Originaldokumente sind mindestens bis zum rechtskräftigen Abschluss des Verfahrens aufzubewahren. Daraus wird deutlich, dass die Entscheidung einmalig nach Abschluss der Übertragung in ein elektronisches Dokument zu treffen ist. Eine nochmalige Überprüfung zu einem späteren Zeitpunkt im laufenden Verfahren ist nicht gestattet; sie würde die gesetzte Mindestaufbewahrungsfrist konterkarieren. Der **rechtskräftige Abschluss des Verfahrens** ist nicht gleich dem Eintritt der formellen Rechtskraft des den Verfahrensgegenstand erledigenden Beschlusses nach § 45. Es ist zur Vermeidung der Vernichtung von unersetzbaren Originalen eine weite Auslegung geboten. Die Mindestaufbewahrungsfrist muss auf den letzten mit dem Verfahren unmittelbar im Zusammenhang stehenden Akt ausgedehnt werden. Auch etwaige Kostenfestsetzungsverfahren sind hinzuzuzählen. Weitergehende Mindest- und **Höchstaufbewahrungsfristen** werden für den BGH durch das SchrAG[9] festgesetzt. Für die Landesgerichte wurde die Gesetzgebungskompetenz des Bundes bezweifelt, weshalb diese entgegen dem ursprünglichen Vorschlag[10] ausgenommen wurden.[11] Die Länder erlassen daher eigenständige, vergleichbare Schriftgutaufbewahrungsvorschriften, so geschehen in Baden-Württemberg,[12] Berlin,[13] Brandenburg,[14] Nordrhein-Westfalen,[15] Rheinland-Pfalz,[16] Saarland,[17] Sachsen-Anhalt[18] und Thüringen.[19] In Bayern[20] und Schleswig-Holstein[21] wurden entsprechende Gesetzesvorhaben eingeleitet.

Bei **negativer Entscheidung** wird das weitere Vorgehen vom Gesetz nicht angeordnet. Der Urkundsbeamte hat zwischen Rückgabe an den Einreichenden und Vernichtung des Papierdokumentes nach pflichtgemäßem Ermessen zu entscheiden. Die Gefahr des unersetzbaren Verlusts von einmaligen Originaldokumenten ist hierbei besonders einzustellen.[22] Jedenfalls soweit Unterlagen mit der Bitte um Rückgabe eingereicht werden, scheidet eine Vernichtung aus.

---

[8] *Baumbach/Lauterbach/Hartmann* § 298a ZPO Rn. 6.
[9] Erlassen durch Art. 11 JKomG.
[10] BT-Drucks. 15/4067, S. 18.
[11] BT-Drucks. 15/4952, S. 50.
[12] Gesetz zur Aufbewahrung von Schriftgut der Gerichte, Staatsanwaltschaften und der Justizvollzugsbehörden (Landesjustizschriftgutaufbewahrungsgesetz) v. 23. 7. 2008, ba-wüGBl. 2008 S. 254.
[13] Gesetz zur Aufbewahrung von Schriftgut der Justiz des Landes Berlin (Schriftgutaufbewahrungsgesetz – SchrAG) v. 24. 11. 2008, berlGVBl. 2008 S. 410.
[14] Gesetz zur Aufbewahrung von Schriftgut der Justiz des Landes Brandenburg (Brandenburgisches Justiz-Schriftgutaufbewahrungsgesetz – BbgJSchrAufbG) v. 29. 10. 2008, brandbgGVBl. 2008 I 273.
[15] Art. 1 Nr. 4, 5 Gesetz über Dolmetscher und Übersetzer sowie zur Aufbewahrung von Schriftgut in der Justiz Nordrhein-Westfalens v. 29. 1. 2008, nrwGVBl. 2008 S. 128, wodurch die §§ 77, 78 nrwAGGVG entsprechend neu gefasst wurden.
[16] Landesgesetz zur Aufbewahrung von Schriftgut der Justiz v. 29. 4. 2008, rh-pfGVBl. 2008 S. 77.
[17] Gesetz Nr. 1659 zur Aufbewahrung von Schriftgut der ordentlichen Gerichte, der Fachgerichtsbarkeiten, der Staatsanwaltschaften und der Justizbehörden (Schriftgutaufbewahrungsgesetz der Justiz des Saarlandes – JSchrAG-Saar) v. 28. 10. 2008, saarlABl. 2008 S. 1879.
[18] Gesetz zur Aufbewahrung von Schriftgut der Justiz im Land Sachsen-Anhalt (JSchrG LSA) v. 19. 6. 2008, sachs-anhGVBl. 2008 S. 236.
[19] Art. 1 Nr. 5 Thüringer Gesetz zur Regelung der allgemeinen Beeidigung von Dolmetschern und Ermächtigung von Übersetzern sowie zur Änderung weiterer Justizvorschriften v. 16. 12. 2008, thürGVBl. 2008 S. 587, wodurch die §§ 25, 26 thürAGGVG neu eingefügt wurden.
[20] Entwurf des § 1 Nr. 15 Gesetz zur Änderung des Gesetzes zur Ausführung des Gerichtsverfassungsgesetzes und von Verfahrensgesetzen des Bundes, bayLT-Drucks. 16/1061 v. 31. 3. 2009, wodurch eine entsprechende Regelung in die §§ 51a, 51b bayAGGVG eingestellt werden soll.
[21] Entwurf eines Gesetzes zur Aufbewahrung von Schriftgut der ordentlichen Gerichte, der Fachgerichtsbarkeiten, der Staatsanwaltschaften, der Justizvollzugsbehörden und der Justizverwaltung (Justizschriftgutaufbewahrungsgesetz – JSchrAG), schl-holstLT-Drucks. 16/2522 v. 9. 3. 2009.
[22] So auch *Baumbach/Lauterbach/Hartmann* § 298a ZPO Rn. 2.

IV. Elektronische Dokumente der Beteiligten

14 **1. Allgemeines.** Die Beteiligten können ihrerseits **Anträge** und **Erklärungen** ab dem Zeitpunkt, ab welchem für das adressierte Gericht und in dem durchgeführten Verfahren der elektronische Rechtsverkehr durch Rechtsverordnung eingeführt wurde (s. Rn. 3 ff.), auf elektronischem Weg übermitteln (Abs. 2 S. 1).

15 **Elektronische Dokumente** sind nicht allein per E-Mail oder als Dateianhang zu einer E-Mail übermittelte Daten, sondern auch auf Datenträgern gespeicherte Dateien. Welche konkrete Form der elektronischen Dokumente zugelassen wird, hängt für jedes Gericht und das jeweilige Verfahren von der entsprechenden Rechtsverordnung zur geeigneten Dokumentform (s. Rn. 18) ab.[23] Telefax wie Computerfax sind keine elektronischen Dokumente.[24] Bei ihnen kommt es auf den verkörperten Ausdruck auf Papier an; sie sind von vornherein nicht für die elektronische Weiterverarbeitung vorgesehen.

16 Die Aufzeichnung als elektronisches Dokument wird der **Schriftform** gleichgestellt (Abs. 2 S. 2, § 130a Abs. 1 S. 1 ZPO). Die elektronischen Dokumente sollen gemäß Abs. 2 S. 2, § 130a Abs. 1 S. 2 ZPO eine qualifizierte elektronische Signatur nach § 2 Nr. 3 SigG enthalten. Für **bestimmende Schriftsätze** (s. § 129 ZPO Rn. 1) wird in der Papierform die eigenhändige Unterschrift zwingend verlangt.[25] Entsprechend muss bei der Einreichung als elektronisches Dokument zwingend die qualifizierte elektronische Signatur enthalten sein.[26]

17 Über die Anträge und Erklärungen der Beteiligten hinaus werden durch Abs. 2 S. 2, § 130a Abs. 1 S. 1 ZPO für **sämtliche Erklärungen** auch **Dritter** (zB Zeugen und Sachverständige) elektronische Dokumente der Schriftform gleichgestellt. Aus dieser Gleichstellung muss die Zulassung der Einreichung der Erklärungen in elektronischer Form gefolgert werden. Diese ist daher nicht durch Abs. 2 S. 1 auf die Beteiligten beschränkt. Jegliche bei Gericht einzureichende Dokumente können elektronisch eingereicht werden. Nur so kann das Ziel, zukünftig eine effektive elektronische Aktenführung zu ermöglichen, entsprochen werden. Alles, was in schriftlicher Form bei Gericht einzureichen ist, kann folglich (vorrangig der generellen Zulassung des elektronischen Dokuments, s. Rn. 3 ff.) auch als elektronisches Dokument an das Gericht übermittelt werden.[27]

18 **2. Form der elektronischen Dokumente.** Mit der Zulassung der elektronischen Übermittlung ist gleichzeitig **durch Rechtsverordnung** die für die Bearbeitung der Dokumente geeignete Form **festzusetzen** (Abs. 4 S. 2). Zuständig ist für den BGH die Bundesregierung, für die übrigen Gerichte die jeweilige Landesregierung (Abs. 4 S. 2), der die Möglichkeit der Subdelegation auf die zuständige oberste Landesbehörde eingeräumt wird (Abs. 4 S. 3). **Inhaltlich** werden die technischen Anforderungen, insbesondere akzeptierte Dokumentenformate, Anforderungen an die Zertifikate zur qualifizierten elektronischen Signatur und akzeptierte Übermittlungsarten erfasst.

19 Auf **Bundesebene** bestimmen für den BGH die auf Grund der Ermächtigung in Abs. 4 S. 2 durch die Bundesregierung erlassenen §§ 2, 3 BGH/BPatGERVV die für die Bearbeitung der Dokumente geeignete Form. Durch die von Art. 30 FGG-RG vorgenommene Änderung ist die BGH/BPatGERVV in FamFG-Verfahren anwendbar. Die entsprechenden Vorschriften lauten wie folgt:

20 *§ 2 BGH/BPatGERVV Form der Einreichung*

(1) Zur Entgegennahme elektronischer Dokumente sind elektronische Poststellen der Gerichte bestimmt. Die elektronischen Poststellen sind über die auf den Internetseiten

1. *www.bundesgerichtshof.de/erv.html und*
2. *www.bundespatentgericht.de/bpatg/erv.html*

bezeichneten Kommunikationswege erreichbar.

(2) Die Einreichung erfolgt durch die Übertragung des elektronischen Dokuments in die elektronische Poststelle.

(3) Eine qualifizierte elektronische Signatur und das ihr zugrunde liegende Zertifikat müssen durch das adressierte Gericht oder eine andere von diesem mit der automatisierten Überprüfung beauftragte Stelle prüfbar sein. Die Eignungsvoraussetzungen für eine Prüfung werden gemäß § 3 Nr. 2 bekannt gegeben.

(4) Das elektronische Dokument muss eines der folgenden Formate in einer für das adressierte Gericht bearbeitbaren Version aufweisen:

---

[23] S. auch *Stein/Jonas/Leipold* § 130a Rn. 3 ff.
[24] Oben § 130a ZPO Rn. 2.
[25] Oben § 129 ZPO Rn. 11.
[26] *Thomas/Putzo/Reichold* § 130a ZPO Rn. 2.
[27] *Thomas/Putzo/Reichold* § 130a ZPO Rn. 1.

1. *ASCII (American Standard Code for Information Interchange) als reiner Text ohne Formatierungscodes und ohne Sonderzeichen,*
2. *Unicode,*
3. *Microsoft RTF (Rich Text Format),*
4. *Adobe PDF (Portable Document Format),*
5. *XML (Extensible Markup Language),*
6. *TIFF (Tag Image File Format),*
7. *Microsoft Word, soweit keine aktiven Komponenten (zum Beispiel Makros) verwendet werden,*
8. *ODT (OpenDocument Text), soweit keine aktiven Komponenten verwendet werden.*

Nähere Informationen zu den bearbeitbaren Versionen der zulässigen Dateiformate werden gemäß § 3 Nr. 3 bekannt gegeben.

(5) Elektronische Dokumente, die einem der in Absatz 4 genannten Dateiformate in der nach § 3 Nr. 3 bekannt gegebenen Version entsprechen, können auch in komprimierter Form als ZIP-Datei eingereicht werden. Die ZIP-Datei darf keine anderen ZIP-Dateien und keine Verzeichnisstrukturen enthalten. Beim Einsatz von Dokumentensignaturen muss sich die Signatur auf das Dokument und nicht auf die ZIP-Datei beziehen.

(6) Sofern strukturierte Daten übermittelt werden, sollen sie im Unicode-Zeichensatz UTF 8 (Unicode Transformation Format) codiert sein.

§ 3 BGH/BPatGERVV Bekanntgabe der Betriebsvoraussetzungen

Die Gerichte geben auf den in § 2 Abs. 1 Satz 2 genannten Internetseiten bekannt:
1. *die Einzelheiten des Verfahrens, das bei einer vorherigen Anmeldung zur Teilnahme am elektronischen Rechtsverkehr sowie für die Authentifizierung bei der jeweiligen Nutzung der elektronischen Poststelle einzuhalten ist, einschließlich der für die datenschutzgerechte Administration elektronischer Postfächer zu speichernden personenbezogenen Daten;*
2. *die Zertifikate, Anbieter und Versionen elektronischer Signaturen, die nach ihrer Prüfung für die Bearbeitung durch das jeweilige Gericht geeignet sind; dabei ist mindestens die Prüfbarkeit qualifizierter elektronischer Signaturen sicherzustellen, die dem Profil ISIS-MTT (Industrial-Signature-Interoperability-Standard – Mail-TrusT) entsprechen;*
3. *die nach ihrer Prüfung in § 2 Abs. 3 und 4 festgelegten Formatstandards entsprechenden und für die Bearbeitung durch das jeweilige Gericht geeigneten Versionen der genannten Formate sowie die bei dem in § 2 Abs. 4 Nr. 5 bezeichneten XML-Format zugrunde zu legenden Definitions- oder Schemadateien;*
4. *die zusätzlichen Angaben, die bei der Übermittlung oder bei der Bezeichnung des einzureichenden elektronischen Dokuments gemacht werden sollen, um die Zuordnung innerhalb des adressierten Gerichts und die Weiterverarbeitung zu gewährleisten.*

Auf **Landesebene** sind mit der Zulassung der Einreichung elektronischer Dokumente (s. Rn. 5) auch die entsprechenden Formanforderungen zu verordnen.

3. Eingang bei Gericht. Das elektronische Dokument ist eingereicht, wenn die Daten vom für den Empfang bestimmten Gerät aufgezeichnet wurden (Abs. 2 S. 2, § 130a Abs. 3 ZPO). Für die **Fristwahrung** muss daher die Übertragung vor Ablauf der Frist abgeschlossen, die gesendeten Signale mithin vollständig gespeichert worden sein.

Ausreichend ist **jedes** vom Gericht für die konkrete Art der Übermittlung **bereitgestellte Empfangsgerät**, nicht erforderlich ist die Nutzung des von der zuständigen Geschäftsstelle bereitgestellten Gerätes.[28] Das Empfangsgerät muss sich nicht im Gerichtsgebäude befinden, es kann sich auch um einen zentralen externen Server handeln, der als Empfangsgerät für das konkrete Gericht bereitgestellt wurde. Entscheidend ist allein die Aufzeichnung durch dieses Gerät; auf den Zugriff des Gerichts auf das Empfangsgerät kommt es nicht an.[29]

Nicht vorgeschrieben ist der Versand einer **Empfangsbestätigung.** Dennoch sollte eine solche nach Möglichkeit automatisch versandt werden.[30]

4. Fehlgeschlagene und fehlerhafte Übermittlung. Grundsätzlich wird das Risiko der fehlerhaften oder gänzlich fehlgeschlagenen Übermittlung vom Absender getragen. Wird durch das Gericht der Eingang von elektronischen Dokumenten für das Verfahren generell unterstützt, besteht jedoch die Verpflichtung das Empfangsgerät jederzeit auch nach den Dienstzeiten bereitzustellen. **Störungen** des Empfangsgerätes begründen daher eine **Wiedereinsetzung** nach § 17.

---

[28] Oben § 130a ZPO Rn. 7; *Stein /Jonas/Leipold* § 130a ZPO Rn. 22.
[29] *Stein /Jonas/Leipold* § 130a ZPO Rn. 22; s. auch *Bacher* MDR 2002, 669 (671).
[30] Dies fordern auch *Stein /Jonas/Leipold* § 130a ZPO Rn. 24; *Musielak/Stadler* § 130a ZPO Rn. 5.

Abs. 2 S. 2, § 130a Abs. 1 S. 3 ZPO verlangt zudem, dem Absender durch das Gericht unter Angabe der technischen Rahmenbedingungen **unverzüglich mitzuteilen,** wenn das übermittelte Dokument für das Gericht nicht zur Bearbeitung geeignet ist. Die Mitteilungspflicht greift sowohl bei fehlerhaften Übermittlungen als auch bei Verstößen des Absenders gegen die durch Rechtsverordnung mitgeteilten akzeptierten Formanforderungen (s. Rn. 18).

Bei noch laufender Frist besteht so die Möglichkeit zur erneuten Übermittlung des Dokuments. Unterblieb die unverzügliche Mitteilung, so kann, wenn bei rechtzeitiger Mitteilung eine erneute Übermittlung möglich gewesen wäre, hierauf eine **Wiedereinsetzung** nach § 17 gestützt werden. Eine Wiedereinsetzung kann auch darauf gestützt werden, dass die Bearbeitung des Dokuments durch das Gericht aus technischen Gründen, die für den Absender nicht erkennbar waren, nicht möglich ist.[31]

5. **Weiterverarbeitung.** Für die **Speicherung** und die **Umwandlung** des elektronischen Dokuments in ein Papierdokument verweist Abs. 2 S. 2 auf § 298 ZPO. S. entsprechend die Erläuterungen bei § 298 ZPO Rn. 1 ff.

V. Gerichtliche elektronische Dokumente

Für gerichtliche elektronische Dokumente wird von Abs. 3 auf die §§ 130b, 298 ZPO verwiesen. Durch § 130b ZPO wird auch dem **Gericht** die Möglichkeit gegeben, elektronische Dokumente anstatt von Papierdokumenten für ein **Handeln nach außen** zu nutzen. § 298 ZPO normiert die Anforderungen an die Umwandlung von elektronischen Dokumenten in Papierdokumente durch das Gericht. S. dazu die Erläuterungen bei § 130 ZPO Rn. 1 ff. und § 298 ZPO Rn. 1 ff.

VI. Datenträgerarchiv

Abs. 5 dient der vereinfachten Archivierung der Gerichtsakten. Er ermöglicht anstatt der Originalakten eine **Mikroverfilmung** oder eine **elektronische Speicherung** der Akten aufzubewahren. Ausfertigungen können bei Vorhandensein eines schriftlichen Nachweises über die Übereinstimmung der Wiedergabe mit dem Original aus dem Datenträgerarchiv erstellt werden. Die Norm ist mit § 299a ZPO identisch, s. daher im Übrigen die Erläuterungen bei § 299a ZPO Rn. 1 ff.

§ 15 Bekanntgabe; formlose Mitteilung

(1) Dokumente, deren Inhalt eine Termins- oder Fristbestimmung enthält oder den Lauf einer Frist auslöst, sind den Beteiligten bekannt zu geben.

(2) ¹Die Bekanntgabe kann durch Zustellung nach den §§ 166 bis 195 der Zivilprozessordnung oder dadurch bewirkt werden, dass das Schriftstück unter der Anschrift des Adressaten zur Post gegeben wird. ²Soll die Bekanntgabe im Inland bewirkt werden, gilt das Schriftstück drei Tage nach Aufgabe zur Post als bekannt gegeben, wenn nicht der Beteiligte glaubhaft macht, dass ihm das Schriftstück nicht oder erst zu einem späteren Zeitpunkt zugegangen ist.

(3) Ist eine Bekanntgabe nicht geboten, können Dokumente den Beteiligten formlos mitgeteilt werden.

I. Normzweck

Die rudimentäre Regelung des FGG, welches in § 16 FGG allein die Bekanntmachung von Entscheidungen und Verfügungen regelte, wird in § 15 zu einer **allgemeinen Bestimmung über die Mitteilung von Dokumenten** an die Beteiligten ausgebaut.[1] Mit der Norm wird ein Weg zwischen kostengünstiger und unbürokratischer Justiz auf der einen Seite und notwendiger Rechtssicherheit auf der anderen Seite gesucht.[2]

Die Norm ist auf Grund § 113 Abs. 1 S. 1 in **Ehesachen** und **Familienstreitsachen** nicht anwendbar. In diesen Verfahren verweist § 113 Abs. 1 S. 2 auf die Regelungen in der ZPO.

---

[31] *Musielak/Stadler* § 130a ZPO Rn. 3a.
[1] BT-Drucks. 16/6308, S. 182.
[2] *Musielak/Borth* Rn. 1.

II. Formlose Mitteilung oder Bekanntgabe

1. Formlose Mitteilung. Soweit eine besondere Mitteilungsform nicht vom Gesetz angeordnet ist (s. Rn. 5 ff.), können alle in einem Verfahren zu übermittelnden **Dokumente formlos mitgeteilt** werden (Abs. 3). Jede auf dem Willen der zuständigen Person beruhende an den Adressaten gerichtete Eröffnung des Dokumentes genügt.[3] Neben der Zusendung durch einfachen Brief ist daher auch die Mitteilung durch einfache E-Mail möglich,[4] besondere Signaturanforderungen werden nicht gestellt.

Soweit keine besonderen Anforderungen an die Mitteilung gestellt werden, besteht jedoch **keine Verpflichtung** zu einer formlosen Mitteilung. Es liegt vielmehr im pflichtgemäßen Ermessen des Gerichts nach den Umständen des Einzelfalles zu entscheiden, ob das Dokument formlos mitzuteilen oder in einer besonderen Form bekannt zu geben ist (s. zu den Arten der Bekanntgabe Rn. 9 ff.).[5] Die besondere Bedeutung des Inhalts des Dokuments, zB eine besondere Sensibilität der zu übermittelnden Daten, kann eine solche strengere Mitteilungsform gebieten.

2. Bekanntgabe. Im Gegensatz zur formlosen Mitteilung ist die Bekanntgabe die Mitteilung unter **Einhaltung von Förmlichkeiten.** Durch diese wird abgesichert, dass der Adressat mit einem hohen Grad an Wahrscheinlichkeit das Dokument tatsächlich erhält und sich Kenntnis von dessen Inhalt verschaffen kann. Das Gesetz ordnet ausdrücklich an, wenn eine förmliche Bekanntgabe erforderlich ist, die lediglich formlose Mitteilung ist in diesen Fällen ausgeschlossen.

Abs. 1 verlangt die förmliche Bekanntgabe zum einen, wenn ein **Termin bestimmt** wird. Termin ist die nach Datum, Uhrzeit und Ort im Vorhinein festgelegte Gerichtssitzung.[6] Erfasst werden sowohl der Erörterungstermin nach § 32, der Anhörungstermin gemäß § 34 als auch jeder Verkündungstermin. Mit der Terminsbestimmung muss nicht die Ladung des Beteiligten verbunden sein. Es soll sichergestellt werden, dass der Beteiligte Kenntnis von dem Termin erlangt und er sodann allein die Entscheidungsmöglichkeit über seine Teilnahme am Termin besitzt.

Eine Bekanntgabe ist gemäß Abs. 1 zudem erforderlich, wenn eine **richterliche Frist** durch den Inhalt des Dokuments bestimmt wird (vgl. § 16 Rn. 5) oder aber der Lauf einer gesetzlichen **Frist in Gang** gesetzt wird (s. § 16 Rn. 6 f.).

Neben den Fällen des Abs. 1 wird auch **an anderer Stelle** die förmliche Bekanntgabe bestimmter Dokumente vorgesehen. Regelmäßig besitzen diese Anordnungen jedoch allein klarstellende Funktion, die Notwendigkeit der förmlichen Bekanntgabe ergibt sich bereits aus Abs. 1, da die Anordnung der Bekanntgabe gerade deshalb erfolgt, weil mit dem Inhalt der Mitteilung eine Frist ausgelöst werden soll. So verlangt § 41 Abs. 1, 3 die Bekanntgabe des Beschlusses; durch diese wird die Beschwerdefrist nach § 63 ausgelöst. Gemäß § 71 Abs. 4 ist die Rechtsbeschwerde und die Rechtsbeschwerdebegründungsschrift an die anderen Beteiligten bekannt zu geben; es beginnt die Frist für eine Anschlussrechtsbeschwerde nach § 73. Es liegt folglich die Voraussetzung des Abs. 1 vor, die eine formlose Mitteilung ausschließt und eine förmliche Bekanntgabe notwendig macht.

III. Arten der Bekanntgabe

1. Zustellung. Die förmliche Bekanntgabe kann gemäß Abs. 2 S. 1 Halbs. 1 durch Zustellung erfolgen. Sie stellt die strengste Form der Mitteilung dar und bietet den höchsten Grad an Rechtssicherheit. Für die Durchführung der Zustellung wird von Abs. 2 S. 1 Halbs. 1 auf die §§ 166–195 ZPO verwiesen. Es wird damit auf das gesamte Zustellungsrecht, mithin die Zustellung von Amts wegen einschließlich der öffentlichen Zustellung und die Parteizustellung, verwiesen. Für die Zustellung ins Ausland ist innerhalb der EU vorrangig die EG-ZustellVOa[7] zu beachten (s. dazu die Erläuterungen bei §§ 1967–1071 ZPO), Zustellungen in das Nicht-EU-Ausland erfolgen vorrangig nach dem HZÜ[8] und anderen völkerrechtlichen Übereinkommen.[9]

---

[3] *Posser/Wolff/Kimmel*, VwGO, 2008, § 56 VwGO Rn. 3.
[4] *Musielak/Borth* Rn. 3.
[5] BT-Drucks. 16/6308, S. 183.
[6] Oben § 215 ZPO Rn. 3.
[7] Verordnung (EG) Nr. 1393/2007 v. 13. 11. 2007, ABl. EU 2007 L 324/79; im Verhältnis zu Dänemark in der Fassung des Parallelübereinkommens, s ABl. EU2005 L 300/55, ABl. EU 2008 L 331/21, die vollständigen Dokumente unter www.euzpr.eu.
[8] Haager Übereinkommen über die Zustellung gerichtlicher und außergerichtlicher Schriftstücke im Ausland in Zivil- und Handelssachen v. 15. 11. 1965, BGBl. 1977 II S. 1452.
[9] S. dazu die Rechtshilfeordnung in Zivilsachen (ZRHO), abrufbar unter www.rechtshilfe-international.de, hierzu *Weinbörner* IPRax 2008, 486.

10   **2. Aufgabe zur Post.** Abs. 2 S. 1 Halbs. 2 lässt als Alternative neben der Zustellung die Aufgabe des Schriftstückes zur Post als Bekanntgabemöglichkeit zu. Damit soll ein möglichst effizienter und unbürokratischer Weg zur Verfügung gestellt werden.[10] Das Schriftstück wird mit **einfacher Briefpost** versandt, Sonderleistungen, wie Einschreiben oder Einwurf-Einschreiben müssen nicht in Anspruch genommen werden, jedoch ist die Nutzung für die wirksame Bekanntgabe auch unschädlich. Zu verlangen ist jedoch, auch wenn vom Gesetz keine ausdrückliche Aussage hierzu gemacht wird, dass in einem verschlossenen Brief versandt wird.[11]

11   Der Umschlag muss die **Anschrift des Adressaten** tragen. Jedoch dürfen übertriebene Formanforderungen an die korrekte Anschrift nicht gestellt werden.[12] Versehentlich falsch geschriebene Orts- und Straßenbezeichnungen sind unschädlich, wenn diese nicht zu Verwechslungen führen können und die Sendung damit nicht verzögert wird.[13] Grundsätzlich ist bei Auslandsadressen der Name des Bestimmungslandes mit anzugeben, ist jedoch eine Verwechslung und Irrleitung nicht zu befürchten, so schadet die Verwendung von Abkürzungen oder das gänzliche Fehlen bei allgemein bekannten Orten nicht.[14] Genügt die Adressangabe diesen erleichterten Anforderungen jedoch nicht mehr, so ist die Bekanntgabe unwirksam. Eine Änderung der Anschrift muss nicht berücksichtigt werden, solange sie dem Gericht nicht angezeigt oder anders bekannt geworden ist. Eine Nachforschungspflicht, ob die bisherige Anschrift noch zutreffend ist, trifft das Gericht nicht.[15]

12   **Post** ist nach der Privatisierung der Deutschen Bundespost jeder nach § 33 Abs. 1 PostG beliehene Unternehmer (vgl. § 168 Abs. 1 S. 2 ZPO). Dies ist nicht allein die Deutsche Post AG, sondern auch jeder andere private, Briefzustelldienstleistungen erbringende Lizenznehmer.[16]

13   Die Sendung ist **zur Post gegeben,** sobald das Schriftstück vom Gericht, in der Regel vom Urkundsbeamten der Geschäftsstelle, an die Post übergeben wurde, mithin mit der Aushändigung an einen zur Entgegennahme bereiten Postbediensteten oder dem Einwurf in einen Postbriefkasten. Auf die Leerung des Briefkastens oder das Datum des Poststempels kommt es nicht an.[17] Nicht ausreichend ist jedoch bereits das Durchlaufen der Frankierstelle im Gericht.[18] Damit wird das Schriftstück noch nicht aus dem Machtbereich des Gerichts weggegeben.

14   Soll die Bekanntgabe im **Inland** bewirkt werden, so besteht mit Abs. 2 S. 2 eine widerlegbare **Zugangsfiktion.** Auf den tatsächlichen Zugang kommt es daher grundsätzlich nicht an. Unter Berücksichtigung der üblichen Postlaufzeiten[19] wurde der Eintritt der Fiktion auf den **dritten Tag nach Aufgabe zur Post** festgelegt. Ein nachweislich früherer Zugang ändert dies nicht.[20] Fällt der dritte Tag auf einen Samstag, Sonntag oder Feiertag, so ist dennoch dieser Tag maßgeblich; da es sich um eine Fiktion und nicht um eine Frist handelt, kommt § 16 iVm. § 222 Abs. 2 ZPO nicht zur Anwendung. Die Bekanntgabe gilt an diesem dritten Tag als bewirkt.[21] Soweit mit ihr eine Frist ausgelöst wird, tritt das fristauslösende Ereignis an diesem Tag ein.

15   Die Fiktion ist jedoch durch den Beteiligten, dem das Schriftstück bekannt gegeben werden soll, **widerlegbar.** Der Beteiligte muss glaubhaft machen (s. dazu § 31), dass ihn das Schriftstück erst zu einem späteren Zeitpunkt erreicht hat. Die Wirkungen der Bekanntgabe treten sodann erst zu diesem Zeitpunkt ein. Wird glaubhaft gemacht, dass der Zugang nicht erfolgte, so ist die Bekanntgabe nicht bewirkt. Gelangte das Schriftstück als unzustellbar an das Gericht zurück, steht das Nichtzugehen des Schriftstückes fest, eine Glaubhaftmachung ist nach ihrem Sinn und Zweck nicht mehr erforderlich.[22]

16   Erfolgt die **Bekanntgabe ins Ausland** erfolgt entgegen der Regierungsbegründung[23] **keine Zugangsfiktion.** Die Zwei-Wochen-Fiktion des § 184 Abs. 2 S. 1 ZPO ist für die Bekanntgabe

---

[10] BT-Drucks. 16/6308, S. 182.
[11] *Stein/Jonas/Roth* § 184 ZPO Rn. 16; MünchKommInsO/*Ganter* § 8 Rn. 19 a.
[12] *Roth* IPrax 2000, 11 (12).
[13] BGH NJW-RR 2001, 1361; BGH NJW 1999, 1187 (1189).
[14] OLG Köln MDR 1986, 243 (244); *Stein/Jonas/Roth* § 184 ZPO Rn. 15.
[15] BGH NJW 1999, 1187 (1189).
[16] Oben § 168 ZPO Rn. 8; MünchKommInsO/*Ganter* § 8 Rn. 16a.
[17] *Stein/Jonas/Roth* § 184 ZPO Rn. 16; MünchKommInsO/*Ganter* § 8 Rn. 19a; *Karger* ZZP 1926, 198; aA *Zöller/Stöber* § 184 ZPO Rn. 2 (Leerung des Briefkastens); *Hornung* DGVZ 2004, 85 (87); *Friedrichs* ZZP 1926, 199.
[18] OLG Oldenburg ZInsO 2002, 247.
[19] BT-Drucks. 16/6308, S. 182.
[20] Vgl. BVerwG DÖV 1965, 861; BVerwGE 22, 11; *Schmitz/Schlatmann* NVwZ 2002, 1281 (1288).
[21] Vgl. OVG Lüneburg NVwZ-RR 2007, 78; VGH München NJW 1991, 1250 (1251); aA BFH NJW 2004, 94.
[22] So auch oben § 270 ZPO Rn. 8.
[23] BT-Drucks. 16/6308, S. 182.

durch Aufgabe zur Post nicht anwendbar. Ein Verweis erfolgt (anders als in der vergleichbaren Regelung des § 8 InsO) nicht. § 184 Abs. 2 S. 1 ZPO ist allein im Rahmen einer Bekanntgabe durch Zustellung unter dessen weiteren Voraussetzungen anwendbar. Es kommt daher auf den **Zugang beim Adressaten** an. Dieser ist bei einer einfachen Postsendung, noch dazu ins Ausland, schwer feststellbar. Es sollte daher für eine Bekanntgabe im Ausland stets auf Abs. 2 S. 1 Halbs. 1, die Zustellung, zurückgegriffen werden.

3. Auswahl der Bekanntgabeart. Das Gericht wählt zwischen den beiden Bekanntgabearten nach **pflichtgemäßem Ermessen.** Dabei sind das Bedürfnis der Rechtssicherheit, die Wahrscheinlichkeit, mit der das Dokument den Beteiligten erreicht, sowie Kostenfragen einzustellen.

Das **Ermessen** kann durch besondere Regelungen **eingeschränkt** sein. Nach § 33 Abs. 2 S. 2 soll eine Ladung bei Ungewissheit des Erscheinens eines Beteiligten (s. dazu § 33 Rn. 6) zugestellt werden. Eine Bekanntgabe durch Aufgabe zur Post kommt hier allein bei Vorliegen von besonderen Gründen, die eine Zustellung als nicht erforderlich erscheinen lassen, in Frage. Bei der Bekanntgabe des anfechtbaren Beschluss an denjenigen, dessen erklärtem Willen dieser nicht entspricht, reduziert § 41 Abs. 1 das Ermessen auf Null und lässt allein eine Bekanntgabe durch Zustellung zu.

§ 16 Fristen

(1) Der Lauf einer Frist beginnt, soweit nichts anderes bestimmt ist, mit der Bekanntgabe.

(2) Für die Fristen gelten die §§ 222 und 224 Abs. 2 und 3 sowie § 225 der Zivilprozessordnung entsprechend.

I. Normzweck

Die Norm ist anwendbar auf alle prozessualen Fristen im FamFG-Verfahren, seien es gesetzliche oder richterliche. Nicht anwendbar ist § 16 auf Grund § 113 Abs. 1 S. 1 in **Ehesachen** und **Familienstreitsachen,** für die durch § 113 Abs. 1 S. 2 direkt auf die Vorschriften der ZPO verwiesen wird.

Mit Abs. 1 wird eine allgemeine Regelung für den **Zeitpunkt des Fristbeginns** eingeführt, die der Regelung in anderen Verfahrensordnungen (§ 221 ZPO, § 57 Abs. 1 VwGO, § 64 Abs. 1 SGG, § 54 Abs. 1 FGO) vergleichbar ist. Für den Fristbeginn soll, soweit es an einer besonderen Festlegung fehlt, ein sicherer Zeitpunkt festgesetzt werden.

Anstatt einer eigenständigen Regelung zur Fristberechnung, wie bisher in § 17 FGG enthalten, verweist Abs. 2 umfassend auf die einschlägigen Vorschriften der ZPO nicht nur zur **Fristberechnung,** sondern auch zur **Fristveränderung.** Regelungslücken werden so geschlossen.[1] Gleichzeitig wird so eine weitere Harmonisierung der Prozessordnungen erreicht, nachdem bereits für das verwaltungsgerichtliche Verfahren durch § 57 Abs. 2 VwGO und das finanzgerichtliche Verfahren durch § 54 Abs. 2 FGO auf die Regelungen der ZPO verwiesen wird.

II. Fristarten

Unter einer Frist wird ein abgegrenzter, bestimmbarer Zeitraum verstanden, dessen Einhaltung oder Versäumung Rechtsvorteile oder Rechtsnachteile bedeutet.[2] Unterschieden wird zwischen Fristen im engeren und weiteren Sinne. Fristen im engeren Sinne **(eigentliche Fristen)** richten sich an die Verfahrensbeteiligten, die innerhalb der Frist eine bestimmte für das Verfahren bedeutsame Handlung vorzunehmen haben oder vornehmen dürfen. Fristen im weiteren Sinne (uneigentliche Fristen) sind dagegen an das Gericht gerichtet. Innerhalb dieser Zeiträume sollen bestimmte richterliche Handlungen vorgenommen werden.[3] § 16 einschließlich der verwiesenen Vorschriften der ZPO nimmt stets Bezug auf die Beteiligten, die Norm findet daher allein auf die Fristen im engeren Sinne Anwendung. Die allein vom Gericht zu beachtenden Fristen werden nicht erfasst.

Die an die Beteiligten gerichteten Fristen können sich in ihrer Dauer unmittelbar aus dem Gesetz ergeben **(gesetzliche Fristen)** oder erst vom Gericht angeordnet und bestimmt werden müssen **(richterliche Fristen).** S. dazu § 221 ZPO Rn. 1.

---
[1] BT-Drucks. 16/6308, S. 183.
[2] *Gräber/Stapperfend,* FGO, 6. Aufl. 2006 § 54 FGO Rn. 3.
[3] *Posser/Wolff/Kimmel,* VwGO, 2008, § 57 VwGO Rn. 3; *Gräber/Stapperfend,* FGO, 6. Aufl. 2006, § 54 FGO Rn. 4.

III. Fristbeginn

6 Abs. 1 bestimmt, durch welches Ereignis eine Frist in Lauf gesetzt wird. Anders als § 221 ZPO bezieht sich Abs. 1 nicht allein auf richterliche, sondern auch auf gesetzliche Fristen. Vorrangig sind **Sonderbestimmungen** zu beachten. Diese können sich für **gesetzliche Fristen** aus dem Gesetz ergeben (§ 18 Abs. 1: Wegfall des Hindernisses; § 43 Abs. 2, § 63 Abs. 3, § 71 Abs. 1 S. 1, § 71 Abs. 2 S. 2: schriftliche Bekanntgabe des Beschlusses; § 73: Bekanntgabe der Begründungsschrift der Rechtsbeschwerde). Bei **richterlichen Fristen** kann die Anordnung auf einen abweichenden Zeitpunkt oder ein anderes Ereignis abstellen.

7 Soweit eine derartige Sonderregelung nicht getroffen wird, benennt Abs. 1 als fristauslösendes Ereignis die **Bekanntgabe**. Dabei ist jeder Beteiligte separat zu behandeln, die Frist beginnt für den einzelnen Beteiligten mit der Bekanntgabe an ihn. Für die einzelnen Beteiligten kann daher ein unterschiedlicher Fristbeginn eintreten. Für gesetzliche Fristen ist auf die Bekanntgabe des bei der Anordnung der Frist in Bezug genommenen Ereignisses abzustellen. Bei **richterlichen Fristen** ist die Bekanntgabe der Fristanordnung entscheidend. Wann die Bekanntgabe bewirkt ist, wird von § 15 Abs. 2 bestimmt (s. § 15 Rn. 9 ff.). Die Frist ist für jeden Beteiligten einzeln zu bestimmen.

IV. Fristberechnung

8 Zur Fristberechnung wird auf **§ 222 ZPO** und **§ 224 Abs. 3 ZPO** verwiesen. § 222 Abs. 1 ZPO verweist seinerseits weiter auf die §§ 187–193 BGB, wobei § 190 BGB durch § 224 Abs. 3 ZPO und § 193 BGB durch § 222 Abs. 2 ZPO als Spezialregelungen verdrängt werden. § 222 Abs. 3 ZPO enthält eine Sonderregel für Stundenfristen, die das BGB nicht kennt. S. zur Fristberechnung und den Erfordernissen für die Fristwahrung § 222 ZPO Rn. 3–6, zur Fristberechnung bei Fristverlängerung § 224 ZPO Rn. 6.

V. Fristveränderung

9 1. Voraussetzungen. Sowohl richterliche als auch gesetzliche Fristen können grundsätzlich verändert (abgekürzt oder verlängert) werden. Für die Voraussetzungen, unter denen eine Fristveränderung gewährt werden kann, wird auf § 224 Abs. 2 ZPO verwiesen. Die Fristveränderung kann allein auf **Antrag** hin gewährt werden. Eine Änderung von Amts wegen ist auch im FamFG-Verfahren ausgeschlossen. Zudem müssen **erhebliche Gründe** für die Friständerung glaubhaft gemacht werden. S. dazu § 224 ZPO Rn. 5.

10 Die Fristveränderung einer **gesetzlichen Frist** steht unter der zusätzlichen Voraussetzung der **besonderen Bestimmung** einer Veränderungsmöglichkeit. Eine solche besondere Bestimmung besteht für die Rechtsbeschwerdebegründungsfrist (§ 71 Abs. 2 S. 1) gemäß § 71 Abs. 2 S. 3 iVm. § 551 Abs. 2 S. 5, 6 ZPO. Für die Beschwerdebegründung ist hingegen keine gesetzliche Frist vorgesehen, es kann gemäß § 65 Abs. 2 lediglich eine richterliche Frist gesetzt werden.

11 Keine Fristveränderung ist mangels einer derartigen Bestimmung möglich für die gesetzliche Wiedereinsetzungsfrist des § 18 Abs. 1, die Frist zur Ergänzung eines Beschlusses nach § 43 Abs. 2, die Beschwerdefrist nach § 63, die Rechtsbeschwerdefrist des § 71 Abs. 1 S. 1 und die Frist für die Anschlussrechtsbeschwerde nach § 73.

12 Der **Disposition der Beteiligten** werden im FamFG-Verfahren jegliche Fristen entzogen. Ein entsprechender Verweis auf § 224 Abs. 1 ZPO erfolgt nicht. Auch in echten Streitsachen der freiwilligen Gerichtsbarkeit ist daher eine Abkürzung von Fristen durch formlose Vereinbarung[4] **ausgeschlossen** und allein durch gerichtliche Entscheidung möglich.

13 2. Abkürzung von Zwischenfristen. In der streitigen Gerichtsbarkeit sowie im verwaltungsgerichtlichen und finanzgerichtlichen Verfahren (durch Verweis in § 57 Abs. 2 VwGO bzw. § 54 Abs. 2 FGO) besteht generell für Zwischenfristen als gesetzliche Fristen iSv. § 224 ZPO die Möglichkeit der Abkürzung auf Grund der Sonderregelung in § 226 ZPO. Da Einlassungs- und Ladungsfristen grundsätzlich im FamFG-Verfahren nicht vorgesehen sind,[5] verweist § 16 Abs. 2 **expizit nicht auf § 226 ZPO**. Die Norm ist § 57 Abs. 2 VwGO[6] und § 54 Abs. 2 FGO nachgebildet, die Auslassung des Verweises auf § 226 ZPO ist daher als bewusste Abweichung zu sehen. Soweit derartige Fristen im FamFG-Verfahren dennoch bestehen (zB § 405 Abs. 4), verbietet sich eine Analogie und es fehlt an einer besonderen Bestimmung iSv. § 224 Abs. 2 Halbs. 3 ZPO. Eine **generelle Abkürzungsmöglichkeit** ist mithin **ausgeschlossen**.

---

[4] Zöller/Stöber § 224 ZPO Rn. 2.
[5] Jansen/Briesemeister § 17 FGG Rn. 6.
[6] BT-Drucks. 16/6308, S. 183.

3. Verfahren. Für das Antragserfordernis, das Verfahren und die Entscheidung über die Friständerung wird umfassend auf **§ 225 ZPO** verwiesen, s. § 225 ZPO Rn. 1–7.

§ 17 Wiedereinsetzung in den vorigen Stand

(1) War jemand ohne sein Verschulden verhindert, eine gesetzliche Frist einzuhalten, ist ihm auf Antrag Wiedereinsetzung in den vorigen Stand zu gewähren.

(2) Ein Fehlen des Verschuldens wird vermutet, wenn eine Rechtsbehelfsbelehrung unterblieben oder fehlerhaft ist.

I. Normzweck

Gesetzliche Fristen sollen **Rechtssicherheit** schaffen, indem sie die Beteiligten bei Versäumung der Frist grundsätzlich von einer nunmehr erfolgenden, wirksamen Vornahme der Verfahrenshandlung ausschließen.[1] Andererseits ist es notwendig, in einem engen Rahmen **Korrekturmöglichkeiten** zu eröffnen. Eine uneingeschränkte Durchsetzung der Ausschlusswirkungen von Fristen kann im konkreten Fall zu Unerträglichkeiten führen, die einer fairen Entscheidung, teils auch dem verfassungsrechtlichen Anspruch auf rechtliches Gehör entgegen stehen. Die Korrekturmöglichkeit übernimmt das Institut der Wiedereinsetzung in den vorigen Stand. Bei deren Anwendung und der Auslegung der Vorschriften ist der Ausnahmecharakter im Blick zu behalten, um die Wirkungen von gesetzlichen Fristen nicht auszuhöhlen.[2] Andererseits dürfen die Anforderungen nicht überspannt werden,[3] insbesondere bei Fehlern des Gerichts oder des veröffentlichten Gesetzestextes.[4]

In der freiwilligen Gerichtsbarkeit war die Wiedereinsetzung vor dem FGG-RG nur rudimentär für die Versäumung der Frist für die sofortige Beschwerde (§ 22 Abs. 2 FGG) geregelt. Eine analoge Anwendung auf weitere gesetzliche Fristen war daher notwendig.[5] Mit der Neuregelung werden derartige Lücken geschlossen[6] und das Institut der Wiedereinsetzung in den §§ 17–19 auch für die freiwillige Gerichtsbarkeit einer abschließenden Regelung zugeführt. § 17 regelt dabei die **inhaltlichen Voraussetzungen,** § 18 bestimmt die **verfahrensrechtlichen Voraussetzungen** und § 19 befasst sich mit der **Entscheidung** über die Wiedereinsetzung sowie der Zulässigkeit von entsprechenden **Rechtsmitteln.**

In **Ehesachen** und **Familienstreitsachen** finden die §§ 17–19 keine Anwendung (§ 113 Abs. 1 S. 1). Stattdessen finden in diesen Verfahren auf Grund § 113 Abs. 1 S. 2 die Wiedereinsetzungsvorschriften für das streitige Verfahren, §§ 233–238 ZPO, Anwendung.

II. Fristversäumung

Die Norm ist ausweislich ihres klaren Wortlautes allein auf **gesetzliche Fristen,** mithin solche deren Dauer sich unmittelbar aus dem Gesetz ergibt, direkt anwendbar. Soweit Fristen vom Gericht angeordnet und bestimmt werden (richterliche Fristen), ist eine Wiedereinsetzung unzulässig.

Die Fristversäumung ist Voraussetzung der Wiedereinsetzung. Es ist daher zunächst zu ermitteln, ob eine solche **tatsächlich vorliegt.** Solange eine Fristversäumung nicht feststeht, ist für eine Wiedereinsetzung kein Raum.[7] Eine Fristversäumung liegt vor, wenn die Verfahrenshandlung im vorgesehenen Zeitraum nicht oder allein unwirksam vorgenommen wurde.[8] Eine Verkürzung der Frist begründet keinen Wiedereinsetzungsanspruch, wenn die Wahrung der Frist trotz Verkürzung objektiv und subjektiv möglich war.[9] Die Beteiligten können über die Fristwahrung **nicht disponieren,** die übereinstimmende Annahme einer Fristwahrung ist daher nicht möglich.[10] Zu Einzelfällen der Fristwahrung s. § 233 ZPO Rn. 9.

---

[1] BVerfG NJW 1973, 1315.
[2] BVerfG NJW 1973, 1315; BVerfG NJW 2004, 2887.
[3] BVerfG NJW 1995, 711; BVerfG NJW 1997, 2941; BGH NJW-RR 1999, 429; *Zöller/Greger* § 233 ZPO Rn. 3.
[4] BVerfG NJW 2008, 2167 (2168).
[5] Vgl. *Keidel/Kuntze/Winkler/Sternal* § 22 FGG Rn. 35.
[6] BT-Drucks. 16/6308, S. 183.
[7] BGH NJW 2007, 1457 (1458); *Zöller/Greger* § 233 ZPO Rn. 9.
[8] BGH NJW-RR 2007, 1075 (1076); BGH NJW 1991, 2839; BGH NJW 1962, 1248.
[9] *Zöller/Greger* § 233 ZPO Rn. 9.
[10] BGH BGHReport 2007, 780.

III. Verhinderung ohne Verschulden

6 Der Beteiligte muss **verhindert** gewesen sein, die Frist einzuhalten. Lag eine Verhinderung nicht vor, so ist bei Fristversäumnis keine Wiedereinsetzung möglich. Die Verhinderung kann sich sowohl **physisch** auf Grund tatsächlicher, objektiver Umstände ergeben als sich auch **psychisch** im Sinne einer falschen Vorstellung vom Fristablauf darstellen.

7 **Fristversäumnisse scheiden aus,** wenn sie auf der freien Entschließung des Beteiligten in Kenntnis der für das Versäumnis maßgebenden Tatsachen beruhen.[11] Auch eine bloße Verkürzung der Frist für den Beteiligten stellt keine Verhinderung dar. Entscheidend ist insofern nicht der Fristbeginn, sondern der Fristablauf. Erfährt der Beteiligte so rechtzeitig von der Frist, dass ihm die Vornahme der Verfahrenshandlung innerhalb der Frist noch möglich ist, ist keine Verhinderung gegeben.[12]

8 Die Verhinderung darf von dem Beteiligten **nicht verschuldet** worden sein. Verschulden ist jegliches vorsätzliches oder fahrlässiges Handeln. Auch einfache Fahrlässigkeit genügt. Zur Schuldlosigkeit s. § 233 ZPO Rn. 20–26. Eine Vermutung der Schuldlosigkeit wird von Abs. 2 aufgestellt: Sie wird angenommen, wenn eine **Rechtsbehelfsbelehrung** nicht enthalten ist. Eine solche wird von § 39 für jeden Beschluss vorgesehen, jedoch hindert die unterbliebene Rechtsbehelfsbelehrung den Eintritt der Rechtskraft nicht.

9 Die unverschuldete Verhinderung muss **kausal** für die Fristversäumung gewesen sein. Die Kausalität ist gegeben, wenn die Frist ohne Hinzutreten des unverschuldeten Umstands nach üblichen Maßstäben und bei gewöhnlichem Lauf der Dinge gewahrt worden wäre.[13] Dies bedeutet im Umkehrschluss jedoch auch, dass ein verschuldeter Umstand einer Wiedereinsetzung nicht entgegensteht, wenn dieser nicht kausal für die Fristversäumung geworden ist.[14] Die Vermutung der Schuldlosigkeit des Abs. 2 bei fehlender Rechtsbehelfsbelehrung lässt das Erfordernis des Kausalitätszusammenhangs nicht mit entfallen. Es ist erforderlich, dass ein ursächlicher Zusammenhang zwischen Belehrungsmangel und Fristversäumnis besteht.[15] Eine Wiedereinsetzung ist daher ausgeschlossen, wenn der Beteiligte tatsächlich Kenntnis von seinen Rechtsmitteln hatte und daher einer Rechtsmittelbelehrung nicht bedurfte. Diese ist bei dem anwaltlich vertretenen Beteiligten regelmäßig anzunehmen. Dessen niedrigerer Schutzbedürftigkeit trägt Abs. 2 Rechnung, indem er allein die Schuldlosigkeit vermutet, jedoch keine generelle Annahme der Verhinderung fingiert.

10 Das Wiedereinsetzungsrecht ist von zahllosen Einzelfallentscheidungen geprägt. Stets sind alle Umstände des **Einzelfalles** einzubeziehen und müssen **Billigkeitsgesichtspunkte** berücksichtigt werden. Eine umfassende Darstellung und Systematisierung der Kasuistik befindet sich bei § 234 ZPO Rn. 29–82. Die dort gemachten Ausführungen sind auf die Verhinderung und das Verschulden im FamFG-Verfahren zu übertragen.

§ 18 Antrag auf Wiedereinsetzung

(1) Der Antrag auf Wiedereinsetzung ist binnen zwei Wochen nach Wegfall des Hindernisses zu stellen.

(2) Die Form des Antrags auf Wiedereinsetzung richtet sich nach den Vorschriften, die für die versäumte Verfahrenshandlung gelten.

(3) ¹Die Tatsachen zur Begründung des Antrags sind bei der Antragstellung oder im Verfahren über den Antrag glaubhaft zu machen. ²Innerhalb der Antragsfrist ist die versäumte Rechtshandlung nachzuholen. ³Ist dies geschehen, kann die Wiedereinsetzung auch ohne Antrag gewährt werden.

(4) Nach Ablauf eines Jahres, von dem Ende der versäumten Frist an gerechnet, kann Wiedereinsetzung nicht mehr beantragt oder ohne Antrag bewilligt werden.

I. Normzweck

1 Die Regelung ist Teil der Wiedereinsetzungsvorschriften, s. dazu § 17 Rn. 1 f. Von § 18 werden die formellen Voraussetzungen der Wiedereinsetzung geregelt. Das Antragserfordernis und die Be-

---

[11] BGH VersR 1988, 526 (527); oben § 233 ZPO Rn. 18.
[12] BGH NJW 1976, 626 (627).
[13] BGH VersR 1974, 1001; oben § 233 ZPO Rn. 19.
[14] BGH VersR 1988, 941; BGH NJW-RR 1987, 186.
[15] BT-Drucks. 16/6308, S. 183.

fristung der Wiedereinsetzungsmöglichkeit verdeutlichen den **Ausnahmecharakter** der Wiedereinsetzung. Allein eine Befristung der Wiedereinsetzungsmöglichkeit **sichert** die **Bedeutung der gesetzlichen Fristen** ab. Eine unbefristete Wiedereinsetzungsmöglichkeit würde die grundsätzlich vorgesehene Frist zur Vornahme von Verfahrenshandlungen ad absurdum führen. Gleichzeitig wird die zügige Fortführung des Verfahrens gesichert und eine mögliche Verfahrensverschleppung durch einen Beteiligten effektiv verhindert.

Die in Abs. 1, 4 enthaltenen Fristen entsprechen denen des § 234 ZPO, Abs. 3 greift den Inhalt des § 236 Abs. 2 ZPO auf. Abs. 2 entspricht § 236 Abs. 1 ZPO. Er wurde eingefügt, um die Wiedereinsetzungsvorschriften des FamFG mit denen der ZPO zu harmonisieren.[1]

Für **Ehesachen** und **Familienstreitsachen** s. § 17 Rn. 3.

II. Nachholung der Verfahrenshandlung

Die versäumte Verfahrenshandlung ist **während der Wiedereinsetzungsfrist** nachzuholen (Abs. 3 S. 2). Regelmäßig wird, da zweckmäßig, die Nachholung der Verfahrenshandlung gemeinsam mit dem Antrag auf Wiedereinsetzung erfolgen. Durch Auslegung ist zu ermitteln, ob die nachzuholende Verfahrenshandlung in dem Wiedereinsetzungsantrag enthalten ist.[2] Die Nachholung der Verfahrenshandlung kann jedoch dem Antrag auch nachfolgen, wenn sie nur innerhalb der Frist des Abs. 1, 4 erfolgt. Der Antrag auf **Fristverlängerung** für die versäumte Verfahrenshandlung ersetzt die Nachholung nicht; dieser genügt mithin nicht, die tatsächliche Verfahrenshandlung ist innerhalb der Wiedereinsetzungsfrist vorzunehmen.[3] Ebenfalls genügt es nicht, wenn allein ein Antrag auf **Verfahrenskostenhilfe** gestellt wird.[4] Fehlt es an der Nachholung, so ist ein dennoch gestellter Wiedereinsetzungsantrag unzulässig.[5]

III. Antragserfordernis

Die Wiedereinsetzung wird auch in der freiwilligen Gerichtsbarkeit grundsätzlich **nur auf Antrag** gewährt. Die Rechtskraft einer Entscheidung steht einem Wiedereinsetzungsantrag gerade nicht entgegen.[6] Besondere Anforderungen an den **Inhalt** des Antrags werden im FamFG-Verfahren nicht gestellt. Es ist damit allein zu verlangen, dass sich aus dem Antrag auf Grund Auslegung ergibt, dass eine Wiedereinsetzung begehrt wird.

Die **Tatsachen zur Begründung** des Antrags müssen, anders als gemäß § 236 Abs. 2 ZPO in der streitigen Gerichtsbarkeit, nicht bereits zwingend im Antrag enthalten sein. Sie können auch zu einem späteren Zeitpunkt im Wiedereinsetzungsverfahren noch angegeben werden. Abs. 3 S. 1 verlangt jedoch inzident, dass der Antragsteller diese Tatsachen vorträgt und diese darüber hinaus spätestens im Verfahren über den Antrag **glaubhaft gemacht** (s. § 31) werden.

Für die **Form** des Antrags werden keine eigenen Voraussetzungen aufgestellt. Sie ist abhängig von der Form, die für die versäumte Verfahrenshandlung einzuhalten ist; der Antrag muss in gleicher Form gestellt werden (Abs. 2). Soweit für die versäumte Verfahrenshandlung Schriftform vorgesehen ist, ist mithin auch der Wiedereinsetzungsantrag schriftlich zu stellen. Soweit die Abgabe der Erklärung zur Niederschrift bei der Geschäftsstelle zugelassen ist, kann die Wiedereinsetzung ebenfalls in dieser Form beantragt werden. Unterliegt die versäumte Verfahrenshandlung dem Anwaltszwang, so gilt dieser auch für den Wiedereinsetzungsantrag.

Antragsberechtigt ist derjenige, zu dessen Gunsten die Wiedereinsetzung wirkt, mithin der Beteiligte, der die Verfahrenshandlung versäumte. Möglicherweise für andere Beteiligte mittelbar bestehende günstige Auswirkungen berechtigen diese dagegen nicht zum Wiedereinsetzungsantrag.[7]

IV. Wiedereinsetzung ohne Antrag

Die Wiedereinsetzung kann auch ohne Antrag gewährt werden (Abs. 3 S. 3). Die Vornahme der **versäumten Verfahrenshandlung** innerhalb der Wiedereinsetzungsfrist wird zwingend verlangt. Auch müssen die materiellen Gründe für eine Wiedereinsetzung vorliegen (§ 17). Fehlt es an einem **Wiedereinsetzungsgrund,** so darf keine Wiedereinsetzung gewährt werden. Es wird verlangt, dass

---

[1] BT-Drucks. 16/9733, S. 288.
[2] S. zur Auslegung BGH NJW-RR 2007, 1565 (1566 f.).
[3] BGH NJW 1995, 60; BGH NJW 1999, 3051; oben § 236 ZPO Rn. 15; aA *Ganter* NJW 1994, 164.
[4] BGH VersR 1984, 761; OLG Bamberg FamRZ 1996, 300.
[5] BGH VersR 1986, 1024 (1025).
[6] BGH NJW 1987, 327 (328); BGH NJW 1953, 423.
[7] Oben § 233 ZPO Rn. 17.

die die Wiedereinsetzung rechtfertigenden Umstände aktenkundig oder sonst offenkundig sind.[8] Es muss zudem der **Wille des Beteiligten** erkennbar sein, das Verfahren trotz Fristversäumnis fortsetzen zu wollen.[9] Dieser wird regelmäßig in der Nachholung der versäumten Verfahrenshandlung zu erkennen sein.

10 Die einzige **verzichtbare Zulässigkeits- oder Begründetheitsvoraussetzung** ist das **Antragserfordernis**. Entsprechend kann daher auch entschieden werden, wenn der Antrag nicht innerhalb der Antragsfrist oder in der gehörigen Form gestellt wird, so wenn die Wiedereinsetzung allein schlüssig beantragt wird.[10]

11 Vertritt jedoch der Beteiligte ausdrücklich die **Auffassung, keine Frist versäumt zu haben,** und stellt er deshalb keinen Wiedereinsetzungsantrag, so ist die Regelung unanwendbar.[11] Die Norm will allein über die Förmlichkeit des Antragserfordernisses hinweghelfen, nicht jedoch in die inhaltliche Entscheidung der Beteiligten für oder gegen das Begehren einer Wiedereinsetzung eingreifen.

12 Wurde ein Antrag nicht oder nicht in formell richtiger Art gestellt, so besteht kein Anspruch auf Wiedereinsetzung, diese steht sodann im **Ermessen** des Gerichts.

V. Wiedereinsetzungsfrist

13 **1. Zwei-Wochenfrist.** Die Wiedereinsetzung ist binnen einer Frist von zwei Wochen zu beantragen. **Fristbeginn** ist gemäß § 16 Abs. 2, § 222 ZPO, § 187 Abs. 1 BGB mit Beginn des Tages, der auf den Wegfall des Hindernisses folgt. Dem Wegfall des Hindernisses entspricht der Eintritt eines Umstandes, welcher nunmehr zu einem Verschulden hinsichtlich des Bestehens des Hindernisses führt.[12] Dies ist gegeben, wenn der Beteiligte bzw. sein Vertreter bei Anwendung der erforderlichen Sorgfalt die Fristversäumung hätte erkennen können oder müssen.[13] Das Hindernis kann dabei auch bereits vor Ablauf der eigentlichen Frist entfallen, so dass die Wiedereinsetzungsfrist bereits vor Ablauf der zu haltenden Frist zu laufen beginnt, wenn die notwendige Verfahrenshandlung dennoch nicht mehr vorgenommen werden konnte (s. aber § 17 Rn. 7). Eine **Fristveränderung,** insbesondere eine Verlängerung, hinsichtlich der Wiedereinsetzungsfrist ist nicht möglich (s. § 16 Rn. 9 ff.).[14]

14 **2. Jahresfrist.** Die Vornahme der versäumten Verfahrenshandlung und der Wiedereinsetzungsantrag müssen binnen Jahresfrist erfolgen. Anderenfalls ist eine **Wiedereinsetzung ausgeschlossen** (Abs. 4). Dies macht den Ausnahmecharakter der Wiedereinsetzung deutlich. Mittels der Jahresfrist werden die Interessen der übrigen Beteiligten an der mit der Fristsetzung zu erreichenden Rechtssicherheit gewahrt.

15 **3. Wiedereinsetzung in die Wiedereinsetzungsfrist.** Die Frist zur Stellung des Wiedereinsetzungsantrags (Abs. 1) ist eine gesetzliche Frist, innerhalb derer eine Verfahrenshandlung vorzunehmen ist. Sie ist daher ihrerseits der Wiedereinsetzung zugänglich. Wird die **Zwei-Wochenfrist unverschuldet versäumt,** so ist eine Wiedereinsetzung in die Wiedereinsetzungsfrist zu gewähren.

16 Nicht der Wiedereinsetzung zugänglich ist dagegen die **absolute Ausschlussfrist von einem Jahr** des Abs. 4, die Wiedereinsetzung wird gerade ausdrücklich ausgeschlossen.

17 **4. Maßgeblichkeit der Wiedereinsetzungsfristen.** Die Beachtung der Wiedereinsetzungsfristen des Abs. 1 (Zwei-Wochen-Frist) und des Abs. 4 (einjährige Ausschlussfrist) ist allein für die Stellung des **Wiedereinsetzungsantrags** zu beachten. Die Glaubhaftmachung des Wiedereinsetzungsgrundes kann auch nach Ablauf der Frist noch erfolgen, ebenso ist eine Entscheidung über den Wiedereinsetzungsantrag nach Ablauf der Jahresfrist des Abs. 4 möglich.

18 Problematisch ist die Anwendung der **Jahresausschlussfrist,** wenn zwar die Verfahrenshandlung von dem Beteiligten innerhalb beider Fristen vorgenommen, ein **Antrag** jedoch **nicht gestellt** wurde. In der streitigen Gerichtsbarkeit ist eine Wiedereinsetzung ohne Antrag möglich, wenn die notwendige Prozesshandlung innerhalb der Antragsfrist vorgenommen wird (§ 235 Abs. 2 S. 2 ZPO). Die Antragsfrist wird von § 234 Abs. 3 ZPO absolut auf ein Jahr ab dem Ende der versäumten Frist begrenzt. Entscheidend ist folglich, dass die Prozesshandlung innerhalb der Jahresfrist vorgenommen wurde. Auf den Zeitpunkt der Entscheidung des Gerichts kommt es nicht an. Der Wortlaut des Abs. 4 verlangt eine im Vergleich zur streitigen Gerichtsbarkeit weitergehende Beschränkung. Es genügt

---

[8] BGH FamRZ 2007, 801 (802); BGH NJW-RR 2000, 1590.
[9] BGHZ 61; 394 (399); BAG NJW 1989, 2708 (2709).
[10] BGH NJW 2006, 1518.
[11] BGH NJW 1952, 1414 (1415).
[12] BGH NJW 1994, 2831; BGH NJW-RR 1990, 830; *Zöller/Greger* § 234 ZPO Rn. 5.
[13] BGH NJW-RR 2005, 923; BGH NJW-RR 2005, 435 (436); BGH NJW-RR 2005, 143 (144), *Born* NJW 2005, 2042 (2043).
[14] BGH FamRZ 2008, 987.

nicht, dass die Verfahrenshandlung innerhalb der Jahresfrist vorgenommen wurde, die Wiedereinsetzung kann mit Ablauf der Jahresfrist nicht mehr bewilligt werden. Es wird daher nach dem klaren Wortlaut des Gesetzes **auf die Entscheidung des Gerichts abgestellt.** Hierin liegt, verglichen mit dem ZPO-Verfahren, eine Verschärfung der Anforderungen an die Wiedereinsetzung ohne Antrag im FamFG-Verfahren. Die Wiedereinsetzungsmöglichkeit des FamFG wird gegenüber der ZPO weiter eingeschränkt. Entfällt das Hindernis kurz vor Ablauf der Jahresfrist, wird die Verfahrenshandlung sodann noch vorgenommen, der Antrag aber nicht gestellt, erfolgt eine Entscheidung des Gerichts jedoch nicht mehr innerhalb der Jahresfrist, so ist im streitigen Verfahren immer noch eine Wiedereinsetzung möglich, im FamFG-Verfahren, welches grundsätzlich gerade geringere Anforderungen an die Verfahrensführung der Beteiligten stellt als der streitige Zivilprozess und auch von einem Fürsorgegedanken geprägt ist, ist eine Wiedereinsetzung dagegen ausgeschlossen. Dies erscheint nicht gerechtfertigt. Aus der Begründung des Gesetzgebers ergibt sich nicht, dass eine solche Schlechterstellung gewollt war. Die angestrebte Harmonisierung der Verfahrensordnungen wurde hier jedenfalls verfehlt. Eine Korrektur durch Auslegung erscheint auf Grund des deutlichen Gesetzeswortlautes nicht möglich. Der **Gesetzgeber** ist **gefordert** diese Unstimmigkeit zu beseitigen. Die Einhaltung der Ausschlussfrist sollte nicht von der Bearbeitung der Sache durch das Gericht abhängen, sondern allein Umstände berücksichtigen, die durch die Beteiligten zu erfüllen sind.

§ 19 Entscheidung über die Wiedereinsetzung

(1) Über die Wiedereinsetzung entscheidet das Gericht, das über die versäumte Rechtshandlung zu befinden hat.

(2) Die Wiedereinsetzung ist nicht anfechtbar.

(3) Die Versagung der Wiedereinsetzung ist nach den Vorschriften anfechtbar, die für die versäumte Rechtshandlung gelten.

I. Normzweck

Die Norm ist Teil der Wiedereinsetzungsvorschriften, s. dazu § 17 Rn. 1 f. Abs. 1 regelt die **Entscheidungszuständigkeit,** Abs. 2, 3 befassen sich mit den möglichen **Rechtsmitteln** gegen die Wiedereinsetzungsentscheidung. Abs. 1 entspricht § 237 ZPO, Abs. 2, 3 sind § 238 Abs. 3, Abs. 2 S. 1 ZPO vergleichbar. 1

Für **Ehesachen** und **Familienstreitsachen** s. § 17 Rn. 3. 2

II. Entscheidung

1. Zuständigkeit. a) Grundsatz. Abs. 1 regelt die Entscheidungszuständigkeit für den Wiedereinsetzungsantrag. Das Wiedereinsetzungsverfahren ist allein ein Nebenverfahren, welches mit dem Verfahren über die versäumte Verfahrenshandlung eng verknüpft ist.[1] Der Wiedereinsetzungsantrag bringt die Beteiligten daher nicht in eine höhere Instanz. Zuständig ist daher das **Gericht,** welches **über die versäumte Rechtshandlung zu entscheiden** hat. Dies gilt auch dann, wenn das verspätete Rechtsmittel bereits verworfen ist.[2] 3

b) Ausnahme. Ausnahmen wurden von der Rechtsprechung entgegen dem Gesetzeswortlaut für besondere Fälle zugelassen, in denen sich das Verfahren zwischenzeitlich in einer höheren Instanz befand. Voraussetzung für eine Durchbrechung des Grundsatzes des Abs. 1 ist, dass **Entscheidungsreife** für die Wiedereinsetzungsentscheidung gegeben ist.[3] 4

Zugelassen wurde die Entscheidung durch das Rechtsmittelgericht, wenn über den **Wiedereinsetzungsantrag** vom grundsätzlich zuständigen vorinstanzlichen Gericht nicht entschieden wurde, dieser jedoch **offensichtlich begründet** war.[4] Eine Zurückverweisung würde hier reinen Formalismus bedeuten: Die Vorinstanz müsste die Wiedereinsetzung ebenso gewähren; würde sie anders entscheiden, wäre diese Entscheidung im Rechtsmittelverfahren überprüfbar, so dass auf Grund Abs. 3 das nunmehr bereits mit der Sache befasste Rechtsmittelgericht diese Entscheidung aufheben und die Wiedereinsetzung gewähren würde. 5

---

[1] Oben § 237 ZPO Rn. 1.
[2] *Musielak/Grandel* § 237 ZPO Rn. 1; *Thomas/Putzo/Hüßtege* § 237 ZPO Rn. 1.
[3] Oben § 237 ZPO Rn. 3.
[4] BGH VersR 1993, 500 (501); BGH NJW-RR 1989, 962 (963); BGH NJW 1985, 2650 (2651); BAG NJW 2004, 2112 (2113).

6 Anders ist zu entscheiden, wenn das Rechtsmittelgericht die **Wiedereinsetzung nicht gewähren** will. Hier ist an das vorinstanzliche, nach Abs. 1 zuständige Gericht zurückzuverweisen. Dieses ist dazu berufen, die Entscheidung zu treffen. Den Beteiligten darf nicht die Möglichkeit genommen werden, dass das vorinstanzliche Gericht unter Umständen die (sodann unanfechtbare und damit der Entscheidung des Rechtsmittelgerichts entzogene, Abs. 2) Wiedereinsetzung gewährt.[5]

7 **2. Prüfung durch das Gericht.** Das Gericht prüft **von Amts wegen,** ob der Wiedereinsetzungsantrag zulässig und begründet ist. Den Beteiligten steht keine Disposition zu, eine Einigung über die Wiedereinsetzung ist ausgeschlossen. Wiedereinsetzungsgründe können von den Beteiligten nicht „unstreitig gestellt" oder „anerkannt" werden.[6]

8 Liegen die verfahrensrechtlichen Voraussetzungen des § 18 und die inhaltlichen Voraussetzungen des § 17 vor, so besteht ein **Rechtsanspruch** auf Wiedereinsetzung. Diese ist zu gewähren und steht nicht im Ermessen des Gerichts.[7] Die Entscheidung des Gerichts über die Wiedereinsetzung muss ausdrücklich ergehen, sie kann nicht konkludent aus einer anderen Entscheidung herauszulesen sein.[8]

9 **3. Rechtsmittel.** Wird der Wiedereinsetzung **stattgegeben,** so ist die Entscheidung (entgegen der bisherigen Rechtslage nach § 22 Abs. 2 S. 3 FGG) **unanfechtbar** (Abs. 2). Zwischenstreitigkeiten im Verfahren sollen so vermieden und die Verfahrensordnung (s. § 238 Abs. 3 ZPO, § 60 Abs. 5 VwGO) harmonisiert werden.[9] Die anderen Beteiligten haben keine Möglichkeit, gegen eine fehlerhafte Wiedereinsetzungsentscheidung vorzugehen. Die rechtswidrige Gewährung der Wiedereinsetzung stellt daher keinen, ein Rechtsmittel begründenden Verfahrensmangel dar. Eine Überprüfung ist im Rechtsmittelverfahren auch inzident nicht zugelassen.[10] Auch wenn durch das entscheidende Gericht die Rechtsbeschwerde gegen die Wiedereinsetzung entgegen Abs. 2 zugelassen wird, eröffnet dies keine Entscheidungskompetenz des Rechtsmittelgerichts.[11] Wurde jedoch bei der Wiedereinsetzungsentscheidung das rechtliche Gehör der anderen Beteiligten verletzt, so kann dieses nachgeholt werden und die Entscheidung, solange noch keine die Instanz abschließende Entscheidung getroffen wurde, korrigiert werden.[12] Anschließend ist eine Aufhebung allein auf Verfassungsbeschwerde hin erreichbar.[13]

10 Die **ablehnende** Wiedereinsetzungsentscheidung kann dagegen mit dem **Rechtsmittel** angegriffen werden, welches auch gegen die Entscheidung über die nachgeholte Verfahrenshandlung statthaft ist (Abs. 3). Zulässiges Rechtsmittel ist damit das in der **Hauptsache mögliche Rechtsmittel**.[14] Gegen die eine Wiedereinsetzung ablehnende Entscheidung ist daher die Beschwerde oder Rechtsbeschwerde statthaft, soweit diese auch gegen die Endentscheidung, mit der über die nachzuholende Verfahrenshandlung zu entscheiden ist, statthaft ist. Ist ein Rechtsmittel in der Hauptsache nicht zulässig, so ist auch gegen die ablehnende Wiedereinsetzungsentscheidung kein Rechtsmittel gegeben.

III. Wirkungen der Wiedereinsetzung

11 Die ursprüngliche Frist wird nicht verlängert oder wiedereröffnet.[15] Stattdessen wird durch die gerichtliche Entscheidung der Wiedereinsetzung in den vorigen Stand die Fristversäumung geheilt und **fingiert,** dass die in Frage stehende Verfahrenshandlung **rechtzeitig vorgenommen** wurde.[16] Die Folgen der Fristversäumung werden so rückwirkend beseitigt. Wurde bereits zuvor eine Entscheidung auf Grund der Fristversäumung getroffen (zB das Rechtsmittel verworfen), so wird diese Entscheidung durch die Bewilligung der Wiedereinsetzung gegenstandslos.[17] Die Wiedereinsetzung beseitigt damit auch eine bereits nach § 45 eingetretene Rechtskraft. Eine Aufhebung der Entscheidung ist nicht notwendig, kann jedoch zur Klarstellung erfolgen.

---

[5] BGH NJW 1996, 2581; BGH NJW 1987, 2588 (2589 f.); BAG NJW 2004, 2112 (2113).
[6] *Musielak/Grandel* § 238 ZPO Rn. 2.
[7] So auch oben § 233 ZPO Rn. 5.
[8] OLG Rostock NJW-RR 1999, 1507; *Baumbach/Lauterbach/Hartmann* § 238 ZPO Rn. 6; aA *Thomas/Putzo/Hüßtege* § 238 ZPO Rn. 5.
[9] BT-Drucks. 16/6308, S. 184.
[10] BGH NJW 1995, 2497 (2498); BGH NJW-RR 1999, 837 (839).
[11] BGH NJW 2003, 211.
[12] BGH NJW 1995, 2497 (2498).
[13] BVerfG NJW 1980, 1095 (1096); BVerfG NJW 1982, 2234; BGH NJW 1995, 2497 (2498).
[14] BT-Drucks. 16/8308, S. 184.
[15] *Zöller/Greger* § 233 ZPO Rn. 1.
[16] BGH NJW 1987, 327 (328); oben § 233 ZPO Rn. 4; *Zöller/Greger* § 233 ZPO Rn. 1.
[17] BGH NJW-RR 2007, 1718; BGH FamRZ 2005, 791 (792); BGH NJW 1987, 327 (328).

Sich an die ursprünglich abgelaufene Frist **anschließende Fristen** beginnen daher bereits von diesem Zeitpunkt an zu laufen, der Zeitpunkt der Wiedereinsetzung ist irrelevant. Sie können mithin bei der Wiedereinsetzung auch bereits abgelaufen sein. Dann ist unter Umständen für die zweite Frist eine eigene Wiedereinsetzung möglich. Ist die zweite Frist beim Wiedereinsetzungsantrag für die Erste noch nicht abgelaufen, so ist diese einzuhalten. Die Verkürzung begründet keinen späteren Wiedereinsetzungsanspruch für die zweite Frist. 12

Geheilt wird allein das Fristversäumnis, jedoch **nicht sonstige Mängel** an der versäumten Verfahrenshandlung, insbesondere besondere Formerfordernisse. 13

§ 20 Verfahrensverbindung und -trennung

Das Gericht kann Verfahren verbinden oder trennen, soweit es dies für sachdienlich hält.

Übersicht

	Rn.		Rn.
I. Normzweck	1, 2	III. Verfahrenstrennung	16–26
II. Verfahrensverbindung	3–15	1. Voraussetzungen	16–18
1. Voraussetzungen	3–9	2. Anordnung	19
a) Verfahren	3	3. Wirkungen	20–25
b) Sachdienlichkeit	4, 5	a) Selbständige Verfahren	20
c) Unzulässige Verfahrensverbindung	6, 7	b) Zuständigkeit	21–23
d) Zustimmung der Beteiligten	8, 9	c) Rechtsmittelfähigkeit	24, 25
2. Anordnung	10	4. Kosten	26
3. Wirkungen	11–13	IV. Aufhebung von Verbindung und Trennung	27
a) Gesamtverfahren	11, 12	VI. Scheidungsverbund	28
b) Rechtsmittelfähigkeit	13		
4. Kosten	14		
5. Nur tatsächliche gemeinsame Verhandlung/Beweisaufnahme	15		

I. Normzweck

Auch nach bisherigem Recht ist, obwohl nicht ausdrücklich geregelt, grundsätzlich die Zulässigkeit einer Verfahrensverbindung oder -trennung anerkannt.[1] § 20 übernimmt diese Grundsätze in eine gesetzliche Regelung.[2] Es wird bei Sachdienlichkeit die Verbindung von mehreren in verschiedenen Verfahren anhängigen Sachen zur gemeinsamen Entscheidung ebenso zugelassen, wie die Trennung von objektiv und/oder subjektiv verschiedenen Sachen, die in einem Verfahren anhängig sind. Zusammengehöriger Streitstoff soll einheitlich, verschiedenartiger gesondert verhandelt und entschieden werden.[3] Die Verfahrensverbindung oder -trennung dient so der **sachlichen Verfahrensleitung;** der Verfahrensstoff soll geordnet, die Übersichtlichkeit gefördert und hinsichtlich einer Verbindung die einheitliche Beweisaufnahme und Beweiswürdigung gesichert und Doppelarbeit vermieden, hinsichtlich einer Trennung eine Verfahrensverschleppung verhindert werden.[4] 1

§ 20 ist auf Grund § 113 Abs. 1 S. 1 in **Ehesachen** und **Familienstreitsachen** nicht anwendbar. Für Ehesachen besteht mit § 126 eine besondere Vorschrift zur Zulässigkeit bzw. Unzulässigkeit von Verfahrensverbindungen. Für vereinfachte Verfahren über den Unterhalt Minderjähriger, welche gemäß § 112 Nr. 1 Familienstreitsachen sind, besteht, wenn solche für mehrere Kinder gegen denselben Antragsgegner anhängig sind, eine Pflicht zur Verfahrensverbindung auf Grund § 250 Abs. 3. Im Übrigen richtet sich die Verfahrensverbindung und -trennung in Ehesachen und Familienstreitsachen nach den §§ 145, 147 ZPO (§ 113 Abs. 1 S. 2). 2

II. Verfahrensverbindung

1. Voraussetzungen. a) Verfahren. Mehrere Verfahren müssen in **gleicher Instanz** bei **demselben Gericht,** jedoch nicht zwingend bei demselben Spruchkörper (s. Rn. 8 f.) anhängig sein. 3

---

[1] *Keidel/Kuntze/Winkler/Sternal* Vor §§ 3–5, 7 FGG Rn. 15; *Jansen/v. König/v. Schuckmann* Vor §§ 8–18 FGG Rn. 88.
[2] BT-Drucks. 16/6308, S. 184.
[3] *Jansen/v. König/v. Schuckmann* Vor §§ 8–18 FGG Rn. 88.
[4] *Thomas/Putzo/Reichold* § 145 ZPO Rn. 1; *Zöller/Greger* § 145 ZPO Rn. 1; oben § 147 ZPO Rn. 1.

Identität der Beteiligten in beiden Verfahren wird für deren Verbindung nicht vorausgesetzt.[5] Es genügt, dass Verfahrensgegenstände auf einem weitgehend gleichartigen tatsächlichen oder rechtlichen Grund beruhen. Voraussetzung ist jedoch, dass in **derselben Verfahrensart** zu entscheiden ist.[6] Eilverfahren können daher nicht mit Hauptsacheverfahren verbunden werden.

4   **b) Sachdienlichkeit.** Die Verfahrensverbindung muss sachdienlich sein. Ob Sachdienlichkeit gegeben ist, bestimmt das Gericht nach **pflichtgemäßem Ermessen,** bei dessen Ausübung sich das Gericht am Zweck der Norm zu orientieren hat.[7] Sachfremde Erwägungen, etwa das Erreichen des Beschwerdewertes, dürfen nicht eingestellt werden. Das Ermessen wird auf Null reduziert, sofern die Verbindung gesetzlich vorgeschrieben oder unzulässig ist.

5   Die Sachdienlichkeit ist grundsätzlich zu **bejahen,** wenn beide Verfahrensgegenstände in einem Verfahren hätten geltend gemacht werden können.[8] Sie ist zudem anzunehmen, wenn die Verfahrensgegenstände in einem rechtlichen Zusammenhang stehen. Für Verfahren auf Feststellung der Vaterschaft nach § 169 Nr. 1 sichert die Zuständigkeitsregelung des § 237 Abs. 2 die Möglichkeit ab, dass eine Verbindung mit dem im Zusammenhang stehenden Unterhaltsverfahren möglich wird.[9] Die Sachdienlichkeit der Verbindung beider Verfahren wird daher hier in der Regel zu bejahen sein.

6   **c) Unzulässige Verfahrensverbindung.** In **Abstammungssachen** ist eine Verfahrensverbindung allein im Rahmen des § 179 Abs. 1 möglich. Weitere Verbindungen sind unzulässig. Die Verbindung von **Adoptionssachen** miteinander oder mit anderen Verfahren ist gemäß § 196 unzulässig.

7   Nicht möglich ist auch eine **verfahrensordnungsübergreifende Verbindung.** Ein FamFG-Verfahren kann daher nicht mit einem ZPO-Verfahren verbunden werden.[10] Dies betrifft jedoch nicht FamFG-Verfahren, auf die gemäß § 113 Abs. 1 S. 2 allein die Vorschriften der ZPO Anwendung finden. Es handelt sich hierbei weiterhin um originäre FamFG-Verfahren.

8   **d) Zustimmung der Beteiligten.** Soweit die zu verbindenden Verfahren beim **selben Spruchkörper** anhängig sind, findet ein Wechsel des entscheidenden Spruchkörpers durch eine Verbindung nicht statt, die Einzelverfahren wären von demselben Spruchkörper entschieden worden, wie nach der Verbindung das Gesamtverfahren. Bedenken bezüglich des gesetzlichen Richters bestehen nicht. Zusätzliche Voraussetzungen sind daher auch aus verfassungsrechtlicher Sicht nicht zu verlangen.

9   Sind die Einzelverfahren jedoch bei **verschiedenen Spruchkörpern** anhängig, so bedeutet eine Verbindung, dass für einen Teil der Verfahren der entscheidende Spruchkörper auf Grund einer in das Ermessen des Gerichts gestellten Entscheidung wechselt. Dies ist mit Blick auf das Gebot des gesetzlichen Richters gemäß Art. 101 Abs. 1 S. 2 GG bedenklich.[11] Eine Beschränkung der Verbindungsmöglichkeit auf Verfahren, die nicht nur bei demselben Gericht, sondern auch bei demselben Spruchkörper anhängig sind, würde jedoch dem Sinn und Zweck der Regelung nicht gerecht. Als Ausweg bleibt, vor der Verbindung die **Zustimmung** der Beteiligten der Verfahren einzuholen, deren Verfahren den Spruchkörper wechselt. Eine Zustimmung der Beteiligten, die allein an einem Verfahren vor dem übernehmenden Spruchkörper beteiligt sind, ist dagegen nicht erforderlich, deren Anspruch auf den gesetzlichen Richter ist durch den Wechsel nicht betroffen.[12]

10   **2. Anordnung.** In der Regel wird sich eine Verbindung zu Beginn des Verfahrens empfehlen, möglich ist sie jedoch auch noch während der Beschwerde oder Rechtsbeschwerde, soweit nur die jeweiligen Rechtsmittel in jedem Einzelverfahren zulässig sind[13] und alle zu verbindenden Verfahren in derselben Instanz anhängig sind. Sie erfolgt durch **Beschluss** des da andere Verfahren übernehmenden Spruchkörpers, ohne dass eine Zustimmung des anderen Spruchkörpers erforderlich wäre.[14] Eine Entscheidung des abgebenden Spruchkörpers über die Verbindung ist nicht zulässig.[15] Die Entscheidung wird **von Amts wegen** getroffen; als Ermessensentscheidung des Gerichts sind

---

[5] *Jansen/v. König/v. Schuckmann* Vor §§ 8–18 FGG Rn. 88.
[6] *Jansen/v. König/v. Schuckmann* Vor §§ 8–18 FGG Rn. 88.
[7] Oben § 147 ZPO Rn. 7; *Zöller/Greger* § 147 ZPO Rn. 4.
[8] Vgl. § 147 ZPO.
[9] BT-Drucks. 16/6308, S. 257.
[10] *Jansen/v. König/v. Schuckmann* Vor §§ 8–18 FGG Rn. 88; *Keidel/Sternal* Rn. 20.
[11] S. *Stein/Jonas/Leipold* § 147 ZPO Rn. 15; oben § 147 ZPO Rn. 8; aA *Baumbach/Lauterbach/Hartmann* § 147 ZPO Rn. 8.
[12] *Stein/Jonas/Leipold* § 147 ZPO Rn. 15; oben § 147 ZPO Rn. 15; *Musielak/Stadler* § 147 ZPO Rn. 2; *Zöller/Greger* § 147 ZPO Rn. 2 verlangen dagegen generell die Zustimmung aller Parteien; aA *Fischer* MDR 1996, 239 (240).
[13] BGH NJW 1977, 1152; *Musielak/Stadler* § 147 ZPO Rn. 2.
[14] Oben § 147 ZPO Rn. 6.
[15] Oben § 147 ZPO Rn. 6; *Musielak/Stadler* § 147 ZPO Rn. 3; *Baumbach/Lauterbach/Hartmann* § 147 ZPO Rn. 15.

Anträge der Beteiligten allein als Anregungen zu verstehen. Der Beschluss ist auf Grund des Rechtsstaatsprinzips zu begründen, so dass er in einem Rechtsmittelverfahren gegen die Endentscheidung nachprüfbar ist (s. Rn. 13).[16]

3. Wirkungen. a) Gesamtverfahren. Die Verbindung schafft ein **einheitliches Verfahren,** welches grundsätzlich durch eine einheitliche Entscheidung beendet wird. Die vormalig mehreren Verfahren verlieren ihre Selbständigkeit. Die Beteiligten der vorherigen Einzelverfahren werden Beteiligte des Gesamtverfahrens. **11**

Bisherige Handlungen und Maßnahmen behalten hinsichtlich des sie betreffenden Verfahrensgegenstandes ihre Wirkung. Sie können jedoch nicht automatisch auf die anderen Verfahrensgegenstände erstreckt werden. Das rechtliche Gehör der vormals im Einzelverfahren nicht Beteiligten ist zu beachten und daher entweder deren Zustimmung zur Verwertung einer vormaligen Beweisaufnahme einzuholen oder die Beweisaufnahme zu wiederholen.[17] **12**

b) Rechtsmittelfähigkeit. Die Zulässigkeit des Rechtsmittels bestimmt sich nach dem **Gesamtverfahren,** so dass durch die Verbindung der Beschwerdewert auch erst erreicht werden kann.[18] Die **Verbindungsentscheidung** selbst ist als Zwischenentscheidung nicht isoliert anfechtbar.[19] Sie ist jedoch im Rechtsmittelverfahren gegen die Endentscheidung angreifbar.[20] Als Ermessensentscheidung kann sie dort jedoch allein auf einen Ermessensfehlgebrauch hin überprüft werden und unterliegt somit allein einer Willkürkontrolle.[21] **13**

4. Kosten. Sowohl Gerichtskosten als auch Anwaltskosten sind nach der Verbindung für das Gesamtverfahren erneut zu bestimmen. Bereits in den Einzelverfahren angefallene Gebühren bleiben unberührt, werden jedoch auf die gleichartigen Gebühren des Gesamtverfahrens angerechnet.[22] Dem Rechtsanwalt wird ein Wahlrecht zugestanden, ob er bereits vor Verbindung entstandene Gebühren der Einzelverfahren oder seine Gebühren aus dem Wert des Gesamtverfahrens erheben will.[23] **14**

5. Nur tatsächliche gemeinsame Verhandlung/Beweisaufnahme. Neben der formalen Verbindung von Verfahren ist anerkannt, dass verschiedene Verfahren auch lediglich rein tatsächlich gemeinsam verhandelt, bzw. gemeinsame Beweisaufnahmen vorgenommen werden können. Es treten dann nicht die Rechtsfolgen der Verfahrensverbindung ein, vielmehr werden allein die praktischen Vorteile der gemeinsamen Verfahrensdurchführung für beide Einzelverfahren genutzt.[24] **15**

III. Verfahrenstrennung

1. Voraussetzungen. In einem Verfahren müssen **mehrere Verfahrensgegenstände** anhängig sein. In Frage kommt sowohl eine objektive als auch eine subjektive Verfahrenshäufung. Nicht entgegen steht die Gefahr widersprüchlicher Entscheidungen.[25] Ein allein rechtlicher Zusammenhang hindert eine Trennung grundsätzlich nicht, lässt jedoch meist die Sachdienlichkeit entfallen.[26] Unzulässig ist eine Trennung dagegen, wenn Ansprüche allein mit mehreren sachlichrechtlichen Gesichtspunkten begründet werden; es fehlt an verschiedenen Verfahrensgegenständen.[27] **16**

Eine Trennung kann für die Beteiligten zu einer Verfahrensverzögerung führen, bedeutet für sie in mehreren Verfahren beteiligt zu sein, kann nachteilige Kostenfolgen (s. Rn. 26) und Auswirkungen auf die Rechtsmittelfähigkeit (s. Rn. 24) haben. Es ist daher vor der Entscheidung **rechtliches Gehör** zu gewähren.[28] **17**

Eine Trennung kommt nur in Betracht, wenn diese sachdienlich ist, mithin dem Zweck der Norm (s. Rn. 1) entspricht.[29] Ob Sachdienlichkeit gegeben ist, ermittelt das Gericht nach **pflichtgemäßem Ermessen.** Die Entscheidung ist ermessensfehlerhaft, wenn keine für eine Trennung sprechen- **18**

---

[16] *Musielak/Stadler* § 147 ZPO Rn. 3; *Baumbach/Lauterbach/Hartmann* § 147 ZPO Rn. 15.
[17] Vgl. oben § 147 ZPO Rn. 11.
[18] *Zöller/Greger* § 147 ZPO Rn. 8.
[19] Vgl. auch OLG München NJW 1984, 2227.
[20] BT-Drucks. 16/6308, S. 204.
[21] AA *Jansen/v. König/v. Schuckmann* Vor §§ 8–18 FGG Rn. 89, die generell Unanfechtbarkeit annehmen.
[22] S. oben § 147 ZPO Rn. 15.
[23] OLG Düsseldorf Rpfleger 2000, 84; OLG Düsseldorf MDR 1995, 645.
[24] S. oben § 147 ZPO Rn. 16; *Zöller/Greger* § 147 ZPO Rn. 5.
[25] BGH NJW 2003, 2386 (2387); *Thomas/Putzo/Reichold* § 145 ZPO Rn. 1.
[26] *Baumbach/Lauterbach/Hartmann* § 145 ZPO Rn. 4.
[27] BGH FamRZ 1983, 155 (156); *Baumbach/Lauterbach/Hartmann* § 145 ZPO Rn. 4.
[28] BGH NJW 1957, 183; OLG München NJW 1984, 2227 (2228); *Zöller/Greger* § 145 ZPO Rn. 6; *Stein/Jonas/Leipold* § 145 ZPO Rn. 16; oben § 145 ZPO Rn. 8.
[29] BGH NJW 1995, 3120.

den Gesichtspunkte ersichtlich sind.[30] Die durch die Trennung für die Beteiligten entstehenden Nachteile (s. Rn. 26) werden grundsätzlich vom Gesetz gesehen und in Kauf genommen. Sie sprechen daher nicht von vornherein gegen eine Trennungsentscheidung, sind jedoch bei der Abwägung im Rahmen der Ermessensentscheidung mit einzustellen.[31] Die Sachdienlichkeit muss verneint werden, wenn durch die Trennung erhebliche, vermeidbare Kosten entstünden.[32] Sie ist auch abzulehnen, wenn es sich um einander widersprechende Anträge, zB zum Umgangsrecht handelt.[33] Das Ermessen ist auf Null reduziert, wenn die Verfahrenshäufung an sich bereits unzulässig ist (vgl. Rn. 6 f.),[34] sodann muss die Trennung vorgenommen werden, bzw. wenn die Verbindung vorgeschrieben ist, dann darf eine Trennung nicht erfolgen.[35]

19   **2. Anordnung.** Die Trennung ist **von Amts wegen** vorzunehmen. Da es sich um eine Ermessensentscheidung des Gerichts handelt, sind etwaige Anträge stets allein Anregungen an das Gericht.[36] Sie kann in jeder Lage des Verfahrens, mithin auch in der Rechtsmittelinstanz[37] erfolgen. Die Verfahrenstrennung erfolgt durch **Beschluss** des Gerichts. Aus dem Rechtsstaatsprinzip folgt, dass dieser zu begründen ist. Er muss im Rahmen der Rechtsmittel gegen die Endentscheidung nachprüfbar sein.[38]

20   **3. Wirkungen. a) Selbständige Verfahren.** Durch die Trennung wird das zuvor einheitliche Verfahren in mehrere selbständige Verfahren aufgeteilt.[39] Verfahrensbeginn ist für alle Verfahren der ursprüngliche Verfahrensbeginn des sodann geteilten Verfahrens. Dessen Anhängigkeit wirkt in jedem einzelnen Verfahren fort. Bis zur Trennung durchgeführte Handlungen, vorgenommene Maßnahmen und Beweisaufnahmen wirken fort und behalten ihre Bedeutung. Jedes einzelne Verfahren wird fortan selbständig geführt und selbständig beendet.

21   **b) Zuständigkeit.** Soweit die ursprüngliche gemeinsame Anhängigkeit zulässig war, hat die Trennung daher keine Auswirkungen auf die Zuständigkeit. Die Trennung ist eine nachträgliche Veränderung der die Zuständigkeit begründenden Umstände, der Grundsatz der **perpetuatio fori** (§ 2 Abs. 2) ist anzuwenden.

22   Auch die **Geschäftsverteilung** bleibt von der Trennung unberührt, der bisherige Spruchkörper führt alle Einzelverfahren weiter fort. Zwar ist der Grundsatz der perpetuatio fori grundsätzlich nicht auf die Geschäftsverteilung anwendbar,[40] jedoch muss hier eine Ausnahme gemacht werden.[41] Würde nach dem Trennungsbeschluss eine erneute allgemeine Geschäftsverteilung erfolgen, so würde die Ermessensausübung hinsichtlich der Trennung zugleich ein Ermessen hinsichtlich des entscheidenden Richters beinhalten. Dies stößt auf verfassungsrechtliche Bedenken betreffend das Gebot des gesetzlichen Richters iSv. Art. 101 Abs. 1 S. 2 GG. Zudem könnten sachfremde Erwägungen (eigene Arbeitsbelastung) die Entscheidung über den Trennungsbeschluss beeinflussen.[42]

23   Etwas anderes muss jedoch gelten, soweit eine **Trennung wegen Unzulässigkeit der Verbindung** zu einem einheitlichen Verfahren erfolgte. Den Beteiligten darf es nicht durch die unzulässige Verbindung verschiedener Verfahren in einem einheitlichen Antrag ermöglicht werden, Einfluss auf die Zuständigkeit und Geschäftsverteilung zu nehmen. Auch hier ist das Gebot des gesetzlichen Richters betroffen. In diesem Fall ist nach der Trennung für jedes Einzelverfahren die Zuständigkeit und die Geschäftsverteilung zu bestimmen.[43]

24   **c) Rechtsmittelfähigkeit.** Die Zulässigkeit von Rechtsmitteln bestimmt sich für jedes **Einzelverfahren** gesondert. Soweit die Beschwerde von der Erreichung eines bestimmten **Beschwerdewertes** abhängig ist (§ 61 Abs. 1), kann die Trennung dazu führen, dass dieser im Vergleich zum vorherigen Gesamtverfahren nicht erreicht wird.[44]

---

[30] BGH NJW 1995, 3120; BGH NJW 2003, 2386; *Stein/Jonas/Leipold* § 145 ZPO Rn. 15.
[31] BGH NJW 1995, 3120 (3121); *Stein/Jonas/Leipold* § 145 ZPO Rn. 15.
[32] BVerfG NJW 1997, 649; BGH NJW-RR 1997, 831 (832); OLG München NJW-RR 1998, 1080.
[33] OLG Hamburg FamRZ 1996, 676.
[34] *Zöller/Greger* § 145 ZPO Rn. 3.
[35] *Thomas/Putzo/Reichold* § 145 ZPO Rn. 3.
[36] Oben § 145 ZPO Rn. 7.
[37] BGH NJW 1979, 426 (427); BGH NJW 1979, 659 (660); BGH FamRZ 2007, 124; BGH FamRZ 2007, 371.
[38] Oben § 145 ZPO Rn. 9.
[39] OLG München NJW-RR 1996, 1279.
[40] BGH NJW 1981, 2464 (2465); OLG Koblenz NJW 1977, 1736; *Zöller/Greger* § 261 ZPO Rn. 12; aA *Stein/Jonas/Roth* § 261 ZPO Rn. 38.
[41] *Stein/Jonas/Leipold* § 145 ZPO Rn. 23; oben § 145 ZPO Rn. 14.
[42] Oben § 145 ZPO Rn. 14.
[43] *Stein/Jonas/Leipold* § 145 ZPO Rn. 22 f.; oben § 145 ZPO Rn. 13 f.
[44] *Zöller/Greger* § 145 ZPO Rn. 7.

Die **Trennungsentscheidung** selbst ist als Zwischenentscheidung nicht isoliert anfechtbar.[45] Sie 25
ist allein im Rahmen des Rechtsmittelverfahrens gegen die Endentscheidung angreifbar,[46] auch wenn
dem Gebot auf rechtliches Gehör nicht entsprochen wurde.[47] Dort unterliegt der Beschluss als Ermessensentscheidung jedoch lediglich einer Willkürkontrolle.[48] Fehlt es an jeglicher sachlicher Rechtfertigung und geht durch die Trennung die Rechtsmittelfähigkeit verloren, so liegt ein Verstoß gegen
Art. 3 Abs. 1 GG vor.[49] Daher muss, soweit die Trennungsentscheidung Gegenstand des Rechtsmittels ist, bei der Bestimmung des Beschwerdewertes nicht auf das Einzelverfahren, sondern auf das
Gesamtverfahren vor Trennung abgestellt werden.[50]

4. Kosten. Der Trennungsbeschluss selbst ist **gerichtsgebührenfrei**.[51] Gerichts- wie Anwalts- 26
kosten sind nach der Trennung für jedes **einzelne Verfahren gesondert** zu berechnen. Bereits
entstandene Gebühren werden nicht beeinträchtigt, jedoch auf die gleichartigen Gebühren der
Einzelverfahren in dem Verhältnis verteilt und angerechnet, wie die neu berechneten Gebühren der
Einzelverfahren zueinander stehen.[52] Dem Rechtsanwalt wird ein Wahlrecht eingeräumt, ob er seine
Gebühren nach dem vormaligen Gesamtverfahren oder den nun von ihm geführten Einzelverfahren
erhebt.[53] Aufgrund der Degression der Gebührentabelle kann sich daher für die Beteiligten das
Verfahren durch die Trennung verteuern.

IV. Aufhebung von Verbindung und Trennung

Anders als für das streitige Verfahren in § 150 ZPO wird vom FamFG die Aufhebung der 27
Trennung oder Verbindung nicht ausdrücklich vorgesehen. Dennoch ist eine **Änderung der Entscheidung** de facto auch im FamFG-Verfahren möglich: Verbindung und Trennung stehen in einem
Komplementärverhältnis; die Aufhebung einer Verbindung ist als Trennung, die Aufhebung einer
Trennung als Verbindung iSv. § 20 zu verstehen. Das Gericht kann in einem Verfahren einen
Beschluss nach § 20 auch mehrfach fassen. Die Änderungsentscheidung ist daher allein eine weitere
Entscheidung nach § 20. Sie erfolgt nach den allgemeinen Voraussetzungen für eine Trennung (s.
Rn. 16 ff.) bzw. Verbindung (s. Rn. 3 ff.). Das Gericht entscheidet von Amts wegen nach **pflichtgemäßem Ermessen,** die Sachdienlichkeit ist für diese weitere Entscheidung erneut auf Grund
Zweckmäßigkeitserwägungen zu prüfen. Den Anforderungen an das rechtliche Gehör ist auch in
diesem weiteren Beschluss erneut Rechnung zu tragen.

V. Scheidungsverbund

Für die Verbindung und Trennung zur Herstellung bzw. Auflösung des Scheidungsverbundes 28
bestehen Sonderregelungen. Die **§§ 137, 140** gehen als **leges speciales** den allgemeinen Vorschriften vor. Eine Verfahrensverbindung wird, soweit eine Scheidung und deren Folgesachen betroffen
sind, vom Gesetz grundsätzlich zwingend vorgesehen. Die Möglichkeit der Verbindung der Verfahren wird hier zudem durch entsprechende Zuständigkeitsregelungen und eine für die einzelnen
Folgesachen vorgesehene zwingende Verfahrensabgabe abgesichert.

§ 21 Aussetzung des Verfahrens

(1) ¹Das Gericht kann das Verfahren aus wichtigem Grund aussetzen, insbesondere
wenn die Entscheidung ganz oder zum Teil von dem Bestehen oder Nichtbestehen eines
Rechtsverhältnisses abhängt, das den Gegenstand eines anderen anhängigen Verfahrens
bildet oder von einer Verwaltungsbehörde festzustellen ist. ² § 249 der Zivilprozessordnung
ist entsprechend anzuwenden.

---

[45] Vgl. auch OLG München NJW 1984, 2227.
[46] BT-Drucks. 16/6308, S. 204; BGH NJW 1995, 3120; OLG Frankfurt NJW-RR 1992, 32; KG MDR 2004, 962.
[47] OLG München NJW 1984, 2227 (2228).
[48] BGH NJW 1995, 3120; BGH NJW 2003, 2386; aA *Jansen/v. König/v. Schuckmann* Vor §§ 8–18 FGG Rn. 89, die generell Unanfechtbarkeit annehmen.
[49] BVerfG NJW 1997, 649.
[50] BayVerfGH NJW 2001, 2962; BGH NJW 1995, 3120; *Zöller/Greger* § 145 ZPO Rn. 7.
[51] *Zöller/Greger* § 145 ZPO Rn. 28.
[52] *Stein/Jonas/Leipold* § 145 ZPO Rn. 25; oben § 145 ZPO Rn. 15; *Zöller/Greger* § 145 ZPO Rn. 28.
[53] *Zöller/Greger* § 145 ZPO Rn. 28.

(2) **Der Beschluss ist mit der sofortigen Beschwerde in entsprechender Anwendung der §§ 567 bis 572 der Zivilprozessordnung anfechtbar.**

Schrifttum: *Kähler*, Verfahrensaussetzung bei zu erwartender Leitentscheidung, NJW 2004, 1132; *Mittenzwei*, Die Aussetzung des Prozesses zur Klärung von Vorfragen, 1971; *Roth*, Schranken der Aussetzung nach § 148 ZPO und Art. 28 EuGVO, FS Jayme, 2004, S. 747; *Stöber*, Auswirkungen des Todes einer Partei auf einen laufenden Zivilprozess mit ihren Erben, MDR 2007, 757.

I. Normzweck

1   Die Aussetzung bedeutet den Stillstand des betreffenden Verfahrens kraft richterlicher Anordnung.[1] Sie war auch unter dem FGG bei Vorgreiflichkeit eines anderen Verfahrens sowohl für Amts-[2] als auch für Antragsverfahren[3] anerkannt, jedoch nur für einige spezielle Fälle (§§ 52 Abs. 2, 53c Abs. 2, 56c Abs. 2, 95, 127 FGG) geregelt. § 21 stellt die Statthaftigkeit der Aussetzung nunmehr allgemein klar.[4] Im Gegensatz zur ZPO wird hinsichtlich des Aussetzungsgrundes eine Generalklausel geschaffen und die Vorgreiflichkeit des Verfahrens, die in den anderen Verfahrensordnungen als ein Aussetzungsgrund normiert ist (§ 148 ZPO, § 94 VwGO, § 114 Abs. 2 SGG, § 74 FGO), lediglich als ein Regelbeispiel ausgestaltet.

2   Eine Aussetzungsentscheidung des Gerichts kann für die Beteiligten herausragende Bedeutung haben. Eine **schnelle Überprüfbarkeit** dieser Zwischenentscheidung ist daher angezeigt. Ein Abwarten bis zur Endentscheidung und anschließende inzidente Überprüfung im normalen Rechtsmittelverfahren würde den Beteiligten nicht gerecht, da gerade das Abwartenmüssen des Aussetzungszeitraums in Frage steht. Abs. 2 lässt daher die selbständige Überprüfung der Zwischenentscheidung mittels der sofortigen Beschwerde zu.

3   § 21 ist auf Grund von § 113 Abs. 1 S. 1 in **Ehesachen** und **Familienstreitsachen** nicht anwendbar. Stattdessen sind gemäß § 113 Abs. 1 S. 2 für die Aussetzungsgründe die §§ 148, 149 ZPO und §§ 246, 247 ZPO anzuwenden, für die Wirkungen der Aussetzung wird ebenso wie von § 21 auf § 249 ZPO, für die Rechtsmittel gegen die Aussetzungsentscheidung auf die §§ 567–572 ZPO verwiesen.

II. Aussetzungsvoraussetzungen

4   **1. Wichtiger Grund. a) Grundsatz.** Eine Aussetzung ist allein bei Vorliegen eines wichtigen Grundes zulässig. Mit dieser **Generalklausel** reagiert das FamFG auf jegliche Möglichkeiten eines **Stillstandes der Rechtspflege**. Eine von Gesetzes wegen eintretende Unterbrechung ist dem FamFG ebenso unbekannt[5] wie eine Disposition der Beteiligten über ein Ruhen des Verfahrens. Beide Institute stehen den Grundprinzipien des FG-Verfahrens entgegen. Bei den entsprechenden Fallgruppen kann jedoch ein wichtiger Grund vorliegen, der zur Aussetzung des Verfahrens führt. Damit ein Umstand als wichtiger Grund anerkannt werden kann, genügt nicht bereits jede denkbare Erleichterung, andererseits ist keine zwingende Notwendigkeit zu verlangen.[6]

5   **b) Einzelfälle.** Der **Tod eines Beteiligten** bzw. dessen Todeserklärung (§ 9 VerschG) ist dann als wichtiger Grund für eine Aussetzung anzusehen, wenn das Verfahren mit den Erben des verstorbenen Beteiligten fortzusetzen ist. Die Aussetzung ist notwendig, bis die Erbfolge geklärt ist.[7] Dagegen kommt eine Aussetzung nicht in Betracht, wenn der Tod eines Beteiligten bzw. dessen Todeserklärung das Ende des Verfahrens herbeiführt, beispielsweise der das Verfahren beendende Tod des Mündels, der Tod des zu entlassenden Vormundes oder der Tod des Elternteils, dessen elterliche Sorge eingeschränkt werden sollte. Dem Verfahren wird der Gegenstand entzogen, es ist in der Hauptsache erledigt und daher zu beenden.[8]

6   Der **Verlust der Verfahrensfähigkeit** (§ 9) eines Beteiligten im laufenden Verfahren ist für die Zeit des Verfahrens zur Vertreterbestellung als wichtiger Grund anzuerkennen (s. § 241 ZPO Rn. 7). Gleiches gilt bei **Tod des gesetzlichen Vertreters** bzw. der Beendigung dessen Vertretungsbefugnis,

---

[1] *Stein/Jonas/Roth* § 148 ZPO Rn. 1.
[2] BayObLG Rpfleger 1983, 74.
[3] BayObLGZ 1964, 231 (234); BayObLGZ 1969, 184 (185); KG FamRZ 1968, 219 (220); *Bumiller/Winkler* § 12 FGG Rn. 39.
[4] BT-Drucks. 16/6308, S. 184.
[5] *Habscheid* S. 170.
[6] *Baumbach/Lauterbach/Hartmann* Rn. 3.
[7] OLG Frankfurt FamRZ 1981, 474 (475); *Habscheid* S. 170.
[8] BGHZ 66, 297 (299); *Habscheid* S. 170.

wenn keine weiteren Vertreter vorhanden sind, die ohne den Weggefallenen vertretungsberechtigt sind. (s. § 241 ZPO Rn. 8–10).

Der **Tod des bevollmächtigten Rechtsanwaltes** eines Beteiligten ist wichtiger Grund, soweit Anwaltszwang besteht (§ 10 Abs. 4 für die Rechtsbeschwerde vor dem BGH, § 114 Abs. 1 für Ehegatten in – auch abgetrennten – Folgesachen), s. im Einzelnen bei § 244 ZPO Rn. 7–13. Gleiches ist anzunehmen, wenn der Rechtsanwalt unfähig wird, die Vertretung fortzuführen, so bei Verlust der Anwaltseigenschaft durch Erlöschen der Zulassung (§ 13 BRAO), bei Wirksamkeit eines Vertretungsverbotes (§ 114 Abs. 1 Nr. 4 BRAO) bzw. eines Ausschlusses aus der Rechtsanwaltschaft (§ 114 Abs. 1 Nr. 5 BRAO) oder eines vorläufigen Berufs- oder Vertretungsverbotes (§ 150 BRAO), s. § 244 ZPO Rn. 14–18. Soweit sich ein Beteiligter allein auf eigenes Betreiben hin vertreten lässt (§ 10 Abs. 2), ist der Tod des Bevollmächtigten oder dessen Unfähigkeit zur Vertretung unbeachtlich.[9] Für die Voraussetzungen kann auf die Grundsätze des § 244 ZPO zurückgegriffen werden.

Anders als in der streitigen Gerichtsbarkeit (§ 240 ZPO) hat die **Eröffnung des Insolvenzverfahrens** über das Vermögen eines Beteiligten nicht die automatische Unterbrechung des FamFG-Verfahrens zur Folge, auch wenn die Insolvenzmasse betroffen ist.[10] Die Verwaltung und Verfügung über die Insolvenzmasse wird durch das FamFG-Verfahren regelmäßig nicht betroffen sein, das Insolvenzverfahren muss sodann nicht durch eine Aussetzung abgesichert werden. Ein wichtiger Grund für eine Aussetzung muss entsprechend **abgelehnt** werden: Die Anmeldung für Handelsregistereintragungen ebenso wie die bei Ablehnung bestehende Beschwerde obliegt auch in der Insolvenz weiter dem Geschäftsführer einer GmbH.[11] Der Erbe wird auch durch eine Insolvenz über sein Vermögen nicht an der Betreibung eines Erbscheinsverfahrens gehindert, wenn die Erbschaft zur Insolvenzmasse zählt. In ihm liegt keine Verfügungs- oder Verwaltungshandlung.[12] Das Insolvenzverfahren kann dagegen im FamFG-Verfahren gerade Anlass zum Tätigwerden bieten: Eine Nachlassverwaltung (§ 1988 Abs. 1 BGB) endet mit der Eröffnung der Nachlassinsolvenz; bei der Bestellung eines Vormundes wird der insolvente Beteiligte in der Regel nach § 1779 Abs. 2 BGB wegen Nichteignung nicht zu berücksichtigen bzw. nach § 1778 Abs. 1 Nr. 4 BGB zu übergehen sein.

Bei Abstammungssachen ist ein wichtiger Grund zu bejahen, wenn der Einholung eines erforderlichen **Abstammungsgutachtens** ein vorübergehendes Hindernis entgegensteht. Die Aussetzungsmöglichkeit war bisher in § 640f ZPO speziell geregelt (s. § 640f ZPO Rn. 1). Sie wurde mit dem FGG-RG aufgehoben und von der neuen allgemeinen Regelung des § 21 mit erfasst.

In echten Streitverfahren ist als wichtiger Grund anzusehen, wenn die Beteiligten an einer **Mediation** teilnehmen[13] oder sonst **Vergleichsverhandlungen** führen. Das Gericht hat das übereinstimmende Interesse der Beteiligten in gleicher Weise zu berücksichtigen, wie dies im streitigen Verfahren eine Anordnung des Ruhens des Verfahrens nach § 251 ZPO rechtfertigen würde (s. § 251 Rn. 12 f.).

Ein wichtiger Grund kann bejaht werden, wenn eine **Regelung** für **verfassungswidrig** erklärt wurde und eine gesetzliche Neuregelung absehbar ist,[14] nicht jedoch, wenn allein die Regelung einer Streitfrage durch den Gesetzgeber geplant ist.

Die Aussetzungspflicht bei Durchführung einer **konkreten Normenkontrolle** nach Art. 100 Abs. 1 GG folgt hingegen nicht aus § 21, sondern unmittelbar aus Art. 100 Abs. 1 GG. § 21 ist insoweit auch nicht ergänzend heranzuziehen, die Aussetzung ist für diesen Fall abschließend in Art. 100 Abs. 1 GG geregelt. Ein wichtiger Grund kann jedoch gegeben sein, wenn die Entscheidung des BVerfG in einer anderen Sache abgewartet werden soll, da die dort zu entscheidende Rechtsfrage für das durchzuführende Verfahren entscheidungserhebliche Bedeutung hat.[15]

Nicht genügend ist es jedoch, wenn in einem anderen Verfahren **lediglich** eine Entscheidung zu erwarten ist, die einen nur irgendwie gearteten, wenn auch **erheblichen Einfluss** auf die Entscheidung im auszusetzenden Verfahren hat,[16] beispielsweise die dort vorzunehmende Beweiswürdigung für das hiesige Verfahren bedeutsam sein kann[17] oder in einem gleich gelagerten Verfahren über die gleiche Rechtsfrage entschieden wird.[18]

---

[9] Vgl. BGH FamRZ 1992, 48 (49).
[10] OLG Köln RPfleger 2001, 552.
[11] OLG Köln Rpfleger 2001, 552; OLG Rostock Rpfleger 2003, 444 (445).
[12] *Jansen/v. König/v. Schuckmann* Vor §§ 8–18 FGG Rn. 38.
[13] BT-Drucks. 16/6308, S. 184.
[14] BayObLG FamRZ 1991, 227 (229); OLG Brandenburg FamRZ 2000, 1423.
[15] BVerfG NJW 2004, 501 (502); OLG Köln Rpfleger 2004, 478 (481); *Stein/Jonas/Roth* § 148 ZPO Rn. 15; aA *Keidel/Sternal* Rn. 13.
[16] OLG Jena MDR 2000, 1452.
[17] *Keidel/Sternal* Rn. 13 hält diese Fälle für problematisch.
[18] BayObLGZ 1966, 323 (329).

14 **2. Regelbeispiel „vorgreifliches Verfahren".** Als Regelbeispiel für das Vorliegen eines wichtigen Grundes wird von Abs. 1 die **Abhängigkeit der Entscheidung** vom Bestehen oder Nichtbestehen eines Rechtsverhältnisses, welches den Gegenstand eines anderen anhängigen Verfahrens bildet oder von einer Verwaltungsbehörde festzustellen ist, benannt. Die Entscheidung in einem anderen Verfahren ist mithin vorgreiflich für die eigene Entscheidung. Es wird allein ein wichtiger Grund normiert, der in die allgemeine Ermessensentscheidung des Gerichts über die Aussetzung einzustellen ist; es besteht **keine generelle Pflicht** zur Aussetzung, eine Beschränkung der Ermessensentscheidung wird nicht vorgenommen.[19] S. im Einzelnen § 148 ZPO Rn. 6–12.

15 Voraussetzung ist, dass der Rechtsstreit bereits **anhängig** ist. Unzulässig ist es, die Entscheidung der Vorfrage abzulehnen und die Beteiligten auf den Prozessweg zu verweisen.[20] Fehlt es an der Anhängigkeit, ist ein wichtiger Grund abzulehnen und das Gericht muss über die Vorfrage selbst entscheiden. Besteht die Anhängigkeit beim gleichen Gericht, ist zu prüfen, ob eine Verbindung der Verfahren nach § 20 in Frage kommt, die der Aussetzung grundsätzlich vorzugswürdig ist.[21]

16 Bei dem anderen Verfahren muss es sich **nicht** um ein **FamFG-Verfahren** handeln. Im Interesse der Einheitlichkeit der Rechtsprechung und zur Vermeidung widersprüchlicher Entscheidungen ist auch ein Verfahren einer **anderen Gerichtsbarkeit** oder eines in der streitigen Zivilgerichtsbarkeit zu berücksichtigen. Der Wortlaut nimmt insoweit gerade keine Einschränkungen vor.[22]

17 **3. Weitere Sonderregelungen.** Eine Sonderregelung zur Aussetzungsmöglichkeit, unter Umständen zur Aussetzungspflicht erfolgt für das **Versorgungsausgleichsverfahren** bei Streit über den Bestand oder die Höhe eines in den Versorgungsausgleich einzubeziehenden Anrechts durch § 221 (s. dort). In **Teilungsverfahren** ist gemäß § 370 bei Auftreten von Streitpunkten bis zu deren Erledigung das Verfahren auszusetzen. Das Ermessen des Gerichts wird insoweit auf Null reduziert. Für **Registersachen** wird der Zeitpunkt, ab dem eine Aussetzung möglich ist, durch § 381 nach vorn verlagert. Das andere Verfahren muss derzeit noch nicht anhängig sein, jedoch ist einem der Beteiligten eine Frist zu setzen, binnen derer die entsprechende Klage erhoben werden muss.

III. Verfahren

18 Das Gericht wird **von Amts wegen** tätig. Eines Antrages der Beteiligten bedarf es auch im Antragsverfahren nicht, da auch das Antragsverfahren der freiwilligen Gerichtsbarkeit von der Offizialmaxime beherrscht wird.[23] Der Verzicht auf die Formulierung eines Antragserfordernisses im Gesetzestext macht dies nunmehr für das FamFG deutlich. Jedoch können die Beteiligten eine Aussetzung bei dem Gericht anregen. Die Aussetzung kann in jeder Lage des Verfahrens, auch im Beschwerde- oder Rechtsbeschwerdeverfahren erfolgen.[24]

19 Die Entscheidung trifft das Gericht nach **pflichtgemäßem Ermessen**. Es muss dabei die Eigenart des Verfahrens und die Interessen der Beteiligten berücksichtigen.[25] Soweit nicht eine gesetzliche Aussetzungsanordnung besteht, welche das Ermessen auf Null reduziert, darf daher die Aussetzung nicht allein bereits auf Grund des Vorliegens eines wichtigen Grundes angeordnet werden. In eilbedürftigen Verfahren (zB Freiheitsentziehungssachen, Verfahren bei Gefährdung des Kindeswohls nach § 1666 BGB) wird im Regelfall die Eigenart des Verfahrens gegen eine Aussetzung sprechen,[26] jedenfalls soweit nicht entsprechende vorläufige Maßnahmen ergriffen werden können.

20 Die Aussetzung erfolgt durch **Beschluss**, der zu **begründen** ist.[27] Das Gericht schuldet den Beteiligten Rechenschaft, dass es die Voraussetzungen des § 21 erkannt hat und sein Ermessen entsprechend ausgeübt hat. Erst die Begründung ermöglicht eine sinnvolle Überprüfung im selbständigen Rechtsmittelverfahren (s. Rn. 24).[28]

---

[19] In gleicher Weise bereits zum FGG: BayObLGZ 1964, 231 (234); BayObLGZ 1967, 19 (22); *Jansen/v. König/v. Schuckmann* Vor §§ 8–18 FGG Rn. 42.
[20] *Jansen/v. König/v. Schuckmann* Vor §§ 8–18 FGG Rn. 41.
[21] BGH NJW 2002, 751 (753); OLG Koblenz NJW-RR 1986, 742.
[22] So bereits zum FGG *Habscheid* S. 171; aA noch BayObLG Rpfleger 1988, 265.
[23] BayObLG FamRZ 1999, 334 (335); OLG Frankfurt FamRZ 1986, 1140 f.; *Jansen/v. König/v. Schuckmann* Vor §§ 8–18 FGG Rn. 41.
[24] BayObLG Rpfleger 1969, 391; vgl. *Stein/Jonas/Roth* § 148 ZPO Rn. 7.
[25] BT-Drucks. 16/6308, S. 184; *Keidel/Sternal* Rn. 21.
[26] BT-Drucks. 16/6308, S. 184.
[27] *Baumbach/Lauterbach/Hartmann* Rn. 3.
[28] S. auch oben § 148 ZPO Rn. 15.

IV. Wirkungen

Für die Wirkungen der Aussetzung **verweist** Abs. 1 S. 2 **auf § 249 ZPO**. Prozessuale Fristen enden mit der Aussetzung und laufen nach Beendigung der Aussetzung in voller Länge neu, Handlungen der Beteiligten sind anderen Beteiligten gegenüber unwirksam, Handlungen des Gerichts sind grundsätzlich unzulässig (s. dazu bei § 249 ZPO). 21

V. Beendigung

Wurde im Aussetzungsbeschluss ein **Beendigungstatbestand** festgelegt, so endet die Aussetzung mit Eintritt der dort benannten Voraussetzungen automatisch. Einer ausdrücklichen Aufhebung bedarf es sodann nicht. Gleichwohl erfolgende Aufhebungsbeschlüsse haben allein deklaratorische Wirkung.[29] 22

In allen anderen Fällen endet die Aussetzung mit einem **Aufhebungsbeschluss** des Gerichts. Hierfür hat das Gericht erneut sein pflichtgemäßes Ermessen auszuüben und zu überprüfen, ob der wichtige Grund für die Aussetzung entfallen ist oder aber die Gesamtabwägung nunmehr für eine Fortsetzung des Verfahrens spricht. Der Aufhebungsbeschluss ist negativer Aussetzungsbeschluss iSd. § 21, er unterliegt daher dem gleichen Verfahren (Rn. 18 ff.) und Rechtsmittel (Rn. 24). 23

VI. Rechtsmittel

Aufgrund Abs. 2 kann der Aussetzungsbeschluss als Zwischenentscheidung selbständig angefochten werden. Statthaftes Rechtsmittel ist nicht die Beschwerde nach § 58, sondern die **sofortige Beschwerde** nach § 567 ff ZPO (s. dort). Wesentlicher Unterschied ist die **Beschwerdefrist**: Sie beträgt im Gegensatz zur FamFG-Beschwerde gemäß § 63 Abs. 1 nicht einen Monat, sondern gemäß § 569 Abs. 1 S. 1 ZPO lediglich **2 Wochen**. Zudem entscheidet gemäß § 568 ZPO grundsätzlich ein **Einzelrichter**. Die Voraussetzungen zum Vorliegen eines wichtigen Grundes sind im Beschwerdeverfahren voll überprüfbar, im Übrigen kommt allein die Überprüfung von Ermessensfehlern in Betracht.[30] Wegen der selbständigen Anfechtbarkeit kann der Aussetzungsbeschluss später nicht im Beschwerde- oder Rechtsbeschwerdeverfahren gegen die Endentscheidung angegriffen werden. 24

VII. Kosten

1. Gerichtsgebühren. Der Aussetzungsbeschluss ist als Teil des Hauptsacheverfahrens gerichtsgebührenfrei. Auch das erfolgreiche Beschwerdeverfahren ist kostenfrei (§ 131 Abs. 3 KostO). Wird die Beschwerde verworfen oder zurückgewiesen, so werden in **Familiensachen** gemäß Nr. 1912 KV-FamGKG Gerichtsgebühren in Höhe von 50 Euro erhoben. Wird wegen Zurücknahme der Beschwerde keine Entscheidung getroffen, ist das Verfahren kostenfrei.[31] In **Angelegenheiten der freiwilligen Gerichtsbarkeit** werden bei nicht erfolgreicher Beschwerde Gerichtsgebühren gemäß § 131 Abs. 1 KostO erhoben und zwar eine volle Gebühr nach § 32 KostO, höchstens jedoch 800 Euro bei Verwerfung oder Zurückweisung der Beschwerde, eine halbe Gebühr nach § 32 KostO, höchstens jedoch 500 Euro bei Rücknahme der Beschwerde. Der Wert wird gemäß § 131 Abs. 4 KostO stets nach § 30 KostO festgesetzt. 25

2. Rechtsanwaltsgebühren. Das Aussetzungsverfahren ist Teil der Hauptsache, extra Gebühren entstehen nicht. Das Beschwerdeverfahren ist nicht Teil des Rechtszuges. Der Rechtsanwalt erhält für das Beschwerdeverfahren eine halbe Gebühr nach § 13 RVG (Nr. 3500 VV-RVG) und eine weitere halbe Gebühr nach § 13 RVG bei Terminswahrnehmung (Nr. 3513 VV-RVG). Die Bestimmung des Gegenstandswertes erfolgt nach §§ 22 ff. RVG. 26

§ 22 Antragsrücknahme; Beendigungserklärung

(1) ¹Ein Antrag kann bis zur Rechtskraft der Endentscheidung zurückgenommen werden. ²Die Rücknahme bedarf nach Erlass der Endentscheidung der Zustimmung der übrigen Beteiligten.

---

[29] *Stein/Jonas/Roth* § 150 ZPO Rn. 5.
[30] KG MDR 2007, 736 (737); *Musielak/Borth* Rn. 3.
[31] *Hartmann*, KostG, 37. Aufl. 2007, 1812 KV Rn. 3.

(2) ¹Eine bereits ergangene, noch nicht rechtskräftige Endentscheidung wird durch die Antragsrücknahme wirkungslos, ohne dass es einer ausdrücklichen Aufhebung bedarf. ²Das Gericht stellt auf Antrag die nach Satz 1 eintretende Wirkung durch Beschluss fest. ³Der Beschluss ist nicht anfechtbar.

(3) Eine Entscheidung über einen Antrag ergeht nicht, soweit sämtliche Beteiligte erklären, dass sie das Verfahren beenden wollen.

(4) Die Absätze 2 und 3 gelten nicht in Verfahren, die von Amts wegen eingeleitet werden können.

I. Normzweck

1 § 22 ist Ausdruck einer **begrenzten Dispositionsbefugnis** der Beteiligten in Antragsverfahren. Soweit ein Verfahren allein auf Antrag eingeleitet werden kann, behält der Antragsteller die Hoheit über die Durchführung des Verfahrens und kann dieses durch Antragsrücknahme ohne eine gerichtliche Entscheidung beenden. Die Norm bringt Befriedungsbestrebungen zum Ausdruck: Es soll möglichst lange eine Möglichkeit gegeben werden, die gerichtliche Entscheidung zu vermeiden oder zumindest rückwirkend zu einem entscheidungslosen Verfahren zu gelangen.[1] Bis zum FGG-RG war die Antragsrücknahme im FG-Verfahren nicht ausdrücklich geregelt, jedoch in allen Antragsverfahren als Ausfluss der Dispositionsmaxime anerkannt.[2]

2 Gemäß § 113 Abs. 1 S. 1 gilt die Regelung nicht in **Ehesachen** und **Familienstreitsachen**. Bei Rücknahme eines Scheidungsantrages ist hinsichtlich der Wirkungen für Folgesachen die Sonderregelung des § 141 zu beachten, im Übrigen ist § 269 ZPO gemäß § 113 Abs. 1 S. 2 anwendbar.

II. Antragsrücknahme

3 **1. Erklärung.** Die Rücknahme ist **gegenüber dem Gericht** zu erklären (s. dazu § 25). Sie ist im Übrigen **formfrei** möglich,[3] es sei denn, spezialgesetzlich ist etwas anderes normiert (zB § 31 GBO). Auch bedarf es nicht des Gebrauchs der Begrifflichkeit „Rücknahme". Die Erklärung ist entsprechend auszulegen; auch im „Verzicht auf Weiterbehandlung" ist daher eine Rücknahme zu sehen.[4] Die Antragsrücknahme ist als verfahrensgestaltende Erklärung **bedingungsfeindlich** und **unanfechtbar**.[5] Ein Streit darüber, ob eine Antragsrücknahme wirksam erklärt wurde, ist im für diesen Zweck weiterzuführenden, ursprünglichen Verfahren zu klären.[6]

4 **2. Zustimmung anderer Beteiligter.** Steht die Antragstellung nur mehreren gemeinschaftlich zu, so muss auch die Antragsrücknahme gemeinsam erklärt werden.[7]

5 Im Übrigen ist eine Zustimmung der anderen Beteiligten bis zum Erlass der Endentscheidung nicht erforderlich. Die ausdrückliche Neuregelung gilt auch für echte Streitsachen der freiwilligen Gerichtsbarkeit. Der vor dem FGG-RG bestehende Streit[8] wird so entschieden. Die Ansicht, dass analog § 269 Abs. 1 ZPO die Zustimmung des Antragsgegners zu verlangen ist, sobald dieser sich mündlich oder schriftlich zur Sache erklärte, ist damit überholt. Der **Zeitpunkt des Erlasses** wird von § 38 Abs. 3 S. 3 legaldefiniert. Danach ist der Erlass in zwei Alternativen möglich: Entweder wird die Beschlussformel in Anwesenheit von mindestens einem Beteiligten verlesen oder die Urschrift des vom Gericht unterzeichneten Beschlusses an die Geschäftsstelle übergeben.[9] Die Dokumentation des Datums der Übergabe ist dabei allein deklaratorisch (s. § 38 Rn. 27 ff.).

6 Zwischen Erlass und Rechtskraft der Endentscheidung müssen alle anderen Beteiligten der Rücknahme zustimmen. Der **Zeitpunkt des Eintritts der Rechtskraft** bestimmt sich nach § 45 (s. dazu § 45 Rn. 3 ff.).

7 Mit Eintritt der Rechtskraft ist das Verfahren beendet, die Entscheidung wird unangreifbar. Eine Antragsrücknahme ist ab diesem Zeitpunkt ausgeschlossen.

---

[1] *Baumbach/Lauterbach/Hartmann* Rn. 2.
[2] BGH NJW 1959, 1323; *Habscheid* S. 166; *Jansen/v. König/v. Schuckmann* Vor §§ 8–18 FGG Rn. 41.
[3] *Habscheid* S. 166.
[4] *Habscheid* S. 166.
[5] *Keidel/Sternal* Rn. 12.
[6] *Keidel/Sternal* Rn. 12; *Bumiller/Harders* Rn. 1.
[7] *Brehm* § 10 Rn. 12.
[8] Vgl. *Keidel/Kuntze/Winkler/Schmidt* § 12 FGG Rn. 40 Fn. 194.
[9] AA *Baumbach/Lauterbach/Hartmann* Rn. 1, der auf das Wirksamwerden der Entscheidung und mithin auf die Bekanntgabe abstellt.

3. Wirkungen. Die Antragsrücknahme bewirkt, anders als im streitigen Zivilprozess (vgl. § 269 **8** Abs. 3 S. 1 ZPO) nicht den Wegfall der Anhängigkeit der Sache. Die Besonderheiten der freiwilligen Gerichtsbarkeit, insbesondere die Wahrnahme von Fürsorgeaufgaben durch das Gericht, machen eine weitere Prüfung des Gerichts erforderlich. Der **Antrag** jedoch **entfällt** mit dessen Rücknahme, soweit er Voraussetzung ist, ist dieser ex tunc nicht gestellt. Soweit jedoch (auch) eine Entscheidung von Amts wegen möglich ist, obliegt es der Prüfung des Gerichts, inwieweit es das Verfahren fortsetzt. Die Antragsrücknahme hat daher in Verfahren, die unabhängig von der im konkreten Fall tatsächlich erfolgten Verfahrenseinleitung auch von Amts wegen eingeleitet werden können, keine Bedeutung für die Wirksamkeit einer bereits erlassenen, aber noch nicht rechtskräftigen Entscheidung (Abs. 2 iVm. Abs. 4).

In **reinen Antragsverfahren,** die auch nicht potentiell von Amts wegen eingeleitet werden **9** können, wird der Antragsrücknahme dagegen eine weitergehende Wirkung eingeräumt. Mit der Antragsrücknahme wird eine bereits **ergangene Entscheidung** kraft Gesetzes **wirkungslos** (Abs. 2 S. 1). Jede vom Gericht getroffene Entscheidung soll erfasst werden, die Beteiligten sollen in einen entscheidungslosen Zustand zurückversetzt werden. Die Wirkung tritt daher ex tunc ein. Existent und für das Gericht bindend ist die Entscheidung bereits mit Erlass (s. § 38 Rn. 29). Um alle das Verfahren betreffenden Entscheidungen zu erfassen, muss daher die Entscheidung als ergangen betrachtet werden, wenn diese nach § 38 Abs. 3 S. 3 erlassen wurde. Die entscheidenden Zeitpunkte in Abs. 2 und Abs. 1 sind mithin dieselben. Auf die Wirksamkeit bzw. die Bekanntgabe der Entscheidung kann es daher nicht ankommen. Es bedarf keiner Aufhebungserklärung. **Deklaratorisch** kann jedoch die Wirkungslosigkeit durch **Beschluss** festgestellt werden (Abs. 2 S. 2). Der Beschluss ergeht nur auf Antrag, antragsberechtigt sind die Beteiligten des Verfahrens. Da der Beschluss keine konstitutive Wirkung besitzt, besteht kein Bedürfnis für eine rechtliche Überprüfung, weshalb von Abs. 2 S. 3 die Anfechtbarkeit ausgeschlossen wird.

Einer späteren **erneuten Stellung** des Antrages steht die Rücknahme nicht entgegen.[10] **10**

Die Antragsrücknahme löst, anders als im streitigen Verfahren, **keine zwingende Kostenfolge** **11** aus. Dem Antragsteller sind nicht allein wegen der Antragsrücknahme die Kosten aufzuerlegen.[11] Die Kostenentscheidung ist auch bei Antragsrücknahme nach der allgemeinen Regel des § 81 zu treffen.

III. Übereinstimmende Beendigungserklärung (Abs. 3)

1. Allgemeines. Die übereinstimmende Beendigungserklärung zeichnet die übereinstimmende **12** Erledigterklärung des Zivilprozesses nach. Jedoch sind hieran, anders als im Zivilprozess, **keine zwingenden besonderen Folgen** geknüpft. Insbesondere wird keine zwingende andere Kostenfolge als bei der Antragsrücknahme ausgelöst (s. Rn. 11). Eine übereinstimmende Beendigungserklärung beinhaltet systematisch stets eine Antragsrücknahme. Die übrigen Beteiligten können die Beendigung nicht ohne den Antragsteller erklären, dieser jedoch kann das Verfahren unabhängig von den anderen Beteiligten durch Antragsrücknahme beenden. Es bedarf mithin stets der Erklärung des Antragstellers, auf die Erklärungen der übrigen Beteiligten kommt es für die Verfahrensbeendigung dagegen nicht an. Abs. 3 fördert jedoch die Einigungsbestrebungen zwischen den Beteiligten. Für den Rechtsfrieden und die Akzeptanz der Verfahrensbeendigung kann es von Bedeutung sein, dass gerade nicht der Antragsteller einseitig, sondern alle gemeinsam das Verfahren beendet haben.

2. Zulässigkeit. Die übereinstimmende Beendigungserklärung nach Abs. 3 ist allein in **reinen** **13** **Antragsverfahren** zulässig. Unabhängig von der tatsächlichen Art der Verfahrenseinleitung im konkreten Verfahren steht den Beteiligten die Disposition in Verfahren, die auch von Amts wegen eingeleitet werden können, nicht zu (Abs. 4).

Aus dem Wortlaut des Abs. 3 („Entscheidung ergeht nicht") muss entnommen werden, dass eine **14** übereinstimmende Beendigungserklärung bis zum Erlass einer Entscheidung (s. Rn. 5) möglich ist. In Zusammenschau mit Abs. 1 und 2 ist jedoch eine erweiternde Auslegung geboten: Wenn eine übereinstimmende Beendigungserklärung als von allen Beteiligten mitgetragenes und somit befriedend wirkendes Institut zugelassen wird, so ist kein Grund ersichtlich, warum bis zum Erlass der Entscheidung die einseitige Antragsrücknahme und die übereinstimmende Beendigungserklärung nebeneinander stehen sollen, sodann jedoch nur noch eine Antragsrücknahme unter Zustimmung der übrigen Beteiligten, nicht mehr jedoch die in ihrer Gesamtheit gemeinsam getragene und erklärte Beendigungserklärung möglich sein soll. Die übereinstimmende Beendigungserklärung ist daher **genauso lange** und mit den **gleichen Wirkungen** für die Entscheidung möglich, **wie eine Antragsrücknahme** des Antragstellers (mit Zustimmung der übrigen Beteiligten) möglich ist (s. Rn. 5 ff.). Sie kann daher bis zum Eintritt der Rechtskraft erklärt werden.

---

[10] *Bumiller/Harders* Rn. 1; *Brehm* § 10 Rn. 12.
[11] *Brehm* § 10 Rn. 12.

15 **3. Wirkungen.** Wird die übereinstimmende Beendigungserklärung **vor dem Erlass** einer Entscheidung erklärt, so hat das Gericht **keine Entscheidung** mehr zu treffen (Abs. 3).

16 Für die Wirkungen bei einer Erklärung **zwischen Erlass und Rechtskraft** der Entscheidung ist **Abs. 2 analog** anzuwenden (vgl. Rn. 9): Die bereits erlassene Entscheidung wird durch die übereinstimmende Beendigungserklärung wirkungslos, ohne dass es einer ausdrücklichen Aufhebung bedarf. Die deklaratorische Feststellung dieser Wirkung ist durch unanfechtbaren Beschluss möglich.

17 Die übereinstimmende Beendigungserklärung hat verglichen mit der Antragsrücknahme keine weitergehenden Wirkungen. Sie hindert daher eine spätere **erneute Antragstellung** nicht.

IV. Kosten

18 Gemäß § 83 Abs. 2 ist bei einer Antragsrücknahme nach den allgemeinen Grundsätzen des § 81 über die Kosten zu entscheiden. Es ergeben sich für die **Kostengrundentscheidung** keine Besonderheiten. Hinsichtlich der Kostenauferlegung entscheidet das Gericht gemäß § 81 Abs. 1 nach billigem Ermessen. In dieses Ermessen kann es die übereinstimmende Beendigungserklärung mit einstellen. Jedoch ist in gleicher Weise zu berücksichtigen, wenn allein eine Antragsrücknahme des Antragstellers erfolgt, diese aber durch eine entsprechende Einigung zwischen den Beteiligten veranlasst wird.

19 Die **Höhe** der **Gerichtsgebühren** reduziert sich bei Antragsrücknahme in Familiensachen unter den Voraussetzungen der Nr. 1321 KV-FamGKG auf eine halbe Gebühr nach § 28 FamGKG. Bei Verfahren mit Auslandsbezug, die in Nr. 1710, 1714 KV-FamGKG benannt sind, ermäßigt sich die Gebühr unter den Voraussetzungen der Nr. 1715 KV-FamGKG auf 75 Euro. In sonstigen FG-Sachen reduzieren sich die Gerichtskosten gemäß § 130 Abs. 2 KostO grundsätzlich auf eine viertel Gebühr nach § 32 KostO, höchstens jedoch einen Betrag von 250 Euro.

---

§ 22 a Mitteilungen an die Familien- und Betreuungsgerichte

(1) Wird infolge eines gerichtlichen Verfahrens eine Tätigkeit des Familien- oder Betreuungsgerichts erforderlich, hat das Gericht dem Familien- oder Betreuungsgericht Mitteilung zu machen.

(2) ¹Im Übrigen dürfen Gerichte und Behörden dem Familien- oder Betreuungsgericht personenbezogene Daten übermitteln, wenn deren Kenntnis aus ihrer Sicht für familien- oder betreuungsgerichtliche Maßnahmen erforderlich ist, soweit nicht für die übermittelnde Stelle erkennbar ist, dass schutzwürdige Interessen des Betroffenen an dem Ausschluss der Übermittlung das Schutzbedürfnis eines Minderjährigen oder Betreuten oder das öffentliche Interesse an der Übermittlung überwiegen. ²Die Übermittlung unterbleibt, wenn ihr eine besondere bundes- oder entsprechende landesgesetzliche Verwendungsregelung entgegensteht.

I. Normzweck

1 Die Norm übernimmt den Inhalt von § 35a FGG. Sie dient neben dem Kinderschutz[1] auch dem von betreuungsbedürftigen Erwachsenen. Die Norm wurde durch den Rechtsausschuss des Bundestages in das FGG-RG eingefügt,[2] da der Regierungsentwurf vergaß, die Regelung des § 35a FGG in das FamFG zu übernehmen.

2 **Abs. 1** trägt Sorge dafür, dass bei Erforderlichkeit insbesondere eines Vormundschafts- oder Betreuungsverfahrens auf Grund eines anderen gerichtlichen Verfahrens das zuständige Gericht die notwendige Kenntnis erlangt, um entsprechend von Amts wegen tätig werden zu können. Er bildet die formelle Grundlage für eine **Mitteilungspflicht** zum zwingenden Informationsaustausch zwischen den Gerichten.

3 Der Inhalt von **Abs. 2** ist ursprünglich durch Art. 13 JuMiG v. 18. 6. 1997 (BGBl. I S. 1430), mit dem das vom BVerfG im sogenannten Volkszählungsurteil[3] aus Art. 2 Abs. 1 iVm. Art. 1 Abs. 1 GG abgeleitete Recht auf informationelle Selbstbestimmung geschützt wird, dem § 35a FGG angefügt worden. Er bildet die Rechtsgrundlage für die **Übermittlungsbefugnisse** von datenschutzrechtlich relevanten personenbezogenen Daten.

---

[1] BT-Drucks. 16/9733, S. 288; *Baumbach/Lauterbach/Hartmann* Rn. 2.
[2] BT-Drucks. 16/9733, S. 30, 288.
[3] BVerfGE 65, 1 (43).

II. Erforderliches familien- oder betreuungsgerichtliches Tätigwerden (Abs. 1)

1. Anwendungsbereich. Die systematische Stellung von § 22a ist mit seiner Einstellung im Allgemeinen Teil des FamFG so gewählt, dass dieser für Vormundschafts- und Betreuungssachen anwendbar ist. Er wendet sich jedoch nicht an die Familien- und Betreuungsgerichte, sondern will dafür sorgen, dass diese von den anderen Gerichten entsprechende Mitteilungen erhalten, um ihren Aufgaben von Amts wegen nachkommen zu können. Gewollt ist daher eine Geltung in jedem gerichtlichen Verfahren. Dies wird nicht gewährleistet. Aufgrund von § 113 Abs. 1 S. 1 ist bereits für die FamFG-Verfahren der Ehesachen und Familienstreitsachen eine unmittelbare Anwendung ausgeschlossen,[4] auf Grund von § 1 kommt eine unmittelbare Anwendung zudem außerhalb von FamFG-Verfahren nicht in Betracht. Nach seinem Sinn und Zweck und mit der hM zu § 35a FGG,[5] die eine Pflicht zur Mitteilung in allen Zivil- und Strafverfahren annahm, muss § 22a **in jedem gerichtlichen Verfahren gleich welcher Gerichtsbarkeit** zumindest analog angewandt werden. § 22a ist daher auch in Ehe- und Familienstreitsachen, in der streitigen Gerichtsbarkeit, in Strafsachen, der Arbeits-, Verwaltungs-, Sozial-, und Finanzgerichtsbarkeit anzuwenden. Nur so wird sichergestellt, dass in jedem Fall einer erforderlichen Tätigkeit des Familien- oder Betreuungsgerichts dieses verständigt wird und sodann die im Interesse der betreffenden Person erforderlichen Maßnahmen treffen kann.[6]

Abs. 1 gilt damit für **alle Gerichte,** gleich in welcher **Instanz** sich das Verfahren befindet, auch wenn das Gericht allein mit einer Beurkundung befasst ist.[7] Er gilt jedoch nicht für sonstige Behörden.[8]

2. Mitteilungspflicht. Eine Pflicht zur Mitteilung besteht zum einen, wenn das Erfordernis der Anordnung einer Vormundschaft, Pflegschaft oder Betreuung oder sonstiger Maßnahme des Familien- oder Betreuungsgerichts **Folge des** beim anzeigenden Gericht durchgeführten **Verfahrens** ist, das gerichtliche Verfahren mithin in bestehende Rechtsverhältnisse eingreift und deshalb die Notwendigkeit einer familien- oder betreuungsgerichtlichen Maßnahme unmittelbar nach sich zieht.[9] Eine Mitteilungspflicht besteht aber auch, wenn die Anordnung **zur ordnungsgemäßen Durchführung des Verfahrens** erforderlich ist.[10]

Das Tätigwerden muss **erforderlich** sein. Eine Mitteilungspflicht besteht daher nicht, wenn bei einem gerichtlichen Verfahren lediglich Verhältnisse hervortreten, die ein Einschreiten im Rahmen einer Vormundschaft, Pflegschaft oder Betreuung geboten erscheinen lassen,[11] das Tätigwerden allein zweckmäßig, sachdienlich oder förderlich wäre. Jedoch ist hier regelmäßig zumindest eine Mitteilungsbefugnis auf Grund Abs. 2 gegeben (s. Rn. 15 ff.).

3. Folgen. Durch die Mitteilung wird das **Familien- oder Betreuungsgericht** in die Lage versetzt **über ein eigenes Tätigwerden zu entscheiden.** Dies wird in der Regel die Einleitung oder Aufhebung einer Vormundschaft oder Betreuung, kann jedoch auch jede andere (Einzel-)Maßnahme innerhalb oder außerhalb eines bei ihm anhängigen Verfahrens sein.

Die Mitteilungspflicht dient nicht allein dem öffentlichen Interesse, sondern auch dem Schutz des von einer möglichen familien- oder betreuungsgerichtlichen Maßnahme Betroffenen. Eine Verletzung der Mitteilungspflicht kann daher **Amtshaftungsansprüche** nach § 839 BGB auslösen. Der Betroffene ist Dritter iSv. § 839 Abs. 1 BGB.[12]

4. Einzelfälle. Wird ein **Elternteil,** dem die elterliche Sorge allein zusteht, für **tot erklärt** (§ 2 VerschG), so bedarf es als Folge dieser Entscheidung entweder der Übertragung der elterlichen Sorge auf den anderen Elternteil unter dem Vorbehalt des Kindeswohls (§§ 1681 Abs. 1, 1680 Abs. 2 BGB) oder der Anordnung einer Vormundschaft (§ 1773 BGB) durch das Familiengericht. Es besteht eine Mitteilungspflicht. Bestand dagegen eine gemeinsame elterliche Sorge, so erhält der andere Elternteil diese nunmehr von Gesetzes wegen allein (§§ 1681 Abs. 1, 1680 Abs. 1 BGB), so dass es keiner familiengerichtlichen Tätigkeit bedarf und daher keine Mitteilungspflicht besteht.

Bei **Todeserklärung** eines **Vormundes, Gegenvormundes, Pflegers** oder **Betreuers** muss das Familien- bzw. Betreuungsgericht jemand anderen bestellen, der diese Tätigkeit sodann übernimmt,

---

[4] *Keidel/Sternal* Rn. 2 hält den Ausschluss von § 22a insoweit allein für ein Redaktionsversehen.
[5] *Bumiller/Winkler* § 35a FGG Rn. 1; *Keidel/Kuntze/Winkler/Engelhardt* § 35a FGG Rn. 1.
[6] Vgl. BT-Drucks. 13/4709 S. 30.
[7] *Keidel/Sternal* Rn. 4.
[8] *Jansen/Müller-Lukoschek* § 35a FGG Rn. 4.
[9] *Jansen/Müller-Lukoschek* § 35a FGG Rn. 4.
[10] *Keidel/Sternal* Rn. 7.
[11] BGH NJW 1992, 1884 (1886); *Jansen/Müller-Lukoschek* § 35a FGG Rn. 5; *Bumiller/Harders* Rn. 1.
[12] BGH NJW 1992, 1884 (1886); *Jansen/Müller-Lukoschek* § 35a FGG Rn. 2.

bzw. unter Umständen Maßnahmen nach § 1846 BGB ergreifen. Eine entsprechende Mitteilung ist daher erforderlich.

12 Mit der **Todeserklärung** des **Mündels** oder **Betreuten** endet die Vormundschaft bzw. Betreuung von Gesetzes wegen. Sie erfordert mithin kein Tätigwerden des Familien- oder Betreuungsgerichts. Eine Mitteilung ist daher nicht erforderlich.[13]

13 Bei **Bestellung eines Betreuers für** einen **Vormund** (§§ 1886, 1781 BGB), **Gegenvormund** (§ 1792 Abs. 4) oder **Pfleger** (§ 1915) ist dieser zu entlassen, ein Tätigwerden mithin notwendig und eine Mitteilung daher erforderlich. Bei der Bestellung eines Betreuers für den **Betreuer** kommt es für die Entlassung zwar auf dessen Eignung an (§ 1908b BGB), sie hat nicht automatisch zu erfolgen, jedoch ist dies durch das Betreuungsgericht zu überprüfen und daher auch eine entsprechende Mitteilungspflicht gegeben.

14 Eine Mitteilungspflicht wird angenommen, wenn ein **Abwesenheitspfleger** für einen Vermissten **zur Durchführung eines Verfahrens** zu bestellen ist, soweit lediglich ein Angehöriger ohne Vollmacht auftritt (zB im Wertpapierbereinigungsverfahren).[14]

III. Sonstige Übermittlungsbefugnis personenbezogener Daten (Abs. 2)

15 Mit Abs. 2 wird die **Befugnis** zur Übermittlung personenbezogener Daten in sonstigen Fällen geschaffen. Besteht keine Mitteilungspflicht auf Grund Abs. 1, so kann das Gericht dennoch nach eigenem Ermessen eine **Mitteilung** vornehmen, wenn es nur die Kenntnis der Daten durch das Familien- oder Betreuungsgericht für erforderlich hält. Notwendig ist nicht, dass ein unmittelbares Tätigwerden des Familien- oder Betreuungsgerichts erforderlich ist. Die Regelung bildet die gesetzliche Grundlage zur Einschränkung des Grundrechts auf informationelle Selbstbestimmung des Betroffenen, die mit dem besonderen Schutzbedürfnis von Minderjährigen und Betreuten gerechtfertigt wird.[15]

16 Im Gegenzug ist die Übermittlung jedoch nur nach einer **Abwägung** der widerstreitenden Interessen zulässig. Für die Übermittlung sind das Schutzbedürfnis eines Minderjährigen oder Betreuten und das öffentliche Interesse an der Übermittlung zu berücksichtigen. Gegen die Übermittlung sind die schutzwürdigen Interessen der Betroffenen am Ausschluss der Übermittlung einzustellen, soweit sie für das Gericht erkennbar sind. Überwiegen die letztgenannten Interessen, besteht keine Befugnis zur Datenübermittlung.

17 Eine Übermittlung ist zudem nicht zulässig, wenn besondere bundes- oder entsprechende landesgesetzliche **Verwendungsregelungen** entgegenstehen (Abs. 2 S. 2).

IV. Verfahren und Überprüfung

18 Das Verfahren der Mitteilung richtet sich nach den **§§ 12–22 EGGVG**. Die Norm ist besondere Rechtsvorschrift iSv. § 13 Abs. 1 Nr. 1 EGGVG. Welche weiteren Daten mit übermittelt werden dürfen bestimmt § 18 EGGVG, die Verwendung der Daten durch das Familien- oder Betreuungsgericht richtet sich nach § 19 EGGVG. Ergänzende Pflichten des mitteilenden Gerichts ergeben sich aus § 20 EGGVG, insbesondere, wenn die Datenübermittlung vor Beendigung des Verfahrens erfolgte. Die Auskunftsrechte des Betroffenen werden von § 21 EGGVG, dessen Möglichkeiten, die Rechtmäßigkeit der Datenübermittlung überprüfen zu lassen, von § 22 EGGVG geregelt.

---

[13] *Jansen/Müller-Lukoschek* § 35a FGG Rn. 11.
[14] *Keidel/Sternal* Rn. 7.
[15] BT-Drucks. 13/4709 S. 30.

Abschnitt 2. Verfahren im ersten Rechtszug

Vorbemerkung zu den §§ 23 ff.

Schrifttum: *Baumgärtel,* Zur Lehre vom Streitgegenstand, JuS 1974, 69; *Brehm,* Der Allgemeine Teil des Referentenentwurfs eines Gesetzes zur Reform des Verfahrens in Familiensachen und in den Angelegenheiten der freiwilligen Gerichtsbarkeit (FamFG), FPR 2006, 401; *Büte,* Das Gesetz zur Reform des Verfahrens in Familiensachen und in den Angelegenheiten der freiwilligen Gerichtsbarkeit (FamFG), FuR 2008, 537; *Grunsky,* Grundfragen des Verfahrensrechts, 1970; *Habscheid,* Schiedsverfahren und Freiwillige Gerichtsbarkeit, ZZP 66 (1953), 188; *ders.,* Zum Streitverfahren der Freiwilligen Gerichtsbarkeit, JZ 1954, 689; *ders.,* Der Streitgegenstand im Zivilprozess und im Streitverfahren der freiwilligen Gerichtsbarkeit, 1956; *ders.,* Bestimmen Verhandlungs- und Untersuchungsmaxime den Streitgegenstand?, FamRZ 1971, 297; *Hennemann,* Die Umsetzung des Vorrangs- und Beschleunigungsgrundsatzes – Schnelle Terminierung und Fristsetzung bei schriftlicher Begutachtung, FPR 2009, 20; *Jacoby,* Der Regierungsentwurf für ein FamFG, FamRZ 2007, 1703; *Jansen,* Wandlungen im Verfahren der freiwilligen Gerichtsbarkeit, 1964; *Jauernig,* Verhandlungsmaxime, Inquisitionsmaxime und Streitgegenstand, 1967; *Keidel,* Der Grundsatz des rechtlichen Gehörs im Verfahren der freiwilligen Gerichtsbarkeit, 1964; *Kleinfeller,* Offizialprinzip und Dispositionsprinzip im Konkursverfahren, LeipzZ 1911, 249; *Kuntze,* Referentenentwurf eines FGG-Reformgesetzes, FGPrax 2005, 185; *Kurzeja,* Rechtskraft und Abänderbarkeit gerichtlicher Entscheidungen der freiwilligen Gerichtsbarkeit, 1997; *Lent,* Zivilprozess und freiwillige Gerichtsbarkeit, ZZP 66 (1953), 267; *Lindacher,* Verfahrensgrundsätze in der Freiwilligen Gerichtsbarkeit, JuS 1978, 577; *Münzel,* Freiwillige Gerichtsbarkeit und Zivilprozess in der neueren Entwicklung, ZZP 66 (1953), 334; *Schäfer,* Abänderbarkeit und Rechtkraft in Verfahren der freiwilligen Gerichtsbarkeit, 1992; *Schleicher,* Rechtliches Gehör und (persönlich-)mündliche Anhörung in familienrechtlichen Angelegenheiten und im Freiheitsentziehungsverfahren der Freiwilligen Gerichtsbarkeit, 1988; *Schreiber,* Der Dispositionsgrundsatz im Zivilprozeß, JURA 1988, 190; *ders.,* Der Verhandlungsgrundsatz im Zivilprozeß, JURA 1989, 86; *ders.,* Grundbegriffe der freiwilligen Gerichtsbarkeit, JURA 1994, 30; *Thubauville,* Die Wirkungen von Verzicht, Anerkenntnis, Geständnis, Nichtbestreiten und Säumnis in Streitverfahren der freiwilligen Gerichtsbarkeit, 1993; *Zimmermann,* Die freie Gestaltung des Verfahrens der freiwilligen Gerichtsbarkeit, RPfleger 1967, 329; *ders.,* Die Beteiligten im neuen FamFG, FPR 2009, 5.

Übersicht

	Rn.		Rn.
I. Verfahrensarten	1–4	4. Verfahrensdurchführung	18–28
1. Amts- und Antragsverfahren	1	a) Amtsbetrieb	18
2. Streitige und nichtstreitige Verfahren	2, 3	b) Richterliche Fürsorge	19
3. Bürgerlich- und öffentlich-rechtliche Streitigkeiten	4	c) Rechtliches Gehör	20–23
		d) Mündlichkeits- und Unmittelbarkeitsgrundsatz	24, 25
II. Verfahrensvoraussetzungen	5, 6	e) Verfahrensbeschleunigung	26, 27
1. Bedeutung	5	f) Nichtöffentlichkeit	28
2. Einteilung	6	**IV. Verfahrensgegenstand**	29–39
III. Verfahrensgrundsätze	7–28	1. Bestimmung	29–33
1. Bedeutung	7	2. Bedeutung	34–39
2. Herrschaft über Verfahrenseinleitung, -gegenstand und -beendigung	8–13	a) Anderweitige Befasstheit	34
a) Ausgangspunkt	8	b) Beteiligte	35
b) Grundsatz: Offizialmaxime	9–11	c) Änderung des Gegenstands	36, 37
c) Ausnahme: Dispositionsmaxime	12, 13	d) Mehrheit von Gegenständen	38
3. Beschaffung der tatsächlichen Entscheidungsgrundlagen	14–17	e) Materielle Rechtskraft	39

I. Verfahrensarten

1 **1. Amts- und Antragsverfahren.** Im Hinblick auf die Herrschaft über die Verfahrenseinleitung (vgl. Rn. 8 ff.) wird zwischen Amts- und Antragsverfahren unterschieden.[1] Den Begriff **Amtsverfahren** verwendet das Gesetz selbst nicht. Eigen ist diesen Verfahren, dass sie durch das Gericht von Amts wegen, dh. unabhängig vom Antrag eines Beteiligten oder einer Behörde, eingeleitet werden können (vgl. §§ 22 Abs. 4, 87 Abs. 1). Dagegen zeichnen sie sich entgegen der zum FGG überwiegend vertretenen Ansicht[2] nicht dadurch aus, dass ein verfahrenseinleitender Antrag eines Beteiligten ausgeschlossen ist (vgl. Rn. 9). Dem Begriff des **Antragsverfahrens** kommt eine zweifache Bedeutung zu. Der Gesetzgeber verwendet ihn zunächst in § 7 Abs. 1, um die Verfahren zu kennzeichnen, die ein Beteiligter durch seinen Antrag eingeleitet hat.[3] Ausweislich der Gesetzesbegründung ist dafür nicht erforderlich, dass das Verfahren nur auf Antrag eines Beteiligten eingeleitet werden kann.[4] Vielmehr ist ein verfahrenseinleitender Antrag auch in Amtsverfahren möglich (vgl. Rn. 9). Daneben dient der Begriff des Antragsverfahrens in § 28 Abs. 2 und § 48 Abs. 1 S. 2 zur Kennzeichnung derjenigen Verfahren, die nur auf Antrag eingeleitet werden können, in denen das Gericht zu einer amtswegigen Verfahrenseinleitung nicht berechtigt ist (vgl. Rn. 12 f.).[5] In diesem Sinne wird der Begriff des Antragsverfahrens herkömmlich verstanden[6] und soll auch vorliegend so verwendet werden. Mit diesem Verständnis bildet er in Bezug auf die rechtliche Herrschaft über das Verfahren (vgl. Rn. 8 ff.) und nicht bloß in Bezug auf die tatsächliche Form der Verfahrenseinleitung das Gegenstück zum Amtsverfahren. Danach erlangt die Unterscheidung zwischen Amts- und Antragsverfahren Bedeutung, weil etwaige Gesetzeslücken durch entsprechende Anwendung der die Dispositionsbefugnis konkretisierenden Vorschriften der ZPO (zB §§ 306, 307 ZPO, vgl. Rn. 13) geschlossen werden können, soweit die Herrschaft über das Verfahren den Beteiligten zusteht.[7]

2 **2. Streitige und nichtstreitige Verfahren.** Bereits für das FGG wurden streitige und nichtstreitige Angelegenheiten unterschieden, auch wenn sich diese Begrifflichkeiten dem Gesetz nicht entnehmen ließen.[8] Hintergrund hierfür war, dass dem als Gegenpol zur streitigen Gerichtsbarkeit (vgl. § 12 GVG aF) konzipierten FGG bereits anfänglich Gegenstände unterfielen, für deren gerichtliche Behandlung sich ohne weiteres auch der Zivilprozess der ZPO eignen würde.[9] Trotz des Streits um die Berechtigung dieser Unterscheidung[10] und die Grenzziehung im Einzelfall[11] ging man überwiegend davon aus, dass sich die nichtstreitigen Angelegenheiten dadurch auszeichnen, dass es sich materiell um eine dem Privatrecht dienende, **fürsorgende Verwaltungstätigkeit** handelt.[12] Dies betrifft im FamFG zB Kindschaftssachen (vgl. §§ 151 ff. iVm. § 1666 BGB), Betreuungssachen (vgl. §§ 271 ff.), Nachlasssachen (vgl. §§ 345 ff.), Registersachen (vgl. §§ 374 ff.) oder Aufgebotssachen (vgl. §§ 433 ff.). Im Gegensatz hierzu stehen die (privat- oder öffentlich-rechtlichen) streitigen Angelegenheiten, welche sich dadurch auszeichnen, dass das Gericht als neutrale Institution einen **Streit** über subjektive Rechte **zwischen Beteiligten** mit entgegengesetzten Interessen entscheidet.[13] Als solche sind dem Verfahren nach dem FamFG insbesondere Haushaltssachen (vgl. §§ 200 ff.), Gewaltschutzsachen (§§ 210 ff.), die Stundung der Ausgleichsforderung (vgl. § 264 iVm. § 1382

---

[1] Vgl. OLG Hamm FamRZ 1982, 94; *Büte* FuR 2008, 537, 538; *Jansen,* Wandlungen, S. 12; *Keidel/Kuntze/Winkler/Meyer-Holz* Vorb §§ 8–18 FGG Rn. 6; *Keidel/Kuntze/Winkler/Schmidt* § 12 FGG Rn. 7 ff.; *Klüsener* Rn. 2; *Zimmermann* RPfleger 1967, 329, 330.
[2] KGJ 32A, 76, 81; OLG Hamm FamRZ 1982, 94; BayObLG NJW-RR 1995, 387, 388; *Baur,* FGG, § 17 I; *Keidel/Kuntze/Winkler/Meyer-Holz* Vorb §§ 8–18 FGG Rn. 6; *Lent* § 11 I; *Zimmermann* Rpfleger 1967, 329, 330.
[3] AA *Kroiß/Seiler* § 2 Rn. 19; *Zimmermann* FPR 2009, 5, 6; nicht an das Recht zur Verfahrenseinleitung, sondern an die tatsächliche Form der Verfahrenseinleitung knüpft auch § 3 an.
[4] Amtl. Begr. zum FamFG (BT-Drucks. 16/6308) S. 178.
[5] Vgl. *Brehm* § 2 Rn. 12; *Zimmermann* FPR 2009, 5, 6.
[6] *Bassenge/Roth* Einleitung FGG Rn. 4; *Jansen/v. König/v. Schuckmann* Vor §§ 8–18 FGG Rn. 8; *Schlegelberger* § 12 FGG Rn. 2.
[7] *Brehm* § 10 Rn. 1; *Bumiller/Winkler* § 1 FGG Rn. 5.
[8] Vgl. *Bassenge/Roth* Einleitung FGG Rn. 17; *Brehm* § 2 Rn. 1; *Jansen,* Wandlungen, S. 12; *Klüsener* § 3 ff., 49; *Zimmermann* RPfleger 1967, 329, 330.
[9] *Habscheid* ZZP 66 (1953), 188, 191; *ders.,* Streitgegenstand, § 7 I 2.
[10] Vgl. *Habscheid* ZZP 66 (1953), 188; *ders.,* Streitgegenstand, § 7 I 1; *Lent* ZZP 66 (1953), 267; *Schlegelberger* § 12 FGG Rn. 7.
[11] Vgl. *Habscheid* ZZP 66 (1953), 188; *ders.* JZ 1954, 689; *Lent* ZZP 66 (1953), 267; *Münzel* ZZP 66 (1953), 334; *Schäfer,* Abänderbarkeit, S. 49 ff.; *Thubauville,* Wirkungen, S. 17 ff.
[12] *Brehm* § 2 Rn. 2 f.; *Habscheid* JZ 1954, 689; *Münzel* ZZP 66 (1953), 334, 340.
[13] Vgl. BGH NJW 1983, 173, 174, 1994, 580, 581; *Bumiller/Winkler* § 1 FGG Rn. 4; *Habscheid* ZZP 66 (1953), 188, 190 ff., 193; *ders.* JZ 1954, 689; *Keidel/Kuntze/Winkler/Schmidt* § 12 FGG Rn. 226; *Lent* ZZP 66 (1953), 267, 268; *Münzel* ZZP 66 (1953), 334, 340.

BGB) und der Pflichtteilsansprüche (vgl. § 362 iVm. § 2331a BGB) oder Freiheitsentziehungssachen (vgl. §§ 415 ff.) zugewiesen. Bedeutung erlangte diese Unterscheidung dadurch, dass es sich beim FGG um eine lückenhafte Rahmenregelung handelte[14] und bestehende Lücken in streitigen Angelegenheiten in Anlehnung an die ZPO bzw. die VwGO (vgl. Rn. 4) geschlossen werden konnten.[15] Für WEG-Verfahren hat der Gesetzgeber hieraus zwischenzeitlich die Konsequenz gezogen und diese auf Grund ihres streitigen Charakters aus dem FGG in die ZPO überführt.[16]

Im Vergleich zum FGG weist das FamFG eine deutlich höhere Regelungsdichte auf.[17] Die Anzahl schließungsbedürftiger Lücken ist geringer. Wichtige Einzelfragen, wie zB die richterliche Hinweispflicht (vgl. § 28),[18] der Vergleich (vgl. § 36) oder die Wiederaufnahme (vgl. § 48 Abs. 2),[19] wurden ausdrücklich geregelt. Allerdings wird sich das FamFG bei aller Voraussicht des Gesetzgebers auch in Zukunft als lückenhaft erweisen, weshalb der Unterscheidung zwischen Streit- und Fürsorgeverfahren auch zukünftig Bedeutung zukommen wird, zB nach hA für die Fähigkeit einer Entscheidung zur materiellen Rechtskraft[20] oder die Abänderungsbefugnisse des Gerichts.[21] Überdies hat der Gesetzgeber den Begriff der **Streitsachen** ausdrücklich aufgegriffen. Er findet sich in § 112 wieder, der die Familien*streit*sachen definiert. Diese zeichnen sich dadurch aus, dass sich die Beteiligten vergleichbar den Parteien eines Zivilprozesses gegenüberstehen. Dementsprechend finden die §§ 23 ff. mit wenigen Ausnahmen auf Familienstreitsachen keine Anwendung. Vielmehr gilt über § 113 Abs. 1 S. 2 das Verfahrensrecht der ZPO. Diese Zusammenhänge legen es nahe, über § 113 hinaus in bürgerlich-rechtlichen **Streitsachen** (vgl. Rn. 4) bestehende Lücken durch Anwendung der ZPO zu schließen, wenn und soweit das Verfahren im Hinblick auf die vorgefundene Interessenlage derjenigen des Zivilprozesses ähnlich ist. Dies umfasst bspw. das System der Klagearten (Leistungsklage, Feststellungsklage[22] und Gestaltungsklage).[23] Auch besteht weiterhin die Möglichkeit, Streitsachen durch **Vereinbarung einem Schiedsgericht** zu überantworten, wenn und soweit die Beteiligten einen Vergleich schließen können (vgl. § 1030 Abs. 1 ZPO).[24]

3. Bürgerlich- und öffentlich-rechtliche Streitigkeiten. Dem Anwendungsbereich des FamFG unterfallen nicht ausschließlich bürgerlich-rechtliche Angelegenheiten, sondern vereinzelt auch öffentlich-rechtliche Streitigkeiten, zB nach § 107 Abs. 1 bis 9 oder dem LwVG.[25] Insoweit besteht eine Parallele zu dem mit dem Verfahren nach §§ 23 ff. vergleichbaren arbeitsgerichtlichen Beschlussverfahren, dem ebenfalls öffentlich-rechtliche Streitigkeiten zugewiesen sind.[26] Bei der jeweiligen Zuweisungsnorm handelt es sich um eine abdrängende Sonderzuweisung iSv. **§ 40 Abs. 1 S. 1 aE VwGO**. Von Bedeutung ist die Natur des Verfahrensgegenstands insoweit, als sich in öffentlich-rechtlichen Angelegenheiten statt der ZPO die VwGO zur Schließung etwaiger Lücken im FamFG anbietet.[27]

II. Verfahrensvoraussetzungen

1. Bedeutung. Bevor sich das befasste Gericht einer Angelegenheit sachlich annimmt, dh. über diese entscheidet, müssen bestimmte Voraussetzungen (Verfahrensvoraussetzungen) vorliegen. Dies gilt in **Antrags- und Amtsverfahren** gleichermaßen,[28] auch wenn den Verfahrensvoraussetzungen in Antragsverfahren größere Bedeutung zukommt. Hinsichtlich der Verfahrensvoraussetzungen besteht ein **Prüfungsvorrang** gegenüber der Sachentscheidung, welcher vom Gesetzgeber (konklu-

---

[14] *Brehm* FPR 2006, 401; *Habscheid*, FGG, § 7 III 1; *Klüsener* Rn. 2.
[15] *Brehm* § 2 Rn. 1; *Habscheid* JZ 1954, 689, 691; *ders.*, Streitgegenstand, § 16 I; *ders.*, FGG, § 7 III 1; *Keidel/Kuntze/Winkler/Meyer-Holz* Vorb §§ 8–18 FGG Rn. 3; *Klüsener* Rn. 5 f.; zurückhaltend *Zimmermann* RPfleger 1967, 329, 334.
[16] Gesetz zur Änderung des Wohnungseigentumsgesetzes und anderer Gesetze vom 26. 3. 2007, BGBl. I S. 370; vgl. *Brehm* FPR 2006, 401; *Jacoby* FamRZ 2007, 1703, 1703 f.
[17] Vgl. *Kroiß/Seiler* § 1 Rn. 8, § 2 Rn. 1.
[18] Vgl. OLG Frankfurt OLGZ 1980, 76.
[19] Vgl. BGH NJW 1994, 2751, 2751 f.
[20] *Brehm* § 17 Rn. 5 ff.; vgl. unten § 48 Rn. 24 ff.
[21] *Brehm* § 16 Rn. 1 ff.; vgl. unten § 48 Rn. 20 ff.
[22] *Brehm* § 2 Rn. 8; *Jansen/v. König/v. Schuckmann* Vor §§ 8–18 Rn. 17; vgl. auch BGH NJW 1982, 387, 388.
[23] *Bassenge/Roth* Einleitung FGG Rn. 6.
[24] Vgl. BGHZ 6, 248, 253 ff.; *Habscheid* ZZP 66 (1953), 188, 194 ff.; *ders.*, Streitgegenstand, § 16 I; *Schlegelberger* § 12 FGG Rn. 5 a; *Zimmermann* RPfleger 1967, 329, 335.
[25] Vgl. *Brehm* § 2 Rn. 11; *Bumiller/Winkler* § 1 FGG Rn. 6; *Jansen*, Wandlungen, S. 12.
[26] BAG AP Nr. 7 zu § 37 BetrVG 1972; BVerwG DÖV 1977, 571.
[27] Vgl. *Bassenge/Roth* Einleitung FGG Rn. 19; *Brehm* § 2 Rn. 11; *Keidel/Kuntze/Winkler/Meyer-Holz* Vorb §§ 8–18 FGG Rn. 5 a.
[28] Vgl. *Bassenge/Roth* Einleitung FGG Rn. 98; *Jansen/v. König/v. Schuckmann* Vor §§ 8–18 FGG Rn. 6.

dent) begründet wird, teilweise aber bereits aus für den Gesetzgeber nicht disponiblen Vorgaben des Grundgesetzes (vgl. Art. 101 Abs. 1 S. 2 GG) folgt. Der Prüfungsvorrang verfolgt keinen Selbstzweck, weshalb er im Einzelfall durchbrochen werden kann.[29] Ob die Verfahrensvoraussetzungen vorliegen, muss das Gericht von Amts wegen prüfen.[30]

6 2. **Einteilung.** Die Verfahrensvoraussetzungen lassen sich danach einteilen, ob sie das Gericht, die Beteiligten oder den Gegenstand des Verfahrens betreffen. Zu den **das Gericht betreffenden Voraussetzungen** zählen die Zuweisung zum FamFG-Verfahren, die internationale Zuständigkeit (§§ 98 ff.), die örtliche Zuständigkeit (§§ 2 ff.) und die funktionelle Zuständigkeit.[31] Die **Beteiligten betreffende** Voraussetzungen sind die Existenz eines Beteiligten, seine Beteiligtenstellung (§ 7), Beteiligten- (§ 8) und Verfahrensfähigkeit (§ 9). Den **Verfahrensgegenstand betreffen** in Antragsverfahren die ordnungsgemäße Antragsstellung (vgl. § 23 Rn. 28 ff.),[32] die Statthaftigkeit des Antrags, die Antragsbefugnis (vgl. § 23 Rn. 16 ff.)[33] und das Rechtsschutzbedürfnis.[34] Generell sind insoweit zudem das Fehlen anderweitiger Befasstheit (vgl. § 17 S. 2 GVG)[35] und das Fehlen entgegenstehender materieller Rechtskraft zu nennen.[36] Im Einzelfall kann die Schiedseinrede ein Verfahrenshindernis begründen.[37]

III. Verfahrensgrundsätze

7 1. **Bedeutung.** Neben der Herstellung von Rechtsfrieden ist Endziel der gerichtlichen Tätigkeit die Erreichung eines bestimmten, den Vorgaben des materiellen Rechts entsprechenden, rechtlichen Erfolgs durch eine gerichtliche Entscheidung.[38] Der Weg hierher, dh. das Verfahren, obliegt der Ausgestaltung durch den Gesetzgeber. Dieser lässt sich durch allgemeine rechtsstaatliche Erwägungen und Vorgaben, geschichtliche Entwicklungen und Zweckmäßigkeitserwägungen im Hinblick auf das verfolgte Verfahrensziel leiten.[39] Deshalb ist jedes Verfahren nach bestimmten (nicht zwingend identischen) Grundsätzen aufgebaut. Diese Verfahrensgrundsätze bzw. -maximen werden in der Regel weder ausdrücklich normiert noch durchgängig verwirklicht. Allerdings sind die dem Verfahren immanenten Prinzipien bedeutsam für das Verständnis der Zusammenhänge und damit unverzichtbar für die **systematisch-teleologische Auslegung** einzelner Vorschriften sowie die **Schließung etwaiger Regelungslücken.**[40]

8 2. **Herrschaft über Verfahrenseinleitung, -gegenstand und -beendigung. a) Ausgangspunkt.** Die Entscheidung über Einleitung, Gegenstand und Beendigung eines Verfahrens kann entweder den Beteiligten (**Dispositionsmaxime**) oder dem Gericht (**Offizialmaxime**) obliegen. Als Entsprechung zur materiell-rechtlichen Privatautonomie sieht das Verfahrensrecht für den Zivilprozess die Dispositionsmaxime vor.[41] Das Verfahren wird ausschließlich durch die Klage einer Partei eingeleitet, sein Gegenstand richtet sich nach dem Antrag des Klägers (vgl. § 308 Abs. 1 ZPO) und die Parteien können durch Anerkenntnis, Verzicht, Vergleich oder übereinstimmende Beendigungserklärung (§ 22 Abs. 3) dem Gericht die Entscheidungsbefugnis entziehen.[42] Rechtfertigung hierfür ist u. a., dass Gegenstand des Zivilprozesses private Interessen sind, über deren Wahrnehmung der Interesseninhaber selbst bestimmen soll. Im Bereich des **FamFG** ist weitgehend eine abweichende Interessenlage vorzufinden. Das Gericht nimmt vielfach eine fürsorgende Tätigkeit wahr[43] und kann insoweit keinen von außen kommenden Anstoß abwarten. Vielmehr muss es von Amts wegen tätig

---

[29] Vgl. RGZ 158, 145, 152; BGH NJW 1978, 2031, 2032; BAG NJW 2003, 1755, 1756.
[30] *Bassenge/Roth* Einleitung FGG Rn. 98.
[31] Vgl. *Bassenge/Roth* Einleitung FGG Rn. 99.
[32] *Bassenge/Roth*, Einleitung FGG Rn. 99; *Bumiller/Harders* § 23 Rn. 6.
[33] *Jansen/v. König/v. Schuckmann* Vor §§ 8–18 FGG Rn. 14; *Keidel/Kuntze/Winkler/Schmidt* § 12 FGG Rn. 28 ff.
[34] Vgl. KG VIZ 1999, 755, 757; NJWE-FER 2000, 15; *Bumiller/Harders* § 23 Rn. 10; *Habscheid*, Streitgegenstand, § 16 II 1 a); *Jansen/v. König/v. Schuckmann* Vor §§ 8–18 FGG Rn. 16.
[35] *Habscheid*, Streitgegenstand, § 16 II 1 a und § 21 II 3; *Jansen/v. König* § 31 FGG Rn. 14.
[36] BayObLG FamRZ 1998, 1055, 1055 f.; *Bassenge/Roth* § 31 FGG Rn. 6; *Jansen/v. König* § 31 FGG Rn. 13.
[37] Vgl. BGHZ 6, 248, 253 ff.; *Habscheid* ZZP 66 (1953), 188, 194 ff.; *Zimmermann* RPfleger 1967, 329, 335.
[38] *Baur*, FGG, § 16 I.
[39] *Baur*, FGG, § 16 I.; vgl. BGH JZ 1953, 766.
[40] *Keidel/Kuntze/Winkler/Schmidt* § 12 FGG Rn. 1; *Lindacher* JuS 1978, 577.
[41] Vgl. oben Einleitung ZPO Rn. 274; *Rosenberg/Schwab/Gottwald* § 76 Rn. 1; *Schreiber* JURA 1988, 190, 190 ff.
[42] *Schreiber* JURA 1988, 190.
[43] Vgl. *Baur*, FGG, § 16 II 1, § 17 I; *Brehm* § 10 Rn. 6.

Vorbemerkung zu den §§ 23 ff.   9–11   **Vor §§ 23 ff.**

werden, wenn die gesetzlichen Voraussetzungen für sein Tätigwerden vorliegen (vgl. § 24 Rn. 5 ff.).[44]

b) Grundsatz: Offizialmaxime. Dem fürsorgenden Anliegen des FamFG-Verfahrens entspricht **9** der Grundsatz, dass das Gericht von Amts wegen, dh. unabhängig vom Antrag eines Beteiligten oder einer Behörde, tätig werden kann und muss, sofern das Gesetz nicht einen **Antrag** vorschreibt (vgl. Rn. 12).[45] Ist das Gericht zur Verfahrenseinleitung befugt und verpflichtet, ist umstritten, welche Bedeutung einem gleichwohl durch einen Beteiligten gestellten Antrag zukommt. Die hM ging für das FGG davon aus, dass diesen Anträgen lediglich die Bedeutung einer **bloßen Anregung** an das Gericht auf Einleitung eines Verfahrens zukommt.[46] Das Gericht muss kein Verfahren einleiten.[47] Der Antragsteller erlangt durch seinen Antrag nicht die Stellung eines formell Beteiligten.[48] Zu Recht ging die Gegenansicht davon aus, dass aus der Geltung der Offizialmaxime lediglich folgt, dass ein Antrag keine Voraussetzung für die Verfahrenseinleitung ist.[49] Hierdurch wird der in einem Amtsverfahren gestellte Antrag jedoch nicht bedeutungslos. Dies gebietet die Subjektstellung der Verfahrensbeteiligten.[50] Dieser Ansicht hat sich für das FamFG nunmehr auch der Gesetzgeber angeschlossen,[51] was in § 52 Abs. 1 und § 87 Abs. 1 zum Ausdruck kommt (vgl. § 23 Rn. 9). Der Antragsteller ist daher stets formell Beteiligter.[52] Sein Antrag ist zu bescheiden (vgl. § 87 Abs. 1 S. 2 für das Vollstreckungsverfahren).[53] Fehlt ihm die Antragsbefugnis (vgl. § 23 Rn. 16 ff.), ist sein Antrag als unzulässig abzuweisen.[54]

Im **Ergebnis** gilt für das FamFG danach grds. die **Offizialmaxime**, welche **durch die Möglich-** **10** **keit zur beteiligtenseitigen Verfahrenseinleitung ergänzt** wird. Das Gericht kann und muss ein Verfahren von Amts wegen einleiten, ist hierzu aber auch auf entsprechenden Antrag verpflichtet. Folge der gerichtlichen Befugnis zur amtswegigen Verfahrenseinleitung ist zunächst, dass die Beteiligten ein Tätigwerden des Gerichts nicht, zB durch **Schiedsvereinbarung**, ausschließen können.[55] Außerdem disponiert allein das Gericht über die Fortführung des Verfahrens und dessen Beendigung;[56] Verfahrenshandlungen der Beteiligten wie Anerkenntnis, Verzicht, Vergleich, übereinstimmende Beendigungserklärung sowie Antragsrücknahme führen nicht zur Verfahrensbeendigung (vgl. § 22 Abs. 4). Durch eine Antragsrücknahme wird dem Gericht zwar die Befugnis zur Bescheidung des Antrags entzogen. Dies hindert das Gericht jedoch nicht, dass es im Interesse der Fürsorge den ursprünglichen Antrag weiterhin als Anlass zur amtswegigen Verfahrensfortführung und zur Entscheidung über den Verfahrensgegenstand nimmt.[57]

Die Kombination aus Offizialmaxime und Verfahrenseinleitungsrecht der Beteiligten findet sich **11** vereinzelt ausdrücklich im Gesetz, zB § 1896 Abs. 1 BGB. Hierdurch wird jedoch keine eigenständige dritte Fallgestaltung der Verfahrenseinleitung neben den **Alternativen Offizial- und Dispositionsmaxime** (vgl. hierzu Rn. 8) begründet. Vielmehr entspricht § 1896 Abs. 1 BGB ausweislich vorstehender Ausführungen in Bezug auf die Herrschaft über Verfahrenseinleitung, -gegenstand und -beendigung vollständig den klassischen Fällen des Amtsverfahrens (zB Amtslöschung im Register, § 421 Abs. 1, Kindeswohlgefährdung, § 1666 BGB). Erst recht irreführend ist daher die Gesetzesbegründung,[58] welche unter unzutreffender Vermischung[59] von Offizial- bzw. Dispositions-

---

[44] Vgl. *Baur*, FGG, § 16 II 1; *Jansen/v. König/v. Schuckmann* Vor §§ 8–18 FGG Rn. 4.
[45] OLG Hamm FamRZ 1982, 94; *Bassenge/Roth* Einleitung Rn. 51; *Baur*, FGG, § 17 I, *Brehm* § 2 Rn. 13, § 10 Rn 3; *Bumiller/Harders* § 23 Rn. 1; *Jansen/v. König/v. Schuckmann* Vor §§ 8–18 FGG Rn. 4; *Klüsener* Rn. 49; *Lindacher* JuS 1978, 577, 578.
[46] OLG Hamm FamRZ 1982, 94; *Baur*, FGG, § 17 I; *Keidel/Kuntze/Winkler/Meyer-Holz* Vorb §§ 8–18 FGG Rn. 6; *Klüsener* Rn. 50; für das FamFG auch *Büte* FuR 2008, 537, 538; *Keidel/Sternal* § 24 Rn. 5; *Schulte-Bunert* Rn. 143; *Zimmermann* FamFG Rn. 73.
[47] *Baur*, FGG, § 17 I.
[48] BGH NJW 1999, 3718, 3719; *Baur*, FGG, § 17 I; differenzierend *Jansen/v. König/v. Schuckmann* Vor §§ 8–18 FGG Rn. 5.
[49] Vgl. *Brehm* § 10 Rn. 4; *Lindacher* JuS 1978, 577, 578.
[50] Vgl. *Brehm* § 7 Rn. 6.
[51] Amtl. Begr. zum FamFG (BT-Drucks. 16/6308) S. 178; aA *Bumiller/Harders* § 24 Rn. 1; *Schulte-Bunert* Rn. 143; *Zimmermann* FamFG Rn. 73.
[52] Amtl. Begr. zum FamFG (BT-Drucks. 16/6308) S. 178; *Brehm* § 7 Rn. 6, § 10 Rn. 4; bei bestehender Antragsbefugnis auch *Jansen/v. König/v. Schuckmann* Vor §§ 8–18 FGG Rn. 5.
[53] Amtl. Begr. zum FamFG (BT-Drucks. 16/6308) S. 178; *Brehm* § 10 Rn. 4.
[54] AA *Jansen/v. König/v. Schuckmann* Vor §§ 8–18 FGG Rn. 5: kein Anspruch auf Bescheidung.
[55] *Baur*, FGG, § 17 I.
[56] *Lindacher* JuS 1978, 577, 579.
[57] Vgl. *Baur*, FGG, § 17 IV 1 b); *Habscheid*, FGG, § 18 II 2, vgl. für die Verfassungsbeschwerde mit allgemeiner Bedeutung BVerfG NJW 1998, 2515, 2518.
[58] Vgl. Amtl. Begr. zum FamFG (BT-Drucks. 16/6308) S. 185; im Anschluss auch *Kroiß/Seiler* § 2 Rn. 48.
[59] Vgl. oben Einleitung ZPO Rn. 277.

maxime und Beibringungs- bzw. Untersuchungsgrundsatz für das FamFG sogar **vier Fallgestaltungen der Verfahrenseinleitung** unterscheidet.

12 **c) Ausnahme: Dispositionsmaxime.** Die Offizialmaxime gilt im FamFG-Verfahren allerdings nicht durchgängig, weil auch der hinter ihr stehende Fürsorgegedanke nicht durchgängig greift. Das Gesetz sieht teilweise ausdrücklich vor, dass ein Verfahren nur auf Antrag eingeleitet wird.[60] Ausnahmsweise kann sich ein Antragserfordernis trotz Schweigens des Gesetzeswortlauts aber auch im Wege der Auslegung ergeben.[61] Umstritten ist dies bspw. für § 1828 BGB.[62] Insoweit wird teilweise davon ausgegangen, dass die **Genehmigung nur auf Antrag des Vormunds** erteilt wird.[63] Nach anderer Ansicht kann das Verfahren auch von Amts wegen (auf Anregung, zB des Geschäftspartners) eingeleitet werden, die Genehmigung darf jedoch nicht gegen den Willen des Vormunds erteilt werden.[64] Vorzugswürdig erscheint, dass das Verfahren nur auf Antrag eingeleitet wird, um den Beteiligten die gerichtliche Hilfe nicht aufzudrängen. Die Antragsbefugnis richtet sich nach allgemeinen Grundsätzen (vgl. § 23 Rn. 16 ff.). Sie fehlt dem Geschäftspartner des Mündels.[65]

13 Soweit ein Antragserfordernis besteht, ist das Gericht nicht zur amtswegigen Verfahrenseinleitung berechtigt. Vielmehr **obliegt allein den Beteiligten die Herrschaft** über Einleitung, Gegenstand und Beendigung des Verfahrens. Im Rahmen ihrer materiell-rechtlichen Dispositionsbefugnis[66] führen Anerkenntnis, Verzicht, Vergleich und übereinstimmende Beendigungserklärung zur Verfahrensbeendigung, soweit die Beteiligten dem Gericht die Entscheidungsbefugnis entziehen. Die Geltung des Untersuchungsgrundsatzes (vgl. Rn. 14 ff.) schließt diese Dispositionsformen, insbesondere Anerkenntnis und Verzicht nicht aus,[67] weil er allein die Tatsachenbeschaffung nicht aber den Verfahrensgegenstand betrifft.[68]

14 **3. Beschaffung der tatsächlichen Entscheidungsgrundlagen.** Im Anwendungsbereich der §§ 23 ff. gilt für die Beschaffung der tatsächlichen Grundlagen der gerichtlichen Entscheidung der **eingeschränkte Untersuchungsgrundsatz**.[69] Abweichend vom Zivilprozess müssen im Grundsatz nicht die Beteiligten den für die Entscheidung relevanten Sachverhalt beibringen (vgl. § 26). Auch disponieren nicht die Beteiligten durch Bestreiten oder Zugestehen über die Beweisbedürftigkeit einer Tatsache (vgl. § 29 Abs. 1 S. 2). Schließlich besteht keine Verpflichtung der Beteiligten, erforderliche Beweismittel herbeizuschaffen. Vielmehr muss das Gericht im Ausgangspunkt die entscheidungserheblichen Tatsachen **von Amts wegen** ermitteln. Ihre Feststellung erfolgt unabhängig vom Vorbringen der Beteiligten nach pflichtgemäßem Ermessen des Gerichts.[70] Ein Geständnis der Beteiligten ist nicht bindend, weshalb eine Säumnisentscheidung vergleichbar den §§ 330 f. ZPO ausgeschlossen ist.[71] Auch können die Beteiligten keinen Vergleich über die tatsächlichen Entscheidungsgrundlagen treffen (vgl. § 36 Rn. 9). Dagegen schließt der Untersuchungsgrundsatz weder Anerkenntnis noch Verzicht aus, was ein Vergleich mit anderen Verfahren zeigt, in denen der Untersuchungsgrundsatz gilt (vgl. § 87a Abs. 1 Nr. 2 VwGO, § 155 Abs. 2 Nr. 2 SGG, §§ 80 Abs. 2 S. 1 iVm. 55 Abs. 1 Nr. 2 und 3).[72] Die Zulässigkeit von Anerkenntnis und Verzicht richtet sich vielmehr allein nach der Dispositionsbefugnis der Beteiligten (vgl. § 36 Rn. 8 ff.).[73] Schließlich muss das Gericht von Amts wegen die für eine Beweisaufnahme erforderlichen Beweismittel herbeischaffen.

---

[60] OLG Hamm FamRZ 1982, 94; *Bassenge/Roth* Einleitung FGG Rn. 4; *Bumiller/Winkler* § 12 FGG Rn. 9; vgl. die Übersicht bei *Keidel/Kuntze/Winkler/Schmidt* § 12 FGG Rn. 10.
[61] *Lindacher* JuS 1978, 577, 578; aA *Bassenge/Roth* Einleitung FGG Rn. 4.
[62] Vgl. hierzu MünchKommBGB/*Wagenitz* § 1828 Rn. 31.
[63] BGH DNotZ 1967, 320, 321 f.; *Pawlowski/Smid*, FGG, Rn. 296.
[64] Vgl. KG KGJ 52, 43, 45; BayObLG FamRZ 1977, 141, 144; OLG Rostock NJW-RR 2006, 1229; *Bamberger/Roth* § 1828 BGB Rn. 7; *Bassenge/Roth* Einleitung FGG Rn. 4; MünchKommBGB/*Wagenitz* § 1828 Rn. 31; ohne diese Einschränkung BGH NJW 1987, 1770; *Keidel/Kuntze/Winkler/Schmidt* § 12 FGG Rn. 7.
[65] OLG Rostock NJW-RR 2006, 1229, 1229 f.; *Jacoby* FamRZ 2007, 1703, 1704 f.; *Schulte-Bunert* Rn. 84.
[66] Vgl. *Thubauville*, Wirkungen, S. 15 ff.
[67] AA BayObLG NJWE-MietR 1997, 14; *Bassenge/Roth* Einleitung FGG Rn. 53; *Jansen/Briesemeister* § 12 FGG Rn. 42; *Keidel/Kuntze/Winkler/Schmidt* § 12 FGG Rn. 2; *Keidel/Sternal* § 26 Rn. 9.
[68] *Thubauville*, Wirkungen, S. 12, 36.
[69] Vgl. *Bassenge/Roth* Einleitung FGG Rn. 53; *Keidel/Kuntze/Winkler/Schmidt* § 12 FGG Rn. 4; *Lindacher* JuS 1978, 577, 580; *Schreiber* JURA 1994, 30, 35.
[70] KG NJW 2001, 903, 904; *Brehm* § 10 Rn. 22.
[71] *Bassenge/Roth* Einleitung Rn. 53.
[72] Vgl. *Thubauville*, Wirkungen, S. 36, 331 ff., 345; aA BayObLG NJWE-MietR 1997, 14; *Bassenge/Roth* Einleitung § 53; *Jansen/Briesemeister* § 12 FGG Rn. 42; *Keidel/Kuntze/Winkler/Schmidt* § 12 FGG Rn. 2; *Schlegelberger* § 12 FGG Rn. 6; *Zimmermann* FamFG Rn. 102.
[73] Vgl. *Klüsener* Rn. 54.

15 Durch die Geltung des Untersuchungsgrundsatzes **sichert** der Gesetzgeber die **objektive Wahrheit** der Entscheidungsgrundlagen.[74] Dies dient vielfach besonders schutzwürdigen, nicht disponiblen Interessen, welche durch die Entscheidung berührt werden.[75] Soweit die Beteiligten allerdings nach materiellem Recht dispositionsbefugt sind, trägt diese Wertung nicht. Es scheint ein Wertungswiderspruch darin zu bestehen, dass die Beteiligten zwar befugt sind, die materielle Rechtslage nach ihren Vorstellungen umzugestalten, diese Befugnis jedoch hinsichtlich der tatsächlichen Entscheidungsgrundlagen nicht zukommen soll.[76] Vielmehr könnten insoweit Geständnis, Nichtbestreiten[77] und Säumnis[78] wie im Zivilprozess zu behandeln sein. Bei näherer Betrachtung liegt ein Wertungswiderspruch jedoch nicht vor. Das Verfahrensrecht kann anderen Grundsätzen folgen als das materielle Recht.[79] Bspw. ließe sich der fehlende Gleichlauf mit dem Schutz der Autorität und des Ansehens des Gerichts rechtfertigen. Für die Fälle der Säumnis und des Nichtbestreitens spricht außerdem gegen einen Wertungswiderspruch, dass dem bloßen Unterlassen nicht der gleiche Erklärungswert wie einem aktiven Vergleichsschluss zukommt.[80] Für die Säumnis kommt hinzu, dass im Unterschied zur ZPO im FamFG-Verfahren keine Pflicht zur Mündlichkeit besteht (vgl. Rn. 24), weshalb deren Nichtbeachtung nicht sanktioniert werden kann.[81] Ein dem erklärten Geständnis (vgl. § 288 ZPO) vergleichbarer Erklärungswert kommt zwar dem Vergleichsschluss zu. Gleichwohl rechtfertigt dies ebenso wenig wie der Telos des § 288 ZPO, die Anordnung[82] des Gesetzgebers in § 29 Abs. 1 S. 2 zu ignorieren.[83]

16 Die Untersuchungspflicht des Gerichts ist auf den **Gegenstand des Verfahrens** beschränkt. Außerdem besteht sie nur im Rahmen der tatsächlichen und rechtlichen Möglichkeiten des Gerichts. Dieses ist nicht zu einer Ermittlungstätigkeit „ins Blaue hinein" verpflichtet.[84] Der Richter muss nicht „auf Verdacht" jede – aus seiner Sicht – mehr oder weniger nur theoretische Möglichkeit berücksichtigen.[85] Vielmehr ist das Gericht nur insoweit zur Sachverhaltserforschung verpflichtet, als der ihm bekannte Sachverhalt Anhaltspunkte für weitere Nachforschungen bietet.[86] Solche Anhaltspunkte kann das Gericht vielfach nur dem Vorbringen der Beteiligten entnehmen. Dementsprechend sieht das Gesetz eine **Mitwirkungslast der Beteiligten** bei der Sachverhaltsaufklärung vor (vgl. § 27 Rn. 3 ff.).[87] Das Gericht kann sich der Beteiligten bei der Sachaufklärung bedienen, allerdings nur vereinzelt Mitwirkungshandlungen erzwingen (vgl. § 27 Rn. 7). Soweit eine Aufklärung nicht erzwungen werden kann, begrenzt die fehlende Mitwirkung der Beteiligten die Ermittlungspflicht des Gerichts.[88] Kann das Gericht ohne Mitwirkung der Beteiligten nicht beurteilen, in welche Richtung weitere Untersuchungen oder eine Beweisaufnahme zu richten sind, endet seine Untersuchungspflicht. Weitere Ermittlungen sind dem Gericht gleichwohl nicht verboten. Eine besondere Beschränkung erfährt der Untersuchungsgrundsatz, soweit das Gesetz die **Glaubhaftmachung** einer Tatsache vorsieht. In diesen Fällen trifft die Beteiligten die Obliegenheit, die Glaubhaftmachungsmittel herbeizuschaffen. Das Gericht ist hierzu zwar befugt, aber nicht verpflichtet (vgl. § 31 Rn. 8).

17 Im Interesse einer effektiven und flexiblen Verfahrensführung ist die Tatsachenfeststellung durch das Gericht nicht auf ein förmliches Beweisverfahren mit einem beschränkten Katalog an Beweismitteln begrenzt.[89] Vielmehr kann das Gericht im Grundsatz im Wege des **Freibeweises** alle verfügbaren Erkenntnisquellen heranziehen, auch wenn sich deren Erhebung nicht in die aus dem Zivilprozess bekannten Mittel des Strengbeweises einordnen lässt.[90] Das Gericht legt seiner Entscheidung den gesamten Inhalt des Verfahrens zu Grunde (vgl. § 37 Abs. 1) und ist, weil der für das

---

[74] Vgl. BayObLG BayVBl 1972, 502, 503; *Klüsener* Rn. 57.
[75] Vgl. *Schreiber* JURA 1989, 86, 87.
[76] Vgl. *Grunsky*, Grundfragen, § 3 II 2, § 18 III.
[77] Hierfür *Grunsky*, Grundfragen, § 20 I, II.
[78] Hierfür *Grunsky*, Grundfragen, § 21 I.
[79] *Thubauville*, Wirkungen, S. 306 ff.; vgl. auch *Kleinfeller* LeipzZ 1911, 249, 250; *Schlegelberger* § 12 FGG Rn. 3.
[80] *Thubauville*, Wirkungen, S. 309, 325 ff.
[81] *Thubauville*, Wirkungen, S. 340 f.; *Zimmermann* FamFG Rn. 87.
[82] Amtl. Begr. zum FamFG (BT-Drucks. 16/6308) S. 188.
[83] AA für das FGG *Thubauville*, Wirkungen S. 336 ff., 345.
[84] *Keidel/Kuntze/Winkler/Schmidt* § 12 FGG Rn. 5.
[85] KG NJW 2001, 903, 904; *Brehm* § 10 Rn. 26; *Lindacher* JuS 1978, 577, 581.
[86] BGH NJW 1963, 1972, 1973; *Lindacher* JuS 1978, 577, 581.
[87] Vgl. *Brehm* § 10 Rn. 23; *Keidel/Kuntze/Winkler/Schmidt* § 12 FGG Rn. 5; *Lindacher* JuS 1978, 577, 580.
[88] Vgl. OLG Köln NJW-RR 1991, 1285, 1286; Amtl. Begr. FamFG (BT-Drucks. 16/6308) S. 186; Stellungnahme der BReg. (BT-Drucks. 16/6308) S. 406; *Brehm* FPR 2006, 401, 404; *Kroiß/Seiler* § 2 Rn. 56; *Lindacher* JuS 1978, 577, 581.
[89] Vgl. auch *Kuntze* FGPrax 2005, 185, 187.
[90] *Schreiber* JURA 1994, 30, 35.

ZPO-Verfahren geltende **Mündlichkeitsgrundsatz**[91] nicht zur Anwendung kommt, nicht auf den Inhalt der mündlichen Verhandlung beschränkt. Die Freistellung der Tatsachenfeststellung von Förmlichkeiten gilt allerdings nicht uneingeschränkt. Vielmehr sieht das Gesetz Fälle vor, in denen das Gericht im Interesse der Beteiligten ein förmliches Beweisverfahren durchführen muss bzw. soll (§ 30 Abs. 2, 3).

18 **4. Verfahrensdurchführung. a) Amtsbetrieb.** Von der Herrschaft über die Verfahrenseinleitung und -beendigung ist die Frage zu unterscheiden, wer das Verfahren tatsächlich in Gang hält.[92] Für das FamFG gilt umfassend, dh. in Amts- und Antrags- sowie in streitigen und nichtstreitigen Verfahren, der **Amtsbetrieb**.[93] Danach hält das Gericht das Verfahren in Gang. Insbesondere ordnet das Gericht Termine oder eine Beweisaufnahme an, setzt Fristen, gibt Hinweise und verfügt Zustellungen und Ladungen.[94] Von einem Beteiligten angeordnete Maßnahmen sind unwirksam.

19 **b) Richterliche Fürsorge.** Im Vergleich zum Zivilprozess wird das Verfahren des FamFG in besonderer Weise von einer richterlichen Fürsorge zu Gunsten der Beteiligten bestimmt.[95] Hierdurch soll auch nicht rechtskundigen Beteiligten eine effektive Teilnahme am Verfahren und die Wahrnehmung ihrer Interessen ermöglicht werden. Hinsichtlich der gerichtlichen Verfahrensleitung entspricht § 28 weitgehend § 139 ZPO. Als Ausdruck einer **gesteigerten gerichtlichen Fürsorge** erscheinen aber zB die amtswegige Verweisung bei Unzuständigkeit (§ 3 Abs. 1), die Belehrung über das Antragsrecht (§ 7 Abs. 4 S. 2), die geringen Anforderungen an die Verfahrenseinleitung (§ 23 Abs. 1), die Geltung des Untersuchungsgrundsatzes (§ 26), die Nichtförmlichkeit der Tatsachenfeststellung (§ 29) sowie die Erteilung einer Rechtsbehelfsbelehrung[96] (§ 39).

20 **c) Rechtliches Gehör.** Abweichend von den Vorstellungen des historischen Gesetzgebers zum FGG[97] steht den Beteiligten des Verfahrens ein **verfassungsrechtlich** gesicherter Anspruch auf Gewährung rechtlichen Gehörs zu.[98] Für das einfache Recht enthält das FamFG in einer Reihe von Vorschriften **positive Ausgestaltungen** dieses Anspruchs (zB §§ 28 Abs. 1 S. 2, 30 Abs. 4, 34, 37 Abs. 2). Zudem setzt § 44 einen umfassenden Anspruch auf rechtliches Gehör voraus und unterstellt ihn einem besonderen Schutz (vgl. § 44 Rn. 1 ff.). Rechtliches Gehör ist in allen Instanzen und in allen Verfahren zu gewähren, einschließlich der Zwangsvollstreckung und des Verfahrens über die Gewährung von Verfahrenskostenhilfe.[99]

21 Der Anspruch auf rechtliches Gehör steht eigenständig neben der **Anhörung zur Tatsachenermittlung,** weil sich ihre Zwecke nicht vollständig entsprechen.[100] Die Sachverhaltsermittlung betrachtet den Beteiligten als Erkenntnisquelle, dh. als dienendes Objekt.[101] Die Gewährung rechtlichen Gehörs trägt dagegen der Stellung der Beteiligten als Verfahrenssubjekte Rechnung.[102] Gleichwohl kann die Kommunikation zwischen Gericht und Beteiligten im Einzelfall beiden Aspekten dienen.[103] Allerdings können verschiedene Anforderungen gelten. So kann im Einzelfall die schriftliche Anhörung zur Gewährung rechtlichen Gehörs ausreichen, jedoch die Pflicht zur persönlichen Anhörung verletzen oder umgekehrt die persönliche Anhörung den Anspruch auf rechtliches Gehör verletzen, wenn das Ergebnis der Anhörung nicht mitgeteilt werden.[104]

22 **Berechtigte** des Gehörsanspruchs sind alle Beteiligten (vgl. § 7 Rn. 3 ff.).[105] Dies gilt zunächst für alle formell Beteiligten, dh. für den Antragsteller (vgl. § 7 Abs. 1), und alle vom Gericht tatsächlich

---

[91] Vgl. oben Einleitung ZPO Rn. 332, 338.
[92] *Brehm* § 10 Rn. 2; *Jansen/v. König/v. Schuckmann* Vor §§ 8–18 FGG Rn. 22; *Zimmermann* FamFG Rn. 72.
[93] *Keidel/Kuntze/Winkler/Schmidt* § 12 FGG Rn. 3; *Schlegelberger* § 12 FGG Rn. 1, 2 aE; *Zimmermann* FamFG Rn. 72.
[94] *Jansen/v. König/v. Schuckmann* Vor §§ 8–18 FGG Rn. 22; *Keidel/Kuntze/Winkler/Schmidt* § 12 FGG Rn. 3.
[95] *Zimmermann* RPfleger 1967, 329, 334.
[96] Vgl. Amtl. Begr. zum FamFG (BT-Drucks. 16/6308) S. 196.
[97] Vgl. hierzu *Jansen,* Wandlungen, S. 14 f., 19 f.; *Lindacher* JuS 1978, 577, 582; *Schleicher,* Rechtliches Gehör, S. 13 ff.
[98] BVerfG NJW 1957, 1228; 1988, 125; 2009, 138; BGH NJW 1985, 1702, 1705; *Jansen,* Wandlungen, S. 15 ff.; *Keidel,* Rechtliches Gehör, S. 112; *Lindacher* JuS 1978, 577, 582; *Schleicher,* Rechtliches Gehör, S. 13; *Zimmermann* RPfleger 1967, 329, 332.
[99] *Bassenge/Roth* Einleitung Rn. 57; *Keidel,* Rechtliches Gehör, S. 112.
[100] BGH NJW 1985, 1702, 1705; *Bassenge/Roth* Einleitung Rn. 56; *Brehm* § 10 Rn. 30; *Keidel,* Rechtliches Gehör, S. 50 ff.; *Lindacher* JuS 1978, 577, 583; verkannt von BVerfG NJW 1995, 316, 317.
[101] *Brehm* § 10 Rn. 31.
[102] *Brehm* § 10 Rn. 31; *Jansen,* Wandlungen, S. 19 f.
[103] *Lindacher* JuS 1978, 577, 583.
[104] *Bassenge/Roth* Einleitung Rn. 56; vgl. auch BGH NJW 1985, 1702, 1705.
[105] BVerfG NJW 2009, 138, 139; *Bassenge/Roth* Einleitung Rn. 58; vgl. auch *Kuntze* FGPrax 2005, 185, 186.

zum Verfahren als Beteiligte hinzugezogenen Personen (vgl. § 7 Abs. 2 und 3).[106] Darüber hinaus folgt aus dem Anspruch auf rechtliches Gehör, dass alle materiell Beteiligten tatsächlich am Verfahren beteiligt werden müssen (vgl. § 7 Abs. 2 Nr. 1).[107] Im Rahmen des Streits um die Beteiligtenstellung (vgl. § 7 Abs. 5) ist den hiervon Betroffenen rechtliches Gehör zu gewähren. Verfahrensfähige nehmen das Recht selbst, Nichtverfahrensfähige durch ihre Vertreter wahr.[108]

Inhaltlich ist erforderlich, den Beteiligten die Möglichkeit zu geben, sich zu einer tatsächlichen oder rechtlichen Frage innerhalb einer nach den Umständen angemessenen Frist zu äußern.[109] Eine bestimmte Form ist hierfür nicht vorgeschrieben.[110] Eine Pflicht zur **mündlichen Verhandlung** oder Erörterung besteht deshalb nur teilweise (vgl. §§ 32 Abs. 1, 34 sowie § 15 Abs. 1 LwVG).[111] Zunächst haben die Beteiligten ein Recht darauf, von der Einleitung eines Verfahrens (vgl. §§ 7 Abs. 4 S. 1, 23 Abs. 2) sowie allen entscheidungserheblichen Grundlagen Kenntnis zu erlangen (vgl. §§ 28 Abs. 1 S. 2, 37 Abs. 2).[112] Die Form der Kenntnisgabe muss zumutbar sein.[113] In Betracht kommt die Übersendung von Hinweisen oder Abschriften ebenso wie eine mündliche Unterrichtung.[114] Ausfluss dessen sind das Recht auf Akteneinsicht (vgl. § 13 Abs. 1) sowie das Recht auf Teilnahme an einer stattfindenden mündlichen Verhandlung oder einer Beweisaufnahme. Weiterhin ist das Recht, tatsächlich am Verfahren beteiligt, zu einem Termin geladen, zu werden und Anträge stellen zu können, umfasst.[115] Zudem muss das Gericht den Inhalt einer **Äußerung** in seine Entscheidungsfindung **einbeziehen.**[116] Aus seiner Funktion folgt, dass rechtliches Gehör grds. **vor der Entscheidungsfindung** zu gewähren ist.[117] Beschränkungen auf eine nachträgliche Gewährung können allerdings aus übergeordneten Interessen, zB im Eilverfahren (vgl. § 51 Abs. 2), erfolgen.[118] 23

d) Mündlichkeits- und Unmittelbarkeitsgrundsatz. Im Verfahren nach §§ 23 ff. gilt der Mündlichkeitsgrundsatz nicht.[119] Deshalb findet eine **mündliche Verhandlung** grds. nicht zwingend statt.[120] Vielmehr steht es im Ermessen des Gerichts, einen Erörterungstermin durchzuführen (vgl. § 32 Abs. 1).[121] Im Einzelfall kann aber eine Verpflichtung zur persönlichen Anhörung bestehen (§ 34 Abs. 1). Anders als im ZPO-Verfahren ist die Mündlichkeit danach nicht als Prinzip ausgestaltet.[122] Ausnahmen finden sich teilweise in Gesetzen, welche das FamFG-Verfahren in Bezug nehmen (zB §§ 155 Abs. 2, 165 Abs. 2, § 15 Abs. 1 LwVG). Da eine mündliche Verhandlung nicht zwingend vorgesehen ist, sind die **tatsächlichen Entscheidungsgrundlagen** nicht auf deren Inhalt beschränkt. Vielmehr entscheidet das Gericht auf der Grundlage des gesamten Verfahrensinhalts (vgl. § 37 Rn. 3 ff.). 24

Im FamFG-Verfahren gilt mit Einschränkungen der **Unmittelbarkeitsgrundsatz,** welcher auch mit einem nichtmündlichen Verfahren vereinbar ist.[123] Ausdruck findet er zunächst darin, dass das erkennende Gericht selbst die Sache mit den Beteiligten erörtern und hierzu in geeigneten Fällen auch technische Möglichkeiten nutzen soll (vgl. § 32 Abs. 1, 3). Außerdem hat das erkennende Gericht selbst ggf. die Beteiligten persönlich anzuhören (vgl. § 34 Abs. 1). Das erkennende Gericht selbst entscheidet nach seiner freien Überzeugung (§ 37 Abs. 1). Keine Anwendung findet der Un- 25

---

[106] Vgl. BGH NJW 1999, 3718, 3719; *Lindacher* JuS 1978, 577, 582.
[107] BVerfG NJW 1995, 2155, 2157 f.; 2009, 138, 139; *Jacoby* FamRZ 2007, 1703, 1704; *Lindacher* JuS 1978, 577, 582.
[108] *Bassenge/Roth* Einleitung Rn. 59 f.; *Jansen/Briesemeister* § 12 FGG Rn. 121; vgl. *Zimmermann* FamFG Rn. 31.
[109] BVerfG NJW 1982, 1579, 1582; NJW 1983, 2762, 2763; NJW 1988, 1773, 1774; NJW 1991, 1283, 1285; *Bassenge/Roth* Einleitung Rn. 61; *Keidel,* Rechtliches Gehör, S. 112 ff.; *Zimmermann* RPfleger 1967, 329, 333.
[110] *Bassenge/Roth* Einleitung Rn. 63; *Jansen,* Wandlungen, S. 20; *Schleicher,* Rechtliches Gehör, S. 9 f.
[111] Vgl. für Fälle einer besonderen Betroffenheit der Persönlichkeit bereits *Schleicher,* Rechtliches Gehör, S. 87 ff.
[112] *Lindacher* JuS 1978, 577, 582 f.; *Zimmermann* RPfleger 1967, 329, 333.
[113] *Bassenge/Roth* Einleitung Rn. 62.
[114] *Bassenge/Roth* Einleitung Rn. 62.
[115] *Lindacher* JuS 1978, 577, 582.
[116] BVerfG NJW 1983, 2762, 2763; NJW 1987, 485; NJW 1991, 1283, 1285; NJW 1994, 2683; NJW 1997, 2310, 2312.
[117] BVerfG NJW 1959, 427, 428; *Keidel,* Rechtliches Gehör, S. 187.
[118] Vgl. BVerfG NJW 1959, 427, 428; OLG Dresden NJW-RR 1998, 830, 831; *Bassenge/Roth* Einleitung Rn. 57; *Jansen,* Wandlungen, S. 24 f.; *Keidel,* Rechtliches Gehör, S. 194.
[119] Amtl. Begr. FamFG (BT-Drucks. 16/6308) S. 191.
[120] Vgl. Amtl. Begr. FamFG (BT-Drucks. 16/6308) S. 191; *Lent* § 12 VI; *Zimmermann* RPfleger 1967, 329, 331.
[121] *Schulte-Bunert* Rn. 164.
[122] Amtl. Begr. FamFG (BT-Drucks. 16/6308) S. 191; *Schulte-Bunert* Rn. 185.
[123] *Rosenberg/Schwab/Gottwald* § 80 Rn. 2; aA *Lent* § 12 VIII.

mittelbarkeitsgrundsatz zwar im nach § 29 zulässigen Freibeweis.[124] Allerdings schreibt § 355 Abs. 1 S. 1 ZPO iVm. § 30 Abs. 1 für die förmliche Beweisaufnahme die Unmittelbarkeit mit den im Bereich des ZPO-Verfahrens bestehenden Ausnahmen (vgl. §§ 355 Abs. 1 S. 2, 361, 362 ZPO) vor.[125] Geschwächt wird der Unmittelbarkeitsgrundsatz allerdings insoweit, als es an einer § 309 ZPO entsprechenden Regelung fehlt,[126] was sich aus der fehlenden Geltung des Mündlichkeitsgrundsatzes erklärt. Die Entscheidung kann daher von einer Gerichtsperson des erkennenden Gerichts getroffen werden, die weder an der Beweisaufnahme noch an einer mündlichen Verhandlung teilgenommen hat und daher nur nach vorgefundener Aktenlage entscheidet.[127] Insgesamt reduziert sich der Unmittelbarkeitsgrundsatz daher im Wesentlichen darauf, dass das erkennende Gericht nach seiner eigenen freien Überzeugung entscheidet.

26   e) **Verfahrensbeschleunigung.** Wirksame gerichtliche Hilfe verlangt nicht nur richtige Entscheidungen nach gründlicher Untersuchung und Prüfung, sondern auch eine rasche Entscheidung, weil gerichtliche Maßnahmen durch Zeitablauf entwertet werden können.[128] Einstweilige Maßnahmen nach §§ 49 ff. können hier nur partiell Abhilfe schaffen, weil sie zwar geeignet sind, eine Rechtsvereitelung zu verhindern; Rechtssicherheit begründen sie auf Grund ihres vorläufigen Charakters jedoch nicht. Abhilfe schafft daher nur eine Beschleunigung des Verfahrens. Im Hinblick auf die verfassungsrechtlichen Vorgaben[129] sowie Artt. 5 Abs. 3, 6 Abs. 1, 13 EMRK[130] gilt im FamFG-Verfahren der **Grundsatz der Verfahrensbeschleunigung.**[131] Für bestimmte Kindschaftssachen wird dies im Gesetz ausdrücklich angeordnet und um das Gebot vorrangiger Erledigung ergänzt (vgl. § 155 Abs. 1).[132] Ein Gebot zur Konzentration des Verfahrens auf einen Verhandlungstermin besteht dagegen nicht, weil das Mündlichkeitsprinzip nicht gilt.

27   Ausdruck findet der Grundsatz der Verfahrensbeschleunigung insbesondere in §§ 28 Abs. 1 S. 1, Abs. 3,[133] 34 Abs. 3. Die §§ 23 ff. enthalten allerdings grds. keine der Verfahrensbeschleunigung dienenden **Präklusionsvorschriften.** Deshalb ist die Nichtberücksichtigung verspäteten Vorbringens regelmäßig nicht zulässig.[134] Dies folgt zwar nicht zwingend aus dem Amtsermittlungsgrundsatz,[135] wie zB § 87b VwGO und § 106a SGG zeigen. Allerdings bedarf die Präklusion als Einschränkung des Art. 103 Abs. 1 GG einer gesetzlichen Grundlage.[136] Nur vereinzelt, zB für Haushalts- und Ehesachen (vgl. § 206 Abs. 2 bzw. § 115), sieht das FamFG die Möglichkeit zur Zurückweisung verspäteten Vorbringens vor.

28   f) **Nichtöffentlichkeit.** Die Verfahren sind im Unterschied zum Zivilprozess grds. **nicht öffentlich** (vgl. § 170 GVG).[137] Dies gilt auch in Streitverfahren.[138] Das Gericht kann die Öffentlichkeit zulassen, jedoch nicht gegen den Willen der Beteiligten. Diese Vorschrift wird entgegen der Annahme des Gesetzgebers[139] Art. 6 Abs. 1 S. 1 EMRK nicht gerecht. Zwar kann das Gericht nach seinem Ermessen die Öffentlichkeit zulassen und hierdurch im Einzelfall den Vorgaben des **Art. 6 Abs. 1 S. 1 EMRK** unter Berücksichtigung der Einschränkungsmöglichkeiten des Art. 6 Abs. 1 S. 2 EMRK Rechnung tragen.[140] Soweit das Gericht hieran aber bereits durch den ins Belieben gestellten Widerspruch eines Beteiligten gehindert wird, ist dies geeignet, die Rechte des jeweils anderen Beteiligten aus Art. 6 Abs. 1 S. 1 EMRK zu verletzen. Art. 6 EMRK stellt das Vorliegen eines Geheimhaltungsinteresses nicht in das Belieben eines Beteiligten. Allerdings bezieht sich der von § 170 GVG vorgegebene Grundsatz der Nichtöffentlichkeit nur auf die Allgemeinheit und nicht

---

[124] OLG München NJW-RR 2009, 83, 85.
[125] Vgl. *Klüsener* Rn. 80.
[126] Vgl. *Klüsener* Rn. 80.
[127] OLG München NJW-RR 2009, 83, 85; kritisch *Klüsener* Rn. 80.
[128] *Rosenberg/Schwab/Gottwald* § 81 Rn. 1.
[129] BVerfG NJW 2005, 739.
[130] Vgl. EGMR *(Kudla/Polen)* NJW 2001, 2694; EGMR *(Sürmelin/Deutschland)* NJW 2006, 2389.
[131] *Lindacher* JuS 1978, 577, 583 f.
[132] Vgl. hierzu *Hennemann* FPR 2009, 20.
[133] Amtl. Begr. FamFG (BT-Drucks. 16/6308) S. 187.
[134] *Jacoby* FamRZ 2007, 1703, 1706; *Lindacher* JuS 1978, 577, 584; *Zimmermann* FamFG Rn. 74, 76.
[135] *Lindacher* JuS 1978, 577, 584.
[136] *Jacoby* FamRZ 2007, 1703, 1706.
[137] Vgl. *Keidel/Kuntze/Winkler/Meyer-Holz* Vorb §§ 8–18 FGG Rn. 7; *Lent* § 12 IX; *Lindacher* JuS 1978, 577, 584.
[138] Amtl. Begr. zum FamFG (BT-Drucks. 16/6308) S. 320. – Vgl. für das FGG *Lindacher* JuS 1978, 577, 584 einerseits und *Keidel/Kuntze/Winkler/Meyer-Holz* Vorb §§ 8–18 FGG Rn. 7a unter Verweis auf Art. 6 EMRK andererseits.
[139] Amtl. Begr. zum FamFG (BT-Drucks. 16/6308) S. 320.
[140] Amtl. Begr. zum FamFG (BT-Drucks. 16/6308) S. 320.

auf die Beteiligten des Verfahrens. Es verbleibt danach bei dem bereits im FGG geltenden Grundsatz der **Beteiligtenöffentlichkeit,**[141] welcher im Zusammenhang mit dem Anspruch auf rechtliches Gehör (vgl. Rn. 20 ff.) steht.[142] Er kann für einzelne Beteiligte zum Schutz der übrigen Beteiligten beschränkt werden (vgl. § 33 Abs. 1 S. 2).

IV. Verfahrensgegenstand

1. Bestimmung. Das Gesetz verwendet den Begriff des Verfahrensgegenstands zunächst ausdrücklich in § 38 Abs. 1 und daneben in § 2 Abs. 1 den gleichbedeutenden Begriff „Angelegenheit". Es fehlt allerdings jeweils eine gesetzliche Definition. Vielmehr setzt der Gesetzgeber den Begriff mit einem bestimmten Inhalt voraus. Eine unmittelbare Verbindung des Verfahrensgegenstands besteht dabei zur Verfahrenseinleitung, weil durch diese erstmals der Gegenstand des Verfahrens bestimmt wird. Wer das Verfahren einleitet, entscheidet über den Gegenstand des Verfahrens.[143] Dies lässt allerdings nur eine Aussage über die Auswahl der **Grundlage für die Bestimmung des Verfahrensgegenstands** zu (vgl. Rn. 32). Diesbezüglich ist offensichtlich, dass sich Unterschiede in Abhängigkeit davon ergeben, wie das Verfahren eingeleitet wurde (vgl. Rn. 1). Hiervon zu unterscheiden ist allerdings die Frage, anhand welcher Kriterien der **Verfahrensgegenstand ermittelt und** von anderen, ähnlichen Verfahrensgegenständen **abgegrenzt** wird (vgl. Rn. 30 f.).[144] Die Art der Verfahrenseinleitung muss für diese Individualisierung nicht notwendig bedeutsam sein. 29

Für den Zivilprozess aber auch für die Verfahren anderer Rechtswege geht die hM davon aus, dass der Streitgegenstand zweigliedrig bestimmt, dh. jeweils **anhand des gestellten Antrags und des zu seiner Begründung unterbreiteten Lebenssachverhalts ermittelt** wird.[145] Dies trägt dem Umstand Rechnung, dass das Gericht einen ihm unterbreiteten Lebenssachverhalt am Maßstab des materiellen Rechts im Hinblick auf ein bestimmtes Ziel untersucht.[146] Zwar scheint für den Strafprozess der Verfahrensgegenstand allein durch den angeklagten Lebenssachverhalt begrenzt zu werden.[147] Bei näherer Betrachtung wird aber auch dort offenbar, dass der Verfahrensgegenstand ebenfalls zweigliedrig bestimmt wird, weil die Anklageerhebung das verfolgte Ziel (Feststellung der Strafbarkeit eines konkreten Angeklagten) bestimmt. Diese Einheitlichkeit in den Grundlagen spricht dafür, auch den Gegenstand des **Verfahrens nach dem FamFG** zweigliedrig zu bestimmen. Er wird begrenzt durch das Ziel des gerichtlichen Verfahrens sowie den insoweit zugrunde liegenden Lebenssachverhalt, weil das Gericht auch im FamFG-Verfahren mit einem bestimmten Ziel unter Berücksichtigung eines bestimmten Lebenssachverhalts tätig wird.[148] Dies gilt ohne Unterschied für **Antrags- und Amtsverfahren.** Die Art der Verfahrenseinleitung wirkt sich lediglich hinsichtlich der Zuständigkeit für die Bestimmung des Verfahrensgegenstands, nicht aber hinsichtlich der ihn kennzeichnenden Merkmale aus.[149] Unrichtig ist daher die Annahme, in Amtsverfahren bestimme sich der Verfahrensgegenstand ausschließlich nach dem Lebenssachverhalt[150] oder ausschließlich nach dem Verfahrensziel.[151] Die Geltung des **Untersuchungsgrundsatzes** (vgl. Rn. 14 ff.) ist ohne Bedeutung für die Bestimmung des Verfahrensgegenstands,[152] weil auch das Verfahren, in dem ein relevanter Sachverhalt nicht festzustellen ist, einen Gegenstand aufweist. Für die Bestimmung des Verfahrensgegenstands ist nicht entscheidend, welche einzelnen Tatsachen im Rahmen des Verfahrens festgestellt werden. Maßgeblich ist vielmehr der nach Raum, Zeit, Subjekt etc. umrissene und (bei 30

---

[141] BayObLG NJW-RR 1996, 583, 584; *Jansen,* Wandlungen, S. 34 ff.; *Klüsener* Rn. 81; *Kroiß/Seiler* § 2 Rn. 82; *Schreiber* JURA 1994, 30, 36; aA RGZ 63, 275, 277 f.
[142] *Jansen,* Wandlungen, S. 34 ff.; *Lindacher* JuS 1978, 577, 582 f., 584.
[143] Vgl. auch BGH NJW 2008, 2922; BAG NJW 1994, 604, 605; *Baumgärtel* JuS 1974, 69, 70; *Lent* § 11 II; *Schreiber* JURA 1988, 190; *Thubauville,* Wirkungen, S. 266 f.
[144] Vgl. *Thubauville,* Wirkungen, S. 266.
[145] BGH NJW 1981, 2306; 1995, 1757, 1757 f.; BAG NJW 1994, 604, 605; BVerwG NVwZ 1994, 1115; *Baumgärtel* JuS 1974, 69, 70; *Rosenberg/Schwab/Gottwald* § 92 Rn. 22 ff.; oben Vor §§ 253 ff. ZPO Rn. 32.
[146] Vgl. BGH NJW 2002, 3465, 3466; *Baumbach/Lauterbach/Hartmann* § 2 ZPO Rn. 4; *Rosenberg/Schwab/Gottwald* § 92 Rn. 22.
[147] Vgl. BGH NJW 1970, 255, 256; BGH NJW 2000, 226, 227.
[148] Vgl. *Pawlowski/Smid,* FGG, Rn. 195.
[149] AA *Jauernig,* Streitgegenstand, S. 5.
[150] So aber *Pawlowski/Smid,* FGG, Rn. 195; *Lent* § 11 II meint, in Amtsverfahren gibt es keinen Verfahrensgegenstand, weil das Gericht in seinen Maßnahmen frei ist.
[151] So die wohl hA *Bassenge/Roth* Einleitung FGG Rn. 3; *Baur,* FGG, § 17 II 1; *Jansen/Briesemeister* § 23 FGG Rn. 11 f.
[152] *Baumgärtel* JuS 1974, 69, 72; *Habscheid* FamRZ 1971, 297, 298; *Rosenberg/Schwab/Gottwald* § 92 Rn. 28; oben Vor §§ 253 ff. ZPO Rn. 38; aA *Jauernig,* Streitgegenstand, S. 6, 43 ff., 55 ff.

Verfahrenseinleitung) vermutete bzw. unterstellte Lebenssachverhalt.[153] Die Amtsermittlungspflicht weitet den Verfahrensgegenstand ebenso wenig aus, wie umgekehrt die Parteien unter Geltung des Beibringungsgrundsatzes den Streitgegenstand durch den Umfang ihres Sachvortrags begrenzen können.[154]

31 Das maßgebliche Ziel eines gerichtlichen Verfahrens kann allerdings nicht losgelöst von den Vorgaben des materiellen Rechts betrachtet werden, weil das Verfahren der Verwirklichung des materiellen Rechts dient.[155] Vielfach sieht das Gesetz (insbesondere in **Amtsverfahren**) vor, dass das Gericht zur Wahrnehmung bestimmter öffentlicher oder privater Interessen tätig werden soll und sein Auftrag dabei nicht auf eine konkrete Maßnahme beschränkt ist.[156] Vielmehr hat das Gericht geeignete, erforderliche und angemessene **Maßnahmen in einem gesetzlich vorgegebenen Rahmen** zur Verwirklichung der geschützten Interessen zu ergreifen.[157] ZB soll das Gericht nach § 1666 BGB die zur Abwehr der Kindeswohlgefährdung erforderlichen Maßnahmen ergreifen. Diesen Vorgaben liefe es zuwider, wenn sich das Gericht zu Beginn eines Verfahrens auf eine konkrete Maßnahme festlegen und die Ergreifung anderer Maßnahmen nicht in Erwägung ziehen würde. Erst recht darf das Gericht nach Sinn und Zweck des materiellen Rechts nicht durch den Sachantrag eines Beteiligten auf die Prüfung konkreter Maßnahmen beschränkt werden (vgl. § 23 Rn. 12f.).[158] Der Verfahrensgegenstand wird dementsprechend durch ein weit gefasstes Verfahrensziel, ggf. nur ein dem Gericht überantwortetes Interesse, und den nach materiellem Recht insoweit maßgeblichen Lebenssachverhalt (für § 1666 BGB zB die Quelle der Kindeswohlgefährdung) bestimmt. Für § 1666 BGB stellt danach zB die Abwehr der von der Mutter ausgehenden Gefährdung im Vergleich zu den vom Vater ausgehenden Gefährdungen einen eigenständigen Verfahrensgegenstand dar. Dieses weite Verständnis des Verfahrensziels ist allerdings keine Besonderheit allein des FamFG-Verfahrens, sondern entspricht ansatzweise der Rechtslage im Strafverfahren (vgl. Rn. 30).

32 Die Art der Verfahrenseinleitung hat jedoch Auswirkungen auf die Auswahl der **Grundlagen des Verfahrensgegenstands.** Soweit ein Verfahren durch einen Antrag in Gang kommt, entspricht dies im Hinblick auf die Verfahrenseinleitung dem Zivilprozess. Dementsprechend wird der Verfahrensgegenstand wie im Zivilprozess[159] durch den gestellten Antrag und den ihm vom **Antragsteller** zugrunde gelegten Lebenssachverhalt bestimmt.[160] Dies gilt entgegen verbreiteter Annahme[161] für Antrags- und Amtsverfahren gleichermaßen, wenn man – wie vorliegend (vgl. oben Rn. 9f.) – der Ansicht folgt, dass auch der in einem Amtsverfahren gestellte Antrag rechtlich erheblich ist. Ruft ein Beteiligter das Gericht mit dem Ziel an, eine gesetzlich vorgesehene Maßnahme auf der Grundlage eines bestimmten Lebenssachverhalts zu ergreifen, bestimmt dieser den Gegenstand des Verfahrens. Das Gericht muss prüfen, ob die gesetzlichen Voraussetzungen vorliegen und in Abhängigkeit hiervon die begehrte Maßnahme ergreifen oder den Antrag ablehnen. Dass der Antrag eines Beteiligten keine Verfahrensvoraussetzung ist, wirkt sich allein insoweit aus, als das Verfahren auch nach Rücknahme des Antrags fortgeführt werden kann. Wird ein Verfahren dagegen ohne Antrag von Amts wegen eingeleitet, trifft das **Gericht** die Auswahl über das Verfahrensziel und den maßgeblichen Lebenssachverhalt.[162] Hiernach bestimmt bspw. das Gericht, ob und im Hinblick auf welches Kind es eine Maßnahme nach § 1666 BGB in Bezug auf die von der Mutter oder dem Vater ausgehenden Gefahren führen will. Aufschluss über den gerichtsseitig bestimmten Gegenstand geben zB die Richtung gerichtlicher Ermittlungen, die ausdrückliche Kundgabe des Gegenstands zur Gewährung rechtlichen Gehörs oder der Erlass einer einstweiligen Anordnung.[163] Unabhängig von der Art der Verfahrenseinleitung sind jeweils die Besonderheiten des materiellen Rechts zu berücksichtigen. Aus diesen kann sich ergeben, dass das Ziel des Verfahrens nicht im Ergreifen einer konkreten Maßnahme, sondern einem weiter gefassten Spektrum an Entscheidungsmöglichkeiten besteht (vgl. Rn. 31).

---

[153] *Jauernig*, Streitgegenstand, S. 45; aA *Jansen/Briesemeister* § 23 FGG Rn. 12.
[154] *Habscheid* FamRZ 1971, 297, 298; aA *Jauernig*, Streitgegenstand, S. 44.
[155] Vgl. BGH JZ 1953, 766; *Baumgärtel* JuS 1974, 69, 70; *Kurzeja*, Rechtskraft, S. 37.
[156] Vgl. für Regelungsstreitigkeiten OLG Köln NJW 1973, 193, 194; *Klüsener* Rn. 51.
[157] Vgl. BVerfG NJW 1971, 1447, 1448f.; BGHZ 51, 219, 221ff.; *Jansen/v. König/v. Schuckmann* Vor §§ 8–18 FGG Rn. 5; *Pawlowski/Smid*, FGG, Rn. 195.
[158] Vgl. für Regelungsstreitigkeiten OLG Köln NJW 1973, 193, 194; *Klüsener* Rn. 51.
[159] Hinsichtlich des Streitstands zum zivilprozessualen Streitstand vgl. oben Vor §§ 253ff. Rn. 32ff.
[160] *Lent* § 11 II; vgl. auch *Bassenge/Roth* Einleitung FGG Rn. 14 für Antragsverfahren und *Habscheid*, Streitgegenstand, § 16 I für echte Streitsachen.
[161] *Bassenge/Roth* Einleitung FGG Rn. 3, 14; *Baur* § 17 II 1; *Jansen/Briesemeister* § 23 FGG Rn. 11; *Keidel/Kuntze/Winkler/Schmidt* § 12 FGG Rn. 8; *Lent* § 11 I, II.
[162] *Bassenge/Roth* Einleitung FGG Rn. 3; *Baur* § 17 II 1; *Habscheid*, FGG, § 18 II 1; *Pawlowski/Smid*, FGG, Rn. 195.
[163] Vgl. *Bassenge/Roth* Einleitung FGG Rn. 2; *Schulte-Bunert* Rn. 47.

33 Ausgehend von Vorstehendem ist im Ergebnis festzuhalten, dass sich der zweigliedrige Streitgegenstandsbegriff des Zivilprozesses vollumfänglich auch zur Bestimmung des **Verfahrensgegenstands im Bereich des FamFG** eignet. Maßgeblich sind sowohl in Antrags- als auch in Amtsverfahren Antrag und Lebenssachverhalt. Hinsichtlich des Antrags ist allerdings zunächst zu berücksichtigen, dass sich dem materiellen Recht teilweise entnehmen lässt, dass der Antrag nur auf die Auswahl eines vom Gericht wahrzunehmenden oder zu schützenden Interesses nicht aber auf Vorgabe eines konkreten Sachziels gerichtet sein kann. Außerdem ist für Amtsverfahren zu berücksichtigen, dass im Falle amtswegiger Verfahrenseinleitung das Gericht die Auswahl über das wahrzunehmende Interesse sowie den maßgeblichen Lebenssachverhalt trifft.

34 **2. Bedeutung. a) Anderweitige Befasstheit.** Bedeutung erlangt der Verfahrensgegenstand für den Einwand anderweitiger Befasstheit, den § 2 Abs. 1 unvollkommen als Frage der örtlichen Zuständigkeit behandelt. Sinn und Zweck des § 2 ist die Regelung eines Zuständigkeitskonflikts mehrerer zuständiger Gerichte. Der **Einwand anderweitiger Verfahrensbefasstheit** reicht aber hierüber hinaus. Solange ein Gericht mit einer Angelegenheit befasst ist, kann diese Angelegenheit nicht Gegenstand eines weiteren Verfahrens, egal vor welchem Gericht, sein (vgl. § 17 S. 2 GVG).[164] Dies gebieten die Interessen der Beteiligten und das öffentliche Interesse an der Vermeidung widerstreitender Entscheidungen.[165] Ob eine Angelegenheit Gegenstand mehrerer Verfahren ist, ist durch Vergleich der jeweiligen Verfahrensgegenstände zu ermitteln.

35 **b) Beteiligte.** Neben § 2 Abs. 1 nimmt auch **§ 7 Abs. 2 Nr. 1** Bezug auf den Verfahrensgegenstand. Wenn die Vorschrift vorsieht, dass diejenigen als Beteiligte hinzuzuziehen sind, die durch das Verfahren unmittelbar in ihren Rechten betroffen werden, setzt dies Klarheit über den Gegenstand des Verfahrens voraus.[166] Nur im Hinblick auf den Gegenstand eines Verfahrens lässt sich bestimmen, welchen möglichen Ausgang es nimmt und wessen Rechte hierdurch tangiert werden können. Stehen zB die Eltern im Verdacht, ihre Kinder A und B verwahrlosen zu lassen, ist bezüglich jedes Kindes ein eigener Gegenstand betroffen und jedes Kind nur Beteiligter des es selbst betreffenden Verfahrens.

36 **c) Änderung des Gegenstands.** Durch eine Änderung des Verfahrensziels[167] und/oder einen Austausch des zugrunde liegenden Lebenssachverhalts ändert sich der Verfahrensgegenstand. Inwieweit derartige Änderungen zulässig sind, ist in den §§ 23 ff. nicht ausdrücklich geregelt. Wesentliche Aussagen lassen sich jedoch § 22 entnehmen. Diesem lässt sich entnehmen, unter welchen Voraussetzungen der **Antragsteller** den Verfahrensgegenstand verändern kann. Eine entsprechende Änderung kann von ihm ausweislich § 22 Abs. 4 nur in Antrags- nicht aber in Amtsverfahren herbeigeführt werden. In Antragsverfahren bedarf er nach Erlass der Endentscheidung erster Instanz hierzu der Zustimmung aller Beteiligten, die von der Änderung betroffen werden und bereits zuvor am Verfahren teilgenommen haben (vgl. § 22 Abs. 1). Die Zustimmung neu hinzukommender Beteiligter ist nicht erforderlich, weil die Antragsänderung für diese wie die Einleitung eines neuen Verfahrens erscheint.

37 Inwieweit dem **Gericht** eine Änderung des Verfahrensgegenstands möglich ist, lässt sich aus allgemeinen Verfahrensgrundsätzen ableiten. Soweit der **Antragsgrundsatz** gilt, kann das Gericht nicht über den Verfahrensgegenstand disponieren. Eine amtswegige Änderung des Verfahrensgegenstands ist insoweit ausgeschlossen. In **Amtsverfahren** ist das Gericht zwar grds. zur Disposition befugt und kann daher grds. den Verfahrensgegenstand ändern.[168] Soweit jedoch ein Amtsverfahren auf Antrag eingeleitet wurde, hat der Antragsteller einen Anspruch auf Bescheidung seines Antrags erworben. Diesen kann ihm das Gericht nicht durch eine Änderung des Verfahrensgegenstands entziehen, weshalb das Gericht zumindest auch seinen Antrag bescheiden muss. Zu beachten ist insoweit allerdings, dass (in Amtsverfahren) die Abweichung von einem vom Antragsteller konkret formulierten Entscheidungsinhalt nicht notwendig eine Änderung des Verfahrensgegenstands bewirkt (vgl. Rn. 31).

38 **d) Mehrheit von Gegenständen.** Werden im Rahmen eines Verfahrens mehrere Ziele oder ein Ziel unter Berücksichtigung mehrerer Lebenssachverhalte verfolgt, liegt eine Mehrheit von Gegenständen vor. Zu dieser kann es bereits bei Einleitung des Verfahrens, durch eine Erweiterung des Verfahrens oder durch **Verbindung** mehrerer Verfahren (vgl. § 20) kommen. Umfasst ein Verfahren mehrere Gegenstände, können diese getrennt werden (vgl. § 20). Innerhalb eines Verfahrensgegenstands ist eine **Trennung** dagegen nicht möglich (vgl. § 20 Rn. 16).

---

[164] *Jansen/v. König* § 31 FGG Rn. 14.
[165] *Jansen/v. König* § 31 FGG Rn. 14; vgl. auch *Baur*, FGG § 17 II 2 c.
[166] Vgl. *Baur*, FGG, § 17 II in Fn. 7; *Lent* § 11 II.
[167] Vgl. BayObLG NJW-RR 1998, 798, 799.
[168] *Bassenge/Roth* Einleitung FGG Rn. 3; *Habscheid*, FGG, § 18 II 1.

39 **e) Materielle Rechtskraft.** Schließlich erlangt der Verfahrensgegenstand Bedeutung für die materielle Rechtskraft. Inwieweit Entscheidungen im Anwendungsbereich des FamFG überhaupt in materielle Rechtskraft erwachsen, ist umstritten (vgl. § 48 Rn. 24 ff.).[169] Soweit möglich erwächst die Entscheidung über den **Verfahrensgegenstand** in materielle Rechtskraft. Eine erneute Verhandlung und (abweichende) Entscheidung über den identischen Verfahrensgegenstand ist grds. ausgeschlossen.[170] Nicht an den Wirkungen der materiellen Rechtskraft nimmt die Entscheidung über **Vorfragen** teil.[171] Deshalb stellt zB die Entscheidung im Erbscheinsverfahren – unabhängig von der hiervon zu unterscheidenden Grundsatzfrage um die Fähigkeit zur Rechtskraft – nicht das Bestehen oder Nichtbestehen des Erbrechts rechtskräftig fest.[172] Ebenso wenig könnte die materielle Rechtskraft einer Entscheidung über einen Antrag auf Eintragung ins Handels- oder Vereinsregister die als Vorfrage hierfür zu prüfende materielle Rechtslage umfassen.[173]

§ 23 Verfahrenseinleitender Antrag

(1) ¹Ein verfahrenseinleitender Antrag soll begründet werden. ²In dem Antrag sollen die zur Begründung dienenden Tatsachen und Beweismittel angegeben sowie die Personen benannt werden, die als Beteiligte in Betracht kommen. ³Urkunden, auf die Bezug genommen wird, sollen in Urschrift oder Abschrift beigefügt werden. ⁴Der Antrag soll von dem Antragsteller oder seinem Bevollmächtigten unterschrieben werden.

(2) Das Gericht soll den Antrag an die übrigen Beteiligten übermitteln.

Schrifttum: *Baumgärtel,* Zur Lehre vom Streitgegenstand, JuS 1974, 69; *Brehm,* Der Allgemeine Teil des Referentenentwurfs eines Gesetzes zur Reform des Verfahrens in Familiensachen und in den Angelegenheiten der freiwilligen Gerichtsbarkeit (FamFG), FPR 2006, 401; *Büte,* Das Gesetz zur Reform des Verfahrens in Familiensachen und in den Angelegenheiten der freiwilligen Gerichtsbarkeit (FamFG), FuR 2008, 537; *Heinemann,* Die Reform der freiwilligen Gerichtsbarkeit durch das FamFG und ihre Auswirkungen auf die notarielle Praxis, DNotZ 2009, 6; *Jacoby,* Der Regierungsentwurf für ein FamFG, FamRZ 2007, 1703; *Kemper,* Das Verfahren in der ersten Instanz nach dem FamFG, FamRB 2008, 345; *Kissel,* Gibt es eine Untätigkeitsbeschwerde im Rahmen des Verfahrens der Freiwilligen Gerichtsbarkeit?, ZZP 69 (1956), 3; *Kuntze,* Referentenentwurf eines FGG-Reformgesetzes, FGPrax 2005, 185; *Kurzeja,* Rechtskraft und Abänderbarkeit gerichtlicher Entscheidungen der freiwilligen Gerichtsbarkeit, 1997; *Lindacher,* Verfahrensgrundsätze in der Freiwilligen Gerichtsbarkeit, JuS 1978, 577; *Rothe,* Möglichkeit und Schranken der Abänderung von Entscheidungen der freiwilligen Gerichtsbarkeit, 1964; *Schoch/Schmidt-Aßmann/Pietzner,* VwGO, Stand: 16. EL (März 2008); *Schreiber,* Der Dispositionsgrundsatz im Zivilprozeß, JURA 1988, 190; *Zimmermann,* Die freie Gestaltung des Verfahrens der freiwilligen Gerichtsbarkeit, RPfleger 1967, 329.

Übersicht

	Rn.		Rn.
I. Allgemeines	1–4	III. Antragsbefugnis	16–27
1. Normzweck	1–3	1. Sachentscheidungsvoraussetzung	16
2. Anwendungsbereich	4	2. Befugnisvoraussetzungen	17–22
II. Verfahrenseinleitender Antrag	5–15	a) Grundsatz	17
1. Allgemeines	5	b) Sondervorschriften	18, 19
2. Verfahrensantrag	6–10	c) Mehrheit Antragsbefugter	20–22
a) Erforderlichkeit	6, 7	3. Erlöschen der Antragsbefugnis	23, 24
b) Beachtlichkeit	8, 9	4. Verfahrensstandschaft	25–27
c) Abgrenzung zur Anregung	10	a) Allgemeines	25
3. Sachantrag	11–13	b) Gesetzliche	26
a) Erforderlichkeit	11	c) Gewillkürte	27
b) Beachtlichkeit	12, 13	IV. Inhalt des Antrags (Abs. 1 S. 1, 2)	28–35
4. Bindung an die Anträge	14	1. Mussinhalt	28–32
5. Anträge im Rechtsmittelverfahren	15	a) Überblick	28

---

[169] Vgl. *Keidel/Kuntze/Winkler/Zimmermann* § 31 FGG Rn. 18; *Kurzeja,* Rechtskraft, S. 18, 21 ff.

[170] Zu Grund, Wirkungsweise und Grenzen der Rechtskraft allgemein vgl. oben § 322 ZPO Rn. 1 ff., 38 ff. und 84 ff.

[171] Vgl. oben § 322 ZPO Rn. 101.

[172] Insoweit zutreffend BayObLG ZEV 2003, 369, 370; KG VIZ 1999, 755, 755 f. = NJW 2000, 442; *Bumiller/Harders* § 45 Rn. 9.

[173] Insoweit zutreffend BayObLG NJW 1996, 3217, 3218; KG FGPrax 2005, 130, 131; *Bumiller/Harders* § 45 Rn. 10.

Verfahrenseinleitender Antrag 1–4 § 23

	Rn.		Rn.
b) Bezeichnung des Gerichts	29	2. Verstoß gegen Sollvorschriften	42
c) Bezeichnung des Antragstellers	30	3. Verstoß gegen Mussvorschriften	43
d) Bezeichnung des Verfahrensgegenstands	31	**VII. Gerichtliche Übermittlung des Antrags (Abs. 2)**	44–49
e) Sondervorschriften	32	1. Allgemeines	44, 45
2. Sollinhalt (S. 1, 2)	33–35	2. Inhalt und Adressat der Übermittlung	46, 47
a) Überblick	33	3. Zeitpunkt der Übermittlung	48
b) Begründung (S. 1)	34	4. Wirkungen der Übermittlung	49
c) Beteiligte (S. 2)	35		
V. Form des Antrags (Abs. 1 S. 3, 4)	36–40	**VIII. Kosten**	50–52
1. Schriftform (S. 4)	36, 37	1. Gerichtskosten	50, 51
2. Anlagen (S. 3)	38–40	2. Rechtsanwaltskosten	52
VI. Wirkungen und Fehler	41–43		
1. Wirkungen der Antragstellung	41		

I. Allgemeines

1. Normzweck. Die Vorschrift ist ohne direkten Vorläufer im FGG. Sie regelt in Abs. 1 die **1** **formellen Anforderungen** an den Inhalt einer die Einleitung eines FamFG-Verfahrens bewirkenden Verfahrenshandlung, welche das Gesetz als Antrag bezeichnet.[1] Sinn und Zweck der Vorschrift entsprechen demjenigen der §§ 130, 253 Abs. 2–5 ZPO oder zB des § 82 Abs. 1 VwGO. Im Hinblick auf den Gedanken einer gesteigerten gerichtlichen Fürsorge sind die inhaltlichen und formellen Anforderungen nach § 23 geringer als nach § 253 ZPO und orientieren sich an § 82 Abs. 1 VwGO. Deutlich wird dies insbesondere dadurch, dass das Gesetz lediglich Sollanforderungen normiert.[2] Die Vorschrift konkretisiert zugleich die Mitwirkungslasten des Antragstellers.[3] Er soll seinen Antrag im Interesse einer frühzeitigen Strukturierung und sachgerechten Förderung des Verfahrens begründen, Beweismittel angeben und in Anlehnung an § 131 ZPO die in Bezug genommenen Urkunden beifügen.[4]

Anders als § 253 Abs. 1 ZPO und § 81 Abs. 1 VwGO trifft die Regelung keine Aussage, in- **2** wieweit ein Antrag **Verfahrensvoraussetzung** für die Begründung eines Verfahrensrechtsverhältnisses ist, dh. die Dispositionsmaxime gilt. Vielmehr setzt § 23 voraus, dass andere Regelungen des Verfahrensrechts oder des materiellen Rechts anordnen, dass ein Verfahren von Amts wegen oder auf Antrag eingeleitet wird.[5] Soweit die Gesetzesbegründung davon ausgeht, dass allein das materielle Recht Vorschriften über die Erforderlichkeit eines Dispositionsaktes enthält,[6] übersieht sie verfahrensrechtliche Vorschriften wie zB § 203 Abs. 1. An die in anderen Vorschriften getroffene Anordnung des Antragsprinzips knüpft § 23 an und bestimmt, welchen Anforderungen ein Antrag genügen soll.

Abs. 2 der Vorschrift richtet sich an das Gericht und fordert dieses auf, die Antragsschrift den **3** übrigen Beteiligten zu übermitteln. Hierdurch soll diesen vor allem **rechtliches Gehör** gewährleistet werden.[7]

2. Anwendungsbereich. Die Vorschrift gilt für die Einleitung der dem FamFG unterfallenden **4** Verfahren, soweit keine vorrangigen Sondervorschriften einschlägig sind.[8] Keine Anwendung findet § 23 danach in **Ehesachen** nach §§ 121 ff. und **Familienstreitsachen** nach § 112, für welche § 253 ZPO (vgl. §§ 113 Abs. 1, 124) oder Sondervorschriften (vgl. § 250) gelten. Vorrangige bzw. ergänzende **Sondervorschriften** enthalten daneben zB auch §§ 1383 Abs. 2, 2354 BGB, § 8 GmbHG.[9]

---

[1] Amtl. Begr. zum FamFG (BT-Drucks. 16/6308) S. 185.
[2] Abw. Amtl. Begr. zum FamFG (BT-Drucks. 16/6308) S. 185: „Mindestanforderungen"; im Anschluss auch *Kroiß/Seiler* § 2 Rn. 49.
[3] Amtl. Begr. zum FamFG (BT-Drucks. 16/6308) S. 185; *Kroiß/Seiler* § 2 Rn. 50.
[4] Amtl. Begr. zum FamFG (BT-Drucks. 16/6308) S. 185 f.; *Kroiß/Seiler* § 2 Rn. 50.
[5] Vgl. Amtl. Begr. zum FamFG (BT-Drucks. 16/6308) S. 185.
[6] Vgl. Amtl. Begr. zum FamFG (BT-Drucks. 16/6308) S. 185.
[7] Vgl. Amtl. Begr. zum FamFG (BT-Drucks. 16/6308) S. 186; *Baumbach/Lauterbach/Hartmann* § 23 Rn. 2.
[8] Vgl. Amtl. Begr. zum FamFG (BT-Drucks. 16/6308) S. 185.
[9] Vgl. *Kroiß/Seiler* § 2 Rn. 49.

II. Verfahrenseinleitender Antrag

5 **1. Allgemeines.** Im Verfahrensrecht ist der Begriff des Antrags mit unterschiedlichen Bedeutungen belegt. Gegenstand der Regelung des § 23 ist allein der verfahrenseinleitende Antrag (**Verfahrensantrag**). Mit ihm tritt der Antragsteller an das Gericht heran und bringt sein Begehren zum Ausdruck, dass das Gericht in einer bestimmten Angelegenheit (streitentscheidend oder fürsorgend) tätig werden soll.[10] Der Verfahrensantrag entspricht der Klage im Zivil-[11] oder Verwaltungsgerichtsprozess (vgl. § 81 Abs. 1 S. 1 VwGO). Er ist vom **Sachantrag** zu unterscheiden, mit dem der Antragsteller vom Gericht den Ausspruch einer konkreten Rechtsfolge begehrt und hierdurch dessen Entscheidungsmacht begrenzt (vgl. § 308 Abs. 1 ZPO, § 88 VwGO).[12] Der Sachantrag entspricht dem bestimmten Klageantrag im Zivilprozess (vgl. § 253 Abs. 2 Nr. 2 ZPO aE) oder Verwaltungsgerichtsprozess (vgl. § 82 Abs. 1 S. 2 VwGO). Dabei macht insbesondere die Rechtslage der VwGO deutlich, inwieweit sich beide Antragsbegriffe unterscheiden. So gilt im VwGO-Verfahren der Dispositionsgrundsatz (vgl. § 88 VwGO) und das Gericht wird nur auf eine Klage hin und nicht von Amts wegen tätig.[13] Mit seiner Klage fordert der Kläger das Gericht auf, in einer bestimmten Sache (vgl. § 82 Abs. 1 S. 1 VwGO aE) tätig zu werden. Er bestimmt mit seiner Klage den Klagegegenstand.[14] Ein Sachantrag ist hingegen, anders als im Zivilprozess, darüber hinaus nicht erforderlich (vgl. § 82 Abs. 1 S. 2 VwGO: „soll"). Der Sachantrag dient nicht der Bestimmung, sondern der Begrenzung des Verfahrensgegenstands.[15] Zur **Bestimmung des Verfahrensgegenstands** genügt der Verfahrensantrag.[16]

6 **2. Verfahrensantrag. a) Erforderlichkeit.** Die Vorschrift erhebt den Verfahrensantrag **nicht zur generellen Verfahrensvoraussetzung.** Ihr ist keine Aussage darüber zu entnehmen, ob und inwieweit das Gericht von Amts wegen oder nur auf einen Verfahrensantrag hin tätig wird.[17] Die Vorschrift regelt vielmehr nur die inhaltlichen und formellen Anforderungen an einen Verfahrensantrag und setzt voraus, dass durch andere materiell-rechtliche[18] (vgl. zB § 2353 BGB) oder verfahrensrechtliche (vgl. zB §§ 203 Abs. 1, 223) Vorschriften normiert wird, wann ein verfahrenseinleitender Antrag Verfahrensvoraussetzung ist. Dabei gilt der Grundsatz, dass das Gericht von Amts wegen, dh. unabhängig vom Antrag eines Beteiligten, tätig werden kann und muss, wenn das Gesetz nicht ausdrücklich einen Antrag voraussetzt (vgl. Vor §§ 23 Rn. 12).[19] Tragend hierfür ist, dass das Gericht überwiegend eine fürsorgende Tätigkeit wahrnimmt und deshalb regelmäßig keinen von außen kommenden Anstoß abwarten kann, sondern von Amts wegen tätig werden muss, wenn die gesetzlichen Voraussetzungen hierfür vorliegen (**Amtsverfahren,** vgl. Vor §§ 23 ff. Rn. 1).[20] Dies gilt allerdings nicht durchgängig, weil auch der Fürsorgegedanke nicht durchgängig trägt. Vielmehr sieht das Gesetz für bestimmte Fälle ausdrücklich vor, dass ein Verfahren nur auf Antrag eingeleitet wird **(Antragsverfahren).**[21] Ein Antragserfordernis muss sich aber nicht aus dem Wortlaut des Gesetzes ergeben, sondern kann auch im Wege der Auslegung gewonnen werden (vgl. Vor §§ 23 ff. Rn. 12).[22] Wo ein amtswegiges Tätigwerden des Gerichts zum Schutz der betroffenen Interessen nach dem Regelungskonzept des Gesetzgebers objektiv nicht erforderlich ist, gebieten die schonende Inanspruchnahme der gerichtlichen Ressourcen sowie die Selbstbestimmung der Beteiligten, nur auf Antrag tätig zu werden.[23]

7 Ein verfahrenseinleitender Antrag kann **nicht bedingt gestellt** werden. Anderenfalls ist er keine geeignete Grundlage für die Durchführung eines Verfahrens. Wurde ein Antrag gestellt, ist es mit den

---

[10] Vgl. *Bassenge/Roth* Einleitung FGG Rn. 5; *Jansen/v. König/v. Schuckmann* Vor §§ 8–18 FGG Rn. 11; *Kemper* FamRB 2008, 345, 348; *Klüsener* Rn. 51.
[11] *Brehm* § 10 Rn. 8; *Lent* § 11 I.
[12] *Brehm* § 10 Rn. 8; vgl. auch *Bassenge/Roth* Einleitung FGG Rn. 5; *Jansen/v. König/v. Schuckmann* Vor §§ 8–18 Rn. 13.
[13] *Schoch/Schmidt-Aßmann/Pietzner/Ortloff* Vor § 81 VwGO Rn. 34.
[14] Vgl. *Schoch/Schmidt-Aßmann/Pietzner/Ortloff* Vor § 81 VwGO Rn. 34.
[15] Vgl. auch oben § 308 ZPO Rn. 1.
[16] Vgl. *Bassenge/Roth* Einleitung FGG Rn. 5; *Jansen/v. König/v. Schuckmann* Vor §§ 8–18 Rn. 11; *Keidel/Kuntze/Winkler/Schmidt* § 12 FGG Rn. 21; *Schoch/Schmidt-Aßmann/Pietzner/Ortloff* Vor § 81 VwGO Rn. 34.
[17] Vgl. Amtl. Begr. zum FamFG (BT-Drucks. 16/6308) S. 185.
[18] Amtl. Begr. zum FamFG (BT-Drucks. 16/6308) S. 185; *Klüsener* Rn. 49.
[19] OLG Hamm FamRZ 1982, 94; *Bassenge/Roth* Einleitung Rn. 51; *Jansen/v. König/v. Schuckmann* Vor §§ 8–18 FGG Rn. 4; *Lindacher* JuS 1978, 577, 578.
[20] *Baur,* FGG, § 16 II 1.
[21] *Bumiller/Winkler* § 12 FGG Rn. 9; vgl. die Übersicht bei *Keidel/Kuntze/Winkler/Schmidt* § 12 FGG Rn. 10.
[22] *Lindacher* JuS 1978, 577, 578; aA *Bassenge/Roth* Einleitung FGG Rn. 4.
[23] Vgl. *Pawlowski/Smid,* FGG, Rn. 296.

Grundsätzen eines rechtsstaatlich geordneten Verfahrens unvereinbar, das Entstehen und den Fortbestand des Verfahrensrechtsverhältnisses im Ungewissen zu lassen.[24] Dieser für die übrigen Verfahrensordnungen geltende Grundsatz[25] beansprucht auch vorliegend Geltung. Zulässig ist es jedoch, innerhalb eines unbedingt begründeten Verfahrens weitere Verfahrensgegenstände in Abhängigkeit von einer **innerprozessualen Bedingung** einzubeziehen (Hilfsanträge).[26] Dies ermöglicht es zB im Erbscheinsverfahren, einen Erbschein als Alleinerbe und hilfsweise einen Erbschein als Erbe zu 1/2 zu beantragen,[27] wobei der Antragsteller jedoch das Verhältnis seiner Anträge klarstellen muss.[28] Ein unter einer unzulässigen Bedingung gestellter Antrag ist insgesamt unzulässig, es sei denn, die Auslegung ergibt, dass der Antrag als unbedingt gestellt behandelt werden soll.[29]

b) Beachtlichkeit. In einer Vielzahl der dem FamFG zugehörigen Angelegenheiten ist das Gericht zur amtswegigen Verfahrenseinleitung befugt und verpflichtet. Für diese Fälle ist umstritten, welche Bedeutung einem gleichwohl von einem Beteiligten gestellten Antrag zukommt. Die hM ging für das FGG davon aus, dass in Amtsverfahren einem Antrag lediglich die Bedeutung einer **bloßen** (unverbindlichen) **Anregung** an das Gericht zukommt,[30] soweit das Gesetz nicht ausdrücklich ein Antragsrecht erwähnt (vgl. § 1896 Abs. 1 BGB). Diese Ansicht wird überwiegend auch für das FamFG vertreten.[31] Der Antragsteller erlangt hiernach durch seinen Antrag nicht die Stellung eines formell Beteiligten.[32] Das Gericht muss kein Verfahren einleiten und dementsprechend nicht über die Anregung entscheiden.[33] Diese Ansicht kann zur Begründung nunmehr auf § 24 verweisen.[34] 8

Zu Recht geht jedoch die **Gegenansicht** davon aus, dass aus dem fehlenden Antragserfordernis lediglich folgt, dass ein Antrag keine Voraussetzung für die Verfahrenseinleitung ist.[35] Hierdurch wird ein gleichwohl gestellter Antrag jedoch nicht bedeutungslos. Dies folgt aus der Subjektstellung des Antragstellers.[36] Dieser Ansicht hat sich für das FamFG trotz § 24 auch der Gesetzgeber angeschlossen.[37] Er geht davon aus, dass der **Antragsteller stets formell Beteiligter** ist.[38] Sein **Antrag ist förmlich zu bescheiden**.[39] Fehlt ihm die Antragsbefugnis (vgl. Rn. 16 ff.), ist sein Antrag als unzulässig abzuweisen.[40] Nur dies eröffnet ihm die Möglichkeit zur Überprüfung im Instanzenzug, weil die bloße Unterrichtung nach § 24 Abs. 2 nicht Gegenstand eines Rechtsmittels sein kann; ihr fehlt eine überprüfbare Entschließung des Gerichts. Das Gericht kann außerhalb eines Verfahrens keine Entschließungen, auch nicht mit verfahrensablehnendem Inhalt treffen.[41] Eine § 75 VwGO entsprechende Untätigkeitsbeschwerde sieht das FamFG nicht vor.[42] Erkennt man gleichwohl an, dass die Unterrichtung nach § 24 Abs. 2 eine gerichtliche Entschließung mit einem die Verfahrens- 9

---

[24] Vgl. oben § 253 ZPO Rn. 17.
[25] Vgl. oben § 253 ZPO Rn. 17; *Schoch/Schmidt-Aßmann/Pietzner/Ortloff/Riese* § 81 VwGO Rn. 4, § 82 VwGO Rn. 7.
[26] Vgl. RGZ 156, 172, 179; *Bassenge/Roth* Einleitung FGG Rn. 7; *Baur*, FGG, § 17 III 3 b; oben § 253 ZPO Rn. 19.
[27] *Keidel/Kuntze/Winkler/Zimmermann* § 11 FGG Rn. 32.
[28] Vgl. RGZ 156, 172, 179.
[29] Vgl. oben § 253 ZPO Rn. 21.
[30] KGJ 32A, 76, 81; OLG Hamm FamRZ 1982, 94; BayObLG NJW-RR 1995, 387, 388; *Keidel/Kuntze/Winkler/Meyer-Holz* Vorb §§ 8–18 FGG Rn. 6; *Klüsener* Rn. 50; *Lent* § 11 I; *Schreiber* JURA 1988, 190, 191; *Zimmermann* Rpfleger 1967, 329, 330.
[31] *Büte* FuR 2008, 537, 538; *Bumiller/Harders* § 24 Rn. 1; *Heinemann* DNotZ 2009, 6, 9; *Schulte-Bunert* Rn. 143; *Zimmermann* FamFG Rn. 73.
[32] BGH NJW 1999, 3718, 3719; KGZ 32A, 76, 81; *Baur*, FGG, § 17 I; differenzierend in Bezug auf die Antragsbefugnis *Jansen/v. König/v. Schuckmann* Vor §§ 8–18 FGG Rn. 5.
[33] KGZ 32A, 76, 81; *Baur*, FGG, § 17 I.
[34] *Heinemann* DNotZ 2009, 6, 9.
[35] Vgl. *Brehm* § 10 Rn. 4; *Brehm* FPR 2006, 401, 404; *Lindacher* JuS 1978, 577, 578.
[36] *Brehm* § 7 Rn. 6.
[37] Amtl. Begr. zum FamFG (BT-Drucks. 16/6308) S. 178; aA *Heinemann* DNotZ 2009, 6, 9; *Schulte-Bunert* Rn. 143; *Zimmermann* FamFG Rn. 73.
[38] Amtl. Begr. zum FamFG (BT-Drucks. 16/6308) S. 178; *Brehm* § 7 Rn. 6, § 10 Rn. 4; *Kemper* FamRB 2008, 345, 347; bei bestehender Antragsbefugnis so auch *Jansen/v. König/v. Schuckmann* Vor §§ 8–18 FGG Rn. 5; *Keidel/Kuntze/Winkler/Schmidt* § 12 FGG Rn. 8.
[39] Amtl. Begr. zum FamFG (BT-Drucks. 16/6308) S. 178; *Brehm* § 10 Rn. 4; *Brehm* FPR 2006, 401, 404; so noch ausdrücklich § 18 des Referentenentwurfs, vgl. dazu *Kuntze* FGPrax 2005, 185, 186.
[40] AA *Jansen/v. König/v. Schuckmann* Vor §§ 8–18 FGG Rn. 5; *Keidel/Kuntze/Winkler/Schmidt* § 12 FGG Rn. 8: grds. kein Anspruch auf Bescheidung.
[41] AA *Keidel/Kuntze/Winkler/Schmidt* § 12 FGG Rn. 8: Mitteilung und Anfechtbarkeit der Entschließung an den nur Anregenden, soweit dieser Interessenwahrer ist.
[42] Vgl. *Jansen/Briesemeister* § 19 Rn. 11; aA *Kissel* ZZP 69 (1956), 3, 12 ff.

einleitung ablehnenden Inhalt enthält und deshalb im Rahmen der Beschwerdebefugnis anfechtbar ist, verliert die Postulation der Umdeutung eines Antrags in eine Anregung jegliche Berechtigung. Die Ergebnisse der hM würden sich von der hier vertretenen Ansicht nicht mehr unterscheiden.[43] Für die hier vertretene Ansicht sprechen zudem **§ 52 Abs. 1 und § 87 Abs. 1 S. 2**, aus denen sich ergibt, dass auch in Amtsverfahren auf Antrag eines Beteiligten ein Hauptsacheverfahren im Anschluss an den Erlass einer einstweiligen Anordnung bzw. ein Vollstreckungsverfahren im Anschluss an ein Hauptsacheverfahren einzuleiten ist; der Antrag ist im Rahmen eines Verfahrens zu bescheiden (vgl. § 87 Abs. 1 S. 2). Hierin kommt die generelle Rechtslage zum Ausdruck, weil der Gesetzgeber beide Fälle in Entsprechung zur allgemeinen Verfahrenseinleitungsbefugnis der Beteiligten regeln wollte.[44] Den Fällen des § 52 Abs. 1 und § 87 Abs. 1 ist zwar eigen, dass bereits ein gerichtliches Verfahren durchgeführt wurde. Dies erlangt allerdings nur insoweit Bedeutung, als hierdurch eine besondere Betroffenheit begründet wurde. Beide Vorschriften regeln danach nur eine besondere Antragsbefugnis (vgl. Rn. 16 ff.) und setzen die hiervon zu unterscheidende Befugnis zur Verfahrensbegründung voraus.

10   c) **Abgrenzung zur Anregung.** Auf der Grundlage der hier vertretenen Ansicht (vgl. Rn. 9) **unterscheidet** sich der Verfahrensantrag von der bloßen **Anregung** dadurch, dass der Verfahrensantrag darauf abzielt, unmittelbar durch eine bestimmende Erklärung ein gerichtliches Verfahren in Gang zu setzen. Mit dem Verfahrensantrag wird zum Ausdruck gebracht, dass eine sachliche gerichtliche Entscheidung und nicht nur eine (Vor-)Prüfung begehrt wird (vgl. auch § 24 Rn. 5 ff.). Aufschluss hierüber gibt die Formulierung der Beteiligtenerklärung aber auch der Umstand, inwieweit der Antragsteller ein besonderes (eigenes) Interesse an einer gerichtlichen Entscheidung verfolgt. Zweifel muss das Gericht ggf. durch Rückfragen klären.

11   **3. Sachantrag. a) Erforderlichkeit.** Ein den Verfahrensgegenstand und damit die Entscheidungsbefugnis des Gerichts begrenzender Sachantrag ist vorbehaltlich besonderer gesetzlicher Anordnung abweichend von § 253 Abs. 2 Nr. 2 ZPO **nicht vorgeschrieben**.[45] Soweit schon ein Verfahrensantrag nicht erforderlich ist, das Gericht mithin von Amts wegen tätig wird und den Verfahrensgegenstand bestimmen kann **(Amtsverfahren)**,[46] ist ein Sachantrag zur Begrenzung der gerichtlichen Tätigkeit erst recht nicht erforderlich. Das Gericht kann vielmehr den Umfang seiner Tätigkeit im Rahmen des Gesetzes selbst bestimmen und ändern. In **Antragsverfahren** bestimmt dagegen der Antragsteller den Gegenstand des Verfahrens. Hierdurch wird ein Sachantrag gleichwohl nicht zwingend erforderlich, weil der Verfahrensgegenstand durch den Verfahrensantrag bestimmt wird;[47] bereits der Verfahrensantrag muss den Gegenstand des Verfahrens eindeutig bezeichnen (vgl. Rn. 5).[48] Welche konkreten Anforderungen hieran zu stellen sind, ergibt sich regelmäßig aus dem einschlägigen materiellen Recht (vgl. Rn. 31). Der Sachantrag dient dagegen nur der Begrenzung des Verfahrensgegenstands und der Konkretisierung und Beschränkung der gerichtlichen Entscheidungsbefugnis. Er ist daher nur dort erforderlich, wo das Gesetz ihn als Ausdruck der Beteiligtenfreiheit und Beteiligtenverantwortung[49] oder im Interesse der Waffengleichheit der Beteiligten, zB zur gerechten Verteilung von Kostenrisiken, vorschreibt. Das FamFG enthält hierüber keine generelle Regelung. Ein entsprechendes Erfordernis kann sich daher allenfalls in Streitsachen (vgl. Vor §§ 23 ff. Rn. 2 f.) aus einer analogen Anwendung anderer Verfahrensvorschriften ergeben. Für **öffentlich-rechtliche Streitsachen** zeigt eine analoge Anwendung des § 82 Abs. 1 S. 2 VwGO, dass ein Sachantrag nicht gestellt werden muss. Aber auch für **zivilrechtliche Streitsachen** ist ein Sachantrag entgegen der wohl hM[50] nicht erforderlich,[51] weil die Zuweisung zivilrechtlicher Streitsachen zum Verfahren des FamFG in diesem Zusammenhang nicht willkürlich,[52] sondern im Hinblick darauf erfolgt, dass den Beteiligten eine erhöhte Fürsorge im Verfahren zukommen soll. Die (Beteiligten-)Verantwortung wird auf das Gericht verlagert und gerade nicht den Beteiligten zugewiesen. Das Gericht muss zB einem nicht vollstreckungsfähigen Antrag im Rahmen des Begehrens des Antragstellers einen vollstreckungsfähigen Inhalt geben.

---

[43] Vgl. *Keidel/Kuntze/Winkler/Schmidt* § 12 FGG Rn. 8, der die Anregung partiell als „Antrag" qualifiziert.
[44] Vgl. Amtl. Begr. zum FamFG (BT-Drucks. 16/6308) S. 217 für die Einleitung der Zwangsvollstreckung.
[45] Amtl. Begr. zum FamFG (BT-Drucks. 16/6308) S. 185; *Brehm* § 10 Rn. 10; *Kemper* FamRB 2008, 345, 348; *Kroiß/Seiler* § 2 Rn. 50; *Schulte-Bunert* Rn. 141.
[46] Vgl. *Bassenge/Roth* Einleitung FGG Rn. 3; *Jansen/Briesemeister* § 23 FGG Rn. 11; *Lent* § 11 II.
[47] *Keidel/Kuntze/Winkler/Schmidt* § 12 FGG Rn. 21; aA *Brehm* § 10 Rn. 10; *Zimmermann* FamFG Rn. 70.
[48] *Keidel/Kuntze/Winkler/Schmidt* § 12 FGG Rn. 21.
[49] Vgl. oben § 308 ZPO Rn. 1.
[50] Vgl. *Jansen/v. König/v. Schuckmann* Vor §§ 8–18 Rn. 13; *Pawlowski/Smid*, FGG, Rn. 555.
[51] Vgl. Amtl. Begr. zum FamFG (BT-Drucks. 16/6308) S. 185; *Kroiß/Seiler* § 2 Rn. 50; *Schulte-Bunert* Rn. 141.
[52] Vgl. *Rothe*, Abänderung, S. 156; *Schlegelberger* § 12 FGG Rn. 7.

b) Beachtlichkeit. Ob ein Sachantrag zulässig ist mit der Wirkung, dass er die Entscheidungsbefugnis des Gerichts bindend einschränkt, ist in Einzelfällen umstritten.[53] In **Amtsverfahren** ist eine entsprechende Beschränkung ausgeschlossen. Dies ergibt sich aus dem einschlägigen materiellen Recht, dessen Verwirklichung das Verfahren dient.[54] Insbesondere in Amtsverfahren sieht das Gesetz vor, dass das Gericht zur Wahrnehmung bestimmter öffentlicher oder unverzichtbarer privater Interessen tätig werden soll und sein Auftrag dabei nicht auf eine konkrete Maßnahme beschränkt ist. Vielmehr hat das Gericht geeignete, erforderliche und angemessene **Maßnahmen in einem gesetzlich vorgegebenen Rahmen** zur Verwirklichung gesetzlich geschützter Interessen zu ergreifen.[55] ZB soll das Gericht nach § 1666 BGB die zur Abwehr der Kindeswohlgefährdung erforderlichen Maßnahmen ergreifen. Diesen Vorgaben liefe es geradezu zuwider, wenn sich das Gericht zu Beginn eines Verfahrens auf eine konkrete Maßnahme festlegen und die Ergreifung anderer Maßnahmen nicht in Erwägung ziehen würde. Dies gebietet, dass das Gericht auch nicht durch den Sachantrag eines Beteiligten auf die Prüfung konkreter Maßnahmen festgelegt werden kann.

Für **Antragsverfahren** ist zunächst zu beachten, dass einem beschränkenden Sachantrag dort keine Funktion zukommt, wo dem Verfahrensgegenstand nach dem einschlägigen materiellen Recht (nur) eine konkrete Rechtsfolge zugeordnet werden kann. Bereits der den Verfahrensgegenstand bestimmende Verfahrensantrag begrenzt die Reichweite der gerichtlichen Tätigkeit und Entscheidung. Verfahrensantrag und Sachantrag fallen zusammen. Dies betrifft zB den Antrag auf Stundung nach § 1382 BGB bzw. § 2331a BGB.[56] Hierher gehören aber auch der Antrag auf Übertragung eines konkreten Gegenstands nach § 1383 BGB oder der Antrag auf Erteilung eines **Erbscheins,** weil der Verfahrensgegenstand erst durch Bezeichnung des Gegenstands (vgl. § 1383 Abs. 2 BGB) oder des Inhalts des Zeugnisses über das Erbrecht von anderen Verfahrensgegenständen abgegrenzt wird. Insbesondere in fürsorgenden Antragsverfahren fallen Verfahrens- und Sachantrag zusammen. Darüber hinaus bindet ein Sachantrag (auch in Streitverfahren) nicht, soweit das materielle Recht den Beteiligten die Befugnis zur Beschränkung der gerichtlichen Entscheidung entzieht.[57] Dies betrifft zunächst Fälle, in denen die Beteiligten hinsichtlich der betroffenen materiellen Rechte nicht dispositionsbefugt sind.[58] Außerdem zählen hierzu Fälle, in denen das Gericht privatrechtliche Interessen innerhalb eines gesetzlich vorgegebenen Rahmens nach bestimmten Leitlinien (zB Verhältnismäßigkeit, Billigkeit) regeln soll (**Regelungsstreitigkeiten,** vgl. § 1361a Abs. 2, 3 BGB – Verteilung des Hausrats).[59] Soweit die Beteiligten jedoch dispositionsbefugt sind, entspricht es ihrer Stellung als Verfahrenssubjekte, dass sie die Entscheidungsbefugnis des Gerichts beschränken können. Bindende Sachanträge, einschließlich des Rechts zu verdeckten Teilanträgen, sind in diesen Fällen möglich. So kann der Antragsteller zB in den Fällen der §§ 1382, 2331a BGB das Gericht hinsichtlich der äußersten von ihm begehrten Stundungsfrist binden.

4. Bindung an die Anträge. Soweit das Gericht nur auf Antrag tätig werden darf, ist es an den gestellten Antrag gebunden. Entsprechend § 308 ZPO und § 88 VwGO darf das Gericht dem Antrag des Antragstellers ganz oder teilweise entsprechen,[60] es darf aber auf den Antrag hin nicht etwas Andersartiges (aliud) verfügen. Das ist dem **Antragsprinzip** immanent, weil jede Entscheidung, die vom Antrag (qualitativ) abweicht, ohne den erforderlichen Antrag, mithin verfahrensrechtswidrig, ergeht. Soweit Sachanträge gestellt werden können, die das Gericht binden (vgl. Rn. 13), wird die Entscheidungsbefugnis des Gerichts weiter eingeschränkt. Das Gericht darf weder ein vom Sachantrag abweichendes aliud noch mehr zusprechen, als beantragt wurde. Diese Grundsätze gelten ohne Abweichung auch für das **Erbscheinsverfahren,** für das nach allgM[61] eine besonders strenge Antragsbindung gelten soll, weil das Gericht dem Antrag nur entsprechen oder ihn ablehnen darf. Das Ergebnis der allgM ist zutreffend. Es folgt aber nicht aus einer strengeren oder andersartigen Bindung an den Antrag. Vielmehr ist maßgeblich, dass Gegenstand des Erbscheinsverfahrens nicht das Erbrecht des Antragstellers, sondern das an das Gericht gerichtete Begehren ist, einen bestimmten

---

[53] Vgl. nur *Brehm* § 10 Rn. 11 einerseits und *Baur,* FGG, § 17 IV 1 a andererseits.
[54] Vgl. BGH JZ 1953, 766; *Baumgärtel* JuS 1974, 69, 70; *Kurzeja,* Rechtskraft, S. 37.
[55] Vgl. BVerfG NJW 1971, 1447, 1448 f.; BGHZ 51, 219, 221 ff.; *Jansen/v. König/v. Schuckmann* Vor §§ 8–18 FGG Rn. 5; *Pawlowski/Smid,* FGG, Rn. 195.
[56] AA *Brehm* § 10 Rn. 11, der in diesen Fällen von einem bindenden Sachantrag ausgeht.
[57] Vgl. *Baur,* FGG, § 17 IV 1 a; *Jansen/v. König/v. Schuckmann* Vor §§ 8–18 FGG Rn. 11; *Klüsener* Rn. 51.
[58] Vgl. auch BVerfG NJW 1971, 1447, 1448 f.; BGHZ 51, 219, 221 ff.; OLG Köln NJW 1973, 193, 194.
[59] *Baur,* FGG, § 17 IV 1 a); *Brehm* § 10 Rn. 11; *Jansen/v. König/v. Schuckmann* Vor §§ 8–18 FGG Rn. 11.
[60] Vgl. *Baur,* FGG, § 17 IV 1 a; *Habscheid,* FGG, § 18 II 2; *Keidel/Kuntze/Winkler/Schmidt* § 12 FGG Rn. 23; *Lent* § 11 II.
[61] *Brehm* § 10 Rn. 11; *Bumiller/Harders* § 23 Rn. 7; *Habscheid,* FGG, § 18 II 2; *Jansen/v. König/v. Schuckmann* Vor §§ 8–18 Rn. 13; *Keidel/Kuntze/Winkler/Schmidt* § 12 FGG Rn. 26; *Klüsener* Rn. 51, 324.

Erbschein zu erteilen. Jeder abweichende Erbschein ist vor diesem Hintergrund kein zulässiges Minus, sondern ein aliud. In Amtsverfahren besteht dagegen keine Bindung.[62]

15 **5. Anträge im Rechtsmittelverfahren.** Für Anträge im **Beschwerdeverfahren** gelten die vorstehenden Ausführungen zu Erforderlichkeit, Zulässigkeit und Bindungswirkung entsprechend. Die Einlegung der Beschwerde entspricht dem Verfahrensantrag. Dieser ist stets erforderlich, weil ein Beschwerdeverfahren von Amts wegen nicht vorgesehen ist (vgl. § 64). Innerhalb des Beschwerdeverfahrens können nach vorstehenden Grundsätzen Sachanträge gestellt werden. Da ein Beschwerdeverfahren nur auf Antrag eingeleitet wird, ist das Beschwerdegericht an den (zulässig bestimmten, vgl. § 65 Rn. 4 f.) Gegenstand des Beschwerdeverfahrens gebunden. Erging die Ausgangsentscheidung über mehrere Verfahrensgegenstände, kann das Beschwerdeverfahren auf einzelne von ihnen beschränkt werden. Darüber hinaus ist das Beschwerdegericht nach allgemeinen Grundsätzen an zulässig gestellte Sachanträge gebunden. Hierdurch kommt im Rahmen der Sachanträge auch das Verbot der reformatio in peius zum Tragen, welches im Übrigen im Beschwerdeverfahren keine Geltung beanspruchen kann. Für das Verfahren der **Rechtsbeschwerde** gelten diese Grundsätze entsprechend. Eines Rückgriffs auf § 74 Abs. 3 S. 1 bedarf es hierfür nicht. Diese Vorschrift begründet vielmehr für die Rechtsbeschwerde eine weitergehende Beschränkung im Sinne eines generellen Verbots der reformatio in peius (vgl. § 74 Rn. 4).

III. Antragsbefugnis

16 **1. Sachentscheidungsvoraussetzung.** Anders als bspw. § 42 Abs. 2 VwGO erhebt das FamFG die Antragsbefugnis nicht ausdrücklich zur generellen Voraussetzung einer sachlichen Bescheidung eines Antrags. Dies ist dem Umstand geschuldet, dass nach dem FamFG anders als nach der VwGO der Antrag selbst keine generelle Verfahrensvoraussetzung ist (vgl. Rn. 6). Vielmehr wird das Antragserfordernis im Einzelfall begründet, regelmäßig durch Vorschriften des materiellen Rechts (vgl. Rn. 6). Die jeweilige Vorschrift enthält vielfach zugleich eine Aussage über den Kreis der Antragsbefugten (vgl. zB §§ 113 Abs. 3, 1365 Abs. 2, 1369 Abs. 2, 1383 Abs. 1, 1452 Abs. 1, 1600 Abs. 1, 1994 Abs. 1, 2331 a Abs. 1 BGB). Hierdurch sowie durch § 7 Abs. 2 Nr. 1 bringt der Gesetzgeber zum Ausdruck, dass auch das FamFG-Verfahren, ebenso wie Zivilprozess oder Verwaltungsprozess, generell nicht für bloße Interessenten offen stehen, sondern der Antragsteller in einer **rechtlichen Beziehung zum Verfahrensgegenstand** stehen muss.[63] Danach sind insbesondere Popularanträge ausgeschlossen. Dies schont die gerichtlichen Ressourcen, vermeidet Einmischungen[64] und dient der Gewährung effektiven Rechtsschutzes in den übrigen Fällen,[65] weshalb das Erfordernis einer Antragsbefugnis verallgemeinert wird, auch soweit der Gesetzgeber im Einzelfall keine ausdrückliche Anordnung trifft (vgl. zB §§ 29, 1357 Abs. 2, 1382, 1426, 1430, 2198 Abs. 2, 2202 Abs. 3, 2216 Abs. 2, 2227, 2353, 2368 Abs. 3 BGB). Die Antragsbefugnis ist keine Verfahrenseinleitungsvoraussetzung. Fehlt sie, wird gleichwohl durch den wirksamen Antrag ein Verfahrensrechtsverhältnis begründet. Sie ist jedoch **Sachentscheidungsvoraussetzung.** Ohne Antragsbefugnis wird der Antrag als unzulässig abgelehnt; eine Entscheidung in der Sache ergeht nicht.[66]

17 **2. Befugnisvoraussetzungen. a) Grundsatz.** Die Antragsbefugnis setzt eine unmittelbare rechtliche Beziehung des Antragstellers zum Verfahrensgegenstand voraus. Sie ist gegeben, wenn der Antragsteller **durch das Verfahren unmittelbar in seinen Rechten betroffen werden kann** (vgl. § 7 Abs. 2 Nr. 1).[67] Erforderlich ist, dass die Entscheidung direkt auf seine subjektiven Rechte einwirken kann.[68] Dies lässt sich nicht generell, sondern nur bezogen auf den jeweiligen Verfahrensgegenstand und das insoweit maßgebliche materielle Recht bestimmen.[69] Für Behörden und Interessenverbände gelten keine abweichenden Maßstäbe, sie sind nicht generell antragsbefugt (vgl. § 59 Abs. 3, und unten Rn. 19).[70] **Bspw.** ist im Rahmen des **§ 2227 BGB** antragsberechtigt jeder Erbe,[71] auch ein Miterbe, der seinen Erbanteil nach § 2033 BGB veräußert oder verpfändet hat, der Nach-

---

[62] *Lent* § 11 II.
[63] Vgl. *Baur*, FGG, § 17 III 2, der die Antragsbefugnis aber dem Rechtsschutzbedürfnis zuordnet.
[64] Vgl. MünchKommBGB/*Zimmermann* § 2227 Rn. 4.
[65] Vgl. BAG AP Nr. 11 zu § 81 BetrVG für die Antragbefugnis im arbeitsgerichtlichen Beschlussverfahren.
[66] *Baur*, FGG, § 17 III 2; *Lent* § 11 I.
[67] Vgl. BGH NJW 1952, 579, 579 f.; 1961, 1717, 1718; weiter *Jansen/v. König/v. Schuckmann* Vor §§ 8–18 FGG Rn. 14.
[68] Vgl. *Zimmermann* FamFG Rn. 24.
[69] Vgl. BGH NJW 1952, 579, 579 f.
[70] AA *Keidel/Kuntze/Winkler/Schmidt* § 12 FGG Rn. 31.
[71] BayObLG FamRZ 2000, 193.

erbe, der Vermächtnisnehmer, der Pflichtteilsberechtigte,[72] der gem. § 2194 BGB Auflageberechtigte, der Mitvollstrecker.[73] Kein Antragsrecht haben dagegen gewöhnliche Nachlassgläubiger,[74] weil diese an der Amtsführung des Testamentsvollstreckers zwar uU ein wirtschaftliches Interesse aber kein unmittelbares rechtliches Interesse haben.[75] Noch weniger kommen die Staatsanwaltschaft, eine Devisenstelle oder sonstige Behörden als Antragsberechtigte in Frage.[76] Antragsbefugt nach **§ 29 BGB** sind alle Vereinsmitglieder, alle Vorstandsmitglieder aber auch alle Gläubiger und die vom Verein Verklagten,[77] weil und soweit sie für ihre eigenen Angelegenheiten auf einen handlungsfähigen Verband angewiesen sind. In Verfahren nach **§ 1828 BGB** (vgl. Vor §§ 23 ff. Rn. 12) ist antragsbefugt der Vormund, nicht aber der Geschäftspartner[78] des zu genehmigenden Geschäfts.

b) Sondervorschriften. Weist der Gesetzgeber die Antragsbefugnis einem bestimmten Personenkreis ausdrücklich zu (vgl. §§ 113 Abs. 3, 1365 Abs. 2, 1369 Abs. 2, 1383 Abs. 1, 1452 Abs. 1, 1600 Abs. 1, 1994 Abs. 1, 2331 a Abs. 2 BGB), ist dieser jeweils antragsbefugt.[79] Regelmäßig bringt der Gesetzgeber hierdurch zum Ausdruck, dass der **Kreis der Antragsberechtigten** entsprechend **beschränkt** werden soll. Der Grundsatz (vgl. Rn. 17) wird verdrängt und gelangt nicht ergänzend zur Anwendung, es sei denn, die Auslegung ergibt, dass der Gesetzgeber durch seine positive Anordnung im Einzelfall keine Beschränkung vornehmen wollte. **18**

Nur soweit gesetzliche Vorschriften dies vorsehen, sind **Behörden** und **Interessenverbände** antragsbefugt (vgl. § 59 Abs. 3).[80] Für **Gerichte** begründet § 22a keine Antragsbefugnis. Sie sind vielmehr bloß zu einer Mitteilung, dh. einer Anregung iSv. § 24 verpflichtet. Dagegen begründet § 48 Abs. 2 PStG in Personenstandsverfahren (vgl. § 51 S. 1 PStG) für das **Standesamt** und die Aufsichtsbehörde eine Antragsbefugnis. Außerdem sind die in § 380 Abs. 1 erwähnten **Institutionen** in den dort benannten **Registersachen** antragsbefugt.[81] Dies ergibt sich daraus, dass § 380 Abs. 2 S. 2 regelt, dass in Registersachen die in § 380 Abs. 1 genannten Institutionen als Beteiligte hinzuzuziehen sind und selbige nach § 380 Abs. 5 zudem beschwerdebefugt sind. Den in § 379 genannten Behörden steht in Registersachen dagegen keine Antragsbefugnis zu. Sie sind auf Anregungen iSv. § 24 beschränkt und nach § 379 Abs. 1 verpflichtet. **19**

c) Mehrheit Antragsbefugter. aa) Einzelantragsbefugnis. Sind im Hinblick auf ein Verfahren mehrere Beteiligte antragsbefugt, können sie im Grundsatz ihre Antragsbefugnis jeweils selbstständig und allein wahrnehmen (zu Ausnahmen vgl. Rn. 22).[82] ZB kann nach § 2357 Abs. 1 S. 2 BGB jeder Miterbe allein die Erteilung eines gemeinschaftlichen Erbscheins beantragen.[83] Stellen mehrere einzelantragsbefugte Beteiligte einen Antrag, werden hierdurch mehrere Verfahren eingeleitet.[84] Dies gilt auch, wenn die einzelnen Anträge äußerlich in einem einzigen inhaltsgleichen Antrag zusammengefasst werden. Behandelt das Gericht die einzelnen Anträge gemeinsam, liegt hierin eine **stillschweigende Zusammenfassung** zur Erörterung, Behandlung und Entscheidung. Zugleich werden die einzelnen Antragsteller hierdurch stillschweigend zu den jeweils anderen Verfahren als Beteiligte nach § 7 Abs. 2 Nr. 1 hinzugezogen. Das Gericht kann die Verfahren aber auch verbinden und hierdurch ein einheitliches Verfahrens begründen (vgl. § 20). **20**

Verfahrensrechtlich stehen die einzelnen Antragsteller mit ihren Anträgen zueinander grds. im Verhältnis **einfacher Verfahrensgenossen**.[85] Eine einheitliche Entscheidung ist zwar faktisch vorgegeben,[86] rechtlich sind aber auch sich widersprechende Entscheidungen zulässig. Ausnahmsweise ist jedoch eine **notwendige Verfahrensgenossenschaft** gegeben, wenn die Entscheidung, insbesondere im Hinblick auf ihre gestaltende Wirkung (zB Entlassung des Testamentsvollstreckers nach § 2227 BGB), aus Rechtsgründen gegenüber allen Beteiligten nur einheitlich wirken kann oder sich die Rechtskraft der in einem Verfahren ergangenen Entscheidung auf andere Beteiligte erstreckt. Die **21**

---

[72] KG NJW-RR 2002, 439; aA AG Berlin-Schöneberg NJWE-FER 1999, 303, 303 f.
[73] MünchKommBGB/*Zimmermann* § 2227 Rn. 5; *Palandt/Edenhofer* § 2227 BGB Rn. 7.
[74] BGH NJW 1961, 1717, 1717 f.; *Palandt/Edenhofer* § 2227 BGB Rn. 8.
[75] MünchKommBGB/*Zimmermann* § 2227 Rn. 7.
[76] MünchKommBGB/*Zimmermann* § 2227 Rn. 6; *Palandt/Edenhofer* § 2227 BGB Rn. 8.
[77] *Jansen/v. König/v. Schuckmann* Vor §§ 8–18 FGG Rn. 14; *Palandt/Ellenberger* § 29 BGB Rn. 4.
[78] Vgl. OLG Rostock NJW-RR 2006, 1229, 1229 f.; *Jacoby* FamRZ 2007, 1703, 1704 f.; *Schulte-Bunert* Rn. 84.
[79] Vgl. *Jansen/v. König/v.Schuckmann* Vor §§ 8–18 FGG Rn. 14.
[80] Weitergehend *Keidel/Kuntze/Winkler/Schmidt* § 12 FGG Rn. 31.
[81] Vgl. BayObLG NJW 1996, 3217, 3217 f.
[82] *Bassenge/Roth* Einleitung FGG Rn. 10; *Jansen/v. König/v. Schuckmann* Vor §§ 8–18 FGG Rn. 14.
[83] *Bassenge/Roth* Einleitung FGG Rn. 10.
[84] *Jansen/v. König/v. Schuckmann* Vor §§ 8–18 Rn. 14; *Schlegelberger* § 12 FGG Rn. 5.
[85] *Brehm* § 7 Rn. 26; *Keidel/Kuntze/Winkler/Schmidt* § 12 FGG Rn. 33.
[86] Vgl. *Keidel/Kuntze/Winkler/Schmidt* § 12 FGG Rn. 33.

Wirkungen der notwendigen Verfahrensgenossenschaft erschöpfen sich nach hM im Erfordernis einer einheitlichen Entscheidung; § 62 ZPO findet keine entsprechende Anwendung.[87]

22 **bb) Gemeinschaftliche Antragsbefugnis.** Vereinzelt, insbesondere im Bereich von Innenrechtsstreitigkeiten einer Personenmehrheit, weist das Gesetz die Antragsbefugnis nicht einem Einzelnen, sondern einer Mehrheit **gemeinschaftlich** zu (zB § 37 Abs. 2 BGB, §§ 142 Abs. 2, 147 Abs. 2, 258 Abs. 2, 260 Abs. 1, 265 Abs. 3 AktG).[88] Einzelnen Antragstellern fehlt in diesen Fällen die Antragsbefugnis; ihr Antrag ist unzulässig,[89] aber nicht bedeutungslos (vgl. Rn. 16). Nur in der gesetzlich vorgesehenen Verbindung sind die Beteiligten antragsbefugt. Nicht erforderlich ist, dass der Antrag bereits anfänglich gemeinschaftlich gestellt wird. Vielmehr ist ausreichend, dass sich weitere Antragsteller einem von einer unzureichenden Personenmehrheit gestellten Antrag anschließen. Umgekehrt wird ein Antrag unzulässig, wenn ein notwendiger Antragsteller seinen Antrag zurücknimmt.[90] Über den im Ergebnis gemeinschaftlichen Antrag ist einheitlich zu entscheiden **(notwendige Verfahrensgenossen).** Eine Abtrennung einzelner Beteiligter und ihrer Anträge ist unzulässig.

23 **3. Erlöschen der Antragsbefugnis.** Die Antragsbefugnis eines Beteiligten ist nicht notwendig eine dauerhafte Eigenschaft. Nach Maßgabe des einschlägigen Rechts kann sie entstehen oder erlöschen. Zu ihrem Erlöschen führt zunächst ein wirksamer **Verzicht** auf die Antragsbefugnis. Er kommt nur insoweit in Betracht, als der Antragsteller dispositionsbefugt ist.[91] Eine **Verwirkung** der Antragsbefugnis kommt nur ausnahmsweise in Betracht.[92] Soweit diese wie im Regelfall aus einer materiell-rechtlichen Position erwächst, kann sie nicht isoliert, sondern nur als Teil des materiellen Rechts verwirkt werden.[93] Ist ausnahmsweise die Verwirkung der materiell-rechtlichen Positionen ausgeschlossen (str. für Grundstücksrechte),[94] gilt dies auch für das Antragsrecht. Soweit die Antragsbefugnis losgelöst von einem eigenen materiellen Recht besteht, ist ihre Verwirkung nicht ausgeschlossen,[95] weil das Gesetz selbst sie teilweise bloßen zeitlichen Grenzen unterwirft (vgl. § 1981 Abs. 2 S. 2 BGB, §§ 132 Abs. 2 S. 2, 258 Abs. 2 S. 1, 260 Abs. 1 S. 1 AktG).[96] Regelmäßig wird ein isoliertes Antragsrecht jedoch im öffentlichen Interesse statuiert und kann deshalb im Hinblick auf das Gewicht der betroffenen öffentlichen Interessen allenfalls in Extremfällen verwirkt werden.

24 Die Antragsbefugnis ist eine von Amts wegen zu prüfende Sachentscheidungsvoraussetzung, welche bis zum Abschluss des Verfahrens bestehen muss.[97] Die Regelung des § 2 Abs. 2[98] findet insoweit keine entsprechende Anwendung. **Erlischt die Antragsbefugnis** nach Antragstellung, wird ein ursprünglich ggf. zulässiger **Antrag unzulässig,**[99] soweit nicht im Einzelfall die Fortführung des Verfahrens in Verfahrensstandschaft (vgl. Rn. 25) in Betracht kommt.

25 **4. Verfahrensstandschaft. a) Allgemeines.** Antragsberechtigt ist im Grundsatz derjenige, der durch das Verfahren unmittelbar in eigenen Rechten betroffen werden kann (vgl. Rn. 17). Stellt ein Antragsteller im eigenen Namen einen Antrag, obwohl er nicht unmittelbar in eigenen Rechten betroffen wird, um fremde Interessen, welche unmittelbar durch das Verfahren berührt werden, wahrzunehmen, handelt er als Verfahrensstandschafter. Ist dies ausnahmsweise zulässig, ist sein anstelle des materiell Betroffenen gestellter Antrag zulässig und sachlich zu bescheiden. Anderenfalls verbleibt es bei der Unzulässigkeit infolge fehlender Antragsbefugnis. Die Zulässigkeit der Verfahrensstandschaft ist somit wie die Antragsbefugnis **Sachentscheidungsvoraussetzung.** Sie kann gesetzlich (vgl. Rn. 26) oder gewillkürt (vgl. Rn. 27) begründet werden.

26 **b) Gesetzliche.** Eine zulässige Verfahrensstandschaft kann gesetzlich vorgesehen sein. Dies ist der Fall, wenn das Gesetz einem Beteiligten ein isoliertes Antragsrecht zubilligt, um fremde bzw. öffentliche Interessen wahrzunehmen. So nehmen zwar die nach § 380 antragsbefugten Institutionen ein eigenes Antragsrecht wahr. Dies erfolgt jedoch nicht auf Grund eigener materieller Interessen, sondern vielmehr als Sachwalter der Allgemeinheit. Als gesetzliche Verfahrensstandschafter werden

---

[87] BGH NJW 1980, 1960, 1961; 1982, 224, 225; *Keidel/Kuntze/Winkler/Schmidt* § 12 FGG Rn. 34.
[88] Vgl. *Bassenge/Roth* Einleitung Rn. 10; *Jansen/v. König/v. Schuckmann* Vor §§ 8–18 FGG Rn. 14.
[89] *Jansen/v. König/v. Schuckmann* Vor §§ 8–18 FGG Rn. 14.
[90] KG JW 1932, 1389, 1390; *Jansen/v. König/v. Schuckmann* Vor §§ 8–18 FGG Rn. 19; aA *Schlegelberger* § 12 FGG Rn. 5.
[91] *Bassenge/Roth* Einleitung Rn. 11; *Jansen/v. König/v. Schuckmann* Vor §§ 8–18 FGG Rn. 15.
[92] Vgl. *Bassenge/Roth* Einleitung Rn. 11.
[93] BGH NJW-RR 1990, 886, 887; vgl. auch *Jansen/v. König/v. Schuckmann* Vor §§ 8–18 FGG Rn. 15.
[94] Vgl. BGH DNotZ 1993, 738: Verwirkung möglich.
[95] AA *Jansen/v. König/v. Schuckmann* Vor §§ 8–18 FGG Rn. 15.
[96] Vgl. *Zimmermann* FamFG Rn. 67.
[97] Vgl. BAG AP Nr. 6 zu § 118 BetrVG 1972; AP Nr. 7 zu § 19 BetrVG 1972.
[98] Vgl. hierzu *Brehm* FPR 2006, 401, 402; *Zimmermann* FamFG Rn. 10.
[99] Vgl. *Bassenge/Roth* Einleitung FGG Rn. 9.

außerdem die Beteiligten kraft Amtes tätig, zB Insolvenzverwalter, Testamentsvollstrecker, Nachlassverwalter, Zwangsverwalter.[100] Auch sie können im Rahmen ihres Amtes auf eine fremde Antragsbefugnis zurückgreifen und diese im eigenen Namen wahrnehmen. Außerdem finden die §§ 265, 266 ZPO nach allgM **in Streitsachen** entsprechende Anwendung.[101] Im Falle der Veräußerung der streitbefangenen Sache kann das Verfahren unter den in §§ 265, 266 ZPO genannten Voraussetzungen mit den ursprünglichen Beteiligten fortgesetzt werden.[102]

c) Gewillkürte. Im Zivilprozess ist die Wahrnehmung fremder Rechte im eigenen Namen als gewillkürte Prozessstandschaft zulässig, wenn der Prozessführer vom Rechtsinhaber zur Prozessführung **ermächtigt** wurde (vgl. § 185 BGB), der Prozessführer ein **eigenes rechtliches Interesse** an der Prozessführung besitzt und der Gegner nicht unbillig belastet wird.[103] Diese Grundsätze können auf die Verfahren nach dem FamFG übertragen werden.[104] Auch hier kann ein Bedürfnis an einer gewillkürten Verfahrensstandschaft bestehen. Es wird nicht dadurch ausgeschlossen, dass die Antragsbefugnis ohnehin jedem zusteht, der ein eigenes rechtliches Interesse verfolgt und sich die Voraussetzungen der Antragsbefugnis und der gewillkürten Verfahrensstandschaft somit überschneiden. Soweit Sondervorschriften den Kreis der Antragsberechtigten enger als der Grundsatz und abschließend regeln (vgl. Rn. 18), ist dies offensichtlich. Aber auch im Übrigen setzt die Antragsbefugnis voraus, dass der Antragsteller durch die begehrte Entscheidung unmittelbar rechtlich betroffen wird. Für eine gewillkürte Verfahrensstandschaft genügt dagegen ein mittelbares rechtliches Interesse. In einem Verfahren, das die Genehmigung eines Rechtsgeschäfts zum Gegenstand hat, ist der Geschäftspartner zB nicht antragsbefugt, weil er nur mittelbar rechtlich betroffen wird (vgl. Rn. 17). Dies ist allerdings für die Annahme eines berechtigten Interesses zur Verfahrensstandschaft ausreichend. Für **Streitsachen** entspricht die Anwendung der zivilprozessualen Grundsätze allgM.[105] Aber auch für die **übrigen FamFG-Angelegenheiten** bestehen keine Bedenken, welche nicht durch die benannten Voraussetzungen einer gewillkürten Verfahrensstandschaft ausgeräumt werden.[106] Insbesondere kann der Verfahrensstandschafter nur ermächtigt werden, soweit der Ermächtigende dispositionsbefugt ist; in höchstpersönlichen Angelegenheiten ist dies zB nicht der Fall.

IV. Inhalt des Antrags (Abs. 1 S. 1, 2)

1. Mussinhalt. a) Überblick. Eine ausdrückliche Regelung über den zwingenden Mindestinhalt der Antragsschrift ist § 23 nicht zu entnehmen.[107] Vielmehr enthalten S. 2, 3 nur Aussagen über den gewünschten Sollinhalt (vgl. Rn. 33 ff.). Allerdings lassen sich aus dem Antragsprinzip sowie Sinn und Zweck des Antrags bestimmte zwingende Mindestanforderungen ableiten, ohne deren Beachtung der Antrag unzulässig ist, weil er keine ausreichende Grundlage für eine **Verfahrenseinleitung** ist. Die Funktion des verfahrenseinleitenden Antrags liegt darin, dass der Antragsteller dem Gericht einen bestimmten Verfahrensgegenstand zur Entscheidung überantwortet. Hierdurch wird ein Verfahrensrechtsverhältnis vor einem bestimmten Gericht über einen bestimmten Gegenstand begründet, dessen Beteiligter der Antragsteller ist.[108] Dies wird unter Geltung des Antragsprinzips besonders deutlich, weil das angerufene Gericht nur über einen ihm überantworteten Gegenstand entscheiden darf (vgl. Vor §§ 23 ff. Rn. 13). Aus der vorstehend skizzierten Funktion ergibt sich, dass der Antrag zwingend das **angerufene Gericht,** den **Antragsteller** und den **Verfahrensgegenstand** bezeichnen und zum Ausdruck bringen muss, dass ein gerichtliches Tätigwerden begehrt wird.[109] Insoweit bringen § 253 Abs. 2 ZPO und § 82 Abs. 1 S. 1 VwGO einen für die Verfahrensbegründung durch Dispositionsakt allgemein gültigen Rechtssatz zum Ausdruck. Soweit beide Vorschriften darüber hinaus auch die Bezeichnung des (Klage-)Gegners zum Mindestinhalt der Klageschrift erheben, hängt dies mit der Bestimmung des Verfahrensgegenstands zusammen. Da im streitigen Zivil- oder Verwaltungsprozess um subjektive Rechte der Parteien gestritten wird, ist der Beklagte konstituierendes Element des Verfahrensrechtsverhältnisses. Durch seine Bezeichnung wird angegeben, gegenüber welcher Partei Rechtsschutz beansprucht wird. Ein derartiges Bedürfnis besteht im FamFG-Verfahren

---

[100] *Keidel/Kuntze/Winkler/Schmidt* § 12 FGG Rn. 35.
[101] BGH FGPrax 2001, 231, 232; OLG Hamm NJW-RR 1991, 20, 21; *Keidel/Kuntze/Winkler/Schmidt* § 12 FGG Rn. 35.
[102] *Keidel/Kuntze/Winkler/Schmidt* § 12 FGG Rn. 35.
[103] BGH NJW 1979, 924, 925; 1989, 1932, 1933; 1994, 2549; *Rosenberg/Schwab/Gottwald* § 46 Rn. 33 ff.
[104] *Keidel/Kuntze/Winkler/Schmidt* § 12 FGG Rn. 36.
[105] Vgl. BGH NJW 1960, 2093, 2094; 1988, 1910; *Keidel/Kuntze/Winkler/Schmidt* § 12 FGG Rn. 36.
[106] *Keidel/Kuntze/Winkler/Schmidt* § 12 FGG Rn. 36.
[107] Vgl. *Zimmermann* FamFG Rn. 70.
[108] Vgl. oben § 253 ZPO Rn. 45.
[109] *Keidel/Kuntze/Winkler/Schmidt* § 12 FGG Rn. 12.

nicht durchgängig. Vielmehr ist Gegenstand eines Verfahrens vielfach die fürsorgende Tätigkeit des Gerichts, ohne dass das Verfahren gegen einen bestimmten Beteiligten geführt wird. Dementsprechend muss insoweit ein **Antragsgegner** nicht bezeichnet werden. Soweit jedoch in Streitverfahren die Person des Gegners konstituierendes Merkmal des Verfahrensgegenstands ist, muss die Antragsschrift auch erkennen lassen, gegen wen ein Recht geltend gemacht wird.

29 **b) Bezeichnung des Gerichts.** Erforderlich ist die Bezeichnung des Gerichts als **organisatorische Einheit und Ort** (zB Amtsgericht Leipzig, Landgericht Leipzig, Oberlandesgericht Dresden). Außerdem muss deutlich gemacht werden, dass das Gericht als Organ eines FamFG-Verfahrens und nicht als streitiges Zivilgericht tätig werden soll (zB Familiengericht, Betreuungsgericht, Nachlassgericht). Erfolgt insoweit keine Angabe, wird das angegangene Gericht im Zweifel als streitiges Zivilgericht tätig. Der funktionell oder geschäftsverteilungsplanmäßig zuständige Spruchkörper (zB Rechtspfleger, Abteilung, Kammer) muss nicht angegeben werden. Erfolgt insoweit eine Angabe, ist diese nicht bindend.

30 **c) Bezeichnung des Antragstellers.** Der Antragsteller muss durch die Antragsschrift **individualisiert** werden.[110] Er muss so klar bezeichnet werden, dass keine Zweifel an seiner Identität und seiner Stellung als Antragsteller aufkommen.[111] Dies erfolgt regelmäßig durch **namentliche Benennung** sowie ggf. zur weiteren Konkretisierung der Angabe von Stand, Gewerbe oder Wohnort, Anschrift (vgl. § 130 Nr. 1 ZPO). Aus § 130 Nr. 1 ZPO lassen sich keine Pflichtangaben ableiten, sondern nur Hinweise, wie eine Individualisierung erfolgen kann. Dem Antragsteller ist es daher freigestellt, Klarheit auf andere Art und Weise herzustellen.

31 **d) Bezeichnung des Verfahrensgegenstands.** Außerdem muss sich dem Verfahrensantrag entnehmen lassen, was Gegenstand des Verfahrens sein soll, dh. welches Ziel der Antragsteller verfolgt.[112] Der Verfahrensgegenstand muss so konkret bezeichnet werden, dass an seinem Inhalt keine Zweifel bestehen. Hieran sind keine überzogenen Anforderungen zu stellen (ausreichend sind „wenige Sätze").[113] Die Schilderungen des Antragstellers sind umfassend auszulegen. In Abhängigkeit vom materiellen Recht sind **im Einzelfall** diejenigen Angaben hinsichtlich Verfahrensziel und Lebenssachverhalt erforderlich, anhand derer der **Verfahrensgegenstand von anderen Verfahrensgegenständen abgegrenzt** werden kann (vgl. Vor §§ 23 ff. Rn. 29 ff.). Ist Gegenstand des Verfahrens das Begehren nach einem gerichtlichen Zeugnis (zB Erbschein), muss angegeben werden, was gerichtlich bezeugt werden soll. Soweit das Gericht fürsorgend eine Gefahr abwehren soll, müssen gefährdetes Rechtsgut und die Art der Gefährdung erkennbar werden. Wird in Streitsachen ein gegen einen anderen Rechtsträger gerichtetes subjektives Recht (Anspruch) verfolgt, müssen der Inhalt des Rechts und entsprechend der für die Individualisierung der Person des Antragstellers geltenden Anforderungen der Antragsgegner individualisiert werden. ZB muss im Rahmen eines Antrags nach § 1383 BGB der zu verteilende Gegenstand benannt werden (vgl. § 1383 Abs. 2 BGB). Soll das Gericht ein Rechtsverhältnis regeln, muss das zu regelnde Rechtsverhältnis nach Beteiligten und Inhalt konkretisiert werden. Danach muss bspw. im Rahmen eines Antrags nach §§ 1382, 2331a BGB die zu stundende Forderung erkennbar werden.

32 **e) Sondervorschriften.** Soweit Sondervorschriften für bestimmte Anträge einen weitergehenden Inhalt zwingend vorschreiben, genießen sie Vorrang vor § 23.[114] Für den Antrag auf Erteilung eines **Erbscheins** schreibt § 2354 Abs. 1 BGB zusätzliche Pflichtangaben vor, welche der ordnungsgemäßen Prüfung durch das Gericht (vgl. § 2354 Abs. 1 Nr. 2 und 4 BGB) und der Berücksichtigung der Anhörungsrechte Dritter (vgl. § 2354 Abs. 1 Nr. 3 und 5 BGB) dienen sowie hierdurch die Richtigkeit des Rechtsscheinsträgers sichern sollen. Über § 23 geht auch § 8 GmbHG hinaus, der für die **Anmeldung** einer GmbH zum **Handelsregister** einen konkreten Mindestinhalt vorschreibt.

33 **2. Sollinhalt (S. 1, 2). a) Überblick.** Vergleichbar mit § 82 Abs. 1 S. 2, 3 VwGO regelt § 23 Abs. 1 S. 1, 2 den Sollinhalt der Antragsschrift. Das Fehlen der dort genannten Angaben, soweit sie nicht nach vorstehenden Grundsätzen zwingender Inhalt sind (vgl. Rn. 28 ff.), macht den Antrag **weder fehlerhaft noch unzulässig.**[115] Vielmehr soll die Wahrung der Vorgaben des Abs. 1 lediglich eine schnelle und effiziente Verfahrensführung sowie die effektive Gewährung rechtlichen Gehörs für alle Betroffenen sicherstellen. Es besteht danach eine Verwandtschaft zu den Mitwirkungs-

---

[110] *Keidel/Kuntze/Winkler/Schmidt* § 12 FGG Rn. 21.
[111] Vgl. oben § 253 ZPO Rn. 50.
[112] Amtl. Begr. zum FamFG (BT-Drucks. 16/6308) S. 185; *Keidel/Kuntze/Winkler/Schmidt* § 12 FGG Rn. 21.
[113] Amtl. Begr. zum FamFG (BT-Drucks. 16/6308) S. 185.
[114] *Schulte-Bunert* Rn. 141; *Zimmermann* FamFG Rn. 70.
[115] *Schulte-Bunert* Rn. 141.

lasten bei der Beschaffung der tatsächlichen Entscheidungsgrundlagen (vgl. § 27 Rn. 3 ff.).[116] Vereinzelt sind hinsichtlich des Sollinhalts der Antragsschrift ggf. über § 23 hinausgehende Sondervorschriften zu beachten (vgl. § 203 Abs. 2, 3).

b) Begründung (S. 1). Zum Sollinhalt gehört zunächst eine Begründung. In deren Rahmen soll 34 der Antragsteller insbesondere die zur Rechtfertigung seines Antrags dienenden **Tatsachen und Beweismittel** angeben. Dabei muss er sich vollständig und der Wahrheit gemäß erklären (vgl. § 27 Abs. 2). Außerdem sollen ggf. die rechtlichen Erwägungen mitgeteilt werden, die in Verbindung mit dem vorgetragenen Sachverhalt das Begehren tragen. Die Begründung dient der Konzentration des Verfahrens, indem frühzeitig die entscheidungserheblichen Gesichtspunkte in tatsächlicher und rechtlicher Hinsicht erkennbar werden.[117] Die Antragsbegründung muss nicht schlüssig sein. Andererseits dient es der Selbstkontrolle des Antragstellers, wenn er einen schlüssig begründeten Antrag einreicht. Von der Sollbegründung iSv. Abs. 1 S. 1 ist die zum Mussinhalt zählende Kennzeichnung des Verfahrensgegenstands (vgl. Rn. 31) streng zu unterscheiden. Beide erfüllen unterschiedliche Aufgaben, aus denen sich unterschiedliche Anforderungen ergeben. Im Regelfall genügen für die **Individualisierung** des Verfahrensgegenstands geringere Angaben als für die schlüssige Rechtfertigung des Antrags.

c) Beteiligte (S. 2). Darüber hinaus sollen die Personen benannt werden, die als Beteiligte in 35 Betracht kommen. Soweit der Antragsgegner bereits zur Individualisierung des Verfahrensgegenstands benannt werden muss (vgl. Rn. 31) oder das Gesetz die Bezeichnung weiterer Beteiligter ausdrücklich vorschreibt (vgl. § 2354 Abs. 1 Nr. 3 BGB), gehört deren Bezeichnung zum Mussinhalt der Antragsschrift. Im Übrigen dient die Angabe potentieller Beteiligter der **effizienten Verfahrensführung.** Der Antragsteller kennt den maßgeblichen Lebenssachverhalt regelmäßig besser als das angerufene Gericht. Für ihn lässt sich daher einfacher ersehen, wessen Rechte durch das gerichtliche Verfahren tangiert werden können (vgl. § 7 Abs. 2). Seine Angaben, welche entsprechend der Bezeichnung des Antragstellers (vgl. Rn. 30) erfolgen sollen, erleichtern dem Gericht die Prüfung, wer tatsächlich Beteiligter ist und wem der Antrag nach Abs. 2 zu übermitteln ist (vgl. Rn. 44 ff.).

V. Form des Antrags (Abs. 1 S. 3, 4)

1. Schriftform (S. 4). Nach S. 4 soll der Antrag vom Antragsteller oder seinem Bevollmächtigten 36 unterschrieben werden. Hieraus lässt sich ableiten, dass die Antragstellung – vorbehaltlich ihrer Erklärung zur Niederschrift der Geschäftsstelle (vgl. § 25 Rn. 11 ff.) oder in elektronischer Form (vgl. § 14 Rn. 14 ff.) – schriftlich erfolgen **muss**. Der Antrag muss nach § 184 GVG grds. (vgl. die Ausnahme nach § 184 S. 2 GVG) in deutscher Sprache abgefasst werden. Insgesamt ist danach im Regelfall erforderlich, dass dem Gericht eine **verkörperte textliche Erklärung** in deutscher Sprache zugeht, welche den Mussinhalt zumindest im Wege der Auslegung wiedergibt. Eine Antragstellung per E-Mail ist hierfür ebenso wenig ausreichend wie eine telefonische Antragstellung, soweit die Geschäftsstelle derartige Erklärungen nicht zum Anlass nimmt, einen schriftlichen Vermerk zu fertigen (zB eine E-Mail oder ihren Anhang auszudrucken).[118] Elektronisch oder mündlich kann die Antragstellung im Übrigen nur nach den hierfür bestehenden abschließenden Sondervorschriften (vgl. § 14 Rn. 14 ff. und § 25 Rn. 11 ff.) erfolgen.[119]

Dass der Antrag vom Antragsteller oder seinem Bevollmächtigten **unterschrieben** wurde, ist 37 **keine zwingende Voraussetzung.**[120] Ein nicht unterschriebener Antrag ist nicht wirkungslos oder unzulässig. Ausreichend aber auch erforderlich ist, dass der Antrag als ernsthafte Einleitung des Verfahrens und nicht als bloßer Entwurf zu verstehen ist. Bestehende Zweifel muss das Gericht durch Rückfragen beim Antragsteller ausräumen. Da weder eine Unterschrift noch gar deren Original vorgeschrieben ist, kann der Antrag per **Telefax** oder **Computerfax** gestellt werden; Zweifel an seiner Ernsthaftigkeit begründet dies regelmäßig nicht.

2. Anlagen (S. 3). Nach Abs. 1 S. 3 sollen Urkunden, auf welche die Antragsschrift Bezug 38 nimmt, in Urschrift oder Abschrift beigefügt werden. **In Bezug** genommen wird eine Urkunde, wenn sie vom Antragsteller im Rahmen der Formulierung seines Begehrens zur Beschreibung oder Kennzeichnung verwendet oder im Rahmen der Antragsbegründung zur Rechtfertigung des Antrags herangezogen wird. Es handelt sich bei Abs. 1 S. 3 um ein bloßes **Sollerfordernis,** dessen Nicht-

---

[116] Vgl. *Schulte-Bunert* Rn. 141.
[117] Amtl. Begr. zum FamFG (BT-Drucks. 16/6308) S. 185 f.
[118] BGH NJW 2008, 2649, 2650 f.; *Zimmermann* FamFG Rn. 71.
[119] BGH NJW 2009, 357, 357 f.; *Zimmermann* FamFG Rn. 71.
[120] AA tendenziell Amtl. Begr. zum FamFG (BT-Drucks. 16/6308) S. 186; aA auch *Bumiller/Harders* § 23 Rn. 14.

beachtung keine Auswirkung auf die Zulässigkeit des Antrags hat. Erst im Rahmen der Ermittlung der tatsächlichen Entscheidungsgrundlagen kann das Gericht ggf. die Vorlage von Urkunden einfordern (vgl. § 30 Rn. 27). Ausnahmsweise ist die Vorlage einer Urkunde zwingende Voraussetzung der Antragsschrift, wenn auf sie zur Individualisierung des Verfahrensgegenstands verwiesen wird. Da die Individualisierung notwendige Voraussetzung der Antragsschrift ist, muss eine zu diesem Zweck in Bezug genommene Urkunde durch Vorlage zum Gegenstand der Antragsschrift gemacht werden.

39 Beigefügt werden soll die Urschrift **(Original der Urkunde).** Dies ermöglicht dem Gericht, im Zweifelsfall die Echtheit und Form der Urkunde zu prüfen[121] und erlangt Bedeutung vor allem im Zusammenhang mit formgebundenen Erklärungen wie dem Testament. Hilfsweise sieht das Gesetz die Vorlage einer Abschrift vor. Dies ermöglicht dem Gericht zumindest, Kenntnis vom vollständigen Inhalt der Urkunde zu nehmen und diesen bei der Leitung des Verfahrens zu berücksichtigen. Überdies wird den übrigen Beteiligten die Möglichkeit eingeräumt, im Rahmen der Gewährung rechtlichen Gehörs zum Inhalt der Urkunde, ihrer Echtheit und Form Stellung zu nehmen und hierdurch die weitere Ermittlung durch das Gericht zu beeinflussen. Sowohl in Bezug auf Urschrift als auch Abschrift soll grds. die vollständige Urkunde beigefügt werden. Nur dies ermöglicht dem Gericht, seine Ermittlungspflicht im Hinblick auf den Inhalt der Urkunde auszuschöpfen. Ist nur ein Teil einer Urkunde für das Verfahren relevant, wird dem Sollerfordernis in entsprechender Anwendung des § 131 Abs. 2 ZPO durch Beifügung eines Auszugs genügt. Dieser Auszug soll den Eingang, die verfahrensrelevante Stelle, den Schluss, das Datum und die Unterschriften der Urkunde umfassen. Soweit die Vorlage nicht verpflichtend ist, steht es dem Antragsteller gleichwohl frei, auch hinter diesen Vorgaben zurückzubleiben und nur Auszüge einer Urkunde vorzulegen.

40 Nach § 11 ist die **Vollmacht im Original** schriftlich zu den Gerichtsakten einzureichen. Da sie nachgereicht werden kann, ist sie kein zwingender Bestandteil des verfahrenseinleitenden Antrags. Um frühzeitig Klarheit über die Vertretungsberechtigung zu schaffen, soll der Verfahrensbevollmächtigte des Antragstellers dieser Anforderung bereits bei Einreichung der Antragsschrift Rechnung tragen. Abweichend von § 133 Abs. 1 S. 1 ZPO sieht § 23 weder für den Antrag noch für beigefügte Anlagen vor, dass eine ausreichende Anzahl an **Abschriften** einzureichen ist. Dies ist sowohl Ausdruck der gesteigerten gerichtlichen Fürsorge als auch dem Umstand geschuldet, dass sich bei Verfahrenseinleitung die Anzahl der Beteiligten nicht so eindeutig wie im Zivilprozess bestimmen lässt.[122]

VI. Wirkungen und Fehler

41 **1. Wirkungen der Antragstellung.** Der Eingang eines Antrags bringt die gerichtliche Tätigkeit in Gang. Das Gericht muss zunächst prüfen, ob es sich um einen wirksamen Antrag handelt. Ist dies der Fall, mag der Antrag auch fehlerhaft oder unzulässig sein, begründet er ein Verfahrensrechtsverhältnis. Das Gericht wird im Zeitpunkt des Eingangs mit dem ihm überantworteten Verfahrensgegenstand befasst **(Befasstheit)**, was dem Eintritt der Rechtshängigkeit im Zivilprozess entspricht. Dies gilt selbstverständlich nur, soweit der Antrag einen Verfahrensgegenstand ausreichend individualisiert. Das Gericht muss den Antrag den übrigen **Beteiligten,** soweit diese im Rahmen der Amtsermittlungspflicht ermittelt werden können, **bekannt geben** (vgl. Rn. 44 ff.). Außerdem wird für das Gericht die Pflicht begründet, den **Antrag** im Rahmen eines Verfahrens zu behandeln und ihn zu **bescheiden.** Diese Wirkungen treten in Amts- und Antragsverfahren gleichermaßen ein (vgl. Rn. 8 ff.). In Verfahren, die nur auf Antrag eingeleitet werden, begründet die Antragstellung zudem die **Befugnis zur Beschwerde** gegen eine Antragsablehnung (vgl. § 59 Abs. 2). Darüber hinaus zeitigt die Antragstellung kostenrechtliche Wirkungen, weil sie grds. die **Kostenschuldnerschaft** gegenüber der Gerichtskasse begründet (vgl. § 21 Abs. 1 FamGKG, § 2 Nr. 1 KostO).

42 **2. Verstoß gegen Sollvorschriften.** Der Verstoß gegen die in § 23 Abs. 1 normierten Sollvorschriften macht den Antrag weder fehlerhaft noch unzulässig oder gar unwirksam. Ein die Sollvorschriften nicht wahrender Antrag leitet daher das Verfahren ein, begründet mit seinem Eingang die Befasstheit des Gericht und dessen Pflicht zur Verfahrensführung und Entscheidung. Außerdem ist ein solcher Antrag den übrigen Beteiligten zu übermitteln (vgl. Rn. 44 ff.). Im weiteren Verfahren kann und muss das Gericht über Hinweise (vgl. § 28) die **Mitwirkungslast der Beteiligten** (vgl. § 27), insbesondere des Antragstellers, aktivieren, um ergänzend zu seiner Ermittlungspflicht (vgl. § 26) die Tatsachen zu erhellen, welche zur Bestimmung der übrigen Beteiligten und der Entscheidung über den Antrag erforderlich sind. Es wird außerdem darauf hinwirken, dass der Antragsteller sachdienliche Anträge stellt (vgl. § 28 Abs. 2).

---

[121] Vgl. BGH NJW 1980, 1047, 1048.
[122] Vgl. Amtl. Begr. zum FamFG (BT-Drucks. 16/6308) S. 186.

3. Verstoß gegen Mussvorschriften. Auch ein unter Verletzung von Mussvorschriften eingegangener Antrag ist in der Regel nicht gänzlich unbeachtlich. Vielmehr löst auch er eine gerichtliche Tätigkeit aus, die zunächst darin besteht, zu prüfen und ggf. beim Antragsteller nachzufragen, ob es sich um einen **ernsthaften Antrag** oder einen rechtlich unbeachtlichen Entwurf oder eine Scherzerklärung handelt. Liegt kein bestimmender Antrag vor, endet hiermit die gerichtliche Tätigkeit. Ergibt die Prüfung des Gerichts jedoch, dass ein ernsthafter Antrag vorliegt, begründet dieser – im Rahmen seiner Fehlerhaftigkeit – ein Verfahrensrechtsverhältnis. Soweit möglich ist auch ein fehlerhafter Antrag den übrigen Beteiligten bekannt zu geben (vgl. Rn. 44 ff.). Darüber hinaus hat das Gericht nach § 28 Abs. 2 darauf hinzuwirken, dass der Antragsteller die **Fehler seiner Antragsschrift beseitigt,** zB einen bislang nicht individualisierten Verfahrensgegenstand bestimmt. Folgt der Antragsteller den Hinweisen des Gerichts und heilt hierdurch seinen Antrag, wirkt die Heilung grds. auf den Zeitpunkt des Antragseingangs zurück.[123] Kommt der Antragsteller den Hinweisen des Gerichts dagegen nicht nach und genügt der Antrag auch weiterhin nicht den gesetzlichen Mindestanforderungen, ist er als **unzulässig abzuweisen.** 43

VII. Gerichtliche Übermittlung des Antrags (Abs. 2)

1. Allgemeines. Nach Abs. 2 soll das Gericht den Antrag an die übrigen Beteiligten übermitteln. Dies ist in mehrfacher Hinsicht von Bedeutung. Die Übermittlung dient einerseits dazu, den übrigen Beteiligten **rechtliches Gehör** zu gewähren, indem man sie über die Einleitung des Verfahrens unterrichtet.[124] Insoweit korrespondiert Abs. 2 mit § 7 Abs. 4, der ebenfalls anordnet, dass die auf ihren Antrag zum Verfahren hinzuzuziehenden Beteiligten von der Einleitung des Verfahrens zu benachrichtigen und über ihr Antragsrecht zu belehren sind (vgl. § 7 Rn. 23 ff.). Außerdem werden die Adressaten der Übermittlung durch diese tatsächlich am Verfahren beteiligt. Das Verfahrensrechtsverhältnis wird auf sie erstreckt, sie werden hierdurch vom Gericht nach § 7 Abs. 2 zum Verfahren hinzugezogen und erlangen ihre **formelle Beteiligtenstellung.**[125] Hieran können materiell-rechtliche Wirkungen anknüpfen (vgl. Rn. 49). 44

Ausweislich seines Wortlauts („soll") begründet Abs. 2 keine unbeschränkte Verpflichtung des Gerichts, die Antragsschrift an die übrigen Beteiligten zu übermitteln. Der Gesetzgeber bringt allerdings zum Ausdruck, dass die **Übermittlung der Regelfall** ist.[126] Dementsprechend geht die hM im Anschluss an die Gesetzesbegründung davon aus, dass nur ausnahmsweise von einer Übermittlung abgesehen werden kann, zB bei offensichtlich unzulässigen oder unbegründeten Anträgen.[127] Tragend hierfür ist, dass die Übermittlungspflicht der **Gewährung rechtlichen Gehörs** (Art. 103 Abs. 1 GG) dient.[128] Soweit offensichtlich unzulässige oder unbegründete Anträge die Rechtssphäre anderer Beteiligter nicht berühren können, zwingt Art. 103 Abs. 1 GG nicht zur Übermittlung. Eine auf das rechtliche Gehör beschränkte Sichtweise lässt allerdings unberücksichtigt, dass die Antragstellung im Einzelfall dazu dienen kann, materiell-rechtliche Rechtsfolgen auszulösen, welche ihrerseits an die Übermittlung des Antrags anknüpfen (vgl. Rn. 49). Soweit diese Rechtsfolgen auch von der Übermittlung eines unzulässigen oder unbegründeten Antrags ausgehen und der Antragsteller zur Herbeiführung dieser Rechtsfolgen auf die Inanspruchnahme des Gerichts angewiesen ist, ergibt sich aus dem **Justizgewähranspruch**[129] eine Verpflichtung des Gerichts zur Übermittlung (vgl. auch den Rechtsgedanken des § 167 ZPO). Danach muss im Einzelfall auch ein offensichtlich unzulässiger oder unbegründeter Antrag übermittelt werden. Aber auch soweit weder Art. 103 Abs. 1 GG noch der Justizgewähranspruch eine Übermittlung bedingen, müssen alle Beteiligten zumindest formlos von der Einleitung des Verfahrens (wirksame Antragstellung, vgl. Rn. 5) unterrichtet werden. Dies gebietet ihre Stellung als Verfahrenssubjekte. Außerdem würde anderenfalls ein Widerspruch zu § 7 Abs. 4 entstehen, weil nicht ersichtlich ist, dass die durch das Gericht von Amts wegen hinzuzuziehenden Beteiligten hinsichtlich der Information über die Einleitung eines Verfahrens gegenüber den nur auf Antrag hinzuzuziehenden Beteiligten, für welche § 7 Abs. 4 gilt, benachteiligt werden sollen.[130] Da die gerichtliche Pflicht nach § 7 Abs. 4 ohne Ausnahme auch für erfolgsaussichtslos eingeleitete Verfahren besteht, muss Entsprechendes für alle Beteiligten gelten. Begrenzt wird die Pflicht lediglich durch den Kenntnisstand des Gerichts (vgl. § 7 Abs. 4 S. 1 aE). 45

---

[123] Vgl. oben § 253 ZPO Rn. 181, 183.
[124] Amtl. Begr. zum FamFG (BT-Drucks. 16/6308) S. 186.
[125] Vgl. *Zimmermann* FamFG Rn. 24.
[126] Vgl. Amtl. Begr. zum FamFG (BT-Drucks. 16/6308) S. 186.
[127] Vgl. *Baumbach/Lauterbach/Hartmann* § 23 Rn. 2; *Schulte-Bunert* Rn. 142; *Zimmermann* FamFG Rn. 72.
[128] Vgl. *Baumbach/Lauterbach/Hartmann* § 23 Rn. 2.
[129] Vgl. *Rosenberg/Schwab/Gottwald* § 3 Rn. 1 ff.
[130] Vgl. *Jacoby* FamRZ 2007, 1703, 1705.

46 **2. Inhalt und Adressat der Übermittlung.** Die Übermittlungspflicht (vgl. Rn. 44 f.) bezieht sich auf den Antrag des Antragstellers (Antragsschrift). Dabei ist jedoch nicht erforderlich, dass die Urschrift (Original) übermittelt wird. Insbesondere bei einer Vielzahl Beteiligter könnte der Übermittlungspflicht anderenfalls nicht entsprochen werden. Ausreichend ist vielmehr, dass den übrigen Beteiligten eine **vollständige Abschrift** der Antragsschrift nebst aller Anlagen (zB Abschriften von Urkunden) übermittelt wird. Die Übermittlung erfolgt gemäß § 15. Einer förmlichen Zustellung bedarf es danach nicht. Vielmehr ist nach § 15 Abs. 3 eine formlose Übermittlung ausreichend. Soweit (in Streitsachen) materiell-rechtliche Folgen an die Übermittlung des Antrags anknüpfen (vgl. Rn. 49), ist entsprechend § 15 Abs. 1 eine Bekanntgabe nach § 15 Abs. 2 notwendig.

47 Adressat der Übermittlung sind die **übrigen Beteiligten.** Erfasst werden diejenigen Beteiligten, die das Gericht von Amts wegen nach § 7 Abs. 2 hinzuziehen muss oder nach § 7 Abs. 3 von Amts wegen hinzuziehen will. Gegenüber den Beteiligten, die auf Antrag am Verfahren teilnehmen können (vgl. § 7 Abs. 3), kann eine Übermittlung erfolgen, ausreichend ist aber die Unterrichtung nach § 7 Abs. 4 (vgl. § 7 Rn. 23 ff.). Das Gericht muss den Kreis der übrigen Beteiligten von Amts wegen ermitteln.[131] Grundlage hierfür ist die Antragsschrift. In dieser wird vom Antragsteller zunächst der Verfahrensgegenstand bezeichnet. Dies schafft die Voraussetzungen dafür, dass das Gericht feststellt, wer vom Verfahren betroffen werden kann (vgl. § 7 Abs. 2 Nr. 1). Begehrt der Antragsteller Rechtsschutz gegen eine bestimmte Person **(Antragsgegner),** ist diese stets Beteiligter im vorstehenden Sinne. Außerdem soll der Antragsteller in der Antragsschrift **potentielle Beteiligte** benennen (vgl. Abs. 1 S. 2, Rn. 35). An diese Benennung ist das Gericht nicht gebunden. Auch darf es nicht ohne eigene Prüfung die Übermittlung an die vom Antragsteller benannten Personen veranlassen und hierdurch deren formelle Beteiligtenstellung begründen. Allerdings enthalten die Angaben des Antragstellers wichtige Anhaltspunkte für die Ermittlungen des Gerichts.

48 **3. Zeitpunkt der Übermittlung.** Abs. 2 regelt nicht, wann die Übermittlungspflicht zu erfüllen ist. Aus dem Umstand, dass diese jedoch im systematischen Zusammenhang mit dem verfahrenseinleitenden Antrag geregelt wurde, lässt sich ableiten, dass sie im zeitlichen Zusammenhang mit dem Eingang des Antrags zu erfüllen ist. Nimmt man hinzu, dass rechtliches Gehör so früh wie möglich gewährt werden soll (vgl. § 28 Abs. 3), ist folgerichtig, dass die Übermittlungspflicht **unverzüglich,** dh. ohne schuldhaftes Zögern zu erfüllen ist.[132] Dies hindert das Gericht nicht, vor der Übermittlung ggf. erforderliche Maßnahmen vorab zu ergreifen[133] oder die Einzahlung eines vom Antragsteller zu erbringenden Vorschusses abzuwarten (vgl. Rn. 50).

49 **4. Wirkungen der Übermittlung.** Durch den Zugang des Antrags nach gerichtlicher Übermittlung wird der Adressat tatsächlich am Verfahren beteiligt. Er erlangt den Status eines förmlich Beteiligten iSv. § 7 Abs. 2 und das Verfahrensrechtsverhältnis wird auf ihn erstreckt, soweit das Gericht nicht deutlich macht, dass er nur auf seinen Antrag hin beteiligt werden soll. Außerdem löst (erst) der gerichtlich veranlasste Zugang der Antragsschrift bei einem Beteiligten diesem gegenüber die Rechtsfolgen aus, die das materielle Recht an die Klagezustellung im Zivilprozess anknüpft. Dies betrifft namentlich die **Hemmung der Verjährung** nach § 204 Abs. 1 Nr. 1 BGB oder den Anspruch auf **Prozesszinsen** nach § 291 BGB. Zwar knüpfen diese Vorschriften an den Zeitpunkt der Rechtshängigkeit (vgl. insbesondere § 291 BGB) an, welche im FamFG-Verfahren bereits mit Eingang der Antragsschrift bei Gericht eintritt (vgl. Rn. 41). Jedoch hat der Gesetzgeber des BGB den Zeitpunkt der Rechtshängigkeit der ZPO in Bezug genommen, welcher den Zugang der Klageschrift beim Beklagten voraussetzt. Grundlage der Regelungen ist daher jeweils, dass dem Gegner der gegen ihn verfolgte Anspruch durch das Gericht mitgeteilt wurde. Dieser Erwägung des Gesetzgebers ist auch für die FamFG-Verfahren Rechnung zu tragen, indem auf den Zugang der gerichtlich übermittelten Antragsschrift abgestellt wird.

VIII. Kosten

50 **1. Gerichtskosten.** Für die **FamFG-Verfahren,** deren Kostenfolgen sich nicht nach dem FamGKG richten (vgl. § 1 FamGKG), gilt die KostO. Nach § 8 Abs. 1 iVm. § 2 Nr. 1 KostO muss der Antragsteller grds. einen Vorschuss auf die für die beantragte Handlung entstehenden Kosten leisten. Soweit keine Ausnahme von der **Vorschusspflicht** eingreift, soll das Gericht seine Tätigkeit (zB Übermittlung des Antrags) von der Zahlung des Vorschusses abhängig machen. Gegen die An-

---

[131] Einschränkend Amtl. Begr. FamFG (BT-Drucks. 16/6308) S. 179 f.; kritisch hierzu *Jacoby* FamRZ 2007, 1703, 1706; *Zimmermann* FamFG Rn. 25.
[132] *Baumbach/Lauterbach/Hartmann* § 23 Rn. 2.
[133] *Baumbach/Lauterbach/Hartmann* § 23 Rn. 2.

ordnung der Vorschusspflicht sowie gegen die Höhe des eingeforderten Vorschusses findet die Beschwerde nach § 14 KostO statt.

In **Familiensachen,** die nur auf Antrag eingeleitet werden, kann das Gericht nach §§ 14 Abs. 3, 21 FamGKG die Vornahme gerichtlicher Handlungen (zB Übermittlung des Antrags) grds. davon abhängig machen, dass der Antragsteller einen **Vorschuss auf die** bereits mit Eingang des Antrags entstehenden **Gebühren** für das Verfahren im Allgemeinen leistet. Ausnahmen hiervon regeln § 21 Abs. 1 FamGKG und § 15 FamGKG. Für das Verfahren im Allgemeinen fallen in Familiensachen der freiwilligen Gerichtsbarkeit 2,0 Gerichtsgebühren aus dem Gegenstandswert an (vgl. Nr. 1320 KV FamGKG). 51

2. Rechtsanwaltskosten. Mit der Einreichung der Antragsschrift hat der Rechtsanwalt die 1,3-Verfahrensgebühr verdient (vgl. Nr. 3100 VV RVG). 52

§ 24 Anregung des Verfahrens

(1) Soweit Verfahren von Amts wegen eingeleitet werden können, kann die Einleitung eines Verfahrens angeregt werden.

(2) Folgt das Gericht der Anregung nach Absatz 1 nicht, hat es denjenigen, der die Einleitung angeregt hat, darüber zu unterrichten, soweit ein berechtigtes Interesse an der Unterrichtung ersichtlich ist.

Schrifttum: *Heinemann,* Die Reform der freiwilligen Gerichtsbarkeit durch das FamFG und ihre Auswirkungen auf die notarielle Praxis, DNotZ 2009, 6; *Kemper,* Das Verfahren in der ersten Instanz nach dem FamFG, FamRB 2008, 345; *Kroitzsch,* Wegfall der Begründungspflicht – Wandel der Staatsform der Bundesrepublik, NJW 1994, 1032.

I. Allgemeines

1. Normzweck. Eine § 24 entsprechende Vorläufervorschrift enthielt das FGG nicht. Abs. 1 stellt klar, dass Jedermann ein Verfahren, welches von Amts wegen eingeleitet werden kann, anregen kann. Eine Anregung idS unterscheidet sich vom Antrag dadurch, dass sie keine das Verfahren unmittelbar einleitende Wirkung entfalten soll (keine Bewirkungshandlung). Vielmehr soll das Gericht durch die Anregung zu einer Verfahrenseinleitung von Amts wegen bewogen, nicht gezwungen, werden. Demnach bringt § 24 eine **Selbstverständlichkeit** zum Ausdruck,[1] weil das Gericht ein Amtsverfahren ohnehin einleiten muss, wenn ihm Anhaltspunkte bekannt werden, die ein gerichtliches Einschreiten wahrscheinlich machen.[2] Dass dem Gericht entsprechende Umstände auf Grund einer Anregung bekannt werden, beschränkt die Pflicht zum Einschreiten nicht. Über eine bloße Klarstellung hinaus geht **Abs. 2.** Dort ist geregelt, wie seitens des Gerichts zu verfahren ist, wenn eine Anregung nicht aufgegriffen wird. Für das FGG entsprach es insoweit hM, dass eine Mitteilung nur erfolgt, soweit der Anregende zumindest die besondere Stellung eines „Interessenwahrers" inne hat.[3] Nach Abs. 2 ist der Anregende nunmehr über die Nichteinleitung des Verfahrens zu unterrichten, soweit er erkennbar ein Interesse hieran besitzt. Der Gesetzgeber will Außenstehende hierdurch zu Anregungen ermutigen, indem der Anregende eine Reaktion erhält und ihm hierdurch gezeigt wird, dass seine Anregung ernst genommen wird.[4] Die Regelung steht danach in einer gewissen Parallele zu § 171 S. 1 StPO. Wie dort sieht Abs. 2 keine Regelung für den Fall vor, dass der Anregung entsprechend ein Verfahren eingeleitet wird. Der Anregende erhält danach keine Mitteilung darüber, dass seine Mitwirkung erfolgreich war. Dies ist der vom Gesetzgeber erwünschten Bereitschaft, eine Anregung zu geben, nicht zuträglich.[5] 1

2. Anwendungsbereich. Die Vorschrift findet keine Anwendung in **Ehesachen** nach §§ 121 ff. und **Familienstreitsachen** nach § 112, weil diese nicht von Amts wegen eingeleitet werden können und deshalb kein Anwendungsbedürfnis besteht. Auch im Übrigen gilt § 24 nur in Verfahren, die **auch von Amts wegen eingeleitet werden können.** Bereits seiner Funktion nach (vgl. Rn. 1) 2

---

[1] *Baumbach/Lauterbach/Hartmann* § 24 Rn. 1.
[2] Vgl. BayObLG Rpfleger 1979, 25, 25 f.; *Bassenge/Roth* Einleitung FGG Rn. 1; *Jansen/v. König/v. Schuckmann* Vor §§ 8–18 FGG Rn. 5.
[3] Vgl. *Jansen/v. König/v. Schuckmann* Vor §§ 8–18 FGG Rn. 5; *Keidel/Kuntze/Winkler/Schmidt* § 12 FGG Rn. 8.
[4] Vgl. Amtl. Begr. zum FamFG (BT-Drucks. 16/6308) S. 186.
[5] Kritisch auch *Zimmermann* FamFG Rn. 73.

setzt § 24 die gerichtliche Befugnis zur Verfahrenseinleitung voraus. Er ist dementsprechend auch anwendbar, wenn – unabhängig von der hier vertretenen Ansicht (vgl. § 23 Rn. 9) – neben der Einleitung durch Antragstellung zumindest auch eine gerichtliche Einleitungsbefugnis besteht (vgl. § 1896 Abs. 1 BGB).

II. Anregungsrecht (Abs. 1)

3 **1. Allgemeines.** Abs. 1 stellt klar, dass ein Verfahren, welches von Amts wegen einzuleiten ist, auch auf eine Anregung durch Außenstehende hin eingeleitet werden kann. Der Anregung iSv. § 24 kommt dabei im Unterschied zum Antrag nach § 23 **keine verfahrensbegründende Wirkung** zu. Sie führt nicht unmittelbar selbst zur Einleitung eines gerichtlichen Verfahrens über den Gegenstand der Anregung. Es entsteht kein Verfahrensrechtsverhältnis. Vielmehr zielt die Anregung darauf ab, dass das Gericht sie zum Anlass nimmt, um seinerseits (von Amts wegen) ein Verfahren über den Gegenstand der Anregung einzuleiten. Sie ist keine Verfahrenshandlung und kann auch von Nichtverfahrensfähigen vorgebracht werden.[6] Insoweit bleibt die Anregung hinter dem auf eine unmittelbare Verfahrensbegründung gerichteten Antrag zurück.[7] Verwaltungsmäßig wirkt sich die Unterscheidung dahin aus, dass der durch eine Anregung ausgelöste gerichtliche Vorgang im allgemeinen Register geführt wird. Ein eingeleitetes Verfahren wird dagegen im jeweiligen Verfahrensregister geführt.

4 Durch **Auslegung** der an das Gericht adressierten Erklärung ist zu ermitteln, ob es sich um einen verfahrensbegründenden Antrag oder eine Anregung handelt. Dabei ist nicht allein auf den Wortlaut abzustellen. Eine „Anregung" kann ein Antrag sein. Umgekehrt kann ein „Antrag" eine Anregung sein. Maßgeblich ist, worauf der Wille des Erklärenden bei verständiger, objektiver Sicht gerichtet ist. Der Wortlaut, zB eine bestimmte Formulierung, ist hierbei nur einer von mehreren Umständen, denen Bedeutung zukommt. Ebenso kann berücksichtigt werden, was der Erklärende vernünftiger Weise gewollt hat, weil Verfahrenserklärungen im Zweifel so auszulegen sind, dass der Erklärende das mit ihnen verfolgte Ziel erreicht.[8] Der „Antrag" eines nicht Antragsberechtigten (vgl. § 23 Rn. 16 ff.) ist daher im Zweifel als Anregung auszulegen, weil er anderenfalls als unzulässig abgewiesen wird (vgl. § 23 Rn. 16).[9]

5 **2. Gerichtliche Vorermittlungen. a) Ausgangspunkt.** Der Eingang einer Anregung iSv. § 24 bei Gericht leitet noch kein Verfahren über den Gegenstand der Anregung ein; ein Verfahrensrechtsverhältnis wird nicht begründet. Vielmehr zielt sie darauf ab, dass das Gericht auf Grund ihres Inhalts von Amts wegen ein Verfahren einleitet. Das Recht zur Anregung setzt die ungeschriebene, im materiellen Recht wurzelnde[10] Pflicht des Gerichts voraus, ein Verfahren von Amts wegen einzuleiten, soweit kein Antragserfordernis besteht und zureichende tatsächliche Anhaltspunkte dafür bestehen, dass ein gerichtliches Einschreiten zur Wahrnehmung der dem Gericht überantworteten Interessen erforderlich sein wird (vgl. § 152 Abs. 2 StPO: **Anfangsverdacht**). Vorgelagert hierzu besteht die gerichtliche Pflicht, ihm bekannt gewordene Hinweise darauf zu untersuchen, ob ein Anfangsverdacht (sog. Anlass) besteht.[11]

6 **b) Gegenstand der Vorermittlungen.** Der Eingang einer Anregung aktualisiert die Pflicht des Gerichts, ihm zur Kenntnis gelangte Hinweise darauf zu untersuchen, ob ein ausreichender Anfangsverdacht besteht, weil Anregungen iSv. § 24 gerade darauf abzielen, dem Gericht entsprechende Hinweise zur Kenntnis zu geben. Das Gericht **muss** hierzu zunächst den **Inhalt** einer ihm zugehenden Anregung **zur Kenntnis nehmen.** Im Anschluss hat das Gericht den Inhalt der Anregung unter Berücksichtigung aller sonstigen ihm bekannten Tatsachen darauf zu untersuchen, ob ein die Verfahrenseinleitung rechtfertigender Anfangsverdacht besteht. Ist dies der Fall (vgl. Rn. 7), muss das Gericht ein Verfahren einleiten, weitere Ermittlungen aufnehmen und entscheiden. Anderenfalls beendet das Gericht seine Vorermittlung und unterrichtet den Anregenden im Rahmen des Abs. 2 (vgl. Rn. 8 ff.).

7 **c) Pflicht zur Verfahrenseinleitung.** In Amtsverfahren ist das Gericht zur Einleitung eines Verfahrens verpflichtet, sobald ein ausreichender **Anlass** besteht, dh. zureichende tatsächliche Anhaltspunkte erkennbar sind, dass ein gerichtliches Einschreiten zur Wahrnehmung der dem Gericht

---

[6] Vgl. *Bassenge/Roth* Einleitung FGG Rn. 1; *Kemper* FamRB 2008, 345, 348.
[7] Vgl. *Kemper* FamRB 2008, 345, 348.
[8] Vgl. BGH NJW 1992, 566, 567; *Rosenberg/Schwab/Gottwald* § 65 Rn. 19.
[9] Vgl. auch *Keidel/Kuntze/Winkler/Schmidt* § 12 FGG Rn. 8.
[10] *Baumbach/Lauterbach/Hartmann* § 24 Rn. 1; *Klüsener* Rn. 49.
[11] Vgl. *Kemper* FamRB 2008, 345, 347.

überantworteten Interessen erforderlich sein wird (vgl. § 152 Abs. 2 StPO).[12] Dies ist der Fall, wenn unter Berücksichtigung der Erfahrungen einer mit dem betroffenen Sachgebiet vertrauten Gerichtsperson die Möglichkeit besteht, dass Tatsachen vorliegen, welche in rechtlicher Hinsicht die Voraussetzungen einer Eingriffs- oder Fürsorgenorm erfüllen. Der Anlass wird danach in zweierlei Hinsicht determiniert. **Tatsächlich** muss ein bestimmter Sachverhalt wahrscheinlich sein. Bloße Vermutungen reichen hierfür nicht. Andererseits braucht der Verdacht weder dringend noch hinreichend zu sein. Vielmehr können auch entfernte Indizien ausreichen. Zudem muss der wahrscheinliche Sachverhalt, unterstellt man ihn als gegeben, bei **rechtlicher** Betrachtung einschreitensrelevant sein. Ist ein Sachverhalt rechtlich irrelevant, erübrigt sich eine weitere Sachverhaltsaufklärung und es besteht keine Pflicht zur Verfahrenseinleitung.

III. Unterrichtung des Anregenden (Abs. 2)

1. Voraussetzungen. a) Nichteinleitung eines Verfahrens. Die Unterrichtungspflicht des Abs. 2 besteht nur, soweit das Gericht die bei ihm eingegangene Anregung nicht zum Anlass nehmen will, ein Verfahren über den Gegenstand der Anregung von Amts wegen einzuleiten. Die Vorschrift differenziert nicht danach, warum **kein Verfahren eingeleitet** wird. Eine Pflicht zur Unterrichtung besteht daher nicht nur dort, wo das Gericht nach seinen Vorermittlungen einen Anfangsverdacht verneint, sondern auch dann, wenn das Gericht ein Verfahren ablehnt, weil ein Verfahrenshindernis besteht oder sich die Angelegenheit zwischenzeitlich erledigt hat. Dies gebieten Sinn und Zweck der Vorschrift, mit welcher die Bereitschaft zu Anregungen im Interesse der Allgemeinheit gesteigert werden soll (vgl. Rn. 1). Mit diesem Gesetzeszweck zwar nicht ohne weiteres vereinbar,[13] vom Wortlaut aber vorgegeben ist, dass der Anregende nicht über die Einleitung eines Verfahrens unterrichtet wird. Dies steht im Einklang mit der verwandten Regelung des § 171 S. 1 StPO, welche eine Mitteilungspflicht ebenfalls nur bei Verfahrenseinstellung vorsieht. Leitet das Gericht auf die Anregung hin ein Verfahren ein, muss es den Anregenden erst recht nicht über den Ausgang des Verfahrens unterrichten. Dies gilt auch dann, wenn das Gericht im zunächst eingeleiteten Verfahren nicht die durch die Anregung intendierte Endentscheidung trifft.[14] 8

b) Unterrichtungsinteresse. Weitere Voraussetzung der Unterrichtungspflicht ist, dass erkennbar ein berechtigtes Interesse an der Unterrichtung besteht. Die Gesetzesbegründung verweist beispielhaft darauf, dass die Anregung von einer Person ausgeht, die im Falle einer Verfahrenseinleitung als Beteiligter hinzuziehen wäre.[15] Das gegebene Beispiel ist zwar zutreffend aber unpassend gewählt, weil Abs. 2 nicht daran anknüpft, dass der Anregende ein berechtigtes Interesse an einer Verfahrenseinleitung oder gar der im Verfahren ergehenden Entscheidung hat. Hierdurch würde das berechtigte Interesse übermäßig und im Widerspruch zu Wortlaut und Telos der Vorschrift eingeschränkt. Bereits der Wortlaut der Vorschrift stellt darauf ab, dass ein berechtigtes Interesse an der Unterrichtung besteht. Nur dies wird auch dem gesetzgeberischen Anliegen gerecht, durch die Unterrichtungspflicht Außenstehende zu Anregungen zu ermutigen (vgl. Rn. 1). Ein **berechtigtes Interesse** an einer Unterrichtung besteht danach dort, wo der Anregende in nachvollziehbarer Weise wissen will, was aus seiner Anregung geworden ist. Von einem berechtigten Interesse ist somit im **Regelfall** auszugehen. Es fehlt nur in Ausnahmefällen, zB wenn die Anregung missbräuchlich oder querulatorisch[16] erscheint. **Ersichtlich** ist ein bestehendes Interesse, wenn das Gericht der Anregung entnehmen kann, dass eine Unterrichtung gewünscht wird. Hiervon ist im Hinblick auf vorstehenden Grundsatz auszugehen, der Anregende muss eine Unterrichtung mithin nicht gesondert beantragen. Vielmehr entfällt das Unterrichtungsinteresse nur, soweit Anhaltspunkte dafür bestehen, dass der Anregende ausnahmsweise nicht an einer Mitteilung interessiert ist. 9

2. Form und Inhalt der Unterrichtung. a) Form. Die Unterrichtung erfolgt **nicht durch Beschluss** iSv. § 38, weil kein Verfahren eingeleitet wurde und außerhalb eines Verfahrens keine Endentscheidung über den Verfahrensgegenstand ergehen kann.[17] Eine besondere Form schreibt Abs. 2 nicht vor. Die Unterrichtung kann daher (fern-)mündlich, elektronisch oder schriftlich erfolgen. 10

---

[12] Vgl. BayObLG 1979, 25, 25 f.; *Bassenge/Roth* Einleitung FGG Rn. 1; *Jansen/v. König/v. Schuckmann* Vor §§ 8–18 FGG Rn. 5.
[13] Kritisch *Zimmermann* FamFG Rn. 73.
[14] AA wohl die Stellungnahme der BReg. (BT-Drucks. 16/6308) S. 406, wo ausgeführt wird, dass nicht ein ablehnender Beschluss zu übersenden, sondern nur über das Nichtaufgreifen der Anregung zu informieren ist.
[15] Amtl. Begr. FamFG (BT-Drucks. 16/6308) S. 186.
[16] Vgl. *Baumbach/Lauterbach/Hartmann* § 24 Rn. 2.
[17] AA *Heinemann* DNotZ 2009, 6, 9.

Dies entspricht der Formfreiheit des FamFG-Verfahrens. Im Regelfall wird sich eine schriftliche Unterrichtung als zweckmäßig erweisen.

11 **b) Inhalt.** Die Unterrichtung muss zum Ausdruck bringen, dass das Gericht der Anregung nicht folgen und kein Verfahren über den Gegenstand der Anregung einleiten will. Weitere Anforderungen sind Abs. 2 nicht zu entnehmen. Ausweislich der Gesetzesbegründung hat das Gericht, unter Wahrung des Rechts auf informationelle Selbstbestimmung der weiteren von der Anregung[18] betroffenen Personen, die **Gründe der Entscheidung** in der gebotenen Kürze mitzuteilen.[19] Eine entsprechende Begründungspflicht des Gerichts hat allerdings im Wortlaut des Abs. 2 keinen Niederschlag gefunden. Sie lässt sich nach Ansicht des BVerfG auch nicht aus dem **Grundgesetz** gewinnen,[20] weil dieses eine Begründung nur für anfechtbare Entscheidungen, nicht aber für eine unanfechtbare Unterrichtung (vgl. Rn. 13) vorschreibt.[21] Der **EGMR** gewinnt zwar eine generelle Begründungspflicht aus dem Grundsatz einer geordneten Rechtspflege (vgl. Art. 6 Abs. 1 EMRK).[22] Jedoch betrifft Art. 6 Abs. 1 EMRK nur Entscheidungen über Rechte und Pflichten. Hieran fehlt es im Falle der Anregung, weil das Gericht weder über Rechte und Pflichten noch über einen Antrag auf Verfahrenseinleitung entscheidet, sondern lediglich Hinweisen des Anregenden nicht weiter nachgeht. Eine Begründungspflicht lässt sich danach rechtlich nicht begründen.[23]

12 Besteht danach keine Pflicht zur Mitteilung der Gründe, sollte das Gericht gleichwohl dem Anregenden im Regelfall entsprechend den Vorstellungen des Gesetzgebers kurz mitteilen, warum kein Verfahren eingeleitet wird. Durch eine Begründung gewinnen gerichtliche Maßnahmen an Transparenz und Rationalität. Sie stärkt die rechtsstaatliche Stellung des Gerichts. Das Gericht soll mit der Begründung seine Entscheidung rechtfertigen und erklären, warum es zu seiner Entscheidung gelangt ist. Hierdurch wird letztlich die Bereitschaft Außenstehender, ein Verfahren anzuregen, gefördert. Der **Umfang der Begründung** wird zunächst dadurch bestimmt, inwieweit ein berechtigtes Interesse des Anregenden an einer Begründung besteht (vgl. Rn. 9, vgl. § 13 Rn. 9). Der so bestimmte Begründungsumfang wird durch das Recht auf informationelle Selbstbestimmung der übrigen von der Anregung betroffenen Personen beschränkt (vgl. § 13 Rn. 6 f.). Schließlich setzt der schonende Umgang mit den gerichtlichen Ressourcen der Begründung Grenzen.

IV. Rechtsbehelfe

13 Bei der Unterrichtung nach Abs. 2 handelt es sich um eine bloße Erklärung und nicht um eine Entscheidung des Gerichts. Sie wird außerhalb eines Verfahrens erteilt, ihr fehlt das verfügende Moment einer gerichtlichen Entscheidung und sie wird nicht verbindlich. Sie ergeht nicht durch Beschluss iSv. § 38 und **unterliegt** deshalb, unabhängig von der Beschwerdeberechtigung, **nicht der Beschwerde** (vgl. § 23 Rn. 9). Aber auch die Entschließung des Gerichts, der Anregung nicht zu folgen, ist nicht anfechtbar.[24] Sie ergeht außerhalb eines Verfahrens und bleibt als solche ein Internum des Gerichts. Dies entspricht der Natur einer bloßen Anregung, die gerade nicht auf eine gerichtliche Entscheidung, sondern darauf abzielt, dass das Gericht eigenverantwortlich tätig wird. Schließlich sieht das FamFG auch keine Anfechtung eines gerichtlichen Unterlassens vor.

14 Der Anregende kann gleichwohl **auf eine Verfahrenseinleitung hinwirken.** Zunächst bleibt es ihm unbenommen, ein Verfahren erneut anzuregen. Die Entscheidung des Gerichts, auf die vorherige Anregung hin kein Verfahren einzuleiten, entfaltet keinerlei Bindungswirkung. Außerdem besteht für den Anregenden nach hier vertretener Ansicht die Möglichkeit, einen **Verfahrensantrag** zu stellen (vgl. § 23 Rn. 9). Diesen muss das Gericht nach Prüfung bescheiden. Im Rahmen seiner Beschwerdeberechtigung (vgl. § 59) kann der Antragsteller eine den Antrag abschlägige Bescheidung im Beschwerdeverfahren zur Überprüfung stellen. Ob in Amtsverfahren ein Antrag gestellt oder nur eine Anregung gegeben wird, entscheidet danach über die Statthaftigkeit einer anschließenden Beschwerde.

---

[18] Die Gesetzesbegründung spricht von „Antrag".
[19] Amtl. Begr. FamFG (BT-Drucks. 16/6308) S. 186.
[20] BVerfG NJW 1979, 1161; 1982, 925; kritisch *Kroitzsch* NJW 1994, 1032, 1033.
[21] Vgl. BVerfG NJW 1979, 1161.
[22] EGMR NJW 1999, 2429.
[23] Gegen eine Begründungspflicht die Stellungnahme der BReg. (BT-Drucks. 16/6308) S. 406.
[24] AA für das FGG *Keidel/Kuntze/Winkler/Schmidt* § 12 FGG Rn. 8.

§ 25 Anträge und Erklärungen zur Niederschrift der Geschäftsstelle

(1) Die Beteiligten können Anträge und Erklärungen gegenüber dem zuständigen Gericht schriftlich oder zur Niederschrift der Geschäftsstelle abgeben, soweit eine Vertretung durch einen Rechtsanwalt nicht notwendig ist.

(2) Anträge und Erklärungen, deren Abgabe vor dem Urkundsbeamten der Geschäftsstelle zulässig ist, können vor der Geschäftsstelle eines jeden Amtsgerichts zur Niederschrift abgegeben werden.

(3) ¹Die Geschäftsstelle hat die Niederschrift unverzüglich an das Gericht zu übermitteln, an das der Antrag oder die Erklärung gerichtet ist. ²Die Wirkung einer Verfahrenshandlung tritt nicht ein, bevor die Niederschrift dort eingeht.

Schrifttum: *Smid*, Die Revisionsbegründung zu Protokoll des UdG, Rpfleger 1962, 301.

I. Allgemeines

1. Normzweck. Die Vorschrift folgt auf § 11 FGG;[1] inhaltlich orientieren sich die Abs. 2, 3 an § 129a ZPO.[2] Gegenstand der Regelung sind **Ort und Form der Vornahme von Verfahrenserklärungen** durch die Beteiligten (vgl. aber Rn. 3). Mit der Neufassung verfolgt der Gesetzgeber das Ziel, im FGG unsystematisch verteilte Einzelvorschriften wie §§ 21 Abs. 2 S. 1, 29 FGG zusammenzufassen und diese hierdurch entbehrlich zu machen.[3] Mit letzter Konsequenz hat der Gesetzgeber sein Ziel nicht verfolgt, weil sich in §§ 64 Abs. 2, 71 Abs. 1 nunmehr Vorschriften finden, welche den §§ 21 Abs. 2 S. 1, 29 FGG entsprechen.

Die Befugnis, Anträge und Erklärungen auch zur Niederschrift einer jeden Geschäftsstelle zu erklären, dient der Erleichterung des Umgangs der Beteiligten mit dem Gericht.[4] Sie ist Ausdruck der den Beteiligten zuteil werdenden **gerichtlichen Fürsorge.** Auch im Abfassen von Schriftsätzen ungeübten Beteiligten soll eine effektive Inanspruchnahme der Gerichte ermöglicht werden. Deshalb ist die Tätigkeit des Urkundsbeamten nicht auf passive Entgegennahme und Dokumentation beschränkt.[5] Vielmehr soll bereits er die Beteiligten unterstützen und auf sachdienliche sowie formgerechte Anträge hinwirken (vgl. § 28 Abs. 2).[6] Zu einer inhaltlichen Beratung ist er jedoch nicht verpflichtet oder berechtigt. Die Abs. 2, 3 erleichtern den Verkehr mit dem Gericht weiter, weil die Beteiligten nicht zwingend beim zuständigen Gericht vorstellig werden müssen, sondern unter Berücksichtigung des Abs. 3 eine Geschäftsstelle ihrer Wahl aufsuchen können.

Dem Fürsorgeanliegen entspricht es, dass Abs. 1 die Abgabe von Verfahrenserklärungen **nicht** auf die beiden genannten Formen **beschränken will.**[7] Ebenso wenig will die Vorschrift eine **Zuständigkeitskonzentration** auf die Geschäftsstelle normieren.[8] Vielmehr können Verfahrenserklärungen formfrei[9] und auch vor der sachlich zuständigen Gerichtsperson (insbesondere Richter oder Rechtspfleger) abgegeben werden, soweit nicht gesetzlich etwas Abweichendes vorgeschrieben ist. Die formfreie Erklärung gegenüber der sachlich zuständigen Gerichtsperson scheidet allerdings vielfach aus. Erfolgt die Abgabe in Abwesenheit, ist eine Festlegung der Erklärung, typischerweise ihre schriftliche Fixierung, notwendig, um diese der sachlich zuständigen Gerichtsperson zu übermitteln. Mitunter ist eine schriftliche Fixierung sogar vorgeschrieben, wie zB für die Antragstellung nach § 23 (vgl. § 23 Rn. 36). Hier schafft § 25 eine Erleichterung für die Beteiligten, weil die von der Geschäftsstelle unterstützte Niederschrift der Schriftlichkeit gleichgestellt wird.[10] Soweit das Gesetz jedoch für die Vornahme einer Verfahrenshandlung (zB Antragstellung) eine strengere Form als Schriftlichkeit oder eine besondere Zuständigkeit vorsieht, ist eine Niederschrift der Geschäftsstelle nicht gleichgestellt und somit nicht ausreichend.[11] Ein Nottestament nach § 2249 BGB kann daher nicht zur Niederschrift der Geschäftsstelle errichtet werden, weil eine Zuständigkeit des Bürgermeis-

---

[1] Amtl. Begr. FamFG (BT-Drucks. 16/6308) S. 186.
[2] *Schulte-Bunert* Rn. 145.
[3] Vgl. Amtl. Begr. FamFG (BT-Drucks. 16/6308) S. 186.
[4] *Keidel/Kuntze/Winkler/Zimmermann* § 11 FGG Rn. 1; *Schlegelberger* § 11 FGG Rn. 1.
[5] *Schlegelberger* § 11 FGG Rn. 18.
[6] Vgl. *Jansen/v. König* § 11 FGG Rn. 1; *Schlegelberger* § 11 FGG Rn. 1, 18.
[7] Vgl. für § 11 FGG BGH Rpfleger 1957, 346; *Bumiller/Winkler* § 11 FGG Rn. 1; *Jansen/v. König* § 11 FGG Rn. 1.
[8] Vgl. *Jansen/v. König* § 11 FGG Rn. 1.
[9] *Brehm* § 10 Rn. 32; *Schlegelberger* § 11 FGG Rn. 21.
[10] Vgl. *Jansen/v. König* § 11 FGG Rn. 3.
[11] *Jansen/v. König* § 11 FGG Rn. 3.

ters besteht.[12] Ebenso wenig kann die persönliche Anhörung nach §§ 159, 160, 278, 319 oder die Niederschrift nach §§ 1945 Abs. 2, 1955 BGB durch den Urkundsbeamten erfolgen.

4 **2. Anwendungsbereich.** Die Vorschrift gilt für Verfahrenserklärungen (Erklärungen und Anträge) außerhalb eines Termins, soweit für diese keine besondere Form oder Zuständigkeit vorgeschrieben ist. **Erklärungen** sind alle Äußerungen gegenüber dem Gericht, unabhängig von ihrem Inhalt,[13] welcher tatsächlicher (zB Mitteilung möglicher Beteiligter iSv. § 23 Abs. 1 S. 2, Sachvortrag nach § 27 Abs. 2), rechtsgeschäftlicher (zB Zustimmung des Vormunds im Rahmen des § 1828 BGB) oder verfahrensrechtlicher (zB Anregung iSv. § 24, Rücknahme eines Antrags, Entschuldigung nach § 33 Abs. 3 S. 4, Beendigungserklärung nach § 22 Abs. 3, Widerspruch nach § 393 f., Einspruch nach §§ 388, 390) Art sein kann.[14] **Anträge** zählen zu den verfahrensrechtlichen Erklärungen und werden durch ihre eigenständige Erwähnung herausgehoben. Ihnen ist eigen, dass mit ihnen eine bestimmte Tätigkeit des Gerichts begehrt wird, wodurch sie sich zB von der Anregung nach § 24 unterscheiden. Erfasst werden gleichermaßen verfahrensbezogene Anträge (zB Ablehnung nach § 6, Antrag auf Hinzuziehung als Beteiligter nach § 7 Abs. 5, Antrag auf Akteneinsicht nach § 13, Wiedereinsetzung nach § 18, Beweisanträge, Erteilung des Rechtskraftzeugnisses nach § 46, Antrag auf Fristsetzung nach § 52 Abs. 2, Vollstreckungsschutzantrag nach § 93, Erinnerung nach § 11 Abs. 2 RPflG) und sachbezogene Anträge (vgl. Verfahrenseinleitung nach § 23 bzw. § 52 Abs. 1, vgl. § 23 Rn. 5 ff.).

5 Keine Anwendung findet § 25, soweit eine **Vertretung durch Rechtsanwälte vorgeschrieben** ist.[15] Eine Erklärung zur Niederschrift der Geschäftsstelle ist insoweit nicht möglich. Rechtsanwälte sind auf einen erleichterten Umgang mit dem Gericht nicht angewiesen, weil bei ihnen vorausgesetzt wird, dass sie im Anfertigen von Schriftsätzen geübt sind. Bereits aus diesem Grund findet die Vorschrift keine Anwendung in Ehesachen nach §§ 121 ff. und Familienstreitsachen nach § 112, weil dort nach § 114 Abs. 1 bereits erstinstanzlich Vertretungszwang besteht. Ergänzend schließt § 113 Abs. 1 S. 1 ihre Anwendung in diesen Verfahren ausdrücklich aus; an ihre Stelle treten die Vorschriften der ZPO (vgl. §§ 113 Abs. 1 S. 2, 124).

II. Verfahrenserklärungen

6 **1. Allgemeines.** Verfahrenserklärungen sind Erklärungen der Beteiligten, welche gestaltend auf ein aktuelles oder zukünftiges Verfahren einwirken. Sie sind das verfahrensrechtliche **Pendant zur Willenserklärung,** dem Vertrag sowie den geschäftsähnlichen Erklärungen des materiellen Rechts.[16] Es existieren einseitige (zB Antrag nach § 23, Antragsrücknahme nach § 22 Abs. 1) und mehrseitige (zB Verfahrensvergleich nach § 36) Verfahrenserklärungen. Es werden zudem regelmäßig Erwirkungs- und Bewirkungserklärungen unterschieden, was im Zusammenhang mit Willensmängeln von Bedeutung ist (vgl. Rn. 10). **Erwirkungshandlungen** sollen das Gericht zu einer bestimmten Handlung veranlassen und den Stoff zu ihrer Begründung liefern. Zu ihnen gehören Anträge und Behauptungen rechtlicher und tatsächlicher Art. Durch eine **Bewirkungshandlung** gestaltet der Erklärende dagegen selbst und unmittelbar das Verfahren (zB Rücknahme des Verfahrensantrags in Antragsverfahren). Bewirkungshandlungen stehen im Zusammenhang mit dem Herrschaft der Beteiligten über das Verfahren (vgl. Vor §§ 23 ff. Rn. 8 ff.), weshalb ihnen in Amtsverfahren geringere Bedeutung zukommt.

7 **2. Vornahme.** Verfahrenserklärungen können **grds. formfrei** gegenüber dem Gericht abgegeben werden.[17] Erforderlich ist, dass ihr Urheber zweifelsfrei feststellbar ist. Dies schränkt insbesondere die Möglichkeit einer telefonischen Vornahme ein, ohne diese gänzlich auszuschließen. Außerdem sind mündliche, schriftliche oder fernschriftliche Erklärungen möglich. Abweichendes gilt bei besonderer Anordnung. Eine solche enthält zunächst § 14 Abs. 2, der abschließend regelt, inwieweit elektronische Erklärungen zulässig sind. Außerhalb des von § 14 Abs. 2 vorgegebenen Rahmens sind elektronische Erklärungen ausgeschlossen. Eine besondere Anordnung enthält zB auch § 23, aus dem sich ergibt, dass die Antragstellung außerhalb eines Termins (vgl. § 32) grds. schriftlich erfolgen muss (vgl. § 23 Rn. 36). Über § 25 steht die Niederschrift der Geschäftsstelle der Schriftlichkeit jedoch gleich. Für die Beschwerdeeinlegung sieht § 64 Abs. 2 Schriftlichkeit oder zur Niederschrift vor. Im Falle des § 1945 Abs. 1 BGB muss die Niederschrift sogar besonderen Anforderungen genügen, welche durch den Urkundsbeamten nicht gewahrt werden können.

---

[12] Vgl. *Keidel/Kuntze/Winkler/Zimmermann* § 11 FGG Rn. 15.
[13] *Bassenge/Roth* § 11 FGG Rn. 1; *Jansen/v. König* § 11 FGG Rn. 2.
[14] *Bassenge/Roth* § 11 FGG Rn. 1; *Jansen/v. König* § 11 FGG Rn. 2.
[15] Amtl. Begr. FamFG (BT-Drucks. 16/6308) S. 186.
[16] Vgl. zu Gemeinsamkeiten und Unterschieden *Rosenberg/Schwab/Gottwald* § 63 Rn. 4, 10 ff.
[17] *Brehm* § 10 Rn. 32; *Schlegelberger* § 11 FGG Rn. 21.

Abgesehen von Form und Adressat richtet sich die Wirksamkeit der Vornahme einer Verfahrenserklärung auch im Übrigen nach verfahrensrechtlichen Vorgaben.[18] Soweit diese lückenhaft sind, ist ergänzend – unter Berücksichtigung der Eigenarten des Verfahrens – auf die materiell-rechtlichen Vorschriften über Willenserklärungen zurückzugreifen. Aus dem Verfahrensrecht ergibt sich insbesondere, dass der Erklärende **verfahrensfähig** (vgl. § 9 Rn. 3 ff.) und **postulationsfähig** (vgl. § 10 Rn. 3 ff.) sein muss. Schließlich können verfahrensrechtliche Erklärungen weitgehend nicht bedingt abgegeben werden (vgl. auch § 23 Rn. 7).[19]

3. Auslegung von Erklärungen. Für Verfahrenserklärungen sind keine bestimmten (fachsprachlichen oder feierlichen) Worte vorgeschrieben.[20] Erforderlich ist im Grundsatz lediglich eine deutschsprachige Erklärung (vgl. § 184 GVG). Erklärungen müssen nicht ausdrücklich abgegeben werden, sondern können auch konkludent erfolgen. Erforderlich ist lediglich, dass ein Verhalten erfolgt, durch das man seinen Willen zu bekunden pflegt, sofern es nur verständlich und eindeutig ist. Unabhängig hiervon, dh. auch bei ausdrücklicher Vornahme, sind Verfahrenserklärungen auslegungsbedürftig und -fähig, weil menschliche Kommunikation regelmäßig mit Unsicherheiten behaftet ist.[21] Im Rahmen der Auslegung ist der **wirkliche Wille des Erklärenden** zu erforschen, soweit er in der Erklärung nach außen getreten ist. Ein nicht nach außen getretener Wille ist unbeachtlich.[22] Dies entspricht der Auslegung empfangsbedürftiger Willenserklärungen im materiellen Recht. Im Zweifel ist dabei davon auszugehen, dass die Beteiligten sich so verstanden wissen möchten, dass ihr Anliegen erfolgreich ist.[23] Hiernach kommt in entsprechender Anwendung des § 140 BGB auch die Umdeutung einer fehlerhaften Verfahrenserklärung in Betracht.[24]

4. Willensmängel. Jede Verfahrenshandlung setzt eine bewusste Entäußerung voraus. Fehlt diese, mangelt es bereits am Tatbestand einer Verfahrenserklärung.[25] Hinsichtlich der Behandlung sonstiger, in Bezug auf den Erfolgswillen des Erklärenden bestehender Willensmängel enthält das Verfahrensrecht anders als das materielle Recht keine besonderen Vorschriften. Offensichtliche Mängel werden bereits im Rahmen der Auslegung ausgeräumt. Im Übrigen gilt, dass sich eine entsprechende Anwendung der §§ 119 ff. BGB verbietet, weil die rückwirkende **Anfechtung** mit den Eigenarten eines Verfahrens unvereinbar ist.[26] Das Verfahren darf nicht mit der Unsicherheit belastet werden, ob die durch eine Erklärung ausgelöste Umgestaltung Bestand hat. In Bezug auf das Bedürfnis nach Vermeidung verfahrensmäßiger Unsicherheit unterscheiden sich Be- und Erwirkungshandlungen (vgl. Rn. 6). **Erwirkungshandlungen** gestalten das Verfahren nicht unmittelbar und selbstständig um.[27] Vielmehr gestaltet erst das Gericht auf eine Erwirkungshandlung hin das Verfahren. Deshalb bestehen keine Bedenken dagegen, dass Erwirkungshandlungen, solange sie noch nicht zur Grundlage einer gerichtlichen Verfahrensgestaltung geworden sind und eine etwaig zu beachtende Frist noch nicht abgelaufen ist, berichtigt, ergänzt oder widerrufen bzw. geändert oder zurückgenommen werden können.[28] In Antragsverfahren lässt § 22 weitergehend die Rücknahme des Antrags sogar bis zum rechtskräftigen Abschluss des Verfahrens zu, selbst wenn das Gericht den Antrag bereits beschieden hat (vgl. § 22 Abs. 2). **Bewirkungshandlungen** oder Erwirkungshandlungen, auf deren Grundlage das Verfahren gerichtlich gestaltet wurde, können dagegen nur widerrufen werden, soweit ein Wiederaufnahmegrund vorliegt.[29] Im Übrigen sind Verfahrenserklärungen bindend, auch wenn sie an einem Willensmangel leiden.

III. Erklärung zur Niederschrift der Geschäftsstelle (Abs. 2)

1. Zuständigkeit des Urkundsbeamten. Soweit die Abgabe von Anträgen oder Erklärungen zur Niederschrift zulässig ist (vgl. Rn. 4 f.), ist für die Entgegennahme grds. die Geschäftsstelle zuständig. Diese ist nach § 153 Abs. 1 GVG bei jedem Gericht zu errichten und mit der erforderlichen

---

[18] Vgl. *Rosenberg/Schwab/Gottwald* § 65 Rn. 1.
[19] Vgl. *Keidel/Kuntze/Winkler/Zimmermann* § 11 FGG Rn. 32; *Zöller/Greger* Vor § 128 ZPO Rn. 20.
[20] *Stein/Jonas/Leipold* Vor § 128 ZPO Rn. 247.
[21] AA BGH NJW 2007, 1460: keine Auslegung (vermeintlich?) eindeutiger Erklärungen.
[22] *Stein/Jonas/Leipold* Vor § 128 ZPO Rn. 247.
[23] Vgl. BGH NJW 1992, 566, 567; *Rosenberg/Schwab/Gottwald* § 65 Rn. 19; *Zöller/Greger* Vor § 128 ZPO Rn. 25.
[24] Vgl. BGH NJW 2007, 1460, 1461; *Zöller/Greger* Vor § 128 ZPO Rn. 25.
[25] Vgl. *Rosenberg/Schwab/Gottwald* § 65 Rn. 39.
[26] BGH NJW 1981, 2193, 2194; 2007, 1460, 1461; *Zöller/Greger* Vor § 128 ZPO Rn. 21.
[27] *Zöller/Greger* Vor § 128 ZPO Rn. 14.
[28] Vgl. *Rosenberg/Schwab/Gottwald* § 65 Rn. 42 ff.; *Zöller/Greger* Vor § 128 ZPO Rn. 23.
[29] Vgl. BGH NJW 1981, 2193, 2194; *Stein/Jonas/Leipold* Vor § 128 ZPO Rn. 286.

Anzahl an Urkundsbeamten zu besetzen. Weitere Einzelheiten der Organisation regelt § 153 GVG. Der Urkundsbeamte wird im Rahmen des § 25 für die Geschäftsstelle tätig. Zuständig ist entweder die Geschäftsstelle des in der Sache zuständigen Gerichts oder die Geschäftsstelle eines **Amtsgerichts** im Geltungsbereich des GVG. Die Entscheidung, welche Abteilung der Geschäftsstelle mit der Aufgabe betraut wird (zB Rechtsantragsstelle), ist eine Maßnahme der Justizverwaltung; sie obliegt dem Präsidenten oder aufsichtsführenden Richter.[30]

12   **2. Verfahren vor der Geschäftsstelle.** Das angegangene Gericht ist, soweit es für die Aufnahme einer Verfahrenserklärung zuständig ist (vgl. Rn. 11), verpflichtet, die Verfahrenserklärung **zur Niederschrift entgegenzunehmen.**[31] Es darf den Beteiligten nicht an das in der Sache für das Verfahren zuständige Gericht oder ein Gericht am Wohnsitz des Beteiligten verweisen. Der aufnehmende Urkundsbeamte ist grds. nicht berechtigt oder verpflichtet, die Verfahrenserklärung inhaltlich nachzuprüfen. Allerdings soll bereits der Urkundsbeamte die Verfahrensbeteiligten unterstützen und auf sachdienliche sowie formgerechte Anträge hinwirken (vgl. § 28 Abs. 2).[32] Hierzu muss er ggf. das Anliegen des Beteiligten erfragen und durch Hilfestellung bei der Formulierung für einen klaren Inhalt der Erklärung sorgen. Nur hierdurch wird der Zweck der Formerleichterung erreicht. Soweit für den Urkundsbeamten ersichtlich ist, dass die aufzunehmende Erklärung fristgebunden ist, muss er den Beteiligten über die Folgen nach Abs. 2 S. 2 belehren (vgl. Rn. 18).[33]

13   Nur soweit ein Beteiligter die Befugnis zur Erklärung gegenüber der Geschäftsstelle missbraucht oder das Gericht kraft seines Hausrechts gegen einen Beteiligten einschreiten kann, darf die Aufnahme einer Erklärung **abgelehnt werden.** Im Übrigen berechtigen weder beleidigende, noch strafbare Inhalte der Erklärung eine Ablehnung.[34] Vielmehr ist die Geschäftsstelle dazu verpflichtet, die Erklärung ihrem sachlichen Kern entsprechend niederzuschreiben. Die Bewertung, ob eine Verfahrenserklärung querulatorisch, unverständlich oder unsinnig ist, obliegt der in der Sache zuständigen Gerichtsperson, nicht aber dem Urkundsbeamten.[35] Gegen die Ablehnung durch den Urkundsbeamten findet die Erinnerung in entsprechender Anwendung des § 573 ZPO statt.

14   Nach **Fertigstellung** der Niederschrift darf der Urkundsbeamte diese nicht mehr verändern. Er darf lediglich offensichtliche Schreibfehler berichtigen. Inhaltliche Korrekturen sind unzulässig. Die Niederschrift ist fertig gestellt, wenn der Urkundsbeamte die Erklärung niedergeschrieben und der Erklärende hierauf zu erkennen gegeben hat, dass diese seine Erklärung vollständig und abschließend wiedergibt. Eine entsprechende Kundgabe erfolgt spätestens dadurch, dass der Erklärende die Niederschrift unterzeichnet. Voraussetzung für die Fertigstellung der Niederschrift ist seine Unterschrift jedoch nicht. Die Änderung einer fertig gestellten Niederschrift kann auch nicht mit Zustimmung desjenigen erfolgen, von dem die Erklärung stammt. Möglich ist aber durch eine weitere Erklärung zur Niederschrift, die vorangegangene Erklärung zu ändern.

15   **3. Form der Niederschrift.** Eine besondere Form oder einen Mindestinhalt schreibt § 25 ebenso wenig wie § 129a ZPO vor. Aus ihrer Funktion folgt, dass die Niederschrift in deutscher Sprache (vgl. § 184 GVG) abgefasst werden und zunächst den **Inhalt der Verfahrenserklärung** enthalten muss. Außerdem muss sie erkennen lassen, dass sie in amtlicher Eigenschaft aufgenommen wurde. Dementsprechend sollten **Gericht,** Name und Amtsbezeichnung des **Urkundsbeamten** aufgenommen sowie die Niederschrift vom Urkundsbeamten unterschrieben werden.[36] Zur Klärung der Urheberschaft ist die genaue Bezeichnung der vor der Geschäftsstelle erschienenen **Person** aufzunehmen. Um den späteren Einwand einer unrichtigen Niederschrift zu entkräften, sollte ein Vermerk aufgenommen werden, dass die Niederschrift dem Erschienenen vorgelesen und von diesem genehmigt wurde. Ergänzend sollte der Erklärende die Niederschrift unterzeichnen. Verweigert er dies und kommt hierin zum Ausdruck, dass er sich vom Inhalt der Niederschrift distanziert, ist die Niederschrift unwirksam.[37] Um die Weiterleitung der Niederschrift an die sachlich zuständige Gerichtsperson sicherzustellen, sollte in die Niederschrift eine **genaue Bezeichnung der betroffenen Angelegenheit** aufgenommen werden. Schließlich sollte das **Datum** der Errichtung erkennbar sein,[38] um die Unverzüglichkeit der Weiterleitung prüfen zu können.

---

[30] Vgl. oben § 129a ZPO Rn. 3.
[31] Vgl. *Jansen/v. König* § 11 FGG Rn. 20; *Schlegelberger* § 11 FGG Rn. 11.
[32] Vgl. *Jansen/v. König* § 11 FGG Rn. 1; *Schlegelberger* § 11 FGG Rn. 1.
[33] Vgl. oben § 129a ZPO Rn. 8.
[34] AA *Jansen/v. König* § 11 FGG Rn. 20; *Schlegelberger* § 11 FGG Rn. 14.
[35] Vgl. *Schlegelberger* § 11 FGG Rn. 14.
[36] Vgl. *Bassenge/Roth* § 11 FGG Rn. 14.
[37] BayObLG Rpfleger 1961, 355; *Bassenge/Roth* § 11 FGG Rn. 2.
[38] *Schlegelberger* § 11 FGG Rn. 19.

Aus dem Wesen der Niederschrift durch den Urkundsbeamten folgt, dass dieser den **Inhalt** der **16** Niederschrift **selbst abgefasst** bzw. diesen verantwortet haben muss.[39] Dies umfasst allerdings nicht die Verpflichtung, die Äußerungen des Erklärenden umzuformulieren. Vielmehr kann sich der Urkundsbeamte die Formulierungen des Erklärenden nach Prüfung zu Eigen machen.[40] Hieran bestehen jedoch deutliche Zweifel, wenn lediglich eine vorgefertigte Erklärung um Eingangs- und Schlussformel ergänzt, ein Diktat aufgenommen[41] oder auf eine vom Beteiligten vorgefertigte Erklärung Bezug genommen wird,[42] weil der Urkundsbeamte jeweils keinen Einfluss auf den Inhalt der Erklärung nehmen konnte.

4. Fehler der Niederschrift. Ein Verstoß gegen den **Sollinhalt** der Niederschrift berührt die **17** Wirksamkeit der Niederschrift grds. nicht. Abweichendes kann sich aus dem für die niedergeschriebene Verfahrenserklärung geltenden Verfahrensrecht ergeben, sofern dieses strengere Anforderungen stellt. Unwirksam sind jedoch Niederschriften der **unzuständigen Urkundsperson.**[43] Die Handlung einer unzuständigen Urkundsperson kann Anknüpfungspunkt für Amtshaftungsansprüche sein. Unwirksam ist zB eine Erklärung zur Niederschrift in Verfahren, in denen Anwaltszwang besteht. Unwirksam ist aber auch die Niederschrift einer Geschäftsstelle des Landgerichts, welches nicht Verfahrensgericht ist, oder der Geschäftsstelle einer Staatsanwaltschaft. Wird anstelle der Geschäftsstelle der Richter oder Rechtspfleger tätig, ist dies dagegen unschädlich[44] und ermöglicht zB die wirksame Einlegung der Beschwerde zur Niederschrift der Gerichtsperson, welche die angefochtene Entscheidung erlassen hat. Richter und Rechtspfleger sind jedoch nicht zur Aufnahme verpflichtet.[45]

IV. Erklärung vor dem unzuständigen Gericht (Abs. 3)

1. Unverzügliche Übermittlung. Die Erklärung zur Niederschrift muss nicht vor dem für das **18** Verfahren sachlich und örtlich zuständigen Gericht abgegeben werden (vgl. Rn. 11). Vielmehr kann die für das zuständige Gericht bestimmte Verfahrenserklärung auch vor der Geschäftsstelle eines in der Sache nicht zuständigen Amtsgerichts abgegeben werden. In diesem Fall muss die angegangene Geschäftsstelle ihre Niederschrift **unverzüglich dem Adressatgericht übermitteln** (Abs. 3 S. 1). Welches Gericht das Adressatgericht ist, bestimmt sich nicht danach, welches Gericht zuständig wäre, sondern danach, für welches Gericht der Erklärende seine Verfahrenserklärung bestimmt. Adressiert der Erklärende seine Verfahrenshandlung an ein unzuständiges Gericht, ist sie diesem zu übermitteln. Das Adressatgericht muss die Erklärung nach Eingang bei ihm so behandeln, als sei bei ihm eine schriftliche Beteiligtenerklärung eingegangen. Eine solche Erklärung ist nicht unwirksam (vgl. § 2 Abs. 3). **Unverzüglich** heißt mit der gebotenen Zügigkeit und ohne schuldhafte Verzögerungen. Die Dringlichkeit einer Verfahrenserklärung wird durch ihren Inhalt bestimmt.[46] Der Vorteil der Formerleichterung darf nicht durch die Trägheit des Geschäftsgangs in Frage gestellt werden.[47]

2. Wirksamkeit/Wirksamkeitszeitpunkt. Abs. 2 erleichtert die Abgabe einer Erklärung, in- **19** dem der Erklärende nicht beim Adressatgericht erscheinen muss. Die Vorschrift ändert aber nichts an der gerichtlichen Zuständigkeit als Adressat der Erklärung.[48] Vielmehr wird auch eine zu Protokoll der Geschäftsstelle abgegebene Verfahrenserklärung nach Abs. 3 S. 2 erst mit ihrem **Eingang beim Adressatgericht** (vgl. Rn. 18) wirksam.[49] Bedeutung erlangt Abs. 3 S. 2 danach nur, wenn das protokollierende Gericht nicht zugleich Adressatgericht ist. Die Vorschrift stellt klar, dass für die Wahrung einer Frist nicht der Zeitpunkt der Protokollierung, sondern der Zeitpunkt des Wirksamwerdens, dh. der Eingang beim richtigen Adressaten maßgeblich ist. Ist das bezeichnete **Adressatgericht unzuständig,** führt eine wortlautgetreue Anwendung zu dem Ergebnis, dass die Wirksamkeit in dem Zeitpunkt eintritt, in welchem die Erklärung beim unzuständigen Adressatgericht eingeht. Dies widerspricht jedoch Sinn und Zweck des Abs. 3 S. 2. Der Erklärende soll danach so

---

[39] Vgl. OLG Köln NZM 2004, 557; *Bassenge/Roth* § 11 FGG Rn. 3; *Schlegelberger* § 11 FGG Rn. 18.
[40] Vgl. *Bassenge/Roth* § 11 FGG Rn. 3.
[41] Vgl. BayObLG Rpfleger 1995, 342; *Bassenge/Roth* § 11 FGG Rn. 3; *Keidel/Kuntze/Winkler/Zimmermann* § 11 FGG Rn. 20.
[42] Vgl. OLG Köln NJW-RR 1995, 968, 969; NZM 2004, 557; *Bassenge/Roth* § 11 FGG Rn. 3.
[43] BGH NJW 1952, 1386; *Keidel/Kuntze/Winkler/Zimmermann* § 11 FGG Rn. 25; *Smid* Rpfleger 1962, 301, 302.
[44] Vgl. *Bassenge/Roth* § 11 FGG Rn. 4; *Keidel/Kuntze/Winkler/Zimmermann* § 11 FGG Rn. 25; *Schlegelberger* § 11 FGG Rn. 20.
[45] *Keidel/Kuntze/Winkler/Zimmermann* § 11 FGG Rn. 27.
[46] Vgl. oben § 129a ZPO Rn. 8.
[47] Vgl. oben § 129a ZPO Rn. 8.
[48] *Stein/Jonas/Leipold* § 129a ZPO Rn. 18.
[49] *Stein/Jonas/Leipold* § 129a ZPO Rn. 18.

gestellt werden, als wäre ein von ihm verfasster Schriftsatz im Zeitpunkt des Eingangs beim Adressatgericht dort eingegangen. In diesem Fall ist das unzuständige Adressatgericht im Rahmen des gewöhnlichen Geschäftsgangs verpflichtet, die Erklärung an das zuständige Gericht zu übermitteln. Soweit Fristen zu wahren sind, ist letztlich der Eingang beim zuständigen Gericht maßgeblich.[50] Abweichend hiervon kann für fristgebundene verfahrenseinleitende Anträge auf den Eingang beim Adressatengericht abzustellen sein. So folgt aus § 17b Abs. 1 GVG, dass die im falschen Rechtsweg begründete Rechtshängigkeit im Falle der Verweisung erhalten bleibt. Für die Verweisung auf Grund örtlicher Unzuständigkeit innerhalb eines Rechtswegs gilt nichts Abweichendes.

20 Wird eine Frist versäumt, weil das aufnehmende Gericht die Verfahrenserklärung nicht unverzüglich übermittelt oder das Adressatgericht diese nicht unverzüglich an das zuständige Gericht weiterleitet, kommt eine Wiedereinsetzung in die versäumte Frist in Betracht (vgl. § 17 Rn. 4 ff.).[51] Außerdem kann die Verzögerung Anknüpfungspunkt für Amtshaftungsansprüche sein.

§ 26 Ermittlung von Amts wegen

Das Gericht hat von Amts wegen die zur Feststellung der entscheidungserheblichen Tatsachen erforderlichen Ermittlungen durchzuführen.

Schrifttum: *Brehm,* Der Allgemeine Teil des Referentenentwurfs eines Gesetzes zur Reform des Verfahrens in Familiensachen und in den Angelegenheiten der freiwilligen Gerichtsbarkeit (FamFG), FPR 2006, 401; *Grunsky,* Grundfragen des Verfahrensrechts, 1970; *Lindacher,* Verfahrensgrundsätze in der freiwilligen Gerichtsbarkeit, JuS 1978, 577; *Rieble,* Der CGM-Beschluss des ArbG Stuttgart, BB 2005, 885; *Schreiber,* Der Verhandlungsgrundsatz im Zivilprozeß, JURA 1989, 86; *Thubauville,* Die Wirkungen von Verzicht, Anerkenntnis, Geständnis, Nichtbestreiten und Säumnis in Streitverfahren der freiwilligen Gerichtsbarkeit, 1993.

Übersicht

	Rn.		Rn.
I. Allgemeines	1, 2	b) Erforderlichkeit	14
1. Normzweck	1	c) Möglichkeit	15, 16
2. Anwendungsbereich	2	4. Amtsermittlungspflicht und Mitwirkung der Beteiligten	17, 18
II. Bedeutung des Untersuchungsgrundsatzes	3–5	a) Bindung an das Vorbringen der Beteiligten	17
III. Ermittlungspflicht des Gerichts	6–18	b) Einfluss der Beteiligten auf die Ermittlungspflicht	18
1. Inhalt der Ermittlungspflicht	6–9		
a) Allgemeines	6	**IV. Durchführung der Ermittlungen**	19
b) Gegenstand der Ermittlungspflicht	7, 8	**V. Verletzung der Ermittlungspflicht**	20–23
c) Vorgehen des Gerichts	9	1. Verletzung	20
2. Anlass für Ermittlungen	10, 11	2. Rechtsfolgen	21–23
3. Grenzen der Ermittlungspflicht	12–16		
a) Entscheidungserheblichkeit	12, 13		

I. Allgemeines

1 **1. Normzweck.** Die Vorschrift übernimmt aus § 12 FGG den Grundsatz der Amtsermittlung, der teilweise auch in anderen Verfahrensordnungen gilt (vgl. § 83 Abs. 1 S. 1 ArbGG, § 76 Abs. S. 1 FGO, § 103 S. 1 Halbs. 1 SGG, § 244 Abs. 2 StPO, § 86 Abs. 1 S. 1 Halbs. 1 VwGO). Danach obliegt abweichend vom Beibringungsgrundsatz, der im Zivilprozess und im arbeitsgerichtlichen Urteilsverfahren gilt, dem Gericht die **Verantwortung** für die Vollständigkeit und Richtigkeit der entscheidungserheblichen Tatsachen.[1] Als Folge dieser Verantwortung leitet und steuert das Gericht die Beschaffung der tatsächlichen Entscheidungsgrundlagen ohne Bindung an die Beteiligten (vgl. § 29 Abs. 1 S. 2). Der in § 26 niedergelegte Grundsatz wird in §§ 27, 28 Abs. 1 S. 1, 29–31 weiter konkretisiert. Er wird ergänzt und begrenzt durch die Mitwirkung der Beteiligten (vgl. § 27), welche den Sachverhalt typischerweise besser kennen als das Gericht. Beide Vorschriften sind aufeinander bezogen und wirken eng zusammen.[2] An die Ermittlung der tatsächlichen Entscheidungsgrundlagen

---

[50] Vgl. *Stein/Jonas/Leipold* § 129a ZPO Rn. 18.
[51] Amtl. Begr. FamFG (BT-Drucks. 16/6308) S. 186.
[1] Vgl. *Jansen/Briesemeister* § 12 FGG Rn. 40; *Lent* § 12 II.
[2] Vgl. *Baumbach/Lauterbach/Hartmann* § 27 Rn. 1.

schließt sich deren Verifizierung an, welche nach pflichtgemäßem, teilweise gebundenem Ermessen des Gerichts entweder durch formlose (vgl. § 29) oder förmliche Beweisaufnahme nach den Vorschriften der Zivilprozessordnung (vgl. § 30) erfolgt.[3] Für besondere Fälle darf sich das Gericht sogar mit einer bloßen Glaubhaftmachung begnügen (vgl. § 31). Das FGG enthielt hierzu deutlich weniger detaillierte Regelungen. Inhaltlich wird die bereits im Wege der Auslegung aus § 12 FGG gewonnene Rechtslage allerdings nicht geändert.

2. Anwendungsbereich. Keine Anwendung findet § 26 in Ehesachen nach §§ 121 ff. und Familienstreitsachen nach § 112 (vgl. § 113 Abs. 1 S. 1). Für **Ehesachen** enthält § 127 eine eigenständige Regelung, nach welcher der Grundsatz der Sachverhalt ebenfalls von Amts wegen festgestellt wird (vgl. § 127 Abs. 1). Hinsichtlich der die Scheidung begründenden Umstände (vgl. § 127 Abs. 2) sowie die eine Scheidung auf Grund einer besonderen Härte ausschließenden Tatsachen (vgl. § 127 Abs. 3) wird die Amtsermittlungspflicht jedoch eingeschränkt. Dort gilt der Beibringungsgrundsatz. Der Beibringungsgrundsatz der ZPO gilt nach § 113 Abs. 1 S. 2 zudem in **Familienstreitsachen.** Im Übrigen gilt jedoch in allen FamFG-Verfahren der Amtsermittlungsgrundsatz, soweit im Einzelfall nichts Abweichendes angeordnet wird. Eine vorrangig zu beachtende Modifikation enthält zB § 177 für die Anfechtung der Vaterschaft. Die Anfechtung begründende Tatsachen dürfen nicht von Amts wegen berücksichtigt werden, soweit der Anfechtende ihrer Berücksichtigung widerspricht.

II. Bedeutung des Untersuchungsgrundsatzes

Im Geltungsbereich des Untersuchungsgrundsatzes obliegt die **Verantwortung** für die Beschaffung der tatsächlichen Entscheidungsgrundlagen dem **Gericht** und nicht den Beteiligten. Anders als unter Geltung des Beibringungsgrundsatzes müssen nicht die Beteiligten den für die Entscheidung relevanten Sachverhalt vortragen, um ihn ins Verfahren einzuführen.[4] Vielmehr muss das Gericht die insoweit geeigneten und erforderlichen Ermittlungen selbst veranlassen und hierdurch die Vollständigkeit der Entscheidungsgrundlagen sichern. Erweist sich das Vorliegen einer Tatsache als zweifelhaft, besteht keine Verpflichtung der Beteiligten, die geeigneten und erforderlichen Beweismittel zu benennen oder herbeizuschaffen. Vielmehr muss das Gericht auch insoweit selbstständig tätig werden.[5] Wie es hierbei zu verfahren hat, regeln §§ 29 f.

Nicht unmittelbarer aus dem Amtsermittlungsgrundsatz folgt dagegen, dass die Beteiligten nicht durch Bestreiten, Zugestehen oder ein das Gericht bindendes Geständnis über den **Wahrheitsgehalt** und die **Beweisbedürftigkeit** einer Tatsache disponieren können.[6] Allerdings hat der Gesetzgeber hierfür in § 29 Abs. 1 S. 2 eine ausdrückliche Anordnung getroffen. Deshalb erfolgt die Feststellung der Tatsachen, dh. ihre Verifizierung, unabhängig vom Vorbringen der Beteiligten nach pflichtgemäßem Ermessen des Gerichts.[7] Folge der fehlenden Bindungswirkung eines Geständnisses ist u. a., dass Säumnisentscheidungen vergleichbar den §§ 330 f. ZPO ausgeschlossen sind.[8] Auch können die Beteiligten keinen Vergleich über die tatsächlichen Entscheidungsgrundlagen treffen (vgl. § 36 Rn. 9). Dagegen schließen weder der Untersuchungsgrundsatz noch die Regelung des § 29 Abs. 1 S. 2 ein Anerkenntnis oder einen Verzicht aus (vgl. Vor §§ 23 Rn. 14).

Durch die Geltung des Untersuchungsgrundsatzes iVm. § 29 Abs. 1 S. 2 wird die **objektive Richtigkeit** der Entscheidung gesichert.[9] Das Gesetz will sich nicht mit einer bloß formellen Wahrheit begnügen.[10] Dies erlangt insbesondere dort Bedeutung, wo besonders schutzwürdige, nicht disponible Interessen berührt werden,[11] zB in nichtstreitigen, fürsorgenden Verfahren. Hier kann die Beschaffung der Tatsachengrundlagen anders als im streitigen Zivilprozess nicht den Beteiligten überlassen werden. Diese Wertung trägt allerdings nicht im gleichen Maße, soweit die Beteiligten nach materiellem Recht dispositionsbefugt sind. Soweit hieraus für **Streitverfahren** (vgl. Vor §§ 23 ff. Rn. 2 f.) teilweise Relativierungen der Amtsermittlungspflicht abgeleitet werden, ist dies nicht gerechtfertigt, weil das Gesetz für Streitverfahren keine generellen Sondervorschriften enthält.[12] Auch

---

[3] Amtl. Begr. FamFG (BT-Drucks. 16/6308) S. 186.
[4] Vgl. *Bassenge/Roth* § 12 FGG Rn. 1.
[5] *Baur*, FGG, § 16 III.
[6] AA BayObLG BayVBl 1972, 502, 503.
[7] KG NJW 2001, 903, 904; *Brehm* § 10 Rn. 22.
[8] *Bassenge/Roth* Einleitung Rn. 53; *Schlegelberger* § 12 FGG Rn. 6.
[9] Vgl. BayObLG BayVBl 1972, 502, 503; *Jansen/Briesemeister* § 12 FGG Rn. 40; *Klüsener* Rn. 57.
[10] *Schlegelberger* § 12 FGG Rn. 6.
[11] Vgl. *Schreiber* JURA 1989, 86, 87.
[12] Vgl. *Bassenge/Roth* § 12 FGG Rn. 1; *Jansen/Briesemeister* § 12 FGG Rn. 5; *Lent* § 12 II; *Schlegelberger* § 12 FGG Rn. 7; aA *Grunsky*, Grundfragen, §§ 20, 21; *Thubauville*, Wirkungen S. 336 ff., 345 für das Geständnis in Streitverfahren.

besteht kein Wertungswiderspruch zwischen materiell-rechtlicher Dispositionsbefugnis und Amtsermittlungspflicht. Sowohl die den Beteiligten des FamFG-Verfahrens zukommende Fürsorge (vgl. Vor §§ 23 ff. Rn. 19) als auch der Schutz der Autorität sowie des Ansehens des Gerichts rechtfertigen es, dass Entscheidungen unabhängig von Dispositionen der Beteiligten nur auf einer objektiv richtigen Tatsachengrundlage getroffen werden.

III. Ermittlungspflicht des Gerichts

6 **1. Inhalt der Ermittlungspflicht. a) Allgemeines.** Nach § 26 hat das Gericht die zur Feststellung der entscheidungserheblichen Tatsachen erforderlichen Ermittlungen durchzuführen. Es ist danach nicht nur berechtigt, sondern sogar verpflichtet, von sich aus die für die Entscheidung maßgebliche Tatsachengrundlage zu beschaffen.[13] Ein Ermessen kommt ihm hierbei nicht zu.[14] Die Beschaffung der Entscheidungsgrundlagen darf nicht allein den Beteiligten oder Dritten überlassen werden.[15] Das Gericht ist zunächst verpflichtet, den **maßgeblichen Sachverhalt** zu identifizieren, zusammenzutragen und in das Verfahren **einzuführen.**[16] Zu diesem Zweck muss es den ihm überantworteten Lebenssachverhalt auf entscheidungserhebliche Tatsachen untersuchen. Ziel dieser Ermittlungen ist die Vollständigkeit der tatsächlichen Entscheidungsgrundlagen. Die Ermittlungspflicht des Gerichts hindert nicht, dass Beteiligte oder Dritte Tatsachen in das Verfahren einführen. Außerdem muss das Gericht von Amts wegen die **Richtigkeit der tatsächlichen Entscheidungsgrundlagen absichern,** indem es die ins Verfahren eingeführten Tatsachen in der gebotenen Form (formlose oder förmliche Beweisaufnahme, vgl. § 30 Rn. 3 ff.) aufklärt und feststellt.[17] Wie und in welchem Ausmaß das Gericht diese Feststellungen trifft, regeln §§ 29 f. Aus § 26 folgt insoweit die Verpflichtung des Gerichts, die für die Sachverhaltsfeststellung geeigneten Erkenntnisquellen (Beweismittel) auszusuchen und auszuschöpfen (vgl. § 29 Rn. 8).

7 **b) Gegenstand der Ermittlungspflicht.** Gegenstand der Ermittlungspflicht sind grds. nur **Tatsachen, nicht aber Rechtsfragen.** Aus der Natur der gerichtlichen Tätigkeit folgt, dass dem Gericht das deutsche Recht bekannt sein muss.[18] Das Gericht darf deshalb die Auslegung des Rechts nicht zum Gegenstand einer Ermittlung, zB durch Einholung eines Gutachtens machen. Entsprechend der Regelung des § 293 ZPO steht das in einem anderen Staat geltende Recht, die Gewohnheitsrechte und Statuten im Hinblick auf ihre Einführung in das Verfahren und ihre Verifizierung einer Tatsache gleich.[19] Das Gericht muss in Wahrnehmung seiner Untersuchungspflicht hierüber von Amts wegen eine Klärung herbeiführen, indem es alle zugänglichen Erkenntnisquellen, zB durch Einholung von Auskünften oder Gutachten, ausschöpft.[20] Die Ermittlung des Wortlauts einer ausländischen Regelung ist insoweit unzureichend, vielmehr bedarf der Aufklärung auch, wie das ausländische Recht ausgelegt und angewendet wird.[21]

8 Die Ermittlungspflicht bezieht sich sowohl unmittelbar als auch mittelbar auf die für die gerichtliche Entscheidung, welche Ziel des Verfahrens ist, erheblichen tatsächlichen Grundlagen. Dies umfasst sowohl die **Sachentscheidungsvoraussetzungen,** wie zB die Stellung als Beteiligter, die Beteiligtenfähigkeit, die Verfahrensfähigkeit, das Vorliegen ausreichender Vertretungsmacht, als auch **die Voraussetzungen der sachlichen Entscheidung.** Das Gericht muss jeweils nicht nur ermitteln, ob eine Tatsache vorliegt und wie sich diese unmittelbar feststellen lässt.[22] Vielmehr muss es ggf. auch Indizien ermitteln und feststellen, welche auf das Vorliegen der eigentlich entscheidungserheblichen Tatsache schließen lassen.[23]

9 **c) Vorgehen des Gerichts.** Eine bestimmte **Reihenfolge** der Ermittlungen schreibt § 26 nicht vor.[24] Diese ergibt sich vielmehr aus denjenigen Vorschriften, welche die Ermittlungen inhaltlich steuern. So gebietet der Prüfungs- und Entscheidungsvorrang der Sachentscheidungsvoraussetzungen, dass zunächst die für deren Prüfung notwendigen Entscheidungsgrundlagen ermittelt und fest-

---

[13] *Lent* § 12 II.
[14] AA *Keidel/Kuntze/Winkler/Schmidt* § 12 FGG Rn. 118; *Lent* § 12 II.
[15] *Jansen/Briesemeister* § 12 FGG Rn. 59; *Lent* § 12 III.
[16] Vgl. *Jansen/Briesemeister* § 12 FGG Rn. 40.
[17] Vgl. *Jansen/Briesemeister* § 12 FGG Rn. 40.
[18] Vgl. BGHZ 36, 348, 353; *Keidel/Kuntze/Winkler/Schmidt* § 12 FGG Rn. 125.
[19] *Bassenge/Roth* § 12 FGG Rn. 2; *Jansen/Briesemeister* § 12 FGG Rn. 36.
[20] BayObLG FGPrax 1998, 240; *Josef* § 12 FGG Nr. IV; vgl. auch BGHZ 36, 348, 353; BGH NJW 1961, 410, 410 f.
[21] Vgl. *Keidel/Kuntze/Winkler/Schmidt* § 12 FGG Rn. 126.
[22] Vgl. *Jansen/Briesemeister* § 12 FGG Rn. 48.
[23] Vgl. *Jansen/Briesemeister* § 12 FGG Rn. 48.
[24] *Lent* § 12 III.

gestellt werden.²⁵ Nur soweit nach rechtlicher Prüfung auf der Grundlage des insoweit festgestellten Sachverhalts die **Sachentscheidungsvoraussetzungen** gegeben sind, darf das Gericht Ermittlungen hinsichtlich des eigentlichen Verfahrensgegenstands aufnehmen. Innerhalb der Sachentscheidung lassen sich zwar dem materiellen Recht Aussagen über den Vorrang einzelner Tatbestandsmerkmale entnehmen. Hieran muss sich das Gericht jedoch im Regelfall nicht orientieren. Vielmehr kann sich das Gericht im Rahmen pflichtgemäßen Ermessens auch von Praktikabilitätserwägungen leiten lassen und die für ein nachrangiges Tatbestandsmerkmal maßgeblichen Tatsachen vorrangig ermitteln. Ein solches Vorgehen ist jedoch dann ausgeschlossen, wenn der Prüfungsvorrang einzelner Tatbestandsmerkmale dem Schutz einzelner Beteiligter und ihren (Geheimhaltungs-)Interessen dient. Ist dies der Fall, darf das Gericht nicht vorschnell möglicherweise nicht entscheidungserhebliche Tatsachen ausforschen.

2. Anlass für Ermittlungen. Das Gericht muss keine Ermittlungen über Tatsachen oder geeignete Beweismittel „ins Blaue hinein" entfalten.²⁶ Es muss nicht „auf Verdacht" jede – aus seiner Sicht – mehr oder weniger nur theoretische Möglichkeit berücksichtigen.²⁷ Vielmehr setzt die Pflicht zur Sachverhaltsermittlung erst ein, wenn hierfür ein ausreichender Anlass besteht.²⁸ Dies ist der Fall, wenn der dem Gericht bekannte Sachverhalt unter Berücksichtigung der Erfahrungen einer mit dem einschlägigen Sachgebiet vertrauten Gerichtsperson **Anhaltspunkte für sachdienliche und erfolgversprechende Ermittlungen** liefert.²⁹ Derartige Anhaltspunkte können sich insbesondere aus gerichtsbekannten Umständen, Mitteilungen (vgl. § 22a), Anträgen (vgl. § 23), Anregungen (vgl. § 24) aber auch generell aus dem tatsächlichen Vorbringen der Beteiligten ergeben, welche dem einschlägigen Sachverhalt regelmäßig näher stehen als die zur Entscheidung berufene Gerichtsperson.

10

Durch ihr **Vorbringen** machen **Beteiligte,** Anregende und sonstige Dritte bestimmte Tatsachen zum Gegenstand des Verfahrens. Dies bedeutet allerdings nicht, dass das Gericht verpflichtet ist, jede von einem Beteiligten oder einem Dritten benannte Tatsache zum Anlass für weitere Ermittlungen zu nehmen. Vielmehr löst auch das Vorbringen der Beteiligten oder Dritter eine Pflicht zu weiteren Ermittlungen nur in den allgemeinen Grenzen (vgl. Rn. 12 ff.) aus, weshalb insbesondere nur entscheidungserhebliches Vorbringen weitere Ermittlungen auslösen kann und nur insoweit, als diese möglich und erforderlich sind. Außerdem muss das Vorbringen der Beteiligten oder Dritter Anlass für weitere Ermittlungsmaßnahmen geben. Hieran fehlt es, wenn das Gericht auf der Grundlage des ihm bekannten und bereits festgestellten Sachverhalts bereits zu der Überzeugung gelangt ist, dass eine vorgetragene Tatsache nicht festgestellt werden kann und eine Änderung dieser Überzeugung nicht zu erwarten ist.³⁰

11

3. Grenzen der Ermittlungspflicht. a) Entscheidungserheblichkeit. Das Gericht muss die entscheidungserheblichen Tatsachen ermitteln. Hieraus folgt zunächst, dass die Ermittlungen auf den **Gegenstand des Verfahrens** beschränkt sind, weil die Entscheidungsbefugnis des Gerichts hierüber nicht hinausreicht. Soweit Verfahren nur auf Antrag eines Beteiligten eingeleitet werden können, bestimmt dieser den Verfahrensgegenstand und das Gericht ist an die Festlegung gebunden. Darüber hinausgehende Ermittlungen sind ihm verwehrt. Soweit das Gericht Verfahren von Amts wegen einleiten kann, ist es bei ausreichendem Anlass (vgl. § 24 Rn. 5 ff.) berechtigt, selbst den Verfahrensgegenstand zu bestimmen. Dementsprechend kann das Gericht in Amtsverfahren den Verfahrensgegenstand ändern oder erweitern. Gleichwohl ist das Gericht nicht zu einer freien und unbegrenzten Ermittlung verpflichtet oder berechtigt, weil die Amtsermittlungspflicht dem Gericht nicht erlaubt, Beteiligte nach Belieben „über's Feld zu scheuchen".³¹ Vielmehr gebieten die Subjektstellung der Beteiligten und deren Anspruch auf rechtliches Gehör, dass das Gericht gegenüber den Beteiligten zu erkennen gibt, vor welchem (rechtlichen und tatsächlichen) Hintergrund es eine Aufklärung zu einem bestimmten Punkt für erforderlich hält.³² Dies umfasst zumindest, dass das Gericht gegenüber den Beteiligten zu erkennen gibt, was Gegenstand des Verfahrens ist. Nur in dem hierdurch vom Gericht selbst gesetzten Rahmen besteht die Amtsermittlungspflicht.

12

Innerhalb des Verfahrensgegenstands sind entscheidungserheblich nur solche Tatsachen, deren Vorliegen oder Nichtvorliegen **Einfluss auf das Ergebnis** der gerichtlichen Entscheidung hat.³³

13

---

²⁵ *Habscheid,* FGG, § 19 II 1.
²⁶ BayObLG FamRZ 1976, 234, 240; *Keidel/Kuntze/Winkler/Schmidt* § 12 FGG Rn. 5.
²⁷ KG NJW 2001, 903, 904; *Lindacher* JuS 1978, 577, 581.
²⁸ Vgl. BGH MDR 1955, 348, 349; NJW 1963, 1972, 1973; BayObLG FamRZ 1976, 234, 240.
²⁹ Vgl. BGH MDR 1955, 348, 349; BayObLG FamRZ 1976, 234, 240.
³⁰ Vgl. *Lent* § 12 III.
³¹ Vgl. *Rieble* BB 2005, 885, 891.
³² *Rieble* BB 2005, 885, 891.
³³ Vgl. *Bassenge/Roth* § 12 FGG Rn. 2.

Welche Tatsachen entscheidungserheblich sind, bestimmt das auf den Sachverhalt anwendbare materielle Recht durch die Normierung von Tatbestandsmerkmalen.[34] Ist Gegenstand des Verfahrens die Genehmigung eines Rechtsgeschäfts, sind entscheidungserheblich dessen Genehmigungsbedürftigkeit und Genehmigungsfähigkeit, insbesondere dessen Vorteil- und Sinnhaftigkeit für den durch den Genehmigungsvorbehalt geschützten Beteiligten, nicht aber die Wirksamkeit des zu genehmigenden Rechtsgeschäfts.[35] Durch Auswahl und Auslegung des einschlägigen materiellen Rechts gewinnt das Gericht selbst Einfluss darauf, welche Tatsachen entscheidungserheblich sind. Ob das Gericht seine Ermittlungspflicht erfüllt hat, richtet sich danach, welche Tatsachen auf Grund seiner **Rechtsansicht** entscheidungserheblich sind. Tatsachen, denen das Gericht nach seiner Rechtsansicht keine rechtliche Bedeutung beimisst, sind nicht entscheidungserheblich und müssen vom Gericht nicht aufgeklärt werden. Neben der Rechtsansicht des Gerichts bestimmt außerdem der übrige, ggf. bereits festgestellte Sachverhalt über die Entscheidungserheblichkeit weiterer Tatsachen, weil und soweit er Anhaltspunkte für die Einschlägigkeit weiterer Vorschriften bietet.[36]

14   b) **Erforderlichkeit.** Das Gericht ist nur insoweit zur Sachverhaltserforschung verpflichtet, als dies im Hinblick auf die entscheidungserheblichen Tatsachen erforderlich erscheint.[37] **Erforderlich** ist die (weitere) Aufklärung, wenn sich das Gericht (noch) nicht vom Vorliegen oder Nichtvorliegen aller entscheidungserheblichen Tatsachen mit der für eine Entscheidung notwendigen Sicherheit (vgl. § 37 Rn. 13) in der vorgeschriebenen Form (vgl. § 30 Rn. 3 ff.) überzeugen konnte und eine weitere Aufklärung noch zu erwarten ist.[38] Weitere Ermittlungen sind nicht erforderlich und deshalb einzustellen, wenn von ihnen kein sachdienliches, die Entscheidung beeinflussendes Ergebnis mehr erwartet werden kann.[39] Die Erforderlichkeit unterliegt danach im Laufe des Verfahrens einem ständigen Wandel. Bei Einleitung des Verfahrens ist zunächst die Aufklärung sämtlicher möglicherweise entscheidungserheblicher Tatsachen erforderlich. Im weiteren Verfahren kann sich das Gericht durch Wahrnehmung seiner Ermittlungspflicht Schritt für Schritt vom Vorliegen einzelner Tatsachen überzeugen, durch Anwendung des einschlägigen Rechts auf den (festgestellten) Sachverhalt weitere Entscheidungsvarianten ausscheiden und hierdurch den Kreis aufklärungsbedürftiger Tatsachen reduzieren.

15   c) **Möglichkeit.** Außerdem besteht eine Pflicht zur Amtsermittlung nur im Rahmen der Möglichkeiten des Gerichts. Ermittlungen, welche die **tatsächlichen Möglichkeiten** des Gerichts, ggf. unter Berücksichtigung zur Verfügung stehender Hilfspersonen oder Hilfsmittel, überschreiten, muss dieses nicht entfalten. Deshalb ist das Gericht ohne greifbare Anhaltspunkte für weitere Nachforschungen nicht verpflichtet, weitere Ermittlungsmaßnahmen zu entfalten (vgl. Rn. 11).[40] Der tatsächlichen Unmöglichkeit steht die **Unzumutbarkeit** weiterer Ermittlungen gleich. Ist zB ein Zeuge faktisch unerreichbar, weil er unbekannt ins Ausland verzogen ist, besteht keine gerichtliche Pflicht, durch weltweite Fahndungen dessen ladungsfähige Anschrift zu ermitteln.

16   Begrenzt wird die Ermittlungspflicht des Gerichts zudem durch die ihm zur Verfügung stehenden **rechtlichen Möglichkeiten.** Unzulässige Ermittlungsmaßnahmen darf das Gericht nicht entfalten, weshalb es hierzu auch nicht verpflichtet ist. Soweit Ermittlungsmaßnahmen in Rechte der Beteiligten oder Dritter eingreifen, bedarf das Gericht hierzu einer ausreichenden gesetzlichen Ermächtigung, ohne welche die Ermittlungen rechtswidrig sind (vgl. Rn. 19).[41] Hat das Gericht (unter Verkennung der Rechtslage) rechtswidrige Ermittlungsmaßnahmen entfaltet, zieht dies allerdings nicht zwingend ein Verwertungsverbot nach sich (vgl. § 37 Rn. 4 ff.).

17   **4. Amtsermittlungspflicht und Mitwirkung der Beteiligten. a) Bindung an das Vorbringen der Beteiligten.** Nach § 26 obliegt zwar dem Gericht die Verantwortung für die Ermittlung und Feststellung der tatsächlichen Entscheidungsgrundlagen. Dies schließt allerdings nicht aus, dass die Beteiligten Tatsachen vortragen und hierdurch zum Gegenstand des Verfahrens machen.[42] Auch ist das Gericht im Anschluss an das Vorbringen der Beteiligten insoweit gebunden, als es dieses im

---

[34] Vgl. BayObLG FamRZ 1976, 234, 240; OLG Köln Rpfleger 1989, 238, 239; *Keidel/Kuntze/Winkler/Schmidt* § 12 FGG Rn. 118.
[35] Vgl. *Lent* § 12 III.
[36] Vgl. BGH NJW 1963, 1972, 1973; BayObLG NJW-RR 1997, 7, 8; *Keidel/Kuntze/Winkler/Schmidt* § 12 FGG Rn. 118.
[37] *Baumbach/Lauterbach/Hartmann* § 26 Rn. 1.
[38] Vgl. *Lent* § 12 III.
[39] BGH NJW 1963, 1972, 1973; BayObLG NJW-RR 1991, 1288, 1289; *Keidel/Kuntze/Winkler/Schmidt* § 12 FGG Rn. 119; *Lent* § 12 III.
[40] BGH NJW 1963, 1972, 1973; *Lindacher* JuS 1978, 577, 581.
[41] *Jansen/Briesemeister* § 12 FGG Rn. 89.
[42] Vgl. *Jansen/Briesemeister* § 12 FGG Rn. 40.

weiteren Verfahren im Interesse der Vollständigkeit der tatsächlichen Ents(
rücksichtigen und behandeln muss (vgl. Art. 103 Abs. 1 GG).⁴³ Diese Bindungsgrundlagen be-
soweit, dass das Gericht im Hinblick auf die Richtigkeit des Vorbringens cht allerdings nicht
Abs. 1 S. 2). Dementsprechend machen übereinstimmender Vortrag oder ei\en ist (vgl. § 29
ligten weder die Ermittlung von geeigneten Beweismitteln noch die Ermitt\dnis der Betei-
verhalte per se entbehrlich. Vielmehr steht das tatsächliche Vorbringen de\nativer Sach-
Ermittlungen des Gerichts und Hinweisen Dritter im Hinblick auf seine B\en eigenen
Ermittlungen oder die Bedürftigkeit einer Verifizierung gleich.

b) Einfluss der Beteiligten auf die Ermittlungspflicht. Die Beteiligten ge\weitere
die Untersuchungspflicht des Gerichts allerdings nicht nur dadurch, dass sie Ta\
fahren einführen. Vielmehr wirken die Beteiligten durch ihr Vorbringen darauss auf 18
welcher Tatsachen eine Ermittlung erforderlich ist, indem sie dem Gericht Anhalts\Ver-
Ermittlungen liefern. Der Vortrag der Beteiligten gegenüber dem Gericht löst unte\
Voraussetzungen eine Ermittlungspflicht des Gerichts aus (vgl. Rn. 10). Umgekehrt\h
vielfach nur dem Vorbringen der Beteiligten Anknüpfungspunkte für weitere Ermit
men, weshalb sich aus einer unzureichenden Mitwirkung faktische Grenzen für die E
Gerichts ergeben können.⁴⁴ Dementsprechend sieht das Gesetz im Interesse mater.
eine **Mitwirkung der Beteiligten** (vgl. § 27 Rn. 3 ff.) zur Unterstützung des Ge
Sachverhaltsaufklärung vor.⁴⁵ Gleichwohl muss das Gericht alles ihm mögliche u
unternehmen, um zu vermeiden, dass sich die unzureichende Mitwirkung eines Beteilig
der durch die einschlägigen materiellen Vorschriften geschützten Interessen (anderer
auswirkt. Einfluss auf die Reichweite der Untersuchungspflicht gewinnen die Beteili
dadurch, dass sie in Antragsverfahren zunächst durch ihre Anträge den Verfahrensgegensta.
men und hierdurch dem Gericht eine äußere Grenze für seine Ermittlungen setzen (vgl. 1
Schließlich beeinflussen die Beteiligten ggf. die Entscheidungserheblichkeit bestimmter Tatsac
soweit sie nach materiellem Recht auf den Verfahrensgegenstand einwirken (zB Ausübung ein
Gestaltungsrechts, Erhebung einer Einrede) oder über den Sachverhalt (vgl. § 177) disponieren
können.

IV. Durchführung der Ermittlungen

Die Ermittlungspflicht aus § 26 berechtigt das Gericht nur zu solchen Ermittlungen, die es selbst- 19
ständig, durch zur Amtshilfe verpflichtete Personen oder durch Hinzuziehung mitwirkungsbereiter
Personen ohne einseitigen Zugriff auf die Beteiligten oder Dritte und deren Rechte veranstalten
kann. Soweit Ermittlungsmaßnahmen in Rechte der Beteiligten oder Dritter eingreifen, bedarf das
Gericht hierzu deren Mitwirkung oder einer ausreichenden gesetzlichen Ermächtigung, ohne welche
die Ermittlungen rechtswidrig sind.⁴⁶ Die Amtsermittlungspflicht selbst begründet eine **Eingriffsermächtigung** ebenso wenig wie § 27.⁴⁷ Informationen kann das Gericht danach insbesondere aus
öffentlich zugänglichen Quellen wie zB Registern oder Medienberichten beziehen oder Auskünfte
bei Behörden einholen. Es kann die Beteiligten im Rahmen des § 28 Abs. 1 S. 1 zu weiterem
Sachvortrag auffordern. Ebenso kann das Gericht andere Auskunftspersonen zum Sachverhalt befragen. Dabei kann es jedoch weder gegenüber den Beteiligten noch gegenüber anderen Auskunftspersonen ohne besondere Ermächtigung eine Äußerung zwangsweise durchsetzen (vgl. § 29
Rn. 11).

V. Verletzung der Ermittlungspflicht

1. Verletzung. Die Amtsermittlungspflicht kann sowohl durch Nichtdurchführung gebotener 20
Ermittlungen als auch durch **Überschreiten der Ermittlungsgrenzen** verletzt werden. Eine im
Hinblick auf ihre möglichen Rechtsfolgen bedeutsame **unzureichende Ermittlung** ist gegeben,
wenn das entscheidende Gericht unter Berücksichtigung seiner Rechtsauffassung (vgl. Rn. 14) trotz
ausreichenden Anlasses (vgl. Rn. 10) Ermittlungen nicht veranstaltet, welche die Grenzen der Unter-

---

⁴³ Vgl. BVerfG NJW 1994, 2683; unklar *Jansen/Briesemeister* § 12 FGG Rn. 40.
⁴⁴ Vgl. OLG Köln NJW-RR 1991, 1285, 1286; Amtl. Begr. FamFG (BT-Drucks. 16/6308) S. 186; Stellungnahme der BReg. (BT-Drucks. 16/6308) S. 406; *Brehm* FPR 2006, 401, 404; *Kroiß/Seiler* § 2 Rn. 56; *Lindacher*
JuS 1978, 577, 581.
⁴⁵ Vgl. *Brehm* § 10 Rn. 23; *Keidel/Kuntze/Winkler/Schmidt* § 12 FGG Rn. 5; *Lindacher* JuS 1978, 577, 580.
⁴⁶ *Jansen/Briesemeister* § 12 FGG Rn. 89.
⁴⁷ Vgl. OLG Stuttgart NJW 1978, 547, 548; *Brehm* § 10 Rn. 25; *Jansen/Briesemeister* § 12 FGG Rn. 89.

§ 27

21

Rn. 12 ff.) nicht überschreiten. Tatsachen, welche nach der Rechtsansicht des [...] nicht entscheidungserheblich sind (vgl. Rn. 12 f.), müssen nicht ermittelt [...] Ermittlungen daher, weil das Recht, dessen Voraussetzungen ermittelt werden [...] ausgelegt oder angewendet wird, liegt keine Verletzung der Amtsermittlungs- [...]hr hat das Gericht das einschlägige Sachrecht verletzt.

[...]en. Die **Nichtausschöpfung gebotener Ermittlungen** begründet einen Verfah[...] dieser Verfahrensfehler auf das Ergebnis der gerichtlichen Entscheidung Einfluss [...]uss ihn das **Beschwerdegericht** dadurch ausräumen, dass es selbst die notwendigen [...] veranstaltet (vgl. §§ 69 Abs. 1 S. 1, 68 Abs. 3 S. 2). Unter den engen Voraussetzungen [...]. 1 S. 3 kann das Beschwerdegericht die Ausgangsentscheidung und das Verfahren auf[...] zur weiteren Ermittlung an das Ausgangsgericht zurückverweisen. Die Verletzung des [...] auch eine Rechtsverletzung iSv. § 72 Abs. 1 begründen. Das **Rechtsbeschwerdegericht** [...] angefochtene Entscheidung aufheben und das Verfahren zur weiteren Ermittlung und [...] Entscheidung an das Beschwerdegericht zurückverweisen, wenn nicht auszuschließen ist, [...]r Verfahrensfehler Einfluss auf den Inhalt der gerichtlichen Entscheidung hat. Entscheidungs-[...]lich ist die Verletzung der Amtsermittlungspflicht jeweils nur, wenn weitere Ermittlungen auch [...]r Berücksichtigung der Rechtsansicht des Rechtsmittelgerichts erforderlich gewesen wären. [...]ter Berücksichtigung der Rechtsansicht des Ausgangsgerichts erforderliche Ermittlungen können [...]ch abweichender Rechtsansicht des Rechtsmittelgerichts nicht mehr erforderlich sein. Ein Einfluss [...]er Verletzung des § 26 auf die gerichtliche Entscheidung ist in diesem Fall ausgeschlossen.

Liegt die Verletzung des § 26 im **Überschreiten der Grenzen** der Amtsermittlungspflicht, begründet dies ebenfalls einen Verfahrensfehler. Dieser wirkt sich jedoch regelmäßig nicht auf das Ergebnis der gerichtlichen Entscheidung aus und kann ein Rechtsmittel daher nicht begründen. Lediglich die Überschreitung der Ermittlungsgrenzen durch rechtlich unzulässige Erhebungen (vgl. Rn. 16) kann im Einzelfall Auswirkungen auf das Ergebnis der gerichtlichen Entscheidung erlangen, wenn aus der rechtswidrigen Erhebung ein Verwertungsverbot folgt (vgl. § 37 Rn. 4 ff.). Unter dieser Voraussetzung kann die Verletzung durch Überschreitung der Ermittlungsgrenzen ein Rechtsmittel begründen.

23   Beide Arten der Verletzung der Amtsermittlungspflicht können außerdem im Einzelfall einen Ablehnungsgrund schaffen (vgl. § 6 Rn. 6) oder Amtshaftungsansprüche in den Grenzen des Spruchrichterprivilegs begründen.[48]

§ 27 Mitwirkung der Beteiligten

(1) Die Beteiligten sollen bei der Ermittlung des Sachverhalts mitwirken.

(2) Die Beteiligten haben ihre Erklärungen über tatsächliche Umstände vollständig und der Wahrheit gemäß abzugeben.

Schrifttum: *Brehm*, Der Allgemeine Teil des Referentenentwurfs eines Gesetzes zur Reform des Verfahrens in Familiensachen und in den Angelegenheiten der freiwilligen Gerichtsbarkeit (FamFG), FPR 2006, 401; *Germelmann/Matthes/Prütting/Müller-Glöge*, Arbeitsgerichtsgesetz, 6. Aufl. 2008; *Jacoby*, Der Regierungsentwurf für ein FamFG, FamRZ 2007, 1703; *Schwab/Weth*, Arbeitsgerichtsgesetz, 2. Aufl. 2008.

I. Allgemeines

1   **1. Normzweck.** Eine § 27 entsprechende Regelung zur Mitwirkung der Beteiligten bei der Ermittlung des Sachverhalts und zu ihrer Wahrheitspflicht enthielt das FGG nicht. Gleichwohl begründet § 27 keine neue Rechtslage. Bereits für das FGG entsprach es allgM, dass die Beteiligten an der Ermittlung des Sachverhalts **mitwirken** sollen.[1] In Übereinstimmung mit § 83 Abs. 1 S. 2 ArbGG, § 76 Abs. S. 2 FGO, § 103 S. 1 Halbs. 2 SGG, § 86 Abs. 1 S. 1 Halbs. 2 VwGO kodifiziert Abs. 1 danach nur die bereits zuvor geltende Rechtslage.[2] Die **Wahrheits- und Vollständigkeitspflicht** der Beteiligten kodifiziert Abs. 2 in Anlehnung an § 138 Abs. 1 ZPO. Eine entsprechende Verpflichtung galt nach allgM auch ohne ausdrückliche Regelung bereits im FGG-Verfahren.[3] Beide

---

[48] Vgl. *Baumbach/Lauterbach/Hartmann* § 26 Rn. 2.
[1] Amtl. Begr. FamFG (BT-Drucks. 16/6308) S. 186; *Keidel/Kuntze/Winkler/Schmidt* § 12 FGG Rn. 121 f.
[2] Vgl. Amtl. Begr. FamFG (BT-Drucks. 16/6308) S. 186.
[3] BayObLG BayVBl 1972, 502, 503; *Habscheid*, FGG, § 19 IV 3; *Jansen/Briesemeister* § 12 FGG Rn. 7; *Keidel/Kuntze/Winkler/Schmidt* § 12 FGG Rn. 53.

Regelungen stehen im Zusammenhang mit der Amtsermittlungspflicht des Gerichts (vgl. § 26). Danach obliegt dem Gericht die Verantwortung für die Ermittlung und Feststellung der entscheidungserheblichen Tatsachen. Da den Beteiligten jedoch der maßgebliche Sachverhalt in aller Regel deutlich besser bekannt ist als dem Gericht, sollen die Beteiligten das Gericht bei der Sachverhaltsermittlung unterstützen. Dies dient der **materiellen Wahrheit** in Bezug auf Vollständigkeit (Abs. 1) und Richtigkeit (Abs. 2) der tatsächlichen Entscheidungsgrundlagen.

2. Anwendungsbereich. Der Anwendungsbereich des § 27 entspricht demjenigen des § 26 (vgl. § 26 Rn. 2), weil beide Vorschriften einander ergänzen.[4] In **Ehe- und Familienstreitsachen** kommt § 27 danach nicht zur Anwendung. Dort regeln Sondervorschriften die Mitwirkung der Beteiligten (vgl. §§ 129, 235). Die Wahrheitspflicht folgt aus § 138 Abs. 1 ZPO (vgl. § 113 Abs. 1 S. 2). Im danach verbleibenden Anwendungsbereich konkretisiert und verschärft eine Reihe von Sondervorschriften (zB § 220: Auskunftspflicht in Versorgungsausgleichssachen, § 285: Herausgabe oder Vorlage einer Betreuungsverfügung oder der Abschrift einer Vorsorgevollmacht, § 358: Ablieferung eines Testaments, § 1640 BGB: Vorlage eines Vermögensverzeichnisses, § 1839 BGB: Auskunftspflicht des Betreuers) die Mitwirkung durch die Beteiligten nach Abs. 1.

II. Mitwirkungslast der Beteiligten (Abs. 1)

1. Bedeutung. Die in Abs. 1 geregelte Mitwirkung der Beteiligten steht in engem sachlichen Zusammenhang mit der Amtsermittlungspflicht des Gerichts (vgl. § 26 Rn. 6 ff.).[5] Nach § 26 trägt das Gericht die primäre Verantwortung für die Ermittlung und Verifizierung der entscheidungserheblichen Tatsachen. Das Gericht ist „**Herr der Sachverhaltsaufklärung**" und leitet diese.[6] Allerdings sind die gerichtlichen Erkenntnisquellen begrenzt (vgl. § 26 Rn. 19). Dem Gericht steht keine Ermittlungsbehörde zur Verfügung, welche den Sachverhalt umfassend aufklären kann. Die Beteiligten sind dagegen regelmäßig unmittelbar mit dem entscheidungserheblichen Sachverhalt vertraut. Sie können ohne großen Aufwand Hilfestellung bei der Sachverhaltsermittlung geben. Dementsprechend sieht Abs. 1 im Interesse der materiellen Wahrheit vor, dass die Beteiligten das Gericht bei dessen Sachverhaltsaufklärung als „**Ermittlungsgehilfen**" unterstützen sollen.[7] Gericht und Beteiligte stehen in einem Kooperationsverhältnis.

2. Inhalt. Nach Abs. 1 sollen die Beteiligten an der Ermittlung des Sachverhalts mitwirken. Soweit sie dazu in der Lage sind, sollen die Beteiligten durch Angabe von **Tatsachen** und die Benennung von Erkenntnis- und **Beweismitteln** zur Aufklärung des Sachverhalts beitragen. Die gegenständliche Reichweite der Mitwirkungslast der Beteiligten **entspricht** der der **Amtsermittlungspflicht** des Gerichts. Die Mitwirkung der Beteiligten ist auf die entscheidungserheblichen Tatsachen (vgl. § 26 Rn. 12 f.), erforderliche Angaben (vgl. § 26 Rn. 14) und die Möglichkeiten der Beteiligten (vgl. § 26 Rn. 15 f.) beschränkt. Hinsichtlich der Ermittlung nicht entscheidungserheblicher Tatsachen trifft die Beteiligten keine Mitwirkungslast. Ebenso wenig bedarf es einer Mitwirkung über das erforderliche Maß hinaus. Wurde eine Tatsache bereits gerichtsseitig ermittelt oder durch Dritte in das Verfahren eingeführt, ist ein nochmaliges Vorbringen durch die Beteiligten entbehrlich. Die Mitwirkungslast der Beteiligten erhöht sich danach im gleichen Maße, wie das Gericht konkret auf eine Mitwirkung angewiesen ist.[8] Schließlich sollen die Beteiligten nur insoweit mitwirken, als ihnen dies möglich und zumutbar ist. Tatsachen oder Erkenntnismittel, welche den Beteiligten nicht bekannt sind, brauchen nicht vorgebracht werden. Lediglich soweit sich Beteiligte ohne größere Probleme Kenntnis von weiteren Tatsachen oder Erkenntnismitteln verschaffen können, unterfallen diese der Mitwirkungslast.

Die Mitwirkungslast der Beteiligten ist von der gerichtlichen Ermittlungstätigkeit **abhängig.** Eine selbstständige Tätigkeit müssen die Beteiligten grds. nicht entfalten (Ausnahme: § 23 Abs. 1 S. 1, 2).[9] Vielmehr sollen sie die gerichtlichen Ermittlungen unterstützen, indem sie konkrete Nachfragen des Gerichts beantworten und hierdurch aus der Sicht des Gerichts bestehende Lücken des Sachverhalts oder seiner Verifizierung schließen. Selbstverständlich sind die Beteiligten berechtigt, gleichwohl von sich aus vorzutragen. Ihr Vorbringen muss das Gericht nach Art. 103 Abs. 1 GG vollständig zur Kenntnis nehmen und bei seiner Entscheidungsfindung berücksichtigen.

---

[4] Vgl. *Baumbach/Lauterbach/Hartmann* § 27 Rn. 1.
[5] Vgl. *Baumbach/Lauterbach/Hartmann* § 27 Rn. 1.
[6] Vgl. *Klüsener* Rn. 60; *Schwab/Weth/Weth* § 83 ArbGG Rn. 10.
[7] Vgl. *Schwab/Weth/Weth* § 83 ArbGG Rn. 10.
[8] Vgl. Amtl. Begr. FamFG (BT-Drucks. 16/6308) S. 186.
[9] Vgl. *Germelmann/Matthes/Prütting/Müller-Glöge/Matthes* § 83 ArbGG Rn. 86; *Schwab/Weth/Weth* § 83 ArbGG Rn. 10.

6 Die Mitwirkungslast trifft **formal alle Beteiligten** gleich.[10] Dies gilt sowohl in Amts- als auch in Antragsfahren. Eine Modifizierung erfährt dies durch § 23 Abs. 1 S. 1, 2. Danach ist zunächst der Antragsteller vorrangiger Adressat, weil er das Verfahren einleitet und dessen Inhalt bestimmt. Dies lässt darauf schließen, dass er den das Verfahren prägenden Sachverhalt kennt. **Materiell** tragen die Beteiligten die Mitwirkungslast jedoch in unterschiedlichem Ausmaß entsprechend der Feststellungslast (vgl. § 37 Rn. 14 ff.). Vorrangiger Adressat ist danach derjenige Beteiligte, zu dessen Lasten sich die Nichtaufklärung einer Tatsache auswirkt.

7 **3. Rechtsfolgen unterlassener Mitwirkung. a) Erzwingbarkeit der Mitwirkung.** Abs. 1 begründet ausweislich seines Wortlauts („sollen") keine rechtliche Verpflichtung der Beteiligten zur Mitwirkung, sondern lediglich eine **Mitwirkungslast**.[11] Das Gericht kann die Beteiligten grds. nicht durch verbindliche und zwangsweise durchsetzbare Weisungen in die Ermittlungen einbinden.[12] Über § 33 Abs. 1 kann das Gericht die Mitwirkung insoweit intensivieren, als es das **persönliches Erscheinen** eines Beteiligten zur Aufklärung des Sachverhalts anordnet (vgl. § 33 Rn. 3). Die Beteiligten müssen dieser gerichtlichen Aufforderung grds. Folge leisten; Erklärungen müssen sie allerdings trotz Erscheinens nicht abgeben.[13] Bleibt ein ordnungsgemäß geladener Beteiligter, dessen persönliches Erscheinen angeordnet war, unentschuldigt aus, können Ordnungsmittel gegen ihn verhängt werden (vgl. § 33 Rn. 11 ff.).[14] Im Einzelfall kann sich aus anderen Vorschriften eine Mitwirkungspflicht einzelner Beteiligter ergeben (vgl. Rn. 2), welche durch eine gerichtliche Verfügung konkretisiert und anschließend nach § 35 erzwungen werden kann (vgl. § 35 Rn. 4 ff.).[15] Im Übrigen kann das Gericht eine schuldhafte Verletzung von Mitwirkungspflichten im Rahmen der **Kostenentscheidung** sanktionieren (vgl. § 81 Abs. 2 Nr. 4); eine Zurückweisung verspäteten Vorbringens ist dagegen grds. nicht möglich (vgl. Vor §§ 23 ff. Rn. 27).

8 **b) Begrenzung der gerichtlichen Ermittlungspflicht.** Auch wenn das Gericht die Mitwirkung der Beteiligten nicht erzwingen kann, bleibt deren Unterlassung nicht folgenlos. Vielmehr wirkt eine unzureichende Mitwirkung über eine mögliche Sanktion im Rahmen der Kostenentscheidung (vgl. Rn. 7 aE) hinaus vor allem in verschiedener Hinsicht auf die gerichtliche Ermittlungspflicht ein. Da die Amtsermittlungspflicht dort endet, wo dem Gericht in Ermangelung **ausreichender Anknüpfungspunkte** weitere Ermittlungen nicht möglich sind (vgl. § 26 Rn. 15), begrenzt eine unzureichende Mitwirkung die Tätigkeit des Gerichts unmittelbar, wenn die Beteiligten dem Gericht keine weiteren Anhaltspunkte mitteilen. Ohne die von den Beteiligten zurückgehaltenen Anhaltspunkte kann das Gericht keine weiteren Ermittlungen entfalten. Seine Ermittlungspflicht endet und es muss auf unvollständiger Tatsachengrundlage entscheiden.[16]

9 Die Weigerung eines Beteiligten zumutbar mitzuwirken hat aber auch unterhalb der faktischen Unmöglichkeit Einfluss auf den Umfang der gerichtlichen Ermittlungen.[17] Im Regelfall wird das Gericht auch im FamFG-Verfahren im Interesse der Beteiligten tätig (vgl. § 7 Abs. 2 Nr. 1). Es kann dementsprechend erwarten, dass die Beteiligten von sich aus zur Aufklärung beitragen und die für sie vorteilhaften Tatsachen oder Verdachtsmomente vorbringen.[18] Wirken die Beteiligten im Widerspruch hierzu nicht mit, kann das Gericht – vorbehaltlich abweichender Anzeichen – zu der Einschätzung gelangen, dass **kein hinreichender Anlass** für weitere Ermittlungen besteht (vgl. § 26 Rn. 10 f.), sondern der Sachverhalt bereits vollständig ins Verfahren eingeführt wurde. Ohne ausreichenden Anlass ist das Gericht zu weiteren Ermittlungen nicht verpflichtet (vgl. § 26 Rn. 10). Verweigern die Beteiligten ihre Mitwirkung, hat das Gericht deshalb seiner Untersuchungspflicht Genüge getan, wenn auch im Übrigen kein Anlass für Ermittlungen besteht.[19]

10 Der Schluss von einer unterlassenen Mitwirkung der Beteiligten auf die Vollständigkeit des bereits ins Verfahren eingeführten Sachverhalts ist allerdings nur insoweit sachgerecht, als die ihm zu Grunde liegende Annahme (vgl. Rn. 9) zutrifft. Entscheidend ist mithin, inwieweit das Gericht unter Be-

---

[10] Vgl. *Germelmann/Matthes/Prütting/Müller-Glöge/Matthes* § 83 ArbGG Rn. 87.
[11] AA *Schulte-Bunert* Rn. 149.
[12] Vgl. Amtl. Begr. FamFG (BT-Drucks. 16/6308) S. 186; BayObLG Rpfleger 1979, 25, 25 f.; BayObLGZ 1995, 222, 224; *Bassenge/Roth* § 12 FGG Rn. 14; *Zimmermann* FamFG Rn. 74; aA *Schulte-Bunert* Rn. 149.
[13] *Jansen/v. König* § 33 FGG Rn. 30.
[14] Vgl. Amtl. Begr. FamFG (BT-Drucks. 16/6308) S. 186.
[15] Vgl. Amtl. Begr. FamFG (BT-Drucks. 16/6308) S. 186; weitergehend (Mitwirkung stets erzwingbar) *Schulte-Bunert* Rn. 149.
[16] Vgl. Stellungnahme der BReg. (BT-Drucks. 16/6308) S. 406; *Jacoby* FamRZ 2007, 1703, 1706; *Zimmermann* FamFG Rn. 74.
[17] Vgl. Amtl. Begr. FamFG (BT-Drucks. 16/6308) S. 186; *Brehm* FPR 2006, 401, 404.
[18] Vgl. BGH NJW 1988, 1839, 1840; *Jansen/Briesemeister* § 12 FGG Rn. 9; *Keidel/Kuntze/Winkler/Schmidt* § 12 FGG Rn. 122.
[19] Vgl. BGH MDR 1955, 348, 349; OLG Köln NJW-RR 1991, 1285, 1286; *Jacoby* FamRZ 2007, 1703, 1706.

rücksichtigung der Erfahrungen einer mit dem betreffenden Sachgebiet vertrauten Gerichtsperson eine Mitwirkung einzelner Beteiligter erwarten darf. Aus dem Schweigen eines Beteiligten kann deshalb nicht darauf geschlossen werden, dass keine diesem Beteiligten **nachteiligen Tatsachen** bestehen. Ebenso wenig kann aus dem Schweigen eines Beteiligten zu Tatsachen, die sich regelmäßig **seiner Wahrnehmung entziehen,** geschlossen werden, entsprechende Tatsachen liegen nicht vor. Generell darf sich die unterlassene Mitwirkung eines Beteiligten nicht zu Lasten der durch die einschlägigen Vorschriften geschützten Interessen auswirken. Um dies zu vermeiden, muss das Gericht insoweit alles ihm Mögliche und Zumutbare unternehmen, um den Sachverhalt zu erforschen. Dass ein Mündel im Rahmen des Verfahrens nach § 1886 BGB keine Tatsachen zu Pflichtverletzungen des Vormunds vorbringen kann, lässt deshalb nicht den Schluss zu, derartige Tatsachen bestehen nicht. Der Vormund wird Pflichtverletzungen vielfach vor seinem Mündel zu verbergen suchen. Ist er hierbei erfolgreich, kann das Mündel hierzu nichts vorbringen. Das Gericht muss daher von Amts wegen seine Informationsrechte nach §§ 1839, 1840 BGB aktualisieren und im Anschluss hieran ggf. weitere Auskünfte bei Banken, Versicherungen usw. einholen, bevor es seine Ermittlungspflicht ausgeschöpft hat.

Die Beschränkung der gerichtlichen Ermittlungspflicht durch unzureichende Mitwirkungen der Beteiligten kann sich aus der Sicht einzelner Beteiligter **nachteilig auf das Ergebnis** der gerichtlichen Entscheidung auswirken. Die Nachteile treffen entsprechend der Feststellungslast (vgl. § 37 Rn. 14 ff.) denjenigen Beteiligten, zu dessen Lasten sich die Nichtaufklärung einer Tatsache auswirkt. 11

III. Wahrheits- und Vollständigkeitspflicht (Abs. 2)

1. Allgemeines. Anders als Abs. 1 begründet Abs. 2 nicht lediglich eine bloße Obliegenheit der Beteiligten, sondern **echte Pflichten,**[20] welche allerdings ebenso wenig wie die Mitwirkungslast des Abs. 1 (vgl. Rn. 7) zwangsweise durchgesetzt werden können. Indem Abs. 2 die Beteiligten zu einem vollständigen und wahrheitsgemäßen Vorbringen anhält, sichert er vorrangig das Ziel, die **materielle Wahrheit** zu erforschen. Außerdem soll im Interesse einer effektiven Verfahrensführung der Ermittlungsaufwand des Gerichts reduziert werden, indem ihm entbehrliche Ermittlungen, insbesondere im Zusammenhang mit unwahrem Vorbringen, erspart werden. 12

Unmittelbare Adressaten der Pflicht zur vollständigen und wahrheitsgemäßen Erklärung über Tatsachen sind zunächst die **Beteiligten.** Mittelbar richtet sich diese Pflicht aber auch an die **Bevollmächtigten** (vgl. § 10) und **Beistände** (vgl. § 12). Diese haben nach den gleichen Grundsätzen wie die Beteiligten vollständig und wahrheitsgemäß vorzutragen. Haben sie Zweifel an der Richtigkeit und Vollständigkeit der von einem Beteiligten mitgeteilten Informationen, dürfen sie sich gleichwohl die Darstellung des Mandanten zu Eigen machen. Stärkeren Zweifeln sollten bevollmächtigte Richter und Rechtsanwälte als unabhängige Organe der Rechtspflege nachgehen und bei ihren Mandanten auf Klärung dringen. Als unwahr erkannte Behauptungen dürfen Bevollmächtigte und Beistände nicht im Prozess vorbringen.[21] An sonstige **Auskunftspersonen** wie Anzeigende, Anregende (vgl. § 24), Angehörte (vgl. § 7 Abs. 4) oder Zeugen sowie Sachverständige wendet sich Abs. 2 ausweislich seines Wortlauts nicht. Im Hinblick auf das Ziel materieller Wahrheit ist jedoch davon auszugehen, dass auch sämtliche Auskunftspersonen verpflichtet sind, sich wahrheitsgemäß und vollständig zu erklären. Für **Zeugen und Sachverständige** folgt dies im Rahmen der förmlichen Beweisaufnahme unmittelbar aus § 153 StGB. Deren Pflichten können sogar über die des Abs. 2 hinausreichen, weil Zeugen und Sachverständige offen legen müssen, wenn sie sich hinsichtlich einer Wahrnehmung nicht sicher erinnern. 13

Wahrheits- und Vollständigkeitspflicht gelten **von der Einleitung des Verfahrens bis zu dessen rechtskräftigem Abschluss.** Wird ein Verfahren auf Antrag eines Beteiligten eingeleitet, muss bereits die Antragsschrift, soweit sie tatsächliche Ausführungen enthält, den Geboten von Vollständigkeit und Wahrheit entsprechen. Dies gilt während des gesamten Verfahrens für jegliches Vorbringen, auch im Rahmen eines Rechtsmittelverfahrens. Abs. 2 ist im eigentlichen Hauptsacheverfahren ebenso zu beachten wie im Verfahrenskostenhilfeverfahren, im einstweiligen Anordnungsverfahren oder im Zwangsvollstreckungsverfahren.[22] 14

Über die Pflichten des Abs. 2 können die **Beteiligten nicht disponieren.** Dies widerspräche nicht nur dem Ansehen der Rechtspflege, sondern vor allem auch dem Ziel, die materielle Wahrheit zu erforschen. Nach überwiegender Ansicht enden Vollständigkeits- und Wahrheitspflicht dort, wo 15

---

[20] *Baumbach/Lauterbach/Hartmann* § 27 Rn. 2; *Stein/Jonas/Leipold* § 138 ZPO Rn. 1.
[21] Vgl. BGH NJW 1952, 1148; *Stein/Jonas/Leipold* § 138 ZPO Rn. 16.
[22] Vgl. *Rosenberg/Schwab/Gottwald* § 65 Rn. 68; *Stein/Jonas/Leipold* § 138 ZPO Rn. 2.

die betroffenen Tatsachen einem Beteiligten zur Unehre gereichen oder ihn sogar einer strafgerichtlichen Verfolgung aussetzen.[23]

16 **2. Vollständigkeitspflicht.** Die Pflicht zu vollständigem Vorbringen steht in engem Zusammenhang mit der ebenfalls in Abs. 2 normierten Wahrheitspflicht. Beide Pflichten dienen der Erforschung der materiellen Wahrheit. Diese wird durch unvollständigen ebenso wie durch unwahren Vortrag gefährdet. Inhaltlich folgt aus der Pflicht zur Vollständigkeit, dass die Beteiligten, soweit sie sich zum Sachverhalt äußern, den **zur Entscheidung stehenden Lebenssachverhalt** in allen voraussichtlich wesentlichen Punkten zu schildern haben.[24] Sie dürfen nicht selektiv vortragen und Einzelheiten, die sich für sie ungünstig auswirken könnten, verschweigen, weil hierdurch das Gesamtbild des Geschehens verfälscht werden kann.[25] Deshalb besteht im Interesse der materiellen Wahrheit auch die Pflicht, Tatsachen vorzubringen, die sich rechtshindernd, -vernichtend oder -hemmend auf die selbst verfolgte Rechtsposition auswirken können. Nur wenn ein Beteiligter Einwendungstatsachen für nicht entscheidungserheblich erachtet (vgl. Rn. 4) oder von ihrer Richtigkeit nicht überzeugt ist, braucht er die entsprechenden Tatsachen nicht vorzutragen.[26]

17 Die Beteiligten sind nur insoweit zu einem vollständigen Tatsachenvortrag verpflichtet, als sie **subjektiv** vom Vorliegen der Tatsachen überzeugt sind. Die Beteiligten müssen keine Tatsachen vortragen, von deren **Nichtvorliegen** sie **überzeugt** sind. Dies folgt daraus, dass sie hierdurch anderenfalls ihre Wahrheitspflicht verletzen würden (vgl. Rn. 19). **Zweifelt** ein Beteiligter am Vorliegen einer Tatsache, darf er diese zwar vortragen (vgl. Rn. 19), ist hierzu jedoch nicht verpflichtet. Dies ergibt sich daraus, dass sich die den Beteiligten auferlegte Pflicht zur Vollständigkeit daraus rechtfertigt, dass die materielle Wahrheit ermittelt werden soll. Diesem Ziel kann das Vorbringen zweifelhafter Tatsachen gleichermaßen vor- wie nachteilig sein, weshalb eine Verpflichtung nicht gerechtfertigt ist.

18 Die Vollständigkeitspflicht ergänzt die Amtsermittlungspflicht des Gerichts und unterliegt denselben Grenzen. Dementsprechend wird die Pflicht zu vollständigem Vorbringen durch die **Entscheidungserheblichkeit** des Sachverhalts (vgl. § 26 Rn. 12), die **Erforderlichkeit** des Vorbringens (vgl. § 26 Rn. 14) sowie die **Möglichkeiten** der Beteiligten (vgl. § 26 Rn. 15) begrenzt. Die Beteiligten sind nicht verpflichtet, Tatsachen vorzutragen, die aus ihrer subjektiven Sicht (vgl. Rn. 17) nicht entscheidungserheblich sind. Umstände, welche bereits Verfahrensgegenstand sind, weil sie zB vom Gericht ermittelt, von einer Behörde mitgeteilt oder einem anderen Beteiligten vorgebracht wurden, müssen nicht erneut vorgetragen werden. Ein Beteiligter muss insoweit lediglich im Rahmen seiner Wahrheitspflicht (vgl. Rn. 19 ff.) darauf hinweisen, wenn ihm bekannt ist, dass die auf anderem Weg eingeführten Tatsachen unwahr sind. Schließlich verletzt ein Beteiligter seine Verpflichtung zu vollständigem Vortrag nicht, wenn er ihm unbekannte Umstände nicht vorbringt.

19 **3. Wahrheitspflicht.** Die Wahrheitspflicht ist **subjektiv** ausgerichtet und verbietet zunächst nur ein Vorbringen wider besseres Wissen; es besteht ein **Lügeverbot**.[27] Dagegen schulden die Beteiligten nicht die absolute Wahrheit. Sie dürfen aber weder Behauptungen aufstellen, deren Unrichtigkeit sie kennen, noch dürfen sie Tatsachen bestreiten, um deren Richtigkeit sie wissen.[28] Auch sind die Beteiligten verpflichtet, das Gericht entsprechend aufzuklären, wenn ihnen die Unrichtigkeit einer eingeführten Tatsache bekannt ist, unabhängig davon, wie die Tatsache Verfahrensgegenstand geworden ist. Keine Verletzung der Wahrheitspflicht ist dagegen gegeben, wenn Beteiligte Tatsachen vortragen, die ihnen selbst zweifelhaft erscheinen, oder Tatsachen bestreiten, von deren Richtigkeit sie nicht überzeugt sind, selbst wenn sie sie für möglich halten.[29] Allein dieses auch im Zivilprozess geltende Verständnis der Wahrheitspflicht entspricht der Realität[30] und wird dem Gesetzeszweck des Abs. 2 gerecht. Ziel der gerichtlichen Sachverhaltsermittlung ist die materielle Wahrheit.[31] Diese setzt neben der Richtigkeit der einer Entscheidung zugrunde gelegten Tatsachen auch deren Voll-

---

[23] Vgl. *Rosenberg/Schwab/Gottwald* § 65 Rn. 67, *Stein/Jonas/Leipold* § 138 ZPO Rn. 13; für die Wahrheitspflicht im Zivilprozess abweichend oben § 138 ZPO Rn. 15.
[24] Vgl. oben § 138 ZPO Rn. 5.
[25] Vgl. oben § 138 ZPO Rn. 5; aA *Jansen/Briesemeister* § 12 FGG Rn. 7.
[26] Vgl. *Stein/Jonas/Leipold* § 138 ZPO Rn. 11.
[27] Vgl. *Jansen/Briesemeister* § 12 FGG Rn. 7; *Rosenberg/Schwab/Gottwald* § 65 Rn. 63; *Stein/Jonas/Leipold* § 138 ZPO Rn. 4; oben § 138 ZPO Rn. 2.
[28] Vgl. *Rosenberg/Schwab/Gottwald* § 65 Rn. 63; *Stein/Jonas/Leipold* § 138 ZPO Rn. 4; oben § 138 ZPO Rn. 2.
[29] Vgl. BGH NJW 1968, 1233, 1234; *Jansen/Briesemeister* § 12 FGG Rn. 7; *Rosenberg/Schwab/Gottwald* § 65 Rn. 63; *Stein/Jonas/Leipold* § 138 ZPO Rn. 4; oben § 138 ZPO Rn. 2.
[30] Vgl. oben § 138 ZPO Rn. 3.
[31] Vgl. *Jansen/Briesemeister* § 12 FGG Rn. 40; *Klüsener* Rn. 57.

ständigkeit voraus (vgl. Rn. 16). Im Hinblick hierauf kann es förderlich sein, wenn die Beteiligten **zweifelhafte Tatsachen** vortragen (vgl. aber Rn. 20), weil hierdurch der tatsächliche Verfahrensgegenstand und mit ihm die Anknüpfungspunkte für weitere Ermittlungen des Gerichts erweitert werden. Dies gilt insbesondere dort, wo einzelne Beteiligte über den Sachverhalt nicht genau unterrichtet sind, weil sie ungewisse Punkte nicht selbst klären können oder mit Irrtümern rechnen müssen, weil sie sich auf Beobachtungen Dritter stützen oder sich zu hypothetischen (zB §§ 2078, 2085 BGB), zukünftigen oder inneren (zB Zeitpunkt der Kenntniserlangung) Vorgängen äußern.[32] Unsicherheiten auszuräumen und die Sachlage zu verifizieren, ist gerade im Anschluss hieran die Aufgabe, die das Gericht im Wege der Beweisaufnahme und Beweiswürdigung zu erfüllen hat.[33]

Nach verbreiteter Rechtsprechung verletzen die Parteien des Zivilprozesses die Wahrheitspflicht auch durch **Behauptungen**, die „ins Blaue", „aufs Geratewohl", „auf gut Glück", „ohne jede Unterlage" oder „willkürlich" aufgestellt oder „aus der Luft gegriffen" werden.[34] Zur Begründung wird darauf verwiesen, die Partei missbrauche ihr Recht, Behauptungen aufzustellen, wenn es für deren Vorliegen nicht ausreichende tatsächliche Anhaltspunkte gäbe. Diese Ansicht wird bereits zum Zivilprozess bestritten.[35] Für das FamFG-Verfahren kann sie jedenfalls keine Geltung beanspruchen. Im Hinblick auf das Ziel **materieller Wahrheit** darf sich das Gericht nicht gegen Behauptungen ohne Anhaltspunkte sperren.[36] Dies verkürzt den Sachverhalt und beeinträchtigt die Vollständigkeit der tatsächlichen Entscheidungsgrundlagen. Auch ungewöhnliche, anfangs unwahrscheinlich anmutende Behauptungen können sich schließlich doch erhärten und Anhaltspunkte für weitere Ermittlungen liefern.[37] Behauptungen ohne Anhaltspunkte sind daher nicht unbeachtlich, sondern vom Gericht wie anderes Vorbringen oder die Hinweise in einer (anonymen) Anregung frei zu würdigen. 20

Die Wahrheitspflicht schließt das Vorbringen sich ausschließender Sachverhaltsalternativen **(Eventualvorbringen)** nicht generell aus.[38] Kann sich der Antragsteller seines Hauptvorbringens nicht sicher sein, steht es ihm frei, sich für den Fall der Nichterweislichkeit das abweichende Vorbringen eines anderen Beteiligten zu eigen zu machen oder selbst einen abweichenden Sachverhalt einzuführen, um hierdurch seinem Hauptantrag oder einem Hilfsantrag zum Erfolg zu verhelfen.[39] **Unzulässig** ist dieses Vorgehen **erst**, wenn der Beteiligte hinsichtlich einer Sachverhaltsalternative wider besseres Wissen handelt. Ist dies nicht der Fall, verstößt er nicht gegen Abs. 2, sondern stellt sich nur auf die ungeklärte Sachlage ein.[40] 21

4. Rechtsfolgen bei Verletzung. § 27 selbst sieht keine Rechtsfolgen bei der Verletzung der Vollständigkeits- oder der Wahrheitspflicht vor. Gleichwohl bleiben Verstöße der Beteiligten nicht folgenlos. Dass unbekannte Tatsachen und als unwahr erkannte Tatsachen der Entscheidung nicht zu Grunde gelegt werden können, versteht sich von selbst. Daneben sieht § 81 Abs. 2 Nr. 3 als **verfahrensrechtliche Sanktion** vor, dass einem Beteiligten, der schuldhaft zu einer wesentlichen Tatsache unwahre Angaben gemacht hat, die Kosten des Verfahrens auferlegt werden sollen (vgl. § 81 Rn. 41 ff.). Außerdem kann das Gericht Verstöße gegen Abs. 2 im Rahmen des § 37 Abs. 1 frei würdigen, indem es im Einzelfall von der Verletzung der Vollständigkeits- oder Wahrheitspflicht auf einen insgesamt für den Abs. 2 verletzenden Beteiligten ungünstigen Sachverhalt schließt.[41] Ein derartiger Schluss darf allerdings kein Automatismus sein.[42] Vielmehr darf das Gericht den Verstoß gegen Abs. 2 lediglich in die ihm obliegende Gesamtabwägung über das Vorliegen eines bestimmten Sachverhalts einbeziehen. Wird die Verletzung des Abs. 2 erst nach rechtskräftigem Abschluss des Verfahrens festgestellt, kommt nach § 48 Abs. 2 eine Wiederaufnahme in Betracht (vgl. § 48 Rn. 14). Erleidet ein Beteiligter infolge eines Verstoßes gegen Abs. 2 kausale Schäden, können ihm **materiell-rechtliche Schadenersatzansprüche** gegen den rechtswidrig vortragenden Beteiligten zustehen. Als Anspruchsgrundlage kommt zunächst § 826 BGB in Betracht. Außerdem können sich Ansprüche aus § 823 Abs. 2 BGB iVm. § 27 Abs. 2[43] ergeben, wenn § 27 Abs. 2 den Geschädigten 22

---

[32] Vgl. BGH NJW 1968, 1233, 1234; oben § 138 ZPO Rn. 3.
[33] Vgl. oben § 138 ZPO Rn. 3.
[34] Vgl. BGH NJW 1986, 246, 247, 1991, 2707, 2709; NJW-RR 2003, 69, 70; so auch *Rosenberg/Schwab/Gottwald* § 65 Rn. 63.
[35] Vgl. oben § 138 ZPO Rn. 9 f.; aA *Rosenberg/Schwab/Gottwald* § 65 Rn. 63.
[36] Vgl. oben § 138 ZPO Rn. 10.
[37] Vgl. oben § 138 ZPO Rn. 10.
[38] Vgl. *Stein/Jonas/Leipold* § 138 ZPO Rn. 5; oben § 138 ZPO Rn. 12.
[39] Vgl. oben § 138 ZPO Rn. 12.
[40] Vgl. oben § 138 ZPO Rn. 12.
[41] Vgl. *Keidel/Kuntze/Winkler/Schmidt* § 12 FGG Rn. 53 aE.
[42] Vgl. *Stein/Jonas/Leipold* § 138 ZPO Rn. 14.
[43] Vgl. *Stein/Jonas/Leipold* § 138 ZPO Rn. 20; als verletztes Schutzgesetz kommen im Einzelfall außerdem die nachfolgend angeführten Strafvorschriften in Betracht.

im konkreten Verfahren schützen will und die Rechtskraft der Entscheidung nicht entgegensteht. Schließlich sind **strafrechtliche Sanktionen** gegen den rechtswidrig vortragenden Beteiligten unter dem Gesichtspunkt eines (versuchten) Prozessbetrugs nach § 263 StGB denkbar. Neben vorsätzlichem Verhalten ist hierfür insbesondere Voraussetzung, dass das Gericht eine Verfügung über das Vermögen eines Beteiligten trifft, was typischerweise nur in vermögensrechtlichen Streitsachen erfolgt.[44]

§ 28 Verfahrensleitung

(1) ¹Das Gericht hat darauf hinzuwirken, dass die Beteiligten sich rechtzeitig über alle erheblichen Tatsachen erklären und ungenügende tatsächliche Angaben ergänzen. ²Es hat die Beteiligten auf einen rechtlichen Gesichtspunkt hinzuweisen, wenn es ihn anders beurteilt als die Beteiligten und seine Entscheidung darauf stützen will.

(2) In Antragsverfahren hat das Gericht auch darauf hinzuwirken, dass Formfehler beseitigt und sachdienliche Anträge gestellt werden.

(3) Hinweise nach dieser Vorschrift hat das Gericht so früh wie möglich zu erteilen und aktenkundig zu machen.

(4) ¹Über Termine und persönliche Anhörungen hat das Gericht einen Vermerk zu fertigen; für die Niederschrift des Vermerks kann ein Urkundsbeamter der Geschäftsstelle hinzugezogen werden, wenn dies auf Grund des zu erwartenden Umfangs des Vermerks, in Anbetracht der Schwierigkeit der Sache oder aus einem sonstigen wichtigen Grund erforderlich ist. ²In den Vermerk sind die wesentlichen Vorgänge des Termins und der persönlichen Anhörung aufzunehmen. ³Die Herstellung durch Aufzeichnung auf Datenträger in der Form des § 14 Abs. 3 ist möglich.

Schrifttum: *Lindacher,* Verfahrensgrundsätze in der Freiwilligen Gerichtsbarkeit, JuS 1978, 577; *Rieble,* Der CGM-Beschluss des ArbG Stuttgart, BB 2005, 885; *Zimmermann,* Die freie Gestaltung des Verfahrens der freiwilligen Gerichtsbarkeit, Rpfleger 1967, 329.

Übersicht

	Rn.		Rn.
I. Allgemeines	1–3	VI. Zeitpunkt und Dokumentation der Hinweise (Abs. 3)	23, 24
1. Normzweck	1, 2	1. Zeitpunkt	23
2. Anwendungsbereich	3	2. Dokumentation	24
II. Grundlagen der Verfahrensleitung	4–11	VII. Reaktion der Beteiligten und Sanktionen	25–27
1. Hinweis- und Hinwirkungspflichten	4	1. Recht zur Reaktion	25
2. Anlass zur Erfüllung der Pflichten	5, 6	2. Sanktionen bei unzureichender Reaktion	26, 27
3. Geeignetheit der gerichtlichen Maßnahme	7	VIII. Vermerk über Termine und Anhörungen (Abs. 4)	28–37
4. Form	8	1. Funktion	28, 29
5. Adressaten	9	2. Inhalt	30, 31
6. Unparteilichkeit und Befangenheit	10, 11	3. Verfahren	32–34
III. Tatsächliche Erklärungen (Abs. 1 S. 1)	12–15	4. Form	35
1. Voraussetzungen	12	5. Berichtigung des Vermerks	36
2. Inhalt der Hinwirkungspflicht	13–15	6. Form- und Verfahrensfehler	37
IV. Hinweispflicht (Abs. 1 S. 2)	16–18		
1. Voraussetzungen	16, 17		
2. Umfang der Hinweispflicht	18		
V. Hilfeleistung zur Antragstellung (Abs. 2)	19–22		
1. Beseitigung von Formfehlern	19, 20		
2. Stellung sachdienlicher Anträge	21, 22		

---

[44] Vgl. *Keidel/Kuntze/Winkler/Schmidt* § 12 FGG Rn. 53 aE.

I. Allgemeines

1. Normzweck. Das FGG enthielt keine entsprechende Vorschrift. Der sachliche Regelungsgehalt des § 28 wurde im Wesentlichen aber bereits bislang aus § 12 FGG sowie dem verfassungsrechtlichen Anspruch auf rechtliches Gehör abgeleitet.[1] Die ausdrückliche Normierung der für die **gerichtliche Verfahrensleitung** geltenden **Grundsätze** dient der Transparenz des Verfahrensrechts. Zugleich finden ausdrücklich normierte Vorgaben stärkere Beachtung und die gerichtliche Fürsorge gegenüber den Beteiligten wird betont. Trotzdem hat sich der Gesetzgeber auf die Normierung von wenigen Grundsätzen beschränkt, um die Flexibilität des Verfahrens zu bewahren.[2] Es verbleibt für das Gericht weiterhin ein weiter Spielraum, wie es das Verfahren konkret führt.

Als Grundsatz der Verfahrensleitung normiert **Abs. 1 S. 1** in Anlehnung an § 139 Abs. 1 S. 2 ZPO zunächst die Pflicht, auf eine vollständige Erklärung der Beteiligten über den Sachverhalt hinzuwirken. Anders als im Zivilprozess ist diese Hinwirkungspflicht nicht nur Ausfluss des Grundsatzes eines fairen Verfahrens und des Anspruchs auf rechtliches Gehör, sondern auch Ausdruck der Amtsermittlungspflicht des Gerichts.[3] Die an § 139 Abs. 2 ZPO angelehnte Hinweispflicht des **Abs. 1 S. 2** dient der Gewährung rechtlichen Gehörs.[4] Die Argumentation gegenüber dem Gericht setzt voraus, dass den Beteiligten zunächst eine abweichende Rechtsansicht des Gerichts bekannt ist.[5] Hier besteht ein Zusammenhang mit § 33 Abs. 1 Nr. 1 und § 37 Abs. 2. **Abs. 2** orientiert sich an § 139 Abs. 1 S. 2 Halbs. 2 ZPO und sieht vor, dass das Gericht auf ordnungsgemäße und sachdienliche Anträge hinzuwirken hat. Eine Verpflichtung hierzu folgt entgegen der Gesetzesbegründung[6] nicht bereits aus der Amtsermittlungspflicht, sondern aus dem Anspruch auf ein faires Verfahren iVm. dem Anspruch auf rechtliches Gehör.[7] Trotz ihrer Anlehnung an § 139 ZPO kann dessen Auslegung nicht ohne weiteres auf Abs. 1, 2 übertragen werden, weil die gesetzlichen Hinweis- und Hinwirkungspflichten zugleich eine Ausgestaltung der **gerichtlichen Fürsorge** sind. Deren Reichweite wird maßgeblich durch die jeweiligen Verantwortungsbereiche des Gerichts bzw. der Beteiligten bestimmt, weshalb unter Geltung des Amtsermittlungsgrundsatzes oder der Offizialmaxime abweichende Grenzen zu ziehen sein können.[8] **Abs. 3** dient der Verfahrensbeschleunigung und regelt den Zeitpunkt, zu dem die Verpflichtungen nach Abs. 1, 2 zu erfüllen sind. Er lehnt sich an § 139 Abs. 4 S. 1 ZPO an und schreibt außerdem eine Dokumentation über die Erfüllung der Verpflichtungen nach Abs. 1, 2 vor. Gegenstand des **Abs. 4** ist ebenfalls die Dokumentation des Verfahrens (mündliche Erörterungstermine iSv. § 32, persönliche Anhörung iSv. § 34). Abs. 4 wird hinsichtlich einer Beweiserhebung durch § 29 Abs. 3 ergänzt. Diese Vorschrift tritt an die Stelle der nicht anwendbaren §§ 159 ff. ZPO,[9] was der Vereinfachung und Flexibilität des Verfahrens dient.[10]

2. Anwendungsbereich. Keine Anwendung findet § 28 in **Ehesachen** nach §§ 121 ff. und **Familienstreitsachen** nach § 112 (vgl. § 113 Abs. 1 S. 1), dort kommt insbesondere § 139 ZPO zur Anwendung. Im Übrigen gilt § 28 in allen Verfahren nach dem FamFG. Die Verpflichtungen des Gerichts bestehen gleichermaßen außerhalb mündlicher Termine und innerhalb dieser.[11] Ohne Belang ist auch, ob und inwieweit die Beteiligten **anwaltlich** oder vergleichbar **vertreten** sind (vgl. Rn. 6).[12]

II. Grundlagen der Verfahrensleitung

1. Hinweis- und Hinwirkungspflichten. Das Gesetz unterscheidet im Rahmen des § 28 Hinweis- und Hinwirkungspflichten als gerichtliche Maßnahmen der Verfahrensleitung. Der sprachliche Unterschied zwischen Abs. 1 S. 2 und den beiden übrigen Pflichten des Gerichts ist vom Gesetzgeber nicht zufällig gewählt worden. Vielmehr wird hierdurch die unterschiedliche Intensität der gerichtlichen Fürsorge herausgestellt. **Hinweispflichten** beschränken sich darauf, dass das Gericht die Beteiligten auf seine abweichende Rechtsansicht hinweist. Dies schafft die Voraussetzung dafür,

---

[1] Vgl. Amtl. Begr. FamFG (BT-Drucks. 16/6308) S. 187.
[2] Amtl. Begr. FamFG (BT-Drucks. 16/6308) S. 187.
[3] Vgl. Amtl. Begr. FamFG (BT-Drucks. 16/6308) S. 187.
[4] Amtl. Begr. FamFG (BT-Drucks. 16/6308) S. 187.
[5] Vgl. *Lindacher* JuS 1978, 577, 582 f.; *Zimmermann* RPfleger 1967, 329, 333.
[6] Vgl. Amtl. Begr. FamFG (BT-Drucks. 16/6308) S. 187; *Keidel/Sternal* § 28 Rn. 2.
[7] Vgl. *Baumbach/Lauterbach/Hartmann* § 139 ZPO Rn. 2.
[8] Vgl. BGH NJW 2004, 164; *Baumbach/Lauterbach/Hartmann* § 139 ZPO Rn. 9 aE, 16.
[9] *Zimmermann* FamFG Rn. 77.
[10] Amtl. Begr. FamFG (BT-Drucks. 16/6308) S. 187; *Baumbach/Lauterbach/Hartmann* § 28 Rn. 3.
[11] Vgl. *Baumbach/Lauterbach/Hartmann* § 139 ZPO Rn. 5.
[12] Vgl. *Baumbach/Lauterbach/Hartmann* § 139 ZPO Rn. 51.

dass die Beteiligten eine qualifizierte Stellungnahme hierzu abgeben können und auf die Entscheidung des Gerichts vorbereitet sind. Die **Hinwirkungspflichten** gehen über die Erteilung eines Hinweises hinaus. Sie verpflichten das Gericht nicht lediglich zur Beschreibung der Ausgangslage, sondern auch dazu, Vorschläge für eine konstruktive Weiterentwicklung des Verfahrens zu unterbreiten oder konkrete Maßnahmen einzufordern.

5   **2. Anlass zur Erfüllung der Pflichten.** Die in Abs. 1, 2 normierten Pflichten bestehen latent während der gesamten Dauer des Verfahrens. Sie werden jedoch erst durch einen **auslösenden Anlass** aktualisiert und konkretisiert.[13] Erst als Reaktion auf einen Anlass gewinnen sie ihren vollen Inhalt. Am konkretesten normiert Abs. 1 S. 2 den Anlass dahingehend, dass das Gericht sein Entscheidung auf einen rechtlichen Gesichtspunkt stützen will, den es anders beurteilt als die Beteiligten. Die Pflicht, auf die Beseitigung von Formfehlern hinzuwirken, wird dadurch ausgelöst, dass der Antragsteller einen formfehlerhaften Antrag stellt (vgl. Abs. 2). Eine Vervollständigung des tatsächlichen Vorbringens ist nur insoweit angezeigt, als das bisherige Vorbringen unvollständig ist (vgl. Abs. 1 S. 1). Aber auch im Übrigen werden die Pflichten, auf einen umfassenden Sachvortrag und eine sachdienliche Antragstellung hinzuwirken, durch einen bestimmten Anlass ausgelöst. Dieser ist durch Auslegung der Norm zu gewinnen, wodurch den Hinwirkungspflichten hinsichtlich ihrer Voraussetzungen Konturen verliehen werden.

6   Abstrakt lässt sich der jeweils auslösende Anlass dahingehend charakterisieren, dass die Beteiligten zur effektiven Wahrnehmung ihrer materiellen Rechte im Verfahren auf ein **Tätigwerden des Gerichts** angewiesen sind. Hierfür ist nur mittelbar maßgeblich, ob Beteiligte anwaltlich vertreten sind. Abstrakt bestehen gegenüber **anwaltlich vertretenen Beteiligten** die gleichen Pflichten.[14] Allein im Hinblick auf die Erforderlichkeit einer gerichtlichen Hilfestellung wirkt es sich aus, inwieweit bereits die Tätigkeit des Rechtsanwalts dem Beteiligten eine effektive Teilhabe am Verfahren ermöglicht.[15] Ebenso wenig differenziert § 28 danach, inwieweit die Beteiligten die Erforderlichkeit eines gerichtlichen Einschreitens herbeigeführt haben. Die Vorschrift ist nicht nach dem **Verschuldensprinzip** konzipiert (anders zB § 17 Abs. 1).[16] Soweit den Beteiligten die Herrschaft über das Verfahren, den Gegenstand des Verfahrens und seine tatsächlichen Grundlagen fehlt, kann deren Verhalten im Verfahren keinen Einfluss auf dessen Ausgang erlangen. Aber auch soweit die Beteiligten dispositionsbefugt sind, beeinträchtigt schuldhaftes Verhalten im Verfahren ohne gesetzliche Anordnung nicht ohne weiteres den Verfahrensausgang. Abweichendes gilt allenfalls, soweit das Verhalten eines Beteiligten auf einen materiell-rechtlich zulässigen Verzicht oder ein Anerkenntnis schließen lässt.

7   **3. Geeignetheit der gerichtlichen Maßnahme.** Der auslösende Anlass bestimmt zugleich über den Inhalt der gerichtlich geschuldeten Maßnahme. Diese muss geeignet sein, die auslösende Erforderlichkeit auszuräumen. Die gerichtlichen Hinweise, welche Unklarheiten, Unvollständigkeiten oder Fehler ausräumen sollen, müssen so **gezielt und konkret** erteilt werden, dass sie diesen Zweck erreichen können.[17] Welche konkreten Anforderungen hieraus erwachsen, richtet sich nach dem Einzelfall. **Pauschale** oder gar **formularmäßige Hinweise** sind unzureichend. Gegenüber einem rechtskundigen, zB anwaltlich vertretenen, Beteiligten kann sich das Gericht regelmäßig kürzer fassen.[18] Dies gilt im Hinblick auf die Aufklärung über die Rechtslage (Hinweispflicht, vgl. Rn. 4) ebenso wie hinsichtlich der Unterbreitung weitergehender Vorschläge (Hinwirkungspflichten, vgl. Rn. 4). Hat das Gericht eine geeignete Maßnahme ergriffen, folgt aus der gerichtlichen Fürsorgepflicht grds. keine Verpflichtung, die Maßnahme zu wiederholen. Eine Pflicht zur Wiederholung kann sich im Einzelfall im Hinblick auf Abs. 1 S. 1 aus § 26 ergeben. Im Übrigen kann die durch eine Reaktion der Beteiligten auf einen gerichtlichen Hinweis erfolgte Änderung der Verfahrenslage ihrerseits eine erneute Hinweis- oder Hinwirkungspflicht auslösen.

8   **4. Form.** Eine **besondere Form** für die Erfüllung der Hinweis- und Hinwirkungspflichten schreibt § 28 nicht vor (vgl. zur Dokumentation Rn. 24). Möglich sind danach mündliche Hinweise im Rahmen eines Telefonats, eines Termins (vgl. § 32) oder einer persönlichen Anhörung (vgl. § 34) ebenso wie ein schriftlicher Hinweis.[19] Welche Form das Gericht wählt, steht in seinem Ermessen. Dieses muss das Gericht nach Sinn und Zweck der Verpflichtungen wahrnehmen. Dementsprechend ist das Gericht im Einzelfall verpflichtet, mündliche Hinweise zu geben, wenn nur diese geeignet

---

[13] Vgl. *Baumbach/Lauterbach/Hartmann* § 139 ZPO Rn. 21; *Stein/Jonas/Leipold* § 139 ZPO Rn. 24.
[14] BGH NJW-RR 1993, 569, 570; 1997, 441; NJW 2003, 3626, 3628; *Stein/Jonas/Leipold* § 139 ZPO Rn. 26.
[15] Vgl. *Stein/Jonas/Leipold* § 139 ZPO Rn. 26.
[16] Vgl. oben § 139 ZPO Rn. 6.
[17] BGH NJW 1999, 1264; 2002, 3317, 3320.
[18] Vgl. oben § 139 ZPO Rn. 20.
[19] Amtl. Begr. FamFG (BT-Drucks. 16/6308) S. 187.

sind, einen Beteiligten ausreichend zu informieren. Umgekehrt kann im Einzelfall auch eine schriftliche Kundgabe erforderlich sein. Ist das Ermessen des Gerichts nicht entsprechend eingeschränkt, empfiehlt sich vielfach ein schriftlicher Hinweis, weil dieser regelmäßig zugleich die Dokumentationsverpflichtung erfüllt (vgl. Rn. 24).

5. Adressaten. Adressaten der verfahrensleitenden Maßnahmen sind die **Verfahrensbeteiligten** 9 (vgl. § 7). Nicht erforderlich ist, dass das Gericht Maßnahmen jeweils einheitlich gegenüber allen Beteiligten ergreift. Vielmehr bestimmt der die Maßnahme jeweils auslösende Anlass darüber, inwieweit eine Maßnahme gegenüber einzelnen Beteiligten notwendig ist. Deutlich wird dies insbesondere für die Pflicht aus Abs. 2, in deren Natur es liegt, dass das Gericht sich an den Antragsteller wendet. Soweit eine Pflicht aus § 28 nicht gegenüber allen Beteiligten besteht, gebieten regelmäßig der Anspruch auf rechtliches Gehör (vgl. Vor §§ 23 ff. Rn. 20 ff.) sowie der Grundsatz verfahrensrechtlicher Waffengleichheit, dass das Gericht den übrigen Beteiligten bekannt gibt, welche Maßnahme es gegenüber welchem Beteiligten ergriffen hat. Selbstverständlich dürfen sich auch diejenigen Beteiligten, welche nicht Adressat einer verfahrensleitenden Maßnahme sind, zu dieser äußern.

6. Unparteilichkeit und Befangenheit. Die Verfahrensleitung des Gerichts steht im Spannungs- 10 verhältnis zur Ablehnung einer Gerichtsperson nach § 6 iVm. § 42 Abs. 2 ZPO wegen der Besorgnis der Befangenheit. Hieraus ist gleichwohl nicht auf eine Beschränkung der gerichtlichen Pflichten zur Verfahrensleitung zu schließen.[20] Vielmehr ist das Gericht lediglich zu einer unparteilichen Wahrnehmung der Verfahrensleitung verpflichtet.[21] Dies schließt für nur einzelne Beteiligte vorteilhafte Maßnahmen der Verfahrensleitung nicht aus. Die Pflichten des Gerichts nach § 28 konkretisieren überwiegend die **gerichtliche Fürsorge** gegenüber den Beteiligten, welche allen Beteiligten gleichermaßen zuteil werden soll. Ziel der gerichtlichen Fürsorge ist die gleichberechtigte Teilhabe aller Verfahrensbeteiligten auf Augenhöhe, welche der optimalen Verwirklichung des materiellen Rechts dienen soll.[22] Besteht jedoch ein Fürsorgebedürfnis insoweit nur im Hinblick auf einzelne Beteiligte, gebietet die Vorschrift auch nur insoweit gerichtliche Unterstützung. Dies ist der Regelung des § 28 immanent und berührt die gerichtliche Unparteilichkeit nicht.

Soweit dem Gericht im Rahmen der Anwendung des § 28 kein Entscheidungsspielraum zu- 11 kommt, ist das Gericht ohnehin gegenüber allen Beteiligten gleichermaßen gebunden. Entspricht das Gericht seinen Pflichten aus § 28, kann hierdurch ein Ablehnungsgrund nicht begründet werden. Das Gericht, welches das Gesetz befolgt, kann bei objektiver Betrachtung kein Misstrauen in seine Unparteilichkeit erwecken, weil es zur Beachtung des Gesetzes verpflichtet ist. Entscheidend ist im Ablehnungsstreit daher regelmäßig die Bestimmung der Reichweite des § 28 nach Anlass des gerichtlichen Einschreitens und Intensität der Hilfestellung.[23] Verbleibt dem Gericht jedoch bei der Anwendung des § 28 ein eigener **Entscheidungsspielraum** (zB Bestimmung der angemessenen Reaktionszeit, vgl. Rn. 25), dann muss es diesen gegenüber allen Beteiligten in gleicher Art und Weise ausüben.[24] Verstößt es hiergegen, können sich Anhaltspunkte für einen Ablehnungsgrund ergeben.

III. Tatsächliche Erklärungen (Abs. 1 S. 1)

1. Voraussetzungen. Nach Abs. 1 S. 1 hat das Gericht darauf hinzuwirken, dass sich die Betei- 12 ligten rechtzeitig und vollständig über die entscheidungserheblichen Tatsachen erklären. Hierdurch wird die Amtsermittlungspflicht des Gerichts (vgl. § 26) mit der Mitwirkungslast der Beteiligten (vgl. § 27) verknüpft. In Ausübung seiner übergeordneten Pflicht zur Amtsermittlung hat das Gericht verfahrensleitende Maßnahmen zu ergreifen, um die Mitwirkungslast der Beteiligten entsprechend der vom Gericht erkannten Notwendigkeiten zu steuern (vgl. § 27 Rn. 5). **Ausgelöst wird die Hinwirkungspflicht** des Abs. 1 S. 1 dadurch, dass das Gericht den ihm bekannten Sachverhalt im Hinblick auf die für die Entscheidung über den Verfahrensgegenstand maßgeblichen rechtlichen Vorschriften für nicht ausreichend aufgeklärt erachtet. Die Hinwirkungspflicht kann danach nicht über die Amtsermittlungspflicht hinausreichen. Sie besteht nur in den Grenzen des Verfahrensgegenstands und nur im Hinblick auf entscheidungserhebliche Tatsachen. Die Hinwirkungspflicht ist wie die Amtsermittlungspflicht davon abhängig, von welchem Sachverhalt das Gericht bislang ausgeht und wie es die Rechtslage derzeit beurteilt (vgl. § 26 Rn. 12 ff.). Sie bezieht sich auf alle entschei-

---

[20] Vgl. oben § 139 ZPO Rn. 9.
[21] BGH NJW 2004, 164; OLG Rostock NJW-RR 2002, 576; *Baumbach/Lauterbach/Hartmann* § 139 ZPO Rn. 13.
[22] Vgl. OLG Schleswig NJW 1983, 34; *Wieczorek/Schütze/Smid* § 139 ZPO Rn. 2.
[23] Vgl. BGH NJW 2004, 164, 164.
[24] Vgl. OLG München NJW 1994, 60; *Stein/Jonas/Leipold* § 139 ZPO Rn. 21; oben § 139 ZPO Rn. 10.

dungserheblichen tatsächlichen Umstände und greift sowohl bei gänzlich fehlendem als auch bei unvollständigem oder widersprüchlichem Vortrag ein.[25]

13   **2. Inhalt der Hinwirkungspflicht.** Im Rahmen des bestehenden Anlasses weist das Gericht darauf hin, hinsichtlich welches tatsächlichen Umstands der Sachverhalt aufklärungsbedürftig (fehlend, lückenhaft oder widersprüchlich) ist. Das Gericht **fordert** zudem einzelne oder alle Beteiligten dazu **auf**, sich zu diesem Aspekt zu äußern. Vorrangig aufzufordern sind diejenigen Beteiligten, welche im Hinblick auf den Anlass des Aufklärungsbedürfnisses die größte Wahrscheinlichkeit für eine umfassende Aufklärung bieten. Dies kann der sachnächste Beteiligte ebenso wie derjenige Beteiligte sein, der nach materiellem Recht von der Feststellung der aufklärungsbedürftigen Tatsache begünstigt würde (vgl. § 37 Rn. 14 ff.). Die Hinwirkungspflicht berechtigt das Gericht dagegen grds. nicht, Beteiligte zu einer Stellungnahme zu verpflichten und eine solche gar zu **erzwingen** (vgl. Rn. 26).

14   Abs. 1 S. 1 erlaubt es nicht, Beteiligte „über's Feld zu scheuchen".[26] Vielmehr gebietet die Subjektstellung der Beteiligten, dass das Gericht gegenüber den Beteiligten zu erkennen gibt, vor welchem (rechtlichen und tatsächlichen) Hintergrund es eine Erklärung zu einem bestimmten Punkt für erforderlich hält.[27] Insoweit besteht ein Berührungspunkt des S. 1 mit S. 2. Ein **„Geheimverfahren"** dahin, dass Beteiligte einem vom Gericht geheim gehaltenen Masterplan folgen müssten, wäre grob rechtsstaatswidrig.[28] Ausdrückliche Erläuterungen der gerichtlichen Fragen sind gleichwohl nicht in jedem Fall erforderlich. Entscheidend ist jeweils der Verständnishorizont der Beteiligten und inwieweit deren Subjektsstellung eine Erläuterung gebietet.

15   Im Interesse der Verfahrensbeschleunigung muss das Gericht auf eine **frühzeitige Erklärung** durch die Beteiligten hinwirken. Das bedeutet zunächst, dass das Gericht selbst seine verfahrensleitenden Maßnahmen so früh wie möglich ergreifen muss (vgl. Rn. 23). Außerdem muss der Inhalt der ergriffenen Maßnahme geeignet sein, eine frühzeitige Reaktion der Beteiligten zu befördern. Hierzu muss das Gericht sich verständlich und konkret äußern (vgl. Rn. 7) und den Beteiligten eine kurze aber angemessene (vgl. Rn. 25) Frist für eine Reaktion setzen.[29] Im Unterschied zum Zivilprozess aber zB auch zum Verwaltungsprozess ist die beschleunigende Wirkung einer Fristsetzung beschränkt, weil eine Fristüberschreitung keine unmittelbaren Rechtsfolgen zeitigt. Eine Zurückweisung verspäteten Vorbringens sieht das FamFG grds. nicht vor (vgl. Vor §§ 23 ff. Rn. 27).

IV. Hinweispflicht (Abs. 1 S. 2)

16   **1. Voraussetzungen.** Die Hinweispflicht des Gerichts wird dadurch ausgelöst, dass das Gericht seine Entscheidung auf einen rechtlichen Gesichtspunkt stützen will, den es anders als die Beteiligten beurteilt. Das Gericht darf dem Verfahren durch seine Entscheidung keine überraschende Wendung geben.[30] **Rechtliche Gesichtspunkte** betreffen nicht lediglich die Auslegung und Anwendung des für den Verfahrensgegenstand maßgeblichen materiellen Rechts einschließlich allgemeiner Rechtsgrundsätze. Vielmehr wird auch die Auslegung und Anwendung des Verfahrensrechts umfasst. Zu den rechtlichen Gesichtspunkten zählt danach die Auslegung eines Testaments ebenso wie die Frage der Antragsbefugnis oder des Rechtsschutzbedürfnisses. Bezugspunkt der Hinweispflicht ist aber auch die nach den rechtlichen Vorgaben des § 37 Abs. 1 erfolgende Würdigung des Sachverhalts, wodurch § 37 Abs. 2 verstärkt wird. Der rechtliche Gesichtspunkt muss **entscheidungserheblich** sein. Gewinnt er auf das Ergebnis des Verfahrens keinen Einfluss, weil das Gericht ggf. mit abweichender Begründung zum identischen Ergebnis gelangt, besteht keine Hinweispflicht, soweit eine solche nicht auch im Hinblick auf die übrigen Begründungswege besteht.

17   Das Gericht muss den entscheidungserheblichen **Gesichtspunkt anders** als die Beteiligten **beurteilen.** Das ist der Fall, wenn der Standpunkt des Gerichts von dem erkennbar durch die Beteiligten vertretenen Standpunkt abweicht. Dies kommt in Betracht, wenn das Gericht von einer gefestigten Rechtsprechung abweichen oder eine bislang nicht in Betracht gezogene Rechtsvorschrift anwenden will.[31] Soweit für das Gericht nicht ersichtlich ist, welchen Rechtsstandpunkt ein Beteiligter (stillschweigend) vertritt, weil dieser zB keinen Gebrauch von seinem Äußerungsrecht macht oder im Rahmen seiner Äußerung nicht erkennbar einen Standpunkt einnimmt, besteht keine Hinweis-

---

[25] Amtl. Begr. FamFG (BT-Drucks. 16/6308) S. 187.
[26] Vgl. *Rieble* BB 2005, 885, 891.
[27] *Rieble* BB 2005, 885, 891.
[28] *Rieble* BB 2005, 885, 891.
[29] Amtl. Begr. FamFG (BT-Drucks. 16/6308) S. 187.
[30] Amtl. Begr. FamFG (BT-Drucks. 16/6308) S. 187.
[31] Amtl. Begr. FamFG (BT-Drucks. 16/6308) S. 187.

pflicht.[32] Trotz des insoweit missverständlichen Wortlauts ist nicht erforderlich, dass das Gericht einen Gesichtspunkt abweichend von allen Verfahrensbeteiligten beurteilt.[33] Vielmehr gebieten Sinn und Zweck des Abs. 1 S. 2 aber auch seine Verwandtschaft mit § 139 Abs. 2 ZPO, dass die Hinweispflicht auch dort besteht, wo das Gericht einen rechtlichen Gesichtspunkt abweichend von einzelnen Beteiligten beurteilt, soweit der Hinweis erforderlich ist, um diesen Beteiligten eine qualifizierte Stellungnahme zu ermöglichen.[34] Die Hinweispflicht besteht in diesem Fall nur gegenüber einzelnen Beteiligten. Sie besteht allerdings nicht, soweit bereits qualifizierte Hinweise anderer Beteiligter[35] oder Ausführungen im Beschluss der Vorinstanz[36] ausreichenden Anlass für eine qualifizierte Auseinandersetzung mit der vom Gericht vertretenen Ansicht bieten.

2. Umfang der Hinweispflicht. Der Hinweis des Gerichts muss die Beteiligten zuverlässig ins Bild setzen. Diese müssen den Ausgang des Verfahrens prognostizieren können, um ggf. inner- oder außerprozessuale Dispositionen treffen zu können. Dementsprechend darf der Hinweis des Gerichts nicht bloß vage sein. Vielmehr muss das Gericht **konkret** seine **vorläufige Rechtsansicht,** soweit diese von der Sichtweise eines Beteiligten abweicht, darlegen. Es darf insoweit auch Hilfserwägungen anstellen, muss für diese aber klarstellen, in welchem Verhältnis sie zueinander stehen. Der Hinweis, man könne eine Rechtsfrage so oder so sehen, genügt der Hinweispflicht nicht. Den Beteiligten muss durch den Hinweis eine substanziierte Stellungnahme zur Sichtweise des Gerichts ermöglicht werden, um dieses ggf. von einer anderen Ansicht überzeugen zu können. **18**

V. Hilfeleistung zur Antragstellung (Abs. 2)

1. Beseitigung von Formfehlern. Nach Abs. 2 hat das Gericht in **Antragsverfahren** darauf hinzuwirken, dass formelle Fehler der Antragstellung behoben werden. Diese Verpflichtung besteht nur, soweit der Antrag eines Beteiligten Verfahrensvoraussetzung ist.[37] Kann das Gericht von Amts wegen tätig werden, besteht keine Verpflichtung, auf die Beseitigung eines Antragsfehlers hinzuwirken, weil das Gericht unmittelbar selbst ein Verfahren in Gang setzen kann, soweit dies erforderlich ist. Ein Antrag kann zwar auch in **Amtsverfahren** gestellt werden (vgl. Vor §§ 23 ff. Rn. 9 ff.) und auch dieser kann fehlerhaft sein. Allerdings genügt für diese Fälle ein entsprechender gerichtlicher Hinweis nach Abs. 1 S. 2. Eine hierüber hinausgehende Hinwirkung auf eine Fehlerbeseitigung ist nicht erforderlich, weil der sachdienliche Fortgang des Verfahrens nicht von der Antragstellung abhängig ist. **19**

Die Hinwirkungspflicht des Gerichts besteht nach Sinn und Zweck nur, soweit der Antrag an Formfehlern leidet, welche die Zulässigkeit des Antrags berühren. Hierfür genügt nicht, dass der Antrag nicht sämtliche **Sollvorgaben** des § 23 wahrt (vgl. § 23 Rn. 42). Vielmehr muss das Gericht nur auf die Beseitigung solcher Fehler hinwirken, die den **Mussinhalt** nach § 23 oder einer Sondervorschrift in Frage stellen. Bestehen zB auf Grund fehlender Unterzeichnung des Antrags Zweifel darüber, ob nur ein Entwurf vorliegt, muss das Gericht diesen Punkt aufklären. Ist ein Antrag ungeeignet, den Verfahrensgegenstand zu bezeichnen, weil zB lediglich ein Erbschein beantragt wird, ohne dessen Inhalt anzugeben, muss das Gericht deutlich machen, welche konkreten (vgl. Rn. 7) Klarstellungen und Ergänzungen es erwartet. Dies gilt entsprechend, wenn ein Erbscheinsantrag nicht den Anforderungen des § 2354 BGB genügt. **20**

2. Stellung sachdienlicher Anträge. Auch die Pflicht, auf sachdienliche Anträge hinzuwirken, besteht nur, soweit ein Antrag Verfahrensvoraussetzung ist (vgl. Rn. 19). Sie wird dadurch ausgelöst, dass der Antragsteller aus der Sicht des Gerichts einen nicht sachdienlichen Antrag gestellt hat. **Sachdienlich** sind Anträge, die geeignet sind, den Verfahrensgegenstand umfassend zu regeln und weitere Verfahren zu vermeiden (Rechtsfrieden und Verfahrensökonomie). Im Hinblick darauf, dass in Antragsverfahren dem Antragsteller die Verantwortung für den Verfahrensgegenstand obliegt, dh. er den Verfahrensgegenstand bestimmt, ist maßgeblich, inwieweit der Antrag im Hinblick auf die Verfahrensziele des Antragstellers[38] geeignet ist, Rechtsfrieden herzustellen. **21**

---

[32] Amtl. Begr. FamFG (BT-Drucks. 16/6308) S. 187; *Schulte-Bunert* Rn. 151.
[33] Strenger Amtl. Begr. FamFG (BT-Drucks. 16/6308) S. 187; *Schulte-Bunert* Rn. 151.
[34] AA Amtl. Begr. FamFG (BT-Drucks. 16/6308) S. 187; *Schulte-Bunert* Rn. 151.
[35] Vgl. Amtl. Begr. FamFG (BT-Drucks. 16/6308) S. 187; BGH NJW 1984, 310, 311; 1988, 696, 697; *Schulte-Bunert* Rn. 151.
[36] Vgl. BGH NJW 1983, 2247, 2250; 1986, 2883, 2884.
[37] Vgl. *Schulte-Bunert* Rn. 152, der allerdings unzutreffend ausführt, dass umgekehrt Abs. 1 nur für Amtsverfahren gilt.
[38] Abweichend oben § 139 ZPO Rn. 26 in Fn. 55.

22 Erkennt das Gericht, dass die Antragstellung nicht sachdienlich ist, muss es den Antragsteller zunächst hierauf hinweisen und die Gründe für diese Einschätzung offen legen. Außerdem muss es darlegen, welche Antragstellung seiner Ansicht nach sachdienlich erschiene. Dies umfasst insbesondere die Anregung **sachdienlicher Antragsänderungen**. Dabei muss das Gericht jedoch die Verantwortung des Antragstellers für den Verfahrensgegenstand respektieren. Es ist dem Gericht nicht nur verwehrt, selbst eine Änderung vorzunehmen. Vielmehr ist ihm insbesondere in Streitsachen auch verwehrt, die Einbeziehung weiterer Gegenstände in das Verfahren anzuregen, sofern diese nicht in untrennbarem Zusammenhang mit den erkennbaren Verfahrenszielen des Antragstellers stehen. Eine Anregung zur Antragsänderung ist aber zB zu geben, wenn das Gericht feststellt, dass der Antragsteller sein Verfahrensziel zwar nicht mit dem gegenwärtigen Antrag jedoch mit einem abweichenden Antrag erreichen kann. Lautet der Antrag zB auf Erteilung eines **Erbscheins** als unbeschränkter Alleinerbe und ergibt die gerichtliche Auslegung des Testaments, dass von Vorerbschaft auszugehen ist, muss es eine Änderung des Antrags bzw. die Stellung eines Hilfsantrags anregen.[39]

VI. Zeitpunkt und Dokumentation der Hinweise (Abs. 3)

23 1. **Zeitpunkt.** Nach Abs. 3 ist das Gericht verpflichtet, seine Hinweis- und Hinwirkungspflichten im Interesse der Verfahrensbeschleunigung **so früh wie möglich** zu erfüllen.[40] Der Gesetzgeber geht hierbei davon aus, dass die Hinweis- und Hinwirkungspflichten während der gesamten Dauer des Verfahrens von seiner Einleitung bis zu seinem rechtskräftigen Abschluss bestehen. Diesen Pflichten vorgelagert ist eine durchgängig bestehende Verpflichtung, das Verfahren daraufhin zu überprüfen, ob ein Anlass für eine verfahrensleitende Maßnahme besteht. Das Gericht muss im Zusammenhang mit jeder Änderung des Verfahrens, zB Stellung eines Antrags, Eingang einer Stellungnahme der Beteiligten, Feststellung neuer Tatsachen, erneut prüfen, ob ein auslösender Anlass (vgl. Rn. 5 f.) entstanden ist. Ist dies der Fall, werden die Hinweis- und Hinwirkungspflichten konkretisiert und das Gericht muss verfahrensleitende Maßnahmen ergreifen. Sowohl die durchgängige Prüfpflicht als auch die Hinweis- und Hinwirkungspflichten muss das Gericht **unverzüglich** im Anschluss an eine Veränderung des Verfahrens oder die Feststellung eines auslösenden Anlasses erfüllen.[41] Das gerichtliche Handeln muss ohne schuldhaftes Zögern im Rahmen seiner Ressourcen und unter Beachtung eines etwaigen Vorrangs anderer Angelegenheiten (Eilverfahren oder zB § 155) erfolgen.

24 2. **Dokumentation.** Hinweise sind aktenkundig zu machen. Diese Verpflichtung entspricht § 139 Abs. 4 ZPO. Sie erleichtert im Nachgang die Prüfung, ob das Gericht seinen Hinweis- und Hinwirkungspflichten genügt oder einen Verfahrensfehler begangen hat. Die Dokumentation kann dadurch erfolgen, dass eine Abschrift eines schriftlich erteilten Hinweises zu den Akten genommen wird. Soweit das Gericht verfahrensleitende Maßnahmen mündlich ergriffen hat, ist grds. ein **Aktenvermerk** zu fertigen. Dieser muss erkennen lassen, wann wer gegenüber wem welche Maßnahme ergriffen hat. Hinweise im Rahmen eines Termins (vgl. § 32) oder einer Anhörung (vgl. § 34) sind in den insoweit anzufertigenden **Terminsvermerk** aufzunehmen (vgl. Rn. 28 ff.). Dabei ist jeweils nicht erforderlich, dass das Gericht einen mündlichen Hinweis wörtlich niederschreibt. Ausreichend ist, dass die wesentliche Zielrichtung der gerichtlichen Maßnahme dokumentiert wird.[42] Unter Beachtung dieser Vorgaben kann der Hinweis auch durch Erwähnung im Beschluss aktenkundig gemacht werden.[43]

VII. Reaktion der Beteiligten und Sanktionen

25 1. **Recht zur Reaktion.** Sowohl nach Sinn und Zweck der Hinwirkungs- und Hinweispflichten des Gerichts[44] aber auch auf Grund des Anspruch auf rechtliches Gehör **steht den Beteiligten ein Anspruch** darauf **zu**, innerhalb angemessener Frist tatsächlich auf die Verfahrenssituation zu reagieren. Den Beteiligten ist danach Gelegenheit zu geben, auf Hinweise des Gerichts zu reagieren und tatsächliches und rechtliches Vorbringen zu ergänzen oder zu modifizieren sowie Anträge umzustellen oder zu korrigieren.[45] Welcher **Reaktionszeitraum** im Einzelfall **angemessen** ist, wird durch verschiedene Faktoren bestimmt. Auszugehen ist von demjenigen Zeitraum, der für einen sorgfältigen Beteiligten erforderlich ist, um unter Berücksichtigung der konkreten Angelegenheit und unter

---

[39] Vgl. *Pawlowski/Smid*, FGG, Rn. 556.
[40] Amtl. Begr. FamFG (BT-Drucks. 16/6308) S. 187.
[41] Vgl. *Baumbach/Lauterbach/Hartmann* § 139 ZPO Rn. 94.
[42] Vgl. *Baumbach/Lauterbach/Hartmann* § 139 ZPO Rn. 94.
[43] Vgl. BGH NJW-RR 2005, 1518.
[44] Vgl. BGH NJW 1995, 399, 401; NJW-RR 1997, 441.
[45] Vgl. *Baumbach/Lauterbach/Hartmann* § 139 ZPO Rn. 95.

Beachtung des Beschleunigungsgrundsatzes effektiv zu reagieren. Soweit das Gericht seinerseits bereits zu einer Verzögerung des Verfahrens beigetragen hat, indem es Hinweise nicht frühzeitig erteilt hat (vgl. Rn. 23), darf dies das Reaktionsrecht eines Beteiligten nicht verkürzen. Vielmehr muss das Gericht im Anschluss durch eine beschleunigte Verfahrensbearbeitung eingetretene Verzögerungen ausräumen. Umgekehrt führen gesteigerte Mitwirkungslasten zu einer Verkürzung des einzuräumenden Reaktionszeitraums. Hat ein Beteiligter im Vorfeld schuldhaft Mitwirkungslasten nicht entsprochen, muss er innerhalb kürzerer Frist auf eine Veränderung des Verfahrens reagieren.

2. Sanktionen bei unzureichender Reaktion. Die Beteiligten sind grds. nicht verpflichtet, auf **26 Hinweise** des Gerichts nach Abs. 1 S. 2 oder **Anregungen** nach Abs. 1 S. 1 oder Abs. 2 zu reagieren. Eine entsprechende Verpflichtung folgt zunächst nicht aus § 27, der seinerseits nur eine Mitwirkungslast der Beteiligten begründet (vgl. § 27 Rn. 3, 7). Sie kann vom Gericht auch nicht eigenständig in Anwendung des § 28 begründet werden, weil Adressat dieser Vorschrift ausschließlich das Gericht selbst ist, ohne für dieses eine Eingriffsbefugnis zu begründen. Dementsprechend kann das Gericht über § 28 keine die Beteiligten verpflichtende Anordnung treffen. Ausnahmen bestehen nur dort, wo das Gesetz besondere Mitwirkungspflichten vorsieht (vgl. § 35 Rn. 5). In Ermangelung einer verpflichtenden Anordnung kommt auch eine Durchsetzung nach § 35 nicht in Betracht. Konsequenz einer unzureichenden Reaktion kann im Einzelfall vielmehr nur sein, dass das Gericht seine Entscheidung auf der von ihm – nach Erschöpfung der Untersuchungspflicht (vgl. § 26 Rn. 10 f.) – vorgefundenen Grundlage trifft und deshalb eine für die Beteiligten unerwünschte Entscheidung ergeht (Mitwirkungslast).

Greift der Antragsteller zB den Hinweis des Gerichts, sein **Antrag** leide an Formfehlern oder sei **27** nicht sachdienlich (vgl. Abs. 2), nicht auf, kann das Gericht eine Umstellung des Antrags nicht erzwingen. Die Letztverantwortung für die Antragstellung liegt beim Antragsteller. Das Gericht muss seinen „schiefen" Antrag auslegen und bescheiden. Anträge, die an einem beachtlichen Formfehler leiden, sind als unzulässig abzulehnen. Ein nicht sachdienlicher Antrag ist in der Regel unbegründet und ebenfalls abzulehnen. Ebenso wenig kann das Gericht **tatsächliche Erklärungen** (Abs. 1 S. 1) der Beteiligten erzwingen. Es muss vielmehr seiner Untersuchungspflicht entsprechen. Endet diese, legt das Gericht den in diesen Grenzen von ihm ermittelten Sachverhalt zu Grunde. Schließlich kann auch keine Stellungnahme zu einem **Hinweis** nach Abs. 1 S. 2 erzwungen werden. Reagieren die Beteiligten nicht, wird das Gericht im Zweifel an der von ihm geäußerten Rechtsansicht festhalten und auf deren Grundlage entscheiden.

VIII. Vermerk über Termine und Anhörungen (Abs. 4)

1. Funktion. Nach Abs. 4 ist über Termine und persönliche Anhörungen ein Vermerk zu **28** fertigen. Dieser dient zunächst dazu, die Beteiligten, auch soweit sie bislang nicht (aktiv) am Verfahren teilgenommen haben, über Inhalt und Ergebnisse eines Termins oder einer Anhörung zu informieren, so dass sie zukünftig ihre **Beteiligtenrechte effektiv wahrnehmen** und ihr Verfahrensverhalten hieran ausrichten können.[46] Insbesondere soll der Vermerk eine Stellungnahme zum Verfahren, einschließlich der maßgeblichen Entscheidungsgrundlagen (vgl. § 37 Abs. 2), erleichtern oder überhaupt erst ermöglichen, indem er den Beteiligten die für eine Äußerung notwendige Kenntnis vom Verfahren verschafft.[47] Zum anderen gewinnt der Vermerk **Bedeutung im Beschwerdeverfahren,** indem er dem Beschwerdegericht die Prüfung erleichtert, inwieweit nach § 68 Abs. 3 S. 2 eine Wiederholung einzelner Verfahrensschritte erforderlich ist.[48]

Die Funktion des Vermerks nach Abs. 4 entspricht danach nicht vollständig der des Protokolls im **29** Zivilprozess.[49] Dies beruht darauf, dass im FamFG-Verfahren nicht das **Mündlichkeitsprinzip** gilt (vgl. Vor §§ 23 ff. Rn. 24). Ein mündlicher Termin findet nicht zwingend statt (vgl. § 32 Rn. 3). Insbesondere können Anträge usw. auch außerhalb eines mündlichen Termins wirksam gestellt werden; ihrer mündlichen Erklärung kommt daher keine eigenständige Bedeutung zu. Der Ablauf des Termins unterliegt nicht den gleichen strengen Förmlichkeiten wie der einer mündlichen Verhandlung im Zivilprozess. Der Vermerk selbst genießt dementsprechend nicht die Beweiskraft des § 165 ZPO bzgl. der Einhaltung der geltenden Förmlichkeiten.[50]

---

[46] Amtl. Begr. FamFG (BT-Drucks. 16/6308) S. 187.
[47] Amtl. Begr. FamFG (BT-Drucks. 16/6308) S. 187.
[48] Amtl. Begr. FamFG (BT-Drucks. 16/6308) S. 187.
[49] *Zimmermann* FamFG Rn. 77.
[50] *Zimmermann* FamFG Rn. 77.

30 **2. Inhalt.** Eine ausdrückliche Anordnung von Mindestvoraussetzungen über Inhalt und Form des Vermerks enthält das FamFG nicht.[51] Vielmehr liegt dessen Gestaltung im Ermessen des Gerichts.[52] Die Vorgaben der §§ 159 ff. ZPO müssen deshalb nicht beachtet werden.[53] Ihre Wahrung ist aber in jedem Fall ausreichend.[54] Um jedoch seiner Funktion (vgl. Rn. 28) gerecht zu werden, muss der Vermerk einen bestimmten Mindestinhalt aufweisen, der allerdings auch in Stichpunkten[55] niedergelegt werden kann. Ihm muss sich zunächst entnehmen lassen, dass und wann ein Termin (vgl. § 32), eine persönliche Anhörung (vgl. § 34) oder eine Beweisaufnahme (vgl. § 29 Abs. 3) stattgefunden hat.[56] Außerdem ist erforderlich, dass er ausweist, welche Personen teilgenommen haben.[57] Nur hierdurch kann im Anschluss festgestellt werden, wer inwieweit zum fraglichen Zeitpunkt bereits in welchem Ausmaß tatsächlich am Verfahren beteiligt wurde. Außerdem sind in den Vermerk die wesentlichen Vorgänge des Termins oder der Anhörung aufzunehmen (Abs. 4 S. 2). Dies umfasst **alle Erklärungen und Vorgänge,** die für das laufende Verfahren, auch für die Rechtsmittelinstanz, bedeutsam werden können.[58] Dem Gericht kommt hinsichtlich dieses Mindestumfangs kein Ermessen zu.[59] Lediglich die Entscheidung über die Aufnahme zusätzlicher Angaben liegt im Ermessen des Gerichts, welches großzügig verfahren sollte. Zu den wesentlichen Vorgängen gehören **richterliche Hinweise** (vgl. § 28 Abs. 3; Rn. 24),[60] der Abschluss eines **Vergleichs** (vgl. § 36 Abs. 2 S. 1; vgl. aber § 36 Rn. 13), der Vermerk über die **Verlesung der Beschlussformel** (vgl. § 41 Abs. 2 S. 2; § 41 Rn. 10) oder auch mündliche **Antragstellungen** oder -änderungen (vgl. § 23 Rn. 36). Werden in der Anhörung Tatsachen bekundet, auf die das Gericht seine Entscheidung stützen will, müssen diese regelmäßig bereits im Hinblick auf § 37 Abs. 2 dokumentiert werden.[61] Unter dem gleichen Gesichtspunkt kann es erforderlich sein, die Umstände der Anhörung, insbesondere die persönliche Verfassung eines Betroffenen oder den Zustand seiner Unterkunft in den Vermerk aufzunehmen.[62] Weitere Anhaltspunkte für die Wesentlichkeit eines Vorgangs lassen sich dem Katalog des § 160 Abs. 3 ZPO entnehmen, dem jedoch keine verbindliche Wirkung zukommt.

31 Abweichend von § 160 Abs. 4 ZPO sieht Abs. 4 kein gesondertes Verfahren vor, in dessen Rahmen die Beteiligten die **Aufnahme bestimmter Erklärungen** in das Protokoll beantragen können. Gleichwohl können die Beteiligten einen entsprechenden Antrag stellen. Diesen Antrag muss das Gericht bescheiden; die Entscheidung ist unanfechtbar. In Ermangelung einer gesetzlichen Anordnung muss das Gericht nicht die Förmlichkeiten des § 160 Abs. 4 S. 3 ZPO beachten. Ausreichend ist eine konkludente Bescheidung, indem der Vermerk nicht entsprechend dem Antrag eines Beteiligten ergänzt wird. Dies folgt daraus, dass dem Vermerk nach Abs. 4 auf Grund der Nichtgeltung des Mündlichkeitsprinzips eine im Vergleich zum Protokoll des Zivilprozesses abweichende Bedeutung zukommt (vgl. Rn. 29).

32 **3. Verfahren.** Der Vermerk ist grds. von der **handelnden Gerichtsperson** selbst zu fertigen. Dies sichert die Vertraulichkeit des Termins und die Atmosphäre im Termin. Soweit dies auf Grund des zu erwartenden Umfangs des Vermerks, in Anbetracht der Schwierigkeit der Sache oder aus einem sonstigen wichtigen Grund erforderlich ist, kann ein **Urkundsbeamter** zur Niederschrift des Vermerks zugezogen werden. Ob hiervon Gebrauch gemacht wird, steht danach nicht im Belieben des Gerichts. Vielmehr ist die Beteiligung des Urkundsbeamten auf Ausnahmefälle beschränkt. Sie dient nicht der Bequemlichkeit, sondern der Funktionsfähigkeit des Gerichts und der Effektivität des Verfahrens. Nur im Hinblick auf diese Interessen muss die Vertraulichkeit des Termins zurücktreten. In Betracht kommt die Zuziehung eines Urkundsbeamten zB, wenn das erkennende Gericht in einem emotional aufgeladenen Anhörungstermin seine gesamte Aufmerksamkeit der Terminsleitung widmen muss und deshalb keine Notizen zum Inhalt des Termins fertigen kann.[63]

33 Einen speziellen Zeitpunkt, zu dem der Vermerk anzufertigen ist, schreibt das Gesetz nicht ausdrücklich vor. Soweit es die Zuziehung eines Urkundsbeamten für die Niederschrift vorsieht, geht es davon aus, dass die Niederschrift im Termin selbst gefertigt wird. Grds. kann der Vermerk aber

---

[51] Amtl. Begr. FamFG (BT-Drucks. 16/6308) S. 187.
[52] Amtl. Begr. FamFG (BT-Drucks. 16/6308) S. 187.
[53] Amtl. Begr. FamFG (BT-Drucks. 16/6308) S. 187.
[54] *Schulte-Bunert* Rn. 154.
[55] Vgl. Amtl. Begr. FamFG (BT-Drucks. 16/6308) S. 187; *Schulte-Bunert* Rn. 154.
[56] Vgl. Amtl. Begr. FamFG (BT-Drucks. 16/6308) S. 187; *Schulte-Bunert* Rn. 154.
[57] Vgl. Amtl. Begr. FamFG (BT-Drucks. 16/6308) S. 187; *Schulte-Bunert* Rn. 154.
[58] Vgl. Amtl. Begr. FamFG (BT-Drucks. 16/6308) S. 187; oben § 160 ZPO Rn. 3.
[59] Vgl. oben § 160 ZPO Rn. 3.
[60] Amtl. Begr. FamFG (BT-Drucks. 16/6308) S. 187.
[61] Vgl. Amtl. Begr. FamFG (BT-Drucks. 16/6308) S. 187 f.
[62] Amtl. Begr. FamFG (BT-Drucks. 16/6308) S. 188.
[63] Vgl. Stellungnahme des BR zum Gesetzentwurf (BR-Drucks. 309/07) S. 14.

auch im Anschluss an den Termin niedergeschrieben werden.[64] Erforderlich ist lediglich, dass der Vermerk so **rechtzeitig angefertigt** wird, dass er seine Funktion erfüllen kann.[65] Dies bedeutet, dass der handelnden Gerichtsperson im Zeitpunkt der Niederschrift des Vermerks der Inhalt des Termins noch erinnerlich sein muss.[66] Der Vermerk muss den Beteiligten außerdem so rechtzeitig übersandt werden können, dass sie sich – soweit erforderlich – zu diesem noch äußern können.

Eine gesonderte Genehmigung des Vermerks durch die Beteiligten entsprechend § 162 ZPO **ist** 34 **nicht notwendig.**[67] Dies gilt auch dann, wenn der Vermerk zB ein Anerkenntnis, einen Verzicht oder einen Antrag dokumentiert (vgl. §§ 162 Abs. 1, 160 Abs. 3 Nr. 1, 2 ZPO). Dies ergibt sich aus der im Vergleich zum Zivilprozess abweichenden Funktion des Vermerks (vgl. Rn. 29).

4. Form. Um seiner Funktion gerecht zu werden, bedarf der Inhalt des Vermerks einer dauer- 35 haften Festlegung. Der Gesetzgeber schreibt hierfür als Regelfall eine **Niederschrift** vor (vgl. Abs. 4 S. 1 Halbs. 2). Die Niederschrift muss ihren Aussteller in dem Sinne erkennen lassen, dass feststeht, wer die Verantwortung für ihre Richtigkeit und Vollständigkeit übernimmt. Dieses Erfordernis wird durch Unterzeichnung des Vermerks durch die handelnde Gerichtsperson bzw. den zugezogenen Urkundsbeamten erreicht. Mangels gesetzlicher Anordnung ist die Unterzeichnung der Niederschrift abweichend von § 163 ZPO jedoch keine Wirksamkeitsvoraussetzung. An die Stelle der Niederschrift kann in Anlehnung an § 160a Abs. 4 ZPO ein **elektronische Aufzeichnung** in der Form des § 14 Abs. 3 treten (vgl. § 14 Rn. 30).

5. Berichtigung des Vermerks. Auf Grund der abweichenden Funktion des Vermerks, ins- 36 besondere im Hinblick darauf, dass ihm keine Beweiskraft entsprechend § 165 ZPO zukommt, sieht das FamFG keine besonderen Regelungen über die Berichtigung des Vermerks vor.[68] Lediglich hinsichtlich der Berichtigung der Vergleichsniederschrift verweist § 36 Abs. 4 auf § 164 ZPO (vgl. § 36 Rn. 17 ff.). Gleichwohl kann das Gericht einen **unrichtigen Vermerk jederzeit berichtigen,** weil letztlich nur ein inhaltlich zutreffender Vermerk seine Funktion vollständig erfüllen kann. Die Berichtigung kann auch nach Einlegung eines Rechtsmittels erfolgen, selbst wenn der Rüge eines Verfahrensfehlers hierdurch die Grundlage entzogen wird.[69] Im Hinblick auf die Bedeutung des Vermerks im Rechtsmittelverfahren ist den Beteiligten ggf. zuvor rechtliches Gehör zu gewähren. An die strengen Förmlichkeiten des § 164 Abs. 3, 4 ZPO ist die Berichtigung jedoch nicht gebunden. Es reicht aus, dass sich der Berichtigung entnehmen lässt, inwieweit der ursprüngliche Vermerk geändert wurde.

6. Form- und Verfahrensfehler. Die Verletzung von Form- und Verfahrensvorschriften im 37 Zusammenhang mit der Errichtung eines Vermerks nach Abs. 4 zeitigt unmittelbar keine rechtlichen Konsequenzen. In einem Termin vorgenommene Verfahrenshandlungen werden in ihren rechtlichen Wirkungen nicht dadurch beeinträchtigt, dass kein Vermerk errichtet wurde.[70] Eine Beweiskraft nach § 165 ZPO kommt dem Vermerk generell nicht zu. Fehler bei der Niederschrift des Vermerks können allerdings dadurch Bedeutung erlangen, dass der Vermerk seine Funktion (vgl. Rn. 28) nicht oder nur eingeschränkt erfüllen kann. Wurde zB ein gerichtlicher Hinweis (vgl. Rn. 24) nicht niedergeschrieben, gelangt er einem im Termin nicht anwesenden Beteiligten nicht zur Kenntnis. Hierdurch kann das rechtliche Gehör dieses Beteiligten verletzt werden. Bestehen auf Grund eines fehlerhaften Vermerks Unsicherheiten darüber, ob eine Verfahrenshandlung in erster Instanz ordnungsgemäß vorgenommen wurde, muss das Beschwerdegericht die Handlung im Zweifel wiederholen (vgl. § 68 Abs. 3 S. 2).

§ 29 Beweiserhebung

(1) ¹Das Gericht erhebt die erforderlichen Beweise in geeigneter Form. ²Es ist hierbei an das Vorbringen der Beteiligten nicht gebunden.

(2) Die Vorschriften der Zivilprozessordnung über die Vernehmung bei Amtsverschwiegenheit und das Recht zur Zeugnisverweigerung gelten für die Befragung von Auskunftspersonen entsprechend.

(3) Das Gericht hat die Ergebnisse der Beweiserhebung aktenkundig zu machen.

---

[64] Stellungnahme der BReg. (BT-Drucks. 16/6308) S. 406; *Zimmermann* FamFG Rn. 77.
[65] Vgl. oben § 159 ZPO Rn. 8.
[66] Kritisch *Zimmermann* FamFG Rn. 77.
[67] Vgl. *Baumbach/Lauterbach/Hartmann* § 28 Rn. 3; *Zimmermann* FamFG Rn. 77.
[68] *Zimmermann* FamFG Rn. 77.
[69] Vgl. BVerfG NJW-Spezial 2009, 217; BGH GSSt NJW 2007, 2419.
[70] Vgl. BGH NJW 1984, 1465, 1465 f.

§ 29 1–3 Buch 1. Abschnitt 2. Verfahren im ersten Rechtszug

Schrifttum: *Brehm*, Der Allgemeine Teil des Referentenentwurfs eines Gesetzes zur Reform des Verfahrens in Familiensachen und in den Angelegenheiten der freiwilligen Gerichtsbarkeit (FamFG), FPR 2006, 401; *Jacoby*, Der Regierungsentwurf für ein FamFG, FamRZ 2007, 1703; *Kemper*, Das Verfahren in der ersten Instanz nach dem FamFG, FamRB 2008, 345; *Peters*, Der sogenannte Freibeweis im Zivilprozeß, 1962; *Pohlmann*, Streng- und Freibeweis in der Freiwilligen Gerichtsbarkeit, ZZP 106 (1993), 181; *Richter*, Strengbeweis und Freibeweis im Verfahren der freiwilligen Gerichtsbarkeit, Rpfleger 1969, 261; *Weth*, Der Grundsatz der Unmittelbarkeit der Beweisaufnahme, JuS 1991, 34; *Wütz*, Der Freibeweis in der freiwilligen Gerichtsbarkeit, 1970.

Übersicht

	Rn.		Rn.
I. Allgemeines	1–3	2. Amtsverschwiegenheit	16–19
1. Normzweck	1, 2	a) Aussagegenehmigung	16
2. Anwendungsbereich	3	b) Personenkreis	17
II. Grundlagen	4–11	c) Verfahren	18
1. Ziel des Beweises	4	d) Verwertungsverbot	19
2. Beweisbedürftigkeit (Abs. 1)	5–7	3. Zeugnisverweigerungsrecht	20–24
3. Auswahl der Beweismittel	8	a) Allgemeines	20
4. Beweisanträge	9	b) Recht zur Auskunftsverweigerung	21, 22
5. Freibeweis und Strengbeweis	10, 11	c) Verfahren	23
III. Freibeweis	12–14	d) Verwertungsverbot	24
1. Beweismittel	12	**V. Dokumentation (Abs. 3)**	25–27
2. Verfahren der Beweiserhebung	13, 14	1. Bedeutung	25
IV. Amtsverschwiegenheit und Zeugnisverweigerung (Abs. 2)	15–24	2. Form und Inhalt	26
1. Pflicht zur Auskunft	15	3. Zeitpunkt	27

I. Allgemeines

1 **1. Normzweck.** Die Vorschrift ergänzt zunächst § 26 und wirkt überdies eng mit § 30 zusammen. In § 26 ist der Grundsatz geregelt, dass das Gericht von Amts wegen die zur Feststellung der entscheidungserheblichen Tatsachen notwendigen Ermittlungen anzustellen hat. Danach muss das Gericht den Sachverhalt sowie die zur Verfügung stehenden Mittel zu dessen Feststellung erforschen, sammeln und hierdurch zum Gegenstand des Verfahrens machen. Ziel des § 26 ist die Vollständigkeit des Entscheidungsmaterials.[1] Seine Entscheidung trifft das Gericht anschließend auf der Grundlage des festgestellten, dh. verifizierten Sachverhalts. Das Verfahren der Verifizierung, deren Ziel die **materielle Wahrheit** ist, regeln §§ 29, 30.

2 § 29 regelt in Abs. 1, dass das Gericht von Amts wegen und ohne Bindung an die Erklärungen der Beteiligten darüber entscheidet, inwieweit eine in das Verfahren eingeführte Tatsache beweisbedürftig ist. Soweit Tatsachen beweisbedürftig sind, verifiziert das Gericht deren Vorliegen in der geeigneten Form. Ausweislich §§ 29, 30 Abs. 1 stehen dem Gericht hierfür zwei Verfahren zur Verfügung, der **Freibeweis** und die förmliche Beweisaufnahme.[2] Das Gericht entscheidet nach pflichtgemäßem Ermessen, dessen Ausübung § 30 durch bestimmte Vorgaben leitet. Rechtstechnisch ist der Freibeweis die Regel und die förmliche Beweisaufnahme (Strengbeweis) die Ausnahme.[3] Rechtstatsächlich bewirkt insbesondere § 30 Abs. 3 eine erhebliche Verschiebung dieses Verhältnisses.[4] Im Freibeweis erfolgt die Beweiserhebung ohne Bindung an förmliche Regeln.[5] Dies sichert die **Flexibilität des Verfahrens** und ermöglicht dem Gericht ein zügiges, effizientes (kostengünstiges) und ergebnisorientiertes Arbeiten.[6] Rudimentäre Verfahrensregeln gelten jedoch auch hierbei (vgl. Abs. 2, 3).[7] Hinsichtlich des Strengbeweisverfahrens gilt über § 30 Abs. 1 die Zivilprozessordnung.

3 **2. Anwendungsbereich.** Keine Anwendung findet § 29 in Ehesachen nach §§ 121 ff. und in Familienstreitsachen nach § 112 (vgl. § 113 Abs. 1 S. 1), in denen für den Beweis materiell-rechtlich entscheidungserheblicher Tatsachen ausschließlich das Verfahren des Strengbeweises der Zivilprozess-

---

[1] Vgl. *Pohlmann* ZZP 106 (1993), 181, 203.
[2] Vgl. *Brehm* FPR 2006, 401, 404; *Jacoby* FamRZ 2007, 1703; *Kroiß/Seiler* § 2 Rn. 53.
[3] Vgl. Amtl. Begr. FamFG (BT-Drucks. 16/6308) S. 188; *Kemper* FamRB 2008, 345, 349.
[4] Vgl. *Baumbach/Lauterbach/Hartmann* § 29 Rn. 2; für das FGG vgl. *Jansen/Briesemeister* § 12 FGG Rn. 51.
[5] *Pohlmann* ZZP 106 (1993), 181, 183, 192; *Wütz*, Freibeweis, S. 8.
[6] Vgl. Amtl. Begr. FamFG (BT-Drucks. 16/6308) S. 188; *Wütz*, Freibeweis, S. 20.
[7] Vgl. Amtl. Begr. FamFG (BT-Drucks. 16/6308) S. 188.

ordnung gilt (vgl. § 113 Abs. 1 S. 2). **Im Übrigen** gilt die Vorschrift für **alle FamFG-Verfahren,** unabhängig davon, ob es sich um ein Amts- oder Antrags- bzw. ein Fürsorge- oder Streitverfahren handelt. Abs. 2, 3 gelten nur im Verfahren des Freibeweises. Für den Strengbeweis gilt die Zivilprozessordnung, welche insbesondere einen Beweistermin und über Abs. 3 hinaus dessen Protokollierung in einem Terminsvermerk vorschreibt.

II. Grundlagen

1. Ziel des Beweises. Ziel des Beweises ist die **Überzeugung** der entscheidenden Gerichtspersonen vom Vorliegen oder Nichtvorliegen einer ins Verfahren eingebrachten Tatsache, nicht dagegen die objektive (absolute) Wahrheit, weil diese niemals zu erreichen ist.[8] Dieser Wahrheitsbegriff wird rechtlich weiter dadurch beschränkt, dass nicht die Wahrheit im naturwissenschaftlichen Sinn, sondern die **„verfahrensordnungsgemäß gewonnene Wahrheit"** erstrebt wird.[9] Diese bleibt aus verschiedenen Gründen hinter der absoluten Wahrheit zurück. Die Beweiserhebung durch das Gericht unterliegt (auch im Freibeweisverfahren) rechtlichen (Beweiserhebungsverbot) und tatsächlichen (zB unbekannte Beweismittel) Beschränkungen. UU dürfen rechtswidrig erlangte Beweismittel nicht verwertet werden (vgl. § 37 Rn. 4 ff.). In bestimmten Fällen sind nur präsente Beweismittel zugelassen (vgl. § 31 Abs. 2). Außerdem kann einer Beweisführung die Möglichkeit der Zeugnisverweigerung entgegenstehen (vgl. Abs. 2). Dem Gericht unbekannte Tatsachen und Beweismittel können nicht berücksichtigt werden. Im Unterschied zum Zivilprozess wird der Begriff der Wahrheit allerdings deutlich weniger durch die Beteiligten und ihre Verfahrenshandlungen beschränkt **(materielle Wahrheit)**. Eine Präklusion verspäteten Vorbringens findet grds. nicht statt (vgl. Vor §§ 23 ff. Rn. 27). Die Beteiligten disponieren nicht unmittelbar durch ihr Vorbringen, Bestreiten oder Gestehen über die tatsächlichen Grundlagen der Entscheidung. Lediglich mittelbar gewinnt ihr Verhalten Einfluss auf die Wahrheitsfindung (vgl. § 27 Rn. 8 ff., vgl. § 37 Rn. 11 f.). Im Ergebnis soll das Gericht nach der objektiven Wahrheit streben, soweit keine rechtlichen oder tatsächlichen Hinderungsgründe bestehen.

2. Beweisbedürftigkeit (Abs. 1). Eine Beweiserhebung, im Freibeweis oder im Strengbeweis, erfolgt nur, soweit sie **erforderlich** ist (vgl. Abs. 1 S. 1, Beweisbedürftigkeit). Beweisbedürftig sind nur **entscheidungserhebliche,** dh. diejenigen Tatsachen, deren Vorliegen oder Nichtvorliegen in Verbindung mit einem Rechtssatz Einfluss auf das Ergebnis der gerichtlichen Entscheidung haben können. Ob eine Tatsache entscheidungserheblich ist, bestimmt das auf den Verfahrensgegenstand anwendbare materielle Recht. Tatsachen, deren Vorliegen oder Nichtvorliegen auf das Entscheidungsergebnis keinen Einfluss haben, weil sie generell rechtlich unerheblich sind oder auf Grund des Feststehens anderer Tatsachen in Verbindung mit einem Rechtssatz ihre rechtliche Bedeutung verlieren, sind nicht entscheidungserheblich und daher auch nicht beweisbedürftig.

Im weiteren Sinne sind grds. alle entscheidungserheblichen Tatsachen beweisbedürftig, soweit sie nicht offenkundig sind oder vermutet werden,[10] weil das Gericht sich von ihrem Vorliegen oder Nichtvorliegen überzeugt haben muss, um sie seiner Entscheidung zu Grunde zu legen.[11] Dabei wird das Gericht durch das Vorbringen der Beteiligten nicht gebunden (vgl. Abs. 1 S. 2). Deshalb ist die Beweisbedürftigkeit anders als im Zivilprozess[12] nicht davon abhängig, dass ein oder mehrere Beteiligte eine Tatsache **bestreiten.**[13] Umgekehrt entfällt sie nicht dadurch, dass die Beteiligten übereinstimmend vortragen oder eine Tatsache sogar ausdrücklich **zugestehen.**[14]

Allerdings muss zur Ermittlung der Wahrheit nicht über alle entscheidungserheblichen Tatsachen eine gesonderte Beweiserhebung erfolgen.[15] Tatsachen sind nicht **beweisbedürftig im engeren Sinne** und bedürfen keiner gesonderten Verifizierung, wenn das Gericht bereits auf Grund ihrer bloßen Einführung in das Verfahren im erforderlichen Maß von ihnen überzeugt ist.[16] Insbesondere können Nichtbestreiten oder ausdrückliches Zugestehen einer **Tatsache** ein starkes Indiz für den Wahrheitsgehalt des entsprechenden Vorbringens sein und eine Beweiserhebung entbehrlich machen.

---

[8] Vgl. oben § 284 ZPO Rn. 8.
[9] Vgl. oben § 284 ZPO Rn. 8.
[10] *Bassenge/Roth* § 12 FGG Rn. 13; *Jansen/Briesemeister* § 12 FGG Rn. 60; *Rosenberg/Schwab/Gottwald* § 111 Rn. 38.
[11] Vgl. *Wütz*, Freibeweis, S. 65; oben § 284 ZPO Rn. 7.
[12] Vgl. oben § 288 ZPO Rn. 1 ff.
[13] Vgl. Amtl. Begr. FamFG (BT-Drucks. 16/6308) S. 188; BayObLG BayVBl 1972, 502, 503; *Rosenberg/Schwab/Gottwald* § 111 Rn. 1 f.
[14] Vgl. Amtl. Begr. FamFG (BT-Drucks. 16/6308) S. 188; BayObLG BayVBl 1972, 502, 503; *Rosenberg/Schwab/Gottwald* § 111 Rn. 1 f.
[15] Vgl. Amtl. Begr. FamFG (BT-Drucks. 16/6308) S. 188; *Wütz*, Freibeweis, S. 65.
[16] Vgl. *Pohlmann* ZZP 106 (1993), 181, 204; *Rosenberg/Schwab/Gottwald* § 111 Rn. 38.

Dies gilt insbesondere in dem Fall, dass zwischen mehreren Beteiligten ein Interessengegensatz besteht und die vom Vorliegen eine Tatsache benachteiligten Beteiligten eine Tatsache nicht bestreiten oder zugestehen.[17] Ist dem nicht bestreitenden Beteiligten eine Äußerung zum Sachverhalt dagegen nur eingeschränkt möglich, wird die Indizwirkung verringert.[18] Aber auch in Verfahren ohne Interessengegensätze kann – in Abhängigkeit von den Eigenarten des Verfahrensgegenstands und der Erfahrung einer mit entsprechenden Angelegenheiten vertrauten Gerichtsperson – ein übereinstimmender Vortrag aller Beteiligten dafür ausreichen, dass eine gesonderte Beweiserhebung entbehrlich wird,[19] soweit sie gesetzlich nicht ausdrücklich vorgeschrieben ist (vgl. §§ 280, 321). Hierbei ist aber ebenso Zurückhaltung angezeigt, wie in Verfahren mit nur einem Beteiligten in Bezug auf dessen (für ihn vorteilhaftes) Vorbringen.[20] Dagegen kommt übereinstimmendem Vorbringen der Beteiligten insbesondere in sog. Streitsachen eine hohe Indizwirkung zu.[21]

8 **3. Auswahl der Beweismittel.** Nach § 26 muss das Gericht die zum Nachweis einer beweisbedürftigen Tatsache geeigneten Beweismittel von Amts wegen ermitteln (vgl. § 26 Rn. 6). Soweit mehrere, verschiedene Beweismittel zur Verfügung stehen, trifft das Gericht nach **pflichtgemäßem Ermessen** eine Auswahl, auf welche Beweismittel es zurückgreift.[22] Es lässt sich dabei davon leiten, welche Beweismittel die höchste Gewähr zur Erzielung materieller Wahrheit bieten. Unter mehreren erreichbaren Beweismitteln muss das Gericht deshalb grds. das **sachnächste,** dh. dasjenige Beweismittel erheben, welches am unmittelbarsten Auskunft über eine entscheidungserhebliche Tatsache gibt.[23] Gleichwohl ist es dem Gericht nicht verwehrt, Beweismittel zu berücksichtigen, die ihrerseits den wirklichen oder vermeintlichen Inhalt eines unter einem Beweisthema nächsten Originalbeweismittels berichten **(mittelbare Beweismittel).**[24] Es ist daher, auch verfassungsrechtlich, zulässig, eine Auskunftsperson vom Hörensagen zu vernehmen.[25] Mittelbare Beweismittel müssen vom Gericht aber besonders sorgfältig gewürdigt werden.[26] Soweit Originalbeweismittel (unmittelbare Beweismittel) erreichbar sind, müssen diese jedoch vorrangig erhoben werden.[27] Ihnen kommt gegenüber mittelbaren Beweismitteln eine erhöhte Zuverlässigkeit zu.[28] Dies schließt allerdings nicht aus, dass die zusätzliche Berücksichtigung mittelbarer Beweismittel die Überzeugungskraft eines unmittelbaren Beweismittels wieder entkräftet oder beseitigt.

9 **4. Beweisanträge.** Entgegen dem ursprünglichen Entwurf[29] enthält das Gesetz keine Regelung über Beweisanträge der Beteiligten. Hierdurch soll eine zu weit gehende Formalisierung und Verzögerung der Verfahren vermieden werden.[30] Die **Beteiligten** können danach das **Gericht nicht** durch die Stellung von Beweisanträgen **binden.** Vielmehr handelt es sich selbst bei ausdrücklicher Antragstellung um bloße Anregungen an das Gericht, in welche Richtung es seine Ermittlungen lenken soll. Durch einen ausdrücklichen Beweisantrag wird daher nicht die Beweisbedürftigkeit einer Tatsache begründet. Es verbleibt bei den allgemeinen Grundsätzen (vgl. Rn. 5 ff.). **Entbehrlich** ist das Aufgreifen eines Beweisangebots danach in Bezug auf Tatsachen, die unerheblich, offenkundig oder bereits erwiesen sind.[31] Ein Beweisantrag zwingt das Gericht auch nicht zur Erhebung eines bestimmten Beweismittels, vielmehr entscheidet das Gericht auch insoweit nach allgemeinen Grundsätzen, welche Beweismittel es heranziehen will (vgl. Rn. 8). Ein Beweismittel ist deshalb insbesondere nicht zu erheben, wenn es ungeeignet, unzulässig oder unerreichbar ist.[32] Schließlich können die Beteiligten durch einen ausdrücklichen Antrag auch nicht die Durchführung eines förmlichen Beweisverfahrens erzwingen (vgl. § 30 Rn. 4). Allerdings zwingt der Anspruch der Beteiligten auf **rechtliches Gehör** das Gericht durchgängig dazu, einen gestellten Beweisantrag zur Kenntnis zu nehmen und in seine Beurteilung der Beweisbedürftigkeit, die Auswahl der Beweismittel und die

---

[17] Vgl. BGH FGPrax 2001, 65, 68; Amtl. Begr. FamFG (BT-Drucks. 16/6308) S. 188; *Keidel/Kuntze/Winkler/Schmidt* § 12 FGG Rn. 122; *Wütz,* Freibeweis, S. 65 f.
[18] Vgl. *Keidel/Kuntze/Winkler/Schmidt* § 12 FGG Rn. 122; *Wütz,* Freibeweis, S. 65.
[19] Vgl. *Rosenberg/Schwab/Gottwald* § 111 Rn. 38.
[20] Vgl. *Keidel/Kuntze/Winkler/Schmidt* § 12 FGG Rn. 122; *Wütz,* Freibeweis, S. 65 f.
[21] Vgl. BGH FGPrax 2001, 65, 68; *Pohlmann* ZZP 106 (1993), 181, 207 f.; *Wütz,* Freibeweis, S. 65 f.
[22] *Jansen/Briesemeister* § 12 FGG Rn. 53.
[23] Zurückhaltender *Jansen/Briesemeister* § 12 FGG Rn. 53.
[24] Vgl. BVerfG NJW 1981, 1719, 1722.
[25] Vgl. BVerfG NJW 1953, 177, 178; NJW 1981, 1719, 1722; *Weth* JuS 1991, 34, 35.
[26] Vgl. BVerfG NJW 1981, 1719, 1722.
[27] *Pohlmann* ZZP 106 (1993), 181, 188 f.; *Weth* JuS 1991, 34, 35.
[28] Vgl. BVerfG NJW 1981, 1719, 1722; *Weth* JuS 1991, 34, 35.
[29] Vgl. § 29 Abs. 2 des Entwurfs in BT-Drucks. 16/6308 S. 20.
[30] Amtl. Begr. FamFG (BT-Drucks. 16/9733) S. 288.
[31] Vgl. Stellungnahme der BReg. (BT-Drucks. 16/6308) S. 406; *Kroiß/Seiler* § 2 Rn. 78.
[32] Vgl. Stellungnahme der BReg. (BT-Drucks. 16/6308) S. 406.

Auswahl des Beweisverfahrens einzubeziehen. Anderenfalls liegt ein Verfahrensfehler vor.[33] Eine förmliche Bescheidung ist nicht notwendig; die Ablehnung ist nicht selbstständig anfechtbar.[34] Das Gericht muss jedoch rechtzeitig zu erkennen geben, inwieweit es einen Beweisantrag aufgreifen will. Spätestens in der Begründung der Endentscheidung (vgl. § 38 Abs. 3 S. 1) muss es zudem aufzeigen, dass es sich mit entscheidungserheblichen Beweisangeboten der Beteiligten auseinandergesetzt hat.[35]

5. Freibeweis und Strengbeweis. Zur Erlangung gerichtlicher Überzeugung stehen das Frei- und das Strengbeweisverfahren zur Verfügung. Nach § 30 Abs. 1 entscheidet das Gericht nach pflichtgemäßem, durch § 30 Abs. 2, 3 geleitetem Ermessen, ob es eine Tatsache im Frei- oder Strengbeweisverfahren feststellt. Beide Verfahren unterscheiden sich hinsichtlich der geltenden Förmlichkeiten. Im Freibeweisverfahren ist das Gericht in der Gestaltung des Beweisverfahrens **freier als beim Strengbeweis.**[36] Es bedarf zunächst keines Beweisbeschlusses.[37] Ein geschlossener Katalog der Beweismittel existiert nicht.[38] Der Grundsatz subjektiver Unmittelbarkeit gilt nicht.[39] Außerdem muss der Freibeweis nicht in einem Termin erhoben werden; die Beteiligten haben kein Anwesenheitsrecht.[40] Die Rechte der Beteiligten werden beschränkt.[41] Eine Protokollierung des Beweistermins muss nicht erfolgen.

Zugleich ist die Stellung des **Gerichts** im Freibeweis **schwächer** als im Strengbeweis. Auskunftspersonen (Zeugen und Sachverständige) müssen in Ermangelung einer gesetzlichen Anordnung nicht erscheinen und auch nicht aussagen; sie können hierzu nicht gezwungen werden (vgl. Rn. 15).[42] Lehnt eine Auskunftsperson die Erteilung der Auskunft ab, muss das Gericht sie im Verfahren des Strengbeweises laden oder mit der Erstattung eines Gutachtens beauftragen und auf diese Weise eine förmliche über Ordnungsmittel erzwingbare Beweisaufnahme einleiten.[43] Lediglich das persönliche Erscheinen der Beteiligten kann in beiden Beweisverfahren angeordnet werden (vgl. § 33). Aussagen können nicht beeidet werden. Deshalb sowie auf Grund der andersartigen Bezeichnung („Auskunftsperson") sind Falschaussagen aussagerechtlich nicht strafbar;[44] in Betracht kommt aber zB eine Strafbarkeit nach § 263 StGB.[45] Die eingeschränkte Strafbarkeit unrichtiger Angaben führt zu einer verringerten Wahrheitsgewähr.[46]

III. Freibeweis

1. Beweismittel. Für den Freibeweis besteht kein geschlossener Katalog an Beweismitteln.[47] In Betracht kommen vielmehr **alle erdenklichen Mittel,** welche auf Grund objektiver Umstände und unter Beachtung der Denkgesetze **geeignet** sind, vom Gericht wahrgenommen zu werden und hierdurch unmittelbar oder mittelbar zur tatsachenbezogenen **Überzeugungsbildung** des Gerichts **beitragen.**[48] Mittel, die nach naturwissenschaftlichen Erkenntnissen oder den Denkgesetzen keine Aussage über das Vorliegen oder Nichtvorliegen einer Tatsache oder Indiztatsache zulassen (zB Polygraphen),[49] scheiden aus.[50] Zur Verfügung stehen die Beweismittel der ZPO: Auskunftspersonen

---

[33] Vgl. Amtl. Begr. FamFG (BT-Drucks. 16/9733) S. 288; *Kroiß/Seiler* § 2 Rn. 76.
[34] Vgl. *Kroiß/Seiler* § 2 Rn. 76.
[35] Vgl. Amtl. Begr. FamFG (BT-Drucks. 16/9733) S. 288.
[36] Vgl. *Peters,* Freibeweis, S. 66.
[37] *Pohlmann* ZZP 106 (1993), 181, 185; *Zimmermann* FamFG Rn. 79.
[38] Amtl. Begr. FamFG (BT-Drucks. 16/6308) S. 188; *Keidel/Kuntze/Winkler/Schmidt* § 12 FGG Rn. 196; *Zimmermann* FamFG Rn. 79.
[39] *Pohlmann* ZZP 106 (1993), 181, 187.
[40] BayObLG NJW-RR 1996, 583, 584; *Keidel/Kuntze/Winkler/Schmidt* § 12 FGG Rn. 199; *Pohlmann* ZZP 106 (1993), 181, 185 f., 192; *Wütz,* Freibeweis, S. 8; *Zimmermann* FamFG Rn. 79.
[41] Vgl. *Jansen/Briesemeister* § 12 FGG Rn. 50 f.
[42] Amtl. Begr. FamFG (BT-Drucks. 16/6308) S. 189; BayObLG Rpfleger 1979, 25, 26; *Jansen/Briesemeister* § 12 FGG Rn. 91; *Keidel/Kuntze/Winkler/Schmidt* § 12 FGG Rn. 196; *Pohlmann* ZZP 106 (1993), 181, 192; *Zimmermann* FamFG Rn. 80.
[43] Amtl. Begr. FamFG (BT-Drucks. 16/6308) S. 189; *Zimmermann* FamFG Rn. 80.
[44] *Pohlmann* ZZP 106 (1993), 181, 189; 192; *Wütz,* Freibeweis, S. 108 f.
[45] Vgl. *Wütz,* Freibeweis, S. 108 f.
[46] Vgl. *Wütz,* Freibeweis, S. 109.
[47] Amtl. Begr. FamFG (BT-Drucks. 16/6308) S. 188; *Keidel/Kuntze/Winkler/Schmidt* § 12 FGG Rn. 196; *Zimmermann* FamFG Rn. 79; auf die sehr begrenzte Bedeutung dieses Unterschieds verweisen *Pohlmann* ZZP 106 (1993), 181, 188; *Wütz,* Freibeweis, S. 8 f.
[48] Vgl. *Rosenberg/Schwab/Gottwald* § 109 Rn. 19: „Beweismittel sind Träger der Anschauung oder der Überlieferung."
[49] BGH NJW 2003, 2527, 2528; aA OLG Bamberg NJW 1995, 1684; *Keidel/Kuntze/Winkler/Schmidt* § 12 FGG Rn. 196.
[50] Vgl. oben § 284 ZPO Rn. 97.

(Zeugen, Sachverständige, Beteiligte), Urkunden, Augenschein und amtliche Auskünfte (§ 358a S. 2 Nr. 2 ZPO).[51] Da der Augenschein letztlich jede Wahrnehmung von beweiserheblichen Tatsachen durch das Gericht umfasst und dabei nicht auf die Wahrnehmung durch die Augen beschränkt ist, sondern auch andere Sinneswahrnehmungen umfasst,[52] ist er ausreichend offen, alle erdenklichen Erkenntnisquellen zu erfassen. Deshalb reicht der Kreis möglicher Beweismittel im Freibeweis letztlich nicht weiter als im Strengbeweis nach den Vorschriften der ZPO. Nur sinnliche Wahrnehmungen des Gerichts von beweiserheblichen Tatsachen können auf die Überzeugungsbildung des Gerichts einwirken. Im Freibeweis verliert allerdings die Unterscheidung der einzelnen Beweismittel weitgehend ihre Bedeutung, weil für die Erhebung der einzelnen Beweismittel keine unterschiedlichen Vorschriften gelten und der Grundsatz subjektiver Unmittelbarkeit (vgl. Rn. 14) nicht zur Anwendung kommt. Deshalb können Auskunftspersonen zB im Wege informeller persönlicher, telefonischer[53] oder schriftlicher **Befragung** außerhalb eines Termins gehört werden.[54] Für amtliche Auskünfte kann dahinstehen, ob sie als eigenständiges unmittelbares Beweismittel, als mittelbares oder als stellvertretendes Beweismittel[55] zu behandeln sind. Schließlich können **Akten beigezogen** und verwertet werden,[56] unabhängig davon, ob sie im konkreten Fall eine Zeugenvernehmung oder ein Sachverständigengutachten vertreten oder als Urkundsbeweis oder Inaugenscheinnahme zu qualifizieren sind.[57]

13 **2. Verfahren der Beweiserhebung.** Die Durchführung der Beweiserhebung im Freibeweis setzt zunächst keinen **Beweisbeschluss** voraus.[58] Die Anberaumung eines **Beweistermins** und die Ladung der Beteiligten zu diesem sind nicht erforderlich; der Grundsatz der Beteiligtenöffentlichkeit gilt nicht.[59] Vielmehr kann das Gericht Beweise im Freibeweis während des laufenden Verfahrens an jedem Ort, bei jeder Gelegenheit, zu jeder Zeit erheben. Da dem Gericht jedoch keine willensbeugenden Mittel zur Verfügung stehen, ist es jeweils darauf angewiesen, dass es selbst den Beweis erheben kann oder Dritte an der Beweiserhebung freiwillig mitwirken. Ein Terminsvermerk über die Beweiserhebung muss nicht errichtet werden. Allerdings ist das Gericht verpflichtet, das Ergebnis der Beweiserhebung **aktenkundig** zu machen (vgl. Rn. 25 ff.).

14 Im Freibeweis gilt der Grundsatz **subjektiver Unmittelbarkeit** (vgl. § 355 ZPO)[60] nicht.[61] Es ist danach nicht erforderlich, dass die gesamte Beweiserhebung unmittelbar vor dem erkennenden Gericht ohne das Dazwischentreten von Mittelspersonen erfolgt.[62] Das Gericht muss eine Erkenntnisquelle nicht unmittelbar selbst ausschöpfen. Es kann auf die von Dritten (IHK, Jugendamt) gewonnenen Erkenntnisse und Berichte zurückgreifen und sich auf die – insoweit eigene – Würdigung dieser Erkenntnisse beschränken. Dementsprechend kann die Einvernahme durch den ersuchten oder beauftragten Richter unabhängig von den Vorgaben des § 375 ZPO erfolgen.[63] Auch kann das Gericht jederzeit Hilfspersonen zur Inaugenscheinnahme eines Beweismittels hinzuziehen und sich über deren Wahrnehmungen unterrichten lassen.

IV. Amtsverschwiegenheit und Zeugnisverweigerung (Abs. 2)

15 **1. Pflicht zur Auskunft.** Nach Abs. 2 gelten die Vorschriften der ZPO über die Vernehmung bei Amtsverschwiegenheit (§ 376 ZPO) und das Recht zur Zeugnisverweigerung (§§ 383–390 ZPO) für die Befragung von Auskunftspersonen im Freibeweis entsprechend. Diese Vorschriften knüpfen an die im Zivilprozess bestehende Verpflichtung[64] zum Erscheinen und zur Auskunft an und

---

[51] *Keidel/Kuntze/Winkler/Schmidt* § 12 FGG Rn. 196 f.
[52] Vgl. oben § 371 ZPO Rn. 2.
[53] AA *Richter* Rpfleger 1969, 261, 264.
[54] Vgl. Amtl. Begr. FamFG (BT-Drucks. 16/6308) S. 188; *Keidel/Kuntze/Winkler/Schmidt* § 12 FGG Rn. 196.
[55] Vgl. BGH NJW 1984, 438, 439: amtliche Auskunft als Ersatz für Zeugenvernehmung und Sachverständigengutachten; vgl. auch *Jansen/Briesemeister* § 12 FGG Rn. 54; *Keidel/Kuntze/Winkler/Schmidt* § 15 FGG Rn. 61; *Peters*, Freibeweis, S. 123.
[56] Amtl. Begr. FamFG (BT-Drucks. 16/6308) S. 188; *Keidel/Kuntze/Winkler/Schmidt* § 12 FGG Rn. 197.
[57] Der Unterscheidung kann allerdings im Rahmen der Beweiswürdigung Bedeutung zukommen, weil dort die Unmittelbarkeit des Beweismittels zur beweisbedürftigen Tatsache zu berücksichtigen ist, vgl. *Keidel/Kuntze/Winkler/Schmidt* § 12 FGG Rn. 197.
[58] *Pohlmann* ZZP 106 (1993), 181, 185; *Zimmermann* FamFG Rn. 79.
[59] *Keidel/Kuntze/Winkler/Schmidt* § 12 FGG Rn. 199; *Pohlmann* ZZP 106 (1993), 181, 185 f., 192; *Wütz*, Freibeweis, S. 8; *Zimmermann* FamFG Rn. 79.
[60] Vgl. hierzu *Rosenberg/Schwab/Gottwald* § 115 Rn. 23 ff.; oben § 355 ZPO Rn. 1.
[61] *Pohlmann* ZZP 106 (1993), 181, 187.
[62] Vgl. *Weth* JuS 1991, 34.
[63] *Pohlmann* ZZP 106 (1993), 181, 187, 192; *Wütz*, Freibeweis, S. 8.
[64] Vgl. *Rosenberg/Schwab/Gottwald* § 119 Rn. 10.

regeln Ausnahmen von der Pflicht zur Auskunft.[65] Für das FGG entsprach es einhelliger Ansicht, dass im Freibeweis **keine Pflicht zum Erscheinen** oder zur Aussage besteht, weil das Gericht die Auskunftsperson hierzu nicht durch Zwangs- oder Ordnungsmittel anhalten kann.[66] Indem der Gesetzgeber nunmehr auf die Vorschriften der §§ 376, 383–390 ZPO verweist, könnte dies dafür sprechen, dass er konkludent dem Zivilprozess entsprechende Auskunftspflichten begründet hat. Erste Stimmen zum FamFG gehen im Anschluss an die Gesetzesbegründung[67] zutreffend vom Gegenteil aus.[68] Dem Wortlaut des Abs. 2 ist keine Aussage darüber zu entnehmen, dass Pflichten für Auskunftspersonen begründet werden sollten. Vielmehr legt die Gesetzesbegründung gerade nahe, dass Abs. 2 lediglich das Gericht bei seinen Ermittlungen und Erhebungen beschränken will.[69] Die Regelung erscheint danach als Normierung der bereits zum FGG vertretenen Ansicht, dass der Freibeweis bestehende Verwertungsverbote, die auch an ein Auskunftsverweigerungsrecht anknüpfen können, nicht umgehen darf.[70] **Gegen eine Aussagepflicht** spricht zudem, dass der Verweis des Abs. 2 zwar § 390 ZPO nicht jedoch § 377 Abs. 3, 380 ZPO erfasst. Das Gericht kann daher weder eine schriftliche Auskunft anordnen noch das Erscheinen einer Auskunftsperson erzwingen, was im Hinblick auf die fehlende Strafbarkeit falscher Auskünfte (vgl. Rn. 11) auch wenig effektiv wäre.

2. Amtsverschwiegenheit. a) Aussagegenehmigung. Die Amtsverschwiegenheit dient der Geheimhaltung von Umständen im öffentlichen Interesse. Sie tritt in **Widerstreit mit der Amtsermittlungspflicht** des Gerichts, welches umfassend die materielle Wahrheit erforschen soll. Die einschlägige Regelung enthält § 376 ZPO, der seinerseits jedoch nicht regelt, welche Umstände geheimhaltungsbedürftig sind. Vielmehr obliegt diese Entscheidung den Geheimnisträgern und ihren vorgesetzten Dienststellen, welche über die Erteilung einer Aussagegenehmigung entscheiden. Eine entsprechende Genehmigung ist auch Voraussetzung für die Einholung einer Auskunft bei einer zur Amtsverschwiegenheit verpflichteten Person im Wege des Freibeweises.[71] Für den Schutz der Geheimnisse macht es keinen Unterschied, ob die Information von einer Auskunftsperson im Freibeweis oder einem (sachverständigen) Zeugen im Strengbeweis offenbart wird.[72] Durch eine Verweigerung wird die **Amtsermittlungspflicht** des Gerichts **beschränkt**; die Auskunftsperson steht ggf. zur Sachverhaltsermittlung und -verifizierung nicht zur Verfügung.

b) Personenkreis. Die Regelung des § 376 ZPO gilt für **Richter, Beamte** und andere **Personen des öffentlichen Dienstes** als Zeugen über Umstände, auf die sich ihre Pflicht zur Amtsverschwiegenheit bezieht (Abs. 1).[73] Eine Erweiterung erfolgt durch Abs. 2 auf Mitglieder der Bundes- oder Landesregierungen und der Bundes- und Landesparlamente sowie die Angestellten ihrer Fraktionen.[74] Keine Anwendung findet § 376 ZPO auf **Notare,** für welche § 18 BNotO eine Sondervorschrift enthält;[75] den Antrag nach § 18 Abs. 1 S. 2 Halbs. 2 BNotO auf Befreiung von der Schweigepflicht kann auch das Gericht stellen.[76]

c) Verfahren. Das Verfahren der Vernehmung bei Amtsverschwiegenheit regelt § 376 Abs. 3 ZPO. Sobald das Gericht weiß, dass das Thema der Auskunft sich auf ein Dienstgeheimnis bezieht, oder dies immerhin für möglich hält, holt es die erforderliche **Genehmigung zur Aussage** von Amts wegen ein.[77] Solange diese nicht vorliegt, darf das Gericht insoweit nichts veranlassen.[78] Kann das Gericht nicht erkennen, dass das Thema der Auskunft ein Dienstgeheimnis betrifft, obliegt es der Auskunftsperson, selbst darauf zu achten, dass sie ihrer Verschwiegenheitspflicht nachkommt; sie hat demgemäß die Aussage zu verweigern.[79] Auskunftsperson und Beteiligte können auch selbst um eine Aussagegenehmigung nachsuchen. Wird die Genehmigung versagt, kann und muss das Gericht ggf. eine **Gegenvorstellung** erheben, soweit hierfür Anlass besteht.[80] Die Beteiligten können die Ablehnung, welche Verwaltungsakt ist, im Rahmen einer etwaigen Klagebefugnis im Verwaltungs-

---

[65] Vgl. *Rosenberg/Schwab/Gottwald* § 119 Rn. 18 f.
[66] *Keidel/Kuntze/Winkler/Schmidt* § 12 FGG Rn. 196; *Pohlmann* ZZP 106 (1993), 181, 192.
[67] Amtl. Begr. FamFG (BT-Drucks. 16/6308) S. 189.
[68] *Schulte-Bunert* Rn. 156; *Zimmermann* FamFG Rn. 80.
[69] Amtl. Begr. FamFG (BT-Drucks. 16/6308) S. 188.
[70] Vgl. *Wütz*, Freibeweis, S. 107 f.
[71] Amtl. Begr. FamFG (BT-Drucks. 16/6308) S. 188.
[72] Amtl. Begr. FamFG (BT-Drucks. 16/6308) S. 188.
[73] Vgl. zum Personenkreis oben § 376 ZPO Rn. 2 ff.
[74] Vgl. oben § 376 ZPO Rn. 10.
[75] Amtl. Begr. FamFG (BT-Drucks. 16/6308) S. 188.
[76] Vgl. oben § 376 ZPO Rn. 8.
[77] Vgl. oben § 376 ZPO Rn. 11.
[78] Amtl. Begr. FamFG (BT-Drucks. 16/6308) S. 188.
[79] Vgl. oben § 376 ZPO Rn. 12.
[80] Vgl. BVerfG NJW 1981, 1719, 1724 f.

rechtsweg angreifen.[81] Die der materiellen Wahrheit dienende Amtsermittlungspflicht kann im Einzelfall gebieten, dass das Gericht eine verfahrensbeendende Entscheidung bis zum Abschluss des verwaltungsgerichtlichen Verfahrens aufschiebt oder das Verfahren aussetzt.

19 **d) Verwertungsverbot.** Wird eine Auskunft ohne eine insoweit erforderliche Genehmigung gemacht, folgt hieraus kein Verwertungsverbot.[82] Das Gericht darf den Inhalt der Aussage uneingeschränkt im Verfahren berücksichtigen, zB zum Anlass für weitere Ermittlungen oder die eigene Überzeugungsbildung nehmen. Dies gilt selbst dann, wenn eine Genehmigung nicht erteilt worden wäre, weil die Einholung der Aussagegenehmigung ausschließlich dem Schutz der Dienstgeheimnisse dient. Sind diese im Verfahren bereits offenbart, kann der Schutz nicht mehr erreicht werden und die Ermittlung der materiellen Wahrheit genießt Vorrang.

20 **3. Zeugnisverweigerungsrecht. a) Allgemeines.** Auskunftspersonen steht in entsprechender Anwendung der §§ 383–390 ZPO ein Auskunftsverweigerungsrecht zu. Durch dieses soll die **Konfliktsituation vermieden** werden, dass die Auskunftsperson einerseits vollständig und richtig aussagen muss und andererseits einen nahen Angehörigen belasten oder eine Schweigepflicht verletzen müsste. Da im Freibeweis eine Aussagepflicht generell nicht besteht (vgl. Rn. 15) und falsche Aussagen aussagerechtlich nicht strafbar sind (vgl. Rn. 11), **reduziert sich** die **Bedeutung** des Verweises in Abs. 2 erheblich. Im Ergebnis dient der Verweis lediglich dazu, die Belehrungspflicht des § 383 Abs. 2 ZPO zur Geltung zu bringen und deren Verletzung zu sanktionieren (vgl. Rn. 24). Da hinsichtlich der beruflichen Geheimnisträger eine Belehrungspflicht nicht besteht, erlangt der Verweis des Abs. 2 für sie keine Bedeutung.

21 **b) Recht zur Auskunftsverweigerung.** Das Recht, die Auskunft zu verweigern, steht zunächst den in § 383 Abs. 1 Nr. 1–3 ZPO bezeichneten **nahen Angehörigen** der Beteiligten zu.[83] Außerdem besteht ein Verweigerungsrecht für die in § 383 Abs. 1 Nr. 4–6 ZPO bezeichneten **Berufsgruppen** im Umfang ihrer Schweigepflicht;[84] soweit eine Entbindung von der Schweigepflicht erfolgt, besteht das Recht nicht (vgl. § 385 Abs. 2 ZPO).[85] Schließlich ist das Recht zur Auskunftsverweigerung aus den in § 384 ZPO bezeichneten Gründen beachtlich.[86]

22 Nach § 383 Abs. 2 ZPO sind die in § 383 Abs. 1 Nr. 1–3 ZPO genannten Personen durch das Gericht über das Recht zur Auskunftsverweigerung zu **belehren**. Gegenüber berufsmäßigen Geheimnisträgern ist eine Belehrung nicht erforderlich. Der Gesetzgeber unterstellt, dass diesen ihr Verweigerungsrecht bekannt ist. Nach § 383 Abs. 3 ZPO darf das Gericht die Vernehmung eines beruflichen Geheimnisträgers nicht auf Tatsachen richten, bei denen erkennbar eine Auskunft nicht ohne Verletzung der Schweigepflicht erteilt werden kann (vgl. Rn. 24).[87]

23 **c) Verfahren.** Für das Verfahren über die Berechtigung der Auskunftsverweigerung gelten die Vorschriften der § 386 ff. ZPO entsprechend.[88] Die Auskunftsperson entscheidet zunächst darüber, ob sie die **Aussage verweigern will.** Soweit dies der Fall ist, hat sie die **Verweigerungsgründe** selbst darzulegen und glaubhaft zu machen.[89] Die Amtsermittlungspflicht des Gerichts erstreckt sich hierauf nicht, weil die Auskunftsverweigerung die Ermittlung der materiellen Wahrheit über die entscheidungserheblichen Tatsachen gerade behindert. Die Entscheidung des Gerichts über die Berechtigung der Auskunftsverweigerung ergeht nach Anhörung der Beteiligten (vgl. § 387 Abs. 1 ZPO) durch **Beschluss** und nicht durch Zwischenurteil.[90] Der Beschluss ist für die Auskunftsperson und die Beteiligten entsprechend § 387 Abs. 3 ZPO mit der **sofortigen Beschwerde** anfechtbar. Die Frist zur Einlegung der sofortigen Beschwerde beträgt zwei Wochen. Die Frist ergibt sich aus §§ 387 Abs. 3, 569 Abs. 1 ZPO. Wie im bisherigen Recht ist die Verhängung von **Ordnungsmitteln** zur Erzwingung des Erscheinens vor Gericht zur Herbeiführung einer Aussage im Wege des Freibeweises nicht zulässig; schriftliche Auskünfte oder Gutachten können nicht erzwungen werden (vgl. Rn. 15). Lehnt die Auskunftsperson die Erteilung der Auskunft ab, muss das Gericht sie im Verfahren des Strengbeweises laden oder mit der Erstattung eines Gutachtens beauftragen (vgl. Rn. 11). Verweigert eine Auskunftsperson auch im förmlichen Beweisverfahren unzulässig ihre Aussage oder erscheint nicht, sind ihr nach den entsprechenden Regeln die Kosten aufzuerlegen und Ordnungsmittel zu verhängen (vgl. §§ 380, 390 ZPO).

---

[81] Vgl. BVerwG NJW 1971, 160, 160 ff.
[82] Vgl. BGH NJW 1952, 151, 151 f.
[83] Vgl. oben § 383 ZPO Rn. 4 ff.
[84] Vgl. oben § 383 ZPO Rn. 22 ff.
[85] Vgl. oben § 385 ZPO Rn. 6 ff.
[86] Vgl. oben § 384 ZPO Rn. 2 ff.
[87] Vgl. oben § 383 ZPO Rn. 42.
[88] Amtl. Begr. FamFG (BT-Drucks. 16/6308) S. 189.
[89] Amtl. Begr. FamFG (BT-Drucks. 16/6308) S. 189.
[90] Amtl. Begr. FamFG (BT-Drucks. 16/6308) S. 189.

d) Verwertungsverbot. Hat das Gericht die aus § 383 Abs. 3 ZPO folgenden **Grenzen seines** 24
Fragrechts nicht beachtet und hat die Auskunftsperson unter Verletzung ihrer Schweigepflicht Auskünfte erteilt, ist das Ergebnis der Beweiserhebung verwertbar.[91] Dies gilt auch, wenn eine Auskunftsperson ungefragt über geheim zu haltende Tatsachen berichtet.[92] Abweichendes gilt nur, wenn das Gericht darüber hinaus in rechtswidriger Weise an der Verletzung der Schweigepflicht mitgewirkt hat, indem es zB der Auskunftsperson unzutreffend das Vorliegen einer Schweigepflichtsentbindung mitgeteilt hat.[93] Ist eine **Belehrung** der Auskunftsperson entgegen § 383 Abs. 2 ZPO unterblieben, sind die eingeholten Auskünfte nicht verwertbar, soweit die Auskunftsperson nicht nachträglich auf ihr Verweigerungsrecht verzichtet.[94] Anders als im Zivilprozess[95] entsteht ein Verwertungsverbot nicht erst mit Rüge eines Beteiligten, weil die tatsächlichen Entscheidungsgrundlagen nicht der Disposition durch die Beteiligten unterliegen.

V. Dokumentation (Abs. 3)

1. Bedeutung. Das Gericht hat die Ergebnisse der Beweiserhebung im Freibeweis aktenkundig 25 zu machen. Für den Strengbeweis findet Abs. 3 weitgehend keine Anwendung. Dort gilt § 28 Abs. 4, soweit die Beweisaufnahme im Rahmen eines Termins erfolgt (vgl. § 30 Rn. 36). Da Freibeweise außerhalb eines Termins erhoben werden können, greift § 28 Abs. 4 insoweit nicht.[96] Diese Lücke schließt Abs. 3. Danach soll das **Ergebnis der Beweisaufnahme gesichert werden**, um nach Abschluss sämtlicher Ermittlungen und Erhebungen auf der Grundlage des gesamten Inhalts des Verfahrens entscheiden zu können (vgl. § 37 Abs. 1).[97] Außerdem muss den Beteiligten eine Stellungnahme zum Ergebnis des Freibeweises ermöglicht werden (vgl. § 37 Abs. 2).[98] Schließlich kann das Beschwerdegericht anhand der Dokumentation prüfen, inwieweit nach § 68 Abs. 3 S. 2 eine Beweisaufnahme wiederholt oder ergänzt werden muss oder hiervon abgesehen werden kann.

2. Form und Inhalt. Eine ausdrückliche Regelung über Form und Mindestinhalt der Dokumen- 26 tation des Beweisergebnisses sieht Abs. 3 nicht vor. Ein Protokoll über einen Beweistermin nach §§ 159 ff. ZPO ist nicht erforderlich; es wäre aber ausreichend.[99] Da die Akten entweder **schriftlich** oder **elektronisch** geführt werden, bedarf die Dokumentation ebenfalls dieser Form. Inhaltlich schreibt Abs. 3 vor, dass das **Ergebnis der Beweiserhebung** aktenkundig zu machen ist. Hieraus folgt nicht, dass lediglich zu vermerken ist, welche Tatsachen das Gericht für erwiesen hält. Vielmehr sind die **ungewürdigten Wahrnehmungen des Gerichts** aktenkundig zu machen, welche im Rahmen der gerichtlichen Entscheidungsfindung gewürdigt werden. Dies ergibt sich daraus, dass nach Abs. 3 die Ergebnisse jeder einzelnen Beweiserhebung (zB Vernehmung, Inaugenscheinnahme) zu dokumentieren sind. Zu welcher Überzeugung das Gericht im Hinblick auf das Vorliegen oder Nichtvorliegen einer bestimmten Tatsache gelangt, bestimmt sich in aller Regel nicht auf der Grundlage einer einzelnen Beweiserhebung, sondern nach dem Inhalt des gesamten Verfahrens, dh. der Gesamtschau mehrerer Beweiserhebungen. Bei der Vernehmung von Auskunftspersonen sind deren Aussagen möglichst vollständig und authentisch niederzulegen. Für die Beweiswürdigung relevante äußere Umstände (zB Erröten, Stocken, Desorientierung) sollten ebenfalls dokumentiert werden. Ein Augenschein ist zu umschreiben. In geeigneten Fällen kann ein Augenscheinsobjekt ebenso wie eine Urkunde unmittelbar zur Akte genommen werden. Um für das erkennende Gericht selbst sowie für das Beschwerdegericht und die Beteiligten die Voraussetzungen für eine solche Gesamtschau, ihre Überprüfung und die Auseinandersetzung mit ihr zu schaffen, müssen zudem bestimmte Begleitumstände dokumentiert werden. Notwendig ist daher, dass neben den ungewürdigten Wahrnehmungen des Gerichts auch **Ort, Datum, Zeit und mitwirkende Personen** aktenmäßig festgehalten werden.[100]

3. Zeitpunkt. Das Gesetz enthält keine Aussage über den Zeitpunkt, in dem die Dokumentation 27 erfolgen muss. Frühester denkbarer Zeitpunkt ist die **Durchführung der Beweiserhebung**. Gerade bei ausführlichen Vernehmungen von Auskunftspersonen bietet es sich an, den Inhalt der Bekundun-

---

[91] BGH NJW 1990, 1734, 1735; BayObLG NJW-RR 1991, 6, 7.
[92] Vgl. BGH NJW 1990, 1734, 1735.
[93] Vgl. BGH NJW 1990, 1734, 1735.
[94] Abweichend Amtl. Begr. FamFG (BT-Drucks. 16/6308) S. 189.
[95] Vgl. BGH NJW 1985, 1158, 1159.
[96] Amtl. Begr. FamFG (BT-Drucks. 16/6308) S. 189.
[97] Amtl. Begr. FamFG (BT-Drucks. 16/6308) S. 189: „Verfahrenstransparenz".
[98] Vgl. Amtl. Begr. FamFG (BT-Drucks. 16/6308) S. 189.
[99] *Zimmermann* FamFG Rn. 82.
[100] Vgl. *Zimmermann* FamFG Rn. 82.

gen fortlaufend oder abschnittsweise niederzulegen. Letztmöglicher Zeitpunkt ist der **rechtskräftige Abschluss** des Verfahrens. Zu welchem Zeitpunkt innerhalb dieser Spanne das Gericht den Aktenvermerk fertigt, entscheidet es nach pflichtgemäßem Ermessen im Hinblick auf die Funktion des Vermerks. Um die Richtigkeit der Dokumentation zu sichern, muss das Gericht diese so rechtzeitig anfertigen, dass seine **Erinnerungen an die Beweiserhebung** noch nicht verblasst sind. Soweit die Dokumentation für die Beteiligten die Grundlage einer Stellungnahme nach § 37 Abs. 2 schaffen soll, muss sie ausreichende Zeit vor der gerichtlichen Entscheidungsfindung erfolgen. Ist eine Unterrichtung der Beteiligten im Einzelfall nicht erforderlich, kann es ausreichen, dass das Ergebnis der Beweiserhebung in die Begründung der Endentscheidung aufgenommen oder die Dokumentation erst im Zusammenhang mit der Nichtabhilfeentscheidung erstellt wird.

§ 30 Förmliche Beweisaufnahme

(1) Das Gericht entscheidet nach pflichtgemäßem Ermessen, ob es die entscheidungserheblichen Tatsachen durch eine förmliche Beweisaufnahme entsprechend der Zivilprozessordnung feststellt.

(2) Eine förmliche Beweisaufnahme hat stattzufinden, wenn es in diesem Gesetz vorgesehen ist.

(3) Eine förmliche Beweisaufnahme über die Richtigkeit einer Tatsachenbehauptung soll stattfinden, wenn das Gericht seine Entscheidung maßgeblich auf die Feststellung dieser Tatsachen stützen will und die Richtigkeit von einem Beteiligen ausdrücklich bestritten wird.

(4) Den Beteiligten ist Gelegenheit zu geben, zum Ergebnis einer förmlichen Beweisaufnahme Stellung zu nehmen, soweit dies zur Aufklärung des Sachverhalts oder zur Gewährung rechtlichen Gehörs erforderlich ist.

Schrifttum: *Brehm*, Der Allgemeine Teil des Referentenentwurfs eines Gesetzes zur Reform des Verfahrens in Familiensachen und in den Angelegenheiten der freiwilligen Gerichtsbarkeit (FamFG), FPR 2006, 401; *Jacoby*, Der Regierungsentwurf für ein FamFG, FamRZ 2007, 1703; *Kuntze*, Referentenentwurf eines FGG-Reformgesetzes, FGPrax 2005, 185; *Peters*, Der sogenannte Freibeweis im Zivilprozeß, 1962; *Pohlmann*, Streng- und Freibeweis in der Freiwilligen Gerichtsbarkeit, ZZP 106 (1993), 181; *Weth*, Der Grundsatz der Unmittelbarkeit der Beweisaufnahme, JuS 1991, 34; *Zimmermann*, Die Beteiligten im neuen FamFG, FPR 2009, 5.

Übersicht

	Rn.		Rn.
I. Allgemeines	1, 2	c) Ausdrückliches Bestreiten	15–17
1. Normzweck	1	d) Ermessensbindung	18
2. Anwendungsbereich	2	4. Entscheidungsform	19
II. Entscheidung über das Beweisverfahren	3–19	III. Förmliche Beweisaufnahme	20–38
		1. Beweismittel	20–34
1. Grundsatz: Pflichtgemäßes Ermessen (Abs. 1)	3–9	a) Allgemeines	20
		b) Zeugen	21–23
a) Allgemeines	3, 4	c) Sachverständige	24, 25
b) Ermessensleitlinien	5–7	d) Urkunden	26–29
c) Ermessensfehler	8, 9	e) Augenschein	30–32
2. Gesetzliche Anordnung (Abs. 2)	10, 11	f) Beteiligtenvernehmung	33, 34
3. Bestrittene Tatsachenbehauptung (Abs. 3)	12–18	2. Verfahren der Beweiserhebung	35–38
		a) Beweisbeschluss	35
a) Maßgebliche Tatsachen	12	b) Beweistermin	36
b) Überzeugung des Gerichts	13, 14	c) Protokollierung	37
		d) Recht zur Stellungnahme (Abs. 4)	38

I. Allgemeines

1 **1. Normzweck.** Die Vorschrift wirkt mit § 29 zusammen. In Einklang mit dem FGG stellen beide Vorschriften zunächst klar, dass für das Gericht zwei verschiedene Verfahren zur Verifizierung entscheidungserheblicher Tatsachen zur Verfügung stehen (**Freibeweis und Strengbeweis**, vgl. § 29 Rn. 2).[1] Außerdem regelt die Vorschrift durch den Verweis des Abs. 1 auf die ZPO sowie die

---

[1] *Brehm* FPR 2006, 401, 404; *Jacoby* FamRZ 2007, 1703.

Regelung in Abs. 4, nach welchen Regeln der Strengbeweis (förmliche Beweisaufnahme) zu erheben ist. Vor allem aber **steuert § 30 die Entscheidung des Gerichts,** welches Beweisverfahren hinsichtlich einer beweisbedürftigen Tatsache durchzuführen ist. Im Anschluss an die Rechtslage des FGG entscheidet das Gericht im Grundsatz nach pflichtgemäßem Ermessen, ob es eine förmliche Beweisaufnahme durchführt oder sich mit einem Freibeweis begnügt (Abs. 1).[2] Das gerichtliche Ermessen wird durch Abs. 2, 3 im Anschluss an Fallgruppenbildungen zum FGG dahingehend gebunden, dass in bestimmten Fällen eine förmliche Beweisaufnahme zwingend erfolgt (Abs. 2) oder jedenfalls nur ganz ausnahmsweise verzichtbar (Abs. 3) ist. Das Gesetz beschränkt sich bei seinen ermessensleitenden Vorschriften jedoch auf ein Mindestmaß, um auch zukünftig die Flexibilität des Verfahrens zu wahren.[3]

2. Anwendungsbereich. Der Anwendungsbereich des § 30 entspricht demjenigen des **§ 29** (vgl. § 29 Rn. 3). 2

II. Entscheidung über das Beweisverfahren

1. Grundsatz: Pflichtgemäßes Ermessen (Abs. 1). a) Allgemeines. Das Gericht entscheidet 3 nach pflichtgemäßem Ermessen, ob und inwieweit es den entscheidungserheblichen Sachverhalt durch eine förmliche Beweisaufnahme entsprechend der ZPO feststellt und inwieweit es sich mit einer Feststellung im Freibeweis begnügt.[4] In Abs. 2 und Abs. 3 wird dieses Ermessen für bestimmte Fälle gebunden. Von einer weitergehenden Ausdifferenzierung ermessensleitender Kriterien hat der Gesetzgeber im Interesse der Flexibilität des Verfahrens abgesehen.[5] Eine Ermessensbindung kann nach Sinn und Zweck der förmlichen Beweisaufnahme allerdings äußerstenfalls insoweit eintreten, als im in Bezug genommenen Zivilprozess eine förmliche Beweisaufnahme vorgesehen ist.[6] Sie scheidet danach zB hinsichtlich der Prüfung von **Verfahrensvoraussetzungen** aus.[7] Dort kann sich das Gericht generell im Wege des Freibeweises überzeugen.[8] Auch scheidet eine Ermessensbindung zur Verifizierung einer vermuteten Tatsache aus; denkbar ist sie hier nur hinsichtlich des Beweises des Gegenteils.

Das Gesetz sieht nicht vor, dass die Beteiligten eine förmliche Beweisaufnahme durch einen 4 hierauf gerichteten **Antrag** erzwingen können.[9] Beantragt ein Beteiligter ausdrücklich eine förmliche Beweisaufnahme, handelt es sich lediglich um eine Anregung. Das Gericht muss den Antrag auf förmliche Beweisaufnahme in jedem Fall zunächst auslegen und prüfen, ob in ihm ein ausdrückliches Bestreiten oder Behaupten liegt, welches zur Ermessensbindung nach Abs. 3 führen kann (vgl. Rn. 12 ff.). Soweit dies nicht der Fall ist, muss das Gericht die Anregung im Rahmen des Abs. 1 frei würdigen (vgl. Rn. 5 ff.).[10] Dies gilt uneingeschränkt auch in Streitverfahren, für welche der Gesetzgeber keine Abweichung normiert hat.[11] Vielmehr obliegt auch in Streitverfahren die Verantwortung für die tatsächlichen Entscheidungsgrundlagen dem Gericht; auf dieses könnten die Beteiligten nur über Abs. 3 einwirken. Ein Antrag auf förmliche Beweisaufnahme muss nicht ausdrücklich beschieden werden.[12] Das Gericht muss allerdings rechtzeitig zu erkennen geben, wenn es einem Antrag nicht folgen will; in den Beschlussgründen muss es sich hierfür rechtfertigen (vgl. auch § 29 Rn. 9).

b) Ermessensleitlinien. Im Grundsatz geht das Gericht davon aus, dass eine Feststellung im 5 Freibeweis ausreichend und verfahrensökonomisch ist. Sie ist der rechtstechnische **Regelfall.** Von diesem Regelfall weicht das Gericht nach pflichtgemäßem Ermessen ab, soweit die **förmliche Beweisaufnahme** gegenüber dem Freibeweis im Hinblick auf das Verfahrensziel **Vorteile** von ausreichendem Gewicht aufweist, welche den höheren Aufwand rechtfertigen. Ziel der Beweisaufnahme ist die materielle Wahrheit in Bezug auf die tatsächlichen Entscheidungsgrundlagen. Auf

---

[2] Amtl. Begr. FamFG (BT-Drucks. 16/6308) S. 189.
[3] Amtl. Begr. FamFG (BT-Drucks. 16/6308) S. 189.
[4] Vgl. Amtl. Begr. FamFG (BT-Drucks. 16/6308) S. 189; OLG Zweibrücken NJW-RR 1988, 1211; *Jansen/Briesemeister* § 12 FGG Rn. 50; *Keidel/Kuntze/Winkler/Schmidt* § 15 FGG Rn. 3.
[5] Amtl. Begr. FamFG (BT-Drucks. 16/6308) S. 189; *Kroiß/Seiler* § 2 Rn. 65.
[6] Vgl. *Kroiß/Seiler* § 2 Rn. 70.
[7] Amtl. Begr. FamFG (BT-Drucks. 16/6308) S. 189; *Kroiß/Seiler* § 2 Rn. 70.
[8] Vgl. BGH NJW 2000, 814; FamRZ 2008, 390, 391 f.; *Kroiß/Seiler* § 2 Rn. 70; aA *Peters,* Freibeweis, S. 133 ff.
[9] Amtl. Begr. FamFG (BT-Drucks. 16/6308) S. 189; Stellungnahme der BReg. (BT-Drucks. 16/6308) S. 407; anders noch § 30 Abs. 1 S. 2 des Referentenentwurfs, vgl. dazu *Kuntze* FGPrax 2005, 185, 187; übersehen von *Kroiß/Seiler* § 2 Rn. 72.
[10] Amtl. Begr. FamFG (BT-Drucks. 16/6308) S. 189.
[11] AA *Keidel/Kuntze/Winkler/Schmidt* § 15 FGG Rn. 5.
[12] Amtl. Begr. FamFG (BT-Drucks. 16/6308) S. 189; anders noch § 30 Abs. 1 S. 2 des Referentenentwurfs.

Grund der stärkeren Position des Gerichts (zB Erzwingbarkeit einer Aussage, Strafbewehrung falscher Aussagen) und der intensiveren Einbindung der Beteiligten (zB Beteiligtenöffentlichkeit, Fragerecht) bietet die förmliche Beweisaufnahme bei abstrakter Betrachtung stets eine höhere Gewähr für die Ermittlung der materiellen Wahrheit.[13] Diese erhöhte Gewähr muss im konkreten Fall den konkret erhöhten Aufwand (Kosten)[14] rechtfertigen. Hierbei hat das Gericht, insbesondere in Streitverfahren,[15] auch ausdrückliche Anträge der Beteiligten auf Durchführung einer förmlichen Beweisaufnahme zu würdigen, weil die Verfahrenssubjekte durch entsprechende Anregungen zu erkennen geben, dass sie eine förmliche Beweisaufnahme für vorzugswürdig erachten.[16] Danach ist eine förmliche Beweisaufnahme erforderlich, wenn dies zur **ausreichenden Sachaufklärung** oder wegen der **Bedeutung der Angelegenheit** notwendig ist.[17]

6   Die Durchführung einer förmlichen Beweisaufnahme ist zur ausreichenden Sachaufklärung erforderlich, wenn ein Beweismittel **außerhalb des Strengbeweises nicht erreichbar** ist.[18] Dies kommt in Betracht, wenn das Gericht auf die im Rahmen der förmlichen Beweisaufnahme zur Verfügung stehenden Zwangs- und Ordnungsmittel angewiesen ist, um Zeugen, Sachverständige usw. zur Mitwirkung anzuhalten.[19] Einer ausreichenden Sachaufklärung dienlich ist die förmliche Beweisaufnahme aber auch dort, wo sich das Gericht von der Strafbewehrung falscher Aussagen oder der Möglichkeit zur Beeidigung eine **erhöhte Wahrheitsgewähr** verspricht.[20] Schließlich ist eine förmliche Beweisaufnahme über Abs. 3 hinaus dort für eine ausreichende Sachaufklärung notwendig, wo für die Entscheidung **zentrale Tatsachen** zu **verifizieren** sind und den Beteiligten die Möglichkeit gegeben werden soll, durch ihre Mitwirkung (Beteiligtenöffentlichkeit, vgl. Rn. 36) die Glaubwürdigkeit eines Beweismittels zu hinterfragen.[21] ZB können die mit dem Sachverhalt umfassend vertrauten Beteiligten durch geeignete Rückfragen und Vorbehalte entscheidend auf die Glaubhaftigkeit einer Zeugenaussage einwirken.[22] Wird den Beteiligten eine entsprechende Mitwirkung auch im Freibeweis ermöglicht, gebietet vorstehender Gesichtspunkt keinen Strengbeweis.

7   Dass die **Bedeutung einer Angelegenheit** eine förmliche Beweisaufnahme gebieten kann, hat der Gesetzgeber mittelbar über Abs. 2 geregelt. Diese Regelung wurde insbesondere für diejenigen Fälle geschaffen, in denen der Gesetzgeber zum Schutz vor **besonders intensiven Grundrechtseingriffen** eine förmliche Beweisaufnahme ausdrücklich angeordnet hat.[23] Dies macht deutlich, dass das Gericht sein Ermessen auch daran auszurichten hat, wie gewichtig die gerichtliche Entscheidung für die Beteiligten ist. Gleichwohl besteht für Tatsachen, welche einen staatlichen Eingriff in die Grundrechte eines Beteiligten rechtfertigen, kein generelles Strengbeweiserfordernis.[24] Kann sich das Gericht mit hinreichender Sicherheit vom Vorliegen einer solchen Tatsache im Freibeweis überzeugen, erfolgt ohne besondere gesetzliche Anordnung keine förmliche Beweisaufnahme. ZB drängt sich auch in diesen Fällen eine förmliche Beweisaufnahme nicht auf, wenn der Betroffene die eingriffsrelevante Tatsache nicht in Abrede stellt oder sogar einräumt.[25]

8   c) **Ermessensfehler.** Die Verletzung vorstehender Ermessensrichtlinien begründet einen **Verfahrensfehler.** Hat das Gericht eine förmliche Beweisaufnahme durchgeführt, obwohl diese nicht erforderlich war, kann ein Rechtsmittel hierauf nicht mit Erfolg gestützt werden, weil die gerichtliche Entscheidung nicht auf dem Verfahrensfehler beruht. Da die förmliche Beweisaufnahme gegenüber dem Freibeweis die höhere Richtigkeitsgewähr bietet und das Gericht auf Grundlage der materiellen Wahrheit entscheiden soll, kann die **unnötige förmliche Beweisaufnahme** keine im Ergebnis unrichtige Entscheidung herbeiführen. Allerdings sind die durch eine unnötige Beweisaufnahme verursachten Kosten nach § 16 KostO bzw. § 20 FamGKG nicht zu erheben.

---

[13] Vgl. Stellungnahme der BReg. (BT-Drucks. 16/6308) S. 406; BayObLG NJW-RR 1996, 583, 584; *Jansen/Briesemeister* § 12 FGG Rn. 50; *Peters,* Freibeweis, S. 67.
[14] Vgl. Stellungnahme des BR zum Gesetzentwurf (BR-Drucks. 309/07) S. 15.
[15] Vgl. Stellungnahme der BReg. (BT-Drucks. 16/6308) S. 406 f.; *Keidel/Kuntze/Winkler/Schmidt* § 15 FGG Rn. 5.
[16] Vgl. Amtl. Begr. FamFG (BT-Drucks. 16/6308) S. 189.
[17] Amtl. Begr. FamFG (BT-Drucks. 16/6308) S. 189; OLG Zweibrücken NJW-RR 1988, 1211.
[18] Vgl. Stellungnahme der BReg. (BT-Drucks. 16/6308) S. 406; OLG Zweibrücken NJW-RR 1988, 1211; vgl. auch *Jansen/Briesemeister* § 12 FGG Rn. 52.
[19] *Baur,* FGG, § 20 III 1; *Klüsener* Rn. 63.
[20] *Baur,* FGG, § 20 III 1.
[21] Vgl. OLG Zweibrücken NJW-RR 1988, 1211; BayObLG NJW-RR 1992, 653; 1996, 583, 584; *Jansen/Briesemeister* § 12 FGG Rn. 50.
[22] Vgl. *Keidel/Kuntze/Winkler/Schmidt* § 15 FGG Rn. 5.
[23] Vgl. Amtl. Begr. FamFG (BT-Drucks. 16/6308) S. 189; *Keidel/Kuntze/Winkler/Schmidt* § 15 FGG Rn. 4.
[24] Amtl. Begr. FamFG (BT-Drucks. 16/6308) S. 189.
[25] Vgl. Amtl. Begr. FamFG (BT-Drucks. 16/6308) S. 189; *Keidel/Kuntze/Winkler/Schmidt* § 15 FGG Rn. 7.

Hat das Gericht ermessenfehlerhaft eine **förmliche Beweisaufnahme unterlassen** und erweist 9
sich diese auch aus Sicht des Beschwerdegerichts nicht als entbehrlich, hat das Beschwerdegericht
diese nachzuholen (vgl. § 68 Abs. 3 S. 2). Im Einzelfall kommt eine Aufhebung und Zurückverweisung nach § 69 Abs. 1 S. 2 in Betracht. Im Rahmen der Rechtsbeschwerde ist die Entscheidung
aufzuheben und zurückzuverweisen, wenn sich die Nachholung der förmlichen Beweisaufnahme aus
Sicht des Rechtsbeschwerdegerichts als notwendig erweist.[26]

2. Gesetzliche Anordnung (Abs. 2). Nach Abs. 2 muss eine förmliche Beweisaufnahme inso- 10
weit erfolgen als diese im FamFG vorgeschrieben ist. Über den Wortlaut der Vorschrift hinaus muss
eine förmliche Beweisaufnahme, uU mit weiteren Besonderheiten (vgl. zB § 29 GBO), aber auch
dort erfolgen, wo **vorrangige Sondervorschriften** andere Gesetze dies vorsehen.[27] Das nach Abs. 1
bestehende Ermessen des Gerichts wird durch sondergesetzliche Anordnungen vollständig gebunden.
Dies bringt Abs. 2 zum Ausdruck. Das FamFG enthält derartige ermessensbindende Anordnungen in
einigen Rechtsfürsorgeverfahren zum Beweis zentraler entscheidungserheblicher Tatsachen wegen
der **Schwere des Eingriffs.**

Vor allem in Verfahren, die einen finalen **Eingriff in die Grundrechte des Betroffenen** zum 11
Gegenstand haben, ist teilweise von Gesetzes wegen eine förmliche Beweisaufnahme, insbesondere
die Einholung eines medizinischen Sachverständigengutachtens (vgl. § 280 für das Betreuungsverfahren sowie § 321 für das Unterbringungsverfahren), vorgesehen. Eine generelle Verpflichtung zum
Strengbeweis für alle Tatsachen, die einen Eingriff in die Grundrechte eines Betroffenen rechtfertigen
sollen, besteht allerdings nicht. Vielmehr soll das Gericht, soweit eine sondergesetzliche Anordnung
iSv. Abs. 2 fehlt, sein Ermessen nach Abs. 1 entsprechend der Grundrechtsrelevanz einer Tatsache
ausüben. Dies ermöglicht eine flexiblere und verfahrensökonomischere Handhabung.[28] Insbesondere
wenn eine eingriffsrelevante Tatsache im Laufe des Verfahrens von den Beteiligten nicht bestritten
wurde, erscheint es gerechtfertigt, die Entscheidung, ob die Wahrheit gleichwohl strengbeweislich
erforscht werden soll, gerichtlichem Ermessen zu überlassen.[29]

3. Bestrittene Tatsachenbehauptung (Abs. 3). a) Maßgebliche Tatsachen. Abs. 3 dient der 12
Verwirklichung der Beteiligteninteressen im Hinblick auf maßgebliche Tatsachen. Eine Tatsache hat
maßgebliche Bedeutung für die zu treffende Entscheidung, wenn sie als Haupttatsache den Tatbestand einer **entscheidungsrelevanten Norm** unmittelbar ausfüllt.[30] Ist die streitige Tatsache eine
von mehreren **Anknüpfungstatsachen**, mit denen die Annahme eines unbestimmten Rechtsbegriffs, wie zB des Kindeswohls, begründet werden soll, ist deren Wahrheit strengbeweislich
zu erforschen, wenn die streitige Tatsache im Ergebnis ausschlaggebende Bedeutung im Rahmen der
gerichtlichen Abwägung hat.[31] Wenn die streitige Tatsache eine **Indiztatsache** für das Vorliegen
einer Haupttatsache ist, bedarf es der Maßgeblichkeit in zweifacher Hinsicht.[32] Zum einen muss die
Haupttatsache selbst entscheidende Bedeutung im vorstehenden Sinne haben. Zum anderen muss der
Indiztatsache erhebliche Bedeutung für den Rückschluss auf das Vorliegen der Haupttatsache zukommen.

b) Überzeugung des Gerichts. Entgegen dem missverständlichen Wortlaut der Regelung 13
knüpft diese nicht daran an, dass ein Beteiligter eine maßgebliche **Tatsache behauptet** hat. Voraussetzung für die Verpflichtung zum Strengbeweis ist vielmehr, dass das Gericht die entscheidungserhebliche Tatsache (nach dem Ergebnis des Freibeweisverfahrens oder ohne jegliche Beweisaufnahme, § 29 Rn. 7) **für wahr hält** und sie daher seiner Entscheidung zugrunde legen will.[33] Danach ist
gerade nicht erforderlich, dass das Gericht selbst noch Zweifel an der Richtigkeit der maßgeblichen
Tatsache hat.[34] Abs. 3 soll den Strengbeweis vielmehr im Interesse des bestreitenden Beteiligten auch
gegen die Überzeugung des Gerichts erzwingen. Das Gericht soll durch das förmliche Beweisverfahren angehalten werden, seine positive Überzeugung vom Vorliegen einer Tatsache noch einmal zu
überprüfen.[35]

Zweifelt das Gericht dagegen an der Wahrheit einer Tatsachenbehauptung oder hält sie für 14
unwahr, ist Abs. 3 nicht einschlägig. Tatsachen, die sich im Freibeweisverfahren nicht haben bestäti-

---

[26] Vgl. *Keidel/Kuntze/Winkler/Schmidt* § 15 FGG Rn. 7.
[27] Amtl. Begr. FamFG (BT-Drucks. 16/6308) S. 189.
[28] Amtl. Begr. FamFG (BT-Drucks. 16/6308) S. 189.
[29] Amtl. Begr. FamFG (BT-Drucks. 16/6308) S. 189.
[30] Amtl. Begr. FamFG (BT-Drucks. 16/6308) S. 190.
[31] Amtl. Begr. FamFG (BT-Drucks. 16/6308) S. 190.
[32] Amtl. Begr. FamFG (BT-Drucks. 16/6308) S. 190.
[33] Amtl. Begr. FamFG (BT-Drucks. 16/6308) S. 190.
[34] Amtl. Begr. FamFG (BT-Drucks. 16/6308) S. 190.
[35] Vgl. Amtl. Begr. FamFG (BT-Drucks. 16/6308) S. 190.

gen lassen, muss das Gericht grds. nicht auch noch strengbeweislich nachgehen.[36] Allerdings kann hier im Einzelfall nach Abs. 1 eine förmliche Beweisaufnahme angezeigt sein, wenn die Nichterweislichkeit im Freibeweis durch dessen Schwächen (zB keine Pflicht zum Erscheinen, zur Aussage oder zur Wahrheit, vgl. § 29 Rn. 11) bedingt ist (vgl. Rn. 6).

15 c) **Ausdrückliches Bestreiten.** Außerdem muss zumindest ein Beteiligter die maßgebliche Tatsache **ausdrücklich** bestreiten. Konkludentes Bestreiten reicht nicht aus.[37] Das Bestreiten muss zudem im Hinblick auf § 27 Abs. 2 **substantiiert** erfolgen; pauschales Bestreiten, auch wenn es ausdrücklich erfolgt, ist unbeachtlich.[38] Der bestreitende Beteiligte muss danach regelmäßig darlegen, warum er das Ergebnis des Freibeweises für falsch hält.[39] Ggf. ist eine in sich nachvollziehbare Gegendarstellung zu fordern.[40] Es bedarf eines Mindestmaßes an objektiv nachvollziehbarer Begründung für die Ablehnung des Freibeweisergebnisses.[41] Hierbei darf allerdings die Fähigkeit des Bestreitenden, sich im Verfahren zu artikulieren, nicht außer Acht gelassen werden.[42] Nur im Rahmen der Mitwirkungslast des § 27 muss sich der Beteiligte äußern. Soweit ihm ein substanziiertes Bestreiten unmöglich oder unzumutbar ist, kann **einfaches Bestreiten** ohne Angabe von Gründen für die angebliche Unwahrheit der freibeweislich festgestellten Tatsache ausnahmsweise ausreichen.[43]

16 Dem ausdrücklichen Bestreiten einer vom Gericht angenommenen Tatsache steht das **ausdrückliche Behaupten** einer vom Gericht nicht festgestellten Tatsache gleich. Der Wortlaut der Vorschrift erfasst diese Fallgestaltung zwar nicht. Der Gesetzgeber hat sich zu einseitig von der Situation leiten lassen, dass das Gericht Eingriffsmaßnahmen gegenüber einem Beteiligten ergreifen will. Nach Sinn und Zweck muss Abs. 3 aber auch für ausdrückliche Behauptungen gelten. Abs. 3 gilt nicht nur für Eingriffssituationen, sondern auch in streitigen Angelegenheiten. Überdies besteht für die Beteiligten auch in Eingriffsfällen kein Unterschied, ob der Eingriff auf Grund einer bestrittenen Tatsache erfolgt oder auf Grund einer behaupteten Tatsache nicht ausbleibt.

17 Um den Beteiligten ein Bestreiten in Auseinandersetzung mit den Ergebnissen des Freibeweises zu ermöglichen, muss das Gericht den Beteiligten **nach § 37 Abs. 2 mitteilen,** welche maßgeblichen Tatsachen es freibeweislich als bestehend oder nicht bestehend erachtet.[44] Nach dieser Vorschrift darf das Gericht seine Entscheidung nur auf Tatsachen und Beweisergebnisse stützen, zu denen sich die Beteiligten zuvor äußern konnten (vgl. § 37 Rn. 17 ff.). Dies gibt den Beteiligten die Gelegenheit zu überprüfen, ob sie die Durchführung eines förmlichen Beweisverfahrens zur Wahrung ihrer Beteiligtenrechte für notwendig erachten.[45]

18 d) **Ermessensbindung.** Abs. 3 bindet das Ermessen des Gerichts bei Vorliegen seiner Voraussetzungen. Das Gericht **muss** im Grundsatz eine **förmliche Beweisaufnahme durchführen.** Nur im **Ausnahmefall** darf gleichwohl von einer förmlichen Beweisaufnahme abgesehen werden. In Betracht kommen Fälle, in denen das Strengbeweisverfahren zur Ermittlung einer bestrittenen entscheidungserheblichen Tatsache nicht besser geeignet ist und der Freibeweis Mitwirkungsrechte der Beteiligten nicht verkürzt. Dies betrifft insbesondere Fälle, in denen das ausdrückliche Bestreiten allein dazu dient, eine förmliche Beweisaufnahme zur **Verfahrensverzögerung** zu missbrauchen.[46] In Streitverfahren sind entsprechende Ausnahmen allerdings im Hinblick auf die Vergleichbarkeit zum Zivilprozess ausgeschlossen.[47]

19 4. **Entscheidungsform.** Die Entscheidung des Gerichts für oder gegen eine förmliche Beweisaufnahme bedarf **keiner besonderen Form** (zB Beschluss). Zur Gewährung rechtlichen Gehörs ist aber erforderlich, dass das Gericht gegenüber den Beteiligten zu erkennen gibt, wie es verfährt. Ausreichend ist insoweit, dass das Gericht seine Entscheidung konkludent dadurch offenbart, dass es Beweise förmlich oder nichtförmlich erhebt. Im Zweifel ist von nichtförmlicher Beweisaufnahme auszugehen. Dies gilt erst recht, wenn das Gericht Beweise außerhalb eines Termins erhoben hat. Ergeht dagegen ein Beweisbeschluss nach § 358 ZPO (vgl. Rn. 35), ist dies ein starkes Indiz für eine förmliche Beweisaufnahme.

---

[36] Amtl. Begr. FamFG (BT-Drucks. 16/6308) S. 190.
[37] Amtl. Begr. FamFG (BT-Drucks. 16/6308) S. 190; *Kroiß/Seiler* § 2 Rn. 73.
[38] Amtl. Begr. FamFG (BT-Drucks. 16/6308) S. 190; *Kroiß/Seiler* § 2 Rn. 73.
[39] Vgl. Amtl. Begr. FamFG (BT-Drucks. 16/6308) S. 190.
[40] Amtl. Begr. FamFG (BT-Drucks. 16/6308) S. 190.
[41] Amtl. Begr. FamFG (BT-Drucks. 16/6308) S. 190.
[42] Amtl. Begr. FamFG (BT-Drucks. 16/6308) S. 190.
[43] Vgl. Amtl. Begr. FamFG (BT-Drucks. 16/6308) S. 190.
[44] Vgl. Amtl. Begr. FamFG (BT-Drucks. 16/6308) S. 190.
[45] Vgl. Amtl. Begr. FamFG (BT-Drucks. 16/6308) S. 190.
[46] Vgl. Stellungnahme der BReg. (BT-Drucks. 16/6308) S. 407.
[47] Vgl. für das FGG *Baur*, FGG, § 20 III 1; *Keidel/Kuntze/Winkler/Schmidt* § 15 FGG Rn. 5.

III. Förmliche Beweisaufnahme

1. Beweismittel. a) Allgemeines. Das von Abs. 1 in Bezug genommene Beweisrecht der ZPO regelt detailliert insgesamt **fünf** förmlich zu erhebende **Beweismittel**: Zeugen, Sachverständige, Urkunden, Augenschein, einschließlich elektronischer Dokumente, und Parteivernehmung (Beteiligtenvernehmung). Daneben wird die amtliche Auskunft von Behörden und Beamten (behördliche Auskunft) erwähnt (vgl. zB §§ 273 Abs. 2 Nr. 2, 358a S. 2 Nr. 2 ZPO), wobei ihre Eigenschaft als förmliches Beweismittel umstritten ist.[48] Der Verweis des Abs. 1 auf die Beweisvorschriften der ZPO erfasst auch die in § 358a Nr. 2 ZPO erwähnte **amtliche Auskunft**. Dementsprechend steht diese im FamFG als vollwertiges Beweismittel der förmlichen Beweisaufnahme zur Verfügung. Sie unterscheidet sich von den übrigen fünf Beweismitteln allein dadurch, dass die ZPO von einer eigenständigen Ausgestaltung des Verfahrens der Erhebung dieses Beweises abgesehen hat. Dies schließt sie als Mittel des Strengbeweises nicht aus, weil es bei der Anwendung der allgemeinen Regelungen der §§ 355–370 ZPO verbleibt. Hierdurch wird gegenüber der amtlichen Auskunft als solcher die Geltung wichtiger Verfahrensgarantien der Beteiligten (vgl. § 355 ZPO: subjektive Unmittelbarkeit der Beweisaufnahme, § 357 ZPO: Beteiligtenöffentlichkeit) gesichert und die Einordnung als vollwertiges Beweismittel, welches frei zu würdigen ist, gerechtfertigt.[49]

b) Zeugen. Die förmliche Einvernahme von Zeugen erfolgt nach §§ 373–401 ZPO, ggf. unter Berücksichtigung des § 128a Abs. 2 ZPO.[50] Zeugen sind Personen, die im Verfahren **über ihre Wahrnehmungen** vergangener oder ausnahmsweise gegenwärtiger Tatsachen und Zustände **berichten,** dh. über ihre außerhalb des Verfahrens erworbene Kenntnis von Tatsachen aussagen sollen.[51] Der Zeuge soll seine Wahrnehmungen in der Vergangenheit mitteilen, nicht aber seine Meinung über ihre Bedeutung äußern oder Schlussfolgerungen ziehen.[52] Zeuge kann nur sein, wer nicht als Beteiligter zu vernehmen ist (vgl. Rn. 33). Ein erschienener Zeuge wird vom Gericht einzeln und in Abwesenheit der später **anzuhörenden** Zeugen vernommen (vgl. § 394 ZPO). Er wird vor seiner Vernehmung **zur Wahrheit ermahnt** und darauf hingewiesen, dass er seine Aussage uU beeiden muss (vgl. § 385 Abs. 1 ZPO). Anschließend wird der Zeuge zu seinen **Personalien** befragt (vgl. § 385 Abs. 2 ZPO) und danach **zur Sache** gehört (vgl. § 386 ZPO). Den Beteiligten steht ein **Fragerecht** nach § 397 ZPO zu. Entgegen § 399 ZPO können die Beteiligten auf einen Zeugen nicht verzichten. Das Gericht kann den **Verzicht** aber würdigen und im Rahmen des § 30 erneut darüber befinden, ob er vernommen werden soll. Liegt im Verzicht zugleich die Aufgabe des ausdrücklichen Bestreitens iSv. Abs. 3, entfällt die Verpflichtung des Gerichts, den Zeugen zu hören. Die Aussage des Zeugen würdigt das Gericht frei.

Die Zeugen sind nach § 377 Abs. 1, 2 ZPO zu laden. Die **Ladung** hat entsprechend § 377 Abs. 2 ZPO anzugeben, in welchem Verfahren (Gegenstand des Verfahrens anstatt Bezeichnung der Parteien) der Zeuge zu welchem Themenkreis (Gegenstand der Vernehmung) vernommen werden soll und an welchem Termin er zu diesem Zweck zur Vermeidung von Sanktionen an welchem Terminsort zu erscheinen hat.[53] Die Ladung wird grds. formlos übermittelt; das Gericht kann die Zustellung anordnen (vgl. § 377 Abs. 1 S. 2 ZPO).

Die Erforschung der Wahrheit durch Zeugenvernehmung setzt die **Mitwirkung des Zeugen** voraus. Um diese zu sichern, unterliegt der Zeuge einer Reihe von Pflichten, welche das Gericht erzwingen kann oder deren Verletzung das Gesetz unmittelbar sanktioniert.[54] Die Pflichten entstehen für den Einzelnen durch die Anordnung des Gerichts, ihn als Zeugen zu vernehmen, und durch seine Ladung (vgl. Rn. 22).[55] Sie umfassen zunächst, dass der Zeuge am Terminsort **erscheinen** muss.[56] Verletzt der Zeuge diese Pflicht unentschuldigt, sind ihm die hierdurch verursachten Kosten aufzuerlegen; außerdem können Ordnungsmittel, auch wiederholt, gegen ihn verhängt werden (vgl. § 380 ZPO).[57] Außerdem muss der Zeuge subjektiv wahrhaftig (Verletzung ist strafbewehrt nach

---

[48] Vgl. *Peters,* Freibeweis, S. 119 ff.; *Rosenberg/Schwab/Gottwald* § 121 Rn. 4.
[49] BGH MDR 1964, 223; NJW 1984, 438, 439; *Bassenge/Roth* § 15 FGG Rn. 42; *Keidel/Kuntze/Winkler/Schmidt* § 15 FGG Rn. 61; vgl. auch *Peters,* Freibeweis, S. 119 ff., 131 f.; aA *Rosenberg/Schwab/Gottwald* § 121 Rn. 6.
[50] Vgl. Amtl. Begr. FamFG (BT-Drucks. 16/9733) S. 288.
[51] Vgl. BGH NJW 1993, 1796, 1797; *Rosenberg/Schwab/Gottwald* § 119 Rn. 1.
[52] Vgl. *Rosenberg/Schwab/Gottwald* § 119 Rn. 1.
[53] Vgl. *Keidel/Kuntze/Winkler/Schmidt* § 15 FGG Rn. 28.
[54] Vgl. *Keidel/Kuntze/Winkler/Schmidt* § 15 FGG Rn. 27.
[55] *Rosenberg/Schwab/Gottwald* § 119 Rn. 10.
[56] Vgl. auch zu Ausnahmen *Rosenberg/Schwab/Gottwald* § 119 Rn. 13.
[57] Vgl. *Keidel/Kuntze/Winkler/Schmidt* § 15 FGG Rn. 30; *Rosenberg/Schwab/Gottwald* § 119 Rn. 13.

§§ 153 ff. StGB) aussagen oder sich schriftlich äußern (vgl. § 377 Abs. 3 S. 1 ZPO), soweit keine Befreiung von der **Aussagepflicht** vorliegt.[58] Die Aussagepflicht entfällt insbesondere, soweit eine nach § 376 ZPO erforderliche Aussagegenehmigung fehlt[59] (vgl. § 29 Rn. 16 ff.) oder sich der Zeuge berechtigt auf ein Zeugnisverweigerungsrecht beruft[60] (vgl. §§ 383 ff. ZPO, § 29 Rn. 20 ff.).[61] Der Zeuge hat die Tatsachen, auf die er seine Verweigerung stützt, anzugeben und glaubhaft zu machen; die Amtsermittlungspflicht des Gerichts erstreckt sich hierauf nicht (vgl. § 29 Rn. 23).[62] Schließlich ist der Zeuge verpflichtet, seine Aussage zu beeiden,[63] wenn das Gericht dies mit Rücksicht auf die Bedeutung der Aussage oder zur Herbeiführung einer wahrheitsgemäßen Aussage für geboten erachtet (vgl. § 391 ZPO); der Verzicht der Beteiligten lässt die **Eidespflicht** im Hinblick auf den Untersuchungsgrundsatz nicht entfallen.[64] **Verletzt der Zeuge seine Pflicht** zur Aussage oder zur Eidesleistung, werden ihm die durch seine Weigerung verursachten Kosten auferlegt; zugleich werden Ordnungsmittel gegen ihn, auch wiederholt, verhängt (vgl. § 390 ZPO).

24   c) **Sachverständige.** Der Sachverständigenbeweis wird nach §§ 402–414 ZPO erhoben, ggf. unter Berücksichtigung des § 128a Abs. 2 ZPO;[65] ergänzend gelten subsidiär die Vorschriften über den Zeugenbeweis (vgl. § 402 ZPO). Der Sachverständige ist Berater des Tatrichters und wird von diesem angeleitet (vgl. § 404a ZPO). Er vermittelt dem Gericht fehlende Kenntnisse von Rechtsnormen (zB ausländisches Recht, Handelsbräuche) oder von Erfahrungssätzen, zieht auf Grund von Erfahrungssätzen Schlussfolgerungen aus einem feststehenden Sachverhalt (Anknüpfungstatsachen)[66] oder stellt auf Grund seiner **Sach- und Fachkunde** Tatsachen fest (Befundtatsachen).[67] **Sachverständiger** kann jede natürliche Person sein, die nicht als Beteiligter zu vernehmen ist (vgl. Rn. 33) und der das Gericht die nötige Sachkunde zutraut.[68] Ausnahmsweise können Behörden oder sonstige öffentliche Stellen als Sachverständige bestellt werden.[69] Die Auswahl des Sachverständigen obliegt dem Gericht (vgl. § 404 Abs. 1 ZPO). Vorrangig sind öffentlich bestellte Sachverständige auszuwählen (vgl. § 404 Abs. 2 ZPO). Das Gericht kann die Beteiligten zur Mitwirkung bei der Auswahl des Sachverständigen anhalten (vgl. § 404 Abs. 3 ZPO). Die Einigung der Beteiligten bindet das Gericht im Hinblick auf die Amtsermittlungspflicht entgegen § 404 Abs. 4 ZPO nicht. Die Beteiligten können einen Sachverständigen allerdings nach § 406 ZPO ablehnen. Das vom Sachverständigen erstattete Gutachten wird vom Gericht frei gewürdigt. Dies umfasst die Verpflichtung des Gerichts, die Gedankengänge des Sachverständigen selbst nachzuvollziehen, um sie auf ihre Sachlogik zu überprüfen.

25   Der Sachverständige wird durch das Gericht ernannt. Dies begründet für ihn die **Pflicht,** unverzüglich seinen Auftrag zu prüfen, ob dieser klar ist und er das Gutachten erstatten kann (vgl. § 407a ZPO). Er ist zur Erstattung des Gutachtens verpflichtet (vgl. § 407 BGB), kann die Gutachtenerstattung aber nach § 408 ZPO wie ein Zeuge verweigern. Eine rechtswidrige **Verweigerung** kann das Gericht nach § 409 ZPO ahnden, indem es dem Sachverständigen die durch die Weigerung verursachten Kosten sowie ein Ordnungsgeld auferlegt. Der Sachverständige muss sein Gutachten nach § 410 ZPO **beeiden.** Wird ein schriftliches Gutachten angefordert, kann das Gericht dem Sachverständigen zur Erledigung eine Frist setzen und deren Überschreitung mit Ordnungsgeld sanktionieren (vgl. § 411 ZPO). Es kann den Sachverständigen im Anschluss hieran zur **mündlichen Erläuterung des Gutachtens** laden (vgl. § 411 Abs. 3 ZPO). Die Amtsermittlungspflicht kann eine entsprechende Ladung erforderlich machen, insbesondere bei unklarem, unvollständigem oder widersprüchlichem Gutachten.[70] Nach § 412 ZPO kann die **Einholung eines neuen Gutachtens** angeordnet werden. Die Beteiligten können dies, auch durch einen Antrag, nicht erzwingen.[71] Allerdings kann die Amtsermittlungspflicht ein Vorgehen nach § 412 ZPO erforderlich machen.

---

[58] Vgl. *Rosenberg/Schwab/Gottwald* § 119 Rn. 15.
[59] Vgl. *Keidel/Kuntze/Winkler/Schmidt* § 15 FGG Rn. 33.
[60] Vgl. *Keidel/Kuntze/Winkler/Schmidt* § 15 FGG Rn. 34.
[61] Vgl. *Rosenberg/Schwab/Gottwald* § 119 Rn. 18 ff.
[62] *Keidel/Kuntze/Winkler/Schmidt* § 15 FGG Rn. 39.
[63] *Keidel/Kuntze/Winkler/Schmidt* § 15 FGG Rn. 41.
[64] Vgl. für das FGG *Keidel/Kuntze/Winkler/Schmidt* § 15 FGG Rn. 41.
[65] Vgl. Amtl. Begr. FamFG (BT-Drucks. 16/9733) S. 288.
[66] Vgl. BGH NJW 1993, 1796, 1797; *Jansen/Briesemeister* § 12 FGG Rn. 59.
[67] Vgl. *Rosenberg/Schwab/Gottwald* § 120 Rn. 1.
[68] Vgl. *Keidel/Kuntze/Winkler/Schmidt* § 15 FGG Rn. 43.
[69] Vgl. *Keidel/Kuntze/Winkler/Schmidt* § 15 FGG Rn. 43.
[70] *Keidel/Kuntze/Winkler/Schmidt* § 15 FGG Rn. 45.
[71] *Keidel/Kuntze/Winkler/Schmidt* § 15 FGG Rn. 46.

d) Urkunden. Der Urkundenbeweis wird nach den §§ 415–444 ZPO erhoben. Objekt des Beweises ist die **Urkunde,** dh. jede Verkörperung eines Gedankens durch übliche oder vereinbarte Schriftzeichen.[72] Der Beweis wird dadurch erhoben, dass das Gericht den in der Urkunde verkörperten Inhalt zur Kenntnis nimmt. Hierzu muss die Urkunde im Original oder in Abschrift dem Gericht zur Kenntnis gebracht werden. Dies wird dadurch ermöglicht, dass ein Beteiligter oder ein Dritter die Urkunde oder eine Abschrift **vorlegt.** Im Hinblick auf die Geltung des Amtsermittlungsgrundsatzes kann das **Gericht** eine Urkunde aber auch **von sich** aus ins Verfahren **einführen.**

Das Gericht kann entsprechend § 142 ZPO die Vorlage der Urkunde durch einen Beteiligten oder einen Dritten anordnen, sobald sich ein Beteiligter oder das Gericht selbst auf eine Urkunde bezogen haben. Hierfür bedarf es abweichend von §§ 421, 428 ZPO keines Antrags eines Beteiligten. Auch können die Beteiligten nicht nach § 436 ZPO auf eine Urkunde verzichten. Dritte können die Vorlage jedoch nach Maßgabe des § 142 Abs. 2 S. 1 ZPO verweigern. Kommt ein Dritter der Anordnung nach § 142 ZPO rechtswidrig nicht nach, können gegen ihn nach §§ 386–390 ZPO **Ordnungsmittel** verhängt werden (vgl. § 142 Abs. 2 S. 2 ZPO); § 35 wird hierdurch verdrängt (vgl. § 35 Rn. 8). Entspricht ein Beteiligter der durch richterliche Anordnung konkretisierten gesetzlichen Pflicht[73] aus § 142 ZPO rechtswidrig nicht, kann diese **nach § 35 Abs. 1, 2 vollstreckt** werden.[74] Die Vollstreckung nach § 35 wird durch die auf den Zivilprozess und die dortige Dispositionsbefugnis der Parteien über den Sachverhalt zugeschnittene, bloße Beweisregel des § 427 ZPO nicht ausgeschlossen (vgl. § 35 Rn. 8). Dem steht auch nicht entgegen, dass die entsprechende Anwendung des § 142 ZPO nach § 30 in ihren Wirkungen nicht weiter reichen kann als seine unmittelbare Anwendung im Zivilprozess, wo Zwangsmittel gegen die Parteien nicht vorgesehen sind. Die weitergehenden Wirkungen sind vorliegend nicht in der entsprechenden Anwendung des § 142 ZPO begründet. Sie folgen vielmehr aus der stärkeren Einbindung der Beteiligten im FamFG-Verfahren, welche in §§ 27, 35 zum Ausdruck kommt.

Hinsichtlich ihres **Beweiswerts** unterscheiden die §§ 415–418 ZPO öffentliche und private Urkunden. **Öffentliche Urkunden** sind solche, die von einer öffentlichen Behörde oder einer mit öffentlichem Glauben versehenen Person innerhalb ihrer sachlichen Zuständigkeit in der vorgeschriebenen Form aufgenommen sind (vgl. § 415 Abs. 1 ZPO). Soweit sie eine vor der Behörde abgegebene Erklärung beurkunden, erbringen sie vollen Beweis für den beurkundeten Vorgang, der Nachweis der unrichtigen Beurkundung bleibt zulässig (vgl. § 415 ZPO). Konstitutive öffentliche Urkunden erbringen uneingeschränkten Beweis für ihren Inhalt (vgl. § 417 ZPO). Im Übrigen erbringen öffentliche Urkunden vollen Beweis für die bezeugten Tatsachen. Der Gegenbeweis bleibt aber zulässig (vgl. § 418 ZPO), soweit er nicht gesetzlich ausgeschlossen ist. Alle anderen Urkunden sind **Privaturkunden.** Sie begründen, soweit sie unterschrieben oder mittels notariell beglaubigten Handzeichens unterzeichnet sind, vollen Beweis dafür, dass die in ihnen enthaltenen Erklärungen von den Ausstellern abgegeben sind (vgl. § 416 ZPO). Dieser Beweiswert kommt nur echten Urkunden zu.[75] **Echt** ist eine Urkunde, die in ihrer gegenwärtigen Erscheinungsform und ihrem Inhalt nach von demjenigen herrührt, der als ihr Aussteller angesehen wird. Die Echtheit würdigt das Gericht grds. frei. Dies gilt namentlich für die Bedeutung von Durchstreichungen, Radierungen usw. (vgl. § 419 ZPO). §§ 439, 440 ZPO finden keine Anwendung.

Die **Beweisregeln** der §§ 415–418 ZPO **gelten auch im FamFG-Verfahren.**[76] Soweit der Beweiswert einer Urkunde reicht, erbringt diese vollen Beweis. Abweichend vom Grundsatz freier Beweiswürdigung (vgl. § 37 Rn. 8 f.) hat das Gericht insoweit vom Vorliegen einer Tatsache auszugehen, solange das Gegenteil nicht bewiesen ist.[77] Der Beweis des Gegenteils ist erst geführt, wenn die Möglichkeit der Richtigkeit der Urkunde vollständig ausgeschlossen ist.[78] Bloße Zweifel berechtigten mithin nicht, eine Tatsache als nicht erwiesen zu behandeln. Nur außerhalb des Beweiswerts einer Urkunde ist diese frei zu würdigen. Dabei kann das Gericht insbesondere das Verhalten der Beteiligten entsprechend **§§ 427, 444 ZPO** berücksichtigen (vgl. § 37 Rn. 11 f.).

---

[72] *Rosenberg/Schwab/Gottwald* § 118 Rn. 1.
[73] Vgl. oben §§ 142–144 ZPO Rn. 10.
[74] AA zum FGG OLG Hamburg FamRZ 1978, 787, 788; *Bassenge/Roth* § 15 FGG Rn. 37; *Jansen/v. König* § 15 FGG Rn. 78; *Pohlmann* ZZP 106 (1993), 181, 190.
[75] *Rosenberg/Schwab/Gottwald* § 118 Rn. 11.
[76] BayObLG NJW-RR 2000, 456, 457; OLG Frankfurt Rpfleger 1990, 290; *Bassenge/Roth* § 15 FGG Rn. 36; *Jansen/Briesemeister* § 12 FGG Rn. 112; *Jansen/v. König* § 15 FGG Rn. 79; *Keidel/Kuntze/Winkler/Schmidt* § 15 FGG Rn. 53.; *Pohlmann* ZZP 106 (1993), 181, 190.
[77] Vgl. OLG Frankfurt Rpfleger 1990, 290; *Rosenberg/Schwab/Gottwald* § 118 Rn. 17.
[78] BGH NJW 1990, 2125, 2125 f.; OLG Köln NJW-RR 2003, 802.

30 e) Augenschein. Der Augenscheinsbeweis wird nach den besonderen Vorschriften der §§ 371–372a ZPO erhoben. Augenschein ist jede **Wahrnehmung durch die menschlichen Sinne,** nicht nur der Augen, über Personen, Sachen, Zustände, Vorgänge oder Verhaltensweisen.[79] Dies umfasst das optische Wahrnehmen körperlicher Verletzungen, das Anhören einer Tonbandaufnahme, das Ansehen eines Videos ebenso wie die Wahrnehmung elektronischer Dokumente mittels technischer Hilfsmittel (Computer). Für die Beweiskraft elektronischer Dokumente verweist § 371 ZPO allerdings unter bestimmten Voraussetzungen auf die Regelungen des Urkundenbeweises. Im Übrigen würdigt das Gericht den Augenschein frei. Das Gericht erhebt den Augenschein im Rahmen eines (Orts-) Termins **selbst,** indem es das Erkenntnismittel **sinnlich wahrnimmt.** Es kann die Beweiserhebung nach § 372 Abs. 2 ZPO dem **beauftragten oder ersuchten Richter** übertragen, soweit hierdurch nicht die Amtsermittlungspflicht verletzt wird, weil das Augenscheinsobjekt nur auf Grund persönlicher Wahrnehmung durch das erkennende Gericht ausreichend gewürdigt werden kann.[80]

31 Zur sinnlichen Wahrnehmung muss das Augenscheinsobjekt zugänglich gemacht werden. Soweit eine **Person** Gegenstand des Augenscheins ist, kann das Gericht, abgesehen von § 372a ZPO, deren Mitwirkung **nicht erzwingen.**[81] Möglich ist lediglich, das Erscheinen der Person als Zeuge zu erzwingen und sie zu vernehmen.[82] Hierbei gewonnene Wahrnehmungen (zB sichtbare Verletzungen) können verwertet werden. Das Gericht kann aber einen erschienen Zeugen nicht zwingen, sich durch das Gericht oder einen Sachverständigen körperlich untersuchen zu lassen (zB keine Pflicht des Zeugen, sich ganz oder teilweise zu entkleiden).[83] Entsprechend § 372a ZPO hat jede Person zur **Feststellung der Abstammung** Untersuchungen, insbesondere die Entnahme von Blutproben zum Zweck der Blutgruppenuntersuchung, zu dulden, soweit die Untersuchung nach den allgemeinen Grundsätzen der Wissenschaft eine Aufklärung des Sachverhalts verspricht und zumutbar ist. Für Abstammungssachen findet sich hierzu eine vorrangige Vorschrift in § 178.

32 Soweit Sachen in Augenschein genommen werden sollen, kann das Gericht nach Abs. 1 iVm. § 144 ZPO gegenüber den Beteiligten oder Dritten **anordnen,** die **Sache vorzulegen** oder die **Inaugenscheinnahme** zu **dulden,** soweit keine Wohnung betroffen ist.[84] Hierfür spricht, dass das Gericht in einem Verfahren, für welches der Untersuchungsgrundsatz gilt, keine geringeren Kompetenzen haben kann als in dem von den Parteien beherrschten Zivilprozess. Ein Antrag eines Beteiligten nach § 371 Abs. 2 ZPO ist für die gerichtliche Anordnung nach § 144 ZPO keine Voraussetzung, weil auch der Augenschein von Amts wegen erhoben wird.[85] Kommt ein Dritter der Anordnung nach § 144 ZPO rechtswidrig nicht nach, können gegen ihn nach §§ 386–390 ZPO **Ordnungsmittel** verhängt werden (vgl. § 144 Abs. 2 S. 2 ZPO); § 35 wird hierdurch verdrängt (vgl. § 35 Rn. 8). Entspricht ein Beteiligter der durch richterliche Anordnung konkretisierten gesetzlichen Pflicht[86] aus § 144 ZPO rechtswidrig nicht, kann diese **nach § 35 Abs. 1, 2 vollstreckt** werden. Die Vollstreckung nach § 35 wird durch die auf den Zivilprozess und die dortige Dispositionsbefugnis der Parteien über den Sachverhalt zugeschnittene, bloße Beweisregel des § 371 Abs. 3 ZPO nicht ausgeschlossen (vgl. § 35 Rn. 8). Dem steht auch nicht entgegen, dass die entsprechende Anwendung des § 144 ZPO nach § 30 in ihren Wirkungen nicht weiter reichen kann als seine unmittelbare Anwendung im Zivilprozess, wo Zwangsmittel gegen die Parteien nicht vorgesehen sind. Die weitergehenden Wirkungen sind vorliegend nicht in der entsprechenden Anwendung des § 144 ZPO begründet. Sie folgen vielmehr aus der stärkeren Einbindung der Beteiligten im FamFG-Verfahren, welche in §§ 27, 35 zum Ausdruck kommt.

33 f) Beteiligtenvernehmung. Die Vernehmung der Beteiligten als Beweismittel erfolgt nach §§ 445–455 ZPO, ggf. unter Berücksichtigung des § 128a Abs. 2 ZPO.[87] Als **Beteiligte** sind der Antragsteller und alle vom Gericht zum Verfahren hinzugezogenen Beteiligten zu vernehmen (vgl. § 7). Beteiligungsberechtigte, welche vom Gericht im Zeitpunkt ihrer Vernehmung noch nicht oder nicht mehr zum Verfahren hinzugezogen werden, sind nicht als Beteiligte, sondern als Zeugen zu vernehmen.[88] Dies folgt aus der vom Gesetzgeber beabsichtigten Formalisierung[89] des Beteiligten-

---

[79] *Bassenge/Roth* § 15 FGG Rn. 10; *Jansen/v. König* § 15 FGG Rn. 12; oben § 371 ZPO Rn. 2.
[80] *Keidel/Kuntze/Winkler/Schmidt* § 15 FGG Rn. 17.
[81] Vgl. OLG Hamm FamRZ 1981, 706, 706 f.; 1982, 94, 94 f.; *Bassenge/Roth* § 15 FGG Rn. 34; *Keidel/Kuntze/Winkler/Schmidt* § 15 FGG Rn. 17.
[82] *Bassenge/Roth* § 15 FGG Rn. 34.
[83] *Keidel/Kuntze/Winkler/Schmidt* § 15 FGG Rn. 17.
[84] AA *Brehm* § 11 Rn. 28; aA für das FGG auch *Bassenge/Roth* § 15 FGG Rn. 11.
[85] Vgl. *Keidel/Kuntze/Winkler/Schmidt* § 15 FGG Rn. 17 a.
[86] Vgl. oben §§ 142–144 ZPO Rn. 22.
[87] Vgl. Amtl. Begr. FamFG (BT-Drucks. 16/9733) S. 288.
[88] AA *Keidel/Kuntze/Winkler/Schmidt* § 15 FGG Rn. 21; *Keidel/Sternal* § 30 Rn. 45.
[89] Vgl. *Zimmermann* FPR 2009, 5.

begriffs. Als Beteiligte sind außerdem die Organe und gesetzlichen Vertreter nicht verfahrensfähiger Beteiligter zu vernehmen (vgl. § 455 Abs. 1 ZPO).

Die Beteiligtenvernehmung erfolgt entsprechend § 448 ZPO auf Grund **gerichtlicher Anordnung**; §§ 445, 447 ZPO finden keine Anwendung.[90] Der Beteiligte ist nach § 450 Abs. 1 S. 2 ZPO zu laden. Ergänzend kann nach § 33 sein persönliches Erscheinen angeordnet und erzwungen werden (vgl. § 33 Rn. 3 ff., 11 ff.). Der erschienene Beteiligte ist entsprechend einem Zeugen zu vernehmen (vgl. Rn. 21). Das Gericht kann die Beeidigung seiner Aussage nach § 452 ZPO anordnen; § 452 Abs. 3 ZPO gilt nicht.[91] Anders als bei einem Zeugen können Aussage und Eid eines Beteiligten nicht erzwungen werden. **Aussage- und Eidesverweigerung** kann das Gericht jedoch in entsprechender Anwendung der §§ 453 Abs. 2, 446 ZPO im Rahmen der Beweiswürdigung berücksichtigen (vgl. § 37 Rn. 11 f.). 34

2. Verfahren der Beweiserhebung. a) Beweisbeschluss. Der Verweis des Abs. 1 erfasst auch §§ 358–361 ZPO. Soweit die förmliche Beweisaufnahme ein besonderes Verfahren erfordert, dh. nicht unmittelbar in einem stattfindenden Termin erfolgen kann,[92] ist ein **Beweisbeschluss** erforderlich.[93] Dieser muss die beweisbedürftige Tatsache und das Beweismittel bezeichnen; § 359 Nr. 3 gilt nicht. Das Gericht kann den Beweisbeschluss nach § 360 ZPO jederzeit von Amts wegen ändern; ein Antragsrecht der Beteiligten besteht nicht. 35

b) Beweistermin. Die förmliche Beweisaufnahme findet grds. vor dem erkennenden Gericht statt (**subjektive Unmittelbarkeit** der Beweisaufnahme, vgl. § 355 Abs. 1 ZPO).[94] Ausnahmen sind nur in den gesetzlich normierten Fällen zulässig.[95] Erfolgt die Beweisaufnahme vor dem erkennenden Gericht, findet sie in einem **Termin** (vgl. § 32) statt (vgl. § 370 Abs. 1 ZPO). Aber auch unabhängig hiervon steht den Beteiligten im Rahmen der förmlichen Beweisaufnahme ein Recht zur Anwesenheit zu (vgl. § 357 Abs. 1 ZPO). 36

c) Protokollierung. Über den Beweistermin ist nach § 28 Abs. 4 ein **Vermerk** zu fertigen, welcher die wesentlichen Vorgänge des Termins berichtet (vgl. § 28 Rn. 30 f.).[96] Inhaltlich ist zumindest das Ergebnis der Beweisaufnahme iSv. § 29 Abs. 3 aufzunehmen (vgl. § 29 Rn. 26). Die Regelung des § 28 Abs. 4 verdrängt die über § 370 ZPO geltenden Vorschriften der §§ 159 ff. ZPO.[97] 37

d) Recht zur Stellungnahme (Abs. 4). Abs. 4 regelt die Verpflichtung des Gerichts, den Beteiligten Gelegenheit zur Stellungnahme zum Ergebnis einer förmlichen Beweiserhebung zu geben.[98] Die Vorschrift ergänzt § 28 Abs. 1 S. 2 (vgl. § 28 Rn. 16 ff.) und tritt an die Stelle des § 279 Abs. 3 ZPO, auf Grund dessen das Gericht im Zivilprozess verpflichtet ist, den Sach- und Streitstand mit den Parteien im Anschluss an eine Beweisaufnahme zu erörtern.[99] Im FamFG-Verfahren muss die **Erörterung** nicht zwingend im Rahmen eines Termins erfolgen. Vielmehr entscheidet das Gericht nach pflichtgemäßem, durch § 34 Abs. 1 Nr. 1 geleitetem Ermessen (vgl. § 34 Rn. 4 ff.), ob es das Beweisergebnis mit den Beteiligten im Rahmen eines Termins, persönlich-mündlich oder schriftlich erörtert. Soweit erforderlich, muss das Gericht den Beteiligten mitteilen, wie es das Ergebnis der Beweisaufnahme **vorläufig einschätzt**, um hierdurch eine Grundlage für die Stellungnahme der Beteiligten zu schaffen. Im Rahmen des § 28 Abs. 1 S. 1 sind die Beteiligten darauf hinzuweisen, inwieweit sich **weiterer Aufklärungsbedarf** ergibt (vgl. § 28 Rn. 13). Außerdem ist den Beteiligten ausreichende Gelegenheit zu geben, sich vor der gerichtlichen Entscheidungsfindung zur Beweisaufnahme und der Einschätzung sowie den Hinweisen des Gerichts zu äußern. Ohne ordnungsgemäße Gewährung rechtlichen Gehörs darf eine belastende Entscheidung nicht auf das betreffende Beweisergebnis gestützt werden (vgl. § 37 Abs. 2).[100] 38

---

[90] Vgl. BayObLG FGPrax 2003, 97, 98; *Bassenge/Roth* § 15 FGG Rn. 39.
[91] Vgl. für das FGG BayObLG NJW 1952, 789; OLG Stuttgart NJW 1952, 943; *Bassenge/Roth* § 15 FGG Rn. 41; aA BGH NJW 1954, 1127, 1127 f.; 1957, 1116; *Jansen/v. König* § 15 FGG Rn. 81; *Josef* § 15 FGG Nr. 6.
[92] Vgl. oben § 358 ZPO Rn. 2.
[93] AA für das FGG *Keidel/Kuntze/Winkler/Schmidt* § 15 FGG Rn. 8.
[94] Vgl. ausführlich *Weth* JuS 1991, 34, 34 f.
[95] *Weth* JuS 1991, 34, 35.
[96] *Kroiß/Seiler* § 2 Rn. 62.
[97] AA *Zimmermann* FamFG Rn. 77, 83.
[98] Amtl. Begr. FamFG (BT-Drucks. 16/6308) S. 190.
[99] Amtl. Begr. FamFG (BT-Drucks. 16/6308) S. 190.
[100] Amtl. Begr. FamFG (BT-Drucks. 16/6308) S. 190.

§ 31 Glaubhaftmachung

(1) Wer eine tatsächliche Behauptung glaubhaft zu machen hat, kann sich aller Beweismittel bedienen, auch zur Versicherung an Eides statt zugelassen werden.

(2) Eine Beweisaufnahme, die nicht sofort erfolgen kann, ist unstatthaft.

I. Allgemeines

1 **1. Normzweck.** Die Vorschrift folgt § 15 Abs. 2 FGG nach und entspricht § 294 ZPO.[1] Sie steht in sachlichem Zusammenhang mit §§ 29, 30. Mit der Glaubhaftmachung wird eine besondere Form der Beweisführung geregelt, welche im Vergleich zum Beweis insbesondere hinsichtlich des Grads richterlicher Überzeugung geringere (vgl. Rn. 9) und hinsichtlich der Verfügbarkeit des Erkenntnismittels teilweise strengere Anforderungen stellt (vgl. Rn. 8).[2]

2 **2. Anwendungsbereich.** Keine Anwendung findet § 31 in Ehesachen nach §§ 121 ff. und Familienstreitsachen nach § 112, für welche § 294 ZPO gilt (vgl. § 113 Abs. 1). Im Übrigen ist eine Glaubhaftmachung nur **ausreichend** und kann nur **gefordert** werden, wenn eine gesetzliche Regelung dies ausdrücklich vorschreibt. Soweit dies hinsichtlich einer Tatsache der Fall ist, gilt der Maßstab der Glaubhaftmachung zur Feststellung der betreffenden Tatsache grds. einheitlich für alle Beteiligten.[3] Gesetzliche Vorschriften, welche die Glaubhaftmachung vorsehen, lassen sich sowohl im Verfahrensrecht als auch im materiellen Recht finden. Auf ein einheitliches Grundprinzip lässt sich die Entscheidung des Gesetzgebers zwischen Glaubhaftmachung oder Beweis nicht zurückführen.[4] Eine Durchsicht der nachfolgenden Vorschriften (vgl. Rn. 3 f.) zeigt aber, dass eine Glaubhaftmachung insbesondere im Einstweiligen Rechtsschutz, im Aufgebotsverfahren sowie in Zwischenverfahren (dort vor allem im Zusammenhang mit der Prüfung von Fristen oder dem Vorliegen berechtigter Interessen) vorgesehen ist.[5] Hierdurch sollen die betroffenen gerichtlichen Entscheidungen beschleunigt werden.

3 Das **FamFG** schreibt die Glaubhaftmachung vor in: § 6 (iVm. § 44 Abs. 2 ZPO, Ablehnungsgesuch), § 13 Abs. 2 (Akteneinsicht), § 15 Abs. 2 (Widerlegung des Bekanntgabezeitpunkts), § 18 Abs. 3 S. 1 (Wiedereinsetzungsantrag), § 44 Abs. 2 S. 1 (Anhörungsrüge), § 51 Abs. 1 S. 2 (Einstweilige Anordnung), § 79 S. 1 (iVm. § 118 Abs. 2 S. 1 ZPO, Verfahrenskostenhilfe), § 85 (iVm. § 104 ZPO, Kostenfestsetzung), § 95 Abs. 3 (Vollstreckungsschutz), § 107 Abs. 4 (Anerkennung ausländischer Entscheidungen in Ehesachen), § 120 Abs. 2 S. 2 (Vollstreckungsschutz), § 155 Abs. 1 S. 5 (Terminsverlegung in Kindschaftssachen), § 357 Abs. 1 (Einsicht in Verfügung von Todeswegen), Abs. 2 (Erteilung einer Abschrift des Erbscheins), § 407 Abs. 1 S. 2 (Gründe für Fristverlängerung), §§ 444, 449, 450 Abs. 1, Abs. 2, 468 Nr. 2 (Aufgebotsverfahren), § 459 (Einsicht in Forderungsanmeldungen).

4 Das **materielle Recht** sieht die Glaubhaftmachung für den Geltungsbereich des § 31 u. a. in folgenden Vorschriften des **BGB** vor: § 1747 Abs. 1 (Annahme eines Kindes), § 1786 Abs. 1 Nr. 1 (Ablehnung der Übernahme der Vormundschaft), § 1953 Abs. 3 (Einsicht in die Ausschlagungserklärung), § 1994 Abs. 2 (Anordnung einer Inventarfrist), § 2010 (Einsicht in das Inventar), § 2081 Abs. 2 S. 2 (Einsicht in Anfechtungserklärung), § 2146 Abs. 2 (Einsicht in Anzeige der Nacherbfolge), § 2228 (Akteneinsicht bei Testamentsvollstreckung), § 2384 Abs. 2 (Einsicht in Anzeige des Erbschaftsverkaufs).

II. Verfahren der Glaubhaftmachung

5 **1. Gegenstand und Bedürftigkeit der Glaubhaftmachung.** Gegenstand der Glaubhaftmachung können nur Tatsachen sein (vgl. § 26 Rn. 7). Erforderlich ist eine Glaubhaftmachung nur insoweit, als das Gesetz sie vorsieht[6] und das Gericht sie in Ausübung **pflichtgemäßen Ermessens** für erforderlich hält (vgl. § 29 Rn. 5 ff.). Keiner Glaubhaftmachung bedürfen vermutete, offenkundige oder gerichtsbekannte Tatsachen (vgl. § 29 Rn. 6). Regelmäßig kann zudem von einer Glaubhaftmachung abgesehen werden, wenn eine Tatsache unter den Beteiligten unstreitig ist und das Gericht keinen Zweifel an ihrem Vorliegen hegt (vgl. § 29 Rn. 7). Bei der Ausübung seines Ermessens hat das Gericht maßgeblich zu berücksichtigen, inwieweit der Gesetzgeber bei Anordnung

---

[1] Vgl. dazu oben § 294 ZPO Rn. 1 f.
[2] Vgl. *Stein/Jonas/Leipold* § 294 ZPO Rn. 1.
[3] Vgl. BGH MDR 1983, 749; *Baumbach/Lauterbach/Hartmann* § 294 ZPO Rn. 3.
[4] Vgl. *Stein/Jonas/Leipold* § 294 ZPO Rn. 4; oben § 294 ZPO Rn. 4.
[5] Amtl. Begr. zum FamFG (BT-Drucks. 16/6308) S. 190.
[6] *Bassenge/Roth* § 15 FGG Rn. 43.

der Glaubhaftmachung deren Durchführung als Regelfall ansah. Insbesondere im Zusammenhang mit Umständen, die ausschließlich in der Sphäre eines Beteiligten liegen, wie zB die Umstände einer Fristversäumung (vgl. § 18 Abs. 3) oder die Umstände einer Kenntniserlangung (vgl. § 44 Abs. 3), ist die Glaubhaftmachung der gesetzliche Regelfall. Im Übrigen wird die Ermessensausübung davon bestimmt, inwieweit die Glaubhaftmachung zum Schutz anderer Beteiligter notwendig ist. Ergeht die gerichtliche Entscheidung, zB im Rahmen der §§ 49 ff., ohne vorherige Anhörung anderer Beteiligter, bedarf es regelmäßig der Glaubhaftmachung durch den Antragsteller.

2. Mittel der Glaubhaftmachung. a) Beweismittel. Zur Glaubhaftmachung sind alle Beweismittel des **Freibeweises** zugelassen.[7] Sie umfassen neben den Beweismitteln der ZPO (vgl. § 30 Rn. 20 ff.) alle anderen geeigneten Erkenntnismittel (vgl. § 29 Rn. 12), wie zB informelle Befragungen, telefonische oder schriftliche Stellungnahmen, Kopien von Urkunden oder die Beiziehung von Akten.[8] Sieht das Gesetz die Glaubhaftmachung vor, ist das Gericht deshalb abweichend von § 30 weder befugt noch verpflichtet, die Tatsachenfeststellung auf die nach **der Zivilprozessordnung** zulässigen Mittel zu beschränken, weil § 31 auf Grund seiner systematischen Stellung als Modifizierung der §§ 29, 30 erscheint und zur Beschleunigung die Tatsachenfeststellung vereinfachen will. Beschränkungen der Glaubhaftmachungsmittel ergeben sich aus Abs. 2 (vgl. Rn. 8) sowie im Einzelfall aus besonderen gesetzlichen Anordnungen (vgl. Rn. 7).

b) Versicherung an Eides statt. Zur Glaubhaftmachung geeignet ist ausdrücklich die Versicherung an Eides statt, soweit sie das Gesetz (§ 6 iVm. § 44 Abs. 2 ZPO) nicht im Einzelfall ausschließt. Unter einer Versicherung an Eides statt versteht man die für das Gericht bestimmte, mündliche oder schriftliche **Erklärung,** die sich auf Tatsachen, insbesondere eigene Handlungen und Wahrnehmungen, bezieht und durch einen Eid bekräftigt wird. Die Erklärung kann von einem Beteiligten oder einem außenstehenden Dritten abgegeben werden. Voraussetzung ist aber die Eidesfähigkeit des Erklärenden.[9] Da die Versicherung an Eides statt ihre Eignung zur Glaubhaftmachung daraus gewinnt, dass ihre vorsätzliche oder fahrlässige Abgabe strafbar ist (§§ 156, 163 Abs. 1 StGB),[10] ist erforderlich, **dass der Abgebende erkennen lässt, auf welche Tatsachen er seine Versicherung bezieht.**[11] Eine pauschale Versicherung, dass der in Bezug genommene, in einem Schriftsatz enthaltene Vortrag zutrifft, genügt diesem Erfordernis regelmäßig nicht.[12] Der Grund hierfür ist, dass Schriftsätze vielfach Unschärfen im Übergang zwischen Tatsachenvortrag und (rechtlicher) Bewertung enthalten.[13] Zudem ist zu beachten, dass die Versicherung, ein Dritter habe dem Versichernden eine bestimmte Tatsache geschildert, zur Glaubhaftmachung der geschilderten Tatsache selbst ungeeignet ist, weil der Versichernde erkennbar keine Gewähr für das Vorliegen der Tatsache übernehmen kann.[14]

3. Verfügbarkeit des Glaubhaftmachungsmittels. Da § 31 die Feststellung von Tatsachen erleichtern und hierdurch das Verfahren beschleunigen will, sieht Abs. 2 vor, dass im Rahmen der vorgeschriebenen Glaubhaftmachung nur solche Beweismittel verwendet werden dürfen, die sofort verfügbar sind. Eine Vertagung zur Einholung eines Beweises ist unzulässig. Nur die präsenten Erkenntnismittel fließen in die Entscheidung ein. Die Beteiligten trifft als Ausdruck ihrer **Mitwirkungslast** nach § 27 Abs. 1 die Obliegenheit, die Beweismittel herbeizuschaffen.[15] Das Gericht darf zwar erforderliche Beweismittel von Amts wegen herbeischaffen, ist hierzu aber trotz Geltung des Amtsermittlungsgrundsatzes nicht verpflichtet.[16] Ein unter Verstoß gegen Abs. 2 gewonnener Beweis bleibt verwertbar, weil und soweit der von der Vorschrift verfolgte Zweck durch eine Nichtberücksichtigung nicht mehr erreicht werden kann.[17]

---

[7] Amtl. Begr. zum FamFG (BT-Drucks. 16/6308) S. 190; vgl. *Bassenge/Roth* § 15 FGG Rn. 44; *Baumbach/Lauterbach/Hartmann* § 294 ZPO Rn. 6; *Jansen/v. König* § 15 FGG Rn. 85.
[8] Vgl. auch *Baumbach/Lauterbach/Hartmann* § 294 ZPO Rn. 6; *Stein/Jonas/Leipold* § 294 ZPO Rn. 14.
[9] Vgl. oben § 294 ZPO Rn. 18.
[10] Vgl. *Baumbach/Lauterbach/Hartmann* § 294 Rn. 7.
[11] Vgl. BGH NJW 1996, 1682; *Rosenberg/Schwab/Gottwald* § 109 Rn. 5.
[12] Vgl. BGH NJW 1988, 2045; NJW 1996, 1682; OLG Frankfurt FamRZ 1984, 312, 313; OLG Koblenz MDR 2005, 827.
[13] Vgl. oben § 294 ZPO Rn. 18.
[14] Vgl. KG JR 1953, 307, 307 f.
[15] Amtl. Begr. zum FamFG (BT-Drucks. 16/6308) S. 190.
[16] Vgl. BGH NJW 2003, 3558, 3558 f.
[17] Vgl. BGH FamRZ 1989, 373.

III. Glaubhaftmachungsergebnis

9 **1. Maß notwendiger Überzeugung.** Für die Glaubhaftmachung genügt im Vergleich zum Beweis ein geringeres Maß an richterlicher Überzeugung (vgl. § 37 Rn. 13).[18] Es ist nicht erforderlich, dass der Richter eine Überzeugung gewinnt, bei der keine vernünftigen Zweifel mehr bestehen.[19] Vielmehr ist ausreichend, dass das Vorliegen einer Tatsache objektiv **überwiegend wahrscheinlich** ist.[20] Es muss also mehr für das Vorliegen der Tatsache sprechen als gegen sie.[21] Kann das Gericht diese Überzeugung auf der Grundlage der präsenten Glaubhaftmachungsmittel noch nicht gewinnen, muss es die Beteiligten hierauf hinweisen, um diesen – unter Beachtung des Abs. 2 – eine ergänzende Glaubhaftmachung zu ermöglichen.[22]

10 **2. Würdigung und Begründung.** Der Richter ist nach § 37 Abs. 1 in der **Würdigung** der vorgebrachten Glaubhaftmachungsmittel ebenso **frei** wie in seiner Beweiswürdigung (vgl. § 37 Rn. 8 ff.).[23] Er muss dabei kritisch prüfen, welches Maß an Richtigkeitsgewähr er einem Glaubhaftmachungsmittel beimisst. Gegenüber eidesstattlichen Versicherungen ist insoweit generell Zurückhaltung geboten. Aus der Sicht eines Beteiligten handelt es sich regelmäßig um eine bloße Bekräftigung seines bisherigen Vortrags. Allerdings existiert kein Erfahrungssatz, dass der Versicherung eines Beteiligten generell die Richtigkeitsgewähr fehlt. Das Gegenteil belegt bereits § 31, indem er die Versicherung der Beteiligten zulässt. Gibt ein (unbeteiligter) Dritter eine Versicherung ab, besteht zwar tendenziell eine höhere Richtigkeitsgewähr. Zu bedenken ist aber, dass Dritte mitunter sorglos ihnen vorgelegte Erklärungen unterzeichnen. Eine nicht vorgefertigte, vom Versichernden selbst verfasste Erklärung ist daher in dieser Hinsicht der bloßen Übernahme eines vorgefertigten Textes vorzuziehen. Das Gericht muss die es jeweils leitenden Erwägungen in seiner Entscheidung **offen legen**,[24] weil die nach § 38 Abs. 3 S. 1 zu gebende Begründung ohne Rechtfertigung der zu Grunde gelegten Tatsachen unvollständig bliebe. Erst diese Begründung erlaubt den Beteiligten aber auch dem Rechtsmittelgericht eine Nachprüfung der Entscheidung in tatsächlicher Hinsicht (vgl. § 38 Rn. 14).

§ 32 Termin

(1) ¹Das Gericht kann die Sache mit den Beteiligten in einem Termin erörtern. ²Die §§ 219, 227 Abs. 1, 2 und 4 der Zivilprozessordnung gelten entsprechend.

(2) Zwischen der Ladung und dem Termin soll eine angemessene Frist liegen.

(3) In geeigneten Fällen soll das Gericht die Sache mit den Beteiligten im Wege der Bild- und Tonübertragung in entsprechender Anwendung des § 128a der Zivilprozessordnung erörtern.

I. Allgemeines

1 **1. Normzweck.** Im FamFG-Verfahren gilt nicht das **Mündlichkeitsprinzip** (vgl. Vor §§ 23 ff. Rn. 24). Das Gericht trifft seine Entscheidung auf der Grundlage des gesamten Verfahrensinhalts und nicht nur auf Grund des Inhalts einer mündlichen Verhandlung (vgl. § 37 Rn. 3). Dementsprechend ist ein mündlicher Erörterungstermin grds. nicht vorgeschrieben, was der Rechtslage des FGG entspricht. § 32 stellt jedoch in Abs. 1 S. 1 klar, dass das Gericht gleichwohl in jedem Verfahren nach pflichtgemäßem Ermessen berechtigt ist, die Angelegenheit mit den Beteiligten in einem mündlichen Termin zu erörtern.[1] Ein Erörterungstermin kann verschiedenen Zwecken dienen, welche sich im konkreten Fall durch den Austausch von Schriftsätzen ggf. nur eingeschränkt erreichen lassen. Zunächst bietet eine mündliche Erörterung die Gelegenheit, den Beteiligten effektiv und gleichzeitig **rechtliches Gehör** zu verschaffen. Außerdem kann sich das Gericht einen persönlichen Eindruck

---

[18] *Rosenberg/Schwab/Gottwald* § 109 Rn. 4.
[19] Vgl. für den Beweis BGH NJW 1970, 946, 948.
[20] BGH NJW 1998, 1870; NJW 1996, 1682; *Bassenge/Roth* § 15 FGG Rn. 44; *Jansen/v. König* § 15 FGG Rn. 83; *Rosenberg/Schwab/Gottwald* § 109 Rn. 4; *Stein/Jonas/Leipold* § 294 ZPO Rn. 7; oben § 294 ZPO Rn. 24.
[21] Vgl. oben § 294 ZPO Rn. 24.
[22] Vgl. BGH NJW 2000, 814; *Rosenberg/Schwab/Gottwald* § 109 Rn. 5.
[23] *Bassenge/Roth* § 15 FGG Rn. 44.
[24] Vgl. *Stein/Jonas/Leipold* § 294 ZPO Rn. 9.
[1] Amtl. Begr. FamFG (BT-Drucks. 16/6308) S. 191.

Termin   2–6 § 32

von den Beteiligten verschaffen und diese zum Zweck der **Sachverhaltsaufklärung** anhören. Zu diesem Zweck kann das Gericht sogar das persönliche Erscheinen der Beteiligten anordnen (vgl. § 33). Schließlich bietet eine mündliche Erörterung die Gelegenheit, mit den Beteiligten ausführlich die Möglichkeiten einer **nichtstreitigen Verfahrensbeendigung** zu erörtern (vgl. § 36 Rn. 4).

2. Anwendungsbereich. Keine Anwendung findet § 32 in **Ehesachen** nach §§ 121 ff. und **2 Familienstreitsachen** nach § 112 (vgl. § 113 Abs. 1 S. 1), in denen das Mündlichkeitsprinzip und § 128 ZPO gelten (vgl. § 113 Abs. 1 S. 2). Im Übrigen gilt § 32 grds. in allen FamFG-Verfahren. Er tritt allerdings im Einzelfall hinter **spezialgesetzliche Anordnungen** zurück. Vorrang gegenüber § 32 genießen zunächst Vorschriften, die, wie zB § 175 in Abstammungssachen, das Ermessen des Gerichts dahin binden, dass ein Erörterungstermin stattfinden soll (vgl. auch §§ 207, 221 Abs. 1, 390 Abs. 1). Unberührt von § 32 bleiben daneben Vorschriften, die eine Pflicht zur Durchführung einer mündlichen Verhandlung begründen (zB §§ 155 Abs. 2, 165 Abs. 2, § 15 Abs. 1 LwVG).[2] Schließlich ist als vorrangig zu beachten, dass das Gericht den Beteiligten bei Durchführung einer **förmlichen Beweisaufnahme** (vgl. § 30 Rn. 3 ff., 36) zu gestatten hat, der Beweisaufnahme beizuwohnen (vgl. § 357 Abs. 1 ZPO). Erfolgt die Beweisaufnahme vor dem Gericht, bei dem das Verfahren anhängig ist, muss sie in einem Termin stattfinden, der zugleich der Erörterung der Sache mit den Beteiligten dient (vgl. § 370 Abs. 1 ZPO).

II. Mündlicher Erörterungstermin (Abs. 1, 2)

1. Terminsbestimmung. a) Ermessen des Gerichts. Das Gericht entscheidet im Rahmen **3 pflichtgemäßen Ermessens,** ob es die Angelegenheit mit den Beteiligten in einem gemeinsamen Termin mündlich erörtert.[3] Im Grundsatz ist ein Erörterungstermin nicht zwingend vorgeschrieben (vgl. zu Ausnahmen Rn. 2). Er wird auch nicht dadurch erforderlich, dass § 34 eine persönliche Anhörung eines Beteiligten vorschreibt,[4] weil diese nicht zwingend unter gleichzeitiger Anwesenheit weiterer Beteiligter erfolgen muss. Der Gegenstand des Verfahrens, die Personen der Beteiligten, die Konzentration und Beschleunigung des Verfahrens oder andere verfahrensbezogene Umstände (vgl. Rn. 1) können einen mündlichen Erörterungstermin sachdienlich erscheinen lassen. Ist dies der Fall, reduziert sich das Ermessen des Gerichts und es darf von einem Erörterungstermin nur absehen, wenn ausreichende Gründe dies gebieten. Die Überlastung des Gerichts ist insoweit kein ausreichender Grund.

Durch Sondervorschriften wird das **Ermessen** des Gerichts teilweise **gebunden,** indem diese **4** einen Erörterungstermin als Regelfall ausdrücklich vorgeben (vgl. §§ 175, 207, 221 Abs. 1, 390 Abs. 1). In diesen Fällen darf das Gericht auf einen Erörterungstermin nur ausnahmsweise verzichten. Voraussetzung ist, dass die Annahme des Gesetzgebers, ein Erörterungstermin sei zur Erreichung des Verfahrenszwecks sachdienlich, im konkreten Fall nicht zutrifft. Soweit das Gesetz im Einzelfall eine mündliche Verhandlung oder einen Erörterungstermin zwingend vorschreibt (zB §§ 155 Abs. 2, 165 Abs. 2, § 15 Abs. 1 LwVG oder im Zusammenhang mit einer förmlichen Beweisaufnahme), kann das Gericht hiervon nicht absehen.

Selbst wenn das Gericht, insbesondere infolge einer Ermessensreduktion, verpflichtet ist, einen **5** Erörterungstermin zu veranstalten, können die Beteiligten dies nicht unmittelbar erzwingen. Findet ein Termin trotz bestehender Verpflichtung nicht statt, begründet dies allerdings einen **Verfahrensfehler.** Dieser kann ggf. im Rechtsmittelverfahren oder im Rahmen des § 44 geltend gemacht werden, soweit die Entscheidung darauf beruht.

b) Bestimmung des Termins. Soll eine mündliche Erörterung erfolgen, bestimmt das Gericht **6** den Termin durch eine entsprechende **Verfügung** von Amts wegen. Es entscheidet über den Terminsort, das Datum und die Terminsstunde. Hinsichtlich der Bestimmung des **Terminsorts** verweist S. 2 auf § 219 ZPO. Danach findet der Termin regelmäßig an der Gerichtsstelle statt, sofern nicht die Einnahme eines Augenscheins an Ort und Stelle, die Erörterung mit einer am Erscheinen vor dem Gericht verhinderten Person oder eine sonstige Handlung erforderlich ist, die an der Gerichtsstelle nicht vorgenommen werden kann. Die Veranstaltung von Terminen außerhalb der Gerichtsstelle ist in Verfahren der freiwilligen Gerichtsbarkeit von besonderer Bedeutung.[5] Kann zB ein Beteiligter auf Grund seiner körperlichen oder geistigen Verfassung nicht zu einem Termin im Gerichtsgebäude geladen werden, hört ihn das Gericht zur Aufklärung des Sachverhaltes an seinem

---

[2] Amtl. Begr. FamFG (BT-Drucks. 16/6308) S. 191.
[3] Amtl. Begr. FamFG (BT-Drucks. 16/6308) S. 191; *Schulte-Bunert* Rn. 164.
[4] Amtl. Begr. FamFG (BT-Drucks. 16/6308) S. 191.
[5] Amtl. Begr. FamFG (BT-Drucks. 16/6308) S. 191.

Aufenthaltsort oder an einem anderen Ort außerhalb des Gerichts an.[6] Zur Sachverhaltsaufklärung kann es zudem geboten sein, den Betroffenen in seiner üblichen Umgebung anzuhören.[7]

7   c) **Terminsverlegung.** Nach S. 2 gelten die Vorschriften über die Änderung eines Termins gemäß § 227 Abs. 1, 2 und 4 ZPO entsprechend. Danach kann aus **erheblichen Gründen** ein Termin aufgehoben oder verlegt werden.[8] Die vereinfachte Möglichkeit zur Verlegung eines Termins im Zeitraum vom 1. Juli bis 31. August gemäß § 227 Abs. 3 ZPO besteht insoweit allerdings nicht.

8   **2. Ladung (Abs. 2).** Die Beteiligten sind nach Abs. 2 zum Erörterungstermin zu laden. Die Ladung erfolgt grds. gegenüber den Beteiligten. Lässt sich ein Beteiligter von einem Bevollmächtigten vertreten, ist dieser zu laden.[9] Die Ladung muss inhaltlich erkennen lassen, dass das Gericht einen Erörterungstermin veranstalten will und dem Beteiligten ein Teilnahmerecht zusteht. Außerdem sind **Ort, Datum und Terminsstunde** anzugeben, um den Beteiligten eine Teilnahme zu ermöglichen. Die Ladung ist bekannt zu machen (vgl. § 15 Abs. 1). Das Gericht kann im Rahmen pflichtgemäßen Ermessens wählen, ob es die Ladung förmlich zustellt oder mit einfachem Brief übersendet. Aus Kostengründen ist die Ladung mit einfachem Brief der Regelfall. Zwischen Zugang der Ladung bei den Beteiligten und dem Termin soll eine angemessene Frist liegen. Dies soll den Beteiligten ermöglich, sich durch zumutbare Maßnahmen angemessen (organisatorisch und inhaltlich) auf den Termin vorzubereiten. Anders als in § 217 ZPO schreibt das Gesetz eine konkrete Mindestfrist nicht vor. Entscheidend sind Sinn und Zweck der Ladungsfrist; § 217 ZPO kann zur Orientierung herangezogen werden.[10] Im Regelfall sollte die Frist nicht kürzer als **drei Tage**[11] sein. Wurde sie zu kurz bestimmt, kann hierdurch Art. 103 Abs. 1 GG verletzt werden.

9   **3. Durchführung. a) Teilnahmerecht.** Die Beteiligten und ihre Bevollmächtigten dürfen gemeinsam oder allein am Erörterungstermin teilnehmen. Beiständen nach § 12 steht ein eigenständiges **Teilnahmerecht** jedoch nicht zu; sie dürfen nur gemeinsam mit dem unterstützten Beteiligten am Termin teilnehmen. Das Teilnahmerecht kann nach § 33 Abs. 1 S. 2 für die Dauer der Anhörung anderer Beteiligter beschränkt werden (vgl. § 33 Rn. 10). Eine Verpflichtung zur Teilnahme besteht grds. nicht, sondern nur bei gesonderter gerichtlicher Anordnung (vgl. § 33 Rn. 3 ff.).

10   **b) Ablauf.** Besondere Vorschriften über den Ablauf des Erörterungstermins enthält das FamFG nicht. Da das Verfahren generell geringeren Förmlichkeiten als der Zivilprozess unterliegt, kann auch nicht ohne weiteres auf §§ 136, 137 ZPO zurückgegriffen werden. Soweit der Gesetzgeber in § 136 ZPO jedoch aus der Natur eines gerichtlichen Verfahrens folgende Vorgaben normiert hat, sind diese zu beachten. Danach obliegt die Leitung des Erörterungstermins dem Gericht, bei Kollegialgerichten dem Vorsitzenden. Im Rahmen seiner **Verfahrensleitung** eröffnet das Gericht den Termin, bestimmt den Gegenstand der Erörterung und erteilt bzw. entzieht das Wort. Eine mündliche **Antragstellung** ist nicht erforderlich, weil das Mündlichkeitsprinzip nicht gilt. Gleichwohl können die Beteiligten im Erörterungstermin Anträge stellen und ändern. Im Übrigen steht es im Ermessen des Gerichts, inwieweit es verfahrensleitende Maßnahmen nach § 28 Abs. 1, 2 ergreift (vgl. § 28 Rn. 12 ff.), mit den Beteiligten ein **Rechtsgespräch** führt oder **Sachaufklärung** betreibt. In jeder Lage des Verfahrens soll grds. auf eine **gütliche Einigung** hingewirkt werden (vgl. § 36 Abs. 1 S. 2). Die wesentlichen Vorgänge des Termins sind in einen Vermerk aufzunehmen (vgl. § 28 Rn. 28 ff.).

III. Erörterung im Wege der Bild- und Tonübertragung (Abs. 3)

11   Nach Abs. 3 werden die gerichtlichen Möglichkeiten erweitert, die Angelegenheit mit den Beteiligten zu erörtern und diese anzuhören. Im Rahmen einer förmlichen Beweisaufnahme ist der Einsatz von Videotechnik nach § 128a Abs. 2 ZPO bereits durch die umfassende Bezugnahme in § 30 Abs. 1 zulässig.[12] Grundvoraussetzung für die Erörterung oder Anhörung per Videokonferenz ist, dass eine entsprechende **technische Ausstattung** zur Verfügung steht.[13] Ein Anspruch, dass das Gericht mit entsprechenden technischen Möglichkeiten ausgestattet wird, kann aus der Regelung nicht hergeleitet werden.[14] Wie in § 128a Abs. 1 ZPO ist eine Videokonferenz im Rahmen des § 32

---

[6] Amtl. Begr. FamFG (BT-Drucks. 16/6308) S. 191.
[7] Amtl. Begr. FamFG (BT-Drucks. 16/6308) S. 191.
[8] Vgl. oben § 227 ZPO.
[9] Amtl. Begr. FamFG (BT-Drucks. 16/6308) S. 191.
[10] *Schulte-Bunert* Rn. 165.
[11] *Baumbach/Lauterbach/Hartmann* § 32 Rn. 2; *Schulte-Bunert* Rn. 165.
[12] Amtl. Begr. FamFG (BT-Drucks. 16/9733) S. 288.
[13] Amtl. Begr. FamFG (BT-Drucks. 16/9733) S. 288.
[14] Amtl. Begr. FamFG (BT-Drucks. 16/9733) S. 288.

nur zulässig, wenn die Beteiligten dem zustimmen.[15] Entsprechend § 128a Abs. 3 ZPO wird die Übertragung des Erörterungstermins nicht aufgezeichnet.[16]

Sind die technischen Grundvoraussetzungen gegeben, steht es im pflichtgemäßen Ermessen des Gerichts, ob nach Abs. 3 verfahren wird. Dieses **Ermessen** besteht in zweifacher Hinsicht. Zunächst ist im gleichen Umfang wie nach Abs. 1 darüber zu befinden, ob überhaupt eine nichtschriftliche Erörterung sachdienlich ist. Erscheint eine mündliche Erörterung sachdienlich, soll sie erfolgen, soweit keine Gründe entgegenstehen (vgl. Rn. 3). Hierbei gewinnt die Möglichkeit zur Erörterung per Videokonferenz insoweit Bedeutung, als die einen mündlichen Erörterungstermin nach Abs. 1 ausschließenden Gründe (zB große Entfernung zwischen Beteiligten und dem Gericht) eine Erörterung nach Abs. 3 nicht im gleichen Maße ausschließen. Hat sich das Gericht danach zu einer nichtschriftlichen Erörterung entschlossen (Ob), entscheidet es nach pflichtgemäßem Ermessen zudem darüber, ob ein Erörterungstermin nach Abs. 1 oder eine Videokonferenz nach Abs. 3 stattfinden soll (Wie). Hierbei lässt sich das Gericht davon leiten, auf welchem Weg der Zweck der Erörterung oder Anhörung besser (effektiver und verfahrensökonomischer) erreicht werden kann.[17]

§ 33 Persönliches Erscheinen der Beteiligten

(1) ¹Das Gericht kann das persönliche Erscheinen eines Beteiligten zu einem Termin anordnen und ihn anhören, wenn dies zur Aufklärung des Sachverhalts sachdienlich erscheint. ²Sind in einem Verfahren mehrere Beteiligte persönlich anzuhören, hat die Anhörung eines Beteiligten in Abwesenheit der anderen Beteiligten stattzufinden, falls dies zum Schutz des anzuhörenden Beteiligten oder aus anderen Gründen erforderlich ist.

(2) ¹Der verfahrensfähige Beteiligte ist selbst zu laden, auch wenn er einen Bevollmächtigten hat; dieser ist von der Ladung zu benachrichtigen. ²Das Gericht soll die Zustellung der Ladung anordnen, wenn das Erscheinen eines Beteiligten ungewiss ist.

(3) ¹Bleibt der ordnungsgemäß geladene Beteiligte unentschuldigt im Termin aus, kann gegen ihn durch Beschluss ein Ordnungsgeld verhängt werden. ²Die Festsetzung des Ordnungsgeldes kann wiederholt werden. ³Im Fall des wiederholten, unentschuldigten Ausbleibens kann die Vorführung des Beteiligten angeordnet werden. ⁴Erfolgt eine genügende Entschuldigung nachträglich und macht der Beteiligte glaubhaft, dass ihn an der Verspätung der Entschuldigung kein Verschulden trifft, werden die nach den Sätzen 1 bis 3 getroffenen Anordnungen aufgehoben. ⁵Der Beschluss, durch den ein Ordnungsmittel verhängt wird, ist mit der sofortigen Beschwerde in entsprechender Anwendung der §§ 567 bis 572 der Zivilprozessordnung anfechtbar.

(4) Der Beteiligte ist auf die Folgen seines Ausbleibens in der Ladung hinzuweisen.

I. Allgemeines

1. Normzweck. Das FGG enthielt keine Vorschrift, welche ausdrücklich die Anordnung und Erzwingung des persönlichen Erscheinens regelt. Die hM leitete eine Anordnungsbefugnis aus § 12 FGG[1] oder aus § 13 S. 2 FGG[2] her, der für eine entsprechende Befugnis vorauszusetzen. Umstritten war die Erzwingbarkeit des Erscheinens über § 33 FGG.[3] Klarheit schafft nunmehr § 33,[4] in dem er eine positive Regelung schafft, welche sich in weiten Teilen an den entsprechenden Vorschriften anderer Verfahrensordnungen (§ 80 FGO, § 111 SGG, § 95 VwGO, § 141 ZPO) orientiert. Die Anordnung des persönlichen Erscheinens dient der **Sachaufklärung**,[5] dh. der Ermittlung der materiellen Wahrheit. Die Anwesenheit der Beteiligten in Person kann zudem der Erzielung einer gütlichen Einigung sowie der Gewährung rechtlichen Gehörs dienlich sein. Ausschließlich zu diesen Zwecken kann das persönliche Erscheinen jedoch nicht angeordnet werden.[6]

---

[15] Amtl. Begr. FamFG (BT-Drucks. 16/9733) S. 289; vgl. oben § 128a ZPO Rn. 2.
[16] Amtl. Begr. FamFG (BT-Drucks. 16/9733) S. 289; vgl. oben § 128a ZPO Rn. 8.
[17] Vgl. oben § 128a ZPO Rn. 4.
[1] OLG Bremen FamRZ 1989, 306; *Keidel/Kuntze/Winkler/Schmidt* § 12 FGG Rn. 191.
[2] OLGR Karlsruhe 2008, 726, 727.
[3] Vgl. OLG Bremen FamRZ 1989, 306; *Jansen/Briesemeister* § 12 FGG Rn. 95 ff.; *Keidel/Kuntze/Winkler/Schmidt* § 12 FGG Rn. 191.
[4] *Schulte-Bunert* Rn. 167.
[5] Amtl. Begr. FamFG (BT-Drucks. 16/6308) S. 191.
[6] OLGR Karlsruhe 2008, 726, 727.

2. Anwendungsbereich. Keine Anwendung findet § 33 in **Ehesachen** nach §§ 121 ff., für welche § 128 gilt, sowie in **Familienstreitsachen** nach § 112 (vgl. § 113 Abs. 1 S. 1), in denen § 141 ZPO zur Anwendung kommt (vgl. § 113 Abs. 1 S. 2). Im Übrigen gilt § 33 grds. in allen FamFG-Verfahren als Auffangvorschrift und greift ein, sofern dem Gericht nicht durch vorrangige Spezialregelungen eine Pflicht zur Anhörung eines Beteiligten im Interesse der Sachverhaltsaufklärung auferlegt.[7] Entsprechende Anhörungspflichten begründen §§ 159 Abs. 1, 160 für Eltern und Kind in Personensorgeverfahren und §§ 278 Abs. 1, 319 Abs. 1 in Betreuungs- und Unterbringungssachen.[8]

II. Anordnung des persönlichen Erscheinens (Abs. 1, 2)

1. Voraussetzungen und Anordnung (Abs. 1 S. 1). Die Anordnung des persönlichen Erscheinens ist zulässig, soweit sie zur **Sachverhaltsaufklärung** erforderlich und förderlich ist. Es ist unschädlich, wenn dieser Zweck nur untergeordnet verfolgt wird. Eine Anordnung scheidet jedoch aus, wenn das Verfahren in tatsächlicher Hinsicht entscheidungsreif ist.[9] Unzulässig ist die Anordnung außerdem, soweit sie ausschließlich zu anderen Zwecken (Gewährung rechtlichen Gehörs, Erzielung einer Einigung) erfolgt.[10] Inwieweit die Aufklärung des Sachverhalts (noch) erforderlich und die persönliche Anhörung zu diesem Zweck sachdienlich ist, obliegt der Beurteilung durch das Gericht, welche nur darauf überprüfbar ist, ob das Gericht die Grenzen seiner Entscheidung verkannt hat. Die Anordnung wird nicht zwingend dadurch ausgeschlossen, dass ein Beteiligter im Vorfeld erklärt, er werde jede Äußerung verweigern, weil nicht auszuschließen ist, dass der Beteiligte durch persönliche Einflussnahme im Termin seine Einstellung ändert. Liegen die Voraussetzungen vor, entscheidet das Gericht nach **pflichtgemäßem Ermessen,** ob es das persönliche Erscheinen eines oder mehrerer Beteiligter anordnet. Durch Sondervorschriften kann das gerichtliche Ermessen gebunden oder gar zu einer Verpflichtung verdichtet werden (vgl. Rn. 2). Das Gericht trifft seine unanfechtbare Anordnung durch **einfache Verfügung** oder in Form eines Beschlusses (nicht iSv. § 38 Abs. 1).

2. Ladung (Abs. 2). a) Inhalt. Die Anordnung des persönlichen Erscheinens wird gegenüber dem Beteiligten wirksam durch dessen Ladung nach Abs. 2. Diese kann zwar mit der **Ladung nach § 32** tatsächlich verbunden werden, ist rechtlich jedoch von dieser zu unterscheiden. Aus der Ladung nach Abs. 2 muss sich ergeben, dass das Gericht das persönliche Erscheinen angeordnet hat. Außerdem muss der Beteiligte der Ladung entnehmen können, zu welchem **Termin (Datum, Zeit, Ort)** er erscheinen soll. Schließlich muss der Beteiligte in der Ladung auf die Folgen seines Ausbleibens hingewiesen werden **(Abs. 4).** Er ist darüber zu belehren, dass das Gericht ggf. auch ohne sein Erscheinen eine Entscheidung treffen kann (vgl. § 34 Rn. 20) und im Falle unentschuldigten Ausbleibens gegen ihn ein Ordnungsgeld verhängt werden kann. Ist der Beteiligte bereits zuvor unentschuldigt ausgeblieben, ist er zudem darauf hinzuweisen, dass seine Vorführung angeordnet werden kann, wenn er wiederholt unentschuldigt ausbleibt.

b) Zustellung (Abs. 2 S. 2). Die Ladung zur persönlichen Anhörung ist an den Beteiligten, der erscheinen soll, **persönlich** zu richten, soweit dieser verfahrensfähig ist (vgl. § 9 Rn. 3 ff.). Dies gilt, anders als für die Ladung nach § 32,[11] auch dann, wenn der Beteiligte einen Bevollmächtigten bestellt hat. Hierdurch wird das Risiko einer unterlassenen Weiterleitung und damit ein entsprechender Entschuldigungsgrund (vgl. Rn. 11) ausgeschlossen. Gegenüber **nicht verfahrensfähigen** Beteiligten ist die Ladung an ihre gesetzlichen Vertreter (vgl. § 9 Abs. 2) und nicht an den Bevollmächtigten (vgl. § 10) zu richten.

Die Ladung ist dem Adressaten bekannt zu geben (vgl. § 15 Abs. 1). Dies kann im Rahmen pflichtgemäßen Ermessens durch förmliche Zustellung oder durch Aufgabe eines Briefs zur Post erfolgen (vgl. § 15 Rn. 17 f.). Die formlose Bekanntgabe ist aus Kostengründen der Regelfall.[12] Abweichend hiervon soll nach Abs. 2 S. 2 der Beteiligte förmlich geladen werden, wenn sein **Erscheinen ungewiss** ist, dh. objektiv begründete Zweifel an seinem Erscheinen bestehen. Derartige Zweifel können sich insbesondere aus dem Anlass des Verfahrens oder dem bisherigen Verhalten des Beteiligten ergeben.[13] Ist Gegenstand des Verfahrens das Einschreiten gegen einen Beteiligten, ist dessen Erscheinen eher ungewiss als das eines Antragstellers, der eine Leistung für sich beansprucht.

---

[7] Amtl. Begr. FamFG (BT-Drucks. 16/6308) S. 191; *Schulte-Bunert* Rn. 167.
[8] Amtl. Begr. FamFG (BT-Drucks. 16/6308) S. 191; *Schulte-Bunert* Rn. 167.
[9] OLGR Karlsruhe 2008, 726, 727.
[10] Vgl. OLGR Karlsruhe 2008, 726, 727; *Zimmermann* FamFG Rn. 89.
[11] Vgl. Amtl. Begr. FamFG (BT-Drucks. 16/6308) S. 191.
[12] *Schulte-Bunert* Rn. 168.
[13] Vgl. *Schulte-Bunert* Rn. 168.

Ist ein Beteiligter in der Vergangenheit bereits zu einem Termin unentschuldigt nicht erschienen oder sind formlose Ladungen in der Vergangenheit auf dem Postweg verloren gegangen, sollte im Regelfall die förmliche Zustellung gewählt werden.

c) Benachrichtigung des Bevollmächtigten. Hat der geladene Beteiligte gegenüber dem Gericht einen Bevollmächtigten bestellt, ist dieser von der Anordnung des persönlichen Erscheinens zu unterrichten. Eine besondere Form ist hierfür nicht vorgeschrieben. Denkbar sind insbesondere ein Vermerk auf der an den Bevollmächtigten übersandten Ladung zum Termin, die Übersendung einer Abschrift der gerichtlichen Verfügung (vgl. Rn. 3) oder der Ladung des Beteiligten sowie eine telefonische Unterrichtung.[14] **Unterbleibt die Unterrichtung** des Bevollmächtigten, lässt dies die Wirksamkeit der Ladung unberührt. Es werden jedoch die Verfahrensrechte des Beteiligten verletzt, was ggf. zu einer Wiederholung der Anhörung zwingt.

3. Pflichten der Beteiligten. a) Inhalt. Die wirksame Anordnung begründet eine **verfahrensrechtliche Pflicht** des Beteiligten zum Erscheinen, welche über Ordnungsmittel erzwungen werden kann (vgl. Rn. 11 ff.). Im Unterschied zu § 141 Abs. 3 S. 2 ZPO kann die Pflicht nicht durch Entsendung eines Vertreters erfüllt werden. Aus der Pflicht zum Erscheinen folgt allerdings **keine Erklärungspflicht** des Beteiligten.[15] Vielmehr greift insoweit lediglich die Mitwirkungslast nach § 27 Abs. 1 ein. Danach kann eine unzureichende Mitwirkung eines Beteiligten, zB durch Verweigerung einer vom Gericht gewünschten Erklärung, Nachteile im Hinblick auf den Inhalt der gerichtlichen Entscheidung nach sich ziehen (vgl. § 27 Rn. 8 ff.). Nur in Einzelfällen kann das Gericht über das Erscheinen hinaus eine Mitwirkung über § 35 erzwingen (vgl. § 27 Rn. 7, § 35 Rn. 4 ff.).

b) Entbindung. Ein Beteiligter kann beantragen, dass das Gericht die Anordnung seines persönlichen Erscheinens aufhebt. Die Entscheidung hierüber steht im gleichen Umfang im **Ermessen des Gerichts** wie die Anordnung selbst (vgl. Rn. 3). Wie diese ist die Ablehnung der Anordnung nicht beschwerdefähig (vgl. Rn. 3). Die Anordnung ist aufzuheben, wenn bereits im Vorfeld erkennbar wird, dass der Beteiligte entschuldigt nicht erscheinen wird (zB kollidierender Gerichtstermin in anderer Sache, unaufschiebbarer Krankenhausaufenthalt) oder der Sachverhaltsaufklärung nicht dienlich sein kann. Der Umstand, dass zweifelhaft ist, ob ein Beteiligter zur Sachverhaltsaufklärung beitragen kann, rechtfertigt eine Aufhebung der Anordnung ebenso wenig wie die Ankündigung des Beteiligten, keine Erklärungen abgeben zu wollen.

4. Anhörung (Abs. 1 S. 2). Ziel des persönlichen Erscheinens eines Beteiligten ist die Sachverhaltsaufklärung, welche regelmäßig durch **Anhörung des Beteiligten** erfolgt. In Ausnahmefällen kommt aber auch eine Inaugenscheinnahme in Betracht. Die Anhörung erfolgt im Rahmen eines Termins nach § 32 durch Befragung durch das Gericht. Die wesentlichen Vorgänge und Inhalte der Anhörung sind in einen Vermerk aufzunehmen (vgl. § 28 Abs. 4), um den Beteiligten im Anschluss eine Auseinandersetzung mit dem Ergebnis der Anhörung zu ermöglichen. Den Beteiligten steht auf Grund der Beteiligtenöffentlichkeit (vgl. Vor §§ 23 ff. Rn. 28) ein Teilnahmerecht im Termin zu. Dieses Recht wird durch Abs. 1 S. 2 eingeschränkt. Soweit dies zum **Schutz eines Beteiligten** oder aus **anderen Gründen** erforderlich ist, sind Beteiligte in Abwesenheit der übrigen Beteiligten anzuhören. Die für den Ausschluss anderer Beteiligter sprechenden Gründe müssen so gewichtig sein, dass sie die mit der Abwesenheit verbundene Einschränkung ihrer Verfahrensrechte (insbesondere Anspruch auf rechtliches Gehör) aufwiegen. Gründe für eine getrennte Anhörung können zB sein der Persönlichkeitsschutz, der Schutz von Geschäftsgeheimnissen oder die Befürchtung, dass ein Beteiligter in Anwesenheit anderer Beteiligter nicht die Wahrheit sagen wird (vgl. § 247 StPO). Getrennte Anhörungen kommen danach insbesondere in den Fällen der §§ 155 und 165 sowie in Betreuungs- und Unterbringungsverfahren in Betracht.[16] Der **Ausschluss des Teilnahmerechts** ist auf das erforderliche Maß beschränkt. Dementsprechend sind nur diejenigen Beteiligten ausgeschlossen, gegenüber denen der Ausschlussgrund besteht. Bevollmächtigte und Beistände können nicht nach Abs. 1 S. 2 ausgeschlossen werden.[17] In zeitlicher Hinsicht kann die Abwesenheit anderer Beteiligter auf einzelne Abschnitte der Anhörung zu beschränken sein. Im Anschluss sind die nicht teilnehmenden Beteiligten unverzüglich zuzulassen und über die erfolgte Anhörung zu unterrichten, um ihren Anspruch auf rechtliches Gehör nicht zu verletzen.

---

[14] Vgl. Stellungnahme des BR zum Gesetzentwurf (BR-Drucks. 309/07) S. 17; *Schulte-Bunert* Rn. 168.
[15] Vgl. *Jansen/v. König* § 33 FGG Rn. 30.
[16] Amtl. Begr. FamFG (BT-Drucks. 16/9733) S. 289.
[17] Amtl. Begr. FamFG (BT-Drucks. 16/9733) S. 289.

III. Ordnungsmittel und Vorführung (Abs. 3)

11 **1. Ordnungsgeld.** Bleibt ein ordnungsgemäß geladener Beteiligter im Termin unentschuldigt aus, kann gegen ihn Ordnungsgeld verhängt werden. Die **Ladung** ist **ordnungsgemäß**, wenn sie den notwendigen Inhalt einschließlich der Belehrung über die Folgen des Nichterscheinens enthält (vgl. Rn. 4) und dem Beteiligten bekannt gegeben wurde. Außerdem muss der Beteiligte unentschuldigt nicht zum Termin erschienen sein. Dies ist der Fall, wenn ihm sein Nichterscheinen subjektiv **vorwerfbar** ist oder er schuldhaft einen bestehenden **Entschuldigungsgrund** dem Gericht **nicht** ausreichend vor dem Termin **mitgeteilt** hat.[18] Das Verschulden seines Bevollmächtigten ist ihm nicht zuzurechnen.[19] Das Ausbleiben ist zB ausreichend entschuldigt, wenn der Beteiligte erkrankt, ihm die Ladung nicht bekannt oder die Ladungsfrist zu kurz bemessen war.[20] Eine bestimmte Ladungsfrist schreibt das Gesetz zwar nicht vor, dem Beteiligten muss aber ausreichend Zeit bleiben, sich auf sein Erscheinen einzurichten.

12 Liegen die Voraussetzungen vor, kann das Gericht durch Beschluss nach pflichtgemäßem Ermessen ein **Ordnungsgeld** verhängen.[21] Dies ist auch wiederholt möglich. Ermessensleitlinien sind die Beeinträchtigung des Zwecks der Ladung (rasche Klärung des Sachverhalts) durch das Nichterscheinen des Beteiligten sowie der Grad des Verschuldens.[22] Das Ordnungsgeld kann für jeden Verstoß von 5 Euro bis zu 1.000 Euro betragen (vgl. Art. 6 Abs. 1 S. 1 EGStGB). Ordnungshaft kann nicht, auch nicht ersatzweise, verhängt werden.

13 **2. Vorführung.** Bleibt ein Beteiligter wiederholt unentschuldigt aus (vgl. Rn. 11), kann das Gericht ihn vorführen lassen. Die Anordnung erfolgt wie die Festsetzung des Ordnungsgelds durch Beschluss. **Wiederholtes Ausbleiben** liegt vor, wenn ein Beteiligter im gleichen Verfahren bereits zuvor unentschuldigt ausgeblieben ist. Soll ein Beteiligter wiederholt angehört werden, liegt ein wiederholtes Ausbleiben auch vor, wenn er zwischen erstem und erneutem Ausbleiben zu einem Termin erschienen ist. Keine Voraussetzung für die Anordnung der Vorführung ist, dass in den vorherigen Fällen seines unentschuldigten Ausbleibens Ordnungsgeld verhängt oder dessen **Beitreibung** bereits versucht worden ist.[23]

14 **3. Aufhebung und Anfechtung (S. 4, 5).** Die Anordnung eines Ordnungsgelds oder der Vorführung ist nach S. 4 **aufzuheben,** wenn der Beteiligte nachträglich, dh. nach dem versäumten Termin, gegenüber dem Gericht eine ausreichende Entschuldigung vorbringt und glaubhaft macht (vgl. § 31), dass ihm eine frühere Mitteilung des Entschuldigungsgrunds nicht zumutbar oder möglich war. Außerdem ist der Beschluss, der ein Ordnungsgeld festsetzt oder eine Vorführung anordnet, mit der **sofortigen Beschwerde** nach §§ 567–572 ZPO anfechtbar. Der Beschluss, der Ordnungsgeld verhängt oder die Vorführung anordnet, hat über die Anfechtungsmöglichkeit zu belehren (vgl. § 39 Rn. 2).

§ 34 Persönliche Anhörung

(1) Das Gericht hat einen Beteiligten persönlich anzuhören,
1. wenn dies zur Gewährleistung des rechtlichen Gehörs des Beteiligten erforderlich ist oder
2. wenn dies in diesem oder in einem anderen Gesetz vorgeschrieben ist.

(2) Die persönliche Anhörung eines Beteiligten kann unterbleiben, wenn hiervon erhebliche Nachteile für seine Gesundheit zu besorgen sind oder der Beteiligte offensichtlich nicht in der Lage ist, seinen Willen kundzutun.

(3) ¹Bleibt der Beteiligte im anberaumten Anhörungstermin unentschuldigt aus, kann das Verfahren ohne seine persönliche Anhörung beendet werden. ²Der Beteiligte ist auf die Folgen seines Ausbleibens hinzuweisen.

Schrifttum: *Jansen,* Wandlungen im Verfahren der freiwilligen Gerichtsbarkeit, 1964; *Keidel,* Der Grundsatz des rechtlichen Gehörs im Verfahren der freiwilligen Gerichtsbarkeit, 1964; *Lindacher,* Verfahrensgrundsätze in der Freiwilligen Gerichtsbarkeit, JuS 1978, 577; *Schleicher,* Rechtliches Gehör und (persönlich-)mündliche Anhörung

---

[18] Amtl. Begr. FamFG (BT-Drucks. 16/6308) S. 191.
[19] Vgl. oben § 141 ZPO Rn. 26.
[20] Vgl. LG Mönchengladbach NJW-RR 1997, 764, 765.
[21] Amtl. Begr. FamFG (BT-Drucks. 16/6308) S. 191; vgl. *Stein/Jonas/Leipold* § 141 ZPO Rn. 53 ff.
[22] Vgl. OLG München MDR 1978, 147; *Stein/Jonas/Leipold* § 141 ZPO Rn. 53 ff.
[23] Vgl. oben § 380 Rn. 10.

Persönliche Anhörung   1–6 § 34

in familienrechtlichen Angelegenheiten und im Freiheitsentziehungsverfahren der Freiwilligen Gerichtsbarkeit, 1988; *Zimmermann,* Die freie Gestaltung des Verfahrens der freiwilligen Gerichtsbarkeit, RPfleger 1967, 329.

I. Allgemeines

1. Normzweck. Die Vorschrift regelt im Interesse der Beteiligten die Grundzüge der persönlichen Anhörung eines Beteiligten. Diese dient der **Gewährung rechtlichen Gehörs** (vgl. Abs. 1 Nr. 1),[1] ist hierauf jedoch nicht beschränkt. Vielmehr erfasst Abs. 1 Nr. 2 alle Fälle, in denen das Gesetz eine persönliche Anordnung vorsieht, unabhängig davon, zu welchem Zweck das Gesetz die persönliche Anhörung vorschreibt. Erfasst werden daher auch Fälle, in denen die persönliche Anhörung ausschließlich oder zusätzlich anderen Zwecken, wie zB der **Sachverhaltsaufklärung,** dient.[2] Dies betrifft zB § 278 Abs. 1, für das Anhörungserfordernis sowohl zur Gewährung rechtlichen Gehörs als auch zur Sachverhaltsermittlung vorsieht (vgl. § 278 Rn. 1, 7). Soweit die persönliche Anhörung zur Sachverhaltserforschung erforderlich ist, wirken § 34 und § 33 zusammen.[3] Durch § 34 Abs. 1 Nr. 2 wird § 26 bekräftigt und das Gericht verpflichtet, die Beteiligten anzuhören. § 33 kommt ergänzend die Funktion zu, für das Gericht eine Eingriffsbefugnis gegenüber den Beteiligten zu begründen. 1

Die **Gesetzesbegründung** selbst äußert sich zum Zweck der persönlichen Anhörung **widersprüchlich.** Einerseits führt sie sowohl einleitend als auch im Zusammenhang mit Abs. 1 Nr. 2 aus, dass lediglich die Anhörung zur Gewährung rechtlichen Gehörs erfasst wird.[4] Dem entspricht es, wenn im Zusammenhang mit Abs. 3 ausgeführt wird, die Anhörung diene ausschließlich den Interessen des anzuhörenden Beteiligten.[5] Andererseits weist der Gesetzgeber im Zusammenhang mit dem Ort der Anhörung und dem Kreis der Teilnehmer zutreffend darauf hin, dass die Anhörung auch der Sachverhaltsaufklärung dient.[6] Da der Wortlaut der Vorschrift keinen Anhaltspunkt dafür liefert, dass Abs. 1 Nr. 2 lediglich die Anhörung zur Gewährung rechtlichen Gehörs erfasst, ist die Regelung hierauf nicht beschränkt. Allerdings bedarf in der Folge Abs. 3 S. 1 einer teleologischen Reduktion (vgl. Rn. 20 f.). 2

2. Anwendungsbereich. Keine Anwendung findet § 34 in **Ehesachen** nach §§ 121 ff., für welche § 128 gilt, sowie in **Familienstreitsachen** nach § 112 (vgl. § 113 Abs. 1 S. 1), in denen es bei Art. 103 Abs. 1 GG sowie §§ 139, 445 ff. ZPO verbleibt (vgl. § 113 Abs. 1 S. 2). Im Übrigen gilt § 34 in allen FamFG-Verfahren. 3

II. Persönliche Anhörung (Abs. 1)

1. Anhörungspflicht. a) Allgemeines. Abs. 1 begründet für das Gericht die Pflicht, die Beteiligten persönlich (vgl. Rn. 9) anzuhören. Dagegen begründet Abs. 1 keine Pflichten für die Beteiligten.[7] Deren Erscheinens- oder konkrete Mitwirkungspflichten können sich aber aus anderen Vorschriften (zB § 33) ergeben. Liegen die Voraussetzungen nach Abs. 1 vor, muss das Gericht den Beteiligten persönlich anhören, soweit dies nicht nach Abs. 2 entbehrlich ist (vgl. Rn. 13 ff.). **Ermessen** besteht für das Gericht nicht, sofern nicht die von Abs. 1 Nr. 2 in Bezug genommene Vorschrift (vgl. zB § 298 Abs. 1 S. 2, Abs. 2) ihrerseits Ermessen einräumt. Das Gericht ist jedoch berechtigt, die Beteiligten über die Pflicht nach Abs. 1 hinaus persönlich anzuhören. Unterlässt das Gericht eine obligatorische Anhörung, begründet dies einen **Verfahrensmangel.** Soweit die verletzte Anhörungspflicht der Sachverhaltsaufklärung dient, kann dies für § 69 Abs. 1 S. 3 relevant werden. Eine Verletzung des rechtlichen Gehörs gewinnt uU im Rahmen des § 44 eigenständige Bedeutung. 4

Die Tatbestände nach **Nr. 1 und Nr. 2 stehen selbstständig nebeneinander** und verdrängen sich nicht. Steht die persönliche Anhörung nach Nr. 2 im Ermessen des Gerichts, ist sie gleichwohl obligatorisch, wenn sie nach Nr. 1 erforderlich ist.[8] Zudem kann die Selbstständigkeit der Anhörungspflichten für deren Entfallen Bedeutung erlangen (vgl. Rn. 13). 5

b) Gewährung rechtlichen Gehörs (Nr. 1). Nach Abs. 1 Nr. 1 hat das Gericht einen Beteiligten persönlich anzuhören, soweit dies zur Gewährung rechtlichen Gehörs (vgl. Vor §§ 23 ff. Rn. 20 ff.) erforderlich ist. Die Gewährung **rechtlichen Gehörs** ist darauf gerichtet, den Beteiligten 6

---

[1] Vgl. Amtl. Begr. FamFG (BT-Drucks. 16/6308) S. 192.
[2] Vgl. *Schulte-Bunert* Rn. 171.
[3] Vgl. *Baumbach/Lauterbach/Hartmann* § 34 Rn. 1.
[4] Amtl. Begr. FamFG (BT-Drucks. 16/6308) S. 192.
[5] Amtl. Begr. FamFG (BT-Drucks. 16/6308) S. 192.
[6] Amtl. Begr. FamFG (BT-Drucks. 16/6308) S. 192.
[7] *Baumbach/Lauterbach/Hartmann* § 34 Rn. 1.
[8] Vgl. Amtl. Begr. FamFG (BT-Drucks. 16/6308) S. 192.

die Möglichkeit zu geben, sich zu einer tatsächlichen oder rechtlichen Frage innerhalb einer nach den Umständen angemessenen Frist zu äußern.[9] Dies umfasst zunächst ein Recht der Beteiligten, von der Einleitung eines Verfahrens (vgl. §§ 7 Abs. 4 S. 1, 23 Abs. 2) sowie allen entscheidungserheblichen Grundlagen (vgl. § 37 Abs. 2) Kenntnis zu erlangen.[10] Zudem muss das Gericht den Inhalt einer Äußerung in seine Entscheidungsfindung einbeziehen.[11] Eine bestimmte Form ist hierfür grds. nicht vorgeschrieben, weshalb Information und Anhörung sowohl schriftlich als auch mündlich erfolgen können.[12] Die Form der Gehörsgewährung muss aber zumutbar und effektiv sein.[13] Hieraus kann sich **im Einzelfall** das Erfordernis einer persönlichen Anhörung ergeben, sofern nur diese dem Gebot der Zumutbarkeit und Effektivität entspricht.[14] Eine persönliche Anhörung ist immer dann zu erwägen, wenn nicht zu erwarten ist, dass ein Beteiligter durch die Gelegenheit zur schriftlichen Äußerung seinen Standpunkt im Verfahren wirksam zur Geltung bringen kann.[15] Dies wird bei einem anwaltlich vertretenen Beteiligten nur ausnahmsweise der Fall sein. Eine persönliche Anhörung kann aber auch bei anwaltlicher Vertretung erforderlich sein, wenn Gegenstand des Verfahrens persönliche Angelegenheiten sind, welche der Beteiligte über seinen Anwalt nur eingeschränkt vermitteln kann.

7   **c) Gesetzliche Anordnung (Nr. 2).** Nach Abs. 1 Nr. 2 muss eine persönliche Anhörung erfolgen, soweit ein **Gesetz** dies vorschreibt. Entsprechende Verpflichtungen können sich aus dem FamFG oder aus anderen Gesetzen ergeben. Anhörungspflichten begründet das FamFG zB in §§ 159 Abs. 1, 160 für Eltern und Kind in Personensorgeverfahren und in §§ 278 Abs. 1, 319 Abs. 1 in Betreuungs- und Unterbringungssachen.[16] Soweit eine sondergesetzliche Anhörungspflicht nur im Rahmen **pflichtgemäßen Ermessens** besteht (vgl. zB § 298 Abs. 1 S. 2), wird das dem Gericht eingeräumte Ermessen durch Abs. 1 Nr. 2 nicht ausgeräumt.[17] Allerdings kann sich eine Anhörungspflicht aus Abs. 1 Nr. 1 iVm. Art. 103 Abs. 1 GG ergeben.[18]

8   **2. Inhalt.** Das Gericht ist verpflichtet, den Beteiligten im erforderlichen Maß anzuhören. Dies umfasst zunächst die Verpflichtung des Gerichts, den Beteiligten mit dem **Gegenstand der Anhörung** und des Verfahrens vertraut zu machen und ihm hierdurch eine effektive Stellungnahme zu ermöglichen. Teilweise wird diese Verpflichtung durch die Regelung des § 28 Abs. 1 verstärkt. Darüber hinaus beschränkt sich die Anhörungspflicht darauf, **Erklärungen** des Beteiligten **entgegenzunehmen** und im Verfahren zu berücksichtigen, soweit diese abgegeben werden. Verweigert der Beteiligte Erklärungen, wurde der Anhörungspflicht gleichwohl Genüge getan, wenn für den Beteiligten die Möglichkeit bestand, Erklärungen abzugeben.

9   Der Beteiligte ist **in Person** anzuhören. Dies gilt in den Grenzen des Abs. 2 oder sondergesetzlicher Anordnungen auch, soweit er nicht verfahrensfähig ist. Die bloße Anhörung eines Bevollmächtigten oder Vertreters genügt dagegen nicht. Selbstverständlich dürfen sich jedoch der Bevollmächtigte, ein Beistand oder ein Vertreter für den Beteiligten äußern.

10 An welchem **Ort** und in welchem **Rahmen** die Anhörung erfolgen soll, regelt § 34 nicht.[19] Denkbar ist sowohl die Anhörung im Rahmen eines Erörterungstermins nach § 32 an einem nach § 219 ZPO bestimmten Ort als auch die Anhörung nur in einem persönlichen Umgebung. Das Gericht entscheidet hierüber nach **billigem Ermessen,** welches insbesondere durch Sinn und Zweck der Anhörung geleitet wird. Wo das Gericht die persönliche Anhörung durchzuführen hat, lässt das Gesetz offen. Ob das Gericht den Beteiligten zu einem Termin lädt oder sich zur Anhörung in die übliche Umgebung des Beteiligten begibt, hängt primär von den geistigen und körperlichen Fähigkeiten des Beteiligten ab. Soweit die Anhörung zugleich der Ermittlung des Sachverhalts dient, wird die Wahl des Ortes auch maßgeblich vom Erkenntnisinteresse des Gerichts geleitet.[20] Vor diesem Hintergrund bestimmt zB § 278 Abs. 1 S. 3, dass die Anhörung des Beteiligten

---

[9] BVerfG NJW 1982, 1579, 1582; NJW 1983, 2762, 2763; NJW 1988, 1773, 1774; NJW 1991, 1283, 1285; *Bassenge/Roth* Einleitung Rn. 61; *Keidel,* Rechtliches Gehör, S. 112 ff.; *Zimmermann* RPfleger 1967, 329, 333.
[10] *Lindacher* JuS 1978, 577, 582 f.; *Zimmermann* RPfleger 1967, 329, 333.
[11] BVerfG NJW 1983, 2762, 2763; NJW 1987, 485; NJW 1991, 1283, 1285; NJW 1997, 2310, 2312.
[12] *Bassenge/Roth* Einleitung Rn. 63; *Baumbach/Lauterbach/Hartmann* § 34 Rn. 3; *Jansen,* Wandlungen, S. 20; *Schleicher,* Rechtliches Gehör, S. 9 f.
[13] *Bassenge/Roth* Einleitung Rn. 62.
[14] Vgl. *Baumbach/Lauterbach/Hartmann* § 34 Rn. 3.
[15] Vgl. Amtl. Begr. FamFG (BT-Drucks. 16/6308) S. 192.
[16] Amtl. Begr. FamFG (BT-Drucks. 16/6308) S. 191; *Schulte-Bunert* Rn. 167.
[17] Missverständlich Amtl. Begr. FamFG (BT-Drucks. 16/6308) S. 192.
[18] Vgl. Amtl. Begr. FamFG (BT-Drucks. 16/6308) S. 192.
[19] Vgl. Amtl. Begr. FamFG (BT-Drucks. 16/6308) S. 192.
[20] Amtl. Begr. FamFG (BT-Drucks. 16/6308) S. 192.

in seiner üblichen Umgebung stattzufinden hat.[21] Soweit die Anhörung ausschließlich der Gewährleistung des rechtlichen Gehörs eines Beteiligten dient, ist lediglich die Anwesenheit dieses Beteiligten geboten.[22] Ergeben sich in diesem Rahmen jedoch zugleich Tatsachen, auf welche das Gericht seine Entscheidung stützen will, muss es die übrigen Beteiligten zuvor hierzu anhören (vgl. § 37 Abs. 2).[23]

3. Verfahren. Soweit eine Anhörungspflicht besteht, muss das Gericht dieser entsprechen. Im Regelfall muss es den Beteiligten rechtzeitig über seine Absicht, ihn anzuhören, **unterrichten,** um ihn von seinem Anhörungsrecht und etwaigen Erscheinenspflichten in Kenntnis zu setzen. Ohne ausreichende Kenntnis könnte der Beteiligte sein Anhörungsrecht nicht wahrnehmen, weil er zu einem angesetzten Termin zB nicht erscheinen oder vom Gericht nicht in seiner üblichen Umgebung angetroffen wird. Dem Beteiligten und ggf. seinem Bevollmächtigten müssen rechtzeitig im erforderlichen Umfang Gegenstand, Ort, Datum und Uhrzeit der Anhörung bekannt gemacht werden. Außerdem ist der Beteiligte nach Abs. 3 S. 2 auf die Folgen seines Ausbleibens (vgl. Rn. 17 ff.) hinzuweisen. Eine besondere **Form,** zB eine Ladung, ist hierfür nicht vorgeschrieben. Im Einzelfall kann eine telefonische Ankündigung ausreichen. Wird der Beteiligte vom Gericht angetroffen, kann er ggf. auch sofort angehört werden, soweit hierdurch zB nicht sein Recht auf Hinzuziehung eines Bevollmächtigten oder Beistands unzulässig verkürzt wird.

Soweit die Anhörung im Rahmen eines **Erörterungstermins** nach § 32 erfolgen soll, sind der Beteiligte bzw. sein Bevollmächtigter zu diesem Termin zu laden. Die förmliche Ladung (vgl. § 32 Rn. 8) muss in diesem Fall den Hinweis, dass eine persönliche Anhörung erfolgen soll, sowie die Belehrung nach Abs. 3 S. 2 enthalten. Soll die persönliche Anhörung (auch) dem Zweck der **Sachverhaltsaufklärung** dienen, muss das Gericht zudem das persönliche Erscheinen des Beteiligten nach § 33 anordnen, um sein Erscheinen und damit die Erfüllung der Amtsermittlungspflicht sicherzustellen (vgl. § 33 Rn. 3 ff.). In diesem Fall muss die Ladung zusätzlich den Hinweis nach § 33 Abs. 4 enthalten (vgl. § 33 Rn. 4).

III. Absehen von persönlicher Anhörung (Abs. 2)

Nach Abs. 2 kann die persönliche Anhörung unterbleiben, wenn sie zu einer Gefährdung der Gesundheit des Beteiligten führen würde oder wenn der Beteiligte offensichtlich nicht in der Lage ist, seinen Willen kundzutun. Hinsichtlich der Anhörungspflicht nach Abs. 1 Nr. 2 greift die Regelung des Abs. 2 allerdings nur, soweit nicht diejenigen Vorschriften, welche die Anhörungspflicht begründen, **vorrangige Regelungen** über das Absehen von einer Anhörung enthalten (vgl. zB §§ 159 Abs. 1 S. 2, Abs. 2, 160 Abs. 3, 298 Abs. 1 S. 3). Besteht parallel zu Abs. 1 Nr. 2 eine Anhörungspflicht nach Abs. 1 Nr. 1, verbleibt es für diese bei der Regelung des Abs. 2.

Der Grund für das Absehen von einer persönlichen Anhörung **muss feststehen.** Bloße Vermutungen machen die Anhörung nicht entbehrlich.[24] Das Gericht muss die Voraussetzungen der Ausnahme von Amts wegen ermitteln und im erforderlichen Maße feststellen (Freibeweis). Ist dies erfolgt, entfällt die gerichtliche Verpflichtung zur persönlichen Anhörung nach Abs. 1.

Die nach Alt. 1 drohenden gesundheitlichen Nachteile müssen **erheblich** sein. Dies ist der Fall, wenn der Grad der Wahrscheinlichkeit einer Schädigung des Beteiligten und das Ausmaß der möglichen gesundheitlichen Schäden das Interesse überwiegen, welches durch die persönliche Anhörung geschützt werden soll. Je größer das Ausmaß drohender Schäden ist (zB Gefahr irreversibler oder lebensgefährlicher Gesundheitsschäden) umso geringe Anforderungen sind an die Wahrscheinlichkeit eines Schadenseintritts zu stellen. Bei hoher Wahrscheinlichkeit eines Schadenseintritts können aber auch Gesundheitsschäden mittlerer Schwere ausreichen. Vorübergehende Gesundheitsbeeinträchtigungen wie zB Erregungszustände, die nicht von Dauer sind und sich durch Hinzuziehung eines Arztes oder durch Medikamente beherrschen lassen, genügen regelmäßig nicht.[25] Je gewichtiger die Angelegenheit ist, zu welcher angehört werden muss, umso größer müssen Wahrscheinlichkeit und/oder mögliches Schadensausmaß sein. Die Gefährdung muss **aus der persönlichen Anhörung** resultieren. Dies umfasst sowohl die Gefährdung durch die Anhörung als solche (Ob) als auch durch Art und Weise der Anhörung (Wie). Bevor das Gericht von einer Anhörung infolge Art und Weise der Anhörung absieht, muss es zuvor alle ihm möglichen und zumutbaren Anstrengungen entfalten, um diese Gefährdung auszuräumen.

---

[21] Amtl. Begr. FamFG (BT-Drucks. 16/6308) S. 192.
[22] Amtl. Begr. FamFG (BT-Drucks. 16/6308) S. 192.
[23] Amtl. Begr. FamFG (BT-Drucks. 16/6308) S. 192.
[24] Vgl. *Baumbach/Lauterbach/Hartmann* Rn. 5.
[25] *Keidel/Kuntze/Winkler/Kayser* § 68 FGG Rn. 13.

16 Ein Beteiligter ist iSv. Alt. 2 offensichtlich nicht in der Lage, seinen **Willen kundzutun,** wenn für das Gericht auf Grund tatsächlicher Anhaltspunkte auf der Hand liegt, dass der Beteiligte körperlich (zB Koma) oder geistig keinen Willen zu äußern vermag. Die Anhörung ist in diesem Fall nicht geeignet, ihren Zweck zu erreichen. Entscheidend ist nicht, ob der Beteiligte einen rechtsgeschäftlich erheblichen Willen bilden kann. Anzuhören ist er bereits dann, wenn er einen natürlichen Willen bilden und äußern kann. Erforderlich für Alt. 2 ist ein hochgradiger Verlust elementarer Fähigkeiten.[26]

IV. Säumnisfolgen (Abs. 3)

17 **1. Unentschuldigte Säumnis (S. 1). a) Voraussetzungen.** Ein Beteiligter bleibt im Anhörungstermin unentschuldigt aus, wenn er nicht anwesend ist, hierfür kein ausreichender Entschuldigungsgrund besteht oder er diesen dem Gericht nicht rechtzeitig und ordnungsgemäß mitteilt.

18 Das Gericht muss zunächst einen **Anhörungstermin anberaumen,** dh. einen Zeitpunkt und Ort bestimmt haben, zu dem ein Beteiligter persönlich angehört werden soll. Außerdem muss der Beteiligte zu diesem Termin ordnungsgemäß geladen worden sein (vgl. Rn. 11 f.). Es ist nicht erforderlich, dass die Anhörung im Rahmen eines Erörterungstermins nach § 32 erfolgen soll, zu dem grds. alle Beteiligten und ihre Bevollmächtigten geladen werden. Ausreichend ist auch, dass das Gericht einen Termin bestimmt, um allein den Beteiligten in dessen üblicher Umgebung anzuhören (vgl. Rn. 10). Ist der Beteiligte in Person im anberaumten Termin nicht anwesend, ist er ausgeblieben. Die Anwesenheit eines Bevollmächtigten ist für eine **persönliche Anhörung** nicht ausreichend (vgl. Rn. 9). Dass sich ein persönlich anwesender Beteiligter nicht äußert, steht dem Nichterscheinen im Rahmen des Abs. 3 nicht gleich. Allerdings werden nach allgemeinen Grundsätzen trotzdem die gleichen Rechtsfolgen (vgl. Rn. 21) ausgelöst, weil dem Anhörungserfordernis bei Anwesenheit des Beteiligten unabhängig davon Rechnung getragen wird, ob sich der Beteiligte aktiv äußert (vgl. Rn. 21).

19 Für das Ausbleiben des Beteiligten darf kein **ausreichender Entschuldigungsgrund** bestehen. Dieser fehlt, wenn dem Beteiligten sein Ausbleiben subjektiv vorwerfbar ist. Nicht vorwerfbar ist das Ausbleiben, wenn der Beteiligte zB keine Kenntnis vom Termin erlangen konnte. Grds. entschuldigt auch seine Erkrankung. Hat er diese jedoch vorwerfbar herbeigeführt (zB Alkoholmissbrauch ohne Sucht), ist ihm sein Ausbleiben vorwerfbar. Besteht zwar ein ausreichender Entschuldigungsgrund, liegt gleichwohl ein unentschuldigtes Ausbleiben vor, wenn der Beteiligte den Entschuldigungsgrund dem Gericht nicht rechtzeitig in der gehörigen Form mitgeteilt hat. Die Mitteilung des Entschuldigungsgrunds kann grds. formfrei erfolgen. Das Gericht muss sich jedoch hinreichende Klarheit vom Urheber der Mitteilung machen können, was im Einzelfall eine telefonische Mitteilung als unzureichend erscheinen lassen kann.

20 **b) Rechtsfolge.** Ist ein Beteiligter im Anhörungstermin unentschuldigt ausgeblieben, kann das **Verfahren** ohne seine persönliche Anhörung **beendet werden.** Das Gericht muss die persönliche Anhörung grds. nicht nachholen, ist hierzu jedoch berechtigt. Ausnahmsweise kann das Gericht auf Grund der Amtsermittlungspflicht oder im Rahmen pflichtgemäßen Ermessens (Fürsorgepflicht)[27] zur Nachholung verpflichtet sein. Im Regelfall wird dem ausschließlich den Interessen des Beteiligten dienenden Anhörungserfordernis dadurch ausreichend Rechnung getragen, dass der Beteiligt hätte erscheinen und sich äußern können.[28] Dies gilt allerdings nur, soweit die persönliche Anhörung nicht auch zur **Sachverhaltsermittlung** erforderlich ist. In diesem Fall liegt sie nicht ausschließlich im Interesse des anzuhörenden Beteiligten, sondern auch im Interesse der Verwirklichung des materiellen Rechts. Sie berührt daher vielfach öffentliche oder die Interessen anderer Beteiligter. Abs. 3 S. 1 ist entsprechend teleologisch zu reduzieren (vgl. Rn. 2). Die Amtsermittlungspflicht wird daher durch das Ausbleiben eines Beteiligten nicht pauschal nach Abs. 3 S. 1, sondern nur im Einzelfall nach allgemeinen Grundsätzen (vgl. § 27 Rn. 8 ff.) beschränkt. Schließlich wird durch Abs. 3 S. 1 nicht ausgeschlossen, dass sich im Nachgang zum versäumten Anhörungstermin unter einem anderen Gesichtspunkt ein erneutes Anhörungsbedürfnis ergibt, ohne dessen Erfüllung das Gericht nicht entscheiden darf.

21 Die Rechtsfolge des Abs. 3 S. 1 erschöpft sich darin, dass das Gericht von der Verpflichtung zur persönlichen Anhörung zum Zweck der Gewährung rechtlichen Gehörs befreit wird. Weitergehende Rechtsfolgen werden nicht bewirkt. Insbesondere wird das Gericht weder von seiner **Pflicht zur Amtsermittlung** befreit (vgl. Rn. 20) noch wird die **Berechtigung des Gerichts zur Verfah-**

---

[26] Vgl. *Baumbach/Lauterbach/Hartmann* Rn. 6.
[27] Vgl. *Baumbach/Lauterbach/Hartmann* Rn. 7.
[28] Amtl. Begr. FamFG (BT-Drucks. 16/6308) S. 192.

rensbeendigung (durch Entscheidung) eigenständig begründet. Diese Berechtigung besteht vielmehr nach allgemeinen Grundsätzen auch unabhängig von Abs. 3 S. 1. Da im FamFG-Verfahren weder eine Verpflichtung zur mündlichen Verhandlung noch eine Verpflichtung zur persönlichen Anhörung besteht, kann das Gericht grds. ohne deren Durchführung entscheiden, sobald die Angelegenheit entscheidungsreif ist, dh. der entscheidungserhebliche Sachverhalt vollständig ermittelt und verfahrensgemäß festgestellt wurde. Einer vorherigen mündlichen Verhandlung bedarf es nicht zwingend, weil die Entscheidung auf Grund des gesamten Verfahrensinhalts und nicht nur auf Grund des Inhalts der mündlichen Verhandlung ergeht (vgl. § 37 Rn. 4). § 37 Abs. 2 lässt die Möglichkeit[29] zur Äußerung genügen.

Bei der Entscheidung auf Grund des Abs. 3 S. 1 handelt es sich **nicht um eine Versäumnisentscheidung** in Entsprechung zu §§ 330, 331 ZPO. Sie ergeht nicht auf Grund der Säumnis gegen den Säumigen. Das Ausbleiben des Beteiligten führt weder zu einer Geständniswirkung entsprechend § 331 ZPO noch zur Vermutung der Unbegründetheit des Antrags iSv. § 330 ZPO. Der tatsächliche oder rechtliche Prüfungsumfang des Gerichts wird nicht beschränkt.

2. Entschuldigte Säumnis. Hat sich der anzuhörende Beteiligte ausreichend entschuldigt und besteht weiterhin eine Anhörungspflicht nach Abs. 1 (vgl. Rn. 4 ff.), darf das Gericht nicht entscheiden, ohne die **Anhörung nachzuholen**. Das Gericht muss daher einen neuen Termin zur persönlichen Anhörung ansetzen. Insoweit gelten die für die ursprüngliche Anhörung maßgeblichen Regeln. Soweit die Anhörungspflicht zwischenzeitlich entfallen ist, weil nunmehr zB nach Abs. 2 von einer Anhörung abgesehen werden kann oder rechtliches Gehör auf andere Weise gewährt werden konnte und wurde, muss die persönliche Anhörung dagegen nicht nachgeholt werden. Das Gericht darf seine Endentscheidung treffen. Dies ergibt sich nicht aus Abs. 3 S. 1, sondern aus allgemeinen Grundsätzen, nach denen das Gericht im FamFG-Verfahren grds. ohne mündliche Verhandlung oder persönliche Anhörung entscheiden darf.

§ 35 Zwangsmittel

(1) ¹Ist auf Grund einer gerichtlichen Anordnung die Verpflichtung zur Vornahme oder Unterlassung einer Handlung durchzusetzen, kann das Gericht, sofern ein Gesetz nicht etwas anderes bestimmt, gegen den Verpflichteten durch Beschluss Zwangsgeld festsetzen. ²Das Gericht kann für den Fall, dass dieses nicht beigetrieben werden kann, Zwangshaft anordnen. ³Verspricht die Anordnung eines Zwangsgeldes keinen Erfolg, soll das Gericht Zwangshaft anordnen.

(2) Die gerichtliche Entscheidung, die die Verpflichtung zur Vornahme oder Unterlassung einer Handlung anordnet, hat auf die Folgen einer Zuwiderhandlung gegen die Entscheidung hinzuweisen.

(3) ¹Das einzelne Zwangsgeld darf den Betrag von 25 000 Euro nicht übersteigen. ²Mit der Festsetzung des Zwangsmittels sind dem Verpflichteten zugleich die Kosten dieses Verfahrens aufzuerlegen. ³Für den Vollzug der Haft gelten § 901 Satz 2, die §§ 904 bis 906, 909, 910 und 913 der Zivilprozessordnung entsprechend.

(4) ¹Ist die Verpflichtung zur Herausgabe oder Vorlage einer Sache oder zur Vornahme einer vertretbaren Handlung zu vollstrecken, so kann das Gericht, soweit ein Gesetz nicht etwas anderes bestimmt, durch Beschluss neben oder anstelle einer Maßnahme nach den Absätzen 1, 2 die in §§ 883, 886, 887 der Zivilprozessordnung vorgesehenen Maßnahmen anordnen. ²Die §§ 891 und 892 [der Zivilprozessordnung][1] gelten entsprechend.

(5) Der Beschluss, durch den Zwangsmaßnahmen angeordnet werden, ist mit der sofortigen Beschwerde in entsprechender Anwendung der §§ 567 bis 572 der Zivilprozessordnung anfechtbar.

Schrifttum: *Schulte-Bunert,* Die Vollstreckung von verfahrensleitenden gerichtlichen Anordnungen nach § 35 FamFG, FuR 2009, 125.

---

[29] Vgl. Amtl. Begr. FamFG (BT-Drucks. 16/6308) S. 192.
[1] Der Klammerzusatz ist im verkündeten Gesetzestext (BGBl. 2008 I S. 2586, 2599) nicht enthalten. Es handelt sich insoweit um ein Redaktionsversehen. Das FamFG enthält keine §§ 891, 892.

§ 35 1–4 Buch 1. Abschnitt 2. Verfahren im ersten Rechtszug

Übersicht

	Rn.		Rn.
I. Allgemeines	1–3	b) Zuwiderhandlung	11
1. Normzweck	1, 2	c) Anordnung durch Beschluss	12–14
2. Anwendungsbereich	3	d) Zwangsgeld	15
II. Allgemeine Vollstreckungsvoraussetzungen	4–8	e) Zwangshaft	16
		f) Vollstreckung der Zwangsmittel	17
1. Gerichtliche Anordnung	4–7	3. Ersatzvornahme (Abs. 4)	18–22
2. Subsidiarität	8	a) Anwendungsbereich	18
III. Vollstreckungsmaßnahmen	9–22	b) Anordnung	19–21
1. Allgemeines	9	c) Durchführung	22
2. Zwangsmittel (Abs. 1–3)	10–17	IV. Anfechtung (Abs. 5)	23
a) Hinweis auf Folgen der Zuwiderhandlung (Abs. 2)	10	V. Kosten und Gebühren	24

I. Allgemeines

1 **1. Normzweck.** Die tatsächliche Durchsetzung einer gerichtlichen Entscheidung im Wege der Zwangsvollstreckung regelt das FamFG im achten Abschnitt des ersten Buchs sowie in § 35. Gegenstand der §§ 88–96a ist die Zwangsvollstreckung verfahrensabschließender Entscheidungen (vgl. § 38). Sie finden keine Anwendung auf die Durchsetzung **verfahrensleitender Entscheidungen**, welche § 35 behandelt. Entsprechende verfahrensleitende Anordnungen sieht das Gesetz in verschiedenen Vorschriften vor, zB in § 220 (Auskunftspflicht in Versorgungsausgleichssachen), § 358 (Ablieferung von Testamenten), §§ 404, 405 Abs. 2 (Aushändigung von Unterlagen bei der Dispache) oder § 82 GBO (Zwangsberichtigung des Grundbuchs).[2] Derartige Pflichten dienen der Sachaufklärung (zB §§ 220, 358, 404, 405), der Abgabe verfahrenserheblicher Erklärungen durch die Beteiligten (zB § 82 GBO) oder auch der Überwachung des Verfahrens.[3] Im Interesse der Erreichung des Verfahrensziels bedarf ihre Durchsetzung wirkungsvoller und klar strukturierter Zwangsmittel.

2 Die Regelung knüpft an § 33 FGG an,[4] der jedoch die Vollstreckung verfahrensbeendigender und verfahrensleitender Anordnungen vermischte.[5] Die nunmehr erfolgte Auflösung dieser Vermischung ermöglicht eine **Ausdifferenzierung** der Zwangsvollstreckung im Interesse der **Effektivität**. Insbesondere die Durchsetzung verfahrensbeendender Entscheidungen zur Herausgabe einer Person ist effektiver geworden, weil nunmehr Ordnungs- statt Zwangsmittel vorgesehen sind (vgl. § 89 Rn. 1).[6]

3 **2. Anwendungsbereich.** Keine Anwendung findet § 35 in Ehesachen nach §§ 121 ff. und in Familienstreitsachen nach § 112 (vgl. § 113 Abs. 1 S. 1). Im Übrigen gilt die Vorschrift für die Vollstreckung aller **verfahrensleitenden Entscheidungen** im FamFG-Verfahren, soweit nicht vorrangige **Sondervorschriften** (zB §§ 33 Abs. 3, 278 Abs. 5, §§ 1788, 1837 Abs. 3 BGB, § 30 iVm. § 390 ZPO) bestehen (vgl. Rn. 8).[7]

II. Allgemeine Vollstreckungsvoraussetzungen

4 **1. Gerichtliche Anordnung.** Grundlage der Vollstreckung ist eine verfahrensleitende **gerichtliche Anordnung.** Diese bedarf keiner besonderen Form. Sie kann mündlich oder schriftlich erfolgen. Das Gericht kann sie als Beschluss oder als gerichtliche Verfügung bezeichnen.[8] Soweit das Gericht seine Anordnung durch Beschluss trifft, handelt es sich nicht um einen Beschluss iSv. § 38.[9] Nach § 35 können nur verfahrensleitende (vgl. Rn. 1, 3) Anordnungen vollstreckt werden, wogegen § 38 nur verfahrensabschließende Entscheidungen betrifft (vgl. § 38 Rn. 3). **Verfahrensleitende** Anordnungen zeichnen sich dadurch aus, dass sie nicht selbst über den Verfahrensgegenstand entscheiden, sondern der hierüber ergehenden Endentscheidung dienen, indem sie die Sachaufklärung

---

[2] Amtl. Begr. FamFG (BT-Drucks. 16/6308) S. 192.
[3] Amtl. Begr. FamFG (BT-Drucks. 16/6308) S. 192.
[4] *Schulte-Bunert* FuR 2009, 125.
[5] Vgl. Amtl. Begr. FamFG (BT-Drucks. 16/6308) S. 192.
[6] Amtl. Begr. FamFG (BT-Drucks. 16/6308) S. 218; *Zimmermann* FamFG Rn. 260.
[7] Amtl. Begr. FamFG (BT-Drucks. 16/6308) S. 192.
[8] Vgl. *Schulte-Bunert* FuR 2009, 125, 126.
[9] *Schulte-Bunert* FuR 2009, 125, 126; aA ohne Begründung *Zimmermann* FamFG Rn. 246; *Keidel/Zimmermann* § 35 Rn. 7.

(zB §§ 220, 358, 404, 405), die Abgabe verfahrenserheblicher Erklärungen durch die Beteiligten (zB § 82 GBO) oder die Überwachung und Steuerung des Verfahrens fördern.[10]

Durch seine Anordnung muss das Gericht auf Grund einer gesetzlichen Regelung eine verfahrensleitende Verpflichtung gegen einen Beteiligten oder einen Dritten konkretisiert haben. Ohne vorherige **Konkretisierung** durch das Gericht können **gesetzliche Verpflichtungen** nicht nach § 35 vollstreckt werden.[11] Weder § 35 noch §§ 26, 27 begründet die Befugnis des Gerichts, Pflichten anzuordnen.[12] Verfahrensleitende Anordnungen sieht das Gesetz allerdings in verschiedenen Einzelvorschriften vor, zB in § 220 (Auskunftspflicht in Versorgungsausgleichssachen), § 285 (Ablieferung einer Betreuungsverfügung oder einer Abschrift der Vorsorgevollmacht), § 358 (Ablieferung von Testamenten), §§ 404, 405 Abs. 2 (Aushändigung von Unterlagen bei der Dispache), § 82 GBO (Zwangsberichtigung des Grundbuchs).[13] Außerdem verweist § 30 Abs. 1 auf §§ 142, 144 ZPO (vgl. § 30 Rn. 27, 32).

Die Zwangsvollstreckung nach § 35 ist darauf gerichtet, die verfahrensleitende Maßnahme im Interesse der Erreichung des Verfahrensziels durchzusetzen. Sie verfolgt keinen vergangenheitsbezogenen Strafcharakter, sondern ist zukunftsgerichtet.[14] Eine Vollstreckung kommt daher nur solange in Betracht, wie die gerichtlich angeordnete **Verpflichtung noch fortbesteht**.[15] Wurde der Anordnung zwischenzeitlich Folge geleistet, kann ihr Zweck nicht mehr erreicht werden oder hat sie sich sonst erledigt, darf eine Vollstreckung nicht mehr erfolgen.[16] Wird gegen eine Unterlassungspflicht verstoßen, erledigt sich diese nur dann vollständig, wenn keine weiteren Verstöße zu erwarten sind.[17]

Schließlich muss die gerichtliche Anordnung einen seiner Art nach **vollstreckungsfähigen Inhalt** hinreichend bestimmt bezeichnen.[18] Vollstreckungsfähig sind nur gerichtliche Anordnungen, die eine Unterlassungs- oder Handlungspflicht aussprechen. Diese muss so konkret bezeichnet werden, dass sich ausschließlich anhand der gerichtlichen Anordnung Schuldner und Inhalt der Verpflichtung zweifelsfrei und **eindeutig bestimmen** lassen.[19] Der Schuldner muss erkennen können, was von ihm genau gefordert wird. ZB muss das Gericht im Rahmen des § 220 genau angeben, welche Auskünfte begehrt werden.[20] Etwaige Unklarheiten sind im Wege der Auslegung auszuräumen, in deren Rahmen der gesamte Inhalt der gerichtlichen Anordnung zu berücksichtigen ist. Besondere Anforderungen an die **Vollstreckbarkeit** der gerichtlichen Anordnung (zB Rechtskraft, Klausel, Zustellung) bestehen nicht.[21]

2. Subsidiarität. Die Zwangsvollstreckung erfolgt nur insoweit nach § 35 als ein Gesetz keine **abweichende Anordnung** über die zwangsweise Durchsetzung einer Verpflichtung trifft. Nicht nach § 35 vollstreckbar ist danach zB die Verpflichtung zum persönlichen Erscheinen, für welche § 33 Abs. 3 mit Ordnungsgeld und Vorführung besondere Maßnahmen vorsieht. Entsprechendes gilt für §§ 1788, 1837 Abs. 3 BGB, welche die Verhängung von Zwangshaft oder die Ersatzvornahme ausschließen, indem sie nur die Verhängung eines Zwangsgelds vorsehen. Außerdem kann zB § 390 ZPO angeführt werden, der iVm. § 30 die Erzwingung einer Zeugenaussage oder eines Eids im förmlichen Beweisverfahren regelt.

III. Vollstreckungsmaßnahmen

1. Allgemeines. Die zwangsweise Durchsetzung von gerichtlichen Anordnungen, welche eine Handlungs- oder Unterlassungspflicht konkretisieren, erfolgt sowohl in Amts- als auch in Antragsverfahren von Amts wegen.[22] Dies korrespondiert damit, dass entsprechende Anordnungen der Fortführung des Verfahrens und der Ermittlung des Sachverhalts dienen und sowohl Verfahrensleitung als

---

[10] Vgl. Amtl. Begr. FamFG (BT-Drucks. 16/6308) S. 192.
[11] *Schulte-Bunert* FuR 2009, 125, 126.
[12] Vgl. BGH NJW 2001, 888, 890; BayObLGZ 1995, 222, 224; OLG Stuttgart, NJW 1978, 547, 548; *Jansen/v. König* § 33 FGG Rn. 2.
[13] Amtl. Begr. FamFG (BT-Drucks. 16/6308) S. 192.
[14] Vgl. BayObLG FGPrax 2002, 118.
[15] Vgl. BayObLG FGPrax 2002, 118; *Keidel/Kuntze/Winkler/Zimmermann* § 33 FGG Rn. 19; *Schulte-Bunert* FuR 2009, 125, 128.
[16] Vgl. BayObLG FGPrax 2002, 118; *Keidel/Kuntze/Winkler/Zimmermann* § 33 FGG Rn. 19.
[17] Vgl. *Keidel/Kuntze/Winkler/Zimmermann* § 33 FGG Rn. 19.
[18] Vgl. *Schulte-Bunert* FuR 2009, 125, 126; oben § 704 ZPO Rn. 5.
[19] Vgl. oben § 704 ZPO Rn. 5.
[20] *Schulte-Bunert* FuR 2009, 125, 126.
[21] Vgl. für § 33 FGG *Keidel/Kuntze/Winkler/Zimmermann* § 33 FGG Rn. 3.
[22] *Schulte-Bunert* FuR 2009, 125, 129; vgl. auch *Jansen/v. König* § 33 FGG Rn. 37.

§ 35 10–12 Buch 1. Abschnitt 2. Verfahren im ersten Rechtszug

auch Sachverhaltsermittlung dem Gericht obliegen. Die Vollstreckung erfolgt grds. dadurch, dass der **Wille** des Schuldners durch Zwangsgeld oder Zwangshaft **gebeugt**[23] wird. Die Einzelheiten regeln die Abs. 1–3 (vgl. Rn. 10 ff.). Soweit die Verpflichtung des Schuldners in der Herausgabe oder Vorlage einer Sache oder der Vornahme einer vertretbaren Handlung besteht, sieht Abs. 4 neben oder anstelle der Willensbeugung eine unmittelbare **Ersatzvornahme** der geschuldeten Handlung vor (vgl. Rn. 18 ff.). Dies erhöht regelmäßig die Effektivität der Vollstreckung, weil der gewünschte Erfolg unmittelbar und unabhängig vom Willen des Schuldners herbeigeführt werden kann.

10 **2. Zwangsmittel (Abs. 1–3). a) Hinweis auf Folgen der Zuwiderhandlung (Abs. 2).** Nach Abs. 2 muss die gerichtliche Anordnung zugleich auf die Folgen einer Zuwiderhandlung hinweisen. Der Hinweis übernimmt die Funktion der Androhung, welche im Rahmen des § 33 FGG erforderlich war.[24] Eine besondere **Form** ist für den Hinweis nach Abs. 2 nicht vorgeschrieben. Erforderlich ist, dass die gerichtliche Anordnung selbst den Hinweis enthält (vgl. aber § 43),[25] dieser muss daher in der gleichen Form erteilt werden, in der auch die gerichtliche Anordnung ergeht. Inhaltlich muss der Hinweis dem Schuldner verdeutlichen, welche **Vollstreckungsmittel** (vgl. Rn. 15 f.) das Gericht in Betracht zieht. Dies erfordert weder eine Festlegung auf ein konkretes Mittel (zB „Zwangsgeld") noch auf ein konkretes Maß für die einzelnen Zwangsmittel (zB „Zwangsgeld iHv. 500 Euro"). Zulässig ist eine entsprechende Festlegung gleichwohl, das Gericht ist dann bei der Festsetzung eines Zwangsmittels auf das im Hinweis bezeichnete Maß beschränkt (vgl. Rn. 12). Das Gericht kann sich auf eine abstrakte Umschreibung der Vollstreckungsmittel beschränken, zB „*Wird der Anordnung nicht innerhalb der gesetzten Frist entsprochen, kann Zwangsgeld bis zu fünfundzwanzigtausend Euro, ersatzweise Zwangshaft, oder Zwangshaft bis zu sechs Monaten verhängt werden.*"[26]

11 **b) Zuwiderhandlung.** Wie sich mittelbar Abs. 2 entnehmen lässt, setzt eine zwangsweise Durchsetzung der Anordnung voraus, dass der Schuldner der fortbestehenden Verpflichtung zuwider gehandelt hat. Bei Unterlassungsverpflichtungen liegt die **Zuwiderhandlung** in jedem Verstoß. Handlungspflichten wird dadurch zuwider gehandelt, dass die geschuldete Handlung nicht vorgenommen, zB eine Auskunft nicht erteilt oder ein Antrag nicht gestellt wird. Ob eine Zuwiderhandlung erfolgt ist, muss das Gericht von Amts wegen ermitteln (vgl. § 26). Die Zuwiderhandlung muss entgegen hA[27] **nicht schuldhaft** erfolgt sein. Die hA übersieht, dass die von ihr zur Begründung in Bezug genommenen Leitentscheidungen[28] explizit an die allgemeinen Grundsätze über „Ordnungsstrafen" anknüpfen. § 35 sieht (wie bereits seit dem 1. 1. 1975 auch § 33 FGG) jedoch keine Ordnungsstrafen, sondern Zwangsmittel vor. Nach den hierfür geltenden allgemeinen Grundsätzen ist Verschulden nicht erforderlich, weil Zwangsmitteln kein Straf-, sondern Beugecharakter zukommt.[29] Außerdem zieht die Festsetzung des Zwangsmittels nicht zwingend dessen Vollstreckung nach sich (vgl. Rn. 17), weil diese noch dadurch abgewendet werden kann, dass der gerichtlich konkretisierten Verpflichtung entsprochen wird.

12 **c) Anordnung durch Beschluss.** Liegen die Anordnungsvoraussetzungen vor, setzt das Gericht das Zwangsmittel nach Anhörung der Beteiligten fest. Die Entscheidung ergeht durch **Beschluss** (vgl. Abs. 1), der im Hinblick auf seine Anfechtbarkeit (vgl. Rn. 23) zu begründen ist. Innerhalb der Grenzen des im Hinweis nach Abs. 2 enthaltenen Androhung (vgl. Rn. 10) entscheidet das Gericht nach **pflichtgemäßem Ermessen,** welches Zwangsmittel in welchem Ausmaß festgesetzt wird.[30] Das Ermessen wird begrenzt durch den Grundsatz der Verhältnismäßigkeit und geleitet von der Effektivität der Vollstreckung.[31] Die Anordnung von Zwangsgeld genießt als milderes Mittel Vorrang vor der Anordnung von Zwangshaft.[32] Verspricht die Anordnung von Zwangsgeld jedoch keinen Erfolg, soll gleich Zwangshaft angeordnet werden (vgl. Abs. 1 S. 3). Das Zwangsmittel ist konkret festzusetzen. Ein Zwangsgeld ist seiner Höhe nach zu bestimmen. Bei der Festsetzung von Zwangshaft muss eine bestimmte Dauer dagegen nicht angegeben werden. Zugleich mit der Festsetzung des

---

[23] Vgl. *Schulte-Bunert* FuR 2009, 125; vgl. auch *Jansen/v. König* § 33 FGG Rn. 39.
[24] Amtl. Begr. FamFG (BT-Drucks. 16/6308) S. 193.
[25] *Schulte-Bunert* FuR 2009, 125, 127.
[26] Vgl. *Schulte-Bunert* FuR 2009, 125, 127; vgl. auch *Jansen/v. König* § 33 FGG Rn. 41.
[27] Vgl. *Keidel/Zimmermann* § 35 Rn. 39; *Schulte-Bunert* FuR 2009, 125, 127; für § 33 FGG auch OLG Düsseldorf FamRZ 1978, 619; *Bassenge/Roth* § 33 FGG Rn. 19; *Jansen/v. König* § 33 FGG Rn. 44; *Keidel/Kuntze/Winkler/Zimmermann* § 33 FGG Rn. 19; *Schlegelberger* § 33 FGG Rn. 4.
[28] KG KGJ 32A, 41, 45; JFG 22, 115, 117 f.
[29] Vgl. nur *Stein/Jonas/Brehm* § 888 ZPO Rn. 21; *Wieczorek/Schütze/Storz* § 888 ZPO Rn. 63; oben § 888 ZPO Rn. 25.
[30] Amtl. Begr. FamFG (BT-Drucks. 16/6308) S. 193.
[31] Vgl. Amtl. Begr. FamFG (BT-Drucks. 16/6308) S. 193.
[32] *Schulte-Bunert* FuR 2009, 125, 128.

Zwangsmittels sind dem Schuldner die **Kosten** (vgl. Rn. 24) des Vollstreckungsverfahrens **aufzuerlegen** (vgl. Abs. 3 S. 2).

Zwangsmittel können **wiederholt angeordnet** werden.[33] Für das Zwangsgeld ergibt sich dies aus Abs. 3 S. 1, welches eine Höchstgrenze für das einzelne Zwangsgeld bestimmt. Eine wiederholte Anordnung ist aber auch bei der Zwangshaft möglich. Voraussetzung für die wiederholte Anordnung ist jedoch, dass das vorher festgesetzte Zwangsmittel seinerseits bereits vollstreckt wurde und der fortbestehenden Verpflichtung weiterhin nicht entsprochen wird,[34] weil nur das vorherige Zwangsmittel erst durch seine Vollstreckung vollständig auf den Willen des Schuldners eingewirkt hat. 13

Zuständig für die Entscheidung über die Anordnung eines Zwangsgelds ist grds. das Gericht und funktionell die Gerichtsperson, welche die verfahrensleitende Anordnung, welche vollstreckt werden soll, erlassen hat (vgl. § 4 Abs. 1 RPflG).[35] Dies gilt allerdings nur für die Anordnung des Zwangsgelds. Die Anordnung der ersatzweisen oder originären Zwangshaft ist dagegen stets dem Richter vorbehalten (vgl. § 4 Abs. 2 Nr. 2 RPflG).[36] Hält der Rechtspfleger die Anordnung von Zwangshaft für geboten, legt er die Angelegenheit dem Richter zur Entscheidung vor (vgl. § 4 Abs. 3 RPflG). 14

d) Zwangsgeld. Regelmäßiges Zwangsmittel ist das Zwangsgeld, welches als Geldsumme in Euro festgesetzt wird. Das Mindestmaß beträgt fünf Euro. Im Höchstmaß kann das Zwangsgeld in jedem Einzelfall bis zu **25 000 Euro** betragen. Wurde im Hinweis nach Abs. 2 ein geringerer Betrag angedroht, bestimmt dieser die Höchstgrenze.[37] Durch eine wiederholte Verhängung können die maßgeblichen Grenzen jedoch überschritten werden.[38] Maßgeblich für die Höhe im Einzelfall ist nicht das Erfüllungsinteresse des Beteiligten, zu dessen Gunsten sich die Erfüllung der Verpflichtung auswirkt, sondern allein die Frage, welcher **Betrag** erforderlich ist, um den der Pflichterfüllung entgegenstehenden Willen des Schuldners zu überwinden.[39] Mitbestimmend hierfür sind insbesondere die Beharrlichkeit der Zuwiderhandlung und die Vermögenssituation des Schuldners.[40] 15

e) Zwangshaft. Zwangshaft kann ersatzweise (Abs. 1 S. 2) oder originär (Abs. 1 S. 3) angeordnet werden. Dies setzt jeweils voraus, dass das Gericht hierauf zuvor hingewiesen hat (vgl. Rn. 10). Im **Mindestmaß** beträgt Zwangshaft einen Tag. Ihr **Höchstmaß** je Anordnung begrenzt § 913 ZPO auf sechs Monate. **Ersatzzwangshaft** wird zusammen mit einem Zwangsgeld für den Fall angeordnet, dass dieses nicht beigetrieben werden kann. Das Gericht bestimmt, welcher Geldbetrag einem Hafttag entspricht. Es darf dabei die Höchstgrenze von sechs Monaten Haft nicht überschreiten. Rechnerisch kann sich eine geringere Dauer der Ersatzzwangshaft ergeben. In den Grenzen des nach Abs. 2 erteilten Hinweises können Ersatzhaft und das Verhältnis zum zu zahlenden Geldbetrag entsprechend Art. 8 EGStGB auch im Nachgang zur Zwangsgeldfestsetzung angeordnet werden. **Originäre Zwangshaft** kommt in Betracht, wenn ein Zwangsgeld keinen Erfolg verspricht (vgl. Abs. 1 S. 3). Das Gericht kann eine bestimmte Dauer der Zwangshaft anordnen,[41] dies ist aber nicht erforderlich.[42] Wird keine bestimmte Dauer angeordnet, wird die Zwangshaft bis zur Erfüllung der zu vollstreckenden Verpflichtung, längsten bis zur Höchstdauer vollzogen.[43] 16

f) Vollstreckung der Zwangsmittel. Die festgesetzten Zwangsmittel werden ihrerseits von Amts wegen vollstreckt. Im Hinblick auf den Beugecharakter der Zwangsmittel dürfen diese nicht mehr vollstreckt werden, wenn die originär zu vollstreckende verfahrensleitende Verpflichtung nicht mehr besteht (vgl. Rn. 6). **Zwangsgelder** werden nach §§ 1 Abs. 1 Nr. 3, Abs. 2, 2 ff. JustizbeitreibungsO vollstreckt. Zuständig ist der Rechtspfleger des Gerichts, welches das Zwangsgeld festgesetzt hat. Die Vollstreckung der **Zwangshaft** richtet sich nach §§ 901 S. 2, 904 bis 906, 909, 910 und 913 ZPO. Das die Zwangshaft anordnende Gericht hat einen Haftbefehl zu erlassen.[44] Mit dessen Vollstreckung wird der Gerichtsvollzieher beauftragt, der die Verhaftung vornimmt. Erfordert die Verhaftung die 17

---

[33] Vgl. *Keidel/Kuntze/Winkler/Zimmermann* § 33 FGG Rn. 21.
[34] *Schulte-Bunert* FuR 2009, 125, 127 f.
[35] *Schulte-Bunert* FuR 2009, 125, 129.
[36] Amtl. Begr. FamFG (BT-Drucks. 16/6308) S. 193; *Schulte-Bunert* FuR 2009, 125, 128.
[37] *Jansen/v. König* § 33 FGG Rn. 45.
[38] Vgl. *Keidel/Kuntze/Winkler/Zimmermann* § 33 FGG Rn. 20.
[39] Vgl. oben § 888 ZPO Rn. 29.
[40] Vgl. *Jansen/v. König* § 33 FGG Rn. 45; *Keidel/Kuntze/Winkler/Zimmermann* § 33 FGG Rn. 20 a; *Schulte-Bunert* FuR 2009, 125, 127.
[41] Vgl. *Stein/Jonas/Brehm* § 888 ZPO Rn. 29.
[42] *Stein/Jonas/Brehm* § 888 ZPO Rn. 29; *Wieczorek/Schütze/Storz* § 888 ZPO Rn. 65.
[43] *Stein/Jonas/Brehm* § 888 ZPO Rn. 29.
[44] *Jansen/v. König* § 33 FGG Rn. 48.

18 **3. Ersatzvornahme (Abs. 4). a) Anwendungsbereich.** Abs. 4 bestimmt vorbehaltlich vorrangig zu beachtender Vorschriften (vgl. Rn. 8), dass das Gericht neben oder anstelle eines willensbeugenden Zwangsmittels (vgl. Rn. 9) den geschuldeten Erfolg unmittelbar herbeiführen (lassen) kann **(Ersatzvornahme).** Diese Möglichkeit besteht nur im Hinblick auf die Vollstreckung einer Anordnung auf Herausgabe oder Vorlage einer **Sache** sowie im Hinblick auf die Vornahme einer vertretbaren Handlung. Unter **Herausgabe** ist die körperliche Übergabe einer Sache zum Verbleib zu verstehen, zB Herausgabe eines Testaments oder einer Betreuungsverfügung; die **Vorlage** umfasst die Ermöglichung der Inaugenscheinnahme einer Sache, zB Vorlage einer Vorsorgevollmacht.[46] Eine **Handlung ist vertretbar,** wenn ihre rechtliche und wirtschaftliche Bedeutung nicht davon abhängt, dass sie gerade der Schuldner in Person vornimmt, sondern der geschuldete Erfolg auch durch die Handlung eines Dritten herbeigeführt werden kann, zB Erstellung eines Vermögensverzeichnisses.[47] Andere Verpflichtungen können nicht durch Ersatzvornahme vollstreckt werden.

19 **b) Anordnung.** Das Gericht entscheidet nach **pflichtgemäßem Ermessen,** ob es eine Ersatzvornahme anstelle oder neben Zwangsmitteln anordnen will.[48] Es lässt sich dabei vom Verhältnismäßigkeitsgrundsatz sowie der Effektivität der Vollstreckung leiten. Für die Anordnung von Ersatzmaßnahmen spricht, dass diese den gewünschten Erfolg unmittelbar herbeiführen. Andererseits wird der Schuldner die Verpflichtung regelmäßig mit deutlich geringerem Aufwand erfüllen können.[49] Die für die Ermessenserwägungen maßgeblichen Tatsachen muss das Gericht von Amts wegen ermitteln.

20 Die Anordnung der Ersatzvornahme von vertretbaren Handlungen oder der Wegnahme beweglicher Sachen erfolgt durch **Beschluss. Zuständig** für die Entscheidung ist das Gericht und funktionell die Gerichtsperson, welche die verfahrensleitende Anordnung, die vollstreckt werden soll, erlassen hat (vgl. § 4 Abs. 1 RPflG). Nach Abs. 4 S. 2 iVm. § 891 S. 2 ZPO ist der Schuldner zuvor **anzuhören.** Eines Hinweises nach Abs. 2 bedarf es daher ebenso wenig wie dieser im originären Anwendungsbereich der §§ 883, 886, 887 ZPO erforderlich ist; der Schuldner wird ausreichend durch die Anhörung vorgewarnt.[50] Der Beschluss entscheidet zugleich über die Kosten des Vollstreckungsverfahrens und legt diese dem Schuldner auf.

21 Soll eine Sache **herausgegeben** oder **vorgelegt** werden, ordnet das Gericht deren Wegnahme beim Schuldner (vgl. § 883 ZPO) oder die Pfändung des Herausgabeanspruchs des Schuldners gegen einen Dritten (vgl. § 886 ZPO) an. Hinsichtlich der Vollstreckung sonstiger **vertretbarer Handlungen** ordnet das Gericht an, dass diese auf Kosten des Schuldners von einem Dritten vorgenommen werden. Ist die Verpflichtung zB auf Errichtung eines Vermögensverzeichnisses gerichtet, ist dessen Errichtung durch einen Notar anzuordnen.[51]

22 **c) Durchführung.** Die Anordnungen nach Abs. 4 werden dadurch ausgeführt, dass das Gericht im Fall des **§ 883 ZPO** den Gerichtsvollzieher mit der Wegnahme und Übergabe oder Vorlage der Sache beauftragt. Die Anordnung schafft für den Gerichtsvollzieher den Herausgabetitel, den er nach § 883 ZPO vollstreckt. Die Pfändung eines Herausgabeanspruchs nach **§ 886 ZPO** spricht das Gericht selbst im Rahmen seines Beschlusses nach Abs. 4 aus. Soweit die Vornahme einer **vertretbaren Handlung** durch einen Dritten angeordnet wurde, beauftragt das Gericht den Dritten unmittelbar mit der Erledigung. Leistet der Schuldner gegenüber dem Dritten Widerstand, zieht das Gericht nach § 892 ZPO zur Unterstützung des Dritten einen Gerichtsvollzieher hinzu.

IV. Anfechtung (Abs. 5)

23 Der Beschluss, durch den ein willensbeugendes Zwangsmittel nach Abs. 1–3 oder eine Ersatzvornahme nach Abs. 4 angeordnet wurde, kann mit der **sofortigen Beschwerde** nach den §§ 567–572 ZPO angefochten werden. Die Beschwerde ist innerhalb einer Notfrist von zwei Wochen bei dem Gericht, dessen Entscheidung angefochten wird, oder beim Beschwerdegericht einzulegen. Sie hat nach § 570 Abs. 1 ZPO **aufschiebende Wirkung.**[52] Die Anordnung, dh das in

---

[45] *Schulte-Bunert* FuR 2009, 125, 129; *Stein/Jonas/Münzberg* § 909 ZPO Rn. 10 ff.
[46] Vgl. *Zimmermann* FamFG Rn. 248.
[47] Vgl. *Zimmermann* FamFG Rn. 248.
[48] Amtl. Begr. FamFG (BT-Drucks. 16/6308) S. 193.
[49] Vgl. *Schulte-Bunert* FuR 2009, 125, 128.
[50] AA soweit die Ersatzvornahme anstelle eines Zwangsmittels treten soll *Schulte-Bunert* FuR 2009, 125, 127.
[51] Vgl. *Zimmermann* FamFG Rn. 248.
[52] Amtl. Begr. FamFG (BT-Drucks. 16/6308) S. 193.

ihr angeordnete Zwangsmittel, darf bis zum Abschluss des Beschwerdeverfahrens nicht vollstreckt werden.

V. Kosten und Gebühren

Für jede Anordnung von Zwangsmaßnahmen durch Beschluss nach § 35 erhebt das **Gericht** eine Gebühr von 15 Euro (vgl. § 119 Abs. 2 KostO und Nr. 1502 KV FamGKG). Weitere Kosten können für die Durchführung der Maßnahme anfallen (zB Kosten der Zwangshaft, vgl. § 137 Abs. 1 Nr. 12 KostO und Nr. 2008 KV FamGKG). Für den **Rechtsanwalt** ist das Verfahren nach § 35 eine besondere Angelegenheit (vgl. § 18 Abs. 1 Nr. 21 RVG). Für seine Tätigkeit im Rahmen des Verfahrens nach § 35 entsteht eine 0,3-Verfahrensgebühr nach Nr. 3309 KV RVG. Findet ein gerichtlicher Termin statt, entsteht zudem eine 0,3-Terminsgebühr nach Nr. 3310 KV RVG. 24

§ 36 Vergleich

(1) ¹ Die Beteiligten können einen Vergleich schließen, soweit sie über den Gegenstand des Verfahrens verfügen können. ² Das Gericht soll außer in Gewaltschutzsachen auf eine gütliche Einigung der Beteiligten hinwirken.

(2) ¹ Kommt eine Einigung im Termin zustande, ist hierüber eine Niederschrift anzufertigen. ² Die Vorschriften der Zivilprozessordnung über die Niederschrift des Vergleichs sind entsprechend anzuwenden.

(3) Ein nach Absatz 1 Satz 1 zulässiger Vergleich kann auch schriftlich entsprechend § 278 Abs. 6 der Zivilprozessordnung geschlossen werden.

(4) Unrichtigkeiten in der Niederschrift oder in dem Beschluss über den Vergleich können entsprechend § 164 der Zivilprozessordnung berichtigt werden.

Schrifttum: *Lindacher,* Verfahrensgrundsätze in der Freiwilligen Gerichtsbarkeit, JuS 1978, 577; *Müller,* Der Vergleich in Verfahren der freiwilligen Gerichtsbarkeit, JZ 1954, 17; *Walter,* Hinwirken auf Einvernehmen – Welche Zusatzqualifikation braucht das Gericht?, FPR 2009, 23; *Zimmermann,* Die freie Gestaltung des Verfahrens der freiwilligen Gerichtsbarkeit, Rpfleger 1967, 329.

Übersicht

	Rn.		Rn.
I. Allgemeines	1–3	1. Grundlagen	6, 7
1. Normzweck	1, 2	2. Dispositionsbefugnis der Beteiligten	8–10
2. Anwendungsbereich	3	3. Zustandekommen des Vergleichs	11–13
II. Streitschlichtung durch das Gericht		4. Wirkungen des Vergleichs	14–16
(Abs. 1 S. 2)	4, 5	5. Fehlerkorrektur	17–20
1. Einigungsförderungspflicht	4	a) Berichtigung nach Abs. 4	17–19
2. Zeitpunkt	5	b) Irrtum bei Vergleichsschluss	20
III. Verfahrensvergleich (Abs. 1 S. 1)	6–20	**IV. Kosten**	21

I. Allgemeines

1. Normzweck. Die Vorschrift steht in deutlicher Parallele zu § 278 ZPO. Abweichend von § 278 Abs. 2 ist eine gesonderte **Güteverhandlung** nicht vorgeschrieben.[1] Das Gericht soll eine nichtstreitige Beilegung fördern und nicht strikt auf eine Entscheidung der Angelegenheit zuarbeiten (Abs. 1 S. 2). Dies dient der Entlastung der Gerichte, der Kostenersparnis sowie einer dauerhaften **Befriedung der Beteiligten.**[2] Diese Ziele lassen sich insbesondere durch Abschluss eines Vergleichs (Abs. 1 S. 1) erreichen. Neben dem Vergleich bestehen aber weitere Möglichkeiten einer gütlichen Verfahrensbeendigung (zB Antragsrücknahme, einvernehmliche Beendigungserklärung). Zu berücksichtigen ist in jedem Fall, dass sich das Ziel einer (umfassenden, dauerhaften) Befriedung nur erreichen lässt, wenn die Einigung nicht unter (gerichtlichem) **Druck** erfolgt.[3] Die Gerichtsperson 1

---

[1] *Baumbach/Lauterbach/Hartmann* Rn. 2.
[2] Vgl. oben § 278 Rn. 1 f.
[3] Vgl. BGH NJW 1966, 2399.

muss daher vermeiden, dass bei den Beteiligten der Eindruck entsteht, sie wolle sie durch ihre Hinweise zur Rechtslage oder auf ein bestehendes Kostenrisiko zu einer Einigung drängen.[4]

2 Das FGG enthielt über Vergleiche keine einheitliche Regelung, sondern nur eine Reihe von Einzelvorschriften. Teilweise sahen diese vor, dass das Gericht eine Einigung der Beteiligten zur Grundlage seiner Entscheidung machen kann, wenn nicht bestimmte Gründe (zB das Wohl des Kindes) entgegenstehen (vgl. §§ 52a Abs. 4, 53d FGG, § 630 Abs. 1 Nr. 2 ZPO aF sowie § 19 LwVG). Eine **unmittelbar verfahrensbeendigende Wirkung** haben diese Vergleiche nicht.[5] Dagegen sahen §§ 53a Abs. 1, 83a FGG, §§ 13 Abs. 3 HausratsV aF sowie § 20 Abs. 2 LwVG[6] einen unmittelbar das Verfahren beendenden Verfahrensvergleich vor,[7] aus dem die Zwangsvollstreckung betrieben werden kann (§ 53a Abs. 4 FGG, § 16 Abs. 3 HausratsV aF, § 31 LwVG).[8] Soweit gesetzliche Regelungen fehlten, war im Einzelfall zu prüfen, ob die Beteiligten hinsichtlich eines Vergleichsschlusses dispositionsbefugt sind.[9] Als **Vollstreckungstitel** kamen diese Vergleiche nur in Betracht, soweit sich die Zwangsvollstreckung nach den Vorschriften der ZPO richtet.[10] Anderenfalls musste der Inhalt des Vergleichs erst in eine das Verfahren beendende Entscheidung aufgenommen werden, damit diese Grundlage einer Zwangsvollstreckung sein kann.[11] Durch § 36 wird der Abschluss von Verfahrensvergleichen im Bereich des FamFG nunmehr auf eine einheitliche Grundlage gestellt.[12] Die Beteiligten können im Rahmen ihrer Dispositionsbefugnis (vgl. Rn. 8 ff.) Vergleiche mit verfahrensbeendigender Wirkung schließen, aus dem die Zwangsvollstreckung betrieben werden kann (vgl. § 86 Rn. 20). Dies dient der Verfahrensökonomie.

3 **2. Anwendungsbereich.** Die Vorschrift findet keine Anwendung in Ehesachen nach §§ 121 ff. und Familienstreitsachen nach § 112, für welche die Vorschriften der ZPO, insbesondere § 278 ZPO, gelten (vgl. § 113 Abs. 1). Ergänzt wird § 36 durch §§ 156 Abs. 2, 165,[13] welche an §§ 52, 52a FGG anschließen und die Möglichkeit vorsehen, dass das Gericht eine Einigung der Beteiligten zum Inhalt seiner Entscheidung macht (gerichtlich gebilligter Vergleich). Eine Pflicht zur Streitbeilegung nach Abs. 1 S. 2 besteht nicht in Gewaltschutzsachen.

II. Streitschlichtung durch das Gericht (Abs. 1 S. 2)

4 **1. Einigungsförderungspflicht.** Nach Abs. 1 S. 2 hat das Gericht auf eine gütliche Beilegung der zwischen den Beteiligten bestehenden Meinungsverschiedenheiten hinzuwirken. Darin kommt zum Ausdruck, dass das Verfahren nicht einseitig auf eine Entscheidung von Rechtsfragen, sondern ebenso auf eine Wiederherstellung des Rechtsfriedens ausgerichtet ist.[14] Durch die Verwendung des Worts „**soll**" stellt der Gesetzgeber die Einigungsförderung nicht ins Belieben des Gerichts. Vielmehr wird eine echte Verpflichtung begründet, deren Verletzung jedoch nicht sanktioniert ist.[15] Zugleich wird diese Verpflichtung auf diejenigen Fälle beschränkt, in denen eine Einigung nicht offensichtlich ausgeschlossen erscheint. Das Gericht darf seine Verpflichtung nicht dahin missverstehen, dass es bei den Beteiligten den Eindruck erweckt, dass es diese zu einem Vergleichsschluss zwingen will. Es kann über § 33 auch nicht das persönliche Erscheinen der Beteiligten ausschließlich zum Zweck der Herstellung einer Einigung anordnen.[16] Keine Einigungsförderungspflicht besteht in **Gewaltschutzsachen** (vgl. § 210). Dies ist nicht vorrangig darin begründet, dass eine Einigung hier wenig aussichtsreich erscheint. Vielmehr bietet der Vergleichsschluss für das Opfer nicht die gleiche Sicherheit wie eine gerichtliche Entscheidung, weil allein der Verstoß gegen eine gerichtliche Anordnung strafbewehrt ist.[17] Das Gericht bleibt aber befugt, auch in Gewaltschutzsachen auf eine

---

[4] BGH NJW 1966, 2399, 2399 f.
[5] Vgl. *Bumiller/Winkler* § 12 FGG Rn. 21 f.; *Keidel/Kuntze/Winkler/Meyer-Holz* Vorb §§ 8–18 FGG Rn. 24.
[6] Vgl. BGH NJW 1954, 1886; BGH NJW 1999, 2806.
[7] *Bumiller/Winkler* § 12 FGG Rn. 23.
[8] *Keidel/Kuntze/Winkler/Meyer-Holz* Vorb §§ 8–18 FGG Rn. 27.
[9] BayObLG NJW-RR 1997, 1368, 1369; *Lindacher* JuS 1978, 577, 579; nach *Bumiller/Winkler* § 12 FGG Rn. 22 fehlt einem Vergleich ohne besondere gesetzliche Anordnung stets die verfahrensbeendigende Wirkung; ähnlich *Baur*, FGG, § 21 III 3 b).
[10] *Jansen/v. König/v. Schuckmann* Vor §§ 8–18 FGG Rn. 80; *Keidel/Kuntze/Winkler/Meyer-Holz* Vorb §§ 8–18 FGG Rn. 27; *Müller* JZ 1954, 17.
[11] OLG Köln NJWE-FER 1998, 163, 163 f.; OLG Brandenburg NJW-RR 2001, 1089.
[12] Vgl. Amtl. Begr. zum FamFG (BT-Drucks. 16/6308) S. 193.
[13] Vgl. hierzu *Walter* FPR 2009, 23.
[14] Vgl. oben § 278 ZPO Rn. 8.
[15] Vgl. oben § 278 ZPO Rn. 7.
[16] Vgl. OLGR Karlsruhe 2008, 726, 727; *Zimmermann* FamFG Rn. 89.
[17] Amtl. Begr. zum FamFG (BT-Drucks. 16/6308) S. 193.

gütliche Einigung hinzuwirken. Es hat jedoch Zurückhaltung zu üben und die Wertung des Gesetzes zu berücksichtigen. Einen von den Beteiligten gewünschten Vergleich muss es protokollieren.

2. Zeitpunkt. Das Gericht soll den Beteiligten in einem möglichst frühen Verfahrensstadium die 5 Möglichkeiten und Vorteile eines Einvernehmens (Zeitgewinn, Kostenersparnis, Rechtsfrieden) darstellen und – falls möglich – einen Vergleichsvorschlag unterbreiten.[18] Mit dem Scheitern der ersten Gespräche über eine einvernehmliche Verfahrensbeendigung endet die gerichtliche Pflicht jedoch nicht. Sie besteht **während der gesamten Verfahrensdauer,** auch im Rechtsmittelverfahren, zumindest latent fort. Lehnen die Beteiligten eine Einigung ab, erscheinen weitere gerichtliche Bemühungen zwar zunächst nicht erforderlich. Im weiteren Verlauf des Verfahrens kann sich dies jedoch ändern und die Pflicht des Gerichts nach Abs. 1 S. 2 intensiviert werden.

III. Verfahrensvergleich (Abs. 1 S. 1)

1. Grundlagen. Gegenstand des § 36 ist der dem Prozessvergleich im Zivilprozess entsprechende 6 **Verfahrensvergleich.** Allerdings erfolgt wie in anderen Verfahrensordnungen nur eine unvollständige Regelung.[19] Unter einem Verfahrensvergleich wird die Einigung der Verfahrensbeteiligten im Rahmen eines laufenden Verfahrens über den **Gegenstand des Verfahrens** verstanden.[20] Dass er einen Teil des Verfahrens regelt, ist ausreichend.[21] Umgekehrt können außerhalb des Verfahrens liegende Gegenstände, auch wenn sie nicht dem FamFG unterfallen, einbezogen werden.[22] Die Eignung als Titel für die Zwangsvollstreckung ist kein notwendiges Merkmal des Verfahrensvergleichs. Eignet sich ein Vergleich nicht als Vollstreckungstitel, kann im Einzelfall allerdings der Wille der Beteiligten zur Verfahrensbeendigung fehlen. Nach zutreffender hM hat der Verfahrensvergleich iSd. Abs. 1 S. 1 grds. **Doppelnatur,** weil die Beteiligten sowohl eine materiell-rechtliche Einigung über den Verfahrensgegenstand als auch eine prozessuale Einigung über die Verfahrensbeendigung treffen.[23] Beide Aspekte sind nach dem Willen der Beteiligten miteinander verbunden, weil diese das Verfahren mit einem bestimmten Inhalt beenden wollen. Die Doppelnatur des Vergleichs wirkt sich sowohl im Hinblick auf sein Zustandekommen als auch in Bezug auf seine Beendigung und deren Folgen (vgl. Rn. 15 f.) aus.

Ausnahmsweise kann ein Vergleich iSv. Abs. 1 S. 1 auch rein prozessrechtlicher Natur sein, wenn 7 sich die Beteiligten ausschließlich über **prozessuale Gegenstände** verständigen. Dies kommt bspw. in Betracht bei einer Einigung über die Verfahrensbeendigung sowie einen prozessualen Kostenerstattungsanspruch. Hierfür genügt die prozessuale Dispositionsbefugnis (vgl. Rn. 9). Möglich sind auch ausschließlich **materiell-rechtliche Vergleiche.** Sie setzen nur die materiell-rechtliche Dispositionsbefugnis voraus. Ein bloß materiell-rechtlicher Vergleich gestaltet die materielle Rechtslage um, beendet jedoch nicht das Verfahren. Das Gericht muss eine wirksame Änderung der materiellen Rechtslage in seiner Entscheidung berücksichtigen. Ein bloß auf der Ebene des materiellen Rechts wirkender Vergleich ist kein Verfahrensvergleich iSd. Abs. 1 S. 1.

2. Dispositionsbefugnis der Beteiligten. Wie Abs. 1 S. 1 Halbs. 2 klarstellt, können die Betei- 8 ligten nur insoweit einen Vergleich schließen, als sie dispositionsbefugt sind. Hierbei sind **zwei verschiedene Ebenen** zu unterscheiden.[24] Soweit der Vergleich seine verfahrensbeendigende Wirkung entfalten soll, müssen die Beteiligten Herren des Verfahrens sein und über die Art seiner Beendigung verfügen dürfen. Soweit der Vergleich zudem materiell-rechtliche Wirkungen zeitigen soll, müssen die Beteiligten berechtigt sein, über die betroffenen Rechte zu disponieren.[25] Zumindest ungenau ist die Annahme der Gesetzesbegründung, es sei allein die materiell-rechtliche Dispositionsbefugnis maßgeblich. Richtig ist hieran allein, dass den nach materiellem Recht nicht dispositionsbefugten Beteiligten regelmäßig auch die prozessrechtliche Dispositionsbefugnis fehlt. Zwingend ist dies jedoch nicht.

---

[18] Amtl. Begr. zum FamFG (BT-Drucks. 16/6308) S. 193.
[19] Vgl. oben § 278 ZPO Rn. 37.
[20] *Baur,* FGG, § 21 III 1; *Jansen/v. König/v. Schuckmann* Vor §§ 8–18 FGG Rn. 80; *Rosenberg/Schwab/Gottwald* § 129 Rn. 1.
[21] *Müller* JZ 1954, 17.
[22] BayObLG NJW-RR 1997, 1368, 1369; *Müller* JZ 1954, 17.
[23] BGH NJW 1955, 705; NJW 1993, 1995, 1996; NJW 2000, 1942, 1943; *Rosenberg/Schwab/Gottwald* § 129 Rn. 32.
[24] Vgl. *Brehm* § 10 Rdnr. 17; *Jansen/v. König/v. Schuckmann* Vor §§ 8–19 FGG Rn. 80; *Lindacher* JuS 1978, 577, 579.
[25] Vgl. *Keidel/Kuntze/Winkler/Meyer-Holz* Vorb §§ 8–18 FGG Rn. 24; *Lindacher* JuS 1978, 577, 579.

9 Die **prozessuale Dispositionsbefugnis** bezieht sich darauf, dass die Beteiligten über prozessuale Gegenstände, insbesondere das Ob und die Art der Verfahrensbeendigung verfügen können. Sie fehlt den Beteiligten in Amtsverfahren zunächst hinsichtlich des Ob des Verfahrens.[26] Sie fehlt in Amts- und Antragsverfahren im Hinblick auf die tatsächlichen Entscheidungsgrundlagen. Deshalb können so genannte **Tatsachenvergleiche**[27] im Hinblick auf die Geltung des Untersuchungsgrundsatzes nicht geschlossen werden.[28] Außerdem fehlt den Beteiligten die **Dispositionsbefugnis über die gerichtliche Handlungsform**. Die Beteiligten können zwar nach § 36 einen Vergleich schließen; einen gerichtlichen Beschluss können sie jedoch nicht erlassen. Knüpfen Regelungen an eine gerichtliche Entscheidung an, kann diese Voraussetzung durch Abschluss eines Verfahrensvergleichs nicht erreicht werden. Beispiel hierfür war § 33 FGG[29] und sind jetzt § 35 sowie § 4 GewSchG. Auch kann ein Erbschein nicht durch Vergleich, sondern nur auf Grund gerichtlicher Verfügung erteilt werden. In **Amtsverfahren** fehlt den Beteiligten zudem grds. das Recht, über die Fortführung des Verfahrens zu disponieren (vgl. § 22 Abs. 4).[30] Dies gilt uneingeschränkt nur für das Amtsverfahren erster Instanz, weshalb dort ein Verfahrensvergleich nicht geschlossen werden kann. Die Beteiligten können ggf. im Rahmen ihrer materiell-rechtlichen Befugnis die materiellen Rechte und hierdurch mittelbar den Ausgang des Verfahrens gestalten. Eine Verfahrensbeendigung folgt hieraus aber noch nicht. Im Rechtsmittelverfahren gewinnen die Beteiligten eines Amtsverfahrens ihre Dispositionsbefugnis partiell wieder.[31] Sie entscheiden über die Einlegung eines Rechtsmittels und daher auch über seinen Fortfall. Möglich ist daher ein das Rechtsmittelverfahren beendender Vergleich, welcher zudem eine Einigung über die Kostentragung enthält.[32] In **Antragsverfahren** (vgl. Vor §§ 23 Rn. 1) sind die Beteiligten dagegen Herren des Verfahrens und können umfassend über die Verfahrensbeendigung disponieren.[33]

10 Die **materiell-rechtliche Dispositionsbefugnis** bestimmt sich nach materiellem Recht. Ihre Grenzen ergeben sich aus den allgemeinen Grenzen rechtlicher Handlungsbefugnisse. Die Handlungsmacht der Beteiligten ist zunächst auf ihre eigenen Angelegenheiten beschränkt. Über die Rechte Dritter sind Dispositionen ohne Mitwirkung der Betroffenen nicht möglich. Zudem wird die Dispositionsbefugnis durch zwingendes Recht, Verbotsgesetze oder gerichtliche bzw. behördliche Verfügungsbeschränkungen begrenzt. In **streitigen Angelegenheiten** des FamFG, wie zB Auseinandersetzung des Nachlasses oder Haushaltsangelegenheiten, sind die Beteiligten dagegen regelmäßig umfassend dispositionsbefugt.[34] Nur **eingeschränkt dispositionsbefugt** sind die Beteiligten in den Fällen der §§ 156, 165, in denen der Vergleich der Billigung durch das Gericht bedarf. Im Übrigen fehlt die Dispositionsbefugnis grds. in nichtstreitigen Angelegenheiten.[35] Bspw. unterliegt der Inhalt eines Erbscheins nicht der Dispositionsbefugnis der Beteiligten des **Erbscheinsverfahrens**, weil er der materiellen Erbrechtslage entsprechen muss (§§ 2358, 2359 BGB).[36] Die materiell-rechtliche Dispositionsbefugnis der Beteiligten reicht über § 2385 BGB aber zumindest soweit, dass sie einen Testamentsauslegungsvertrag schließen und hierdurch die materielle Rechtslage ändern können.[37] Die geänderte Rechtslage muss das Gericht seiner Entscheidung zu Grunde legen. Durch den Vergleich selbst kann der Erbschein aber nicht erteilt werden (vgl. Rn. 9). Keine Einigung kann nach hA auch über das Vorliegen eines wichtigen Grunds iSd. § 2227 Abs. 1 BGB getroffen werden.[38] In vorstehenden Fällen können sich die Beteiligten aber über prozessuale Fragen, wie zB die Rücknahme des Antrags oder Kostenfragen einigen, weil sie prozessual dispositionsbefugt sind.

11 **3. Zustandekommen des Vergleichs.** Der Verfahrensvergleich wird durch die Beteiligten in einem anhängigen Verfahren, einschließlich eines Verfahrens über die Gewährung von Verfahrenskostenhilfe, vor einem Gericht geschlossen, um das laufende Verfahren zu beenden. Er kommt zu-

---

[26] *Keidel/Kuntze/Winkler/Meyer-Holz* Vorb §§ 8–18 FGG Rn. 24.
[27] Vgl. hierzu OLG Frankfurt NZA-RR 2007, 317, 318; BAG NZA 1998, 434, 435 f.
[28] Vgl. oben Vor §§ 23 ff. Rn. 14).
[29] OLG Köln NJWE-FER 1998, 163, 163 f.; OLG Brandenburg NJW-RR 2001, 1089.
[30] Vgl. *Bassenge/Roth* Einleitung Rn. 51; *Keidel/Kuntze/Winkler/Meyer-Holz* Vorb §§ 8–18 FGG Rn. 24, *Müller* JZ 1954, 17, 19.
[31] Vgl. *Bassenge/Roth* Einleitung Rn. 52; *Keidel/Kuntze/Winkler/Meyer-Holz* Vorb §§ 8–18 FGG Rn. 24.
[32] *Keidel/Kuntze/Winkler/Meyer-Holz* Vorb §§ 8–18 FGG Rn. 24.
[33] Vgl. *Bassenge/Roth* Einleitung Rn. 52; *Keidel/Kuntze/Winkler/Meyer-Holz* Vorb §§ 8–18 FGG Rn. 24; *Müller* JZ 1954, 17, 18.
[34] Vgl. *Baur*, FGG, § 21 III 2; *Zimmermann* RPfleger 1967, 329, 335.
[35] *Baur*, FGG, § 21 III 3 b).
[36] BayObLG NJW-RR 1997, 1368, 1369; *Baur*, FGG, § 21 III 3 b; *Keidel/Kuntze/Winkler/Meyer-Holz* Vorb §§ 8–18 FGG Rn. 24.
[37] BGH NJW 1986, 1812, 1813.
[38] Vgl. RGZ 133, 128, 132 f.; MünchKommBGB/*Zimmermann* (4. Aufl. 2004) § 2227 Rn. 1.

stande durch **Einigung** der Beteiligten iSv. §§ 145 ff. BGB[39] unter Beachtung der Prozesshandlungsvoraussetzungen. Inhaltlich muss sich die Einigung auf den Gegenstand des Verfahrens oder einen Teil davon beziehen. Ausreichend ist die Einigung über prozessuale Fragen, zB die Kostenfolgen. Weitere Gegenstände können einbezogen werden. Auch können Dritte am Vergleich beteiligt werden. Die Einigung muss ein **gegenseitiges Nachgeben,** welches Wesensmerkmal des Vergleichs ist, umfassen. Hieran sind keine hohen Anforderungen zu stellen. Das Nachgeben kann sich auf Nebenforderungen oder gar prozessuale Folgen beschränken.[40] Ausreichend ist bereits der Verzicht auf eine gerichtliche Entscheidung.

Der Vergleich kann nach allgemeinen Regeln unter **Widerrufsvorbehalt** geschlossen werden.[41] Dies dient den Beteiligten zur Überprüfung der Angemessenheit ihres Nachgebens. Konstruktiv handelt es sich um einen bedingt geschlossenen Vergleich.[42] Bedingung ist der (Nicht-)Widerruf durch einen oder mehrere Beteiligte. Ob es sich um eine aufschiebende oder auflösende Bedingung handelt, ist eine Frage der Auslegung. Im Zweifel ist von einer aufschiebenden Bedingung auszugehen, weil die vergleichsweise Einigung erst mit Ablauf der Widerrufsfrist Wirksamkeit, zB als Grundlage der Zwangsvollstreckung, erlangen soll.[43] Ebenso ist durch Auslegung zu klären, ob der Widerruf zur Fristwahrung gegenüber dem Gericht oder gegenüber anderen Beteiligten zu erklären ist.[44] Im Zweifel ist das Gericht richtiger Adressat.[45]

In formaler Hinsicht ist über den vor dem Gericht geschlossenen Vergleich nach Abs. 2 eine **Niederschrift** zu fertigen. Zur Anwendung kommen die §§ 160 ff. ZPO.[46] Die Beteiligten sind im Eingang der Vergleichsniederschrift aufzuführen; der Vergleichstext ist im vollen Wortlaut wiederzugeben (vgl. § 160 Abs. 3 Nr. 1 ZPO). Der Text ist den Beteiligten vorzulesen oder zur Durchsicht vorzulegen; bei vorläufiger Aufzeichnung der Vergleichsniederschrift genügt das Vorlesen oder Abspielen der Aufzeichnung (vgl. § 162 Abs. 1 S. 1 und 2 ZPO). Hierüber sowie über die Genehmigung des Vergleichs durch die Beteiligten ist ein Vermerk in die Niederschrift aufzunehmen (vgl. § 162 Abs. 1 S. 3 ZPO). Das Protokoll ist nach § 163 ZPO zu unterschreiben. Ein entgegen § 162 Abs. 1 S. 3 ZPO unterlassener Vermerk steht der Wirksamkeit des Vergleichs nicht entgegen.[47] Er kann im Wege der Protokollberichtigung nachgetragen werden. Im Übrigen ist die Beachtung vorstehender Erfordernisse formelle Wirksamkeitsvoraussetzung.[48] Alternativ zum Vergleichsschluss durch Niederschrift vor dem Gericht verweist Abs. 3 auf **§ 278 Abs. 6 ZPO** und ermöglicht insoweit den Vergleichsschluss durch Annahme eines gerichtlichen Vorschlags durch die Beteiligten oder die Feststellung eines außergerichtlichen Vergleichsschlusses der Beteiligten. In beiden Fällen stellt das Gericht den Vergleichsschluss sowie den Inhalt des Vergleichs fest. Dieser Beschluss wirkt nicht konstitutiv, sondern nur deklaratorisch. Der Vergleich wird, bei Beachtung sonstiger Formvorschriften, unabhängig von seiner (ordnungsgemäßen) Feststellung durch Einigung der Beteiligten wirksam.

4. Wirkungen des Vergleichs. Der Verfahrensvergleich entfaltet seine intendierten verfahrensrechtlichen und ggf. materiell-rechtlichen Wirkungen im Umfang seines wirksamen Abschlusses. **Unwirksamkeitsgründe** können sowohl dem Prozessrecht[49] als auch dem materiellen Recht entspringen[50] und sind sowohl in Bezug auf den Tatbestand des Vergleichsschlusses (zB fehlende Prozess- oder Geschäftsfähigkeit, Anfechtung, Dissens usw.), den Vergleichsinhalt (zB § 138 BGB) als auch seinen Fortbestand denkbar. Verfahrensrechtlich beendet der Vergleich im Umfang der Einigung der Beteiligten das Verfahren.[51] Materiell-rechtlich wird die Rechtslage entsprechend der getroffenen Einigung umgestaltet.[52] Soweit er einen vollstreckungsfähigen Inhalt aufweist, ist er **Vollstreckungstitel** (vgl. § 86 Abs. 1 Nr. 3 iVm. § 794 Abs. 1 Nr. 1 ZPO).

---

[39] *Wieczorek/Schütze/Paulus* § 794 ZPO Rn. 34.
[40] Vgl. *Müller* JZ 1954, 17.
[41] Vgl. oben § 278 Rn. 38.
[42] BGH NJW 1984, 312.
[43] BGH NJW 1984, 312; *Musielak/Lackmann* § 794 ZPO Rn. 11; *Wieczorek/Schütze/Paulus* § 794 ZPO Rn. 38.
[44] Vgl. BGH NJW-RR 2005, 1323, 1323 f.
[45] BGH NJW 2005, 3576, 3577 f.; *Musielak/Lackmann* § 794 ZPO Rn. 12.
[46] Vgl. oben § 160 ff. ZPO.
[47] BGH NJW 1999, 2806, 2807; *Rosenberg/Schwab/Gottwald* § 129 Rn. 11.
[48] Vgl. OLG Zweibrücken RPfleger 2000, 461; oben § 159 ZPO Rn. 5 und § 162 ZPO Rn. 4; *Rosenberg/Schwab/Gottwald* § 129 Rn. 10.
[49] Vgl. BGH NJW 1961, 1817, 1818; *Rosenberg/Schwab/Gottwald* § 129 Rn. 47.
[50] *Wieczorek/Schütze/Paulus* § 794 ZPO Rn. 53.
[51] BGH NJW 1964, 1524, 1525; NJW 1985, 1962, 1963; *Rosenberg/Schwab/Gottwald* § 129 Rn. 24 f.
[52] Vgl. BGH NJW 2002, 1503; NZI 2003, 537, 538; *Rosenberg/Schwab/Gottwald* § 129 Rn. 21.

15 Im Regelfall haben die Beteiligten **verfahrensrechtliche und materiell-rechtliche Wirkungen verbunden,** weil die Verfahrensbeendigung mit einem bestimmten Inhalt erstrebt wird.[53] Leidet der Vergleich an materiell-rechtlichen Mängeln, beendet er danach grds. auch nicht das Verfahren.[54] Umgekehrt soll die materielle Rechtslage nur entsprechend des Vergleichs umgestaltet werden, wenn dies zur Verfahrensbeendigung führt. Abweichungen sind nach § 139 BGB bei einem entsprechenden Willen der Beteiligten denkbar.[55] Bspw. kann im Einzelfall ein Interesse daran bestehen, dass die materiell-rechtlichen Wirkungen unabhängig von der Verfahrensbeendigung fortbestehen und das Gericht seine Entscheidung auf der Grundlage des materiell-rechtlichen Vergleichsinhalts trifft.[56]

16 Soweit der Vergleich in Bezug auf seine verfahrensbeendigende Wirkung an einem Wirksamkeitsmangel leidet, kann er das Verfahren nicht beenden. **Das Verfahren,** in welchem er geschlossen wurde, **ist fortzuführen.**[57] Der Streit um die Wirksamkeit des Vergleichs ist in diesem Verfahren zu klären.[58] Soweit nach vorstehenden Ausführungen die verfahrensrechtlichen von den materiell-rechtlichen Wirkungen abhängig sind, bedeutet dies, dass das ursprüngliche Verfahren auch fortzuführen ist, wenn die materiell-rechtlichen Wirkungen, zB infolge Anfechtung, Sittenwidrigkeit oder Gesetzesverstoß, nicht eintreten.[59] Soweit die materiell-rechtlichen Wirkungen jedoch nur nachträglich entfallen (zB durch Ausübung eines Rücktrittsrechts,[60] Aufhebungsvertrag),[61] dh. keine anfängliche Unwirksamkeit bewirken, sollen nach Ansicht des **BGH** die verfahrensbeendigenden Wirkungen unberührt bleiben.[62] Die geänderte materielle Rechtslage muss zum Gegenstand eines **neuen Verfahrens** gemacht werden. Diese Sichtweise des BGH überzeugt nicht vollständig.[63] Sie berücksichtigt nicht ausreichend, dass die Beteiligten das Verfahren regelmäßig nur beenden wollen, wenn die vereinbarten materiell-rechtlichen Folgen eintreten. Ist dies zB infolge eines Rücktritts nicht der Fall, soll auch keine Verfahrensbeendigung erfolgen, soweit sich ein abweichender Wille nicht feststellen lässt. Bedurfte die Wahrung des verfahrensgegenständlichen Rechts etwa der Anrufung des Gerichts innerhalb einer Ausschlussfrist, entspricht die Einleitung eines neuen Verfahrens nach Rücktritt und Ablauf der Ausschlussfrist offensichtlich nicht dem Willen der Beteiligten.

17 **5. Fehlerkorrektur. a) Berichtigung nach Abs. 4.** Unrichtigkeiten in der Protokollierung oder im Beschluss über den Vergleich können entsprechend der Vorschrift des § 164 ZPO (Protokollberichtigung) berichtigt werden. Eine Anfechtung des feststellenden Beschlusses durch Beschwerde ist daher nicht möglich.[64] Eine berichtigungsfähige **Unrichtigkeit** liegt vor, wenn der niedergelegte Inhalt des Vergleichs nicht mit dem Inhalt der von den Beteiligten getroffenen Einigung übereinstimmt. Dies ist zu ermitteln durch einen Vergleich zwischen der durch Auslegung ermittelten Einigung der Beteiligten und dem durch Auslegung ermittelten Inhalt der Niederschrift. Die Ursache der Unrichtigkeit ist unerheblich. In Betracht kommen Schreibfehler, Auslassungen, Verwechslungen usw. Keine Unrichtigkeit idS. liegt jedoch vor, wenn lediglich eine Abweichung zwischen dem durch Auslegung ermittelten Inhalt der Einigung und den inneren Vorstellungen eines oder mehrerer Beteiligten vorliegt (Irrtumsfall, vgl. Rn. 20). Weicht der Inhalt der Niederschrift von den einheitlichen Vorstellungen aller Beteiligten des Vergleichs ab, liegt eine Unrichtigkeit vor, weil sich der Inhalt der Einigung nach dem Grundsatz falsa demonstratio non nocet nach dem übereinstimmenden Willen der Beteiligten richtet.

18 Die Berichtigung kann auf **Antrag oder von Amts wegen** erfolgen.[65] Die Beteiligten sind vor der Berichtigung anzuhören.[66] Dies dient zunächst der Aufklärung, inwieweit eine Unrichtigkeit vorliegt. Zugleich wird hierdurch den Anforderungen des Art. 103 Abs. 1 GG Rechnung getragen. Liegen die Voraussetzungen einer Berichtigung vor, hat diese zu erfolgen. Ein Ermessen des Gerichts besteht nicht.[67] Die Berichtigung erfolgt nicht durch einen gesonderten Beschluss, sondern durch

---

[53] BGH NJW 1985, 1962, 1963.
[54] BGH NJW 1985, 1962, 1963; *Wieczorek/Schütze/Paulus* § 794 ZPO Rn. 56.
[55] BGH NJW 1985, 1962, 1963.
[56] BGH NJW 1986, 1962, 1963.
[57] BGH NJW 1969, 925; NJW 1981, 823, 823 f.; NJW 1999, 2903; *Rosenberg/Schwab/Gottwald* § 129 Rn. 48; aA *Müller* JZ 1954, 17, 20: Fortführung in einem Verfahren der streitigen Gerichtsbarkeit.
[58] Vgl. BGH NJW 1954, 1886, NJW 1999, 2903; *Wieczorek/Schütze/Paulus* § 794 ZPO Rn. 56.
[59] BGH NJW 1985, 1962, 1963.
[60] BGH NJW 1955, 705, 706; NJW 1964, 1524, 1525.
[61] BGH NJW 1964, 1524, 1525.
[62] So auch *Wieczorek/Schütze/Paulus* § 794 ZPO Rn. 58.
[63] Vgl. BAG NJW 1956, 1215, 1216; NJW 1983, 2212, 2213; *Rosenberg/Schwab/Gottwald* § 129 Rn. 58.
[64] OLG München NJW-RR 2003, 788, 789; *Baumbach/Lauterbach/Hartmann* § 278 Rn. 53.
[65] Vgl. oben § 164 ZPO Rn. 3.
[66] Vgl. oben § 164 ZPO Rn. 4 f.
[67] Vgl. oben § 164 ZPO Rn. 3.

einen **Vermerk** auf der Niederschrift des Vergleichs, eine mit der Vergleichsniederschrift zu verbindende Anlage oder durch ein mit dem Protokoll untrennbar zu verbindendes elektronisches Dokument.

Gegen die Ablehnung der Berichtigung oder die Berichtigung findet die **sofortige Beschwerde** 19 nach §§ 567–572 ZPO statt.[68] Anders als die hM im originären Anwendungsbereich des § 164 ZPO annimmt,[69] ist die Beschwerde nicht auf den Streit um die Zulässigkeit der Berichtigung beschränkt.[70] Vielmehr findet die Beschwerde auch statt, wenn um den Inhalt des Vergleichs gestritten wird, weil die diesbezügliche Verantwortlichkeit nicht beim Gericht, sondern bei den Beteiligten liegt, welche das Beschwerdegericht von den Voraussetzungen einer Berichtigung überzeugen müssen.

b) Irrtum bei Vergleichsschluss. Weicht der Inhalt der vergleichsweisen Einigung vom Willen 20 eines oder mehrerer Beteiligter ab, ist eine Berichtigung nach Abs. 4 nicht möglich. Vielmehr kommt allein eine **Anfechtung** des Vergleichs (vgl. Rn. 14, 16) nach allgemeinen Regeln (vgl. §§ 119 ff. BGB) in Betracht. Diese führt aber nicht zur Berichtigung der Abweichung, sondern zur Beseitigung des Vergleichs sowie zur Fortführung des Verfahrens. Im Rahmen eines Neuabschlusses kann die inhaltliche Abweichung ausgeräumt werden.

IV. Kosten

Die nichtstreitige Verfahrensbeendung wird bzgl. der **Gerichtskosten** regelmäßig privilegiert und 21 führt zu deren Ermäßigung (vgl. Nr. 1315 ff., 1321, 1323 f., 1326 f. VV FamGKG; § 130 KostO). Der **Rechtsanwalt** erhält bei Abschluss eines Vergleichs eine zusätzliche 1,0 Vergleichsgebühr (vgl. Nr. 1003 VV RVG), welche sich für nichtverfahrensgegenständliche Angelegenheiten auf 1,5 erhöht (vgl. Nr. 1000 VV RVG). Die **Kostenentscheidung** richtet sich im Fall nichtstreitiger Verfahrensbeendigung nach § 83, der für den Fall des Vergleichsschlusses eine an § 98 S. 1 ZPO angelehnte Kostenverteilung vorsieht.

§ 37 Grundlage der Entscheidung

(1) Das Gericht entscheidet nach seiner freien, aus dem gesamten Inhalt des Verfahrens gewonnenen Überzeugung.

(2) Das Gericht darf eine Entscheidung, die die Rechte eines Beteiligten beeinträchtigt, nur auf Tatsachen und Beweisergebnisse stützen, zu denen dieser Beteiligte sich äußern konnte.

Schrifttum: *Brehm,* Der Allgemeine Teil des Referentenentwurfs eines Gesetzes zur Reform des Verfahrens in Familiensachen und in den Angelegenheiten der freiwilligen Gerichtsbarkeit (FamFG), FPR 2006, 401; *Dorndorf,* Rechtsbeständigkeit von Entscheidungen und Wiederaufnahme des Verfahrens in der freiwilligen Gerichtsbarkeit, 1969; *Jansen,* Wandlungen im Verfahren der freiwilligen Gerichtsbarkeit, 1964; *Keidel,* Der Grundsatz des rechtlichen Gehörs im Verfahren der freiwilligen Gerichtsbarkeit, 1964; *Kopp/Schenke,* Verwaltungsgerichtsordnung, 15. Aufl. 2007; *Kuntze,* Referentenentwurf eines FGG-Reformgesetzes, FGPRax 2005, 185; *Lindacher,* Verfahrensgrundsätze in der freiwilligen Gerichtsbarkeit, JuS 1978, 577; *Peters,* Der sogenannte Freibeweis im Zivilprozeß, 1962; *Schleicher,* Rechtliches Gehör und (persönlich-)mündliche Anhörung in familienrechtlichen Angelegenheiten und im Freiheitsentziehungsverfahren der Freiwilligen Gerichtsbarkeit, 1988; *Wütz,* Der Freibeweis in der freiwilligen Gerichtsbarkeit, 1970; *Zimmermann,* Die freie Gestaltung des Verfahrens der freiwilligen Gerichtsbarkeit, RPfleger 1967, 329.

Übersicht

	Rn.		Rn.
I. Allgemeines	1, 2	2. Freie Tatsachenwürdigung	8–12
1. Normzweck	1	a) Grundsatz	8, 9
2. Anwendungsbereich	2	b) Anscheinsbeweis	10
		c) Feststellungsvereitelung	11, 12
II. Tatsächliche Entscheidungsgrundlagen (Abs. 1)	3–16	3. Beweismaß	13
1. Entscheidungsgrundlage	3–7	4. Feststellungslast	14–16
a) Gesamter Verfahrensinhalt	3	**III. Rechtliches Gehör (Abs. 2)**	17–25
b) Ausnahmen	4–7	1. Bedeutung	17, 18

---

[68] *Wieczorek/Schütze/Assmann* § 278 ZPO Rn. 117.
[69] Vgl. *Baumbach/Lauterbach/Hartmann* § 164 ZPO Rn. 14 f. m. weit. Nachw.; oben § 164 ZPO Rn. 12 f.
[70] AA *Stein/Jonas/Leipold* § 278 ZPO Rn. 92.

§ 37 1–4   Buch 1. Abschnitt 2. Verfahren im ersten Rechtszug

	Rn.		Rn.
2. Rechtsbeeinträchtigende Entscheidung..	19	4. Tatsachen- oder Beweisverwertungsverbot	24, 25
3. Äußerungsmöglichkeit	20–23		

I. Allgemeines

1 **1. Normzweck.** Gegenstand der Vorschrift sind die **tatsächlichen Entscheidungsgrundlagen**. Sie regelt in Abs. 1 für das FamFG-Verfahren abweichend vom Zivilprozess, in welchem das Mündlichkeitsprinzip gilt (vgl. § 286 Abs. 1 ZPO), dass Entscheidungsgrundlage nicht nur der Inhalt der mündlichen Verhandlung, sondern der **Inhalt des gesamten Verfahrens** (zB auch das aktenkundige Ergebnis einer nichtformellen Beweisaufnahme, vgl. § 29) ist. Außerdem bestimmt Abs. 1, dass das Gericht im Rahmen **freier Würdigung** entscheidet, von welchem Sachverhalt es als feststehend ausgeht. Soweit keine abweichenden Sondervorschriften eingreifen (vgl. Rn. 8), sieht das FamFG-Verfahren von konkreten Beweiswürdigungsregeln ab. Schließlich sichert Abs. 2 die Rechte der Beteiligten im Hinblick auf die Erweiterung der formellen Entscheidungsgrundlagen. Da das Mündlichkeitsprinzip nicht gilt, ist (insbesondere bei Beweiserhebungen im Freibeweis) nicht sichergestellt, dass den Beteiligten die maßgeblichen Entscheidungsgrundlagen bekannt sind und sie zu diesen Stellung nehmen konnten. Um dem Anspruch der Beteiligten auf **rechtliches Gehör** umfassend Geltung zu verleihen, sieht Abs. 2 in Anlehnung an § 108 Abs. 2 VwGO vor, dass das Gericht nur solche Tatsachen berücksichtigen darf, zu denen sich die Beteiligten zuvor äußern konnten.[1]

2 **2. Anwendungsbereich. Keine Anwendung** findet § 37 in Ehesachen nach §§ 121 ff. und in Familienstreitsachen nach § 112 (vgl. § 113 Abs. 1 S. 1), in denen § 286 ZPO zur Anwendung kommt (vgl. § 113 Abs. 1 S. 2). **Im Übrigen** gilt die Vorschrift für **alle FamFG-Verfahren**, unabhängig davon, ob die Entscheidungsgrundlagen förmlich erhoben wurden und ob es sich um ein Amts- oder Antrags-, ein Fürsorge- oder Streitverfahren handelt.

II. Tatsächliche Entscheidungsgrundlagen (Abs. 1)

3 **1. Entscheidungsgrundlage. a) Gesamter Verfahrensinhalt.** In formeller Hinsicht bildet der gesamte Inhalt des Verfahrens die tatsächliche Entscheidungsgrundlage. Das Gericht darf daher anders als im Zivilprozess nicht nur diejenigen tatsächlichen Erkenntnisse berücksichtigen, die Gegenstand der mündlichen Verhandlung waren.[2] Vielmehr muss das Gericht alle tatsächlichen Erkenntnisse, welche Verfahrensinhalt geworden sind, berücksichtigen, unabhängig davon, auf welchem Weg sie **Verfahrensgegenstand** geworden sind. Dies gilt auch, wenn eine mündliche Erörterung erfolgt ist.[3] Eine Tatsache wird dadurch Verfahrensgegenstand, dass das Gericht, ein Beteiligter oder ein Dritter sie in das Verfahren einführt. Beteiligte oder Dritte können hierzu Tatsachen(-behauptungen) mit Bezug auf ein einzuleitendes oder laufendes Verfahren mündlich oder schrift(sätz)lich gegenüber dem Gericht vorbringen (vgl. § 26 Rn. 17). Das Gericht selbst kann Tatsachen in das Verfahren dadurch einführen, dass es sie in amtlicher Eigenschaft (zB im Rahmen seiner Ermittlungen, einer nichtförmlichen oder förmlichen Beweisaufnahme), unabhängig vom Erkenntnismittel (zB Auskunftsperson, Urkunde, Augenschein), mit Bezug zum Verfahren zur Kenntnis nimmt. Dies umfasst auch den persönlichen Eindruck von den Beteiligten, ihren Vertretern und ihrem Verhalten (zB Aussageverweigerung, Feststellungsvereitelung, vgl. Rn. 11).[4] Trotz § 29 Abs. 3 ist hierfür keine formelle Voraussetzung, dass die Wahrnehmungen des Gerichts aktenkundig werden.[5] § 29 Abs. 3 begrenzt nicht den Kreis der Entscheidungsgrundlagen, sondern sichert diese gegen menschliche Unzulänglichkeiten (zB Vergessen). Nicht zu berücksichtigen sind danach Tatsachen, die dem Gericht zwar **privat bekannt** sind, welche aber nicht Verfahrensgegenstand geworden sind.[6] Diese Grenzen stellt letztlich Abs. 2 sicher, weil eine Tatsache spätestens dadurch Verfahrensgegenstand wird, dass das Gericht den Beteiligten zu ihr im Rahmen des Verfahrens rechtliches Gehör gewährt (vgl. Rn. 17 ff.).

4 **b) Ausnahmen.** Die Entscheidungsgrundlage wird anders als in anderen Verfahrensordnungen (vgl. zB § 106a SGG, § 87b VwGO, § 296 ZPO) grds. nicht dadurch begrenzt, dass **verspätet** ins

---

[1] Amtl. Begr. FamFG (BT-Drucks. 16/6308) S. 194.
[2] Vgl. *Brehm* FPR 2006, 401, 404.
[3] *Zimmermann* FamFG Rn. 87.
[4] Vgl. oben § 286 ZPO Rn. 7.
[5] AA *Keidel/Meyer-Holz* Rn. 3; *Kroiß/Seiler* § 2 Rn. 101; *Kuntze* FGPrax 2005, 185, 187: Entscheidungsgrundlage ist der gesamte Akteninhalt.
[6] Vgl. *Jansen/Briesemeister* § 12 FGG Rn. 64.

Verfahren **eingeführte Tatsachen** ausgeschlossen sind (vgl. Vor §§ 23 ff. Rn. 27). Dies dient der Entscheidungsfindung auf der Grundlage materieller Wahrheit. Allerdings scheiden, trotz hierdurch bedingter Beeinträchtigung der materiellen Wahrheit, auch im FamFG-Verfahren tatsächliche Erkenntnisse, welche einem Verwertungsverbot unterliegen, als Entscheidungsgrundlage aus.

Von den Verwertungsverboten (vgl. Rn. 7) sind die **Erhebungs- oder Ermittlungsverbote** zu 5 unterscheiden, welche ihrerseits ein bestimmtes Erkenntnismittel generell oder in besonderen Situationen ausschließen.[7] Bspw. sind nach § 31 Abs. 2 alle nicht präsenten Beweismittel ausgeschlossen. Auch darf das Gericht entsprechend § 383 Abs. 3 ZPO Auskunftspersonen nicht zu Umständen befragen, die erkennbar einer beruflichen Schweigepflicht unterliegen (vgl. § 29 Rn. 22). Erhebungs- und Ermittlungsverbote wirken sich auf die dem Gericht rechtmäßig zur Verfügung stehenden Erkenntnismittel aus. Sie beschränken von Rechts wegen den Kreis der Mittel und den Weg, wie Tatsachen in das Verfahren eingeführt und verifiziert werden. Hiervon zu unterscheiden ist jedoch die Frage, ob eine rechtswidrig erlangte Erkenntnis, welche ins Verfahren eingeführt wurde, tatsächliche Grundlage der gerichtlichen Entscheidung sein kann (Verwertungsverbot).[8]

Als Entscheidungsgrundlage scheiden diejenigen tatsächlichen Erkenntnisse aus, die einem **Ver-** 6 **wertungsverbot** unterliegen. Hierbei ist zu unterscheiden, ob eine Tatsache als solche oder nur ein bestimmtes Verifizierungsmittel ausgeschlossen ist. Im ersten Fall darf das Gericht die ausgeschlossene Tatsache seiner Entscheidung nicht zugrunde legen, unabhängig davon, ob es diese als gegeben oder nicht gegeben ansieht. Bei exzessiver Interpretation könnte es dem Gericht sogar verwehrt sein, die einem Verwertungsverbot unterliegende Tatsache zum Anlass weiterer Ermittlungen zu nehmen. Im zweiten Fall ist es dem Gericht dagegen lediglich verwehrt, seine Überzeugung vom Vorliegen oder Nichtvorliegen einer Tatsache auf das ausgeschlossene Mittel der Verifizierung zu stützen. Es kann die Tatsache gleichwohl seiner Entscheidung zugrunde legen, wenn es sich die hierfür notwendige Überzeugung auf anderem Weg verschaffen kann. Ein (vorläufiges) **Tatsachenverwertungsverbot** sieht das FamFG lediglich in Abs. 2 vor. Danach dürfen für belastende Entscheidungen solche Tatsachen nicht verwertet werden, zu denen sich ein Beteiligter noch nicht äußern konnte. Im Übrigen besteht kein Tatsachenverwertungsverbot; es ist auch den übrigen Verfahrensordnungen fremd.[9] Der absolute Ausschluss einer bestimmten Tatsache bewirkt einen besonders intensiven Eingriff in das im Verfahren zu verwirklichende materielle Recht, weshalb er ohne ausdrückliche gesetzliche Anordnung nicht zulässig ist.

Unter welchen Voraussetzungen ein rechtswidrig, dh. entgegen einem Erhebungs- oder Ermitt- 7 lungsverbot, erlangtes Verifizierungsmittel ausgeschlossen ist, regelt das Gesetz, mit wenigen Ausnahmen (zB Abs. 2), nicht ausdrücklich. In Lit. und Rspr. haben sich für das Zivilprozess unterschiedliche Ansichten entwickelt,[10] wie der Widerstreit zwischen der **wahrheitsgemäßen Verwirklichung des materiellen Rechts** einerseits und dem **Schutz** vor rechtswidrigen Eingriffen in Rechtspositionen **der Beteiligten** oder Dritter andererseits aufzulösen ist. Da die widerstreitenden Interessen jeweils schutzwürdig sind, ist ein pauschaler Vorrang einer Position zu vermeiden. Vielmehr ist durch Auslegung der durch die Erhebung verletzten Norm zu ermitteln, inwieweit diese im konkreten Fall[11] nach Sinn und Zweck Vorrang vor der Verwirklichung des materiellen Rechts beansprucht.[12] Bspw. geht der Gesetzgeber davon aus, dass das Verweigerungsrecht nach § 383 Abs. 2 ZPO Vorrang genießt, wenn die Auskunftsperson infolge unterlassener Belehrung eine Aussage gemacht hat und deren Verwertung nicht billigt (vgl. § 29 Rn. 24). Dagegen tritt der von § 376 ZPO bezweckte Schutz des Amtsgeheimnisses zurück, wenn eine Offenbarung erfolgt ist (vgl. § 29 Rn. 19). Auch hindert die Überschreitung der aus § 383 Abs. 3 ZPO folgenden Grenzen des Fragerechts nicht die Verwertung der gewonnenen Antwort (vgl. § 29 Rn. 24).

2. Freie Tatsachenwürdigung. a) Grundsatz. Das Gericht muss von der Wahrheit der tatsäch- 8 lichen Feststellungen, auf die es seine Entscheidung stützen will (entscheidungserhebliche Tatsachen, vgl. § 29 Rn. 5), überzeugt sein.[13] Den Vorgang der inneren Reflexion der formellen Entscheidungsgrundlage mit dem Ziel, sich eine Überzeugung von den tatsächlichen Entscheidungsgrundlagen zu verschaffen, nennt man **Tatsachenwürdigung.** Wie für den Zivilprozess (vgl. § 286 Abs. 2 ZPO)[14] verzichtet der Gesetzgeber grds. darauf, den Richter durch materielle Vorgaben bei seiner

---

[7] Vgl. Wieczorek/Schütze/Ahrens B vor § 286 ZPO Rn. 12; oben § 284 ZPO Rn. 63.
[8] Wieczorek/Schütze/Ahrens B vor § 286 ZPO Rn. 12.
[9] Vgl. BAG NJW 2008, 2732, 2733 f.; Wieczorek/Schütze/Ahrens B vor § 286 ZPO Rn. 24 f.
[10] Vgl. oben § 284 ZPO Rn. 65.
[11] Vgl. die Fallgruppen oben § 284 ZPO Rn. 68 ff.
[12] Vgl. oben § 284 ZPO: Schutzzweck der Norm.
[13] Amtl. Begr. FamFG (BT-Drucks. 16/6308) S. 194; vgl. Wieczorek/Schütze/Ahrens § 286 ZPO Rn. 2.
[14] Vgl. Brehm FPR 2006, 401, 404.

Würdigung zu leiten. Nur ausnahmsweise nimmt der Gesetzgeber materiellen Einfluss auf die Würdigung, indem er bestimmt, unter welchen Voraussetzungen von einer vollständigen Überzeugung mit einem bestimmten Inhalt auszugehen ist (vgl. § 30 Rn. 29). Im Übrigen ist Entscheidungsmaßstab die **freie Überzeugung** des Gerichts. Welches Maß an gerichtlicher Überzeugung notwendig ist, um die Entscheidung auf eine Tatsache zu stützen, richtet sich danach, ob das Gesetz wie im Regelfall den Beweis einer Tatsache erfordert (vgl. Rn. 13) oder sich mit einer bloßen Glaubhaftmachung (vgl. § 31 Rn. 9) begnügt.

9 Die **Würdigung** obliegt dem erkennenden Gericht, welches die Verantwortung für die Richtigkeit der tatsächlichen Entscheidungsgrundlagen trägt.[15] Dieses muss sich selbst die erforderliche Überzeugung von den tatsächlichen Entscheidungsgrundlagen (vgl. Rn. 3) verschaffen. Es darf nicht die Überzeugung eines Dritten (zB Sachverständigen) übernehmen.[16] Dies gilt für Erkenntnisse von Behörden (zB Jugendamt, Staatsanwaltschaft) ebenso wie für Erkenntnisse der Beteiligten, eines anderen Gerichts oder eines Sachverständigen. Vielmehr muss das Gericht die Tatsachenfeststellungen selbst verantworten, darf in diesem Rahmen aber Gehilfen beauftragen. Bei seiner Würdigung ist das Gericht trotz aller unvermeidbar bestehenden Subjektivität an **gewisse objektive Vorgaben** gebunden.[17] Es muss insbesondere die Denkgesetze, die zwingenden Erfahrungssätze und die Naturgesetze beachten.[18] Umgekehrt darf sich das Gericht keinen nicht bestehenden Vorgaben unterwerfen. Die Würdigung ist deshalb rechtsfehlerhaft, wenn das Gericht ohne gesetzliche Grundlage den Beweiswert eines bestimmten Beweismittels grds. geringer als den eines anderen Beweismittels bewertet.[19] Im Rahmen der **Begründungspflicht** des § 38 Abs. 3 S. 1 (vgl. § 38 Rn. 18) muss das Gericht auch seine Überzeugung von den tatsächlichen Entscheidungsgrundlagen rechtfertigen.[20] Hierdurch wird die Würdigung transparent und für die Beteiligten und das Rechtsmittelgericht nachvollziehen- und überprüfbar. Zugleich dient die Begründungspflicht der Selbstkontrolle des Gerichts und der Rationalität der Würdigung.

10 **b) Anscheinsbeweis.** Beim sog. Anscheinsbeweis handelt es sich nicht um ein besonderes Beweismittel, sondern um eine Beweiswürdigung unter besonderer Berücksichtigung der allgemeinen Lebenserfahrung.[21] Der Anscheinsbeweis ermöglicht es dem Gericht, auf Grund der allgemeinen Lebenserfahrung von einem **typischen Geschehensablauf** ohne tatsächliche Feststellung historischer Einzelvorgänge auf ein bestimmtes Geschehen zu schließen.[22] Dies gilt auch im FamFG-Verfahren.[23] Aufgrund der Typizität[24] des Geschehensablaufs kann sich das Gericht bereits auf der Grundlage eines bloßen Anscheins die hinreichende Überzeugung (vgl. Rn. 13) verschaffen. Der Anscheinsbeweis rechtfertigt die Überzeugung des Gerichts nicht, soweit er **erschüttert** ist, dh. ausnahmsweise im Rahmen der Amtsermittlung ernsthafte Anhaltspunkte für einen atypischen Geschehensablauf vom Gericht festgestellt werden können.[25]

11 **c) Feststellungsvereitelung.** Unter einer Feststellungsvereitelung ist in einem umfassenden Sinne jede Beseitigung einer Erkenntnisquelle (entscheidend ist nicht die körperliche Beseitigung, sondern die Aufhebung der Funktion als Erkenntnismittel) zu verstehen. Die betroffene Erkenntnisquelle steht dem Gericht zur Ermittlung und Verifizierung des Sachverhalts nicht mehr zu Verfügung. Dementsprechend **setzt** die Feststellungsvereitelung in jedem Fall der verfahrensrechtlichen Verpflichtung des Gerichts zur **Amtsaufklärung** faktisch eine **Grenze**. Wird die Beseitigung der Erkenntnisquelle durch ein zurechenbares und schuldhaftes Verhalten des nicht feststellungsbelasteten (vgl. Rn. 14 ff.) Beteiligten mit der Folge bewirkt, dass das Gericht sich vom Vorliegen oder Nichtvorliegen einer Tatsache nicht die für seine Entscheidung erforderliche Überzeugung (vgl. Rn. 13) verschaffen kann, ist eine Feststellungsvereitelung im engeren Sinne gegeben (Beweisvereitelung).[26] Das Verschulden des Beteiligten muss sich dabei sowohl auf die Beeinträchtigung der tatsächlichen

---

[15] Vgl. *Jansen/Briesemeister* § 12 FGG Rn. 40; *Lent* § 12 II.
[16] Vgl. *Jansen/Briesemeister* § 12 FGG Rn. 59; vgl. auch *Wieczorek/Schütze/Ahrens* § 286 ZPO Rn. 31.
[17] Vgl. oben § 286 ZPO Rn. 10.
[18] Vgl. *Wieczorek/Schütze/Ahrens* § 286 ZPO Rn. 27, 39; oben § 286 ZPO Rn. 10.
[19] Vgl. *Wieczorek/Schütze/Ahrens* § 286 ZPO Rn. 28; oben § 286 ZPO Rn. 15.
[20] OLG Frankfurt Rpfleger 1978, 310, 311; vgl. auch *Wieczorek/Schütze/Ahrens* § 286 ZPO Rn. 40.
[21] Vgl. *Rosenberg/Schwab/Gottwald* § 112 Rn. 16; oben § 286 ZPO Rn. 48.
[22] Vgl. *Wieczorek/Schütze/Ahrens* § 286 ZPO Rn. 47 ff.; *Rosenberg/Schwab/Gottwald* § 112 Rn. 17; oben § 286 ZPO Rn. 48.
[23] OLG Frankfurt FGPrax 1998, 62, 63; OLG Zweibrücken NJW-RR 2002, 749; *Bassenge/Roth* § 12 FGG Rn. 11.
[24] Vgl. die Fallgruppen oben § 286 ZPO Rn. 67 ff.
[25] Vgl. OLG Zweibrücken NJW-RR 2002, 749; *Bassenge/Roth* § 12 FGG Rn. 11; oben § 286 ZPO Rn. 65.
[26] Vgl. BGH NJW 2008, 982, 985; *Baumbach/Lauterbach/Hartmann* Anh. § 286 ZPO Rn. 27.

Feststellungen als auch auf die Beeinträchtigung des Verfahrensergebnisses beziehen.[27] Für den Zivilprozess ist umstritten, welche Rechtsfolgen eine sog. Beweisvereitelung zeitigt.[28] Die hA geht davon aus, dass Beweiserleichterungen in Betracht kommen, die bis zu einer Umkehr der objektiven Beweislast (vgl. Rn. 14 ff.) reichen können.[29] Nach zutreffender Ansicht hat das Gericht jedoch zunächst das beweisvereitelnde Verhalten im Rahmen seiner freien **Beweiswürdigung** zu berücksichtigen. Dies folgt bereits aus Abs. 1. Gelangt es hierbei gleichwohl zu keiner ausreichenden Überzeugung, kann es entsprechend §§ 427, 441 Abs. 3, 444, 446, 453 Abs. 2, 454 Abs. 1 ZPO die zu verifizierende Tatsache als erwiesen behandeln.[30] Eine Umkehr der Beweislast erfolgt hiernach nicht.[31]

Diese für den Zivilprozess geltenden Grundsätze können allerdings nicht unmittelbar und uneingeschränkt auf das **FamFG-Verfahren** übertragen werden.[32] Sie wurzeln in einem Prozessrechtsverhältnis zwischen Parteien mit entgegengesetzten Interessen.[33] Ein solches Verfahrensrechtsverhältnis ist nur in **Streitverfahren** gegeben (vgl. Vor §§ 23 ff. Rn. 2 f.), weshalb die entsprechende Anwendung der Bewiesenseinsfiktion nach §§ 427, 441 Abs. 3, 444, 446, 453 Abs. 2, 454 Abs. 1 ZPO hierauf beschränkt ist.[34] **Im Übrigen** verbleibt es bei der von Abs. 1 vorgeschriebenen Berücksichtigung im Rahmen freier Beweiswürdigung.[35] Kann sich das Gericht dabei keine Überzeugung vom Vorliegen oder Nichtvorliegen einer Tatsache verschaffen, kann die zweifelhafte Tatsache in Ermangelung einer Rechtsgrundlage nicht als bewiesen fingiert werden. Vielmehr ist eine Entscheidung entsprechend der Verteilung der Feststellungslast (vgl. Rn. 14 ff.) zu treffen.

3. Beweismaß. Eine Tatsache ist bewiesen, dh. verifiziert, wenn die entscheidende Gerichtsperson mit einer **sehr hohen Wahrscheinlichkeit** von ihr überzeugt ist (notwendiges Beweismaß). Vollständige Gewissheit ist nicht erforderlich, weil sie sich nicht erreichen lässt.[36] Nicht ausreichend ist dagegen überwiegende Wahrscheinlichkeit.[37] Dies zeigt der Vergleich des Beweises mit § 31.[38] Soweit das Gesetz anstelle des Beweises die Glaubhaftmachung vorsieht, begnügt es sich mit einem geringeren Maß an Überzeugung (vgl. § 31 Rn. 9). Dieser Unterschied würde ausgeräumt, wenn auch für den Beweis überwiegende Wahrscheinlichkeit ausreichend wäre.[39] Erforderlich ist, dass das Gericht sich die volle Überzeugung verschafft, dass eine Tatsache vorliegt oder nicht.[40] Das Gericht muss danach nicht prüfen, ob jeder Zweifel und jede Möglichkeit des Gegenteils ausgeschlossen ist.[41] Es genügt vielmehr ein für das praktische Leben brauchbarer Grad von Gewissheit, der **vernünftigen Zweifeln Schweigen gebietet**, ohne sämtliche Zweifel völlig auszuschließen.[42] Dieser Maßstab gilt im Freibeweis und im Strengbeweis gleichermaßen.[43] Beide unterscheiden sich nur hinsichtlich der Förmlichkeiten auf dem Weg zur Gewinnung richterlicher Überzeugung, nicht aber hinsichtlich des notwendigen Maßes richterlicher Überzeugung.[44] Auch bedingt die Geltung des Untersuchungsgrundsatzes keine Abweichung,[45] wie zB der Vergleich mit dem Beweismaß der VwGO[46] zeigt.

4. Feststellungslast. Kann sich das Gericht bis zum Abschluss des Verfahrens trotz Ausschöpfung der Amtsermittlungspflicht und Erhebung aller möglichen und verfahrensrechtlich zulässigen Erkenntnis- und Verifizierungsmittel eine gesicherte Überzeugung von den entscheidungserheblichen Tatsachengrundlagen nicht verschaffen (sog. **non liquet**), muss auch im vom Amtsermittlungsgrund-

---

[27] Vgl. BGH NJW 2008, 982, 985.
[28] Vgl. den Überblick oben § 286 ZPO Rn. 84 ff.
[29] Vgl. BGH NJW 2008, 982, 985; *Rosenberg/Schwab/Gottwald* § 114 Rn. 21; kritisch hierzu oben § 286 ZPO Rn. 88, 90 ff.
[30] Vgl. oben § 286 ZPO Rn. 92.
[31] Vgl. oben § 286 ZPO Rn. 85, 88; aA *Stein/Jonas/Leipold* § 286 ZPO Rn. 188.
[32] OLG Hamm NJW-RR 1996, 1095, 1096; aA *Keidel/Kuntze/Winkler/Schmidt* § 12 FGG Rn. 216.
[33] Vgl. *Rosenberg/Schwab/Gottwald* § 114 Rn. 21: Treu und Glauben im Prozessrechtsverhältnis, Waffengleichheit der Parteien.
[34] Vgl. *Bumiller/Winkler* § 1 FGG Rn. 5.
[35] Vgl. *Bassenge/Roth* § 12 FGG Rn. 12.
[36] BGH NJW-RR 1995, 567, 568; *Keidel/Kuntze/Winkler/Schmidt* § 15 FGG Rn. 63.
[37] *Keidel/Kuntze/Winkler/Schmidt* § 15 FGG Rn. 63.
[38] Vgl. *Wütz*, Freibeweis, S. 61.
[39] Vgl. oben § 286 ZPO Rn. 36 f.
[40] *Keidel/Kuntze/Winkler/Schmidt* § 15 FGG Rn. 63.
[41] BGH NJW-RR 1995, 567, 568.
[42] Vgl. BGH NJW-RR 1995, 567, 568; *Peters*, Freibeweis, S. 66; *Wütz*, Freibeweis, S. 61.
[43] Amtl. Begr. FamFG (BT-Drucks. 16/6308) S. 194; BGH NJW 1997, 3319, 3320; *Peters*, Freibeweis, S. 66, 190; *Wieczorek/Schütze/Ahrens* § 284 ZPO Rn. 38; *Wütz*, Freibeweis, S. 9, 61; *Zimmermann* FamFG Rn. 85.
[44] *Peters*, Freibeweis, S. 190.
[45] *Peters*, Freibeweis, S. 72 ff.
[46] Vgl. *Kopp/Schenke* § 108 VwGO Rn. 5.

satz geprägten FamFG-Verfahren[47] die Frage nach der gerichtlichen Entscheidungsfindung beantwortet werden, weil ohne feststehenden Sachverhalt die Subsumtion unter eine Rechtsnorm nicht möglich ist.[48] Wie im Zivilprozess[49] ist das Gericht auch im FamFG-Verfahren verpflichtet, eine verfahrensabschließende Entscheidung zu treffen. Es darf diese nicht unter Hinweis auf die fehlende Entscheidungsgrundlage verweigern. Vielmehr trifft das Gericht eine Entscheidung entsprechend der Verteilung der Feststellungslast (**objektive Beweislast**).[50] Diese gibt dem Gericht die Antwort auf die Frage, zu wessen Nachteil im Falle eines non liquet die Entscheidung zu fällen ist, indem sie darüber befindet, ob das non-liquet dadurch zu überwinden ist, dass die ungeklärte Tatsache als gegeben oder als nicht gegeben fingiert wird.[51] Eine subjektive Beweis(führungs)last[52] kennt das FamFG-Verfahren im Hinblick auf die gerichtlich gesteuerte Feststellung des Sachverhalts (vgl. § 26 Rn. 3 und § 29 Rn. 2) nicht.[53]

15 Die **Verteilung der objektiven Beweislast** erfolgt nach rechtlichen Maßstäben, für welche der Gesetzgeber auf verschiedene Anknüpfungspunkte zurückgreift.[54] Für Einzelfälle hat der Gesetzgeber ausdrückliche Regelungen zur Verteilung der Beweislast getroffen (zB § 2336 Abs. 3 BGB). Eine entsprechende ausdrückliche Regelung jeder materiell-rechtlichen Vorschrift an die Seite zu stellen, ist jedoch praktisch ausgeschlossen.[55] Vielmehr setzt der Gesetzgeber bei der Schaffung des materiellen Rechts eine bestimmte **Grundregel** über die Verteilung der Feststellungslast voraus.[56] Nach dieser Grundregel soll eine Rechtsfolge eintreten, wenn die für sie **konstitutiven Tatbestandsmerkmale** erfüllt sind. Die Feststellungslast für die insoweit maßgeblichen Tatsachen trägt derjenige, der die entsprechende Rechtsfolge für sich reklamiert.[57] Begehrt ein Beteiligter (Antragsteller) vom Gericht (zB Erbscheinsverfahren) oder vom Gegner (zB Streitverfahren) eine Leistung, trägt er die Feststellungslast für die anspruchsbegründenden Tatsachen.[58] Soweit das Gericht dagegen von Amts wegen eine einen Beteiligten belastende Entscheidung erlassen will (zB Freiheitsentziehung, Betreuerbestellung), trägt das Gericht die Feststellungslast hinsichtlich der eingriffsbegründenden Tatsachen. Neben konstitutiven Voraussetzungen normiert der Gesetzgeber vielfach auch Tatbestandsmerkmale, deren Erfüllung den Eintritt einer Rechtsfolge **hindern, entfallen lassen oder hemmen**. Die Feststellungslast für die insoweit maßgeblichen Tatsachen trägt derjenige, der sich auf die Rechtshinderung, den -untergang oder die -hemmung beruft.[59] In Verfahren, in denen eine Leistung begehrt wird, trägt deren Schuldner (Gericht oder Gegner) insoweit die Feststellungslast. In Verfahren, deren Gegenstand ein Eingriff gegenüber einem Beteiligten ist, trägt der betroffene Beteiligte die objektive Beweislast hinsichtlich der hindernden, vernichtenden und hemmenden Tatsachen. Welche Tatbestandsmerkmale rechtsbegründend, -hindernd, -hemmend oder -vernichtend sind, ergibt die **Auslegung des einschlägigen materiellen Rechts.**[60] Neben dem Wortlaut (zB negative Formulierung), der Systematik (zB Regel-Ausnahme-Verhältnis) sind hierbei vor allem Sinn und Zweck der Norm sowie verfassungsrechtliche Vorgaben zu berücksichtigen.[61]

16 Die Beteiligten können, soweit sie dispositionsbefugt sind, **Vereinbarungen über** die Verteilung der **Feststellungslast** treffen.[62] Entscheidend ist die Befugnis der Beteiligten über ihre materiellen Rechte zu verfügen. Soweit dies möglich ist, kann auch über die im materiellen Recht verankerte Feststellungslast disponiert werden. Eine entsprechende Vereinbarung kann auch konkludent erfolgen. Auch kann ggf. ein unzulässiges Geständnis (vgl. § 26 Rn. 4) in ein Angebot auf Abschluss einer Vereinbarung mit dem Inhalt, dem Gestehenden die Feststellungslast aufzuerlegen, umgedeutet werden.

---

[47] Vgl. oben § 286 ZPO: jede Prozessordnung.
[48] Vgl. zum Zivilprozess oben § 286 ZPO Rn. 93.
[49] Vgl. oben § 286 ZPO Rn. 105.
[50] Vgl. BayObLG NZM 2002, 449, 450; *Dorndorf,* Rechtsbeständigkeit, S. 120; *Kroiß/Seiler* § 2 Rn. 54; nur in Streitsachen *Josef,* FGG, § 12 III.
[51] Vgl. OLG Frankfurt Rpfleger 1978, 310, 311; oben § 286 ZPO Rn. 106; *Keidel/Kuntze/Winkler/Schmidt* § 12 FGG Rn. 212.
[52] Vgl. dazu oben § 286 ZPO Rn. 98.
[53] BayObLG NZM 2002, 449, 450; *Keidel/Kuntze/Winkler/Schmidt* § 12 FGG Rn. 212, § 15 FGG Rn. 66; *Kroiß/Seiler* § 2 Rn. 54.
[54] Vgl. oben § 286 ZPO Rn. 108 ff.
[55] Vgl. oben § 286 ZPO Rn. 110.
[56] Vgl. oben § 286 ZPO Rn. 110.
[57] Vgl. KG NJW 2001, 903, 904; OLG Frankfurt Rpfleger 1978, 310, 311; *Josef,* FGG, § 12 III c; *Kroiß/Seiler* § 2 Rn. 54.
[58] Vgl. BayObLG NZM 2002, 449, 450.
[59] BayObLG NZM 2002, 449, 450.
[60] Vgl. BayObLG NZM 2002, 449, 450; OLG Frankfurt Rpfleger 1978, 310, 311.
[61] Vgl. oben § 286 ZPO Rn. 114 ff.
[62] *Keidel/Kuntze/Winkler/Schmidt* § 12 FGG Rn. 217.

III. Rechtliches Gehör (Abs. 2)

1. Bedeutung. Der Grundsatz rechtlichen Gehörs nach Art. 103 Abs. 1 GG trägt der Stellung 17 der Beteiligten als Verfahrenssubjekte Rechnung.[63] Er gebietet, dass das Gericht den Beteiligten die Möglichkeit gibt, sich zu einer tatsächlichen oder rechtlichen Frage innerhalb einer nach den Umständen angemessenen Frist zu äußern.[64] Dies umfasst zunächst ein Recht der Beteiligten darauf, von allen entscheidungserheblichen Grundlagen Kenntnis zu erlangen.[65] Die Form der Kenntnisgabe muss zumutbar sein.[66] In Betracht kommt die Übersendung von Hinweisen oder Abschriften ebenso wie eine mündliche Unterrichtung.[67] Eine bestimmte Form ist mithin nicht vorgeschrieben.[68] Zudem muss das Gericht den Inhalt einer **Äußerung in seine Entscheidungsfindung einbeziehen**.[69] Aus seiner Funktion folgt, dass rechtliches Gehör grds. **vor der Entscheidungsfindung** zu gewähren ist.[70]

Abs. 2 dient durch die Statuierung eines Tatsachen- und Beweisverwertungsverbots mittelbar der 18 Gewährleistung des **rechtlichen Gehörs** der Beteiligten im Hinblick auf die tatsächlichen Entscheidungsgrundlagen. Das Gericht darf seiner Entscheidung nur solche Tatsachen und Beweisergebnisse zugrunde legen, zu denen sich der Beteiligte, dessen Rechte die Entscheidung beeinträchtigt, zuvor äußern konnte. Die Vorschrift gleicht ein aus der Nichtgeltung des Mündlichkeitsprinzips (vgl. Vor §§ 23ff. Rn. 24) folgendes Defizit aus. Nach Abs. 1 bildet der gesamte Inhalt des Verfahrens und nicht nur der Inhalt der mündlichen Verhandlung die formelle Entscheidungsgrundlage. Es sind daher auch vom Gericht im Freibeweis ohne Anwesenheit der Beteiligten ermittelte oder nur von einem Beteiligten dem Gericht mitgeteilte Tatsachen zu berücksichtigen. Da zur Gewährleistung der Flexibilität des FamFG-Verfahrens und zur Beschränkung des in organisatorischer und finanzieller Hinsicht zu leistenden Aufwands keine generelle Verpflichtung zur Übersendung schriftlicher Erklärungen und Beweisergebnisse an die Beteiligten vorgesehen ist,[71] besteht ohne Abs. 2 die Gefahr, dass das Gericht eine Entscheidung auf einer den Beteiligten unbekannten Grundlage (Überraschungsentscheidung) trifft. Diese Gefahr räumt Abs. 2 unter Beibehaltung der Verfahrensflexibilität aus.

2. Rechtsbeeinträchtigende Entscheidung. Nach Abs. 2 wird das rechtliche Gehör nur im 19 Hinblick auf rechtsbeeinträchtigende Entscheidungen gesichert. Der Begriff der Rechtsbeeinträchtigung ist dahin zu verstehen, dass der Beteiligte durch die beabsichtigte Entscheidung in seiner Rechtsstellung negativ betroffen werden muss.[72] Erforderlich aber auch ausreichend ist ein **unmittelbarer, nachteiliger Eingriff durch die Entscheidung** in ein dem Beteiligten zustehendes Recht.[73] Ein solcher Eingriff kann sowohl durch eine Verkürzung des rechtlichen Bestands als auch durch Verweigerung einer Verbesserung der Rechtsstellung erfolgen.[74] Der Eingriff muss in ein Recht des Beteiligten oder desjenigen erfolgen, dessen Rechte er als Verfahrensstandschafter wahrnimmt. Die Beeinträchtigung muss unmittelbar durch die Entscheidung, dh. deren verfügenden Ausspruch verursacht werden.[75]

3. Äußerungsmöglichkeit. Bevor[76] das Gericht eine beeinträchtigende Entscheidung (vgl. 20 Rn. 19) trifft, muss es überprüfen, ob den belasteten Beteiligten alle tatsächlichen Entscheidungsgrundlagen (vgl. Rn. 3) im Laufe des Verfahrens übermittelt worden sind und die Beteiligten Gelegenheit hatten, sich zu diesen zu äußern. Die **tatsächlichen Entscheidungsgrundlagen** umfassen zunächst das, was die Beteiligten oder das Gericht in tatsächlicher Hinsicht ins Verfahren eingeführt haben. Dies kann auch ausländisches Recht umfassen. Außerdem gehören hierzu allgemeine und besondere Erfahrungssätze, die das Gericht zur Überzeugungsbildung heranziehen will. Nicht hierher gehören die Ergebnisse von Rechenoperationen oder Rechtsansichten. Die Bekanntgabe und Gewährung einer Äußerungsmöglichkeit ist nur hinsichtlich derjenigen Tatsachen und Beweisergeb-

---

[63] *Brehm* § 10 Rn. 44; *Jansen*, Wandlungen, S. 19 f.
[64] BVerfG NJW 1982, 1579, 1582; NJW 1983, 2762, 2763; NJW 1988, 1773, 1774; NJW 1991, 1283, 1285; *Bassenge/Roth* Einleitung Rn. 61; *Keidel*, Rechtliches Gehör, S. 112 ff.; *Zimmermann* RPfleger 1967, 329, 333.
[65] *Lindacher* JuS 1978, 577, 582 f.; *Zimmermann* RPfleger 1967, 329, 333.
[66] *Bassenge/Roth* Einleitung Rn. 62.
[67] *Bassenge/Roth* Einleitung Rn. 62.
[68] *Bassenge/Roth* Einleitung Rn. 63; *Jansen*, Wandlungen, S. 20; *Schleicher*, Rechtliches Gehör, S. 9 f.
[69] BVerfG NJW 1983, 2762, 2763; NJW 1987, 485; NJW 1991, 1283, 1285; NJW 1997, 2310, 2312.
[70] BVerfG NJW 1959, 427, 428; *Keidel*, Rechtliches Gehör, S. 187.
[71] *Zimmermann* FamFG Rn. 26.
[72] Vgl. Amtl. Begr. FamFG (BT-Drucks. 16/6308) S. 194.
[73] Vgl. *Keidel/Kuntze/Winkler/Kahl* § 20 FGG Rn. 12.
[74] Vgl. *Keidel/Kuntze/Winkler/Kahl* § 20 FGG Rn. 12.
[75] Vgl. *Keidel/Kuntze/Winkler/Kahl* § 20 FGG Rn. 12.
[76] Vgl. *Jansen/Briesemeister* § 12 FGG Rn. 139.

nisse vorgeschrieben, auf welche das erkennende Gericht nach seiner Einschätzung seine Entscheidung stützen will (**tragende Tatsachen**). Nicht tragend sind solche tatsächlichen Entscheidungsgrundlagen, deren Vorliegen oder Nichtvorliegen vom erkennenden Gericht nicht zur unabdingbaren Rechtfertigung der beeinträchtigenden Entscheidung herangezogen werden sollen. Werden nach Anhörung weitere Entscheidungsgrundlagen erheblich, muss auch zu ihnen Gehör gewährt werden.[77]

21 Das Gesetz lässt offen, auf welche Weise dem betroffenen Beteiligten rechtliches Gehör zu gewähren ist. Im Regelfall sind dem betroffenen Beteiligten die **entscheidungsrelevanten Erklärungen** anderer Beteiligter sowie die Ergebnisse einer Beweisaufnahme durch das Gericht **mitzuteilen**.[78] Dies kann durch Übersendung eingereichter Schriftsätze, des Vermerks über einen Termin oder eine persönliche Anhörung außerhalb eines Termins, eines Vermerks über das Ergebnis einer formlosen Beweisaufnahme (vgl. § 29 Abs. 3), eines Vermerks über die Durchführung einer förmlichen Beweisaufnahme im Termin oder eines eingeholten schriftlichen Gutachtens aber im Einzelfall auch durch mündliche Unterrichtung geschehen.[79] Bei der Entscheidung über **Form und Ausmaß der Unterrichtung** muss sich das Gericht von der Effektivität der Gewährung rechtlichen Gehörs leiten lassen. Die Beteiligten müssen umfassend über die maßgeblichen Entscheidungsgrundlagen informiert werden; ein **Geheimverfahren** ist **unzulässig**.

22 Soweit die Gesetzesbegründung ausführt, dass im Einzelfall von einer Übersendung bestimmter Beweisdokumente abgesehen werden kann, wenn **schwerwiegende Interessen** (zB Persönlichkeitsrecht) eines Beteiligten oder eines Dritten **entgegenstehen,** ist dies missverständlich.[80] Richtig ist, dass das Gericht in Harmonisierung mit § 13 Abs. 1 Halbs. 2 (vgl. § 13 Rn. 6 f.) nicht verpflichtet ist, den Beteiligten ein bestimmtes Beweisdokument (zB Gutachten über den Betroffenen in Betreuungs- und Unterbringungsverfahren oder Vermerke über Anhörungen in Sorgerechts- und Umgangsverfahren)[81] zur Verfügung zu stellen. Dies gilt insbesondere, wenn diese neben tragenden auch nicht tragende Tatsachen berichten. Gleichwohl muss auch in diesen Fällen dem Anspruch eines Beteiligten auf rechtliches Gehör uneingeschränkt Genüge getan werden, soweit die Entscheidung in seine Rechte eingreift.[82] Das Gericht muss dem Beteiligten auf andere Weise Kenntnis von den tragenden Tatsachen verschaffen. Dies kann durch eine schriftliche oder – bei weniger komplexen Zusammenhängen – auch durch eine mündliche Zusammenfassung des Inhalts geschehen.[83] In keinem Fall, auch nicht zum Schutz schwerwiegender Interessen, darf das Gericht aber seine Entscheidung auf Tatsachen stützen, zu denen einem Beteiligten kein rechtliches Gehör gewährt wurde (vgl. aber Rn. 25). Hierfür spricht letztlich auch, dass das Gericht spätestens in der Begründung seiner Entscheidung (vgl. § 38 Abs. 3 S. 1) alle tragenden tatsächlichen und rechtlichen Erwägungen offenbaren muss.

23 Außerdem ist den Beteiligten vor der Entscheidung **Gelegenheit zur Äußerung** zu geben. Hierfür kann die Möglichkeit zur Stellungnahme im Termin ausreichen, wenn es dem Beteiligten zuzumuten ist, eine sofortige Erklärung abzugeben, was in der Regel bei weniger komplexen Zusammenhängen der Fall sein wird.[84] In diesen Fällen kann das Ergebnis einer Beweisaufnahme oder einer Anhörung unmittelbar anschließend im Termin erörtert werden.[85] Anderenfalls ist den Beteiligten eine angemessene Frist zur mündlichen oder schriftlichen Stellungnahme einzuräumen.

24 **4. Tatsachen- oder Beweisverwertungsverbot.** Soweit einem Beteiligten nicht im erforderlichen Ausmaß die Möglichkeit zur Äußerung gegeben wurde, ist die Tatsache oder das Beweisergebnis, zu denen keine Äußerungsmöglichkeit bestand, von den tatsächlichen Entscheidungsgrundlagen auszunehmen. Das Gericht darf die Tatsache oder das Beweisergebnis **nicht** für seine Überzeugungsbildung über die maßgeblichen Tatsachen **verwerten.** Soweit die betreffende Tatsache oder das Beweisergebnis **nicht entscheidungserheblich** ist, weil das Gericht auch ohne deren Berücksichtigung zum identischen Ergebnis gelangt, wird die gerichtliche Entscheidung nicht gehindert; hinsichtlich nicht entscheidungserheblicher Tatsachen besteht kein verfassungsrechtlicher Anspruch auf rechtliches Gehör. Dem Gericht ist allerdings nach Abs. 2 verwehrt, sein Ergebnis auf die ausgeschlossene Tatsache oder das ausgeschlossene Beweisergebnis zu stützen. Soweit die ausgeschlossene

---

[77] *Jansen/Briesemeister* § 12 FGG Rn. 125.
[78] Vgl. Amtl. Begr. FamFG (BT-Drucks. 16/6308) S. 194.
[79] Vgl. Amtl. Begr. FamFG (BT-Drucks. 16/6308) S. 194.
[80] Vgl. Amtl. Begr. FamFG (BT-Drucks. 16/6308) S. 194.
[81] Vgl. Amtl. Begr. FamFG (BT-Drucks. 16/6308) S. 194.
[82] Vgl. Amtl. Begr. FamFG (BT-Drucks. 16/6308) S. 195.
[83] Vgl. Amtl. Begr. FamFG (BT-Drucks. 16/6308) S. 195.
[84] Vgl. Amtl. Begr. FamFG (BT-Drucks. 16/6308) S. 195.
[85] Vgl. Amtl. Begr. FamFG (BT-Drucks. 16/6308) S. 195.

Entscheidungsgrundlage dagegen **entscheidungserheblich** ist, darf das Gericht nicht unter Berufung auf Abs. 2 eine Entscheidung ohne Berücksichtigung der ausgeschlossenen Tatsache oder des ausgeschlossenen Beweisergebnisses treffen. Vielmehr gebietet die Amtsermittlungspflicht, dass das Gericht die Voraussetzungen für die Berücksichtigung der ausgeschlossenen Entscheidungsgrundlagen schafft, indem es das **rechtliche Gehör** vor einer Entscheidungsfindung noch **nachholt/** gewährt.[86] Das Verwertungsverbot nach Abs. 2 betrifft nur Tatsachen und Beweisergebnisse und gilt nicht für Rechtsansichten.

Das vorstehend beschriebene Verwertungsverbot gilt allerdings insoweit nicht, als ausnahmsweise, insbesondere im **Eilrechtsschutz,** die nachträgliche Gewährung rechtlichen Gehörs ausreicht (vgl. Vor §§ 23 ff. Rn. 23). Soweit der von Abs. 2 geschützte Anspruch auf rechtliches Gehör es nicht erfordert, hindert Abs. 2 eine gerichtliche Entscheidung nicht. **25**

---

[86] Vgl. Amtl. Begr. FamFG (BT-Drucks. 16/6308) S. 194.

Abschnitt 3. Beschluss

Vorbemerkung zu den §§ 38 ff.

Schrifttum: *Braun,* Rechtskraft und Rechtskraftbeschränkung im Zivilprozeß, JuS 1986, 364; *Habscheid,* Fehlerhafte Entscheidungen im Verfahren der Freiwilligen Gerichtsbarkeit, NJW 1966, 1787; *Heinemann,* Die Reform der freiwilligen Gerichtsbarkeit durch das FamFG und ihre Auswirkungen auf die notarielle Praxis, DNotZ 2009, 6; *Jacoby,* Der Regierungsentwurf für ein FamFG, FamRZ 2007, 1703; *Jansen,* Zur bindenden Wirkung der Ernennung eines Testamentsvollstreckers durch das Nachlassgericht, NJW 1966, 331; *Lüderitz,* Sittenwidrige Entscheidungen der freiwilligen Gerichtsbarkeit, NJW 1980, 1087 ff.; *Lüke,* Verfassungsbeschwerde gegen eine Nichtentscheidung – BVerfG, NJW 1985, 788, JuS 1985, 767; *Schreiner,* Der Vorbescheid im Erbscheinsverfahren, Rpfleger 2007, 636.

Übersicht

	Rn.		Rn.
I. Arten gerichtlicher Entscheidungen	1–3	1. Grundsatz	10, 11
II. Beschlussarten	4–9	2. Nichtbeschlüsse	12
1. Allgemeines	4	3. Wirkungsgeminderte Beschlüsse	13–16
2. Anerkenntnis- und Verzichtsbeschluss	5	a) Allgemeines	13
3. Versäumnisbeschluss	6	b) Verstöße gegen Verfahrensvorschriften	14, 15
4. Teilbeschluss	7	c) Verstöße gegen materielles Recht	16
5. Vorbescheid	8, 9	4. Anfechtbare Beschlüsse	17
III. Fehlerhafte Beschlüsse	10–17		

I. Arten gerichtlicher Entscheidungen

1 Der dritte Abschnitt des ersten Buchs des FamFG ist mit dem Begriff **„Beschluss"** überschrieben und behandelt die nunmehr wichtigste Entscheidungsform. Aus § 38 Abs. 1 folgt, dass im FamFG-Verfahren grds. alle **Endentscheidungen** (vgl. § 38 Rn. 3) durch Beschluss ergehen. Damit wird die Vielzahl der Entscheidungsformen in den nach den Vorschriften des FGG geführten Verfahren beseitigt. Das FGG-Verfahren kannte als gerichtliche Handlungen „Verrichtungen", „Verfügungen", „Anordnungen", „Maßregeln", „Entscheidungen", „Beschlüsse" und „Urteile".[1] Eine einheitliche Systematik oder Abgrenzung dieser Entscheidungsformen fehlte indes bislang.[2] Lediglich für **Registersachen** (§§ 374, 378–387) sieht das FamFG noch Ausnahmen von der Beschlussform vor, weil nach § 382 Abs. 1 für eine stattgebende Eintragungsentscheidung eine entsprechende Verfügung ausreicht. Für die Ablehnung des Eintragungsantrags belässt es § 382 Abs. 3 allerdings bei der Entscheidung durch Beschluss. Die Vorschriften über den Beschluss (vgl. §§ 38–48) finden jedoch nicht auf alle Beschlüsse Anwendung. In Ehe- und in Familienstreitsachen gelten nur §§ 38, 39, 46 S. 3, 4 (vgl. § 113 Abs. 1 S. 1). Außerdem finden die §§ 38–48 auf Beschlüsse, die keine Endentscheidungen sind (vgl. Rn. 4), grds. keine Anwendung (vgl. aber § 39 Rn. 2).

2 Neben Beschlüssen kennt das FamFG-Verfahren als Entscheidungsform weiterhin **gerichtliche Verfügungen.** Sie ergehen dort, wo keine Endentscheidung getroffen wird, die Form eines Beschlusses nicht vorgeschrieben ist und das Gericht auch nicht freiwillig zur Beschlussform greift. Bspw. können Entscheidungen über ein Akteneinsichtsgesuch (vgl. § 13 Abs. 7), die Trennung oder Verbindung von Verfahren (vgl. § 20), die Anordnung des persönlichen Erscheinens (vgl. § 33 Abs. 1 S. 1) oder sonstige verfahrensleitende Entscheidungen (vgl. § 35 Rn. 1, 3) in Form einer gerichtlichen Verfügung ergehen. Gerichtliche Verfügungen unterliegen nicht den besonderen **Formanforderungen** und den sonstigen Regelungen der §§ 38–48. Ausreichend ist in der Regel vielmehr ein Vermerk in der Akte, der von der handelnden Gerichtsperson unterzeichnet ist, um Urheber-

---

[1] Vgl. *Keidel/Kuntze/Winkler/Zimmermann* § 7 FGG Rn. 1; *Schlegelberger* § 7 FGG Rn. 1.
[2] Amtl. Begr. zum FamFG (BT-Drucks. 16/6308) S. 195.

schaft und Zuständigkeit prüfen zu können. Auch sind gerichtliche Verfügungen nur insoweit anfechtbar, als es sich um Justizverwaltungsakte iSv. §§ 23 ff. EGGVG handelt oder das Gesetz ihre Anfechtung anordnet.

Von den gerichtlichen Entscheidungen zu unterscheiden sind **andere gerichtliche Handlungs-** 3 **formen,** welche durch einen gerichtlichen Ausspruch keine Rechtsfolge verbindlich anordnen, sondern sich in der Vornahme tatsächlicher Handlungen oder deren Herbeiführung erschöpfen. Hierzu gehören insbesondere die Information oder Unterrichtung am Verfahren beteiligter oder zumindest interessierter Personen, aber auch die Erteilung von Zeugnissen. Der Information oder Unterrichtung dienen zB der Hinweis und die Belehrung nach § 7 Abs. 4, die Unterrichtung nach § 24 Abs. 2, richterliche Hinweise nach § 28 Abs. 1 S. 2 oder die Rechtsbehelfsbelehrung nach § 39. Den tatsächlichen Akt der Erteilung eines Zeugnisses erwähnt § 352 Abs. 2 S. 2. Tatsächliche Handlungen können nicht unwirksam (vgl. Rn. 10 ff.) sein, weil sie keine Rechtsfolgen anordnen. Sie können nur vorliegen oder nicht sowie rechtmäßig sein oder nicht. In Abhängigkeit hiervon können von Gesetzes wegen an sie anknüpfende Rechtsfolgen eintreten oder nicht. An eine unterlassene oder rechtswidrige Rechtsbehelfsbelehrung knüpft zB § 17 Abs. 2 eine Vermutungswirkung.

II. Beschlussarten

1. Allgemeines. Die in FamFG-Verfahren vom Gericht erlassenen Beschlüsse lassen sich unter 4 verschiedenen Gesichtspunkten einteilen. Im Gesetz angelegt ist die Unterscheidung in Endentscheidungen iSv. § 38 Abs. 1 und sonstige Beschlüsse. **Endentscheidungen** erledigen den Verfahrensgegenstand (vgl. Vor §§ 23 ff. Rn. 29 ff.) ganz oder teilweise. Ausweislich der Legaldefinition in § 38 Abs. 1 wird eine Endentscheidung durch zwei Aspekte gekennzeichnet. Sie muss zumindest einen Teil des Verfahrensgegenstands betreffen und diesen erledigen, dh. für ihn die Instanz abschließen (vgl. § 38 Rn. 3).[3] Den Beschlüssen iSv. § 38 Abs. 1 stehen gegenüber **Zwischen- und Nebenentscheidungen** (vgl. §§ 3 Abs. 1, 5 Abs. 3, 6 Abs. 2, 7 Abs. 5 S. 1, 10 Abs. 3 S. 1, 21 Abs. 2, 33 Abs. 3 S. 1, 44 Abs. 3 S. 3, 89 Abs. 1 S. 3).[4] Eine Zwischenentscheidung besonderer Art war unter Geltung des FGG der sog. **Vorbescheid** (vgl. Rn. 8; zur Lösung unter dem FamFG Rn. 9). Nur für Endentscheidungen gelten die §§ 38 ff. unmittelbar. Bedeutung erlangt diese Unterscheidung aber auch für die Anfechtbarkeit. Der Beschwerde nach § 58 zugänglich sind nur Endentscheidungen. Für die Anfechtung von Zwischen- und Nebenentscheidungen verweist das FamFG dagegen regelmäßig auf die §§ 567–572 ZPO. Neben **anfechtbaren** kennt das Gesetz auch **nicht anfechtbare** Beschlüsse (vgl. §§ 3 Abs. 3, 5 Abs. 3, 10 Abs. 3). Innerhalb der Endentscheidungen lassen sich **Prozessbeschlüsse** und Sachbeschlüsse unterscheiden. Erstere treffen im Unterschied zu **Sachbeschlüssen** keine sachliche Entscheidung über den Verfahrensgegenstand, weil sie lediglich eine gerichtliche Entscheidung als unzulässig ablehnen (vgl. Vor §§ 23 ff. Rn. 5). Bedeutung erlangt diese Unterscheidung für den Umfang der materiellen Rechtskraft, soweit Beschlüsse dieser fähig sind (vgl. § 48 Rn. 24 ff.). Im Hinblick auf den gerichtlichen Prüfungsumfang sind **Anerkenntnis-, Verzichts-** und **Versäumnisbeschlüsse** herauszuheben (vgl. Rn. 5 f.). **Teilbeschlüssen** ist eigen, dass sie den bzw. die Gegenstände eines Verfahrens nicht erschöpfend erledigen (vgl. Rn. 7).

2. Anerkenntnis- und Verzichtsbeschluss. Besondere Erwähnung finden in § 38 Abs. 4 Nr. 1 5 Anerkenntnis- und Verzichtsbeschlüsse, dh. Endentscheidungen (vgl. Rn. 4), welche auf Grund eines Anerkenntnisses oder Verzichts ergehen. Danach bedürfen entsprechende Beschlüsse grds. keiner Begründung. Voraussetzungen und Folgen von Anerkenntnis oder Verzicht regelt das FamFG allerdings nicht. Vorschriften, welche den §§ 306, 307 ZPO entsprechen, fehlen. Soweit (Ehesachen und Familienstreitverfahren) hinsichtlich des **Verfahrens** auf die Vorschriften der **ZPO** verwiesen wird (vgl. § 113 Abs. 1 S. 2), erfasst dieser Verweis auch §§ 306, 307 ZPO. Bedeutung erlangen Anerkenntnis und Verzicht danach insbesondere in Familienstreitverfahren.[5] Ein Verzicht ist im Unterschied zum Anerkenntnis auch in Ehesachen möglich (vgl. § 113 Abs. 4 Nr. 6). Nach §§ 306, 307 ZPO muss das Gericht einem Anerkenntnis bzw. Verzicht entsprechend in der Sache entscheiden, wenn die Sachentscheidungsvoraussetzungen vorliegen (vgl. Vor §§ 23 ff. Rn. 5) und die Erklärung des Anerkenntnisses oder des Verzichts wirksam ist. Voraussetzung hierfür ist insbesondere die Dispositionsbefugnis des Erklärenden (vgl. Vor §§ 23 ff. Rn. 13).[6] Ob und inwieweit Anerkennt-

---

[3] Vgl. Amtl. Begr. zum FamFG (BT-Drucks. 16/6308) S. 195.
[4] Amtl. Begr. zum FamFG (BT-Drucks. 16/6308) S. 195.
[5] Vgl. *Schulte-Bunert* Rn. 191; *Zimmermann* FamFG Rn. 102.
[6] Vgl. oben § 306 ZPO Rn. 4 und § 307 ZPO Rn. 16.

nis und Verzicht das Gericht auch im Übrigen im **FamFG-Verfahren** binden, ist umstritten. Überwiegend werden Anerkenntnis und Verzicht als unzulässig angesehen, weil sie mit der Geltung des Untersuchungsgrundsatzes nicht vereinbar seien.[7] Diese Ansicht ist jedoch abzulehnen (vgl. Vor §§ 23 ff. Rn. 14). Anerkenntnis und Verzicht berühren nicht die Herrschaft über die tatsächlichen Entscheidungsgrundlagen, sondern die Dispositionsbefugnis über den Gegenstand des Verfahrens.[8] Deren Vorliegen ist allgemeine Voraussetzung von Anerkenntnis und Verzicht,[9] was insbesondere in Amtsverfahren eine Bindung des Gerichts an Erklärungen der Beteiligten, nicht dagegen generell die entsprechende Anwendung der §§ 306, 307 ZPO ausschließt. Insbesondere in den, dem FamFG zugewiesenen Streitsachen besteht Raum für Anerkenntnis und Verzicht.[10]

6   **3. Versäumnisbeschluss.** In § 38 Abs. 4 Nr. 1 werden Versäumnisbeschlüsse, dh. Ententscheidungen (vgl. Rn. 4), welche auf Grund der Säumnis eines Beteiligten gegen den Säumigen ergehen, besonders erwähnt. Sie bedürfen nach dieser Vorschrift grds. keiner Begründung. Wann unter welchen Voraussetzungen und mit welchen Folgen eine Säumnisentscheidung ergehen kann, regelt das FamFG nicht. Den §§ 330 ff. ZPO entsprechende Vorschriften fehlen. Soweit (Ehesachen und Familienstreitverfahren) hinsichtlich des **Verfahrens** auf die Vorschriften der **ZPO** verwiesen wird (vgl. § 113 Abs. 1 S. 2), erfasst dieser Verweis auch §§ 330 ff. ZPO.[11] Bedeutung erlangen Säumnisentscheidungen insbesondere in Familienstreitverfahren. Die Säumnis des Antragstellers führt nach § 330 ZPO zur sachlichen Antragsablehnung, soweit die Sachentscheidungsvoraussetzungen vorliegen. Die Säumnis des Antragsgegners löst dagegen eine Geständnisfiktion aus. Der Vortrag des Antragstellers gilt als zugestanden. Ist der zulässige Antrag danach schlüssig, ist ihm zu entsprechen. Besonderheiten bestehen hinsichtlich der Rechtsbehelfe gegen Säumnisentscheidungen, welche nicht mit der Beschwerde, sondern mit dem Einspruch (vgl. § 338 ZPO) angefochten werden. Erst gegen Versäumnisbeschlüsse, gegen die ein Einspruch nicht statthaft ist, findet die Beschwerde statt (vgl. § 514 ZPO entsprechend). **Außerhalb der** Verweisung auf das **ZPO-Verfahren** sind die §§ 330 ff. ZPO dagegen nicht entsprechend anwendbar,[12] weil sie mit dem Amtsermittlungsgrundsatz unvereinbar sind und zudem keine Pflicht zur mündlichen Verhandlung besteht (vgl. Vor §§ 23 ff. Rn. 14 f.).

7   **4. Teilbeschluss.** Teilentscheidungen, welche nur einzelne Verfahrensgegenstände oder nur einen Teil eines Verfahrensgegenstands erledigen, sieht das FamFG nicht ausdrücklich vor. Eine § 301 ZPO entsprechende Vorschrift existiert nicht. Allerdings erwähnt § 38 Abs. 1 S. 1 Alt. 2 Teilentscheidungen, ohne jedoch deren Zulässigkeit und Voraussetzungen anzusprechen. Soweit (Ehesachen und Familienstreitverfahren) hinsichtlich des **Verfahrens** auf die Vorschriften der **ZPO** verwiesen wird (vgl. § 113 Abs. 1 S. 2), kommt insoweit § 301 ZPO zur Anwendung. Danach können zB in Familienstreitverfahren Stufenanträge (vgl. § 254 ZPO)[13] durch Teilbeschluss erledigt werden.[14] Voraussetzungen einer Teilentscheidung sind Teilbarkeit des Verfahrensgegenstands,[15] Entscheidungsreife des zu erledigenden Teils[16] und Unabhängigkeit des zu erledigenden Teils vom übrigen Verfahren.[17] Beschränkungen der Zulässigkeit von Teilentscheidungen können sich aus § 137 ergeben (vgl. § 137 Rn. 24).[18] Ob Teilentscheidungen auch **außerhalb** der Verweisung auf das **ZPO-Verfahren** zulässig sind, ist § 38 Abs. 1 S. 1 Alt. 2, der nur Formfragen regelt, nicht zu entnehmen. Sofern hierfür ein Bedürfnis existiert, bestehen keine Bedenken, unter entsprechender Anwendung der Voraussetzungen des § 301 ZPO[19] auch insoweit Teilentscheidungen zuzulassen.[20] Die Beachtung der zu § 301 ZPO entwickelten Grundsätze trägt möglichen Einwänden hinreichend Rechnung.

---

[7] BayObLG NJWE-MietR 1997, 14; *Bassenge/Roth* Einleitung Rn. 53; *Jansen/Briesemeister* § 12 FGG Rn. 42; *Keidel/Kuntze/Winkler/Schmidt* § 12 FGG Rn. 2; vgl. auch *Keidel/Sternal* § 26 Rn. 9; *Zimmermann* FamFG Rn. 102.
[8] Vgl. *Klüsener* Rn. 54.
[9] *Stein/Jonas/Leipold* § 306 ZPO Rn. 12, § 307 ZPO Rn. 37; *Wieczorek/Schütze/Rensen* § 306 ZPO Rn. 8, § 307 ZPO Rn. 20.
[10] *Habscheid*, FGG, § 22 II 2; unklar *Zimmermann* FamFG Rn. 102.
[11] Vgl. *Zimmermann* FamFG Rn. 304, 347.
[12] *Keidel/Sternal* § 26 Rn. 9; *Zimmermann* FamFG Rn. 347.
[13] Vgl. oben § 254 ZPO Rn. 21.
[14] Vgl. BGH NJW 1982, 1645; OLG Hamm FamRZ 1980, 64, 65.
[15] *Rosenberg/Schwab/Gottwald* § 59 Rn. 13 ff.; oben § 301 ZPO Rn. 4 ff.
[16] *Rosenberg/Schwab/Gottwald* § 59 Rn. 16 f.; oben § 301 ZPO Rn. 8.
[17] BGH NJW 2004, 1662, 1164 f.; *Rosenberg/Schwab/Gottwald* § 59 Rn. 18 ff.; oben § 301 ZPO Rn. 9 ff.
[18] Vgl. oben § 301 ZPO Rn. 18.
[19] Vgl. oben § 301 ZPO Rn. 4 ff.
[20] BGH NJW 1958, 1540; OLG Zweibrücken NJW-RR 1994, 1526, 1527; OLG Naumburg FGPrax 2006, 166.

Vorbemerkung zu den §§ 38 ff. **8, 9 Vor §§ 38 ff.**

5. Vorbescheid. Für das FGG-Verfahren hatte die Rechtsprechung außerhalb des Gesetzes für **8** verschiedene Fallgestaltungen eine Entscheidung durch Vorbescheid entwickelt. Mit dem Vorbescheid trifft das Gericht noch keine instanzabschließende Entscheidung über den Verfahrensgegenstand.[21] Vielmehr **kündigt das Gericht** lediglich den Erlass einer **Entscheidung** mit einem bestimmten Inhalt **an**, sofern die Beteiligten nicht innerhalb einer bestimmten Frist das Gericht überzeugende Einwände vorbringen.[22] Dies galt insbesondere im Erbscheinsverfahren[23] oder für Entscheidungen, welche die Genehmigung zu einem Rechtsgeschäft erteilen.[24] Sinn und Zweck der Ankündigung einer Endentscheidung war es, die widerstreitenden Interessen der Beteiligten in Ausgleich zu bringen. Im Interesse des durch eine Entscheidung begünstigten Beteiligten sah § 16 FGG vor, dass Beschlüsse mit ihrer Bekanntgabe wirksam werden.[25] Bestimmte Entscheidungen entfalten allerdings Außenwirkungen und das durch sie geweckte Vertrauen des Rechtsverkehrs ist schutzwürdig. So kann der von einem erteilten Erbschein oder einer wirksam gewordenen gerichtlichen Genehmigung gesetzte Rechtsschein nicht rückwirkend beseitigt werden.[26] Vereinzelt griff das Gesetz ausdrücklich ein und schloss eine Aufhebung bestimmter Entscheidungen vor diesem Hintergrund aus (vgl. §§ 55, 62 FGG). Die sofortige Wirksamkeit der Entscheidung vereitelte in diesen Fällen das Interesse des durch die Entscheidung belasteten Beteiligten an einer Nachprüfung und rückwirkenden Abänderung der Entscheidung im Rechtsmittelverfahren.[27] Der Vorbescheid schaffte insoweit Abhilfe, als er keine Außenwirkung erlangt und den belasteten Beteiligten, obwohl er noch keine Entscheidung über den Verfahrensgegenstand enthält, eine **Nachprüfung im** Rahmen eines **Rechtsmittelverfahrens** ermöglichte.[28] Auf Grund seiner Funktion kam der gesetzlich nicht vorgesehene Vorbescheid nur unter bestimmten Voraussetzungen in Betracht (zB widerstreitende Erbscheinsanträge; Genehmigung eines Rechtsgeschäfts).[29]

Das **FamFG lässt** einen **Vorbescheid nicht mehr** zu.[30] Der Gesetzgeber hat sich bewusst gegen **9** dieses Institut entschieden und den Interessenkonflikt auf andere Weise gelöst. Für das **Erbscheinsverfahren** betont § 352 nunmehr deutlicher die Unterscheidung zwischen der gerichtlichen Verfügung, den Erbschein zu erteilen (Beschluss), und der Herausgabe des Zeugnisses als Vollzug dieser Verfügung (Erteilung). Voraussetzung für die Erteilung ist eine wirksame gerichtliche Verfügung. Für den Fall, dass der Beschluss dem erklärten Willen eines Beteiligten widerspricht, schreibt § 352 Abs. 2 vor, dass der Beschluss den Beteiligten bekannt zu geben, seine Wirksamkeit bis zum Eintritt der Rechtskraft auszusetzen und die Herausgabe des Erbscheins zurückzustellen ist (vgl. § 352 Rn. 12). Auf diese Weise werden eine effektive Anfechtung des Beschlusses und hierdurch die Verhinderung der vorzeitigen Entstehung eines Rechtsscheinstatbestands ermöglicht. Einen ähnlichen Weg geht der Gesetzgeber für Beschlüsse, deren Gegenstand die **Genehmigung eines Rechtsgeschäfts** ist. Für diese schreibt § 41 Abs. 3 eine besondere Bekanntgabe vor, um für den beschwerdeberechtigten Betroffenen die tatsächlichen Voraussetzungen einer Anfechtung zu schaffen (vgl. § 41 Rn. 12 ff.). Daneben schiebt § 40 Abs. 2 abweichend vom Grundsatz des § 40 Abs. 1 die verfahrensrechtliche Wirksamkeit derartiger Beschlüsse hinaus (vgl. § 40 Rn. 8 ff.). Auch hierdurch wird die verfrühte Entstehung eines Rechtsscheinstatbestands verhindert und die effektive Möglichkeit zur Anfechtung eröffnet.[31] Mit § 40 Abs. 2 und § 352 Abs. 2 hat der Gesetzgeber die beiden typischen Fälle, in denen bislang Vorbescheide erlassen wurden, einer besonderen Regelung zugeführt. Soweit in anderen, gesetzlich **nicht geregelten Fällen** ein Bedürfnis besteht, kann die

---

[21] *Jacoby* FamRZ 2007, 1703, 1706; *Schreiner* Rpfleger 2007, 636, 637.
[22] Vgl. *Jacoby* FamRZ 2007, 1703, 1706; *Keidel/Kuntze/Winkler/Kahl* § 19 FGG Rn. 15 a; *Schreiner* Rpfleger 2007, 636, 637.
[23] BGH NJW 1956, 987; NJW 1984, 1543, 1544; OLG Köln NJW-RR 1991, 1412; BayObLG NJW-FER 1998, 178, 179; *Keidel/Kuntze/Winkler/Kahl* § 19 FGG Rn. 15 a; *Schreiner* Rpfleger 2007, 636.
[24] OLG Schleswig NJW-RR 2001, 78, 79; OLG Hamm NJW-RR 2004, 223, 224 f.; *Keidel/Kuntze/Winkler/Engelhardt* § 55 FGG Rn. 12.
[25] *Bumiller/Winkler* § 16 FGG Rn. 3 ff.; *Keidel/Kuntze/Winkler/Schmidt* § 16 FGG Rn. 6 ff.
[26] Amtl. Begr. FamFG (BT-Drucks. 16/6308) S. 199; OLG Köln NJW-RR 1991, 1412; *Keidel/Kuntze/Winkler/Kahl* § 19 FGG Rn. 15 a.
[27] BVerfG NJW 2000, 1709, 1709 ff.
[28] BGH NJW 1956, 987; OLG Köln NJW-RR 1991, 1412; BayObLG NJW-FER 1998, 178, 179; *Bumiller/Winkler* § 19 FGG Rn. 9; *Keidel/Kuntze/Winkler/Kahl* § 19 FGG Rn. 15 a.
[29] BGH NJW 1956, 987, 987 f.; BayObLG NJW-RR 1994, 590, 590 f.; OLG Zweibrücken FGPRax 2004, 48; *Keidel/Kuntze/Winkler/Kahl* § 19 FGG Rn. 15 a; *Schreiner* Rpfleger 2007, 636, 638 f.
[30] Vgl. Amtl. Begr. FamFG (BT-Drucks. 16/6308) S. 196; *Baumbach/Lauterbach/Hartmann* § 38 Rn. 2; *Heinemann* DNotZ 2009, 6, 28; *Jacoby* FamRZ 2007, 1703, 1707; *Zimmermann* FamFG Rn. 99, 708; abweichend für den Bereich des § 15 BNotO (Vorbescheid des Notars): Amtl. Begr. FamFG (BT-Drucks. 16/6308) S. 324; *Heinemann* DNotZ 2009, 6, 37 f.
[31] Vgl. Amtl. Begr. FamFG (BT-Drucks. 16/6308) S. 170, 196, 280 f.; *Jacoby* FamRZ 2007, 1703, 1707.

vorzeitige Erledigung einer Entscheidung (zB durch Entstehung eines Rechtsscheinstatbestands) zukünftig durch eine analoge Anwendung der §§ 40 Abs. 2, 352 Abs. 2 erfolgen. Allenfalls soweit dies nicht möglich ist, bleibt Raum für einen Vorbescheid.[32]

III. Fehlerhafte Beschlüsse

1. Grundsatz. Als gerichtliche Entscheidungen sind Beschlüsse darauf gerichtet, verbindlich eine Rechtsfolge anzuordnen. Ob und inwieweit von ihnen die intendierten Rechtsfolgen ausgehen, ist von ihrer Wirksamkeit abhängig,[33] welche durch materiell-rechtliche (vgl. Rn. 16) oder verfahrensrechtliche (vgl. Rn. 12, 14f.) Mängel des Beschlusses in Frage gestellt werden kann. Nicht alle denkbaren Mängel dürfen zur automatischen Wirkungslosigkeit der Entscheidung führen. Anderenfalls könnten gerichtliche Beschlüsse jederzeit erneut in Frage gestellt werden, was weder dem Rechtsfrieden[34] noch der Autorität des Staats förderlich ist. Vielmehr ist im Grundsatz davon auszugehen, dass auch fehlerhafte Beschlüsse wirksam werden.[35] Nur ganz ausnahmsweise (vgl. Rn. 12ff.) werden die Wirkungen eines fehlerhaften Beschlusses eingeschränkt oder entfallen gänzlich (vgl. § 47 aE). Im Übrigen sind fehlerhafte Beschlüsse **wirksam, aber** (zeitlich befristet) **anfechtbar.**[36] Hiervon geht auch das FamFG aus, was sich mittelbar in der Existenz von Rechtsmitteln und einem Wiederaufnahmeverfahren (vgl. § 48 Abs. 2) zeigt.

Für die Abgrenzung, wann staatliche Einzelfallentscheidungen[37] unwirksam und wann nur anfechtbar sind, gilt – sieht man von den Fällen sog. Nichtentscheidungen (vgl. Rn. 12) ab – kein einheitlicher Maßstab. Für Verwaltungsakte knüpft § 46 VwVfG die Nichtigkeit an die offensichtliche Fehlerhaftigkeit. Gerichtliche Urteile sind dagegen nur ganz ausnahmsweise unwirksam.[38] Trotz der Nähe fürsorgender FamFG-Entscheidungen zum verbindlichen Verwaltungshandeln gelten für fehlerhafte Beschlüsse iSv. § 38 Abs. 1 nicht die für **fehlerhafte Verwaltungsakte,**[39] sondern die für Urteile[40] geltenden Maßgaben. Der im Vergleich zu Verwaltungsakten weitergehende Vorrang des Rechtsfriedens vor der (vermeintlichen) Richtigkeit der Entscheidung rechtfertigt sich daraus, dass das Gericht unabhängig ist (vgl. § 25 DRiG, § 9 RPflG) und in einem rechtsförmigen Verfahren unter Gewährung rechtlichen Gehörs entscheidet.[41]

2. Nichtbeschlüsse. Wirkungslos sind sog. Nichtbeschlüsse, welche formal den Anschein eines Beschlusses haben können, denen aber die wesentliche Grundlage eines Beschlusses, eine **gerichtliche Entscheidung,** fehlt.[42] Eine Entscheidung des Gerichts fehlt im Falle der Willensäußerung einer anderen Institution.[43] Eine Entscheidung fehlt zudem vor deren Erlass;[44] dem steht ein Scherzbeschluss gleich (vgl. § 38 Rn. 8). Teilt das Gericht den Inhalt seiner Entschließung telefonisch mit, bewirkt dies noch keinen Erlass (vgl. § 41 Rn. 7). Das Gericht hat sich lediglich über den Inhalt seines Beschlussentwurfs geäußert. Ebenso liegt ein bloßer Entwurf vor, wenn das Gericht eine nicht ordnungsgemäß unterzeichnete Urschrift der Geschäftsstelle übergibt (vgl. § 38 Rn. 34).[45] In Ermangelung eines Beschlusserlasses, ist ein Beschluss noch nicht existent. Er kann deshalb – vorbehaltlich einer Heilung – nicht wirksam werden.[46] Dementsprechend löst er die von ihm im Kern intendierten Rechtsfolgen aus und ist weder vollstreck- noch vollziehbar.[47] Auch führt er nicht die an ihn gesetzlich geknüpften prozessualen **Rechtsfolgen** herbei. Er beendet nicht die Instanz[48] und

---

[32] AA *Heinemann* DNotZ 2009, 6, 37 f., der eine analoge Anwendung des § 352 Abs. 2 nicht in Erwägung zieht.
[33] Vgl. *Keidel/Kuntze/Winkler/Zimmermann* § 7 FGG Rn. 23.
[34] Vgl. *Habscheid* NJW 1966, 1787.
[35] Vgl. *Stein/Jonas/Leipold* Vor § 300 ZPO Rn. 30; *Wieczorek/Schütze/Rensen* Vor § 300 ZPO Rn. 13.
[36] Vgl. *Baumbach/Lauterbach/Hartmann* § 47 Rn. 2; *Habscheid* NJW 1966, 1787, 1787, 1793; *Keidel/Kuntze/Winkler/Zimmermann* § 7 FGG Rn. 40; *Schlegelberger* § 7 FGG Rn. 7.
[37] Für generell-abstrakte Staatsakte (Normen) gilt der Grundsatz der Unwirksamkeit auch ohne Anfechtung.
[38] Vgl. die Fallgruppen bei *Jansen/Müther* § 7 FGG Rn: 31 ff.; *Wieczorek/Schütze/Rensen* Vor § 300 ZPO Rn. 19 ff.
[39] So aber *Jansen* NJW 1966, 331, 332.
[40] Vgl. BayObLGZ 1986, 459, 465 f.; *Bassenge/Roth* § 7 FGG Rn. 6; *Habscheid* NJW 1966, 1787, 1790, 1795; *Lüderitz* NJW 1980, 1087, 1088.
[41] *Habscheid* NJW 1966, 1787, 1791; *Lüderitz* NJW 1980, 1087, 1088.
[42] *Bassenge/Roth* § 7 FGG Rn. 15; *Braun* JuS 1986, 364, 365; *Habscheid* NJW 1966, 1787, 1791; *Lüke* JuS 1985, 767, 768.
[43] *Bassenge/Roth* § 7 FGG Rn. 15; *Braun* JuS 1986, 364, 365; *Lüke* JuS 1985, 767, 768.
[44] *Bassenge/Roth* § 7 FGG Rn. 15; *Lüke* JuS 1985, 767, 768.
[45] Vgl. BGH NJW 1998, 609, 609 f.; OLG Köln NJW 1988, 2805.
[46] Vgl. *Lüke* JuS 1985, 767, 768.
[47] Vgl. *Braun* JuS 1986, 364, 366; *Lüke* JuS 1985, 767, 768.
[48] *Braun* JuS 1986, 364, 366; *Lüke* JuS 1985, 767, 768.

ist weder der formellen noch der materiellen Rechtskraft fähig.[49] Soweit der Nichtbeschluss den Beteiligten als Ausfertigung schriftlich bekannt gemacht wird und den Rechtsschein einer gerichtlichen Entscheidung begründet, kann der gesetzte Rechtsschein im Rechtsmittelverfahren beseitigt werden.[50] Die Einlegung eines Rechtsmittels gegen den Scheinbeschluss beendet die Ausgangsinstanz und führt zur Anhängigkeit in der Rechtsmittelinstanz.[51] Vorbehaltlich der Abhilfemöglichkeit des § 68 Abs. 1 S. 1 wird dem Ausgangsgericht die sachliche Entscheidungsbefugnis entzogen. Wird der Mangel nach Einlegung des Rechtsmittels geheilt, erfasst das Rechtsmittel auch den geheilten Beschluss selbst.[52]

3. Wirkungsgeminderte Beschlüsse. a) Allgemeines. Von den Nichtbeschlüssen zu unterscheiden sind die ganz oder teilweise wirkungsgeminderten Beschlüsse. Ihnen ist eigen, dass eine gerichtliche Entscheidung existent geworden ist, diese aber an (derart schwerwiegenden) Fehlern leidet, dass ihre Wirkungen in bestimmtem Ausmaß gemindert sind.[53] Da ein Beschluss zumindest existent ist, kommen ihm die an die bloße Existenz anknüpfenden **Formalwirkungen** zu.[54] Als Endentscheidung beendet er die Instanz, ist rechtsmittelfähig und kann formell rechtskräftig werden.[55] Allerdings löst er allenfalls in gemindertem Umfang die von ihm **intendierten Wirkungen** aus. 13

b) Verstöße gegen Verfahrensvorschriften. Abweichend vom Grundsatz, dass (verfahrens-)fehlerhafte Beschlüsse nicht unwirksam aber anfechtbar sind,[56] ist eine gegen eine Person, die nicht der deutschen Gerichtsbarkeit unterliegt[57] oder nicht mehr existiert,[58] ergangene Entscheidung **unwirksam**. Entsprechendes gilt für einen Beschluss, der außerhalb eines gerichtlichen Verfahrens, zB in einem Antragsverfahren ohne verfahrenseinleitenden Antrag bzw. nach Antragsrücknahme, Abschluss eines Verfahrensvergleichs (vgl. § 36) oder übereinstimmender Beendigungserklärung (vgl. § 22 Abs. 3),[59] ergeht. Die außerhalb eines Verfahrens (zB ohne[60] Antrag) ergangene Entscheidung wird rechtlich so behandelt wie eine vor Antragsrücknahme ergangene Entscheidung nach Antragsrücknahme (vgl. § 22 Abs. 2 S. 1). Dies gilt auch im Erbscheinsverfahren;[61] allerdings genießt die gerichtlich veranlasste Erbscheinsurkunde materiell-rechtlich öffentlichen Glauben bis zu ihrer Einziehung oder Kraftloserklärung. Dagegen begründet die Verletzung selbst zwingender Zuständigkeitsvorschriften nicht die Unwirksamkeit der Entscheidung, soweit das Gesetz dies nicht anordnet (vgl. § 2 Abs. 3, § 8 RPflG).[62] Entscheidet ein streitiges Gericht Angelegenheiten nach dem FamFG oder umgekehrt, ist nicht von Unwirksamkeit auszugehen (arg. vgl. § 17a GVG).[63] Unwirksam sind allerdings Beschlüsse, die eine gesetzlich verbotene Rechtsfolge anordnen, zB entgegen § 48 Abs. 3 den Beschluss, der die wirksam gewordene Genehmigung eines Rechtsgeschäfts zum Gegenstand hat, abändern oder aufheben.[64] Unwirksame Beschlüsse sind weder vollstreck- noch vollziehbar. Sie werden auch nicht materiell rechtskräftig und können keine Gestaltungswirkungen entfalten, zB eine Genehmigung erteilen.[65] Ihnen kommen keine über die Formalwirkungen hinausgehenden Rechtswirkungen zu. 14

Wirkungsgemindert ist ein Beschluss, dessen Tenor keinen vollstreckungsfähigen Inhalt aufweist. Aus ihm kann keine Zwangsvollstreckung erfolgen (vgl. § 86 Rn. 14), er kann aber (mit dem Inhalt einer feststellenden Entscheidung) ggf. in materielle Rechtskraft erwachsen. Dagegen kann aus einem 15

---

[49] *Lüke* JuS 1985, 767, 768; *Rosenberg/Schwab/Gottwald* § 62 Rn. 19.
[50] BVerfG NJW 1985, 788; BGH NJW 1954, 34, 35; 1999, 1192; OLG Frankfurt NJW-RR 1995, 511, 511 f.; *Lüke* JuS 1985, 767, 769.
[51] *Lüke* JuS 1985, 767, 769; *Rosenberg/Schwab/Gottwald* § 62 Rn. 19.
[52] BGH NJW 1996, 1969, 1970.
[53] Vgl. BGH NJW-RR 2007, 767.
[54] *Lüke* JuS 1985, 767, 768.
[55] *Lüke* JuS 1985, 767, 768; vgl. oben Vor §§ 300 ff. ZPO Rn. 6.
[56] Vgl. BGH NJW 1980, 2418, 2419; *Keidel/Kuntze/Winkler/Zimmermann* § 7 FGG Rn. 41.
[57] Vgl. oben Vor §§ 300 ff. ZPO Rn. 4.
[58] OLG Hamm NJW-RR 1986, 739.
[59] Vgl. *Braun* JuS 1986, 364, 366; *Habscheid* NJW 1966, 1787, 1795; *Lüke* JuS 1985, 767, 768; einschränkend (nur für Streitsachen) *Bassenge/Roth* § 7 FGG Rn. 8; *Keidel/Kuntze/Winkler/Zimmermann* § 7 FGG Rn. 42 a.
[60] Die Fehlerhaftigkeit des Antrags führt nicht zur Unwirksamkeit, vgl. KG FGPrax 1998, 227, 228.
[61] AA *Jansen/Müther* § 7 FGG Rn. 28.
[62] *Keidel/Kuntze/Winkler/Zimmermann* § 7 FGG Rn. 26 b.
[63] *Habscheid* NJW 1966, 1787, 1792 f.; *Wieczorek/Schütze/Rensen* Vor § 300 ZPO Rn. 20; *Zimmermann* FamFG Rn. 4; aA BGH WM 1957, 1573; NJW 1959, 723; *Jansen/Müther* § 7 FGG Rn. 25; *Schlegelberger* § 7 FGG Rn. 12.
[64] Vgl. BayObLGZ 1964, 137, 142; *Keidel/Kuntze/Winkler/Engelhardt* § 55 FGG Rn. 31.
[65] *Lüke* JuS 1985, 767, 769.

§ 38 Buch 1. Abschnitt 3. Beschluss

widersprüchlichen Beschluss vollstreckt werden, er ist jedoch nicht der materiellen Rechtskraft fähig.[66] Fehlt einem Beschluss die erforderliche Zulassung des Rechtsmittels, ist dieses – bis zu einer etwaigen Beschlussergänzung (vgl. § 43 Rn. 2) – unstatthaft. Andererseits soll nach hM ein Berichtigungsbeschluss iSv. § 42, der in Korrektur eines Willensmangels eine Rechtsmittelzulassung nachholt, zum Schutz der Rechtskraft unwirksam sein und das Rechtsmittelgericht nicht nach §§ 61 Abs. 3 S. 2, 70 Abs. 2 S. 2 binden (vgl. § 42 Rn. 13 f.).[67]

16 c) **Verstöße gegen materielles Recht.** Umstritten ist, ob und inwieweit auch für mit dem materiellen Recht unvereinbare Entscheidungen im Grundsatz von Wirksamkeit und bloßer Abänderbarkeit auszugehen ist. Für das FGG standen sich bereits anfänglich drei Ansichten gegenüber: die Gültigkeitstheorie, die Nichtigkeitstheorie und eine subjektiv-vermittelnde Ansicht.[68] Zu Recht hat sich die **Gültigkeitstheorie** durchgesetzt, welche auch bei Unvereinbarkeit mit dem materiellen Recht vom Grundsatz bloßer Anfechtbarkeit ausgeht.[69] Nur ausnahmsweise ist danach die Unwirksamkeit eines Beschlusses anzunehmen, wenn sich diese Folge dem Gesetz im Wege der Auslegung entnehmen lässt.[70] Dieser Ansicht ist auch für das FamFG uneingeschränkt zuzustimmen. Eine ausdrückliche Anordnung der Unwirksamkeit enthält zB § 2201 BGB. Der Regelungstechnik des Gesetzes lässt sich die Unwirksamkeit außerdem dort entnehmen, wo dieses vorsieht, dass eine gerichtliche Maßnahme automatisch unwirksam wird, wenn ihre materiellen Voraussetzungen entfallen (vgl. § 1882 BGB).[71] Dies betrifft den vom BGH entschiedenen Fall, dass ein Testamentsvollstrecker ernannt wird, obwohl dessen Aufgaben bereits vollständig erfüllt waren.[72]

17 **4. Anfechtbare Beschlüsse.** Im Übrigen berühren Mängel des Beschlusses nicht dessen Wirksamkeit.[73] Selbst schwere Mängel, wie zB eine nicht vorschriftsmäßige Besetzung des Gerichts oder die fehlende Zuständigkeit der Gerichtsperson, hindern weder Wirksamkeit noch Rechtskraft eines Beschlusses. Vielmehr sind lediglich eine **Anfechtung** durch Rechtsmittel (vgl. §§ 58 ff.) oder die Wiederaufnahme des Verfahrens durch Nichtigkeitsklage möglich (vgl. zB § 48 Abs. 2 iVm. § 579 Abs. 1 Nr. 1 ZPO).[74]

§ 38 Entscheidung durch Beschluss

(1) ¹Das Gericht entscheidet durch Beschluss, soweit durch die Entscheidung der Verfahrensgegenstand ganz oder teilweise erledigt wird (Endentscheidung). ²Für Registersachen kann durch Gesetz Abweichendes bestimmt werden.

(2) Der Beschluss enthält
1. die Bezeichnung der Beteiligten, ihrer gesetzlichen Vertreter und der Bevollmächtigten;
2. die Bezeichnung des Gerichts und die Namen der Gerichtspersonen, die bei der Entscheidung mitgewirkt haben;
3. die Beschlussformel.

(3) ¹Der Beschluss ist zu begründen. ²Er ist zu unterschreiben. ³Das Datum der Übergabe des Beschlusses an die Geschäftsstelle oder der Bekanntgabe durch Verlesen der Beschlussformel (Erlass) ist auf dem Beschluss zu vermerken.

(4) Einer Begründung bedarf es nicht, soweit
1. die Entscheidung auf Grund eines Anerkenntnisses oder Verzichts oder als Versäumnisentscheidung ergeht und entsprechend bezeichnet ist,
2. gleichgerichteten Anträgen der Beteiligten stattgegeben wird oder der Beschluss nicht dem erklärten Willen eines Beteiligten widerspricht oder
3. der Beschluss in Gegenwart aller Beteiligten mündlich bekannt gegeben wurde und alle Beteiligten auf Rechtsmittel verzichtet haben.

---

[66] Vgl. oben Vor §§ 300 ff. ZPO Rn. 5.
[67] BGH NJW 1994, 2832, 2833.
[68] Vgl. *Habscheid* NJW 1966, 1787, 1788; *Schlegelberger* § 7 FGG Rn. 7 mit Verweis auf die 4. Auflage.
[69] *Habscheid* NJW 1966, 1787, 1793; *Keidel/Kuntze/Winkler/Zimmermann* § 7 FGG Rn. 40; *Schlegelberger* § 7 FGG Rn. 7.
[70] Vgl. *Habscheid* NJW 1966, 1787, 1793 f.; *Keidel/Kuntze/Winkler/Zimmermann* § 7 FGG Rn. 40.
[71] *Habscheid* NJW 1966, 1787, 1793 f.
[72] Vgl. BGH NJW 1964, 1316, 1319.
[73] BGH GS NJW 1954, 1281, 1282; BGH NJW 1971, 2226; 1994, 2832, 2833; NJW-RR 2007, 767.
[74] *Lüke* JuS 1985, 767, 768.

(5) Absatz 4 ist nicht anzuwenden:
1. in Ehesachen, mit Ausnahme der eine Scheidung aussprechenden Entscheidung,
2. in Abstammungssachen,
3. in Betreuungssachen,
4. wenn zu erwarten ist, dass der Beschluss im Ausland geltend gemacht werden wird.

(6) Soll ein ohne Begründung hergestellter Beschluss im Ausland geltend gemacht werden, gelten die Vorschriften über die Vervollständigung von Versäumnis- und Anerkenntnisentscheidungen entsprechend.

Schrifttum: *Beaumont,* Vom Amtsschimmel zum Pegasus – die Sprache des Rechts in Vers und Reim, NJW 1990, 1969; *Huber,* Grundfragen des Tatbestands im Zivilurteil, JuS 1984, 615, 786 und 950; *ders.,* Grundfragen der Entscheidungsgründe im Zivilurteil, JuS 1987, 213 und 296; *Jacoby,* Der Regierungsentwurf für ein FamFG, FamRZ 2007, 1703; *Kroitzsch,* Wegfall der Begründungspflicht – Wandel der Staatsform der Bundesrepublik, NJW 1994, 1032; *Lüke,* Die Sprache in Gerichtsurteilen, NJW 1995, 1067; *Wassermann,* Sprachliche Probleme in der Praxis von Rechtspolitik und Rechtsverwirklichung, ZRP 1981, 257; *Zimmermann,* Praktikum der Freiwilligen Gerichtsbarkeit, 6. Aufl. 2004.

Übersicht

	Rn.		Rn.
I. Allgemeines	1–3	c) Rechtsgründe	17, 18
1. Normzweck	1	2. Ausnahmen (Abs. 4, 5)	19–24
2. Anwendungsbereich	2, 3	a) Ausnahmetatbestände (Abs. 4)	19–22
II. Funktion, Aufbau und Sprache des Beschlusses	4–8	b) Rückausnahmen (Abs. 5)	23, 24
1. Funktion des Beschlusses	4	3. Rechtsverkehr mit dem Ausland (Abs. 6)	25
2. Aufbau und Sprache des Beschlusses	5–8	**V. Beschlussabschluss (Abs. 3 S. 2 und § 39)**	26
a) Aufbau und Elemente	5	**VI. Erlass (Abs. 3 S. 3)**	27–29
b) Sprache und Stil	6–8	1. Voraussetzungen	27
III. Rubrum und Beschlussformel (Abs. 2)	9–13	2. Dokumentation	28
1. Rubrum (Nr. 1, 2)	9–11	3. Rechtsfolgen	29
2. Beschlussformel (Nr. 3)	12, 13	**VII. Verstöße und deren Rechtsfolgen**	30–36
IV. Begründung (Abs. 3 S. 1, Abs. 4 bis 6)	14–25	1. Fehler beim Rubrum	30
1. Grundsatz: Begründungspflicht (Abs. 3 S. 1)	14–18	2. Fehler bei der Beschlussformel	31
a) Allgemeines	14	3. Fehler bei der Begründung	32
b) Sachbericht	15, 16	4. Fehler beim Beschlussabschluss	33–35
		5. Fehler beim Erlass	36

I. Allgemeines

1. Normzweck. Die Vorschrift schließt insbesondere an § 629 ZPO aF und §§ 16, 18 FGG **1** sowie eine Reihe weiterer Vorschriften des FGG an, welche die gerichtlichen Handlungen als „Verrichtungen", „Verfügungen", „Anordnungen", „Maßregeln", „Entscheidungen", „Beschlüsse" oder „Urteile" bezeichneten.[1] Diese Zersplitterung **vereinheitlicht** § 38 nunmehr dahingehend, dass die Entscheidungsform des Beschlusses für alle Endentscheidungen im Verfahren nach dem FamFG vorgeschrieben wird, soweit nicht das Gesetz für Registerverfahren eine Ausnahme vorsieht (vgl. Rn. 2).[2] Zusammen mit § 39 regelt die Vorschrift überdies in Abs. 2 bis 6 den **formellen Inhalt** des Beschlusses in Anlehnung an §§ 313, 313a, 313b, 315 Abs. 1 ZPO.

2. Anwendungsbereich. Die Vorschrift gilt in allen Verfahren nach dem FamFG einschließlich **2** Ehe- und Familienstreitsachen (vgl. § 113 Abs. 1 S. 1). Abweichend von § 629 ZPO aF ergeht die Endentscheidung auch in diesen Verfahren nicht mehr durch Urteil, sondern durch Beschluss (vgl. §§ 116 Abs. 1, 142 Abs. 1 S. 1). Ausnahmen sieht das Gesetz für **Registersachen** (§§ 374, 378–387) vor, in denen nach § 382 Abs. 1 für die stattgebende Eintragungsentscheidung eine Verfügung ausreicht. Für die Ablehnung eines Eintragungsantrags belässt es § 382 Abs. 3 bei der Beschlussform. Die formalen Vorgaben des § 38 gelten zunächst für Entscheidungen **erster Instanz.**

---

[1] Vgl. *Keidel/Kuntze/Winkler/Zimmermann* § 7 FGG Rn. 1.
[2] *Jacoby* FamRZ 2007, 1703, 1706; *Zimmermann* FamFG Rn. 99.

Nach § 69 Abs. 3 findet § 38 darüber hinaus entsprechende Anwendung auf Beschwerdeentscheidungen. Für das Rechtsbeschwerdeverfahren regelt das FamFG die formelle Gestaltung der Entscheidungen nur partiell. Soweit die §§ 70–75 keine abweichenden Regelungen vorsehen, kann subsidiär auf § 38 auch ohne gesetzliche Verweisung zurückgegriffen werden. Hierfür spricht, dass § 38 der Verwirklichung der dem Beschluss zukommenden Funktionen dient und sich die maßgeblichen Funktionen einer Rechtsbeschwerdeentscheidung von denen einer erstinstanzlichen Entscheidung nicht wesentlich unterscheiden.

3   Die Vorschrift regelt insgesamt nur die in Abs. 1 definierten **Endentscheidungen,** dh. die Beschlüsse, welche den Verfahrensgegenstand (vgl. Vor §§ 23 ff. Rn. 29 ff.) ganz oder teilweise erledigen. Ausweislich der Legaldefinition in Abs. 1 wird eine Endentscheidung durch zwei Aspekte gekennzeichnet. Sie muss zumindest einen Teil des Verfahrensgegenstands betreffen und diesen erledigen, dh. für ihn die Instanz abschließen.[3] Der Verfahrensgegenstand ist betroffen, wenn eine Entscheidung über ihn ergeht. Eine sachliche Entscheidung ist nicht erforderlich. Ausreichend ist ebenso, dass eine bloße Verfahrensentscheidung getroffen, zB ein Antrag als unzulässig abgelehnt wird. Schließlich ist ausreichend, dass die Entscheidung in Bezug auf den Verfahrensgegenstand ausspricht, dass dessen Behandlung beendet ist oder insoweit das Verfahren eingestellt wird und ggf. eine Kostenentscheidung trifft.[4] Für **Zwischen- und Nebenentscheidungen** gilt § 38 nicht.[5] Diese müssen nur dann durch Beschluss ergehen, wenn das Gesetz dies ausdrücklich bestimmt (zB §§ 3 Abs. 1 S. 1, 5 Abs. 3, 6 Abs. 2, 7 Abs. 5 S. 1, 10 Abs. 3 S. 1, 21 Abs. 2, 33 Abs. 3 S. 1, 44 Abs. 3 S. 3, 89 Abs. 1 S. 3). Im Übrigen (zB §§ 4, 13 Abs. 7, 19, 20) kann das Gericht durch Beschluss entscheiden, ausreichend ist aber eine Verfügung des Gerichts.[6] Für diese Beschlüsse gelten die von § 38 geregelten Formalien zwar nicht unmittelbar, weil sich die Abs. 2 bis 6 unmittelbar nur auf die Beschlüsse nach Abs. 1 beziehen. Allerdings ist die Beachtung der Regelungen in Abs. 2 bis 6 für andere Beschlüsse vielfach sachlich geboten.

II. Funktion, Aufbau und Sprache des Beschlusses

4   **1. Funktion des Beschlusses.** Die Funktionen, denen ein Beschluss gerecht werden muss, entscheiden ganz wesentlich über seine formelle Gestaltung sowie Stil und Sprache seiner Abfassung.[7] In erster Linie dient der Beschluss der verbindlichen **Entscheidung** über den anhängigen **Verfahrensgegenstand.** Er ist insoweit mit dem Zweck des Verfahrens verknüpft.[8] Der Beschluss ist die verbindliche Reaktion des Gerichts auf die Verfahrenseinleitung, dh. den gestellten Antrag (vgl. § 23) oder den (infolge einer Anregung, vgl. § 24) bekannt gewordenen Lebenssachverhalt und das von ihm ausgelöste Regelungsbedürfnis. Diese Reaktion muss nicht zwingend in eine gerichtliche Verfügung münden, sondern kann auch in der Verweigerung einer sachlichen Antwort bestehen, wenn ein unzulässiger Antrag abgelehnt wird. Mit seinem Beschluss soll das Gericht allerdings nicht nur seine Entschließung offenbaren, sondern sich auch für diese rechtfertigen (Begründungserfordernis, vgl. Rn. 14).[9] Dieser **Rechtfertigung** bedarf es in dreierlei Richtung. Zunächst muss das Gericht vor sich selbst für seine Entscheidung rechtfertigen. Dies dient der Selbstkontrolle[10] und sichert die Rationalität der Entscheidung.[11] Dabei gilt die Lebensweisheit: „Ein Beschluss, der nicht klar und verständlich formuliert ist, ist auch nicht richtig durchdacht; was nicht sauber durchdacht ist, kann auch nicht glasklar formuliert werden."[12] Daneben muss die Entscheidung, will sie Bestand haben, Fachkollegen, insbesondere Bevollmächtigte und Rechtsmittelgericht, überzeugen.[13] Sie soll erkennen lassen, dass das Gericht das rechtliche Gehör der Beteiligten beachtet und erhebliches Vorbringen berücksichtigt hat.[14] Schließlich soll den Beteiligten, insbesondere den unterlegenen bzw. belasteten Beteiligten, erklärt werden, auf Grund welcher tatsächlichen Umstände und rechtlichen Erwägungen das Gericht zu seiner Entscheidung gelangt ist.[15]

---

[3] Vgl. Amtl. Begr. zum FamFG (BT-Drucks. 16/6308) S. 195.
[4] Vgl. Amtl. Begr. zum FamFG (BT-Drucks. 16/6308) S. 195, *Schulte-Bunert* Rn. 188.
[5] Amtl. Begr. zum FamFG (BT-Drucks. 16/6308) S. 195; *Zimmermann* FamFG Rn. 99.
[6] Vgl. Amtl. Begr. zum FamFG (BT-Drucks. 16/6308) S. 195; *Zimmermann* FamFG Rn. 99; aA *Zimmermann* FamFG Rn. 246: gerichtliche Anordnung iSv. § 35 als Beschluss iSv. § 38.
[7] Vgl. *Wassermann* ZRP 1981, 257, 260.
[8] Vgl. *Huber* JuS 1987, 296.
[9] Vgl. OLG Karlsruhe NJW 1990, 2009, 2010; *Kroitzsch* NJW 1994, 1032, 1032 f.
[10] *Huber* JuS 1987, 296; *Wassermann* ZRP 1981, 257, 260.
[11] *Kroitzsch* NJW 1994, 1032, 1033.
[12] Vgl. *Lüke* NJW 1995, 1067, 1068.
[13] *Kroitzsch* NJW 1994, 1032, 1033; *Wassermann* ZRP 1981, 257, 260.
[14] Vgl. BVerfG NJW 1978, 989.
[15] Vgl. *Wassermann* ZRP 1981, 257, 260.

2. Aufbau und Sprache des Beschlusses. a) Aufbau und Elemente. Die Funktionen eines 5
Beschlusses haben den Gesetzgeber veranlasst, für ihn einen gewissen Aufbau und Inhalt vorzuschreiben. Da im Vordergrund die gerichtliche Entscheidung steht, welche im Anschluss gerechtfertigt wird, erwähnt das Gesetz bspw. in Abs. 2 Nr. 3 die Beschlussformel (Ergebnis) vor deren Begründung (Abs. 3 S. 1, Rechtfertigung). Die Vorgaben des Gesetzes beschränken sich insgesamt jedoch auf ein Minimum. Gleichwohl haben sich bei den Gerichten bestimmte Gepflogenheiten, insbesondere auf Grund ihrer Funktionalität, durchgesetzt. Danach ergehen Beschlüsse anders als Urteile (vgl. § 311 Abs. 1 ZPO, § 268 Abs. 1 StPO, § 117 Abs. 1 S. 1 VwGO, § 105 Abs. 1 S. 1 FGO, § 132 Abs. 1 S. 1 SGG) nicht im Namen des Volkes. Die Verwendung einer **Überschrift** („Beschluss") ist gesetzlich zwar nur vereinzelt ausdrücklich vorgeschrieben (vgl. Abs. 4 Nr. 1 aE: „Anerkenntnisbeschluss", „Verzichtsbeschluss", „Versäumnisbeschluss"), aber auch über diese Einzelfälle hinaus entspricht es allgemeinen Gepflogenheiten, einen Beschluss durch eine entsprechende Überschrift zu kennzeichnen. Regional verschieden ist die Handhabung, ob über die Fälle des Abs. 4 Nr. 1 hinaus Besonderheiten des Beschlusses in der Überschrift ausgedrückt werden („Teilbeschluss", „Endbeschluss"). Üblich ist die Angabe des Aktenzeichens auf der ersten Seite des Beschlusses.[16] An die Überschrift schließt sich das **Rubrum** (vgl. Rn. 9 ff.) an, welches die am Verfahren beteiligten Personen (Beteiligte, Bevollmächtigte und Gericht) bezeichnet (vgl. Abs. 2 Nr. 1, 2). Hierdurch wird u. a. die Eingrenzung der Entscheidung in personeller Hinsicht ermöglicht. Um auch eine schnelle Erfassung des Verfahrensgegenstands zu ermöglichen, ist die Übung verbreitet, diesen schlagwortartig zu nennen.[17] Die Angaben nach Abs. 2 Nr. 2 werden üblicherweise in einen **Verbindungssatz** aufgenommen, der vom Rubrum zur **Beschlussformel** (vgl. Rn. 12 f.) überleitet. In der Beschlussformel (Abs. 2 Nr. 3) bringt das Gericht knapp zusammengefasst seine Entscheidung zum Ausdruck. Die Beschlussformel umfasst in der Regel einen Ausspruch über den Verfahrensgegenstand sowie diverse Nebenentscheidungen (zB Kosten, Wirksamkeit der Entscheidung, Rechtsmittelzulassung). Nach Abs. 3 S. 1 sind diese Aussagen nachfolgend zu **begründen** (vgl. Rn. 14 ff.); dies kann nach Abs. 4 und 5 entbehrlich sein. Die Begründung enthält zunächst eine gedrängte Darstellung des maßgeblichen Sachverhalts und im Anschluss eine rechtliche Auseinandersetzung. Der Vorrang der tatsächlichen Ausführungen folgt daraus, dass die rechtlichen Erwägungen sich auf einen bestimmten Sachverhalt beziehen. Die Trennung der tatsächlichen und rechtlichen Ausführungen vermeidet eine Vermischung beider Fragen und schafft gedankliche Klarheit, sie muss aber nicht äußerlich erkennbar werden.[18] Aus § 39 ergibt sich das Erfordernis, die Beteiligten über mögliche Rechtsbehelfe zu belehren. **Abgeschlossen** (vgl. Rn. 26) wird der Beschluss durch die Unterschrift des Gerichts (Abs. 3 S. 2), durch welche dieses die Verantwortung für seine Entscheidung übernimmt.

b) Sprache und Stil. Auch Stil und Sprache des Beschlusses werden durch dessen Funktionen 6
bestimmt. Aus dem Umstand, dass die Begründung das gerichtlich festgestellte Ergebnis rechtfertigen soll, ergibt sich, dass Beschlüsse im **Urteilsstil** und nicht im Gutachtenstil verfasst werden.[19] Eine bestimmt vorgetragene Begründung im Urteilsstil vermag die Beteiligten leichter vom gefundenen Ergebnis zu überzeugen als Ausführungen im fragenden Gutachtenstil. Formulierungen im Gutachtenstil können leicht so verstanden werden, dass sich das Gericht selbst seiner Entscheidung nicht sicher war. Dies weckt bei den Beteiligten unnötigerweise den Eindruck, im Instanzenzug zu einer günstigeren Einschätzung zu gelangen.

Zur **Sprache** des Beschlusses lässt sich aus § 184 GVG entnehmen, dass der Beschluss in deutscher 7
Sprache zu verfassen ist. Innerhalb des so skizzierten Rahmens können Beschlüsse in sprachlicher Hinsicht ihren verschiedenen Funktionen, insbesondere den einzelnen Zielrichtungen der Rechtfertigungsfunktion, vielfach nicht gleichermaßen Rechnung tragen. Ein Ausgleich der einzelnen Zwecke kommt vielmehr der Quadratur des Kreises gleich.[20] Einerseits bedürfen Entscheidung über den Verfahrensgegenstand sowie die Selbstkontrolle des Gerichts und die Rechtfertigung gegenüber Fachkollegen in höchstem Maße **juristischer Korrektheit.** Diese lässt sich regelmäßig nur unter Verwendung von Fachbegriffen erreichen, welche sich ohne Verlust an Präzision vielfach nicht umgangssprachlich ausdrücken lassen. Andererseits gelingt es mit einer knappen (insbesondere Beschlussformel, vgl. Rn. 12 f.) und von Fachbegriffen geprägten Sprache praktisch nicht, einem Beteiligten den Inhalt oder die Gründe einer Entscheidung darzulegen. Dieses Spannungsfeld muss das Gericht, insbesondere in dem vom Fürsorgegedanken (vgl. Vor §§ 23 ff. Rn. 19) geprägten FamFG-Verfahren, mit Fingerspitzengefühl auflösen. Im Zweifel genießt die juristische Korrektheit Vorrang

---

[16] *Zimmermann* Praktikum, III. 3.
[17] Vgl. oben § 313 ZPO Rn. 6.
[18] OLG Frankfurt Rpfleger 1978, 310, 311.
[19] Vgl. *Huber* JuS 1987, 213, 214 f.
[20] Vgl. *Wassermann* ZRP 1981, 257, 260.

vor der Verständlichkeit für die Beteiligten, weil und soweit anderenfalls der unmittelbare Zweck des in den Beschluss mündenden Verfahrens (verbindliche Entscheidung, Herbeiführung von Rechtsfrieden und Rechtssicherheit)[21] beeinträchtigt würde.[22]

8 Hat der Einsatz von Fachsprache im Rahmen des Erforderlichen seine Berechtigung,[23] sollte sich das Gericht gleichwohl im Übrigen um eine verständliche Ausdrucksweise bemühen, welche der gesellschaftlichen Stellung des Gerichts gerecht wird.[24] Dies legt eine **klare, einfache und sachliche Sprache** nahe.[25] Abschätzige, herabwürdigende, emotionale oder auch nur süffisante Formulierungen haben zu unterbleiben, weil sie die Beteiligten oder ihre Bevollmächtigten kränken können.[26] Unpassend, insbesondere in Verfahren mit erhöhtem Persönlichkeitsbezug, ist das Absetzen eines Beschlusses in Versform,[27] auch wenn dies grds. rechtlich nicht zu beanstanden ist.[28] Entsteht hierdurch bei den Beteiligten jedoch der berechtigte Eindruck, dass das Gericht das Anliegen der Beteiligten nicht mit dem erforderlichen Ernst behandelt, kann dies einen Ausschließungsgrund begründen (vgl. § 6 Rn. 4 ff.). Erscheinen der Beschluss insgesamt oder seine Gründe auf Grund der verwendeten Formulierungen als gänzlich nicht ernst gemeint (Scherzerklärung), ist der gesamte Beschluss unbeachtlich (vgl. Vor §§ 38 ff. Rn. 12) bzw. liegt ein Beschluss ohne Begründung vor.[29]

III. Rubrum und Beschlussformel (Abs. 2)

9 **1. Rubrum (Nr. 1, 2).** Eingeleitet wird der Beschluss vom sog. Rubrum, welches gemäß Abs. 1 Nr. 1 und 2 die Bezeichnung der Beteiligten, ihrer gesetzlichen Vertreter und der Bevollmächtigten sowie die Bezeichnung des Gerichts und die Namen der Gerichtspersonen, die bei der Entscheidung mitgewirkt haben, enthält. Maßgeblich ist jeweils der **Zeitpunkt** der gerichtlichen Entscheidung. Das Rubrum enthält keine Angaben über die personellen Veränderungen während des Verfahrens. Es trifft vielmehr eine für den Erlasszeitpunkt geltende Aussage.

10 Anzugeben sind alle vom Gericht formell am Verfahren **Beteiligten** (vgl. § 7 Rn. 3 ff.). Erfasst werden diejenigen Beteiligten, deren formelle Beteiligung noch fortbesteht oder an welche der Beschluss eine Verfügung (zB Kostenentscheidung) richtet. Beteiligte, deren Beteiligtenstellung bereits geendet hat oder deren Beteiligung rechtskräftig nach § 7 Abs. 5 abgelehnt wurde, sind nicht ins Rubrum aufzunehmen. Lediglich für Fälle der Gesamtrechtsnachfolge (zB Erbschaft) wird weit verbreitet so verfahren, dass der Umstand der Gesamtrechtsnachfolge im Rubrum kenntlich gemacht wird, zwingend ist dies aber nicht. Es reicht aus, den Rechtsnachfolger im Rubrum anzugeben. Die Bezeichnung muss so eindeutig erfolgen, dass keine Zweifel über die Identität der Beteiligten aufkommen. Anzugeben sind Vor- und Nachname(n) und ggf. das Geburtsdatum oder ein Beruf. Die Angabe der genauen Anschrift dient der nachfolgenden Bekanntgabe (vgl. § 41 Rn. 4) und ggf. der Zwangsvollstreckung. Üblich ist, die Verfahrensbeteiligung mit einer Kurzrolle zu bezeichnen (zB „Antragsteller" oder nur „Beteiligter zu 1" usw.). Hat ein Beteiligter einen **gesetzlichen Vertreter,** ist auch dieser namentlich zu benennen. Dies gilt wiederum nur, für die zum Entscheidungszeitpunkt (noch) zuständigen gesetzlichen Vertreter. Ebenso sind die **Bevollmächtigten** (vgl. § 10) anzugeben, deren Bevollmächtigung zum Zeitpunkt der Entscheidung noch besteht. Nach § 10 Abs. 3 zurückgewiesene Bevollmächtigte sind nicht zu nennen. Ist ein Bevollmächtigter aufgetreten, ohne seine Vollmacht nach § 11 nachzuweisen, ist dies im Rubrum dadurch kenntlich zu machen, dass er nicht als Bevollmächtigter bezeichnet wird. Vielmehr ist im Beschluss zu vermerken, dass er als Vertreter eines Beteiligten gehandelt hat.[30] Beistände nach § 12 sind anders als Bevollmächtigte nicht ins Rubrum aufzunehmen, weil ihnen abgesehen von der Unterstützung während der mündlichen Erörterung keine prozessuale Funktion (vgl. zB §§ 171 f. ZPO) zukommt.

11 Nach Abs. 2 Nr. 2 ist das entscheidende Gericht zu bezeichnen und die Namen der an der Entscheidung mitwirkenden Gerichtspersonen sind anzugeben. Die Angaben müssen so genau erfolgen, dass sich eindeutig feststellen lässt, wer die Entscheidung getroffen hat. Die Angabe des **Gerichts** umfasst nicht nur die Bezeichnung der organisatorischen Einheit (zB Amtsgericht, Oberlandesgericht), sondern auch der funktionellen Einheit (zB Grundbuchamt, Familiengericht, Nachlass-

---

[21] *Huber* JuS 1987, 296.
[22] Vgl. *Huber* JuS 1987, 296, 298; *Wassermann* ZRP 1981, 257, 260.
[23] *Huber* JuS 1987, 296, 298; *Wassermann* ZRP 1981, 257, 260.
[24] Vgl. OLG Karlsruhe NJW 1990, 2009.
[25] Vgl. *Huber* JuS 1987, 296, 298; *Lüke* NJW 1995, 1067, 1068.
[26] *Huber* JuS 1987, 296, 298.
[27] Vgl. LG Frankfurt NJW 1982, 650.
[28] OLG Karlsruhe NJW 1990, 2009, 2009 f.; *Beaumont* NJW 1990, 1969.
[29] Vgl. OLG Karlsruhe NJW 1990, 2009, 2010.
[30] Vgl. oben § 313 ZPO Rn. 7.

gericht) sowie des Spruchkörpers (zB 2. Senat, Rechtspfleger, Urkundsbeamter). Außerdem sind die an der Entscheidung mitwirkenden **Gerichtspersonen** mit ihrer Funktion (zB Richter am Amtsgericht) und ihrem Namen anzugeben. Dies gilt nur für diejenigen Gerichtspersonen, welche an der Entscheidung selbst mitgewirkt habe und, abgesehen von ihrer Verhinderung, durch ihre Unterschrift (vgl. Rn. 26) die Verantwortung übernehmen. Erfolgt im Laufe des Verfahrens ein personeller Wechsel, sind nur die erkennenden Gerichtspersonen anzugeben.

2. Beschlussformel (Nr. 3). Die Beschlussformel entspricht dem Tenor des Urteils (vgl. § 313 Abs. 1 Nr. 4 ZPO).[31] Sie enthält die verbindliche Reaktion des Gerichts auf die Verfahrenseinleitung als den eigentlichen Akt rechtsprechender Gewalt, welche die Grundlage für die Vollziehung und die Rechtskraftwirkungen des Beschlusses bildet. Als eigentlicher Ausspruch über das Ergebnis des Verfahrens bestimmt die Beschlussformel über Umfang der Rechtskraft sowie der Vollzieh- oder Vollstreckbarkeit der Entscheidung. Sie muss daher so **exakt formuliert** sein, dass die Beteiligten und die Organe der Zwangsvollstreckung ihr zweifelsfrei entnehmen können, was zu tun oder zu unterlassen ist und welche Rechtswirkungen sich aus ihr ergeben. Dementsprechend soll die Beschlussformel **aus sich selbst heraus verständlich** sein,[32] ohne dass auf die Begründung zurückgegriffen werden muss. Da nicht vorgeschrieben ist, dass die Beschlussformel von der Begründung deutlich abzusetzen ist, schadet es nicht, wenn sich der vollständige Inhalt der Beschlussformel erst unter Heranziehung der Begründung offenbart.[33] Für Beschlüsse, welche einen Antrag ablehnen, entspricht dies hM.[34] Erhebliche Gründe, stattgebende Beschlüsse abweichend zu behandeln, bestehen nicht. In beiden Fällen lässt sich der Gegenstand der Rechtskraft (Verfahrensgegenstand) nur unter Berücksichtigung der Begründung bestimmen, weil die Beschlussformel erst zusammen mit dem Lebenssachverhalt den Verfahrensgegenstand kennzeichnet (vgl. Vor §§ 23 ff. Rn. 29 ff.). Bei ablehnenden Beschlüssen besteht lediglich ein erhöhtes Bedürfnis, die Begründung zur Bestimmung des Verfahrensgegenstands heranzuziehen, weil hier neben dem Lebenssachverhalt der abgelehnte Antrag von Bedeutung ist. Unterschiede bestehen lediglich insoweit, als stattgebende Beschlüsse im Hauptsacheausspruch vollzieh- oder vollstreckbar sein können. Insoweit ist aber ausreichend, dass der Ausspruch des Gerichts hinreichend bestimmt ist. An welcher Stelle des Beschlusses die hierfür maßgeblichen Umstände zu finden sind, ist ohne Bedeutung. Erst wenn sich der Ausspruch des Gerichts auch unter Heranziehung der Begründung nicht mehr zweifelsfrei bestimmen lässt, sondern außerhalb der Entscheidung liegende Umstände herangezogen werden müssen, ist die Beschlussformel zu unbestimmt. Unschädlich ist dabei, dass die Beschlussformel ausdrücklich **auf Anlagen Bezug nimmt,** wenn sich der Ausspruch unter Berücksichtigung des Gebots effektiven Rechtsschutzes nicht auf andere Weise angemessen fassen lässt.[35] Eine feste Verbindung der Anlage mit der Urschrift des Beschlusses ist nicht zwingend notwendig.[36]

Die Beschlussformel trifft regelmäßig eine Aussage über den Verfahrensgegenstand (Hauptsacheausspruch) sowie über die Ausgestaltung des Verfahrensverhältnisses (Nebenentscheidungen). Der **Hauptsacheausspruch** kann die bei Verfahrenseinleitung intendierte gerichtliche Verfügung in der Sache treffen oder diese ablehnen. In Antragsverfahren wird der Hauptsacheausspruch dabei durch die Anträge der Beteiligten begrenzt (vgl. § 23 Rn. 14). Gegenstand der Hauptsacheentscheidung kann aber auch sein, dass das Gericht eine sachliche Entscheidung ablehnt, weil die Sachentscheidungsvoraussetzungen (vgl. Vor §§ 23 ff. Rn. 5) nicht vorliegen. Schließlich kann der Hauptsacheausspruch dahin lauten, dass eine sachliche Entscheidung nicht mehr erforderlich ist oder ihre Wirkungen verliert (vgl. § 22 Abs. 2, 3). Gegenstand der **Nebenentscheidung** kann die Kostengrundentscheidung (vgl. §§ 81 f.) sein. Ebenfalls das Verfahrensverhältnis betreffen der klarstellende Ausspruch nach § 40 Abs. 2 S. 2, die Entscheidung über das Wirksamwerden des Beschlusses (vgl. zB § 40 Abs. 3 S. 2), die Entscheidung über Vollstreckungsschutzanträge (vgl. § 95 Abs. 3 S. 2) oder die Entscheidung über die Zulassung eines Rechtsmittels (vgl. §§ 61 Abs. 3, 70 Abs. 2).

IV. Begründung (Abs. 3 S. 1, Abs. 4 bis 6)

1. Grundsatz: Begründungspflicht (Abs. 3 S. 1). a) Allgemeines. Als Grundsatz schreibt Abs. 3 S. 1 fest, dass der Beschluss zu begründen ist. Das FGG sah eine Begründungspflicht nur vereinzelt (vgl. §§ 69 Abs. 2, 70f Abs. 2 FGG) vor. Eine generelle Begründungspflicht folgt nach

---

[31] Amtl. Begr. FamFG (BT-Drucks. 16/6308) S. 195.
[32] BGH NJW 2000, 2207, 2207 f.
[33] Vgl. BGH NJW 2000, 2207, 2207 f.; aA oben § 313 ZPO Rn. 9.
[34] Vgl. oben § 313 ZPO Rn. 9 in Fn. 29.
[35] BGH NJW 2000, 2207, 2207 f.
[36] BGH NJW 2000, 2207, 2207 f.

Ansicht des BVerfG nicht bereits aus dem **Grundgesetz**.[37] Sie besteht vielmehr nur insoweit, als sie Voraussetzung für die Effektivität vom Gesetzgeber eingeräumter Rechtsmittel ist.[38] Der **EGMR** bejaht dagegen eine generelle Begründungspflicht und gewinnt sie aus dem Grundsatz einer geordneten Rechtspflege (vgl. Art. 6 Abs. 1 EMRK).[39] Durch ihre Begründung gewinnen Beschlüsse an Transparenz und Rationalität. Zugleich wird den Beteiligten die Prüfung der Erfolgsaussichten eines Rechtsmittels ermöglicht. Außerdem stärkt dies die rechtsstaatliche Stellung des Gerichts. Das Gericht soll sich rechtfertigen und erklären, warum es zu seiner Entscheidung gelangt ist. Da Aufgabe der Gerichte nicht die Erteilung abstrakter Rechtsgutachten, sondern die verbindliche Entscheidung eines Verfahrensgegenstands ist, liegt der Entscheidung stets ein bestimmter Lebenssachverhalt zugrunde. Dieser ist Teil der Rechtfertigung, welche ohne seine Kenntnis nicht verständlich würde. Gerade in Fällen, in denen Beteiligte hinsichtlich des gegebenen Sachverhalts unterschiedlicher Ansicht sind, wird der Kern der Auseinandersetzung erst verständlich, wenn die verschiedenen Sichtweisen bekannt sind. Deshalb umfasst die Begründung regelmäßig einen **Sachbericht** (vgl. Rn. 15), der bei einfach gelagertem Sach- und Verfahrensstand aber auch in die rechtliche Beurteilung eingeflochten werden kann.[40] Daneben muss sich das Gericht in den **Rechtsgründen** (vgl. Rn. 17) für seine rechtliche Beurteilung rechtfertigen. Dies umfasst die Begründung, auf Grund welcher rechtlich determinierten (vgl. §§ 26 f. und 29 bis 31, 37) Erwägungen das Gericht einen bestimmten Sachverhalt als gegeben ansieht und wie es diesen im Hinblick auf den Ausspruch in der Beschlussformel rechtlich beurteilt. Auch wenn dies abweichend von § 313 ZPO gesetzlich nicht einmal erwähnt wird, sollten auch im Beschluss Sachbericht und rechtliche Beurteilung grds. voneinander getrennt dargestellt werden.[41] Dabei genießt die Darstellung des Sachverhalts Vorrang, weil dieser die Grundlage der rechtlichen Prüfung bildet, welche ihrerseits auch eine Antwort auf die Frage gibt, welche Sichtweise des Sachverhalts das Gericht warum für zutreffend erachtet.[42]

15   **b) Sachbericht.** Die Anforderungen an den Sachbericht werden durch dessen **Funktion** bestimmt. In dem vom Mündlichkeitsprinzip geprägten Zivilprozess beurkundet der Tatbestand das mündliche Vorbringen der Parteien, welches die Grundlage der Urteilsfindung bildet (vgl. §§ 314, 286 Abs. 1 ZPO).[43] Dies erlangt im Zivilprozess maßgebliche Bedeutung für die Frage, welche Tatsachen unstreitig sind und deshalb der Entscheidung ohne weitere Begründung zugrunde zu legen sind. Im FamFG-Verfahren besteht eine abweichende Interessenlage. Zunächst gilt das Mündlichkeitsprinzip nicht (Vor §§ 23 ff. Rn. 24) und das Gericht hat nach § 37 seine Entscheidung auf der Grundlage des gesamten Inhalts des Verfahrens zu treffen. Außerdem gilt der Amtsermittlungsgrundsatz und das Gericht ist an das Vorbringen der Beteiligten nicht gebunden (vgl. § 26 Rn. 4). Dementsprechend sind alle, auch unstreitige, Tatsachen abstrakt feststellungsbedürftig. Selbst durch die Verweisung des § 74 Abs. 3 S. 4 auf § 559 ZPO gewinnt der Sachbericht keine dem Zivilprozess vergleichbare eigenständige Bedeutung, weil im Rahmen der Rechtsbeschwerde nur die in der Vorinstanz festgestellten Tatsachen berücksichtigt werden dürfen. Eine nicht festgestellte Tatsache darf, selbst wenn sie unstreitig ist, nicht berücksichtigt werden. Welche Tatsachen festgestellt wurden, ergibt sich aber nicht aus dem Sachbericht, weil dieser den Sachverhalt lediglich dar-, aber nicht feststellt.[44] Die Feststellungen zum Sachverhalt ergeben sich, weil hierfür eine rechtliche Bewertung vorzunehmen ist, aus den Rechtsgründen (vgl. Rn. 17). Lediglich soweit Beschlüsse als Abschluss eines nach den **Regelungen der ZPO** durchgeführten FamFG-Verfahrens (vgl. § 113 Abs. 1 S. 2 ZPO) ergehen, gelten für diese Beschlüsse ohne weiteres die nach §§ 313, 314 ZPO maßgeblichen Vorgaben[45] und die Berichtigungsmöglichkeit des § 320 ZPO.[46]

16   Da dem Sachbericht **keine Beurkundungsfunktion** zukommt (vgl. aber Rn. 15 aE), gilt § 314 ZPO nicht.[47] Damit korrespondiert, dass kein förmliches Protokoll geführt werden muss (vgl. § 28 Rn. 28 f.), welches die Widerlegung des Sachberichts ermöglicht (vgl. § 314 S. 2 ZPO). Auch sieht

---

[37] BVerfG NJW 1979, 1161; 1982, 925; kritisch *Kroitzsch* NJW 1994, 1032, 1033; vgl. auch *Jacoby* FamRZ 2007, 1703, 1706: Begründung dient der Rechtsstaatlichkeit der Entscheidung.
[38] Vgl. BVerfG NJW 1979, 1161.
[39] EGMR NJW 1999, 2429.
[40] *Huber* JuS 1984, 950, 953.
[41] Vgl. *Zimmermann* Praktikum, III. 3.; vgl. zum Urteil *Huber* JuS 1987, 213; äußerliche Trennung ist aber nicht zwingend, vgl. OLG Frankfurt Rpfleger 1978, 310, 311.
[42] Vgl. *Huber* JuS 1987, 213.
[43] *Huber* JuS 1987, 213.
[44] *Huber* JuS 1984, 615, 616.
[45] Vgl. zu den Anforderungen an den Tatbestand des Zivilurteils oben § 313 ZPO Rn. 10 ff.
[46] *Zimmermann* FamFG Rn. 101.
[47] Vgl. *Zimmermann* FamFG Rn. 101.

das FamFG kein Berichtigungsverfahren vor.⁴⁸ Mangels eines entsprechenden Regelungsbedürfnisses (vgl. auch § 43 Rn. 4) wurde keine § 320 ZPO vergleichbare Vorschrift aufgenommen (vgl. § 42 Rn. 1). Die Bedeutung des Sachberichts reduziert sich danach darauf, die Rechtfertigung der Entscheidung zu unterstützen, indem er deutlich macht, auf Grund welcher tatsächlichen und rechtlichen Sichtweise die Beteiligten am Verfahren teilgenommen und welche Anträge sie gestellt haben, wie das Verfahren abgelaufen ist und welche gerichtlichen Ermittlungsmaßnahmen unternommen wurden. Dementsprechend kann der Sachbericht knapp gehalten werden. Er soll eine **gedrängte Darstellung des Sach- und Verfahrensstands** nach seinem wesentlichen Inhalt geben. Welche Vorgänge nach diesem Maßstab der Erwähnung bedürfen, ist eine Frage des Einzelfalls. Klarheit und Verständlichkeit des Sachberichts müssen bei allem Bemühen um Kürze gewahrt bleiben. Empfehlenswert erscheint, sich für die Abfassung des Sachberichts im Wesentlichen an dem für den Tatbestand des Zivilurteils üblichen Aufbau zu orientieren.⁴⁹ Dies erhöht seine Verständlichkeit.⁵⁰ Auf einen Einleitungssatz⁵¹ folgt eine Zusammenfassung des unter den Beteiligten unstreitigen Sachverhalts.⁵² Im Anschluss hieran sollte, getrennt nach Beteiligten, der streitige Sachverhalt dargestellt werden.⁵³ Der Unterscheidung zwischen streitigem und unstreitigem Sachverhalt kommt hier anders als im Zivilprozess zwar keine entscheidende Bedeutung zu, jedoch macht die getrennte Darstellung den Verfahrensstand vielfach erst verständlich. Soweit angezeigt, sind entgegengerichtete Anträge einzuarbeiten.⁵⁴ Im Anschluss sollte auf die Durchführung einer Beweisaufnahme, die Beiziehung von Akten und die Einführung sonstiger Erkenntnisquellen hingewiesen werden.⁵⁵ Relevantes Verfahrensgeschehen sollte allerdings nur wiedergegeben werden, soweit es für die Entscheidung noch von Bedeutung ist. Eine summarische Darstellung der Rechtsansichten der Beteiligten ist dann sachgerecht, wenn im Wesentlichen Rechtsfragen Gegenstand des Verfahrens sind. **Bezugnahmen** auf Schriftsätze oder andere Verfahrensstücke im Sachbericht sind möglich.⁵⁶ Ihnen kommt aber, anders als im Tatbestand des Zivilurteils, eine geringere Bedeutung zu, weil dem Sachbericht keine Beurkundungsfunktion zukommt und seine Aufgabe, die Verständlichkeit der Rechtfertigung zu erhöhen, durch Bezugnahmen kaum erfüllt wird.

c) Rechtsgründe. Die eigentliche Rechtfertigung in tatsächlicher und rechtlicher Hinsicht enthalten die Rechtsgründe. Aus ihnen können die Beteiligten sowie das Rechtsmittelgericht entnehmen, aus welchen Erwägungen heraus das Gericht zu seinem Ergebnis gelangt ist. In den Rechtsgründen bewertet das Gericht den vom Sachbericht dargestellten Sachverhalt und stellt die entscheidungserheblichen Tatsachen fest. Es offenbart, warum es von bestimmten tatsächlichen Annahmen ausgeht. Zugleich zeigt das Gericht, dass seine Entscheidung die Bindung an Recht und Gesetz (Art. 20 Abs. 3 GG) beachtet, indem es begründet, warum die Anwendung des Rechts auf den festgestellten Sachverhalt zum Ausspruch in der Beschlussformel führt. Breite Ausführungen sind hiefür nicht erforderlich. Vielmehr ist im Interesse eines schonenden Umgangs mit den gerichtlichen Ressourcen eine **knappe Begründung** zu geben. Stichpunktartige Hinweise genügen in aller Regel jedoch nicht. Die Rechtsgründe müssen so gefasst werden, dass sie den Beteiligten und dem Rechtsmittelgericht ermöglichen, den Beschluss auf seine Richtigkeit zu überprüfen. Die gebotene Kürze darf dies nicht vereiteln. Sie verlangt aber auch das Wesentliche, dh. die **tragenden Erwägungen**, beschränkte, **präzise gefasste** Ausführungen.⁵⁷ Wegzulassen sind alle Ausführungen, welche zur Rechtfertigung des Ausspruches nicht erforderlich sind.⁵⁸

Welchen konkreten Inhalt die Begründung haben muss, ist eine Frage des Einzelfalls. Allgemein gilt, dass sich das Gericht nicht mit jeglichen Ausführungen der Beteiligten auseinandersetzen muss.⁵⁹ Es muss jedoch erkennbar werden, dass dem Anspruch auf rechtliches Gehör Rechnung getragen wurde.⁶⁰ Notwendig ist, dass sich das Gericht mit den **wesentlichen Tatsachen** und den diesbezüglichen Stellungnahmen der Beteiligten (vgl. § 37 Rn. 20 ff.) auseinandersetzt. Erhobene **Beweise** sind sorgfältig zu würdigen. Umgekehrt muss offen gelegt werden, aus welchen Gründen eine Be-

---

⁴⁸ *Zimmermann* FamFG Rn. 101.
⁴⁹ *Zimmermann* Praktikum, III. 3.
⁵⁰ Vgl. oben § 313 ZPO Rn. 12.
⁵¹ Vgl. *Huber* JuS 1984, 786, 787.
⁵² Vgl. *Huber* JuS 1984, 786, 788; oben § 313 ZPO Rn. 12.
⁵³ Vgl. *Huber* JuS 1984, 786, 788 f.; oben § 313 ZPO Rn. 12.
⁵⁴ Vgl. *Huber* JuS 1984, 786, 788; oben § 313 ZPO Rn. 12.
⁵⁵ Vgl. *Huber* JuS 1984, 786, 789; oben § 313 ZPO Rn. 12.
⁵⁶ Vgl. zum Zivilurteil oben § 313 ZPO Rn. 13.
⁵⁷ Vgl. oben § 313 ZPO Rn. 14.
⁵⁸ Vgl. oben § 313 ZPO Rn. 14.
⁵⁹ BVerfG NJW 1994, 2279; 1994, 2683; NJW-RR 1995, 1033.
⁶⁰ BVerfG NJW 1994, 2279; 1994, 2683; NJW-RR 1995, 1033.

weisaufnahme im Einzelfall entbehrlich war, weil das Gericht zB im Hinblick auf den übereinstimmenden Vortrag der Beteiligten von dessen Wahrheit ausging. Es sollten zudem die angewandten **Rechtsgrundlagen** benannt werden. Nur hierdurch wird den Beteiligten ansatzweise die Nachprüfung ermöglicht, ob die Entscheidung auf Recht und Gesetz fußt. Nachweise aus Lit. und Rspr. sind nicht zwingend erforderlich.[61] Gleichwohl greifen Gerichte vielfach auf entsprechende Nachweise zurück, um ihren eigenen Begründungsaufwand abzukürzen. Soweit ein Gericht von einer obergerichtlichen oder anderweitig gefestigten Rspr. abweichen will, ist allerdings eine vertiefte Auseinandersetzung angezeigt, aus welcher sich entnehmen lässt, warum der bestehenden Rspr. nicht gefolgt wird.

19   **2. Ausnahmen (Abs. 4, 5). a) Ausnahmetatbestände (Abs. 4).** Vorbehaltlich des Eingreifens einer Rückausnahme nach Abs. 5 (vgl. Rn. 23 f.) bedürfen Beschlüsse in den von Abs. 4 enumerativ benannten Fällen keiner Begründung. Das Gericht ist gleichwohl berechtigt, seinem Beschluss eine Begründung anzufügen. Zu beachten ist, dass die Ausnahmen des Abs. 4 nicht zwingend den gesamten Beschluss erfassen, sondern nur hinsichtlich derjenigen Verfahrensgegenstände oder **Teile von Verfahrensgegenständen** gelten, hinsichtlich derer die Voraussetzungen eines Ausnahmetatbestands vorliegen („soweit"). Gekennzeichnet sind die in Abs. 4 erwähnten Fälle dadurch, dass eine erhöhte Wahrscheinlich dafür besteht, dass die Entscheidung nicht angefochten wird. Deshalb besteht ein geringeres Bedürfnis, den Beteiligten eine Grundlage für die Prüfung der Erfolgsaussichten eines Rechtsmittels zu geben.

20   Nach **Nr. 1** bedürfen keiner Begründung Beschlüsse, die auf Grund eines Anerkenntnisses, eines Verzicht oder der Säumnis eines Beteiligten ergehen und entsprechend bezeichnet sind. Diese Regelung entspricht § 313b ZPO. Einschlägig ist die Ausnahme nur für diejenigen Beschlüsse, welche infolge eines **Anerkenntnisses** oder **Verzichts** entsprechend deren Inhalt ergehen. Allein die Erklärung eines Anerkenntnisses oder Verzichts erfüllt nicht Nr. 1, auch wenn das Gericht nach inhaltlicher Prüfung zu einem dem Anerkenntnis oder Verzicht entsprechenden Ergebnis gelangt. Sind Anerkenntnis oder Verzicht nicht möglich, weil den Beteiligten die Dispositionsbefugnis über Verfahrensgegenstand oder Verfahren fehlt (vgl. Vor §§ 23 ff. Rn. 10), kommt Nr. 1 nicht zur Anwendung. Soweit das Ergebnis der gerichtlichen Prüfung jedoch Anerkenntnis und Verzicht entspricht, ist regelmäßig Nr. 2 einschlägig (vgl. Rn. 21). Daneben gilt Nr. 1 nur für echte **Säumnisentscheidungen,** die auf Grund der durch die Säumnis ausgelösten Geständnisfiktion gegen den Säumigen ergehen. Derartige Entscheidungen können nur außerhalb des Anwendungsbereichs des Untersuchungsgrundsatzes, dh. in Familienstreitsachen ergehen (vgl. Vor §§ 38 ff. Rn. 6). Neben dem Vorliegen einer Katalogentscheidung setzt das Absehen von einer Begründung voraus, dass der Beschluss in seiner **Überschrift** (vgl. Rn. 5) als Anerkenntnis-, Verzichts- oder Säumnisbeschluss bezeichnet wird. Eine entsprechende Überschrift muss jedoch nur angebracht werden, wenn das Gericht unter Rückgriff auf Nr. 1 auf eine Begründung verzichten will. Da der Anerkenntnis- und Verzichtsbeschluss stets und der echte Säumnisbeschluss vielfach neben Nr. 1 zugleich auch Nr. 2 unterfällt, ist eine Überschrift weitgehend entbehrlich.

21   Nach **Nr. 2** kann von einer Begründung der Entscheidung abgesehen werden, wenn **gleichgerichteten Anträgen** der Beteiligten stattgegeben wird oder der Beschluss nicht dem **erklärten Willen** eines Beteiligten (vgl. § 41 Rn. 6) widerspricht. Die Vorschrift erweitert die § 313b ZPO vergleichbare Regelung der Nr. 1 entsprechend den Besonderheiten der Vielzahl der Verfahren der freiwilligen Gerichtsbarkeit, weshalb Nr. 1 weitgehend entbehrlich ist (vgl. Rn. 20). Insbesondere im Bereich der Amtsverfahren fehlt den Beteiligten die Dispositionsbefugnis und sie können weder Anerkenntnis noch Verzicht iSv. §§ 306, 307 ZPO erklären. Das Gericht muss vielmehr auch bei gleichlaufenden Interessen aller Beteiligten eine eigene Prüfung vornehmen und entsprechend dem Ergebnis seiner Prüfung entscheiden. Auf Grund der gleichgerichteten Interessen der Beteiligten besteht gleichwohl eine hohe Wahrscheinlichkeit dafür, dass die Entscheidung nicht angefochten wird. Dies rechtfertigt den Verzicht auf die Begründung. Gleichgerichtete Anträge liegen vor, wenn mehrere Beteiligte das Gericht mit gleichlaufendem Begehren anrufen. Soweit nach Nr. 2 eine Begründung entbehrlich ist, wenn der Beschluss nicht dem erklärten Willen eines Beteiligten widerspricht, beruht dies auf der Erwägung, dass dem nicht widersprechenden Beteiligten der Inhalt der Entscheidung egal ist und er diese daher nicht anfechten wird.

22   Schließlich ist nach **Nr. 3** eine Begründung entbehrlich, wenn der Beschluss in Gegenwart aller Beteiligten mündlich bekannt gegeben wurde und **alle Beteiligten auf Rechtsmittel** verzichtet haben. Erforderlich ist, dass die Entscheidung bei gleichzeitiger Anwesenheit aller im Entscheidungszeitpunkt formell Beteiligten nach § 41 Abs. 2 S. 1 durch Verlesen der Beschlussformel bekannt

---

[61] Vgl. BVerfG NJW 1987, 2499.

gemacht wurde. Außerdem müssen alle im Entscheidungszeitpunkt formell Beteiligten wirksam auf Rechtsmittel verzichten (vgl. § 67 Abs. 1). Der Verzicht nur der beschwerdeberechtigten Beteiligten ist nicht ausreichend, weil die Beschwerdeberechtigung verbindlich vom Beschwerdegericht, nicht aber vom Ausgangsgericht beurteilt wird (vgl. auch § 45 Rn. 3).

b) Rückausnahmen (Abs. 5). Die in Abs. 4 geregelten **Ausnahmen finden keine Anwendung** in den einzelnen Fällen des Abs. 5. Diese sind kumulativ zu beachten und stehen nicht im Verhältnis der Spezialität zueinander. Obwohl zB die Rückausnahme der Nr. 1 nicht für einen ehescheidenden Beschluss gilt, kann dieser nach Nr. 4 (Auslandsbezug) begründungsbedürftig sein. Abs. 5 greift überwiegend entsprechende Regelungen in § 313a Abs. 4 ZPO aF auf. Nr. 1 bis Nr. 3 liegt der Gedanke zu Grunde, dass den dortigen Entscheidungen besondere Bedeutung zukommt und ihre Transparenz und Rationalität durch das Begründungserfordernis gestärkt werden soll. Stärken Nr. 1 und Nr. 2 eher öffentliche Interessen, entspricht Nr. 3 der besonderen Rechtsfürsorglichkeit der Betreuungssachen.[62] Nr. 4 sichert schließlich die Effektivität des Rechtsschutzes. Steht zu erwarten, dass eine Begründung zur Verwirklichung der Entscheidung notwendig ist (vgl. Rn. 24 f.), soll das Gericht diese gleich geben.

Aus Nr. 1 folgt, dass Entscheidungen in **Ehesachen,** mit Ausnahme des eine Scheidung aussprechenden Beschlusses, stets zu begründen sind. Ehesachen sind die in § 121 genannten Angelegenheiten der Scheidung, der Eheaufhebung und der Feststellung des Bestehens oder Nichtbestehens der Ehe. Zwingend zu begründen sind zudem **Abstammungssachen** iSv. § 169, dh. Entscheidungen über das Bestehen oder Nichtbestehen eines Eltern-Kind-Verhältnisses, auf Ersetzung der Einwilligung in eine genetische Abstammungsuntersuchung oder Anordnung der Duldung einer Probeentnahme, über die Einsicht in ein Abstammungsgutachten oder der Aushändigung einer Abschrift oder über die Anfechtung der Vaterschaft. Auf eine Begründung kann in **Betreuungssachen** nicht nach Abs. 4 verzichtet werden (Nr. 3). Zu diesen gehören nach § 271 Verfahren zur Bestellung eines Betreuers, die Aufhebung der Betreuung, die Anordnung eines Einwilligungsvorbehalts und sonstige Verfahren, die die rechtliche Betreuung eines Volljährigen, nicht jedoch seine Unterbringung betreffen. Schließlich bedarf es nach Nr. 4 zwingend einer Begründung, wenn zu erwarten ist, dass der **Beschluss im Ausland geltend gemacht** wird (vgl. auch Rn. 25). Ob die Geltendmachung der Entscheidung im Ausland zu erwarten ist, hängt im Einzelfall von der Person der Beteiligten und dem Verfahrensgegenstand ab. Das Gericht muss eine Prognose anstellen. Die Beteiligung eines Ausländers ist ein gewichtiger, aber nicht der einzige Anhaltspunkt für das Eingreifen der Nr. 4. Bedeutsam können zB auch ausdrückliche Hinweise der Beteiligten auf einen Auslandsbezug sein, soweit sie nicht offensichtlich substanzlos sind.

3. Rechtsverkehr mit dem Ausland (Abs. 6). Soll ein Beschluss im Ausland geltend gemacht werden, der keine Begründung enthält, weil zB bei seinem Erlass die Voraussetzungen des Abs. 5 Nr. 4 nicht abzusehen waren, eröffnet Abs. 6 die Möglichkeit zur **Vervollständigung des Beschlusses.** Die Ergänzung um eine Beschlussbegründung ist im Rechtsverkehr mit dem Ausland vielfach erforderlich, damit das anerkennende Gericht prüfen kann, ob die Entscheidung gegen den ordre public verstößt. Verwiesen wird von Abs. 6 auf § 30 AVAG, der Voraussetzungen und Verfahren der Ergänzung regelt. Voraussetzung der Ergänzung ist neben dem Fehlen einer Begründung, dass der Beschluss im Ausland geltend gemacht werden soll. Ausreichend hierfür ist, dass ein Beteiligter dies geltend macht, soweit seine Erklärung nicht ausnahmsweise offensichtlich substanzlos ist. Die Ergänzung erfolgt, auch in Amtsverfahren, nur auf Antrag eines Beteiligten (vgl. § 30 Abs. 1 AVAG). Der Antrag ist bei dem Gericht zu stellen, dessen Entscheidung ergänzt werden soll. Dieses Gericht entscheidet in der bei Erlass des Beschlusses maßgeblichen Besetzung über die Ergänzung, indem es nachträglich eine Begründung anhand der Gerichtsakten fertigt. Personenidentität der handelnden Gerichtspersonen ist nicht erforderlich (vgl. § 30 Abs. 2 Halbs. 2 AVAG). Die nachgeholte Ergänzung ist zu unterschreiben.

V. Beschlussabschluss (Abs. 3 S. 2 und § 39)

Der Beschluss wird nach Abs. 3 S. 2 durch die Unterschrift(en) der handelnden Gerichtsperson(en) abgeschlossen. Notwendig ist die Unterzeichnung der Urfassung des Beschlusses durch diejenigen **Gerichtspersonen,** die an der Entscheidung mitgewirkt haben (vgl. Rn. 11). Der Beschluss ist von dem Richter oder Rechtspfleger zu unterschreiben, der die Entscheidung getroffen hat.[63] Eine Kollegialentscheidung haben alle mitwirkenden Richter zu unterschreiben.[64] Gerichts-

---

[62] Vgl. Amtl. Begr. FamFG (BT-Drucks. 16/6308) S. 195.
[63] Amtl. Begr. FamFG (BT-Drucks. 16/6308) S. 195.
[64] Amtl. Begr. FamFG (BT-Drucks. 16/6308) S. 195.

personen, welche aus dem maßgeblichen Spruchkörper vor Erlass der Entscheidung ausgeschieden sind, unterschreiben nicht. Durch ihre Unterschrift dokumentiert die handelnde Gerichtsperson ihre Verantwortung für die Entscheidung. Die Unterschrift ermöglicht eine Abgrenzung des Beschlusses von einem bloßen Entwurf.[65] Sie erfüllt nur dann ihre Abschlussfunktion, wenn sie alle Bestandteile des Beschlusses abdeckt, indem sie ihnen räumlich nachfolgt.[66] Da die **Rechtsbehelfsbelehrung** Teil des Beschlusses ist (vgl. § 39 Rn. 9), muss sich die Unterschrift auch auf diese erstrecken.[67] Wurde die Entscheidung durch mündliche Bekanntgabe der Beschlussformel gemäß § 41 Abs. 2 S. 1 erlassen und ist eine am Erlass der Entscheidung mitwirkende Gerichtsperson bei Abfassung des vollständigen Beschlusses nach § 41 Abs. 3 verhindert,[68] ist zu unterscheiden. Wurde der Beschluss allein durch die verhinderte Gerichtsperson erlassen, muss der Beschluss – soweit die Begründung noch nicht fertig gestellt wurde ohne diese – ausgefertigt und ohne Unterschrift schriftlich bekannt gemacht werden.[69] Ist dagegen nur ein Mitglied eines Kollegiums verhindert, ist entsprechend § 315 Abs. 1 S. 2 ZPO zu verfahren. Sind alle Mitglieder eines Kollegiums verhindert, ist wie bei Verhinderung einer allein erkennenden Gerichtsperson zu verfahren.[70]

VI. Erlass (Abs. 3 S. 3)

27 **1. Voraussetzungen.** Beschlüsse nach Abs. 1 werden nicht verkündet. Ihr Erlass erfolgt vielmehr durch Übergabe an die Geschäftsstelle oder durch Verlesen der Beschlussformel. Im Falle der **Übergabe** an die Geschäftsstelle ist entscheidend, dass die Urschrift des vom Gericht unterzeichneten Beschlusses übergeben wird. Die Übergabe erfolgt dadurch, dass sich das erlassende Gericht der Urschrift willentlich in Richtung der Geschäftsstelle entäußert und die Urschrift in den Machtbereich der Geschäftsstelle gelangt. Der Erlass durch **Verlesen der Beschlussformel** muss in Anwesenheit mindestens eines Beteiligten erfolgen (vgl. § 41 Rn. 7).

28 **2. Dokumentation.** Das **Datum des Erlasses** (Übergabe an die Geschäftsstelle oder mündliche Bekanntgabe) ist auf der **Urschrift** des Beschlusses zu **vermerken.** Erfolgte der Erlass durch Verlesen der Beschlussformel lässt sich das maßgebliche Datum den Akten entnehmen (vgl. § 41 Abs. 2 S. 2). Der Erlassvermerk folgt dem Erlass nach und ist deklaratorisch. Er ist keine Erlassvoraussetzung und erlangt Bedeutung zur Feststellung des für § 63 Abs. 3 S. 2 maßgeblichen Zeitpunkts.[71] Abweichend von § 105 Abs. 6 FGO, § 134 Abs. 3 SGG, § 117 Abs. 1 VwGO und § 315 Abs. 3 ZPO regelt Abs. 3 S. 3 weder die Zuständigkeit für den Vermerk noch dessen konkrete Form. Im Hinblick auf die inhaltlich identischen Regelungen in den anderen Verfahrensordnungen, die einen entsprechenden Vermerk vorsehen, ist diese Lücke durch entsprechende Anwendung der Parallelvorschriften zu schließen. Der Vermerk ist danach vom Urkundsbeamten der Geschäftsstelle zu fertigen und zu unterzeichnen. Dessen Zuständigkeit ergibt sich mittelbar auch daraus, dass der Beschluss sich nach Übergabe an die Geschäftsstelle (vgl. § 38 Abs. 3 S. 3) bei dieser befindet. Wird die Verfahrensakte elektronisch geführt, gilt § 315 Abs. 3 S. 2, 3 ZPO entsprechend, der inhaltlich dem Verfahren entspricht, welches § 42 Abs. 2 S. 2, 3 für die Berichtigung eines Beschlusses vorsieht (vgl. § 42 Rn. 10).

29 **3. Rechtsfolgen.** Mit seinem Erlass wird der Beschluss **existent.** Das Gericht ist in den Grenzen des § 48 an seine Entscheidung **gebunden** und darf diese nicht mehr ändern (vgl. § 48 Rn. 20 ff.). Außerdem bestimmt der Zeitpunkt des Erlasses den spätesten Beginn der **Beschwerdefrist** gemäß § 63 Abs. 3 S. 2 (Fristbeginn fünf Monate nach Erlass). Im Regelfall knüpft § 63 Abs. 3 S. 1 den Beginn der Beschwerdefrist dagegen nicht an den Erlass, sondern an die schriftliche Bekanntgabe des Beschlusses an. Von der mit Erlass eintretenden Existenz des Beschlusses ist zunächst dessen **verfahrensrechtliche Wirksamkeit** zu unterscheiden, deren Eintritt § 40 regelt. Im Grundsatz wird ein Beschluss mit Bekanntgabe an seinen Adressaten wirksam (vgl. § 40 Rn. 5); Ausnahmen sind möglich (vgl. § 40 Rn. 8 ff.). Von der verfahrensrechtlichen Wirksamkeit des Beschlusses sind seine **weitergehenden Wirkungen,** insbesondere im materiellen Recht (zB Anlaufen der Frist nach § 1995 BGB, Wirksamkeit einer Genehmigung nach § 1829 Abs. 1 S. 2 BGB), zu unterscheiden, deren Eintritt ggf. von weiteren Voraussetzungen abhängig ist.

---

[65] Amtl. Begr. FamFG (BT-Drucks. 16/6308) S. 195.
[66] Vgl. BGH NJW 1991, 487; 1994, 2300, 2300 f.
[67] *Zimmermann* FamFG Rn. 103.
[68] Vgl. zum Vorliegen eines triftigen Verhinderungsfalls oben § 315 ZPO Rn. 6.
[69] Vgl. BGH VersR 1992, 1155; OLG Koblenz VersR 1981, 688, 688 f.; *Baumbach/Lauterbach/Hartmann* § 315 ZPO Rn. 4.
[70] Vgl. BGH VersR 1992, 1155; oben § 315 ZPO Rn. 5.
[71] Amtl. Begr. FamFG (BT-Drucks. 16/6308) S. 195.

VII. Verstöße und deren Rechtsfolgen

1. Fehler beim Rubrum. Offensichtliche Unrichtigkeiten bei der Bezeichnung der Beteiligten, ihrer gesetzlichen Vertreter und Bevollmächtigten können nach § 42 auf Antrag oder von Amts wegen berichtigt werden (vgl. § 42 Rn. 4 ff.). Dies gilt entsprechend für Fehler bei der Bezeichnung des Gerichts und der mitwirkenden Gerichtspersonen.[72] Fehlt die gesonderte Angabe der Gerichtspersonen, ist dieser Mangel unbeachtlich, soweit sich den Unterschriften zweifelsfrei entnehmen lässt, welche Personen gehandelt haben.[73] Im Übrigen begründen Mängel zwar einen **Verfahrensfehler,** der im Regelfall jedoch allein nicht zum Erfolg der Beschwerde führt, weil die Entscheidung nicht auf ihm beruht. Im Einzelfall kann ein Rubrumsfehler aber einen wesentlichen Verfahrensmangel iSv. § 69 Abs. 1 S. 2[74] oder sogar einen absoluten Rechtsbeschwerdegrund iSv. § 72 Abs. 3 iVm. § 547 ZPO begründen.

2. Fehler bei der Beschlussformel. Enthält der Beschluss eine **Lücke,** weil er einen Teil des Verfahrensgegenstands nicht beschieden oder eine gesetzlich vorgesehene Nebenentscheidung nicht getroffen hat, kann er ergänzt werden (vgl. § 43 Rn. 4 ff.). Offenbare Unrichtigkeiten der Beschlussformel können berichtigt werden (vgl. § 42 Rn. 5). Im Übrigen sind **Unrichtigkeiten und Widersprüche** durch Auslegung unter Berücksichtigung der Begründung zu beseitigen.[75] Ist die Beschlussformel so unbestimmt, dass sie nicht vollzieh- oder vollstreckbar ist, kann ihr Inhalt durch einen Feststellungsantrag geklärt werden.[76] Widersprechen sich Beschlussformel und Begründung unauflösbar, genießt die Beschlussformel Vorrang.[77] Lässt sich der Inhalt des gerichtlichen Ausspruchs auch nicht durch Auslegung ermitteln, ist der Beschluss unwirksam und nicht der materiellen Rechtskraft fähig.[78]

3. Fehler bei der Begründung. Da ein **Sachbericht** nicht ausdrücklich vorgeschrieben ist und ihm auch keine eigenständige rechtliche Bedeutung zukommt, begründet sein Fehlen keinen Verfahrensmangel.[79] Lässt sich der Begründung eines Beschwerdebeschlusses jedoch nicht ausreichend entnehmen, von welchen festgestellten Tatsachen das Beschwerdegericht ausgegangen ist, und bietet der Beschluss deshalb keine brauchbare tatsächliche Grundlage für das Verfahren der Rechtsbeschwerde, ist der Beschwerdebeschluss aufzuheben und das Verfahren zurückzuverweisen.[80] **Fehlt** dem Beschluss eine Begründung, ohne das ein Ausnahmetatbestand nach Abs. 4, 5 eingreift, leidet der Beschluss an einem wesentlichen Mangel, der die Rechtsbeschwerde begründet (vgl. § 72 Abs. 3 iVm. § 547 Nr. 6 ZPO) und zur Zurückverweisung nach § 69 Abs. 1 S. 3 berechtigt. Die gilt entsprechend, wenn eine Begründung so lückenhaft, verworren oder widersprüchlich ist, dass die rechtlichen Erwägungen des Gerichts nicht nachvollzogen werden können.[81]

4. Fehler beim Beschlussabschluss. Fehler beim Beschlussabschluss können darin bestehen, dass eine Rechtsbehelfsbelehrung nicht (ordnungsgemäß) erteilt oder der Beschluss nicht ordnungsgemäß unterzeichnet wird. Eine fehlerhafte oder unterlassene **Rechtsbehelfsbelehrung** lässt den Beschluss unberührt und hindert nicht den Anlauf der Rechtsbehelfsfristen (vgl. § 39 Rn. 12). In eine versäumte Rechtsbehelfsfrist ist ggf. Wiedereinsetzung zu gewähren (vgl. § 39 Rn. 12 f.). Allerdings kann eine fehlerhafte Rechtsbehelfsbelehrung geheilt werden (vgl. § 39 Rn. 14). **Unterzeichnungsfehler** können darin bestehen, dass die Urschrift des Beschlusses gar nicht oder nicht von den zuständigen Gerichtspersonen in zutreffender Anzahl unterzeichnet wurde oder im Falle der Verhinderung ein unzureichender Verhinderungsvermerk angebracht wurde. Unterschriftsfehler können nachträglich, auch nach Einlegung eines Rechtsmittels, noch behoben werden, allerdings nur innerhalb der nach § 63 Abs. 3 S. 2 laufenden Beschwerdefrist.[82] Wurde nur die Rechtsbehelfsbelehrung nicht unterzeichnet, weil die Unterschrift oberhalb dieser angebracht wurde, berührt dies nur deren Rechtmäßigkeit (vgl. zuvor). Im Übrigen unterscheiden sich die Rechtsfolgen einer fehlerhaften Unterschriftsleistung danach, auf welchem Weg der Beschluss erlassen wurde:

---

[72] Vgl. BGH NJW 1955, 1919, 1920.
[73] BGH FamRZ 1977, 124.
[74] Vgl. OLG Hamburg GRUR 1981, 90, 91.
[75] BGH NJW 1961, 917; 1972, 2268, 2269.
[76] Vgl. BGH NJW 1962, 109, 109 f.; 1972, 2268.
[77] BGH NJW 2003, 140, 141.
[78] BGHZ 5, 240, 246.
[79] Vgl. OLG Frankfurt Rpfleger 1978, 310, 311; anders allerdings, soweit ein Tatbestand vorgeschrieben ist, vgl. oben § 313 ZPO Rn. 18.
[80] Vgl. BGH NJW 1979, 927; 1981, 1848.
[81] Vgl. BVerwG NJW 2003, 1753, 1753 f.
[82] BGH NJW 1955, 1919, 1920; NJW-RR 1998, 1065; NJW 2003, 3057; 2006, 1881, 1882; NJW-RR 2007, 141, 142.

34 Erfolgt der Erlass durch **Übergabe an die Geschäftsstelle** und wird eine nicht ordnungsgemäß unterzeichnete Urschrift übergeben, handelt es sich hierbei um einen bloßen Entwurf (vgl. Rn. 26).[83] Die Übergabe eines bloßen Entwurfs erfüllt ihrerseits nicht die Anforderungen an den Erlass. In Ermangelung eines Erlasses wird der Beschluss nicht existent. Hinsichtlich des nicht existent gewordenen Beschlusses laufen keine Rechtsbehelfsfristen, auch nicht diejenige nach § 63 Abs. 3 S. 2. Ein nicht existenter Beschluss kann weder die Instanz beenden, noch braucht er mit Rechtsmitteln angefochten werden (vgl. Vor §§ 38 ff. Rn. 12). Er ist weder der formellen noch der materiellen Rechtskraft fähig.[84] Soweit der Entwurf den Beteiligten jedoch als Ausfertigung schriftlich bekannt gemacht wird und den Rechtsschein einer gerichtlichen Entscheidung begründet, weil er zB auf der Urschrift nicht existierende Unterschriften ausweist, kann der gesetzte Rechtsschein im Rechtsmittelverfahren beseitigt werden (vgl. Vor §§ 38 ff. Rn. 12). Die Einlegung eines Rechtsmittels gegen den Scheinbeschluss beendet die Ausgangsinstanz und führt zur Anhängigkeit in der Rechtsmittelinstanz.[85] Das Rechtsmittel erfasst auch den Beschluss selbst, wenn der Mangel geheilt (vgl. Rn. 33) wird.[86]

35 Ein durch **mündliche Bekanntgabe** erlassener Beschluss, dessen vollständig abgefasste Urschrift der Geschäftsstelle anschließend nicht zutreffend unterzeichnet übergeben wird, ist allerdings kein bloßer Entwurf mehr, weil ein wirksamer Erlass erfolgt ist.[87] Durch den mündlichen Erlass ist der Beschluss existent geworden. Ein nachfolgender Unterschriftsfehler beseitigt den Erlass nicht. Der den Beteiligten anschließend schriftlich bekannt gemachte vollständige Beschluss (vgl. § 41 Abs. 2 S. 4) setzt die Beschwerdefrist nicht nach § 63 Abs. 3 S. 1 in Gang, weil kein vollständiger Beschluss bekannt gemacht wird.[88] Es verbleibt aber beim Lauf der nach § 63 Abs. 3 S. 2 in Gang gesetzten Beschwerdefrist. Unterzeichnungsfehler können im Übrigen einen wesentlichen Verfahrensmangel iSv. § 69 Abs. 1 S. 3 begründen.[89] Außerdem stellen sie einen absoluten Rechtsbeschwerdegrund iSv. § 72 Abs. 3 iVm. § 547 Nr. 6 ZPO dar.[90]

36 **5. Fehler beim Erlass.** Leidet der Erlass selbst an Fehlern, wird der Beschluss nicht existent. Er kann nicht wirksam werden und beendet nicht die Instanz. Als Scheinbeschluss kann der fehlerhaft erlassene Beschluss gleichwohl angefochten werden (vgl. Rn. 34). Wird auf der Urschrift oder einer Ausfertigung entgegen Abs. 3 S. 3 kein **ordnungsgemäßer Vermerk** über den Erlass angebracht, berührt dies die Wirksamkeit der Entscheidung nicht.[91] Erfolgte der Erlass durch **mündliche Bekanntgabe,** kann deren Zeitpunkt durch den Aktenvermerk nach § 41 Abs. 2 S. 2 festgestellt werden. Fehlt auch dieser Vermerk, kann der Zeitpunkt des Erlasses nicht festgestellt werden. Dementsprechend kann ein Ablauf der nach § 63 Abs. 3 S. 2 laufenden Frist nicht festgestellt werden. Durch die nachfolgende schriftliche Bekanntgabe lässt sich jedoch regelmäßig deren Zeitpunkt feststellen, der zur Berechnung von Rechtsbehelfsfristen herangezogen werden kann. Erfolgte der Erlass durch **Übergabe an die Geschäftsstelle,** gilt dies entsprechend. Der Zeitpunkt der schriftlichen Bekanntgabe kann zur Bestimmung des Erlasszeitpunkts herangezogen werden, weil der Erlass denknotwendig der Bekanntgabe vorausgegangen ist.

§ 39 Rechtsbehelfsbelehrung

Jeder Beschluss hat eine Belehrung über das statthafte Rechtsmittel, den Einspruch, den Widerspruch oder die Erinnerung sowie das Gericht, bei dem diese Rechtsbehelfe einzulegen sind, dessen Sitz und die einzuhaltende Form und Frist zu enthalten.

Schrifttum: *Brehm,* Der Allgemeine Teil des Referentenentwurfs eines Gesetzes zur Reform des Verfahrens in Familiensachen und in den Angelegenheiten der freiwilligen Gerichtsbarkeit (FamFG), FPR 2006, 401; *Germelmann/Matthes/Prütting/Müller-Glöge,* Arbeitsgerichtsgesetz, 6. Aufl. 2008; *Jacoby,* Der Regierungsentwurf für ein FamFG, FamRZ 2007, 1703; *Schwab/Weth,* Arbeitsgerichtsgesetz, 2. Aufl. 2008.

---

[83] Vgl. BGH NJW 1998, 609, 609 f.; OLG Köln NJW 1988, 2805.
[84] *Rosenberg/Schwab/Gottwald* § 62 Rn. 19.
[85] *Rosenberg/Schwab/Gottwald* § 62 Rn. 19.
[86] BGH NJW 1996, 1969, 1970.
[87] BGH NJW 1989, 1156, 1157; 1998, 609, 610; oben § 315 ZPO Rn. 12.
[88] Vgl. BGH NJW 1961, 782, 782 f.; NJW-RR 1987, 377.
[89] OLG Koblenz VersR 1981, 688, 688 f.
[90] Vgl. BGH NJW-RR 2007, 141, 142.
[91] Vgl. oben § 315 ZPO Rn. 15.

I. Allgemeines

1. Normzweck. Die Vorschrift führt für das FamFG-Verfahren das generelle Erfordernis einer Rechtsbehelfsbelehrung ein. Dies ist Ausdruck einer besonderen **Fürsorge** und dient Gerechtigkeit sowie Rechtssicherheit.[1] Das FGG enthielt keine entsprechende Vorschrift.[2] Lediglich in Einzelvorschriften wurde dort eine Belehrung vorgeschrieben (§§ 69 Abs. 1 Nr. 6, 70 f Abs. 1 Nr. 4 FGG; vgl. außerdem § 21 Abs. 2 S. 2 LwVG aF). Daneben hatte der BGH für befristete Rechtsmittel in WEG-Sachen eine **grundgesetzliche Pflicht zur Belehrung** bejaht.[3] Diese leitete er daraus ab, dass die Effektivität des Rechtsschutzes durch die komplizierte und undurchsichtige Ausgestaltung des WEG-Rechtsmittelverfahrens beeinträchtigt wurde, zumal auch im Beschwerdeverfahren kein Anwaltszwang bestand.[4] Ob dieser Gedanke für den gesamten Bereich des FGG Geltung beanspruchte, war umstritten.[5] Generell ist umstritten, ob die Grundrechte für alle Verfahren eine Rechtsbehelfsbelehrung gebieten. Das BVerfG hat diese Frage verneint, sie für die Zukunft, bei veränderten rechtlichen und/oder tatsächlichen Rahmenbedingungen aber offen gelassen.[6] Mit § 39 orientiert sich der Gesetzgeber nunmehr an den meisten übrigen Verfahrensordnungen, welche eine Rechtsmittelbelehrung bereits seit längerem vorschreiben (§ 9 Abs. 5 ArbGG, §§ 55, 105 Abs. 2 Nr. 6 FGO, § 66 SGG, § 35a StPO, § 58 VwGO). Lediglich der Zivilprozess kennt keine allgemeine Pflicht zur Rechtsbehelfsbelehrung.[7]

2. Anwendungsbereich. Wie § 38 gilt § 39 grds. in allen Verfahren nach dem FamFG einschließlich Ehe- und Familienstreitsachen (vgl. § 113 Abs. 1 S. 1). Die Pflicht zur Belehrung besteht zunächst für alle Beschlüsse, die Endentscheidungen iSv. § 38 sind. Nach Sinn und Zweck unterfallen der Belehrungspflicht aber auch alle anderen Beschlüsse. Entscheidend ist jeweils, dass gegen den Beschluss ein Rechtsmittel oder einer der ausdrücklich in § 39 genannten **Rechtsbehelfe statthaft** ist. Soweit dies nicht der Fall ist, besteht keine Belehrungspflicht.[8] Anders als nach § 9 Abs. 5 S. 2 ArbGG muss auch keine Belehrung über das Nichtbestehen eines Rechtsmittels erteilt werden. Eine solche Negativbelehrung würde gerade den Gesetzeszweck gefährden. Aus ihr könnte der Adressat der Entscheidung schließen, dass gar keine Rechtsbehelfe, auch keine außerordentlichen, über die nicht zu belehren ist (vgl. Rn. 4), statthaft sind. Dies ist jedoch regelmäßig unzutreffend, weil eine Gehörsrüge statthaft ist. Deshalb besteht die Gefahr einer Irreführung, weil der durch die Rechtsbehelfsbelehrung angesprochenen Naturalpartei regelmäßig der Umfang der Belehrungspflicht und die juristischen Feinheiten bei der Unterscheidung Rechtsmittel und (ordentlicher, außerordentlicher) Rechtsbehelf nicht bekannt sind.[9] Dies wiederum widerspricht dem Fürsorgegedanken des § 39. **Keine Belehrungspflicht** besteht danach zB bei nicht selbstständig anfechtbaren Entscheidungen, welche der Endentscheidung vorausgehen (vgl. § 58 Abs. 2, zB Beweisbeschlüsse), und den nach § 57 unanfechtbaren einstweiligen Anordnungen in Familiensachen.

Ein **Rechtsmittel**, über welches zu belehren ist, zeichnet sich dadurch aus, dass es einem Beteiligten die Möglichkeit eröffnet, eine für ihn ungünstige, noch nicht formell rechtskräftige Entscheidung durch Fortsetzung des Verfahrens vor einem höheren Gericht nachprüfen und beseitigen zu lassen.[10] Notwendig sind (1) Suspensiveffekt, (2) Devolutiveffekt und (3) die Möglichkeit zur erneuten Sachentscheidung.[11] Keine Rechtsmittel, sondern bloße Rechtsbehelfe (vgl. zu diesen Rn. 4), sind alle anderen Mittel, welche eine ergangene Entscheidung unmittelbar oder mittelbar in Frage stellen. Die Rechtsmittel regelt das FamFG im fünften Abschnitt des ersten Buchs. Sie umfassen die **Beschwerde** (§§ 58 ff.) und die **Rechtsbeschwerde** (§§ 70 ff.), einschließlich der Sprungrechtsbeschwerde (§ 75). Nicht zu belehren ist über die Möglichkeit zur Anschlussbeschwerde (§ 66) und zur Anschlussrechtsbeschwerde (§ 73).[12] Diese beiden unselbstständigen Rechtsmittel zeichnen sich dadurch aus, dass sie nicht unbedingt gegen einen Beschluss statthaft sind. Sie stehen den Betei-

---

[1] Vgl. *Baumbach/Lauterbach/Hartmann* Rn. 1; *Schulte-Bunert* Rn. 194.
[2] *Jacoby* FamRZ 2007, 1703, 1706.
[3] BGH NJW 2002, 2171, 2172 f.
[4] BGH NJW 2002, 2171, 2172 f.
[5] Dafür *Keidel/Kuntze/Winkler/Meyer-Holz* Vorb §§ 8–18 FGG Rn. 20; vgl. auch OLG Saarbrücken BtPrax 1999, 152.
[6] BVerfGE 1995, 3173, 3173 f.
[7] *Baumbach/Lauterbach/Hartmann* Rn. 1.
[8] Amtl. Begr. zum FamFG (BT-Drucks. 16/6308) S. 196; *Schulte-Bunert* Rn. 194.
[9] Vgl. auch *Germelmann/Matthes/Prütting/Müller-Glöge/Prütting* § 9 ArbGG Rn. 31 f.
[10] *Rosenberg/Schwab/Gottwald* § 132 Rn. 1.
[11] *Rosenberg/Schwab/Gottwald* § 132 Rn. 3.
[12] Vgl. *Germelmann/Matthes/Prütting/Müller-Glöge/Prütting* § 9 ArbGG Rn. 29.

ligten im Zeitpunkt der Belehrung noch nicht zur Verfügung.[13] Über sie sinnvoll zu belehren, hieße neben ihren Voraussetzungen auch ihre besonderen Wirkungen zu erläutern. Eine Rechtsbehelfsbelehrung würde hierdurch überfrachtet und im Ergebnis unverständlich. Als weiteres Rechtsmittel nehmen einzelne Vorschriften die **sofortigen Beschwerde** nach den §§ 567–572 ZPO in Bezug (zB §§ 6 Abs. 2, 7 Abs. 5 S. 2, 21 Abs. 2, 33 Abs. 3 S. 5, 35 Abs. 5, 42 Abs. 3 S. 2).

4   Keine Rechtsmittel, sondern bloße **Rechtsbehelfe**, sind alle diejenigen prozessualen Mittel, welche unmittelbar oder mittelbar darauf abzielen, eine gerichtliche Entscheidung oder ihre Folgen zu beseitigen. Ihre Statthaftigkeit löst nur in den abschließend in § 39 genannten Fällen eine Belehrungspflicht aus: Einspruch (§§ 143, 388 Abs. 1, 390; in Familienstreitsachen: § 113 Abs. 1 iVm. § 338 ZPO), Widerspruch (§§ 393 f.) und Erinnerung (§ 11 Abs. 2 RPflG). Hinsichtlich aller weiteren Rechtsbehelfe, wie zB Wiedereinsetzung (§ 17), Berichtigung und Ergänzung des Beschluss (§§ 42, 43), Gehörsrüge (§ 44), Antrag auf Aufhebung, Abänderung und Wiederaufnahme (§§ 48, 54) besteht keine Belehrungspflicht.[14] Hintergrund hierfür ist, dass diese Rechtsbehelfe theoretisch immer, praktisch aber nur selten statthaft sind. Ihre Aufnahme in eine Rechtsbehelfsbelehrung würde diese überfrachten und steht in keinem Verhältnis zu ihrer praktischen Bedeutung. Ihre Aufnahme würde die Rechtsbehelfsbelehrung jedoch ggf. unverständlich machen. Vorstehende Befürchtung gilt allerdings nicht für das **Antragsrecht nach § 52**. Dies könnte erklären, warum der Gesetzgeber[15] zu Unrecht davon ausgeht, dass § 39 auf das Antragsrecht anwendbar ist. Im Gesetzeswortlaut hat seine Ansicht keinen Niederschlag gefunden, weil § 52 kein Rechtsmittel ist[16] und § 39 das Antragsrecht nicht erwähnt. Auch spricht gegen die Ansicht der Gesetzesbegründung, dass das Antragsrecht nach § 52 nicht nur befristet besteht. Hierdurch unterscheidet es sich wesentlich von Rechtsmitteln und den in § 39 erwähnten Rechtsbehelfen. Die an eine Verletzung des § 39 anknüpfende Sanktionsregelung des § 17 Abs. 2 (vgl. Rn. 12 f.) liefe deshalb leer.

II. Inhalt und Form der Belehrung

5   **1. Inhalt der Belehrung.** Die Belehrung soll jeden Beteiligten in die Lage versetzen, ohne Hinzuziehung eines Rechtsanwalts den für ihn jeweils konkret zulässigen Rechtsbehelf gegen die ergangene Entscheidung einzulegen.[17] Hieran müssen sich Inhalt und Form der Belehrung messen lassen. Sind für **verschiedene Beteiligte** unterschiedliche Rechtsbehelfe statthaft, muss die Belehrung dies berücksichtigen und für jeden Beteiligten eine auf ihn angepasste Aussage treffen. Im Übrigen hat der Gesetzgeber Inhalt und Form der Rechtsbehelfsbelehrung nur rudimentär geregelt. § 39 zählt **Mindestinformationen** auf, welche enthalten sein müssen. Die **Aufnahme weiterer Angaben** ist zulässig und unschädlich, solange die Rechtsbehelfsbelehrung hierdurch nicht missverständlich,[18] unübersichtlich oder sogar falsch wird. Insbesondere dürfen in die Rechtsbehelfsbelehrung keine Angaben aufgenommen werden, welche beim Beteiligten den Eindruck erwecken können, dass er weitere, vom Gesetz nicht zwingend vorgesehene Formalien bei der Einlegung eines Rechtsbehelfs beachten muss. Einen solchen Eindruck können auch bloße „Soll"-Angaben erwecken, wenn sie geeignet sind, den Beteiligten von der Einlegung eines Rechtsbehelfs abzuhalten.

6   Zwingender Inhalt der Belehrung ist zunächst die **Angabe des statthaften Rechtsbehelfs.** Dieser ist so konkret zu bezeichnen, dass es jedem Beteiligten ermöglicht wird, unter Hinzuziehung des Gesetzestextes die einschlägigen Vorschriften aufzufinden (also etwa Beschwerde, Rechtsbeschwerde, Einspruch, Widerspruch, Erinnerung). Es empfiehlt sich, neben einer textlichen Bezeichnung die Eingangsnorm des jeweiligen Rechtsbehelfs anzugeben. Das belehrende Gericht (Ausgangsgericht) muss den statthaften Rechtsbehelf aus seiner Sicht konkret bestimmen und zB entscheiden, ob eine vermögensrechtliche oder eine nichtvermögensrechtliche Angelegenheit gegeben ist. Ist die Zulässigkeit eines Rechtsbehelfs in vermögensrechtlichen Streitigkeiten vom Erreichen einer **Wertgrenze** abhängig (§ 61 Abs. 1), weil keine gerichtliche oder gesetzliche Zulassung vorliegt, ist die Wertgrenze bei der Angabe des Rechtsbehelf zu berücksichtigen. Das Ausgangsgericht muss eine eigenständige Beurteilung des Beschwerdewerts vornehmen, auch wenn das Rechtsmittelgericht an die Beurteilung durch das Ausgangsgericht nicht gebunden ist. Eine abstrakte Belehrung unter vollständiger Wiedergabe des Gesetzestextes des § 61 ist unzureichend.[19]

---

[13] Vgl. *Germelmann/Matthes/Prütting/Müller-Glöge/Prütting* § 9 ArbGG Rn. 29.
[14] Vgl. *Brehm* FPR 2006, 401, 405; *Schulte-Bunert* Rn. 194.
[15] Amtl. Begr. zum FamFG (BT-Drucks. 16/6308) S. 201, vgl. auch *Schulte-Bunert* Rn. 226.
[16] *Zimmermann* FamFG Rn. 103.
[17] Amtl. Begr. zum FamFG (BT-Drucks. 16/6308) S. 196.
[18] Vgl. *Baumbach/Lauterbach/Hartmann* Rn. 1.
[19] Vgl. *Germelmann/Matthes/Prütting/Müller-Glöge/Prütting* § 9 ArbGG Rn. 38 f.

Außerdem ist das **Gericht** zu bezeichnen, bei dem der Rechtsbehelf einzulegen ist. Kann der **7** Rechtsbehelf bei verschiedenen Gerichten eingelegt werden (vgl. § 569 Abs. 1 S. 1 ZPO),[20] ist hierüber entsprechend zu belehren. Als Sitz des Gerichts ist zumindest die **vollständige postalische Anschrift,**[21] nicht bloß ein Postfach[22] anzugeben. Die Angabe eines Postfachs reicht nicht aus, weil nur die postalische Anschrift dem Beteiligten die Möglichkeit eröffnet, Rechtsbehelfsfristen notfalls durch persönliche Überbringung zu wahren. Der Wortlaut bestätigt diese Sichtweise insoweit, als ein Postfach nicht den Sitz eines Gerichts kennzeichnet. Der Umstand, dass die Rechtsbehelfsbelehrung den Beteiligten in die Lage versetzen soll, den Rechtsbehelf einzulegen, spricht dafür, dass neben der postalischen Anschrift auch andere Zugangsmöglichkeiten, wie zB **Telefaxanschluss, elektronisches Postfach** (vgl. § 14 Abs. 2), anzugeben sind.[23] Da dies im Wortlaut („Sitz") jedoch keinen Niederschlag gefunden hat, sind Telefaxnummer oder E-Mailadresse keine Pflichtangaben. Als Service für die Verfahrensbeteiligten sollten diese Informationen gleichwohl aufgenommen werden.

Schließlich ist zwingend über Form und Frist des Rechtsbehelfs zu belehren. Die Belehrung über **8** die **Form** umfasst den Hinweis, dass ein Rechtsbehelf schriftlich oder zur Niederschrift der Geschäftsstelle einzulegen ist. Soweit **Vertretungszwang** besteht, ist auch hierüber zu belehren. Ein pauschaler Hinweis genügt dabei nicht. Vielmehr ist der vertretungsbefugte Personenkreis konkret zu bezeichnen. Bedarf der Rechtsbehelf neben der Einlegung zwingend einer **Begründung,** ist auch hierüber aufzuklären. Werden an die Begründung besondere Anforderungen gestellt, sind diese in die Rechtsbehelfsbelehrung aufzunehmen. Soweit für das arbeitsgerichtliche Verfahren die Gegenansicht mit dem für die Rechtsmittelbegründung bestehenden Vertretungszwang gerechtfertigt wird,[24] lässt sich dies auf das FamFG-Verfahren nicht uneingeschränkt übertragen (vgl. § 10 Rn. 4). Die für den Rechtsbehelf laufende **Frist** ist exakt anzugeben. Zur Vermeidung von Fehlern empfiehlt sich dabei eine enge Anlehnung an den Gesetzeswortlaut.

2. Form der Belehrung. Die Rechtsbehelfsbelehrung ist nach § 39 Teil **des Beschlusses.** Sie **9** nimmt deshalb an den für den Beschluss geltenden Förmlichkeiten vollständig teil. Sie ist vom entscheidenden Gericht zu erteilen. Hierzu ist diese insbesondere zu **unterschreiben** (vgl. § 38 Abs. 3 S. 2) und den Beteiligten bekannt zu machen (vgl. § 41). In jedem Fall muss die Unterschrift unter den Beschluss auch die Belehrung abdecken.[25] Diese darf nicht auf einem gesonderten Blatt erteilt werden, auch wenn dieses fest mit dem Beschluss verbunden und durch Inbezugnahme von der Unterschrift des Gerichts abgedeckt wird.[26] Erst recht ist es unzulässig, dass das Gericht die Formulierung und Beifügung der Rechtsbehelfsbelehrung zum unterschriebenen Beschluss der Schreibkanzlei auf der Grundlage bloßer Stichpunkte überlässt.

III. Fehlerfolgen

1. Überblick. Eine Verletzung vorstehender Vorgaben macht die Rechtsbehelfsbelehrung fehlerhaft. **10** Mögliche Fehler reichen von einer zu Unrecht unterbliebenen über eine unvollständige, missverständliche bis zur inhaltlich unrichtigen Belehrung. **Ohne Auswirkungen** bleiben Fehler grds. auf die Statthaftigkeit der Rechtsbehelfe. Weder wird ein unanfechtbarer Beschluss durch unrichtige Angabe eines Rechtsbehelfs anfechtbar[27] noch lässt das Fehlen einer Rechtsbehelfsbelehrung die Statthaftigkeit eines gegebenen Rechtsbehelfs entfallen.[28] Wird anstelle des statthaften Rechtsbehelfs ein anderer, unrichtiger Rechtsbehelf benannt, greift der Grundsatz der Meistbegünstigung.[29] Danach kann der Beteiligte trotz fehlerhafter Rechtsbehelfsbelehrung zunächst den richtigen Rechtsbehelf einlegen. Wahlweise kann er aber auch entsprechend der Belehrung den dort genannten Rechtsbehelf ergreifen. Der eingelegte unrichtige Rechtsbehelf ist in der Folge jedoch inhaltlich wie der eigentlich statthafte Rechtsbehelf zu behandeln. Wichtigste, weil vom Gesetz ausdrücklich vorgesehene Folge einer fehlenden oder unrichtigen Rechtsbehelfsbelehrung ist die Möglichkeit zur Wiedereinsetzung (vgl. Rn. 12); der Lauf der Rechtsmittelfrist wird durch eine Verletzung des § 39

---

[20] Die Beschwerde nach § 64 Abs. 1 sieht keine alternativen Einlegungsmöglichkeiten vor.
[21] Vgl. BAG AP Nr. 1 zu § 9 ArbGG 1979.
[22] Vgl. BAG NZA 2003, 1105, 1106.
[23] So für das ArbGG *Schwab/Weth/Weth* § 9 ArbGG Rn. 22.
[24] So *Schwab/Weth/Weth* § 9 ArbGG Rn. 24.
[25] *Zimmermann* FamFG Rn. 103.
[26] Vgl. *Germelmann/Matthes/Prütting/Müller-Glöge/Prütting* § 9 ArbGG Rn. 36.
[27] Vgl. BAG NZA 2002, 1228, 1229; *Germelmann/Matthes/Prütting/Müller-Glöge/Prütting* § 9 ArbGG Rn. 55.
[28] Vgl. *Baumbach/Lauterbach/Hartmann* Rn. 4.
[29] Vgl. BGH DtZ 1994, 72, 73; NJW-RR 2003, 277, 279.

dagegen nicht berührt.[30] Ergänzend zu vorstehenden Fehlerfolgen kommt nach allgemeinen Grundsätzen ein Amtshaftungsanspruch in Betracht.[31]

11 Sämtliche Fehlerfolgen treten nur insoweit ein, als sie **kausal** auf der Fehlerhaftigkeit der Rechtsbehelfsbelehrung beruhen. Dem Grundsatz der Meistbegünstigung ist das Kausalitätserfordernis immanent.[32] Für die Wiedereinsetzung enthält § 17 Abs. 1 ein Kausalitätserfordernis (vgl. § 17 Rn. 9). Die Amtshaftung ist ihrerseits auf den Ersatz kausaler Schäden beschränkt (vgl. § 839 Abs. 1 S. 1 BGB: „daraus entstandener Schaden"). Ist dem Anfechtungsberechtigten der befristete Rechtsbehelf unabhängig von einer ordnungsgemäßen Rechtsbehelfsbelehrung bekannt, fehlt die erforderliche Kausalität.[33] Deshalb kann unter mehreren Beteiligten nur derjenige die Fehlerfolgen geltend machen, aus dessen Sicht die Rechtsbehelfsbelehrung fehlerhaft ist. Für die anderen Beteiligten ergeben sich aus der fehlerhaften Belehrung keine besonderen Rechte.

12 **2. Wiedereinsetzung.** Hinsichtlich der gesetzlich ausdrücklich vorgesehenen Folge einer fehlerhaften oder fehlenden Rechtsbehelfsbelehrung unterscheidet sich das FamFG von anderen Verfahrensordnungen (vgl. § 9 Abs. 5 S. 3, 4 ArbGG, § 55 FGO, § 66 SGG, § 58 VwGO). Eine Verletzung des § 39 lässt den Lauf und die Länge der für die Rechtsbehelfe maßgeblichen Fristen unberührt.[34] Die unterlassene Rechtsbehelfsbelehrung wird vielmehr durch § 17 Abs. 2 in der Form berücksichtigt, dass eine unverschuldete Fristversäumung (widerleglich) vermutet wird (vgl. § 17 Rn. 8), welche zur Wiedereinsetzung in den vorigen Stand berechtigt. Dies stärkt im Vergleich zu anderen Verfahrensordnungen deutlich **Rechtssicherheit und -klarheit** und schwächt die Position anfechtungsberechtigter Beteiligter. Zur Stärkung der Rechtssicherheit und -klarheit trägt bei, dass die Beschlüsse auf Grund der gleichwohl laufenden Fristen mit deren normalem Ablauf zunächst rechtskräftig werden. Der Beschluss kann deshalb zunächst die Rechtslage verbindlich klären bzw. gestalten. Erst die erfolgreiche Wiedereinsetzung beseitigt die Rechtskraft und ermöglicht eine inhaltlich abweichende Entscheidung. Für Beschlüsse, welche die Genehmigung eines Rechtsgeschäfts erteilen oder verweigern, schließt § 48 Abs. 3 die Wiedereinsetzung zudem aus. Der Verstoß gegen § 39 bleibt primär folgenlos. Dies stärkt die Rechtssicherheit zusätzlich. Spiegelbildlich zur Stärkung der Rechtssicherheit werden die an die Verletzung der Belehrungspflicht knüpfenden Folgen geschwächt. Nur bedingt können Amtshaftungsansprüche hierfür einen Ausgleich auf Sekundärebene schaffen.

13 Für den Fall, dass ein **Beschluss einem Beteiligten nicht bekannt gegeben** wird, erfolgt denknotwendig auch keine Bekanntgabe der Rechtsbehelfsbelehrung.[35] In diesem Fall finden § 18 Abs. 4 und § 63 Abs. 3 S. 2 nebeneinander Anwendung. Mit Ablauf der Frist des § 63 Abs. 3 S. 2 läuft die Frist des § 63 Abs. 1 oder Abs. 2 an. Im Anschluss an deren Ablauf kann innerhalb eines Jahres Wiedereinsetzung beantragt werden. Der Beschluss kann demnach noch bis zu 18 Monate nach seinem Erlass über den Weg einer Wiedereinsetzung angefochten werden. Abweichend von der für das arbeitsgerichtliche Verfahren vom BAG unter Aufgabe seiner früheren Rechtsprechung vertretenen Ansicht,[36] geht § 63 Abs. 3 S. 2 der Vorschrift des § 18 Abs. 4 nicht vor. Das BAG hat seine Entscheidung zwar insbesondere mit einem vom Gesetzgeber beabsichtigten Gleichlauf mit §§ 517, 520 Abs. 2 ZPO begründet[37] und dieser Gedanke ließe sich grds. auch vorliegend anführen.[38] Auch würde hierdurch die Rechtssicherheit erhöht, wenn ein möglicher Schwebezustand auf sechs Monate verkürzt wird. Hiergegen sprechen jedoch neben dem Wortlaut nicht nur Sinn und Zweck des § 39. Vielmehr muss eine Parallele zur ZPO im Bereich des FamFG aus zwei Gründen ausscheiden. Zunächst nimmt § 63 Abs. 3 S. 2 einen Zeitpunkt in Bezug („Erlass" iSv. § 38 Abs. 3 S. 2), der den Beteiligten, anders als bei §§ 517, 520 Abs. 2 ZPO („Verkündung"), nicht immer bekannt ist. Unter diesen Vorzeichen können die Beteiligten, anders als im Zivilprozess, den Fristlauf nach § 63 Abs. 3 S. 2 nicht überwachen. Ihnen gleichwohl ein Rechtsmittel bereits nach Ablauf von sechs Monaten zu versagen, entspricht nicht dem Gebot der Effektivität der Rechtsmittel. Außerdem ist die abweichende Ausgestaltung der an die Verletzung der Belehrungspflicht knüpfenden Rechtsfolgen zu beachten (vgl. Rn. 12). Die Rechtsprechung des BAG betrifft die Frage, wann die Rechts-

---

[30] *Brehm* FPR 2006, 401, 405; *Jacoby* FamRZ 2007, 1703, 1706.
[31] *Baumbach/Lauterbach/Hartmann* Rn. 3.
[32] Vgl. BGH DtZ 1994, 72, 73; NJW-RR 2003, 277, 279.
[33] Vgl. *Zimmermann* FamFG Rn. 62.
[34] *Brehm* FPR 2006, 401, 405; *Jacoby* FamRZ 2007, 1703, 1706.
[35] Vgl. zu diesen Problematik im ArbGG *Germelmann/Matthes/Prütting/Müller-Glöge/Prütting* § 9 ArbGG Rn. 58 ff.
[36] BAG NZA 2005, 125 unter Aufgabe von BAG NJW 2000, 3515.
[37] BAG NZA 2005, 125, 126.
[38] Vgl. Amtl. Begr. FamFG (BT-Drucks. 16/6308) S. 206.

mittelfrist anläuft. Diese Frage wird jedoch weder durch § 39 noch durch § 18 Abs. 4 berührt (vgl. Rn. 12). Die von § 17 Abs. 2 vorgesehene Rechtsfolge, eine an die Versäumung der Rechtsbehelfsfrist anknüpfende Wiedereinsetzung innerhalb einer Frist von zwölf Monaten zuzulassen, ist ergänzend auch im arbeitsgerichtlichen Verfahren möglich.[39] Dabei kann im Rahmen des § 17 die **Wertung des §§ 517, 520 Abs. 2 ZPO** fruchtbar gemacht werden. Ist einem Beteiligten im Einzelfall der nach § 63 Abs. 3 S. 2 maßgebliche Zeitpunkt bekannt (vgl. zB § 38 Abs. 3 S. 2 Alt. 2), kann nach Ablauf von sechs Monate ab dem, einem Beteiligten bekannten Zeitpunkt von schuldhafter Fristversäumung auszugehen sein.

3. Heilung. Entsprechend § 42 kann eine fehlerhafte Rechtsbehelfsbelehrung **berichtigt** und 14 der Fehler geheilt werden. Eine unterlassene Rechtsbehelfsbelehrung kann auf Antrag oder von Amts wegen **nachgeholt** werden. Dies gebieten Rechtssicherheit und die Interessen anderer Verfahrensbeteiligter. Diesen ist es nicht zumutbar, die Unsicherheit einer Wiedereinsetzung für die Dauer von zwölf Monaten (vgl. § 18 Abs. 4) hinzunehmen. Die Nachholung erfolgt dadurch, dass der entsprechend § 42 Abs. 2 (vgl. § 42 Rn. 9f.) um die Belehrung ergänzte Beschluss erneut bekannt gegeben wird. An die Bekanntgabe des Beschlusses anknüpfende Fristen laufen ab der wiederholten Bekanntgabe. Das Risiko einer Wiedereinsetzung lässt sich allerdings auch außerhalb einer echten Heilung durch formloses Nachreichen einer Rechtsbehelfsbelehrung begrenzen, weil die zutreffende Information des Anfechtungsberechtigten ausschließt, dass eine Fristversäumung auf der unzureichenden Rechtsbehelfsbelehrung beruht (vgl. Rn. 11).

§ 40 Wirksamwerden

(1) Der Beschluss wird wirksam mit Bekanntgabe an den Beteiligten, für den er seinem wesentlichen Inhalt nach bestimmt ist.

(2) [1] Ein Beschluss, der die Genehmigung eines Rechtsgeschäfts zum Gegenstand hat, wird erst mit Rechtskraft wirksam. [2] Dies ist mit der Entscheidung auszusprechen.

(3) [1] Ein Beschluss, durch den auf Antrag die Ermächtigung oder die Zustimmung eines anderen zu einem Rechtsgeschäft ersetzt oder die Beschränkung oder Ausschließung der Berechtigung des Ehegatten oder Lebenspartners, Geschäfte mit Wirkung für den anderen Ehegatten oder Lebenspartner zu besorgen (§ 1357 Abs. 2 Satz 1 des Bürgerlichen Gesetzbuchs, auch in Verbindung mit § 8 Abs. 2 des Lebenspartnerschaftsgesetzes), aufgehoben wird, wird erst mit Rechtskraft wirksam. [2] Bei Gefahr im Verzug kann das Gericht die sofortige Wirksamkeit des Beschlusses anordnen. Der Beschluss wird mit Bekanntgabe an den Antragsteller wirksam.

Schrifttum: *Habscheid*, Fehlerhafte Entscheidungen im Verfahren der Freiwilligen Gerichtsbarkeit, NJW 1966, 1787; *Rothe*, Möglichkeit und Schranken der Abänderung von Entscheidungen der freiwilligen Gerichtsbarkeit, 1964.

I. Allgemeines

1. Normzweck. Gemeinsam mit § 41 folgt die Vorschrift auf § 16 FGG. Sie bestimmt, wann die 1 Beschlüsse im FamFG-Verfahren ihre **verfahrensrechtliche Wirksamkeit** erlangen.[1] Vor diesem Zeitpunkt entfaltet der Beschluss im Außenverhältnis keine Wirkungen gegenüber den Beteiligten oder Dritten. Von der verfahrensrechtlichen Wirksamkeit eines Beschlusses ist seine Existenz zu unterscheiden, welche bereits durch seinen Erlass (vgl. § 38 Abs. 3 S. 3) eintritt.[2] Die Existenz des Beschlusses entfaltet zunächst Rechtswirkungen nur für das Gericht (vgl. § 38 Rn. 29). Im Falle einer mündlichen Bekanntgabe gegenüber einem Anwesenden (vgl. § 41 Abs. 2) fallen beide Zeitpunkte zusammen. Mit Abs. 1 hat sich der Gesetzgeber für den Grundsatz entschieden, dass gerichtliche Entscheidungen mit ihrer Bekanntgabe gegenüber den Beteiligten wirksam werden, für den sie ihrem wesentlichen Inhalt nach bestimmt sind. Hierdurch erlangen Beschlüsse frühzeitig Wirksamkeit. Dies entspricht einem besonderen Bedürfnis in den (rechtsfürsorgenden) FamFG-Angelegenheiten.[3] Von dem in Abs. 1 aufgestellten Grundsatz enthält das FamFG zahlreiche **Ausnahmen**, zB in Abs. 2, 3 und §§ 148, 184 Abs. 1 S. 1, 198 Abs. 1 S. 1, 2, 209 Abs. 2, 216, 224 Abs. 1, 237

---

[39] Vgl. BAG NJW 2007, 862, 862f.
[1] Amtl. Begr. FamFG (BT-Drucks. 16/6308) S. 196.
[2] Vgl. *Baumbach/Lauterbach/Hartmann* Rn. 1.
[3] Amtl. Begr. FamFG (BT-Drucks. 16/6308) S. 196.

Abs. 4, 264, 287 Abs. 3, 324 Abs. 1, 352 Abs. 2. Weitere Ausnahmen sind in Gesetzen enthalten, welche auf das FamFG als Verfahrensordnung verweisen (vgl. zB § 99 Abs. 5 AktG, § 29 Abs. 1 VerschG, § 53 Abs. 2 PStG). Hierhinter steht vielfach die Wertung, dass mit der Wirksamkeit der betroffenen Entscheidungen so gravierende Rechtsänderungen verknüpft sind, dass die Wirksamkeit erst mit Rechtskraft der Entscheidungen eintreten soll.[4] Vorrang vor Abs. 1 genießt schließlich § 53 Abs. 2 S. 2, der ausnahmsweise eine Wirksamkeit ab Erlass vorsieht.

2   In Anlehnung an § 894 ZPO wird ein Beschluss, der die **Genehmigung eines Rechtsgeschäfts** zum Gegenstand hat, abweichend von Abs. 1 nach Abs. 2 erst mit Rechtskraft wirksam.[5] Abs. 2 dient der Umsetzung einer Entscheidung des BVerfG,[6] welches für das FGG beanstandet hat, dass dem vertretenen Rechtsinhaber (Mündel) kein rechtliches Gehör gewährt wird und er die Genehmigungsentscheidung faktisch nicht anfechten kann (vgl. § 41 Rn. 2).[7] Hintergrund hierfür ist, dass der Rechtsinhaber im Verfahren von seinem gesetzlichen Vertreter (Vormund) vertreten wird, dessen Amtsführung Gegenstand des Verfahrens ist. Das rechtliche Gehör des Rechtsinhabers kann deshalb nicht vom gesetzlichen Vertreter wahrgenommen werden. Da Entscheidungen, die ein Rechtsgeschäft genehmigen, nach Ausübung der Genehmigung für die Vergangenheit nicht mehr aufhebbar sind (vgl. §§ 62, 55 FGG, jetzt teilweise § 48 Abs. 3), kann dem Rechtsinhaber auch nachträglich kein rechtliches Gehör mehr gewährt werden. Unter Geltung des FGG wurde den Vorgaben des BVerfG durch Erlass eines anfechtbaren Vorbescheids Rechnung getragen (vgl. Vor §§ 38 ff. Rn. 8).[8] Diese Konstruktion wird durch Abs. 2 entbehrlich.[9] Die Wirksamkeit des genehmigenden Beschlusses wird bis zu dessen Rechtskraft hinausgeschoben. Der Rechtsinhaber kann durch Einlegung eines Rechtsmittels den Eintritt der Rechtskraft verhindern (vgl. § 45 S. 2). Die hierfür maßgebliche Frist (vgl. § 63 Abs. 2 Nr. 2) läuft erst ab schriftlicher Bekanntgabe des Beschlusses (vgl. § 63 Abs. 3) gegenüber dem Rechtsinhaber (vgl. § 41 Rn. 13). Abs. 2 korrespondiert mit § 41 Abs. 3 und § 48 Abs. 3.

3   In Erweiterung des Abs. 2 regelt Abs. 3 eine **weitere Ausnahme** von Abs. 1, welche an §§ 53, 69e FGG anknüpft. Er steht im Zusammenhang mit § 47. Die in Abs. 3 benannten Beschlüsse werden ebenfalls erst mit Rechtskraft wirksam. Es besteht jedoch für das Gericht die Möglichkeit, eine sofortige Wirksamkeit mit Bekanntgabe anzuordnen. Soweit § 53 FGG nach § 69e FGG in Betreuungssache nur teilweise galt, wird der Anwendungsbereich durch Aufnahme in den Allgemeinen Teil des FamFG nunmehr erweitert.[10] Die aus § 53 FGG nicht in Abs. 3 überführte Zustimmung zur **Annahme als Kind** wird in § 198 gesondert geregelt.

4   **2. Anwendungsbereich.** Keine Anwendung findet § 40 in Ehesachen nach §§ 121 ff. und Familienstreitsachen nach § 112, für welche § 116 zu beachten ist.[11] Im Übrigen gilt die Vorschrift für **alle Beschlüsse,** unabhängig davon, welche Bezeichnung sie tragen. Wird die Entscheidung über den Verfahrensgegenstand (vgl. § 38 Abs. 1 S. 1) als „Verfügung" bezeichnet, gilt § 40 gleichwohl.

II. Wirksamkeit mit Bekanntgabe (Abs. 1)

5   **1. Allgemeines.** Im Grundsatz tritt die Wirksamkeit eines Beschlusses (vgl. Rn. 17) mit Vollendung der Bekanntgabe (vgl. § 41 Rn. 4 ff.) gegenüber demjenigen Beteiligten ein, für den der Beschluss seinem wesentlichen Inhalt nach bestimmt ist. Für die Wirksamkeit des Beschlusses ist danach nicht generell notwendig, dass die Bekanntgabe gegenüber **allen Beteiligten** erfolgt. Umgekehrt ist die Bekanntgabe gegenüber einem **beliebigen Beteiligten** nicht ausreichend. Dies folgt jeweils aus einem Vergleich mit § 41 Abs. 1, der ein Bekanntgabeerfordernis gegenüber allen Beteiligten regelt. Hieran knüpft Abs. 1 jedoch nicht an. Vielmehr wird aus dem Kreis der am Verfahren Beteiligten (vgl. § 7) ein Adressat herausgehoben. Ein Beschluss, der für **mehrere Adressaten** (vgl. Rn. 6) bestimmt ist, wird grds. für jeden Adressaten hinsichtlich des ihn betreffenden Teils mit Bekanntmachung ihm gegenüber wirksam.[12] Enthält ein solcher Beschluss jedoch einen einheitlichen, untrennbaren Inhalt, tritt seine Wirksamkeit erst mit Bekanntmachung an den letzten Adressaten ein.[13]

---

[4] Amtl. Begr. FamFG (BT-Drucks. 16/6308) S. 196.
[5] Vgl. *Baumbach/Lauterbach/Hartmann* Rn. 2.
[6] Vgl. Amtl. Begr. FamFG (BT-Drucks. 16/6308) S. 196.
[7] Vgl. BVerfG NJW 2001, 2161, 2162.
[8] Vgl. OLG Schleswig NJW-RR 2001, 78, 79; OLG Hamm NJW-RR 2004, 223, 224 f.; *Keidel/Kuntze/Winkler/Engelhardt* § 55 FGG Rn. 12.
[9] Vgl. Amtl. Begr. FamFG (BT-Drucks. 16/6308) S. 196; *Baumbach/Lauterbach/Hartmann* Rn. 1.
[10] Amtl. Begr. FamFG (BT-Drucks. 16/6308) S. 196.
[11] Vgl. *Baumbach/Lauterbach/Hartmann* § 310 ZPO Rn. 3 aE.
[12] Stellungnahme der BReg. (BT-Drucks. 16/6308) S. 408; *Keidel/Kuntze/Winkler/Schmidt* § 16 FGG Rn. 10.
[13] Vgl. Stellungnahme der BReg. (BT-Drucks. 16/6308) S. 408; OLG Hamm Rpfleger 1980, 298, 299; BayObLG NJW-RR 1991, 958, 959; *Keidel/Kuntze/Winkler/Schmidt* § 16 FGG Rn. 10.

2. Adressat. Adressat iSv. Abs. 1 sind diejenigen Beteiligten, die von dem Beschluss tatsächlich **6** in ihrer Rechtssphäre unmittelbar betroffen werden und deren Kenntnis nach dem Zweck der Entscheidung vordringlich ist.[14] Aus dem Kreis der Beteiligten iSv. § 7 scheiden danach diejenigen aus, welche von der Entscheidung zwar in ihren Rechten unmittelbar hätten betroffen werden können, nach dem Inhalt der Entscheidung allerdings nicht unmittelbar betroffen werden.[15] Die unmittelbare **Rechtsbetroffenheit** muss durch den wesentlichen Inhalt der Entscheidung, dh. deren Entscheidung über den Verfahrensgegenstand, ausgelöst werden. Allein die Teilnahme eines Beteiligten an der Kostenentscheidung reicht dagegen nicht. Eine allgemeingültige Aussage dazu, wann ein Beteiligter von einer Entscheidung nach deren Inhalt und Zweck unmittelbar betroffen wird, lässt sich kaum stellen. Unter formalen Gesichtspunkten ist Adressat eines Bescheids, der einen **Antrag** (auch im Amtsverfahren, vgl. Vor §§ 23 ff. Rn. 9) **ablehnt,** stets derjenige, der den Antrag gestellt hat. Wird ein Rechtsmittel zurückgewiesen, ist der Rechtsmittelführer Adressat. Neben der Betroffenheit ist erforderlich, wessen **Kenntnis** nach Sinn und Zweck der Entscheidung **vordringlich** ist. Die Bestellung eines Betreuers wird deshalb mit Bekanntgabe diesem gegenüber wirksam und nicht erst mit Bekanntgabe an den Betreuten.[16]

3. Sondervorschriften. Soweit einzelne Vorschriften (zB § 287, §§ 24, 25 VerschG) einen **Be-** **7** **kanntgabekreis ausdrücklich regeln,** genießen diese Vorschriften keinen generellen Vorrang vor den allgemeinen Grundsätzen (vgl. Rn. 6).[17] Vielmehr ist in jedem Fall durch Auslegung der Vorschriften zu klären, ob sie den Adressatenkreis nach Abs. 1 oder den Kreis der Bekanntgabeadressaten iSv. § 41 Abs. 1 konkretisieren. Maßgeblich ist, ob und inwieweit einer Vorschrift eine abschließende Entscheidung des Gesetzgebers darüber zu entnehmen ist, welche Beteiligten von einer Entscheidung ihrem wesentlichen Inhalt nach betroffen sind.

III. Wirksamkeit mit Rechtskraft der Entscheidung (Abs. 2, 3)

1. Genehmigung eines Rechtsgeschäfts (Abs. 2). Abweichend von Abs. 1 wird ein Beschluss, **8** der die Genehmigung eines Rechtsgeschäfts zum Gegenstand hat, erst mit Eintritt der **formellen Rechtskraft** wirksam. Dem Bedürfnis der Beteiligten, gleichwohl möglichst frühzeitig Klarheit über die Erteilung der Genehmigung zu erlangen, hat der Gesetzgeber durch eine **verkürzte Beschwerdefrist** Rechnung getragen (vgl. § 63 Abs. 2 Nr. 2).[18] Die Beschwerde muss danach innerhalb einer Frist von zwei Wochen eingelegt werden. Durch einen allseitigen Rechtsmittelverzicht (vgl. § 45 Rn. 7) besteht für die Beteiligten zudem die Möglichkeit, eine sofortige Wirksamkeit der Entscheidung herbeizuführen.[19] Von Abs. 2 werden nur die Fälle erfasst, in denen die gerichtliche Genehmigung die **Außenwirksamkeit**[20] eines Rechtsgeschäfts gegenüber einem Dritten berührt. Ein entsprechendes Erfordernis findet sich zB in §§ 112, 1411 Abs. 1 S. 3, Abs. 2 S. 2, 1484 Abs. 2 S. 2, 1491 Abs. 3, 1492 Abs. 3, 1596 Abs. 1 S. 3, 1643, 1644, 1812 Abs. 2, 3, 1819 ff., 1907, 1908, 1908 i Abs. 1, 1915 Abs. 1, 2275 Abs. 2 S. 2, 2282 Abs. 2, 2290 Abs. 3, 2347, 2351 BGB. Soweit der Genehmigung dagegen nur (entlastende) Innenwirkung gegenüber dem Vormund zukommt (zB §§ 1639 Abs. 2, 1803 Abs. 2, 1810, 1811, 1823 BGB), ist Abs. 2 nicht anwendbar.[21]

Abs. 2 erfasst nicht nur Beschlüsse, welche eine **Genehmigung erteilen.** Vielmehr gilt er auch **9** für Beschlüsse, welche die **Genehmigung verweigern.**[22] Der Anwendungsbereich des Abs. 2 korrespondiert mit § 48 Abs. 3 (vgl. § 48 Rn. 17). Würde die Verweigerung der Genehmigung bereits mit Bekanntgabe des Beschlusses verfahrensrechtlich wirksam, führt die Mitteilung des Beschlusses durch den Vormund auch vor Rechtskraft des Beschlusses dazu, dass das genehmigungsbedürftige Rechtsgeschäft endgültig unwirksam wird (vgl. § 1829 Abs. 2 S. 2 BGB). Zwar enthält das FamFG keine den §§ 55, 62 FGG entsprechende Regelung, welche eine abweichende Entscheidung im Beschwerdeverfahren ausdrücklich ausschließt. Allerdings lässt sich § 48 Abs. 3 entnehmen, dass das Vertrauen des Geschäftspartners auch unter Geltung des FamFG geschützt werden soll. Eine nachträgliche Änderung der dem Geschäftspartner wirksam mitgeteilten Verweigerung muss ausscheiden.

---

[14] Vgl. *Keidel/Kuntze/Winkler/Schmidt* § 16 FGG Rn. 10; *Keidel/Meyer-Holz* § 40 Rn. 20.
[15] Vgl. *Keidel/Kuntze/Winkler/Schmidt* § 16 FGG Rn. 10.
[16] *Zimmermann* FamFG Rn. 108.
[17] AA für § 16 Abs. 1 FGG: *Keidel/Kuntze/Winkler/Schmidt* § 16 FGG Rn. 13.
[18] Amtl. Begr. FamFG (BT-Drucks. 16/6308) S. 196.
[19] Amtl. Begr. FamFG (BT-Drucks. 16/6308) S. 196; vgl. KG JFG 12, 69, 71; *Rothe,* Abänderung, S. 133 ff.
[20] Vgl. zur Abgrenzung *Klüsener* Rn. 223.
[21] Vgl. *Keidel/Kuntze/Winkler/Engelhardt* § 55 FGG Rn. 5; *Keidel/Meyer-Holz* § 40 Rn. 28.
[22] Vgl. *Jansen/Sonnenfeld* § 55 FGG Rn. 46; *Zimmermann* FamFG Rn. 109; aA Amtl. Begr. FamFG (BT-Drucks. 16/6308) S. 196; *Baumbach/Lauterbach/Hartmann* Rn. 2; *Bumiller/Harders* § 40 Rn. 13; *Jansen/v. König* § 16 FGG Rn. 75.

Da § 48 Abs. 3 für diesen Fall selbst keinen Schutz vorsieht, muss die Entstehung einer Lücke dadurch vermieden werden, dass die verfahrensrechtliche Wirksamkeit der Entscheidung erst mit Eintritt der Rechtskraft eintritt. Außerdem trägt eine Beschränkung des Anwendungsbereichs des Abs. 2 auf die eine Genehmigung erteilenden Beschlüsse nicht ausreichend den der Vorschrift zugrunde liegenden verfassungsrechtlichen Vorgaben[23] Rechnung. Sie nimmt dem beschwerdeberechtigten Rechtsinhaber[24] faktisch die Möglichkeit, im Beschwerdeverfahren eine abweichende Entscheidung zu erlangen oder auch nur den Eintritt der Wirksamkeit der Verweigerung jedenfalls solange zu hemmen, bis er selbst die Genehmigung nach § 1829 Abs. 3 BGB vornehmen kann. Im vorstehend dargestellten Ausmaß gilt Abs. 2 auch für Berichtigungs- und Ergänzungsbeschlüsse iSv. §§ 42 f. und Rechtsmittelbeschlüsse, welche die Genehmigung zu einem Rechtsgeschäft erteilen und verweigern. Keine Anwendung findet Abs. 2 dagegen auf ein sog. **Negativattest,** weil dieses nach hM nur deklaratorisch wirkt und keinen Einfluss auf die materielle Rechtslage hat.[25]

10   Nach Abs. 2 S. 2 ist in den unter Abs. 2 fallenden Entscheidungen auszusprechen, dass sie ihre Wirksamkeit erst mit Eintritt der formellen Rechtskraft erlangen. Versäumt das Gericht einen entsprechenden **Ausspruch,** ändert sich der maßgebliche Zeitpunkt nicht. Der Ausspruch erfolgt nur deklaratorisch (Klarstellungs-[26] und Hinweisfunktion). Es verbleibt deshalb dabei, dass für die Wirksamkeit des Beschlusses abweichend von Abs. 1 auf den Eintritt der formellen Rechtskraft abzustellen ist.[27]

11   **2. Erweiterung der Rechtsmacht (Abs. 3). a) Wirksamkeit mit Rechtskraft (S. 1).** Die Ausnahme des Abs. 2 von Abs. 1 wird durch Abs. 3 erweitert. Auch die von Abs. 3 erfassten Fälle werden grds. erst mit Eintritt der formellen Rechtskraft wirksam. Die Beteiligten können durch einen allseitigen Rechtsmittelverzicht eine umgehende Wirksamkeit herbeiführen. Im Unterschied zu Abs. 2 kann das Gericht nach Abs. 3 zudem eine sofortige Wirksamkeit anordnen (vgl. Rn. 14 ff.).[28] Deshalb gilt für die unter Abs. 3 fallenden Beschlüsse keine verkürzte Beschwerdefrist. Ein weiterer Unterschied gegenüber Abs. 2 besteht insoweit, als ein **deklaratorischer Ausspruch** über den von Abs. 1 abweichenden Wirksamkeitszeitpunkt nicht vorgeschrieben ist. Da in den Fällen des Abs. 3 der Wirksamkeitszeitpunkt von der Entscheidung des Gerichts abhängt, besteht ein erhöhtes Klarstellungsbedürfnis. Das Gericht kann deshalb in entsprechender Anwendung des Abs. 2 S. 2 deklaratorisch aussprechen, dass der Beschluss erst mit Eintritt der Rechtskraft wirksam wird. In seinem Anwendungsbereich (vgl. Rn. 12 f.) gilt Abs. 3 auch für Berichtigungs- und Ergänzungsbeschlüsse (vgl. §§ 42 f.) sowie Rechtsmittelentscheidungen, soweit diese eine Rechtskreiserweiterung verfügen.

12   Abs. 3 erfasst zunächst die Fälle, in denen das Gericht die **Zustimmung** oder Ermächtigung eines anderen zu einem einseitigen oder mehrseitigen Rechtsgeschäft mit Außenwirkung (vgl. Rn. 8) auf Antrag **ersetzt.** Dies betrifft nur Fällen, in denen das Gesetz die Ersetzung einer durch den primär Zuständigen verweigerte Zustimmung oder Ermächtigung vorsieht[29] (zB §§ 113 Abs. 3, 1315 Abs. 1 S. 3, 1365 Abs. 2, 1369 Abs. 2, 1426, 1430, 1618 S. 4, 1803 Abs. 3, 1917 Abs. 3 BGB). Nach Sinn und Zweck der Vorschrift findet sie entsprechende Anwendung auf Entscheidungen, welche **Meinungsverschiedenheiten mehrerer Vertreter** verbindlich entscheiden und hierdurch ein wirksames Handeln im Außenverhältnis ermöglichen (zB § 1630 Abs. 2,[30] 1797 Abs. 1 S. 2,[31] 1798,[32] 2224 Abs. 1 S. 1 BGB).[33] **Keine Ersetzung** einer verweigerten Zustimmung mit Außenwirkung regeln dagegen §§ 1628,[34] 1810 S. 1, 2,[35] 1812 Abs. 2, 3[36] BGB. Die Entscheidungen nach §§ 1812 Abs. 2, 3 BGB unterfallen allerdings Abs. 2 (vgl. Rn. 8).

13   Außerdem fallen unter Abs. 3 Entscheidungen, welche die Beschränkung oder Ausschließung der Berechtigung eines Ehegatten oder Lebenspartners, **Geschäfte mit Wirkung für den anderen Ehegatten** oder Lebenspartner zu besorgen, aufheben (vgl. § 1357 Abs. 2 S. 1 Halbs. 2 BGB, auch

---

[23] Vgl. BVerfG NJW 2001, 2161, 2162.
[24] Vgl. *Bamberger/Roth* § 1828 BGB Rn. 9.
[25] Vgl. BGH NJW 1966, 652; *MünchKommBGB/Wagenitz* § 1828 Rn. 23.
[26] Vgl. Amtl. Begr. FamFG (BT-Drucks. 16/6308) S. 196.
[27] *Baumbach/Lauterbach/Hartmann* Rn. 2; *Brehm* FPR 2006, 401, 405.
[28] Vgl. *Baumbach/Lauterbach/Hartmann* Rn. 3.
[29] *Keidel/Kuntze/Winkler/Engelhardt* § 53 FGG Rn. 8.
[30] AA *MünchKommBGB/Huber* § 1630 Rn. 14.
[31] *MünchKommBGB/Wagenitz* § 1797 Rn. 10.
[32] *MünchKommBGB/Wagenitz* § 1798 Rn. 7.
[33] Vgl. *Bassenge/Roth* § 53 FGG Rn. 3; *Keidel/Kuntze/Winkler/Engelhardt* § 53 FGG Rn. 6.
[34] *MünchKommBGB/Huber* § 1628 Rn. 28; aA OLG Frankfurt FamRZ 1991, 1336, 1336 f.
[35] *MünchKommBGB/Wagenitz* § 1810 Rn. 7.
[36] *MünchKommBGB/Wagenitz* § 1812 Rn. 41.

in Verbindung mit § 8 Abs. 2 LPartG). Gemeinsamkeit dieser Entscheidungen mit den übrigen Entscheidungen nach Abs. 3 ist, dass sie mit Außenwirkung die Rechtsmacht zu Handlungen mit Fremdwirkung erweitern.

b) Anordnung sofortiger Wirksamkeit (S. 2, 3). Nach Abs. 3 S. 2 kann das Gericht abweichend vom Grundsatz des S. 1 (vgl. Rn. 11) anordnen, dass der Beschluss sofort, dh. mit Bekanntgabe an den Antragsteller (vgl. Abs. 3 S. 3), wirksam wird. Es handelt sich hierbei um eine zur Sachentscheidung **akzessorische Nebenentscheidung** vergleichbar den Regelungen der §§ 80 Abs. 2 S. 1 Nr. 4, 80a Abs. 1 Nr. 1 VwGO. Die Anordnung der sofortigen Wirksamkeit kann im Beschluss iSv. Abs. 3 enthalten sein, sie kann aber auch nachträglich erfolgen.[37] Entgegen wohl allgA[38] darf die Anordnung der sofortigen Wirksamkeit in Antragsverfahren nicht von Amts wegen, sondern nur auf entsprechenden Antrag ausgesprochen werden. Dies ergibt sich daraus, dass es sich bei der Anordnung der sofortigen Wirksamkeit um eine Ergänzung der ausschließlich auf Antrag erfolgenden Sachentscheidung handelt, für welche das Antragserfordernis erst recht gilt.

Eine rückwirkende **Anfechtung** der Anordnung nach S. 2 ist weder isoliert noch zusammen mit der Hauptsachentscheidung möglich.[39] In Betracht kommt lediglich eine Außerkraftsetzung mit Wirkung für die Zukunft nach § 64 Abs. 3.[40] Dies ergibt sich zunächst aus § 47, welcher neben der Sachentscheidung auch die hierzu akzessorische Entscheidung nach S. 2 erfasst. Die Anordnung der sofortigen Wirksamkeit soll die Grundlage für die vorzeitige Ausübung der gerichtlich erweiterten Rechtsmacht schaffen. Ihr Sinn ist es, eine zeitlich vorgezogene, aber keine weniger beständige Grundlage zu schaffen.

Die Anordnung der sofortigen Wirksamkeit ist nur bei **Gefahr im Verzug** zulässig. Diese Voraussetzung ist gegeben, wenn Tatsachen die Annahme rechtfertigen, dass der Aufschub der Wirksamkeit bis zur Rechtskraft der Entscheidung die verfolgten Interessen gefährdet.[41] Neben einer Gefährdungslage bedarf es daher einer in zeitlicher Hinsicht gesteigerten Gefahr. Die Anordnung nach S. 2 darf nur erfolgen, um die aus dem Zuwarten bis zur Rechtskraft resultierende Gefahr für die Verwirklichung der Sachentscheidung abzuwenden. Deshalb ist die Anordnung auch in Fällen, in denen bereits nach materiellem Recht eine Gefahr Voraussetzung für die Sachentscheidung ist (zB §§ 1365 Abs. 2, 1426 BGB), keine zwingende Folge der gerichtlichen Entscheidung.[42]

IV. Verfahrensrechtliche Wirksamkeit

Mit seinem Erlass ist der Beschluss existent geworden (vgl. § 38 Rn. 29). Zu den von § 40 jeweils bestimmten Zeitpunkten tritt die verfahrensrechtliche Wirksamkeit des Beschlusses ein. Diese ist Voraussetzung dafür, dass der Beschluss im Außenverhältnis seine intendierten materiell-rechtlichen Wirkungen entfaltet. Vor dem verfahrensrechtlichen Wirksamkeitszeitpunkt ist der Beschluss zwar existent, löst aber ggf. nur prozessuale (zB Abschluss der Instanz, Anlauf der Rechtsmittelfristen) jedoch noch nicht seine intendierten (materiell-rechtlichen) Folgen aus. Soweit das materielle Recht (vgl. zB **§§ 1366 Abs. 3, 1427, 1995 Abs. 1 S. 2 BGB**) zusätzliche Anforderungen an den Beschluss (Mitteilung innerhalb einer bestimmten Frist, Zustellung) normiert, damit dieser seine intendierten materiell-rechtlichen Wirkungen entfalten kann, regelt § 40 nur den frühesten Zeitpunkt des Eintritts der materiell-rechtlichen Folgen. Deren endgültiger Eintritt richtet sich nach den materiell-rechtlichen Vorgaben (vgl. zB § 1829 Abs. 2 S. 1 BGB). Dass die von § 40 geregelte verfahrensrechtliche Wirksamkeit von der materiell-rechtlichen Wirksamkeit zu unterscheiden ist, wird deutlich in § 47. Dieser spricht aus, dass die materiell-rechtliche Wirksamkeit im Interesse des Verkehrsschutzes durch einen nachträglichen Wegfall der verfahrensrechtlichen Wirksamkeit nicht berührt wird.[43]

---

[37] Vgl. BayObLG NJW-RR 1987, 1226, 1227; *Keidel/Kuntze/Winkler/Engelhardt* § 53 FGG Rn. 12.
[38] Vgl. BayObLG NJW-RR 1987, 1226, 1227; *Bassenge/Roth* § 53 FGG Rn. 3; *Bumiller/Winkler* § 53 FGG Rn. 6; *Jansen/Wick* § 53 FGG Rn. 23; *Josef* § 53 FGG Nr. 8; *Keidel/Kuntze/Winkler/Engelhardt* § 53 FGG Rn.; *Keidel/Meyer-Holz* § 40 FGG Rn. 54; *Schlegelberger* § 53 FGG Rn. 8.
[39] BayObLG NJW-RR 1987, 1226, 1227; *Jansen/Wick* § 53 FGG Rn. 23; *Keidel/Kuntze/Winkler/Engelhardt* § 53 FGG Rn. 12; *Keidel/Meyer-Holz* § 40 Rn. 54.
[40] BayObLG NJW-RR 1987, 1226, 1227; *Bumiller/Winkler* § 53 FGG Rn. 8; *Keidel/Kuntze/Winkler/Engelhardt* § 53 FGG Rn. 12; *Keidel/Meyer-Holz* § 40 Rn. 54.
[41] *Jansen/Wick* § 53 FGG Rn. 23; *Keidel/Kuntze/Winkler/Engelhardt* § 53 FGG Rn. 12.
[42] *Jansen/Wick* § 53 FGG Rn. 23.
[43] Vgl. *Habscheid* NJW 1966, 1787, 1788; *Schlegelberger*, FGG, § 7 Rn. 2.

§ 41 Bekanntgabe des Beschlusses

(1) ¹Der Beschluss ist den Beteiligten bekannt zu geben. ²Ein anfechtbarer Beschluss ist demjenigen zuzustellen, dessen erklärtem Willen er nicht entspricht.

(2) ¹Anwesenden kann der Beschluss auch durch Verlesen der Beschlussformel bekannt gegeben werden. ²Dies ist in den Akten zu vermerken. ³In diesem Fall ist die Begründung des Beschlusses unverzüglich nachzuholen. ⁴Der Beschluss ist im Fall des Satzes 1 auch schriftlich bekannt zu geben.

(3) Ein Beschluss, der die Genehmigung eines Rechtsgeschäfts zum Gegenstand hat, ist auch demjenigen, für den das Rechtsgeschäft genehmigt wird, bekannt zu geben.

Schrifttum: *Jacoby*, Der Regierungsentwurf für ein FamFG, FamRZ 2007, 1703.

I. Allgemeines

1. Normzweck. Gemeinsam mit § 40 folgt die Vorschrift auf § 16 FGG. Sie regelt den **Kreis der Adressaten,** denen ein Beschluss bekannt zu machen ist. Zudem ergänzt sie § 15 Abs. 2 und leitet das Ermessen des Gerichts, wann anstelle einer Bekanntmachung durch Übersendung per Post eine **förmliche Zustellung** nach den Vorschriften der ZPO erfolgen muss (vgl. § 15 Rn. 17 f.). Nach § 15 Abs. 2 steht es im Ermessen des Gerichts, welchen Weg der Bekanntgabe es wählt. Dieses Ermessen schränkt Abs. 1 S. 2 ein.[1] Danach ist ein anfechtbarer Beschluss demjenigen zuzustellen, dessen erklärtem Willen er nicht entspricht. Umgekehrt lässt sich hieraus entnehmen, dass der Gesetzgeber im Übrigen eine Zustellung grds. nicht für angezeigt erachtet. Abweichend von § 16 Abs. 2 FGG bedürfen nicht mehr alle Beschlüsse, welche eine Frist in Gang setzen, der Zustellung.[2] Erklärtes Anliegen ist, die Zahl der Zustellungen zu verringern.[3] Die von § 16 Abs. 2 S. 2 FGG vorgesehene Möglichkeit einer formlosen Mitteilung besteht für Beschlüsse (vgl. aber § 15 Abs. 3) nicht mehr.[4]

Zusammen mit § 40 Abs. 2 soll die Regelung in Abs. 3 Vorgaben des BVerfG Rechnung tragen.[5] In Verfahren, deren Gegenstand die **Genehmigung eines Rechtsgeschäfts** ist, kann dem Rechtsinhaber rechtliches Gehör nicht dadurch gewährt werden, dass sein gesetzlicher Vertreter am Verfahren beteiligt wird, weil Gegenstand des Verfahrens gerade die Überprüfung des Handelns des gesetzlichen Vertreters ist.[6] Vielmehr muss dem Rechtsinhaber selbst die Möglichkeit zur Teilnahme am Verfahren vor dessen endgültigem Abschluss[7] gegeben werden. Im Rahmen des FGG wurde Abhilfe über einen Vorbescheid geschaffen,[8] der zukünftig nicht mehr zulässig ist.[9] Um den vorzeitigen Eintritt der endgültigen Wirksamkeit der Genehmigung (vgl. §§ 40 Abs. 2, 48 Abs. 3) zu verhindern, sieht Abs. 3 stattdessen vor, dass der die Genehmigung enthaltene Beschluss neben dem gesetzlichen Vertreter auch dem Rechtsinhaber selbst bekannt zu geben ist, damit dieser frühzeitig Kenntnis erlangt.[10] Hierdurch wird er in die Lage versetzt, selbst fristgerecht Rechtsmittel einzulegen, um hierdurch Rechtskraft (vgl. § 45 S. 2) und Wirksamkeit des Beschlusses zu hindern.[11]

2. Anwendungsbereich. Keine Anwendung findet § 41 in Ehesachen nach §§ 121 ff. und Familienstreitsachen nach § 112, für welche § 310 ZPO zu beachten ist.[12] Im Übrigen gilt die Vorschrift für **alle Beschlüsse** iSv. § 38 Abs. 1, unabhängig davon, welche Bezeichnung sie tragen.[13] Wird die Entscheidung über den Verfahrensgegenstand (vgl. § 38 Abs. 1 S. 1) als „Verfügung" bezeichnet, gilt § 41 gleichwohl.

---

[1] Amtl. Begr. FamFG (BT-Drucks. 16/6308) S. 197.
[2] Amtl. Begr. FamFG (BT-Drucks. 16/6308) S. 197.
[3] Amtl. Begr. FamFG (BT-Drucks. 16/6308) S. 197.
[4] Amtl. Begr. FamFG (BT-Drucks. 16/6308) S. 197.
[5] Amtl. Begr. FamFG (BT-Drucks. 16/6308) S. 197.
[6] BVerfG NJW 2000, 1709, 1710.
[7] Vgl. BVerfG NJW 2000, 1709, 1710.
[8] Vgl. OLG Schleswig NJW-RR 2001, 78, 79; OLG Hamm NJW-RR 2004, 223, 224 f.
[9] *Jacoby* FamRZ 2007, 1703, 1707.
[10] Amtl. Begr. FamFG (BT-Drucks. 16/6308) S. 197.
[11] Amtl. Begr. FamFG (BT-Drucks. 16/6308) S. 197.
[12] Vgl. *Baumbach/Lauterbach/Hartmann* § 310 ZPO Rn. 3 aE.
[13] *Baumbach/Lauterbach/Hartmann* Rn. 1.

II. Bekanntgabe (Abs. 1)

1. Adressaten. Die Bekanntgabe muss durch das Gericht gegenüber allen **Beteiligten** kraft 4 Gesetzes (vgl. § 7 Abs. 1) sowie allen vom Gericht zugezogenen Beteiligten (vgl. § 7 Abs. 2, 3) erfolgen. In den Fällen des § 7 Abs. 2, 3 kann in der Bekanntgabe die konkludente Hinzuziehung zum Verfahren liegen. Dies ist eine Frage der Auslegung. Ob die Hinzuziehung in den Fällen des § 7 Abs. 2, 3 rechtmäßig erfolgt ist, ist ohne Belang, solange dem rechtsfehlerhaft Hinzugezogenen nicht entsprechend § 7 Abs. 5 sein Beteiligtenstatus entzogen wurde. Auf vorstehende Fälle ist die Bekanntgabepflicht beschränkt. Ohne gerichtliche Hinzuziehung besteht deshalb keine Bekanntgabepflicht, auch wenn die Voraussetzungen nach § 7 Abs. 2, 3 vorliegen. Keine Bekanntgabe erfolgt auch insoweit, als jemand nur angehört oder zur Auskunft aufgefordert wurde (vgl. § 7 Abs. 6). Auch löst das (bekundete) Interesse eines Dritten am Ausgang des Verfahrens keine Bekanntgabepflicht aus. Deshalb erfolgt bspw. in den Fällen des § 1828 BGB, soweit keine Hinzuziehung erfolgt ist, keine Bekanntgabe gegenüber dem Geschäftspartner des Mündels. Eine Konkretisierung des Adressatenkreises regelt Abs. 3 (vgl. Rn. 12 ff.).

2. Form. Die Bekanntgabe erfolgt durch das Gericht. Die Kundgabe durch Beteiligte oder sons- 5 tige Dritte genügt der Bekanntgabepflicht nicht. Vollendet ist die Bekanntgabe, soweit für den Adressaten infolge der Kundgabe durch das Gericht die Möglichkeit zur Kenntnisnahme vom Inhalt des Beschlusses besteht.[14] Die Form der Bekanntgabe richtet sich nach § 15 Abs. 2. Für Beschlüsse findet die Möglichkeit zur formlosen Mitteilung nach § 15 Abs. 3 keine Anwendung.[15] Die Bekanntgabe an die Beteiligten kann danach durch förmliche Zustellung nach den Vorschriften der ZPO oder durch einfache Versendung per Post erfolgen. Welche Form das Gericht wählt, liegt vorbehaltlich des Abs. 1 S. 2 in seinem **Ermessen**. Im Interesse der Prozesswirtschaftlichkeit ist von der einfachen Übersendung per Post als Regelfall auszugehen. Ausnahmen sind dort notwendig, wo an die Zustellung weitere Rechtswirkungen anknüpfen (vgl. zB § 1995 Abs. 1 BGB). Für die Bekanntgabe gegenüber Anwesenden enthält Abs. 2 eine Sondervorschrift (vgl. Rn. 7 ff.).

Nach Abs. 1 S. 2 muss die Bekanntgabe einer anfechtbaren Entscheidung durch förmliche Zu- 6 stellung an diejenigen erfolgen, deren erklärtem Willen sie widerspricht. **Anfechtbar** sind nur Entscheidungen, die einem ordentlichen Rechtsbehelf, insbesondere Beschwerde und Rechtsbeschwerde, unterliegen. Die Möglichkeit einer Anhörungsrüge löst deshalb kein Zustellerfordernis aus. Die Statthaftigkeit einer Anfechtung ist abstrakt zu beurteilen. Erstinstanzliche Entscheidungen sind danach grds. anfechtbar (vgl. § 58 Abs. 1) und zwar unabhängig davon, ob die besonderen Voraussetzungen des § 61 erfüllt sind. Hierfür spricht, dass die Nachprüfung des konkreten Erreichens der Wertgrenze des § 61 Abs. 1 der Beurteilung durch das Beschwerdegericht und nicht durch das Ausgangsgericht obliegt; außerdem greift subsidiär § 11 Abs. 2 RPflG ein. Beschwerdeentscheidungen sind dagegen nur anfechtbar, wenn die Rechtsbeschwerde zugelassen wurde (vgl. § 70 Abs. 1). Die Zustellpflicht besteht nur gegenüber denjenigen Beteiligten (vgl. Rn. 4), deren **erklärtem Willen sie nicht entspricht.** Ein Beteiligter muss daher, zB durch Stellung eines Antrag oder durch eine Äußerung im Rahmen der Wahrnehmung rechtlichen Gehörs, zum Ausdruck gebracht haben, dass ein bestimmter Entscheidungsinhalt seinem Willen nicht entspricht. Eine ausdrückliche Ablehnung der getroffenen Entscheidung ist nicht notwendig. Vielmehr ist ausreichend, dass sich ein entsprechender Wille durch Auslegung aufdecken lässt. Bspw. widerspricht eine ablehnende Entscheidung stets dem Willen des Antragstellers. Unverzichtbar ist aber, dass ein Beteiligter seinen Willen erklärt hat.[16] Auf einen bloß mutmaßlichen Willen ist nicht abzustellen. Hierhinter steht die Erwägung, dass diejenigen, welche sich auch im Rahmen der Gewährung rechtlichen Gehörs nicht äußern, kein Interesse am Ausgang des Verfahrens und dementsprechend auch keinen widersprechenden Willen haben.

III. Bekanntgabe gegenüber Anwesenden (Abs. 2)

1. Voraussetzungen. Die Bekanntgabe durch Verlesen kann nur gegenüber denjenigen Adressa- 7 ten (vgl. Rn. 3) erfolgen, welche anwesend sind. Gegenüber nicht anwesenden Adressaten erfolgt die Bekanntgabe nach Abs. 1 (vgl. Rn. 4 ff.). Eine Verkündung in Abwesenheit der Beteiligten ist im Gegensatz zu § 312 Abs. 1 ZPO nicht möglich.[17] **Anwesenheit** setzt zunächst körperliche Anwesenheit voraus. Anders als im Rahmen von § 130 BGB steht dem ein fernmündlicher Kontakt (zB

---

[14] Vgl. *Baumbach/Lauterbach/Hartmann* Rn. 2.
[15] Weitergehend *Baumbach/Lauterbach/Hartmann* Rn. 2.
[16] *Zimmermann* FamFG Rn. 59, 107.
[17] Vgl. *Keidel/Kuntze/Winkler/Schmidt* § 16 FGG Rn. 24.

Telefongespräch, Videokonferenz) nicht gleich. Nicht erforderlich ist dagegen eine persönliche Anwesenheit; Stellvertretung ist möglich und ausreichend.[18] Zusätzlich zur körperlichen Anwesenheit ist Voraussetzung die aktuelle Fähigkeit zur sprachlichen Wahrnehmung. Gegenüber Bewusstlosen scheidet eine Bekanntgabe durch Verlesung deshalb aus. Bei sprachunkundigen **Ausländern** wird die Fähigkeit zur sprachlichen Wahrnehmung erst durch Hinzuziehung eines Dolmetschers hergestellt (§ 185 GVG).[19] **Hörgeschädigte** erlangen ihre sprachliche Wahrnehmungsfähigkeit nach Maßgabe des § 186 GVG. In Betracht kommt eine Bekanntgabe nach Abs. 2 insbesondere als „Stuhlbeschluss" unmittelbar zum Ende eines Termins nach § 32 Abs. 1.[20] Hierauf sind die möglichen Fälle jedoch weder nach Wortlaut noch nach Telos der Vorschrift beschränkt. Vielmehr ist eine Bekanntgabe gegenüber einem Anwesenden auch außerhalb eines Erörterungstermins, zB anlässlich einer persönlichen Vorsprache, möglich.

8 Die Bekanntgabe nach Abs. 2 wird nicht dadurch ausgeschlossen, dass bestimmte Rechtsfolgen, zB Wirkungen des Erbscheins (vgl. § 2353 BGB), Setzung einer Inventarfrist (vgl. § 1995 Abs. 1 BGB) oder Todeserklärung (vgl. § 24 VerschG), an eine **besondere Bekanntgabe** (Zeugnis, Zustellung, öffentliche Bekanntmachung) anknüpfen.[21] Für den Erbschein folgt dies bereits daraus, dass das Bekanntgabeerfordernis für die gerichtliche Anordnung seiner Erteilung, nicht aber für die Aushändigung des Zeugnisses in Vollzug der Anordnung gilt. Aber auch unabhängig hiervon gilt in diesen Fällen, dass die allgemeinen Wirkungen der Bekanntgabe (vgl. Rn. 15) bereits mit der Verlesung nach Abs. 2 S. 1 eintreten. Die weiteren, besonderen Rechtsfolgen werden allerdings erst durch die Nachholung der förmlichen Bekanntgabe gemäß Abs. 2 S. 4 ausgelöst. Diese Aufsplittung der Rechtsfolgen der Bekanntgabe ist keine Besonderheit vorstehender Fälle. Vielmehr führt die Bekanntgabe nach Abs. 2 S. 1 generell zum Wirksamwerden des Beschlusses, löst aber zB noch keine Rechtsmittelfristen aus.[22]

9 **2. Verfahren.** Die Bekanntmachung nach Abs. 2 erfolgt durch **Verlesung** der schriftlich vorliegenden Beschlussformel in Anwesenheit mindestens eines Beteiligten (vgl. Rn. 4). Notwendig ist, dass das Gericht eine willentliche Verlautbarung vornimmt, welche geeignet ist, von den Anwesenden unter normalen Umständen akustisch wahrgenommen zu werden. Vollendet ist die Bekanntgabe mit vollständiger Entäußerung der Beschlussformel. Die Gründe der Entscheidung bedürfen abweichend von der hM[23] zum FGG keiner Verlesung mehr.[24]

10 Keine Wirksamkeitsvoraussetzung der Bekanntgabe durch Verlesung ist der von Abs. 2 S. 2 vorgeschriebene **Vermerk**. Dieser ist deklaratorisch und dient allein Beweiszwecken. Er muss nicht den Vorgaben des § 28 Abs. 4 entsprechen, weil die Bekanntgabe weder der Erörterung (vgl. § 32 Abs. 1) noch der persönlichen Anhörung eines Beteiligten dient. Die Aufnahme in einen Vermerk nach § 28 Abs. 4 ist gleichwohl möglich. Ausreichend ist, dass durch das Gericht in der Verfahrensakte der Umstand und der Zeitpunkt der Verlesung sowie der Kreis der anwesenden Beteiligten festgehalten werden.

11 In Anlehnung an § 37 Abs. 2 S. 2 VwVfG sind außerdem die Nachholung der **Begründung** (Abs. 2 S. 3) und eine nachfolgende **schriftliche Bekanntgabe** (Abs. 2 S. 4) erforderlich. Beides ist keine Voraussetzung der mündlichen Bekanntgabe gegenüber Anwesenden, deren Tatbestand Abs. 2 S. 1 abschließend beschreibt. Liegt die Begründung bei Verlesung der Beschlussformel noch nicht vor, ist sie unverzüglich, dh ohne schuldhaftes Zögern, nachzuholen. Maßgeblich sind die Umstände des Einzelfalls.[25] Die äußerste Frist hierfür beträgt fünf Monate ab mündlicher Bekanntgabe.[26] Zusätzlich schreibt Abs. 2 S. 4 eine Bekanntgabe des vollständigen Beschlusses (Beschlussformel und Begründung) gegenüber dem Adressaten der mündlichen Bekanntgabe in schriftlicher Form vor. Hierdurch sollen die weiteren Wirkungen der Bekanntgabe, zB Anlauf von Rechtsmittelfristen, ausgelöst werden. Die Form der schriftlichen Bekanntgabe richtet sich nach Maßgabe des Abs. 1, weshalb ggf. eine Zustellung usw. (vgl. Rn. 5 f.) erforderlich sind.

---

[18] *Keidel/Kuntze/Winkler/Schmidt* § 16 FGG Rn. 24.
[19] Vgl. *Keidel/Kuntze/Winkler/Schmidt* § 16 FGG Rn. 26.
[20] Vgl. *Keidel/Kuntze/Winkler/Schmidt* § 16 FGG Rn. 24.
[21] AA zu § 16 Abs. 3 FGG: *Keidel/Kuntze/Winkler/Schmidt* § 16 FGG Rn. 23.
[22] Vgl. Amtl. Begr. FamFG (BT-Drucks. 16/6308) S. 197.
[23] Vgl. BayObLG NJW-RR 1999, 957; *Keidel/Kuntze/Winkler/Schmidt* § 16 FGG Rn. 25.
[24] Amtl. Begr. FamFG (BT-Drucks. 16/6308) S. 197.
[25] Vgl. BVerfG NJW 2001, 2161, 2162.
[26] Vgl. BVerfG NJW 2001, 2161, 2162; GmS-OGB NJW 1993, 2603, 2603 ff.

IV. Bekanntgabe bei Genehmigung eines Rechtsgeschäfts (Abs. 3)

1. Anwendungsbereich. Abs. 3 gilt nur für Beschlüsse, welche die **Genehmigung eines** **12** **Rechtsgeschäfts** zum Gegenstand haben. Das Erfordernis einer gerichtlichen Genehmigung eines Rechtsgeschäfts findet sich zB in §§ 1643, 1819 ff., 1908 i Abs. 1, 1915 Abs. 1 BGB. Der Wortlaut der Vorschrift („demjenigen, für den das Rechtsgeschäft genehmigt wird") erfasst nur diejenigen Beschlüsse, welche die Genehmigung erteilen. Nicht vom Wortlaut erfasst werden dagegen Beschlüsse, welche die Genehmigung verweigern. Danach bestünde kein Gleichlauf mit § 40 Abs. 2 und § 48 Abs. 3. Mit einem auf erteilende Beschlüsse beschränkten Anwendungsbereich wird die Vorschrift allerdings nicht den verfassungsrechtlichen Vorgaben gerecht (vgl. § 40 Rn. 9). Sie ist daher hinsichtlich ihres Anwendungsbereich wie § 40 Abs. 2 auszulegen (vgl. § 40 Rn. 9) und erfasst erteilende und verweigernde Beschlüsse gleichermaßen. Keine Anwendung findet Abs. 3 dagegen auf ein sog. Negativattest, weil dieses nach hM nur deklaratorisch wirkt und keinen Einfluss auf die materielle Rechtslage hat.[27] Im gleichen Ausmaß gilt Abs. 3 auch für Berichtigungs- und Ergänzungsbeschlüsse iSv. §§ 42 f., welche die Genehmigung zu einem Rechtsgeschäft erteilen oder verweigern.

2. Bekanntgabe auch an den Rechtsinhaber. Mit Abs. 3 will der Gesetzgeber einen Wider- **13** spruch zwischen materiellem Recht und Verfahrensrecht auflösen.[28] Dieser Widerspruch soll sich daraus ergeben, dass einerseits materiell-rechtlich § 1828 BGB vorsieht, dass die Genehmigung nur dem Vormund (Eltern, Betreuer, Pfleger) gegenüber erklärt wird. Dies sichert gemeinsam mit § 1829 Abs. 1 S. 2 BGB die freie Entscheidung des Vormunds, ob er von der Genehmigung Gebrauch machen will.[29] Hierzu ist er nicht verpflichtet.[30] Anderseits schreibt Abs. 1 verfahrensrechtlich vor, dass die Entscheidung allen Beteiligten, dh. dem Antragsteller (vgl. § 7 Abs. 1) sowie allen vom Gericht als Beteiligte hinzugezogenen Personen (vgl. § 7 Abs. 2), bekannt gegeben wird. Beteiligte sind regelmäßig der Vormund (Eltern, Betreuer, Pfleger) als Antragsteller, der von ihm vertretene Rechtsinhaber sowie ggf. Dritte mit berechtigtem Interesse. Nicht vom Gericht als Beteiligter hinzuziehen ist dagegen der Vertragspartner des Rechtsinhabers.[31] Entgegen der Ansicht des Gesetzgebers besteht kein Widerspruch, vielmehr wirken materielles Recht und Verfahrensrecht über § 40 Abs. 1 zusammen. Die **materiell-rechtlichen Wirkungen der Genehmigung** sind daran geknüpft, dass die Genehmigung verfahrensrechtliche Wirksamkeit erlangt hat (vgl. § 40 Abs. 1, 2). Dies setzt nach § 40 Abs. 1 iVm. § 1828 BGB die Bekanntgabe gegenüber dem Vormund sowie zusätzlich den Eintritt der Rechtskraft der Genehmigungsentscheidung voraus. Letztere tritt ihrerseits erst mit Unanfechtbarkeit der Entscheidung ein (vgl. § 45). Hierzu muss insbesondere für den beschwerdebefugten Rechtsinhaber[32] die Rechtsmittelfrist durch Bekanntgabe nach Abs. 3 in Gang gesetzt werden.

In den Fällen des Abs. 3 bleibt das Bekanntgabeerfordernis nach Abs. 1 (vgl. Rn. 4 ff.) unberührt. **14** Daneben ist eine Bekanntgabe gegenüber dem vertretenen Rechtsinhaber erforderlich. Diese erfolgt bei **verfahrensfähigen Rechtsinhabern** (vgl. §§ 9 Abs. 1 Nr. 3, 4, 60, 275) an diese selbst.[33] Bei **nicht verfahrensfähigen Rechtsinhabern** scheidet die Bekanntgabe gegenüber diesen selbst aus. Nach § 9 Abs. 2 müsste die Bekanntgabe vielmehr gegenüber dem gesetzlichen Vertreter erfolgen. Dies würde aber nicht den Vorgaben des BVerfG[34] gerecht. Deshalb ist in diesen Fällen für den nicht verfahrensfähigen Rechtsinhaber ein Verfahrenspfleger zu bestellen (vgl. §§ 158, 276), gegenüber welchem die Bekanntgabe erfolgen muss. Für die Bekanntgabe gegenüber dem vertretenen Rechtsinhaber bzw. seinem Verfahrenspfleger gelten die Grundsätze nach Abs. 1. Hat der Rechtsinhaber seinen widersprechenden Willen geäußert, muss die Bekanntgabe durch förmliche Zustellung erfolgen (vgl. Rn. 6).

V. Rechtswirkungen und Bekanntgabemängel

1. Rechtswirkungen. Die Bekanntgabe des Beschlusses löst zunächst eine Reihe verfahrensrecht- **15** licher Rechtswirkungen aus. Mit seinem Erlass (vgl. § 38 Abs. 3 S. 3) wird der Beschluss **existent**. Neben der Übergabe an die Geschäftsstelle erfolgt der Erlass durch Bekanntgabe nach Abs. 2 gegen-

---

[27] Vgl. BGH NJW 1966, 652; MünchKommBGB/*Wagenitz* § 1828 Rn. 23.
[28] Amtl. Begr. FamFG (BT-Drucks. 16/6308) S. 197.
[29] Vgl. MünchKommBGB/*Wagenitz* § 1828 Rn. 1.
[30] BGHZ 7, 208, 213 f.
[31] Vgl. OLG Rostock NJW-RR 2006, 1229, 1229 f.; *Jacoby* FamRZ 2007, 1703, 1704 f.; *Schulte-Bunert* Rn. 84.
[32] Vgl. *Bamberger/Roth* § 1828 BGB Rn. 9 f.
[33] *Schulte-Bunert* Rn. 200.
[34] Vgl. BVerfG NJW 2001, 2161, 2162.

über einem Beteiligten. Die Bekanntgabe nach Abs. 1 folgt dagegen dem Erlass nach. Ab dem Zeitpunkt seiner Existenz ist das Gericht an seine Entscheidung gebunden (vgl. § 48 Rn. 20 ff.). Eine Änderung durch das Erlassgericht kommt nur noch nach Maßgabe der §§ 42–44, 48 und 68 Abs. 1 in Betracht.[35] Seine verfahrensrechtliche **Wirksamkeit** erlangt der Beschluss nach Maßgabe des § 40 (vgl. § 40 Rn. 17). Grundvoraussetzung ist seine Bekanntgabe nach Abs. 1 oder Abs. 2. Die schriftliche Bekanntgabe nach Abs. 1 setzt für den jeweiligen Empfänger die **Rechtsmittelfristen** in Gang (vgl. § 63 Abs. 3 S. 1 und § 71 Abs. 2 S. 2) und schafft damit die Grundlage für den nachfolgenden Eintritt der Rechtskraft (vgl. § 45). Neben dem Verfahrensrecht knüpft auch das **materielle Recht** Wirkungen an die Bekanntgabe des Beschlusses. Teilweise knüpfen diese Rechtsfolgen erst an die Beachtung einer bestimmten Form an (vgl. § 1828 BGB: Bekanntgabe gegenüber Vormund; § 1995 BGB: Zustellung).

16   **2. Bekanntgabemängel.** Mängel der Bekanntmachung hindern den Eintritt der an die Bekanntmachung anknüpfenden Rechtsfolgen, solange keine **Heilung** erfolgt. Zustellungsmängel können nach § 15 Abs. 2 iVm. § 189 ZPO durch tatsächlichen Zugang des Beschlusses geheilt werden. Abgesehen hiervon ist eine erneute Bekanntmachung möglich und löst die an die Bekanntmachung anknüpfenden Rechtsfolgen aus. Da die Rechtsmittelfristen lediglich an die Bekanntgabe, nicht aber an die Zustellung anknüpfen, hindert eine entgegen Abs. 1 S. 2 nicht erfolgte Zustellung den Lauf der Rechtsmittelfrist nicht, soweit zumindest eine schriftliche Bekanntgabe erfolgt ist.[36]

§ 42 Berichtigung des Beschlusses

(1) Schreibfehler, Rechenfehler und ähnliche offenbare Unrichtigkeiten im Beschluss sind jederzeit vom Gericht auch von Amts wegen zu berichtigen.

(2) [1] Der Beschluss, der die Berichtigung ausspricht, wird auf dem berichtigten Beschluss und auf den Ausfertigungen vermerkt. [2] Erfolgt der Berichtigungsbeschluss in der Form des § 14 Abs. 3, ist er in einem gesonderten elektronischen Dokument festzuhalten. [3] Das Dokument ist mit dem Beschluss untrennbar zu verbinden.

(3) [1] Der Beschluss, durch den der Antrag auf Berichtigung zurückgewiesen wird, ist nicht anfechtbar. [2] Der Beschluss, der eine Berichtigung ausspricht, ist mit der sofortigen Beschwerde in entsprechender Anwendung der §§ 567 bis 572 der Zivilprozessordnung anfechtbar.

Schrifttum: *Braun,* Rechtskraft und Rechtskraftbeschränkung im Zivilprozess, JuS 1986, 364; *Lüke,* Aus der Praxis: Kläger wider Willen, JuS 1986, 553.

I. Allgemeines

1   **1. Normzweck.** Zusammen mit §§ 43, 44 enthält § 42 die Regelungen über die **Korrektur** erlassener Beschlüsse außerhalb des Rechtsmittelverfahrens. Da Anknüpfungspunkt der Korrekturmöglichkeit jeweils nicht die rechtliche Fehlerhaftigkeit ist, sieht das Gesetz eine Selbstkorrektur durch das Ausgangsgericht vor. Eine § 320 ZPO entsprechende Vorschrift zur Berichtigung des Tatbestands enthält das FamFG nicht. Eine solche Vorschrift ist auch entbehrlich, weil das Gericht seine Entscheidung unter Berücksichtigung des gesamten Inhalts des Verfahrens und nicht nur des durch den Tatbestand beurkundeten mündlichen Vorbringens trifft (vgl. § 37 Rn. 3). § 42 stellt in Anlehnung an § 319 ZPO[1] ein einfaches und rasches Verfahren zur Berichtigung von Schreibfehlern, Rechenfehlern und ähnlichen offenbaren Unrichtigkeiten zur Verfügung. Die insoweit im FGG bestehende Lücke wurde bereits bislang durch eine entsprechende Anwendung des § 319 ZPO geschlossen.[2] Ziel der Vorschrift ist es, dem vom Gericht wirklich Gewollten Ausdruck zu verleihen und eine Verfälschung des Rechtsspruchs durch technische Fehlleistungen oder banale Irrtümer zu vermeiden.[3] Dies dient dem Schutz der Rechtsuchenden vor den Folgen solcher im Justizalltag unvermeidlichen Fehler und ist damit Ausdruck des das Prozessrecht durchziehenden Prinzips der Rücksichtnahme auf die Rechtsuchenden und ihrer fairen Behandlung.[4] Die Beschränkung auf

---

[35] Vgl. *Jacoby* FamRZ 2007, 1703, 1707.
[36] *Zimmermann* FamFG Rn. 162.
[1] *Baumbach/Lauterbach/Hartmann* Rn. 1; *Schulte-Bunert* Rn. 201.
[2] BGH NJW 1989, 1281; OLG München FGPrax 2006, 280; *Jansen/Briesemeister* § 18 FGG Rn. 46.
[3] BVerfG NJW 1992, 1496.
[4] BVerfG NJW 1992, 1496.

offenbare Unrichtigkeiten verhindert, dass das Gericht nachträglich von seiner Entscheidung abweicht.[5]

2. Anwendungsbereich. Nach seiner systematischen Stellung bezieht sich § 42 zunächst auf Beschlüsse iSv. § 38 Abs. 1. Nach dem in der Vorschrift zum Ausdruck kommenden Rechtsgedanken, findet sie zumindest entsprechende Anwendung aber auch auf **alle** anderen **gerichtlichen Entscheidungen,** zB Kostenfestsetzungs- und Verweisungsbeschlüsse. Keine Anwendung findet § 42 auf die Berichtigung eines protokollierten Verfahrensvergleichs, weil es hier an einer gerichtlichen Entscheidung fehlt. § 36 Abs. 4 sieht insoweit eine Protokollberichtigung vor (vgl. § 36 Rn. 17 ff.). Keine Anwendung findet § 42 in Ehesachen nach §§ 121 ff. und Familienstreitsachen nach § 112, für welche § 319 ZPO nebst Berichtigungsmöglichkeit nach § 320 ZPO gilt (vgl. § 113 Abs. 1).

3. Verhältnis zu Rechtsmitteln. Umstritten ist, ob ein Beteiligter anstelle eines Antrags nach § 42 ein Rechtsmittel mit dem Ziel einer entsprechenden Korrektur der Entscheidung einlegen kann. Hiergegen wird angeführt, dass es für die Einlegung eines Rechtsmittels am **Rechtsschutzbedürfnis** fehlt, weil mit dem Berichtigungsverfahren ein einfacheres, schnelleres und kostengünstigeres Verfahren zur Verfügung steht.[6] Gegen diese Ansicht wird eingewandt, dass sich ein Rechtsschutzbedürfnis daraus ergeben kann, dass für die Beteiligten im Einzelfall innerhalb der laufenden Rechtsmittelfrist nicht sicher erkennbar ist, ob die Voraussetzungen einer Berichtigung gegeben sind.[7] Erfolgt die Berichtigung nach eingelegtem Rechtsmittel, kann dieses durch Entfall der Beschwer unzulässig werden.[8] Im Anschluss hieran ist umstritten, ob der Rechtsmittelführer sein Rechtsmittel mit Erfolg (einseitig) für erledigt erklären kann.[9] Zuzustimmen ist der ersten Ansicht. Entscheidend ist zunächst, ob das Rechtsschutzbedürfnis objektiv vorliegt. Dass sich der Rechtsmittelführer subjektiv vorstellt, dass möglicherweise ein Rechtsschutzbedürfnis besteht, genügt nicht. Ob ein Rechtsschutzbedürfnis vorliegt, lässt sich bereits anfänglich objektiv feststellen und ist nur der Fall, wenn die Unrichtigkeit nicht nach § 42 berichtigt werden kann. Außerdem ist zu berücksichtigen, dass der Berichtigungsbeschluss nur deklaratorisch[10] den maßgeblichen Inhalt der Entscheidung feststellt. Liegen die Voraussetzungen des § 42 vor, fehlt deshalb von Anfang an in entsprechendem Umfang die Beschwer. Die Gefahr, dass Ausgangsgericht und Rechtsmittelgericht hinsichtlich der Voraussetzungen des § 42 unterschiedlicher Ansicht sind, ist ein Problem der Vorgreiflichkeit. Die Lösung liegt deshalb in einer Aussetzung (vgl. § 21) und nicht in der Gewährung zusätzlicher Rechtsmittel.

II. Voraussetzungen der Beschlussberichtigung (Abs. 1)

1. Unrichtigkeit. Eine Unrichtigkeit iSv. § 42 liegt vor, wenn das vom Gericht Gewollte in seiner Entscheidung (Rubrum, Beschlussformel oder Gründe)[11] nicht ausreichend zum Ausdruck gekommen ist, dh. nach außen getreten ist. Der **Fehler** muss also vergleichbar §§ 119 Abs. 1, 120 BGB **bei der Verlautbarung des Willens** und nicht wie zB bei § 119 Abs. 2 BGB bei dessen Bildung unterlaufen sein.[12] Die Beschlussberichtigung ermöglicht nach hM nicht die nachträgliche Korrektur einer fehlerhaften Willensbildung.[13] Einen Grenzfall bilden insoweit die vom Gesetz ausdrücklich genannten Rechenfehler, welche bereits das Ergebnis der Entscheidung und nicht nur deren Verlautbarung betreffen.[14] Von der übrigen Entscheidungsfindung heben sich die von § 42 erwähnten Rechenfehler allerdings insoweit ab, als sie der rechtlichen Entscheidungsfindung nachgelagert sind und in deren Anwendung erfolgen.[15] Dies rechtfertigt ihre Zuweisung zur Beschlussberichtigung, ohne dass hierdurch die eingangs genannte Grenzziehung in Frage gestellt würde. Abzulehnen ist die Ansicht,[16] welche weitergehend alle offensichtlich Willensbildungsmängel dem Verfahren nach § 42

---

[5] Vgl. BGH NJW-RR 1995, 765, 766.
[6] OLG Zweibrücken FamRZ 1985, 614.
[7] OLG Karlsruhe MDR 2003, 523; oben § 319 ZPO Rn. 21.
[8] BGH NJW 1994, 2832, 2833.
[9] Vgl. oben § 319 ZPO Rn. 21.
[10] *Rosenberg/Schwab/Gottwald* § 61 Rn. 17.
[11] Vgl. Amtl. Begr. FamFG (BT-Drucks. 16/6308) S. 197.
[12] Vgl. *Braun* JuS 1986, 364, 366; *Lüke* JuS 1986, 553, 555.
[13] Vgl. BGH FamRZ 2003, 1270; OLG Düsseldorf, NJW 1973, 1132; OLG Frankfurt NJW-RR 1989, 640; *Braun* JuS 1986, 364, 366; *Lüke* JuS 1986, 553, 555; *Rosenberg/Schwab/Gottwald* § 61 Rn. 9; oben § 319 ZPO Rn. 4.
[14] *Braun* JuS 1986, 364, 366; *Lüke* JuS 1986, 553, 555.
[15] *Lüke* JuS 1986, 553, 555.
[16] Vgl. OLG Frankfurt NJW 1970, 436, 437; OLG Braunschweig NJW-RR 1994, 34, 35; *Baumbach/Lauterbach/Hartmann* § 319 ZPO Rn. 8; offen gelassen von BGH NJW 1994, 2832, 2833.

unterwirft.¹⁷ Indem diese Ansicht eine Beschränkung ausschließlich über das Merkmal der Offensichtlichkeit (vgl. Rn. 6) vornimmt, gefährdet sie, insbesondere unter Berücksichtigung der unbefristeten Berichtigungsmöglichkeit, die Rechtssicherheit.¹⁸ Unerheblich ist, ob die Unrichtigkeit auf einem (ausschließlichen) Versehen des Gerichts beruht oder auf einen Fehler der Parteien zurückzuführen ist.¹⁹

5   Unrichtig ist das **Rubrum,** wenn die Richter,²⁰ die Beteiligten²¹ oder die Verfahrensbevollmächtigten unzutreffend angegeben werden. Hinsichtlich der Beteiligten ist eine Unrichtigkeit iSv. § 42 nur gegeben, wenn feststeht, wer Beteiligter ist.²² Ein Austausch der Beteiligten ist nicht möglich, vielmehr muss die Identität der Beteiligten gewahrt bleiben.²³ Nach § 42 können weiter eine unrichtige Bezeichnung der gesetzlichen Vertreter²⁴ oder das irrtümliche Weglassen des Tages der Beschlussfassung²⁵ berichtigt werden. Die **Beschlussformel** ist fehlerhaft, wenn sie nicht dem Ergebnis der Beratung des Spruchkörpers entspricht.²⁶ Dies ist der Fall, wenn ein Teil des Verfahrensgegenstands oder eine Nebenentscheidung (Kostenentscheidung, Vollstreckungsschutz oder Zulassung eines Rechtsmittels) zwar in den Gründen, nicht aber in der Beschlussformel behandelt wird. Keine Unrichtigkeit liegt dagegen vor, wenn das Gericht irrtümlich keine Entscheidung getroffen hat. Dieser Mangel der Willensbildung ist ggf. über § 43 zu berichten (vgl. § 43 Rn. 2). Eine Unrichtigkeit der Beschlussformel liegt weiterhin vor, wenn sie die Beteiligten vertauscht.²⁷

6   **2. Offenbar.** Offenbar ist eine Unrichtigkeit jedenfalls, wenn sie sich unmittelbar aus dem Beschluss selbst ergibt. Soweit im Rahmen des § 319 ZPO das Merkmal „offenbar" teilweise hierauf beschränkt wird,²⁸ kann dies nicht auf § 42 übertragen werden. Die Auslegung des § 319 ZPO korrespondiert mit § 321 ZPO, der für die Urteilsergänzung auf den Tatbestand Bezug nimmt.²⁹ Da diese Beschränkung auf Grund der Besonderheiten des FamFG-Verfahrens nicht für § 43 gilt (vgl. § 43 Rn. 4),³⁰ können auch im Rahmen des § 42 weitere Umstände herangezogen werden. Es ist daher **ausreichend,** wenn der Beschluss, die Verfahrensakten oder die Umstände bei Erlass des Beschlusses die Unrichtigkeit objektiv erkennbar machen.³¹ **Nicht erforderlich** ist, dass die Unrichtigkeit auf den ersten Blick ersichtlich ist.³² Offenbar sind danach auch Rechenfehler, die erst durch sorgfältiges Nachrechnen, welches über die vier Grundrechenoperationen hinausreicht, feststellbar sind.³³ **Nicht ausreichend** ist, dass sich die Unrichtigkeit nur aus gerichtsintern gebliebenen Vorgängen erschließen lässt, die für Außenstehende nicht ersichtlich sind.³⁴ Dies gebieten § 37, die Rechtssicherheit, die Subjektstellung der Beteiligten sowie der Umstand, dass der Berichtigungsbeschluss auch von Richtern gefasst werden kann, die an der Beratung der unrichtigen Entscheidung nicht beteiligt waren.³⁵ Nur der Inhalt des Verfahrens darf zur Feststellung der Unrichtigkeit herangezogen werden. Den Beteiligten des Verfahrens muss es, ggf. unter Hinzuziehung fachkundigen Rats, möglich sein, die Unrichtigkeit aus dem ihnen (zB im Wege der Akteneinsicht) zugänglichen Inhalts des Verfahrens zu erkennen.³⁶ Vorzunehmen ist dabei eine rückbezogene Betrachtung auf den Zeitpunkt des Erlasses der Entscheidung.³⁷

---

¹⁷ Vgl. BGH FamRZ 2003, 1270; OLG Düsseldorf NJW 1973, 1132; *Braun* JuS 1986, 364, 366; oben § 319 ZPO Rn. 4.
¹⁸ Vgl. OLG Düsseldorf NJW 1973, 1132; *Braun* JuS 1986, 364, 366; oben § 319 ZPO Rn. 4.
¹⁹ *Rosenberg/Schwab/Gottwald* § 61 Rn. 8; oben § 319 ZPO Rn. 5.
²⁰ BGH NJW 1955, 1919, 1920.
²¹ BGH NJW-RR 2004, 501; BAG NJW 2002, 459, 461.
²² Vgl. BGH NJW 1952, 545; *Rosenberg/Schwab/Gottwald* § 61 Rn. 8.
²³ Vgl. BGH NJW-RR 2004, 501; NJW 2007, 518; BAG NJW 2002, 459, 461; oben § 319 ZPO Rn. 8 bei Fn. 45.
²⁴ Vgl. oben § 319 ZPO Rn. 8.
²⁵ BGH VersR 1980, 744.
²⁶ BAG NJW 2002, 1142.
²⁷ Vgl. BGH VersR 1981, 548, 549; BAG NJW 2002, 1142.
²⁸ RAG JW 1931, 1291, 1292; OLG Düsseldorf NJW 1973, 1132, 1132 f.; anders die hA, vgl. *Jansen/Briesemeister* § 18 FGG Rn. 47.
²⁹ Vgl. zu diesem Zusammenhang BGH NJW 1956, 830.
³⁰ Vgl. Amtl. Begr. FamFG (BT-Drucks. 16/6308) S. 197.
³¹ Vgl. BGH NJW 1956, 830; 1980, 2813, 2814; NJW-RR 2002, 712, 713; BAG NZA 2006, 439, 440; *Baumbach/Lauterbach/Hartmann* § 319 ZPO Rn. 10; *Rosenberg/Schwab/Gottwald* § 61 Rn. 10.
³² Vgl. oben § 319 ZPO Rn. 7; strenger BGH NJW-RR 2001, 61; NJW 2007, 518; *Baumbauch/Lauterbach/Hartmann* § 319 ZPO Rn. 11.
³³ BGH FamRZ 1989, 263; NJW 1995, 1033; vgl. oben § 319 ZPO Rn. 7.
³⁴ BGH NJW 1980, 2813, 1814; *Braun* JuS 1986, 364, 366.
³⁵ Vgl. BGH NJW 1956, 830; 1980, 2813, 2814.
³⁶ Vgl. oben § 319 ZPO Rn. 7.
³⁷ *Baumbach/Lauterbach/Hartmann* § 319 ZPO Rn. 10.

III. Verfahren der Beschlussberichtigung

1. Zuständigkeit. Die Berichtigung ist grds. von dem Spruchkörper (Kollegialgericht, Einzelrichter, Rechtspfleger, Urkundsbeamter) vorzunehmen, der die zu korrigierende Entscheidung erlassen hat. Dabei ist jedoch nicht erforderlich, dass der Spruchkörper durch dieselben Personen tätig wird.[38] Die ursprüngliche formelle Besetzung ist jedoch beizubehalten, dh. eine Entscheidung des Einzelrichters muss dieser berichtigen, nicht das Kollegium.[39] Neben dem Ausgangsgericht[40] wird für die Berichtigung das Rechtsmittelgericht zuständig, solange dieses mit der Entscheidung befasst ist.[41]

2. Einleitung des Verfahrens. Die Einleitung des Berichtigungsverfahrens ist nicht von einem Antrag abhängig. Stellt das Gericht eine offenbare Unrichtigkeit fest, ist es nicht nur berechtigt, sondern verpflichtet, **von Amts wegen** eine Berichtigung vorzunehmen.[42] Durch einen zulässigen **Antrag** können die Beteiligten das Gericht dazu zwingen, zu prüfen, ob eine zu berichtigende Unrichtigkeit vorliegt. Ein solcher Antrag kann nur durch einen antragsberechtigten Beteiligten gestellt werden. Die Antragsberechtigung richtet sich nach allgemeinen Grundsätzen. Soweit in dem, dem Beschluss vorausgegangenen Verfahren Vertretungszwang bestand, gilt dieser auch für den Berichtigungsantrag.[43] Einer Frist unterliegt der Berichtigungsantrag nicht (vgl. Rn. 11). Ist der Berichtigungsantrag unzulässig, ist das Gericht nicht verpflichtet, das Vorliegen der geltend gemachten Unrichtigkeit zu prüfen. Vielmehr kann es einen unzulässigen Antrag ohne Prüfung seiner sachlichen Berechtigung ablehnen. Das Gericht ist andererseits nicht gehindert, den unzulässigen Antrag als Anregung aufzugreifen und von Amts wegen zu prüfen, ob eine Berichtigung erfolgen muss. Stellt das Gericht anlässlich einer amtswegigen Befassung fest, dass eine Berichtigung erforderlich ist, muss es diese aussprechen.

3. Entscheidung. Die Entscheidung über die Berichtigung ergeht durch Beschluss. Zuvor ist den Beteiligten **rechtliches Gehör** zu gewähren. Dies ist entbehrlich, wenn die Berichtigung reine Formalien betrifft und deshalb nicht in die Rechtsstellung der Beteiligten eingreifen kann.[44] Eine mündliche Erörterung ist nicht erforderlich, es verbleibt insoweit bei der Ermessensregelung in § 32. Liegen die Voraussetzungen für eine Berichtigung vor, bestehen hierfür keine **inhaltlichen Grenzen**.[45] Der Ausspruch kann sogar in sein Gegenteil verkehrt werden, etwas dann, wenn zuvor die Beteiligten vertauscht wurden.[46]

Die Berichtigung erfolgt dadurch, dass der entsprechende Beschluss auf der korrigierten Entscheidung und ihren Ausfertigungen vermerkt wird (Abs. 2 S. 1). Hierzu ist der vollständige Berichtigungsbeschluss selbst auf den korrigierten Beschluss zu setzen oder **fest und untrennbar mit diesem zu verbinden.** Da der Berichtigungsbeschluss nach § 39 regelmäßig eine Belehrung über das Rechtsmittel nach Abs. 3 enthalten muss, wird in der Praxis regelmäßig nur der zweite Weg gangbar sein. Es ist eine Verbindung herzustellen, welche eine unbemerkte Abtrennung ausschließt.[47] Erfolgt die Berichtigung in elektronischer Form, enthalten Abs. 2 S. 2 und S. 3 hierzu Sondervorschriften. Der Berichtigungsbeschluss ist in einem gesonderten Dokument abzulegen. Dieses ist mit der korrigierten Entscheidung zu verbinden. Wird die Berichtigung abgelehnt, erfolgt dies durch gesonderten Beschluss, für den die Vorgaben des Abs. 2 keine Anwendung finden. Der Beschluss ist **den Beteiligten bekannt** zu **geben.** Wird ein Antrag auf Berichtigung abgelehnt, genügt wegen Abs. 3 S. 1 (vgl. Rn. 15) eine formlose Mitteilung. Wird die Berichtigung angeordnet, bedarf es ggf. der Zustellung (vgl. § 42 Abs. 3 S. 2 iVm. § 41 Abs. 1 S. 2).

4. Jederzeit. Der Berichtigungsbeschluss ist ebenso wenig wie ein hierauf gerichteter Antrag an eine **Frist** gebunden. Eine Berichtigung kann insbesondere auch nach Eintritt der Rechtskraft einer Entscheidung erfolgen.[48] Die Einlegung eines Rechtsmittels hindert nicht die Selbstkorrektur nach

---

[38] BGH NJW 1956, 830; 1980, 2813, 2814.
[39] *Baumbach/Lauterbach/Hartmann* § 319 ZPO Rn. 27; oben § 319 ZPO Rn. 14.
[40] Vgl. BGH NJW 1955, 1919; oben § 319 ZPO Rn. 17.
[41] BGH NJW-RR 1991, 1278.
[42] OLG Hamm NJW-RR 1987, 187, 188.
[43] Vgl. oben § 319 ZPO Rn. 15.
[44] BVerfGE 34, 1, 7 f.
[45] Vgl. oben § 319 ZPO Rn. 9.
[46] BAG NJW 2002, 1142; *Braun* JuS 1986, 364, 366.
[47] Vgl. Amtl. Begr. FamFG (BT-Drucks. 16/6308) S. 197.
[48] Amtl. Begr. FamFG (BT-Drucks. 16/6308) S. 197; OLG Hamm NJW-RR 1987, 187, 188; OLG Brandenburg NJW-RR 2000, 1522.

§ 42.[49] Infolge einer während des laufenden Rechtsmittelverfahrens erfolgten Berichtigung kann ein Rechtsmittel verkümmern.[50] Die Berichtigung oder das Recht zu ihrer Beantragung können aber – auch in öffentlichen Interessen dienenden Verfahren nach dem FamFG – auf Grund einer gegen Treu und Glauben verstoßenden Verwirkung ausgeschlossen sein.[51] Voraussetzung hierfür ist aber, dass sich einzelne Beteiligte in schutzwürdiger Weise auf den Fortbestand der unrichtigen Entscheidung eingerichtet haben. Dies wird – insbesondere bei Betroffenheit öffentlicher Interessen – nur äußerst selten der Fall sein.[52]

IV. Wirkung der Berichtigung

12   **1. Verhältnis zur berichtigten Entscheidung.** Der Erlass des Berichtigungsbeschlusses bewirkt, dass die Entscheidung mit ihrem berichtigten Inhalt an die Stelle der bisherigen Entscheidungsfassung tritt. Diese Wirkungen treten **rückwirkend** auf den Zeitpunkt des Erlasses der korrigierten Entscheidung ein.[53] Die Neufassung ist also so zu behandeln, als habe sie bereits von Anfang an gegolten. Sie bindet mit ihrem neuen Inhalt Beteiligte und Rechtsmittelgerichte (vgl. Rn. 14) im gleichen Maße, wie die Ursprungsentscheidung entsprechende **Bindungen** auslöst.[54] Dies gilt nicht, wenn der Berichtigungsbeschluss ausnahmsweise nichtig ist (vgl. Vor §§ 38 ff. Rn. 12 ff.). Soweit die hM die Gebundenheit der Rechtsmittelgerichte darüber hinaus relativiert, wenn der Berichtigungsbeschluss falsch ist, weil er keine zulässige Berichtigung vornimmt,[55] begegnet dies erheblichen Bedenken (vgl. Rn. 14).

13   **2. Bedeutung für Rechtsmittel.** Die Rückwirkung des Berichtigungsbeschlusses sowie die von ihm ausgehenden Bindungswirkungen sind vor allem im Rechtsmittelverfahren von Bedeutung. Die Berichtigung hat grds. **keinen Einfluss auf Beginn und Lauf der Rechtsmittelfrist.**[56] Nur in Ausnahmefällen läuft die Rechtsmittelfrist erst mit der Zustellung des Berichtigungsbeschlusses an. Dies ist der Fall, wenn der Inhalt des Beschlusses in seiner ursprünglichen Fassung nicht deutlich genug formuliert war, um den Beteiligten die Grundlage für ihr weiteres prozessuales Handeln zu bieten.[57] Bedeutsam sind hier vor allem Fälle, in denen erst durch den Berichtigungsbeschluss eine (weitere) Beschwer offenbar wird.[58] Hierbei ist jedoch ein strenger Maßstab anzulegen, weil § 42 der Korrektur offenbarer Unrichtigkeiten dient. Konnte der Beteiligte den richtigen (gewollten) Inhalt der Entscheidung erkennen, konnte und musste er sein weiteres prozessuales Handeln hierauf einrichten.[59] Abweichendes gilt jedoch, wenn, zB infolge Vertauschens der Beteiligten oder Fehlens des Zulassungsausspruchs, ein Rechtsmittel ohne Berichtigung nicht erfolgreich eingelegt werden konnte.[60]

14   Das Rechtsmittelgericht ist an den Berichtigungsbeschluss, soweit er nicht ausnahmsweise nichtig ist, **gebunden.** Dem Rechtsmittelverfahren fällt die Ausgangsentscheidung daher (rückwirkend) mit ihrem geänderten Inhalt an. Soweit keine Beschwer besteht, ist das Rechtsmittel unzulässig. Wird die Zulassungsentscheidung berichtigt, gelten § 61 Abs. 3 S. 2 und § 70 Abs. 2 S. 2 für die berichtigte Fassung. Die hM verneint jedoch vorstehende Bindungen, wenn der Beschluss in Wirklichkeit keine Berichtigung iSv. § 42 enthält und daher ohne gesetzliche Grundlage ergangen ist.[61] Dies betrifft insbesondere Fälle, in denen ein Willensbildungsfehler korrigiert wird[62] oder die Unrichtigkeit nicht offenbar ist.[63] Teilweise wird angenommen, dass die Bindungswirkung nur zum Schutz des Instanzenzugs entfallen soll.[64] Vorstehende Relativierungen der Bindungswirkungen des Berichtigungsbe-

---

[49] Amtl. Begr. FamFG (BT-Drucks. 16/6308) S. 197; OLG Hamm NJW-RR 1987, 187, 188; OLG Brandenburg NJW-RR 2000, 1522.
[50] BGH NJW 1994, 2832, 2833; vgl. zur Protokollberichtigung im Strafprozess BGH NJW 2007, 2419, 2420 ff.
[51] Vgl. OLG Hamm NJW-RR 1987, 187, 188; OLG Brandenburg NJW-RR 2000, 1522.
[52] Vgl. zum von bloßen Parteiinteressen geprägten Zivilprozess oben § 319 ZPO Rn. 15.
[53] Vgl. RAG JW 1931, 1291, 1291 f.; BGH NJW 1984, 1041.
[54] BGH NJW 1985, 742, 743.
[55] BGH NJW 1958, 1917; 1985, 742, 743; enger BGH NJW 1994, 2832, 2833.
[56] Vgl. BGH NJW 1955, 989; 1977, 297, 297 f.; 1984, 1041.
[57] Vgl. BGH NJW 1955, 989; 1984, 1041; *Baumbach/Lauterbach/Hartmann* § 319 ZPO Rn. 30; oben § 319 ZPO Rn. 20.
[58] Vgl. BGH NJW 1955, 989; 1984, 1041; 1986, 935, 936.
[59] Vgl. oben § 319 ZPO Rn. 20.
[60] BGH NJW 1991, 1834; 2004, 2389; oben § 319 ZPO Rn. 20.
[61] Vgl. RAG NJW 1931, 1291, 1291 f.; *Baumbach/Lauterbach/Hartmann* § 319 ZPO Rn. 32.
[62] Vgl. BGH NJW 1985, 742, 742 f.; OLG Köln NJW 1960, 1471, 1471 f.
[63] BGH NJW 1958, 1917; NJW-RR 1988, 407, 408 f.
[64] Vgl. BGH NJW 1994, 2832, 2833.

Ergänzung des Beschlusses 1 § 43

schlusses sind insgesamt abzulehnen, weil sie die Aussage des Abs. 3 (vgl. Rn. 16) in Frage stellen. Indem der Gesetzgeber den Beschluss, der eine Berichtigung vornimmt, einem befristeten Rechtsmittel unterstellt, bringt er zum Ausdruck, dass die Berichtigungsentscheidung im Interesse der Rechtssicherheit verbindlich werden soll. Dieses gesetzgeberische Ziel darf nicht durch eine Aufweichung der Bindungswirkungen vereitelt werden.[65]

V. Rechtsmittel und Kosten

1. Ablehnung der Berichtigung. Beschlüsse, welche die Berichtigung ablehnen, sind **nicht anfechtbar** (Abs. 3 S. 1). Hierhinter steht die Erwägung, dass das Merkmal die Unrichtigkeit nicht „offenbar" ist, wenn sie vom Ausgangsgericht verneint wird.[66] Der Ausschluss der Anfechtbarkeit gilt uneingeschränkt. Hiervon wurden in der Vergangenheit zwar **Ausnahmen** gemacht, wenn die Berichtigung nicht nach sachlicher Prüfung, sondern wegen fehlender Zulässigkeit des Berichtigungsantrags abgelehnt wurde.[67] Solche Ausnahmen sind jedoch nach der Reform des Beschwerderechts der ZPO, welches durch Abs. 3 S. 2 in Bezug genommen wird, nicht mehr zuzulassen, weil sie gegen das Gebot der Rechtsmittelklarheit verstoßen.[68] Hat das Gericht bei seiner ablehnenden Entscheidung das rechtliche Gehör verletzt, steht allerdings grds. § 44 zur Verfügung. 15

2. Vornahme der Berichtigung. Gegen den Beschluss, der eine Berichtigung ausspricht, findet nach § 42 Abs. 3 S. 2 die sofortige Beschwerde in Anwendung der §§ 567–572 ZPO statt. Dabei beschränkt § 567 Abs. 1 ZPO das Beschwerderecht auf **erstinstanzliche Berichtigungen.** Beschlüsse welchen einen Beschwerde- oder einen Rechtsbeschwerdebeschluss berichtigen, sind unanfechtbar;[69] in Betracht kommt ggf. § 44. Die Beschwerde dient der Nachprüfung des Vorliegens der Berichtigungsvoraussetzungen (vgl. Rn. 4 ff.). Hierauf ist die Prüfung durch das Beschwerdegericht beschränkt. Eine Überprüfung der korrigierten Entscheidung erfolgt nicht. Die sofortige Beschwerde ist innerhalb einer Notfrist von zwei Wochen ab Zustellung des Berichtigungsbeschlusses beim Ausgangsgericht oder beim Beschwerdegericht einzulegen (vgl. § 569 Abs. 1 ZPO). 16

3. Kosten. Die Kosten des Berichtigungsbeschlusses sind **Kosten des Rechtsstreits** und grds. durch die Gebühren abgegolten, die das Gericht (vgl. § 35 KostO bzw. § 29 FamGKG) und der Rechtsanwalt (vgl. § 19 Abs. 1 S. 2 Nr. 6 RVG) für den Rechtsstreit erhalten. War der Rechtsanwalt noch nicht in dem, zur korrigierenden Entscheidung führenden Verfahren tätig, sondern betreibt ausschließlich das Berichtigungsverfahren, erhält er für seine Tätigkeit eine 0,8-Verfahrensgebühr (Nr. 3403 VV RVG). 17

§ 43 Ergänzung des Beschlusses

(1) Wenn ein Antrag, der nach den Verfahrensakten von einem Beteiligten gestellt wurde, ganz oder teilweise übergangen oder die Kostenentscheidung unterblieben ist, ist auf Antrag der Beschluss nachträglich zu ergänzen.

(2) Die nachträgliche Entscheidung muss binnen einer zweiwöchigen Frist, die mit der schriftlichen Bekanntgabe des Beschlusses beginnt, beantragt werden.

Schrifttum: *Zimmermann,* Die Kostenentscheidung im FamFG, FamRZ 2009, 377.

I. Allgemeines

1. Normzweck. Die Vorschrift entspricht § 109 Abs. 1 FGO, § 140 Abs. 1 SGG, § 120 Abs. 1 VwGO und § 321 ZPO. Sie schließt eine für das FGG bestehende Lücke, welche dort durch entsprechende Anwendung des § 321 ZPO geschlossen wurde.[1] Deshalb hat der Gesetzgeber § 43 nunmehr der Regelung des § 321 ZPO nachgebildet.[2] Zweck der Regelung ist die Schließung von **Entscheidungslücken.**[3] Diese entstehen, wenn das Gericht unbeabsichtigt eine Entscheidung 1

---

[65] Vgl. *Rosenberg/Schwab/Gottwald* § 61 Rn. 14; oben § 319 ZPO Rn. 22.
[66] Vgl. BGH NJW 1989, 1281.
[67] OLG Hamm NJW-RR 1987, 187, 188.
[68] BGH NJW-RR 2004, 1654, 1655.
[69] AA *Baumbach/Lauterbach/Hartmann* § 319 ZPO Rn. 36: Rechtsbeschwerde nach §§ 70 ff. sofern zugelassen.
[1] Vgl. BayObLG NZM 2002, 708; *Keidel/Kuntze/Winkler/Schmidt* § 18 Rn. 67; oben § 321 ZPO Rn. 3.
[2] Amtl. Begr. zum FamFG (BT-Drucks. 16/6308) S. 197; *Schulte-Bunert* Rn. 204.
[3] Vgl. BGH NJW 1980, 840, 841; NJW-RR 1996, 1238.

über einen Teil des Verfahrensgegenstands oder eine gesetzlich vorgesehene Nebenentscheidung nicht getroffen hat. Behandelt ein Beschluss den Verfahrensgegenstand nicht vollständig, liegt ein unbeabsichtigter Teilbeschluss vor. Teilentscheidungen sieht das FamFG nicht ausdrücklich vor. Sofern in FamFG-Verfahren ein Bedürfnis für Teilentscheidungen existiert, bestehen keine Bedenken, § 301 ZPO auch insoweit entsprechend anzuwenden (vgl. Vor §§ 38 ff. Rn. 7). Unabhängig hiervon kann eine unbeabsichtigte Teilentscheidung nicht in einen Teilbeschluss iSv. § 301 ZPO umgedeutet werden.[4] Diese Ausgangslage sachgerecht aufzulösen, ist Anliegen des § 43. Dagegen berechtigt die Vorschrift nicht, eine inhaltlich **fehlerhaft beschlossene Entscheidung** zu berichtigen.[5] Übersehene Einwendungen, Gegenrechte, Ausschlussgründe usw. rechtfertigen keine Ergänzung.[6]

2 **2. Anwendungsbereich.** Keine Anwendung findet § 43 in Ehesachen nach §§ 121 ff. und Familienstreitsachen nach § 112, für welche § 321 ZPO gilt (vgl. § 113 Abs. 1). Im Übrigen unterfallen der Norm alle Beschlüsse iSv. § 38, welche einen von einem Beteiligten gestellten Antrag (Verfahrensantrag oder Antrag auf Nebenentscheidung, zB nach § 95 Abs. 3 S. 1) übergehen oder keine Kostenentscheidung treffen. Die Vorschrift kann in **Antrags- wie in Amtsverfahren** gleichermaßen zur Anwendung kommen, weil die Beteiligten auch in Amtsverfahren Anträge stellen können, welche vom Gericht zu bescheiden sind (vgl. Vor §§ 23 ff. Rn. 9). Über seinen Wortlaut hinaus findet § 43 ebenso wie zB § 321 ZPO[7] auch ohne ausdrückliche Verweisung immer dann Anwendung, wenn ein Beschluss versehentlich eine **gesetzlich vorgeschriebene Nebenentscheidung** nicht getroffen hat. Dies betrifft zB eine entgegen §§ 61 Abs. 3, 70 Abs. 2 versehentlich unterlassene Entscheidung über die Zulassung der (Rechts-)Beschwerde.[8]

3 Indem der Gesetzgeber § 43 nach Vorbild der § 109 Abs. 1 FGO, § 140 Abs. 1 SGG, § 120 Abs. 1 VwGO und § 321 ZPO geschaffen hat, ließ er unberücksichtigt, dass das FamFG im Unterschied zu den anderen Verfahrensordnungen **Offizialverfahren** kennt, welche **ohne einen Verfahrensantrag** geführt werden.[9] Gleichwohl haben auch diese Verfahren einen Verfahrensgegenstand (vgl. Vor §§ 23 ff. Rn. 29 ff.). Dementsprechend ist auch bei ihnen vorstellbar, dass das Gericht in seinem Beschluss versehentlich einen Teil des Verfahrensgegenstands nicht behandelt. Auch hier entsteht ein Bedürfnis, unbeabsichtigte Teilentscheidung zu ergänzen. Dies gilt erst recht, soweit den Beteiligten der Verfahrensgegenstand bekannt war und sie mit einer Entscheidung gerechnet haben. Eine ausdrückliche Aussage hierzu ist § 43 nicht zu entnehmen. Auf Grund der vergleichbaren Interessenlage kann Abhilfe durch eine entsprechende Anwendung des § 43 geschaffen werden. Insbesondere vermag allein die Anwendung der in Abs. 2 normierten Frist die Frage der fortbestehende Befasstheit aufzulösen (vgl. Rn. 10). Der Eigenart der Offizialverfahren ist dadurch Rechnung zu tragen, dass das Gericht die Ergänzung auf Antrag eines Beteiligten aber auch ohne einen solchen vornehmen kann.[10]

II. Voraussetzungen der Beschlussergänzung

4 **1. Unvollständiger Beschluss.** Grundvoraussetzung der Beschlussergänzung ist die Unvollständigkeit des Beschlusses. Diese liegt vor, wenn das Gericht entgegen seiner Absicht über einen Teil des Verfahrensgegenstands oder über eine gesetzlich vorgeschriebene Nebenentscheidung nicht befunden hat.[11] Abweichend von § 321 ZPO[12] ist nicht erforderlich, dass sich die Entscheidungslücke aus dem Beschluss selbst so ergibt, dass die Beteiligten sie erkennen können. Im Hinblick auf die geringeren formalen Anforderungen an den Beschluss im Vergleich zum Zivilurteil hat der Gesetzgeber bewusst keinen Bezug zum Beschluss hergestellt.[13] Ausreichend ist, dass sich die Entscheidungslücke aus einem **Vergleich von Beschluss und Verfahrensakte,** dort insbesondere Schriftsätze der Beteiligten, aktenkundige Ermittlungsmaßnahmen sowie Vermerke nach § 28 Abs. 4, ergibt. Diese Er-

---

[4] Vgl. oben § 321 ZPO Rn. 1.
[5] Vgl. BGH NJW 1980, 840, 840 f.; NJW-RR 1996, 1238; *Rosenberg/Schwab/Gottwald* § 61 Rn. 24.
[6] Vgl. BGH NJW 2003, 1463.
[7] Vgl. oben § 321 ZPO Rn. 2.
[8] AA BGH NJW 2004, 779; *Zimmermann* FamFG Rn. 157, 185.
[9] Zu optimistisch Amtl. Begr. FamFG (BT-Drucks. 16/6308) S. 197 mit der Annahme, es sei eine den Besonderheiten des FamFG-Verfahrens vollständig Rechnung tragende Vorschrift geschaffen worden.
[10] Vgl. de lege ferenda zu § 321 ZPO oben § 321 ZPO Rn. 1.
[11] Vgl. oben § 321 ZPO Rn. 4.
[12] Vgl. zu diesem oben § 321 ZPO Rn. 4.
[13] Amtl. Begr. zum FamFG (BT-Drucks. 16/6308) S. 197.

weiterung gegenüber § 321 ZPO erspart im Einzelfall zunächst den Tatbestand berichtigen zu lassen, um im Anschluss eine Ergänzung vorzunehmen.[14]

2. Übergehen eines Verfahrensgegenstands. Hauptfall der Ergänzung eines Beschlusses ist ein **übergangener Verfahrensantrag** iSv. § 23, der von einem Beteiligten gestellt wurde. Das Gericht muss einen, ihm von einem Beteiligten überantworteten Verfahrensgegenstand (vgl. § 23 Rn. 31 ff.) oder einen Teil eines solchen Verfahrensgegenstands übergangen haben. Voraussetzung hierfür ist, dass ein Beteiligter durch seinen Antrag das Gericht wirksam mit einem Verfahrensgegenstand befasst hat. Dies ist auch im Amtsverfahren möglich (vgl. Vor §§ 23 ff. Rn. 9). Neben der Wirksamkeit der Antragstellung ist nicht erforderlich, dass der Antrag auch zulässig war. Das Gericht muss auch unzulässige Anträge bescheiden. Deshalb ist auch ohne Bedeutung, ob der Antragsteller antragsbefugt war. Nicht zur Beschlussergänzung berechtigt die Nichtberücksichtigung von rechtlichen oder tatsächlichen Ausführungen, die zur Begründung eines Antrags oder zu seiner Abwehr vorgebracht werden.[15] In diesen Fällen mag der Beschluss falsch und berichtigungsbedürftig sein. Er ist jedoch nicht lückenhaft und daher nicht ergänzungsbedürftig.

Auch in Verfahren, in denen allein das **Gericht den Verfahrensgegenstand** bestimmt hat, ist es denkbar, dass das Gericht versehentlich einen Teil hiervon nicht beschieden. Auch in diesen Fällen besteht ein Bedürfnis zur Ergänzung unvollständiger Beschlüsse (vgl. Rn. 3). Für die Feststellung einer Beschlusslücke gelten die für die beteiligtenseitige Bestimmung des Verfahrensgegenstands gemachten Ausführungen entsprechend. Schwierigkeiten bereitet, dass es hier regelmäßig an bestimmenden Schriftsätzen der Beteiligten oder der Aufnahme entsprechender Anträge in einem Vermerk nach § 28 Abs. 4 fehlt. Allerdings gebietet der Grundsatz des rechtlichen Gehörs, dass das Gericht den Beteiligten den Verfahrensgegenstand bekannt gibt (vgl. Vor §§ 23 ff. Rn. 23). Zumindest hierdurch tritt der Verfahrensgegenstand in Erscheinung und lässt sich feststellen (vgl. im Übrigen Vor §§ 23 ff. Rn. 32). Zu beachten ist aber, dass das Gericht einen Verfahrensgegenstand wieder fallen lassen kann, weil ihm die Herrschaft über das Verfahren zukommt. Ein fallen gelassener Gegenstand kann nicht übergangen werden. Vom Fallenlassen eines Gegenstands sind die Beteiligten ebenfalls zu unterrichten, was wiederum die Feststellung des Verfahrensgegenstands ermöglicht.

Übergangen wurde ein Verfahrensgegenstand, wenn das Gericht zu seiner Bescheidung verpflichtet ist, eine Entscheidung jedoch versehentlich unterblieben ist. Hieran fehlt es in Bezug auf einen nach § 20 **abgetrennten Verfahrensgegenstand**. Ein **Hilfsantrag** kann nur übergangen werden, wenn die für seine Behandlung benannte Bedingung eingetreten ist.[16] Anderenfalls besteht für das Gericht bereits keine Pflicht zu seiner Bescheidung. Nicht übergangen werden können Anträge, deren Rechtshängigkeit wieder entfallen ist, zB durch Rücknahme oder übereinstimmende Beendigungserklärung. Eine schließungsfähige Entscheidungslücke liegt nur vor, wenn das Gericht **versehentlich** einen Punkt nicht behandelt hat. Soweit das Gericht über einen Aspekt bewusst nicht entschieden hat, zB weil es eine Teilentscheidung treffen wollte (vgl. Rn. 1) oder den Antrag unzutreffend interpretiert hat,[17] ist die Entscheidung uU inhaltlich falsch, aber nicht lückenhaft.[18] Die inhaltlich unzutreffende Entscheidung muss im Rechtsmittelzug korrigiert, nicht aber ergänzt werden.[19] Ein Übergehen liegt nicht vor, wenn ein Verfahrensgegenstand in den Gründen des Beschlusses behandelt wird, im Hinblick auf ihn jedoch der verfügende Ausspruch des Gerichts (**Beschlussformel**) fehlt. In diesem Fall hat das Gericht eine Entscheidung über den Verfahrensgegenstand getroffen. Der verfügende Ausspruch ist im Wege der Berichtigung nach § 42 zu ergänzen.[20] Im umgekehrten Fall, dass ein Verfahrensgegenstand in der verfügenden Entscheidungsformel behandelt wird, ohne dass das Gericht seinen Ausspruch begründet, kommt neben der Berichtung nach § 42 auch die Einlegung eines Rechtsmittels in Betracht.[21]

3. Übergehen der Kosten- oder einer anderen Nebenentscheidung. Zur Beschlussergänzung berechtigt das Übergehen einer gesetzlich vorgeschriebenen Nebenentscheidung, insbesondere der Kostenentscheidung. Übergangen wird eine Nebenentscheidung nur, wenn das Gericht zu ihrer Bescheidung verpflichtet ist und versehentlich keine Entscheidung getroffen hat. Soweit eine **Nebenentscheidung** nur **auf Antrag eines Beteiligten** ergeht (zB Vollstreckungsschutzantrag nach § 95 Abs. 3 S. 1), muss hierfür ein solcher Antrag gestellt worden sein. Im Übrigen kommt es

---

[14] Vgl. Amtl. Begr. zum FamFG (BT-Drucks. 16/6308) S. 197; oben § 321 ZPO Rn. 7.
[15] BGH NJW-RR 1996, 1238.
[16] Vgl. oben § 321 ZPO Rn. 5 aE.
[17] Vgl. BGH NJW 1980, 840, 840 f.
[18] BGH NJW 1980, 840, 840 f.; NJW 2002, 1500, 1501.
[19] BGH NJW 2002, 1500, 1501.
[20] BGH NJW 1964, 1858; aA BAG NJW 1959, 1942.
[21] BAG AP Nr. 1 zu § 67 ArbGG 1953.

darauf an, ob das Gesetz eine Entscheidung zwingend vorschreibt, wie zB für die **Kostenentscheidung**[22] und die **Zulassung der Beschwerde** (vgl. § 61). Auszuscheiden sind dabei die Fälle, in denen das Gericht eine Nebenentscheidung bewusst nicht getroffen und dies durch Schweigen der Entscheidung zum Ausdruck gebracht hat (keine Zulassung der Beschwerde, keine Kostenerstattung).[23] Dies macht die Entscheidung zwar ggf. fehlerhaft, aber nicht lückenhaft. Eine Ergänzung scheidet dann aus. Schwierigkeiten bereitet die tatsächliche Abgrenzung beider Fälle, weil zB die Nichtzulassung der Beschwerde nicht im Beschluss ausdrücklich ausgesprochen werden muss. Dies rechtfertigt allerdings nicht, in jedem Fall eine Lücke zu verneinen.[24] Vielmehr ist im Einzelfall anhand der Akte festzustellen, ob die Entscheidung versehentlich nicht getroffen wurde.

III. Antrag auf Beschlussergänzung

9   **1. Form.** Die Beschlussergänzung erfolgt in **Antragsverfahren** ausschließlich auf entsprechenden Antrag. Den Antrag können nur Beteiligte stellen. Deren Antragsberechtigung richtet sich nach allgemeinen Grundsätzen. Der Antrag ist schriftlich oder, soweit kein Vertretungszwang besteht, zur Niederschrift der Geschäftsstelle zu stellen (vgl. § 25 Abs. 1). Ein für das der Entscheidung vorausgehende Verfahren geltender Vertretungszwang ist zu beachten. Wurde ein Antrag nach § 95 Abs. 3 S. 1 übergangen, kann der Antrag auf Ergänzung des Beschlusses mit einem Antrag nach § 95 Abs. 3 S. 2 iVm. § 707 ZPO analog verbunden werden.[25] In **Amtsverfahren** (vgl. Rn. 3) kann die Berichtigung zunächst auf einen entsprechenden Antrag hin erfolgen. Die zum Antragsverfahren dargestellten Grundsätze gelten entsprechend. Im Hinblick auf die Verfahrensherrschaft des Gerichts kann die Berichtigung hier aber auch von Amts wegen, dh. ohne einen Antrag der Beteiligten, erfolgen.

10 **2. Frist.** Der Antrag auf Beschlussergänzung muss nach Abs. 2 innerhalb einer Frist von zwei Wochen ab Bekanntgabe des Beschlusses (vgl. § 41) gestellt werden. Anders als bei § 321 ZPO[26] ist eine **Wiedereinsetzung** möglich, weil § 17 für alle gesetzlichen Fristen, nicht nur Notfristen, gilt (vgl. § 17 Rn. 4). Soll die Beschlussergänzung im Amtsverfahren von Amts wegen erfolgen, muss das Gericht das Ergänzungsverfahren, zB durch Gewährung rechtlichen Gehörs, innerhalb der Frist des Abs. 2 einleiten. Mit **Ablauf der Frist** des Abs. 2 endet die Befasstheit des entscheidenden Gerichts in Bezug auf den nicht beschiedenen Verfahrensgegenstand,[27] wenn das Ergänzungsverfahren nicht zuvor eingeleitet wurde. Der betreffende Verfahrensgegenstand kann und muss in diesem Fall zum Gegenstand eines erneuten Verfahrens gemacht werden.[28] Bis zum Ablauf der Frist und nach rechtzeitiger Einleitung des Ergänzungsverfahrens bleibt das entscheidende Gericht mit dem Gegenstand befasst. Ein weiteres Verfahren darf sich mit diesem Gegenstand nicht befassen (vgl. Vor §§ 23 ff. Rn. 34).

11 **3. Verhältnis zu anderen Rechtsbehelfen.** Das Verhältnis der Beschlussergänzung zu anderen Rechtsbehelfen bestimmt sich nach deren jeweiliger Zielrichtung. Die Beschlussergänzung dient der Schließung unbeabsichtigter Entscheidungslücken. Dagegen scheidet eine Beschlussergänzung mit dem Ziel, eine **fehlerhafte Entscheidung** zu berichten, aus. Zur Berichtigung fehlerhafter Entscheidungen sind andere Rechtsbehelfe, insbesondere die Rechtsmittel (Beschwerde und Rechtsbeschwerde), statthaft. Berührungspunkte gibt es dort, wo der nicht beschiedene Verfahrensgegenstand durch Änderung des Verfahrensgegenstands in ein Rechtsmittelverfahren eingeführt werden soll.[29] Dies ist erst möglich, wenn die Befasstheit des Ausgangsgerichts infolge Ablaufs der Frist des Abs. 2 geendet hat (vgl. Rn. 10).

IV. Verfahren

12 **1. Ablauf.** Der Ergänzungsantrag ist den übrigen Beteiligten zur **Gewährung rechtlichen Gehörs** mitzuteilen. Dies kann unterbleiben, wenn der Antrag abgelehnt werden soll (zB infolge Verfristung, wegen fehlender Antragsberechtigung oder Unbegründetheit). In diesem Fall ist zuvor

---

[22] AA *Zimmermann* FamRZ 2009, 377, 379, der übersieht, dass das Gericht zumindest sein nach § 81 Abs. 1 S. 1 bestehendes Ermessen betätigen muss. Nicht die Entscheidung über die Kosten, sondern der Ausspruch einer Kostenauferlegung steht im Ermessen des Gerichts.
[23] Vgl. *Zimmermann* FamRZ 2009, 377, 379.
[24] Vgl. oben § 321 ZPO Rn. 9; aA BGH NJW 2004, 779.
[25] Vgl. oben § 321 ZPO Rn. 10.
[26] Vgl. oben § 321 ZPO Rn. 11.
[27] BGH NJW 1991, 1683, 1684; NJW-RR 2005, 790, 791.
[28] Vgl. oben § 321 ZPO Rn. 11.
[29] Vgl. oben § 321 ZPO Rn. 12.

dem Antragsteller rechtliches Gehör zu gewähren. Soll die Ergänzung in Offizialverfahren von Amts wegen erfolgen, sind die Beteiligten hierzu anzuhören. Abweichend von § 321 Abs. 3 S. 1 ZPO ist eine mündliche Erörterung dagegen nicht notwendig; es verbleibt bei § 32 (vgl. § 32 Rn. 3 ff.). Im Anschluss muss das Gericht auf der in § 37 genannten Grundlage eine Entscheidung über die Voraussetzungen der **Ergänzung** sowie ggf. über den **übergangenen Gegenstand** treffen. Es gelten die allgemeinen Verfahrensgrundsätze, zB über die Tatsachenermittlung (vgl. §§ 26 ff.).

2. Entscheidung. Liegen die **Voraussetzungen** für eine Beschlussergänzung **nicht vor,** wird der Antrag durch Beschluss abgelehnt. Hat das Gericht im Offizialverfahren das Ergänzungsverfahren von Amts wegen eingeleitet, stellt es dies durch Beschluss ein. Sind die **Voraussetzungen** einer Beschlussergänzung **gegeben,** muss das Gericht über den übergangenen Gegenstand entscheiden. Dies erfolgt durch Beschluss nach § 38 Abs. 1. Soweit eine Sachentscheidung übergangen wurde, handelt es sich bei der zu treffenden Entscheidung um einen Beschluss, welcher zum lückenhaften Beschluss im Verhältnis von Schlussbeschluss zu Teilbeschluss steht.[30] Der Ergänzungsbeschluss muss daher die Vorgaben des lückenhaften Beschlusses beachten und darf diesem nicht widersprechen, sofern der lückenhafte Beschluss nicht zugleich nach § 48 geändert wird. Als verfahrensbeendender Beschluss muss der Ergänzungsbeschluss den inhaltlichen Anforderungen des § 38 entsprechen (vgl. § 38 Rn. 5 ff.). Er muss eine Entscheidung über die Kosten und die Zulassung der (Rechts-)Beschwerde treffen. Ihm ist im Rahmen des § 39 eine Rechtsbehelfsbelehrung beizufügen.

3. Rechtsmittel. Der Beschluss im Ergänzungsverfahren unterliegt den **allgemeinen Rechtsmitteln** unabhängig davon, ob eine Ergänzung erfolgt ist oder abgelehnt wurde. Bezog sich das Ergänzungsverfahren auf eine erstinstanzliche Entscheidung, ist die Beschwerde nach § 58 ff. eröffnet. War eine Beschwerdeentscheidung Gegenstand des Ergänzungsverfahrens, steht die Rechtsbeschwerde nach §§ 70 ff. zur Verfügung. Die jeweiligen Zulässigkeitsvoraussetzungen (zB Zulassung des Rechtsmittels) müssen gegeben sein.

4. Kosten. Bezieht sich das Ergänzungsverfahren auf einen übergangenen Verfahrensgegenstand, ist für die Bemessung der **Gerichtskosten** § 30 FamGKG[31] zu beachten. Danach sind der lückenhafte Beschluss und der Ergänzungsbeschluss mit ihren jeweiligen Werten gesondert zu behandeln. Die Summe der Gebühren darf jedoch nicht höher sein als die Gebühren aus dem addierten Wert. Betrifft das Ergänzungsverfahren nur Nebenentscheidungen, bleiben diese deshalb nach § 18 Abs. 2 KostO bzw. § 37 FamGKG unberücksichtigt. Für den **Anwalt** bilden Ausgangs- und Ergänzungsverfahren eine Einheit (vgl. § 19 Abs. 1 S. 2 Nr. 6 RVG). Er erhält aus dem Wert des übergangenen Anspruchs berechnete Gebühren nur, soweit er ausschließlich im Ergänzungsverfahren tätig geworden ist.

§ 44 Abhilfe bei Verletzung des Anspruchs auf rechtliches Gehör

(1) ¹**Auf die Rüge eines durch eine Entscheidung beschwerten Beteiligten ist das Verfahren fortzuführen, wenn**
1. **ein Rechtsmittel oder ein Rechtsbehelf gegen die Entscheidung oder eine andere Abänderungsmöglichkeit nicht gegeben ist und**
2. **das Gericht den Anspruch dieses Beteiligten auf rechtliches Gehör in entscheidungserheblicher Weise verletzt hat.**

²Gegen eine der Endentscheidung vorausgehende Entscheidung findet die Rüge nicht statt.

(2) ¹Die Rüge ist innerhalb von zwei Wochen nach Kenntnis von der Verletzung des rechtlichen Gehörs zu erheben; der Zeitpunkt der Kenntniserlangung ist glaubhaft zu machen. ²Nach Ablauf eines Jahres seit der Bekanntgabe der angegriffenen Entscheidung an diesen Beteiligten kann die Rüge nicht mehr erhoben werden. ³Die Rüge ist schriftlich oder zur Niederschrift bei dem Gericht zu erheben, dessen Entscheidung angegriffen wird. ⁴Die Rüge muss die angegriffene Entscheidung bezeichnen und das Vorliegen der in Absatz 1 Satz 1 Nr. 2 genannten Voraussetzungen darlegen.

(3) Den übrigen Beteiligten ist, soweit erforderlich, Gelegenheit zur Stellungnahme zu geben.

(4) ¹Ist die Rüge nicht in der gesetzlichen Form oder Frist erhoben, ist sie als unzulässig zu verwerfen. ²Ist die Rüge unbegründet, weist das Gericht sie zurück. ³Die Entscheidung ergeht durch nicht anfechtbaren Beschluss. ⁴Der Beschluss soll kurz begründet werden.

---

[30] Vgl. oben § 321 ZPO Rn. 14.
[31] Die KostO enthält keine Parallelvorschrift. Sachlich gilt gleichwohl nichts Abweichendes.

(5) Ist die Rüge begründet, hilft ihr das Gericht ab, indem es das Verfahren fortführt, soweit dies auf Grund der Rüge geboten ist.

Schrifttum: *Brehm,* Die außerordentliche Beschwerde in der freiwilligen Gerichtsbarkeit, in: FS Leipold, 2009, 821; *Coester,* Von anonymer Verwaltung zu persönlicher Betreuung, JURA 1991, 1; *Kettinger,* Die Verletzung von Verfahrensgrundrechten – Die Flucht des Gesetzgebers vor seiner Verantwortung, ZRP 2006, 152; *Müller,* Abhilfemöglichkeiten bei der Verletzung des Anspruchs auf rechtliches Gehör nach der ZPO-Reform, NJW 2002, 2743; *Schenke,* Außerordentliche Rechtsbehelfe im Verwaltungsprozess nach Erlass des Anhörungsrügengesetzes, NVwZ 2005, 729; *Schnabl,* Die Anhörungsrüge nach § 321a ZPO, 2007; *Schumann,* Die Wahrung des Grundsatzes des rechtlichen Gehörs – Dauerauftrag für das BVerfG?, NJW 1985, 1134; *Ulrici,* Das Anhörungsrügengesetz, JURA 2005, 368; *Zuck,* Rechtliches Gehör im Zivilprozess – Die anwaltlichen Sorgfaltspflichten nach dem In-Kraft-Treten des Anhörungsrügengesetzes, NJW 2005, 1226.

Übersicht

	Rn.		Rn.
I. Allgemeines	1–6	2. Entscheidungserheblichkeit	15
1. Normzweck	1–4	3. Verletzung anderer Verfahrensgrundrechte	16–18
2. Anwendungsbereich	5		
3. Rechtsnatur der Anhörungsrüge	6	**IV. Entscheidung des Gerichts**	19–21
II. Zulässigkeit der Anhörungsrüge	7–12	**V. Eilrechtsschutz und Kostenfragen**	22, 23
1. Subsidiarität der Anhörungsrüge	7–9	1. Eilrechtsschutz	22
2. Beschwer	10	2. Kostenfragen	23
3. Form und Frist	11, 12		
III. Begründetheit der Anhörungsrüge	13–18		
1. Verletzung des Anspruchs auf rechtliches Gehör	13, 14		

I. Allgemeines

1. Normzweck. Die Vorschrift dient der Umsetzung verfassungsrechtlicher Vorgaben. Mit Beschluss vom 30. April 2003 hat das *BVerfG* entschieden, dass die Verfassung in Art. 103 Abs. 1 GG iVm. dem Justizgewähranspruch ein Recht auf Beseitigung einer **Verletzung des rechtlichen Gehörs** durch die Fachgerichte gewährt.[1] Diesbezüglich fordert der im Rechtsstaatsprinzip verankerte Grundsatz der Rechtsmittelklarheit, dass dieser verfassungsrechtlich geschützte Anspruch durch klare gesetzliche Regelungen positiv ausgestaltet wird.[2] Ein System außerordentlicher Rechtsbehelfe genügt insoweit nicht. Deshalb wurde der Gesetzgeber verpflichtet, bis zum 31. Dezember 2004 ausdrücklich geregelte Rechtsbehelfe zu schaffen, die eine Beseitigung der Gehörsverletzung innerhalb der Fachgerichtsbarkeiten erlauben, unabhängig davon, in welcher gerichtlichen Instanz der Verstoß begangen wurde.[3] Dem Gesetzgeber wurde für die konkrete Ausgestaltung ein Handlungsspielraum zugestanden. Er darf den Rechtsbehelf auf den verfassungsrechtlichen Mindestschutz begrenzen, zwischen Eil- und Hauptsacheverfahren unterscheiden und den Rechtsbehelf durch Fristen oder Darlegungserfordernisse begrenzen.[4]

Dieser Gesetzgebungsauftrag wurde durch das **Anhörungsrügengesetz** mit Wirkung zum 1. Januar 2005 umgesetzt. Der Gesetzgeber ging dabei grds. in zwei Schritten vor.[5] Zunächst erhöhte er die Durchlässigkeit des Instanzenzugs für die Geltendmachung von Gehörsverletzung (vgl. für die Arbeitsgerichtsbarkeit § 72 Abs. 2 Nr. 3 ArbGG). Zudem wurde mit der Gehörsrüge in § 29a FGG ein besonderer Rechtsbehelf geschaffen, mit dem Gehörsverletzungen geltend gemacht werden können, wenn der Instanzenzug konkret ausgeschöpft ist. Der besondere Rechtsbehelf der Anhörungsrüge ist subsidiär. Er kommt nur zur Anwendung, wenn ein Rechtsmittel oder ein anderer Rechtsbehelf nicht gegeben ist.[6]

Die Vorschrift des § 44 übernimmt § 29a FGG.[7] Obwohl die Vorschriften wortgleich sind, gewinnt § 44 gegenüber seiner Vorläufervorschrift deutlich an **Bedeutung**. Dies resultiert aus dem

---

[1] BVerfG NJW 2003, 1924, 1926 f.
[2] BVerfG NJW 2003, 1924, 1928.
[3] BVerfG NJW 2003, 1924, 1929.
[4] BVerfG NJW 2003, 1924, 1927.
[5] Vgl. hierzu *Ulrici* JURA 2005, 368, 369.
[6] Vgl. oben § 321a ZPO Rn. 1.
[7] Amtl. Begr. FamFG (BT-Drucks. 16/6308) S. 197.

gegenüber dem FGG geänderten Rechtsmittelsystem, welches im Unterschied zu anderen Verfahrensordnungen (vgl. §§ 124 Abs. 2 Nr. 5, 132 Abs. 2 Nr. 3 VwGO, §§ 144 Abs. 2 Nr. 3, 160 Abs. 2 Nr. 3 SGG, § 115 Abs. 2 Nr. 3 FGO, § 72a Abs. 2 S. 2 Nr. 3 ArbGG sowie §§ 544, 543 Abs. 2 Nr. 2 ZPO[8]) keine besondere Durchlässigkeit für Gehörsverletzungen, insbesondere keine hiermit begründbare Nichtzulassungsbeschwerde vorsieht.[9] Im FamFG wird dem **Subsidiaritätserfordernis** daher häufiger genügt (vgl. Rn. 7 ff.).

Die Anhörungsrüge gehört zur Erschöpfung des Rechtswegs iSv. § 90 Abs. 2 BVerfGG.[10] Führt 4 das Verfahren nach § 44 nicht zur Beseitigung der Gehörsverletzung, kann dies anschließend mit der **Verfassungsbeschwerde** gerügt werden. Die mit Einführung der Vorschrift bezweckte Entlastung des *BVerfG*[11] kann hierdurch vielfach erreicht werden. Zu kritisieren ist, dass sich der Gesetzgeber auf eine Umsetzung der Mindestvorgaben des *BVerfG* beschränkt hat.[12] Insbesondere berechtigt die Verletzung anderer Verfahrensgrundrechte nicht zur Anhörungsrüge (vgl. Rn. 16), obwohl die Argumentation des BVerfG zur Verletzung des Art. 103 Abs. 2 GG auch insoweit greift.[13] Eine weitergehende Entlastung des *BVerfG* wird daher nicht erreicht.

2. Anwendungsbereich. Keine Anwendung findet § 44 in Ehesachen nach §§ 121 ff. und 5 Familienstreitsachen nach § 112, für welche § 321a ZPO gilt (vgl. § 113 Abs. 1). Erweitert wird der Anwendungsbereich durch Inbezugnahmen (vgl. § 81 Abs. 3 GBO, § 89 Abs. 3 SchRegO). Innerhalb dieses Geltungsbereichs unterfallen der Anhörungsrüge nach § 44 sämtliche **unanfechtbaren Entscheidungen**, unabhängig davon, ob sie im Hauptsacheverfahren oder in Nebenverfahren, wie zB in Verfahren nach §§ 76 ff. oder solchen nach §§ 49 ff., ergehen, soweit die Anwendung des § 44 nicht ausdrücklich ausgeschlossen ist. Die Rüge kann auf selbstständige Teile einer Entscheidung beschränkt werden. Nach Abs. 1 S. 2 sind die der Endentscheidung vorausgehenden **Zwischenentscheidungen** (zB §§ 3 ff., 6 Abs. 2, 7 Abs. 5, 10 Abs. 3 S. 1, 13, 21 Abs. 2, 33 Abs. 3) ausgenommen. Allerdings bedarf diese Einschränkung der verfassungskonformen Reduktion. Entscheidungen, die ein selbstständiges Zwischenverfahren abschließen, das im Hinblick auf mögliche Gehörsverletzungen im weiteren fachgerichtlichen Verfahren nicht mehr überprüft und korrigiert werden kann, können mit der Anhörungsrüge angegriffen werden.[14] Dies gilt bspw. für unanfechtbare Entscheidungen im Richterablehnungsverfahren,[15] aber auch für die Entscheidung über die örtliche Zuständigkeit (vgl. §§ 3 ff.) oder die Beschwerdeentscheidung nach § 33 Abs. 3. Ausgeschlossen wird die Anhörungsrüge von § 48 Abs. 3 für Beschlüsse, in denen das Rechtsgeschäft genehmigt oder eine Genehmigung verweigern, wenn die **Genehmigung** oder ihre Verweigerung **gegenüber einem Dritten** wirksam geworden sind (vgl. § 48 Rn. 17 ff.). Dies trägt dem Vertrauen des Dritten Rechnung.[16] Gleichwohl ist dieser Anwendungsausschluss bedenklich, weil er nicht berücksichtigt, inwieweit das Vertrauen des Dritten konkret schutzwürdiger als die Interessen des Betroffenen ist. Dies erscheint insbesondere im Hinblick auf die kurze Frist zur Anhörungsrüge (vgl. Rn. 12) zweifelhaft. Dem Dritten ist ggf. zuzumuten, den Ablauf dieser Frist abzuwarten. In verfassungskonformer Auslegung ist eine Anhörungsrüge deshalb nicht ausgeschlossen, soweit das Vertrauen ausnahmsweise nicht schutzwürdig ist. Hierfür spricht, dass der Gesetzgeber das Vertrauen Dritter in gerichtliche Genehmigungen keineswegs umfassend schützt, wie die „Irreführung des Rechtsverkehrs":[17] im Bereich des § 1903 Abs. 3 S. 2 BGB zeigt, und auch bislang von § 55 FGG Ausnahmen zum Schutz des rechtlichen Gehörs zugelassen wurden.[18] Der Ausschluss greift danach bspw. nicht, wenn dem Dritten die Gehörsverletzung bekannt ist. Ausgeschlossen ist die Anhörungsrüge schließlich, wenn das Verfahren, welches fortgesetzt werden soll, seinerseits **prozessual überholt** und seine Fortsetzung, auch unter Berücksichtigung des § 62, ausgeschlossen ist. Dies gilt zB für das Erbscheinsverfahren, sobald der Erbschein durch Hinausgabe einer Ausfertigung erteilt ist (vgl. § 352 Abs. 3),[19]

---

[8] Vgl. hierzu BGH NJW 2003, 1943, 1946; NJW 2004, 2222.
[9] Vgl. *Baumbach/Lauterbach/Hartmann* § 70 Rn. 2.
[10] Vgl. VerfGH Saarland v. 19. 11. 2007 – Lv 9/06 – juris; VerfGH Sachsen v. 26. 5. 2008 – Vf.96-IV-07 – juris.
[11] *Baumbach/Lauterbach/Hartmann* § 321a ZPO Rn. 3.
[12] Vgl. *Schenke* NVwZ 2005, 729, 734; *Ulrici* JURA 2005, 368, 369.
[13] Vgl. *Kettinger* ZRP 2006, 152, 153 f.; *Schenke* NVwZ 2005, 729, 734; *Schnabl* S. 105 ff.
[14] BVerfG NZA 2008, 1201, 1202 ff.; aA BGH NJW 2007, 3786; *Bumiller/Harders* § 44 Rn. 4; *Schnabl* S. 52 f.
[15] BVerfG NZA 2008, 1201, 1202 ff.; aA BGH NJW 2007, 3786.
[16] Amtl. Begr. FamFG (BT-Drucks. 16/6308) S. 199; vgl. zum Parallelproblem bei § 894 ZPO *Ulrici* JURA 2005, 368, 370.
[17] *Coester* JURA 1991, 1, 7.
[18] BayObLGZ 1989, 242, 248 ff.; OLG Celle FamRZ 1997, 899; OLG Hamm FGPrax 2000, 230, 231.
[19] Vgl. BayObLG NJW-RR 1996, 1094; NJW-RR 1990, 1481; MünchKommBGB/*Mayer*, (4. Aufl. 2004), § 2353 Rn. 127.

§ 44 6–9　　　　　　　　　　　　　　　　　　　　　　　Buch 1. Abschnitt 3. Beschluss

oder für die Fälle des § 47, sobald sich eine Rechtsmacht durch Vornahme des Rechtsgeschäfts endgültig erledigt hat.

6　**3. Rechtsnatur der Anhörungsrüge.** Bei der Rüge nach § 44 handelt es sich um einen außerordentlichen, **rechtskraftdurchbrechenden** Rechtsbehelf eigener Art. Sie ist kein Rechtsmittel, weil ihr sowohl Suspensiv – als auch Devolutiveffekt fehlen. Sie befreit das Gericht von der innerprozessualen Bindungswirkung (vgl. § 48 Rn. 20 ff.) und beseitigt formelle sowie materielle Rechtskraft. Das Gericht, dessen Entscheidung angegriffen wird, ist zur Selbstkontrolle befugt. In ihrer prozessualen Funktion ergänzt sie § 48 sowie die Wiedereinsetzung in den vorigen Stand.

II. Zulässigkeit der Anhörungsrüge

7　**1. Subsidiarität der Anhörungsrüge.** Bei der Anhörungsrüge handelt es sich um einen subsidiären Rechtsbehelf, der erst statthaft ist, wenn die geltend gemachte Verletzung des Anspruchs auf rechtliches Gehör nicht im Rahmen eines anderen Rechtsbehelfs beseitigt werden kann. Entscheidend ist, ob für den Rügeführer ein anderer Rechtsbehelf oder eine **sonstige Abhilfemöglichkeit** besteht.[20] Zu den vorrangigen Rechtsbehelfen gehören die Erinnerung (§ 11 Abs. 2 RPflG), die Beschwerde (§ 58 bzw. infolge Verweisung §§ 567–572 ZPO) und die Rechtsbeschwerde (§ 70), soweit sie konkret statthaft sind. Vorrangig gegenüber der Anhörungsrüge sind weiter die Abhilfemöglichkeiten der §§ 42, 43,[21] 48 sowie materiell-rechtliche (zB §§ 1696, 2361 BGB) oder andere prozessuale (§§ 54 Abs. 1 und 2, 166, 230, 294 Abs. 1, 330) Änderungsmöglichkeiten,[22] soweit sie geeignet sind, die beschwerenden Folgen der Gehörsverletzung auszuräumen. Die Einziehung des Erbscheins nach § 2361 BGB ist allerdings nur vorrangig, sofern der Erbschein bereits tatsächlich erteilt ist (vgl. insoweit § 352 Abs. 3 und Rn. 5). Solange ein Rechtsscheinträger noch nicht im Umlauf ist, genießt die Verhinderung der Erbscheinserteilung aus Gründen des Verkehrsschutzes Vorrang vor der Einziehung.[23]

8　Umstritten ist, ob die Möglichkeit zur **unselbstständigen Anschließung** an das Rechtsmittel eines anderen Beteiligten (vgl. §§ 66, 73) vorrangig ist, wenn für den Rügeführer selbst keine Beschwerde gegeben ist. Einerseits wird die Ansicht vertreten, die Anschließung sei vorrangig.[24] Gerät das Hauptrechtsmittel in Wegfall, soll entweder die unselbstständige Anschließung entgegen § 66 S. 2 bzw. § 73 S. 3. als selbstständiges Rechtsmittel fortbestehen,[25] die unselbstständige Anschließung automatisch dem iudex a quo als Anhörungsrüge anfallen[26] oder die Frist zur Gehörsrüge erst ab diesem Zeitpunkt anlaufen.[27] Diese Wege überzeugen nicht.[28] Vielmehr ist der Gegenansicht zu folgen, wonach der Beschwerte zwischen Anhörungsrüge und Anschließung wählen kann.[29] Die Anschließung ist wegen ihrer Abhängigkeit vom Hauptrechtsmittel nicht vorrangig.[30]

9　Der Anhörungsrüge unterfallen somit grds. Beschlüsse des Richters in vermögensrechtlichen Angelegenheiten, gegen die die Beschwerde nicht zugelassen wurde und deren Beschwer die **Grenze des § 61 Abs. 1** nicht erreicht. Wurde die Beschwerde infolge § 61 Abs. 3 Nr. 2 nicht zugelassen und betrifft die Gehörsverletzung nur einen abgrenzbaren Teil der Entscheidung, dessen Beschwer den Wert von 600 Euro nicht übersteigt, kommt ein auf den abgrenzbaren Gegenstand beschränkte Anhörungsrüge in Betracht.[31] Erfasst werden grds. auch Beschwerdeentscheidungen, gegen die eine Rechtsbeschwerde nicht zugelassen wurde, sowie Entscheidungen des Rechtsbeschwerdegerichts selbst. Schließlich unterfallen der Anhörungsrüge nicht selbstständig anfechtbare Zwischen- und Nebenentscheidungen, wie die Zurückweisung eines Ablehnungsgesuchs[32] oder die Kostenentscheidung.[33]

---

[20] *Ulrici* JURA 2005, 368, 370.
[21] Vgl. oben § 321a ZPO Rn. 11.
[22] Amtl. Begr. des Anhörungsrügengesetzes (BT-Drucks. 15/3706) S. 25 f.; *Ulrici* JURA 2005, 368, 372.
[23] *Ulrici* JURA 2005, 368, 372.
[24] Vgl. *Jansen/Briesemeister* § 29a FGG Rn. 7; Stein/Jonas/*Leipold* § 321a ZPO Rn. 23; *Thomas/Putzo/Reichold* § 321a ZPO Rn. 2; Zöller/*Vollkommer* § 321a ZPO Rn. 4; teilweise auch *Schnabl* S. 158 ff.
[25] *Zöller/Vollkommer* § 321a ZPO Rn. 4.
[26] *Thomas/Putzo/Reichold* § 321a ZPO Rn. 2a.
[27] *Stein/Jonas/Leipold* § 321a ZPO Rn. 23.
[28] Vgl. oben § 321a ZPO Rn. 7.
[29] Vgl. oben § 321a ZPO Rn. 7.
[30] *Müller* NJW 2002, 2743, 2744; *Ulrici* JURA 2005, 368, 370.
[31] Vgl. oben § 321a ZPO Rn. 6.
[32] BVerfG NZA 2008, 1201, 1202 ff.; aA BGH NJW 2007, 3786.
[33] OLG Frankfurt NJW 2005, 517; *Ulrici* JURA 2005, 368, 370.

2. Beschwer. Rügeberechtigt sind nur die durch die Entscheidung beschwerten (vgl. § 59 Rn. 2) **10** Beteiligten (vgl. § 7), unabhängig davon, ob sie bislang tatsächlich am Verfahren beteiligt wurden.[34] Eine Beschwer ist anzunehmen, wenn ein Beteiligter durch den Inhalt einer Entscheidung **formell oder materiell** belastet wird, sei es, weil er eine begehrte Entscheidung nicht erhält oder eine Entscheidung gegen ihn ergeht. Wenn eine Entscheidung nur auf Antrag ergehen kann, kann durch ihre Ablehnung allein der Antragsteller beschwert werden (vgl. § 59 Rn. 3). Auf einen bestimmten Umfang oder einen bestimmten Wert der Beschwer kommt es nicht an. Die behauptete Verletzung des Anspruchs auf rechtliches Gehör allein begründet die Beschwer nicht. Vielmehr muss gerade die Möglichkeit bestehen, dass die Gehörsverletzung für die Beschwer entscheidungserheblich ist. Zudem ist die Behauptung der Beschwer formelle Zulässigkeits- (vgl. Rn. 11) und ihr Vorliegen Begründetheitsvoraussetzung (vgl. Rn. 13 f.).

3. Form und Frist. Die Rüge ist nach Abs. 2 S. 3 **schriftlich oder zur Niederschrift** zu **11** erheben. Adressat ist das Gericht, dessen Entscheidung angegriffen wird (iudex a quo). Vor dem BGH besteht Anwaltszwang (§ 10 Rn. 5). Um den Gegenstand der Rüge zu bestimmen und deren Prüfung zu ermöglichen, ist in der Rügeschrift neben der Bezeichnung des Verfahrens, dessen Fortsetzung begehrt wird, insbesondere **substanziiert darzulegen,** worin die Verletzung des Anspruchs auf rechtliches Gehör (vgl. Rn. 13 f.) erblickt wird und weshalb die Verletzung entscheidungserheblich ist (vgl. Rn. 15). Die Beachtung der Subsidiarität muss dagegen nicht dargelegt werden. Schließlich bedarf es der Glaubhaftmachung (vgl. § 31 Rn. 5 ff.) des Fristbeginns, dh. der näheren Umstände der Kenntniserlangung (vgl. Rn. 12). Die größte praktische Schwierigkeit im **Einzelfall** bereitet die Darlegung der Anforderungen des Abs. 1 Nr. 2. Wird die Gehörsverletzung zB darin gesehen, dass ein Hinweis versäumt wurde, ist zunächst darzulegen, warum hierin eine Gehörsverletzung liegt, dh. weshalb Anlass für einen Hinweis bestand (vgl. Rn. 14).[35] Zudem bedarf es der Angabe, welche konkrete Reaktion auf den Hinweis erfolgt wäre,[36] zB mit welchen Argumenten man der Rechtsansicht des Gerichts entgegengetreten wäre.[37] Dass der Untersuchungsgrundsatz gilt, führt diesbezüglich zu keiner Erleichterung.[38] Wird gerügt, dass das Vorbringen eines Beteiligten übergangen wurde, muss konkret angegeben werden, in welchem Rahmen der Vortrag erfolgte und weshalb er entscheidungserheblich ist.[39] Richtet sich vorstehende Rüge gegen die Entscheidung über eine Rechtsbeschwerde, ist zudem anzugeben, dass der übergangene Vortrag nach § 75 Abs. 3 S. 4 iVm. § 559 ZPO berücksichtigungsfähig ist.[40]

Die Rügeschrift muss innerhalb einer **Frist von zwei Wochen** eingereicht werden. Die Frist **12** beginnt nicht mit Bekanntmachung der Entscheidung, sondern mit positiver Kenntnis der Gehörsverletzung. Beide Zeitpunkte werden vielfach zusammenfallen, müssen dies jedoch nicht. Kenntniserlangung liegt vor, wenn einem Beteiligten alle Tatsachen bekannt sind, die vorliegen müssen, um einen entsprechenden Schluss auf die Gehörsverletzung zu ziehen.[41] Dass der Beteiligte aus der ihm bekannten Tatsachen auch den zutreffenden Schluss zieht, dass ihm ein Rügerecht nach § 44 zusteht, ist nicht notwendig.[42] **Kennenmüssen,** dh. grob fahrlässige Unkenntnis genügt nicht.[43] Erst wenn sich ein Beteiligter der Kenntnisnahme bewusst verschließt, ist vor dem Hintergrund des hierin liegenden Rechtsmissbrauchs von einem Fristbeginn auszugehen.[44] Die Kenntnis eines Bevollmächtigten wird dem Beteiligten zugerechnet (vgl. § 9 Abs. 2, § 11 S. 4 iVm. § 85 Abs. 2 ZPO). Der Rügeführer muss den Zeitpunkt der Kenntniserlangung glaubhaft machen. Hierfür gelten die gleichen Anforderungen wie im Rahmen des § 18 Abs. 3 (vgl. § 18 Rn. 6). Im Interesse der Rechtssicherheit unterliegt die Anhörungsrüge einer **objektiven Ausschlussfrist,** welche in Abs. 2 S. 2 geregelt ist. Danach entfällt das Rügerecht für einen Beteiligten unabhängig von der Kenntnis der Gehörsverletzung, wenn es nicht innerhalb eines Jahres ab Bekanntmachung der Entscheidung gegenüber diesem Beteiligten wahrgenommen wurde. In die Frist des Abs. 2 S. 1 kann Wiedereinsetzung nach §§ 17 ff. gewährt werden. Hinsichtlich der Frist des Abs. 2 S. 2 ist dies nicht möglich.

---

[34] *Bassenge/Roth* § 29a FGG Rn. 12; *Bumiller/Harders* § 44 Rn. 14.
[35] Vgl. BAG NJW 2006, 2346.
[36] Vgl. BAG NJW 2006, 2346.
[37] BGH NJW 2008, 378, 379.
[38] BGH GRUR 2008, 1126, 1127.
[39] BAG NJW 2006, 2346.
[40] Vgl. BAG NJW 2006, 1614, 1614 f.; NJW 2006, 2346; vgl. oben § 321a ZPO Rn. 9.
[41] Vgl. oben § 321a ZPO Rn. 10.
[42] Vgl. oben § 321a ZPO Rn. 10.
[43] BAG NJW 2006, 2346; aA BGH FamRZ 2006, 1029.
[44] Vgl. oben § 321a ZPO Rn. 10.

III. Begründetheit der Anhörungsrüge

13 **1. Verletzung des Anspruchs auf rechtliches Gehör.** Die Rüge ist begründet, wenn das Gericht durch die mit der Rüge angegriffene Entscheidung[45] den Anspruch des Rügeführers[46] auf rechtliches Gehör (vgl. auch Vor §§ 23 ff. Rn. 20 ff.) in entscheidungserheblicher Weise verletzt hat. Das rechtliche Gehör umfasst mindestens die Gewährleistungen des **Art. 103 Abs. 1 GG.** Dies gebietet der dem Anhörungsrügengesetz zugrunde liegende Gesetzgebungsauftrag (vgl. Rn. 1). Danach ist den Beteiligten die Möglichkeit zu geben, sich zu einer tatsächlichen oder rechtlichen Frage innerhalb einer nach den Umständen angemessenen Frist zu äußern.[47] Zudem muss das Gericht den Inhalt einer Äußerung in seine Entscheidungsfindung einbeziehen.[48] Der Begriff des rechtlichen Gehörs iSd Vorschrift reicht aber weiter.[49] Er umfasst in Ausschnitten auch die Beachtung weiterer Verfahrensgrundrechte (zB Willkürverbot,[50] Anspruch auf ein faires Verfahren, Grundsatz der Waffengleichheit),[51] soweit diese im konkreten Fall den Anspruch auf rechtliches Gehör auffüllen.[52] Da der Wortlaut des § 44 keinen Bezug auf Art. 103 Abs. 1 GG nimmt, kann zudem die Verletzung **einfachrechtlich gewährleisteter Anhörungsrechte** (zB §§ 28, 37 Abs. 2) gerügt werden.[53] Dies dient der Rechtsklarheit und der Effektivierung solcher Rechte. Die Rechtsprechung verfolgt insoweit aber noch keine klare Linie.[54] Einerseits prüft sie die Gehörsverletzung in den sog. Hinweisfällen ausschließlich an verfassungsrechtlichen Vorgaben und nicht denen des § 28 Abs. 1,[55] was für ein auf Art. 103 Abs. 1 GG beschränktes Rügerecht spricht. Andererseits wird der einfachrechtliche Verstoß gegen § 156 Abs. 2 Nr. 1 ZPO ohne weitere Begründung als Verletzung des Art. 103 Abs. 1 GG behandelt.[56]

14 Eine Verletzung liegt vor, wenn vorstehende Rechte durch das Gericht rechtswidrig **verkürzt** werden. Da den Beteiligten in vielfacher Hinsicht rechtliches Gehör zu gewähren ist, sind auch die Möglichkeiten und Ursachen einer Gehörsverletzung vielgestaltig.[57] Mit dem geringsten Vorwurf gegenüber dem erkennenden Gericht sind diejenigen Fälle verbunden, in denen die Gehörsverletzung schlicht auf einem **Versehen** beruht, weil ein Antrag übersehen oder dem Gericht ein eingegangener Schriftsatz nicht mehr rechtzeitig vorgelegt wird.[58] Gerügt wird zudem vielfach, dass das Gericht einen gebotenen **Hinweis** nicht erteilt und so einem Beteiligten hierdurch unmöglich gemacht hat, sich zu einer erheblichen Frage zu äußern.[59] Diesbezüglich ist zu beachten, dass die Beteiligten grds. keinen Anspruch auf ein Rechtsgespräch oder die Mitteilung einer Rechtsauffassung haben.[60] Eine Gehörsverletzung liegt nach Ansicht der Rechtsprechung vielmehr erst vor, wenn das Gericht den Hinweis auf einen entscheidungserheblichen rechtlichen Gesichtspunkt unterlassen hat, mit dem auch ein gewissenhafter und rechtskundiger Prozessbeteiligter nicht zu rechnen brauchte.[61] Weiter ist an Fälle zu denken, in denen das Gericht das Vorbringen eines Beteiligten nicht erfasst, **grob missversteht**[62] oder **ersichtlich nicht würdigt.**[63] Dagegen kommt den im Zivilprozess weit verbreiteten Fällen einer unrichtigen Anwendung von **Präklusionsvorschriften**[64] im Rahmen des

---

[45] BVerfG NJW 2008, 2635, 2635 f.; BGH NJW 2008, 923, 923 f.
[46] *Baumbach/Lauterbach/Hartmann* § 321a ZPO Rn. 16.
[47] BVerfG NJW 1982, 1579, 1582; NJW 1983, 2762, 2763; NJW 1991, 1283, 1285.
[48] BVerfG NJW 1983, 2762, 2763; NJW 1987, 485; NJW 1991, 1283, 1285; NJW 1997, 2310, 2312.
[49] Vgl. oben § 321a ZPO Rn. 12; aA *Baumbach/Lauterbach/Hartmann* § 321a ZPO Rn. 17; *Stein/Jonas/Leipold* § 321a ZPO Rn. 38 f.
[50] Vgl. die Fallgestaltung bei BVerfG NJW 1976, 1391 mit abw. Meinung des Richters *Geiger*.
[51] Vgl. BGH NJW-RR 2006, 61, 63.
[52] *Schenke* NVwZ 2005, 729, 735 f.; aA *Schnabl* S. 92 f.
[53] Vgl. oben § 321a ZPO Rn. 12 m. weit. Nachw.; aA *Schnabl* S. 75 ff.; *Stein/Jonas/Leipold* § 321a ZPO Rn. 38 f.; *Zuck* NJW 2005, 1226, 1228.
[54] Vgl. auch oben § 139 ZPO Rn. 49 ff.
[55] BGH GRUR 2008, 1126; vgl. auch BGH NJW 2005, 2624.
[56] BGH NJW-RR 2007, 412, 413.
[57] Vgl. oben § 321a ZPO Rn. 12.
[58] Vgl. BayObLG NJW-RR 1999, 1685, 1686; *Bassenge/Roth* Einleitung FGG Rn. 65 und die Beispiele bei *Schumann* NJW 1985, 1134, 1136.
[59] BVerfG NJW 2004, 1371, 1373.
[60] BVerfG NJW 1984, 1741, 1745; NJW 1987, 1192; NJW 1991, 2823, 2824; *Bassenge/Roth* Einleitung FGG Rn. 64.
[61] BVerfG NJW 1991, 2823, 2824; BVerfGE 86, 133, 146 = NJW 1992, 2877; BVerfG NJW 1998, 2515, 2523; NJW 2004, 1371, 1373.
[62] BVerfGE 86, 133, 146 = NJW 1992, 2877.
[63] BVerfG NJW 1992, 2217.
[64] Vgl. oben § 321a ZPO Rn. 12.

§ 44 kaum Bedeutung zu, weil dem FamFG, bis auf wenige Ausnahmen, entsprechende Vorschriften fehlen (vgl. Vor §§ 23 ff. Rn. 27).

2. Entscheidungserheblichkeit. Die erfolgte Verletzung des Anspruchs auf rechtliches Gehör **15** muss entscheidungserheblich sein. Das ist der Fall, wenn **nicht ausgeschlossen werden kann,** dass das Gericht ohne die konkrete Verletzung zu einer im Ergebnis für den Rügeführer günstigeren Entscheidung gelangt wäre.[65] Eine besondere Erheblichkeit der möglichen Abweichung ist nicht erforderlich.[66] Auch kommt es nicht darauf an, dass die Entscheidung mit Sicherheit günstiger ausgefallen wäre, weil sich eine solche Feststellung bspw. in Fällen eines übergangenen Beweisantrags vor Erhebung des Beweises nicht treffen lässt.[67] Für die Prüfung der Entscheidungserheblichkeit ist eine Kausalitätsprognose im Hinblick auf die konkrete(n) Gehörsverletzung(en) unter Beibehaltung der übrigen Entscheidung vorzunehmen. Wurde ein Beweisantrag übergangen, ist daher erforderlich, dass seinem Gegenstand unter Berücksichtigung der dem Beschluss zugrunde liegenden Rechtsansicht Bedeutung zukommen kann. Die Anhörungsrüge wird nicht dadurch begründet, dass dem übergangenen Vortrag erst dadurch Bedeutung zukommt, dass das Gericht zudem einer abweichenden Rechtsansicht folgt, wenn nicht zugleich insoweit eine Gehörsverletzung vorliegt. Die Entscheidungserheblichkeit fehlt, wenn die Verletzung des Anspruchs auf rechtliches Gehör geheilt wurde.[68]

3. Verletzung anderer Verfahrensgrundrechte. Eine Verletzung anderer Verfahrensrechte, die **16** sich auch bei weiter Auslegung[69] nicht unter die Verletzung rechtlichen Gehörs fassen lässt, kann nicht im Rahmen des § 44 geltend gemacht werden. Auf sie findet § 44 auch **keine analoge Anwendung,** weil sie vom Gesetz bewusst[70] nicht erfasst wird (vgl. oben § 321a ZPO Rn. 14).[71] Soweit das FamFG keine Abhilfemöglichkeit bei Verletzung anderer Verfahrensgrundrechte, wie zB für die Verletzung des Anspruchs auf den gesetzlichen Richter (vgl. § 48 Abs. 2 iVm. § 579 Abs. 1 Nr. 1 ZPO), vorsieht, ist die Rechtslage ungeklärt. Zu unterscheiden sind hierbei zwei Fragen. Erstens muss geklärt werden, ob und wie die Verletzung anderer Verfahrensgrundrechte innerhalb der Fachgerichtsbarkeit geltend gemacht werden kann. Zweitens ist die Frage zu beantworten, ob eine etwaige fachgerichtliche Korrekturmöglichkeit vor Erhebung einer Verfassungsbeschwerde wahrgenommen werden muss.

Ausweislich der Gesetzesbegründung sollen die Regelungen zur Anhörungsrüge sonstige außer- **17** ordentliche Rechtsbehelfe, soweit sie nicht die Gehörsverletzung betreffen, nicht ausschließen.[72] Als solche hatte die Rechtsprechung die **außerordentliche Beschwerde** sowie die **Gegenvorstellung** entwickelt. Die Verletzung von Verfahrensgrundrechten konnte danach im Falle greifbarer Gesetzeswidrigkeit im Wege der außerordentlichen Beschwerde verfolgt werden.[73] Anderenfalls kam im Einzelfall eine Gegenvorstellung zum iudex a quo in Betracht.[74] Die Schwere des Verstoßes ist allerdings hinsichtlich der Eröffnung einer weiteren Instanz kein taugliches Kriterium. Auch liegt in Fällen greifbarer Gesetzeswidrigkeit ggf. nahe, bereits ohne weiteren Rechtsbehelf von der Nichtigkeit der Entscheidung auszugehen. Hinzu kommt, dass sich dem Anhörungsrügengesetz entnehmen lässt, dass nach den Vorstellungen des Gesetzgebers eine Korrektur durch das iudex a quo zu bevorzugen ist. Für eine außerordentliche Beschwerde besteht danach kein Raum mehr.[75] Vielmehr sind mit ordentlichen Rechtsbehelfen nicht mehr angreifbare Entscheidungen nur im Wege der Gegenvorstellung überprüfbar.[76] Die Gegenvorstellung ist an das iudex a quo zu

---

[65] *Schnabl* S. 135; *Zuck* NJW 2005, 1226, 1227 f.; aA *Baumbach/Lauterbach/Hartmann* § 321a ZPO Rn. 19.
[66] *Schnabl* S. 135.
[67] Vgl. oben § 321a ZPO Rn. 13.
[68] Vgl. BGH NJW 1998, 755, 756; OLG Dresden NJW-RR 1998, 830, 831; BayObLG NJW-RR 1999, 452, 453; NZM 2004, 344.
[69] Vgl. oben § 321a ZPO Rn. 12, 14.
[70] Amtl. Begr. des Anhörungsrügengesetzes (BT-Drucks. 15/3706) S. 14 (A II 4).
[71] BFH NJW 2005, 2639, 2640; NJW 2006, 861; *Baumbach/Lauterbach/Hartmann* § 321a ZPO Rn. 61; *Bumiller/Harders* § 44 Rn. 1; *Stein/Jonas/Leipold* § 321a ZPO Rn. 72 ff.; *Ulrici* JURA 2005, 368, 370; *Zöller/Vollkommer* § 321a Rn. 3 a; aA *Schenke* NVwZ 2005, 729, 736; *Schnabl* S. 93 ff.; aA tendenziell auch BGH NJW 2006, 1978, 1978 f.; offen gelassen von BVerfG NJW-RR 2008, 75, 76.
[72] Amtl. Begr. des Anhörungsrügengesetzes (BT-Drucks. 15/3706) S. 14 (A II 4).
[73] Vgl. BGH NJW-RR 1986, 738; NJW 1993, 135.
[74] Vgl. BVerfG NJW 1980, 2698; BGH NJW-RR 1986, 738.
[75] Vgl. BGH NJW 2002, 1577; *Bassenge/Roth* Vor §§ 19–30 FGG Rn. 14; *Baumbach/Lauterbach/Hartmann* § 321a ZPO Rn. 61; aA OLG München FGPrax 2005, 278, 278 f.; *Bumiller/Harders* § 44 Rn. 2; vgl. *Brehm*, FS Leipold, 2009, 821, 823, der diese Aussage zutreffend auf die eine gesetzlich nicht vorgesehene Instanz eröffnende außerordentliche Beschwerde beschränkt.
[76] BGH NJW 2002, 1577; *Bassenge/Roth* Vor §§ 19–30 FGG Rn. 15; abl. *Baumbach/Lauterbach/Hartmann* § 321a ZPO Rn. 61.

§ 44 18–20

richten.[77] Eine bestimmte Frist sieht das Gesetz zwar hierfür nicht vor.[78] Jedoch ist zu berücksichtigen, dass das Gericht das Verfahren nur fortführen darf, wenn es infolge der Gegenvorstellung von den innerprozessualen Bindungen sowie den Bindungen der Rechtskraft befreit wird.[79] Da sämtliche hierauf abzielenden Rechtsbehelfe, einschließlich der Verfassungsbeschwerde, im Interesse der Rechtssicherheit einer Befristung unterliegen, ist davon auszugehen, dass auch die Gegenvorstellung fristgebunden ist.[80] Da § 44 Abs. 2 die sachnächste Vorschrift ist, ist die dort geregelte Frist einzuhalten.[81]

18 Aus einer nach Inkrafttreten des Anhörungsrügengesetz ergangenen Entscheidung des *BVerfG* ergibt sich, dass „das Erfordernis, vor Erhebung der Verfassungsbeschwerde alle nach Lage der Sache sonst zur Verfügung stehenden Rechtsbehelfe zu ergreifen, um die Verfassungsverletzung auszuräumen, [...] auch diejenigen Rechtsbehelfe [umfasst], deren Zulässigkeit in der bisherigen fachgerichtlichen Rechtsprechung nicht eindeutig geklärt ist. Auch bei solchen Rechtsbehelfen muss dem Vorrang des Verfahrens vor den Fachgerichten Rechnung getragen werden."[82] Die Sichtweise des *BVerfG* überzeugt nicht vollständig, trägt sie doch kaum dem Prinzip der Rechtsmittelklarheit Rechnung.[83] Sie legt dem Betroffenen die Folgen der Untätigkeit des Gesetzgebers (vgl. oben Rn. 4) auf. Zugleich entstehen Probleme, soweit die Fachgerichte von einer nicht fristgebundenen[84] Gegenvorstellung ausgehen, weil hierdurch die Frist des § 93 Abs. 1 BVerfGG unterlaufen und eine Entlastung des *BVerfG* nicht erreicht werden kann (vgl. aber aE dieser Rn.). Bis zu einem Eingreifen des Gesetzgebers oder zur Herausbildung einer gefestigten Rechtsprechung sollte die Verletzung anderer Verfahrensgrundrechte in einer den formellen Anforderungen des § 44 entsprechenden Form beim iudex a quo im Rahmen einer **Gegenvorstellung** geltend gemacht werden. Entscheiden sich die Fachgerichte entgegen der hier vertretenen Ansicht (vgl. Rn. 16 ff.) insoweit für eine analoge Anwendung des § 44, kann die Gegenvorstellung als analoge Anhörungsrüge behandelt werden.[85] **Parallel** hierzu muss aber derzeit innerhalb der Frist des § 93 Abs. 1 BVerfGG **Verfassungsbeschwerde** eingelegt werden, weil die Gegenvorstellung nach zweifelhafter[86] Ansicht des *BVerfG* keine Fristwahrung auslöst.[87]

IV. Entscheidung des Gerichts

19 Das Gericht entscheidet in der regulären Besetzung,[88] nicht notwendig unter Mitwirkung der an der angegriffenen Entscheidung mitwirkenden Gerichtsperson(en).[89] Zunächst ist über die Zulässigkeit der Rüge zu befinden. Ist die **Rüge unzulässig,** weil sie nicht den formellen Anforderungen entspricht oder verfristet erhoben wurde, wird sie verworfen (Abs. 4 S. 1). Eine vorherige Anhörung der übrigen Beteiligten ist hierfür nicht erforderlich. Allerdings ist der Rügeführer auf die beabsichtige Verwerfung hinzuweisen und es ist ihm Gelegenheit zu einer kurzen Stellungnahme zu geben. Erscheint die Rüge auch unter Berücksichtigung dieser Stellungnahme weiter als unzulässig, wird dies durch Beschluss ausgesprochen. Der Beschluss ist unanfechtbar und bedarf nur einer kurzen Begründung,[90] welche auch darin bestehen kann, dass der Hinweis auf die beabsichtigte Verwerfung in Bezug genommen wird.

20 Bejaht das Gericht die Zulässigkeit der Rüge, prüft es im zweiten Schritt deren **Begründetheit.** Gelangt es hiernach zu dem Ergebnis, dass die Rüge zulässig und begründet ist, weil das rechtliche Gehör des Rügeführers in entscheidungserheblicher Weise verletzt wurde, muss es den übrigen Beteiligten Gelegenheit zur Stellungnahme geben (Abs. 3). Erweist sich die Rüge auch unter Berücksichtigung der Stellungnahmen weiterer Beteiligter als zulässig und begründet, muss das Gericht ihr stattgeben und das **Verfahren,** in welchem die angefochtene Entscheidung ergangen ist, fort-

---

[77] BGH NJW 2002, 1577.
[78] BFH NJW 2006, 861.
[79] Vgl. hierzu BGH NJW 2002, 1577.
[80] BGH NJW 2001, 2262, 2263.
[81] OLG Dresden NJW 2006, 851; vgl. auch BGH NJW 2002, 1577; *Schenke* NVwZ 2005, 729, 736; aA BFH NJW 2006, 861.
[82] BVerfG NJW 2005, 3059; NJW-RR 2008, 75.
[83] Vgl. oben § 321a ZPO Rn. 14.
[84] BFH NJW 2006, 861; aA OLG Dresden NJW 2006, 851.
[85] AA tendenziell BVerfG NJW 2009, 829, 830.
[86] Vgl. BVerfG NJW 2007, 3418, 3419; NJW-RR 2008, 75, 76, NJW 2008, 2635.
[87] BVerfG NJW 2006, 2907, 2908; NJW 2009, 829, 830.
[88] BGH NJW-RR 2006, 63, 64; vgl. auch oben § 321a ZPO Rn. 15.
[89] BAG NJW 2009, 541, 541 f.
[90] Vgl. BGH NJW 2005, 1432, 1433.

setzen (Abs. 5). Einer förmlichen Entscheidung durch Beschluss bedarf es hierzu nicht.[91] Vielmehr kann das Verfahren unmittelbar fortgesetzt werden. Hieran ist das Gericht gebunden und darf den angefochtenen Beschluss nicht mehr vollziehen (vgl. auch Rn. 22). Die erfolgreiche Rüge ist in ihren Folgen mit einem erfolgreichen Einspruch nach § 342 ZPO vergleichbar.[92] Für das fortgesetzte Verfahren gilt kein Verschlechterungsverbot.[93] Auch im Übrigen ist das Gericht nicht an seine zuvor getroffene Entscheidung gebunden; sämtliche Bindungen werden durch die erfolgreiche Rüge überwunden. Das Gericht kann daher auch seine Rechtsansicht ändern. Für eine auf einen abgrenzbaren Teil beschränkte oder eine nur teilweise erfolgreiche Rügen gilt dies allerdings nur insoweit, als die Rüge erfolgreich ist. Im Übrigen verbleibt es bei der angefochtenen Entscheidung. An diese ist das Gericht gebunden (vgl. § 48 Rn. 20 ff.). Führt das fortgesetzte Verfahren zur Bestätigung der angefochtenen Entscheidung, wird diese aufrechterhalten. Bereits erfolgte Vollstreckungshandlungen bleiben wirksam. Anderenfalls muss die angefochtene Entscheidung aufgehoben und eine neue Sachentscheidung getroffen werden, welche nach allgemeinen Regeln rechtsmittelfähig ist.

Erweist sich die Rüge als **unbegründet,** weil entweder eine Gehörsverletzung nicht vorliegt oder die Gehörsverletzung in Bezug auf den Rügeführer nicht entscheidungserheblich ist, wird sie zurückgewiesen. Der Rügeführer ist zuvor auf die beabsichtigte Zurückweisung hinzuweisen. Zugleich ist ihm Gelegenheit zur Stellungnahme zu geben. Erweist sich die Rüge auch unter Berücksichtigung der Stellungnahme als unbegründet, entscheidet das Gericht durch unanfechtbaren Beschluss. Dieser ist kurz zu begründen,[94] wobei eine Bezugnahme auf die Ankündigung der Zurückweisung ausreicht. Eine vorherige Anhörung der übrigen Beteiligten ist nicht erforderlich. **21**

V. Eilrechtsschutz und Kostenfragen

1. Eilrechtsschutz. Da die Einlegung der Anhörungsrüge weder die Vollstreckung noch die Vollziehung der angefochtenen Entscheidung hemmt, besteht die Gefahr, dass die Rechte des Rügeführers durch Vollzug des Beschlusses vereitelt werden. Im Rahmen des Zivilprozesses wird diesem Umstand durch § 707 ZPO Rechnung getragen, der zur Sicherung der Fortführung des Verfahrens **eine einstweilige Einstellung der Zwangsvollstreckung** ermöglicht.[95] Soweit die angefochtene Entscheidung über § 95 nach den Vorschriften der ZPO vollstreckt wird, kommt § 707 ZPO über § 95 Abs. 3 S. 2 mit der Maßgabe zur Anwendung, dass der Rügeführer glaubhaft macht, dass die Vollstreckung ihm einen nicht zu ersetzenden Nachteil bringt. Für das Vollstreckungsverfahren nach §§ 88 ff. nimmt der Wortlaut des § 93 zwar nicht auf § 44 Bezug. Dabei dürfte es sich aber um ein Versehen des Gesetzgebers handeln. Um die Effektivität der Anhörungsrüge auch insoweit zu schützen, ist **§ 93 entsprechend** anzuwenden.[96] Darüber hinaus kann das iudex a quo **entsprechend § 64 Abs. 3** einstweilige Anordnungen bzgl. des Vollzugs der Entscheidung treffen (vgl. § 64 Rn. 7).[97] Hierfür spricht neben der zu §§ 64 Abs. 3, 93 vergleichbaren Interessenlage, dass § 44 für den Bereich des FamFG eine Verfassungsbeschwerde zunächst entbehrlich machen soll. Dies kann nur erreicht werden, wenn wie bei der Verfassungsbeschwerde eine Sicherung durch Eilmaßnahmen möglich ist. **22**

2. Kostenfragen. Wird die Rüge in vollem Umfang verworfen oder zurückgewiesen, entsteht für das Verfahren eine **Gerichtsgebühr** iHv. 50 Euro (§ 131d KostO bzw. Nr. 1800 KV FamGKG). Im Falle eines Teilerfolgs entsteht diese Gebühr nicht. Dass die Ausgangsentscheidung trotz zulässiger und begründeter Rüge aufrechterhalten wird, löst die Gebühr ebenfalls nicht aus. Für den Prozessbevollmächtigten gehört das Rügeverfahren zum Rechtszug (§ 19 Abs. 1 S. 2 Nr. 5 RVG) und löst daher keine eigenständige Gebühr aus. Wird der Anwalt allein im Rügeverfahren tätig, erhält er eine 0,5 Verfahrensgebühr (Nr. 3330 VV RVG). **23**

---

[91] Vgl. oben § 321a ZPO Rn. 16; aA *Stein/Jonas/Leipold* § 321 ZPO Rn. 56.
[92] *Ulrici* JURA 2005, 368, 370.
[93] *Müller* NJW 2002, 2743, 2744; *Ulrici* JURA 2005, 368, 370.
[94] Vgl. BGH NJW 2005, 1432, 1433.
[95] Vgl. *Ulrici* JURA 2005, 368, 370.
[96] Vgl. auch *Bassenge/Roth* § 29a FGG Rn. 18; *Bumiller/Winkler* § 29a FGG Rn. 13; abw. *Bumiller/Harders* Rn. 18; *Keidel/Meyer-Holz* Rn. 64.
[97] Vgl. auch *Bassenge/Roth* § 29a FGG Rn. 14; *Bumiller/Winkler* § 29a FGG Rn. 13; *Keidel/Meyer-Holz* Rn. 64; abw. *Bumiller/Harders* Rn. 18.

§ 45 Formelle Rechtskraft

¹ Die Rechtskraft eines Beschlusses tritt nicht ein, bevor die Frist für die Einlegung des zulässigen Rechtsmittels oder des zulässigen Einspruchs, des Widerspruchs oder der Erinnerung abgelaufen ist. ² Der Eintritt der Rechtskraft wird dadurch gehemmt, dass das Rechtsmittel, der Einspruch, der Widerspruch oder die Erinnerung rechtzeitig eingelegt wird.

Schrifttum: *Rothe*, Möglichkeit und Schranken der Abänderung von Entscheidungen der freiwilligen Gerichtsbarkeit, 1964.

I. Allgemeines

1. **Normzweck.** Die Vorschrift ist an keine Vorläuferregelung des FGG angelehnt. Sie entspricht inhaltlich § 705 ZPO[1] und regelt (unvollkommen), zu welchem Zeitpunkt die Endentscheidungen iSv. § 38 Abs. 1 formell rechtskräftig werden, dh. nicht mehr mit **ordentlichen Rechtsmitteln** oder -behelfen angegriffen werden können (vgl. § 19 Abs. 1 EGZPO). Unanfechtbare Beschlüsse des Richters werden sofort formell rechtskräftig. Im Übrigen tritt Rechtskraft grds. erst mit Ablauf der Rechtsmittelfristen ein. Die Möglichkeit zur Wiedereinsetzung (vgl. § 17) bleibt außer Betracht, weil sie die eingetretene Rechtskraft beseitigt (vgl. § 19 Rn. 11). Dem Zeitpunkt der Rechtskraft kommt in bestimmten Fällen **Bedeutung** für das Wirksamwerden eines Beschlusses zu (vgl. § 40 Rn. 8, 11). Außerdem ist die formelle Rechtskraft Voraussetzung für den Eintritt materieller Rechtskraft (vgl. § 48 Rn. 26). Die Vorschrift steht im Zusammenhang mit § 46, der seinerseits die Erteilung eines Zeugnisses über den von § 45 geregelten Zeitpunkt vorsieht.

2. **Anwendungsbereich.** Nach seiner systematischen Stellung bezieht sich § 45 zunächst auf **Beschlüsse** iSv. § 38 Abs. 1, gegen die in Abweichung vom Recht des FGG ausschließlich befristete ordentliche Rechtsmittel statthaft sind. Eine unbefristete Beschwerde ist im FamFG-Verfahren nicht mehr vorgesehen.[2] Darüber hinaus kommt in § 45 ein allgemeiner Rechtsgedanke zum Ausdruck, welcher auch auf sonstige, der formellen Rechtskraft fähige Entscheidungen anwendbar ist (vgl. § 19 Abs. 1 EGZPO). Dies betrifft alle sonstigen Beschlüsse des Gerichts (vgl. Vor §§ 38 ff. Rn. 4), welche entweder unanfechtbar oder nur mit befristeten Rechtsmitteln anfechtbar sind. Geltung beansprucht die Regelung aber auch für als Justizverwaltungsakte (vgl. §§ 23 ff. EGGVG) befristet anfechtbare gerichtliche Verfügungen. Keine Anwendung findet § 45 in Ehesachen nach §§ 121 ff. und Familienstreitsachen nach § 112, für welche § 705 ZPO gilt (vgl. § 113 Abs. 1).

II. Zeitpunkt des Eintritts der Rechtskraft

3. **1. Grundsatz.** Die Vorschrift regelt den Zeitpunkt des Eintritts der formellen Rechtskraft nur unvollständig. In S. 1 wird lediglich bestimmt, vor welchem Zeitpunkt Rechtskraft nicht eintreten kann. S. 2 regelt, wodurch es möglich ist, den Eintritt der Rechtskraft weiter hinauszuzögern. Die **positiven Voraussetzungen** der Rechtskraft werden durch § 45 dagegen nicht geregelt, sondern vorausgesetzt. Von welchen Vorstellungen der Gesetzgeber ausgeht, lässt sich § 19 EGZPO entnehmen. Dessen Inhalt hat der Gesetzgeber § 705 ZPO und nunmehr auch § 45 zugrunde gelegt. Danach ist positive Voraussetzung des Eintritts der formellen Rechtskraft, dass eine gerichtliche Entscheidung mit ordentlichen (befristeten) Rechtsmitteln oder -behelfen nicht mehr angegriffen werden kann.[3] Entscheidend ist dabei, dass diese Voraussetzung im Hinblick auf die **gesamte Entscheidung**, bzgl. aller Verfahrensgegenstände,[4] **umfassend**, dh. aus der Sicht aller Beteiligten, gegeben ist.[5] Dies gilt grds. auch, wenn eine Entscheidung mehrere Verfahrensgegenstände behandelt, an denen jeweils unterschiedliche Personenkreise beteiligt sind. Zwar wird vereinzelt darauf abgestellt, dass einzelne Verfahrensgegenstände rechtskräftig werden können, wenn der Kreis der beschwerdeberechtigten Beteiligten aufteilbar ist.[6] Diese Ansicht verkennt jedoch, dass allein das Rechtsmittelgericht verbindlich über den Kreis der Beschwerdeberechtigten entscheiden kann und

---

[1] *Baumbach/Lauterbach/Hartmann* Rn. 1.
[2] Amtl. Begr. FamFG (BT-Drucks. 16/6308) S. 198; *Zimmermann* FamFG Rn. 144 mit Hinweis auf Ausnahmen.
[3] Vgl. KGJ 32A, 76, 77; KG JFG 13, 245, 246.
[4] Vgl. BGH NJW 1994, 657, 659 und oben § 705 ZPO Rn. 9, 12.
[5] Vgl. *Jansen/v. König* § 31 FGG Rn. 5.
[6] So *Baur*, FGG, § 23 C I 2 b); *Keidel/Kuntze/Winkler/Zimmermann* § 31 FGG Rn. 1; *Keidel/Engelhardt* Rn. 4; vgl. zu einer allerdings überholten Rechtslage auch KG JR 1952, 174.

bis zur Entscheidung des Rechtsmittelgerichts eine mit der Bedeutung der Rechtskraft unvereinbare Unsicherheit besteht (vgl. auch Rn. 4). Nur soweit hinsichtlich eines Verfahrensgegenstands eine Anfechtung endgültig ausgeschlossen ist, tritt Teilrechtskraft ein (vgl. Rn. 9).

2. Nicht rechtsmittelfähige Entscheidungen. Unterliegt eine Entscheidung bereits im Zeitpunkt ihres Erlasses keiner ordentlichen Anfechtungsmöglichkeit, wird sie sofort mit Erlass, dh. dem Verlesen der Beschlussformel oder der Übergabe der Urschrift an die Geschäftsstelle (vgl. § 38 Rn. 27), rechtskräftig.[7] Zu den **ordentlichen Anfechtungsmöglichkeiten** zählen die Beschwerde (vgl. §§ 58 ff.), die (Sprung-)Rechtsbeschwerde (vgl. §§ 70 ff.), jeweils unter Einschluss des Rechts zur Anschließung (vgl. §§ 66, 73),[8] der Einspruch (vgl. §§ 388 Abs. 1, 390), der Widerspruch (vgl. §§ 393 f.) und die Erinnerung (vgl. § 11 Abs. 2 RPflG). **Keine ordentlichen Rechtsbehelfe** sind das Recht zur Wiederaufnahme (vgl. § 48 Abs. 2), die Wiedereinsetzung (vgl. § 17) und die Gehörsrüge (vgl. § 44), welche darauf gerichtet sind, die eingetretene Rechtskraft zu beseitigen.[9] Für die Beantwortung der Frage, ob eine Entscheidung mit ordentlichen Rechtsbehelfen angreifbar ist, muss aus Gründen der Rechtssicherheit eine abstrakte Betrachtung erfolgen. Es kommt darauf an, ob ein Rechtsbehelf schlechthin ausgeschlossen ist.[10] Inwieweit ein Rechtsbehelf insgesamt zulässig wäre, ist ohne Belang. Erst die Entscheidung des Rechtsmittelgerichts schafft hierüber die für den Eintritt der Rechtskraft notwendige Klarheit. Auf Grund von Nichtanfechtbarkeit werden danach **sofort rechtskräftig** zunächst **Rechtsbeschwerdeentscheidungen,** gegen die ein weiteres Rechtsmittel nicht gegeben ist. Sofort rechtskräftig werden außerdem **Beschwerdeentscheidungen,** sofern die Rechtsbeschwerde nicht zugelassen wurde, weil eine Nichtzulassungsbeschwerde nicht vorgesehen ist und kein Prüfungs- oder Entscheidungsspielraum des Rechtsbeschwerdegerichts verbleibt.[11] Generell nicht anfechtbar sind zudem Beschwerdeentscheidungen in einstweiligen Anordnungsverfahren (vgl. § 70 Abs. 4). Nicht zu den keinem Rechtsmittel unterfallenden Entscheidungen zählen die erstinstanzlichen **Beschlüsse iSv. § 38.** Hat den Beschluss der Rechtspfleger erlassen, ist stets entweder die Beschwerde (vgl. §§ 58 ff.) oder jedenfalls die Erinnerung nach § 11 Abs. 2 RPflG statthaft. Aber auch erstinstanzliche Beschlüsse des Richters unterliegen bei abstrakter Betrachtung immer der Beschwerde. Dies gilt auch, sofern die weiteren Voraussetzungen des § 61 im Einzelfall nicht gegeben sind.[12] Erst die Entscheidung des Beschwerdegerichts über den Wert der Beschwer in vermögensrechtlichen Angelegenheit ohne Beschwerdezulassung schafft Klarheit darüber, ob die Beschwerde statthaft war. Vor fruchtlosem Ablauf der Beschwerdefrist kann nicht beurteilt werden, ob und mit welchem Inhalt das Beschwerdegericht den Wert der Beschwer bestimmt. Die für den Eintritt der Rechtskraft erforderliche Sicherheit entsteht in solchen Fällen erst mit Ablauf der Rechtsmittelfrist (vgl. Rn. 6).

3. Rechtsmittelfähige Entscheidungen. a) Grundsatz. Entscheidungen, gegen die ein ordentlicher Rechtsbehelf statthaft ist (vgl. Rn. 4), werden rechtskräftig erst mit fruchtlosem Ablauf der für den Rechtsbehelf laufenden Frist, Verzicht auf den Rechtsbehelf oder rechtskräftiger Entscheidung über den eingelegten Rechtsbehelf.[13]

b) Ablauf der Rechtsbehelfsfrist. Rechtskraft tritt ein mit Ablauf der Rechtsbehelfsfrist, sofern nicht zuvor fristgemäß ein Rechtsbehelf eingelegt wurde (vgl. zur Hemmung Rn. 8 f.). Wird keine Beschwerde eingelegt, werden Beschlüsse iSv. § 38 Abs. 1 **spätestens sechs Monate nach ihrem Erlass** (mündliche Bekanntgabe der Beschlussformel oder Übergabe des Beschlusses an die Geschäftsstelle) rechtskräftig (vgl. § 63 Abs. 3 S. 2). In den Fällen des § 63 Abs. 2 tritt Rechtskraft bereits spätestens nach fünf Monaten und zwei Wochen ein. Im Übrigen ist entscheidend, dass für alle Beteiligten die Rechtsbehelfsfristen abgelaufen sind.[14] Zu berücksichtigen sind dabei nur diejenigen Beteiligten, die gesetzliche Beteiligte iSv. § 7 Abs. 1 sind oder bereits nach § 7 Abs. 2, 3 zum Verfahren tatsächlich hinzugezogen wurden. Wer (zu Unrecht) bislang nicht hinzugezogen wurde, kann zwar ein Rechtsmittel einlegen und zugleich seine Zuziehung beantragen. Nach Eintritt der formellen Rechtskraft für die bereits gesetzlich oder gerichtlich am Verfahren Beteiligten ist dies aber nicht mehr möglich (vgl. Rn. 11). Laufen für die Beteiligten im Hinblick auf unterschiedliche Zeitpunkte der schriftlichen Bekanntgabe unterschiedliche Fristen, tritt Rechtskraft erst mit Ablauf

---

[7] Amtl. Begr. FamFG (BT-Drucks. 16/6308) S. 198; *Schulte-Bunert* Rn. 211.
[8] Vgl. BGH NJW 1994, 657, 659.
[9] Vgl. *Jansen/v. König* § 31 FGG Rn. 5.
[10] Vgl. oben § 705 ZPO Rn. 5 f.
[11] OLG Hamm NJW 1978, 382; aA BGH NJW 1952, 425; KG NJW 1983, 2266.
[12] GmS-OGB NJW 1984, 1027, 1028.
[13] GmS-OGB NJW 1984, 1027, 1028.
[14] Vgl. BGHZ 3, 214; *Baur*, FGG, § 23 C I 2 c); *Jansen/v. König* § 31 FGG Rn. 5; aA BayObLGZ 1960, 110, 118.

der **längstlaufenden Frist** ein. Liegt der hiernach maßgebliche Zeitpunkt vor Ablauf der nach § 63 Abs. 3 S. 2 laufenden Frist, tritt die Rechtskraft früher ein.

7   c) **Verzicht auf den Rechtsbehelf.** Durch einen **Verzicht** (vgl. § 67 Abs. 1) kann bereits vor Ablauf der Rechtsbehelfsfrist der Eintritt der Rechtskraft bewirkt werden.[15] Ein Interesse hieran kann insbesondere in denjenigen Fällen bestehen, in denen ein gerichtlicher Beschluss erst mit Eintritt der Rechtskraft wirksam wird (vgl. § 40 Rn. 8, 11).[16] Rechtskraft tritt infolge eines Verzichts ein, wenn der Verzicht wirksam ist, dh. insbesondere gegenüber dem Gericht (vgl. 67 Abs. 1) und von allen Beteiligten (vgl. Rn. 3) erklärt wurde.[17] Zeitpunkt des Eintritts der Rechtskraft ist der Zugang der Verzichtserklärung des letzten noch ausstehenden Beteiligten.[18]

8   d) **Hemmung durch Rechtsbehelf (S. 2).** Nach S. 2 hemmt die fristgerechte Einlegung eines ordentlichen Rechtsbehelfs den Eintritt der formellen Rechtskraft. Dies gilt auch, wenn der eingelegte **Rechtsbehelf** zwar statthaft, aber im Übrigen **unzulässig** war. Dementsprechend hemmt auch der Rechtsbehelf eines bislang nicht am Verfahren Beteiligten die Rechtskraft, weil er bis zum Eintritt der Rechtskraft seine Zuziehung als Beteiligter beantragen kann (vgl. Rn. 11). Ob ihm die Rechte eines Beteiligten zustehen, klärt verbindlich erst das Gericht, welches über den Rechtsbehelf befindet.

9   Die Hemmungswirkung erstreckt sich auf die angefochtene Entscheidung insgesamt.[19] Sie erfasst wegen der Möglichkeit zur Anschließung nicht nur beschwerende, sondern **auch begünstigende Teile** der Entscheidung.[20] Außerdem erfasst sie im Falle einer **Teilanfechtung** nicht nur die angefochtenen, sondern auch die nicht angefochtenen Entscheidungsgegenstände, weil die Teilanfechtung allein den Anfechtenden nicht bindet.[21] Hat er einen Rechtsbehelf gegen eine Entscheidung ergriffen, kann er den Umfang der Anfechtung bis zum Abschluss des Rechtsbehelfsverfahrens ändern, mithin seine Teilanfechtung erweitern.[22] Eine Erweiterung scheidet nur insoweit aus, als ein Verzicht (vgl. Rn. 7) erklärt wurde. Insoweit ist Teilrechtskraft möglich.[23]

10   Die durch rechtzeitige Einlegung eines statthaften Rechtsbehelfs (vgl. Rn. 8) verursachte **Hemmung** der Rechtskraft **dauert fort** bis zur rechtskräftigen Entscheidung über den Rechtsbehelf,[24] der Rücknahme des Rechtsbehelfs oder eines Verzichts auf den Rechtsbehelf. Im Falle der Abweisung eines Rechtsbehelfs als unzulässig oder der Rücknahme des Rechtsbehelfs gilt dies aber nur, soweit die für den Rechtsbehelf laufende Frist bereits abgelaufen ist, weil anderenfalls der Rechtsbehelf erneut eingelegt werden kann.[25]

III. Folgen des Rechtskrafteintritts

11   Mit Eintritt der formellen Rechtskraft wird das **Verfahren beendet.**[26] Deshalb können ab diesem Zeitpunkt weitere Beteiligte nicht mehr mit dem Ziel zum Verfahren hinzugezogen werden, ihnen die Anfechtung der Entscheidung zu ermöglichen. Die rechtskräftige Entscheidung wird **unangreifbar,** dh. sie kann mit ordentlichen Rechtsbehelfen nicht mehr erfolgreich angefochten und einer Änderung zugeführt werden.[27] Eine **inhaltliche Änderung** der Entscheidung durch das Gericht der ersten Instanz oder ein Rechtsmittelgericht ist nur noch auf Grund Wiedereinsetzung (vgl. § 17), Wiederaufnahme (vgl. § 48 Abs. 2), Gehörsrüge (vgl. § 44) oder im Rahmen eines neuen Verfahrens (vgl. § 48 Abs. 1) möglich, soweit die jeweiligen Voraussetzungen vorliegen und kein Ausschlussgrund (vgl. § 48 Rn. 20ff., 24ff.) besteht. Soweit die **Wirksamkeit einer Entscheidung** abweichend vom Grundsatz des § 40 Abs. 1 (vgl. § 40 Rn. 5) bis zum Eintritt der Rechtskraft hinaus-

---

[15] Amtl. Begr. FamFG (BT-Drucks. 16/6308) S. 198; *Schulte-Bunert* Rn. 211; vgl. KG JFG 12, 69, 71; *Rothe,* Abänderung, S. 133 ff.
[16] Amtl. Begr. FamFG (BT-Drucks. 16/6308) S. 196.
[17] Amtl. Begr. FamFG (BT-Drucks. 16/6308) S. 196; *Jansen/v. König* § 31 FGG Rn. 5; *Schulte-Bunert* Rn. 211.
[18] *Jansen/v. König* § 31 FGG Rn. 5; vgl. auch BGH NJW-RR 1994, 386.
[19] BGH NJW 1994, 657, 659; vgl. auch BGH JZ 1955, 706, 707.
[20] BGH NJW 1994, 657, 659.
[21] Vgl. für Hausratsverfahren BGH JZ 1955, 706, 707; so auch *Jansen/v. König* § 31 FGG Rn. 5 mit dem zutreffenden Hinweis, dass Teilrechtskraft eintritt, sobald eine Erweiterung/Anschließung nicht mehr möglich ist; aA *Baur,* FGG, § 23 C I 2 b); wohl auch *Keidel/Kuntze/Winkler/Zimmermann* § 31 FGG Rn. 3; im Hinblick auf die damals fehlende Möglichkeit zur Anschließung aA auch KG JR 1952, 174.
[22] BGH NJW 1984, 2831, 2832; 1989, 170.
[23] Vgl. *Jansen/v. König* § 31 FGG Rn. 5.
[24] GmS-OGB NJW 1984, 1027, 1028.
[25] Vgl. GmS-OGB NJW 1984, 1027, 1028; *Jansen/v. König* § 31 FGG Rn. 5; oben § 705 ZPO Rn. 13.
[26] KGJ 32A, 76, 78; KG JFG 13, 245, 246; OLG Hamm NJW 1970, 2118; *Brehm* § 17 Rn. 3.
[27] KG JFG 13, 245, 246; OLG Hamm NJW 1970, 2118; BayObLG FGPrax 2003, 199; *Baur,* FGG, § 23 C II.

geschoben ist (vgl. §§ 40 Abs. 2, Abs. 3, 352 Abs. 2 S. 2), tritt die verfahrensrechtliche Wirksamkeit, welche Grundvoraussetzung für ggf. weitergehende Rechtswirkungen ist (vgl. § 40 Rn. 17), zu diesem Zeitpunkt ein. Um dies im Rechtsverkehr nachweisen zu können, sieht § 46 die Möglichkeit vor, sich ein Zeugnis über den Zeitpunkt der Rechtskraft erteilen zu lassen. Weiterhin ist die formelle Rechtskraft Voraussetzung für den Eintritt **materieller Rechtskraft** (vgl. § 48 Rn. 26). Abweichend von § 704 ZPO ist die formelle Rechtskraft keine Voraussetzung der **Vollstreck- bzw. Vollziehbarkeit** einer Entscheidung. Hierfür ist deren Wirksamkeit (vgl. § 40 Rn. 1) ausreichend (vgl. § 86 Abs. 2).

§ 46 Rechtskraftzeugnis

¹ Das Zeugnis über die Rechtskraft eines Beschlusses ist auf Grund der Verfahrensakten von der Geschäftsstelle des Gerichts des ersten Rechtszugs zu erteilen. ² Solange das Verfahren in einem höheren Rechtszug anhängig ist, erteilt die Geschäftsstelle des Gerichts dieses Rechtszugs das Zeugnis. ³ In Ehe- und Abstammungssachen wird den Beteiligten von Amts wegen ein Rechtskraftzeugnis auf einer Ausfertigung ohne Begründung erteilt. ⁴ Die Entscheidung der Geschäftsstelle ist mit der Erinnerung in entsprechender Anwendung des § 573 der Zivilprozessordnung anfechtbar.

I. Allgemeines

1. Normzweck. Die Vorschrift folgt auf § 31 FGG und § 706 Abs. 1 S. 2 ZPO aF und lehnt sich inhaltlich an § 706 Abs. 1 ZPO nF an.[1] Sie regelt die Erteilung des Rechtskraftzeugnisses. Dieses dient dem **Nachweis** des Eintritts der formellen Rechtskraft und ggf. des insoweit maßgeblichen Zeitpunkts.[2] Seine tatsächliche Bedeutung entfaltet es daher dort, wo im Rechtsverkehr an den Eintritt der Rechtskraft besondere Wirkungen anknüpfen. Dies betrifft insbesondere Fälle, in denen die **Wirksamkeit einer Entscheidung** abweichend vom Grundsatz des § 40 Abs. 1 (vgl. § 40 Rn. 5) bis zum Eintritt der Rechtskraft hinausgeschoben ist (vgl. §§ 40 Abs. 2, Abs. 3, 352 Abs. 2 S. 2). Das Rechtskraftzeugnis erlaubt im Rechtsverkehr den Nachweis über die Wirksamkeit des Beschlusses zu führen, indem zB dem Geschäftspartner im Rahmen des § 1829 Abs. 1 S. 2 BGB ein genehmigender Beschluss mit Rechtskraftvermerk mitgeteilt wird.

2. Anwendungsbereich. Nach seiner systematischen Stellung bezieht sich § 46 zunächst auf rechtskraftfähige **Beschlüsse** iSv. § 38 Abs. 1 (vgl. § 45 Rn. 2). Sofern im Einzelfall ein Interesse am Nachweis der formellen Rechtskraft anderer gerichtlicher Entscheidungen bestehen sollte, begegnet es keinen Bedenken, § 46 auch insoweit entsprechend anzuwenden. Keine Anwendung finden § 46 S. 1, 2 in **Ehesachen** nach §§ 121 ff. und **Familienstreitsachen** nach § 112, für welche § 706 ZPO zur Anwendung kommt (vgl. § 113 Abs. 1). Dagegen gelten § 46 S. 3, 4 auch in diesen Verfahren, weil der Gesetzgeber seinen ursprünglichen Missgriff (die für Ehe- und Abstammungssachen in § 706 Abs. 1 S. 2 ZPO aF bestimmte Sondervorschrift wurde einerseits dort gestrichen und in S. 3 überführt, sie fand andererseits nach der ursprünglichen Fassung des § 113 Abs. 1 aber keine Anwendung in Ehesachen) im Rahmen des „FamFG-Reparaturgesetzes"[3] korrigiert hat. Der Anwendungsausschluss des § 113 Abs. 1 bezieht sich nunmehr nur noch auf § 46 S. 1, 2. Die hierdurch entstandene, unübersichtliche Teilverweisung in § 113 Abs. 1 hätte sich vermeiden lassen, wenn im Rahmen der Reparatur konsequent entweder § 706 Abs. 1 ZPO für Ehesachen wieder um den gestrichenen S. 2 ergänzt oder § 46 ebenso wie §§ 38, 39 vollständig in Ehe- und Familienstreitsachen für anwendbar erklärt worden wäre. Beide Wege hätten zum identischen Ergebnis geführt, weil § 46 S. 1, 2 inhaltlich § 706 Abs. 1 ZPO entspricht.[4]

II. Verfahren

1. Antrag. Die Erteilung des Rechtskraftzeugnisses erfolgt ausschließlich auf Antrag und **nicht von Amts wegen.**[5] Dies gilt uneingeschränkt auch in Amtsverfahren und soll die Inanspruchnahme

---

[1] Vgl. Amtl. Begr. FamFG (BT-Drucks. 16/6308) S. 198.
[2] Vgl. *Keidel/Kuntze/Winkler/Zimmermann* § 31 FGG Rn. 4.
[3] Vgl. BT-Drucks. 16/12717 S. 57.
[4] Amtl. Begr. FamFG (BT-Drucks. 16/6308) S. 198.
[5] Vgl. BGH NJW 1960, 671.

§ 46 4, 5

des Gerichts auf die erforderlichen Fälle beschränken. Eine Ausnahme besteht lediglich nach S. 3 in Ehe- und Abstammungssachen. Dort erteilt das Gericht von Amts wegen das Zeugnis. Auch hierfür ist tragend der ökonomische Umgang mit den gerichtlichen Ressourcen. In den Angelegenheiten des S. 3 müssen die Gerichte ohnehin von Amts wegen tätig werden und die Standesämter unterrichten (vgl. Ziffer VII. und XIV. MiZi). Bei dieser Gelegenheit soll das Zeugnis erteilt werden. Ein Vertretungszwang besteht für die Antragstellung nicht. Der erforderliche Antrag bedarf keiner besonderen Form, setzt aber ggf. die Vorlage einer Ausfertigung voraus, wenn auf dieser der Vermerk angebracht werden soll.[6] Möglich ist insoweit aber auch, den Antrag nach § 46 mit einem Antrag auf Erteilung einer Ausfertigung zu verbinden. Schließlich kann ohne Vorlage einer Ausfertigung ein gesondertes Rechtskraftzeugnis beantragt werden (vgl. Rn. 8).

4 **Antragsberechtigt** sind alle **Verfahrensbeteiligten,** dh. die gesetzlichen (vgl. § 7 Abs. 1) sowie die vom Gericht hinzugezogenen Beteiligten (vgl. § 7 Abs. 2, 3).[7] Dass ein Beteiligter auch beschwerdeberechtigt wäre, ist nicht erforderlich.[8] Darüber hinaus entsprach es für § 31 FGG ganz hM, dass auch alle Nichtbeteiligten antragsbefugt sind, soweit für sie ein berechtigtes Interesse an der Zeugniserteilung besteht.[9] Dies umfasst insbesondere alle materiell Beteiligten, die bislang nicht tatsächlich am Verfahren beteiligt wurden. Für § 706 ZPO, an den sich § 46 anlehnt, entspricht es dagegen hM, dass nur die Verfahrensbeteiligten im weiteren Sinne antragsberechtigt sind (str.), weil der Anspruch auf Erteilung eines Rechtskraftzeugnisses Ausfluss des Verfahrensrechtsverhältnisses ist.[10] Richtigerweise sind beide Standpunkte dahingehend zu vereinen, dass auch **nicht am Verfahren beteiligte Dritte** antragsbefugt sind, soweit das Gesetz die Wirkungen des Verfahrensrechtsverhältnisses auf sie erstreckt, dh. ihr Rechtskreis nach Sinn und Zweck der Entscheidung (mit-)betroffen wird („berechtigtes Interesse"). Dadurch wird die in § 46 begründete Amtspflicht[11] sachgerecht konkretisiert. Für Streitsachen bleibt der Kreis der Antragsberechtigten danach regelmäßig auf die Verfahrensbeteiligten beschränkt. Bei Beschlüssen, deren Gegenstand die Genehmigung eines Rechtsgeschäfts ist, erweitert sich der Kreis der Antragsberechtigten zB auf den Geschäftspartner des Vertretenen, um ihm die Prüfung zu ermöglichen, ob die ihm nach § 1829 Abs. 1 S. 2 BGB mitgeteilte Entscheidung wirksam ist (vgl. § 40 Rn. 8 ff.). Eine noch weitergehende Antragsbefugnis kann in Bezug auf Gestaltungsentscheidungen mit Wirkung inter omnes bestehen.

5 **2. Zuständigkeit.** Funktionell zuständig für die Erteilung des Rechtskraftzeugnisses ist der **Urkundsbeamte der Geschäftsstelle.** Nicht zuständig sind der Rechtspfleger oder der Richter. Eine Verletzung der funktionellen Zuständigkeitsverteilung macht den Vermerk allerdings nicht wirkungslos (vgl. § 27 Abs. 1 RPflG). Instanziell ist nach S. 1 das **Gericht des ersten Rechtszugs** zuständig. Dies ist das Gericht, welches erstinstanzlich entschieden hat, unabhängig davon, ob es zuständig war. Die instanzielle Zuständigkeit geht jeweils für die Dauer der dortigen Anhängigkeit auf die höhere Instanz über (vgl. S. 2). Das erlangt Bedeutung vor allem für Zeugnisse über die Teilrechtskraft. Während der Dauer des Beschwerdeverfahrens ist das Beschwerdegericht und während der Dauer des Verfahrens der Rechtsbeschwerde das Rechtsbeschwerdegericht zuständig. Mit Abschluss der jeweiligen Instanz endet die entsprechende Zuständigkeit und geht auf die nächste Instanz über oder fällt auf die erste Instanz zurück. Diese Zuständigkeitsverteilung soll die Praktikabilität des Verfahrens gewährleisten, indem dasjenige Gericht zuständig ist, bei dem sich die Verfahrensakten befinden (vgl. Rn. 6). Dementsprechend ist der Begriff der Anhängigkeit sinngemäß aus der Sicht der Geschäftsstelle zu beurteilen.[12] Entscheidend ist, bei welchem Gericht sich die Akten im Rahmen ordnungsgemäßer Verfahrensführung bestimmungsgemäß befinden. Bis zur Vorlage der Beschwerde beim Beschwerdegericht bleibt daher das Gericht erster Instanz zuständig. Umgekehrt endet die Zuständigkeit des Rechtsmittelgerichts erst mit ordnungsgemäßem Aktenrücklauf nach Abschluss des Verfahrens.[13]

---

[6] Vgl. oben § 706 ZPO Rn. 2.
[7] Vgl. *Keidel/Kuntze/Winkler/Zimmermann* § 31 FGG Rn. 11; *Keidel/Engelhardt* § 46 Rn. 5.
[8] *Brehm* § 17 Rn. 4; *Bumiller/Harders* § 46 Rn. 5; *Keidel/Kuntze/Winkler/Zimmermann* § 31 FGG Rn. 11.
[9] *Bumiller/Harders* § 46 Rn. 5; *Keidel/Kuntze/Winkler/Zimmermann* § 31 FGG Rn. 11.
[10] Vgl. oben § 706 ZPO Rn. 2; aA *Baumbach/Lauterbach/Hartmann* § 706 ZPO Rn. 7.
[11] Vgl. BGH NJW 1960, 671.
[12] BGH WM 1956, 390, 391.
[13] BGH WM 1956, 390, 391.

III. Entscheidung

1. Prüfung durch den Urkundsbeamten. Der Urkundsbeamte prüft und entscheidet selbständig. Gegenstand seiner Prüfung ist zunächst die **Zulässigkeit des Antrags,** insbesondere die Antragsberechtigung des Antragstellers. Keine zusätzliche Voraussetzung ist, dass der Antragsteller ein konkretes Interesse an dem Zeugnis darlegt.[14] Im Einzelfall kann einem Antrag das Rechtsschutzbedürfnis fehlen, bspw. wenn einem Antragsteller bereits ein Rechtskraftzeugnis erteilt wurde.[15] Ist der Antrag zulässig, prüft der Urkundsbeamte die **Begründetheit** des Antrags. Dies umfasst die Überprüfung anhand der Verfahrensakten, ob die Entscheidung formell rechtskräftig ist.[16] Geben die Akten hierüber keine erschöpfende Auskunft, kommen die Hinweispflicht des Gerichts (vgl. § 28 Abs. 1) sowie dessen Untersuchungspflicht (vgl. § 26 Rn. 6 ff.) zum Tragen. Das Gericht muss danach von Amts wegen ermitteln; die Beteiligten treffen jedoch Mitwirkungspflichten. Solange sich der Eintritt der Rechtskraft nicht **zweifelsfrei feststellen** lässt, darf ein Rechtskraftzeugnis nicht erteilt werden.

Rechtskraftzeugnisse sind nach Vorstehendem ohne weitere Prüfung zu erteilen bei Entscheidungen, die mit ihrem Erlass rechtskräftig werden (§ 45 Rn. 4). Im Übrigen muss geprüft werden, ob seitens aller Beteiligten die für einen Rechtsbehelf laufende Frist fruchtlos abgelaufen ist, ein Rechtsmittelverzicht erklärt oder rechtskräftig über den eingelegten Rechtsbehelf entschieden wurde.[17] **Rechtsmittelverzicht** und rechtskräftige **Entscheidung über einen eingelegten Rechtsbehelf** lassen sich ohne Schwierigkeiten feststellen. Dies gilt ebenfalls für die nach § 63 Abs. 3 S. 2 anlaufende Beschwerdefrist. Soweit im Übrigen jedoch die für **Rechtsbehelfe** laufenden **Fristen** an die schriftliche Bekanntgabe einer Entscheidung anknüpfen, lässt sich der für die Fristberechnung notwendige Fristbeginn nur feststellen, soweit die Entscheidung zugestellt wurde (vgl. § 41 Rn. 5 f.). In Bezug auf diejenigen Beteiligten, denen eine Entscheidung nicht zugestellt wird, lässt sich der Verfahrensakte nicht der Beginn der Rechtsbehelfsfrist entnehmen. Gleichwohl muss auch aus deren Sicht Rechtskraft eingetreten sein (vgl. § 45 Rn. 3). Hierbei kann nicht auf die **Vermutung** des § 15 Abs. 2 S. 2 (vgl. § 15 Rn. 14 f.) abgestellt werden, welche im Hinblick auf ihre Widerleglichkeit nicht die für die Feststellung der Rechtskraft und die hieran anknüpfenden Folgen ausreichende Verlässlichkeit bietet. Abhilfe ist dadurch möglich, dass der Urkundsbeamte sich den Zeitpunkt der jeweiligen schriftlichen Bekanntgabe von den Beteiligten zu den Akten bestätigen lässt, die Beteiligten einen Rechtsmittelverzicht erklären oder das Gericht eine förmliche Zustellung nachschiebt.

2. Form und Inhalt der Entscheidung. Gelangt der Urkundsbeamte im Rahmen seiner Prüfung eines zulässigen Antrags zu dem Ergebnis, dass die Entscheidung rechtskräftig ist, **muss** er das Rechtskraftzeugnis **erteilen.**[18] Wenn die Entscheidung noch nicht rechtskräftig oder der Antrag unzulässig ist (vgl. Rn. 6), weist ihn der Urkundsbeamte zurück. Dies geschieht in Beschlussform oder durch schlichte Mitteilung. Eine Kostenentscheidung trifft der Urkundsbeamte weder bei Erteilung des Rechtskraftzeugnisses noch im Falle der Ablehnung. Liegen die Erlassvoraussetzungen vor, bescheinigt er den Eintritt der Rechtskraft in der Regel auf der vom Antragsteller vorgelegten **Entscheidungsausfertigung.**[19] Der Wortlaut des auf der Ausfertigung anzubringenden Vermerks lautet: *„Vorstehender Beschluss ist rechtskräftig".* Im Allgemeinen braucht der Tag des Rechtskrafteintritts nicht vermerkt zu werden. Das Rechtskraftzeugnis kann aber auch in Form einer separaten Bescheinigung erteilt werden. Das Zeugnis ist jeweils zu datieren und vom Urkundsbeamten mit dem Zusatz *„als Urkundsbeamter der Geschäftsstelle"* zu unterschreiben.

Ist eine Entscheidung teilweise rechtskräftig (vgl. § 45 Rn. 3), ist ein entsprechendes **Teilrechtskraftzeugnis** zu erteilen. Soweit dem Urkundsbeamten der Geschäftsstelle bei Erteilung des Rechtskraftzeugnisses Umstände bekannt sind, die zur Beseitigung der Rechtskraft führen können (Wiederaufnahmeantrag, Wiedereinsetzungsantrag, Gehörsrüge), sollte er hierauf in seinem Vermerk hinweisen. Eine Amtspflicht zu einem entsprechend einschränkenden Hinweis besteht jedoch nicht.

Für **Ehe- und Abstammungssachen** (vgl. hierzu auch oben Art. 39 EheGVO Rn. 1 ff.) schreibt S. 3 vor, dass das Rechtskraftzeugnis zum Schutz der Persönlichkeit der Beteiligten auf einer Ausfertigung ohne Begründung erteilt wird. Dies gilt allerdings nur für die von Amts wegen erteilten Zeugnisse. Auf Antrag eines Beteiligten kann diesem ein Rechtskraftzeugnis auch auf einer vollständigen Ausfertigung oder durch einen gesonderten Vermerk erteilt werden. Außerdem ist in

---

[14] Vgl. *Keidel/Kuntze/Winkler/Zimmermann* § 31 FGG Rn. 12; oben § 706 ZPO Rn. 4.
[15] AA oben § 706 ZPO Rn. 4.
[16] Vgl. oben § 706 ZPO Rn. 4.
[17] Vgl. GmS-OGB NJW 1984, 1027, 1028.
[18] *Keidel/Kuntze/Winkler/Zimmermann* § 31 FGG Rn. 12.
[19] Vgl. oben § 706 ZPO Rn. 5.

Ehesachen nach § 38 Abs. 5 lit. c AktO neben dem Eintritt der Rechtskraft auch der Zeitpunkt anzugeben („... *rechtskräftig seit* ...").

11 **3. Wirkungen des Zeugnisses.** Mit dem Rechtskraftzeugnis kann im Rechtsverkehr durch Vorlage einer öffentlichen Urkunde der **Nachweis** des Eintritts der formellen Rechtskraft sowie ggf. des Eintrittszeitpunkts geführt werden. Das Rechtskraftzeugnis stellt dagegen **nicht bindend** fest, dass Rechtskraft eingetreten ist.[20] Der Gegenbeweis bleibt dementsprechend nach § 418 Abs. 2 ZPO möglich. Hat ein zu Unrecht erteiltes Zeugnis das Vertrauen des Rechtsverkehrs enttäuscht, können dem Geschädigten **Amtshaftungsansprüche** zustehen. Dies gilt aber nur, soweit der Geschädigte zum Kreis der durch die Amtspflicht zur Prüfung der Voraussetzungen der Zeugniserteilung Geschützten zählt.[21] Dieser Kreis entspricht dem Kreis der Antragsberechtigten (vgl. Rn. 4).[22]

IV. Rechtsbehelfe und Kosten

12 **1. Rechtsbehelfe (S. 4).** Die Entscheidung des Urkundsbeamten ist nicht mit der Beschwerde nach §§ 58 ff. oder nach §§ 567–572 ZPO anfechtbar. Vorrangiger Rechtsbehelf gegen die Erteilung eines Zeugnisses sowie gegen dessen Versagung ist vielmehr die **Erinnerung** in entsprechender Anwendung des **§ 573 Abs. 1 ZPO**, dh. die Anrufung des Gerichts, dessen Urkundsbeamter tätig geworden ist. Erinnerungsbefugt ist der jeweils Beschwerte. Erst die Entscheidung des Gerichts über die Erinnerung ist der **Beschwerde** zugänglich, wenn das Gericht die Ablehnung bestätigt oder die Erteilung aufhebt.[23] Das Beschwerdeverfahren richtet sich nach §§ 567–572 ZPO und nicht nach §§ 58 ff. Die Beschwerde nach §§ 58 ff. ist Endentscheidungen vorbehalten. Verfahrensrechtliche Entscheidungen werden dagegen im Rahmen des FamFG mit der ZPO-Beschwerde angefochten (vgl. zB §§ 6 Abs. 2, 7 Abs. 5, 21 Abs. 2, 33 Abs. 3 S. 5).[24] Entscheidet über die Erinnerung bereits das Beschwerde- oder Rechtsbeschwerdegericht, findet gegen die Erinnerungsentscheidung keine Beschwerde statt. Gegen Entscheidungen des Beschwerdegerichts ist unter den Voraussetzungen des § 574 Abs. 1 S. 1 Nr. 2 allerdings die Rechtsbeschwerde statthaft.

13 **2. Kosten.** Die Erteilung des Rechtskraftzeugnisses erfolgt **gerichtsgebührenfrei**. Die Inanspruchnahme des Gerichts ist durch die etwaige Verfahrensgebühr des vorausgegangenen Erkenntnisverfahrens auch dann abgegolten, wenn Dritte das Zeugnis beantragen. Dies gilt auch für das Verfahren über die Erinnerung. Beschwerde- und Rechtsbeschwerdeverfahren folgen den entsprechenden Gebührenregelungen. **Anwaltsgebühren** entstehen für den Antrag auf Erteilung des Zeugnisses grds. ebenso wenig wie für das Erinnerungsverfahren. Die Tätigkeit des Anwalts ist mit der Verfahrensgebühr abgegolten (vgl. § 19 Abs. 1 S. 2 Nr. 9 RVG). Wird der Rechtsanwalt ausschließlich bei der Erteilung des Rechtskraftzeugnisses tätig, erhält er eine 0,3-Gebühr (vgl. Nr. 3404 VV RVG), die sich bei Durchführung eines Erinnerungsverfahrens auf eine 0,8-Gebühr (vgl. Nr. 3403 VV RVG) erhöht. Im Beschwerdeverfahren fallen für die Rechtsanwälte stets eigenständige Gebühren nach den insoweit maßgeblichen Tatbeständen an.

§ 47 Wirksam bleibende Rechtsgeschäfte

Ist ein Beschluss ungerechtfertigt, durch den jemand die Fähigkeit oder die Befugnis erlangt, ein Rechtsgeschäft vorzunehmen oder eine Willenserklärung entgegenzunehmen, hat die Aufhebung des Beschlusses auf die Wirksamkeit der inzwischen von ihm oder ihm gegenüber vorgenommenen Rechtsgeschäfte keinen Einfluss, soweit der Beschluss nicht von Anfang an unwirksam ist.

Schrifttum: *Dorndorf,* Rechtsbeständigkeit von Entscheidungen und Wiederaufnahme des Verfahrens in der freiwilligen Gerichtsbarkeit, 1969; *Habscheid,* Fehlerhafte Entscheidungen im Verfahren der Freiwilligen Gerichtsbarkeit, NJW 1966, 1787.

---

[20] *Rosenberg/Schwab/Gottwald* § 149 Rn. 18.
[21] BGH NJW 1960, 671.
[22] BGH NJW 1960, 671.
[23] Vgl. OLG Bamberg FamRZ 1983, 519 (zu § 576 ZPO aF) und oben § 706 ZPO Rn. 10: Keine Beschwerde gegen die Erteilung durch das Gericht.
[24] Vgl. Amtl. Begr. FamFG (BT-Drucks. 16/6308) S. 192.

I. Allgemeines

1. Normzweck. Die Vorschrift entspricht trotz kleinerer Abweichungen im Wortlaut inhaltlich 1
§ 32 FGG, der im Sinne der Regelung des § 47 ausgelegt wurde.[1] Sie löst das Spannungsverhältnis
zwischen dem Vertrauen in die **Sicherheit des Rechtsverkehrs** einerseits und den im Zusammenhang mit der Erweiterung rechtlicher Handlungsmacht zu berücksichtigenden materiellen Interessen andererseits, indem sie dem Verkehrsschutz auf der Ebene des **materiellen Rechts**[2] grds. Vorrang einräumt. Auf Grund ihres materiell-rechtlichen Regelungsgehalts können der Vorschrift keine Aussagen über die verfahrensrechtlichen Wirkungen einer Beschlussaufhebung entnommen werden.[3] Zum Schutz des Rechtsverkehrs werden die auf Grund eines Beschlusses bereits erzeugten materiell-rechtlichen Wirkungen von den Wirkungen einer verfahrensrechtlich rückwirkenden Aufhebung befreit. Verwandt mit § 47 ist die Vorschrift des § 306 (vgl. § 306 Rn. 1), welche im umgekehrten Fall zum Schutz des Rechtsverkehrs klarstellt, dass entgegen einer durch Beschluss angeordneten Beschränkung vorgenommene Rechtsgeschäfte im Falle der rückwirkenden Aufhebung der Beschränkung materiell-rechtlich wirksam sind (vgl. Rn. 15). Einen mit § 47 vergleichbaren Schutzzweck verfolgt § 48 Abs. 3 in Bezug auf die gerichtliche Genehmigung einer Rechtshandlung (vgl. § 48 Rn. 1). Im Unterschied zu § 47 gewährleistet § 48 den Verkehrsschutz nicht auf der Ebene des materiellen Rechts, sondern auf der Ebene des **Verfahrensrechts,** indem er eine Aufhebung derartiger Beschlüsse ausschließt.

Grundlage der Regelung ist, dass die Aufhebung eines Beschlusses im Rahmen seiner Anfechtung 2
grds. rückwirkend seine verfahrensrechtliche Wirksamkeit beseitigt.[4] Hierdurch entfiele zugleich rückwirkend die Grundlage dafür, dass der Beschluss die von ihm intendierten materiell-rechtlichen Wirkungen zeitigt (vgl. § 40 Rn. 17). Dies wiederum gefährdet den **Rechtsverkehr,** der sich auf die bereits erzeugten Wirkungen der Entscheidung verlässt, welche bis zur Aufhebung des Beschlusses faktisch bestanden. Bei Beschlüssen, welche konstitutiv die Rechtsmacht eines Beteiligten erweitern, führte die rückwirkende Aufhebung zum rückwirkenden Entzug der Rechtsmacht. Der Handelnde würde zum rechtsmachtlos Handelnden. Dies tangiert nicht nur die Interessen des Geschäftspartners, sondern ggf. auch seine eigenen (vgl. zB § 179 BGB). Überdies würde ihm die Ausübung seiner Rechtsmacht erschwert, soweit Geschäftspartner einen Geschäftsabschluss auf unsicherer Rechtsgrundlage ablehnen. Diese **Unsicherheiten räumt § 47 aus,** indem er vorsieht, dass eine rückwirkende Aufhebung des Beschlusses von ihm bereits ausgelöste materiell-rechtliche Folgen unberührt lässt. Die hinter den Verkehrsschutz zurücktretenden Interessen des Betroffenen können theoretisch durch Amtshaftungsansprüche ausgeglichen werden.[5] Soweit der Beschluss bis zu seiner Aufhebung noch keine materiell-rechtlichen Wirkungen gezeigt hat, weil die Rechtsmacht nicht ausgeübt wurde oder der Beschluss infolge anfänglicher Unwirksamkeit (vgl. Rn. 14) nie wirksam geworden ist, beschränkt § 47 die Aufhebungsfolgen nicht, selbst wenn im Einzelfall schutzwürdiges Vertrauen Dritter entstanden sein sollte.

2. Anwendungsbereich. Anwendbar ist § 47 auf alle Beschlüsse iSv. § 38 Abs. 1. In Ehesachen 3
nach §§ 121 ff. und Familienstreitsachen nach § 112 schließt § 113 Abs. 1 seine Anwendung aus.

II. Ungerechtfertigter Beschluss

1. Tatbestandsvoraussetzungen. a) Erweiterung der Rechtsmacht. Jemand muss die Fähig- 4
keit oder Befugnis zur Vornahme eines Rechtsgeschäfts oder zur Entgegennahme einer Willenserklärung erlangen (vgl. Rn. 5 f.). Hierzu gehört nicht die Aufhebung des Entzugs entsprechender Befugnisse (vgl. Rn. 15). Erfasst werden danach gestaltende Beschlüsse, welche die aktive oder passive **Rechtsmacht eines Beteiligten** konstitutiv **erweitern,** sei es, indem sie die Befugnis zum Handeln in fremdem Namen begründen (Vertretung, vgl. Rn. 6) oder die Wirkungen des Handelns im eigenen Namen auffüllen (vgl. Rn. 5). Keine Anwendung findet § 47 auf Beschlüsse, deren Gegenstand die Genehmigung eines Rechtsgeschäfts durch das Gericht ist (vgl. § 40 Rn. 8 f.). Diese be-

---

[1] Amtl. Begr. FamFG (BT-Drucks. 16/6308) S. 198; vgl. zu § 32 FGG *Keidel/Kuntze/Winkler/Zimmermann* § 32 FGG Rn. 8.
[2] Vgl. KG NJW 1971, 53; *Baumbach/Lauterbach/Hartmann* Rn. 1; *Habscheid* NJW 1966, 1787, 1788.
[3] *Jansen/v. König* § 32 FGG Rn. 1; aA BGH NJW 1963, 759, 759 f.
[4] KG FamRZ 1970, 672, 673; OLG Köln FamRZ 1995, 1086; vgl. auch *Bassenge/Roth* § 26 FGG Rn. 13; *Dorndorf,* Rechtsbeständigkeit, S. 157 f.
[5] Vgl. *Zimmermann* FamFG Rn. 115.

gründen weder die Befugnis zum Handeln in fremdem Namen noch füllen sie die Wirkungen des Handelns im eigenen Namen auf. Vielmehr bestätigen sie die Ausübung der bereits bestehenden Rechtsmacht und finden in § 48 Abs. 3 eine eigenständige Regelung.

5   Die Rechtsmacht erweitern zunächst Beschlüsse, durch die jemand die bislang nicht bestehende Fähigkeit erlangt, in eigenem Namen rechtswirksam zu handeln. Dies betrifft zunächst Fällen, in denen nicht voll **Geschäftsfähigen** für einen Teilbereich volle Rechtsmacht in eigenen Angelegenheiten eingeräumt wird (vgl. §§ 113 Abs. 3, 1303 Abs. 2, 1315 Abs. 1 S. 3 BGB). Entgegen hM[6] zählt hierzu allerdings nicht § 112 Abs. 1 BGB, weil der Minderjährige seine Fähigkeit nicht durch das Gericht, sondern durch die gerichtlich genehmigte Ermächtigung seines gesetzlichen Vertreters erlangt. Dies unterfällt § 48 Abs. 3. Zu einer Erweiterung der Rechtsmacht führen zudem die Suspendierung **familienrechtlicher Beschränkungen** der eigenen Handlungsmacht durch Ersetzung notwendiger Zustimmungen (vgl. §§ 1365 Abs. 2, 1369 Abs. 2, 1426, 1430, 1618 S. 4 BGB). Schließlich wird aber auch die Wiederherstellung des Rechts erfasst, durch ein Handeln in eigenem Namen einen Dritten zu binden (**Verpflichtungsermächtigung**, vgl. § 1357 Abs. 2 BGB).

6   Außerdem unterfallen § 47 Beschlüsse, durch die jemand die zuvor nicht bestehende Befugnis erlangt, im Namen eines Anderen mit Wirkungen für diesen rechtswirksam zu handeln. Hierher gehören zunächst die Fällen, in denen ein **Amt übertragen** wird, an dessen Innehabung Vertretungsbefugnisse anknüpfen. Dies betrifft die Bestellung als Vormund (vgl. § 1789 BGB), Betreuer (vgl. § 1896 Abs. 1 BGB), Pfleger (vgl. §§ 1915 Abs. 1, 1789 BGB), Nachlasspfleger (vgl. § 1960 f. BGB), Nachlassverwalter (vgl. § 1984 BGB), Testamentsvollstrecker (vgl. § 2200 BGB), Vorstandsmitglied (§ 29 BGB,[7] § 85 Abs. 1 AktG), Aufsichtsrat (§ 104 AktG), Liquidator (§ 48 BGB, § 146 Abs. 2 HGB, §§ 265 Abs. 3, 273 Abs. 4 AktG, § 66 Abs. 2 GmbHG, § 83 Abs. 3 GenG), Nachtragsliquidator oder besonderer Vertreter (vgl. § 147 Abs. 2 AktG, § 1141 Abs. 2 BGB, § 16 VwVfG, § 207 BauGB, § 15 SGB X). Hierzu zählt aber auch die Eröffnung von Vertretungsbefugnissen durch verbindliche Entscheidung von **Meinungsverschiedenheiten mehrerer Vertreter** (vgl. §§ 1628, 1630, 1797 Abs. 1 S. 2, 1798, 2224 Abs. 1 S. 1 BGB). Entsprechende Anwendung findet § 47 auf die Bestellung eines Abschlussprüfers (vgl. § 318 Abs. 3 HGB) in Bezug auf dessen Testat.[8]

7   **b) Durch Beschluss.** Die Erweiterung der Rechtsmacht (vgl. Rn. 4 ff.) muss durch den Beschluss erfolgt sein. Der Beschluss muss rechtsgestaltende und nicht bloß deklaratorische Wirkung haben. Die Erweiterung muss durch ihn und nicht auf anderem Weg begründet werden. Deshalb gilt § 47 nicht für § 112 Abs. 1 BGB,[9] weil der Minderjährige seine Rechtsmacht durch seinen gesetzlichen Vertreter und nicht durch das Gericht erlangt. Dass die Beteiligten auf den Fortbestand des Beschlusses und seiner Wirkungen vertrauen, ist nicht erforderlich.[10]

8   Seine Gestaltungswirkungen kann der jeweilige Beschluss zunächst nur entfalten, wenn er verfahrensrechtlich **wirksam geworden** ist (vgl. § 40 Rn. 17).[11] Solange ein Beschluss noch nicht verfahrensrechtlich wirksam ist, weil er zB noch nicht rechtskräftig geworden ist und das Gericht nicht seine sofortige Wirksamkeit angeordnet hat (vgl. § 40 Abs. 3), konnte er die Rechtsmacht des Handelnden noch nicht erweitern. Das Vertrauen des Rechtsverkehrs in die Entscheidung muss noch nicht geschützt werden. Dies gilt auch dann, wenn die Beteiligten gutgläubig davon ausgehen, der Beschluss sei wirksam geworden.

9   Außerdem gewährt § 47 Vertrauensschutz nur für **bloß unberechtigte,** nicht aber für anfänglich unwirksame (vgl. Rn. 14) Beschlüsse.[12] Die Vorschrift knüpft daher an die Unterscheidung wirksamer, aber anfechtbarer und unwirksamer Beschlüsse an (vgl. Vor §§ 38 ff. Rn. 10 ff.). Liegt ein Nichtbeschluss (vgl. Vor §§ 38 ff. Rn. 12) vor oder ist ein Beschluss auch ohne Aufhebung (vgl. Rn. 10) auf Grund eines Rechtsfehlers anfänglich unwirksam (vgl. Vor §§ 38 ff. Rn. 13 ff.), konnte er zu keinem Zeitpunkt verfahrensrechtliche Wirksamkeit erlangen. Der Verkehrsschutz tritt hinter den Schutz des Selbstbestimmungsrechts des Vertretenen oder den Schutz des Handelnden selbst (zB Minderjährigenschutz, Schutz familienrechtlicher Interessen) zurück.

---

[6] *Bassenge/Roth* § 32 FGG Rn. 1; *Jansen/v. König* § 32 FGG Rn. 3; *Keidel/Kuntze/Winkler/Zimmermann* § 32 FGG Rn. 4; *Keidel/Engelhardt* Rn. 6.
[7] BayObLG NJW-RR 1992, 787.
[8] OLG Düsseldorf FGPrax 1996, 155; *Jansen/v. König* § 32 FGG Rn. 9.
[9] AA *Bassenge/Roth* § 32 FGG Rn. 1; *Jansen/v. König* § 32 FGG Rn. 3; *Keidel/Kuntze/Winkler/Zimmermann* § 32 FGG Rn. 4; *Keidel/Engelhardt* Rn. 6.
[10] *Bassenge/Roth* § 32 FGG Rn. 3.
[11] *Keidel/Kuntze/Winkler/Zimmermann* § 32 FGG Rn. 2.
[12] BGH NJW 1963, 759; 1998, 609, 611; *Bassenge/Roth* § 32 FGG Rn. 6; *Keidel/Kuntze/Winkler/Zimmermann* § 32 FGG Rn. 8.

c) **Aufhebung des Beschlusses.** Die Vorschrift greift ein, wenn ein zunächst verfahrensrechtlich **10** wirksam gewordener Beschluss **rückwirkend aufgehoben** wird. Sie gilt danach sowohl für die Aufhebung im Rechtsmittelverfahren, nach Wiedereinsetzung, Wiederaufnahme oder Gehörsrüge.[13] Dagegen findet die Vorschrift in Ermangelung eines Regelungsbedürfnisses keine Anwendung, wenn mit Wirkung für die Zukunft ein Beschluss nach § 48 Abs. 1 abgeändert oder die erteilte Rechtsmacht im Rahmen eines neuen Verfahrens entzogen wird.

2. Rechtsfolgen. a) Allgemein. In seiner Rechtsfolge schützt § 47 das Vertrauen des Rechts- **11** verkehrs (nur) in die Rechtsbeständigkeit der gerichtlichen Entscheidung. Dies erreicht die Vorschrift, indem sie die in ihrem Eintritt von der verfahrensrechtlichen Wirksamkeit abhängigen materiell-rechtlichen Folgen der Rechtsmachterweiterung vom Fortbestand der verfahrensrechtlichen Wirksamkeit unabhängig macht. Der rückwirkende Wegfall der verfahrensrechtlichen Wirksamkeit lässt die in der Vergangenheit unter Inanspruchnahme der eingeräumten Rechtsmacht bewirkten Rechtsfolgen unberührt. Materiell-rechtlich sollen die Beteiligten so stehen, als sei der Beschluss verfahrensrechtlich nur **mit Wirkung für die Zukunft aufgehoben** worden. Dagegen schützt § 47 nicht generell das Vertrauen in die Wirksamkeit der unter Ausnutzung der eingeräumten Rechtsmacht getätigten Rechtsgeschäfte. Soweit diese an sonstigen Unwirksamkeitsmängeln leiden, bleiben sie trotz § 47 unwirksam.

b) Mehrere Zuständigkeiten. Die Anwendung des § 47 kann im Einzelfall zu einer Vervielfälti- **12** gung von Zuständigkeiten führen. Dies ist zB der Fall, wenn die Erlangung der Rechtsmacht mit dem Entzug der Rechtsmacht (vgl. Rn. 15) eines Anderen zusammenfällt und beide Entscheidungen anschließend aufgehoben werden. Wurde bspw. die Bestellung eines Betreuers aufgehoben und ein anderer Betreuer bestellt (vgl. § 1908c BGB) und werden anschließend Aufhebung und Neubestellung rechtskräftig aufgehoben,[14] war der ursprünglich bestellte Betreuer durchgängig Betreuer und der neu bestellte Betreuer war im Zeitraum zwischen seiner Bestellung und der Aufhebung seiner Bestellung auch wirksam bestellter Betreuer. Für den Zeitraum, in dem eine Mehrheit an Vertretern besteht, sind diese zur **Gesamtvertretung** berechtigt, mit der Folge, dass sie nur gemeinsam rechtlich handeln können, soweit Gesetz oder Rechtsgeschäft dies anordnen (vgl. zB §§ 1899 Abs. 3 S. 1, 2224 Abs. 1 S. 1 BGB,).[15]

Soweit keine Gesamtzuständigkeit mehrerer Vertreter angeordnet ist oder die Zuständigkeit eines **13** Vertreters neben der eigenen Zuständigkeit des Vertretenen besteht, können alle Handlungsbefugten jeweils allein rechtlich wirksam handeln. Werden hierdurch sich **widersprechende Rechtsgeschäfte** vorgenommen, sind diese im Grundsatz alle insoweit wirksam als wären sie von einem einzigen Handelnden vorgenommen worden.[16] Für Verfügungsgeschäfte gilt dabei der Prioritätsgrundsatz, weshalb allein die Verfügung mit Priorität erfolgreich ist und die übrigen Verfügungen an der fehlenden Verfügungsbefugnis scheitern.[17]

III. Anfänglich unwirksamer Beschluss

Vom Vertrauensschutz ausdrücklich ausgenommen sind anfänglich unwirksame (nichtige) Be- **14** schlüsse (vgl. Rn. 2), selbst wenn die Beteiligten die Unwirksamkeit nicht erkennen konnten. Die Abwägung des Vertrauensschutzes der Beteiligten mit den übrigen beteiligten Interessen hat in diesem Fall bereits bei der Prüfung eines anfänglichen Unwirksamkeitsgrunds stattgefunden und sperrt eine Bewertung auf der Grundlage des § 47. Ist der Beschluss anfänglich unwirksam, hat der Handelnde **zu keinem Zeitpunkt eine Erweiterung seiner Rechtsmacht erlangt.** Er hat ohne Rechtsmacht gehandelt. Ist er in eigenem Namen tätig geworden, bleibt seinen rechtsgeschäftlichen Handlungen die Anerkennung verwehrt. Hat er in fremdem Namen gehandelt, war er ohne Vertretungsmacht tätig (vgl. §§ 177 ff. BGB).

IV. Entzug einer Rechtsmacht

Keine Regelung durch § 47 erfährt die rückwirkende **Aufhebung des Entzugs einer Rechts-** **15** **macht,**[18] welche in ihren Wirkungen auf den Rechtsverkehr allerdings ein vergleichbares Regelungsbedürfnis auslöst. Für die Aufhebung des Einwilligungsvorbehalts trifft § 306 eine ausdrückliche

---

[13] *Keidel/Kuntze/Winkler/Zimmermann* § 32 FGG Rn. 9; *Keidel/Engelhardt* Rn. 5.
[14] Vgl. OLG Köln FamRZ 1995, 1086.
[15] Vgl. OLG Köln FamRZ 1995, 1086, 1086 f.
[16] *Bassenge/Roth* § 32 FGG Rn. 4.
[17] *Bassenge/Roth* § 32 FGG Rn. 4.
[18] Vgl. BayObLG NJW 1959, 1920, 1921; OLG Köln FamRZ 1995, 1086; *Jansen/v. König* § 32 FGG Rn. 8.

Regelung, welche klarstellt, dass der verfahrensrechtlich rückwirkenden Aufhebung auch materiellrechtlich Rückwirkung zukommt (vgl. § 306 Rn. 4). Dieser Grundsatz gilt in entsprechender Anwendung auch über § 306 hinaus, was bereits bislang aus einer umgekehrt analogen Anwendung des § 32 FGG abgeleitet wurde.[19] Wurde bspw. im Beschwerdeverfahren die Bestellung eines Vertreters aufgehoben und die Aufhebungsentscheidung nachfolgend ihrerseits aufgehoben, lebt die Rechtsmacht des Vertreters rückwirkend auf den Zeitpunkt seiner Bestellung wieder auf. Rechtsgeschäfte, die zwischen Entzug der Rechtsmacht und der Aufhebung ihres Entzugs getätigt werden, sind – vorbehaltlich sonstiger Unwirksamkeitsgründe – wirksam. Die Aufhebung des Entzugs schafft einen Zustand, als sei der Entzug nie erfolgt.[20]

§ 48 Abänderung und Wiederaufnahme

(1) ¹Das Gericht des ersten Rechtszugs kann eine rechtskräftige Endentscheidung mit Dauerwirkung aufheben oder ändern, wenn sich die zugrunde liegende Sach- oder Rechtslage nachträglich wesentlich geändert hat. ²In Verfahren, die nur auf Antrag eingeleitet werden, erfolgt die Aufhebung oder Abänderung nur auf Antrag.

(2) Ein rechtskräftig beendetes Verfahren kann in entsprechender Anwendung der Vorschriften des Buches 4 der Zivilprozessordnung wiederaufgenommen werden.

(3) Gegen einen Beschluss, durch den die Genehmigung für ein Rechtsgeschäft erteilt oder verweigert wird, findet eine Wiedereinsetzung in den vorherigen Stand, eine Rüge nach § 44, eine Abänderung oder eine Wiederaufnahme nicht statt, wenn die Genehmigung oder deren Verweigerung einem Dritten gegenüber wirksam geworden ist.

Schrifttum: *Bonvie,* Änderung von Entscheidungen der freiwilligen Gerichtsbarkeit, 1982; *Bork,* Die Erneuerung der Freiwilligen Gerichtsbarkeit aus deutscher Sicht, ZZP 117 (2004), 399; *Bötticher,* Abänderbarkeit und Rechtskraft im Funktionsbereich der Freiwilligen Gerichtsbarkeit, JZ 1956, 582; *Brehm,* Der Allgemeine Teil des Referentenentwurfs eines Gesetzes zur Reform des Verfahrens in Familiensachen und in den Angelegenheiten der freiwilligen Gerichtsbarkeit (FamFG), FPR 2006, 401; *ders.,* Die außerordentliche Beschwerde in der freiwilligen Gerichtsbarkeit, in: FS Leipold, 2009, 821; *Bruns,* Zum Problemkreis des Wiederaufnahmeverfahrens, FamRZ 1957, 201; *Diering/Timme/Waschull,* Sozialgesetzbuch X, 2. Aufl. 2007; *Dorndorf,* Rechtsbeständigkeit von Entscheidungen und Wiederaufnahme des Verfahrens in der freiwilligen Gerichtsbarkeit, 1969; *Gäbelein,* Zur Abänderung von Entscheidungen, JZ 1955, 260; *Germelmann/Matthes/Prütting/Müller-Glöge,* Arbeitsgerichtsgesetz, 6. Aufl. 2008; *Gruber,* Nachträgliche Sachverhaltsänderung im FGG-Verfahren, Rpfleger 1999, 478; *Habscheid,* Zum Streitverfahren der Freiwilligen Gerichtsbarkeit, JZ 1954, 689; *ders.,* Der Streitgegenstand im Zivilprozess und im Streitverfahren der freiwilligen Gerichtsbarkeit, 1956; *ders.,* Fehlerhafte Entscheidungen im Verfahren der Freiwilligen Gerichtsbarkeit, NJW 1966, 1787; *Jacoby,* Der Regierungsentwurf für ein FamFG, FamRZ 2007, 1703; *Kurzeja,* Rechtskraft und Abänderbarkeit gerichtlicher Entscheidungen der freiwilligen Gerichtsbarkeit, 1997; *Münzel,* Zur Änderung rechtskräftiger Entscheidungen in der Wertpapierbereinigung, NJW 1952, 721; *Radbruch,* Rechtsphilosophie, 8. Aufl. 1973; *Rothe,* Möglichkeit und Schranken der Abänderung von Entscheidungen der freiwilligen Gerichtsbarkeit, 1964; *Schäfer,* Abänderbarkeit und Rechtskraft in Verfahren der freiwilligen Gerichtsbarkeit, 1992; *Thubauville,* Die Wirkungen von Verzicht, Anerkenntnis, Geständnis, Nichtbestreiten und Säumnis in Streitverfahren der freiwilligen Gerichtsbarkeit, 1993; *v. Wulffen,* Sozialgesetzbuch X, 6. Aufl. 2008; *Zimmermann,* Die Beteiligten im neuen FamFG, FPR 2009, 5.

Übersicht

	Rn.		Rn.
I. Allgemeines	1–3	4. Aufhebung und Abänderung	10, 11
1. Normzweck	1, 2	a) Inhalt	10
2. Anwendungsbereich	3	b) Verfahren	11
II. Abänderung von Entscheidungen mit Dauerwirkung (Abs. 1)	4–11	III. Wiederaufnahme des Verfahrens (Abs. 2)	12–16
1. Bedeutung	4	1. Bedeutung	12
2. Rechtskräftige Entscheidung mit Dauerwirkung	5, 6	2. Voraussetzungen	13–15
		a) Anwendungsbereich	13
3. Nachträgliche wesentliche Änderung der Sach- und Rechtslage	7–9	b) Wiederaufnahmegründe	14
		c) Wiederaufnahmeantrag	15
		3. Wiederaufnahmeverfahren	16

---

[19] BayObLG NJW 1959, 1920, 1921.
[20] Vgl. BayObLG NJW 1959, 1920, 1921; OLG Köln FamRZ 1995, 1086, 1086 f.

	Rn.		Rn.
IV. Genehmigung eines Rechtsgeschäfts (Abs. 3)	17–19	**VI. Materielle Rechtskraft**	24–37
1. Anwendungsbereich	17	1. Grundlagen	24
2. Voraussetzung	18	2. Meinungsstand	25–30
3. Rechtsfolge	19	a) Ausgangspunkt	25
V. Innerprozessuale Bindung	20–23	b) Meinungsstand zum FGG	26–28
1. Grundlagen	20, 21	c) Meinungsstand zum FamFG	29
a) Sinn und Zweck	20	3. Stellungnahme	30–37
b) Inhalt	21	a) Grundfrage	30–35
2. Meinungsstand	22	b) Konsequenzen	36, 37
3. Stellungnahme	23		

I. Allgemeines

1. Normzweck. Die Vorschrift regelt partiell das **Verhältnis von Rechtssicherheit und** 1 **Rechtsfrieden zur materiellen Entscheidungsrichtigkeit,**[1] indem sie für bestimmte Fallgestaltungen vorsieht, dass eine formell rechtskräftige Entscheidung aufgehoben oder abgeändert werden kann (Abs. 1, 2) bzw. dies für bestimmte Entscheidungen ausgeschlossen ist (Abs. 3). Soweit die Vorschrift Aufhebung bzw. Abänderung zulässt, knüpft sie an § 18 FGG an, führt diesen aber nicht vollständig fort.[2] Nach § 18 Abs. 1 FGG konnte das Gericht erster Instanz eine von ihm erlassene Entscheidung abändern, wenn es sie nachträglich für unberechtigt erachtet.[3] Inwieweit § 18 Abs. 1 FGG auch zur Abänderung formell rechtskräftiger Entscheidungen (einer höheren Instanz)[4] oder zur Abänderung nachträglich rechtswidrig gewordener Entscheidungen[5] berechtigte, war jeweils umstritten. **Abs. 1** stellt nunmehr in Anlehnung an § 48 Abs. 1 S. 1 SGB X und § 323 ZPO klar, dass die Abänderung von Dauerentscheidungen wegen einer nachträglichen Veränderung der Sach- und Rechtslage durch das Ausgangsgericht zulässig ist. Ergänzend regelt **Abs. 2** die Wiederaufnahme eines rechtskräftig abgeschlossenen Verfahrens entsprechend den Vorschriften der ZPO, wodurch an groben Mängeln leidende Entscheidungen berichtigt werden können. Das FGG enthielt hierüber keine Regelung.[6] Gleichwohl entsprach es hA, dass ein Wiederaufnahmeverfahren möglich ist, soweit eine erforderliche Korrektur auf anderem Weg nicht erfolgen kann.[7] Das weitreichende Änderungsrecht des § 18 Abs. 1 FGG wird dagegen nicht übernommen, was im Zusammenhang mit der grds. Befristung aller ordentlichen Anfechtungsmöglichkeiten steht. Zudem schließt **Abs. 3** im Interesse des Rechtsverkehrs in Anlehnung an § 55 FGG die Aufhebung und Abänderung von Entscheidungen aus, welche die Genehmigung eines Rechtsgeschäfts zum Gegenstand haben und materiell-rechtlich wirksam geworden sind. Diese Regelung wirkt mit §§ 40 Abs. 2, 41 Abs. 3 zusammen (vgl. § 40 Rn. 2) und steht hinsichtlich ihrer Schutzrichtung, nicht aber ihres Regelungskonzepts in Verwandtschaft zu § 47 (vgl. § 47 Rn. 1).

Allerdings behandelt § 48 das Verhältnis von Rechtssicherheit und -frieden zur materiellen Ent- 2 scheidungsrichtigkeit, welches im Zivilprozess durch die innerprozessuale Bindung des Gerichts (vgl. **§ 318 ZPO**), formelle und materielle **Rechtskraft** sowie den hierzu normierten Grenzen und **Ausnahmen** gestaltet wird, nicht vollständig. Auch im Übrigen enthält das FamFG keine generellen Regelungen dazu, inwieweit das erkennende Gericht an seine eigene Entscheidung gebunden ist (vgl. Rn. 20 ff.) und inwieweit in einem weiteren Verfahren eine formell rechtskräftige Erstentscheidung zu berücksichtigen ist (vgl. Rn. 24 ff.). Bereits für das FGG war umstritten, ob und inwieweit eine Lösung durch Anwendung mit §§ 318, 322, 767 ZPO übereinstimmender Grundsätze erfolgen kann. Die ganz hA verneinte dies außerhalb von Streitverfahren (vgl. Rn. 22, 26 ff.). Beide Fragen

---

[1] Vgl. dazu *Bonvie,* Änderung, S. 20; *Radbruch,* Rechtsphilosophie, § 25.
[2] Amtl. Begr. FamFG (BT-Drucks. 16/6308) S. 198; vgl. auch *Jacoby* FamRZ 2007, 1703, 1707.
[3] Vgl. Amtl. Begr. FamFG (BT-Drucks. 16/6308) S. 198; *Keidel/Kuntze/Winkler/Schmidt* § 18 FGG Rn. 1.
[4] Vgl. zum Meinungsstand *Schäfer,* Abänderbarkeit, S. 6 ff.; für Abänderbarkeit nach § 18 Abs. 1 FGG zB *Jansen/Briesemeister* § 18 FGG Rn. 4; dagegen zB *Baur,* FGG, § 24 B IV; *Dorndorf,* Rechtsbeständigkeit, S. 134 f.
[5] Gegen Abänderung nach § 18 Abs. 1 FGG zB BayObLGZ 1955, 124, 129 f.; *Baur,* FGG, § 24 A II 2 b; *Kurzeja,* Rechtskraft, S. 73 ff.; dafür zB *Bötticher* JZ 1956, 582, 583 f.; *Keidel/Kuntze/Winkler/Schmidt* § 18 FGG Rn. 2; *Rothe,* Abänderung, S. 53 ff.
[6] Amtl. Begr. FamFG (BT-Drucks. 16/6308) S. 198; *Keidel/Kuntze/Winkler/Schmidt* § 18 FGG Rn. 69.
[7] *Bassenge/Roth* § 18 FGG Rn. 26; *Brehm* FPR 2006, 401, 405; *Keidel/Kuntze/Winkler/Schmidt* § 18 FGG Rn. 69; vgl. für Streitsachen BGH NJW 1984, 2364, 2365; NJW 1994, 2751, 2751 f.; BayObLG NJW 1974, 1147; beschränkt auf Streitverfahren *Jansen/Briesemeister* § 18 FGG Rn. 55 f., 60; *Münzel* NJW 1952, 721, 723 und 724; aA *Josef* § 18 FGG Zusatz nach Nr. 11.

bleiben weiterhin Rspr. und Lit. zur Klärung überlassen. Sie gewinnen für das FamFG zusätzliche Relevanz, weil Endentscheidung grds. nicht mehr unbefristet anfechtbar sind[8] und die weite Abänderungsmöglichkeit des § 18 Abs. 1 FGG nicht übernommen wurde.

2. Anwendungsbereich. In **Ehesachen** nach §§ 121 ff. und **Familienstreitsachen** nach § 112 schließt § 113 Abs. 1 S. 1 die Anwendung des § 48 aus; statt seiner kommen die zivilprozessualen Vorschriften (insbesondere §§ 318, 322, 323, 578 ff., 767 ZPO) zur Anwendung (vgl. § 113 Abs. 1 S. 2). **Im Übrigen** findet § 48 auf alle Endentscheidungen (vgl. § 38 Rn. 3) Anwendung. Es sind jedoch ergänzende und vorrangige Sondervorschriften zu beachten, welche das Recht zur Aufhebung und Abänderung modifizieren, erweitern oder begrenzen (vgl. zB §§ 166, 185, 225, 226, 264 Abs. 1 S. 2, 294, 330).

II. Abänderung von Entscheidungen mit Dauerwirkung (Abs. 1)

1. Bedeutung. Für § 18 FGG war umstritten, ob dessen Abs. 1 nur zur Korrektur anfänglich ungerechtfertigter Entscheidungen oder zur Anpassung einer Entscheidung mit **Dauerwirkung** an nachträgliche Umstandsänderungen berechtigt.[9] Soweit die Anwendbarkeit des § 18 Abs. 1 FGG abgelehnt wurde, ließ man die Abänderung auf Grund eines bestehenden Bedürfnisses ohne konkrete Rechtsgrundlage[10] zu. Mit Abs. 1 stellt der Gesetzgeber nunmehr klar, in welchem Umfang eine Abänderungsbefugnis des Gerichts bei veränderter Tatsachen- oder Rechtsgrundlage möglich ist.[11] Diese kommt nicht bei jeder, sondern entsprechend § 323 ZPO erst bei einer **wesentlichen Änderung** in Betracht. Dabei gilt Abs. 1 allerdings nur, soweit keine **Sonderregelungen** über die Abänderung von Entscheidungen einschlägig sind.[12] Entsprechende Vorschriften finden sich zunächst im materiellen Recht, indem dieses vereinzelt regelt, dass eine Umstandsänderung automatisch zur Unwirksamkeit der gerichtlichen Entscheidung führt (zB §§ 1882, 1918 BGB); einer Aufhebung oder Abänderung bedarf es hier nicht.[13] Außerdem enthält das FamFG Sondervorschriften für die Änderung von Entscheidungen in Sorgerechts-, Versorgungsausgleichs-, Betreuungs- und Unterbringungssachen (vgl. §§ 166, 230, 294, 330).[14] Ausdrücklich ausgeschlossen wird eine Abänderung zB durch Abs. 3 und § 264 Abs. 1.

2. Rechtskräftige Endentscheidung mit Dauerwirkung. Tatbestandlich erfasst Abs. 1 nur rechtskräftige Endentscheidungen (vgl. § 38 Rn. 3) mit Dauerwirkung. Die Entscheidung muss ausweislich des Wortlauts **rechtskräftig** sein. Der Gesetzgeber geht davon aus, dass die Beteiligten anderenfalls eine Aufhebung oder Abänderung im Rechtsmittelverfahren erreichen können. Vor diesem Hintergrund ist Abs. 1 entsprechend auf **nichtrechtskräftige** Entscheidungen anzuwenden, soweit die Umstandsänderung zu einem Zeitpunkt eingetreten ist, zu dem sie im Rechtsmittelverfahren (Rechtsbeschwerde) nicht mehr geltend gemacht werden kann (vgl. auch Rn. 8). Ohne Bedeutung ist, ob die Entscheidung **erstinstanzlich** ergangen ist oder ihren vorliegenden Inhalt erst im Instanzenzug erhalten hat.[15] Auch eine Entscheidung des Beschwerde- oder Rechtsbeschwerdegerichts kann nach Abs. 1 geändert werden.[16]

Obwohl der Begriff der Dauerwirkung weder aus dem FGG noch der ZPO bekannt ist, wurde er von Rspr.[17] und Lit.[18] im Rahmen des FGG verwendet, ohne ihm jedoch eine einheitliche Bedeutung zu geben.[19] Hieran knüpft der Gesetzgeber an, ohne seinerseits den Begriff zu erläutern

---

[8] Amtl. Begr. FamFG (BT-Drucks. 16/6308) S. 198; *Zimmermann* FamFG Rn. 144.
[9] So *Bötticher* JZ 1956, 582, 583 f.; *Rothe*, Abänderung, S. 53 ff.; vgl. *Keidel/Kuntze/Winkler/Schmidt* § 18 FGG Rn. 2, 28 ff. (bis zum Eintritt formeller Rechtskraft).
[10] BGH NJW 1984, 2364, 2365; BayObLG FamRZ 2004, 305; OLG Hamburg Rpfleger 1985, 194; OLG Jena FGPrax 2001, 158, 159; *Brehm* FPR 2006, 401, 405; *Gäbelein* JZ 1955, 260, 261; *Habscheid*, FGG, § 27 III 5; *Klüsener* Rn. 105.
[11] Amtl. Begr. FamFG (BT-Drucks. 16/6308) S. 198.
[12] Amtl. Begr. FamFG (BT-Drucks. 16/6308) S. 198.
[13] Vgl. *Bassenge/Roth* § 18 FGG Rn. 17.
[14] Amtl. Begr. FamFG (BT-Drucks. 16/6308) S. 198.
[15] AA *Schulte-Bunert* Rn. 214: erstinstanzliche Entscheidungen (ohne Begründung).
[16] Vgl. *Zimmermann* FamFG Rn. 106.
[17] BGH NJW 1984, 2364, 2365; BayObLG FamRZ 2004, 305; OLG Hamburg RPfleger 1985, 194; OLG Jena FGPrax 2001, 158, 159, jeweils ohne Begriffsdefinition.
[18] Vgl. *Bassenge/Roth* § 18 FGG Rn. 18 (ohne Erläuterung); *Dorndorf*, Rechtsbeständigkeit, S. 98 (Wirkungen erstrecken sich über längeren Zeitraum); *Habscheid*, FGG, § 27 III 5 a) (Wirkungen der Verfügung über längere Zeit); *Keidel/Kuntze/Winkler/Schmidt* § 18 FGG Rn. 28 (Regelung eines Dauerzustands); *Klüsener* Rn. 105 (ohne Erläuterung); *Rothe*, Abänderung, S. 58 (längere Zeit wirkende Verfügung).
[19] Kritisch daher *Gruber* Rpfleger 1999, 478, 480.

oder eine vorgefundene Begriffsdeutung konkret in Bezug zu nehmen.[20] Aufschluss über das maßgebliche Begriffsverständnis geben allerdings öffentlich-rechtliche Vorschriften, welche den Begriff im Zusammenhang mit der Abänderung von Verwaltungsakten (vgl. §§ 45 Abs. 3, 48 Abs. 1 SGB X) verwenden. Ausgehend von der insoweit gebräuchlichen Definition entfaltet eine Entscheidung **Dauerwirkung**, wenn ihr eine Wirkung zukommt, die sich nicht durch eine einmalige Vollziehung oder Rechtsgestaltung verbraucht.[21] Entscheidend ist, dass ihr nach dem zugrunde liegenden materiellen Recht eine Regelungswirkung über die punktuelle Gestaltung eines Rechtsverhältnisses hinaus zukommt. Sie muss ihre fortdauernden rechtlichen Folgen bis zum Ablauf ihrer Geltungsdauer ständig erneuern,[22] indem zB der Fortbestand eines Rechtsverhältnisses vom Fortbestand des Beschlusses abhängig ist.[23] Dies wiederum rechtfertigt es, den Fortbestand des Beschlusses über Abs. 1 vom Fortbestehen seiner Voraussetzungen abhängig zu machen.[24] Der Bestellung eines Notvorstands nach § 29 BGB kommt danach keine Dauerwirkung zu, weil sich ihre Wirkung in einer einmaligen Gestaltung erschöpft, auch wenn hieran im Anschluss weitere Rechtsfolgen (zB Vertretungsmacht) für die Dauer der Bestellung anknüpfen. Ebenso wenig handelt es sich bei der Entscheidung im Erbscheinsverfahren um eine solche mit Dauerwirkung, weil die Wirkungen der Entscheidung durch die Herausgabe eines Erbscheins verbraucht werden, auch wenn das Erbzeugnis selbst bis zu seiner Einziehung oder Kraftloserklärung einen Rechtsschein setzt. Dauerwirkung kommt dagegen zB Kontaktverboten nach § 1 Abs. 1 S. 2 GewSchG, Maßnahmen nach § 1666 BGB[25] oder der Stundung nach §§ 264, 362[26] zu.

3. Nachträgliche wesentliche Änderung der Sach- und Rechtslage. Die Aufhebung oder 7 Abänderung setzt voraus, dass nachträglich eine wesentliche Änderung der Sach- oder Rechtslage eingetreten ist. Eine Änderung der **Sachlage** liegt vor, wenn sich die entscheidungserheblichen Tatsachen ändern. Dem stehen die nachträgliche Kenntniserlangung eines zuvor gegebenen, aber unbekannten Beweismittels oder einer zuvor gegebenen, aber unbekannten Tatsache nicht gleich. Eine Änderung der **Rechtslage** ist gegeben, wenn sich das maßgebliche materielle Recht geändert hat. Hierunter sollen nach Ansicht der Gesetzesbegründung in Anlehnung an die hA zum FGG[27] und die Rspr. zu § 323 ZPO[28] auch Änderungen der höchstrichterlichen Rechtsprechung fallen.[29] Sach- und Rechtslage können sich auch zugleich ändern.

Die Veränderung der Verhältnisse muss **nachträglich** erfolgt sein. Entscheidend ist, dass sie nach 8 Erlass desjenigen Beschlusses eingetreten ist, in dessen Rahmen das erkennende Gericht die Umstandsänderung letztmalig hätte berücksichtigen können. Dies ist regelmäßig der Zeitpunkt des Erlasses der letzten gerichtlichen Entscheidung. Wurde kein Rechtsmittelverfahren durchgeführt, ist dies der Erlass der erstinstanzlichen Entscheidung. Hat ein Beschwerde- oder Rechtsbeschwerdeverfahren stattgefunden, ist auf den Zeitpunkt des Erlasses der Beschwerde- oder Rechtsbeschwerdeentscheidung abzustellen. Soweit das Rechtsbeschwerdegericht jedoch verfahrensrechtlich gehindert war, die Umstandsänderung zu berücksichtigen, ist auf den Zeitpunkt des Erlasses der vorausgegangene Beschwerdeentscheidung abzustellen.

Die Veränderung der Sach- und Rechtslage muss **wesentlich** sein. Dies setzt zunächst eine 9 Veränderung in entscheidungserheblicher Hinsicht voraus (vgl. Rn. 7). Zu einer Aufhebung oder Abänderung berechtigen nur solche Veränderungen, die unter Beibehaltung der im Übrigen unveränderten tatsächlichen Entscheidungsgrundlagen eine im Ergebnis abweichende Entscheidung rechtfertigen. Die erforderlich werdende Änderung des Entscheidungsausspruchs muss in Anlehnung an

---

[20] Amtl. Begr. FamFG (BT-Drucks. 16/6308) S. 198; ohne Erläuterung: *Brehm* FPR 2006, 401, 405; *Bumiller/Harders* Rn. 4 ff.; *Jacoby* FamRZ 2007, 1703, 1707; vgl. aber *Bork* ZZP 117 (2004), 399, 419: zukunftsorientierte Entscheidung; *Keidel/Engelhardt* Rn. 6: Regelung eines Dauerzustands.
[21] Vgl. Amtl. Begr. SGB X (BT-Drucks. 8/2034) S. 34; BSGE 56, 165, 170; BVerwG NZS 1993, 183; *Diering/Timme/Waschull* § 45 SGB X Rn. 77; *v. Wulffen/Schütze* § 45 SGB X Rn. 63 f.; dies ist nicht vollständig deckungsgleich mit der Formulierung von *Bork* ZZP 117 (2004), 399, 419; *Dorndorf*, Rechtsbeständigkeit, S. 98; *Habscheid*, FGG, § 27 III 5 a); *Keidel/Kuntze/Winkler/Schmidt* § 18 FGG Rn. 28 oder *Rothe*, Abänderung S. 58.
[22] *v. Wulffen/Schütze* § 45 SGB X Rn. 64.
[23] BSGE 56, 165, 170; *Diering/Timme/Waschull* § 45 SGB X Rn. 77; *v. Wulffen/Schütze* § 45 SGB X Rn. 64; aA *Dorndorf*, Rechtsbeständigkeit, S. 95, der unzutreffend einer Volljährigkeitserklärung Dauerwirkung beimisst.
[24] Vgl. *Dorndorf*, Rechtsbeständigkeit, S. 125 f. zur teleologischen Eingrenzung der Anpassung von Entscheidungen mit Dauerwirkung; ansatzweise auch *Habscheid*, FGG, § 27 III 5 a).
[25] Vgl. aber § 166 Abs. 1.
[26] Vgl. aber § 264 Abs. 1 S. 2.
[27] Vgl. *Keidel/Kuntze/Winkler/Schmidt* § 18 FGG Rn. 31.
[28] Vgl. BGH NJW 2003, 1796, 1798; NJW-RR 2005, 222, 223.
[29] Amtl. Begr. FamFG (BT-Drucks. 16/6308) S. 198; vgl. auch *Keidel/Engelhardt* Rn. 11

§ 323 ZPO[30] wesentlich sein. Bei quantitativer Betrachtung ist eine Abänderung ab ca. 10%, im Einzelfall auch mehr oder weniger, wesentlich, zB die Erweiterung eines Annäherungsverbots (vgl. § 1 Abs. 1 S. 2 Nr. 2 GewSchG) von 100 auf 150 Meter.

10 **4. Aufhebung- und Abänderung. a) Inhalt.** Das Gericht kann die ursprüngliche Entscheidung **aufheben oder abändern.** Allerdings ist das Gericht hierbei nicht gänzlich frei. Im Hinblick auf die jedem Rechtssatz eigene Sinnbeziehung zwischen Tatbestand und Rechtsfolge darf die ursprüngliche Entscheidung nur insoweit abgeändert werden, als dies auf Grund der nachträglichen Änderung des Sach- und Rechtslage erforderlich ist.[31] Das Gericht hat daher unter Beibehaltung der unveränderten Beschlussgrundlagen (Feststellungen und Bewertungen) und unter Berücksichtigung der neuen Sach- und Rechtslage die Entscheidung erneut zu treffen. Ziel ist die **Anpassung der ursprünglichen Entscheidung** an die veränderte Sach- und Rechtslage, nicht aber die Neubewertung unveränderter Entscheidungsgrundlagen. Im Unterschied zu § 323 Abs. 3 ZPO enthält Abs. 1 keine Aussage darüber, **zu welchem Zeitpunkt die Abänderung erfolgt** (rückwirkend auf den Erlass der ursprünglichen Entscheidung, rückwirkend zum Eintritt der Umstandsänderung, rückwirkend auf die Einleitung des Abänderungsverfahrens oder zukunftsgerichtet ab Erlass der Abänderungsentscheidung). Aus Sinn und Zweck des Abänderungsverfahrens folgt, dass die Anpassung frühestens zum Zeitpunkt der Umstandsänderung erfolgen kann.[32] Im Übrigen entscheidet das einschlägige materielle Recht, zu welchem Zeitpunkt die Änderung wirken soll, soweit das Verfahrensrecht, zB aus Gründen des Verkehrsschutzes (vgl. den Rechtsgedanken des § 47),[33] keine Beschränkung vorsieht. Danach dürfte die zukunftsgerichtete Abänderung ab Wirksamkeit der Abänderungsentscheidung der Regelfall sein. Dies gilt zB für die Abänderung der Reichweite eines Annäherungsverbots (vgl. § 1 Abs. 1 S. 2 Nr. 2 GewSchG), weil das Verbot für die Vergangenheit seinen Zweck nicht mehr erreichen kann.

11 **b) Verfahren.** Die Abänderung der Entscheidung erfolgt nicht unter Fortführung des ursprünglichen Verfahrens, sondern in einem **neuen Verfahren,** welches sich nach allgemeinen Vorschriften bestimmt. Sie obliegt dem Gericht erster Instanz. Dies gilt auch dann, wenn die abzuändernde Entscheidung vom Beschwerde- oder Rechtsbeschwerdegericht erlassen, geändert oder bestätigt wurde. Nach S. 2 bedarf die Aufhebung oder Abänderung des **Antrags** eines Beteiligten, wenn die betroffene Entscheidung in einem Verfahren ergangen ist, welches nur auf Antrag eingeleitet werden kann. Antragsbefugt ist, wer durch die begehrte Aufhebung oder Abänderung unmittelbar in seinen Rechten betroffen werden kann (vgl. § 23 Rn. 17).[34] Soweit das Gericht die betroffene Entscheidung **von Amts wegen** erlassen könnte, kann es diese auch von Amts wegen aufheben oder abändern.

III. Wiederaufnahme des Verfahrens (Abs. 2)

12 **1. Bedeutung.** Die Wiederaufnahme des Verfahrens eröffnet eine neue Verhandlung über eine bereits rechtskräftig entschiedene Angelegenheit (sog. Hauptverfahren). Sie ist im Interesse der Rechtskraft auf enumerative Gründe beschränkt und dient der Korrektur rechtskräftiger Entscheidungen, welche auf **schwersten Verfahrensverstöße** oder einer **schwerer Beeinträchtigung der tatsächlichen Entscheidungsgrundlagen** beruhen oder gegen die EMRK verstoßen. Entsprechend anzuwenden sind die §§ 578–591 ZPO. Ausgeschlossen ist die Wiederaufnahme in den Fällen des Abs. 3 (vgl. Rn. 17 ff.).

13 **2. Voraussetzungen. a) Anwendungsbereich.** Der Wiederaufnahme unterliegen alle rechtskräftigen und ein Verfahren abschließenden Entscheidungen (Endentscheidungen, vgl. § 38 Rn. 3).

14 **b) Wiederaufnahmegründe.** §§ 579, 580 ZPO regeln abschließend[35] die Gründe, auf deren Vorliegen ein Wiederaufnahmeantrag gestützt werden kann. Nichtigkeitsgründe nach § 579 ZPO sind besonders **schwere Verfahrensmängel,** welche den Anspruch auf den gesetzlichen Richter (vgl. § 579 Abs. 1 Nr. 1–3 ZPO) oder den Anspruch auf rechtliches Gehör (vgl. § 579 Abs. 1 Nr. 4 ZPO) betreffen. Die Nichtigkeitsgründe nach § 579 Abs. 1 Nr. 1, 3 ZPO sind subsidiär und können einen Wiederaufnahmeantrag nicht begründen, wenn sie mit Rechtsmittel hätten geltend gemacht

---

[30] Vgl. oben § 323 ZPO Rn. 79 f.
[31] Vgl. hierzu BGH NJW 2003, 1796, 1797; *Stein/Jonas/Leipold* § 323 ZPO Rn. 120; oben § 323 ZPO Rn. 91 f.
[32] Vgl. *Bassenge/Roth* § 18 FGG Rn. 19; *Habscheid* § 27 IV 1 c; *Keidel/Kuntze/Winkler/Schmidt* § 18 FGG Rn. 34.
[33] Vgl. BayObLGZ 1999, 294, 295; *Keidel/Kuntze/Winkler/Schmidt* § 18 FGG Rn. 36.
[34] AA *Zimmermann* FamFG Rn. 106 (antragsbefugt ist nur der ursprüngliche Antragsteller); unklar *Keidel/Engelhardt* Rn. 13.
[35] Vgl. *Keidel/Kuntze/Winkler/Schmidt* § 18 FGG Rn. 70.

werden können (vgl. § 579 Abs. 2 ZPO). Darüber hinaus liegt kein Nichtigkeitsgrund vor, wenn der Verfahrensmangel bereits im Hauptverfahren behandelt wurde (str.).[36] Kausalität zwischen Verfahrensmangel und Entscheidung im Hauptverfahren ist nicht erforderlich.[37] Als **Restitutionsgründe** behandelt § 580 ZPO die entscheidungserhebliche und schwerwiegende Beeinträchtigung der tatsächlichen Entscheidungsgrundlagen (vgl. § 580 Abs. 1 Nr. 1–7 ZPO) oder den festgestellten Verstoß gegen die EMRK (vgl. § 580 Abs. 1 Nr. 8 ZPO). Dort nicht erwähnte Gründe, zB die nachträgliche Ermittlung eines Zeugen, begründen die Wiederaufnahme nicht.[38] Hinsichtlich der an die Fälschung der Entscheidungsgrundlagen anknüpfenden Restitutionsgründe stellt § 581 ZPO zusätzliche Anforderungen. Die anzufechtende Entscheidung muss auf dem vom Revisionsgrund betroffenen Entscheidungsstoff beruhen (Kausalität).[39] Ein Restitutionsgrund ist ausgeschlossen, wenn er bei Anwendung der gebotenen Sorgfalt im Hauptverfahren, zB durch Rechtsmittel, mit Aussicht auf Erfolg hätte geltend gemacht werden können (vgl. § 582 ZPO).[40]

c) **Wiederaufnahmeantrag.** Die Wiederaufnahme erfolgt durch **Nichtigkeits- oder Restitutionsantrag** (vgl. §§ 578 ff. ZPO). Der Antrag ist an das Gericht zu richten, welches im wiederaufzunehmenden Verfahren die letzte verfahrensabschließende Entscheidung erlassen hat (vgl. § 584 ZPO). Die Wiederaufnahme unterliegt nach § 586 ZPO einer **Ausschlussfrist.** Sie muss innerhalb einer Frist von einem Monat ab Kenntnis des Wiederaufnahmegrunds beantragt werden. Nach Ablauf von fünf Jahren ab dem Eintritt der formellen Rechtskraft ist eine Wiederaufnahme ausgeschlossen. Im Hinblick auf die Eigenarten des FamFG-Verfahrens kann die Wiederaufnahme in entsprechender Anwendung des § 578 ZPO in Angelegenheiten, in denen das Gericht **von Amts wegen** tätig werden kann, auch ohne Antrag eines Beteiligten von Amts wegen erfolgen. Nur hierdurch wird der Eigenart der Amtsverfahren Rechnung getragen, in denen dem Gericht die Fürsorge für bestimmte Interessen unabhängig vom Tätigwerden eines Beteiligten übertragen wird. Leitet das Gericht eine Wiederaufnahme von Amts wegen ein, gilt hierfür sinngemäß die Ausschlussfrist des § 586 ZPO.

3. **Wiederaufnahmeverfahren.** Das Wiederaufnahmeverfahren wird nach den für das Hauptverfahren geltenden Verfahrensregelungen durchgeführt. Sein Ablauf und der Gang der gerichtlichen Prüfung vollziehen sich in drei Schritten. Zunächst prüft das Gericht die **Zulässigkeit** des Wiederaufnahmeantrags bzw. der amtswegigen Verfahrenseinleitung.[41] Ist das Wiederaufnahmeverfahren unzulässig, wird der Antrag abgelehnt bzw. das Verfahren eingestellt. Ist die Wiederaufnahme zulässig, prüft das Gericht, ob ein **Wiederaufnahmegrund** (vgl. Rn. 14) vorliegt. In Antragsverfahren erstreckt sich die Prüfung des Gerichts ausschließlich auf die vom Antragsteller rechtzeitig geltend gemachten Gründe.[42] Die Amtsermittlungspflicht besteht nur im Umfang des durch den Antrag umrissenen Verfahrensgegenstands (vgl. § 26 Rn. 12).[43] Soweit das Gericht berechtigt ist, ein Wiederaufnahmeverfahren von Amts wegen einzuleiten, kann sich die Begründetheit der Wiederaufnahme auch aus weiteren Gründen ergeben. Soweit ein anerkannter Wiederaufnahmegrund reicht,[44] wird der ursprüngliche Beschluss mit Rückwirkung aufgehoben. Dies kann durch gesonderte Entscheidung oder im Rahmen der Endentscheidung im Wiederaufnahmeverfahren erfolgen.[45] Anschließend wird im Umfang der Aufhebung über die Hauptsache, dh **das alte Verfahren von neuem verhandelt** (vgl. § 590 ZPO).[46] Die Verhandlung im Hauptverfahren und im Wiederaufnahmeverfahren bilden eine Einheit; eine im Hauptverfahren bereits unabhängig vom Wiederaufnahmegrund eingetretene Bindung bleibt bestehen.[47] Das Wiederaufnahmeverfahren endet mit einer neuen Endentscheidung des zuständigen Gerichts. Diese Entscheidung ist nach allgemeinen Grundsätzen wie eine in der entsprechenden Instanz ergangene Entscheidung **anfechtbar** (vgl. § 591 ZPO).

---

[36] Vgl. *Rosenberg/Schwab/Gottwald* § 159 Rn. 8.
[37] Vgl. oben § 579 ZPO Rn. 1.
[38] *Keidel/Kuntze/Winkler/Schmidt* § 18 FGG Rn. 70.
[39] Vgl. *Rosenberg/Schwab/Gottwald* § 159 Rn. 10.
[40] Vgl. *Rosenberg/Schwab/Gottwald* § 159 Rn. 9.
[41] Vgl. *Rosenberg/Schwab/Gottwald* § 160 Rn. 28.
[42] Vgl. BayObLG NJW 1974, 1147; *Rosenberg/Schwab/Gottwald* § 160 Rn. 30.
[43] AA (Geltung des Beibringungsgrundsatzes) BayObLG NJW 1974, 1147; *Keidel/Kuntze/Winkler/Schmidt* § 18 FGG Rn. 70.
[44] Die Feststellungslast für den Wiederaufnahmegrund trägt, wer die Wiederaufnahme begehrt, vgl. *Bassenge/Roth* § 18 FGG Rn. 28.
[45] Vgl. *Rosenberg/Schwab/Gottwald* § 160 Rn. 33.
[46] Vgl. *Rosenberg/Schwab/Gottwald* § 160 Rn. 35.
[47] Vgl. *Rosenberg/Schwab/Gottwald* § 160 Rn. 36.

IV. Genehmigung eines Rechtsgeschäfts (Abs. 3)

1. Anwendungsbereich. Abs. 3 bestimmt, dass Beschlüsse, durch die ein Rechtsgeschäft genehmigt oder die Genehmigung abgelehnt wird, nicht der Abänderung oder Wiederaufnahme unterliegen, nachdem sie einem Dritten gegenüber wirksam geworden sind. Erfasst werden nur solche Beschlüsse, deren Gegenstand eine gerichtliche Genehmigung ist, die Voraussetzung für die **Außenwirksamkeit** eines Rechtsgeschäfts gegenüber einem Dritten ist (vgl. zB §§ 112, 1411 Abs. 1 S. 3, Abs. 2 S. 2, 1484 Abs. 2 S. 2, 1491 Abs. 3, 1492 Abs. 3, 1596 Abs. 1 S. 3, 1643, 1644, 1812 Abs. 2, 3, 1819 ff., 1907, 1908, 1908 i Abs. 1, 1915 Abs. 1, 2275 Abs. 2 S. 2, 2282 Abs. 2, 2290 Abs. 3, 2347, 2351 BGB). Soweit der Genehmigung dagegen nur (entlastende) Innenwirkung gegenüber dem Vormund zukommt (zB §§ 1639 Abs. 2, 1803 Abs. 2, 1810, 1811, 1823 BGB), gelangt Abs. 3 nicht zur Anwendung.[48] Keine Anwendung findet Abs. 3 auch auf ein sog. **Negativattest,** weil dieses nach hM nur deklaratorisch wirkt und keinen Einfluss auf die materielle Rechtslage hat.[49]

2. Voraussetzung. Der Beschluss, welcher die Genehmigung eines Rechtsgeschäfts erteilt oder verweigert, muss gegenüber dem Geschäftspartner des Rechtsgeschäfts (Dritter) **materiell-rechtlich wirksam geworden** sein. Voraussetzung hierfür ist zunächst, dass der Beschluss nach § 40 Abs. 2 seine verfahrensrechtliche Wirksamkeit erlangt hat (vgl. § 40 Rn. 8). Diese tritt mit formeller Rechtskraft der Entscheidung ein, welche ihrerseits davon abhängig ist, dass die Entscheidung auch demjenigen bekannt gegeben wurde, für den das Rechtsgeschäft genehmigt worden ist (vgl. § 41 Rn. 13). Mit Eintritt der verfahrensrechtlichen Wirksamkeit kann der Beschluss gegenüber dem Dritten seine materiell-rechtliche Wirksamkeit erlangen, soweit nach materiellem Recht[50] hierfür nicht zusätzliche Voraussetzungen erfüllt sein müssen. So bestimmt zB § 1829 Abs. 1 S. 2 BGB, dass die nachträgliche Genehmigung des Familiengerichts sowie deren Verweigerung ihre materiell-rechtliche Wirksamkeit gegenüber dem anderen Teil erst erlangen, wenn sie diesem durch den Vormund mitgeteilt werden.[51]

3. Rechtsfolge. Der Vorschrift liegt die Erwägung zugrunde, dass der am Rechtsgeschäft beteiligte Dritte regelmäßig ein **schutzwürdiges Interesse** an dem dauerhaften Bestand der Entscheidung hat. Vor diesem Hintergrund schließt die Vorschrift eine **Aufhebung oder Abänderung** der wirksam gewordenen Entscheidung aus. Dies verkürzt die verfahrensrechtlichen Rechte der Beteiligten. Der Gesetzgeber hält diese Beschränkung im Hinblick darauf für gerechtfertigt, dass die von Abs. 3 erfassten Entscheidungen frühestens mit formeller Rechtskraft wirksam werden. Dementsprechend schließt Abs. 3 nur die Aufhebung und Abänderung unter Überwindung der eingetretenen Rechtskraft (Wiedereinsetzung in den vorigen Stand, vgl. § 19 Rn. 11; Anhörungsrüge, vgl. § 44 Rn. 6; Abänderung, vgl. Rn. 4 ff.; Wiederaufnahme, vgl. Rn. 12 ff.) aus.

V. Innerprozessuale Bindung

1. Grundlagen. a) Sinn und Zweck. Mit der Verkündung des Beschlusses oder seiner Übergabe in Urschrift an die Geschäftsstelle wird die gerichtliche Entscheidung existent und damit das Verfahren nach außen sichtbar von dem erkennenden Gericht ganz oder zu einem bestimmten Teil abgeschlossen.[52] Vor diesem Hintergrund normiert § 318 ZPO für den Zivilprozess die Selbstverständlichkeit, dass der richterliche Spruch und die ihn tragenden Gründe nicht mehr einseitig vom erkennenden Gericht aufgehoben oder geändert werden können.[53] Die Autorität, die den Gerichten zur Erfüllung der ihnen zugewiesenen Aufgaben zukommen muss, das Vertrauen, dass der Staatsbürger der Rspr. entgegenbringt, sowie der als **Verfahrensziel** erstrebte **Rechtsfrieden** und die **Effektivität des Rechtsschutzes** verlangen, dass instanzabschließende Entscheidungen einen definitiven Charakter besitzen und im gleichen Verfahren allenfalls durch eine höhere Instanz auf Grund einer erneuten Verhandlung korrigiert werden können und das erkennende Gericht die von ihm gefällte Entscheidung im weiteren Verfahren beachten wird.[54] Die Bindungswirkung, welche eine Selbstkorrektur ausschließt, ist gerechtfertigt, weil die Korrektur im Rechtsmittelverfahren erfolgen

---

[48] Vgl. *Keidel/Kuntze/Winkler/Engelhardt* § 55 FGG Rn. 5.
[49] Vgl. BGH NJW 1966, 652; MünchKommBGB/*Wagenitz* § 1828 Rn. 23.
[50] Vgl. Amtl. Begr. FamFG (BT-Drucks. 16/6308) S. 199.
[51] Amtl. Begr. FamFG (BT-Drucks. 16/6308) S. 199.
[52] Vgl. oben § 318 ZPO Rn. 1.
[53] Vgl. oben § 318 ZPO Rn. 1.
[54] Vgl. oben § 318 ZPO Rn. 1; Hk-ZPO/*Saenger* § 318 ZPO Rn. 1; *Wieczorek/Schütze/Rensen* § 318 ZPO Rn. 1.

kann.⁵⁵ Lediglich unter den in §§ 319–321a ZPO genannten, teilweise auf technische Korrekturen beschränkten Fällen darf das erkennende Gericht unter Fortführung des Verfahrens seine eigene Entscheidung korrigieren.

b) Inhalt. Inhaltlich steht die innerprozessuale Bindung den Wirkungen der materiellen Rechts- **21** kraft nahe, ist aber von dieser zu unterscheiden. Entfaltet die materielle Rechtskraft ihre Wirkungen in weiteren Verfahren, besteht die innerprozessuale Bindung innerhalb eines Verfahrens. Sie umfasst zunächst ein absolutes **Aufhebungs- und Änderungsverbot.** Das Gericht darf nach Erlass (vgl. § 38 Rn. 27) seiner Endentscheidung diese weder aufheben noch abändern, soweit das Gesetz dies nicht ausnahmsweise vorsieht (vgl. § 68 Abs. 1). Neue Erkenntnisse des Gerichts, die dazu führen, die Entscheidung für falsch zu halten, sind demgegenüber unerheblich. Außerdem besteht ein **Abweichungsverbot.** Das Gericht darf entsprechend den Wirkungen der materiellen Rechtskraft (vgl. Rn. 24) inhaltlich nicht von seiner Entscheidung abweichen, soweit das Gesetz dies nicht vorsieht. Diese für Teil- (vgl. Vor §§ 38 ff. Rn. 7) und Zwischenentscheidungen bedeutsame Rechtswirkung erlangt im FamFG-Verfahren allerdings nur selten Bedeutung.

2. Meinungsstand. Das FamFG enthält keine § 318 ZPO entsprechende Vorschrift; auch erfolgt **22** außerhalb der Ehe- und Familienstreitsachen (vgl. § 113 Abs. 1 S. 2) kein Verweis auf § 318 ZPO. Dies entspricht dem FGG, welches ebenfalls keine § 318 ZPO entsprechende Regelung enthielt. Für das **FGG** entsprach es praktisch **allgA,** dass – jedenfalls außerhalb von Streitverfahren und außerhalb des § 18 Abs. 2 FGG⁵⁶ – keine innerprozessuale Bindung entsprechend § 318 ZPO besteht,⁵⁷ sondern § 18 Abs. 1 FGG vielmehr die freie Abänderung zum rechtstechnischen Regelfall macht.⁵⁸ Richterliche Irrtümer sollen nicht die Beteiligten belasten.⁵⁹ **Erste Stimmen** wollen hieran für das **FamFG-Verfahren** festhalten.⁶⁰ Das Gericht darf seine Entscheidung danach im gleichen Verfahren ändern, soweit es noch mit der Angelegenheit befasst ist, dh. noch keine formelle Rechtskraft eingetreten und noch kein rechtsmittelbedingter Anfall in höherer Instanz erfolgt ist.⁶¹ Allerdings muss das Gericht den Beteiligten vor der Abänderung noch rechtliches Gehör gewähren.⁶² Auf Grund des entsprechend engen Zeitfensters kommt dem Änderungsrecht im gleichen Verfahren nur geringe Bedeutung zu.⁶³ Zur Begründung wird angeführt, dass die Beteiligten jedenfalls in Fürsorgeverfahren nicht durch gerichtliche Fehler belastet werden sollen. Auch darf eine Abänderung nicht davon abhängen, ob ein Beteiligter Rechtsmittel einlegt.⁶⁴ Schließlich wird darauf verwiesen, dass § 318 ZPO nach hA⁶⁵ auf Beschlüsse generell nicht anwendbar ist.⁶⁶

3. Stellungnahme. Eine **klare Regelung** enthält das FamFG **nicht.** Einerseits fehlt, abweichend **23** von der bisherigen Rechtslage, eine § 18 Abs. 1 FGG entsprechende Vorschrift, welche als rechtlichen Regelfall die freie Abänderbarkeit der Entscheidung vorsieht. Vielmehr hat der Gesetzgeber von einer vollständigen Übernahme des § 18 Abs. 1 FGG abgesehen. Andererseits enthält das FamFG aber auch keine § 318 ZPO entsprechende Regelung und verweist außerhalb des § 113 Abs. 1 S. 2 auch nicht hierauf. Entscheidend ist letztlich, dass § 318 ZPO lediglich eine **Selbstverständlichkeit** zum Ausdruck bringt, welche für verfahrensabschließende Entscheidungen, unabhängig von ihrer äußeren Form (Urteil, Beschluss), gelten muss, damit das Verfahren seinen Zweck erreichen kann (vgl. Rn. 20). Eine innerprozessuale Bindungswirkung besteht daher grds. in allen Verfahren auch losgelöst von der Anordnung des § 318 ZPO, soweit nicht die Eigenart des betreffenden Verfahrens eine Bindungswirkung ausschließt. Für das FamFG lässt sich ein Ausschluss der innerprozessualen Bindung nicht mehr aus einer § 18 Abs. 1 FGG entsprechenden Vorschrift ableiten. Der Gesetzgeber hat vielmehr nun alle Endentscheidungen einem befristeten Rechtsmittel unterworfen und dadurch umfassend eine **§ 18 Abs. 2 FGG** entsprechende Rechtslage geschaffen. Für die Fälle des § 18 Abs. 2 FGG wurde nach hA aber bereits im FGG-Verfahren eine inner-

---

⁵⁵ Hk-ZPO/*Saenger* § 318 ZPO Rn. 1.
⁵⁶ Vgl. *Baur,* FGG, § 24 B II 2; *Bötticher* JZ 1956, 582, 584; *Dorndorf,* Rechtsbeständigkeit, S. 136 f.; *Gäbelein* JZ 1955, 260; *Jansen/Briesemeister* § 18 FGG Rn. 24.
⁵⁷ *Habscheid,* FGG, § 27 II 1; *Lent* § 18 I; oben § 318 ZPO Rn. 2.
⁵⁸ Vgl. *Dorndorf,* Rechtsbeständigkeit, S. 135; *Habscheid,* FGG, § 27 I 2; oben § 318 ZPO Rn. 2.
⁵⁹ *Habscheid,* FGG, § 27 I 1.
⁶⁰ *Brehm* § 16 Rn. 3; tendenziell aA *Jacoby* FamRZ 2007, 1703, 1707: keine allgemeine Befugnis zur Abänderung anfänglich fehlerhafter Entscheidungen.
⁶¹ Vgl. *Brehm* § 16 Rn. 3.
⁶² *Brehm* § 16 Rn. 3.
⁶³ *Brehm* § 16 Rn. 3.
⁶⁴ *Brehm* § 16 Rn. 3.
⁶⁵ BGH NJW-RR 2006, 1554; *Wieczorek/Schütze/Rensen* § 329 ZPO Rn. 22.
⁶⁶ *Brehm* § 16 Rn. 1, 3.

prozessuale Bindungswirkung zugunsten des Rechtsmittelgerichts angenommen.[67] Dies zeigt zugleich, dass auch in Fürsorgesachen kein generelles Bedürfnis zur Selbstkorrektur besteht. Soweit darauf verwiesen wird, dass sich Irrtümer des Gerichts in bestimmten Angelegenheiten nicht zum Nachteil der Beteiligten auswirken dürfen, handelt es sich um ein Scheinargument, welches von der nicht belegten Annahme ausgeht, dass die spätere Entscheidung richtig und die frühere Entscheidung falsch ist (vgl. unten Rn. 32). Die Eigenarten des FamFG-Verfahrens stehen einer innerprozessualen Bindungswirkung daher nicht entgegen. Vielmehr darf das Gericht eine von ihm erlassene Endentscheidung entsprechend § 318 ZPO **nicht selbst ändern,** soweit das Gesetz dies nicht zulässt (zB §§ 44, 68 Abs. 1 S. 1). Außerdem darf das Gericht von seiner Entscheidung insoweit **nicht abweichen,** als die materielle Rechtskraft der Entscheidung (vgl. Rn. 24) Bindungswirkungen in einem anderen Verfahren entfalten würde.

VI. Materielle Rechtskraft

24 **1. Grundlagen.** Die materielle Rechtskraft[68] ist von der formellen Rechtskraft zu unterscheiden.[69] Sie dient Rechtssicherheit, Rechtsfrieden und der sinnvollen Begrenzung der Inanspruchnahme gerichtlicher Ressourcen, indem sie nach formell rechtskräftigem Abschluss eines Verfahrens in bestimmten gegenständlichen, zeitlichen und subjektiven Grenzen einer unmittelbaren oder mittelbaren Zweitentscheidung entgegensteht.[70] Zunächst schließt die materielle Rechtskraft ein weiteres Verfahren über den identischen Verfahrensgegenstand mit dessen Gegenteil aus (ne bis in idem).[71] Sie ist insoweit **negative Verfahrensvoraussetzung**[72] und nicht nur Ausprägung des Rechtsschutzbedürfnisses. Danach dient sie wie der Einwand anderweitiger Befasstheit (vgl. Vor §§ 23 ff. Rn. 34) der Vermeidung widersprechender Entscheidungen und führt in ihren Grenzen (vgl. Rn. 36 f.) zur Sachverhaltspräklusion. Daneben löst die materielle Rechtskraft **Bindungswirkungen** aus, soweit die rechtskräftig festgestellte Rechtsfolge **präjudizielle** Voraussetzung eines, in einem anderen Verfahren verfahrenshängigen Rechtsverhältnisses ist.[73] Das Gericht des nachfolgenden Verfahrens muss die rechtskräftige Entscheidung seiner Entscheidung zugrunde legen.[74] Die Rechtskraft erfasst nur die Entscheidung über den Verfahrensgegenstand, nicht jedoch tatsächliche Feststellungen, die rechtliche Begründung oder präjudizielle Rechtsverhältnisse.[75] Sie bindet Beteiligte sowie Rechtsnachfolger[76] und unterliegt zeitlichen Grenzen.[77]

25 **2. Meinungsstand. a) Ausgangspunkt.** Das **FamFG enthält,** abgesehen von § 45, der die formelle Rechtskraft betrifft, sowie hieran anknüpfenden Vorschriften (vgl. §§ 40 Abs. 2 S. 1, 46), **keine Regelungen** zur Rechtskraft. Insbesondere enthält das FamFG keine den §§ 322, 767 ZPO entsprechenden Vorschriften, aus denen sich Aussagen zur materiellen Rechtskraft entnehmen lassen.[78] Soweit das Gesetz Einzelregelungen zur Korrektur (auch) formell rechtskräftiger Entscheidungen enthält (vgl. §§ 42, 43, 44, 48 Abs. 1, 2), scheint dies zunächst dafür zu sprechen, dass im Übrigen materielle Rechtskraft eintritt, weil anderenfalls die für eine Abänderung jeweils normierten Voraussetzungen und Schranken ihre Funktion verlieren könnten, wenn abweichende Zweitentscheidungen schrankenlos zulässig wären. Berücksichtigt man jedoch, dass der Gesetzgeber diese Vorschriften jeweils geschaffen hat, um die für das FGG umstrittene Frage nach der Zulässigkeit entsprechender Abänderungen positiv klarzustellen,[79] liefert ein Umkehrschluss kein belastbares Argument. Gegen ihn spricht zudem, dass die Gesetzesbegründung an anderer Stelle erwähnt, dass materielle Rechtskraft in den Fällen des Abs. 3 auf Grund der ausdrücklichen Anordnung eines

---

[67] Vgl. *Baur,* FGG, § 24 B II 2; *Bötticher* JZ 1956, 582, 584; *Dorndorf,* Rechtsbeständigkeit, S. 136 f.; *Gäbelein* JZ 1955, 260; *Jansen/Briesemeister* § 18 FGG Rn. 24; *Klüsener* Rn. 103; *Rothe,* Abänderung, S. 53.
[68] Zu Grund, Wirkungsweise und Grenzen der Rechtskraft allgemein vgl. oben § 322 ZPO Rn. 1 ff., 38 ff. und 84 ff.
[69] KG JFG 13, 245, 246; *Stein/Jonas/Leipold* § 322 ZPO Rn. 1; *Wieczorek/Schütze/Büscher* § 322 ZPO Rn. 1 ff.
[70] Vgl. KG JFG 13, 245, 246; *Wieczorek/Schütze/Büscher* § 322 ZPO Rn. 11 ff.
[71] *Klüsener* Rn. 111; *Kurzeja,* Rechtskraft, S. 15.
[72] Vgl. BGH NJW 1989, 2133, 2134; 2003, 3058, 3059; *Rosenberg/Schwab/Gottwald* § 150 Rn. 10.
[73] *Rosenberg/Schwab/Gottwald* § 150 Rn. 15.
[74] BGH 2003, 3058, 3059; *Rosenberg/Schwab/Gottwald* § 150 Rn. 15.
[75] Vgl. *Stein/Jonas/Leipold* § 322 ZPO Rn. 77 ff.; *Wieczorek/Schütze/Büscher* § 322 ZPO Rn. 114 f., 120.
[76] *Stein/Jonas/Leipold* § 325 ZPO Rn. 12 ff.; *Wieczorek/Schütze/Büscher* § 325 ZPO Rn. 9 ff.
[77] Vgl. *Stein/Jonas/Leipold* § 322 ZPO Rn. 217 ff.; *Wieczorek/Schütze/Büscher* § 322 ZPO Rn. 171 ff.
[78] Für Ehe- und Familienstreitsachen (vgl. § 113 Abs. 1 S. 2) werden diese Vorschriften und ihre Aussagen in Bezug genommen.
[79] Amtl. Begr. FamFG (BT-Drucks. 16/6308) S. 197 f.

Änderungsausschlusses eintritt.[80] Immerhin ermöglicht § 95 Abs. 1 aber die Anwendung des § 767 ZPO und damit die Ableitung zeitlicher Rechtskraftgrenzen aus § 767 Abs. 2 ZPO. Zumindest im Hinblick auf das Fehlen einer so zentralen Vorschrift wie § 322 ZPO entspricht die Regelungslage des FamFG aber letztlich derjenigen des FGG,[81] auch wenn der Gesetzgeber sich im Übrigen der ZPO angenähert hat.

b) Meinungsstand zum FGG. Für das FGG war überaus umstritten, inwieweit Entscheidungen **26** in materieller Rechtskraft erwachsen können.[82] Nach praktisch **allgA** wurde die Fähigkeit zur materiellen Rechtskraft für Entscheidungen in Streitsachen bejaht.[83] Außerhalb von Streitverfahren können nach **ganz hA** Entscheidungen der freiwilligen Gerichtsbarkeit dagegen nicht in materieller Rechtskraft erwachsen.[84] In Antragsverfahren soll allerdings der Grundsatz des ne bis in idem im Rahmen des Rechtsschutzbedürfnisses zur Anwendung kommen.[85] Ein rechtskräftig abgelehnter Antrag ist, soweit er auf identischer Sach-, Beweis- und Rechtslage erneut gestellt wird, danach unzulässig. Zur Begründung wurde angeführt, dass den Entscheidungen vielfach die formelle Rechtskraft fehlt, welche Voraussetzung für den Eintritt materieller Rechtskraft ist.[86] Auch spricht die fehlende innerprozessuale Bindung (vgl. § 318 ZPO) gegen den Eintritt materieller Rechtskraft.[87] Außerdem steht das aus § 18 Abs. 1 FGG abgeleitete Recht zur Änderung auch formell rechtskräftiger Entscheidungen entgegen.[88] Unabhängig hiervon wurde angeführt, dass Rechtskraft einen (prozessualen) **Anspruch zwischen zwei Beteiligten** voraussetzt.[89] Dieser fehlt, wenn eine (fürsorgende) Handlung des Gerichts begehrt wird,[90] zB Erteilung eines Erbscheins[91] oder Entscheidung über Eintragung in das Handels- oder Vereinsregister.[92] Weiter wurde argumentiert, dass ein erhöhtes (öffentliches)[93] Bedürfnis an **materieller Richtigkeit** fürsorgender Entscheidungen besteht (vgl. auch Rn. 22), welches durch den Eintritt materieller Rechtskraft nicht beschränkt werden darf.[94] Deshalb kann abweichend von den für den Zivilprozess geltenden zeitlichen Grenzen der materiellen Rechtskraft ein neues Verfahren auch Material berücksichtigen, welches zum Zeitpunkt der ersten Entscheidung schon vorlag oder bekannt war. Schließlich wurde eingewandt, dass sich die subjektiven Grenzen der Rechtskraft im Hinblick auf den materiellen Beteiligtenbegriff nicht bestimmen lassen.[95]

Als Unterfall der hA wurde vielfach vertreten, dass im **Einzelfall** Entscheidungen auch außer- **27** halb streitiger Verfahren materiell rechtskräftig werden können, wenn ein Bedürfnis hierfür besteht.[96] Diese Ansicht ging davon aus, dass die Frage der materiellen Rechtskraft im FGG nicht geregelt wurde, weshalb im Einzelfall unter Berücksichtigung der Besonderheiten des Verfahrensgegenstands darüber zu entscheiden sei, ob eine Entscheidung rechtskraftfähig ist.[97]

---

[80] Amtl. Begr. FamFG (BT-Drucks. 16/6308) S. 196.
[81] Vgl. OLG Hamm NJW 1970, 2118.
[82] Vgl. für das FGG *Keidel/Kuntze/Winkler/Zimmermann* § 31 FGG Rn. 18; *Kurzeja,* Rechtskraft, S. 18, 21 ff.
[83] BGHZ 6, 248, 258; 34, 235, 241; BGH NJW 1984, 2364, 2365; BayObLG NJW-RR 1994, 1425; NZM 2001, 772; OLG Frankfurt NJW 1953, 1713, 1713 f.; OLG Bamberg NJW 1956, 227, 228; OLG Hamm NJW 1970, 2118; *Bassenge/Roth* § 31 FGG Rn. 8; *Baur,* FGG, § 25 II 1; *Habscheid,* Streitgegenstand, § 21 III 1; *Jansen/v. König* § 31 FGG Rn. 10; *Klüsener* Rn. 113; *Kurzeja,* Rechtskraft, S. 42 f.; *Lent* § 18 V; *Schlegelberger* § 16 FGG Rn. 8 a; *Stein/Jonas/Leipold* § 322 ZPO Rn. 297; *Thubauville,* Wirkungen, S. 23 ff.; aA *Josef* § 18 FGG Zusatz nach Nr. 11, der zwischen § 18 Abs. 1 und Abs. 2 FGG unterscheidet.
[84] RGZ 124, 322, 324; KG JFG 13, 245, 246 ff.; VIZ 1999, 755, 755 f.; *Bassenge/Roth* § 31 FGG Rn. 9; *Baur,* FGG, § 25 III 3 Zusammenfassung; *Brehm* § 17 Rn. 13, 19; *Jansen/v. König* § 31 FGG Rn. 10; *Lent* § 18 IV-VI; *Münzel* NJW 1952, 721, 723; *Schlegelberger* § 16 FGG Rn. 8; hierfür als Regelfall auch BGHZ 34, 235, 241; aA *Gruber* Rpfleger 1999, 478, 480.
[85] Vgl. *Baur,* FGG, § 25 I 4 b; *Brehm* § 17 Rn. 17; *Habscheid,* FGG, § 28 III 3; *Klüsener* Rn. 112; *Lent* § 18 VI.
[86] *Habscheid,* FGG, § 28 II 1; *Josef* § 18 FGG Zusatz nach Nr. 11; *Klüsener* Rn. 111; *Lent* § 18 I.
[87] *Habscheid,* FGG, § 28 II 1; *Münzel* NJW 1952, 721, 723; *Schlegelberger* § 16 FGG Rn. 8.
[88] Vgl. *Jansen/Briesemeister* § 18 FGG Rn. 5; vgl. auch *Schäfer,* Abänderbarkeit, S. 72 ff.
[89] Vgl. KGZ 32A, 76, 81; BayObLG NJW 1996, 3217, 3218; *Bumiller/Winkler* § 31 FGG Rn. 13; *Habscheid,* FGG, § 28 III 2 b; *Jansen/v. König* § 31 FGG Rn. 10; aA *Kurzeja,* Rechtskraft, S. 37; *Schäfer,* Abänderbarkeit, S. 75.
[90] BayObLG NJW 1996, 3217, 3218; *Bumiller/Winkler* § 31 FGG Rn. 13; *Jansen/v. König* § 31 FGG Rn. 10.
[91] BayObLG ZEV 2003, 369, 370; KG VIZ 1999, 755, 755 f.; *Bumiller/Winkler* § 31 FGG Rn. 15.
[92] BayObLG NJW 1996, 3217, 3218; OLG Köln FGPrax 2005, 130, 131; *Bumiller/Winkler* § 31 FGG Rn. 15.
[93] *Lent* § 18 IV; *Schlegelberger* § 16 FGG Rn. 8.
[94] *Kurzeja,* Rechtskraft, S. 43 ff.; *Lent* § 18 VI; *Schlegelberger* § 16 FGG Rn. 8.
[95] *Habscheid,* FGG, § 27 II 4; *Klüsener* Rn. 111.
[96] KGZ 32A, 76, 80; KG JFG 20, 55, 55 f.; OLG Frankfurt NJW 1953, 1713; OLG Karlsruhe NJW 1955, 1075; OLG Hamm NJW 1970, 2118; *Bassenge/Roth* Einleitung zum FGG § 25 III 1, 2; *Schäfer,* Abänderung, S. 72, 75 ff.; vgl. für den Streitverfahren nahe stehende Verfahren BayObLG FamRZ 2004, 305.
[97] KGZ 32A, 76, 80; KG JFG 20, 55, 55 f.; OLG Frankfurt NJW 1953, 1713; OLG Hamm NJW 1970, 2118; *Klüsener* Rn. 111; *Kurzeja,* Rechtskraft, S. 41.

28 Auch *Dorndorf* sprach sich gegen den Eintritt materieller Rechtskraft aus. Er lehnte den Begriff der materiellen Rechtskraft für das FGG-Verfahren weitgehend als verdunkelnd ab und griff stattdessen auf den weiter gefassten Begriff der **materiellen Rechtsbeständigkeit** zurück.[98] Inhaltlich stimmte er der vorstehenden Ansicht (vgl. Rn. 27) insoweit zu, als der Einzelfall entscheide.[99] Dabei ging er davon aus, dass es die Verschiedenartigkeit der dem FGG zugewiesenen Angelegenheiten dem Gesetzgeber im Unterschied zum Zivilprozess verwehrt hat, eine der materiellen Rechtskraft vergleichbare allgemeingültige Aussage zur Zulässigkeit von (abweichenden) Zweitentscheidungen zu treffen.[100] Da das Verfahren der Verwirklichung des materiellen Rechts dient, ist deshalb zunächst maßgeblich, inwieweit dieses eine abändernde Zweitentscheidung zulässt oder ausschließt.[101] Entscheidend ist, inwieweit durch eine Zweitentscheidung den durch die einschlägige materiell-rechtliche Norm geschützten Interessen gedient wird und inwieweit sich durch die Erstentscheidung die der einschlägigen Norm zugrunde liegende Interessenlage derart verschoben hat, dass sie eine Zweitentscheidung nicht trägt.[102] Ist eine Zweitentscheidung danach zulässig, ist ein zweites Verfahren gleichwohl ausgeschlossen, wenn im Einzelfall bei dessen Einleitung kein objektiver Anlass dafür besteht, dass dieses im Hinblick auf die bessere Verwirklichung des materiellen Rechts verfahrensökonomisch sinnvoll ist.[103]

29 **c) Meinungsstand zum FamFG.** Im Unterschied zum FGG unterwirft das FamFG alle verfahrensabschließenden Beschlüsse einem befristeten Rechtsmittel und sieht keine § 18 Abs. 1 FGG entsprechende Abänderungsmöglichkeit, sondern eine innerprozessuale Bindung des § 318 ZPO vor (vgl. Rn. 23). Grds. werden alle Endentscheidungen formell rechtskräftig. Eine Reihe an Einwänden gegen den Eintritt materieller Rechtskraft ist danach ausgeräumt. Gleichwohl lehnen **erste Stimmen** für das **FamFG-Verfahren** die materielle Rechtskraft der in nichtstreitigen Verfahren ergehenden Entscheidungen ab.[104] Zur Begründung wird darauf verwiesen, dass außerhalb streitiger Angelegenheiten nicht über verfahrensrechtliche Ansprüche zwischen den Beteiligten entschieden wird.[105] Vielmehr werde über einen Anspruch eines Beteiligten gegenüber dem Gericht oder eine Eingriffsbefugnis des Gerichts gegenüber einem Beteiligten entschieden; in eigener Sache könne das Gericht aber nicht rechtskräftig entscheiden, weil anderenfalls Amtshaftungsansprüche ausgeschlossen wären.[106]

30 **3. Stellungnahme. a) Grundfrage.** Entgegen *Dorndorf* sollte **am Begriff der materiellen Rechtskraft festgehalten** und deren Wirkungen nicht mit materiell-rechtlichen Wirkungen im Begriff der Rechtsbeständigkeit zusammengeführt werden.[107] Materiell-rechtliche Änderungsbefugnisse und materielle Rechtskraft dienen verschiedenen Zwecken. Materiell-rechtliche Änderungsbefugnisse bewerten die materiell-rechtlichen Interessen der Beteiligten, insbesondere ein entstandenes Vertrauen. Sie berücksichtigen dagegen nicht die generellen öffentlichen Interessen an Rechtsfrieden und einer schonenden Inanspruchnahme der begrenzten gerichtlichen Ressourcen. Gerade diesen Interessen wird durch die Rechtskraft auch Rechnung getragen,[108] indem sie in ihren Grenzen eine erneute gerichtliche Prüfung auch auf die Gefahr hin ausschließt, dass die bestehende Entscheidung fehlerhaft ist.

31 Die gegen die materielle Rechtskraft in nichtstreitigen Verfahren vorgebrachten **Einwände überzeugen nicht,** weshalb grds. vom Eintritt materieller Rechtskraft auszugehen ist. Entgegen der hA ist der Eintritt materieller Rechtskraft nicht davon abhängig, dass über einen **Streit zwischen Beteiligten** entschieden wird.[109] Insbesondere der Strafprozess macht deutlich, dass auch in Verfahren mit nur einem Beteiligten über dessen rechtliche Stellung zum Staat rechtskräftig entschieden werden kann.[110] Hiergegen kann nicht eingewandt werden, dass das Gericht im Strafprozess den

---

[98] *Dorndorf,* Rechtsbeständigkeit, S. 145 ff.
[99] *Dorndorf,* Rechtsbeständigkeit, S. 103 f., 121.
[100] *Dorndorf,* Rechtsbeständigkeit, S. 121.
[101] Vgl. *Dorndorf,* Rechtsbeständigkeit, S. 104 ff., 138 f.; zuvor schon *Bötticher* JZ 1956, 582, 585; ähnlich auch *Gruber* Rpfleger 1999, 478, 481 f., der für die Zweitentscheidung eine gesetzliche Eingriffsermächtigung fordert.
[102] Vgl. *Dorndorf,* Rechtsbeständigkeit, S. 123 f.
[103] Vgl. *Dorndorf,* Rechtsbeständigkeit, S. 151 ff.
[104] *Bork* ZZP 117 (2004), 399, 419; *Brehm* § 16 Rn. 12, § 17 Rn. 13, 19; *Bumiller/Harders* § 45 Rn. 7 ff.; *Keidel/Engelhardt* § 45 Rn. 8 ff.; tendenziell aA *Jacoby* FamRZ 2007, 1703, 1707: keine allgemeine Befugnis zur Abänderung fehlerhafter Entscheidungen.
[105] *Brehm* § 17 Rn. 14; *Bumiller/Harders* § 45 Rn. 8.
[106] *Brehm* § 17 Rn. 14 f.
[107] Vgl. *Bötticher* JZ 1956, 582, 585 f., der die Trennung verfahrensrechtlicher und materiell-rechtlicher Beständigkeit betont.
[108] *Stein/Jonas/Leipold* § 322 ZPO Rn. 29; *Wieczorek/Schütze/Büscher* § 322 ZPO Rn. 12.
[109] Vgl. *Rothe,* Abänderung, S. 163 ff.; vgl. auch *Schäfer,* Abänderbarkeit, S. 52 ff., 75 f.
[110] Vgl. *Rothe,* Abänderung, S. 157.

Streit zwischen Staatsanwaltschaft und Angeklagtem entscheidet.[111] Die Staatsanwaltschaft ist nicht die Gegnerin des Angeklagten und auch nicht Inhaberin des staatlichen Strafanspruchs. Dementsprechend geht auch der hiermit im Zusammenhang stehende Einwand fehl, dass Gericht dürfe nicht in eigenen Angelegenheiten entscheiden. Das Gericht entscheidet auch in (fürsorgenden) FamFG-Verfahren nicht in eigenen Angelegenheiten.[112] Soweit das Gericht über ein Einschreiten gegen einen Beteiligten befindet, entscheidet es vergleichbar dem Strafprozess als unabhängiges Organ in einem justizförmigen Verfahren[113] über eine Eingriffsberechtigung des Staats. Begehrt der Antragsteller eine Entscheidung des Gerichts, zB die Erteilung eines Erbscheins, wird das Gericht ebenfalls nicht in eigenen Angelegenheiten, sondern unabhängig tätig. Es erfüllt mit seiner Entscheidung zunächst den gegen ihn gerichteten allgemeinen Anspruch auf Rechtsschutzgewährung. Insoweit besteht kein Unterschied zu sonstigen Verfahren. Außerdem entscheidet es über den Anspruch des Beteiligten gegen den Staat.

Dem Eintritt materieller Rechtskraft kann auch nicht entgegengehalten werden, dass in den Angelegenheiten der freiwilligen Gerichtsbarkeit ein besonderes Interesse an **materiell richtigen Entscheidungen** besteht (vgl. Rn. 33). Es handelt sich hierbei um ein Scheinargument. Da neue Tatsachen durch die Rechtskraft nicht ausgeschlossen werden (vgl. Rn. 37), reduziert sich das Argument darauf, dass das Gericht im Rahmen seiner Zweitentscheidung zu einer besseren Rechtserkenntnis gelangt oder bislang unbekannte Erkenntnismittel verwerten kann. Dies sichert allerdings nicht, dass die spätere Entscheidung besser als die frühere ist.[114] Es ist ebenso gut denkbar, dass vielmehr die frühere Erkenntnis richtig war.[115] Im Hinblick auf die rechtliche Beurteilung versteht sich das von selbst.[116] Aber auch im Hinblick auf die tatsächlichen Entscheidungsgrundlagen ist nicht gesichert, dass die spätere Entscheidung besser ist. Zwar kann der später entscheidende Richter regelmäßig auf einen umfassenderen Sachverhalt zurückgreifen, was tendenziell für eine erhöhte Richtigkeitsgewähr seiner Entscheidung spricht. Andererseits ist auch insoweit nicht ausgeschlossen, dass neu bekannt gewordene Umstände, welche eine abweichende Entscheidung tragen, zum falschen Ergebnis führen, weil im Hinblick auf sie wiederum eine rechtshindernde, -hemmende oder -vernichtende Tatsache noch unbekannt ist.[117] Überdies verlieren personengebundene Erkenntnismittel (Auskunftspersonen) mit fortschreitender Zeit immer mehr an Zuverlässigkeit.[118] Vor diesem Hintergrund hat der Gesetzgeber in Abs. 2 iVm. § 580 ZPO eine Regelung darüber getroffen, wann durch eine Änderung der Beweismittel begründete Zweifel an den tatsächlichen Entscheidungsgrundlagen eine hinreichende Wahrscheinlichkeit dafür bieten, dass die Chance auf eine bessere Entscheidung die erneute Inanspruchnahme der gerichtlichen Ressourcen rechtfertigt: Sachverhaltsfälschung und neue Urkunden sowie neues Gutachten in den Fällen des § 185. Diese Grenzen wären entbehrlich, wenn das Gericht in einem Zweitverfahren grenzenlos neue Tatsachen berücksichtigen könnte, und dürfen auch nicht durch eine Abwägung im Einzelfall umgangen werden.[119]

Der Verweis auf das besondere Richtigkeitsbedürfnis trägt auch unter einem anderen Gesichtspunkt nicht. Soweit zB darauf verwiesen wird, dass ein Kind nicht die Folgen tragen darf, die daraus erwachsen, dass das Gericht von **Maßnahmen nach § 1666 BGB** absieht, weil ein Zeuge unbekannt und die Voraussetzungen eines Einschreitens deshalb nicht nachweisbar waren, wird übersehen, dass § 166 Abs. 3 in diesem Fall eine Abänderung ohne jegliche Grenzen zulässt.[120] Ein die Rechtskraft ausschließendes Richtigkeitsbedürfnis besteht auch nicht in Verfahren auf Ausstellung oder Erteilung einer **gerichtlichen Bescheinigung** (deklaratorische Registereintragung, Erbschein). Bereits als allgemeinen Grundsätzen lässt sich für diese ableiten, dass sie nur beschränkt materiell rechtskräftig werden,[121] soweit ihnen eigen ist, dass das Gericht lediglich darüber befindet, ob eine bestimmte Rechtslage bescheinigt wird, ohne über die Rechtslage selbst zu entscheiden. Gegenstand des Erbscheinsverfahrens ist nicht das Erbrecht, sondern die Erteilung eines Zeugnisses hierüber.[122] Die Erblage ist hierfür nur Vorfrage, weshalb der Beschluss im Erbscheinsverfahren nach allgemeinen

---

[111] Vgl. *Rothe*, Abänderung, S. 157.
[112] AA *Brehm*, FS Leipold, 2009, 821, 826 f.
[113] Vgl. *Dorndorf*, Rechtsbeständigkeit, S. 113 f.; *Habscheid* NJW 1966, 1787, 1791.
[114] Vgl. *Bruns* FamRZ 1957, 201, 202; *Dorndorf*, Rechtsbeständigkeit, S. 120 f.
[115] Vgl. *Dorndorf*, Rechtsbeständigkeit, S. 120 f.
[116] Vgl. *Dorndorf*, Rechtsbeständigkeit, S. 121.
[117] Vgl. *Bruns* FamRZ 1957, 201, 202.
[118] Vgl. *Dorndorf*, Rechtsbeständigkeit, S. 102.
[119] Vgl. *Habscheid*, FGG, § 28 III 2 b.
[120] Vgl. ausführlich *Bonvie*, Änderung, S. 48 ff., 112.
[121] Vgl. auch KGZ 32A, 76, 80 f.; KG VIZ 1999, 755, 755 f.; BayObLG ZEV 2003, 369, 370; *Bumiller/Harders* § 45 Rn. 9 f.
[122] *Brehm*, FS Leipold, 2009, 821, 826.

Grundsätzen keine rechtskräftige Entscheidung über das Erbrecht beinhaltet. Entsprechendes gilt für Verfahren über die bescheinigende Eintragung in ein Register. Die Funktion der Bescheinigung liegt darin, jederzeit zutreffende Auskunft zu geben.[123] Die Entscheidung ist danach unmittelbar von der bescheinigten Rechtslage abhängig. Dies schließt es aus, dass die Entscheidung über die Erteilung einer Bescheinigung materiell rechtskräftig wird,[124] bevor eine rechtskräftige Entscheidung über die bescheinigte Rechtslage selbst ergeht.[125] Solange zB Tatsachen nicht im Hinblick auf die bescheinigte Rechtslage selbst ausgeschlossen sind, können sie nicht im Verfahren um die Bescheinigung ausgeschlossen sein.[126] Insoweit besteht eine Parallele der bescheinigenden Verfahren zum vorläufigen Rechtsschutz. Für diesen ist anerkannt, dass ein abgelehnter Antrag neu gestellt und mit Tatsachen und Beweismitteln begründet werden kann, die bereits im Zeitpunkt der ablehnenden Entscheidung vorlagen.[127] Dies rechtfertigt sich entgegen verbreiteter Annahme[128] nicht aus dem Eilcharakter der Verfahren, sondern ebenfalls daraus, dass das an das Hauptsacheverfahren angebundene Eilverfahren keine rechtskräftige Entscheidung über den Arrest- bzw. Verfügungsanspruch selbst trifft und deshalb keine Bindungswirkungen erzeugen kann, die im Hauptsacheverfahren im Hinblick auf das materielle Recht noch nicht eingetreten sind. Sowohl die Fälle des § 1666 BGB als auch die Bescheinigungsfälle zeigen, dass die Lösung des „Richtigkeitsbedürfnisses" nicht in der Ablehnung der materiellen Rechtskraft, sondern in der hiervon zu unterscheidenden Frage nach einem materiell- oder verfahrensrechtlichen, teleologisch gebundenen **Abweichungs- und Zweitentscheidungsrecht** besteht.[129]

34 Zu Unrecht wird gegen die materielle Rechtskraft auch eingewandt, dass ihr im Hinblick auf den materiellen Beteiligtenbegriff die Unbestimmtheit ihrer subjektiven Grenzen entgegensteht, weil im arbeitsgerichtlichen Beschlussverfahren auch ein **materieller Beteiligtenbegriff** gilt und dort gleichwohl materielle Rechtskraft eintritt.[130] Überdies hat das FamFG den Beteiligtenbegriff deutlich formalisiert.[131] Beteiligter ist nur, wer Antragsteller ist oder vom Gericht als Beteiligter hinzugezogen wurde (vgl. § 7 Rn. 3 ff.). Die subjektiven Grenzen der Rechtskraft sind auf diesen Beteiligtenkreis beschränkt,[132] was der Rechtslage im arbeitsgerichtlichen Beschlussverfahren entspricht.

35 Schließlich berücksichtigt die hA nicht ausreichend das Interesse an Rechtssicherheit und der schonenden Inanspruchnahme der Gerichte.[133] Hierfür eine **Lösung im Rechtsschutzbedürfnis** zu suchen, überzeugt nicht, weil dieser Ansatz nur in Antragsverfahren und nur im Hinblick auf abgelehnte Anträge greift.[134] Der Beteiligte soll einen abgelehnten Antrag nicht mit identischer Begründung erneut stellen. In Amtsverfahren kann das Gericht dagegen ein zunächst abgelehntes Einschreiten auf identischer Grundlage erneut zum Gegenstand eines weiteren Verfahrens machen. Im Ergebnis wird nur das Gericht vor einer erneuten Inanspruchnahme geschützt. Dagegen werden die Beteiligten nicht in entsprechendem Ausmaß geschützt und müssen sich erneut mit einem Verfahren auseinandersetzen, was den Rechtsfrieden sowie das Vertrauen in den Rechtsstaat erheblich erschüttern kann und die einschlägigen Wertungen anderer Gesetze (zB § 4 AÜG, § 45 SGB X, § 48 VwVfG, § 362 StPO im Vergleich mit § 359 StPO) ignoriert.[135]

36 **b) Konsequenzen.** Entscheidungen im FamFG erwachsen nach allgemeinen Grundsätzen in materieller Rechtskraft.[136] Voraussetzung ist, dass die Entscheidung formell rechtskräftig geworden ist. Die Wirkungen der materiellen Rechtskraft (vgl. Rn. 24) hindern allerdings nicht, dass das materielle Recht (zB § 1382 Abs. 6 BGB,[137] vgl. auch Rn. 33) oder das Verfahrensrecht (zB §§ 48

---

[123] KGZ 32A, 76, 80 f.
[124] KGZ 32A, 76, 80 f.; Amtl. Begr. FamFG (BT-Drucks. 16/6308) S. 281.
[125] Zu weit KG FGPrax 2005, 130, 131; BayObLG NJW 1996, 3217, 3218. Der Eintritt materieller Rechtskraft bei Ablehnung einer konstitutiven Registereintragung gefährdet nicht die inhaltliche Richtigkeit des Registers.
[126] Vgl. *Dorndorf*, Rechtsbeständigkeit, S. 143 f. zum notwendigen Gleichlauf der Bezeugung mit dem materiellen Recht in Bezug auf die Beweislast.
[127] *Berger/Heiderhoff* Kapitel 7 Rn. 46; oben Vor §§ 916 ff. ZPO Rn. 31.
[128] *Berger/Heiderhoff* Kapitel 7 Rn. 46; wie hier oben Vor §§ 916 ff. ZPO Rn. 28.
[129] Ähnlich *Gruber* Rpfleger 1999, 478, 480.
[130] *Germelmann/Matthes/Prütting/Müller-Glöge/Matthes* § 84 ArbGG Rn. 22 ff.
[131] *Zimmermann* FPR 2009, 5.
[132] Vgl. *Baur*, FGG, § 25 III 3 a); *Kurzeja*, Rechtskraft, S. 38 f.; *Münzel* NJW 1952, 721, 724; so grds. auch *Thubauville*, Wirkungen, S. 25; vgl. auch *Germelmann/Matthes/Prütting/Müller-Glöge/Matthes* § 84 ArbGG Rn. 22 ff.
[133] Vgl. *Dorndorf*, Rechtsbeständigkeit, S. 35: „angemessene Begrenzung sozialer Kosten".
[134] Vgl. *Dorndorf*, Rechtsbeständigkeit, S. 153.
[135] Für die Berücksichtigung des Bewahrungsinteresses der Beteiligten auch *Schäfer*, Abänderbarkeit, S. 75 ff.
[136] Vgl. *Gruber* Rpfleger 1999, 478, 480.
[137] Vgl. *Dorndorf*, Rechtsbeständigkeit, S. 139.

Abs. 1, 2, 166) **Änderungsentscheidungen** oder **Zweitentscheidungen zulassen.** Die präjudiziellen Wirkungen der materiellen Rechtskraft binden nur die Verfahrensbeteiligten (vgl. Rn. 34).[138] Das unabhängig entscheidende Gericht wird nicht gebunden; es muss die präjudiziellen Bindungen zwischen den Beteiligten vielmehr beachten. Im Amtshaftungsverfahren kann deshalb grds. die Unrichtigkeit der gerichtlichen Entscheidung eingewandt werden.[139]

Die Präklusionswirkungen der Rechtskraft folgen zivilprozessualen Grundsätzen. Zwar wird teilweise vertreten, dass im Hinblick auf die Geltung des Untersuchungsgrundsatzes sowie die Nichtexistenz der §§ 323 Abs. 2, 767 Abs. 2 ZPO keine Präklusion aller im Zeitpunkt der Entscheidung in der Tatsacheninstanz objektiv vorliegende Tatsachen eintreten dürfe[140] und die materielle Rechtskraft danach einem erneuten Verfahren nicht entgegensteht, wenn dieses auf einem Beteiligten unverschuldet nicht bekannte Tatsachen gestützt wird.[141] Diese Ansicht ist jedoch, u. a. im Hinblick auf die Verweisung des § 95 Abs. 1 auf § 767 Abs. 2 ZPO, abzulehnen.[142] Die zeitlichen Grenzen der Rechtskraft bestehen unabhängig von der Geltung des **Untersuchungsgrundsatzes,** wie ein Vergleich mit anderen Verfahrensarten zeigt (VwGO, SGG, Beschlussverfahren nach §§ 2a, 80 ff. ArbGG). Überdies lässt nunmehr Abs. 1 S. 1 vergleichbar dem § 323 Abs. 2 ZPO eine zeitliche Grenze erkennen. Deshalb schließt die materielle Rechtskraft eine auf neue Tatsachen gestützte Zweitentscheidung nicht aus. Neue Tatsachen sind entsprechend zivilprozessualer Grundsätze nur solche, die im Erstverfahren objektiv nicht vorgebracht werden konnten, weil sie erst nach Abschluss der letzten Tatsacheninstanz entstanden sind.[143]

---

[138] *Baur,* FGG, § 25 III 3 a.
[139] So iE auch *Brehm* § 17 Rn. 15.
[140] BGH LM § 37 LVO Nr. 2 = LM § 58 LVO Nr. 6; *Habscheid,* Streitgegenstand, § 21 III 2; *ders.* JZ 1954, 689, 691; *Jansen/v. König* § 31 FGG Rn. 13; *Kurzeja,* Rechtskraft, S. 41; aA KG NJW 1958, 106; *Bassenge/Roth* § 31 FGG Rn. 6; *Gruber* Rpfleger 1999, 478, 480 f.; *Keidel/Kuntze/Winkler/Zimmermann* § 31 FGG Rn. 22; *Schlegelberger* § 16 FGG Rn. 8a.
[141] BGH LM § 37 LVO Nr. 2 = LM § 58 LVO Nr. 6; *Habscheid,* Streitgegenstand, § 21 III 2; *ders.* JZ 1954, 689, 691; *Jansen/v. König* § 31 FGG Rn. 13; *Kurzeja,* Rechtskraft, S. 41.
[142] *Bassenge/Roth* § 31 FGG Rn. 6; *Baur,* FGG, § 25 II 2b); *Brehm* § 17 Rn. 12; *Gruber* Rpfleger 1999, 478, 480 f.; *Schlegelberger* § 16 FGG Rn. 8a.
[143] Vgl. oben § 322 ZPO Rn. 139 ff.

Abschnitt 4. Einstweilige Anordnung

Vorbemerkung zu den §§ 49 ff.

Übersicht

	Rn.		Rn.
I. Grundlegende Neuerungen des einstweiligen Rechtsschutzes	1–6	6. Wegfall von geltenden Rechtsnormen	6
1. Änderung der Gesetzessystematik	1	II. Verfahrensgrundsätze	7–9
2. Wegfall der Akzessorietät zur Hauptsache	2	1. Verfahrenseinleitung	7
		2. Verfahrensgang	8
3. Abgrenzung der einstweiligen Anordnung zur einstweiligen Verfügung	3	3. Vergleichsabschluss	9
		III. Ersatzansprüche wegen sachlich nicht gerechtfertigter einstweiliger Anordnung	10
4. Abgrenzung der einstweiligen Anordnung zur vorläufigen Anordnung	4		
5. Spezialgesetzliche Regelungen	5	IV. Anwaltliche Vertretung	11

I. Grundlegende Neuerungen des einstweiligen Rechtsschutzes

1. Änderung der Gesetzessystematik. Der familienrechtliche einstweilige Rechtsschutz hat sich in der Vergangenheit auf Grund der verschiedenen Rechtsschutzmöglichkeiten in den einzelnen Verfahrensarten als unübersichtliche und schwierig zu handhabende Materie entwickelt. Das Familienverfahrensgesetz (FamFG) führt weitgehend zu einer Vereinfachung. Es gestaltet den einstweiligen Rechtsschutz übersichtlicher, einfacher und kostengünstiger. Für den einstweiligen Rechtsschutz in Familiensachen stehen bisher vier verschiedenen Rechtsschutzmöglichkeiten zur Verfügung, nämlich der Arrest, die einstweilige Verfügung, die aus dem Bereich der freiwilligen Gerichtsbarkeit durch richterliche Rechtsfortbildung entwickelte vorläufige Anordnung[1] sowie die einstweilige Anordnung, die sich schon sehr frühzeitig von der einstweiligen Verfügung abgespalten hat und deren Anwendungsbereich im Laufe der Jahre über den Bereich der Ehesachen hinaus auf andere Sachgebiete wie zB Unterhalt, Gewaltschutz, Sorge- und Umgangsrechtssachen, erweitert wurde.[2] Das FamFG führt diese vier verschiedenen Mittel des einstweiligen Rechtsschutzes von wenigen Ausnahmen abgesehen nahezu vollständig zu einer **einheitlichen Rechtsschutzmöglichkeit,** der einstweiligen Anordnung, zusammen. Mit dieser Zusammenfassung ist gleichzeitig eine neue Systematik verbunden.[3] Deren Kern liegt darin, dass die neue einstweilige Anordnung an den Arrest und die einstweilige Verfügung angepasst wird, was insbesondere dadurch zum Ausdruck gebracht wird, dass es eines gleichzeitigen Hauptsacheverfahrens nicht bedarf. Die einstweilige Anordnung ist in den §§ 49–57 im Abschn. 5 des Allgemeinen Teils des FamFG geregelt. Diese Verfahrensvorschriften gelten für alle Arten der einstweiligen Anordnung unmittelbar. Sie gelten nicht nur für den Bereich der Familiensachen, sondern gemäß § 1 auch auf andere Bereiche aus dem Gebiet der freiwilligen Gerichtsbarkeit (zB Betreuung, Unterbringung, Nachlass). Bisher war die einstweilige Anordnung in verschiedenen Einzelvorschriften geregelt, die im Regelfall die verfahrensrechtlichen Bestimmungen der einstweiligen Anordnungen in Ehesachen, §§ 620a–g ZPO aF, für entsprechend anwendbar erklärten, zB § 127a, 621f, 621g, 644 ZPO aF, § 64b Abs. 3 S. 2 FGG aF. Allerdings existieren daneben wegen der Besonderheiten und Unterschiedlichkeiten der zu schützenden Rechte und Rechtsverhältnisse ergänzende Spezialvorschriften innerhalb des FamFG (siehe unten Rn. 5). Dies ändert aber nichts an der unmittelbaren Anwendung der geltenden Verfahrensvorschriften der §§ 49 ff.

2. Wegfall der Akzessorietät der Hauptsache. Bisher war die einstweilige Anordnung als akzessorischer Rechtsschutz ausgestaltet, der nur im Rahmen eines ordentlichen Hauptsacheverfahrens erreicht werden konnte. Voraussetzung dafür war ein zumindest als Prozesskostenhilfeantrag

---

[1] Keidel/Kuntze/Winkler § 19 FGG Rn. 30 ff.; Gießler, Vorläufiger Rechtsschutz in Ehe-, Familien- und Kindschaftssachen, 3. Aufl., Rn. 297 ff.
[2] Johannsen/Henrich Vor § 620 ff. ZPO Rn. 1.
[3] Vgl dazu auch von Els FamRB 2008, 406.

anhängiges Hauptsacheverfahren, das teilweise deckungsgleich war, teilweise aber auch als inkongruentes Hauptsacheverfahren geführt wurde, zB bei einer einstweiligen Anordnung betreffend Unterhalt in einer anhängigen Ehesache gemäß § 620 Nr. 4, 6 ZPO aF. Damit unterschied sich die einstweilige Anordnung grundlegend vom Arrest und der einstweiligen Verfügung. Aufgrund §§ 49 Abs. 1, 51 Abs. 3 erlangt das einstweilige Anordnungsverfahren nunmehr grundsätzlich **Verfahrensselbständigkeit.** Einzige Ausnahme ist in § 248 geregelt. Danach ist eine einstweilige Anordnung im Vaterschaftsfeststellungsverfahren nur zulässig, wenn ein entsprechendes Verfahren auf Feststellung der Vaterschaft nach § 1600d BGB anhängig ist. Diese Abhängigkeit von einem Hauptsacheverfahren ist deswegen gerechtfertigt, weil die Inanspruchnahme eines Mannes allein mit der Begründung, er sei Vater des Kindes, ohne Durchführung eines Hauptsacheverfahrens undenkbar ist. Mit der Auflösung einer notwendigen Verbindung mit einem Hauptsacheverfahren wird die einstweilige Anordnung an den Arrest und die einstweilige Verfügung angeglichen. Die Vorteile der Neuregelung bestehen zunächst in einer **Vereinfachung.** Die Konkurrenzproblematik einstweiliger Anordnungen bei mehreren in Betracht kommenden Hauptsacheverfahren entfällt dadurch, zB Unterhalt bei Anhängigkeit einer Ehesache gemäß § 620 Nr. 4 und 6 ZPO aF und bei gleichzeitiger Durchführung des Trennungsunterhaltsverfahrens als Hauptsache gemäß § 644 ZPO aF. Ein weiterer Vorteil besteht in einer **kostensenkenden Wirkung.** Zur Erlangung einer einstweiligen Anordnung ist es nicht mehr erforderlich, ein mit Kosten verbundenes Hauptsache- oder Prozesskostenhilfeverfahren durchzuführen. Allerdings ist die Neuregelung auch mit **Nachteilen** verbunden. Zum einen ist stets eine gesonderte Zuständigkeitsprüfung durchzuführen. Dabei kann es zu einem Auseinanderfallen der Zuständigkeiten des Gerichts, das für die einstweilige Anordnung zuständig ist, und des Hauptsachegerichtes kommen. Die Ermöglichung einer von der Hauptsache unabhängigen einstweiligen Anordnung führt allerdings nicht zu einer Verringerung des Rechtsschutzes. In Antragsverfahren steht den Beteiligten nach § 52 Abs. 2 frei, einen Antrag auf Einleitung eines Hauptsacheverfahrens zu stellen. In diesem Falle hat das Gericht für den Beteiligten, der die einstweilige Anordnung erwirkt hat, anzuordnen, binnen einer zu bestimmenden Frist **Antrag auf Einleitung des Hauptsacheverfahrens** oder Antrag auf Bewilligung von Verfahrenskostenhilfe für das Hauptsacheverfahren zu stellen. Diese Frist darf drei Monate nicht überschreiten. Wird der Anordnung nicht folge geleistet, ist die einstweilige Anordnung aufzuheben. In einstweiligen Anordnungen, die von Amts wegen ergehen, hat das Gericht ebenfalls auf Antrag eines Beteiligten das Hauptsacheverfahren einzuleiten. Das Gericht kann zwar bestimmen, dass ein solcher Antrag vor Ablauf von drei Monaten unzulässig ist. Nach Ablauf dieser Frist ist es allerdings zur Einleitung verpflichtet.

3. Abgrenzung der einstweiligen Anordnung zur einstweiligen Verfügung und zum Arrest. Bisher führte die einstweilige Anordnung im Wesentlichen zur Befriedigung des Antragstellers oder zur Regelung eines Rechtszustandes. Damit entspricht sie im Großen und Ganzen der Befriedigungs- und Regelungsverfügung. Gemäß § 49 Abs. 2 erstreckt sich die einstweilige Anordnung zudem auch auf **Sicherungsmaßnahmen.** Insbesondere kann einem Beteiligten eine Handlung geboten oder verboten, insbesondere die Verfügung über einen Gegenstand untersagt werden. Damit bietet die einstweilige Anordnung Sicherungsmöglichkeiten, wie bisher nur durch die einstweilige Verfügung oder den Arrest sichergestellt wurden. Zwangsläufig ist damit auch die einstweilige Verfügung nach § 1615o BGB aF für den Schutz des nichtehelichen Kindes und seiner Mutter weggefallen und durch die einstweilige Anordnung, § 247, ersetzt worden. Letztlich besteht für eine einstweilige Verfügung nach der Neukonzeption des einstweiligen Rechtsschutzes kein Raum mehr. Neben den **Elementen der Sicherungsverfügung** nimmt die neue einstweilige Anordnung aber auch **Elemente des Arrestes** in sich auf. Das Arrestverfahren dient der Sicherung der künftigen Vollstreckung von Geldforderungen oder solche Ansprüche, die in eine Geldforderung übergehen können. Diese Sicherungsmöglichkeit besteht auch durch den Erlass einer einstweiligen Anordnung nach § 49 Abs. 2. Aus diesem Grunde dürfte auch der Arrest in den meisten Fällen von der einstweiligen Anordnung verdrängt werden. Allerdings bleibt er gemäß § 119 in Familienstreitsachen kraft ausdrücklicher Regelung weiterhin zulässig. Praktische Bedeutung wird er allerdings nur in den Fällen des persönlichen Arrestes haben. Als dinglicher Arrest käme er nur dann in Betracht, wenn noch kein klagbarer Leistungsanspruch besteht, sondern nur künftige Leistungen begehrt werden kann. Durch die Neufassung des Antrages auf vorzeitigen Zugewinnausgleich, der mit der Rechtshängigkeit der Klage auf vorzeitige Aufhebung der Zugewinngemeinschaft fällig wird, besteht dabei im Regelfall eine gegenwärtige Forderung, die durch die einstweilige Anordnung gesichert werden kann. Möglich ist allerdings noch der Arrest zur Sicherung des künftigen nachehelichen Unterhalts während der Dauer des Scheidungsverbundverfahrens.

4. Abgrenzung der einstweiligen Anordnung zur vorläufigen Anordnung. Vor Inkrafttreten des § 620g ZPO aF zum 1. 1. 2002 wurde die vorläufige Anordnung in selbständigen FGG-

Familiensachen nur in verschiedenen Einzelvorschriften für zulässig erklärt, ohne dass das Anordnungsverfahren geregelt worden wäre. Daraus wurde gefolgert, dass vorläufige Anordnungen in FGG-Familiensachen nur auf Antrag oder von Amts wegen statthaft und verfahrensrechtlich den Bestimmungen des FGG unterworfen sind. Diese Gesetzeslücke ist durch § 620g ZPO aF weitgehend geschlossen worden. Danach sind in selbständigen FGG-Familiensachen vorläufige Maßnahmen nur auf Antrag möglich. Offen geblieben ist, ob in Sorge-, Umgangsrechts- oder Kindesherausgabesachen vorläufige Anordnungen von Amts wegen weiterhin statthaft sind und ob diese sich entsprechend § 621g ZPO aF nach den §§ 620a–g ZPO aF richten oder aber ausschließlich nach FGG-Vorschriften. Da zwischen auf Antrag ergehenden und amtswegigen Anordnungen kein wesensmäßiger Unterschied besteht, ist die überwiegende Auffassung davon ausgegangen, dass es unter dem Gesichtspunkt der Gleichbehandlung geboten ist, auch in Fällen amtsweger einstweiliger Anordnungen in den oben genannten Verfahren §§ 620a–g ZPO aF entsprechend anzuwenden.[4] Nunmehr **entfällt** gemäß § 51 Abs. 1 das **Antragserfordernis** nach § 621g ZPO aF in solchen Verfahren, die auch von Amts wegen eingeleitet werden können, § 24. Dies bedeutet, dass ein Antrag auf Erlass einer einstweiligen Anordnung nur noch in solchen Fällen erforderlich ist, in denen auch das deckungsgleiche Hauptsacheverfahren einen Verfahrensantrag zur Voraussetzung hat. Somit ist klargestellt, dass auch in den **amtswegigen Rechtsfürsorgeangelegenheiten** (elterliche Sorge, Umgang, Kindesherausgabe, Betreuung, Unterbringung, Freiheitsentziehung) eine einstweilige Anordnung von Amts wegen statthaft ist und ein Rückgriff auf die außerhalb des Gesetzes entwickelte vorläufige Anordnung nicht mehr nötig ist. An die Stelle der bisherigen vorläufigen Anordnung ist damit in Rechtsfürsorgeangelegenheiten die einstweilige Anordnung getreten.

5   **5. Spezialgesetzliche Regelungen.** Die Vorschriften der §§ 49–57 gelten ausnahmslos für sämtliche Familiensachen, soweit nicht für einzelne Regelungsgegenstände spezielle Normen eingreifen. **Besondere Regelungen** bestehen für: die in § 112 definierten **Familienstreitsachen**, § 119, hier ist auch der Arrest erwähnt; **Kindschaftssachen** gemäß § 157 Abs. 3, **Gewaltschutzsachen** gemäß § 214, Zahlungen einer **Ausgleichsrente** gemäß § 226, **Unterhaltsverfahren**, nämlich Unterhalt und **Kostenvorschuss** für ein gerichtliches Verfahren gemäß § 246, Unterhaltszahlungen vor Geburt eines nicht ehelich geborenen Kindes gemäß § 247, Unterhalt in einem Vaterschaftsfeststellungsverfahren gemäß § 248, **Betreuungssachen** gemäß §§ 272, 290, 300–302, **Unterbringungssachen** gemäß §§ 313, 331–334 und **Freiheitsentziehungssachen** gemäß § 427. Diese Vorschriften ergänzen die allgemeinen Regelungen. Soweit sie von ihnen sachlich abweichen, treten sie als lex specialis an deren Stelle.

6   **6. Wegfall von geltenden Rechtsnormen.** Die §§ 49–57 regeln erstmals für das gesamte Recht der freiwilligen Gerichtsbarkeit den einstweiligen Rechtsschutz. Sie lösen die bisherigen spezialgesetzlichen Regelungen über einstweilige Anordnungen ab, insbesondere die Regelungen in §§ 64b Abs. 3, 69f FGG aF, 127a ZPO aF, 620, 620a–620g, 621f, 644 ZPO aF.

II. Verfahrensgrundsätze

7   **1. Verfahrenseinleitung.** Gemäß § 51 wird die einstweilige Anordnung nur auf Antrag erlassen, wenn ein entsprechendes Hauptsacheverfahren ebenfalls nur auf Antrag eingeleitet werden kann. Bei den Verfahren, die von Amts wegen eingeleitet werden können, ist damit anders als bisher in §§ 620a Abs. 2 S. 1, 621g ZPO aF geregelt, ein Antrag nicht mehr erforderlich. Nach § 51 Abs. 1 S. 2 ist auch nur im **Antragsverfahren** der Antrag zu begründen und die Voraussetzung für die Anordnung glaubhaft zu machen. Ob ein verfahrenseinleitender Antrag erforderlich ist, richtet sich nach materiellem Recht. In Familiensachen ist dies grundsätzlich nicht erforderlich. Im Unterschied zum deckungsgleichen Hauptsacheverfahren wird jedoch ein **Anordnungsantrag** in Gewaltschutzsachen gemäß § 214 und im **Versorgungsausgleich bei Zahlung einer Ausgleichsrente** gemäß § 226 vorgesehen. **Einstweilige Anordnungen ohne Antrag** sind daher statthaft nur in den Rechtsfürsorgesachen aus dem Bereich des Sorgerechts gemäß §§ 1629 Abs. 2 S. 3, 1630 Abs. 2, 1631b, 1632 Abs. 4, 1640 Abs. 3, 1666, 1667, 1687 Abs. 2 BGB, im Umgangsrecht und bei der Kindesherausgabe auch in Fällen, in denen, wie zB in §§ 1632 Abs. 4, 1632 BGB sowohl auf Antrag als auch von Amts wegen vorgegangen werden kann, in Vormundschaftssachen gemäß §§ 1774, 1796 BGB, in Betreuungssachen (§ 1896 BGB), in Unterbringungssachen (§ 1906 BGB), und in Freiheitsentziehungssachen gemäß den landesrechtlichen Freiheitsentziehungsgesetzen.

---

[4] OLG Frankfurt OLG-Report 2003, 153; OLG Dresden FamRZ 2003, 1306; *Gießler/Soyka* Rn. 261; *Gießler* FamRZ 2004, 419; aA OLG Hamm FamRZ 2004, 1046; OLG Zweibrücken FamRZ 2006, 872.

2. Verfahrensgang. Wie bisher geltend für den Verfahrensgang die für das deckungsgleiche **8** Hauptsacheverfahren geltenden Verfahrensvorschriften, soweit sich aus den Vorschriften über das summarische Verfahren nicht etwas anderes ergibt. Es gilt der **Amtsermittlungsgrundsatz** gemäß § 26 FamFG, die **Anhörungspflichten** nach § 34, 175 ff. in Kindschaftssachen, §§ 213, 222 in Wohnungszuweisungs- und Gewaltschutzsachen, §§ 278, 279 in Betreuungssachen, §§ 319, 320 in Unterbringungssachen, § 420 in Freiheitsentziehungssachen. Unterbleibt zunächst eine Anhörung auf Grund der Eilbedürftigkeit, so ist sie unverzüglich nachzuholen, §§ 159 Abs. 3, 160 Abs. 4, 205 Abs. 1, 213 Abs. 1. Soll ein vorläufiger Betreuer bestellt werden, ist vor einer Entscheidung die persönliche Anhörung gemäß § 300 Abs. 1 Nr. 4 zwingend vorgeschrieben. Davon darf nur bei Gefahr in Verzug abgewichen werden, § 301 Abs. 1. Entsprechende Regelungen gelten auch bei der Unterbringung gemäß §§ 331, 332, sowie in Freiheitsentziehungssachen gemäß § 427 Abs. 2. Gemäß § 51 Abs. 2 S. 2 ist eine mündliche Verhandlung grundsätzlich **fakultativ** und gemäß § 170 GVG nicht öffentlich. In **Unterhalts- und Kostenvorschusssachen** ist eine mündliche Verhandlung ausnahmsweise vorgeschrieben, wenn sie zur Aufklärung oder gütlichen Beilegung geboten ist, § 246 Abs. 2.

3. Vergleichsabschluss. Über den Gegenstand eines einstweiligen Anordnungsverfahrens können **9** sich die Parteien ebenso wie im Hauptsacheverfahren gemäß § 36 vergleichen, soweit sie über den Gegenstand des Verfahrens verfügen können. Damit sind die Sorgerechtsverfahren ausgeschlossen. Disponibel ist der Verfahrensgegenstand in **Umgangs-, Gewaltschutz- und Kindesherausgabesachen.** Der Vergleich kann sich auf eine vorläufige Regelung beschränken oder aber auch eine endgültige Regelung der Angelegenheit zum Gegenstand haben. Damit Rechtsklarheit geschaffen wird, sollte sich aus dem Vergleichstext ergeben, ob dieser zur **Erledigung des Anordnungsverfahrens** oder als **endgültige Hauptsacheregelung** geschlossen worden ist. Anderenfalls ist dies durch Auslegung zu ermitteln. Im Regelfall dürften im Anordnungsverfahren geschlossene Vergleiche nur der vorläufigen Regelung der Angelegenheit dienen.[5] Dafür spricht jedoch **nicht eine Vermutung.**[6] Bei vorläufiger Regelung steht der Vergleich einer einstweiligen Anordnung weitgehend gleich.[7] Dies bedeutet, dass er nur nach § 54 abänderbar ist und gemäß § 53 einer Vollstreckungsklausel grundsätzlich nicht bedarf. Als Hauptsacheregelung dagegen unterliegt der Vergleich nicht den Bestimmungen der §§ 49 ff. Seine Abänderbarkeit richtet sich nach Mitteln des Hauptsacheverfahrens. Im Übrigen gelten die Wirksamkeitsvoraussetzungen des § 36 Abs. 2–4 entsprechend.

III. Ersatzansprüche wegen sachlich nicht gerechtfertigter einstweiliger Anordnung

Bisher sind **Schadensersatzansprüche** wegen einer sachlich nicht gerechtfertigten einstweiligen **10** Anordnung nur in der Vorschrift des § 641g ZPO aF geregelt. Danach besteht eine Schadensersatzverpflichtung beim Vollzug einer einstweiligen Anordnung betreffend Unterhalt in einem Vaterschaftsprozess, wenn die Klage auf Feststellung der Vaterschaft abgewiesen wird. Diese Vorschrift entfällt nunmehr durch § 248 Abs. 5. Gemäß § 119 Abs. 1 findet § **945 ZPO** in Güterrechtssachen und sonstigen Familiensachen nach § 266 Abs. 1 ZPO nebst den entsprechenden Lebenspartnerschaftssachen entsprechende Anwendung. Dies gilt also **nicht in Unterhaltssachen.** Dies bedeutet, dass ein Ausgleich hier nur über **die Vorschriften der ungerechtfertigten Bereicherung** gemäß § 812 ff. BGB zu finden ist, innerhalb deren sich der Gläubiger gemäß § 818 Abs. 3 BGB auf den Wegfall der Bereicherung berufen darf. Bei Anordnung eines Arrests findet § 945 ZPO in Familienstreitsachen gemäß § 119 Abs. 2 in allen Fällen entsprechende Anwendung.[8]

IV. Anwaltliche Vertretung

Die Verfahren auf Erlass einer einstweiligen Anordnung sind vom Anwaltszwang gemäß § 114 **11** Abs. 4 Nr. 1 ausgenommen. Die Beteiligten bedürfen damit auch in den sonst dem Anwaltszwang unterliegenden Familienstreitsachen **keiner anwaltlichen Vertretung** zur Erlangung des einstweiligen Rechtsschutzes. Dies gilt bei Statthaftigkeit eines Rechtsbehelfs auch für das **Beschwerdeverfahren.** Nach der Gesetzesbegründung soll die Regelung dem bisher geltenden Recht entsprechen.[9]

---

[5] BGH FamRZ 1983, 892; 1991, 1175; OLG Hamburg FamRZ 1982, 412; OLG Schleswig FamRZ 1997, 624; *Zöller/Philippi* § 620f ZPO Rn. 10.
[6] OLG Köln FamRZ 1983, 1122; *Johannsen/Henrich/Sedemund-Treiber* § 620b ZPO Rn. 3.
[7] OLG Karlsruhe FamRZ 1992, 684.
[8] *Vorwerk* FamRB 2009, 8.
[9] BT-Drucks. 16/6308, S. 224.

§ 49 1, 2   Buch 1. Abschnitt 4. Einstweilige Anordnung

Dies ist jedoch nur bedingt zutreffend. Nach bisherigem Recht gilt Anwaltszwang für den Erlass einstweiliger Verfügungen oder Arreste, wenn das Oberlandesgericht als Gericht der Hauptsache zuständig ist, §§ 919, 937 Abs. 1 ZPO. Obwohl nach §§ 620a Abs. 1 S. 2 iVm. 78 Abs. 5 ZPO in Ehesachen der Antrag auf Erlass einer einstweiligen Anordnung ohne anwaltliche Mitwirkung gestellt werden durfte, galt dies jedoch **nicht für die mündliche Verhandlung** oder das Verfahren selbst.[10] Künftig sind **alle Verfahrensabschnitte einschließlich der mündlichen Verhandlung vom Anwaltszwang ausgenommen.**

§ 49 Einstweilige Anordnung

(1) Das Gericht kann durch einstweilige Anordnung eine vorläufige Maßnahme treffen, soweit dies nach den für das Rechtsverhältnis maßgebenden Vorschriften gerechtfertigt ist und ein dringendes Bedürfnis für ein sofortiges Tätigwerden besteht.

(2) ¹Die Maßnahme kann einen bestehenden Zustand sichern oder vorläufig regeln. ²Einem Beteiligten kann eine Handlung geboten oder verboten, insbesondere die Verfügung über einen Gegenstand untersagt werden. ³Das Gericht kann mit der einstweiligen Anordnung auch die zu ihrer Durchführung erforderlichen Anordnungen treffen.

I. Normzweck

1   Der vorläufige Rechtsschutz dient der Gewährung des verfassungsrechtlich gebotenen **effektiven Rechtsschutzes.**[1] Seine Aufgabe besteht darin, die Zeit bis zu einer endgültigen Entscheidung der Sache zu überbrücken, damit nicht vor einer Hauptsacheentscheidung vollendete Tatsachen geschaffen werden und die endgültige Entscheidung im Zeitpunkt ihres späteren Erlasses nicht mehr vollzogen werden kann[2]. Zu unterscheiden sind der **vorgeschaltete** und der **nachgeschaltete** vorläufige Rechtsschutz. Der vorgeschaltete Rechtsschutz hat seine Aufgabe darin, anstelle der noch ausstehenden Hauptsacheentscheidung eine vorläufige Regelung herbeizuführen. Der nachgeschaltete vorläufige Rechtsschutz knüpft an eine bereits ergangene Hauptsacheentscheidung an. Er dient dazu, einer noch nicht rechtskräftigen und deshalb noch aufhebbaren Hauptsacheentscheidung zur Durchsetzung zu verhelfen oder aber deren Durchsetzung zu verhindern. Der Gesetzgeber hat sich dazu eines verfahrensselbständigen Eilverfahrens bedient, das nicht in den Rahmen eines anhängigen ordentlichen Verfahrens eingebettet ist, sondern unabhängig von einem solchen Verfahren geführt werden kann. Allerdings bleibt es einer Partei unbenommen, mit dem Antrag auf Erlass einer einstweiligen Anordnung zugleich das Verfahren in der Hauptsache anhängig zu machen oder eine einstweilige Anordnung erst nach dessen Einleitung zu beantragen. Das summarische Verfahren ist ebenso wie das ordentliche Verfahren ein Erkenntnisverfahren,[3] in dem geprüft werden muss, ob nach materiellem Recht ein Recht oder Rechtsverhältnis besteht, wegen dessen ein vorläufiger Rechtsschutz zu gewähren ist.

2   Fraglich ist allerdings, ob trotz der Verfahrensunabhängigkeit der Regelungsgehalt frei disponibel ist oder sich in dem durch eine etwaige Hauptsacheklage, die entweder anhängig ist oder deren Anhängigkeit gemäß § 52 erzwungen werden kann, vorgegebenen Bereich halten muss. Es spricht vieles dafür, dass der Gegenstand mit dem der Hauptsacheklage korrespondierenden **deckungsgleich** sein muss. Dies bedeutet insbesondere für die einstweilige Anordnung zur Regelung des Unterhalts, dass die Unterhaltsarten übereinstimmen müssen. Wird eine einstweilige Anordnung während des Verlaufes eines Scheidungsverfahrens beantragt, dürfte deren Regelungsinhalt nur den Trennungsunterhalt betreffen, so dass die einstweilige Anordnung mit Rechtskraft der Scheidung außer Kraft tritt. Die in § 620a aF ergangene Rechtsprechung, die auf der Abhängigkeit der einstweiligen Anordnung von der Ehesache als Hauptsache beruht, ist damit gegenstandslos geworden zB *Zöller/Philippi* § 620 ZPO Rn. 58 f. Wäre es zulässig, während der Trennungszeit bereits eine Regelung über den nachehelichen Unterhalt herbeizuführen, führte dies bei einer Entscheidung über die Hauptsacheklage, nämlich Trennungsunterhalt, zu dem Ergebnis, dass dieser durch Urteil endgültig, der nacheheliche Unterhalt jedoch durch einstweilige Anordnung, also nur vorläufig geregelt

---

[10] *Zöller/Philippi* § 620a ZPO Rn. 9 f.; *Baumbach/Lauterbach/Hartmann* § 620a ZPO Rn. 6; *Thomas/Putzo/Hüßtege* § 82 ZPO Rn. 1; *Johannsen/Henrich/Sedemund-Treiber* § 609 ZPO Rn. 2.
[1] BVerfG NJW 1991, 415; 1992, 2749; *Zöller/Vollkommer* Einleitung Rn. 50; siehe auch BVerfG FamRZ 1997, 871; 2003, 995; 2004, 689.
[2] BVerfG NJW 2003, 3618.
[3] *Grunsky* JuS 1976, 280; *Ostler* MDR 1968, 730.

bliebe und in einem neu anhängig zu machenden Hauptsacheverfahren überprüft werden könnte. Dies widerspricht dem Sinn des § 56, aus dem sich ergibt, dass der einstweilige Rechtsschutz nur für einen begrenzten Zeitraum, nämlich nur bis zum Wirksamwerden der Hauptsacheentscheidung gelten soll. Sinn und Zweck des § 56 wird nur erreicht, wenn der **Gegenstand von Anordnungsverfahren und Unterhaltsklage deckungsgleich** ist. Aus denselben Gründen wird – auch bei deckungsgleichen Unterhaltsarten im einstweiligen Anordnungs- und Hauptsacheverfahren – durch den im Hauptsacheverfahren geltend gemachten Antrag der Leistungsumfang für das einstweilige Anordnungsverfahren der **Höhe und der Zeit nach** abgesteckt. Wird mit dem Unterhaltsantrag nur Unterhalt in bestimmter Höhe geltend gemacht, so kann mit der einstweiligen Anordnung ebenfalls nur ein laufender Unterhalt in dieser Höhe, nicht aber höherer Unterhalt verlangt werden. Ein weitergehender Antrag ist von vorn herein als unzulässig zurückzuweisen.

II. Ermessensbereich

Zwar regelt § 49 Abs. 1, dass das Gericht durch einstweilige Anordnung eine vorläufige Maßnahme treffen kann. Aus dieser Formulierung wurde früher gefolgert, dass der Erlass der einstweiligen Anordnung vom pflichtgemäßen Ermessen des Gerichts abhängt.[4] Inzwischen ist anerkannt, dass ein Handlungsermessen nicht besteht, sondern das Gericht lediglich zu prüfen hat, ob neben dem allgemeinen Rechtsschutzinteresse für eine Entscheidung im summarischen Verfahren der erforderliche Anordnungsgrund und das Regelungsbedürfnis gegeben sind.[5] Darüber hinaus bringt diese Formulierung ein gewisses Gestaltungsermessen des Gerichts zum Ausdruck, das darüber befinden kann, welche von mehreren in einer Angelegenheit in Betracht kommenden Maßnahmen getroffen werden sollen.

III. Anordnungsanspruch

Die vorläufige Maßnahme muss nach den für das Rechtsverhältnis maßgebenden Vorschriften gerechtfertigt sein. Diese Formulierung entspricht dem **Verfügungsanspruch** in der ZPO. Insoweit sind die materiell-rechtlichen Normen des BGB daraufhin zu überprüfen, ob ein zu **schützendes Recht** oder **Rechtsverhältnis nach materiellem Recht** besteht.[6] In den Familiensachen des § 111 gibt es keine Behauptungs- und Glaubhaftmachungslast. Vielmehr hat das Gericht die zur Glaubhaftmachung erforderlichen Tatsachen gemäß § 26 von Amts wegen zu ermitteln, wobei sich das Gericht – je nach Eilbedürftigkeit – mit einer **vorläufigen Klärung des Sachverhalts** begnügen darf.[7] In Familienstreitsachen des § 112 trifft die Beteiligten die Behauptungs- und Glaubhaftmachungslast für alle Tatsachen, die ihm günstig sind.

IV. Regelungsbedürfnis

Aus dem nach bisherigem Recht erforderlichen einfachen Regelungsbedürfnis hat der Gesetzgeber in § 49 Abs. 1 ein „**dringendes Regelungsbedürfnis**" gemacht, wobei sich allerdings nach der Gesetzesbegründung das dringende nicht von einem einfachen Regelungsbedürfnis unterscheidet. Daher bleibt es dabei, dass zur Annahme eines Regelungsbedürfnisses ausreichend ist, dass die Regelung unter Berücksichtigung der vernünftigen Belange aller Beteiligten den Umständen nach notwendig ist.[8] Dabei sind je nach den Umständen vor allem nach der Schwere des Eingriffs in die Rechte der Beteiligten strengere oder mildere Maßstäbe anzulegen. Bei der Beurteilung des **Aufenthaltsbestimmungsrechts** ist insbesondere zu berücksichtigen, ob das Kind die Schule wechseln und sich einer neuen Umgebung anpassen muss, die ihm bisher weitestgehend unbekannt war.[9] Beim Erfordernis eines Regelungsbedürfnisses sind Sonderregelungen zu beachten. Gemäß § 214 wird in **Gewaltschutzsachen** ein dringendes Bedürfnis bei verübter oder drohender Gewalt vermutet. In **Unterhalts- und Kostenvorschusssachen** ist weder ein dringendes noch ein einfaches Regelbedürfnis erforderlich, weil § 246 Abs. 1 von einer Bezugnahme auf § 49 absieht. Das gilt im Übrigen auch im **Vaterschaftsfeststellungsverfahren,** da § 248 den § 246 nur ergänzt. Es verbleibt somit

---

[4] *Stein/Jonas/Schlosser* § 620 ZPO Rn. 14; *Thomas/Putzo/Hüßtege* § 620 ZPO Rn. 7.
[5] *Zöller/Philippi* § 620 ZPO Rn. 4; *Gießler/Soyka* Rn. 121; *Johannsen/Henrich/Sedemund-Treiber* § 620 ZPO Rn. 4.
[6] *Baumbach/Lauterbach/Hartmann* Rn. 3.
[7] OLG Düsseldorf FamRZ 1995, 182; BayObLG FamRZ 1999, 318.
[8] OLG Naumburg FamRZ 2004, 1045; *Baumbach/Lauterbach/Hartmann* Vor § 620 ZPO Rn. 8; *Zöller/Philippi* § 620 ZPO Rn. 5; *Gießler/Soyka* Rn. 122.
[9] BVerfG FuR 2009.

§ 50

bei dem allgemeinen Rechtsschutzinteresse. Das bloße Titulierungsinteresse wird zumeist ein Rechtsschutzinteresse nicht begründen.[10]

V. Inhalt der einstweiligen Anordnung

1. Vorwegnahme der Hauptsache. Durch die Formulierung in § 49 Abs. 1, nach der der einstweilige Rechtsschutz nach den für das Rechtsverhältnis maßgebenden Vorschriften gerechtfertigt sein muss, bringt das Gesetz die **materielle Akzessorietät** der Entscheidung im summarischen Verfahren zum Ausdruck. Die einstweilige Anordnung muss eine Stütze im materiellen Recht finden. Sie darf nicht über das hinausgehen, was im materiellen Recht vorgesehen ist, soll sich aber regelmäßig auf **ein Minus** gegenüber dem nach materiellen Recht Statthaften, nämlich auf **den geringstmöglichen Eingriff** beschränken.[11]

2. Sicherung eines Rechtszustandes. Während die einstweilige Anordnung des bisherigen Rechts im Wesentlichen der **Befriedigungs- und der Regelungsverfügung** entsprach, erstreckt sich die neue einstweilige Anordnung auf Grund des § 49 Abs. 2 S. 1 auch auf **Sicherungsmaßnahmen,** wie sie bisher und auch natürlich auch weiterhin für den einstweiligen Rechtsschutz des nicht ehelichen Kindes und seiner Mutter gemäß § 1615o BGB aF mittels einstweiliger Verfügung zulässig sind und künftig gemäß § 247 mittels der einstweiligen Anordnung zulässig sein werden. Damit nimmt die einstweilige Anordnung nunmehr auch Elemente der Sicherungsverfügung und des Arrestes in sich auf. Im Hinblick auf die Sicherung von Geldforderungen kann auf die Kommentierung zu §§ 916 ff. ZPO Bezug genommen werden. Die Sicherung nicht auf Geld gerichteter Individualansprüche kann auf Eintragung einer Vormerkung oder eines Widerspruchs im Grundbuch (zur Sicherung eines Auflassungsanspruchs) auf Herausgabe von Sachen an einen Sequester (zur Sicherung eines Herausgabeanspruchs) auf Erlass eines Erwerbs- oder Veräußerungsverbotes (zur Sicherung eines Rückgewährsanspruchs) gehen. Aus diesem Grunde ist für eine einstweilige Verfügung nach dem neuen Recht kein Raum mehr. Der für **Familienstreitsachen** ausdrücklich in § 119 geregelter **Arrest** hat nur einen geringen Anwendungsbereich. Er gilt nur noch in Fällen des **persönlichen Arrestes.** Beim **dinglichen Arrest** nur noch, wenn derzeit noch kein einklagbarer Leistungsanspruch besteht, sondern **nur künftige Leistungen** begehrt werden kann, zB hinsichtlich des künftigen nachehelichen Unterhalts im Scheidungsverbund.

3. Vorläufige Regelung eines Rechtsverhältnisses. Insoweit ist auf die Kommentierung zu § 940 ZPO (Regelungsverfügung) zu verweisen. Letztlich zählen darunter die einstweiligen Anordnungen, die **typischerweise** in Familiensachen ergehen, also einstweilige Anordnungen zur vorläufigen Regelung von Aufenthaltsbestimmungsrechten, Umgangsrechten, Gewaltschutzmaßnahmen, Wohnungszuweisungs- und Hausratsverteilungsangelegenheiten sowie Störungen des räumlich gegenständlichen Bereichs der Ehe.

4. Verfügungsverbot. Verfügungsverbote kommen in Betracht bei **Verfügungen** eines Ehegatten über **Haushaltsgegenstände** gemäß §§ 1366, 1369 Abs. 3 BGB sowie Verfügungen über das **Vermögen im Ganzen** gemäß §§ 1365ff BGB[12] sowie Verfügungen über das **Gesamtgut** gemäß §§ 1450 Abs. 1, 1453 Abs. 1 BGB. Möglich sind auch Verfügungsverbote zur Sicherung der Zwangsvollstreckung.

5. Der Durchführung der einstweiligen Anordnung dienende Maßnahmen. Gemäß § 49 Abs. 2 S. 3 können in der einstweiligen Anordnung auch diejenigen Maßnahmen angeordnet werden, die ihrer **Durchführung** dienen. Dazu bedarf es keines besonderen Antrages.[13] In Betracht kommen zB **Ge- oder Verbote** im Zusammenhang mit der Ausübung des **Umgangsrechts** oder nach dem **Gewaltschutzgesetz,** wobei der in § 1 Abs. 1 S. 3 GewSchG aufgeführte Verbotskatalog nicht abschließend ist. In Betracht kommen ferner Maßnahmen zur Durchführung der **Zwangsvollstreckung,** worauf zB § 15 HausrVO abzielt.

§ 50 Zuständigkeit

(1) ¹Zuständig ist das Gericht, das für die Hauptsache im ersten Rechtszug zuständig wäre. ²Ist eine Hauptsache anhängig, ist das Gericht des ersten Rechtszugs, während der Anhängigkeit beim Beschwerdegericht das Beschwerdegericht zuständig.

---

[10] *Gießler* FPR 2006, 421.
[11] *Baumbach/Lauterbach/Hartmann* Grundz. § 91 ZPO Rn. 5 m. weit. Nachw.
[12] Vgl. OLG Celle NJW 1970, 1883; *Soergel/Lange* § 1368 BGB Rn. 3; aA *Gernhuber* § 1368 BGB Rn. 5, 6.
[13] BT-Drucks. 16/6308, S. 199.

(2) ¹In besonders dringenden Fällen kann auch das Amtsgericht entscheiden, in dessen Bezirk das Bedürfnis für ein gerichtliches Tätigwerden bekannt wird oder sich die Person oder die Sache befindet, auf die sich die einstweilige Anordnung bezieht. ²Es hat das Verfahren unverzüglich von Amts wegen an das nach Absatz 1 zuständige Gericht abzugeben.

I. Zuständigkeit bei Anhängigkeit einer Hauptsache

Bei Anhängigkeit eines deckungsgleichen Hauptsacheverfahrens ist das Familiengericht für die einstweilige Anordnung zuständig, das mit **der Hauptsache** befasst ist. Dies gilt nicht nur für das erst- sondern auch für das **zweitinstanzliche** Gericht, § 50 Abs. 1 S. 2 und § 248 Abs. 2 2. Halbs. **1**

II. Zuständigkeit ohne Anhängigkeit eines Hauptsacheverfahrens

Ist noch kein Hauptsacheverfahren anhängig, bestimmt sich die Zuständigkeit nach den allgemeinen Vorschriften. Die örtliche Zuständigkeit ist für jedes Verfahren gesondert geregelt. **Sondervorschriften** finden sich in § 122 **(Ehesachen)**, § 152 **(Kindschaftssachen)**, § 170 **(Abstammungssachen)**, § 187 **(Adoptionssachen)**, § 201 **(Wohnungszuweisungs- und Hausratssachen)**, § 211 **(Gewaltschutzsachen)**, § 258 **(Versorgungsausgleich)**, § 272 **(Betreuungssachen)** und § 313 **(Unterbringungssachen)**. **2**

III. Zuständigkeit bei Anhängigkeit eines Hauptsacheverfahrens in dritter Instanz

Bei Anhängigkeit eines deckungsgleichen Hauptsacheverfahrens in der dritten Instanz ist für die einstweilige Anordnung das **erstinstanzliche** Gericht zuständig, das mit der Hauptsache befasst gewesen ist. **3**

IV. Zuständigkeit in dringenden Fällen

In besonders dringenden Fällen ist das Amtsgericht des **aufgetretenen Bedürfnisses**, der **belegenen Sache** oder **der Person, die sich dort aufhält**, zuständig. Wegen der besonders dringenden Fälle kann auf die §§ 914, 942 ZPO Bezug genommen werden. Der Gerichtsstand des aufgetretenen Bedürfnisses dürfte bei **Kindschaftssachen** mit § 152 Abs. 3 korrespondieren. Danach ist das Gericht zuständig, in dessen Bezirk das Fürsorgebedürfnis bekannt wird. Das kommt zB in Betracht, wenn das Kind seinen schlichten Aufenthalt im Gerichtsbezirk hat, ohne dass es sich um seinen gewöhnlichen Aufenthalt handelt und der gewöhnliche Aufenthalt nicht feststellbar ist oder sich im Ausland befindet. Diese Zuständigkeit erstreckt sich auch auf den Fall eines noch nicht geborenen aber gezeugten Kindes. Ebenso korrespondiert damit der Gerichtsstand des § 152 Abs. 4 für den Anwendungsbereich der §§ 1693 und 1846 BGB und Art. 24 Abs. 3 EGBGB. Diese **Eilzuständigkeit** besteht aber nicht auf Dauer. Das Verfahren ist vielmehr **unverzüglich** an das an sich zuständige Gericht abzugeben. Eine Sonderregelung besteht nach § 272 Abs. 2. Danach ist für einstweilige Anordnungen nach § 300 oder vorläufige Maßregeln auch das Gericht zuständig, in dessen Bezirk das Bedürfnis der Fürsorge bekannt wird. Es soll die angeordneten Maßregeln dem nach Abs. 1 Nr. 1, 2 oder Nr. 4 zuständigen Gericht mitteilen. **4**

V. Zuständigkeit bei Überschneidungen

Zu Überschneidungen kann es zum einen dann kommen, wenn bei Anhängigkeit eines erstinstanzlichen Anordnungsverfahrens die deckungsgleiche Hauptsache zB wegen **zwischenzeitlichen Wohnsitzwechsels** bei einem anderen Familiengericht rechtshängig wird. Hier ist zwischen **Familienstreitsachen** und **FG-Familiensachen** zu differenzieren. In **Familienstreitsachen** greift gemäß § 113 Abs. 1¹ die Regelungen des § 261 Abs. 3 Nr. 2 ZPO ein. Daraus folgt, dass es zu einem Auseinanderfallen vom Hauptsachegericht und Gericht der einstweiligen Anordnung kommt. In den **FG-Familiensachen** gilt § 2 Abs. 2 (perpetuatio fori) mit gleicher Folge. In den FG-Familiensachen wird allerdings eine Abgabe nach § 4 aus wichtigem Grund zu erwägen sein. Ein Grund für ein Auseinanderfallen der Zuständigkeiten kann auch darin liegen, dass bei erstinstanzlicher Anhängigkeit eines Anordnungsverfahrens bei einem anderen Familiengericht **eine Ehesache** rechtshängig wird. In diesem Falle ist das erstinstanzliche Anordnungsverfahren an das Gericht der **5**

---

¹ So auch die herrschende Ansicht zu § 919 ZPO vgl. Gießler/Soyka Rn. 366.

§ 51   1

Ehesache abzugeben, §§ 153 (Kindschaftssachen), 202 (Wohnungszuweisungs- und Hausratssachen), 233 (Unterhaltssachen), 263 (Güterrechtssachen). Ist ein Anordnungsverfahren wegen der Anhängigkeit eines deckungsgleichen in der zweiten Instanz befindlichen Hauptsacheverfahrens, das nicht nach den genannten Vorschriften abzugeben ist, bei dem **zweitinstanzlichen Gericht** anhängig gemacht worden, sollte es bei dem zweitinstanzlichen Hauptsachegericht verbleiben. Ist ein deckungsgleiches Hauptsacheverfahren nach Anhängigkeit beendet, sollte wiederum § 50 Abs. 1 gelten, nämlich möglicherweise die Zuständigkeit eines anderen fiktiven Hauptsachegerichts, vor allem, wenn das beendete erstinstanzliche Hauptsacheverfahren an ein anderes Familiengericht abgegeben oder verwiesen worden war.[2]

VI. Prüfung der Zuständigkeit

6   Es findet keine Zuständigkeitsprüfung statt.[3] Eine Ausnahme gilt nur bei der Prüfung des Rechtsweges,[4] ob die internationale Zuständigkeit zu prüfen ist, ist umstritten.[5] Es besteht allerdings kein Grund, zwischen dem Rechtsweg und der internationalen Zuständigkeit zu differenzieren. Daher dürfte für die Begründung der internationalen Zuständigkeit nicht die Anhängigkeit einer Hauptsache ausreichen.

§ 51 Verfahren

(1) ¹ Die einstweilige Anordnung wird nur auf Antrag erlassen, wenn ein entsprechendes Hauptsacheverfahren nur auf Antrag eingeleitet werden kann. ² Der Antragsteller hat den Antrag zu begründen und die Voraussetzungen für die Anordnung glaubhaft zu machen.

(2) ¹ Das Verfahren richtet sich nach den Vorschriften, die für eine entsprechende Hauptsache gelten, soweit sich nicht aus den Besonderheiten des einstweiligen Rechtsschutzes etwas anderes ergibt. ² Das Gericht kann ohne mündliche Verhandlung entscheiden. ³ Eine Versäumnisentscheidung ist ausgeschlossen.

(3) ¹ Das Verfahren der einstweiligen Anordnung ist ein selbständiges Verfahren, auch wenn eine Hauptsache anhängig ist. ² Das Gericht kann von einzelnen Verfahrenshandlungen im Hauptsacheverfahren absehen, wenn diese bereits im Verfahren der einstweiligen Anordnung vorgenommen wurden und von einer erneuten Vornahme keine zusätzlichen Erkenntnisse zu erwarten sind.

(4) Für die Kosten des Verfahrens der einstweiligen Anordnung gelten die allgemeinen Vorschriften.

I. Antragserfordernis

1   Zunächst gilt der Grundsatz gemäß § 51 Abs. 1, nach dem das **Antragserfordernis** für das Anordnungsverfahren mit dem **Antragserfordernis** für das **deckungsgleiche Hauptsacheverfahren** übereinstimmt. Eine **Ausnahme** gilt für das Anordnungsverfahren in **Gewaltschutzsachen** gemäß § 214 und im **Versorgungsausgleich** betreffend Zahlung einer Ausgleichsrente gemäß § 226, wonach für das Anordnungsverfahren stets ein Verfahrensantrag Voraussetzung ist. Ansonsten beschränken sich Verfahren, bei denen ein Antrag entbehrlich ist, in den **FG-Familiensachen** auf Regelungsgegenstände aus dem Bereich des Sorgerechts gemäß §§ 1629 Abs. 2 S. 3, 1630 Abs. 2, 1631b, 1632 Abs. 4, 1640 Abs. 3, 1666, 1667, 1687 Abs. 2 BGB, des Umgangsrechts, der Kindesherausgabe, auch in Fällen wie zB §§ 1632 Abs. 4, 1682 BGB, Vormundschaftssachen, §§ 1774, 1796 BGB, Betreuungssachen, § 1896 BGB, Unterbringungssachen, § 1906 BGB und Freiheitsentziehungssachen entsprechend den landesrechtlichen Freiheitsentziehungsgesetzen. In den **Familienstreitsachen** ist stets ein Antrag erforderlich.

---

[2] *Gießler* FRP 2006, 423; aA BT-Drucks. 16/6308, S. 210: Zuständigkeit des Gerichts, bei dem die Sache erstinstanzlich anhängig war.
[3] Oben § 919 ZPO Rn. 5.
[4] BAG NJW 2000, 2524.
[5] Daher: OLG Koblenz ZIP 1991, 1098; oben § 919 ZPO Rn. 5; *Musielak/Huber* § 943 ZPO Rn. 4; *Zöller/Vollkommer* § 919 ZPO Rn. 8; aA OLG Düsseldorf ZIP 1999, 1521; LG Frankfurt NJW 1990, 652.

II. Antragsinhalt

1. Antragsbegründung. Im Unterschied zur Sollvorschrift des § 620a Abs. 2 S. 3 ZPO aF hat 2
der Antragsteller den Antrag auf einstweilige Anordnung **zu begründen,** obwohl der Antrag im
Hauptsacheverfahren für FG-Familiensachen gemäß § 23 nicht begründet werden muss. Es handelt
sich bei dieser Bestimmung nämlich um eine Soll-Vorschrift. Daraus ergibt sich, dass im Falle eines
Verstoßes der Antrag nicht als unzulässig zurückgewiesen werden darf. Aus dem Antrag im Anordnungsverfahren muss sich **das Rechtsschutzziel,** das der Antragsteller verfolgt, ergeben. Die weiteren Anforderungen an den Inhalt des Antrages hängen von der zu regelnden Angelegenheit und
den Umständen des Einzelfalles ab. Aus dem Antrag müssen sich neben den **Zulässigkeitsvoraussetzungen** die weiteren **Voraussetzungen des § 49** ergeben.

2. Glaubhaftmachung. Gemäß § 51 Abs. 1 sind die Voraussetzungen für die Anordnung glaubhaft zu machen. Dies gilt auch **in Sorge-, Umgangsrechts- und Kindesherausgabesachen,** in 3
denen den Antragsteller an sich keine Behauptungslast trifft, weil die Verfahren von Amts wegen
durchzuführen sind. Glaubhaft zu machen sind die **Verfahrensvoraussetzungen,** die nach materiellem Recht maßgeblichen **Anspruchsvoraussetzungen** sowie das **Regelungsbedürfnis.** Die
Glaubhaftmachung richtet sich nach § 31 bzw. in Ehe- und Familienstreitsachen über § 113 Abs. 1
S. 2 nach § 294 ZPO. § 31 entspricht wortgleich dem § 294 ZPO. Beide Bestimmungen regeln
übereinstimmend, dass nur präsente Beweismittel zulässig sind. Dies gilt auch für die allgemeinen
Prozessvoraussetzungen.[1] Allerdings verbieten die Regelungen die Zeugenladung gemäß § 273 ZPO
nicht. Ferner sind unter Verstoß gegen § 294 Abs. 2 ZPO/§ 31 Abs. 2 gewonnene Beweisergebnisse
zu verwerten.[2] Wichtig ist, dass **Erbieten** zur Glaubhaftmachung keine Glaubhaftmachung selbst ist.
Daher darf auf eine noch einzuholende Auskunft nicht als Mittel der Glaubhaftmachung angeboten
werden.[3] Ebensowenig genügt zur Glaubhaftmachung der Antrag auf Beiziehung von Gerichtsakten
außer von Akten, die dem erkennenden Gericht vorliegen.[4] Im Übrigen wird auf die Kommentierung zu § 294 ZPO Bezug genommen.

III. Verfahrensgang

Grundsätzlich richtet sich das Verfahren nach den Vorschriften die für eine entsprechende Hauptsache gelten, soweit sich nicht aus den Besonderheiten des einstweiligen Rechtsschutzes etwas 4
anderes ergibt, zB Beweis durch Glaubhaftmachung.

1. Maßgebende Verfahrensvorschriften. In den **Familienstreitsachen** des § 112 gelten 5
gemäß § 113 im Wesentlichen die Vorschriften der Zivilprozessordnung entsprechend. Für die
FG-Familiensachen gelten die Vorschriften des FamFG mit dem **Amtsermittlungsgrundsatz**
gemäß § 26, den **Anhörungspflichten** der §§ 34, 159–162 in Kindschaftssachen, §§ 205 und 213
(Anhörung des Jugendamtes in Wohnungszuweisungs- und Gewaltschutzsachen), §§ 278, 279 (in
Betreuungssachen), §§ 319, 320 (in Unterbringungssachen), § 420 (in Freiheitsentziehungssachen).
Unterbleibt zunächst eine Anhörung auf Grund der Eilbedürftigkeit der Sache, muss sie unverzüglich
nachgeholt werden, §§ 159 Abs. 3, 160 Abs. 4, 205 Abs. 1, 213 Abs. 1. Soll ein vorläufiger Betreuer
bestellt werden, ist vor einer Entscheidung die persönliche Anhörung zwingend vorgeschrieben,
§ 300 Abs. 1 Nr. 4. Hiervon darf nur bei Gefahr im Verzug abgewichen werden, § 301 Abs. 1
FamFG. Entsprechende Regelungen bestehen auch in Unterbringungssachen, §§ 331f sowie in
Freiheitsentziehungssachen, § 427 Abs. 2.

2. Mündliche Verhandlung. Soweit nicht auf Grund einer notwendigen persönlichen Anhö- 6
rung der Parteien ein **Verhandlungstermin unverzichtbar** ist, kann eine einstweilige Anordnung
auch **ohne mündliche Verhandlung** ergehen. Diese Vorschrift wird in **Unterhaltssachen** durch
§ 246 Abs. 2 FamFG modifiziert. Danach ist eine mündliche Verhandlung obligatorisch, wenn es
zur Aufklärung oder gütlichen Beilegung geboten ist. Die eigentliche Absicht des Gesetzgebers, das
schriftliche Verfahren auf besonders eilbedürftige und einfach gelagerte Sachen zu beschränken[5]
kommt damit nur unvollkommen zum Ausdruck.[6] In der Regel wird im vorläufigen Rechtsschutz-

---

[1] OLG Hamm FamRZ 1998, 687.
[2] BGH FamRZ 1989, 373.
[3] BGH NJW 1958, 712; OLG Hamm FamRZ 1998, 687.
[4] BGH NJW 1998, 2280.
[5] BT-Drucks. 16/6308, S. 260.
[6] *Schürmann* FamRB 2008, 378.

verfahren **eine mündliche Verhandlung** erforderlich sein. Dies gebietet schon die einschneidende Wirkung einer solchen Maßnahme.

7 **3. Beschleunigungsgrundsatz.** In den Vorschriften zur einstweiligen Anordnung fehlt eine Regelung über ein verfahrensrechtliches **Beschleunigungsgebot**, wie es in § 155 für Regelungen zum Sorgerecht, Umgang und zur Kindesherausgabe enthalten ist. Allerdings weist Abs. 2 bei der Anwendbarkeit der Vorschriften über das Hauptsacheverfahren auf die **Besonderheiten des einstweiligen Rechtsschutzes** hin. Damit kann nur die besondere **Eilbedürftigkeit** zur Gewährleistung eines effektiven Rechtsschutzes gemeint sein. Für den Fall gerichtlicher Säumnis bleibt es bei der **Untätigkeitsbeschwerde**.[7] Zudem ergeben sich daraus die immanenten Grenzen bei der Anwendung des allgemeinen Verfahrensrechts. Die Anordnung des **Ruhens des Verfahrens** dürfte mit der Eilbedürftigkeit unvereinbar sein und deswegen nicht in Betracht kommen.

8 **4. Auswirkung auf das Hauptsacheverfahren.** Aus Gründen der **Verfahrensökonomie** kann nach Abs. 3 S. 2 von einzelnen Verfahrenshandlungen im Hauptsacheverfahren abgesehen werden, wenn diese bereits im Verfahren der einstweiligen Anordnung vorgenommen wurden und von einer **erneuten Vornahme** keine zusätzlichen Erkenntnisse zu erwarten sind. Im Einzelfall bedarf es aus diesem Grund keiner erneuten persönlichen Anhörung von Beteiligten. Allerdings ist die Verpflichtung zur mündlichen Verhandlung damit nicht aufgehoben, wie sich aus einem Vergleich zu § 68 Abs. 3 S. 2 ergibt, der nur dem Beschwerdegericht die Möglichkeit eröffnet, auf einzelne Verfahrensteile zu verzichten. Dementsprechend ist die Durchführung eines Termins zur Hauptsache in Kindschaftssachen nach § 155 Abs. 2 S. 1 weiterhin erforderlich. Entbehrlich ist allerdings der Termin gemäß § 155 Abs. 2 der spätestens einen Monat nach Beginn des Verfahrens stattfinden soll. Ferner besteht die Möglichkeit, **einzelne Beweisergebnisse** aus dem Verfahren der einstweiligen Anordnung in das Hauptsacheverfahren zu übertragen.[8] Damit gehört die Regelung sachlich zu § 30. Sie betrifft die Tatsachenfeststellung im Hauptsacheverfahren. Da § 51 für alle Familiensachen, also auch für die Familienstreitsachen und Ehesachen gilt, modifiziert diese Regelung das zivilprozessuale Beweisrecht.

9 **5. Selbständigkeit des Eilverfahrens.** Abs. 2 S. 1 stellt klar, dass das Verfahren der einstweiligen Anordnung ein **selbständiges Verfahren** ist, auch wenn eine Hauptsacheentscheidung anhängig ist. Damit zieht der Gesetzgeber die Konsequenz aus dem von der Hauptsache unabhängigen einstweiligen Rechtsschutz. Dies bedeutet, dass der Verfahrensgang des Eilverfahrens **unbeeinflusst** von dem Hauptsacheverfahren durchzuführen ist. Der Gesetzgeber geht vielmehr den umgekehrten Weg und entlastet das Hauptsacheverfahren durch die Verwertung von Erkenntnissen aus dem Eilverfahren (oben Rn. 33).

10 **6. Kostenentscheidung.** Für die Kosten des Verfahrens der einstweiligen Anordnung gelten nach Abs. 4 die allgemeinen Vorschriften. Damit ist eine **Kostenentscheidung** abweichend von § 620g wegen der Verfahrensselbständigkeit des Anordnungsverfahrens **notwendig** und zwar nach den für das deckungsgleiche Hauptsacheverfahren geltenden Kostenvorschriften. Diese richten sich in **Familienstreitsachen** nach § 91 ff. ZPO bzw. in **Unterhaltssachen** nach § 243 FamFG und in **den FG-Familiensachen** nach §§ 33 ff. FamFG.

11 **7. Verfahrenswert, Kosten und Gebühren.** Der **Verfahrenswert** in einstweiligen Anordnungen ist gemäß § 41 FamGKG unter Berücksichtigung der geringeren Bedeutung gegenüber der Hauptsache zu **ermäßigen**. Dabei ist im Regelfall von der Hälfte des für die Hauptsache bestimmten Wertes auszugehen. Die Gerichtskosten in Kindschaftssachen betragen für den Fall einer Entscheidung in der einstweiligen Anordnungssache nach KV Nr. 1410 0,3-fache Gebühren nach § 28 FamGKG, in sonstigen Familiensachen, auch in Familienstreitsachen für den Fall einer Entscheidung in der einstweiligen Anordnungssache 1,5-fache Gebühren nach § 28 FamGKG und bei Beendigung des gesamten Verfahrens ohne Endentscheidung die Hälfte der Gebühr nach § 28 FamGKG. Bei den **Anwaltskosten** ist zu beachten, dass Hauptverfahren und Anordnungsverfahren verschiedene Angelegenheiten im Sinne des § 17 Nr. 4 b RVG sind, so dass der Anwalt sowohl im Hauptverfahren als auch im Anordnungsverfahren voneinander unabhängige Gebühren verdienen kann. Im Anordnungsverfahren verdient der Anwalt die (1,3-fache) Verfahrens- und die (1,2-fache) Termingebühr nach Nr. 3100 und 3104 VV, unter Umständen auch die (1,5-fache) Einigungsgebühr nach Nr. 1000 VV. Wird im Anordnungsverfahren auch die anhängige Hauptsache mit verglichen, so entsteht keine Erledigungsgebühr nach Nr. 3101 Ziffer 2 VV.[9] Für ein Anordnungsverfahren vor dem Beschwerdegericht tritt nach RVG eine Erhöhung der Verfahrensgebühr auf die 1,6-fache gemäß Nr. 3200 VV ein.

---

[7] *Gießler/Soyka* Rn. 65.
[8] *Schürmann* FamRB 2008, 378.
[9] OLG Koblenz FamRZ 2004, 963.

§ 52 Einleitung des Hauptsacheverfahrens

(1) ¹Ist eine einstweilige Anordnung erlassen, hat das Gericht auf Antrag eines Beteiligten das Hauptsacheverfahren einzuleiten. ²Das Gericht kann mit Erlass der einstweiligen Anordnung eine Frist bestimmen, vor deren Ablauf der Antrag unzulässig ist. ³Die Frist darf drei Monate nicht überschreiten.

(2) ¹In Verfahren, die nur auf Antrag eingeleitet werden, hat das Gericht auf Antrag anzuordnen, dass der Beteiligte, der die einstweilige Anordnung erwirkt hat, binnen einer zu bestimmenden Frist Antrag auf Einleitung des Hauptsacheverfahrens oder Antrag auf Bewilligung von Verfahrenskostenhilfe für das Hauptsacheverfahren stellt. ²Die Frist darf drei Monate nicht überschreiten. ³Wird dieser Anordnung nicht Folge geleistet, ist die einstweilige Anordnung aufzuheben.

I. Normzweck

Wegen der Selbständigkeit des Verfahrens der einstweiligen Anordnung ist nicht gewährleistet, dass in jedem Fall ein Hauptsacheverfahren durchgeführt wird. Dies ist nicht erforderlich, wenn die Beteiligten keine Einwendungen gegen die einstweilige Anordnung geltend machen.[1] Ist jedoch einer der Beteiligten mit der vorläufigen Regelung nicht einverstanden, ist auf seinen Antrag hin eine Frist zu bestimmen, innerhalb derer das Hauptsacheverfahren einzuleiten ist. Dabei handelt es sich nicht um einen **Rechtsbehelf in sonstiger Weise**, weil die einstweilige Anordnung keine in der Sache wirkende Entscheidung beinhaltet. Der Antrag ist vielmehr darauf gerichtet, eine solche Sachentscheidung erst herbeizuführen.[2] Damit dient die Vorschrift dem **Schutz des Unterlegenen**, da der Beteiligte, der die einstweilige Anordnung erwirkt hat, jederzeit auch ohne gerichtliche Anordnung Hauptsacheklage erheben kann. Aus diesem Grunde dürfte einem negativen Feststellungsantrag das Feststellungsinteresse fehlen.[3] Das Gesetz differenziert zwischen den Amts- und den Antragsverfahren.

II. Amtswegiges Hauptsacheverfahren

In den **Amtsverfahren** hat das Gericht das Hauptsacheverfahren von Amts wegen einzuleiten, wenn einer der Beteiligten dies beantragt. Um eine übereilte Aufnahme des Hauptsacheverfahrens zu vermeiden, kann das Gericht mit dem Erlass der einstweiligen Anordnung eine Frist von bis zu 3 Monaten bestimmen, vor deren Ablauf ein solcher Antrag **unzulässig** ist. Eine solche Fristbestimmung kommt insbesondere in den Verfahren nach §§ 1666, 1666a BGB in Betracht, wenn das Kind aus der Familie oder der sorgeberechtigten Elternteile genommen worden ist und zunächst eine gewisse Phase der Ruhe abgewartet werden soll, um zuverlässige Grundlagen für eine endgültige Entscheidung zu schaffen. Voraussetzung ist allerdings, dass diese Verfahrensweise dem Kindeswohl dient. Grundsätzlich ist das Beschleunigungsgebot nach § 155 (vgl. dort Rn. 26 ff.) zu beachten, das jedoch wiederum durch das Kindeswohl bestimmt wird. Dem Vorranggebot durch Anberaumung eines frühen Termins (vgl. § 155 Rn. 48 ff.) wird durch eine mündliche Verhandlung im Eilverfahren Rechnung getragen, die nach § 51 Abs. 3 einen erneuten Termin im Hauptverfahren entbehrlich macht.

III. Antragsverfahren

In den **Antragsverfahren** hat das Gericht auf Antrag eine Frist zu bestimmen, innerhalb derer der Antragsteller den Antrag auf Einleitung eines **Hauptsacheverfahrens** oder zumindest einen **Antrag auf Verfahrenskostenhilfe** zu stellen hat. Diese Frist kann ebenfalls bis zu 3 Monate betragen. Bei der Fristbemessung dürfte insbesondere die Schwere des Eingriffs von ausschlaggebender Bedeutung sein. Aus diesem Grunde besteht kaum Anlass, die Frist von drei Monaten auszuschöpfen. Sie sollte in der Regel vier Wochen nicht überschreiten.[4] Gewichtige Gründe, die gegen eine kurzfristige Einleitung eines Hauptsacheverfahrens und für eine Ausschöpfung der Drei Monatsfrist sprechen, bestehen erfahrungsgemäß nicht. Der Antrag auf Durchführung des Hauptsacheverfahrens bildet vor allem in Unterhaltssachen ein wichtiges **Korrektiv** zur Unanfechtbarkeit der einstweiligen Anord-

---

[1] BT-Drucks. 16/6803, S. 201.
[2] *Schürmann* FamRB 2008, 380.
[3] AA wohl *Vorwerk* FamRB 2009, 8.
[4] *Schürmann* FamRB 2008, 380.

nung. Damit kann der Unterhaltsverpflichtete eine endgültige Klärung auch noch rückwirkend für einen längeren Zeitraum erzwingen.

IV. Belehrungspflicht

4 Obwohl die Anordnung der Klageerhebung kein Rechtsbehelf im engeren Sinne ist, sind die Beteiligten nach § 39 auch über dieses Recht ausdrücklich **zu belehren**.[5]

V. Wahlrecht

5 Unklar ist, ob es dem Gericht unabhängig von dem Inhalt des Antrages freisteht, die Einleitung eines **Hauptsacheverfahrens** oder eines **Verfahrens auf Bewilligung von Verfahrenskostenhilfe** für das Hauptsacheverfahren anzuordnen. Dies ist bedenklich, weil die Regelung des § 52 nur dann Sinn macht, wenn von dem Beteiligten, der die einstweilige Anordnung erwirkt hat, alles verlangt werden kann, um eine Sachentscheidung herbeizuführen. Verlangt der Schuldner mit seinem Antrag die Einleitung eines Hauptsacheverfahrens, wird dem nicht genüge getan, wenn das Gericht statt dessen ein Verfahren auf Bewilligung von Verfahrenskostenhilfe anordnen darf, da in diesem Verfahren keine Sachentscheidung getroffen wird. Aus diesem Grunde dürfte es zwingend notwendig sein, dass sich die Anordnung auf Einleitung eines Hauptsacheverfahrens beschränkt. Dies sollte der Beteiligte, zu dessen Lasten die einstweilige Anordnung ergangen ist, ausdrücklich beantragen. Ansonsten bliebe ihm nur ein negativer Feststellungsantrag oder Antrag auf Rückforderung des gezahlten Unterhalts (vgl. § 56 Rn. 2), um zu einem Hauptsacheverfahren zu gelangen.

VI. Verletzung der Einleitungsfrist

6 Kommt der Beteiligte, der die einstweilige Anordnung erwirkt hat, der Anordnung des Gerichts nicht nach oder geht der entsprechende Antrag auf Einleitung des Hauptsacheverfahrens oder auf Bewilligung von Verfahrenskostenhilfe nicht rechtzeitig beim Gericht, das für die Durchführung des Hauptsacheverfahrens zuständig ist, ein, ist die einstweilige Anordnung **aufzuheben.** Das Hauptsacheverfahren muss deckungsgleich sein, dh. es muss zur **Überprüfung des Regelungsinhalts** führen.[6] Im Übrigen richtet sich die Fristwahrung nach den allgemeinen Vorschriften, so dass in Familienstreitsachen die demnächst erfolgende Zustellung gemäß § 167 ZPO die Frist dann wahrt, wenn die Klage demnächst zugestellt wird und der Kläger seinerseits alles getan hat, um eine baldige Zustellung sicherzustellen.[7]

VII. Rechtsmittel

7 Der Beschluss, mit dem die einstweilige Anordnung nach fruchtlos verstrichener Frist aufgehoben wird, ist unanfechtbar.

§ 53 Vollstreckung

(1) Eine einstweilige Anordnung bedarf der Vollstreckungsklausel nur, wenn die Vollstreckung für oder gegen einen anderen als den in dem Beschluss bezeichneten Beteiligten erfolgen soll.

(2) ¹Das Gericht kann in Gewaltschutzsachen sowie in sonstigen Fällen, in denen hierfür ein besonderes Bedürfnis besteht, anordnen, dass die Vollstreckung der einstweiligen Anordnung vor Zustellung an den Verpflichteten zulässig ist. ²In diesem Fall wird die einstweilige Anordnung mit Erlass wirksam.

I. Vollstreckungsvoraussetzungen

1 Auch die **Vollstreckung** erfolgt nach den für die **Hauptsachevollstreckung** geltenden allgemeinen Vorschriften. In **Familienstreitsachen** gemäß § 112 und in Ehesachen erfolgt die Vollstreckung gemäß § 120 entsprechend den Vorschriften der ZPO über die Zwangsvollstreckung. In den übrigen

---

[5] BT-Drucks. 16/6308, S. 201.
[6] BGH NJW 2001, 157; OLG Düsseldorf MDR 1988, 976.
[7] OLG Hamm MDR 1977, 237; KG WRP 1976, 378; OLG Hamm OLGZ 1989, 323; OLG Karlsruhe OLGR 1998, 406; OLG Celle OLGR 1998, 156.

FG-Familiensachen bestimmt sich die Vollstreckung nach den §§ 88 ff. mit der Besonderheit, dass bei der Zuwiderhandlung gegen einen Vollstreckungstitel zur Herausgabe von Personen und zur Regelung des Umgangs das Gericht gegenüber dem Verpflichteten Ordnungsgeld und für den Fall dass dieses nicht beigetrieben werden kann, Ordnungshaft anzuordnen hat, § 89 Abs. 1. Eine einstweilige Anordnung auf **Geldzahlung,** zB von Kosten zur Zurückführung eines entführten Kindes wird nach der ZPO vollstreckt, § 95 Abs. 1 Nr. 1. Gleiches gilt für eine einstweilige Anordnung auf **Herausgabe von Sachen,** § 95 Abs. 1 Nr. 2. Im Hinblick darauf kann es dazu kommen, dass aus ein – und demselben Titel zB auf Kindesherausgabe und Zahlung der Rückführungskosten sowohl nach FamFG als auch nach ZPO zu vollstrecken ist. Besonderheiten gelten ferner in Verfahren nach dem **Gewaltschutzgesetz** und in **Wohnungszuweisungssachen** gemäß § 96.

II. Entbehrlichkeit der Vollstreckungsklausel

Eine Vollstreckungsklausel ist allerdings nicht erforderlich. Diese Regelung entspricht § 929 Abs. 1 ZPO. Einer **Vollstreckungsklausel** bedarf es nur, wenn die Vollstreckung für oder gegen einen **anderen** als den im Beschluss bezeichneten Beteiligten erfolgen soll. In diesen Fällen bedarf es allerdings einer Vollstreckungsklausel dann nicht, wenn sie nach § 86 Abs. 3 entbehrlich ist. Danach bedürfen Vollstreckungstitel der Vollstreckungsklausel nur, wenn die Vollstreckung nicht durch das Gericht erfolgt, das den Titel erlassen hat. Das kommt zB in Betracht, wenn nach einer Entscheidung auf Kindesherausgabe der gewöhnliche Aufenthalt des Kindes in einen anderen Gerichtsbezirk verlegt wurde (vgl. § 88 Abs. 1) und dieses Gericht nun die Vollstreckung durchführt oder bei der Vollstreckung von Geldforderungen, welche von dem Beteiligten selbst beigetrieben wird.[1] Mit § 53 Abs. 1 soll die Klauselpflicht für die einstweilige Anordnung lediglich **eingeschränkt** und **nicht erweitert** werden. Aus diesem Grunde ist die Vorschrift des § 86 Abs. 3 zu beachten.

2

III. Vollstreckung ab Erlass

1. Gewaltschutzsachen. In Gewaltschutzsachen kann die **Vollziehung** der einstweiligen Anordnung **vor ihrer Zustellung** angeordnet werden. Die gleichlautende Vorschrift des § 216 Abs. 2 ist an sich überflüssig, so dass es auch nicht darauf ankommt, in welchem Verhältnis die Vorschriften zueinander stehen. Im Übrigen verbleibt es bei der Vollstreckungsvoraussetzung der **Titelzustellung** gemäß § 750 ZPO bei Familienstreitsachen und § 87 Abs. 2 in den FGG-Familiensachen. Dies entspricht der bisherigen Regelung für Gewaltschutzsachen nach § 64b Abs. 3 S. 3 FGG aF.

3

2. Sonstige Fälle. Auch in sonstigen Fällen, in denen hierfür ein besonderes Bedürfnis besteht, kann die Zwangsvollstreckung der einstweiligen Anordnung bereits **vor deren Zustellung** an den Verpflichteten gerichtlich angeordnet werden. Darunter fallen zB Entscheidungen auf Kindesherausgabe oder bei der Freiheitsentziehung nach § 427.

4

IV. Vorverlagerung der Wirksamkeit

Wird angeordnet, dass die Vollstreckung der einstweiligen Anordnung **vor Zustellung** an den Verpflichteten zulässig ist, ist die einstweilige Anordnung mit ihrem Erlass wirksam. Die Anordnung einer **Vorverlegung des Wirksamkeitszeitpunktes** ist notwendig, da die Wirksamkeit der einstweiligen Anordnung Voraussetzung für die Vollstreckung ist. Nach bisheriger Regelung trat die Wirksamkeit der einstweiligen Anordnung mit ihrem Erlass gemäß § 64b Abs. 3 S. 4 FGG aF nur dann ein, wenn sie ohne mündliche Verhandlung erlassen wurde. Im Unterschied dazu tritt nunmehr die Rechtsfolge in jedem Fall ein, wenn eine Anordnung im Sinne des Abs. 2 S. 1 getroffen wurde.

5

§ 54 Aufhebung oder Änderung der Entscheidung

(1) ¹Das Gericht kann die Entscheidung in der einstweiligen Anordnungssache aufheben oder ändern. ²Die Aufhebung oder Änderung erfolgt nur auf Antrag, wenn ein entsprechendes Hauptsacheverfahren nur auf Antrag eingeleitet werden kann. ³Dies gilt nicht, wenn die Entscheidung ohne vorherige Durchführung einer nach dem Gesetz notwendigen Anhörung erlassen wurde.

(2) Ist die Entscheidung in einer Familiensache ohne mündliche Verhandlung ergangen, ist auf Antrag auf Grund mündlicher Verhandlung erneut zu entscheiden.

---

[1] *Schulte-Bunert*, Rn. 338.

(3) ¹ Zuständig ist das Gericht, das die einstweilige Anordnung erlassen hat. ² Hat es die Sache an ein anderes Gericht abgegeben oder verwiesen, ist dieses zuständig.

(4) Während eine einstweilige Anordnungssache beim Beschwerdegericht anhängig ist, ist die Aufhebung oder Änderung der angefochtenen Entscheidung durch das erstinstanzliche Gericht unzulässig.

Übersicht

	Rn.		Rn.
I. Die Endentscheidung im einstweiligen Anordnungsverfahren	1–4	2. Verhältnis von Abs. 1 zu Abs. 2	6
1. Förmlichkeiten	1	3. Zuständigkeit für die Aufhebung oder Änderung	7
2. Bekanntgabe der Entscheidung	2	4. Abänderungshindernisse	8, 9
3. Entscheidungsinhalt	3	5. Abänderungsgründe	10
4. Kostenentscheidung	4	6. Antrag	11
II. Aufhebung oder Änderung einer auf Antrag ergangenen einstweiligen Anordnung	5–11	7. Verfahren	12
		III. Änderung einer von Amts wegen ergangenen einstweiligen Anordnung	13
1. Ohne mündliche Verhandlung ergangene einstweilige Anordnungen	5		

I. Die Endentscheidung im einstweiligen Anordnungsverfahren

1 **1. Förmlichkeiten.** Die Endentscheidung ergeht wie bisher gemäß § 38 durch **Beschluss.** Dies gilt auch für Familienstreitsachen gemäß § 113 Abs. 1, wonach § 38 nicht von der Anwendung ausgeschlossen wird. Unerheblich ist, ob ohne oder nach mündlicher Verhandlung entschieden wird. Gemäß § 38 Abs. 3 bis 5 ist der Beschluss grundsätzlich zu begründen und gemäß § 39 mit einer **Rechtsbehelfsbelehrung** zu versehen. In dieser Rechtsbehelfsbelehrung ist sowohl über die **Beschwerdemöglichkeit** nach § 58, die **Beschwerdefrist** nach § 63 Abs. 2 Nr. 1, die **Abänderungsmöglichkeiten, Durchführung einer mündlichen Verhandlung** nach § 54 sowie die Anordnung der **Einleitung eines Hauptsacheverfahrens** nach § 52 zu belehren.¹ Eine **Versäumnisentscheidung** ist auch in Familienstreitsachen nicht statthaft, § 51 Abs. 2 S. 3. Soweit eine Entscheidung ohne mündliche Verhandlung ergangen ist, wird es in **dringenden Fällen** möglich sein, von einer Begründung abzusehen. Gemäß § 51 Abs. 2 sind die für das Hauptsacheverfahren geltenden Vorschriften nur anzuwenden, soweit sich nicht aus den Besonderheiten des einstweiligen Rechtsschutzes etwas anderes ergibt.²

2 **2. Bekanntgabe der Entscheidung.** In **FG-Familiensachen** gilt für die Bekanntgabe des Beschlusses § 41. Danach erfolgt die Bekanntgabe gemäß § 15 und nach dessen Abs. 2 entweder durch Zustellung nach den §§ 166–195 ZPO oder dadurch, dass das Schriftstück unter Anschrift des Adressaten zur Post gegeben wird. Gemäß § 41 Abs. 1 ist ein anfechtbarer Beschluss immer demjenigen zuzustellen, dessen erklärtem Willen er widerspricht. Die Aufgabe zur Post ist in diesem Falle unzulässig. In **Familienstreitsachen** gilt gemäß § 113 für die Zustellung die ZPO. Damit ist § 329 ZPO einschlägig.

3 **3. Entscheidungsinhalt.** Da die einstweilige Anordnung gemäß § 49 Abs. 1 nur dann ergehen darf, wenn sie nach den für das Rechtsverhältnis maßgebenden Vorschriften gerechtfertigt ist, wird der Inhalt der einstweiligen Anordnung durch die **materielle Akzessorietät** bestimmt. Daraus folgt, dass die einstweilige Anordnung eine Stütze im materiellen Recht finden muss. Ihr Regelungsgehalt darf nicht über das hinausgehen, was im materiellen Recht vorgesehen ist, soll sich vielmehr auf ein weniger gegenüber dem nach materiellem Recht statthaften, nämlich auf den geringst möglichen Eingriff beschränken, da es sich um eine vorläufige Maßnahme in einem summarischen Verfahren handelt. Gemäß § 49 Abs. 2 S. 3 können in der einstweiligen Anordnung auch ihre zur **Durchführung dienenden Maßnahmen** angeordnet werden.³ **Sondervorschriften** finden sich in § 300, wonach die einstweilige Anordnung in Betreuungssachen nach 6 Monaten außer Kraft tritt sowie in den §§ 333 und 427 Abs. 1, wonach eine einstweilige Anordnung eine vorläufige Unterbringung bzw. Freiheitsentziehung nur für 6 Wochen anordnen darf.

---

[1] BT-Drucks. 16/6308, S. 196.
[2] *Gießler* FPR 2006, 424.
[3] Vgl. dazu oben § 49 Rn. 21.

4. Kostenentscheidung. Gemäß § 51 Abs. 4 ist abweichend von § 620g ZPO aF wegen der Verfahrensselbständigkeit des Anordnungsverfahrens eine **Kostenentscheidung** erforderlich. Dafür gelten die für das Hauptsacheverfahren geltenden Kostenvorschriften.[4]

II. Aufhebung oder Änderung einer auf Antrag ergangenen einstweiligen Anordnung

1. Ohne mündliche Verhandlung ergangene einstweilige Anordnungen. Hat das Gericht die einstweilige Anordnung ohne mündliche Verhandlung erlassen, ist gemäß Abs. 2 auf Antrag hin auf Grund mündlicher Verhandlung erneut zu entscheiden. Dieser Antrag steht jeder Partei zu, die durch die einstweilige Anordnung beschwert ist. Ist der Antrag auf eine auf Unterhalt gerichtete einstweilige Anordnung im schriftlichen Verfahren ganz oder teilweise zurückgewiesen worden, kann der Antragsteller ebenfalls die Durchführung einer mündlichen Verhandlung beantragen. Dadurch wird deutlich, dass es sich bei Erlass einer einstweiligen Anordnung ohne mündliche Verhandlung um ein unvollständiges Verfahren handelt.[5] Der Antrag auf mündliche Verhandlung setzt somit das ursprüngliche Verfahren fort. Es handelt sich um eine besondere Form des Rechtsbehelfs, der auf Grund einer durch die mündliche Verhandlung begründeten besseren Erkenntnismöglichkeit zu einer Überprüfung der Entscheidung führen soll. In der Rechtsbehelfsbelehrung nach § 39 dürfte auch darauf hinzuweisen sein. Die Vorschrift erwähnt zwar nur Rechtsmittel, Einspruch und Widerspruch sowie Erinnerungen, soll aber für alle ordentlichen Rechtsbehelfe gelten, zu denen auch die Entscheidung auf Grund mündlicher Verhandlung gehört.[6]

2. Verhältnis von Abs. 1 zu Abs. 2. Nicht ganz eindeutig geregelt ist das **Verhältnis** des § 54 Abs. 2 zu einem Änderungsantrag nach § 54 Abs. 1, wenn eine Abänderung der Entscheidung, die ohne mündliche Verhandlung ergangen ist, auf Grund geänderter Umstände verlangt wird. Streitig ist, ob in einem solchen Falle der Antrag nach Abs. 2 Vorrang vor dem Änderungsantrag nach Abs. 1 hat.[7] Dies dürfte jedoch abzulehnen sein. Vielmehr kann der Abänderungsantrag anstelle des Antrages zur Entscheidung auf Grund mündlicher Verhandlung gestellt werden.[8] Durch einen in zulässiger Weise gestellten Antrag, auf Grund mündlicher Verhandlung zu entscheiden, wird die einstweilige Anordnungsverfahren in ein Beschlussverfahren mit obligatorischer mündlicher Verhandlung übergeleitet. Erforderlich ist ein Antrag, auf Grund mündlicher Verhandlung zu entscheiden. Der Antrag ist an keine Frist gebunden, kann aber nach rechtskräftigem Abschluss des Hauptverfahrens nicht mehr gestellt werden, weil nach diesem Zeitpunkt weder eine einstweilige Anordnung neu erlassen noch abgeändert werden kann.[9]

3. Zuständigkeit für die Aufhebung, Änderung oder Durchführung der mündlichen Verhandlung. Die Zuständigkeit knüpft auch bei Anhängigkeit eines deckungsgleichen Hauptsacheverfahrens nicht mehr an diese Zuständigkeit an, wie in § 620b Abs. 3 ZPO vorgesehen. Vielmehr trägt der Gesetzgeber der Verfahrensselbständigkeit des einstweiligen Anordnungsverfahrens Rechnung und bestimmt über Abs. 3, dass für die Abänderung, Aufhebung oder mündliche Verhandlung das Gericht zuständig ist, das die einstweilige Anordnung erlassen hat. Diese Formulierung ist ungenau, weil es dem Wortlaut zufolge keine Zuständigkeit für eine Entscheidung gäbe, wenn das Gericht den Antrag auf Erlass einer einstweiligen Anordnung abgelehnt hat, also eine einstweilige Anordnung gar nicht erlassen wurde. Nach der Begründung des Gesetzes ist mit dem die Anordnung erlassenen Gericht gemeint, das die abzuändernde Entscheidung erlassen hat.[10] Ist eine einstweilige Anordnung erst im Beschwerdeverfahren ergangen, so wäre nach dem Gesetzeswortlaut das Beschwerdegericht zuständig. In Überstimmung mit der zu § 927 ZPO vertretenen Auffassung,[11] wird jedoch das erstinstanzliche Gericht, dessen Entscheidung durch das Beschwerdegericht abgeändert worden ist, für zuständig zu halten sein. In den Fällen, in denen das Anordnungsverfahren inzwischen an ein anderes Gericht abgegeben oder verwiesen worden ist, ist dieses eine Gericht auch für die Abänderungsentscheidung und die Durchführung der mündlichen Verhandlung zuständig.

---

[4] Vgl. dazu oben Rn. 35.
[5] *Schürmann* FamRB 2008, 379.
[6] BT-Drucks. 16/6308, S. 196; *Schürmann* FamRB 2008, 379.
[7] *Baumbach/Lauterbach/Hartmann* § 620b ZPO Rn. 8; *Zöller/Philippi* § 620 bZPO Rn. 2a; *Johannsen/Henrich/Sedemund-Treiber* § 620b ZPO Rn. 11
[8] *Ebert*, Einstweiliger Rechtsschutz in Familiensachen, § 2 Rn. 145; *Gießler/Soyka* Rn. 156.
[9] BGH FamRZ 1983, 355; OLG Hamm FamRZ 1980, 1043; OLG Düsseldorf FamRZ 1980, 1044.
[10] BT-Drucks. 16/3608 S. 202.
[11] *Thomas/Putzo* § 927 ZPO Rn. 3; *Zöller/Vollkommer* § 927 ZPO Rn. 10.

8 **4. Abänderungshindernisse.** Ist eine einstweilige Anordnung beim **Beschwerdegericht** anhängig, ist nach Abs. 4 die Aufhebung oder Änderung der angefochtenen Entscheidung durch das erstinstanzliche Gericht unzulässig. Eine Abänderung ist ferner dann **ausgeschlossen,** wenn die einstweilige Anordnung auf Grund einer Befristung, eines Aufhebungsantrages oder auf Grund einer wirksamen Entscheidung in der deckungsgleichen Hauptsache gemäß § 56 **außer Kraft getreten** ist.

9 Ein Abänderungsantrag dürfte ferner unzulässig sein, wenn ein denselben Verfahrensgegenstand betreffender **Antrag, auf Grund mündlicher Verhandlung zu entscheiden,** gestellt worden ist. Denn der Antrag zur Entscheidung auf Grund mündlicher Verhandlung eröffnet ein neues Verfahren zur umfassenden Prüfung des Rechtsschutzbegehrens, neben dem ein weiteres Verfahren auf Abänderung nicht möglich ist:[12] Jedoch kann statt des Antrages zur Entscheidung auf Grund mündlicher Verhandlung ein Abänderungsantrag gestellt werden (oben Rn. 6).

10 **5. Abänderungsgründe.** Die Abänderungsgründe sind verschieden, je nachdem, ob es sich um eine **formell** und **materiell rechtskräftige** oder um eine **nicht rechtskräftige** einstweilige Anordnung handelt. Dagegen spielt keine Rolle, ob die Entscheidung auf Antrag oder von Amts wegen erlassen worden ist. Ebensowenig ist unerheblich, ob es sich um eine stattgebende oder abweisende Entscheidung handelt.[13] Die **ohne mündliche Verhandlung** ergangenen einstweiligen Anordnungen erwachsen regelmäßig **nicht** in formelle Rechtskraft,[14] sondern sind, wie sich aus § 54 Abs. 2 ergibt, auf Antrag aus **jedem triftigen Grund** sei es durch neue Glaubhaftmachung oder eine andere tatsächliche oder rechtliche Würdigung abänderbar.[15] Bei ihnen tritt der Änderungsantrag an die Stelle der gesetzlich nicht vorgesehenen Möglichkeit der Beschwerde gemäß § 57. Mit dem Abänderungsantrag können deshalb auch Mängel des früheren Verfahrens, zB Verletzung rechtlichen Gehörs gerügt werden,[16] sofern auf dem Verfahrensmangel eine sachlich unrichtige Entscheidung beruht. Die **auf Grund mündlicher Verhandlung** ergangenen einstweiligen Anordnungen werden unanfechtbar, wenn sie eine Sorgerechtsregelung, eine Kindesherausgabe, eine Gewaltschutzregelung, eine Wohnungsregelung oder eine Verbleibensanordnung zum Gegenstand haben, mit dem ungenutzten Ablauf der Beschwerdefrist des § 63 Abs. 2 Nr. 1 sowie bei Beschwerdeeinlegung mit Abschluss des Beschwerdeverfahrens. Andere auf Grund mündlicher Verhandlung ergangene einstweilige Anordnungen werden mit ihrem Erlass unanfechtbar, weil sie gemäß § 57 für unanfechtbar erklärt werden. **Unanfechtbarkeit** bedeutet formelle Rechtskraft, die eine eingeschränkte materielle Rechtskraft nach sich zieht.[17] Diese materiell rechtskräftigen Entscheidungen können **nicht aus jedem Grund** abgeändert werden, sondern nur auf Grund neuer oder neu bekannt gewordener Tatsachen, gleichgültig ob es sich um rechtsbegründende, rechtsvernichtende oder rechtshemmende Tatsachen handelt, auf Grund Gesetzesänderungen[18] oder auf Grund neuer Mittel der Glaubhaftmachung[19] oder auf Grund schwerwiegender Verfahrensmängel, die im Normalfall eine Wiederaufnahme rechtfertigen.[20]

11 **6. Antrag.** Der vorgeschriebene Abänderungsantrag bzw. Antrag auf Entscheidung auf Grund mündlicher Verhandlung bedarf **keiner Begründung** mehr. Die nach § 620d ZPO aF vorgeschriebene Begründungspflicht entfällt damit. Im Interesse einer Verfahrensbeschleunigung und in Überstimmung mit dem für den Erst- oder Neuantrag geltenden Begründungs- und Glaubhaftmachungszwang gemäß § 51 Abs. 1 muss jedoch auf alle Fälle in **Familienstreitsachen** auf eine Begründung bestanden werden.[21] Der Antrag ist an keine Frist gebunden, kann aber nach rechtskräftigem Abschluss des Hauptsacheverfahrens nicht mehr gestellt werden, weil nach diesem Zeitpunkt die einstweilige Anordnung weder neu erlasse noch abgeändert werden kann.[22] Ein Antrag ist nicht

---

[12] *Zöller/Philippi* § 620b ZPO Rn. 2 a; *Gießler/Soyka* Rn. 167; aA oben § 620b ZPO Rn. 15: Abänderungsantrag und Antrag auf mündliche Verhandlung seien miteinander zu verbinden, was im Ergebnis auf dasselbe Verfahren hinausläuft.
[13] OLG Zweibrücken FamRZ 1986, 1229.
[14] *Gießler/Soyka* Rn. 162.
[15] *Johannsen/Henrich/Sedemund-Treiber* § 620b ZPO Rn. 8; s. o. § 620b ZPO Rn. 4; *Baumbach/Lauterbach/Hartmann* § 620b ZPO Rn. 1.
[16] OLG Frankfurt FamRZ 1986, 183.
[17] *Stein/Jonas/Schlosser* § 620b ZPO Rn. 2; *Zöller/Philippi* § 620b ZPORn. 2; *Baumbach/Lauterbach/Hartmann* § 620b ZPO Rn. 1; OLG Zweibrücken FamRZ 1986, 1229; OLG Karlsruhe FamRZ 1989, 642; *Bräuer* FamRZ 1987, 300; *Ebert* § 2 Rn. 157; *Gießler/Soyka* Rn. 163.
[18] OLG Köln FamRZ 1987, 957; *Gießler* FamRZ 1987, 1267.
[19] KG FamRZ 1978, 431; OLG Zweibrücken FamRZ 1979, 537; OLG Karlsruhe FamRZ 1989, 642.
[20] *Gießler/Soyka* Rn. 163.
[21] *Gießler* FPR 2006, 325.
[22] BGH FamRZ 1983, 355; OLG Hamm FamRZ 1980, 1043; OLG Düsseldorf FamRZ 1980, 1044.

erforderlich, wenn die Entscheidung **ohne** vorherige Durchführung einer nach dem Gesetz **notwendigen Anhörung** erlassen wurde. In diesem Falle ist die Aufhebung bzw. Änderung von **Amts wegen** möglich.

7. Verfahren. Der Abänderungsantrag leitet **ein neues Verfahren** ein, das dem Verfahren über den Erstantrag auf Erlass einer einstweiligen Anordnung entspricht. Es gelten die Regelungen über die gerichtliche Ermittlungstätigkeit, die Anhörung des Gegners und anderer Personen und die mündliche Verhandlung. Ist die **Neuentscheidung** ohne mündliche Verhandlung getroffen worden, ist die mündliche Verhandlung auf Antrag gemäß § 54 Abs. 2 nachzuholen. 12

III. Änderung der von Amts wegen ergangenen einstweiligen Anordnung

Nach Abs. 1 S. 1 ist das Gericht befugt, auch **von Amts wegen ergangene** einstweilige Anordnungen aufzuheben oder zu ändern. In diesem Falle bedarf es eines Antrages nicht. Dies gilt sowohl für positiv regelnde als auch eine einstweilige Anordnung ablehnende Entscheidungen. 13

§ 55 Aussetzung der Vollstreckung

(1) ¹In den Fällen des § 54 kann das Gericht, im Fall des § 57 das Rechtsmittelgericht, die Vollstreckung einer einstweiligen Anordnung aussetzen oder beschränken. ²Der Beschluss ist nicht anfechtbar.

(2) Wenn ein hierauf gerichteter Antrag gestellt wird, ist über diesen vorab zu entscheiden.

I. Normzweck

Die Vorschrift übernimmt und erweitert die Einstellungsmöglichkeiten des § 620e ZPO aF. Bei den Rechtsbehelfen in einem einstweiligen Anordnungsverfahren ist zwischen echten und unechten Rechtsbehelfen zu unterscheiden. Die **echten Rechtsbehelfe,** die nur während eines noch nicht abgeschlossenen Hauptsacheverfahrens zulässig sind, richten sich unmittelbar gegen den vorläufigen Titel, dessen Änderung oder Aufhebung sie bezwecken. Sie finden ihre verfahrensrechtliche Grundlage in den Vorschriften des 54 und § 57 sowie in der Rüge des § 44. Zu den anordnungsrechtlichen Rechtsbehelfen gehören der Antrag auf mündliche Verhandlung gemäß § 54 Abs. 2, der Abänderungsantrag gemäß § 54 Abs. 1, die sofortige Beschwerde des § 57 sowie die Abhilfe bei Verletzung des Anspruchs auf rechtliches Gehör gemäß § 44. Zu den **unechten Rechtsbehelfen** zählen die Hauptsacheverfahren, die mittelbar zum gänzlichen oder teilweisen Außerkrafttreten des kongruenten vorläufigen Titels und zur Beseitigung seiner vorläufigen Vollstreckbarkeit führen. Wenn ein zulässiger Antrag zur **Entscheidung auf Grund mündlicher Verhandlung,** auf **Abänderung** gestellt wird, eine **Rüge entsprechend § 44** erhoben oder eine zulässige **Beschwerde** nach § 57 eingelegt wird, kann das damit befasste Gericht für die Dauer dieses Verfahrens die Zwangsvollstreckung aus der einstweiligen Anordnung auf Antrag oder von Amts wegen einstellen oder beschränken. 1

II. Aussetzung und Beschränkung der Vollstreckung

Ein Antrag ist nicht notwendig. Voraussetzung ist, dass ein Antrag auf Durchführung der mündlichen Verhandlung, ein Abänderungsantrag gestellt oder eine zulässige Beschwerde eingelegt worden ist. **Zuständig** ist das Gericht, das über den Antrag nach § 53 oder das Rechtsmittel nach § 57 zu entscheiden hat. Die Entscheidung steht im **pflichtgemäßen Ermessen** des Gerichts. Sie kann ohne mündliche Verhandlung ergehen und ist nach herrschender Auffassung[1] zu begründen. Sie kann lauten auf gänzlich oder teilweiser Einstellung der Vollstreckung gegen oder ohne Sicherheitsleistung oder Fortsetzung der Vollstreckung gegen Sicherheitsleistung.[2] Voraussetzung der Einstellung ist nicht, dass für den Antragsteller im Rechtsbehelfsverfahren überwiegende Erfolgsaussichten bestehen. Die Einstellung ist nur dann von vorn herein ausgeschlossen, wenn solche **Erfolgsaussichten** völlig fehlen.[3] Das Gericht kann den Beschluss **jederzeit** aufheben oder ändern. 2

---

[1] OLG Stuttgart FamRZ 1999, 108.
[2] *Van Els* FamRB 2008, 406, 409.
[3] OLG Zweibrücken FamRZ 2002, 556.

III. Unanfechtbarkeit

3 Der Beschluss des Familiengerichts über die Aussetzung oder Beschränkung oder ihre Ablehnung ist **unanfechtbar**. Dies ist nunmehr ausdrücklich im Gesetz geregelt.

IV. Antrag

4 Grundsätzlich kann die Zwangsvollstreckung aus einer einstweiligen Anordnung nach dem Ermessen des Gerichts auf **Antrag** oder **von Amts wegen** eingestellt werden. Wenn ein hierauf gerichteter Antrag gestellt worden ist, ist über diesen vorab zu entscheiden.

§ 56 Außerkrafttreten

(1) ¹Die einstweilige Anordnung tritt, sofern nicht das Gericht einen früheren Zeitpunkt bestimmt hat, bei Wirksamwerden einer anderweitigen Regelung außer Kraft. ²Ist dies eine Endentscheidung in einer Familienstreitsache, ist deren Rechtskraft maßgebend, soweit nicht die Wirksamkeit zu einem späteren Zeitpunkt eintritt.

(2) Die einstweilige Anordnung tritt in Verfahren, die nur auf Antrag eingeleitet werden, auch dann außer Kraft, wenn
1. der Antrag in der Hauptsache zurückgenommen wird,
2. der Antrag in der Hauptsache rechtskräftig abgewiesen ist,
3. die Hauptsache übereinstimmend für erledigt erklärt wird oder
4. die Erledigung der Hauptsache anderweitig eingetreten ist.

(3) ¹Auf Antrag hat das Gericht, das in der einstweiligen Anordnungssache im ersten Rechtszug zuletzt entschieden hat, die in den Absätzen 1 und 2 genannte Wirkung durch Beschluss auszusprechen. ²Gegen den Beschluss findet die Beschwerde statt.

Übersicht

	Rn.		Rn.
I. Normzweck	1	3. Zuständigkeit	7
II. Anderweitige Regelung	2	4. Verfahrensablauf	8
III. Wirksamkeit	3	5. Entscheidung	9
IV. Außerkrafttreten bei auf Antrag einzuleitenden Hauptsacheverfahren	4	6. Anfechtbarkeit	10
V. Beschlussverfahren zur Feststellung des Außerkrafttretens	5–10	VI. Konkurrierender Rechtsbehelfe	11
		VII. Ausgeschlossene Rechtsbehelfe	12
1. Normzweck	5	VIII. Ersatzansprüche bei Außerkrafttreten einer einstweiligen Anordnung	13
2. Verfahrensantrag	6		

I. Normzweck

1 Das Schicksal der einstweiligen Anordnung hängt vom Ausgang des sie ermöglichenden korrespondierenden Hauptsacheverfahrens ab, dessen endgültige Regelung an die Stelle der vorläufigen Regelung durch die einstweilige Anordnung tritt. Aus diesem Grunde bleibt eine einstweilige Anordnung grundsätzlich bis zum **Wirksamwerden einer anderen Regelung** in Kraft, wenn nicht das Gericht ihre Geltung kürzer befristet hat. Da die einstweilige Anordnung von einem Hauptsacheverfahren unabhängig ist, hat das **Scheidungsverfahren** selbst keine Bedeutung für deren Wirksamkeit mehr. Die Rechtskraft des Scheidungsurteils führt nicht zum Außerkrafttreten der einstweiligen Anordnung. Da allerdings die einstweilige Anordnung keine weitergehende Wirkung wie das korrespondierende Hauptsacheverfahren haben kann, ist die Rechtskraft der Scheidung für den Geltungsbereich der einstweiligen Anordnung von Bedeutung. Ist eine einstweilige Anordnung, die auf Unterhalt gerichtet ist, während des Scheidungsverfahrens beantragt und erlassen worden, endet diese mit der Rechtskraft der Scheidung, weil das korrespondierende Hauptsacheverfahren nur das Trennungsunterhaltsverfahrens sein kann, da die einstweilige Anordnung nur nach Maßgabe des § 1361 BGB ergehen kann, da nur diese Anspruchsgrundlage den Antrag gemäß § 49 Abs. 1 rechtfertigt. Da Trennungs- und nachehelicher Unterhalt nicht identisch sind, endet der Trennungsunterhalt mit Rechtskraft der Scheidung, so dass damit auch die einstweilige Anordnung außer Kraft tritt.[1]

II. Anderweitige Regelung

Als anderweitige Regelung im Sinne von § 56 Abs. 1 kommt zunächst ein **Beschluss als gerichtliche Endentscheidung** in Betracht. Es muss sich jedoch um einen Beschluss handeln, der in der Sache selbst ergangen ist. Ein bloßer **Prozessbeschluss,** mit dem ein Antrag als unzulässig abgewiesen worden ist, genügt dafür nicht, da damit keine Aussage über die Berechtigung der einstweiligen Anordnung verbunden ist.[2] Eine anderweitige Regelung stellt auch die Entscheidung des Gerichts, das die einstweilige Anordnung erlassen hat, dar, die auf Grund der Durchführung einer mündlichen Verhandlung oder als Abänderungs- bzw. Aufhebungsentscheidung gemäß § 54 ergangen ist. Ferner kann eine anderweitige Regelung auch in einem **Vergleich** bestehen, mit dem der Streit endgültig beigelegt werden soll.[3] Voraussetzung ist allerdings, dass der Vergleichsabschluss zulässig war, der Regelungsgegenstand also zur Dispositionsbefugnis der Parteien stand. Weitere Voraussetzung einer anderweitigen Regelung ist, dass **derselbe Verfahrensgegenstand** betroffen ist und der Regelungsumfang der Hauptsacheentscheidung sich mit demjenigen der einstweiligen Anordnung deckt.[4] Zum einen ist dabei zu beachten, dass die Hauptsacheentscheidung inhaltlich mit der einstweiligen Anordnung **kongruent** ist und zusätzlich zeitliche Deckungsgleichheit besteht. Eine anderweitige Regelung kann auch durch eine **Bereicherungsantrag** des Unterhaltsschuldners herbeigeführt werden, mit der der Unterhaltsgläubiger veranlasst wird, den auf Grund der einstweiligen Anordnung gezahlten Unterhalt zu erstatten, weil die einstweilige Anordnung zu Unrecht ergangen ist. Bei teilweisem Erfolg der Bereicherungsklage bleibt die einstweilige Anordnung in dem davon nicht betroffenen Teil bestehen.[5] Ein **negativer Feststellungsantrag** wird im Regelfall in Zukunft als anderweitige Regelung **nicht** in Betracht kommen, da dieser das Feststellungsinteresse fehlen dürfe. Da die Möglichkeit der **Einleitung eines Hauptsacheverfahrens** gemäß § 52 besteht, dürfte die Feststellungsklage unzulässig sein. Eine Ausnahme dürfte jedoch dann in Betracht kommen, wenn das Gericht entgegen dem Antrag des Schuldners die Einleitung eines Verfahrens auf Verfahrenskostenhilfe statt eines Hauptsacheverfahrens angeordnet hat. Als weitere gerichtliche Entscheidung, die eine einstweilige Anordnung außer Kraft setzt, kommt ein **Festsetzungsbeschluss im vereinfachten Verfahren** gemäß §§ 249 ff. ebenso in Betracht wie ein erfolgreicher **Vaterschaftsanfechtungsantrag** nach §§ 169 Nr. 4, 184 sowie eine gerichtlich erfolgte **Feststellung der Unwirksamkeit der Vaterschaftsanerkennung**[6] gemäß §§ 169 Nr. 1, 184.

III. Wirksamkeit

Die anderweitige Regelung, die einstweilige Anordnung außer Kraft setzt, muss **wirksam** sein. Wirksamkeit der Entscheidung in der Hauptsache tritt in **Kindschaftssachen** gemäß § 40 mit **Bekanntgabe des Beschlusses** an den Beteiligten ein, für den er seinen wesentlichen Inhalt nach bestimmt ist. Ausnahmsweise wird ein Beschluss erst mit **Rechtskraft** auf Grund seiner einschneidender Rechtsänderung, so nach §§ 40 Abs. 2, 3, 184 Abs. 1 S. 1 **(Abstammung)**, 198 Abs. 1 S. 1, 2 **(Adoption)**, 209 Abs. 2 **(Wohnungszuweisung und Hausrat)**, 324 Abs. 1 **(Unterbringung)**. In **Adoptionssachen** kann jedoch nach § 198 Abs. 1 S. 2 bei Gefahr im Verzuge die sofortige Wirksamkeit des Beschlusses angeordnet werden. Dann wird der Beschluss nach § 198 Abs. 1 S. 3 mit der Bekanntgabe an den Antragsteller wirksam. In **Wohnungszuweisungssachen** soll nach § 209 Abs. 2 S. 2 und in Gewaltschutzsachen nach § 218 Abs. 1 S. 2 die sofortige Wirksamkeit angeordnet werden. In **Unterbringungssachen** kann ebenfalls die sofortige Wirksamkeit angeordnet werden nach § 324 Abs. 2 S. 1. Der Beschluss wird nach § 324 Abs. 2 S. 1 wirksam, wenn er und die Anordnung einer sofortigen Wirksamkeit den Betroffenen, dem Verfahrenspfleger, dem Betreuer oder dem Bevollmächtigten bekannt gegeben, einem Dritten zwecks Vollzug des Beschlusses mitgeteilt oder der Geschäftsstelle des Gerichts zwecks Bekanntgabe übergeben wird. Gleiches gilt für Betreuungssachen nach § 287 Abs. 2 und Freiheitsentziehungssachen nach § 424 Abs. 2. In diesen Fällen hat das Gericht einen **früheren Zeitpunkt** iS der Vorschrift **bestimmt.** Nach § 40 Abs. 2 wird ein Beschluss, der die **Genehmigung eines Rechtsgeschäfts**

---
[1] Oben § 49 Rn. 13.
[2] OLG München FamRZ 1987, 610; Zöller/Philippi § 620 f ZPO Rn. 12; Gießler/Soyka Rn. 213.
[3] Gießler/Soyka Rn. 206; Ebert, Einstweiliger Rechtsschutz in Familiensachen, Rn. 102.
[4] Gießler/Soyka Rn. 213; Ebert Rn. 204.
[5] BGH FamRZ 1984, 767; OLG Hamburg FamRZ 1998, 294; OLG Hamm FamRZ 1997, 431.
[6] Ebert Rn. 217.

zum Gegenstand hat, erst mit Rechtskraft wirksam. Die in § 40 Abs. 3 aufgeführten Beschlüsse werden ebenfalls erst mit Rechtskraft wirksam. In **Familienstreitsachen** werden Endentscheidungen nach § 116 Abs. 3 S. 1 mit **Rechtskraft** wirksam. Jedoch kann das Gericht nach § 116 Abs. 3 S. 2 die **sofortige Wirksamkeit anordnen.** Dann ist die Entscheidung nach § 120 Abs. 2 S. 2 sofort vollstreckbar. Wenn es um eine Entscheidung in einer **Unterhaltssache** geht, soll das Gericht nach § 116 Abs. 3 S. 3 die sofortige Wirksamkeit anordnen, da die Bedeutung des Unterhalts in der Sicherung des Lebensbedarfs liegt. In Familienstreitsachen wird es aber wie bisher auf die Rechtskraft der Hauptsacheentscheidung ankommen.[7] Damit bleibt die Problematik offen, dass es wegen der Anordnung der sofortigen Wirksamkeit bei Vorliegen einer einstweiligen Anordnung wegen ein und desselben Anspruchs **zwei Vollstreckungstitel** geben wird, so dass in dem Zwischenstadium bis zur Rechtskraft der Hauptsacheentscheidung eine doppelte Vollstreckung droht.

IV. Außerkrafttreten der einstweiligen Anordnung bei auf Antrag einzuleitenden Hauptsacheverfahren

4 Abs. 2 führt in **Antragsverfahren** weitere Gründe für ein Außerkrafttreten der einstweiligen Anordnung an. Danach reicht aus, wenn der Antrag in der Hauptsache zurückgenommen, rechtskräftig abgewiesen, die Hauptsache übereinstimmend für erledigt erklärt wird oder die Erledigung der Hauptsache anderweitig eingetreten ist.

V. Beschlussverfahren zur Feststellung des Außerkrafttretens einer einstweiligen Anordnung

5 1. **Normzweck.** Mit Eintritt der in Abs. 1 und 2 genannten Gründe tritt die einstweilige Anordnung ipso iure außer Kraft. Um im Falle der Vollstreckung aus einer einstweiligen Anordnung einen **leichten Nachweis** für das Außerkrafttreten der einstweiligen Anordnung zu ermöglichen, sieht Abs. 3 ein **Beschlussverfahren** zur Feststellung des Außerkrafttretens der einstweiligen Anordnung vor. Hierbei handelt es sich um eine **deklaratorische Entscheidung.** Die Bestimmung ist auch anwendbar, wenn zwischen den Parteien Streit darüber besteht, ob eine **aufschiebende oder auflösende Bedingung** einer einstweiligen Anordnung eingetreten ist[8] oder der Berechtigte auf die Rechte aus der einstweiligen Anordnung **verzichtet** hat.[9] Dagegen kann der Streit darüber, ob eine die einstweilige Anordnung **aufhebende oder ersetzende Vereinbarung** rechtswirksam zustande gekommen ist, nicht im Beschlussverfahren nach § 56 Abs. 3 ausgetragen werden, sondern nur durch **Fortsetzung des früheren Verfahrens,** durch eine **neue Hauptsacheklage**[10] oder durch einen **Vollstreckungsabwehrantrag** gemäß § 767 ZPO.[11] In Fällen, in denen eine einstweilige Anordnung im **Abänderungs- oder Beschwerdeverfahren** aufgehoben oder abgeändert worden ist, ergibt sich das Außerkrafttreten bereits aus der Entscheidung selbst, so dass es an einem Rechtsschutzinteresse für ein Feststellungsverfahren fehlt.[12]

6 2. **Verfahrensantrag.** Erforderlich ist ein **Sachantrag.** Der Antragsteller muss angeben, ab wann und in welcher Höhe die einstweilige Anordnung außer Kraft getreten ist. In dem Antrag ist auch der Grund für das Außerkrafttreten der einstweiligen Anordnung anzugeben und notfalls glaubhaft zu machen. Der Antrag ist an keine Frist gebunden. Antragsberechtigt ist jeder Beteiligte ohne Rücksicht darauf, welche Beteiligtenrolle er im ursprünglichen einstweiligen Anordnungsverfahren hatte.

7 3. **Zuständigkeit.** Zuständig ist das Gericht, das die einstweilige Anordnung im ersten Rechtszug erlassen hat, also nicht das Beschwerdegericht.

8 4. **Verfahrensablauf.** Es gelten die allgemeinen Verfahrensregelungen des einstweiligen Anordnungsverfahrens. Vor der Entscheidung muss es möglich sein, die **Zwangsvollstreckung** aus der einstweiligen Anordnung entsprechend § 55 einstweilen einzustellen.

9 5. **Entscheidung.** Die Entscheidung ergeht durch einen zu begründenden **Beschluss,** aus dem sich ergeben muss, auf Grund welchen Umstandes, in welchem Umfange – vollständig oder nur zum Teil – sowie – bei einer einstweiligen Anordnung mit Dauerwirkung – ab welchem Zeitpunkt die

---

[7] *van Els* FamRZ 2006, 179; *Gießler* FamRB 2006, 427.
[8] Siehe oben § 620f ZPO Rn. 28; *Gießler/Soyka* Rn. 217; aA OLG Bamberg FamRZ 1982, 86.
[9] OLG Zweibrücken FamRZ 2001, 424.
[10] *Gießler/Soyka* Rn. 217; aA OLG Zweibrücken FamRZ 1985, 1150; *Zöller/Philippi* § 620f ZPO Rn. 28.
[11] *Ebert,* Einstweiliger Rechtsschutz in Familiensachen, § 2 Rn. 238; *Gießler/Soyka* Rn. 217.
[12] Siehe oben § 620f ZPO Rn. 11, 28; *Gießler/Soyka* Rn. 217; aA OLG München FamRZ 1987, 610; *Zöller/Philippi* § 620f ZPO Rn. 12; *Ebert* § 2 Rn. 237.

einstweilige Anordnung außer Kraft getreten ist.[13] Wie sich das Außerkrafttreten auf **Vollstreckungsmaßnahmen** auswirkt, die auf Grund der einstweiligen Anordnung ausgebracht worden sind, hat dagegen nicht das Familiengericht, sondern das **Vollstreckungsgericht** zu entscheiden.[14] Einer Kostenentscheidung bedarf es regelmäßig nicht, auch wenn das Hauptsacheverfahren bereits abgeschlossen ist, da keine **Gerichtsgebühren** und auch keine **Anwaltsgebühren** anfallen. Mit den im Anordnungsverfahren verdienten Anwaltsgebühren ist regelmäßig auch das Feststellungsverfahren nach § 56 abgegolten.[15] Nur beim Anwaltswechsel können weitere Gebühren anfallen.

6. Anfechtbarkeit. Der Beschluss ist gemäß S. 2 mit der **sofortigen Beschwerde** anfechtbar. 10 Beschwerdeberechtigt ist ohne Rücksicht auf ihre Rolle im Beschlussverfahren jede Partei, die durch den Beschluss formell oder materiell beschwert ist. Es gilt **die Zwei-Wochen-Frist** des § 63 Abs. 2 S. 1.

VI. Konkurrierende Rechtsbehelfe

Neben dem Beschlussverfahren zur Feststellung des Außerkrafttretens einer einstweiligen Anordnung ist ein Antrag **auf Herausgabe des Titels** entsprechend § 371 BGB zulässig, sofern der Titel gänzlich außer Kraft getreten ist.[16] Ferner kann neben dem Beschlussverfahren ein Antrag **auf Rückgewähr** ohne Rechtsgrund erbrachter Leistung gemäß § 812 BGB erhoben werden.[17] 11

VII. Ausgeschlossene Rechtsbehelfe

Ein **Abänderungsantrag** nach § 54 Abs. 2 ist neben einem Beschlussverfahren nicht statthaft, 12 weil für die Feststellung des Außerkrafttretens der einstweiligen Anordnung der Antrag nach § 56 mit der dagegen gerichteten Beschwerdemöglichkeit nach § 56 Abs. 3 der **speziellere Rechtsbehelf** ist.[18] Ein auf das Außerkrafttreten gestützter Änderungsantrag wird in einem Antrag nach § 56 Abs. 3 **umzudeuten** sein. Für einen **Vollstreckungsabwehrantrag** gemäß § 767 ZPO neben oder anstelle eines Antrages nach § 56 Abs. 3 fehlt es an einem Rechtsschutzinteresse, weil das Beschlussverfahren das einfachere und billigere Mittel ist.[19]

VIII. Ersatzansprüche beim Außerkrafttreten einer einstweiligen Anordnung

In Familienstreitsachen ist § 945 ZPO nur in **Familienstreitsachen nach § 112 Nr. 2 und 3,** 13 also **Güterrechtssachen** und **sonstige Familiensachen** nach § 266 Abs. 1 nebst den entsprechenden Lebenspartnerschaftssachen anwendbar, nicht aber für **Unterhaltssachen,** dem ansonsten wohl häufigsten Anwendungsbereich. Bei Anordnung eines **Arrestes** ist § 945 ZPO demgegenüber immer anzuwenden. Eine entsprechende Regelung enthalten die §§ 49 ff. nicht, so dass wegen des vom Gesetzgeber gewollten Haftungsausschlusses auch **keine Regelungslücke** für **Unterhaltssachen** vorliegt, die eine entsprechende Anwendung des § 945 ZPO rechtfertigen könnte.[20] Ebensowenig gilt § 248 Abs. 5, der bei nicht gerechtfertigten einstweiligen Anordnungen im Rahmen der Feststellung von Vaterschaft Schadensersatzansprüche regelt, noch findet § 717 Abs. 2 ZPO Anwendung. Ein dem Antragsgegner durch eine einstweilige Anordnung entstandener Nachteil ist deshalb nur nach allgemeinen Vorschriften, vor allen Dingen nach **Deliktsrecht** (§§ 823 ff. BGB)[21] oder nach **Bereicherungsrecht** gemäß §§ 812 ff. BGB[22] zu ersetzen. Sowohl der Antrag auf Grund unerlaubter Handlung als auch der Bereicherungsantrag können schon vor Aufhebung einer einstweiligen Anordnung im Änderungsverfahren, unabhängig davon sowie auch ohne Erlass eines Außerkrafttretensbeschlusses nach § 56 Abs. 3 erhoben werden.[23] Desgleichen sind derartige Anträge

---

[13] OLG Hamburg FamRZ 1985, 624; *Zöller/Philippi* § 620f ZPO Rn. 27; *Gießler/Soyka* Rn. 226.
[14] OLG Frankfurt FamRZ 1989, 766; OLG Düsseldorf FamRZ 1991, 721.
[15] Siehe oben § 620g ZPO Rn. 22.
[16] *Thomas/Putzo/Hüßtege* § 767 ZPO Rn. 6; *Baumbach/Lauterbach/Hartmann* § 767 ZPO Rn. 6 zu Anm. 4 c.
[17] *Gießler/Soyka* Rn. 218.
[18] Siehe oben § 620f ZPO Rn. 35; *Gießler/Soyka* Rn. 219.
[19] OLG Zweibrücken FamRZ 1985, 1150; OLG Düsseldorf FamRZ 1991, 721; siehe oben § 620f ZPO Rn. 34.
[20] BGH FamRZ 2000, 751; *Zöller/Philippi* § 620f ZPO Rn. 25; siehe oben § 620 ZPO Rn. 54; *Gießler/Soyka* Rn. 228.
[21] BGH FamRZ 1986, 450; 1986, 794; OLG Koblenz FamRZ 1987, 1156; OLG Braunschweig FamRZ 1999, 1058; *Hoppenz* FamRZ 1989, 337.
[22] *Gießler/Soyka* Rn. 228.
[23] BGH FamRZ 1984, 767; 1989, 850; 1998, 951; OLG München FamRZ 1983, 1043.

§ 57 1, 2   Buch 1. Abschnitt 4. Einstweilige Anordnung

nicht davon abhängig, dass zuvor oder gleichzeitig eine **negative Feststellungsklage** erhoben[24] oder ein Antrag auf **Anordnung der Einleitung eines Hauptsacheverfahrens** anhängig gemacht wird. Zu beachten ist, dass die **Haftungsverschärfung** des § 818 Abs. 4 erst **nach Rechtshängigkeit** der Bereicherungsklage eintritt.[25] § 241 gilt für die einstweilige Anordnung **nicht**. Danach steht die Rechtshängigkeit eines auf Herabsetzung von tituliertem Unterhalt gerichteten Abänderungsantrages der Rechtshängigkeit einer Klage auf Rückzahlung der geleisteten Beträge gleich. Dadurch wird dem Abänderungsgegner die Möglichkeit genommen, sich gemäß § 818 Abs. 3 BGB auf den Wegfall der Bereicherung zu berufen. Diese Vorschrift bezieht sich jedoch auf die Abänderung gerichtlicher Entscheidungen, Vergleiche und Urkunden sowie Entscheidungen nach §§ 237 und 253, den Regelungsgegenständen der früheren Abänderungsklage. Diese Regelung gilt nicht für die Abänderung geschweige denn Aufhebung einer einstweiligen Anordnung gemäß §§ 56 Abs. 3 oder § 54 Abs. 2. Dies verbietet bereits die Systematik des Gesetzes, das die Vorschrift den Abänderungsmöglichkeiten zugeordnet hat, die gerade für einstweilige Anordnungen nicht in Betracht kommen. Zwar kann ein **Feststellungsantrag** eine verschärfte Bereicherungshaftung nach § 819 BGB wegen Kenntnis vom Mangel des rechtlichen Grundes herbeiführen. Dazu reicht allerdings die bloße Kenntnis von Umständen, auf denen das Fehlen des Rechtsgrundes beruht, nicht aus. Der Unterhaltsgläubiger muss vielmehr **das Fehlen des rechtlichen Grundes selbst** und die sich daraus ergebenden **Rechtsfolgen** kennen.[26] Dies bedeutet, dass er wissen muss, dass ihm Unterhalt in der durch die einstweilige Anordnung festgelegten Höhe nicht zusteht.

§ 57 Rechtsmittel

[1] Entscheidungen in Verfahren der einstweiligen Anordnung in Familiensachen sind nicht anfechtbar. [2] Dies gilt nicht, wenn das Gericht des ersten Rechtszugs auf Grund mündlicher Erörterung
1. über die elterliche Sorge für ein Kind,
2. über die Herausgabe des Kindes an den anderen Elternteil,
3. über einen Antrag auf Verbleiben eines Kindes bei einer Pflege- oder Bezugsperson,
4. über einen Antrag nach den §§ 1 und 2 des Gewaltschutzgesetzes oder
5. in einer Wohnungszuweisungssache über einen Antrag auf Zuweisung der Wohnung
entschieden hat.

I. Normzweck

1 Um eine Behinderung des Hauptverfahrens durch das einstweilige Anordnungsverfahren zu vermeiden[1] und das einstweilige Anordnungsverfahren auf das erstinstanzliche Familiengericht zu konzentrieren, hat das Gesetz das Rechtsmittel der Beschwerde weitgehend gemäß § 57 ausgeschlossen und die Beschwerde nur in **abschließend** geregelten Ausnahmefällen zugelassen. Darin ist eine **Verfassungswidrigkeit** nicht zu erblicken, weil der Gesetzgeber von verfassungsrechtlich nicht verpflichtet ist, mehrere Instanzen bereit zu stellen und die Anfechtung von Entscheidungen – ohne Verletzung des Gleichheitsgrundsatzes – für einzelne Fallgruppen nach sachlichen Gesichtspunkten verschieden regeln kann.[2] § 57 lehnt sich an die Vorschrift des § 620c ZPO aF an, enthält aber auch **Abweichungen** (unten Rn. 4).

II. Anfechtbare einstweilige Anordnungen

2 **1. Entscheidungen auf Grund mündlicher Verhandlung.** Der Beschluss muss auf Grund **mündlicher Verhandlung** ergangen sein. Ist eine Entscheidung im schriftlichen Verfahren ergangen, ist der Antrag nach § 54 Abs. 2 vorrangig gegenüber der Beschwerde. Eine unzulässige Beschwerde gegen eine ohne mündliche Verhandlung ergangene Entscheidung kann in einen Antrag zur Entscheidung auf Grund mündlicher Verhandlung gemäß § 140 BGB umgedeutet werden.[3]

---

[24] OLG München FamRZ 1985, 410; OLG Hamburg FamRZ 1985, 951; OLG Düsseldorf FamRZ 1992, 337.
[25] BGH FamRZ 2000, 751; 1998, 951; OLG Köln FamRZ 1987, 964; OLG Hamm FamRZ 1998, 1166.
[26] BGH FamRZ 1998, 951.
[1] OLG Hamburg FamRZ 1980, 906; 1986, 182; OLG Bamberg FamRZ 1993, 1338.
[2] BVerfG NJW 1980, 386; *Gießler/Soyka* Rn. 180.
[3] OLG Stuttgart NJW 1978, 279; OLG Hamm FamRZ 1979, 61; *Gießler/Soyka* Rn. 182.

2. Regelungsgegenstand. Mit der Beschwerde anfechtbar sind Entscheidungen über die **elterliche Sorge** für ein Kind, die **Herausgabe des Kindes an den anderen Elternteil,** eine **Verbleibensanordnung** nach §§ 1632 Abs. 4, 1682 BGB, ein Antrag nach §§ **1 und 2 GewSchG** sowie eine einstweilige Anordnung auf **Zuweisung der Wohnung** gemäß § 200 iVm. § 1361 BGB. Anfechtbar sind ferner einstweilige Anordnungen in den Kindschaftssachen der § 151 Nr. 6 und 7. Da der Gesetzgeber wegen der Eingriffsintensität an der bisherigen Rechtslage (§§ 70m und 70g FGG aF) nichts ändern wollte, dürfte sich die Anfechtbarkeit aus der Verweisung in § 167 Abs. 1 S. 1 auf § 312 und damit auf die Unterbringungssachen ergeben, für die § 57 nicht gilt, da es sich nicht um eine Familiensache handelt. **Unanfechtbar** sind damit wie bisher **Umgangsregelungen** und einstweilige Anordnungen über den **Unterhalt.**

3. Antragsabweisende Entscheidungen. Anfechtbar sind auch Entscheidungen, mit denen ein **Antrag zurückgewiesen** worden ist. Nach bisherigem Recht gemäß § 620c ZPO aF war die Zurückweisung eines Antrags auf einstweilige Anordnung auch dann nicht beschwerdefähig, wenn dies wie eine Entscheidung in der Hauptsache wirkte.[4]

4. Beschwerdefrist. Die Beschwerde gegen eine einstweilige Anordnung ist abweichend von der allgemeinen Beschwerdefrist gemäß § 63 Abs. 2 Nr. 1 binnen **zwei Wochen** bei dem Gericht einzulegen, dessen Beschluss angefochten wird, § 64 Abs. 1. Da es sich bei dem auf Grund mündlicher Verhandlung ergangenen Beschluss über eine einstweilige Anordnung um eine **Endentscheidung** im Sinne des § 38 Abs. 1 handelt, ist das Gericht zu einer **Abhilfe** nicht befugt und hat das Verfahren dem Beschwerdegericht gemäß § 68 Abs. 1 S. 2 vorzulegen.[5]

5. Begründungspflicht. Soweit der Antrag auf Erlass einer einstweiligen Anordnung gemäß § 51 Abs. 1 begründet werden muss, muss dies auch für das Beschwerdeverfahren verlangt werden. Aus dem Beschwerdevorbringen muss zumindest hervorgehen, wodurch sich der Beschwerdeführer beschwert fühlt und in welcher Richtung er eine Abänderung der angefochtenen Entscheidung erstrebt. Neues Tatsachenvorbringen und neue Mittel der Glaubhaftmachung sind zulässig.

6. Beschwerdehindernis. Wird das Hauptsacheverfahren **vor Beschwerdeeinlegung** rechtskräftig abgeschlossen, kann ein Rechtsbehelf gegen eine einstweilige Anordnungsentscheidung nicht mehr eingelegt werden.[6]

7. Beschwerdeverfahren. Für den Gang des Beschwerdeverfahrens gilt § 68 und für die Beschwerdeentscheidung § 69.

8. Rechtsbehelfe gegen die Beschwerdeentscheidung. Im Falle der Zulassung ist eine Rechtsbeschwerde zum BGH möglich, § 70 iVm. § 133 GVG.

9. Kosten, Gebühren und Verfahrenswert. Der **Verfahrenswert** des einstweiligen Anordnungsverfahrens richtet sich nach § 41 FamGKG und beträgt unter Berücksichtigung der geringeren Bedeutung der einstweiligen Anordnung gegenüber der Hauptsache im Regelfall die Hälfte des für die Hauptsache bestimmten Wertes. In **Kindschaftssachen** wird für die **Gerichtskosten** gemäß KV 1411 und 1412 eine $1/2$-fache Gebühr nach § 28 FamGKG für den Fall einer Entscheidung erhoben. Bei Beendigung des gesamten Verfahrens ohne Endentscheidung ermäßigt sich die Gebühr auf 0,3-fache. In den **übrigen Familiensachen** beträgt die Gerichtsgebühr auch in den **Familienstreitsachen** im Falle einer Entscheidung das 2-fache, bei Beendigung des gesamten Verfahrens durch Zurücknahme der Beschwerde oder des Antrags, bevor die Schrift zur Begründung der Beschwerde bei Gericht eingegangen ist, ermäßigt sich die Gebühr auf die Hälfte und bei Beendigung des gesamten Verfahrens ohne Endentscheidung auf 1,0-fache gemäß KV 1422 bis 1424. Bezüglich der **Anwaltskosten** ist zu beachten, dass Anordnungsverfahren und Hauptverfahren verschiedene Angelegenheiten sind, so dass der Anwalt sowohl im Hauptverfahren als auch im Anordnungsverfahren voneinander unabhängige Gebühren verdienen kann. Der Anwalt verdient die (1,3-fache) Verfahrens- und die (1,2-fache) Terminsgebühr nach Nr. 3100 und 3104 VV, unter Umständen auch die (1,5-fache) Einigungsgebühr nach Nr. 1000 VV. Wird im Anordnungsverfahren auch die anhängige Hauptsache mitverglichen, so entsteht keine Erledigungsgebühr nach Nr. 3101 Ziffer 2 VV.[7] Für das Beschwerdeverfahren entstehen $1/2$-fache Gebühren nach Nr. 3500 VV.

---

[4] Zöller/Philippi § 620c ZPO Rn. 3.
[5] Schürmann FamRB 2008, 381.
[6] van Els FamRZ 1985, 617; Zöller/Philippi § 620c ZPO Rn. 18; aA OLG Zweibrücken FamRZ 1977, 261.
[7] OLG Koblenz FamRZ 2004, 963.

Abschnitt 5. Rechtsmittel

Unterabschnitt 1. Beschwerde

§ 58 Statthaftigkeit der Beschwerde
(1) Die Beschwerde findet gegen die im ersten Rechtszug ergangenen Endentscheidungen der Amtsgerichte und Landgerichte in Angelegenheiten nach diesem Gesetz statt, sofern durch Gesetz nichts anderes bestimmt ist.
(2) Der Beurteilung des Beschwerdegerichts unterliegen auch die nicht selbständig anfechtbaren Entscheidungen, die der Endentscheidung vorausgegangen sind.

Schrifttum: *Borth*, Die Reform des Verfahrens in Familiensachen, FamRZ 2007, 1925 ff.; *Gutjahr*, Reform des Verfahrensrechts in Familiensachen durch das FamFG – Rechtsmittel in Familiensachen, FPR 2006, 433 ff.; *Jacoby*, Der Regierungsentwurf für ein FamFG, FamRZ 2007, 1703 ff.; *Kretschmar/Meysen*, Reform des Familienverfahrensrechts – Reformziele und Regelungsmechanismen: eine Auswahl, FPR 2009, 1 ff.; *Philippi*, Das Verfahren in Scheidungssachen nach neuem Recht, FPR 2006, 406 ff.; *Rakete-Dombek*, Das neue Verfahren in Scheidungs- und Folgesachen, FPR 2009, 16 ff.; *Schael*, Die Statthaftigkeit von Beschwerde und sofortiger Beschwerde nach dem neuen FamFG, FPR 2009, 11 ff.; *ders.*, Das FamFG und die Beschwerde gegen Endentscheidungen, FPR 2009, 195 ff.; *Vorwerk*, Einstweilige Anordnung, Beschluss, Rechtsmittel und Rechtsmittelbelehrung nach dem FGG-RG in FPR 2009, 8 ff.

I. Normzweck

1   Ziel des Gesetzgebers war es, mit dem FamFG ein **einheitliches System fristgebundener Rechtsmittel** zu schaffen.[1] Die **Beschwerde** wird **Hauptrechtsmittel** und ist als Rechtsmittel gegen alle erstinstanzlichen Endentscheidungen der Amtsgerichte und Landgerichte statthaft. In Familiensachen übernimmt § 58 die **Funktion** der **Berufung** in der Zivilprozessordnung und anderen Verfahrensordnungen.

2   Die Neukonzeption des Rechtsmittels berücksichtigt, dass durch die Einbeziehung der Familienstreitsachen in den Anwendungsbereich des FamFG das Rechtsmittel nunmehr auch die Funktionen der bisherigen Berufung in Familiensachen erfüllen muss. Die Reform harmonisiert den Rechtsmittelzug mit dem dreistufigen Instanzenzug der meisten anderen Verfahrensordnungen. Dies gilt auch für die bisherigen allgemeinen Zivilprozesssachen, die durch die Zuständigkeitserweiterung im Rahmen des Großen Familiengerichts nunmehr zu Sachen nach dem FamFG werden.

3   Der frühere § 18 FGG aF, der eine jederzeitige Änderungsmöglichkeit von im FGG-Verfahren getroffenen Verfügungen durch das Gericht vorsah, das die Entscheidung getroffen hatte, ist durch die Einführung der fristgebundenen Rechtsmittel der Beschwerde und Rechtsbeschwerde ersatzlos entfallen.

II. Regelungsbereich

4   **1. Statthaftigkeit der Beschwerde. Abs. 1** bestimmt die grundsätzliche Statthaftigkeit der Beschwerde gegen erstinstanzliche **Entscheidungen des Familiengerichts**.[2] Nach der **Legaldefinition** in § 38 ist dies die Entscheidung, die über den Verfahrensgegenstand in der Instanz ganz oder teilweise abschließend entscheidet. Die Beschwerde übernimmt damit als Hauptsacherechtsmittel die Funktion der Berufung in der Zivilprozessordnung und anderen Verfahrensordnungen.

5   **2. Umfang der Beschwerde. Abs. 2** bestimmt, dass grundsätzlich auch die Entscheidungen, die einer Entscheidung vorausgegangen sind, im Beschwerderechtszug überprüft werden können. Dem Wortlaut nach ist Absatz 2 neu, der Sinn der Vorschrift entspricht jedoch bislang geltendem Recht,[3] nach dem der **Beurteilung** des **Beschwerdegerichts auch** die **nicht selbstständig anfechtbaren** Entscheidungen, die der Endentscheidung vorausgegangen sind und nicht isoliert anfechtbar waren,

---

[1] *Gutjahr* FPR 2006, 433.
[2] BGH FamRZ 2003, 232, OLG Dresden FamRZ 2002, 1053.
[3] *Bassenge/Herbst/Roth/Bassenge* § 19 FGG Rn. 3.

unterliegen.⁴ Abs. 2 lehnt sich insoweit an § 512 ZPO an, nach dem von der Überprüfung mit der Endentscheidung solche Entscheidungen ausgenommen sind, die nicht oder mit der sofortigen Beschwerde anfechtbar sind, wie etwa die Entscheidung über die Ablehnung einer Gerichtsperson, die Zuständigkeit des angegangenen Gerichts oder die Übertragung auf den Einzelrichter oder die Kammer.⁵ Der Endentscheidung vorausgegangen und mit ihr anfechtbar sind etwa Beweis-, Verbindungs- und Trennungsbeschlüsse.

3. Beschränkbarkeit der Beschwerde. Die Beschwerde lässt sich auf abtrennbare Teile der Entscheidung beschränken. Voraussetzung ist, dass der Teil von der Entscheidung über den Rest unabhängig ist.⁶   6

4. Endentscheidung als instanzabschließende Entscheidung. Endentscheidung ist jede solche Entscheidung des Richters oder Rechtspflegers, die das Verfahren abschliesst. Hierzu gehören Entscheidungen nach §§ 1382, 1587d BGB, 1618 BGB,⁷ nach §§ 1629 Abs. 2 S. 3, 1796 BGB⁸ oder nach § 1631b BGB.⁹ Hierzu gehören auch eine Zwischenentscheidung über die Zuständigkeit nach § 113 Abs. 1 S. iVm. § 280 Abs. 2 ZPO und jede selbstständige Teilentscheidung.¹⁰ Nicht hierher gehören die Verweisung nach § 113 Abs. 1 S. 2 in Verbindung mit § 281 ZPO,¹¹ eine Entscheidung des Rechtspflegers nach §§ 1643 Abs. 1, 1821, 1822 BGB, die Aussetzung des Verfahrens, die isolierte Kostenentscheidung, die Entscheidung über Vollstreckungsmaßnahmen,¹² die förmliche Zwischenentscheidung über die Ehezeit nach § 1587 Abs. 2 BGB¹³ und die bloße Aussetzung des Versorgungsausgleichs.¹⁴   7

5. Anfechtbarkeit von Zwischen- und Nebenentscheidungen. Diese sind grundsätzlich nicht selbstständig anfechtbar. Dies entspricht der bisherigen Rechtslage. Soweit das Gesetz davon abweichend die selbstständige **Anfechtbarkeit von Zwischen- und Nebenentscheidungen ausnahmsweise** zulässt, ist dies nur **in** den im Gesetz **ausdrücklich bestimmten Fällen**, und zwar mit der sofortigen Beschwerde in analoger Anwendung der §§ 567 bis 572 ZPO, möglich. Die §§ 567 ff. ZPO sehen eine kurze, 14-tägige Beschwerdefrist, den originären Einzelrichter sowie i. Ü. ein weitgehend entformalisiertes Rechtsmittelverfahren vor, in dem neue Tatsachen und Beweismittel zu berücksichtigen sind.¹⁵ Dies gilt zB für Beschlüsse in Verfahren der Verfahrenskostenhilfe, für die nach § 79 S. 2 weiterhin die sofortige Beschwerde nach der ZPO gilt. Abweichend von der Systematik des § 58 lässt § 382 Abs. 4 die Beschwerde gegen Zwischenverfügungen in Registersachen zu.   8

6. Weitere Rechtsmittel. Neben den Rechtsmitteln der Beschwerde und der sofortigen Beschwerde bleibt die Erinnerung gem. § 11 Abs. 2 des RPflG bestehen. Weitere Rechtsbehelfe im FamFG sind der Einspruch im Verfahren über die Festsetzung von Zwangsgeld gem. den §§ 388 bis 390, sowie der Widerspruch im Amtslöschungsverfahren nach den §§ 393 bis 395, 397 bis 399 und im Dispacheverfahren nach den §§ 406, 407.   9

§ 59 Beschwerdeberechtigte

(1) Die Beschwerde steht demjenigen zu, der durch den Beschluss in seinen Rechten beeinträchtigt ist.

(2) Wenn ein Beschluss nur auf Antrag erlassen werden kann und der Antrag zurückgewiesen worden ist, steht die Beschwerde nur dem Antragsteller zu.

(3) Die Beschwerdeberechtigung von Behörden bestimmt sich nach den besonderen Vorschriften dieses oder eines anderen Gesetzes.

---

⁴ *Borth* FamRZ 2007,1929; BT-Drucks. 16/6308, S. 203.
⁵ BT-Drucks. 16/6308, S. 204.
⁶ BGH NJW-RR 1988, 131; OLG Frankfurt/M. FamRZ 1983, 405, OLG Stuttgart FamRZ 1978, 443.
⁷ BGH NJW-RR 2000, 655, OLG Karlsruhe FamRZ 2004, 831, § 612 Abs. 2 S. 2 BGB OLG Karlsruhe FamFG 2004, 655.
⁸ OLG Köln FamRZ 2001, 430.
⁹ OLG Brandenburg FamRZ 2003, 158.
¹⁰ OLG Stuttgart FamRZ 1978, 442.
¹¹ BayOBlG NJW-RR 1988, 303.
¹² OLG München FamRZ 2003, 392 aM OLG Brandenburg FamRZ 2004, 1049.
¹³ OLG Düsseldorf FamRZ 1994, 176.
¹⁴ OLG Dresden FamRZ 2002, 1053.
¹⁵ BT-Drucks. 16/6308, S. 203.

I. Normzweck

1 Die Vorschrift regelt, welcher Personenkreis beschwerdeberechtigt ist. Während im Rechtsmittelverfahren in der ZPO stets eine Beschwer erforderlich ist,[1] definiert § 59 für das Beschwerdeverfahren die **Rechtsbeeinträchtigung als Zulassungsvoraussetzung**. Es genügt nicht, dass der Beschwerdeführer in einem wirtschaftlichen oder ideellen Interesse beeinträchtigt wird.[2] Die Verfügung muss vielmehr unmittelbar in ein subjektives materielles Recht oder eine Anwartschaft eingreifen.[3]

II. Regelungsbereich

2 **1. Beschwerdeberechtigung nach Abs. 1.** Beschwerdeberechtigt nach Abs. 1 ist, wer **in eigenen Rechten beeinträchtigt** ist. Diese Regelung entspricht dem bisherigen § 20 Abs. 1 FGG aF. Auf die Beteiligtenstellung in erster Instanz kommt es demgegenüber nicht an,[4] dh. es ist **unerheblich, ob** der Beschwerdeberechtigte **Beteiligter des erstinstanzlichen Verfahrens** war oder auf Grund seiner Rechtsbetroffenheit hätte hinzugezogen werden müssen. Umgekehrt ist ein Beteiligter im erstinstanzlichen Verfahren nicht beschwerdeberechtigt, wenn er von dem Ergebnis der Entscheidung in seiner materiellen Rechtsstellung nicht betroffen ist. Von Abs. 1 ist auch künftig die Möglichkeit umfasst, im fremden Namen Beschwerde einzulegen, soweit die prozessuale Befugnis zur Ausübung des Beschwerderechts besteht.[5]

3 **2. Antragsverfahren.** Im **Antragsverfahren** nach Abs. 2 ist nur der Antragsteller beschwerdeberechtigt, wenn das erstinstanzliche Verfahren von seinem Antrag abhängig war und nicht von Amts wegen zur Endentscheidung führen durfte. Kann ein Beschluss nur **auf Antrag** erlassen werden, so steht die **Beschwerde ausschließlich** dem **Antragsteller** zu. § 59 Abs. 2 hat den Sinn, den Kreis der beschwerdeberechtigten Personen einzuschränken. Deshalb reicht nach hM die Zurückweisung des Antrags für die Beschwerdebefugnis allein nicht aus. Vielmehr müssen zusätzlich die Voraussetzungen des § 59 Abs. 1 vorliegen.[6]

4 **3. Antragsberechtigung von Behörden.** Abs. 3 regelt die Antragsberechtigung von Behörden. Ihnen wird **unabhängig von** einer **Beeinträchtigung in eigenen Rechten** eine besondere Beschwerdeberechtigung zugewiesen, wenn sie zur Wahrnehmung öffentlicher Interessen anzuhören sind und sich an dem Verfahren beteiligen können.

5 Die **Beteiligtenstellung** in erster Instanz ist **keine notwendige Beschwerdevoraussetzung**, um zu vermeiden, dass sich die Behörden nur zur Wahrnehmung ihrer Beschwerdeberechtigung am Verfahren erster Instanz beteiligen.[7] Die effektive Ausübung des Beschwerderechts wird dadurch gewährleistet, dass den Behörden die Endentscheidungen unabhängig von ihrer Beteiligtenstellung mitzuteilen sind.

§ 60 Beschwerderecht Minderjähriger

[1] Ein Kind, für das die elterliche Sorge besteht, oder ein unter Vormundschaft stehender Mündel kann in allen seine Person betreffenden Angelegenheiten ohne Mitwirkung seines gesetzlichen Vertreters das Beschwerderecht ausüben. [2] Das Gleiche gilt in sonstigen Angelegenheiten, in denen das Kind oder der Mündel vor einer Entscheidung des Gerichts gehört werden soll. [3] Dies gilt nicht für Personen, die geschäftsunfähig sind oder bei Erlass der Entscheidung das 14. Lebensjahr nicht vollendet haben.

I. Normzweck

1 § 60 regelt das **selbstständige Beschwerderecht des Kindes** oder des Mündels **unabhängig vom Willen der ihn ansonsten vertretenden Person** (gesetzlicher Vertreter, Sorgerechtsinhaber,

---

[1] *Baumbach/Lauterbach/Hartmann* Rn. 1.
[2] *Brehm* § 18 Rn. 17.
[3] *Keidel/Kahl* § 20 Rn. 12.
[4] BT-Drucks. 16/6308, S. 204.
[5] *Keidel/Kuntze/Winkler-Kahl* § 20 FGG Rn. 21.
[6] BGH NJW-RR 1991, 771 im Anschluss an RGZ 56, 124, 129; *Keidel/Kahl* § 20 Rn. 49 f.; *Bassenge/Roth* § 20 Rn. 12; aA *Brehm* § 18 Rn. 23 aE, der die Zurückweisung des Antrags für die Beschwerdebefugnis für ausreichend hält.
[7] BT-Drucks. 16/6308, S. 204.

Vormund oder Pfleger). Damit wird im Interesse von Menschen, deren gesetzliche Vertreter schon wegen eines Interessenkonflikts in die Gefahr oder Versuchung geraten können, nicht ausreichend die Belange des ihnen Anvertrauten zu beachten, erheblich erweitert. Die Vorschrift schreibt die bisherige Rechtslage fort. S. 1 entspricht dem bisherigen § 59 Abs. 1 S. 1 FGG aF, S. 2 dem bisherigen § 59 Abs. 1 S. FGG aF. S. 3 entspricht dem bisherigen § 59 Abs. 3 S. 1 und 2 FGG aF, ist jedoch redaktionell angepasst worden.

II. Regelungsbereich

Das Gesetz kennt auch außerhalb des FamFG die Anhörung bzw. sonstige direkte Beteiligung der in § 60 genannten Menschen. Damit soll sichergestellt werden, dass nichts über ihren Kopf hinweg geschieht. Es mag dahin stehen, inwieweit ein Beschwerderecht in der Alltagspraxis nur theoretisch bleibt, S. 3 definiert jedoch die Grenze, jenseits derer eine gesetzliche Vertretung in jedem Falle erforderlich ist, dh. Geschäftsunfähige und Minderjährige unter vierzehn Jahren haben kein selbstständiges Beschwerderecht.

§ 61 Beschwerdewert; Zulassungsbeschwerde

(1) In vermögensrechtlichen Angelegenheiten ist die Beschwerde nur zulässig, wenn der Wert des Beschwerdegegenstandes sechshundert Euro übersteigt.

(2) Übersteigt der Beschwerdegegenstand nicht den in Absatz 1 genannten Betrag, ist die Beschwerde zulässig, wenn das Gericht des ersten Rechtszugs die Beschwerde zugelassen hat.

(3) ¹Das Gericht des ersten Rechtszugs lässt die Beschwerde zu, wenn
1. die Rechtssache grundsätzliche Bedeutung hat oder die Fortbildung des Rechts oder die Sicherung einer einheitlichen Rechtsprechung eine Entscheidung des Beschwerdegerichts erfordert und
2. der Beteiligte durch den Beschluss mit nicht mehr als sechshundert Euro beschwert ist.

²Das Beschwerdegericht ist an die Zulassung gebunden.

I. Normzweck

Die Vorschrift enthält für vermögensrechtliche Verfahren Bestimmungen zur Beschwerdesumme sowie zur Zulassung der sofortigen Beschwerde und stimmt inhaltlich weitgehend mit der Regelung des § 511 ZPO überein. Der Beschwerdegegenstand bemisst sich nicht nach dem Verfahrensgegenstand, sondern danach, was in der Beschwerdeinstanz verlangt wird.

II. Regelungsbereich

1. Beschwerdewert in vermögensrechtlichen Streitigkeiten. Abs. 1 regelt, dass die Beschwerde gegen Entscheidungen in FamFG-Sachen mit vermögensrechtlichen Verfahrensgegenständen nur zulässig ist, wenn der Beschwerdegegenstand 600,– Euro übersteigt. Die Vorschrift nimmt damit den Rechtsgedanken von § 56g Abs. 5 S. 1 FGG aF auf, dass den Beteiligten in vermögensrechtlichen Streitigkeiten ein Rechtsmittel nicht zur Verfügung gestellt werden soll, wenn die Durchführung des Rechtsmittels für die Beteiligten mit Aufwendungen verbunden ist, die zu dem angestrebten Erfolg in keinem sinnvollen Verhältnis stehen. Bei Streitigkeiten mit geringer wirtschaftlicher und rechtlicher Bedeutung ist die Beschränkung des Rechtswegs auf eine Instanz daher grundsätzlich sinnvoll. Der Betrag von 600 Euro entspricht der Regelung für die Statthaftigkeit der Berufung gem. § 511 Abs. 2 Nr. 1 ZPO.

2. Anfechtbarkeit von Kostenentscheidungen. Der Gesetzgeber hat auf eine Sonderregelung für die Anfechtbarkeit von Kostenentscheidungen verzichtet. Dies bedeutet, dass auch für diese Entscheidungen ein Wert des Beschwerdegegenstandes von 600 Euro erforderlich ist.[1] Diese Angleichung beruht auf der Erwägung, dass es keinen wesentlichen Unterschied für die Beschwer eines Beteiligten ausmacht, ob er sich gegen eine ihn wirtschaftlich belastende Entscheidung in der Hauptsache oder gegen die Kostenentscheidung wendet.

---

[1] BT-Drucks. 16/6308, S. 204.

4 **3. Zulassungsbeschwerde.** Die Absätze 2 und 3 führen als Ausnahme von Absatz 1 für den Bereich der vermögensrechtlichen FamFG-Sachen eine Zulassungsbeschwerde ein und greifen insoweit den allgemeinen Rechtsgedanken des § 56g Abs. 5 FGG auf. Abs. 2 bestimmt, dass die Beschwerde, wenn die Höhe des Beschwerdegegenstandes unterhalb des Wertes nach Abs. 1 liegt, zulässig ist, wenn das erstinstanzliche Gericht die Beschwerde zulässt.

5 **a) Zulassungsvoraussetzungen.** Abs. 3 regelt die Voraussetzungen für die Zulassung der Beschwerde und stimmt insoweit mit § 511 Abs. 4 ZPO überein. Nach Ziffer 1 hat das erstinstanzliche Gericht die Beschwerde zuzulassen, wenn die Rechtssache **grundsätzliche Bedeutung** hat oder die **Fortbildung des Rechts** oder die **Sicherung einer einheitlichen Rechtsprechung** eine Entscheidung des Beschwerdegerichts erfordert. Die Anfechtung einer Entscheidung ist hiernach zulässig, wenn dem Rechtsstreit eine **über den Einzelfall hinausgehende Bedeutung** zukommt oder wenn das Gericht des ersten Rechtszuges in einer Rechtsfrage von einer obergerichtlichen Entscheidung abweicht bzw. eine **obergerichtliche Entscheidung** der Rechtsfrage **noch nicht erfolgt** ist und Anlass besteht, diese Rechtsfrage einer Klärung zugänglich zu machen.² Damit können auch in vermögensrechtlichen Angelegenheiten Fragen von grundsätzlicher Bedeutung unabhängig vom Erreichen einer Mindestbeschwer obergerichtlich entschieden werden. Ziffer 2 stellt klar, dass eine Zulassung nur in Betracht kommt, wenn eine Wertbeschwerde nicht statthaft ist.

6 **b) Bindung des Beschwerdegerichts an die Zulassung.** Abs. 3 S. 2 bestimmt, dass die Zulassung für das Beschwerdegericht bindend ist. Die Beschwerde kann daher nicht mit der Begründung als unzulässig verworfen werden, das erstinstanzliche Gericht habe zu Unrecht die Voraussetzungen für die Zulassung der Beschwerde angenommen. Die Nichtzulassung der Beschwerde ist nicht anfechtbar. Eine Beschlussergänzung nach § 43 FamFG scheidet nach der Rspr. aus, zulässig ist jedoch die Zulassung der Beschwerde auf Gegenvorstellung bei Verletzung von Verfahrensgrundrechten entsprechend § 44 FamFG.³ Entscheidet der Rechtspfleger über die Nichtzulassung, ist gegen diese Entscheidung nach § 11 RPflG die Erinnerung gegeben.

§ 62 Statthaftigkeit der Beschwerde nach Erledigung der Hauptsache

(1) Hat sich die angefochtene Entscheidung in der Hauptsache erledigt, spricht das Beschwerdegericht auf Antrag aus, dass die Entscheidung des Gerichts des ersten Rechtszugs den Beschwerdeführer in seinen Rechten verletzt hat, wenn der Beschwerdeführer ein berechtigtes Interesse an der Feststellung hat.

(2) Ein berechtigtes Interesse liegt in der Regel vor, wenn
1. schwerwiegende Grundrechtseingriffe vorliegen oder
2. eine Wiederholung konkret zu erwarten ist.

I. Normzweck

1 § 62 regelt, unter welchen Voraussetzungen eine Entscheidung in FamFG-Sachen auch dann noch mit der **Beschwerde** angefochten werden kann, **wenn** sich der **Verfahrensgegenstand** nach **Erlass der Entscheidung erledigt** hat. Eine Anfechtungsmöglichkeit nach Erledigung der Hauptsache war bislang nicht gesetzlich geregelt. Die jüngere verfassungsgerichtliche Rechtsprechung geht jedoch davon aus, dass im Einzelfall trotz Erledigung des ursprünglichen Rechtsschutzzieles ein Bedürfnis nach einer gerichtlichen Entscheidung fortbestehen kann, wenn das Interesse des Betroffenen an der Feststellung der Rechtslage besonders geschützt ist.¹ Die Vorschrift des § 62 greift diese Grundsätze auf und geht über die Kostenfolgen einer Erledigung der Hauptsache im Rechtsmittelverfahren nach § 91a ZPO hinaus, indem sie das Beschwerdegericht auf Antrag zur Feststellung in Beschlussform verpflichtet. Das ausdrücklich genannte Feststellungsinteresse entspricht dem Grundgedanken des § 256 Abs. 1 ZPO, kann aber auch bei Wiederholungsgefahr, zB in Fällen der Umgangsvereitelung, oder zwecks einer Wiederherstellung des Rufs vorliegen.²*

---

² BT-Drucks. 16/6308, S. 205.
³ BGH NJW 2004, 2529 (zur Rechtsbeschwerde nach der ZPO), siehe auch *Brehm* § 18 Rn. 33.
¹ BVerfGE 104, 220, 232 f., sowie BVerfG NJW 1998, 2432; BVerfG NJW 2002, 206.
²* *Jacoby* FamRZ 07, 1703, 1707.

II. Regelungsbereich

1. Voraussetzungen für Beschwerde nach Erledigung der Hauptsache. Abs. 1 regelt, unter 2
welchen **Voraussetzungen** einem Beschwerdeführer grundsätzlich die Möglichkeit eröffnet ist, eine
Entscheidung mit der Beschwerde überprüfen zu lassen, wenn sich die **Hauptsache zwischenzeitlich nach Erlass der erstinstanzlichen Entscheidung erledigt hat.**

a) **Berechtigtes Interesse.** Voraussetzung hierfür ist, dass der Beteiligte ein **berechtigtes Interesse** 3
an dieser Feststellung hat. Im Regelfall ist ein Rechtsschutzbedürfnis des Beteiligten nach Erledigung des Verfahrensgegenstandes nicht mehr gegeben. Es besteht regelmäßig dann nicht mehr, wenn der Beteiligte nach Erledigung durch die Entscheidung lediglich noch Auskunft über die Rechtslage erhalten kann, ohne dass damit noch eine wirksame Regelung getroffen werden kann.

b) **Vorliegen eines Rechtsschutzbedürfnisses.** Ausnahmsweise ist trotz Erledigung das 4
Rechtsschutzbedürfnis noch gegeben, wenn das **Bedürfnis** des Beteiligten **an der Feststellung in besonderer Weise schützwürdig** ist. Für diese besondere Interessenlage eröffnet Abs. 1 die Möglichkeit, festzustellen, dass die erstinstanzliche Entscheidung den Beschwerdeführer in seinen Rechten verletzt. Wie in § 256 ZPO handelt es sich um eine Zulässigkeitsvoraussetzung, deren Rechtsfolgen noch in der Gegenwart und Zukunft eintreten können.

2. Regelfälle für das Vorliegen eines berechtigten Feststellungsinteresses. Abs. 2 nennt 5
Regelbeispiele für das Vorliegen eines berechtigten Feststellungsinteresses und Konstellationen, in denen ein Feststellungsinteresse typischerweise zu bejahen ist.

a) **Schwerwiegende Grundrechtseingriffe.** Nr. 1 sieht ein berechtigtes Interesse in der Regel 6
bei schwerwiegenden Grundrechtseingriffen vor. Hiermit wird der in der Rechtsprechung anerkannte Grundsatz, dass in diesen Fällen ein Interesse an der Feststellung gegeben sein kann, gesetzlich geregelt. Hierunter fallen insbesondere Konstellationen, in denen sich die direkte Belastung durch den Hoheitsakt regelmäßig auf eine relativ kurze Zeitspanne beschränkt, so dass der Beschwerdeführer eine Entscheidung des für die Überprüfung der Entscheidung zuständigen Gerichts vor Erledigung der Hauptsache regelmäßig kaum erlangen kann, wie zB Wohnungsdurchsuchungen auf Grund richterlicher Anordnung, der erledigte polizeirechtliche Unterbringungsgewahrsam,[3] sowie aus dem Bereich der FamFG die vorläufige Unterbringung psychisch auffälliger Personen.[4] Dies bedeutet, dass bei Nr. 1 ein gesteigerter Grundrechtsverstoß vorliegen muss, selbst dann aber ein berechtigtes Feststellungsinteresse „nur in der Regel" und keineswegs stets vorliegt.[5]

b) **Wiederholungsgefahr.** Nr. 2 bestimmt, dass ein berechtigtes Interesse an der Feststellung 7
regelmäßig dann gegeben ist, wenn eine Wiederholung konkret zu erwarten ist.[6] Dieser Grund für das Fortbestehen eines Feststellungsinteresses wird mit dem Regelbeispiel Nr. 2 nunmehr ausdrücklich gesetzlich festgeschrieben.

---

§ 63 Beschwerdefrist

(1) Die Beschwerde ist, soweit gesetzlich keine andere Frist bestimmt ist, binnen einer Frist von einem Monat einzulegen.

(2) Die Beschwerde ist binnen einer Frist von zwei Wochen einzulegen, wenn sie sich gegen
1. eine einstweilige Anordnung oder
2. einen Beschluss, der die Genehmigung eines Rechtsgeschäfts zum Gegenstand hat,
richtet.

(3) ¹Die Frist beginnt jeweils mit der schriftlichen Bekanntgabe des Beschlusses an die Beteiligten. ²Kann die schriftliche Bekanntgabe an einen Beteiligten nicht bewirkt werden, beginnt die Frist spätestens mit Ablauf von fünf Monaten nach Erlass des Beschlusses.

---

[3] BVerfGE 104, 220, 233.
[4] BVerfG NJW 1998, 2432 f.
[5] *Baumbach/Lauterbach/Hartmann* Rn. 2.
[6] BVerfGE 104, 220, 233.

I. Normzweck

1 Das FGG sah die einfache (unbefristete) Beschwerde als das regelmäßige Rechtsmittel vor. Eine zeitliche Begrenzung für die Einlegung eines Rechtsmittels war nur in den vom Gesetz ausdrücklich angeordneten Fällen vorgesehen.[1] Das FamFG gibt diese Unterscheidung auf und synchronisiert die Fristgebundenheit der Beschwerden mit den §§ 517 Halbs. 1 ZPO und 569 Abs. 1 S. 1 Halbs. 1 ZPO. Die Beschwerdefrist beträgt einen Monat, bei einstweiligen Anordnungen zwei Wochen, sofern die Beschwerde statthaft ist. Die Frist zur Begründung der Beschwerde in Ehe- und Familiensachen beträgt gem. § 117 zwei Monate und deckt sich insoweit mit § 520 ZPO.

II. Regelungsbereich

2 **1. Beschwerdefrist.** Abs. 1 S. 1 bestimmt, dass Beschwerde gegen eine erstinstanzliche Entscheidung künftig binnen einer **Frist von einem Monat** zu erheben ist.

3 a) **Interesse an Verfahrensbeschleunigung.** Die Vorschrift schafft die unbefristete (einfache) Beschwerde für die im FamFG geregelten Verfahren ab. Lediglich im Grundbuch – und Schiffsregisterwesen wird an der unbefristeten Beschwerde festgehalten.[2] Im Zivilprozess ist die unbefristete Beschwerde bereits durch das Gesetz zur Reform des des Zivilprozesses vom 27. 7. 2001 beseitigt worden. Die fristgebundene sofortige Beschwerde dient der **Verfahrensbeschleunigung** sowie der möglichst frühen Rechtsklarheit für alle Beteiligten über den dauerhaften Bestand der Entscheidung.

4 b) **Verfahrensvereinfachung.** Davon unabhängig bezweckt die Neuregelung eine **Verfahrensvereinfachung,** da das bisherige Nebeneinander von einfacher und befristeter Beschwerde aus der Unterschiedlichkeit jeweils der einfachen oder sofortigen Beschwerde unterworfenen Verfahrensgegenstände nicht gerechtfertigt war.[3] Durch die einheitliche Regelung wird das Beschwerdeverfahren **übersichtlicher** und **systematischer** gestaltet.

5 **2. Verkürzte Frist und sofortige Beschwerde in hervorgehobenen Fällen.** Gem. Abs. 2 kennt das Gesetz auch für Beschwerden gegen Entscheidungen eine auf **zwei Wochen verkürzte Beschwerdefrist,** und zwar für die in **Abs. 2 Nr. 1** genannte einstweilige Anordnung und die in Abs. 2 Nr. 2 genannten Beschlüsse, die die Genehmigung eines Rechtsgeschäfts zum Gegenstand haben. In diesen durch den Gesetzgeber besonders hervorgehobenen Fällen besteht ein besonderes Beschleunigungsbedürfnis für eine verkürzte Rechtsmittelfrist.

6 **3. Beginn der Frist.** Gem. Abs. 3 S. beginnt die Beschwerdefrist grundsätzlich mit der **schriftlichen Bekanntgabe** des Beschlusses an die jeweiligen Beteiligten. Die Vorschrift knüpft an den bisherigen § 22 Abs. 1 S. 2 FGG aF an, bestimmt aber, dass für den Beginn der Frist die **Bekanntgabe schriftlich** erfolgt sein muss. Die Regelung dient der Harmonisierung der Prozessordnungen und lehnt sich inhaltlich an § 517 1. Halbs. ZPO an, der für den Fristbeginn auf die Zustellung der Entscheidung abstellt.

7 a) **Fristbeginn ohne schriftliche Bekanntgabe.** Kann die schriftliche Bekanntgabe an den erstinstanzlich formell Beteiligten nicht bewirkt werden, beginnt die Frist nach Abs. 3 S. 2 mit Ablauf von fünf Monaten nach Erlass des Beschlusses, § 38 Abs. 3 S. 3. Die Beschwerdeauffangfrist von fünf Monaten wird nicht ausgelöst, wenn ein materiell nicht beteiligter formell nicht beteiligt war und eine Bekanntgabe an ihn deshalb nicht erfolgt ist. Der formell nicht Beteiligte kann Beschwerde nur einlegen, bis die Frist für den letzten Beteiligten abgelaufen ist.[4]

8 b) **Erlass des Beschlusses.** § 38 Abs. 3 enthält eine **Legaldefinition** des Erlasses des Beschlusses. Der Beschluss **gilt als erlassen** mit **Übergabe des Beschlusses** an die Geschäftsstelle oder mit **Verlesen der Beschlussformel.** Dies ist eine Neuerung, da das FGG bislang keine entsprechende Definition enthielt. Die Regelung knüpft an § 517 2. Halbs. ZPO an, stellt aber nicht auf die Verkündung der Entscheidung, sondern auf deren Erlass ab, nachdem in FamFG-Verfahren eine Verkündung von Entscheidungen regelmäßig nicht erforderlich ist.

9 **4. Regelung bei Entscheidungen des Rechtspflegers.** Bei Entscheidungen des Rechtspflegers gilt § 11 Abs. 2 S. 1 RPflG mit seiner Verweisung auf § 63, aber auch auf § 11 Abs. 3 S. 1 RPflG.

---

[1] Siehe zB BGH NJW-RR 2008, 483; BayObLG NJW-RR 1990, 1446; KG MDR 1966, 677; siehe auch *Keidel/Sternal* § 63 Rn. 1.
[2] BT-Drucks. 16/6308, S. 205.
[3] BT-Drucks. 16/6308, S. 205.
[4] *Bumiller/Harders* § 64 Rn. 6.

§ 64 Einlegung der Beschwerde

(1) Die Beschwerde ist bei dem Gericht einzulegen, dessen Beschluss angefochten wird.

(2) ¹Die Beschwerde wird durch Einreichung einer Beschwerdeschrift oder zur Niederschrift der Geschäftsstelle eingelegt. ²Die Einlegung der Beschwerde zur Niederschrift der Geschäftsstelle ist in Ehesachen und in Familienstreitsachen ausgeschlossen. ³Die Beschwerde muss die Bezeichnung des angefochtenen Beschlusses sowie die Erklärung enthalten, dass Beschwerde gegen diesen Beschluss eingelegt wird.

(3) Sie ist von dem Beschwerdeführer oder seinem Bevollmächtigten zu unterzeichnen.

(4) Das Beschwerdegericht kann vor der Entscheidung eine einstweilige Anordnung erlassen; es kann insbesondere anordnen, dass die Vollziehung des angefochtenen Beschlusses auszusetzen ist.

I. Normzweck

Die Vorschrift knüpft an § 22 FGG aF an. Neu ist, dass die Beschwerde künftig **nur noch bei dem Gericht** einzulegen ist, dessen **Entscheidung angefochten wird** *(iudex a quo)*. Die Möglichkeit, die Beschwerde auch bei dem Beschwerdegericht *(iudex ad quem)* einzulegen, entfällt künftig. Dies bedeutet die Notwendigkeit einer Umgewöhnung in den Ehe- und Familiensachen, in denen bisher die Berufung ausschließlich beim Berufungsgericht einzulegen war. Mit Einführung der allgemeinen Rechtsmittelbelehrung gem. § 39 wird für den Beschwerdeführer jedoch ausreichende Klarheit darüber geschaffen, vor welchem Gericht er sich gegen die erstinstanzliche Entscheidung wenden kann.[1]

II. Regelungsbereich

1. Einlegung der Beschwerde beim Erstgericht. Abs. 1 regelt die Einlegung der Beschwerde beim Erstgericht, dh. also bei demjenigen Gericht dessen Beschwerde angefochten wird. Die Einlegung an falschen Ort führt nicht zur Einhaltung der Beschwerdefrist, diese ist erst bei Eingang beim Erstgericht gewahrt. An dieses darf und muss das fälschlich angegangene Gericht gleich welchen Orts und Rangs den Irrläufer unverzüglich weiterleiten. Es gilt insoweit der Rechtsgedanke des § 129a ZPO.

2. Form der Beschwerde. Abs. 2 S. 1 entspricht weitgehend dem bisherigen § 21 Abs. 2 S. 1 FGG aF wurde jedoch redaktionell angepasst.[2] Die Sätze 2 und 3 bestimmen erstmals Anforderungen an die Form der Beschwerde.

a) Mindestinhalt der Beschwerdeschrift. S. 2 trifft eine ausdrückliche Regelung über den Inhalt, den die Beschwerdeschrift mindestens enthalten muss. Die Beschwerde muss den **angefochtenen Beschluss bezeichnen,** sowie die **Erklärung** enthalten, **dass Beschwerde** gegen diesen Beschluss **eingelegt wird.**

b) Schriftform. Sie muss schriftlich oder zur Niederschrift der Geschäftsstelle des Gerichts eingelegt werden, dessen Beschluss angefochten wird, dh. des Erstgerichts und nicht des Beschwerdegerichts. Der Mindestinhalt ist zumutbar, insbesondere weil jeder Beteiligte hierauf gemäß § 39 im Rahmen der Rechtsbehelfsbelehrung hingewiesen wird. Wird die Beschwerde zur Niederschrift der Geschäftsstelle eingelegt, ist der Urkundsbeamte funktionell zuständig. Bei der Rechtsbeschwerde ist die Erklärung nicht vom Urkundenbeamten der Geschäftsstelle, sondern nach § 24 Abs. 1 Nr. 1a RPflG vom Rechtspfleger aufzunehmen.

c) Unterschriftserfordernis. S. 3 führt das Erfordernis ein, die Beschwerde zu unterschreiben. Die Verpflichtung zur Bezeichnung des angefochtenen Beschlusses und das Unterschriftserfordernis entsprechen dem Standard der anderen Verfahrensordnungen und harmonisieren das FamFG mit den anderen Verfahrensordnungen und stellen einen Gleichlauf her mit den Anforderungen an die Einleitung des Verfahrens in der ersten Instanz gem. § 23 Abs. 1 S. 3.

3. Einstweilige Anordnung zur einstweiligen Einstellung der Zwangsvollstreckung. Abs. 3 regelt die Möglichkeit des Erlasses einer einstweiligen Anordnung und entspricht dem bisherigen § 24 Abs. 3 FGG. Abs. 3 ist **erforderlich,** weil die **Einlegung** der Beschwerde grundsätzlich **nicht den weiteren Fortgang** des Verfahrens und insbesondere die Vollstreckung **aufhält.** Der Gesetzgeber hat daher die Möglichkeit des Erlasses eines **entsprechenden Einstellungsbeschlusses** geschaffen.

---

[1] BT-Drucks. 16/6308, S. 206.
[2] BT-Drucks. 16/6308, S. 206.

§ 65 Beschwerdebegründung

(1) Die Beschwerde soll begründet werden.

(2) Das Gericht kann dem Beschwerdeführer eine Frist zur Begründung der Beschwerde einräumen.

(3) Die Beschwerde kann auf neue Tatsachen und Beweismittel gestützt werden.

(4) Die Beschwerde kann nicht darauf gestützt werden, dass das Gericht des ersten Rechtszugs seine Zuständigkeit zu Unrecht angenommen hat.

I. Normzweck

1   Die Vorschrift greift § 571 Abs. 1 ZPO auf, der durch das Gesetz zur Reform des Zivilprozesses vom 27. 7. 2001[1] neu gefasst wurde und überträgt sie auf die FamFG-Verfahren. Die Begründungspflicht dient der **Verfahrensförderung** und die Ausgestaltung als Soll-Vorschrift stellt sicher, dass eine Nichterfüllung der Begründungspflicht nicht zur Verwerfung der Beschwerde wegen Unzulässigkeit führen kann.[2]

II. Regelungsbereich

2   **1. Begründungserfordernis.** Nach Abs. 1 **soll** die Beschwerde **grundsätzlich begründet** werden, während im Zivilprozess eine Begründung gegen ein Urteil fristgebunden nach § 520 ZPO erfolgen muss.

3   **2. Frist zur Begründung der Beschwerde.** Nach Abs. 2 kann das Gericht eine Frist zur Begründung der Beschwerde einräumen. Fraglich ist, wie dieses Einräumen zu verstehen ist, da das Gesetz ausdrücklich nicht von Fristsetzung spricht. Wenn die Einräumung der Frist es dem Beschwerdeführer freiließe, ob er vom Sollen des Absatzes 1 Gebrauch macht, wäre die Vorschrift wenig sinnvoll. Vielmehr ist die Vorschrift dahin zu verstehen, dass eine **nach pflichtgemäßem Ermessen gesetzte Frist des Gerichts den Zwang zur Begründung der Beschwerde auslöst**, und zwar in dem Zeitrahmen der gesetzten Frist.[3]

4   **3. Kein Antragserfordernis.** Die Begründung braucht keinen Antrag zu enthalten.[4] Sie muss auch nicht den Anforderungen an eine Berufungsbegründung genügen.[5] Erforderlich ist jedoch, dass das **Ziel des Rechtsmittels erkennbar** ist und dass eine mit der Beschwerde **bekämpfte Beschwer benannt** wird.[6] Dafür ist eine kurze Darstellung ausreichend, warum der Beschwerdeführer sich durch die Entscheidung beschwert fühlt, dh. was er an ihr missbilligt.[7]

5   **4. Beschränkung der Beschwerde in der Begründungsschrift.** Im Verbund nach § 137 kann sich die Beschwerde in der Begründungsschrift eventuell auf andere Teile des Verbundbeschlusses beschränken, da es nicht Aufgabe der Rechtsmittelschrift ist, bereits den Umfang der Anfechtung zu umgrenzen.[8]

6   **5. Neue Tatsachen- und Beweismittel.** Abs. 3 entspricht dem bisherigen § 23 FGG aF. Danach kann die Beschwerde auf neue Tasachen- und Beweismittel gestützt werden. Die Möglichkeit der Zurückweisung neuen Vorbringens sieht das Gesetz nur für Ehe- und Familienstreitverfahren in § 115 vor.

7   **6. Keine Beschwerde wegen fehlender Zuständigkeit.** Abs. 4 lehnt sich an die entsprechende Vorschrift des § 571 Abs. 2 S. 2 ZPO an. Die darin enthaltene Beschränkung der Beschwerdegründe vermeidet Rechtsmittel, die **ausschließlich** die **fehlende Zuständigkeit** des erstinstanzlichen Gerichts rügen.

---

[1] BGBl. I S. 1887.
[2] BT-Drucks. 16/6308, S. 206 und S. 409.
[3] *Baumbach/Lauterbach/Hartmann* Rn. 2.
[4] BGH NJW 94, 313.
[5] BGH FER 01, 26.
[6] BGH NJW 94, 313, OLG Köln FamRZ 98, 763.
[7] BGH NJW 94, 313.
[8] BGH NJW 81, 2360. Fall, in dem ein zunächst als Beschwerde gem. § 621e ZPO eingelegtes Rechtsmittel als Berufung begründet wird.

§ 66 Anschlussbeschwerde

¹ Ein Beteiligter kann sich der Beschwerde anschließen, selbst wenn er auf die Beschwerde verzichtet hat oder die Beschwerdefrist verstrichen ist; die Anschließung erfolgt durch Einreichung der Beschwerdeanschlussschrift bei dem Beschwerdegericht. ² Die Anschließung verliert ihre Wirkung, wenn die Beschwerde zurückgenommen oder als unzulässig verworfen wird.

I. Normzweck

Die Vorschrift eröffnet jedem Beschwerdeberechtigten die **Möglichkeit, sich der Beschwerde eines anderen Beteiligten anzuschließen.** § 66 regelt nunmehr ausdrücklich die Zulässigkeit der Anschlussbeschwerde, die bereits bislang in FGG-Familiensachen mit unterschiedlicher Begründung angenommen wurde.¹ Hierdurch soll die „Waffengleichheit aller Beteiligten" im Beschwerdeverfahren gewährleistet werden.

II. Regelungsbereich

1. Anwendungsbereich. Der Anwendungsbereich von § 66 umfasst die Abstammungs- und FGG-Familiensachen, aber auch die Ehe- und Familienstreitsachen, für die über § 117 Abs. 2 S. 1 zudem § 524 Abs. 2 S. 2, 3 ZPO gilt.² Jeder Beteiligte kann, ohne die Einlegung einer eigenen Beschwerde, sich einem erneut bereits eingelegten Rechtsmittel anschließen und seine Rechte verfolgen, wobei das Gesetz eine Beschränkung der Anschließung auf bestimmte Verfahrensgegenstände nicht vorsieht.³

a) Abstammungs- und FGG-Familiensachen. In Abstammungs- und FGG-Familiensachen gibt es keine Anschlussfrist für die Erhebung der Anschlussbeschwerde, weil die Anknüpfung an eine Frist zur Erwiderung auf die Beschwerdebegründung nicht sinnvoll wäre, da bereits die Beschwerde nicht begründet werden muss.

b) Ehe- und Familienstreitsachen. In Ehe- und Familienstreitsachen gilt gleichfalls § 66, aber zusätzlich die Anschlussfrist des § 524 Abs. 2 S. 2 ZPO, und **zwar bis zum Abschluss der dem Beschwerdegegner zur Erwiderung auf die Beschwerde gesetzten Frist** und deren **Ausschluss** insbesondere **in Unterhaltssachen.** Die Regelungstechnik in § 117 Abs. 2 S. 1 bewirkt insbesondere für die gerichtliche Praxis in Familienstreitsachen – in Ehesachen haben Anschlussrechtsmittel nach § 66, § 524 ZPO keine praktische Bedeutung – folgende Erschwerungen:

aa) Kein Begründungszwang. Die Anschlussbeschwerde muss nicht begründet werden, weil § 117 Abs. 2 S. 1 nicht auch auf § 524 ZPO verweist und § 66 kein Begründungserfordernis enthält. Dies ist misslich, weil Beschwerdegericht und Beschwerdeführer ohne Begründung nicht wissen, was genau der Beschwerdegegner mit seiner Anschlussbeschwerde erreichen will.

bb) Keine analoge Anwendung von § 524 ZPO. Eine analoge Anwendung von § 524 ZPO kommt wegen des Wortlauts von § 117 Abs. 2 S. 1, der die Anwendbarkeit von § 524 ZPO definiert, nicht in Betracht.⁴ Das Beschwerdegericht kann jedoch eine Frist zur Begründung setzen, ohne dass an eine Nicht-Begründung rechtliche Folgen geknüpft werden können.⁵ **Aus anwaltlicher Sicht** ist es sicher richtig, die Anschlussbeschwerde auch zu begründen, weil nur durch die Begründung beurteilt werden kann, worauf es dem Beschwerdegegner ankommt und dadurch Haftungsfälle vermieden werden können

2. Wirkungen und Fortwirken der Anschlussbeschwerde. Die Anschlussbeschwerde verliert entgegen § 524 Abs. 4 Alt. 3 ZPO ihre Wirkungen nicht dadurch, dass die Beschwerde „durch Beschluss" zurückgewiesen wird, weil § 117 Abs. 2 S. 1 nicht auf § 524 Abs. 4 Alt. 3 ZPO verweist und § 66 S. 2 keine entsprechende Regelung enthält. Dies betrifft nach der bisherigen Rechtslage die Fälle, in denen das Berufungsgericht die Berufung durch Beschluss ohne mündliche Verhandlung als unbegründet zurückweist, § 522 Abs. 2 ZPO.⁶ Diese Beschränkung ist für FGG-Familiensachen

---

¹ BT-Drucks. 16/6308, S. 206; siehe auch *Keidel/Sternal* Rn. 1, § 64 FGG Rn. 44 a ff. m. weit. Nachw.
² Bereits bislang wurde die Anschlussbeschwerde in der freiwilligen Gerichtsbarkeit überwiegend als zulässig angesehen, es war jedoch streitig, auf welche Verfahrensgegenstände sich dies bezog. Siehe dazu *Keidel/Kuntze/Winkler/Kahl* Vor § 19 FGG Rn. 4.
³ BT-Drucks. 16/6308 S. 206.
⁴ *Maurer* FamRZ 2009, 465, 468.
⁵ *Keidel/Sternal* Rn. 16.
⁶ *Musielak/Ball* § 522 ZPO Rn. 28 m. weit. Nachw.

§ 67 1–4 Buch 1. Abschnitt 5. Rechtsmittel

sachgerecht, für Familienstreitsachen muss dies bezweifelt werden. Zwar ist eine **Anknüpfung an die Zurückweisung der Beschwerde** durch Beschluss **nicht mehr möglich,** nachdem über die Beschwerde stets durch Beschluss entschieden wird. Maßgeblich ist jedoch auch nach der ZPO-Regelung nicht die Entscheidungsform, sondern der Umstand, dass ohne mündliche Verhandlung und ohne ein diese ersetzendes schriftliches Verfahren (§ 128 ZPO) entschieden wird, weshalb dann eben durch Beschluss erkannt wird. Eine Anknüpfung daran, ob und warum das Beschwerdegericht von der Durchführung einer mündlichen Verhandlung absieht, wäre ein der ZPO-Regelung entsprechender und durchaus sachgerechter Anknüpfungspunkt gewesen. In Familienstreitsachen kann der Beschwerdeführer aber einer **reformatio in peius** weiterhin dadurch zuvorkommen, dass er seine Beschwerde nach Hinweis des Beschwerdegericht, dass es diese ohne mündliche Verhandlung zurückweisen will, gem. § 66 S. 2 Alt. 1 zurücknimmt.

8 **3. Gleichlauf mit Anschlussberufung.** § 66 stellt einen Gleichlauf mit der Anschlussberufung des § 524 ZPO her, als die Anschließung durch Einreichung einer Beschwerdeanschlussschrift bei dem Beschwerdegericht erfolgt, § 66 S. 1 Halbs. 2, § 524 Abs. 1 ZPO, ein Verzicht auf die Beschwerde oder das Verstreichen der Beschwerdefrist die Zulässigkeit der Anschlussbeschwerde nicht berührt, § 66 S. 1 Halbs. 1, § 524 Abs. 2 S. 1 ZPO, und die Anschlussbeschwerde ihre Wirkungen nach Rücknahme der Beschwerde oder deren Verwerfung als unzulässig verliert, § 66 S. 2, § 524 Abs. 4 Alt. 1, 2 ZPO.

§ 67 Verzicht auf die Beschwerde; Rücknahme der Beschwerde

(1) Die Beschwerde ist unzulässig, wenn der Beschwerdeführer hierauf nach Bekanntgabe des Beschlusses durch Erklärung gegenüber dem Gericht verzichtet hat.

(2) Die Anschlussbeschwerde ist unzulässig, wenn der Anschlussbeschwerdeführer hierauf nach Einlegung des Hauptrechtsmittels durch Erklärung gegenüber dem Gericht verzichtet hat.

(3) Der gegenüber einem anderen Beteiligten erklärte Verzicht hat die Unzulässigkeit der Beschwerde nur dann zur Folge, wenn dieser sich darauf beruft.

(4) Der Beschwerdeführer kann die Beschwerde bis zum Erlass der Beschwerdeentscheidung durch Erklärung gegenüber dem Gericht zurücknehmen.

I. Normzweck

1 Die Vorschrift bestimmt **Voraussetzungen und Folgen eines wirksamen Rechtsmittelverzichts.** Bereits bislang war anerkannt, dass ein wirksamer Verzicht auf das Beschwerderecht grundsätzlich zulässig ist. Waren Voraussetzungen und Umfang in der Vergangenheit teilweise umstritten,[1] werden diese nunmehr **ausdrücklich gesetzlich klargestellt.** Nach einhelliger Ansicht war bereits bislang nach Erlass des Beschlusses ein Verzicht auf die Beschwerde statthaft. Streitig war, ob ein einseitiger Verzicht auf ein Rechtsmittel auch bereits vor Erlass des Beschlusses abgegeben werden konnte.[2] Die Vorschrift eröffnet nunmehr einheitlich im Interesse einer **möglichst frühzeitigen Rechtsklarheit** für alle Beteiligten die Möglichkeit, **sowohl vor als auch nach Erlass des Beschlusses gegenüber dem Gericht** wirksam auf Rechtsmittel zu verzichten.

II. Regelungsbereich

2 Abs. 1 regelt, dass gegenüber dem Gericht ein wirksamer Rechtsmittelverzicht sowohl vor als auch nach Erlass des Beschlusses möglich ist.

3 **1. Allseitiger und einseitiger Verzicht auf Beschwerde.** Auf die Beschwerde kann verzichtet werden, und **zwar allseitig gem. Abs. 1** oder **einseitig gem. Abs. 3.**

4 **a) Zeitpunkt des Verzichts.** Der Verzicht führt zur Unzulässigkeit des Rechtsmittels, wenn er nach der Bekanntgabe der erstinstanzlichen Entscheidung an den Beschwerdeführer gegenüber dem FamG erklärt wurde. Wurde er gegenüber einem anderen Beteiligten erklärt, führt dies nur dann zur Unzulässigkeit der Beschwerde, wenn sich dieser Beteiligte auf den Verzicht beruft.[3] Die Gesetzesbegründung geht dabei davon aus, dass „gegenüber dem Gericht ein wirksamer Verzicht sowohl vor

---

[1] *Keidel/Kuntze/Winkler/Kahl* § 19 FGG Rn. 97 ff.
[2] *Keidel/Kuntze/Winkler/Kahl* § 19 FGG Rn. 99, 100 m. weit. Nachw.
[3] *Baumbach/Lauterbach/Hartmann* Rn. 2.

als auch nach Erlass des Beschlusses möglich ist".[4] Sie knüpft dabei offensichtlich an die Rechtslage zu § 515 ZPO idF des ZPO-RG an, doch der Wortlaut des § 515 ZPO ist anders. Dem Wortlaut von Abs. 1 lässt sich nicht entnehmen, dass bereits vor Erlass des Beschlusses ein Verzicht möglich ist, weil der Erlass des Beschlusses dessen Übergabe an die Geschäftsstelle oder Bekanntgabe voraussetzt.[5]

b) Adressat des Verzichts. Er kann gegenüber dem Erstgericht erfolgen, weil auch dort nach § 64 Abs. 1 die Beschwerde einzulegen ist. Gleichwohl ist es nicht erforderlich, dass er auch dort eingeht, denn Gericht kann in diesem Zusammenhang auch das Beschwerdegericht sein. Der Verzicht wird erst nach Bekanntgabe des Beschlusses gem. § 41 wirksam und duldet keine Bedingung. Der Verzicht muss eindeutig sein.

2. Verzicht auf Anschlussbeschwerde. Auch auf die Anschlussbeschwerde kann nach Abs. 2 mit der Folge ihrer Unzulässigkeit verzichtet werden. Der Verzicht führt zur Unzulässigkeit des Rechtsmittels, wenn er gegenüber dem FamG nach Einlegung der Beschwerde erklärt wird. Gegenüber einem Beteiligten kann nicht wirksam auf eine Anschlussbeschwerde verzichtet werden. Dies ist in FGG-Familiensachen folgerichtig, in denen es stets um die materiell richtige Entscheidung geht und deshalb grundsätzlich das Amtsermittlungsprinzip gilt. In Familienstreitsachen könnte unter der Geltung der Dispositionsmaxime die Möglichkeit eines Verzichts gegenüber einem anderen Beteiligten, etwa einem Streitgenossen, durchaus gerechtfertigt sein. Bei einem Verzicht auf eine Anschlussbeschwerde gilt neben Abs. 2 ebenfalls Abs. 1, in Ehesachen ist § 144 vorrangig.

3. Form der Verzichtserklärung. Für die Verzichtserklärung ist **keine besondere Form** vorgesehen. Sie kann deshalb sowohl s**chriftlich** als auch zu **Protokoll des Gerichts** oder **des Urkundsbeamten der Geschäftsstelle,** gegenüber einem anderen Beteiligten auch mündlich erklärt werden. Davon ist allerdings unter dem Gesichtspunkt der Beweisschwierigkeiten abzuraten. In Verfahren, die dem Anwaltszwang unterliegen, muss die Erklärung gegenüber dem Gericht zu ihrer Wirksamkeit durch einen Rechtsanwalt abgegeben werden. Die Erklärung gegenüber einem anderen Beteiligten unterliegt dagegen nicht dem Anwaltszwang.[6]

4. Rechtsfolgen des Verzichts. Eine **nach Einlegung der Beschwerde abgegebene Erklärung** führt zu ihrer **Unzulässigkeit** und zur **Erledigung des Beschwerdeverfahrens.** Wird sie gleichwohl weiterbetrieben, ist sie nach Feststellung der Wirksamkeit des Verzichts durch das Beschwerdegericht zu verwerfen, bei Unwirksamkeit des Verzichts wird das Beschwerdeverfahren fortgesetzt. Wird die Beschwerde nicht mehr weiterverfolgt, stellt das Beschwerdegericht die Erledigung des Beschwerdeverfahrens fest und entscheidet über die Kosten nach §§ 83 Abs. 2, 81, in Ehe- und Familienstreitsachen nach den § 113 Abs. 1 FamFG, § 97 ZPO.

5. Rücknahme der Beschwerde. Nach 67 Abs. 4 kann der Beschwerdeführer seine Beschwerde bis zum Erlass der Beschwerdeentscheidung zurücknehmen, dies gilt für die Anschlussbeschwerde entsprechend.[7] Zu den Rechtsfolgen der Rücknahme sagt § 67 Abs. 4 nichts, und auch die Gesetzesbegründung wiederholt lediglich den Gesetzeswortlaut.[8] § 117 Abs. 2 S. 1 verweist nicht auf § 516 ZPO, weshalb dieser auch in Ehe- und Familienstreitsachen nicht entsprechend anzuwenden ist. Die Beschwerdeentscheidung ist dann erlassen, wenn sie **in vollständiger Form an** die **Geschäftsstelle übergeben** oder **durch Verlesen der Beschlussformel bekannt** gegeben worden ist, § 38 Abs. 3 S. 3.

6. Kosten. Die Kosten eines ohne Erfolg eingelegten Rechtsmittels, wozu auch dessen Rücknahme gehört, „sollen" nach § 84 dem Beschwerdeführer auferlegt werden.[9] So verfährt die Rechtsprechung zT bislang durch die entsprechende Anwendung von § 13a Abs. 1 S. 2 FGG. Bei der Ausübung des billigen Ermessens nach § 81 Abs. 1 können auch andere Umstände, wie etwa die Einigung der Beteiligten über die Kostentragung, Berücksichtigung finden.[10] Fasst man unter ein ohne Erfolg eingelegtes Rechtsmittel auch die Beschwerderücknahme, sind die Kosten des Beschwerdeverfahrens stets dem Beschwerdeführer aufzuerlegen, und zwar einschließlich der Kosten der Anschlussbeschwerde, die durch die Beschwerderücknahme nach § 66 S. 2 ihre Wirkung verloren hat.

7. Verlustigerklärung der Beschwerde. Eine § 516 Abs. 3 S. 1 Alt. 1 ZPO entsprechende Regelung zur Verlustigerklärung der Beschwerde infolge ihrer Rücknahme sieht das FamFG nicht vor, § 117 Abs. 2 S. 1. Dies entspricht in den FGG-Familiensachen der bisherigen Rechtslage und

---

[4] BT-Drucks. 16/6308, S. 207.
[5] *Keidel/Sternal* Rn. 5.
[6] *Musielak/Ball* § 515 ZPO Rn. 7, 10, 14.
[7] BGHZ 4, 229 = NJW 1952, 384, 385.
[8] BT-Drucks. 16/6308, S. 216.
[9] *Zimmermann* FamRZ 2009, 377 ff.
[10] BT-Drucks. 16/6308, S. 216.

mag auch in Ehe- und Familienstreitsachen in aller Regel ohne Auswirkungen sein, weil um die Wirksamkeit einer Rechtsmittelrücknahme in der Praxis nur sehr selten gestritten wird.

§ 68 Gang des Beschwerdeverfahrens

(1) ¹Hält das Gericht, dessen Beschluss angefochten wird, die Beschwerde für begründet, hat es ihr abzuhelfen; anderenfalls ist die Beschwerde unverzüglich dem Beschwerdegericht vorzulegen. ²Das Gericht ist zur Abhilfe nicht befugt, wenn die Beschwerde sich gegen eine Endentscheidung in einer Familiensache richtet.

(2) ¹Das Beschwerdegericht hat zu prüfen, ob die Beschwerde an sich statthaft und ob sie in der gesetzlichen Form und Frist eingelegt ist. ²Mangelt es an einem dieser Erfordernisse, ist die Beschwerde als unzulässig zu verwerfen.

(3) ¹Das Beschwerdeverfahren bestimmt sich im Übrigen nach den Vorschriften über das Verfahren im ersten Rechtszug. ²Das Beschwerdegericht kann von der Durchführung eines Termins, einer mündlichen Verhandlung oder einzelner Verfahrenshandlungen absehen, wenn diese bereits im ersten Rechtszug vorgenommen wurden und von einer erneuten Vornahme keine zusätzlichen Erkenntnisse zu erwarten sind.

(4) Das Beschwerdegericht kann die Beschwerde durch Beschluss einem seiner Mitglieder zur Entscheidung als Einzelrichter übertragen; § 526 der Zivilprozessordnung gilt mit der Maßgabe entsprechend, dass eine Übertragung auf einen Richter auf Probe ausgeschlossen ist.

I. Normzweck

1 Die Rechtsmittelinstanz in Ehe- und Familienstreitsachen ist, genauso wie in den Familiensachen im engeren Sinne und anders als in den reinen ZPO-Verfahren, als **volle zweite Tatsacheninstanz** ausgestaltet. Dieser Ausgestaltung liegt die Überlegung zugrunde, dass in vielen Familienstreitsachen nicht über einen in sich abgeschlossenen und deshalb feststehenden Sachverhalt gestritten wird, sondern dass die Beziehungen der Beteiligten zueinander gerade nicht endgültig aufgelöst, sondern nur auf eine andere Grundlage gestellt werden und deshalb noch im Fluss sind. Die zivilprozessualen Grundentscheidungen zum Rechtsmittelrecht sind daher mit der Dynamik im Rahmen einer Trennung nahezu unvereinbar. Dies zeigt sich am Beispiel von Unterhaltssachen, in denen nach zivilprozessualen Grundsätzen die Berücksichtigung veränderter Einkommens- und Vermögensverhältnisse nur eingeschränkt möglich ist. Das Interesse der Beteiligten ist aber gerade darauf gerichtet, dass solche Änderungen bereits im Rechtsmittelverfahren und nicht erst in einem neuen Verfahren berücksichtigt werden. Dem trug der Gesetzgeber in der Vergangenheit durch die Sonderregelung des § 524 Abs. 2 ZPO im Bereich der Anschlussberufung Rechnung. Eine derartige Regelung ist nicht mehr erforderlich, weil das Rechtsmittel künftig in allen Kategorien von Familiensachen als volle unbeschränkte Tatsacheninstanz ausgestaltet ist.

II. Regelungsbereich

2 **1. Abhilfebefugnis des Erstgerichts.** Abs. 1 führt in Abweichung von § 18 Abs. 2 FGG aF und in Anlehnung an § 572 Abs. 1 S. 1 Halbs. 1 ZPO die Abhilfemöglichkeit des Erstgerichts ein, um ihm Gelegenheit zu geben, „seine Entscheidung nochmals zu überprüfen und gegebenenfalls zeitnah zurückzunehmen oder zu korrigieren".[1]

3 **2. Verfahrensgegenstände.** Dabei ist grundsätzlich zwischen zwei Verfahrensgegenständen zu differenzieren:
– den **Familiensachen nach Abs. 1 S. 2**, in denen das Erstgericht der Beschwerde nicht abhelfen darf. Hierzu zählen alle in den §§ 111, 112 aufgeführten Sachen. Dieser Regelungsansatz entspricht der früheren sofortigen Beschwerde der §§ 621e Abs. 3 aF, 318 ZPO.[2] Der Gesetzgeber hält es für richtig, dass Familiensachen sofort zum Beschwerdegericht kommen.
– den **übrigen Sachen nach Abs. 1 S. 1**, in denen dem Erstgericht die Möglichkeit eingeräumt wird, seine Entscheidung nochmals zu überprüfen und gegebenenfalls zeitnah zu korrigieren. Der Gesetzgeber verspricht sich davon eine Entlastung des Beschwerdegerichts, weil es nicht mit Bean-

---

[1] BT-Drucks. 16/6308, S. 207.
[2] Zöller/Philippi § 621e ZPO Rn. 60.

standungen belastet wird, deren Fehlerhaftigkeit das erstinstanzliche Gericht bereits selbst erkannt hat.[3] Hält das erstinstanzliche Gericht die Beschwerde für unbegründet, leitet es die Beschwerde an das Gericht der nächsten Instanz weiter.

3. Zulässigkeit der Beschwerde. Das Beschwerdegericht prüft zunächst die Zulässigkeit der Beschwerde gem. § 68 Abs. 2 S. 1. Ist die Beschwerde unzulässig, ist die Beschwerde nach Abs. 2 S. 2 zu verwerfen. Die Vorschrift stimmt mit § 572 ZPO nahezu wörtlich überein. 4

4. Wiederholung von Verfahrenshandlungen. Das weitere Verfahren richtet sich nach Abs. 3 S. 1, wobei auch diese Vorschrift sich teilweise an die ZPO anlehnt. Nach Abs. 3 S. 2 kann auf unnötige Wiederholungen verzichtet werden. Nach **pflichtgemäßem Ermessen** kann das Beschwerdegericht **von der Wiederholung** solcher **Verfahrenshandlungen absehen,** die das erstinstanzliche Gericht bereits umfassend und vollständig durchgeführt hat. Das Beschwerdegericht darf aber tatsächlich erst dann von einer Wiederholung absehen, wenn wirklich nichts Neues und Entscheidungserhebliches zu erwarten ist. Der Gesetzgeber hält diese **Regelung mit Art. 6 EMRK** vereinbar, der auch Ehesachen, Kindschaftssachen und Unterbringungssachen umfasst.[4] Für Rechtsmittelinstanzen gilt jedoch, dass von der mündlichen Verhandlung abgesehen werden kann, wenn in der ersten Instanz eine solche stattgefunden hat, es nur um die Zulassung des Rechtsmittels geht oder ausschließlich eine rechtliche Überprüfung möglich ist. Eine zweite mündliche Verhandlung ist nach der Rspr. des EGMR nur dann unentbehrlich, wenn der Fall schwierig ist, die tatsächlichen Fragen nicht einfach sind und erhebliche Bedeutung haben.[5] 5

5. Keine Bindung des Antrags des Beschwerdeführers. Das Beschwerdegericht ist an einen Antrag des Beschwerdeführers nicht gebunden.[6] Das ergibt sich aus der Art des von Amts wegen durchzuführenden Verfahrens. Dem steht auch nicht die Dispositionsbefugnis des Betroffenen entgegen, weil aus der Herrschaft zur Einleitung/Beendigung des Beschwerdeverfahrens nicht das Recht folgt, den Umfang der Prüfung und Entscheidung des Rechtsmittelgerichts zu modifizieren.[7]

6. Einzelrichter. Abs. 4 S. 1 knüpft inhaltlich an die bisherigen § 30 Abs. 1 S. 2 und S. 3 FGG an. Zwecks Harmonisierung der Prozessordnungen wird die Vorschrift jedoch in Übereinstimmung mit § 526 ZPO erweitert. Der **fakultative Einzelrichtereinsatz** in der Beschwerdeinstanz ist künftig **in allen Beschwerdesachen möglich,** jedoch gem. § 526 Abs. 4 ZPO nur auf Richter, die auf Lebenszeit ernannt sind, weil eine Entscheidung durch einen Richter auf Probe als Einzelrichter im Hinblick auf die Tragweite einer Beschwerdeentscheidung unangemessen erscheint. 6

§ 69 Beschwerdeentscheidung

(1) [1] Das Beschwerdegericht hat in der Sache selbst zu entscheiden. [2] Es darf die Sache unter Aufhebung des angefochtenen Beschlusses und des Verfahrens nur dann an das Gericht des ersten Rechtszugs zurückverweisen, wenn dieses in der Sache noch nicht entschieden hat. [3] Das Gleiche gilt, soweit das Verfahren an einem wesentlichen Mangel leidet und zur Entscheidung eine umfangreiche oder aufwändige Beweiserhebung notwendig wäre und ein Beteiligter die Zurückverweisung beantragt. [4] Das Gericht des ersten Rechtszugs hat die rechtliche Beurteilung, die das Beschwerdegericht der Aufhebung zugrunde gelegt hat, auch seiner Entscheidung zugrunde zu legen.

(2) Der Beschluss des Beschwerdegerichs ist zu begründen.

(3) Für die Beschwerdeentscheidung gelten im Übrigen die Vorschriften über den Beschluss im ersten Rechtszug entsprechend.

I. Normzweck

§ 69 regelt zunächst Fragen der Zurückverweisung an das FamG und ordnet an, dass die Beschwerdeentscheidung begründet werden muss. Die Regelung verweist auf die Vorschriften für den Beschluss im ersten Rechtszug, die Voraussetzungen und Form der Beschwerdeentscheidung und stellt insofern eine Neuerung dar, denn bislang existierte dazu keine gesetzliche Regelung. Abs. 1 regelt Voraussetzungen und Folgen einer Zurückverweisung an das Gericht der ersten Instanz. 1

---

[3] BT-Drucks. 16/6308, S. 207.
[4] *Meyer-Ladewig,* Europäische Menschenrechtskonvention, 2. Aufl. 2006, Art. 6 Rn. 8.
[5] *Meyer-Ladewig,* Europäische Menschenrechtskonvention, 2. Aufl. 2006, Rn. 66.
[6] BGH FamRZ 1956, 107; BGH FamRZ 1992, 165; BGH FamRZ 1992, 414.
[7] BGH NJW 84, 2879.

§ 69 2–8

Das FGG kannte bislang keine gesetzlichen Regelungen über die Zulässigkeit und die Voraussetzungen einer Zurückverweisung an das Ausgangsgericht, bereits bislang wurde jedoch davon ausgegangen, dass eine Zurückverweisung ausnahmsweise möglich ist, wenn schwerwiegende Mängel im Verfahren vorliegen.[1] Die Vorschrift knüpft an diese Rechtsprechung an und benennt nunmehr durch ausdrückliche gesetzliche Regelung, unter welchen Voraussetzungen eine Zurückverweisung zulässig ist und wie das Gericht der ersten Instanz im Anschluss an die Zurückverweisung zu verfahren hat.

II. Regelungsbereich

2   **1. Entscheidung in der Sache selbst.** Abs. 1 S. 1 bestimmt, dass das Gericht im Regelfall in der Sache selbst zu entscheiden hat.

3   **2. Ausnahmen von diesem Grundsatz.** Die Sätze 2 und 3 enthalten Ausnahmen von diesem Grundsatz. Hierbei sind die Zurückweisungsgründe im Interesse der Verfahrensbeschleunigung auf die Punkte beschränkt, in denen den Beteiligten bei Unterbleiben einer Zurückverweisung faktisch eine Instanz genommen würde.[2]

4   **a) Keine Befassung der ersten Instanz in der Sache selbst.** Nach S. 2 ist dies der Fall, wenn das erstinstanzliche Gericht sich ausschließlich mit Zulässigkeitsfragen beschäftigt hat und eine Befassung in der Sache aus diesem Grund unterblieben ist.

5   **b) Wesentlicher Verfahrensmangel.** Nach S. 3 ist eine Zurückverweisung statthaft, wenn es sich um einen wesentlichen Verfahrensmangel handelt, auf Grund dessen eine umfangreiche oder aufwändige Beweisaufnahme erforderlich ist. Die Regelung folgt insoweit § 538 Abs. 2 S. 1 ZPO, der die Zurückverweisungsmöglichkeit auf schwere Verfahrensmängel beschränkt, die umfangreiche oder aufwändige Beweisaufnahmen nach sich ziehen. Hierunter fällt beispielsweise die Vernehmung einer Vielzahl von Zeugen oder die Beweisaufnahme an einem weit entfernt liegenden Ort. Die bloße Vernehmung eines Zeugen oder eines Sachverständigen ist dagegen regelmäßig kein Zurückverweisungsgrund.

6   **c) Zurückweisung nur auf Antrag.** Die Vorschrift bestimmt außerdem, und zwar ebenfalls in Anlehnung an § 538 Abs. 2 S. 1 ZPO, dass die Zurückverweisung nur auf Antrag eines Beteiligten erfolgt. Das heisst, sind die Beteiligten trotz Vorliegens eines Zurückverweisungsgrundes mit einer Entscheidung des Beschwerdegerichts in der Sache einverstanden, so ist das Beschwerdegericht aus Gründen der Verfahrensbeschleunigung daran gebunden. S. 4 übernimmt die nach allgemeiner Ansicht[3] bestehende Bindung des Gerichts des ersten Rechtszuges und die der Aufhebung des Beschwerdegerichts zugrunde liegenden Beurteilung der Sach- und Rechtslage als gesetzliche Regelung.

7   **3. Begründungserfordernis.** Abs. 2 regelt, dass der Beschluss des Beschwerdegerichts zu begründen ist, und zwar sowohl in der Sache selbst als auch die Nebenentscheidung zu den Kosten. Der Regierungsentwurf sah lediglich vor, dass die Beschwerdeentscheidung begründet werden solle und nur dann zu begründen ist, wenn die Rechtsbeschwerde zugelassen wird, die Entscheidung in einer Ehe- oder Abstammungssache ergeht, sie voraussichtlich im Ausland geltend gemacht werden muss oder das Verfahren an das FamFG zurückverwiesen wird.[4] Der Rechtsausschuss des Bundestags hat jedoch die bedingungslose Begründungspflicht eingeführt, um die Akzeptanz und Richtigkeitsgewähr der Entscheidung zu stärken und dem Beschwerdegericht die Anwendung der Vorschrift zu erleichtern.[5]

8   **4. Umfang der Begründung.** Zur Bestimmung des Umfangs der Begründung enthält das **FamFG keine Regelung.** Als **Leitlinie** kann **§ 313 ZPO** herangezogen werden. Für Ehe- und Familienstreitsachen enthält § 117 Abs. 4 die mit § 540 Abs. 1 S. 2 ZPO inhaltsgleiche Befugnis für das Beschwerdegericht, die Begründung der Beschwerdeentscheidung ins Verhandlungsprotokoll aufzunehmen, wenn diese in dem Termin, in dem die mündliche Verhandlung geschlossen wurde, verkündet wird. Für die Praxis stellt sich die Frage, ob und in welchem Umfang das Absehen von Verfahrenshandlungen nach § 68 Abs. 3 S. 2 einer Begründung bedarf. Diese Problematik steht in direktem Zusammenhang mit der Pflicht des Beschwerdegerichts, auf seine Absicht, von einer Verfahrenshandlung abzusehen, hinzuweisen. Da bereits dieser Hinweis so zu begründen ist, dass die Beteiligten über die Gründe für das beabsichtigte Absehen in Kenntnis gesetzt werden und sich hierzu äußern können, braucht die Endentscheidung nicht erneut in vollem Umfang begründet zu werden.

---

[1] Keidel/Kuntze/Winkler/Sternal § 25 FGG Rn. 21; Bassenge/Herbst/Roth/Bassenge § 25 FGG Rn. 11.
[2] BT-Drucks. 16/6308, S. 208.
[3] BayObLG FamRZ 1996, 436; Keidel/Kuntze/Winkler/Sternal § 25 FGG Rn. 25; Bassenge/Herbst/Roth/Bassenge § 35 FGG Rn. 15.
[4] § 69 Abs. 2 S. 1 FamFG-RegE BT-Drucks. 16/6308, S. 208.
[5] BT-Drucks. 16/9733, S. 290.

Sie muss sich nur noch ergänzend mit dem auseinandersetzen, was die Beteiligten gegen ein Absehen vorbringen.[6]

5. Weglassen der Begründung. § 38 Abs. 4, Abs. 5 sieht für den ersten Rechtszug eine § 313a ZPO vergleichbare Regelung zum Weglassen der Begründung vor. Zwar könnte bezweifelt werden, ob diese Regelung auch für die Beschwerdeinstanz gilt, weil die Bestimmung zum Begründungszwang in § 69 Abs. 2 steht, der damit nach der formellen Gesetzessystematik eine abschließende Regelung darstellt, die durch § 69 Abs. 3, nach dem „im Übrigen die Vorschriften über den Beschluss im ersten Rechtszug entsprechend [gelten]", nicht mehr relativiert werden kann.[7] Doch wäre der Sinn eines solchen Ausschlusses, der zu entsprechender Mehrarbeit des Beschwerdegerichts führt, nicht ersichtlich.[8] Deshalb bedarf es auch in der Beschwerdeinstanz entsprechend § 38 Abs. 4 keiner Begründung, wenn die Entscheidung auf Grund eines Anerkenntnisses oder Verzichts oder als Versäumnisentscheidung ergeht und entsprechend bezeichnet wird (Nr. 1); gleichgerichteten Anträgen der Beteiligten stattgibt und nicht dem erklärten Willen eines Beteiligten widerspricht (Nr. 2) oder in Gegenwart aller Beteiligten mündlich bekannt gegeben wurde und alle Beteiligten auf Rechtsmittel verzichtet haben (Nr. 3). Eine Ausnahme von dieser Ausnahme macht § 38 Abs. 5 in Familiensachen für Ehesachen, für Abstammungssachen und für den Fall, dass die Entscheidung voraussichtlich im Ausland geltend zu machen ist.

6. Bekanntgabe der Entscheidung. Für die Bekanntgabe der Beschwerdeentscheidung gilt über § 69 Abs. 3 grundsätzlich § 41. Sie ist den Beteiligten förmlich zuzustellen, deren erklärtem Willen sie nicht entspricht, § 41 Abs. 1 S. 2. Auch bei einer Bekanntmachung durch Verlesen der Beschlussformel in Anwesenheit von Beteiligten ist diesen die schriftliche Begründung des Beschlusses (nachträglich) bekannt zu geben, und zwar in der Form des § 41 Abs. 1. In Ehe- und Familienstreitsachen kommt § 317 ZPO zur Anwendung, sodass die Beschwerdeentscheidung den Beteiligten stets förmlich zuzustellen ist.

Unterabschnitt 2. Rechtsbeschwerde

§ 70 Statthaftigkeit der Rechtsbeschwerde

(1) Die Rechtsbeschwerde eines Beteiligten ist statthaft, wenn sie das Beschwerdegericht oder das Oberlandesgericht im ersten Rechtszug in dem Beschluss zugelassen hat.

(2) ¹Die Rechtsbeschwerde ist zuzulassen, wenn
1. die Rechtssache grundsätzliche Bedeutung hat oder
2. die Fortbildung des Rechts oder die Sicherung einer einheitlichen Rechtsprechung eine Entscheidung des Rechtsbeschwerdegerichts erfordert.

²Das Rechtsbeschwerdegericht ist an die Zulassung gebunden.

(3) Die Rechtsbeschwerde gegen einen Beschluss des Beschwerdegerichts ist ohne Zulassung statthaft in
1. Betreuungssachen zur Bestellung eines Betreuers, zur Aufhebung einer Betreuung, zur Anordnung oder Aufhebung eines Einwilligungsvorbehalts,
2. Unterbringungssachen und Verfahren nach § 151 Nr. 6 und 7 sowie
3. Freiheitsentziehungssachen.

³In den Fällen des Satzes 1 Nr. 2 und 3 gilt dies nur, wenn sich die Rechtsbeschwerde gegen den Beschluss richtet, der die Unterbringung oder die freiheitsentziehende Maßnahme anordnet.

(4) Gegen einen Beschluss im Verfahren über die Anordnung, Abänderung oder Aufhebung einer einstweiligen Anordnung oder eines Arrests findet die Rechtsbeschwerde nicht statt.

I. Normzweck

Die in den §§ 70–75 geregelte Rechtsbeschwerde übernimmt die Grundsätze der in den §§ 574 ff. ZPO geregelten Rechtsbeschwerde.

---

[6] Siehe zu dem Problemkomplex *Maurer* FamRZ 2009, 465, 481.
[7] Die Gesetzesbegründung begnügt sich mit der Wiederholung des Gesetzeswortlauts, BT-Drucks. 16/6308, S. 208.
[8] *Maurer* FamRZ 2009, 465, 481.

§ 70 2–9

2 Die Rechtsbeschwerde ist als Zulassungsbeschwerde ausgestaltet, dh. gegen Entscheidungen des Beschwerdegerichts in Familiensachen ist die Rechtsbeschwerde nur nach ausdrücklicher Zulassung durch das Beschwerdegericht statthaft. Diese bereits durch das 1. EheRG eingeführte und durch § 26 Nr. 9 EGZPO verlängerte Regelung,[1] wird in Familiensachen ohne Ausnahmen fortgeschrieben. Die Rechtsbeschwerde in Betreuungs-, Unterbringungs- und Freiheitsentziehungssachen richtet sich nach Abs. 3. Gegen eine einstweilige Anordnung oder einen Arrest findet sie auf Grund von Abs. 4 nicht statt.

3 Zweck der Rechtsbeschwerde ist eine Konzentration auf die Rechtsfortbildung[2] und soll es dem Rechtsbeschwerdegericht ermöglichen sich künftig in erster Linie mit Verfahren zu befassen, denen auf Grund ihrer grundsätzlichen Bedeutung eine über den Einzelfall hinausgehende Wirkung zukommt.[3]

II. Regelungsbereich

4 **1. Zulassung der Rechtsbeschwerde durch das Beschwerdegericht.** Abs. 1 regelt die Zulassungsvoraussetzungen für die Rechtsbeschwerde. Die Rechtsbeschwerde gegen Beschlüsse ist nur statthaft, wenn sie vom Beschwerdegericht oder, wenn der Beschluss vom Oberlandesgericht im ersten Rechtszug erlassen ist, vom Oberlandesgericht in dem Beschluss zugelassen wurde. Über die Zulassung hat das Beschwerdegericht von Amts wegen zu entscheiden. Es bedarf keines entsprechenden Antrages. Hat das Beschwerdegericht die Rechtsbeschwerde zugelassen, ist das Rechtsbeschwerdegericht daran gebunden.

5 **2. Zulassungsvoraussetzungen.** Nach Abs. 2 ist die Rechtsbeschwerde nur bei Vorliegen der in den Ziffern 1 und 2 genannten Voraussetzungen zuzulassen. Wobei die Grundsätze, die der BGH in Ausgestaltung der Voraussetzungen für die Rechtsbeschwerde nach § 574 Abs. 3 S. 1 ZPO und die Revision nach § 543 Abs. 2 S. 1 ZPO aufgestellt hat, auch auf das FamFG-Verfahren anzuwenden sind. Für die Beurteilung, ob ein Zulassungsgrund vorliegt, ist auf die im Zeitpunkt der Zulassungsentscheidung bestehenden Verhältnisse abzustellen, insbesondere auf die im Zeitpunkt der Zulassungsentscheidung ergangene höchstrichterliche Rspr.[4]

6 **a) Grundsätzliche Bedeutung einer Sache.** Von „grundsätzlicher Bedeutung" einer Rechtssache nach Nr. 1 ist dann auszugehen, wenn eine klärungsbedürftige Rechtssache zu entscheiden ist, deren Auftreten in einer unbestimmten Vielzahl von Fällen denkbar ist.[5] Rechtsfehler, die einen über den Einzelfall hinauswirkenden Rechtsverstoß nicht erkennen lassen, begründen kein öffentliches Interesse[6] bzw. haben keine grundsätzliche Bedeutung.

7 **b) Fortbildung des Rechts oder Sicherung einer einheitlichen Rechtsprechung.** Eine Zulassung der Rechtsbeschwerde nach Nr. 2 kommt dann in Betracht, wenn die Fortbildung des Rechts oder die Sicherung einer einheitlichen Rechtsprechung dies erfordern.[7]

8 **3. Ausnahmen von dem Zulassungserfordernis.** Abs. 3 macht Ausnahmen von dem Zulassungserfordernis für **Betreuungssachen, Unterbringungs- und Freiheitsentziehungssachen.** Wenn durch gerichtliche Entscheidung in höchstpersönliche Rechte der Beteiligten eingegriffen wird und freiheitsentziehende Maßnahmen angeordnet werden, steht eine weitere Überprüfung ohne weitere Zulassungsvoraussetzung zur Verfügung, ohne dass Beschwerdegericht bzw. Rechtsbeschwerdegericht überprüfen, ob Zulassungsgründe oder vergleichbare Zulässigkeitsgründe vorliegen.[8] Nach S. 2 ist der BGH als Rechtsbeschwerdegericht an die Zulassung der Beschwerde durch das Beschwerdegericht gebunden. Der Gesetzgeber ist der Ansicht, dass dies dem verfassungsrechtlichen Gebot der Einzelfallgerechtigkeit Rechnung trägt. Die Einhaltung dieses Gebots ist deshalb erforderlich, weil die Rechtsbeschwerde Beteiligtenrechtsmittel ist.

9 **4. Keine Rechtsbeschwerde in einstweiligen Anordnungs- und Arrestverfahren.** Abs. 4 stellt fest, dass die Rechtsbeschwerde in einem einstweiligen Anordnungs- sowie Arrestverfahren nicht statthaft ist.

---

[1] Dazu BGH FamRZ 2009, 219 f.
[2] *Borth* FamRZ 07, 1932.
[3] BT-Drucks. 16/6308, S. 209.
[4] Siehe dazu auch BVerfG NJW 2008, 2493 sowie BGH NJW 2002, 3029.
[5] BT-Drucks. 16/6308, S. 209; BGH NJW 2003, 831.
[6] BGH NJW 2002, 3180.
[7] BGH NJW-RR 2007, 1022; BGH NJW 2002, 3029.
[8] BT-Drucks. 16/9733, S. 290; BT-Drucks. 16/9831.

§ 71 Frist und Form der Rechtsbeschwerde

(1) ¹Die Rechtsbeschwerde ist binnen einer Frist von einem Monat nach der schriftlichen Bekanntgabe des Beschlusses durch Einreichen einer Beschwerdeschrift bei dem Rechtsbeschwerdegericht einzulegen. ²Die Rechtsbeschwerdeschrift muss enthalten:
1. die Bezeichnung des Beschlusses, gegen den die Rechtsbeschwerde gerichtet wird, und
2. die Erklärung, dass gegen diesen Beschluss Rechtsbeschwerde eingelegt werde.

³Die Rechtsbeschwerdeschrift ist zu unterschreiben. ⁴Mit der Rechtsbeschwerdeschrift soll eine Ausfertigung oder beglaubigte Abschrift des angefochtenen Beschlusses vorgelegt werden.

(2) ¹Die Rechtsbeschwerde ist, sofern die Beschwerdeschrift keine Begründung enthält, binnen einer Frist von einem Monat zu begründen. ²Die Frist beginnt mit der schriftlichen Bekanntgabe des angefochtenen Beschlusses. ³§ 551 Abs. 2 S. 5 und 6 der Zivilprozessordnung gilt entsprechend.

(3) Die Begründung der Rechtsbeschwerde muss enthalten:
1. die Erklärung, inwieweit der Beschluss angefochten und dessen Aufhebung beantragt werde (Rechtsbeschwerdeanträge);
2. die Angabe der Rechtsbeschwerdegründe, und zwar
   a) die bestimmte Bezeichnung der Umstände, aus denen sich die Rechtsverletzung ergibt;
   b) soweit die Rechtsbeschwerde darauf gestützt wird, dass das Gesetz in Bezug auf das Verfahren verletzt sei, die Bezeichnung der Tatsachen, die den Mangel ergeben.

(4) Die Rechtsbeschwerde- und die Begründungsschrift sind den anderen Beteiligten bekannt zu geben.

I. Normzweck

Die Vorschrift regelt Form, Frist und Begründung der Rechtsbeschwerde für das gesamte FamFG-Verfahren, einschließlich Ehesachen und Familienstreitsachen. 1

II. Regelungsbereich

1. Einlegung der Rechtsbeschwerde. Abs. 1 S. 1 bestimmt eine Frist von einem Monat zur Einlegung der Rechtsbeschwerde, die mit der schriftlichen Bekanntgabe zu laufen beginnt. Mit der Monatsfrist wird dem besonderen **Beschleunigungsinteresse** in Familiensachen Rechnung getragen. 2

a) Einlegung beim Rechtsbeschwerdegericht. Die Beschwerde ist bei dem Rechtsbeschwerdegericht einzulegen. Die Vorschrift ist § 575 Abs. 1 ZPO nachgebildet. Eine Wiedereinsetzung (§ 17) gegen die Versäumung der Rechtsbeschwerdefrist wegen Einlegung beim unzuständigen Gericht kommt nur in Betracht, weil der Rechtsbeschwerdeführer die fristgerechte Weiterleitung im ordentlichen Geschäftsgang ohne Weiteres erwarten konnte.[1] 3

b) Einlegung durch beim BGH zugelassenen Rechtsanwalt. Aus § 10 Abs. 4 S. 1 bzw. § 114 Abs. 2 für Familiensachen folgt, dass die Rechtsbeschwerde durch einen Rechtsanwalt eingelegt werden muss, der beim BGH zugelassen ist. Wurde die Rechtsbeschwerde durch einen anderen Rechtsanwalt eingereicht, ist regelmäßig bereits aus diesem Grund Wiedereinsetzung gegen die Versäumung der Rechtsbeschwerdefrist nicht zu gewähren.[2]

c) Keine Abhilfebefugnis. Eine Abhilfebefugnis des Beschwerdegerichts besteht nicht. Dies entspricht der bisherigen Rechtslage gem. § 29 Abs. 3 FGG aF. Die Einlegung der Rechtsbeschwerde beim Rechtsbeschwerdegericht dient ebenfalls der Beschleunigung des Verfahrens. 4

2. Notwendiger Inhalt der Rechtsbeschwerdeschrift. Abs. 1 S. 2 regelt den notwendigen Inhalt der Rechtsbeschwerdeschrift. Aus ihr muss ersichtlich sein, welche Entscheidung angegriffen wird sowie dass gegen sie das Rechtsmittel der Rechtsbeschwerde eingelegt wird. Anzugeben sind die Beteiligten, das Gericht, das den angefochtenen Beschluss erlassen hat, das Datum des Erlasses dieser Entscheidung und ihr Geschäftszeichen.[3] Abs. 1 S. 3 bestimmt, dass die Rechtsbeschwerde zu unterschreiben ist.[4] Gemäß Abs. 1 S. 4 soll mit der Beschwerdeschrift eine Ausfertigung oder 5

---

[1] BGH NJW-RR 2009, 408.
[2] *Keidel/Meyer-Holz* Rn. 9.
[3] BGH NJW 2001, 1070.
[4] BGH NJW 2001, 1581.

beglaubigte Abschrift der angefochtenen Entscheidung beigefügt werden. Dies dient dazu, das Rechtsbeschwerdegericht möglichst frühzeitig über den Inhalt der angegriffenen Entscheidung zu informieren. Hierbei handelt es sich jedoch um eine reine Ordnungsvorschrift, deren Nichteinhaltung keine prozessualen Nachteile nach sich zieht.

6 **3. Begründungspflicht.** Abs. 2 führt für die Rechtsbeschwerde eine Begründungspflicht ein. Dies ist neu gegenüber der bisherigen Rechtslage.[5] Die Einführung der Begründungspflicht dient der Neugestaltung der dritten Instanz zur höchstrichterlichen Klärung grundsätzlicher Rechtsfragen.[6] S. 1 regelt, dass die Frist zur Begründung der Rechtsbeschwerde einen Monat beträgt, S. 2 knüpft für den Fristbeginn an die schriftliche Bekanntgabe der angefochtenen Entscheidung an. S. 3 bestimmt, dass eine Fristverlängerung nach den Voraussetzungen des § 551 Abs. 2 S. 5 und 6 ZPO um bis zu zwei Monate möglich ist. Erfolgt die Übersendung der Verfahrensakten durch das Beschwerdegericht nicht zügig, kann gem. S. 6 eine Verlängerung um bis zu zwei Monate nach Übersendung der Akte erfolgen. Nach S. 5 sind weitere Verlängerungen mit Einwilligung des Gegners möglich.

7 **4. Inhalt der Beschwerdebegründung.** Abs. 3 regelt den Inhalt der Rechtsbeschwerdebegründung. Nach Nummer 1 ist ein konkreter Rechtsbeschwerdeantrag erforderlich. Dies ist ebenfalls eine Neuerung gegenüber dem bisherigen Recht und trägt der Neugestaltung des Rechtsmittels Rechnung. Der Rechtsbeschwerdeführer hat in Zukunft konkret zu bezeichnen, inwieweit die Beschwerdeentscheidung angefochten und ihre Abänderung beantragt wird. Das Fehlen eines förmlichen Antrags ist unschädlich, wenn die innerhalb der Begründungsfrist eingereichten Schriftsätze des Rechtsbeschwerdeführers ihrem Inhalt nach eindeutig ergeben, in welchem Umfang und mit welchem Ziel der Beschluss des Beschwerdegerichts angefochten werden soll.[7] Nach Nummer 2 muss der Rechtsbeschwerdeführer im Einzelnen bezeichnen, aus welchen Umständen sich eine Rechtsverletzung ergibt, und soweit die Rechtsbeschwerde auf einen Verfahrensfehler gestützt wird, die Tatsachen vortragen, aus denen sich der Verfahrensmangel ergibt. Eine Beschränkung des Rechtsmittels ist in Bezug auf einen tatsächlich und rechtlich selbstständigen Teil des Verfahrensgegenstandes, der einer selbstständigen anfechtbaren Teil- oder Zwischenentscheidung zugänglich gewesen wäre, zulässig.[8]

8 **5. Bekanntgabe an die Beteiligten.** Abs. 4 regelt, dass sowohl die Beschwerde- als auch die Begründungsschrift den anderen Beteiligten bekannt zu geben sind, weil dadurch der Lauf der Anschließungsfrist gem. § 73 ausgelöst wird.

§ 72 Gründe der Rechtsbeschwerde

(1) ¹**Die Rechtsbeschwerde kann nur darauf gestützt werden, dass die angefochtene Entscheidung auf einer Verletzung des Rechts beruht.** ²**Das Recht ist verletzt, wenn eine Rechtsnorm nicht oder nicht richtig angewendet worden ist.**

(2) **Die Rechtsbeschwerde kann nicht darauf gestützt werden, dass das Gericht des ersten Rechtszugs seine Zuständigkeit zu Unrecht angenommen hat.**

(3) **Die §§ 547, 556 und 560 der Zivilprozessordnung gelten entsprechend.**

I. Normzweck

1 Die Vorschrift bestimmt, auf welche Gründe die Rechtsbeschwerde gestützt werden kann und trägt damit der Ausgestaltung der Rechtsbeschwerdeinstanz als reiner Rechtskontrollinstanz Rechnung.

II. Regelungsbereich

2 **1. Verletzung formellen oder materiellen Rechts.** Nach Abs. 1 S. 1 kann ausschließlich geltend gemacht werden, dass die angefochtene Entscheidung auf der Verletzung formellen oder materiellen Rechts beruht. Das Vorbringen neuer Tatsachen und Beweise ist regelmäßig ausgeschlossen. Die Vorschrift bestimmt, welche Normen einer Überprüfung im Wege der Rechtsbeschwerde unterliegen können. Sowohl die Verletzung von Bundesrecht als auch Landesrecht ist überprüfbar.

---

[5] *Keidel/Kuntze/Winkler/Meyer-Holz* § 29 FGG Rn. 32.
[6] BT-Drucks. 16/6308, S. 209.
[7] BGH NJW 2006, 2705.
[8] *Keidel/Meyer-Holz* Rn. 35.

Mit der Überprüfung von landesrechtlichen Normen wird die Einheitlichkeit der Rechtsanwendung für diese Vorschriften gewährleistet. Dies gilt insbesondere im Hinblick auf die gem. § 312 Nr. 3 der freiwilligen Gerichtsbarkeit zugewiesenen Verfahren, die eine freiheitsentziehende Unterbringung eines Volljährigen nach den Landesgesetzen über die Unterbringung psychisch Kranker betreffen.[1] Die Auslegung und Anwendung von Landesrecht durch ein Bundesgericht überprüfen und vornehmen zu lassen, begegnet keinen verfassungsrechtlichen Bedenken, weil Art. 99 GG dies grundsätzlich für den Fall vorsieht, dass der Landesgesetzgeber landesrechtliche Vorschriften einem der obersten Bundesgerichte zur Entscheidung zuweisen will. Unabhängig davon hat nach der Rechtsprechung des Bundesverfassungsgerichts der Bundesgesetzgeber die Befugnis, nach Art. 74 Abs. 1 Nr. 1 GG als Regelung des gerichtlichen Verfahrens und/oder der Gerichtsverfassung zu bestimmen, ob und in welchem Umfang die oberen Bundesgerichte als Revisionsgerichte entscheiden sollen, wenn es sich um die Anwendung von Landesrecht handelt.[2]

a) Gesetzesverletzung. S. 2 enthält eine Legaldefinition des Begriffs der Gesetzesverletzung. 3 Dies entspricht in der Sache der bisherigen Regelung des § 27 Abs. 1 S. 2 FGG aF, der auf den inhaltsgleichen § 546 ZPO verweist.

b) Keine Rechtsbeschwerde wegen Unzuständigkeit der ersten Instanz. Abs. 2 bestimmt 4 entsprechend § 65 Abs. 4 für das Beschwerdeverfahren, dass die Rechtsbeschwerde nicht darauf gestützt werden kann, dass das Gericht der ersten Instanz seine Zuständigkeit zu Unrecht angenommen hat.

2. Rügeverlust entsprechend § 295 ZPO. Abs. 3 erklärt die §§ 547, 556 und 560 ZPO für 5 entsprechend anwendbar. Die Verweisung auf § 547 ZPO schreibt die bisherige Rechtslage fort. Gem. § 556 ZPO kann eine Verfahrensverletzung dann nicht mehr geltend gemacht werden, wenn der Rechtsbeschwerdeführer sein Rügerecht bereits zuvor nach § 295 ZPO verloren hat. Die entsprechende Anwendung von § 560 ZPO bewirkt, dass das Rechtsbeschwerdegericht an die tatsächlichen Feststellungen des Beschwerdegerichts über das Bestehen und den Inhalt lokalen und ausländischen Rechts gebunden ist.

§ 73 Anschlussrechtsbeschwerde

¹ Ein Beteiligter kann sich bis zum Ablauf einer Frist von einem Monat nach der Bekanntgabe der Begründungsschrift der Rechtsbeschwerde durch Einreichen einer Anschlussschrift beim Rechtsbeschwerdegericht anschließen, auch wenn er auf die Rechtsbeschwerde verzichtet hat, die Rechtsbeschwerdefrist verstrichen oder die Rechtsbeschwerde nicht zugelassen worden ist. ² Die Anschlussrechtsbeschwerde ist in der Anschlussschrift zu begründen und zu unterschreiben. ³ Die Anschließung verliert ihre Wirkung, wenn die Rechtsbeschwerde zurückgenommen, als unzulässig verworfen oder nach § 74a Abs. 1 zurückgewiesen wird.

§ 73 führt für alle Angelegenheiten des FamFG die **Anschlussrechtsbeschwerde** in das FamFG- 1 Verfahren ein und **regelt allgemein deren Voraussetzungen und Wirkung**. Die Vorschrift korrespondiert inhaltlich mit der entsprechenden Anschließungsmöglichkeit für die Beschwerdeinstanz gem. § 66 und ist dem durch das Gesetz zur Reform des Zivilprozesses vom 27. 7. 2001 eingeführten § 574 Abs. 4 ZPO nachgebildet.

Die Anschlussrechtsbeschwerde ist **nicht als Rechtsmittel, sondern** als **Antrag** bzw. Angriffs- 2 mittel **im Rahmen der Rechtsbeschwerde** ausgestaltet und setzt die schon bzw. noch bestehende Anhängigkeit der Rechtsbeschwerde eines anderen Beteiligten voraus.

Genau wie bei der Rechtsbeschwerde kann **Verfahrensgegenstand** der Anschlussrechtsbeschwer- 3 de **nur sein, worüber** das **Beschwerdegericht entschieden** hat. Neue Sachanträge bzw. ein im Beschwerdeverfahren unterlassener Angriff gegen die erstinstanzliche Entscheidung können nicht nachgeholt werden.[1*]

Grundsätzlich kommt es wegen der Regelung in § 73 S. 1 2. Halbs. nicht darauf an, ob der die 4 Anschließung erklärende Beteiligte auf eine eigene Rechtsbeschwerde verzichtet hat. Dagegen steht ein erst nach Einlegung der Rechtsbeschwerde erklärter Verzicht auf die Anschließung gem. § 67 Abs. 1 analog deren Zulässigkeit entgegen.[2*]

---

[1] BT-Drucks. 16/6308, 210.
[2] BT-Drucks. 16/6308, 210; BVerfGE 10, 285, 292.
[1*] BGH NJW 1983, 1858.
[2*] *Keidel/Meyer-Holz* Rn. 4.

§ 74 1, 2   Buch 1. Abschnitt 5. Rechtsmittel

5   Da für die Anschlussrechtsbeschwerde **kein Zulassungsgrund erforderlich** ist, muss die Anschlussrechtsbeschwerde auch keine Rechtsfrage grundsätzlicher Bedeutung aufwerfen und keine Entscheidung des Rechtsbeschwerdegerichts zur Rechtsfortbildung oder Vereinheitlichung der Rechtsprechung erforderlich machen. Es ist jedoch, wie bei der Anschlussrevision, eine Rechtsbeeinträchtigung iSd § 59 Abs. 1, dh. eine Beschwer durch die Beschwerdeentscheidung erforderlich.[3]

6   Im Gegensatz zur Anschlussbeschwerde muss die Anschließung nach § 73 S. 1 innerhalb eines Monats nach Bekanntgabe der Rechtsbeschwerdebegründungsschrift an denjenigen erfolgen, der sich der Rechtsbeschwerde anschließen will. Die Anschließung erfolgt durch Einreichen einer Anschlussschrift beim Rechtsbeschwerdegericht.

§ 74 Entscheidung über die Rechtsbeschwerde

(1) [1]Das Rechtsbeschwerdegericht hat zu prüfen, ob die Rechtsbeschwerde an sich statthaft ist und ob sie in der gesetzlichen Form und Frist eingelegt und begründet ist. [2]Mangelt es an einem dieser Erfordernisse, ist die Rechtsbeschwerde als unzulässig zu verwerfen.

(2) Ergibt die Begründung des angefochtenen Beschlusses zwar eine Rechtsverletzung, stellt sich die Entscheidung aber aus anderen Gründen als richtig dar, ist die Rechtsbeschwerde zurückzuweisen.

(3) [1]Der Prüfung des Rechtsbeschwerdegerichts unterliegen nur die von den Beteiligten gestellten Anträge. [2]Das Rechtsbeschwerdegericht ist an die geltend gemachten Rechtsbeschwerdegründe nicht gebunden. [3]Auf Verfahrensmängel, die nicht von Amts wegen zu berücksichtigen sind, darf die angefochtene Entscheidung nur geprüft werden, wenn die Mängel nach § 71 Abs. 3 und § 73 Satz 2 gerügt worden sind. [4]Die §§ 559, 564 der Zivilprozessordnung gelten entsprechend.

(4) Auf das weitere Verfahren sind, soweit sich nicht Abweichungen aus den Vorschriften dieses Unterabschnitts ergeben, die im ersten Rechtszug geltenden Vorschriften entsprechend anzuwenden.

(5) Soweit die Rechtsbeschwerde begründet ist, ist der angefochtene Beschluss aufzuheben.

(6) [1]Das Rechtsbeschwerdegericht entscheidet in der Sache selbst, wenn diese zur Endentscheidung reif ist. [2]Andernfalls verweist es die Sache unter Aufhebung des angefochtenen Beschlusses und des Verfahrens zur anderweitigen Behandlung und Entscheidung an das Beschwerdegericht, oder, wenn dies aus besonderen Gründen geboten erscheint, an das Gericht des ersten Rechtszugs zurück. [3]Die Zurückverweisung kann an einen anderen Spruchkörper des Gerichts erfolgen, das die angefochtene Entscheidung erlassen hat. [4]Das Gericht, an das die Sache zurückverwiesen ist, hat die rechtliche Beurteilung, die der Aufhebung zugrunde liegt, auch seiner Entscheidung zugrunde zu legen.

(7) Von einer Begründung der Entscheidung kann abgesehen werden, wenn sie nicht geeignet wäre, zur Klärung von Rechtsfragen grundsätzlicher Bedeutung, zur Fortbildung des Rechts oder zur Sicherung einer einheitlichen Rechtsprechung beizutragen.

I. Normzweck

1   Die Vorschrift regelt den Prüfungsumfang sowie Inhalt und Form der Entscheidung über die Rechtsbeschwerde.

II. Regelungsbereich

2   **1. Umfang der Zulässigkeitsprüfung.** Abs. 1 S. 1 übernimmt den Umfang der Zulässigkeitsprüfung für das Beschwerdegericht gem. § 68 Abs. 2 S. 1 auch für das Rechtsbeschwerdeverfahren und stellt klar, dass das Rechtsbeschwerdegericht ebenfalls zu überprüfen hat, ob die Voraussetzungen für die Zulassung der Rechtsbeschwerde vorliegen. S. 2 entspricht inhaltlich der Regelung für das Beschwerdeverfahren gem. § 68 Abs. 2 S. 2.[1]

---

[3] BGH NJW 1995, 2563.
[1] BT-Drucks. 16/6308, S. 210.

Entscheidung über die Rechtsbeschwerde 3–13 § 74

2. Anwendung revisonsrechtlicher Grundsätze. Abs. 2 entspricht der bisherigen Regelung 3
des § 27 Abs. 1 S. 2 FGG, die wiederum auf den inhaltsgleichen § 561 ZPO verweist. Dies bedeutet,
dass die Rechtsbeschwerde nach revisionsrechtlichen Grundsätzen ausgestaltet ist und nicht zur
Nachprüfung von Tat- und Ermessensfragen eröffnet ist.

3. Begrenzbarkeit der Begründetheitsprüfung. Abs. 3 S. 1 bestimmt, dass die Rechts- 4
beschwerde- und Anschließungsanträge die Begründetheitsprüfung begrenzen. Dies ermöglicht es
den Beteiligten, den Verfahrensgegenstand auf einen abtrennbaren Teil der Beschwerdeentscheidung
zu begrenzen.

4. Keine Bindung des Rechtsbeschwerdegerichts an die Rechtsbeschwerdegründe. Abs. 3 5
S. 2 stellt klar, dass das Rechtsbeschwerdegericht an die geltend gemachten Rechtsbeschwerdegründe
nicht gebunden ist. Bereits bislang konnte das Rechtsbeschwerdegericht aus anderen als den geltend
gemachten Gründen die Entscheidung des Beschwerdegerichts aufheben.[2]

a) Beschränkung der Überprüfung. Abs. 3 S. 3 beschränkt jedoch die Überprüfung bei Ver- 6
fahrensmängeln, die nicht von Amts wegen zu berücksichtigen sind. Diese Verfahrensmängel unterliegen nur dann einer Überprüfung, wenn sie in der Rechtsbeschwerdebegründungsschrift oder in
der Anschlussschrift (§§ 74 Abs. 3, 76 S. 2) vorgebracht worden sind.

b) Beschränkte Nachprüfbarkeit tatsächlicher Feststellungen. Abs. 3 S. 4 greift mit der 7
Verweisung auf § 559 ZPO den bisherigen § 27 Abs. 1 S. 2 FGG auf und ermöglicht über § 38
Abs. 4 unter den Voraussetzungen des § 564 ZPO ein Absehen von der Begründung der Entschei-
dung.

5. Anwendbarkeit der Vorschriften erster Instanz. Abs. 4 regelt, dass sich das weitere Ver- 8
fahren nach den Vorschriften über das Verfahren im ersten Rechtszug richtet. Da die Rechtsbeschwerde auch die bisher mit der Revision angreifbaren Berufungsentscheidungen in Ehe – und
Familienstreitsachen erfasst, ist die Vorschrift **§ 555 ZPO nachgebildet.**

6. Aufhebung der Entscheidung bei Begründetheit der Rechtsbeschwerde. Abs. 5 über- 9
nimmt den Regelungsinhalt des § 577 Abs. 1 erster Halbs. ZPO und regelt ausdrücklich, dass die
angefochtene Entscheidung aufzuheben ist, soweit die Rechtsbeschwerde begründet ist.

7. Rechtsfolgen bei Begründetheit der Rechtsbeschwerde. Abs. 6 bestimmt die Folgen der 10
Entscheidung, sofern die Rechtsbeschwerde begründet ist. S. 1 regelt, dass das Rechtsbeschwerdegericht **aus Gründen** der **Verfahrensökonomie** regelmäßig **in der Sache selbst** zu entscheiden hat,
soweit die Sache entscheidungsreif ist. Nach S. 2 kann das Beschwerdegericht die Sache **dann
zurückverweisen, wenn noch Ermittlungen erforderlich** sind. Die Vorschrift greift die bislang
im FGG vertretene Ansicht auf, dass die Sache an das Beschwerdegericht zurückverwiesen werden
kann und regelt dies nunmehr ausdrücklich.[3] Die Vorschrift sieht eine umfassende Möglichkeit der
Aufhebung und Zurückverweisung vor. Neben der Verletzung materiellen Rechts kann eine Zurückverweisung auch auf Grund der Verletzung von Verfahrensrecht erfolgen. Bereits auf der Grundlage von § 27 FGG aF wurde davon ausgegangen, dass eine Zurückverweisung in der Regel dann
geboten ist, wenn schwere Verfahrensmängel vorliegen. Durch die weit formulierten Voraussetzungen bleiben diese Möglichkeiten der Aufhebung und Zurückverweisung unverändert eröffnet.[4]

8. Zurückverweisung an das Beschwerdegericht. Die Vorschrift bestimmt des Weiteren, dass 11
die Zurückverweisung an das Beschwerdegericht zu erfolgen hat. Darüber hinaus wird dem Rechtsbeschwerdegericht die Zurückverweisung auch an das Gericht des ersten Rechtszuges ermöglicht.

a) Zurückverweisung an einen anderen Spruchkörper. Abs. 6 S. 3 sieht die Möglichkeit vor, 12
an einen anderen Spruchkörper des Beschwerdegerichs zu verweisen. Dies kann dann sachgerecht sein, wenn sich aus der Entscheidung der Eindruck ergibt, das Beschwerdgericht sei in der
Beurteilung des Verfahrens bereits so festgelegt, dass die Gefahr einer Voreingenommenheit bestehen
kann.

b) Bindung der Vorinstanz an die rechtliche Beurteilung. Abs. 6 S. 4 regelt in Überein- 13
stimmung mit der für das Beschwerdeverfahren entsprechenden Regelung des § 69 Abs. 1 S. 2 die
Bindung der Vorinstanz an die rechtliche Beurteilung des Rechtsbeschwerdegerichts.

---
[2] *Keidel/Kuntze/Winkler/Meyer-Holz* § 27 FGG Rn. 15.
[3] *Keidel/Kuntze/Winkler/Meyer-Holz* § 27 FGG Rn. 58.
[4] BT-Drucks. 16/6308, S. 210.

§ 74a Zurückweisungsbeschluss

(1) Das Rechtsbeschwerdegericht weist die vom Beschwerdegericht zugelassene Rechtsbeschwerde durch einstimmigen Beschluss ohne mündliche Verhandlung oder Erörterung im Termin zurück, wenn es davon überzeugt ist, dass die Voraussetzungen für die Zulassung der Rechtsbeschwerde nicht vorliegen und die Rechtsbeschwerde keine Aussicht auf Erfolg hat.

(2) Das Rechtsbeschwerdegericht oder der Vorsitzende hat zuvor die Beteiligten auf die beabsichtigte Zurückweisung der Rechtsbeschwerde und die Gründe hierfür hinzuweisen und dem Rechtsbeschwerdeführer binnen einer zu bestimmenden Frist Gelegenheit zur Stellungnahme zu geben.

(3) Der Beschluss nach Absatz 1 ist zu begründen, soweit die Gründe für die Zurückweisung nicht bereits in dem Hinweis nach Absatz 2 enthalten sind.

I. Normzweck

1 Die Vorschrift ähnelt § 552a ZPO und § 522 ZPO. Wegen der vorhandenen Bindungswirkung einer Zulassung der Rechtsbeschwerde nach § 70 Abs. 2 S. 2 besteht ein Bedürfnis nach Eindämmung allzu großzügiger Zulassungen. Die Rechtsstaatlichkeit und das Gewissen einer Gerichtsentscheidung als eines Hoheitsakts erfordern das in den Absätzen 2 und 3 ausgestaltete Verfahren trotz der nach Abs. 1 erforderlichen Überzeugung des Rechtsbeschwerdegerichts.

II. Regelungsbereich

2 **1. Notwendigkeit einer eindeutigen Zulassung.** Das Beschwerdegericht muss eine eindeutige Zulassung der Rechtsbeschwerde gem. § 70 Abs. 1 vorgenommen haben. Eine bloße Statthaftigkeit der Rechtsbeschwerde nach § 70 Abs. 2 S. 2 reicht nicht aus. Die Zulassung muss nach den Umständen auch ohne einen ausdrücklichen Ausspruch erfolgt sein, sie muss jedoch zweifelsfrei vorliegen.

3 **2. Fehlen der Zulassungsvoraussetzungen.** Das Fehlen der Zulassungsvoraussetzungen einer Zulassung nach § 70 Abs. 2 S. 1 Nr. 1 und/oder Nr. 2 muss im Zeitpunkt der Beschlussfassung des Rechtsbeschwerdegerichts fehlen.[1] Sie können vorher vorgelegen haben, müssen dann aber bis zum eben genannten Zeitpunkt entfallen sein. Zweifel sind zugunsten des Rechtsbeschwerdeführers auszulegen.

4 **3. Fehlende Erfolgsaussichten.** Neben dem Fehlen der Zulassungsvoraussetzungen muss auch eine Erfolgsaussicht der Rechtsbeschwerde im Entscheidungszeitpunkt fehlen. Die **Erfolgsaussicht beurteilt sich wie in § 114 ZPO,** auch wenn das dort verwendete Wort „hinreichend" fehlt. Die Erfolgsaussicht der Rechtsverfolgung muss sich auf das Ergebnis in tatsächlicher und rechtlicher Hinsicht beziehen.[2]

5 **4. Überzeugung des Rechtsbeschwerdegerichts.** Das Rechtsbeschwerdegericht muss vom Vorliegen der Voraussetzungen für die Zurückweisung „überzeugt" sein, darf also keinerlei Zweifel mehr haben.[3] Anfängliche Zweifel müssen im Anhörungsverfahren nach Abs. 2 ausgeräumt werden.

6 **5. Hinweis auf beabsichtigte Zurückweisung.** Nach Abs. 2 gilt dasselbe wie bei §§ 552, 552a ZPO, jedoch kommt bei einem Fristverstoß anders als dort eine Wiedereinsetzung nach § 17 infrage, denn diese Vorschrift erfasst jede Frist eines Gerichts, die wie hier gesetzlich begründet ist.

7 **6. Einstimmigkeit und Begründungserfordernis.** Nach Abs. 3 ist ein einstimmige Beschluss erforderlich. Das Gericht muss den Beschluss begründen, wenn es über eine etwaige Begründung des Hinweises nach Abs. 2 hinausgeht. Es verkündet den Beschluss nach einer etwaigen Verhandlung oder teilt ihn nach § 41 mit. Trotz des Fehlens einer ausdrücklichen Regelung wie in § 522 Abs. 3 ist der Beschluss unanfechtbar.

§ 75 Sprungrechtsbeschwerde

(1) ¹Gegen die im ersten Rechtszug erlassenen Beschlüsse, die ohne Zulassung der Beschwerde unterliegen, findet auf Antrag unter Übergehung der Beschwerdeinstanz unmittelbar die Rechtsbeschwerde (Sprungrechtsbeschwerde) statt, wenn

---

[1] BT-Drucks. 16/9733, 291.
[2] BVerfG FamRZ 05, 1893; OLG Frankfurt FamRZ 05, 2006.
[3] *Zöller/Gummer* § 552a ZPO Rn. 3.

1. die Beteiligten in die Übergehung der Beschwerdeinstanz einwilligen und
2. das Rechtsbeschwerdegericht die Sprungrechtsbeschwerde zulässt.
² Der Antrag auf Zulassung der Sprungrechtsbeschwerde und die Erklärung der Einwilligung gelten als Verzicht auf das Rechtsmittel der Beschwerde.

(2) Für das weitere Verfahren gilt § 566 Abs. 2 bis 8 der Zivilprozessordnung entsprechend.

I. Normzweck

Bislang war eine Sprungsrechtsrevision in Familiensachen nicht vorgesehen. § 75 führt die Möglichkeit ein, ein Verfahren unter Verzicht auf das Beschwerdeverfahren direkt der Rechtsbeschwerdeeinstanz vorzulegen. Die Bestimmung ermöglicht den Beteiligten die möglichst rasche Herbeiführung einer höchstrichterlichen Entscheidung, und zwar insbesondere in den Fällen, in denen ausschließlich die Klärung von Rechtsfragen beabsichtigt ist. Sie vollzieht die Vorschriften über die Sprungrevision in der Fassung des durch das Gesetz zur Reform des Zivilprozesses vom 27. 7. 2001 (BGBl. I S. 1887) neu gefassten § 566 ZPO nach.[1]

II. Regelungsbereich

1. Statthaftigkeit der Sprungrechtsbeschwerde. Abs. 1 S. 1 bestimmt, dass die Sprungrechtsbeschwerde statthaft ist, wenn die Beteiligten eine direkte Entscheidung des Rechtsbeschwerdegerichts anstreben und das Rechtsbeschwerdegericht die Rechtsbeschwerde zulässt. Dieses Erfordernis korrespondiert mit dem eingeführten Erfordernis der Zulassung der Rechtsbeschwerde. Um eine einheitliche Zulassungspraxis zu erreichen, erfolgt die Zulassung indes nicht durch das erstinstanzliche Gericht, sondern durch das Rechtsbeschwerdegericht.

2. Abschließende Entscheidung über das gewählte Rechtsmittel. Abs. 1 S. 2 entspricht inhaltlich § 566 Abs. 1 S. 2 ZPO und stellt klar, dass die Beteiligten im Falle der Beantragung der Zulassung der Sprungrechtsbeschwerde eine abschließende Entscheidung über das zur Verfügung stehende Rechtsmittel treffen. **Wird die Zulassung** der Sprungrechtsbeschwerde durch das Rechtsbeschwerdegericht **abgelehnt**, ist somit den Beteiligten das **Rechtsmittel der Beschwerde nicht mehr eröffnet.**[2] Absatz 2 regelt, dass sich das Verfahren nach den hierfür maßgeblichen und neu gefassten Absätzen 2 bis 8 des § 566 ZPO.

3. Notwendiger Inhalt. Die Zulassungsschrift muss die Darlegung eines Zulassungsgrundes iSd. § 70 Abs. 2 S. 1 enthalten und muss so erfolgen, dass das Rechtsbeschwerdegericht die Voraussetzungen der Zulassung allein auf Grund der Antragsschrift und der angefochtenen Entscheidung prüfen kann.[3]

---
[1] BT-Drucks. 16/6308, S. 211.
[2] *Thomas/Putzo/Reichold* § 506 ZPO Rn. 13.
[3] BGH NJW 2003, 65.

Abschnitt 6. Verfahrenskostenhilfe

§ 76 Voraussetzungen

(1) Auf die Bewilligung von Verfahrenskostenhilfe finden die Vorschriften der Zivilprozessordnung über die Prozesskostenhilfe entsprechende Anwendung, soweit nachfolgend nichts Abweichendes bestimmt ist.

(2) Ein Beschluss, der im Verfahrenskostenhilfeverfahren ergeht, ist mit der sofortigen Beschwerde in entsprechender Anwendung der §§ 567 bis 572, 127 Abs. 2 bis 4 der Zivilprozessordnung anfechtbar.

Übersicht

	Rn.		Rn.
I. Grundlage	1–11	c) Folgesachen, Verbundverfahren, isoliertes Verfahren	35
1. Anwendungsbereich	3–5	d) Schweigen des Antragsgegners im Prüfungsverfahren	36–38
2. Geltung der ZPO-Regelungen über die Prozesskostenhilfe	6	e) Versorgungsausgleich	39
3. Antragsberechtigte	7	III. Zuständigkeit	40
4. Gerichtliches Verfahren	8, 9	IV. Rechtsmittel	41
5. Antrag und Antragsvoraussetzungen	10, 11	1. Beschwerdefrist	42
II. Maßstäbe für die Entscheidung des Gerichts	12–39	2. Einlegung und Begründung der sofortigen Beschwerde	43, 44
1. Hinreichende Erfolgsaussichten	13–19	3. Nicht anfechtbare Entscheidungen	45–48
a) Sorgerechtsverfahren	14	4. Beschwerderecht des Anwaltes	49
b) Umgangsrecht	15, 16	5. Beschwerderecht der Staatskasse	50
c) Beschwerdeverfahren	17	6. Verfahren des erstinstanzlichen Gerichts	51–53
d) Abstammungssachen	18	7. Verfahren des Beschwerdegerichts	54–60
e) Versorgungsausgleichssachen	19	a) Zuständigkeit des Beschwerdegerichts	54, 55
2. Umfang der Prüfung	20	b) Entscheidung des Beschwerdegerichts	56–58
3. Persönliche und wirtschaftliche Verhältnisse	21–24	c) Kosten des Beschwerdeverfahrens	59
4. Zeitpunkt der Beurteilung	25–28	d) Rechtsbeschwerde	60
5. Mutwilligkeit	29–39		
a) Umgangs- und Sorgerechtsverfahren	30–33		
b) Familienstreitverfahren, Ehesachen	34		

I. Grundlage

1 Die Vorschriften der §§ 76 bis 78 ersetzen die frühere Verweisungsvorschrift des § 14 FGG aF. § 77 verweist auf die Regelungen der ZPO zur Prozesskostenhilfe (PKH), also auf die § 114 ff. ZPO. Damit bleiben die Prozesskostenhilfe und die Verfahrenskostenhilfe weitgehend den gleichen Regelungen unterworfen. Daher kann durchweg auch auf die Rechtsprechung und Literatur zur PKH zurückgegriffen werden.[1]

2 Von den angestrebten eigenständigen Regelungen zur Verfahrenskostenhilfe für das Verfahren der freiwilligen Gerichtsbarkeit ist am Ende des Gesetzgebungsverfahrens nur wenig übrig geblieben. Die enge Verzahnung zwischen ZPO und FamFG mit ihren zahlreichen Verweisungen steht im deutlichen Widerspruch zu dem Ziel, eine transparente und einheitliche Verfahrensordnung zu schaffen.[2]

3 **1. Anwendungsbereich.** Der neue Begriff der „Verfahrenskostenhilfe" umfasst sowohl die **Familienstreitverfahren** als auch die **übrigen Verfahren des FamFG**. Für Ehe- und Familienstreitsachen (§§ 112, 121) gelten auf Grund der Generalverweisung des § 113 Abs. 1 die Vorschriften

---

[1] Oben § 114 ZPO Rn. 1 ff.; *Zimmermann* PKH Rn. 16 ff.; *Musielak/Fischer* § 114 ZPO Rn. 1; *Baumbach/Lauterbach/Hartmann* § 114 ZPO Rn. 1 ff.

[2] *Schürmann* FamRB 2009, 58, 60.

der ZPO direkt und damit uneingeschränkt.³ Gemäß § 76 sind nun auch auf die übrigen Verfahren des FamFG die einschlägigen Vorschriften der ZPO (§§ 114–127) anzuwenden.

Nicht anwendbar⁴ sind die §§ 76 ff. in Familiensachen in 4
- **Ehesachen,** §§ 111 Nr. 1, 121;
  - Ehescheidung;
  - Eheaufhebung;
  - Feststellung des Bestehens/Nichtbestehens einer Ehe;
- **Familienstreitsachen,** § 112;
  - Unterhaltssachen zwischen Verwandten, Ehegatten und Eltern, §§ 112 Nr. 1, 231 Abs. 1;
  - Güterrechtssachen zwischen Ehegatten wegen Ansprüche aus dem ehelichen Güterrecht, §§ 112 Nr. 2, 261 Abs. 1;
  - sonstigen Familiensachen, die §§ 112 Nr. 3, 266 Abs. 1 unterfallen;
  - Lebenspartnerschaftssachen mit unterhaltsrechtlichem, güterrechtlichem oder sonstigem vermögensrechtlichem Bezug nach §§ 112, 269 Abs. 1 Nr. 7 bis 9, Abs. 2.

In Ehesachen und Familienstreitsachen gelten von vorneherein die Vorschriften der ZPO zur Prozesskostenhilfe (§§ 114–127 ZPO).⁵ Damit sind auch die besonderen Reglungen der §§ 77, 78 nicht anwendbar.⁶ Zu erwarten ist aber, dass auch im Bereich der Ehe- und Familiensachen auf Grund des Ziels der einheitlichen Begrifflichkeit (§ 113 Abs. 5 Nr. 1) der Begriff der Prozesskostenhilfe durch Verfahrenskostenhilfe ersetzt werden wird.

Anwendbar bleiben die §§ 76 ff. in Familiensachen in 5
- den Unterhaltssachen nach der Gesetzesdefinition des § 231 Abs. 2, also den Verfahren wegen Kindergeld/Kinderzuschlag nach § 3 Abs. 2 S. 3 BundeskindergeldG und § 64 Abs. 2 S. 3 EStG;
- den Güterrechtssachen nach der Gesetzesdefinition des § 261 Abs. 2, also den Verfahren nach §§ 1365 Abs. 2, 1369 Abs. 2, 1382, 1383, 1426, 1430 und 1452 BGB;
- in sonstige Familiensachen nach der Gesetzesdefinition des § 266 Abs. 2, also den Verfahren nach § 1357 Abs. 2 S. 1 BGB;
- in den Lebenspartnerschaftssachen nach der Gesetzesdefinition des § 269, also den Verfahren nach § 269 Abs. 1 Nr. 1–6, Nr. 10 und 11, Abs. 3.

2. Geltung der ZPO-Regelungen über die Prozesskostenhilfe. Für die Bewilligung der 6 Verfahrenskostenhilfe gelten dieselben Voraussetzungen wie in der ZPO (Erfolgsaussichten, Mittellosigkeit des Antragstellers, keine Mutwilligkeit des Verfahrens).⁷

3. Antragsberechtigte. Begünstigt werden alle **Beteiligten** iSv. § 7 Abs. 1 bis 4, die Beteiligten- 7 fähigkeit gem. § 8 besitzen, also sowohl in Antrags- als auch in Amtsverfahren alle weiteren Beteiligten, die sich im Verfahren äußern. Keine Verfahrenskostenhilfe können dagegen Personen erhalten, die nicht Beteiligte sind, also zB nur angehört werden oder auskunftspflichtig sind.

4. Gerichtliches Verfahren. Verfahrenskostenhilfe kann nur für ein **gerichtliches Verfahren** 8 gewährt werden. Außerhalb eines gerichtlichen Verfahrens kommt dagegen nur die Beratungshilfe in Betracht, nicht aber die Bewilligung von Verfahrenskostenhilfe – so zB für die **Prüfung der Erfolgsaussichten eines Rechtsmittels** als außergerichtliche Tätigkeit „zwischen den Instanzen".⁸ Verfahrenskostenhilfe kann auch nicht für eine **Mediation**⁹ oder einen **außergerichtlichen Vergleich**¹⁰ bewilligt werden.

Im **Verfahren über die Verfahrenskostenhilfe** selbst kann keine Verfahrenskostenhilfe bewilligt 9 werden.¹¹ Es bedarf auch nicht der Vertretung durch einen **Anwalt** (§ 114 Abs. 4), und zwar auch nicht, wenn für ein beabsichtigtes Rechtsmittel Verfahrenskostenhilfe beantragt wird. Jedoch kann für einen im Prüfungsverfahren abgeschlossenen Vergleich Verfahrenskostenhilfe bewilligt werden.¹²

5. Antrag und Antragsvoraussetzungen. Verfahrenskostenhilfe wird nur auf **Antrag** gewährt, 10 der jedoch auch **konkludent** gestellt werden kann. Er ist im vollständiger, bewilligungsreifer Form

---

³ *Schael* FamRZ 2009, 7, 9.
⁴ Im Rahmen der vorliegenden Kommentierung wird dennoch – soweit für die praktische Arbeit erforderlich – auch die für diese Verfahren einschlägige Prozesskostenhilfe erläutert.
⁵ *Schael* FPR 2009, 11, 13; *Büttner* FF 2009, 242.
⁶ *Schürmann* FamRB 2009, 58.
⁷ *Zimmermann* FamFG 2009, Rn. 190.
⁸ BGH FamRZ 2007, 1088, 1090.
⁹ OLG Dresden FamRZ 2007, 489; *Keidel/Zimmermann* Rn. 9; *Götsche*, in: *Horndasch/Viefhues* FamFG 2009, § 76 Rn. 76; *Bumiller/Harders*, Rn. 3; aA *Spangenberg* FamRZ 2009, 834; *Koritz*, Rn. 26.
¹⁰ OLG Köln FamRZ 1994, 1485, 1486.
¹¹ BGH FamRZ 2004, 1708, 1709; OLG Köln FamRZ 2008, 1259.
¹² Ausführlich dazu oben § 114 ZPO Rn. 33 m. weit. Nachw.; BGH FamRZ 2004, 1708.

bereits vor dem Abschluss der Instanz zu stellen.[13] Wird der Antrag erst nach Ende der Instanz gestellt, ist er zurückzuweisen.[14] (siehe unten Rn. 28) Der Antrag ist beim zuständigen Gericht zu stellen. Für das Bewilligungsverfahren besteht **kein Anwaltszwang** (§ 114 Abs. 4), und zwar auch dann nicht, wenn im Hauptsacheverfahren eine anwaltliche Vertretung vorgeschrieben ist. Daraus ergibt sich für Unterhaltssachen die praktische Konsequenz, dass trotz des dort jetzt bestehenden Anwaltszwanges der Beteiligte auch ohne Anwalt in einem Termin gem. § 118 ZPO auftreten kann, in dem auch wirksam ein Vergleich geschlossen werden darf.[15] Die **Erklärung über die persönlichen und wirtschaftlichen Verhältnisse** auf dem **Vordruck** nach § 117 ZPO muss zum Nachweis der Bedürftigkeit vorgelegt werden.

11   Bei **Rechtsmitteln** ist zu beachten, dass rechtzeitig vor Ablauf der Rechtsmittelfrist ein ordnungsgemäß ausgefüllter Vordruck nebst den erforderlichen Anlagen zu den Akten gereicht wird.[16] Hieraus ergeben sich in der Praxis besondere **Risiken.** Früher musste das Rechtsmittel beim Rechtsmittelgericht eingereicht werden, sodass dort – oft noch vor Ablauf der Frist – ein formaler Fehler entdeckt und auf einen Hinweis des Gerichts noch innerhalb der Frist behoben werden konnte. Nach dem neuen Recht ist die Beschwerde bei dem Gericht einzureichen, das die angefochtene Entscheidung erlassen hat (§ 64 Abs. 1). Dieses Gericht ist nicht in allen Fällen befugt, der Beschwerde abzuhelfen (vgl. § 68 Abs. 1), hat also keine Veranlassung, sich noch einmal mit der Sache zu befassen und die Vollständigkeit der Formalien zu überprüfen. Hilft das erstinstanzliche Gericht der Beschwerde nicht ab, hat es die Beschwerde dem Grundsatz der Verfahrensbeschleunigung folgend zwar unverzüglich dem Beschwerdegericht vorzulegen (§ 68 Abs. 1 S. 1 Halbs. 2). Aufgrund des mit der Aktenversendung verbundenen Zeitaufwandes gelangt die Beschwerde aber in aller Regel erst dann zum Beschwerdegericht, wenn die Beschwerdefrist des § 63 bereits abgelaufen ist. Stellt das Beschwerdegericht dann das Fehlen des Vordrucks oder der erforderlichen weiteren Unterlagen fest, ist dies – auch bei einem sofortigen gerichtlichen Hinweis an den Antragsteller – nicht mehr heilbar.

II. Maßstäbe für die Entscheidung des Gerichts

12   Eigenständige Regelungen über die **materiellen Voraussetzungen** der Bewilligung von Verfahrenskostenhilfe enthält das FamFG nicht. Damit weicht das Gesetz vom ursprünglichen Regierungsentwurf ab, in dem in Antragsverfahren auf die **hinreichende Erfolgsaussicht** und die **Mutwilligkeit der Rechtsverfolgung** abgestellt wurde, während es bei Amtsverfahren darauf ankommen sollte, ob die Rechte der Beteiligten durch den Ausgang des Verfahrens beeinträchtigt werden können und seine beabsichtigte Rechtsverfolgung oder Rechtsverteidigung nicht offensichtlich ohne Aussicht auf Erfolg ist und nicht mutwillig erscheint.[17] Der damit verbundenen Ausdehnung der Verfahrenskostenhilfe haben sich die Bundesländer im Gesetzgebungsverfahren erfolgreich widersetzt.[18]

13   **1. Hinreichende Erfolgsaussichten.** Verfahrenskostenhilfe darf **auch in Amtsverfahren** folglich nur dann bewilligt werden, wenn die Rechtsverfolgung oder Rechtsverteidigung des Beteiligten **hinreichende Aussicht auf Erfolg** hat. Daran ändert auch der Amtsermittlungsgrundsatz nichts, wie in der Gesetzesbegründung ausdrücklich hervorgehoben worden ist.[19] Zu beachten ist, dass das Verfahrenskostenhilfe-Verfahren **nicht** dem Zweck dient, über **zweifelhafte Rechtsfragen** abschließend vorweg zu entscheiden.[20] In den einzelnen Verfahrensarten hat die Rechtsprechung bisher folgende Voraussetzungen aufgestellt.

14   **a) Sorgerechtsverfahren. Sorgerechtsverfahren** haben zwar eine erhebliche Bedeutung für die Eltern des Kindes, dennoch sind auch hier hinreichende Erfolgsaussichten des konkret verfolgten Begehrens zu prüfen. Will daher ein Elternteil zB anstelle der bislang bestehenden gemeinsamen elterlichen Sorge das **alleinige Sorgerecht,** muss zur Begründung des Antrags auf Verfahrenskostenhilfe die fehlende Kooperationsbereitschaft substantiiert dargetan werden. Noch strengere Vorausset-

---

[13] OLG Köln FamRZ 2008, 1259; OLG Zweibrücken FamRZ 2004, 1500.
[14] *Baumbach/Lauterbach/Hartmann* § 119 ZPO Rn. 19 m. weit. Nachw.
[15] *Schürmann* FamRB 2009, 58, 59.
[16] BGH, Beschluss v. 13. 2. 2008 – XII ZB 151/07; FamRZ 2008, 87.
[17] Kritik auch bei *Borth* FamRZ 2007, 1925, 1930.
[18] Entsprechend der Stellungnahme des Bundesrates vom 6. 7. 2007 (BT-Drucks. 309/07, S. 468) enthält die Beschlussempfehlung des Rechtsausschusses des deutschen Bundestages (BT-Drucks. 16/9733) diesen Vorschlag nicht mehr.
[19] *Schürmann* FamRB 2009, 58.
[20] BVerfG FamRZ 2002, 665; BVerfG FamRZ 2007, 273; BGH FamRZ 2007, 1006; BVerfG FamRZ 2008, 131, 132; BGH NJW 2003, 671.

zungen müssen gelten, wenn bei langjährig bestehender **Alleinsorge** der Antragsteller seinerseits die Übertragung des alleinigen Sorgerechts begehrt. Lediglich der Wunsch, jetzt Sorgerechtsinhaber zu werden, reicht nicht aus. Vielmehr müssen Gründe substantiiert vorgetragen werden, die für einen Sorgerechtswechsel sprechen. In Fällen des § 1696 BGB müssen triftige, das Wohl des Kindes nachhaltig berührende Gründe vorgetragen werden. In Verfahren nach § 1666 BGB **(Entzug der elterlichen Sorge)** sollte den betroffenen (mittellosen) Eltern schon aus verfassungsrechtlichen Gründen in aller Regel Verfahrenskostenhilfe bewilligt werden, und zwar auch dann, wenn sie der von dem Jugendamt angeregten Maßnahme zustimmt.[21]

b) Umgangsrecht. Beim **Umgangsrecht** ist Verfahrenskostenhilfe grundsätzlich zu bewilligen, wenn das Umgangsrecht vom anderen Elternteil verweigert wird. Geht es um die Abänderung einer praktizierten Regelung hinsichtlich des zeitlichen Umfangs oder anderer Modalitäten, kann das Gericht durchaus eine gewisse Vorprüfung vornehmen, ob sich der Antrag im Rahmen des üblicherweise angeordneten Umgangs bewegt oder ob andernfalls besondere Gründe vorgetragen werden, die eine weitergehende Regelung angezeigt sein lassen können. In diesen Fällen ist aber immer im Rahmen der Prüfung der Mutwilligkeit der Frage nachzugehen, ob das Jugendamt bereits eingeschaltet worden ist. Ebenso, wenn die Änderung einer bestehenden Umgangsregelung begehrt wird; hier wird der Antragsteller triftige Gründe gem. § 1696 Abs. 1 BGB vorzubringen haben (siehe Rn. 14).

Wird der **Ausschluss des Umgangs** gem. § 1684 Abs. 4 BGB beantragt, ist wegen der verfassungsrechtlich gezogenen engen Grenzen eines solchen Ausschlusses[22] große Zurückhaltung bereits bei der Bewilligung der Verfahrenskostenhilfe angezeigt. Denn es ist für alle Beteiligten mit großen, überflüssigen Belastungen verbunden, ein Verfahren einzuleiten, das offensichtlich zu keinem Erfolg führen kann. Wegen des Ausnahmecharakters ist daher ein besonderer Sachvortrag des Elternteils unverzichtbar, der hinreichende Anhaltspunkte für die zulässige und notwendige Einschränkung des Umgangsrechtes beinhalten muss. Der erforderliche eigene Sachvortrag ist auch beim Amtsermittlungsgrundsatz nicht entbehrlich. Er wird auch nicht durch den in der Praxis oftmals nach pauschalen Behauptungen „ins Blaue hinein" gestellten Antrag auf die Einholung eines psychologischen Gutachtens ersetzt. Beim **Auskunftsrecht nach § 1686 BGB** genügt es, dass er ein berechtigtes Interesse an der Auskunftserteilung geltend macht, das vielfach vermutet werden kann.[23] Bei einer bestehenden Vereinbarung über die zu erteilenden Auskünfte, müssen triftige Gründe für eine Abweichung vorgetragen werden (entsprechend § 1696 Abs. 1 BGB, siehe Rn. 14).

c) Beschwerdeverfahren. Verfahrenskostenhilfe für das **Beschwerdeverfahren** ist auch in sorge- und umgangsrechtlichen Verfahren nicht erforderlich, wenn das erstinstanzliche Gericht bereits die Tatsachen umfassend aufgeklärt hat und auch keine höchstrichterlich strittigen Rechtsfragen mehr zu klären sind.[24]

d) Abstammungssachen. Wegen der erheblichen Bedeutung der Status-Frage für das Kind ist in den **Abstammungssachen** gem. §§ 169 ff. nur in Ausnahmefällen die Erfolgsaussicht zu verneinen. Bei der **Vaterschaftsfeststellung** muss der Geschlechtsverkehr der Mutter mit dem vermeintlichen Vater vom Antragsteller dargelegt werden. Der Antragsgegner muss Zweifel am Bestehen seiner Vaterschaft vorbringen.[25] Bei der **Vaterschaftsanfechtung** müssen Tatsachen vorgebracht werden, die ernsthafte Zweifel an der Vaterschaft begründen.[26] Dazu muss konkret vorgetragen werden, dass ein anderer genau zu benennender Mann als Vater in Betracht kommt (Mehrverkehrszeuge) oder dass der rechtliche Vater aus anderen Gründen nicht der biologische Vater sein kann (zB Auslandsaufenthalt, Zeugungsunfähigkeit). Ein heimlich eingeholtes Abstammungsgutachten kann mangels Verwertbarkeit keine ernsthaften Zweifel an der Vaterschaft rechtfertigen.[27] Ob für die Erfolgsaussichten allein die Erklärung der Mutter ausreicht, der Antragsgegner sei nicht der Vater, ist umstritten.[28]

---

[21] OLG Brandenburg FamRZ 2006, 1775; OLG Karlsruhe FamRZ 2004, 706.
[22] BVerfG FamRZ 2007, 105, BVerfG FamRZ 2007, 1625; BVerfG v. 23. 3. 2007 – 1 BvR 156/07; FamRZ 2007, 1078; BVerfG v. 13. 7. 2005 – 1 BvR 215/05, FamRZ 2005, 1816, BVerfGE FamRZ 2005, 871; OLG Saarbrücken FamRZ 2007, 495; OLG Brandenburg FamRZ 2007, 577, OLG Saarbrücken FamRZ 2007, 927.
[23] OLG Brandenburg FamRZ 2003, 2004.
[24] OLG Stuttgart FamRZ 2005, 1273, 1274.
[25] OLG Stuttgart FamRZ 2006, 797; OLG Köln FamRZ 2003, 1018; aA OLG Koblenz FamRZ 2002, 1194.
[26] BVerfG FamRZ 2007, 441, 447; BGH FamRZ 2006, 686, 687; OLG Brandenburg FamRZ 2007, 151; OLG Stuttgart FamRZ 2005, 1266.
[27] BGH FamRZ 2006, 686, 687; BGH FamRZ 2005, 340; BGH FamRZ 2005, 342.
[28] Ablehnend OLG Köln FamRZ 2005, 43; zustimmend OLG Stuttgart FamRZ 2006, 797, 798; *Baumbach/Lauterbach/Hartmann* § 114 ZPO Rn. 104.

Erfolgt die Anfechtung erst später als zwei Jahre nach der Geburt des Kindes, ist auch Vortrag zur **Anfechtungsfrist** des § 1600b BGB – insbes. zur Kenntnis gem. § 1600b Abs. 1 S. 2 BGB – erforderlich.

19 **e) Versorgungsausgleichssachen.** Erfolgsaussichten bestehen in Versorgungsausgleichssachen auch dann, wenn die Beteiligten keine eigenen Anträge stellen. Denn die Eheleute können sich diesem Verfahren nicht entziehen; außerdem kann ohne die vom Gericht einzuholenden Auskünfte der Versorgungsträger keine Prognose über den Ausgang des Versorgungsausgleichs getroffen werden.

20 **2. Umfang der Prüfung.** Das Gericht hat eine **summarische Prüfung der Erfolgsaussichten** des Antrags vorzunehmen. Aus dem Blickwinkel einer effektiven Rechtsschutzgewährung dürfen die Anforderungen nicht zu hoch angesetzt werden.[29] Auf der anderen Seite kann aber eine nur entfernte Erfolgsaussicht nicht ausreichen.[30] Der Richter muss das Recht haben, sich eingehend mit der Sach- und Rechtslage zu befassen. Denn die Verfahrenskostenhilfe soll nicht dazu dienen, **riskante Verfahren des mittellosen Beteiligten** durchzuführen, da sich sonst der Justizfiskus zur „Bank des zu riskanten Mittellosen"[31] machen und ihm dabei Unterstützung leisten würde, den Verfahrensgegner auf Kosten der Allgemeinheit mit einem unberechtigten Verfahren zu überziehen. Das Gericht hat auch die Aufgabe, solche Kosten von der Gemeinschaft der Steuerzahler abzuwenden. Zu bedenken ist auch, dass der Antragsteller durch die gerichtliche Entscheidung über die Verfahrenskostenhilfe unter Umständen wertvolle Hinweise bekommt.[32] Zudem bleibt der Verfahrensgegner, wenn er später den unberechtigten Antrag abwehrt und obsiegt, gegenüber einem mittellosen Antragsteller auf seinen Kosten sitzen.[33] Der Antragsgegner hat ebenfalls schützenswerte Interessen, nämlich nicht mit staatlicher Unterstützung mit einem Verfahren überzogen zu werden, das ein anderer Antragsteller angesichts des Risikos, die Verfahrenskosten selbst tragen zu müssen, verständigerweise nicht einleiten würde. Denn die Verfahrenskostenhilfe darf auch nicht zu einer Besserstellung des mittellosen Antragstellers führen.

21 **3. Persönliche und wirtschaftliche Verhältnisse.** Abzustellen ist auf die **Einkommens- und Vermögensverhältnisse des Antragstellers.** Der Ansatz eines Familieneinkommens ist nicht zulässig.[34] Für die Bewilligung von Prozesskostenhilfe bei einer in **Prozessstandschaft** nach § 1629 Abs. 3 S. 1 BGB erhobenen Klage auf Kindesunterhalt ist auf die Einkommens- und Vermögensverhältnisse des klagenden Elternteils und nicht auf diejenigen des Kindes abzustellen.[35]

22 Vorhandenes und realisierbares **Vermögen** ist grundsätzlich einzusetzen.[36] Ein Anspruch des Antragstellers auf **Prozesskostenvorschuss**[37] ist als zumutbares einzusetzendes Vermögen anzusehen[38] und geht der Prozesskostenhilfe vor.[39] Ein Anspruch auf Prozesskostenvorschuss für einen Rechtsstreit, der eine persönliche Angelegenheit betrifft, ergibt sich bei einem **getrennt lebenden Ehegatten** aus § 1361 Abs. 4 S. 4 BGB und beim **minderjährigen Kindes** aus dem Unterhaltsanspruch des § 1610 BGB. Prozesskostenvorschussansprüche eines **geschiedenen Ehegatten** bestehen **nicht.**[40] Ist der prozesskostenvorschusspflichtige Ehegatte jedoch vor der Scheidung in Verzug gesetzt worden, so lässt der Eintritt der Rechtskraft der Scheidung den Vorschussanspruch nicht entfallen.[41] Ob bei **volljährigen Kindern** ein Prozesskostenvorschuss besteht, ist strittig.[42] Der BGH[43] hat klargestellt, dass auch ein volljähriges Kind in entsprechender Anwendung des § 1360a Abs. 4 BGB einen Prozesskostenvorschuss gegen seine Eltern hat, wenn das Kind noch keine eigene Lebensstellung erreicht hat.

23 Wird daher Verfahrenskostenhilfe beantragt, so hat das Gericht zunächst zu prüfen, ob nicht ein Anspruch auf Prozesskostenvorschuss besteht, der die Bedürftigkeit als Voraussetzung der Bewilligung der Verfahrenskostenhilfe entfallen lässt. Denn ein realisierbarer Anspruch auf **Prozesskostenvor-**

---

[29] BVerfG FamRZ 2007, 1876; NJW-RR 2004, 1153.
[30] BVerfG FamRZ 2005, 1893.
[31] *Baumbach/Lauterbach/Hartmann* § 114 ZPO Rn. 81.
[32] Dazu oben § 114 ZPO Rn. 3.
[33] Oben § 114 ZPO Rn. 4.
[34] *Klinkhammer*, in: *Eschenbruch/Klinkhammer*, Unterhaltsprozess, 2009, Teil 5 Rn. 214 m. weit. Nachw.
[35] BGH FamRZ 2004, 1633 m. Anm. *Viefhues*; BGH FamRZ 2005, 1164.
[36] Ausführlich oben § 115 ZPO Rn. 52 ff.
[37] Ausführlich *Bißmaier* FamRZ 2002, 863.
[38] *Zöller/Philippi* § 115 ZPO Rn. 67 mit Nachweisen.
[39] BGH FamRZ 2004, 1633 m. Anm. *Viefhues*.
[40] BGH FamRZ 1990, 280, 282.
[41] OLG Frankfurt v. 18. 11. 2004 – 19 W 33/04, ZFE 2005, 96.
[42] Ablehnend OLG FamRZ 1996, 1021; OLG Hamm FamRZ 1996, 1433; bejahend OLG Hamm NJW-RR 1998, 1376.
[43] BGH NJW 2005, 1722 = FamRZ 2005, 883 m. Anm. *Borth*.

schuss ist damit **vorrangig vor der staatlichen Verfahrenskostenhilfe** einzusetzen![44] Der Antragsteller sollte daher zur Vermeidung von Verzögerungen in einschlägigen Fällen bereits in seinem Antrag Ausführungen dazu machen, dass und aus welchen Gründen kein Anspruch auf Prozesskostenvorschuss besteht bzw. nicht durchzusetzen ist.

Für die gerichtliche Geltendmachung der von einem Sozialhilfeträger **rückübertragenen Unterhaltsansprüche** ist der Leistungsberechtigte grundsätzlich nicht bedürftig im Sinne von § 114 ZPO, da ihm ein Anspruch auf **Prozesskostenvorschuss gegen den Sozialhilfeträger** zusteht.[45] Der Gesichtspunkt der Prozessökonomie begründet regelmäßig kein im Bewilligungsverfahren zu berücksichtigendes Interesse des Sozialleistungsberechtigten an einer einheitlichen Geltendmachung bei ihm verbliebener und vom Sozialleistungsträger rückübertragener Unterhaltsansprüche. Lediglich dann, wenn der Leistungsberechtigte durch den Verweis auf den Vorschussanspruch eigene Nachteile erleiden würde oder wenn sich die Geltendmachung rückübertragener Ansprüche neben den beim Unterhaltsgläubiger verbliebenen Unterhaltsansprüchen kostenrechtlich nicht auswirkt, ist der Einsatz des Vorschusses nicht zumutbar. Zu beachten ist aber, dass häufig in derartigen Fällen **gleichzeitig auch Ansprüche geltend gemacht werden, die nicht übergeleitet und zurückübertragen worden** sind wie zB weitere Unterhaltsrückstände oder **laufender Unterhalt**. Für diese Ansprüche haftet der Träger der Sozialleistung nicht.

4. Zeitpunkt der Beurteilung. In der Praxis stellt sich die Frage, auf welchen Zeitpunkt bei der Beurteilung des Erfolges eines Antrags auf Verfahrenskostenhilfe abzustellen ist, unter verschiedenen Blickrichtungen, bei denen auch rechtlich nicht pauschal eine gleichartige Lösung angemessen ist.

Die **erforderlichen Unterlagen** über die **persönlichen und wirtschaftlichen Verhältnisse** (siehe oben Rn. 10) muss der Antragsteller beibringen. Liegen sie nicht vor, kann zu jedem Zeitpunkt des Verfahrens der Antrag allein deswegen abgewiesen werden. Unvollständige Anträge sind also zurückzuweisen, der Grund der Unvollständigkeit (lückenhafte Ausfüllung des Vordrucks, fehlende Belege) ist ohne Belang. Das Gericht kann aber eine Frist zur Nachreichung von Unterlagen setzen, weshalb bei Einhaltung der Frist dann auch nachträglich Verfahrenskostenhilfe bewilligt werden kann,[46] ggf. aber ab dem Zeitpunkt des Eingangs der fehlenden Unterlagen. Der Antragsteller ist allerdings nicht gehindert, die Unterlagen zusammen mit seiner Beschwerde gegen die Ablehnung nachzureichen und so im Beschwerdeverfahren eine Berücksichtigung erreichen (siehe unten Rn. 44) – was zu erheblichen und vermeidbaren Verzögerungen führt.

Es kommt auch vor, dass sich die **Tatsachenlage** bis zur Bewilligungsentscheidung zum Nachteil des Antragstellers **verändert** hat und dadurch die Grundlage für die Bewilligung der Verfahrenskostenhilfe entfallen ist. Dies kann einmal die **finanziellen Verhältnisse** betreffen – der arbeitslose Antragsteller findet Arbeit, der vermögenslose Antragsteller erbt einen größeren Geldbetrag. Würde man hier auf einen Zeitpunkt in der Vergangenheit abstellen und – ratenfreie – Verfahrenskostenhilfe bewilligen, hätte dies lediglich eine unverzügliche Nachforderung nach § 120 Abs. 4 ZPO zur Folge, die wiederum vermeidbaren Verwaltungsmehraufwand auslöst. Daher bestehen hier keine Bedenken, auf den aktuellen Zustand abzustellen, nicht auf denjenigen eines fiktiven, in der Vergangenheit liegenden Zeitpunkt der Bewilligungsreife. Aber auch eine Veränderung bezogen auf die **Erfolgsaussichten** des Antrags sind denkbar – das bisher höchst streitige Umgangsrecht wird praktiziert, die Gründe für die Änderung einer Sorgerechtsregelung sind entfallen, die geforderte Zahlung ist zwischenzeitlich erbracht worden, der Zahlungsantrag wurde zurückgenommen. In diesen Fällen ist nach grundsätzlich auf den **Zeitpunkt der gerichtlichen Entscheidung** abzustellen.[47] Dagegen wird vertreten, auf den Zeitpunkt der Bewilligungsreife abzustellen, die gegeben ist, wenn der Gegner angehört worden ist und ein bewilligungsfähiges – also den Voraussetzungen des § 117 ZPO entsprechendes – Gesuch vorliegt.[48] Demnach wäre selbst nach Klagerücknahme bei Erfolgsaussicht im Zeitpunkt der Bewilligungsreife noch zu bewilligen.[49]

Erst **nach Ende der Instanz** gestellte Anträge sind zurückzuweisen.[50] Etwas anderes gilt dann, wenn das Gericht bis zum Abschluss der Instanz über den Antrag auf Verfahrenskostenhilfe bzw. Prozesskostenhilfe noch nicht entschieden hatte. Ist der Antrag auf Bewilligung in vollständiger, bewilligungsreifer Form bereits vor dem Abschluss der Instanz gestellt worden, kann und muss Ver-

---

[44] BGH FamRZ 2004, 1633 m. Anm. *Viefhues*.
[45] BGH FamRZ 2008, 1159.
[46] OLG Karlsruhe FamRZ 2006, 1852; OLG Zweibrücken FamRZ 2004, 1500.
[47] BGH FamRZ 2005, 786 mit Anm. *Viefhues* FamRZ 2005, 881; *Keidel/Zimmermann* Rn. 14; *Götsche*, in: *Horndasch/Viefhues*, FamFG 2009, § 76 Rn. 42. Zu Ausnahmen siehe oben § 114 ZPO Rn. 110.
[48] *Klinkhammer*, in: *Eschenbruch/Klinkhammer*, Unterhaltsprozess, 2009, Teil 5 Rn. 207.
[49] So OLG Rostock FamRZ 2001, 1468.
[50] *Baumbach/Lauterbach/Hartmann* § 119 ZPO Rn. 19.

29 **5. Mutwilligkeit.** In objektiver Hinsicht erfordert die Bewilligung auch der Verfahrenskostenhilfe, dass weder die Rechtsverfolgung noch -verteidigung **mutwillig** erscheinen. Mutwillig handelt eine Partei dann, wenn sie bei der Verfolgung ihrer Rechte einen Weg einschlägt, den eine Partei, die selbst für die Kosten aufkommen müsste, nicht wählen würde[52] oder wenn das prozessuale Ziel in gleicher Weise, aber kostengünstiger erreicht werden kann.[53] Allerdings ist die Verweigerung der Verfahrenskostenhilfe wegen Mutwilligkeit aus verfassungsrechtlichen Gründen auf wirklich gravierende Fälle zu beschränken.[54]

30 **a) Umgangs- und Sorgerechtsverfahren.** Bei **Umgangs- und Sorgerechtsverfahren** hat sich schon nach dem bisherigen Recht die Frage gestellt, ob vor Einschaltung des Gerichtes nicht die Beratungs- und Vermittlungsmöglichkeiten des **Jugendamtes** genutzt werden müssen. Dabei ist von der wohl überwiegenden Anzahl der Obergerichte ein gerichtlicher Antrag als **mutwillig** angesehen worden, wenn der **Antragsteller** zuvor nicht das Jugendamt eingeschaltet und um Beratung und Vermittlung nachgesucht hat.[55] Eine Partei, die Prozesskostenhilfe begehrt, habe von mehreren gleichwertigen Wegen grundsätzlich denjenigen zu beschreiten, welcher die geringsten Kosten verursacht. Vor Einleitung eines sorge- oder umgangsrechtlichen Verfahrens müsse jeder Elternteil Kontakte zu dem anderen Elternteil aufnehmen, um eine gütliche Einigung zu erreichen; ggf. ist das Jugendamt einzuschalten.

31 Auch für den **Antragsgegner** könne daher wegen Mutwilligkeit der Rechtsverfolgung Prozesskostenhilfe abzulehnen sein, wenn dieser sich geweigert hat, an angebotenen Gesprächen mit dem Jugendamt zur Erzielung einer Einigung teilzunehmen. Etwas anderes könne jedoch dann gelten, wenn besondere Gründe vorliegen, die darauf schließen lassen, dass eine außergerichtliche Einigung aller Voraussicht nach scheitern wird.

32 Die **Gegenansicht**[56] lehnt eine solche Verpflichtung ab. Dabei wird teilweise mit der Verzögerung durch die Einschaltung des Jugendamtes argumentiert.[57] Diese vermag aber nicht zu überzeugen. Denn auch bei Einleitung eines gerichtlichen Verfahrens muss das Familiengericht das Jugendamt einschalten, bevor entschieden werden kann (§ 162). Schlägt also die Vermittlung des Jugendamtes fehl, war das Jugendamt aber dennoch bereits im Vorfeld eingebunden und hat sich mit der Sache befasst. Daher ist in diesen Fällen wesentlich schneller mit dem Eingang des Berichts zu rechnen, wenn dennoch gerichtliche Maßnahmen erforderlich werden sollten. Die gerichtliche Entscheidung kann dann auf Grund der Vorarbeiten des Jugendamtes in aller Regel wesentlich schneller ergehen also ohne vorherige Einschaltung des Jugendamtes. Daher führt die Forderung nach einer vorherigen Einschaltung des Jugendamtes nicht zu einer Verzögerung eines dennoch notwendigen gerichtlichen Verfahrens, sondern vielmehr zu einer Beschleunigung.

33 Für die Verfahrenskostenhilfe nach dem FamFG ist zudem die ausdrückliche **Zielrichtung des Gesetzes** zu beachten, vorrangig einvernehmliche Regelungen und gütliche Einigungen zu erzielen (§ 156). Eine solche einvernehmliche Regelung kann aber nicht erst durch die Einschaltung des Familiengerichtes getroffen werden, sondern – auf einer **deutlich niedrigeren Eskalationsstufe** – bereits durch die **Vermittlung des Jugendamtes.** Daher gilt nach neuem Recht umso mehr der Grundsatz des Vorranges der Vermittlung des Jugendamtes. Ist dieses zuvor nicht angegangen worden, ist ein Verfahrenskostenhilfeantrag regelmäßig als **mutwillig** zu bewerten.

34 **b) Familienstreitverfahren, Ehesachen.** Bei den Ehe- und Familienstreitsachen (§§ 112, 121) gelten die Regeln der ZPO direkt. Dennoch soll aus Gründen der Vollständigkeit hier auf einige wesentliche Punkte eingegangen werden.

---

[51] OLG Köln FamRZ 2008, 1259; OLG Zweibrücken FamRZ 2004, 1500; i. E. OLG Karlsruhe FamRZ 2008, 524, 525; KG KGR 2008, 563, 564; *Musielak/Fischer* § 119 ZPO Rn. 11; *Baumbach/Lauterbach/Hartmann* § 119 ZPO Rn. 16 f.; oben § 114 ZPO Rn. 1 ff.

[52] OLG Hamm FamRZ 2000, 1021 L; OLG Düsseldorf MDR 2000, 909.

[53] OLG Jena FamRZ 2000, 100 (101); OLG Dresden FamRZ 1999, 601; OLG Oldenburg FuR 1999, 240.

[54] OLG Hamburg FamRZ 1998, 1178.

[55] OLG Brandenburg ZFE 2008, 429; OLG Brandenburg FamRZ 2006, 1549; OLG Brandenburg JAmt 2003, 374; OLG Dresden FamRZ 2006, 808; OLG Koblenz FamRZ 2005, 1915; OLG Stuttgart ZFE 2008, 475 = FPR 2008, 584 m. Anm. *Born*; OLG Schleswig ZFE 2008, 115; *Götsche*, in: *Horndasch/Viefhues*, FamFG 2009, § 76 Rn. 85; *Bumiller/Harders*, Rn. 14.

[56] OLG München FPR 2008, 589 = ZFE 2008, 394; OLG Hamm FamRZ 2004, 1116; OLG Karlsruhe FamRZ 2004, 1116; OLG Koblenz OLGReport 2005, 113; *Vogel* ZFE 2006, 47; 54, *Nickel*, in: *Garbe/Ulrich*, Prozesse in Familiensachen, 2007, § 1 Rn. 53; *Keidel/Zimmermann* Rn. 16.

[57] So OLG München FPR 2008, 589 = ZFE 2008, 394.

c) **Folgesachen, Verbundverfahren, isoliertes Verfahren.** Die früher vertretene Meinung, die 35 Geltendmachung einer **Scheidungsfolgensache außerhalb des Verbundverfahrens** sei mutwillig, ist nach der Rechtsprechung des BGH nicht mehr haltbar.[58] Es unterliegt der freien Wahl der Eheleute, ob sie aus taktischen Gründen die entsprechenden Ansprüche innerhalb des Verbundes oder isoliert in gesonderten Verfahren geltend machen, auch wenn im Verbundverfahren geringere Kosten entstehen als bei isolierter Geltendmachung in mehreren Verfahren.[59] Der Abschluss eines Vergleiches im Scheidungsverbundverfahren über eine noch nicht anhängige Folgesache ist nicht mutwillig.[60]

d) **Schweigen des Antragsgegners im Prüfungsverfahren.** Eine weitere bedeutsame, aber 36 noch ungeklärte Frage ist, welche Konsequenzen es nach sich zieht, wenn sich der **Antragsgegner** – oder sein Prozessbevollmächtigter – zu einem Prozesskostenhilfeantrag **nicht äußert**, obwohl er bereits in diesem Stadium darlegen könnte, dass die geltend gemachte Forderung überhöht ist. In der Praxis häufig ist der Fall, dass der Beklage keinerlei Angaben zu einer überhöhten Unterhaltsforderung macht, die er mit Leichtigkeit widerlegen könnte zB durch Hinweis auf ein geringeres Einkommen, vorhandene Schulden und weitere Unterhaltsberechtigte, die in der Antragsschrift – aus welchen Gründen auch immer – unerwähnt geblieben sind. Bei dieser Vorgehensweise verweigert eine Reihe von Gerichten dem Antragsgegner seinerseits die Prozesskostenhilfe, wenn er diese später für seinen Abweisungsantrag begehrt. Begründet wird dies damit, dass die jetzt erforderliche Rechtsverteidigung im Rahmen des erst durch die Prozesskostenhilfebewilligung rechtshängig gewordenen Verfahrens allein eine Folge seiner vorangegangenen Untätigkeit und daher als **mutwilliges** Verhalten zu beurteilen sei.[61]

Konsequent wäre es dann allerdings, auf Seiten des Antragstellers auch über die Entziehung der 37 Prozesskostenhilfe gem. § 124 Nr. 1 ZPO nachzudenken. Denn der Antragsteller ist verpflichtet, die tatsächlichen Umstände vollständig und der Wahrheit entsprechend vorzutragen (§ 138 ZPO). Daher rechtfertigt neben dem Vortrag falscher Tatsachen auch das Verschweigen offenbarungspflichtiger Tatsachen die Entziehung der Prozesskostenhilfe.[62] Die entscheidende Frage ist dabei letztlich, was die antragstellende Partei an Fakten offenbaren muss, die ihren Anspruch reduzieren können.[63] Sie kann zB sicherlich die Rechtsansicht vertreten, dass Schulden nicht unterhaltsrelevant sind oder tatsächlich nicht bezahlt werden. Sie darf aber im Sachvortrag nicht die ihr bekannten Schuldenbelastungen vollständig verschweigen.

Vergleichbares gilt auch im **Rechtsmittelverfahren.** So kann bei einem Rechtsmittel, dass nur 38 auf Grund neuen Vorbringens Aussicht auf Erfolg hat, das der Rechtsmittelführer auch in der Vorinstanz hätte geltend machen können, die Rechtsverfolgung in zweiter Instanz unnötig kostspielig und deshalb mutwillig sein, da die Rechtsmittelinstanz bei sorgfältiger Prozessführung hätte vermieden werden können[64]

e) **Versorgungsausgleich.** Die Folgesache **Versorgungsausgleich** wird gem. § 148 immer von 39 der Bewilligung umfasst, es sei denn, sie wird im Bewilligungsbeschluss ausdrücklich ausgenommen.

III. Zuständigkeit

Zuständig für die Bewilligung ist der Richter, in seinem Tätigkeitsbereich der Rechtspfleger 40 (§§ 20, 25a RPflG).[65]

IV. Rechtsmittel

Die **Bewilligung** von Verfahrenskostenhilfe ist für die Beteiligten nicht anfechtbar (§ 127 Abs. 2 41 S. 1 ZPO). Das Rechtsmittel gegen eine vollständige oder teilweise **Ablehnung** der Verfahrenskostenhilfe ist – abweichend von §§ 58 ff. – die **sofortige Beschwerde.** Diese ist nicht eigenständig

---

[58] BGH FamRZ 2005, 786 m. Anm. *Viefhues* FamRZ 2005, 881.
[59] AA *Keidel/Zimmermann* Rn. 17.
[60] *Götsche* FamRZ 2009, 383, 385; OLG Rostock OLGR 2007, 83.
[61] ZB OLG Brandenburg FamRZ 2006, 349 m. weit. Nachw. und krit. Anm. *Benkelberg*; OLG Oldenburg ZFE 2002, 261; *Vogel* FPR 2002, 505, 506; vgl. auch OLG Düsseldorf FamRZ 1997, 1017; aA OLG Karlsruhe FamRZ 2002, 1132; OLG Hamm FamRZ 2008, 1264; OLG Oldenburg FamRZ 2009, 895; *Harms*, in: *Friederici/Kemper*, Familienverfahrensrecht, 2009, § 76 Rn. 6.
[62] HK-ZPO/*Rathmann/Pukall* § 124 ZPO Rn. 6.
[63] Vgl. auch OLG Hamm FamRZ 2005, 527.
[64] OLG Karlsruhe FamRZ 1999, 726; OLG Hamm ZFE 2004, 59.
[65] *Zimmermann* FamFG Rn. 190.

im FamFG geregelt. Das Gesetz verweist vielmehr auf eine entsprechende Anwendung der §§ 567 bis 572 ZPO, 127 Abs. 2–4 ZPO (§ 76 Abs. 2).[66]

42 **1. Beschwerdefrist.** Die Frist zur Einlegung der sofortigen Beschwerde in Verfahrenskostenhilfesachen beträgt gem. § 127 Abs. 2 S. 3 ZPO – abweichend von § 569 Abs. 1 S. 1 ZPO – **einen Monat.** Diese Monatsfrist ist eine **Notfrist** (§ 127 Abs. 2 S. 3 ZPO), kann also nicht verlängert werden. Jedoch ist die Wiedereinsetzung in den vorherigen Stand möglich, wenn der Beschwerdeführer die Frist unverschuldet versäumt. Zwar verwendet das FamFG den Begriff der Notfrist nicht ausdrücklich; dennoch sind die Regelungen der §§ 17 ff. anzuwenden. Diese Monatsfrist gilt für jeden Beschwerdeberechtigten, also auch die Staatskasse. Die Fristenbestimmungen des § 127 Abs. 2 S. 3 ZPO und § 127 Abs. 3 S. 3 ZPO sind im FamFG-Verfahren entsprechend anzuwenden

43 **2. Einlegung und Begründung der sofortigen Beschwerde.** Nach der generellen Regelung des § 64 Abs. 1 ist die Beschwerde bei dem **Gericht** einzureichen, **das die angefochtene Entscheidung erlassen** hat. Diese Frist wird nur durch Eingang bei diesem Gericht gewahrt. Dieses Gericht ist in allen Fällen, in denen keine Endentscheidung vorliegt, auch befugt, der Beschwerde abzuhelfen (§ 68 Abs. 1). Erst nach einer entsprechenden Nichtabhilfeentscheidung wird die Akte dem Beschwerdegericht vorgelegt. Wegen der Verweisung auf die Vorschriften der §§ 567 ff. ZPO gilt jedoch § 569 Abs. 1 S. 1 ZPO entsprechend. Nach dieser Vorschrift kann die Beschwerde fristwahrend **auch** beim **Beschwerdegericht** eingelegt werden.[67] Wird die sofortige Beschwerde dort eingelegt, muss allerdings die Beschwerdeschrift zur Durchführung des Abhilfeverfahrens (§ 572 ZPO) an das erstinstanzliche Gericht gegeben werden, was zu vermeidbaren Verzögerungen führt.

44 Erforderlich ist die Einreichung einer **Beschwerdeschrift** oder die **Erklärung zu Protokoll der Geschäftsstelle**, (§ 64 Abs. 2; § 569 Abs. 2 S. 1, Abs. 3 Nr. 2 ZPO entsprechend). Es besteht kein Anwaltszwang, und zwar auch nicht in Verfahren, die dem Anwaltszwang unterliegen (§ 569 Abs. 3 Nr. 2 ZPO entsprechend). Die Beschwerde soll nach § 571 Abs. 1 ZPO **begründet** werden, eine fehlende Begründung macht das Rechtsmittel aber nicht unzulässig. Im Beschwerdeverfahren können neue Angriffs- und Verteidigungsmittel vorgebracht werden (§ 571 Abs. 2 S. 1 ZPO). Das Gericht kann hierzu dem Beschwerdeführer nach § 571 Abs. 3 ZPO eine Frist setzen.

45 **3. Nicht anfechtbare Entscheidungen.** Die Zulässigkeit der Beschwerde im Verfahrenskostenhilfe-Verfahren geht hinsichtlich der Erfolgsaussicht nicht über das Rechtsmittel im Hauptsacheverfahren hinaus.[68] Eine sofortige Beschwerde gegen Entscheidungen in Verfahrenskostenhilfe-Verfahren ist daher nicht zulässig, wenn gegen einen Beschluss in der Hauptsache die Beschwerde wegen **Nichterreichens der Beschwerdesumme** unzulässig wäre. Abzustellen ist dabei gemäß § 127 Abs. 2 S. 2 ZPO auf die in § 511 ZPO genannte Berufungssumme, derzeit also 600 Euro. Um die Gefahr widersprüchlicher Entscheidungen zu vermeiden, soll für das Verfahren über die Verfahrenskostenhilfe kein weitergehender Instanzenzug zur Verfügung stehen als in der Hauptsache.[69]

46 Diese Sperre gilt jedoch allein für Entscheidungen zur Verfahrenskostenhilfe, die die **Erfolgsaussicht** in der Sache verneinen. Dagegen ist die sofortige Beschwerde in entsprechender Anwendung des § 127 Abs. 2 S. 2 2. Halbs. ZPO auch bei Unterschreiten des Beschwerdewerts zulässig, wenn das Gericht ausschließlich die persönlichen und wirtschaftlichen Voraussetzungen, dh. die **Bedürftigkeit** für die Verfahrenskostenhilfe verneint hat,[70] wenn dem Antragsteller eine Zahlungspflicht auferlegt wird[71] oder wenn der Widerruf nach § 124 Nr. 4 ZPO angeordnet wird.[72] Gleiches muss gelten, wenn das Gericht wegen **Mutwilligkeit** die begehrte Verfahrenskostenhilfe versagt hat.

47 Nicht mit der sofortigen Beschwerde anfechtbar sind die **Entscheidungen des Rechtsmittelgerichts** über die Bewilligung von Verfahrenskostenhilfe für das Rechtsmittelverfahren.[73] Zwar lässt dies der Wortlaut des § 127 Abs. 2 und 3 ZPO an sich zu. Jedoch erklärt § 76 Abs. 2 die §§ 567–572 ZPO ausdrücklich für entsprechend anwendbar. Aus § 567 Abs. 1 ZPO folgt aber, dass nur erstinstanzliche Entscheidungen der Amtsgerichte und Landgerichte der Anfechtung unterliegen[74] (vgl.

---

[66] So schon zum bisherigen § 14 FGG aF: BGH FamRZ 2006, 939.
[67] Zweifelnd *Schürmann* FamRB 2008, 24, 29.
[68] BGH FamRZ 2005, 790; *Klinkhammer,* in: *Eschenbruch/Klinkhammer,* Unterhaltsprozess, Teil 5.3. Rn. 235 zur Prozesskostenhilfe.
[69] So die amtl. Begründung zu § 76; *Schürmann* FamRB 2008, 58, 60; *Götsche* FamRZ 2009, 383, 388; vgl. auch BGH FamRZ 2005, 790.
[70] OLG Köln FamRZ 2001, 1535; *Klinkhammer,* in: *Eschenbruch/Klinkhammer,* Unterhaltsprozess, Teil 5.3. Rn. 235 zur Prozesskostenhilfe; *Schürmann* FamRB 2008, 58, 60; *Götsche* FamRZ 2009, 383, 388.
[71] Oben § 127 ZPO Rn. 16 m. weit. Nachw.
[72] OLG Naumburg OLGR 2004, 367, 368.
[73] *Zimmermann* PKH Rn. 701; oben § 127 ZPO Rn. 16.
[74] Oben § 127 ZPO Rn. 16.

auch § 58 Abs. 1). Die Entscheidungen des LG oder OLG als mit dem Rechtsmittel befasste Beschwerdegerichte zählen nicht hierzu.

Die Entscheidung über die Verfahrenskostenhilfe ist auch dann unanfechtbar, wenn die **Entscheidung zur Hauptsache** ihrerseits unanfechtbar ist.[75] Dies wird aus dem Rechtsgedanken des § 127 Abs. 2 S. 2 ZPO hergeleitet. Dies gilt auch im Bereich des FamFG. Wird daher mangels **Erfolgsaussicht in der Hauptsache** (Unzulässigkeit, Unbegründetheit) die für eine einstweilige Anordnung begehrte Verfahrenskostenhilfe abgelehnt, ist der Beschluss unanfechtbar, wenn auch die Ablehnung einer einstweiligen Anordnung selbst wegen § 57 S. 1 unanfechtbar ist.[76] Jedoch bleibt auch hier die sofortige Beschwerde zulässig, wenn das Gericht ausschließlich die **persönlichen und wirtschaftlichen Voraussetzungen,** dh. die **Bedürftigkeit** für die Verfahrenskostenhilfe verneint hat.[77] Dies folgt aus der entsprechend anwendbaren Norm des § 127 Abs. 2 S. 2 2. Halbs. ZPO.[78]

4. Beschwerderecht des Anwaltes. Der Rechtsanwalt des Antragstellers hat **kein eigenes** 49 **Beschwerderecht,**[79] und zwar auch nicht gegen seine Beiordnung oder deren Ablehnung.[80]

5. Beschwerderecht der Staatskasse. Das in § 127 Abs. 3 ZPO eingeräumte Beschwerderecht 50 der Staatskasse[81] läuft in der Praxis wegen der Fristvorgaben leer, da der zuständige Bezirksrevisor selten rechtzeitig vor Ablauf der Frist des § 127 Abs. 3 S. 4 ZPO Kenntnis von der Bewilligungsentscheidung erlangt.

6. Verfahren des erstinstanzlichen Gerichts. Wird ganz oder teilweise abgeholfen, erfolgt dies 51 durch **Beschluss** des erstinstanzlichen Gerichtes. Bei einer vollständigen Nichtabhilfe genügt eine entsprechende **Verfügung.** Nichtabhilfeentscheidungen sind zu **begründen.** Allerdings genügt vielfach der Verweis auf die fortbestehenden Gründe der angefochtenen Entscheidung. Umfangreicher zu begründen ist dagegen, wenn sich der Sach- und Streitstand gegenüber demjenigen im Zeitpunkt des angefochtenen Beschlusses geändert hat und die Begründung des angefochtenen Beschlusses allein daher nicht als ausreichende und tragfähige Grundlage für die Nichtabhilfe angesehen werden kann. In derartigen Fällen muss die Nichtabhilfeentscheidung angemessen begründet werden. Aus der Entscheidung muss sich immer erkennen lassen, ob das Gericht sich mit dem neuen Vortrag in der Beschwerdebegründung auseinandergesetzt hat.[82] Allerdings kann nicht verlangt werden, dass dies im gleichen Umfang wie bei einer Hauptsacheentscheidung erfolgen muss. Eine Begründung kann folglich unterbleiben, wenn kein neuer Vortrag erfolgt ist. Wird diesen Grundsätzen nicht genügt, kann die Nichtabhilfeentscheidung aufgehoben und an das erstinstanzliche Gericht zurückverwiesen werden.

Die Nichtabhilfeentscheidung ist dem dadurch beschwerten Verfahrensbeteiligten **bekannt zu** 52 **geben.**[83] Wird der Beschwerde auch nur teilweise nicht abgeholfen, ist die **Akte dem Beschwerdegericht vorzulegen** (§ 572 Abs. 1 S. 1 ZPO).

Teilweise wird verlangt, dass eine Nichtabhilfeentscheidung erst getroffen werden darf, wenn die 53 Beschwerdefrist abgelaufen ist.[84] Dies widerspricht aber dem allgemeinen Beschleunigungsgebot. Hat der Beschwerdeführer das Rechtsmittel bereits begründet, ist eine sofortige Entscheidung über die Nichtabhilfe zulässig und geboten. Lediglich dann, wenn der Beschwerdeführer die kurzfristige Nachreichung einer (ggf. weiteren) Begründung ankündigt, muss zumindest eine angemessene Zeit abgewartet werden, bevor entschieden wird.[85] Wird die sofortige Beschwerde ohne Begründung eingelegt und eine solche auch nicht angekündigt, kann nach Ablauf der Beschwerdefrist entschieden werden.

7. Verfahren des Beschwerdegerichts. a) Zuständigkeit des Beschwerdegerichts. Be- 54 schwerdegericht ist
– das Landgericht, wenn die Verfahrenskostenhilfe in Freiheitsentziehungs- und Betreuungssachen berührt ist (§ 72 Abs. 1 S. 2 GVG),
– in den anderen Sachen des FamFG das Oberlandesgericht (§ 119 Abs. 1 Nr. 1 GVG).

---

[75] BGH FamRZ 2005, 790 f.; OLG Hamm FamRZ 2006, 352; OLG Brandenburg FamRZ 2003, 1398, OLG Stuttgart FamRZ 2009, 531.
[76] BGH FamRZ 2005, 790, 791 zum bisherigen § 620c S. 1 ZPO; OLG Bamberg FamRZ 1993, 1338; KG Berlin FamRZ 2007, 1259.
[77] Oben § 127 ZPO Rn. 16; *Zimmermann* PKH Rn. 703 m. weit. Nachw.
[78] BGH FamRZ 2005, 790.
[79] Oben § 127 ZPO Rn. 25.
[80] OLG Karlsruhe FamRZ 1991, 462.
[81] Einzelheiten dazu oben § 127 ZPO Rn. 26.
[82] OLG Düsseldorf FamRZ 2006, 1551.
[83] *Zimmermann* PKH Rn. 718.
[84] OLG Naumburg OLGR 2006, 327.
[85] Vgl. OLG Koblenz FamRZ 2008, 288, 289.

§ 77

55 Im **Beschwerdeverfahren** gilt § 568 Abs. 1 ZPO, so dass nunmehr auch beim Oberlandesgericht abweichend von § 30 FGG der originäre Einzelrichter an die Stelle des Senats tritt. Diese Regelung wird teilweise kritisch gesehen. Der Gesetzgeber hat sich trotz der großen Tragweite der Entscheidungen über die Verfahrenskostenhilfe in den Familienstreitsachen gleichwohl bewusst für das Einzelrichterprinzip entschieden.

56 **b) Entscheidung des Beschwerdegerichts.** Das Beschwerdegericht kann die Entscheidung der ersten Instanz hinsichtlich der Erfolgsaussichten, Mutwilligkeit und der Bedürftigkeit prüfen, ist allerdings daran gebunden, weshalb die Beschwerde eingelegt worden ist.[86] Die Beschwerdeentscheidung ist grundsätzlich nach dem **aktuellen letzten Erkenntnisstand** zu treffen, neue Tatsachen und Beweise sind gem. § 571 Abs. 2 S. 1 ZPO einzubeziehen.[87]

57 Es gilt das **Verschlechterungsverbot (Verbot der reformatio in peius)**.[88] Das Beschwerdegericht kann die getroffene Entscheidung nicht zu Lasten des Antragstellers abändern, wenn dieser die sofortige Beschwerde eingelegt hat. Maximal kann daher die sofortige Beschwerde verworfen bzw. zurückgewiesen werden. Hat das erstinstanzliche Gericht unter Auferlegung von Raten Verfahrenskostenhilfe bewilligt und wendet sich der Antragsteller gegen die (Höhe der) Raten, kann das Beschwerdegericht – wenn es zB die Erfolgsaussichten oder die Bedürftigkeit insgesamt verneint – keine höheren als die bereits angeordneten Raten auferlegen.[89]

58 Das Beschwerdegericht trifft in aller Regel eine **abschließende Entscheidung** über die Beschwerde, kann also der sofortigen Beschwerde ganz oder teilweise abhelfen oder diese ganz oder teilweise zurückweisen. In Ausnahmefällen kann es die angefochtene Entscheidung aufheben und zurückverweisen (§ 572 Abs. 3 ZPO) so zB, wenn die erste Instanz die Bedürftigkeit verneint hat und sich mit den Erfolgsaussichten nicht befasst hat.[90] Die Entscheidung ergeht durch **zu begründenden Beschluss**, der dem Beschwerdeführer **zuzustellen** und den übrigen Beteiligten in gleicher Weise wie die erstinstanzliche Entscheidung bekannt zu geben ist.[91]

59 **c) Kosten des Beschwerdeverfahrens.** Die Kosten des Beschwerdeverfahrens sind **nie erstattungsfähig.** Der Ausschluss der Kostenerstattung im Beschwerdeverfahren gemäß § 127 Abs. 4 ZPO gilt uneingeschränkt. Auf den Ausgang der Hauptsache bzw. die dort getroffene Kostenentscheidung kommt es nicht an. Aufgrund der gesetzlich angeordneten Rechtsfolge ist ein Ausspruch des Beschwerdegerichts zu den Kosten nicht erforderlich. Hat das Beschwerdegericht gleichwohl eine Kostenerstattung angeordnet, bleibt dies ohne Wirkungen.[92] Allerdings kann das Beschwerdegericht unter bestimmten Voraussetzungen von der Erhebung der Gerichtsgebühr ganz oder teilweise absehen.[93]

60 **d) Rechtsbeschwerde.** Gegen die Entscheidung des Beschwerdegerichts über die sofortige Beschwerde nach §§ 76 Abs. 2; 127 Abs. 2, Abs. 3 ZPO ist nunmehr die **Rechtsbeschwerde** das statthafte Rechtsmittel. Die Rechtsbeschwerde richtet sich nach den Vorschriften der §§ 70 ff., setzt also die **Zulassung** der Rechtsbeschwerde durch das Beschwerdegericht voraus (§ 70 Abs. 1). Eine Ausnahme gilt dann, wenn die dazugehörige Hauptsache eine der in § 70 Abs. 3 Nr. 1 genannten Betreuungssachen, eine Unterbringungs- oder eine Freiheitsentziehungssache betrifft. Dann ist gem. § 70 Abs. 3 eine Rechtsbeschwerde zulässig, wenn die Voraussetzungen des § 70 Abs. 2 S. 1 vorliegen.

§ 77 Bewilligung

(1) ¹ Vor der Bewilligung der Verfahrenskostenhilfe kann das Gericht den übrigen Beteiligten Gelegenheit zur Stellungnahme geben. ² In Antragsverfahren ist dem Antragsgegner vor der Bewilligung Gelegenheit zur Stellungnahme zu geben, wenn dies nicht aus besonderen Gründen unzweckmäßig erscheint.

(2) Die Bewilligung von Verfahrenskostenhilfe für die Vollstreckung in das bewegliche Vermögen umfasst alle Vollstreckungshandlungen im Bezirk des Vollstreckungsgerichts einschließlich des Verfahrens auf Abgabe der Versicherung an Eides statt.

---

[86] Oben § 127 ZPO Rn. 31; *Kalthoehner/Büttner/Wrobel-Sachs,* Prozesskosten- und Beratungshilfe, 4. Aufl. 2005, Rn. 898; str., aA *Zimmermann* PKH Rn. 721.
[87] Oben § 127 ZPO Rn. 30; OLG Brandenburg FamRZ 2002, 1419, 1420.
[88] OLG Brandenburg FamRZ 2008, 1354; OLG Karlsruhe FamRZ 2008, 423, oben § 127 ZPO Rn. 32.
[89] *Kalthoehner/Büttner/Wrobel-Sachs,* Prozesskosten- und Beratungshilfe, 4. Aufl. 2005, Rn. 898.
[90] Oben § 127 ZPO Rn. 33.
[91] Oben § 127 ZPO Rn. 30.
[92] *Zimmermann* PKH Rn. 728.
[93] Oben § 127 ZPO Rn. 34 m. weit. Nachw.

I. Stellungnahme der übrigen Beteiligten

Das Gericht **kann** nach Absatz 1 S. 1 den **Beteiligten** vor der Bewilligung von Verfahrenskostenhilfe **Gelegenheit zur Stellungnahme** geben. Es bleibt im Interesse einer schnellen und flexiblen Gestaltung des Verfahrens dem **Ermessen des Gerichts** überlassen, im Einzelfall zu bestimmen, welche Beteiligten (§ 7) vor der Bewilligung anzuhören sind. Eine Anhörung wird insbesondere dann geboten sein, wenn die verfahrensrechtliche Stellung durch die Gewährung von Verfahrenskostenhilfe berührt werden wird.[1] Wird einem beteiligten Dritten Gelegenheit zur Stellungnahme gegeben, gilt für diesen § 118 Abs. 1 S. 2 bis 4 ZPO (siehe Rn. 4). Eine Erstattung von Kosten, die den anderen Beteiligten entstanden sind, findet nicht statt. Unabhängig von der Erfolgsaussicht ist **auf Antrag** ein Gesuch auf Verfahrenskostenhilfe im Hinblick auf § 204 Nr. 14 BGB **(Hemmung der Verjährung durch Rechtsverfolgung)** dem Gegner stets bekannt zu geben.[2]   1

II. Stellungnahme des Antragsgegners

Dieses **Ermessen** des Gerichts wird in **Antragsverfahren**, die mit einem zu begründenden Sachantrag eingeleitet werden, durch S. 2 **eingeschränkt**. Danach ist dem Antragsgegner Gelegenheit zur Stellungnahme zu geben, wenn dies nicht aus besonderen Gründen unzweckmäßig erscheint. Dies entspricht der Rechtslage im insoweit vergleichbaren Zivilprozess (§ 118 Abs. 1 S. 1 ZPO) und auch der bisherigen Rechtsprechung zum FGG aF.[3] Die geänderte Regelung des § 117 Abs. 2 S. 2 ZPO ist dabei hervorzuheben (siehe unten Rn. 5).   2

Solche **besonderen Gründe** können ein von vornehrein aussichtsloser Antrag, eine außergewöhnliche Verzögerung des Verfahrens, eine besondere Eilbedürftigkeit der Sache sein, aber auch eine für das Antragsziel notwendige Überraschungswirkung.[4] Anders ist die Vorgabe des Gesetzgebers in Verfahren, die von Amts wegen eingeleitet werden. Hier ist anderen Beteiligten nur dann Gelegenheit zur Stellungnahme zu geben, wenn ihre verfahrensrechtliche Stellung durch die Gewährung von Verfahrenskostenhilfe berührt werden würde, ihre Situation also derjenigen einem kontradiktorischen Verfahren gleich kommt. Das ist dann der Fall, wenn der andere Beteiligte das Verfahren mit einem Ziel führt, dass den Absichten des Verfahrenskostenhilfe-Antragstellers entgegen läuft.   3

III. Weiteres Verfahren nach der Stellungnahme

Wenn einem anderen Beteiligten Gelegenheit zur Stellungnahme gegeben wird, richtet sich das weitere Verfahren entsprechend **§ 118 Abs. 1 S. 2 bis 4 ZPO**. Das Gericht kann die Beteiligten zu einem Termin laden, wenn eine Einigung zu erwarten ist. Die Anwendung von Zwangsmitteln ist jedoch nicht zulässig. Der andere Beteiligte kann keine Kostenerstattung verlangen.   4

IV. Übermittlung der Angaben über Verfahrenskostenhilfe an den Antragsgegner

Von praktischer Bedeutung ist in diesem Zusammenhang auch die geänderte Fassung des (§ 117 Abs. 2 S. 2 ZPO. Anders als bisher kann danach das Gericht in allen Verfahren der freiwilligen Gerichtsbarkeit wie den der ZPO unterliegenden Familienstreitverfahren **Einkommensdaten des Beteiligten,** der Verfahrenskostenhilfe beantragt, auch ohne dessen Zustimmung der anderen Partei zugängig machen. Das zu beachtende Verfahren ist allerdings recht aufwändig gestaltet. Dem Antragsteller ist vor der Übermittlung seiner Erklärung Gelegenheit zur Stellungnahme zu geben. Er ist über die Übermittlung zu unterrichten. Die Regelung dient nicht dazu, den anderen Beteiligten über die wirtschaftlichen Verhältnisse des Antragstellers zu informieren. Der Gesetzgeber erhofft sich statt dessen von dieser Regelung, eine größere Richtigkeit der Angaben zu erreichen, weil der andere Beteiligte falsche oder fehlende Angaben aufdecken wird.[5]   5

Voraussetzung hierfür ist, dass der Antragsgegner gegen den Antragsteller nach den Vorschriften des bürgerlichen Rechts einen **materiell-rechtlichen Anspruch auf Auskunft** über die Einkünfte und das Vermögen des Antragstellers hat. Ein solcher Anspruch ist nach §§ 1361 Abs. 4 S. 4, 1580, 1605 Abs. 1 S. 1 BGB gegeben. Es reicht aber aus, dass zwischen den Beteiligten ein solcher An-   6

---

[1] *Büte* FPR 2009, 14.
[2] BGH NJW 2008, 1939.
[3] Dazu siehe *Keidel/Kuntze/Winkler* § 14 FGG Rn. 15.
[4] *Schürmann* FamRB 2009, 58, 59.
[5] *Schürmann* FuR 2009, 130, 132; *Schürmann* FamRB 2009, 58, 59 bezweifelt, dass dieses Ziel erreicht wird und sieht für die Vorschrift nur ein Nischendasein.

§ 78 1

spruch besteht – mehr verlangt das Gesetz nicht. Nach dem Gesetzeswortlaut genügt also die **Existenz des Auskunftsanspruchs** nach den Vorschriften des BGB. Ein solcher Anspruch muss nicht konkret fällig sein, so dass bei einer zugrundeliegenden Auskunftsverpflichtung unter Verwandten weder ein Auskunftsverlangen des Auskunftsberechtigten (§ 1605 Abs. 1 S. 1 BGB) erforderlich ist noch die Zweijahresfrist des § 1605 Abs. 2 BGB zu beachten ist. Auch kommt es nicht darauf an, ob die Auskunft vom Anspruchsberechtigten tatsächlich verlangt werden kann (dazu müsste sie zur Durchsetzung einer Unterhaltsforderung tatsächlich erforderlich sein). Die Regelung ist folglich nicht nur dann anwendbar, wenn Gegenstand des Verfahrens ein Unterhaltsanspruch ist.[6]

7   Jedoch ist vor der Weiterleitung der Unterlagen eine entsprechende **Vorankündigung** und die Gewährung **rechtlichen Gehörs** notwendig (§ 117 Abs. 2 S. 3 ZPO in der seit dem 1. 9. 2009 geltenden Fassung). Diese Neuregelung dient nach der Gesetzesbegründung der **Verfahrensökonomie** und Verfahrensbeschleunigung. In unterhalts- und güterrechtlichen Verfahren über die Gewährung von Verfahrenskostenhilfe dürften Auskunfts- und Stufenklagen daher seltener erforderlich sein. Sie hat aber auch den nicht unerwünschten Effekt, dass derjenige, der unwahre oder unvollständige Angaben über seine persönlichen und finanziellen Verhältnisse macht, Gefahr läuft, aufzufallen.

V. Bewilligung der Verfahrenskostenhilfe auch für die Vollstreckung

8   Der Beschluss, durch den ein Antrag ganz oder teilweise zurückgewiesen worden ist, ist dem Beteiligten mit einer Rechtsmittelbelehrung (§ 39) **zuzustellen.**

VI. Verfahrenskostenhilfe auch für die Vollstreckung

9   Die Bewilligung von Verfahrenskostenhilfe für die Vollstreckung in das bewegliche Vermögen umfasst **alle Vollstreckungshandlungen** im Bezirk des Vollstreckungsgerichts einschließlich des Verfahrens auf Abgabe der Versicherung an Eides statt (§ 77 Abs. 2). Das entspricht wörtlich dem § 119 Abs. 2 ZPO; für die Vollstreckung in das unbewegliche Vermögen muss folglich Verfahrenskostenhilfe besonders beantragt und bewilligt werden.[7]

§ 78 Beiordnung eines Rechtsanwalts

(1) Ist eine Vertretung durch einen Rechtsanwalt vorgeschrieben, wird dem Beteiligten ein zur Vertretung bereiter Rechtsanwalt seiner Wahl beigeordnet.

(2) Ist eine Vertretung durch einen Rechtsanwalt nicht vorgeschrieben, wird dem Beteiligten auf seinen Antrag ein zur Vertretung bereiter Rechtsanwalt seiner Wahl beigeordnet, wenn wegen der Schwierigkeit der Sach- und Rechtslage die Vertretung durch einen Rechtsanwalt erforderlich erscheint.

(3) Ein nicht in dem Bezirk des Verfahrensgerichts niedergelassener Rechtsanwalt kann nur beigeordnet werden, wenn hierdurch besondere Kosten nicht entstehen.

(4) Wenn besondere Umstände dies erfordern, kann dem Beteiligten auf seinen Antrag ein zur Vertretung bereiter Rechtsanwalt seiner Wahl zur Wahrnehmung eines Termins zur Beweisaufnahme vor dem ersuchten Richter oder zur Vermittlung des Verkehrs mit dem Verfahrensbevollmächtigten beigeordnet werden.

(5) Findet der Beteiligte keinen zur Vertretung bereiten Anwalt, ordnet der Vorsitzende ihm auf Antrag einen Rechtsanwalt bei.

I. Anwaltsbeiordnung bei Anwaltszwang (Abs. 1)

1   Die Beiordnung eines Rechtsanwalts ist für die Ehe- und Familienstreitsachen und die Verfahren der freiwilligen Gerichtsbarkeit **unterschiedlich** geregelt. In den **Ehe- und Familienstreitsachen** gilt § 121 ZPO. Anwaltszwang besteht nach § 114 Abs. 1 in Ehesachen und Folgesachen und selbständigen Familienstreitsachen iSd. § 112, also auch in Unterhaltssachen (auch bei Verfahren im einstweiligen Rechtsschutz) sowie in allen sonstigen Familiensachen. Da sich der **Anwaltszwang** nunmehr bereits in der ersten Instanz und unabhängig vom Streitwert auf alle Verfahren erstreckt,

---

[6] So wohl auch *Groß* FPR 2006, 430, 431; *Keidel/Zimmermann* Rn. 30. AA *Schürmann* FamRB 2009, 58, 59; *Schürmann* FuR 2009, 130, 132; *Harms,* in: *Friederici/Kemper,* Familienverfahrensrecht 2009, § 76 Rn. 17.

[7] *Zimmermann* FamFG Rn. 197.

ergibt sich die notwendige Beiordnung eines Rechtsanwalts unmittelbar aus dem Gesetz (§ 121 Abs. 1 ZPO).

In **selbstständigen FGG-Verfahren** tritt hingegen die speziellere Regelung des § 78 an die 2 Stelle des § 121 ZPO, ohne dass dabei nach Antragsverfahren und den von Amts wegen eingeleiteten Verfahren unterschieden wird. Im Verfahren über die **Verfahrenskostenhilfe** bedarf es der Vertretung durch einen Anwalt nicht (§ 114 Abs. 4).

II. Anwaltsbeiordnung in Verfahren ohne Anwaltszwang (Abs. 2)

Diese Regelung betrifft **Umgangs-** und **Sorgerechtsstreitigkeiten,** Entscheidungen nach 3 § 1666 BGB, **Abstammungssachen** sowie die Verfahren über **Ehewohnung** und **Hausrat**.

1. Schwierigkeit der Sache. In Verfahren ohne Anwaltszwang ist für die Beiordnung eines 4 Rechtsanwalts ausschließlich die **Schwierigkeit der Sach- und Rechtslage** maßgeblich. Dabei beurteilt sich die Erforderlichkeit der Beiordnung nach objektiven Aspekten,[1] nicht dagegen nach der **Schwere des Eingriffs in die Rechte eines Beteiligten.** Hier sind nach der Gesetzesbegründung die Interessen des Beteiligten vielmehr in hinreichendem Umfang durch die Bestellung eines Verfahrenspflegers (§§ 276, 317) gewährt. Dieser nimmt in rechtlich und tatsächlich einfach und durchschnittlich gelagerten Fällen die Interessen des Betroffenen wahr. Dies führt dazu, dass ein Teil der bisherigen Rechtsprechung nicht mehr ohne weiteres zu grunde gelegt werden kann. So hat der BGH entschieden, dass wegen der Bedeutung einer Statusfeststellung und der existenziellen Bedeutung sofort ein Rechtsanwalt beizuordnen sei.[2] Diese Erwägungen dürften nach dem neuen Recht nicht mehr genügen.[3] Die Gerichte werden sich bald mit der Frage befassen müssen, ob diese Einschätzung des Gesetzgebers den verfassungsrechtlichen Vorgaben entspricht, nach denen eine mittellose Partei nicht schlechter gestellt werden darf als eine Partei, die die Kosten des Rechtsstreits selbst aufbringen kann.[4]

Die **Beiordnung eines Rechtsanwalts** soll dagegen nur dann erfolgen, wenn der Fall rechtlich 5 und tatsächlich so schwierig gelagert ist, dass es erforderlich erscheint, dem Betroffenen zur hinreichenden Wahrung seiner Rechte einen Rechtsanwalt beizuordnen. Die Beiordnung eines Anwaltes wird daher nur noch in Ausnahmefällen in Betracht kommen.[5] Der Gesetzeswortlaut verlangt die Schwierigkeit der Sach- und Rechtslage; danach muss der Verfahrensgegenstand sachlich und rechtlich so schwierig gelagert sein, dass eine Vertretung durch einen Rechtsanwalt zur Wahrung seiner Rechte erforderlich ist.[6] Teilweise wird jedoch künftig ein komplexer Sachverhalt *oder* eine schwierige Rechtslage – die sich auch aus dem Verfahrensrecht ergeben kann – als ausreichend angesehen.[7] Persönliche Gründe des Antragstellers wie etwa eine Unbewandertheit in rechtlichen Dingen sind angesichts des gerichtlichen Amtsermittlungsgrundsatzes ohne Belang.[8]

Liegen diese engen Voraussetzungen für die Beiordnung eines Rechtsanwalts vor, so ist sie gegen- 6 über der Bestellung eines Verfahrenspflegers in Betreuungs- und Unterbringungssachen grundsätzlich vorrangig. Dies ergibt sich aus §§ 276 Abs. 4, 317 Abs. 4. Der Beiordnung eines Rechtsanwaltes kommt damit ein **Vorrang zu Lasten der Beiordnung eines Verfahrenspflegers** zu.

2. Keine Geltung des Prinzips der Waffengleichheit. In den herkömmlichen Verfahren der 7 freiwilligen Gerichtsbarkeit ist in Abweichung von § 121 Abs. 2 2. Alt. ZPO[9] nach der Gesetzesbegründung **die Beiordnung eines Rechtsanwaltes** auch nicht bereits deshalb geboten, weil ein anderer Beteiligter anwaltlich vertreten ist. Im Zivilprozess ist immer dann ein Anwalt beizuordnen, wenn der Gegner durch einen Rechtsanwalt vertreten ist (§ 121 Abs. 2 Alt. 2 ZPO), Grundsatz der **„Waffengleichheit".** Umstritten war, ob dieser Grundsatz auch im FGG-Verfahren galt.

Das FamFG hat dieses Kriterium im Anwendungsbereich von §§ 76 bis 79 ausdrücklich nicht 8 übernommen, weil letztlich Kosten vermieden werden sollten.[10] Der Grundsatz der Waffengleichheit greift hier nicht, weil dieser sich aus den Besonderheiten des Zivilprozesses und damit aus dem Prinzip

---

[1] Dagegen will *Keidel/Zimmermann* Rn. 4 auch auf subjektive Kriterien wie die Gewandheit bzw. Ungewandheit des Beteiligten abstellen; ebenso *Bumiller/Harders* Rn. 3.
[2] BGH FamRZ 2008, 1968.
[3] *Schürmann* FamRB 2009, 58, 60.
[4] BVerfG FamRZ 2002, 531, 532; *Harms,* in: *Friederici/Kemper* Rn. 5.
[5] *Götsche* FamRZ 2009, 383, 386. Weniger streng *Büttner* FF 2009, 242, 243.
[6] *Götsche* FamRZ 2009, 383, 387.
[7] *Schürmann* FamRB 2009, 58, 60 m. weit. Nachw.
[8] *Götsche* FamRZ 2009, 383, 387.
[9] Dazu oben § 121 ZPO Rn. 1 ff.; *Zimmermann* PKH Rn. 334 ff.
[10] *Büte* FPR 2009, 14, 15.

des kontradiktorischen ZPO-Verfahrens – der Parteiherrschaft[11] – ergibt, das gerade hier nicht vorliegt und sich auf Grund der gerichtlichen Fürsorgepflicht auch nicht übertragen lässt. Zwar enthalten auch Antragsverfahren gewisse Elemente des Parteiprozesses; diese Elemente prägen das Verfahren jedoch nicht so entscheidend, dass es seinen besonderen Fürsorgecharakter verlöre. Die Parteien haben keine dem Zivilprozess vergleichbare Verantwortung für die Beibringung der entscheidungsrelevanten Tatsachen. Der Gesetzgeber ist der Auffassung, dass die Chancengleichheit aller Beteiligten in Verfahren mit Amtsermittlungsgrundsatz gem. § 26 bereits gewährleistet ist durch die gerichtliche Verfahrensführung mit der Verpflichtung, den Sachverhalt von Amts wegen aufzuklären. Diese gesetzgeberische Grundentscheidung ist zu respektieren. Damit ist der Umstand, dass ein anderer Beteiligter anwaltlich vertreten ist, nur ein weiteres Abwägungskriterium, führt aber keinesfalls zwingend dazu, dass immer ein Anwalt beizuordnen ist, wenn der „Gegner" von einem Anwalt vertreten wird.[12]

9   **Keine Anwendung** findet dieser Rechtsgedanke auf **Familienstreitsachen** (also **Unterhaltssachen** gem. § 112 Nr. 1 iVm. § 231 und **Güterrechtssachen** nach § 112 Nr. 2 iVm. § 261) und **Ehesachen,** auf die gemäß § 113 Abs. 1 die Vorschriften der Zivilprozessordnung über die **Prozesskostenhilfe** entsprechend anzuwenden sind. Damit ist bei diesen Verfahren auch § 121 Abs. 2 S. 2 ZPO entsprechend anzuwenden, so dass ein Anwalt beizuordnen ist, wenn der Gegner anwaltlich vertreten ist. In Ehesachen erstreckt sich wegen § 149 die Bewilligung von Prozesskostenhilfe auch auf die **Versorgungsausgleichsache,** sofern nicht deren Erstreckung ausdrücklich ausgeschlossen wird. Es bleibt insoweit bei der früheren Rechtslage des § 624 Abs. 2 ZPO.[13]

10 **Umgangsrechtsverfahren** sind jedoch keine Familienstreitsachen, sodass hier die ZPO-Vorschriften mit dem Grundsatz der Waffengleichheit keine Anwendung finden. Zwar werden Verfahren, „die aus dem Umgangsrecht herrührende Ansprüche betreffen", in der Liste der Familienstreitsachen gem. § 112 Nr. 3 iVm. § 266 Abs. 1 Nr. 5 aufgeführt. Damit gemeint ist aber nicht das Umgangsrecht selbst. Denn solche Streitigkeiten über das Umgangsrecht selbst fallen nach der Terminologie des FamFG unter die **Kindschaftssachen** gem. § 151 Nr. 1. Familienstreitsachen iSd. § 266 Nr. 5 sind zB in der Praxis nur selten auftretende Verfahren über Schadensersatzansprüche wegen Vereitelung einer gerichtlichen Umgangsregelung.[14] Auch aus der Tatsache, dass die Beteiligten in Umgangsrechtsverfahren regelmäßig entgegengesetzte Ziele verfolgen, ergibt sich nach dem neuen Recht nicht die Pflicht zur Anwaltsbeiordnung aus dem Grundsatz der Waffengleichheit.[15] Nach der Gesetzesbegründung steht auch in diesen Verfahren nicht die Durchsetzung der Interessen der sich mit entgegengesetzten Anliegen gegenüberstehenden Eltern im Vordergrund, sondern das Finden einer dem Wohl des Kindes angemessenen Lösung.

11 Auf Verfahren des FamFG, an denen sich eine Mehrheit von Personen beteiligen können, wie die Verfahren in **Nachlasssachen** oder die Verfahren in **Betreuungssachen,** ist der Gedanke der Waffengleichheit bereits deshalb nicht übertragbar, weil diese Verfahren nicht wesentlich von zwei sich kontradiktorisch gegenüber stehenden Beteiligten geprägt sind.

III. § 78 Abs. 3 bis 5

12 Die Absätze 3 bis 5 entsprechen inhaltlich § 121 Abs. 3 bis 5 ZPO.[16] Sie wurden lediglich zur Klarstellung ausdrücklich in die Vorschrift aufgenommen.

13 **1. Auswahl des Anwalts.** Ein nicht in dem Bezirk des Verfahrensgerichts niedergelassener Rechtsanwalt kann nur beigeordnet werden, wenn hierdurch besondere Kosten nicht entstehen (§ 78 Abs. 3). Daraus folgt, dass ein Beteiligter, der ein Verfahren vor einem anderen Gericht als dem für seinen Wohnort zuständigen führen will, einen am Gerichtssitz tätigen Anwalt beauftragen muss und nicht einen Anwalt am Wohnort. Denn zusätzliche Kosten können in Form von Anwaltskosten entstehen, hauptsächlich Reisekosten des auswärtigen Anwalts zum hiesigen Gericht und Abwesenheitsgeld (RVG W 7003, 7005); ferner zusätzliche Kosten des Antragstellers. Jedoch fallen keine Mehrkosten an, wenn der Anwalt erklärt, zu den Bedingungen eines ortsansässigen Anwalts tätig zu werden. Eine solche Erklärung kann auch stillschweigend abgegeben werden.[17]

---

[11] *Götsche* FamRZ 2009, 383, 387.
[12] FamFG, Rn. 193; weitergehender *Büte* FPR 2009, 14, 15.
[13] *Kroiß/Seiler* § 3 Rn. 117.
[14] Vgl. *Baumbach/Lauterbach/Hartmann* § 266 ZPO Rn. 14; *Schulz/Hauß* FamR, FamFG Rn. 107, *Kroiß/Seiler* § 3 Rn. 469, *Kemper,* FamFG – FGG-ZPO, 2009, S. 227 Fn. 367.
[15] *Götsche,* in: *Horndasch/Viefhues,* FamFG 2009, § 78 Rn. 34; anders *Keidel/Zimmermann* Rn. 12 und *Musielak/Borth* Rn. 4, die im Regelfall eine Anwaltsbeiordnung bejahen.
[16] Siehe oben § 121 ZPO Rn. 14 ff.
[17] *Zimmermann* PKH Rn. 274.

Allerdings enthält der für den Fall der Bewilligung von Prozesskostenhilfe gestellte Beiordnungs- **14** antrag eines nicht bei dem Prozessgericht zugelassenen Rechtsanwalts **regelmäßig kein konkludentes Einverständnis** mit einer dem Mehrkostenverbot des § 121 Abs. 3 ZPO entsprechenden Einschränkung der Beiordnung nur zu den Bedingungen eines am Prozessgericht zugelassenen Rechtsanwalts.[18] Daher muss das Gericht entsprechend **rückfragen,** bevor die Einschränkung aufgenommen wird. Äußert sich der Anwalt auf Anfrage des Gerichts zum Verzicht nicht, dann kann dies als konkludentes Einverständnis verstanden werden, weil zu unterstellen ist, dass einem Anwalt §§ 78 Abs. 3, § 121 Abs. 3 ZPO bekannt ist.[19] Verzichtet dagegen der Anwalt ausdrücklich nicht auf die Reisekosten, dann kann er nicht zu den Bedingungen eines ortsansässigen Anwalts beigeordnet werden. Der Antragsteller muss sich dann einen anderen Anwalt suchen oder die Differenz selbst zahlen.[20] Ob eine ohne jegliche Rückfrage beim Anwalt und ohne Anhaltspunkte für eine konkludente Zustimmung vorgenommene Einschränkung wirksam ist, ist umstritten.[21] Das Gericht muss einen solchen – zulässigen[22] – **einschränkenden Zusatz** der Beiordnung zu den Bedingungen eines ortsansässigen Anwalts aber **ausdrücklich** in den **Beiordnungsbeschluss** aufnehmen.

Nur der Verzicht und die entsprechend eingeschränkte Beiordnung beschränken den Vergütungs- **15** anspruch des Anwaltes gegenüber der Staatskasse. Der Anwalt kann bei beschränkter Beiordnung seine Reisekosten trotz § 79 FamFG, § 122 ZPO von der armen Partei fordern, weil er insoweit eben nicht beigeordnet wurde, die Sperre nach § 122 ZPO also nicht eintritt; andernfalls mindert das seinen Gewinn.[23] Fehlt eine solche Einschränkung, muss der Anwalt voll honoriert werden.[24]

2. Beweisanwalt. Wenn besondere Umstände dies erfordern, kann dem Beteiligten auf seinen **16** Antrag ein zur Vertretung bereiter Rechtsanwalt seiner Wahl zur Wahrnehmung eines Termins zur Beweisaufnahme vor dem ersuchten Richter oder zur Vermittlung des Verkehrs mit dem Verfahrensbevollmächtigten beigeordnet werden (78 Abs. 4).

3. Notanwalt. Findet der Beteiligte keinen zur Vertretung bereiten Anwalt, ordnet der Vorsitzen- **17** de ihm auf Antrag einen Rechtsanwalt bei (§ 78 Abs. 5). Es kann zB beim BGH Probleme bereiten, einen (gegen Bezahlung oder in Verfahrenskostenhilfe) vertretungsberechtigten Anwalt zu finden, wenn der Streitwert der Rechtsbeschwerde gering ist. Dabei muss der Antragsteller mindestens bei fünf Anwälten erfolglos nachfragen, ob sie zur Übernahme des Mandates bereit sind und dies substantiiert vortragen und nachweisen.[25] Der nach § 78 Abs. 5 beigeordnete Anwalt muss grds. das Mandat übernehmen, § 48 BRAO.

§ 79 (entfallen)

---

[18] BGH v. 10. 10. 2006 – XI ZB 1/06, FamRZ 2007, 37 = NJW 2006, 3783, 3784.
[19] BGH NJW 2006, 3783; OLG Düsseldorf FamRZ 2006, 1613; aA OLG Celle FamRZ 2006, 155.
[20] *Zimmermann* FamFG Rn. 194.
[21] Dazu *Zimmermann* PKH Rn. 274.
[22] BGH NJW 2006, 1881; BGH FamRZ 2004, 1362.
[23] *Zimmermann* FamFG Rn. 194.
[24] OLG Oldenburg FamRZ 2004, 1804; *Zimmermann* PKH Rn. 274.
[25] *Zimmermann* FamFG Rn. 196 m. weit. Nachw.

Abschnitt 7. Kosten

Schrifttum: *Zimmermann, Walter,* Die Kostenentscheidung im FamFG, FamRZ 2009, 377 ff.; *Krause/Lambert,* Die Kosten in Familiensachen nach dem FamFG, FamRB 2009, 123 f.

§ 80 Umfang der Kostenpflicht

¹ Kosten sind die Gerichtskosten (Gebühren und Auslagen) und die zur Durchführung des Verfahrens notwendigen Aufwendungen der Beteiligten. ² § 91 Abs. 1 Satz 2 der Zivilprozessordnung gilt entsprechend.

I. Anwendungsbereich

1   Die Vorschrift gilt in allen Verfahren im Anwendungsbereich des FamFG einschließlich des einstweiligen Anordnungsverfahrens (vgl. § 51 Abs. 4) und des Vollstreckungsverfahrens (§ 87 Abs. 5), **ausgenommen** jedoch Ehe- und Familienstreitsachen (§ 113 Abs. 1 S. 1).¹ Im Anwendungsbereich der Vorschrift sind jedoch zahlreiche speziellere Vorschriften zu beachten.

II. Systematische Stellung

2   Die Vorschrift regelt **nicht** die Kostenbeziehungen zwischen dem Beteiligten und seinem Rechtsanwalt, zwischen dem Beteiligten und der Staatskasse oder zwischen mehreren Beteiligten. Erstere werden durch den Anwaltsvertrag zwischen Anwalt und Mandanten sowie das RVG geregelt, zweitere durch das FamGKG bzw. die KostO, letztere durch prozessuale und materielle Kostenerstattungsansprüche. Die Kosten für die Anfertigung von Aktenauszügen, -kopien und -abschriften sowie für Ausfertigungen, die im Rahmen von Akteneinsichtsgewährungen entstehen, fallen gem. § 13 Abs. 3 der Person zur Last, die die Akteneinsicht beantragt hat.

3   Die genannten Kostenbeziehungen berühren nicht die Frage der Notwendigkeit der Kosten. Ob beispielsweise Rechtsanwaltskosten „notwendig" waren, spielt für die Frage, ob der Anwalt Honoraransprüche gegen seinen Mandanten hat, keine Rolle. Vielmehr definiert S. 1 den Kostenbegriff nur, soweit er für die nachfolgenden Vorschriften, insbesondere die **Regelungen zur Kostenerstattung** von Bedeutung ist.

III. Regelungsgehalt

4   Wie in allen anderen Kostengesetzen und Verfahrensordnungen mit prozessualen Kostenerstattungen wird – jedenfalls bezogen auf die Definition der „Gerichtskosten" – differenziert zwischen den „Gebühren" und den „Auslagen". Dass die den Beteiligten entstehenden Kosten als „Aufwendungen" bezeichnet werden, stellt **keine Abkehr** vom bislang üblichen Begriff der „außergerichtlichen Kosten" der Parteien bzw. Beteiligten dar, der beispielsweise in § 150 Abs. 3 weiterhin benutzt wird.

5   **1. Gerichtskosten.** Ob und in welcher Höhe Gerichtskosten anfallen und wer Kostenschuldner ist, ergibt sich für den Bereich der Familiensachen und der Angelegenheiten der freiwilligen Gerichtsbarkeit aus dem FamGKG, das zusammen mit dem FamFG in Kraft tritt. Dies gilt allerdings nur, soweit nichts anderes gesetzlich bestimmt ist (§ 1 FamGKG). Für bestimmte Angelegenheiten der freiwilligen Gerichtsbarkeit (Nachlass-, Betreuungs-, Unterbringungs-, Zuweisungs-, Freiheitsentziehungs-, Teilungs-, Register- und Aufgebotssachen, den unternehmensrechtlichen Verfahren und den in §§ 410–414 geregelten weiteren Angelegenheiten der freiwilligen Gerichtsbarkeit) stellt die KostO eine solche anderweitige Regelung dar. Die Beitreibung von Gerichtsgebühren und -auslagen erfolgt nach der JBeitreibungsO.

---

¹ AA *Baumbach/Lauterbach/Hartmann* § 81 Rn. 1, der die Vorschriften §§ 80 ff. als Auffangtatbestände für anwendbar hält, wenn die spezielleren Vorschriften für Ehe- und Familienstreitsachen keine Regelung enthalten.

Umfang der Kostenpflicht 6–11 § 80

Zu den **gerichtlichen Auslagen** gehören auch der Aufwendungsersatz, der einem Verfahrenspfleger in Betreuungs-, Unterbringungs- und Freiheitsentziehungssachen zu bezahlen ist (§§ 277 Abs. 5 S. 1, 318, 419 Abs. 5 S. 1). 6

Durch spezielle Vorschriften werden Kosten als bei der Durchführung des Verfahrens entstandene Kosten behandelt, obwohl sie aus **anderen Verfahren** herrühren: 7

§ 3 Abs. 4: Kosten aus der Anrufung eines unzuständigen Gerichts werden nach Verweisung an das zuständige Gericht als Teil der Kosten behandelt, die beim Gericht anfallen, an das verwiesen wurde.

§ 165 Abs. 5 S. 3: Kosten eines vorausgegangenen erfolglosen **Vermittlungsverfahrens** werden in Abhängigkeit von Fristabläufen als Kosten eines nachfolgenden Sorgerechts- oder Umgangsverfahrens behandelt.

§ 255 Abs. 5: Kosten des **vereinfachten Verfahrens** über den **Unterhalt Minderjähriger** werden bei Übergang ins streitige Verfahren als Teil der Kosten des streitigen Verfahrens behandelt.

Dagegen werden in Folge der Verselbständigung des einstweiligen Anordnungsverfahrens die dort angefallenen Kosten nicht mehr als Kosten des Hauptsacheverfahrens behandelt; über diese wird vielmehr zusammen mit der Sachentscheidung im einstweiligen Anordnungsverfahren entschieden, § 51 Abs. 2.

2. Aufwendungen der Beteiligten. Die „Aufwendungen" der Beteiligten gliedern sich – wie bisher die „außergerichtlichen Kosten" – in Rechtsanwaltskosten, das sind die Aufwendungen, die sich für einen Beteiligten aus den gegen ihn gerichteten Honoraransprüchen seines Rechtsanwalts ergeben, und eigene Auslagen, das sind die Aufwendungen, die dem Beteiligten neben den Rechtsanwaltskosten entstehen, wie eigene Reisekosten und Verdienstausfall für die Wahrnehmung von Gerichtsterminen, was durch die Bezugnahme auf § 91 Abs. 1 S. 2 ZPO ausdrücklich klargestellt ist, aber auch Kosten für die Beschaffung von Urkunden, Registerauszügen u. ä. 8

Aufwendungen des Beteiligten sind nur dann „Kosten" iSv. S. 1, wenn sie „notwendig" sind. Obwohl S. 2 nur auf § 91 Abs. 1 S. 2 ZPO verweist und damit dem Wortlaut nach nur die Kosteneigenschaft des Zeitaufwands für Reisen und Terminswahrnehmungen des Beteiligten regelt, ergibt sich aus dieser Verweisung, dass der Begriff „notwendig" genauso zu verstehen ist wie in § 91 Abs. 1 S. 1 ZPO. Danach ist entscheidend, dass die Kosten im Zeitpunkt ihrer Aufwendung nach der **allgemeinen Verkehrsanschauung** objektiv aufzuwenden waren, ohne dass es auf subjektive Bewertungen des Beteiligten oder eine ex-post-Betrachtung im Zeitpunkt der Kostenfestsetzung ankäme; die Verhältnismäßigkeit des Kostenaufwands ist zu beachten.[2] Es gilt der Grundsatz möglichst sparsamer Verfahrensführung. 9

Da S. 2 – wie schon bisher § 13a Abs. 3 FGG – nur auf § 91 Abs. 1 S. 2 ZPO, nicht jedoch auf § 91 Abs. 2 ZPO verweist, sind **Rechtsanwaltskosten** nicht zwingend „notwendige" (und damit gem. § 81 erstattungsfähige) Aufwendungen. Vielmehr ist ihre Notwendigkeit im Einzelfall nach S. 1 festzustellen.[3] Sie ist dem Grunde nach gegeben, wenn die Sache eine gewisse Schwierigkeit aufweist. Allerdings ist es für juristisch nicht Vorgebildeten oftmals nur schwer abzuschätzen, ob eine Sache so „schwierig" ist, dass eine Hinzuziehung eines Rechtsanwalts notwendig ist oder nicht; aus diesem Grunde dürften Kosten für die Beauftragung eines Rechtsanwalts dem Grunde nach nur bei ganz einfach gelagerten Sachverhalten nicht „notwendig" sein. Selbst im Falle grundsätzlicher Notwendigkeit der Hinzuziehung eines Rechtsanwalts müssen die angefallenen Rechtsanwaltskosten der Höhe nach auf ihre Notwendigkeit hin überprüft werden, zB ob die Reise des Anwalts zu einem Beweisaufnahme-Termin geboten war. Bei wirksam vereinbarten Anwaltshonoraren markiert der gesetzliche Mindestbetrag des Honorars die Untergrenze des „Notwendigen". Ein Rechtsanwalt kann grundsätzlich nicht Erstattung von in eigener Sache angefallenen Gebühren verlangen.[4] Diese Beschränkungen gelten jedoch nur im Anwendungsbereich der Vorschrift. Soweit es sich um Ehesachen und Familienstreitsachen handelt, sind die Anwaltskosten durch die Verweisung auf die Allgemeinen Vorschriften der ZPO – und damit auf § 91 Abs. 2 ZPO – stets (erstattungsfähige) Kosten. 10

Zu den „Aufwendungen" eines Beteiligten gehören die Kosten eines von ihm hinzugezogenen **Sachverständigen, Übersetzers oder Dolmetschers** sowie die Kosten für die **Informationsbeschaffung** einschließlich der Aufwendungen für Registerauszüge, Urkundenausfertigungen usw., die im Rahmen des Notwendigen erstattungsfähig sind, uU auch Reisen zur Information des Bevollmächtigten, Kosten eines Gutachtens über ausländisches Recht.[5] Auch Kostenvorschüsse an die 11

---
[2] Schleswig SchlHA 1984, 48; Keidel/Zimmermann Rn. 5.
[3] Bumiller/Harders Rn. 5; Keidel/Zimmermann Rn. 2, § 85 Rn. 9.
[4] BayObLG Rpfleger 77, 438.
[5] LG Bremen, Rpfleger 65, 235.

Staatskasse auf die Gerichtskosten sind solche „Aufwendungen", ebenso Unterbringungs- und Heilbehandlungskosten.[6] Nicht zu den Aufwendungen gehört hingegen der Zeitaufwand, der einem Beteiligten durch die Verfahrensführung als solche entsteht wie Aktenstudium, Lesen und Anfertigen von Schriftsätzen.[7]

12 Im **Vereinfachten Verfahren** über den Unterhalt **Minderjähriger** werden die erstattungsfähigen Kosten, dh. insbesondere die notwendigen Aufwendungen eines Beteiligten nur berücksichtigt, soweit sie ohne weiteres ermittelt werden können, wofür allerdings die für die Berechnung notwendigen Angaben des Antragstellers ausreichen (§ 253 Abs. 1 S. 3).

13 Sind einem Beteiligten Kosten zu erstatten, so umfasst dies auch die Kosten seines **Streithelfers**.[8]

14 Wenn **Behörden** Beteiligte sind (§ 8 Nr. 3), können die Kosten für die Einschaltung eines Rechtsanwalts und die Auslagen für Terminswahrnehmungen erstattungsfähig sein. Die allgemeinen Ausgaben für die personelle und sächliche Ausstattung zur Aufgabenerfüllung können nicht auf den Einzelfall umgelegt und im Wege der Kostenerstattung liquidiert werden. Auch die Kosten für die Hinzuziehung von Sachverständigen, Dolmetschern, Übersetzern u. ä. im Vorfeld des gerichtlichen Verfahrens können als allgemeine Kosten der Aufgabenerfüllung nicht erstattet werden.

IV. Bedeutung für die Kostenfestsetzung

15 Über die Frage, ob Aufwendungen „notwendig" waren, wird im **Kostenfestsetzungsverfahren** entschieden. Eine Ausnahme ergibt sich dann, wenn die Erstattungsfähigkeit bestimmter Kosten bereits in der Kostengrundentscheidung angeordnet wurde. Wenn beispielsweise die „Erstattung der Anwaltskosten" auferlegt wurde, ist hierdurch für das Kostenfestsetzungsverfahren bindend festgestellt, dass die Anwaltskosten dem Grunde nach erstattungsfähig sind.[9]

§ 81 Grundsatz der Kostenpflicht

(1) ¹Das Gericht kann die Kosten des Verfahrens nach billigem Ermessen den Beteiligten ganz oder zum Teil auferlegen. ²Es kann auch anordnen, dass von der Erhebung der Kosten abzusehen ist. ³In Familiensachen ist stets über die Kosten zu entscheiden.

(2) Das Gericht soll die Kosten des Verfahrens ganz oder teilweise einem Beteiligten auferlegen, wenn
1. der Beteiligte durch grobes Verschulden Anlass für das Verfahren gegeben hat;
2. der Antrag des Beteiligten von vornherein keine Aussicht auf Erfolg hatte und der Beteiligte dies erkennen musste;
3. der Beteiligte zu einer wesentlichen Tatsache schuldhaft unwahre Angaben gemacht hat;
4. der Beteiligte durch schuldhaftes Verletzen seiner Mitwirkungspflichten das Verfahren erheblich verzögert hat;
5. der Beteiligte einer richterlichen Anordnung zur Teilnahme an einer Beratung nach § 156 Abs. 1 Satz 4 nicht nachgekommen ist, sofern der Beteiligte dies nicht genügend entschuldigt hat.

(3) Einem minderjährigen Beteiligten können Kosten in Verfahren, die seine Person betreffen, nicht auferlegt werden.

(4) Einem Dritten können Kosten des Verfahrens nur auferlegt werden, soweit die Tätigkeit des Gerichts durch ihn veranlasst wurde und ihn ein grobes Verschulden trifft.

(5) Bundesrechtliche Vorschriften, die die Kostenpflicht abweichend regeln, bleiben unberührt.

Übersicht

	Rn.		Rn.
I. Anwendungsbereich	1	III. Regelungsgehalt	4, 5
II. Systematik	2, 3	IV. Neuerungen gegenüber dem bisherigen Rechtszustand	6

---

[6] BayObLG 87, 174.
[7] BGHZ 75, 230; OLG Dresden NJW-RR 94, 1141; OLG Koblenz AnwBl. 96, 412; *Keidel/Zimmermann* Rn. 38.
[8] *Bassenge/Roth* § 13a FGG Rn. 7; BayObLG ZWE 2001, 210.
[9] OLG Zweibrücken FGPrax 2003, 220; *Keidel/Zimmermann* Rn. 6.

	Rn.		Rn.
V. Die Regelungen des Absatzes 1	7–28	**VIII. Die Regelungen des Absatzes 4**	56–63
1. Allgemeines	7–10	1. Allgemeines	56, 57
2. Einzelne Billigkeitskriterien	11–14	2. Verfahrensveranlassung	58, 59
3. Satz 2	15, 16	3. Verschulden	60
4. Satz 3	17–28	4. Mehrere Beteiligte	61
a) Allgemeines	17, 18	5. Minderjährige	62
b) Kriterien	19–25	6. Ermessen	63
c) Bezug zum Zeitpunkt der Kostenentscheidung	26	**IX. Die Bedeutung des Absatzes 5**	64–77
d) Fehlerauswirkung	27, 28	1. Ehe- und Familienstreitsachen	65–68
VI. Die Regelungen des Absatzes 2	29–49	2. Übrige Familiensachen und fG-Angelegenheiten	69
1. Allgemeines	29–31	**X. Inhalt der Kostenentscheidung**	70–77
2. Regelbeispiel Nr. 1	32–36	1. Zulässiger Entscheidungsinhalt	70–75
3. Regelbeispiel Nr. 2	37–40	2. Abfassung der Kostenentscheidung	76
4. Regelbeispiel Nr. 3	41–44	3. Besonderheiten in Familiensachen	77
5. Regelbeispiel Nr. 4	45–47	**XI. Anfechtung der Kostenentscheidung**	78–84
6. Regelbeispiel Nr. 5	48, 49	1. Isolierte Anfechtung	78
VII. Die Regelungen des Absatzes 3	50–55	2. Anfechtung mit der Hauptsache	79
1. Ermessensausschluss	50	3. Rechtsbeschwerde	80
2. „Minderjährigkeit"	51	4. Anschlussrechtsmittel	81
3. Auslandsberührung	52	5. Ermessenskontrolle	82–84
4. Personenbezogenheit	53		
5. Rechtsfolgen	54, 55		

I. Anwendungsbereich

Die Vorschrift gilt **nicht für Ehesachen und Familienstreitsachen** (§ 113 Abs. 1 S. 1), ist **1** jedoch als Bestandteil des 1. Buches – Allgemeiner Teil – für alle übrigen Verfahren maßgeblich, die in den Anwendungsbereich des FamFG fallen, soweit nicht speziellere Vorschriften eingreifen. Die Vorschrift gilt auch im Vollstreckungsverfahren, vgl. § 87 Abs. 5, sowie im einstweiligen-Anordnungsverfahren (§ 51 Abs. 4). Bezüglich der einstweiligen Anordnungen deutet die Gesetzesbegründung[1] jedoch darauf hin, dass mit den „allgemeinen Vorschriften" nicht schlechterdings die §§ 80 ff. gemeint sind, sondern die Vorschriften, die für ein entsprechendes Hauptsacheverfahren gelten würden. Der Hinweis auf die „allgemeinen Vorschriften" stellt also nur klar, dass es für einstweilige Anordnungen keine „besonderen" Kostenvorschriften wie etwa § 620g ZPO aF gibt. Dies bedeutet, dass im Verfahren der einstweiligen Anordnung die §§ 80 ff. nur anwendbar sind, soweit es sich nicht um Familienstreitsachen und Ehesachen handelt; in einstweiligen Anordnungen der letztgenannten Streitgegenstände sind die spezielleren Kostenvorschriften, hilfsweise die §§ 91 ff. ZPO anzuwenden, vgl. § 113 Abs. 1 S. 1.

II. Systematik

Die in Abs. 1 S. 1 angesprochene Entscheidung darüber, wem die „Kosten" des Verfahrens **2** aufzuerlegen sind, betrifft die in § 80 umschriebenen „notwendigen" Kosten; nach diesem Maßstab nicht „notwendige" Kosten können durch eine Kostenentscheidung von vornherein nicht auf eine andere Person überwälzt werden. Die Norm regelt, nach welchem **Maßstab** die Kostengrundentscheidung zu treffen ist, die für das nachfolgende Kostenfestsetzungsverfahren bindend festlegt, ob und ggf. in welchem Umfang ein Beteiligter oder ein Dritter einem oder mehreren anderen Beteiligten dessen oder deren in § 80 als „Kosten" bezeichneten Gebühren, Auslagen und sonstigen Aufwendungen zu erstatten hat, so dass diese schließlich im Kostenfestsetzungsverfahren in einem bestimmten Erstattungsbetrag tituliert werden können. Entscheidungsmaßstab ist hierbei die Billigkeit, die das Gericht im Wege einer abwägenden Ermessensausübung festzustellen hat.

In Abs. 2 und Abs. 4 wird die Billigkeitsabwägung **gelenkt,** der diesbezügliche Ermessensspielraum in unterschiedlichem Ausmaß verengt; im Falle von Abs. 3 entfällt er vollständig und wird durch eine strikte (negative) Regelung ersetzt. Systematisch bedeutet dies, dass die Abs. 2 bis Abs. 4 vorrangig vor Abs. 1 S. 1 zu prüfen sind. Abs. 5 stellt klar, dass andere Vorschriften betreffend die **3**

---

[1] BR-Drucks. 309/07 zu § 51, S. 441 f.

Kostentragungspflicht durch Abs. 1 bis Abs. 4 nicht zwangsläufig verdrängt werden. Im Einzelfall ist vielmehr zu prüfen, ob die betreffende Vorschrift neben § 81 anzuwenden ist, als speziellere Vorschrift § 81 vollständig verdrängt oder dieser subsidiär als Auffangtatbestand zur Lückenfüllung anwendbar bleibt.

III. Regelungsgehalt

4 Die Norm ermächtigt das Gericht **dreifach**, nämlich 1. einem Beteiligten aufzuerlegen, einem anderen Beteiligten dessen **außergerichtliche Kosten** zu erstatten; 2. einem anderen Beteiligten als dem in den §§ 21, 22 FamGKG bezeichneten Veranlassungs- oder Maßnahmeschuldner die Haftung für die Gerichtskosten gegenüber der **Staatskasse** aufzuerlegen (§ 24 Nr. 1 FamGKG), und zwar gem. § 26 Abs. 1 FamGKG als Gesamtschuldner mit dem Veranlassungs- oder Maßnahmeschuldner und mit der besonderen Stellung als Erstschuldner (§ 26 Abs. 2 FamGKG). Sofern der erstattungsberechtigte Beteiligte bereits Gerichtskosten verauslagt hat, hat dies zur Folge, dass diese Kosten in seine durch die Kostengrundentscheidung dem Grunde nach festgelegten Erstattungsansprüche einbezogen werden. Die Norm verpflichtet das Gericht jedoch nicht generell dazu, eine Entscheidung über die Kostentragungspflicht zu treffen (ausgenommen Familiensachen im Anwendungsbereich der Norm, vgl. Abs. 1 S. 3). Zum 3. ermächtigt die Norm das Gericht, isoliert oder zusammen mit der Begründung von Kostenerstattungspflichten die Gerichtskosten zu **ermäßigen**, ggf. auf null.

5 Anders als bei der Kostentragungspflicht gem. §§ 91, 92 ZPO hängt diese in den Fällen, in denen die §§ 80 ff. anwendbar sind, nicht zwingend vom Unterliegen eines Beteiligten ab; vielmehr erfolgt die Kostenverteilung nach Billigkeitsgesichtspunkten, wie Abs. 1 S. 1 als Grundsatz normiert. Obsiegen und Unterliegen der Beteiligten und deren Ausmaß und Umfang stellen dabei nur einen Gesichtspunkt bei der Billigkeitsabwägung dar, ob und in welchem Umfang einem bestimmten Beteiligten Kosten des Verfahrens aufzuerlegen sind. Durch die Bezugnahme auf „**Billigkeit**", die stets eine umfassende Abwägung sämtlicher maßgeblichen Umstände des Einzelfalls erfordert, erschließt sich der Zweck der Vorschrift, außerhalb eines starren Regelungsgefüges – wie beispielsweise die Anknüpfung an den Prozesserfolg in §§ 91, 92 ZPO – maximale **Einzelfallgerechtigkeit** auch bei der Kostenentscheidung zu ermöglichen. Dabei wird in Kauf genommen, dass Rechtssicherheit und Vorhersehbarkeit der gerichtlichen Entscheidungen leiden.

IV. Neuerungen gegenüber dem bisherigen Rechtszustand

6 Die wesentlichen Neuerungen gegenüber der Regelung in § 13a Abs. 1 FGG bestehen in der ausgeweiteten Ermessenslenkung bei der Billigkeitsabwägung durch die Tatbestände in Abs. 2 bis Abs. 4, der **Abkehr** vom Grundsatz, dass im Regelfall die Beteiligten einander keine Kosten zu erstatten haben,[2] weiter darin, dass nunmehr grundsätzlich und unproblematisch auch die Gerichtskosten Gegenstand der Kostenverteilung sein können[3] und das Gericht die generelle Befugnis erhält, von der Erhebung von Gerichtskosten ganz oder teilweise abzusehen. Ob die Regelung alles komplizierter macht wie teilweise befürchtet wird,[4] bleibt abzuwarten.

V. Die Regelungen des Absatzes 1

7 **1. Allgemeines.** Die Vorschrift stellt sich als **Grundtatbestand** dar, der jedoch stets den Vorrang der spezielleren Regelungen in Abs. 2 bis Abs. 4 zu beachten hat. Obwohl die Vorschrift wie § 13a Abs. 1 S. 1 FGG die Kostenerstattung von Billigkeitserwägungen abhängig macht, weist der Wortlaut der Vorschrift auf einen grundsätzlich anderen gedanklichen Ansatz hin: Nach der Konzeption des § 13a Abs. 3 S. 1 FGG kam die Anordnung der Kostenerstattung nur ausnahmsweise in Betracht, wenn nämlich Billigkeitsgründe solches erforderten.[5] Demgegenüber geht § 81 nicht mehr von einem Regel-Ausnahme-Verhältnis aus, in dem die Nichterstattung die Regel, die Kostenerstattung die besonders zu rechtfertigende Ausnahme darstellt, sondern knüpft die Anordnung der Kostenerstattung allgemein an das Ergebnis einer stets erforderlichen Billigkeitsabwägung, ohne dass es darauf ankäme, die Hürde einer Regelwirkung zu überwinden. Die bisherigen Gerichtsentscheidungen zu § 13a FGG, die mit dem bezeichneten Regel-Ausnahmeverhältnis argumentierten, werden

---

[2] So auch *Zimmermann* FamFG Rn. 223.
[3] Vgl. Gesetzesbegründung, BR-Drucks. 309/07 zu § 81 (1) 1, S. 475; *Bumiller/Harders* Rn. 3.
[4] So *Baumbach/Lauterbach/Hartmann* Rn. 2 aE.
[5] Aus der Vielzahl hierzu ergangener Entscheidungen zB OLG Hamm FamRZ 1983, 1264; OLG Bamberg FamRZ 1999, 103; BayObLG FamRZ 2001, 1311; FGPrax 2002, 79; aus der Literatur *Keidel/Zimmermann* § 13a Rn. 21; *Bassenge/Roth* § 13a Rn. 11.

deshalb künftig nur dann maßgeblich bleiben, wenn das gewonnene Ergebnis auch ohne die Regelwirkung der Nichterstattung gerechtfertigt war.

Die Formulierung „Das Gericht **kann** ..." eröffnet dem Gericht keine Entscheidungsfreiheit, ob **8** es das nachfolgend in Bezug genommene „billige Ermessen" ausüben will oder nicht, sondern stellt nur die Ermächtigung zur Kostenauferlegung auf einen Beteiligten als Ergebnis des ausgeübten „billigen Ermessens" dar. Die Pflicht zur Ausübung des „billigen Ermessens" als solches ist strikter Natur.[6] Die „Billigkeit" ist also nicht nur für die Frage des „Wie" der Kostenauferlegung, sondern schon für die Frage des „Ob" maßgeblich.

Kostentragungspflichten können neben Beteiligten auch Dritten, dh. **Nichtbeteiligten** nach **9** Maßgabe des Abs. 4 auferlegt werden; Erstattungsgläubiger kann hingegen nur ein „Beteiligter" sein. In diesem Zusammenhang kann der Begriff nur den formell, nicht den lediglich materiell Beteiligten erfassen (Beispiel: im Erbscheinsverfahren des Testamentserben unterrichtet das Gericht den nach der gesetzlichen Erbfolge als Erbe Berufenen, der hierauf nicht reagiert). Eine Anordnung, dem lediglich materiell, nicht jedoch formell Beteiligten seine außergerichtlichen Kosten (welche, wenn er sich nicht formell beteiligt hat?) zu erstatten, kommt nicht in Betracht.[7] Eine Bindungswirkung im Kostenfestsetzungsverfahren könnte eine solche Kostenentscheidung, die erkennbar die Ermächtigungsgrundlage des § 81 Abs. 1 S. 1 verlassen hat, nicht haben. Im umgekehrten Fall (zu Gunsten des formell, aber nicht materiell Beteiligten wurde eine Kostenerstattung angeordnet) kann dies nicht gelten. Dass in diesem Fall eine Kostenerstattung aus Gründen mangelnder materieller Beteiligtenstellung im Regelfall nicht ermessensfehlerfrei begründet werden kann, muss mit der Beschwerde geltend gemacht werden.[8]

Wird ein Beteiligter vertreten, so können dem **Vertreter,** mag er seine Vertretungsmacht aus **10** Gesetz oder Vollmachtserteilung ableiten, persönlich keine Kosten auferlegt werden: auch Verfahrenspflegern können persönlich keine Kosten auferlegt werden (vgl. §§ 276 Abs. 7, 317 Abs. 7, 419 Abs. 5 S. 2). Parteien kraft Amtes hingegen können persönlich Kostenschuldner sein, haften allerdings nicht mit ihrem persönlichen, sondern nur mit dem von ihnen verwalteten Vermögen.

2. Einzelne Billigkeitskriterien können sein: in Antragsverfahren das Maß des Antragserfolgs **11** oder -misserfolgs, insbesondere die Zurückweisung des Antrags; die Antragsrücknahme; die wirtschaftlichen und persönlichen Verhältnisse (zB Verwandtschaft);[9] die Art der Verfahrensführung (schuldhafte Veranlassung von Mehrkosten);[10] das Bestehen materieller Kostenerstattungsansprüche, seien es vertragliche Ansprüche, aus Geschäftsführung mit oder ohne Auftrag oder Schadensersatzansprüche; Kostenregelungen außergerichtlicher (materiellrechtlicher) Vergleiche.

Andererseits braucht im Einzelfall das ganze oder teilweise **Unterliegen** kein hinreichender Grund **12** für die Kostenauferlegung zu sein.

Kosten, die durch die Verweisung wegen Unzuständigkeit entstehen, fallen nicht zwangsläufig **13** dem Antragsteller zur Last,[11] was sich daraus ergibt, dass § 3 keine § 281 Abs. 3 S. 2 ZPO entsprechende Regelung enthält; der Gesetzgeber wollte demzufolge am bisherigen Rechtszustand nichts ändern.

Um einem Beteiligten die Kosten auferlegen zu können, ist es nicht erforderlich, dass Umstände **14** vorliegen, die nach Art und Bedeutung den Regelbeispielen des Abs. 2 gleichkommen. Vielmehr genügt jedes **Abwägungsergebnis,** das nach den Umständen des Einzelfalles die Kostentragung eines bestimmten Beteiligten billig erscheinen lässt.

3. Satz 2. Die Vorschrift ermöglicht es, als Ergebnis der in Abs. 1 S. 1 vorzunehmenden Billig- **15** keitsabwägung neben den in §§ 20 Abs. 1 S. 3 FamGKG, 21 Abs. 1 S. 3 GKG bezeichneten Fällen und unabhängig von deren Voraussetzungen von der Erhebung von „Kosten" abzusehen. Wie die genannten Vorschriften, betrifft diese Möglichkeit **nur** die **Gerichtskosten,** nicht auch die außergerichtlichen Kosten eines Beteiligten.[12] Die Vorschrift ermöglicht es nicht, die Kostenbeziehung zwischen einem Beteiligten und seinem Rechtsanwalt zu gestalten und daraus fließende Honoraransprüche zum Erlöschen zu bringen.

Die Kriterien, von denen es abhängt, ob Gerichtskosten ganz oder teilweise nicht erhoben **16** werden, sind **einzelfallbezogen** nach Billigkeitsgesichtspunkten abzuwägen. Ohne dass dies ausdrücklich erwähnt ist, ist das dem Gericht eingeräumte Ermessen wie im S. 1 an die Billigkeit

---

[6] AA *Zimmermann* FamFG Rn. 207.
[7] AA *Keidel/Zimmermann* § 80 Rn. 7.
[8] Vgl. BayObLG FamRZ 2001, 380.
[9] BayObLG RPfleger 1991, 357.
[10] BayObLG RPfleger 1980, 19.
[11] OLG Frankfurt FamRZ 94, 1602.
[12] *Zimmermann* FamFG Rn. 213.

gebunden. So führt die Gesetzesbegründung aus, die Nichterhebung der Kosten werde „regelmäßig dann in Betracht kommen, wenn es nach dem Verlauf oder dem Ausgang des Verfahrens unbillig erscheint, die Beteiligten mit den Gerichtskosten des Verfahrens zu belasten".[13] Diese Begründung legt nahe, dass eine solche Unbilligkeit sich vor allem dann ergeben kann, wenn die Gerichtskosten für die Beteiligten unerwartet und überraschend hoch ausfallen, etwa durch die Einholung eines Sachverständigen-Gutachtens, das sachgerecht, jedoch aus Laiensicht nicht vorhersehbar einen außergewöhnlich hohen Aufwand mit entsprechend hohen Kosten erfordert und die Beteiligten hierdurch in finanzielle Bedrängnis geraten würden. Eine andere Fallgestaltung könnte sich daraus ergeben, dass das Gericht in Ausübung der Amtsermittlung gem. § 26 hohe Auslagen – wieder etwa durch Einholung von Sachverständigen-Gutachten – veranlasst, die die Beteiligten nur unter Verzicht auf ihre Rechtsschutzziele vermeiden könnten. Auch ist an Fallgestaltungen zu denken, in denen eine kostenintensive, von Amts wegen durchgeführte Beweiserhebung zu überraschenden, von keinem Beteiligten erwarteten Ergebnissen führt, die keinem der von den Beteiligten verfolgten Rechtsschutzziel dienen. Schließlich wird die Nichterhebung von Gerichtskosten in den Fällen in Betracht kommen, in denen eine Beschwerde zur Aufhebung und Zurückverweisung an die Vorinstanz führt. Diese Fälle führten schon bisher des Öfteren zur Niederschlagung der Gerichtskosten wegen unrichtiger Sachbehandlung gem. § 16 Abs. 1 KostO, wenngleich nicht zwingend.[14]

17 **4. Satz 3. a) Allgemeines.** S. 3 ordnet an, dass jedenfalls in Familiensachen (nicht in Ehe- und Familienstreitsachen, für die gem. § 113 Abs. 1 grundsätzlich die §§ 91 ff. ZPO statt der §§ 80 ff. gelten) stets eine Kostenentscheidung zu treffen ist. Im Umkehrschluss braucht in den übrigen Verfahren (die also keine Familiensachen sind) eine förmliche Kostenentscheidung dann nicht zwingend zu erfolgen, wenn sie nicht in der Sache veranlasst ist. Dies ist beispielsweise dann der Fall, wenn nur ein Beteiligter vorhanden ist oder Kosten kraft Gesetzes nicht zu erstatten sind. In diesen Fällen war es bislang üblich, von einer Kostenentscheidung abzusehen mit der Folge, dass mangels entsprechender Kostengrundentscheidung Kostenerstattungsansprüche nicht festgesetzt werden konnten und die Gerichtskosten nach dem Veranlassungsprinzip nach Maßgabe der Kostengesetze erhoben wurden. Hieran wollte die Gesetzesreform nichts Grundsätzliches ändern. Die Gesetzesbegründung zu § 81 Abs. 1 S. 1 geht denn auch davon aus, dass „eine allgemeine Verpflichtung ... zur Entscheidung über die Kosten ... hiermit nicht eingeführt [wird]".

18 Der Bundesrat hat in seiner Stellungnahme zwar eine weitergehende Präzisierung angeregt, wann und unter welchen Voraussetzungen eine Kostenentscheidung erforderlich sei, setzte sich jedoch nicht durch.[15]

19 **b) Kriterien.** Wann (außerhalb von Familiensachen) eine Kostenentscheidung **erforderlich,** wann **entbehrlich** ist, lässt sich wie folgt zusammenfassen:

20 Wie schon bisher wird eine Kostenentscheidung **zwingend** dann erforderlich sein, wenn eine Erstattung außergerichtlicher Kosten eines Beteiligten durch eine andere Person herbeigeführt oder Gerichtskosten ermäßigt werden sollen. Andererseits erscheint es fraglich, ob zukünftig eine förmliche Kostengrundentscheidung allein aus dem Grund unterbleiben kann, weil die Ermessensausübung gem. Abs. 1 S. 1 zu dem Ergebnis führte, eine Kostenerstattung brauche nicht zu erfolgen. Nach alter Rechtslage wurde der Umstand, dass die Gerichtsentscheidung keine Kostenentscheidung enthielt, überwiegend als stillschweigende Entscheidung angesehen, von der Anordnung einer Kostenentscheidung abzusehen;[16] richtig ist, dass dies zum gleichen Ergebnis führt wie die förmliche Kostenentscheidung, die von einer Kostenerstattung absieht: für die Titulierung von Kostenerstattungsansprüchen im Kostenfestsetzungsverfahren und anschließende Beitreibung mangelt es an der erforderlichen Kostengrundentscheidung. Da die Endentscheidung künftig selbständig und unabhängig von der Hauptsache auch im Kostenpunkt anfechtbar ist, also auch hinsichtlich einer Anordnung, dass eine Kostenerstattung nicht stattfinde, muss das Ergebnis jeder Billigkeitsabwägung in der gerichtlichen Entscheidung **nachprüfbar** dargestellt werden. Ist hierzu in der Entscheidung nichts ausgeführt, lässt sich in der Regel nicht erkennen, dass das Ermessen überhaupt ausgeübt wurde; schon dies kann einen anfechtbaren Fehler in der Rechtsanwendung begründen. Wenn man den Kostenausspruch in der Entscheidungsformel in diesen Fällen für entbehrlich hält, so sollten die maßgeblichen Erwägungen, von der Anordnung einer Kostenerstattung abzusehen, zumindest in den Gründen des Gerichtsbeschlusses aufgezeigt werden, was allerdings auch ausreichend sein dürfte.[17]

---

[13] BR-Drucks. 309/07 zu § 81 Abs. 1 S. 2, S. 475 f.
[14] *Hartmann* § 16 KostO Rn. 5.
[15] *Meyer-Seitz/Frantzioch/Ziegler* S. 163.
[16] Vgl. *Keidel/Zimmermann* Rn. 8.
[17] So schon für die Ermessensausübung gem. § 13a Abs. 1 S. 1 FGG aF BayObLGZ 1963, 183, 191; so auch *Bumiller/Harders* § 82 Rn. 1.

Grundsatz der Kostenpflicht

21 Wegen des Grundsatzes, dass gestellte Anträge zu bescheiden sind, erfordert ein **Kostenantrag** eines Beteiligten regelmäßig eine Kostenentscheidung. Andererseits ist ein Antrag eines Beteiligten nicht erforderlich, um eine Kostenentscheidung treffen zu können.

22 Auch ein **Prozessvergleich,** in dem die Parteien zwar den ihrer Disposition unterliegenden Verfahrensgegenstand geregelt, die Kostenregelung aber unter Ausschluss des § 83 Abs. 1 einer **Entscheidung des Gerichts unterstellt** haben, erfordert im Regelfall eine Kostenentscheidung gem. § 81 Abs. 1 S. 1; denn in einer solchen Vereinbarung ist im Wege der Auslegung zugleich der Antrag auf Erlass einer Kostenentscheidung zu erblicken.

23 Eine Kostenentscheidung ist dann **entbehrlich,** wenn der Erstattungsberechtigte sich nicht formell am Verfahren beteiligt hat[18] oder ihm erkennbar keine erstattungsfähigen Aufwendungen entstanden sind[19] oder er auf Kostenerstattung verzichtet hat (etwa im Rahmen eines außergerichtlichen Vergleichs).

24 Haben die Beteiligten in Angelegenheiten, die ihrer Disposition unterliegen, einen **Prozessvergleich mit Kostenregelung** geschlossen, ist kein Raum für eine gerichtliche Kostenentscheidung; die im Vergleich getroffene Regelung ist die für die Kostenfestsetzung maßgebliche Regelung der Kostentragungspflicht dem Grunde nach.

25 In bestimmten Verfahren sind Kostenentscheidungen **unstatthaft,** und zwar auch in Familiensachen, weil eine Kostenerstattung kraft Gesetzes ausgeschlossen ist und diese Vorschriften nach Abs. 5 Vorrang beanspruchen: bei der Bescheidung von Verfahrenskostenhilfe-Anträgen (wegen der Verweisung von § 76 Abs. 1 auf § 118 Abs. 1 S. 4 ZPO) und bei der Festsetzung des Geschäftswerts (wegen §§ 31 Abs. 5 S. 2 KostO; 57 Abs. 7 FamGKG). Im Kostenfestsetzungsverfahren gem. § 85 iVm. §§ 103 ff. ZPO hingegen ist eine eigene Kostenentscheidung denkbar.[20] Zwar werden Gerichtsgebühren für das Kostenfestsetzungsverfahren nicht erhoben, und gesonderte Anwaltskosten können wegen § 19 Abs. 1 Nr. 13 RVG nicht anfallen; jedoch können im Rahmen des Kostenfestsetzungsverfahrens einem Beteiligten als Folge der Gegnerstellung eines anderen Beteiligten Auslagen entstanden sein; auch Gerichtsauslagen sind denkbar. Sollen in diesem Falle die Auslagen von dem anderen Beteiligten des Kostenfestsetzungsverfahrens erstattet werden, so bedarf es hierfür einer eigenen Kostenentscheidung im Kostenfestsetzungsbeschluss. Diese ist ihrerseits nach Maßgabe der §§ 81 ff. zu treffen.[21]

26 c) **Bezug zum Zeitpunkt der Kostenentscheidung.** In **zeitlicher Hinsicht** wird die Vorschrift durch § 82 ergänzt. Dieser stellt klar, dass Kostenentscheidungen nur in Endentscheidungen zu treffen sind; in bloßen **Zwischenentscheidungen** sind sie **unzulässig.** Eine **Ausnahme** bilden Entscheidungen über die Berechtigungen zur Zeugnisverweigerung entsprechend §§ 29 Abs. 2, 30 Abs. 1 iVm. § 387 ZPO (allerdings beschränkt auf die Zusatzkosten des Zwischenstreits, über die gem. §§ 91 ff. ZPO in der Zwischenentscheidung zu befinden ist[22]) bzw. die Folgen einer unberechtigten Zeugnisverweigerung, die entsprechend § 390 ZPO zur Verurteilung des Zeugen in die durch seine Zeugnisverweigerung verursachten Kosten führt. Für vergleichbare Zwischenstreitigkeiten mit Sachverständigen gelten die § 402 ZPO iVm. § 387 ZPO bzw. 409 ZPO entsprechend mit den vergleichbaren Kostenfolgen. Bei **horizontalen Teilentscheidungen** ergibt sich die Unzulässigkeit der Kostenentscheidung aus der Natur der Sache: auch wenn solche Teilentscheidungen hinsichtlich des beschiedenen Teils Endentscheidungen iSv. § 38 Abs. 1 darstellen, können die für die Kostenentscheidung maßgeblichen Billigkeitserwägungen erst angestellt werden, wenn das Verfahren hinsichtlich des gesamten Verfahrensgegenstandes in der Instanz abgeschlossen wird. Für Antragsverfahren ergibt sich dies schon daraus, dass sich erst mit der Schlussentscheidung der Erfolg des Antrags beurteilen lässt; zwar ist die Kostentragungspflicht nicht strikt erfolgsgebunden wie bei §§ 91, 92 ZPO, jedoch handelt es sich um einen gewichtigen Gesichtspunkt bei der Billigkeitsabwägung.

27 d) **Fehlerauswirkung.** Ob **unstatthafte** und damit unzulässige Kostenentscheidungen **unbeachtlich** sind,[23] erscheint zweifelhaft; nach den allgemeinen Regeln über die Wirksamkeit/Unwirksamkeit von Hoheitsakten dürfte eine unstatthafte Kostenentscheidung nur ausnahmsweise schlechterdings unwirksam sein, so dass die Korrektur durch die – fristgebundene – Beschwerde erfolgen muss, aber auch kann.[24]

---

[18] BGHZ 31, 92.
[19] *Bassenge/Roth* § 13a FGG Rn. 6.
[20] Siehe unten § 104 Rn. 70; *Jansen/v. König* § 13a Rn. 56; aA *Zimmermann* FamFG Rn. 208; *Keidel/Zimmermann* § 82 Rn. 4.
[21] So noch für die vergleichbare Rechtslage gem. § 13a Abs. 3 FGG *Bassenge/Roth* § 13a FGG Rn. 24.
[22] OLG München RPfleger 1969, 358.
[23] So *Zimmermann* FamFG Rn. 208; *Keidel/Zimmermann* Rn. 6 f., § 82 Rn. 10.
[24] So auch *Baumbach/Lauterbach/Hartmann* § 82 Rn. 2; die Entscheidung OLG Karlsruhe FamRZ 2002, 965 geht nicht von Unbeachtlichkeit aus, sondern stellt nur fest, dass eine Kostenfestsetzung auf Grund einer gem.

28 Wird eine **gebotene Kostenentscheidung übergangen,** dh. versehentlich nicht getroffen, so kommt gem. § 43 Abs. 1 unter Einhaltung der in § 43 Abs. 2 bezeichneten 2-Wochen-Frist die Ergänzung der gerichtlichen Entscheidung in Betracht. Dies entspricht dem bisherigen Rechtszustand, wonach die Ergänzung einer Endentscheidung um eine unterbliebene Kostenentscheidung in entsprechender Anwendung von § 321 ZPO allgemein für möglich erachtet wurde.[25] Eine Anfechtung der Entscheidung mit dem Ziel, die unterbliebene Kostenentscheidung im Rechtsmittelzug zu erzwingen, kommt nicht in Betracht, da es an der für die Zulässigkeit eines jeden Rechtsmittels erforderlichen Beschwer fehlt: nur eine getroffene, nicht aber eine unterlassene Entscheidung kann beschweren. Allerdings werden sich Abgrenzungsschwierigkeiten zu der oben skizzierten bisherigen Praxis ergeben, wonach aus einem Fehlen einer Kostenentscheidung auf die stillschweigende Entscheidung geschlossen werden könne, das Gericht habe von der Anordnung einer Kostenentscheidung absehen wollen. Wenn sich ein solcher Wille des Gerichts nicht aus den Gründen der Entscheidung ergibt, lässt sich kaum feststellen, ob das Gericht den Kostenpunkt übergangen oder stillschweigend im oben genannten Sinne entschieden hat. In letzterem Falle wäre die Beschwerde statthaft, eine erstgenannte hingegen nicht; stattdessen wäre die Beschlussergänzung zu betreiben. Zwar hat der Rechtsmittelführer im Grundsatz alle Zulässigkeitsvoraussetzungen seines Rechtsmittels darzulegen und ggf. auch nachzuweisen; in der Praxis sollten diese Fälle allerdings nicht kleinlich zum Nachteil des Rechtsuchenden behandelt werden. In einer Art **Meistbegünstigung** sollten in diesen Fällen unklarer und nicht aufklärbarer gerichtlicher Verlautbarung beide Rechtsschutzmöglichkeiten für zulässig erachtet werden.[26]

VI. Die Regelungen des Absatzes 2

29 **1. Allgemeines:** Abs. 2 lenkt die Ermessensausübung gem. Abs. 1 S. 1, indem diese durch die Regelbeispielstechnik zwar nicht vollständig aufgehoben, aber doch wesentlich eingeengt wird: wenn der Tatbestand eines Regelbeispiels verwirklicht ist, bedarf die Kostenauferlegung auf den betreffenden Beteiligten keiner weiteren Rechtfertigung und Begründung. Das Gericht kann sich ohne weitere Ausführungen zur Ermessensausübung auf die Regelwirkung berufen; einer Begründung bedarf vielmehr sowohl eine von der Regelwirkung abweichende Kostenentscheidung als auch das Absehen von einer solchen. Dabei zeigt die Formulierung „… soll die Kosten … auferlegen.", dass hohe Anforderungen an die Umstände zu stellen sind, die eine Abweichung von der regelmäßigen Rechtsfolge rechtfertigen können. Die Regelbeispiele zeigen durchgängig auf einem abstrakten Niveau Fallgestaltungen auf, bei denen die Billigkeit der Kostentragungspflicht des betreffenden Beteiligten auch ohne großen Begründungsaufwand klar und offen zu Tage tritt. Ob die normierten Regelbeispiele große praktische Relevanz besitzen, wird allerdings bezweifelt.[27]

30 Ist ein Regelbeispiel verwirklicht, so ist regelmäßig die **vollständige Überwälzung** der gesamten Kosten (außergerichtliche wie gerichtliche) auf den betreffenden Beteiligten anzuordnen. Eine nur **anteilige Kostenauferlegung** kommt nur in Betracht, wenn entweder Umstände vorliegen, die die Regelwirkung entfallen lassen und die dann gem. Abs. 1 S. 1 eröffnete Billigkeitsabwägung ein solches Ergebnis gebietet, oder mehrere Beteiligte in gleicher Verfahrensrolle jeweils Regelbeispielstatbestände verwirklicht haben, ohne hierdurch als Gesamtschuldner zu haften, oder schließlich mehrere Beteiligte mit entgegen gesetzter Beteiligungsrichtung einen Regelbeispielstatbestand verwirklicht haben. In den beiden letztgenannten Fällen ist die dann erforderliche Kostenverteilung zwischen den betroffenen Beteiligten anhand einer Abwägung der Art und des Gewichts ihres Verhaltens, das ein Regelbeispiel verwirklicht hat, vorzunehmen. Eine gesamtschuldnerische Haftung wird im letztgenannten Fall wegen der entgegen gesetzten Beteiligungsrichtung nicht in Betracht kommen. Bei Beteiligten gleichgerichteter Beteiligung wird eine gesamtschuldnerische Haftung dann in Betracht kommen, wenn sie den Regelbeispielstatbestand jeweils durch gemeinsames Handeln verwirklicht haben; bei Nr. 5 kommt eine gesamtschuldnerische Haftung nicht nur wegen der Anknüpfung an einen Verstoß gegen höchstpersönliche Pflichten nicht in Betracht, sondern auch aus dem Grund, weil sich die Eltern als durch das Regelbeispiel angesprochene Beteiligte notwendigerweise in Gegenerstellung befinden.

---

§ 620g ZPO unstatthaften Kostenentscheidung – einstweilen – nicht möglich sei, weil noch nicht abgesehen werden könne, welche Anwaltskosten in die Kostenfestsetzung einbezogen werden müssen; sobald diese Unsicherheit behoben ist, will offenbar auch das OLG Karlsruhe der unstatthaften Kostenentscheidung die Wirksamkeit nicht versagen.

[25] *Keidel/Kuntze/Winkler/Zimmermann* § 13a FGG Rn. 51; BayObLG RPfleger 1989, 187; vgl. auch *Keidel/Zimmermann* § 82 Rn. 6.
[26] Vgl. oben § 91 ZPO Rn. 3.
[27] *Zimmermann* FamRZ 2009, 377, 381 Abschn. IV 5.

Der Anwendungsbereich der Regelbeispiele kann sich **überschneiden;** so kann die grob schuld- 31
hafte Veranlassung eines Verfahrens gem. Nr. 1 auf schuldhaften unwahren Angaben zu wesentlichen
Tatsachen iSv. Nr. 3 beruhen. Die Kostenentscheidung kann deshalb in solchen Fällen auf beide
Normen gestützt werden, die Regelbeispielstatbestände schließen sich nicht wechselseitig aus, sondern sind nebeneinander anwendbar.

2. Regelbeispiel Nr. 1. Dies knüpft an den bisherigen § 13a Abs. 1 S. 2, 2. Alt. FGG an, 32
unterscheidet sich jedoch in der Rechtsfolge darin, dass die Kostenfolge nicht mehr wie nach altem
Recht strikt angeordnet ist, sondern als Ermessensentscheidung, wenngleich mit reduziertem Ermessensspielraum. Der Gesetzgeber wollte damit den Gerichten eine flexiblere Reaktion auf grobes
Verschulden eines Beteiligten ermöglichen. Die bisherige Definition des „groben Verschuldens"
als eine vorsätzliche oder fahrlässige Außerachtlassung der nach den Umständen erforderlichen Sorgfalt
in ungewöhnlichem Maße unter Nichtbeachtung dessen, was jedem einleuchten muss,[28] gilt fort.

Das grob schuldhafte Verhalten muss **kausal** für die Einleitung des Verfahrens gewesen sein, sei es 33
in Form eines von Amts wegen, sei es auf Antrag eines Beteiligten eingeleiteten Verfahrens. Dabei
spielt es keine Rolle, ob der schuldhaft handelnde Beteiligte selbst als Antragsteller aufgetreten ist
oder durch sein schuldhaftes Verhalten die Antragstellung eines anderen Beteiligten veranlasst hat,
sofern nur die Antragstellung des anderen eine nachvollziehbare Reaktion auf jenes schuldhafte
Verhalten darstellt, zu der sich der Antragsteller herausgefordert fühlen durfte. Eine Antragstellung als
völlig überzogene, irrationale Reaktion auf das schuldhafte Handeln des anderen ist nicht „veranlasst". Dies ergibt sich aus dem sanktionsartigen Charakter der Vorschrift; vielmehr muss in einem
solchen Fall umgekehrt eine grob schuldhafte Veranlassung des Verfahrens durch den überzogen
reagierenden Antragsteller erwogen werden.

Das schuldhafte Verhalten kann sowohl ein **aktives Tun** als auch eine **pflichtwidrige Unterlas-** 34
sung sein, sofern eine Pflicht zum Handeln besteht (Beispiel: die Eltern eines Minderjährigen lassen
diesen sehenden Auges verwahrlosen, so dass schließlich Maßnahmen gem. § 1666 BGB zur Abwehr
von Gefahren für das Kindeswohl ergriffen werden müssen). Die Kostenüberbürdung ist weder auf
den Mitverursachungsbeitrag beschränkt, der sich aus dem schuldhaften Verhalten ergibt, noch auf
gerade die Kosten, die sich durch das schuldhafte Verhalten – möglicherweise zusätzlich – ergeben.
Die Kostenauferlegung ist unabhängig davon, ob das schuldhafte Verhalten zusätzliche Kosten verursacht oder nicht.[29]

Ist derjenige, dessen schuldhaftes Verhalten Anlass zum Verfahren gegeben hat, nicht formell 35
Beteiligter, so kommt eine Kostenauferlegung auf ihn gem. Nr. 1 nicht in Betracht, weil diese Norm
das Verhalten eines Beteiligten voraussetzt, wohl aber gem. Abs. 4 nach dessen Maßgabe.

Haben **mehrere Beteiligte** durch gemeinsames schuldhaftes, insbesondere vorsätzliches, auf 36
einem gemeinsamen Tatplan beruhendes Handeln ein Verfahren veranlasst, kommt gesamtschuldnerische Haftung für die Kosten in Betracht.[30]

3. Regelbeispiel Nr. 2. Dies regelt einen konkreten Fall groben Verschuldens,[31] nämlich einen 37
erkennbar von vornherein aussichtslosen Antrag zu stellen. Dabei ist das grobe Verschulden selbst
nicht Tatbestandselement. Es genügt vielmehr, dass der Antragsteller die Aussichtslosigkeit „erkennen
musste". Damit wird der Verschuldensmaßstab des § 276 BGB in Bezug genommen, so dass einfache
Fahrlässigkeit genügt. Allerdings muss sich die Fahrlässigkeit auf eine bereits bei Antragstellung
objektiv bestehende Aussichtslosigkeit beziehen, was das in der Gesetzesbegründung angesprochene
„grobe Verschulden" als Ergebnis einer Gesamtschau der Prozessführung erscheinen lässt. Es genügt
somit nicht, dass erst im Laufe des Verfahrens die Erfolglosigkeit des Antrags zu Tage tritt oder gar
erst bei der gerichtlichen Entscheidung. Die Vorschrift fasst die schon nach alter Rechtslage herrschende Meinung zusammen.[32] Die Aussichtslosigkeit muss anhand des Einzelfalls in einer **ex-ante-**
Betrachtung beurteilt werden. Maßgeblich ist die Prognose im Zeitpunkt der Antragstellung, ohne
dass nachträglich zu Tage getretene Umstände, die für die Erfolgsprognose aus der Sicht des Antragstellers nicht erkennbar waren, mit berücksichtigt werden können.

Für die Feststellung, dass der Antrag von Anfang an aussichtslos war, wird man einen sicheren 38
Ausschluss eines auch nur teilweisen Erfolgs kaum verlangen können, weil die Vorschrift ansonsten
keine praktische Bedeutung erreichen könnte. Es wird deshalb ausreichend sein, dass die auf den
Zeitpunkt der Antragstellung bezogene Erfolgsprognose nur eine **sehr geringe Erfolgswahrschein-**
lichkeit ergibt. Bei Angelegenheiten, die der Höhe nach teilbare Verfahrensgegenstände betreffen,

---

[28] KG OLGZ 1965, 226; OLG Hamm FamRZ 1983, 1264; OLG Brandenburg FamRZ 1996, 496.
[29] Gesetzesbegründung zu § 81 Abs. 2, BR-Drucks. 309/07, S. 476.
[30] AA *Bumiller/Harders* § 82 Rn. 2; *Keidel/Zimmermann* Rn. 15.
[31] Gesetzesbegründung zu § 81 Abs. 2 Nr. 2, BRat-Drucksache 309/07, S. 476.
[32] *Bassenge/Roth* § 13a FGG Rn. 9; *Keidel/Kuntze/Winkler/Zimmermann* § 13a FGG Rn. 25.

wird aus den gleichen Erwägungen auch keine Prognose vollständiger Antragszurückweisung erforderlich sein, sondern nur zum weit überwiegenden Teil. Als Orientierung kann § 92 Abs. 2 ZPO herangezogen werden.

39 Die Vorschrift kann nur in echten **Antragsverfahren** angewandt werden, also nicht bei Verfahren, die von Amts wegen einzuleiten sind. In Amtsverfahren kommt einem Antrag lediglich die Bedeutung zu, ein Verfahren einzuleiten. Die Prüfung, ob ein Verfahren einzuleiten ist, hat das Gericht in eigener Verantwortung anzustellen; die Verantwortung für die Verfahrenseinleitung und -führung liegt deshalb nicht beim „Antragsteller", sondern beim Gericht; anwendbar bleibt in diesen Fällen jedoch Nr. 1.

40 Wegen der Verschuldenszurechnung **gesetzlicher Vertreter** gem. § 9 Abs. 4 und des Verfahrensbevollmächtigten gem. § 11 S. 5 iVm. § 85 Abs. 2 ZPO kann sich der Beteiligte nicht darauf berufen, ihm selbst sei die Erfolglosigkeit seines Antrags verborgen geblieben, wenn der gesetzliche Vertreter oder der Verfahrensbevollmächtigte dies hätte erkennen müssen. Die schon unter Geltung des FGG bestehende Rechtslage[33] wird damit fortgeschrieben.

41 **4. Regelbeispiel Nr. 3.** Dies stellt nach der Gesetzesbegründung ebenfalls eine Konkretisierung des groben Verschuldens dar.[34] Die Vorschrift orientiert sich an der bisherigen herrschenden Meinung zur Anwendung des § 13a Abs. 1 S. 2, 2. Altern. FGG, ohne diese vollständig in Gesetzesform zu gießen. So war bisher anerkannt, dass auch der lückenhafte, unvollständige oder verspätete Sachvortrag grobes Verschulden darstellen könne;[35] Nr. 3 erwähnt diese Fallkonstellationen nicht, die nicht ohne weiteres „unwahren" Angaben gleichkommen.

42 „**Unwahre**" Angaben sind solche, die Tatsachen, also einer Beweisaufnahme zugängliche Umstände und nicht nur deren wertende Beurteilungen betreffen, und diese abweichend von den objektiv feststellbaren tatsächlichen Gegebenheiten beschreiben. Die Unwahrheit muss feststehen; besteht nur Wahrscheinlichkeit dafür, dass die Angaben unwahr sind, können dem betreffenden Beteiligten die Kosten nicht gem. Nr. 3 auferlegt werden. Lücken und Unvollständigkeiten können die ansonsten mit den Tatsachen übereinstimmenden Angaben dann als „unwahr" erscheinen lassen, wenn sie – entsprechend der „Falschheit" unvollständiger Zeugenaussagen bei den Straftatbeständen der Aussagedelikte §§ 153 ff. StGB – Bezug zu den für den Verfahrensgegenstand maßgeblichen Tatsachen haben.

43 Die Sanktion der Kostenauferlegung betrifft nur unwahre „**wesentliche**" Tatsachen. Welche Tatsachen „wesentlich", welche unwesentlich sind, lässt sich nicht immer einfach beurteilen, manchmal erst am Ende eines Verfahrens, etwa dann, wenn ein zunächst unwichtig erschienenes Detail als Indiz entscheidungserhebliche Bedeutung erlangt hat. Im Hinblick darauf, dass die Kostenauferlegung eine Sanktion für die unwahren Angaben darstellt, können „wesentlich" nur die Tatsache sein, wenn sie Art und Umfang der Entscheidung beeinflusst haben oder hätten haben können, wenn sie vor Erlass der Entscheidung bekannt gewesen wären; die Sanktion der Kostenauferlegung wäre nicht zu begründen, wenn die Richtigkeit der gerichtlichen Entscheidung durch den unwahren Sachvortrag zu keinem Zeitpunkt gefährdet gewesen wäre. Über dieses Erfordernis kausaler Verknüpfung hinaus legt der Begriff der „Wesentlichkeit" nahe, dass nur die unwahren Tatsachen der Sanktion durch eine Kostenauferlegung unterliegen, die die Entscheidung nicht nur in Nebenpunkten, sondern im **hauptsächlichen Entscheidungsausspruch** beeinflussen können.

44 Die unwahren Angaben müssen **schuldhaft** erfolgt sein, dh. mindestens fahrlässig. Der Beteiligte muss also die Unwahrheit seiner Angaben entweder gekannt haben oder hätte sie wenigstens bei sorgfältigem Sachvortrag erkennen müssen. Der Schuldvorwurf muss sich auch auf die Wesentlichkeit der Angabe beziehen, weil sich nur dann die Sanktion vollständiger Kostenüberwälzung rechtfertigen lässt.

45 **5. Regelbeispiel Nr. 4.** Es sanktioniert die Verletzung von **Mitwirkungspflichten,** die sich in einer erheblichen Verzögerung der Verfahrenserledigung niederschlagen. Pflichtwidrig unterlassene Mitwirkung, die auf die Dauer des Verfahrens keinen Einfluss hat, hat demzufolge keine Kostenfolgen. Dies ist vor allem dann bedeutsam, wenn das Gericht seinerseits seinen Amtsermittlungspflichten nur schleppend nachkommt. Die Vorschrift konkretisiert ebenfalls einen Fall groben Verschuldens im Sinne des § 13a Abs. 1 S. 2, 2. Altern. FGG. Sie fasst die diesbezüglich herrschende Meinung in Gesetzesform systematisierend und verallgemeinernd zusammen und regelt den Bereich groben Verschuldens, das bereits nach dem Meinungsstand zum bisherigen Recht in der Form verspäteten Vorbringens anerkannt war und bisher in engem Zusammenhang mit unwahrem, lückenhaftem oder unvollständigem Vorbringen gesehen wurde.[36]

---

[33] OLG Celle NJW 1977, 1350.
[34] Gesetzesbegründung zu § 81 Abs. 2 Nr. 3, BR-Drucks. 309/07, S. 476.
[35] *Bassenge/Roth* § 13a FGG Rn. 9; *Keidel/Kuntze/Winkler/Zimmermann* § 13a FGG Rn. 25.
[36] *Keidel/Kuntze/Winkler/Zimmermann* § 13a FGG Rn. 25.

Die Mitwirkungspflichten der Beteiligten werden in § 27 definiert. Sie bestehen in der Verpflichtung, an der Sachverhaltsaufklärung mitzuwirken und sich vollständig und wahrheitsgemäß zu den maßgeblichen tatsächlichen Umständen zu erklären. Im Hinblick auf die **Amtsermittlungspflichten** des Gerichts gem. § 26 werden sie relativiert. Das Regelbeispiel kann deshalb im Wesentlichen nur dort Platz greifen, wo das Gericht ohne die Mithilfe der Beteiligten den Sachverhalt nicht aufklären kann. Der **Verzögerungsbegriff** kann nicht § 296 ZPO entnommen werden, weil der von der Rechtsprechung vertretene absolute Verzögerungsbegriff auf der durch den Beibringungsgrundsatz geprägten Prozessförderungspflicht der Parteien beruht, während § 26 grundsätzlich dem Gericht die Verantwortung für die Beschaffung des entscheidungserheblichen Tatsachenmaterials zuweist. Im Anwendungsbereich des FamFG kann das Gericht deshalb den Tatsachenvortrag nicht als verspätet zurückweisen wie im Zivilprozess, sondern muss den Sachverhalt weiter aufklären, wenn der neue Tatsachenvortrag eines Beteiligten hierzu Anlass gibt. Die Verzögerung muss deshalb als **Relation** ermittelt werden, zu welchem Zeitpunkt das Verfahren hätte erledigt werden können, wenn der betreffende Beteiligte sich entsprechend seiner Verpflichtung aus § 27 Abs. 1 baldmöglichst nach Einleitung des Verfahrens erklärt hätte im Verhältnis zu dem Zeitpunkt, zu dem das Verfahren tatsächlich erledigt wird. Ergibt sich aus dieser Gegenüberstellung von tatsächlichem zu hypothetischem Erledigungszeitpunkt, dass eine Verzögerung festzustellen ist, so muss diese bewertet werden. Nur wenn sie „erheblich" ist, können dem betroffenen Beteiligten Kosten auferlegt werden. Die **Erheblichkeit** muss nicht nur anhand der absoluten Zeitdauer der Verzögerung, sondern auch im Verhältnis zur bisherigen Verfahrensdauer beurteilt werden (zieht sich ein Verfahren bereits über 1 Jahr hin, wird eine Verzögerung um 2 Wochen im Regelfall nicht „erheblich" sein); im Einzelfall wird aber auch die Dringlichkeit der Entscheidung zu betrachten sein (auch bei einem bereits 1 Jahr währenden Verfahren kann es wichtig sein, vor einem bestimmten Zeitpunkt zu entscheiden, so dass ausnahmsweise die Verzögerung um 2 Wochen bedeutsam und damit „erheblich" sein kann). 46

Schließlich muss die Verletzung der Mitwirkungspflicht **schuldhaft** erfolgt sein. Fahrlässigkeit genügt. Für die Kostenauferlegung muss die Schuld des Beteiligten festgestellt werden; es steht nicht in seiner Darlegungs- und Beweislast, sich zu entschuldigen. 47

6. Regelbeispiel Nr. 5. Es stellt nach der Gesetzesbegründung[37] nicht eine Sanktion für die Missachtung einer gerichtlichen Anordnung dar, sondern soll **präventiv** wirken und durch die Bedrohung mit Kostentragungspflichten Druck auf die Eltern ausüben, die dem Kindeswohl dienende Beratungsanordnung gem. § 156 Abs. 1 S. 4 zu befolgen. Die Kostentragungspflicht soll damit mittelbar das **Kindeswohl sichern** helfen. Zwar stellt Nr. 4, letzter Halbsatz klar, dass die Kostenüberwälzung verschuldensabhängig ist; jedoch braucht das Verschulden des Elternteils, der an der Beratung nicht teilgenommen hat, nicht positiv festgestellt zu werden, sondern dieser muss sich entschuldigen. Entschuldigungsgründe können Krankheit oder Unfall sein, aber auch Missverständnisse wegen unklarer gerichtlicher Anordnungen.[38] 48

Sind **beide Elternteile** unentschuldigt der Beratungsanordnung nicht nachgekommen, sind ihnen die Kosten des Verfahrens hälftig aufzuerlegen; eine gesamtschuldnerische Haftung kommt nicht in Betracht. Eine bloße „Kostenaufhebung" (also hälftige Teilung der Gerichtskosten ohne Erstattung außergerichtlicher Kosten) genügt nicht, da die Kostenüberwälzung gem. Abs. 2 auch die außergerichtlichen Kosten der anderen Beteiligten, zB eines Verfahrensbeistands, umfasst. 49

VII. Die Regelungen des Absatzes 3

1. Ermessensausschluss. Die Norm **beschränkt** die Ermächtigung zur Kostenverteilung durch richterliches Erkenntnis. Sie schließt aus, dem Minderjährigen die Erstattung außergerichtlicher Kosten eines anderen Beteiligten aufzuerlegen; weiter schließt sie aus, die Kostenhaftung des Minderjährigen für die Gerichtskosten als Entscheidungsschuldner zu begründen. Sie berührt jedoch nicht die Kostenhaftung des Minderjährigen für Gerichtskosten, soweit sie auf der gesetzlich begründeten Antragstellerhaftung gem. § 21 FamGKG oder der Maßnahmen-Haftung gem. § 22 FamGKG beruht. Sie hat auch keinen Einfluss auf die etwaige Verpflichtung des Minderjährigen zur Zahlung von Anwaltshonorar für seinen als Verfahrensbevollmächtigten tätig gewesenen Rechtsanwalt aus einem wirksamen Anwaltsvertrag. 50

2. „Minderjährigkeit". Der Begriff ist nicht gleichzusetzen mit mangelnder Verfahrensfähigkeit als Folge noch nicht eingetretener voller Geschäftsfähigkeit, weil letztere nicht nur davon abhängt, dass der Beteiligte bereits volljährig ist, und andererseits § 9 Abs. 1 Nr. 2 u. 3 auch Minderjährigen für bestimmte Verfahrensgegenstände Verfahrensfähigkeit zuerkennt. Weil es sich um einen aus dem 51

---

[37] Gesetzesbegründung zu § 81 Abs. 2 Nr. 5, BR-Drucks. 309/07, S. 476/477.
[38] *Zimmermann* FamFG Rn. 232.

materiellen Recht herrührenden Begriff handelt, ist die Minderjährigkeit – wie die Geschäftsfähigkeit als Grundlage der Verfahrensfähigkeit gem. § 9 Abs. 1 Nr. 1 – anhand des materiellen Rechts zu bestimmen, bei Anwendbarkeit deutschen Sachrechts also nach § 2 BGB.

52   **3. Auslandsberührung.** In einem solchen Fall ist die Minderjährigkeit im Grundsatz anhand des maßgeblichen Sachrechts zu bestimmen, das den Mangel voller Geschäftsfähigkeit allein daran anknüpft, dass der Beteiligte ein bestimmtes Lebensalter noch nicht erreicht hat. Darauf, ob der Beteiligte nach seinem Heimatrecht prozessfähig ist, kommt es hingegen nicht an, weil dieses nicht einmal für die Bestimmung der Verfahrensfähigkeit vor deutschen Familien- und fG- Gerichten der maßgebliche Anknüpfungspunkt wäre,[39] erst recht also nicht für die Bestimmung der von der Verfahrensfähigkeit zu unterscheidenden Minderjährigkeit. Jedoch wird der Rechtsgedanke, der in der Verweisung des § 9 Abs. 5 auf §§ 53 bis 58 ZPO zum Ausdruck kommt, in entsprechender Anwendung des § 55 ZPO dazu führen, dass dann, wenn nach dem im Grundsatz anzuwendenden ausländischen Recht noch Minderjährigkeit vorliegt, nach deutschem Sachrecht jedoch bereits Volljährigkeit eingetreten ist, das deutsche Recht maßgeblich ist. Die Verweisung in **ausländisches Sachrecht** kommt deshalb nur zum Tragen, wenn dieses den Eintritt der Volljährigkeit an ein geringeres Lebensalter anknüpft als das deutsche Recht.

53   **4. Personenbezogenheit.** Das Verbot, dem Minderjährigen durch gerichtliche Entscheidung Kosten aufzuerlegen, gilt nur in Verfahren, die die **Person des Minderjährigen** betreffen. Dazu gehören Umgang nebst Umgangspflegschaft, elterliche Personensorge, Maßnahmen zur Abwehr von Gefahren für das Kindeswohl, Kindesherausgabe, Verbleibensanordnung gem. § 1632 Abs. 4 BGB u. ä. Den Gegensatz dazu bilden die Verfahren, die lediglich das Vermögen des Minderjährigen betreffen, wie zB Verfahren, die die elterliche Vermögenssorge betreffen einschließlich der Maßnahmen zur Abwehr von Gefahren für das Kindesvermögen gem. § 1667 BGB[40] sowie alle Verfahren, in denen der Minderjährige vermögensrechtliche Ansprüche geltend macht oder gegen ihn geltend gemacht werden. Das Verbot der Kostenauferlegung schützt nur den Minderjährigen, dessen Person der Verfahrensgegenstand betrifft; sind weitere Minderjährige beteiligt, ohne dass der Verfahrensgegenstand auch ihre Person betrifft, schließt Abs. 3 eine Kostenauferlegung auf diese Minderjährigen nicht aus.

54   **5. Rechtsfolgen.** Die Vorschrift verbietet nur die Kostenauferlegung, nicht aber eine **Kostenentlastung,** sei es durch die Anordnung, dass Gerichtskosten, für die der Minderjährige als Veranlassungs- oder Maßnahmeschulder gem. §§ 21, 22 FamGKG haftet, nicht erhoben werden (Abs. 1 S. 2), sei es durch die Auferlegung der Kosten auf einen anderen Beteiligten, der somit die außergerichtlichen Kosten des Minderjährigen zu tragen hat. Die Vorschrift schließt die Auferlegung von Kosten gem. Abs. 4 auf einen Minderjährigen, der lediglich **Dritter** ist, nicht aus. Zum einen knüpft die Beschränkung der Ermächtigung zur Kostenverteilung an die Beteiligteneigenschaft des Minderjährigen an, zum anderen greift sie nur in Verfahren ein, die gerade die Person des Minderjährigen betreffen, so dass dieser nie Dritter sein kann.

55   Die Vorschrift wird **ergänzt** durch §§ 158 Abs. 7, 317 Abs. 7, 419 Abs. 5 S. 2, die es untersagen, **Verfahrensbeiständen** in Kindschaftssachen und **Verfahrenspflegern** in Unterbringungs- und Freiheitsentziehungssachen Kosten aufzuerlegen.

VIII. Die Regelungen des Absatzes 4

56   **1. Allgemeines.** Die Vorschrift ermächtigt das Gericht, die Kosten des Verfahrens ganz oder teilweise auch einem **Dritten** aufzuerlegen. Sie greift die bisher in § 13a Abs. 2 S. 2 FGG für Betreuungs- und Unterbringungsverfahren vorgesehene Möglichkeit der Kostenüberwälzung auf Unbeteiligte auf und verallgemeinert sie für alle FamFG-Verfahren, in denen die §§ 80 ff. anwendbar sind.[41] Änderungen bezüglich des Begriffs des „Dritten" sollen ersichtlich mit dieser Verallgemeinerung nicht verbunden sein. „Dritter" kann demnach nur sein, wer **nicht formell am Verfahren beteiligt** ist.[42] Die bloß materielle, jedoch nicht formelle Beteiligung steht der Eigenschaft als „Dritter" nicht entgegen.[43] Typische Fälle sind die Anzeigen, Anträge, Verfahrensanregungen von Verwandten, Nachbarn, Altenheimen, aber auch Behörden.

57   In Anbetracht des Willens des Gesetzgebers zu einer allgemeinen Regelung, unter welchen Voraussetzungen einem nicht formell Beteiligten Kosten auferlegt werden können, wird künftig auch

---

[39] *Keidel/Kuntze/Winkler/Zimmermann* § 13 FGG Rn. 50 m. weit. Nachw.
[40] AA *Zimmermann* FamFG Rn. 233.
[41] Gesetzesbegründung zu § 81 Abs. 2 Nr. 5, BR-Drucks. 309/07, S. 477.
[42] *Keidel/Kuntze/Winkler/Zimmermann* § 13a FGG Rn. 7, 51 f; *Bassenge/Roth* § 13a FGG Rn. 19.
[43] AA *Keidel/Zimmermann* § 80 Rn. 23.

die Kostentragungspflicht eines **vollmachtlosen Vertreters** eines Beteiligten nach dieser Vorschrift zu behandeln sein. Bisher wurden diese Fälle ähnlich der Kostenhaftung vollmachtloser Vertreter im Zivilprozess behandelt.[44] Danach waren die Kosten dem Vertreter ohne Vertretungsmacht aufzuerlegen, wenn nicht der vermeintlich Vertretene das Auftreten des Vertreters veranlasst hat, anderenfalls dem vollmachtlos vertretenen Beteiligten.[45]

2. Verfahrensveranlassung. Kosten können dem Dritten nur auferlegt werden, wenn er die Tätigkeit des Gerichts „veranlasst" hat. Da **Antragsverfahren** nur von einem Antragsberechtigten eingeleitet werden können, die auf Grund ihrer Antragstellung auch formell Beteiligte werden, kann sich eine Kostentragungspflicht eines Dritten für die Verfahrensveranlassung in Antragsverfahren nur durch grob schuldhafte Bestimmung des Antragsberechtigten zur Antragstellung ergeben. In **von Amts wegen einzuleitenden Verfahren** genügt es, dass der Dritte die Anregungen zum Einschreiten des Gerichts gegeben hat. Zwischen seinem Verhalten und dem Tätigwerden des Gerichts muss also ein **Kausalzusammenhang** bestehen. Wenn die Angaben des Dritten hinreichenden Anlass für die Verfahrenseinleitung gegeben haben, das Gericht das Verfahren jedoch auch ohne die Angaben des Dritten zum selben Zeitpunkt auf Grund anderer Erkenntnisse eingeleitet hatte, fehlt es in wertender Betrachtung an der Veranlassung. Denn in diesem Fall wären die Kosten auf Grund des aus anderen Gründen gebotenen Einschreitens ebenfalls entstanden, so dass es an der inneren Rechtfertigung für die Kostenüberwälzung auf den Dritten als Sanktion für sein grobes Verschulden fehlt. Anders liegt der Fall jedoch, wenn die genannten anderweitigen Erkenntnisse auf Anregungen anderer Dritter beruhen, die ebenfalls den Tatbestand des Abs. 4 erfüllen; dann ist es gerechtfertigt, die Kosten allen Dritten aufzuerlegen, die die Verfahrenseinleitung veranlasst haben. 58

Die Vorschrift hat die bisher ausdrücklich normierte Voraussetzung des § 13a Abs. 2 S. 1, 2 FGG nicht übernommen, dass nämlich das durch den Dritten veranlasste Verfahren ohne Sachentscheidung beendet oder die angeregte Maßnahme abgelehnt oder eine zunächst getroffene Maßnahme als ungerechtfertigt wieder aufgehoben oder eingeschränkt wurde. Wie sich der Gesetzesbegründung entnehmen lässt, sollte die bisherige Regelung nicht in den inhaltlichen Maßstäben verändert, sondern nur verallgemeinert werden. Deshalb ist die Kostenauflegung auf den Dritten weiterhin nur möglich, wenn die Anregungen des Dritten sich **ergebnisrelevant als falsch** erwiesen haben. Ermittelt das Gericht auf die falschen Anregungen hin gem. § 26 einen Sachverhalt, der aus anderen Gründen ein Einschreiten im selben Umfang gebietet wie die Behauptungen des Dritten, wenn sie der Wahrheit entsprochen hätten, so ist eine Kostenauflegung auf ihn ausgeschlossen. 59

3. Verschulden. Wie bisher in § 13a Abs. 2 S. 2 FGG ist die Kostentragungspflicht des Dritten davon abhängig, dass diesen ein **grobes Verschulden** am Tätigwerden des Gerichts trifft. Die bisherigen Entscheidungen zur Definition dieses Verschuldensmaßes sind weiterhin maßgeblich. Das grobe Verschulden muss **zweifelsfrei festgestellt** sein und gerade in Bezug auf das Verhalten des Dritten vorliegen, das das Gericht zur Verfahrenseinleitung veranlasst hat. Es setzt entweder Vorsatz oder ein fahrlässiges Verhalten voraus, das die nach den Umständen erforderliche Sorgfalt in außergewöhnlich großem Maß außer Acht lässt und das nicht beachtet, was jedem einleuchten muss. Es liegt insbesondere bei leichtfertigen, auf falschen oder die wahren Tatsachen entstellende Behauptungen beruhenden Anregungen zur Verfahrenseinleitung vor. Handelt es sich bei dem Dritten um eine juristische Person, sind die Kosten nicht dieser aufzuerlegen, sondern der natürlichen Person, die verantwortlich für die juristische Person gehandelt hat. Dies ergibt sich aus dem Charakter der Kostenauflegung als **verschuldensbezogene Sanktion.**[46] Nach dieser Maßgabe muss sich ein Dritter die Tätigkeit seines Anwalts, der in seinem Auftrag einen leichtfertigen Antrag gestellt oder eine leichtfertige Verfahrensanregung gegeben hat, zurechnen lassen. In einem solche Falle trifft nicht den Anwalt, sondern den Mandant die Haftung als Dritter.[47] Anders liegt der Fall, wenn der Anwalt leichtfertige Anträge stellt, die durch den Auftrag des Mandanten nicht gedeckt sind; dann kommt auch die Kostenauflegung auf den Anwalt persönlich in Betracht. Im Falle des leichtfertigen Handelns eines Behördenmitarbeiters ist die Amtshaftung der Anstellungskörperschaft zu beachten, so dass in diesem Falle der Anstellungskörperschaft des betreffenden Behördenmitarbeiters die Kosten aufzuerlegen sind (so schon bisher für § 13a Abs. 2 S. 3 FGG. 60

4. Mehrere Beteiligte. Haben **mehrere gemeinschaftlich** grob schuldhaft das Tätigwerden des Gerichts veranlasst, kommt eine gesamtschuldnerische Haftung für die Verfahrenskosten in Betracht. Liegt den Anregungen mehrerer Dritter zur Verfahrenseinleitung kein gemeinschaftliches Handeln 61

---

[44] *Keidel/Kuntze/Winkler/Zimmermann* § 13a FGG Rn. 14; OLG Frankfurt MDR 1983, 943.
[45] OLG Frankfurt RPfleger 1980, 315.
[46] So BVerfG NJW 1981, 2457 zur vergleichbaren Rechtslage bei § 890 ZPO.
[47] *Keidel/Kuntze/Winkler/Zimmermann* § 13a FGG Rn. 51 h.

zu Grunde, so wird im Regelfall keine gesamtschuldnerische, sondern nur eine anteilige Haftung in Betracht kommen. Als Verteilungsmaßstab kommt das Gewicht der einzelnen Mitverursachungsbeiträge für die Verfahrenseinleitung in Betracht; lässt sich dies nicht feststellen, so liegt die Verteilung nach Kopfteilen nahe.

62 **5. Minderjährige.** Dritter kann auch ein **Minderjähriger** sein. Im Anwendungsbereich des Abs. 4 wird er durch Abs. 3 nicht geschützt. Da die Kostenhaftung des Dritten durch eine ihn belastende Kostengrundentscheidung nur begründet werden kann, wenn ihn ein grobes Verschulden trifft, setzt dies in entsprechender Anwendung von § 828 Abs. 3 BGB die notwendige Einsichtsfähigkeit des Minderjährigen voraus. Der Maßstab des groben Verschuldens muss – obwohl ein objektiver – die alterstypischen Verschiedenheiten Minderjähriger berücksichtigen, wie dies im materiellen Recht für den Verstoß gegen Sorgfaltspflichten anerkannt ist.[48]

63 **6. Ermessen.** Die Kostenauferlegung auf den Dritten ist nicht strikt angeordnet, sondern in das **Ermessen** des Gerichts gestellt. Das Ermessen ist nicht frei, sondern gebunden, jedoch nicht an die Billigkeitserwägungen des Absatzes Abs. 1 S. 1, sondern an den Sinn und Zweck, den Dritten für seine schuldhaft falschen Angaben und Anregungen zu sanktionieren.[49] Auferlegt werden können die **Gerichtskosten** sowie die **außergerichtlichen Kosten der Beteiligten,** und zwar ganz oder teilweise. Bevor die Kostenentscheidung ergeht, ist dem Dritten aus verfassungsrechtlichen Gründen **rechtliches Gehör** zu gewähren. Soweit dem Dritten hierdurch selbst Kosten entstehen, etwa durch Einschaltung eines Rechtsanwalts, so hat er diese in jedem Falle selbst zu tragen, auch wenn das Gericht im Ergebnis davon abgesehen hat, ihm Kosten aufzuerlegen. Es fehlt an einer Ermächtigung, einem nicht am Verfahren beteiligten Dritten Kosten zu erstatten, sei es aus der Staatskasse, sei es durch einen Beteiligten.

IX. Die Bedeutung des Absatzes 5

64 Zu den in Bezug genommenen **bundesrechtlichen Vorschriften** gehören auch die im FamFG verstreuten besonderen Kostenvorschriften. Der systematische Standort der §§ 80 ff. im Buch 1 – Allgemeiner Teil – darf nicht darüber hinweg täuschen, dass ein großer Teil der die Praxis bestimmenden Fälle nach diesen besonderen Kostenvorschriften zu behandeln ist, die die in den §§ 81 ff. allgemein geregelte Kostentragungspflicht teils wegen ihrer Spezialität verdrängen, teils lediglich ergänzen; darüber hinaus muss stets der Anwendungsbereich der Vorschrift beachtet werden, der Ehesachen und Familienstreitsachen nicht erfasst (§ 113 Abs. 1).

65 **1. Ehe- und Familienstreitsachen.** § 113 Abs. 1 verweist im Grundsatz auf die Kostenvorschriften der **§§ 91 ff. ZPO** unter **Ausschluss der §§ 80 ff.;** es sind jedoch bei der Anwendung der §§ 91 ff. ZPO spezielle Kostenvorschriften des FamFG zu beachten, die diese teilweise ausschließen, teilweise als Auffangtatbestände subsidiär fortgelten lassen; im Vergleich zu den ausgeschlossenen allgemeinen Kostenvorschriften der §§ 80 ff. ergeben sich folgende Abweichungen:

66 **§ 132 Kosten bei Aufhebung der Ehe.** Abs. 1 S. 1 sieht keinen Ermessensspielraum wie § 81 Abs. 1 S. 1 vor, sondern eine gebundene Entscheidung. Abs. 1 S. 2 eröffnet eine Billigkeitsentscheidung wie § 81 Abs. 1. Abs. 2 eröffnet durch Unanwendbarkeit von Abs. 1 eine Billigkeitsabwägung wie § 81 Abs. 1, allerdings ohne eine Ermessenslenkung, wie sie in § 81 Abs. 2–4 erfolgt.

67 **§ 150 Kosten in Scheidungssachen und Folgensachen.** Die Abs. 1 bis 3 sehen jeweils gebundene Entscheidungen ohne einen Ermessensspielraum vor, wie er sich bei Anwendbarkeit der allgemeinen Kostenvorschriften ergeben würde; nur Abs. 4 eröffnet ausnahmsweise einen Ermessensspielraum für die Verteilung der Kosten, wenn die Anwendung der Abs. 1 bis 3 zu unbilligen Ergebnissen führt, enthält aber in Abs. 4 S. 2, 3 Vorschriften zur Ermessenslenkung für die vorzunehmende Billigkeitsabwägung. § 81 Abs. 2 kann auch nicht als Ausdruck eines allgemeinen Rechtsgedankens analog angewandt werden; dies gilt insbesondere für § 81 Abs. 2 Nr. 1, da ansonsten über die Kostenentscheidung eine Verschuldensprüfung stattfinden müsste, die dem Zerrüttungsprinzip als tragendem Grund für die Ehescheidung fremd ist.

68 **§ 243 Kosten in Unterhaltssachen.** Die Ermessensausübung wird – anders als in § 81 Abs. 1 S. 1 – besonders geleitet.

69 **2. Übrige Familiensachen und fG-Angelegenheiten.** Die §§ 80 ff. sind grundsätzlich anwendbar; jedoch sind auch in ihrem Anwendungsbereich **spezielle Kostenvorschriften** zu beachten:

---

[48] BGH LM § 828 Nr. 1; BGH NJW 1963, 1609, 1610; BGH NJW 2005, 354; RGRK/*Steffen* § 823 BGB Rn. 409; *Soergel/Spickhoff* § 823 BGB Rn. 142.

[49] Für die Ausrichtung an Billigkeitserwägungen *Bassenge/Roth* § 13a FGG Rn. 19.

- **§ 158 Verfahrensbeistand in Kindschaftssachen.** Abs. 8 erweitert den Kreis der Personen, denen Kosten nicht auferlegt werden können und ergänzt damit § 81 Abs. 3.
- **§ 183 Kosten bei Anfechtung der Vaterschaft.** Die Vorschrift verdrängt § 81 Abs. 1 S. 1, indem der Ermessensspielraum durch eine gebundene Entscheidung ersetzt wird, allerdings nur bei erfolgreicher Anfechtung.[50]
- **§ 307 Kosten in Betreuungssachen.** Die Staatskasse kommt als zusätzlicher Kostenschuldner (für die außergerichtlichen Kosten des Betroffenen) in Betracht; die Ermessensausübung des § 81 Abs. 1 S. 1 wird besonders geleitet.
- **§ 317 Kosten des Verfahrenspflegers in Unterbringungssachen.** Abs. 7 erweitert den Kreis der Personen, denen Kosten nicht auferlegt werden können und ergänzt damit § 81 Abs. 3.
- **§ 337 Kosten in Unterbringungssachen.** Die Staatskasse kommt als zusätzlicher Kostenschuldner (für die außergerichtlichen Kosten des Betroffenen) in Betracht; die Ermessensausübung des § 81 Abs. 1 S. 1 wird besonders geleitet (Abs. 1) oder durch eine gebundene Entscheidung ersetzt (Abs. 2).
- **§ 393 Löschungsverfahren in Registersachen.** Abs. 4 ersetzt die Ermessensausübung des § 81 Abs. 1 S. 1 durch eine gebundene Entscheidung bis zur Grenze der Unbilligkeit.
- **§ 399 Auflösungsverfahren in Registersachen.** Abs. 2 S. 3 ersetzt die Ermessensausübung des § 81 Abs. 1 S. 1 durch eine gebundene Entscheidung bis zur Grenze der Unbilligkeit.
- **§ 419 Kosten des Verfahrenspflegers in Freiheitsentziehungssachen.** Abs. 5 S. 2 erweitert den Kreis der Personen, denen Kosten nicht auferlegt werden können und ergänzt damit § 81 Abs. 3.

X. Inhalt der Kostenentscheidung

1. Zulässiger Entscheidungsinhalt. Angeordnet werden kann, dass Gerichtskosten ganz oder zum Teil nicht erhoben werden, einem Beteiligten die Gerichtskosten ganz oder teilweise auferlegt werden, ein Beteiligter oder ein Dritter einem anderen Beteiligten dessen außergerichtliche Kosten ganz oder zum Teil zu erstatten hat oder eine Kostenerstattung nicht stattfindet. 70

Nicht hingegen kann Inhalt der Kostenentscheidung sein, dass ein Beteiligter einem Dritten dessen außergerichtliche Kosten zu erstatten hat, weil Kosten im Sinne des § 80 nur einer Person entstehen können, die sich formal am Verfahren beteiligt hat.[51] Auch erfordert jede Kostenerstattung unter Beteiligten, dass sie am Verfahren im entgegengesetzten Sinne beteiligt waren; an dieser schon unter der Geltung des FGG allgemein für notwendig erachteten Grundvoraussetzung jeder Kostenerstattung[52] wollte der Gesetzgeber mit dem neuen FamFG ersichtlich nichts ändern. Sind mehrere Beteiligte mit gleichgerichtetem Rechtsschutzziel (also „auf der gleichen Seite") vorhanden, so regelt die Kostenentscheidung nicht ihre Auseinandersetzung untereinander, insbesondere nicht in dem Fall, wenn sie als Gesamtschuldner haften; etwas anderes kann sich aus Kostenvereinbarungen in gerichtlichen und gerichtlich gebilligten Vergleichen oder aus einer Kostenentscheidung iSv. § 150 Abs. 4 S. 3 ergeben, wenn die in Bezug genommene Kostenvereinbarung im Scheidungsfolgenvergleich solches vorsieht. Soweit Behörden Beteiligte sind, können auch ihnen Kostenerstattungspflichten auferlegt werden oder zu ihren Gunsten Kostenerstattungen durch andere Beteiligte oder Dritte angeordnet werden. 71

Die **Staatskasse** als solche ist keine Behörde mit Beteiligtenfähigkeit; deshalb können ihr im Grundsatz keine Kosten auferlegt werden. Ausnahmsweise können der Staatskasse Kosten (einschließlich der außergerichtlichen Kosten eines Beteiligten) in Betreuungssachen (§ 307) und in Unterbringungssachen (§ 337 Abs. 1) auferlegt werden. 72

Will das Gericht eine nur **teilweise Erstattung** von Kosten anordnen, kann dies durch die Bestimmung einer Quote oder eines bestimmten Geldbetrags geschehen; auch die Erstattung einer bestimmten Kostengruppe (zB Anwaltskosten) kann angeordnet werden.[53] Sieht das Gericht von einer Kostenentscheidung ab, so fehlt es im Kostenfestsetzungsverfahren an der erforderlichen Kostengrundentscheidung, so dass ein zu erstattender Betrag nicht tituliert werden kann; zugleich fehlt es an einer Entscheidung, die die Gerichtskosten ermäßigt, so dass sie in voller Höhe von dem in den Kostengesetzen festgelegten Kostenschuldner zu tragen sind. 73

Sind **mehrere Erstattungsschuldner** vorhanden, so muss das Gericht auch darüber befinden, ob sie für die Erstattungsansprüche nach Kopfteilen oder als Gesamtschuldner haften. Dabei geht es nicht 74

---
[50] Vgl. unten § 183 Rn. 4.
[51] *Zimmermann* FamRZ 2009, 377, 380 Abschn. IV. 4 b.; *Keidel/Kuntze/Winkler* § 80 Rn. 23.
[52] BayObLG, NJW-RR 1993, 530; KG, OLGZ 1988, 418.
[53] *Zimmermann* FamRZ 2009, 377, 379, Abschn. IV. 3 a; *Bumiller/Harders* § 82 Rn. 1.

um die gem. §§ 26 Abs. 1, 21 Abs. 1, 24 Nr. 1 FamGKG kraft Gesetzes bestehende Gesamtschuldnerschaft von Veranlassungs- und Entscheidungsschuldnern, die stets eine entgegengesetzte Beteiligung voraussetzt (wenn dem Veranlassungsschuldner durch die Gerichtsentscheidung die Gerichtskosten auferlegt werden, entsteht hierdurch keine Gesamtschuld!). Eine § 100 Abs. 4 ZPO entsprechende Vorschrift fehlt. Hieraus wurde unter der Geltung des FGG abgeleitet, dass mehrere Beteiligte mit gleichgerichteter Verfahrensbeteiligung stets nur Teilschuldner iSv. § 420 BGB sind.[54] Das weite Ermessen, das Abs. 1 S. 1 den Gerichten eröffnet, umfasst auch die Begründung einer gesamtschuldnerische Haftung für Kostentragungspflichten,[55] zumal § 27 S. 1 FamGKG ausdrücklich die gesamtschuldnerische Haftung von Streitgenossen vorsieht, also Beteiligten mit gleichgerichtetem Rechtsschutzziel. Da die Vorschrift die gesamtschuldnerische Haftung stets dann vorsieht, wenn das Gericht nicht ausdrücklich die Haftung unter ihnen verteilt hat, setzt sie eine entsprechende Entscheidungskompetenz des Gerichts als selbstverständlich voraus. Es wird im Regelfall billig und damit ermessensgerecht erscheinen, dass Beteiligte, die in vermögensrechtlichen Angelegenheiten materiell-rechtlich gesamtschuldnerisch haften, auch für etwaige Kostenerstattungsansprüche als Gesamtschuldner haften. Gleiches wird sich vielfach in Antragsverfahren vermögensrechtlicher Angelegenheiten ergeben, wenn mehrere Beteiligte mit einheitlichem und gleichgerichtetem Rechtsschutzziel den Antrag gestellt haben oder wenn der Antrag nur einheitlich gegen mehrere Berechtigte gemeinsam gerichtet werden kann (vergleichbar der notwendigen Streitgenossenschaft des Zivilprozesses). Bei nicht vermögensrechtlichen Angelegenheiten hingegen wird im Regelfall eine gesamtschuldnerische Kostenhaftung nicht in Betracht kommen, es sei denn, es handelt sich um eine Kostenhaftung wegen gemeinsamer schuldhafter Verfahrensveranlassung oder Verletzung von Mitwirkungspflichten gem. Abs. 2 Nr. 1–4.

75   Bei **mehreren Erstattungsgläubigern** hat jeder Berechtigte Anspruch auf Erstattung seiner notwendigen Aufwendungen. Sofern es sich um dieselben Kosten handelt (Beispiel: mehrere Beteiligte beauftragten in derselben Angelegenheit den selben Rechtsanwalt), hat dies auf die Fassung der Kostengrundentscheidung keinen Einfluss, vielmehr sind diese Kostenpositionen im Kostenfestsetzungsverfahren wie in vergleichbaren ZPO-Verfahren festzusetzen.

76   **2. Abfassung der Kostenentscheidung.** Um den genannten inhaltlichen Anforderungen an eine Kostenentscheidung zu entsprechen, wird es im Regelfall erforderlich sein, zwischen Gerichtskosten und außergerichtlichen Kosten zu differenzieren (zwingend notwendig ist dies, wenn die Gerichtskosten ermäßigt werden) und sowohl den Erstattungsschuldner als auch den -gläubiger sowie – im Falle nur teilweiser Kostenerstattung – die Quote, den Festbetrag oder die zu erstattende Kostengruppe und schließlich die Art der Kostenhaftung (nach Kopfteilen, als Gesamtschuldner) genau zu bezeichnen. Eine Formulierung wie „die Kosten des Verfahrens werden gegeneinander aufgehoben" schafft zB in Verfahren mit zahlreichen Beteiligten Unklarheit, in welchem Umfang welcher Beteiligter Gerichtskosten zu tragen hat. Auch eine Formulierung, der Antrag werde „kostenpflichtig" zurückgewiesen, lässt nicht klar erkennen, ob von der Kostentragungspflicht nur die Gerichtskosten oder auch die außergerichtlichen Kosten der anderen Beteiligten erfasst werden.

77   **3. Besonderheiten in Familiensachen.** Ergibt sich in Familiensachen, dass eine Kostenerstattung nicht zu erfolgen hat und kein Anlass für eine gänzliche oder teilweise Nichterhebung der Gerichtskosten besteht,[56] so muss dennoch gem. Abs. 1 S. 3 eine förmliche Kostenentscheidung getroffen werden, auch wenn sich diese in der Aussage erschöpft, dass außergerichtliche Kosten nicht erstattet werden. Ein Ausspruch, dass die Gerichtskosten in vollem Umfang erhoben werden, dürfte jedoch auch unter der Geltung des Abs. 1 S. 3 nicht erforderlich sein.

XI. Anfechtung der Kostenentscheidung

78   **1. Isolierte Anfechtung.** Abweichend zu dem durch § 20a FGG normierten Rechtszustand ist die Kostenentscheidung nunmehr generell **isoliert** mit der Beschwerde anfechtbar[57] und nicht mehr wie bisher – im Grundsatz – nur zusammen mit der Hauptsacheentscheidung. Kostenentscheidungen einstweiliger Anordnungsbeschlüsse sind in Familiensachen nur nach Maßgabe des § 57 S. 2 anfechtbar. Als besondere Zulässigkeitsvoraussetzung von Beschwerden allein gegen die Kostenentscheidung muss der allgemeine Beschwerdewert in vermögensrechtlichen Angelegenheiten gem. § 61 Abs. 1 von **600,01 Euro** erreicht sein,[58] weil es sich bei der isolierten Kostenbeschwerde stets um eine

---

[54] BayObLG RPfleger 1977, 26; OLG Köln RPfleger 1987, 23.
[55] So wohl auch *Zimmermann* FamFG Rn. 210; aA *Keidel/Kuntze/Winkler* Rn. 15.
[56] *Bumiller/Harders* hält die Ermäßigung von Gerichtskosten in Familiensachen nicht für möglich, § 81 Rn. 10; wie hier *Musielak/Borth* Rn. 3.
[57] Gesetzesbegründung zu § 61, BR-Drucks. 309/07, S. 450; *Bumiller/Harders* Rn. 3.
[58] Gesetzesbegründung zu § 61, BR-Drucks. 309/07, S. 450; *Keidel/Kuntze/Winkler* Rn. 81.

solche vermögensrechtliche Angelegenheit handelt. Es gibt keinen nur für Kostenbeschwerden geltenden speziellen Beschwerdewert wie etwa in § 567 Abs. 2 ZPO. Der Beschwerdewert ist dann keine Zulässigkeitsvoraussetzung, wenn das erstinstanzliche Gericht die isolierte Beschwerde allein gegen die Kostenentscheidung gem. § 61 Abs. 2 **zugelassen** hat.

2. Anfechtung mit der Hauptsache. Wird die Kostenentscheidung zusammen mit der Hauptsachenentscheidung angefochten, so kommt es zunächst auf die Zulässigkeit der Beschwerde betreffend die Hauptsache an. Handelt es sich dabei um eine vermögensrechtliche Angelegenheit, die den Beschwerdewert erreicht, oder um eine nichtvermögensrechtliche Angelegenheit, deren Überprüfung im Wege der Beschwerde gem. § 61 Abs. 1 nicht an eine bestimmte Beschwerdesumme gebunden ist, so hat das Beschwerdegericht auch stets die Kostenentscheidung zu überprüfen, und zwar unabhängig davon, ob bei isolierter Betrachtung der Kostenentscheidung der Beschwerdewert des § 61 Abs. 1 erreicht würde oder nicht. Erreicht die Beschwerde gegen eine vermögensrechtliche Hauptsachenentscheidung den Beschwerdewert nicht, erreicht jedoch die Beschwer der Kostenentscheidung den Beschwerdewert, so ist die Beschwerde als **isolierte Kostenbeschwerde** durchzuführen, wenn dies dem Rechtsschutzziel des Beschwerdeführers entspricht. Dies wird regelmäßig dann der Fall sein, wenn er in der Beschwerdeschrift ausdrücklich erklärt, Hauptsachen- und Kostenentscheidung angreifen zu wollen. Bei Unklarheiten bezüglich des Rechtsschutzziels wird das Beschwerdegericht diese aufzuklären haben. Allerdings muss es wenigstens im Wege der Auslegung möglich sein, den aufgeklärten Willen des Beschwerdeführers zu seinen Rechtsschutzzielen den innerhalb der Beschwerdefrist eingegangenen bestimmenden Schriftsätzen zu entnehmen; anderenfalls würde dem Beschwerdeführer auf diesem Umweg die Möglichkeit eröffnet, die Kostenbeschwerde auch nach Ablauf der Beschwerdefrist einzulegen.

3. Rechtsbeschwerde. Die Rechtsbeschwerde allein gegen die Kostenentscheidung ist nach Maßgabe der §§ 70 ff. statthaft.[59] Bei **einstweiligen Anordnungen** und in **Arrestverfahren** ist die Rechtsbeschwerde alleine gegen die Kostenentscheidung wegen der Begrenzung des Rechtsmittelweges auf die Beschwerde – sofern sie in Familiensachen überhaupt stattfindet (vgl. § 57) – nicht statthaft (vgl. § 70 Abs. 4).

4. Anschlussrechtsmittel. Sie kommen nach allgemeinen Grundsätzen in Betracht. Bei isolierten Kostenbeschwerden bestehen keine Zulässigkeitsbedenken. Bei einer (Rechts-) Beschwerde nur gegen die Hauptsacheentscheidung ist ein Anschlussrechtsmittel mit dem Ziel einer isolierten Überprüfung der Kostenentscheidung statthaft. Denn auch in den Fällen der bloßen Anfechtung der Hauptsacheentscheidung unterliegt die Kostenentscheidung der Vorinstanz der Überprüfung durch das Rechtsmittelgericht, weil diese im Falle eines – wenigstens teilweisen – Erfolgs des Rechtsmittels in eigener Ermessensausübung eine Kostenentscheidung gem. § 81, ggf. gem. 83 Abs. 2 zu treffen hat; damit hält sich das isoliert gegen die Kostenentscheidung gerichtete Anschlussrechtsmittel in dem erforderlichen Rahmen, der durch den Rechtsmittelgegenstand des Haupt-Rechtsmittels gezogen ist.

5. Ermessenskontrolle. Der Überprüfungsumfang der isolierten Kostenbeschwerde ist lediglich eine Kontrolle der Ermessensausübung. Auch wenn diese an die „Billigkeit" gebunden ist, handelt es sich bei der Entscheidung über „Ob" und „Wie" der Kostenauferlegung nicht um die Ausfüllung eines unbestimmten Rechtsbegriffs, dessen richtige Anwendung der vollumfänglichen Überprüfung des Rechtsmittelgerichts unterläge. Das isolierte Rechtsmittel gegen die Kostenentscheidung eröffnet somit nur die Kontrolle, ob der durch die Anbindung an die „Billigkeit" begrenzte Ermessensspielraum eingehalten wurde oder nicht.[60] Die Verkennung des Rechtsbegriffs „Billigkeit" durch die Vorinstanz verhilft dem Rechtsmittel deshalb nur dann zum Erfolg, wenn sich die getroffene Kostenentscheidung im Ergebnis als unbillig darstellt; solange das gefundene Ergebnis als noch der Billigkeit entsprechend beurteilt werden kann, hat die Verkennung des Begriffs der „Billigkeit" keine Ergebnisrelevanz.

Ermessensfehlerhaft ist es, wenn das Ermessen gar nicht ausgeübt wurde; aus diesem Grunde ist es sinnvoll, in jedem Falle die Gründe in der Entscheidung darzulegen, die für ein Absehen einer Kostenentscheidung maßgeblich waren. Im Falle fehlerhaft oder gar nicht ausgeübten Ermessens ist das mit der Kontrolle der Kostenentscheidung berufene Rechtsmittelgericht befugt, seine Ermessensausübung an die Stelle der Vorinstanz zu setzen.[61]

---

[59] *Keidel/Kuntze/Winkler* § 84 Rn. 25.
[60] KG Berlin 2006, 282; OLG Düsseldorf NZM 2008, 612; BGH, Beschl. v. 7. 10. 2008 – XI ZB 24/07, BeckRS 2008, 23098 Rn. 18.
[61] OLG Hamburg, Beschluss vom 18. 2. 2008, 2 Wx 160/06, BeckRS 2008 11101 Abschn. I. 3.; *Staudinger/Wenzel*, 2005, § 47 WEG Rn. 32.

§ 82 1–4

84 Damit ergibt sich ein Unterschied zwischen der isolierten Kostenbeschwerde und der Überprüfung der erstinstanzlichen Kostenentscheidung im Zusammenhang mit der Kontrolle der Hauptsacheentscheidung: Ist die Hauptsachenentscheidung mit Erfolg angefochten, obliegt es dem Beschwerdegericht in Ausübung des tatrichterlichen Ermessens, diejenige Kostenentscheidung zu treffen, die der Billigkeit entspricht, und zwar nicht nur hinsichtlich der im Beschwerdeverfahren entstandenen Kosten, sondern auch der Kosten im erstinstanzlichen Verfahren. Ist hingegen nur die Kostenentscheidung des Gerichts der Vorinstanz angefochten, beschränkt sich die Kontrolle auf die Prüfung von Ermessensfehlern. Nur wenn solche festgestellt werden, kann das Rechtsmittelgericht eine Abänderung vornehmen und dabei sein eigenes Ermessen an die Stelle der Vorinstanz setzen. Dieser Unterschied war bislang nicht in dieser Schärfe zu Tage getreten, weil die Kostengrundentscheidung im Grundsatz der isolierten Anfechtung entzogen war (vgl. § 20a Abs. 1 S. 1 FGG).

§ 82 Zeitpunkt der Kostenentscheidung

Ergeht eine Entscheidung über die Kosten, hat das Gericht hierüber in der Endentscheidung zu entscheiden.

I. Anwendungsbereich

1   § 82 ist gem. § 113 Abs. 1 S. 1 in Ehesachen und Familienstreitsachen nicht anwendbar, wohl aber im Vollstreckungsverfahren sowie bei einstweiligen Anordnungen, soweit sie nicht Ehe- und Familienstreitsachen betreffen.

II. Systematische Stellung und Normzweck

2   Die Vorschrift regelt nicht, **ob** eine Kostenentscheidung zu treffen ist. Deren Notwendigkeit bestimmt sich entsprechend dem Sinn und Zweck jedweder Kostenentscheidung, nämlich Kostenerstattungsansprüche zu begründen, die mittels des Kostenfestsetzungsverfahren schließlich in vollstreckungsfähigen Titeln beziffert werden, nach der Struktur des Verfahrens: Gibt es nur einen einzigen Beteiligten oder sind ansonsten nur Personen beteiligt, gegen die Kostenerstattungsansprüche nicht begründet werden dürfen (zB Minderjährige, § 81 Abs. 3), so besteht für eine Kostenentscheidung kein Bedürfnis; allerdings normiert § 81 Abs. 1 S. 3 für Familiensachen (ohne Ehesachen und Familienstreitsachen) die Pflicht, stets eine Kostenentscheidung zu treffen. Die Norm stellt somit nur klar, dass dann, wenn über die Kosten eine Entscheidung zu treffen ist, dies erst in der den Rechtszug beendenden Entscheidung zu geschehen hat. Bloße Zwischenentscheidungen brauchen weder eine Kostenentscheidung zu enthalten, noch erfordern sie eine solche, noch wären sie auch nur zulässig.

3   Nicht ausdrücklich geregelt ist der Fall, dass horizontal teilbare Verfahrensgegenstände in **Teilentscheidungen** abgeschichtet werden. In diesen Fällen ist jede Teilentscheidung eine den jeweils betroffenen Teil des Verfahrensgegenstandes instanzabschließende Endentscheidung wie dies auch in § 38 Abs. 1 Alt. 1, 2 angesprochen ist. In diesen Fällen ist die Kostenentscheidung regelmäßig erst in der Schlussentscheidung zu treffen. Zuvor kann kaum die gem. § 81 Abs. 1 S. 1 erforderliche umfassende Billigkeitsabwägung stattfinden, weil erst bei der Schlussentscheidung alle für die Abwägung maßgeblichen Umstände aufgeklärt sind (sonst hätte es ja keiner Teilentscheidung bedurft). Etwas anderes mag im Einzelfall bezüglich der Erstattung außergerichtlicher Kosten eines durch die Teilentscheidung aus dem weiteren Verfahren ausscheidenden Beteiligten gelten, wenn die ihn betreffende Billigkeitsabwägung bereits getroffen werden kann, weil vom weiteren Verfahren keine zusätzlichen, hierfür maßgeblichen Erkenntnisse erwartet werden können. Die Entscheidung darüber, ob er sich an Gerichtskosten zu beteiligen hat, muss der Schlussentscheidung vorbehalten bleiben, weil sich die „billige" Verteilung dieser Kosten – mindestens hinsichtlich der Gerichtsgebühren – erst am Schluss des Verfahrens in der jeweiligen Instanz beurteilen lässt.

4   Die Regelung gilt auch für die Kostenentscheidung, in der einem beteiligten **Elternteil** die Kosten gem. § 81 Abs. 2 Nr. 5 auferlegt werden sollen. Denn in der Regel steht bei der Endentscheidung fest, ob sich ein Elternteil nicht einer gerichtlich **angeordneten Beratung** gem. § 156 Abs. 1 S. 4 unterzogen hat. Die Beratungsanordnung stellt nur eine Zwischenentscheidung dar, die durch eine einstweilige Anordnung in der Sache selbst unterstützt wird, während das Hauptsacheverfahren einstweilen bis zum Abschluss der Beratung nicht weiter betrieben wird.

III. Sonderfälle

Die Regelung wird durch einige **speziellere Vorschriften** ergänzt, die den Zeitpunkt der 5
Kostenentscheidung in besonderen Verfahren festlegen:
– **§ 3 Verweisung bei Unzuständigkeit**: es findet keine Kostenentscheidung im Verfahren des zunächst angerufenen Gerichts statt, sondern dessen Kosten werden als Teil der Kosten des Verfahrens des Gerichts behandelt, an das wegen Unzuständigkeit verwiesen wurde, in dessen Kostenentscheidung über die vor dem zunächst angerufenen unzuständigen Gericht mit entschieden wird.
– **§ 35 Zwangsmittelverfahren**: mit Erlass des Beschlusses über die Festsetzung von Zwangsmitteln.
– **§ 51 Verfahren in einstweiligen Anordnungen**: Absatz 4 stellt durch Verweisung auf die allgemeinen Vorschriften klar, dass insoweit keine Besonderheiten bestehen.
– **§ 92 Vollstreckungsverfahren**: mit Erlass des Beschlusses über die Festsetzung von Ordnungsmitteln oder unmittelbarem Zwang.
– **§ 165 Vermittlungsverfahren in Kindschaftssachen**: in Abhängigkeit von bestimmten Zeitabläufen findet keine Kostenentscheidung im Vermittlungsverfahren statt, vielmehr wird über dessen Kosten im nachfolgenden Sorgerechts- oder Umgangsverfahrens entschieden, indem die Kosten des Vermittlungsverfahrens als Teil jenes Verfahrens behandelt werden.
– **§ 253 vereinfachtes Verfahren über den Unterhalt Minderjähriger**: mit Erlass des Festsetzungsbeschlusses.
– **§ 255 vereinfachtes Verfahren über den Unterhalt Minderjähriger bei Übergang ins streitige Verfahren**: es findet keine Kostenentscheidung im vereinfachten Verfahren statt, sondern dessen Kosten werden als Teil der Kosten des streitigen Verfahrens behandelt, über die in der Kostenentscheidung des streitigen Verfahrens mit entschieden wird.
– **§ 353 Einziehung oder Kraftloserklärung von Erbscheinen**: Abs. 1 S. 2 lockert die strenge Bindung des Gerichts in § 82 dahin, dass mit dem Beschluss über Einziehung/Kraftloserklärung des Erbscheins eine Kostenentscheidung ergehen „soll".
– **§ 389 Abs. 2 Zwangsgeldverfahren in Registersachen**: mit Erlass des Beschlusses über die Festsetzung von Zwangsgeld.
– **§ 393 Abs. 4 Löschungs- und Auflösungsverfahren in Registersachen**: mit Erlass des Beschlusses über die Zurückweisung eines Widerspruchs gegen die Löschung einer Firma.
– **§ 399 Abs. 2 S. 3 Löschungs- und Auflösungsverfahren in Registersachen**: mit Erlass des Beschlusses über die Zurückweisung eines Widerspruchs gegen die Auflösung einer Firma.

Darüber hinaus gibt es Zwischenentscheidungen, die eine eigene Kostenentscheidung erfordern: 6
Zwischenstreit über die Berechtigung zur Zeugnis-/Gutachtensverweigerung, Folgen unberechtigter Zeugnisverweigerung (vgl. § 81 Rn. 21).

§ 83 Kostenpflicht bei Vergleich, Erledigung und Rücknahme

(1) ¹**Wird das Verfahren durch Vergleich erledigt und haben die Beteiligten keine Bestimmung über die Kosten getroffen, fallen die Gerichtskosten jedem Teil zu gleichen Teilen zur Last.** ²**Die außergerichtlichen Kosten trägt jeder Beteiligte selbst.**

(2) **Ist das Verfahren auf sonstige Weise erledigt oder wird der Antrag zurückgenommen, gilt § 81 entsprechend.**

Übersicht

	Rn.		Rn.
I. Systematische Stellung	1, 2	4. Gerichtliche Kostenentscheidungen	14
II. Zulässigkeit des Vergleichs	3–10	IV. Erledigung des Verfahrens	15–25
1. Dispositionsbefugnis	3–5	1. Allgemeines	15
2. Formelle Wirksamkeitsvoraussetzungen	6	2. Begriff der Erledigung	16
3. Sonstige Vereinbarungen	7–10	3. Antragsverfahren mit Dispositionsbefugnis	17–19
III. Subsidiarität der gesetzlichen Kostenregelung beim Vergleich	11–14	4. Amtsverfahren ohne Verfügungsbefugnis	20
1. Vorrang	11	5. Gerichtliche Kostenentscheidung	21–25
2. Negative vergleichsweise Regelungen	12	6. Feststellung der Rechtswidrigkeit	26
3. Teil-Vergleiche	13	V. Antragsrücknahme	27–29

I. Systematische Stellung

1 **Abs. 1** ist an § 160 VwGO angelehnt.[1] Die darin vorgesehene gesetzliche Kostenverteilung ist **subsidiär**, nämlich für den Fall, dass die Beteiligten im gerichtlichen Vergleich eine Kostenregelung nicht getroffen haben, obwohl die Vereinbarung sich nicht nur auf die Hauptsache beziehen sollte. Für diesen Fall ergibt sich die Kostentragungspflicht der Beteiligten unmittelbar aus dem Gesetz, ohne dass es noch einer gerichtlichen Entscheidung bedürfte. Eine dennoch getroffene Kostenentscheidung des Gerichts, die inhaltlich der Regelung des § 83 Abs. 1 entspricht, hat lediglich deklaratorische Bedeutung. Weicht die gerichtliche Entscheidung hingegen vom Regelungsgehalt des § 83 Abs. 1 ab, etwa weil das Gericht die Bedeutung des Vergleichs hinsichtlich des Kostenpunkts nicht richtig erkannt hat, erwächst die Kostenentscheidung in Rechtskraft, wenn sie nicht angefochten wird. Die gerichtliche Kostenentscheidung, nicht die gesetzliche Regelung des § 83 Abs. 1, ist dann die Grundlage der Kostenfestsetzung.[2] Auf der Grundlage des wahren Regelungsgehalts des Vergleichs kommt in einem solchen Falle allerdings ein materiell-rechtlicher Ausgleich in Betracht. Um Missverständnisse über den Bedeutungsgehalt des Vergleichs im Kostenpunkt zu vermeiden, sollte das Gericht im Rahmen der Vergleichsverhandlungen diesen Punkt mit den Beteiligten erörtern und auf eine klare Formulierung hinwirken.

2 **Abs. 2** anerkennt das im FGG nicht geregelte Rechtsinstitut der Erledigung in der Hauptsache, das allerdings anderen Mechanismen folgt als im Zivilprozess. Er stellt weiter klar, dass die Erledigung und die Antragsrücknahme als Verfahrensereignisse nebeneinander stehen, die einerseits zwar keine Sachentscheidung, wohl aber eine Entscheidung zum noch offenen Kostenpunkt erfordern können und eine solche jedenfalls ermöglichen.

II. Zulässigkeit des Vergleichs

3 **1. Dispositionsbefugnis. Voraussetzung** ist gem. § 36 Abs. 1 S. 1 stets, dass die Beteiligten über den Verfahrensgegenstand „verfügen" können. Der Begriff „Verfügung" ist im Sinne **prozessualer Dispositionsbefugnis** zu verstehen. In welchen Fällen eine solche Dispositionsbefugnis besteht, bemisst sich danach, ob die Beteiligten nach Maßgabe des materiellen Rechts wirksam über den Verfahrensgegenstand verfügen können.

4 Damit sind Vergleiche in **Amtsverfahren** ausgeschlossen, also solchen Verfahren, deren materiell-rechtlicher Regelungsgehalt prozessual in der Weise umgesetzt wird, dass sie vom Gericht von Amts wegen und unabhängig von Wissen und Willen der Beteiligten eingeleitet und betrieben werden. Zulässig kann ein Vergleich in solchen Verfahren jedoch hinsichtlich der gegenseitigen Kostenerstattung sein, in der Rechtsmittelinstanz auch hinsichtlich der Rechtszugsbeendigung durch Rechtsmittelverzicht oder -rücknahme[3].

5 Auch in **Antragsverfahren** kommt es für die Zulässigkeit eines Vergleichs darauf an, dass die Parteien über den Verfahrensgegenstand disponieren können. Da eine Dispositionsbefugnis jedenfalls insoweit eröffnet ist, dass der Antragsberechtigte den Antrag auch wieder zurücknehmen kann, können die Parteien mindestens in diesem Rahmen vergleichsweise Einigungen erzielen und dabei zugleich eine Kostenregelung treffen.[4]

6 **2. Formelle Wirksamkeitsvoraussetzungen.** Der Vergleich muss zu seiner Wirksamkeit entsprechend den Vorschriften der ZPO entweder in der mündlichen Verhandlung nach Maßgabe der §§ 160 Abs. 3 Nr. 1, 162 Abs. 1 ZPO in der Sitzungsniederschrift protokolliert oder im schriftlichen Verfahren gem. § 278 Abs. 6 ZPO festgestellt werden (vgl. § 36 Abs. 2 S. 2, 3). Ein unter Widerrufs-/Bestätigungsvorbehalt geschlossener Prozessvergleich wird wegen seiner Bindung an die Wirksamkeit des materiellen Rechtsgeschäfts erst dann zum Vollstreckungstitel, wenn innerhalb der bestimmten Widerrufs-/Bestätigungsfrist entweder kein Widerruf oder die Bestätigung erfolgt ist.

7 **3. Sonstige Vereinbarungen.** In Angelegenheiten, die der Disposition der Beteiligten entzogen sind, ist eine Vereinbarung der Beteiligten zwar nicht als Vergleich im oben genannten Sinne zulässig; dennoch ist sie nicht bedeutungslos.

8 **a)** Widerspricht in Verfahren des Umgangs eines Kindes mit Eltern oder Großeltern die getroffene Vereinbarung der Beteiligten nicht dem Kindeswohl, so muss sie das Gericht gem. § 156 Abs. 2 S. 2 billigen. Als prozessuale Folge der Billigung ist die Vereinbarung als „Vergleich" aufzunehmen. Dieser

---

[1] Gesetzesbegründung zu § 83 (1), BR-Drucks. 307/09, S. 477.
[2] So zum Vorbild der Vorschrift *Eyermann/Geiger* § 160 VwGO Rn. 3
[3] Vgl. *Keidel/Kuntze/Winkler/Meyer-Holz* Vorbem. vor §§ 8–18 FGG Rn. 24.
[4] *Keidel/Kuntze/Winkler/Meyer-Holz* Vorbem. vor §§ 8–18 FGG Rn. 24.

"**gerichtlich gebilligte Vergleich**" kann eine Kostenregelung enthalten, die vor § 83 Abs. 1 Vorrang hat. Gleiches gilt für den Fall, dass der gerichtlich gebilligte Vergleich im Vermittlungsverfahren über Erschwernisse oder Vereitelungen beim Umgang mit dem Kind gem. § 165 Abs. 4 S. 2 zu Stande kommt.

b) Im **Erbscheinsverfahren** können die Beteiligten nicht über die Erbenstellung als solche disponieren, so dass ein diesbezüglicher Vergleich nicht zulässig ist und keine Wirksamkeit entfalten kann. Wie bereits unter der Geltung des FGG dürfte jedoch auch unter der Geltung des FamFG ein Vergleich der Beteiligten des Erbscheinsverfahrens möglich sein über die Ausübung von Gestaltungsrechten, die die Erbfolge beeinflussen wie zB Erbschaftsausschlagung, Anfechtung einer letztwilligen Verfügung, Zahlung einer Abfindung oder Auseinandersetzung des Nachlasses.[5] Sofern ein solcher Vergleich eine Kostenregelung beinhaltet, hat sie Vorrang vor § 83 Abs. 1.

c) Die Kostenvereinbarung eines im Verbund stehenden **Scheidungsfolgenvergleichs** ist für sich betrachtet keine maßgebliche Kostenregelung, die Grundlage etwa der Kostenfestsetzung sein könnte,[6] sondern nur die hierauf ergehende gerichtliche Kostenentscheidung des Scheidungs-Verbundurteils; dabei „soll" gem. § 150 Abs. 4 S. 3 die getroffene Kostenvereinbarung zu Grunde gelegt werden.

III. Subsidiarität der gesetzlichen Kostenregelung beim Vergleich

1. Vorrang hat eine **positive** Regelung des Kostenpunkts im Vergleich. Diese ermöglicht eine Kostenverteilung, die von einer hypothetischen, an § 81 orientierten Kostenentscheidung des Gerichts abweicht; sie braucht sich auch nicht am Verhältnis von Obsiegen oder Unterliegen der Beteiligten zu orientieren. Vielmehr können die Beteiligten jede Kostenregelung vereinbaren in den Grenzen, die dem Prozessvergleich auf Grund seiner Doppelnatur als Prozessrechtshandlung, aber auch materiellem Rechtsgeschäft durch §§ 134, 138, 242 BGB gezogen sind. In diesem Rahmen ist es zulässig, die Erstattung von Anwaltsgebühren über die gesetzlichen Gebühren hinaus (etwa wenn ein Beteiligter seinen Rechtsanwalt auf Stundenhonorar-Basis entlohnt) zu vereinbaren,[7] allerdings nur bis zur Grenze der Zulässigkeit einer solchen Honorarvereinbarung. Eine Kostenüberwälzung auf einen **minderjährigen Beteiligten** in Angelegenheiten, die seine Person betreffen, wird regelmäßig nicht möglich sein. Zwar wird § 81 Abs. 3 als Vorschrift, die die Ermessensausübung des Gerichts beschränkt, nicht eine abweichende privat-autonome Regelung verbieten. Jedoch sind im Regelfall Verfahrensgegenstände betroffen, über die die Beteiligten nicht disponieren können, so dass sie nur gerichtlich gebilligten Vergleichen zugänglich sind. Das Gericht wird im Rahmen seiner Prüfung, ob die Vereinbarung dem Kindeswohl widerspricht, auch die Auswirkung der vereinbarten Kostenregelung auf das Kindesvermögen prüfen und dabei die Sperrwirkung des § 81 Abs. 3 berücksichtigen müssen.

2. Negative vergleichsweise Regelungen des Kostenpunkts haben ebenfalls **Vorrang** vor der Anwendung von § 83 Abs. 1. Gemeint sind damit Vereinbarungen, wonach die Beteiligten zwar keine positive Kostenregelung getroffen, jedoch die Kostenfolge des § 83 Abs. 1 ausgeschlossen haben. In einem solchen Falle ist durch Auslegung des Vergleichs zu klären, ob der Vergleich lediglich die Hauptsache erledigen sollte, so dass ein Fall des § 83 Abs. 2 einträte und das Gericht auf Antrag der Beteiligten die Kostenentscheidung nach Maßgabe des § 81 zu treffen hätte,[8] oder ob die Parteien weitergehend die Vereinbarung getroffen haben, dass eine Kostenentscheidung nicht erfolgen solle. Im letztgenannten Fall könnte wegen der Regelung, dass keine Kostengrundentscheidung ergehen solle, eine Verpflichtung zur Erstattung außergerichtlicher Kosten nicht tituliert werden mit der Folge, dass jeder Beteiligte seine außergerichtlichen Kosten selbst zu tragen hätte; der Kostenschuldner der Gerichtskosten würde sich allein nach den Vorschriften des FamGKG bestimmen. Fehlt eine ausdrückliche Regelung und lässt sich auch sonst aus dem Vergleich im Wege der Auslegung keine eindeutige Erklärung über den Willen der Beteiligten bezüglich des Kostenpunkts feststellen, können die wechselseitigen Kostenanträge der Beteiligten einen Anhaltspunkt dafür liefern, dass die Anwendung des § 83 Abs. 1 ausgeschlossen werden sollte.

3. Teil-Vergleiche, die einen abtrennbaren Teil des Verfahrensgegenstandes endgültig erledigen, können eine Abtrennung des durch den Vergleich erledigten Teils nach sich ziehen mit der Folge,

---

[5] OLG Stuttgart OLGZ 1984, 131; BayObLGZ 1997, 217, 220; *Keidel/Kuntze/Winkler/Meyer-Holz* Vorbem. vor §§ 8–18 FGG Rn. 24.
[6] OLG Düsseldorf RPfleger 1992, 83 noch zu § 93a (1) 3 ZPO.
[7] OLG Hamm jurBüro 1974, 996; OLG Koblenz RPfleger 1977, 106.
[8] *Keidel/Zimmermann* Rn. 6.

dass für diesen Teil entweder die vereinbarte Kostenfolge maßgeblich oder im Hinblick auf die durch den Vergleichsabschluss eingetretene Erledigung eine gerichtliche Kostenentscheidung zu treffen ist (wenn dies dem Willen der Beteiligten entspricht) oder – subsidiär – die Kostenregelung des § 83 Abs. 1 eingreift. Trennt das Gericht den durch den Vergleich erledigten Verfahrensteil nicht ab, so ist mit der Entscheidung über den noch nicht erledigten Verfahrensgegenstand eine einheitliche Kostenentscheidung zu treffen, in die die oben dargestellten Kostenfolgen des Vergleichs einfließen und ggf. zu einer Kostenquotierung führen können.

14   **4. Gerichtliche Kostenentscheidungen,** die als Folge einer negativen Kostenregelung veranlasst sind, richten sich nach § 81 einschließlich der Regelungen der Abs. 2–5. Bei Vergleichen in vermögensrechtlichen Angelegenheiten kann der Umfang des wechselseitigen Nachgebens als Billigkeitskriterium herangezogen werden, aber auch die Motive des Nachgebens, die Erfolgsaussichten der Beteiligten, wenn das Gericht hätte sachlich entscheiden müssen, die persönlichen Verhältnisse der Beteiligten und ihre Beziehungen zueinander (etwa Verwandtschaft). Wegen der Besonderheiten bei gerichtlich gebilligten Vergleichen s. o. Rn. 7.

IV. Erledigung des Verfahrens

15   **1. Allgemeines.** Gemeint ist damit die Erledigung des Verfahrensgegenstandes in der Hauptsache ohne gleichzeitige Erledigung des Kostenpunkts; über letzteren hat – wie § 83 Abs. 2 anordnet – das Gericht von Amts wegen eine Entscheidung nach Maßgabe des § 81 Abs. 1 – Abs. 5 herbeizuführen. Kommt es dabei zum Ergebnis, dass eine Kostenentscheidung (also die Auferlegung von Kostenerstattungsansprüchen und die Begründung einer von den Kostengesetzen abweichenden Kostentragungspflicht bezüglich der Gerichtskosten) nicht veranlasst ist, so bedürfte es an sich keiner gerichtlichen Entscheidung (mit Ausnahme von Familiensachen, die stets eine förmliche Entscheidung über den Kostenpunkt erfordern, vgl. § 81 Abs. 1 S. 3). Um jedoch klarzustellen, dass die Entscheidung über den Kostenpunkt nicht lediglich versehentlich übergangen worden ist, ist in solchen Fällen auch in Nicht-Familiensachen eine förmliche Entscheidung des Inhalts zweckmäßig, dass eine Kostenentscheidung nicht veranlasst sei, außergerichtliche Kosten nicht zu erstatten seien, die Beteiligten ihre Aufwendungen selbst tragen o. ä.

16   **2. Begriff der Erledigung.** Eine Erledigung liegt immer dann vor, wenn nach der Einleitung des Verfahrens ein Ereignis eingetreten ist, das eine solche Veränderung der Sach- und Rechtslage herbeigeführt hat, dass der **Verfahrensgegenstand weggefallen ist**,[9] so dass eine Verfahrensfortsetzung keinen Sinn mehr hat, insbesondere eine Sachentscheidung keine Rechtswirkungen mehr haben kann.[10] Dass in Antragsverfahren der Antrag zunächst zulässig und begründet gewesen sein müsste, ist für die Erledigung nicht begriffsnotwendig.[11] Ein Sachausspruch wie bei der (einseitig erklärten) Erledigung im Zivilprozess des Inhalts, dass sich die Hauptsache erledigt hat, ist in fG-Angelegenheiten entbehrlich; vielmehr stellt das Gericht die Erledigung auch ohne Antrag eines Beteiligten formlos fest, wenn sie eingetreten ist.[12]

17   **3. In Antragsverfahren mit Dispositionsbefugnis** der Beteiligten kann die Erledigung regelmäßig nur auf Antrag des Antragstellers festgestellt werden. Erklärt er sein Begehren nicht für erledigt, obwohl es tatsächlich erledigt ist, muss sein weiterverfolgter Sachantrag zurückgewiesen werden.[13] Umgekehrt ergibt sich als Ausfluss der Antragsmaxime, dass auch der einseitig gebliebene Antrag, die Erledigung festzustellen zurückgewiesen werden muss, wenn sie tatsächlich nicht eingetreten ist.[14] Andererseits binden **übereinstimmende Erledigungserklärungen** der Beteiligten das Gericht, und zwar selbst dann, wenn materiell gar keine Erledigung der Hauptsache eingetreten ist; vielmehr ist die Erledigung in einem solchen Fall darin zu erblicken, dass die Beteiligten durch ihre übereinstimmende Erledigungserklärung den Verfahrensgegenstand auf Grund ihrer Dispositionsbefugnis der gerichtlichen Entscheidung entzogen haben.[15] Für diese Form der Erledigung ohne Rücksicht auf die materielle Erledigung und ihren Zeitpunkt ist die Erledigungserklärung der Beteiligten erforderlich, die in der prozessual gebotenen Form abgegeben werden müssen. Die obergerichtliche Rechtsprechung sieht die Erledigungserklärung des Antragsgegners

---

[9] Aus der Rechtsprechung zB BayObLGZ 1986, 311; 1987, 349; aus der Literatur *Keidel/Kuntze/Winkler/Zimmermann* § 13a FGG Rn. 44; *Bassenge/Roth* Einleitung FGG Rn. 120.
[10] OLG München FGPrax 2006, 228.
[11] OLG Hamm NJW-RR 2000, 1022.
[12] BayObLG NJW-RR 1987, 9.
[13] KG RPfleger 1973, 42.
[14] OLG Hamm FGPrax 1999, 48.
[15] *Keidel/Zimmermann* Rn. 11.

im Einzelfall bereits dann als abgegeben an, wenn er der Erklärung des Antragstellers nicht widersprochen hat.[16]

Ein Fall der Erledigung des Verfahrens ist auch gegeben, wenn sich der Vergleich der Beteiligten nur auf die Hauptsache, **nicht** jedoch auf den **Kostenpunkt** erstreckt, und die Parteien die Regelung des Kostenpunkts dem Gericht durch Entscheidung gem. §§ 83 Abs. 2, 81 überantworten.

Handelt es sich um einen **außergerichtlichen Vergleich,** beendet dieser das Verfahren nicht unmittelbar, sondern führt im Umfang der vergleichsweisen Regelung zu einer Erledigung des Verfahrensgegenstandes. In diesem Fall ist gem. § 83 Abs. 2 nur noch über die Kosten nach Maßgabe des § 81 Abs. 1–5 zu entscheiden, sei es, weil die Beteiligten die Erledigung erklärt haben, sei es, weil der Antragsteller den Antrag mit Rücksicht auf die erzielte Regelung zurückgenommen hat. Haben die Beteiligten sich in dem außergerichtlichen Vergleich auf eine Kostenregelung verständigt, so wird es regelmäßig der Billigkeit entsprechen, diese Kostenvereinbarung zum Gegenstand der gerichtlichen Kostenentscheidung zu machen.

4. In Amtsverfahren ohne Verfügungsbefugnis der Beteiligten kommen Dispositionsakte der Beteiligten als Erledigungsereignisse nicht in Betracht (zur Sondersituation bei „gerichtlich gebilligten Vergleichen" s. o. Rn. 7). In diesen Verfahren kommt nur eine Erledigung in dem oben genannten materiellen Sinne in Betracht, die das Gericht **formlos feststellt,** ohne an Erledigungserklärungen oder gegenteilige Erklärungen der Beteiligten gebunden zu sein.[17] Wie in den Antragsverfahren auch, ist als Folge der Erledigung nur noch eine Entscheidung über das „Ob" und ggf. das „Wie" einer Begründung von Kostentragungspflichten zu treffen.

5. Die gerichtliche Kostenentscheidung bemisst sich nach § 81 einschließlich der Abs. 2–5. Der voraussichtliche Ausgang des Verfahrens, wenn die Erledigung nicht eingetreten wäre, kann als ein Billigkeitsgesichtspunkt herangezogen werden;[18] allerdings brauchen zur Beurteilung des voraussichtlichen Verfahrensausgangs weder weitere Ermittlungen durchgeführt noch schwierige rechtliche Fragen abschließend geklärt zu werden.[19] Wirtschaftliche und persönliche Verhältnisse können ebenso berücksichtigt werden wie die Motive für die Erledigungserklärung in Verfahren mit Dispositionsbefugnis.

Ergibt sich die Erledigung der Hauptsache erst nach dem Erlass der erstinstanzlichen Entscheidung, jedoch **vor der Einlegung der Beschwerde,** so kann diese nicht mehr in zulässiger Form eingelegt werden.[20] Jedoch kann nach der Neuregelung des FamFG nunmehr die Kostenregelung des im Sachausspruch durch die eingetretene Erledigung überholten Beschlusses mit der auf den Kostenpunkt beschränkten Beschwerde angefochten werden.

Entsprechendes gilt, wenn sich der Verfahrensgegenstand nach Erlass der Beschwerdeentscheidung, aber **vor Einlegung der Rechtsbeschwerde** erledigt. Voraussetzung für die Durchführung der Rechtsbeschwerde ist jedoch, dass das Beschwerdegericht die Rechtsbeschwerde zugelassen hat.

Ergibt sich die Erledigung der Hauptsache erst **nach der Beschwerdeeinlegung** in der Hauptsache, so wird das Rechtsmittel unzulässig und ist mit der Kostenfolge des § 84 zu verwerfen, wenn es nicht auf den Kostenpunkt beschränkt wird.[21] Erfolgt die Beschränkung, so ist die Kostenentscheidung nach den Regeln der isolierten Kostenbeschwerde zu überprüfen (vgl. § 81 Rn. 68, 69).

Tritt die Erledigung **nach Einlegung** der vom Beschwerdegericht zugelassenen Rechtsbeschwerde ein, so ist die Rechtsbeschwerde nach Beschränkung auf den Kostenpunkt als isoliertes Kostenrechtsmittel durchzuführen. Der Gegenstand der Rechtsbeschwerde umfasst dann die Kosten aller drei Rechtszüge.[22]

6. Feststellung der Rechtswidrigkeit. Bei Unterbringungsfällen kann ein berechtigtes Interesse bestehen, trotz Erledigung der Unterbringung deren Rechtswidrigkeit festzustellen. Das Verfahren wird dann mit diesem Rechtsschutzziel fortgeführt.[23]

---

[16] BayObLG, NZM 1999, 858.
[17] *Keidel/Kuntze/Winkler-Kahl* § 19 FGG Rn. 89; *Bassenge/Roth* Einleitung FGG Rn. 124.
[18] OLG Frankfurt, OLGZ 1980, 74, 82.
[19] BayObLG FamRZ 1991, 846; KG FamRZ 1993, 84.
[20] So BayObLG NJW-RR 1988, 198; *Keidel/Zimmermann* § 84 Rn. 26; aA *Maurer* FamRZ 1991, 891.
[21] BayObLG NJW-RR 1988, 198; *Keidel/Zimmermann* § 84 Rn. 27.
[22] OLG Schleswig FamRZ 1996, 1344.
[23] BVerfGE 104, 220; BVerfG NJW 1998, 2432.

V. Antragsrücknahme

27 Nimmt der Antragsteller in Antragsverfahren den Antrag zurück, so ist gem. § 83 Abs. 2 über die Kosten des Verfahrens nach billigem Ermessen zu entscheiden; der Gesetzgeber hat sich auch für diesen Fall für eine flexible Regelung entschieden, die sich von der starren Regelung des § 269 ZPO unterscheidet. Damit können Umstände wie die Motive für die Antragsrücknahme, die Erfolgsaussichten des Antrags, die bestünden, wenn er nicht zurückgenommen worden wäre, die wirtschaftlichen Verhältnisse der Parteien, die bisherige Verfahrensführung usw. in die Kostenentscheidung einfließen; hierbei sind die Vorschriften der § 81 Abs. 2–5 zu beachten.

28 Für „Anträge" in **Amtsverfahren**, die lediglich Anregungen zur Einleitung eines Verfahrens darstellen, ohne echte Verfahrensvoraussetzungen zu sein, gilt § 83 Abs. 2 nicht.

29 Nimmt im Beschwerderechtszug der Beschwerdeführer die Beschwerde und der Antragsteller den Antrag jeweils zum Teil zurück, so muss das Beschwerdegericht einheitlich über die gesamten Kosten des Verfahrens entscheiden.[24]

§ 84 Rechtsmittelkosten

Das Gericht soll die Kosten eines ohne Erfolg eingelegten Rechtsmittels dem Beteiligten auferlegen, der es eingelegt hat.

Übersicht

	Rn.		Rn.
I. Anwendungsbereich	1	V. Erfolg des Rechtsmittels	17, 18
II. Regelungehalt	2	VI. Rücknahme des Rechtsmittels	19–22
III. Erfolglosigkeit des Rechtsmittels	3–10	VII. Anschlussrechtsmittel	23–27
IV. Abweichungen von der Soll-Vorschrift trotz Erfolglosigkeit des Rechtsmittels	11–16		

I. Anwendungsbereich

1 Erfasst sind alle Verfahren des FamFG einschließlich Vollstreckungs- und einstweilige Anordnung, jedoch ohne Ehe- und Familienstreitsachen (einschließlich deren Vollstreckung und zugehörige einstweilige Anordnungen, vgl. § 113 Abs. 1 S. 1).

II. Regelungsgehalt

2 Die Vorschrift bringt die Neuerung, dass die strikte Regelung des § 13a Abs. 1 S. 2 FGG, der bei Erfolglosigkeit des Rechtsmittels die Kostentragungspflicht zwingend anordnet, durch eine **Ermessensvorschrift** ersetzt wird, wenngleich mit stark eingeschränktem Ermessensspielraum. Ausdrücklich hebt die Gesetzesbegründung[1] darauf ab, dass dem Gericht die Möglichkeit gegeben werden soll, „in besonders gelagerten Fällen die Kosten nicht dem im Ergebnis erfolglosen Rechtsmittelführer aufzuerlegen". Damit soll eine flexiblere Handhabung als bisher ermöglicht werden, um auch in außergewöhnlichen Fallgestaltungen Einzelfallgerechtigkeit walten lassen zu können. Das Ermessen ist jedoch nur bei solchen „besonders gelagerten" Fällen eröffnet. In der Rechtsfolge ist das Gericht nicht mehr daran gebunden, die Kosten dem erfolglosen Rechtsmittelführer aufzuerlegen, sondern kann diese nach dem Billigkeitsmaßstab des § 81 Abs. 1 S. 1 verteilen. Auch die Vorschriften des § 81 Abs. 2 sind dann zu beachten; allerdings wird nur das Regelbeispiel des § 81 Abs. 2 Nr. 4 praktische Relevanz haben können. Es wird nur schwer vorstellbar sein, dass die anderen Regelbeispielsfälle in der Person eines anderen Beteiligten verwirklicht wären, auf den demzufolge Kosten überwälzt werden könnten und müssten, gleichwohl jedoch das Rechtsmittel des Beschwerdeführers erfolglos wäre.

---

[24] BayObLG NZM 1999, 509.
[1] BR-Drucks. 309/07 zu § 84, S. 478.

III. Erfolglosigkeit des Rechtsmittels

1. Beschwerde und Rechtsbeschwerde. Rechtsmittel sind nur die Beschwerde und die Rechtsbeschwerde. Für die Rechtspflegererinnerung gilt die Vorschrift nicht, weil es sich nur um einen Rechtsbehelf handelt; es ist nicht erkennbar, dass der Gesetzgeber in dieser Frage an der bisherigen rechtlichen Einordnung etwas ändern wollte.[2]

Die Regelung greift nur bei vollständiger Erfolglosigkeit des Rechtsmittels ein. Hat dieses wenigstens einen teilweisen Erfolg (wofür bereits eine Besserstellung des Beschwerdeführers bei der Kostenentscheidung des angefochtenen Beschlusses genügt), bemisst sich die Kostenentscheidung auch im Beschwerderechtszug nach § 81, nicht nach § 84.[3] In diesem Falle ist der Umstand des teilweisen Misserfolgs bei der Bestimmung der Kostentragungspflicht im Rahmen der Billigkeitsabwägung gem. § 81 Abs. 1 S. 1 zu berücksichtigen.

2. Erfolglos. Erfolglos ist das Rechtsmittel dann, wenn es nicht statthaft war oder sonst nicht in zulässiger Form eingelegt wurde oder dem Beschwerdeführer die Beschwerdebefugnis fehlte.[4] Erfolglos ist auch das zwar zulässig eingelegte, jedoch unbegründete Rechtsmittel, ebenso auch das Rechtsmittel, das in Verfahren ohne Verschlechterungsverbot zu einer Schlechterstellung des Beschwerdeführers führt, schließlich das Rechtsmittel, das ohne Verbesserung für den Beschwerdeführer lediglich zu einer Änderung der Begründung führt.[5] Für die Beurteilung des Erfolgs oder Misserfolgs eines Rechtsmittels kommt es nur auf den Vergleich zwischen Rechtsmittelziel des (Rechts-)Beschwerdeführers und Rechtsmittelergebnis an, nicht auf die Gründe, worauf das Rechtsmittelergebnis beruht (zB neue Tatsachen, geänderte höchstrichterliche Rechtsprechung).[6]

Keinen Erfolg hat auch ein Rechtsmittel, auf das der Rechtsmittelführer wirksam **verzichtet** hat, sei es vor, sei es nach Einlegung des Rechtsmittels, weil der Rechtsmittelverzicht zur Unzulässigkeit des Rechtsmittels (§ 67 Abs. 1) und damit zu seiner Verwerfung führt. Falls der Verzicht nicht gegenüber dem Gericht erfolgt ist, sondern nur gegenüber einem Beteiligten, gilt dies jedoch nur dann, wenn sich der Beteiligte auf den Rechtsmittelverzicht beruft (vgl. § 67 Abs. 3).

3. Aufhebung und Zurückverweisung. Bei einer Aufhebung und Zurückweisung ist noch ungewiss, ob das Rechtsmittel Erfolg hat oder nicht. Die zurückverweisende Entscheidung enthält keine Kostenentscheidung; vielmehr muss das Ausgangsgericht bei seiner erneuten Entscheidung auch über die Kosten des Beschwerdeverfahrens entscheiden.[7] Ergibt sich bei der erneuten Entscheidung dasselbe Ergebnis, dessen Anfechtung zur Zurückverweisung geführt hat, so kann alleine aus diesem Umstand noch nicht auf den Erfolg der Beschwerde geschlossen werden. In der Regel wird sich in einem solchen Fall keine für die Anwendung des § 84 erforderliche vollständige Erfolglosigkeit der Beschwerde feststellen lassen. Da die Zurückverweisung regelmäßig nur wegen eines erheblichen Verfahrensfehlers erfolgen kann, der das Verfahrensergebnis wenigstens beeinflusst haben könnte, kann sich die Zurückverweisung als solche jedenfalls dann als Teilerfolg darstellen, wenn das Ziel der Beschwerde allein die Beseitigung der auf dem Verfahrensfehler beruhenden Beschwer war. Kann nach Zurückverweisung nicht sicher beurteilt werden, ob die Beschwerde ohne den Verfahrensfehler keinerlei Erfolg gehabt hätte, hat das Ausgangsgericht die Kostenentscheidung bezüglich des Beschwerdeverfahrens gem. § 81 Abs. 1 S. 1 zu treffen; darüber hinaus wird der Verfahrensfehler, der zur Zurückverweisung führte, häufig, jedoch nicht zwingend[8] Anlass geben, die Gerichtskosten des Beschwerdeverfahrens nicht zu erheben.

Besonderheiten ergeben sich bei der **Zurückverweisung durch den BGH** als Gericht der Rechtsbeschwerde.[9] Auch in diesem Fall enthält die Aufhebungs- und Zurückverweisungsentscheidung keine Entscheidung über die Kosten des Rechtsmittels; diese muss vielmehr das Gericht treffen, an das zurückverwiesen wird. Verweist der BGH an die **Vorinstanz** (also das Landgericht oder das Oberlandesgericht als Beschwerdeinstanz) zurück, so muss diese nicht nur über die Kosten der Rechtsbeschwerde, sondern auch über die Kosten der Beschwerde entscheiden. Dabei gilt das Beschwerde-

---

[2] *Keidel/Zimmermann* Rn. 3.
[3] So schon die Rechtslage gem. § 13a (1) 2 FGG, vgl. *Bassenge/Roth* § 13a FGG Rn. 10; *Bumiller/Winkler* § 13a Rn. 23; BayObLG NJW-RR 2005, 1245, 1247.
[4] HM, vgl. *Bumiller/Winkler* § 13a FGG Rn. 21; *Keidel/Kuntze/Winkler/Zimmermann* § 13a FGG Rn. 33; *Bassenge/Roth* § 13a FGG Rn. 10; BayObLG 1998, 82.
[5] BayObLG RPfleger 1959, 384.
[6] BayObLGZ 1994, 313, 325.
[7] AllgM vgl. *Keidel/Zimmermann* Rn. 9; *Bassenge/Roth* § 25 FGG Rn. 13, OLG Zweibrücken FGPrax 2003, 220.
[8] *Hartmann* § 16 KostO Rn. 5.
[9] Vgl. die Neufassung des § 133 GVG.

verfahren vor Einlegung der Rechtsbeschwerde und das Beschwerdeverfahren nach Zurückverweisung als ein Rechtszug.[10] Erweist sich im Verfahren nach Zurückweisung die Beschwerde als erfolglos, so hat der Beschwerdeführer die Kosten des Beschwerderechtszugs nach Maßgabe des § 84 zu tragen. Über die Kosten der Rechtsbeschwerde ist hingegen gem. § 81 Abs. 1 zu entscheiden, es sei denn, auf Grund des Ergebnisses der Beschwerde erwiese sich die Rechtsbeschwerde ebenfalls als erfolglos; dann sind diese Kosten demjenigen Beteiligten aufzuerlegen, der die Rechtsbeschwerde eingelegt hat. Bei einer solchen Fallkonstellation kann dies nur der Beschwerdeführer sein, für jeden anderen Beteiligten als Rechtsmittelführer der Rechtsbeschwerde erweist sich der Umstand, dass nach Zurückverweisung die Beschwerde keinen Erfolg hat, mindestens als Teilerfolg der Rechtsbeschwerde.

9 Verweist der BGH gem. § 74 Abs. 6 S. 2, 2. Altern. nicht an das Beschwerdegericht, sondern an das **Amtsgericht** zurück, so muss das Amtsgericht ebenfalls sowohl über die Kosten der Beschwerde als auch der Rechtsbeschwerde und – selbstverständlich – (erneut) über die Kosten des erstinstanzlichen Verfahrens entscheiden. Für jeden Rechtsmittelzug ist dabei § 84 gesondert zu prüfen. Falls sich auch nur ein Teilerfolg des jeweiligen Rechtsmittels ergibt, bemisst sich die Kostenentscheidung für die betreffende Instanz nicht nach § 84, sondern nach § 81.

10 Verweist der BGH auf Grund einer Sprungrechtsbeschwerde gem. § 75 an das Amtsgericht zurück, so gilt nichts anderes, als hätte das Beschwerdegericht an das Amtsgericht zurückverwiesen.

IV. Abweichungen von der Soll-Vorschrift trotz Erfolglosigkeit des Rechtsmittels

11 Haben die Beschwerden **mehrerer Beteiligter** mit entgegen gesetzten Rechtsschutzzielen keinen Erfolg, so sind die Kosten zwischen den erfolglosen Beschwerdeführern nach Billigkeitsgesichtspunkten gem. § 81 Abs. 1 S. 1 zu verteilen.[11] Dies gilt nicht nur für die Frage der Erstattung außergerichtlicher Kosten eines Beteiligten, der selbst kein Rechtsmittel eingelegt hat, sondern auch für die Frage der Kostenerstattung der erfolglosen Beschwerdeführer untereinander.

12 Hat das (Rechts-)Beschwerdegericht die Beschwerde zurückgewiesen, **ohne den Beschwerdegegner zu hören,** so dass diesem keine außergerichtlichen Kosten entstehen konnten, kann eine Kostenentscheidung entbehrlich sein, weil die Gerichtskosten dem erfolglosen Beschwerdeführer als Veranlassungsschuldner zur Last fallen, er seine eigenen Aufwendungen selbst tragen muss, ohne eine Erstattung von einem anderen Beteiligten erlangen zu können, und dem Gegner keine erstattungsfähigen Aufwendungen entstanden sind.[12] Jedoch muss in Familiensachen auch in solchen Fällen eine Kostenentscheidung getroffen werden (vgl. § 81 Abs. 1 S. 3).

13 Beim erfolglosen Rechtsmittel eines **Minderjährigen** in seine Person betreffenden Verfahren hat der strikte Ausschluss der Kostenerstattung gem. § 81 Abs. 3 Vorrang vor § 84. Da § 81 Abs. 3 nur die Auferlegung von Kosten, dh. die Begründung von Kostentragungspflichten durch eine gerichtliche Entscheidung verbietet, nicht jedoch die Erstattung seiner außergerichtlichen Kosten, die Überwälzung der Gerichtskosten auf einen anderen Beteiligten oder deren Nichterhebung gebietet, kann auch der Minderjährige im Falle seines erfolglosen Rechtsmittels mit den Gerichtskosten als Veranlassungsschuldner belastet bleiben, ebenso mit seinen eigenen außergerichtlichen Kosten, indem kein anderer Beteiligter zur Kostenerstattung verpflichtet wird.

14 Die Erfolglosigkeit der Beschwerde nur wegen **neuer Tatsachen** kann je nach Umständen des Einzelfalles (zB unverschuldete Unkenntnis des Beschwerdeführers von den neuen Tatsachen) den Ermessensspielraum eröffnen, ausnahmsweise von der Soll-Vorschrift des § 84 abzuweichen.

15 Ist ein formell am Beschwerdeverfahren Beteiligter materiell nicht beteiligt, so können seine außergerichtlichen Kosten billigerweise nicht dem erfolglosen Beschwerdeführer auferlegt werden.[13]

16 Ist der Beschwerdeführer verstorben, so ist bei der Kostenentscheidung entsprechend § 780 ZPO für die Kostenhaftung der Erben der Vorbehalt der beschränkten Erbenhaftung von Amts wegen einzufügen.[14]

V. Erfolg des Rechtsmittels

17 Hat die **Beschwerde** ganz oder teilweise Erfolg, so ist über die Kosten des Beschwerderechtszugs gem. § 81 Abs. 1–5 zu entscheiden. Ggf. hat das Beschwerdegericht zugleich die **erstinstanzliche**

---

[10] *Keidel/Kuntze/Winkler/Zimmermann* § 13a FGG Rn. 39.
[11] BayObLG FamRZ 1995, 682, 683; KG JurBüro 1995, 212.
[12] KG FamRZ 2006, 511.
[13] *Keidel/Kuntze/Winkler/Zimmermann* § 13a FGG Rn. 30.
[14] BayObLG 64, 433/443; *Bumiller/Winkler* § 13a FGG Rn. 31.

Kostenentscheidung zu korrigieren und bezüglich der erstinstanzlichen Kosten die Kostengrundentscheidung zu treffen, die gem. § 81 Abs. 1–5 geboten war.

Hat die **Rechtsbeschwerde** sachlichen Erfolg, so entscheidet der BGH über die Kosten des Rechtsbeschwerdeverfahrens nach Maßgabe des § 81 Abs. 1–5. Besteht der Erfolg der Rechtsbeschwerde darin, dass die Beschwerde zurückgewiesen wird, so hat der BGH über die Kosten des Beschwerdeverfahrens gem. § 84 zu befinden.[15] Besteht der Erfolg der Rechtsbeschwerde darin, auf die Beschwerde die erstinstanzliche Entscheidung abzuändern, sind die Kosten der 1. und 2. Instanz nach Maßgabe des § 81 Abs. 1–5 zu treffen. 18

VI. Rücknahme des Rechtsmittels

Das zurückgenommene Rechtsmittel lässt sich nicht zwingend unter den Begriff des erfolglosen Rechtsmittels bringen. So war die bisherige Auffassung mehrheitlich die, dass sich die Kostenentscheidung im Falle eines zurückgenommenen Rechtsmittels nicht nach § 13a Abs. 1 S. 2 FGG bemisst, sondern nach § 13a Abs. 1 S. 1 FGG.[16] Demgegenüber spricht die Gesetzesbegründung[17] die Rechtsmittelrücknahme als Anwendungsfall des § 84 an; angesichts der Soll-Bindung der Gerichte bei der Kostenentscheidung ist dann allerdings nicht recht verständlich, wenn die Gesetzesbegründung weiter ausführt, dass die Rechtsmittelrücknahme „für sich genommen die Auferlegung der Kosten nicht zwingend nach sich" ziehe. Offensichtlich verfolgte der Gesetzgeber keine Abkehr von der bisherigen Entscheidungspraxis der Gerichte. Die bisherigen Entscheidungen werden deshalb weiterhin richtungsgebend bleiben. Wie bisher gem. § 13a Abs. 1 S. 1 FGG aF ist die Kostenentscheidung demnach auch unter der Geltung des FamFG nach der Generalklausel für die Kostenentscheidung, also nach **Billigkeitserwägungen** gem. § 81 Abs. 1 S. 1 zu fällen.[18] Die Rücknahme der Beschwerde ist somit für sich allein kein zwingender Grund für die Kostenauferlegung, behält jedoch in der erforderlichen Billigkeitsabwägung erhebliches Gewicht. In die Billigkeitserwägung sind die Beweggründe, weshalb die Beschwerde zurückgenommen worden ist, einzubeziehen. 19

Im Einzelfall kann dies dazu führen, von einer Kostenentscheidung gänzlich abzusehen, beispielsweise dann, wenn die Beteiligten sich darauf verständigt haben, dass der Rechtsmittelführer sein Rechtsmittel zurücknimmt und die übrigen Beteiligten im Gegenzug auf die Erstattung ihrer außergerichtlichen Kosten im Rechtsmittelzug verzichten. Gerichtskosten fallen dann dem Beschwerdeführer nach den Kostengesetzen als Veranlassungsschuldner zur Last; außergerichtliche Erstattungsansprüche brauchen nicht tituliert zu werden, weil es der Billigkeit entspricht, die Beteiligten an ihrer Vereinbarung festzuhalten. 20

Wird die Beschwerde ausdrücklich nur fristwahrend eingelegt und wird dann zurückgenommen, kann es unbillig sein, dem Beschwerdeführer die außergerichtlichen Kosten des Beschwerdegegners aufzuerlegen, wenn diesem zugemutet werden konnte, mit Aufwendungen für das Beschwerdeverfahren (zB Anwaltsbeauftragung) abzuwarten, bis der Beschwerdeführer erklärt hat, ob die Beschwerde durchgeführt werden solle oder nicht.[19] 21

Als Folge der Beschwerderücknahme ist dem Beschwerdegericht jede Korrektur der erstinstanzlichen verwehrt. Folglich darf auch die Kostenentscheidung der Vorinstanz nicht mehr geändert werden.[20] Die Entscheidung des Beschwerdegerichts beschränkt sich auf die Entscheidung über die im Beschwerderechtszug angefallenen Kosten. 22

VII. Anschlussrechtsmittel

Anschlussrechtsmittel sind uneingeschränkt bei allen Verfahrensgegenständen des FamFG zulässig, wie nunmehr § 66 S. 1 klarstellt. Dabei handelt es sich stets um ein **unselbständiges** Anschlussrechtsmittel, wie die Abhängigkeit von der Durchführung des Hauptrechtsmittels und dem Erlass einer Sachentscheidung in § 66 S. 2 zeigt. Im eigentlichen Sinne handelt es sich bei einem Anschlussrechtsmittel nicht um ein „Rechtsmittel", sondern um ein besonders ausgestaltetes Angriffsmittel des Rechtsmittelgegners.[21] Regelmäßig ist über die durch das Anschlussrechtsmittel entstandenen Kosten gem. § 81 Abs. 1 zu entscheiden sein. 23

---

[15] BayObLG FamRZ 1976, 49/50.
[16] *Bumiller/Winkler* § 13a FGG Rn. 22; *Keidel/Kuntze/Winkler/Zimmermann* § 13a FGG Rn. 42; *Bassenge/Roth* § 13a FGG Rn. 11, 13; BayObLG, MDR 83, 58; KG, NJW-RR 93, 831.
[17] BR-Drucks. 309/07 zu § 84 S. 478.
[18] AA *Keidel/Zimmermann* Rn. 19.
[19] *Keidel/Kuntze/Winkler/Zimmermann* § 13a FGG Rn. 42 a; anders *Keidel/Zimmermann* Rn. 22.
[20] BayObLGZ 1997, 148; aA noch BayObLGZ 1975, 284.
[21] BGH NJW 1978, 1977.

§ 85 1, 2

24 Wird das Anschlussrechtsmittel wirkungslos, weil die Beschwerde als unzulässig verworfen wurde, entspricht es regelmäßig der Billigkeit, dem Beteiligten, der das Anschlussrechtsmittel eingelegt hat, die durch die Anschlussbeschwerde verursachten Kosten aufzuerlegen. Dies folgt daraus, dass es kein Bedürfnis gibt, sich einem unzulässigen Hauptrechtsmittel anzuschließen.

25 Wird das Anschlussrechtsmittel wirkungslos, weil der Rechtsmittelführer sein Hauptrechtsmittel zurückgenommen hat, ist nicht nur nach den Billigkeitserwägungen des Einzelfalles gem. §§ 82 Abs. 2, 81 Abs. 1 S. 1 darüber zu befinden, ob dem Rechtsmittelführer wegen seiner Rechtsmittelrücknahme die Kosten der Beschwerde aufzuerlegen sind, sondern auch, ob er darüber hinaus die durch die Anschlussbeschwerde entstandenen Kosten zu tragen hat; dies wird regelmäßig dann nicht der Billigkeit entsprechen, wenn sich die Anschlussbeschwerde als von vornherein aussichtslos darstellte (Rechtsgedanke des § 81 Abs. 2 Nr. 2).[22]

26 Hat das Hauptrechtsmittel keinen, aber die **Anschlussbeschwerde sachlichen Erfolg**, so wird die Wertung des § 84 in einem Erst-recht-Schluss regelmäßig zur Auferlegung der durch die Anschlussbeschwerde verursachten Kosten auf den Beschwerdeführer des Hauptrechtsmittels führen.

27 Haben weder Haupt- noch Anschlussrechtsmittel sachlichen Erfolg, so ist die Kostenentscheidung nach den Billigkeitsgesichtspunkten wie bei Erfolglosigkeit mehrerer Beschwerden mit entgegengesetzten Beschwerdezielen gem. § 81 Abs. 1 zu treffen.

§ 85 Kostenfestsetzung

Die §§ 103 bis 107 der Zivilprozessordnung über die Festsetzung des zu erstattenden Betrags sind entsprechend anzuwenden.

Übersicht

	Rn.		Rn.
I. Anwendungsbereich	1	VI. Prüfungsumfang	15–25
II. Systematische Stellung	2	1. Formelle Voraussetzungen	15
III. Geeigneter Vollstreckungstitel	3–9	2. Kostenpositionen	16, 17
1. Gerichtliche Entscheidung	4	3. Einwendungen gegen den Kostenansatz	18
2. Vergleich	5–8	4. Materiellrechtliche Einwendungen	19–25
3. Sonstige Vereinbarungen	9	5. Geltendmachung nicht berücksichtigungsfähiger Einwendungen	26
IV. Erstattungsmöglichkeiten	10–13	VII. Verfahrensgang	27–30
V. Zuständigkeit	14	VIII. Entscheidung	31–35
		IX. Rechtsbehelfe	36–42

I. Anwendungsbereich

1 Die Vorschrift gilt wegen des Ausschlusses in § 113 Abs. 1 S. 1 formal nicht in Ehesachen und Familienstreitsachen. Für diese ist in § 113 Abs. 1 S. 2 vielmehr die Geltung der Vorschriften des 1. Buchs der ZPO angeordnet. Durch diese Verweisung gelten die §§ 103 bis 107 ZPO auch für die aus dem Anwendungsbereich der §§ 80 ff. herausgenommenen Verfahren, so dass im Ergebnis die Kostenfestsetzung für alle dem FamFG unterstehenden Verfahren stets nach den Vorschriften der ZPO erfolgt.

II. Systematische Stellung

2 Erst im **Kostenfestsetzungsbeschluss** werden die außergerichtlichen Kosten der Beteiligten in die Ausgleichungsberechnung eingestellt, die „notwendig" waren und damit nach Maßgabe der Kostengrundentscheidung erstattungsfähig sind. Maßstab ist § 80. Eine Ausnahme gilt dann, wenn bereits in der Kostengrundentscheidung der Feststellung vorgegriffen wurde, dass bestimmte Aufwendungen erstattungsfähig sind, beispielsweise dann, wenn dem einen Beteiligten auferlegt wurde, die Rechtsanwaltskosten eines anderen Beteiligten zu tragen. Damit ist im Kostenfestsetzungsverfahren kein Raum mehr für den Streit, ob die Hinzuziehung eines Rechtsanwalts „notwendig" war

---

[22] Zur alten Rechtslage differenzierend *Keidel/Kuntze/Winkler/Zimmermann* § 22 FGG Rn. 15: die Gerichtskosten sollen dem Hauptrechtsmittelführer zur Last fallen, während sich die Erstattung außergerichtlicher Kosten nach Billigkeit richten soll (§ 13 Abs. 1 S. 1).

oder nicht.[1] Nur soweit die Kostengrundentscheidung die Höhe dieser Aufwendungen noch nicht festgelegt hat, besteht ein Entscheidungsspielraum des Rechtspflegers. Der Kostenfestsetzungsbeschluss selbst stellt einen Vollstreckungstitel iSv. § 794 Abs. 1 Nr. 2 ZPO dar, für den die §§ 795, 795a, 798 ZPO entsprechend gelten.[2] Durch seine Vollstreckung wird die in der Kostengrundentscheidung gem. § 81 angeordnete Kostenerstattung verwirklicht.

III. Geeigneter Vollstreckungstitel

Die Kostenfestsetzung kann gem. § 103 Abs. 1 ZPO nur erfolgen, wenn ein vollstreckbarer Titel vorliegt, der eine Kostengrundregelung beinhaltet. Es kann sich entweder um die gerichtliche Kostenentscheidung oder eine Kostenregelung in einem gerichtlich protokollierten Vergleich handeln.[3] Ein Titel kann seine Eignung zur Kostenfestsetzung nachträglich verlieren, etwa durch Abänderung, aber auch durch bloße Aufhebung. Er kann überholt werden durch nachträgliche anderweitige Vereinbarung durch Prozess-/Verfahrensvergleich.[4]

1. Gerichtliche Entscheidung. Handelt es sich bei dem Titel um eine **gerichtlichen Entscheidung,** muss diese **wirksam** sei. Hierzu gehört gem. § 40 Abs. 1 in jedem Falle ihre Bekanntgabe, in den Fällen der §§ 40 Abs. 2, Abs. 3, 116 Abs. 2, 3 1, 148, 184 Abs. 1 S. 1, 198 Abs. 1 S. 1, Abs. 2, 209 Abs. 2 S. 1, 216 Abs. 1 S. 1, 227 S. 1, 324 Abs. 1, 422 Abs. 1 auch der Eintritt ihrer **Rechtskraft** (dies gilt wegen der ebenfalls auf § 103 Abs. 1 ZPO führenden Verweisung in § 113 Abs. 1 S. 2 auch in Ehe- und Familienstreitsachen). In den Fällen der Wirksamkeit erst mit Eintritt der Rechtskraft wird auch die Kostenentscheidung erst mit Rechtskraft der Hauptsacheentscheidung wirksam und ist erst ab dann ein zur Zwangsvollstreckung geeigneter Titel.[5] Sofern im Einzelfall das Gericht ermächtigt ist, durch Anordnung der **sofortigen Wirksamkeit** die Vollstreckbarkeit des Beschlusses vor Eintritt der Rechtskraft herbeizuführen (vgl. §§ 40 Abs. 3 2, 116 Abs. 3 2, 198 Abs. 1 S. 2, 209 Abs. 2 S. 2, 216 Abs. 1 S. 2, 324 Abs. 2 S. 1) kann mit der Anordnung des Sofortvollzugs auch das Kostenfestsetzungsverfahren betrieben werden.

2. Vergleich. Als **Vergleich** mit der Qualität eines Vollstreckungstitels kommt nur der im gerichtlichen Verfahren geschlossene Prozessvergleich in Betracht, nicht hingegen der außergerichtliche, vor einer Schiedsstelle geschlossene oder der Anwaltsvergleich.

In **Amtsverfahren** sind Vergleiche hinsichtlich der Hauptsache mangels Verfügungsbefugnis der Beteiligten ausgeschlossen, können jedoch hinsichtlich der gegenseitigen Kostenerstattung zulässig sein, in der Rechtsmittelinstanz auch hinsichtlich der Rechtszugsbeendigung durch Rechtsmittelverzicht oder -rücknahme[6].

Auch in **Antragsverfahren** kommt es für die Zulässigkeit eines Vergleichs darauf an, dass die Parteien über den Verfahrensgegenstand disponieren können. Da eine Dispositionsbefugnis jedenfalls insoweit eröffnet ist, dass der Antragsberechtigte den Antrag auch wieder zurücknehmen kann, können die Parteien mindestens in diesem Rahmen vergleichsweise Einigungen erzielen und dabei zugleich eine Kostenregelung treffen.[7]

Wegen der formellen Anforderungen an die Vereinbarung wird auf § 83 Rn. 6 verwiesen.

3. Sonstige Vereinbarungen. Auch der „**gerichtlich gebilligte Vergleich**" ist gem. § 86 Abs. 1 Nr. 2 Vollstreckungstitel und damit – sofern er eine Kostenregelung enthält – geeignete Grundlage für die Kostenfestsetzung. Gleiches gilt für den Vergleich im Erbscheinsverfahren, soweit er einen zulässigen Inhalt hat. Die Kostenvereinbarung eines im Verbund stehenden **Scheidungsfolgenvergleichs** ist für sich betrachtet kein geeigneter Vollstreckungstitel,[8] sondern nur die hierauf ergehende gerichtliche Kostenentscheidung des Scheidungs-Verbundurteils. Allerdings „soll" dabei gem. § 150 Abs. 4 S. 3 die getroffene Kostenvereinbarung zu Grunde gelegt werden. Wegen der Einzelheiten und Problemstellungen bei den genannten Vereinbarungen wird auf § 83 Rn. 7–9 verwiesen.

---

[1] OLG Zweibrücken FGPrax 2003, 220.
[2] Vgl. *Keidel/Kuntze/Winkler/Zimmermann* § 13a FGG Rn. 72; *Bumiller/Winkler* § 13a FGG Rn. 35.
[3] *Keidel/Kuntze/Winkler/Zimmermann* § 13a FGG Rn. 62; *Bumiller/Winkler* § 13a FGG Rn. 33; OLG München RPfleger 1978, 224; OLG Köln FamRZ 1993, 724.
[4] BGH NJW 2007, 1213.
[5] *Bumiller/Winkler* § 13a FGG Rn. 33.
[6] Vgl. *Keidel/Kuntze/Winkler/Meyer-Holz* Vorbem. vor §§ 8–18 FGG Rn. 24.
[7] *Keidel/Kuntze/Winkler/Meyer-Holz,* aaO.
[8] OLG Düsseldorf RPfleger 1992, 83 noch zu § 93a Abs. 1 S. 3 ZPO.

IV. Erstattungsmöglichkeiten

10 Entsprechend dem Inhalt der Kostengrundentscheidung ist regelmäßig nur eine Erstattung zwischen Beteiligten möglich, die **unterschiedliche Rechtschutzziele** verfolgten, also nicht „auf der gleichen Seite" standen (vgl. § 81 Rn. 79).

11 Ergibt sich aus der Kostengrundregelung eine entsprechende Kostenerstattungsverpflichtung, kann ausnahmsweise eine Kostenfestsetzung auch zwischen Beteiligten mit gleichgerichteter Beteiligung (wie etwa Streitgenossen) erfolgen.[9] Solche Kostengrundregelungen können jedoch nur Kostenvereinbarungen in Verfahrensvergleichen/gerichtlich gebilligten Vergleichen oder eine gerichtliche Kostenentscheidung des Verbundurteils auf der Grundlage einer Beteiligtenvereinbarung gem. § 150 Abs. 4 S. 3 sein (etwa wenn in der Folgesache Wohnungszuweisung der Vermieter als Dritter beteiligt ist).

12 Kosten aus der gütlichen Beilegung von Streitpunkten, die **nicht Verfahrensgegenstand** waren, jedoch in einem gerichtlichen Vergleich mit erledigt werden, können nicht festgesetzt werden.[10] Kosten außergerichtlicher Vergleiche können nicht festgesetzt werden, selbst wenn es sich um Anwaltsvergleiche handelt;[11] geeigneter Vollstreckungstitel ist im letztgenannten Fall vielmehr die gerichtliche Entscheidung über die Vollstreckbarerklärung (§ 794 Abs. 1 Nr. 4 b ZPO).

13 Enthält ein Prozessvergleich **keine Kostenregelung,** so ist zu unterscheiden: Wollten die Beteiligten nur eine Regelung in der Hauptsache treffen, nicht aber im Kostenpunkt, so muss, wenn es zu einer Kostenerstattung kommen soll, noch eine gerichtliche Kostenentscheidung gem. § 83 Abs. 2 getroffen werden; erst diese kann Grundlage der Kostenfestsetzung sein. Haben die Beteiligten mit dem Vergleich das Verfahren insgesamt einschließlich des Kostenpunkts erledigen wollen, diesen jedoch nicht geregelt, so gilt § 83 Abs. 1 mit der Folge, dass eine Kostenerstattung nur hinsichtlich der Gerichtskosten erfolgen kann, nicht jedoch bezüglich der außergerichtlichen Kosten. Das ist für den Fall von Bedeutung, wenn ein Beteiligter Kostenvorschüsse gem. §§ 14 Abs. 1, Abs. 3, 16 Abs. 1, Abs. 3 FamGKG geleistet hat, die höher sind als sein Anteil, der sich aus der Anwendung des § 83 Abs. 1 ergibt.

V. Zuständigkeit

14 Für die Durchführung des Kostenfestsetzungsverfahrens ist gem. § 103 Abs. 2 S. 1 ZPO das Gericht des 1. Rechtszug **sachlich,** gem. § 21 RPflG der Rechtspfleger **funktional** zuständig. Durch die Neufassung des GVG ab 1. 9. 2009 sind die Landgerichte erstinstanzlich sachlich zuständig für die in § 71 Abs. 2 Nr. 4 GVG genannten Angelegenheiten, für alle übrigen Angelegenheiten der freiwilligen Gerichtsbarkeit sowie für alle Familiensachen, gleich, ob es sich um fG- oder ZPO-Angelegenheiten handelt, das Amtsgericht, § 23a Abs. 1 Nr. 1, 2, Abs. 2 GVG. Sofern es sich um eine Kostenfestsetzung auf Grund eines Titels handelt, der eine Familiensache betrifft, ist der Rechtspfleger der Familienabteilung zuständig. Dies gilt auch für Vergütungsansprüche, die nach § 11 Abs. 1 RVG auf Antrag des Rechtsanwalts oder seines Auftraggebers festgesetzt werden.[12]

VI. Prüfungsumfang

15 **1. Formelle Voraussetzungen der Kostenfestsetzung:** Der Rechtspfleger prüft Zuständigkeit, Vorliegen eines wirksamen Titels, Antrag, Antragsberechtigung. Es erfolgt **keine sachliche** Prüfung des **Titels** oder die Richtigkeit der **Kostengrundentscheidung,** jedoch ist die Berechtigung zur **Auslegung** einer unklaren oder vieldeutigen Kostengrundentscheidung anzuerkennen (zB wenn bei einer Kostenverteilung nach Quoten diese in der Summe mehr oder weniger als 100% ergeben oder wenn die Berechtigung mehrerer Erstattungsgläubiger als Gesamt-, Teil- oder Mitgläubiger in Rede steht. Grundsätzlich bedarf der Titel, dessen Kostengrundentscheidung Grundlage der Kostenfestsetzung ist, **keiner Vollstreckungsklausel.** Dies ergibt sich aus § 86 Abs. 3, soweit der Titel selbst zu seiner Vollstreckung nach dieser Vorschrift keiner Vollstreckungsklausel bedarf, im Übrigen daraus, dass der Titel gem. § 103 ZPO nur zur Vollstreckung „geeignet" zu sein braucht. Ausnahmsweise bedarf der Titel für die Kostenfestsetzung dann einer Vollstreckungsklausel, wenn ein Fall einer **übertragenden Vollstreckungsklausel** iSv. §§ 727 ff. ZPO vorliegt, weil dann der Titel zur Zwangsvollstreckung für oder gegen die im Titel nicht bezeichnete Person nur auf Grund der Klausel

---

[9] OLG Köln FamRZ 1993, 724.
[10] BGH NJW-RR 2005, 1731.
[11] OLG München NJW-RR 1997, 1294.
[12] KG JurBüro 78, 1186 noch zu § 19 BRAGO.

geeignet ist.[13] Soweit hingegen eine Vollstreckungsklausel gem. § 86 Abs. 3 nur deshalb erforderlich ist, weil die Vollstreckung nicht durch das Gericht erfolgt, das den Titel erlassen hat, begründet dieser Umstand allein die Notwendigkeit einer Vollstreckungsklausel für die Kostenfestsetzung nicht. Bei dem Gericht, das den Titel erlassen hat, können die Voraussetzungen der Vollstreckung ohne Schwierigkeiten inzident überprüft werden, so dass die förmliche Bescheinigung der Vollstreckbarkeit durch eine Vollstreckungsklausel keinen sachlichen Gehalt hätte. Diese inzidente Prüfung kann der Rechtspfleger im Rahmen der Kostenfestsetzung genauso zuverlässig durchführen, wie dies der Urkundsbeamte für die Erteilung der Vollstreckungsklausel könnte.

2. Kostenpositionen. Der Rechtspfleger hat die geltend gemachten einzelnen **Kostenpositionen** auf ihre **Berechtigung** dem Grunde und der Höhe nach zu prüfen. Es können nur Kosten geltend gemacht werden, die dem Erstattungsgläubiger entstanden sind. „Entstanden" sind nicht nur die Kosten, die der Erstattungsschuldner bereits bezahlt hat, sondern auch die, die er auf Grund rechtlicher Verpflichtung noch bezahlen muss (zB das gesetzlich oder vertraglich geschuldete Honorar seines Verfahrensbevollmächtigten).[14] Von den entstandenen Kosten sind nur die notwendigen iSv. § 80 zu berücksichtigen. Die Notwendigkeit ist dann nicht mehr zu prüfen, wenn sich diese bereits aus der Kostengrundregelung ergibt (die gerichtliche Kostenentscheidung ordnet zB die Erstattung der Anwaltskosten an; in diesem Falle ist der Rechtspfleger an die Maßgabe gebunden, dass die Hinzuziehung eines Anwalts dem Grunde nach notwendig war).[15]

Im Anwendungsbereich des § 85 können **Kosten der Zwangsvollstreckung** nicht angesetzt werden. Soweit sich die Vollstreckung der Hauptsache gem. § 95 Abs. 1 nach der ZPO richtet, sind die Vollstreckungskosten gem. § 788 ZPO ohne Kostenfestsetzung zusammen mit der Hauptsache zu vollstrecken. Soweit die Vollstreckungsvorschriften der ZPO nicht anwendbar sind (nämlich bei der Vollstreckung einer Personenherausgabe und einer Umgangsregelung) oder durch die §§ 86, 87 modifiziert werden, ist gem. § 87 Abs. 5 im Vollstreckungsverfahren eine eigene Kostengrundentscheidung nach Maßgabe der §§ 80 bis 82, 84 zu erlassen, der eine Kostenfestsetzung nachfolgt und dort zum Vollstreckungstitel über den Erstattungsbetrag führt. Dass § 87 Abs. 5 nicht ausdrücklich auf § 85 und damit auch nicht §§ 103 ff. ZPO verweist, kann nicht den Ausschluss eines nachfolgenden Kostenfestsetzungsverfahrens bedeuten. Da in diesen Fällen auch keine Verweisung auf § 788 ZPO erfolgt, würde dies im Ergebnis bedeuten, dass die Vollstreckungskosten nicht beigetrieben werden könnten, obwohl eine den Vollstreckungsschuldner belastende Kostengrundentscheidung vorläge. Für die vergleichbare Gesetzeslage in § 891 S. 3 ZPO, der ebenfalls nur auf die Vorschriften zur Kostengrundentscheidung verweist, nicht jedoch auf §§ 103 bis 105 ZPO als zentrale Vorschriften der Kostenfestsetzung, ist trotz dieser Lücke der Verweisungskette die Durchführung einer Kostenfestsetzung anerkannt.[16]

Wegen möglicher **Einwendungen** gegen die Berechtigung der berücksichtigungsfähigen Kosten ist zu differenzieren:

3. Einwendungen gegen den Kostenansatz der Gerichtskosten sind im Kostenfestsetzungsverfahren auch ohne die im Kostenansatzverfahren gem. §§ 18 ff., 57 FamGKG statthaften Rechtsbehelfe zu beachten;[17] auch gebührenrechtliche Einwendungen gegen die mit der Kostenberechnung geltend gemachten Aufwendungen für die Anwaltsvergütung sind zu beachten (zB die Frage, ob und in welcher Höhe die anwaltliche Geschäftsgebühr auf die Verfahrensgebühr anzurechnen ist).[18]

4. Materiellrechtliche Einwendungen gegen die angemeldete **Anwaltsvergütung,** die der Erstattungsgläubiger seinem Verfahrensbevollmächtigten zu schulden meint, sind unbeachtlich. Der Erstattungsschuldner kann also nicht geltend machen, dass der Anwaltsvertrag des Erstattungsgläubigers mit seinem Rechtsanwalt nichtig ist.[19]

Grundsätzlich unbeachtlich sind auch **materiell-rechtliche Einwendungen** und Einreden gegen die **Kostenerstattungsschuld als solche,** es sei denn, sie seien auf Grund feststehender Tatsachen offensichtlich begründet. Als solche berücksichtigungsfähige **Ausnahmen** sind anerkannt:

a) Zugestandene, substantiiert behauptete, jedoch nicht bestrittene sowie nachgewiesene **Zahlungen.**[20]

---

[13] KG JurBüro 1966, 707; OLG Stuttgart, Die Justiz 1978, 472; OLG München RPfleger 1993, 207.
[14] *Musielak/Wolst* § 104 ZPO Rn. 6; *Thomas/Putzo/Hüßtege* § 104 ZPO Rn. 9.
[15] *Zimmermann* FamRZ 2009, 377, 379, Abschn. IV. 3 a.
[16] *Thomas/Putzo/Hüßtege* § 891 ZPO Rn. 6.
[17] OLG Dresden, NJW-RR 2001, 861 f.
[18] KG NJW-RR 2009, 427; BGH NJW-RR 2008, 1095.
[19] BGH NJW-RR 2007, 422 für den Fall der Nichtigkeit des Anwaltsvertrags wegen Vorbefassung als Notar.
[20] HM; KG RPfleger 1976, 23 f.; OLG München NJW-RR 1999, 655; *Musielak/Wolst* § 104 ZPO Rn. 9; *Thomas/Putzo/Hüßtege* § 104 ZPO Rn. 13.

22 **b) Die Aufrechnung** mit einer unbestrittenen oder rechtskräftig festgestellten Gegenforderung.[21] Ob im Falle eines (rechtskräftigen) teilweisen Obsiegens bezüglich eines Geldanspruchs mit einer Kostenverteilung nach Quoten der in der Hauptsache obsiegende Antragsteller gegen den Kostenerstattungsanspruch des Antragsgegners aufrechnen kann, ist umstritten,[22] hängt jedoch entsprechend dem Sinn und Zweck des Kostenfestsetzungsverfahrens zur einfachen und effektiven Titulierung des Erstattungsbetrags richtigerweise davon ab, ob beide einander gegenüberstehende Forderungen einfach, effektiv und zuverlässig nach Grund und Höhe ermittelt werden können, was in dem vom OLG München entschiedenen Fall gegeben war.

23 **c) Der Verzicht** auf die Kostenerstattung. Kennt das Gericht den Verzicht auf Kostenerstattung (etwa, weil die Beteiligten einen solchen in der mündlichen Verhandlung als Grundlage dafür vereinbart haben, dass der Antragsteller seinen Antrag oder der Beschwerdeführer seine Beschwerde zurücknimmt oder die Sache für erledigt erklärt wird), so wird es regelmäßig der Billigkeit entsprechen, keine den Verzichtenden begünstigende Kostenentscheidung zu erlassen, und zwar auch in den Fällen des § 84. Praktische Bedeutung wird der Verzicht deshalb nur dann haben, wenn er dem Gericht beim Erlass der Kostengrundentscheidung unbekannt war, etwa weil er in einem dem Gericht nicht mitgeteilten außergerichtlichen Vergleich erklärt wurde (im Regelfall wird dann allerdings auch kein Kostenfestsetzungsantrag gestellt) oder wenn er erst während eines bereits laufenden Kostenfestsetzungsverfahrens erklärt wird (etwa im Rahmen eines Gesamtvergleichs, der in einem anderen Gerichtsverfahren erzielt wurde).

24 **d) Die Verwirkung** und der **Rechtsmissbrauch**, wenn ihre Voraussetzungen unzweifelhaft gegeben sind.[23] Dies wird in der Praxis nur selten der Fall sein.

25 **e) Die Anrechnung des Prozesskostenvorschusses.** Hierzu bestehen erhebliche Meinungsverschiedenheiten. Nach einer Ansicht ist der Vorschuss unter dem Gesichtspunkt der Tilgung der Erstattungsschuld wie eine Zahlung in voller Höhe auf den sich bei der Kostenausgleichung ergebenden Erstattungsanspruchs anzurechnen.[24] Nach anderer Auffassung soll der Kostenvorschuss nur dann anzurechnen sein, wenn der Gesamtbetrag von Erstattungsanspruch und Vorschuss die den Vorschussempfänger treffenden Kosten übersteigt.[25] Nach dritter Ansicht soll der Kostenvorschuss entsprechend der Quote der Kostengrundentscheidung auf den Erstattungsanspruch angerechnet werden.[26] Die erstgenannte Lösung erscheint vorzugswürdig, weil sie einerseits das nach der zweiten Auffassung mögliche Ergebnis vermeidet, dass der Vorschussempfänger mehr erhält, als ihm als Vorschussanspruch und nach der Kostengrundentscheidung zusteht, und andererseits die Zufälligkeiten umgeht, die sich nach der dritten Auffassung ergeben können.[27] Auch wenn die Problemstellung in der Praxis selten über die Verweisungskette des § 85 iVm. §§ 103 ff. ZPO aufgeworfen werden wird, weil diese durch Prozesskostenvorschüsse für Streitigkeiten aus dem Katalog der Ehe- und Familienstreitsachen geprägt ist, für die gem. § 113 Abs. 1 S. 1 der Ausgangspunkt der Verweisungskette nicht gilt, kann sie sich auch in FamFG-Angelegenheiten ergeben, die weder Ehe- noch Familienstreitsachen darstellen, zB in Sorgerechtsstreitigkeiten.[28] Über die Verweisung des § 113 Abs. 1 S. 2 in die Vorschriften der ZPO stellt sich die Frage jedoch auch in Ehe- und Familienstreitsachen in gleicher Weise. In jedem Falle kommt die Anrechnung des Prozesskostenvorschusses nur in Betracht, wenn seine Zahlung – auch der Höhe nach – unstreitig ist.[29]

26 **5. Geltendmachung nicht berücksichtigungsfähiger Einwendungen.** Soweit Einwendungen im Kostenfestsetzungsverfahren nicht beachtet werden können, müssen sie im Wege der Vollstreckungsabwehrklage geltend gemacht werden.

VII. Verfahrensgang

27 Das Kostenfestsetzungsverfahren ist ein **Antragsverfahren.** Nur im vereinfachten Verfahren gem. § 105 Abs. 3 ZPO ist dieser nicht erforderlich, vielmehr ergibt sich das Begehren der Kostenausgleichung konkludent aus der Einreichung der Kostenberechnung bei Gericht. Der Antrag ist schriftlich

---

[21] OLG Düsseldorf jurBüro 1975, 819 f.; KG jurBüro 1984, 605 f.; OLG Düsseldorf jurBüro 1989, 225.
[22] Dagegen OLG Düsseldorf RPfleger 1996, 373 f.; dafür OLG München NJW-RR 2000, 1524 f.
[23] OLG Karlsruhe FamRZ 1994, 55 f. (Verwirkung); LG Berlin jurBüro 1999, 645 (Rechtsmissbrauch).
[24] OLG Köln jurBüro 1976, 677; OLG Stuttgart FamRZ 1987, 968; OLG Düsseldorf Rpfleger 2005, 483 ff.
[25] OLG Nürnberg NJW-RR 1999, 1088; OLG Bamberg FamRZ 1999, 724 f.; OLG Hamm FamRZ 1999, 728.
[26] OLG Celle FamRZ 1985, 731 f.; zum Meinungsstand OLG München FamRZ 1994, 1605 ff.
[27] Vgl. die ausführliche Darstellung bei *Musielak/Wolst* § 104 ZPO Rn. 10.
[28] MünchKommBGB/*Wacke* § 1360a Rn. 29.
[29] OLG München FamRZ 1994, 1605 f.; vgl. auch OLG Koblenz FamRZ 1996, 887.

oder zu Protokoll der Geschäftsstelle zu stellen und unterliegt nicht dem Anwaltszwang (§§ 78 Abs. 5 ZPO, 13 RPflG). **Antragsberechtigt** ist jeder formell Beteiligte sowie Dritte, zu deren Gunsten in der Kostengrundentscheidung des Vollstreckungstitels Erstattungsansprüche tituliert wurden. Als **Dritte** kommen Zeugen/Sachverständige in Betracht, wenn im Zwischenstreit über ihr Zeugnisverweigerungsrecht ausdrücklich dem Gegner die Kosten des Zwischenstreits auferlegt wurden, weiter Personen (etwa nur materiell, jedoch nicht formell Beteiligte), die einem gerichtlichen Vergleich beigetreten sind, wenn sich im formell Beteiligter zur Tragung ihrer außergerichtlichen Kosten verpflichtet hat. Antragsberechtigt ist auch der im Wege der Prozesskostenhilfe **beigeordnete Rechtsanwalt** wegen seines Beitreibungsrechts aus § 76 Abs. 1 iVm. § 126 Abs. 1 ZPO. **Antragsgegner** ist jeder, gegen den sich ein Erstattungsanspruch richten kann, also auch ein Dritter, dem die Kosten gem. § 81 Abs. 4 auferlegt wurden.

Der Antrag muss eine **Kostenberechnung** enthalten. Bestrittene Tatsachenangaben müssen **28 glaubhaft** gemacht werden (§ 104 Abs. 2 S. 1 ZPO) nach dem Maßstab des § 294 ZPO. Für anwaltliche Telekommunikations- und Postauslagen genügt die anwaltliche Versicherung, dass diese Kosten entstanden sind (§ 104 Abs. 2 S. 2 ZPO). Umsatzsteuer ist schon dann zu berücksichtigen, wenn der Antragsteller erklärt, nicht vorsteuerabzugsberechtigt zu sein (§ 104 Abs. 2 S. 3 ZPO). Der Rechtspfleger kann **Beweis** erheben, zB durch schriftliche Erklärungen von Richtern, Parteien, Verfahrensbevollmächtigten, Zeugen und Sachverständigen;[30] über die Frage der **Vorsteuerabzugsberechtigung** ist im Hinblick auf § 104 Abs. 2 S. 3 ZPO regelmäßig kein Beweis zu erheben.[31]

Es können nur Kosten festgesetzt werden aus dem **identischen Verfahren**.[32] Wenn in einem **29** gerichtlichen Vergleich der Verfahrensgegenstand eines anderen Verfahrens mit erledigt wurde, muss die Kostenfestsetzung für jedes Verfahren getrennt erfolgen.[33] Eine Ausnahme gilt dann, wenn es sich um einen Gesamtvergleich handelt, der das einstweilige Anordnungsverfahren und das zugehörige Hauptsacheverfahren beim selben Gericht betrifft.[34] Die Verbindung von Kostenfestsetzungsanträgen aus verschiedenen Verfahren ist unzulässig.[35]

Dem Gegner ist **rechtliches Gehör** zu gewähren, welches notfalls im Abhilfeverfahren des **30** Rechtsbehelfsverfahrens nachgeholt werden kann.[36] Ist in der Kostengrundentscheidung eine Verteilung der Kosten nach Quoten vorgenommen, sind die anderen Beteiligten der Kostenausgleichung zur Einreichung ihrer Kostenberechnungen aufzufordern, um doppelte Kostenfestsetzungsverfahren zu vermeiden. Das vereinfachte Verfahren gem. § 105 ZPO ist in einem solchen Fall nicht zulässig. Sind versehentlich beim Erstantrag erstattungsfähige Kosten nicht berücksichtigt worden oder werden solche erst nachträglich geltend gemacht, so erfolgt eine **Nachfestsetzung**. Ändert sich nachträglich der **Geschäftswert** der Angelegenheit (etwa auf Beschwerde hin oder durch eine Berichtigung von Amts wegen), so führt dies auf Antrag eines am Kostenfestsetzungsverfahren Beteiligten zu einer erneuten Kostenfestsetzung nach Maßgabe des § 107 ZPO. Ergibt sich nach dem „neuen" Kostenfestsetzungsbeschluss, der rechtstechnisch nur eine Änderung des bisherigen darstellt, ein geringerer Erstattungsbetrag, so können die unstreitigen und sicher feststellbaren Überzahlungen auf Grund der bisherigen Festsetzung rückfestgesetzt werden.

VIII. Entscheidung

Der Rechtspfleger entscheidet durch **Beschluss**. **31**

In diesem sind der Erstattungsgläubiger, der Erstattungsschuldner sowie der Erstattungsbetrag **32** bestimmt zu bezeichnen. Auf Antrag des Erstattungsgläubigers ist auch die **Verzinsung** des Erstattungsbetrags anzuordnen. Im Falle vereinfachter Kostenfestsetzung iSv. § 105 ZPO entspricht dem Zeitpunkt der Urteilsverkündung derjenige der Bekanntmachung der Entscheidung. Der Beschluss ist zu begründen, und zwar mindestens hinsichtlich der umstrittenen Kostenpositionen und soweit der Antrag Erstattungsgläubigers zurückgewiesen wurde. Sie müssen spätestens im Rechtsmittelverfahren im Abhilfestadium nachgeholt werden.[37]

Ist in der Hauptsacheentscheidung einem Beteiligten die Geltendmachung der beschränkten **33** Erbenhaftung vorbehalten, so muss dem betreffenden Beteiligten dieses Recht auch wegen des im Kostenfestsetzungsbeschluss titulierten Erstattungsbetrags vorbehalten bleiben, allerdings nur dann,

---

[30] OLG Koblenz RPfleger 1980, 393.
[31] OLG Koblenz NJW-RR 1996, 767; OLG Düsseldorf, NJW-RR 1996, 768.
[32] *Musielak/Wolst* § 104 ZPO Rn. 5; *Thomas/Putzo/Hüßtege* § 104 ZPO Rn. 7.
[33] OLG München RPfleger 1990, 136.
[34] KG jurBüro 1985, 137.
[35] OLG Stuttgart RPfleger 2001, 617.
[36] OLG Karlsruhe RPfleger 1973, 219; OLG Frankfurt NJW 1984, 744; OLG Dresden NJW-RR 2001, 861.
[37] OLG Hamburg MDR 2002, 1274.

wenn auch die Haftung für die Verfahrenskosten beschränkbar ist. Dies kann nur der Fall sein, wenn die Verfahrenskosten noch von Handlungen des Erblassers herrühren, dieser also das Verfahren bereits begonnen und der Erbe dieses nur fortgeführt hat.[38]

34 Im Einzelfall kann der Kostenfestsetzungsbeschluss eine **eigene Kostenentscheidung** erfordern.[39] Zwar werden Gerichtsgebühren für das Kostenfestsetzungsverfahren nicht erhoben, gesonderte Anwaltskosten fallen wegen § 19 Abs. 1 Nr. 13 RVG nicht an; nicht zwingend ausgeschlossen sind jedoch Auslagen einer Partei, die im Rahmen des Kostenfestsetzungsverfahrens als Folge der Gegnerstellung mehrerer Beteiligter entstanden sind; auch Gerichtsauslagen sind denkbar (das Verfahren ist nur gebühren-, nicht hingegen auslagenfrei). Sollen in diesem Falle die Auslagen von dem anderen Beteiligten des Kostenfestsetzungsverfahrens erstattet werden, so bedarf es hierfür einer eigenen Kostenentscheidung im Kostenfestsetzungsbeschluss. Diese ist ihrerseits nach Maßgabe der §§ 81 ff. zu treffen.[40]

35 Der Kostenfestsetzungsbeschluss ist jedenfalls dem Erstattungsschuldner **zuzustellen,** dem Antragsteller nur, wenn seinem Antrag nicht in vollem Umfang entsprochen wurde (§ 104 Abs. 1 S. 4 ZPO); bei antragsgemäßer Kostenfestsetzung genügt formlose Mitteilung an den Antragsteller. Der Kostenfestsetzungsbeschluss ist gem. § 794 Abs. 1 Nr. 2 ZPO selbständiger Vollstreckungstitel, so dass für seine Vollstreckung – auf ihn bezogen – sämtliche Vollstreckungsvoraussetzungen vorliegen müssen. Die Vollstreckung erfolgt – wie schon unter der Geltung des FGG – nach den Vorschriften der ZPO, und zwar auch in den Angelegenheiten, die keine Ehe- und Familienstreitsachen sind (§ 95 Abs. 1 Nr. 1).

IX. Rechtsbehelfe

36 Welcher Rechtsbehelf eröffnet ist, ist wertabhängig.[41]

37 Gegen den Kostenfestsetzungsbeschluss findet die **sofortige Beschwerde** statt. Es handelt sich dabei – wie schon unter der Geltung des FGG[42] – um die Beschwerde gem. § 567 Abs. 1 Nr. 1 ZPO, weil nur diese durch § 104 Abs. 3 S. 1 ZPO in Bezug genommen ist, nicht die Beschwerde gem. § 58 Abs. 1. Zwar führt die Gesetzesbegründung zu § 61 Abs. 1 aus, dass die in § 61 Abs. 1 bezeichnete Beschwerdesumme für alle Rechtsmittel in vermögensrechtlichen Angelegenheiten einschließlich der Kosten- und Auslagenentscheidungen gelten solle.[43] Hieraus kann jedoch nicht entnommen werden, dass dies auch für die Beschwerdemöglichkeit gegen Kostenfestsetzungsbeschlüsse gelten solle. Die in § 85 ausgesprochene Verweisung führt zwangsläufig zu § 104 Abs. 3 S. 1 ZPO. Hätte der Gesetzgeber die Beschwerde gem. §§ 58 ff. eröffnen wollen, so hätte dies mindestens beim Umfang der Verweisung auf die Vorschriften der ZPO der Klarstellung bedurft. Auch die Gesetzesbegründung zu § 85[44] lässt kein anderes Verständnis zu, wird dort nur ausgeführt ist, dass die Vorschrift inhaltlich dem bisherigen § 13a Abs. 3 2. Halbs. FGG entspreche, dessen Verweisung auf die §§ 103 ff. ZPO stets auch als Verweisung auf die gem. § 104 Abs. 3 S. 1 ZPO eröffnete Beschwerde nach dem Rechtsmittelrecht der ZPO verstanden wurde.

38 Die Beschwerde ist gem. § 567 Abs. 2 ZPO nur zulässig ist, wenn ein Beschwerdewert von mindestens **200,01 Euro** erreicht wird.[45] Die Möglichkeit einer Zulassungsbeschwerde bei einer geringeren Beschwer wie im Falle des § 61 Abs. 2 besteht nicht.

39 Die Beschwerde ist fristgebunden innerhalb von 2 Wochen nach Zustellung des Kostenfestsetzungsbeschlusses einzulegen (§ 569 Abs. 1 S. 1 ZPO). Beschwerdegericht ist das **Landgericht** in Freiheitsentziehungssachen und in Sachen, die von den Betreuungsgerichten entschieden wurden (§ 72 Abs. 1 S. 2 GVG in der ab 1. 9. 2009 geltenden Fassung). Zur Zuständigkeit der ab 1. 9. 2009 neu geschaffenen Betreuungsgerichte – Abteilungen der Amtsgerichte (vgl. § 23c GVG nF) – gehören die Betreuungssachen gem. §§ 271 ff., die Unterbringungssachen gem. §§ 312 ff. sowie die betreuungsgerichtlichen Zuweisungssachen gem. §§ 340 f. Die sachliche Zuständigkeit des Landgerichts kann nicht gem. § 71 Abs. 1 GVG über den Begriff der „bürgerlichen Rechtsstreitigkeiten" begründet werden, weil die Neufassung der §§ 13, 17a Abs. 6 GVG klarstellt, dass die Familiensachen und fG-Angelegenheiten keine bürgerlichen Rechtsstreitigkeiten sind. In den übrigen fG-

---

[38] OLG Stuttgart JurBüro 1976, 675; KG JurBüro 1981, 1403.
[39] Siehe oben § 104 Rn. 70; *Jansen/v. König* § 13a FGG Rn. 56; aA *Zimmermann* FamFG Rn. 208.
[40] So noch für die vergleichbare Rechtslage gem. § 13a (3) FGG *Bassenge/Roth* § 13a FGG Rn. 24.
[41] Vgl. oben § 81 Rn. 86.
[42] *Bumiller/Winkler* § 13a FGG Rn. 34; *Keidel/Kuntze/Winkler/Zimmermann* § 13a FGG Rn. 68, 68a; OLG Köln FGPrax 2007, 215 m. w. Rechtsprechungsnachweisen; *Bumiller/Harders* Rn. 3 ff.
[43] BR-Drucks. 309/07, S. 450.
[44] BR-Drucks. 309/07 S. 478.
[45] *Bumiller/Harders* Rn. 4; *Keidel/Zimmermann* Rn. 16.

Angelegenheiten und den Familiensachen ist das Beschwerdegericht das **OLG** (§ 119 Abs. 1 Nr. 1 GVG nF). Sofern sich die Beschwerde gegen eine Kostenfestsetzung in einer Familiensache richtet, ist ein Familiensenat des OLG zuständig.[46]

Gegen die Beschwerdeentscheidung findet die **Rechtsbeschwerde** gem. § 574 ZPO statt, wenn **40** sie das Beschwerdegericht zugelassen hat. Zuständig ist nach der Neufassung des § 133 GVG und der Angleichung der Rechtsprüfungsinstanzen in ZPO- und fG-Angelegenheiten der BGH.[47]

Wird der Beschwerdewert von 200,01 Euro nicht erreicht, ist statt der Beschwerde die **befristete** **41** **Erinnerung** gem. § 11 Abs. 2 RPflG eröffnet. Sie muss gem. §§ 11 Abs. 1 RPflG, 569 Abs. 1 S. 1 ZPO innerhalb von zwei Wochen bei dem Gericht eingelegt werden, dessen Rechtspfleger entschieden hat. Der Rechtspfleger kann der Erinnerung abhelfen (§ 11 Abs. 2 S. 2 RPflG), anderenfalls legt er die Erinnerung dem Richter zur endgültigen und unanfechtbaren Entscheidung vor (§ 11 Abs. 2 S. 3 RPflG). Über die Verweisungskette §§ 11 Abs. 2 S. 4 RPflG, 567 Abs. 3 ZPO ist auch eine Anschlusserinnerung möglich, die mit Rücknahme des Hauptrechtsmittels oder dessen Verwerfung als unzulässig wirkungslos wird.

Auch für den Fall, dass eine Beschwerde – also ein Rechtsmittel, das die Entscheidungsmöglichkeit **42** eines im Rechtszug übergeordneten Gerichts eröffnet – im Einzelfall unzulässig ist (nicht nur, weil der Beschwerdewert von 200,01 Euro nicht erreicht wird, sondern beispielsweise auch wegen Versäumung der Beschwerdefrist gem. § 569 Abs. 1 S. 1 ZPO), ist aus verfassungsrechtlichen Gründen die **Erinnerung** gem. § 11 Abs. 2 RPflG möglich, weil mindestens eine Überprüfung durch einen Richter eröffnet sein muss. Nach der ab 1. 9. 2009 geltenden Fassung von § 11 Abs. 2 S. 1 RPflG stellt sich die Frage, ob für diese Erinnerung die 2-Wochen-Beschwerdefrist gem. §§ 11 Abs. 1 RpflG, 569 Abs. 1 S. 1 ZPO gilt, oder sich aus der Neufassung für diesen Fall die Verweisung auf die Beschwerdefrist des § 63 ergibt[48] (also 1 Monat als Regelfrist des § 63 Abs. 1 sowie ausnahmsweise 2 Wochen bei einstweiligen Anordnungen und gerichtlichen Genehmigungen von Rechtsgeschäften gem. § 63 Abs. 2). Die systematisch besseren Gründe sprechen für die 2-Wochen-Frist des § 569 Abs. 1 S. 1 ZPO. Durch die Verweisung von § 85 auf die §§ 103 ff. ZPO wird das gesamte Kostenfestsetzungsverfahren aus dem FamFG „ausgelagert" und als reines ZPO-Verfahren geführt. Es erschiene wenig einleuchtend, die Statthaftigkeit des Rechtsmittels anhand der einschlägigen ZPO-Vorschriften zu prüfen, dann jedoch den wegen der Unzulässigkeit eines Rechtsmittels nach der ZPO eröffneten Rechtsbehelf der Erinnerung im Rückgriff auf das FamFG zu bestimmen.

---

[46] BGH NJW 78, 1633.
[47] Die Neufassung des § 133 GVG überholt die Entscheidung BGH NJW 2004, 3412, 3413.
[48] So *Baumbach/Lauterbach/Hartmann* § 104 ZPO Rn. 45; wie hier *Bumiller/Harders* Rn. 4.

Abschnitt 8. Vollstreckung

Unterabschnitt 1. Allgemeine Vorschriften

§ 86 Vollstreckungstitel

(1) Die Vollstreckung findet statt aus
1. gerichtlichen Beschlüssen;
2. gerichtlich gebilligten Vergleichen (§ 156 Abs. 2);
3. weiteren Vollstreckungstiteln im Sinne des § 794 der Zivilprozessordnung, soweit die Beteiligten über den Gegenstand des Verfahrens verfügen können.

(2) Beschlüsse sind mit Wirksamwerden vollstreckbar.

(3) Vollstreckungstitel bedürfen der Vollstreckungsklausel nur, wenn die Vollstreckung nicht durch das Gericht erfolgt, das den Titel erlassen hat.

Schrifttum: *Altrogge,* Umgang unter Zwang: Das Recht des Kindes auf Umgang mit dem umgangsunwilligen Elternteil, 2007; *Bergmann,* Vollstreckungsfragen beim Versorgungsausgleich, FPR 2008, 434; *Diehl,* Vollstreckung nach dem Gewaltschutzgesetz, FPR 2008, 426; *Eckebrecht,* Zwangsvollstreckung im Verfahren der freiwilligen Gerichtsbarkeit – Ehewohnung und Hausrat, FPR 2008, 436; *Gaul,* Die Vollstreckung in der Freiwilligen Gerichtsbarkeit, FS Akira Ishikawa, 2001, S. 87; *Giers,* Die Vollstreckung in Familiensachen, FamRB 2009, 87; *Kraeft,* Vollstreckungsmaßnahmen nach § 33 FGG, FuR 2000, 357, 417; *Nussbaum,* Richterliche Zwangsgewalt in der freiwilligen Gerichtsbarkeit, ZZP 29 (1901), 440; *Purbs,* Vollstreckung in den Verfahren der freiwilligen Gerichtsbarkeit, 1994; *Remien,* Rechtsverwirklichung durch Zwangsgeld, 1992; *Schulte-Bunert,* Die Vollstreckung von verfahrensleitenden Anordnungen nach § 35 FamFG, FuR 2009, 125; *ders.,* Erzwingung und Vollstreckung gerichtlicher Verfügungen in Familiensachen nach § 33 FGG, FuR 2005, 200, FPR 2008, 397; *Schweitzer,* Die Vollstreckung von Umgangsregelungen, 2007.

Übersicht

	Rn.		Rn.
I. Normzweck; Anwendungsbereich ...	1	3. Weitere Vollstreckungstitel	19–23
II. Bedeutung der Zwangsvollstreckung	2, 3	a) Prozessvergleiche	20
		b) Dispositionsbefugnis der Beteiligten...	21–23
III. System des Vollstreckungsrechts im FamFG	4–8	VII. Vollstreckbarkeit des Titels (Abs. 2)	24–28
		1. Vorläufige Vollstreckbarkeit	24
IV. Abgrenzung zu § 35; Vollstreckung verfahrensleitender Anordnungen	9–13	2. Rechtskraft................................	25, 26
1. Beispiele für § 35........................	12	3. Anordnung sofortiger Wirksamkeit.......	27
2. Konkurrenz mit § 35	13	4. Regress bei unberechtigter Vollstreckung..	28
V. Vollstreckung verfahrensabschließender Entscheidungen	14	VIII. Vollstreckungsklausel (Abs. 3)	29–32
VI. Vollstreckungstitel.....................	15–23	IX. Vollstreckung einstweiliger Anordnungen..	33, 34
1. Gerichtliche Beschlüsse.................	15–17	X. Vollstreckung in Ehesachen und Familienstreitsachen..........................	35–37
2. Vergleiche	18		

I. Normzweck; Anwendungsbereich

1   Die Vorschrift will eine **gesetzliche Grundlage** dafür schaffen, aus welchen Titeln in Verfahren, die unter das FamFG fallen, eine Vollstreckung stattfindet. Die Regelung lehnt sich an §§ 704, 794 ZPO an. Früher war die Vollstreckung im Wesentlichen in § 33 FGG geregelt, im Übrigen gab es verstreut Sonderregelungen. §§ 86, 87 gelten sowohl für die Vollstreckung von Entscheidungen über die Herausgabe von Personen und die Regelung des Umgangs (§§ 89 bis 94) wie auch für die Vollstreckung nach der ZPO (§§ 95 bis 96a) sowie für sonstige Fälle der Zwangsvollstreckung auf Grund von Entscheidungen, die nach dem FamFG ergangen sind. Zur Anwendbarkeit auf **Ehesa-**

chen und Familienstreitsachen vgl. Rn. 5. **Übergangsrecht** (Stichtag 1. 9. 2009): Art. 111 FGG-RG (für Altfälle gilt grds. altes Recht fort).

II. Bedeutung der Zwangsvollstreckung

Der **Stellenwert der Zwangsvollstreckung** in Familiensachen und Angelegenheiten der freiwilligen Gerichtsbarkeit ist geringer als in der ZPO. Während im Zivilprozess die Entscheidung fast immer einer Vollstreckung fähig und oft auch bedürftig ist, ist dies hier nicht der Fall. Wird die Ehe geschieden, ist nichts zu vollstrecken. Ebenso ist es, wenn ein Betreuer, Pfleger, Vormund, Testamentsvollstrecker bestellt wird; hier können nur Folgen der Bestellung einer Durchsetzung bedürfen, etwa wenn der Erbe sich weigert, den Nachlass an den Testamentsvollstrecker zwecks Verwaltung herauszugeben (darüber ist ein Zivilprozess zu führen, vollstreckt wird das Urteil nach der ZPO). Als wesentliches Gebiet, bei dem Vollstreckungen erforderlich sein können, bleiben somit Familiensachen, die keine Familienstreitsachen sind, wie Herausgabe von Kindern, Umgangsverbote. 2

Bei der **geschlossenen Unterbringung** des Betreuten (bzw. Vollmachtgebers) durch den Betreuer (bzw. Bevollmächtigten) kann ein Vollstreckung in Frage kommen, wenn sich der Betroffene weigert; hier bringt § 326 eine Sonderregelung (die Betreuungsbehörde, nicht aber der Gerichtsvollzieher, hat den Betreuer bzw. Bevollmächtigten zu unterstützen). 3

III. System des Vollstreckungsrechts im FamFG

Neben §§ 86 bis 96a gibt es einerseits im Allgemeinen Teil des FamFG eine Vorschrift über „Zwangsmittel", nämlich **§ 35.** Dabei handelt es sich der Sache nach ebenfalls um Vollstreckung (das Wort *Zwangs*vollstreckung vermeidet das FamFG). Andererseits sind nach § 113 Abs. 1 in Ehesachen (§ 121) und Familienstreitsachen (§ 112) die §§ 86 bis 96 nicht anzuwenden. Daraus ergibt sich folgendes System: 4

a) Ehesachen und Familien*streit*sachen. §§ 86 bis 96 FamFG sind nicht anzuwenden (§ 113 Abs. 1), sondern wegen § 120 die ZPO-Bestimmungen (§§ 704–915h ZPO); § 96a ist dagegen anwendbar. 5

b) Familiensachen, die keine Streitsachen sind. Dies ist Sorgerecht, Umgangsrecht, Ehewohnungs- und Haushaltssachen; **ferner alle Sachen der freiwilligen Gerichtsbarkeit** wie Nachlass, Betreuung, Unterbringung: 6
– Vollstreckung verfahrensleitender Anordnungen: § 35
– Vollstreckung verfahrensabschließender Entscheidungen: §§ 86–96a

c) Vollstreckung ausländischer Entscheidungen, § 110. 7

d) Sonderregelungen. Sonderregelungen sind: 8
– Einstweilige Anordnungen, §§ 53, 55,
– Bewilligung von Verfahrenskostenhilfe für die Vollstreckung, § 77 Abs. 2,
– Gewaltschutzsachen, §§ 214 Abs. 2 (Vollstreckungsauftrag), § 216 (Vollstreckung vor Zustellung),
– Unterhaltssachen, einstweilige Einstellung der Vollstreckung in bestimmten Fällen, § 242,
– Unterbringungs- und Freiheitsentziehungssachen, § 326 bzw. § 420 Abs. 1,
– Erbteilungssachen, § 371 Abs. 2,
– Registerrecht, §§ 388 ff.,
– Dispache (Schaden bei Schiffshavarie), § 409 Abs. 3.

IV. Abgrenzung zu § 35; Vollstreckung verfahrensleitender Anordnungen

§ 35 Abs. 1 sagt: Ist auf Grund einer gerichtlichen Anordnung (Beschluss, § 38) die Verpflichtung zur Vornahme oder Unterlassung einer Handlung durchzusetzen, kann das Gericht, sofern ein Gesetz nicht etwas anderes bestimmt (wie etwa in Registersachen, §§ 388 bis 392), gegen den Verpflichteten durch Beschluss Zwangsgeld festsetzen. Das Gericht kann für den Fall, dass dieses nicht beigetrieben werden kann, Zwangshaft anordnen. Verspricht die Anordnung eines Zwangsgeldes keinen Erfolg, soll das Gericht Zwangshaft anordnen. 9

In der freiwilligen Gerichtsbarkeit gibt es eine Reihe von Fällen, in denen gerichtliche Anordnungen **verfahrensleitenden Charakter** haben sowohl mit dem Ziel der Sachaufklärung (§§ 404, 405) als auch der Abgabe verfahrensrechtlicher Erklärungen durch die Beteiligten (§ 82 GBO) oder der Überwachung des Verfahrens.[1] Die Anwendung von Zwangsmitteln zur Durchsetzung dieser Mit- 10

---

[1] BT-Drucks. 16/6308, S. 192.

§ 86 11–15   Buch 1. Abschnitt 8. Vollstreckung

wirkungspflichten ist nach Meinung des Gesetzgebers zu unterscheiden von der Vollstreckung nach Abschn. 8, welcher die Vollstreckung verfahrensabschließender Entscheidungen betreffe; die bisherige Vermischung werde dadurch beseitigt.[2] § 35 verdrängt als Spezialregelung den § 86.[3]

11   § 35 sieht Zwangsgeld bzw. Zwangshaft vor (FamGKG KV 2008; § 137 Abs. 1 Nr. 12 KostO); das ist ein **Beugemittel**.[4] Es dient ausschließlich zur Erzwingung der Befolgung gerichtlicher Anordnungen, es ist zukunftsorientiert, es ist keine Sühne für begangenes Unrecht, keine Strafe im Sinn des Strafrechts[5] und es entfällt, wenn die Handlung nicht mehr vorgenommen werden kann. Die **Ordnungsmittel** (Ordnungsgeld) dagegen, die § 89 vorsieht, sind vergangenheitsorientiert; sie können auch noch verhängt werden, wenn die Handlung nicht mehr vorgenommen werden kann. Sieht das Gesetz die Verhängung von Ordnungsgeld gegen Zeugen und Beteiligte vor, so bei §§ 142, 378, 380, 390 ZPO, jeweils in Verbindung mit § 30, dann scheidet Zwangsgeldfestsetzung nach § 35 aus. Wenn das persönliche Erscheinen eines Beteiligten angeordnet ist, dieser aber nicht erscheint, kommt Ordnungsgeld bzw. **Vorführung** in Betracht (§ 33 Abs. 3), nicht aber ein Zwangsgeld nach § 35. Wenn im Betreuungsverfahren der Betroffene sich weigert, zur Anhörung zu erscheinen, kann er vorgeführt werden (§ 278 Abs. 5), ein Zwangsgeld scheidet aus.

12   **1. Beispiele für § 35.** Anordnungen zur Sachaufklärung, zur Abgabe verfahrenserheblicher Erklärungen, zwecks Überwachung des Verfahrens. Auskunftspflicht in Versorgungsausgleichssachen (§ 220 FamFG); Erzwingung der Ablieferung von Testamenten (§ 358 FamFG); Ablieferung einer Betreuungsverfügung oder einer Abschrift der Vorsorgevollmacht beim Betreuungsgericht (§ 285 FamFG);[6] Vorlegung eines Vermögensverzeichnisses nach § 1640 BGB;[7] Befolgung von Anordnungen durch den Betreuer/Pfleger/Vormund (§ 1837 Abs. 3 BGB); Einreichung der Schlussrechnung[8] des Betreuers, Pflegers oder Vormunds; Herausgabe eines eingezogenen Erbscheins (§ 2361 BGB); nach § 82 GBO auferlegte Verpflichtungen.[9]

13   **2. Konkurrenz mit § 35.** Es besteht bei § 95 Abs. 1 Nr. 2 (Herausgabe einer beweglichen Sache), § 95 Abs. 1 Nr. 3 (Vornahme einer Handlung), § 95 Abs. 1 Nr. 4 (Erzwingung von Duldungen und Unterlassungen), § 95 Abs. 1 Nr. 5 (Abgabe einer Willenserklärung).

V. Vollstreckung verfahrensabschließender Entscheidungen[10]

14   Vollstreckungsvoraussetzungen sind (wie in der ZPO) im Allgemeinen: Titel, Klausel und Zustellung (§§ 86 Abs. 1, 3; 87 Abs. 2). Der Titel muss einen vollstreckungsfähigen Inhalt haben, was vor allem bei Umgangsregelungen bedeutsam ist. Eine vorläufige Vollstreckbarkeit oder eine Vollstreckung gegen Sicherheitsleistung gibt es nicht; Ausnahmen § 30 Abs. 2 LwVG. Deshalb kann in vielen Fällen bereits aus nicht rechtskräftigen Titeln vollstreckt werden, was für den Schuldner gefährlich ist, wenn der Titel in der Beschwerde aufgehoben wird. Manchmal ist allerdings vorgeschrieben, dass nur aus bereits rechtskräftigen Titel vollstreckt werden darf (§ 95 Rn. 16). Nicht immer ist eine Vollstreckungsklausel erforderlich vgl. § 86 Abs. 3. Teils kann sogar vor Zustellung des Titels vollstreckt werden (§ 53 Abs. 2).

VI. Vollstreckungstitel

§ 86 Abs. 1 FamFG nennt die Vollstreckungstitel:

15   **1. Gerichtliche Beschlüsse.** Das sind Endentscheidungen, aber auch anderweitige Beschlüsse mit vollstreckbarem Inhalt, die verfahrensabschließende Entscheidungen enthalten, wie Beschlüsse nach §§ 887, 888, 890 ZPO.[11] Dazu gehören zB Kostenfestsetzungsbeschlüsse nach § 85 iVm. § 104 ZPO, einstweilige Anordnungen nach § 49, Beschlüsse über die Festsetzung der Vergütung und des Auslagenersatzes für Betreuer, Vormund, Pfleger (§§ 168, 292). Das frühere (vor Erlass von § 56g Abs. 5 FGG) teilweise geltende umständliche System, dass durch Beschluss des Gerichts der freiwilligen Gerichtsbarkeit eine Vergütung festgesetzt wird und erst das Prozessgericht einen Vollstre-

---

[2] BT-Drucks. 16/6308, S. 192.
[3] BT-Drucks. 16/6308, S. 217.
[4] OLG Karlsruhe FamRZ 1998, 1131; OLG Köln FamRZ 2002, 111.
[5] BayObLGZ 1974, 351/353.
[6] BT-Drucks. 16/6308, S. 268.
[7] BayObLG FamRZ 1994, 1191/2; *Palandt/Diederichsen* § 1640 BGB Rn. 8.
[8] LG Münster Rpfleger 2002, 265.
[9] OLG Braunschweig NdsRpfl 2008, 281.
[10] Dazu *Giers* FPR 2008, 441.
[11] BT-Drucks. 16/6308, S. 216.

ckungstitel schaffen dürfe (zB bei der Vorgängerregelung zu § 410 Abs. 1 Nr. 3), ist vom FamFG nicht aufrechterhalten worden. Jetzt ist grundsätzlich jeder Beschluss mit einem vollstreckungsfähigen Inhalt ein Vollstreckungstitel.

„**Urteile**" gibt es im FamFG nicht. Erlässt das Gericht in einer dem FamFG unterliegenden Sache gleichwohl eine Entscheidung mit der „Überschrift „Urteil" statt Beschluss, ist die **Fehlbezeichnung** unschädlich. Denkbar ist im Übrigen, das eine Entscheidung, die nach Übergangsrecht (Art. 111 FGG-RG) auch nach dem 1. 9. 2009 noch als Urteil ergeht, dann nach dem FamFG vollstreckt wird.

Beschlüsse im Sinne von § 35 werden nach § 35 vollstreckt, nicht nach §§ 86 ff.

2. Vergleiche. Gerichtlich gebilligte Vergleiche über die Umgangsregelung (§ 156 Abs. 2; Kindschaftssachen gem. § 151 Nr. 1 bis 3). Kein Titel sind sonstige Vereinbarungen über den Umgang; ebenso wenig außergerichtliche Vergleiche. Vergleiche über andere Verfahrensgegenstände bedürfen keiner gerichtlichen Billigung (sie fallen unter § 794 Nr. 1 ZPO). Ein gerichtlich gebilligter Vergleich über die elterliche Sorge oder das Aufenthaltsbestimmungsrecht als Teil der elterlichen Sorge ist nicht zulässig, weil die Beteiligten darüber nicht disponieren können.[12] Ein gleichwohl geschlossener Vergleich wäre kein der Vollstreckung zugänglicher Titel.

3. Weitere Vollstreckungstitel. Weitere Vollstreckungstitel im Sinne des § 794 ZPO, *soweit* die Beteiligten über den Gegenstand des Verfahrens verfügen können (ebenso § 36 Abs. 1 S. 1). Die Vorschrift ist insofern missverständlich, weil auf § 794 allgemein verwiesen wird, aber dann durch die Dispositionsmöglichkeit der Beteiligten eingeschränkt wird. **§ 794 Abs. 1 Nr. 3 ZPO** ist gegenstandslos, weil in diesen Fällen Beschlüsse vorliegen, die unter Nr. 1 fallen. **Vollstreckungsbescheide** (§ 794 Abs. 1 Nr. 4 ZPO) sind im einschlägigen Bereich mangels Mahnverfahren ohnehin nicht zulässig, sondern nur bei Familienstreitsachen (§ 113 Abs. 2). Dort werden sie nach § 120 Abs. 1 vollstreckt, also nach der ZPO. **Schiedsverfahren** (§ 794 Abs. 1 Nr. 4a ZPO) sind im Anwendungsbereich nicht vorgesehen. Ein **vollstreckbarer Anwaltsvergleich** (§ 794 Abs. 1 Nr. 4b ZPO) kann ebenfalls nur im Familienstreitverfahren abgeschlossen werden.

a) Prozessvergleiche. Unter **Abs. 1 Nr. 3 fallen** zB Prozessvergleiche (§ 36; § 794 Nr. 1 ZPO) und bestimmte notarielle Urkunden (§ 794 Nr. 5 ZPO). Der Prozessvergleich ist nach den Regeln der ZPO zu protokollieren (§ 36 Abs. 2; §§ 159 ff. ZPO). Ein Vollstreckungstitel ist er deshalb nur, wenn er vorgelesen und genehmigt wurde (§§ 160 Abs. 3 Nr. 1, 162 Abs. 1 S. 1 ZPO), doch genügt auch die Form nach 278 Abs. 6 ZPO, wie § 36 Abs. 3 klarstellt.

b) Dispositionsbefugnis der Beteiligten. Vergleiche, Einigungen, Anerkenntnisse fallen nur dann unter Abs. 1 Nr. 3, wenn die Beteiligten über den Verfahrensgegenstand verfügen können. Ob dies der Fall ist, hängt vom materiellen Recht ab. In **Amtsverfahren** fehlt eine Dispositionsbefugnis der Beteiligten;[13] deshalb gibt es keinen Vergleich in Fragen der elterlichen Sorge, Betreuungssachen, Unterbringung, Freiheitsentziehung, Erbscheinseinziehung (§ 2361 BGB). Allenfalls über Kostenfragen ist hier eine Einigung möglich.

In **Antragsverfahren** können die Beteiligten meist über den Verfahrensgegenstand verfügen, so über Haushaltsgegenstände, Stundung des Zugewinnausgleichs, Stundung des Pflichtteils. Über das „Erbrecht" können die Beteiligten im Erbscheinsverfahren nicht verfügen, wohl aber können sie Zahlungspflichten untereinander vereinbaren.[14] Eine „gerichtliche Billigung" oder „Genehmigung" hilft nicht, wenn der Verfahrensgegenstand nicht der Disposition der Beteiligten unterliegt (Ausnahme: § 156 Abs. 2).

Liegt ein gerichtlicher Vergleich vor, bestand aber **keine Dispositionsbefugnis** der Beteiligten, dann darf daraus nicht vollstreckt werden. Ist eine Vollstreckungsklausel notwendig, dann ist sie vom Urkundsbeamten bzw. vom Rechtspfleger zu versagen (dagegen soll nach §§ 1 Abs. 2, 54 BeurkG vorzugehen sein;[15] überzeugender: Erinnerung entsprechend § 573 ZPO bzw. § 11 RPflG, weil ein gerichtliches Verfahren vorliegt). Ist die Klausel nicht notwendig, hat das Vollstreckungsorgan das Tätigwerden ablehnen, da dann keine wirksamer Vollstreckungstitel vorliegt (gegen die Ablehnung durch den Gerichtsvollzieher Erinnerung nach § 766 ZPO).

---

[12] BT-Drucks. 16/6308, S. 414.
[13] *Keidel/Kuntze/Winkler/Meyer-Holz* Vor § 8 FGG Rn. 24.
[14] BayObLG FGPrax 1997, 229; OLG Stuttgart OLGZ 1984, 131.
[15] S. o. § 797 ZPO Rn. 37.

VII. Vollstreckbarkeit des Titels (Abs. 2)

24 **1. Vorläufige Vollstreckbarkeit.** Im Anwendungsbereich der ZPO findet die Vollstreckung aus rechtskräftigen oder vorläufig vollstreckbaren Endurteilen statt; daneben sind Vollstreckungstitel in § 794 ZPO und zahllosen Sondergesetzen aufgezählt. Das FamFG hat dies nicht übernommen. Beschlüsse sind mit Wirksamwerden vollstreckbar (Abs. 2). Ein Beschluss wird wirksam mit Bekanntgabe an den Beteiligten, für den er seinem wesentlichen Inhalt nach bestimmt ist (§ 40 Abs. 1). Es genügt also die Bekanntgabe des Titels (nicht unbedingt ist eine Zustellung erforderlich). Auch muss die Bekanntgabe nicht unbedingt an den erfolgen, der der Verpflichtete ist, wenngleich dies der Regelfall ist. Auch eine Vollstreckbarerklärung ist nicht erforderlich. Eine **vorläufige Vollstreckbarkeit** gibt es im FamFG nicht (im Gegensatz zu §§ 708 ff. ZPO); eine Ausnahme gilt im Fall des § 30 Abs. 2 LwVG. Zur Einstellung der Vollstreckung vgl. § 93.

25 **2. Rechtskraft.** Es ist keine Rechtskraft des Titels notwendig, damit vollstreckt werden kann. Anders ist es zB bei § 116 Abs. 3 (Endentscheidungen in Ehesachen), der aber sowieso nicht in den Anwendungsbereich der §§ 86 bis 96a fällt, wie § 113 Abs. 1 zeigt.

26 **Ausnahmen** (dh. Rechtskraft ist notwendig, damit vollstreckt werden kann):
– Vollstreckung in Abstammungssachen, § 96a Abs. 1
– Ehewohnungs- und Haushaltssachen, § 209 Abs. 2, 3
– Gewaltschutzsachen, § 216 Abs. 1
– Versorgungsausgleichssachen, § 224 Abs. 1
– Stundung des Zugewinnausgleichs, § 264
– Stundung des Pflichtteils gem. §§ 362, 264
– Teilungssachen, §§ 371 Abs. 1, 366 Abs. 1, § 368
– Bestätigungsbeschluss einer Dispache gem. § 409 Abs. 2

27 **3. Anordnung sofortiger Wirksamkeit.** Jedoch kann das Gericht in einigen Fällen, in denen an sich die Vollstreckbarkeit erst mit Rechtskraft eintritt, durch Beschluss die sofortige Wirksamkeit anordnen, so dass doch wieder schon vor Rechtskraft vollstreckt werden kann: Ehewohnungssachen nach §§ 200 Abs. 1 Nr. 1, 209 Abs. 2; Gewaltschutzsachen, § 216 Abs. 1 S. 2.

28 **4. Regress bei unberechtigter Vollstreckung.** Das FamFG befasst sich nicht mit der Frage, wie ein Ausgleich erfolgt, wenn auf Grund eines nicht rechtskräftigen Beschlusses vollstreckt wird, der dann auf Beschwerde aufgehoben wird. Eine dem § 717 Abs. 2 ZPO entsprechende Regelung gibt es im FamFG nicht. § 717 Abs. 2 wird analog angewandt, wenn der Rechtskraft fähige Beschlüsse im **Rechtsmittelverfahren aufgehoben wurden, so beim Kostenfestsetzungsbeschluss (§ 794 Nr. 2)**[16] und bei anderen beschwerdefähigen Beschlüssen (§ 794 Nr. 3).[17] Deshalb sollte man § 717 Abs. 2 ZPO auch im FamFG-Verfahren analog anwenden; denn der Grundgedanke ist derselbe: das Gesetz erlaubt erstaunlicherweise Vollstreckung ohne Rechtskraft, nimmt also billigend in Kauf, dass zu Unrecht vollstreckt wird. Wenn der Gläubiger davon Gebrauch macht, wozu er nicht verpflichtet ist, muss er auch das Risiko tragen und ggf. Schadensersatz nach §§ 249 ff. BGB leisten.

VIII. Vollstreckungsklausel (Abs. 3)

29 Der **Sinn der Vollstreckungsklausel** (vgl. § 725 ZPO) ist, dem Vollstreckungsorgan (Gerichtsvollzieher, Vollstreckungsgericht) die Prüfung abzunehmen, ob aus einem Titel schon vollstreckt werden kann. Grundsätzlich bedürfen Vollstreckungstitel im FamFG, soweit §§ 86 ff. anwendbar sind (Rn. 5), der Vollstreckungsklausel nicht.

30 Eine **Klausel ist nur erforderlich,** wenn die Vollstreckung nicht durch das Gericht erfolgt, das den Titel in der Hauptsache erlassen hat (Abs. 3). Deshalb ist zB bei einem Titel wegen einer Geldforderung die Klausel notwendig, weil durch den Gerichtsvollzieher bzw. das Vollstreckungsgericht vollstreckt wird und nicht durch das Familien- oder Betreuungsgericht. Ebenso ist es bei Herausgabe des Kindes nach Umzug[18] (§ 88 Abs. 1).

31 Für die **einstweilige Anordnung** wird diese Ausnahme durch § 53 Abs. 1 eingeschränkt: die Vollstreckungsklausel ist nur notwendig, wenn die Vollstreckung für oder gegen einen anderen als den im Titel bezeichneten Beteiligten erfolgt. Vgl. Rn. 33.

32 Die **Zuständigkeit** für die Erteilung der Klausel richtet sich nach §§ 724 Abs. 2 ZPO, 20 Nr. 12 RPflG. Zuständig ist der Urkundsbeamte der Geschäftsstelle bzw. für die sog. qualifizierten Klauseln

---

[16] OLG Frankfurt NJW 1978, 2203; OLG Karlsruhe Rpfleger 1980, 438; OLG Köln Rpfleger 1976, 220.
[17] S. o. § 717 ZPO Rn. 11; *Stein/Jonas/Münzberg* § 717 ZPO Rn. 60.
[18] BT-Drucks. 16/6308, S. 217.

(aufgeführt in § 20 Nr. 12 RPflG) und die weitere vollstreckbare Ausfertigung (§ 733 ZPO) der Rechtspfleger (landesrechtlicher Vorbehalt zur Übertragung auf den Urkundsbeamten in § 36b Abs. 1 Nr. 3 RPflG). Für das **Verfahren** im Zusammenhang mit der Erteilung bzw. Versagung der Klausel sind die §§ 724 bis 734, 797 Abs. 2 ZPO, §§ 11, 20 Nr. 12 RPflG anzuwenden. Wenn nach der ZPO vollstreckt wird folgt dies aus § 95 Abs. 1. Für die Personenherausgabe- und Umgangsverfahren sind diese Vorschriften entsprechend anzuwenden. Beschlüsse im Vollstreckungsverfahren sind nach § 87 Abs. 4 anzugreifen.

IX. Vollstreckung einstweiliger Anordnungen

Einstweilige Anordnungen ergehen als **Beschluss** (§ 38), fallen also unter § 86 Abs. 1 Nr. 1. Ergänzend bestimmt § 53 Abs. 1, dass die einstweilige Anordnung der Vollstreckungsklausel nur bedarf, wenn die Vollstreckung für oder gegen einen anderen als den im Beschluss bezeichneten Beteiligten erfolgen soll. Das entspricht der Regelung in § 727 ZPO. Ändert ein Beteiligter seinen Namen, zB durch Heirat, fällt das nicht unter § 53, weil die Identität der Person gewahrt bleibt; hier genügt, dass der neue Name durch einen Vermerk in die Klausel aufgenommen wird,[19] falls die Identität bestritten wird. 33

Das Gericht kann in **Gewaltschutzsachen** sowie in sonstigen Fällen, in denen hierfür ein besonderes Bedürfnis besteht, anordnen, dass die Vollstreckung der einstweiligen Anordnung **vor Zustellung** an den Verpflichteten zulässig ist. In diesem Fall wird die einstweilige Anordnung mit Erlass wirksam (§ 53 Abs. 2). 34

X. Vollstreckung in Ehesachen und Familienstreitsachen

Die Vollstreckung in **Ehesachen und Familien*streit*sachen** erfolgt entsprechend den Vorschriften der ZPO über die Zwangsvollstreckung (§ 120 Abs. 1; §§ 704 bis 915h ZPO), also nicht nach §§ 86 ff. FamFG. 35

Endentscheidungen sind mit Wirksamwerden **vollstreckbar** (§ 120 Abs. 2 S. 1; das entspricht § 62 Abs. 1 S. 1 ArbGG). Das Wirksamwerden richtet sich aber wegen § 113 Abs. 1 nicht nach § 40, sondern nach § 116 Abs. 3: „Endentscheidungen in Familien*streit*sachen werden mit Rechtskraft wirksam. Das Gericht kann die sofortige Wirksamkeit anordnen. Soweit die Endentscheidung eine Verpflichtung zur Leistung von **Unterhalt** enthält, soll das Gericht die **sofortige Wirksamkeit** anordnen." Nur wenn dies angeordnet wurde ist weder Rechtskraft erforderlich, noch ein Ausspruch, dass die Entscheidung gegen oder ohne Sicherheitsleistung vorläufig vollstreckbar ist. §§ 708 bis 713 ZPO sind nicht anwendbar.[20] 36

Macht der Verpflichtete (vor Erlass der Endentscheidung) glaubhaft, dass die Vollstreckung ihm einen nicht zu ersetzenden **Nachteil** bringen würde, hat das Gericht auf seinen Antrag die Vollstreckung vor Eintritt der Rechtskraft in der Endentscheidung einzustellen oder zu beschränken (§ 120 Abs. 2 S. 2); dann kann erst nach Rechtskraft vollstreckt werden. Vollstreckung gegen Sicherheitsleistung sieht das FamFG nicht vor. Wird nach Einlegung eines Rechtsmittels die Einstellung der Zwangsvollstreckung (§ 719 Abs. 1 ZPO) beantragt oder nach Rechtskraft Wiedereinsetzung beantragt (§ 707 Abs. 1 ZPO) kann die Vollstreckung nur unter den vorgenannten Voraussetzungen eingestellt oder beschränkt werden (§ 120 Abs. 2 S. 3). 37

§ 87 Verfahren; Beschwerde

(1) ¹Das Gericht wird in Verfahren, die von Amts wegen eingeleitet werden können, von Amts wegen tätig und bestimmt die im Fall der Zuwiderhandlung vorzunehmenden Vollstreckungsmaßnahmen. ²Der Berechtigte kann die Vornahme von Vollstreckungshandlungen beantragen; entspricht das Gericht dem Antrag nicht, entscheidet es durch Beschluss.

(2) Die Vollstreckung darf nur beginnen, wenn der Beschluss bereits zugestellt ist oder gleichzeitig zugestellt wird.

(3) ¹Der Gerichtsvollzieher ist befugt, erforderlichenfalls die Unterstützung der polizeilichen Vollzugsorgane nachzusuchen. ²§ 758 Abs. 1 und 2 sowie die §§ 759 bis 763 der Zivilprozessordnung gelten entsprechend.

---

[19] *Petermann* Rpfleger 1973, 156; LG Saarbrücken DAV 1987, 538; LG Koblenz FamRZ 2003, 1483.
[20] BT-Drucks. 16/6308, S. 226.

(4) Ein Beschluss, der im Vollstreckungsverfahren ergeht, ist mit der sofortigen Beschwerde in entsprechender Anwendung der §§ 567 bis 572 der Zivilprozessordnung anfechtbar.

(5) Für die Kostenentscheidung gelten die §§ 80 bis 82 und 84 entsprechend.

I. Normzweck, Anwendungsbereich

1   Die Vorschrift regelt das Vollstreckungsverfahren. Das FGG (§ 33) enthielt hierzu keine ausdrückliche Regelung, so dass denkbar war, dass es Anwendungsprobleme gab.[1] § 87 gilt sowohl für die Vollstreckung von Entscheidungen über die Herausgabe von Personen und die Regelung des Umgangs (§§ 88 bis 94) wie für die Vollstreckung nach der ZPO (§§ 95 bis 96a), aber auch in den sonstigen Fällen der Vollstreckung von Entscheidungen nach dem FamFG.

II. Initiative zur Vollstreckung

2   In Abs. 1 S. 1 wird unterschieden, auf wessen Initiative die Vollstreckung eingeleitet wird; das lässt sich dem Gesetzestext allerdings nicht klar entnehmen. Findet das Erkenntnisverfahren allein **auf Antrag** des Berechtigten statt, erfordert auch die Vollstreckung einen solchen Antrag. Dagegen wird das Gericht in Verfahren, die **von Amts wegen** eingeleitet werden können, auch in der Vollstreckung von Amts wegen tätig und bestimmt die im Fall der Zuwiderhandlung vorzunehmenden Vollstreckungsmaßnahmen (§ 87 Abs. 1).

3   In **Amtsverfahren** kann der Berechtigte die Vornahme von Vollstreckungshandlungen **beantragen**; entspricht das Gericht dem Antrag nicht, entscheidet es durch Beschluss (Abs. 1 S. 2). Der Beschluss (Inhalt: § 38) muss eine Rechtsmittelbelehrung enthalten (§ 39). Ein solches Antragsrecht hat der Berechtigte erst recht in Fällen, in denen das Erkenntnisverfahren auf seinen Antrag eingeleitet wurde.

4   Die **Vollstreckungsmaßnahmen** bestimmt das Gericht, aber nur im Falle einer Zuwiderhandlung. Denn bei Vollstreckung nach den Regeln der ZPO (§ 95) ergeben sie sich ohnehin aus der ZPO. In Frage kommt zB Festsetzung von Ordnungshaft, Ordnungsgeld, Anordnung der Herausgabe einer Person, Anordnung der Vorführung einer Person (zB § 96a Abs. 2).

III. Beginn der Vollstreckung

5   Die Vollstreckung darf nur beginnen, wenn der Beschluss bereits zugestellt ist oder gleichzeitig zugestellt wird (Abs. 2); das entspricht § 750 ZPO. Bei **Ehewohnungssachen** (Gebot, eine Wohnung herauszugeben oder zu betreten) gilt eine Zustellung auch für alle künftigen Vollstreckungsmaßnahmen (§ 96 Abs. 2). Das Gericht kann bei einstweiligen Anordnungen in Gewaltschutzsachen und ähnlichen Fällen anordnen, dass die Vollstreckung vor Zustellung an den Verpflichteten zulässig ist (§ 53 Abs. 2 S. 1).

IV. Befugnisse des Gerichtsvollziehers

6   **1. Polizeiliche Unterstützung.** Der Gerichtsvollzieher ist befugt, erforderlichenfalls die Unterstützung der **polizeilichen Vollzugsorgane** nachzusuchen (Abs. 3; wie früher § 33 Abs. 2 S. 3 FGG). Die korrespondierende Vorschrift, nämlich die Polizei Vollzugshilfe zu leisten hat, findet sich im Landesrecht, zB in Art. 50 BayPAG. Im Landesrecht (zB BayKG) steht, welche Gebühren die Polizei für den Einsatz von unmittelbarem Zwang berechnet. Wann die Polizei Gewalt („unmittelbarer Zwang") anwenden darf, ergibt sich aus dem jeweiligen Landespolizeirecht, zB Art. 58 BayPAG. Im Landesrecht ist auch definiert, was unter „unmittelbarer Zwang" zu verstehen ist (Art. 61 BayPAG; vgl. § 90 Rn. 2).

7   **2. § 758 Abs. 1 und 2 ZPO.** Die Befugnisse des Gerichtsvollziehers waren im FGG nicht ausdrücklich geregelt. Der jetzige Gesetzgeber[2] glaubte, wegen des Grundsatzes der strengen Gesetzmäßigkeit des Vollstreckungsverfahrens eine gesetzlichen Regelung treffen zu müssen und fügte daher Abs. 3 S. 2 ein. Durch den Verweis soll aus dem Gesetz ersichtlich sein, „welche Befugnisse der Gerichtsvollzieher hat und wie die Vollstreckung durchzuführen ist". Das trifft nur bedingt zu. Aus der Formulierung des S. 2 und dem Umstand, dass gerade auf § 758 Abs. 3 ZPO nicht Bezug genommen ist (dort ist der Gerichtsvollzieher selbst zur Anwendung von Gewalt befugt, wenn er

---

[1] *Gaul,* FS Ishikawa, 2001, S. 87, 116 ff.
[2] BT-Drucks. 16/6308, S. 217.

Widerstand findet), folgt an sich, dass der Gerichtsvollzieher im FamFG-Verfahren, wenn er Widerstand findet, sich aber durchsetzen will, sich *stets* der Hilfe der Polizei bedienen muss. Das wäre unpraktisch und kann so nicht gemeint sein (das folgt auch aus der Verweisung auf § 759 ZPO, wo geregelt ist, dass der Gerichtsvollzieher Zeugen hinzuziehen hat, wenn bei der Vollstreckungshandlung Widerstand geleistet wird). Wie bisher muss man die Vorschrift so lesen, dass es im Ermessen des Gerichtsvollziehers liegt, ob er selbst Gewalt anwendet und die Polizei hinzuzieht. Die Verweisung auf **§ 758 Abs. 1** ZPO bedeutet, dass der Gerichtsvollzieher befugt ist, die Wohnung und die Behältnisse des Schuldners zu durchsuchen, soweit der Zweck der Vollstreckung dies erfordert. **§ 758 Abs. 2 ZPO** besagt, dass der Gerichtsvollzieher befugt ist, die verschlossenen Haustüren, Zimmertüren und Behältnisse öffnen zu lassen, zB durch einen Schlosser oder Schlüsseldienst. Auf § 758a ZPO ist wegen § 91 nicht verwiesen worden.

3. §§ 759 bis 763 ZPO. Die Verweisung auf **§ 759 ZPO** bedeutet, dass der Gerichtsvollzieher 8 bei der Vollstreckung gegebenenfalls Zeugen hinzuziehen muss. **§ 760 ZPO** regelt das Recht der Beteiligten auf Einsicht in die Akten des Gerichtsvollziehers, zB in das Vollstreckungsprotokoll. **§ 761 ZPO** ist weggefallen. **§ 762 ZPO** besagt, dass der Gerichtsvollzieher über jede Vollstreckungshandlung ein Protokoll aufzunehmen hat und regelt den Inhalt; desgleichen **§ 763 ZPO**.

V. Rechtsmittel

1. Beschlüsse. Ein Beschluss des Richters bzw. Rechtspflegers, der im Vollstreckungsverfahren 9 (also im Verfahren ab Vollstreckbarkeit, das der Vollstreckung dienen soll) ergeht, ist mit der **sofortigen Beschwerde** in entsprechender Anwendung der §§ 567 bis 572 ZPO, § 11 Abs. 1 RPflG anfechtbar **(Abs. 4).** Die Frist beträgt also nur zwei Wochen (§ 569 ZPO), nicht ein Monat wie bei §§ 58 ff., 63. Das entspricht § 793 ZPO. Die **Beschwerdesumme** muss erreicht sein, soweit es um vermögensrechtliche Angelegenheiten geht (§ 61). Die Herausgabe von Personen und das Umgangsrecht sind nicht vermögensrechtlich, so dass die Beschwerdesumme in diesen Fällen nicht erreicht sein muss. Die Beschwerde hat **aufschiebende Wirkung** (§ 570 ZPO). Das Gericht, dessen Entscheidung angefochten wurde, kann die Vollziehung der Entscheidung aussetzen (§ 570 Abs. 2 ZPO). Über die Beschwerde entscheidet das OLG (§ 119 Abs. 1 Nr. 1 b GVG), in Freiheitsentziehungssachen und in den von den Betreuungsgerichten entschiedenen Sachen aber das Landgericht (§§ 72, 119 Abs. 1 Nr. 1 a, b GVG). Gegen den Beschwerdebeschluss des OLG bzw. LG findet eine **Rechtsbeschwerde** zum BGH (§ 133 GVG) nur statt, wenn sie vom Beschwerdegericht zugelassen wurde (§§ 70 ff.); keine Zulassung ist erforderlich in den Fällen des § 70 Abs. 3 (bestimmte Betreuungs-, Unterbringungs- und Freiheitsentziehungssachen).

2. Bloße Vollstreckungsmaßnahmen. Bloße Vollstreckungsmaßnahmen, die nicht als Beschlüs- 10 se des Rechtspflegers (Richters) ergehen, sind kaum vorstellbar; denn über Anträge, Einwendungen und Erinnerungen betreffend die Art und Weise der Zwangsvollstreckung ist durch Beschluss zu entscheiden. Anders verhält es sich, wenn gegen das **Verfahren des Gerichtsvollziehers** vorgegangen werden soll (etwa wenn er sich weigert, eine Vollstreckungshandlung auszuführen; oder die Bearbeitung verzögert; unzulässige Durchsuchung): hier findet keine Beschwerde statt, weil ein Beschluss des Gerichts fehlt. Im ZPO-Verfahren ist hier die Erinnerung nach **§ 766 ZPO** einschlägig, über die das Vollstreckungsgericht beim Amtsgericht entscheidet. Die Gesetzesbegründung erwähnt das Problem nicht.[3] Deshalb wird das Gericht über Eingaben, die das Verfahren des Gerichtsvollziehers beanstanden, durch Beschluss entscheiden müssen; hiergegen ist dann die Beschwerde nach Abs. 4 eröffnet. Es wäre untragbar, den Beteiligten nur auf die Dienstaufsichtsbeschwerde gegen den Gerichtsvollzieher zu verweisen (diese Möglichkeit besteht parallel).

3. Weitere Möglichkeiten. Daneben bestehen die Möglichkeiten nach § 767 ZPO (Vollstre- 11 ckungsgegenklage), **§ 771 ZPO** (Drittwiderspruchsklage).

VI. Kosten

1. Kostenentscheidung. Für die Kostenentscheidung eines Beschlusses nach Abs. 4 gelten die 12 §§ 80 bis 82 und 84 entsprechend (Abs. 5), also nicht § 788 ZPO. Nicht verwiesen wird auf § 83 (Vergleich, Erledigung der Hauptsache, Antragsrücknahme) und § 85 (Kostenfestsetzung). Die Fälle des § 83 Abs. 1 sind also nach §§ 81, 84 zu behandeln; bei § 83 Abs. 2 findet dort eine Verweisung auf § 81 statt, der seinerseits gilt, so dass die Ausklammerung keinen Sinn hat. Auf § 85 wurde nicht

---

[3] BT-Drucks. 16/6308, S. 217; *Horndasch/Viefhues/Gottwald* § 87 Rn 12 will § 766 ZPO anwenden.

verweisen, weil diese Vorschrift die Kostenfestsetzung betrifft, nicht die Kostenentscheidung. § 85 ist somit anwendbar.

13   **2. Gerichtskosten.** Anwendbar sind § 134 nF KostO (Anordnung von Zwangs- und Ordnungsmitteln, der Ersatzvornahme, der Abnahme der eidesstattlichen Versicherung); § 119 nF KostO (für die Fälle §§ 33 Abs. 3, 35 und 389 bis 392 FamFG). Im Bereich der Familiensachen sind FamGKG KV 1601 bis 1603 einschlägig.

Unterabschnitt 2. Vollstreckung von Entscheidungen über die Herausgabe von Personen und die Regelung des Umgangs

§ 88 Grundsätze

(1) Die Vollstreckung erfolgt durch das Gericht, in dessen Bezirk die Person zum Zeitpunkt der Einleitung der Vollstreckung ihren gewöhnlichen Aufenthalt hat.

(2) Das Jugendamt leistet dem Gericht in geeigneten Fällen Unterstützung.

I. Normzweck; Anwendungsbereich

1   Die Regelung will die **örtliche Zuständigkeit** bei der Vollstreckung von Entscheidungen über die Herausgabe von Personen und die Regelung des Umgangs regeln; sie betrifft nicht die Herausgabe von Sachen. Sie ist nicht anwendbar in Ehesachen und Familien*streit*sachen (§ 113 Abs. 1). In der Praxis geht es um die **Herausgabe von Kindern.** Anwendbar ist die Regelung aber auch, wenn ein Betreuer, der das Aufenthaltsbestimmungsrecht hat, die Herausgabe des Betreuten verlangt, zB von Angehörigen, die sich seiner bemächtigen, zB um von seiner Rente zu partizipieren. Die Regelung des Umgangs und die Herausgabe eines Kindes ist eine Kindschaftssache (§ 151 Nr. 2, 3). Deshalb ist sie eine Familiensache (§ 111 Nr. 2), aber keine Familien*streit*sache (§ 112). Ein Teil des Inhalts von § 88 war früher in § 33 FGG enthalten, der Rest war meist nicht geregelt. **Übergangsrecht: Art. 111 FGG-RG.** Vgl. § 86 Rn. 1.

II. Allgemeines

2   Die Herausgabe von Personen ist in §§ 1632 Abs. 1, 1666, 1908i Abs. 1 BGB geregelt, die Regelung des Umgangs in §§ 1632 Abs. 2, 1684, 1685 BGB. Die Umgangsregelung kann auch Herausgabeanordnungen enthalten, wenn die Herausgabe zur Durchführung des Umgangs gem. § 1684 Abs. 3 BGB angeordnet wird. Die Vollstreckungstitel sind in § 86 genannt. Verfahrensfragen regelt § 87.

III. Örtliche Zuständigkeit

3   Die Vollstreckung erfolgt durch das Gericht, in dessen Bezirk die Person zum Zeitpunkt der Einleitung der Vollstreckung ihren gewöhnlichen Aufenthalt hat (Abs. 1); dies ist eine Regelung der örtlichen Zuständigkeit. Für die Durchführung der Vollstreckung ist also nicht zwangsläufig das Gericht örtlich zuständig, das den Titel erlassen hat. Das ist zB bedeutsam bei Umzug. Damit soll nach Meinung der Gesetzesbegründung[1] der Tatsache Rechnung getragen werden, dass vor der Festsetzung von Vollstreckungsmaßnahmen in Verfahren, die die Herausgabe von Personen betreffen, nicht selten neue Ermittlungen (etwa zum Verschulden des zur Einhaltung der getroffenen Regelung anzuhaltenden Elternteils) durchgeführt werden müssen, für die dem Gesichtspunkt der Ortsnähe schon im Hinblick auf die Einschaltung der zuständigen Behörde (Jugendamt) erhebliche Bedeutung zukommen kann. In einem solchen Fall bedarf der Vollstreckungstitel der Vollstreckungsklausel (§ 86 Abs. 3).

IV. Aufenthalt

4   Entscheidend ist der gewöhnliche Aufenthalt der herauszugebenden Person zum Zeitpunkt der Einleitung der Vollstreckung. Späterer Umzug ändert die Zuständigkeit nicht (Grundsatz der perpetuatio fori; vgl. § 2 Abs. 2; § 261 Abs. 3 Nr. 2 ZPO). Auf den Wohnsitz des Kindes (bzw.

---

[1] BT-Drucks. 16/6308, S. 217 unter Verweis auf BGH FamRZ 1986, 789.

Betreuten) kommt es also nicht an. Dadurch soll der Streit, wo sich der Wohnsitz befindet (er setzt einen Wohnsitzbegründungswillen voraus, der bei Kleinkindern und geschäftsunfähigen Betreuten fehlt; §§ 8, 11 BGB), vermieden werden. Wo der Aufenthalt ist, hat im Streitfall das Gericht von Amts wegen (§ 26) festzustellen.[2] Der **gewöhnliche Aufenthalt** ist dort, wo der örtliche Schwerpunkt der Lebensverhältnisse ist; bei einem Kind zB dort, wo es in die Schule geht oder wo es in einem Heim[3] oder einem Internat untergebracht ist. Aufenthalt setzt nicht eine bestimmte Mindestdauer voraus. Er ist zu unterscheiden vom schlichten Aufenthalt, etwa wenn jemand auf dem Bahnhof auf den nächsten Zug wartet. Der gewöhnliche Aufenthalt eines Kindes leitet sich nicht vom Aufenthalt oder Wohnsitz der Eltern ab. Zwar ist keine *gleichzeitiger* doppelter gewöhnlicher Aufenthalt denkbar (im Gegensatz zum Doppelwohnsitz), wohl aber ein wechselnder gewöhnlicher Aufenthalt, etwa wenn das Kind im Internat wohnt, aber in den Ferien beim Vater. Sind demnach mehrere Gerichte örtlich zuständig ist § 2 Abs. 1 einschlägig.

Sachlich zuständig sind bei Kindern die Familiengerichte (Amtsgericht), weil Umgangsrecht und 5 Kindesherausgabe nach § 151 Nr. 2, 3 dem Familiengericht zugewiesene Verfahren („Kindschaftssachen") sind; bei Herausgabe von Betreuten ist das Betreuungsgericht (Amtsgericht) sachlich zuständig.

Funktionell zuständig ist der Richter, nicht der Rechtspfleger (§ 14 Abs. 1 Nr. 6 und 7 6 RPflG).

Hat das Gericht nicht nur die Herausgabe des Kindes, sondern auch seiner **persönlichen Gegen-** 7 **stände** (Kleidung, Ausweise, Schulhefte etc) angeordnet, dann wird die Herausgabe des Kindes nach §§ 88 vollstreckt, die der Sachen nach § 95 Abs. 1 Nr. 2, also gemäß §§ 883 ff. ZPO. Sollten sich danach unterschiedliche Zuständigkeiten ergeben, ist, wenn gleichzeitig bezüglich des Kindes und seiner Sachen vollstreckt werden soll, die Zuständigkeit nach § 88 vorrangig und ergreift wegen des Sachzusammenhangs beides.

V. Mitwirkung des Jugendamts

Das Jugendamt leistet dem Gericht in geeigneten Fällen **Unterstützung** (Abs. 2). Hier wird eine 8 Unterstützungspflicht des Jugendamtes gegenüber dem Gericht bei der Durchsetzung gerichtlicher Entscheidungen, die die Herausgabe eines Kindes bzw. das Sorge- oder Umgangsrecht für ein Kind zum Gegenstand haben, normiert. Die Vorschrift lehnt sich an § 9 IntFamRVG an und erstreckt sie auch auf Entscheidungen mit ausschließlich nationalem Bezug.[4] Die Hinzuziehung eines Mitarbeiters des Jugendamts soll der Vermeidung von Gewaltanwendung dienen und eine das Kindeswohl so wenig wie möglich beeinträchtigende Vollstreckung fördern.[5] Soweit der Gerichtsvollzieher im Auftrag des Gerichts tätig wird, hat das Jugendamt den Gerichtsvollzieher zu unterstützen, wenn sich dieser an das Jugendamt wendet.[6] Als in § 9 IntFamRVG sind als **unterstützende Maßnahmen** des Jugendamts insbesondere anzusehen: Information über die soziale Lage des Kindes und seiner Eltern; Unterstützung einer gütlichen Einigung; Unterstützung bei der Sicherung des Aufenthalts des Kindes; bei der Herausgabe und Rückgabe des Kindes; bei der Vollstreckung der gerichtlichen Entscheidung.

Örtlich zuständig ist das Jugendamt, in dessen Bezirk das Kind sich gewöhnlich aufhält (vgl. § 9 9 Abs. 2 S. 1 IntFamRVG).

VI. Umfang der Unterstützungspflicht

Sie wird von § 88 nicht begrenzt, so dass den Umfang der Pflicht derjenige bestimmt, der das 10 Jugendamt hinzuziehen darf, also das Gericht bzw. der Gerichtsvollzieher, nicht aber das Jugendamt.

Weigert sich das Jugendamt, bleibt nur die **Dienstaufsichtsbeschwerde.** Jedenfalls kann das 11 Jugendamt nicht mit Ordnungs- oder Zwangsmitteln gezwungen werden.

§ 89 Ordnungsmittel

(1) ¹Bei der Zuwiderhandlung gegen einen Vollstreckungstitel zur Herausgabe von Personen und zur Regelung des Umgangs kann das Gericht gegenüber dem Verpflichteten

---

[2] OLG Saarbrücken OLG-Report 2004, 625.
[3] OLG Dresden Rpfleger 2001, 129.
[4] BT-Drucks. 16/6308, S. 218.
[5] Vgl. *Hammer* FPR 2008, 413.
[6] BT-Drucks. 16/6308, S. 218.

§ 89 1, 2   Buch 1. Abschnitt 8. Vollstreckung

Ordnungsgeld und für den Fall, dass dieses nicht beigetrieben werden kann, Ordnungshaft anordnen. [2] Verspricht die Anordnung eines Ordnungsgelds keinen Erfolg, kann das Gericht Ordnungshaft anordnen. [3] Die Anordnungen ergehen durch Beschluss.

(2) Der Beschluss, der die Herausgabe der Person oder die Regelung des Umgangs anordnet, hat auf die Folgen einer Zuwiderhandlung gegen den Vollstreckungstitel hinzuweisen.

(3) [1] Das einzelne Ordnungsgeld darf den Betrag von fünfundzwanzigtausend Euro nicht übersteigen. [2] Für den Vollzug der Haft gelten § 901 Satz 2, die §§ 904 bis 906, 909, 910 und 913 der Zivilprozessordnung entsprechend.

(4) [1] Die Festsetzung eines Ordnungsmittels unterbleibt, wenn der Verpflichtete Gründe vorträgt, aus denen sich ergibt, dass er die Zuwiderhandlung nicht zu vertreten hat. [2] Werden Gründe, aus denen sich das fehlende Vertretenmüssen ergibt, nachträglich vorgetragen, wird die Festsetzung aufgehoben.

Übersicht

	Rn.		Rn.
I. Normzweck	1	d) Anhörung	16
II. Fälle mit Auslandsbezug	2	e) Ermessensausübung	17–19
III. Erkenntnisverfahren	3–9	2. Entscheidung des Gerichts	20–29
1. Gesetzliche Regelung der Herausgabe	3–5	a) Festsetzung von Ordnungsgeld	20–23
2. Beschluss des Gerichts über die Herausgabe	6–9	b) Ablehnung der Festsetzung	24–26
		c) Wiederholte Festsetzung von Ordnungsmitteln	27
IV. Vollstreckungsverfahren	10–31	d) Festsetzung von Ordnungshaft	28, 29
1. Voraussetzungen der Verhängung von Ordnungsgeld bzw. Ordnungshaft	10–19	3. Vollstreckung der Ordnungsmittelentscheidung	30, 31
a) Schuldhafte Zuwiderhandlung des Verpflichteten	10	a) Ordnungsgeld	30
b) Antrag	11	b) Ordnungshaft	31
c) Vollstreckungstitel	12–15	V. Rechtsmittel	32–34

I. Normzweck

1   Die Vorschrift regelt die Vollstreckung von Entscheidungen über die Herausgabe von Personen und die Regelung des Umgangs. § 89 ist aber unlogisch aufgebaut: Abs. 2 müsste an sich Abs. 1 sein und umgekehrt. Der frühere § 33 FGG sah die Verhängung von Zwangsmitteln (**Zwangsgeld, Zwangshaft**) vor. Die Neuregelung sieht in Abweichung von § 33 FGG die Verhängung von Ordnungsmitteln (**Ordnungsgeld, Ordnungshaft**) vor. Damit soll die Effektivität der Vollstreckung von Umgangs- und Herausgabeentscheidungen erhöht werden, wie die Gesetzesbegründung meint. Anders als Zwangsmittel dienen Ordnungsmittel nicht ausschließlich der Einwirkung auf den Willen der pflichtigen Person, sondern haben daneben Sanktionscharakter. Deshalb können sie auch dann noch festgesetzt und vollstreckt werden, wenn die zu vollstreckende Handlung, Duldung oder Unterlassung wegen Zeitablaufs nicht mehr vorgenommen werden kann.[1] Hatte der „kindesbetreuende Elternteil" (zB die Mutter) das Kind gemäß Beschluss des Familiengerichts am Ostersamstag herauszugeben, damit der „Umgangselternteil" (zB der Vater) mit dem Kind die vereinbarte Urlaubsreise durchführen konnte, und hintertrieb sie das, konnte nach der früheren Regelung kein Zwangsgeld mehr verhängt werden, weil die zu vollstreckende Handlung wegen Zeitablaufs nicht mehr vorgenommen werden konnte (Ostern war vorbei, der Urlaub des Vaters auch). Ordnungsgelder dagegen haben Sanktionscharakter und können auch dann noch festgesetzt und vollstreckt werden, wenn die zu vollstreckende Handlung nicht mehr vorgenommen werden kann.

II. Fälle mit Auslandsbezug

2   Bei Zuwiderhandlung gegen einen in Deutschland zu vollstreckenden Titel nach der Verordnung (EG) Nr. 2201/2003, dem Haager Kindesentführungsübereinkommen oder dem Europäischen Sorgerechtsübereinkommen, der auf Herausgabe von Personen oder Regelung des Umgangs gerichtet

---

[1] BT-Drucks. 16/6308, S. 218.

ist, richtet sich die Anordnung von Ordnungsgeld bzw. Ordnungshaft nach § 44 IntFamRVG.[2] Vgl. § 97.

III. Erkenntnisverfahren

1. Gesetzliche Regelung der Herausgabe. Die gesetzliche Regelung, die eine Verpflichtung 3 zur Herausgabe des Kindes enthält, findet sich in §§ 1632 Abs. 1, 1666 BGB, die Regelung des Umgangs in §§ 1632 Abs. 2, 1684, 1685 BGB. Die Herausgabe eines **Kindes** und die Regelung des Umgangsrechts sowie die hierbei eventuell zu treffende Herausgabeanordnung sind dem Familiengericht zugewiesene „Kindschaftssachen" (§ 151 Nr. 2, 3). Das Gericht hat in Verfahren über die Herausgabe des Kindes dem minderjährigen Kind in der Regel einen Verfahrensbeistand zu bestellen (§ 158 Abs. 2 Nr. 4), in Umgangssachen allenfalls nach § 158 Abs. 2 Nr. 5. Das Kind ist im Rahmen von § 159 persönlich anzuhören. Die Anhörung der Eltern richtet sich nach § 160, die der Pflegeperson nach § 161, die des Jugendamts nach § 162.

Bei **Herausgabe von Betreuten** an den Betreuer sind §§ 1908i Abs. 1, 1632 Abs. 1 BGB 4 einschlägig. Das ist nicht zu verwechseln mit den Fällen, in denen der Betreuer einen Betreuten gegen dessen Willen und Widerstand mit Genehmigung des Betreuungsgerichts in ein geschlossenes Heim verbringen will; hier hat die Betreuungsbehörde den Betreuer auf dessen Wunsch zu unterstützen (§ 326).

Bei **Gefährdung des Kindeswohls** (§ 1666 Abs. 1 BGB) kann das Familiengericht eine **Um-** 5 **gangspflegschaft** nach § 1684 Abs. 3 S. 3 bis 5 BGB anordnen und einen Umgangspfleger bestellen. In diesem Fall umfasst die Umgangspflegschaft das Recht, die Herausgabe des Kindes zur Durchführung des Umgangs zu verlangen und für die Dauer des Umgangs den Aufenthalt des Kindes zu bestimmen. Der Umgangspfleger braucht für eine Vollstreckung einen Titel. Selbst darf der Umgangspfleger keine Gewalt anwenden, kann auch nicht vom Familiengericht zur Gewaltanwendung ermächtigt werden, weil er kein staatliches Vollstreckungsorgan ist.

2. Beschluss des Gerichts über die Herausgabe. Die gesetzliche Regelung muss vom Gericht 6 in einen Beschluss (einen „Befehl") umgesetzt worden sein (§ 38), welcher die Herausgabe der Person oder die Regelung des Umgangs so genau regelt, dass sie einen vollstreckungsfähigen Inhalt hat. Das ist der **Vollstreckungstitel** im Sinn von Abs. 1.

Der Beschluss muss ferner die Androhung von Ordnungsgeld/Ordnungshaft bei Zuwiderhandlung 7 enthalten (Abs. 2). Die Androhung ist kein selbständiger Verfahrensschritt mehr (wie bei § 33 FGG) und heißt jetzt **„Hinweis auf die Folgen der Zuwiderhandlung"**, ist also eine Art Belehrung. Der Hinweis kann im Tenor erfolgen (zweckmäßig), oder am Schluss der Entscheidung erfolgen (das FamFG trennt nicht wie die ZPO zwischen Rubrum, Tatbestand, Gründen), aber oberhalb der Richterunterschrift, also von dieser abgedeckt. Ungenügend ist es, wenn die Geschäftsstelle ein Formblatt beifügt, weil § 89 Abs. 2 den Hinweis zum Beschlussinhalt erklärt. In Frage kommt der Hinweis auf Ordnungsgeld ersatzweise Ordnungshaft; oder sogleich Androhung von Ordnungshaft, nämlich wenn die Anordnung eines Ordnungsgeldes keinen Erfolg verspricht, zB weil der Verpflichtete ohnehin nicht zahlen kann. Der Hinweis muss so formuliert sein, dass er für einen Laien verständlich ist, weshalb die bloße Wiederholung des Gesetzestextes bei Laien wohl nicht genügt. Denn der Laie kann nicht zwischen Ordnungsgeld, Zwangshaft, Geldbuße, Geldstrafe unterscheiden. Wenn für das Erkenntnisverfahren auf Grund des **Übergangsrechts** (Art. 111 FGG-RG; Stichtag 1. 9. 2009) noch das FGG gilt, für die Vollstreckung dagegen bereits das FamFG, dann genügt die seinerzeit nach § 33 Abs. 3 S. 1 FGG erfolgte Androhung von Zwangsgeld bzw. Zwangshaft. Auf ihrer Grundlage kann jetzt Ordnungsgeld bzw. Ordnungshaft festgesetzt werden, weil der Laie ohnehin die Unterschiede nicht kennt und nach den Grundsätzen der Parallelwertung der Laiensphäre für ihn erkennbar ist, was bevorstehen kann, wenn er die gerichtliche Anordnung nicht beachtet, nämlich dass er zahlen muss.

Bei **gerichtlich gebilligten Vergleichen** über den Umgang (§ 86 Abs. 1 Nr. 2) ist der Hinweis 8 in den Beschluss über die gerichtliche Billigung aufnehmen.

Fehlt der Hinweis auf die Folgen einer Zuwiderhandlung, zB versehentlich, dann enthält § 89 9 Abs. 2 dazu keine Regelung über die Folgen. § 33 Abs. 3 S. 1 FGG schrieb vor, das Zwangsgeld müsse vor Festsetzung angedroht werden. Beim Beschluss, der Gewaltanwendung gestattet, war in § 33 Abs. 3 S. 6 FGG aF geregelt, dass Gewaltanwendung vorher „in der Regel" angedroht werden „soll". Insofern ist die Behauptung in der Gesetzesbegründung,[3] § 89 Abs. 2 FamFG „ersetze" die Androhung nach § 33 Abs. 3 S. 6, nicht zutreffend. Da aber die Neuregelung den „bisherigen

---

[2] OLG Karlsruhe ZKJ 2008, 472; OLG Stuttgart Justiz 2007, 164; *Diehl* FPR 2008, 426/429.
[3] BT-Drucks. 16/6308, S. 218.

eigenständige Verfahrensschritt der Androhung" entfallen lassen soll, wird man annehmen können, das trotz Fehlens des Warnhinweises Ordnungsgeld bzw. Ordnungshaft festgesetzt werden kann. Allerdings kann dann ein *schuldhafter* Verstoß fehlen.

IV. Vollstreckungsverfahren

10 **1. Voraussetzungen der Verhängung von Ordnungsgeld bzw. Ordnungshaft. a) Schuldhafte Zuwiderhandlung des Verpflichteten.** Die Ordnungsgeldfestsetzung erfordert eine schuldhafte, dh. vorsätzliche oder fahrlässige Zuwiderhandlung oder Unterlassung,[4] vgl. § 89 Abs. 4. Verschulden bedeutet Vorsatz oder Fahrlässigkeit (vgl. § 276 BGB). Die Schuldhaftigkeit der Zuwiderhandlung wird vermutet; der Verpflichtete kann den Gegenbeweis führen, wie sich aus Abs. 4 ergibt. Eine schuldhafte Zuwiderhandlung liegt vor, wenn das Kind nicht zu den Modalitäten des gerichtlichen Beschlusses herausgegeben wird. Sie liegt auch vor, wenn der herausgabepflichtige Elternteil es dem Kind überlässt, ob es mitgeht oder nicht, weil der Verpflichtete dadurch gegen seine Nebenpflicht, auf das Kind einzuwirken, verstößt;[5] vgl. Rn. 26. Erkrankung des verpflichteten Elternteils ist im Regelfall kein Hinderungsgrund.[6] Eine Wiederholungsgefahr ist nicht erforderlich. Unter Geltung von § 33 FGG konnte Zwangsgeld festgesetzt werden, also ein Beugemittel; es konnte daher nicht mehr verhängt werden, wenn die durchzusetzende Umgangsregelung aufgehoben wurde oder sonst überholt war;[7] jetzt können in solchen Fällen Ordnungsmittel festgesetzt werden (Rn. 1),[8] weshalb es nicht mehr darauf ankommt, ob Wiederholungsgefahr besteht oder der Wille des Verpflichteten zu „beugen" ist.

11 **b) Antrag.** Hält sich der Verpflichtete nicht an die gerichtliche Anordnung, kann der Berechtigte die Festsetzung des Ordnungsgeldes mit Ersatzhaft bzw. die Festsetzung von Ordnungshaft beantragen. Aber auch ohne einen solchen Antrag, der in Wirklichkeit nur eine Anregung ist, kann das Gericht Ordnungsgeld bzw. Ordnungshaft verhängen, weil das Verfahren nach § 1666 BGB ein Amtsverfahren ist (vgl. § 87 Abs. 1). Ein Antrag ist aber erforderlich, wenn es sich beim Erkenntnisverfahren um ein Antragsverfahren handelt, zB bei Herausgabeverfahren nach § 1632 Abs. 1 BGB.

12 **c) Vollstreckungstitel.** Es muss ein vollstreckbarer Titel (§ 86 Abs. 1) vorliegen, worunter auch einstweilige Anordnungen fallen. Der Titel braucht einen **vollstreckungsfähigen Inhalt,** muss so bestimmt sein, dass der Verpflichtete keinen Zweifel oder Unklarheit daran hat, was er zu tun bzw. zu unterlassen hat.[9] Erforderlich ist eine konkrete Entscheidung auf Herausgabe des Kindes oder auf die konkrete Regelung des Umgangsrechts, also die Auferlegung einer bestimmten Pflicht; die Sorgerechtsentscheidung allein genügt nicht, auch nicht der Satz, dass der Vater das Recht hat, das Kind jeweils am Sonntag von 14 bis 16 Uhr zu sich zu nehmen.[10]

13 Bei **Herausgabeanordnungen** ist es nicht notwendig, Ort, Tag, und Uhrzeit anzugeben; das wäre sogar unzweckmäßig, weil es den gerichtlichen Befehl einschränken würde. Hier genügt die Angabe des Namens des Kindes, wobei die Angabe des Geburtsdatums zweckmäßig, aber nicht notwendig ist. Die Herausgabe kann, wie jede Zwangsvollstreckung, allerorten vollstreckt werden, nicht nur in der Wohnung des Kindes, auch in der Schule, auf dem Schulweg, im Kindergarten, auf der Straße usw.

14 Bei **Umgangsregelungen** verlangte die Rechtsprechung[11] zu § 33 FGG, dass der gerichtliche Beschluss detaillierte Angaben über die Verpflichtung des Beteiligten zum Bereithalten und Abholen des Kindes enthält, also zum Ort der Übergabe des Kindes (abzuholen in...), zur Modalität (Abholen oder Bringen?), dem Tag („jeden Samstag, erstmals am..."), die Uhrzeit („13 Uhr"), die „Beschaffenheit" des Kindes bei Übergabe („witterungsgemäß bekleidet"), die Pflicht zur pünktlichen Rückgabe, Ersatztage und damit korrespondierende Informationspflichten, Ferien- und Urlaubsregelung.[12] In kritischen Fällen muss auch geregelt werden, ob Vater oder Mutter dem Kind vorher das Essen geben müssen bzw. dürfen. Das gilt auch im Rahmen von § 89, auch für den betreuten Umgang. Das

---

[4] OLG Brandenburg FamRZ 2007, 230 zum Zwangsgeld nach § 33 FGG.
[5] Vgl. OLG Saarbrücken NJW-RR 2007, 796.
[6] OLG Brandenburg FamRZ 2007, 230.
[7] OLG Karlsruhe FamRZ 2007, 2097.
[8] OLG Karlsruhe ZKJ 2008, 472.
[9] OLG Koblenz FamRZ 2007, 1682; OLG Saarbrücken FamRZ 2007, 2095; OLG Zweibrücken, FamRZ 1984, 508; OLG Brandenburg, FamRZ 1997, 1548.
[10] So im Fall OLG Saarbrücken FamRZ 2007, 2095; mE war die Regelung ausreichend.
[11] OLG Koblenz FamRZ 2007, 1682; OLG Brandenburg FamRZ 2006, 1620; OLG Düsseldorf, FamRZ 1999, 522; OLG Bamberg FamRZ 2000, 489; *Büte,* Das Umgangsrecht bei Kindern geschiedener oder getrennt lebender Eltern, Rn. 121.
[12] Musterregelung bei *Giers* FamRB 2007, 341/342.

Gericht darf die Ausgestaltung nicht einem Dritten, zB dem organisierenden Verein[13] oder dem Umgangspfleger überlassen. Die genauen Zeiten des Umgangs sind durch das Gericht festzulegen (auch mittelbar in Form des Bestätigungsbeschlusses). Das Gericht darf die Bestimmung nicht in die Hand des Jugendamts legen,[14] weil sonst die verpflichtete Person aus der gerichtlichen Entscheidung nicht ersehen kann, welche Pflichten sie zu erfüllen hat.

Der Titel muss **wirksam** geworden sein (§ 86 Abs. 2), als dagegen verstoßen wurde. Über **Vollstreckungsklausel** und **Zustellung** vgl. § 86 Abs. 3, 87 Abs. 2. **15**

d) Anhörung. Vor der Festsetzung des Ordnungsmittels ist der Zuwiderhandelnde zu hören (§ 92 **16** Abs. 1 S. 1; entspricht § 891 Abs. 1 S. 2 ZPO). Die vorherige Durchführung eines Vermittlungsverfahrens nach § 165 ist nicht Voraussetzung für die Festsetzung von Ordnungsmitteln (§ 92 Abs. 3); das war früher streitig.[15]

e) Ermessensausübung. § 89 Abs. 1 gibt dem Gericht ein Ermessen („kann"). In den in der **17** Praxis vorkommenden Fällen verweigert der verpflichtete Elternteil den Umgang und ob das Kind das will oder nicht will oder beeinflusst ist ist eine andere Frage. Jedenfalls ist im Rahmen der Ausübung pflichtgemäßen Ermessens auch zu prüfen, ob ein Vermittlungsverfahren (§ 165) in Betracht kommt oder die Einsetzung eines Umgangspflegers (§ 1684 BGB). Das BVerfG[16] hat zur zwangsweisen Durchsetzung des Umgangsrechts entschieden: „Ein Umgang mit dem Kind, der nur mit Zwangsmitteln gegen seinen umgangsunwilligen Elternteil durchgesetzt werden kann, dient in der Regel nicht dem Kindeswohl. Der durch die Zwangsmittelandrohung bewirkte Eingriff in das Grundrecht des Elternteils auf Schutz der Persönlichkeit ist insoweit nicht gerechtfertigt, es sei denn, es gibt im Einzelfall hinreichende Anhaltspunkte, die darauf schließen lassen, dass ein erzwungener Umgang dem Kindeswohl dienen wird." Das betraf aber den seltenen Fall, dass der berechtigte Elternteil den Umgang nicht will, also dazu gezwungen werden soll, was ersichtlich wenig Sinn hat.

Die **Prüfung des Kindeswohls** erfolgte bereits im Erkenntnisverfahren, das zum Herausgabetitel **18** führte. Nur bisher neu zutage getretene Aspekte können daher bei der Ermessensausübung berücksichtigt werden; es hat keinen Sinn, in einem komplizierten Verfahren einen Titel zu schaffen und dann bei der Vollstreckung von der Durchsetzung abzusehen.[17] Eine erneute Prüfung des Kindeswohls ist daher im Regelfall unzulässig.[18]

Unter Geltung des § 33 FGG wurde der **Einwand des Herausgabepflichtigen,** die Entscheidung des Erkenntnisverfahrens sei abzuändern (zB § 1696 BGB), gegenüber dem Antrag auf Festsetzung von Zwangsmitteln ausnahmsweise zugelassen;[19] so etwa, wenn das Familiengericht im Erkenntnisverfahren weder die Eltern noch das Kind anhörte, obwohl nach dem Bericht des Jugendamts dazu Anlass bestand.[20] Andere Meinungen lehnten die Berücksichtigung im Vollstreckungsverfahren ab.[21] **19**

2. Entscheidung des Gerichts. a) Festsetzung von Ordnungsgeld. Die Anordnung von **20** Ordnungsgeld bzw. Ordnungshaft erfolgt durch Beschluss (§ 38), mit Begründung und mit Rechtsmittelbelehrung (§ 39). Kostenentscheidung: § 92 Abs. 2. Es handelt sich um eine Ermessensentscheidung (Rn. 17).[22] Der Beschluss ist dem Verpflichteten durch Zustellung bekannt zu geben (§ 41 Abs. 1 S. 2); gegenüber dem Berechtigten erfolgt eine formlose Bekanntgabe. Eine Vollstreckungsklausel ist nicht notwendig, weil der Beschluss selbst kein Vollstreckungstitel ist.

Das **einzelne Ordnungsgeld** liegt zwischen 5.– und 25 000.– Euro (Abs. 3 S. 1), in der Praxis **21** anfangs oft bei 500.- Euro. Bei einer Vielzahl von Verstößen kann also die Obergrenze von 25 000.– Euro insgesamt überschritten werden. Für den Fall, dass das Ordnungsgeld nicht beigetrieben werden kann, wird schon im Tenor Ordnungshaft verhängt (Abs. 1 S. 1), wobei der Umrechnungsfaktor im Ermessen des Gerichts steht (zB „500.– Euro, ersatzweise 5 Tage Ordnungshaft"); häufig wird an das Nettoeinkommen angeknüpft, ähnlich wie beim Tagessatzsystem des StGB. Zugleich sind dem Verpflichteten die **Kosten des Verfahrens** aufzuerlegen (§ 92 Abs. 2).

---

[13] OLG Stuttgart NJW-RR 2007, 1083.
[14] OLG Celle FamRZ 2006, 556.
[15] Verneinend OLG Rostock FamRZ 2002, 967; bejahend OLG Zweibrücken FamRZ 2000, 299.
[16] BVerfG NJW 2008, 1287.
[17] BT-Drucks. 16/9733 S. 292.
[18] OLG Karlsruhe FamRZ 2007, 1180; FamRZ 1981, 203; jeweils zu § 33 FGG.
[19] *Keidel/Kuntze/Winkler/Zimmermann* § 33 FGG Rn. 19; nach OLG Karlsruhe FamRZ 2007, 1180 war die Abänderungsbedürftigkeit schon bei der Androhung des Zwangsmittels zu berücksichtigen.
[20] So im Fall OLG Karlsruhe FamRZ 2007, 1180.
[21] OLG Düsseldorf FamRZ 1993, 1349; OLG Hamm NJW-RR 1996, 324; OLG Karlsruhe FamRZ 2005, 1698.
[22] *Kretzschmar/Meysen* FPR 2009, 1.

22 Wird der **Festsetzungsbeschluss nachträglich aufgehoben** (Abs. 4 S. 2), so ist auch die Kostenentscheidung aufzuheben. Wird sie auf Beschwerde aufgehoben, so sind das Beschwerdeverfahren und das Verfahren vor dem AG gebühren- und auslagenfrei (vgl. § 131 Abs. 1 S. 2, Abs. 5 KostO). Wegen der Auferlegung außergerichtlicher Kosten (zB wenn durch einstweilige Anordnung die Herausgabe eines Kindes verfügt wird) siehe § 81.[23]

23 Die **Gerichtsgebühr** für die Anordnung des Ordnungsmittels richtet sich nach FamGKG KV 1602. Der Ansatz von Haftkosten für die Ordnungshaft ergibt sich aus FamGKG KV 2009.

24 **b) Ablehnung der Festsetzung.** Auch sie erfolgt durch einen Beschluss mit Begründung und Rechtsmittelbelehrung (§§ 38 ff.). Eine Kostenentscheidung ist notwendig (§ 81 Abs. 1 S. 3) und richtet sich nach §§ 81 ff. Der Beschluss muss an den Antragsteller (§ 86 Abs. 1 S. 2) bekanntgemacht werden und zwar durch Zustellung.

25 Die Festsetzung eines Ordnungsmittels unterbleibt, wenn **kein Verstoß** vorlag oder wenn er nur ganz **geringfügig** war (Ermessensausübung) oder wenn der Verpflichtete Gründe vorträgt, aus denen sich ergibt, dass er die Zuwiderhandlung nicht zu vertreten hat (Abs. 4 S. 1). Der Verpflichtete hat die Umstände, die den Grund für das Scheitern der Vollstreckung der Entscheidung darstellen, im Einzelnen darzutun. Ein schuldhafter Verstoß wird also vermutet und der Zuwiderhandelnde hat den Gegenbeweis zu führen. Das ist rechtlich unbedenklich, weil es dem System des Vollstreckungsrechts entspricht. Gelingt es dem Verpflichteten nicht, detailliert zu erläutern, warum er an der Befolgung der gerichtlichen Anordnung gehindert war, kommt ein Absehen von der Festsetzung eines Ordnungsmittels nicht in Betracht. Krankheit des Verpflichteten ist in der Regel kein Hinderungsgrund,[24] wenn das Kind sich bei ihm abgeholt wird. Auch berufliche Überlastung, Urlaub, dringende andere Angelegenheiten hindern nicht, sondern werden meist nur vorgeschoben.

26 Nicht selten behauptet der Verpflichtete, das **Kind habe den Umgang verweigert,** sich gegen die Abholung gesträubt etc. und deshalb sei es nicht herausgegeben worden. Dazu sagt die Gesetzesbegründung: „Beruft sich ein Elternteil nach Zuwiderhandlung gegen eine gerichtliche Umgangsentscheidung auf den entgegenstehenden Willen des Kindes, wird ein fehlendes Vertretenmüssen nur dann anzunehmen sein, wenn er im Einzelnen darlegt, wie er auf das Kind eingewirkt hat, um das Kind zum Umgang zu bewegen".[25] Es kommt zum einen auf das Alter des Kindes an; denn je nach Entwicklung wird ein Kind unter neun bis elf Jahren[26] ausreichend vom Elternteil zu beeinflussen sein, weshalb meist nur ein Vorwand vorliegt.

27 **c) Wiederholte Festsetzung von Ordnungsmitteln.** Sie ist zulässig.[27] Wenn der Vater zweimal nacheinander das Kind nicht herausgibt, wird aber nur *ein* Ordnungsmittel festgesetzt, wobei der mehrfache Verstoß erhöhend wirkt.[28] Ob hierbei ein „Gesamtvorsatz" oder eine fortgesetzten Handlung im Sinne der früheren strafrechtlichen Rechtsprechung vorlag spielt keine Rolle. Wenn dem Vater der Ordnungsgeldbeschluss zugestellt wird und er anschließend erneut zuwiderhandelt, wird ein neues (höheres) Ordnungsgeld verhängt; es erfolgt nicht etwa eine Einbeziehung des alten Ordnungsgeldes und eine „Gesamtordnungsgeldbildung" wie bei der Gesamtstrafe.

28 **d) Festsetzung von Ordnungshaft.** Verhaftet wird der Verpflichtete, nicht das Kind. Es muss nicht zuerst Ordnungsgeld festgesetzt werden, und dann Ersatzordnungshaft vollstreckt werden. Schon wenn die Verhängung des Ordnungsgeldes keinen Erfolg verspricht, kann sogleich Ordnungshaft (in bestimmter Höhe) festgesetzt und vollzogen werden (§ 89 Abs. 1 S. 2). Das ist der Fall, wenn zB schon früher ein Ordnungsgeld erfolglos festgesetzt wurde; oder wenn der Verpflichtete das Ordnungsgeld sowieso nicht zahlen kann,[29] die Festsetzung also ins Leere geht; oder wenn sich aus dem Verfahren ergibt, dass der Verpflichtete durch Ordnungsgeld nicht beeindruckt würde. Die Verhängung von Ordnungshaft verstößt nicht gegen Art. 5 EMRK.[30]

29 Die Ordnungshaft dauert mindestens einen Tag (Art. 6 Abs. 2 EGStGB) und höchstens sechs Monate (§§ 89 Abs. 3 S. 2 iVm. 913 ZPO). Die **Dauer der Ordnungshaft** stehen im pflichtgemäßen Ermessen des Gerichts.[31] Die Bestimmungen über die Haft sollen vor allem bei Kindesent-

---

[23] BayObLG FamRZ 1994, 978; über Detektivkosten, um den Aufenthalt des Kindes ausfindig zu machen: BayObLG FamRZ 1994, 177; aufgehoben durch BVerfG FamRZ 1993, 1420. Zum Ersatz solcher Kosten aus § 823 Abs. 1 BGB: BGH FamRZ 1990, 966.
[24] OLG Brandenburg FamRZ 2007, 230.
[25] BT-Drucks. 16/6308, S. 218.
[26] OLG Hamm FamRZ 2008, 1371; OLG Karlsruhe FPR 2002, 103; FamRZ 2005, 1698.
[27] *Jansen/v. König* § 33 FGG Rn. 44; *Keidel/Kuntze/Winkler/Zimmermann* § 33 FGG Rn. 21.
[28] OLG Celle NJW-RR 1996, 902.
[29] OLG Stuttgart OLG-Report 2007, 15.
[30] EGMR FamRZ 2008, 1317.
[31] BayObLG FamRZ 1993, 823.

ziehung durch den nichtsorgeberechtigten Elternteil (Kindesentführung) helfen.[32] In diesen Fällen vereitelt der Elternteil, dem das Sorgerecht nicht übertragen wurde, die Entscheidung des Familiengerichts dadurch, dass er das Kind in Ausnutzung seines Besuchsrechts entführt. Ist der Aufenthalt des Kindes bekannt, kann der Entführer durch Ordnungshaft zur Rückgabe angehalten werden; ferner kann das Kind nach § 90 weggenommen werden. Ist der Aufenthalt unbekannt oder im Ausland, kann das Familiengericht auf Antrag des sorgeberechtigten Elternteils einen Haftbefehl gegen den Entführer erlassen; beim Grenzübertritt oder anderswo kann er festgenommen werden. Verbringt er das Kind in die Vertragsstaaten der internationalen Übereinkommen, ist Rechtshilfe bei der Rückführung gewährleistet.

3. Vollstreckung der Ordnungsmittelentscheidung. a) Ordnungsgeld. Es wird nach § 1 Abs. 1 Nr. 3 JBeitrO in Verbindung mit der Einforderungs- und Beitreibungsanordnung (EBAO) von Amts wegen vollstreckt. Vollstreckungsbehörde (§ 2 JBeitrO) ist der nach § 88 zuständige Familienrichter. Funktionell zuständig für die Durchführung ist der Rechtspfleger (§ 31 Abs. 3 RPflG). 30

b) Ordnungshaft. Die Vollstreckung erfolgt nach § 89 Abs. 3 S. 2; demzufolge kommen die §§ 901 S. 2, 904, 905, 906, 909, 910 und 913 ZPO zur Anwendung. Der Familienrichter kann einen Haftbefehl erlassen (§ 901 ZPO) und den Gerichtsvollzieher mit der Verhaftung beauftragen (§ 909 ZPO). Der Verhaftungsauftrag wird vom Gericht erteilt, nicht vom Herausgabe- oder Umgangsberechtigten.[33] Der Gerichtsvollzieher ist befugt, erforderlichenfalls die Polizei um Unterstützung zu ersuchen (§ 87 Abs. 3 S. 1). 31

V. Rechtsmittel

Unter Geltung des § 33 FGG war die Androhung des Zwangsgeldes beschwerdefähig, weil sie als psychische Beeinträchtigung galt.[34] Jetzt ist die Androhung durch einen Warnhinweis (§ 89 Abs. 2) ersetzt, der isoliert nicht beschwerdefähig ist, weil dadurch keine Rechtsbeeinträchtigung (§ 59) entsteht. Gegen den Beschluss, der **Ordnungsmittel anordnet** (festsetzt), ist die **sofortige Beschwerde** nach § 87 Abs. 4 statthaft. Dort wird auf §§ 567 bis 572 ZPO verwiesen (es kommen also nicht die §§ 58 ff. FamFG zum Zug). Die Beschwerdefrist beträgt daher nur zwei Wochen, § 569 ZPO. Gegen Maßnahmen bei der Vollstreckung von Ordnungsmitteln (etwa verzögerliche Behandlung durch den Gerichtsvollzieher) kann **Erinnerung** (§ 766 ZPO) eingelegt werden. Zur Aufhebung von Vollstreckungsmaßregeln vgl. ferner § 93 Abs. 2. Wird Beschwerde eingelegt, kann das Gericht abhelfen und das Ordnungsmittel aufheben oder ermäßigen (§ 572 Abs. 1 ZPO). § 48 Abs. 1 ist nicht einschlägig, da die Verhängung von Ordnungsmitteln keine Endentscheidung darstellt.[35] Beschwerdegericht ist das OLG (§ 119 Abs. 1 GVG). 32

Die Einlegung der sofortigen Beschwerde hat **aufschiebende Wirkung** (§ 570 Abs. 1 ZPO, auf den § 87 Abs. 4 verweist). Deshalb ist eine einstweilige Anordnung des Beschwerdegerichts unnötig und geht ins Leere. 33

Die **Ablehnung** einer beantragten Ordnungsmittelfestsetzung kann vom Antragsteller ebenfalls mit sofortiger Beschwerde angegriffen werden (§ 87 Abs. 4). Beschwerdegericht ist das OLG (§ 119 Abs. 1 GVG). 34

§ 90 Anwendung unmittelbaren Zwanges

(1) Das Gericht kann durch ausdrücklichen Beschluss zur Vollstreckung unmittelbaren Zwang anordnen, wenn
1. die Festsetzung von Ordnungsmitteln erfolglos geblieben ist;
2. die Festsetzung von Ordnungsmitteln keinen Erfolg verspricht;
3. eine alsbaldige Vollstreckung der Entscheidung unbedingt geboten ist.

(2) ¹Anwendung unmittelbaren Zwanges gegen ein Kind darf nicht zugelassen werden, wenn das Kind herausgegeben werden soll, um das Umgangsrecht auszuüben. ²Im Übrigen darf unmittelbarer Zwang gegen ein Kind nur zugelassen werden, wenn dies unter Berücksichtigung des Kindeswohls gerechtfertigt ist und eine Durchsetzung der Verpflichtung mit milderen Mitteln nicht möglich ist.

---

[32] BT-Drucks. 11/3622 S. 4. Beispiel (OLG Hamm FamRZ 1993, 1479): der nicht sorgeberechtigte Vater verbringt das Kind nach Pakistan (zu den Großeltern) und kehrt ohne Kind zurück; Zwangshaft zulässig.
[33] Jansen/v. König § 33 FGG Rn. 48; Keidel/Kuntze/Winkler/Zimmermann § 33 FGG Rn. 52.
[34] BGH NJW 1979, 820; OLG Brandenburg FamRZ 1996, 1092; Jansen/v. König § 33 FGG Rn. 50.
[35] BT-Drucks. 16/6308, S. 195.

I. Normzweck; Anwendungsbereich

1 § 90 bestimmt in den Fällen der Vollstreckung von Entscheidungen über die **Herausgabe von Personen** (Kindern; Betreuten) und die Regelung des Umgangs, wann die Anwendung von Gewalt zulässig ist. Die Regelung entspricht zum Teil dem früheren § 33 FGG. § 90 gilt nicht bei Herausgabe von Sachen. Die Vollstreckung von Entscheidungen nach dem Haager Kindesentführungsübereinkommen, der Verordnung (EG) Nr. 2201/2003 (sog. Brüssel II a-Verordnung) und dem Europäischen Sorgerechtsübereinkommen erfolgt nicht nach § 90, sondern nach § 44 IntFamRVG, der weitgehend mit § 90 übereinstimmt. **Übergangsrecht:** Art. 111 FGG-RG. Vgl. § 86 Rn. 1.

II. Unmittelbarer Zwang

2 § 33 Abs. 2 FGG sprach noch von „Gewaltanwendung". Das FamFG spricht in seinem Drang nach beschönigenden Formulierungen von „unmittelbarem Zwang". Das ist dasselbe wie Gewaltanwendung. Das „Gesetz über den unmittelbaren Zwang bei Ausübung öffentlicher Gewalt durch Vollzugsbeamte des Bundes" (**UZwG**), das nicht unmittelbar einschlägig ist, **definiert** in § 2 recht umständlich: „Unmittelbarer Zwang ist die Einwirkung auf Personen oder Sachen durch körperliche Gewalt, ihre Hilfsmittel und durch Waffen. Körperliche Gewalt ist jede unmittelbare körperliche Einwirkung auf Personen oder Sachen. Hilfsmittel der körperlichen Gewalt sind insbesondere Fesseln, Wasserwerfer, technische Sperren, Diensthunde, Dienstpferde und Dienstfahrzeuge. Waffen sind die dienstlich zugelassenen Hieb- und Schusswaffen, Reizstoffe und Explosivmittel." Ähnlich lauten die Definitionen in den Landespolizeigesetzen, zB Art. 61 BayPAG. Indes ist klar, dass man nicht den Vater mit Wasserwerfern und Polizeihunden zurückdrängen darf, damit der Gerichtsvollzieher das sechsjährige Kind entreißen kann; das Kind würde dadurch einen lebenslangen seelischen Schaden erleiden. Hier muss mit Rücksicht auf das Kindeswohl vorgegangen werden.

III. Einzelerläuterungen

3 **1. Anwendung von Gewalt bei Kindesherausgabe. a) Unterscheidung.** Zu unterscheiden ist: Der Beschluss des Familiengerichts (Richter), der die Herausgabe des Kindes (bzw. des Betreuten) anordnet und gleichzeitig (oder falls übersehen: ergänzend) die Androhung von Ordnungsgeld bzw. Ordnungshaft enthält (nun als Hinweis auf die Folgen der Zuwiderhandlung formuliert, § 89 Abs. 2), und der weitere ausdrückliche Beschluss des Gerichts, der die Anwendung unmittelbaren Zwangs (dh. von Gewalt) gestattet (§ 90 Abs. 1). Missverständlich wird hier von der *Anordnung* unmittelbaren Zwangs gesprochen; aber wenn der Beschluss erlassen ist und dann das Kind freiwillig herausgeben wird, entfällt natürlich die Gewaltanwendung. Daneben kann noch ein weiterer Beschluss treten, nämlich nach § 91 (Gestattung der Wohnungsdurchsuchung).

4 **b) Verfahren.** Das Verfahren betreffend den *ausdrücklichen* Beschluss über die Gestattung von Gewaltanwendung ist ein selbstständiges Verfahren gegenüber dem Verfahren, das die Herausgabe anordnet.[1] Kindesherausgabe ist eine Kindschaftssache (§ 151 Nr. 2). Die Anhörungspflichten (§§ 159 bis 162: Kind, Eltern, Pflegeperson, Jugendamt) sind daher erneut zu beachten.[2] Allerdings schränkt § 92 Abs. 1 S. 2 die Pflicht zur Anhördung des Verpflichteten vor Anordnung des unmittelbaren Zwangs dahin ein, dass sie nicht erforderlich ist, wenn hierdurch die Vollstreckung vereitelt oder wesentlich erschwert würde. Das gilt auch hinsichtlich der sonstigen Beteiligten bzw. Anzuhörenden. Es kann erforderlich sein, einen Verfahrensbeistand für das Kind zu bestellen (§ 158). Die vorherige Durchführung eines Vermittlungsverfahrens (§ 165) ist nicht Voraussetzung der Anordnung von unmittelbarem Zwang (§ 92 Abs. 3 S. 1). Andererseits kann ein Vermittlungsverfahren laufen und trotzdem kann die Anordnung von unmittelbarem Zwang erfolgen (§ 92 Abs. 3 S. 2), damit effektiv vorgegangen werden kann.

5 **c) Verbindung.** Alle Verfahren können zur gemeinsamen Verhandlung (zB Anhörung) **verbunden** werden, sofern die Voraussetzungen vorliegen, unter denen von einer vorherigen Androhung abgesehen werden kann und sofern sichergestellt ist, dass mit dem Zwangsvollzug erst begonnen wird, nachdem die Herausgabeanordnung wirksam geworden ist.[3] Alle Anordnungen können in einem Beschluss zusammengefasst werden;[4] es ist kein stufenweises Vorgehen vorgeschrieben, weil es eventuell die Vollstreckung so verzögern würde, dass sie schließlich sinnlos ist.

---

[1] BGH NJW 1973, 2288; BayObLG FamRZ 1977, 739 und 1985, 521; OLG Hamm FamRZ 1980, 481.
[2] OLG Schleswig SchlHA 1979, 20; OLG Düsseldorf FamRZ 1983, 90; OLG Oldenburg FamRZ 1978, 706; bei Unterlassung wegen Gefahr im Verzug: Nachholung.
[3] BayObLG FamRZ 1985, 520/521.
[4] BayObLG FamRZ 1985, 521; OLG Frankfurt FamRZ 1980, 1041; *Kropp* DRiZ 1979, 118.

d) Beschluss. Die Gewaltanwendung setzt das Vorliegen eines **gerichtlichen Beschlusses** voraus, der ausdrücklich **(Abs. 1 S. 1)** die Anwendung von unmittelbarem Zwang bei der Vollstreckung eines Titels zur Herausgabe einer Person gestattet. Es genügt also nicht, dass die Auslegung eines Beschluss ergibt, dass stillschweigend Gewaltanwendung erlaubt sein wird, weil der Beschluss andernfalls nicht sinnvoll vollstreckt werden kann. Diese Ausdrücklichkeit muss nicht unbedingt im Tenor des Beschlusses („Beschlussformel") stehen,[5] sie kann auch in den Gründen enthalten sein, weil das FamFG (anders als die ZPO für Urteile) nicht zwischen Tenor und Gründen unterscheidet, wie § 38 zeigt. Der S. „Zur Vollstreckung wird unmittelbarer Zwang angeordnet", wie Abs. 1 formuliert, gestattet dem Gerichtsvollzieher die Gewaltanwendung sowohl gegenüber einem Elternteil, einem Dritten wie auch dem Kind. Die Personen, gegen die Gewalt angewandt werden kann, müssen also nicht näher umschrieben werden, weil sonst eine Vollstreckung nicht durchführbar wäre (würde nur die Gewaltanwendung gegen den Vater gestattet und würde er das Kleinkind angesichts des Gerichtsvollziehers an seine Schwester weiterreichen, wäre die Durchführung problematisch).

e) Verhältnismäßigkeit. Der Grundsatz der Verhältnismäßigkeit ist zu beachten. Grundsätzlich sollte zunächst das persönliche Gespräch des Familienrichters mit dem Berechtigten und dem Verpflichteten und gegebenenfalls mit dem Kind gesucht werden. Im Anschluss daran kann sich das Familiengericht zur Unterstützung an das Jugendamt wenden (§ 88 Abs. 2). Danach soll regelmäßig zunächst die Verhängung von Ordnungsmitteln erfolgen, bevor die Anwendung unmittelbaren Zwangs angeordnet wird.[6] Das Gericht darf Gewaltanwendung nur als äußerstes Mittel anwenden,[7] nämlich wenn andere Mittel nicht sinnvoll zur Verfügung stehen. Die einzelnen Fälle sind in § 90 abschließend[8] aufgezählt (es müssen aber nicht zuvor alle Stufen ausprobiert werden; das zeigt das Fehlen des Wortes „und"):

– wenn die Ordnungsgeldfestsetzung **erfolglos** geblieben ist (Nr. 1); dass auch die Vollstreckung versucht worden sein müsste ist nicht vorgeschrieben; oder
– wenn die Ordnungsgeldfestsetzung **keinen Erfolg verspricht** (Nr. 2), z.B weil das Zwangsgeld uneinbringlich ist; oder
– wenn die Vollstreckung der Entscheidung **unbedingt geboten** ist (Nr. 3), also alsbaldiges Einschreiten unbedingt geboten ist. So ist es zB, wenn ein Kind ins Ausland verbracht werden soll, wenn bei einem Mädchen eine Beschneidung[9] durchgeführt werden soll, wenn eine Zwangsverheiratung eines Kindes bevorsteht, aber auch in sonstigen Fällen, wenn andernfalls die Vollstreckung so verzögert würde, dass sie keinen Sinn mehr hätte.

f) Beschlussinhalt. Er ergibt sich aus § 38. Die Gewaltanwendung wird idR dem Gerichtsvollzieher gestattet,[10] doch genügt der pauschale Satz, dass unmittelbarer Zwang angeordnet bzw. Gewaltanwendung gestattet wird. Sie könnte in Sonderfällen auch dem Gerichtswachtmeister gestattet werden, etwa wenn während der Gerichtsverhandlung vollstreckt werden muss. Hat das Familiengericht einen Umgangspfleger bestellt (§ 1684 Abs. 3 BGB), kann diesem nicht nach § 90 Gewaltanwendung gestattet werden,[11] weil er kein staatliches Vollstreckungsorgan ist.

Eine **Begründung** ist erforderlich, ebenso eine **Rechtsmittelbelehrung** (§ 39). Eine Kostenentscheidung muss getroffen werden (§§ 92 Abs. 2, 87 Abs. 5); die Kosten sind dem Verpflichteten aufzuerlegen (eine anderweitige Kostenentscheidung scheidet aus). Zu den Kosten zählen insbesondere die **Gerichtsvollzieherkosten** (GvKostG KV 230; Zeitzuschlag GvKostG KV 500). Der Beschluss wird mit Bekanntgabe an den Verpflichteten wirksam (§ 40 Abs. 1). Der ausdrückliche Beschluss des Gerichts, der die Gewaltanwendung gestattet, stellt selbst keinen Vollstreckungstitel dar und bedarf daher **keiner Vollstreckungsklausel;**[12] vgl. § 86 Abs. 3.

Gestattet werden kann Gewaltanwendung **gegenüber dem Herausgabepflichtigen** (zB einem Elternteil; einem Dritten);[13] das ist der Regelfall.

Gestattet werden kann auch **Gewaltanwendung gegenüber dem Kind (Abs. 2 S. 2)**. Sie setzt eine erneute, wenn auch sehr eingeschränkte, am Kindeswohl ausgerichtete sachliche Prüfung vo-

---

[5] BT-Drucks. 16/6308, S. 218 empfiehlt dies allerdings.
[6] BT-Drucks. 16/6308, S. 218.
[7] BGH NJW 1977, 150; OLG Brandenburg FamRZ 2001, 1315; BayObLG FamRZ 1985, 521; Übersicht über mögliche Mittel: *Schüler* DGVZ 1980, 100; OLG Oldenburg DGVZ 1983, 75.
[8] BT-Drucks. 16/6308, S. 218.
[9] Vgl. den Fall BGH NJW 2005, 672.
[10] OLG Celle FamRZ 1994, 1129.
[11] AA *Salgo* FPR 2008, 401.
[12] *Müller* 1956, 205/206; aM teils *Schüler* DGVZ 1980, 103.
[13] OLG Zweibrücken FamRZ 2004, 1592.

raus.¹⁴ Eine Veränderung der Umstände seit Erlass des Herausgabebeschlusses kann entgegenstehen.¹⁵ Hier ist auch zu prüfen, ob der angeordnete Zwang dem Wohl und der Persönlichkeit des (Widerstand leistenden) herauszugebenden Kindes zuwiderläuft, Art. 2 Abs. 1 GG.¹⁶ Das Kind (auch das ausländische) ist Träger dieses Grundrechts, je nach **Alter**¹⁷ hat es die Befugnis, seine Grundrechte selbstständig ausüben zu dürfen (Grundrechtsmündigkeit). Hat der Kindeswille bei einem Kleinkind noch eher geringes Gewicht, weil das Kind noch nicht in der Lage ist, sich einen eigenen Willen zu bilden, so kommt ihm mit zunehmendem Alter und Einsichtsfähigkeit des Kindes vermehrt Bedeutung zu.¹⁸ Nur dadurch, dass der wachsenden Fähigkeit eines Kindes zu eigener Willensbildung und selbstständigem Handeln Rechnung getragen wird, kann das auch mit dem Elternrecht aus Art. 6 Abs. 2 GG verfolgte Ziel, dass ein Kind sich durch Erziehung zu einer eigenverantwortlichen und gemeinschaftsfähigen Persönlichkeit entwickeln kann, erreicht werden.¹⁹ Deshalb ist die zwangsweise Wegnahme eines 14jährigen Kindes gegen dessen erklärten Willen bedenklich.²⁰ Die **Grundrechte der Eltern** (Art. 6 Abs. 1 bis 3 GG)²¹ können entgegenstehen, so dass eine Abwägung vorzunehmen ist. Außerdem ist der Grundsatz der Verhältnismäßigkeit zu wahren, weshalb zu prüfen ist, ob nicht eine Durchsetzung der Herausgabeverpflichtung mit milderen Mitteln möglich ist.

15 **Verhältnismäßigkeit fehlt,** wenn bei einem (ungefährdeten) 15½jährigen Mädchen bei Rückführung in die Türkei Selbstmordgefahr besteht, die zuerst durch medizinische/psychologische Mittel verringert werden müsste.²² Überlegt werden muss, ob nicht die gewaltsame Wegnahme beim Kind schwerwiegende seelische Schäden zur Folge haben kann.²³ Ausgeschlossen ist die Verhängung von Jugendarrest.²⁴

16 Früher wurde zum Teil die Ansicht vertreten,²⁵ die Berechtigung eines Elternteils zur Gewaltanwendung gegenüber dem Kind (Beispiel: Kind ist bei der Mutter, Vater verlangt es heraus) folge aus der elterlichen Sorge; die gerichtliche Anordnung sei nur eine Maßnahme der Unterstützung des Sorgeberechtigten gemäß § 1631 Abs. 3 BGB.

17 **2. Vollzug der Gewaltanwendung bei einem Kind. a) Allgemeines.** Bei der Vollstreckung der Herausgabe von Personen ist ein behutsames Vorgehen erforderlich, wenn nicht Gefahr im Verzuge ist.²⁶

18 **b) Vollstreckungsorgan.** Das ist der Gerichtsvollzieher. Der Gerichtsvollzieher erklärt dem Berechtigten in der Vorbesprechung, dass die Vollstreckung nur durchgeführt wird, wenn der Berechtigte (zB der Elternteil) das **Kind an Ort und Stelle übernimmt** (§ 213a GVGA). Es ist also nicht zulässig, dass der Gerichtsvollzieher allein das sich sträubende das Kind „einfängt" und es dann zum Berechtigten fährt; der Berechtigte muss dabei sein. Das Jugendamt kann (trotz § 88 Abs. 2) nicht mit der Vollstreckung beauftragt werden,²⁷ weil es kein Organ der Zwangsvollstreckung ist. Es kann aber vom Gericht oder vom Gerichtsvollzieher um Unterstützung beim Vollzug ersucht werden (§ 88 Abs. 2). Der Gerichtsvollzieher kann ferner ermächtigt werden, hierzu eine Wohnung zu betreten und zu durchsuchen (§ 91). Der Gerichtsvollzieher kann die Polizei hinzuziehen (§ 87 Abs. 3).²⁸ Eine vorherige Bekanntmachung des die Gewaltanwendung anordnenden Beschlusses an den Herausgabepflichtigen bzw. an das Kind ist nicht erforderlich.²⁹ Der Gerichtsvollzieher muss im

---

¹⁴ OLG Düsseldorf FamRZ 1981, 601 m. weit. Nachw. (auch zum Umfang der Nachprüfung); BayObLG FamRZ 1995, 500/501; OLG Hamburg FamRZ 1994, 1128 und 1996, 1093.
¹⁵ BayObLG FamRZ 1985, 521.
¹⁶ BayObLGZ 1974, 317; FamRZ 1984, 1259; 1985, 737 m. weit. Nachw.; vgl. BGH FamRZ 1975, 273/276.
¹⁷ BVerfG FamRZ 2008, 1737; 11 Jahre: AG Springe NJW 1978, 834; 10 Jahre: KG FamRZ 1966, 155/157; anders bei 8 Jahren: OLG Hamm DAV 1975, 156/168; zwei Kinder mit 9 und 7 Jahren: OLG Celle FamRZ 1994, 1128.
¹⁸ BVerfG FamRZ 2008, 1737; FamRZ 2007, 1878.
¹⁹ BVerfG FamRZ 2008, 1737; FamRZ 2008, 845.
²⁰ BGH FamRZ 1975, 276; 14jähriges Kind: BayObLG FamRZ 1984, 1259; 17 Jahre: KG JFG 19, 50; 16 und 17 Jahre: BayObLGZ 1974, 317.
²¹ Dazu BVerfG NJW 2008, 1287 (erzwungener Umgang mit dem Vater, der nicht will).
²² BayObLG FamRZ 1985, 737; dazu *Knöpfel* FamRZ 1985, 1214; *Schütz* FamRZ 1986, 528; 1987, 438; *Wieser* FamRZ 1990, 693.
²³ Vgl. OLG Zweibrücken FamRZ 2001, 1536.
²⁴ BayObLGZ 1950/51, 553.
²⁵ OLG Celle FamRZ 1994, 1128.
²⁶ BT-Drucks. 16/6308, S. 218.
²⁷ *Kraeft* FuR 2000, 417/9.
²⁸ OLG Düsseldorf FamRZ 1994, 1541 = NJW-RR 1994, 1288; OLG Hamburg FamRZ 1994, 1128; OLG Bamberg FamRZ 1994, 182. *Wichmann* ZBlJR 1958, 7/10.
²⁹ *Kropp* DRiZ 1979, 118; LG Aachen NRWJMBl. 1955, 57.

Besitz des Gewalt-Beschlusses sein; er ist der Person vorzulegen und in Abschrift zu übergeben. **Aufschub der Vollstreckung.** Ist die Situation bei der Vollstreckung so, dass sie kritisch ist (etwa wenn die herausgabepflichtige Mutter glaubhaft mit Selbstmord droht), dann liegt es beim Gerichtsvollzieher, ob er die Vollstreckung abbricht und verschiebt, oder sich zurückzieht und telefonisch Hilfe (Polizei, Arzt) herbeischafft. Hat der Gerichtsvollzieher das Kind von der **Schule** abgeholt, so ist die Bekanntmachung dem Betroffenen gegenüber nachzuholen und ihm alsbald (zB telefonisch) den Vollzug mitzuteilen. Einzelheiten des Verfahrens des Gerichtsvollziehers regeln §§ 213, 213a GVGA (unten Rn. 27).

c) Vollstreckungsauftrag. Den Vollstreckungsauftrag an den Gerichtsvollzieher erteilt das Gericht (nicht ein Elternteil oder ein sonstiger Beteiligter).[30]

d) Herausgabe der persönlichen Sachen des Kindes. Die Vollstreckung der Herausgabe der persönlichen Sachen des Kindes[31] (Kleidung, Schulbücher, Ausweise, Spielsachen, Kleintiere) erfolgt auf Grund eines entsprechenden Titels (zB einstweilige Anordnung), der gleichzeitig mit dem Gewalt-Beschluss erlassen werden kann; in diesem Fall handelt es sich um ein unselbständiges Nebenverfahren. Eine endgültige Klärung der Eigentumslage erfolgt notfalls im Zivilprozess.[32] Auch wenn eine solche Anordnung nicht ergangen ist, darf der Gerichtsvollzieher wegnehmen, was das Kind unmittelbar braucht, wie seine Kleidung und die Schulsachen.[33]

3. Durchsetzung des Umgangsrechts bei einem Kind.[34] Zur Herausgabe eines Kindes, um das Umgangsrecht auszunutzen, stellt **Abs. 2 S. 1** klar, dass der Grundsatz der Verhältnismäßigkeit die Gewaltanwendung **gegen ein sich weigerndes Kind**, nur damit das Umgangsrecht ausgeübt werden kann, ausschließt.[35] Denn in einem solchen Fall ist kaum sinnvoller Kontakt mit dem Kind möglich. Weigert sich das Kind, kann deshalb nur verlangt werden, dass der Herausgabepflichtige auf das Kind einwirkt; das kann mit Ordnungsgeld bzw. Ordnungshaft durchgesetzt werden.

Dagegen ist auch in diesen Fällen **Gewaltanwendung gegen den Herausgabepflichtigen**, zB den anderen Elternteil, zulässig. Doch sollte vor Gestattung der Gewaltanwendung geprüft werden, ob nicht die Bestellung eines Umgangspflegers in Betracht kommt und helfen kann. Das Familiengericht kann einen sog. **Umgangspfleger**[36] (§ 1684 Abs. 3 BGB nF) bestellen, der aber selbst nicht zur Gewaltanwendung befugt ist und auch nicht selbst dazu ermächtigt werden kann. Die Aufgabe des Umgangspflegers ist es, bei der Realisierung des Umgangsrechts behilflich zu sein. Man unterscheidet mehrere Formen der Umgangsbegleitung: unterstützter Umgang (hier hält sich der Umgangsbegleiter im Hintergrund auf), begleiteter Umgang (der Kontakt wird beobachtet und überwacht), beaufsichtigter/überwachter Umgang (bei sehr stark konfliktgefährdeten Eltern-Kind-Beziehungen, etwa bei vermutetem sexuellen Missbrauch); begleitete Übergabe.

4. Herausgabe von Betreuten. Einem Betreuer (§§ 1896 ff. BGB), welchem das Betreuungsgericht das Personensorgerecht über einen Betreuten zugewiesen hat, steht das Recht zu, die Herausgabe des Betreuten von Personen zu verlangen, die den Betreuten dem Betreuer widerrechtlich vorenthalten. Das kommt zB vor, wenn sich Verwandte des Betreuten bemächtigten, um von seiner Rente zu profitieren. § 1908i Abs. 1 BGB verweist auf § 1632 Abs. 1 bis 3 BGB. Über Streitigkeiten, die die Herausgabe betreffen, entscheidet deshalb das Betreuungsgericht (§ 1632 Abs. 3) durch Beschluss (§§ 38 ff.). In einem solchen Herausgabeverfahren ist der Betreute anzuhören, gegebenenfalls ist ihm ein Verfahrenspfleger zu bestellen; anzuhören ist auch, wer den Betreuten vorenthält. Das Betreuungsgericht kann die **Herausgabe** anordnen. Es kann hierzu die Wohnungsdurchsuchung gestatten (§ 91).

Auch kann durch einen besonderen Beschluss **Gewaltanwendung** sowohl gegen den Herausgabepflichtigen wie gegen den Betreuten gestattet werden (Abs. 1). Der **Gerichtsvollzieher** kann die Polizei hinzuziehen (§ 87 Abs. 3). Die **Betreuungsbehörde** ist insoweit nicht Vollstreckungsorgan. Die Unterstützungspflicht der Behörde beschränkt sich auf die Hilfe bei der Zuführung zur (zivilrechtlichen) Unterbringung (§ 326), wobei ebenfalls Gewaltanwendung gestattet werden kann und die Polizei auf Anfordern zu helfen hat. Vor Erlass des ausdrücklichen Beschlusses ist nochmals das Wohl des Betreuten zu prüfen. Auch ist (anders als bei einem kleinen Kind) in Hinblick auf § 1901 Abs. 3 BGB der Wunsch des Betreuten, wo er leben möchte und wo er sich wohl fühlt,

---

[30] OLG Hamburg FamRZ 1994, 1128.
[31] Dazu: *Peschel-Gutzeit* MDR 1984, 890; *Schüler* DGVZ 1980, 97.
[32] BT-Drucks. 7/2060 S. 22.
[33] *Schüler* DGVZ 1980, 102.
[34] Kritisch dazu *Salgo* FPR 2008, 401.
[35] BT-Drucks. 13/4899 S. 128.
[36] Dazu *Fthenakis*, Begleiteter Umgang von Kindern, 2008.

§ 90 25–27   Buch 1. Abschnitt 8. Vollstreckung

wichtig. Abs. 2 ist allerdings nur für Kinder einschlägig, nicht für Betreute. Leistet der Betreute beim **Vollzug** Widerstand oder ist er nicht einverstanden, ist seine Würde zu beachten.

IV. Rechtsmittel

25   Der Beschluss, der Gewaltanwendung gestattet, ist nach § 87 Abs. 4 anfechtbar (sofortige Beschwerde; Frist: zwei Wochen, § 569 ZPO). Die Einlegung der Beschwerde hat keine aufschiebende Wirkung, beseitigt also die Vollstreckbarkeit nicht. Die Verweisung in § 87 Abs. 4 erfasst zwar auch § 570 Abs. 1 ZPO, wonach die Beschwerde gegen ein Zwangsmittel aufschiebende Wirkung hat. Vollstreckungsrechtliche Zwangsmittel waren früher sofort vollziehbar, durch die Neufassung des § 570 ZPO hat der Gesetzgeber keine Änderung beabsichtigt.[37] Der Zweck der Gewaltanordnung wäre auch verfehlt, wenn der Verpflichtete durch den Ruf „Ich lege Beschwerde ein" den Gerichtsvollzieher zum Zurückweichen zwingen und dann das Kind in Sicherheit bringen könnte. Deshalb hat die Einlegung der Beschwerde keine aufschiebende Wirkung.[38] Jedoch kann das Beschwerdegericht (OLG bzw. LG; § 119 Abs. 1 GVG) durch eine einstweilige Anordnung die Vollziehung aussetzen (§ 570 Abs. 3 ZPO). Mit Abschluss der zu erzwingenden Maßnahme erledigt sich die Hauptsache hinsichtlich der Gestattung der Gewaltanwendung.[39] Jedoch kommt dann eine Feststellung der Rechtswidrigkeit in Betracht (§ 62).

V. Kosten

26   Der Beschluss, der das Ordnungsmittel anordnet, löst eine Gerichtsgebühr nach FamGKG KV 1602 aus. Die Anordnung unmittelbaren Zwangs verursachte keine weitere Gerichtsgebühr. Die Durchführung führt zu Kosten des Gerichtsvollziehers (Nr. 230, 250, 500 GvKostG).

VI. Geschäftsanweisung für Gerichtsvollzieher

27   Es handelt sich hierbei um eine **Dienstanweisung,** die das Gericht nicht bindet, wohl aber den Gerichtsvollzieher. Durch Anweisungen des Gerichts kann sie deshalb überwunden werden (vgl. § 766 Abs. 2 ZPO). Sie bestimmt die „Vollstreckung gerichtlicher Anordnungen in Angelegenheiten der freiwilligen Gerichtsbarkeit". In der Fassung 2003 (die das FamFG noch nicht berücksichtigt) ist Folgendes angeordnet:

§ 213 GVGA [Vollstreckung gerichtlicher Anordnungen in Angelegenheiten der freiwilligen Gerichtsbarkeit]

1. *Das Gericht kann dem Gerichtsvollzieher den Auftrag erteilen, die Herausgabe einer Sache, die Vorlegung einer Sache oder die Durchführung einer gerichtlichen Anordnung mit Gewalt zu erzwingen. Der Gerichtsvollzieher muss in diesem Fall durch eine besondere Verfügung des Gerichts zur Anwendung von Gewalt ermächtigt oder angewiesen werden. Die gerichtliche Verfügung ist der Person vorzuzeigen, die von der Amtshandlung betroffen ist; auf Verlangen ist ihr eine Abschrift der Verfügung zu erteilen. Über die Ausführung der Anordnung hat der Gerichtsvollzieher schriftlich zu berichten.*
2. *Der Gerichtsvollzieher ist befugt, erforderlichenfalls die Unterstützung der polizeilichen Vollzugsorgane in Anspruch zu nehmen (§ 33 Abs. 2 Satz 2 FGG).*
3. *Die in § 759 ZPO vorgesehene Zuziehung von Zeugen begründet bei der Vollstreckung gerichtlicher Anordnungen in Angelegenheiten der freiwilligen Gerichtsbarkeit keine Verpflichtung des Gerichtsvollziehers, ist zu seiner eigenen Absicherung jedoch geboten, wenn er nicht die Hilfe der polizeilichen Vollzugsorgane in Anspruch nimmt.*

§ 213a GVGA Kindesherausgabe

1. *Das die Kindesherausgabe anordnende Gericht (nicht der Herausgabeberechtigte) ersucht den Gerichtsvollzieher gemäß § 33 FGG um die Vollstreckung. Über die Erledigung des Ersuchens hat der Gerichtsvollzieher dem Gericht schriftlich zu berichten. Der Gerichtsvollzieher ist befugt, die Vollstreckung in sinngemäßer Anwendung und im Rahmen des § 113 aufzuschieben.*

---

[37] BT-Drucks. 14/4722, S. 112.
[38] OLG Köln NJW-RR 2004, 716; *Lipp* § 570 ZPO Rn. 2.
[39] BayObLG FamRZ 1980, 81.

2. *Gewalt darf der Gerichtsvollzieher nur anwenden, wenn er hierzu von dem Gericht durch eine besondere Verfügung ermächtigt worden ist (§ 33 Abs. 2 FGG). Die gerichtliche Verfügung berechtigt den Gerichtsvollzieher, den Widerstand des Herausgabepflichtigen zu überwinden sowie dessen Wohnung zu durchsuchen. § 213 Nr. 1 Satz 3 gilt entsprechend.*
3. *§ 213 Nr. 2 und 3 gilt entsprechend.*
4. *Bevor der Termin zur Wegnahme bestimmt wird, weist der Gerichtsvollzieher den Herausgabeberechtigten darauf hin, dass die Vollstreckung nur durchgeführt werden kann, wenn der Berechtigte das Kind an Ort und Stelle übernimmt.*
5. *Der Gerichtsvollzieher vergewissert sich vor Beginn der Vollstreckung durch Besprechung mit dem Herausgabeberechtigten und gegebenenfalls mit dem Jugendamt und dem Familien- oder Vormundschaftsgericht, ob zur Vermeidung und notfalls Überwindung eines Kindeswiderstandes von vornherein ein Vertreter des Jugendamts zur Unterstützung des Herausgabeberechtigten zuzuziehen ist.*
6. *Der Gerichtsvollzieher darf Sachen, die für den persönlichen Gebrauch des Kindes bestimmt sind und im Zeitpunkt der Herausgabe nicht dringend vom Kind benötigt werden, gegen den Willen des Herausgabepflichtigen nur dann wegnehmen, wenn er durch einen entsprechenden Vollstreckungstitel dazu legitimiert ist (z. B. einstweilige Anordnung nach § 50d FGG oder § 620 S. 1 Nr. 8 ZPO). Sachen, die das Kind sofort benötigt, wie z. B. angemessene Kleidung für eine Reise sowie Schulsachen, können gleichzeitig weggenommen werden.*
7. *Die vorstehenden Bestimmungen gelten entsprechend für die Vollstreckung von Anordnungen*
   a) *über den Umgang mit dem Kind;*
   b) *über die Herausgabe von erwachsenen Mündeln.*

§ 91 Richterlicher Durchsuchungsbeschluss

(1) ¹**Die Wohnung des Verpflichteten darf ohne dessen Einwilligung nur auf Grund eines richterlichen Beschlusses durchsucht werden.** ²**Dies gilt nicht, wenn der Erlass des Beschlusses den Erfolg der Durchsuchung gefährden würde.**

(2) **Auf die Vollstreckung eines Haftbefehls nach § 94 in Verbindung mit § 901 der Zivilprozessordnung ist Absatz 1 nicht anzuwenden.**

(3) ¹**Willigt der Verpflichtete in die Durchsuchung ein oder ist ein Beschluss gegen ihn nach Absatz 1 Satz 1 ergangen oder nach Absatz 1 Satz 2 entbehrlich, haben Personen, die Mitgewahrsam an der Wohnung des Verpflichteten haben, die Durchsuchung zu dulden.** ²**Unbillige Härten gegenüber Mitgewahrsamsinhabern sind zu vermeiden.**

(4) **Der Beschluss nach Absatz 1 ist bei der Vollstreckung vorzulegen.**

I. Normzweck; Anwendungsbereich

Nach Art. 13 Abs. 2 GG muss die Durchsuchung einer Wohnung von einem Richter angeordnet werden, falls nicht Gefahr in Verzug besteht. Die Rechtsprechung des BVerfG zu § 758 ZPO[1] führte zur Einfügung von § 758a ZPO. Die entsprechende Regelung für das FamFG findet sich in § 91.[2] Entsprechende Dienstanweisungen, die aber das Gericht nicht binden, finden sich in §§ 107, 118 GVGA. **Übergangsrecht:** Art. 111 FGG-RG. Dazu vgl. § 86 Rn. 1. § 91 gilt nur für die Vollstreckung von Entscheidungen über die Herausgabe von Personen und die Regelung des Umgangs, wie die Überschrift zu Unterabschnitt 2 zeigt. Für Wohnungsdurchsuchung in den sonstigen Fällen (vgl. §§ 95, 120 Abs. 1) gilt § 758 ZPO unmittelbar.

II. Durchsuchung der Wohnung

1. „Wohnung". Der Begriff „Wohnung" ist weit auszulegen, umfasst auch Arbeits-, Betriebs- und Geschäftsräume,[3] Wohnwagen, Wohnboote, Wohncontainer. Garage, Hof, Gewächshaus, Garten usw. sind nach natürlichem Verständnis keine „Wohnung".[4] Bei **Wohnungswechsel** ist eine neue Anordnung notwendig,[5] weil der richterliche Beschluss die zu durchsuchende Wohnung nach ihrer Lage (Ort, Straße, Hausnummer) bezeichnet.

---

[1] BVerfG NJW 1979, 1539.
[2] Zur Frage des fehlenden Zitiergebots vgl. *Hammer* FPR 2008, 413/417.
[3] BVerfG NJW 1971, 2299.
[4] AA oben § 758a ZPO Rn. 6.
[5] LG Köln DGVZ 1985, 91; oben § 758a ZPO Rn. 68.

3   **2. Einwilligung.** Wenn der Schuldner einwilligt ist ein richterlicher Beschluss entbehrlich (Abs. 1 S. 1). Falls kein gegenteiliger Wille des (abwesenden) Schuldners anzunehmen ist, genügt die Einwilligung von mitwohnenden erwachsenen Familienangehörigen oder von (auch stillschweigend) bevollmächtigten Personen.[6] Auf sein Weigerungsrecht muss der Schuldner vom Gerichtsvollzieher nicht hingewiesen werden.[7] Der Schuldner kann seine Einwilligung jederzeit, auch noch während der Durchsuchung, widerrufen.

4   **3. Zuständigkeit.** Zuständig ist das AG (Richter), in dessen Bezirk die Vollstreckung vorgenommen werden soll (Absatz 1 S. 1); also nicht der Rechtspfleger.

5   **4. Antrag** (bezogen auf eine bestimmte Wohnung und Vollstreckungshandlung). Kann das Verfahren von Amts wegen eingeleitet werden, ist ein Antrag des Gläubigers nicht Voraussetzung (§ 87 Abs. 1), andernfalls schon. Antragsberechtigt ist der aus dem Titel Berechtigte. Nach hM[8] ist der Gerichtsvollzieher nicht berechtigt, in Vertretung des Gläubigers den Antrag zu stellen. Da aber das Gericht den Vollstreckungsauftrag bezüglich der Kindesherausgabe erteilt, kann es auch von Amts wegen den Durchsuchungsbeschluss erlassen.

6   **5. Rechtsschutzbedürfnis.** Da bei Einwilligung des Schuldners ein richterlicher Beschluss entbehrlich ist wird im Zivilprozessrecht die Auffassung[9] vertreten, der Antrag sei erst dann zulässig, wenn der Schuldner (oder dessen Angestellte, Ehegatte[10]) dem Gerichtsvollzieher bereits die Durchsuchung der Wohnung verweigert habe oder voraussichtlich verweigern wird.[11] Wird der Schuldner vom Gerichtsvollzieher wiederholt nicht angetroffen genügt das (§ 107 Nr. 6 GVGA). Diskutiert wird, ob ein solcher Versuch zuvor am Sonntag, oder in frühen Morgen- und Abendstunden, wiederholt werden muss;[12] das ist abzulehnen. Streitig ist auch, ob „vorsorgliche" Beschlüsse zulässig sind.[13] Das mag bei der Zwangsvollstreckung nach § 758a ZPO bedenklich sein, wo es manchmal um verhältnismäßig belanglose Dinge geht, wie kleine Geldbeträge oder die Suche nach dem Gaszähler;[14] wenn es um die Durchsuchung geht, um ein Kind aufzufinden (wie in § 91), sind solche **vorsorgliche Beschlüsse** unbedenklich, andernfalls wäre eine effektive Vollstreckung kaum möglich.

7   **6. Rechtliches Gehör.** Es ist dem Schuldner nach Art. 103 GG an sich vor der richterlichen Entscheidung zu gewähren; idR würde es aber die Gläubigerinteressen gefährden und kann daher unterbleiben;[15] vgl. § 92 Abs. 1.

8   **7. Prüfungsumfang.** Geprüft wird vom Richter nur, ob die Voraussetzungen der Vollstreckung vorliegen und ob Verhältnismäßigkeit der Vollstreckungsmaßnahme gegeben ist;[16] sie kann zB fehlen bei Krankheit des Schuldners.[17]

9   **8. Entscheidung durch Beschluss** (§ 38). Zuständig ist der Richter, nicht der Rechtspfleger. Er bezeichnet den Gläubiger, den Schuldner, die zu durchsuchenden Räume nach ihrer Örtlichkeit und den Vollstreckungstitel;[18] Begründung und Rechtsmittelbelehrung sind notwendig (§§ 38, 39). Die Durchsuchungsanordnung kann zeitlich begrenzt werden. Kostenentscheidung: §§ 92 Abs. 2, 87 Abs. 5. Die Bekanntgabe des Beschlusses erfolgt gem. § 41 Abs. 1, wofür § 41 Abs. 1 S. 2 Zustellung vorschreibt. Schon vor *Zustellung* des Beschlusses kann durchsucht werden (Abs. 4). Eine Vollstreckungsklausel ist nicht notwendig, weil der Durchsuchungsbeschluss selbst kein Titel ist; § 86 Abs. 3 ist deshalb nicht einschlägig.

10   **9. Rechtsbehelfe.** Gegen Ablehnung und Anordnung sofortige Beschwerde, § 87 Abs. 4 (Frist: zwei Wochen). Ist die Durchsuchung abgeschlossen und eine nochmalige Durchsuchung nicht zulässig, konnte über die Beschwerde wegen Erledigung der Hauptsache nicht entscheiden werden; wegen des Grundrechtseingriffs ist aber eine Feststellung der Rechtswidrigkeit noch möglich (§ 62 Abs. 1, 2 Nr. 1).

---

[6] BT-Drucks. 13/341, S. 16.
[7] Str.; vgl. *Bischof* ZIP 1983, 522.
[8] Oben § 758a ZPO Rn. 49; aA AG Wiesbaden DGVZ 1995, 29.
[9] Oben § 758a ZPO Rn. 50.
[10] LG Berlin DGVZ 1990, 137; str.
[11] Vgl. KG NJW 1982, 2326.
[12] Vgl. LG Mönchengladbach MDR 2008, 292; LG Hanau DGVZ 2006, 76; OLG Celle Rpfleger 1987, 73; OLG Bremen NJW-RR 1989, 1407.
[13] Vgl. *Bischof* ZZP 1983, 522.
[14] BGH NJW 2006, 3352.
[15] Vgl. BVerfG 57, 346; LG Verden JB 1996, 272.
[16] BayObLG MDR 1983, 1032.
[17] LG Hannover NJW-RR 1986, 288.
[18] OLG Köln JurBüro 1996, 213.

10. Vollzug. Die gewaltsame Öffnung der Wohnungstüre wird in der Regel vorher angekündigt (§ 107 Nr. 7 GVGA). Hierzu ist vom Gerichtsvollzieher ein Schlosser zuzuziehen, damit die Schäden gering bleiben. Die Schlosserkosten sind solche der Vollstreckung, aber zunächst vom Gläubiger vorzuschießen; Auftraggeber ist der Justizfiskus, vertreten durch den Gerichtsvollzieher.

11. Anwesenheit des Gläubigers. Er darf bei der Vollstreckung anwesend sein.[19] Bei gewaltsamer Wegnahme eines Kindes ist dies sogar notwendig, weil das Kind einem Sorgeberechtigten an Ort und Stelle übergeben werden muss.

III. Entbehrlichkeit des richterlichen Beschlusses

Ein richterlicher Durchsuchungsbeschluss ist nicht notwendig:

- wenn **Gefahr im Verzug** besteht (Abs. 1 S. 2); dh. wenn die Verzögerung den Erfolg gefährden würde (vgl. § 107 Nr. 4 GVGA); so etwa bei drohender Ausreise ins Ausland;[20] oder wenn der Verpflichtete das Kind wegschaffen könnte, bis der Gerichtsvollzieher mit dem Durchsuchungsbeschluss erscheint. Oder:
- wenn der Berechtigte in die Durchsuchung **einwilligt**; in Vertretung des abwesenden Berechtigten können erwachsene Personen, die in der Wohnung sind, die Einwilligung erteilen (vgl. oben Rn. 3).
- wenn nicht die Wohnung, sondern **andere Räume** des Schuldners vom Gerichtsvollzieher durchsucht werden sollen. Oder
- wenn **keine Durchsuchung** vorliegt, sondern zB nur ein Durchschreiten von Räumen.[21] Denn Durchsuchung liegt nur vor, wenn staatliche Organe ziel- und zweckgerichtet nach Personen suchen, um sie gegen den Willen des Wohnungsinhabers aufzuspüren.[22]
- Wenn ein **Haftbefehl** vollstreckt werden soll, Abs. 2.

IV. Vollstreckung eines Haftbefehls

Ein richterlicher Beschluss ist nicht notwendig, wenn **nach § 94** ein Haftbefehl vollstreckt werden soll (Abs. 2). Wird eine herauszugebende Person nicht vorgefunden, kann das Gericht anordnen, dass der Verpflichtete eine eidesstattliche Versicherung über ihren Verbleib abgibt („Weiß nicht, wo das Kind ist"). Weigert sich der Verpflichtete, die eidesstattliche Versicherung abzugeben oder erscheint er zum Termin nicht, kann der Richter einen Haftbefehl erlassen (§ 901 ZPO). Muss zur Vollstreckung dieses Haftbefehls der Gerichtsvollzieher die Wohnung des Schuldners zwangsweise betreten und durchsuchen, braucht er keinen zusätzlichen richterlichen Durchsuchungsbeschluss. Für die Vollstreckung eines solchen Haftbefehls in der Wohnung des Schuldners zur **Nachtzeit und an Sonn- und Feiertagen** ist aber eine besondere Anordnung des Amtsrichters erforderlich.[23]

§ 758a Abs. 2 ZPO sagt allgemein, dass für die Vollstreckung eines Haftbefehls eine (zusätzliche) richterliche Durchsuchungsanordnung nicht erforderlich ist und begrenzt das nicht auf bestimmte Haftbefehle.[24] Dagegen nennt Abs. 2 nur den Haftbefehl nach § 94, nicht den Haftbefehl **nach § 89 Abs. 1, Abs. 3 S. 2**, wenn also Ordnungshaft vollstreckt werden soll. Das dürfte wohl ein Redaktionsversehen sein, denn ein Haftbefehl beinhaltet sinngemäß immer für die Durchsuchung der Wohnung der zu verhaftenden Personen. Gleichwohl sollte in diesem Fall der Richter den Haftbefehl vorsorglich um die Durchsuchungsanordnung ergänzen.

V. Duldungspflicht der Mitbewohner

Wohnen in der Wohnung mehrere Personen, muss nicht gegen alle ein richterlicher Beschluss ergehen, sondern nur gegen den Vollstreckungsschuldner.[25] Besteht gegen den Berechtigten ein Durchsuchungsrecht (sei es wegen Einwilligung oder wegen des Durchsuchungsbeschlusses), haben Personen, die Mitgewahrsam an der Wohnung des Verpflichteten haben, die Durchsuchung zu dulden (Abs. 3 S. 1). Es genügt **Mitgewahrsam**; es kommt nicht darauf an, ob der Verpflichtete Mitmieter im mietrechtlichen Sinn ist. Jedes Mitglied einer Wohngemeinschaft ist naturgemäß Beschränkungen unterworfen, was auch dann gilt, wenn gegen ein solches Mitglied vollstreckt wird. In

---

[19] KG DGVZ 1983, 72; LG Stuttgart NJW-RR 1992, 511; aA LG Bochum DGVZ 1991, 172.
[20] LG Kaiserslautern DGVZ 1986, 62.
[21] Oben § 758a Rn. 27.
[22] BVerfG NJW 1987, 2499.
[23] BGH NJW-RR 2005, 146.
[24] Oben § 758a ZPO Rn. 43.
[25] OLG Stuttgart Rpfleger 1981, 152.

§ 92   1

Wohngemeinschaften ist es meist so, dass Flur, Küche, Bad/WC gemeinsam genutzt werden und der einzelne Mitbewohner daneben einen nur allein genutzten Raum hat. Im Bereich des Zivilprozesses ist umstritten,[26] ob der gegen den Verpflichteten erlassene Durchsuchungsbeschluss auch die Durchsuchung der Individualräume anderer widersprechender Mitbewohner erlaubt. Das ist zu bejahen. Im Zwangsvollstreckungsrecht der ZPO geht es um die Suche nach Sachen, wie Schmuckstücken, die leicht zu verstecken sind, so dass eine gründliche Durchsuchung der Räume notwendig ist. Bei § 91 geht es um die Herausgabe eines Kindes; das sieht der Gerichtsvollzieher, wenn er in den Raum schaut, in den Schrank, unters Bett etc. Dadurch werden Belange, die schutzwürdiger sind als das Wohl des Kindes, nicht berührt. Außerdem könnte die Vollstreckung vereitelt werden, wenn das Kind zwischen den einzelnen Individualräumen hin- und hergeschoben wird.

22 **Unbillige Härten** sind vom GV zu vermeiden **(Abs. 3 S. 2):** zB kann schwere Erkrankung eines Mitbewohners zu einer Verschiebung führen, aber nicht zu einer gänzlichen Einstellung der Vollstreckung.

23 Vom Schuldner nicht **bewohnte Wohnräume eines Dritten** darf der Gerichtsvollzieher betreten, wenn Anhaltspunkte dafür (zB Geräusche) vorliegen, dass sich der Schuldner mit dem Kind dort aufhält (§ 87 Abs. 3 S. 2); willigt der Dritte nicht ein, ist ein Durchsuchungsbeschluss nach § 91 Abs. 1 S. 2 (Art. 13 Abs. 2 GG) entbehrlich. Bringt der Vater als Verpflichteter angesichts des anrückenden Gerichtsvollziehers das Kind schnell in die Nachbarwohnung, dann soll der Gerichtsvollzieher die Nachbarin darauf aufmerksam machen, dass sie möglicherweise Beihilfe zu einer Vollstreckungsvereitelung (§ 288 StGB) begeht, wenn sie in Kenntnis der Umstände das Kind verbirgt.[27]

24 Es gibt folgende **Rechtsbehelfe:** der Dritte hat die Erinnerung (§§ 766, 732 Abs. 2 ZPO) gegen das Vorgehen des Gerichtsvollziehers, die sofortige Beschwerde gegen den Beschluss des Richters (§ 87 Abs. 4). Der Gläubiger hat die Erinnerung, wenn der Gerichtsvollzieher nicht tätig wird (§ 766 ZPO).

VI. Vorlage des Beschlusses

25 Der Gerichtsvollzieher muss dem Schuldner den richterlichen Beschluss vorlegen (Abs. 5); in § 758a Abs. 5 ZPO steht noch: „vorzuzeigen" (die GVGA ist insoweit überholt). Die Übergabe einer Kopie ist erforderlich. Das Vorlegen ersetzt nicht die Zustellung.

VII. Kosten

26 Gerichtskosten fallen für den Durchsuchungsbeschluss nicht an (vgl. FamGKG KV 1602), wohl aber uU Gerichtsvollzieherkosten (zB 230, 250, 500 GvKostG).

§ 92 Vollstreckungsverfahren

(1) ¹Vor der Festsetzung von Ordnungsmitteln ist der Verpflichtete zu hören. ²Dies gilt auch für die Anordnung von unmittelbarem Zwang, es sei denn, dass hierdurch die Vollstreckung vereitelt oder wesentlich erschwert würde.

(2) Dem Verpflichteten sind mit der Festsetzung von Ordnungsmitteln oder der Anordnung von unmittelbarem Zwang die Kosten des Verfahrens aufzuerlegen.

(3) ¹Die vorherige Durchführung eines Verfahrens nach § 165 ist nicht Voraussetzung für die Festsetzung von Ordnungsmitteln oder die Anordnung von unmittelbarem Zwang. ²Die Durchführung eines solchen Verfahrens steht der Festsetzung von Ordnungsmitteln oder der Anordnung von unmittelbarem Zwang nicht entgegen.

I. Normzweck

1 Die Bestimmung bezieht sich auf den Unterabschnitt 2, also die Herausgabe von Personen und die Regelung des Umgangs. Die Vorschrift regelt das Verfahren, aber nicht vollständig und abschließend. Eine mündliche Verhandlung ist nicht vorgeschrieben.

---

[26] Dazu oben § 758a ZPO Rn. 19.
[27] Vgl. oben § 758a ZPO Rn. 21.

II. Anhörungen

Für die Vollstreckung gilt der Amtsermittlungsgrundsatz (§ 26). Es ist zu unterscheiden zwischen dem Beschluss, der die Herausgabe der Person oder die Regelung des Umgangs anordnet und für den Fall der Zuwiderhandlung auf die Ordnungsmittel hinweist (§ 89 Abs. 1, 2; „Androhung") und dem späteren Beschluss, der nach dem Verstoß des Verpflichteten das Ordnungsmittel festsetzt („anordnet"). Für Letzteres ist vorgeschrieben, dass **der Verpflichtete** zuvor zu hören ist (Abs. 1 S. 1; entspricht § 891 S. 2 ZPO; Art. 103 Abs. 1 GG), was nicht notwendig mündlich erfolgen muss, sondern in der Regel schriftlich geschieht. Die Anhörung seines Verfahrensbevollmächtigten genügt. Die Entscheidung kann natürlich auch dann ergehen, wenn sich der Schuldner nicht äußert. Da Verfahren betreffend Umgang und Kindesherausgabe „Kindschaftssachen" sind (§ 151 Nr. 2, 3) und der Vollstreckungsvorgang unter dem zentralen Kriterium des Kindeswohls steht, das sich seit Erlass der Herausgabeentscheidung geändert haben kann, wird man auch im Vollstreckungsverfahren die Anhörungsregeln der §§ 159 (Kind), 160 (Eltern), 161 (Pflegepersonen), 162 (Jugendamt) heranziehen müssen, das Jugendamt schon deshalb, weil es bei der Vollstreckung um Unterstützung ersucht werden kann (§ 88 Abs. 2). Auch die Bestellung und Anhörung eines Verfahrensbeistandes (§ 158 Abs. 2 Nr. 4, 5) ist denkbar. 2

Auch bevor durch Beschluss **unmittelbarer Zwang,** also Gewaltanwendung, angeordnet wird ist der Verpflichtete zu hören (Abs. 1 S. 2), allerdings wird das im Regelfall entbehrlich sein, weil durch die Vorwarnung des Schuldners und die Verzögerung der Erfolg (Wegnahme des Kindes) gefährdet wird. 3

III. Kostenentscheidung

Der Beschluss, der das Ordnungsmittel festsetzt oder unmittelbaren Zwang anordnet, enthält zugleich eine Kostenentscheidung. Hier ist es nicht dem Ermessen des Gerichts überlassen, wem es die Kosten auferlegt (wie bei § 81), sondern zwingend angeordnet, dass sie dem Schuldner aufzuerlegen sind. Ist die Kostenentscheidung unterlassen worden, kann sie nachgeholt werden (§ 43). Die Kostenfestsetzung erfolgt nach § 85. 4

Wird ein Antrag eines Beteiligten auf Festsetzung von Ordnungsmitteln oder Anordnung unmittelbaren Zwangs dagegen durch Beschluss zurückgewiesen, gilt für die Kostenentscheidung § 87 Abs. 5. 5

Beim Erlass eines Durchsuchungsbeschlusses (§ 91) oder der Anordnung der Abgabe der eidesstattlichen Versicherung (§ 94) ist Abs. 2 nach seinem Wortlaut nicht einschlägig. 6

IV. Höhe der Kosten

Die **Gerichtsgebühren** richten sich FamGKG KV 1600 ff.: Anordnung von Zwangs- oder Ordnungsmitteln: KV 1602; Abnahme der eidesstattlichen Versicherung nach § 94: KV 1603. **Rechtsanwaltsvergütung:** die Vollstreckung ist nach § 18 Abs. 1, Abs. 2 Nr. 2 RVG eine besondere Angelegenheit; unmittelbarer Zwang und Durchsuchung gehören zur Vollstreckung (§ 19 Abs. 2 Nr. 1 RVG). Gebührenhöhe: RVG VV 3309, 3310. **Gerichtsvollziehergebühren:** GvKostG KV 205 für die Bewirkung der Pfändung bei Vollstreckung eines Ordnungsgeldbeschlusses, KV 230 für die Personenherausgabe (dazu kommt evtl ein Zeitzuschlag nach KV 500), KV 250 für die Anwendung von unmittelbarem Zwang, KV 260 für die Abnahme der eidesstattlichen Versicherung, KV 270 für die Verhaftung. 7

V. Konkurrenz mit Vermittlungsverfahren

Unter der Geltung von § 52a FGG, der dem jetzigen § 165 FamFG entspricht, war streitig, ob vor der Festsetzung von Zwangsgeld ein Vermittlungsverfahren durchgeführt werden musste.[1] In Verkennung des Wesens einer Vollstreckung wurde das vereinzelt bejaht. Ist die Vermittlung gescheitert folgen Entscheidung und Vollstreckung. Vermittlungsverfahren und Vollstreckungsverfahren sind zwei voneinander unabhängige Verfahrensarten.[2] **Abs. 3 S. 1** stellt deshalb klar, dass die vorherige Durchführung eines Verfahrens nach § 165 nicht Voraussetzung für die Festsetzung von Ordnungsmitteln oder die Anordnung von unmittelbarem Zwang ist. Im Übrigen gibt es das Vermittlungs- 8

---

[1] Bejahend OLG Zweibrücken FamRZ 2000, 299; aA OLG Bamberg FamRZ 2001, 169; OLG Rostock FamRZ 2002, 967; *Keidel/Kuntze/Winkler/Zimmermann* § 33 FGG Rn. 22 d.
[2] BT-Drucks. 16/6308, S. 219.

§ 93 1–5   Buch 1. Abschnitt 8. Vollstreckung

verfahren ohnehin nur für Umgangssachen und es wird nur auf Antrag durchgeführt (§ 165 Abs. 1 S. 1). Das Gericht muss aber nicht unbedingt sogleich Ordnungsmittel festsetzen; es kann nochmals mit einem Vermittlungsverfahren versuchen, eine sachgerechte Lösung des Umgangs- und Sorgerechtsstreits zu erreichen, bei der die Belastungen für das Kind und seine Eltern möglichst gering sind, aber letztlich ein Erfolg erzielt wird.

9 Die Durchführung eines Vermittlungsverfahrens nach § 165 steht der Festsetzung von Ordnungsmitteln oder der Anordnung von unmittelbarem Zwang nicht entgegen (**Abs. 3 S. 2**). Die Tatsache, dass ein Vermittlungsverfahren durchgeführt wird, hindert das Gericht nicht, im Interesse einer Umsetzung der Entscheidung gleichzeitig Vollstreckungsmaßnahmen zu ergreifen. S. 2 stellt es ausdrücklich „ins Ermessen des Gerichts, im Einzelfall zu entscheiden, ob es hinreichend wahrscheinlich ist, dass das Ergebnis des bereits begonnenen Vermittlungsverfahrens eine tragfähige Regelung hinsichtlich des Umgangs- oder Sorgerechts sein wird oder es zur effektiven Durchsetzung der Entscheidung geboten ist, auch Vollstreckungsmaßnahmen zu ergreifen".[3]

§ 93 Einstellung der Vollstreckung

(1) ¹Das Gericht kann durch Beschluss die Vollstreckung einstweilen einstellen oder beschränken und Vollstreckungsmaßregeln aufheben, wenn
1. Wiedereinsetzung in den vorigen Stand beantragt wird;
2. Wiederaufnahme des Verfahrens beantragt wird;
3. gegen eine Entscheidung Beschwerde eingelegt wird;
4. die Abänderung einer Entscheidung beantragt wird;
5. die Durchführung eines Vermittlungsverfahrens (§ 165) beantragt wird.

² In der Beschwerdeinstanz ist über die einstweilige Einstellung der Vollstreckung vorab zu entscheiden. ³ Der Beschluss ist nicht anfechtbar.

(2) Für die Einstellung oder Beschränkung der Vollstreckung und die Aufhebung von Vollstreckungsmaßregeln gelten § 775 Nr. 1 und 2 und § 776 der Zivilprozessordnung entsprechend.

I. Normzweck, Anwendungsbereich

1 Die Vorschrift regelt bei der Vollstreckung von Entscheidungen über die Herausgabe von Personen und die Regelung des Umgangs (Unterabschnitt 2) die Einstellung der Vollstreckung. Für einstweilige Anordnungen gilt nicht § 93, sondern § 55. Der an sich einschlägige Begriff „Zwangsvollstreckung" wird in § 93 gemieden. § 93 entspricht in Abs. 1 dem § 707, 719 ZPO, in Abs. 2 verweist sie ohnehin auf die ZPO. **Übergangsrecht:** Art. 111 FGG-RG. Vgl. dazu § 86 Rn. 1.

II. Voraussetzungen der Einstellung bzw. Beschränkung der Vollstreckung (Abs. 1)

2 Eine einstweilige Einstellung (oder Beschränkung) der Vollstreckung (sowie die Aufhebung von Vollstreckungsmaßregeln) hält § 93 in den dort genannten Fällen für zulässig:

3 – Wenn **Wiedereinsetzung** in den vorigen Stand gegen die Entscheidung, aus der vollstreckt wird, beantragt wird. Ein solcher Antrag kommt in Frage, wenn jemand ohne sein Verschulden verhindert war, eine gesetzliche Frist (§ 63) für die Einlegung eines Rechtsbehelfs einzuhalten (§ 17); zuständig für die Einstellung ist in Kindschaftssachen das OLG (§ 19 Abs. 1).

4 – Wenn **Wiederaufnahme des Verfahrens** hinsichtlich der Entscheidung, aus der vollstreckt wird, beantragt wird. Eine einschlägige Vorschrift über die Wiederaufnahme findet sich in § 48 Abs. 2 (vgl. ferner §§ 118, 185, 439; Unzulässigkeit der Wiederaufnahme in den Fällen §§ 48 Abs. 3, 197 Abs. 3, 198, 264 Abs. 1). Zuständig für die Einstellung ist wegen § 48 Abs. 2 das nach § 584 Abs. 1 ZPO für die Wiederaufnahme zuständige Gericht.

5 – Wenn gegen die Entscheidung, aus der vollstreckt werden soll, **Beschwerde eingelegt** ist. Nr. 3 entspricht § 719 Abs. 1 S. 1 ZPO. Zur Beschwerde vgl. §§ 58 ff., zur Beschwerde in den Fällen einstweiliger Anordnung vgl. § 57 (in Familiensachen ist die Beschwerde in zahlreichen Fällen ausgeschlossen); zur Aussetzung der Vollstreckung in den Fällen einstweiliger Anordnungen vgl. § 55. In Familiensachen kann das Familiengericht einer Beschwerde nicht abhelfen (§ 68 Abs. 1 S. 2). Zuständig für die Einstellung der Vollstreckung nach Abs. 1 Nr. 3 ist in Kindschaftssachen das OLG. Es hat über die einstweilige Einstellung der Vollstreckung vorab zu entscheiden (**Abs. 1**

---

[3] BT-Drucks. 16/6308, S. 219.

S. 2). Der Beschluss des OLG über die Einstellung oder die Ablehnung der Einstellung ist **nicht anfechtbar (Abs. 1 S. 3).** Gegenvorstellungen sind aber denkbar.

Einstweilen eingestellt werden kann die Vollstreckung nur, wenn die Beschwerde **statthaft** ist. Ist **6** sie zweifelsfrei **unzulässig**, etwa wegen Fristversäumung, kommt eine Einstellung ebenfalls nicht in Betracht. Ist die Beschwerde zwar zulässig, aber zweifelsfrei unbegründet, ist das Ermessen dahin auszuüben, dass nicht eingestellt wird.

Allerdings formuliert Nr. 3 „eingelegt *wird*", so dass auch eine **beabsichtigte Beschwerde** **7** darunter fallen könnte. So ist Nr. 3 aber nicht gemeint (sonst müsste es heißen: „eingelegt werden wird"). Wenn eine Abänderung in Frage kommt, soll einstweilen eingestellt werden können, was aber ein eingelegtes Rechtsmittel voraussetzt. Die Beschwerde muss deshalb zumindest gleichzeitig mit dem Einstellungsantrag eingelegt werden. Ein bloßer Antrag auf Verfahrenskostenhilfe dürfte nicht genügen.

Nr. 3 nennt die Beschwerde, so dass eine Einstellung auf **Rechtsbeschwerde** hin nicht zulässig **8** ist. Eine dem § 719 Abs. 2 ZPO entsprechende Regelung fehlt bei § 93.

– Wenn die **Abänderung** einer Entscheidung beantragt wird. Ein Verfahrenskostenhilfeantrag **9** dürfte nicht genügen. Entscheidungen zur elterlichen Sorge können nach § 166 abgeändert werden (das materielle Abänderungsrecht findet sich in § 1696 BGB); vgl. ferner § 48 Abs. 1. Zuständig für die Einstellung ist das Gericht, das für die Entscheidung über den Abänderungsantrag zuständig ist.

– Wenn die Durchführung eines **Vermittlungsverfahrens** (§ 165) beantragt wird. Selbst wenn **10** schon eine rechtskräftige Entscheidung vorliegt, muss sie nicht mir Ordnungsmitteln durchgesetzt werden (§ 89 sagt nur „soll"). Es kann (nochmals) ein Vermittlungsverfahren nach § 165 durchgeführt werden. Dabei kann die Vollstreckung aus dem rechtskräftigen Titel eingestellt werden.

III. Verfahren und Entscheidung

Wenn einer der fünf in Abs. 1 genannten Anträge bei Gericht eingegangen ist, kann das Gericht **11** **auf Antrag oder von Amts wegen** entweder die Vollstreckung einstweilen einstellen oder beschränken und schon getroffene Vollstreckungsmaßregeln aufheben. Eine mündliche Verhandlung ist nicht erforderlich (vgl. § 32).

§ 93 gibt dem Gericht ein **Ermessen** („kann"), das pflichtgemäß auszuüben ist. Wesentlich und **12** entscheidend ist, ob der gestellte Antrag, zB die Beschwerde, Erfolgsaussicht hat.[1]

Entschieden wird durch Beschluss (§ 38), mit Begründung. Die Vollstreckung kann eingestellt **13** oder zB im Umgangsverfahren beschränkt werden (Abs. 1); sie gilt nur bis zur Entscheidung über den gestellten Antrag, was gelegentlich in der Praxis zur Information der Beteiligten in den Beschlusssatz aufgenommen wird. Eine Kostenentscheidung ist nicht notwendig.

Wurde von einem Beteiligten ein ausdrücklicher Einstellungsantrag gestellt (vgl. § 87) und will das **14** Gericht dem nicht entsprechen, ist eine Ablehnung durch Beschluss notwendig (§ 87 Abs. 1 S. 2). Auch hier ist eine Kostenentscheidung nicht notwendig.

IV. Anfechtung

Der Beschluss (sowohl der einstellende wie der einen Einstellungsantrag zurückweisende) ist nicht **15** anfechtbar (Abs. 1 S. 3 bezieht sich nach seinem Sinn nicht nur auf die Fälle der Vorabentscheidung nach S. 2). Eine Rechtsmittelbelehrung (§ 39) entfällt daher entweder oder ist (um laienhafte Fehleinschätzungen und unstatthafte Rechtsmittel zu vermeiden) dahin zu formulieren, dass keine Anfechtbarkeit besteht. Der BGH[2] hält eine **außerordentliche Beschwerde** wegen greifbarer Gesetzwidrigkeit nicht mehr für zulässig. Ändert sich freilich die Lage, kann in Hinblick auf das Kindeswohl ein neuer Einstellungsantrag gestellt werden, solange nicht über die Beschwerde gegen die Entscheidung, aus der vollstreckt werden soll, entschieden ist. Auch Gegenvorstellungen sind möglich, weil das Gericht im Falle des § 93 von Amts wegen die Vollstreckung einstweilen einstellen kann, also nicht nur zu Beginn des Beschwerdeverfahrens, sondern auch noch während des Beschwerdeverfahrens.

---

[1] Vgl. BGH NJW-RR 2002, 1090.
[2] BGH NJW 2004, 2224.

§ 94 1, 2 Buch 1. Abschnitt 8. Vollstreckung

V. Weitere Fälle einstweiliger bzw. dauerhafter Einstellung (Abs. 2)

16 Abs. 2 bestimmt nach Meinung der Gesetzesbegründung die Voraussetzungen einer *dauerhaften* Einstellung der Vollstreckung.[3] Hierzu wird auf § 775 Nr. 1 und 2 und § 776 ZPO verwiesen. Danach ist die Vollstreckung der Herausgabe einer Person bzw. der Regelung des Umgangs einzustellen oder zu beschränken, wenn die Ausfertigung einer vollstreckbaren Entscheidung vorgelegt wird, aus der sich ergibt, dass der zu vollstreckende Titel oder seine Vollstreckbarkeit aufgehoben oder dass die Vollstreckung für unzulässig erklärt oder ihre Einstellung angeordnet ist (§ 775 Nr. 1 ZPO). Die dort genannten Urteile gibt es im FamFG nicht, auch keine vorläufige Vollstreckbarkeit. Was mit „Aufhebung der Vollstreckbarkeit" gemeint sein könnte ist unklar, denn Beschlüsse werden mit Wirksamwerden vollstreckbar (§ 86 Abs. 2) und das Wirksamwerden richtet sich nach § 40 Abs. 1.

17 Die Vollstreckung ist ferner (einstweilen) einzustellen oder zu beschränken, wenn die Ausfertigung einer gerichtlichen Entscheidung vorgelegt wird, aus der sich ergibt, dass die **einstweilige Einstellung** der Vollstreckung oder einer Vollstreckungsmaßregel angeordnet ist oder dass die Vollstreckung nur gegen Sicherheitsleistung fortgesetzt werden darf (§ 775 Nr. 2 ZPO).

VI. Aufhebung von Vollstreckungsmaßregeln (Abs. 2)

18 Hierzu bestimmt § 776 ZPO (auf den in Abs. 2 verwiesen wird): Im Falle des § 775 Nr. 1 sind zugleich die bereits getroffenen Vollstreckungsmaßregeln aufzuheben. Bei einem bereits vollstreckten Ordnungsgeld ordnet das Gericht die Rückzahlung an.[4] Im Falle des § 775 Nr. 2 bleiben diese Maßregeln einstweilen bestehen, sofern nicht durch die Entscheidung auch die Aufhebung der bisherigen Vollstreckungshandlungen angeordnet ist. Eine Vollstreckung gegen Sicherheit gibt es im FamFG-Bereich nicht.

VII. Kosten

19 Das Einstellungsverfahren ist gerichtsgebührenfrei. Hinsichtlich der **Anwaltsgebühren** gehört der Einstellungsantrag und die Entgegennahme der Entscheidung bei schriftlichem Verfahren zum Rechtszug (§ 19 Abs. 1 S. 2 Nr. 12 RVG).

§ 94 Eidesstattliche Versicherung

[1] **Wird eine herauszugebende Person nicht vorgefunden, kann das Gericht anordnen, dass der Verpflichtete eine eidesstattliche Versicherung über ihren Verbleib abzugeben hat.** [2] § 883 Abs. 2 bis 4, § 900 Abs. 1 und die §§ 901, 902, 904 bis 910 sowie 913 der Zivilprozessordnung gelten entsprechend.

I. Normzweck; Anwendungsbereich

1 Die Bestimmung regelt das Verfahren, wenn nach einem Beschluss des Gerichts eine Person herauszugeben ist, bei der Vollstreckung aber die Person vom Vollstreckungsorgan nicht vorgefunden wird. Sie entspricht hinsichtlich der Verweisung in S. 2 dem § 83 Abs. 2 FGG, sonst teilweise dem früheren § 33 FGG. § 94 ist in Ehesachen (§ 121) und Familienstreitsachen (§ 112) nicht anzuwenden, wie § 113 Abs. 1 besagt; statt dessen gilt in den dortigen Fällen die ZPO unmittelbar. Ferner ist § 94, da im Unterabschnitt 2 eingeordnet, nur anwendbar, wenn es um die Vollstreckung von Entscheidungen über die Herausgabe einer Person und die Regelung des Umgangs geht, also nicht auf die Herausgabe von Sachen.

II. Einzelerläuterungen

2 **1. Herauszugebende Person.** Bei der gemäß einem Vollstreckungstitel herauszugebenden Person kann es sich um ein Kind oder einen Betreuten handeln. Die Person muss „herauszugeben" sein; § 94 ist daher nicht einschlägig, wenn sich der Betroffene, der nach § 1906 BGB untergebracht werden soll, verborgen hält. Hier fehlt ein Verpflichteter im Sinn von § 94. Die dann notwendige „Zuführung zur Unterbringung" ist in § 326 geregelt.

---

[3] BT-Drucks. 16/6308, S. 219.
[4] OLG Hamm WRP 2002, 472.

Eidesstattliche Versicherung 3–13 § 94

2. Verpflichteter. Verpflichteter ist derjenige, der im Titel als Vollstreckungsschuldner bezeichnet ist, zB ein Elternteil bei Herausgabe eines Kindes, ein Verwandter bei Herausgabe eines Betreuten.

3. „Nicht vorfinden". Nicht vorfinden setzt voraus, dass der Verpflichtete vom Gerichtsvollzieher gesucht wurde, indem zB der Verpflichtete gefragt wird und gegebenenfalls die Wohnung des Verpflichteten auf Grund eines richterlichen Beschlusses (§ 91 Abs. 1) durchsucht wurde. Als ausreichend ist aber auch anzusehen, dass der Herausgabepflichtige dem Vollstreckungsorganen das Betreten seiner Wohnung verwehrt und angibt, das Kind bei Bekannten vorübergehend untergebracht zu haben.[1]

4. Entscheidung. Die in S. 1 genannte Anordnung trifft das Gericht; das ist bei Kindesherausgabe und Herausgabe eines Betreuten der Richter. Eine Rechtspflegerzuständigkeit bestünde nur, wenn der Rechtspfleger für die Herausgabeentscheidung zuständig wäre. Die Entscheidung ergeht von Amts wegen, ohne dass ein Antrag notwendig wäre, wie der Wortlaut des § 94 S. 1 zeigt; die Verweisung auf § 883 Abs. 2 ZPO, wo von einem Antrag die Rede ist, steht dem nicht entgegen. Findet das Vollstreckungsorgan die Person nicht vor, steht es im **Ermessen** („kann") des Gerichts (Familiengericht, Betreuungsgericht), ob es die Sache auf sich beruhen lässt oder durch Beschluss anordnet, dass der Verpflichtete die eidesstattliche Versicherung abzugeben hat. Kostenentscheidung: § 92 Abs. 2. Obwohl beim Gericht eine Ermessensausübung stattzufinden hat, ist nicht Voraussetzung, dass eine zeitliche Lücke zwischen dem Nichtvorfinden und dem Anordnungsbeschluss besteht, also die Ermessensausübung erst nach dem Nichtvorfinden erfolgen dürfte. Deshalb ist es zulässig, wenn **im selben Beschluss die Herausgabe angeordnet** wird, dazu die Wohnungsdurchsuchung gestattet wird und zugleich *für den Fall* des Nichtauffindens die Abgabe der eidesstattlichen Versicherung angeordnet wird. Vor Erlass der Anordnung, dass die eidesstattliche Versicherung abzugeben sei, muss weder das Kind noch der Verpflichtete gehört werden; die erforderlichen Anhörungen erfolgten im Verfahren des Erlasses des Herausgabebeschlusses.

5. Verweisung auf die ZPO. Die Verweisungen auf die ZPO in S. 2 bedeuten Folgendes:
– **§ 883 Abs. 2 ZPO:** Wird die herauszugebende Person nicht vorgefunden, so ist der Schuldner verpflichtet, auf Antrag des Gläubigers zu Protokoll an Eides statt zu versichern, dass er die Person nicht „besitze", auch nicht wisse, wo die Person sich befinde.
– **§ 883 Abs. 3 ZPO:** Das Gericht kann eine der Sachlage entsprechende Änderung der eidesstattlichen Versicherung beschließen.
– **§ 883 Abs. 4 ZPO:** Die Vorschriften der §§ 478 bis 480, 483 ZPO gelten entsprechend; sie regeln, dass der Verpflichtete die eidesstattliche Versicherung in Person abzugeben hat (also nicht durch einen Vertreter oder bevollmächtigten Anwalt; § 478 ZPO), die Möglichkeit der Abgabe vor einem anderen Gericht (§ 479 ZPO), die vorherige Belehrung des Verpflichteten (§ 480 ZPO) und die Form der eidesstattlichen Versicherung bei sprach – oder hörbehinderten Personen (§ 483 ZPO).
– **§ 900 Abs. 1 ZPO:** Das Verfahren beginnt mit dem Auftrag des Gläubigers zur **Bestimmung eines Termins** zur Abgabe der eidesstattlichen Versicherung. Der Gerichtsvollzieher hat für die Ladung des Schuldners zu dem Termin Sorge zu tragen. Er hat ihm die Ladung zuzustellen, auch wenn dieser einen Prozessbevollmächtigten bestellt hat; einer Mitteilung an den Prozessbevollmächtigten bedarf es nicht. Dem Gläubiger ist die Terminsbestimmung nach Maßgabe des § 357 Abs. 2 ZPO mitzuteilen (dh. eine Zustellung der Mitteilung ist nicht zwingend, eine formlose Mitteilung genügt im Regelfall). § 900 Abs. 2 bis 5 ZPO sind nicht anzuwenden; sie passen nicht auf die Personenherausgabe.
– **§ 901 ZPO:** Gegen den Schuldner, der in dem zur Abgabe der eidesstattlichen Versicherung bestimmten **Termin nicht erscheint** oder die Abgabe der eidesstattlichen Versicherung ohne Grund **verweigert,** hat das Gericht zur Erzwingung der Abgabe **auf Antrag** einen Haftbefehl zu erlassen. In dem Haftbefehl sind der Gläubiger, der Schuldner und der Grund der Verhaftung zu bezeichnen. Einer Zustellung des Haftbefehls vor seiner Vollziehung bedarf es nicht.
Hierzu bestimmt **§ 187 Nr. 3 GVGA:** Der Gerichtsvollzieher, der den Schuldner verhaftet hat, liefert ihn in die nächste zur Aufnahme von Schuldgefangenen bestimmte Justizvollzugsanstalt ein.
– **§ 902 ZPO:** Der verhaftete Schuldner kann zu jeder Zeit bei dem zuständigen Gerichtsvollzieher des Amtsgerichts des Haftortes verlangen, ihm die eidesstattliche Versicherung abzunehmen. Dem Verlangen ist ohne Verzug stattzugeben. Dem Gläubiger ist die Teilnahme zu ermöglichen, wenn er dies beantragt hat und die Versicherung gleichwohl ohne Verzug abgenommen werden kann. Nach Abgabe der eidesstattlichen Versicherung wird der Schuldner aus der Haft entlassen und der Gläubiger hiervon in Kenntnis gesetzt.

---

[1] OLG Bamberg FamRZ 1994, 182.

§ 95 Buch 1. Abschnitt 8. Vollstreckung

Kann der Schuldner vollständige Angaben nicht machen, weil er die dazu notwendigen Unterlagen nicht bei sich hat, so kann der Gerichtsvollzieher einen neuen Termin bestimmen und die Vollziehung des Haftbefehls bis zu diesem Termin aussetzen. § 900 Abs. 1 S. 2 bis 4 ZPO gilt entsprechend.

14 – **§§ 904, 905 ZPO:** gegen bestimmte Abgeordnete ist die Haft unstatthaft bzw. muss unterbrochen werden. **§§ 907 bis 908 ZPO** sind weggefallen.

15 – **§ 906 ZPO:** Gegen einen Schuldner, dessen **Gesundheit** durch die Vollstreckung der Haft einer nahen und erheblichen Gefahr ausgesetzt wird, darf, solange dieser Zustand dauert, die Haft nicht vollstreckt werden.

16 – **§ 909 ZPO:** Die **Verhaftung** des Schuldners erfolgt durch einen Gerichtsvollzieher (der sich allerdings der Amtshilfe der Polizei bedienen kann). Dem Schuldner ist der Haftbefehl bei der Verhaftung in beglaubigter Abschrift zu übergeben. Die Vollziehung des Haftbefehls ist unstatthaft, wenn seit dem Tage, an dem der Haftbefehl erlassen wurde, drei Jahre vergangen sind. **§ 910 ZPO** regelt die Verhaftung von Beamten, Geistlichen, Lehrern.

17 – **§ 913 ZPO:** Die Haft darf die **Dauer** von sechs Monaten nicht übersteigen. Nach Ablauf der sechs Monate wird der Schuldner von Amts wegen aus der Haft entlassen.

III. Zuständigkeit

18 Die eidesstattliche Versicherung ist zu Niederschrift des Gerichtsvollziehers[2] abzugeben; seine Zuständigkeit (und nicht die des Rechtspflegers) ergibt sich aus § 900 Abs. 1 ZPO, auf die Bezug genommen wurde. Nur in den Fällen des § 410 (freiwillige Abgabe bestimmter eidesstattlicher Versicherungen) ist die Abnahme eidesstattlicher Versicherungen dem Rechtspfleger übertragen (§ 3 Nr. 1 b RPflG). Weder der Gerichtsvollzieher noch der Rechtspfleger ist zur Anordnung der Haft befugt. Hält er eine solche Maßnahme für geboten, so hat er die Sache dem Richter vorzulegen (§ 4 Abs. 2 Nr. 2 mit § 4 Abs. 3 RPflG).

IV. Rechtsmittel

19 Gegen die Anordnung des Gerichts und ihre Ablehnung ist die sofortige Beschwerde (§ 87 Abs. 4) gegeben.

V. Gerichtskosten

20 FamGKG KV 1603 (eidesstattliche Versicherung) bzw. § 134 Abs. 2 KostO.

Unterabschnitt 3. Vollstreckung nach der Zivilprozessordnung

§ 95 Anwendung der Zivilprozessordnung

(1) Soweit in den vorstehenden Unterabschnitten nichts Abweichendes bestimmt ist, sind auf die Vollstreckung
1. wegen einer Geldforderung,
2. zur Herausgabe einer beweglichen oder unbeweglichen Sache,
3. zur Vornahme einer vertretbaren oder nicht vertretbaren Handlung,
4. zur Erzwingung von Duldungen und Unterlassungen oder
5. zur Abgabe einer Willenserklärung
die Vorschriften der Zivilprozessordnung über die Zwangsvollstreckung entsprechend anzuwenden.

(2) An die Stelle des Urteils tritt der Beschluss nach den Vorschriften dieses Gesetzes.

(3) ¹Macht der aus einem Titel wegen einer Geldforderung Verpflichtete glaubhaft, dass die Vollstreckung ihm einen nicht zu ersetzenden Nachteil bringen würde, hat das Gericht auf seinen Antrag die Vollstreckung vor Eintritt der Rechtskraft in der Entscheidung auszuschließen. ²In den Fällen des § 707 Abs. 1 und des § 719 Abs. 1 der Zivilprozessordnung kann die Vollstreckung nur unter derselben Voraussetzung eingestellt werden.

---

[2] *Jansen/v. König* § 33 FGG Rn. 68; *Schulte-Bunert/Weinreich* § 94 Rn. 2.

(4) Ist die Verpflichtung zur Herausgabe oder Vorlage einer Sache oder zur Vornahme einer vertretbaren Handlung zu vollstrecken, so kann das Gericht durch Beschluss neben oder anstelle einer Maßnahme nach den §§ 883, 885 bis 887 der Zivilprozessordnung die in § 888 der Zivilprozessordnung vorgesehenen Maßnahmen anordnen, soweit ein Gesetz nicht etwas Anderes bestimmt.

Übersicht

	Rn.		Rn.
I. Normzweck	1	2. Antrag	18
II. Allgemeines, Anwendungsbereich	2, 3	3. Ein nicht zu ersetzender Nachteil	19
III. Einzelerläuterungen zu Abs. 1	4–14	4. Glaubhaftmachung	20
1. Vollstreckung wegen einer Geldforderung (Abs. 1 Nr. 1)	4–6	5. Ermessen	21
		6. Entscheidung	22–25
2. Vollstreckung zur Herausgabe einer beweglichen oder unbeweglichen Sache (Abs. 1 Nr. 2)	7, 8	7. Wirkungen	26
		8. Rechtsmittel	27, 28
3. Vollstreckung zur Vornahme einer vertretbaren oder nicht vertretbaren Handlung (Abs. 1 Nr. 3)	9, 10	VI. Einstellung der Vollstreckung bei einem Titel über eine Geldforderung (Abs. 3 S. 2)	29–40
		1. Anwendungsfälle	29, 30
4. Vollstreckung zur Erzwingung von Duldungen und Unterlassungen (Abs. 1 Nr. 4)	11, 12	2. Antrag	31
		3. Verhältnis der Anträge zueinander	32
5. Vollstreckung zur Abgabe einer Willenserklärung (Abs. 1 Nr. 5)	13, 14	4. Entscheidung	33–38
		5. Wirkung	39
IV. Beschluss statt Urteil (Abs. 2)	15	6. Rechtsmittel	40
V. Ausschluss der Vollstreckung bei einem Titel wegen einer Geldforderung (Abs. 3 S. 1)	16–28	VII. Sonstige Vollstreckungstitel (Abs. 4)	41
1. Allgemeines	16, 17		

I. Normzweck

Die Vorschrift regelt, dass die Vollstreckung der darin geregelten Pflichten grundsätzlich nach der ZPO erfolgt. Vorrangig sind die Regelungen in den Unterabschnitten 1 (§§ 86 bis 87) und 2 (§§ 88 bis 94, betreffend die Vollstreckung von Entscheidungen über die Herausgabe von Personen und die Regelung des Umgangs). **1**

II. Allgemeines, Anwendungsbereich

Soweit in §§ 86 bis 94 nichts speziell geregelt ist, trifft § 95 eine Regelung. Allerdings sagt § 113 Abs. 1 FamFG, dass in **Ehesachen und Familien*streit*sachen** die §§ 95 bis 96 nicht anzuwenden sind, sondern die Vorschriften der ZPO. § 120 Abs. 1 wiederholt dann, dass die Vollstreckung in Ehesachen und Familien*streit*sachen nach §§ 704 bis 915 h ZPO erfolgt. Da in den in § 95 genannten Fällen die Vorschriften der ZPO zur Zwangsvollstreckung (§§ 704 ff. ZPO) entsprechend anzuwenden sind, sind sachliche Unterschiede kaum erkennbar. Für die Zuführung bzw. Vorführung in Unterbringungs- und Freiheitsentziehungssachen enthalten §§ 326, 420 Abs. 1 Sonderregelungen. Ferner ist § 35 zu beachten, der *verfahrensleitende* Anordnungen betrifft (wie Erzwingung der Ablieferung von Testamenten nach § 358, Ablieferung einer Betreuungsverfügung bzw. der Abschrift einer Vorsorgevollmacht nach § 285; Vorlegung eines Vermögensverzeichnisses nach § 1640 BGB durch die Eltern), während §§ 86 ff. *verfahrensabschließende* Beschlüsse betrifft. **2**

Die Anwendung der ZPO bedeutet insbesondere: das Betreiben der Zwangsvollstreckung ist Sache des Gläubigers; er muss also einen **Vollstreckungsauftrag** erteilen, das Gericht vollstreckt nicht von Amts wegen. **Vollstreckungstitel** sind die in § 86 genannten Beschlüsse und Vergleiche; Urteile gibt es im FamFG nicht. Die Beschlüsse sind schon mit Wirksamwerden (§ 40) vollstreckbar (§ 86 Abs. 2; Ausnahmen zB in § 264), also nicht erst mit Rechtskraft. Eine vorläufige Vollstreckbarkeit (wie nach §§ 708 ff. ZPO) gibt es im FamFG nicht. Die **Vollstreckungsklausel** (§ 725 ZPO) ist nicht in allen Fällen erforderlich (§ 86 Abs. 3). Der Titel muss im Regelfall zumindest gleichzeitig zugestellt werden (§ 87 Abs. 2). Die Rechtsmittel gegen Beschlüsse im Vollstreckungsverfahren richten sich nach § 87. **3**

III. Einzelerläuterungen zu Abs. 1

4   **1. Vollstreckung wegen einer Geldforderung (Abs. 1 Nr. 1).** Beispiele: Vergütung des Betreuers (§§ 292, 168); des Verwahrers (§ 410 Nr. 3); Vergütung des Pflegers und Vormunds (§ 168 FamFG; trotz § 1 Nr. 4 b nF JBeitrO, der nur Ansprüche der Staatskasse in diesen Verfahren betrifft, zB auf Rückzahlung an die Staatskasse); Kostenfestsetzungsbeschlüsse (§§ 85, 104 ZPO), soweit sie in den Anwendungsbereich (Rn. 2) fallen; Haushaltssachen bezüglich Ausgleichszahlungen (§§ 200, 269 Nr. 5); Versorgungsausgleichssachen (§§ 217, 269 Nr. 7), soweit Leistungspflichten eines Ehegatten/Dritten begründet werden; bestätigte Dispache (§ 409); Beschluss über einen Antrag auf Stundung des Zugewinns im Falle des §§ 261 Abs. 2, 264 (das ist im Gegensatz zu § 261 Abs. 1 keine Familienstreitsache); Beschluss über einen Antrag auf Stundung des Pflichtteils nach §§ 362, 264; Beschluss über Zahlungspflichten in Erbteilungssachen nach §§ 366, 368, 371, 372.

5   Unter Nr. 1 fällt nicht die Vollstreckung von Beschlüssen über Geldforderungen wegen Unterhalt und Zugewinnausgleich, weil dies Familien*streit*sachen sind (die ZPO ist daher anzuwenden); die Vollstreckung aus Festsetzungsbeschlüssen im vereinfachten Verfahren über den Unterhalt Minderjähriger nach § 253, da ebenfalls Familien*streit*sache. Ordnungsgelder und Zwangsgelder werden nach § 1 Abs. 1 Nr. 3 JBeitrO vollstreckt, nicht nach der ZPO.

6   Die Vollstreckung erfolgt nach §§ 803 ff. ZPO. Der Gerichtsvollzieher kann pfänden und verwerten. Das Vollstreckungsgericht kann einen Pfändungs- und Überweisungsbeschluss erlassen und das Bankkonto kann gepfändet werden.

7   **2. Vollstreckung zur Herausgabe einer beweglichen oder unbeweglichen Sache (Abs. 1 Nr. 2).** Die Herausgabe von Personen ist dagegen in §§ 88 bis 94 geregelt. Beispiele: Herausgabe der persönlichen Sachen des Kindes; Herausgabe von Nachlassgegenständen im Fall des § 371 Abs. 2 (Erbteilungssache); Herausgabe von Haushaltsgegenständen (§§ 200, 269 Nr. 6), Herausgabe unbeweglicher Sachen bei Titeln auf Grund Wohnungsregelung, Gewaltschutz.

8   Hier kann der Gerichtsvollzieher die Sachen dem Verpflichteten wegnehmen, in Gewaltschutzsachen zB die Wohnung räumen (§§ 883, 885 ZPO).

9   **3. Vollstreckung zur Vornahme einer vertretbaren oder nicht vertretbaren Handlung (Abs. 1 Nr. 3).** Beispiele: *Vertretbare Handlung:* Beseitigung von Sachen. *Nicht vertretbare Handlung:* Auskunftserteilung, soweit verfahrensabschließend (die verfahrensleitende Auskunftspflicht zB in Versorgungsausgleichssachen, § 220; oben Rn. 2) wird dagegen nach § 35 vollstreckt.

10   Hier kann vom Richter die Ersatzvornahme (§ 887 ZPO) angeordnet werden. Bei Auskunftspflicht kann Zwangshaft (§ 888 Abs. 1 ZPO) verhängt werden. Das Erfordernis der Androhung (§ 888 Abs. 2 ZPO) entfällt. Die Vollstreckung und Beitreibung eines nach § 888 Abs. 1 ZPO verhängten Zwangsgeldes erfolgt nach Ansicht des BGH[1] nicht von Amts wegen und nach Maßgabe von § 1 Nr. 3 JBeitrO, sondern auf Antrag des Gläubigers nach den allgemeinen Regeln des Vollstreckungsrechts; das Zwangsgeld sei allerdings an die Staatskasse abzuführen und stehe nicht dem Gläubiger zu, was daraus folgen soll, dass es ein Beugemittel ist.

11   **4. Vollstreckung zur Erzwingung von Duldungen und Unterlassungen (Abs. 1 Nr. 4).** Beispiele: Unterlassen des Umgangs mit dem Kind außerhalb der vereinbarten Besuchszeiten;[2] Unterlassung des Sichaufhaltens im Umkreis einer bestimmten Wohnung (§ 1 GewSchG); Unterlassung von Kontaktversuchen (GewSchG); Duldung der Einsichtnahme in Bücher der AG durch gerichtlich hierzu ermächtigte Personen (§ 273 Abs. 3 AktG).

12   Die Vollstreckung erfolgt nach § 890 ZPO durch Ordnungsgeld bzw. Ordnungshaft. Zuständig ist der Richter. Der Gewaltschutzsachen betreffende frühere § 892a ZPO wurde durch das FGG-RG aufgehoben.

13   **5. Vollstreckung zur Abgabe einer Willenserklärung (Abs. 1 Nr. 5).** Beispiel: Abgabe einer Willenserklärung aus einer beurkundeten Erbteilungsvereinbarung (§ 371 Abs. 2).

14   Die Vollstreckung erfolgt nach § 894 ZPO. Die Willenserklärung gilt mit Rechtskraft des Titels als abgegeben (Fiktion).

IV. Beschluss statt Urteil (Abs. 2)

15   Soweit in den ZPO-Bestimmungen, auf die § 95 verweist, von einem Urteil die Rede ist (wie zB in § 767 ZPO), tritt an die Stelle des Urteils der Beschluss; denn Urteile gibt es im FamFG nicht. Deshalb ist über Anträge (Klagen) nach § 767 **(Vollstreckungsabwehrklage)**, § 771 ZPO **(Dritt-**

---

[1] BGH NJW 1983, 1859.
[2] BT-Drucks. 16/6308, S. 220.

widerspruchsklage) nicht durch Urteil, sondern durch Beschluss zu entscheiden; dafür gelten § 38 ff. (Inhalt des Beschlusses, Rechtsmittelbelehrung). Für die Bekanntgabe des Beschlusses gilt § 41, für die Berichtigung § 42, für die Ergänzung § 43, die Rechtskraft § 45, die Anhörungsrüge § 44. Diese Vorschriften verdrängen die entsprechenden Regelungen der ZPO.[3]

V. Ausschluss der Vollstreckung bei einem Titel wegen einer Geldforderung (Abs. 3 S. 1)

1. Allgemeines. Im Zivilprozess ist das System der Vollstreckung vor Rechtskraft eines Titels kompliziert geregelt: teils sind Urteile nur gegen Sicherheitsleistung vorläufig vollstreckbar (§ 709 ZPO, Ausnahmen in § 710 ZPO), teils ohne Sicherheit, wobei aber der Verurteilte die Vollstreckung durch Sicherheitsleistung abwenden kann (§§ 708, 711 ZPO). Jeweils sind Schutzanträge bzw. Gegensicherheiten möglich (§ 712 ZPO) oder auch nicht (§ 713 ZPO). Davon nimmt das FamFG Abstand, wenn § 95 einschlägig ist und die Vollstreckung nach der ZPO erfolgen soll. Grundsätzlich sind die Beschlüsse (Titel) des FamFG schon vor Rechtskraft vollstreckbar, und zwar **ohne Sicherheitsleistung**; eine „**vorläufige**" **Vollstreckbarkeit** gibt es hier nicht (das entspricht § 62 ArbGG); die Vollstreckbarkeit wird auch nicht im Beschluss ausgesprochen. Das Einlegen eines Rechtsmittels (Beschwerde) beseitigt die Vollstreckbarkeit nicht. Folge ist, dass der Gläubiger aus dem nicht rechtskräftigen Beschluss sofort vollstrecken kann und der Schuldner, der gegen den Titel Beschwerde eingelegt hat, dann das Nachsehen hat, wenn er in der Beschwerdeinstanz Recht bekommt. Denn dann hat er zwar einen Bereicherungsanspruch auf Rückzahlung, der ist aber wertlos, wenn beim Gläubiger nichts mehr zu holen ist. Deshalb gibt Abs. 3 dem zu einer Zahlung Verpflichteten (Schuldner) die Möglichkeit, einen Schutzantrag zu stellen, um in Extremfällen die Vollstreckung bis zum Eintritt der Rechtskraft auszuschließen.

Demzufolge spielt der Ausschluss der Vollstreckung bis zur Rechtskraft keine Rolle, wenn nach Abs. 1 Nr. 2 zu vollstreckende Beschlüsse auf Grund gesetzlicher Regelungen **erst mit Rechtskraft wirksam** und damit gem. § 86 Abs. 2 vollstreckbar werden, wie zB Entscheidungen in Ehewohnungs- und Haushaltssachen wegen § 209 Abs. 2 S. 1 (außer, es wurde die sofortige Wirksamkeit angeordnet), sowie Versorgungsausgleichssachen wegen § 227 S. 1, Erbauseinandersetzungen wegen § 371 Abs. 1, Bestätigungsbeschlüsse über Dispachen gemäß § 409 Abs. 2.

2. Antrag. Abs. 3 S. 1 verlangt einen Antrag des Verpflichteten, sagt aber nicht, bis wann der Antrag gestellt werden kann. § 95 ist dem § 712 ZPO (sowie dem § 62 ArbGG) nachgebildet und dort bestimmt § 714 Abs. 1 ZPO, dass der Antrag nach § 712 ZPO vor Schluss der mündlichen Verhandlung zu stellen ist. Auch § 62 Abs. 1 S. 2 ArbGG geht davon aus, dass der Antrag vor Urteilserlass gestellt wird, weil es heißt, die Vollstreckbarkeit sei „im Urteil" auszuschließen. In § 95 fehlt eine solche Verweisung; auch steht in der Vorschrift „der aus einem Titel Verpflichtete", wovon erst die Rede sein kann, wenn ein Titel vorliegt. Daraus ist zu entnehmen, dass der Schutzantrag vor oder nach Erlass des Titels gestellt werden kann und zwar bis zur Rechtskraft des Titels.

3. Ein nicht zu ersetzender Nachteil. Er kommt in Betracht, wenn sich die Vollstreckungsfolgen nicht mehr beseitigen lassen. Darunter fallen irreparable Schäden wie der wirtschaftliche Zusammenbruch des Zahlungspflichtigen, aber auch die Unmöglichkeit der Wiedererlangung der beigetriebenen Summe[4] wegen dessen Zahlungsschwäche. Es heißt zwar nicht „schwer" zu ersetzender Nachteil, sondern „nicht" zu ersetzender Nachteil. Im Zivilprozess mag eine enge Auslegung angebracht sein, weil dort der Schuldner in der Regel durch die Sicherheitsleistung geschützt ist; eine solche Sicherheit fehlt im FamFG-Verfahren, so dass die Voraussetzungen nicht so eng zu sehen sind. Bemerkenswert ist, dass es keine Rolle spielt, wenn das Gericht es für möglich hält, dass die Beschwerdeinstanz anders entscheidet.

4. Glaubhaftmachung. Die Glaubhaftmachung erfolgt nach § 31, zB durch eine eidesstattliche Versicherung (schriftlich, auch mit Telefax), des Antragstellers selbst oder eines Dritten. Die eidesstattliche Versicherung, dass der Inhalts eines anwaltlichen Schriftsatzes zutreffend sei, ist ungenügend, wenn sie keine eigene Darstellung enthält.

5. Ermessen. Liegen die Voraussetzungen von Abs. 3 S. 1 vor, hat das Gericht keine Ermessen („hat"); es muss die Vollstreckung ausschließen.

6. Entscheidung. Die Entscheidung erfolgt durch das Gericht (Richter bzw. Rechtspfleger, je nach Zuweisung durch das RPflG) erster Instanz. Sie ergeht in Beschlussform, bei Antragstellung vor Erlass in der Urteilsformel erfolgen. Sie **lautet:** „Die Vollstreckung der Entscheidung wird bis zum

---

[3] BT-Drucks. 16/6308, S. 220.
[4] BGH NJW-RR 2007, 1138; aA OLG Hamm FamRZ 2000, 363.

Eintritt der Rechtskraft ausgeschlossen." Eine Entscheidung dahin, dass der eine oder der andere Beteiligte Sicherheit leisten müsse oder könne ist nicht vorgesehen. Die Entscheidung ist zu begründen (§ 38). Kann ein nicht zu ersetzender Nachteil nur in Bezug auf einzelne Vollstreckungsmaßnahmen eintreten, so kann auch der **Ausschluss** der Zwangsvollstreckung auf **bestimmte Vollstreckungsmaßnahmen** beschränkt werden; so kann zB die Vollstreckung in einzelne Konten eingestellt werden, wenn gerade dadurch ein nicht zu ersetzender Nachteil für den Vollstreckungsschuldner eintreten würde.[5] Auch der Ausschluss der Zwangsvollstreckung in bestimmte Sachwerte ist möglich. Desgleichen der Ausschluss, soweit mehr als ein bestimmter Betrag vollstreckt werden soll.

23 Auch die **Ablehnung** des Antrags muss in Form eines Beschlusses erfolgen, im Tenor des ursprünglichen Beschlusses, wenn der Antrag vor Erlass der Entscheidung gestellt wurde, sonst gesondert. Auch hier ist eine Begründung erforderlich, die zeigt, weshalb das Gericht zu der Auffassung gekommen ist, dass die Voraussetzungen nicht gegeben sind. Eine Ablehnung des Antrags kommt insbesondere in Betracht, wenn die Entscheidung wegen Nichterreichens der Beschwerdesumme (§ 61) ohnehin nicht anfechtbar ist; oder wenn eine Glaubhaftmachung fehlt bzw. nicht ausreicht.

24 Hat das Gericht den gestellten **Antrag übergangen,** kann nach § 43 eine Ergänzung erfolgen.

25 Hat das Gericht zwar über den Antrag entschieden, dies jedoch versehentlich nicht im Beschluss aufgeführt, kann eine **Berichtigung des Beschlusses** gem. § 42 in Betracht kommen.

26 **7. Wirkungen.** Der Ausschluss der Vollstreckung beseitigt die Vollstreckbarkeit insgesamt. Zahlungen, die der Verpflichtete erbringt, sind deshalb nicht „zur Abwendung der Zwangsvollstreckung" geleistet.

27 **8. Rechtsmittel.** Nach § 87 Abs. 4 ist ein Beschluss, der *im* Zwangsvollstreckungsverfahren ergeht, mit der sofortigen Beschwerde entsprechend §§ 567 bis 572 ZPO anfechtbar, auch wenn er von einem Rechtspfleger stammt (§ 11 Abs. 1 RPflG). Ein Beschluss, der die Vollstreckung einer Entscheidung bis zum Eintritt der Rechtskraft ausschließt, fällt nicht unter § 87 Abs. 4, da er *vor* Einleitung des Zwangsvollstreckungsverfahrens ergeht. Die Frage der Anfechtbarkeit richtet sich in diesem Fall nach §§ 58 ff. Gegen **Vollstreckungsmaßnahmen des Gerichtsvollziehers** und **Maßnahmen des Vollstreckungsgerichts** (die keine „Entscheidungen" sind) ist die Erinnerung (§ 766 ZPO) gegeben.

28 Statthaft sind auch die Vollstreckungsabwehr*klage* (§ 767 ZPO) und die Drittwiderspruchs*klage* (§ 771 ZPO), über die durch Beschluss (§§ 38, 95 Abs. 2) entschieden wird (die Sprachregelung in § 113 Abs. 5 gilt nur für Familiensachen). Der notwendige Inhalt des Beschlusses und seine Begründungsbedürftigkeit ergeben sich aus § 38, die Rechtsmittelbelehrung aus § 39, die Bekanntgabe aus 40, das Wirksamwerden aus § 41, die Berichtigung und Ergänzung aus §§ 42, 42. Diese Bestimmungen verdrängen die entsprechenden Regelungen der ZPO.[6] Gegen diese Beschlüsse ist nicht die Berufung, sondern die sofortige Beschwerde gem. § 87 Abs. 4 zulässig.

VI. Einstellung der Vollstreckung bei einem Titel über eine Geldforderung (Abs. 3 S. 2)

29 **1. Anwendungsfälle.** Abs. 3 ist nicht anwendbar auf einstweilige Anordnungen; dort wird die Vollstreckung nach § 55 eingestellt. Abs. 3 ist ferner nicht anwendbar auf Landwirtschaftssachen; dort gilt § 30 Abs. 2 LwVG, wonach der Beschluss für vorläufig vollstreckbar erklärt werden kann. S. 2 bezieht sich nur auf Titel wegen einer Geldforderung, nicht auf sonstige Titel wie zB über die Herausgabe einer Sache.

30 In den Fällen § 707 Abs. 1 und des § 719 Abs. 1 ZPO, also nach Erlass des Beschlusses, kann die Vollstreckung eingestellt werden, aber nur unter derselben Voraussetzung wie in S. 1 (Abs. 3 S. 2). Das bedeutet, dass ein nicht zu ersetzender Nachteil bei Vollstreckung drohen muss. Die Fälle §§ 707 Abs. 1, 719 Abs. 1 ZPO sind folgende:
– der Antrag auf **Wiedereinsetzung** (§§ 17 bis 19), § 707 Abs. 1 ZPO.
– der Antrag auf **Wiederaufnahme** des Verfahrens (§ 48 Abs. 2), § 707 Abs. 1 ZPO.
– Rügen wegen **Verletzung des rechtlichen Gehörs** (§ 44), § 707 Abs. 1 ZPO.
– **Einlegung der Beschwerde** gegen den Beschluss, §§ 719, 707 ZPO.

Der Hauptfall ist das Einlegen des Beschwerde gegen einen Beschluss, der zu einer Geldzahlung verpflichtet. Hier kann der Beschwerdeführer den Antrag stellen, dass die Vollstreckung bis zur Rechtskraft des Beschlusses eingestellt wird.

---

[5] BGHZ 18, 219.
[6] BT-Drucks. 16/6308, S. 220.

2. Antrag. Die Einstellung der Zwangsvollstreckung nach Abs. 3 S. 2 setzt einen **Antrag** des 31
Zahlungsverpflichteten voraus, wie die Verweisung auf S. 1 zeigt. Der Antrag kann **erst** gestellt
werden, wenn die Beschwerde eingelegt oder der Wiederaufnahmeantrag bzw. der Antrag auf
Wiedereinsetzung in den vorigen Stand bzw. der Rügeantrag gestellt worden sind. Die Tatsachen, die
zur Begründung des Antrages angegeben werden, sind **glaubhaft** zu machen. Dazu gehört insbesondere die Darlegung, dass die Vollstreckung beim Schuldner zu einem **nicht zu ersetzenden
Nachteil** (s. oben Rn. 19) führen würde. Diese Voraussetzung kann nicht erfüllt sein, wenn zwar ein
Rechtsmittel eingelegt wurde, dieses aber unzweifelhaft nicht zulässig ist. Summarisch kann ferner
berücksichtigt werden, ob das zulässige Rechtsmittel Erfolgsaussicht hat.

3. Verhältnis der Anträge zueinander. Der Antrag nach Abs. 3 S. 2 ist unabhängig von einem 32
in erster Instanz gestellten Antrag nach Abs. 3 S. 1, die Vollstreckung auszuschließen. Er kann deshalb
nach Beschwerdeeinlegung auch gestellt werden, obwohl in erster Instanz kein Antrag auf Ausschluss
der Vollstreckung gestellt wurde. Auch kann ein Beteiligter in der Beschwerdeinstanz lediglich den
Antrag auf Ausschluss der Vollstreckung stellen, ohne vorher einen Antrag auf einstweilige Einstellung
der Zwangsvollstreckung aus dem erstinstanzlichen Beschluss gestellt zu haben; das ist aber nur
sinnvoll, wenn mit Zulassung der Rechtsbeschwerde zu rechnen ist. Der Beschwerdeführer kann
ferner eine **einstweilige Anordnung des Beschwerdegerichts** nach § 64 Abs. 3 beantragen.

4. Entscheidung. Das Gericht (Richter bzw. Rechtspfleger), bei dem die Hauptsache anhängig 33
ist, kann die Zwangsvollstreckung einstweilen einstellen. Im Gegensatz zu S. 1 heißt es bei S. 2 im
Gesetzestext „kann". Deshalb steht dem Gericht ein **Ermessen** zu. In § 707 ZPO ist das Ermessen
an sich nicht näher eingeschränkt, weshalb in der Praxis immer gegen Sicherheitsleistung eingestellt
wird. Lediglich bei der Einstellung ohne Sicherheitsleistung verlangt § 707 Abs. 1 S. 2 ZPO u. a.,
dass die Vollstreckung einen nicht zu ersetzenden Nachteil bringen würde. Dies entspricht der
Regelung in § 95, weil hier keine Sicherheit verlangt wird. Allerdings darf ohne Darlegung eines
nicht zu ersetzenden Nachteils eine Einstellung nicht erfolgen. Aber das ist natürlich eine Wertungsfrage. Bei der Ausübung des Ermessens sind die Belange sowohl des Vollstreckungsgläubigers als auch
die des Vollstreckungsschuldners zu berücksichtigen.[7]

Dem Antragsgegner ist vor Erlass der Entscheidung **rechtliches Gehör** zu gewähren (Art. 103 34
GG). In Eilfällen kann die Anhörung des Vollstreckungsgläubigers unterbleiben.[8]

Die Entscheidung ergeht durch **Beschluss** (§ 38), das Gericht könnte eine mündliche Verhand- 35
lung ansetzen, was aber im Regelfall entbehrlich ist. Sie lautet: „Die Zwangsvollstreckung aus dem
Beschluss...vom...wird einstweilen eingestellt". Die Einstellung der Zwangsvollstreckung kann (im
Gegensatz zu § 707 ZPO und wie bei § 62 ArbGG) **nur ohne Sicherheitsleistung** erfolgen.

§ 707 Abs. 1 ZPO, auf den verwiesen wird, gestattet auch, dass vom Gericht bereits **durch-** 36
geführte Vollstreckungsmaßnahmen (zB eine Kontenpfändung) **aufgehoben** werden. Im Gegensatz zu § 707 Abs. 1 ZPO darf aber vom Gericht die Aufhebung nicht von einer Sicherheitsleistung abhängig gemacht werden, da das FamFG generell keine Sicherheitsleistungen kennt, was
zwar unzweckmäßig, aber als gesetzgeberische Entscheidung hinzunehmen ist. Das zeigt sich im
Übrigen auch in § 707 Abs. 1 S. 2 ZPO, der insoweit mit § 95 Abs. 3 übereinstimmt.

Der Beschluss ist **zu begründen** (§ 39). Er muss sich mit der Frage des nicht zu ersetzenden 37
Nachteils befassen.

Das Gericht kann auf Antrag seine Entscheidung jederzeit **abändern** (§ 48). Im Falle der Ab- 38
änderung ist dem Gegner rechtliches Gehör zu gewähren.

5. Wirkung. Die Einstellung der Zwangsvollstreckung beseitigt vorübergehend die Vollstreck- 39
barkeit. Sie richtet sich an die Vollstreckungsorgane, aber auch gegenüber dem Drittschuldner im
Falle des § 840 ZPO. Sie wirkt nach § 775 Nr. 2 ZPO. Bereits getroffene Vollstreckungsmaßnahmen,
zB eine Pfändung, bleiben bestehen (§ 776 S. 2 ZPO), doch kann nicht weiter vollstreckt werden.
Wird die Zwangsvollstreckung trotz Einstellung fortgeführt, kann der Schuldner Erinnerung einlegen
(§ 766 ZPO).

6. Rechtsmittel. Nach § 87 Abs. 4 ist ein Beschluss, der im Zwangsvollstreckungsverfahren 40
ergeht, mit der sofortigen Beschwerde entsprechend §§ 567 bis 572 ZPO anfechtbar, also mit
Zweiwochenfrist (§ 569 ZPO). Darunter fällt auch die Einstellung der Zwangsvollstreckung. Zwar
ist in den Fällen des § 707 Abs. 1 ZPO die Beschwerde ausgeschlossen, wie § 707 Abs. 2 S. 2 ZPO
zeigt. Doch ist auf § 707 Abs. 2 S. 2 ZPO nicht verwiesen worden.

---

[7] KG NJW 1987, 1339.
[8] BVerfG 18, 399.

VII. Sonstige Vollstreckungstitel (Abs. 4)

41 Ist die Verpflichtung zur Herausgabe oder Vorlage einer Sache oder zur Vornahme einer *vertretbaren* Handlung zu vollstrecken, so kann das Gericht durch Beschluss neben oder anstelle einer Maßnahme nach den § 883 ZPO (Wegnahme der Sache durch den Gerichtsvollzieher, hilfsweise eidesstattliche Versicherung über den Verbleib der Sache), § 885 ZPO (Herausgabe von Grundstücken Schiffen), § 886 ZPO (Herausgabe bei Gewahrsam eines Dritten), § 887 ZPO (Gestattung der Ersatzvornahme bei vertretbaren Handlungen) die in § 888 ZPO vorgesehenen Maßnahmen anordnen, soweit ein Gesetz nicht etwas Anderes bestimmt. Das bedeutet, dass der Schuldner auch durch Festsetzung von Zwangsgeld oder Verhängung von Zwangshaft veranlasst werden kann, die Handlung etc vorzunehmen.

§ 96 Vollstreckung in Verfahren nach dem Gewaltschutzgesetz und in Ehewohnungssachen

(1) ¹Handelt der Verpflichtete einer Anordnung nach § 1 des Gewaltschutzgesetzes zuwider, eine Handlung zu unterlassen, kann der Berechtigte zur Beseitigung einer jeden andauernden Zuwiderhandlung einen Gerichtsvollzieher zuziehen. ²Der Gerichtsvollzieher hat nach § 758 Abs. 3 und § 759 der Zivilprozessordnung zu verfahren. ³Die §§ 890 und 891 der Zivilprozessordnung bleiben daneben anwendbar.

(2) ¹Bei einer einstweiligen Anordnung in Gewaltschutzsachen, soweit Gegenstand des Verfahrens Regelungen aus dem Bereich der Ehewohnungssachen sind, und in Ehewohnungssachen ist die mehrfache Einweisung des Besitzes im Sinne des § 885 Abs. 1 der Zivilprozessordnung während der Geltungsdauer möglich. ²Einer erneuten Zustellung an den Verpflichteten bedarf es nicht.

I. Normzweck

1 Die Vorschrift soll in den Fällen des Gewaltschutzgesetzes eine effektive Zwangsvollstreckung ermöglichen. Abs. 1 entspricht dem bisherigen § 892a ZPO, Abs. 2 dem bisherigen § 885 Abs. 1 S. 3 und 4 ZPO. Gewaltschutzsachen wurden bisher nach den Vorschriften der ZPO vollstreckt (§ 64b Abs. 4 FGG); für Haushaltssachen vgl. §§ 1361a, 1568b BGB (die HausratsVO wurde aufgehoben).

II. Voraussetzungen

2 Von § 96 Abs. 1 werden sämtliche Schutzanordnungen nach § 1 GewSchG erfasst, wie Verbot des Betretens der Wohnung, Aufenthalt in einem bestimmten Umkreis der Wohnung, Aufsuchen bestimmter Orte (zB Arbeitsplatz), Aufnahme der Verbindung zur geschützten Person, Herbeiführung eines Zusammentreffens mit ihr. (1) Ein Titel eines Gerichts ist erforderlich, der die geschuldete Handlung bzw. Unterlassung genau genug bezeichnet; die Gesetzeslage allein erlaubt noch nicht die Beauftragung eines Gerichtsvollziehers (in diesen Fällen kann allenfalls die Polizei helfen). (2) Die Zuwiderhandlung muss nicht schuldhaft begangen werden;[1] andernfalls wäre der Schutz des Betroffenen nicht gewährleistet. (3) Ferner kann der Gerichtsvollzieher nur zur **„Beseitigung einer ... andauernden Zuwiderhandlung"** unmittelbar eingeschaltet werden. Das bedeutet, dass der Gerichtsvollzieher nur tätig werden darf, wenn die Zuwiderhandlung noch andauert, zB weil der Täter sich noch unerlaubt in der Wohnung aufhält. Da aber Gerichtsvollzieher Dienststunden haben und außerhalb dieser selten erreichbar sind, hat § 96 kaum eine praktische Bedeutung. Im Zweifel wird der Betroffene die Polizei rufen müssen, die zu jeder Tages- und Nachtzeit erreichbar ist.

III. Tätigkeit des Gerichtsvollziehers

3 Der Berechtigte kann ihn hinzuziehen, wenn er über einen entsprechenden Titel verfügt; eine zusätzliche gerichtliche Ermächtigung ist nicht erforderlich. Welcher Gerichtsvollzieher örtlich zuständig ist kann der Berechtigte beim Amtsgericht erfragen, wo die Geschäftsverteilung aufliegt. Die Verweisung in Abs. 1 S. 2 auf **§ 758 Abs. 3** und **§ 759 ZPO** besagt: der Gerichtsvollzieher ist, wenn er Widerstand findet, zur Anwendung von Gewalt befugt und darf zu diesem Zweck die Polizei

---

[1] Oben § 892a ZPO Rn. 5; *Schumacher* FamRZ 2002, 645/659.

um Unterstützung ersuchen (§ 758 Abs. 3 ZPO); wird Widerstand geleistet, hat der Gerichtsvollzieher zwei erwachsene Personen oder einen Polizeibeamten als Zeugen zuzuziehen (§ 759 ZPO). Über den Vorgang errichtet der Gerichtsvollzieher ein Protokoll (§ 185 Nr. 4 GVGA).

Die **Kosten des Gerichtsvollziehers** richten sich nach GvKostG KV 250, 500. 4

IV. Vorgehen nach §§ 890, 891 ZPO

Nach Abs. 1 S. 3 hat der Berechtigte die Wahl; er kann statt nach § 892a ZPO auch nach §§ 890, 891 ZPO vorgehen oder beide Verfahren, soweit möglich, betreiben. Vorgehen nach § 890 ZPO bedeutet, dass der Berechtigte beim Familiengericht den Antrag stellen kann, dass der Täter zu einem Ordnungsgeld (bis zu 250.000 Euro) ersatzweise Ordnungshaft, oder sogleich zu Ordnungshaft bis zu sechs Monaten verurteilt wird; eine Androhung muss vorausgehen (§ 890 Abs. 2 ZPO); der Täter ist vorher zu hören (§ 891 S. 2 ZPO). Die Entscheidung ergeht durch Beschluss (§ 891 ZPO; § 38 FamFG). 5

V. Ehewohnungssachen

1. Mehrfache Besitzeinweisung. Einstweilige Anordnungen können nach §§ 49 ff., 214 ergehen. Bei Gewaltschutzsachen nach § 1 GewSchG können Gegenstand des Verfahrens Regelungen aus dem Bereich der Ehewohnungssachen sein. Bei Ehewohnungssachen (§ 200: §§ 1361b, 1586a BGB; die HausratsVO wurde aufgehoben) ist es ebenso. Es geht meist um die Verpflichtung zur Räumung und Herausgabe der Wohnung. § 96 Abs. 2 erlaubt **mehrfache Einweisung** des Besitzes; der Titel wird also nicht (wie sonst) durch die einmalige Räumung verbraucht. Wenn der Schuldner nach Räumung wieder einzieht kann er auf Grund des ursprünglichen Titels nochmals geräumt werden, allerdings nur während der Geltungsdauer der einstweiligen Anordnung. 6

Es kommt vor, dass nach Zwangsräumung der Partner die geräumte Person *freiwillig* wieder in die Wohnung aufnimmt, es anschließend wieder zu einem Zerwürfnis kommt, und nun der Partner die erneute Räumung erreichen will. Das ist möglich; der Schuldner ist darauf angewiesen, eine Änderung oder Aufhebung der einstweiligen Anordnung nach § 54 zu betreiben. 7

2. Wiederholung der Zustellung. In den Fällen der mehrfachen Vollziehung des Räumungstitels ist keine erneute Zustellung des Titels an den Schuldner erforderlich (Abs. 2 S. 2). Die erste Zustellung (§ 750 Abs. 1 ZPO) gilt für alle Räumungen während der Geltungsdauer der einstweiligen Anordnung. Schon vor Zustellung kann im Falle des § 53 Abs. 2 vollstreckt werden; im Falle des § 214 Abs. 2 kann die Zustellung gleichzeitig mit der Vollstreckung erfolgen. 8

§ 96a Vollstreckung in Abstammungssachen

(1) Die Vollstreckung eines durch rechtskräftigen Beschluss oder gerichtlichen Vergleich titulierten Anspruchs nach § 1598a des Bürgerlichen Gesetzbuchs auf Duldung einer nach den anerkannten Grundsätzen der Wissenschaft durchgeführten Probeentnahme, insbesondere die Entnahme einer Speichel- oder Blutprobe, ist ausgeschlossen, wenn die Art der Probeentnahme der zu untersuchenden Person nicht zugemutet werden kann.

(2) Bei wiederholter unberechtigter Verweigerung der Untersuchung kann auch unmittelbarer Zwang angewendet werden, insbesondere die zwangsweise Vorführung zur Untersuchung angeordnet werden.

I. Normzweck

§ 96a betrifft Feststellungen zur Duldung der Abstammung. Das materielle Recht ist in § 1598a BGB enthalten. § 96a liefert das Vollstreckungsrecht hierzu. Er entspricht dem früheren § 56 Abs. 4 S. 1 und 3 FGG. § 56 Abs. 4 S. 2 FGG findet sich jetzt in § 38; einen Ersatz für § 56 Abs. 4 FGG gibt es in § 95 Abs. 1 Nr. 4 FamFG.[1] Es handelt sich um eine Abstammungssache im Sinne der jetzigen Definitionen (§ 169 Nr. 2). Eine teils identische Regelung findet sich in § 372a ZPO (geändert durch das FGG-ReformG). 1

---

[1] BT-Drucks. 16/9733 S. 292.

II. Einzelerläuterung

2 Zur Klärung der leiblichen Abstammung eines Kindes können bestimmte Beteiligte von anderen Beteiligten verlangen, dass diese die Entnahme von genetischen Proben (zB Blutentnahmen, Abstrich von der Mundschleimhaut) dulden (§ 1598a Abs. 1 BGB; in Kraft seit 1. 4. 2008). Im Verfahren kann bereits Unzumutbarkeit, Rechtsmissbrauch bzw. die Kinderschutzklausel (§ 1598a Abs. 3 BGB) eingewandt werden. Das Familiengericht kann durch Beschluss die Duldung einer Probeentnahme anordnen (§ 1598a Abs. 2 BGB).

3 § 96a verlangt als **Vollstreckungsvoraussetzung,** dass der Beschluss rechtskräftig (§ 45) ist; das wird durch ein Rechtskraftzeugnis nachgewiesen (§ 46). In sonstigen Fällen der freiwilligen Gerichtsbarkeit setzt die Vollstreckung in der Regel keine Rechtskraft des Beschlusses voraus (vgl. § 86). Die Rechtskraft soll bei § 96a aus Gründen der Rechtssicherheit erforderlich sein.[2]

4 Die Vollstreckung erfolgt nach **§ 95 Abs. 1 Nr. 4** (nicht nach § 35); vollstreckt wird die Probenentnahme. Die sich daran anschließende Einholung des Sachverständigengutachtens hat der Berechtigte zu veranlassen und auch die Kosten hierfür zu tragen. In § 95 FamFG wird auf die ZPO verwiesen, also auch auf § 890 ZPO. Gegen den Verpflichteten wird somit (auf Antrag des Berechtigten) vom Familiengericht (nach vorheriger Androhung) entweder Ordnungsgeld ersatzweise Ordnungshaft oder sogleich Ordnungshaft festgesetzt. Das kann wiederholt werden. Nach der ersten erfolglosen Wiederholung kann das Familiengericht anordnen, dass der Verpflichtete beim Arzt zwecks Probenentnahme **vorgeführt** wird (Abs. 2) und dass hierbei Gewalt angewandt werden darf; das bedeutet, dass der Gerichtsvollzieher die Hilfe der Polizei in Anspruch nehmen darf. Vgl. Rn. 8.

III. Ausschluss der Vollstreckung

5 Die Vollstreckung des rechtskräftigen Beschlusses (bzw. gerichtlichen Vergleichs) ist ausgeschlossen, wenn die Art der Probeentnahme der zu untersuchenden Person nicht **zugemutet** werden kann (Abs. 1; das entspricht dem früheren § 56 Abs. 4 FGG). Man muss **vorübergehende Unzumutbarkeit,** zB wegen Erkrankung, während der Entbindung, unterscheiden von der **dauerhaften Unzumutbarkeit,** etwa aus religiösen Gründen. Seiner **Art** nach unzumutbar ist ein Eingriff in die körperliche Integrität, wenn eine weit geringerer Eingriff, der den Sachverhalt ähnlich gut aufklären kann, noch nicht einmal versucht wurde. Als unzumutbar hat man bei § 372a ZPO die unfreiwillige Abnahme von Samen angesehen.[3] Religiöse Gründe zählen jedenfalls nicht;[4] deshalb darf auch Zeugen Jehovas Blut abgenommen werden.[5] Die möglichen **Folgen** könnten Unzumutbarkeit bewirken. Erbrechtliche, unterhaltsrechtliche und sonstige vermögensrechtliche Auswirkungen zählen aber nicht. Unzumutbarkeit liegt daher nicht deswegen vor, weil das Ergebnis den ehelichen Frieden stören[6] oder eine Scheidung auslösen[7] würde. Auch strafrechtliche Folgen (Inzest-Kind[8]) oder der Verlust des Berufs machen die Untersuchung nicht unzumutbar.[9] Gesundheitliche Schäden für den zu Untersuchenden könnten Unzumutbarkeit begründen;[10] das ist kaum vorstellbar, schon gar nicht bei einer Speichelprobe. Letztlich gibt es keine Fälle dauerhafter Unzumutbarkeit.

IV. Rechtsmittel

6 Der Beschluss, der die Verpflichtung zur Duldung der Blutentnahme etc ausspricht, ist bei § 96a bereits rechtskräftig, kann also mit regulären Rechtsmitteln (Beschwerde, §§ 58 ff.) im Vollstreckungsverfahren nicht mehr angegriffen werden; der Verpflichtete konnte Unzumutbarkeit bereits im Erkenntnisverfahren einwenden und seinerzeit gegen den Beschluss befristet Beschwerde einlegen. Deshalb kann ein rechtskräftig als unerheblich erklärter Unzumutbarkeitseinwand im Vollstreckungsverfahren nicht nochmals vorgebracht werden.

7 Beruft sich der Verpflichtete gleichwohl erst bei der Vollstreckung auf Unzumutbarkeit, dann entschied unter Geltung von § 56 Abs. 4 S. 2 FGG darüber das Familiengericht; das wurde nicht ins

---

[2] BT-Drucks. 16/6561, S. 16.
[3] *Sautter* AcP 161 (1962) 215, 235.
[4] *Palandt/Diederichsen* § 1598a BGB Rn. 16 (zweifelnd).
[5] OLG Düsseldorf FamRZ 1976, 51.
[6] OLG Nürnberg FamRZ 1996, 1155.
[7] LG Stuttgart MDR 1953, 370; OLG Nürnberg FamRZ 1961, 493.
[8] OLG Hamm FamRZ 1993, 76; OLG Frankfurt NJW 1979, 1257.
[9] BGH NJW 1964, 1469/1471 (beiläufig); OLG Frankfurt NJW 1979, 1257; KG NJW 1969, 2208; aA *Sieg* MDR 1980, 24.
[10] BT-Drucks. 16/6561, S. 16; OLG Koblenz NJW 1976, 379 (Spritzenphobie).

FamFG übernommen (die Gesetzesmaterialien sagen nicht, weshalb). Deshalb ist jetzt unklar, wie der Einwand der Unzumutbarkeit verfahrensrechtlich zu behandeln ist. Wenn der Verpflichtete dem Gerichtsvollzieher, der ihn zwangsweise zur Blutentnahme bringen will, erklärt, er gehe nicht freiwillig mit und dürfe nicht zwangsweise abtransportiert werden, weil die Blutentnahme für ihn aus religiöser Überzeugung und Unpässlichkeit unzumutbar sei, dann wird man dieselben Grundsätze wie bei § 906 ZPO (Haftaufschub) anwenden müssen: der Gerichtsvollzieher entscheidet zunächst in freier Beweiswürdigung selbst, ob er Unzumutbarkeit annimmt. Wird sie vom Gerichtsvollzieher bejaht und unterlässt er deshalb die Vorführung des Verpflichteten beim Arzt, kann der Berechtigte Erinnerung entsprechend § 766 ZPO einlegen, worüber das Familiengericht nach Anhörung der Beteiligten durch Beschluss entscheidet. Hiergegen ist die befristete Beschwerde nach §§ 58 ff. FamFG gegeben.[11] Gegen die Anwendung des § 87 Abs. 4 (anstelle der Erinnerung) spricht, dass die Weigerung des Gerichtsvollziehers kein Beschluss im Vollstreckungsverfahren ist.

V. Unmittelbarer Zwang (Abs. 2)

Bei wiederholter unberechtigte Verweigerung der Untersuchung kann unmittelbarer Zwang angewandt werden. „Wiederholt" bedeutet nicht „mehrfach". Die §§ 90 Abs. 1, 92 Abs. 1, welche unmittelbar nur für die Herausgabe von Personen und die Regelung des Umgangs gelten, sind analog anzuwenden. Die Anordnung erfolgt, nach Anhörung des Verpflichteten, durch Beschluss mit Begründung und Rechtsmittelbelehrung (§§ 38, 39). Kostenentscheidung § 92 Abs. 2. Nach der ersten erfolglosen Wiederholung kann das Familiengericht auf Antrag des Berechtigten anordnen, dass unmittelbarer Zwang angewandt werden darf; zugleich wird die zwangsweise Vorführung zur Untersuchung angeordnet. Der Beschluss ist nach § 87 Abs. 4 anfechtbar. Die Vorführung erfolgt durch den örtlich zuständigen Gerichtsvollzieher.

Die **Gebühren des Gerichtsvollziehers** sind geregelt in Nr. 270 GvKostG KV.

---

[11] Vgl. *Borth* FPR 2007, 381 zu § 56 FGG.

Abschnitt 9. Verfahren mit Auslandsbezug

Unterabschnitt 1. Verhältnis zu völkerrechtlichen Vereinbarungen und Rechtsakten der Europäischen Gemeinschaft

§ 97 Vorrang und Unberührtheit

(1) ¹Regelungen in völkerrechtlichen Vereinbarungen gehen, soweit sie unmittelbar anwendbares innerstaatliches Recht geworden sind, den Vorschriften dieses Gesetzes vor. ²Regelungen in Rechtsakten der Europäischen Gemeinschaft bleiben unberührt.

(2) Die zur Umsetzung und Ausführung von Vereinbarungen und Rechtsakten im Sinn des Absatzes 1 erlassenen Bestimmungen bleiben unberührt.

Schrifttum: *Faetan,* Internationale Rechtsgrundlagen im Unterhaltsrecht sowie europäische und internationale Vollstreckungsübereinkommen, JAmt 2007, 181; *Finger,* Anerkennung und Vollstreckung ausländischer Sorge- und Umgangsregelungen; Kindesherausgabe; Kindesentführung – HKindEntÜ, FuR 2007, 67; *Gebauer,* Vollstreckung von Unterhaltstiteln nach der EuVTVO und der geplanten Unterhaltsverordnung, FPR 2006, 252; *Gruber,* Das HKÜ, die Brüssel IIa-Verordnung und das Internationale Familienrechtsverfahrensgesetz, FPR 2008, 214; *ders.,* Das neue Internationale Familienrechtsverfahrensgesetz, FamRZ 2005, 1604; *Helms,* Reform des internationalen Betreuungsrechts durch das Haager Erwachsenenschutzabkommen, FamRZ 2008, 1995; *Janzen,* Die neuen Haager Übereinkünfte zum Unterhaltsrecht und die Arbeiten an einer EG-Unterhaltsverordnung, FPR 2008, 218; *Looschelders/Boos,* Das grenzüberschreitende Unterhaltsrecht in der internationalen und europäischen Entwicklung, FamRZ 2006, 374; *Martiny,* Grenzüberschreitende Unterhaltsdurchsetzung nach europäischem und internationalem Recht, FamRZ 2008, 1681; *Schulte-Bundert,* Die Vollstreckung von Entscheidungen über die elterliche Verantwortung nach der VO (EG) 2201/2003 in Verbindung mit dem IntFamRVG, FamRZ 2007, 1608; *Schulz,* Die Zeichnung des Haager Kinderschutzübereinkommens von 1996 und der Kompromiss zur Brüssel IIa-VO, FamRZ 2003, 1351.

Übersicht

	Rn.		Rn.
I. Normzweck	1–3	3. Sonstige Familiensachen und Nachlasssachen (§§ 99–105, 108 ff.)	25–28
1. Hinweis- und Warnfunktion	1	**IV. EG-Verordnungen iSd. Abs. 1 S. 2**	39–61
2. Begründung einer Normhierarchie	2	1. Brüssel I-VO	39–42
3. Parallelregelung im IPR	3	2. Brüssel IIa-VO	43–52a
II. Normhierarchie	4–18	3. EG-VollstrTitelVO	53–56
1. Völkerrechtliche Vereinbarungen	4–11	4. EG-MahnVO, EG-BagatellVO	57, 58
2. EG-Verordnungen	12–15	5. EG-UnterhaltsVO	59, 60
3. EG-Richtlinien	16, 17	6. Weiteres EG-Recht zu Verfahren mit Auslandsbezug	61
4. Ausführungsbestimmungen	18	**V. Umsetzungs- und Ausführungsbestimmungen iSd. Abs. 2**	62–67
III. Völkerverträge iSd. Abs. 1 S. 1	19–38	1. Ausführung von Völkerverträgen	62–64
1. Ehesachen, Verbund (§§ 98, 107, 109, 110)	19–22	2. Ausführung von EG-Recht	65–67
2. Lebenspartnerschaftssachen (§§ 103, 108f., 110)	23, 24		

I. Normzweck

1   **1. Hinweis- und Warnfunktion.** Die Bestimmung hat insbesondere **Hinweis- und Warnfunktion**[1] auf die vorrangige Geltung von völkervertraglichen und europarechtlichen Bestimmungen (Abs. 1) sowie von Umsetzungs- und Ausführungsbestimmungen zu solchen Rechtsinstrumenten (Abs. 2), welche die im Abschn. 9 geregelten Materien des internationalen Familienprozess- (IFPR) und -verfahrensrechts (IFVR) betreffen. Sie soll vor allem die Aufmerksamkeit der praktischen Rechtsanwendung auf die zahlreichen betroffenen Rechtsinstrumente lenken.

---

[1] Gesetzentwurf FamFG BT-Drucks. 16/6308, zu § 97.

2. Begründung einer Normhierarchie. Die Bestimmung erschöpft sich nicht in dem Hinweis- 2
charakter; vielmehr wird der jeweilige **Normvorrang** durch die Bestimmung, zB bei völkervertraglichem IFPR/IFVR, erst **hergestellt** (dazu Rn. 4 ff.).

3. Parallelregelung im IPR. Die Bestimmung entspricht **Art. 3 Nr. 1 Halbs. 1, Nr. 2** 3
EGBGB, der in gleicher Weise auf den Vorrang europarechtlicher und völkervertraglicher Rechtsinstrumente des IPR gegenüber dem nationalen IPR hinweist. Vor Inkrafttreten der vorliegenden ausdrücklichen Regelung wurde der Vorrang völkervertraglichen IZPR auf eine entsprechende Anwendung von **Art. 3 Abs. 2 aF EGBGB** gestützt.

II. Normhierarchie

1. Völkerrechtliche Vereinbarungen. a) Vorrang. Abs. 1 S. 1 begründet einen Vorrang **völ-** 4
kervertraglichen IFPR und IFVR gegenüber dem FamFG, insbesondere im Verhältnis zu §§ 98–110 FamFG. Erst recht gilt der Vorrang für Völkerverträge, die Prozessrecht für Verfahren mit Auslandsbezug zu Themen beinhalten, zu denen das FamFG schweigt (zB das HZÜ betreffend die internationale Zustellung). Völkerverträge, soweit sie nicht allgemeine Regeln des Völkerrechts kodifizieren, die nach Art. 25 GG Vorrang beanspruchen, stehen, auch soweit sie unmittelbar anwendbares Recht enthalten und nicht der Umsetzung in deutsches Recht bedürfen, innerstaatlich (nur) im Rang eines einfachen Bundesgesetzes. Sie wären daher im Verhältnis zu anderem einfachem Bundesrecht nach den Regeln über den Vorrang der *lex posterior* bzw. der *lex specialis* zu behandeln.[2]

b) Bei unmittelbarer innerstaatlichen Geltung. Soweit Regelungen in völkerrechtlichen 5
Vereinbarungen unmittelbare innerstaatliche Geltung haben, also nicht nur die BRep Deutschland zum Erlass entsprechender umsetzender Bestimmungen verpflichten, gehen sie in ihrem sachlichen, zeitlichen und räumlichen Anwendungsbereich den §§ 98–110 vor (Abs. 1 S. 1).

Dies bedeutet jedoch **nicht zwangsläufig eine Verdrängung** innerstaatlichen Rechts; insbeson- 6
dere völkerrechtliche Abkommen über die Anerkennung von Entscheidungen haben das Ziel, die Anerkennung (und Vollstreckung) zu erleichtern, verpflichten positiv nur zur Anerkennung unter den dort geregelten Voraussetzungen, nicht aber zur Nichtanerkennung und lassen deshalb ihrerseits **günstigeres innerstaatliches Recht** unberührt.[3] Andererseits kann sich ein absoluter Vorrang vor innerstaatlichem Recht ausdrücklich oder nach Sinn und Zweck eines Übereinkommens ergeben.

c) Keine unmittelbare innerstaatliche Geltung. Soweit keine unmittelbare innerstaatliche 7
Geltung besteht, weil ein Übereinkommen dies so vorsieht oder die BRep Deutschland zulässigerweise einen Vorbehalt gegen die unmittelbare Geltung erklärt hat, besteht zwar kein Vorrang iSd. Abs. 1 S. 1. Jedoch stellt Abs. 2 klar, dass §§ 98–110 die zur Umsetzung des Völkervertrages erlassenen Bestimmungen nicht verdrängen.

d) Verhältnis mehrerer völkervertraglicher Regelungen. Das Verhältnis mehrerer völkerver- 8
traglicher Regelungen, deren Anwendungsbereich im konkreten Fall eröffnet ist, regelt die Bestimmung nicht. Hierzu ergeben sich unterschiedliche Konstellationen.

aa) Sind Übereinkommen in der Weise konzipiert, dass **eines dem anderen nachfolgt,** so regelt 9
üblicherweise das jüngere Übereinkommen, in welcher Weise dies geschieht. Da das ältere Übereinkommen vorbehaltlich einer zulässigen Kündigung im Verhältnis zu bisherigen Vertragsstaaten fortgilt, kann das jüngere, auch wenn es als universell anwendbar, also unabhängig von Gegenseitigkeit, verstehen, das ältere nur im Verhältnis zu Vertragsstaaten verdrängen, die dem jüngeren Übereinkommen beigetreten sind.

bb) Treffen dagegen Übereinkommen aufeinander, die **nicht aufeinander abgestimmt** sind, so 10
kommt wiederum im Bereich der Anerkennung und Vollstreckung von Entscheidungen das **Günstigkeitsprinzip** in Betracht (Rn. 6); im Zweifel ist davon auszugehen, dass die BRep Deutschland mit dem nicht abgestimmten Abschluss eines weiteren Völkervertrages mit überschneidendem Anwendungsbereich nicht den Bruch völkervertraglicher Verpflichtungen, sondern eine weitere Erleichterung des Rechtsverkehrs anstrebt.

e) Verhältnis völkervertraglicher Regelungen zu Europarecht. Das Verhältnis völkervertrag- 11
licher Regelungen zu Europarecht ist in § 97 ebenfalls nicht geregelt. Treffen die Anwendungsbereiche eines europarechtlichen und eines völkerrechtlichen Rechtsinstruments zusammen, so ist auszugehen von den Konkurrenzregelungen, die das europarechtliche Instrument enthält (zB Art. 59 ff. Brüssel II a-VO). Diese Konkurrenzregelungen verfolgen regelmäßig das Prinzip, im Innenverhältnis

---

[2] Im Einzelnen MünchKommBGB/*Sonnenberger* Art. 3 EGBGB Rn. 12 ff.
[3] Vgl. BGH IPRax 1989, 104; oben § 328 Rn. 15; *Staudinger/Spellenberg*, 2004, IntVerfREhe § 328 ZPO Rn. 43.

der Mitgliedstaaten iSd. jeweiligen EG-Verordnung der Verordnung Vorrang vor bi- oder multilateralen Völkerverträgen zu geben; im Verhältnis zu Drittstaaten kann hingegen ein europarechtliches Instrument keinen Vorrang beanspruchen, da es sonst einzelne Mitgliedstaaten einem Loyalitätskonflikt zwischen der Völkervertrags- und der Europarechtstreue aussetzen würde.

12 **2. EG-Verordnungen. a) Unberührtheit und Geltungsvorrang. aa)** EG-Verordnungen bleiben nach Abs. 1 S. 2 lediglich **unberührt,** ihnen wird also nicht durch die vorstehende Regelung ein Vorrang eingeräumt. Ein **Anwendungsvorrang** von EG-Verordnungen besteht in ihrem jeweiligen Anwendungsbereich jedoch bereits schon auf Grund der **unmittelbaren Geltungsanordnung** in Art. 249 Abs. 2 EGV, weshalb Abs. 1 S. 2 diesen Vorrang nicht begründen muss. Wie zu den Völkerverträgen sind nicht nur EG-Verordnungen betroffen, die sich auf die in §§ 98–110 FamFG geregelten Materien beziehen, sondern erst recht EG-Verordnungen, die Themen des Verfahrens mit Auslandsbezug regeln, zu denen das FamFG schweigt (zB die EG-ZustellVO).

13 **bb)** Ob dieser Geltungsvorrang einen **Auslandsbezug** oder **Mitgliedstaatenbezug** voraussetzt, ist aus Sicht der EG-Verordnung selbst zu bestimmen (zB Art. 3 Brüssel I-VO, Art. 3 EG-MahnVO). Eine darüber hinausgehende ungeschriebene teleologische Beschränkung von EG-Verordnungen auf Fälle mit Auslandsbezug besteht hingegen nicht; im Übrigen wäre eines solche Beschränkung im Kontext der §§ 98 ff. FamFG ohne Relevanz: Stellt sich einem deutschen Gericht die Frage der Internationalen Zuständigkeit oder der Urteilsanerkennung, so ist damit implizit der potentielle Auslandsbezug bejaht.

14 **cc)** Ob ein **ausnahmsloser Geltungsvorrang** von EG-Verordnungen in ihrem Anwendungsbereich gegenüber §§ 98–110 besteht, ist fraglich. Soweit EG-Verordnungen zur internationalen Zuständigkeit Geltung beanspruchen, zB für die Brüssel II a-VO vorbehaltlich deren Art. 8, kommt ein subsidiärer Rückgriff auf §§ 98–106 nicht in Betracht. Ob hingegen für die Anerkennung von Entscheidungen das Günstigkeitsprinzip (Rn. 6) im Verhältnis von EG-Verordnungen und nationalem Recht gilt, ist strittig.[4] Da durch die bisherigen EG-Verordnungen die Anerkennung durchweg erleichtert wird, handelt es sich um ein selten praktisch relevantes Problem; richtigerweise erscheint jedoch ein Rückgriff auf nationales Anerkennungsrecht durch die Anerkennung und Vollstreckung regelnde EG-Verordnungen ausgeschlossen. Jedenfalls sind anerkennungserschwerende Verfahrensregeln, wie § 107 Abs. 1, im Anwendungsbereich von EG-Verordnungen verdrängt.[5]

15 **b) Verhältnis zu Völkerverträgen.** Im Verhältnis zu völkervertraglichem Recht schränken sich **EG-Verordnungen** nach Maßgabe ihrer Bestimmungen über das „Verhältnis zu anderen Rechtsinstrumenten" (zB Art. 59 ff. Brüssel II a-VO) selbst ausdrücklich ein (dazu Rn. 11).

16 **3. EG-Richtlinien.** In Ansehung von EG-Richtlinien hat **Abs. 1 S. 2 keine Funktion,** da EG-Richtlinien nur die Mitgliedstaaten binden, grundsätzlich aber kein unmittelbar anwendbares Recht setzen (Art. 249 Abs. 3 EGV). Sie treten also nicht in direkten Normkonflikt mit dem deutschen IFPR und IFVR.

17 **Abs. 2** bezieht sich u. a. auf die **deutsche Umsetzung** von EG-Richtlinienrecht. Insoweit wird ein Anwendungsvorrang begründet, indem auch für vor Inkrafttreten des FamFG bestehende Umsetzungsakte die *lex posterior*-Regel ausgeschaltet wird. Art. 249 Abs. 3 EGV verpflichtet die BRep zu einer solchen Vorrangregelung, schafft sie aber nicht selbst.

18 **4. Ausführungsbestimmungen.** Lediglich die *lex posterior*-**Regel** betrifft **Abs. 2** hinsichtlich von Ausführungsbestimmungen zu Völkerverträgen und EG-Verordnungen. Auch gegenüber bereits bestehenden Ausführungsbestimmungen wirken die §§ 98–110 nicht als *lex posterior* derogierend, sondern lassen diese unberührt.

III. Völkerverträge iSd. Abs. 1 S. 1

19 **1. Ehesachen, Verbund (§§ 98, 107, 109, 110). a) Multilaterale Vereinbarungen.** Multilaterale Völkerverträge zur internationalen Zuständigkeit, Anerkennung und Vollstreckung in Ehesachen selbst, insbesondere das *Luxemburger CIEC-Abkommen* über die Anerkennung von Entscheidungen in Ehesachen vom 8. 9. 1967[6] und das *Haager Übereinkommen* über die Anerkennung von Ehescheidungen und Ehetrennungen vom 1. 6. 1970,[7] hat die BRep Deutschland nicht ratifiziert. Aus dem Anwendungsbereich des Luganer Übereinkommens vom 16. 9. 1988[8] sind den Personenstand betreffende Verfahren gemäß Art. 1 Abs. 2 Nr. 1 Luganer Übk. ausgeschlossen.

---

[4] Bejahend oben § 328 ZPO Rn. 15 mit Nachweisen.
[5] *Rauscher/Rauscher* Art. 21 Brüssel II a-VO Rn. 7.
[6] Text http://www.ciec-deutschland.de/cln_012/nn_866074/DE/Abkommen/abkommen11.html.
[7] Text und Stand der Vertragsstaaten: http://www.hcch.net/index_en.php?act=conventionS.text&cid=80.
[8] BGBl. 1994 II S. 2660.

b) Bilaterale Vereinbarungen. Bilaterale Vereinbarungen zur internationalen Zuständigkeit in **20** Ehesachen bestehen nicht. Abkommen zur Anerkennung von Entscheidungen, die sich auch auf Ehesachen beziehen, bestehen im Verhältnis zur *Schweiz*[9] und zu *Tunesien*.[10]

Die Anerkennungsabkommen mit den **EU-Mitgliedstaaten** Belgien,[11] Griechenland,[12] Italien,[13] **21** Österreich,[14] Spanien[15] und Vereinigtes Königreich,[16] die sich – teilweise mit erheblichen Einschränkungen des persönlichen Anwendungsbereichs[17] oder der Anerkennungszuständigkeiten[18] – auch auf Ehesachen beziehen, gelten nur noch für Alt-Entscheidungen, die (noch) nicht in den zeitlichen Anwendungsbereich nach Art. 64 Brüssel II a-VO fallen. Für Entscheidungen in deren zeitlichem Anwendungsbereich (Art. 64 Brüssel II a-VO) sind diese Abkommen durch die Brüssel II a-VO verdrängt; es gilt insoweit kein Günstigkeitsprinzip (Art. 59 Abs. 1 Brüssel II a-VO).

c) Verbundverfahren. In Verbundverfahren ist zu beachten, dass sich die auf Grund der Brüssel **22** II a-VO oder § 98 bestehende internationale Zuständigkeit deutscher Gerichte für die Ehesache nicht auf Verbundsachen erstreckt, die ihrerseits in den Anwendungsbereich einer völkervertraglichen oder (anderen) europarechtlichen Zuständigkeitsregelung fallen (dazu Rn. 20 ff., Rn. 39 ff.). Eine internationale Verbundzuständigkeit aus § 98 Abs. 2 ist in solchen Fällen ebenfalls durch den Vorrang der völkervertraglichen oder europarechtlichen Bestimmung verdrängt.

2. Lebenspartnerschaftssachen (§§ 103, 108f., 110). a) Völkervertragliche Regelungen. **23** Völkervertragliche Regelungen, welche die **internationale Zuständigkeit** in Lebenspartnerschaftssachen betreffen, existieren nicht.

b) Bilaterale Anerkennungsabkommen. Soweit **bilaterale Anerkennungsabkommen** **24** (Rn. 19 f.) Statussachen umfassend oder eingeschränkt betreffen, erfassen sie grundsätzlich auch Entscheidungen in Lebenspartnerschaftssachen, vorbehaltlich des Anerkennungsversagungsgrundes des *ordre public* im jeweils anderen Vertragsstaat. Insoweit bleiben auch die Anerkennungsabkommen mit anderen EG-Mitgliedstaaten anwendbar, da die Brüssel II a-VO sich nicht auf Lebenspartnerschaftssachen erstreckt. Sonderregeln der für die Anerkennung in Ehesachen maßgeblichen Zuständigkeit (zB Art. 4 des deutsch-belgischen Abkommens, Rn. 21) gelten hingegen nicht für Lebenspartnerschaftssachen.

3. Sonstige Familiensachen und Nachlasssachen (§§ 99–105, 108 ff.). a) Multilaterale **25** **Völkerverträge. aa) Kindschaftssachen.** Das Haager Minderjährigenschutzabkommen (MSA)[19] und das dieses Abkommen nach seinem für das Jahr 2010 erwarteten[20] Inkrafttreten für die BRep Deutschland im Verhältnis zu Vertragsstaaten ablösende Haager Kindesschutzübereinkommen[21] regeln Zuständigkeit, Anerkennung und Vollstreckung von Entscheidungen zu **sorgerechtlichen Schutz-**

---

[9] Abkommen zwischen dem Deutschen Reich und der Schweizerischen Eidgenossenschaft über die gegenseitige Anerkennung und Vollstreckung von gerichtlichen Entscheidungen und Schiedssprüchen vom 2. 11. 1929, RGBl. 1930 II S. 1066, RGBl. 1930 II S. 1270; mit Ausführungsverordnung vom 23. 8. 1930, RGBl. 1930 II S. 1209.

[10] Deutsch-tunesischer Vertrag vom 19. 7. 1966, BGBl. 1969 II S. 890, BGBl. 1970 II S. 125; mit Ausführungsgesetz vom 29. 4. 1969, BGBl. 1969 I S. 333, BGBl. 1970 I S. 307.

[11] Abkommen vom 30. 6. 1958, BGBl. 1959 II S. 766; BGBl. 1960 II, S. 2408; mit Ausführungsgesetz vom 26. 6. 1959, BGBl. 1959 I S. 425.

[12] Vertrag vom 4. 11. 1961, BGBl. 1963 II S. 110, BGBl. 1963 II S. 1278; mit Ausführungsgesetz vom 5. 2. 1963, BGBl. 1963 I S. 129.

[13] Abkommen vom 9. 3. 1936, RGBl. 1937 II S. 145, RGBl. 1937 II S. 145; wieder in Kraft seit 1. 10. 1952, BGBl. 1952 II S. 986; mit AusführungsVO vom 18. 5. 1937, RGBl. 1937 II S. 143, BGBl. 1950 I S. 455, 533.

[14] Vertrag vom 6. 6. 1959, BGBl. 1960 II S. 1246, BGBl. 1960 II S. 1523; mit Ausführungsgesetz vom 8. 3. 1960, BGBl. 1960 I S. 169.

[15] Vertrag vom 14. 11. 1983, BGBl. 1987 II S. 35, BGBl. 1988 II S. 375; zur Ausführung §§ 1 ff. AVAG.

[16] Abkommen vom 14. 6. 1960, BGBl. 1961 II S. 302; BGBl. 1961 II S. 1025; mit Ausführungsgesetz vom 28. 3. 1961, BGBl. 1961 I S. 301.

[17] ZB Art. 2 des deutsch-griechischen Vertrags.

[18] ZB Art. 3 des deutsch-italienischen Abkommens.

[19] Haager Übereinkommen über die Zuständigkeit der Behörden und das anzuwendende Recht auf dem Gebiet des Schutzes von Minderjährigen vom 5. 10. 1961, BGBl. 1971 II S. 219.

[20] Zur Verzögerung der Ratifikation durch innereuropäische Querelen *Schulz* FamRZ 2006, 1309; 2008 wurde nunmehr durch den Rat der Ermächtigung der Mitgliedstaaten zur Ratifikation erteilt. Offenkundig gibt es in den Organen der EG/EU Kräfte, die das Haager Übereinkommen nicht nur als Bereicherung im Verhältnis zu Drittstaaten, sondern auch als Konkurrenz zu Regelungen im Innenverhältnis ansehen; eine Frucht dieser Skepsis sind die zahlreichen Abweichungen der Art. 8 ff. Brüssel II a-VO vom KSÜ, die zwar zum Teil durchaus sinnvoll sind, gleichwohl aber in der Praxis Fehlerquellen darstellen.

[21] Haager Übereinkommen über die Zuständigkeit, das anzuwendende Recht, die Anerkennung, Vollstreckung und Zusammenarbeit auf dem Gebiet der elterlichen Verantwortung und der Maßnahmen zum Schutz von Kindern vom 19. 10. 1996; www.hcch.net sub: conventions.

§ 97 26–31   Buch 1. Abschnitt 9. Verfahren mit Auslandsbezug

maßnahmen über Minderjährige. MSA und KSÜ gelten bei gewöhnlichem Aufenthalt des Minderjährigen in einem Vertragsstaat,[22] wobei der Vorrang der Brüssel II a-VO gemäß Art. 60 lit. a Brüssel II a-VO (betreffend MSA) und Art. 61 Brüssel II a-VO (betreffend KSÜ) zu beachten ist.[23]

26   Ebenfalls die Anerkennung und Vollstreckung von **Sorgerechtsentscheidungen** aus Vertragsstaaten, nicht aber die internationale Entscheidungszuständigkeit, regelt das Luxemburger Europäische Sorgerechtsübereinkommen.[24]

27   Die internationale Zuständigkeit für **Vormundschaften** regelt das Haager Vormundschaftsabkommen,[25] das jedoch nur im Verhältnis zu Belgien und Rumänien[26] gilt, da es im Verhältnis zu den weiteren Vertragsstaaten, die dem MSA angehören, durch dieses verdrängt ist (Art. 18 MSA).

28   Die Zuständigkeit für die Entscheidung über eine **Rückführung** unrechtmäßig verbrachter oder zurückgehaltener Kinder regelt das Haager Kindesentführungsübereinkommen[27] (KindEÜbk) im Verhältnis zu Vertragsstaaten.[28] Dieses Übereinkommen tritt auch im Verhältnis zu EG-Mitgliedstaaten nicht hinter die Brüssel II a-VO zurück, sondern wird durch deren Art. 11 nur um spezielle Verfahrensweisen ergänzt.

29   **bb) Betreuungssachen.** Das Haager Erwachsenenschutzübereinkommen (ErwSÜ)[29] regelt die Zuständigkeit, Anerkennung und Vollstreckung von **Schutzmaßnahmen** über die Person und das Vermögen von **Erwachsenen**. Auch dieses Übereinkommen gilt im Verhältnis zu Vertragsstaaten,[30] wobei kein konkurrierendes europarechtliches Instrument besteht (dazu § 104 Rn. 6 ff.).

30   **cc) Unterhaltssachen.** Die Anerkennung und Vollstreckung von Unterhaltsentscheidungen regeln das Haager Unterhaltsanerkennungsübereinkommen 1958[31] im Verhältnis zu Belgien, Liechtenstein, Österreich, Republik Suriname und Ungarn, die das jüngere Übereinkommen nicht ratifiziert haben, sowie das **Haager Unterhaltsanerkennungsübereinkommen 1973**[32] im Verhältnis zu dessen Vertragsstaaten.[33] Diese Übereinkommen werden auch im Verhältnis zu EG-Mitgliedstaaten nicht durch die Brüssel I-VO verdrängt, sondern treten nach dem Günstigkeitsprinzip neben diese (Art. 67 Brüssel I-VO). Dies schließt jedoch nicht die von Art. 69 Abs. 1 Brüssel I-VO verdrängten bilateralen Abkommen (Rn. 30) ein.[34] Im Verhältnis zu Nicht-EG-Mitgliedstaaten treten hingegen bilaterale Abkommen nach dem Günstigkeitsprinzip neben die Haager Übereinkommen (Art. 11 Haager Unterhaltsanerkennungsübereinkommen 1958, Art. 23 Haager Unterhaltsanerkennungsübereinkommen 1973). Das **New Yorker UNÜ 1956**[35] regelt hingegen im Verhältnis zu 57 Vertragsstaaten nur die zur Durchsetzung von Unterhaltsansprüchen zu gewährende Rechtshilfe, nicht aber die Anerkennung von Entscheidungen.

31   Das **Haager Unterhaltsanerkennungsübereinkommen 2007**[36] wird, zusammen mit dem **Haager Unterhaltsprotokoll**[37] über das anwendbare Unterhaltsstatut, das Unterhaltsanerkennungs-

---

[22] www.hcch.net, KSÜ sub: conventions, Nr. 10 (MSA), Nr. 34 (KSÜ), status table.
[23] Dazu oben Art. 60 und 61 EheGVO (= Brüssel II a-VO).
[24] Luxemburger Europäisches Übereinkommen über die Anerkennung und Vollstreckung von Entscheidungen über das Sorgerecht von Kindern und die Wiederherstellung des Sorgeverhältnisses vom 20. 5. 1980, BGBl. 1990 II S. 220.
[25] Haager Abkommen zur Regelung der Vormundschaft über Minderjährige vom 12. 6. 1902, RGBl. 1904 S. 240.
[26] *Staudinger/von Hein*, 2008, Vorbem. Art 24 EGBGB Rn. 3; näher zur fraglichen Geltung gegenüber Rumänien dort Rn. 373.
[27] Haager Übereinkommen über die zivilrechtlichen Aspekte internationaler Kindesentführung vom 25. 10. 1980, BGBl. 1990 II S. 207.
[28] www.hcch.net, sub: conventions, Nr. 28, status table. Die Eigenschaft von Israel als Vertragsstaat vermittelt nicht die Anwendung im Verhältnis zu den palästinensischen Autonomiegebieten: AG Saarbrücken FamRZ 2008, 433.
[29] Haager Übereinkommen über den internationalen Schutz von Erwachsenen vom 13. 1. 2000, BGBl. 2007 II S. 323.
[30] www.hcch.net, sub: conventions, Nr. 35, status table.
[31] Haager Übereinkommen über die Anerkennung und Vollstreckung von Entscheidungen auf dem Gebiet der Unterhaltspflicht gegenüber Kindern vom 15. 4. 1958, BGBl 1961 II S. 1006; mit Ausführungsgesetz BGBl. 1961 I S. 1033; BGBl. 2001 I S. 1887; dazu oben Band 3 IZPR C.1.b. und C. I. c.
[32] Haager Übereinkommen über die Anerkennung und Vollstreckung von Unterhaltsentscheidungen vom 2. 10. 1973, BGBl 1986 II S. 826; dazu oben IZPR C. I. a.
[33] www.hcch.net, sub: conventions, Nr. 23, status table.
[34] *Staudinger/Spellenberg*, 2004, IntVerfREhe § 328 ZPO Rn. 4.2.
[35] New Yorker UN-Übereinkommen über die Geltendmachung von Unterhaltsansprüchen im Ausland, vom 20. 6. 1956, BGBl. 1959 II S. 150; dazu oben Band 3 IZPR C.1.d.
[36] Haager Übereinkommen über die internationale Geltendmachung von Kindesunterhalt und anderer Formen von Familienunterhalt vom 23. 11. 2007, www.hcch.net, sub: Conventions Nr. 38; dazu *Janzen* FPR 2008, 218.
[37] www.hcch.net, sub: Conventions Nr. 39.

übereinkommen und das Unterhaltsstatutübereinkommen zusammenfassen und überdies auch Rechtshilfe regeln und das UNÜ 1956 im Verhältnis der Vertragsstaaten ersetzen. Die Inkraftsetzung des Protokolls im Ursprungsstaat einer Unterhaltsentscheidung wird insbesondere für die Anwendung des Anerkennungs- und Vollstreckungssystems der ab dem 18. 6. 2011 anzuwendenden EG-UnterhaltsVO[38] Bedeutung haben (dazu Rn. 59).

Das **EuGVÜ**[39] bestimmte die internationale Zuständigkeit in Unterhaltssachen, wenn der Beklagte Wohnsitz in einem Mitgliedstaat hatte (Art. 3 Abs. 1 EuGVÜ). Für seit dem 1. 3. 2002 erhobene Klagen bzw. beurkundete Unterhaltstitel ist das EuGVÜ insoweit durch die Brüssel I-VO im Verhältnis zu den damaligen EG-Mitgliedstaaten außer Dänemark verdrängt, seit dem 1. 7. 2007 auch im Verhältnis zu Dänemark, auf das die Brüssel I-VO auf Grund eines Anwendungsübereinkommens mit der EU[40] anwendbar wurde. Für die Anerkennung und Vollstreckung löst die Brüssel I-VO das EuGVÜ sogar rückwirkend für Alttitel ab (Art. 66 Abs. 2 lit. a Brüssel I-VO). Im Verhältnis zum FamFG hat das EuGVÜ damit keine Bedeutung mehr. 32

Im Verhältnis zu Staaten des EWR, die nicht der EU angehören (derzeit noch Schweiz, Norwegen, Island), gilt hinsichtlich der internationalen Zuständigkeit, der Anerkennung und der Vollstreckung von Unterhaltsentscheidungen das Luganer Übereinkommen (LugÜbk),[41] das ebenfalls die Haager Übereinkommen 1958 und 1973 nicht verdrängt (Art. 57 LugÜbk). Der räumliche Anwendungsbereich bestimmt sich nach denselben Kriterien wie der des EuGVÜ (Zuständigkeit: Beklagtenwohnsitz, Anerkennung und Vollstreckung: Ursprungsstaat des Titels). Das Luganer Übereinkommen bleibt für die Bestimmung der internationalen Zuständigkeit auch anwendbar, wenn der Beklagte bei Klageerhebung seinen Wohnsitz in einem Vertragsstaat hatte, der später der EU beigetreten ist (zB Polen). Hingegen wird für die Anerkennung von Alttiteln in solchen Fällen das LugÜbk durch die Brüssel I-VO gemäß Art. 66 Abs. 2 lit. a Brüssel I-VO verdrängt, die ihrerseits von §§ 108 ff. FamFG unberührt bleibt. 33

dd) Adoptionssachen. Das Haager Adoptionsübereinkommen[42] regelt die Anerkennung von Adoptionen aus Vertragsstaaten.[43] Eine Umwandlung von ausländischen schwachen Adoptionen in Volladoptionen kann nach Art. 27 Haager Adoptionsübereinkommen iVm. § 3 AdWirkG erfolgen (dazu § 101 Rn. 13). 34

b) Bilaterale Abkommen. aa) Anerkennung und Vollstreckung. Bilaterale Anerkennungsabkommen bestehen im Verhältnis zu Belgien,[44] Griechenland,[45] Israel,[46] Italien,[47] Norwegen,[48] Niederlande,[49] Österreich,[50] Schweiz,[51] Spanien,[52] Tunesien[53] und dem Vereinigten König- 35

---

[38] Art. 76 Verordnung (EG) Nr. 4/2009 vom 18. 12. 2008 über die Zuständigkeit, das anwendbare Recht, die Anerkennung und Vollstreckung von Entscheidungen und die Zusammenarbeit in Unterhaltssachen, ABl EU 2009 L 7/1.
[39] Brüsseler EWG-Übereinkommen über die gerichtliche Zuständigkeit und die Vollstreckung gerichtlicher Entscheidungen in Zivil- und Handelssachen vom 27. 9. 1968, BGBl. 1972 II S. 774.
[40] ABl. EU 2005 L 299/62.
[41] Luganer Übereinkommen über die gerichtliche Zuständigkeit und die Vollstreckung gerichtlicher Entscheidungen in Zivil- und Handelssachen vom 16. 9. 1988, BGBl 1994 II S. 2660.
[42] Haager Übereinkommen über den Schutz von Kindern und die Zusammenarbeit auf dem Gebiet der internationalen Adoption vom 29. 5. 1993, BGBl. 2001 II S. 1035.
[43] www.hcch.net, sub: conventions, Nr. 33, status table.
[44] Abkommen vom 30. 6. 1958, BGBl. 1959 II S. 766; BGBl. 1960 II S. 2408; mit Ausführungsgesetz vom 26. 6. 1959, BGBl. 1959 I S. 425.
[45] Vertrag vom 4. 11. 1961, BGBl. 1963 II S. 110, BGBl. 1963 II S. 1278; mit Ausführungsgesetz vom 5. 2. 1963, BGBl. 1963 I S. 129.
[46] Vertrag vom 20. 7. 1977, BGBl. 1980 II S. 926; mit Ausführungsbestimmungen in §§ 45 ff. AVAG.
[47] Abkommen vom 9. 3. 1936, RGBl. 1937 II S. 145, RGBl. 1937 II S. 145; wieder in Kraft seit 1. 10. 1952, BGBl. 1952 II S. 986; mit AusführungsVO vom 18. 5. 1937, RGBl. 1937 II S. 143, BGBl. 1950 I S. 455, 533.
[48] Vertrag vom 17. 6. 1977, BGBl. 1981 II S. 342; mit Ausführungsbestimmungen in §§ 40 ff. AVAG.
[49] Vertrag vom 30. 8. 1962, BGBl. 1965 II S. 27, BGBl. 1965 II S. 1155; mit Ausführungsgesetz vom 15. 1. 1965 BGBl. 1965 I S. 17.
[50] Vertrag vom 6. 6. 1959, BGBl. 1960 II S. 1246, BGBl. 1960 II S. 1523; mit Ausführungsgesetz vom 8. 3. 1960, BGBl. 1960 I S. 169.
[51] Abkommen zwischen dem Deutschen Reich und der Schweizerischen Eidgenossenschaft über die gegenseitige Anerkennung und Vollstreckung von gerichtlichen Entscheidungen und Schiedssprüchen vom 2. 11. 1929, RGBl. 1930 II S. 1066, RGBl. 1930 II S. 1270; mit Ausführungsverordnung vom 23. 8. 1930, RGBl. 1930 II S. 1209.
[52] Vertrag vom 14. 11. 1983, BGBl. 1987 II S. 35, BGBl. 1988 II S. 375; zur Ausführung §§ 1 ff. AVAG.
[53] Deutsch-tunesischer Vertrag vom 19. 7. 1966, BGBl. 1969 II S. 890, BGBl. 1970 II S. 125; mit Ausführungsgesetz vom 29. 4. 1969 BGBl. 1969 I S. 333, BGBl. 1970 I S. 307.

§ 97 36–43   Buch 1. Abschnitt 9. Verfahren mit Auslandsbezug

reich.⁵⁴ Sie betreffen in unterschiedlichem Umfang vermögensrechtliche Familiensachen, teils auch Statusentscheidungen sowie Streitsachen. FG-Entscheidungen sind überwiegend ausdrücklich einbezogen, soweit dies nicht erfolgte, ist die Einbeziehung fraglich.⁵⁵

36 Insoweit ist für Unterhaltsentscheidungen, nicht aber für Status- und Ehegüterrechtssachen, der Vorrang des Luganer Übereinkommens im Verhältnis zu EWR-Staaten (Art. 55 LugÜbk: Schweiz, Norwegen) und der Brüssel I-VO im Verhältnis zu EG-Mitgliedstaaten in ihrem jeweiligen zeitlichen Anwendungsbereich⁵⁶ zu beachten (Art. 69 Brüssel I-VO: Belgien, Italien, Griechenland, Niederlande, Spanien, Vereinigtes Königreich).

37 bb) Vormundschaft. Bilaterale Regelungen zur Zuständigkeit und Führung von Vormundschaften bestehen im Verhältnis zu Österreich,⁵⁷ Polen,⁵⁸ Spanien⁵⁹ und Russland.⁶⁰

38 cc) Nachlasssachen. Bilaterale Regelungen zur Tätigkeit von Konsuln in Erbsachen⁶¹ finden sich in Konsularverträgen mit Russland,⁶² Spanien,⁶³ der Türkei,⁶⁴ den USA⁶⁵ und dem Vereinigten Königreich.⁶⁶

IV. EG-Verordnungen iSd. Abs. 1 S. 2

39 1. Brüssel I-VO.⁶⁷ **a) Internationale Zuständigkeit. aa)** Die Brüssel I-VO (VO [EG] Nr. 44/2001⁶⁸) regelt bei Wohnsitz des Beklagten in einem Mitgliedstaat die internationale Zuständigkeit in **Unterhaltssachen.** Insoweit verdrängen Art. 2ff. Brüssel 1-VO die internationalen Zuständigkeiten gemäß §§ 105, 232 FamFG.

40 Zeitlich gilt die Brüssel I-VO, wenn die Klage nach dem 1. 3. 2002 erhoben wurde (Art. 66, 76 Brüssel I-VO). Für Mitgliedstaaten, die der EU erst nach dem 1. 3. 2002 beigetreten sind, gilt dies erst ab dem jeweiligen Beitrittsdatum. Für Dänemark ist die Brüssel I-VO seit dem 1. 7. 2007 auf Grund des zwischen Dänemark und der EU abgeschlossenen Anwendungsübereinkommens⁶⁹ anwendbar und verdrängt seitdem auch die Bestimmungen des EuGVÜ.

41 bb) Auf **sonstige Verfahren** im Anwendungsbereich des FamFG, insbesondere auf Güterrechts-, Abstammungs- und Nachlasssachen, ist die Brüssel I-VO nicht anwendbar (Art. 1 Abs. 2 Brüssel I-VO).

42 b) Anerkennung und Vollstreckung. Art. 33 ff., 38 ff. Brüssel I-VO regeln die Anerkennung und Vollstreckung von **Unterhaltstiteln** (auch vollstreckbaren Urkunden, Art. 57 Brüssel I-VO) aus Mitgliedstaaten einschließlich Dänemark (vgl. Rn. 40). Sie bleiben durch §§ 108 ff. FamFG unberührt, die auch nicht im Sinn des Günstigkeitsprinzips hilfsweise auf die Anerkennung und Vollstreckung anwendbar sind (Rn. 10).

43 2. Brüssel IIa-VO.⁷⁰ **a) Internationale Zuständigkeit. aa)** Die Brüssel IIa-VO (VO [EG] Nr. 2201/2003⁷¹) regelt die internationale Zuständigkeit in **Ehesachen** iSd. Art. 1 Abs. 1 lit. a

---

⁵⁴ Abkommen vom 14. 6. 1960, BGBl. 1961 II S. 302; BGBl. 1961 II S. 1025; mit Ausführungsgesetz vom 28. 3. 1961 BGBl. 1961 I S. 301.
⁵⁵ Dazu *Pirrung* IPRax 1982, 130; *Nagel/Gottwald* IZPR (5. Aufl.) 487 ff.
⁵⁶ Vgl. OLG Düsseldorf FamRZ 2007, 841 zur Anwendung des deutsch-österreichischen Vertrages auf einen vor Inkrafttreten des EuGVÜ für Österreich geschlossenen vollstreckbaren Unterhaltsvergleich.
⁵⁷ Abkommen vom 5. 2. 1927, RGBl. 1927 II S. 510; BGBl. 1959 II S. 1250.
⁵⁸ Abkommen vom 5. 3. 1924, RGBl. 1925 II S. 139, 145; die Fortgeltung ist strittig: *Staudinger/Kropholler*, 2002, Vorbem. Art. 24 EGBGB Rn. 7.
⁵⁹ Konsularvertrag vom 22. 2. 1870, RGBl. 1872, 211.
⁶⁰ Konsularvertrag mit der UdSSR vom 25. 4. 1958, BGBl. 1959 II S. 233, 469; zur Fortgeltung für andere UdSSR-Nachfolgestaaten *Staudinger/Dörner*, 2007, Vorbem. Art. 25 f. EGBGB Rn. 194.
⁶¹ Eingehend *Staudinger/Dörner*, 2007, Vorbem. Art. 25 f. EGBGB Rn. 160 ff.
⁶² Konsularvertrag mit der UdSSR vom 25. 4. 1958, BGBl. 1959 II S. 233, 469; zur Fortgeltung für andere UdSSR-Nachfolgestaaten *Staudinger/Dörner*, 2007, Vorbem. Art. 25 f. EGBGB Rn. 194.
⁶³ Konsularkonvention vom 12. 1. 1872, RGBl. 1872, 211.
⁶⁴ Konsularvertrag vom 28. 5. 1929, RGBl. 1930 II S. 747.
⁶⁵ Freundschafts-, Handels- und Konsularvertrag vom 8. 12. 1923, RGBl. 1925 II S. 795, 1935 II S. 743, BGBl. 1954 II S. 721, 722, 1051.
⁶⁶ Konsularvertrag vom 30. 7. 1956, BGBl. 1957 II S. 285, 1958 II S. 17.
⁶⁷ Kommentierung: oben Band 3 IZPR B. 1. „EuGVO".
⁶⁸ Vom 22. 12. 2000, ABl. EG 2001 L 12/1.
⁶⁹ ABl. EU 2005 L 299/62.
⁷⁰ Kommentierung: oben Band 3 IZPR B. 4: „EheGVO".
⁷¹ Vom 27. 11. 2003, ABl. EU 2003 L 338/1.

Brüssel IIa-VO, also Ehescheidung, formalisierte Ehetrennung sowie jede Art der „Ungültigerklärung", insbesondere die Eheaufhebung.

Räumlich-persönlich geht entgegen der missverständlichen Regelungen in Art 6 Brüssel IIa-VO das **44** Zuständigkeitssystem der Art. 3 ff. Brüssel IIa-VO gegenüber § 98 FamFG nicht nur dann vor, wenn die Zuständigkeiten der Brüssel IIa-VO gemäß deren Art. 6 ausschließlich sind. Vielmehr darf auf § 98 FamFG nur zurückgegriffen werden, wenn sich aus Art. 3 ff. Brüssel IIa-VO in keinem Mitgliedstaat eine internationale Zuständigkeit ergibt. Mitgliedstaaten iSd. Brüssel IIa-VO sind alle EG-Mitgliedstaaten mit Ausnahme Dänemarks (Art. 2 Nr. 3 Brüssel IIa-VO), für das auch kein Anwendungsübereinkommen nach dem Vorbild der Brüssel I-VO geplant ist.

Zeitlich gilt dieser Vorrang für Klagen, die seit dem 1. 3. 2005 erhoben wurden (Art. 64 Abs. 1, 72 **45** Brüssel IIa-VO); für seit dem 1. 3. 2001 erhobene Klagen gelten jedoch bereits dieselben Zuständigkeitsregeln nach Art. 2 Brüssel II-VO (VO [EG] Nr. 1347/2000).[72]

bb) Art. 8 ff. Brüssel IIa-VO regeln die internationale Zuständigkeit für Entscheidungen, die die **46** **elterliche Verantwortung** betreffen; *sachlich* umfasst dies den Katalog des Art. 2 Brüssel IIa-VO, der mit dem Anwendungsbereich der §§ 99, 151 FamFG (Kindschaftssachen) nicht deckungsgleich ist. Zwar erfasst der europäisch-autonom weit auszulegende Begriff der „elterlichen Verantwortung" auch öffentlich-rechtliche Kinderschutzmaßnahmen,[73] so dass der Brüssel IIa-VO kein engerer Anwendungsbereich zukommt als dem KSÜ.[74] Erfasst sind damit jedoch nur die Verfahren nach § 151 Nr. 1–6 FamFG, nicht aber § 151 Nr. 8 FamFG, da freiheitsentziehende Unterbringung psychisch kranker Minderjähriger und Maßnahmen nach dem JGG keine spezifisch sorgerechtlichen Schutzmaßnahmen darstellen.[75] Zu § 151 Nr. 7 FamFG siehe § 105 Rn. 17 ff. In *räumlich-persönlicher* Hinsicht werden durch die Brüssel IIa-VO die Zuständigkeiten nach § 99 FamFG verdrängt, wenn das betroffene Kind seinen gewöhnlichen Aufenthalt in einem Mitgliedstaat iSd. Brüssel IIa-VO (Rn. 44) hat. Die internationale Zuständigkeit in Abstammungssachen (§ 100 FamFG) und Adoptionssachen (§ 101 FamFG) ist durch die Brüssel IIa-VO nicht berührt.

Zeitlich gilt dieser Vorrang wie zu Ehesachen (Rn. 41), wobei jedoch die Brüssel II-VO (1. 3. **47** 2001 bis 30. 4. 2005) nur Sorgerechtssachen im Zusammenhang mit einer Ehesache erfasste.

Das Verhältnis zum **MSA** bzw. zum **KSÜ** (Rn. 25) bestimmt sich nach Art. 60 lit. a bzw. Art. 61 **48** Brüssel IIa-VO. Nach Inkrafttreten des KSÜ erfolgt die Abgrenzung zweifelsfrei nach dem gewöhnlichen Aufenthalt des Kindes, so dass sich insgesamt folgendes (jeweils ausschließliches) **Zuständigkeitssystem** ergibt: Art. 8 ff. Brüssel IIa-VO, wenn das Kind gewöhnlichen Aufenthalt in einem Mitgliedstaat (ohne Dänemark) hat, Art. 5 ff. KSÜ bei gewöhnlichem Aufenthalt in einem KSÜ-Vertragsstaat, der nicht Mitgliedstaat ist, § 99 FamFG bei gewöhnlichem Aufenthalt in Staaten, die weder Mitgliedstaaten, noch KSÜ-Vertragsstaaten sind. Dieselbe Abgrenzung gilt trotz der weiter gefassten Formulierung in Art. 60 Brüssel IIa-VO auch für das Verhältnis zum MSA.[76]

Das Verhältnis zum Haager KindEÜbk (Rn. 28) ergibt sich aus Art. 11 Brüssel IIa-VO; das **49** KindEÜbk wird nicht verdrängt, sondern durch die zusätzlichen Verfahrensregeln des Art. 11 Brüssel IIa-VO ergänzt, wenn das Kind in einen anderen Mitgliedstaat verbracht wurde.

b) Anerkennung und Vollstreckung. aa) Art. 21 ff., 28 ff. Brüssel IIa-VO regeln die Anerken- **50** nung und Vollstreckung von Entscheidungen in **Ehesachen** sowie in Sachen betreffend die **elterliche Verantwortung**.[77] Diese Regelungen folgen dem Exequatur-System der Brüssel I-VO und verdrängen §§ 107, 109, 110 (Ehesachen) bzw. partiell §§ 108, 109, 110 FamFG (Kindschaftssachen iSd. § 151, soweit Art. 2 Brüssel IIa-VO reicht), wenn die anzuerkennende und zu vollstreckende Entscheidung aus einem Mitgliedstaat (ohne Dänemark) stammt.

Zeitlich erstreckt sich dieser Vorrang auf Entscheidungen in Ehesachen, wenn das Verfahren seit **51** dem 1. 3. 2001 eingeleitet wurde (Art. 64 Abs. 1, 2, 3 Brüssel IIa-VO). In Kindschaftssachen geht die Anerkennung nach der Brüssel IIa-VO bei seit dem 1. 5. 2005 ergangenen Entscheidungen vor, wenn das Verfahren seit dem 1. 5. 2005 eingeleitet wurde (Art. 64 Abs. 1 Brüssel IIa-VO) oder wenn das Verfahren seit dem 1. 3. 2001 eingeleitet wurde und die Zuständigkeit auf einer zu Art. 8 ff. Brüssel IIa-VO kompatiblen Regelung oder einem Abkommen (insbesondere dem MSA) beruht (Art. 64 Abs. 2 Brüssel IIa-VO). Vor dem 1. 5. 2005 ergangene Entscheidungen werden nur nach der Brüssel IIa-VO anerkannt, wenn das Verfahren nach dem 1. 3. 2001 eingeleitet wurde und die

---

[72] Vom 29. 5. 2000, ABl. EG 2000 L 160/19.
[73] EuGH RS. C-435/06 *(C)* IPRax 2008, 509.
[74] *Gruber* IPRax 2008, 490, 493; *Rauscher/Rauscher* Art. 1 Brüssel IIa-VO Rn. 20.
[75] Vgl. zum Ausschluss dieser Materien auch Art. 4 lit. h, I S. KSÜ.
[76] *Rauscher/Rauscher* Art. 60/61 Brüssel IIa-VO Rn. 3.
[77] Dazu *Schulte-Bunert* FamRZ 2007, 1608.

§ 97 52–60   Buch 1. Abschnitt 9. Verfahren mit Auslandsbezug

Sorgerechtsentscheidung aus Anlass einer Ehesachenentscheidung ergangen ist (Art. 64 Abs. 3 Brüssel II a-VO).

52 **bb)** Das Verhältnis zu **MSA und KSÜ** ergibt sich wiederum aus Art. 60 f. Brüssel II a-VO. Die Brüssel II a-VO verdrängt beide Übereinkommen hinsichtlich der Anerkennung oder Vollstreckung einer Entscheidung aus einem Mitgliedstaat, wobei es nicht darauf ankommt, wo das Kind seinen gewöhnlichen Aufenthalt hat (so ausdrücklich Art. 61 lit. b Brüssel II a-VO).

52a **cc)** Art. 40 ff. Brüssel II a-VO regeln für Entscheidungen über das Umgangsrecht und die Rückgabe nach Kindesentführung ein weiteres, im selben räumlichen und zeitlichen Anwendungsbereich (Rn. 46, 47) vorrangiges unmittelbares Vollstreckungssystem. Insoweit ist § 110 FamFG nicht betroffen, da § 110 FamFG eine Vollstreckung ohne Exequatur nicht regelt.

53 **3. EG-VollstrTitelVO.**[78] **a) Reichweite.** Unberührt bleibt auch das System der unmittelbaren Anerkennung und Vollstreckung auf Grund Bescheinigung als **Europäischer Vollstreckungstitel** gemäß Art. 6 ff. EG-VollstrTitelVO (VO [EG] Nr. 805/2004).[79] Im sachlichen Anwendungsbereich des FamFG betrifft dies wiederum nur **Unterhaltstitel,** da der sachliche Anwendungsbereich gemäß Art. 2 Abs. 2 EG- VollstrTitelVO die Ausnahmen des Art. 1 Abs. 2 Brüssel I-VO (Rn. 41 f.) übernimmt.

54 *Räumlich* gilt die EG-VollstrTitelVO für Titel aus EG-Mitgliedstaaten mit Ausnahme von Dänemark (Art. 2 Abs. 3 EG-VollstrTitelVO). Eine Erstreckung ist auch hier nicht geplant.

55 *Zeitlich* erfasst die EG-VollstrTitelVO alle nach dem 21. 1. 2005 ergangenen Entscheidungen, gerichtlich gebilligten oder geschlossenen Vergleiche oder nach diesem Stichtag aufgenommenen oder registrierten Urkunden (Art. 26, 33 EG-VollstrTitelVO).

56 **b) Verhältnis zur Brüssel I-VO.** Die EG-VollstrTitelVO lässt ihrerseits die **Brüssel I-VO** unberührt (Art. 27 EG-VollstrTitelVO), so dass die Anerkennung und Vollstreckung eines iSd. Art. 3 EG-VollstrTitelVO unstreitig ergangenen Unterhaltstitels aus Mitgliedstaaten ohne Dänemark bis zum Inkrafttreten der EG-UnterhaltsVO (bzw. vor deren zeitlichen Anwendungsbereich) nach Wahl des Gläubigers im Exequatursystem der Art. 38 ff. Brüssel I-VO oder durch Bestätigung als EG-Vollstreckungstitel nach Art. 6 EG-VollstrTitelVO erfolgen kann,[80] nicht aber nach § 110 FamFG.

57 **4. EG-MahnVO,**[81] **EG-BagatellVO.**[82] **a) EG-BagatellVO.** Die EG-BagatellVO (VO [EG] Nr. 861/2007[83]) hat im sachlichen Anwendungsbereich keine Überschneidungen mit dem Anwendungsbereich des FamFG. Insbesondere sind neben Personenstand, ehelichem Güterrecht und Erbrecht auch *Unterhaltssachen* von deren Anwendungsbereich ausgenommen (Art. 2 Abs. 2 lit. b EG-BagatellVO).

58 **b) EG-MahnVO.** Hingegen entspricht der sachliche Anwendungsbereich der EG-MahnVO (VO [EG] Nr. 1896/2006[84]) hinsichtlich des Familien- und Erbrechts dem der Brüssel I-VO, umfasst also auch Unterhaltssachen. Da sich das Mahnverfahren nach der EG-MahnVO jedoch auf bezifferte und fällige Geldforderungen beschränkt (Art. 4 EG-MahnVO), wird sie für Unterhaltsforderungen kaum relevant.

59 **5. EG-UnterhaltsVO.**[85] Nach ihrer Anwendbarkeit[86] wird die EG-UnterhaltsVO[87] sowohl hinsichtlich der **internationalen Zuständigkeit** in Unterhaltssachen den §§ 105, 232 FamFG als auch hinsichtlich der Anerkennung und Vollstreckung von Unterhaltstiteln aus Mitgliedstaaten (mit Ausnahme von Dänemark) den §§ 108–110 FamFG vorgehen.

60 Der **Modus der Vollstreckbarkeit** beurteilt sich danach, ob die Entscheidung aus einem Mitgliedstaat stammt, der durch das Haager Unterhaltsprotokoll 2007 (Rn. 31) gebunden ist oder nicht. Im ersten Fall bedarf es keiner Exequaturentscheidung (VollstrTitelVO-Modell), im zweiten Fall bedarf es eines Exequaturtitels (Brüssel I-Modell).

---

[78] Vgl. hierzu oben §§ 1079–1086 ZPO.
[79] Vom 21. 4. 2004, ABl. EU 2004 L 143/15.
[80] Dazu *Gebauer* FPR 2006, 252.
[81] Vgl. hierzu oben Anh. I zu Buch 11 ZPO.
[82] Vgl. hierzu oben Anh. II zu Buch 11 ZPO.
[83] Vom 11. 7. 2007, ABl. EU L 199/1.
[84] Vom 12. 12. 2006, ABl. EU L 399/1.
[85] *Hess/Mack* JAmt 2007, 229; *Gebauer* FPR 2006, 252.
[86] Die VO ist am 31. 1. 2009 in Kraft getreten. Sie tritt in ihren wesentlichen regelnden Teilen am 18. 6. 2011 in Anwendung, wenn bis zu diesem Zeitpunkt das Haager Unterhaltsprotokoll von 2007 in der EG anwendbar ist. Andernfalls tritt sie mit Anwendbarkeit dieses Protokolls in der Gemeinschaft in Anwendung (Art. 75 Abs. 3 EG-UnterhaltsVO).
[87] Verordnung (EG) Nr. 4/2009 über die Zuständigkeit, das anwendbare Recht, die Anerkennung und Vollstreckung von Entscheidungen und die Zusammenarbeit in Unterhaltssachen, ABl. EU 2009 L7/1.

6. Weiteres EG-Recht zu Verfahren mit Auslandsbezug. Erst recht unberührt bleiben durch 61
die Bestimmungen des FamFG die EG-rechtlichen Regelungen des Verfahrens mit Auslandsbezug,
zu deren Materien §§ 98–110 FamFG keine Bestimmungen enthalten. Dies sind die **EG-Beweis-
VO** (VO [EG] Nr. 1206/2001),[88] die **EG-Zustell-VO-a** (VO [EG] Nr. 1393/2007),[89] sowie die
der Umsetzung bedürftige **PKH-Richtlinie** (Richtlinie 2002/8/EG)[90] und die **Mediations-Richtlinie** (Richtlinie 2008/52/EG).[91]

V. Umsetzungs- und Ausführungsbestimmungen iSd. Abs. 2

1. Ausführung von Völkerverträgen. a) AVAG. Die Ausführung der Anerkennungs- und 62
Vollstreckungsregelungen des EuGVÜ, des Luganer Übereinkommens, des Haager Unterhaltsaner-
kennungsübereinkommens 1973 sowie einiger bilateraler Vereinbarungen (§ 1 Abs. 1 lit. d, e, f
AVAG: mit Norwegen, Israel, Spanien) regelt das AVAG.[92]

b) IntFamRVG. Die Ausführung des Haager KindEÜbk (Rn. 28) sowie des Luxemburger 63
Europäischen Sorgerechtsübereinkommens (Rn. 26) regelt das IntFamRVG.[93]

c) Weitere Ausführungsgesetze. Zur Ausführung weiterer, insbesondere zahlreicher bilateraler 64
völkerrechtlicher Vereinbarungen bestehen im Übrigen die im jeweiligen Zusammenhang zitierten Ausführungsgesetze (vgl. Fußnoten zu Rn. 20 ff.).

2. Ausführung von EG-Recht. Ebenfalls im **AVAG** geregelt ist die Durchführung der Anerken- 65
nung und Vollstreckbarerklärung nach der Brüssel I-VO samt dem Anwendungsübereinkommen
zwischen der EG und Dänemark (§ 1 Abs. 1 Nr. 2 AVAG).

Ebenfalls im **IntFamRVG** geregelt ist die Ausführung der Brüssel II a-VO.[94] 66

Das Verfahren mit Auslandsbezug betreffen und durch das FamFG unberührt bleiben die Umset- 67
zungsbestimmungen im **11. Buch der ZPO** zur EG-ZustellVO in §§ 1067 ff. ZPO,[95] zur EG-
BeweisVO in §§ 1072 ff. ZPO,[96] sowie zur PKH-Richtlinie in §§ 1076–1078 ZPO.[97]

Unterabschnitt 2. Internationale Zuständigkeit

§ 98 Ehesachen; Verbund von Scheidungs- und Folgesachen

(1) Die deutschen Gerichte sind für Ehesachen zuständig, wenn
1. ein Ehegatte Deutscher ist oder bei der Eheschließung war;
2. beide Ehegatten ihren gewöhnlichen Aufenthalt im Inland haben;
3. ein Ehegatte Staatenloser mit gewöhnlichem Aufenthalt im Inland ist;
4. ein Ehegatte seinen gewöhnlichen Aufenthalt im Inland hat, es sei denn, dass die zu
   fällende Entscheidung offensichtlich nach dem Recht keines der Staaten anerkannt
   würde, denen einer der Ehegatten angehört.

(2) Die Zuständigkeit der deutschen Gerichte nach Absatz 1 erstreckt sich im Fall des
Verbunds von Scheidungs- und Folgesachen auf die Folgesachen.

Schrifttum: *Basedow,* Die Neuregelung des Internationalen Privat- und Prozeßrechts, NJW 1986, 2971;
Gruber, Die neue EheVO und die deutschen Ausführungsgesetze IPRax 2005, 293; *Hau,* Europäische und
autonome Zuständigkeitsgründe in Ehesachen mit Auslandsbezug, FPR 2002, 616; *ders.,* Das Internationale
Familienverfahrensrecht im FamFG, FamRZ 2009, 821; *Kilian,* Aktuelle Probleme der internationalen Zuständig-
keit in Ehesachen, IPRax 1995, 9; *Rausch,* Ehesachen mit Auslandsbezug vor und nach „Brüssel II a" FuR 2004,
154; *Rieck,* Ehescheidung bei ausländischen Ehepartnern, FPR 2007, 251; *Schack,* Das neue Internationale
Eheverfahrensrecht in Europa, RabelsZ 65 (2001) 615; *Spellenberg* Die Zuständigkeiten für Eheklagen nach der
EheGVO, FS Geimer, 2002, S. 1257.

---

[88] Vom 28. 5. 2001, ABl. EG 2001 L 174/1.
[89] Vom 13. 11. 2007, ABl. EU 2007 L 324/79, die an die Stelle der EG-ZustellVO, VO (EG) Nr. 1348/2000 getreten ist.
[90] Vom 27. 1. 2003, ABl. EG 2003 L 26/41.
[91] Vom 21. 5. 2008, ABl. EU 2008 L 136/3.
[92] Kommentierung oben Band 3 IZPR B.3.
[93] Kommentierung oben Band 3 IZPR B.5.
[94] Dazu *Schulte-Bunert* FamRZ 2007, 1608.
[95] Dazu oben Band 3 IZPR B.3, §§ 1067 ff. ZPO; diese Bestimmungen wurden aus Anlass des Inkrafttretens der neuen EG-ZustellVO erheblich geändert.
[96] Dazu oben §§ 1072 ff. ZPO.
[97] Dazu oben §§ 1076–1078 ZPO.

Übersicht

	Rn.		Rn.
I. Normzweck und -geschichte	1–7	2. Gewöhnlicher Aufenthalt beider Ehegatten im Inland (Abs. 1. Nr. 2)	59–67
1. Zuständigkeitssystem (Abs. 1)	1–3	a) Gewöhnlicher Aufenthalt, Begriff	59–61
a) § 606b ZPO aF: Unvollständige Regelung und positive Anerkennungsprognose	1	b) Gewöhnlicher Aufenthalt beider Ehegatten zuständigkeitsbegründend	62–64
b) § 606a ZPO aF: Vollständige Regelung und reduzierte Anerkennungsprognose	2, 3	c) Zeitpunkt	65, 66
		d) Vollständige Verdrängung durch die Brüssel II a-VO	67
2. Internationale Verbundzuständigkeit (Abs. 2)	4, 5	3. Ein Ehegatte staatenlos mit gewöhnlichem Aufenthalt im Inland (Abs. 1 Nr. 3)	68–72
3. Standorte nicht in § 98 übernommener Regelungen aus § 606a ZPO aF	6, 7	a) Keine Anerkennungsvoraussetzungen	68
		b) Ungeklärte Staatenlosigkeit	69
II. Anwendungsbereich, Verfahrensrechtliche Prinzipien	8–41	c) Gewöhnlicher Aufenthalt	70
		d) Zeitpunkt	71
1. Verhältnis zur Brüssel II a-VO	8	e) Verhältnis zur Brüssel II a-VO	72
a) Verdrängung der Zuständigkeiten nach Abs. 1	8–10	4. Gewöhnlicher Aufenthalt eines Ehegatten im Inland, Anerkennungsprognose (Abs. 1 Nr. 4)	73–93
b) Rechtshängigkeit	11	a) Grundsatz	73
2. Ehesachen	12–20	b) Anwendungsvoraussetzungen	74–76
a) Begriff des § 121	12	c) Anerkennungskriterium	77–93
b) Qualifikation ausländischer Rechtsinstitute	13–20	5. Keine weiteren Zuständigkeitsgründe, keine internationale Ausschließlichkeit	94–96
3. Internationale Zuständigkeit	21–28	a) Abschließende Regelung	94
a) Verhältnis zu ausländischen Gerichten	21–25	b) Notzuständigkeit bei Versagen der Anerkennungsprognose	95
b) Verhältnis zur deutschen Gerichtsbarkeit	26	c) Keine internationale Ausschließlichkeit	96
c) Internationale Zuständigkeit als Prozessvoraussetzung	27, 28	**IV. Internationale Verbundzuständigkeit (Abs. 2)**	97–111
4. Beachtung ausländischen Rechts und ausländischer Verfahren	29–41	1. Folgesachenzuständigkeit bei Anhängigkeit der Ehesache	97
a) Anwendung ausländischen materiellen Ehescheidungsrechts	29–37	a) Erstreckung der Internationalen Zuständigkeit	97
b) Beachtung ausländischen Verfahrensrechts	38–41	b) Im Fall des Verbunds	98, 99
		c) Verhältnis zu §§ 99, 102, 105	100
III. Anknüpfung der Internationalen Zuständigkeit (Abs. 1)	42–96	d) Internationale Verbundzuständigkeit auf Grund Art. 3 Brüssel II a-VO	101
1. Deutsche Staatsangehörigkeit eines Ehegatten (Abs. 1 Nr. 1)	42–58	2. Verhältnis zu Völkerverträgen und EG-Recht	102
a) Personenkreis	42–51	a) Vorrang gegenüber Abs. 2	102
b) Aktuelle deutsche Staatsangehörigkeit (Abs. 1 Nr. 1 Alt. 1)	52–54	b) Europarecht	103–107
c) Deutscher bei Eheschließung (Abs. 1 Nr. 1 Alt. 2, sog. „Antrittszuständigkeit")	55–57	c) Völkerverträge	108, 109
		3. Keine isolierte Verbundzuständigkeit	110, 111
d) Verhältnis zur Brüssel II a-VO	58	a) Grundsatz	110
		b) Isolierter Versorgungsausgleich	111

I. Normzweck und -geschichte

1 **1. Zuständigkeitssystem (Abs. 1). a) § 606b ZPO aF: Unvollständige Regelung und positive Anerkennungsprognose.** Bis zum Inkrafttreten des Gesetzes zur Neuregelung des IPR am 1. 9. 1986 war die internationale Ehesachenzuständigkeit in **§ 606b ZPO aF** nur unvollständig geregelt. Besaß ein Ehegatte bei Antragstellung die deutsche Staatsangehörigkeit, so wurde der im deutschen IZPR mangels ausdrücklicher Regelung geltende Grundsatz angewendet, wonach die örtliche Zuständigkeit (§ 606 ZPO aF) die internationale indiziert. § 606b ZPO aF regelte die internationale Zuständigkeit nur, wenn kein Ehegatte Deutscher war. Bei gewöhnlichem Aufenthalt eines Ehegatten im Inland waren deutsche Gerichte international ehesachenzuständig, wenn die Entscheidung im Heimatstaat des Ehemannes anerkannt werden würde (positive Anerkennungsprognose) oder ein Ehegatte staatenlos war (§ 606b Nr. 1 ZPO aF). Nach § 606b Nr. 2 ZPO aF waren deutsche Gerichte zudem zuständig für die Aufhebungs-, Nichtigkeits- und Feststellungsklage der

Ehesachen; Verbund von Scheidungs- und Folgesachen

Frau oder die Nichtigkeitsklage des Staatsanwalts, wenn die Frau bei Eheschließung Deutsche gewesen war. Nach Nichtigerklärung des § 606b Nr. 1 ZPO aF wegen Verstoßes gegen Art. 3 Abs. 2 GG, soweit auf den Heimatstaat des Ehemannes abgestellt wurde,[1] war offen, ob das Anerkennungserfordernis kumuliert, gelockert oder völlig darauf verzichtet werden solle.

b) § 606a ZPO aF: Vollständige Regelung und reduzierte Anerkennungsprognose. 2
aa) Das Zuständigkeitssystem des zum 1. 9. 1986 in Kraft getretenen § 606a Abs. 1 S. 1 ZPO aF, das die vorliegende Bestimmung nahezu wörtlich als Abs. 1 übernimmt, war als **vollständige Zuständigkeitsregelung** konzipiert. Ein Rückgriff auf § 606 ZPO aF war damit ausgeschlossen, aber auch nicht mehr erforderlich, weil die aus § 606 ZPO aF hergeleiteten internationalen Zuständigkeiten in § 606a Abs. 1 S. 1 Nr. 1–3 ZPO aF aufgingen.

bb) Bei geringerem Inlandsbezug (beide Ehegatten Ausländer und nur ein Ehegatte hat gewöhn- 3 lichen Aufenthalt im Inland, Abs. 1 Nr. 4) wird die prozessual aufwändige **Anerkennungsprognose** nicht völlig aufgegeben, um das Risiko hinkender Ehen weiterhin einzuschränken. Vermieden werden freilich nur noch Ehescheidungen durch deutsche Gerichte, die offensichtlich in keinem Heimatstaat anerkannt werden. Die Reduktion auf „offensichtliche" Anerkennungsunfähigkeit soll insbesondere die unter § 606b ZPO aF übliche Erhebung von Sachverständigenbeweis entbehrlich machen.

2. Internationale Verbundzuständigkeit (Abs. 2). a) Absatz 2 ist ohne Vorgängernorm, ent- 4 spricht jedoch inhaltlich dem bereits unter §§ 606a, 621, 623 ZPO aF anerkannten Prinzip der **(konnexen) internationalen Verbundzuständigkeit.** Sind deutsche Gerichte für die Scheidungssache international zuständig, so bedarf es für in Verbund anhängige Folgesachen nicht der Feststellung einer eigenständigen internationalen Zuständigkeit (nach §§ 99 ff. FamFG). Abs. 2 verdrängt jedoch nicht das in § 97 FamFG nun ausdrücklich kodifizierte Prinzip des Vorrangs staatsvertraglicher und der Unberührtheit europarechtlicher Zuständigkeitsbestimmungen, soweit für die betreffende Verbundsache solche bestehen.

b) Eine darüber hinausgehende sog. **isolierte Verbundzuständigkeit,** wonach die deutschen 5 Gerichte für Folgesachen, die getrennt von der Scheidungssache anhängig gemacht werden, auch dann zuständig sind, wenn eine internationale Zuständigkeit für die Scheidungssache lediglich hypothetisch gegeben wäre, sieht Abs. 2 nicht vor. Insoweit sind allein die für den jeweiligen Verfahrensgegenstand geltenden Zuständigkeitsbestimmungen maßgeblich (§ 97 Rn. 5).[2]

3. Standorte nicht in § 98 übernommener Regelungen aus § 606a ZPO aF. a) § 606a 6 **Abs. 1 S. 2 ZPO aF** geht in § 106 FamFG auf, wo die Feststellung, dass die internationale Zuständigkeit deutscher Gerichte nicht ausschließlich ist, für alle Vorschriften des Unterabschnitts 2 von Abschn. 11 gemeinsam getroffen wird.

b) § 606a Abs. 2 ZPO aF wurde nach § 109 Abs. 2 FamFG übernommen. Das entspricht 7 systematisch dem Charakter der Norm, die sich auf die Funktion von Abs. 1 im Rahmen der Prüfung der spiegelbildlichen Zuständigkeit als Voraussetzung der Anerkennungsprüfung bezieht, also nicht die internationale Zuständigkeit deutscher Gerichte regelt, sondern ausschließlich die spiegelbildliche Anerkennungszuständigkeit eines ausländischen Gerichts.

II. Anwendungsbereich, Verfahrensrechtliche Prinzipien

1. Verhältnis zur Brüssel II a-VO. a) Verdrängung der Zuständigkeiten nach Abs. 1. 8
aa) Der Anwendungsbereich des § 98 wird stark eingeschränkt durch den Vorrang des Zuständigkeitssystems der Brüssel II a-VO (dazu § 97 Rn. 43 ff.). Da der sachliche Anwendungsbereich nach Art. 1 Abs. 1 lit. a Brüssel II a-VO[3] mit dem des Abs. 1 (Rn. 12 ff.) weitgehend deckungsgleich ist, können deutsche Gerichte ihre internationale Zuständigkeit nur noch dann aus Abs. 1 herleiten, wenn Art. 7 Brüssel II a-VO diesen Rückgriff auf deutsches Verfahrensrecht gestattet. Das ist nur dann der Fall, wenn Art. 3, 4 und 5 Brüssel II a-VO in keinem Mitgliedstaat (außer Dänemark) eine internationale Zuständigkeit begründen. Abs. 1 ist damit wegen Art. 3 Brüssel II a-VO verdrängt, wenn

– der Antragsgegner gewöhnlichen Aufenthalt in einem Mitgliedstaat hat (Art. 3 Abs. 1 lit. a 3. Strich Brüssel II a-VO liegt im Fall des 1. Striches immer vor)
– die Ehegatten gewöhnlichen Aufenthalt im selben Mitgliedstaat hatten und ein Ehegatte ihn noch beibehalten hat

---

[1] BVerfG FamRZ 1986, 239.
[2] Regierungsentwurf BT-Drucks. 16/6308, zu § 98.
[3] Dazu oben Band 3 IZPR B.4. Art. 1 Rn. 1 ff.; *Rauscher/Rauscher* Art. 1 Brüssel II a-VO Rn. 1 ff.

- beide Ehegatten den Antrag stellen und ein Ehegatte gewöhnlichen Aufenthalt in einem Mitgliedstaat hat
- der Antragsteller seinen gewöhnlichen Aufenthalt seit mindestens 12 Monaten vor Antragstellung in einem Mitgliedstaat hat
- der Antragsteller seit mindestens 6 Monaten vor Antragstellung gewöhnlichen Aufenthalt in einem Mitgliedstaat hat und Staatsangehöriger dieses Staates ist
- beide Ehegatten die Staatsangehörigkeit desselben Mitgliedstaates haben bzw. im Vereinigten Königreich oder Irland gemeinsam ihr *domicile* haben.

9 **bb)** Insbesondere setzt die Anwendung der Brüssel II a-VO **keinen sonstigen Bezug zu einem anderen Mitgliedstaat** voraus,[4] so dass Abs. 1 auch verdrängt ist, wenn eine Ehesache zwischen zwei in Deutschland lebenden nicht-EU-Ausländern anhängig ist.[5]

10 Anwendbar ist vor diesem Hintergrund Abs. 1 insbesondere auf Ehesachen unter Beteiligung eines **deutschen Staatsangehörigen,** sofern beide Ehegatten ihren gewöhnlichen Aufenthalt außerhalb der Mitgliedstaaten haben oder der Antragsteller seinen gewöhnlichen Aufenthalt noch nicht lange genug (12 bzw. 6 Monate) in einem Mitgliedstaat hat. Hingegen ist wegen des Vorrangs der Brüssel II a-VO keineswegs gewährleistet, dass deutsche Gerichte in Ehesachen unter Beteiligung eines Deutschen international zuständig sind. ZB kann ein Deutscher, der mit seiner Ehefrau, die einem Drittland angehört, in einem anderen Mitgliedstaat gewöhnlichen Aufenthalt hat, nicht Abs. 1 Nr. 1 beanspruchen, da die Gerichte des Aufenthaltsstaats nach Art. 3 Abs. 1 3. Str. Brüssel II a-VO zuständig sind und damit der Rückgriff auf Abs. 1 versperrt ist.

11 **b) Rechtshängigkeit.** Der Vorrang der Brüssel II a-VO wirkt sich auch hinsichtlich der Beachtung einer ausländischen Rechtshängigkeit aus. Die Beachtung der Rechtshängigkeit in einem anderen Mitgliedstaat bestimmt sich immer nach Art. 19 Brüssel II a-VO.[6] Das gilt auch dann, wenn das befasste deutsche Gericht seine internationale Zuständigkeit auf Abs. 1 stützen kann und das befasste ausländische Gericht ebenfalls die internationale Zuständigkeit nach nationalem IZPR beurteilt. Lebt zB ein deutsch-belgisches Ehepaar in den USA und macht der deutsche Ehemann einen Scheidungsantrag in Deutschland, die belgische Ehefrau einen Scheidungsantrag in Belgien anhängig, so geht die Brüssel II a-VO zwar nicht hinsichtlich der internationalen Zuständigkeit vor; gleichwohl ist Art. 19 Brüssel II a-VO auf die konkurrierende Rechtshängigkeit anzuwenden.

12 **2. Ehesachen. a) Begriff des § 121.** Grundsätzlich knüpft der Begriff der Ehesache in Abs. 1 an den Katalog in § 121 an. Umfasst sind also Verfahren auf Scheidung der Ehe, auf Aufhebung der Ehe und auf Feststellung des Bestehens oder Nichtbestehens einer Ehe zwischen den Beteiligten.

13 **b) Qualifikation ausländischer Rechtsinstitute. aa) Funktionale Qualifikation.** Einordnungsfragen ergeben sich jedoch deshalb, weil auf die Wirksamkeit und auf Mangelfolgen einer Ehe gemäß Art. 13 Abs. 1 EGBGB und auf die Ehescheidung gemäß Art. 17 Abs. 1 iVm. Art. 14 EGBGB auch vor deutschen Gerichten eine ausländische materielle Rechtsordnung Anwendung finden kann. Dadurch werden fremde Rechtsinstitute in das deutsche Verfahren importiert; das deutsche Verfahrensrecht muss zur Vermeidung von Rechtsverweigerung geeignete Verfahrensformen zur Verfügung stellen, um auch dem deutschen Recht fremde Rechtsinstitute ausländischen Rechts zu bewältigen. Dies geschieht durch **Qualifikation** des ausländischen Rechtsinstuts, wobei Ausgangspunkt sowohl im IPR als auch im Verfahrensrecht die Einordnung aus Sicht des deutschen Rechts ist; ein Rechtsinstitut bzw. ein Rechtsbehelf einer anwendbaren fremden Rechtsordnung ist daher Ehesache iSd. Abs. 1, wenn es zu einer der drei Kategorien des § 121 FamFG **funktional ähnlich** ist.[7]

14 **bb) Örtliche Zuständigkeit.** Eine Qualifikation eines eherechtlichen Rechtsbehelfs als Ehesache unter § 98 FamFG wirkt sich auch auf das Verfahrensrecht im Übrigen aus. Es gelten also für solche Ehesachen kraft funktionaler Qualifikation auch die Regeln des § 122 FamFG zur örtlichen Zuständigkeit, sowie überhaupt die besonderen Verfahrensvorschriften für Ehe- und Scheidungssachen in §§ 121 ff.

15 **cc) Scheidungssachen.** Funktional prägend für die Einordnung als Scheidungssache iSd. § 121 Nr. 1 FamFG ist die Auflösung der Ehe *ex nunc* als Reaktion auf **Mängel im Verlauf der ehelichen Lebensgemeinschaft.** Erfasst sind sowohl Verfahren nach einer ausländischen Rechtsordnung, die auf die Lösung der Ehe dem Bande nach gerichtet sind, als auch solche, die nur auf eine *formalisierte*

---

[4] AA *Finger* ZfJ 2005, 144 (145).
[5] Unzutreffend daher OLG Köln NJW-RR 2007, 154: Scheidung iranischer Ehegatten mit deutschem gewöhnlichem Aufenthalt.
[6] OLG Zweibrücken FamRZ 2006, 1043.
[7] *Staudinger/Spellenberg*, 2004, Vorbem. §§ 606a, 328 ZPO Rn. 47; oben § 606a ZPO Rn. 10.

Trennung ohne Auflösung des Ehebandes abzielen (zB Italien; vgl. auch § 107 Abs. 1 FamFG: „unter Aufrechterhaltung des Ehebandes geschieden").[8] Hierzu gehören auch Verfahren, durch die eine einvernehmliche Trennung der Ehegatten *gerichtlich bestätigt* wird, wie dies neben der Anordnung der Trennung das italienische Recht vorsieht.[9] Scheidungssachen sind auch Verfahren, die in Anwendung einer ausländischen Rechtsordnung, die eine *rechtsgeschäftliche Scheidung* (Privatscheidung; zB Israel, Iran)[10] vorsieht, mit Rücksicht auf Art. 17 Abs. 2 EGBGB im Inland als gerichtliche Verfahren durchzuführen sind. Verleiht eine ausländische Rechtsordnung der *religiös geschlossenen Ehe* per se oder durch Transkription in Personenstandsregister eine staatliche Wirkung und sieht eine solche Rechtsordnung als aus Sicht des Art. 17 Abs. 1 EGBGB maßgebliches Scheidungsstatut nur die *Beseitigung dieser staatlichen Wirkungen* vor (zB Italien),[11] so handelt es sich ebenfalls um eine Scheidungssache. Der Umstand, dass das maßgebliche Scheidungsstatut eine Zuständigkeit staatlicher Gerichte nicht kennt und die Ehescheidung nicht nur dem religiösen Recht, sondern auch der *religiösen Gerichtsbarkeit* der interpersonal für die betroffenen Ehegatten maßgeblichen Religionsgemeinschaft überlässt (zB Syrien), hindert nicht das Tätigwerden deutscher Gerichte; vor dem Hintergrund des Art. 17 Abs. 2 EGBGB ist vielmehr eine Rechtsgewährung geboten, das Verfahren ist funktional Scheidungssache.[12]

dd) Eheaufhebung. Ehesachen iSd. § 121 Nr. 2 sind alle Verfahren, die eine Ehe als Reaktion **16** auf einen **Mangel der Eingehung der Ehe** beseitigen. Erfasst sind nicht nur Verfahren der *ex nunc* wirkenden *Aufhebung* (vgl. § 1313 ff. BGB), sondern auch Verfahren der *Nichtigerklärung* mit Wirkung *ex tunc*, wie sie das deutsche Recht seit der Reform des Eheschließungsrechts zum 1. 7. 1998 nicht mehr kennt. Ehesache ist auch die Beseitigung zivilrechtlicher Wirkungen einer *religiös geschlossenen Ehe*, soweit sie das materielle Eheschließungsstatut (Art. 13 Abs. 1 EGBGB) als das die Mangelfolge beherrschende Recht vorsieht.[13] Sieht die von Art. 13 Abs. 1 EGBGB (in funktionaler IPR-Qualifikation die auf den Eheschließungsmangel anwendbare Rechtsordnung) berufene ausländische Rechtsordnung als Reaktion auf einen Mangel der Eheschließung die *Ehescheidung* vor (zB Schweden), so handelt es sich funktional vor deutschen Gerichten gleichwohl nicht um eine Scheidungssache, sondern um eine Ehesache iSd. § 121 Nr. 2, so dass nicht §§ 133 ff. gelten.

ee) Feststellungsverfahren. Festellungsklagen iSd. § 121 Nr. 3 betreffen funktional alle Klagen, **17** die nicht auf die Gestaltung des ehelichen Personenstandes, sondern auf die **Feststellung des Bestehens oder Nichtbestehens** einer Ehe zwischen den Parteien gerichtet sind. Hierzu gehören insbesondere Fälle, in denen das maßgebliche Eheschließungsstatut (Art. 13 Abs. 1 EGBGB) mit einem Mangel der Eheschließung die (rechtsgeschäftliche) *Nichtigkeit* und nicht bloß die Vernichtbarkeit verbindet (zB das islamische Recht bei polyandrischer Eheschließung einer Frau).

Nicht im Wege der Feststellungsklage nach §§ 98, 121 Nr. 3 kann das Begehren verfolgt werden, **18** die Wirksamkeit oder Unwirksamkeit einer **im Ausland erfolgten Entscheidung** in einer Ehesache festzustellen, sofern die betreffende Entscheidung dem Anerkennungs- und Verwerfungsmonopol nach § 107 unterliegt; eine Inzidentanerkennung ist nicht möglich und ohne erfolgte Anerkennung erweist sich das Feststellungsbegehren als unbegründet.[14] Soweit das Anerkennungsmonopol nicht besteht, insbesondere im Fall des § 107 Abs. 1 S. 2 (Entscheidung aus dem gemeinsamen Heimatstaat), ist eine auf das Nicht(mehr)bestehen der Ehe gerichtete Feststellungsklage hingegen zulässig; die hierfür präjudizielle Anerkennung der ausländischen Entscheidung erfolgt in diesem Fall inzident.[15]

Nicht als Feststellungsverfahren einzuordnen sind Verfahren, die nach dem von Art. 17 EGBGB **19** berufenen Recht auf eine **Eheauflösung wegen Todeserklärung** eines Ehegatten abzielen (zB Schweiz), auch wenn nach deutschem Recht die Ehe durch den Tod des Verschollenen aufgelöst ist, die Todeserklärung die Vermutung nach § 9 VerschG begründet und der gutgläubige überlebende Ehegatte auch gegen die Widerlegung dieser Vermutung durch § 1319 Abs. 2 BGB geschützt wird. Es handelt sich bei solchen Verfahren ausländischen Rechts nicht um ein Feststellungs-, sondern um ein Gestaltungsbegehren, das als Ehesache *sui generis* einzuordnen ist.[16]

---

[8] BGHZ 47, 324; BGH NJW 1988, 636.
[9] OLG Karlsruhe FamRZ 1991, 1308.
[10] BGH NJW-RR 2008, 1169 zur Scheidung nach jüdischem religiösem Recht.
[11] Dazu *Jayme* RabelsZ 31 (1967) 488.
[12] BGH FamRZ 2004, 1952; *Rauscher* IPRax 2005, 315.
[13] OLG Frankfurt FamRZ 1978, 510; *Staudinger/Spellenberg*, 2004, Vorbem. zu §§ 606a, 328 ZPO Rn. 53.
[14] *Staudinger/Spellenberg*, 2004, Vorbem. zu §§ 606a, 328 ZPO Rn. 67.
[15] AG Hamburg IPRspr 1982 Nr. 66 A; *Staudinger/Spellenberg*, 2004, Vorbem. zu §§ 606a, 328 ZPO Rn. 67.
[16] *Staudinger/Spellenberg*, 2004, Vorbem. zu §§ 606a, 328 ZPO Rn. 59.

20 **ff) Eheherstellungsklagen.** Im Gegensatz zu § 606 ZPO aF erwähnt § 121 die **positive und negative Eheherstellungsklage** nicht mehr. Dies beruht jedoch nicht darauf, dass dieser Art Verfahren im deutschen Recht nicht mehr vorgesehen sind, sondern auf der bewussten Verlagerung aus dem Verfahren in Ehesachen (§§ 121 ff.) in die sonstigen Familiensachen als Familienstreitsachen (§ 266 Abs. 1 Nr. 2).[17] Für Eheherstellungsklagen in Anwendung einer vom IPR berufenen ausländischen Rechtsordnung, auch für Klagen auf Feststellung eines Rechts zum (tatsächlichen) Getrenntleben, die unter § 606a ZPO aF noch als Ehesachen zu qualifizieren waren,[18] kann nichts anderes gelten. Sie sind funktional unter § 121 gerade keine Ehesachen mehr, sondern sonstige Familiensachen.

21 **3. Internationale Zuständigkeit. a) Verhältnis zu ausländischen Gerichten. aa)** Die internationale Zuständigkeit bestimmt, **ob deutsche Gerichte** im Verhältnis zu den Gerichten anderer Staaten **zuständig** sind. Das Bestehen der deutschen Ehesachenzuständigkeit steht der Zuständigkeit ausländischer Gerichte nicht entgegen, da die Zuständigkeiten der §§ 98 ff. nicht ausschließlich sind (§ 106).

22 **bb)** Die internationale Zuständigkeit deutscher Gerichte wird grundsätzlich auch nicht dadurch beeinträchtigt, dass ein anderer Staat im konkreten Fall seine Gerichte ebenfalls für zuständig oder sogar für ausschließlich zuständig hält, es sei denn, dies führt zu einer offensichtlich negativen Anerkennungsprognose im Heimatstaat *beider* Ehegatten (Abs. 1 Nr. 4). Insbesondere steht es dem Antragsteller frei, die Ehesache in Deutschland oder vor den nach ihrem Verfahrensrecht international zuständigen Gerichten eines anderen Staates anhängig zu machen, wobei auch das aus Sicht des jeweiligen IPR anwendbare Recht (Scheidungsstatut, Eheschließungs- und -aufhebungsstatut) eine Rolle spielen kann (sog. *forum shopping*).

23 **cc)** Die **Anerkennung** einer ausländischen Ehesachenentscheidung beurteilt sich – vorbehaltlich des Vorrangs der Brüssel IIa-VO, § 97 Rn. 50 – sodann nach §§ 107, 109.

24 **dd)** Die Beachtung einer **ausländischen Rechtshängigkeit** beurteilt sich – vorbehaltlich des Vorrangs der Brüssel IIa-VO (Rn. 8 ff.) entsprechend §§ 113 FamFG iVm. § 261 Abs. 3 Nr. 1 ZPO.[19] Die nach dem dortigen Verfahrensrecht zu beurteilende[20] früher eingetretene Rechtshängigkeit steht dem Verfahren zum selben Streitgegenstand im Inland entgegen, wenn das im ausländischen Verfahren dereinst ergehende Urteil bei prognostizierender Betrachtung in Deutschland anerkennungsfähig ist;[21] ausnahmsweise kann eine Fortsetzung des deutschen Verfahrens geboten sein, wenn ansonsten, etwa wegen einer überlangen ausländischen Verfahrensdauer, das Rechtsschutzinteresse des Antragstellers unzumutbar verkürzt würde.[22] Eine **Abgabe** an ein ausländisches Gericht entsprechend § 123 ist hingegen nicht möglich.

25 Ist ein im Ausland anhängiges Verfahren mit der im Inland anhängig gemachten Ehesachen nicht streitgegenstandsidentisch, für diese jedoch **vorgreiflich,** so kommt eine **Aussetzung des Verfahrens** entsprechend § 21 Abs. 1 FamFG iVm. § 249 ZPO in Betracht.[23]

26 **b) Verhältnis zur deutschen Gerichtsbarkeit.** § 98 erfasst hingegen nicht die deutsche Gerichtsbarkeit, also die Frage der **Exterritorialität** bestimmter Personen und Verfahrensgegenstände, die auch für Ehesachen in §§ 18 bis 20 GVG geregelt ist. *Diplomaten* sind der Gerichtsbarkeit des Empfangsstaats entzogen (§ 18 GVG, Art. 31 Abs. 1 S. 2 Wiener Übereinkommen über diplomatische Beziehungen).[24] *Konsularbeamte* unterfallen dagegen in Familiensachen der deutschen Gerichtsbarkeit (§ 19 GVG, Art. 43 Wiener Übereinkommen über konsularische Beziehungen).[25]

27 **c) Internationale Zuständigkeit als Prozessvoraussetzung. aa)** Die internationale Zuständigkeit deutscher Gerichte ist Prozessvoraussetzung, die in jedem Stadium des Verfahrens, auch noch in der Revisionsinstanz, **von Amts wegen zu prüfen** ist.[26]

28 **bb)** Vom Prüfungszeitpunkt zu unterscheiden ist der maßgebliche **Zeitpunkt des Vorliegens** der die internationale Zuständigkeit begründenden Voraussetzungen. Zwar ist grundsätzlich das Vorliegen dieser Kriterien im Zeitpunkt der letzten mündlichen Verhandlung erforderlich und genügend, so dass insbesondere die internationale Zuständigkeit auch während des Verfahrens erst ein-

---

[17] Regierungsentwurf BT-Drucks. 16/6308, zu § 121.
[18] OLG Karlsruhe IPRax 1985, 106.
[19] BGH FamRZ 1987, 580; BGH FamRZ 2008, 1409, 1410; *Baumbach/Lauterbach/Hartmann* Rn. 13.
[20] BGH NJW 1986, 662, BGH NJW 1987, 3083.
[21] BGH FamRZ 1992, 1058.
[22] BGH FamRZ 1983, 366; oben § 606 ZPO Rn. 27.
[23] Vor Inkrafttreten des FamFG analog § 148 ZPO: OLG Karlsruhe FamRZ 1994, 47.
[24] Vom 18. 4. 1961, BGBl. 1964 II S. 957.
[25] Vom 24. 4. 1963, BGBl. 1969 II S. 1585.
[26] BGH NJW 2003, 426; BGH FamRZ 2007, 113, 114; *Baumbach/Lauterbach/Hartmann* Rn. 12.

treten kann. Auch die internationale Ehesachenzuständigkeit unterliegt jedoch dem Grundsatz der *perpetuatio fori* (§ 113 Abs. 1 S. 2 FamFG iVm. § 261 Abs. 3 Nr. 2 ZPO).[27] Zu Einzelheiten bei den Tatbeständen des Abs. 1 (Rn. 42 ff.).

4. Beachtung ausländischen Rechts und ausländischer Verfahren. a) Anwendung ausländischen materiellen Ehescheidungsrechts. aa) Das auch bei Anwendung ausländischen Rechts als Scheidungsstatut bestehende **gerichtliche Scheidungsmonopol** (Art. 17 Abs. 2 EGBGB) fordert deutschen FamGen die Bereitschaft ab, sich fremden Scheidungsformen anzupassen; der nicht unproblematische[28] Zwang nur Inanspruchnahme deutscher (staatlicher) Gerichte unter einem Scheidungsstatut, das diese Inanspruchnahme nicht fordert, darf nicht in Rechtsverweigerung enden. Die materiell-rechtlichen Institutionen des Scheidungsstatuts müssen also im Verfahren nach §§ 121 ff. vor deutschen FamGen bewältigt werden. Insbesondere muss bei der **Tenorierung** von Gestaltungen (zB Ehetrennung) oder sonstigen Aussprüchen (Verschulden), die dem deutschen materiellen Recht nicht bekannt sind, das angewendete ausländische Scheidungs-, Trennungs- oder Eheaufhebungsstatut klarstellend bezeichnet werden.[29]

bb) Geht das Scheidungsstatut von einer Scheidung durch **religiöse Gerichte** aus, so übernimmt das FamG deren Funktion, verfährt grundsätzlich nach der deutschen *lex fori*[30] und kann insbesondere nicht den Ausspruch der Ehescheidung mit der Begründung ablehnen, ein staatliches Gericht könne nicht die Funktion eines religiösen Gerichts übernehmen.[31] Ggf. sind vom fremden Scheidungsstatut gebotene Verfahrensweisen in das deutsche Verfahrensrecht einzubetten.

cc) Gestaltet das Scheidungsstatut die Ehescheidung als **Rechtsgeschäft**,[32] so ist sie gleichwohl im Inland im Verfahren nach §§ 121 ff. auszusprechen; der sich aus dem anwendbaren Scheidungsstatut ergebende Scheidungsanspruch ist durch einen Scheidungsantrag geltend zu machen. Der mögliche Einwand, eine rechtsgeschäftliche Scheidung im Inland verstoße als solche gegen den deutschen *ordre public*, scheidet aus, denn Art. 17 Abs. 2 EGBGB sichert die Wahrung des deutschen *ordre public* gerade durch die Einbettung solcher Scheidungen in das Eheverfahren. Ein Verstoß gegen den deutschen *ordre public* aus anderen Gründen, insbesondere wegen Verstoß gegen den Gleichberechtigungsgrundsatz[33] oder wegen Gewährung eines Scheidungsanspruchs ohne Nachweis des Scheiterns der Ehe, bleibt unberührt.

Das FamG erlässt auch in diesem Fall einen **Gestaltungsbeschluss.** Der Tenor lautet auf Scheidung der Ehe, nicht etwa auf Gestattung der rechtsgeschäftlichen Scheidung nach Maßgabe des Scheidungsstatuts. Bei Anwendung jüdischen Rechts ist also die Scheidung der Ehe zu tenorieren, nicht die Übergabe des Scheidungsbriefes, bei Anwendung islamischen Rechts nicht die dem Ehemann erteilte Erlaubnis oder Verpflichtung, die Ehescheidung auszusprechen, selbst wenn das anwendbare Scheidungsstatut eine solche gerichtliche Erlaubnis oder Verpflichtung vorsieht.[34]

dd) Auch die dem deutschen Familienrecht nicht (mehr) bekannte förmliche Ehetrennung ohne Lösung des Ehebandes muss im Verfahren nach §§ 121 ff. stattfinden, wenn das berufene Scheidungsstatut[35] sie vorsieht. Dies gilt unabhängig davon, ob die Ehetrennung gerichtlich ausgesprochen oder nur gerichtlich bestätigt[36] wird und unabhängig davon, ob die Ehetrennung eine tatbestandlich notwendige Vorstufe zur (Zerrüttungs-)Scheidung ist[37] oder unabhängig hiervon, ggf. als einzige Lockerung des Ehebandes nach dem Scheidungsstatut, vorgesehen ist.[38]

---

[27] BGH NJW 1984, 1305; BGH NJW-RR 2007, 145; OLG München IPRax 1988, 355; *Baumbach/Lauterbach/Hartmann* Rn. 11; für Ehesachen auch *Rathjen* FF 2007, 27, 33 mit abweichenden Vorschlägen für andere Familiensachen.
[28] *Gottwald* StAZ 1981, 84. 85; *Staudinger/Spellenberg*, 2004, Vorbem. zu §§ 606a, 328 ZPO Rn. 60.
[29] Im Einzelnen *Stein/Jonas/Schlosser* Vor § 606 ZPO Rn. 17 a ff.
[30] BGHZ 160, 322.
[31] Vgl. OLG Karlsruhe IPRax 2006, 181 (römisch- bzw. syrisch-katholisches Ehetrennungsverfahren).
[32] Zum jüdischen Recht BGH FamRZ 1994, 434; zum islamischen Recht BGHZ 160, 322; zum Beispiel Irans auch *Rauscher* IPRax 2005, 313.
[33] Zum jüdischen Recht BGH NJW-RR 2008, 1169.
[34] Zum iranischen Recht *Yassari/Rastin-Tehrani* FamRBInt 2005, 87.
[35] Zur scheidungsrechtlichen Qualifikation der Ehetrennung BGH FamRZ 1987, 793; BGH FamRZ 2007, 113, 115.
[36] OLG Karlsruhe FamRZ 1991, 1308; OLG Stuttgart FamRZ 1997, 879 zur *separazione giudiziale* nach Art. 158 *codice civile*, der sowohl eine gerichtlich ausgesprochene als auch eine einverständliche gerichtlich bestätigte Trennung vorsieht; dazu auch *Musielak/Borth* Rn. 6.
[37] BGH FamRZ 2007, 113, 115; OLG Stuttgart FamRZ 1997, 879 jeweils zum italienischen Gesetz Nr. 898/1970 (Scheidungsgesetz).
[38] Vgl. OLG Karlsruhe IPRax 2006, 181; zum daraus folgenden Verstoß der Unscheidbarkeit der Ehe gegen den deutschen *ordre public* zutreffend BGH NJW-RR 2007, 145.

34 ee) Sieht das anwendbare Scheidungsstatut einen **Schuldausspruch** vor, so ist dessen verfahrensrechtliche Umsetzung für das FamG weder wesensfremd,[39] noch verstößt ein Schuldausspruch, obgleich ihn das deutsche Recht seit dem 1. EheRG nicht mehr kennt, gegen wesentliche Grundsätze des deutschen Rechts. Er kann insbesondere geboten sein, wenn ein auf Scheidungsfolgen anwendbares ausländisches Recht (zB Unterhaltsstatut) an diesen Ausspruch Rechtsfolgen anknüpft.

35 ff) Ob sich eine **wesenseigene Unzuständigkeit** deutscher FamGe ergeben kann, wenn dem Gericht nach dem anwendbaren Scheidungsstatut eine völlig wesensfremde und mit Grundanschauungen des deutschen (Verfahrens-)rechts unvereinbare Entscheidung oder Tätigkeit abverlangt wird, erscheint fraglich. Zwar wird diese ältere Lehre auch heute noch als in vereinzelten Sonderfällen anwendbar[40] bezeichnet. Andererseits sind solche Sonderfälle nach Aufgabe[41] der früheren Rechtsprechung des BGH zur Ehetrennung kaum vorstellbar. Insbesondere darf diese Lehre nicht herangezogen werden, um mittelbar dem Argument zum Erfolg zu verhelfen, ein staatliches Gericht könne Funktionen eines religiösen Gerichts nicht wahrnehmen.[42]

36 Jedenfalls ist in Ansehung der Figur der wesenseigenen Unzuständigkeit im Eheverfahren zu differenzieren zwischen dem **Rechtsschutzbegehren** und **Verfahrensmodalitäten**. Maßgeblich für die Frage, ob dem FamG eine wesensfremde Tätigkeit abverlangt wird, ist das Rechtsschutzbegehren. Wenn dieses auf Scheidung, Aufhebung, Trennung etc. der Ehe gerichtet ist, so liegt keine wesensfremde Tätigkeit vor. Die Verfahrensweisen des fremden Scheidungsstatuts können dagegen nie eine wesenseigene Unzuständigkeit begründen, denn es kann unter dem Monopol des Art. 17 Abs. 2 EGBGB kein verfahrensrechtlich begründetes *forum non conveniens* geben, sofern nur das Rechtsschutzbegehren mit deutschem Verfahrensrecht vereinbar ist. Ggf. können Verfahrenshandlungen des Scheidungsstatuts nicht verlangt werden, soweit das deutsche Verfahrensrecht sie nicht zu bewältigen vermag. Ein FamG muss also nicht religiöse Zeremonien eines maßgeblichen religiösen Scheidungsstatuts durchführen, es muss aber gleichwohl einen Verfahrensweg finden, um unter diesem Scheidungsstatut über den Scheidungsantrag zu befinden, soweit die internationale Zuständigkeit besteht. Die in Betracht kommenden materiellen und zwingend mit dem materiellen Recht verbundenen formellen Scheidungsvorschriften sind hierbei entweder im Eheverfahren nach §§ 121 ff. FamFG zu bewältigen oder wegen Unvereinbarkeit mit Grundprinzipien des deutschen Verfahrensrechts als gegen den deutschen *ordre public* verstoßend außer Betracht zu lassen. Meist wird das deutsche Verfahrensrecht flexibel genug sein zur Beachtung zwingender Modalitäten des ausländischen Scheidungsrechts (dazu Rn. 38 ff.). Stellt das ausländische Recht deutsche Gerichte vor verfahrensmäßig unüberwindliche Probleme, so muss das ausländische Recht (und nicht das deutsche Verfahren) insoweit zurückweichen.

37 Dass hierunter die **Anerkennungsfähigkeit** in dem Staat, der das Scheidungsstatut stellt und oft Heimatstaat einer oder beider Parteien ist, leiden kann, berührt die internationale Zuständigkeit deutscher Gerichte nur, wenn es auf die Anerkennungsfähigkeit ankommt, also in Anwendung von Abs. 1 Nr. 4. Hinkend geschiedene Ehen sind zwar misslich, sie können jedoch nicht um den Preis der Rechtsverweigerung gegenüber dem Scheidungsanspruch des Antragstellers oder durch Anregung der Inanspruchnahme eines ausländischen Gerichts vermieden werden.

38 b) **Beachtung ausländischen Verfahrensrechts. aa)** Trotz grundsätzlicher Geltung der deutschen *lex fori* vor deutschen Gerichten kann der **Zusammenhang mit materiellem Recht** die Beachtung von Verfahrensregeln des anwendbaren Scheidungsstatuts erfordern. Zum einen darf nicht ohne Not der Zusammenhang zwischen dem vom IPR berufenen und sachgerecht anzuwendenden ausländischen materiellen Recht und dem dortigen Verfahrensrecht zerrissen werden, soweit das Verfahren materielle Funktionen hat.[43] Zum anderen kann hierdurch die Anerkennungsfähigkeit der deutschen Entscheidung gefördert und das Risiko hinkend geschiedener und aufgehobener Ehen gemindert werden. Ist eine ausländische Verfahrensregel im Verfahren nach §§ 121 ff. nicht zu bewältigen, so kann dies jedoch nicht zum Wegfall der internationalen Zuständigkeit deutscher Gerichte führen (Rn. 35 ff.).

39 bb) Durchzuführen ist daher ein vom Scheidungsstatut geforderter **Versöhnungsversuch**,[44] ggf. auch eine danach zu beachtende Wartezeit vor erneuter Terminierung. Auch die Beteiligung Dritter

---

[39] BGH IPRax 1983, 181; OLG Frankfurt/Main IPRax 1982, 22; OLG Hamm FamRZ 1989, 625; OLG Zweibrücken FamRZ 1997, 430; *Musielak/Borth* Rn. 6.
[40] *Zöller/Geimer* § 606a ZPO Rn. 14; *Musielak/Borth* Rn. 6.
[41] BGHZ 47, 324.
[42] KG FamRZ 1994, 839: jüdische Ehescheidung undurchführbar wegen zwingender Mitwirkung des Rabbinatsgerichts.
[43] *Zöller/Geimer* § 606a ZPO Rn. 15.
[44] OLG Frankfurt/Main FamRZ 2001, 293.

als Versöhnungsmittler kann geboten sein,⁴⁵ wenngleich dies insbesondere in Anwendung islamisch orientierter Rechtsordnungen zumeist nicht notwendig ist, soweit diese Rechtsordnungen selbst den Versöhnungsversuch als eine dem Richter obliegende Tätigkeit ausgestalten.

cc) Eine Beteiligung staatlicher Funktionsträger **(Staatsanwalt)**, wie sie lange Zeit für Trennungs- und Scheidungsverfahren nach italienischem Recht erörtert wurde, kommt allenfalls dann in Betracht, wenn ansonsten die Anerkennungsfähigkeit der Entscheidung nicht gewährleistet ist.⁴⁶ Ob eine solche Beteiligung über den Anwendungsbereich von Abs. 1 Nr. 4 hinaus mit Rücksicht auf die bloße Vermeidung hinkender Eheschließungen zulässig wäre, erscheint zweifelhaft. Jedenfalls gegen den Willen eines Ehegatten dürfte sich die Beteiligung staatlicher Funktionsträger verbieten, weil sie schwerwiegend gegen das allgemeine Persönlichkeitsrecht (Art. 1 iVm. 2 Abs. 1 GG) und damit den deutschen *orde public* verstößt. Gerade die in der DDR geübte Praxis der Beteiligung von staatlichen und betrieblichen Stellen in Ehesachen mahnt zur Wahrung der Privatsphäre der Ehegatten. **40**

dd) Beweismittelbeschränkungen sind zu beachten, wenn von ihnen die erforderliche oder zur Vermeidung hinkender Ehen gebotene Anerkennung abhängt.⁴⁷ **41**

III. Anknüpfung der Internationalen Zuständigkeit (Abs. 1)

1. Deutsche Staatsangehörigkeit eines Ehegatten (Abs. 1 Nr. 1). a) Personenkreis. **42**
aa) Deutscher. Die internationale Zuständigkeit deutscher Gerichte in Ehesachen besteht, wenn ein Ehegatte Deutscher ist oder bei Eheschließung Deutscher war. **Deutsche** im Sinne dieser Vorschrift sind deutsche Staatsangehörige im Sinne des StAG,⁴⁸ Deutsche iSd. Art. 116 GG, Art. 9 Abs. 2 Nr. 5 S. 1 FamRÄndG, also Flüchtlinge und Vertriebene deutscher Volkszugehörigkeit sowie Spätaussiedler⁴⁹ (vgl. § 4 BVFG).⁵⁰ Auch ein rückwirkender Erwerb der deutschen Staatsangehörigkeit nach Art. 116 Abs. 2 S. 2 GG begründet die internationale Zuständigkeit, sofern der Erwerb auf einen Zeitpunkt vor Ende der mündlichen Verhandlung zurückwirkt.⁵¹ Hat eine Partei die Einbürgerung beantragt und kommt es entscheidend auf die deutsche Staatsangehörigkeit zur Bejahung der deutschen Internationalen Zuständigkeit an, so ist das Verfahren auszusetzen, bis die Einbürgerung erfolgt ist,⁵² sofern sich die internationale Zuständigkeit nicht aus Nr. 2 bis 4 ergibt.

Besitzt der deutsche Ehegatte eine **weitere Staatsangehörigkeit**, so berührt dies die internationale Zuständigkeit nicht.⁵³ Auch nicht effektive deutsche Staatsangehörigkeit begründet die internationale Zuständigkeit, wobei dahinstehen kann, ob dies auf einer entsprechenden Anwendung von Art. 5 Abs. 1 S. 2 EGBGB beruht,⁵⁴ oder auf dem durch die deutsche Staatsangehörigkeit iVm. Nr. 1 ausgelösten Justizgewährungsanspruch, der durch eine weitere Staatsangehörigkeit nicht berührt wird. **43**

bb) Deutschen gleichgestellte Personen. Bestimmungen im deutschen Recht, Völkerverträgen oder Europarecht, auf Grund derer einer Person, die nicht Deutscher im Sinn des StAG oder des GG ist, Gleichbehandlung gewährleistet wird, können auch für Zwecke der Nr. 1 Gleichbehandlung gewähren. **44**

α) Flüchtlinge, Asylberechtigte, Staatenlose. Flüchtlinge sind nach mehreren Bestimmungen Deutschen gleichgestellt. Nach Art. 16 Abs. 2 **Genfer Flüchtlingskonvention**⁵⁵ sind Flüchtlinge im Rahmen dieses Abkommens vor deutschen Gerichten hinsichtlich des Zugangs zu ihnen Deutschen gleichzustellen, wenn sie in der Bundesrepublik Deutschland ihren gewöhnlichen Aufenthalt haben. Diese Gleichstellung begründet die Anwendung von Abs. 1 Nr. 1.⁵⁶ Gleiches gilt für Flüchtlinge, die im Rahmen humanitärer Hilfsaktionen vor dem 1. 1. 2005 aufgenommen wurden (§ 1 **45**

---

⁴⁵ OLG Hamburg FamRZ 2001, 1007: Verwandter als Vermittler nach afghanisch-islamischem Recht.
⁴⁶ OLG Celle FamRZ 1984, 280; OLG Frankfurt/Main NJW 1984, 572; OLG Karlsruhe FamRZ 1984, 184; oben § 606a ZPO Rn. 12.
⁴⁷ *Zöller/Geimer* § 606a ZPO Rn. 17.
⁴⁸ Vom 22. 7. 1913 (FNA 102–1).
⁴⁹ *Alexy* NJW 1989, 2850 f.; *Musielak/Borth* Rn. 9; *Staudinger/Spellenberg*, 2004, § 606a ZPO Rn. 68 (auch zur „Aufnahme im ehemaligen Reichsgebiet").
⁵⁰ IdF der Neubekanntmachung vom 2. 6. 1993, BGBl. I S. 829 (FNA 240–1).
⁵¹ BGHZ 27, 375.
⁵² *Zöller/Geimer* § 606a ZPO Rn. 40.
⁵³ BGH NJW 1979, 1776.
⁵⁴ *Fuchs* NJW 2000, 491; *Baumbach/Lauterbach/Hartmann* Rn. 4; *Stein/Jonas/Schlosser* § 606a ZPO Rn. 11; hiergegen *Spellenberg* IPRax 1988, 1, 4.
⁵⁵ Genfer Abkommen über die Rechtsstellung der Flüchtlinge vom 28. 7. 1951, BGBl. 1953 II S. 559 und Protokoll hierzu, BGBl. 1970 II S. 194.
⁵⁶ BGH NJW 1982, 2732; 1985, 1283; OLG Celle FamRZ 1989, 623 und 1991, 439 f.

Gesetz über Maßnahmen für im Rahmen **humanitärer Hilfsaktionen aufgenommene Flüchtlinge** vom 22. 7. 1980).[57] Nach Außerkrafttreten dieser Regelung durch Art. 15 Zuwanderungsgesetz[58] zum 1. 1. 2005 bleibt der zivilrechtliche Status der vorhandenen Flüchtlinge erhalten.[59] Eine gegenüber der Genfer Flüchtlingskonvention nachrangige Gleichstellung im Rahmen der internationalen Zuständigkeit in Ehesachen[60] gilt auch gemäß **Art. 3 Abs. 1 AHKGes Nr. 23**[61] für Personen, die ihren Aufenthalt im Gebiet der Bundesrepublik Deutschland haben und die weiteren Voraussetzungen des Art. 10 AKHGes Nr. 23 erfüllen. Dasselbe gilt gemäß § 11 Gesetz über die Rechtsstellung **heimatloser Ausländer im Bundesgebiet**[62] für die diesem Gesetz unterfallenden Ausländer.[63] Nach § 2 Abs. 1 AsylVfG[64] genießen **anerkannte Asylberechtigte** ebenfalls den Status von Personen, die der Genfer Flüchtlingskonvention unterfallen.

46 Die **Bedeutung** dieser Gleichstellung ist im Rahmen von Abs. 1 Nr. 1 gering. Da die Gleichstellung regelmäßig einen gewöhnlichen Aufenthalt in Deutschland voraussetzt, besteht die internationale Zuständigkeit deutscher Gerichte in Ehesachen auch ohne eine solche Gleichstellung nach Art. 3 Abs. 1 lit. a Str. 3 Brüssel IIa-VO, sofern es sich bei der betreffenden Person um den Antragsgegner handelt, sowie gemäß Art. 3 Abs. 1 lit. a Str. 5 Brüssel IIa-VO nach zwölfmonatigem Aufenthalt, sofern es sich um den Antragsteller handelt.

47 **Staatenlose** mit gewöhnlichem Aufenthalt in Deutschland stehen zwar nach § 16 Abs. 2 des UN-Übereinkommens über die Rechtsstellung Staatenloser[65] Deutschen gleich. Insoweit geht jedoch Abs. 1 Nr. 3 als spezielle Regelung zur Gleichstellung vor, soweit dadurch die Verpflichtungen des UN-Übereinkommens erfüllt werden.[66]

48 β) **Angehörige von EG-Mitgliedstaaten (Art. 7 Abs. 2 Brüssel IIa-VO).** Soweit die Brüssel IIa-VO den Rückgriff auf § 98 FamFG als „Restzuständigkeit" nationalen Rechts erlaubt, erweitert Art. 7 Abs. 2 Brüssel IIa-VO zugleich dessen persönlichen Anwendungsbereich. Staatsangehörige eines Mitgliedstaates (Art. 2 Nr. 3 Brüssel IIa-VO: EG mit Ausnahme von Dänemark), die in Deutschland ihren gewöhnlichen Aufenthalt haben, können sich als Antragsteller auf die Zuständigkeitsvorschriften wie Inländer berufen, was die Berufung auf Abs. 1 Nr. 1 einschließt, sofern der Antragsgegner weder seinen gewöhnlichen Aufenthalt in einem Mitgliedstaat hat, noch die Staatsangehörigkeit eines Mitgliedstaats, bzw. im Fall des UK und Irlands *domicile* in diesem Staat besitzt.[67]

49 γ) **Teleologische Beschränkung bei Antrittszuständigkeit.** Die Gleichstellung von **Flüchtlingen** (Rn. 45 ff.) und EG-Ausländern (Rn. 48) erscheint fragwürdig, soweit die Gleichstellung begründenden Rechtsverhältnisse nicht im maßgeblichen Zeitpunkt im Eheverfahren (Rn. 53 f.) bestehen, sondern (nur) im Zeitpunkt der Eheschließung bestanden haben. Bei wortlautentsprechender Anwendung ergäbe sich etwa für einen Flüchtling, der bei Eheschließung gewöhnlichen Aufenthalt in Deutschland hatte, eine Antrittszuständigkeit nach Abs. 1 Nr. 1 Alt. 2, auch wenn er bereits vor Stellung des Antrags in der Ehesache Deutschland dauerhaft verlassen hat. Die zugrunde liegenden flüchtlingsrechtlichen Gleichstellungsklauseln sind in diesen Fällen in der Weise auszulegen, dass die Gleichstellung nur wirkt, wenn die Person mit Sonderstatus ihren gewöhnlichen Aufenthalt bei Inanspruchnahme deutscher Gerichte noch im Inland hat.[68]

---

[57] BGBl. I S. 1057 (FNA 26–3); *Staudinger/Spellenberg*, 2004, § 606a ZPO Rn. 96.
[58] Gesetz zur Steuerung und Begrenzung der Zuwanderung und zur Regelung des Aufenthalts und der Integration von Unionsbürgern und Ausländern vom 30. 7. 2004, BGBl. I S. 1950.
[59] *Staudinger/Spellenberg*, 2004, § 606a ZPO Rn. 96 unter Bezugnahme auf Art. 1 § 103 Zuwanderungsgesetz.
[60] BGH NJW 1985, 1283 noch zu § 606b aF ZPO.
[61] Gesetz Nr. 23 der Hohen Alliierten Kommission über die Rechtsverhältnisse verschleppter Personen, AHKBl. 1950, 140 und AHKBl. 1951, 808; *Staudinger/Spellenberg*, 2004, § 606a ZPO Rn. 93.
[62] Vom 25. 4. 1951, BGBl. I S. 269, § 11 abgedruckt bei *Staudinger/Spellenberg*, 2004, § 606a ZPO Rn. 94.
[63] BGH NJW 1985, 1283.
[64] Gesetz über das Asylverfahren idF der Bekanntmachung vom 27. 7. 1993 BGBl. I S. 1361 (FNA 26–7); vgl. zu Einzelheiten und zum Wortlaut der Bestimmung *Staudinger/Spellenberg*, 2004, § 606a ZPO Rn. 97.
[65] Vom 28. 9. 1954 BGBl. 1976 II S. 474, 1977 II S. 235.
[66] Ähnlich *Stein/Jonas/Schlosser* § 606a ZPO Rn. 15.
[67] Ein französischer Staatsangehöriger, der erst seit kurzem (sonst Art. 3 Abs. 1 lit. a Str. 5 Brüssel IIa-VO) gewöhnlichen Aufenthalt in Deutschland hat, kann die internationale Zuständigkeit nach Abs. 1 Nr. 1 für einen Scheidungsantrag gegen seine mit einem *domicile of choice* in den USA lebende britische Ehefrau (für das UK gilt *domicile*, nicht Staatsangehörigkeit) beanspruchen. Wo die Ehegatten ihren letzten gemeinsamen gewöhnlichen Aufenthalt hatten, ist irrelevant; selbst wenn er in einem EG-Mitgliedstaat lag, hätte in dieser Fallkonstellation kein Ehegatte ihn mehr beibehalten; aus Art. 3 Abs. 1 lit. a Brüssel IIa-VO ergibt sich also keine das nationale Zuständigkeitsrecht verdrängende Zuständigkeit.
[68] *Zöller/Geimer* § 606a ZPO Rn. 77; *Staudinger/Spellenberg*, 2004, Rn. 104.

Im Fall der Gleichstellung nach **Art. 7 Abs. 2 Brüssel IIa-VO** (Rn. 48) muss hingegen die 50 Auslegung dieser Bestimmung über die Reichweite der Gleichstellung entscheiden. Insoweit ist die Gleichstellung eindeutig nur für solche EG-Ausländer als Antragsteller gegeben, die zu einem Zeitpunkt zwischen Antragstellung und letzter mündlicher Verhandlung (Rn. 53 f.) ihren gewöhnlichen Aufenthalt in Deutschland hatten; eine Antrittszuständigkeit auf Grund von Art. 7 Abs. 2 Brüssel IIa-VO gibt es somit nicht.

δ) **Bilaterale Gleichstellungsklauseln.** Nach Art. 1 des deutsch-türkischen,[69] Art. 1 des 51 deutsch-tunesischen[70] und Art. 1 des deutsch-marokkanischen[71] **bilateralen Rechtshilfevertrags** haben die Angehörigen der jeweils anderen Vertragsstaaten freien Zutritt zu den Gerichten in Deutschland. Diese allgemeinen Rechtsschutzklauseln sind als Verzicht auf jede Ausländerdiskriminierung im Verhältnis zu den Staatsangehörigen der Vertragspartei konzipiert, eröffnen also grundsätzlich auch die Inanspruchnahme der Zuständigkeit nach Abs. 1 Nr. 1.[72] Dies kann freilich nicht gewollt sein, weil sonst etwa ein seit Geburt in Casablanca lebender Marokkaner für die Scheidung seiner Ehe deutsche Gerichte in Anspruch nehmen könnte. Nach richtiger Ansicht gewähren diese Rechtsschutzklauseln daher nicht die Anwendung von Abs. 1 Nr. 1, sondern die Anwendung von Abs. 1 Nr. 4 unter Verzicht auf die Anerkennungsprüfung, sofern der Antragsteller inländischen gewöhnlichen Aufenthalt besitzt.[73] Damit stellt sich in dieser Fallgruppe insbesondere nicht die Problematik der Antrittszuständigkeit (Abs. 1 Nr. 1 Alt. 2, vgl. Rn. 49), denn Abs. 1 Nr. 4 sieht eine Antrittszuständigkeit nicht vor.

b) **Aktuelle deutsche Staatsangehörigkeit (Abs. 1 Nr. 1 Alt. 1). aa) Beteiligtenstellung.** 52 Die deutschen Gerichte sind international zuständig, wenn einer der Ehegatten Deutscher ist. Auf die **Beteiligtenstellung kommt es nicht an,** auch wenn häufig Abs. 1 Nr. 1 als Antragstellergerichtsstand genutzt wird, der insbesondere in Art. 3 Brüssel IIa-VO kein Äquivalent hat.

bb) **Zeitpunkt.** Maßgeblicher Zeitpunkt für dieses die internationale Zuständigkeit begründende 53 Tatbestandsmerkmal ist grundsätzlich der **Schluss der mündlichen Verhandlung;** es genügt also der Erwerb der deutschen Staatsangehörigkeit während der Anhängigkeit der Ehesache. Eine Einbürgerung ist selbst in der Rechtsbeschwerdeinstanz noch zu berücksichtigen, wenn sie die internationale Zuständigkeit in der Ehesache begründet und keines Beweises bedarf.[74]

War ein Ehegatte bei Eintritt der **Rechtshängigkeit** der Ehesache oder zu einem späteren 54 Zeitpunkt vor Schluss der mündlichen Verhandlung Deutscher, so entfällt nach dem Grundsatz der internationalen *perpetuatio fori* (Rn. 28) die internationale Zuständigkeit nicht durch Verlust dieser Rechtsstellung.

c) **Deutscher bei Eheschließung (Abs. 1 Nr. 1 Alt. 2, sog. „Antrittszuständigkeit").** 55 **aa) Reichweite, Sinn.** Deutsche Gerichte sind auch dann international zuständig, wenn einer der Ehegatten **bei Eheschließung Deutscher** war. Zur eingeschränkten Anwendung von Abs. 1 Nr. 1 Alt. 2 auf Personen, die **Deutschen gleichgestellt** sind s. Rn. 49 f.

Diese **Antrittszuständigkeit** sichert dem deutschen Eheschließenden die Ehesachenzuständigkeit 56 deutscher Gerichte auch dann, wenn später die deutsche Staatsangehörigkeit aufgegeben wird. Man mag diese ursprünglich vor dem Hintergrund staatsangehörigkeitsrechtlicher Folgen der Eheschließung deutscher Frauen mit Ausländern konzipierte Norm heute für rechtspolitisch unerwünscht halten. Dass freilich gerade vor dem Hintergrund unterschiedlicher Migrationsformen mit mehr oder weniger vorübergehendem Charakter und unterschiedlicher Ehescheidungsstandards ein Bedürfnis besteht, einen bei Eheschließung bestehenden potentiellen Ehesachengerichtsstand zu verstetigen, zeigt die Diskussion, die um die Einführung einer Gerichtsstandsvereinbarung in die Brüssel IIa-VO geführt wird.[75]

bb) **Zeitpunkt.** Maßgeblicher Zeitpunkt ist die **Eheschließung.** Ein Erwerb der deutschen 57 Staatsangehörigkeit **durch Eheschließung,** den das StAG nicht mehr vorsieht, sowie erst recht ein erleichterter Antragserwerb nach Eheschließung (§ 9 StAG) genügt nicht.[76] Hingegen ist es gerade

---

[69] Deutsch-türkisches Abkommen über den rechtsverkehr in Zivil- und Handelssachen vom 28. 5. 1929, RGBl. 1930 II 6, BGBl. 1952 II 608.
[70] Siehe § 97 Rn. 20, Fn. 10.
[71] Vom 29. 10. 1985, BGBl. 1988 II 1054, 1994 II 1192.
[72] *Zöller/Geimer* § 606a ZPO Rn. 84a.
[73] *Zöller/Geimer* § 606a ZPO Rn. 84a.
[74] BGH NJW 1970, 1007; BGH NJW 1977, 498, 499.
[75] Dazu den gescheiterten Vorschlag einer Verordnung (Rom III/1 bzw. Brüssel IIb) vom 17. 7. 2006, KOM (2006) 399; *Pintens* FamRZ 2005, 1600; *Finger* FF 2007, 35; *Kohler* FPR 2008, 193; *ders.* FamRZ 2008, 1673; *Bauer* IPRax 2006, 202; *Martiny* FPR 2008, 187; *Mansel/Thorn/Wagner* IPRax 2009, 1; *Wagner* StAZ 2007, 101.
[76] *Musielak/Borth* Rn. 10.

Zweck der Regelung, eine latent bei Eheschließung bestehende internationale Zuständigkeit zu perpetuieren, so dass der Verlust der deutschen Staatsangehörigkeit nach Eheschließung und vor Rechtshängigkeit ohne Bedeutung ist.

58 d) **Verhältnis zur Brüssel IIa-VO.** Nr. 1 hat nicht unerhebliche Bedeutung im Rahmen der Restzuständigkeiten nach Art. 7 Brüssel IIa-VO, da Art. 3 Abs. 1 lit. b Brüssel IIa-VO eine internationale Zuständigkeit deutscher Gerichte nur bei gemeinsamer, aktueller deutscher Staatsangehörigkeit begründet. Ergibt sich aus Art. 3 Brüssel IIa-VO keine internationale Zuständigkeit in irgendeinem Mitgliedstaat, was insbesondere voraussetzt, dass der Antragsgegner seinen gewöhnlichen Aufenthalt nicht (Art. 3 Abs. 1 lit. a Str. 3 Brüssel IIa-VO) und der Antragsteller noch nicht lange genug (Art. 3 Abs. 1 lit. a Str. 5 [1 Jahr vor Antragstellung] Brüssel IIa-VO) gewöhnlichen Aufenthalt in einem anderen Mitgliedstaat hat, so greift die im Vergleich zu Art. 3 Brüssel IIa-VO breite Deutschen-Zuständigkeit der Nr. 1 ein.

59 2. **Gewöhnlicher Aufenthalt beider Ehegatten im Inland (Abs. 1. Nr. 2).** a) **Gewöhnlicher Aufenthalt, Begri ff.** aa) **Lebensmittelpunkt.** Die internationale Ehesachenzuständigkeit deutscher Gerichte besteht, wenn beide Ehegatten ihren gewöhnlichen Aufenthalt im Inland haben. Die **Begriffsbestimmung** des gewöhnlichen Aufenthalts beurteilt sich nach deutschem Recht als *lex fori*, wobei auf die für § 122 FamFG bzw. § 606 ZPO aF geltenden Grundsätze abgestellt werden kann.[77] Hierbei ist freilich zu berücksichtigen, dass dieser Begriff aus völkervertraglichen Übereinkommen Eingang in das deutsche Recht gefunden hat. Bestimmendes Element des gewöhnlichen Aufenthalts einer Person ist der **Lebensmittelpunkt.** Während sonst bei Erwachsenen der gewöhnliche Aufenthalt in der Regel bei einem als dauerhaft prognostizierten Aufenthaltswechsel sogleich angenommen werden kann, stellt sich hier das Problem eines nur zu Zwecken des *forum shopping* vorgeschützten, angeblich dauerhaft gewollten Aufenthaltswechsels nach Deutschland. Daher sind im Zweifel auch Kriterien, die insbesondere im Zusammenhang mit dem Wechsel des gewöhnlichen Aufenthalts von Minderjährigen entwickelt wurden, auch hier von Bedeutung. Ergeben sich jedoch keine Hinweise, dass der Aufenthaltswechsel nach Deutschland nicht dauerhaft gewollt ist, so ist vom Wechsel des gewöhnlichen Aufenthalts sogleich nach einer Verlegung des Lebensmittelpunktes auszugehen.[78] Insbesondere kann das Bestehen eines gewöhnlichen Aufenthalts nicht generell vom Ablauf einer Frist von etwa sechs Monaten abhängig gemacht werden.[79]

60 bb) **Aufenthaltstitel, Duldung.** Bei Aufenthalt auf Grund eines **legalen Aufenthaltstitels** ergeben sich keine Besonderheiten; von einem gewöhnlichen Aufenthalt ist auszugehen, sobald der Beteiligte seinen Lebensmittelpunkt erkennbar in Deutschland hat und keine Indizien für ein bloß prozessual indiziertes Verhalten bestehen. Für **Flüchtlinge** iSd. Genfer Flüchtlingskonvention stellt sich das Problem der Dauerhaftigkeit nicht, da ohnehin der zuständigkeitsrechtliche Gleichstellung mit Deutschen genießen, was schon bei Flüchtlingseigenschaft nur eines Ehegatten die internationale Zuständigkeit nach Nr. 1 sichert (Rn. 45). Bei **Asylbewerbern,** die keinen Status nach der Genfer Flüchtlingskonvention genießen, ist der gewöhnliche Aufenthalt abhängig von der Bewertung der Stabilität des Aufenthalts im Einzelfall, ggf. einer längeren Aufenthaltsdauer.[80] Auch ein nur vorübergehender Aufenthaltstitel **(Duldung)** steht der Begründung eines gewöhnlichen Aufenthalts nicht dauerhaft entgegen, wenn tatsächlich in Deutschland ein Lebensmittelpunkt begründet wird und eine Verlängerung des nicht gesicherten ausländerrechtlichen Aufenthaltstitels nicht ausgeschlossen ist.[81] Selbst eine Aussetzung der Abschiebung eines abgelehnten Asylbewerbers aus humanitären Gründen auf nicht absehbare Zeit kann als Grundlage der internationalen Ehesachenzuständigkeit genügen.[82]

61 cc) **Arbeitsmigration.** Gewöhnlicher Aufenthalt entsteht bei **dauerhaften Arbeitsmigranten** („Gastarbeiter") auch dann, wenn der Aufenthalt in Deutschland nicht als endgültig geplant ist, die Familie im Herkunftsland zurückbleibt, die Beschäftigung in Deutschland aber nicht nur vorübergehend ist.[83] Vorübergehend in Deutschland Beschäftigte, insbesondere **Saisonarbeiter,** erst recht aber **Grenzpendler,** erlangen keinen gewöhnlichen Aufenthalt.

62 b) **Gewöhnlicher Aufenthalt beider Ehegatten zuständigkeitsbegründend.** aa) Gewöhnlicher Aufenthalt in Deutschland muss für beide Ehegatten vorliegen. Ein **gemeinsamer Aufenthalt,** insbesondere in einer ehelichen Wohnung, ist nicht erforderlich.

---

[77] BGH NJW 1958, 830; KG NJW 1988, 649, 650; *Spellenberg* IPRax 1988, 1, 4.
[78] Vgl. zu Art. 3 Brüssel IIa-VO: *Rauscher/Rauscher* Art. 3 Brüssel IIa-VO Rn. 13.
[79] Zu generalisierend daher *Baumbach/Lauterbach/Hartmann* Rn. 5.
[80] OLG Hamm NJW 1990, 651.
[81] Zur Problematik OLG Bremen FamRZ 1992, 962; OLG Köln FamRZ 1996, 946.
[82] AG Landstuhl FamRZ 2002, 1343.
[83] *Musielak/Borth* Rn. 11.

bb) Auf die **Anerkennung** der deutschen Entscheidung in einem der Heimatstaaten kommt es in 63
diesem Fall nicht an.[84] Dies wirkt sich auch auf die Beurteilung der Frage aus, wie bei Verlegung des
gewöhnlichen Aufenthalts während der Rechtshängigkeit zu verfahren ist (Rn. 65).

cc) Unmaßgeblich ist auch, welches **materielle Recht** nach den Grundsätzen des deutschen IPR 64
in der Ehesache anzuwenden ist; weder hat die Anwendung deutschen Rechts eine zuständigkeitsbegründende Wirkung,[85] noch steht die Anwendbarkeit eines ausländischen Statuts (Eheaufhebung
Art. 11 und 13 EGBGB, Ehescheidung Art. 17 EGBGB) der internationalen Zuständigkeit deutscher Gerichte entgegen, wenn nur beide Ehegatten im Inland gewöhnlichen Aufenthalt haben.

c) Zeitpunkt. Der gewöhnliche Aufenthalt muss spätestens im Zeitpunkt der **letzten mündli-** 65
chen Verhandlung vorliegen; Tatsachen, die das Vorliegen des gewöhnlichen Aufenthalts begründen, können auch noch in der Rechtsbeschwerdeinstanz geltend gemacht werden, sofern sie nicht
beweisbedürftig sind.[86] Haben bei Rechtshängigkeit beide Ehegatten gewöhnlichen Aufenthalt in
Deutschland, so sichert der Grundsatz der *perpetuatio fori internationalis* (Rn. 28) die internationale
Ehesachenzuständigkeit auch, wenn nach Eintritt der Rechtshängigkeit der gewöhnliche Aufenthalt
eines oder beider (ausländischer) Ehegatten im Inland aufgegeben wird.[87]

Dies gilt auch dann, wenn das Recht eines oder beider Heimatstaaten bzw. des gemeinsamen 66
Heimatstaates die von deutschen Gerichten zu fällende Entscheidung **offensichtlich nicht anerkennt**. Die Ansicht,[88] in diesem Fall sei die *perpetuatio jurisdictionis* im Interesse des in Abs. 1 Nr. 4
zur *ratio* erhobenen internationalen Entscheidungseinklangs zu beschränken, beruht auf einer unzulässigen Vermengung von Abs. 1 Nr. 2 mit Abs. 1 Nr. 4. Gegen die *perputatio fori* im Fall von Abs. 1
Nr. 2 kann nicht sprechen, dass, bestünde sie nicht, gemäß Abs. 1 Nr. 4 keine offensichtlich negative
Anerkennungsprognose bestehen dürfte.

d) Vollständige Verdrängung durch die Brüssel IIa-VO. Abs. 1 Nr. 2 ist damit **immer** durch 67
die Bestimmungen der Brüssel IIa-VO **verdrängt**, da bei gewöhnlichem Aufenthalt beider Ehegatten im Inland die deutschen Gerichte bereits nach Art. 3 Abs. 1 lit. a Str. 1 Brüssel IIa-VO zuständig
sind. Bei gebotener Auslegung des maßgeblichen Zeitpunkts für Art. 3 Abs. 1 Brüssel IIa-VO
ergeben sich auch bei Aufenthaltswechseln während der Anhängigkeit der Ehesache keine Anwendungslücken, die mit Abs. 1 Nr. 2 zu füllen wären.

3. Ein Ehegatte staatenlos mit gewöhnlichem Aufenthalt im Inland (Abs. 1 Nr. 3). 68
a) Keine Anerkennungsvoraussetzungen. Ist ein Ehegatte Staatenloser mit gewöhnlichem Aufenthalt in der Bundesrepublik Deutschland, so sind deutsche FamGe **ohne weitere Voraussetzungen** international zuständig. Insbesondere kommt es nicht auf die Anerkennung der Entscheidung im
Heimatstaat des anderen Ehegatten an. Dies entspricht der kollisionsrechtlichen Behandlung von
Staatenlosen nach ihrem gewöhnlichen Aufenthaltsrecht (Art. 5 Abs. 2 EGBGB) sowie der Verpflichtung aus dem UN-Übereinkommen (Rn. 47).

b) Ungeklärte Staatenlosigkeit. Ist die Staatenlosigkeit zweifelhaft, weil die Partei mit gewöhn- 69
lichem Aufenthalt in Deutschland **möglicherweise eine ausländische Staatsangehörigkeit** besitzt, so ist im Zweifel von Staatenlosigkeit auszugehen.[89] Zwar ist diese Lösung nicht, wie zum IPR,
zwingend, da die internationale Zuständigkeit auch abgelehnt werden könnte, weshalb die analoge
Anwendung von Art. 5 Abs. 2 EGBGB fraglich erscheint.[90] Jedoch lässt sich aus Nr. 3 und Nr. 4 die
Regel herleiten, dass deutsche Gerichte bereits bei gewöhnlichem Aufenthalt eines Ehegatten im
Inland international zuständig sein sollen, wenn nur in der Person eines Ehegatten kein offensichtliches Risiko einer hinkend geschiedenen Ehe besteht. Dies ist bei Staatenlosen der Fall, weil sich
hier kein Heimatstaat der Anerkennung widersetzen kann und ebenso bei Personen ungeklärter
Staatsangehörigkeit, weil hier zumindest kein offensichtlich betroffener Heimatstaat im Spiel ist.
Auch in Fällen eines nach dem deutschen *ordre public* nicht anzuerkennenden völkerrechtswidrigen
oder rechtsstaatswidrigen Entzugs durch Ausbürgerung ist die internationale Zuständigkeit nach
Nr. 3 zu gewähren, da der Betroffene nicht zu seinem Nachteil als Angehöriger eines Staates
angesehen werden kann, der ihm den Rechtsschutz objektiv verweigert.[91]

---

[84] BGHZ 160, 322.
[85] *Zöller/Geimer* § 606a ZPO Rn. 90.
[86] BGH NJW 1977, 498.
[87] BGH FamRZ 1983, 1215, 1216; AG Karlsruhe FamRZ 1988, 837; OLG München IPRax 1988, 354;
Winkler von Mohrenfels IPRax 1988, 341.
[88] *Staudinger/Spellenberg*, 2004, § 606a ZPO Rn. 30, 300 ff.; *Zöller/Geimer* § 606a ZPO Rn. 66.
[89] *Stein/Jonas/Schlosser* § 606a ZPO Rn. 15.
[90] So *Staudinger/Spellenberg*, 2004, § 606a ZPO Rn. 128.
[91] Ebenso *Staudinger/Spellenberg*, 2004, § 606a ZPO Rn. 119; *Wieczorek/Schütze/Becker-Eberhard* § 606a ZPO
Rn. 48.

70 **c) Gewöhnlicher Aufenthalt.** Der **Begriff** des gewöhnlichen Aufenthalts entspricht dem zu Nr. 2 (Rn. 59 ff.). Soweit der Staatenlose zugleich einen Flüchtlingsstatus besitzt, ergibt sich die internationale Zuständigkeit bereits aus Nr. 1, was insbesondere die bei Bestimmung des gewöhnlichen Aufenthaltes bestehenden Probleme bei nicht legalem oder nicht gesichertem Aufenthalt überwindet (Rn. 59).

71 **d) Zeitpunkt.** Maßgeblicher **Zeitpunkt** für das Bestehen des gewöhnlichen Aufenthalts in Deutschland ist die letzte mündliche Verhandlung, wobei auch hier der Grundsatz der *perpetuatio fori internationalis* gilt (Rn. 28). Verlegt ein Staatenloser, der seinen gewöhnlichen Aufenthalt in Deutschland hatte, diesen jedoch vor Rechtshängigkeit in das Ausland, so kann sich bei ausländischer Staatsangehörigkeit des anderen Ehegatten die internationale Zuständigkeit deutscher Gerichte nur aus Nr. 4 ergeben; eine fortwirkende Zuständigkeit ergibt sich unter Nr. 3 nicht. Auch die gebotene Gleichstellung des Staatenlosen mit einem Deutschen (Rn. 47) führt nicht über Nr. 1 zu einer Antrittszuständigkeit, wenn der Staatenlose bei Eheschließung gewöhnlichen Aufenthalt in Deutschland hatte, denn diese Gleichstellung dauert nur an, so lange der gewöhnliche Aufenthalt andauert.

72 **e) Verhältnis zur Brüssel II a-VO.** Nr. 3 hat im Rahmen von Art. 7 Brüssel II a-VO (keine Zuständigkeit in irgendeinem Mitgliedstaat) einen gewissen Anwendungsbereich, da Art. 3 Brüssel II a-VO eine Staatenlosen-Zuständigkeit nicht vorsieht. Das Anwendungsfenster für Nr. 3 ergibt sich aus den Lücken der einseitigen Aufenthaltszuständigkeit in Art. 3 Abs. 1 lit. a Brüssel II a-VO in gleicher Weise wie für den Fall eines ausländischen Ehegatten mit deutschem gewöhnlichem Aufenthalt (dazu Rn. 93).

73 **4. Gewöhnlicher Aufenthalt eines Ehegatten im Inland, Anerkennungsprognose (Abs. 1 Nr. 4). a) Grundsatz.** Vor dem Hintergrund der Entstehung der Vorgängernorm § 606a Abs. 1 Nr. 4 ZPO (Rn. 3) ist Nr. 4 der Grundsatz zu entnehmen, dass in der Regel bereits der **gewöhnliche Aufenthalt eines Ehegatten** in Deutschland genügen soll, um die internationale Zuständigkeit deutscher FamGe in Ehesachen zu begründen. Die auf offensichtliche Anerkennungsunfähigkeit in beiden Heimatstaaten beschränkte reduzierte Anerkennungsprognose zielt nur noch darauf ab, nicht „sehenden Auges" hinkende Ehescheidungen auszusprechen.

74 **b) Anwendungsvoraussetzungen. Nr. 4 ist wegen der Einschränkung durch das Anerkennungskriterium strukturell subsidiär gegenüber Nr. 1 bis 3.** Die Anwendung der Bestimmung setzt voraus, dass kein Ehegatte Deutscher ist oder bei Eheschließung war; sonst ergibt sich die internationale Zuständigkeit bereits aus Nr. 1, selbst wenn neben der deutschen eine ausländische Staatsangehörigkeit besteht bzw. bestand. Überdies ist Nr. 4 nur anwendbar, wenn für den sich im Inland gewöhnlich aufhaltenden Ehegatten während der Rechtshängigkeit der Ehesache jedenfalls der Besitz einer ausländischen Staatsangehörigkeit feststeht, da sonst – ohne Anerkennungskriterium – bereits Nr. 3 eingreift (Rn. 68).

75 Erforderlich ist weiter, dass ein Ehegatte seinen **gewöhnlichen Aufenthalt** im Zeitpunkt der letzten mündlichen Verhandlung in Deutschland hat; der andere Ehegatte muss hingegen gewöhnlichen Aufenthalt im Ausland haben, da sonst die internationale Zuständigkeit deutscher Gerichte bereits aus Nr. 2 folgt. Zum Begriff des gewöhnlichen Aufenthalts Rn. 59.

76 Der **maßgebliche Zeitpunkt** für das Bestehen des deutschen gewöhnlichen Aufenthalts unterliegt dem Grundsatz der *perpetuatio fori internationalis* (Rn. 28); dies ist – im Gegensatz zum Zeitpunkt des Vorliegens des Anerkennungskriteriums – weitgehend unbestritten.[92]

77 **c) Anerkennungskriterium.** Trotz gewöhnlichen Aufenthalts (nur) eines Ehegatten in Deutschland besteht die internationale Zuständigkeit deutscher Gerichte nicht, wenn die zu fällende Entscheidung offensichtlich nach dem Recht keines der Staaten anerkannt würde, denen einer der Ehegatten angehört.

78 **aa) Prüfungsumfang: Heimatstaaten. α)** Die grammatikalisch nicht einfach verständliche Regelung will ausdrücken, dass die internationale Zuständigkeit **nur dann entfällt,** wenn die Entscheidung sowohl nach dem Heimatrecht des Ehemannes als auch nach dem der Ehefrau offensichtlich anerkennungsunfähig wäre. Es verbirgt sich hinter der Formulierung also eine alternative Anknüpfung der Anerkennungsfähigkeit; Anerkennungsunfähigkeit in nur einem Heimatstaat führt daher nie zur Versagung der internationalen Zuständigkeit.

79 **β)** Ist ein Ehegatte **Doppel- oder Mehrstaater,** so ist dieses Kriterium für diesen Ehegatten jedoch an dessen effektiver Staatsangehörigkeit zu messen. Die internationale Zuständigkeit wird also nicht schon dadurch sichergestellt, dass ein Heimatstaat, der kollisionsrechtlich nicht effektiv iSd.

---

[92] *Baumbach/Lauterbach/Hartmann* Rn. 11; *Zöller/Geimer* § 606a ZPO Rn. 66.

Art. 5 Abs. 1 S. 1 EGBGB ist, den deutschen Ehesachenbeschluss anerkennen würde.[93] Alternativ die Anerkennungsfähigkeit in allen auch nicht-effektiven Heimatrechten zu prüfen, widerspräche dem Zweck der Norm: Ist die Anerkennung im effektiven Heimatstaat beider Ehegatten ausgeschlossen, so kommt es mit Gewissheit zum Hinken der Ehe zwischen Deutschland und den Heimatstaaten, zu denen die Ehegatten einen tatsächlich engen Bezug haben, was gerade vermieden werden soll. Überdies vermehrt die alternative Prüfung den Prüfungsaufwand, ohne dass hierdurch ein zweckdienlicher Gewinn entstünde.

bb) Anerkennungs(un)fähigkeit. α) Die Prüfung der Anerkennungs(un)fähigkeit bezieht sich **80** auf den **konkret begehrten Ausspruch** in der Ehesache; auf die Akzeptanz der Gründe kommt es nicht an (vgl. auch Rn. 79); entscheidend ist, dass der deutsche Tenor mit dem ihm eigenen Inhalt anerkannt wird.[94] Wird einem deutschen Scheidungsbeschluss nur die Wirkung einer Ehetrennung zugestanden, so kann nicht von einer Anerkennungsfähigkeit ausgegangen werden.[95] Unschädlich ist es, wenn die Wirkungen der deutschen Ehesachenentscheidung im Anerkennungsstaat einer konstitutiven Personenstandsregistereintragung bedürfen, die auch bei inländischen Entscheidungen notwendig wäre. Auch die Notwendigkeit eines förmlichen Anerkennungsverfahrens (vgl. § 107 FamFG) oder einer gerichtlichen Anerkennungsentscheidung steht einer positiven Anerkennungsprognose nicht entgegen,[96] sofern keine eigenständige neue Entscheidung in der Sache erforderlich wird.

β) Findet im Anerkennungsverfahren eine **Überprüfung in der Sache** *(révision au fond)* statt, so **81** lässt sich nicht auf Grund der abstrakten Möglichkeit einer Versagung der Anerkennung auf die hier erforderliche offensichtliche Anerkennungsunfähigkeit schließen. Entgegen einer verbreiteten Ansicht[97] bedeutet das Stattfinden einer *révision au fond* nicht per se, dass eine neue Entscheidung ergeht. Vielmehr ist zu unterscheiden zwischen der Notwendigkeit einer genuin neuen Entscheidung im Anerkennungsstaat, die nicht mehr als Anerkennung angesehen werden kann, und einer Überprüfung in der Sache, die Anerkennungsvoraussetzung ist. Da nahezu jedes nationale Anerkennungsrecht eine Überprüfung am Maßstab des *ordre public* vorsieht, findet in engen Grenzen eine Sachüberprüfung ohnehin meist statt. Daher lässt sich schon aus praktischen Gründen nicht zwischen einer breiteren *ordre public*-Kontrolle und einer eingeschränkten Sachprüfung differenzieren. Werden etwa Scheidungsbeschlüsse im Heimatstaat nur anerkannt, wenn sie auf Gründe gestützt sind, die dem dortigen Recht bekannt sind, so lässt sich schlichtweg nicht entscheiden, ob es sich hierbei um eine solche Sachprüfung oder um einen weiten *ordre public*-Vorbehalt handelt. In solchen Fällen muss das FamG anhand der Anerkennungspraxis des Heimatstaats prüfen, ob die konkret zu fällende Entscheidung voraussichtlich in eine Fallgruppe gehört, die der dort stattfindenden Sachprüfung standhält.[98]

γ) Umstritten ist die Frage, ob auf die Anerkennungsprognose hinsichtlich einer **Antragsabwei- 82 sung** verzichtet werden kann. Hiergegen spricht zwar *prima facie,* dass es keine internationale Zuständigkeit nur für eine potentiell stattgebende Entscheidung geben und die internationale Zuständigkeit nicht vom materiellen Ausgang des Rechtsstreits abhängen kann.[99] Dies ist freilich auch nicht Folge eines Verzichts auf die Prüfung der Anerkennungsfähigkeit einer abweisenden Entscheidung: Vielmehr besteht bei Antragsabweisung, unabhängig davon, ob diese einen in Rechtskraft erwachsenden anerkennungsfähigen Inhalt hat oder nicht, nicht die Gefahr hinkender Statusverhältnisse. Die internationale Zuständigkeit gemäß Nr. 4 besteht also, wenn Anerkennungsfähigkeit einer Entscheidung mit dem beantragten Tenor nicht offensichtlich ausgeschlossen ist. Die Anerkennungsfähigkeit einer Antragsabweisung ist auf Grund teleologischer Reduktion der Nr. 4 nicht gesondert zu prüfen,[100] gleichwohl besteht die internationale Zuständigkeit nicht gespalten lediglich für eine stattgebende Entscheidung.

δ) Nicht erforderlich ist die Anerkennungsprüfung, wenn die begehrte Entscheidung eine Ehe **83** betrifft, die nach einem der Heimatrechte **nicht wirksam existiert.** Zwar wird überwiegend vertreten, auf die Anerkennungsprüfung könne nur verzichtet werden, wenn nach beiden Heimat-

---

[93] AG Kaiserslautern IPRax 1994, 223; *Henrich* FamRZ 1986, 841, 849; *Staudinger/Spellenberg,* 2004, § 606a ZPO Rn. 152; *Spellenberg* IPRax 1988, 1, 5; *Stein/Jonas/Schlosser* § 606a ZPO Rn. 11; *Thomas/Putzo/Hüßtege* § 606a ZPO Rn. 10; aA *Zöller/Geimer* § 606a ZPO Rn. 64; oben § 606a ZPO Rn. 37.
[94] *Stein/Jonas/Schlosser* § 606a ZPO Rn. 18; *Zöller/Geimer* § 606a ZPO Rn. 61.
[95] *Staudinger/Spellenberg,* 2004, § 606a ZPO Rn. 164; *Zöller/Geimer* § 606a ZPO Rn. 61.
[96] *Staudinger/Spellenberg,* 2004, § 606a ZPO Rn. 155 m. weit. Nachw.
[97] So wohl *Stein/Jonas/Schlosser* § 606a ZPO Rn. 18; *Zöller/Geimer* § 606a ZPO Rn. 61.
[98] IE ebenso *Staudinger/Spellenberg,* 2004, § 606a ZPO Rn. 158.
[99] *Zöller/Geimer* Rn. 62; *Staudinger/Spellenberg,* 2004, § 606a ZPO Rn. 171 f.
[100] *Stein/Jonas/Schlosser* § 606a ZPO Rn. 18.

rechten eine Nichtehe vorliegt.[101] Jedoch tritt die von Abs. 1 Nr. 4 angestrebte Harmonie der Beurteilung bereits ein, wenn die Ehe nach einem Heimatrecht ohnehin nicht existiert.

84 cc) **Offensichtlichkeit.** Die internationale Zuständigkeit entfällt nur bei offensichtlicher Anerkennungsunfähigkeit in beiden Heimatstaaten. Das Kriterium ist restriktiv zu handhaben; es soll insbesondere den **Nachforschungsaufwand** reduzieren. Offensichtliche Anerkennungsunfähigkeit ist nach dem gesetzgeberischen Ziel nur dann anzunehmen, wenn sie sich aus allgemein zugänglichen Quellen für das Gericht selbst ohne Inanspruchnahme Sachverständiger ergibt. Im Zweifel ist somit die internationale Zuständigkeit anzunehmen.[102] Einer detaillierten Prüfung der Anerkennungsfähigkeit bedarf es grundsätzlich nicht.[103]

85 Nicht unbedenklich ist freilich die Annahme, das Gericht habe nur die ihm **erreichbaren Quellen** zu prüfen.[104] Die zum Teil miserable Ausstattung deutscher Gerichtsbibliotheken darf aus Gründen der Rechtsstaatlichkeit nicht zum Maß der Ermittlungspflicht werden.[105] Vielmehr ist ein objektiver Standard dahingehend zu wahren, dass die Ermittlungspflicht endet, sobald sich ernsthafte Zweifel an der Anerkennungsfähigkeit nach Durchsicht der bei gehöriger juristischer Sorgfalt und Ausstattung einschlägigen deutschsprachigen Literatur nicht ergeben. Ergeben sich hingegen ernsthafte (generelle) Zweifel, so bedarf es einer sorgfältigen Prüfung, ob auch im konkreten Fall der zu fällenden Entscheidung Anerkennungszweifel bestehen.[106] An diesem Punkt der Prüfung kann durchaus auch die Inanspruchnahme eines Sachverständigen[107] erforderlich sein.[108] Der Zweck der Regelung wird dadurch nicht verletzt, da, anders als unter § 606b ZPO aF, die Inanspruchnahme Sachverständiger nicht die Regel wird, sondern nur in äußerst seltenen Fällen erforderlich ist, dort aber insbesondere dem Ziel dient, aus generellen Aussagen sich ergebende ausreichend schwerwiegende Zweifel im Einzelfall zu überprüfen. Unterlässt das Gericht dies, so versagt es ggf. dem Antragsteller eine bestehende Zuständigkeit und damit seinen Rechtsgewährungsanspruch.

86 dd) **Grundlagen der Anerkennung.** Prüfungssystematisch wird das FamG trotz der negativen Formulierung der Nr. 4 häufig die **Anerkennungsfähigkeit** positiv prüfen. Die Beschränkung der Zuständigkeit bei offensichtlicher Anerkennungsunfähigkeit wirkt sich nur in Zweifelsfällen aus. Die von Nr. 4 angestrebte Übereinstimmung mit wenigstens einer Heimatrechtsordnung wird aber bereits erreicht, wenn die durch Aufhebung, Scheidung oder Trennung zu gestaltende Ehe in nur einem Heimatstaat nicht besteht. Dasselbe gilt, wenn die begehrte Gestaltung bereits nach dem Recht eines Heimatstaates eingetreten ist, sei es, dass eine dort wirksame, in Deutschland aber nicht anerkennungsfähige Entscheidung vorliegt, sei es, dass die Gestaltung durch ein religiöses Gericht oder durch Rechtsgeschäft (zB rechtsgeschäftliche Scheidung) dort wirksam eingetreten ist.[109] Insbesondere folgt hieraus, dass zur Scheidung einer hinkend in Deutschland wirksamen und in einem Heimatstaat unwirksamen Ehe deutsche Gerichte schon dann international zuständig sind, wenn ein Ehegatte in Deutschland gewöhnlichen Aufenthalt hat.

87 α) **Brüssel IIa-VO.** Grundsätzlich anerkennungsfähig sind deutsche Entscheidungen in Ehesachen in den Mitgliedstaaten der EU (ohne Dänemark) auf Grund **Art. 21 ff. Brüssel IIa-VO.** Dass das deutsche FamFG im hier erörterten Fall seine internationale Zuständigkeit auf Bestimmungen des deutschen Rechts und nicht auf Art. 3 ff. Brüssel IIa-VO stützt, steht der Anwendung des Anerkennungssystems der Brüssel IIa-VO nicht entgegen. Selbst wenn die Anwendung von § 98 FamFG irrig erfolgen sollte, begründet dies nicht die Anerkennungsversagung (Art. 24 Brüssel IIa-VO). Freilich ist selbst das sehr großzügige Anerkennungssystem der Brüssel IIa-VO nicht frei von potentiellen Anerkennungshindernissen; neben dem *ordre public*-Vorbehalt, der jedoch nicht gegen die ausgesprochene Gestaltung als solche eingesetzt werden darf,[110] sind diese abschließend in Art. 20

---

[101] OLG Stuttgart FamRZ 1980, 783; *Baumbach/Lauterbach/Hartmann* Rn. 9.
[102] OLG Nürnberg FamRZ 2001, 837; BT- Drucks. 10/5632 S. 47; *Zöller/Geimer* § 606a ZPO Rn. 60; *Musielak/Borth* Rn. 16.
[103] OLG Nürnberg OLGR 2001, 167.
[104] BT- Drucks. 10/5632 S. 47.
[105] *Staudinger/Spellenberg*, 2004, § 606a Rn. 192.
[106] Zutreffend *Musielak/Borth* Rn. 17.
[107] Die Inanspruchnahme von Auskünften nach dem Europäischen Abkommen betreffend Auskünfte über ausländisches Recht vom 7. 6. 1968, BGBl. 1974 II S. 938; Ausführungsgesetz, BGBl. 1974 I S. 1433, BGBl. 1987 II S. 58 ist nur in geringem räumlichen Umfang hilfreich, da die Anerkennung im Verhältnis zu EG-Mitgliedstaaten (ohne Dänemark) bereits durch die Brüssel IIa-VO sichergestellt ist und zu weiteren europäischen Staaten bilaterale Abkommen bestehen.
[108] So auch *Staudinger/Spellenberg*, 2004, § 606a Rn. 192.
[109] BGH NJW 1982, 517; BayObLG FamRZ 1985, 75.
[110] ZB darf Malta die Anerkennung einer deutschen Ehescheidung nicht wegen Verstoßes gegen den *ordre public* unter Hinweis auf die Unzulässigkeit der Ehescheidung im maltesischen Recht versagen.

Brüssel II a-VO bestimmt und können im konkreten Fall durchaus die Prognose offensichtlicher Anerkennungsunfähigkeit begründen.[111]

α) Völkerrechtliche Verträge. Die Anerkennungsfähigkeit kann sich aus multilateralen oder bilateralen völkerrechtlichen Verträgen ergeben, die zwischen der Bundesrepublik und dem Heimatstaat bestehen. Im Einzelnen zu den Völkerverträgen auf dem Gebiet der Ehesachen § 97 FamFG Rn. 19 ff. **88**

β) Nationales Recht des Heimatstaates. Außerhalb des Anwendungsbereichs von Europa- und Völkervertragsrecht beurteilt sich die Anerkennungsfähigkeit deutscher Ehesachenentscheidungen nach der jeweiligen *lex fori* des Heimatstaates. Häufigste generelle Anerkennungshindernisse sind insoweit die Ablehnung der Ehescheidung als solche oder die Ablehnung bestimmter Scheidungsgründe unter dem Gesichtspunkt des *ordre public,* sowie die Beanspruchung einer **ausschließlichen internationalen Zuständigkeit** in Statussachen eigener Staatsangehöriger. Individuell negative Anerkennungsprognosen dürften sich am ehesten durch konkurrierende Entscheidungen bzw. Verfahren im jeweiligen Heimatstaat ergeben. Individuell negative Anerkennungsprognosen können ggf. auch durch das FamG vermieden werden, wenn sie auf Verstößen gegen Verfahrensregeln beruhen, die das Heimatrecht dem verfahrensrechtlichen *ordre public* zurechnet. So kann insbesondere die Durchführung eines aus Sicht des Heimatstaates essentiellen Versöhnungsverfahrens mit ausdrücklicher Erwähnung im Ehesachenbeschluss auch die offensichtlich negative Anerkennungsprognose vermeiden. **89**

Unter dem Vorbehalt steter Rechtsänderungen verlässliche Übersichten bzw. Länderinformationen finden sich bei [112] den Länderberichten bei *Geimer/Schütze,*[113] *Bergmann/Ferid/Henrich,*[114] *Süß/Ring*[115] und *Rieck*.[116] **90**

ee) Maßgeblicher Zeitpunkt. Grundsätzlich muss auch die nicht offenkundig ausgeschlossene Anerkennungsfähigkeit als Tatbestandsmerkmal der internationalen Zuständigkeit im Zeitpunkt der Letzten mündlichen Verhandlung vorliegen. Anders als zum Verlust eines bei Antragstellung gegebenen deutschen gewöhnlichen Aufenthalts wird jedoch die Anwendung des Grundsatzes der **perpetuatio fori internationalis** auf die Anerkennungsfähigkeit von der überwiegenden Ansicht abgelehnt.[117] Eine solche Änderung der Anerkennungsprognose kann sich ergeben, wenn entweder durch die Veränderung der Aufenthalts- oder Staatsangehörigkeitsverhältnisse die Anerkennungsfähigkeit offensichtlich entfällt[118] oder das Anerkennungsrecht eines Heimatstaates sich ändert.[119] § 606a ZPO aF. verlange in beiden Fällen eine Anerkennungsprognose bezüglich der zu fällenden Entscheidung, und diese Prognose müsse nach dem Wortlaut des Gesetzes noch im Zeitpunkt der Letzten mündlichen Verhandlung vorliegen. Nur so könnten hinkende Ehen verhindert werden. Das Gesetz stelle nicht darauf ab, ob die Rechtssache vor dem deutschen Gericht anhängig gemacht werden dürfe, sondern darauf, ob die deutsche Entscheidung von der (mit-) betroffenen ausländischen Rechtsordnung anerkannt werde. Danach sei in dieser Hinsicht der Grundsatz der *perpetuatio fori internationalis* nicht anwendbar.[120] **91**

Diese Ansicht ist abzulehnen; maßgeblich muss sein, dass bei Antragstellung (aus welchen Gründen auch immer) deutsche Gerichte zuständig waren; dem Kriterium der nicht offensichtlichen Anerkennungsversagung liegt zwar das Motiv der Vermeidung hinkender Ehescheidungen zugrunde. Das Tatbestandsmerkmal typisiert dieses Ziel jedoch unter sehr eingeschränkten Voraussetzungen und ist daher wie jedes andere abstrakte Tatbestandsmerkmal in einer Zuständigkeitsnorm der *perpetuatio fori* unterworfen. Der Zweck des § 261 Abs. 3 Nr. 2 ZPO, deutsche Gerichte gegen unnötige, letztlich **92**

---

[111] ZB wegen Unvereinbarkeit gemäß Art. 22 lit. c oder d Brüssel II a-VO, wenn vor dem FamG Aufhebung einer Ehe begehrt wird, über deren Bestand ein rechtskräftiges Feststellungsurteil aus dem Heimatstaat (lit. c) oder ein dort anzuerkennendes aus einem Drittstaat (lit. d) vorliegt, das nicht bereits aus Gründen der *res judicata* dem deutschen Verfahren entgegenstehen muss.

[112] *Staudinger/Spellenberg,* 2004, § 606a ZPO Rn. 217.

[113] *Geimer/Schütze,* Internationaler Rechtsverkehr in Zivil- und Handelssachen (Loseblatt).

[114] *Bergmann/Ferid/Henrich,* Internationales Ehe- und Kindschaftsrecht (Loseblatt).

[115] *Süß/Ring,* Eherecht in Europa, 2006.

[116] *Rieck,* Ausländisches Familienrecht (Loseblatt).

[117] BGH FamRZ 1983, 1215; *Staudinger/Spellenberg,* 2004, § 606a ZPO Rn. 300 f.; *Zöller/Geimer* § 606a Rn. 66.

[118] BGH FamRZ 1983, 1215; aA OLG Bamberg IPRax 1985, 162; vgl. dazu auch *Staudinger/Spellenberg,* 2004, § 606a ZPO Rn. 301, wo nachgewiesen wird, dass eine Änderung der Anerkennungsfähigkeit in concreto nicht eingetreten ist.

[119] *Staudinger/Spellenberg,* 2004, § 606a ZPO Rn. 30; *Zöller/Geimer* § 606a ZPO Rn. 66.

[120] Oben § 606a ZPO Rn. 47; *Staudinger/Spellenberg,* 2004, § 606a ZPO Rn. 300 ff.; *Zöller/Geimer* § 606a ZPO Rn. 66; *Rathjen* FF 2007, 27, 33.

§ 98   93–95   Buch 1. Abschnitt 9. Verfahren mit Auslandsbezug

abgebrochene Verfahren zu schützen und das Vertrauen des Antragstellers in die bei Antragstellung richtige Rechtseinschätzung zu achten, geht gegenüber der Vermeidung hinkender Ehescheidungen vor.[121]

93   **ff) Verhältnis zur Brüssel II a-VO.** Nr. 4 hat im Rahmen von Art. 7 Brüssel II a-VO einen gewissen Anwendungsbereich. Hat der Antragsgegner seinen gewöhnlichen Aufenthalt in Deutschland, so scheidet jedoch ein Rückgriff auf Nr. 4 aus, denn Art. 3 Abs. 1 lit. a Str. 3 Brüssel II a-VO begründet in diesem Fall eine internationale Zuständigkeit deutscher Gerichte ohne jede Anerkennungsprognose. Ist der Ehegatte ausländischer Staatsangehörigkeit mit gewöhnlichem Aufenthalt in Deutschland hingegen Antragsteller, so kann Nr. 4 eine internationale Zuständigkeit begründen, noch ehe die Voraussetzungen des Art. 3 Abs. 1 lit. a Str. 5 Brüssel II a-VO (ein Jahr gewöhnlicher Aufenthalt) vorliegen. Da insbesondere die hM den Ablauf der Jahresfrist vor Antragstellung verlangt,[122] bleibt Nr. 4 immer dann anwendbar, wenn der Antragsteller weniger als ein Jahr vor Antragstellung gewöhnlichen Aufenthalt in Deutschland hat und die Gerichte keines anderen Mitgliedstaats nach Art. 3 Brüssel II a-VO zuständig sind.

94   **5. Keine weiteren Zuständigkeitsgründe, keine internationale Ausschließlichkeit. a) Abschließende Regelung.** Abs. 1 ist abschließend. Die internationale Zuständigkeit deutscher Gerichte kann nicht auf andere Gründe gestützt werden. **Zuständigkeitsvereinbarungen,** die im Rahmen der zeitlich nicht absehbaren Reform der Brüssel II a-VO einbezogen werden sollen, scheiden unter § 98 FamFG sowohl als Prorogation als auch als Derogation[123] (auch hinsichtlich der rechtspolitisch umstrittenen Antrittszuständigkeit, Abs. 1 Nr. 1 Alt. 2[124]) in Ehesachen aus.[125] Ebenso besteht keine Anknüpfung der Zuständigkeit an einen **früheren gewöhnlichen Aufenthalt** (vgl. dagegen Art. 3 Abs. 1 lit. a Str. 2 Brüssel II a-VO), einen Wohnsitz oder den Eheschließungsort. Die **Anwendbarkeit deutschen Rechts** aus Sicht des deutschen IPR (Art. 17 Abs. 1 iVm. Art. 14 Abs. 1 Nr. 2, Alt. 2 – letzter, von einem Ehegatten beibehaltener, gemeinsamer gewöhnlicher Aufenthalt – oder Nr. 3 EGBGB) begründet keinen deutschen Scheidungsgerichtsstand, sofern nicht Abs. 1 Nr. 4 eingreift. Auch eine **Verweisung** an oder durch ein ausländisches Gericht ist nicht statthaft bzw. für deutsche FamGe nicht bindend.

95   **b) Notzuständigkeit bei Versagen der Anerkennungsprognose.** Eine außergesetzliche Notzuständigkeit ist jedoch in Betracht zu ziehen, wenn deutsche Gerichte weder nach Art. 3 ff. Brüssel II a-VO noch nach Abs. 1 international zuständig sind und ein zumutbares ausländisches Forum fehlt. Besteht in einem solchen Fall ein tatsächlicher Bezug zu Deutschland, der eine Entscheidung durch deutsche Gerichte nahelegt,[126] so fordert das Rechtsstaatsprinzip, dass dem Antragsteller eine deutsche internationale Zuständigkeit geboten wird, sofern andernfalls keine Möglichkeit besteht, das Scheidungsrecht durchzusetzen.[127] Dies ist der Fall, wenn ein ausländischer Ehegatte gewöhnlichen Aufenthalt in Deutschland hat, die Anerkennungsprognose (Nr. 4) in beiden Heimatstaaten offensichtlich scheitert, aber keiner der Heimatstaaten eine Scheidungszuständigkeit besitzt. Dasselbe gilt, wenn ein (oder beide) Ehegatten sich in Deutschland aufhalten, aus ausländerrechtlichen Gründen aber ausnahmsweise über längere Zeit ein gewöhnlicher Aufenthalt nicht begründet wird, zB bei Nichtvollzug der Abschiebung aus humanitären Gründen,[128] sofern man nicht in solchen Fällen einen gewöhnlichen Aufenthalt annimmt (dazu Rn. 60). Ausnahmsweise kann sogar schlichter Aufenthalt ohne rechtliche Hemmnisse gegen einen gewöhnlichen Aufenthalt genügen, wenn die Ehegatten staatenlos und nicht sesshaft sind und daher *mutatis mutandis* nach den Grundsätzen des § 98 FamFG nirgendwo eine internationale Zuständigkeit bestünde.[129] Auch aus der Verweigerung der Anerkennung einer ausländischen Ehesachenentscheidung aus Sicht des deutschen Rechts

---

[121] Wie hier *Stein/Jonas/Schlosser* § 606a ZPO Rn. 18.
[122] Hiergegen unter dem Gesichtspunkt der Prozessökonomie: *Rauscher/Rauscher* Art. 3 Brüssel II a-VO Rn. 25 mit Nachweisen.
[123] Teilweise wurde früher die Derogierbarkeit der Staatsangehörigkeitszuständigkeit vertreten: *Walchshöfer* ZZP 80 (1967), 214 f.; *Habscheid,* FS Schima, 1969, S. 194.
[124] AA *Zöller/Geimer* § 606a ZPO Rn. 86.
[125] *Staudinger/Spellenberg,* 2004, § 606a ZPO Rn. 317; *Musielak/Borth* Rn. 21; *Stein/Jonas/Schlosser* § 606a ZPO Rn. 7; *Wieczorek/Schütze/Becker-Eberhard* § 606a ZPO Rn. 25.
[126] *Staudinger/Spellenberg,* 2004, § 606a ZPO Rn. 30, 316; *Zöller/Geimer* § 606a ZPO Rn. 87; *Walchshöfer* ZZP 80 (1967), 165, 219.
[127] AG Groß-Gerau FamRZ 1981, 51, 52; *Zöller/Geimer* § 606a ZPO Rn. 85; *Gottwald* FamRZ 2002, 1343; *Staudinger/Spellenberg,* 2004, § 606a ZPO Rn. 284 ff.
[128] Oben § 606 ZPO Rn. 31, 48.
[129] So der Lehrbuchfall des staatenlosen Nomadenehepaars vgl. *Zöller/Geimer* § 606a ZPO Rn. 86.

c) Keine internationale Ausschließlichkeit. Die internationale Ehesachenzuständigkeit deutscher Gerichte ist **in keiner der in Abs. 1 geregelten Konstellationen** ausschließlich; dies folgte bisher aus § 606a Abs. 1 S. 2 ZPO und ist nunmehr für alle Zuständigkeiten nach §§ 98 ff. FamFG in § 106 FamFG bestimmt. Insbesondere steht daher die nach Abs. 1 gegebene internationale Zuständigkeit deutscher Gerichte nicht der **Anerkennung** einer ausländischen Ehesachenentscheidung entgegen, wenn nur das ausländische Gericht nach § 109 Abs. 1 FamFG spiegelbildlich zuständig war. 96

IV. Internationale Verbundzuständigkeit (Abs. 2)

1. Folgesachenzuständigkeit bei Anhängigkeit der Ehesache. a) Erstreckung der Internationalen Zuständigkeit. Abs. 2 regelt ausdrücklich die nach früherem Recht aus einer Erstreckung der örtlichen Zuständigkeit durch entsprechenden Anwendung von § 621 Abs. 2 S. 1 iVm. § 623 Abs. 1–3 ZPO hergeleitete[131] **internationale Verbundzuständigkeit.** Die Zuständigkeit deutscher Gerichte für die Scheidungssache aus Abs. 1 erstreckt sich gemäß Abs. 2 unter den nachfolgenden Voraussetzungen auch auf die Folgesachen im Verbund. Eine Änderung des Zuständigkeitssystems ist damit nicht verbunden. Mittelbare Änderungen ergeben sich jedoch auf Grund der geänderten Zuständigkeitsregeln für einzelne Folgesachen. 97

b) Im Fall des Verbunds. Abs. 2 erfasst nur Folgesachen einer Scheidungssache, über die in dem eingeschränkten Katalog[132] des **§ 137 im Verbund** zu entscheiden ist. Die internationale Zuständigkeit nach Abs. 2 **entsteht** bei dem Gericht der Ehesache im selben Zeitpunkt, wie die für die Folgesache bestimmte örtliche Verbundzuständigkeit, also mit Anhängigkeit der Scheidungssache entsprechend § 218 Nr. 1 (Versorgungsausgleichssachen), § 232 Abs. 1 Nr. 1 (Unterhaltssachen gemäß § 137 Abs. 2 Nr. 2), § 201 Nr. 1 (Ehewohnungs- und Haushaltssachen) und § 152 Abs. 1 (Kindschaftssachen). 98

Die internationale Verbundzuständigkeit endet nicht im Fall der **Abtrennung der Folgesache.** Auch in Ansehung der Zuständigkeit aus Abs. 2 bleibt eine abgetrennte Folgesache ihrer Natur nach Folgesache (§ 137 Abs. 5). Die internationale Zuständigkeit nach Abs. 2 besteht auch fort, wenn die Entscheidung in der Scheidungssache vor der Folgesachenentscheidung rechtskräftig wird.[133] 99

c) Verhältnis zu §§ 99, 102, 105. Abs. 2 verdrängt die für die Verbundsache im Übrigen geltenden Regeln der internationalen Zuständigkeit gemäß §§ 99, 102, 105. Hieraus ergibt sich zwar keine unmittelbare zuständigkeitsrechtliche Konsequenz, da Abs. 2, soweit die Bestimmungen im Übrigen verdrängt sind, eine internationale Zuständigkeit deutscher Gerichte immer positiv begründet, also eine negative Verdrängung wie im Verhältnis zu Völkerverträgen oder EG-Recht (Rn. 102 ff.) nicht stattfinden kann. Mittelbar ist jedoch Abs. 2 die Grundlage für die Anwendung der vorgenannten (Rn. 98) Bestimmungen über die örtliche Zuständigkeit: Da Abs. 2 bei Anhängigkeit einer Scheidungssache die internationale Zuständigkeit deutscher Gerichte für die Folgesache begründet, greift die örtliche Zuständigkeit des mit der Scheidungssache befassten FamG ein und entsteht der Verbund gemäß § 137. 100

d) Internationale Verbundzuständigkeit auf Grund Art. 3 Brüssel IIa-VO. Abs. 2 greift auch in den häufigen Fällen ein, in denen sich die in **internationale Zuständigkeit für die Scheidungssache** nicht aus Abs. 1, sondern aus Art. 3 ff. Brüssel IIa-VO ergibt. Da die Brüssel IIa-VO mit Ausnahme der in Art. 12 Brüssel IIa-VO verbundähnlich geregelten Zuständigkeit für Verfahren betreffend die elterliche Verantwortung, welche die unter § 137 Abs. 3 fallenden Kindschaftssachen umfassen, eine Verbundzuständigkeit nicht kennt und die internationale Zuständigkeit für Folgesachen der *lex fori* bzw. anderen europa- und völkerrechtlichen Rechtsinstrumenten überlässt, wird Abs. 2 in Ansehung der Verbundsachen nicht durch Art. 3 ff. Brüssel IIa-VO verdrängt. Zu beachten ist, nicht mehr und nicht weniger als bei Anwendung im Fall des Abs. 1, der Vorrang europa- und völkerrechtlicher Zuständigkeitsregeln (dazu Rn. 102 ff.). 101

---

[130] *Zöller/Geimer* § 606a ZPO Rn. 85.
[131] BGH NJW 1992, 3293; KG FamRZ 2007, 1561; *Zöller/Philippi* § 621 ZPO Rn. 76 a; *Musielak/Borth* Vor § 98 Rn. 2.
[132] Vgl. zur – schon unter altem Recht abgelehnten – Einbeziehung der Geltendmachung des *mahr* („Morgengabe") islamischen Rechts in die (internationale) Verbundzuständigkeit: BGH NJW-RR 2007, 1232.
[133] OLG Hamm FamRZ 1990, 781; OLG Karlsruhe IPRax 1993, 97.

102 2. **Verhältnis zu Völkerverträgen und EG-Recht. a) Vorrang gegenüber Abs. 2.** Besteht für die jeweilige Verbundsache eine Regelung der internationalen Zuständigkeit in einem Rechtsinstrument des Europarechts oder in einem Völkervertrag, so lässt sich die internationale Zuständigkeit deutscher Gerichte nur insoweit aus Abs. 2 herleiten, wie das korrespondierende europa- oder völkerrechtliche Instrument den Rückgriff auf die *lex fori* gestattet. Der in § 97 Abs. 1 angeordnete Vorrang gilt auch gegenüber der Internationalen Verbundzuständigkeit.

103 b) **Europarecht. aa)** Für **Kindschaftssachen** im Verbund haben §§ 8 ff. Brüssel II a-VO Vorrang gegenüber Abs. 2, soweit der sachliche, räumliche und zeitliche Anwendungsbereich eröffnet ist (dazu § 97 Rn. 46 ff.; § 99 Rn. 13 ff.) Insbesondere ist bei gewöhnlichem Aufenthalt des Kindes in einem Mitgliedstaat (außer Dänemark) eine internationale Verbundzuständigkeit in der Kindschaftssache nicht aus Abs. 2, sondern nur aus Art. 12 Brüssel II a-VO herzuleiten. Hält sich das Kind in Deutschland gewöhnlich auf, so besteht die internationale Zuständigkeit nach Art. 8 Brüssel II a-VO, so dass der Verbund gemäß §§ 137 Abs. 3, 152 Abs. 1 auf der Ebene der örtlichen Zuständigkeit eingreift.

104 bb) Für **Unterhaltssachen** im Verbund haben bisher §§ 2 ff. Brüssel I-VO Vorrang gegenüber Abs. 2, sofern der Unterhaltsbeklagte (der hinsichtlich der Ehesache auch der Antragsteller sein kann!) seinen Wohnsitz in einem Mitgliedstaat (einschließlich Dänemark) hat (§ 3 Abs. 1 Brüssel I-VO; dazu § 97 Rn. 39 f.). Da Art. 5 Nr. 2 Alt. 1 Brüssel I-VO neben der internationalen auch die örtliche Zuständigkeit regelt, tritt selbst bei internationaler Zuständigkeit deutscher Gerichte für die Unterhaltssache nicht notwendig Verbund nach §§ 137 Abs. 2 Nr. 1, 232 Abs. 1 Nr. 1 ein. Art. 5 Nr. 2 Alt. 2 Brüssel I-VO begründet jedoch bei Anhängigkeit einer Ehesache vor deutschen Gerichten eine europarechtliche internationale Zuständigkeit deutscher Gerichte auch für die Unterhaltssache, sofern die internationale Zuständigkeit nicht ausschließlich auf der deutschen Staatsangehörigkeit einer Partei, also nicht ausschließlich auf Abs. 1 Nr. 1 beruht.[134] Nach Anwendbarkeit der **EG-UnterhaltsVO,** voraussichtlich ab dem 18. 6. 2011 (dazu § 97 Rn. 59) gehen deren Zuständigkeitsregeln ebenfalls der Verbundzuständigkeit vor; Art. 3 lit. c EG-UnterhaltsVO übernimmt die autonome Unterhalts-Verbundzuständigkeit aus Art. 5 Nr. 2 Alt. 2 Brüssel I-VO.

105 Bei Wohnsitz des Unterhaltsschuldners/-beklagten in einem **Drittstaat** ist hingegen Abs. 2 anwendbar.

106 cc) **Versorgungsausgleichssachen** unterfallen nach zutreffender Ansicht nicht dem sachlichen Anwendungsbereich der Brüssel I-VO, da sie aus europarechtlicher Sicht als Streitigkeiten aus „ehelichen Güterständen" iSd. Bereichsausnahme in Art. 1 Abs. 2 Brüssel I-VO zu qualifizieren sind.[135] Selbstverständlich erfasst diese Bereichsausnahme erst recht **Güterrechtssachen** iSd. § 261. Insoweit ist Abs. 2 also uneingeschränkt anzuwenden. Zur sog. „isolierten Verbundzuständigkeit" Rn. 110).

107 Auch für **Ehewohnungs- und Haushaltssachen** ergeben sich keine europarechtlichen Regelungen, so dass Abs. 2 uneingeschränkt Anwendung findet.

108 c) **Völkerverträge. aa)** Für **Kindschaftssachen** im Verbund wird Abs. 2 zudem (außerhalb des Vorrangs von Art. 8 ff. Brüssel II a-VO, Rn. 103) verdrängt durch **Art. 1 ff. MSA** bzw. nach dessen Inkrafttreten **Art. 5 ff. KSÜ** (dazu § 97 Rn. 25 ff. und § 99 FamFG Rn. 19 ff.). Aus Abs. 2 ergibt sich daher keine internationale Verbundzuständigkeit deutscher Gerichte, wenn das Kind seinen gewöhnlichen Aufenthalt in einem MSA- (künftig KSÜ-) Vertragsstaat hat. Ob in diesem Fall ein Verbund mit der Kindschaftssache auf Ebene der nach §§ 137 Abs. 3, 152 Abs. 1 zu beurteilenden örtlichen Zuständigkeit eintritt, hängt davon ab, ob deutsche Gerichte – vorbehaltlich eines Vorrangs der Brüssel II a-VO (Rn. 21 und § 99 Rn. 17) – nach MSA bzw. KSÜ international zuständig sind. Dies kann ohne gewöhnlichen Aufenthalt in Deutschland, jedoch bei deutscher Staatsangehörigkeit des Kindes gemäß Art. 4 MSA der Fall sein, wenn ohne das Eingreifen deutscher Gerichte das Kindeswohl gefährdet ist.[136] Unter Geltung des KSÜ wird insbesondere die KSÜ-Verbundzuständigkeit nach Art. 10 KSÜ sowie die Übernahmezuständigkeit nach Art. 9 iVm. Art. 8 Abs. 2 KSÜ zu

---

[134] Stellt zB der Antragsteller russischer Staatsangehörigkeit Scheidungsantrag gegen die in den USA lebende, bei Eheschließung deutsche Antragsgegnerin, so bestimmt sich die internationale Zuständigkeit deutscher Gerichte für das Unterhaltsbegehren des Antragsgegners nach der Brüssel I-VO, sofern der Antragsteller in Deutschland einen Zweitwohnsitz hat. Die Gerichte an diesem Zweitwohnsitz sind international und örtlich zuständig nach Art. 5 Nr. 2 Alt. 1 Brüssel I-VO; auf Art. 5 Nr. 2 Alt. 2 Brüssel I-VO kann die Zuständigkeit nicht gestützt werden, weil die internationale Zuständigkeit in der Ehesache mangels gewöhnlichen Aufenthalts einer Partei in Deutschland offensichtlich nur auf Abs. 1 Nr. 1 Alt. 2 (Antrittszuständigkeit) gestützt werden kann.

[135] *Rauscher/Mankowski* Art. 1 Brüssel I-VO Rn. 12 mit Nachw.; aA OLG Hamm FamRZ 1989, 621; oben § 621 ZPO Rn. 185: unterhaltsrechtliche Qualifikation.

[136] Einschränkend oben § 621 ZPO Rn. 180.

erwägen sein. Ist das Kind nicht Deutscher, so besteht bei gewöhnlichem Aufenthalt in einem anderen Vertragsstaat eine internationale Zuständigkeit unter dem MSA mit Ausnahme des seltenen Eingreifens von Eil- und Gefährdungszuständigkeiten nicht.[137] Unter dem KSÜ kann sich hingegen auch in dieser Fallgruppe eine internationale Zuständigkeit aus Art. 8, 9 KSÜ oder aus Art. 10 KSÜ ergeben.

bb) Für **Unterhaltssachen** bestimmt sich die internationale Zuständigkeit nach dem Luganer Übereinkommen, wenn der Beklagte seinen Wohnsitz in einem Vertragsstaat hat, der nicht Mitgliedstaat iSd. Brüssel I-VO (Rn. 104) ist. Völkervertragliche Zuständigkeitsregeln für **andere Verbundsachen** sind nicht ersichtlich. Insoweit greift Abs. 2 außerhalb des Anwendungsbereichs europarechtlicher Instrumente (Rn. 102 ff.) uneingeschränkt ein. 109

3. Keine isolierte Verbundzuständigkeit. a) Grundsatz. Abs. 2 begründet, mit Ausnahme der Fälle fortdauernder internationaler Verbundzuständigkeit (Rn. 99) **keine internationale Folgesachenzuständigkeit.** Eine darüber hinausgehende sog. isolierte Verbundzuständigkeit, wonach die deutschen Gerichte für Folgesachen, die getrennt von der Scheidungssache anhängig gemacht werden, auch dann zuständig sind, wenn eine internationale Zuständigkeit für die Scheidungssache gegeben wäre, sieht Abs. 2 nicht vor. Insoweit ist allein die für den jeweiligen Verfahrensgegenstand geltende Zuständigkeitsbestimmung maßgeblich.[138] Es gelten damit für die als Verbundsachen geeigneten Familiensachen gemäß § 137 ausschließlich die §§ 99, 102, 105 FamFG, solange keine Ehesache anhängig ist. 110

b) Isolierter Versorgungsausgleich. Nach bisherigem Recht bestand für einen nach Ehescheidung im Ausland **nachzuholenden Versorgungsausgleich** eine Ausnahme von diesem Grundsatz. Deutsche Gerichte waren für die nachträgliche Durchführung eines VA bei (anerkannter) Ehescheidung im Ausland oder sonstigen Fällen isoliert zu entscheidender VA-Sachen international zuständig, soweit sich eine internationale Zuständigkeit für die Ehesache selbst ergeben hätte.[139] Einer solchen Ausnahme bedarf es unter Geltung von Abs. 2 nicht mehr, da § 102 FamFG für die in Betracht kommenden Fallgruppen eines nachträglichen Versorgungsausgleichs (gewöhnlicher Aufenthalt eines Ehegatten im Inland oder inländische Anwartschaften) selbstständig die internationale Zuständigkeit deutscher Gerichte begründet. Ein nachgeholter Versorgungsausgleich über ausländische Versorgungsanrechte bei ausländischem gewöhnlichem Aufenthalt beider Ehegatten kann deshalb nicht auf Abs. 2 gestützt werden, auch wenn eine potentielle Ehescheidungszuständigkeit aus Abs. 2 Nr. 1 (ein Ehegatte Deutscher) bestünde. Zur inhaltlichen Abkehr von der isolierten Verbundzuständigkeit vgl. § 102 Rn. 4. 111

§ 99 Kindschaftssachen

(1) ¹Die deutschen Gerichte sind außer in Verfahren nach § 151 Nr. 7 zuständig, wenn das Kind
1. Deutscher ist oder
2. seinen gewöhnlichen Aufenthalt im Inland hat.
¹Die deutschen Gerichte sind ferner zuständig, soweit das Kind der Fürsorge durch ein deutsches Gericht bedarf.

(2) Sind für die Anordnung einer Vormundschaft sowohl die deutschen Gerichte als auch die Gerichte eines anderen Staates zuständig und ist die Vormundschaft in dem anderen Staat anhängig, kann die Anordnung der Vormundschaft im Inland unterbleiben, wenn dies im Interesse des Mündels liegt.

(3) ¹Sind für die Anordnung einer Vormundschaft sowohl die deutschen Gerichte als auch die Gerichte eines anderen Staates zuständig und besteht die Vormundschaft im Inland, kann das Gericht, bei dem die Vormundschaft anhängig ist, sie an den Staat, dessen Gerichte für die Anordnung der Vormundschaft zuständig sind, abgeben, wenn dies im Interesse des Mündels liegt, der Vormund seine Zustimmung erteilt und dieser Staat sich zur Übernahme bereit erklärt. ²Verweigert der Vormund oder, wenn mehrere Vormünder die Vormundschaft gemeinschaftlich führen, einer von ihnen seine Zustimmung, so entscheidet an Stelle des Gerichts, bei dem die Vormundschaft anhängig ist, das im Rechtszug übergeordnete Gericht. ³Der Beschluss ist nicht anfechtbar.

(4) Die Absätze 2 und 3 gelten entsprechend für Verfahren nach § 151 Nr. 5 und 6.

---

[137] *Musielak/Borth* Vor § 98 Rn. 3.
[138] Regierungsentwurf BT-Drucks. 16/6308, zu § 98 Abs. 2 FamFG.
[139] OLG Karlsruhe FamRZ 2006, 955.

§ 99 1, 2

Buch 1. Abschnitt 9. Verfahren mit Auslandsbezug

Schrifttum: *Gruber,* Das HKÜ, die Brüssel II a-VO und das Internationale Familienrechtsverfahrensgesetz, FPR 2008, 214; *Heiter,* Das Verfahren in Kindschaftssachen im Entwurf eines FamFG, KindPrax 2005, 219; *Rausch,* Familiensachen mit Auslandsbezug vor und nach dem FamFG, FPR 2006, 441.

Übersicht

	Rn.		Rn.
I. Normzweck und -geschichte	1, 2	6. Internationale Zuständigkeit nach Haag-VormAbk	45, 46
1. Internationale Zuständigkeit (Abs. 1)	1	7. Anknüpfung der internationalen Zuständigkeit in Abs. 1	47–60
2. Verhältnis zu Vormundschaften im Ausland (Abs. 2–4)	2	a) Deutsche Staatsangehörigkeit (Abs. 1 S. 1 Nr. 1)	47, 48
II. Internationale Zuständigkeit in Kindschaftssachen (Abs. 1)	3–60	b) Gewöhnlicher Aufenthalt in Deutschland (Abs. 1 S. 1 Nr. 2)	49–53
1. Reichweite	3–7	c) Fürsorgebedürfnis im Inland (Abs. 1 S. 2)	54–56
a) Sachliche Reichweite	3–6	d) Keine ausschließliche Zuständigkeit; Entscheidungskonflikte	57
b) Vorrangige Völkerverträge und Europarecht	7	e) Perpetuatio fori	58–60
2. Internationale Zuständigkeit nach dem HaagKindEÜbk	8–12	**III. Zuständigkeitskonkurrenz mit ausländischen Gerichten bei Vormundschaften und Pflegschaften (Abs. 2–4)**	61–79
a) Anwendungsbereich	8	1. Europarechtliche und völkervertragliche Zusammenarbeit	61–64
b) Internationale Zuständigkeit für Rückgabeanträge	9, 10	a) Vorrangige Rechtsinstrumente	61
c) Einflüsse auf die Zuständigkeit für Sorgerechtsentscheidungen	11, 12	b) Brüssel II a-VO	62
3. Internationale Zuständigkeit nach der Brüssel II a-VO	13	c) MSA	63
a) Anwendungsbereich	13, 14	d) KSÜ	64
b) Vorrang der internationalen Zuständigkeiten nach der Brüssel II a-VO	15–18	2. Unterbleiben einer inländischen Vormundschaftsanordnung (Abs. 2)	66
4. Internationale Zuständigkeit nach MSA	19–28	a) Anwendungsbereich (Abs. 4)	66, 67
a) Anwendungsbereich	19	b) Konkurrierende Zuständigkeit	68–70
b) Vorrang gegenüber Abs. 1; völkervertragliche Abkommen	20, 21	c) Unterbleiben der Anordnung einer Vormundschaft etc.	71–74
c) Zuständigkeitssystem des MSA	22–28	3. Abgabe der Vormundschaft in das Ausland (Abs. 3), Übernahme einer Vormundschaft	75–79
5. Internationale Zuständigkeit nach KSÜ (Inkrafttreten voraussichtlich 2010)	29–44	a) Voraussetzungen der Abgabe	75–77
a) Anwendungsbereich	29–31	b) Wirkung der Abgabe	78
b) Vorrang gegenüber Abs. 1, MSA, bilaterale Abkommen; Verhältnis zur Brüssel II a-VO	32–34	c) Übernahme im Ausland geführter Vormundschaft	79
c) Zuständigkeitssystem des KSÜ	35–44		

I. Normzweck und -geschichte

1 **1. Internationale Zuständigkeit (Abs. 1).** Abs. 1 regelt die **internationale Zuständigkeit** deutscher Gerichte in den unter dem neuen Begriff der **Kindschaftssachen** in § 151 FamG zusammengefassten Materien. Die Bestimmung beruht auf bisher im FGG enthaltenen Regelungen und entspricht inhaltlich § 35b Abs. 1 und 2 aF FGG iVm. §§ 43 Abs. 1, 64 Abs. 3, 70 Abs. 4 aF FGG.[1]

2 **2. Verhältnis zu Vormundschaften im Ausland (Abs. 2–4).** Abs. 2–4 sehen in gleicher Weise wie bisher § 47 aF FGG[2] **Ausnahmeregelungen** in Bezug auf Vormundschaften und Pflegschaften vor, wenn sowohl die deutschen Gerichte als auch die Gerichte eines anderen Staates zuständig sind. Die in § 47 aF FGG idF des Gesetzes zur Neuregelung des IPR 1986 geschaffene Möglichkeit des Unterbleibens einer inländischen Anordnung bzw. der Abgabe an das Ausland trägt dem Umstand Rechnung, dass sich bei Anknüpfung der internationalen Zuständigkeit (Abs. 1) sowohl an die Staatsangehörigkeit wie an den gewöhnlichen Aufenthalt in Fällen mit Auslandsbezug zwei gleichermaßen international zuständige Staaten gegenüberstehen, was eine flexible Regelung hinsichtlich der Inanspruchnahme der Zuständigkeit erfordert.[3]

---

[1] Gesetzentwurf FamFG BT-Drucks. 16/6308, zu § 99.
[2] Gesetzentwurf FamFG BT-Drucks. 16/6308, zu § 99.
[3] Gesetzentwurf IPR-NeuregelungsG BT-Drucks. 10/504 zu § 47 FGG; *Bumiller/Harders* Rn. 10.

II. Internationale Zuständigkeit in Kindschaftssachen (Abs. 1)

1. Reichweite. a) Sachliche Reichweite. aa) Kindschaftssachen. Abs. 1 knüpft an den Begriff der **Kindschaftssachen** in § 151 an und umfasst damit die nach bisherigem Recht direkt in § 35b aF FGG oder auf Grund Verweisung aus §§ 43 Abs. 1, 64 Abs. 3, 70 Abs. 4 aF FGG geregelten Verrichtungen. Abs. 1 betrifft damit umfassend die internationale Zuständigkeit in Angelegenheiten, welche die Verantwortung für die Person oder das Vermögen eines **Minderjährigen** oder dessen Vertretung betreffen. Ob eine Person minderjährig ist, bestimmt sich im Anwendungsbereich des Abs. 1 nicht nach § 2 BGB, sondern nach dem vom deutschen IPR, somit von Art. 7 EGBGB, berufenen Heimatrecht des Betroffenen. 3

Die Bestimmung ist damit anwendbar auf genuine **Sorgerechtsregelungen** (elterliche Sorge, Umgangsrecht, Kindesherausgabe, § 151 Nr. 1 bis 3 FamFG, bisher § 621 Abs. 1 Nr. 1–3 ZPO aF), **Vormundschaft** und **Pflegschaft** (§ 151 Nr. 4, 5), wozu auch die bisher dem VormundschaftsG zugewiesenen Entscheidungen nach §§ 112, 113 Abs. 3 BGB, §§ 2 Abs. 3, 3 Abs. 2 und § 7 RelKErzG, § 56 SGB VIII, § 2 Abs. 1 NamÄndG, § 16 VerschG sowie die schon bisher dem FamG zugewiesenen Verrichtungen nach §§ 1303 Abs. 2–4, 1315 Abs. 1 S. 1 Nr. 1 BGB,[4] sowie die Ergänzungspflegschaft (§ 1909 BGB) und die Pflegschaft für die Leibesfrucht (§ 1912 BGB) gehören. Auch Verfahren auf **Feststellung** des Bestehens oder Nichtbestehens der elterlichen Sorge, die bisher in § 640 Abs. 2 Nr. 5 ZPO aF als Kindschaftssachen alter Diktion (nun Abstammungssachen) erfasst waren, sind nunmehr von § 151 Nr. 1 erfasst, also Kindschaftssachen neuer Diktion, so dass die internationale Zuständigkeit sich nach § 99 FamFG beurteilt (vgl. dazu § 100 Rn. 5). Erfasst sind schließlich auch **Unterbringungsverfahren,** also die Fälle des § 70 Abs. 1 Nr. 1 lit. a aF FGG (§ 151 Nr. 6). 4

Ausdrücklich von Abs. 1 **ausgenommen** ist die **öffentlich-rechtliche Unterbringung,** die in Landesgesetzen über die Unterbringung psychisch Kranker vorgesehenen Maßnahmen freiheitsentziehender Unterbringung (§ 151 Nr. 7). Dies entspricht § 70 Abs. 4 aF FGG und gilt gemäß § 104 Abs. 3 ebenso für die öffentlich-rechtliche Unterbringung Erwachsener. Die internationale Zuständigkeit deutscher Gerichte folgt vorbehaltlich europarechtlicher und völkervertraglicher Bestimmungen insoweit der örtlichen (dazu § 105 Rn. 17 f.). 5

bb) Erwachsene. Nicht erfasst ist die internationale Zuständigkeit für Anordnung und Führung von **Betreuungen** und **Pflegschaften über Erwachsene** sowie für die Führung von **Vormundschaften über Erwachsene** in Anwendung eines von Art. 24 Abs. 3 EGBGB berufenen ausländischen Rechts. Betreuungen und Pflegschaften für Erwachsene sind gemäß § 271 FamFG Betreuungssachen, die internationale Zuständigkeit deutscher Gerichte bestimmt sich nach § 104. Vormundschaften über Erwachsene, die das deutsche Recht nicht mehr kennt und die in § 271 nicht ausdrücklich genannt sind, die aber ggf. nach dem von Art. 24 Abs. 3 EGBGB berufenen Recht des anordnenden Staates im Inland zu führen sind, unterliegen insoweit ebenfalls § 104 und nicht § 99. 6

b) Vorrangige Völkerverträge und Europarecht. Im Anwendungsbereich des Abs. 1 sind gemäß Art. 97 Abs. 1 die folgenden europarechtlichen und völkervertraglichen Rechtsinstrumente nach Maßgabe ihres jeweiligen sachlichen, räumlichen und zeitlichen Anwendungsbereichs vorrangig anwendbar (dazu § 97 Rn. 25 ff., Rn. 46 ff.):[5] 7
– Brüssel IIa-VO (§ 97 Rn. 43 ff., 46 ff.), dazu Rn. 62.
– Haager Kindesentführungsübereinkommen (§ 97 Rn. 28; **HaagKindEÜbk**), dazu Rn. 8 ff.
– Haager Minderjährigenschutzabkommen (§ 97 Rn. 25; **MSA**), dazu Rn. 63.
– Haager Kinderschutzübereinkommen nach seinem Inkrafttreten (§ 97 Rn. 25, **KSÜ**), dazu Rn. 64.
– Haager Vormundschaftsabkommen (§ 97 Rn. 27; **HaagVormAbk**).
– Bilaterale Vormundschaftsabkommen mit **Österreich** und **Polen** sowie Konsularverträge mit **Spanien** und der **Russischen Föderation** (§ 97 Rn. 37). Hingegen enthält das deutsch-**iranische** Niederlassungsabkommen[6] keine Regelung der Internationalen Zuständigkeit.

2. Internationale Zuständigkeit nach dem HaagKindEÜbk. a) Anwendungsbereich. Das HaagKindEÜbk, das im Gegensatz zu MSA und KSÜ im Verhältnis zu Mitgliedstaaten **nicht durch die Brüssel IIa-VO verdrängt,**[7] sondern durch deren Art. 11 nur ergänzt wird,[8] ist anwendbar auf 8

---

[4] Gesetzesbegründung FamFG zu § 151.
[5] Vgl. *Rausch* FPR 2006, 441, 444.
[6] Vom 17. 2. 1929, RGBl. 1930 II S. 1006, BGBl. 1955 II S. 829.
[7] Und daher vor dem Anwendungsbereich der Brüssel IIa-VO geprüft werden kann: *Rausch* FPR 2006, 441, 444.
[8] Dazu *Gruber* FPR 2008, 214.

§ 99 9–12   Buch 1. Abschnitt 9. Verfahren mit Auslandsbezug

die **Rückgabe** von Kindern, die unter Verletzung des (Mit-)Sorgerechts[9] in einen Vertragsstaat verbracht wurden. Das HaagKindEÜbk gilt also gleichermaßen in Fällen der widerrechtlichen Kindesverbringung aus Deutschland in einen anderen Vertragsstaat wie umgekehrt, sowie in entsprechenden Fällen der widerrechtlichen Kindeszurückhaltung. Insoweit regelt das HaagKindEÜbk nicht die internationale Zuständigkeit für Sorgerechtsentscheidungen, sondern bestimmt lediglich die Zuständigkeit für die Entscheidung über **Rückgabeanträge** iSd. Art. 6 HaagKEntÜbk. Diese Zuständigkeit schließt Entscheidungen über die elterliche Sorge nicht ein, so dass die internationale Zuständigkeit für eine (neue) Sorgerechtsregelung im Kontext eines Kindesentführungsfalles grundsätzlich nach den im Übrigen anwendbaren Zuständigkeitsinstrumenten, also Brüssel II a-VO, MSA, KSÜ und § 99 Abs. 1 FamFG zu bestimmen ist. In **persönlicher Hinsicht** ist das HaagKindEÜbk nur auf Personen anzuwenden, die das 16. Lebensjahr noch nicht vollendet haben (Art. 4 S. 2 HaagKindEÜbk).

9   b) **Internationale Zuständigkeit für Rückgabeanträge. aa)** International zuständig für die **Entgegennahme eines Rückgabeantrags** ist die für den gewöhnlichen Aufenthalt des Kindes zuständige Zentrale Behörde (Art. 6 Abs. 1 HaagKindEÜbk), aber auch die Zentrale Behörde jedes anderen Vertragsstaats, insbesondere auch jene im Verbringungsstaat. Zentrale Behörde in Deutschland ist das Bundesamt für Justiz (§ 3 Abs. 1 Nr. 2 IntFamRVG).

10 bb) International zuständig für die **Entscheidung eines Rückgabeantrags** sind die Gerichte oder Verwaltungsbehörden des Staates, in dem sich das Kind befindet (Art. 12 Abs. 1 HaagKindEÜbk),[10] wobei die Bewertung der Verbringung als widerrechtlich grundsätzlich von den sorgerechtlich zuständigen Gerichten des bisherigen Aufenthaltsstaates übernommen werden kann.[11] Die Zentrale Behörde hat insoweit nur eine vermittelnde Aufgabe in dem auf freiwillige Rückgabe des Kindes gerichteten außergerichtlichen Verfahren (Art. 10 HaagKindEÜbk). Die örtliche Zuständigkeit für gerichtliche Verfahren nach Art. 12 HaagKindEÜbk regelt im Fall der internationalen Zuständigkeit deutscher Gerichte § 11 IntFamRVG. Gemäß § 12 IntFamRVG ist die Zuständigkeit vorbehaltlich Rechtsverordnung der zuständigen Landesregierung (§ 12 Abs. 3 IntFamRVG) für den OLG-Bezirk konzentriert bei dem Familiengericht am Sitz des OLG (§ 12 Abs. 1 IntFamRVG), für den Bezirk des KG beim FamG Pankow/Weißensee (§ 12 Abs. 2 IntFamRVG).

11 c) **Einflüsse auf die Zuständigkeit für Sorgerechtsentscheidungen. aa)** Ein mittelbarer Einfluss auf die **internationale Zuständigkeit** für Sorgerechtsentscheidungen ergibt sich aus dem Verfahren nach dem HaagKindEÜbk zum einen insoweit, als die internationale Zuständigkeit in Sorgerechtssachen an den gewöhnlichen Aufenthalt anknüpft. Die Einleitung eines Verfahrens nach Art. 8 HaagKindEÜbk wirkt nach Art. 10 lit. a Brüssel II a-VO sowie nach Art. 7 Abs. 1 lit. b KSÜ **zuständigkeitsbewahrend;** die von tatsächlicher Integration abhängige Verlagerung des gewöhnlichen Aufenthalts des Kindes in den Verbringungsstaat lässt die internationale Zuständigkeit des vorherigen Aufenthaltsstaates nicht entfallen, so lange ein binnen Jahresfrist nach Kenntnis von dem widerrechtlichen Verbringen oder Zurückhalten gestellter Rückgabeantrag anhängig ist.

12 bb) Gemäß **§ 13 Abs. 1 S. 1 IntFamRVG** wird überdies das nach §§ 11, 12 IntFamRVG zuständige Gericht ungeachtet des § 137 Abs. 1 und 3 FamFG (also ungeachtet eines sonst eintretenden Verbundes mit einer Ehesache) mit der Anhängigkeit des Rückgabeantrages auch zuständig für alle dasselbe Kind betreffenden Familiensachen nach § 151 Nr. 1 bis 3 FamFG (Sorgerecht, Umgang, Kindesherausgabe). Diese **erweiterte Zuständigkeitskonzentration** soll intern widersprüchliche Entscheidungen vermeiden[12] und ist daher, wie die Vorgängerregelung in § 64a FGG, auf die örtliche Zuständigkeit zu beschränken. Soweit die internationale Zuständigkeit für Sorgeentscheidungen sich aus europa- oder völkerrechtlichen Instrumenten ergibt, folgt dieser Vorrang ohnehin aus § 97 Abs. 1. § 13 Abs. 1 S. 1 IntFamRVG kann aber auch nicht im Anwendungsbereich des § 99 Abs. 1 als eine die internationale Zuständigkeit deutscher Gerichte begründende Bestimmung verstanden werden. Dies würde im Gegensatz zu der Zielsetzung des HaagKindEÜbk den deutschen Gerichten als Gerichten des Verbringungsstaates eine Entscheidungszuständigkeit verschaffen, die über die ihnen nach Art. 12 HaagKindEÜbk zugewiesene Zuständigkeit für die Rückgabeentscheidung hinausgeht. Auch die Gesetzesbegründung zu § 13 Abs. 1 IntFamRVG nennt als Anwendungsbeispiele Entscheidungen, durch die eine ausländische Entscheidung ergänzende Maßnahmen getroffen werden.[13] Die Zustän-

---

[9] Vgl. aber OLG Koblenz NJW 2008, 238: Keine Verletzung des Mitsorgerechts des anderen Elternteils durch Auswanderung mit dem Kind bei alleinigem Aufenthaltsbestimmungsrecht des Auswandernden.
[10] *Gruber* FPR 2008, 214, 215.
[11] EGMR FamRZ 2007, 1527, 1529: Akzeptanz einer Widerrechtlichkeitsbescheinigung.
[12] OLG Oldenburg FamRZ 2008, 1269.
[13] BT-Drucks. 14/4591 zu § 13 IntFamRVG: Ergänzung einer Sorgerechtsregelung durch eine Herausgabeanordnung, Anpassung einer Umgangsregelung.

digkeitskonzentration nach § 13 IntFamRVG tritt also nur ein, wenn deutsche Gerichte nach § 99 Abs. 1 FamFG – soweit dieser nicht durch MSA, KSÜ oder Brüssel II a-VO verdrängt ist – international zuständig sind, also zB für Kinder deutscher Staatsangehörigkeit mit gewöhnlichem Aufenthalt in einem Staat, der weder Mitgliedstaat noch Vertragsstaat ist.

3. Internationale Zuständigkeit nach der Brüssel II a-VO. a) Anwendungsbereich. 13
aa) Der sachliche Anwendungsbereich der Art. 8 ff. Brüssel II a-VO umfasst die „elterliche Verantwortung", was in weiter europäischer Auslegung dem Begriff der „Schutzmaßnahme" nach Art. 1 lit. a KSÜ entspricht,[14] der in Art. 3, 4 KSÜ positiv und negativ detailliert abgegrenzt wird. Damit verdrängt die Brüssel II a-VO sachlich nur Abs. 1 iVm. § 151 Nr. 1 bis 6, nicht aber Abs. 1 iVm. § 151 Nr. 8 (dazu § 97 Rn. 46).

bb) Räumlich sind Art. 8 ff. Brüssel II a-VO anzuwenden auf Kinder, die ihren gewöhnlichen 14 Aufenthalt in einem Mitgliedstaat iSd. Art. 2 Nr. 3 Brüssel II a-VO haben, also in einem EG-Mitgliedstaat mit Ausnahme von Dänemark. Der den **persönlichen Anwendungsbereich** beschreibende, in der Brüssel II a-VO nicht definierte Begriff des Kindes sollte hierbei entsprechend Art. 2 KSÜ, also autonom iSv. Personen, die das 18. Lebensjahr noch nicht vollendet haben, verstanden werden.[15] Damit deckt sich insoweit der Anwendungsbereich mit dem des Abs. 1 iVm. § 151 FamFG nur für Kinder, deren Heimatrecht die Erreichung der Volljährigkeit mit Vollendung des 18. Lebensjahrs vorsieht. Zum **zeitlichen Anwendungsbereich** s. § 97 Rn. 47, 45.

b) Vorrang der internationalen Zuständigkeiten nach der Brüssel II a-VO. aa) Ist ihr 15 Anwendungsbereich eröffnet, so **verdrängt** das Zuständigkeitssystem der Art. 8 ff. Brüssel II a- VO die Zuständigkeiten nach Abs. 1. Nur wenn sich aus Art. 8 ff. Brüssel II a-VO im konkreten Fall in keinem Mitgliedstaat eine Zuständigkeit ergibt, erlaubt Art. 14 Brüssel II a-VO den Rückgriff auf § 99 Abs. 1 als nationale **Restzuständigkeiten.**

bb) Gegenüber dem **MSA** beansprucht die Brüssel II a-VO zwar Vorrang im Verhältnis der 16 Mitgliedstaaten (Art. 60 lit. a Brüssel II a-VO). Die internationale Zuständigkeit deutscher Gerichte beurteilt sich daher nach dem MSA, wenn das Kind seinen gewöhnlichen Aufenthalt in einem Vertragsstaat des MSA hat, der nicht Mitgliedstaat ist, oder wenn das Kind Staatsangehöriger eines solchen MSA-Vertragsstaates ist, auch wenn das Kind sich in einem Mitgliedstaat aufhält, denn insoweit ist das Verhältnis zu diesem MSA-Vertragsstaat und nicht nur das Binnenverhältnis der Mitgliedstaaten der Brüssel II a-VO betroffen.[16]

Einfacher bestimmt sich künftig das Verhältnis zum Zuständigkeitssystem des **KSÜ**: Das Zustän- 17 digkeitssystem der Brüssel II a-VO verdrängt das des KSÜ immer dann, wenn das Kind seinen gewöhnlichen Aufenthalt in einem Mitgliedstaat hat (§ 97 Rn. 48). Hingegen verdrängt die Brüssel II a-VO in ihrem Anwendungsbereich nicht das **HaagKindEÜbk** (Rn. 8).

cc) Zu den Zuständigkeiten aus Art. 8 ff. Brüssel II a-VO im Einzelnen oben Band 3 Art. 8 18 bis 13 EheGVO/Brüssel II a-VO.

4. Internationale Zuständigkeit nach MSA. a) Anwendungsbereich. Sachlich ist das MSA 19 anzuwenden auf Schutzmaßnahmen iSd. Art. 1 MSA; ebenso wie in Anwendung der Brüssel II a-VO sind Verrichtungen nach § 151 Nr. 8 ausgenommen. Nicht erfasst sind aber auch Einzelmaßnahmen zur Durchführung der gesetzlichen Vertretung oder Vormundschaft, insbesondere nach §§ 1303 Abs. 2, 1752, 1912, 1960 BGB.[17] **Räumlich** ist das MSA auf Minderjährige anzuwenden, die ihren gewöhnlichen Aufenthalt in einem Vertragsstaat haben (Art. 13 Abs. 1 MSA). Auf die Staatsangehörigkeit des Minderjährigen kommt es nicht an, denn Deutschland hat keinen Vorbehalt nach Art. 13 Abs. 3 MSA erklärt. Der den **persönlichen Anwendungsbereich** beschreibende Begriff des Minderjährigen ist in Art. 12 MSA noch nicht autonom definiert; das MSA gilt nur, wenn die betroffene Person sowohl nach ihrem Heimatrecht als auch nach dem Recht des Staates ihres gewöhnlichen Aufenthalts minderjährig ist.

b) Vorrang gegenüber Abs. 1; völkervertragliche Abkommen. Im Anwendungsbereich des 20 MSA und soweit das MSA nicht durch die Brüssel II a-VO verdrängt ist (Rn. 16), sind **dessen Zuständigkeiten ausschließlich.** Ein Rückgriff auf Abs. 1 ist nicht möglich.[18] Das gilt auch dann, wenn für eine angestrebte Maßnahme sich aus dem MSA eine internationale Zuständigkeit deutscher Gerichte nicht ergibt. Auch die internationale Verbundzuständigkeit (§ 98 Abs. 2) ist im Anwendungsbereich des MSA verdrängt (§ 98 Rn. 108).

---

[14] Oben § 621 ZPO Rn. 176.
[15] *Rauscher/Rauscher* Art. 1 Brüssel II a-VO Rn. 13.
[16] Oben § 621 ZPO Rn. 178; *Rauscher/Rauscher* Art. 60/61 Brüssel II a-VO Rn. 3.
[17] *Keidel/Kuntze/Winkler/Engelhardt* § 35b FGG Rn. 33; *Keidel/Giers* Rn. 15.
[18] BGHZ 151, 63.

21 Im Verhältnis der jeweils hinzutretenden Vertragsstaaten tritt das MSA an die Stelle des HaagVormAbk (Art. 18 Abs. 1 MSA), was dazu geführt hat, dass das HaagVormAbk aus deutscher Sicht nur noch im Verhältnis zu Belgien und Rumänien gilt. Hingegen lässt das MSA die zwischen Vertragsstaaten bei Inkrafttreten des MSA im jeweiligen Verhältnis bestehenden bilateralen Abkommen (Rn. 7) unberührt (Art. 18 Abs. 2 MSA).

22 **c) Zuständigkeitssystem des MSA. aa) Gewöhnlicher Aufenthalt in Deutschland.** Eine allgemeine, von weiteren Voraussetzungen unabhängige internationale Zuständigkeit deutscher Gerichte besteht nur nach Art. 1 MSA,[19] wenn der Minderjährige seinen gewöhnlichen Aufenthalt in Deutschland hat. Der Begriff des gewöhnlichen Aufenthalts von Minderjährigen wurde wesentlich an Fällen zu Art. 1 MSA entwickelt und in das deutsche Recht übernommen, stimmt also mit dem des Abs. 1 Nr. 2 überein. Allerdings schränkt Art. 3 MSA die Entscheidungsmöglichkeit bei bestehender internationaler Zuständigkeit deutscher Gerichte ein, wenn nach dem Heimatrecht des Minderjährigen ein gesetzliches Gewaltverhältnis besteht. Schutzmaßnahmen können nur im Rahmen der durch das Heimatrecht belassenen regelungsfähigen Lücke getroffen werden.[20] Bei ausländischen Mehrstaatern ist auf die effektive Staatsangehörigkeit abzustellen.[21]

23 **bb) Verlegung des gewöhnlichen Aufenthalts in das Ausland.** Wird während der Anhängigkeit einer Kindschaftssache der gewöhnliche Aufenthalt des Minderjährigen in einen **anderen Vertragsstaat verlegt,** so erlischt die internationale Zuständigkeit deutscher Gerichte. Art. 5 MSA bestimmt ausdrücklich nur die fortdauernde Wirksamkeit getroffener Maßnahmen und schließt zwar nicht ausdrücklich, jedoch nach dem Zweck dieser Regelung, eine *perpetuatio fori* aus, wenn das Verfahren noch in der ersten Tatsacheninstanz anhängig und die Maßnahme damit nicht endgültig getroffen ist.[22] Ist das Verfahren in der Beschwerdeinstanz anhängig, so bleibt nach Art. 5 Abs. 1 MSA die erstinstanzlich getroffene Maßnahme bestehen und kann nicht mit der Begründung angefochten werden, die internationale Zuständigkeit sei nunmehr entfallen;[23] einer *perpetuatio fori* zugunsten einer neuen Sachentscheidung des Beschwerdegerichts steht wiederum der Wegfall des gewöhnlichen Aufenthalts entgegen.[24] Lediglich während der Anhängigkeit in der Rechtsbeschwerdeeinstanz hat eine Verlegung des gewöhnlichen Aufenthalts keinen Einfluss auf die internationale Zuständigkeit.[25]

24 Wird hingegen der gewöhnliche Aufenthalt des Minderjährigen **in einen Nichtvertragsstaat verlegt,** so entfällt der Vorrang des MSA gegenüber dem Zuständigkeitssystem nach Abs. 1.[26] Die internationale Zuständigkeit deutscher Gerichte ergibt sich sodann bei deutscher Staatsangehörigkeit des Kindes originär im Entscheidungszeitpunkt aus Abs. 1 Nr. 1.[27] Besitzt der Minderjährige nicht die deutsche Staatsangehörigkeit, so kann aus Sicht des nunmehr anwendbaren deutschen Verfahrensrechts eine an die ursprüngliche Zuständigkeit aus Art. 1 MSA anknüpfende *perpetuatio fori* eintreten, soweit ein inländisches Fürsorgebedürfnis trotz der größeren Sachnähe der neuen Aufenthaltsgerichte fortbesteht.[28]

25 **cc) Deutsche Staatsangehörigkeit.** Besitzt der Minderjährige die deutsche Staatsangehörigkeit und hat er **gewöhnlichen Aufenthalt in einem anderen Vertragsstaat,** so besteht nach **Art. 4 MSA** eine konkurrierende internationale Zuständigkeit deutscher Gerichte. Diese setzt jedoch einschränkend voraus, dass das FamG ein Eingreifen im Interesse des Kindeswohls für erforderlich hält. Um Entscheidungskonflikte im Verhältnis zu dem nach Art. 1 MSA generell zuständigen Aufenthaltsstaat zu vermeiden, ist von der Zuständigkeit aus Art. 4 MSA nur bei Bestehen einer konkreten Kindeswohlgefährdung Gebrauch zu machen.[29]

26 Besitzt der Minderjährige neben der deutschen auch die Staatsangehörigkeit eines anderen (Vertrags-)Staates, ist also **deutsch-ausländischer Mehrstaater,** so ist wegen der völkervertraglichen Natur des MSA fraglich, ob entsprechend Art. 5 Abs. 1 EGBGB unbeschadet der Effektivität auf die

---

[19] OLG Oldenburg FamRZ 2007, 1827.
[20] Im Einzelnen oben § 621 ZPO Rn. 178 f.
[21] *Keidel/Kuntze/Winkler/Engelhardt* § 35b FGG Rn. 25; *Keidel/Giers* Rn. 20.
[22] BGHZ 151, 63; OLG Stuttgart OLGZ 1989, 419.
[23] OLG Düsseldorf FamRZ 1979, 1066; OLG Stuttgart FamRZ 1980, 1152.
[24] *Staudinger/Kropholler,* 2003, Vorbem. zu Art. 19 EGBGB Rn. 158 mit Nachweisen zum Streitstand.
[25] *Staudinger/Kropholler,* 2003, Vorbem. zu Art. 19 EGBGB Rn. 159.
[26] OLG Hamm FamRZ 1992, 208.
[27] Missverständlich OLG Nürnberg IPRspr 2005 Nr. 202.
[28] OLG Stuttgart FamRZ 1989, 1110; OLG Hamm FamRZ 1989, 1109; *Keidel/Kuntze/Winkler/Engelhardt* § 35b FGG Rn. 44; *Keidel/Giers* Rn. 21.
[29] Im Einzelnen oben § 621 ZPO Rn. 180.

deutsche Staatsangehörigkeit abzustellen ist.[30] Trotz der Gefahr konkurrierender Heimatstaatszuständigkeiten spricht hierfür letztlich der Art. 4 MSA zugrundeliegende Gedanke, dass jeder Heimatstaat dem Minderjährigen Schutz schuldet.

Zur Inanspruchnahme der Zuständigkeit aus Art. 4 MSA zur Herstellung des **Verbundes** s. § 98 FaFG Rn. 108. **27**

dd) Not- und Eilzuständigkeiten. In Fällen der **ernstlichen Kindeswohlgefährdung** (Person oder Vermögen des Minderjährigen) besteht darüber hinaus eine internationale Zuständigkeit deutscher Gerichte für Schutzmaßnahmen bereits bei schlichtem Aufenthalt des Minderjährigen in Deutschland (Art. 8 MSA). In sonstigen **dringenden Fällen** besteht auch ohne Aufenthalt des Minderjährigen in Deutschland die Eilzuständigkeit des Art. 9 MSA, die insbesondere bei Gefährdung des Vermögens eine gewisse Bedeutung hat. **28**

5. Internationale Zuständigkeit nach KSÜ (Inkrafttreten voraussichtlich 2010).[31] **a) Anwendungsbereich. aa) Sachlich** betrifft das KSÜ Schutzmaßnahmen für Kinder (Art. 1 lit. a KSÜ), die in Art. 3 KSÜ positiv, jedoch nicht abschließend, umschrieben sind. Art. 4 KSÜ enthält einen, ebenfalls nicht abschließenden, Katalog nicht erfasster Verrichtungen. Im Interesse der Rechtsklarheit in der praktischen Anwendung empfiehlt es sich dringend, den autonom-europäisch definierten Anwendungsbereich der Brüssel II a-VO diesem Katalog entsprechend auszulegen. Überdies ist die in Art. 3 lit. a KSÜ enthaltene sorgerechtliche Generalklausel („die Zuweisung, die Ausübung und die [...] Entziehung der elterlichen Verantwortung sowie deren Übertragung") weit auszulegen. Im Gegensatz zu Art. 1 MSA sind auch Einzelentscheidungen im Rahmen der Ausübung der elterlichen Sorge, insbesondere familiengerichtliche Genehmigungen (zB § 1303 Abs. 2 BGB) einzubeziehen, so dass der Anwendungsbereich von § 151 Nr. 1–6 FamFG durch das KSÜ abgedeckt wird. **29**

bb) Persönlich betrifft das KSÜ Kinder, worunter gemäß Art. 2 KSÜ Personen vom Zeitpunkt der Geburt bis zur Vollendung des 18. Lebensjahres zu verstehen sind; Maßnahmen in Ansehung eines *nasciturus* sind damit ebenso ausgenommen wie sorgerechtliche Entscheidungen betreffend Personen, die gemäß ihrem Heimatrecht trotz Vollendung des 18. Lebensjahres noch der elterlichen Sorge unterstehen. Insoweit greift Abs. 1 bzw. in seinem Anwendungsbereich das Haager ErwSÜ (§ 97 Rn. 29; § 104 Rn. 7 ff.). **Räumlich** gilt auch das KSÜ für Minderjährige mit gewöhnlichem Aufenthalt in einem Vertragsstaat unbeschadet der Staatsangehörigkeit. **30**

cc) Von Bedeutung wird nach Inkrafttreten für längere Zeit auch der **zeitliche Anwendungsbereich** sein. Das KSÜ ist nur auf Maßnahmen anzuwenden, die in einem Staat getroffen werden, nachdem das KSÜ dort in Kraft getreten ist (Art. 53 Abs. 1 KSÜ). Für die internationale Zuständigkeit ist dies, anders als für Anerkennungsfragen, unproblematisch: Das KSÜ ist in Deutschland zuständigkeitsrechtlich nach seinem Inkrafttreten sofort anwendbar; dies gilt auch in laufenden Verfahren in Tatsacheninstanzen, sofern nicht bereits getroffene Maßnahmen berührt sind. **31**

b) Vorrang gegenüber Abs. 1, MSA, bilaterale Abkommen; Verhältnis zur Brüssel II a-VO. aa) Nach seinem Inkrafttreten verdrängt das KSÜ für Kinder mit **gewöhnlichem Aufenthalt in einem Vertragsstaat** die Zuständigkeiten nach Abs. 1 in gleicher Weise wie bisher das MSA (Rn. 20); fehlt es nach Art. 5 ff. KSÜ an einer internationalen Zuständigkeit deutscher Gerichte, so kann nicht auf Abs. 1 zurückgegriffen werden. Im Gegensatz zu Art. 14 Brüssel II a-VO folgt das KSÜ dem Modell des MSA, erlaubt also keine nationalen Restzuständigkeiten, schafft aber autonome Not- und Eilzuständigkeiten, die innerhalb des Zuständigkeitssystems des KSÜ genügend Flexibilität geben. **32**

Im **Verhältnis zur Brüssel II a-VO** wird deren Vorrang einfacher zu bestimmen sein als gegenüber dem MSA; maßgeblich ist nur der gewöhnliche Aufenthalt des Kindes. Liegt dieser in einem Brüssel II a-Mitgliedstaat, gilt die Brüssel II a-VO (Art. 61 Brüssel II a-VO), liegt er in einem sonstigen KSÜ-Staat, gilt das KSÜ, liegt er in einem Drittstaat, gilt Abs. 1. **33**

Im **Verhältnis zum MSA** tritt das KSÜ im Verhältnis zu den jeweiligen Vertragsstaaten an dessen Stelle; dasselbe gilt für das HaagVormAbk. Maßnahmen, die unter dem MSA getroffen wurden, bleiben jedenfalls anerkennungsfähig (Art. 51 KSÜ). Damit wird absehbar auf längere Zeit auch nach Inkrafttreten des KSÜ für Deutschland sowohl das MSA als auch das KSÜ, je nach Ratifikationslage, anzuwenden sein. Ältere **bilaterale** Vereinbarungen bleiben vorbehaltlich gegenteiliger Erklärungen der jeweiligen Vertragsstaaten durch das KSÜ unberührt (Art. 52 Abs. 1 KSÜ). **34**

---

[30] So die hM: OLG Nürnberg IPRspr. 2005 Nr. 205; *Staudinger/Kropholler*, 2003, Vorbem. zu Art. 19 EGBGB Rn. 299; *Bumiller/Harders* Rn. 5; *Keidel/Kuntze/Winkler/Engelhardt* § 35b FGG Rn. 25; *Keidel/Giers* Rn. 20.
[31] Zum Inkrafttreten § 97 Rn. 25.

35 **c) Zuständigkeitssystem des KSÜ. aa) Parallelen zur Brüssel II a-VO.** Da Art. 8 ff. Brüssel II a-VO sich am KSÜ orientieren, ergeben sich zahlreiche **Parallelen** zwischen dem Zuständigkeitssystem des KSÜ und dem der **Art. 8 ff. Brüssel II a-VO.** Aus Sicht der praktischen Anwendung stellen die gleichwohl bestehenden, durch Art. 8 ff. Brüssel II a-VO geschaffenen Unterschiede bedauerliche Fehlerquellen dar, auch wenn einzelne Abweichungen durchaus sachgerecht sind.

36 **bb) Gewöhnlicher Aufenthalt in Deutschland (Art. 5 KSÜ).** Deutsche Gerichte sind international zuständig nach Art. 5 KSÜ, wenn das Kind seinen gewöhnlichen Aufenthalt in Deutschland hat. Der Aufenthaltsbegriff entspricht dem des MSA (Rn. 22). Eine Art. 3 MSA entsprechende Regelung sieht Art. 5 KSÜ nicht vor, so dass das Heimatrecht des Kindes keine die zu treffenden Maßnahmen einschränkende Rolle mehr spielt.

37 Für **Flüchtlingskinder** und Kinder, die infolge von Unruhen im Land ihres ursprünglichen Aufenthalts nach Deutschland gelangt sind, genügt für die Inanspruchnahme der Zuständigkeit aus Art. 5 Abs. 1 KSÜ bereits der schlichte Aufenthalt (Art. 6 Abs. 1 KSÜ); dasselbe gilt, wenn sich ein gewöhnlicher Aufenthalt des Kindes nicht (iE. nirgendwo) feststellen lässt (Art. 6 Abs. 2 KSÜ).

38 Bei **Verlegung des gewöhnlichen Aufenthalts** in einen anderen Vertragsstaat werden die Behörden des neuen gewöhnlichen Aufenthalts zuständig (Art. 5 Abs. 2 KSÜ); nur getroffene Maßnahmen bleiben in Geltung (Art. 14 KSÜ). Die internationale Zuständigkeit deutscher Gerichte entfällt damit für künftig zu treffende Maßnahmen sowie für die Abänderung getroffener Maßnahmen. Bei Wegzug in einen Nichtmitgliedstaat ist ebenso zu verfahren, wie unter dem MSA (Rn. 24).

39 **cc) Widerrechtliches Verbringen oder Zurückhalten (Art. 7 KSÜ).** Art. 7 KSÜ löst das sich unter dem MSA im Zusammenspiel mit dem HaagKindEÜbk ergebende Problem des Verlustes der internationalen Zuständigkeit durch Integration in einem Vertragsstaat, in den das Kind unter Verletzung des Sorgerechts eines (Mit-)Sorgeberechtigten (zur Widerrechtlichkeit Art. 7 Abs. 2 KSÜ) verbracht oder in dem es zurückgehalten wurde, durch eine **Konservierung der bisherigen Zuständigkeit.** Die Bestimmung ist aus deutscher Sicht sowohl für Entführungen aus wie auch nach Deutschland bedeutsam: Die internationale Zuständigkeit der Gerichte des bisherigen Aufenthaltsstaates erlischt nicht bereits durch Erwerb eines neuen gewöhnlichen Aufenthalts im Verbringungsstaat; hinzutreten muss, dass jede sorgeberechtigte Person, Behörde oder Stelle dem Verbringen entweder zugestimmt hat oder das Kind sich mindestens ein Jahr im Verbringungsstaat aufgehalten hat, nachdem die sorgeberechtigte Person etc. den Aufenthaltsort kannte oder hätte kennen müssen und dennoch keinen Rückgabeantrag (zB nach Art. 6 HaagKindEÜbk, Rn. 8 ff.) gestellt hat; das Hemmnis des Zuständigkeitswechsels entfällt, wenn die Anhängigkeit eines binnen Jahresfrist gestellten Rückgabeantrags entfällt (Art. 7 Abs. 1 KSÜ). Die unter dem MSA viel erörterte Frage,[32] welche tatsächlichen und zeitlichen Voraussetzungen für einen Wechsel des gewöhnlichen Aufenthalts bestehen, ist damit weitgehend entschärft. Einerseits ist nach bisheriger Rechtsprechung nach Jahresfrist mangels Rückführungsantrag regelmäßig von Integration des Kindes und damit von einem neuen gewöhnlichen Aufenthalt auszugehen. Andererseits hindert Art. 7 Abs. 1 KSÜ vor Jahresfrist (die erst mit Kenntnis oder Kennenmüssen des Sorgeberechtigten beginnt!), den Übergang der internationalen Zuständigkeit, selbst wenn ein neuer gewöhnlicher Aufenthalt begründet wurde.

40 Hingegen enthält das KSÜ **keine Art. 11 Brüssel II a-VO entsprechende Regelung.** Weisen die Gerichte des Verbringungsstaates den Rückgabeantrag, gestützt auf Art. 13 HaagKindEÜbk, zurück, so haben nicht die (bis dahin für die Sorgerechtsregelung zuständigen) Gerichte des Ursprungsstaates das letzte Wort; zwar besteht hinsichtlich einer ablehnenden Entscheidung nach Art. 13 HaagKindEntÜbk kein Anerkennungszwang, denn diesen Gerichten fehlt es wegen Art. 7 Abs. 1 KSÜ regelmäßig an einer Zuständigkeit nach dem KSÜ. Jedoch setzt sich hier die Kraft des Faktischen durch, weil der Verbringungsstaat einer Sorgerechtsentscheidung aus dem Ursprungsstaat die nach Art. 23 Abs. 1 KSÜ an sich gebotene Anerkennung wegen Verstoßes gegen den *ordre public* (Art. 23 Abs. 2 lit. d KSÜ) oder Unvereinbarkeit mit der die Rückgabe versagenden Entscheidung (Art. 23 Abs. 2 lit. e KSÜ) versagen wird.

41 **dd) Verbund- bzw. Wahlzuständigkeit (Art. 10 KSÜ).** Ist vor deutschen Gerichten eine Ehesache anhängig, so kann sich die internationale Zuständigkeit deutscher Gerichte für eine Kindschaftssache betreffend ein gemeinsames Kind der Ehegatten im Anwendungsbereich des KSÜ nicht aus § 98 Abs. 2 FamFG ergeben, da das KSÜ auch insoweit vorgeht (§ 97). Hat das Kind gewöhnlichen Aufenthalt in einem anderen Vertragsstaat, fehlt es also an der allgemeinen Zuständigkeit deutscher Gerichte aus Art. 5 Abs. 1 KSÜ, so kommt regelmäßig nur die von Einverständnis abhängige **Verbundzuständigkeit** des Art. 10 KSÜ in Betracht. Diese setzt voraus, dass wenigstens ein Elternteil/Ehegatte bei Verfahrenseinleitung die elterliche Verantwortung für das Kind hat, die

---

[32] Vgl. nur die Nachweise bei S. *Staudinger/Kropholler*, 2003, Vorbem. zu Art. 19 EGBGB Rn. 143 ff.

Kindschaftssachen   42–49 § 99

Eltern und ggf. andere sorgeberechtigte Personen oder Behörden diese Zuständigkeit anerkannt haben und die Ausübung der Zuständigkeit deutscher Gerichte dem Wohl des Kindes entspricht. Die Bestimmung entspricht Art. 12 Abs. 1 Brüssel IIa-VO.[33] Die durch Art. 10 KSÜ begründete internationale Verbundzuständigkeit führt auf Ebene der örtlichen Zuständigkeit zur Einbeziehung in den Verbund gemäß § 137. Zum Fehlen einer Wahlzuständigkeit außerhalb einer Ehesache Rn. 43.

Bei **Abtrennung der Folgesache** ergibt sich keine Verselbstständigung dieser Verbundzuständigkeit für die weitere anhängige Folgesache (anders Art. 12 Abs. 2 lit. b Brüssel IIa-VO). Vielmehr endet die internationale Zuständigkeit deutscher Gerichte mit Rechtskraft der Entscheidung oder anderweitiger Verfahrensbeendigung in der Ehesache (Art. 10 Abs. 2 KSÜ).   42

ee) Keine Staatsangehörigkeitszuständigkeit. Im Gegensatz zu Art. 4 MSA sieht das KSÜ keine konkurrierende Zuständigkeit der Heimatgerichte eines Kindes vor. Eine solche Zuständigkeit ergibt sich, anders als unter Art. 12 Abs. 3 Brüssel IIa-VO, auch nicht bei Konsens aller beteiligten Sorgerechtsträger, da das KSÜ eine Zuständigkeitsbegründung auf Grund einer wesentlichen Bindung des Kindes ohne Anhängigkeit einer Ehesache (Rn. 41) nicht vorsieht. Möglich ist lediglich eine Übernahme durch den Heimatstaat nach Art. 9 Abs. 1, 8 Abs. 2 lit. a KSÜ, die jedoch der Gestattung durch die Gerichte des Staates des gewöhnlichen Aufenthaltes oder einer Antragstellung durch die Beteiligten bedarf (dazu Rn. 44).   43

ff) Not- und Eilzuständigkeiten. Ähnlich Art. 9 MSA (Rn. 28) sieht Art. 11 KSÜ eine Eilzuständigkeit in dringenden Fällen vor. Die Notzuständigkeit des Art. 8 MSA setzt sich in einer Zuständigkeit für vorläufige Maßnahmen seitens des Staates fort, in dem sich das Kind (schlicht) aufhält oder sich Vermögen des Kindes befindet (Art. 12 Abs. 1 KSÜ). Diese Zuständigkeit besteht jedoch nur vorbehaltlich des Art. 7 KSÜ, so dass bei widerrechtlichem Verbringen oder Zurückhalten der Verbringungsstaat nicht auf dem Umweg über Art. 12 KSÜ die ihm nach Art. 7 Abs. 1 KSÜ nicht zufallende allgemeine Aufenthaltszuständigkeit faktisch ersetzen kann. Überdies können solche Maßnahmen nur beschränkt auf das Hoheitsgebiet des anordnenden Staates ergehen.   44

6. Internationale Zuständigkeit nach HaagVormAbk. Das wegen Vorrang des MSA im Verhältnis der MSA-Vertragsstaaten aus deutscher Sicht **räumlich-persönlich** nur noch für Minderjährige deutscher oder belgischer Staatsangehörigkeit mit gewöhnlichem Aufenthalt in einem dieser Staaten (Art. 9 HaagVormAbk) geltende HaagVormAbk betrifft **sachlich** nur Vormundschaften und vorläufige Maßregeln vor Anordnung einer Vormundschaft (Art. 7 HaagVormAbk), nicht aber Pflegschaft und Sorgerecht.[34]   45

Art. 1–4 HaagVormAbk gehen grundsätzlich vom **Gleichlauf** zwischen anwendbarem Recht und internationaler Zuständigkeit aus; der Heimatstaat des Minderjährigen ist grundsätzlich zuständig (Art. 1, 4 HaagVormAbk) und kann auch durch seinen diplomatischen oder konsularischen Vertreter im Aufenthaltsstaat des Minderjährigen tätig werden (Art. 2 HaagVormAbk). Subsidiär ist der Staat des gewöhnlichen Aufenthalts international zuständig (Art. 3 HaagVormAbk).   46

7. Anknüpfung der internationalen Zuständigkeit in Abs. 1. a) Deutsche Staatsangehörigkeit (Abs. 1 S. 1 Nr. 1). aa) Deutscher. Deutsche Gerichte sind international zuständig, wenn das Kind **Deutscher** ist (Abs. 1 S. 1 Nr. 1). Maßgeblich ist die Staatsangehörigkeit iSd. StAG; gleichgestellt sind dieselben Personengruppen wie in § 98 Abs. 1 Nr. 1 Alt. 1, insbesondere Deutsche iSd. Art. 116 GG, Flüchtlinge iSd. Genfer Flüchtlingskonvention,[35] sowie anerkannte Asylberechtigte (dazu § 98 Rn. 44 ff.). Staatenlose Kinder sind in entsprechender Anwendung von Art. 5 Abs. 2 EGBGB einbezogen,[36] was im Hinblick auf Abs. 1 Nr. 2 nur Bedeutung hat, wenn das Kind keinen (feststellbaren) gewöhnlichen Aufenthalt besitzt, sich jedoch schlicht in Deutschland aufhält (Art. 5 Abs. 2 Alt. 2 EGBGB).   47

bb) Doppel- und Mehrstaater. Für deutsch-ausländische Doppel- und Mehrstaater ist die deutsche Staatsangehörigkeit zuständigkeitsbegründend; es kommt nicht auf deren Effektivität an. Art. 5 Abs. 1 S. 2 EGBGB ist auf Zuständigkeitsnormen des nationalen Rechts entsprechend anzuwenden.[37]   48

b) Gewöhnlicher Aufenthalt in Deutschland (Abs. 1 S. 1 Nr. 2). aa) Verhältnis zu Nr. 1. Deutsche Gerichte sind international zuständig, wenn das Kind seinen gewöhnlichen Aufenthalt im Inland hat (Abs. 1 S. 1 Nr. 2). Diese Zuständigkeitsalternative steht **gleichrangig neben der Hei-   49

---

[33] Im Einzelnen oben Band 3 Art. 12 EheGVO/Brüssel IIa-VO Rn. 1–6.
[34] *Bumiller/Harders* Rn. 16; *Keidel/Kuntze/Winkler/Engelhardt* § 35b FGG Rn. 15.
[35] BGH NJW 1982, 2732.
[36] *Keidel/Kuntze/Winkler/Engelhardt* § 35b FGG Rn. 6; *Bumiller/Harders* Rn. 5.
[37] *Keidel/Kuntze/Winkler/Engelhardt* § 35b FGG Rn. 6; *Keidel/Giers* Rn. 28.

matzuständigkeit aus Abs. 1 Nr. 1, so dass bei Zweifeln an der deutschen Staatsangehörigkeit oder einem dieser gleichgestellten Status auf Nr. 2 zurückgegriffen werden kann, sofern der gewöhnliche Aufenthalt feststeht. Umgekehrt kann bei zweifelhaften Aufenthaltsverhältnissen, insbesondere bei widerrechtlichem Verbringen eines Kindes deutscher Staatsangehörigkeit, immer auf Abs. 1 Nr. 1 abgestellt werden.

50 bb) **Gewöhnlicher Aufenthalt.** Gewöhnlicher Aufenthalt besteht in dem Staat (nicht an einem Ort), in dem das Kind sich tatsächlich länger aufhält und wo es den **Mittelpunkt seiner Lebensführung** hat. Dies ist bei Kindern in der Regel der Ort, an dem das Kind (mit seinen Eltern) wohnt, zumal dann, wenn es dort Schule oder vorschulische Kindesbetreuungseinrichtungen besucht. Ausnahmsweise kann aber der gewöhnliche Aufenthalt mangels sozialer Integration durchaus in einem anderen Land als dem des Wohnsitzes liegen.[38] Der gewöhnliche Aufenthalt eines Kindes ist weder, wie der Wohnsitz (§ 11 BGB), mit dem des Sorgeberechtigten verknüpft, noch ist er willensabhängig. Ein mehrfacher gewöhnlicher Aufenthalt ist nicht möglich.[39] Damit kann der gewöhnliche Aufenthalt als rein tatsächlich zu beurteilendes Kriterium durchaus auch ohne oder gegen den Willen eines Sorgeberechtigten verlagert werden.

51 Während freilich bei Erwachsenen von einer Verlagerung des Lebensmittelpunktes auszugehen ist, sobald ein neuer Aufenthaltsort mit dauerhaftem Bleibewillen eingenommen wird (vgl. § 98 FamFG Rn. 59), ergeben sich bei der Bestimmung des gewöhnlichen Aufenthalts Minderjähriger Schwierigkeiten, wenn ein **rechtswidriger Aufenthaltswechsel** gegen den Willen eines (Mit-)Sorgeberechtigten, dem das Aufenthaltsbestimmungsrecht allein oder zusammen mit dem anderen Elternteil zusteht, stattfindet. Die wesentlich zu Fällen des *legal kidnapping* (Verbringung eines Kindes durch einen Elternteil gegen den Willen des ebenfalls sorgeberechtigten anderen Elternteils) zu Art. 1 MSA entwickelten Kriterien streben nach einer Formalisierung des ausfüllungsbedürftigen Maßstabs sozialer Integration des Kindes im Verbringungsstaat. Im Regelfall werden bei Bestehen sozialer Bindungen (zB ein Elternteil, Großeltern oder Verwandte) und altersgemäßem Schulbesuch sechs Monate für ausreichend gehalten, um von einer Verlagerung des gewöhnlichen Aufenthaltes in den Verbringungsstaat auszugehen.[40] Häufige Aufenthaltswechsel in verschiedene Staaten hindern die Neubegründung eines gewöhnlichen Aufenthaltes;[41] häufige Aufenthaltswechsel im selben Staat stehen zwar an sich einem gewöhnlichen Aufenthalt in diesem Staat nicht entgegen, dürften aber häufig faktisch gegen eine bereits erfolgte Integration sprechen.

52 Da zu Abs. 1 S. 1 Nr. 2 eine Art. 7 KSÜ entsprechende Regelung fehlt, führen Rückgabebemühungen des in seinem Sorgerecht verletzten Elternteils nicht per se zu einer **Konservierung der internationalen Zuständigkeit** deutscher Gerichte. Jedoch kann aus dem Rechtsgedanken des Art. 7 Abs. 1 KSÜ zweierlei für die Auslegung des Abs. 1 S. 1 Nr. 2 geschlossen werden: Zum einen bestätigt Art. 7 Abs. 1 KSÜ (und Art. 10 Abs. 1 Brüssel II a-VO) die Tendenz, die zur Begründung eines gewöhnlichen Aufenthalts in diesen Fällen notwendige Integrationsfrist eher bei zwölf als bei sechs Monaten zu sehen. Zum zweiten lässt sich der Rechtsgedanke übertragen, dass ein rechtzeitig bei den Behörden des Verbringungsstaates gestellter Rückgabeantrag die ungestörte Integration des Kindes behindert, so dass der gewöhnliche Aufenthalt und damit die Zuständigkeit aus Abs. 1 Nr. 2 während dessen Anhängigkeit regelmäßig nicht entfällt.

53 Das Erfordernis einer Integrationsfrist bei widerrechtlichem Verbringen steht der Begründung eines gewöhnlichen Aufenthaltes nicht entgegen, wenn der Aufenthalt des Kindes **mit Willen aller Sorgeberechtigten** wechselt. Deutsche Gerichte werden also insbesondere bei einem als längerfristig intendierten Zuzug eines Kindes mit seinen Eltern nach Deutschland sogleich gemäß Abs. 1 Nr. 2 zuständig und nicht erst nach Ablauf einer Integrationsfrist. Ebenso geht bei solch einverständlichem Wegzug, vorbehaltlich einer *perpetuatio fori* (Rn. 58 ff.), die Zuständigkeit aus Abs. 1 Nr. 2 auch sogleich verloren. Von einem einmal bestehenden Einverständnis mit einem Aufenthaltswechsel kann sich nach erfolgtem Umzug kein Sorgeberechtigter einseitig lösen.[42]

54 c) **Fürsorgebedürfnis im Inland (Abs. 1 S. 2). aa)** Gemäß Abs. 1 S. 2 sind deutsche Gerichte international zuständig, soweit das Kind der Fürsorge durch ein deutsches Gericht bedarf. Die Zuständigkeit nach Nr. 3 steht zwar im **Verhältnis** zur Zuständigkeit ausländischer Gerichte gleichrangig neben dort ggf. bestehenden Heimat- und Aufenthaltszuständigkeiten. Da auf sie im Zustän-

---

[38] AG Nürnberg FamRZ 2008, 1777: Wohnsitzverlegung mit den Eltern aus steuerlichen Gründen in das grenznahe Ausland bei Fortdauer der sozialen Integration in Deutschland.
[39] *Staudinger/Kropholler*, 2003, Vorbem. zu Art. 19 EGBGB Rn. 152 f.
[40] *Staudinger/Kropholler*, 2003, Vorbem. zu Art. 19 EGBGB Rn. 143 ff.; *Keidel/Kuntze/Winkler/Engelhardt* § 35b FGG Rn. 7; *Keidel/Giers* Rn. 32.
[41] OLG Schleswig IPRspr 2005 Nr. 202.
[42] OLG Karlsruhe FamRZ 2009, 239 zum Haager KindEÜbk.

digkeitssystem des Abs. 1 jedoch nur zurückgegriffen werden muss, wenn das Kind weder Deutscher ist, noch gewöhnlichen Aufenthalt in Deutschland hat, empfiehlt sich, schon zur Vermeidung widersprechender und im Heimat- bzw. Aufenthaltsstaat nicht anerkennungsfähiger Entscheidungen, eine zurückhaltende Beurteilung des Fürsorgebedürfnisses (vgl. Art. 9 MSA).

bb) Ein zuständigkeitsbegründendes Fürsorgebedürfnis kann sowohl hinsichtlich der **Person** als auch des **Vermögens** des Kindes bestehen; regelmäßig wird hierfür ein schlichter Aufenthalt des Kindes oder eine Vermögensbelegenheit im Inland erforderlich sein. Insbesondere bei schlichtem Aufenthalt eines Flüchtlingskindes oder asylsuchenden Minderjährigen ohne seine Eltern im Inland ist das Fürsorgebedürfnis regelmäßig zu bejahen.[43]

cc) Die Anwendbarkeit **deutschen Rechts** nach den Regeln des deutschen IPR kann ein Fürsorgebedürfnis begründen. Zum Eltern-Kind-Verhältnis hat sich das deutsche IPR zum 1. 7. 1998 zwar vollständig dem Aufenthaltsprinzip zugewandt (Art. 21 EGBGB), so dass Gleichlauf zu Nr. 2 (Aufenthaltszuständigkeit) besteht. Art. 19 Abs. 2 EGBGB idF. des IPR-Neuregelungsgesetzes, der iVm. Art. 14 Abs. 1 Nr. 3 EGBGB als Beispiel einer Bedürfniszuständigkeit wegen deutschen Sorgerechtsstatuts genannt wird,[44] ist dem Art. 21 EGBGB gewichen. Es kann jedoch dazu kommen, dass sich ein Bedürfnis nach Bestellung eines Pflegers zur Abstammungsfeststellung ergibt, wenn Art. 19 Abs. 1 S. 2 oder S. 3 EGBGB deutsches Recht als Abstammungsstatut berufen, der Heimat- und Aufenthaltsstaat anders anknüpfen, deutsche Gerichte nach § 100 für die Abstammungsfeststellung international zuständig sind und die Ermöglichung der Abstammungsfeststellung nach deutschem Recht vor deutschen Gerichten ein Bedürfnis nach Pflegerbestellung begründet. Da die internationale Zuständigkeit in Abstammungssachen (§ 100 FamFG) erheblich weiter ist als die nach Abs. 1 S. 1 Nr. 1 und 2, weil sie auch an andere Beteiligte anknüpft als an das Kind, besteht in solchen Fällen regelmäßig eine internationale Zuständigkeit für die Abstammungssache.

d) Keine ausschließliche Zuständigkeit; Entscheidungskonflikte. Die internationale Zuständigkeit deutscher Gerichte nach Abs. 1 ist, wie schon bisher (§ 35b Abs. 3 FGG aF) nicht ausschließlich (§ 106). Insbesondere kann einer Entscheidung aus dem ausländischen Heimat- oder gewöhnlichen Aufenthaltsstaat des Kindes nicht allein deshalb die Anerkennung versagt werden, weil deutsche Gerichte (ebenfalls) international zuständig waren; der Konflikt widerstreitender Entscheidungen löst sich nach § 109 Abs. 1 Nr. 3, wobei in Kindschaftssachen zu beachten ist, dass eine spätere ausländische Entscheidung trotz widersprechendem Tenor nicht in Widerspruch zu einer deutschen Entscheidung stehen muss, sofern sich die zugrundeliegenden Verhältnisse verändert haben.

e) Perpetuatio fori. aa) Die Problematik der **Fortdauer der internationalen Zuständigkeit** bei Änderung der sie begründenden Kriterien kann in Kindschaftssachen nicht ohne Rücksicht auf das Kindeswohl beurteilt werden; ob deutsche Gerichte bei Verlust der deutschen Staatsangehörigkeit oder bei Wegzug des Kindes im laufenden Verfahren zuständig bleiben, hängt von einer Abwägung der Interessen, insbesondere des Kindes, ab.[45] Der Schutzzweck der Zuständigkeitsbestimmung darf nicht durch eine *perpetuatio fori* unterlaufen werden;[46] entscheidend ist, ob deutsche oder ausländische Gerichte näher daran sind, die dem Kindeswohl dienende Entscheidung zu treffen.[47] Insbesondere bei Wegzug (Verlegung des gewöhnlichen Aufenthaltes) eines Kindes ausländischer Staatsangehörigkeit spricht dies gegen eine *perpetuatio fori* der in MSA und KSÜ verwirklichte Grundgedanke, dass sich die Aufenthaltszuständigkeit vor allem durch die Sachnähe der Gerichte rechtfertigt, die das Kindeswohl zu beurteilen haben. Erst recht kann eine *perpetuatio fori* nicht in Anspruch genommen werden, wenn das Kind in den Heimatstaat zurückkehrt und dieser eine deutsche Entscheidung nicht anerkennen würde.

bb) Hingegen handelt es sich bei dem Wegzug eines **deutschen Kindes** in das Ausland nicht um ein Problem der *perpetuatio fori,* denn deutsche Gerichte bleiben in diesem Fall nach Abs. 1 Nr. 1 international zuständig, auch wenn sie nicht mehr nach Abs. 1 Nr. 2 zuständig sind.[48] Die dadurch heraufbeschworene Gefahr widersprechender Entscheidungen sollte gleichwohl nicht gegen die Hei-

---

[43] *Keidel/Kuntze/Winkler/Engelhardt* § 35b FGG Rn. 9; *Keidel/Giers* Rn. 33; aA AG Duisburg ZBlJR 1989, 433.

[44] So *Keidel/Kuntze/Winkler/Engelhardt* § 35b FGG Rn. 10; *Keidel/Giers* Rn. 33; *Bumiller/Harders* Rn. 7, jeweils Bezug nehmend auf BT-Drucks. 10/504 S. 92 (Gesetzentwurf IPR-Neuregelungsgesetz 1986), dort noch Art. 19 Abs. 2 aF EGBGB.

[45] BayObLGZ 1966, 248; *Keidel/Kuntze/Winkler/Engelhardt* § 35b FGG Rn. 13; *Bumiller/Harders* Rn. 3.

[46] BGH NJW 2002, 2955.

[47] KG NJW 1998, 1565.

[48] BayObLG NJWE-FER 1997, 138.

matzuständigkeit instrumentalisiert werden, denn gerade im hier berührten, weder europarechtlich noch völkervertraglich geregelten Bereich besteht nicht generalisierend das erforderliche Vertrauen in die ausländische Rechtspflege, um die Fürsorge für deutsche Kinder regelmäßig den Gerichten am gewöhnlichen Aufenthalt zu überlassen.

60 cc) Ist das Verfahren in der **Rechtsbeschwerde** anhängig, so entzieht die Veränderung der maßgeblichen Kriterien hingegen den deutschen Gerichten nicht die internationale Zuständigkeit. Eine hiervon zu unterscheidende Frage ist, ob bei Aufhebung der Entscheidung durch das Rechtsbeschwerdegericht eine internationale Zuständigkeit für eine neue Maßnahme in der Sachinstanz fortbesteht;[49] insoweit gelten die allgemeinen Grundsätze (Rn. 61).

III. Zuständigkeitskonkurrenz mit ausländischen Gerichten bei Vormundschaften und Pflegschaften (Abs. 2–4)

61 1. **Europarechtliche und völkervertragliche Zusammenarbeit.** a) **Vorrangige Rechtsinstrumente.** Die Brüssel IIa-VO, das MSA, das künftige KSÜ und das HaagVormAbk gehen für die Anordnung und Führung von Pflegschaften und Vormundschaften über Minderjährige bzw. Kinder im jeweiligen persönlichen Anwendungsbereich auch den Abs. 2–4 vor.[50] Sie gelten jeweils für das Verhältnis zu anderen Mitglied- bzw. Vertragsstaaten unter Beachtung der Konkurrenzverhältnisse insbesondere zwischen der Brüssel IIa-VO und dem MSA bzw. dem künftigen KSÜ (Rn. 13 ff.). Neben der Harmonisierung der Zuständigkeit und Anerkennung ist es sogar einer der bedeutsamsten Vorzüge[51] völkervertraglicher und europarechtlicher Regelungen gegenüber der unilateralen Bewältigung durch Abs. 2, 3, durch Instrumente der Konsultation, der Verweisung und der Beachtung der Rechtshängigkeit parallele Verfahren in Sorgerechtssachen (nicht nur in Vormundschaften und Pflegschaften) zu vermeiden und das dem Kindeswohl am besten angemessene Gericht zu bestimmen.

62 b) **Brüssel IIa-VO.** Art. 15 Brüssel IIa-VO regelt die – von der Übernahmebereitschaft abhängige (Art. 15 Abs. 6 Brüssel IIa-VO) – **Verweisung** durch das zuständige Gericht eines Mitgliedstaats an das Gericht eines anderen Mitgliedstaats, zu dem das Kind eine besondere Bindung hat. Ein Gericht, das sich für geeigneter hält, das Kindeswohl zu beurteilen, kann eine Verweisung auch beantragen (Art. 15 Abs. 2 lit. c Brüssel IIa-VO). Diese Verweisung setzt, anders als Abs. 2, keine konkurrierende Zuständigkeit voraus, sondern ist zuständigkeitsbegründend. Im Übrigen ist die Konkurrenz mehrerer zuständiger Gerichte in Art. 19 Abs. 2, 3 Brüssel IIa-VO im Sinn grundsätzlichen Vorrangs des zuerst angerufenen Gerichts, also prinzipiell wie im Verhältnis mehrerer zuständiger deutscher Gerichte in § 2 Abs. 1 FamFG, geregelt. Ein zuständiges Gericht kann also nach Art. 15 Brüssel IIa-VO an das Gericht eines anderen Mitgliedstaats (nicht bindend) verweisen und es hat sich nach Art. 19 Abs. 2, 3 Brüssel IIa-VO der weiteren Tätigkeit zu enthalten, wenn das Gericht eines anderen Mitgliedstaats früher angerufen wurde (im Einzelnen oben Band 3, Art. 15, 19 EheGVO/Brüssel IIa-VO).

63 c) **MSA.** Art. 10, 11 MSA setzen im Vergleich zu KSÜ und Brüssel IIa-VO auf die informelle Abstimmung durch **Konsultation** und **Information.** Die zuständigen Behörden eines Vertragsstaates haben die Möglichkeit, Maßnahmen erst dann zu treffen, wenn sie einen Meinungsaustausch mit den Behörden eines anderen Vertragsstaates gepflogen haben, dessen Maßnahmen noch wirksam sind. Umgekehrt besteht nach Art. 11 MSA eine Pflicht jedes Vertragsstaats, getroffene Maßnahmen unverzüglich dem Heimatstaat und dem Staat des gewöhnlichen Aufenthalts des Minderjährigen mitzuteilen. Ein deutsches Gericht kann danach insbesondere sein Tätigwerden im Rahmen der Heimat- oder Aufenthaltszuständigkeit vom Ergebnis von Konsultationen mit den Behörden eines anderen Vertragsstaates abhängig machen.

64 d) **KSÜ.** Art. 8, 9 KSÜ ermöglichen ähnlich wie Art. 15 Brüssel IIa-VO eine **kooperative Verlagerung** der internationalen Zuständigkeit von einem an sich nach Art. 5, 6 KSÜ zuständigen an ein sachnäheres Gericht. Ein deutsches FamG kann also trotz gewöhnlichem Aufenthalt des Kindes in Deutschland die Gerichte oder Behörden eines der in Art. 8 Abs. 2 KSÜ genannten Staaten (Heimatstaat des Kindes, Vermögensbelegenheit, Anhängigkeit einer Ehesache, sonstige enge Verbindung des Kindes) zur Übernahme auffordern oder die Parteien einladen, sich an die Behörden eines solchen Staates zu wenden. Voraussetzung ist die Einschätzung, dass jene Behörden besser in

---

[49] Vgl. *Keidel/Kuntze/Winkler/Engelhardt* § 35b FGG Rn. 13.
[50] *Keidel/Kuntze/Winkler/Engelhardt* § 47 FGG Rn. 2; *Keidel/Giers* Rn. 3; *Staudinger/Kropholler*, 2001, Art. 24 EGBGB Rn. 124.
[51] *Staudinger/Kropholler*, 2001, Art. 24 EGBGB Rn. 124.

der Lage sind, das Wohl des Kindes im Einzelfall zu beurteilen (Art. 8 Abs. 1 KSÜ). Eine bindende **Verweisung** ist jedoch nicht möglich.

In umgekehrter Richtung kann ein international an sich unzuständiges FamG, das deutsche **65** Gerichte für besser geeignet hält, im Einzelfall das Wohl des Kindes zu beurteilen, die nach Art. 5, 6 KSÜ an sich zuständigen Gerichte (insbesondere über Vermittlung der Zentralen Behörden[52]) um eine Abgabe ersuchen oder die Parteien „einladen", eine solche Abgabe zu beantragen (Art. 9 Abs. 1 KSÜ). Auch insoweit ist jedoch einseitiges Handeln, also eine einseitige **Übernahme,** nicht statthaft (Art. 9 Abs. 3 KSÜ).

2. Unterbleiben einer inländischen Vormundschaftsanordnung (Abs. 2). a) Anwen- 66 dungsbereich (Abs. 4). aa) Abs. 2, 3 gelten für die Anordnung (Abs. 2) und die Abgabe der Führung (Abs. 3) von Vormundschaften über Minderjährige. Sie gelten entsprechend (Abs. 4) für die Anordnung und Führung einer Pflegschaft für einen Minderjährigen sowie für einen *nasciturus* (§ 151 Nr. 5) sowie für Genehmigung der familienrechtlichen freiheitsentziehenden Unterbringung eines Minderjährigen nach §§ 1631b, 1800 und 1915 BGB (§ 151 Nr. 6).

bb) Wie unter §§ 47 Abs. 1, 2, 69 e aF FGG gelten Abs. 2, 3 entsprechend auch für die Betreuung **67** und Unterbringung **Erwachsener** (§ 104 Abs. 2). Hingegen finden Abs. 2, 3 keine Anwendung auf die **Pflegschaft für abwesende Beteiligte** im Nachlassverfahren (§ 364).[53] Nicht abgegeben werden können auch die von § 151 Nr. 1 bis 4, 7, 8 erfassten Verrichtungen.

b) Konkurrierende Zuständigkeit. aa) Die Kumulation von Aufenthalts- und Staatsangehörig- **68** keitszuständigkeit in Abs. 1 kann zu international konkurrierenden Zuständigkeiten führen, selbst wenn Gerichte anderer Staaten ihre Zuständigkeit unter denselben oder engeren Voraussetzungen annehmen. Da § 2 Abs. 1 für die internationale Zuständigkeit nicht gilt, steht die Anhängigkeit einer Vormundschaft im Ausland dem Tätigwerden deutscher Gerichte an sich nicht entgegen. Abs. 2 schafft eine flexible Lösung, die im Interesse des Mündels einen Verzicht deutscher Gerichte auf ein Tätigwerden erlaubt.[54]

bb) Voraussetzung ist, dass neben der bestehenden Zuständigkeit deutscher Gerichte auch die **69 Gerichte eines anderen Staates international zuständig** zur Anordnung einer Vormundschaft sind. Maßstab für die Zuständigkeit ist sowohl Abs. 1 als auch das Recht des anderen Staates. Ersteres stellt sicher, dass die Anordnung des ausländischen Gerichts in Deutschland anerkennungsfähig ist (§ 109 Abs. 1).[55] Andererseits bedarf es auch der Zuständigkeit des ausländischen Gerichts nach seinem Verfahrensrecht, da sonst nur ein hypothetischer Konflikt besteht. Da die Inanspruchnahme einer internationalen Zuständigkeit bei gewöhnlichem Aufenthalt des Mündels verbreitet ist, wird es sich häufig um Situationen handeln, in denen deutsche Gerichte (nur) nach Abs. 1 Nr. 1 wegen der deutschen Staatsangehörigkeit des Mündels zuständig sind, also um Vormundschaften, Pflegschaften und Beistandschaften über Deutsche im Ausland.[56]

cc) Überdies muss in dem anderen Staat bereits eine **Vormundschaft anhängig** sein. Erforder- **70** lich ist, dass die Gerichte des anderen Staates bereits eine Vormundschaft oder entsprechende Maßnahmen angeordnet haben. Nicht notwendig ist, dass bereits eine Vormund bestellt wurde. Ggf. empfiehlt sich jedoch eine informelle Konsultation mit dem ausländischen Gericht, um Rechtsschutzlücken durch ein Vorgehen nach Abs. 2 bei nicht gehörig betriebenem Verfahren im Ausland, die nicht im Interesse des Mündels liegen können, zu vermeiden.

c) Unterbleiben der Anordnung einer Vormundschaft etc. aa) Abweichend von §§ 1773, **71** 1774 BGB kann in dieser Konstellation die Anordnung einer Vormundschaft im Inland unterbleiben. Die – mit der Beschwerde nach § 58 anfechtbare[57] – Entscheidung steht im pflichtgemäßen Ermessen des Gerichts, Maßstab ist ausschließlich das **Interesse des Mündels.** Die Anordnung kann unterbleiben, wenn durch die im Ausland angeordnete Vormundschaft etc. dem Mündel ein ausreichender, mit dem Niveau einer inländischen Anordnung vergleichbarer Schutz gewährleistet wird.[58] In die Interessenabwägung ist durchaus auch der Umstand einzustellen, dass konkurrierende Vormundschaften zu Widersprüchen führen können und daher vermieden werden sollten.

---

[52] Absehbar wird diese Funktion zum Inkrafttreten des KSÜ das Bundesamt für Justiz übernehmen, zu regeln dann in § 3 IntFamRVG.
[53] *Keidel/Kuntze/Winkler/Engelhardt* § 35b FGG; *Keidel/Giers* Rn. 40.
[54] BT-Drucks. 10/504 (Gesetzentwurf IPR-NeuregelungsG) zu § 47 FGG.
[55] *Staudinger/Kropholler,* 2001, Art. 24 EGBGB Rn. 126.
[56] Vgl. die nicht amtliche Überschrift zu § 47 aF FGG.
[57] *Keidel/Kuntze/Winkler/Engelhardt* § 47 FGG Rn. 10.
[58] *Keidel/Kuntze/Winkler/Engelhardt* § 47 FGG Rn. 3; *Keidel/Giers* Rn. 34; *Staudinger/Kropholler,* 2001, Art. 24 EGBGB Rn. 126.

72 **bb)** Grundsätzlich wird die **Anerkennungsfähigkeit** der ausländischen Vormundschaft im Inland Voraussetzung für ein Unterbleiben einer inländischen Anordnung sein,[59] es sei denn, es fehlt trotz des die internationale Zuständigkeit deutscher Gerichte begründenden Kriteriums an einem konkreten inländischen Fürsorgebedürfnis.[60] Besteht hingegen ein solches, so werden durch eine im Inland nicht anerkannte Vormundschaft schwerlich ausreichend die Interessen des Mündels gewahrt.

73 **cc)** Sind durch die ausländische Vormundschaft die Interessen des Mündels nicht ausreichend gewahrt, so ordnet das international zuständige deutsche Gericht eine **inländische Vormundschaft** an. Da inländische widersprechende Entscheidungen der Anerkennung einer ausländischen unabhängig vom Entscheidungszeitpunkt entgegenstehen (§ 109 Abs. 1 Nr. 3), ist in diesem Fall die ausländische Vormundschaft im Inland unwirksam.[61]

74 **dd)** Ist eine **Vormundschaft im Inland bereits angeordnet,** so kann sie nicht nach Abs. 2 beendet werden; in Betracht kommt nur eine Abgabe unter den Voraussetzungen des Abs. 3.[62]

75 **3. Abgabe der Vormundschaft in das Ausland (Abs. 3), Übernahme einer Vormundschaft. a) Voraussetzungen der Abgabe. aa)** Eine bereits im Inland bestehende Vormundschaft kann durch das Gericht, bei dem die Vormundschaft anhängig ist, an den Staat, dessen Gerichte für die Anordnung der Vormundschaft ebenfalls **international zuständig** sind, abgegeben werden. Erforderlich ist wiederum eine doppelte internationale Zuständigkeitsbeurteilung sowohl nach deutschem Verfahrensrecht als auch nach dem des anderen Staates (dazu Rn. 69).

76 **bb)** Die Abgabe kann nur erfolgen, wenn sie im **Interesse des Mündels** liegt. Hierüber entscheidet das Gericht nach denselben Kriterien wie zu Abs. 2 nach pflichtgemäßem Ermessen (Rn. 71 ff.). Überdies muss der ausländische Staat sich zur Übernahme **bereit erklären;** dies setzt notwendig eine formelle oder informelle Konsultation mit den dortigen zuständigen Behörden voraus.

77 **cc)** Grundsätzlich erfordert die Abgabe die **Zustimmung des Vormunds,** bei mehreren die aller Vormünder. Diese Zustimmung kann jedoch durch das im Instanzenzug dem FamG (bzw. im Fall des § 104 Abs. 2 FamFG dem BetrG) übergeordnete LG (§ 72 GVG) ersetzt werden; durch die Anrufung des LG seitens des erstinstanzlichen Gerichts, wenn der Vormund oder einer von mehreren Vormündern die Zustimmung verweigert,[63] wird das LG nicht nur für die Ersetzung der Zustimmung, sondern für die Entscheidung in der Sache insgesamt zuständig. Der Beschluss des LG ist unanfechtbar (Abs. 3 S. 3).

78 **b) Wirkung der Abgabe.** Mit der Abgabe an die Gerichte eines anderen Staates **endet die Vormundschaft im Inland.** Tritt später erneut ein Bedürfnis zur Anordnung einer Vormundschaft im Inland auf, so ist, vorbehaltlich einer Rück-Übernahme (Rn. 79), eine erneute Anordnung erforderlich.[64]

79 **c) Übernahme im Ausland geführter Vormundschaft.** Entgegen der einseitigen Fassung des Abs. 3 ist die Bestimmung allseitig gewollt,[65] also auch die Übernahme einer im Ausland geführten Vormundschaft unter den spiegelbildlichen Voraussetzungen statthaft. Das um Übernahme ersuchte deutsche Gericht erklärt seine **Übernahmebereitschaft** also nur unter der Voraussetzung, dass deutsche Gerichte nach Abs. 1 international zuständig sind und die Übernahme dem Interesse des Mündels entspricht. Dies kann allerdings schon deshalb der Fall sein, weil das ausländische Gericht die Vormundschaft nicht mehr zu führen bereit ist.

---

[59] MünchKommBGB/*Klinkhardt* Art. 24 EGBGB Rn. 42; *Keidel/Kuntze/Winkler/Engelhardt* § 47 FGG Rn. 3; *Keidel/Giers* Rn. 34.
[60] So wohl *Staudinger/Kropholler*, 2001, Art. 24 EGBGB Rn. 126.
[61] *Keidel/Kuntze/Winkler/Engelhardt* § 47 FGG Rn. 3; *Keidel/Giers* Rn. 34; iE ebenso MünchKommBGB/ *Klinkhardt* Art. 24 EGBGB Rn. 46, dort allerdings unzutreffend gegen die Anwendung von § 16a Nr. 3 FGG (= § 109 Abs. 1 Nr. 3 FamFG) auf eine spätere inländische Entscheidung.
[62] *Keidel/Kuntze/Winkler/Engelhardt* § 47 FGG Rn. 4; *Keidel/Giers* Rn. 35.
[63] *Keidel/Kuntze/Winkler/Engelhardt* § 47 FGG Rn. 8; *Keidel/Giers* Rn. 38.
[64] BayObLGZ 24, 379; *Staudinger/Kropholler*, 2001, Art. 24 EGBGB Rn. 127; *Keidel /Kuntze/Winkler/Engelhardt* § 47 FGG Rn. 9; *Keidel/Giers* Rn. 39.
[65] BT-Drucks. 10/504 (Gesetzentwurf IPR-NeuregelungsG) zu § 47 FGG; *Staudinger/Kropholler*, 2001, Art. 24 EGBGB Rn. 128; MünchKommBGB/*Klinkhardt* Art. 24 EGBGB Rn. 42.

§ 100 Abstammungssachen

Die deutschen Gerichte sind zuständig, wenn das Kind, die Mutter, der Vater oder der Mann, der an Eides statt versichert, der Mutter während der Empfängniszeit beigewohnt zu haben,
1. Deutscher ist oder
2. seinen gewöhnlichen Aufenthalt im Inland hat.

I. Normzweck und -geschichte

1. Internationale Zuständigkeit in Abstammungssachen. Die Bestimmung regelt die internationale Zuständigkeit in Abstammungssachen iSd. § 169 (vor Inkrafttreten des FamFG „Kindschaftssachen" iSd. § 640 ZPO aF). Während nach bisherigem Recht die Feststellung der Vaterschaft nach § 1600e Abs. 1 aF BGB im ZPO-Verfahren nach §§ 640 ff. ZPO aF erfolgte, dagegen nach dem Tod der Person, gegen die die Klage zu richten war, das Verfahren nach § 1600e Abs. 2 aF BGB ein FGG-Verfahren war, ist das Verfahren in Abstammungssachen nunmehr einheitlich Antragsverfahren (§ 171) und keine Familienstreitsache (§ 112), so dass auch die internationale Zuständigkeit unproblematisch einheitlich geregelt ist. 1

2. Normgeschichte. a) Nachfolgebestimmung zu § 640a Abs. 2 ZPO. aa) Die Regelung entspricht **inhaltlich § 640a Abs. 2 S. 1 ZPO aF**. Die dem Gesetzgeber des KindRG wohl nicht bewusste und durch analoge Anwendung von § 640a ZPO aF zu schließende Regelungslücke in Ansehung der vormaligen FGG-Kindschaftssachen (§ 1600e Abs. 2 BGB aF, dazu Rn. 1)[1] ist stillschweigend entfallen. Die Regelung deckt damit sowohl den direkten als auch den analogen Anwendungsbereich des § 640a Abs. 2 S. 1 ZPO aF ab. Inhaltlich hatte sich bereits § 640a Abs. 2 ZPO aF völlig von streitig-zivilprozessualen Prinzipien gelöst[2] und die Abstammungsfeststellung als Statusfrage zu Recht als ein Gebiet fürsorgender Rechtspflege erkannt, die zuständigkeitsrechtlich nicht auf die Parteirolle abstellen kann. Vgl. ebenso in Ehesachen § 98 FamFG/§ 606a ZPO aF; anders hingegen Art. 3 Abs. 1 lit. a Str. 3 Brüssel II a-VO. 2

bb) Die in § 640a Abs. 2 S. 2 ZPO aF enthaltene Klarstellung, dass die internationale Zuständigkeit deutscher Gerichte nicht ausschließlich ist, enthält nunmehr für alle im FamFG geregelten Sachen der § 106.[3] 3

b) Vorgeschichte. Durch das **KindRG** wurde infolge der Aufgabe verschiedener Statusregelungen bei Geburt eines Kindes miteinander verheirateter bzw. nicht verheirateter Eltern erstmals auch die Zuständigkeit für die Abstammungsfeststellung einheitlich geregelt. Das Zuständigkeitssystem des § 640a Abs. 2 ZPO aF folgte weitgehend dem zuvor für die Vaterschaftsfeststellung bei nichtehelichen Kindern geltenden § 641d Abs. 1 ZPO aF, der die internationale Abstammungszuständigkeit noch als Annex der (Amts-)Vormundschaft bzw. pflegschaft verstand und Fälle der internationalen Zuständigkeit für Kinder mit gewöhnlichem Aufenthalt und Wohnsitz im Ausland als kasuistisch zu regelnde Sonderfälle begriff. 4

II. Internationale Zuständigkeit in Abstammungssachen

1. Reichweite. a) Sachliche Reichweite: Abstammungssachen. Der sachliche Anwendungsbereich entspricht dem des § 169. Der Anwendungsbereich unterscheidet sich damit von dem des § 640a Abs. 2 ZPO aF zum einen darin, als nunmehr in § 169 Nr. 1 und Nr. 2 ausdrücklich auch Feststellungsverfahren nach dem Tod eines Beteiligten einbezogen sind (bisher § 1600e Abs. 2 aF BGB).[4] Zum anderen gilt § 100 nicht mehr für Verfahren, die auf das Bestehen oder Nichtbestehen der elterlichen Sorge einer Partei für die andere (§ 640 Abs. 2 Nr. 3 ZPO aF) gerichtet sind, die § 169 systematisch zutreffend nicht mehr erfasst. Insoweit bestimmt sich die internationale Zuständigkeit nach § 99 iVm. § 151 Nr. 1 (elterliche Sorge). 5

b) Völkerverträge, Europarecht. aa) Vorrangige europarechtliche oder völkervertragliche Regelungen der internationalen Zuständigkeit in Abstammungssachen bestehen derzeit nicht, nachdem die bisher dem MSA und KSÜ unterfallenden Verfahren nach § 640 Abs. 2 Nr. 3 ZPO aF[5] nicht als 6

---

[1] Dazu oben § 640a ZPO Rn. 1; wohl missverstanden von *Zöller/Geimer* § 640a ZPO Rn. 15.
[2] Was *Zöller/Geimer* § 640a ZPO Rn. 4 anscheinend kritisiert: „von der Regel actor sequitur forum rei ... keine Spur".
[3] Gesetzentwurf FamFG BT-Drucks. 16/6308, zu § 100.
[4] Gesetzentwurf FamFG BT-Drucks. 16/6308, zu § 169.
[5] Oben § 640a ZPO Rn. 3.

Rauscher

Abstammungssachen zu qualifizieren sind (Rn. 5). Art. 1 Abs. 2 lit. a **Brüssel I-VO** (wie zuvor das EuGVÜ) bzw. Luganer Abkommen nehmen Statussachen insgesamt vom Anwendungsbereich aus, Art. 1 Abs. 1 lit. b **Brüssel II a-VO** erfasst nur Verfahren betreffend die elterliche Verantwortung, also Kindschaftssachen, nicht aber die Feststellung der Elternschaft, also Abstammungssachen.[6] Dasselbe gilt für den Anwendungsbereich des Art. 1 **MSA**[7] und künftig des Art. 1 **KSÜ**. Näher zur Brüssel II a-VO, zu MSA und KSÜ § 99 FamFG Rn. 7, 13 ff. Auch von der Bundesrepublik Deutschland geschlossene **bilaterale** Abkommen enthalten keine Regelung der internationalen Entscheidungszuständigkeit in Abstammungssachen.[8]

7   **bb)** Mittelbar können jedoch die Brüssel II a-VO, das MSA und künftig das KSÜ Bedeutung in Abstammungssachen haben, soweit dem Kind ein Ergänzungspfleger, bei Fehlen jedes festgestellten Sorgeberechtigten ggf. ein Vormund, zur Vertretung im Abstammungsverfahren bestellt werden muss.[9]

8   **2. Anknüpfung der Internationalen Zuständigkeit. a) Anknüpfungssubjekte. aa)** Die internationale Zuständigkeit deutscher Gerichte in Abstammungssachen ist, anders als § 99 in Kindschaftssachen, nicht kindzentriert, sondern knüpft alternativ an alle **materiell Beteiligten** an. Es genügt damit, dass eines der beiden Zuständigkeitskriterien (deutsche Staatsangehörigkeit, deutscher gewöhnlicher Aufenthalt) in der Person eines Beteiligten erfüllt ist. Da § 172 FamFG die von § 1600e BGB idF des KindRG begonnene Abkehr vom prozessualen Parteiverhältnis vollendet, sind Beteiligte unabhängig von der Person des Antragstellers immer das Kind, die Mutter und der Vater.

9   **bb) Mutter** und **Vater** sind zum einen die Personen, deren rechtliche Stellung als solche nach dem anwendbaren Recht (Art. 19 EGBGB) besteht. Dass ein **Anfechtungsantrag** darauf abzielt, diese rechtliche Stellung zu beseitigen, berührt nicht die internationale Zuständigkeit deutscher Gerichte. Deutsche Gerichte sind also zur Entscheidung über die Anfechtung der Vaterschaft bei deutscher Staatsangehörigkeit oder gewöhnlichem Aufenthalt des rechtlich bisher zugeordneten Vaters international zuständig.

10 Ist der Antrag in der Abstammungssache auf die **Feststellung** der Vater- oder Mutterschaft einer Person gerichtet, das zu begründende Statusverhältnis also für die Bestimmung der Zuständigkeit maßgeblich, so ist für Zwecke der internationalen Zuständigkeit diese Person als Mutter bzw. Vater anzusehen.

11 Dies gilt auch dann, wenn eine **Frau, die das Kind nicht geboren hat,** die Feststellung ihrer genetischen Mutterschaft bzw. die Anfechtung der Geburtsmutterschaft begehrt. Solche Konstellationen sind zwar (derzeit noch) unter § 1591 BGB ausgeschlossen, jedoch in Anwendung eines von Art. 19 EGBGB berufenen ausländischen Abstammungsrechts möglich. Deutsche Gerichte sind also auch international zuständig, wenn diese Frau Deutsche ist oder gewöhnlichen Aufenthalt in Deutschland hat.

12 Bei Anfechtungsverfahren nach § 1600 Abs. 1 Nr. 2 BGB ist ausdrücklich auch der Mann, der die von dort in § 100 FamFG übernommene eidesstattliche Versicherung abgibt, also der sog „**biologische Vater**" international-zuständigkeitsrechtlich relevantes Anknüpfungssubjekt.

13 **b) Deutsche Staatsangehörigkeit. aa)** Für das Bestehen der **deutschen Staatsangehörigkeit** eines der relevanten Beteiligten, also den einbezogenen Personenkreis, gelten dieselben Grundsätze wie unter §§ 98 Abs. 1 Nr. 1 (dort Rn. 42 f.) und § 99 Abs. 1 Nr. 1 (dort Rn. 47 f.). Deutsch-ausländische Mehrstaatigkeit steht unabhängig von der Effektivität der deutschen Staatsangehörigkeit der internationalen Zuständigkeit auch hier nicht entgegen. Eine frühere deutsche Staatsangehörigkeit eines Beteiligten ist, unbeschadet der Frage einer *perpetuatio fori* und anders als nach § 98 Abs. 1 Nr. 1 nicht relevant.

14 **bb) Deutschen Staatsangehörigen gleichgestellt** sind ebenfalls dieselben Personengruppen wie unter § 99 Abs. 1 Nr. 1 (dort Rn. 47) sowie § 98 Abs. 1 Nr. 1 (dort Rn. 44 f.), insbesondere also auch Flüchtlinge mit einem inländischen Status aus Art. 12 Genfer Flüchtlingskonvention, anerkannte Asylberechtigte sowie Staatenlose mit gewöhnlichem Aufenthalt im Inland (die § 98 Abs. 1 Nr. 1 wegen Nr. 3 nicht erfasst).

15 **c) Gewöhnlicher Aufenthalt im Inland. aa)** Der gewöhnliche Aufenthalt bestimmt sich wie zu § 98 Abs. 1 Nr. 2 (dort Rn. 59 ff.) und § 99 Abs. 1 Nr. 2 FamFG (dort Rn. 49 ff.) mit den für Minderjährige geltenden Besonderheiten, soweit die internationale Zuständigkeit an den gewöhnlichen Aufenthalt des Kindes anknüpft.

---

[6] AG Leverkusen FamRZ 2007, 2087; *Dötsch* NJW-Spezial 2006, 391, 392.
[7] AG Leverkusen FamRZ 2007, 2087.
[8] Oben § 640a ZPO Rn. 3.
[9] Oben § 640a ZPO Rn. 3; *Zöller/Geimer* § 640a ZPO Rn. 16.

bb) Da die Aufenthaltszuständigkeit bereits gegeben ist, wenn sich auch **nur ein Elternteil im** **16** **Inland** gewöhnlich aufhält, kann es zur Befassung deutscher Gerichte mit der väterlichen Abstammung eines im Ausland lebenden Kindes von einem im Ausland lebenden Mann auf Antrag der (ggf. erst nach der Geburt nach Deutschland verzogenen) Mutter kommen, was durchaus die Gefahr des Eingriffs in eine Statusbeziehung mit sich bringt, die den deutschen Rechtsbereich kaum berührt.[10] Freilich ist dies nicht Folge einer zu weiten Fassung der internationalen Zuständigkeiten, sondern Ausdruck und Konsequenz der – fragwürdigen – Grundentscheidung des KindRG, die Mutter als materiell Beteiligte an der Statusbeziehung zwischen dem Vater und dem Kind und damit als Antragstellerin aus eigenem Recht (nicht als Vertreterin des Kindes) anzusehen. Auf dieser Grundlage ist es konsequent, ihr wie jedem anderen in Deutschland gewöhnlich sich aufhaltenden materiell Beteiligten die Zuständigkeit deutscher Gerichte zu eröffnen.

cc) Die internationale Zuständigkeit deutscher Gerichte hängt auch in solchen Fällen nur ein- **17** seitigen gewöhnlichen Aufenthalts in Deutschland **nicht von einer Anerkennung in einem Heimatstaat** ab.[11] Die andere Gewichtung gegenüber § 98 Abs. 1 Nr. 4, wo ebenfalls zwischen dem Interesse jedes Beteiligten an einer Statuszuständigkeit an seinem gewöhnlichen Aufenthalt und der Gefahr hinkender Statusbeziehungen abzuwägen ist, erscheint plausibel, da jedenfalls angesichts der Entwicklung abstammungsbiologischer Methoden die Gefahr hinkender Abstammungsfeststellungen deutlich geringer ist als die Gefahr hinkender Ehescheidungen.

d) Abschließende und unabdingbare Regelung. aa) § 100 FamFG regelt die die interna- **18** tionale Zuständigkeit deutscher Gerichte intern abschließend. Der mangels eindeutiger Klarstellung der Ausschließlichkeit zu § 640a Abs. 2 ZPO aF erwogene[12] Rückgriff auf die aus den allgemeinen örtlichen Zuständigkeitsbestimmungen hergeleiteten internationalen Zuständigkeiten der ZPO ist nunmehr wegen der eindeutigen Trennung der Zuständigkeitssysteme von ZPO und FamFG ausgeschlossen.

bb) Eine **Fürsorgebedürfniszuständigkeit** ist, anders als in § 99 Abs. 1 Nr. 3 in Kindschafts- **19** sachen, nicht vorgesehen. Trotz der durch Staatsangehörigkeits- und Aufenthaltsanknüpfung durchaus breiten internationalen Zuständigkeit deutscher Gerichte kann sich bei Kindern von Staatenlosen oder Flüchtlingen mit lediglich schlichtem Aufenthalt in Deutschland durchaus ein Bedürfnis für ein Tätigwerden deutscher Gerichte hinsichtlich der Abstammungsfeststellung ergeben. In solchen Fällen sollte weiterhin eine Notzuständigkeit[13] anzunehmen sein, die auf eine entsprechende Anwendung von § 99 Abs. 1 Nr. 3 zu stützen ist. Ein eindeutiger gesetzgeberischer Wille gegen eine solche Notzuständigkeit ist nicht erkennbar; die unterschiedliche Fassung von § 100 einerseits und von § 99 Abs. 1 andererseits beruht wohl eher auf der schematischen Übernahme der Vorgängernormen; die Ergänzung des § 100 um eine § 99 Abs. 1 Nr. 3 entsprechende Regelung vollendet eher die technisch unvollkommen gebliebeneÜbernahme der Abstammungssachen in die fürsorgende Rechtspflege.

cc) Hingegen begründet die **Anwendbarkeit deutschen Rechts** nach Art. 19 EGBGB für sich **20** genommen keine internationale Zuständigkeit.[14] Aufgrund der Struktur von § 100 FamFG einerseits und Art. 19 EGBGB andererseits wird es nur höchst ausnahmsweise vorkommen, dass Art. 19 Abs. 1 S. 3 iVm. Art. 14 Abs. 1 EGBGB deutsches Recht als Abstammungsstatut beruft, jedoch im Zeitpunkt der Antragstellung keine internationale Zuständigkeit deutscher Gerichte nach § 100 besteht. Dass sich in Einzelfällen daraus eine Fürsorgezuständigkeit (Rn. 19) ergibt, weil bei Geburt des Kindes ein hinreichender Bezug zu Deutschland bestanden hat, der vor Abstammungsfeststellung entfallen ist, lässt sich nicht ausschließen.[15]

dd) Die internationale Zuständigkeit in Abstammungssachen ist einer **Prorogation oder Dero-** **21** **gation** oder einer rügelosen Einlassung nicht zugänglich; dieser schon zu § 640a Abs. 2 ZPO aF anerkannte Grundsatz[16] steht nach der Überleitung des Abstammungsverfahrens aus dem streitigen Zivilprozess in das familiengerichtliche Antragsverfahren erst recht außer Frage. Die internationale Zuständigkeit deutscher Gerichte steht aber auch nicht zur Disposition des Gerichts; die angelsächsi-

---

[10] Kritisch oben § 640a ZPO Rn. 8.
[11] Oben § 640a ZPO Rn. 4; *Zöller/Geimer* § 640a ZPO Rn. 6.
[12] Oben § 640a ZPO Rn. 4.
[13] Oben § 640a ZPO Rn. 4.
[14] *Zöller/Geimer* § 640a ZPO Rn. 7.
[15] ZB Klärung der Vaterschaft zu einem in Deutschland geborenen Kind von verheirateten Eltern verschiedener Staatsangehörigkeit beI S. widersprechenden Vaterschaftszuordnungen nach dem deutschen Ehewirkungsstatut bei Geburt und dem Heimatrecht des Vaters (Geburt innerhalb von 300 Tagen nach Ehescheidung).
[16] Oben § 640a ZPO Rn. 5.

§ 101 Buch 1. Abschnitt 9. Verfahren mit Auslandsbezug

sche Lehre des *forum non conveniens* ist im deutschen (und europäischen[17]) Zivilprozessrecht nicht anerkannt.[18]

22 e) *Perpetuatio fori.* Maßgeblicher Zeitpunkt für das Vorliegen der die internationale Zuständigkeit begründenden Umstände ist, wie stets, die letzte mündliche Verhandlung. Entfallen die bei Antragstellung vorliegenden Umstände (Aufgabe des gewöhnlichen Aufenthalts oder der deutschen Staatsangehörigkeit im Verfahren), so berührt dies nach zu § 640a Abs. 2 ZPO aF herrschender Ansicht[19] gemäß dem Grundsatz der *perpetuatio fori internationalis* (entsprechend § 261 Abs. 3 Nr. 2 ZPO) die internationale Zuständigkeit jedoch nicht. Dies bleibt auch unter § 100 zutreffend, trotz der Verlagerung aus dem Zivilprozess in die Kategorie der nicht als Familienstreitsachen qualifizierten Familiensachen (§§ 171, 112). Anders als für Kindschaftssachen (§ 99 Rn. 58 ff.) ist die *perpetuatio fori* keinen Bedenken unter dem Gesichtspunkt des Kindeswohls ausgesetzt, denn die Beurteilung der Abstammung ist, anders als die Beurteilung des Kindeswohls, kein dynamischer, dem jeweils sachnäheren Gericht zuzuweisender Erkenntnisvorgang.

23 f) **Keine ausschließliche Zuständigkeit.** Im Verhältnis zu anderen Staaten beansprucht § 100 keine Ausschließlichkeit; dies folgt nunmehr einheitlich aus § 106. Daher steht insbesondere der Anerkennung ausländischer Entscheidungen in Abstammungssachen nicht die (ebenfalls) bestehende internationale Zuständigkeit deutscher Gerichte entgegen. Die breite Zuständigkeit nach § 100 begründet vielmehr eine ebenso breite Anerkennungszuständigkeit (§ 109 Abs. 1 Nr. 1); insbesondere sind auch Abstammungsentscheidungen betreffend deutsche Kinder anerkennungsfähig, wenn ein Beteiligter die Staatsangehörigkeit des Entscheidungsstaates besitzt oder dort gewöhnlichen Aufenthalt hat. Die Anerkennung ausländischer Statusentscheidungen, die der Entscheidung eines deutschen Gerichts in einer Abstammungssache widersprechen, scheitert ggf. an § 109 Abs. 1 Nr. 3.

§ 101 Adoptionssachen

Die deutschen Gerichte sind zuständig, wenn der Annehmende, einer der annehmenden Ehegatten oder das Kind
1. Deutscher ist oder
2. seinen gewöhnlichen Aufenthalt im Inland hat.

Schrifttum: *Bienentreu,* Grenzüberschreitende Adoptionen, JAmt 2008, 57; *Maurer,* Das Gesetz zur Regelung von Rechtsfragen auf dem Gebiet der internationalen Adoption und zur Weiterentwicklung des Adoptionsvermittlungsrechts, FamRZ 2003, 1337; *Steiger,* Im alten Fahrwasser zu neuen Ufern: Neuregelung im Recht der internationalen Adoption mit Erläuterungen für die notarielle Praxis, DNotZ 2002, 184.

Übersicht

	Rn.		Rn.
I. Normzweck und -geschichte	1–3	c) Verrichtungen nach § 186 Nr. 4 FamFG (Befreiung vom Eheverbot der Adoptivverwandtschaft)	10
1. Internationale Zuständigkeit in Adoptionssachen	1	2. Europarecht, Völkerverträge	11–13
2. Normgeschichte	2, 3	a) Europarecht	11
a) Übernahme aus § 43b Abs. 1 S. 1 aF FGG	2	b) Völkerverträge	12, 13
b) Hinweis aus § 43b Abs. 2 S. 2 aF FGG	3	3. Anknüpfung der Internationalen Zuständigkeit	14–23
II. Internationale Zuständigkeit in Adoptionssachen	4–23	a) Anknüpfungssubjekte	14, 15
		b) Deutsche Staatsangehörigkeit	16
1. Sachlicher Anwendungsbereich	4–10	c) Gewöhnlicher Aufenthalt im Inland	17
a) Verrichtungen bei deutschem Adoptionsstatut	4, 5	d) Abschließende Regelung	18–20
		e) Fehlendes Rechtsschutzbedürfnis, forum non conveniens	21
b) Verrichtungen bei ausländischem Adoptionsstatut	6–9	f) Perpetuatio fori	22
		g) Keine ausschließliche Zuständigkeit	23

---

[17] EuGH Rs C-281/02 *(Andrew Owusu/N.B. Jackson, Mammee Bay Resorts)* ZEuP 2006, 459.
[18] Zöller/Geimer § 640a ZPO Rn. 9; teilweise anders oben § 640a ZPO Rn. 4.
[19] Oben § 640a ZPO Rn. 6; Zöller/Geimer § 640a ZPO Rn. 6.

I. Normzweck und -geschichte

1. Internationale Zuständigkeit in Adoptionssachen. Die Bestimmung regelt die internationale Zuständigkeit deutscher Gerichte in Adoptionssachen (§§ 186 ff.). Insoweit behandelt die Bestimmung, unbeschadet der Verfahren nach § 186 Nr. 4, im Problemkreis internationaler Adoptionen nur den die Tätigkeit des Gerichts im Adoptionsverfahren selbst (Verrichtungen nach §§ 1741 ff. BGB bzw. dem von Art. 22 EGBGB berufenen Adoptionsstatut) betreffenden Ausschnitt. Die alternative Anknüpfung der internationalen Zuständigkeit an die deutsche Staatsangehörigkeit oder den gewöhnlichen Aufenthalt eines Beteiligten im Inland entspricht der breiten Inanspruchnahme internationaler Zuständigkeit in Kindschafts- (§ 99) und Abstammungssachen (§ 100).

2. Normgeschichte. a) Übernahme aus § 43b Abs. 1 S. 1 aF FGG. § 101 entspricht § 43b Abs. 1 S. 1 aF FGG. Die in § 43b Abs. 1 S. 2 aF FGG enthaltene Feststellung, dass die internationale Zuständigkeit deutscher Gerichte nicht ausschließlich ist, wurde für alle Angelegenheiten nach dem FamFG einheitlich in § 106 getroffen.[1] § 43b Abs. 1 aF FGG wurde durch das IPR-Neuregelungsgesetz zum 1. 9. 1986 eingefügt.[2]

b) Hinweis aus § 43b Abs. 2 S. 2 aF FGG. Der durch das Gesetz zur Regelung von Rechtsfragen auf dem Gebiet der internationalen Adoption und zur Weiterentwicklung des Adoptionsvermittlungsrechts vom 5. 11. 2001[3] angefügte § 43b Abs. 2 S. 2 aF FGG betraf zwar Adoptionen mit Auslandsbezug **(Adoption in Anwendung ausländischen Rechts)**, jedoch nicht die internationale, sondern die Konzentration der örtlichen Zuständigkeit bei dem Vormundschaftsgericht (nunmehr Familiengericht) am Sitz des OLG, die sich aus **§ 5 Abs. 1, 2 AdWirkG**[4] ergibt. Dieser hilfreiche spezifische Hinweis ist zugunsten des generellen Vorbehalts der Bestimmungen des AdWirkG in § 199 entfallen, was freilich keine Änderung in der Sache bedeutet.

II. Internationale Zuständigkeit in Adoptionssachen

1. Sachlicher Anwendungsbereich. a) Verrichtungen bei deutschem Adoptionsstatut. Der sachliche Anwendungsbereich entspricht dem des **§ 186**. Einbezogen sind gemäß § 186 Nr. 1 bis 3, wie schon in § 43b Abs. 1 aF FGG, alle Verrichtungen des Familiengerichts in Zusammenhang mit dem Annahmeverfahren,[5] also den Ausspruch der Annahme (§§ 1752, 1767 Abs. 2, 1768 BGB), die Ersetzung fehlender Einwilligungen oder Zustimmungen (§§ 1746 Abs. 3, 1748, 1749 Abs. 1, 1767 Abs. 2 BGB), Anordnungen nach § 1758 Abs. 2 S. 2 BGB, Anordnungen, die den Namen des Kindes betreffen (§§ 1757 Abs. 2, 4; 1767 Abs. 2, 1765, 1768 BGB), sowie die Führung der Vormundschaft nach § 1751 Abs. 1 S. 2 BGB.[6] Die Aufhebung des Annahmeverhältnisses (§§ 1760, 1763, 1771, 1772 Abs. 2 BGB) ist ausdrücklich nach § 186 Nr. 3 erfasst.

Hingegen bestimmt sich die internationale Zuständigkeit für die **Rückübertragung der elterlichen Sorge** (§§ 1751 Abs. 3, 1764 Abs. 4 BGB) nicht nach § 101, sondern nach § 99.[7] Auch die internationale Zuständigkeit für sorgerechtliche Entscheidung aus Anlass bzw. in Vorbereitung der Adoption (zB Bestellung eines Vormunds oder Pflegers zur Einwilligung des Kindes) folgt nicht § 101, sondern § 99 bzw. den für sorgerechtliche Maßnahmen weitgehend vorrangigen Brüssel II a-VO, MSA bzw. KSÜ.

b) Verrichtungen bei ausländischem Adoptionsstatut. aa) Dem deutschen Recht unbekannte Verrichtungen. Ist **Adoptionsstatut ausländisches Recht** (Art. 22 EGBGB), so bezieht sich die internationale Zuständigkeit auf alle Verrichtungen des Familiengerichts, die funktional den von § 186 erfassten entsprechen. Dies gilt auch für Verrichtungen, die im deutschen Adoptionsrecht

---

[1] Gesetzentwurf FamFG BT-Drucks. 16/6308, zu § 101.
[2] Art. 5 Nr. 6 Gesetz zur Neuregelung des Internationalen Privatrechts vom 25. 7. 1986, BGBl. 1986 I S. 1142.
[3] BGBl. 2001 I S. 2959.
[4] Hierzu OLG Karlsruhe FamRZ 2005, 2095; OLG Karlsruhe FamRZ 2006, 1464; OLG Köln FamRZ 2008, 427; OLG München FGPrax 2007, 127; OLG Rostock FGPrax 2007, 174; OLG Schleswig StAZ 2007, 45; OLG Stuttgart FGPrax 2007, 26; OLG Stuttgart NJW-RR 2007, 732.
[5] BayObLGZ 1977, 193.
[6] *Bumiller/Harders* Rn. 2; *Keidel/Kuntze/Winkler/Engelhardt* § 43b FGG Rn. 2; *Keidel/Giers* Rn. 1.
[7] Gesetzentwurf FamFG BT-Drucks. 16/6308, zu § 186 Nr. 3; schon zu § 43b Abs. 1 aF FGG strittig, wie hier: *Keidel/Kuntze/Winkler/Engelhardt* § 43b FGG Rn. 2; nicht mehr ausdrücklich *Keidel/Giers* Rn. 1; *Bassenge/Roth* § 43b FGG Rn. 1; *Jansen/Müller-Lukoschek* § 43b FGG Rn. 48; aA *Bumiller/Harders* Rn. 2.

keine Entsprechung haben, insbesondere für Befreiungen von Adoptionshindernissen[8] und die Feststellung besonderer Adoptionsvoraussetzungen. Die höchst ausnahmsweise Möglichkeit, dass eine nach dem maßgeblichen Adoptionsstatut erforderliche Verrichtung wegen **Wesensfremdheit** durch ein deutsches Familiengericht nicht bewältigt werden kann, ist für Adoptionsverfahren bisher nicht relevant geworden.[9] Vielmehr ist das deutsche Verfahrensrecht bei internationaler Zuständigkeit deutscher Gerichte und Berufung ausländischen Rechts durch Art. 22 EGBGB, so weit dies möglich ist, den Bedürfnissen des anwendbaren materiellen Rechts anzupassen.

7   bb) **Vertragsadoptionen.** Gestaltet das anwendbare Adoptionsstatut die **Adoption als Vertrag,** so ist fraglich, ob bei internationaler Zuständigkeit deutscher Gerichte die Adoption gleichwohl durch Beschluss auszusprechen ist.[10] Nach zutreffender Ansicht ist dies grundsätzlich eine Frage des IPR, nicht des internationalen Verfahrensrechts, so dass das Adoptionsstatut (Art. 22 EGBGB) und nicht die nach § 101 bestehende internationale Zuständigkeit deutscher Gerichte über die Natur als Vertrags- oder Dekretadoption befindet.[11] Sieht das Adoptionsstatut eine gerichtliche Mitwirkung (zB Genehmigung des Adoptionsvertrages) vor, so ist auch diese Verrichtung von der nach § 101 bestehenden internationalen Zuständigkeit deutscher Gerichte erfasst.[12]

8   Ist hingegen nach dem Adoptionsstatut eine **gerichtliche Mitwirkung nicht vorgesehen,** so geht die internationale Zuständigkeit deutscher Gerichte ins Leere, weil es ihrer nach dem Adoptionsstatut nicht bedarf. Eine hiervon zu unterscheidende Frage ist, ob eine solche reine Vertragsadoption gegen den deutschen *ordre public* (Art. 6 EGBGB) verstößt. Soweit dies im Einzelfall zu bejahen ist und deshalb ein Beschluss in lückenfüllender Anwendung des § 1752 Abs. 1 BGB erforderlich ist, erlässt diesen ein deutsches FamG, soweit die internationale Zuständigkeit besteht.

9   cc) **Keine Adoption nach Adoptionsstatut.** Die internationale Zuständigkeit deutscher Gerichte besteht auch, wenn das anwendbare Adoptionsstatut eine Adoption nicht kennt.[13] Da dies bei hinreichendem Inlandsbezug, der bei deutscher Staatsangehörigkeit oder gewöhnlichem Aufenthalt eines Beteiligten in Deutschland vorliegt, gegen den deutschen *ordre public* verstößt, mündet die in solchen Fällen bestehende internationale Zuständigkeit deutscher Gerichte in den Ausspruch einer Annahme als Kind in lückenfüllender Anwendung deutschen Rechts; der Inanspruchnahme der internationalen Zuständigkeit steht es nicht entgegen, wenn der Heimatstaat des Kindes oder der Adoptierenden diese Adoption nicht anerkennt.[14]

10   c) **Verrichtungen nach § 186 Nr. 4 FamFG (Befreiung vom Eheverbot der Adoptivverwandtschaft).** § 101 FamFG erstreckt sich bei systematisch gebotener Anwendung auch auf die internationale Zuständigkeit für die Befreiung vom Eheverbot des **§ 1308 Abs. 1 BGB,** da diese nach § 186 Nr. 4 ebenfalls Adoptionssache ist. Diese mit Rücksicht auf die Sachnähe zum Adoptionsverfahren getroffene Zuordnung[15] erscheint in Ansehung der internationalen Zuständigkeit rechtspolitisch verfehlt. Vermutlich hat der Gesetzgeber des FamFG die Implikationen, die diese Zuordnung für die internationale Zuständigkeit bewirkt, sowie die zur internationalen Befreiungszuständigkeit bei Ehehindernissen geführte Diskussion übersehen. Die Befreiung von einem Ehehindernis hat, auch wenn sie gegenständlich in engem Zusammenhang zum Adoptionsrecht stehen mag, schon rein faktisch engere Beziehung zur Eheschließung selbst. Insbesondere bestimmt sich die Befreiung von diesem Ehehindernis in Fällen mit Auslandsbezug nicht nach dem Adoptionsstatut, sondern nach dem **Eheschließungsstatut,** somit nach den Heimatrechten der Verlobten (Art. 13 Abs. 1 EGBGB) und sollte nach früher hM grundsätzlich den Gerichten des Heimatstaates obliegen.[16] Zunehmend wurde jedoch eine internationale Zuständigkeit deutscher Gerichte bei gewöhnlichem Aufenthalt der Verlobten in Deutschland als Fürsorgezuständigkeit oder als Aufenthaltszustän-

---

[8] AA *Staudinger/Henrich,* 2002, Art. 22 EGBGB Rn. 79: Gerichte des Staates, dessen Recht Adoptionsstatut ist, es sei denn, dessen Recht verweist zurück.
[9] MünchKommBGB/*Klinkhardt* Art. 22 EGBGB Rn. 77.
[10] So BayObLGZ 1997, 88.
[11] Eingehend MünchKommBGB/*Klinkhardt* Art. 22 EGBGB Rn. 19; *Bamberger/Roth/Otte* Art. 22 EGBGB Rn. 26 jeweils zum Streitstand.
[12] *Keidel/Kuntze/Winkler/Engelhardt* § 43b FGG Rn. 5; *Keidel/Giers* Rn. 5.
[13] MünchKommBGB/*Klinkhardt* Art. 22 EGBGB Rn. 73; *Keidel/Kuntze/Winkler/Engelhardt* § 43b FGG Rn. 5; *Keidel/Giers* Rn. 5.
[14] KG OLGZ 1983, 129; OLG Schleswig JAmt 2008, 98; *Keidel/Kuntze/Winkler/Engelhardt* § 43b FGG Rn. 5; *Keidel/Giers* Rn. 5.
[15] Gesetzentwurf FamFG BT-Drucks. 16/6308, zu § 186 Nr. 4.
[16] So die bisher ganz hM: MünchKommBGB/*Coester* Art. 13 EGBGB Rn. 94; *Staudinger/Mankowski,* 2003, Art. 13 EGBGB Rn. 161; *Kremer* StAZ 1990, 171.

digkeit analog § 43 Abs. 1 aF FGG iVm. § 35a Abs. 1 Nr. 2 aF FGG vertreten.[17] Nicht bedachte Gestaltungen lassen sich wohl nur durch eine teleologische Reduktion erreichen: § 101 iVm. § 186 Nr. 4 begründet die internationale Zuständigkeit deutscher Gerichte nur, wenn Befreiung von dem Ehehindernis nach § 1308 Abs. 1 BGB zu erteilen ist, wenn also Eheschließungsstatut für einen der Verlobten deutsches Recht ist. Hingegen besteht eine internationale Zuständigkeit deutscher Gerichte für die Befreiung von einem sich aus einem anderen Eheschließungsstatut ergebenden Ehehindernis der Adoptivverwandtschaft nur in Gesamtanalogie zu § 99 Abs. 1 Nr. 2, 3 iVm. § 101 Nr. 2, wenn einer der *Verlobten* gewöhnlichen Aufenthalt in Deutschland hat oder sich ausnahmsweise ein Fürsorgebedürfnis (zB Inlandseheschließung und Unzuständigkeit der Heimatgerichte) ergibt. Hingegen würde die Annahme einer internationalen Zuständigkeit bei gewöhnlichem Aufenthalt eines *Adoptivelternteils* in Deutschland zu geradezu absurden Ergebnissen führen,[18] zumal die Befreiung – wie nach § 1308 Abs. 2 BGB – in aller Regel nur bei Adoptivverwandtschaft in der Seitenlinie (Adoptivgeschwister) zugelassen wird.

2. Europarecht, Völkerverträge. a) Europarecht. Die Brüssel II a-VO betrifft nur die elterliche Verantwortung (§ 99 Rn. 13 ff.), nicht jedoch die Adoption mit Ausnahme vorbereitender sorgerechtlicher Entscheidungen (Pfleger- oder Vormundbestellung). Die Brüssel I-VO erstreckt sich nach ihrem Art. 1 Abs. 2 lit. a ebenfalls nicht auf Personenstandssachen. Im Gegensatz zu anderen Bereichen des Familienverfahrensrechts bestehen derzeit auch keine Planungen für ein das Adoptionsverfahren betreffendes Rechtsinstrument.

b) Völkerverträge. aa) Das MSA und künftig das KSÜ erfassen die Adoption nicht; sie kommen lediglich auf vorbereitende Entscheidungen (Pfleger- oder Vormundbestellung) zur Anwendung.

bb) Das **Haager Adoptionsübereinkommen**[19] (§ 97 Rn. 34)[20] regelt die Anerkennung, jedoch nicht die internationale Zuständigkeit; das auch insoweit regelnde Haager Übereinkommen vom 15. 11. 1965[21] ist nicht in Kraft getreten.[22] Das Europäische Adoptionsübereinkommen vom 24. 4. 1964[23] betrifft materielles Recht.[24] Bilaterale verfahrensrechtliche Vereinbarungen zur internationalen Zuständigkeit für Adoptionen bestehen ebenfalls nicht.[25]

3. Anknüpfung der Internationalen Zuständigkeit. a) Anknüpfungssubjekte. aa) § 101 folgt denselben Anknüpfungskriterien wie §§ 99, 100. **Anknüpfungssubjekte sind alternativ** der Annehmende, einer der annehmenden Ehegatten sowie das Kind. Die internationale Zuständigkeit deutscher Gerichte besteht, wenn nur für eine dieser Personen das Kriterium der deutschen Staatsangehörigkeit oder des inländischen gewöhnlichen Aufenthaltes erfüllt ist. Bei der **Stiefkindadoption** genügt es nach dem Wortlaut der Bestimmung nicht, wenn der Ehegatte oder eingetragene Lebenspartner, der bereits Elternteil des Kindes ist, Deutscher ist oder inländischen gewöhnlichen Aufenthalt hat, denn Adoptierender ist in diesem Fall nur der andere Ehegatte bzw. Lebenspartner. Insoweit ist jedoch eine analoge Anwendung geboten, denn das bereits bestehende Kindschaftsverhältnis zu einem Ehegatten, das einer gemeinsamen Annahme entgegensteht, begründet keine abweichende Interessenlage. Für Lebenspartner gilt nichts anderes; dass § 101 Lebenspartner nicht nennt, hat seine Ursache darin, dass diese nicht gemeinsam adoptieren können; wohl aber ist die Stiefkindadoption möglich (§ 9 Abs. 7 LPartG).

bb) Für Verrichtungen nach § 186 Nr. 4 (**Befreiung von dem Ehehindernis** nach § 1308 BGB), obgleich als Adoptionssache eingeordnet, kann nicht auf diesen Personenkreis abgestellt werden (näher Rn. 10).

---

[17] MünchKommBGB/*Coester* Art. 13 EGBGB Rn. 96; weiter *Staudinger/Mankowski,* 2003, Art. 13 EGBGB Rn. 163 ff.
[18] Deutsche Gerichte wären zB zuständig, bei gewöhnlichem Aufenthalt türkischer Adoptiveltern in Deutschland über die Befreiung der im Ausland lebenden türkischen Adoptivtochter, die ihren ebenfalls im Ausland lebenden Adoptivbruder heiraten möchte, zu entscheiden. Ein Standesbeamter in der Türkei oder einem Drittstaat wird dieser Entscheidung wenig Bedeutung beimessen.
[19] BGBl. 2001 II S. 1035; Ausführungsgesetz, BGBl. 2001 I S. 2950.
[20] MünchKommBGB/*Klinkhardt* Anh Art. 22 EGBGB; *Jansen/Müller-Lukoschek* § 43b FGG Rn. 29 ff.
[21] Haager Übereinkommen vom 15. 11. 1965 betreffend die Zuständigkeit der Behörden, das anwendbare Recht und die Anerkennung von Entscheidungen auf dem Gebiet der Annahme an Kindes Statt, von Deutschland nicht gezeichnet.
[22] www.hcch.net sub: Conventions Nr 13, Status table.
[23] BGBl. 1981 II S. 72.
[24] MünchKommBGB/*Klinkhardt* Art. 22 EGBGB Rn. 115.
[25] Die Vereinbarung mit Dänemark enthält keine Bestimmung zur gerichtlichen Zuständigkeit, dazu MünchKommBGB/*Klinkhardt* Art. 22 EGBGB Rn. 115.

16 b) Deutsche Staatsangehörigkeit. Für das Bestehen der deutschen Staatsangehörigkeit, also den einbezogenen bzw. gleichgestellten Personenkreis, gelten dieselben Grundsätze wie zu § 100 (dort Rn. 13 ff.), wiederum unter Einbeziehung von Flüchtlingen und anerkannten Asylberechtigten. Eine neben der deutschen bestehende weitere Staatsangehörigkeit steht der internationalen Zuständigkeit deutscher Gerichte nicht entgegen.[26]

17 c) Gewöhnlicher Aufenthalt im Inland. Der gewöhnliche Aufenthalt bestimmt sich ebenso wie zu § 100 (dort Rn. 15).

18 d) Abschließende Regelung. aa) Die Regelung der internationalen Zuständigkeit deutscher Gerichte ist **abschließend;** schon zu § 43b aF FGG kam, anders als für die vormals zivilprozessual eingeordneten Abstammungssachen (§ 100 Rn. 18) ein Rückgriff auf sonstige allgemeine Zuständigkeitsregeln nicht in Betracht.

19 bb) Auch eine **Fürsorgezuständigkeit** (vgl. § 99 Abs. 1 Nr. 3) kommt nicht in Betracht. Ist keiner der Beteiligten Deutscher und hat keiner gewöhnlichen Aufenthalt im Inland, so ist ein Fürsorgebedürfnis für den Ausspruch einer Annahme als Kind kaum vorstellbar; eine Fürsorgebedürfniszuständigkeit wurde daher bewusst nicht vorgesehen.[27] Die Inanspruchnahme einer internationalen Zuständigkeit durch deutsche Gerichte wäre noch nicht einmal sinnvoll, weil es regelmäßig an der Anerkennungsfähigkeit im Heimat-/Aufenthaltsstaat der Beteiligten fehlen würde, was schon einer Ausreise des Kindes mit dem Adoptierenden entgegenstünde.

20 cc) Die Anwendbarkeit **deutschen Rechts als Adoptionsstatut** (Art. 22 EGBGB) begründet nicht die internationale Zuständigkeit deutscher Gerichte. Obgleich das Adoptionsstatut der Staatsangehörigkeit des Annehmenden folgt und bei dessen deutscher Staatsangehörigkeit auch § 101 Nr. 1 eingreift, können sich in Anwendung von Art. 14 Abs. 1 Nr. 3 EGBGB[28] seltene Fälle deutschen Adoptionsstatuts bei der Adoption durch Ehegatten ergeben (Art. 22 Abs. 1 S. 2 EGBGB beruft hier das Ehewirkungsstatut), in denen es an der internationalen Zuständigkeit deutscher Gerichte fehlt. In solchen Fällen ist jedoch der Zusammenhang zur deutschen Rechtsordnung so gering, dass das Fehlen einer internationalen Zuständigkeit deutscher Gerichte schon unter dem Aspekt der Anerkennungsfähigkeit am Lebensmittelpunkt des Kindes sachgerecht ist.

21 e) Fehlendes Rechtsschutzbedürfnis, forum non conveniens. Die Zuständigkeit ausländischer Gerichte, auch wenn diese nach dortigem Verfahrensrecht als ausschließlich angesehen wird, steht der Inanspruchnahme der internationalen Zuständigkeit durch deutsche Gerichte nicht entgegen. Das Entstehen **hinkender Adoptionen** durch Versagung der Anerkennung der in Deutschland ausgesprochenen Annahme im Heimat- oder Aufenthaltsstaat des Kindes ist zuständigkeitssystematisch grundsätzlich hinzunehmen.[29] Zweifel bestehen jedoch, wenn sich das Kind in einem Staat gewöhnlich aufhält, der die auszusprechende deutsche Adoption nicht anerkennt. Hierzu wurde im Anschluss an Sachverständige, die für die Implementierung dieses Rechtsinstituts im deutschen Recht warben, die angelsächsische Lehre vom *forum non conveniens* instrumentalisiert.[30] Dieses systemfremde Instrument erscheint freilich zur Lösung dieser Fälle unnötig; nach richtiger Ansicht sind diese Fälle am Maßstab des Rechtsschutzbedürfnisses zu entscheiden.[31] Insbesondere sollte die Adoption eines Kindes aus einem Staat der sog. Dritten Welt durch deutsche Staatsangehörige mit gewöhnlichem Aufenthalt in Deutschland schon im Hinblick auf das Kindeswohl nicht vor deutschen Gerichten erfolgen, so lange sich das Kind nicht in Deutschland aufhält. Erkennt der gewöhnliche Aufenthaltsstaat des Kindes (zumal, wenn er zugleich der Heimatstaat ist,) eine solche Annahme absehbar nicht an (was sowohl der Sensibilität für das Kindeswohl als auch der Abwehr von auf post-kolonialistischer Philanthropie beruhendem Kindeshandel geschuldet sein kann), so fehlt es am Rechtsschutzbedürfnis, mögen deutsche Gerichte auch zuständig sein.

22 f) Perpetuatio fori. Im Spannungsfeld zwischen der entsprechenden *(perpetuatio fori internationalis)* Geltung des § 261 Abs. 3 Nr. 2 ZPO in vormals zivilprozessual verstandenen Familiensachen (die nicht umfassend Familienstreitsachen nach § 112 wurden) und der Zurückhaltung gegen eine Fort-

---

[26] *Keidel/Kuntze/Winkler/Engelhardt* § 43b FGG Rn. 4; *Keidel/Giers* Rn. 6; MünchKommBGB/*Klinkhardt* Art. 22 EGBGB Rn. 72.
[27] BT-Drucks. 10/504 (Gesetzentwurf IPR-Neuregelungsgesetz) zu § 43b FGG; MünchKommBGB/*Klinkhardt* Art. 22 EGBGB Rn. 73; *Keidel/Kuntze/Winkler/Engelhardt* § 43b FGG Rn. 4.
[28] Bei deutschem Ehewirkungsstatut nach Art. 14 AbS. 1 Nr. 1 und Nr. 2 EGBGB hat immer ein Ehegatte die (vormals) gemeinsame deutsche Staatsangehörigkeit oder den inländischen gewöhnlichen Aufenthalt beibehalten.
[29] MünchKommBGB/*Klinkhardt* Art. 22 EGBGB Rn. 75.
[30] OLG Frankfurt StAZ 1975, 98; AG Würzburg IPRax 1985, 111; vgl. auch *Jansen/Müller-Lukoschek* § 43b FGG Rn. 52.
[31] MünchKommBGB/*Klinkhardt* Art. 22 EGBGB Rn. 76.

dauer der Zuständigkeit in den am Kindeswohl orientierten Angelegenheiten (einerseits Abstammungssachen § 100 Rn. 22; andererseits Kindschaftssachen § 99 Rn. 58 ff.), sind Adoptionssachen eher nach den für Kindschaftssachen geltenden Prinzipien zu behandeln. Gegen eine grundsätzliche Ablehnung der *perpetuatio fori internationalis* in Adoptionssachen[32] lässt sich allerdings anführen, dass § 101 FamFG im Gegensatz zu § 99 FamFG die Sachnähe des Gerichts für die Beurteilung des Kindeswohles nicht in den Vordergrund stellt, denn Anknüpfungssubjekt der internationalen Zuständigkeit ist nicht ausschließlich das Kind. Bedeutung hat jedoch der Anerkennungsaspekt, weil in solchen Fällen die Wahrscheinlichkeit steigt, dass der Aufenthaltsstaat des Kindes deutschen Gerichten die sachnahe Beurteilung des Kindeswohls nicht zubilligt.

g) Keine ausschließliche Zuständigkeit. Gegenüber **ausländischen Gerichten** ist die internationale Zuständigkeit deutscher Gerichte nicht ausschließlich. Dies ergibt sich, wie für alle Bestimmungen dieses Unterabschnitts (§§ 97 ff.) aus § 106. Damit scheitert die Anerkennung ausländischer Annahmeentscheidungen nicht am Fehlen der Zuständigkeit (§ 109 Abs. 1 Nr. 1), sofern nur die Voraussetzungen des § 101 spiegelbildlich für den Entscheidungsstaat vorliegen. 23

§ 102 Versorgungsausgleichssachen
Die deutschen Gerichte sind zuständig, wenn
1. der Antragsteller oder der Antragsgegner seinen gewöhnlichen Aufenthalt im Inland hat,
2. über inländische Anrechte zu entscheiden ist oder
3. ein deutsches Gericht die Ehe zwischen Antragsteller und Antragsgegner geschieden hat.

Schrifttum: *Rauscher,* Versorgungsausgleich bei unklarem ausländischen Rentenanrecht, IPRax 2005, 431; *Reinhard,* Ausländische Versorgungsanwartschaften im Versorgungsausgleich, FamRZ 2007, 866.

I. Normzweck

1. Vorgeschichte: Isolierte Verbundzuständigkeit. Die Bestimmung führt eine ausdrückliche Regelung der internationalen Zuständigkeit für den nicht im Verbund (sonst § 98 Abs. 2) durchgeführten Versorgungsausgleich ein. Das Bedürfnis hierfür wurde im IPR-Neuregelungsgesetz 1986 übersehen, da der VA (seit dem KindRG einzige) von Amts wegen zu entscheidende Verbundsache war (§ 621 Abs. 1 S. 6 ZPO aF). Gleichwohl ergab sich alsbald das Bedürfnis, die internationale Zuständigkeit deutscher Gerichte für eine Nachholung des VA bei Scheidung im Ausland, aber auch für schuldrechtlichen VA und das Abänderungsverfahren nach § 10a VAHRG zu bestimmen. Der BGH[1] nahm hierzu eine isolierte Verbundzuständigkeit analog §§ 606a, 621, 623 ZPO aF an. Im Schrifttum wurde im Hinblick auf das Fehlen eines Verbundes und die Einordnung des VA als FGG-Sache in § 621a Abs. 1 ZPO aF teils die analoge Anwendung von § 45 aF FGG vertreten,[2] teils eine Anknüpfung der internationalen Zuständigkeit an §§ 12, 13, 23, 23a ZPO vorgeschlagen, die dem Doppelcharakter des VA als einerseits güterrechtsähnliche, andererseits unterhaltsähnliche Sache gerecht werden sollte.[3] 1

2. Einordnung in § 102. Der Gesetzgeber des FamFG lehnt die entsprechende Anwendung der Ehesachenzuständigkeiten (jetzt § 98), insbesondere die Anbindung allein an die Staatsangehörigkeit eines Ehegatten, ab[4] und folgt mit § 102 Nr. 1 und Nr. 2 grundsätzlich der zweitgenannten Ansicht (Rn. 1),[5] also einer Orientierung an §§ 12, 13, 23, 23a ZPO. Dieser Gedanke wird allerdings ergänzt um die Nr. 3 tragende Erwägung, dass bei Abtrennung eines VA über ausländische Anwartschaften, über die wegen Ermittlungs- und Bewertungsschwierigkeiten jedenfalls bis zum Inkrafttreten des VersAusglG recht häufig abgetrennt entschieden wird, schon die erfolgte Ehescheidung durch ein deutsches Gericht auch die internationale Zuständigkeit für den VA begründen soll, weil nicht 2

---

[32] OLG Nürnberg IPRax 2003, 147; OLG Zweibrücken FamRZ 1973, 479; weitere Nachweise bei MünchKommBGB/*Klinkhardt* Art. 22 EGBGB Rn. 74 Fn. 212.
[1] BGHZ 75, 241; BGH FamRZ 1993, 176.
[2] MünchKommBGB/*Winkler von Mohrenfels* Art. 17 EGBGB Rn. 311.
[3] *Staudinger/Spellenberg,* 2004, § 606a ZPO Rn. 276 ff., 278.
[4] Gesetzentwurf FamFG BT-Drucks. 16/6308, zu § 102.
[5] Gesetzentwurf FamFG BT-Drucks. 16/6308, zu § 102 unter Berufung auf *Staudinger/Spellenberg* aaO Fn. 3.

absehbar ist, ob ein ausländisches Gericht einen VA durchführen würde.[6] Damit werden auch Fälle erfasst, die nicht ohnehin durch eine *perpetuatio fori internationalis* zu lösen wären (zB Antrag nach Art. 17 Abs. 3 S. 2 EGBGB nach Scheidungsausspruch).

II. Internationale Zuständigkeit für Versorgungsausgleichssachen

3 **1. Reichweite. a) Sachliche Reichweite: Versorgungsausgleichssachen. aa)** Der Anwendungsbereich der Bestimmung entspricht dem des § 217 **(Versorgungsausgleichssachen)**, der seinerseits der Reichweite des § 621 Abs. 1 Nr. 6 ZPO aF entspricht.

4 **bb)** Für Versorgungsausgleichssachen **im Verbund** besteht, wie für alle Verbundsachen, die internationale Verbundzuständigkeit deutscher Gerichte nach § 98 Abs. 2 FmFG; dies gilt auch, wenn der VA als Verbundsache anhängig war, jedoch abgetrennt wurde, auf Grund *perpetuatio fori internationalis*. § 102 FamFG betrifft daher nur Fälle isolierter Versorgungsausgleichssachen, also insbesondere den nachgeholten VA in den Fällen der Ehescheidung im Ausland, des nachträglich gestellten Antrages nach Art. 17 Abs. 3 EGBGB, der Ausgleichsansprüche in den Fällen der §§ 19, 20 bis 26 VersAusglG und des in Altfällen vorbehaltenen schuldrechtlichen VA sowie Verfahren nach den Überleitungsbestimmungen §§ 48 ff. VersAusglG.

5 **b) Europarecht, Völkerverträge. aa) Europarechtliche Regelungen** der internationalen Zuständigkeit für den VA bestehen nicht. Die **Brüssel II a-VO** erfasst nach ihrem Art. 1 Abs. 1 lit. a nur die Ehesache selbst. Jedoch ergibt sich aus § 98 Abs. 2 die internationale Verbundzuständigkeit für den VA auch dann, wenn die Ehesachenzuständigkeit aus Art. 3 ff. Brüssel II a-VO folgt. Die **Brüssel I-VO** ist nach zutreffender hM[7] auf den VA nicht anzuwenden, da dieser in autonom-europäischer Auslegung dem Ausnahmetatbestand der „ehelichen Güterstände" (Art. 1 Abs. 2 lit. a Brüssel I-VO) unterfällt. Entsprechend würde ein – derzeit erst in der Phase eines Grünbuches[8] befindliches – Rechtsinstrument zum Ehegüterrecht auch den VA umfassen müssen.

6 **bb) Völkervertragliche Regelungen** der internationalen Zuständigkeit in VA-Sachen bestehen nicht.

7 **2. Anknüpfung der internationalen Zuständigkeit. a) Gewöhnlicher Aufenthalt (Nr. 1). aa)** Die deutschen Gerichte sind international zuständig, wenn der Antragsteller oder der Antragsgegner seinen gewöhnlichen Aufenthalt im Inland hat (Nr. 1). Der Begriff des gewöhnlichen Aufenthalts entspricht dem des § 98 Abs. 1 S. 2 FamFG (dort Rn. 59 ff.).

8 **bb)** Insoweit ist die internationale Zuständigkeit zweifelsfrei auch hinsichtlich **ausländischer Anrechte** umfassend, erstreckt sich also auf alle Anrechte, die in einen VA im Verbund einzubeziehen gewesen wären;[9] die Reichweite der internationalen Zuständigkeit folgt insoweit also der Regelung in Art. 17 Abs. 3 S. 1 EGBGB (VA von Amts wegen) oder S. 2 (VA auf Antrag; dazu näher Rn. 10).

9 **b) Inländische Anrechte (Nr. 2). aa)** Die deutschen Gerichte sind zuständig, wenn über inländische Anrechte zu entscheiden ist (Nr. 2). Der Begriff des **inländischen Anrechts** entspricht dem der „inländischen Versorgungsanwartschaft" in Art. 17 Abs. 3 S. 2 Nr. 1 EGBGB (regelwidriger VA auf Antrag). Maßgeblich ist der Sitz des Versorgungsträgers im Inland.[10]

10 **bb)** Fraglich ist, ob die nach Nr. 2 bestehende internationale Zuständigkeit deutscher Gerichte auch nur **insoweit** besteht, als über **inländische Anrechte** zu entscheiden ist, oder ob in die Entscheidung auch **ausländische Anrechte** einzubeziehen sind, **wenn** zugleich über inländische Anrechte zu entscheiden ist. Diese Frage ist zwar im Zusammenhang mit Art. 17 Abs. 3 S. 2 Nr. 1 EGBGB zu sehen, wo strittig ist, ob der VA auf Antrag, den inländische Versorgungsanwartschaften eröffnen, auf diese zu beschränken ist – was dem Zweck der Regelung eher entspricht –[11] oder auch

---

[6] Gesetzentwurf FamFG BT-Drucks. 16/6308, zu § 102.
[7] Oben Band 3 Art. 1 Brüssel I-VO/EuGVO Rn. 13; *Kropholler* EuZPR § 1 Brüssel I-VO Rn. 27; *Rauscher/Mankowski* § 1 Brüssel I-VO Rn. 12.
[8] Vom 17. 7. 2006 COM (2006) 400; Einzelheiten zum Diskussionsstand unter www.euzpr.eu sub: EU-Dokumente\Kollisionsrecht\Rom III-2-VO-E.
[9] Zur Einbeziehung ausländischer Anrechte in den VA im Verbund: BGH FamRZ 2007, 996; BGH FamRZ 2008, 770; *Reinhard* FamRZ 2007, 866; *Rehme* FamRZ 2007, 564 zutreffend zur Art der Einbeziehung gegen OLG Köln FamRZ 2007, 563; *Rauscher* IPRax 2005, 431.
[10] IE wohl ähnlich *Baumbach/Lauterbach/Hartmann* Rn. 3: Anrechte iSd. § 50 AbS. 1 Nr. 1–3 FamGKG, die keinen Auslandsbezug haben.
[11] OLG Düsseldorf FamRZ 1993, 433; AnwKomm/*Gruber* Art. 17 EGBGB Rn. 154; *Palandt/Thorn* Art. 17 EGBGB Rn. 22.

ausländische Anrechte umfasst.¹² Sie kann jedoch nicht auf die Situation des Art. 17 Abs. 3 S. 2 EGBGB beschränkt werden, da auch Fälle in Betracht kommen, in denen die internationale Zuständigkeit nur nach Nr. 2 besteht, jedoch nach Art. 17 Abs. 3 S. 1 EGBGB ein umfassender VA von Amts wegen durchzuführen wäre.¹³ Um hier im Vergleich zu der vom BGH angenommenen isolierten internationalen Verbundzuständigkeit (Rn. 2) keine ungewollten Zuständigkeitslücken entstehen zu lassen, kommt eine verfahrensrechtliche Beschränkung der internationalen Zuständigkeit aus Nr. 2 auf inländische Anrechte nicht in Betracht. Vielmehr bestimmt sich, sobald eine internationale Zuständigkeit deutscher Gerichte eröffnet ist, die Reichweite des durchzuführenden VA ausschließlich kollisionsrechtlich nach Art. 17 Abs. 3 EGBGB. Ist ein VA von Amts wegen durchzuführen, so erfasst dieser auch bei internationaler Zuständigkeit auf Grund von Nr. 2 alle Anwartschaften, die im Fall der Durchführung im Scheidungsverbund erfasst gewesen wären. Findet hingegen nur ein nachgeholter VA auf Antrag nach Art. 17 Abs. 3 S. 2 Nr. 1 EGBGB statt, so beschränkt sich dieser, folgt man der hier vertretenen Ansicht, auf die inländischen Anrechte; Nr. 2 wird damit nur mittelbar durch Art. 17 Abs. 3 S. 2 Nr. 1 EGBGB beschränkt. Unbilligkeiten durch einen solchen teilweisen VA sind ebenfalls auf kollisionsrechtlicher Ebene durch die Billigkeitsklausel des Art. 17 Abs. 3 S. 2 letzter Halbsatz EGBGB zu lösen.¹⁴ Findet der nachgeholte VA auf Antrag nach Art. 17 Abs. 3 S. 2 Nr. 2 EGBGB statt, so bestimmt ebenfalls die – in gleicher Weise zum Zeitraum einzubeziehender Anrechte strittige – Kollisionsnorm seine Reichweite.

c) Ehescheidung durch deutsches Gericht (Nr. 3). Deutsche Gerichte sind für den isolierten **11** VA international auch zuständig, wenn die Ehe durch ein deutsches Gericht geschieden wurde (Nr. 3). Erfasst sind nach dem Zweck der Regelung insbesondere Fälle, in denen **ausländische Anrechte** nicht in den VA im Verbund einbezogen worden waren¹⁵ und über diese ein (regelmäßig schuldrechtlicher) VA nachgeholt werden soll. Diese Zuständigkeitsalternative ist jedoch nicht auf diesen Fall oder diese Gattung von Anrechten beschränkt. Hat ein deutsches Gericht die Ehe geschieden, so kann im Gerichtsstand der Nr. 3 umfassend der nach Maßgabe von Art. 17 Abs. 3 EGBGB gebotene VA nachträglich durchgeführt werden. War der VA bereits im Verbund anhängig und wurde lediglich abgetrennt, so gilt § 98 Abs. 2 (Rn. 4).

d) Abschließende Regelung. Die Regelung ist für die Durchführung des VA außerhalb des **12** Verbundes abschließend. Insbesondere besteht keine internationale Zuständigkeit deutscher Gerichte allein auf Grund der **deutschen Staatsangehörigkeit** eines der Ehegatten. § 98 Abs. 1 ist nicht entsprechend anzuwenden; insofern besteht nicht etwa eine ungewollte Regelungslücke; die Beseitigung dieser zuständigkeitsrechtlichen Konsequenz der bisher angenommenen isolierten Verbundzuständigkeit (bisher analog § 606a Abs. 1 Nr. 1 ZPO aF) war vielmehr Zweck der Neuregelung.¹⁶ Deutsche Gerichte sind damit nicht ohne weiteres international zuständig, wenn die Voraussetzungen eines VA nach deutschem Recht¹⁷ oder eines VA auf Antrag nach Art. 17 Abs. 3 S. 2 Nr. 2 EGBGB (inländisches Ehewirkungsstatut während eines Teils der Ehezeit) vorliegen.¹⁸ Auch ein Rückgriff auf allgemeine Regeln der internationalen Zuständigkeit in der ZPO, insbesondere eine Gerichtsstandsvereinbarung, kommt nicht in Betracht.

e) Perpetuatio fori. Ein Wegfall der die internationale Zuständigkeit begründenden Umstände **13** während der Anhängigkeit eines isolierten Antrages auf Durchführung des VA kommt ohnehin **nur im Fall der Nr. 1** in Betracht; die zuständigkeitsbegründenden Kriterien nach Nr. 2 und Nr. 3 können nicht entfallen. Verlegt ein Ehegatte, der bei Verfahrenseinleitung in Deutschland gewöhnlichen Aufenthalt hatte, diesen vor dem Ende der mündlichen Verhandlung in das Ausland, so berührt dies die internationale Zuständigkeit entsprechend § 261 Abs. 3 Nr. 2 ZPO nicht. Wegen des ver-

---

[12] OLG Zweibrücken NJWE-FER 2001, 143; *Staudinger/Mankowski*, 2003, Art. 17 EGBGB Rn. 402; MünchKommBGB/*Winkler von Mohrenfels* Art. 17 EGBGB Rn. 228; *Bamberger/Roth/Heiderhoff* Art. 17 EGBGB Rn. 119; *Klattenhoff* FuR 2000, 108, 110.

[13] ZB ein Ehegatte Deutscher, ein Ehegatte Ausländer, letzter gewöhnlicher Aufenthalt vor Ehescheidung in Deutschland (also deutsches VA-Statut nach Art. 17 Abs. 3 S. 1 EGBGB, insbesondere Abs. 3 S. 1 Halbs. 2 erfüllt), wo im Zeitpunkt des nachgeholten VA kein Ehegatte mehr gewöhnlichen Aufenthalt hat; Ehescheidung im Ausland.

[14] Dazu BGH FamRZ 2007, 366.

[15] Gesetzentwurf FamFG BT-Drucks. 16/6308, zu § 102.

[16] Gesetzentwurf FamFG BT-Drucks. 16/6308, zu § 102.

[17] ZB deutsche Ehegatten ohne inländische Anrechte und, jedenfalls im Zeitpunkt der Nachholung des VA, ohne inländischen gewöhnlichen Aufenthalt.

[18] ZB gemischtnationale nicht-deutsche Ehegatten, die während eines Teils der Ehezeit in Deutschland gewöhnlichen Aufenthalt hatten, jedoch keine inländischen Anrechte erworben haben.

§ 103 1 Buch 1. Abschnitt 9. Verfahren mit Auslandsbezug

mögensrechtlichen Charakters des VA ist eine abweichende Betrachtung, anders als im stärker rechtsfürsorgenden Bereich (§§ 99, 101), nicht geboten.

14 **f) Keine ausschließliche Zuständigkeit.** Die durch § 102 begründete internationale Zuständigkeit deutscher Gerichte ist, wie alle Zuständigkeiten nach §§ 98 ff., nicht international ausschließlich (§ 106). Die Anerkennung einer ausländischen Entscheidung scheitert also nicht schon deshalb nach § 109 Abs. 1 Nr. 1 FamFG, weil (auch) eine internationale Zuständigkeit deutscher Gerichte bestanden hätte.

§ 103 Lebenspartnerschaftssachen

(1) Die deutschen Gerichte sind in Lebenspartnerschaftssachen, die die Aufhebung der Lebenspartnerschaft auf Grund des Lebenspartnerschaftsgesetzes oder die Feststellung des Bestehens oder Nichtbestehens einer Lebenspartnerschaft zum Gegenstand haben, zuständig, wenn
1. ein Lebenspartner Deutscher ist oder bei Begründung der Lebenspartnerschaft war,
2. einer der Lebenspartner seinen gewöhnlichen Aufenthalt im Inland hat oder
3. die Lebenspartnerschaft vor einer zuständigen deutschen Stelle begründet worden ist.

(2) Die Zuständigkeit der deutschen Gerichte nach Absatz 1 erstreckt sich im Fall des Verbundes von Aufhebungs- und Folgesachen auf die Folgesachen.

(3) Die §§ 99, 101, 102 und 105 gelten entsprechend.

Schrifttum: *Henrich,* Kollisionsrechtliche Fragen der eingetragenen Partnerschaft, FamRZ 2002, 137; *D. Jakob,* Die eingetragene Lebenspartnerschaft im Europarecht, FamRZ 2002, 501; *Muscheler,* Das Recht der eingetragenen Lebenspartnerschaft, 2. Aufl. 2004; *Rausch,* Familiensachen mit Auslandsbezug vor und nach dem FamFG, FPR 2006, 441; *Stüber,* Gesetz zur Überarbeitung des Lebenspartnerschaftsrechts, FamRZ 2005, 574; *Wagner,* Das neue Internationale Privat- und Verfahrensrecht zur eingetragenen Lebenspartnerschaft, IPRax 2001, 281; *Wellenhofer,* Das neue Recht für eingetragene Lebenspartnerschaften, NJW 2005, 705.

Übersicht

	Rn.		Rn.
I. Normzweck und -geschichte	1–4	c) Registrierung vor zuständiger deutscher Stelle (Abs. 1 Nr. 3)	13–15
1. Orientierung an § 661 Abs. 3 Nr. 1 ZPO aF (Abs. 1)	1–3	4. Sonstiges	16–18
2. Orientierung an § 661 Abs. 2 ZPO aF (Abs. 2, 3)	4	a) Keine weiteren Zuständigkeiten	16
		b) Perpetuatio fori	17
II. Internationale Zuständigkeit in Aufhebungssachen und Feststellungsverfahren (Abs. 1)	5–18	c) Keine internationale Ausschließlichkeit	18
		III. Andere Lebenspartnerschaftssachen (Abs. 2, 3)	19–26
1. Sachlicher Anwendungsbereich	5–7	1. Europarecht und Völkerverträge	19–23
a) Aufhebung und Feststellung des (Nicht-)Bestehens der ELP	5	a) Grundsätze wie in Ehesachen	19
b) Ausländische Rechtsinstitute	6, 7	b) Europarecht	20–22
2. Europarecht, Völkerverträge	8, 9	c) Völkerverträge	23
a) Europarecht	8	2. Verbundzuständigkeit (Abs. 2)	24
b) Völkerverträge	9	3. Isolierte Lebenspartnerschaftssachen (Abs. 3)	25–27
3. Anknüpfung der Internationalen Zuständigkeit (Abs. 1)	10–15	a) Geltung der allgemeinen Regeln aus §§ 97 ff.	25
a) Deutsche Staatsangehörigkeit eines Lebenspartners (Abs. 1 Nr. 1)	10, 11	b) Ausdrückliche Verweisungen in Abs. 3	26
b) Inländischer gewöhnlicher Aufenthalt eines Lebenspartners (Abs. 1 Nr. 2)	12	c) Sonstige Lebenspartnerschaften	27

I. Normzweck und -geschichte

1 **1. Orientierung an § 661 Abs. 3 Nr. 1 ZPO aF (Abs. 1). a) Abs. 1 ersetzt § 661 Abs. 3 Nr. 1 ZPO aF.** Jene Regelung war durch das LPartG[1] eingefügt worden und regelte die internationale Zuständigkeit deutscher Gerichte in Lebenspartnerschaftssachen iSd. § 661 Abs. 1 ZPO aF

---

[1] Gesetz über die Eingetragene Lebenspartnerschaft vom 16. 2. 2001, BGBl. I S. 266.

durch eine modifizierte Analogie zu § 606a ZPO aF. Insbesondere wurde durch die Zuständigkeit deutscher Gerichte für „vor einem deutschen Standesbeamten" begründete Lebenspartnerschaften (§ 661 Abs. 3 Nr. 1 b ZPO aF), eine typisierte Fürsorgebedürfniszuständigkeit, dem Umstand Rechnung getragen, dass, anders als die Ehe, das Institut der Eingetragenen Lebenspartnerschaft (ELP) international nicht homogen verbreitet ist, so dass nicht mit Rechtsgewährung im Ausland zu rechnen ist. Aus derselben Motivation wurde in analoger Anwendung der Aufenthaltszuständigkeit des § 606a Abs. 1 Nr. 4 ZPO aF auf eine Anerkennungsprüfung verzichtet.

b) In der Fassung des **Regierungsentwurfs** war lediglich angestrebt, die auf Grund § 661 Abs. 3 Nr. 1 ZPO aF[2] bestehende Rechtslage in einem enumerativ gestalteten **eigenständig formulierten Zuständigkeitssystem** wiederzugeben und dadurch die Bestimmung übersichtlicher zu gestalten. 2

c) Im **Rechtsausschuss** wurde jedoch zutreffend erkannt, dass mit der Abkehr von einer Analogie zur internationalen Ehesachenzuständigkeit (nun § 98 FamFG) in der Entwurfsfassung zugleich auch die implizite Beschränkung des § 661 Abs. 3 ZPO auf Lebenspartnerschaftssachen iSd. § 661 Abs. 1 Nr. 1, 2 ZPO aF entfallen war. **Abs. 1 Teilsatz 1** stellt daher klar, dass das dort geregelte, drei Alternativen umfassende Zuständigkeitssystem nur für Lebenspartnerschafts-Statussachen (Aufhebung, Feststellung) gilt. 3

2. Orientierung an § 661 Abs. 2 ZPO aF (Abs. 2, 3). Die ebenfalls erst im Rechtsausschuss eingefügten **Abs. 2 und 3** befassen sich mit der internationalen Zuständigkeit für Lebenspartnerschafts-Folgesachen bzw. sonstigen Familiensachen im Zusammenhang mit Lebenspartnerschaften. Im Verbund mit der Lebenspartnerschaftssache wird für Folgesachen entsprechend § 98 Abs. 2 FamFG eine internationale Verbundzuständigkeit bestimmt **(Abs. 2)**. Für isolierte Familiensachen in Lebenspartnerschaften stellt **Abs. 3** die Geltung der für die jeweilige Familiensache geltenden internationalen Zuständigkeitsregeln klar. 4

II. Internationale Zuständigkeit in Aufhebungssachen und Feststellungsverfahren (Abs. 1)

1. Sachlicher Anwendungsbereich. a) Aufhebung und Feststellung des (Nicht-) Bestehens der ELP. Abs. 1 bestimmt ausdrücklich die internationale Zuständigkeit nur für Lebenspartnerschaftssachen iSd. § 269 Abs. 1 Nr. 1 **(Aufhebung der Lebenspartnerschaft)** und § 269 Abs. 1 Nr. 2 **(Feststellung des Bestehens oder Nichtbestehens einer Lebenspartnerschaft)**. Für sonstige Lebenspartnerschaftssachen gelten Abs. 2, 3. Aufgrund der vom Eherecht abweichenden Terminologie umfasst die Aufhebung sowohl die Fälle des § 15 Abs. 1, Abs. 2 S. 1 LPartG (Aufhebung als Pendant zur Ehescheidung) als auch die Fälle des § 15 Abs. 2 S. 2 LPartG (Aufhebung als Pendant zur Eheaufhebung). 5

b) Ausländische Rechtsinstitute. aa) Fraglich ist die Erstreckung von Abs. 1 auf **Rechtsinstitute anderer Rechtsordnungen**. Angesichts der Vielgestaltigkeit ehekonkurrierender Regelungen in anderen Rechtsordnungen ist insoweit eine Bandbreite von der Öffnung der Ehe für Paare gleichen Geschlechts („Homo-Ehemodell", zB Belgien, Niederlande, Spanien) über die Schaffung der ELP ähnlicher eigenständiger Rechtsinstitute für gleichgeschlechtliche Paare („ELP-Modell", zB in einigen US-Bundesstaaten), homo- und heterosexuellen Paaren verfügbare Rechtsinstitute („PACS-Modell", zB Frankreich, auch Niederlande, Belgien) bis hin zur Verrechtlichung der heterosexuellen faktischen nichtehelichen Lebensgemeinschaft („NEhelLG" zB Slowenien) zu beobachten. Obgleich § 103 FamFG im Grunde einseitig vom Begriff der ELP her konzipiert ist, ebenso wie Art. 17 b EGBGB auf die ELP nach dem LPartG zugeschnittene Kollisionsnormen bereitstellt, ist die Anwendung des Zuständigkeitssystems des § 103 FamFG auf ausländische Rechtsinstitute nicht ausgeschlossen.[3] Insbesondere könnte es weitgehend bei der Registrierungszuständigkeit aus Abs. 1 Nr. 3 bewenden, sollte Abs. 1 nur für die ELP gelten.[4] 6

bb) Daher bedarf es wie zu Art. 17 b EGBGB einer Qualifikation des einzelnen Rechtsinstituts;[5] für der ELP funktionsäquivalente Rechtsinstitute bestimmt sich die internationale Zuständigkeit 7

---
[2] Gesetzentwurf FamFG BT-Drucks. 16/6308, zu § 103 bezieht sich zwar auf § 661 Abs. 3 ZPO aF insgesamt, jedoch betreffen dort Nr. 2 und Nr. 3 nicht die Entscheidungs-, sondern die Anerkennungszuständigkeit.
[3] *Musielak/Borth* § 269 Rn. 3.
[4] Oben § 661 ZPO Rn. 3; soweit allerdings Bundesländer die Mitwirkung nach § 1 Abs. 1 LPartG bei der Eingehung nicht Standesbeamten, sondern Notaren übertragen haben, ist eine Substitution durch ausländische Notare vorstellbar. Ausländische Standesbeamte werden hingegen kaum an der Eingehung einer deutschen ELP mitwirken.
[5] Eingehend MünchKommBGB/*Coester* Art. 17 b EGBGB Rn. 127 ff.

ebenfalls nach § 103. Wohl unstreitig anwendbar ist Abs. 1 auf Rechtsinstitute des „**ELP-Modells**"; insoweit besteht zur ELP des LPartG kein größerer Qualifikationsabstand als zwischen deutscher Ehe und ausländischer Ehe. Die Anwendung auf Rechtsordnungen des „**Homo-Ehemodells**" ist ebenfalls geboten, wenn man,[6] wie hier[7] solche Institute aus deutscher Sicht begrifflich nicht als Ehe einordnet, so dass § 98 nicht eingreift. Denn die Anwendung der Ehevorschriften auf gleichgeschlechtliche Partner bedeutet dann funktional nichts anderes als die Schaffung einer ehegleichen ELP. Hingegen ist für das „**PACS-Modell**" zu differenzieren. Soweit eine registrierte Partnerschaft in concreto zwischen Partnern gleichen Geschlechts besteht, ist Abs. 1 unmittelbar anwendbar, da die Öffnung für Paare verschiedenen Geschlechts dem konkret aufzuhebenden Statusverhältnis nicht die funktionale Ähnlichkeit zur ELP nimmt. Handelt es sich in concreto um Partner verschiedenen Geschlechts, so scheidet zwar eine direkte Anwendung des Abs. 1 aus, da vor dem Hintergrund des verfassungsrechtlichen Konkurrenzverbotes des Art. 6 Abs. 1 GG die Gleichgeschlechtlichkeit ein bestimmendes Merkmal der ELP ist.[8] Gleichwohl ergibt sich zumindest für die internationale Zuständigkeit eine Interessenähnlichkeit, da solchen Instituten ebenfalls eine internationale Typisierung ermangelt, so dass eine Registrierungszuständigkeit, vor allem aber eine Aufenthaltszuständigkeit ohne Anerkennungsprüfung zur Sicherung des Rechtsgewährungsanspruchs sinnvoll erscheint. Eine analoge Anwendung des Abs. 1 auf diese Fälle erscheint daher geboten.[9] Hingegen stellt sich die Frage der Anwendung von Abs. 1 auf die **NEhelLG** nicht, sofern eine Rechtsordnung aus dem faktischen Zusammenleben nur familienrechtsähnliche Rechtsfolgen, jedoch keinen Status herleitet. Überwindet eine fremde Rechtsordnung hingegen die Grenze zum formalisierten Status, so liegt in den bislang bekannten Fällen (*Common Law*-Ehe; *matrimonio de hecho* in südamerikanischen Rechtsordnungen) ohne weiteres eine unter § 98 zu fassende Ehe vor, die ohne formelle Eheschließung zu Stande gekommen ist.

8   **2. Europarecht, Völkerverträge. a) Europarecht.** Vorrangige **europarechtliche Bestimmungen** für Verfahren nach Abs. 1 existieren nicht. Die Brüssel II a-VO ist nach hM[10] auf gleichgeschlechtliche Lebenspartnerschaften nicht anzuwenden. Die Brüssel I-VO erstreckt sich nach Art. 1 Abs. 2 lit. a Brüssel I-VO nicht auf Statussachen. Nicht anzuwenden ist die Brüssel II a-VO auch auf die nach hier vertretener Ansicht (Rn. 7) in den Anwendungsbereich des Abs. 1 fallende gleichgeschlechtliche Ehe anderer Rechtsordnungen,[11] da der Ehebegriff des Art. 1 Brüssel II a-VO autonom-europäisch und nicht aus der Sicht der wenigen diesen Begriff ausdehnenden Rechtsordnungen[12] zu verstehen ist.

9   **b) Völkerverträge. Völkervertragliche** Zuständigkeitsregeln, die sich auf die ELPen betreffenden Statussachen (Abs. 1) erstrecken, existieren nicht.

10   **3. Anknüpfung der Internationalen Zuständigkeit (Abs. 1). a) Deutsche Staatsangehörigkeit eines Lebenspartners (Abs. 1 Nr. 1). aa)** Die internationale Zuständigkeit deutscher Gerichte besteht, wenn ein Lebenspartner im Zeitpunkt der Letzten mündlichen Verhandlung Deutscher ist oder es bei Registrierung der ELP war (Abs. 1 Nr. 1). Die Bestimmung entspricht § 98 Abs. 1 Nr. 1 und ist auch hinsichtlich des einbezogenen **Personenkreises** (§ 98 Rn. 42 ff.) in gleicher Weise zu handhaben.

11   **bb)** Das Fehlen einer § 98 Abs. 1 Nr. 3 entsprechenden Bestimmung begründet keinen Umkehrschluss für **Staatenlose mit gewöhnlichem Aufenthalt im Inland**. Diese sind ebenso wie anerkannte Asylberechtigte und Flüchtlinge mit dem Status nach Art. 12 Genfer Flüchtlingskonvention entsprechend Art. 5 Abs. 2 EGBGB in Abs. 1 Nr. 1 einbezogen. Eine Antrittszuständigkeit ergibt sich gleichwohl nicht für Staatenlose, die ihren gewöhnlichen Aufenthalt bei Eingehung der ELP im Inland hatten, ihn aber während der Anhängigkeit der Lebenspartnerschaftssache nicht mehr haben; die entsprechende, in Ehesachen auch aus dem Wortlaut des § 98 Abs. 1 Nr. 3 ersichtliche Einschränkung (§ 98 Rn. 71) ergibt sich zu Nr. 1 im Wege teleologischer Reduktion.

12   **b) Inländischer gewöhnlicher Aufenthalt eines Lebenspartners (Abs. 1 Nr. 2).** Die internationale Zuständigkeit deutscher Gerichte bei (aktuellem) inländischem gewöhnlichem Aufenthalt

---

[6] Zur Abhängigkeit der verfahrensrechtlichen Qualifikation von der Anerkennung als „Ehe" auch oben § 661 ZPO Rn. 4 mit offenem Ergebnis.
[7] AA MünchKommBGB/*Coester* Art. 17 b Rn. 144 ff.
[8] *Wagner* IPRax 2001, 281, 292.
[9] IE ebenso MünchKommBGB/*Coester* Art. 17 b Rn. 133; oben § 661 ZPO Rn. 3.
[10] *Gruber* IPRax 2005, 293; *Wagner* IPRax 2001, 281; oben § 661 ZPO Rn. 30; *Rauscher/Rauscher* Art. 1 Brüssel II a-VO Rn. 3; *Baumbach/Lauterbach/Hartmann* Rn. 2; *Musielak/Borth* § 109 Rn. 10.
[11] *Zöller/Philippi* § 661 ZPO Rn. 22; wohl auch oben § 661 ZPO Rn. 30.
[12] So aber *Boele-Woelki* ZfRV 2001, 121 aus niederländischer Sicht.

eines Lebenspartners (Abs. 1 Nr. 2; zum Begriff § 98 Rn. 73 ff.) begründet die internationale Zuständigkeit deutscher Gerichte ohne dass es des – wenn auch eingeschränkten – **Anerkennungserfordernisses** nach § 98 Abs. 1 Nr. 4 bedarf. Die Bestimmung ist wegen der sich daraus ergebenden weiten Inanspruchnahme der internationalen Zuständigkeit der Kritik ausgesetzt,[13] wobei freilich die Fälle, in denen ein im Inland lebender nicht-deutscher Partner (sonst Nr. 1) einer nach ausländischem Recht geschlossenen (sonst Nr. 3), als ELP zu qualifizierenden Statusbeziehung vor deutschen Gerichten ein Statusverfahren betreibt, in der Praxis kaum Bedeutung erlangen dürften. Für diese wenigen Fälle ist die Regelung konsequent; erlaubt man unabhängig von der Wertung des jeweiligen Heimatrechts die Eingehung formalisierter gleichgeschlechtlicher Beziehungen, so sollten zumindest die Staaten, die solche Institute vorsehen, den dort lebenden Personen Rechtsschutz gewähren, auch wenn es sich um ein ähnliches Modell einer anderen Rechtsordnung handelt. Während nämlich im Fall der offensichtlichen Nichtanerkennung iSd. § 98 Abs. 1 Nr. 4 der Antragsteller mit Aussicht auf Rechtsschutz an seinen Heimatstaat verwiesen werden kann, ist dies gerade wegen der avantgardistischen Natur der ELP keineswegs gesichert.[14] Der Verzicht auf ein Anerkennungserfordernis bedeutet auch keine Schlechterstellung von Ehegatten;[15] zum einen erleichtert die in Nr. 2 getroffene Regelung die Aufhebung der ELP im Vergleich zur Ehescheidung, was es als zweifelhaft erscheinen lässt, hierin einen Verstoß gegen den Eheschutz aus Art. 6 Abs. 1 GG zu sehen,[16] zum anderen handelt es sich bei der ELP nach – zweifelhafter – verfassungsgerichtlicher Doktrin ohnehin um ein aliud, das, an einen anderen Adressatenkreis gerichtet, der Ehe ohnehin nicht Konkurrenz zu bereiten imstande ist.

c) Registrierung vor zuständiger deutscher Stelle (Abs. 1 Nr. 3). aa) Aus geradezu zwingender sachlicher Notwendigkeit bietet Abs. 1 Nr. 3 eine internationale Zuständigkeit deutscher Gerichte schon dann, wenn die ELP **vor einer zuständigen deutschen Stelle begründet** worden ist. Ein Staat, der ein international nicht überwiegend verbreitetes Statusinstitut schafft, erscheint verpflichtet, für die Feststellung und die rechtsförmige Beseitigung der Statusbeziehung Rechtsschutz zu gewährleisten. Die „Registrierungszuständigkeit", die auffällig an die mehrfachen Registrierungsanknüpfungen in Art. 17 b EGBGB erinnert, ist also kaum an einer Ehesachenzuständigkeit bei deutschem Eheschließungsort zu messen, die in der Tat exorbitant wäre. Allenfalls mag man bezweifeln, ob es der Registrierungszuständigkeit auch dann bedarf, wenn die in Deutschland eingegangene ELP im (gemeinsamen) gewöhnlichen Aufenthaltsstaat ebenfalls aufgehoben werden könnte.[17]

bb) Abs. 1 Nr. 3, anders als noch § 661 Abs. 3 Nr. 1 lit. b ZPO aF, spricht nun zutreffend von der **„zuständigen deutschen Stelle"** und bezieht sich nicht mehr auf den Standesbeamten, was in einem Redaktionsversehen bei der eiligen Aufteilung des LPartG zur Umgehung des Erfordernisses der Zustimmung des Bundesrates wurzelte, da die Zuweisung der Registrierung an Standesbeamte als Verfahrensregel die Zustimmungsbedürftigkeit verursacht hätte. Damit hat sich auch die schon unter § 661 Abs. 3 Nr. 1 lit. b ZPO aF verfehlte Frage erübrigt, ob die Registrierungszuständigkeit auch bei Zuständigkeit des Notars oder anderer deutscher Behörden gelte.[18]

cc) Die Regelung unterstellt, dass zwangsläufig die Registrierung einer **ELP deutschen Rechts vor deutschen Behörden** erfolgt ist. Dies ist zwar für Statusverhältnisse ein merkwürdiger Ansatz (Hochzeitstourismus ist ein florierendes Segment), wohl aber zwangsläufige Folge der Installation eines Sondermodells. Aufgrund der Anknüpfung in Art. 17 b Abs. 1 S. 1 EGBGB besteht Gleichlauf zwischen dem materiellen Registrierungsrecht und der Anknüpfung der Form, so dass die Eingehung einer ELP vor Konsularbeamten nach Form- und Eingehungsstatut dem Recht des Entsendestaates und nicht dem Ortsrecht unterliegt.[19] Umgekehrt scheidet eine **Substitution** der von § 1 Abs. 1 S. 3 LPartG iVm. Landesrecht gebotenen Form durch einen ausländischen Amtsträger wohl aus, selbst wenn das Landesrecht nicht den Standesbeamten, sondern den Notar beruft, weil insoweit die Formvorschrift mit einer Zuständigkeitszuweisung verknüpft ist.[20] Käme es hingegen zu der für

---

[13] Oben § 661 ZPO Rn. 35.
[14] So würden zwei in Deutschland lebende Polen, die in den Niederlanden „geheiratet" haben, ohne den Verzicht auf ein Anerkennungserfordernis allenfalls in den Niederlanden Rechtsschutz finden.
[15] *Zöller/Geimer* § 661 ZPO Rn. 35.
[16] Oben § 661 ZPO Rn. 35 Fn. 21.
[17] So oben § 661 ZPO Rn. 31.
[18] Zweifelnd *Zöller/Geimer* § 661 ZPO Rn. 39; zutreffend schon zu § 661 Abs. 3 ZPO: oben § 661 ZPO Rn. 33.
[19] MünchKommBGB/*Coester* Art. 17 b EGBGB Rn. 25 f.
[20] Nach Art. 1 Abs. 1 BayAGLPartG (BayGVBl. 2001, 677) können nur Notare mit Amtssitz in Bayern tätig werden. Hätte der aus ideologischen Gründen insoweit auf das Standesamt fixierte Bundesgesetzgeber die Einge-

einen normalen Status selbstverständlichen Trennung von Registerzuständigkeit und Eingehungsstatut, so müsste auch für eine im Ausland eingegangene ELP, die materiell deutschem Recht unterliegt, eine internationale Zuständigkeit entsprechend § 103 Abs. 1 Nr. 3 bestehen.

16 **4. Sonstiges. a) Keine weiteren Zuständigkeiten.** Die Regelung ist intern abschließend. Die internationale Zuständigkeit deutscher Gerichte kann weder auf eine Analogie zu § 98 oder zur örtlichen Zuständigkeit nach §§ 270 Abs. 1, 121, noch auf allgemeine Vorschriften der ZPO gestützt werden.

17 **b) Perpetuatio fori.** Entfallen die zuständigkeitsbegründenden Umstände während der Anhängigkeit eines Verfahrens, so gilt, ebenso wie in Ehesachen (§ 98 Rn. 28, 65, 71), der Grundsatz der *perpetuatio fori internationalis* (§ 261 Abs. 3 Nr. 2 ZPO). Da Anerkennungsfähigkeit keine Zuständigkeitsvoraussetzung ist, stellt sich insoweit kein Problem zum maßgeblichen Zeitpunkt.

18 **c) Keine internationale Ausschließlichkeit.** Wie für Ehesachen und andere in §§ 98 ff. geregelte Materien ist auch die internationale Zuständigkeit deutscher Gerichte in ELPen betreffenden Statussachen nicht ausschließlich (§ 106). Das Bestehen einer internationalen Zuständigkeit deutscher Gerichte steht der Anerkennung einer ausländischen Entscheidung nicht entgegen (§ 109 Abs. 1), wenn das entscheidende ausländische Gericht spiegelbildlich nach § 103 zuständig war oder der Registerstaat die Entscheidung anerkennt (§ 109 Abs. 3).

III. Andere Lebenspartnerschaftssachen (Abs. 2, 3)

19 **1. Europarecht und Völkerverträge. a) Grundsätze wie in Ehesachen.** Für Lebenspartnerschaftssachen nach § 269 Abs. 1 Nr. 3 bis 12 und Abs. 2, 3 FamFG gelten dieselben Grundsätze wie für entsprechende Familiensachen im Verhältnis zu Ehesachen. Jede Familiensache folgt hinsichtlich der internationalen Zuständigkeit vorrangig den für ihre Materie geltenden europarechtlichen bzw. völkervertraglichen Regeln der internationalen Zuständigkeit. Dies ist für **isoliert** zu entscheidende Lebenspartnerschaftssachen selbstverständlich, gilt aber auch für Familiensachen, die **im Verbund** mit der Lebenspartnerschaftssache nach § 269 Abs. 1 Nr. 1 oder 2 FamFG zu entscheiden sind; Abs. 2 (Rn. 24) ist also ebenfalls nachrangig gegenüber europarechtlichen und völkervertraglichen Bestimmungen (vgl. § 98 Rn. 102).

20 **b) Europarecht. aa)** Art. 8 ff. **Brüssel IIa-VO** finden Anwendung in Lebenspartnerschaftssachen nach § 269 Abs. 1 Nr. 3 **(elterliche Sorge etc.)**; grundsätzlich kommt es unter der Brüssel IIa-VO in Ansehung der elterlichen Verantwortung nicht auf das Bestehen einer Ehe zwischen den Sorgeberechtigten an. Da die eheverfahrensrechtlichen Bestimmungen der Brüssel IIa-VO jedoch nicht auf die Auflösung der ELP anzuwenden sind (Rn. 8), ist Art. 12 Brüssel IIa-VO auf die Regelung der elterlichen Sorge zwischen eingetragenen Lebenspartnern nicht anzuwenden.

21 **bb)** Ebenfalls wie zwischen Ehegatten (§ 98 Rn. 104) findet in Lebenspartnerschaftssachen nach § 269 Abs. 1 Nr. 8, 9 **(Unterhalt)** das Zuständigkeitssystem der **Brüssel I-VO** Anwendung, wenn der auf Unterhalt Inanspruchgenommene Wohnsitz in einem Mitgliedstaat hat (Art. 3 Abs. 1 Brüssel I-VO). Art. 5 Nr. 2 Alt. 2 Brüssel I-VO bezieht sich nicht nur auf Ehesachen und ist daher auf Unterhaltssachen im ELP-Verbund anwendbar, soweit die internationale Zuständigkeit deutscher Gerichte für die Statussache nicht ausschließlich auf die Staatsangehörigkeit, also § 103 Abs. 1 Nr. 1, gestützt wird.

22 **cc)** Fraglich ist hingegen, ob der Ausschluss des **ehelichen Güterrechts** nach Art. 1 Abs. 2 lit. a **Brüssel I-VO** auch Lebenspartnerschaftssachen nach § 269 Abs. 1 Nr. 5, 6, 7, 10, 11, 12 erfasst (vgl. § 98 Rn. 106 f.). Hieran bestehen Zweifel, da es bei an sich gebotener Übertragung des Ehebegriffes der Brüssel IIa-VO an einer Ehe fehlt.[21] Gleichwohl gebietet die ratio des Ausschlusses dessen Anwendung auch auf Streitigkeiten aus dem ELP-Güterrecht, denn Art. 1 Abs. 2 Brüssel I-VO wendet sich gegen die Einbeziehung von Streitigkeiten, die ihre Grundlage in Statusfragen haben; hierzu gehören auch nicht-schuldrechtliche Ausgleichsmechanismen, die auf einem anderen Status als dem der Ehe beruhen.[22]

23 **c) Völkerverträge.** Für Lebenspartnerschaftssachen nach § 269 Abs. 1 Nr. 3 ist grundsätzlich das MSA sowie künftig das KSÜ anwendbar (vgl. § 98 Rn. 108); Art. 10 KSÜ ist jedoch, ebenso wie Art. 12 Brüssel IIa-VO (Rn. 20), nicht auf die Regelung der elterlichen Sorge im Zusammenhang mit der Aufhebung einer ELP anzuwenden. Völkervertragliche Zuständigkeiten für andere Verbund-

---

hung schlicht in Form der notariellen Beurkundung vorgesehen, hätten Deutsche die ELP deutschen Rechts auch vor einem mitwirkungsbereiten österreichischen Notar wirksam eingehen können.
[21] Unklar insoweit *Baumbach/Lauterbach/Hartmann* Rn. 2.
[22] *Rauscher/Mankowski* Art. 1 Brüssel I-VO Rn. 14 a.

Betreuungs- und Unterbringungssachen; Pflegschaft für Erwachsene 1, 2 § 104

sachen bestehen nicht (§ 98 Rn. 109). Zu völkervertraglichen Zuständigkeiten in Lebenspartnerschaftssachen nach § 269 Abs. 1 Nr. 4 (Adoption) vgl. § 101 Rn. 12 f.

2. Verbundzuständigkeit (Abs. 2). Für Lebenspartnerschaftssachen, über die im Verbund mit 24 einer Lebenspartnerschaftssache nach § 269 Abs. 1 Nr. 1, 2 zu entscheiden ist (§§ 270 Abs. 1, 137), ergibt sich die internationale Zuständigkeit deutscher Gerichte als internationale Verbundzuständigkeit (Abs. 2). Insoweit gilt nichts anderes als für Folgesachen im Verbund mit Ehesachen (§ 98 Rn. 97 ff.).

3. Isolierte Lebenspartnerschaftssachen (Abs. 3). a) Geltung der allgemeinen Regeln aus 25 §§ 97 ff. Abs. 3 hat lediglich klarstellende Natur. Für Lebenspartnerschaftssachen nach § 269 Abs. 1 Nr. 3 bis 12 ergibt sich, soweit nicht im Verbund zu entscheiden ist, die internationale Zuständigkeit (immer vorbehaltlich europarechtlicher oder völkervertraglicher Bestimmungen, Rn. 19 ff.) aus den für die jeweilige Lebenspartnerschaftssache geltenden **allgemeinen Regeln** der §§ 97 ff. zur internationalen Zuständigkeit, wobei die Verweisung auf die „entsprechende" Geltung in Abs. 3 insofern irreführend ist, als die genannten Familiensachen ihrer Natur nach nicht von dem Status zwischen Ehegatten bzw. Lebenspartnern abhängen.

b) Ausdrückliche Verweisungen in Abs. 3. Für Lebenspartnerschaftssachen nach § 269 Abs. 1 26 Nr. 3 (elterliche Sorge etc.) gilt § 99; für Lebenspartnerschaftssachen nach § 269 Abs. 1 Nr. 4 (Adoption) gilt § 101; für Lebenspartnerschaftssachen nach § 269 Abs. 1 Nr. 7 (Versorgungsausgleich) gilt § 102; für alle Lebenspartnerschaftssachen, die ihre Entsprechung in Familiensachen finden, für die keine ausdrückliche Regelung der internationalen Zuständigkeit besteht (§ 269 Abs. 1 Nr. 5, 6, 8, 9, 10, 11, 12) gelten über § 105 die Bestimmungen zur örtlichen Zuständigkeit entsprechend.

c) Sonstige Lebenspartnerschaftssachen. Für sonstige Lebenspartnerschaftssachen gemäß 27 § 269 Abs. 2, 3 gelten die Zuständigkeiten für entsprechende sonstige Familiensachen iSd. § 266 Abs. 1 Nr. 1 bis 3, Abs. 2 entsprechend (dazu § 105 Rn. 20 ff.).

§ 104 Betreuungs- und Unterbringungssachen; Pflegschaft für Erwachsene

(1) ¹Die deutschen Gerichte sind zuständig, wenn der Betroffene oder der volljährige Pflegling
1. Deutscher ist oder
2. seinen gewöhnlichen Aufenthalt im Inland hat.
²Die deutschen Gerichte sind ferner zuständig, soweit der Betroffene oder der volljährige Pflegling der Fürsorge durch ein deutsches Gericht bedarf.

(2) § 99 Abs. 2 und 3 gilt entsprechend.

(3) Die Absätze 1 und 2 sind im Fall einer Unterbringung nach § 312 Nr. 3 nicht anzuwenden.

Schrifttum: *Helms*, Reform des internationalen Betreuungsrechts durch das Haager Erwachsenenschutzabkommen, FamRZ 2008, 1995.

I. Normzweck und -geschichte

1. Abs. 1, 3. Abs. 1 regelt die internationale Zuständigkeit deutscher Gerichte in Betreuungs- 1 und Unterbringungssachen sowie Pflegschaftssachen betreffend Erwachsene. Die Regelung stimmt inhaltlich mit dem Erwachsene betreffenden Ausschnitt der §§ 35b Abs. 1, Abs. 2, 69 e Abs. 1 S. 1 aF FGG überein. **Abs. 3** enthält die bisher in § 70 Abs. 4 aF FGG bestimmte Ausnahme von freiheitsentziehenden Unterbringungsmaßnahmen nach Landesrecht vom sachlichen Anwendungsbereich (§ 312 Nr. 3, bisher § 70 Abs. 1 Nr. 3 aF FGG).[1]

2. Abs. 2. Abs. 2 übernimmt durch Verweisung auf die entsprechenden Bestimmungen zur 2 internationalen Zuständigkeit in Kindschaftssachen (§ 99 Abs. 2, 3) die bisher in §§ 70 Abs. 4, 47 aF FGG geregelte Inanspruchnahme der Zuständigkeit in Fällen, in denen die erforderliche Fürsorge für einen Erwachsenen bereits durch ausländische Gerichte geleistet wird.

---
[1] Gesetzentwurf FamFG BT-Drucks. 16/6308, zu § 104.

II. Internationale Zuständigkeit in Betreuungs-, Unterbringungs- und Pflegschaftssachen für Erwachsene

3   **1. Reichweite. a) Betreuungssachen, Unterbringungssachen.** Die Regelung erstreckt sich auf Betreuungssachen iSd. § 271 FamFG sowie auf Unterbringungssachen iSd. § 312 FamFG.

4   **b) Pflegschaft.** Unter die einbezogene „**Pflegschaft für Erwachsene**" fallen unmittelbar Verfahren, die als betreuungsgerichtliche Zuweisungssachen iSd. § 340 Nr. 1 den Betreuungsgerichten obliegen, also Pflegschaften mit Ausnahme der Pflegschaft für Minderjährige oder für die Leibesfrucht; ebenfalls nicht erfasst ist die Nachlasspflegschaft.

5   **c) Sonstige betreuungsgerichtliche Zuweisungssachen.** Für betreuungsgerichtliche Zuweisungssachen iSd. § 340 Nr. 2 fehlt es hingegen an einer ausdrücklichen Regelung der internationalen Zuständigkeit; insoweit ist wegen der Interessenähnlichkeit bei der Bestellung eines sonstigen Vertreters, der kein Betreuer ist, die Regelung des Abs. 1 entsprechend anzuwenden; hierdurch ergeben sich freilich keine erkennbaren Abweichungen von einer sonst gebotenen Beurteilung der internationalen Zuständigkeit entsprechend den Regeln über die örtliche Zuständigkeit (§§ 105, 341, 272). Ebenso sollte für noch zu bestimmende[2] betreuungsgerichtliche Zuweisungssachen zu verfahren sein.

6   **2. Internationale Zuständigkeit nach dem Haager ErwSÜ. a) Europarechtliche und völkervertragliche Instrumente.** Europarechtliche Instrumente im sachlichen Anwendungsbereich der vorliegenden Bestimmungen existieren nicht. Da das Haager Vormundschaftsabkommen (§ 97 Rn. 27) nur für Minderjährige gilt, berührt als einziges völkervertragliches Instrument das für Deutschland am 1. 1. 2009 in Kraft getretene[3] und grundsätzlich auf nach diesem Zeitpunkt zu treffende Maßnahmen anwendbare (Art. 50 Abs. 1 ErwSÜ) Haager Erwachsenenschutzübereinkommen (**ErwSÜ**) vom 13. 1. 2000 den Regelungsbereich der vorliegenden Bestimmung.

7   **b) Anwendungsbereich des ErwSÜ. aa) Persönlich.** Das ErwSÜ regelt die internationale Zuständigkeit (und das anwendbare Recht) bei internationalen Sachverhalten (Art. 1 ErwSÜ) für Maßnahmen zum Schutz der Person oder des Vermögens von Erwachsenen (Art. 5 ErwSÜ). **Persönlich** definiert Art. 2 Abs. 1 ErwSÜ den Erwachsenen als eine Person, die das 18. Lebensjahr vollendet hat, und ist damit vollständig komplementär zum **KSÜ**, das Schutzmaßnahmen für Personen bis zur Vollendung des 18. Lebensjahres erfasst (§ 99 Rn. 30); vor deutschen Gerichten kommt es bei Betroffenheit von Deutschen oder Personen mit gewöhnlichem Aufenthalt im Inland auch nicht zu Überschneidungen mit dem **MSA,** da dessen Anwendungsbereich mit Volljährigkeit nach Heimatrecht oder gewöhnlichem Aufenthaltsrecht endet (§ 99 Rn. 19).

8   **bb) Sachlich. Schutzmaßnahmen** iSd. ErwSÜ sind alle spezifischen Maßnahmen, die mit Rücksicht auf eine Beeinträchtigung oder Unzulänglichkeit der persönlichen Fähigkeiten des Erwachsenen zu treffen sind. Dies umfasst sowohl körperliche als auch geistige sowie altersbedingte Gebrechen. Hingegen sind Schutzmaßnahmen gegen Gewaltanwendung durch Dritte nicht erfasst.[4] Hierzu enthält Art. 3 ErwSÜ eine nicht abschließende Positivliste, Art. 4 ErwSÜ eine abschließende Negativliste ausgeschlossener Materien. Hierbei bedeutet die Nennung einer Materie in Art. 4 ErwSÜ nicht, dass ein dem Betroffenen allgemein bestellter „Fürsorger" diesen in solchen Materien nicht vertreten könnte; lediglich das Bestehen von Ansprüchen in den genannten Materien unterliegt nicht dem durch das ErwSÜ bestimmten Recht.[5] So kann zB ein nach den Bestimmungen des ErwSÜ bestellter Betreuer durchaus in einer Unterhaltssache (Art. 4 Abs. 1 lit. a ErwSÜ), Güterrechts- (Art. 4 Abs. 1 lit. c ErwSÜ) oder Rentensache (Art. 4 Abs. 1 lit. e ErwSÜ) vertreten, wobei sich Zuständigkeit und anwendbares Recht für die geltend zu machenden Ansprüche nicht nach dem ErwSÜ beurteilen.

9   Im **Verhältnis zum Anwendungsbereich des § 104** (Rn. 3 ff.) ergibt sich damit eine weitgehende Übereinstimmung mit dem Anwendungsbereich des ErwSÜ: Bestellung und Führung einer Betreuung, Pflegschaft oder sonstigen Vertretung eines Erwachsenen fallen in den Anwendungsbereich des ErwSÜ.[6] Auch die zivilrechtliche Unterbringung (zB § 1906 BGB) unterfällt dem Anwendungsbereich des ErwSÜ.[7] Lediglich in Randbereichen, insbesondere bei Genehmigungserfordernissen in Ansehung erbrechtlicher Rechtsgeschäfte (zB §§ 1908i Abs. 1 S. 1 iVm. § 1822

---

[2] Gesetzentwurf FamFG BT-Drucks. 16/6308, zu § 340.
[3] BGBl. 2007 II S. 323; Ausführungsgesetz (ErwSÜAG) vom 17. 3. 2007, BGBl. 2007 I S. 314.
[4] *Staudinger/von Hein,* 2008, Vorbem. Art. 24 EGBGB Rn. 23 f.
[5] *Helms* FamRZ 2008, 1995, 1996.
[6] *Staudinger/von Hein,* 2008, Vorbem. Art. 24 EGBGB Rn. 47, 48.
[7] *Staudinger/von Hein,* 2008, Vorbem. Art. 24 EGBGB Rn. 50.

Nr. 1, 2 BGB), die von § 104 erfasst sind, ist das ErwSÜ nicht anwendbar, weil das Genehmigungserfordernis dort nicht dem Betreuungsverhältnis (= Schutzmaßnahme), sondern dem Betreuergeschäft (= erbrechtlich, ausgenommen nach Art. 4 Abs. 1 lit. d ErwSÜ) zugerechnet wird.[8]

cc) Räumlich. Wie MSA und KSÜ geht, ohne dass dies explizit bestimmt ist, auch das ErwSÜ 10 unabhängig von der Staatsangehörigkeit des Betroffenen den nationalen Zuständigkeitsregeln vor, wenn der von der Schutzmaßnahme Betroffene seinen **gewöhnlichen Aufenthalt in einem Vertragsstaat** hat.[9] Ausnahmsweise ergeben sich auch bei schlichtem Aufenthalt Zuständigkeiten, wenn der gewöhnliche Aufenthalt nicht festgestellt werden kann (Art. 6 Abs. 2 ErwSÜ).

c) Zuständigkeitssystem des ErwSÜ. aa) Gewöhnlicher Aufenthalt in Deutschland 11 **(Art. 5 ErwSÜ).** Die vorrangige Zuständigkeit besteht für deutsche Behörden und Gerichte, wenn der Erwachsene seinen **gewöhnlichen Aufenthalt** in Deutschland hat. Der Begriff des gewöhnlichen Aufenthalts weicht grundsätzlich nicht von dem des MSA und des KSÜ ab (vgl. § 99 Rn. 22),[10] jedoch ohne die Besonderheiten, die beim gewöhnlichen Aufenthalt von Minderjährigen im Hinblick auf Aufenthaltswechsel zu beachten sind. Für Erwachsene kommt es, auch wenn wegen einer Einschränkung der psychischen Fähigkeiten eine Schutzmaßnahme zu treffen ist, für die den gewöhnlichen Aufenthalt bestimmende Integration grundsätzlich auf die natürliche Willensrichtung des Betroffenen an. Nur wenn ein schutzbedürftiger Erwachsener gegen *seinen* Willen in einen anderen Staat verbracht wird, lassen sich Parallelen zur Fortdauer des gewöhnlichen Aufenthalts in Kindesentführungsfällen ziehen.[11] Die Fallgruppe der „Mittelmeer-Überwinterer" dürfte überdies die Diskussion um die Frage befördern, ob entgegen der bisher herrschenden Ansicht ein doppelter bzw. periodisch wechselnder gewöhnlicher Aufenthalt anzunehmen ist.[12]

Eine *perpetuatio fori* im Fall eines Aufenthaltswechsels nach Verfahrenseinleitung sieht das ErwSÜ, 12 ebenso wie das KSÜ, nicht vor. Nach Art. 5 Abs. 2 ErwSÜ werden mit dem Wechsel des gewöhnlichen Aufenthalts die Behörden des Vertragsstaats des neuen gewöhnlichen Aufenthalts zuständig, es sei denn das schon mit der Maßnahme befasste Gericht ersucht die neuen Aufenthaltsbehörden um eine Zuständigkeitsübertragung nach Art. 8 ErwSÜ.[13] Lediglich bei Anhängigkeit einer Maßnahme in einer auf die Überprüfung von Rechtsfragen beschränkten Instanz ist auch hier eine fortdauernde Zuständigkeit anzunehmen, die sich auf die rechtliche Überprüfung der getroffenen Maßnahme beschränkt.[14]

bb) Flüchtlinge, nicht feststellbarer gewöhnlicher Aufenthalt (Art. 6 ErwSÜ). Für Er- 13 wachsene, die **Flüchtlinge** iSd. Genfer Flüchtlingskonvention[15] sind oder infolge von Unruhen (nicht notwendig als Verfolgte) in ihrem Land nach Deutschland gelangt sind, üben deutsche Behörden und Gerichte auf Grund des schlichten Aufenthalts die internationale Zuständigkeit aus (Art. 6 Abs. 1 ErwSÜ). Diese Zuständigkeit ersetzt jene nach Art. 5 ErwSÜ und ist also ebenso eine vorrangige Zuständigkeit wie die des gewöhnlichen Aufenthaltsstaats. Dasselbe gilt für Erwachsene, deren gewöhnlicher Aufenthalt **nicht feststellbar** ist und die schlichten Aufenthalt in Deutschland haben (Art. 6 Abs. 2 ErwSÜ).

cc) Deutsche Staatsangehörigkeit (Art. 7 ErwSÜ). Die deutsche Staatsangehörigkeit des 14 Betroffenen begründet bei gewöhnlichem Aufenthalt in einem anderen Vertragsstaat eine internationale Zuständigkeit deutscher Behörden und Gerichte nur dann, wenn die deutschen Behörden oder Gerichte der Auffassung sind, dass sie besser in der Lage sind, das Wohl des Erwachsenen zu beurteilen (Art. 7 Abs. 1 ErwSÜ). Die Inanspruchnahme dieser Zuständigkeit erfordert überdies die Verständigung der nach Art. 5 oder Art. 6 Abs. 2 ErwSÜ zuständigen Behörden. Jedoch handelt es sich auch bei der Heimatzuständigkeit um eine originäre Zuständigkeit, so dass, anders als im Fall des Art. 8 ErwSÜ (Rn. 16), kein Einverständnis mit den Behörden des gewöhnlichen Aufenthaltsstaats erzielt werden muss; allerdings sperren getroffene oder explizit abgelehnte Maßnahmen sowie deren Anhängigkeit im gewöhnlichen Aufenthaltsstaat die Heimatzuständigkeit (Art. 7 Abs. 2 ErwSÜ). Auch das Bestehen einer weiteren Staatsangehörigkeit neben der deutschen steht der internationalen Zuständigkeit nicht entgegen.[16]

---

[8] *Helms* FamRZ 2008, 1995, 1996.
[9] *Helms* FamRZ 2008, 1995, 1998.
[10] *Staudinger/von Hein*, 2008, Vorbem. Art. 24 EGBGB Rn. 73 ff.
[11] *Helms* FamRZ 2008, 1995, 1996.
[12] *Staudinger/von Hein*, 2008, Vorbem. Art. 24 EGBGB Rn. 74; *Helms* FamRZ 2008, 1995, 1997.
[13] *Staudinger/von Hein*, 2008, Vorbem. Art. 24 EGBGB Rn. 76; unklar Rn. 78: perpetuatio fori „nach Einleitung des Verfahrens" beurteile sich nach der *lex fori*, jedoch ohne Anerkennungspflicht.
[14] *Staudinger/von Hein*, 2008, Vorbem. Art. 24 EGBGB Rn. 77.
[15] *Staudinger/von Hein*, 2008, Vorbem. Art. 24 EGBGB Rn. 79.
[16] *Helms* FamRZ 2008, 1995, 1997.

15 Dennoch sollte von der Heimatzuständigkeit nur dann Gebrauch gemacht werden, wenn nach **pflichtgemäßer Einschätzung** die erforderliche Fürsorge durch den Vertragsstaat des gewöhnlichen Aufenthalts nicht in gleicher Weise gewährt werden kann, wie durch deutsche Behörden und Gerichte. Dies kann insbesondere dann der Fall sein, wenn es nahe liegt, zum Zweck der Durchführung der Schutzmaßnahme den gewöhnlichen Aufenthalt des Betroffenen nach Deutschland zurück zu verlegen, insbesondere, wenn hier als Betreuer geeignete Verwandte zur Verfügung stehen oder eine Unterbringung ansteht, die ohnehin nur im Einvernehmen mit den Heimatbehörden möglich ist (Art. 33, 22 lit. e ErwSÜ).[17] Im Übrigen spricht schon der Umstand, dass die Aufenthaltsbehörden die Maßnahmen der Heimatbehörden durch eigene ersetzen oder aufheben können (Art. 7 Abs. 3 ErwSÜ) gegen eine zu großzügige Inanspruchnahme der Heimatzuständigkeit.

16 dd) **Übertragung der Zuständigkeit (Art. 8 ErwSÜ).** Nach dem Modell der Art. 8, 9 KSÜ (§ 99 Rn. 43, 64) sieht Art. 8 ErwSÜ eine **Übertragung der Zuständigkeit** durch die nach Art. 5 oder 6 zuständigen Behörden an die Behörden eines der in Art. 8 Abs. 2 ErwSÜ genannten Staaten vor, sofern es sich auch beim ersuchten Staat um einen *Vertragsstaat* handelt. Neben Heimatstaat (lit. a), früherem gewöhnlichen Aufenthaltsstaat (lit. b), schlichtem Aufenthaltsstaat (lit. f.) und Staat einer Vermögensbelegenheit (lit. c) kommt insbesondere auch nach dem Gedanken der Vorsorgeregelung ein schriftlich durch den Erwachsenen gewählter Staat (lit. d)[18] sowie der Aufenthaltsstaat einer zur Übernahme des Schutzes bereiten nahe stehenden Person (lit. e) in Betracht. Diese Übertragung kann sowohl von den an sich zuständigen als auch von den die Zuständigkeit anstrebenden Behörden ausgehen, erfordert aber in beiden Fällen das Einverständnis beider Seiten; insbesondere können auch die nach Art. 5, 6 ErwSÜ zuständigen Behörden nicht ohne deren Annahme die Sache bindend an die Behörden eines anderen Vertragsstaats verweisen (Art. 8 Abs. 3 ErwSÜ). Auch wenn der schutzbedürftige Erwachsene Deutscher ist, hat die einvernehmliche Übernahme der internationalen Zuständigkeit durch deutsche Gerichte zB bei gegebener inländischer Fürsorgemöglichkeit durch Verwandte gegenüber Art. 7 ErwSÜ den Vorteil, dass ein Entscheidungskonflikt ausgeschlossen wird.

17 ee) **Belegenheits-, Eil- und Notzuständigkeiten.** Der in § 104 Abs. 1 weitgehend durch die Fürsorgebedürfniszuständigkeit abgedeckte Bereich wird im ErwSÜ durch die Zuständigkeiten nach Art. 9–11 ErwSÜ erfasst. Deutsche Gerichte und Behörden sind nach Art. 9 ErwSÜ zuständig, Maßnahmen zum Schutz von in Deutschland **belegenem Vermögen** zu treffen, soweit diese Maßnahmen vereinbar sind mit den von den nach Art. 5, 6 ErwSÜ zuständigen Behörden getroffenen sind. Art. 10 ErwSÜ eröffnet eine **Eilzuständigkeit,** in dringenden Fällen, also bei unmittelbarem schnellem Handlungsbedarf,[19] Schutzmaßnahmen über Erwachsene zu treffen, die sich schlicht in Deutschland aufhalten. Liegt keine besondere Dringlichkeit vor, so kommen vorübergehende Maßnahmen nur gemäß Art. 11 ErwSÜ nach Verständigung der aus Art. 5 ErwSÜ zuständigen Behörden und nur mit einem auf das Inland beschränkten Geltungsbereich in Betracht. Im Mittelpunkt dieser Zuständigkeit stehen medizinische Eingriffe, auch wenn hier die in Art. 11 ErwSÜ genannte territoriale Beschränkung wenig sinnvoll ist. Schwerwiegende medizinische Eingriffe können nur bei Dringlichkeit auf Grund der Eilzuständigkeit (Art. 10 ErwSÜ) getroffen werden. Weniger schwerwiegende, nicht unaufschiebbare, abschließend erfolgende Eingriffe sind nach wohl hM selbst vom Anwendungsbereich des Art. 11 ErwSÜ ausgeschlossen, da in dieser Zuständigkeit wohl nur im engeren Sinn „vorübergehende", also konservierende, Behandlungen angeordnet bzw. genehmigt werden können.[20]

18 3. **Anknüpfung der Internationalen Zuständigkeit nach Abs. 1. a) Anknüpfungskriterien.** Deutsche Gerichte sind international zuständig, wenn der betroffene Erwachsene **Deutscher** ist, seinen **gewöhnlichen Aufenthalt** in Deutschland hat oder es der **Fürsorge** durch ein deutsches Gericht bedarf. Für die Ausfüllung dieser Kriterien gilt nichts anderes als in Kindschaftssachen (§ 99 FamFG Rn. 47 ff.). Zur Bestimmung des gewöhnlichen Aufenthalts gelten hinsichtlich des natürlichen Willens des Betroffenen dieselben Erwägungen wie zu Art. 5 ErwSÜ (Rn. 11). Auch hinsichtlich der *perpetuatio fori* ist, wie in § 99 FamFG, auf den fürsorgenden Zweck abzustellen (§ 99 Rn. 58 ff.).

---

[17] *Helms* FamRZ 2008, 1995, 1997.
[18] Was freilich die Aufenthaltsgerichte nicht bindet: *Staudinger/von Hein,* 2008, Vorbem. Art. 24 EGBGB Rn. 97.
[19] *Staudinger/von Hein,* 2008, Vorbem. Art. 24 EGBGB Rn. 120.
[20] *Staudinger/von Hein,* 2008, Vorbem. Art. 24 EGBGB Rn. 130; *Helms* FamRZ 2008, 1995, 1998: zB Alkohol-Entgiftung, nicht aber Entziehungskur; Schmerzbehandlung, Zahnextraktion.

b) Gleichrang. Diese Zuständigkeiten stehen, wie jene in Kindschaftssachen (§ 99 Abs. 1) **19** gleichrangig nebeneinander; einer **Abstimmung** mit dem Aufenthaltsstaat bei einem sich im Ausland aufhaltenden Deutschen bedarf es ebenso wenig wie der Abstimmung mit dem Heimatstaat bei inländischem Aufenthalt eines Ausländers. Deren gleichfalls (nach dortigem Verfahrensrecht) bestehende Zuständigkeit steht der Inanspruchnahme der Zuständigkeiten nach Abs. 1 nicht entgegen. Jedoch eröffnet Abs. 2 die Möglichkeit, trotz grundsätzlich gegebener Erforderlichkeit eines Tätigwerdens und Internationaler Zuständigkeit deutscher Gerichte mit Rücksicht auf ausländische Maßnahmen von eigenen Maßnahmen abzusehen (Rn. 22 ff.).

c) Keine ausschließliche Zuständigkeit. Die internationale Zuständigkeit deutscher Gerichte **20** ist, wie alle Zuständigkeiten nach §§ 98 ff., nicht ausschließlich (§ 106; zu den Folgerungen s. § 99 Rn. 57).

4. Zuständigkeitskonkurrenz mit ausländischen Gerichten. a) Im Anwendungsbereich 21 des ErwSÜ. Hat der Erwachsene seinen gewöhnlichen Aufenthalt in einem (anderen) Vertragsstaat des ErwSÜ, so bestimmt sich die Inanspruchnahme von Zuständigkeiten nach den im ErwSÜ geregelten Vorgaben. Insbesondere können deutsche Gerichte als Heimatgerichte des Betroffenen nur im Rahmen des Art. 7 ErwSÜ, also nach Information der Aufenthaltsbehörden und unter Beachtung der Sperrwirkung des Art. 7 Abs. 2 ErwSÜ, tätig werden (Rn. 14 f.). Im Übrigen ist eine Übergabe an bzw. Übernahme von einem anderen Vertragsstaat wie in Art. 8, 9 KSÜ (§ 99 FamFG Rn. 64) nur konsultativ gemäß Art. 8 ErwSÜ möglich (Rn. 16).

b) Unterbleiben einer inländischen Maßnahme (Abs. 2). aa) Im Anwendungsbereich des **22** Abs. 1 bestimmt sich das Unterbleiben einer inländischen Maßnahme im Fall der gleichzeitig bestehenden internationalen Zuständigkeit ausländischer Gerichte sowie die Abgabe einer Betreuung an das Ausland bzw. die Übernahme aus dem Ausland gemäß Abs. 2 entsprechend den **Regelungen in Kindschaftssachen** (§ 99 Abs. 2, 3, dort Rn. 66 ff., 75 ff.).

bb) Im Anwendungsbereich des Abs. 2 ergibt sich gegenüber Kindschaftssachen die Besonderheit, **23** dass bei Bestehen einer **ausländischen Vormundschaft** ggf. die inländische Bestellung eines Betreuers schon deshalb in Betracht kommen kann, weil hiermit ein milderer Eingriff in die (Persönlichkeits-)Rechte des Betroffenen verbunden ist. Grundsätzlich bleibt die nach pflichtgemäßem Ermessen zu treffende Entscheidung gemäß Abs. 2 iVm. § 99 Abs. 2 FamFG offen, auch wenn im Ausland eine Vormundschaft geführt wird und diese grundsätzlich nach § 108f. anerkennungsfähig wäre.[21] Abzuwägen ist der mögliche Vorteil einer inländischen Betreuung gegen die Nachteile, die sich daraus ergeben, dass mit der inländischen Betreuerbestellung die ausländische Vormundschaft ihre Anerkennungsfähigkeit einbüßt (§ 109 Abs. 1 Nr. 3) und umgekehrt auch die deutsche Maßnahme schwerlich Anerkennung in dem anderen Staat finden wird.

§ 105 Andere Verfahren

In anderen Verfahren nach diesem Gesetz sind die deutschen Gerichte zuständig, wenn ein deutsches Gericht örtlich zuständig ist.

Schrifttum: *Martiny,* Grenzüberschreitende Unterhaltsdurchsetzung nach europäischem und internationalem Recht, FamRZ 2008, 1681; *Schaal,* Internationale Zuständigkeit deutscher Nachlassgerichte nach der geplanten FGG-Reform, BWNotZ 2007, 154; *Zimmermann,* Die Nachlasssachen in der FGG-Reform, FGPrax 2006, 189.

Übersicht

	Rn.		Rn.
I. Normzweck	1–3	a) Europarecht und Völkerverträge	5
1. Grundsatz	1	b) Entsprechende Anwendung von § 201	6
2. Nachlass- und Teilungssachen	2, 3	3. Gewaltschutzsachen	7–9
a) Aufgabe des Gleichlaufprinzips	2	a) Europarecht und Völkerverträge	7, 8
b) Fremdrechtserbschein	3	b) Entsprechende Anwendung von § 211	9
II. Internationale Zuständigkeit in Familiensachen außer §§ 98 bis 104 (Buch 2)	4–22	4. Unterhaltssachen	10–14
1. Internationale Verbundzuständigkeit	4	a) Europarecht und Völkerverträge	10–13
2. Ehewohnungs- und Haushaltssachen	5, 6	b) Entsprechende Anwendung von § 232	14

---

[21] OLG Hamm Rpfleger 2003, 87.

§ 105 1–4

	Rn.		Rn.
5. Güterrechtssachen	15, 16	b) Nachlassspaltung	30
a) Europarecht und Völkerverträge	15	c) Teleologische Reduktion im Fall des § 343 Abs. 3	31
b) Entsprechende Anwendung von § 262	16	d) Antragsbeschränkung nach § 2369 Abs. 1 BGB	32, 33
6. Verfahren nach § 151 Nr. 7, § 312 Nr. 3	17–19	4. Immanente Zuständigkeitsschranken	34–41
a) Europarecht, Völkerverträge	17, 18	a) Methodische Konsistenz	34–36
b) Entsprechende Anwendung von §§ 152, 313 Abs. 3	19	b) Rechtsschutzverweigerung, Notzuständigkeiten	37, 38
7. Sonstige Familiensachen	20–22	c) Wesensfremde Tätigkeiten	39, 40
a) Europarecht, Völkerverträge	20, 21	d) Anerkennung ausländischer Nachlassverwalter und -zeugnisse	41
b) Entsprechende Anwendung von § 267	22		
III. Internationale Zuständigkeit in Nachlass- und Teilungssachen (Buch 4)	23–41	IV. Internationale Zuständigkeiten in sonstigen Angelegenheiten (Bücher 5 bis 8)	42–46
1. Europarecht, Völkerverträge	23	1. Registersachen, unternehmensrechtliche Verfahren	42, 43
2. Internationale Zuständigkeit entsprechend §§ 343 f.	24–28	a) Unternehmen	42
a) Aufgabe des Gleichlauf Grundsatzes	24	b) Güterrechtsregister	43
b) Anknüpfungskriterien	25–28	2. Weitere Angelegenheiten der FG	44
3. Gegenständlich beschränkte Erbscheine	29	3. Freiheitsentziehungssachen	45
a) Nachlassteile unter einem Einzelstatut (Art. 3 a Abs. 2 EGBGB)	29	4. Aufgebotssachen	46

I. Normzweck

1 **1. Grundsatz.** Die Bestimmung kodifiziert für die in §§ 98–104 nicht ausdrücklich geregelten, in den Anwendungsbereich des FamFG fallenden Verfahren den schon bisher anerkannten **Grundsatz**, wonach die örtliche Zuständigkeit die internationale Zuständigkeit indiziert.[1] Soweit dieser Grundsatz schon bisher Anwendung fand, ergeben sich Änderungen nur mittelbar durch die geänderte Struktur von Bestimmungen der örtlichen Zuständigkeit.

2 **2. Nachlass- und Teilungssachen. a) Aufgabe des Gleichlaufprinzips.** Hingegen galt nach bisher hM für in der Freiwilligen Gerichtsbarkeit zu entscheidende Nachlasssachen dieser Grundsatz nicht; vielmehr ergab sich im Umkehrschluss aus § 2369 aF BGB das **Gleichlaufprinzip**, wonach deutsche Gerichte grundsätzlich nur bei deutschem Erbstatut international zuständig waren.[2] Erklärtes Ziel der vorliegenden Bestimmung ist es, das Gleichlaufprinzip in Nachlass- und Teilungssachen aufzugeben und auch insoweit zur entsprechenden Anwendung der Bestimmungen zur örtlichen Zuständigkeit überzugehen.[3]

3 **b) Fremdrechtserbschein.** Die sich daraus ergebende Ausweitung der internationalen Zuständigkeit zur Erteilung gegenständlich unbeschränkter Fremdrechtserbscheine bei letztem inländischem Erblasserwohnsitz[4] wird vom Gesetzgeber hingenommen, da ein solcher Erbschein ohnehin keine Gewähr dafür biete, dass ein ausländischer Staat, in dem Nachlassgegenstände belegen sind, die Erbfolge ebenso beurteile, wie sie im Erbschein ausgewiesen ist; eine Gefährdung von Verkehrsinteressen ergebe sich nicht.[5] Die darin verborgene Aufforderung an Nachlassgerichte, unnütze Tätigkeiten zu verrichten, weil sie wenigstens nicht schädlich seien, ist nicht unbedenklich.[6] Die Neufassung des § 2369 BGB stellt es nun dem Antragsteller anheim, einen auf den inländischen Nachlass gegenständlich beschränkten Erbschein zu beantragen.

II. Internationale Zuständigkeit in Familiensachen außer §§ 98 bis 104 (Buch 2)

4 **1. Internationale Verbundzuständigkeit.** Der Grundsatz der Anbindung der internationalen an die örtliche Zuständigkeit gilt nicht für Familiensachen, die als Folgesachen einer Scheidungssache (§ 137) oder einer Lebenspartnerschaftssache nach § 269 Abs. 1 Nr. 1 anhängig sind. Insoweit folgt die internationale Zuständigkeit für die Folgesache aus der internationalen Zuständigkeit für die

---

[1] Gesetzentwurf FamFG BT-Drucks. 16/6308, zu § 105.
[2] BayObLG NJW 1987, 1148; zum Streitstand vor Inkrafttreten des FamFG *Staudinger/Dörner*, 2007, Art. 25 EGBGB Rn. 834 ff.
[3] Gesetzentwurf FamFG BT-Drucks. 16/6308, zu § 105.
[4] *Musielak/Borth* Rn. 3.
[5] Gesetzentwurf FamFG BT-Drucks. 16/6308, zu § 105.
[6] Kritisch auch *Zimmermann* FGPrax 2006, 189, 191.

Andere Verfahren   5–10 § 105

Scheidungs- bzw. Lebenspartnerschaftssache iSd. § 269 Abs. 1 Nr. 1 (§ 98 Abs. 2, § 270 Abs. 1 iVm. § 98 Abs. 2).

2. Ehewohnungs- und Haushaltssachen. a) Europarecht und Völkerverträge. Vorrangige 5 europarechtliche oder völkervertragliche Regelungen bestehen nicht. Insbesondere ist die Brüssel I-VO bzw. das Luganer Übereinkommen nicht anzuwenden, da in autonom-europäischer Auslegung Ehewohnungs- und Haushaltssachen als „ehegüterrechtlich" iSd. Ausnahmetatbestandes in Art. 1 Abs. 2 lit. a Brüssel I-VO (Art. 1 Abs. 2 Nr. 1 Luganer Übereinkommen) einzuordnen sind (vgl. § 98 Rn. 107).[7]

b) Entsprechende Anwendung von § 201. Für die in § 200 genannten Verfahren (§§ 1361a, 6 1361b, 1568a, 1568b BGB) bestimmt sich die internationale Zuständigkeit entsprechend § 201. Deutsche Gerichte sind international zuständig, wenn im Inland eine Ehesache (nicht notwendig eine Scheidungssache, dann Verbund, Rn. 4) anhängig ist (§ 201 Nr. 1), wenn sich im Inland die gemeinsame Wohnung der Ehegatten befindet (§ 201 Nr. 2) oder eine der Parteien Inland gewöhnlichen Aufenthalt hat (§ 201 Nr. 3, 4). Die geringfügigen Abweichungen in den am gewöhnlichen Aufenthalt einer Partei orientierten Zuständigkeitskriterien des § 201 gegenüber § 11 aF Hausrats-VO wirken sich auf die internationale Zuständigkeit nicht aus.

3. Gewaltschutzsachen. a) Europarecht und Völkerverträge. aa) Zweifelhaft ist die An- 7 wendbarkeit der **Brüssel I-VO.** Soweit Gewaltschutzsachen zwischen Ehegatten betroffen sind, ist wegen der sachlichen Nähe zu Ehewohnungssachen (Rn. 5) eine entsprechende Anwendung der Bereichsausnahme in Art. 1 Abs. 2 lit. a Brüssel I-VO geboten. Dasselbe gilt, folgt man der hier vertretenen Ansicht zur Ausdehnung der Bereichsausnahme auf güterrechtliche Streitigkeiten in der ELP (§ 103 Rn. 22)[8] für Gewaltschutzsachen zwischen eingetragenen Lebenspartnern. Hingegen lässt sich für nicht durch Ehe oder ELP verbundene Personen eine Analogie zu der Bereichsausnahme der „ehelichen Güterstände" schwerlich vertreten. Insoweit hat das Zuständigkeitssystem der Brüssel I-VO Vorrang, wenn der Antragsgegner Wohnsitz in einem Mitgliedstaat hat. Verfahren nach § 1 GewSchG sind in diesem Fall grundsätzlich deliktischer Natur iSd. Art. 5 Nr. 3 Brüssel I-VO,[9] so dass deutsche Gerichte international zuständig sind, wenn entweder der Antragsgegner inländischen Wohnsitz hat (Art. 2 Brüssel I-VO) oder die Tat im Inland begangen wurde (Art. 5 Nr. 3 Brüssel I-VO). Verfahren nach § 2 GewSchG sollten in die ausschließliche Zuständigkeit nach Art. 22 Nr. 1 Brüssel I-VO fallen, da sie unmittelbar das Recht zur Nutzung einer Immobilie zum Gegenstand haben. Deutsche Gerichte sind damit bei inländischer Belegenheit der gemeinsamen Wohnung der Parteien ausschließlich zuständig.

bb) Im selben sachlichen Umfang (Rn. 7) ist auch das **Luganer Übereinkommen** anzuwenden, 8 wenn der Antragsgegner seinen Wohnsitz in einem Vertragsstaat hat, der nicht Mitgliedstaat iSd. Brüssel I-VO ist. Andere völkervertragliche Regelungen der internationalen Zuständigkeit, die sich auf Verfahren nach §§ 1, 2 GewSchG beziehen, bestehen nicht.

b) Entsprechende Anwendung von § 211. Für Verfahren nach §§ 1, 2 GewSchG sind deutsche 9 Gerichte international zuständig, wenn die Tat im Inland begangen wurde (§ 211 Nr. 1 FamFG), wenn sich die gemeinsame Wohnung der Parteien im Inland befindet (§ 211 Nr. 2 FamFG) oder wenn der Antragsgegner seinen gewöhnlichen Aufenthalt im Inland hat (§ 211 Nr. 3). Zur Bestimmung des Tatortes sind die zu Art. 5 Nr. 3 Brüssel I-VO bzw. § 32 ZPO geltenden Grundsätze entsprechend anwendbar, es sind also Handlungs- und Erfolgsort gleichermaßen zuständigkeitsbegründend.[10] *Stalking mit Fernkommunikationsmitteln* (§ 1 Abs. 2 Nr. 2 lit. b GewSchG), begangen aus dem Ausland gegen einen im Inland lebenden Antragsteller, begründet also die internationale Zuständigkeit deutscher Gerichte. Die internationale Zuständigkeit deutscher Gerichte besteht überdies in Fällen des § 1 Abs. 2 S. 1 Nr. 1 GewSchG bereits dann, wenn sich die Drohung auf die Begehung einer Tat im Inland bezieht.

4. Unterhaltssachen. a) Europarecht und Völkerverträge. aa) Die internationale Zuständig- 10 keit deutscher Gerichte in Unterhaltssachen iSd. § 231 Abs. 1 FamFG beurteilt sich bisher[11] nach der **Brüssel I-VO,** wenn der Antragsgegner seinen Wohnsitz in einem Mitgliedstaat hat (Art. 3 Abs. 1 Brüssel I-VO).[12] Deutsche Gerichte sind international zuständig, wenn der Unterhaltsbeklagte

---

[7] AA oben § 621 ZPO Rn. 185; wie hier: *Johannsen/Henrich/Sedemund-Treiber* § 621 ZPO Rn. 23.
[8] AA oben Band 3 Art. 1 Brüssel I-VO/EuGVÜ Rn. 15.
[9] *Jansen/Wick* § 64 FGG Rn. 44; *Keidel/Kuntze/Winkler/Weber* § 64 FGG Rn. 18 p.
[10] Im Einzelnen oben § 32 ZPO Rn. 20; oben Band 3 Art. 5 Brüssel I-VO/EuGVÜ Rn. 62, 63.
[11] Zum zeitlichen Anwendungsbereich BGH NJW-RR 2005, 1593.
[12] Unklar OLG Brandenburg JAmt 2006, 521, das den räumlich-persönlichen Anwendungsbereich aus Art. 2, 5 Nr. 2 Brüssel I-VO herleiten will.

§ 105 11–13   Buch 1. Abschnitt 9. Verfahren mit Auslandsbezug

(Antragsgegner) seinen Wohnsitz in Deutschland hat (Art. 2 Brüssel I-VO) oder wenn der Unterhaltskläger (Antragsteller) seinen Wohnsitz oder seinen gewöhnlichen Aufenthalt in Deutschland hat (Art. 5 Nr. 2 Brüssel I-VO); Art. 5 Nr. 2 Brüssel I-VO bestimmt zugleich die örtliche Zuständigkeit. Überdies kann sich die internationale Zuständigkeit deutscher Gerichte aus einer Gerichtsstandsvereinbarung (Art. 23 Brüssel I-VO) oder rügeloser Einlassung (Art. 24 Brüssel I-VO) ergeben. Unterhaltssachen iSd. § 231 Abs. 2 sind als solche der sozialen Sicherheit (Art. 1 Abs. 2 lit. c Brüssel I-VO) bzw. als Steuersachen (Art. 1 Abs. 1 S. 2 Brüssel I-VO) nicht erfasst. Sie unterscheiden sich insbesondere von dem nach Ansicht des BGH[13] in den Anwendungsbereich des Art. 5 Nr. 2 Brüssel I-VO einbezogenen Anspruch auf Erstattung der aus dem begrenzten Realsplitting entstandenen Nachteile, weil dieser Anspruch dem Unterhaltsgläubiger zusteht, während die Ansprüche aus den in § 231 Abs. 2 genannten Bestimmungen dem Ausgleich sozial- und steuerrechtlicher kindbezogener Leistungen zwischen Unterhaltspflichtigen dienen.

11 bb) Für nach Anwendbarkeit der **EG-UnterhaltsVO** (voraussichtlich ab **18. 6. 2011**, dazu § 97 Rn. 59) eingeleitete Unterhaltsverfahren (Art. 75 Abs. 1 EG-UnterhaltsVO) entfällt grundsätzlich die Anwendbarkeit der Brüssel I-VO auf Unterhaltssachen. Höchst komplex stellt sich die Rechtslage im Verhältnis zu Dänemark[14] und dem Vereinigten Königreich[15] dar. Da die EG-UnterhaltsVO ihren räumlichen Anwendungsbereich nicht, wie die Brüssel I-VO, auf Fälle des Beklagtenwohnsitzes in einem Mitgliedstaat beschränkt, sondern das Modell der generellen Anwendung bei Vorbehalt von Auffangzuständigkeiten übernimmt und überdies, anders als die Brüssel II a-VO, diese Auffangzuständigkeiten autonom bestimmt (daher nicht „Restzuständigkeiten"), verdrängt die EG-UnterhaltsVO vollständig die Anwendung von § 105 auf Unterhaltssachen iSd. § 231 Abs. 1. Dies gilt insbesondere auch für Lebenspartnerschaftssachen nach § 269 Abs. 1 Nr. 9, da Art. 1 Abs. 1 EG-UnterhaltsVO Beziehungen, die nach einschlägigem Recht eine Wirkung wie Familienbeziehungen entfalten, in den Anwendungsbereich einbezieht. Hingegen sind Unterhaltssachen nach § 231 Abs. 2 in autonomer Qualifikation nicht in den Anwendungsbereich des Art. 1 Abs. 1 EG-UnterhaltsVO einzubeziehen.

12 International zuständig sind deutsche Gerichte nach Art. 3 EG-UnterhaltsVO, wenn der Antragsgegner oder der Antragsteller gewöhnlichen Aufenthalt in Deutschland hat (Art. 3 lit. a, b EG-UnterhaltsVO); diese Regelung erstreckt sich auch auf die örtliche Zuständigkeit. Maßgeblich ist also im Gegensatz zur Brüssel I-VO nicht mehr der nach nationalem Recht bestimmte Wohnsitz. Darüber hinaus begründet Art. 3 lit. c EG-UnterhaltsVO eine internationale und örtliche „Sorgerechtsverbund[16]"-Zuständigkeit des Gerichts, das nach der Brüssel II a-VO zur Entscheidung einer Sorgerechtsklage (Kindschaftssache) zuständig ist, wenn in diesem Verfahren ein Unterhaltsanspruch geltend gemacht wird. Gerichtsstandsvereinbarungen und rügelose Einlassung bleiben gemäß Art. 4, 5 EG-UnterhaltsVO möglich. Ergibt sich nach Art. 3 bis 5 EG-UnterhaltsVO keine internationale Zuständigkeit in einem (anderen) Mitgliedstaat, so sind deutsche Gerichte gemäß Art. 6 EG-UnterhaltsVO international (auffang-)zuständig, wenn beide Parteien des Unterhaltsrechtsstreits Deutsche sind oder über Unterhaltsansprüche zwischen Ehegatten bzw. ehemaligen Ehegatten zu entscheiden ist, die ihren letzten gemeinsamen gewöhnlichen Aufenthalt in Deutschland hatten und diesen erst weniger als ein Jahr vor Antragstellung aufgegeben haben.

13 cc) Das Zuständigkeitssystem des **Luganer Übereinkommens** ist anzuwenden, wenn der Antragsgegner Wohnsitz in einem Vertragsstaat hat, der nicht Mitgliedstaat der Brüssel I-VO ist (§ 97 Rn. 33).[17] Dies gilt auch nach Inkrafttreten der EG-UnterhaltsVO (Art. 69 Abs. 1 EG-Unterhalts-

---

[13] BGH NJW-RR 2008, 156.
[14] Bei Wohnsitz des Unterhaltsbeklagten in Dänemark gilt an sich weiterhin die Brüssel I-VO in ihrer bisherigen Fassung, solange Dänemark nicht von der Möglichkeit nach Erwägungsgrund Nr. 48 zur EG-UnterhaltsVO Gebrauch macht, die durch die EG-UnterhaltsVO erfolgenden Änderungen der Brüssel I-VO anzuwenden. Tut Dänemark dies nicht, so tritt freilich das EG-dänische Anwendungsübereinkommen zur Brüssel I-VO nach Maßgabe seines Art. 3 Nr. 7 außer Kraft, dh., die Anwendung der Brüssel I-VO entfällt vollständig. Da ein völkervertragliches Anwendungsübereinkommen mit Dänemark für die EG-UnterhaltsVO nicht geplant ist, hätte die Anwendung der Änderungen der Brüssel I-VO durch Dänemark jedoch in Unterhaltssachen ebenfalls zur Folge, dass die Anwendung der Brüssel I-VO entfällt; damit wird für Unterhaltssachen im Verhältnis zu Dänemark, so oder so, das – nicht gekündigte – EuGVÜ wieder anwendbar.
[15] Hingegen nimmt das Vereinigte Königreich zwar ebenfalls nicht an der EG-UnterhaltsVO teil, ist aber Mitgliedstaat iSd. bisherigen Brüssel I-VO und auch nicht bei Meidung einer Aufkündigung verpflichtet, deren Änderungen durch die EG-UnterhaltsVO zu übernehmen. Bei S. Wohnsitz des Unterhaltsbeklagten im Vereinigten Königreich gilt also weiterhin die Brüssel I-VO bisheriger Fassung.
[16] Zum Ehesachenverbund nach Art. 3 lit. c EG-UnterhaltsVO siehe § 98 Rn. 104.
[17] Vgl. OLG Dresden NJW 2007, 446.

VO). Weitere völkervertragliche Rechtsinstrumente, welche die internationale Zuständigkeit in Unterhaltssachen regeln, bestehen nicht.[18]

b) Entsprechende Anwendung von § 232. In dem – nach Inkrafttreten der EG-UnterhaltsVO 14 auf Unterhaltssachen nach § 231 Abs. 2 beschränkten – Anwendungsbereich des § 105 bestimmt sich die internationale Zuständigkeit in isolierten Unterhaltssachen entsprechend § 232 Abs. 1 Nr. 2, Abs. 3. Anders als die örtliche Zuständigkeit aus § 232 Abs. 1 Nr. 2 ist die entsprechende internationale Zuständigkeit nicht ausschließlich. § 106 ist die für die internationale Zuständigkeit vorrangige speziellere Regelung.

5. Güterrechtssachen. a) Europarecht und Völkerverträge. Völkervertragliche oder europa- 15 rechtliche Regelungen der internationalen Zuständigkeit in Güterrechtssachen iSd. § 261 bestehen nicht. Insbesondere ist die Brüssel I-VO unstreitig auf Grund der Bereichsausnahme in Art. 1 Abs. 2 lit. a Brüssel I-VO auf Streitigkeiten aus dem ehelichen Güterrecht nicht anwendbar.[19] Zur entsprechenden Anwendung dieser Ausnahme auf Lebenspartnerschaftssachen nach § 269 Nr. 10 s. § 103 Rn. 22.

b) Entsprechende Anwendung von § 262. Die internationale Zuständigkeit deutscher Gerich- 16 te in isolierten Güterrechtssachen bestimmt sich damit umfassend entsprechend § 262 Abs. 2, der insoweit auf die Zuständigkeiten der ZPO mit der Maßgabe verweist, dass in §§ 12, 13 ZPO an die Stelle des Wohnsitzes der gewöhnliche Aufenthalt des Antragsgegners tritt. Dies entspricht der schon vor Inkrafttreten des FamFG geltenden Rechtslage. Die internationale Zuständigkeit deutscher Gerichte besteht insbesondere bei gewöhnlichem Aufenthalt (entsprechend §§ 12, 13 ZPO) des Antragsgegners in Deutschland sowie bei Vermögensbelegenheit in Deutschland, sofern der § 23 ZPO beschränkende weitere Inlandsbezug[20] besteht.

6. Verfahren nach § 151 Nr. 7, § 312 Nr. 3. a) Europarecht, Völkerverträge. Für die von 17 § 99 Abs. 1 und § 104 Abs. 3 nicht erfasste Unterbringung nach Landesgesetzen über die Unterbringung psychisch Kranker kommt bei **Minderjährigen** die Anwendung der Brüssel II a-VO, des MSA und künftig des KSÜ nach Maßgabe von deren räumlichen Anwendungsbereichen (§ 99 Rn. 13 ff.) in Betracht. Bei **Erwachsenen** ist die Bestimmung der internationalen Zuständigkeit nach dem ErwSÜ in Betracht zu ziehen. Fraglich ist, ob eine solche Unterbringung in den jeweiligen sachlichen Anwendungsbereich (elterliche Verantwortung, Schutzmaßnahme) dieser Rechtsinstrumente fällt. Auszugehen ist davon, dass die Abgrenzung zivilrechtlicher gegen öffentlich-rechtliche Maßnahmen trotz unterschiedlicher Gestaltung der Negativkataloge (Art. 1 Abs. 3 Brüssel II a-VO, Art. 4 KSÜ) einheitlich zu beurteilen ist.[21] Auch wenn es sich bei der Unterbringung nach Landesrecht aus Sicht des deutschen Rechts um eine öffentlich-rechtliche Maßnahme handelt, liegt keine öffentliche Maßnahme allgemeiner Art iSd. Art. 4 lit. h KSÜ, Art. 4 Abs. 1 lit. f ErwSÜ vor, sondern grundsätzlich eine individuelle Maßnahme der Unterbringung iSd. Art. 3 lit. e KSÜ bzw. ErwSÜ.

Nicht erfasst sind freilich Maßnahmen, die dem **Schutz der öffentlichen Sicherheit** dienen, 18 auch wenn Art. 4 KSÜ dies nicht in gleicher Weise ausdrücklich klarstellt wie Art. 4 lit. i ErwSÜ. Einbezogene Schutzmaßnahmen zugunsten des Betroffenen sind damit abzugrenzen gegen Maßnahmen, die überwiegend dem Schutz der Allgemeinheit dienen und daher nicht dem KSÜ (und der Brüssel II a-VO) sowie dem ErwSÜ unterfallen.[22] Landesgesetzliche Unterbringung setzt nun aber entweder eine erhebliche Gefährdung der öffentlichen Ordnung oder eine erhebliche Selbstgefährdung voraus[23] und dient damit regelmäßig sowohl dem Schutz der Allgemeinheit als auch dem Schutz des Betroffenen.[24] Auf solche ambivalenten Unterbringungsmaßnahmen, die zumindest auch auf den Schutz des Betroffenen abzielen, sind KSÜ, Brüssel II a-VO und ErwSÜ anwendbar.[25] Aus dem Anwendungsbereich ausgenommen sind also nur Maßnahmen, die ausschließlich oder ganz überwiegend auf den Schutz der Allgemeinheit vor dem psychisch Kranken abzielen.

b) Entsprechende Anwendung von §§ 152, 313 Abs. 3. Soweit die internationale Zuständig- 19 keit deutscher Gerichte nach deutschem Verfahrensrecht zu bestimmen ist – was selten der Fall sein dürfte, da bei gewöhnlichem Aufenthalt des Betroffenen in Deutschland die europarechtlichen bzw.

---

[18] *Martiny* FamRZ 2008, 1681, 1683.
[19] Oben § 621 ZPO Rn. 185.
[20] Dazu oben § 23 Rn. 2 ff.
[21] Klarstellend hierzu Erwägungsgrund Nr. 10 zur Brüssel II a-VO, *Rauscher/Rauscher* Art. 1 Brüssel II a-VO Rn. 21 f.
[22] *Helms* FamRZ 2008, 1995, 1996; *Siehr* RabelsZ 2000, 715, 726.
[23] BayObLG NJW 1999, 1789.
[24] *Jansen/Sonnenfeld* Vorbem. zu §§ 70–70 n FGG Rn. 14.
[25] Für das ErwSÜ ausdrücklich *Staudinger/von Hein*, 2008, Vorbem. Art. 24 EGBGB Rn. 66.

§ 105 20–24   Buch 1. Abschnitt 9. Verfahren mit Auslandsbezug

völkervertraglichen Instrumente (Rn. 17) vorgehen – bestimmt sich die internationale Zuständigkeit bei Minderjährigen entsprechend § 152, bei Erwachsenen entsprechend § 313 Abs. 3. Die sich aus § 313 Abs. 3 iVm. § 105 ergebende internationale Zuständigkeit ist, anders als die örtliche, nicht ausschließlich (§ 106).

20   **7. Sonstige Familiensachen. a) Europarecht, Völkerverträge. aa)** Für die sonstigen Familiensachen iSd. § 266, die als Sammelbecken[26] für bisher den Zivilgerichten zugewiesene, nun als Familienstreitsachen[27] in die Zuständigkeit des „Großen" Familiengerichts fallende ehe-, familien- und kindschaftsbezogene Streitigkeiten dienen, kommt fallweise die Anwendbarkeit der **Brüssel I-VO** bzw. des **Luganer Übereinkommens** in Betracht. Da es sich sämtlich um Zivilsachen iSd. Art. 1 Abs. 1 beider Instrumente handelt, können der Anwendung nur die Bereichsausnahmen des Personenstandes sowie der ehelichen Güterstände entgegenstehen. Der Personenstand als solcher ist freilich in keiner Fallgruppe des § 266 Abs. 1 berührt. Ehegüterrechtlicher Natur im Sinn einer weiten autonomen Auslegung können hingegen Ausgleichsansprüche im Anwendungsbereich des § 266 Abs. 1 Nr. 2 und Nr. 3 sein, auch wenn sie im deutschen Recht als vermögensrechtliche Ansprüche aus dem Ehewirkungsrecht oder dem Schuldrecht eingeordnet sind (zB Anspruch aus § 313 BGB wegen Rückforderung einer ehebedingten unbenannten Zuwendung). Andererseits sind auf Mitwirkung gerichtete Ansprüche (zB Zustimmung zur gemeinsamen Veranlagung oder zum begrenzten Realsplitting aus § 1353 BGB) selbst bei weitem europäischem Verständnis nicht ehegüterrechtlich zu qualifizieren. Entscheidendes Abgrenzungskriterium ist die Zugehörigkeit einer Regelung zu der zwischen den Ehegatten als solchen bestehenden Vermögensordnung.[28]

21   **bb)** Die **Brüssel II a-VO** und das **KSÜ**, die *prima facie* im Hinblick auf Sonstige Familiensachen nach § 266 Abs. 1 Nr. 4, 5 in Betracht zu ziehen scheinen, sind hingegen nicht anwendbar. Soweit diese Familiensachen die elterliche Sorge oder den Umgang betreffen, handelt es sich um Folgeansprüche, die in der Regel auf Schadensersatz wegen der Verletzung familienrechtlicher Pflichten gerichtet sind, nicht aber die Regelung der elterlichen Sorge oder des Umgangs betreffen. Erst recht ist das **MSA** nicht anzuwenden, da es sich bei solchen Ansprüchen nicht um Schutzmaßnahmen handelt.

22   **b) Entsprechende Anwendung von § 267.** Soweit sich die internationale Zuständigkeit deutscher Gerichte nach deutschem Verfahrensrecht bestimmt, gelten in entsprechender Anwendung von § 267 Abs. 1 die Bestimmungen der ZPO entsprechend, wobei für den allgemeinen Gerichtsstand (§§ 12, 13 ZPO) der gewöhnliche Aufenthalt an die Stelle des Wohnsitzes tritt (vgl. ebenso für Güterrechtssachen oben Rn. 16).

III. Internationale Zuständigkeit in Nachlass- und Teilungssachen (Buch 4)

23   **1. Europarecht, Völkerverträge.** Europarechtliche Bestimmungen der internationalen Zuständigkeit in Nachlasssachen bestehen derzeit nicht; die Brüssel I-VO ist gemäß der Bereichsausnahme in Art. 1 Abs. 2 lit. a Brüssel I-VO nicht auf das Erbrecht anwendbar. Ein spezifisch erbkollisions- und -verfahrensrechtliches Instrument befindet sich jedoch im Stadium eines Verordnungsvorentwurfs (**„Rom IV-VO"**).[29] Völkervertragliche Bestimmungen zur internationalen Zuständigkeit bestehen teilweise[30] im Rahmen von Konsularabkommen (§ 97 Rn. 38).

24   **2. Internationale Zuständigkeit entsprechend §§ 343 f. a) Aufgabe des Gleichlauf Grundsatzes.** Die internationale Zuständigkeit in den dem Nachlassgericht zugewiesenen[31] Nachlass- und Teilungssachen gemäß § 343 bestimmt sich im Gegensatz zum vordem in der Rechtsprechung herrschenden Gleichlauf Grundsatz entsprechend der örtlichen Zuständigkeit.[32] Die internationale Zuständigkeit hängt damit nicht mehr von der Anwendbarkeit deutschen Rechts als Erbstatut gemäß Art. 25 Abs. 1 EGBGB ab. Entsprechend bedarf es bei ausländischem Erbstatut keiner Erweiterung der internationalen Zuständigkeit in Ansehung inländischen Nachlasses, wie sie § 2369 aF BGB vorsah.

---

[26] Dazu *Wever* FF 2008, 399, 400.
[27] Gesetzentwurf FamFG BT-Drucks. 16/6308, zu § 266 Abs. 1.
[28] EuGH RS. 143/78 *(De Cavel/De Cavel I)* EuGHE 1979, 1055.
[29] Discussion Paper Succession upon Death vom 30. 6. 2008.
[30] Zur Anwendung des deutsch-türkischen Konsularvertrags auf einen Erbprätendentenstreit: LG München I FamRZ 2007, 1250.
[31] Erbrechtliche Prozesse unterliegen weiterhin auch in Ansehung der internationalen Zuständigkeit den Bestimmungen der ZPO.
[32] Gesetzentwurf FamFG BT-Drucks. 16/6308, zu § 105; *Rohlfing* ErbR 2008, 144, 150; *Zimmermann* FGPrax 2006, 189, 191.

b) Anknüpfungskriterien. aa) Deutsche Nachlassgerichte sind allgemein für die Verrichtungen 25
nach § 343 Abs. 1 und 2 international zuständig, wenn der Erblasser seinen **letzten Wohnsitz in
Deutschland** hatte (§ 343 Abs. 1). Der Wohnsitz bestimmt sich unbeschadet des anwendbaren
Erbstatuts nach §§ 7 ff. BGB.

bb) Deutsche Nachlassgerichte sind international zuständig, wenn der **Erblasser Deutscher** war 26
(§ 343 Abs. 2). Dies gilt auch dann, wenn der Erblasser daneben eine andere Staatsangehörigkeit
besessen hat und/oder seinen letzten Wohnsitz im Ausland hatte. Die durch § 343 Abs. 2 in diesem
Fall bestimmte örtliche Zuständigkeit des AG Schöneberg ist gerade Ausdruck der Beanspruchung
einer internationalen Zuständigkeit in dieser Fallgruppe.

cc) Deutsche Nachlassgerichte sind auch international zuständig, wenn sich **Nachlassgegen-** 27
stände im Inland befinden (§ 343 Abs. 3).

c) Umfassende Zuständigkeit. Grundsätzlich ist die internationale Zuständigkeit in den drei 28
vorgenannten Fällen **umfassend,** insbesondere ist auch nach einem mit letztem Wohnsitz in
Deutschland verstorbenen Erblasser ein gegenständlich unbeschränkter Erbschein zu erteilen, der die
Erbfolge in Anwendung des von Art. 25 Abs. 1 iVm. Art. 4 Abs. 1 bzw. Art. 25 Abs. 2 EGBGB
(Rück- und Weiterverweisung) berufenen Rechts ausweist.

3. Gegenständlich beschränkte Erbscheine.[33] **a) Nachlassteile unter einem Einzelstatut** 29
(Art. 3a Abs. 2 EGBGB). Zu beachten ist in allen Fällen der umfassenden internationalen
Zuständigkeit deutscher Gerichte ggf. auch ein nach Art. 3a Abs. 2 EGBGB bestehendes **Einzel-**
statut, das Vorrang gegenüber dem von Art. 25 EGBGB berufenen Gesamtstatut beansprucht.[34]
Ergeben sich im Erbscheinsverfahren Hinweise auf das Vorhandensein eines einem Einzelstatut
unterliegenden Nachlassgegenstandes (insbesondere eines in Frankreich oder einem Common Law-
Staat belegenen Grundstücks), so kann ein Erbschein nicht umfassend nach dem von Art. 25 EGBGB
berufenen Recht erteilt werden. In diesem Fall ergibt sich die Notwendigkeit der gegenständlichen
Beschränkung nicht, wie unter dem bisher geltenden Gleichlauf Grundsatz, aus der Anwendung
fremden Rechts. Vielmehr ist das durch deutsches IPR berufene Erbstatut gespalten, so dass mehrere,
ggf. in einer Urkunde zusammengefasste, Erbscheine zu erteilen sind, die die Erbfolge in die
unterschiedlichen Erbstatuten unterliegenden Nachlassteile ausweisen.

b) Nachlassspaltung. Dasselbe gilt, wenn sich auf Grund teilweiser Rück- oder Weiterverwei- 30
sung (Art. 25 Abs. 1 iVm. Art. 4 Abs. 1 EGBGB) mehrere Erbstatute ergeben, die auf bestimmte
Teilnachlässe anwendbar sind. Gleiches gilt im Fall des Art. 25 Abs. 2 EGBGB, wenn der Erblasser
deutsches Recht für inländischen Immobiliarnachlass gewählt hat und das Erbstatut im Übrigen eine
ausländische Rechtsordnung ist.

c) Teleologische Reduktion im Fall des § 343 Abs. 3. Die Begründung des Gesetzentwurfs[35] 31
geht womöglich davon aus, dass auch die durch § 343 Abs. 3 iVm. § 105 begründete internationale
Zuständigkeit umfassend sein solle. Die Streichung des in § 73 Abs. 3 S. 2 aF FGG enthaltenen
Hinweises auf § 2369 Abs. 2 BGB wird damit begründet, dass die Belegenheit von Nachlassgegenständen für die internationale Zuständigkeit keine Bedeutung mehr habe. Dies gilt freilich gerade
nicht für den Fall des § 343 Abs. 3, der die internationale Zuständigkeit nur an die inländische
Nachlassbelegenheit anknüpft. Damit bleibt in diesem Fall fraglich, ob jeder inländische Nachlassgegenstand eine universelle internationale Zuständigkeit deutscher Nachlassgerichte begründet. Daraus, dass die örtliche Zuständigkeit eines Gerichts, in dessen Bezirk sich Nachlassgegenstände
befinden, sich auf alle Nachlassgegenstände erstreckt, folgt jedoch nicht zwangsläufig eine umfassende
internationale Zuständigkeit deutscher Gerichte für im Ausland belegenen Nachlass. § 343 Abs. 3
soll in seinem direkten Anwendungsbereich wie schon § 73 Abs. 3 S. 1 aF FGG, der mit Rücksicht
auf § 2369 aF BGB und den Gleichlauf Grundsatz bisher nur auf inländischen Nachlass Anwendung
fand, eine inländische Zuständigkeitszersplitterung vermeiden. Vielmehr ist zu fragen, ob die Inanspruchnahme einer umfassenden internationalen Zuständigkeit wegen irgendeines in Deutschland
belegenen Nachlassgegenstandes zweckentsprechend ist. Die zu der vergleichbaren Fragestellung bei
§ 23 ZPO gefundene Beschränkung spricht auch hier dafür, die internationale Zuständigkeit deutscher Gerichte aus § 343 Abs. 3 auf den sie begründenden inländischen Nachlass zu beschränken.

---

[33] Zur Gestaltung von Erbscheinen in Anwendung ausländischen Erbstatuts MünchKommBGB/*Birk* Art. 25 EGBGB Rn. 327 ff.
[34] Dazu MünchKommBGB/*Sonnenberger* Art. 3 EGBGB Rn. 20 (Art. 3a Abs. 2 EGBGB entspricht Art. 3 Abs. 3 EGBGB in der bis 10. 1. 2009 geltenden Fassung).
[35] Gesetzentwurf FamFG BT-Drucks. 16/6308, zu § 343 Abs. 3 einerseits, andererseits aber Begründung zu § 105 aE, wo eine umfassende internationale Zuständigkeit als Folge der Aufgabe des Gleichlauf Grundsatzes nur für den Fall des Erblassers ausländischer Staatsangehörigkeit mit letztem Wohnsitz im Inland angemerkt ist.

32 d) **Antragsbeschränkung nach § 2369 Abs. 1 BGB. aa)** Mit der umfassenden internationalen Zuständigkeit deutscher Gerichte zur Erbscheinerteilung verbinden sich Nachteile, insbesondere dann, wenn im Ausland belegener Nachlass einem anderen Erbstatut unterliegt als der inländische Nachlass und die Erben für einen voraussichtlich nutzlosen, im ausländischen Belegenheitsstaat nicht anerkennungsfähigen, deutschen Erbschein die Kosten der Ermittlung ausländischen Rechts in Betracht ziehen müssten. § 2369 Abs. 1 BGB erlaubt vor diesem Hintergrund die **Beschränkung des Erbscheinsantrags** auf die im Inland befindlichen Nachlassgegenstände, wenn zur Erbschaft auch Gegenstände gehören, die sich im Ausland befinden. Über diese Möglichkeit sind Antragsteller bei Entgegennahme eines Erbscheinsantrags zu belehren, schon um die durch § 105 hervorgerufene Illusion zu dämpfen, dass ein nun umfassend zu erteilender deutscher Erbschein im Ausland anerkannt würde. Der durch Aufgabe des Gleichlaufs bewirkte Paradigmenwechsel mag methodisch stimmig sein (dazu Rn. 29 ff.), er ändert aber nicht die Anerkennungslage. Nur ein häufiger Einsatz von § 2369 BGB kann vermeiden, dass den Erben durch die erweiterte deutsche Zuständigkeit Steine (Kosten der Rechtsermittlung) statt Brot (universell wirksame Erbscheine) gegeben werden.

33 **bb)** Im Gegensatz zu der sich aus § 2369 aF BGB ergebenden zwingenden Beschränkung auf Fälle ausländischen Erbstatuts kann eine solche Beschränkung auch beantragt werden, wenn der **Erblasser Deutscher** ist.[36] Dies erscheint durchaus sinnvoll, wenn ausländische Nachlassgegenstände einem Einzelstatut unterliegen (Rn. 29). Hingegen ist eine Beschränkung auf Teile des inländischen Nachlasses, auch wenn diese, zB auf Grund gespaltener Rückverweisung oder Rechtswahl nach Art. 25 Abs. 2 EGBGB, unterschiedlichen Erbstatuten unterliegen, durch § 2369 BGB nicht eröffnet.[37]

34 **4. Immanente Zuständigkeitsschranken. a) Methodische Konsistenz. aa)** Die durch die Abkehr vom Gleichlauf Grundsatz sich für die praktische Nachlassabwicklung ergebenden Konsequenzen sind geringer als der zwischen Schrifttum und Rechtsprechung zur alten Rechtslage ausgetragene Streit vermuten lässt. Der Vorzug der Neuregelung besteht zunächst in der **methodischen Harmonisierung** der Herleitung der deutschen internationalen Nachlassverfahrenszuständigkeit mit dem allgemeinen Grundsatz der Konkordanz zur örtlichen Zuständigkeit. Darin bestand auch im Schrifttum das überzeugendste Argument gegen das Gleichlaufprinzip, das der Gesetzgeber des FamFG aufgreift.[38]

35 **bb)** Ebenfalls ein Aspekt (nur) methodischer Konsistenz der Regelung ist die mit der Aufgabe des Gleichlaufs verbundene Abkehr von dem Argument, durch Verweisung der Erben an die Gerichte des Staates des Erbstatuts werde der **internationale Entscheidungseinklang** gefördert.[39] Immerhin überzeugte dieses Argument ebenso wenig wie das Gegenargument des Schrifttums, Entscheidungseinklang sei ohnehin nicht durchweg erreichbar, das wiederum der Gesetzgeber des FamFG aufgreift.[40] Im Grunde handelte es sich hierbei immer um ein Zirkelargument: Je nachdem, ob man international verbreitet den letzten Wohnsitzsstaat oder den Heimatstaat als „Sitz" des Nachlasses betrachtet, wird man eher über Wohnsitzzuständigkeit oder über Gleichlauf den internationalen Entscheidungseinklang erreichen. Tatsächlich dürfte beides nicht zutreffen: Grundsätzlich ist nämlich selbst bei domizilorientierten Systemen feststellbar, dass die Nachlassabwicklung überwiegend territorial betrachtet wird, wie augenfällig das US-amerikanische Beispiel der Ergänzung der *domiciliary administration* (Nachlassverwaltung im letzten Domizilstaat des Erblassers) durch eine *ancillary administration* (ergänzende Nachlassverwaltung im Belegenheitsstaat beweglichen Vermögens im Nachlass) zeigt. Letztlich ist und bleibt das internationale Nachlassverfahren und die Nachlassverwaltung primär nicht ein Problem der Beanspruchung von Zuständigkeit, sondern der wechselseitigen Anerkennung von Abwicklungspersonen und -entscheidungen. Ob die originäre Entscheidung vom Wohnsitz- oder Heimatstaat ausgeht, ist sekundär, wenn eine territoriale Sicht der Nachlassabwicklung die Anerkennung hindert.

36 **cc)** Wesentliches Problem des internationalen Nachlassverfahrens wird auch unter der methodisch erweiterten Wohnsitzzuständigkeit damit der überwiegend **rechtspraktische Aspekt** ausreichenden Umfangs der Rechtsschutzgewährung einerseits und die Fähigkeit des deutschen Nachlassverfahrens zur Bewältigung von Instituten ausländischen Erbrechts andererseits bleiben. Beides hat sich durch die Neuregelung nur in der theoretischen Grundlage verschoben; nur in seltenen Fällen

---

[36] *Schaal* BWNotZ 2007, 154, 156.
[37] AA *Schaal* BWNotZ 2007, 154, 157.
[38] Gesetzentwurf FamFG BT-Drucks. 16/6308, zu § 105 Bezug nehmend auf *MünchKommBGB/Sonnenberger* Einl. IPR Rn. 464 f.
[39] OLG Frankfurt OLGZ 1977, 183; OLG Zweibrücken OLGZ 1985, 415.
[40] Gesetzentwurf FamFG BT-Drucks. 16/6308, zu § 105 Bezug nehmend auf *Staudinger/Dörner*, 2007, Art. 25 EGBGB Rn. 848 ff.

hingegen wird es tatsächlich zu praktischen Konsequenzen, insbesondere zu einer Beseitigung der im Schrifttum beschworenen Kostennachteile und Verfahrensverzögerungen durch das vormalige Gleichlaufprinzip, kommen.[41] Die nicht zu bestreitenden Kosten einer zersplitterten Verwaltung international belegener Nachlässe lassen sich nämlich nicht durch die Beanspruchung einer Wohnsitzzuständigkeit deutscher Gerichte vermeiden, wenn der Belegenheitsstaat von Nachlass die Nachlassabwicklung territorial begrenzt.

b) Rechtsschutzverweigerung, Notzuständigkeiten. aa) Zu **Rechtsschutzverweigerung** 37 kam es schon unter dem Gleichlauf Grundsatz nicht, da die Rechtsprechung bei ausländischem Erbstatut und Fehlen inländischen Nachlasses zwar ein Tätigwerden ablehnte, das sich nur auf im Ausland belegenen Nachlass eines ausländischen Erblassers bezog, andererseits aber durch die Zuständigkeiten auf Grund **Sachzusammenhangs** und **Not- und Fürsorgebedürfniszuständigkeiten** für sichernde Maßnahmen sicherstellte,[42] dass bis zum Tätigwerden eines zuständigen ausländischen Gerichts Lücken nicht auftraten. Da unabhängig vom gewählten jurisdiktionellen Grundprinzip (Wohnsitz oder Gleichlauf) keine Rechtsordnung die Regelung der in ihrer Jurisdiktion belegenen Nachlässe verweigern kann, war der mangels deutscher Wohnsitzzuständigkeit ungeregelte Nachlass schon immer ein nicht belegtes Argument.[43] § 2369 aF BGB regelte so gesehen nur eine Selbstverständlichkeit, indem er die Belegenheitszuständigkeit bestätigte.

bb) Unter dem sich aus § 105 ergebenden Zuständigkeitssystem hat sich die **Notwendigkeit von** 38 **Fürsorge- und Notzuständigkeiten erledigt.** Ein Fürsorgebedürfnis in Fällen, in denen weder der Erblasser einen Bezug (Staatsangehörigkeit oder Wohnsitz) zu Deutschland hatte, noch Nachlassgegenstände im Inland belegen sind, ist schlechterdings nicht vorstellbar.[44] Hingegen ist eine **Zuständigkeit auf Grund Sachzusammenhangs** ausnahmsweise weiterhin vorstellbar, insbesondere im Zusammenhang mit letztwilligen Verfügungen, die in Deutschland errichtet (und hinterlegt) wurden, ohne dass im Übrigen ein Bezug des Erblassers zu Deutschland besteht.

c) Wesensfremde Tätigkeiten. aa) Angelpunkt der praktischen Schwierigkeiten deutscher Ge- 39 richte im Umgang mit einem ausländischen Erbstatut bleibt hingegen weiterhin die Frage, welche Verrichtungen, die ein ausländisches Erbstatut fordert, durch ein deutsches Nachlassgericht bewältigt werden können. Wenn in überwiegend älteren Entscheidungen deutsche Gerichte die Einantwortung nach österreichischem Recht oder die Durchführung einer *administration* nach *Common law* unter Hinweis auf das Gleichlaufprinzip abgelehnt haben, so gab dies der Gegenansicht nur scheinbar ein Argument.[45] Tatsächlich stellten sich diese und weitere Probleme gerichtlicher Tätigkeit unter fremdem Erbstatut in gleicher Weise bei Vorhandensein inländischen Nachlasses und waren in solchen Fällen unter dem Gesichtspunkt der **wesensfremden Tätigkeit**[46] zu entscheiden. Der durch § 105 bewirkte Wechsel im Zuständigkeitssystem ändert hieran nichts.[47]

bb) So bleibt es insbesondere weiterhin bei dem Appell, die eigenen Verfahrensmöglichkeiten 40 nicht „eng und ängstlich" zu verstehen,[48] weshalb insbesondere die Entgegennahme und ggf. erforderliche weitere Verfahrenshandlungen im Zusammenhang mit **erbrechtlichen Erklärungen** (Annahme, Ausschlagung, bedingte Erklärungen) einschließlich der Errichtung von haftungsbeschränkenden Inventaren nach einem ausländischen Erbstatut geboten ist. Andererseits gebietet in Ansehung der **Nachlassverwaltung** nach einem ausländischen Erbstatut die Neuregelung keine erweiterte Handlungsbereitschaft deutscher Gerichte. Wenn schon bei Belegenheit von Nachlass in Deutschland eine *administration* nicht durchführbar ist, weil sie dem deutschen Nachlassgericht nicht nur die Bestellung, sondern die verfahrensförmliche Überwachung und Mitwirkung eines *Probate court* auferlegen würde, dann gilt dies erst recht, wenn und soweit es an deutschem Nachlass fehlt und der Erblasser lediglich letzten Wohnsitz in Deutschland hatte. Schließlich werden deutsche Nachlassgerichte auch weiterhin **konstitutive Entscheidungen im Nachlasserwerb,** insbesondere die Einantwortung österreichischen Rechts, nicht durchführen können.[49] Auch eine **Nachlassverteilung nach Ermessen** durch das deutsche Nachlassgericht scheidet aus. Allenfalls ergibt sich insoweit eine geringfügige Änderung der Verfahrensweise, soweit entsprechende konstitutive Entscheidungen

---

[41] Dazu *Staudinger/Dörner*, 2007, Art. 25 EGBGB Rn. 849.
[42] Eingehend *Staudinger/Dörner*, 2007, Art. 25 EGBGB Rn. 839 ff.
[43] Zutreffend vom Standpunkt der Literaturansicht *Staudinger/Dörner*, 2007, Art. 25 EGBGB Rn. 849.
[44] So auch *Staudinger/Dörner*, 2007, Art. 25 EGBGB Rn. 851; aA *Soergel/Schurig* Art. 25 EGBGB Rn. 50.
[45] Vgl. *Staudinger/Dörner*, 2007, Art. 25 EGBGB Rn. 839.
[46] BGHZ 47, 338.
[47] Gesetzentwurf FamFG BT-Drucks. 16/6308, zu § 105.
[48] *Staudinger/Dörner*, 2007, Art. 25 EGBGB Rn. 852.
[49] Wie hier MünchKommBGB/*Birk* Art. 25 EGBGB Rn. 238; aA *Staudinger/Dörner*, 2007, Art. 25 EGBGB Rn. 852 ff.

noch nicht durch ein Gericht des Staates durchgeführt wurden, dessen Recht aus deutscher Sicht Erbstatut ist: Konnten bisher, ausgehend vom Grundgedanken des Gleichlaufs, die Erben darauf verwiesen werden, eine vorgreifliche Entscheidung durch die Gerichte des Heimatstaates herbeizuführen (zB eine Einantwortung durch österreichische Gerichte), so sollte nunmehr die bislang nur bei Unzuständigkeit der Heimatgerichte gewählte Substitution durch die Annahme der Erbschaft für den im Inland belegenen Nachlass auch dann genügen, wenn eine Zuständigkeit der Heimatgerichte für die konstitutive Entscheidung grundsätzlich besteht. Auf dieser Grundlage kann freilich sodann kein umfassender Erbschein erteilt werden, weil trotz bestehender Erbscheinszuständigkeit dem deutschen Nachlassgericht die Befugnis fehlt, den Erwerb im Ausland belegenen Nachlasses durch deutsche Verfahrensweisen zu substituieren. Dies lässt sich durch eine Antragsbeschränkung nach § 2369 BGB bewältigen: Beantragt zB der Erbe eines Österreichers mit letztem Wohnsitz in Deutschland einen Erbschein, so kann ein umfassender Erbschein bei relevantem Nachlass in Österreich nur ausgestellt werden, wenn ein österreichisches Gericht eingeantwortet hat. Genügt dem Erben ein Erbschein für den in Deutschland belegenen Nachlass, so kann auf die Einantwortung verzichtet werden, wenn der Erbe seinen Antrag nach § 2369 BGB beschränkt.

41 **d) Anerkennung ausländischer Nachlassverwalter und -zeugnisse.** Absehbar keinen Einfluss wird die neue Zuständigkeitsregelung auch auf die Anerkennung ausländischer Erbenzeugnisse und von im Ausland bestellten Nachlassverwaltern, Testamentsvollstreckern oder *Personal representatives* haben. Zwar ergibt sich aus § 105 iVm. § 343 FamFG theoretisch auch eine Erweiterung der Anerkennungszuständigkeit in § 109 Abs. 1 Nr. 1 FamFG. Wiederum liegen jedoch die sich bisher in diesem Zusammenhang ergebenden Probleme nicht in der fehlenden Anerkennungszuständigkeit begründet, sondern in der Reichweite einer Anerkennung materiellrechtlicher Wirkungen und in der funktionalen Eingliederung einer Verwaltungsperson ausländischen Rechts in das deutsche Nachlassverfahren. Ein ausländischer Erbschein hat auch nach § 109 Abs. 1 FamFG keinen anerkennungsfähigen Inhalt, weil tatbestandliche (Gutglaubens-) Wirkungen des materiellen Rechts nicht von der Anerkennung umfasst sind.[50] Ein von einem *Probate court* bestellter *Personal representative* kann funktional nur als Testamentsvollstrecker in Deutschland agieren, soweit seine Bestellung als eine Beschränkung der Erben gewollt und nicht lediglich dem Nachlassverfahren des *Common law* geschuldet ist.[51]

IV. Internationale Zuständigkeiten in sonstigen Angelegenheiten (Bücher 5 bis 8)

42 **1. Registersachen, unternehmensrechtliche Verfahren. a) Unternehmen.** Für Registersachen und unternehmensrechtliche Verfahren iSd. §§ 374, 375 bestimmt sich die internationale Zuständigkeit entsprechend § 377. Eine internationale Zuständigkeit deutscher Gerichte besteht, soweit **Unternehmen,** Gesellschaften, Vereine, Partnerschaften oder Einzelkaufleute betroffen sind, bei Sitz im Inland (§ 377 Abs. 1).

43 **b) Güterrechtsregister.** Für Eintragungen in das **Güterrechtsregister,** insbesondere solche nach Art. 16 EGBGB (ausländischer, auch gesetzlicher, Güterstand) besteht eine internationale Zuständigkeit deutscher Gerichte, wenn einer der Ehegatten seinen gewöhnlichen Aufenthalt im Inland hat (§ 377 Abs. 3). Hat keiner der Ehegatten gewöhnlichen Aufenthalt im Inland, betreibt jedoch ein Ehegatte im Inland ein Gewerbe, so wird das Eintragungsbedürfnis (vgl. Art. 16 Abs. 1 EGBGB) durch die internationale Zuständigkeit deutscher Gerichte entsprechend Art. 4 Abs. 1 EGHGB erfüllt. Insoweit genügt örtlich die Eintragung bei dem für die Hauptniederlassung zuständigen Güterrechtsregister.[52]

44 **2. Weitere Angelegenheiten der FG.** Für die weiteren Angelegenheiten der Freiwilligen Gerichtsbarkeit iSd. § 410 bestimmt sich die internationale Zuständigkeit deutscher Gerichte entsprechend § 411.

45 **3. Freiheitsentziehungssachen.** In Freiheitsentziehungssachen iSd. § 415 sind deutsche Gerichte entsprechend § 416, der inhaltlich dem bisherigen § 4 Abs. 1 aF FrhEntzG entspricht, international zuständig, wenn die betroffene Person im Inland gewöhnlichen Aufenthalt hat oder das Bedürfnis nach Freiheitsentziehung im Inland entsteht, sowie bei bereits bestehender – nicht jedoch bei angestrebter – Verwahrung in einer inländischen geschlossenen Einrichtung.

46 **4. Aufgebotssachen.** In Aufgebotssachen iSd. § 433 bestimmt sich die internationale Zuständigkeit zum Aufgebot des Grundpfandrechtsgläubigers entsprechend § 447 Abs. 2, der Nachlassgläubi-

---

[50] MünchKommBGB/*Birk* Art. 25 EGBGB Rn. 361; *Staudinger/Dörner,* 2007, Art. 25 EGBGB Rn. 914.
[51] Im Einzelnen MünchKommBGB/*Birk* Art. 25 EGBGB Rn. 336 ff.
[52] MünchKommBGB/*Siehr* Art. 16 EGBGB Rn. 16.

ger entsprechend § 454, der Schiffsgläubiger entsprechend § 465 Abs. 2 sowie zur Kraftloserklärung von Urkunden entsprechend § 466.

§ 106 Keine ausschließliche Zuständigkeit
Die Zuständigkeiten in diesem Unterabschnitt sind nicht ausschließlich.

I. Normzweck

1. Klarstellung konkurrierender internationaler Zuständigkeit. Die Bestimmung regelt klarstellend, dass die in §§ 97 bis 105 bestimmten internationalen Zuständigkeiten deutscher Gerichte nicht ausschließlich sind.

2. Normgeschichte. Der Grundsatz der lediglich konkurrierenden Zuständigkeit deutscher Gerichte findet sich bereits bisher in verschiedenen Normen (§ 606a Abs. 1 S. 2 ZPO aF, § 640a Abs. 2 S. 2 ZPO aF, § 35b Abs. 3 aF FGG) des internationalen Familienverfahrensrechts. Bis zum IPR-Neuregelungsgesetz 1986 bestanden hingegen in Familiensachen teilweise ausschließliche internationale Zuständigkeiten deutscher Gerichte, insbesondere in Ehesachen, entsprechend § 606 ZPO aF; die sich daraus ergebende Anerkennungssperre wurde durch § 606a ZPO in der vor dem 1. 9. 1986 geltenden Fassung lediglich gelockert.[1]

II. Keine ausschließliche Zuständigkeit deutscher Gerichte

1. Bedeutung im Verhältnis zu ausländischen Gerichten. a) Internationale Zuständigkeit ausländischer Gerichte. aa) Die internationale Zuständigkeit deutscher Gerichte in den in §§ 97 bis 105 geregelten Materien des FamFG ist nicht ausschließlich. Die bestehende internationale Zuständigkeit deutscher Gerichte steht damit nicht der internationalen Zuständigkeit eines ausländischen Gerichts in derselben Sache entgegen, auch wenn die Beteiligten Deutsche sind oder ihren gewöhnlichen Aufenthalt in Deutschland haben. Für die **originäre Bestimmung der Entscheidungszuständigkeit** deutscher Gerichte hat das freilich keine Bedeutung.

bb) Ob ausländische Gerichte international zuständig sind, bestimmt sich für die Entscheidungszuständigkeit nach dem **in der jeweiligen Jurisdiktion geltenden Verfahrensrecht.** Da die internationale Entscheidungszuständigkeit eines ausländischen Gerichts damit, anders als im völkervertraglich oder europarechtlich geregelten Bereich, nicht korrespondierend zur internationalen Zuständigkeit deutscher Gerichte geregelt ist, kommt auch eine Verweisung der Parteien an ein ausländisches Gericht nicht in Betracht. Besteht die internationale Zuständigkeit deutscher Gerichte, so kann sie seitens deutscher Gerichte nicht mit dem Argument abgelehnt werden, ein anderes Gericht sei sachnäher, das deutsche Gericht daher *forum non conveniens*. Dies gilt auch, wenn ein ausländisches Gericht nach seinem Verfahrensrecht in der Sache die ausschließliche Zuständigkeit beansprucht; fremdes Zuständigkeitsrecht ist aus Sicht deutscher Gerichte im Entscheidungsstadium ebenso bedeutungslos wie deutsches internationales Zuständigkeitsrecht umgekehrt.

b) Rechtshängigkeit, Anerkennung. aa) Bedeutung hat § 106 für die **Anerkennung ausländischer Entscheidungen.** Da die internationale Anerkennungszuständigkeit als Anerkennungsvoraussetzung gemäß § 109 Abs. 1 Nr. 1 in spiegelbildlicher Anwendung der §§ 97 bis 106 zu bestimmen ist, scheitert die Anerkennung einer ausländischen Entscheidung jedenfalls nicht schon an der in gleicher Sache ebenfalls bestehenden deutschen internationalen Zuständigkeit, da diese nicht Ausschließlichkeit beansprucht. Vielmehr ist die internationale Zuständigkeit des ausländischen Gerichts jeweils positiv nach §§ 97 bis 105 zu prüfen. Konkurriert eine deutsche Entscheidung mit einer ausländischen, so handelt es sich nicht um ein Zuständigkeitsproblem; es gilt § 109 Abs. 1 Nr. 3.

bb) Bedeutung hat § 106 damit auch für die Beachtung **ausländischer Rechtshängigkeit,** die weiterhin nicht ausdrücklich geregelt ist. Für Familienstreitsachen (§ 112), die bisher teils in der allgemeinen Zivilgerichtsbarkeit zu entscheiden waren (nun § 266 Abs. 1), teils im ZPO-Verfahren (§ 621a ZPO aF) in die Zuständigkeit der Familiengerichte fielen,[2] ist weiterhin die entsprechende Anwendung von § 261 Abs. 3 Nr. 1 ZPO[3] auch im Verhältnis zu ausländischen Gerichten im völkervertraglich und europarechtlich nicht geregelten Bereich geboten. Der Rechtsgedanke des § 261

---

[1] Oben § 606a ZPO Rn. 56.
[2] Für Ehesachen: BGH FamRZ 2008, 1409.
[3] Dazu grundsätzlich oben § 261 ZPO Rn. 74 ff.; *Reuß* JURA 2009, 1, 4 ff.

§ 107   Buch 1. Abschnitt 9. Verfahren mit Auslandsbezug

Abs. 3 Nr. 1 ZPO sollte jedoch auch darüber hinaus weiterhin für andere Streitsachen der Freiwilligen Gerichtsbarkeit[4] Anwendung finden. Soweit danach die Beachtung ausländischer Rechtshängigkeit entsprechend § 261 Abs. 3 Nr. 1 ZPO für die Verfahren nach dem FamFG in Betracht kommt, hindert die jeweils bestehende deutsche internationale Zuständigkeit im Hinblick auf § 106 nicht per se die Beachtlichkeit eines früher anhängig gewordenen ausländischen Verfahrens zum selben Gegenstand. Die für die Beachtung der ausländischen Rechtshängigkeit zu treffende Anerkennungsprognose ist in gleicher Weise wie die Anerkennung (Rn. 3) nicht durch die – nicht ausschließliche – deutsche Zuständigkeit gehindert.

7   Hingegen ist für nicht streitige Verfahren nach dem FamFG, insbesondere für fürsorgende, von Amts wegen einzuleitende Verfahren weder auf § 261 Abs. 3 ZPO abzustellen, noch § 2 Abs. 1 FamFG entsprechend heranzuziehen. Insoweit war schon bisher nicht nach § 4 aF FGG das Tätigwerden eines deutschen Gerichts durch das Tätigwerden eines ausländischen Gerichts in selber Angelegenheit gehindert. Der potentielle Konflikt widersprechender Entscheidungen löst sich überwiegend durch die in solchen Sachen bestehende Abänderungsmöglichkeit;[5] im Anerkennungsstadium (§ 109 Abs. 1 Nr. 3) gilt grundsätzlich das Prioritätsprinzip hinsichtlich des Entscheidungszeitpunkts, wobei bei einem früher eingeleiteten, jedoch später abgeschlossenen konkurrierenden ausländischen Verfahren eine Anerkennung trotz widersprechender deutscher Entscheidung möglich ist, wenn die ausländische Entscheidung als abändernde Entscheidung unter Berücksichtigung neuer Tatsachen zu verstehen ist.

8   **2. Abschließender Charakter der §§ 97 bis 105.** Hingegen kann § 106 nicht die nach seinem Wortlaut mögliche Bedeutung beigemessen werden, die internationale Zuständigkeit deutscher Gerichte sei in §§ 97 bis 105 nicht abschließend geregelt. Die teilweise zu § 640a Abs. 2 S. 2 ZPO aF vertretene Ansicht, deutsche Gerichte seien neben den ausdrücklichen gesetzlichen Bestimmungen der internationalen Zuständigkeit auch in entsprechender Anwendung der §§ 12 ff. ZPO international zuständig,[6] erscheint schon aus Sicht des bisherigen Rechtszustandes fragwürdig, da in den insbesondere durch das IPR-Neuregelungsgesetz 1986 geschaffenen ausdrücklichen Regelungen der (internationalen) Zuständigkeit durchaus der gesetzgeberische Wille zu einer abschließenden Regelung zum Ausdruck kommt. Unter Geltung der §§ 97 bis 105 wird die abschließende Natur dieser Vorschriften noch deutlicher, zumal ein Rückgriff auf „allgemeine Vorschriften", die sich nur in der ZPO finden könnten, der grundsätzlichen Lösung der Familiensachen aus der ZPO widerspräche.

Unterabschnitt 3. Anerkennung und Vollstreckbarkeit ausländischer Entscheidungen

§ 107 Anerkennung ausländischer Entscheidungen in Ehesachen

(1) ¹Entscheidungen, durch die im Ausland eine Ehe für nichtig erklärt, aufgehoben, dem Ehebande nach oder unter Aufrechterhaltung des Ehebandes geschieden oder durch die das Bestehen oder Nichtbestehen einer Ehe zwischen den Beteiligten festgestellt worden ist, werden nur anerkannt, wenn die Landesjustizverwaltung festgestellt hat, dass die Voraussetzungen für die Anerkennung vorliegen. ²Hat ein Gericht oder eine Behörde des Staates entschieden, dem beide Ehegatten zur Zeit der Entscheidung angehört haben, hängt die Anerkennung nicht von einer Feststellung der Landesjustizverwaltung ab.

(2) ¹Zuständig ist die Justizverwaltung des Landes, in dem ein Ehegatte seinen gewöhnlichen Aufenthalt hat. ²Hat keiner der Ehegatten seinen gewöhnlichen Aufenthalt im Inland, ist die Justizverwaltung des Landes zuständig, in dem eine neue Ehe geschlossen oder eine Lebenspartnerschaft begründet werden soll; die Landesjustizverwaltung kann den Nachweis verlangen, dass die Eheschließung oder die Begründung der Lebenspartnerschaft angemeldet ist. ³Wenn eine andere Zuständigkeit nicht gegeben ist, ist die Justizverwaltung des Landes Berlin zuständig.

---

[4] So bisher OLG Saarbrücken OLGR 2004, 467; *Bassenge/Roth* Einleitung FGG Rn. 17; teilweise anders *Jansen/von Schuckmann* § 1 FGG Rn. 190: alternativ § 261 Abs. 3 Nr. 1 ZPO oder *forum non conveniens*: Keidel/Kuntze/Winkler/Zimmermann § 31 FGG Rn. 25.

[5] *Geimer*, FS Jayme, 2004, S. 241, 250.

[6] So oben § 640a ZPO Rn. 4.

§ 107 Anerkennung ausländischer Entscheidungen in Ehesachen

(3) ¹Die Landesregierungen können die den Landesjustizverwaltungen nach dieser Vorschrift zustehenden Befugnisse durch Rechtsverordnung auf einen oder mehrere Präsidenten der Oberlandesgerichte übertragen. ²Die Landesregierungen können die Ermächtigung nach Satz 1 durch Rechtsverordnung auf die Landesjustizverwaltungen übertragen.

(4) ¹Die Entscheidung ergeht auf Antrag. ²Den Antrag kann stellen, wer ein rechtliches Interesse an der Anerkennung glaubhaft macht.

(5) Lehnt die Landesjustizverwaltung den Antrag ab, kann der Antragsteller beim Oberlandesgericht die Entscheidung beantragen.

(6) ¹Stellt die Landesjustizverwaltung fest, dass die Voraussetzungen für die Anerkennung vorliegen, kann ein Ehegatte, der den Antrag nicht gestellt hat, beim Oberlandesgericht die Entscheidung beantragen. ²Die Entscheidung der Landesjustizverwaltung wird mit der Bekanntgabe an den Antragsteller wirksam. ³Die Landesjustizverwaltung kann jedoch in ihrer Entscheidung bestimmen, dass die Entscheidung erst nach Ablauf einer von ihr bestimmten Frist wirksam wird.

(7) ¹Zuständig ist ein Zivilsenat des Oberlandesgerichts, in dessen Bezirk die Landesjustizverwaltung ihren Sitz hat. ²Der Antrag auf gerichtliche Entscheidung hat keine aufschiebende Wirkung. ³Für das Verfahren gelten die Abschnitte 4 und 5 sowie § 14 Abs. 1 und 2 und § 48 Abs. 2 entsprechend.

(8) Die vorstehenden Vorschriften sind entsprechend anzuwenden, wenn die Feststellung begehrt wird, dass die Voraussetzungen für die Anerkennung einer Entscheidung nicht vorliegen.

(9) Die Feststellung, dass die Voraussetzungen für die Anerkennung vorliegen oder nicht vorliegen, ist für Gerichte und Verwaltungsbehörden bindend.

(10) War am 1. November 1941 in einem deutschen Familienbuch (Heiratsregister) auf Grund einer ausländischen Entscheidung die Nichtigerklärung, Aufhebung, Scheidung oder Trennung oder das Bestehen oder Nichtbestehen einer Ehe vermerkt, steht der Vermerk einer Anerkennung nach dieser Vorschrift gleich.

Schrifttum: *Andrae/Heidrich,* Aktuelle Fragen zum Anwendungsbereich des Verfahrens nach Art. 7 § 1 FamRÄndG, FamRZ 2004, 1622; *dies.,* Anerkennung ausländischer Entscheidungen in Ehe- und Partnerschaftssachen, FPR 2004, 292; *dies.,* Zur Zukunft des förmlichen Anerkennungsverfahrens gemäß Art. 7 FamRÄndG nach der Großen Justizreform, FPR 2006, 222; *Haecker,* Die Anerkennung ausländischer Entscheidungen in Ehesachen (Formularsammlung), 2. Aufl. 2000; *Krzywon,* Die Anerkennung ausländischer Entscheidungen in Ehesachen, StAZ 1989, 93; *Lorbacher,* Zur Anerkennungsfähigkeit von Privatscheidungen ausländischer Ehegatten durch die Landesjustizverwaltung, FamRZ 1979, 771; *Lüderitz,* „Talaq" vor deutschen Gerichten, FS Baumgärtel, 1990, S. 333; *Rahm/Künkel/Breuer,* Handbuch des Familiengerichtsverfahrens, 4. Aufl. (Stand 1997), Teil VIII 169 ff.; *Richter/Krzywon,* Das Antragsrecht im Verfahren nach Art. 7 § 1 FamRÄndG, IPRax 1988, 349.

Übersicht

	Rn.		Rn.
I. Normzweck und -geschichte	1–7	a) Anerkennungsmonopol der LJV	12, 13
1. Formelles Anerkennungsverfahren in Ehe- und Lebenspartnerschaftssachen	1, 2	b) Materielle Anerkennungsvoraussetzungen	14, 15
a) Anerkennungsverfahren und -voraussetzungen	1	c) Feststellung der Anerkennungsunfähigkeit (Abs. 8)	16
b) Inzidentanerkennung nach § 108	2	d) Bindung für Gerichte und Verwaltungsbehörden, Vorgreiflichkeit (Abs. 9)	17, 18
2. Modifikationen gegenüber Art. 7 § 1 FamRÄndG	3–7	3. Erfasste Entscheidungen (Abs. 1 S. 1), Privatscheidungen	19–27
a) Lebenspartnerschaftssachen	3, 4	a) Ausländische Entscheidung	19–21
b) Rechtskraft und Instanzenzug	5, 6	b) Entscheidungstypen	22–24
c) Verbürgung der Gegenseitigkeit	7	c) Privatscheidung	25–27
II. Anwendungsbereich, Wirkung (Abs. 1, 8, 9)	8–37	4. Neben- und Folgeentscheidungen	28–31
1. Europarecht, Völkervertragliche Regelungen	8–11	a) Kein Anerkennungsmonopol	28
a) Art. 21 ff. Brüssel II a-VO	8, 9	b) Vorgreifliche Anerkennung der Ehesachenentscheidung	29
b) Völkerverträge	10, 11	c) Folgeentscheidungen unter völkerrechtlichen und europarechtlichen Anerkennungsregeln	30, 31
2. Formelle Anerkennung und Nichtanerkennung (Abs. 1 S. 1, Abs. 8, 9)	12–18		

§ 107 1–4   Buch 1. Abschnitt 9. Verfahren mit Auslandsbezug

	Rn.		Rn.
5. Heimatstaatsentscheidung (Abs. 1 S. 2) ..	32–36	a) Antrag....................................	40, 41
a) Kein Anerkennungsmonopol.........	32, 33	b) Erweiterte Antragsberechtigung	42
b) Staatsangehörigkeit zum Entscheidungsstaat................................	34–36	c) Verwaltungsverfahren...................	43
6. Anerkennender Vermerk in deutschem Personenstandsbuch vor 1. 11. 1941 (Abs. 10)..	37	4. Entscheidung der LJV (Abs. 6 S. 2, 3)	44–51
		a) Inhalt.....................................	44, 45
		b) Wirksamwerden	46, 47
III. Anerkennungsverfahren im Einzelnen (Abs. 2–7)............................	38–58	c) Wirkungen	48–50
		d) Kosten..................................	51
1. Zuständigkeit (Abs. 2)	38	5. Entscheidung durch das OLG (Abs. 5, Abs. 6 S. 1, Abs. 7)........................	52–59
2. Übertragung auf den Präsidenten des OLG (Abs. 3)	39	a) Antrag...................................	52–54
3. Antragsberechtigung, Verwaltungsverfahren (Abs. 4)	40–43	b) Zuständigkeit, Verfahren, Rechtsmittel...	55–57
		c) Kosten...................................	58, 59

I. Normzweck und -geschichte

1   **1. Formelles Anerkennungsverfahren in Ehe- und Lebenspartnerschaftssachen. a) Anerkennungsverfahren und -voraussetzungen.** Die Bestimmung übernimmt weitgehend den **Regelungsgehalt des Art. 7 § 1 FamRÄndG.** Sie regelt entgegen der zu weit gefassten Überschrift damit nicht umfassend die Voraussetzungen der Anerkennung von ausländischen Entscheidungen in Ehesachen, sondern übernimmt lediglich das formelle Anerkennungsverfahren der Vorgängernorm. Die Anerkennungsvoraussetzungen, die sich bisher aus § 328 ZPO ergaben, sind nunmehr auch für Ehesachen in § 109 geregelt, was durch die Stellung des § 107 im Verhältnis zu §§ 108, 109 nicht zweifelsfrei klargestellt ist.

2   **b) Inzidentanerkennung nach § 108.** Das allgemeine System der Inzidentanerkennung *ex lege*, das § 107 aus § 328 ZPO und § 16a aF FGG für andere Entscheidungen im Anwendungsbereich des FamFG übernimmt, bringt die Gefahr mit sich, dass verschiedene deutsche Behörden oder Gerichte eine ausländische Entscheidung unterschiedlich als anerkennungsfähig oder -unfähig beurteilen. Diese Rechtsunsicherheit würde in Ehesachen zu intern hinkenden Ehen führen, was nicht hinzunehmen ist. Der Gesetzgeber hat deshalb 1941 ein besonderes **förmliches Feststellungsverfahren** eingeführt. Seit 1962 ist dieses einheitlich in Art. 7 FamRÄndG geregelt. Die Zuständigkeit der Landesjustizverwaltung (LJV) soll Schnelligkeit, Sachkunde und Kostengünstigkeit des Verfahrens gewährleisten.[1]

3   **2. Modifikationen gegenüber Art. 7 § 1 FamRÄndG. a) Lebenspartnerschaftssachen. aa)** Die im Rechtsausschuss[2] vorgeschlagene Einbeziehung von Lebenspartnerschaftssachen in Abs. 2, die der vom 1. 1. 2009 bis 31. 8. 2009 geltenden Fassung des Art. 7 § 1 Abs. 2 FamRÄndG entspricht, betrifft lediglich die Erweiterung der Anerkennungszuständigkeit hinsichtlich einer ausländischen Ehescheidung, sofern einer der Ehegatten im Inland eine **ELP eingehen** möchte. Grund hierfür ist, dass nach § 1 Abs. 3 Nr. 1 LPartG eine bestehende Ehe einer Person der Eingehung einer ELP durch diese Person mit einem Dritten entgegensteht, so dass sich ein Bedürfnis für die Feststellung der Anerkennungsfähigkeit einer Ehescheidung auch in Ansehung einer geplanten Eingehung einer ELP ergibt.[3]

4   **bb)** Hingegen ist das Anerkennungsverfahren des § 107 als solches **nicht auf Lebenspartnerschaftssachen,** auch nicht auf solche nach § 269 Abs. 1 Nr. 1, 2, anwendbar. Dies war zu Art. 7 § 1 aF FamRÄndG umstritten;[4] dass der Gesetzgeber des FamFG die Gelegenheit zu einer die ELP einbeziehenden Klarstellung nicht genutzt hat, muss dahingehend verstanden werden, dass der Anwendungsbereich des § 107 auf Ehen zwischen Personen verschiedenen Geschlechts beschränkt bleibt. Die Anerkennung ausländischer Entscheidungen über die Aufhebung einer deutschrechtlichen ELP, die angesichts der Aufenthaltszuständigkeit (§ 103 Abs. 1 Nr. 2) durchaus nicht generell ausgeschlossen ist, unterliegt damit dem Prinzip der Inzidentanerkennung nach § 108 Abs. 1. Dies erscheint verfehlt, denn die Möglichkeit einer intern hinkenden Anerkennung birgt insbesondere die

---

[1] BGH FamRZ 1982, 1203, 1205; BayObLG NJW 1974, 1628, 1629; *Beule* StAZ 1979, 29, 30; *Habscheid* FamRZ 1973, 431, 432; *Richter* JR 1987, 98, 99.
[2] Gesetzentwurf BT-Drucks. 16/9733 zu § 107 FamFG.
[3] So auch MünchKommBGB/*Coester* Art. 17 b EGBGB Rn. 125.
[4] Oben § 328 ZPO Rn. 183; *Zöller/Geimer* § 328 ZPO Rn. 304; *Wagner* IPRax 2001, 281, 288; aA *Andrae/Heidrich* FamRZ 2004, 1622, 1624 f.

508   *Rauscher*

Gefahr hinkend bigamischer Statusverhältnisse, wenn einer der Lebenspartner im Anschluss mit einem Dritten eine ELP oder Ehe eingeht.

b) Rechtskraft und Instanzenzug. Gemäß **Abs. 7** ist in Abweichung von der bisherigen 5 Rechtslage der Antrag auf Entscheidung durch das Oberlandesgericht entsprechend § 63 nunmehr fristgebunden. Der Gesetzgeber bezweckt damit, dass die Entscheidung der Landesjustizverwaltung rechtskräftig werden kann, was wegen der Sensibilität des Status im Hinblick auf eine spätere Aufhebung der Anerkennung der Rechtssicherheit förderlich ist.[5] Eine Wiederaufnahme nach § 48 Abs. 2 bleibt möglich.

Ebenfalls abweichend von Art. 7 § 1 aF FamRÄndG (dort Abs. 6 S. 5) ist die Entscheidung des 6 OLG nicht unanfechtbar; da das FamFG die Divergenzvorlage (§ 28 Abs. 2 aF FGG) nicht mehr kennt, stellt die Rechtsbeschwerde entsprechend §§ 70 ff. die Wahrung der Rechtseinheit sicher.[6]

c) Verbürgung der Gegenseitigkeit. Der Verzicht auf die Verbürgung der Gegenseitigkeit, der 7 bisher, auf Grundlage der Anerkennungsvoraussetzungen nach § 328 ZPO, in Artikel 7 § 1 Abs. 1 S. 1 aF FamRÄndG enthalten war, ergibt sich nun aus den gesondert geregelten Anerkennungsvoraussetzungen in § 109 Abs. 4 FamFG.

II. Anwendungsbereich, Wirkung (Abs. 1, 8, 9)

1. Europarecht, Völkervertragliche Regelungen. a) Art. 21 ff. Brüssel IIa-VO. aa) Kein 8 **Anerkennungsverfahren.** Für die Anerkennung von Entscheidungen in Ehesachen geht die **Brüssel IIa-VO** (§ 97 Rn. 43) in ihrem zeitlichen und räumlichen Anwendungsbereich nicht nur der Regelung der Anerkennungsvoraussetzungen (§ 109), sondern auch der Regelung des Anerkennungsverfahrens in § 107 vor. Die Anerkennung einer Entscheidung in einer Ehesache nach Art. 21 ff. Brüssel IIa-VO erfolgt inzident (Art. 21 Abs. 1 Brüssel IIa-VO); eine rechtskräftige Entscheidung über die Anerkennungsfähigkeit oder -unfähigkeit ist auf Antrag nach Art. 21 Abs. 3 Brüssel IIa-VO möglich. Sie ergeht jedoch nicht im Verfahren nach § 107, sondern durch das in Erfüllung des Auftrags aus Art. 21 Abs. 3 S. 2, Art. 68 Brüssel IIa-VO gemäß § 10 IntFamRVG sachlich zuständige Familiengericht. Örtlich zuständig ist auf Grund der Zuständigkeitskonzentration in § 12 IntFamRVG das FamG am Sitz des OLG, in Berlin das FamG Pankow/Weißensee.[7]

bb) Anwendungsbereich. Der **sachliche** Anwendungsbereich der Anerkennungsregeln der 9 Brüssel IIa-VO umfasst ebenso wie der der Zuständigkeitsregeln die Ehesachen gemäß Art. 1 Abs. 1 lit. a (§ 97 Rn. 43; § 98 Rn. 8 ff.). **Räumlich** erfassen Art. 21 ff. Brüssel IIa-VO alle Entscheidungen in Ehesachen aus einem Mitgliedstaat iSd. Art. 2 Nr. 3 Brüssel IIa-VO, also aus Mitgliedstaaten der EG/EU ohne Dänemark. **Zeitlich** erfasst sind Entscheidungen in Verfahren ergangen sind, welche nach dem 1. 3. 2005 eingeleitet wurden (Art. 64 Abs. 1, 72 Brüssel IIa-VO); darüber hinaus gilt das Anerkennungssystem der Brüssel IIa-VO auch für Entscheidungen in Verfahren, die vor dem 1. 3. 2005, jedoch seit dem 1. 3. 2001 eingeleitet wurden. Dies gilt in den hier betroffenen Ehesachen unbeschadet des Zeitpunkts der Entscheidung (vor/nach Inkrafttreten der Brüssel IIa-VO), da das Zuständigkeitssystem der Brüssel II-VO insoweit dem der Brüssel IIa-VO entspricht (Art. 64 Abs. 2, 3 Brüssel IIa-VO). Wurde das Verfahren vor dem 1. 3. 2001 eingeleitet und ist die Entscheidung vor dem 1. 3. 2005 ergangen, so gelten Art. 21 ff. Brüssel IIa-VO nur, wenn das Gericht seine Zuständigkeit auf eine Regel gestützt hat, die mit der Brüssel IIa-VO, der Brüssel II-VO oder einem Völkervertrag zwischen Urteils- und Anerkennungsstaat übereinstimmt (Art. 64 Abs. 4 Brüssel IIa-VO). Dasselbe gilt, wenn ein vor dem 1. 3. 2001 eingeleitetes Verfahren erst nach dem 1. 3. 2005 abgeschlossen wurde, auf Grund analoger Anwendung von Art. 64 Abs. 2 Brüssel IIa-VO.[8] Stammt die Entscheidung aus einem Mitgliedstaat, der bei Einleitung des Verfahrens noch nicht, jedoch im Zeitpunkt der Entscheidung bereits Mitgliedstaat war, so gilt Art. 64 Abs. 2 bzw. Art. 64 Abs. 4 Brüssel IIa-VO entsprechend.[9] Hingegen wirkt der Beitritt zur EG/EU nicht zurück auf vorher erlassene Entscheidungen, so dass § 107 FamFG insoweit nicht verdrängt ist.[10]

b) Völkerverträge. Von den die Anerkennung von Entscheidungen in Zivilsachen regelnden 10 **multilateralen Völkerverträgen**[11] erstrecken sich nur die beiden Haager Übereinkommen über

---

[5] Gesetzentwurf FamFG BT-Drucks. 16/6308, zu § 107.
[6] Gesetzentwurf FamFG BT-Drucks. 16/6308, zu § 107.
[7] Im Einzelnen oben Band 3 Art. 21 Brüssel IIa-VO/EheGVO Rn. 7 ff.; *Rauscher/Rauscher* Art. 21 Brüssel IIa-VO Rn. 26 ff.
[8] *Rauscher/Rauscher* Art. 64 Brüssel IIa-VO Rn. 16.
[9] *Rauscher/Rauscher* Art. 64 Brüssel IIa-VO Rn. 2.
[10] Näher zum Ganzen oben Art. 64 Brüssel IIa-VO/EheGVO Rn. 5 ff.; *Rauscher/Rauscher* Art. 64 Brüssel IIa-VO Rn. 5 ff.
[11] Oben § 328 ZPO Rn. 21–31.

§ 107 11–14 Buch 1. Abschnitt 9. Verfahren mit Auslandsbezug

den Zivilprozess (von 1905 und 1954)[12] auch auf Entscheidungen in Ehesachen, betreffen aber nur die Anerkennung der Kostenentscheidung. Das Luganer Übereinkommen gilt, wie die Brüssel I-VO, nicht für Statussachen (Art. 1 Abs. 2 Nr. 1 Luganer Übereinkommen). Das Luxemburger CIEC-Übereinkommen über die Anerkennung von Entscheidungen in Ehesachen von 1967 hat Deutschland nicht ratifiziert und das Haager Übereinkommen über die Anerkennung von Entscheidungen von 1970 nicht gezeichnet.[13] Die übrigen multilateralen Abkommen, denen Deutschland angehört, beziehen sich ihrem Anwendungsbereich nach jeweils zweifelsfrei nicht auf Ehesachen.

11   Von den **bilateralen Übereinkommen**[14] sind die Abkommen mit **Belgien,**[15] **Italien,**[16] **Griechenland** (mit den aus Art. 2 des Vertrages ergebenden Einschränkungen),[17] **Österreich,**[18] **Spanien**[19] und dem **Vereinigten Königreich**[20] zwar auf die Anerkennung von Entscheidungen in Ehesachen anwendbar, jedoch im zeitlichen Anwendungsbereich der Brüssel II a-VO, also für Entscheidungen, für deren Anerkennung die Brüssel II a-VO gemäß ihrem Art. 64 gilt, durch diese verdrängt (Art. 59 Abs. 1 Brüssel II a-VO). Die Abkommen mit der **Schweiz**[21] und **Tunesien**[22] erfassen ebenfalls die Anerkennung von Entscheidungen in Ehesachen und sind mangels räumlicher Anwendbarkeit europarechtlicher Instrumente anwendbar; § 107 ist jedoch nicht verdrängt, sondern eröffnet nach dem Günstigkeitsprinzip die Anerkennung auch dann, wenn sie nach den Abkommen nicht gegeben ist.

12   **2. Formelle Anerkennung und Nichtanerkennung (Abs. 1 S. 1, Abs. 8, 9). a) Anerkennungsmonopol der LJV. aa)** An die Stelle der Inzidentanerkennung *ex lege*, die § 328 ZPO (für Zivilurteile) sowie § 108 für Entscheidungen im Anwendungsbereich des FamFG im Übrigen vorsehen, tritt für ausländische Entscheidungen in Ehesachen ein förmliches Feststellungsverfahren, für das die LJV zuständig ist. Abs. 1 bewirkt eine **Monopolisierung** der Anerkennungsentscheidung bei der LJV. Überprüft werden kann deren Entscheidung nur im Verfahren vor dem OLG nach Abs. 5, 6. Auch vor Erlass des Bescheides der LJV ist eine Klage auf Feststellung der Anerkennungsfähigkeit der ausländischen Ehescheidung bzw. auf Feststellung, dass die betroffene Ehe nicht mehr oder noch besteht, unzulässig.[23] Das Verfahren kann nicht an die LJV verwiesen werden. Eine inzidente Beurteilung der Anerkennungsfähigkeit durch Gerichte und Verwaltungsbehörden kommt insbesondere auch bei Vorgreiflichkeit der Anerkennungsfähigkeit nicht in Betracht. Gerichte und Verwaltung müssen die Frage der Anerkennungsfähigkeit des ausländischen Urteils als offen behandeln. Damit besitzt die LJV eine ausschließliche Vorfragenkompetenz (näher Rn. 17 ff.).[24]

13   **bb)** Zweifel an der Verfassungsmäßigkeit der Zuständigkeit der LJV sind schon deshalb nicht veranlasst, weil die Anerkennung ausländischer Urteile im Übrigen keineswegs den Gerichten vorbehalten ist; so müssten, gäbe es § 107 FamFG nicht, auch Standesbeamte inzident die Wirksamkeit ausländischer Ehesachenentscheidungen beurteilen. Eine statusändernde Entscheidung trifft die LJV nicht, denn diese ist bereits in der ausländischen Entscheidung selbst zu sehen. Überdies stellt die Möglichkeit der Nachprüfung der Verwaltungsentscheidung durch die OLGe nach Abs. 5 ff. die Wahrung des Rechtsstaatsprinzips (Art. 20 Abs. 3 GG) sowie des Art. 92 GG sicher.[25]

14   **b) Materielle Anerkennungsvoraussetzungen. aa)** Die materiellen Anerkennungsvoraussetzungen beurteilen sich auch für Ehesachen nach § **109**;[26] dies entspricht trotz der unklaren Systematik der §§ 107 ff. der bisherigen Anwendung von § 328 Abs. 1 ZPO auf das Anerkennungsverfahren nach Art. 7 § 1 aF FamRÄndG und wird insbesondere durch die Sonderregelung für die Prüfung der spiegelbildlichen Zuständigkeit in Ehesachen in § 109 Abs. 2 bestätigt.

---

[12] Oben § 328 ZPO Rn. 24, 25.
[13] www.hcch.net sub: Conventions Nr. 18.
[14] Oben § 328 ZPO Rn. 32–44.
[15] BGBl. 1959 II 766.
[16] RGBl. 1937 II 143.
[17] BGBl. 1963 II 110: Nur, wenn die Parteien Deutsche oder Griechen sind und im Entscheidungsstaat gewöhnlichen Aufenthalt haben.
[18] BGBl. 1960 II 1246.
[19] BGBl. 1987 II 35.
[20] BGBl. 1961 II 302.
[21] RGBl. 1930 II 1066.
[22] BGBl. 1969 II 889.
[23] OLG Köln FamRZ 1998, 1303, 1304; *Staudinger/Spellenberg*, 2004, Art. 7 § 1 FamRÄndG Rn. 12.
[24] BGH NJW 1983, 514, 515; OLG Köln IPRax 1999, 48; *Staudinger/Spellenberg*, 2004, Art. 7 § 1 FamRÄndG Rn. 1.
[25] BGHZ 82, 34, 40; BayObLG FamRZ 1978, 243, 245; OLG Düsseldorf StAZ 1975, 189.
[26] OLG Brandenburg FER 2000, 160; *Baumbach/Lauterbach/Hartmann* Rn. 3.

bb) Bei ausländischen **Privatscheidungen,** die nach hier vertretener Ansicht umfassend in den Anwendungsbereich des § 107 fallen (Rn. 24 ff.), ist jedoch zu beachten, dass sich die Anerkennung nach § 109 nur auf eine ausländische gerichtliche oder behördliche Entscheidung beziehen kann. Eine ausländische Privatscheidung kann also nur materiellrechtlich „anerkannt" werden, unterliegt also hinsichtlich der Prüfung ihrer Wirksamkeit dem von Art. 17 EGBGB berufenen Ehescheidungsstatut.[27] Daher kommt insbesondere die Anerkennung einer ausländischen Privatscheidung bei deutschem Scheidungsstatut wegen § 1564 S. 1 BGB nicht in Betracht,[28] während im Fall der Anerkennung einer ausländischen gerichtlichen Entscheidung das angewendete Recht bis zur Grenze des deutschen *ordre public* (§ 109 Abs. 1 Nr. 4; dazu § 109 Rn. 35) ohne Belang ist.

c) Feststellung der Anerkennungsunfähigkeit (Abs. 8). Abs. 8 stellt klar, dass das Verfahren nach Abs. 1, 2 ff. auch dann Anwendung findet, wenn die Feststellung begehrt wird, dass die Voraussetzungen für die Anerkennung einer Entscheidung *nicht* vorliegen. Hieraus ergibt sich dass auch die negative Beurteilung der Anerkennungsfähigkeit dem Monopol der LJV unterliegt, also nicht inzident getroffen werden kann. Zudem bestätigt Abs. 2 die Möglichkeit, über die Anerkennungsunfähigkeit eine förmliche Feststellungsentscheidung herbeizuführen. Schließlich erklärt Abs. 8 auch auf dieses Begehren die verfahrensrechtlichen Bestimmungen in Abs. 2 bis 7 (dazu Rn. 38 ff.) für anwendbar.

d) Bindung für Gerichte und Verwaltungsbehörden, Vorgreiflichkeit (Abs. 9). aa) Die der LJV obliegende Feststellung, dass die Voraussetzungen für die Anerkennung vorliegen oder nicht vorliegen, bindet Gerichte und Verwaltungsbehörden (Abs. 9). Hieraus folgt nicht nur die Bindung durch eine erfolgte Feststellung, die nur im Verfahren nach Abs. 5–7 oder in einem Wiederaufnahmeverfahren beseitigt werden kann. Liegt eine Entscheidung der LJV noch nicht vor und hat das inländische Verfahren den **gleichen Streitgegenstand** wie die im Ausland ergangene Entscheidung, so begründet seine Anerkennung eine negative Prozessvoraussetzung, die das Gericht nicht selbstständig berücksichtigen kann. Ebenso ist bei **Vorgreiflichkeit** der Anerkennungs(un)fähigkeit einer ausländischen Ehesachenentscheidung in einem gerichtlichen[29] oder behördlichen Verfahren[30] zunächst die Entscheidung der LJV einzuholen. Mit Rücksicht auf Abs. 8 gilt dies auch, wenn das befasste Gericht oder die Behörde die ausländische Entscheidung als anerkennungsunfähig ansieht. Hierzu ist nach den jeweiligen Verfahrensvorschriften das Verfahren von Amts wegen[31] auszusetzen[32] und den Parteien/Beteiligten Gelegenheit zur Durchführung des Verfahrens nach Abs. 1 zu geben. Ein Antragsrecht des befassten Gerichts oder der Behörde besteht nicht, da es an einem eigenen rechtlichen Interesse (Abs. 4) – auch bei einer befassten Verwaltungsbehörde – fehlt. Ggf. kann jedoch den Parteien eine Frist zur Antragstellung nach Abs. 4 gesetzt werden;[33] verstreicht die Frist fruchtlos, so kann der begehrte Antrag abgewiesen bzw. das begehrte Verwaltungshandeln abgelehnt werden. Freilich darf der zu fällenden Entscheidung nicht die – endgültige – Anerkennungsunfähigkeit zu Grunde gelegt werden. Ein nur bei Anerkennung der ausländischen Entscheidung begründeter Antrag ist als „derzeit unbegründet" abzuweisen. Eine Aussetzung ist insbesondere auch dann nicht entbehrlich, wenn die ausländische Entscheidung an einem **offensichtlichen Anerkennungshindernis** leidet.[34]

bb) Hingegen bedarf es der Aussetzung nicht, wenn die Anerkennungsfähigkeit für die begehrte Entscheidung **nicht vorgreiflich** ist, so etwa, wenn die Scheidung einer im Ausland bereits geschiedenen Ehe begehrt wird, diese Ehe jedoch aus Sicht des deutschen Rechts ohnehin nicht besteht.[35] Nicht erforderlich ist die Aussetzung auch, wenn im Rahmen der Prüfung der Beachtlichkeit **ausländischer Rechtshängigkeit** die Anerkennungsfähigkeit der im Ausland zu fällenden Entscheidung zu prognostizieren ist;[36] das deutsche Gericht kann insoweit auch prognostizieren, wie

---

[27] BGH FamRZ 2008, 1409; *Baumbach/Lauterbach/Hartmann* Rn. 7; *Wagner* FamRZ 2006, 744, 747.
[28] BGH FamRZ 2008, 1409.
[29] ZB Ehenichtigkeitsverfahren: BGH FamRZ 2001, 991; Ehescheidungsverfahren OLG Koblenz FamRZ 2005, 1693; Eheaufhebung wegen Doppelehe: OLG Karlsruhe FamRZ 1991, 92, 93; *Basedow* StAZ 1977, 6.
[30] ZB Anmeldung einer Eheschließung beim Standesbeamten oder Veranlagung nach § 26 EStG: *Zöller/Geimer* § 328 ZPO Rn. 293.
[31] *Staudinger/Spellenberg,* 2004, Art. 7 § 1 FamRÄndG Rn. 16, 18; *Andrae/Heidrich* FPR 2004, 292, 294; teilweise anders BGH FamRZ 1982, 1203: Aussetzung auf Antrag nach § 151 ZPO oder von Amts wegen nach § 148 ZPO.
[32] OLG Karlsruhe FamRZ 1991, 92; OLG Köln FamRZ 1998, 1304; OLG Koblenz FamRZ 2005, 1693.
[33] BGH NJW 1983, 514.
[34] *Baumbach/Lauterbach/Hartmann* Rn. 13; *Zöller/Geimer* § 328 ZPO Rn. 295; *Staudinger/Spellenberg,* 2004, Art. 7 § 1 FamRÄndG Rn. 16, 18; aA BGH NJW 1983, 514.
[35] *Zöller/Geimer* § 328 ZPO Rn. 296.
[36] So verfährt BGH FamRZ 2008, 1409.

dereinst die LJV die Anerkennungsfähigkeit beurteilen wird.[37] Die Vorfragenkompetenz der LJV hindert die Gerichte auch nicht daran, den Parteien **vorläufigen Rechtsschutz** zu gewähren.[38]

19   **3. Erfasste Entscheidungen (Abs. 1 S. 1), Privatscheidungen. a) Ausländische Entscheidung. aa)** Dem Feststellungsverfahren nach Abs. 1 unterliegen ausländische hoheitliche Entscheidungen; neben Gerichtsentscheidungen auch Beschlüsse von Verwaltungsbehörden[39] oder sonstigen staatlichen Institutionen[40] einschließlich von Hoheitsakten ausländischer Staatsoberhäupter. Entscheidungen **religiöser Gerichte,** die mit staatlicher Ermächtigung in der Weise tätig werden, dass ihre Entscheidungen unmittelbare staatliche Wirkung entfalten, stehen staatlichen Entscheidungen gleich.[41] Bedarf die Entscheidung eines religiösen Gerichts hingegen einer förmlichen Anerkennung im Ursprungsstaat, so ist diese förmliche Anerkennung, nicht aber die religionsgerichtliche Entscheidung, Gegenstand des Feststellungsverfahrens. Im Übrigen sind, wie auch zu § 328 ZPO, ausländische Anerkennungsentscheidungen, welche die Anerkennung einer Entscheidung aus einem Drittstaat aussprechen, nicht anerkennungsfähig (kein Doppel-Exequatur) und deshalb auch nicht geeigneter Gegenstand eines Feststellungsverfahrens nach Abs. 1.

20   **bb)** Die Entscheidungen müssen **formell rechtskräftig** sein. Eine Wiederaufnahmemöglichkeit im Ausland steht der formellen Rechtskraft nicht entgegen.[42] Wird die Entscheidung dagegen im Ursprungsland im Wiederaufnahmeverfahren aufgehoben, so entfällt die Grundlage für die Anerkennung.[43] Bedarf eine ausländische Ehesachenentscheidung nach dem dortigen Recht zu ihrer Wirksamkeit einer konstitutiv wirkenden (personenstandsrechtlichen) **Registrierung,** so ist diese Voraussetzung der Anerkennung der Entscheidung durch die LJV,[44] jedoch nicht Gegenstand der Anerkennung, soweit die für die Registrierung zuständige Behörde keine eigene Entscheidung trifft. Insbesondere folgt aus der Registrierung in einem nicht der erhöhten Beweiskraft deutscher Personenstandsbücher zugänglichen ausländischen Personenstandsbuch nicht die Wirksamkeit der registrierten ausländischen Entscheidung.[45] Gegenstand der Anerkennung kann eine Registrierung sein, wenn – was insbesondere bei registrierungsbedürftigen Privatscheidungen in Betracht kommt – ein ausländisches Gericht oder eine Behörde das Vorliegen der Wirksamkeitsvoraussetzungen einer Ehescheidung zu prüfen hat und hierbei ein über die formale Wirksamkeitsprüfung hinausgehender sachlicher Entscheidungsspielraum besteht.

21   **cc)** Anerkannt werden können nur vollständig **im Ausland ergangene** Entscheidungen. Soweit das in Art. 17 Abs. 2 EGBGB bestimmte Scheidungsmonopol der deutschen Gerichte im Inland reicht, kommt eine Anerkennung, und damit auch eine Anerkennungsfeststellung nach § 107, nicht in Betracht. Behördliche Entscheidungen, die von einer Botschaft oder einem Konsulat des Heimatstaates in Deutschland oder von einem geistlichen Gericht auf Grund einer Ermächtigung durch den Heimatstaat auf dem Gebiet der Bundesrepublik vorgenommen werden, können daher nicht anerkannt werden, auch wenn sie nach Heimatrecht bzw. dem anwendbaren Recht wirksam sind. Solche Entscheidungen sind zwar ausländischer Art und unterliegen damit der negativen Feststellungskompetenz der LJV;[46] sie können aber nicht anerkannt werden.[47]

22   **b) Entscheidungstypen. aa)** Das Anerkennungsmonopol der LJV erstreckt sich auf die in Abs. 1 genannten **Angelegenheiten,** wobei sich die Abweichung vom Katalog der Ehesachen in § 121 dadurch erklärt, dass Abs. 1 unter Einbeziehung ausländischer Entscheidungstypen, die nach deutschem materiellem Familienrecht nicht (mehr) vorgesehen sind, einen weiten Begriff der Ehesache prägt. Dieser stimmt mit dem Ehesachenbegriff des § 98 überein, wo mit Rücksicht auf Entscheidungen, die nach einem anwendbaren Statut begehrt werden können, eine internationale Zuständigkeit deutscher Gerichte auch für dem deutschen materiellen Recht fremde Entscheidungsformen vorzusehen ist (dazu § 98 Rn. 15 ff.). Erfasst sind neben der Eheaufhebung auch die Nichtigerklärung, neben der Ehescheidung auch die gerichtliche Ehetrennung ohne Auflösung des Ehebandes sowie die Feststellung des Bestehens oder Nichtbestehens einer Ehe.

---

[37] OLG Düsseldorf MDR 1974, 1023.
[38] *Staudinger/Spellenberg,* 2004, Art. 7 § 1 FamRÄndG Rn. 24.
[39] *Baumbach/Lauterbach/Hartmann* Rn. 6; aA OLG Koblenz FamRZ 2005, 1693.
[40] *Staudinger/Spellenberg,* 2004, Art. 7 § 1 FamRÄndG Rn. 31; *Andrae/Heidrich* FamRZ 2004, 1622, 1623 u. FPR 2004, 292, 293.
[41] BGH FamRZ 2008, 1409, 1412; *Staudinger/Spellenberg,* 2004, Art. 7 § 1 FamRÄndG Rn. 32.
[42] OLG Düsseldorf StAZ 1975, 189.
[43] BGHZ 118, 319, 321; BayObLG FamRZ 1998, 1305.
[44] BayObLG FER 1998, 209; OLG Düsseldorf NJW 1975, 1081.
[45] KG FamRZ 2007, 1828.
[46] *Staudinger/Spellenberg,* 2004, Art. 7 § 1 FamRÄndG Rn. 34 f.
[47] MünchKommBGB/*Winkler von Mohrenfels* Art. 17 EGBGB Rn. 86 ff.

bb) Nicht vom Anerkennungsmonopol nach Abs. 1 erfasst sind **antragsabweisende Entscheidungen.** Da jedoch Feststellungsurteile einbezogen sind, wird auch ein klageabweisendes Urteil erfasst, sofern es zugleich das Bestehen (oder Nichtbestehen) einer Ehe rechtskräftig feststellt.[48] Nicht erfasst sind auch Entscheidungen, die zur **Herstellung des ehelichen Lebens** verurteilen. Ebenso nicht erfasst sind ausländische Entscheidungen, die einen Ehegatten **zur Vornahme einer Privatscheidung verurteilen,** unbeschadet der Frage, ob eine solche Verurteilung überhaupt der Anerkennung fähig wäre, soweit die rechtsgeschäftliche Scheidung sodann im Inland stattfinden hätte.[49] Nicht dem Anerkennungsverfahren unterliegen ausländische Entscheidungen, die über den Bestand einer Ehe nur als **Vorfrage** entscheiden; sie sind inzident nach §§ 108, 109 anzuerkennen (näher Rn. 27).[50]

cc) Nicht dem Anerkennungsmonopol unterliegt die materielle Beurteilung der **ipso iure eingetretenen Auflösung** einer Ehe durch Tod oder Religionswechsel.[51] Ist hingegen eine solche Auflösung Gegenstand eines ausländischen Feststellungsurteils, so ist dieses Urteil (nur) im Verfahren nach Abs. 1 ff. anerkennungsfähig.

c) Privatscheidung. aa) Für im Ausland vollzogene rechtsgeschäftliche Scheidungen (Privatscheidung) ist zwischen **Anerkennungsfähigkeit,** materiellem **Anerkennungsmaßstab** und Anwendbarkeit des **Anerkennungsmonopols** der LJV zu differenzieren. Privatscheidungen sind nicht grundsätzlich anerkennungsunfähig; sie verstoßen insbesondere nicht ausnahmslos gegen den deutschen *ordre public,* selbst wenn ein hinreichender Inlandsbezug besteht. Das Scheidungsmonopol deutscher Gerichte (§ 1564 S. 1 BGB, Art. 17 Abs. 2 EGBGB) gilt nur für Ehescheidungen, die materiell deutschem Recht unterliegen[52] oder die im Inland erfolgen. Maßstab der Anerkennung ist jedoch nicht § 109 FamFG (verfahrensrechtliche Anerkennung), sondern Art. 17 EGBGB (materiell-rechtliche Anerkennung, dazu Rn. 15).

bb) Unbestritten unterliegen Privatscheidungen, unabhängig davon, ob es sich um ein einseitiges oder zweiseitiges Rechtsgeschäft handelt,[53] dem Feststellungsmonopol der LJV aber nur, wenn eine **ausländische Behörde** an ihrem Vollzug **mitgewirkt** hat. Während früher eine konstitutive Mitwirkung verlangt wurde,[54] begnügt sich die heute hM mit einer deklaratorischen Mitwirkung (zB einer Beurkundung oder Registrierung),[55] zumal sonst die Abgrenzung zur gerichtlichen Scheidung zweifelhaft würde.[56] Die Mitwirkung eines (ausländischen) geistlichen Gerichts genügt, wenn es mit staatlicher Ermächtigung tätig wurde.[57]

Für reine Privatscheidungen **ohne konstitutive behördliche Mitwirkung** ist hingegen fraglich, ob trotz Fehlens einer ausländischen „Entscheidung" das Anerkennungsmonopol nach Abs. 1 besteht. Nach dem Sinn und Zweck des Feststellungsverfahrens, hinkende Anerkennungen zu vermeiden, sollte die häufig nur registrierenden staatlichen Mitwirkung keine wesentlich unterschiedliche Funktion beigemessen werden. Die Wirksamkeit der reinen Privatscheidung ist daher ebenfalls in dem Feststellungsverfahren vor der LJV zu beurteilen.[58] Hiergegen spricht insbesondere nicht, dass hierdurch die Anerkennung ausländischer Scheidungen oder gar die Scheidungsmöglichkeit deutscher Frauen erschwert würde, da der Anerkennungsmaßstab vom Anerkennungsverfahren ohnehin nicht berührt ist.[59] Privatscheidungen, bei denen ein konstitutiver Teilakt **im Inland** stattgefunden hat, sind wegen Art. 17 Abs. 2 EGBGB nicht wirksam bzw. nicht anerkennungsfähig.[60] Da es sich um einen inländischen Vorgang handelt, kommt die Anwendung des Feststellungsverfahrens mangels eines ausländischen Anerkennungssubstrats auch nicht im Wege der Feststellung der Anerkennungsunfähigkeit (Abs. 8) in Betracht. Etwas anderes gilt, wenn an der inländischen Privatscheidung eine

---

[48] *Rosenberg/Schwab/Gottwald* § 156 Rn. 52; *Staudinger/Spellenberg,* 2004, Art. 7 § 1 FamRÄndG Rn. 50; aA *Andrae/Heidrich* FamRZ 2004, 1622, 1628.
[49] Offen gelassen von BGH FamRZ 2008, 1409, 1412.
[50] BGH NJW 1975, 1072; KG FamRZ 1974, 146, 148; OLG Hamm IPRspr 1980 Nr. 95.
[51] *Staudinger/Spellenberg,* 2004, Art. 7 § 1 FamRÄndG Rn. 41.
[52] Vgl. BVerfG NJW-RR 2007, 577.
[53] BGHZ 110, 270.
[54] Vgl. LG Stuttgart FamRZ 1968, 391; *Lorbacher* FamRZ 1979, 772.
[55] BGHZ 110, 270; BGHZ 82, 34, 41; BayObLG FamRZ 1994, 1263, 1264; BayObLG FamRZ 1998, 1594; OLG Celle FamRZ 1998, 757.
[56] Zur Einordnung der Rabbinatsscheidung als Privatscheidung BGH FamRZ 1994, 434; BGH FamRZ 2008, 1409; dagegen *Scheftelowitz* FamRZ 1995, 593.
[57] BayObLG FamRZ 1985, 75; *Staudinger/Spellenberg,* 2004, Art. 7 § 1 FamRÄndG Rn. 32.
[58] *Andrae/Heidrich* FamRZ 2004, 1622, 1626 u. FPR 2004, 292, 293; *Staudinger/Spellenberg,* 2004, Art. 7 § 1 FamRÄndG Rn. 39 f.; oben § 328 ZPO Rn. 192; aA *Zöller/Geimer* § 328 ZPO Rn. 314.
[59] AA *Baumbach/Lauterbach/Hartmann* Rn. 8.
[60] BGH FamRZ 1985, 76; BayObLGZ 1985, 1259.

ausländische Behörde, zB ein ausländisches religiöses Gericht oder eine Personenstandsbehörde genehmigend oder registrierend mitgewirkt hat. In diesem Fall ist die inländische Privatscheidung zwar ebenfalls anerkennungsunfähig, die Anerkennungsunfähigkeit ist jedoch im Verfahren nach § 107 festzustellen.[61] Eine *talaq*-Scheidung wird danach nicht anerkannt, wenn die Verstoßung im Inland erklärt wurde, selbst wenn die Scheidungswirkung erst nach Mitteilung an die zuständige Heimatbehörde und nach Ablauf einer Überlegungsfrist wirksam wird.[62] Anerkannt werden kann dagegen eine Privatscheidung nach ausländischem Scheidungsstatut, wenn zwar eine Vorbereitungshandlung (zB Vollmachtserteilung) im Inland, der konstitutive Scheidungsakt aber im Ausland stattfand.[63]

28 **4. Neben- und Folgeentscheidungen. a) Kein Anerkennungsmonopol.** Nebenentscheidungen (mit Rücksicht auf die Bedeutung für Scheidungsfolgeansprüche auch ein Schuldausspruch im Scheidungsurteil[64]) oder Entscheidungen über Folgesachen unterliegen nicht dem Anerkennungsmonopol durch die LJV. Sie werden vielmehr inzident nach § 108 anerkannt, soweit nicht für die Materie der anzuerkennenden Entscheidung völker- oder europarechtliche Regelungen bestehen. Dies gilt auch, wenn ein ausländisches Gericht über die Ehesache und die Folgesache in einem einheitlichen (Verbund-)Urteil entschieden hat.[65] Dasselbe gilt für Entscheidungen, für die die Wirksamkeit einer Entscheidung in einer Ehesache vorgreiflich war, also zB für die Anerkennung eines ausländischen Unterhaltsurteils nach Ehescheidung in einem Drittstaat.

29 **b) Vorgreifliche Anerkennung der Ehesachenentscheidung.** Jedoch können Scheidungsfolgen nicht vor der Anerkennung der Scheidung selbst geltend gemacht werden, so dass auch eine Anerkennung einer Folgesachenregelung die Anerkennung der Entscheidung in der Ehesache voraussetzt.[66] Werden daher, in einer Verbundentscheidung oder selbstständig, der nacheheliche Unterhalt, die Auseinandersetzung des Güterstandes, der Versorgungsausgleich oder die Namensfrage geregelt, so können die Nebenentscheidungen auf selbstständige Prüfung hin im Inland erst anerkannt werden, wenn vorher die Anerkennung des ausländischen Eheurteils von der LJV bindend festgestellt worden ist. Das auf Anerkennung oder Vollstreckbarerklärung der Folgeentscheidung gerichtete Begehren ist jedoch dann nicht auszusetzen, sondern ohne Durchführung des Verfahrens nach Abs. 1 abzuweisen, wenn die Neben- oder Folgesachenentscheidung als solche an einem Anerkennungshindernis nach § 109 oder dem sonst auf sie anwendbaren Anerkennungsrecht leidet. Enthält eine Entscheidung in der Ehesache Regelungen zu anderen Familiensachen, die auch ohne Auflösung der Ehe getroffen werden konnten (zB Regelung der elterlichen Sorge wegen des Getrenntlebens; Trennungsunterhalt; Kindesunterhalt),[67] so ist die Anerkennung der Entscheidung in der Ehesache nicht Voraussetzung für die Anerkennung der Entscheidung in der anderen Familiensache.

30 **c) Folgeentscheidungen unter völkerrechtlichen und europarechtlichen Anerkennungsregeln. aa)** Das Feststellungsmonopol der LJV besteht auch bei der Anerkennung von Folgeentscheidungen auf Grund von völkerrechtlichen oder europarechtlichen Instrumenten, sofern die Folgeentscheidung die Entscheidung in der Ehesache voraussetzt. Insbesondere erfolgt die Anerkennung von **Sorgerechtsentscheidungen** nach dem MSA, künftig dem KSÜ, trotz der grundsätzlich bestehenden Anerkennungsverpflichtung (Art. 7 S. 1 MSA) nicht ohne vorherige förmliche Anerkennung der Entscheidung in der Ehesache,[68] sofern die Schutzmaßnahme als Folgesache ergangen ist; ist die Ehesachenentscheidung für die Sorgerechtsregelung nicht vorgreiflich, so erfolgt die Anerkennung nach MSA bzw. KSÜ ohne Weiteres.[69] Im Anwendungsbereich der Brüssel IIa-VO stellt sich dieses Problem nicht, da insoweit sowohl die Ehesachenentscheidung als auch die Sorgerechtsentscheidung nach Art. 21 ff. Brüssel IIa-VO inzident anzuerkennen sind.

---

[61] *Staudinger/Spellenberg*, 2004, Art. 7 § 1 FamRÄndG Rn. 584; *Andrae/Heidrich* FamRZ 2004, 1622, 1626; vgl. LJV Baden-Württemberg IPRax 1988, 170, 17; OLG Stuttgart IPRax 1988, 172.
[62] BayObLG FamRZ 1985, 1258; OLG Stuttgart IPRax 1988, 172; vgl. *Staudinger/Spellenberg*, 2004, Art. 7 § 1 FamRÄndG Rn. 39, 587 ff.
[63] BGHZ 82, 34; *Staudinger/Spellenberg*, 2004, Art. 7 § 1 FamRÄndG Rn. 37.
[64] Für Anerkennungsfähigkeit zutreffend *Zöller/Geimer*27 § 328 ZPO Rn. 323.
[65] *Zöller/Geimer* § 328 ZPO Rn. 299.
[66] BGHZ 64, 19; BGH FamRZ 1982, 1203; *Staudinger/Spellenberg*, 2004, Art. 7 § 1 FamRÄndG Rn. 53; *Zöller/Geimer* § 328 ZPO Rn. 300.
[67] BGH JAmt 2007, 273.
[68] *Staudinger/Kropholler*, 2003, Vor Art. 18 EGBGB Rn. 626 ff., aA KG FamRZ 1974, 146, 149; OLG Köln FamRZ 1979, 718, 719; OLG Karlsruhe DAVorm. 1981, 166; OLG München DAVorm. 1982, 490.
[69] Vgl. OLG Frankfurt IPRax 1996, 38.

bb) Gleiches wie für MSA und KSÜ gilt bei der Anerkennung von **Unterhaltsentscheidungen** 31
nach der Brüssel I-VO oder dem Luganer Übereinkommen. Soweit die Ehesachenentscheidung nach
Art. 21 ff. Brüssel II a-VO anzuerkennen ist, ergeben sich keine Probleme. Unterhalts-Folgeentscheidungen aus Dänemark und den EWR-Staaten, die nicht der EU angehören, können hingegen erst
nach Durchführung des Feststellungsverfahrens vor der LJV anerkannt werden.[70] Einer Anerkennung
der Entscheidung in der Ehesache bedarf es jedoch nicht, wenn diese, wie insbesondere für den
Kindesunterhalt, nicht Voraussetzung der Unterhaltsentscheidung ist.[71] Etwas anderes gilt mit Rücksicht auf das ausdrücklich bei den Vertragsverhandlungen erzielte Einverständnis für die Anerkennung von Unterhaltsentscheidungen nach dem Haager Übereinkommen über die Anerkennung und Vollstreckung von Unterhaltsentscheidungen (**HUVÜ 1973**, siehe § 97 Rn. 30): Danach sind auch
Entscheidungen über den nachehelichen Unterhalt anerkennungsfähig, ohne dass es der vorherigen
Anerkennung – und damit des Feststellungsverfahrens vor der LJV – bedarf.[72]

5. Heimatstaatsentscheidung (Abs. 1 S. 2). a) Kein Anerkennungsmonopol. aa) Gemäß 32
Abs. 1 S. 2 hängt die Anerkennung nicht von der Feststellung der LJV ab, wenn ein Gericht oder eine
Behörde des Staates entschieden hat, dem beide Ehegatten zurzeit der Entscheidung angehörten
(Heimatstaatsentscheidung). Die Anerkennung erfolgt in diesem Fall durch Gerichte und Behörden
inzident auf Grundlage der Anerkennungsvoraussetzungen des § 109 FamFG.[73] Das Verfahren nach
Abs. 1 ist hingegen notwendig, wenn zweifelhaft ist, ob es sich um eine Entscheidung des gemeinsamen Heimatstaats handelt.[74] Der Wegfall des Feststellungsmonopols der LJV lässt die Anerkennungsvoraussetzungen nach § 109 FamFG, bzw. bei Privatscheidungen nach Art. 17, 14 EGBGB
unberührt;[75] die Anerkennung wird also nur in der Form, nicht aber in der Sache erleichtert.
Hiermit ist freilich die Gefahr widersprechender Anerkennungen verbunden; Entscheidungen des
Heimatstaates beider Ehegatten mögen zwar einer größeren Richtigkeitsgewähr unterliegen, sofern
sie in Anwendung des Heimatrechts ergangen sind; sie können gleichwohl an Anerkennungshindernissen iSd. § 109 FamFG leiden,[76] insbesondere gegen den deutschen *ordre public* verstoßen, weil auch
der gewöhnliche Aufenthalt in Deutschland einen ausreichenden Inlandsbezug vermitteln kann.[77]

bb) Ein Feststellungsverfahren ist jedoch **fakultativ zulässig;**[78] hierdurch wird vermieden, dass in 33
Zweifelsfällen die Anerkennungsfähigkeit nur auf Feststellungsklage[79] inter partes geklärt werden
könnte. Insbesondere werden durch die fakultative Zulassung des Feststellungsverfahrens die Bedenken gegen die Ausnahme solcher Entscheidungen vom Anerkennungsmonopol (Rn. 29) relativiert
und ein sinnvoller Ausgleich zwischen dem Klärungsbedarf im Einzelfall und der Beschleunigung
von Verfahren im Regelfall, in denen die Anerkennung vorgreiflich ist, erzielt.

b) Staatsangehörigkeit zum Entscheidungsstaat. aa) Eine Heimatstaatsentscheidung, die das 34
Feststellungsmonopol entfallen lässt, setzt voraus, dass beide Ehegatten zZ des Erlasses der ausländischen Entscheidung gemeinsam die **Staatsangehörigkeit des entscheidenden Staates** besessen
haben.[80] Auf Verwaltungs- oder Privatscheidungen ist die Ausnahmeregel wegen der gleichen
Interessenlage analog anzuwenden; ein förmliches Feststellungsverfahren ist entbehrlich, sofern alle
für die Scheidung konstitutiv erforderlichen Akte im gemeinsamen Heimatstaat der Ehegatten stattgefunden haben. In Staaten mit unterschiedlichen Teilrechtsordnungen im Eherecht ist nicht erforderlich, dass die Entscheidung in dem Einzelstaat ergangen ist, dem die Ehegatten angehören oder
wo sie ihren Wohnsitz haben.[81] Die höhere Richtigkeitsgewähr, die es rechtfertigt, eine Entscheidung

---

[70] *Staudinger/Kropholler*, 2003, Vor Art. 18 EGBGB Rn. 627; *Zöller/Geimer* § 328 ZPO Rn. 323; aA *Hausmann* IPRax 1981, 5, 6.
[71] OLG Köln FamRZ 1979, 718; OLG München IPRax 1982, 490; aA OLG Hamm FamRZ 1989, 785; OLG Celle FamRZ 1990, 1390.
[72] *Geimer* IPRax 1992, 5, 9; *Staudinger/Kropholler*, 2003, Anh. III zu Art. 18 EGBGB Rn. 156 mit Nachweisen zu den Materialien; *Hohloch* FF 2001, 147, 155; aA *Baumann* IPRax 1994, 436.
[73] BayObLG FamRZ 2002, 1637; OLG Hamm FamRZ 1998, 303; OLG Koblenz FamRZ 2005, 1693; OLG Stuttgart FamRZ 2003, 1019; AG Weilburg FamRZ 2000, 169; *Staudinger/Spellenberg*, 2004, Art. 7 § 1 FamRÄndG Rn. 55; *Baumbach/Lauterbach/Hartmann* Rn. 25.
[74] Präs. OLG Frankfurt IPRax 2000, 124.
[75] *Staudinger/Spellenberg*, 2004, Art. 7 § 1 FamRÄndG Rn. 55.
[76] Kritisch *Zöller/Geimer* § 328 ZPO Rn. 319.
[77] Vgl. OLG Hamm FamRZ 1996, 951.
[78] BGHZ 112, 127; LJV Nordrhein-Westfalen IPRax 1986, 177, 179; *Andrae/Heidrich* FPR 2004, 292, 293; *Staudinger/Spellenberg*, 2004, Art. 7 § 1 FamRÄndG Rn. 70; aA OLG Frankfurt FamRZ 1971, 373; *Zöller/Geimer* § 328 ZPO Rn. 318.
[79] *Staudinger/Spellenberg*, 2004, Art. 7 § 1 FamRÄndG Rn. 71; *Andrae/Heidrich* FamRZ 2004, 1622, 1627.
[80] OLG Frankfurt NJW 1971, 1528, 1529; *Geimer* NJW 1971, 2138, 2139.
[81] Für US-Staaten: *Krzywon* StAZ 1989, 93, 95.

des Heimatstaates vom Anerkennungsmonopol der LJV freizustellen, besteht generell im Heimatstaat, mag dieser auch räumlich oder personal gespaltenes Familienrecht anwenden.

35 **bb)** Besitzt einer der Ehegatten die **deutsche Staatsangehörigkeit,** so ist ein Anerkennungsverfahren vor der LJV erforderlich, auch wenn dieser Ehegatte neben der deutschen Staatsangehörigkeit die Staatsangehörigkeit des Entscheidungsstaates besitzt.[82] Obgleich Art. 5 Abs. 1 S. 2 EGBGB für verfahrensrechtliche Fragen der Doppelstaatigkeit nicht unmittelbar gilt, kann nicht auf die effektive Staatsangehörigkeit abgestellt werden,[83] da der Zweck des Abs. 1, eine hinkende Beurteilung der Ehe zu vermeiden, aus deutscher Sicht gerade für deutsche Staatsangehörige Bedeutung hat und der kollisionsrechtliche Vorrang der deutschen Staatsangehörigkeit im Rahmen des Scheidungsstatuts jedenfalls beachtlich ist.

36 **cc)** Besitzt einer der Ehegatten **mehrere ausländische Staatsbürgerschaften,** so kommt es analog Art. 5 Abs. 1 S. 1 EGBGB auf die gemeinsame effektive Staatsangehörigkeit an;[84] ein Bedürfnis, bei Mehrstaatern grundsätzlich das Anerkennungsmonopol der LJV anzunehmen,[85] besteht nicht. Für **Flüchtlinge, Asylberechtigte** und **Staatenlose** gelten dieselben Grundsätze wie im Rahmen der Zuständigkeitsregeln (§ 98 Rn. 45 ff.). Sie sind den Angehörigen des jeweiligen Aufenthaltsstaates gleichzustellen.

37 **6. Anerkennender Vermerk in deutschem Personenstandsbuch vor 1. 11. 1941 (Abs. 10).** Abs. 10 stellt im Umkehrschluss klar, dass das formelle Feststellungsverfahren nach § 107 rückwirkend für alle Entscheidungen gilt, die vor Inkrafttreten des FamFG, aber auch vor Inkrafttreten des Art. 7 § 1 aF FamRÄndG und seiner Vorgängernormen ergangen sind. Ausgenommen sind nur solche Entscheidungen, die betreffend am 1. 11. 1941 in einem deutschen Familienbuch oder Heiratsregister ein Randvermerk über die Nichtigerklärung, Aufhebung, Scheidung, Trennung oder das Bestehen oder Nichtbestehen der Ehe eingetragen war.

III. Anerkennungsverfahren im Einzelnen (Abs. 2–7)

38 **1. Zuständigkeit (Abs. 2). Sachlich** zuständig für das Feststellungsverfahren ist die LJV (Abs. 1 S. 1). **Örtlich** zuständig ist nach Abs. 2 die Justizverwaltung des Landes des gewöhnlichen Aufenthalts eines der Ehegatten, wobei bei gewöhnlichem Aufenthalt beider Ehegatten in verschiedenen Bundesländern beide LJV zuständig sind und § 2 Abs. 1 FamFG entsprechend anzuwenden ist.[86] Dies gilt auch dann, wenn der Antrag nicht durch einen der Ehegatten, sondern einen rechtlich interessierten Dritten gestellt wird (Rn. 42). Fehlt es an einem inländischen gewöhnlichen Aufenthalt beider Ehegatten, so ist die LJV des Bundeslandes zuständig, in dem eine neue Ehe geschlossen oder eine ELP begründet werden soll. Maßgeblich ist insoweit der Sitz des zuständigen Standesbeamten.[87] Äußerst hilfsweise ist zuständig die LJV Berlin.[88] Bei unterschiedlichen Aufenthaltsorten in verschiedenen Bundesländern werden konkurrierende Zuständigkeiten begründet. Entsprechend § 2 Abs. 1 schließt die Zuständigkeit der zuerst angerufenen Behörde die der anderen aus. Die örtliche Zuständigkeit muss bei Antragstellung bestehen; ihr späterer Wegfall ist unschädlich; es gilt der Grundsatz der *perpetuatio fori* entsprechend.[89] Auf einen vor Antragstellung entfallenen gewöhnlichen Aufenthalt kann die Zuständigkeit nicht gestützt werden.

39 **2. Übertragung auf den Präsidenten des OLG (Abs. 3).** Gemäß Abs. 3 S. 1 können die Bundesländer die Zuständigkeit durch Rechtsverordnung von der LJV auf einen oder mehrere **Präsidenten des Oberlandesgerichts** übertragen. Diese Ermächtigung kann als solche gemäß Abs. 3 S. 1 auf die LJV übertragen werden. Von der entsprechenden Ermächtigung nach Art. 7 § 1 Abs. 2a aF FamRÄndG haben Baden-Württemberg (Präsidenten der OLGe),[90] Bayern (Präsident

---

[82] BayObLG FamRZ 1990, 897, 898; FamRZ 1998, 1594; *Baumbach/Lauterbach/Hartmann* Rn. 26.
[83] So vor Inkrafttreten von Art. 5 Abs. 1 S. 2 EGBGB: BGH FamRZ 1982, 1203, 1204; BGH IPRax 1986, 382; OLG Stuttgart FamRZ 1968, 390; auch unter Geltung von Art. 5 Abs. 1 S. 2 EGBGB: *Staudinger/Spellenberg,* 2004, Art. 7 § 1 FamRÄndG Rn. 63.
[84] *Staudinger/Spellenberg,* 2004, Art. 7 § 1 FamRÄndG Rn. 66.
[85] So *Richter* JR 1987, 98, 99; *Krzywon* StAZ 1989, 93, 95.
[86] Oben § 328 ZPO Rn. 209; § 4 aF FGG.
[87] *Staudinger/Spellenberg,* 2004, Art. 7 § 1 FamRÄndG Rn. 118.
[88] ZB Antrag von Erben nach Tod eines oder beider Ehegatten: BGH FamRZ 1990, 1100.
[89] BayObLGZ 1979, 193; *Staudinger/Spellenberg,* 2004, Art. 7 § 1 FamRÄndG Rn. 120.
[90] GBl. 2000, 366 und 499.

des OLG München),[91] Brandenburg (Brandenburgisches OLG als Justizverwaltungsbehörde),[92] Bremen (Präsident des HansOLG),[93] Hessen (Präsident des OLG Frankfurt),[94] Niedersachsen (Präsidenten der OLGe),[95] Nordrhein-Westfalen (Präsident des OLG Düsseldorf),[96] Saarland (Präsident des Saarländischen OLG),[97] Sachsen (Präsident des OLG Dresden)[98] und Sachsen-Anhalt (Präsident des OLG Naumburg)[99] Gebrauch gemacht.[100]

3. Antragsberechtigung, Verwaltungsverfahren (Abs. 4). a) Antrag. aa) Das Verfahren ist Antragsverfahren (Abs. 4 S. 1). Der Antrag auf Anerkennung bzw. Nichtanerkennung (Abs. 8) kann formlos gestellt werden. Nach §§ 159f. der DA Standesbeamte kann er auch beim Standesbeamten gestellt werden; dieser leitet ihn an die LJV weiter.[101] Der Antrag kann bis zur Wirksamkeit des Feststellungsbescheides zurückgenommen werden. Ein positiver Feststellungsantrag kann in einen negativen Feststellungsantrag geändert werden.

bb) Das **Antragsrecht** besteht unbefristet und **kann nicht verwirkt werden.**[102] Eine Verwirkung kommt schon deshalb nicht in Betracht, weil das Feststellungsmonopol nicht erlischt und ggf. ein Verfahren, für das die Anerkennung vorgreiflich ist, in der Schwebe bleibt.[103] Der Verwirkung zugänglich ist jedoch die Berufung auf Anerkennungsversagungsgründe, wenn ein ausländisches Scheidungsurteil jahrelang hingenommen wurde, insbesondere, wenn der Anerkennungsgegner sich aktiv als geschieden geriert hatte.[104] Ob die Berufung auf die Wirksamkeit eines ausländischen Scheidungsurteils verwirkt werden kann, erscheint dagegen zweifelhaft; regelmäßig wird ein im Ausland geschiedener Ehegatte von dem Erfordernis des § 107 FamFG erst aus Anlass einer geplanten neuen Eheschließung Kenntnis erlangen, so dass langjährige Inaktivität kein Indiz für eine Verwirkung ist. Selbst ein nach Scheidung der Ehe nicht allgemein übliches Verhalten, insbesondere langjähriges weiteres Zusammenleben der Parteien, lässt es nicht treuwidrig erscheinen, wenn sich ein Ehegatte sodann auf die ausländische Scheidung beruft;[105] angesichts der gesellschaftlichen Akzeptanz unverheirateten Zusammenlebens kann es nicht als treuwidrig angesehen werden, wenn Ehegatten nach Scheidung unverheiratet zusammenleben und ein Ehegatte die durch die Ehescheidung gewonnene Freiheit eines Tages in einer neuen Beziehung realisiert. Nicht missbräuchlich ist es auch, wenn ein Ehegatte der Anerkennung einer ausländischen Scheidung entgegentritt und gleichzeitig im Inland selbst die Scheidung betreibt, was schon wegen anderer Scheidungsfolgen(statute) gute Gründe haben kann.[106]

b) Erweiterte Antragsberechtigung. Antragsberechtigt ist, wer ein **unmittelbares rechtliches Interesse** an der Anerkennung oder deren Versagung glaubhaft macht (Abs. 4 S. 2).[107] Dieses rechtliche Interesse besteht für jeden der Ehegatten, für den Verlobten,[108] den Partner einer neuen Ehe oder ELP, für Kinder, Erben eines der Eheleute,[109] die Verwaltungsbehörde (§ 1316 BGB) in Fällen der Eheaufhebungsklage,[110] sowie für Sozialversicherungsträger[111] und den Bundesbeauftragten für die Verteilung von Aussiedlern bzw. die Durchgangsstelle für Aussiedler,[112] solange die Vorfrage einer

---

[91] GVBl. 1998 S. 1046.
[92] GVBl. 2003 II S. 18.
[93] GBl. 2004 S. 34.
[94] GVBl. 1994 S. 635.
[95] GVBl. 1995 S. 255.
[96] GVBl. 1994 S. 1005.
[97] ABl. 2003 S. 2995.
[98] GVBl. 1997 S. 650, 682.
[99] GVBl. 2000 S. 672.
[100] Vgl. *Staudinger/Spellenberg*, 2004, Art. 7 § 1 FamRÄndG Rn. 114.
[101] Muster in StAZ 1981, 66 f.
[102] *Zöller/Geimer* § 328 ZPO Rn. 331; aA BayObLG FamRZ 1975, 700; FamRZ 1985, 1258, 1259; OLG Düsseldorf FamRZ 1988, 198.
[103] *Staudinger/Spellenberg*, 2004, Art. 7 § 1 FamRÄndG Rn. 141 ff.
[104] BayObLG FamRZ 2002, 1637; JM Baden-Württemberg FamRZ 1995, 1411; *Staudinger/Spellenberg*, 2004, Art. 7 § 1 FamRÄndG Rn. 143; *Zöller/Geimer* § 328 ZPO Rn. 331.
[105] AA *Staudinger/Spellenberg*, 2004, Art. 7 § 1 FamRÄndG Rn. 142; vgl. OLG Düsseldorf FamRZ 1988, 198.
[106] JM Baden-Württemberg FamRZ 2001, 1015, 1017.
[107] *Staudinger/Spellenberg*, 2004, Art. 7 § 1 FamRÄndG Rn. 124–140.
[108] *Richter* JR 1987, 98, 100.
[109] BGH FamRZ 1990, 1100; BayObLG FamRZ 1999, 1588; KG FamRZ 1988, 641, 642.
[110] Vgl. *Staudinger/Spellenberg*, 2004, Art. 7 § 1 FamRÄndG Rn. 136.
[111] KG NJW 1970, 2169; OLG Koblenz IPRax 1988, 359; *Richter/Krzywon* IPRax 1988, 349; *Richter* JR 1987, 98, 100.
[112] *Krzywon* StAZ 1989, 93, 97.

§ 107 43–47   Buch 1. Abschnitt 9. Verfahren mit Auslandsbezug

wirksamen Scheidung noch eine praktische Rolle spielt.[113] Gerichte, Staatsanwaltschaften[114] und Standesbeamte[115] sowie Finanzämter[116] haben dagegen kein eigenes Feststellungsinteresse.

43   c) **Verwaltungsverfahren.** Das Verfahren unterliegt nicht den Verwaltungsverfahrensgesetzen der Länder, da die LJV insoweit nicht der Kontrolle der Verwaltungsgerichte unterliegt.[117] Es gelten deshalb nur allgemeine Grundsätze für das Verwaltungshandeln. Danach ist der Sachverhalt, unter Ausschöpfung der Beweismittel, von Amts wegen zu ermitteln.[118] Der **Untersuchungsgrundsatz** gilt hier (anders als sonst) auch für die Anerkennungsvoraussetzungen. Dem Antragsteller kann die Beibringung von Unterlagen aufgegeben werden.[119] Zeugniszwang darf nicht geübt, ein Eid nicht abgenommen werden.[120] Den Beteiligten ist nach Art. 103 Abs. 1 GG bzw. Art. 20 Abs. 3 GG rechtliches Gehör zu gewähren.[121] Aus dem Rechtsstaatsprinzip folgt die Pflicht, ablehnende Bescheide zu begründen.[122]

44   **4. Entscheidung der LJV (Abs. 6 S. 2, 3). a) Inhalt. aa)** Das Verfahren nach Abs. 1 wird durch einen **förmlichen** Bescheid abgeschlossen, der jedenfalls dann der Begründung bedarf, wenn dem Antrag nicht stattgegeben wird oder die Anerkennungsfähigkeit zwischen Beteiligten umstritten ist. Der Antrag kann als unzulässig oder als unbegründet zurückgewiesen werden. Wird der Antrag als **unzulässig** zurückgewiesen, so hat der Bescheid keine Feststellungswirkung. Ein erneuter Antrag ist zulässig.[123] Wegen der Bindung des Verfahrens an den Antrag kann jedoch nicht mit der Zurückweisung des Antrags als **unbegründet** eine nicht begehrte positive Feststellung des Gegenteils verbunden werden.[124]

45   **bb)** Ist der **Antrag begründet,** so stellt der Bescheid das Vorliegen der Anerkennungsvoraussetzungen bzw. (Fall des Abs. 8) die Anerkennungsunfähigkeit der ausländischen Entscheidung fest. Die Entscheidung erschöpft sich in dieser Feststellung; inhaltliche Änderungen der ausländischen Entscheidung sind nicht zulässig. Es ist auch nicht Sache der LJV, den Inhalt der ausländischen Entscheidung klarzustellen;[125] hierbei handelt es sich um eine Auslegung der ausländischen Entscheidung, insbesondere ihrer Rechtskraftwirkungen, die den Gerichten obliegt. Soweit die ausländische Entscheidung neben der Entscheidung in der Ehesache auch Folgesachenentscheidungen enthält, ist die Feststellung der Anerkennungsfähigkeit klarstellend auf die Entscheidung in der Ehesache zu beschränken.

46   **b) Wirksamwerden. aa)** Der Bescheid wird mit **Bekanntgabe** an den Antragsteller wirksam (Abs. 6 S. 2). Die LJV kann das Wirksamwerden auf den Ablauf einer in der Entscheidung bestimmten Frist aufschieben (Abs. 6 S. 3); dies erscheint insbesondere bei die Anerkennungsfähigkeit feststellenden Bescheiden tunlich, wenn die Entscheidung unmittelbar zur vorfraglichen Klärung in einem anderen Verfahren bzw. als Voraussetzung einer Eheschließung/Begründung einer ELP dienen soll und nach dem Verfahrensverlauf mit einem Antrag auf Entscheidung durch das OLG zu rechnen ist,[126] zumal der Antrag auf gerichtliche Entscheidung keine aufschiebende Wirkung hat (Abs. 7 S. 2).

47   **bb)** Ob der Bescheid nach seinem Wirksamwerden durch die LJV **abgeändert** werden kann, oder Änderungen ausschließlich dem Verfahren der Entscheidung durch das OLG nach Abs. 5, 6 vorbehalten sind, ist strittig. Grundsätzlich liegt es bei dem nicht im Ermessen der LJV stehenden Bescheid im Interesse einer zügigen Klärung der rechtlichen Voraussetzungen der Anerkennungsfähigkeit, die Korrektur von rechtsfehlerhaften Entscheidungen der LJV ausschließlich dem Verfahren der gerichtlichen Entscheidung vorzubehalten.[127] Bei nachträglichem Bekanntwerden eines Anerkennungshindernisses wird verbreitet eine ausnahmsweise Abänderung durch die LJV als zulässig angesehen, wobei bisher umstritten war, ob in Abwägung zwischen dem öffentlichen Interesse an der

---

[113] Vgl. BayObLG FamRZ 2001, 1622.
[114] *Zöller/Geimer* § 328 ZPO Rn. 330.
[115] *Staudinger/Spellenberg*, 2004, Art. 7 § 1 FamRÄndG Rn. 135, 137; *Zöller/Geimer* § 328 ZPO Rn. 330.
[116] *Staudinger/Spellenberg*, 2004, Art. 7 § 1 FamRÄndG Rn. 139. aA *Geimer* NJW 1967, 1402.
[117] *Staudinger/Spellenberg*, 2004, Art. 7 § 1 FamRÄndG Rn. 145.
[118] *Staudinger/Spellenberg*, 2004, Art. 7 § 1 FamRÄndG Rn. 146.
[119] BayObLG FamRZ 1990, 897, 899; *Staudinger/Spellenberg*, 2004, Art. 7 § 1 FamRÄndG Rn. 147.
[120] *Staudinger/Spellenberg*, 2004, Art. 7 § 1 FamRÄndG Rn. 148.
[121] Vgl. *Staudinger/Spellenberg*, 2004, Art. 7 § 1 FamRÄndG Rn. 150 ff.
[122] *Staudinger/Spellenberg*, 2004, Art. 7 § 1 FamRÄndG Rn. 169.
[123] BayObLG NJW 1978, 1628, 1630; *Staudinger/Spellenberg*, 2004, Art 7 § 1 FamRÄndG Rn. 94.
[124] *Staudinger/Spellenberg*, 2004, Art. 7 § 1 FamRÄndG Rn. 166.
[125] AA wohl *Staudinger/Spellenberg*, 2004, Art. 7 § 1 FamRÄndG Rn. 167.
[126] *Baumbach/Lauterbach/Hartmann* Rn. 20.
[127] *Zöller/Geimer* § 328 ZPO Rn. 328.

Rücknahme einer rechtswidrigen Anerkennungsentscheidung und dem Vertrauensschutz diese auf § 18 aF FGG oder auf eine (engere) Analogie zu § 48 VwVfG zu stützen war.[128] Da auch der Antrag auf gerichtliche Entscheidung nunmehr befristet ist und § 18 aF FGG durch die erheblich engere Abänderungsbefugnis nach § 48 ersetzt wurde, erscheint ein Rückgriff auf § 48 VwVfG nicht mehr erforderlich. Eine Abänderung ist nur noch auf Antrag (§ 48 Abs. 1 S. 2) oder bei Vorliegen der Voraussetzungen einer Wiederaufnahme (entsprechend § 48 Abs. 2) zuzulassen.

c) Wirkungen. aa) Der die Anerkennungsfähigkeit oder -unfähigkeit feststellende Bescheid **48** (Abs. 1) hat **Feststellungswirkung.** Die Sachentscheidung der LJV, gleich, ob die Anerkennungsfähigkeit oder -unfähigkeit festgestellt wird, bindet alle **Gerichte und Verwaltungsbehörden** (Abs. 9);[129] sie wirkt damit inter omnes.

Diese Wirkung ist als feststellender Akt nur deklaratorisch.[130] Die positive Feststellung wirkt daher **49** auf den Zeitpunkt des Wirksamwerdens der Entscheidung zurück.[131] Nur wenn die Anerkennungsvoraussetzungen erst später durch eine nachträgliche Gesetzesänderung entstanden sind, wirkt die Feststellung lediglich auf den Zeitpunkt des Inkrafttretens dieser Regelung zurück.[132] Zugleich wird für Verfahren und die Anerkennung von Neben- und Folgeentscheidungen, für die die Anerkennung der Ehesachenentscheidung vorgreiflich ist, die Sperrwirkung beseitigt.[133] Wird die ausländische Entscheidung im Wiederaufnahmeverfahren aufgehoben, so entfällt die Wirkungserstreckung; der Bescheid wird gegenstandslos.[134] Hingegen bewirkt die Zurückweisung als unzulässig keine Bindungswirkung.[135]

bb) Nicht zweifelsfrei ist die Bindungswirkung einer **Zurückweisung eines Antrags als unbe- 50 gründet** (ohne die Feststellung der Anerkennungsunfähigkeit). Der Umstand, dass in diesem Fall nicht allen materiell Beteiligten rechtliches Gehör gewährt werden konnte, kann nicht gegen eine solche Bindungswirkung instrumentalisiert werden, da hinsichtlich der Gewährung rechtlichen Gehörs keine anderen Maßstäbe und tatsächlichen Erschwernisse bestehen als im Fall der Entscheidung über einen negativen Feststellungsantrag nach Abs. 8. Dass materiell Beteiligte in beiden Situationen ggf. nicht gehört wurden oder werden konnten, rechtfertigt keine Differenzierung dahingehend, dass diese einen neuen Anerkennungsantrag stellen könnten, während der Antragsteller auf das Verfahren der gerichtlichen Entscheidung durch das OLG verwiesen ist.[136] Vielmehr ist, dem Zweck des Verfahrens entsprechend, eine allgemeine Bindungswirkung auch ablehnender Bescheide anzuerkennen; jeder Beteiligte kann Antrag auf Entscheidung des OLG stellen, wobei für den Fristlauf die Kenntnis von der Entscheidung der LJV Bedeutung erlangt.[137]

d) Kosten. Die bisher in Art. 7 § 2 Abs. 1 S. 2 aF FamRÄndG enthaltene Kostenregelung, **51** wonach für die Entscheidung der LJV eine Gebühr von 10 bis 310 Euro erhoben wird, wurde mit Art. 51 FGG-RG aufgehoben und soll in die JVKostO übernommen werden.[138] Es ist davon auszugehen, dass weiterhin die erhobenen Gebühren etwa 1/10 des um Unterhaltsverpflichtungen bereinigten monatlichen Nettoeinkommens des Antragstellers[139] nicht übersteigen.

5. Entscheidung durch das OLG (Abs. 5, Abs. 6 S. 1, Abs. 7). a) Antrag. aa) Gegen einen **52** ablehnenden Bescheid der LJV kann der Antragsteller, sowohl im Fall des positiven (Abs. 1) als auch des negativen (Abs. 8) Feststellungsantrags **Entscheidung des OLG beantragen** (Abs. 5). Wird dem positiven Feststellungsantrag (Abs. 1) stattgegeben, so kann in gleicher Weise der Ehegatte, der den Antrag nicht gestellt hatte, die Entscheidung des OLG beantragen (Abs. 6 S. 1). Der Antrag hat keine aufschiebende Wirkung (Abs. 7 S. 2).

bb) Antragsberechtigt ist damit nach dem Wortlaut der Regelung nur der Antragsteller, dessen **53** Antrag zurückgewiesen wurde und der Ehegatte, der den Antrag nicht gestellt hat, im Fall der

---

[128] BayObLGZ 1999, 215; *Baumbach/Lauterbach/Hartmann* Rn. 20; *Staudinger/Spellenberg*, 2004, Art. 7 § 1 FamRÄndG Rn. 85.
[129] BayObLGZ 1999, 215; OLG Hamm FamRZ 1992, 674.
[130] *Staudinger/Spellenberg*, 2004, Art. 7 § 1 FamRÄndG Rn. 75 ff.
[131] BGH NJW 1983, 514, 515; OLG Hamm FamRZ 1992, 673, 674; *Andrae/Heidrich* FamRZ 2004, 1622, 1623.
[132] BayObLG FamRZ 1988, 860, 862.
[133] BGH FamRZ 1982, 1203, 1205.
[134] BayObLG FamRZ 1998, 1305, 1306; *Staudinger/Spellenberg*, 2004, Art. 7 § 1 FamRÄndG Rn. 109.
[135] *Baumbach/Lauterbach/Hartmann* Rn. 21.
[136] So aber OLG München NJW 1962, 2013; KG FamRZ 1969, 96.
[137] IE ebenso noch zum unbefristeten Antrag nach bisherigem Recht *Staudinger/Spellenberg*, 2004, Art. 7 § 1 FamRÄndG Rn. 96.
[138] Gesetzentwurf BT-Drucks. 16/9733 zu Art. 51 (Änderung des FamRÄndG).
[139] So bisher: *Staudinger/Spellenberg*, 2004, Art. 7 § 1 FamRÄndG Rn. 174.

§ 108   Buch 1. Abschnitt 9. Verfahren mit Auslandsbezug

positiven Feststellung der Anerkennungsfähigkeit. Geht man von der, nach hier vertretener Ansicht auch die Antragsabweisung als unbegründet erfassenden (Rn. 50) Feststellungswirkung inter omnes aus (Abs. 9), so bedeutet diese kasuistische Regelung der Antragsberechtigung eine nicht hinnehmbare Einschränkung des Rechtsschutzes sonstiger materiell Beteiligter. Es ist daher der Ansicht zu folgen, die auch jeden Dritten als antragsberechtigt ansieht, der vor der LJV antragsberechtigt gewesen wäre, auch wenn er keinen Erstantrag gestellt hat.[140] Der Antragsgegner kann neben seinem Antrag auf Aufhebung des anerkennenden Bescheids die Feststellung beantragen, dass die Anerkennungsvoraussetzungen nicht vorliegen.[141]

54   cc) Abweichend von der bisherigen Rechtslage ist der Antrag auf gerichtliche Entscheidung **befristet entsprechend** § 63 (Abs. 7 S. 3). Durch Ablauf der Frist wird die Entscheidung der LJV formell rechtskräftig und ist einer Aufhebung nur noch in entsprechender Anwendung von § 48 Abs. 2 zugänglich. Eine **Verwirkung** des Antragsrechts, durch die nach bisherigem Recht treuwidrig verspäteten Anträgen entgegengewirkt wurde,[142] kommt daher praktisch nicht mehr in Betracht.

55   **b) Zuständigkeit, Verfahren, Rechtsmittel. aa)** Sachlich und örtlich zuständig ist ein Zivilsenat des OLG, in dessen Bezirk die LJV, die über den Antrag entschieden hat, ihren Sitz hat (§ 107 Abs. 7). Für das Verfahren gelten die Abschnitte 4 und 5 sowie § 14 Abs. 1 und 2 und § 48 Abs. 2 entsprechend (§ 107 Abs. 7 S. 3 FamFG Das OLG kann also Einstweilige Anordnungen nach §§ 49 ff. erlassen.

56   **bb)** Das OLG entscheidet als Tatsacheninstanz, sodass die Beteiligten neue Tatsachen und Beweismittel vorbringen können.[143] Eine mündliche Verhandlung (ohne Anwaltszwang) ist zulässig, aber nicht erforderlich.[144]

57   **cc)** Gegen die Entscheidung findet, ebenfalls abweichend von der bisherigen Rechtslage, die **Rechtsbeschwerde** nach §§ 70 ff. statt.[145] Hingegen ist eine Divergenzvorlage, die bisher auch für das Verfahren nach Art. 7 § 1 Abs. 6 aF FamRÄndG in Betracht kam, im FamFG generell nicht mehr vorgesehen.

58   **c) Kosten.** Für das Verfahren des OLG werden auf Grund ausdrücklicher Einbeziehung in § 1 FamGKG **Gerichtskosten** nach dem FamGKG erhoben. Wird der Antrag zurückgewiesen, so wird eine Gebühr von 200 Euro erhoben (Nr. 1714 KV FamGKG). Bei Zurücknahme des Antrags vor Ablauf des Tages, an dem die Entscheidung der Geschäftsstelle übermittelt wird, ermäßigt sich die Gebühr auf 75 Euro (Nr. 1715 KV FamGKG). Hebt das OLG die Verwaltungsentscheidung auf und entscheidet es in der Sache selbst, so bestimmt es zugleich die Verwaltungsgebühr. Diese bisher in Art. 7 § 2 Abs. 2 S. 5 aF FamRÄndG enthaltene Regelung muss noch in die JVKostO eingestellt werden. Ist der Antrag erfolgreich, so ist das Verfahren vor dem OLG gebührenfrei.[146]

59   Der Gegenstandswert für die **Anwaltsgebühren** richtet sich nach §§ 23, 33 RVG. Entsprechend § 23 Abs. 3 S. 2 RVG ist auf das Einkommen und das Vermögen beider Eheleute abzustellen.[147] Die **Kostenpflicht** bestimmt sich nach §§ 80 ff., insbesondere § 81.

§ 108 Anerkennung anderer ausländischer Entscheidungen

(1) Abgesehen von Entscheidungen in Ehesachen werden ausländische Entscheidungen anerkannt, ohne dass es hierfür eines besonderen Verfahrens bedarf.

(2) [1] Beteiligte, die ein rechtliches Interesse haben, können eine Entscheidung über die Anerkennung oder Nichtanerkennung einer ausländischen Entscheidung nicht vermögensrechtlichen Inhalts beantragen. [2] § 107 Abs. 9 gilt entsprechend. [3] Für die Anerkennung oder Nichtanerkennung einer Annahme als Kind gelten jedoch die §§ 2, 4 und 5 des Adoptionswirkungsgesetzes, wenn der Angenommene zur Zeit der Annahme das 18. Lebensjahr nicht vollendet hatte.

---

[140] OLG Koblenz IPRax 1988, 359; KG FamRZ 2004, 275, 276; *Staudinger/Spellenberg*, 2004, Art. 7 § 1 FamRÄndG Rn. 189.
[141] BayObLG FamRZ 1993, 451.
[142] BayObLG FamRZ 1985, 1259 u. FamRZ 1990, 897, 898; zweifelnd *Staudinger/Spellenberg*, 2004, Art. 7 § 1 FamRÄndG Rn. 184.
[143] *Staudinger/Spellenberg*, 2004, Art. 7 § 1 FamRÄndG Rn. 195.
[144] *Staudinger/Spellenberg*, 2004, Art. 7 § 1 FamRÄndG Rn. 197.
[145] Gesetzentwurf BT-Drucks. 16/9733 zu § 107.
[146] OLG Düsseldorf FamRZ 1975, 584; *Martiny* Rn. 1742.
[147] *Staudinger/Spellenberg*, 2004, Art. 7 § 2 FamRÄndG Rn. 1.

(3) ¹ Für die Entscheidung über den Antrag nach Absatz 2 Satz 1 ist das Gericht örtlich zuständig, in dessen Bezirk zum Zeitpunkt der Antragstellung
1. der Antragsgegner oder die Person, auf die sich die Entscheidung bezieht, sich gewöhnlich aufhält oder
2. bei Fehlen einer Zuständigkeit nach Nummer 1 das Interesse an der Feststellung bekannt wird oder das Bedürfnis der Fürsorge besteht.
² Diese Zuständigkeiten sind ausschließlich.

Schrifttum: *Klinck,* Das neue Verfahren zur Anerkennung ausländischer Entscheidungen nach § 108 II S. 1 FamFG, FamRZ 2009, 741; *Martiny,* Grenzüberschreitende Unterhaltsdurchsetzung nach europäischem und internationalem Recht, FamRZ 2008, 1681; *Schlauss,* Die Anerkennung von Auslandsadoptionen in der vormundschaftsgerichtlichen Praxis, FamRZ 2007, 1699; *Wagner,* Anerkennung und Wirksamkeit ausländischer familienrechtlicher Rechtsakte nach autonomem deutschem Recht, FamRZ 2006, 744.

Übersicht

	Rn.		Rn.
I. Normzweck	1–4	2. Wirkungserstreckung	16–18
1. Automatische Anerkennung (Abs. 1)	1	a) Wirkungserstreckung	16, 17
2. Anerkennungsfeststellungsverfahren (Abs. 2, 3)	2–4	b) Wirkungsbegrenzung	18
a) Isoliertes Verfahren	2	3. Kein zwingendes Anerkennungsverfahren	19, 20
b) Ausnahme Minderjährigenadoption	3	a) Automatische Anerkennung	19
c) Zuständigkeit	4	b) Anerkennung als Vorfrage	20
II. Anerkennung nach Europarecht und Völkerverträgen	5–7	**IV. Anerkennungsfeststellungsverfahren (Abs. 2, 3)**	21–30
1. Europarecht	5	1. Anwendungsbereich	21–23
2. Völkerverträge	6–7	a) Nicht vermögensrechtliche Entscheidungen	21
a) Völkerverträge im Anwendungsbereich des FamFG	6, 6 a	b) Europarecht, Völkerverträge	22
b) Günstigkeitsprinzip	7	c) Ausnahme: Minderjährigenadoption	23
III. Automatische Anerkennung (Abs. 1)	8–20	2. Antragsberechtigung	24
1. Gegenstand der Anerkennung	8–15	3. Zuständigkeit (Abs. 3)	25–29
a) Entscheidungen ausländischer Gerichte	8–12	a) Örtliche Zuständigkeit	25, 26
b) Sachentscheidungen	13–15	b) Sachliche Zuständigkeit	27
		c) Internationale Zuständigkeit	28, 29
		4. Wirkungen (Abs. 2 S. 2 iVm. § 107 Abs. 9)	30

I. Normzweck

1. Automatische Anerkennung (Abs. 1). Abs. 1 normiert in Abgrenzung gegen § 107 den für 1 alle dort nicht erfassten und in den Anwendungsbereich des FamFG fallenden ausländischen Entscheidungen geltenden Grundsatz der automatischen bzw. inzidenten Anerkennung.¹ Dieser Grundsatz gilt ebenso für die Anerkennung von Zivilurteilen gemäß § 328 ZPO und galt für Entscheidungen der Freiwilligen Gerichtsbarkeit schon bisher nach § 16a aF FGG.

2. Anerkennungsfeststellungsverfahren (Abs. 2, 3). a) Isoliertes Verfahren. Abs. 2 S. 1 2 führt für Entscheidungen nicht vermögensrechtlichen Inhalts ein Anerkennungsfeststellungsverfahren neu ein, wie es bereits aus europarechtlichen Anerkennungsregelungen (Art. 33 Brüssel I-VO, Art. 21 Abs. 3 Brüssel II a-VO) bekannt ist. Hierdurch wird eine inter omnes bindende (Abs. 2 S. 2, § 107 Abs. 9) Feststellung der Anerkennungsfähigkeit oder Anerkennungsunfähigkeit erreicht. Die Beschränkung auf nichtvermögensrechtliche Entscheidungen gründet auf dem Umstand, dass bei vermögensrechtlichen Entscheidungen regelmäßig die Vollstreckbarerklärung nach § 110 Abs. 2 FamFG angestrebt werden muss, für die die Anerkennungsfähigkeit eine inzident zu beantwortende Vorfrage ist. Ein Bedürfnis für eine formalisierte Anerkennung ergibt sich damit regelmäßig nur für nichtvermögensrechtliche Entscheidungen, die der Vollstreckung nicht notwendig bedürfen.²

b) Ausnahme Minderjährigenadoption. Von dem neu eingeführten Verfahren auszunehmen 3 (Abs. 2 S. 3) war die Feststellung der Anerkennung bzw. Nichtanerkennung der Annahme als Kind,

---
¹ Gesetzentwurf BT-Drucks. 16/9733 zu § 108 Abs. 1 FamFG.
² Gesetzentwurf BT-Drucks. 16/9733 zu § 108 Abs. 2 FamFG.

§ 108 4–6a Buch 1. Abschnitt 9. Verfahren mit Auslandsbezug

sofern der Angenommene im Zeitpunkt der Adoption das 18. Lebensjahr noch nicht vollendet hatte. Insoweit besteht bereits nach §§ 2, 4, 5 AdWirkG ein formalisiertes Verfahren, das vorrangig bleibt[3] und neben der reinen Anerkennung auch eine Wirkungserstarkung im Sinn einer Annahme deutschen Rechts ermöglicht (§ 3 AdWirkG). Die Anwendbarkeit von Abs. 1 und § 109 auf die Anerkennung ausländischer Adoptionen ist hierdurch nicht berührt, denn das AdWirkG greift nicht in die Anerkennungsvoraussetzungen ein.[4]

4   c) **Zuständigkeit.** Abs. 3 regelt die örtliche Zuständigkeit für das Verfahren nach Abs. 2. Die sachliche und die internationale Zuständigkeit sind nicht ausdrücklich geregelt (dazu Rn. 15 ff.).

II. Anerkennung nach Europarecht und Völkerverträgen

5   1. **Europarecht.**[5] Unberührt bleiben gemäß § 97 Abs. 1 S. 2 die bestehenden und künftigen europarechtlichen Regelungen zur Anerkennung (und Vollstreckung) von Entscheidungen aus Mitgliedstaaten, wobei zu beachten ist, dass sich der Kreis der Mitgliedstaaten mit Rücksicht auf die eingeschränkte Geltung der Art. 61 EGV teilweise auf alle Mitgliedstaaten (nur Brüssel I-VO) bezieht, überwiegend Dänemark nicht erfasst und in künftigen Rechtsinstrumenten absehbar auch das Vereinigte Königreich und/oder Irland nicht einbeziehen wird, soweit diese sich gegen eine Mitwirkung entscheiden. Vorrang gegenüber § 108 haben in ihrem räumlichen und sachlichen Anwendungsbereich die Anerkennungs- (und Vollstreckungs-) regelungen samt der jeweiligen Anerkennungsfeststellungsverfahren (Rn. 1) der Brüssel I-VO (**Unterhaltsentscheidungen:** § 97 Rn. 39 ff., 42), der Brüssel IIa-VO (**Elterliche Sorge, Umgangsrecht:** § 97 Rn. 43 ff., 50 ff.), der EG-VollstrTitelVO (**Unterhaltsentscheidungen:** § 97 Rn. 53 ff.; zur theoretischen Anwendbarkeit der EG-MahnVO auf Unterhaltssachen § 97 Rn. 57). Voraussichtlich ab dem 18. 6. 2011[6] ist für die Anerkennung und Vollstreckung von **Unterhaltsentscheidungen** aus Mitgliedstaaten die EG-UnterhaltsVO (§ 97 Rn. 65 ff.) vorrangig zu beachten. Für die Ausführung dieser Verordnungen haben das AVAG, das IntFamRVG sowie die bestehenden und vor dem jeweiligen Inkrafttreten noch zu erlassenden Ausführungsbestimmungen im 11. Buch der ZPO (§ 97 Rn. 65 ff.) Vorrang gegenüber § 108. Die Anerkennungs- und Vollstreckungsregeln dieser Verordnungen sind abschließend gegenüber § 108; das Günstigkeitsprinzip, das im Verhältnis zu völkervertraglichen Anerkennungsregeln gilt (Rn. 7), besteht hier nicht. Im Verhältnis zu völkervertraglichen Anerkennungsregeln kann sich ein Wahlrecht ergeben, soweit das europarechtliche Instrument die Anwendbarkeit eines früheren völkervertraglichen Instruments unberührt lässt.[7]

6   2. **Völkerverträge.**[8] a) **Völkerverträge im Anwendungsbereich des FamFG. aa) Multilaterale.** Vorrang gegenüber § 108 haben in den jeweiligen sachlichen Anwendungsbereichen für Entscheidungen aus anderen Vertragsstaaten die Anerkennungs- (und Vollstreckungs-) regelungen der multilateralen (§ 97 Rn. 19 ff.) und bilateralen (§ 97 Rn. 35 ff.) Völkerverträge. Zu beachten sind insbesondere die Bestimmungen des *MSA*, künftig des *KSÜ* für **Sorgerechts- und Umgangsregelungen** (§ 97 Rn. 25 ff.), des *ErwSÜ* für **Schutzmaßnahmen über Erwachsene** (§ 97 Rn. 29) sowie mehrere die Anerkennung und Vollstreckung von **Unterhaltsentscheidungen** betreffende Übereinkommen (§ 97 Rn. 30 ff.).[9] Im Bereich der Anerkennung von **Minderjährigenadoptionen** ist das *Haager Adoptionsübereinkommen* (§ 97 Rn. 34)[10] zu beachten.[11]

6a   bb) **Bilaterale.** Für **vermögensrechtliche Familiensachen, Statussachen, Vormundschaften** und **Erbsachen** sind die bilateralen **Abkommen** zu beachten (§ 97 Rn. 35). Anders als zu Ehesachen (§ 107 Rn. 11) gelten diese Abkommen überwiegend umfassend auch in Familiensachen und enthalten nur wenige *Bereichsausnahmen:* Der Vertrag mit **Norwegen**[12] gilt gemäß seinem Art. 4 Abs. 1 nicht für die Anerkennung von Unterhaltsentscheidungen, der Vertrag mit **Tunesien**[13] gilt

---

[3] Gesetzentwurf BT-Drucks. 16/9733 zu § 108 Abs. 2 FamFG.
[4] *Keidel/Kuntze/Winkler/Zimmermann* § 16a FGG Rn. 2g; *Keidel/Giers* Rn. 21 f.; *Jansen/Wick* § 16a FGG Rn. 31 f.
[5] Vgl. auch oben § 328 ZPO Rn. 15 ff.
[6] Zur Bedingung der zeitlichen Anwendbarkeit § 97 FamFG Rn. 59 Fn. 86.
[7] OLG Brandenburg FamRZ 2008, 1762: wahlweise Vollstreckung polnischen Unterhaltstitels nach Brüssel I-VO oder Haager Unterhaltsvollstreckungsübereinkommen 1973.
[8] Vgl. auch oben § 328 ZPO Rn. 19 ff.
[9] Dazu eingehend *Martiny* FamRZ 2008, 1681.
[10] Dazu *Weitzel* NJW 2008, 186.
[11] Dazu eingehend *Schauss* FamRZ 2007, 1699.
[12] BGBl. 1981 II S. 342.
[13] BGBl. 1969 II S. 889.

nicht in Angelegenheiten, welche die Ehe oder den Familienstand betreffen, mit Ausnahme von Unterhaltssachen (und Ehesachen, vgl. § 107 Rn. 11). In **Familienstandssachen** (ohne Ehesachen) sind hingegen nur die Abkommen mit **Belgien, Griechenland, Österreich, Schweiz, Spanien** und dem **Vereinigten Königreich** anwendbar; dies umfasst auch Entscheidungen in Statussachen gleichgeschlechtlicher Lebensgemeinschaften. Insoweit sind diese Abkommen auch nicht im Verhältnis zu EG-Mitgliedstaaten durch die Brüssel II a-VO verdrängt, weil diese nicht für gleichgeschlechtliche Lebensgemeinschaften gilt.

b) Günstigkeitsprinzip. Durch diese Abkommen wird mangels ausdrücklicher Regelungen § 108 nicht völlig verdrängt; es gilt vielmehr das Günstigkeitsprinzip, wonach völkervertragliche Regelungen die Anerkennungsfähigkeit ausländischer Entscheidungen **verbessern,** jedoch eine günstigere inländische Regelung (insoweit ggf. § 108) nicht verdrängen (vgl. § 97 Rn. 6).[14] 7

III. Automatische Anerkennung (Abs. 1)

1. Gegenstand der Anerkennung. a) Entscheidungen ausländischer Gerichte. aa) Gegenstand der Anerkennung sind ausländische **Entscheidungen.** Die Anerkennung nach Abs. 1 iVm. § 109 bezieht sich auf den Anwendungsbereich des FamFG, wobei maßgeblich die funktionale Einordnung aus Sicht des deutschen Rechts ist.[15] Ob die Entscheidung im Ursprungsstaat von einem Gericht, einer Behörde oder einem Notariat erlassen wurde, ist unerheblich;[16] ebenso kommt es nicht darauf an, ob das dort angewendete Verfahren ein spezifisches Familienverfahren, ein Verfahren der Freiwilligen Gerichtsbarkeit oder ein Zivilprozess war.[17] Soweit das materielle deutsche Recht eine Regelung gleicher Qualität nicht (mehr) vorsieht, bedarf es einer funktionalen Qualifikation, welche die Regelung durch das ausländische Gericht dem funktionalen Äquivalent des deutschen Rechts zuordnet. Daher ist eine ausländische Entmündigung, obwohl vor 1992 Entmündigungen im Zivilprozess ausgesprochen wurden, als funktionales Äquivalent der Betreuung heute dem Anwendungsbereich des FamFG zuzuordnen.[18] 8

bb) Der Anerkennung nach § 108 unterliegen nur Entscheidungen **ausländischer** Gerichte und Behörden. Dies ist nicht territorial, sondern **funktional** zu verstehen, also im Sinn der Zuordnung des Rechtsprechungsorgans zu einer ausländischen Hoheitsgewalt. Damit sind auch Entscheidungen erfasst, die durch eine ausländische (Konsular-) Behörde im Inland ergangen sind. Anders als im Rahmen des § 107, wo Art. 17 Abs. 2 EGBGB der Anerkennung im Inland erfolgter Scheidungen durch ausländische Rechtspflegeorgane entgegensteht, besteht im Anwendungsbereich des § 108 keine vergleichbare kollisionsrechtlich zwingende Zuweisung an deutsche Gerichte. Ob der Anerkennung Hindernisse entgegenstehen, ist sodann nach § 109 Abs. 1 Nr. 1 und 4 zu beurteilen. Entscheidungen von Organen der früheren DDR sind keine ausländischen Entscheidungen, sondern sind nach Art. 18 EV zu beurteilen.[19] 9

Für Entscheidungen **religiöser Gerichte** gilt im Rahmen des § 108 dasselbe wie zu § 107 (dort Rn. 19); sie unterfallen § 108 also nur, wenn sie nach ausländischem Recht unmittelbare staatliche Wirkung entfalten; bedürfen sie selbst der Delibation in dem ausländischen Staat, dem sie zuzuordnen sind, so ist die staatliche Delibationsentscheidung anerkennungsfähig, nicht aber die religionsgerichtliche Entscheidung.[20] 10

cc) Rechtsgeschäfte, auch solche, die gestaltend auf familienrechtliche Verhältnisse einwirken, sind nicht nach § 108 anerkennungsfähig; ihre Wirksamkeit beurteilt sich nach dem durch das IPR berufenen Statut. Insbesondere sind Statuserklärungen (Vaterschaftsanerkennung und Zustimmung) sowie reine **Vertragsadoptionen**[21] nicht verfahrensrechtlich nach Abs. 1 anzuerkennen, sondern nach dem Abstammungsstatut (Art. 19, 23 EGBGB) bzw. dem Adoptionsstatut (Art. 22, 23 EGBGB) zu beurteilen.[22] Etwas Anderes gilt, wenn die Statusänderung von einer nachfolgenden konstitutiven gerichtlichen Genehmigung abhängig war; diese ist sodann anerkennungsfähig nach Abs. 1. 11

---

[14] BGH NJW 1987, 3083; BayObLG NJW-RR 1990, 842; *Jansen/Wick* § 16a FGG Rn. 3.
[15] *Jansen/Wick* § 16a FGG Rn. 12; *Keidel/Kuntze/Winkler/Zimmermann* § 16a FGG Rn. 2a; *Keidel/Giers* Rn. 7.
[16] *Jansen/Wick* § 16a FGG Rn. 10; *Keidel/Kuntze/Winkler/Zimmermann* § 16a FGG Rn. 2; *Keidel/Giers* Rn. 6.
[17] BGH NJW 1975, 1072; OLG München IPRax 1998, 117.
[18] *Jansen/Wick* § 16a FGG Rn. 26; *Staudinger/Hausmann,* 2007, Art. 7 EGBGB Rn. 122.
[19] *Keidel/Kuntze/Winkler/Zimmermann* § 16a FGG Rn. 2; im Einzelnen oben § 328 ZPO Rn. 52.
[20] *Keidel/Kuntze/Winkler/Zimmermann* § 16a FGG Rn. 2; *Keidel/Giers* Rn. 6.
[21] *Jansen/Wick* § 16a FGG Rn. 30; *Keidel/Kuntze/Winkler/Zimmermann* § 16a FGG Rn. 2g; *Keidel/Giers* Rn. 23.
[22] KG FamRZ 2006, 1405.

§ 108   12–16   Buch 1. Abschnitt 9. Verfahren mit Auslandsbezug

12   dd) **Urkunden,** insbesondere gerichtliche Vergleiche, sind nicht nach § 108 anerkennungsfähig, auch wenn sie nach dem Recht des Ursprungsstaates Vollstreckungstitel sind.[23] Etwas Anderes gilt nur dann, wenn ein ausländisches Gericht die Vereinbarung der Parteien inhaltlich geprüft und durch eine Entscheidung in seinen Willen aufgenommen hat.[24]

13   **b) Sachentscheidungen. aa)** Anerkennungsfähig sind, wie unter § 328 ZPO,[25] nur Sachentscheidungen. Hierzu zählen Entscheidungen, durch die endgültig über einen **Streitgegenstand** entschieden wird,[26] sowie Entscheidungen, welche die Rechtslage, insbesondere einen familienrechtlichen Status, gestalten. **Nicht anerkennungsfähig** nach Abs. 1 sind *Prozessurteile,*[27] *prozessleitende Entscheidungen,* gerichtliche *Tathandlungen* (zB die Entgegennahme einer erbrechtlichen Erklärung)[28] sowie *Registereintragungen,* auch wenn sie auf einem förmlichen, die Rechtslage nicht gestaltenden, Beschluss beruhen.[29] Nicht anerkennungsfähig sind auch ausländische Entscheidungen, die die Anerkennung einer Entscheidung aus einem Drittstaat aussprechen (kein *Doppel-Exequatur*).[30]

14   **bb)** Anerkennungsfähig ist jede **wirksame Entscheidung.** Formelle oder materielle Rechtskraft wurde, jedenfalls für Entscheidungen der Freiwilligen Gerichtsbarkeit unter Geltung von § 16a aF FGG als nicht erforderlich angesehen.[31] Fraglich erscheint, ob sich durch die Einbeziehung von streitigen Entscheidungen, die formeller und materieller Rechtskraft fähig sind und deren Anerkennung sich bisher nach § 328 ZPO beurteilte, in den Anwendungsbereich des FamFG fallen. Zu § 328 ZPO wird von einer verbreiteten Ansicht vertreten, Anerkennung setze jedenfalls Unanfechtbarkeit nach Maßgabe ordentlicher Rechtsbehelfe voraus.[32] Dies erscheint, wie insbesondere die verbreitet in europarechtlichen und völkervertraglichen Anerkennungsregelungen anzutreffende Haltung zeigt, schon für Zivilurteile nicht zwingend und ist jedenfalls für Entscheidungen im Anwendungsbereich des FamFG außerhalb des Anwendungsbereichs förmlicher Feststellungsverfahren (§ 107 und Abs. 2, 3) nicht geboten. Hierfür spricht insbesondere ein Umkehrschluss aus § 110 Abs. 3 S. 2: Soweit eine ausländische Entscheidung noch nicht formell rechtskräftig ist, betrifft dies die Wirkungen der Anerkennung, so dass insbesondere bei Aufhebung der Entscheidung auf einen Rechtsbehelf im Ursprungsstaat hin die Anerkennung entfällt. Insbesondere kann eine noch nicht formell rechtskräftige ausländische Entscheidung nicht für vollstreckbar erklärt werden (§ 110 Abs. 3 S. 2), weil die Aufhebung oder Abänderung auf Rechtsbehelfe im Ursprungsstaat der – gesonderter Rechtskraft fähigen – Vollstreckbarerklärung die Grundlage entzöge.

15   **cc)** Auch **einstweilige Regelungen** sind anerkennungsfähig, soweit sie einen anerkennungsfähigen Inhalt haben. Der Umstand, dass es sich um eine summarische oder nur bis zum Erlass einer endgültigen Entscheidung geltende Entscheidung handelt, steht nicht der Anerkennungsfähigkeit als solcher entgegen.[33]

16   **2. Wirkungserstreckung. a) Wirkungserstreckung. aa)** Anerkennung bedeutet die **Erstreckung der Wirkungen,** die der Entscheidungsstaat der ausländischen Entscheidung beilegt, auf das Inland.[34] Maßstab für die Wirkungen ist dabei nicht das aus Sicht des deutschen IPR in der Sache anzuwendende Recht, sondern dasjenige Recht, welches in Anwendung des Rechts des Ursprungsstaates einschließlich von dessen IPR[35] der Entscheidung zu Grunde zu legen ist. Anerkennungsfähig sind nur unmittelbare Wirkungen; ob eine anzuerkennende rechtsgestaltende Entscheidung mittelbare Wirkungen für andere Rechtsverhältnisse hat, entscheidet deren Statut. Aus der Anerkennung des *Scheidungsurteils* folgt die Auflösung der geschiedenen Ehe, nicht notwendig aber die Fähigkeit zur Wiederverheiratung. Diese ist vielmehr selbstständig nach dem von Art. 13 EGBGB berufenen

---

[23] *Jansen/Wick* § 16a FGG Rn. 10; *Zöller/Geimer* § 328 ZPO Rn. 75, 79; aA *Keidel/Kuntze/Winkler/Zimmermann* § 16a FGG Rn. 2; *Keidel/Giers* Rn. 6.
[24] *Zöller/Geimer* § 328 ZPO Rn. 77.
[25] Dazu oben § 328 ZPO Rn. 45 ff.
[26] Oben § 328 ZPO Rn. 45.
[27] Oben § 328 ZPO Rn. 46.
[28] *Jansen/Wick* § 16a FGG Rn. 9.
[29] OLG Düsseldorf FamRZ 1997, 1480.
[30] Oben § 328 ZPO Rn. 46.
[31] *Jansen/Wick* § 16a FGG Rn. 9; *Keidel/Kuntze/Winkler/Zimmermann* § 16a FGG Rn. 2, 4 a; *Keidel/Giers* Rn. 8.
[32] Oben § 328 ZPO Rn. 53.
[33] *Keidel/Kuntze/Winkler/Zimmermann* § 16a FGG Rn. 4 b; *Keidel/Giers* Rn. 9.
[34] *Maurer* FamRZ 2003, 1337; *Keidel/Kuntze/Winkler/Zimmermann* § 16a FGG Rn. 2; *Keidel/Giers* Rn. 2; *Jansen/Wick* § 16a FGG Rn. 4.
[35] AG Hamburg FamRZ 2007, 930.

Recht zu beurteilen. Besteht sie nach Heimatrecht nicht, ist die inländische Eheschließung ggf. über Art. 13 Abs. 2 EGBGB zu ermöglichen.³⁶ Aus der Anerkennung einer ausländischen *Adoption* ergeben sich die familienrechtlichen Wirkungen des angewendeten Adoptionsrechts. Ob die Adoption eine Erbberechtigung unter einem anderen *Erbstatut* begründet, entscheidet das Erbstatut, ob sie den Erwerb der Staatsangehörigkeit eines Adoptivelternteils bewirkt, das betroffene Staatsangehörigkeitsrecht. Ist Erbstatut bzw. das betroffene Staatsangehörigkeitsrecht³⁷ deutsches Recht, so handelt es sich um ein Problem der Substitution der ausländischen Adoption.

bb) Es erfolgt insbesondere **keine „Aufwertung"** der ausländischen Entscheidung zu den Wirkungen einer vergleichbaren inländischen, sofern die ausländische Entscheidung geringere Wirkungen erzeugt.³⁸ ZB. bewirkt die Anerkennungsfähigkeit eines Kindesunterhaltsurteils, welches inzident eine „Zahlvaterschaft" feststellt, keine Statusfeststellung iSd. § 1592 Nr. 3 BGB, eine Übertragung der elterlichen Sorge nach einem Recht, das nur die Personensorge übertragbar stellt, greift nicht in die Vermögenssorge ein. Soll eine anerkennungsfähige ausländische Entscheidung mit Wirkungen versehen werden, die ihr nach dem durch das ausländische Gericht angewendeten Recht nicht zukommen, so bedarf es einer erneuten Sachentscheidung, wie dies insbesondere § 3 AdWirkG zur Verleihung der Adoptionswirkungen deutschen Rechts vorsieht. Die Anerkennung von *Erbscheinen* im Sinn des deutschen Rechts scheitert deshalb nicht an einer grundsätzlichen Anerkennungsunfähigkeit; vielmehr ergibt sich eine wirkungsleere Anerkennung, soweit ein Erbschein, wie nach deutschem Recht, weder der materiellen Rechtskraft fähig ist, noch Gestaltungswirkung hat, sondern nur eine materiell-rechtliche Vermutung begründet.³⁹ Hingegen sind rechtsgestaltende ausländische Nachlassverfahrensakte, etwa der Einantwortungsbeschluss des österreichischen Verlassenschaftsgerichts, mit den ihnen eigenen Wirkungen⁴⁰ anerkennungsfähig. 17

b) Wirkungsbegrenzung. Grundsätzlich sind jedoch die anerkennungsfähigen Wirkungen auf solche beschränkt, die dem deutschen Recht bekannt sind.⁴¹ Hierbei ist jedoch nicht kleinlich zu verfahren, weil die hierin liegende Wirkungsbegrenzung die Gefahr der Disharmonie zum Ursprungsstaat der Entscheidung birgt. Nicht anerkennungsfähig sind also nur solche Wirkungen, die dem deutschen materiellen Recht oder dem deutschen Verfahrensrecht gänzlich unbekannt sind. Dies rückt die Wirkungsbegrenzung in die Nähe des *ordre public*-Vorbehalts nach § 109 Abs. 1 Nr. 4.⁴² Die Anerkennung (insbesondere in persönlicher Hinsicht) weitergehender Rechtskraft-, Feststellungs-, Gestaltungs-, Streitverkündungs- oder Interventionswirkungen einer ausländischen Entscheidung, die jedenfalls im Anwendungsbereich europäischer Anerkennungsregeln geboten ist,⁴³ erscheint jedenfalls unter § 108 insoweit geboten, als eine vergleichbare Wirkung im deutschen Verfahren grundsätzlich mit weiteren Verfahrenshandlungen erreichbar wäre; daher ist die Erstreckung der Rechtskraft auf präjudizielle Rechtsverhältnisse, die im deutschen Verfahren durch einen Zwischenfeststellungsantrag erreichbar wäre, anerkennungsfähig. Tatsachenfeststellungen können hingegen aus diesem Grund keine anerkennungsfähige Wirkung entfalten, auch wenn sie im Ursprungsstaat an der Rechtskraftwirkung teilnehmen.⁴⁴ 18

3. Kein zwingendes Anerkennungsverfahren. a) Automatische Anerkennung. Mit Ausnahme der in § 107 Abs. 1 genannten Materien erfolgt die Anerkennung von ausländischen Entscheidungen im Anwendungsbereich des FamFG, ohne dass es eines förmlichen Anerkennungsverfahrens bedarf. Die Anerkennung erfolgt in dem Sinn **„automatisch"**, dass mit der positiven Prüfung der Voraussetzungen der Anerkennung bzw. des Fehlens von Anerkennungshindernissen (§ 109) durch ein mit der Anerkennungsfähigkeit befasstes inländisches Gericht oder eine Behörde (Standesbeamter, Finanzamt, Sozialbehörden) die Anerkennung als *ex lege* eingetreten erkannt wird.⁴⁵ 19

---

³⁶ *Staudinger/Spellenberg*, 2004, § 328 ZPO Rn. 138.
³⁷ OVG Hamburg FamRZ 2007, 930.
³⁸ *Wagner* FamRZ 2006, 744, 750; *Jansen/Wick* § 16a FGG Rn. 8; teilweise anders die „Gleichstellungstheorie" oben § 328 ZPO Rn. 3.
³⁹ IE ebenso *Jansen/Wick* § 16a FGG Rn. 36; *Keidel/Kuntze/Winkler/Zimmermann* § 16a FGG Rn. 2 n; *Keidel/Giers* Rn. 35; im Einzelnen zur Anerkennung ausländischer Nachlassverfahrensakte und Erbscheine MünchKommBGB/*Birk* Art. 25 EGBGB.
⁴⁰ ZB bei der Einantwortung nur die Gestaltung des Erberwerbes, nicht aber eine rechtskräftige Feststellung der Erbberufung.
⁴¹ *Keidel/Kuntze/Winkler/Zimmermann* § 16a FGG Rn. 2; *Keidel/Giers* Rn. 2.
⁴² Oben § 328 ZPO Rn. 5; dazu auch *Wagner* FamRZ 2006, 744, 751.
⁴³ BGH FamRZ 2008, 400: Wirkung eines österreichischen Oppositionsverfahrens.
⁴⁴ *Keidel/Kuntze/Winkler/Zimmermann* § 16a FGG Rn. 4c; *Keidel/Giers* Rn. 3: *Jansen/Wick* § 16a FGG Rn. 8; oben § 328 ZPO Rn. 141.
⁴⁵ Zum entsprechenden Grundsatz unter § 328 ZPO: oben § 328 ZPO Rn. 7.

20 b) Anerkennung als Vorfrage. Die Befassung eines deutschen Gerichts/einer Behörde mit der Anerkennungsfrage erfolgt hierbei in Gestalt einer **Vorfrage,** welche die Wirkungen der anzuerkennenden Entscheidung betrifft. Hängt die in einem anderen Verfahren begehrte Entscheidung von Wirkungen der ausländischen Entscheidung und damit von deren Anerkennungsfähigkeit ab, so prüft das befasste deutsche Gericht/die deutsche Behörde incidenter und von Amts wegen die Voraussetzungen bzw. Hindernisse der Anerkennung nach § 109.[46] Präjudiziell kann hierbei im Rahmen der Anerkennung einer ausländischen Entscheidung auch die Anerkennung einer weiteren ausländischen Entscheidung sein. Dieses für Folgesachenentscheidungen zu Ehesachen bekannte Problem (§ 107 Rn. 29) stellt sich im Anwendungsbereich des § 108 insbesondere im Verhältnis von Abstammungs- und Unterhaltsentscheidungen. Insoweit ist nach zutreffender Ansicht ein materiell präjudizieller Zusammenhang, nicht aber ein formell präjudizieller Zusammenhang zu beachten: Ist eine Kindesunterhaltsentscheidung Teil eines Ehescheidungsurteils, so setzt die Anerkennung der Unterhaltsentscheidung nicht die Anerkennung der Ehescheidung voraus, da der Kindesunterhalt nicht materiell vom Personenstand der Eltern abhängt.[47] Geht hingegen einem Kindesunterhaltstitel eine Vaterschaftsfeststellung voraus, so ist, unabhängig davon, ob formell eine oder zwei Entscheidungen vorliegen, der Unterhaltstitel nur anerkennungsfähig, wenn auch der Abstammungstitel anerkannt wird.[48]

IV. Anerkennungsfeststellungsverfahren (Abs. 2, 3)

21 1. Anwendungsbereich. a) Nicht vermögensrechtliche Entscheidungen. Abs. 2 S. 1 ermöglicht eine fakultative Feststellung der Anerkennungsfähigkeit oder -unfähigkeit von ausländischen Entscheidungen.[49] Für das *praeter legem* entwickelte besondere Feststellungsverfahren der Freiwilligen Gerichtsbarkeit[50] besteht daneben kein Bedürfnis; seine Voraussetzungen gehen im Wesentlichen in dem neu geschaffenen Verfahren nach Abs. 2, 3 auf. Dieses Verfahren ist nur bei ausländischen Entscheidungen **nicht vermögensrechtlichen Inhalts** eröffnet (Abs. 2 S. 1); erfasst sind insbesondere Abstammungssachen, Kindschaftssachen, Betreuungssachen, sowie nicht vermögensrechtliche Lebenspartnerschaftssachen, insbesondere auch solche nach § 269 Abs. 1 Nr. 1, 2, die nicht in den Anwendungsbereich des § 107 fallen (§ 107 Rn. 4).

22 b) Europarecht, Völkerverträge. Untersteht die Anerkennung als solche einer europarechtlichen oder völkervertraglichen Regelung, welche ein förmliches fakultatives Anerkennungsfeststellungsverfahren vorsieht, insbesondere Art. 21 Abs. 3 Brüssel IIa-VO für Entscheidungen betreffend die elterliche Sorge, so ist Abs. 2 nicht anwendbar.[51] Schweigt hingegen ein die Anerkennungsvoraussetzungen regelndes völkervertragliches Rechtsinstrument zur Frage einer fakultativen Feststellung einer grundsätzlich inzident erfolgenden Anerkennung, so kann insoweit das Feststellungsverfahren nach Abs. 2, 3 eingreifen. Das mit diesem Verfahren geförderte Bedürfnis nach Rechtssicherheit ist insoweit vom Günstigkeitsprinzip (Rn. 7) umfasst.

23 c) Ausnahme: Minderjährigenadoption. Nicht anwendbar ist das Verfahren nach Abs. 2 auf die Anerkennung ausländischer **Minderjährigenadoptionen,** da insoweit das Anerkennungsverfahren nach §§ 2, 4, 5 AdWirkG sowie das die Wirkungen der Adoption erweiternde Verfahren nach § 3 AdWirkG ein spezielles System bereitstellen (Abs. 2 S. 3). Der Ausschluss des Verfahrens nach Abs. 2 greift ein, wenn der Angenommene im Zeitpunkt des Wirksamwerdens der Annahme im Ursprungsstaat das 18. Lebensjahr noch nicht vollendet hatte.

24 2. Antragsberechtigung. Das Verfahren findet auf **Antrag** statt. Antragsberechtigt ist jeder Beteiligte, der ein **rechtliches Interesse an der Feststellung** der Anerkennung oder Nichtanerkennung der Entscheidung hat (Abs. 2 S. 1). Diese Begrenzung der Antragsberechtigung ist in gleicher Weise zu verstehen wie zu § 107 Abs. 4 S. 2 (dort Rn. 42). Erforderlich ist also ein unmittelbares eigenes rechtliches Interesse, das insbesondere für Beteiligte zu bejahen ist, deren Status oder Sorgerechtsbeziehung zu Dritten von der Entscheidung betroffen ist. Antragsberechtigt sind auch Erben eines unmittelbar Beteiligten hinsichtlich der Anerkennung von Abstammungsentscheidungen und Erwachsenenadoptionen. Antragsberechtigt ist auch der Vormund oder Betreuer hinsichtlich einer seine Stellung betreffenden Entscheidung, ggf. auch das Jugendamt, soweit sich aus der Entscheidung unmittelbar oder mittelbar Rechte oder Pflichten ergeben. Nicht antragsberechtigt sind auch hier

---

[46] *Jansen/Wick* § 16a FGG Rn. 4.
[47] BGH JAmt 2007, 273.
[48] OLG Hamm FamRZ 2006, 968.
[49] Im Einzelnen: *Klinck* FamRZ 2009, 741, 743.
[50] *Jansen/Wick* § 16a FGG Rn. 5.
[51] *Klinck* FamRZ 2009, 741, 742.

Gerichte sowie Steuer- oder Sozialbehörden für deren Entscheidung die ausländische Entscheidung vorgreiflich ist (zB Kindergeldgewährung). Vielmehr haben Behörden die Anerkennungsfähigkeit selbst inzident zu beurteilen; unmittelbar Beteiligte können sodann entweder die behördliche Entscheidung mit den hiergegen statthaften Rechtsbehelfen anfechten, was wiederum nur zu einer inzidenten Anerkennungsprüfung führt, oder ihrerseits das Feststellungsverfahren nach Abs. 2, 3 betreiben.

3. Zuständigkeit (Abs. 3). a) Örtliche Zuständigkeit. aa) Die örtliche Zuständigkeit bestimmt sich als **ausschließliche Zuständigkeit** nach Abs. 3. Insbesondere kann eine Feststellung nach Abs. 2 nicht als Zwischenfeststellung im Vollstreckbarerklärungsverfahren nach § 110 Abs. 1 erfolgen, sofern nicht das mit der Vollstreckung befasste Gericht auch nach Abs. 3 zuständig ist. Zuständig ist das Gericht, in dessen Bezirk zum Zeitpunkt der Antragstellung nach Abs. 2 S. 1 der **Antragsteller** (Rn. 24) oder die **Person, auf die sich die Entscheidung bezieht, gewöhnlichen Aufenthalt** hat (Abs. 3 Nr. 1). Diese Zuständigkeiten bestehen wahlweise, so dass zB ein Elternteil als Antragsteller die Anerkennung einer die Abstammung oder die elterliche Sorge betreffenden ausländischen Entscheidung sowohl an seinem inländischen gewöhnlichen Aufenthalt als auch am inländischen gewöhnlichen Aufenthalt des Kindes beantragen kann.

bb) Fehlt es an einem inländischen gewöhnlichen Aufenthalt sowohl des Antragstellers als auch der Person, auf die sich die Entscheidung bezieht, so ist das Gericht zuständig, in dessen Bezirk das Interesse an der Feststellung bekannt wird oder das Bedürfnis der Fürsorge besteht (Abs. 3 Nr. 2). Das Feststellungsinteresse kann sich insbesondere aus einer Vermögensbelegenheit ergeben, auch in Ansehung der Erteilung eines Erbscheins nach einem unmittelbar von der anzuerkennenden Entscheidung Betroffenen.

b) Sachliche Zuständigkeit. Nicht ausdrücklich geregelt ist die sachliche Zuständigkeit. Insoweit ist abzustellen auf die Zuständigkeitszuweisung, die sich nach deutschem Recht für eine der anzuerkennenden ausländischen Entscheidung vergleichbare inländische Entscheidung ergäbe. Familiengericht, Betreuungsgericht und Nachlassgericht sind also sachlich zur Entscheidung im Verfahren nach Abs. 2, 3 zuständig, soweit ihnen eine entsprechende Entscheidung in der Sache zugewiesen wäre.

c) Internationale Zuständigkeit. aa) Die internationale Zuständigkeit deutscher Gerichte soll sich nach der Vorstellung des Gesetzgebers nach den sachlich **einschlägigen Bestimmungen der §§ 98 bis 105** beurteilen.[52] Dies kann freilich Zuständigkeitslücken eröffnen, weil sich die Frage der Anerkennungsfähigkeit einer ausländischen Entscheidung und damit auch das Bedürfnis nach deren Feststellung im Inland durchaus auch in Fällen ergeben kann, in denen es an einer originären Entscheidungszuständigkeit deutscher Gerichte fehlt.[53] So kann insbesondere ein Bedürfnis nach Anerkennung einer Abstammungsentscheidung wegen eines im Inland anhängigen Erbscheinsverfahrens durchaus auch dann bestehen, wenn deutsche Gerichte für die Feststellung der gegenständlichen Abstammung nicht zuständig wären. Überdies kann im Zeitpunkt der Anerkennung einer ausländischen Entscheidung die bei deren Erlass bestehende konkurrierende inländische internationale Zuständigkeit wegen Änderung der sie begründenden Umstände entfallen sein. Es erscheint nicht sachgerecht, in solchen Fällen die Beteiligten darauf zu verweisen, dass die inzidente automatische Anerkennung nach Abs. 1 immer möglich bleibt, also zB das Nachlassgericht oder das Finanzamt die Wirksamkeit einer ausländischen Abstammungsentscheidung vorfraglich beurteilt, auch wenn eine Zuständigkeit deutscher Familiengerichte für eine förmliche Anerkennung im Verfahren nach Abs. 2 gemäß § 100 nicht besteht.

bb) Interessengerechter erscheint es freilich, den Gedanken des **§ 105** über die Anwendung auf die in §§ 98 bis 104 nicht geregelten Materien des FamFG hinaus auch auf Abs. 3, insbesondere auf Abs. 3 Nr. 2 anzuwenden: Deutsche Gerichte sind dann in Analogie zur örtlichen Anerkennungs-Feststellungszuständigkeit zur Entscheidung im Verfahren nach Abs. 2 immer anerkennungszuständig, wenn im Inland ein Interesse an der Feststellung bekannt wird oder ein Fürsorgebedürfnis besteht.

4. Wirkungen (Abs. 2 S. 2 iVm. § 107 Abs. 9). Die positive oder negative Anerkennungsfeststellung nach Abs. 2, 3 wirkt gemäß Abs. 2 S. 2 iVm. § 107 Abs. 9 ebenso wie die Feststellung im Verfahren nach § 107 **bindend für alle Gerichte und Behörden** und damit inter omnes. Eine abweichende Inzidentfeststellung kann in einem anderen gerichtlichen oder behördlichen Verfahren nicht mehr getroffen werden, sobald die Entscheidung nach Abs. 2 Nr. 1 wirksam ist. Da das Verfahren, anders als jenes nach § 107 FamFG, nicht zwingend ist, ergibt sich für andere Gerichte

---

[52] Gesetzentwurf BT-Drucks. 16/9733 zu § 108 Abs. 3 FamFG.
[53] Zutreffend dazu *Klinck* FamRZ 2009, 741, 747.

und Behörden keine Notwendigkeit, ihr Verfahren auszusetzen. Jedoch erscheint es nach dem Sinn und Zweck der Regelung sowie zur Wahrung eines rechtsstaatlichen Verfahrens regelmäßig geboten, dass andere Gerichte und Behörden das bei ihnen anhängige Verfahren nach dem jeweiligen Verfahrensrecht aussetzen, wenn ein Beteiligter das Verfahren nach Abs. 2 S. 1 beantragt und mit Rücksicht auf die Vorgreiflichkeit eine Aussetzung begehrt bzw. anregt.

§ 109 Anerkennungshindernisse

(1) Die Anerkennung einer ausländischen Entscheidung ist ausgeschlossen,
1. wenn die Gerichte des anderen Staates nach deutschem Recht nicht zuständig sind;
2. wenn einem Beteiligten, der sich zur Hauptsache nicht geäußert hat und sich hierauf beruft, das verfahrenseinleitende Dokument nicht ordnungsgemäß oder nicht so rechtzeitig mitgeteilt worden ist, dass er seine Rechte wahrnehmen konnte;
3. wenn die Entscheidung mit einer hier erlassenen oder anzuerkennenden früheren ausländischen Entscheidung oder wenn das ihr zugrunde liegende Verfahren mit einem früher hier rechtshängig gewordenen Verfahren unvereinbar ist;
4. wenn die Anerkennung der Entscheidung zu einem Ergebnis führt, das mit wesentlichen Grundsätzen des deutschen Rechts offensichtlich unvereinbar ist, insbesondere wenn die Anerkennung mit den Grundrechten unvereinbar ist.

(2) ¹Der Anerkennung einer ausländischen Entscheidung in einer Ehesache steht § 98 Abs. 1 Nr. 4 nicht entgegen, wenn ein Ehegatte seinen gewöhnlichen Aufenthalt in dem Staat hatte, dessen Gerichte entschieden haben. ²Wird eine ausländische Entscheidung in einer Ehesache von den Staaten anerkannt, denen die Ehegatten angehören, steht § 98 der Anerkennung der Entscheidung nicht entgegen.

(3) § 103 steht der Anerkennung einer ausländischen Entscheidung in einer Lebenspartnerschaftssache nicht entgegen, wenn der Register führende Staat die Entscheidung anerkennt.

(4) Die Anerkennung einer ausländischen Entscheidung, die
1. Familienstreitsachen,
2. die Verpflichtung zur Fürsorge und Unterstützung in der partnerschaftlichen Lebensgemeinschaft,
3. die Regelung der Rechtsverhältnisse an der gemeinsamen Wohnung und am Hausrat der Lebenspartner,
4. Entscheidungen nach § 6 Satz 2 des Lebenspartnerschaftsgesetzes in Verbindung mit den §§ 1382 und 1383 des Bürgerlichen Gesetzbuchs oder
5. Entscheidungen nach § 7 Satz 2 des Lebenspartnerschaftsgesetzes in Verbindung mit den §§ 1426, 1430 und 1452 des Bürgerlichen Gesetzbuchs

betrifft, ist auch dann ausgeschlossen, wenn die Gegenseitigkeit nicht verbürgt ist.

(5) Eine Überprüfung der Gesetzmäßigkeit der ausländischen Entscheidung findet nicht statt.

Schrifttum: *Geimer,* Anerkennung ausländischer Entscheidungen auf dem Gebiet der freiwilligen Gerichtsbarkeit, 2. FS Ferid, 1988, S. 89; *Krefft,* Vollstreckung und Abänderung ausländischer Entscheidungen der FG, 1993; *Schlauß,* Fehlende persönliche Anhörung des Kindes durch den ausländischen Richter – ein Anerkennungshindernis?, FPR 2006, 228; *Weitzel,* Anerkennung einer Auslandsadoption nach deutschem Recht trotz schwerwiegender Mängel der ausländischen Entscheidung?, JAmt 2006, 333; vgl. auch das Schrifttum oben zu § 328 ZPO.

Übersicht

	Rn.		Rn.
I. Normzweck und -geschichte	1–6	**II. Anerkennungsvoraussetzungen**	7–10
1. Normgeschichte	1	1. Europarecht, Völkerverträge	7
2. Normzweck, Übernahme bisheriger Regelungen	2–6	2. Sachlicher Anwendungsbereich	8
a) Grundsatz: Abs. 1, Abs. 5	2	3. Enumerierte Anerkennungshindernisse (Abs. 1)	9
b) Einschränkung der Zuständigkeitsprüfung Abs. 2, 3	3–5	4. Keine Überprüfung der Gesetzmäßigkeit (Abs. 5)	10
c) Verbürgung der Gegenseitigkeit (Abs. 4)	6		

	Rn.		Rn.
III. Spiegelbildliche Zuständigkeit (Abs. 1 Nr. 1, Abs. 2, 3)	11–21	6. Berufung des Beteiligten auf Abs. 1 Nr. 2	30
1. Zuständigkeit (Abs. 1 Nr. 1)	11–16	**V. Konkurrierende Entscheidung oder Verfahren (Abs. 1 Nr. 3)**	31–34
a) Spiegelbildliche Zuständigkeitsprüfung	11–13	1. Grundsatz wie § 328 Abs. 1 Nr. 3 ZPO	31, 32
b) Einzelheiten	14–16	a) Konkurrierende Entscheidungen	31
2. Einschränkung der Zuständigkeitsprüfung in Ehesachen (Abs. 2)	17	b) Konkurrierende deutsche Rechtshängigkeit	32
a) Gewöhnlicher Aufenthalt im Gerichtsstaat (Abs. 2 S. 1)	17	2. Unvereinbarkeit	33, 34
b) Anerkennung in beiden Heimatstaaten (Abs. 2 S. 2)	18, 19	a) Identität im Kernpunkt	33
		b) Abänderbarkeit	34
3. Einschränkung der Zuständigkeitsprüfung in Lebenspartnerschaftssachen (Abs. 3)	20, 21	**VI. Deutscher ordre public (Abs. 1 Nr. 4)**	35–52
a) Anerkennung im Registerstaat	20	1. Grundsatz wie § 328 Abs. 1 Nr. 4 ZPO	35
b) Teleologische Einschränkung auf Lebenspartnerschafts-Statussachen nach § 269 Abs. 1 Nr. 1, 2	21	2. Maßgeblicher Beurteilungszeitpunkt	36, 37
		a) Zeitpunkt der Anerkennung	36
		b) Keine nachträgliche Anerkennungsunfähigkeit	37
IV. Mitteilung des verfahrenseinleitenden Dokuments (Abs. 1 Nr. 2)	22–30	3. Einzelfälle	38–52
1. Grundsatz wie § 328 Abs. 1 Nr. 2 ZPO	22	a) Sorgerecht	38–40
2. Beteiligte	23, 24	b) Adoption	41–45
a) Beteiligtenbegriff	23	c) Abstammungsfeststellung	46
b) Kind	24	d) Unterhalt	47
3. Verfahrenseinleitendes Dokument	25	e) Ehesachen	48–52
4. Mitteilung	26–28	**VII. Verbürgung der Gegenseitigkeit (Abs. 4)**	53–57
a) Ordnungsgemäße und rechtzeitige Mitteilung	26	1. Anwendungsbereich	53–56
b) Ordnungsmäßigkeit	27	a) Abschließende Regelung	53
c) Rechtzeitigkeit	28	b) Familienstreitsachen	54
5. Keine Äußerung zur Hauptsache	29	c) Lebenspartnerschaftssachen	55, 56
		2. Verbürgung	57

I. Normzweck und -geschichte

1. Normgeschichte. Die Bestimmung beruht auf dem System der grundsätzlichen Anerkennung 1 bei Vorbehalt bestimmter Anerkennungshindernisse, das ursprünglich aus § 328 ZPO stammt. Für Entscheidungen der Freiwilligen Gerichtsbarkeit wurde erstmals mit dem Gesetz zur Neuregelung des IPR mit Wirkung zum 1. 9. 1986 die ausdrückliche Regelung in § 16a aF FGG an Stelle der vorher weitgehend entsprechenden Anwendung von § 328 ZPO geschaffen.[1] Im Gegensatz zu § 328 Abs. 1 Nr. 5 ZPO machte § 16a aF FGG die Anerkennung einer ausländischen Entscheidung der Freiwilligen Gerichtsbarkeit nicht von der Verbürgung der Gegenseitigkeit abhängig.

2. Normzweck, Übernahme bisheriger Regelungen. a) Grundsatz: Abs. 1, Abs. 5. 2 **Abs. 1** übernimmt den Katalog der Anerkennungsvoraussetzungen bzw. -hindernisse aus § 328 Abs. 1 Nr. 1 bis 4 ZPO und aus § 16a aF FGG,[2] also spiegelbildliche Zuständigkeitsprüfung, verfahrenseinleitendes Schriftstück, konkurrierende Entscheidungen oder Verfahren sowie deutscher *ordre public*. Abs. 5 bestätigt nunmehr ausdrücklich nach dem Vorbild entsprechender europarechtlicher Regelungen (vgl. insbesondere Art. 25, 26 Brüssel IIa-VO) das schon nach bisherigem Recht sowie unter § 328 ZPO weiter bestehende Prinzip, dass eine ausländische Entscheidung nicht in der Sache überprüft wird.

b) Einschränkung der Zuständigkeitsprüfung Abs. 2, 3. aa) Abs. 2 S. 1 entspricht § 606a 3 Abs. 2 S. 1 aF ZPO, beschränkt also die Prüfung der Zuständigkeit des ausländischen Gerichts durch Spiegelung an den deutschen Zuständigkeitsnormen. Die eingeschränkte Anerkennungsprüfung nach § 98 Abs. 1 Nr. 4 FamFG würde bei Spiegelung die Anerkennung wechselseitig durch das Erfordernis der Anerkennungsfähigkeit konditionieren und damit die Anerkennungsfähigkeit behindern.

Abs. 2 S. 2 übernimmt § 606a Abs. 2 S. 2 aF ZPO. Die Bestimmung fördert den Anerkennungs- 4 einklang mit den – nach bisheriger Sicht des deutschen Kollisionsrechts (Art. 17 Abs. 1 S. 1 iVm.

---

[1] Vgl. Gesetzentwurf IPR-Neuregelungsgesetz 1986: BT-Drucks. 10/504, zu § 16a FGG.
[2] Gesetzentwurf BT-Drucks. 16/6308, zu § 109 FamFG.

Art. 14 Abs. 1 Nr. 1 EGBGB, § 98 Abs. 1 Nr. 1 FamFG) primär mit der Ehesache verbundenen – Heimatstaaten der Ehegatten und vermeidet dadurch im Verhältnis zu diesen hinkende Ehen. Die Anerkennung einer Entscheidung aus einem Drittstaat soll nicht an der spiegelbildlichen Zuständigkeitsprüfung am deutschen Maßstab scheitern, wenn die Heimatstaaten die Entscheidung anerkennen.

5 **bb) Abs. 3** setzt § 661 Abs. 3 Nr. 2 und Nr. 3 aF ZPO, also die Modifikation der entsprechenden Anwendung von § 606a Abs. 2 aF ZPO auf ELPen, fort. Abs. 2 S. 1 (bisher § 606a Abs. 2 S. 1 aF ZPO, vgl. Rn. 3) findet keine Entsprechung, da ohnehin § 103 Abs. 1 Nr. 2 schon die internationale Entscheidungszuständigkeit bei gewöhnlichem Aufenthalt eines Lebenspartners im Inland nicht von einer Anerkennung abhängig macht. Abs. 3 entspricht damit Abs. 2 S. 2 mit der Maßgabe, dass für die ELP kollisionsrechtlich das Registerprinzip an die Stelle des Staatsangehörigkeitsprinzips tritt, so dass die spiegelbildliche Zuständigkeit nach § 103 nicht zu prüfen ist, wenn der Register führende Staat die Entscheidung anerkennt.

6 **c) Verbürgung der Gegenseitigkeit (Abs. 4).** Durch die Übernahme aller Familiensachen in das FamFG ergibt sich die Notwendigkeit, für die Anerkennung bestimmter Entscheidungen das Anerkennungserfordernis der Verbürgung der Gegenseitigkeit (§ 328 Abs. 1 Nr. 5 ZPO), das § 16a aF FGG nicht vorsah, in den Katalog des § 109 zu übernehmen. Hierbei wird berücksichtigt, dass für die bisher den Anerkennungsvoraussetzungen des § 328 Abs. 1 ZPO unterliegenden Ehesachen Art. 7 § 1 Abs. 1 S. 2 aF FamRÄndG auf die Verbürgung der Gegenseitigkeit verzichtete; dabei bleibt es auch unter der Neuregelung.[3] In den Katalog des Abs. 4 sind neben den Familienstreitsachen auch zahlreiche Lebenspartnerschaftssachen aufgenommen, deren eherechtliches Pendant nicht dem Erfordernis der Gegenseitigkeitsverbürgung unterliegt. Dies erklärt sich aus der international unterschiedlichen Typizität und Akzeptanz dieses Rechtsinstituts.

II. Anerkennungsvoraussetzungen

7 **1. Europarecht, Völkerverträge.** Soweit sich die Anerkennung von Entscheidungen im Anwendungsbereich des FamFG nach Europarecht oder Völkerverträgen beurteilt (dazu § 107 Rn. 8 ff.; § 108 Rn. 5 ff.), bestimmen diese Rechtsinstrumente auch über die Anerkennungsvoraussetzungen und die Anerkennungshindernisse. Im Anwendungsbereich europarechtlicher Instrumente kommt § 109 nicht zur Anwendung. Im Anwendungsbereich völkervertraglicher Instrumente kommt § 109 nur im Rahmen des Günstigkeitsprinzips (§ 108 Rn. 7) zur Anwendung.

8 **2. Sachlicher Anwendungsbereich.** § 109 ist materieller Anerkennungsmaßstab für alle Entscheidungen, die aus Sicht des deutschen Verfahrensrechts in den Anwendungsbereich des FamFG fallen. Dies umfasst neben den vom Grundsatz automatischer Anerkennung (**§ 108 FamFG**) erfassten Entscheidungen sowie dem dort vorgesehenen fakultativen Anerkennungs-Feststellungsverfahren (§ 108 Abs. 2, 3), insbesondere auch die Entscheidungen in Ehesachen, für die das notwendige Anerkennungs-Feststellungsverfahren nach **§ 107** stattfindet; insoweit beurteilt die LJV, bzw. im Verfahren der gerichtlichen Entscheidung der Zivilsenat des OLG, die Anerkennungsvoraussetzungen bzw. -hindernisse nach § 109. § 109 gilt auch im Anerkennungsverfahren nach §§ 2, 4, 5 AdWirkG sowie im Verfahren der Wirkungserweiterung nach § 3 AdWirkG.[4]

9 **3. Enumerierte Anerkennungshindernisse (Abs. 1).** § 109 folgt, wie § 328 ZPO, dem Prinzip der Anerkennung der ausländischen Entscheidung als Grundsatz,[5] sofern die in Abs. 1 enumerierten Anerkennungshindernisse nicht vorliegen. Es besteht jedoch keine Vermutung der Anerkennungsfähigkeit. Die mit der Anerkennung befassten oder für die Anerkennungsfeststellung zuständigen deutschen Gerichte oder Behörden prüfen mit Ausnahme des Hindernisses nach Abs. 1 Nr. 2 von Amts wegen das Fehlen von Anerkennungshindernissen. Dies gilt auch für doppelrelevante Tatsachen, so dass auch insoweit für die Anerkennungsfähigkeit nicht die schlüssige Behauptung der Tatsache genügt.[6] Daraus ergibt sich insbesondere zu Abs. 1 Nr. 1 eine materielle Darlegungs- und Beweislast dessen, der sich auf die Anerkennungsfähigkeit beruft.[7] Eine Bindung an die in der anzuerkennenden Entscheidung getroffenen tatsächlichen und rechtlichen Feststellungen besteht nicht,[8] obgleich von den tatsächlichen Feststellungen zunächst auszugehen ist,[9] wenn sich keine

---

[3] Gesetzentwurf BT-Drucks. 16/6308, zu § 109 FamFG.
[4] Ebenso zu § 16a aF FGG: *Jansen/Wick* § 16a FGG Rn. 32.
[5] *Keidel/Kuntze/Winkler/Zimmermann* § 16a FGG Rn. 4; *Keidel/Giers* Rn. 2.
[6] BGHZ 124, 237.
[7] OLG Koblenz RIW 2004, 302.
[8] *Zöller/Geimer* § 328 ZPO Rn. 145; anders im Geltungsbereich bilateraler Abkommen: oben § 328 Rn. 75.
[9] *Jansen/Wick* § 16a FGG Rn. 32.

hiergegen sprechenden Hinweise ergeben. Das befasste deutsche Gericht kann und muss nach pflichtgemäßem Ermessen neue Beweise erheben.[10] Die Anerkennungsfähigkeit steht nicht zur Disposition der Beteiligten; auch der Verzicht auf die Geltendmachung von Anerkennungshindernissen ist nur insoweit wirksam, als die Beteiligten über das Anerkennungshindernis disponieren können.[11] Dies betrifft zweifelsfrei nur das Anerkennungshindernis nach Abs. 1 Nr. 2, während der Vorrang konkurrierender Entscheidungen und Verfahren (Abs. 1 Nr. 3) und der Vorbehalt des *ordre public* (Abs. 1 Nr. 4) auch im öffentlichen Interesse bestehen und nicht disponibel sind. Eine Disposition über den Einwand fehlender Zuständigkeit (Abs. 1 Nr. 1) kommt allenfalls insoweit in Betracht, als der Gegenstand nach deutschem Recht einer Gerichtsstandsvereinbarung oder einer rügelosen Einlassung zugänglich wäre. Über zwingendes Zuständigkeitsrecht kann hingegen auch nicht nachträglich disponiert werden.

4. Keine Überprüfung der Gesetzmäßigkeit (Abs. 5). Eine Überprüfung der Entscheidung 10 in der Sache findet nicht statt (Abs. 5).[12] Das Verbot der *révision au fond* bezieht sich nicht nur auf die Prüfung von materiellen oder verfahrensrechtlichen Rechtsanwendungsfehlern des Erstgerichts, soweit diese nicht zu einer Verletzung des deutschen *ordre public* (Abs. 1 Nr. 4) führen. Es bezieht sich insbesondere auch auf die Frage des in der Sache anwendbaren Rechts. Der maßgebliche Unterschied zwischen der verfahrensrechtlichen Anerkennung ausländischer Entscheidungen nach §§ 107 bis 109 FamFG einerseits und der Überprüfung der Wirksamkeit rechtsgeschäftlicher Gestaltung andererseits besteht gerade darin, dass eine verfahrensrechtliche Anerkennung auch stattfindet, wenn das ausländische Gericht den Sachverhalt nach einer anderen Rechtsordnung beurteilt hat als nach dem aus Sicht des deutschen IPR anwendbaren Statut. Hingegen kann eine „materiellrechtliche Anerkennung", also die Wirksamkeitsüberprüfung, immer nur nach dem vom deutschen IPR berufenen Recht stattfinden, nicht aber nach dem Recht, unter dem die Beteiligten gehandelt haben. Exemplarisch deutlich wird dies beim Unterschied zwischen der Anerkennung ausländischer Dekretadoptionen einerseits und Vertragsadoptionen andererseits: Erstere sind unbeschadet des angewendeten Adoptionsrechts (wenn auch ggf. mit eingeschränkten Wirkungen) nach §§ 108, 109 anzuerkennen. Letztere wirken nur, wenn sie nach dem von Art. 22, 23 EGBGB berufenen Recht wirksam erfolgt sind.[13]

III. Spiegelbildliche Zuständigkeit (Abs. 1 Nr. 1, Abs. 2, 3)

1. Zuständigkeit (Abs. 1 Nr. 1). a) Spiegelbildliche Zuständigkeitsprüfung. aa) Die An- 11 erkennung einer ausländischen Entscheidung ist ausgeschlossen, wenn die Gerichte des Entscheidungsstaates nicht zuständig sind (Abs. 1 Nr. 1). Maßstab für die Prüfung der internationalen Anerkennungszuständigkeit sind die **deutschen Zuständigkeitsvorschriften,** die für die Anerkennungsprüfung so gespiegelt werden, als wären sie im Entscheidungsstaat anzuwenden **(Spiegelbildprinzip).**[14] Dem liegt der Gedanke zu Grunde, dass dem Antragsgegner (in Amtsverfahren den Beteiligten) nur die Inanspruchnahme einer Zuständigkeit zuzumuten ist, die auch deutsche Gerichte in Anspruch nehmen würden. Hingegen kommt es auf die internationale Zuständigkeit der Gerichte des Ursprungsstaates nach dortigem Zuständigkeitsrecht nicht an,[15] sofern die Missachtung der eigenen Zuständigkeitsregeln nicht ausnahmsweise zur Nichtigkeit oder zur Aufhebung der ausländischen Entscheidung in einem Rechtsbehelfsverfahren führt, was der Entscheidung die für die Anerkennung erforderliche Wirksamkeit entzöge. Nicht maßgeblich ist auch, ob das ausländische Gericht seine internationale Zuständigkeit auf eine der deutschen entsprechende Bestimmung gestützt hat.[16]

bb) Der **Zuständigkeitsmaßstab** ergibt sich grundsätzlich aus §§ 98 bis 105. Fraglich ist, in 12 welchem Umfang völkervertragliche und europarechtliche Zuständigkeitsregeln der gespiegelten Zuständigkeitsprüfung zu Grunde zu legen sind. Zweifelsfrei ist auf im Verhältnis zwischen Deutschland und dem Urteilsstaat bindende Regelungen der internationalen Zuständigkeit abzustellen.[17]

---

[10] *Zöller/Geimer* § 328 ZPO Rn. 145.
[11] Weiter wohl *Jansen/Wick* § 16a FGG Rn. 40.
[12] So schon unter § 16a aF FGG: *Jansen/Wick* § 16a FGG Rn. 41.
[13] Im Einzelnen zu diesem Unterschied: *Jansen/Wick* § 16a FGG Rn. 30 ff.; *Keidel/Kuntze/Winkler/Zimmermann* § 16a FGG Rn. 2 g; *Keidel/Giers* § 108 Rn. 23.
[14] OLG Celle FamRZ 2008, 430.
[15] OLG Bamberg FamRZ 2000, 1098; *Jansen/Wick* § 16a FGG Rn. 42; *Keidel/Kuntze/Winkler/Zimmermann* § 16a FGG Rn. 5; *Keidel/Giers* Rn. 3; ebenso zu § 328 ZPO: oben § 328 ZPO Rn. 63 f.
[16] Oben § 328 ZPO Rn. 64.
[17] *Keidel/Kuntze/Winkler/Zimmermann* § 16a FGG Rn. 5.

Dieser Fall ist freilich kaum praxisrelevant, denn **europarechtliche und völkerrechtliche Instrumente,** welche die internationale Zuständigkeit bindend regeln (Brüssel I-VO, Brüssel II a-VO, EG-UnterhaltsVO, KSÜ, MSA), enthalten regelmäßig ein gegenüber §§ 107–109 vorrangiges[18] Anerkennungssystem, soweit es sich um Entscheidungen handelt, die aus einem Vertragsstaat bzw. Mitgliedstaat stammen und in einem anderen anzuerkennen sind. Fraglich ist hingegen, ob solche Instrumente in die spiegelbildliche Zuständigkeitsprüfung auch einzubeziehen sind, wenn die Entscheidung aus einem **Nicht-Vertragsstaat** oder **Nicht-Mitgliedstaat** stammt, also nach §§ 107–109 anzuerkennen ist. Einer solchen Beurteilung nach Europa- oder Völkerrecht kann nicht entgegengehalten werden, diese Normen hätten nur im Verhältnis zu Mitglied- oder Vertragsstaaten Geltung und seien deshalb nur in ihrem (positiven) Anwendungsbereich auch der Beurteilung der spiegelbildlichen Zuständigkeit zu Grunde zu legen.[19] Aus deutscher Sicht sind solche Zuständigkeitsregeln vielfach auf entsprechende Fälle im Verhältnis zu Drittstaaten anzuwenden.[20] Dem Zweck der Zuständigkeitsprüfung, Entscheidungen die Anerkennung nur zu versagen, wenn sie in einem Gerichtsstand ergangen sind, der aus Sicht der von deutschen Gerichten beanspruchten Regeln dem Antragsgegner oder den Beteiligten insgesamt nicht zuzumuten ist, entspricht es, auch im Verhältnis zu Drittstaaten, die internationale Zuständigkeit nach Völker- und Europarecht genügen zu lassen, so weit deutsche Gerichte sie *mutatis mutandis* ebenfalls in Anspruch nehmen. Ausschließlichkeit im Verhältnis zu anderen Mitglied- oder Vertragsstaaten kann hingegen nicht gespiegelt werden, so dass insoweit die Anerkennungszuständigkeit besteht, wenn sie entweder nach §§ 98 ff. oder nach Europarecht bzw. Völkervertrag besteht. Insbesondere in Ehesachen folgt dies schon aus dem Heimatstaatsprinzip, das in Abs. 2 S. 2 seinen Niederschlag findet.[21]

13 cc) Unbeschadet der aus § 328 Abs. 1 Nr. 1 ZPO übernommenen Formulierung („...nicht zuständig *sind*") ist **maßgebender Zeitpunkt** für die Bestimmung der spiegelbildlichen Zuständigkeit der Zeitpunkt der Einleitung des Verfahrens, in dem die ausländische Entscheidung ergangen ist. Maßgeblich ist also nicht, ob das ausländische Gericht in dem mehr oder minder zufälligen Zeitpunkt der Anerkennungsprüfung zuständig ist, sondern ob es zuständig gewesen ist.[22] Zu spiegeln ist hierbei auch das Prinzip der *perpetuatio fori*. Es genügt also, wenn die die spiegelbildliche Zuständigkeit begründenden Umstände vor Erlass der ausländischen Entscheidung eingetreten sind.[23]

14 b) **Einzelheiten. aa)** Stammt die Entscheidung aus einem Staat mit mehreren Jurisdiktionen, so genügt die spiegelbildlich bestehende internationale Zuständigkeit des Gesamtstaates.[24] Die innere Gerichtsorganisation eines ausländischen Staates hat Deutschland auch im Stadium der Entscheidungsanerkennung nicht zu bewerten; dies gilt unstreitig hinsichtlich der sachlichen und der örtlichen Zuständigkeit. Aus deutscher Sicht aber macht es keinen Unterschied, aus welchem *Departement* zB eine französische Ehescheidung oder aus welchem *State* eine US-amerikanische Ehescheidung stammt.

15 **bb)** Soweit die internationale Zuständigkeit an die Staatsangehörigkeit anknüpft und der Beteiligte, der die Staatsangehörigkeit des Entscheidungsstaates besitzt, **Mehr- oder Doppelstaater** ist, kommt es auf die Effektivität nicht an.[25] Selbst wenn der Beteiligte auch Deutscher ist, steht dies der

---

[18] Das völkervertragliche Günstigkeitsprinzip (§ 108 Rn. 7) wird bei diesen Instrumenten praktisch nicht relevant, weil sie anerkennungsfreundlicher sind als das nationale Recht.
[19] Nicht eindeutig *Jansen/Wick* § 16a FGG Rn. 42.
[20] ZB würden deutsche Gerichte auf die Unterhaltsklage gegen einen in Österreich lebenden US-Amerikaner die Brüssel I-VO anwenden, weil der Beklagte Wohnsitz in einem Mitgliedstaat (Art. 3 Abs. 1 Brüssel I-VO) hat. Steht ein US-Unterhaltsurteil gegen einen Deutschen mit Wohnsitz in Österreich oder Canada zur Anerkennung, so stellt sich in unterschiedlicher Weise die Frage der spiegelbildlichen Anwendung der Art. 2 ff. Brüssel I-VO. Dasselbe gilt, wenn ein US-Scheidungsurteil zwischen Ehegatten mit gewöhnlichem Aufenthalt in den USA anzuerkennen ist, denn deutsche Gerichte würden ihre internationale Zuständigkeit im gespiegelten Fall ausschließlich nach Art. 3 Abs. 1 Brüssel II a-VO zu beurteilen haben. Ebenso besteht das Problem bei der Anerkennung einer Sorgerechtsentscheidung über ein deutsches Kind aus einem Nicht-MSA-Staat, denn Deutschland würde bei gewöhnlichem Aufenthalt eines Nicht-MSA-staatsangehörigen Kindes in Deutschland die internationale Zuständigkeit nach dem MSA beurteilen.
[21] ZB kann die internationale Zuständigkeit US-amerikanischer Gerichte zur Ehescheidung immer auf die US-Staatsangehörigkeit eines Ehegatten gestützt werden (§ 98 Abs. 1 Nr. 1), auch wenn die Ehegatten gewöhnlichen Aufenthalt in einem EG-Mitgliedstaat haben und für deutsche Gerichte damit Art. 3 ff. Brüssel II a-VO ausschließlich anwendbar wären.
[22] Oben § 328 ZPO Rn. 63; *Jansen/Wick* § 16a FGG Rn. 43; aA *Keidel/Kuntze/Winkler/Zimmermann* § 16a FGG Fn. 68; wie hier *Keidel/Giers* Rn. 3.
[23] BGHZ 141, 286; BayObLG FamRZ 1990, 1265.
[24] Oben § 328 ZPO Rn. 69; dort auch zur Gegenansicht.
[25] *Jansen/Wick* § 16a FGG Rn. 43.

internationalen Zuständigkeit des ausländischen Heimatgerichts nicht entgegen. Dies ergibt sich zum einen daraus, dass §§ 98 bis 105 auch in Fall der Heimatzuständigkeit keine ausschließliche deutsche Zuständigkeit bestimmen (§ 106), zum anderen aus der dem Entscheidungsstaat in Beanspruchung von internationaler Zuständigkeit konzedierten Spiegelung des Prinzips aus Art. 5 Abs. 1 S. 2 EGBGB.[26]

cc) Das Bestehen der **internationalen Zuständigkeit deutscher Gerichte** steht im gesamten Anwendungsbereich des § 109 der Anerkennung nicht entgegen, da die internationalen Zuständigkeiten nach §§ 98 bis 105 insgesamt nicht ausschließlich sind (§ 106). Soweit zwischen Deutschland und dem Entscheidungsstaat eine europarechtliche oder völkervertragliche Bindung an Zuständigkeitsregeln besteht, entscheidet das jeweils zugehörige Anerkennungssystem, ob die Versagung der Anerkennung auf die fehlende Zuständigkeit gestützt werden kann (zB Art. 35 Abs. 1 und 3 Brüssel I-VO). Hingegen steht im Verhältnis zu Drittstaaten auch eine sich aus Europarecht oder Völkervertrag ergebende ausschließliche Zuständigkeit deutscher Gerichte der Anerkennung nicht entgegen.[27]

2. Einschränkung der Zuständigkeitsprüfung in Ehesachen (Abs. 2). a) Gewöhnlicher Aufenthalt im Gerichtsstaat (Abs. 2 S. 1). Der spiegelbildlichen Zuständigkeit eines ausländischen Gerichts in einer Ehesache steht § 98 Abs. 1 Nr. 4 nicht entgegen, wenn ein Ehegatte seinen gewöhnlichen Aufenthalt im Ursprungsstaat der Entscheidung hatte (Abs. 2 S. 1). Dies bedeutet, dass für Zwecke der Anerkennungsprüfung § 98 Abs. 1 Nr. 4 ohne den zweiten Halbsatz („es sei denn ...") anzuwenden ist. Ausländische Gerichte sind spiegelbildlich international ehesachenzuständig, wenn auch nur ein Ehegatte gewöhnlichen Aufenthalt im Entscheidungsstaat hat. Die Bestimmung ist über § 121 hinaus auf den funktionalen Begriff der Ehesache iSd. §§ 98, 107 Abs. 1 zu beziehen, umfasst also besondere die Ehetrennung ohne Scheidung der Ehe dem Bande nach, die Ehenichtigerklärung und funktionale Äquivalente der Ehesachen iSd. § 121 FamFG.

b) Anerkennung in beiden Heimatstaaten (Abs. 2 S. 2). aa) Eine erweiterte Anerkennungsfähigkeit ergibt sich bei Ehesachenentscheidungen (wiederum iSd. §§ 98 Abs. 1, 107 Abs. 1, s. dort Rn. 18) aus Abs. 2 S. 2: Selbst wenn der Entscheidungsstaat nach dem Maßstab der spiegelbildlichen Zuständigkeitsprüfung keine internationale Zuständigkeit besessen hat, wird die Entscheidung anerkannt, sofern sie von den Staaten anerkannt wird, denen die Ehegatten angehören. Erforderlich ist die Anerkennung in **beiden Heimatstaaten.** Maßgeblicher Zeitpunkt für die Beurteilung der Anerkennungsfähigkeit in den Heimatstaaten ist der Zeitpunkt des Eintritts der Urteilswirkungen im Entscheidungsstaat.[28] Die Anerkennung durch einen Staat, dessen Staatsangehörigkeit ein Ehegatte später, jedoch vor der Anerkennungsprüfung in Deutschland erworben hat, kann nicht Prüfungsmaßstab sein;[29] ansonsten würde sich ggf. der Status einer Person aus Sicht des deutschen Rechts allein auf Grund des Wechsels der Staatsangehörigkeit ändern; ggf. würde eine seitdem geschlossene neue Ehe rückwirkend bigamisch. Hiergegen spricht auch nicht, dass es der Durchführung des Verfahrens nach § 107 Abs. 1 bedarf, denn die dort getroffene Feststellung der LJV ist nicht konstitutiv, sondern deklariert eine bereits latent seit Wirksamkeit der ausländischen Entscheidung bestehende Anerkennungsfähigkeit.

bb) Ist ein Ehegatte **Mehr- oder Doppelstaater,** so ist die effektive Staatsangehörigkeit maßgeblich und die Anerkennung durch einen nicht-effektiven Heimatstaat nicht genügend;[30] die Bestimmung bezweckt die Vermeidung zwischen Deutschland und den Rechtsordnungen der engsten Bindung der Ehegatten hinkender Ehen, was bei Anerkennung (nur) in einem nicht-effektiven Heimatstaat nicht gewährleistet wäre. Ist ein Ehegatte (auch) **Deutscher,** so ist Abs. 2 S. 2 unanwendbar;[31] auf die Parteirolle kann es hierbei nicht ankommen,[32] da die Prüfung der spiegelbildlichen Zuständigkeit nicht zur Disposition des Antragstellers im Ausgangsverfahren steht. Anders als im Fall der sich aus § 98 Abs. 1 Nr. 4 ergebenden Anerkennungsproblematik, die Abs. 2 S. 1 anerkennungs-

---

[26] Ist ein Ehegatte deutscher Staatsangehöriger und US-*citizen*, so genügt die US-*citizenship* zur Begründung der US-Zuständigkeit nach § 98 Abs. 1 Nr. 1 ebenso, wie umgekehrt die deutsche Staatsangehörigkeit zur Begründung der deutschen Zuständigkeit genügen würde.
[27] ZB ist eine andere Gerichtsstände ausschließende Zuständigkeitsvereinbarung für Unterhaltssachen nach Art. 23 Brüssel I-VO zulässig und würde im Verhältnis zu anderen Mitgliedstaaten sogar ausnahmsweise ein Anerkennungshindernis begründen (Art. 35 Abs. 1 Brüssel I-VO). Dies gilt jedoch nicht im Verhältnis zu einem Nicht-Mitgliedstaat, dessen Zuständigkeit spiegelbildlich nach §§ 105, 232 FamFG §§ 12 ff. ZPO besteht.
[28] *Zöller/Geimer* § 606a ZPO Rn. 101, 119.
[29] So aber BayObLGZ 1980, 355.
[30] *Staudinger/Spellenberg*, 2004, § 328 ZPO Rn. 302, 334; aA *Zöller/Geimer* § 606a ZPO Rn. 100.
[31] BayObLG FamRZ 1992, 548; oben § 606a ZPO Fn. 124.
[32] AA *Zöller/Geimer* § 606a ZPO Rn. 103.

freundlich auflöst, ist aus deutscher Sicht eine ausländische Entscheidung grundsätzlich anerkennungsunfähig, wenn sie in einem spiegelbildlich unzuständigen Staat ergangen ist; diese Position ändert sich nicht, wenn Deutschland als Heimatstaat eines Ehegatten die Anerkennungsfähigkeit zu beurteilen hat. Die Anerkennung im Staat des **gewöhnlichen Aufenthalts** eines oder beider Ehegatten genügt hingegen nicht als Grundlage der Anerkennung unter Verzicht auf die spiegelbildliche Anerkennungszuständigkeit. Ist hingegen ein Ehegatte **staatenlos**, so tritt die Anerkennung in seinem gewöhnlichen Aufenthaltsstaat an die Stelle der Anerkennung in seinem Heimatstaat. Auch die Anerkennung durch den Staat, dessen Recht aus Sicht des deutschen IPR **Scheidungsstatut** ist (Art. 17 EGBGB), überwindet nicht die fehlende spiegelbildliche Zuständigkeit,[33] sofern es sich hierbei nicht um das gemeinsame (effektive) Heimatrecht der Ehegatten handelt (Art. 17 Abs. 1 S. 1 iVm. Art. 14 Abs. 1 Nr. 1 EGBGB).

20   **3. Einschränkung der Zuständigkeitsprüfung in Lebenspartnerschaftssachen (Abs. 3).
a) Anerkennung im Registerstaat.** § 103 steht der Anerkennung einer ausländischen Entscheidung in einer Lebenspartnerschaftssache nicht entgegen, wenn der Register führende Staat die Entscheidung anerkennt (Abs. 3). Die zu Abs. 2 S. 2 parallele Regelung ermöglicht die Anerkennung in Deutschland, auch wenn den Gerichten des Entscheidungsstaates die spiegelbildliche Zuständigkeit nach § 103 gefehlt hat; die Funktion der Anerkennung von Ehesachenentscheidungen in den Heimatstaaten übernimmt die Anerkennung im Register führenden Staat, weil hier das deutsche Kollisionsrecht die engste Beziehung der ELP lokalisiert (vgl. Art. 17 b EGBGB).

21   **b) Teleologische Einschränkung auf Lebenspartnerschafts-Statussachen nach § 269 Abs. 1 Nr. 1, 2.** Nach ihrem Wortlaut scheint die Bestimmung ohne Einschränkung auf Lebenspartnerschaftssachen anwendbar. Auch die Bezugnahme auf § 103 bezieht die Bestimmung nicht nur auf **Lebenspartnerschafts-Statussachen,** sondern dem Wortlaut nach auch auf andere (§ 269 Abs. 1 Nr. 2–12) und sonstige (§ 269 Abs. 2) Lebenspartnerschaftssachen, die in § 103 Abs. 2, 3 erfasst sind (zur Terminologie § 269 Rn. 4). Andererseits ist die Bestimmung als Parallelnorm zu Abs. 2 S. 2 konzipiert, der nur für Ehesachen iSd. § 98 gilt. Da die Bestimmung zudem ausdrücklich dem gesetzgeberischen Zweck dient, § 661 Abs. 3 Nr. 3 aF ZPO in der neuen Systematik des § 109 umzusetzen (Rn. 5), erscheint es nahe liegend, einen nicht beabsichtigten Redaktionsfehler anzunehmen, der eine teleologische Beschränkung auf Lebenspartnerschaftssachen nach § 269 Abs. 1 Nr. 1 und 2 (bzw. auf § 103 *Abs. 1)* zur Konsequenz haben muss: § 661 Abs. 3 Nr. 3 aF ZPO modifizierte lediglich die entsprechende Anwendung von § 606a aF ZPO dahingehend, dass an die Stelle der Heimatstaaten der Ehegatten in § 606a Abs. 2 S. 2 aF ZPO (also der Vorgängernorm von § 109 Abs. 2 S. 2) der Register führende Staat treten sollte. Damit war aber der Anwendungsbereich per se auf Lebenspartnerschafts-Statussachen beschränkt, weil § 661 Abs. 2 aF ZPO durchaus differenzierend auf die entsprechenden ehe- und familienverfahrensrechtlichen Bestimmungen (§§ 606 ff. aF ZPO einerseits, §§ 621 ff. aF ZPO andererseits) verwies.

IV. Mitteilung des verfahrenseinleitenden Dokuments (Abs. 1 Nr. 2)

22   **1. Grundsatz wie § 328 Abs. 1 Nr. 2 ZPO.** Abs. 1 Nr. 2 schützt das **rechtliche Gehör** der Beteiligten im Stadium der Verfahrenseinleitung. Strukturell entspricht Abs. 1 Nr. 2 der Regelung in § 328 Abs. 1 Nr. 2 ZPO, weshalb grundsätzlich die für jene Norm geltenden Grundsätze[34] auf Abs. 2 Nr. 2 übertragbar sind. Insbesondere steht Abs. 1 Nr. 2 der Anerkennung nur entgegen, wenn der betroffene Beteiligte sich *nicht zur Hauptsache geäußert* hat und *sich hierauf beruft.* Das Anerkennungshindernis bedarf also der Rüge. Fehlt es hieran, so kann ausnahmsweise dennoch der deutsche *ordre public* verletzt sein (Abs. 1 Nr. 4).[35] Wurde das rechtliche Gehör eines Beteiligten verletzt, nachdem ihm das verfahrenseinleitende Dokument ordnungsgemäß und rechtzeitig bekannt gemacht wurde, so kann sich ein Anerkennungshindernis ebenfalls aus Abs. 1 Nr. 4 ergeben.

23   **2. Beteiligte. a) Beteiligtenbegriff.** Abs. 1 Nr. 2 schützt das rechtliche Gehör jedes Beteiligten; während § 328 Abs. 1 Nr. 2 ZPO im Zivilprozess auf die Parteistellung als Beklagter abstellen kann und § 16a Abs. 1 Nr. 2 aF FGG auf den materiellen Beteiligtenbegriff der FG[36] abstellen konnte, also alle Personen oder Behörden einbezog, die in ihrer materiellen Rechtsstellung durch die ausländische Entscheidung berührt werden können,[37] ist in Abs. 1 Nr. 2 auf den Beteiligtenbegriff des § 7

---

[33] AA *Zöller/Geimer* § 606a ZPO Rn. 104.
[34] Oben § 328 ZPO Rn. 78–92.
[35] *Keidel/Kuntze/Winkler/Zimmermann* § 16a FGG Rn. 6 c; *Keidel/Giers* Rn. 9.
[36] *Keidel/Kuntze/Winkler/Zimmermann* § 16a FGG Rn. 6 c.
[37] *Jansen/Wick* § 16a FGG Rn. 47.

abzustellen,[38] der je nach dem betroffenen Verfahrensgegenstand erheblich variiert. Einerseits entspricht dieser Begriff in tradierten Verfahren der FG weiterhin dem materiellen Beteiligtenbegriff. Andererseits ist in Familienstreitsachen (§ 112 FamFG) nur der Antragsgegner durch Abs. 1 Nr. 2 erfasst. Der Antragsteller kann sich hinsichtlich seines Antrags nicht auf Abs. 1 Nr. 2 berufen;[39] auf einen jedenfalls in Familienstreitsachen statthaften förmlichen Widerantrag (§§ 112, 113 FamFG, § 33 ZPO) ist Abs. 1 Nr. 2 hingegen zugunsten des Widerantrags-Gegners anwendbar.

b) Kind. Im Gegensatz zu Art. 23 lit. b Brüssel IIa-VO verzichtet § 109 auf ein ausdrückliches **24** Anerkennungshindernis bei Nichtbeteiligung des **Kindes** in Sorgerechtsangelegenheiten. Diese Lücke ist zwar mit Rücksicht auf die verfahrensrechtliche Gewichtung des Kindeswohls und die von einer ausdrücklichen Erwähnung in der europarechtlichen Regelung ausgehende Signalwirkung durchaus zu bedauern; materiell wirkt sie sich jedoch nicht aus, denn das Kind ist in seine Person oder sein Vermögen betreffenden Fragen immer Beteiligter. Die Anhörung des Kindes im ausländischen Verfahren ist an § 159 zu messen; eine unterbliebene Anhörung kann insbesondere ein Anerkennungshindernis nach Abs. 1 Nr. 4 begründen.

3. Verfahrenseinleitendes Dokument. Der **Begriff** des verfahrenseinleitenden Dokuments **25** entspricht dem des verfahrenseinleitenden „Schriftstücks" in § 16a Abs. 1 Nr. 2 aF FGG. Mit dem in Anlehnung an § 328 ZPO vollzogenen Begriffswandel verbundene geänderte gesetzgeberische Vorstellungen sind nicht erkennbar. Maßgeblich ist das Dokument, auf das hin nach dem Recht des Entscheidungsstaates[40] das befasste Gericht tätig geworden ist. In kontradiktorischen Verfahren, insbesondere in Familienstreitsachen, sowie in sonstigen Antragsverfahren ist dies, parallel zu § 328 Abs. 1 Nr. 2 ZPO, die Antragsschrift bzw. ihr Pendant in der jeweiligen Rechtsordnung. Bei Anträgen zu Protokoll des befassten Gerichts ist das entsprechende Protokoll das verfahrenseinleitende Dokument. In Amtsverfahren kann dies auch ein unförmlicher Antrag zum Zweck der Anregung eines Verfahrens sein;[41] auch eine das Amtsverfahren einleitende gerichtliche Verfügung ist nach dem Zweck der Regelung, den Schutz Beteiligter im Stadium der Verfahrenseinleitung zu gewährleisten, als verfahrenseinleitendes Schriftstück zu qualifizieren. Wie unter den entsprechenden europarechtlichen Bestimmungen (Art. 23 Brüssel IIa-VO, Art. 34 Brüssel I-VO) kann jedoch ein Schriftstück nur dann als verfahrenseinleitend qualifiziert werden, wenn aus ihm der Verfahrensgegenstand und das Verfahrensziel in wesentlichen Umrissen hervorgeht, so dass sich der Beteiligte hierzu einlassen bzw. sich hiergegen verteidigen kann.[42] Für weitere Schriftstücke ist zu differenzieren: Erörternde Schriftsätze zum Verfahrensgegenstand fallen nicht unter Abs. 1 Nr. 2. Bei Präzisierungen eines Antrags, der einer Konkretisierung nach dem Verfahrensrecht noch bedurfte, ist bei unterbliebener Mitteilung nicht Abs. 1 Nr. 2, ggf. aber Abs. 1 Nr. 4 berührt.[43] Auch Antragsänderungen, die den Verfahrensgegenstand nicht berühren, unterfallen nicht erneut Abs. 1 Nr. 2, berühren jedoch ggf. mangels Mitteilung Abs. 1 Nr. 4.[44] Handelt es sich hingegen um eine Antragserweiterung, die zu einem anderen Verfahrensgegenstand führt,[45] so führt die unterbliebene Mitteilung zur Anwendung von Abs. 1 Nr. 2.[46]

4. Mitteilung. a) Ordnungsgemäße und rechtzeitige Mitteilung. Abs. 1 Nr. 2 hält zu Recht **26** an dem § 328 Abs. 1 Nr. 2 ZPO entsprechenden und ursprünglich aus Art. 27 Nr. 2 EuGVÜ übernommenen Prinzip des kumulativen Erfordernisses der **ordnungsgemäßen** und **rechtzeitigen Mitteilung** fest. Die in Art. 34 Nr. 2 Brüssel I-VO und Art. 22 lit. b Brüssel IIa-VO vorgenommene Aufweichung der Voraussetzung ordnungsgemäßer Zustellung bedeutet schon dort einen nicht immer gerechtfertigten Vertrauensvorschuss in die rechtsstaatliche Verfahrensweise der Zustellungsorgane (zB auch ihren Parteien verpflichtete Rechtsanwälte) anderer EG-Mitgliedstaaten. Im nichtgemeinschaftlichen internationalen Rechtsverkehr wäre es verfehlt, das Risiko nicht ordnungsgemäßer Mitteilungen auf betroffene Beteiligte zu verlagern.

b) Ordnungsmäßigkeit. Mitteilung bedeutet jedoch im sachlichen Anwendungsbereich des **27** FamFG **nicht notwendig förmliche Zustellung.** In welcher Weise ein verfahrenseinleitendes

---

[38] *Keidel/Zimmermann* Rn. 10.
[39] *Zöller/Geimer* § 328 Rn. 188.
[40] BayObLG FamRZ 2000, 1170; oben § 328 ZPO Rn. 74.
[41] *Keidel/Kuntze/Winkler/Zimmermann* § 16a FGG Rn. 6c; *Keidel/Giers* Rn. 11.
[42] *Jansen/Wick* § 16a FGG Rn. 49 mit zutreffendem Hinweis auf EuGH NJW 1993, 2091.
[43] So auch oben § 328 ZPO Rn. 80.
[44] ZB Änderung eines Antrags auf Übertragung des Aufenthaltsbestimmungsrechts in einen Antrag auf Übertragung der elterlichen Sorge.
[45] ZB Unterhaltsantrag im Rahmen einer anhängigen Ehesache.
[46] *Keidel/Kuntze/Winkler/Zimmermann* § 16a FGG Rn. 6c; *Keidel/Giers* Rn. 11; aA wohl oben § 328 ZPO Rn. 80.

§ 109 28, 29   Buch 1. Abschnitt 9. Verfahren mit Auslandsbezug

Dokument einem Beteiligten mitzuteilen ist, bestimmt sich nach dem Recht des Ursprungsstaates unter Einschluss der im Verhältnis zu dem Staat, in dem die Mitteilung den Beteiligten erreichen soll, geltenden völkervertraglichen Abkommen.[47] Insbesondere sind die Bestimmungen des HZPÜ und des HZÜ[48] zu beachten. Nach diesen Bestimmungen beurteilt sich auch das Erfordernis einer **Übersetzung** in eine Sprache, die der betroffene Beteiligte versteht oder verstehen sollte. Auch die **Heilung** von Zustellungsmängeln richtet sich nach diesem Recht, so dass eine Heilung von Verstößen gegen die Bestimmungen des HZPÜ oder des HZÜ mangels Heilungsvorschriften nicht in Betracht kommt; möglich bleibt die Heilung von Verstößen gegen das innerstaatliche Zustellungsrecht des Zustellungsstaates nach dessen Heilungsbestimmungen.[49] Eine Heilung bei Zustellungen nach Deutschland in entsprechender Anwendung von § 189 ZPO auf ausländisches oder völkervertragliches Zustellungsrecht ist abzulehnen,[50] da hierdurch der Beteiligtenschutz ausgehöhlt würde. Bedarf es nach dem Recht des Ursprungsstaates keiner förmlichen Zustellung, so scheitert die Anerkennung im Fall formloser Mitteilung nicht an Abs. 1 Nr. 2;[51] jedoch kann eine solche Regelung gegen den deutschen *ordre public* (Abs. 1 Nr. 4) verstoßen; jedenfalls in Familienstreitsachen ist das Erfordernis förmlicher Zustellung des Antrags dem *ordre public* zuzurechnen. Öffentliche Zustellung kann ordnungsgemäß sein,[52] wird jedoch, abgesehen von Fällen treuwidrigen Verhaltens des Adressaten, regelmäßig die kumulativ erforderliche rechtzeitige Mitteilung nicht bewirken. Eine Verwirkung des Einwandes mangelnder Zustellung kommt in Betracht, wenn der Beteiligte die Annahme des verfahrenseinleitenden Dokuments grundlos verweigert hat.[53]

28   c) **Rechtzeitigkeit. Rechtzeitige Mitteilung** setzt voraus, dass der Beteiligte nach den Umständen des Falles, ggf. unter Einbeziehung der Besonderheiten der Internationalität des Verfahrens, ausreichend Zeit hat, eine tatsächliche und rechtliche Äußerung gegenüber dem Gericht vorzubereiten und abzugeben. Einlassungsfristen des Verfahrensrechts im Entscheidungsstaat sind insoweit nicht bindend; **Einlassungsfristen** des deutschen Verfahrensrechts sind nur ein Indiz dafür, welcher Zeitraum ohne besondere Erschwernisse durch Internationalität des Verfahrens einem Beteiligten mindestens für die Einlassung zur Verfügung stehen muss. Abzustellen ist sowohl auf die Gegebenheiten in der Person des betroffenen Beteiligten, insbesondere die Möglichkeit, in gegebener Zeit das Schriftstück übersetzen zu lassen und rechtlichen Rat einzuholen,[54] als auch auf ein treuwidriges Verhalten eines Antragstellers, der durch unzutreffende Anschriftsangaben den früheren Zugang der Mitteilung vereitelt hat.[55] Hat der Beteiligte von dem Verfahren nicht rechtzeitig oder nicht ordnungsgemäß Mitteilung erlangt, so trifft ihn, im Gegensatz zu europarechtlichen Regelungen (Art. 34 Nr. 2 letzter Halbsatz Brüssel I-VO) keine **Rechtsmittelobliegenheit**. Auch wenn im Ursprungsstaat gegen die Entscheidung ein ordentlicher Rechtsbehelf statthaft war oder noch wäre, kann der Beteiligte hierauf nicht verwiesen werden, wenn er sich nach Abs. 1 Nr. 2 der Anerkennung widersetzt.

29   **5. Keine Äußerung zur Hauptsache.** Auf Abs. 1 Nr. 2 kann sich nur ein Beteiligter berufen, der sich im Ursprungsstaat nicht zur Hauptsache geäußert hat. Es kommt darauf an, ob er oder sein Vertreter mit Vertretungsmacht sich zu dem materiellen Verfahrensgegenstand des Verfahrens geäußert hat. Obgleich Abs. 2 Nr. 1, anders als § 328 Abs. 2 Nr. 1 ZPO, nicht auf eine förmliche Einlassung auf das Verfahren abstellt, genügt jedoch eine Einlassung zu einem anderen Verfahrensgegenstand in einem Nebenverfahren nicht. Vielmehr muss sich die Einlassung, auch wenn sie ggf. in einem Neben- oder Vorverfahren erfolgt ist, auf den Verfahrensgegenstand der anzuerkennenden Entscheidung beziehen.[56] Hat ein Neben- oder Folgesachenverfahren einen anderen Verfahrensgegenstand, so gilt sogar für dieses Verfahren Abs. 1 Nr. 2 gesondert, so dass zB die Anerkennung einer Unterhaltsentscheidung im Verbund[57] oder die Anerkennung einer selbstständigen Kostenfestsetzungsentscheidung trotz Einlassung im Hauptverfahren an Abs. 1 Nr. 2 scheitern kann.[58] Im

---

[47] BayObLG FamRZ 2000, 1170.
[48] Dazu oben Band 3 C.4. Völkervertragliches Zustellungsrecht.
[49] ZB ist § 189 ZPO bei Zustellung nach Deutschland anwendbar, wenn im Rahmen förmlicher Zustellung nach Art. 5 Abs. 1 lit. a HZÜ gegen deutsche Zustellungsregeln verstoßen wird; hingegen heilt § 189 ZPO nicht einen Verstoß gegen den deutschen Widerspruch gegenüber einer Übersendung unmittelbar durch die Post nach Art. 10 lit. a HZÜ.
[50] AA *Jansen/Wick* § 16a FGG Rn. 50.
[51] *Jansen/Wick* § 16a FGG Rn. 50.
[52] Im Einzelnen oben § 328 ZPO Rn. 82.
[53] OLG Zweibrücken FamRZ 2005, 997.
[54] Im Einzelnen oben § 328 ZPO Rn. 85.
[55] BayObLG FamRZ 2005, 638; BayObLG FamRZ 2005, 923.
[56] *Jansen/Wick* § 16a FGG Rn. 48.
[57] Vgl. BGH NJW-RR 2008, 586, dort zu Art. 34 Nr. 2 Brüssel I-VO.
[58] Zutreffend *Keidel/Kuntze/Winkler/Zimmermann* § 16a FGG Rn. 6 a.; *Keidel/Giers* Rn. 8.

Anerkennungshindernisse 30–35 § 109

Übrigen gelten die zu § 328 Abs. 1 Nr. 2 ZPO entwickelten Grundsätze, insbesondere zur Einlassung zum Zweck der Zuständigkeitsrüge, entsprechend.[59]

6. Berufung des Beteiligten auf Abs. 1 Nr. 2. Das Anerkennungshindernis ist nicht von Amts wegen zu beachten; der betroffene Beteiligte muss sich darauf berufen. Hierauf hat das mit der Anerkennung befasste deutsche Gericht/Behörde die Sachlage in eigener Verantwortung zu prüfen; eine Bindung an die Feststellungen des Ursprungsgerichts besteht nicht.[60] 30

V. Konkurrierende Entscheidung oder Verfahren (Abs. 1 Nr. 3)

1. Grundsatz wie § 328 Abs. 1 Nr. 3 ZPO. a) Konkurrierende Entscheidungen. Abs. 1 Nr. 3 entspricht § 328 Abs. 1 Nr. 3 ZPO.[61] **Deutsche Entscheidungen** haben gegenüber der Anerkennung von unvereinbaren ausländischen Entscheidungen immer Vorrang. Zwischen ansonsten anerkennungsfähigen **ausländischen Entscheidungen** gilt hingegen das Prioritätsprinzip in Ansehung des Entscheidungszeitpunkts: Die Anerkennung ist ausgeschlossen, wenn die ausländische Entscheidung mit einer **in Deutschland erlassenen** Entscheidung unvereinbar ist; auf die Reihenfolge der Entscheidungszeitpunkte kommt es insoweit nicht an. Die Anerkennung ist auch ausgeschlossen, wenn Unvereinbarkeit zu einer hier anzuerkennenden früheren Entscheidung aus einem Drittstaat besteht. Unerheblich ist, nach welchen Anerkennungsregeln die Drittstaatenentscheidung anzuerkennen ist; insbesondere geht auch eine nach §§ 107–109 anzuerkennende früher erlassene Drittstaatenentscheidung einer nach Europarecht anzuerkennenden Mitgliedstaatenentscheidung vor. 31

b) Konkurrierende deutsche Rechtshängigkeit. Frühere **Rechtshängigkeit** steht der Anerkennung nur entgegen, wenn das der anzuerkennenden Entscheidung zugrunde liegende Verfahren mit einem in Deutschland früher rechtshängig gewordenen Verfahren unvereinbar ist.[62] Soweit für das jeweilige Verfahren eine Rechtshängigkeit im engen Sinn nicht in Betracht kommt, ist, wie bisher zu § 16a Abs. 1 Nr. 3 aF FGG, auf die Anhängigkeit abzustellen.[63] 32

2. Unvereinbarkeit. a) Identität im Kernpunkt. Unvereinbarkeit besteht, insoweit wie unter § 328 Abs. 1 Nr. 3 ZPO, nicht nur bei Identität des **Streitgegenstandes** und der **Parteien,** sondern auch bei Widersprüchen in präjudiziellen Feststellungen in der Sache. Insoweit ist die letztlich auf Art. 27 Nr. 3, 5 EuGVÜ (nunmehr Art. 34 Nr. 3, 4 Brüssel I-VO[64]) zurückgehende Bestimmung in Anlehnung an die Kernpunkttheorie des EuGH auszulegen.[65] Sind in den betroffenen Verfahren die Beteiligten nicht identisch, so kommt es jedoch darauf an, ob die konkurrierenden Entscheidungen widersprechende Wirkungen im Hinblick auf dieselben Personen entfalten.[66] 33

b) Abänderbarkeit. Darüber hinaus ergeben sich jedoch für einzelne Verfahrensgegenstände im sachlichen Anwendungsbereich des FamFG Besonderheiten wegen des **Fehlens materieller Rechtskraft** bzw. der **Abänderbarkeit** der jeweiligen Entscheidung. Eine ausländische Entscheidung muss nicht zwingend einer deutschen Entscheidung widersprechen, selbst wenn sie zwischen denselben Beteiligte zum selben Verfahrensgegenstand ergangen ist, sofern die spätere Entscheidung als eine statthafte Abänderung der früheren verstanden werden kann. Dies setzt regelmäßig voraus, dass die spätere Entscheidung in Kenntnis der früheren, also mit Abänderungswillen, ergangen ist;[67] jedenfalls ist eine inhaltliche Auseinandersetzung mit den seit der deutschen Entscheidung oder früheren Drittstaatenentscheidung eingetretenen Änderungen der Entscheidungsvoraussetzungen[68] erforderlich, damit eine formal nicht vereinbare Entscheidung gleichwohl anerkannt werden kann. 34

VI. Deutscher ordre public (Abs. 1 Nr. 4)

1. Grundsatz wie § 328 Abs. 1 Nr. 4 ZPO. Das Anerkennungshindernis des deutschen *ordre public* entspricht in seinen theoretischen Voraussetzungen dem in § 328 Abs. 1 Nr. 4 ZPO geregelten 35

---

[59] Oben § 328 ZPO Rn. 90 f.
[60] Oben § 328 ZPO Rn. 91.
[61] Im Einzelnen oben § 328 ZPO Rn. 93–97.
[62] Im Einzelnen oben § 328 ZPO Rn. 96.
[63] *Jansen/Wick* § 16a FGG Rn. 57.
[64] Dazu *Rauscher/Leible* Art. 34 Brüssel I-VO Rn. 43 ff.).
[65] Oben § 328 ZPO Rn. 97, der jedoch für das ZPO-Verfahren zutreffend Parteiidentität voraussetzt; *Jansen/Wick* § 16a FGG Rn. 53.
[66] *Jansen/Wick* § 16a FGG Rn. 53.
[67] Vgl. OLG Frankfurt FamRZ 1992, 463: türkische Sorgerechtsentscheidung, die eine frühere deutsche Entscheidung nicht beachtet.
[68] DIJuF-Rechtsgutachten JAmt 2007, 592, 593.

Vorbehalt. Die Anerkennung scheitert nur bei **gewichtigen Verstößen** gegen **wesentliche Grundsätze des deutschen Rechts**, insbesondere die Grundrechte. Erforderlich ist überdies ein **Inlandsbezug,** den jedoch auch bei gemeinsamer ausländischer Staatsangehörigkeit der Beteiligten der gewöhnliche Aufenthalt eines im Zentrum der Entscheidungen stehenden Beteiligten, bei Sorgerechtsentscheidungen insbesondere des Kindes, ergeben kann. Ein die Anerkennung hindernder Verstoß kann sich sowohl aus dem materiellen Ergebnis der Entscheidung als auch aus dem zugrunde liegenden Verfahren ergeben.[69]

36 **2. Maßgeblicher Beurteilungszeitpunkt. a) Zeitpunkt der Anerkennung.** Nach hM ist Beurteilungszeitpunkt für den Verstoß gegen den *ordre public* der **Zeitpunkt der Anerkennung der ausländischen Entscheidung.**[70] Dies stößt freilich auf den Einwand, dass die Anerkennungsfähigkeit einer Entscheidung mit ihrem Wirksamwerden besteht oder nicht besteht und nachträgliche Änderungen des Sachverhalts bei systematischer Betrachtungsweise einen Verstoß weder heilen noch herbeiführen können. Insbesondere bei Statusentscheidungen erscheint es bedenklich, jede Änderung der Umstände nach Erlass der ausländischen Entscheidung zu berücksichtigen.[71] Andererseits ist der hM zuzugeben, dass die Versagung der Anerkennung wegen Verstoßes gegen den deutschen *ordre public* ohne Not zu hinkenden Rechts- und Statusverhältnissen führt, wenn nach den im Zeitpunkt der Anerkennungsprüfung bestehenden Umständen ein schwerwiegender Verstoß gegen Grundsätze des deutschen Rechts nicht (mehr) anzunehmen ist.[72] In solchen Fällen ist daher der hM zu folgen.

37 **b) Keine nachträgliche Anerkennungsunfähigkeit.** Führt eine Änderung der Umstände hingegen dazu, dass im Zeitpunkt der Anerkennungsprüfung ein schwerwiegender Verstoß gegen den deutschen *ordre public* vorläge, der **im Entscheidungszeitpunkt nicht vorgelegen** hat, so ist die Entscheidung an sich anzuerkennen.[73] Die nachträgliche Änderung der Entscheidungsgrundlagen gibt jedoch Anlass, die ausländische Entscheidung abzuändern, wobei die für eine Abänderung meist erforderliche qualifizierte Eingriffsschwelle (zB § 1696 BGB) zu beachten ist. Ist eine Abänderung nicht, nur eingeschränkt oder nur im Wiederaufnahmeverfahren statthaft, so muss der Verstoß gegen den deutschen *ordre public* in gleicher Weise hingenommen werden, als wenn eine deutsche Entscheidung wirksam ergangen wäre und sich die Umstände sodann in nicht vorhergesehener Weise verändert hätten.[74] Ein beachtlicher Verstoß gegen Abs. 1 Nr. 4 kann jedoch gerade darin bestehen, dass die ausländische Entscheidung in Unkenntnis bereits bestehender Tatsachen ergangen ist, sofern diese dem Gericht in einer Grundsätze des deutschen Rechts verletzenden Weise vorenthalten wurden (Prozessbetrug).

38 **3. Einzelfälle. a) Sorgerecht. aa)** Bei Sorgerechts- und Umgangsentscheidungen ist die Beachtung des **Kindeswohls** als leitender Maßstab das wesentlichste Element des deutschen *ordre public*; Sorgerechtsentscheidungen, Umgangsregelungen und Herausgabeanordnungen sind nicht anerkennungsfähig, wenn sie das Kindeswohl nicht gehörig beachten.[75]

39 **bb)** Hat das ausländische Gericht ein nach den Maßstäben des § 159[76] anzuhörendes **Kind nicht angehört,** so wird dies, trotz Fehlens einer ausdrücklichen Regelung, wie sie Art. 23 lit. b Brüssel II a-VO bestimmt,[77] schon deshalb zur Versagung der Anerkennung führen, weil die das Kindeswohl betreffenden Umstände damit nicht umfassend aufgeklärt sind. Grundsätzlich ist auch eine Entschei-

---

[69] Im Einzelnen oben § 328 ZPO Rn. 98–103, 110.
[70] BGH FamRZ 1989, 378; BayObLGZ 2000, 180; KG FamRZ 2006, 1405, 1407; OLG Hamm JAmt 2006, 210; hinsichtlich der geltenden Rechtslage: OLG Stuttgart FamRZ 2005, 636, 637.
[71] LG Dresden JAmt 2006, 360: Adoption.
[72] ZB Positive Auswirkungen des Zusammenlebens der Adoptiveltern mit dem Kind auf die Beurteilung des Kindeswohls: KG FamRZ 2006, 1405.
[73] AA OLG Hamm JAmt 2006, 210, Nichtanerkennung von Umgangsentscheidung, wenn „offensichtlich eindeutig und in gravierendem Maß nicht mehr vereinbar mit dem Kindeswohl". Gerade dies aber wäre ein Fall für eine Abänderung der ausländischen Entscheidung.
[74] ZB besteht kein Anlass, eine Unterhaltsentscheidung, die eine einmalige Abfindung nachehelichen Unterhalts beinhaltet, die im Scheidungszeitpunkt interessengerecht war, ggf. Jahre später deshalb nicht anzuerkennen, weil einer der Ehegatten nach einem schweren nachehelichen Unfall erwerbsunfähig geworden ist. Dies wäre bei einem deutschen Urteil eine Frage der Abänderung und muss auch bei einem ausländischen Urteil so behandelt werden.
[75] BGH NJW 1977, 150; BayObLG FamRZ 1985, 737; OLG Düsseldorf FamRZ 1982, 534; OLG Hamm FamRZ 1987, 506; OLG Koblenz FamRZ 1989, 204.
[76] *Völker/Steinfatt* FPR 2005, 415; *Rauscher/Rauscher* Art. 23 Brüssel II a-VO Rn. 7; aA nur hinsichtlich der Übertragung dieses Maßstabs auf Art. 23 lit. b Brüssel II a-VO und für einen autonomen Anhörungsmaßstab: *Schlauß* FPR 2006, 228, 230
[77] Dazu OLG Schleswig FamRZ 2008, 1761; *Schlauß* FPR 2006, 228.

dung, die ohne Anhörung eines der nach §§ 160 ff. FamFG anzuhörenden Beteiligten ergangen ist, nicht anerkennungsfähig.[78] Etwas anderes gilt ggf. für eilbedürftige vorläufige Regelungen.[79]

cc) Gegen den *ordre public* verstößt eine ausländische Entscheidung, die die **Herausgabe eines** **40** **Kindes** unter Anwendung von Gewalt anordnet, wenn dies das Persönlichkeitsrecht des Kindes (Art. 1 Abs. 1 iVm. Art. 2 Abs. 1 GG) verletzt.[80]

b) Adoption. aa) Auch bei einer ausländischen Adoptionsentscheidung steht die Nichtberück- **41** sichtigung des **Kindeswohls** der Anerkennung entgegen.[81] Dies gilt erst recht, wenn das ausländische Adoptionsstatut eine Prüfung des Kindeswohls nicht vorsieht; in diesem Fall ist indiziert, dass das ausländische Gericht eine solche Prüfung nicht vorgenommen hat.[82] Sieht das angewendete Recht die Orientierung am Kindeswohl vor, so ist mangels entgegenstehender Hinweise nicht zu unterstellen, das Gericht habe das Kindeswohl nicht zum Maßstab seiner Entscheidung gemacht, auch wenn dies nicht ausdrücklich aus den Entscheidungsgründen hervorgeht.[83] Die Wahrung des Kindeswohls erfordert zwingend auch eine **Eignungsprüfung** des Adoptierenden; ist eine solche nicht erfolgt oder vom ursprungsstaatlichen Recht nicht vorgesehen, so ist die Adoption nicht anzuerkennen.[84] Die hohe Bedeutung des Kindeswohls kann freilich nicht instrumentalisiert werden, um **andere schwere Mängel** einer Adoption zu kompensieren; zwar wird häufig ein verfahrensfehlerhaft begründetes Adoptionsverhältnis im Ergebnis nicht am deutschen *ordre public* scheitern, wenn es dem Kindeswohl dient; dies aber nur dann, wenn die Verfahrensfehler als solche nicht so schwer wiegen, dass sie isoliert geeignet sind, die Anerkennungsversagung nach Abs. 1 Nr. 4 auszulösen.[85]

bb) Die **Anhörung des Kindes** ist in gleicher Weise maßgeblich wie in Sorgerechtssachen **42** (Rn. 39); die unterbliebene Beteiligung **anderer Beteiligter,** insbesondere der Mutter und des leiblichen sowie des rechtlichen Vaters, führt ebenfalls zur Nichtanerkennung. Auch die fehlende **Zustimmung** eines Elternteils, sofern nicht Gründe für eine Ersetzung vorliegen, steht der Anerkennung entgegen.[86] Hingegen kann eine Adoptionsentscheidung anerkennungsfähig sein, wenn die Mutter, die der Adoption bereits zugestimmt hatte, nicht erneut angehört wurde.[87] Die fehlende Zustimmung des Ehegatten des Adoptierenden hindert dagegen die Anerkennung nicht.[88]

cc) Fraglich ist, ob außerhalb[89] des Anwendungsbereichs des **Haager Adoptionsübereinkom-** **43** **mens** die dort verankerten Grundsätze, soweit sie nicht (wie die Beachtlichkeit des Kindeswohls) ohnehin bereits zum Bestand des deutschen *ordre public* gehörten, in den deutschen *ordre public* aufgenommen wurden. Anerkennungshindernisse können sich hieraus insbesondere bei Nichtbeachtung der Kautelen zur Verhinderung von **Kindeshandel** zu Adoptionszwecken ergeben, sofern im konkreten Fall eine dem Kindeswohl nicht dienliche Adoptionsvermittlung stattgefunden hat. Die Nichtanerkennung einer Adoption, der keine Befassung der Behörden im Heimatstaat des Kindes und des Adoptierenden vorangegangen ist, kann hingegen nicht auf diesen formalen Aspekt gestützt werden, sondern es muss auf die sich im konkreten Fall ergebenden Auswirkungen auf die Beurteilung des Kindeswohls abgestellt werden.[90]

dd) Hingegen ist die Anerkennung einer ausländischen Adoption nicht deshalb ausgeschlossen, **44** weil sie nach dem angewendeten Recht geringere,[91] auch erheblich **geringere**[92] **Wirkungen** hervorbringt, als eine deutsche Volladoption. Dies wirkt sich nur dahingehend aus, dass, vorbehaltlich einer Entscheidung nach § 3 AdWirkG, eine solche Adoption nach dem Grundsatz der Wirkungserstreckung nur mit ihren Wirkungen anerkannt wird und einer deutschen Adoption nicht gleich-

---

[78] Es kann aber eine schriftliche Anhörung genügen: BGH FamRZ 1979, 577, 579.
[79] BGH FamRZ 1977, 126, 127.
[80] BayObLG FamRZ 1985, 737; OLG Karlsruhe OLGR 2000, 241; OLG Zweibrücken FamRZ 2001, 1536.
[81] VGH Kassel NJW-RR 1994, 391.
[82] KG FamRZ 2006, 1405.
[83] BayObLGZ 2000, 180.
[84] OLG Celle FamRZ 2008, 1109; AG Hamm JAmt 2006, 361.
[85] Zweifelhaft daher AG Hamm JAmt 2006, 363; dazu *Weitzel* JAmt 2006, 333.
[86] Insbesondere bei Adoption eines deutschen Kindes und damit starkem Inlandsbezug: OLG Düsseldorf FamRZ 1996, 699, 700; aA LG Frankfurt/Main IPRax 1995, 44.
[87] LG Frankfurt/Main FamRZ 1995, 637.
[88] OLG Nürnberg FamRZ 2002, 1145.
[89] Zur Versagung der Anerkennung einer ausländischen Adoption im Anwendungsbereich des Abkommens wegen Nichtbeachtung der Behördenbeteiligung: OLG Celle FamRZ 2008, 1109; LG Potsdam FamRZ 2008, 1108; AG Köln FamRZ 2008, 1111.
[90] Daher iE zutreffend LG Stuttgart JAmt 2008, 102, 103.
[91] VGH Kassel NJW-RR 1994, 391.
[92] LG Stuttgart JAmt 2008, 102, 103.

steht, insbesondere nicht geeignet ist, sie erb- oder staatsangehörigkeitsrechtlich zu substituieren. Erst recht setzt die Anerkennung nicht voraus, dass die Adoption nach der von Art. 22 EGBGB berufenen Rechtsordnung stattgefunden hat.[93] Auch die Nichtbeachtung von Art. 23 EGBGB führt nicht grundsätzlich zur Nichtanerkennung; maßgeblich ist, dass diese Bestimmung bei deutschen Kindern die Einhaltung der Zustimmungserfordernisse sichert (Rn. 42), die als solche unverzichtbar erscheinen, auch wenn das Kind ausländischer Staatsangehöriger ist; dagegen gehören weitergehende Zustimmungserfordernisse ausländischen Rechts nicht zum deutschen *ordre public*.

45 ee) Der Anerkennung einer ausländischen Adoption steht nicht entgegen, wenn zugleich in einer **Nebenentscheidung** das Geburtsdatum des Kindes (zur Sicherung des Adoptionsgeheimnisses oder zur Anpassung an eine retardierte Entwicklung) um einige Monate geändert wurde[94] oder die personenstandsrechtliche Eintragung des Geburtsorts geändert wurde.[95] Eine solche Entscheidung ist zwar dem deutschen Recht fremd, verstößt aber nicht gegen unverzichtbare Grundsätze deutschen Rechts.

46 c) **Abstammungsfeststellung.** Nichtanerkennung einer ausländischen Entscheidung in einer Abstammungssache kommt insbesondere in Betracht, wenn hinsichtlich der **Feststellung der biologischen Abstammung** geringere Beweisanforderungen gestellt wurden, als dies nach deutschem Recht erforderlich wäre. Grundsätzlich scheitert die Anerkennung nicht bereits daran, dass das ausländische Gericht seine Überzeugung hinsichtlich der festgestellten Abstammung durch Beweismittel gebildet hat, die im deutschen Abstammungsverfahren nicht ausreichen würden.[96] Auch wenn das ausländische Gericht sich nur auf Zeugenaussagen gestützt hat und die Einholung eines Abstammungsgutachtens unterblieben ist, führt dies nicht notwendig zur Versagung der Anerkennung.[97] Dies schließt jedoch Anerkennungshindernisse im Bereich der Vaterschaftsfeststellung nicht generell aus. Trägt der in Anspruch genommene Zweifel an der Vaterschaft vor oder ergeben sich solche Zweifel aus den Umständen, so kann ein Abstammungsurteil, das sich nur auf Zeugenaussagen oder gesetzliche Vermutungen stützt, keine Anerkennung finden. Wirkt hingegen der als Vater in Anspruch Genommene nicht mit, so ist auch eine Vaterschaftsfeststellung, die auf eine Abstammungsbegutachtung verzichtet, anerkennungsfähig.[98]

47 d) **Unterhalt.** Zum Verstoß von Unterhaltsurteilen gegen den *ordre public* siehe oben § 328 ZPO Rn. 107.

48 e) **Ehesachen. aa)** Abweichende **Scheidungsgründe,** auf die ein ausländisches Scheidungsurteil gestützt wurde, begründen grundsätzlich keinen Verstoß gegen den deutschen *ordre public*.[99] Auch konsensuale Scheidungen sind anerkennungsfähig.[100] Fraglich ist allerdings, ob eine konsensuale Scheidung ohne jeden Schutz gegen die Scheidung einer nicht gescheiterten Ehe, die intern gegen Art. 6 Abs. 1 GG verstieße,[101] *ordre public*-widrig sein kann. In der Rechtsprechung wird insbesondere ein Verstoß bei Scheidung ohne oder mit erheblich kürzeren Trennungsfristen nicht angenommen.[102] Das Einverständnis des Antragsgegners kann insoweit die Bedenken nicht zerstreuen, weil die Trennungsfristen dem Übereilungsschutz dienen und damit gerade unabhängig vom Willen der Ehegatten wirken. Gleichwohl wird man angesichts der faktischen Aushöhlung des Übereilungsschutzes in der Gerichtspraxis, die einverständlichen Vortrag zum Getrenntleben regelmäßig ungeprüft der Entscheidung zugrunde legt, kaum einen ausreichend schwerwiegenden Verstoß annehmen können, wenn eine ausländische Rechtsordnung den Schritt zur offen konsensualen Scheidung geht. Die Nichtberücksichtigung verfahrensrechtlicher Regeln gegen übereilte Scheidungen begründet erst recht kein Anerkennungshindernis, zumal der Gesetzgeber in § 134 den durch Ausweichen auf den Grundtatbestand (§ 1565 Abs. 1 BGB) weitgehend leer laufenden, § 1566 Abs. 1 BGB beschränkenden § 630 Abs. 1 aF ZPO nicht übernommen hat. Auch ein **Schuldspruch** im Scheidungsurteil verstößt nicht gegen Abs. 1 Nr. 4[103] und kann nach Anerkennung durchaus im Rahmen

---

[93] BayObLGZ 2000, 180.
[94] OLG Karlsruhe NJW 2004, 516.
[95] KG StAZ 2007, 205.
[96] OLG Stuttgart FamRZ 2005, 635, 637, wo allerdings nicht klar zwischen der Abstammungswahrheit und der Erleichterung der Anfechtungsmöglichkeit durch das KindRG unterschieden wird.
[97] BSG NJW-RR 1997, 1433; OLG Köln FamRZ 2008, 1763.
[98] OLG Dresden FamRZ 2006, 563; OLG Karlsruhe FamRZ 2008, 431.
[99] *Staudinger/Spellenberg,* 2004, § 328 ZPO Rn. 498.
[100] BayObLG FamRZ 1998, 1594.
[101] BVerfGE 53, 224.
[102] BayObLG IPRspr 1978 Nr. 175; OLG Hamm FamRZ 1997, 881.
[103] BGH IPRax 1983, 180.

eines Unterhaltsstatuts, das beim nachehelichen Unterhalt Verschulden berücksichtigt, vor deutschen Gerichten bedeutsam sein.

bb) Scheidungserschwernisse durch übermäßige Trennungsfristen oder der Ausschluss einer 49 Ehescheidung überhaupt können zwar gegen den deutschen *ordre public* in Gestalt der Freiheit zur Wiedererlangung der Eheschließungsfreiheit bei gescheiterter Ehe verstoßen; sie spielen jedoch im Anerkennungsrecht kaum eine Rolle, da die Abweisung eines Scheidungsantrags keine in die Zukunft weisenden anerkennungsfähigen Wirkungen erzeugt.

cc) Gleichberechtigungswidrige Scheidungsregeln spielen für die Anerkennung nach §§ 107, 50 109 nur dann eine Rolle, wenn auf Grund solcher Regelungen eine Ehe durch ein Gericht geschieden wurde. Eine geschlechtsspezifische Differenzierung von Scheidungsgründen verstieße bei hinreichendem Inlandsbezug gegen den *ordre public,* sofern der Antragsgegner das Scheidungsurteil nicht akzeptiert. Der in diesem Zusammenhang meist genannte *talaq*[104] im Ausland ist zwar dem Verfahren nach § 107 unterworfen, jedoch nicht nach § 109, sondern mangels gerichtlicher Mitwirkung regelmäßig nach dem von Art. 17 Abs. 1 iVm. Art. 14 Abs. 1 EGBGB berufenen Recht zu beurteilen, so dass nicht Abs. 1 Nr. 4, sondern Art. 6 EGBGB den deutschen *ordre public* ins Spiel bringt. Insoweit erweist sich sodann die „materiellrechtliche" Anerkennung als ausgeschlossen, wenn bei hinreichendem Inlandsbezug (deutsche Staatsangehörigkeit oder deutscher gewöhnlicher Aufenthalt der Ehefrau) die Ehefrau sich der Scheidung widersetzt.

dd) An Abs. 1 Nr. 4 scheitern ausländische Entscheidungen, welche die **Unwirksamkeit einer** 51 **Ehe** aus einem Grund feststellen, der mit wesentlichen Grundsätzen des deutschen Rechts unvereinbar ist. Die Feststellung der Unwirksamkeit einer Ehe wegen *Religionsverschiedenheit* (die in interpersonaler Anwendung jüdischen, islamischen oder römisch-katholischen Rechts) in unterschiedlichen Konstellationen möglich ist, verstieße gegen den deutschen *ordre public* (Art. 4 GG). Auch der 1998 erfolgte Verzicht auf das Ehehindernis der *Schwägerschaft* dürfte mit Rücksicht auf die Eheschließungsfreiheit inzwischen ein wesentlicher Grundsatz des deutschen Rechts sein. Umgekehrt können auch Entscheidungen, welche die **Wirksamkeit** einer Ehe feststellen, nach Abs. 1 Nr. 4 anerkennungsunfähig sein, so bei Feststellung der Wirksamkeit einer *bigamischen Ehe* eines oder einer Deutschen.[105]

ee) Nicht an Abs. 1 Nr. 4 scheitert die Anerkennung von Entscheidungen, die dem deutschen 52 Recht nicht (mehr) bekannte Formen der Eheauflösung aussprechen, insbesondere **Ehenichtigerklärungen** (auch solche mit Rückwirkung) und **Ehetrennungen** ohne Auflösung des Ehebandes.[106]

VII. Verbürgung der Gegenseitigkeit (Abs. 4)

1. Anwendungsbereich. a) Abschließende Regelung. Das § 16a Abs. 1 aF FGG fremde 53 Anerkennungshindernis fehlender Verbürgung der Gegenseitigkeit ist in Übereinstimmung mit § 328 Abs. 1 Nr. 5 ZPO bei Anerkennung der in Abs. 4 enumerierten Verfahrensgegenstände zu prüfen. Der Katalog ist abschließend; für andere Verfahrensgegenstände bedarf es der Verbürgung der Gegenseitigkeit nicht.

b) Familienstreitsachen. Der Verbürgung der Gegenseitigkeit bedarf es bei der Anerkennung 54 von **Familienstreitsachen** (Abs. 4 Nr. 1), also den in § 112 geregelten Verfahrensgegenständen. Hierbei handelt es sich durchweg um Verfahren, die vor Inkrafttreten des FamFG dem ZPO-Verfahren zugewiesen waren und daher bei funktionaler Betrachtung entsprechender ausländischer Entscheidungen der Anerkennungsregelung des § 328 Abs. 1 ZPO unterlagen. In der Sache hat sich damit am Anerkennungsmaßstab nichts geändert.

c) Lebenspartnerschaftssachen. aa) Abs. 4 Nr. 1 iVm. § 112 erfasst bereits die Lebenspart- 55 nerschaftssachen, die **Familienstreitsachen** sind. Der redaktionelle Fehler, der in § 112 bei der Verweisung auf § 269 Abs. 1 unterlaufen ist, bedarf auch für Zwecke des Abs. 4 der Korrektur. Einbezogen sind also Lebenspartnerschafts-Unterhaltssachen nach § 269 Abs. 1 Nr. 8 und 9 FamFG (nicht, wie in § 112 Nr. 1 verwiesen, „Nr. 7 und 8"), Lebenspartnerschafts-Güterrechtssachen nach § 269 Abs. 1 Nr. 10 (nicht, wie in § 112 Nr. 2 verwiesen, „Nr. 9"), sowie sonstige Lebenspartnerschaftssachen iSd. § 269 Abs. 2 (§ 112 Nr. 3).

---

[104] Vgl. oben § 328 ZPO Rn. 107.
[105] LJV Baden-Württemberg FamRZ 1990, 1015.
[106] KG IPRspr 1974 Nr. 183.

§ 110 1, 2   Buch 1. Abschnitt 9. Verfahren mit Auslandsbezug

56   **bb)** Darüber hinaus bezieht Abs. 4 Nr. 2 bis 5 **weitere Lebenspartnerschaftssachen** in das Verbürgungserfordernis ein, deren eherechtliches Pendant von diesem Erfordernis nicht erfasst ist. Dies sind Ansprüche aus **§ 2 LPartG** (Abs. 4 Nr. 2), **Wohnungszuweisungssachen** (Abs. 4 Nr. 3, § 269 Abs. 1 Nr. 5), **Haushaltssachen** (Abs. 4 Nr. 3, § 269 Abs. 1 Nr. 6), die **Verfahrensgegenstände nach § 269 Abs. 1 Nr. 11**, soweit es sich um Ansprüche nach § 6 LPartG iVm. §§ 1382, 1383 BGB handelt (Abs. 4 Nr. 4) sowie die **Verfahrensgegenstände nach § 269 Abs. 1 Nr. 12** (Abs. 4 Nr. 5).

57   **2. Verbürgung.** Soweit die Verbürgung der Gegenseitigkeit nach Abs. 4 Anerkennungsvoraussetzung ist, ist sie in gleicher Weise festzustellen wie im Fall des § 328 Abs. 1 Nr. 5 ZPO.[107] Zu beachten ist, dass sowohl bei faktischer als auch bei völkervertraglicher Verbürgung, in Familiensachen, insbesondere aber in Lebenspartnerschaftssachen, erhebliche Ausnahmen von der grundsätzlichen Anerkennungsbereitschaft hinsichtlich von Zivilurteilen bestehen.[108]

§ 110 Vollstreckbarkeit ausländischer Entscheidungen

(1) Eine ausländische Entscheidung ist nicht vollstreckbar, wenn sie nicht anzuerkennen ist.

(2) [1] Soweit die ausländische Entscheidung eine in § 95 Abs. 1 genannte Verpflichtung zum Inhalt hat, ist die Vollstreckbarkeit durch Beschluss auszusprechen. [2] Der Beschluss ist zu begründen.

(3) [1] Zuständig für den Beschluss nach Absatz 2 ist das Amtsgericht, bei dem der Schuldner seinen allgemeinen Gerichtsstand hat, und sonst das Amtsgericht, bei dem nach § 23 der Zivilprozessordnung gegen den Schuldner Klage erhoben werden kann. [2] Der Beschluss ist erst zu erlassen, wenn die Entscheidung des ausländischen Gerichts nach dem für dieses Gericht geltenden Recht die Rechtskraft erlangt hat.

Schrifttum: *Baumann*, Leistungs- und Abänderungsklage bei früherem Auslandsurteil, IPRax 1990, 28; *Hohloch* Vollstreckung deutscher Unterhaltstitel im Ausland, FPR 2006, 244; *Rausch*, Vereinfachte Unterhaltsvollstreckung in der EU mit dem neuen Europäischen Vollstreckungstitel, FuR 2005, 437; *Roth*, Zwangsvollstreckung aus ausländischen Entscheidungen der Freiwilligen Gerichtsbarkeit, IPRax 1988, 75; *Stürner/Münch*, Die Vollstreckung indexierter ausländischer Unterhaltstitel JZ 1987, 178.

I. Normzweck

1   **1. Bisherige Rechtslage.** Nach bisheriger Rechtslage war auch ohne eine ausdrückliche gesetzliche Regelung für Entscheidungen der Freiwilligen Gerichtsbarkeit zwar ein Vollstreckbarerklärung in einem gesonderten Verfahren der Freiwilligen Gerichtsbarkeit erforderlich,[1] eine Vollstreckungsurteil oder -beschluss entsprechend §§ 722, 723 ZPO war jedoch nicht notwendig;[2] die Vollstreckbarerklärung konnte damit auch inzident ergehen. Die Zuordnung des Vollstreckbarerklärungsverfahrens erfolgte entsprechend der Natur des Verfahrensgegenstandes aus Sicht des deutschen Rechts; insbesondere war das Verfahren Familiensache iSd. §§ 621 ff. aF ZPO, wenn die ausländische Entscheidung einen Gegenstand des § 621 aF ZPO betraf.[3] Betraf die ausländische Entscheidung ein ZPO-Verfahren (einschließlich ZPO-Familienverfahren iSd. § 621a aF ZPO), so waren §§ 722, 723 ZPO anzuwenden. In beiden Fällen setzte die Vollstreckbarerklärung die jeweils inzident zu prüfende Anerkennungsfähigkeit nach § 328 ZPO oder § 16a aF FGG voraus.

2   **2. Übernahme in neuer Systematik.** Die Bestimmung gibt den derzeitigen Rechtszustand wieder,[4] muss aber angesichts der Einbeziehung ehemaliger ZPO-Familiensachen in den Anwendungsbereich des FamFG hierzu die bisher unterschiedlichen Modalitäten der Erlangung der Vollstreckbarkeit einer ausländischen Entscheidung unter dem FGG einerseits und unter §§ 722, 723 ZPO andererseits verbinden.

---

[107] Hierzu eingehend oben § 328 ZPO Rn. 113–143.
[108] Dazu im Einzelnen *Geimer/Schütze*, Internationaler Rechtsverkehr in Zivilsachen, Länderberichte.
[1] BGHZ 88, 113, 115; *Keidel/Kuntze/Winkler/Zimmermann* § 16a FGG Rn. 12; *Jansen/Wick* § 16a FGG Rn. 63.
[2] *Keidel/Kuntze/Winkler/Zimmermann* § 16a FGG Rn. 12.
[3] BGHZ 88, 113, 115; BGH FamRZ 1981, 19.
[4] Gesetzentwurf BT-Drucks. 16/6308, zu § 110 FamFG.

Abs. 1 drückt zum einen den Grundsatz aus, wonach Voraussetzung jeder Vollstreckung die **3** Anerkennung einer ausländischen Entscheidung ist. Zugleich aber ist Abs. 1 als Verzicht auf ein förmliches Vollstreckbarerklärungsverfahren in den nicht von Abs. 2 und 3 erfassten Fällen zu verstehen.[5]

Abs. 2 und 3 übernehmen den Regelungsinhalt der §§ 722, 723 ZPO für die Entscheidungen, **4** die nach ZPO vollstreckt werden (§ 95 Abs. 1). Auf eine Übernahme von § 723 Abs. 1 ZPO kann dabei verzichtet werden, weil das Verbot der Nachprüfung in der Sache bereits nach § 109 Abs. 5 gilt. Da nach dem FamFG jedoch alle Entscheidungen durch Beschluss ergehen, entscheidet das Gericht auch über die Vollstreckbarerklärung durch Beschluss.[6]

II. Europarecht und Völkerverträge

1. Anerkennungs- und Vollstreckungsregelungen. Für die Vollstreckung von Entscheidungen **5** aus Mitglied- bzw. Vertragsstaaten sind dieselben europa- und völkerrechtlichen Instrumente vorrangig zu beachten, wie für die Anerkennung (Ehesachen: § 107 Rn. 8 ff.; sonstige Verfahren § 108 Rn. 5 ff.). Diese Rechtsinstrumente entscheiden insbesondere über die Notwendigkeit eines Vollstreckbarerklärungsverfahrens (Exequaturverfahren) in Deutschland. Die völkerrechtlichen Regelungen erfordern regelmäßig ein **Exequatur**. Dasselbe gilt für die in Unterhaltssachen relevanten europäischen Instrumente Luganer Übereinkommen[7] sowie Brüssel I-VO[8] und – im Allgemeinen (Art. 28 ff. Brüssel II a-VO) – für die in Ehe- und Kindschaftssachen relevante Brüssel II a-VO (vgl. aber Rn. 6).

2. Vollstreckung ohne Exequatur. Die europarechtlichen Regelungen des neuen „**Vollstre-** **6** **ckungstitel-Typus**" verzichten auf das Exequaturverfahren zugunsten einer Bestätigung des Ursprungsmitgliedstaates, die dem Titel in allen Mitgliedstaaten automatische Vollstreckbarkeit verleiht. Hierzu zählen neben den nur für **Unterhaltstitel** bedeutsamen EG-VollstrTitelVO, EG-MahnVO und (künftig) EG-UnterhaltsVO auch die **Umgangs- und Kindesherausgabetitel** betreffenden Art. 41, 42 Brüssel II a-VO.[9]

III. Vollstreckbarkeit bei FamFG-Vollstreckung (Abs. 1)

1. Anwendungsbereich. Die in Abs. 1 geregelte Vollstreckbarkeit ohne förmlichen Beschluss ist **7** auf alle Gegenstände im sachlichen Anwendungsbereich des FamFG anzuwenden, die nicht in § 95 Abs. 1 genannt sind, also für Fälle der „FG-Vollstreckung", insbesondere für die Vollstreckung nach §§ 88 bis 94.

2. Vollstreckbarkeit. a) Verfahren. aa) Eine ausländische Entscheidung erlangt auch nach **8** Abs. 1, wie bisher für Entscheidungen der Freiwilligen Gerichtsbarkeit anerkannt (Rn. 1), keine Vollstreckbarkeit, ohne dass sie durch ein deutsches Gericht für vollstreckbar erklärt wird. Die **Vollstreckbarerklärung** erfolgt jedoch nicht durch förmlichen Beschluss wie im Fall des Abs. 2. Vielmehr ergeht sie als Zwischenentscheidung in dem jeweiligen Vollstreckungsverfahren. Gleichwohl ist weiterhin zwischen der Vollstreckbarerklärung einerseits und der konkreten Vollziehungsverfügung andererseits zu unterscheiden; beide Entscheidungen können in einer Verfügung verbunden werden, die Vollstreckbarerklärung kann auch konkludent in einer Vollziehungsverfügung enthalten sein, wenn das Gericht erkennbar die Anerkennungsfähigkeit bejaht hat.[10] Soweit die Anerkennung der zu vollstreckenden Entscheidung die Anerkennung einer Entscheidung in einer Ehesache voraussetzt, ist vorab das Verfahren nach § 107 Abs. 1 FamFG über die Ehesache durchzuführen (dazu § 107 Rn. 17 f.).

bb) Örtlich zuständig für die Vollstreckbarerklärung ist das Gericht, das auch für die Vollziehung **9** der ausländischen Entscheidung zuständig ist, bei der Vollziehung von Herausgabe- und Umgangstitel das nach § 88 zuständige Gericht. Die **sachliche Zuständigkeit** beurteilt sich ebenfalls parallel zur sachlichen Zuständigkeit im Vollstreckungsverfahren nach der Qualifikation der ausländischen Entscheidung.[11]

---

[5] Gesetzentwurf BT-Drucks. 16/6308, zu § 110 Abs. 1 FamFG.
[6] Gesetzentwurf BT-Drucks. 16/6308, zu § 110 Abs. 2, 3 FamFG.
[7] BGH FuR 2008, 149.
[8] BGH FamRZ 2007, 989; OLG Zweibrücken FamRZ 2007, 1582.
[9] Dazu OLG Celle FamRZ 2007, 1587; oben Bd 3 Art. 41, 42 EheGVO/Brüssel II a-VO.
[10] *Jansen/Wick* § 16a FGG Rn. 64.
[11] BGHZ 88, 113.

10 **b) Vollstreckbarkeitsvoraussetzungen. aa)** Die (ggf. inzidente) Vollstreckbarkeitserklärung setzt die **Anerkennungsfähigkeit** der ausländischen Entscheidung voraus. Diese ist inzident von dem mit der Vollstreckbarerklärung befassten Gericht zu prüfen. Anerkennungsmaßstab ist hierbei § 109; eine Überprüfung in der Sache findet daher, wie bisher, nicht statt (§ 109 Abs. 5). Wurde die Anerkennungsfähigkeit oder -unfähigkeit der Entscheidung im **Verfahren nach § 108 Abs. 2, 3** ausgesprochen, so ist dies für das die Vollstreckbarkeit beurteilende Gericht bindend. Ist ein solches Verfahren anhängig, so kann das mit der Vollstreckbarkeit befasste Gericht das Verfahren aussetzen. Eine solche Aussetzung ist zwar im Hinblick auf die *inter omnes* wirkende Entscheidung im Verfahren nach § 108 Abs. 2, 3 tunlich. Jedoch ist zu vermeiden, dass der Beteiligte, gegen den sich die Vollstreckung richtet, durch einen negativen Anerkennungsfeststellungsantrag bei dem nach § 108 Abs. 3 insoweit ausschließlich zuständigen Gericht die Vollstreckbarerklärung und damit die Vollstreckung blockiert.

11 **bb)** Die Vollstreckbarerklärung setzt die **Wirksamkeit** der ausländischen Entscheidung und ihre **Vollziehbarkeit** nach dem Recht des Ursprungsstaates voraus. Haben sich die der ausländischen Entscheidung zugrunde liegenden Verhältnisse verändert, so ist dies wie im Fall der Vollstreckung einer entsprechenden deutschen Entscheidung, bei Vollstreckung nach §§ 88 ff. von Amts wegen, zu berücksichtigen. Insbesondere bei nachträglich eingetretener Unvereinbarkeit mit dem Kindeswohl kann das Gericht von der Vollstreckung der ausländischen Entscheidung oder von bestimmten Vollstreckungsmaßnahmen absehen oder die anzuerkennende Entscheidung abändern.[12]

12 **3. Vollstreckungsmaßnahmen.** Die Vollstreckungsmaßnahmen, die in Vollziehung einer nach Abs. 1 vollstreckbaren Entscheidung stattfinden, bestimmen sich nach §§ 88 ff. § 44 IntFamRVG findet nur Anwendung auf die Vollstreckung nach den in § 44 Abs. 1 IntFamRVG genannten europa- und völkerrechtlichen Instrumenten.

IV. Vollstreckbarerklärung bei ZPO-Vollstreckung (Abs. 2, 3)

13 **1. Anwendungsbereich.** Das förmliche Vollstreckbarerklärungsverfahren nach Abs. 2, 3 findet bei ausländischen Entscheidungen statt, die ihrem Inhalt nach gemäß § 95 Abs. 1 nach der ZPO vollstreckt werden. Hierbei kann es sich auch um Entscheidungen handeln, die vor Inkrafttreten des FamFG gemäß § 621a aF ZPO dem Anwendungsbereich des FGG zugeordnet waren, zB Entscheidungen über die Verteilung des Hausrates.[13]

14 **2. Vollstreckbarerklärungsverfahren. a) Vollstreckbarerklärung durch Beschluss (Abs. 2). aa)** Die ausländische Entscheidung erlangt Vollstreckbarkeit im Fall des Abs. 2 nur durch einen förmlichen, die Vollstreckbarkeit aussprechenden **Beschluss**. Dies setzt wie im Fall des Abs. 1 und wie nach § 723 Abs. 2 S. 2 ZPO[14] die **Anerkennungsfähigkeit** (nach § 109) voraus, die das Gericht im Vollstreckbarerklärungsverfahren inzident prüft. Der Beschluss bedarf der **Begründung** (Abs. 2 S. 2); insbesondere sind die Voraussetzungen der Anerkennungsfähigkeit zu erörtern.[15] Das Verfahren nach Abs. 2 entspricht grundsätzlich § 722 Abs. 1 ZPO.[16]

15 **bb)** Gegen den Beschluss nach Abs. 2 S. 1 findet die **Beschwerde** nach §§ 58 ff. sowie die Rechtsbeschwerde nach Maßgabe des § 70 statt.

16 **b) Zuständigkeit. aa)** Die **örtliche Zuständigkeit** bestimmt Abs. 3 S. 1; zuständig ist – insoweit wie nach § 722 Abs. 2 ZPO[17] – das Amtsgericht, bei dem der Vollstreckungsschuldner seinen allgemeinen Gerichtsstand hat, sonst das Amtsgericht, bei dem nach § 23 ZPO gegen den Schuldner Klage erhoben werden könnte. Auf die nach dem FamFG für das der ausländischen Entscheidung entsprechende Verfahren bestehende Zuständigkeit kommt es nicht an.

17 **bb)** Nicht zweifelsfrei ist die **sachliche Zuständigkeit** in Abs. 3 S. 1 geregelt. Die abweichend von § 722 Abs. 2 ZPO getroffene Zuweisung an das **Amtsgericht** stellt zwar zweifelsfrei klar, dass ein Vollstreckbarerklärungsverfahren vor dem Landgericht auch bei Streitwerten, welche die Grenze des § 23 Nr. 1 GVG übersteigen, nicht in Betracht kommt.[18] Offen bleibt freilich, ob die Vollstreckbarerklärung der allgemeinen Zivilabteilung oder der für den Gegenstand zuständigen Abteilung zugewiesen ist. Da insoweit eine Änderung des bisherigen Rechtszustandes nicht beabsichtigt war, ist

---

[12] *Jansen/Wick* § 16a FGG Rn. 64.
[13] Gesetzentwurf BT-Drucks. 16/6308, zu § 110 Abs. 2, 3 FamFG.
[14] Oben § 723 ZPO Rn. 5.
[15] *Musielak/Borth* Rn. 3.
[16] Dazu im Einzelnen oben § 722 ZPO Rn. 13 ff.
[17] Dazu oben § 722 ZPO Rn. 25.
[18] Anders hingegen die sachliche Zuständigkeit in § 722 Abs. 2 ZPO: oben § 722 ZPO Rn. 26.

weiterhin von einer Zuweisung an die nach dem FamFG spezifisch zuständige Abteilung, bei Familiensachen also an das Familiengericht, auszugehen.[19]

c) Rechtskraft. Neben der Anerkennungsfähigkeit (Rn. 14) erfordert die förmliche Vollstreckbarerklärung die Rechtskraft der ausländischen Entscheidung nach dem Verfahrensrecht des Ursprungsstaates (Abs. 3 S. 2). Diese Regelung entspricht § 723 Abs. 2 S. 1 ZPO.[20] 18

d) Verhältnis zu §§ 107 Abs. 1, 108 Abs. 2. aa) Setzt die Anerkennung der für vollstreckbar zu erklärenden Entscheidung die Anerkennung einer vorgreiflichen Entscheidung in einer **Ehesache** voraus (zB Ausspruch zu nachehelichem Unterhalt zusammen mit der Ehescheidung), so ist das Verfahren nach § 107 Abs. 1 zwingend vorrangig durchzuführen. Im Verfahren nach Abs. 2, 3 kann nicht die in das Anerkennungsmonopol der LJV fallende vorgreifliche Anerkennungsfähigkeit der Entscheidung in der Ehesache inzident beurteilt werden. 19

bb) Hingegen stehen das fakultative förmliche **Anerkennungsfeststellungsverfahren nach § 108 Abs. 2, 3** und das Vollstreckbarerklärungsverfahren grundsätzlich nebeneinander, soweit sich der Anwendungsbereich der Bestimmungen überschneidet. Dies ist zwar weitgehend ausgeschlossen, weil § 108 Abs. 2 nur auf nicht vermögensrechtliche Entscheidungen Anwendung findet, während sich Abs. 2 in Anbindung an § 95 Abs. 1 überwiegend[21] auf vermögensrechtliche Entscheidungen bezieht. Überschneidungen im Sinn einer ZPO-Vollstreckung nichtvermögensrechtlicher Entscheidungen aus dem Anwendungsbereich des FamFG sind jedoch bei Verfahren nach § 95 Abs. 1 Nr. 3, 4, 5 vorstellbar. Soweit es in solchen Fällen nicht am Rechtsschutzbedürfnis für das nur die Anerkennungsfähigkeit feststellende Verfahren nach § 108 Abs. 2, 3 fehlt, gilt für das Verhältnis dasselbe wie im Fall des Abs. 1 (Rn. 9). 20

---

[19] BGHZ 88, 103; oben § 722 ZPO Rn. 27.
[20] Dazu oben § 723 ZPO Rn. 3.
[21] Das Gegenbeispiel im Gesetzentwurf BT-Drucks. 16/6308, zu § 110 Abs. 2, 3 FamFG erscheint nicht überzeugend, da Haushaltssachen durchaus vermögensrechtlicher Natur sind.

Buch 2. Verfahren in Familiensachen

Abschnitt 1. Allgemeine Vorschriften

§ 111 Familiensachen
  Familiensachen sind
  1. Ehesachen,
  2. Kindschaftssachen,
  3. Abstammungssachen,
  5. Ehewohnungs- und Haushaltssachen,
  6. Gewaltschutzsachen,
  7. Versorgungsausgleichssachen,
  8. Unterhaltssachen,
  9. Güterrechtssachen,
  10. sonstige Familiensachen,
  11. Lebenspartnerschaftssachen.

Übersicht

	Rn.		Rn.
I. Normzweck	1, 2	7. Versorgungsausgleichssachen (§ 217)	15
II. Regelungssystematik	3	8. Unterhaltssachen (§ 231)	16
III. Anwendungsbereich	4–7	9. Güterrechtssachen (§ 261)	17
IV. Die einzelnen Familiensachen im Überblick	8–19	10. Sonstige Familiensachen (§ 266)	18
1. Ehesachen (§ 121)	9	11. Lebenspartnerschaftssachen (§ 269)	19
2. Kindschaftssachen (§ 151)	10	**V. Grundsätze für die Einordnung eines Rechtsstreits als Familiensache**	20–25
3. Abstammungssachen (§ 169)	11	1. Entscheidendes Kriterium	20
4. Adoptionssachen (§ 186)	12	2. Klagenhäufung	21
5. Ehewohnungs- und Haushaltssachen (§ 200)	13	3. Anspruchsgrundlagenkonkurrenz	22
6. Gewaltschutzsachen (§ 210)	14	4. Familiensachen kraft Sachzusammenhangs	23–25

I. Normzweck

Die Norm definiert den Begriff der Familiensachen, indem sie die einzelnen Arten von Familiensachen aufzählt. Der Fachsprachgebrauch wird in einer **Legaldefinition** festgeschrieben. Auch soweit andere Gesetze, wie etwa das Gerichtsverfassungsgesetz, künftig den Begriff der Familiensache verwenden, ist § 111 maßgeblich.[1] Die Norm listet die materiell-rechtlichen Materien auf, die Familiensachen sind. Die Aufzählung ist abschließend. Freilich lassen die einzelnen Familiensachen – wie bei jeder enumerativen Aufzählung – durchaus Raum für eine extensive Handhabung entsprechend der bisherigen Rechtsprechungspraxis. 1

§ 111 ersetzt die in § 23b Abs. 1 S. 2 GVG aF und § 621 Abs. 1 ZPO aF aufgeführten Kataloge. 2

II. Regelungssystematik

Die einzelnen Familiensachen werden in der ersten Norm des jeweiligen Abschnitts oder Unterabschnitts definiert: Ehesachen (§ 121), Kindschaftssachen (§ 151), Abstammungssachen (§ 169), Adoptionssachen (§ 186), Ehewohnungs- und Haushaltssachen (§ 200), Gewaltschutzsachen (§ 210), 3

---

[1] BT-Drucks. 16/6308, S. 223.

§ 111 4–7 Buch 2. Abschnitt 1. Allgemeine Vorschriften

Versorgungsausgleichssachen (§ 217), Unterhaltssachen (§ 231), Güterrechtssachen (§ 261), sonstige Familiensachen (§ 266), Lebenspartnerschaftssachen (§ 269). Nicht alle der genannten Normen enthalten allerdings eine begriffliche Umschreibung. So wird insbesondere bei den Ehewohnungs- und Haushaltssachen sowie den Gewaltschutzsachen auf andere (Definitions-)Normen verwiesen.

III. Anwendungsbereich

4   Der Katalog der Familiensachen enthält die Angelegenheiten, deren Verfahren sich nach Buch 2 des FamFG bestimmt. Buch 2 enthält das **Verfahren in Familiensachen** unter Einbeziehung der bisher in Buch 6 der ZPO geregelten Materien.[2] Das familiengerichtliche Verfahren ist vollständig neu kodifiziert; die früher in der ZPO, dem FGG, der Hausratsverordnung und weiteren Gesetzen enthaltenen Bestimmungen sind jetzt in einem Gesetz konzentriert.[3] Insoweit ist jedoch zu berücksichtigen, dass insbesondere die §§ 113, 117 ff. in weitem Umfang auf die ZPO verweisen.

5   Die Familiensachen des § 111 kann man als **Familiensachen iwS** bezeichnen. Sie lassen sich trennen in Ehesachen, Familienstreitsachen (§ 112) und andere Familiensachen, die man auch Familiensachen ieS oder reine FamFG-Familiensachen[4] nennen kann, um eine Verwechslung mit den sonstigen Familiensachen iSd. § 266 zu verhindern, welche regelmäßig zu den Familienstreitsachen zählen. **Familiensachen ieS** bzw. **reine FamFG-Familiensachen** sind die Familiensachen nach § 111 Nr. 2 bis 7 sowie nach § 111 Nr. 11 in den Fällen der Nr. 2 bis 7, Unterhaltssachen nach § 231 Abs. 2, Güterrechtssachen nach § 261 Abs. 2, sonstige Familiensachen nach § 266 Abs. 2 sowie sonstige Lebenspartnerschaftssachen nach § 269 Abs. 3.

6   Selbstverständlich ist es möglich, in Anlehnung an die zum alten Recht übliche Differenzierung zwischen ZPO-Familiensachen und FGG-Familiensachen nun die Familiensachen des § 111 in „echte FamFG-Sachen und ZPO-Sachen"[5] oder in „FGG- und ZPO-Folgesachen", letztere jetzt Familienstreitsachen genannt,[6] oder in Familienstreitsachen und übrige (FG-)Familiensachen[7] zu unterteilen. Zweckmäßig erscheint dieser Sprachgebrauch indes nicht. Er trägt dem Reformanliegen des Gesetzgebers keine Rechnung, der das unübersichtliche Nebeneinander verschiedener Verfahrensordnungen in Familiensachen[8] beseitigen und die einschlägigen Bestimmungen in einem Gesetz konzentrieren wollte; deshalb hat er das familiengerichtliche Verfahren im zweiten Buch des FamFG vollständig neu kodifiziert[9] und hierbei zwischen Ehesachen, Familienstreitsachen und anderen Familiensachen (ieS) differenziert. Außerdem wird die Zweiteilung nach FG-Sachen einerseits und ZPO-Sachen bzw. Familienstreitsachen andererseits der durch den Amtsermittlungsgrundsatz bedingten Sonderstellung der Ehesachen innerhalb der sog. ZPO-Sachen nicht gerecht. Ehesachen sind keine Familienstreitsachen, sondern unterliegen eigenen Verfahrensregeln.[10] Dass die Ehesachen und die Familienstreitsachen kontradiktorische Verfahren sind, für die das FamFG in weitem Umfang auf die ZPO verweist, lässt sich auch anders als durch die plakative, aber sachlich verkürzende Bezeichnung „ZPO-Sachen" zum Ausdruck bringen, indem die drei gesetzlichen Kategorien von Familiensachen entspr. erläutert werden. So kann man den **Ehesachen** und den **Familienstreitsachen** die **Familiensachen ieS** zur Seite stellen, und letztere als **reine FamFG-Familiensachen** kennzeichnen (s. Rn. 5).

7   Der **Kreis** der Familiensachen ist im Vergleich zum alten Recht **erweitert** worden.[11] Die aktuelle Reform des familiengerichtlichen Verfahrens verwirklicht die schon bei der Reform des Ehe- und Familienrechts im Jahre 1976 vorgeschlagene Idee eines sog. **Großen Familiengerichts**. Nach dem Willen des Gesetzgebers soll es dem Familiengericht im Interesse aller Beteiligten möglich sein, alle durch den sozialen Verband von Ehe und Familie sachlich verbundenen Rechtsstreitigkeiten zu entscheiden.[12] Das Vormundschaftsgericht ist abgeschafft. Einige Angelegenheiten wie die Vormundschaft und die Pflegschaft für einen Minderjährigen oder die Adoption, welche bislang in den Zuständigkeitsbereich des Vormundschaftsgerichts fielen, sind zu Familiensachen geworden (§ 151 Nr. 4, 5, § 186). Entsprechendes gilt für diejenigen Verfahren nach den §§ 1, 2 des Gewaltschutzgesetzes, für die bisher das Zivilgericht zuständig war (§ 210). Neu im Katalog der Familiensachen sind außer den

---

[2] BT-Drucks. 16/6308, S. 165.
[3] BT-Drucks. 16/6308, S. 163.
[4] *Häußermann*, in: *Lipp/Schumann/Veit* (Hrsg.), Reform des familiengerichtlichen Verfahrens, 2009, S. 5, 25.
[5] *Jacoby* FamRZ 2007, 1703, 1708.
[6] *Borth* FamRZ 2007, 1925, 1926; ebenso BT-Drucks. 16/6308, S. 163.
[7] Vgl. Einleitung ZPO Rn. 186.
[8] BT-Drucks. 16/6308, S. 162.
[9] BT-Drucks. 16/6308, S. 163.
[10] BT-Drucks. 16/6308, S. 223.
[11] BT-Drucks. 16/6308, S. 168.
[12] BT-Drucks. 16/6308, S. 169.

Familiensachen   8–16 § 111

Adoptionssachen insbesondere die sonstigen Familiensachen des § 266. Im Grundsatz fallen jetzt alle vermögensrechtlichen Rechtsstreitigkeiten, deren Ergebnis für den Unterhalts- oder Zugewinnausgleichsprozess von Bedeutung sein kann, in die Zuständigkeit des Familiengerichts.[13] Im Übrigen hat sich auch bei einigen anderen Familiensachen der Begriffsinhalt gegenüber dem alten Recht verändert.

IV. Die einzelnen Familiensachen im Überblick

Die Details sind bei den jeweiligen Definitionsnormen erläutert.   8

1. Ehesachen (§ 121). Unter den Begriff fallen Verfahren auf Scheidung der Ehe, auf Aufhebung 9
der Ehe und auf Feststellung des Bestehens oder Nichtbestehens einer Ehe zwischen den Beteiligten. Die Begriffsbestimmung entspricht insoweit § 606 Abs. 1 S. 1 ZPO aF. Die dort noch genannten Verfahren auf Herstellung des ehelichen Lebens zählen nicht mehr zu den Ehesachen. Für die zugrunde liegenden Ansprüche sind die Familiengerichte nunmehr gem. § 266 Abs. 1 Nr. 2 zuständig. Bei dieser sonstigen Familiensache handelt es sich um eine Familienstreitsache, für die der Amtsermittlungsgrundsatz der Ehesachen nicht gilt.[14] Gem. § 270 Abs. 1 S. 1 sind auf Lebenspartnerschaftssachen iSd. § 269 Abs. 1 Nr. 1 und 2 die für Verfahren auf Scheidung und die für Verfahren auf Feststellung des Bestehens oder Nichtbestehens einer Ehe zwischen den Beteiligten geltenden Vorschriften entsprechend anzuwenden (vgl. § 113 Rn. 3).

2. Kindschaftssachen (§ 151). Erfasst sind Verfahren, welche die elterliche Sorge, das Umgangs- 10
recht, die Kindesherausgabe, die Vormundschaft, die Pflegschaft für Minderjährige, die freiheitsentziehende Unterbringung Minderjähriger und die familiengerichtlichen Aufgaben nach dem Jugendgerichtsgesetz betreffen. Der bislang anders gefüllte Gesetzesbegriff der Kindschaftssachen hat einen neuen Inhalt bekommen. Die in § 640 Abs. 2 ZPO aF aufgezählten Kindschaftssachen betrafen überwiegend die Abstammung. Die Kindschaftssachen des § 151 betreffen demgegenüber die Verantwortung für die Person und das Vermögen eines Minderjährigen und beziehen in Nr. 4 bis 8 Verfahren ein, die bisher von den Vormundschaftsgerichten geführt wurden. Durch den neuen Begriff der Kindschaftssachen soll der für die erfassten Einzelverfahren gemeinsame Gesichtspunkt hervorgehoben werden, dass das Kind im Zentrum des Verfahrens steht.[15]

3. Abstammungssachen (§ 169). Es handelt sich um die bislang Kindschaftssachen genannten 11
Verfahren nach § 640 Abs. 2 Nr. 1 bis 4 ZPO aF. Diese die Abstammung betreffenden Angelegenheiten sind aus den bisherigen ZPO-Familiensachen in reine FamFG-Verfahren überführt worden.

4. Adoptionssachen (§ 186). Der neu eingeführte Gesetzesbegriff umfasst Verfahren der Annah- 12
me als Kind sowie bestimmte weitere Einzelverfahren mit Bezug zur Adoption, die bislang in die Zuständigkeit des Vormundschaftsgerichts fielen und mit dessen Auflösung sowie der Einführung des sog. Großen Familiengerichts wegen der vielfältigen Bezüge zu klassischen Familiensachen auf das Familiengericht übertragen wurden.[16]

5. Ehewohnungs- und Haushaltssachen (§ 200). Es geht um die Verfahren nach den 13
§§ 1361b, 1568a BGB einerseits und nach den §§ 1361a, 1568b BGB andererseits. Die durch das Gesetz zur Änderung des Zugewinnausgleichs- und Vormundschaftsrechts eingeführten §§ 1568a, 1568b BGB haben die Regelung der HausratsVO ersetzt.

6. Gewaltschutzsachen (§ 210). Sämtliche Gewaltschutzsachen sind jetzt Familiensachen und 14
Angelegenheiten der freiwilligen Gerichtsbarkeit. Die allgemeinen Zivilgerichte sind nicht mehr zuständig. Gewaltschutzsachen gehören nun auch dann vor die Familiengerichte, wenn die Beteiligten weder einen auf Dauer angelegten gemeinsamen Haushalt führen noch innerhalb von sechs Monaten vor Antragstellung geführt haben.

7. Versorgungsausgleichssachen (§ 217). Sie werden zirkulär definiert als Verfahren, die den 15
Versorgungsausgleich betreffen. Sachlich entspricht der Begriff dem des § 621 Abs. 1 Nr. 6 ZPO aF.[17]

8. Unterhaltssachen (§ 231). Der neu eingeführte Gesetzesbegriff Unterhaltssachen umfasst 16
zwei Untergruppen. Die in § 231 Abs. 1 Nr. 1 bis 3 aufgeführten Unterhaltssachen gehören zur Kategorie der Familienstreitsachen, auf die im weiten Umfang Vorschriften der ZPO anzuwenden sind. Die einzelnen Nummern entsprechen § 621 Abs. 1 Nr. 4, 5 und 11 ZPO aF. Die in § 231 Abs. 2 enthaltenen Unterhaltssachen nach dem Bundeskindergeld- und Einkommensteuergesetz sind demgegenüber Angelegenheiten der freiwilligen Gerichtsbarkeit.

---

[13] BT-Drucks. 16/6308, S. 169.
[14] Vgl. BT-Drucks. 16/6308, S. 226.
[15] BT-Drucks. 16/6308, S. 233.
[16] BT-Drucks. 16/6308, S. 169, 246 f.
[17] BT-Drucks. 16/6308, S. 252.

§ 111 17–21   Buch 2. Abschnitt 1. Allgemeine Vorschriften

17   **9. Güterrechtssachen (§ 261).** Auch der neue Gesetzesbegriff der Güterrechtssachen wird in zwei Teilen definiert. § 261 Abs. 1 umfasst zu den Familienstreitsachen zählende Verfahren, die Ansprüche aus dem ehelichen Güterrecht betreffen, auch wenn Dritte an dem Verfahren beteiligt sind, entspricht also § 621 Abs. 1 Nr. 8 ZPO aF. Der zweite Teil der Definition der Güterrechtssachen in § 261 Abs. 2 erfasst insbesondere Verfahren nach den §§ 1382, 1383 BGB und damit Güterrechtssachen der freiwilligen Gerichtsbarkeit.

18   **10. Sonstige Familiensachen (§ 266).** Auch hier gibt es zwei Gruppen, und zwar die im Vordergrund des Interesses stehenden Familienstreitsachen nach Abs. 1 sowie das in Abs. 2 genannte Verfahren nach § 1357 Abs. 2 S. 1 BGB, das ein Verfahren der freiwilligen Gerichtsbarkeit darstellt. § 266 Abs. 1 listet bestimmte bislang vor den Zivilgerichten geführte Verfahren auf, die im Zuge der Verwirklichung des sog. Großen Familiengerichts zu Familiensachen geworden sind, weil sie sich durch eine besondere Sachnähe zu Regelungsgegenständen des Familienrechts auszeichnen.[18] Es geht um Streitigkeiten, die entweder eine besondere Nähe zu familienrechtlich geregelten Rechtsverhältnissen wie dem Verlöbnis oder der Ehe aufweisen oder die in engem Zusammenhang mit der Auflösung eines solchen Rechtsverhältnisses stehen.[19] Wenn es sich bei einem Verfahren bereits nach anderen Vorschriften um eine Familiensache handelt, ist der Auffangtatbestand der sonstigen Familiensache nicht gegeben (§ 266 Abs. 1 aE).

19   **11. Lebenspartnerschaftssachen (§ 269).** Sie werden durch eine umfangreiche Aufzählung in insgesamt drei Absätzen definiert. § 269 Abs. 1 entspricht inhaltlich weitgehend § 661 Abs. 1 ZPO aF, der durch das Gesetz zur Beendigung der Diskriminierung gleichgeschlechtlicher Partnerschaften (LPartG) vom 16. 2. 2001[20] eingeführt worden war. Die sonstigen Lebenspartnerschaftssachen der Absätze 2 und 3 des § 269 lehnen sich an die sonstigen Familiensachen des § 266 an und vollziehen deren Regelung in dem Bereich der Lebenspartnerschaften nach. § 270 regelt, welche Bestimmungen für Familiensachen in Lebenspartnerschaftssachen entsprechend anwendbar sind.[21]

V. Grundsätze für die Einordnung eines Rechtsstreits als Familiensache

20   **1. Entscheidendes Kriterium.** Ob eine Rechtsstreitigkeit eine Familiensache iSd. § 111 darstellt, beurteilt sich nach dem Streitgegenstand, der nach den allgemeinen Grundsätzen bestimmt wird.[22] Ob eine Familiensache vorliegt, richtet sich auch in Fällen mit Auslandsberührung nach deutschem Prozessrecht als lex fori.[23] Da sich die Zuständigkeit nach dem **Sachvortrag des Klägers** bzw. **Antragstellers** bestimmt, kommt es für die Qualifikation eines Rechtsstreits als Familiensache allein auf die tatsächliche Begründung des geltend gemachten Anspruchs an.[24] Die rechtliche Einordnung des Streits durch die Parteien[25] sowie die Einwendungen des Beklagten bzw. Antragsgegners sind insoweit bedeutungslos. Ein Rechtsstreit wird nicht dadurch zu einer Familiensache, dass der Beklagte zu seiner Verteidigung familienrechtliche Fragen in den Prozess einführt,[26] so dass der Zufall, welche Partei zuerst klagt, über die Qualifikation als Familiensache entscheiden kann.[27] Eine von der beklagten Partei vorgenommene **Aufrechnung** beeinflusst den Streitgegenstand des Verfahrens nicht.[28] Deshalb führt die Aufrechnung mit einer aus einer Familiensache resultierenden Forderung nicht dazu, dass für einen Streit über eine Nichtfamiliensache das Familiengericht zuständig wird.[29] Eine solche Aufrechnung ist zulässig.[30] Umgekehrt darf das Familiengericht auch über die Aufrechnung mit einer Gegenforderung entscheiden, die vor dem allgemeinen Zivilgericht eingeklagt werden müsste.[31]

21   **2. Klagenhäufung.** Familiensachen und Nichtfamiliensachen können nicht nach § 260 ZPO in einer Klage verbunden werden. Eine solche objektive Klagenhäufung ist unzulässig.[32] Die Mehrheit

---

[18] BT-Drucks. 16/6308, S. 262.
[19] BT-Drucks. 16/6308, S. 170, 262.
[20] BGBl. I, S. 266.
[21] BT-Drucks. 16/6308, S. 264.
[22] Hierzu oben Vor §§ 253 ff. ZPO Rn. 32 ff.
[23] BGHZ 78, 108, 114 = NJW 1981, 126, 127; BGH NJW 1983, 1913 = FamRZ 1983, 155, 156; OLG Hamm FamRZ 1993, 211.
[24] BGH NJW 1980, 2476 = FamRZ 1980, 988; FamRZ 1984, 35.
[25] BayObLG FamRZ 1983, 1248, 1249.
[26] BGH NJW 1980, 2476 = FamRZ 1980, 988.
[27] *Zöller/Philippi* § 621 ZPO Rn. 3.
[28] *Zöller/Greger* § 145 ZPO Rn. 18.
[29] BGH FamRZ 1989, 166, 167; BayObLG FamRZ 1985, 1057, 1059.
[30] Vgl. oben § 621 ZPO Rn. 11.
[31] OLG Köln FamRZ 1992, 450; *Baumbach/Lauterbach/Hartmann* Rn. 3.
[32] Oben § 621 ZPO Rn. 11.

von Streitgegenständen bei Einheit des Verfahrens setzt nach § 260 ZPO voraus, dass **für sämtliche Ansprüche das Prozessgericht zuständig** ist, weshalb Familien- und Nichtfamiliensachen, abgesehen vom Sonderfall einer Eventualhäufung, nicht verbunden werden dürfen.[33] Das Familiengericht hat in einem solchen Fall die Nichtfamiliensache abzutrennen (§ 145 ZPO). Entsprechendes gilt für eine **nichtfamilienrechtliche Widerklage**.[34] Wird der Klageantrag, der nicht in die Zuständigkeit des Familiengerichts fällt, nur **hilfsweise gestellt,** hat das für den Hauptanspruch zuständige Gericht zunächst über diesen zu entscheiden. Nur wenn das Gericht den Hauptantrag abweist, darf es über den Hilfsantrag entscheiden und diesen an das zuständige Gericht verweisen bzw. abgeben.[35]

3. Anspruchsgrundlagenkonkurrenz. Keine Klagenhäufung iSd. § 260 ZPO liegt vor, wenn der Kläger oder Antragsteller einen prozessualen Anspruch auf **mehrere Anspruchsgrundlagen** stützt. Geht es um einen einheitlichen Lebenssachverhalt, so führen verschiedene rechtliche Gesichtspunkte oder mehrere materiell-rechtliche Ansprüche nicht zu einer Mehrheit von Streitgegenständen. Stellt **eine von mehreren Anspruchsgrundlagen eine Familiensache** dar, so ist für den ganzen prozessualen Anspruch insgesamt das Familiengericht zuständig.[36]

4. Familiensachen kraft Sachzusammenhangs. Zum bisherigen Recht ging man davon aus, dass auch solche Verfahren Familiensachen seien, die zwar nicht unter den Wortlaut der Zuständigkeitskataloge fielen, aber mit einer aufgeführten Familiensache sachlich eng zusammenhingen.[37] Grundsätzlich seien auch alle diejenigen Ansprüche zu erfassen, deren Zuweisung in den Zuständigkeitsbereich des Familiengerichts nach Sinn und Zweck dieser Normen geboten erscheine.[38] Das gelte auch für Ansprüche, die zwar im Gewand eines Befreiungs-, Schadensersatz- oder Bereicherungsanspruchs geltend gemacht würden, ihre Wurzel aber in einem familienrechtlichen Verhältnis hätten.[39] Auch Auskunftsansprüche, Nebenansprüche von Familiensachen oder Streitigkeiten aus Vereinbarungen über Familiensachen konnten Familiensachen kraft Sachzusammenhangs sein.[40] Freilich war nicht jeder Streit zwischen Ehegatten oder innerhalb der Familie eine Familiensache.[41] Unklar war, ob der Streit über einen Schadensersatzanspruch wegen der Vereitelung eines Umgangsrechts in einem hinreichend engen Zusammenhang mit einer Familiensache stand.[42] Hierbei handelt es sich jetzt um eine sonstige Familiensache nach § 266 Abs. 1 Nr. 5. Auch die Abgrenzungsschwierigkeiten zwischen der Zuständigkeit der Familiengerichte und der allgemeinen Zivilgerichte in Gewaltschutzsachen sind entfallen, da Gewaltschutzsachen nun Familiensachen sind und stets in die Zuständigkeit der Familiengerichte fallen.

Die Abgrenzung zwischen der Zuständigkeit der Familiengerichte und derjenigen der allgemeinen Zivilgerichte mit Hilfe des Kriteriums des Sachzusammenhangs verliert durch den **Auffangtatbestand der sonstigen Familiensachen** gem. § 266 erheblich an Bedeutung. Das Familiengericht soll hiernach über alle durch den sozialen Verband von Ehe und Familie sachlich verbundenen Rechtsstreitigkeiten entscheiden.[43] Dazu zählen auch bestimmte bislang vor den Zivilgerichten geführte Verfahren, die eine besondere Nähe zu familienrechtlich geregelten Rechtsverhältnissen aufweisen oder in engem Zusammenhang mit der Auflösung eines solchen Rechtsverhältnisses stehen.[44]

Keine Familiensache kraft Sachzusammenhangs stellt eine anwaltliche Honorarklage für die Tätigkeit in einer Familiensache dar.[45] Als Familiensachen kraft **verfahrensrechtlichen Sachzusammenhangs** werden Zwischen- und Nebenverfahren, selbstständige Beweisverfahren sowie Abänderungs- und Wiederaufnahmeverfahren zu bzw. in Familiensachen bezeichnet.[46]

---

[33] BGH NJW 1979, 426, 427; BayObLG FamRZ 2003, 1569.
[34] BGH FamRZ 1979, 215, 216.
[35] BGH NJW 1980, 1283 = FamRZ 1980, 554; NJW 1981, 2417, 2418 = FamRZ 1981, 1047 f.
[36] BGH NJW 1983, 1913, 1914 = FamRZ 1983, 155, 156 m. Anm. *Walter* S. 363.
[37] *Zöller/Philippi* § 621 ZPO Rn. 4 ff.; *Thomas/Putzo/Hüßtege* § 621 ZPO Rn. 8 ff.
[38] BGHZ 71, 264, 274 = NJW 1978, 1531, 1533.
[39] BGH NJW 1994, 1416, 1417; *Baumbach/Lauterbach/Hartmann* § 621 ZPO aF Rn. 3.
[40] *Baumbach/Lauterbach/Hartmann* § 621 ZPO aF Rn. 3 ff.; *Zöller/Philippi* § 621 ZPO Rn. 5 ff.
[41] Vgl. im Einzelnen *Baumbach/Lauterbach/Hartmann* § 621 ZPO aF Rn. 7; *Musielak/Borth* § 112 Rn. 3.
[42] BGHZ 151, 155 = NJW 2002, 2566; OLG Karlsruhe FamRZ 2002, 1056; *Bernau* FamRZ 2007, 248, 250; 953, 954; *Weychardt* FamRZ 2007, 952, 953.
[43] BT-Drucks. 16/6308, S. 169.
[44] BT-Drucks. 16/6308, S. 168, 262 f.
[45] BGH NJW 1986, 1178 = FamRZ 1986, 347 m. Anm. *Bosch*.
[46] *Keidel/Weber* Rn. 10 ff.

§ 112 Familienstreitsachen

Familienstreitsachen sind folgende Familiensachen:
1. Unterhaltssachen nach § 231 Abs. 1 und Lebenspartnerschaftssachen nach § 269 Abs. 1 Nr. 8 und 9,
2. Güterrechtssachen nach § 261 Abs. 1 und Lebenspartnerschaftssachen nach § 269 Abs. 1 Nr. 10 sowie
3. sonstige Familiensachen nach § 266 Abs. 1 und Lebenspartnerschaftssachen nach § 269 Abs. 2.

Übersicht

	Rn.
I. Normzweck	1
II. Regelungssystematik	2
III. Anwendungsbereich	3–5
IV. Die einzelnen Familienstreitsachen im Überblick	6–9
1. Unterhaltssachen (§ 231 Abs. 1)	6
2. Güterrechtssachen (§ 261 Abs. 1)	7
3. Sonstige Familiensachen (§ 266 Abs. 1)	8
4. Lebenspartnerschaftssachen (§ 269 Abs. 1 Nr. 8, 9, 10, Abs. 2)	9
V. Grundsätze für die Einordnung eines Rechtsstreits als Familienstreitsache	10

I. Normzweck

1 § 112 **definiert** den neu eingeführten **Begriff** der Familienstreitsachen. Es handelt sich um Verfahrensgegenstände, für die in weitem Umfang ZPO-Vorschriften an Stelle von FamFG-Normen (§ 113 Abs. 1) oder ergänzend zu diesen (§ 113 Abs. 2) gelten und für die weitere Sonderregelungen in den §§ 114 Abs. 1, 115, 116 Abs. 3, 117, 118, 119, 120 getroffen wurden. Familienstreitsachen sind bestimmte Unterhaltssachen, Güterrechtssachen und sonstige Familiensachen sowie die jeweils entsprechenden Lebenspartnerschaftssachen. Die Aufzählung des § 112 ist abschließend. Die einzelnen Familienstreitsachen können aber extensiv interpretiert werden. Das gilt in besonderem Maße für den Auffangtatbestand der sonstigen Familiensachen iSd. § 266 Abs. 1.

II. Regelungssystematik

2 Die in § 112 in Bezug genommenen **Definitionsnormen** für Unterhaltssachen (§ 231), Güterrechtssachen (§ 261) und sonstige Familiensachen (§ 266) sind **zweigeteilt**.[1] Abs. 1 nennt jeweils die Verfahren, die zur Kategorie der Familienstreitsachen gehören, während Abs. 2 die jeweiligen Verfahren der freiwilligen Gerichtsbarkeit enthält. Dementsprechend verweist § 112 nur auf die ersten Absätze der genannten Vorschriften.

III. Anwendungsbereich

3 Die **Familienstreitsachen** des § 112 bilden gemeinsam mit den Ehesachen und den anderen Familiensachen ieS („reine FamFG-Familiensachen") die Familiensachen (iwS) nach § 111 (s. § 111 Rn. 5 f.). Im Schrifttum werden die Familienstreitsachen als „ZPO-Sachen"[2] und „ZPO-Folgesachen"[3] bezeichnet. Der Ausdruck Familienstreitsache wird zudem iwS als Oberbegriff für die Familienstreitsachen des § 112 *und* die Ehesachen verwendet.[4] Zweckmäßig ist dieser **Sprachgebrauch** nicht. Die Bezeichnung „ZPO-Sachen" vernachlässigt das Reformanliegen des Gesetzgebers, der das Familienverfahrensrecht an einem einheitlichen Standort[5] in einem neuen Stammgesetz[6] zusammenfassen wollte und deshalb das familiengerichtliche Verfahren im Zweiten Buch des FamFG vollständig neu kodifiziert hat.[7] Ein die Ehesachen umfassender Begriff der Familienstreitsachen iwS wird der durch den Amtsermittlungsgrundsatz bedingten **Sonderstellung der Ehesachen**

---
[1] BT-Drucks. 16/6308, S. 223.
[2] *Jacoby* FamRZ 2007, 1703, 1708.
[3] *Borth* FamRZ 2007, 1925, 1926; ebenso BT-Drucks. 16/6308, S. 163.
[4] Vgl. oben Einleitung ZPO Rn. 186.
[5] BT-Drucks. 16/6308, S. 162.
[6] BT-Drucks. 16/6308, S. 163.
[7] BT-Drucks. 16/6308, S. 163.

nicht gerecht. Die Ehesachen werden in der Gesetzesbegründung bewusst von den Familienstreitsachen unterschieden: Ehesachen sind keine Familienstreitsachen, sondern unterliegen eigenen Verfahrensregeln, die in Abschnitt 2 enthalten sind.[8] Der Konzeption des FamFG wird es daher am besten gerecht, wenn man entsprechend der drei gesetzlichen Kategorien von Familiensachen iwS zwischen Familienstreitsachen, Ehesachen und Familiensachen ieS („reine FamFG-Familiensachen") unterscheidet.

Anders als die Familiensachen ieS sind die **Familienstreitsachen** – wie auch die Ehesachen – **kontradiktorische Verfahren,** für die das FamFG in weitem Umfang auf die ZPO verweist (s. Rn. 1). Obwohl das Familienverfahrensrecht nun in einem einzigen Gesetz mit neuer Begriffs- und Kategorienbildung kodifiziert ist, sind die Grundstrukturen des bisherigen familiengerichtlichen Verfahrens mit dem Verbundprinzip und der Unterscheidung zwischen FGG- und ZPO-Folgesachen sachlich erhalten geblieben.[9] So heißt es in der Gesetzesbegründung im Zusammenhang mit den Unterhaltssachen nach § 231 Abs. 1 zu den Familienstreitsachen, es bleibe in der Sache bei der grundsätzlichen Anwendbarkeit der Vorschriften der ZPO; Modifikationen ergäben sich insbesondere dadurch, dass das Urteil durch die Entscheidungsform des Beschlusses ersetzt werde und dass an die Stelle der Rechtsmittel der ZPO diejenigen des FamFG träten.[10] Auch zu den Güterrechtssachen nach § 261 Abs. 1 und zu den sonstigen Familiensachen nach § 266 Abs. 1 wird in der Gesetzesbegründung betont, auf solche Familienstreitsachen seien grundsätzlich die Vorschriften der ZPO anzuwenden.[11] 4

Aus dem Kreis der bisherigen ZPO-Familiensachen sind die Abstammungssachen (§ 169) in reine FamFG-Verfahren überführt worden (s. § 111 Rn. 10). **Familienstreitsachen iSd. § 112** sind also nur die in den Absätzen 1 der §§ 231, 261 und 266 aufgeführten Unterhaltssachen, Güterrechtssachen und sonstigen Familiensachen sowie die jeweils entsprechenden Lebenspartnerschaftssachen nach § 269 Abs. 1 Nr. 8, 9, 10 und Abs. 2. 5

IV. Die einzelnen Familienstreitsachen im Überblick

1. Unterhaltssachen (§ 231 Abs. 1). Zu den Familienstreitsachen zählen zunächst die in § 231 Abs. 1 Nr. 1 bis 3 aufgeführten Unterhaltssachen. Es handelt sich um Verfahren, welche die durch Verwandtschaft oder durch Ehe begründete gesetzliche Unterhaltspflicht oder Ansprüche nach den §§ 1615l, 1615m BGB betreffen. Die einzelnen Nummern des § 231 Abs. 1 entsprechen § 621 Abs. 1 Nr. 4, 5 und 11 ZPO aF. Der quantitativ weit überwiegende Teil der Unterhaltssachen sind Familienstreitsachen.[12] Keine Familienstreitsachen sind die in § 231 Abs. 2 enthaltenen Unterhaltssachen nach dem Bundeskindergeld- und Einkommensteuergesetz. Diese sind Angelegenheiten der freiwilligen Gerichtsbarkeit und richten sich in erster Linie nach den Vorschriften des Buches 1 sowie den §§ 232 ff. § 231 Abs. 2 S. 2 nimmt die §§ 235 bis 245, die für ZPO-Verfahren typische Regelungen enthalten, von der Anwendbarkeit für Unterhaltssachen nach § 231 Abs. 2 aus.[13] 6

2. Güterrechtssachen (§ 261 Abs. 1). Der quantitativ weit überwiegende Teil der Güterrechtssachen[14] gehört zu der Kategorie der Familienstreitsachen. Es geht gem. § 261 Abs. 1 um Verfahren, die Ansprüche aus dem ehelichen Güterrecht betreffen, auch wenn Dritte an dem Verfahren beteiligt sind. Die Vorschrift entspricht § 621 Abs. 1 Nr. 8 ZPO aF. Keine Familienstreitsachen sind die Güterrechtssachen der freiwilligen Gerichtsbarkeit nach § 261 Abs. 2. 7

3. Sonstige Familiensachen (§ 266 Abs. 1). Die ganz überwiegende Mehrzahl der neu geschaffenen sonstigen Familiensachen sind Familienstreitsachen. § 266 Abs. 1 listet bestimmte bislang vor dem Zivilgericht geführte Verfahren auf, die entweder eine besondere Nähe zu familienrechtlich geregelten Rechtsverhältnissen wie dem Verlöbnis oder der Ehe aufweisen oder in engem Zusammenhang mit der Auflösung eines solchen Rechtsverhältnisses stehen.[15] Erfasst sind insbesondere aus der Ehe herrührende Ansprüche, und zwar auch soweit sie sich, wie sog. Ehestörungsklagen, gegen Dritte richten, außerdem Ansprüche im Zusammenhang mit Trennung, Scheidung oder Aufhebung einer Ehe einschließlich der Rückabwicklung von Zuwendungen der Schwiegereltern, weiterhin aus dem Eltern-Kind-Verhältnis und aus dem Umgangsrecht herrührende Ansprüche sowie – zur Ab- 8

---

[8] So BT-Drucks. 16/6308, S. 223.
[9] BT-Drucks. 16/6308, S. 163.
[10] BT-Drucks. 16/6308, S. 254.
[11] BT-Drucks. 16/6308, S. 261, 262.
[12] BT-Drucks. 16/6308, S. 169.
[13] So BT-Drucks. 16/6308, S. 255.
[14] BT-Drucks. 16/6308, S. 170.
[15] BT-Drucks. 16/6308, S. 170, 262.

§ 113   Buch 2. Abschnitt 1. Allgemeine Vorschriften

rundung des Zuständigkeitskatalogs[16] – Ansprüche zwischen miteinander verlobten und ehemals verlobten Personen im Zusammenhang mit der Beendigung des Verlöbnisses. Die genannten Familiensachen sind freilich dann keine Familienstreitsachen nach § 266 Abs. 1, wenn eine speziellere Zuständigkeit besteht oder die Angelegenheit bereits nach anderen Vorschriften eine Familiensache ist (vgl. § 266 Abs. 1 aE). Keine Familienstreitsache ist das in § 266 Abs. 2 genannte Verfahren nach § 1357 Abs. 2 S. 1 BGB.

9   4. **Lebenspartnerschaftssachen (§ 269 Abs. 1 Nr. 8, 9, 10, Abs. 2).** Von den Lebenspartnerschaftssachen, die durch eine umfangreiche Aufzählung in insgesamt drei Absätzen definiert werden (s. § 111 Rn. 19), sind Familienstreitsachen diejenige Verfahren, die die gesetzliche Unterhaltspflicht für ein gemeinschaftliches minderjähriges Kind der Lebenspartner, die durch die Lebenspartnerschaft begründete gesetzliche Unterhaltspflicht und Ansprüche aus dem lebenspartnerschaftlichen Güterrecht zum Gegenstand haben sowie sonstige Lebenspartnerschaftssachen nach Abs. 2. § 269 Abs. 2 lehnt sich an die zu den Familienstreitsachen zählenden sonstigen Familiensachen des § 266 Abs. 1 an und vollzieht deren Regelung in dem Bereich der Lebenspartnerschaften nach.

V. Grundsätze für die Einordnung eines Rechtsstreits als Familienstreitsache

10   Auch für die Qualifikation eines Rechtsstreits als Familienstreitsache kommt es allein auf die tatsächliche Begründung des geltend gemachten Anspruchs an (s. § 111 Rn. 20). Die Abgrenzung zwischen der Zuständigkeit der Familiengerichte und derjenigen der allgemeinen Zivilgerichte verliert durch den Auffangtatbestand der sonstigen Familiensachen gem. § 266 Abs. 1 erheblich an Bedeutung (s. § 111 Rn. 24). Im Verhältnis zwischen reinen FamFG-Familiensachen und Familienstreitsachen ist zu berücksichtigen, dass ein Verfahren nur dann eine sonstige Familiensache iSd. § 266 Abs. 1 sein kann, wenn es sich nicht bereits nach anderen Vorschriften um eine Familiensache handelt (§ 266 Abs. 1 aE).

§ 113 Anwendung von Vorschriften der Zivilprozessordnung

(1) ¹In Ehesachen und Familienstreitsachen sind die §§ 2 bis 37, 40 bis 45, 46 Satz 1 und 2 sowie die §§ 47 und 48 sowie 76 bis 96 nicht anzuwenden. ²Es gelten die Allgemeinen Vorschriften der Zivilprozessordnung und die Vorschriften der Zivilprozessordnung über das Verfahren vor den Landgerichten entsprechend.

(2) In Familienstreitsachen gelten die Vorschriften der Zivilprozessordnung über den Urkunden- und Wechselprozess und über das Mahnverfahren entsprechend.

(3) In Ehesachen und Familienstreitsachen ist § 227 Abs. 3 der Zivilprozessordnung nicht anzuwenden.

(4) In Ehesachen sind die Vorschriften der Zivilprozessordnung über
1. die Folgen der unterbliebenen oder verweigerten Erklärung über Tatsachen,
2. die Voraussetzungen einer Klageänderung,
3. die Bestimmung der Verfahrensweise, den frühen ersten Termin, das schriftliche Vorverfahren und die Klageerwiderung,
4. die Güteverhandlung,
5. die Wirkung des gerichtlichen Geständnisses,
6. das Anerkenntnis,
7. die Folgen der unterbliebenen oder verweigerten Erklärung über die Echtheit von Urkunden,
8. den Verzicht auf die Beeidigung des Gegners sowie von Zeugen oder Sachverständigen nicht anzuwenden.

(5) Bei der Anwendung der Zivilprozessordnung tritt an die Stelle der Bezeichnung
1. Prozess oder Rechtsstreit die Bezeichnung Verfahren,
2. Klage die Bezeichnung Antrag,
3. Kläger die Bezeichnung Antragsteller,
4. Beklagter die Bezeichnung Antragsgegner,
5. Partei die Bezeichnung Beteiligter.

---

[16] BT-Drucks. 16/6308, S. 262.

Übersicht

	Rn.		Rn.
I. Normzweck	1	min, das schriftliche Vorverfahren und die Klageerwiderung (Nr. 3)	17
II. Regelungssystematik	2	4. Vorschriften über die Güteverhandlung (Nr. 4)	18
III. Anwendungsbereich	3	5. Vorschriften über die Wirkung des gerichtlichen Geständnisses (Nr. 5)	19
IV. ZPO-Verweisung nach Abs. 1	4–6	6. Vorschriften über das Anerkenntnis (Nr. 6)	20
V. Urkunden- und Wechselprozess sowie Mahnverfahren in Familienstreitsachen (Abs. 2)	7	7. Vorschriften über die Folgen der unterbliebenen oder verweigerten Erklärung über die Echtheit von Urkunden (Nr. 7)	21
VI. Unanwendbarkeit des § 227 Abs. 3 ZPO (Abs. 3)	8	8. Vorschriften über den Verzicht auf die Beeidigung des Gegners sowie von Zeugen oder Sachverständigen (Nr. 8)	22
VII. Unanwendbare ZPO-Vorschriften in Ehesachen (Abs. 4)	9–27	9. Sonstige Dispositionsakte der Beteiligten	23
1. Vorschriften über die Folgen der unterbliebenen oder verweigerten Erklärung über Tatsachen (Nr. 1)	10	a) Verzicht	24
2. Vorschriften über die Voraussetzungen einer Klageänderung (Nr. 2)	11–16	b) Antragsrücknahme	25
3. Vorschriften über die Bestimmung der Verfahrensweise, den frühen ersten Ter-		c) Vergleich	26
		d) Erledigterklärung	27
		VIII. Terminologie (Abs. 5)	28

I. Normzweck

§ 113 bestimmt, inwieweit Vorschriften der **ZPO** auf **Familiensachen** anzuwenden sind. Das **1** **einschlägige Verfahrensgesetz für Familiensachen** ist zunächst nicht die ZPO, sondern das **FamFG**, in welchem das familiengerichtliche Verfahren vollständig neu kodifiziert worden ist.[1] Nach der Konzeption des Gesetzes gelten das FamFG und sein Allgemeiner Teil (Buch 1), der generelle Verfahrensregelungen für die freiwillige Gerichtsbarkeit enthält, grundsätzlich auch für die Verfahren in Familiensachen (vgl. § 1). Buch 2 enthält aber spezielle Regeln für das Verfahren in Familiensachen im Allgemeinen (Abschnitt 1) und für die einzelnen Familiensachen im Besonderen (Abschnitte 2 bis 12). Diese Vorschriften überlagern die Regeln des Buches 1 und modifizieren sie. Besonders deutlich sind die Abweichungen im Bereich der Ehesachen und der Familienstreitsachen, die **kontradiktorische Verfahren** darstellen (vgl. § 111 Rn. 6, § 112 Rn. 1). Deshalb verweist § 113 für die Ehesachen und für die Familienstreitsachen in weitem Umfang auf die ZPO.

II. Regelungssystematik

§ 113 enthält ein **Konglomerat** von Nichtanwendungsanordnungen für FamFG-Vorschriften, **2** Verweisungen auf die ZPO, Nichtanwendungsanordnungen für ZPO-Vorschriften und terminologischen Vorgaben. Die **Klarheit** der gesetzlichen Regelung wird zusätzlich dadurch **beeinträchtigt**, dass Abs. 2 nur für Familienstreitsachen und Abs. 4 nur für Ehesachen gilt, während die Absätze 1, 3 und 5 auf Ehesachen und Familienstreitsachen Anwendung finden. Den erklärten Reformzielen eines anwenderfreundlichen Gesetzesaufbaus und einer neuen Verfahrensordnung, die nach Inhalt, Aufbau und Sprache auch für den interessierten Laien verständlich sei,[2] wird § 113 nur bedingt gerecht. Im Schrifttum ist von einer geradezu beängstigend unübersichtlichen Gesetzestechnik die Rede.[3]

III. Anwendungsbereich

Erste Anwendungsvoraussetzung des § 113 ist, dass es sich um eine Ehesache oder um eine **3** Familienstreitsache handelt. Während die Absätze 1, 3 und 5 für Ehesachen und Familienstreitsachen gleichermaßen gelten, setzt Abs. 2 eine Familienstreitsache und Abs. 4 eine Ehesache voraus. **Ehesachen** sind nach der Legaldefinition des § 121 Verfahren auf Scheidung der Ehe, auf Aufhebung der Ehe und auf Feststellung des Bestehens oder Nichtbestehens einer Ehe zwischen den Beteiligten. Die Begriffsbestimmung entspricht insoweit § 606 Abs. 1 S. 1 ZPO aF; die dort noch genannten Verfahren auf Herstellung des ehelichen Lebens sind nunmehr sonstige Familiensachen nach § 266

---

[1] BT-Drucks. 16/6308, S. 163.
[2] BT-Drucks. 16/6308, S. 164.
[3] *Baumbach/Lauterbach/Hartmann* Rn. 2.

§ 113 4–7 Buch 2. Abschnitt 1. Allgemeine Vorschriften

Abs. 1 Nr. 2 und damit Familienstreitsachen, für die der Amtsermittlungsgrundsatz der Ehesachen nicht gilt (vgl. § 111 Rn. 9). Gem. § 270 Abs. 1 S. 1 sind auf **Lebenspartnerschaftssachen iSd. § 269 Abs. 1 Nr. 1 und 2** die für Verfahren auf Scheidung und die für Verfahren auf Feststellung des Bestehens oder Nichtbestehens einer Ehe zwischen den Beteiligten geltenden Vorschriften entsprechend anzuwenden. Nach der Gesetzesbegründung werden die Lebenspartnerschaftssachen wie die ihnen jeweils entsprechenden Familiensachen im Fall der Ehe behandelt; die Verweisung bezieht sich auf sämtliche in den entsprechenden Familiensachen anwendbaren Vorschriften, auch auf solche aus Buch 1 und anderen Gesetzen.[4] Die Verweisung erfasst daher auch die für Ehesachen geltenden Vorschriften in den §§ 113 ff. Wenn im Folgenden von Ehesachen gesprochen wird, sind daher immer auch die Lebenspartnerschaftssachen iSd. § 269 Abs. 1 Nr. 1 und 2 gemeint. Den neu eingeführten Begriff der **Familienstreitsachen** definiert § 112. Es handelt sich um bestimmte Unterhaltssachen, Güterrechtssachen und sonstige Familiensachen sowie die jeweils entsprechenden Lebenspartnerschaftssachen (vgl. § 112 Rn. 6 ff.).

IV. ZPO-Verweisung nach Abs. 1

4 § 113 Abs. 1 ordnet für **Ehesachen** und für **Familienstreitsachen** an, dass anstelle der in S. 1 ausdrücklich genannten Vorschriften des FamFG die Allgemeinen Vorschriften der ZPO und die Vorschriften der ZPO über das Verfahren vor den Landgerichten entsprechend gelten.[5] **Regelungszweck** ist eine möglichst situationsgerechte Verfahrensweise,[6] die den sachlichen Besonderheiten der kontradiktorischen Verfahren Rechnung trägt. Die allgemeine ZPO-Verweisung des Abs. 1 S. 2 gilt nicht, soweit in den folgenden Absätzen spezielle Regelungen getroffen werden. Vorrangig sind insbesondere die Absätze 3 und 4, aber auch die Begriffsregelungen des Abs. 5.

5 Nach **Abs. 1 S. 1** sind in Ehesachen und Familienstreitsachen die §§ 2 bis 37, 40 bis 45, 46 S. 1 und 2, die §§ 47, 48 sowie die §§ 76 bis 96 nicht anzuwenden. **Anwendbar** sind danach **noch folgende Vorschriften** aus dem Buch 1: § 1 Anwendungsbereich, § 38 Entscheidung durch Beschluss, § 39 Rechtsbehelfsbelehrung, der auf Grund eines redaktionellen Fehlers in § 113 Abs. 1 S. 1 zunächst nicht ausgenommene[7] § 46 S. 3, der aus den §§ 49 bis 57 bestehende Abschnitt 4 über die einstweilige Anordnung, freilich modifiziert durch § 119, der aus den §§ 58 bis 75 bestehende Abschnitt 5 über Rechtsmittel, dieser ergänzt durch § 117, sowie die §§ 97 ff. im Abschnitt 9 über Verfahren mit Auslandsbezug. Vergessen wurde in der Aufzählung des § 113 Abs. 1 S. 1 die gesetzliche Regelung des § 96a über die Vollstreckung in Abstammungssachen, die im Regierungsentwurf noch nicht enthalten war; die ein reines FamFG-Verfahren betreffende Norm ist in Ehesachen und Familienstreitsachen gleichfalls nicht anzuwenden.[8]

6 **Abs. 1 S. 2** legt fest, dass in Ehesachen und in Familienstreitsachen die Allgemeinen Vorschriften der ZPO, also die **§§ 1 bis 252 ZPO,** und die Vorschriften der ZPO über das Verfahren vor den Landgerichten, **§§ 253 bis 494a ZPO,** gelten. **Spezielle Regeln** in den Absätzen 3 bis 5 und an anderen Stellen im Buch 2 des FamFG gehen allerdings vor. Dass Abs. 1 S. 2 nicht auf die Verfahren vor den Amtsgerichten verweist, hängt mit dem in § 114 Abs. 1 vorgeschriebenen Anwaltszwang in Ehesachen und Familienstreitsachen zusammen.[9] Die Sondervorschriften über das amtsgerichtliche Verfahren sind nicht auf Anwaltsverfahren ausgerichtet. Abs. 1 S. 2 knüpft an die Verweisung des § 608 ZPO aF an. Aufgrund der allgemeinen ZPO-Verweisung nach Abs. 1 S. 2 ist – abgesehen vom Fall des § 51 Abs. 2 S. 3 – auch eine Versäumnisentscheidung gegen den Antragsgegner möglich.[10] In Ehesachen ist eine Versäumnisentscheidung gegen den Antragsgegner sowie eine Entscheidung nach Aktenlage jedoch gem. § 130 Abs. 2 unzulässig. Hier zeigt sich beispielhaft, dass trotz der allgemeinen ZPO-Verweisung nach Abs. 1 S. 2 stets sorgfältig zu prüfen ist, ob die §§ 1 bis 494a ZPO durch die §§ 113 bis 270 des FamFG modifiziert werden.[11]

V. Urkunden- und Wechselprozess sowie Mahnverfahren in Familienstreitsachen (Abs. 2)

7 Abs. 2 ordnet in **Familienstreitsachen** die Geltung der Vorschriften der ZPO über den Urkunden- und Wechselprozess **(§§ 592 bis 605a ZPO)** an. Im bisherigen familiengerichtlichen Verfahren

---

[4] BT-Drucks. 16/6308, S. 264.
[5] BT-Drucks. 16/6308, S. 223.
[6] *Baumbach/Lauterbach/Hartmann* Rn. 2.
[7] Vgl. BT-Drucks. 16/12717, S. 70 f. (elektronische Vorabfassung).
[8] *Musielak/Borth* Rn. 2.
[9] *Musielak/Borth* Rn. 1.
[10] *Baumbach/Lauterbach/Hartmann* Rn. 4.
[11] Vgl. *Musielak/Borth* Rn. 2 m. Bsp.

haben diese Verfahrensarten keine praktische Bedeutung.[12] Außerdem gelten nach Abs. 2 in Familienstreitsachen die Vorschriften der Zivilprozessordnung über das Mahnverfahren (**§§ 688 bis 703 d ZPO**) entsprechend. Zahlungsansprüche in Familiensachen iwS (s. § 111 Rn. 5 f.) können nur dann im Mahnverfahren geltend gemacht werden, wenn es sich um Familienstreitsachen handelt (s. § 112 Rn. 6 ff.). Für Ehesachen oder Familiensachen ieS besteht diese Möglichkeit nicht. Gem. § 690 Abs. 1 Nr. 5 ZPO ist das Amtsgericht – Familiengericht – als das für das streitige Verfahren zuständige Gericht anzugeben, um insbesondere in güterrechtlichen Streitigkeiten und in sonstigen bürgerlichen Rechtsstreitigkeiten, die den Familiengerichten zugewiesen sind, deutlich zu machen, dass eine Zuständigkeit des Amtsgerichts gegeben ist, obwohl der Streitwert die Schwelle für die allgemeine sachliche Zuständigkeit des Amtsgerichts (5000 €) übersteigt.[13]

VI. Unanwendbarkeit des § 227 Abs. 3 ZPO (Abs. 3)

Abs. 3 stellt eine gegenüber Abs. 1 S. 2 vorrangige **Sonderregelung** dar. Er bestimmt, dass in **Ehesachen** und in **Familienstreitsachen** § 227 Abs. 3 ZPO nicht anzuwenden ist. § 227 Abs. 3 ZPO ist als Ersatz für die Ende 1996 abgeschafften Gerichtsferien eingeführt worden, um dem Prozessbevollmächtigten oder der Partei bei urlaubsbedingter Abwesenheit ohne Begründungsaufwand eine Terminsverlegung zu sichern.[14] Ein Anspruch auf Terminsverlegung besteht nach § 227 Abs. 3 S. 2 ZPO in den aufgeführten Verfahrensarten, die typischerweise einem Beschleunigungsbedürfnis unterliegen,[15] nicht. Zu diesen gehörten nach § 227 Abs. 3 S. 2 Nr. 3 ZPO aF Streitigkeiten in Familiensachen. § 113 Abs. 3 entspricht der Regelung des bisherigen § 227 Abs. 3 S. 2 Nr. 3 ZPO.[16] In Ehesachen und in Familienstreitsachen besteht daher kein Anspruch eines Beteiligten, bei einem für die Zeit vom 1. Juni bis 31. August bestimmten Termin eine Verlegung verlangen zu können. In der Terminologie des früheren Rechts sind Ehesachen und Familienstreitsachen mithin **Feriensachen,** also solche Angelegenheiten, bei denen auch im Gerichtssommer Termine abgehalten und Entscheidungen erlassen werden.

VII. Unanwendbare ZPO-Vorschriften in Ehesachen (Abs. 4)

Abs. 4 bestimmt, welche weiteren Vorschriften der ZPO außer dem bereits in Abs. 3 genannten § 227 Abs. 3 ZPO in Ehesachen nicht anzuwenden sind. **Für Ehesachen** stellt Abs. 4 eine **gegenüber Abs. 1 S. 2 vorrangige Sonderregelung** dar, zu der es in der Gesetzesbegründung heißt, die bisher an verschiedenen Stellen geregelten Ausnahmen von der Anwendung zivilprozessualer Vorschriften seien in einer übersichtlichen Aufzählung zusammengefasst, wobei sich inhaltlich gegenüber dem bisherigen Rechtszustand nur geringfügige Modifikationen ergeben würden.[17] Abs. 4 **schränkt** die **Parteiherrschaft** in den auch öffentliche Interessen berührenden Ehesachen **ein** und trägt den Besonderheiten von Eheverfahren durch den **Ausschluss bestimmter allgemeiner Verfahrensregelungen** Rechnung. Die Nrn. 1 und 5 bis 8 entsprechen inhaltlich dem bisherigen § 617 ZPO, der den Parteien zum Schutz der Ehe die Disposition über den Streitgegenstand und die Tatsachen insbesondere durch Anerkenntnis, unterlassene Parteierklärungen und Geständnis entzog.[18] Nr. 2 enthält einen Teil des Regelungsgehalts des bisherigen § 611 Abs. 1 ZPO,[19] der die Klageänderung im Eheprozess von den allgemeinen Zulässigkeitsvoraussetzungen freistellte. Nr. 3 orientiert sich an Abs. 2 des § 611 ZPO aF, der die Setzung von Fristen bei den verfahrenseinleitenden Schriftsätzen und das schriftliche Vorverfahren ausschloss, weil ein derartiger Beschleunigungseffekt für das Verfahren in Ehesachen unangebracht ist.[20]

1. Vorschriften über die Folgen der unterbliebenen oder verweigerten Erklärung über Tatsachen (Nr. 1). Die wörtlich bereits in § 617 ZPO aF zu findende Formulierung der Nr. 1 bezieht sich insbesondere auf § 138 Abs. 3 ZPO, nach dem nicht ausdrücklich bestrittene Tatsachen grds. als zugestanden anzusehen sind. Die Geständnisfiktion des Nichtbestreitens gilt in Ehesachen also nicht. Das Schweigen ist nach § 286 ZPO frei zu würdigen. Als weitere unter Nr. 1 fallende Vorschrift wird noch § 138 Abs. 4 ZPO genannt.[21] Nr. 1 ist im Zusammenhang mit den Nrn. 5 bis 8

---

[12] *Musielak/Borth* Rn. 3.
[13] So BT-Drucks. 16/6308, S. 223.
[14] *Thomas/Putzo/Hüßtege* § 227 ZPO Rn. 12.
[15] Oben § 227 ZPO Rn. 14.
[16] BT-Drucks. 16/6308, S. 223.
[17] BT-Drucks. 16/6308, S. 223.
[18] Vgl. oben § 617 ZPO Rn. 1.
[19] BT-Drucks. 16/6308, S. 223.
[20] S. oben § 611 ZPO Rn. 1.
[21] *Baumbach/Lauterbach/Hartmann* Rn. 7.

zu sehen. Wie die Vorgängerbestimmung des § 617 ZPO aF entziehen die genannten Nummern den Beteiligten in den aufgeführten Fällen zum Schutz der Ehe die Disposition über den Streitgegenstand und die tatsächlichen Entscheidungsgrundlagen (s. Rn. 9).

11 **2. Vorschriften über die Voraussetzungen einer Klageänderung (Nr. 2).** Derartige Vorschriften finden sich in den §§ 263, 264, 267, 533 ZPO. Letztere Norm ist für Ehesachen schon deshalb bedeutungslos, weil die allgemeine ZPO-Verweisung nach § 113 Abs. 1 S. 2 sich nur auf die §§ 1 bis 494a ZPO bezieht. Da die §§ 264, 267 ZPO die allgemeinen Zulässigkeitsvoraussetzungen für Klageänderungen absenken, geht es praktisch allein um § 263 ZPO, der nach § 113 Abs. 4 Nr. 2 nicht anzuwenden ist. Demzufolge ist eine Klageänderung in Ehesachen zulässig, ohne dass der Gegner einwilligen oder das Gericht sie für sachdienlich erachten muss.

12 Klageänderung bedeutet **Änderung des Streitgegenstandes,** welcher nach dem vorherrschenden zweigliedrigen Streitgegenstandsbegriff aus dem Antrag und dem zu seiner Begründung vorgetragenen Lebenssachverhalt besteht.[22] Wegen § 113 Abs. 4 Nr. 2 können in Ehesachen sowohl der Antrag als auch der Antragsgrund geändert werden. Allerdings setzt § 115 S. 1 eine zeitliche Grenze für neuen Tatsachenvortrag.

13 **In erster Instanz** kann der Antragsteller bis zum Schluss der Verhandlung neue Anträge stellen oder neue Antragsgründe geltend machen. Ob im Einzelfall der Streitgegenstand geändert wurde, kann offen bleiben, da § 263 ZPO ohnehin keine Anwendung findet. So darf der Antragsteller von einem Eheaufhebungsgrund zum anderen übergehen, ohne dass es darauf ankommt, ob hierin eine Antragsänderung liegt.[23] Auch kann er von der Scheidung zur Aufhebung der Ehe wechseln und umgekehrt.[24] Möglich ist zudem, die Rangfolge verbundener Verfahren umzutauschen.[25] Dieselben Befugnisse stehen dem Antragsgegner als Widerkläger zu.[26]

14 In der **Beschwerdeinstanz** können Anträge in gleicher Weise geändert oder erweitert werden wie in erster Instanz. Auch bei Beschwerden in Ehesachen gilt freilich der Grundsatz, dass ein Rechtsmittel eine Beschwer voraussetzt[27] (vgl. auch §§ 59 bis 61). Deshalb kann der in erster Instanz obsiegende Antragsteller keine Beschwerde einlegen, um den Eheauflösungsgrund auszuwechseln.[28] Ein Antragsteller, dessen Scheidungsantrag abgewiesen worden ist, kann nicht mit der Beschwerde die Aufhebung der Ehe beantragen.[29] Denn damit verfolgt er nicht den Zweck, die Beschwer durch die angefochtene Entscheidung zu beseitigen.[30] Der Antragsteller kann in zweiter Instanz vom Antrag auf Aufhebung der Ehe zum Scheidungsantrag übergehen, wenn sein Aufhebungsantrag abgewiesen wurde oder der Antragsgegner Beschwerde eingelegt hat.[31]

15 Eine Beschwer ist ausnahmsweise nicht erforderlich, wenn der in erster Instanz obsiegende Antragsteller nunmehr mit dem Rechtsmittel die Aufrechterhaltung der Ehe erstrebt.[32] Im Übrigen kann auch der Antragsgegner mit der Beschwerde seine Zustimmung zur Scheidung widerrufen und die Abweisung des Scheidungsantrags begehren, da § 134 Abs. 2 S. 1 – wie bereits § 630 Abs. 2 S. 1 ZPO aF – nicht nur im Verfahren des ersten Rechtszuges gilt.[33]

16 In der **Rechtsbeschwerdeinstanz** kann der Antrag nicht mehr erweitert oder geändert werden.[34]

17 **3. Vorschriften über die Bestimmung der Verfahrensweise, den frühen ersten Termin, das schriftliche Vorverfahren und die Klageerwiderung (Nr. 3).** Von der Nichtanwendungsanordnung der Nr. 3 sind die §§ 272, 275, 276 und 277 ZPO betroffen. Die Neuregelung geht damit über § 611 Abs. 2 ZPO aF hinaus, der lediglich die Fristenregelungen des § 275 Abs. 2 S. 1, Abs. 3, 4 ZPO und das schriftliche Vorverfahren nach § 276 ZPO in Ehesachen für unanwendbar erklärt hatte, weil diese Regelungen der Verfahrensstraffung nicht auf das vom Untersuchungsgrundsatz beherrschte Verfahren in Ehesachen zugeschnitten waren.[35] In der Gesetzesbegründung heißt es

---

[22] Oben Vor § 253 ZPO Rn. 31 ff.
[23] *Zöller/Philippi* § 611 ZPO Rn. 2; *Musielak/Borth* Rn. 7.
[24] BGH FamRZ 1989, 153, 155; *Zöller/Philippi* § 611 ZPO Rn. 3.
[25] BGH FamRZ 1989, 153, 155; *Zöller/Philippi* § 611 ZPO Rn. 3.
[26] *Zöller/Philippi* § 611 ZPO Rn. 3; *Musielak/Borth* Rn. 7.
[27] Oben Vor § 511 ZPO Rn. 13.
[28] OLG Karlsruhe FamRZ 1980, 682, 683.
[29] *Zöller/Philippi* § 611 ZPO Rn. 5; *Baumbach/Lauterbach/Hartmann* § 611 ZPO aF Rn. 3.
[30] BGH NJW 1999, 2118, 2119; *Zöller/Philippi* § 611 ZPO Rn. 5; str.
[31] Hierzu *Musielak/Borth* Rn. 8.
[32] RGZ 100, 208, 209; BGHZ 24, 369, 370 f. = NJW 1957, 1401; BGH NJW 1994, 2697 = FamRZ 1994, 694.
[33] Vgl. BGHZ 89, 325, 328 f. = NJW 1984, 1302, 1303.
[34] BGH NJW 1961, 1467, 1468; *Musielak/Borth* Rn. 8 aE.
[35] So oben § 611 ZPO Rn. 15.

zu Nr. 3, die von der Anwendung ausgeschlossenen Regelungen seien im Eheverfahren entbehrlich, zumal die §§ 273, 279 Abs. 2 und 3, 282 ZPO weiterhin anwendbar seien.[36] Eine Zurückweisung neuer Angriffs- und Verteidigungsmittel ist in Ehesachen nur nach Maßgabe des § 115 S. 1 möglich.

4. Vorschriften über die Güteverhandlung (Nr. 4). Unanwendbar sind in Ehesachen nach 18 Nr. 4 die Absätze 2 bis 5 des § 278 ZPO.[37] Nach der Gesetzesbegründung trägt Nr. 4 der Besonderheit der höchstpersönlichen Verfahrensgegenstände in Ehesachen Rechnung.[38] Zudem bestehe angesichts der vorhandenen Sondervorschriften kein Bedürfnis für eine gesonderte Güteverhandlung in Ehesachen. Das FamFG eröffnet dem Familiengericht in Ehesachen verschiedene Möglichkeiten, auf eine gütliche Einigung der Beteiligten hinzuwirken (vgl. §§ 128 Abs. 2, 135, 136). So ersetzt § 135 Abs. 2 den § 278 Abs. 5 S. 2 ZPO.[39]

5. Vorschriften über die Wirkung des gerichtlichen Geständnisses (Nr. 5). Nicht anwend- 19 bar sind in Ehesachen die §§ 288 bis 290 ZPO. Ein gerichtliches Geständnis hat in Ehesachen nicht die Wirkung des § 288 Abs. 1 ZPO und kann entgegen § 290 ZPO frei widerrufen werden. Geständnis und Widerruf sind nach § 286 ZPO frei zu würdigen.[40] Nr. 5 bildete gemeinsam mit den Nrn. 1, 6, 7 und 8 den § 617 ZPO aF. Die Vorschrift entzieht den Beteiligten zum Schutz der Ehe die Disposition über die tatsächlichen Entscheidungsgrundlagen (vgl. bereits Rn. 9 f.).

6. Vorschriften über das Anerkenntnis (Nr. 6). § 307 ZPO gilt in Ehesachen nicht. Wird ein 20 Anerkenntnis abgegeben, so ist es prozessual unwirksam.[41] Das Familiengericht muss die sachliche Berechtigung des Antrags prüfen. Ein abgegebenes Anerkenntnis ist nach § 286 ZPO frei zu würdigen. Ein Anerkenntnisbeschluss darf in Ehesachen nicht ergehen. Kommt es dennoch zu einer prozessordnungswidrigen Anerkenntnisentscheidung, kann der obsiegende Beteiligte sie mangels Beschwer nicht mit Rechtsmitteln angreifen.[42] Eine der Nr. 6 entsprechende Regelung fand sich bereits in § 617 ZPO aF. Sein Zweck ist der Schutz der Ehe vor Dispositionen der Beteiligten (s. bereits Rn. 9 f.).

7. Vorschriften über die Folgen der unterbliebenen oder verweigerten Erklärung über 21 **die Echtheit von Urkunden (Nr. 7).** Die Echtheitsfiktion des § 439 ZPO gilt in Ehesachen nicht. Die Geständniswirkung für Urkunden nach § 439 Abs. 3 ZPO entspricht der Fiktion des Geständnisses bei Nichtbestreiten von Tatsachen nach § 138 Abs. 3 ZPO und ist deshalb wie diese (Nr. 5) aus denselben Gründen (s. Rn. 9 f. und 19) schon nach § 617 ZPO aF ausgeschlossen gewesen. Das Familiengericht darf und muss das Unterlassen und die Weigerung nach § 286 ZPO frei würdigen.[43]

8. Vorschriften über den Verzicht auf die Beeidigung des Gegners sowie von Zeugen 22 **oder Sachverständigen (Nr. 8).** Die §§ 391, 402, 452 Abs. 3 ZPO sind nicht anzuwenden. Der Verzicht auf die Vereidigung des Gegners (§ 452 Abs. 3 ZPO), von Zeugen (§ 391 ZPO) und von Sachverständigen (§§ 402, 391 ZPO) bindet das Familiengericht in Ehesachen nicht. Das Gericht entscheidet nach pflichtgemäßem Ermessen selbst, ob es den Beweiswert einer Aussage durch die Anordnung einer Beeidigung erhöhen will oder nicht.[44] Die Parteien sollen den Ermittlungen des Gerichts in Ehesachen nach § 127 Abs. 1 nicht entgegenwirken können. Auch Nr. 8 war schon in § 617 ZPO aF enthalten und dient demselben Zweck (s. Rn. 9 f.).

9. Sonstige Dispositionsakte der Beteiligten. Anwendbar und zulässig bleiben insbesondere 23 folgende Dispositionsakte der Beteiligten:[45]

a) Ein **Verzicht** auf den geltend gemachten prozessualen Anspruch iSd. **§ 306 ZPO** ist in 24 Ehesachen zulässig.[46] Seine Wirksamkeit hängt nicht davon ab, dass der Gegner einwilligt.[47] Der Verzicht auf den Scheidungsantrag schließt ein erneutes Scheidungsbegehren auf Grund neuer Tatsachen nicht aus.[48] Ob eine Verzichtsentscheidung ohne Antrag des Antragsgegners ergehen darf, ist

---

[36] BT-Drucks. 16/6308, S. 223.
[37] Ebenso *Baumbach/Lauterbach/Hartmann* Rn. 7.
[38] BT-Drucks. 16/6308, S. 223.
[39] Vgl. BT-Drucks. 16/6308, S. 229.
[40] *Thomas/Putzo/Hüßtege* § 617 ZPO Rn. 5; *Musielak/Borth* Rn. 6.
[41] Vgl. OLG Brandenburg FamRZ 2001, 503.
[42] BGH NJW 1994, 2697 = FamRZ 1994, 694.
[43] *Baumbach/Lauterbach/Hartmann* Rn. 7 aE.
[44] Vgl. oben § 617 ZPO Rn. 4.
[45] Vgl. bereits § 617 ZPO Rn. 5 ff.
[46] RGZ 114, 374, 375; OLG Düsseldorf NJW 1957, 1641, 1642; OLG Karlsruhe FamRZ 1980, 1121, 1123; alle zu Scheidungsanträgen.
[47] RGZ 114, 374, 375; OLG Düsseldorf NJW 1957, 1641, 1642; OLG Karlsruhe FamRZ 1980, 1121, 1123; *Baumbach/Lauterbach/Hartmann* Rn. 7; *Zöller/Philippi* § 617 ZPO Rn. 4.
[48] *Baumbach/Lauterbach/Hartmann* Rn. 7; *Zöller/Philippi* § 617 ZPO Rn. 4; am Rande auch BGHZ 97, 304, 309 = NJW 1986, 2046, 2047.

§ 114 Buch 2. Abschnitt 1. Allgemeine Vorschriften

umstritten.[49] Ein besonderer Antrag ist jedenfalls nicht erforderlich; es genügt der allgemeine Abweisungsantrag.[50] Stellt der Antragsgegner diesen nicht, dann darf kein Verzichtsbeschluss erlassen werden.[51] Der Verzicht iSd. § 306 ZPO ist von einem vor- oder außergerichtlichen **materiell-rechtlichen Verzicht** zu **unterscheiden.** Ein materiell-rechtlicher Verzicht auf das Scheidungsrecht hat zur Folge, dass das Scheidungsrecht erlischt, sobald es erwachsen ist, aber neu entsteht, wenn ein gesetzlicher Scheidungstatbestand auf Grund einer neuen Tatsachenlage erfüllt wird.[52] Ein **Rechtsmittelverzicht** ist in Ehesachen nach allgemeinen Grundsätzen sowohl einseitig nach Urteilserlass als auch allseitig vor Urteilserlass zulässig, und zwar auch als Teilverzicht.[53]

25   b) Die **Antragsrücknahme** ist in Ehesachen nach Maßgabe des § 269 ZPO möglich. Die Rücknahme des Scheidungsantrags ist in den §§ 114 Abs. 4 Nr. 3, 141 ausdrücklich erwähnt. Erklärungen des nicht anwaltlich vertretenen Antragsgegners, etwa im Rahmen der Anhörung nach § 128, stellen in Ehesachen kein Verhandeln zur Hauptsache iSd. § 269 Abs. 1 ZPO dar.[54] Daraus folgt, dass der Antragsteller seinen Scheidungsantrag bis zur Rechtskraft des Scheidungsurteils zurücknehmen kann, wenn der Antragsgegner in der mündlichen Verhandlung nicht anwaltlich vertreten war.

26   c) Ein **Vergleich** ist in Ehesachen nur möglich, wenn und soweit die Ehegatten über diese verfügen können. Eine Auflösung der Ehe im Vergleichswege ist ausgeschlossen. Zulässig sind Vergleiche, die sich auf die prozessuale Situation beziehen, beispielsweise den Prozess durch Vereinbarung einer Klagerücknahme oder eines Verzichts beenden.[55] Grundsätzlich sind auch Vergleiche über die Art der Prozessführung[56] sowie Scheidungsfolgenvergleiche möglich. Auch Vergleiche auf Nichtdurchführung der Scheidung kommen unter bestimmten Voraussetzungen in Betracht.[57]

27   d) Eine einseitige oder übereinstimmende **Erledigterklärung** der Hauptsache ist in Ehesachen nach den allgemeinen Grundsätzen zulässig.[58]

VIII. Terminologie (Abs. 5)

28   Abs. 5 ordnet an, dass bei der Anwendung der Zivilprozessordnung an die Stelle bestimmter zivilprozessualer Bezeichnungen die entsprechenden Bezeichnungen des FamFG-Verfahrens treten.[59] Prozess und Rechtsstreit werden durch Verfahren, Klage durch Antrag, Kläger durch Antragsteller, Beklagter durch Antragsgegner und Partei durch Beteiligter ersetzt. Auf diese Weise soll die Begrifflichkeit innerhalb des neuen Gesetzes vereinheitlicht werden.[60] Eine den Nrn. 3 und 4 von Abs. 5 entsprechende Regelung fand sich für Ehesachen bereits in § 622 Abs. 3 ZPO aF.

§ 114 Vertretung durch einen Rechtsanwalt; Vollmacht

(1) Vor dem Familiengericht und dem Oberlandesgericht müssen sich die Ehegatten in Ehesachen und Folgesachen und die Beteiligten in selbständigen Familienstreitsachen durch einen Rechtsanwalt vertreten lassen.

(2) Vor dem Bundesgerichtshof müssen sich die Beteiligten durch einen bei dem Bundesgerichtshof zugelassenen Rechtsanwalt vertreten lassen.

(3) ¹Behörden und juristische Personen des öffentlichen Rechts einschließlich der von ihnen zur Erfüllung ihrer öffentlichen Aufgaben gebildeten Zusammenschlüsse können sich durch eigene Beschäftigte oder Beschäftigte anderer Behörden oder juristischer Personen des öffentlichen Rechts einschließlich der von ihnen zur Erfüllung ihrer öffentlichen Aufgaben gebildeten Zusammenschlüsse vertreten lassen. ²Vor dem Bundesgerichtshof müssen die zur Vertretung berechtigten Personen die Befähigung zum Richteramt haben.

---

[49] Bejahend etwa OLG Karlsruhe FamRZ 1980, 1121, 1123; *Thomas/Putzo/Reichold* § 306 ZPO Rn. 3; verneinend OLG Düsseldorf NJW 1957, 1641, 1642; *Baumbach/Lauterbach/Hartmann* Rn. 7; zu Recht differenzierend § 306 ZPO Rn. 6.
[50] *Stein/Jonas/Leipold* § 306 ZPO Rn. 20.
[51] Oben § 306 Rn. 6.
[52] BGHZ 97, 304, 308 f. = NJW 1986, 2046, 2047.
[53] Vgl. oben § 629a ZPO Rn. 39; § 514 ZPO Rn. 4 ff., 20 ff., 31 ff.
[54] BGH FamRZ 2004, 1364, 1365; *Baumbach/Lauterbach/Hartmann* § 269 ZPO Rn. 14.
[55] Vgl. oben § 617 Rn. 9.
[56] *Zöller/Philippi* § 617 Rn. 6.
[57] Vgl. oben § 617 Rn. 10.
[58] Oben § 617 ZPO Rn. 12.
[59] BT-Drucks. 16/6308, S. 223.
[60] BT-Drucks. 16/6308, S. 223.

(4) Der Vertretung durch einen Rechtsanwalt bedarf es nicht
1. im Verfahren der einstweiligen Anordnung,
2. wenn ein Beteiligter durch das Jugendamt als Beistand vertreten ist,
3. für die Zustimmung zur Scheidung und zur Rücknahme des Scheidungsantrags und für den Widerruf der Zustimmung zur Scheidung,
4. für einen Antrag auf Abtrennung einer Folgesache von der Scheidung,
5. im Verfahren über die Verfahrenskostenhilfe,
6. in den Fällen des § 78 Abs. 3 der Zivilprozessordnung sowie
7. für den Antrag auf Durchführung des Versorgungsausgleichs nach § 3 Abs. 3 des Versorgungsausgleichsgesetzes und die Erklärungen zum Wahlrecht nach § 15 Abs. 1 und 3 des Versorgungsausgleichsgesetzes.

(5) ¹Der Bevollmächtigte in Ehesachen bedarf einer besonderen auf das Verfahren gerichteten Vollmacht. ²Die Vollmacht für die Scheidungssache erstreckt sich auch auf die Folgesachen.

Übersicht

	Rn.		Rn.
I. Normzweck	1–5	b) Familienstreitsachen	12, 13
1. Überblick	1	3. Nicht erfasste Familiensachen	14
2. Änderungen	2	IV. Verfahren vor dem Bundesgerichtshof (Abs. 2)	15
3. Rechtstatsachen	3		
4. Gründe der Neuregelung	4	V. Sonderregelungen für Behörden und juristische Personen des öffentlichen Rechts (Abs. 3)	16
5. Rechtspolitische Bewertung	5		
II. Regelungssystematik	6		
III. Verfahren vor dem Familiengericht und dem Oberlandesgericht (Abs. 1)	7–14	VI. Ausnahmen vom Anwaltszwang (Abs. 4)	17
1. Persönlicher Anwendungsbereich	8	VII. Vollmachtsfragen in Ehesachen (Abs. 5)	18–20
2. Sachlicher Anwendungsbereich	9–13		
a) Ehesachen und Folgesachen	10, 11		

I. Normzweck

1. Überblick. Die Vorschrift regelt den Anwaltszwang in Familiensachen.[1] Die allgemeine Bestimmung des § 10 Abs. 1, nach der die Beteiligten das Verfahren grds. selbst betreiben können, gilt nach § 113 Abs. 1 S. 1 in Ehesachen und Familienstreitsachen nicht. § 114 Abs. 1 bestimmt, dass sich die Ehegatten in Ehesachen und Scheidungsfolgesachen sowie die Beteiligten in selbstständigen Familienstreitsachen vor den Instanzgerichten durch einen Rechtsanwalt vertreten lassen müssen. Dieser Grundsatz wird in den folgenden Absätzen für Sonderfälle modifiziert (Abs. 2 bis 4) und für Ehesachen im Hinblick auf die Vollmacht konkretisiert (Abs. 5). In Familiensachen, die nicht von § 114 erfasst werden, müssen sich die Beteiligten weder vor dem Familiengericht noch vor dem Oberlandesgericht von einem Rechtsanwalt vertreten lassen (vgl. § 10 Abs. 1, 4). 1

2. Änderungen. Schon nach bisherigem Recht mussten sich Ehegatten in Ehesachen und Folgesachen und die Verfahrensbeteiligten in einzelnen selbstständigen Familiensachen durch einen Rechtsanwalt vertreten lassen (vgl. § 78 Abs. 2 ZPO aF), während der auch in Familiensachen grds. bestehende Anwaltszwang vor den Oberlandesgerichten (§ 78 Abs. 1 S. 1 iVm. S. 4 ZPO aF) in bestimmten selbstständigen Familiensachen aufgelockert war (§ 78 Abs. 3 ZPO aF). Neu ist der Anwaltszwang für erstinstanzliche selbstständige Unterhaltsstreitigkeiten sowie für diejenigen sonstigen Familiensachen iSd. § 266 Abs. 1, die als allgemeine Zivilverfahren bislang vor den Amtsgerichten geführt wurden. 2

3. Rechtstatsachen. Nach der Familiengerichtsstatistik 2005 waren in 64,8% aller Verwandtenunterhaltssachen und 86% aller Ehegattenunterhaltssachen beide Parteien anwaltlich vertreten; in weiteren 24% der Verwandtenunterhaltsverfahren und weiteren 12% der Ehegattenunterhaltssachen war allein der Kläger anwaltlich vertreten.[2] 3

---
[1] BT-Drucks. 16/6308, S. 223.
[2] Vgl. BT-Drucks. 16/6308, S. 224, 412.

4. Gründe der Neuregelung. Die Bundesregierung begründete die Einführung des Anwaltszwangs für erstinstanzliche Unterhaltsstreitigkeiten damit, dass Unterhaltsverfahren wegen der erheblichen Auswirkungen und häufig existenziellen Folgen sowie der ständig zunehmenden Komplexität des materiellen Rechts nicht mehr allein durch die Beteiligten selbst geführt werden sollten; es gehe auch um deren Schutz, insbesondere den des Unterhaltsberechtigten, und um die Gewährleistung von Waffengleichheit.[3] Der Bundesrat schlug vor, Unterhaltssachen und sonstige Familiensachen mit amtsgerichtlichem Streitwert vom Anwaltszwang freizustellen, weil sonst ein weiterer Anstieg der Ausgaben für Verfahrenskostenhilfe zu erwarten sei und dieser Mehraufwand von den Ländern getragen werden müsste.[4] Die Bundesregierung lehnte den Vorschlag mit eingehender Begründung ab.[5] Der Anwaltszwang in Unterhaltssachen diene dem Interesse der Beteiligten und einer geordneten Rechtspflege in den vom Beibringungsgrundsatz beherrschten Unterhaltsverfahren. Naturparteien seien oft nicht in der Lage, alle relevanten Tatsachen zu überblicken und vorzutragen. Eine Mehrbelastung durch zusätzliche Beiordnungen von Rechtsanwälten bei PKH-Berechtigten sei nicht zu erwarten, da in den betroffenen Angelegenheiten wegen der Schwierigkeit der Sach- und Rechtslage schon jetzt regelmäßig eine Beiordnung erfolge.

5. Rechtspolitische Bewertung. Auch unabhängig von der Frage zusätzlicher finanzieller Belastungen ist § 114 rechtspolitisch umstritten. Kritisiert wird die schwere Durchschaubarkeit des Nebeneinanders verschiedener Teilregelungen.[6]

II. Regelungssystematik

Abs. 1 ist die Grundsatzbestimmung, die in Anlehnung an § 78 Abs. 1, 2 ZPO aF festlegt, in welchen Familiensachen vor den Instanzgerichten abweichend von § 10 Abs. 1 Anwaltszwang besteht. Abs. 2 regelt entsprechend § 78 Abs. 1 S. 3 iVm. S. 4 ZPO aF und in weitgehender Übereinstimmung mit dem für Ehesachen und Familienstreitsachen nicht geltenden § 10 Abs. 4 die anwaltliche Vertretung vor dem Bundesgerichtshof. Abs. 3 enthält ein umfassendes Behördenprivileg, wie es sich auch in § 78 Abs. 2 (vormals Abs. 4) ZPO findet. Abs. 4 listet Ausnahmen vom Anwaltszwang nach Abs. 1 auf. Abs. 5 regelt spezielle Vollmachtsfragen in Ehesachen.

III. Verfahren vor dem Familiengericht und dem Oberlandesgericht (Abs. 1)

Nach Abs. 1 müssen sich die Ehegatten in Ehesachen und Folgesachen und die Beteiligten in selbstständigen Familienstreitsachen vor dem Familiengericht und dem Oberlandesgericht durch einen Rechtsanwalt vertreten lassen. Der Rechtsanwalt muss zur Rechtsanwaltschaft zugelassen sein (§ 12 BRAO). Entsprechendes gilt für die den Ehesachen durch § 270 Abs. 1 S. 1 verfahrensrechtlich gleich gestellten Lebenspartnerschaftssachen iSd. § 269 Abs. 1 Nr. 1 und 2 (s. § 113 Rn. 3). Jeder zugelassene Anwalt ist vor den Familiengerichten und Oberlandesgerichten postulationsfähig. Abs. 1 stellt eine Sonderregelung für Ehesachen und Familienstreitsachen dar. Die allgemeine Vorschrift des § 10, nach der die Beteiligten das Verfahren grds. selbst betreiben können, ist in Ehesachen und Familienstreitsachen nach § 113 Abs. 1 nicht anzuwenden. Stattdessen unterwirft Abs. 1 Ehegatten in Ehesachen und Scheidungsfolgesachen sowie die Beteiligten in selbstständigen Familienstreitsachen vor dem Familiengericht und dem Oberlandesgericht dem Anwaltszwang. Ausnahmen vom Grundsatz des Abs. 1 gibt es für bestimmte Beteiligte (Abs. 3 S. 1) und für bestimmte Verfahren (Abs. 4).

1. Persönlicher Anwendungsbereich. Der Anwaltszwang des Abs. 1 gilt für **Ehegatten** in Ehe- und Folgesachen, für die entsprechenden Lebenspartnerschaftssachen (s. Rn. 7) sowie für die **Beteiligten** in selbstständigen Familienstreitsachen. Ehegatten sind die Partner einer (Zivil-)Ehe. Beteiligte in Familienstreitsachen sind nach § 113 Abs. 5 Nr. 5 iVm. Nr. 3 und 4 die Antragsteller und Antragsgegner in denjenigen Verfahren, welche die in § 112 genannten Angelegenheiten zum Gegenstand haben. Der allgemeine Beteiligtenbegriff des § 7 gilt gem. § 113 Abs. 1 S. 1 in Familienstreitsachen nicht. Kein Anwaltszwang nach Abs. 1 besteht für **Dritte**, die am Verfahren in einer Folgesache beteiligt sind. Für Dritte hat die Folgesache, anders als für Ehegatten, kein größeres Gewicht und eröffnet keine weitergehenden verfahrensrechtlichen Möglichkeiten als bei ihrer isolierten Durchführung.[7]

---

[3] BT-Drucks. 16/6308, S. 223 f.
[4] BT-Drucks. 16/6308, S. 372.
[5] BT-Drucks. 16/6308, S. 412.
[6] So *Baumbach/Lauterbach/Hartmann* Rn. 2.
[7] *Keidel/Weber* Rn. 4.

2. Sachlicher Anwendungsbereich. Vom Anwaltszwang erfasste Verfahren sind Ehesachen und 9
Folgesachen sowie selbstständige Familienstreitsachen.

a) Ehesachen sind die Verfahren auf Scheidung der Ehe (Scheidungssachen), auf Aufhebung der 10
Ehe und auf Feststellung des Bestehens oder Nichtbestehens einer Ehe zwischen den Beteiligten (s.
§ 121). **Folgesachen** sind die im Zusammenhang mit einer **Scheidung** stehenden, in § 137 Abs. 2
und Abs. 3 aufgelisteten Angelegenheiten. Über Scheidung und Folgesachen ist nach § 137 Abs. 1
zusammen zu verhandeln und zu entscheiden (Verbund). Der Verfahrensverbund besteht nur bei
Scheidungssachen, nicht dagegen bei den anderen Ehesachen iSd. § 121. Zu unterscheiden ist
zwischen dem Mindest- oder Zwangsverbund und dem Antragsverbund bzw. zwischen antrags-
unabhängigen und antragsabhängigen Folgesachen. Verfahren zum öffentlich-rechtlichen Versorgungsausgleich sind von Amts wegen einzuleiten, ohne dass es eines Antrags bedarf (§ 137 Abs. 2
S. 2). In allen anderen Fällen tritt der Verbund nur ein, wenn der Antragsteller die Entscheidung
in einer Folgesache nach § 137 Abs. 2 und 3 für den Fall der Scheidung rechtzeitig verlangt.[8] Kindschaftssachen iSd. § 137 Abs. 3 werden trotz Antrags nicht in den Verbund einbezogen, wenn das
Gericht die Einbeziehung aus Gründen des Kindeswohls nicht für sachgerecht hält. Folgesachen iSd.
§ 137 Abs. 2 S. 1 müssen demgegenüber lediglich rechtzeitig anhängig gemacht werden. Zu diesen
Folgesachen nach § 137 Abs. 2 S. 1 zählen die nicht unter § 137 Abs. 2 S. 2 fallenden Versorgungsausgleichssachen, bestimmte Unterhaltssachen, und zwar der Kindesunterhalt und der nacheheliche
Unterhalt, Ehewohnungs- und Haushaltssachen iSd. § 200 und Güterrechtssachen nach § 261.

Die Scheidungssache und alle verbundenen Folgesachen unterliegen für die Ehegatten in allen 11
Rechtszügen dem Anwaltszwang, auch wenn über die Scheidungssache zuvor rechtskräftig entschie-
den wurde.[9] Abgetrennte Folgesachen unterliegen weiterhin dem Anwaltszwang,[10] sofern es sich
nicht um abgetrennte Kindschaftsfolgesachen nach § 137 Abs. 3 oder um nach Rücknahme oder
Abweisung des Scheidungsantrages als selbstständige Familiensachen nach den §§ 141 S. 3, 142
Abs. 2 S. 3 fortgeführte Folgesachen handelt.[11]

b) Familienstreitsachen sind nach der Legaldefinition des § 112 die in den Absätzen 1 der 12
§§ 231, 261 und 266 aufgeführten Unterhaltssachen, Güterrechtssachen und sonstigen Familiensachen sowie die jeweils entsprechenden Lebenspartnerschaftssachen nach § 269 Abs. 1 Nr. 8, 9, 10
und Abs. 2 (s. § 112 Rn. 1, 4, 5 ff.). **Selbstständig** sind die Familienstreitsachen, wenn über sie
nicht im Verbund mit einer Scheidungssache verhandelt und entschieden wird. Aus dem Kreis der
Familienstreitsachen kommen als Scheidungsfolgesachen nur Unterhaltssachen und Güterrechtssachen in Betracht (s. § 137 Abs. 2). Sonstige Familiensachen nach § 266 Abs. 1 sowie die Familienstreitsachen darstellenden Lebenspartnerschaftssachen können nicht mit Scheidungssachen verbunden
werden und sind daher stets selbstständige Familienstreitsachen.

Neu ist der Anwaltszwang in Unterhaltssachen und in sonstigen Familiensachen nach § 266 13
Abs. 1, soweit diese bisher bei der Zivilabteilung des Amtsgerichts geltend zu machen waren. In den
genannten Verfahren kann jetzt gegen den nicht durch einen Rechtsanwalt vertretenen und damit
nicht postulationsfähigen Antragsgegner eine Versäumnisentscheidung nach § 331 ZPO ergehen.

3. Nicht erfasste Familiensachen. Kein Anwaltszwang nach Abs. 1 besteht für reine FamFG- 14
Familiensachen bzw. Familiensachen ieS (s. § 111 Rn. 5 f.), die keine Scheidungsfolgesachen iSd.
§ 137 Abs. 1 bis 3 sind. § 114 Abs. 1 gilt nicht für selbstständige Familiensachen iSd. § 111 Nr. 2 bis
7, selbstständige Lebenspartnerschaftssachen gem. § 111 Nr. 11 in den Fällen der Nr. 2 bis 7, Unterhaltssachen nach § 231 Abs. 2, Güterrechtssachen nach § 261 Abs. 2, sonstige Familiensachen nach
§ 266 Abs. 2 sowie sonstige Lebenspartnerschaftssachen nach § 269 Abs. 3. Die genannten Vorschriften betreffen Verfahren der freiwilligen Gerichtsbarkeit, in denen sich die Vertretung nach § 10
beurteilt.

IV. Verfahren vor dem Bundesgerichtshof (Abs. 2)

Nach Abs. 2 müssen sich die Beteiligten – wie bereits nach § 78 Abs. 1 S. 4 iVm. S. 3 ZPO aF – 15
vor dem Bundesgerichtshof durch einen bei diesem zugelassenen Rechtsanwalt (§§ 164 ff. BRAO)
vertreten lassen. Andere Rechtsanwälte sind in dem Verfahren vor dem Bundesgerichtshof nicht
postulationsfähig. Abs. 2 gilt auch für Dritte, die am Verfahren in einer Folgesache beteiligt sind.
Abs. 2 entspricht weitgehend der nach § 113 Abs. 1 S. 1 nicht anzuwendenden allgemeinen Regel
des § 10 Abs. 4 S. 1, die allerdings Verfahren über die Ausschließung und Ablehnung von Gerichts-

---
[8] *Baumbach/Lauterbach/Hartmann* § 137 Rn. 10.
[9] BGH FamRZ 1998, 1505; *Musielak/Borth* § 137 Rn. 37.
[10] Vgl. BGH NJW 1981, 233, 234 m. weit. Nachw. = FamRZ 1981, 24 f.
[11] *Keidel/Weber* Rn. 8.

§ 114 16, 17   Buch 2. Abschnitt 1. Allgemeine Vorschriften

personen und über die Verfahrenskostenhilfe ausdrücklich vom qualifizierten Anwaltszwang ausnimmt. Eine von Abs. 2 abweichende Sonderregelung gilt nach Abs. 3 für Behörden und juristische Personen des öffentlichen Rechts.

V. Sonderregelungen für Behörden und juristische Personen des öffentlichen Rechts (Abs. 3)

16 Abs. 3 enthält ein umfassendes **Behördenprivileg** und entspricht inhaltlich dem bisherigen Abs. 4 und jetzigem Abs. 2 des § 78 ZPO.[12] Nach **Abs. 3 S. 1** können sich Behörden und juristische Personen des öffentlichen Rechts einschließlich der von ihnen zur Erfüllung ihrer öffentlichen Aufgaben gebildeten Zusammenschlüsse durch eigene Beschäftigte oder Beschäftigte anderer Behörden oder juristischer Personen des öffentlichen Rechts einschließlich der von ihnen zur Erfüllung ihrer öffentlichen Aufgaben gebildeten Zusammenschlüsse vertreten lassen. Die jetzige Fassung des Gesetzes gleicht die Vertretungsbefugnis für Behörden an andere Regelungen an.[13] Das Behördenprivileg gilt für alle Arten von öffentlich-rechtlichen Verbänden und Vereinigungen einschließlich der Spitzenverbände und Arbeitsgemeinschaften.[14] Konkret geht es insbesondere um die jeweiligen Träger der Deutschen Rentenversicherung, einer Beamtenversorgung oder einer berufsständischen Versorgung sowie um die Jugendämter, während privatrechtliche Versorgungsträger einer betrieblichen Altersversorgung oder Versicherungsunternehmen einer privaten Rentenversicherung nicht erfasst werden.[15] Vor den Familiengerichten und Oberlandesgerichten müssen die Behördenvertreter keine besondere juristische Qualifikation besitzen. Anders ist das vor dem Bundesgerichtshof. Hier müssen die zur Vertretung berechtigten Personen nach **Abs. 3 S. 2** die Befähigung zum Richteramt haben. So soll sichergestellt sein, dass die für Verfahren vor dem Bundesgerichtshof erforderlichen hohen Rechtskenntnisse vorhanden sind.[16] § 5 RDGEG stellt im öffentlichen Dienst beschäftigte Diplom-Juristen aus dem Beitrittsgebiet den Personen mit Befähigung zum Richteramt gleich.

VI. Ausnahmen vom Anwaltszwang (Abs. 4)

17 Abs. 4 führt die Fälle auf, in denen abweichend vom Grundsatz des Abs. 1 in Ehesachen und Folgesachen, den gleich gestellten Lebenspartnerschaftssachen (s. Rn. 7) sowie in selbstständigen Familienstreitsachen kein Rechtsanwaltszwang besteht. Das gilt nach **Nr. 1** zunächst im Verfahren der einstweiligen Anordnung nach den §§ 49 ff. Auch soweit es Unterhaltsfragen betrifft, kann in dem selbstständigen Verfahren der einstweiligen Anordnung keine Versäumnisentscheidung nach § 331 Abs. 1 ZPO gegen einen erschienenen, aber nicht anwaltlich vertretenen Antragsgegner ergehen. Nach **Nr. 2** bedarf es keiner anwaltlichen Vertretung, wenn das Kind in einem Unterhaltsverfahren durch das Jugendamt als Beistand vertreten ist.[17] Die Beistandschaft des Jugendamtes ist in den §§ 1712 ff. BGB geregelt. § 12 gilt wegen § 113 Abs. 1 S. 1 in Unterhaltssachen nach § 231 Abs. 1 nicht.[18] **Nr. 3** nimmt die Zustimmung zur Scheidung und zur Rücknahme des Scheidungsantrags sowie den Widerruf der Zustimmung zur Scheidung vom Anwaltszwang aus. Die entsprechenden Erklärungen können nach § 134 zur Niederschrift der Geschäftsstelle oder in der mündlichen Verhandlung zur Niederschrift des Gerichts erklärt werden. **Nr. 4** befreit Anträge auf Abtrennung einer Folgesache von der Scheidung vom Anwaltszwang, um zu vermeiden, dass allein aus diesem Grund ein Anwalt hinzugezogen werden muss. Die Möglichkeit des Abtrennungsantrags soll für diejenigen Ehegatten, die das Verfahren anwaltsfrei betreiben können, nicht ausgeschlossen sein.[19] **Nr. 5** nimmt das Verfahren über die Verfahrenskostenhilfe vom Anwaltszwang aus. Dieses richtet sich in Ehesachen und Familienstreitsachen wegen § 113 Abs. 1 S. 1 nicht nach den §§ 76 ff.,[20] sondern gem. § 113 Abs. 1 S. 2 nach den §§ 114 ff. ZPO, bei deren Anwendung nach § 113 Abs. 5 Nr. 1 an die Stelle der Bezeichnung Prozesskostenhilfe die Bezeichnung Verfahrenskostenhilfe tritt. Nach **Nr. 6** ist keine anwaltliche Vertretung in den Fällen des § 78 Abs. 3 ZPO erforderlich. Hiernach bedarf es keiner Vertretung durch einen Rechtsanwalt in Verfahren vor einem beauftragten oder ersuchten Richter sowie bei Prozesshandlungen, die vor dem Urkundsbeamten der Geschäftsstelle

---

[12] BT-Drucks. 16/6308, S. 224.
[13] BT-Drucks. 16/12717, S. 71, 69 (elektronische Vorabfassung).
[14] *Thomas/Putzo/Hüßtege* § 78 ZPO Rn. 14; *Zöller/Vollkommer* § 78 ZPO Rn. 42.
[15] *Musielak/Borth* Rn. 4.
[16] So *Thomas/Putzo/Hüßtege* § 78 ZPO Rn. 14.
[17] BT-Drucks. 16/6308, S. 224.
[18] So aber *Baumbach/Lauterbach/Hartmann* Rn. 6
[19] BT-Drucks. 16/6308, S. 224.
[20] So aber *Baumbach/Lauterbach/Hartmann* Rn. 6.

vorgenommen werden können. Insoweit ist für das vereinfachte Verfahren über den Unterhalt Minderjähriger § 257 S. 1 zu beachten.[21] Die teleologische Ergänzung oder Reduktion des § 114 Abs. 4, die im Schrifttum für das in die Zuständigkeit des Rechtspflegers fallende vereinfachte Verfahren über den Unterhalt Minderjähriger gefordert wird,[22] benötigt man dann nicht. Weil die Anträge und Erklärungen in vereinfachten Verfahren über den Unterhalt Minderjähriger nach § 257 Abs. 1 vor dem Urkundsbeamten der Geschäftsstelle abgegeben werden, besteht schon auf Grund des § 114 Abs. 4 Nr. 6 iVm. der dritten Modalität des § 78 Abs. 3 ZPO kein Anwaltszwang. Schließlich entfällt nach **Nr. 7** die Pflicht zur anwaltlichen Vertretung für bestimmte Anträge und Erklärungen im Rahmen des reformierten Versorgungsausgleichs.[23]

VII. Vollmachtsfragen in Ehesachen (Abs. 5)

Abs. 5 S. 1 übernimmt die Regelung des § 609 ZPO aF und ordnet an, dass der Bevollmächtigte in Ehesachen – bestimmte Lebenspartnerschaftssachen sind gleich gestellt (s. Rn. 7) – einer besonderen auf das Verfahren gerichteten Vollmacht bedarf. Eine Generalvollmacht oder eine allgemeine Prozessvollmacht genügen nicht. Die Vollmacht in Ehesachen muss neben der Partei auch die Ehesache genau bezeichnen, auf die sie sich bezieht. Die Bestimmung soll sicherstellen, dass eine Ehesache nur auf Grund einer persönlichen Entscheidung jedes Ehegatten über die Erhaltung oder Auflösung der Ehe betrieben wird.[24] Wie konkret die Vollmacht ausgestaltet sein muss, war schon für die Vorgängerbestimmung des § 609 ZPO aF streitig[25] und wird voraussichtlich umstritten bleiben. Für den Umfang der Vollmacht gilt nach § 113 Abs. 1 S. 2 grds. § 81 ZPO. Wegen des Regelungszwecks von Abs. 5 S. 1 ist eine besondere Bevollmächtigung erforderlich, um den Klageantrag zu ändern, Widerklage zu erheben oder die Wiederaufnahme des Verfahrens zu betreiben.[26] Das Bestehen der Vollmacht im Anwaltsprozess wird vor dem Familiengericht nur auf Rüge eines Beteiligten geprüft.[27] Das ergibt sich aus § 113 Abs. 1 S. 2 iVm. § 88 ZPO. Die Vollmacht kann auch durch schlüssiges Verhalten erteilt werden, etwa dadurch, dass ein im Termin anwesender Beteiligter es duldet, dass ein Rechtsanwalt für ihn auftritt.[28]

18

Nach **Abs. 5 S. 2** erstreckt sich die Vollmacht für die Scheidungssache auch auf die Folgesachen. So stand es bisher schon in § 624 Abs. 1 ZPO aF. Die besondere Vollmacht für die Scheidungssache wird kraft Gesetzes auf Folgesachen erstreckt, um sicher zu stellen, dass die Ehegatten in Folgesachen, die wie die Scheidungssache dem Anwaltszwang unterliegen, von vornherein anwaltlich vertreten sind.[29] Ob die Ehegatten ihre Prozessvollmachten auf die Scheidungssache oder auf einzelne Folgesachen beschränken können, ist umstritten. Die hM bejaht diese Möglichkeit.[30] Eine Beschränkung der Vollmacht auf einzelne Gegenstände wirkt dem Gegner gegenüber jedoch nur, wenn sie diesem mitgeteilt worden ist.[31]

19

§ 11 gilt für die Vollmacht in Ehesachen nach § 113 Abs. 1 S. 1 nicht.[32] Soweit Abs. 5 keine vorrangige Regelung enthält, sind gem. § 113 Abs. 1 S. 2 die allgemeinen Vorschriften der §§ 80 ff. ZPO maßgebend.

20

§ 115 Zurückweisung von Angriffs- und Verteidigungsmitteln

¹ In Ehesachen und Familienstreitsachen können Angriffs- und Verteidigungsmittel, die nicht rechtzeitig vorgebracht werden, zurückgewiesen werden, wenn ihre Zulassung nach der freien Überzeugung des Gerichts die Erledigung des Verfahrens verzögern würde und die Verspätung auf grober Nachlässigkeit beruht. ² Im Übrigen sind die Angriffs- und Verteidigungsmittel abweichend von den allgemeinen Vorschriften zuzulassen.

---

[21] BT-Drucks. 16/6308, S. 224.
[22] *Musielak/Borth* § 249 Rn. 6.
[23] Hierzu BT-Drucks. 16/10144, S. 93; BT-Drucks. 16/11903, S. 117 (elektronische Vorabfassung).
[24] *Zöller/Philippi* § 609 ZPO Rn. 1; oben § 609 ZPO Rn. 1.
[25] Hierzu oben § 609 ZPO Rn. 2.
[26] Oben § 609 ZPO Rn. 3; *Zöller/Philippi* § 609 ZPO Rn. 3.
[27] Oben § 609 ZPO Rn. 5.
[28] BGH FamRZ 1995, 1484.
[29] Oben § 624 ZPO Rn. 2.
[30] *Zöller/Philippi* § 624 ZPO Rn. 3; *Thomas/Putzo/Hüßtege* § 624 ZPO Rn. 1.
[31] BGHZ 16, 167, 170 = NJW 1955, 545 (LS).
[32] Abweichend *Baumbach/Lauterbach/Hartmann* Rn. 7 bis 9.

I. Normzweck

1 Die Regelung entspricht inhaltlich den §§ 615, 621d ZPO aF.[1] Sie ersetzt die genannten Präklusionsvorschriften, macht sich also deren Normzwecke zu eigen. Dennoch ist der Normzweck des § 115 nicht evident, da der Gesetzgeber mit den **aufgehobenen Vorschriften unterschiedliche Regelungsziele** verfolgt hatte. Der für Ehesachen geltende § 615 ZPO aF bringt zum Ausdruck, dass der Staat bei Ehesachen nicht auf eine schnelle (Ent-)Scheidung drängt.[2] Der Gesetzgeber sieht Ehesachen nicht als eilig an[3] und schränkt die Präklusion deshalb in einer Weise ein, die den besonderen Bedürfnissen der von dem Amtsermittlungsgrundsatz geprägten Eheverfahren entspricht. Diese Wertung lässt sich nicht unbesehen auf § 621d ZPO aF übertragen, der die Zurückweisung von verspäteten Angriffs- und Verteidigungsmitteln in den genannten ZPO-Familiensachen regelt, die dem Beibringungsgrundsatz unterliegen. Zwar kann man sagen, § 621d ZPO aF entspräche einem Bedürfnis der Praxis, verspätetes Vorbringen in den unterhalts- und güterrechtlichen Streitigkeiten zu präkludieren.[4] Das erklärt aber nicht, weshalb die Anforderungen an eine Präklusion im Vergleich zu den allgemeinen Vorschriften erhöht werden. Mit dem durch die Zivilprozessrechtsreform 2002 eingefügten § 621d ZPO aF entsprach der Gesetzgeber einem Anliegen der familiengerichtlichen Praxis.[5] In zivilprozessualen Familiensachen war es den Familiengerichten im ersten Rechtszug oftmals nicht möglich, von den Parteien die für eine materiell richtige Entscheidung notwendigen Informationen vollständig zu erlangen. Der Gesetzgeber führte dies auf Besonderheiten familienrechtlicher Auseinandersetzungen zurück.[6] Fortwährende Veränderungen in den persönlichen und wirtschaftlichen Verhältnissen der Parteien nach der Trennung sowie die psychischen Belastungen durch die Trennung führten dazu, dass bedeutsame Tatsachen nicht vorgebracht oder nicht belegt wurden, woraus ein vergleichsweise hoher Erfolg insbesondere der unterhaltsrechtlichen Berufungen resultierte. Diese Besonderheiten und die lang dauernde und existenzielle Bedeutung insbesondere der Unterhaltstitel waren die Gründe für die Regelung des § 621d ZPO aF. Im Hinblick auf die sich rasch ändernden Verhältnisse werde so in vielen Fällen noch eine Klärung in der Berufungsinstanz ermöglicht und der betroffenen Partei der prozessual unökonomische Weg eines Abänderungsverfahrens nach § 323 ZPO erspart.[7] Als **gemeinsamer Normzweck** der §§ 615, 621d ZPO aF lässt sich festhalten, dass es um Verfahren ging, bei denen die Verwirklichung des materiellen Rechts – aus unterschiedlichen Gründen – Vorrang vor der Verfahrensbeschleunigung haben sollte.[8] Dieser **Normzweck** liegt auch dem „neuen" § 115 zugrunde. Ehesachen und Familienstreitsachen werden einer Präklusionsregelung unterworfen, mit der man missbräuchlichen Verzögerungen des Verfahrens begegnen kann,[9] die aber ansonsten neue Angriffs- und Verteidigungsmittel abweichend von den allgemeinen ZPO-Vorschriften im Interesse der Verwirklichung des materiellen Rechts und aus Gründen der Prozessökonomie zulässt. Zwar kann man **rechtspolitisch** zweifeln, ob die familienverfahrensrechtlichen Besonderheiten in Ehe-, Unterhalts- und Güterrechtssachen, die in der nahen persönlichen Beziehung der Beteiligten wurzeln, auch bei allen sonstigen Familiensachen bestehen. Der Gesetzgeber hat sich aber im Interesse einer klaren Regelung dafür entschieden, alle Familienstreitsachen der ursprünglich nur für Ehesachen und einige Familiensachen geltenden besonderen Präklusionsvorschrift zu unterwerfen.

II. Regelungssystematik

2 § 115 stellt eine **Sonderregelung** zu § 113 Abs. 1 S. 2 dar, der für Ehesachen und Familienstreitsachen allgemein auf die §§ 1 bis 494a ZPO (s. § 113 Rn. 4 ff.) und damit auch auf die Präklusionsvorschrift des § 296 ZPO verweist. § 115 **S. 2** entspricht den Absätzen 2 der §§ 615, 621d ZPO aF, die durch die Zivilprozessrechtsreform 2002 eingefügt worden waren, um zu verdeutlichen, dass die übrigen allgemeinen Präklusionsbestimmungen insbesondere auch aus dem Berufungsrecht keine Anwendung fanden.[10] Die §§ 530, 531 ZPO wären in Ehesachen und Familienstreitsachen aber ohnehin nicht anwendbar gewesen, da die allgemeine ZPO-Verweisung des § 113 Abs. 1 S. 2 nicht

---

[1] BT-Drucks. 16/6308, S. 224.
[2] Oben § 615 ZPO Rn. 1.
[3] *Zöller/Philippi* § 615 ZPO Rn. 1; *Völker* MDR 2001, 1325.
[4] So *Thomas/Putzo/Hüßtege* § 621d ZPO Rn. 1.
[5] BT-Drucks. 14/4722, S. 119.
[6] Vgl. nochmals BT-Drucks. 14/4722, S. 119.
[7] BT-Drucks. 14/4722, S. 120.
[8] So *Zöller/Philippi* § 615 ZPO Rn. 1.
[9] Vgl. *Stein/Jonas/Schlosser* § 615 ZPO Rn. 1.
[10] BT-Drucks. 14/4722, S. 119, 120.

das zivilprozessuale Rechtsmittelrecht einbezieht und diese Präklusionsvorschriften auch in § 117 nicht genannt werden. Für **reine FamFG-Familiensachen** bzw. Familiensachen ieS (s. § 111 Rn. 5 f.) existiert im Buch 1 keine dem § 115 entsprechende Vorschrift. Dennoch ist es in reinen FamFG-Familiensachen grds. verboten, einen Sachvortrag als verspätet zurückzuweisen, da für Angelegenheiten der freiwilligen Gerichtsbarkeit der Amtsermittlungsgrundsatz des § 26 gilt.[11]

§ 296 ZPO wird durch § 115 **insgesamt verdrängt.** Zwar heißt es in Teilen des Schrifttums, 3 § 296 Abs. 3 ZPO bleibe anwendbar.[12] Diese schon zum alten Recht vertretene Auffassung war jedenfalls nach der Änderung des § 615 Abs. 2 ZPO aF und der Einfügung des § 621d Abs. 2 ZPO aF durch die Zivilprozessrechtsreform 2002 nicht mehr plausibel zu begründen.[13] Der mit diesen Vorschriften wortgleiche § 115 S. 2 schließt die Anwendung der allgemeinen Präklusionsvorschriften umfassend aus, indem er festlegt, dass Angriffs- und Verteidigungsmittel im Übrigen abweichend von den allgemeinen Vorschriften zuzulassen sind. Auch Rügen iSd. § 296 Abs. 3 ZPO sind Angriffs- und Verteidigungsmittel iSd. § 115 S. 1, die nur bei grober Nachlässigkeit zurückgewiesen werden dürfen, während für die Zurückweisung nach § 296 Abs. 3 ZPO einfache Nachlässigkeit ausreichend ist. Folglich handelt es sich bei § 296 Abs. 3 ZPO um eine abweichende allgemeine Vorschrift, deren Anwendbarkeit nach § 115 S. 2 ausgeschlossen ist. Neben § 115 ist § 296 ZPO mithin im Ganzen nicht anwendbar.[14] Freilich sind die tatbestandlichen Zurückweisungsvoraussetzungen des § 115 S. 1 mit denen des § 296 Abs. 2 ZPO identisch.[15]

III. Anwendungsbereich

1. Sachlicher Anwendungsbereich. § 115 gilt in Ehesachen und Familienstreitsachen. **Ehesa-** 4 **chen** sind die Verfahren auf Scheidung der Ehe (Scheidungssachen), auf Aufhebung der Ehe und auf Feststellung des Bestehens oder Nichtbestehens einer Ehe zwischen den Beteiligten (s. § 121). Den Ehesachen sind durch § 270 Abs. 1 S. 1 die Lebenspartnerschaftssachen iSd. § 269 Abs. 1 Nr. 1 und 2 verfahrensrechtlich gleich gestellt (s. § 113 Rn. 3). **Familienstreitsachen** sind nach der Legaldefinition des § 112 die in den Absätzen 1 der §§ 231, 261 und 266 aufgeführten Unterhaltssachen, Güterrechtssachen und sonstigen Familiensachen sowie die jeweils entsprechenden Lebenspartnerschaftssachen nach § 269 Abs. 1 Nr. 8, 9, 10 und Abs. 2 (s. § 112 Rn. 1, 4, 5 ff.). Soweit in Ehesachen und Familienstreitsachen der eingeschränkte Amtsermittlungsgrundsatz gilt (§§ 127, 235 f.), darf Vorbringen nicht als verspätet zurückgewiesen werden (s. Rn. 8). Insoweit kann man von einem partiellen Ausschluss des Anwendungsbereichs des § 115 in Ehesachen und Familienstreitsachen sprechen. **Nicht** in den Anwendungsbereich des § 115 fallen die **reinen FamFG-Familiensachen** bzw. Familiensachen ieS (s. § 111 Rn. 5 f.), weil in Verfahren der freiwilligen Gerichtsbarkeit wegen der dort geltenden Amtsermittlung gem. § 26 kein Raum für die Präklusion ist (s. Rn. 2). Reine FamFG-Familiensachen sind die Familiensachen nach § 111 Nr. 2 bis 7 sowie nach § 111 Nr. 11 in den Fällen der Nr. 2 bis 7, Unterhaltssachen nach § 231 Abs. 2, Güterrechtssachen nach § 261 Abs. 2, sonstige Familiensachen nach § 266 Abs. 2 sowie sonstige Lebenspartnerschaftssachen nach § 269 Abs. 3. In **Verbundverfahren** (§ 137) gilt § 115 für die Scheidungssache und für diejenigen Folgesachen, die Familienstreitsachen sind, nicht aber für Folgesachen der freiwilligen Gerichtsbarkeit (Versorgungsausgleichssachen, Ehewohnungs- und Haushaltssachen, Kindschaftssachen). Letzteres ergibt sich aus dem für reine FamFG-Familiensachen bzw. Familiensachen ieS (s. § 111 Rn. 5 f.) geltenden Amtsaufklärungsgrundsatz des § 26, der eine Zurückweisung verspäteten Vorbringens verbietet (s. Rn. 2). Im Übrigen verzögert sich ein Verbundverfahren nur, wenn sich seine Erledigung insgesamt hinausschiebt.[16]

2. Erfasste Instanzen. § 115 gilt sowohl im Verfahren erster Instanz als auch im Beschwerde- 5 verfahren, in dem nach § 65 Abs. 3 neue Tatsachen als Beweismittel vorgebracht werden können. Die §§ 530, 531 ZPO sind nicht anzuwenden, weil weder die Sonderregelung des § 117 noch die allgemeine ZPO-Verweisung des § 113 Abs. 1 S. 2 auf diese Präklusionsvorschriften Bezug nehmen (s. Rn. 2). Außerdem stellt § 115 S. 2 klar, dass Angriffs- und Verteidigungsmittel, die nicht nach § 115 S. 1 zurückgewiesen werden können, abweichend von den allgemeinen Vorschriften zuzulassen sind. In erster Instanz zu Recht zurückgewiesene Angriffs- und Verteidigungsmittel können in

---

[11] Vgl. zum alten Recht oben § 615 ZPO Rn. 3; *Zöller/Philippi* § 615 ZPO Rn. 1 a.
[12] *Musielak/Borth* Rn. 2.
[13] Vgl. insoweit bereits oben § 615 ZPO Rn. 4.
[14] Ebenso ohne Begründung *Baumbach/Lauterbach/Hartmann* Rn. 1.
[15] Hierzu bereits *Stein/Jonas/Schlosser* § 615 ZPO Rn. 1 aE.
[16] *Baumbach/Lauterbach/Hartmann* § 621d ZPO Rn. 1; *Thomas/Putzo/Hüßtege* § 621d ZPO Rn. 3; vgl. auch BGHZ 77, 306, 308 = NJW 1980, 2355 f.: keine Verspätungszurückweisung durch Teilurteil.

§ 115 6–9   Buch 2. Abschnitt 1. Allgemeine Vorschriften

der Beschwerdeinstanz erneut vorgebracht, jedoch unter den Voraussetzungen des § 115 S. 1 vom Beschwerdegericht zurückgewiesen werden.[17] Im **Rechtsbeschwerdeverfahren** gilt § 115, soweit hier überhaupt neue Tatsachen zu berücksichtigen sind. Weil das Rechtsbeschwerdegericht grds. nach § 74 Abs. 3 S. 4 iVm. § 559 ZPO an die tatsächlichen Feststellungen des Beschwerdegerichts gebunden ist, ist § 115 in der Rechtsbeschwerdeinstanz von vornherein nur eingeschränkt anwendbar.

IV. Voraussetzungen einer Zurückweisung

6   Die tatbestandlichen Voraussetzungen einer Zurückweisung verspäteten Vorbringens in Ehesachen und Familienstreitsachen nach § 115 S. 1 stimmen mit denen überein, die § 296 Abs. 2 ZPO für die Zurückweisung verspäteten Vorbringens bei Verletzung der allgemeinen Prozessförderungspflicht aufstellt.[18]

7   **1. Angriffs- und Verteidigungsmittel.** Unter diesen Begriff fällt jedes sachliche und prozessuale Vorbringen, um den geltend gemachten prozessualen Anspruch durchzusetzen oder abzuwehren.[19] Konkret wird alles erfasst, womit das in der Ehesache oder Familienstreitsache erhobene Begehren vor Gericht verfahrensmäßig geltend gemacht oder bekämpft werden kann, also Tatsachenbehauptungen, Bestreiten, Einwendungen, Einreden, Beweismittel und Beweiseinreden (vgl. § 282 Abs. 1 ZPO). Keine Angriffs- und Verteidigungsmittel sind sog. selbstständige Angriffe, mit denen neue Streitgegenstände in das Verfahren eingeführt werden. Typische Anwendungsfälle solcher verfahrensbestimmender Anträge sind Antragsänderung, Antragserweiterung und Widerantrag.[20] Nicht unter den Begriff der Angriffs- und Verteidigungsmittel fallen auch das Zugestehen von gegnerischen Tatsachenbehauptungen (Geständnis) sowie Rechtsausführungen (iura novit curia).[21]

8   **2. Verspätetes Vorbringen.** Nicht rechtzeitig vorgebracht sind Angriffs- und Verteidigungsmittel, wenn sie später vorgebracht werden, als es sorgfältiger und auf Beförderung des Verfahrens bedachter Prozessführung entspricht.[22] Maßgebend ist der nach § 113 Abs. 1 S. 2 entsprechend geltende § 282 ZPO, bei dessen Anwendung den Besonderheiten von Ehesachen und Familienstreitsachen Rechnung zu tragen ist.[23] So kann es zur Entschärfung und Beschleunigung einer ehelichen Streitigkeit durchaus sinnvoll sein, den Prozessstoff zunächst zu beschränken und den Sachverhalt gestuft vorzutragen.[24] Soweit der Sachverhalt nach § 127 in Ehesachen und nach den §§ 235f. in Unterhaltssachen von Amts wegen zu ermitteln ist, darf Sachvortrag auch dann nicht als verspätet zurückgewiesen werden, wenn die (sonstigen) Voraussetzungen des § 115 erfüllt sind.[25]

9   **3. Verzögerung infolge Zulassung.** Verspätetes Vorbringen darf nur zurückgewiesen werden, wenn seine Zulassung die Erledigung des Verfahrens verzögern würde. Zwischen der Verspätung des Vorbringens und der Verzögerung muss ein ursächlicher Zusammenhang im normativen Sinne bestehen.[26] Er ist zu bejahen, wenn das Verfahren ohne die neuen Angriffs- oder Verteidigungsmittel zur Endentscheidung reif wäre, bei Berücksichtigung des verspäteten Vorbringens jedoch eine Vertagung erforderlich würde. An der erforderlichen Kausalität fehlt es, wenn dieselbe Verzögerung auch bei rechtzeitigem Vorbringen eingetreten oder die Verzögerung bei sachgerechter Terminsvorbereitung durch das Gericht noch zu vermeiden gewesen wäre.[27] Hätte beispielsweise das Gericht trotz eines verspäteten Beweisantrags die Beweismittel noch zum Termin herbeischaffen können, dies aber unterlassen, so ist der späte Beweisantrag im normativen Sinne kausal für die Verzögerung.[28] Im **Verbundverfahren** nach § 137 Abs. 1 kosten die in den Folgesachen einzuholenden Auskünfte und durchzuführenden Beweiserhebungen regelmäßig erhebliche Zeit.[29] § 115 gilt nur für die Scheidungssache und für diejenigen Folgesachen, die Familienstreitsachen sind, nicht aber für Folgesachen der freiwilligen Gerichtsbarkeit (s. Rn. 4). Da im Verbund nach § 137 Abs. 1 eine ein-

---

[17] *Musielak/Borth* Rn. 3; zum alten Recht *Stein/Jonas/Schlosser* § 615 ZPO Rn. 6.
[18] Hierzu *Stein/Jonas/Schlosser* § 615 ZPO Rn. 1 aE; zu den Tatbestandsmerkmalen des § 296 Abs. 2 ZPO oben § 296 ZPO Rn. 40 ff., 74 ff., 118 ff., 134 ff., 179 f.
[19] Oben § 296 ZPO Rn. 40; *Zöller/Philippi* § 615 ZPO Rn. 4.
[20] Vgl. oben § 296 ZPO Rn. 41.
[21] Vgl. oben § 296 ZPO Rn. 44, 46.
[22] *Zöller/Philippi* § 615 ZPO Rn. 5.
[23] Vgl. *Musielak/Borth* Rn. 5.
[24] Vgl. *Stein/Jonas/Schlosser* § 615 ZPO Rn. 2.
[25] *Zöller/Philippi* § 615 ZPO Rn. 3; *Stein/Jonas/Schlosser* § 615 ZPO Rn. 3; *Keidel/Weber* Rn. 4.
[26] Vgl. BGH NJW 1987, 502, 503; NJW 1987, 1949, 1950; *Thomas/Putzo/Reichold* § 296 ZPO Rn. 12.
[27] Zu Letzterem *Zöller/Greger* § 296 ZPO Rn. 14 a.
[28] *Zöller/Philippi* § 615 ZPO Rn. 6.
[29] *Musielak/Borth* Rn. 6.

heitliche Entscheidung getroffen werden muss, verzögert sich ein Verbundverfahren nur, wenn sich seine Erledigung insgesamt hinausschiebt (s. Rn. 4 aE), also die Entscheidung über alle anhängigen Sachen später erfolgt. Die Zulassung verspäteten Vorbringens in Ehesachen und Familienstreitsachen kann die Erledigung des Verfahrens daher erst dann verzögern, wenn alle (anderen) Folgesachen entscheidungsreif sind.[30]

4. Freie Überzeugung des Gerichts. Ob die Zulassung des verspäteten Vorbringens den Rechtsstreit verzögern würde, stellt das Gericht nach freier Überzeugung fest. Beweis wird hierüber nicht erhoben.[31] 10

5. Grobe Nachlässigkeit. Die Verspätung des Angriffs- oder Verteidigungsmittels muss auf grober Nachlässigkeit beruhen. Leichte Fahrlässigkeit genügt nicht. Erforderlich ist eine besondere Sorgosigkeit, die nicht beachtet, was jedem Beteiligten nach dem Stand des Verfahrens einleuchten muss.[32] Das Verschulden eines Bevollmächtigten steht dem des Beteiligten gleich (§ 113 Abs. 1 S. 2 iVm. § 85 Abs. 2 ZPO). Die grobe Nachlässigkeit muss sich auf die Prozessförderungspflicht beziehen.[33] 11

6. Rechtliches Gehör. Schließlich setzt die Zurückweisung voraus, dass das Gericht auf die in Betracht gezogene Präklusion hingewiesen, dem säumigen Beteiligten Gelegenheit zur Äußerung gewährt und diese auch zur Kenntnis genommen hat.[34] 12

V. Die Entscheidung über die Zurückweisung

Wie in § 296 Abs. 2 ZPO und in den §§ 615, 621d ZPO aF heißt es in § 115 S. 1, dass die nicht rechtzeitig vorgebrachten Angriffs- und Verteidigungsmittel zurückgewiesen werden „können". Aus dieser Formulierung folgt die hM, dass die Zurückweisung im pflichtgemäßen **Ermessen** des Gerichts steht („freie Zurückweisung").[35] Über die Ermessenskriterien besteht freilich keine Einigkeit. Viele Autoren äußern sich zu ihnen gar nicht. Manche fordern, das Gericht müsse den Nachteil, den die Verzögerung des Verfahrens für den Gegner des verspätet Vortragenden mit sich bringe, abwägen im Vergleich zu dem Nachteil, der dem verspätet Vortragenden durch die Zurückweisung seines Vorbringens drohe.[36] Nach anderen hat das Gericht im Rahmen des Ermessens sowohl das Parteiverhalten, insbesondere den Grad der Nachlässigkeit, als auch die Prozesslage, also das voraussichtliche Gewicht des Angriffs- oder Verteidigungsmittels für den Prozess, die Bedeutung des Prozessgegenstandes für die Parteien, das Prozessstadium und das Ausmaß der voraussichtlichen Verzögerung, zu berücksichtigen.[37] Eine vordringende, konkret zu § 296 Abs. 2 ZPO vertretene Mindermeinung versteht „können" demgegenüber iSd. Einräumung einer Rechtsmacht.[38] Hiernach **muss** bei Vorliegen der tatbestandlichen Voraussetzungen der Präklusionsvorschrift zurückgewiesen werden, da sonst das Gebot der prozessualen Waffengleichheit nicht gewahrt sei und außerdem nicht zu erkennen sei, welche das Ermessen leitenden Erwägungen der Richter noch anstellen solle. In der Tat lassen sich die von der hM angeführten Ermessenskriterien auch bei dem Tatbestandsmerkmal „grobe Nachlässigkeit" diskutieren.[39] Der Gesetzgeber hat die Zurückweisung verspäteten Vorbringens nach § 296 Abs. 2 ZPO aber bewusst in das Ermessen des Gerichts gestellt, um diesem eine flexible Handhabung seiner Entscheidungsbefugnisse zu ermöglichen.[40] Diese Interessenbewertung bindet den Rechtsanwender. 13

Die Zurückweisung ist in den Gründen der Sachentscheidung auszusprechen.[41] Sie ist konkret zu begründen.[42] Die Zurückweisung bewirkt, dass das jeweils zurückgewiesene Angriffs- oder Verteidi- 14

---

[30] *Musielak/Borth* Rn. 6.
[31] *Zöller/Philippi* § 615 ZPO Rn. 7.
[32] BGH NJW 1987, 501, 502; NJW 1997, 2244, 2245.
[33] BGH NJW 1982, 1533; *Thomas/Putzo/Reichold* § 296 ZPO Rn. 37.
[34] Vgl. BVerfGE 70, 215, 218 = NJW 1987, 485; *Thomas/Putzo/Hüßtege* § 296 ZPO Rn. 42; *Zöller/Greger* § 296 ZPO Rn. 32; *Fischer*, Topoi verdeckter Rechtsfortbildungen im Zivilrecht, 2007, S. 468 ff., 473 f.
[35] Für die §§ 615, 621d ZPO aF etwa *Baumbach/Lauterbach/Hartmann* § 615 ZPO aF Rn. 2; *Thomas/Putzo/Hüßtege* § 615 ZPO Rn. 5, § 621d ZPO Rn. 2; für § 296 Abs. 2 ZPO BGH NJW 1980, 343, 344; NJW 1981, 2255; *Baumbach/Lauterbach/Hartmann* § 296 ZPO Rn. 18; *Musielak/Huber* § 296 ZPO Rn. 29; *Stein/Jonas/Leipold* § 296 ZPO Rn. 148 f.
[36] So *Zöller/Philippi* § 615 ZPO Rn. 9; *Völker* MDR 2001, 1325, 1326.
[37] *Stein/Jonas/Leipold* § 296 ZPO Rn. 148 f.
[38] *Weth*, Die Zurückweisung verspäteten Vorbringens im Zivilprozess, 1988, S. 291 ff.; oben § 296 ZPO Rn. 180 m. weit. Nachw.
[39] Vgl. insoweit nur bei *Musielak/Huber* § 296 ZPO Rn. 32.
[40] Vgl. BT-Drucks. 7/2729, S. 39; 7/5250, S. 10; *Weth* (Fn. 38), S. 289.
[41] *Zöller/Greger* § 296 ZPO Rn. 31; *Thomas/Putzo/Reichold* § 296 ZPO Rn. 43.
[42] BGH NJW-RR 1996, 961.

gungsmittel unberücksichtigt bleibt, der Beteiligte also in der Sachentscheidung so behandelt wird, als hätte er das verspätete Vorbringen nicht vorgetragen.[43] Die Rechtskraftwirkung erfasst das zurückgewiesene Vorbringen.[44] Ein durchsetzbarer Anspruch auf Zurückweisung des verspäteten gegnerischen Vorbringens besteht nicht.[45] Die unterbliebene Zurückweisung kann nicht nachgeholt werden. Die rechtswidrige Zulassung verspäteten Vorbringens beseitigt die Zurückweisungsvoraussetzung der drohenden Verzögerung.[46] Dass die nötigen gesetzlichen Voraussetzungen für eine Zurückweisung nicht vorlagen, kann mit den gegen die Endentscheidung gegebenen Rechtsmitteln geltend gemacht werden.[47]

§ 116 Entscheidung durch Beschluss; Wirksamkeit

(1) Das Gericht entscheidet in Familiensachen durch Beschluss.

(2) Endentscheidungen in Ehesachen werden mit Rechtskraft wirksam.

(3) [1] Endentscheidungen in Familienstreitsachen werden mit Rechtskraft wirksam. [2] Das Gericht kann die sofortige Wirksamkeit anordnen. [3] Soweit die Endentscheidung eine Verpflichtung zur Leistung von Unterhalt enthält, soll das Gericht die sofortige Wirksamkeit anordnen.

I. Normzweck

1   Abs. 1 hat eine **rein klarstellende Funktion.** In allen dem FamFG unterfallenden Verfahren und damit auch in allen Familiensachen ist einheitlich durch Beschluss zu entscheiden. Die generelle Entscheidungsform des Beschlusses dient der Vereinheitlichung des FamFG-Verfahrens im Allgemeinen[1] sowie der Vereinheitlichung und Vereinfachung des familienrechtlichen Verfahrens im Besonderen.[2] Die **Absätze 2 und 3** legen den **Zeitpunkt des Wirksamwerdens** von **Endentscheidungen in Ehesachen und Familienstreitsachen** fest. Während nach der allgemeinen Regel des § 40 Abs. 1 das Wirksamwerden eines Beschlusses an seine Bekanntgabe geknüpft wird, bestimmt **Abs. 2**, dass Endentscheidungen in Ehesachen erst mit Rechtskraft wirksam werden. Dies sei vor dem Hintergrund zu sehen, dass es sich bei Entscheidungen in Ehesachen regelmäßig um Entscheidungen mit rechtsgestaltendem Charakter handelt.[3] Die Äußerung kann man dahingehend präzisieren, dass die rechtsgestaltende Wirkung eines Scheidungsbeschlusses oder einer anderen Endentscheidung in Ehesachen erst eintreten soll, wenn kein Rechtsmittel mehr möglich ist. Nach **Abs. 3 S. 1** werden auch Endentscheidungen in Familienstreitsachen erst mit Rechtskraft wirksam. Abs. 3 normiert – gemeinsam mit § 120 Abs. 2 – ein „neues Konzept der vorläufigen Vollstreckbarkeit".[4] Im Gegensatz zu Ehesachen kann das Gericht bei Familienstreitsachen nach **Abs. 3 S. 2** die sofortige Wirksamkeit anordnen mit der Folge einer sofortigen Vollstreckbarkeit nach § 120 Abs. 2.[5] Nach **Abs. 3 S. 3** soll das Gericht die sofortige Wirksamkeit anordnen, soweit die Entscheidung eine Verpflichtung zur Leistung von Unterhalt enthält; die Ausgestaltung als Soll-Vorschrift bringt die Bedeutung des Unterhalts zur Sicherung des Lebensbedarfs zum Ausdruck.[6] Durch Abs. 3 wird das Rechtsinstitut der vorläufigen Vollstreckbarkeit in Familienstreitsachen entbehrlich[7] und nicht nur neu konzipiert.

II. Regelungssystematik

2   Abs. 1 ist im Zusammenhang mit den **§§ 38, 39, 113 Abs. 1 S. 1, 142 Abs. 1** zu sehen. Nach der Konzeption des Gesetzes gelten das FamFG und sein generelle Verfahrensregelungen enthaltender allgemeiner Teil grds. auch für die Verfahren in Familiensachen (s. § 1 und o. § 113 Rn. 1). Da die §§ 38, 39 in der Nichtanwendungsanordnung des § 113 Abs. 1 S. 1 nicht aufgeführt werden, sind sie

---

[43] Oben § 296 ZPO Rn. 181; *Zöller/Greger* § 296 ZPO Rn. 33.
[44] *Stein/Jonas/Leipold* § 296 ZPO Rn. 175; oben § 296 ZPO Rn. 181.
[45] Oben § 296 ZPO Rn. 182.
[46] *Deubner* NJW 1981, 929, 930; *Stein/Jonas/Leipold* § 296 ZPO Rn. 184.
[47] *Stein/Jonas/Leipold* § 296 ZPO Rn. 178 ff.
[1] Vgl. BT-Drucks. 16/6308, S. 195.
[2] *Borth* FamRZ 2007, 1925, 1928.
[3] So BT-Drucks. 16/6308, S. 224; *Keidel/Weber* Rn. 1.
[4] *Keidel/Weber* Rn. 2.
[5] BT-Drucks. 16/6308, S. 224.
[6] BT-Drucks. 16/6308, S. 224.
[7] BT-Drucks. 16/6308, S. 224.

auch in Ehesachen und Familienstreitsachen anzuwenden. Selbst ohne die Regelung des Abs. 1 wäre daher in Familiensachen durch Beschluss zu entscheiden. Nach § 142 Abs. 1 S. 1 ist im Fall der Scheidung über sämtliche im Verbund stehende Familiensachen durch einheitlichen Beschluss zu entscheiden.

Die Absätze 2 und 3 enthalten Sonderregeln zu dem nach § 113 Abs. 1 S. 1 in Ehesachen und Familienstreitsachen nicht anzuwendenden § 40. **3**

III. Entscheidung durch Beschluss

Nach bisherigem Recht wurde in den ZPO-Verfahren durch Urteil und in den FGG-Verfahren **4** durch Beschluss entschieden, wobei in einem stattgebenden Scheidungsurteil gem. § 629 Abs. 1 ZPO aF auch über Folgesachen mit entschieden wurde. **Abs. 1** stellt nochmals klar, dass nunmehr in allen Familiensachen durch Beschluss entschieden wird. Weder in Ehe- noch in Familienstreitsachen gibt es noch Urteile.[8] Man wird sich daran gewöhnen, dass eine Ehe nicht mehr durch Scheidungsurteil, sondern durch Scheidungsbeschluss beendet wird. Hinsichtlich des Beschlusses gelten die Vorschriften der **§§ 38, 39,** freilich vorbehaltlich vorrangiger besonderer Bestimmungen.[9] Der übliche Beschlussinhalt ist in § 38 Abs. 2 und 3 normiert. In Familiensachen ist der Beschluss nach § 38 Abs. 3 S. 1 regelmäßig zu begründen. Unter den Voraussetzungen des § 38 Abs. 4 ist eine Begründung in Familienstreitsachen nicht erforderlich. In Ehesachen kann eine Begründung ausschließlich dann entbehrlich sein, wenn im Beschluss die Scheidung ausgesprochen wird (§ 38 Abs. 5 Nr. 1). Soll ein ohne Begründung hergestellter Beschluss im Ausland geltend gemacht werden, so gelten nach § 38 Abs. 6 die Vorschriften über die Vervollständigung von Versäumnis- und Anerkenntnisentscheidungen entsprechend. Nach § 39 hat jeder Beschluss, auch in Familiensachen, eine Rechtsbehelfsbelehrung zu enthalten. Entscheidungen in Ehesachen sowie Familienstreitsachen sind weiterhin im Namen des Volkes zu verkünden.[10]

IV. Anwendungsbereich der Absätze 2 und 3

Die besonderen Regeln über das Wirksamwerden von Beschlüssen in Abs. 2 und Abs. 3 beziehen **5** sich auf Endentscheidungen in Ehesachen und in Familienstreitsachen.

1. Ehesachen und Familienstreitsachen. Die Anwendung des Abs. 2 setzt eine Ehesache, die **6** des Abs. 3 eine Familienstreitsache voraus. **Ehesachen** sind nach Legaldefinition des § 121 Verfahren auf Scheidung der Ehe, auf Aufhebung der Ehe und auf Feststellung des Bestehens oder Nichtbestehens einer Ehe zwischen den Beteiligten (s. § 111 Rn. 9). Den Ehesachen sind durch § 270 Abs. 1 S. 1 die Lebenspartnerschaftssachen iSd. § 269 Abs. 1 Nr. 1 und 2 verfahrensrechtlich gleich gestellt (s. § 113 Rn. 3). **Familienstreitsachen** sind nach Legaldefinition des § 112 die in den Absätzen 1 der §§ 231, 261 und 266 aufgeführten Unterhaltssachen, Güterrechtssachen und sonstige Familiensachen sowie die jeweils entsprechenden Lebenspartnerschaftssachen nach § 269 Abs. 1 Nr. 8, 9, 10 und Abs. 2 (s. § 112 Rn. 1, 4, 5 ff.).

2. Endentscheidungen. Nach der **Legaldefinition des § 38 Abs. 1 S. 1** ist Endentscheidung **7** eine Entscheidung, durch die der Verfahrensgegenstand ganz oder teilweise erledigt wird. Die Endentscheidung muss die Instanz abschließen; sie wird meist die Entscheidung in der Hauptsache sein, kann aber, wenn die Hauptsache weggefallen ist, auch eine Kostenentscheidung sein.[11] Endentscheidungen in Ehe- und Familienstreitsachen können auch Teil-, Versäumnis- und Verzichtsentscheidungen sein, in Familienstreitsachen zudem Anerkenntnisentscheidungen (vgl. § 113 Abs. 4 Nr. 6). Zwischen- und Nebenentscheidungen sind **keine** Endentscheidungen.[12] Soweit es sich nicht um eine Endentscheidung handelt, etwa bei der Aussetzung nach § 136, wird die Entscheidung entsprechend § 329 ZPO wirksam.[13] Nach § 329 Abs. 2 S. 1 ZPO sind nicht verkündete Beschlüsse formlos mitzuteilen und werden damit wirksam.

---

[8] BT-Drucks. 16/6308, S. 224.
[9] BT-Drucks. 16/6308, S. 224.
[10] Musielak/Borth Rn. 3.
[11] BT-Drucks. 16/6308, S. 195.
[12] BT-Drucks. 16/6308, S. 195.
[13] BT-Drucks. 16/6308, S. 224.

§ 116 8–11   Buch 2. Abschnitt 1. Allgemeine Vorschriften

V. Wirksamwerden nach Abs. 2

8   Abweichend von der gem. § 113 Abs. 1 S. 1 nicht anzuwendenden allgemeinen Vorschrift des § 40 Abs. 1, nach der ein Beschluss mit Bekanntgabe an die Beteiligten Wirksamkeit erlangt, werden Endentscheidungen in **Ehesachen** mit Rechtskraft wirksam. Gestaltungsentscheidungen verändern die Rechtslage, ohne dass es eines Vollstreckungsaktes bedürfte. Wegen ihrer einschneidenden **Gestaltungswirkung** werden sie nicht schon mit ihrer Bekanntgabe, sondern erst dann wirksam, wenn keine Rechtsmittel mehr möglich sind. Eine nur vorläufige Rechtsgestaltung wäre wegen des öffentlichen Interesses an klaren Familienständen gerade in Ehesachen problematisch. Deshalb kommt auch eine Anordnung der sofortigen Wirksamkeit, anders als bei Familienstreitsachen (vgl. Abs. 3 S. 2) nicht in Betracht.[14] Dementsprechend bestimmen die §§ 1564 Abs. 2, 1313 Abs. 2 BGB, dass die Ehe mit der Rechtskraft der Scheidungsentscheidung bzw. der Aufhebungsentscheidung aufgelöst ist. Das Wirksamwerden von Entscheidungen in Ehesachen, die keine Endentscheidungen sind, bestimmt sich nach § 329 ZPO (s. Rn. 7).

VI. Wirksamwerden nach Abs. 3

9   **1. Grundsatz des S. 1.** Auch Entscheidungen in **Familienstreitsachen** werden nach Abs. 3 S. 1 grds. erst mit Rechtskraft wirksam. Nach § 120 Abs. 2 S. 1 sind Endentscheidungen mit Wirksamwerden vollstreckbar, so dass die Vollstreckung grds. den Eintritt der Rechtskraft voraussetzt. Diese Regelung weicht von der vollstreckungsrechtlichen Grundsatznorm des § 704 ZPO ab, nach der die Zwangsvollstreckung aus Endurteilen stattfindet, die rechtskräftig oder für vorläufig vollstreckbar erklärt sind.[15] Bei Familienstreitsachen kann bzw. soll das Gericht aber nach den Sätzen 2 und 3 des Abs. 3 die sofortige Wirksamkeit seiner Entscheidung anordnen. Dann ist diese nach § 120 Abs. 2 S. 1 kraft Gesetzes vollstreckbar, also ohne Vollstreckbarerklärung des Gerichts (s. § 120 Rn. 1, 7).

10 **2. Anordnung der sofortigen Wirksamkeit nach S. 2.** Anders als in Ehesachen kann das Gericht nach Abs. 3 S. 2 in Familienstreitsachen also die sofortige Wirksamkeit seiner Endentscheidung anordnen. Mit dem Eintritt der sofortigen Wirksamkeit sind nicht rechtskräftige Endentscheidungen kraft Gesetzes nach § 120 Abs. 2 S. 1 vollstreckbar. Die Voraussetzungen der Anordnung der sofortigen Wirksamkeit hat das Familiengericht nach pflichtgemäßem Ermessen und unter Abwägung aller Umstände zu prüfen.[16] Bei seiner Ermessensprüfung hat das Gericht das Interesse des Gläubigers an der Erlangung der Leistung und das Schutzinteresse des Schuldners gegeneinander abzuwägen.[17] Die jeweiligen Anordnungsvoraussetzungen muss der Gläubiger darlegen.[18] Ein ausdrücklicher Antrag ist nicht erforderlich.

11 **3. Unterhaltsverpflichtungen (S. 3).** Nach Abs. 3 S. 3 soll das Gericht die sofortige Wirksamkeit anordnen, soweit die Endentscheidung eine Verpflichtung zur Leistung von Unterhalt enthält. Wegen der Bedeutung des Unterhalts für die Sicherung des Lebensbedarfs ist die Norm als Soll-Vorschrift ausgestaltet.[19] Bei Unterhaltsverpflichtungen ist also regelmäßig die sofortige Wirksamkeit anzuordnen. In Sonderfällen gilt die Regel nicht. Im Rahmen seiner Ermessensprüfung kann das Gericht bei der Abwägung des Interesses des Gläubigers am Erlangen der Leistung mit dem Schutzinteresse des Schuldners zu dem Ergebnis gelangen, dass es der Anordnung der sofortigen Wirksamkeit zur Sicherung nicht bedarf.[20] So soll auf eine Anordnung der sofortigen Wirksamkeit in Unterhaltssachen teilweise vollständig verzichtet werden können, wenn das Jugendamt nach den §§ 33 Abs. 2 S. 4 SGB II, 94 Abs. 4 S. 2 SGB XII oder nach § 7 Abs. 4 S. 1 des Unterhaltsvorschussgesetzes übergegangene Ansprüche geltend macht, oder wenn neben dem laufenden Unterhalt länger zurückliegende Unterhaltsrückstände verlangt werden.[21] Anders ist das im letztgenannten Fall, wenn sich auf dem Bankkonto des Unterhaltsberechtigten auf Grund des nicht gezahlten Unterhalts erhebliche Belastungen angesammelt haben.[22] Außerdem soll von einer Anordnung der sofortigen

---

[14] *Keidel/Weber* Rn. 7.
[15] *Keidel/Weber* Rn. 8.
[16] *Baumbach/Lauterbach/Hartmann* Rn. 4; *Keidel/Weber* Rn. 9.
[17] BT-Drucks. 16/6308, S. 412.
[18] Hierzu *Musielak/Borth* Rn. 6.
[19] BT-Drucks. 16/6308, S. 224, 412.
[20] BT-Drucks. 16/6308, S. 412.
[21] BT-Drucks. 16/6308, S. 224, 412.
[22] *Musielak/Borth* Rn. 5.

Wirksamkeit idR abzusehen sein, wenn zum Unterhalt eine einstweilige Anordnung nach den §§ 49 ff. ergangen ist.[23]

Nach der Gesetzesbegründung wird durch Abs. 3 S. 3 das Rechtsinstitut der vorläufigen Vollstreckbarkeit in Familienstreitsachen entbehrlich.[24] **12**

§ 117 Rechtsmittel in Ehe- und Familienstreitsachen

(1) [1]In Ehesachen und Familienstreitsachen hat der Beschwerdeführer zur Begründung der Beschwerde einen bestimmten Sachantrag zu stellen und diesen zu begründen. [2]Die Begründung ist bei dem Beschwerdegericht einzureichen. [3]Die Frist zur Begründung der Beschwerde beträgt zwei Monate und beginnt mit der schriftlichen Bekanntgabe des Beschlusses, spätestens mit Ablauf von fünf Monaten nach Erlass des Beschlusses. [4]§ 520 Abs. 2 Satz 2 und 3 sowie § 522 Abs. 1 Satz 1, 2 und 4 der Zivilprozessordnung gelten entsprechend.

(2) [1]Die §§ 514, 516 Abs. 3, 521 Abs. 2, § 524 Abs. 2 Satz 2 und 3, die §§ 528, 538 Abs. 2 und § 539 der Zivilprozessordnung gelten im Beschwerdeverfahren entsprechend. [2]Einer Güteverhandlung bedarf es im Beschwerde- und Rechtsbeschwerdeverfahren nicht.

(3) Beabsichtigt das Beschwerdegericht von einzelnen Verfahrensschritten nach § 68 Abs. 3 Satz 2 abzusehen, hat das Gericht die Beteiligten zuvor darauf hinzuweisen.

(4) Wird die Endentscheidung in dem Termin, in dem die mündliche Verhandlung geschlossen wurde, verkündet, kann die Begründung auch in die Niederschrift aufgenommen werden.

(5) Für die Wiedereinsetzung gegen die Versäumung der Fristen zur Begründung der Beschwerde und Rechtsbeschwerde gelten die §§ 233 und 234 Abs. 1 Satz 2 der Zivilprozessordnung entsprechend.

Übersicht

	Rn.		Rn.
I. Normzweck	1	2. § 516 Abs. 3 ZPO	14
II. Regelungssystematik	2, 3	3. § 521 Abs. 2 ZPO	15
III. Anwendungsbereich	4–6	4. § 524 Abs. 2 S. 2 und 3 ZPO	16, 17
1. Endentscheidungen in Ehe- und Familienstreitsachen	4, 5	5. § 528 ZPO	18
		6. § 538 Abs. 2 ZPO	19
2. Beschwerde und Rechtsbeschwerdeverfahren	6	7. § 539 ZPO	20
		VI. Keine Güteverhandlung	21
IV. Zulässigkeitsfragen	7–12	VII. Einstimmiger Zurückweisungsbeschluss?	22
1. Begründung der Beschwerde	7		
2. Adressat der Begründung	8	VIII. Hinweispflicht nach Abs. 3	23
3. Beschwerdebegründungsfrist	9, 10	IX. Protokollgründe nach Abs. 4	24
4. Prüfung der Zulässigkeit	11, 12	X. Wiedereinsetzung in den vorigen Stand	25–27
V. Die Verweisungen des Abs. 2 S. 1	13–20		
1. § 514 ZPO	13		

I. Normzweck

Die Norm regelt spezielle, die §§ 58 bis 69 überlagernde und teilweise ersetzende Verfahrensvorschriften für Beschwerden in Ehesachen und Familienstreitsachen. Obwohl die Ehesachen und Familienstreitsachen kontradiktorische Verfahren sind (s. § 112 Rn. 4), hat sich der Gesetzgeber dafür entschieden, sie nicht den allgemeinen Vorschriften der ZPO über Berufung und Revision zu unterwerfen. Die Beschwerde ist einheitliches Rechtsmittel gegen alle erstinstanzlichen Endentscheidungen im Anwendungsbereich des FamFG (vgl. § 1) einschließlich der Ehesachen und der Familienstreitsachen.[1] Entsprechendes gilt für die in § 117 nur am Rande angesprochene Rechtsbeschwerde nach den §§ 70 ff. Besonderheiten der Familienstreitsachen waren ursächlich dafür, dass der Gesetz- **1**

---

[23] *Musielak/Borth* Rn. 5.
[24] BT-Drucks. 16/6308, S. 224.
[1] BT-Drucks. 16/6308, S. 224.

§ 117 2–4 Buch 2. Abschnitt 1. Allgemeine Vorschriften

geber sie im Rechtsmittelzug trotz ihrer Eigenschaft als Streitsache abweichend von den allgemeinen Zivilsachen behandelt:[2] Die zivilprozessuale Berufung werde wegen der grundsätzlichen Bindung des Gerichts an erstinstanzliche Feststellungen (§ 529 Abs. 1 ZPO), der Pflicht des Gerichts zur Zurückweisung verspäteten Vorbringens (§ 531 Abs. 2 ZPO), der Einschränkung der Anschlussberufung (§ 524 Abs. 2 ZPO) und wegen des weitgehenden Ausschlusses von Klageänderung, Aufrechnung und Widerklage (§ 533 ZPO) den Bedürfnissen des familiengerichtlichen Verfahrens, die Tatsachenfeststellung an das häufig im Fluss befindliche Geschehen anzupassen, nicht immer gerecht. Diesen Vorschriften liege die Vorstellung zugrunde, dass im Zivilprozess über einen abgeschlossenen Lebenssachverhalt gestritten wird. Sie seien mit der Dynamik eines Trennungsgeschehens häufig nur schwer vereinbar und ließen, etwa in Unterhaltssachen, die Berücksichtigung veränderter Einkommens- und Vermögensverhältnisse nur in eingeschränktem Maße zu. Solche Änderungen seien sinnvoller Weise bereits im Rechtsmittelverfahren und nicht erst in einem neuen Verfahren zu berücksichtigen. Bereits aus diesen Erwägungen ergebe sich, dass die Rechtsmittelinstanz in Familienstreitsachen als volle zweite Tatsacheninstanz auszugestalten sei.[3] Die zitierten Überlegungen sind ein Ausdruck der bei der FamFG-Reform maßgebenden Leitlinie, ein flexibles und möglichst unformalistisches, pragmatisches Verfahren zu schaffen, das gleichzeitig rechtsstaatlichen Anforderungen genügt.[4] Das Beschwerdeverfahren in Familienstreitsachen wird weiterhin als Streitverfahren unter Geltung des Beibringungsgrundsatzes geführt.[5] Auch deshalb erklärt § 117 einzelne Vorschriften der ZPO insbesondere aus dem Berufungsrecht für entsprechend anwendbar.

II. Regelungssystematik

2 Wie sich aus § 113 Abs. 1 S. 1 ergibt, gelten in Ehesachen und Familienstreitsachen die allgemeinen Vorschriften über die Beschwerde (§§ 58 bis 69) und über die Rechtsbeschwerde (§§ 70 bis 75). § 117 enthält Sonderregeln für die Beschwerde. Soweit diese nicht einschlägig sind, gelten die §§ 58 ff. Dabei ist zu berücksichtigen, dass gem. § 68 Abs. 3 S. 1 auf das weitere Verfahren in der Beschwerdeinstanz die Vorschriften über das Verfahren in erster Instanz Anwendung finden.[6] Entgegen der missverständlichen Überschrift ist die Rechtsbeschwerde in § 117 inhaltlich nicht bzw. nur ganz am Rande geregelt. Für die Rechtsbeschwerde in Ehesachen und Familienstreitsachen sind die §§ 70 ff. maßgeblich.[7]

3 Die in § 117 genannten Vorschriften der ZPO sind abschließend. Der enumerative Charakter der Verweisungen ergibt sich aus dem Wortlaut, dem Regelungszusammenhang und insbesondere aus der Entstehungsgeschichte. Erklärter Wille des Gesetzgebers ist es, die allgemeinen Vorschriften über Berufung und Revision (grds.) nicht anzuwenden.[8] Auch zeigt die Diskussion über die Aufnahme einzelner ZPO-Vorschriften im Gesetzgebungsverfahren,[9] dass die ZPO-Verweisungen in § 117 abschließend sind.

III. Anwendungsbereich

4 **1. Endentscheidungen in Ehe- und Familienstreitsachen.** § 117 gilt nur für Rechtsmittel gegen Endentscheidungen in Ehesachen und in Familienstreitsachen. **Endentscheidungen** sind nach der Legaldefinition des § 38 Abs. 1 S. 1 Entscheidungen, durch die der Verfahrensgegenstand ganz oder teilweise erledigt wird (s. § 116 Rn. 7). Unter den in § 121 definierten Begriff der **Ehesachen** fallen Verfahren auf Scheidung der Ehe, auf Aufhebung der Ehe und auf Feststellung des Bestehens oder Nichtbestehens einer Ehe zwischen den Beteiligten. Den Ehesachen sind durch § 270 Abs. 1 S. 1 die Lebenspartnerschaftssachen iSd. § 269 Abs. 1 Nr. 1 und 2 verfahrensrechtlich gleich gestellt (s. § 113 Rn. 3). **Familienstreitsachen** sind nach § 112 die in den Absätzen 1 der §§ 231, 261 und 266 aufgeführten Unterhaltssachen, Güterrechtssachen und sonstigen Familiensachen sowie die jeweils entsprechenden Lebenspartnerschaftssachen nach § 269 Abs. 1 Nr. 8, 9, 10 und Abs. 2 (s. § 112 Rn. 1, 5 ff.).

---

[2] Vgl. BT-Drucks. 16/6308, S. 224 f.
[3] BT-Drucks. 16/6308, S. 225.
[4] BT-Drucks. 16/6308, S. 163.
[5] BT-Drucks. 16/6308, S. 225.
[6] BT-Drucks. 16/6308, S. 225.
[7] Vgl. insoweit auch BT-Drucks. 16/6308, S. 225.
[8] BT-Drucks. 16/6308, S. 224.
[9] Vgl. BT-Drucks. 16/6308, S. 372 (Stellungnahme des Bundesrates), S. 412 (Gegenäußerung der Bundesregierung); BT-Drucks. 16/9733, S. 292 (Beschlussempfehlung des Rechtsausschusses).

Auf die reinen FamFG-Familiensachen bzw. Familiensachen ieS (s. § 111 Rn. 5 f.) findet § 117 **5** keine Anwendung. Für Familiensachen nach § 111 Nr. 2 bis 7 sowie nach § 111 Nr. 11 in den Fällen der Nr. 2 bis 7, für Unterhaltssachen nach § 231 Abs. 2, Güterrechtssachen nach § 261 Abs. 2, sonstige Familiensachen nach § 266 Abs. 2 sowie für sonstige Lebenspartnerschaftssachen nach § 269 Abs. 3 gelten also ausschließlich die allgemeinen Rechtsmittelvorschriften der §§ 58 ff.

2. Beschwerde- und Rechtsbeschwerdeverfahren. § 117 gilt vornehmlich für das Rechts- **6** mittel der Beschwerde gegen Endentscheidungen in Ehe- und Familienstreitsachen. Inhaltliche Regelungen des Rechtsbeschwerdeverfahrens enthält die Vorschrift nicht. In Abs. 2 S. 2 wird in Übereinstimmung mit einem allgemeinen prozessualen Grundsatz für Rechtsmittel (vgl. §§ 525 S. 2, 555 Abs. 1 S. 2 ZPO) klargestellt, dass es auch im Rechtsbeschwerdeverfahren keiner Güteverhandlung bedarf. Zudem erklärt Abs. 5 die §§ 233, 234 Abs. 1 S. 2 ZPO bei Versäumung der Frist zur Begründung der Rechtsbeschwerde für anwendbar. Ansonsten gilt: Für die Rechtsbeschwerde sind nicht die in § 117 enthaltenen Regelungen, sondern die Vorschriften des Buches 1 Abschnitt 5 Unterabschnitt 2 maßgebend,[10] also die §§ 70 ff.

IV. Zulässigkeitsfragen

1. Begründung der Beschwerde. Nach den allgemeinen Vorschriften muss kein bestimmter **7** Sachantrag gestellt werden (vgl. § 64); die Beschwerde „soll" nach § 65 Abs. 1 begründet werden. Abweichend hiervon sieht **Abs. 1 S. 1** zwingend vor, dass der Beschwerdeführer in Ehesachen und Familienstreitsachen zur Begründung der Beschwerde einen bestimmten **Sachantrag** zu stellen und diesen zu **begründen** hat. Wegen Abs. 2 S. 1 iVm. § 528 ZPO ist das Beschwerdegericht an den Sachantrag gebunden. Der Beschwerdeführer muss durch den obligatorischen Sachantrag bezeichnen, in welchem Umfang er die erstinstanzliche Entscheidung angreift und welche Gründe er hierfür ins Feld führt; eine Überprüfung der Entscheidung von Amts wegen findet nicht statt.[11] Die Begründungspflicht für Beschwerden nach Abs. 1 S. 1 beruht auf der für Ehesachen und Familienstreitsachen auch in zweiter Instanz grds. geltenden **Parteimaxime**.[12] Ob ein Antrag hinreichend bestimmt und ausreichend begründet ist, beurteilt sich nach den **allgemeinen Grundsätzen**.[13]

2. Adressat der Begründung. Nach § 64 Abs. 1 ist die Beschwerde zwingend beim Ausgangs- **8** gericht einzulegen. Die ursprüngliche Fassung des § 117 Abs. 1 ließ offen, ob die Beschwerde vor dem Ausgangsgericht oder dem **Beschwerdegericht** begründet werden muss. Ersteres wurde als sinnlos angesehen, weil das Ausgangsgericht der Beschwerde nicht abhelfen darf und die deshalb bestehende Verpflichtung, die Begründung an das Beschwerdegericht weiterzuleiten, zu einer unnötigen Verzögerung des Beschwerdeverfahrens führt. Deshalb hat der Gesetzgeber in **Abs. 1** den **S. 2** eingefügt.[14]

3. Beschwerdebegründungsfrist. Die Frist zur Begründung der Beschwerde beträgt nach **9** **Abs. 1 S. 3** zwei Monate und beginnt mit der schriftlichen Bekanntgabe des Beschlusses, spätestens mit Ablauf von fünf Monaten nach Erlass des Beschlusses. Die Regelung ist angelehnt an § 520 Abs. 2 S. 1 ZPO.[15] Trotz des abweichenden Wortlauts erfolgt die schriftliche Bekanntgabe nicht nach dem gem. § 113 Abs. 1 S. 1 unanwendbaren § 41,[16] sondern gem. § 113 Abs. 1 S. 2 iVm. § 317 Abs. 1 S. 1 ZPO durch Zustellung von Amts wegen.

Nach **Abs. 1 S. 4** gilt § 520 Abs. 2 S. 2 und 3 ZPO entsprechend. Die Beschwerdebegründungs- **10** frist kann also vom Vorsitzenden des Beschwerdegerichts auf Antrag verlängert werden, wenn der Gegner einwilligt. Ohne diese Einwilligung kann die Frist bis zu einem Monat verlängert werden, wenn nach freier Überzeugung des Gerichts das Verfahren durch die Verlängerung nicht verzögert wird, oder wenn der Beschwerdeführer erhebliche Gründe darlegt.

4. Prüfung der Zulässigkeit. Nach **Abs. 1 S. 4** iVm. § 522 Abs. 1 S. 1, 2 und 4 ZPO hat das **11** Beschwerdegericht von Amts wegen zu prüfen, ob die Beschwerde an sich statthaft und ob sie in der gesetzlichen Form und Frist eingelegt und begründet ist. Wenn es an einem dieser Erfordernisse mangelt, ist die Berufung als unzulässig zu verwerfen. Gegen den Beschluss findet kraft Gesetzes die Rechtsbeschwerde statt, ohne dass es einer Zulassung nach § 70 bedürfte.

---

[10] So BT-Drucks. 16/6308, S. 225.
[11] BT-Drucks. 16/6308, S. 225.
[12] BT-Drucks. 16/6308, S. 225.
[13] *Baumbach/Lauterbach/Hartmann* Rn. 6.
[14] BT-Drucks. 16/12717, S. 71 (elektronische Vorabfassung).
[15] Vgl. BT-Drucks. 16/6308, S. 225.
[16] So aber ohne nähere Begründung *Baumbach/Lauterbach/Hartmann* Rn. 7; *Musielak/Borth* Rn. 3.
[17] *Keidel/Weber* Rn. 6.

12 § 522 Abs. 1 ZPO ist auf Grund eines Vorschlags des Bundesrates in Abs. 1 S. 4 aufgenommen worden, um das Beschwerdeverfahren in Ehe- und Familienstreitsachen näher an die Berufung des Zivilprozessrechts anzulehnen.[18] Nach der allgemeinen Regel des § 68 Abs. 2 kann die Beschwerde nur dann als unzulässig verworfen werden, wenn sie nicht in der gesetzlichen Form und Frist eingelegt worden ist. Durch die Verweisung auf § 522 Abs. 1 ZPO wird das Beschwerdegericht ermächtigt, die Beschwerde auch dann als unzulässig zu verwerfen, wenn sie nicht form- und fristgerecht begründet wurde; § 522 Abs. 1 S. 3 ZPO konnte von der Verweisung ausgenommen werden, weil alle familiengerichtlichen Entscheidungen durch Beschluss ergehen.[19]

V. Die Verweisungen des Abs. 2 S. 1

13 **1. § 514 ZPO.** Nach § 113 Abs. 1 S. 2 iVm. den §§ 330 ff. ZPO findet in Ehe- und Familienstreitsachen ein Versäumnisverfahren statt (vgl. für Verfahren in Ehesachen ergänzend § 130). Die entsprechende Anwendung des § 514 Abs. 1 ZPO führt dazu, dass ein echter Versäumnisbeschluss, der in erster Instanz gegen den säumigen Beteiligten auf Grund der Säumnis ergeht, nicht mit der Beschwerde oder Anschlussbeschwerde angefochten werden kann. Statthaft ist nach § 113 Abs. 1 S. 2 iVm. § 338 ZPO nur der Einspruch. Die entsprechende Anwendung des § 514 Abs. 2 S. 1 ZPO hat zur Folge, dass nur ein zweiter Versäumnisbeschluss (§ 113 Abs. 1 S. 2 iVm. § 345 ZPO) der Beschwerde oder Anschlussbeschwerde unterliegt, freilich nur insoweit, als sie darauf gestützt werden kann, dass ein Fall der schuldhaften Versäumung nicht vorgelegen habe.

14 **2. § 516 Abs. 3 ZPO.** Durch die in der ursprünglichen Fassung des Abs. 2 nicht enthaltene Verweisung auf § 516 Abs. 3 ZPO wird klargestellt, dass die Rücknahme der Beschwerde in Ehesachen und Familienstreitsachen den Verlust des Rechtsmittels und die Verpflichtung zur Tragung der durch das Rechtsmittel entstandenen Kosten zur Folge hat.[20]

15 **3. § 521 Abs. 2 ZPO.** Auch diese Verweisung fand sich in Abs. 2 ursprünglich nicht. Sie ist vor dem Hintergrund der in Abs. 2 S. 1 enthaltenen Verweisung auf § 524 Abs. 2 S. 2 ZPO zu sehen, nach der die Anschlussbeschwerde in Ehe- und Familienstreitsachen bis zum Ablauf der dem Beschwerdegegner gesetzten Frist zur Beschwerdeerwiderung zulässig ist. Durch die Aufnahme des § 521 Abs. 2 ZPO in die Verweisung wird dem Beschwerdegericht die Möglichkeit eröffnet, dem Beschwerdegegner eine Erwiderungsfrist zu setzen.[21]

16 **4. § 524 Abs. 2 S. 2 und 3 ZPO.** Die entsprechende Anwendung von § 524 Abs. 2 S. 2 und 3 ZPO passt die Beschwerde in Ehe- und Familienstreitsachen abweichend von § 66 auch insoweit an die ZPO an, als eine Frist für die Einlegung der Anschlussbeschwerde vorgesehen wird. Diese ist entsprechend § 524 Abs. 2 S. 2 ZPO zulässig bis zum Ablauf der dem Beschwerdegegner gesetzten Frist zur Beschwerdeerwiderung. Wurde ihm keine solche Frist gesetzt, ist die Anschließung möglich bis zum Schluss der mündlichen Verhandlung.[22] Entsprechend § 524 Abs. 2 S. 3 ZPO ist die Anschließung ohne Einhaltung einer Frist möglich, wenn mit ihr künftig fällig werdende, wiederkehrende Leistungen verlangt werden. Es besteht damit insbesondere die Möglichkeit, im laufenden Verfahren einen höheren Unterhalt geltend zu machen.[23] Freilich soll die Frist nach verbreiteter, zu § 524 Abs. 2 S. 3 ZPO vertretener Auffassung nur dann nicht gelten, wenn sich die Anschließungsgründe nach Ablauf der Erwiderungsfrist geändert haben.[24]

17 Die Verweisung auf § 524 Abs. 2 S. 2 und 3 ZPO steht in einem gewissen Widerspruch zum Normzweck des § 115, neue Angriffs- und Verteidigungsmittel in Ehesachen und Familienstreitsachen im Interesse der Verwirklichung des materiellen Rechts und aus Gründen der Prozessökonomie zuzulassen (s. § 115 Rn. 1). Im Schrifttum wird vereinzelt vertreten, die Anschlussbeschwerde sei in Ehesachen unbefristet statthaft.[25] Im Übrigen sei bei der Anwendung des § 524 Abs. 2 S. 3 ZPO zu berücksichtigen, dass auch in Familienstreitsachen das besondere Beschleunigungsverbot des allgemeinen Zivilprozesses nicht gelte.[26]

---

[18] Vgl. BT-Drucks. 16/6308, S. 372.
[19] BT-Drucks. 16/6308, S. 372.
[20] BT-Drucks. 16/12717, S. 71 (elektronische Vorabfassung).
[21] Vgl. BT-Drucks. 16/12717, S. 71 (elektronische Vorabfassung).
[22] *Zöller/Häßler* § 524 ZPO Rn. 10; *Thomas/Putzo/Reichold* § 524 ZPO Rn. 10.
[23] *Musielak/Borth* Rn. 4.
[24] OLG Koblenz, NJW 2007, 3362 mit Anm. *Born*; *Zöller/Häßler* § 524 ZPO Rn. 37; kritisch *Keidel/Weber* Rn. 14.
[25] *Keidel/Weber* Rn. 13.
[26] *Keidel/Weber* Rn. 14.

5. § 528 ZPO. Die Verweisung auf § 528 ZPO stellt klar, dass das Beschwerdegericht in Ehesachen und Familienstreitsachen an die Anträge der Beteiligten gebunden ist.[27] Die Bindung an die Beschwerdeanträge hängt mit der Pflicht zusammen, einen bestimmten Sachantrag zu stellen (s. Rn. 7). Das Verfahren wird nur in den Grenzen der Anträge Gegenstand des Beschwerdeverfahrens. Der erstinstanzliche Beschluss darf entsprechend § 528 S. 2 ZPO nur insoweit abgeändert werden, als eine Abänderung beantragt ist. Das Beschwerdegericht darf nicht mehr und nichts anderes zuerkennen. Zudem gilt grds. das Verschlechterungsverbot. Maßgebend sind die allgemeinen Grundsätze.

6. § 538 Abs. 2 ZPO. In Ehesachen und Familienstreitsachen richtet sich die Zurückverweisung vom Beschwerdegericht an das Gericht des ersten Rechtszuges nicht nach der allgemeinen Vorschrift des § 69 Abs. 1 S. 2, sondern nach § 538 Abs. 2 ZPO. Nach § 69 Abs. 1 S. 1 hat das Beschwerdegericht in der Sache selbst zu entscheiden. Das Beschwerdegericht darf die Sache entsprechend § 538 Abs. 2 ZPO unter Aufhebung des Beschlusses nur dann an das Gericht des ersten Rechtszuges zurückverweisen, wenn die in § 538 Abs. 2 S. 1 Nr. 1 bis 7 iVm. S. 3 ZPO genannten Voraussetzungen vorliegen.[28]

7. § 539 ZPO. Im Beschwerdeverfahren wird ein Versäumnisverfahren entsprechend § 539 ZPO zugelassen, weil ein Versäumnisverfahren auch in erstinstanzlichen Ehesachen und Familienstreitsachen stattfindet.[29] Erscheint der Beschwerdeführer im Termin zur mündlichen Verhandlung nicht, so ist seine Beschwerde auf Antrag durch Versäumnisbeschluss zurückzuweisen (vgl. § 539 Abs. 1 ZPO). Erscheint der Beschwerdegegner nicht und beantragt der Beschwerdeführer gegen ihn den Versäumnisbeschluss, so ist das zulässige tatsächliche Vorbringen des Beschwerdeführers als zugestanden anzunehmen (vgl. § 539 Abs. 2 S. 1 ZPO). Soweit es den Beschwerdeantrag rechtfertigt, ist nach dem Antrag zu erkennen; soweit dies nicht der Fall ist, ist die Beschwerde zurückzuweisen (vgl. § 539 Abs. 2 S. 2 ZPO). Im Übrigen gelten die Vorschriften über das Versäumnisverfahren im ersten Rechtszug in der Beschwerdeinstanz sinngemäß (vgl. § 539 Abs. 3 ZPO).

VI. Keine Güteverhandlung

Abs. 2 S. 2 entspricht den §§ 525 S. 2, 555 Abs. 1 S. 2 ZPO und ergänzt die allgemeinen Vorschriften der §§ 68 Abs. 3, 74 Abs. 4 für den Bereich der Familienstreitsachen.[30] Entsprechend eines allgemeinen prozessualen Grundsatzes für Rechtsmittel (s. Rn. 6) bedarf es im Beschwerdeverfahren und im Rechtsbeschwerdeverfahren keiner Güteverhandlung.

VII. Einstimmiger Zurückweisungsbeschluss?

Der Bundesrat konnte sich mit seinem Vorschlag, in Abs. 2 S. 1 auch § 522 Abs. 2 und 3 ZPO einzufügen,[31] im Gesetzgebungsverfahren nicht durchsetzen.[32] Dessen ungeachtet wird vertreten, es sei nicht eindeutig, ob in § 117 absichtlich auf die auch in Ehesachen und Familienstreitsachen sinnvolle Übernahme des § 522 Abs. 2 ZPO verzichtet wurde.[33] Andere meinen, es stehe dem Beschwerdegericht frei, die Beschwerde unter den Voraussetzungen der Vorschrift des § 522 Abs. 2 ZPO durch einstimmigen Beschluss zurückzuweisen, auch wenn § 117 nicht auf § 522 Abs. 2 ZPO verweise, weil das Beschwerdegericht im Beschwerdeverfahren über die §§ 68 Abs. 3 S. 2, 117 Abs. 3 dieses Ziel erreichen könne.[34] Insoweit ist festzuhalten, dass die in § 117 genannten Vorschriften der ZPO abschließend sind (s. Rn. 3). Allerdings hat die Bundesregierung in ihrer Gegenäußerung zum Vorschlag des Bundesrats ausgeführt, dass das mit der Möglichkeit der Zurückweisung einer Berufung als unbegründet durch einstimmigen Beschluss verfolgte Ziel im Beschwerdeverfahren in einer Familienstreitsache über die §§ 68 Abs. 3 S. 2, 117 Abs. 3 erreicht werde.[35] Nach § 68 Abs. 3 S. 2 kann das Beschwerdegericht von der Durchführung eines Termins, einer mündlichen Verhandlung oder einzelner Verfahrenshandlungen absehen, wenn diese bereits im ersten Rechtszug vorgenommen wurden und von einer erneuten Vornahme keine zusätzlichen Erkenntnisse zu erwarten sind. Die Bundesregierung hat die Ansicht vertreten, ein Absehen vom Termin

---

[27] BT-Drucks. 16/6308, S. 225.
[28] Hierzu o. § 538 ZPO Rn. 16 ff.
[29] So BT-Drucks. 16/6308, S. 225.
[30] BT-Drucks. 16/6308, S. 225.
[31] BT-Drucks. 16/6308, S. 372.
[32] BT-Drucks. 16/6308, S. 412.
[33] *Musielak/Borth* Rn. 16.
[34] *Keidel/Weber* Rn. 9.
[35] BT-Drucks. 16/6308, S. 412.

§ 118

werde insbesondere dann in Betracht kommen, wenn die Beschwerde bereits nach dem schriftsätzlichen Vorbringen des Beschwerdeführers aussichtslos erscheint.[36]

VIII. Hinweispflicht nach Abs. 3

23   Abs. 3 bestimmt, dass das Beschwerdegericht die Beteiligten zuvor darauf hinweisen muss, wenn es von einzelnen Verfahrensschritten nach § 68 Abs. 3 S. 2 absehen will. Der Gesetzgeber ließ sich hierbei von der Hinweispflicht des § 522 Abs. 2 S. 2 ZPO leiten.[37] Dem Beschwerdeführer wird mit dem gerichtlichen Hinweis die Möglichkeit eröffnet, dem Beschwerdegericht weitere Gesichtspunkte zu unterbreiten, die eine erneute Durchführung der mündlichen Verhandlung oder der nicht für erforderlich erachteten Verfahrenshandlungen rechtfertigen.[38]

IX. Protokollgründe nach Abs. 4

24   Nach § 69 Abs. 2 ist die Beschwerdeentscheidung zu begründen. In Anlehnung an § 540 Abs. 1 S. 2 ZPO[39] kann die Begründung auch in das Protokoll der mündlichen Verhandlung aufgenommen werden, wenn der Beschluss in dem Termin, in dem die mündliche Verhandlung geschlossen wurde, verkündet wird. Abs. 4 setzt die Anwendbarkeit der Vorschriften über die Durchführung der mündlichen Verhandlung (§ 128 ZPO) sowie der Vorschriften über die Abfassung des Protokolls (§§ 160 ff. ZPO) voraus und ist aus diesem Grunde auf Ehesachen und Familienstreitsachen beschränkt.[40] Die Vorschrift wird als wenig praktikabel bezeichnet.[41] Nicht empfehlenswert sei ein Protokollbeschluss, wenn die Rechtsbeschwerde nach § 70 Abs. 1 zugelassen wird, weil die Gefahr bestehe, dass die inhaltlichen Anforderungen an die Beschlussbegründung nicht eingehalten werden.[42]

X. Wiedereinsetzung in den vorigen Stand

25   Die allgemeinen Vorschriften über die Wiedereinsetzung (§§ 17 bis 19) sind nach § 113 Abs. 1 S. 1 in Ehesachen und Familienstreitsachen nicht anzuwenden. Stattdessen gelten nach § 113 Abs. 1 S. 2 die §§ 233 ff. ZPO entsprechend.

26   **Abs. 5** erklärt die §§ 233, 234 Abs. 1 S. 2 ZPO für entsprechend anwendbar. Damit wird klargestellt, dass eine Wiedereinsetzung auch bei Versäumung der Frist zur **Begründung** der Beschwerde möglich ist und die Wiedereinsetzungsfrist in diesem Fall einen Monat beträgt.[43]

27   Die **ursprüngliche Fassung** des Abs. 5 erstreckte die Anwendbarkeit der genannten Vorschriften auch auf die Versäumung der Frist zur **Einlegung** der Beschwerde nach § 63 Abs. 1. Konsequenz war, dass abweichend von der für Fälle einer unterbliebenen Einlegung normalerweise maßgebenden zweiwöchigen Wiedereinsetzungsfrist des § 234 Abs. 1 S. 1 ZPO für die versäumte Einlegung von Rechtsmitteln in Ehesachen und Familienstreitsachen die Monatsfrist des § 234 Abs. 1 S. 2 ZPO gegolten hätte. Deshalb wurde in Abs. 5 die entsprechende Anwendung der §§ 233, 234 Abs. 1 S. 2 ZPO auf die Versäumung der Frist zur **Begründung** der Beschwerde beschränkt.[44] Wird die Frist zur **Einlegung** der Beschwerde versäumt, so kommt infolge der Änderung jetzt über § 113 Abs. 1 S. 2 die Zwei-Wochen-Frist des § 234 Abs. 1 S. 1 ZPO zur Anwendung.

§ 118 Wiederaufnahme

Für die Wiederaufnahme des Verfahrens in Ehesachen und Familienstreitsachen gelten die §§ 578 bis 591 der Zivilprozessordnung entsprechend.

Die allgemeine Regelung des § 48 Abs. 2, welche die Wiederaufnahmevorschriften der ZPO für entsprechend anwendbar erklärt, gilt gem. § 113 Abs. 1 S. 1 in Ehesachen und Familienstreitsachen nicht. Die allgemeine ZPO-Verweisung in § 113 Abs. 1 S. 2 führt gleichfalls nicht zur Anwendung der zivilprozessualen Wiederaufnahmevorschriften, weil diese weder zu den allgemeinen Vorschriften der

---

[36] BT-Drucks. 16/6308, S. 412.
[37] BT-Drucks. 16/6308, S. 225.
[38] So BT-Drucks. 16/6308, S. 225.
[39] BT-Drucks. 16/6308, S. 225: „§ 540 Abs. 2 S. 2 ZPO". Hierbei handelt es sich um ein Versehen.
[40] BT-Drucks. 16/6308, S. 225.
[41] *Bumiller/Harders* Rn. 22.
[42] *Keidel/Weber* Rn. 20.
[43] BT-Drucks. 16/6308, S. 225.
[44] BT-Drucks. 16/12717, S. 71 f. (elektronische Vorabfassung).

ZPO noch zu den Vorschriften der ZPO über die Verfahren vor den Landgerichten zählen. Deshalb ordnet § 118 – wie § 48 Abs. 2 für die Verfahren der freiwilligen Gerichtsbarkeit – auch in Ehesachen (s. § 121, oben § 111 Rn. 9) und in Familienstreitsachen (s. § 112 Rn. 1, 5 ff.) die Geltung der Wiederaufnahmevorschriften der ZPO an.[1] Den Ehesachen sind durch § 270 Abs. 1 S. 1 die Lebenspartnerschaftssachen iSd. § 269 Abs. 1 Nr. 1 und 2 verfahrensrechtlich gleich gestellt (s. § 113 Rn. 3). Bei der Anwendung der §§ 578 bis 591 ZPO ist die Terminologie des § 113 Abs. 5 zu beachten.

§ 119 Einstweilige Anordnung und Arrest

(1) ¹In Familienstreitsachen sind die Vorschriften dieses Gesetzes über die einstweilige Anordnung anzuwenden. ²In Familienstreitsachen nach § 112 Nr. 2 und 3 gilt § 945 der Zivilprozessordnung entsprechend.

(2) ¹Das Gericht kann in Familienstreitsachen den Arrest anordnen. ²Die §§ 916 bis 934 und die §§ 943 bis 945 der Zivilprozessordnung gelten entsprechend.

I. Normzweck

Abs. 1 S. 1, der die Anwendung der Vorschriften des FamFG über die einstweilige Anordnung betont, hat eine rein klarstellende Funktion. Abs. 1 S. 2 ordnet in Übereinstimmung mit der bisherigen Rechtslage in Familienstreitsachen mit Ausnahme der Unterhaltssachen die entsprechende Geltung des § 945 ZPO an.[1*] Abs. 2 S. 1 sieht – ebenso wie die gängige Auffassung zum bisherigen Recht – vor, dass in Familienstreitsachen neben der einstweiligen Anordnung auch der persönliche oder der dingliche Arrest des Schuldners möglich ist, weshalb Abs. 2 S. 2 die Geltung der diesbezüglichen Vorschriften der ZPO ausdrücklich anordnet.[2] **1**

II. Regelungssystematik

Die §§ 49 bis 57 sind in der Nichtanwendungsanordnung des § 113 Abs. 1 S. 1 nicht aufgeführt, so dass sie in Ehesachen und Familienstreitsachen ohnehin gelten. Freilich kommt in Ehesachen eine einstweilige Anordnung nicht in Betracht, weil Endentscheidungen in diesen Angelegenheiten ausschließlich rechtsgestaltende Wirkung haben.[3] Für die Familienstreitsachen hat Abs. 1 S. 1 aber lediglich eine klarstellende Funktion. Neben den für Familienstreitsachen geltenden §§ 49 bis 57 sind die in §§ 246 ff. enthaltenen Sondervorschriften über die einstweilige Anordnung in Unterhaltssachen zu beachten, durch welche die Geltendmachung von Unterhaltsansprüchen im Wege der einstweiligen Anordnung gegenüber den allgemeinen Vorschriften der §§ 49 ff. erleichtert wird. **2**

Da das FamFG die einstweilige Anordnung eigenständig regelt und weder im Allgemeinen Teil noch in § 113 Abs. 1 S. 2 auf die ZPO-Vorschriften über Arrest und einstweilige Verfügung verweist, wird in § 119 Abs. 1 S. 2 für bestimmte Familienstreitsachen auf § 945 ZPO und in Abs. 2 S. 2 auf die §§ 916 bis 934, 943 bis 945 ZPO Bezug genommen. **3**

III. Anwendungsbereich

Der klarstellende **Abs. 1 S. 1** sowie die sachliche Regelung des **Abs. 2** gelten für alle Familienstreitsachen. Familienstreitsachen sind nach der Legaldefinition des § 112 die in den Absätzen 1 der §§ 231, 261 und 266 aufgeführten Unterhaltssachen, Güterrechtssachen und sonstigen Familiensachen sowie die jeweils entsprechenden Lebenspartnerschaftssachen nach § 269 Abs. 1 Nr. 8, 9, 10 und Abs. 2 (s. § 112 Rn. 1, 5 ff.). **4**

Der Schadensersatzanspruch des § 945 ZPO gilt demgegenüber nach **Abs. 1 S. 2** nur in Familienstreitsachen nach § 112 Nr. 2 und 3, also in Güterrechtssachen nach § 261 Abs. 1 und in sonstigen Familiensachen nach § 266 Abs. 1 sowie in den entsprechenden Lebenspartnerschaftssachen nach § 269 Abs. 1 Nr. 10 und nach § 269 Abs. 2. Die Unterhaltssachen sind in Übereinstimmung mit der bisher geltenden Rechtslage bewusst ausgenommen. In der Gesetzesbegründung wird darauf hingewiesen, dass in Unterhaltssachen ein entsprechender Schadensersatzanspruch in den §§ 644, 620 ff. ZPO aF nicht vorgesehen ist und der BGH auch eine entsprechende Anwendung des § 945 ZPO ablehnt.[4] **5**

---

[1] BT-Drucks. 16/6308, S. 225.
[1*] BT-Drucks. 16/6308, S. 226.
[2] BT-Drucks. 16/6308, S. 226.
[3] *Keidel/Weber* Rn. 1.
[4] BT-Drucks. 16/6308, S. 226.

IV. Einstweilige Anordnung in Familienstreitsachen

6 **Abs. 1 S. 1** stellt klar, dass für einstweilige Anordnungen in Familienstreitsachen die allgemeinen Vorschriften der §§ 49 bis 57 anzuwenden sind. Das ergibt sich bereits aus § 113 Abs. 1 S. 1, der die Anwendbarkeit dieser Normen nicht ausschließt. Der vorläufige Rechtsschutz ist insofern für alle Verfahrensgegenstände des Familienrechts einheitlich ausgestaltet.[5] Das Verfahren der einstweiligen Anordnung ist abweichend vom bisherigen Recht unabhängig von der Anhängigkeit einer Hauptsache (vgl. oben Vor § 49 ff.). Die Hauptsachenunabhängigkeit der einstweiligen Anordnung soll gegenüber dem geltenden Recht auch in Familienstreitsachen zu einer Vereinfachung und Beschleunigung des Verfahrens führen.[6] Sondervorschriften über die einstweilige Anordnung sind in Unterhaltssachen zu beachten (§§ 246 ff.).

7 Da das FamFG nicht auf die §§ 934 ff. ZPO verweist, ist die einstweilige Verfügung in Familienstreitsachen ausgeschlossen; das gilt ausnahmslos auch in Unterhaltssachen, für die bislang teilweise vertreten wurde, dass eine einstweilige Verfügung unter Umständen möglich sei.[7]

V. Schadensersatzpflicht nach § 945 ZPO

8 **Abs. 1 S. 2** ordnet für die Güterrechtssachen nach § 261 Abs. 1, die sonstigen Familiensachen nach § 266 Abs. 1 sowie für die entsprechenden Lebenspartnerschaftssachen nach § 269 Abs. 1 Nr. 10 und Abs. 2 die entsprechende Anwendung des § 945 ZPO an. Erweist sich die Anordnung einer einstweiligen Maßnahme als von Anfang an ungerechtfertigt, oder wird die angeordnete einstweilige Maßnahme aufgehoben, so ist der Beteiligte, welcher die Anordnung erwirkt hat, verpflichtet, dem Gegner den Schaden zu ersetzen, der ihm aus der Vollziehung der angeordneten einstweiligen Maßnahme entsteht. Diese Regelung gilt nicht für Unterhaltssachen, für die schon bisher in den §§ 644, 620 ff. ZPO ein Schadensersatzanspruch nicht vorgesehen war; der BGH hat eine entsprechende Anwendung des § 945 ZPO auf Unterhaltssachen abgelehnt.[8]

VI. Arrest

9 **Abs. 2 S. 1** bestimmt in Übereinstimmung mit der bisherigen Rechtslage, dass in Familienstreitsachen neben der einstweiligen Anordnung auch der persönliche oder der dingliche Arrest des Schuldners möglich ist.[9] Es geht insbesondere um Güterrechtssachen und sonstige Familiensachen zur Sicherung einer künftigen Forderung.[10] **Abs. 2 S. 2** ordnet die Geltung der einschlägigen Arrestvorschriften der ZPO ausdrücklich an.

§ 120 Vollstreckung

(1) Die Vollstreckung in Ehesachen und Familienstreitsachen erfolgt entsprechend den Vorschriften der Zivilprozessordnung über die Zwangsvollstreckung.

(2) ¹Endentscheidungen sind mit Wirksamwerden vollstreckbar. ²Macht der Verpflichtete glaubhaft, dass die Vollstreckung ihm einen nicht zu ersetzenden Nachteil bringen würde, hat das Gericht auf seinen Antrag die Vollstreckung vor Eintritt der Rechtskraft in der Endentscheidung einzustellen oder zu beschränken. ³In den Fällen des § 707 Abs. 1 und des § 719 Abs. 1 der Zivilprozessordnung kann die Vollstreckung nur unter denselben Voraussetzungen eingestellt oder beschränkt werden.

(3) Die Verpflichtung zur Eingehung der Ehe und zur Herstellung des ehelichen Lebens unterliegt nicht der Vollstreckung.

I. Normzweck

1 Die Norm regelt die Vollstreckung gerichtlicher Entscheidungen in Ehesachen und Familienstreitsachen. Abs. 1 ordnet an, dass die Vollstreckung grundsätzlich entsprechend den allgemeinen zivil-

---

[5] BT-Drucks. 16/6308, S. 226.
[6] BT-Drucks. 16/6308, S. 226.
[7] BT-Drucks. 16/6308, S. 226.
[8] BGH NJW 2000, 740, 742 f. = FamRZ 2000, 751 ff.
[9] BT-Drucks. 16/6308, S. 226.
[10] *Musielak/Borth* Rn. 4.

prozessualen Vorschriften über die Zwangsvollstreckung (§§ 704 bis 915 h ZPO)[1] erfolgt. Wichtige Ausnahmen legt Abs. 2 fest. Nach Abs. 2 S. 1 sind Endentscheidungen in Ehe- und Familienstreitsachen abweichend von der vollstreckungsrechtlichen Grundsatznorm des § 704 ZPO bereits mit Wirksamwerden kraft Gesetzes vollstreckbar, ohne dass es hierzu einer Vollstreckbarerklärung des Gerichts bedarf, weshalb die §§ 708 bis 713 ZPO nicht und die §§ 714 bis 720 a ZPO nur eingeschränkt anwendbar seien.[2] In den Sätzen 2 und 3 von Abs. 2 werden die Voraussetzungen normiert, unter denen die Vollstreckung vor Eintritt der Rechtskraft durch das Gericht einzustellen oder zu beschränken ist. Diese Begrenzungen der Vollstreckung sind notwendig, weil das Gericht bei Endentscheidungen in Familienstreitsachen nach § 116 Abs. 3 S. 2 die sofortige Wirksamkeit anordnen kann und bei Unterhaltstiteln nach § 116 Abs. 3 S. 3 sogar soll. Folge der Anordnung der Wirksamkeit ist eine sofortige Vollstreckbarkeit nach § 120 Abs. 2 S. 1 (s. § 116 Rn. 1, 10 f.). Die Sätze 2 und 3 des Abs. 2 ergänzen den § 116 Abs. 3 zum Schutz des Schuldners in der Vollstreckung.[3] Nach Abs. 2 S. 2 ist die Vollstreckung dann abweichend von den Vorschriften der ZPO mit der Entscheidung in der Hauptsache auszuschließen, wenn der Verpflichtete glaubhaft macht, dass die Vollstreckung für ihn einen nicht zu ersetzenden Nachteil bringen würde.[4] So soll vermieden werden, dass durch die Vollstreckung vor Eintritt der Rechtskraft ein Schaden entsteht, der auch im Fall des Erfolgs eines Rechtsmittels nicht mehr rückgängig zu machen ist. Entsprechendes gilt gem. Abs. 2 S. 3 in den Fällen der §§ 707 Abs. 1, 719 Abs. 1 ZPO. Abs. 3 trägt wie § 888 Abs. 3 ZPO, in dem die Regelungen bislang enthalten waren, den verfassungsrechtlichen Gewährleistungen der Artikel 1, 2 GG Rechnung[5] und schließt die Vollstreckung von Verpflichtungen zur Eingehung der Ehe und zur Herstellung des ehelichen Lebens aus.

II. Regelungssystematik

Die im Allgemeinen Teil in den **§§ 86 bis 96 a** enthaltenen Vollstreckungsvorschriften sind in Ehesachen und Familienstreitsachen **nicht anzuwenden.** Das ergibt sich für die §§ 86 bis 96 ausdrücklich aus **§ 113 Abs. 1 S. 1.** Der in dieser Aufzählung vergessene § 96a, der im Regierungsentwurf noch nicht enthalten war und mit den Abstammungssachen ein reines FamFG-Verfahren bzw. eine Familiensache ieS (hierzu § 111 Rn. 5) betrifft, ist in Ehe- und Familienstreitsachen gleichfalls nicht anzuwenden (s. § 113 Rn. 5). Statt der allgemeinen Vorschriften der §§ 86 bis 96 a gelten für die Vollstreckung in Ehesachen und Familienstreitsachen nach **Abs. 1** grundsätzlich die Vorschriften der ZPO über die Zwangsvollstreckung, deren Geltung freilich durch den in Anlehnung an § 62 Abs. 1 ArbGG gefassten **Abs. 2** teilweise wieder ausgeschlossen wird. Gemeinsam mit § 116 Abs. 2 und 3 enthält § 120 Abs. 2 ein neues Konzept der Vollstreckbarkeit,[6] welches das Rechtsinstitut der vorläufigen Vollstreckbarkeit in Familienstreitsachen entbehrlich macht[7] (s. § 116 Rn. 1). **Abs. 3** entzieht bestimmte Eheverpflichtungen der Vollstreckung und schließt so für diese entgegen Abs. 1 die Anwendung der §§ 704 bis 915 h ZPO generell aus. Eine weitere gegenüber Abs. 1 speziellere Regelung stellt **§ 242** dar.

2

III. Anwendungsbereiche

Abs. 1 und **Abs. 2 S. 1** gelten für alle Ehesachen und Familienstreitsachen. Da Endentscheidungen in Ehesachen nach § 116 Abs. 2 erst mit Rechtskraft wirksam werden und als Gestaltungsentscheidungen keiner Vollstreckung bedürfen, ist **Abs. 2 S. 2** nur bei Familienstreitsachen einschlägig (s. Rn. 12). **Abs. 3** betrifft bestimmte Eheverpflichtungen, wobei eine gerichtliche Verpflichtung zur Eingehung einer Ehe wegen § 1297 Abs. 1 BGB nur auf Grund eines ausländischen Titels denkbar ist (s. Rn. 16) und ein Verfahren auf Herstellung des ehelichen Lebens keine Ehesache mehr darstellt, sondern eine zu den Familienstreitsachen zählende sonstige Familiensache nach § 266 Abs. 1 Nr. 2 (s. § 111 Rn. 9).

3

Unter den in § 121 definierten Begriff der **Ehesachen** fallen Verfahren auf Scheidung der Ehe, auf Aufhebung der Ehe und auf Feststellung des Bestehens oder Nichtbestehens einer Ehe zwischen den Beteiligten. Den Ehesachen sind durch § 270 Abs. 1 S. 1 die Lebenspartnerschaftssachen iSd.

4

---

[1] BT-Drucks. 16/6308, S. 226.
[2] BT-Drucks. 16/6308, S. 226, Letzteres unter Berufung auf Germelmann/Matthes/Prütting/Müller-Glöge/Germelmann, Arbeitsgerichtsgesetz, 5. Aufl. 2004, § 62 Rn. 3.
[3] BT-Drucks. 16/6308, S. 412.
[4] BT-Drucks. 16/6308, S. 226.
[5] Baumbach/Lauterbach/Hartmann § 888 ZPO Rn. 21.
[6] Vgl. Keidel/Weber Rn. 2, § 116 Rn. 2.
[7] BT-Drucks. 16/6308, S. 224.

§ 269 Abs. 1 Nr. 1 und 2 verfahrensrechtlich gleich gestellt (s. § 113 Rn. 3). **Familienstreitsachen** sind nach § 112 die in den Absätzen 1 der §§ 231, 261 und 266 aufgeführten Unterhaltssachen, Güterrechtssachen und sonstigen Familiensachen sowie die jeweils entsprechenden Lebenspartnerschaftssachen nach § 269 Abs. 1 Nr. 8, 9, 10 und Abs. 2 (s. § 112 Rn. 1, 5 ff.). **Endentscheidungen** sind nach der Legaldefinition des § 38 Abs. 1 S. 1 Entscheidungen, durch die der Verfahrensgegenstand ganz oder teilweise erledigt wird (s. § 116 Rn. 7). Ihr **Wirksamwerden** bestimmt sich in Ehesachen nach § 116 Abs. 2 und in Familienstreitsachen nach § 116 Abs. 3. Hiernach werden Ehesachen mit Rechtskraft wirksam und Familienstreitsachen mit Rechtskraft oder durch die gerichtliche Anordnung der sofortigen Wirksamkeit (s. § 116 Rn. 8 ff.). Bei Familienstreitsachen, die Scheidungsfolgesachen sind (s. § 114 Rn. 10), ist § 148 zu beachten.[8]

5 Auf die reinen FamFG-Familiensachen bzw. Familiensachen ieS (s. § 111 Rn. 5 f.) findet § 120 **keine Anwendung.** Für Familiensachen nach § 111 Nr. 2 bis 7 sowie nach § 111 Nr. 11 in den Fällen der Nr. 2 bis 7, für Unterhaltssachen nach § 231 Abs. 2, Güterrechtssachen nach § 261 Abs. 2, sonstige Familiensachen nach § 266 Abs. 2 sowie für sonstige Lebenspartnerschaftssachen nach § 269 Abs. 3 gelten also ausschließlich die allgemeinen Vollstreckungsvorschriften der §§ 86 bis 96 a. Für Scheidungsfolgesachen ist § 148 zu beachten.[9]

IV. ZPO-Verweisung nach Abs. 1

6 Gem. Abs. 1 erfolgt die Vollstreckung in Ehesachen und Familienstreitsachen entsprechend den Vorschriften der Zivilprozessordnung über die Zwangsvollstreckung. Dieser Grundsatz wird in den Absätzen 2 und 3 modifiziert (s. Rn. 1). Die allgemeine ZPO-Verweisung des Abs. 1 bezieht sich zwar uneingeschränkt auf die Vorschriften über die Zwangsvollstreckung und damit auf das 8. Buch der ZPO, zu dem auch der Abschnitt 5 über Arrest und einstweilige Verfügung gehört. Trotz dieses Gesamtverweises finden die §§ 916 bis 945 ZPO aus systematisch-teleologischen Gründen aber nur nach Maßgabe des § 119 Anwendung, da das FamFG die einstweilige Anordnung eigenständig geregelt hat und nur in § 119 Abs. 1 S. 2 und Abs. 2 S. 2 auf bestimmte Normen aus dem Abschnitt 5 des 8. Buchs der ZPO verweist (s. § 119 Rn. 2 f.). Der Gesetzgeber ist wie selbstverständlich davon ausgegangen, dass die allgemeine ZPO-Verweisung des Abs. 1 nur die Zwangsvollstreckung ieS ohne Arrest und einstweilige Verfügung und damit die §§ 704 bis 915 h ZPO erfasst.[10] Im Übrigen gilt, dass selbst manche dieser Vorschriften bei der Vollstreckung in Ehesachen und Familienstreitsachen gegenstandslos sind (s. Rn. 8). Ausnahmen vom Grundsatz des Abs. 1 enthalten die Absätze 2 und 3 (s. Rn. 1 f., 7 ff.).

V. Vollstreckbarkeit nach Abs. 2 S. 1

7 Abs. 2 S. 1 ordnet an, dass Endentscheidungen in Ehesachen und Familienstreitsachen ab Wirksamwerden vollstreckt werden können (s. zu den Begriffen Rn. 4). Die genannten Entscheidungen sind also abweichend von der vollstreckungsrechtlichen Grundsatznorm des § 704 ZPO, nach der die Zwangsvollstreckung aus rechtskräftigen oder für vorläufig vollstreckbar erklärten Endurteilen stattfindet, bereits mit Wirksamwerden kraft Gesetzes vollstreckbar. Vorbild des Abs. 2 S. 1 war § 62 Abs. 2 S. 1 ArbGG,[11] der freilich anders gefasst ist und nach dem die Urteile der Arbeitsgerichte ohne besondere gerichtliche Entscheidung kraft gesetzlicher Anordnung stets vorläufig vollstreckbar sind. Demgegenüber gibt es für Ehesachen und Familiensachen **keine vorläufige Vollstreckbarkeit,** weil die Vollstreckbarkeit in Abs. 2 S. 1 an das Wirksamwerden der Entscheidungen nach § 116 Abs. 2 und Abs. 3 geknüpft wird. Nach § 116 Abs. 2 werden Endentscheidungen in Ehesachen immer erst mit Rechtskraft wirksam, so dass eine Vollstreckung auch hinsichtlich der Kostenentscheidung in Ehesachen vor Eintritt der Rechtskraft in der Hauptsache, die als Gestaltungsentscheidung selbst nicht vollstreckungsbedürftig ist, nicht in Betracht kommt.[12] In Familienstreitsachen macht die Anordnung der sofortigen Wirksamkeit nach § 116 Abs. 3 S. 2 und 3 im Zusammenspiel mit § 120 Abs. 2 S. 1 das Rechtsinstitut der vorläufigen Vollstreckbarkeit überflüssig. Es handelt sich also um ein **neues,** von den §§ 704, 708 ff. ZPO und von § 62 Abs. 2 S. 1 ArbGG abweichendes **Konzept der Vollstreckbarkeit** (s. Rn. 1 f. sowie § 116 Rn. 1, 10 f.). Das zeigt sich auch daran, dass der Begriff „vorläufig" nicht mehr verwendet wird.

---

[8] *Keidel/Weber* Rn. 8.
[9] *Keidel/Weber* Rn. 7.
[10] BT-Drucks. 16/6308, S. 226: „§§ 704–915 h".
[11] BT-Drucks. 16/6308, S. 226.
[12] *Keidel/Weber* Rn. 4.

Nach der Gesetzesbegründung soll auch bei der **entsprechenden Anwendung der weiteren** 8
Vorschriften der ZPO zu beachten sein, dass Abs. 2 S. 1 dem § 62 Abs. 1 S. 1 ArbGG nachgebildet sei: Die **§§ 708 bis 713 ZPO** seien bei der Vollstreckung von Beschlüssen in FamFG-Sachen nicht, die **§§ 714 bis 720a ZPO** nur eingeschränkt anwendbar, heißt es unter Verweis auf eine Belegstelle im führenden Kommentar zum ArbGG.[13] Am angegebenen Ort finden sich freilich deutlich differenziertere Darlegungen:[14] Bei der Anwendung der Zwangsvollstreckungsvorschriften der ZPO sei zu berücksichtigen, dass die arbeitsgerichtlichen Entscheidungen keiner Vollstreckbarkeitserklärung bedürfen, sondern kraft Gesetzes bereits vollstreckbar sind. Mangels Sicherheitsleistung seien die §§ 708 bis 713 ZPO nicht anwendbar. Entsprechendes gelte für die §§ 714, 715, 716, 718 ZPO, wenngleich Einzelaspekte der genannten Normen zu berücksichtigen seien. Die §§ 720, 720a, 751 Abs. 2 ZPO seien im Arbeitsgerichtsverfahren gegenstandslos.

Konsequenz des Abs. 2 S. 1 und für die Praxis von entscheidender Bedeutung ist, dass die 9 **Vollstreckung nicht von** der Leistung einer **Sicherheit** durch den Vollstreckungsgläubiger **abhängig** ist. Auch eine Abwendungsbefugnis des Schuldners nach § 711 ZPO besteht nicht. Der **Bundesrat** hat gefordert, Familienstreitsachen iSd. § 112 Nr. 1 und Nr. 2 von der Anwendung des Abs. 2 S. 1 auszunehmen:[15] In Unterhaltssachen und Güterrechtssachen sollte es bei der Regelung der §§ 708 ff. ZPO verbleiben, wonach kleinere Beträge vor Eintritt der formellen Rechtskraft vollstreckt werden können, freilich mit Abwendungsbefugnis des Vollstreckungsschuldners durch Sicherheitsleistung, während eine Vollstreckung größerer Beträge vor Eintritt der Rechtskraft nur gegen Sicherheitsleistung des Vollstreckungsgläubigers zulässig ist. Abs. 1 S. 1 bürde das Risiko der Vollstreckung einer unrichtigen Entscheidung der ersten Instanz dem Vollstreckungsschuldner auf, was nicht gerechtfertigt sei. In Familienstreitsachen trete verschärfend hinzu, dass teilweise sehr hohe Beträge ausgeurteilt würden und bei nicht wenigen Ehegatten auf Grund ihrer emotionalen Verstrickung eine erhöhte Bereitschaft bestehe, den jeweils anderen zu ruinieren. Der nach Abs. 2 S. 2 mögliche **Schutz des Vollstreckungsschuldners** sei **unzureichend.** Zudem bestehe weder in Güterrechtssachen noch in Unterhaltssachen ein besonderes Bedürfnis, schon vor Eintritt der Rechtskraft ohne Sicherheitsleistung vollstrecken zu dürfen. Auch beim Minderjährigenunterhalt sei der Minderjährige bereits auf Grund des staatlichen Unterhaltsvorschusses weitgehend abgesichert, während im Fall der Aufhebung des Unterhaltstitels durch die Rechtsmittelinstanz die Durchsetzung des Anspruchs auf Rückgewähr gegenüber dem in aller Regel vermögenslosen Minderjährigen von vornherein aussichtslos sei, was einer Unanfechtbarkeit der erstinstanzlichen Entscheidungen für die Zeit vor Erlass der Rechtsmittelentscheidung gleich komme.[16] Die **Bundesregierung** verwies demgegenüber auf **§ 116 Abs. 3**:[17] Bei der Prüfung einer Anordnung der sofortigen Wirksamkeit habe das Gericht im Rahmen seiner Ermessensprüfung das Interesse des Gläubigers an der Erlangung der Leistung und das Schutzinteresse des Schuldners gegeneinander abzuwägen. Wenn der Gläubiger eines Schutzes durch die Anordnung der sofortigen Wirksamkeit nicht bedürfe, erfolge dieses auch in Unterhaltssachen nicht. Die Regelungen des § 120 **Abs. 2 S. 2 und 3** ergänzten den § 116 Abs. 3 zum Schutz des Vollstreckungsschuldners. Auch wenn die Abwägung im Rahmen des § 116 Abs. 3 zur Anordnung der sofortigen Wirksamkeit geführt habe, könne der Schuldner eine Einstellung oder Beschränkung der Zwangsvollstreckung vor Eintritt der Rechtskraft verlangen, wenn ihm die Vollstreckung einen nicht zu ersetzenden Nachteil bringen würde. Diese flexiblen Regelungen würden den Schuldner vor einem Schaden durch eine Vollstreckung des Gläubigers schützen und das Institut der vorläufigen Vollstreckbarkeit insgesamt entbehrlich machen.[18] Der **Bundesrat** konnte sich mit seiner Forderung, den Abs. 2 S. 1 mit einer Ausnahmeregelung für Unterhaltssachen und Güterrechtssachen zu versehen, im weiteren Gesetzgebungsverfahren **nicht durchsetzen.**

VI. Begrenzungen der Vollstreckung (Abs. 2 S. 2 und 3)

In den Sätzen 2 und 3 von Abs. 2 werden in Abweichung von der ZPO-Verweisung des Abs. 1 (s. 10 Rn. 2, 6) die Voraussetzungen normiert, unter denen die Vollstreckung vor Eintritt der Rechtskraft durch das Gericht einzustellen oder zu beschränken ist (s. Rn. 1). Diese Begrenzungen der Vollstreckung sind **notwendig,** weil das Gericht bei Endentscheidungen in Familienstreitsachen nach § 116

---

[13] BT-Drucks. 16/6308, S. 226: „vgl. Germelmann/Matthes/Prütting/Müller-Glöge/*Germelmann,* Arbeitsgerichtsgesetz, 5. Aufl. 2004, § 62 Rn. 3".
[14] Vgl. auch *Germelmann/Matthes/Prütting/Müller-Glöge/Germelmann,* Arbeitsgerichtsgesetz, 6. Aufl. 2008, § 62 Rn. 3.
[15] BT-Drucks. 16/6308, S. 373.
[16] BT-Drucks. 16/6308, S. 373.
[17] BT-Drucks. 16/6308, S. 412.
[18] BT-Drucks. 16/6308, S. 412.

§ 120   11–14   Buch 2. Abschnitt 1. Allgemeine Vorschriften

Abs. 3 S. 2 die **sofortige Wirksamkeit** anordnen kann und bei Unterhaltstiteln nach § 116 Abs. 3 S. 3 sogar soll. Folge der Anordnung der Wirksamkeit ist eine **sofortige Vollstreckbarkeit** nach § 120 Abs. 2 S. 1 (s. § 116 Rn. 1, 10 f.). Die Sätze 2 und 3 des Abs. 2 ergänzen den § 116 Abs. 3 zum **Schutz des Schuldners in der Vollstreckung;** auch dann, wenn die Abwägung zwischen dem Interesse des Gläubigers an der Erlangung der Leistung und dem Schutzinteresse des Schuldners im Rahmen der Ermessensprüfung nach § 116 Abs. 3 zur Anordnung der sofortigen Wirksamkeit geführt habe, könne der Schuldner eine Einstellung oder Beschränkung der Zwangsvollstreckung vor Eintritt der Rechtskraft verlangen, wenn ihm die Vollstreckung einen nicht zu ersetzenden Nachteil bringen würde.[19]

11   **Abs. 2 S. 2** bestimmt abweichend von den Vorschriften der ZPO, dass das Gericht die Vollstreckung vor Eintritt der Rechtskraft in der Endentscheidung auf Antrag des Vollstreckungsschuldners einzustellen oder zu beschränken hat, wenn der Verpflichtete glaubhaft macht, dass die Vollstreckung ihm einen nicht zu ersetzenden Nachteil bringen würde. So soll vermieden werden, dass durch die Vollstreckung vor Eintritt der Rechtskraft ein Schaden entsteht, der auch im Fall des Erfolgs eines Rechtsmittels nicht mehr rückgängig zu machen ist.[20] Während der Bundesrat der Ansicht war, der nach Abs. 2 S. 2 mögliche Schutz des Vollstreckungsschuldners sei unzureichend,[21] vertrat die Bundesregierung die Auffassung, das Zusammenspiel des Abs. 2 mit § 116 Abs. 3 schütze den Schuldner ausreichend und mache das Institut der vorläufigen Vollstreckung insgesamt entbehrlich[22] (s. Rn. 9). Abs. 2 S. 2 soll § 62 Abs. 1 S. 2 ArbGG nachgebildet sein.[23] Dort heißt es allerdings, dass die vorläufige Vollstreckbarkeit auf Antrag auszuschließen sei.[24] Diese gibt es in Ehesachen und Familienstreitsachen nicht (s. Rn. 2, 7).

12   Abs. 2 S. 2 ist allein bei **Familienstreitsachen** einschlägig. Nur bei ihnen kommt nach § 116 Abs. 3 S. 2 und 3 eine Anordnung der sofortigen Wirksamkeit vor Eintritt der Rechtskraft und damit auch eine Begrenzung der Vollstreckung vor Eintritt der Rechtskraft nach § 120 Abs. 2 S. 2 in Betracht. Endentscheidungen in Ehesachen werden demgegenüber stets erst mit Rechtskraft wirksam. Eine Anordnung der sofortigen Wirksamkeit und damit eine Vollstreckbarkeit vor Eintritt der Rechtskraft ist bei ihnen nicht möglich (s. auch Rn. 7). Das Tatbestandsmerkmal des **nicht zu ersetzenden Nachteils** findet sich auch in den §§ 707 Abs. 1 S. 2, 712 Abs. 1, 719 Abs. 2 ZPO sowie in § 62 Abs. 1 S. 2 ArbGG, der als Vorbild für § 120 Abs. 2 S. 2 diente und allein auf die Interessen des Schuldners abstellen soll.[25] Ob ein nicht zu ersetzender Nachteil gegeben ist, wenn der Gläubiger den erhaltenen Geldbetrag bei späterer Änderung oder Aufhebung des Vollstreckungstitels wegen Mittellosigkeit voraussichtlich nicht zurückzahlen kann, ist im Allgemeinen[26] und für Unterhaltsverfahren im Besonderen[27] umstritten.

13   Nach der Konzeption des Gesetzes soll das Gericht unter den Voraussetzungen des Abs. 2 S. 2 die Vollstreckung in einer von ihm selbst für sofort wirksam und damit für vollstreckbar erklärten Entscheidung einstellen oder beschränken (s. auch Rn. 9). Die Anordnung der sofortigen Wirksamkeit und der Ausspruch der Einstellung oder Beschränkung haben also in einem Beschluss zu erfolgen.[28] Hierzu wird angemerkt, es mache keinen Sinn, zunächst die sofortige Wirksamkeit anzuordnen, um in derselben Entscheidung festzulegen, dass die Voraussetzungen des Abs. 2 S. 2 gegeben seien.[29] Da die Interessen des Schuldners schon im Rahmen der Abwägung nach § 116 Abs. 3 S. 2 und 3 zu berücksichtigen sind (Rn. 9, § 116 Rn. 10 f.), sei zu erwarten, dass die Gerichte bereits die Anordnung der sofortigen Wirksamkeit unterlassen werden, wenn der Verpflichtete glaubhaft macht, dass die Vollstreckung ihm einen nicht zu ersetzenden Nachteil bringen würde.[30]

14   **Abs. 2 S. 3** ordnet abweichend von den allgemeinen Vorschriften an, dass die Zwangsvollstreckung in den Fällen des § 707 Abs. 1 ZPO (Wiedereinsetzung in den vorigen Stand, Wiederaufnahme des Verfahrens, Anhörungsrüge) und des § 719 Abs. 1 ZPO (Einspruch, Berufung) nur unter

---

[19] BT-Drucks. 16/6308, S. 412.
[20] BT-Drucks. 16/6308, S. 226.
[21] BT-Drucks. 16/6308, S. 373.
[22] BT-Drucks. 16/6308, S. 412.
[23] BT-Drucks. 16/6308, S. 226.
[24] Hierzu auch *Keidel/Weber* Rn. 14.
[25] So Germelmann/Matthes/Prütting/Müller-Glöge/*Germelmann,* Arbeitsgerichtsgesetz, 6. Aufl. 2008, § 62 Rn. 1.
[26] Bejahend BGH NJW-RR 2007, 1138; vgl. insoweit *Thomas/Putzo/Hüßtege* § 707 ZPO Rn. 11; *Stein/Jonas/Münzberg* § 707 ZPO Rn. 117; *Zöller/Herget* § 707 ZPO Rn. 13; jeweils m. weit. Nachw.
[27] Verneinend OLG Koblenz FamRZ 2005, 468; *Keidel/Weber* Rn. 17 m. weit. Nachw.
[28] *Keidel/Weber* Rn. 14.
[29] *Musielak/Borth* Rn. 3.
[30] *Keidel/Weber* Rn. 15; *Musielak/Borth* Rn. 3.

VII. Nicht vollstreckbare Entscheidungen nach Abs. 3

Entscheidungen, die zur Eingehung der Ehe und zur Herstellung des ehelichen Lebens verpflichten, unterliegen nach Abs. 3 nicht der Vollstreckung. Abs. 3 stellt eine Ausnahme von Abs. 1 dar, weil er bestimmte Eheverpflichtungen der Vollstreckung entzieht und so für diese entgegen Abs. 1 die Anwendung der §§ 704 bis 915 h ZPO generell ausschließt. Abs. 3 übernimmt die erste und die zweite Modalität des insoweit aufgehobenen § 888 Abs. 3 ZPO aF[32] und verortet sie innerhalb des vollständig neu kodifizierten familienrechtlichen Verfahrens (vgl. § 111 Rn. 4). Die Rechtslage hat sich hierdurch nicht geändert. Es gelten die insoweit zu § 888 Abs. 3 ZPO aF entwickelten einschlägigen Auslegungen und Präjudizien.

Eine gerichtliche **Verpflichtung zur Eingehung der Ehe** ist nach deutschem Recht nicht möglich (vgl. § 1297 Abs. 1 BGB) und daher nur bei ausländischen Titeln denkbar, bei denen es aber schon auf Grund der §§ 328 Abs. 1 Nr. 4, 722 ZPO nicht zu einer Vollstreckung kommen kann.[33] Abs. 3 1. Alt. ist daher in der Praxis, soweit ersichtlich, bedeutungslos.

Bei dem Vollstreckungsverbot für gerichtliche **Verpflichtungen zur Herstellung des ehelichen Lebens** geht es um die Verwirklichung der sich aus den §§ 1353 ff. BGB ergebenden **Ehepflichten mit höchstpersönlichem Charakter,** während die den vermögensrechtlichen oder den räumlich-gegenständlichen Bereich der Ehe betreffenden Verpflichtungen nicht erfasst werden.[34] **Rein vermögensrechtlich** ist etwa die Verpflichtung, bei einer gemeinsamen Veranlagung zur Einkommensteuer mitzuwirken.[35] Weiterhin schließt Abs. 3 nicht die Vollstreckung von **Ehestörungsanträgen** aus, welche nicht den höchstpersönlichen, sondern den räumlich-gegenständlichen Bereich der Ehe schützen sollen. So steht Abs. 3 der Vollstreckung von gerichtlichen Entscheidungen nicht entgegen, mit denen der „Ehestörer" aus der Ehewohnung entfernt werden soll.[36] Anträge auf Herstellung des ehelichen Lebens haben heute nur noch geringe praktische Bedeutung und erscheinen als Anachronismus.[37] Die bislang in § 606 Abs. 1 S. 1 ZPO aF genannten Verfahren auf Herstellung des ehelichen Lebens zählen nicht mehr zu den Ehesachen (s. § 111 Rn. 9). Die zugrunde liegenden Ansprüche fallen nunmehr nach § 266 Abs. 1 Nr. 2 in die Zuständigkeit der Familiengerichte; bei dieser sonstigen Familiensache handelt es sich um eine Familienstreitsache (s. § 112 Rn. 1, 5 ff.), für die der Amtsermittlungsgrundsatz der Ehesachen nicht gilt.[38]

VIII. Rechtsbehelfe

Die ZPO-Verweisung des Abs. 1 (s. Rn. 6) hat zur Folge, dass in Ehesachen und Familienstreitsachen die vollstreckungsrechtlichen Rechtsbehelfe der §§ 732, 766, 793 ZPO in Betracht kommen.[39]

---

[31] BT-Drucks. 16/6308, S. 226.
[32] BT-Drucks. 16/6308, S. 226.
[33] Oben § 888 ZPO Rn. 19.
[34] Oben § 606 ZPO Rn. 6 ff.
[35] Oben § 606 ZPO Rn. 8.
[36] BGHZ 6, 360, 365 ff.; NJW 1952, 975 f.; MünchKommBGB/*Wacke* § 1353 Rn. 43 m. zahlr. Nachw.
[37] Hierzu BT-Drucks. 16/6308, S. 226 (zu § 121); MünchKommBGB/*Wacke* § 1353 Rn. 44.
[38] BT-Drucks. 16/6308, S. 226 (zu § 121).
[39] *Baumbach/Lauterbach/Hartmann* Rn. 8; *Keidel/Weber* Rn. 20.

Abschnitt 2. Verfahren in Ehesachen; Verfahren in Scheidungssachen und Folgesachen

Unterabschnitt 1. Verfahren in Ehesachen

Vorbemerkung zu den §§ 121 ff.

Übersicht

	Rn.		Rn.
I. Entstehungsgeschichte	1–6	3. Anwendbarkeit der §§ 121–132 in der Beschwerde- und Rechtsbeschwerdeinstanz	11
1. Entwicklungslinien	1, 2		
2. Verhältnis der §§ 121–132 zu den §§ 606–619, 621 ff., 631 f. ZPO aF	3–6	III. Besonderheiten des Verfahrens in Ehesachen	12, 13
II. Systematik	7–12	IV. Aufhebung und Bestandsfeststellung eingetragener Lebenspartnerschaften (§§ 269 Abs. 1 Nr. 1 und 2, 270 Abs. 1 S. 2)	14
1. Ehesachen im System der Familiensachen	7, 8		
2. Auf die Ehesachen anwendbaren Vorschriften im ersten Rechtszug	9, 10	V. Anwaltszwang, Kosten	15, 16

I. Entstehungsgeschichte

1 **1. Entwicklungslinien.** Das Scheidungsverfahren, wie es im 6. Buch der ZPO bis zum 31. 8. 2009 vorgesehen war, beruhte in seinen wesentlichen Zügen auf dem 1. EheRG 1976. Bis zum KindRG 1998 umfasste der Begriff der Ehesachen Verfahren auf Ehescheidung, Nichtigerklärung der Ehe (vgl. §§ 16 ff. EheG aF), Eheaufhebung (vgl. §§ 29 ff. EheG aF), auf Feststellung des Bestehens oder Nichtbestehens der Ehe sowie auf Herstellung der ehelichen Lebensgemeinschaft. Diese Verfahren waren seit dem 1. EheRG 1976 vor allem im ersten Abschnitt des sechsten Buches (Allgemeine Vorschriften für Ehesachen), im dritten Abschnitt (Verfahren in Scheidungs- und Folgesachen) sowie im vierten Abschnitt (Verfahren auf Nichtigerklärung und auf Feststellung des Bestehens oder Nichtbestehens einer Ehe) geregelt; das KindRG 1997 hat das Verfahren auf Nichtigerklärung der Ehe *ex tunc* abgeschafft,[1] der stark gekürzte vierte Abschnitt befasst sich seitdem mit Verfahren auf Aufhebung der Ehe *(ex nunc)* und auf Feststellung des Bestehens oder Nichtbestehens einer Ehe.

2 Das 1. EheRG hatte für die Verfahren in Familiensachen keine besondere, eigenständige Verfahrensordnung entwickelt, sondern die Verfahren (mit gewissen Modifikationen) den Regelungsbereichen der ZPO und des FGG zugewiesen.[2] KindRG, KindUG und ZPO-RG ließen diese Struktur unberührt.[3] Durch das FamFG sind freilich eigenständige Regelungen für das Verfahren in Familiensachen geschaffen worden; die Ehesachen sind hiervon jedoch nur bedingt berührt, da es bei umfangreichen (wenngleich oft modifizierenden) Verweisen auf das Verfahren nach der ZPO geblieben ist. Zum Verhältnis der §§ 121–132 zu §§ 606–619, 621 ff., 631 f. ZPO aF s. sogleich Rn. 3 ff.; zu den aus der ZPO und dem Allgemeinen Teil des FamFG anwendbaren Normen in Ehesachen unten Rn. 9 ff.

3 **2. Verhältnis der §§ 121–132 zu den §§ 606–619, 621 ff., 631 f. ZPO aF.** Die §§ 121–132 berühren Regelungsgehalte der früheren Allgemeinen Vorschriften für Verfahren in Ehesachen (Buch 6 Abschnitt 1, §§ 606–619 ZPO aF), der Verfahren in Scheidungs- und Folgesachen (Buch 6 Abschnitt 3, §§ 622–630 ZPO aF), der Verfahren auf Aufhebung und auf Feststellung des Bestehens oder Nichtbestehens einer Ehe (Buch 6 Abschnitt 4, §§ 631–632 ZPO aF) und schließlich der Vorschriften über die Kostenpflicht (Buch 1 Titel 5, §§ 91 ff. ZPO aF).

---

[1] Vgl. *Rauscher* Rn. 204.
[2] *Musielak/Borth* Vor § 606 ZPO Rn. 3; vgl. § 621 Abs. 1 Nr. 4–5, 8 ZPO aF für die ehedem sog. „ZPO-Verfahren", § 621 Abs. 1 Nr. 1–3, 6, 7, 9 ZPO aF für die ehedem sog. „FGG-Verfahren".
[3] *Musielak/Borth* Vor § 606 ZPO Rn. 3.

Vorbemerkung zu den §§ 121 ff.   4–8   **Vor §§ 121 ff.**

§§ 121–132 übernehmen aus Buch 6 der ZPO partiell oder vollständig die Regelungen 4
mehrerer Vorschriften: Aus §§ 606–619 ZPO aF werden teilweise oder vollständig Regelungen der
§§ 606, 607, 610, 612 Abs. 4 u. 5, 613, 616, 619 ZPO aF, aus §§ 622–630 ZPO aF Regelungen des
§ 622 ZPO aF, aus §§ 631–632 ZPO aF Regelungen der § 631 Abs. 2–4 und § 632 Abs. 3 u. 4
ZPO aF übernommen. Hinzu kommt die Übernahme von Teilen der Kostenregelung des § 93a
Abs. 3 u. 4 ZPO aF.

Somit ist es nur teilweise zutreffend zu sagen, die §§ 121–132 FamFG entsprächen weitgehend 5
den §§ 606–619 ZPO aF.[4] In den vorliegenden Abschnitt **nicht übernommen** wurden § 606a
ZPO aF (vgl. jetzt § 98), § 608 ZPO aF (vgl. ähnlich jetzt § 113 Abs. 1 S. 2), § 609 ZPO aF (vgl.
jetzt § 114 Abs. 5), § 611 ZPO aF (vgl. jetzt § 113 Abs. 4 Nr. 2 u. 3), § 612 Abs. 1–3 ZPO aF (vgl.
jetzt u. a. § 114 Abs. 4 Nr. 3), § 614 ZPO aF (vgl. jetzt § 136), § 615 ZPO aF (vgl. jetzt § 115),
§ 617 ZPO aF (vgl. jetzt § 113 Abs. 4 Nr. 1, Nr. 5–8) und § 618 ZPO aF.

Die **besonderen Vorschriften für Aufhebungs- und Bestandsfeststellungssachen,** 6
§§ 631–632 ZPO aF (Buch 6 Abschnitt 4) bestanden seit dem 1. 7. 1998 ob der Streichung der
Regelungen über die Nichtigkeitsklage nur noch aus den §§ 631, 632 ZPO aF Bereits vor dem 1. 9.
2009 galten für Aufhebungs- und Bestandsfeststellungssachen die Allgemeinen Vorschriften für Verfahren in Ehesachen (§§ 606 ff. ZPO aF), soweit ihnen nicht die §§ 631, 632 ZPO aF mit Spezialregelungen vorgingen.[5] Für Aufhebungs- und Bestandsfeststellungssachen sind im FamFG außerhalb
des vorliegenden Abschnitts keine Sonderregelungen mehr vorgesehen. Innerhalb des vorliegenden
Abschnitts befassen sich spezifisch mit Aufhebungsverfahren die §§ 125 Abs. 2 S. 2, 126 Abs. 3, 127
Abs. 2, 129, 132, mit Feststellungsverfahren § 129 Abs. 2, mit Scheidungsverfahren §§ 123 S. 2, 125
Abs. 2 S. 2, 126 Abs. 3, 127 Abs. 2 u. 3. Einen gesonderten Abschnitt für das Scheidungsverfahren
(und Folgesachen) bildet Unterabschnitt 2 (§§ 133 ff.). Die nicht mehr als Ehesachen i. S. d. § 121
geltenden Herstellungsverfahren (anders noch § 606 ZPO aF) sind nun zu den sonstigen Familiensachen (§ 266 Abs. 1 Nr. 2) zu zählen (s. u. § 121 Rn. 19 f. m. weit. Nachw.).

II. Systematik

1. Ehesachen im System der Familiensachen. In Ehesachen greifen mehrere Normenkom- 7
plexe ineinander. Sie sind Familiensachen (§ 111 Nr. 1) und unterliegen daher den §§ 112–120. Als
Spezialvorschriften gelten für sie die §§ 121–132 (Abschnitt 2 Unterabschnitt 1 – Verfahren in
Ehesachen); für die Scheidungssachen gelten zusätzlich die §§ 133–150 (Unterabschnitt 2 – Verfahren
in Scheidungssachen und Folgesachen). Über die Vorschrift des § 137 werden die Folgesachen mit
der Scheidungssache zum Verbund zusammengefügt. Während der Rechthängigkeit der Ehesachen
richtet sich die örtliche Zuständigkeit der verbundfähigen Familiensachen nach dem Gericht der
Ehesache bzw. ist die andere Familiensache an das Gericht der Ehesache abzugeben, wenn eine
Ehesache später anhängig wird (vgl. §§ 201 Nr. 1, 202 – Wohnung und Hausrat; §§ 232 Abs. 1
Nr. 1, 233 – Unterhalt; §§ 262 Abs. 1, 263 – Güterrecht; §§ 267 Abs. 1, 268 – sonstige Familiensachen; ferner § 218 Nr. 1 – Versorgungsausgleich;

Der Begriff der Familiensachen[6] umfasst elf Unterdefinitionen,[7] darunter – begrifflich verwirrend – 8
auch die „sonstigen Familiensachen" § 111 Nr. 10[8] (iVm. § 266). Ehesachen bilden einen Unterbegriff der Familiensache (§ 111 Nr. 1) und stehen begrifflich gleichrangig neben Familienstreitsachen
(§ 112)[9] – also den Verfahren nach § 111 Nr. 8, 9, 10 (gem. § 266 Abs. 1), Nr. 11 (gem. § 269 Abs. 1
Nr. 9 und Abs. 2) – und anderen Familiensachen, die keine Familienstreitsachen sind – also den
Verfahren nach § 111 Nr. 1–7, Nr. 10 (gem. § 266 Abs. 2) und Nr. 11 (gem. § 269 Abs. 1 Nr. 1–8).[10]
Ehe- und Familienstreitsache unterscheiden sich von den anderen Familiensachen vor allem durch die
in § 113 Abs. 1 angeordnete weiträumige Verweisung auf das Verfahren nach der ZPO (§§ 1–252,
253–495a ZPO; mit Ausnahmen in § 113 Abs. 4 ähnlich den früheren §§ 611, 617 ZPO).

---

[4] So *Fölsch* Rn. 39; *Kroiß/Seiler* Rn. 172.
[5] Oben § 631 ZPO Rn. 3; *Musielak/Borth* Vor § 631 ZPO Rn. 1; *Thomas/Putzo/Hüßtege* Vorbem § 631 ZPO Rn. 3.
[6] Nach *Baumbach/Lauterbach/Hartmann* § 111 Rn. 1 ein gleichrangiger Hauptbegriff neben den Familienstreitsachen.
[7] *Zimmermann* FamFG Rn. 302.
[8] Dabei sollen darüber hinaus auch solche Ansprüche Familiensachen sein, deren Zuweisung an das Familiengericht nach Sinn und Zweck sinnvoll ist (Sachzusammenhang) – so *Baumbach/Lauterbach/Hartmann* § 111 Rn. 4. Vgl. näher oben § 111 Rn. 23 ff.
[9] Gem. *Baumbach/Lauterbach/Hartmann* § 111 Rn. 1 ein gleichrangiger Hauptbegriff neben den Familiensachen; gem. *Zimmermann* FamFG Rn. 303 wohl ein Unterbegriff der Familiensache.
[10] Vgl. *Zimmermann* FamFG Rn. 303.

9   **2. Auf die Ehesachen anwendbare Vorschriften im ersten Rechtszug.** Aus dem **Allgemeinen Teil** des ersten Buches des FamFG gelten für die Ehesachen wegen § 113 Abs. 1 S. 1 nur § 1 (Anwendungsbereich), §§ 38, 39 (Beschluss und Rechtsbehelfsbelehrung; hierbei ist die Sonderregelung des § 38 Abs. 5 Nr. 1 zu beachten, die die in § 38 Abs. 4 vorgesehene Ausnahme vom Begründungserfordernis für Entscheidungen in Ehesachen mit Ausnahme der Scheidungsaussprüche für nicht anwendbar erklärt), §§ 49–57 (einstweilige Anordnung), §§ 58–75 (Rechtsmittel), §§ 97 ff. (Verfahren mit Auslandsbezug). Es gelten also insbesondere nicht die Normen über Zuständigkeit, Abgabe und Verweisung (§§ 2 ff.), Beteiligte (§§ 7 f.), Verfahrensfähigkeit (§ 9), Bevollmächtigte und Beistände (§§ 10 ff.), Fristen (§ 16), Wiedereinsetzung in den vorigen Stand (§§ 17 ff.), Verfahrensverbindung und -trennung (§§ 20 f.), Aussetzung (§ 21), das Verfahren im ersten Rechtszug (§§ 23 ff.), mit Amtsermittlungsgrundsatz (§ 26), Vergleich (§ 36), Wirksamwerden, formelle Rechtskraft, Bekanntgabe und weitere Ausgestaltungen des Beschlusses (§§ 40 ff.), Kosten (§§ 80 ff.), Vollstreckung (§§ 86 ff.).[11]

10   Da Ehesachen Familiensachen sind (§ 111 Nr. 1), gelten für sie ferner die **Allgemeinen Vorschriften über Verfahren in Familiensachen** (Buch 2 Abschnitt 1, §§ 111–120 mit Ausnahme des § 112). Mit der weiträumigen Verweisung des § 113 Abs. 1 S. 2 auf die §§ 1–252, 253–494a ZPO (freilich beschränkt durch zahlreiche Ausnahmen an anderer Stelle, verstärkt durch zahlreiche zusätzliche (den Generalverweis teilweise wiederholende oder konkretisierende) Verweisungen ist wie nach bisherigem Recht (indes mit einer erheblichen Ausnahme für die Rechtsmittel, Rn. 12) das Verfahren in Ehesachen überwiegend von den Regelungen der ZPO dominiert.[12] Die Abweichungen vom Verfahren der ZPO sind dem öffentlichen Interesse an der Beachtung der materiellrechtlichen Vorschriften und der Richtigkeit der Entscheidungen in Ehesachen geschuldet.[13] Mit der Neuordnung der anwaltlichen Vertretung in § 114 (vgl. zum alten Recht § 78 Abs. 2 u. 3 ZPO aF) sind für Ehesachen im Ergebnis keine Änderungen eingetreten.[14]

11   **3. Anwendbarkeit der §§ 121–132 in der Beschwerde- und Rechtsbeschwerdeinstanz.** Hier begegnet eine komplizierte Verweisungstechnik. Gemäß § 113 Abs. 1 ist Abschnitt 5 des Allgemeinen Teils anwendbar (Rechtsmittel, §§ 58 ff.). Hinzu tritt § 117 als *lex specialis* zu den §§ 58 ff. in Ehe- und Familienstreitsachen, der zusätzlich zu einigen Einzelverweisen im Abschnitt Rechtsmittel (vgl. §§ 58 Abs. 4 Halbs. 2, 71 Abs. 2 S. 3, 72 Abs. 3, 74 Abs. 3 S. 4, 75 Abs. 2) zahlreiche einzelne Vorschriften der §§ 511 ff. ZPO für entsprechend anwendbar erklärt. Die Begründung zu § 117 hebt hervor, dass auch in Ehesachen die Beschwerde „einheitliches Rechtsmittel" ist und die allgemeinen Vorschriften der ZPO über Berufung und Revision daher nicht anwendbar sind.[15] (Dabei sind neben § 117 weitere Abweichungen von §§ 58 ff. vorgesehen, so sieht etwa § 115 eine partielle Sonderregelung gegenüber § 65 Abs. 3 vor.[16]) Gemäß § 68 Abs. 3 S. 1 (für die Beschwerde) und § 74 Abs. 4 (für die Rechtsbeschwerde) sind auf das Verfahren in der Beschwerde- und Rechtsbeschwerdeinstanz grundsätzlich die im ersten Rechtszug geltenden Vorschriften entsprechend anzuwenden. Würde damit auf die §§ 23–48 (Abschnitt 2: Verfahren im ersten Rechtszug) verwiesen, so ergäben sich erhebliche Diskrepanzen zu den §§ 121–132 – allein § 26 und § 127 (Amtsermittlung) sowie §§ 33, 34 und § 128 (persönliches Erscheinen und Anhörung) weichen deutlich voneinander ab. Gemeint sind mit dem Verweis auf die im ersten Rechtszug geltenden Vorschriften jedoch die *jeweils* im ersten Rechtszug geltenden Vorschriften, in Ehesachen also qua § 113 Abs. 1 S. 2 die §§ 1–252, 253–494a ZPO.[17] Die §§ 121–132 bleiben daher – wie nach früherem Recht[18] – auch in Beschwerde und Rechtsbeschwerde im Grundsatz anwendbar, soweit ihnen nicht Besonderheiten dieser Verfahren entgegenstehen (s. dazu die Einzelerläuterungen). Für das Wiederaufnahmeverfahren verweist § 118 ohne Einschränkungen auf §§ 578–591 ZPO.

III. Besonderheiten des Verfahrens in Ehesachen

12   Ob eine Ehe zu scheiden oder aufzuheben ist, wird im materiellen Recht von zwingenden Vorschriften geregelt (§§ 1564 ff., §§ 1303 ff., 1313 ff. BGB), die den Beteiligten keine Gestaltungs-

---

[11] Zu den ausgeklammerten Normen des Allgemeinen Teils und den stattdessen anwendbaren Normen der ZPO s. die Auflistung bei *Zimmermann* FamFG Rn. 301.
[12] *Fölsch* Rn. 37.
[13] Vgl. *Stein/Jonas/Schlosser* Vor § 606 ZPO Rn. 21.
[14] BT-Drucks. 16/6308, S. 223.
[15] BT-Drucks. 16/6308, S. 224.
[16] BT-Drucks. 16/6308, S. 206.
[17] BT-Drucks. 16/6308, S. 207 und (wenngleich undeutlich) S. 211.
[18] Vgl. *Stein/Jonas/Schlosser* Vor § 606 ZPO Rn. 22.

freiheit belassen.[19] Die Ehe greift ergänzend in den Personenstand ein,[20] die sie regelnden Bestimmungen müssen daher den Erfordernissen der Statuswahrheit, Statusklarheit und Statusbeständigkeit genügen.[21] Die Ausübung der subjektiven Gestaltungsrechte Eheaufhebung und Ehescheidung[22] kann, um die Gewähr der Richtigkeit zu bieten, nicht durch formfreies rechtsgeschäftliches Handeln, sondern muss in einem zweigliedrigen Tatbestand aus formalisierter Willenserklärung (Antrag) und richterlicher Entscheidung erfolgen (gestreckter Tatbestand).[23]

Das gerichtliche Verfahren in Ehesachen trägt dem Umstand Rechnung, dass die Materie privater **13** Disposition weitgehend entzogen ist. Sie befolgt daher andere Grundsätze als die im ordentlichen Verfahren herrschende Dispositions- und Verhandlungsmaxime.[24] Die wichtigste Besonderheit des Verfahrens ist die weitgehende Ausschaltung des Verhandlungsgrundsatzes und seine Ersetzung durch den **Untersuchungsgrundsatz** (§ 128, s. a. § 113 Abs. 4 Nr. 1, Nr. 5–8).[25]

IV. Aufhebung und Bestandsfeststellung eingetragener Lebenspartnerschaften (§§ 269 Abs. 1 Nr. 1 und 2, 270 Abs. 1 S. 2)

In Verfahren auf Aufhebung der Lebenspartnerschaft (§ 269 Abs. 1 Nr. 1) sind die Vorschriften **14** über Scheidungssachen entsprechend anzuwenden (§ 270 Abs. 1 S. 1 Halbs. 1). In Verfahren auf Feststellung des Bestehens oder Nichtbestehens einer Lebenspartnerschaft (§ 269 Abs. 1 Nr. 2) sind – insoweit ähnlich dem § 661 Abs. 2 ZPO aF – die Vorschriften über Bestandsfeststellungsverfahren im Hinblick auf die Ehe entsprechend anzuwenden (§ 270 Abs. 1 S. 1 2. Hs.). Gemeint ist nicht lediglich ein Verweis auf die §§ 121–132, sondern eine **umfassende Gleichstellung** mit den Verfahren gemäß § 121 Nr. 1 und 2, die auch in Bezug genommene Vorschriften anderer Gesetze erfassen soll.[26] Sonderregeln für Lebenspartnerschaftssachen enthalten die §§ 269, 270 insoweit nicht.

V. Anwaltszwang, Kosten

In Ehesachen besteht gemäß § 114 Abs. 1 (ähnlich dem § 78 Abs. 2 ZPO aF) grundsätzlich **15** Anwaltszwang; Ausnahmen sind in § 114 Abs. 4 vorgesehen.

Für Kosten in Ehesachen sind im FamGKG die Sonderregelungen der § 9 (Fälligkeit der Gebüh- **16** ren), § 14 Abs. 1 (Zustellung nach Gebührenzahlung), §§ 43, 44 Abs. 3 (Wertvorschrift) FamGKG sowie KV Nr. 1110, 1122 und 1132 zu beachten. Die Kostenentscheidung richtet sich nach § 150.

§ 121 Ehesachen

Ehesachen sind Verfahren
1. **auf Scheidung der Ehe (Scheidungssachen),**
2. **auf Aufhebung der Ehe und**
3. **auf Feststellung des Bestehens oder Nichtbestehens einer Ehe zwischen den Beteiligten.**

Übersicht

	Rn.		Rn.
I. Normzweck	1–3	**III. Keine Ehesachen**	19–22
II. Begriff der Ehesache	4–18	1. Positive und negative Herstellungsanträge	19, 20
1. Ehescheidung (Nr. 1)	4		
2. Eheaufhebung (Nr. 2)	5–11	2. Verfahren wegen Ehestörung	21
3. Feststellung des Bestehens oder Nichtbestehens einer Ehe (Nr. 3)	12–15	3. Vermögensrechtliche Ansprüche	22
4. Sonstige Ehesachen	16–18		

---

[19] Vgl. schon *Nikisch* § 139 I. 2. S. 554.
[20] *Gernhuber/Coester-Waltjen* § 1 Rn. 43.
[21] Vgl. *Gernhuber/Coester-Waltjen* § 1 Rn. 44 ff.
[22] *Gernhuber/Coester-Waltjen* § 3 Rn. 28.
[23] *Gernhuber/Coester-Waltjen* § 3 Rn. 30.
[24] Vgl. schon *Nikisch* § 139 I.1. S. 554.
[25] Vgl. schon *Nikisch* § 139 I.2. S. 555; *Musielak/Borth* Vor § 606 ZPO Rn. 1; *Dastmaltchi* FPR 2007, 226.
[26] BT-Drucks. 16/6308, S. 264.

I. Normzweck

1 §§ 121 und 122 enthalten den v. a. um die Herstellungsverfahren[1] verkürzten (s. u. Rn. 19 f. und vgl. § 606 Abs. 1 S. 1 Alt. 5 ZPO aF) und inhaltlich leichten Änderungen unterworfenen **Regelungsgehalt** des früheren § 606 ZPO. § 121 legaldefiniert dabei allein den Begriff Ehesache,[2] während § 122 die örtliche Zuständigkeit regelt.

2 Die Begriffe der Verfahren auf Scheidung der Ehe (§ 121 Nr. 1), auf Aufhebung der Ehe (§ 121 Nr. 2) und auf Feststellung des Bestehens oder Nichtbestehens einer Ehe (§ 121 Nr. 3) zwischen den Beteiligten sollten durch das FamFG nicht verändert werden.[3] Ob eine Sache Ehesache iSd. § 121 ist, bestimmt sich nach dem vom Antragsteller zur Begründung vorgebrachten Sachverhalt.[4]

3 Die mit dem EheschlRG 1998 begonnene Zuweisung weiterer Zuständigkeiten mit Bezug zu Ehesachen an das FamFG (vgl. § 1303 Abs. 2 BGB, § 1308 Abs. 2 BGB, § 1315 Abs. 1 S. 3 BGB)[5] wurde durch das FamFG mit § 125 Abs. 2 S. 2 fortgesetzt, das die Zuständigkeit für die Genehmigung des Antrags des gesetzlichen Vertreters des geschäftsunfähigen Ehegatten auf Ehescheidung oder Eheaufhebung dem FamG (früher: Vormundschaftsgericht) zuweist.

II. Begriff der Ehesache

4 **1. Ehescheidung (Nr. 1).** Scheidungsverfahren sind diejenigen Verfahren, die die Beendigung der gescheiterten Ehe durch rechtsgestaltende richterliche Entscheidung (§ 1564 BGB) zum Gegenstand haben. Ehescheidungsverfahren stellen den quantitativ größten Teil der Ehesachen dar.[6] Die §§ 1564–1568 BGB regeln die Scheidung materiellrechtlich. Die richterliche Entscheidung wirkt gestaltend und *ex nunc* mit Rechtskraft (§ 116 Abs. 2).[7] Die Entscheidung erfolgt durch Beschluss (§§ 38, 116 Abs. 1). Für Scheidungssachen sind neben den §§ 121–132 die Sondervorschriften der §§ 133–150 zu beachten. Dass die Ehe im Inland nur durch richterliche Entscheidung geschieden oder aufgehoben werden kann, gilt auch, wenn ausländisches Recht anzuwenden ist (vgl. Alt. 17 Abs. 2 EGBGB).[8]

5 **2. Eheaufhebung (Nr. 2).** Aufhebungsverfahren sind diejenigen Verfahren, die die **Beendigung der fehlerhaften Ehe durch rechtsgestaltende richterliche Entscheidung (§ 1313 BGB)** zum Gegenstand haben. Inzident kann die Aufhebbarkeit nicht festgestellt werden; kommt es hierauf in einem (nicht notwendigerweise zwischen den Ehegatten bestehenden) Rechtsstreit an (etwa in Verfahren wegen der Gewährung einer Rente oder in Erbschaftsstreitigkeiten), ist das Verfahren auf Antrag auszusetzen (§ 113 Abs. 1 S. 2 FamFG iVm. § 152 ZPO).[9]

6 **Bis zur Einführung des FamFG** galten für Aufhebungsverfahren die allgemeinen Vorschriften über Ehesachen (§§ 606–619 ZPO aF) und als Sondervorschrift § 631 ZPO aF. Der Regelungsgehalt des § 631 ZPO aF ist nun weitgehend in den allgemeinen Vorschriften für Ehesachen (§§ 121–132) aufgegangen (§ 631 Abs. 1 ZPO aF wurde entbehrlich; vgl. für § 631 Abs. 2 ZPO aF jetzt § 124 und § 126 Abs. 3; für § 631 Abs. 3 und 4 ZPO aF jetzt § 129; der Regelungsgehalt des § 631 Abs. 5 ZPO aF hat im FamFG keinen Niederschlag gefunden).

7 Die §§ 1313–1318, 1320 BGB regeln die Eheaufhebung **materiellrechtlich.**[10] § 1314 BGB enthält eine abschließende Aufzählung der Aufhebungsgründe;[11] hinzu tritt § 1320 BGB als Sondervorschrift für den Aufhebungsantrag des gutgläubig wiederverheirateten Ehegatten nach Todeserklärung (vgl. § 1319 Abs. 2 BGB). Die Aufhebungsgründe des § 1314 Abs. 2 Nr. 2–4, 1320 BGB sind binnen eines Jahres geltend zu machen (§§ 1317 Abs. 1, 1320 Abs. 1 S. 2 BGB), die Geltendmachung anderer Aufhebungsgründe ist nicht fristgebunden.[12] Zu den Heilungsmöglichkeiten s. § 1315 BGB. Ein Verstoß gegen § 1310 BGB führt nicht zu einer aufhebbaren, sondern zu einer Nichtehe.[13] Der Verstoß gegen § 1308 BGB führt nicht zu Aufhebbarkeit, er wird nicht sanktioniert.[14]

---

[1] Vgl. zu ihr auch oben § 606 ZPO, Rn. 6–10.
[2] *Rakete-Dombeck* FPR 2009, 16.
[3] BT-Drucks. 16/6308, S. 226.
[4] Vgl. *Wieczorek/Schütze/Becker-Eberhard* § 606 ZPO Rn. 6, siehe oben § 111 Rn. 20.
[5] Näher *Musielak/Borth* Vor § 606 ZPO Rn. 16.
[6] Vgl. *Stein/Jonas/Schlosser* Vor § 606 ZPO Rn. 4 („99 %").
[7] *Erman/Roth* Vor § 1313 BGB Rn. 7; *Keidel/Weber* Rn. 3; vgl. schon *Nikisch* § 139 I.2. S. 554.
[8] OLG Stuttgart FamRZ 2004, 25 Rn. 3; KG IPRax 2000, 126; *Zöller/Philippi* § 606 ZPO Rn. 2.
[9] *Musielak/Borth* Vor § 129 Rn. 2; *Thomas/Putzo/Reichold* § 152 Rn. 1; *Keidel/Weber* Rn. 4; *Gernhuber/Coester-Waltjen* § 14 Rn. 9; *Rauscher* Rn. 205.
[10] Vgl. zu ihren Vorgängernormen oben § 606 ZPO Rn. 4.
[11] *Rauscher* Rn. 207.
[12] *Erman/Roth* § 1317 BGB Rn. 2.
[13] *Rauscher* Rn. 204, 207.
[14] *Rauscher* Rn. 207.

Antragsberechtigt sind zunächst die Ehegatten. Antragsberechtigt sind grundsätzlich auch „bösgläubige" Ehegatten, die die Aufhebbarkeit bei Eheschließung kannten, da sie neben der Wahrnehmung eigener Interessen als „Sachwalter der gestörten Eheordnung" fungieren.[15] Neben den Ehegatten können auch die Verwaltungsbehörde und Dritte antragsbefugt sein (vgl. § 1316 Abs. 1); näher zur Anfechtungsberechtigung der Verwaltungsbehörde und Dritter unten § 129 Rn. 3 ff.; der kleine Kreis Antragsberechtigter trägt zum Bestandsschutz der fehlerhaften Ehen bei.[16]

Das Aufhebungsbegehren ist ein privates Gestaltungsrecht, das durch formalisierte Willenserklärungen ausgeübt wird.[17] Die Aufhebung erfolgt zweigliedrig – der Aufhebungsantrag macht den Abschlussmangel geltend, die **richterliche Entscheidung** vollzieht.[18] Die Entscheidung erfolgt durch Beschluss (§§ 38, 116 Abs. 1). Die aufhebende richterliche Entscheidung wirkt gestaltend *ex nunc*[19] und *erga omnes*.[20] Wird der Aufhebungsantrag abgewiesen, wirkt die Entscheidung nur *inter partes* mit der Folge, dass die zuständige Verwaltungsbehörde und ggf. der Dritte denselben Aufhebungsgrund erneut geltend machen kann.[21] Die praktische Relevanz der Eheaufhebungssachen ist gering, Bedeutung hat sie vor allem für Ehegatten, die sich aus religiösen Gründen nicht zur Scheidung entschließen.[22]

Problematisch ist die Einordnung der Verfahren über die **Folgen der Aufhebung für die vermögensrechtlichen Scheidungsfolgen (§ 1318 BGB)**. Innerhalb der gestaltenden Aufhebungsentscheidung ist für eine verbindliche Entscheidung über § 1318 BGB kein Raum. Nach teilweise vertretener Ansicht sollen Verfahren über § 1318 BGB als andere Familiensachen iSd. §§ 111 Nr. 10, 266 Abs. 1 Nr. 2 FamFG angesehen werden.[23] Dies wird jedoch dem Bedürfnis nicht gerecht, die Prüfung des § 1318 BGB für die jeweils betroffenen Scheidungsfolgen in den vom Gesetzgeber vorgesehenen besonderen Verfahren durchzuführen (§ 1318 Abs. 2 BGB betrifft den nachehelichen Unterhalt; vgl. hierzu §§ 111 Nr. 8, 112 Nr. 1, 113 Abs. 1–3, 231 ff.; § 1318 Abs. 3 und 5 BGB betreffen den Zugewinn, vgl. hierzu §§ 111 Nr. 9, 112 Nr. 2, 113 Abs. 1–3, 261 ff.; § 1318 Abs. 3 BGB betrifft den Versorgungsausgleich, vgl. hierzu §§ 111 Nr. 7, 217 ff.; § 1318 Abs. 4 BGB betrifft Verfahren wegen Hausrat und Ehewohnung, vgl. hierzu §§ 111 Nr. 5, 200 ff.). Aus demselben Grund ist eine Einordnung als Ehesache iSd. § 121 abzulehnen, da für sie als besondere Regelungen lediglich die §§ 121–132 gelten. Vielmehr sollte gewährleistet sein, dass über § 1318 BGB gemeinsam mit den Ansprüchen auf Unterhalt, Zugewinn etc. entschieden werden kann. Eine Dreiteilung des Verfahrens in Aufhebungsentscheidung, Verfahren über die Aufhebungsfolgen nach § 1318 BGB und Verfahren über vermögensrechtliche Scheidungsfolgen ist ob des damit verbundenen Zeitverlustes abzulehnen. Naheliegender wäre daher, in diesen Fällen (der gleichzeitigen Stellung des Aufhebungsantrags und der Anträge auf Zuerkennung der Einzelnen vermögensrechtlichen Scheidungsfolgen) unter Heranziehung des Gedankens des § 137 die gemeinsame Verhandlung und Entscheidung über die Aufhebung, die Aufhebungsfolgen nach § 1318 BGB und die Einzelnen vermögensrechtlichen Scheidungsfolgen zu ermöglichen.

Von der vorstehenden Fallgruppe zu unterscheiden ist der Fall, in dem ein **bereits geschiedener Ehegatte nachträglich die Eheaufhebung** verlangt und dabei das Ziel verfolgt, den Ausschluss der Scheidungsfolgen bei Nichtvorliegen der Voraussetzungen des § 1318 BGB herbeizuführen. Ein derartiger Antrag ist unzulässig. Dies wurde von der Rechtsprechung mit dem fehlenden Rechtsschutzinteresse für die erneute Herbeiführung der bereits eingetretenen Gestaltungswirkung und dem fehlenden Gewicht ethischer oder an das gesellschaftliche Ansehen anknüpfender Interessen begründet; im Anschluss an diese Rspr. ist diese Wertung nun in § 1317 Abs. 3 BGB niedergelegt.[24] Statthaft ist in diesem Fall eine prozessuale Gestaltungsentscheidung oder eine gestaltende Feststellungsentscheidung, durch die die Folgen der Aufhebung für die vermögensrechtlichen Scheidungs-

---

[15] *Gernhuber/Coester-Waltjen* § 14 Rn. 10.
[16] *Gernhuber/Coester-Waltjen* § 14 Rn. 10.
[17] *Gernhuber/Coester-Waltjen* § 14 Rn. 9.
[18] *Gernhuber/Coester-Waltjen* § 14 Rn. 9.
[19] *Wieczorek/Schütze/Becker-Eberhard* § 606 ZPO Rn. 12 (dort auch zur Rückwirkung nach früherem Recht); *Musielak/Borth* Vor § 129 Rn. 5; *Gernhuber/Coester-Waltjen* § 14 Rn. 1 u. 17; *Rauscher* Rn. 205; *Erman/Roth* Vor § 1313 BGB Rn. 7.
[20] *Gernhuber/Coester-Waltjen* § 14 Rn. 9; *Zöller/Philippi* § 631 ZPO Rn. 17 a; *Bamberger/Roth/Hahn* § 1313 BGB Rn. 5.
[21] *Musielak/Borth* § 631 ZPO Rn. 13; *Zöller/Philippi* § 631 ZPO Rn. 17 a.
[22] *Wieczorek/Schütze/Becker-Eberhard* § 606 ZPO Rn. 12.
[23] Für das alte Recht (andere Familiensache, §§ 621 ff. ZPO aF) Hk-ZPO/*Kemper* § 631 Rn. 3.
[24] Vgl. die Entscheidung BGHZ 133, 227, 233 Rn. 15, die vom Gesetzgeber durch § 1317 Abs. 3 BGB umgesetzt wurde; hierzu *Gernhuber/Coester-Waltjen* § 14 Rn. 16; *Rauscher* Rn. 206.

folgen nachträglich an den Scheidungsausspruch geknüpft werden.[25] Ein derartiges Verfahren wird als Unterfall der Ehesache angesehen.[26]

12 3. **Feststellung des Bestehens oder Nichtbestehens einer Ehe (Nr. 3).** Ehesachen nach § 121 Nr. 3 sind **Verfahren auf Feststellung des Bestehens oder Nichtbestehens der Ehe.** Bis zur Einführung des FamFG galten für sie die allgemeinen Vorschriften über Ehesachen (§§ 606–619 ZPO aF) und als Sondervorschrift § 632 ZPO aF. Der Regelungsgehalt des § 632 ZPO aF ist weitgehend in den §§ 121–132 aufgegangen (§ 632 Abs. 1 ZPO aF wurde entbehrlich; § 632 Abs. 2 ZPO aF wurde nicht übernommen, vgl. aber unten § 126 Rn. 2; vgl. für § 632 Abs. 3 ZPO aF nun § 129 Abs. 2 und für § 632 Abs. 4 ZPO nunmehr § 130 Abs. 1).

13 Aus der Aufhebung des § 638 S. 2 ZPO aF (der bestimmte, dass das Urteil, durch welches das Bestehen oder Nichtbestehen einer Ehe festgestellt wird, für und gegen alle wirkt) wird geschlossen, dass die Entscheidung im Bestandsfeststellungsverfahren nur noch **unter den Ehegatten wirkt;** dem entspricht auch, dass eine Feststellungsentscheidung – anders als in Ehescheidungs- oder Eheaufhebungsausspruch – nicht gestaltend wirkt und die materielle Rechtslage nicht ändert.[27]

14 Das Bestandsfeststellungsverfahren ist ein **besonderes Feststellungsverfahren.** Der Antrag im Bestandsfeststellungsverfahren unterliegt § 256 Abs. 1 ZPO und bedarf eines Feststellungsinteresses.[28] Es ist nur gegeben, wenn Zweifel bestehen, ob eine Eheschließung stattgefunden hat (Nichtehe, vgl. § 1310 BGB) oder ob die Ehe aufgelöst ist (s. aber zu § 107 sogleich).[29] Die Entscheidung erfolgt durch Beschluss (§§ 38, 116 Abs. 1). Unter § 121 Nr. 3 fällt auch das Verfahren auf Klärung, ob zu einem früheren Zeitpunkt eine Ehe zwischen den Beteiligten bestand oder nicht bestand.[30] Das Verfahren nach § 121 Nr. 3 steht nur den Ehegatten und vermeintlichen Ehegatten, nicht Dritten offen.[31] Das Bestehen oder Nichtbestehen der Ehe kann auch inzident festgestellt werden.[32]

15 Einem Antrag auf Feststellung der Wirksamkeit einer eheauflösenden ausländischen Entscheidung fehlt indes wegen des hierfür in § 107 vorgesehenen Verfahrens in der Regel das Feststellungsbedürfnis;[33] anders jedoch, wenn die wirksame Eheschließung im Ausland im Streit steht.[34] Unzulässig sind Verfahren auf Feststellung des Nichtbestehens eines Scheidungs- oder Eheaufhebungsgrundes, da für sie angesichts der hierfür vorgesehenen Verfahren (§ 121 Nr. 1 u. 2) kein Rechtsschutzbedürfnis besteht.[35]

16 4. **Sonstige Ehesachen.** Ehesache ist das gesamte **Wiederaufnahmeverfahren** gegen die Entscheidung in einer Ehesache, da sich ihr Ziel – das frühere Verfahren nachzuprüfen, die rechtskräftige Entscheidung zu beseitigen und die Sache zu neuer Verhandlung und Entscheidung zu bringen – mit dem eines Rechtsmittels gegen die Entscheidung deckt.[36] Hiergegen wurde der Einwand erhoben,

---

[25] BGHZ 133, 227, 233 Rn. 20–23 m. weit. Nachw. (noch zu § 37 Abs. 2 EheG); *Zöller/Philippi* § 610 ZPO Rn. 15; vgl. zu dieser Konstruktion auch *Rauscher* Rn. 206 und *Bamberger/Roth/Hahn* § 1317 BGB Rn. 5; aA *Wieczorek/Schütze/Becker-Eberhard* § 610 ZPO Rn. 15 (Aufhebungsantrag zulässig).
[26] Oben § 606 ZPO Rn. 11 m. weit. Nachw.
[27] *Zöller/Philippi* § 632 BGB Rn. 10.
[28] *Stein/Jonas/Schlosser* Vor § 606 ZPO Rn. 9; oben § 606 ZPO Rn. 5 u. § 632 ZPO Rn. 3; *Baumbach/Lauterbach/Hartmann* § 122 Rn. 1; AK/*Derleder* § 606 ZPO Rn. 3; *Bergerfurth* Eheverf. Rn. 1418; anders aber mit ähnlichem Ergebnis *Wieczorek/Schütze/Becker-Eberhard* § 606 ZPO Rn. 15 (dem § 256 ZPO weitgehend entzogen, aber gleichwohl Feststellungsinteresse erforderlich); aA (keine Anwendung von § 256 ZPO) *Bumiller/Harders* Rn. 3.
[29] BGHZ 4, 314, 321 (Scheidungsurteil des LG Breslau von 1944 kann nicht mehr beschafft werden); BGH FamRZ 1963, 32 (Scheidungsurteil eines Gerichts der SBZ); *Stein/Jonas/Schlosser* Vor § 606 ZPO Rn. 9; *Wieczorek/Schütze/Becker-Eberhard* § 606 ZPO Rn. 18 f.; *Rosenberg/Schwab/Gottwald* § 164 Rn. 6; *Musielak/Borth* § 632 ZPO Rn. 2; *Bergerfurth* Eheverf. Rn. 1421.
[30] *Stein/Jonas/Schlosser* Vor § 606 ZPO Rn. 10 u. 14 e (hier auch: eine bereits aufgelöste Ehe kann erneut aufgelöst werden); *Wieczorek/Schütze/Becker-Eberhard* § 606 ZPO Rn. 21.
[31] OLG Hamm FamRZ 1980, 706 Rn. 3; *Stein/Jonas/Schlosser* Vor § 606 ZPO Rn. 9; *Wieczorek/Schütze/Becker-Eberhard* § 606 ZPO Rn. 17 (mit Hinw. zur Klärung unter Beteiligung von Dritten in anderen Konstellationen).
[32] Vgl. etwa BGH NJW-RR 2003, 850 Rn. 9 (inzidente Prüfung des früheren Bestehen einer Nichtehe oder scheidbaren Ehe im Rahmen eines Schadensersatzanspruchs wegen fehlerhafter anwaltlicher Beratung); BSGE 45, 180 (Witwenrente; nur kirchliche Trauung); OLG Nürnberg FamRZ 1970, 246 (zur Feststellung in einer die Scheidung abweisenden Entscheidung); OLG Hamm FamRZ 1980, 706 (Feststellung in selbständigem Verfahren ist den Eheleuten vorbehalten); *Musielak/Borth* § 632 ZPO Rn. 2, 3.
[33] Vgl. *Stein/Jonas/Schlosser* Vor § 606 ZPO Rn. 9; oben § 606 ZPO Rn. 5; *Wieczorek/Schütze/Becker-Eberhard* § 606 ZPO Rn. 19; *Bergerfurth* Eheverf. Rn. 1421 (alle für Art. 7 § 1 FamRÄndG aF); *Baumbach/Lauterbach/Hartmann* § 122 Rn. 5.
[34] *Musielak/Borth* § 632 ZPO Rn. 1.
[35] *Stein/Jonas/Schlosser* Vor § 606 ZPO Rn. 11; *Wieczorek/Schütze/Becker-Eberhard* § 606 ZPO Rn. 40.
[36] BGHZ 43, 239 (Restitutionsklage); BGHZ 84, 24 Rn. 5 (Nichtigkeitsklage gegen Ehescheidungsurteil); KG FamRZ 1979, 526; OLG Stuttgart FamRZ 1980, 379; oben § 606 ZPO Rn. 11; *Bergerfurth* Eheverf.

dass die ausschließliche Zuständigkeit des Erstgerichts (§ 584 ZPO) dem Grundsatz der Entscheidungskonzentration gem. § 621 Abs. 2 ZPO aF (vgl. jetzt bei den einzelnen Verfahren, etwa §§ 152 Abs. 1, 232 Abs. 1 Nr. 1, 262) entgegenliefe, weil sie dazu führen könne, dass das Erstgericht auch für die Sorgerechtsregelung zuständig wäre, obgleich keines der gemeinschaftlichen minderjährigen Kindern im Bezirk des Gerichts seinen gewöhnlichen Aufenthalt hat.[37]

Auch die gegen eine Entscheidung in einer Ehesache gerichtete **Vollstreckungsgegenklage** nach § 120 Abs. 1 FamFG iVm. § 767 ZPO ist Ehesache.[38] Denn die Vollstreckungsgegenklage betrifft letztlich den titulierten Anspruch, dessen Durchsetzbarkeit mit materiellrechtlichen Einwendungen bekämpft wird, auch wenn das Bestehen oder Nichtbestehen des Anspruchs nicht unmittelbar Streitgegenstand der Vollstreckungsabwehrklage ist.[39] Da Hauptsacheentscheidungen in Ehesachen nunmehr allein gestaltende (Nr. 1, 2) und feststellende (Nr. 3) Wirkung haben, dürfte dies wohl nur noch für die Kostenentscheidung relevant sein – die in Ehesachen in weiten Teilen noch der allgemeinen Unterliegenshaftung und nicht dem Grundsatz der Kostenaufhebung folgt (zu den Kosten s. u. § 132). 17

Verfahren unter **Anwendung ausländischen materiellen Rechts** können wie bisher unter Umständen den Ehesachen zugeordnet werden,[40] obgleich sie nicht in § 121 genannt sind. So ist etwa eine gerichtliche Ehetrennung ohne Auflösung des Ehebandes, wie sie verschiedene ausländische Rechte vorsehen,[41] nicht in den Katalog des § 121 übernommen worden.[42] Ein solches Verfahren ist indes – wie nach bisherigem Recht[43] – gleichwohl Ehesache.[44] Denn die Ehetrennung ist mit der Scheidung vergleichbar – sie löst die Ehe zwar nicht auf, hat aber auch keinen vorläufigen Charakter, sondern wird vielmehr als Vorstufe für die Scheidung angesehen.[45] Ehesache ist ferner der **Gegenantrag**, sofern er nach § 126 zulässig ist.[46] 18

III. Keine Ehesachen

1. Positive und negative Herstellungsanträge. Anträge auf **Herstellung der ehelichen Lebensgemeinschaft**[47] (sog. positive Herstellungsanträge, näher zu diesen unten § 266 Rn. 56) sind nach dem FamFG keine Ehesachen mehr, sondern sonstige Familiensachen (§ 266 Abs. 1 Nr. 2).[48] Aufgrund ihrer geringen praktischen Bedeutung und ihres anachronistischen Charakters[49] wurden sie aus § 121 ausgegliedert. Positive Herstellungssachen sind, anders als Ehesachen iSd. § 121, Leistungsklagen.[50] Es handelt sich um Familienstreitsachen (§ 112 Nr. 3).[51] 19

Auch Anträge auf **Feststellung des Rechts zum Getrenntleben** (sog. negative Herstellungsanträge), die bisher als Ehesachen eingeordnet wurden,[52] sind nun als sonstige Familiensache (§ 266 20

Rn. 1399; *Wieczorek/Schütze/Becker-Eberhard* § 606 ZPO Rn. 7 (bereits ab Beginn, nicht erst ab Entscheidung über Zulässigkeit und Begründetheit); *Zöller/Philippi* § 606 ZPO Rn. 2; aA OLG Köln FamRZ 1978, 359, 30 (nur der letzte Verfahrensabschnitt); OLG Karlsruhe FamRZ 1996, 301 (jdf. nicht für Zuständigkeit iSd. § 621 Abs. 2 ZPO aF).

[37] OLG Karlsruhe FamRZ 1996, 301 Rn. 5. Dass § 584 ZPO sich durchsetzt, bejahte auch BGHZ 84, 24 Rn. 10.
[38] BGH FamRZ 1981, 19; *Wieczorek/Schütze/Becker-Eberhard* § 606 ZPO Rn. 8. Anders bei Drittwiderspruchsklagen, vgl. OLG Hamburg FamRZ 1984, 804.
[39] BGH FamRZ 1981, 19, 20.
[40] BT-Drucks. 16/6308, S. 226; *Keidel/Weber* Rn. 6; *Schulte-Bunert/Weinreich/Schröder* Rn. 3; *Fölsch* Rn. 37.
[41] Vgl. zB Art. 151 ital. CC.
[42] Vgl. Art. 1 Abs. 1 lit. a Brüssel IIa-VO, § 107 Abs. 1 S. 1 und krit. hierzu *Borth* FamRZ 2007, 1925, 1932.
[43] BGHZ 47, 324, 325 (obgleich zu Art. 17 Abs. 2 EGBGB für eine gerichtliche Trennung nach Art. 151 ital. CC, wonach die Trennung ausgesprochen werden kann, wenn dem antragstellenden Ehegatten die Fortsetzung der Ehe unzumutbar oder das Wohl der Kinder gefährdet ist); OLG Frankfurt FamRZ 1994, 715 (Trennung nach ausl. Recht und Folgesache als Verbund, anders noch OLG Frankfurt FamRZ 1985, 619); OLG Karlsruhe FamRZ 1999, 1680; OLG Karlsruhe FamRZ 2007, 838 Rn. 8; *Zöller/Philippi* § 606 ZPO Rn. 10; *Rosenberg/Schwab/Gottwald* § 164 Rn. 4 (genauer: wie Scheidungssache); *AK/Derleder* § 606 ZPO Rn. 5; *Bergerfurth* Eheverf. Rn. 608 u. 1399.
[44] BT-Drucks. 16/6308, S. 226.
[45] OLG Karlsruhe FamRZ 2007, 838 Rn. 8.
[46] Vgl. oben § 606 ZPO Rn. 11.
[47] Zu ihnen oben § 606 ZPO Rn. 6–9.
[48] BT-Drucks. 16/6308, S. 226; *Keidel/Weber* Rn. 2; *Schulte-Bunert/Weinreich/Schröder* Rn. 2.
[49] So *Stein/Jonas/Schlosser* Vor § 606 ZPO Rn. 14a und wohl auch *Wieczorek/Schütze/Becker-Eberhard* § 606 ZPO Rn. 23.
[50] *Stein/Jonas/Schlosser* Vor § 606 ZPO Rn. 14a; *Wieczorek/Schütze/Becker-Eberhard* § 606 ZPO Rn. 22.
[51] *Keidel/Weber* Rn. 2; *Bumiller/Harders* Rn. 4.
[52] Vgl. nur OLG Frankfurt FamRZ 1984, 1123; OLG Karlsruhe FamRZ 1991, 1456.

Abs. 1 Nr. 2; näher zu diesen unten § 266 Rn. 56) geltend zu machen.[53] Sie bilden das Gegenstück zum (positiven) Antrag auf Herstellung des ehelichen Lebens.[54]

21   **2. Verfahren wegen Ehestörung.** Keine Ehesache sind ferner Verfahren wegen Ehestörung.[55] Zu unterscheiden war nach früherem Recht der Antrag eines Ehegatten auf **Unterlassung** der Störung des räumlich-gegenständlichen Bereichs der Ehe, der den Herstellungsklagen zuzurechnen war,[56] und die Geltendmachung eines **Schadensersatzanspruchs** wegen dessen Verletzung, die überwiegend als Leistungsklage vor den allgemeinen Zivilgerichten oder allenfalls als sonstige Familiensache qualifiziert wurde.[57] § 121 unterfallen diese Verfahren nicht, zur Einordnung als sonstige Familiensache iSv. § 266 Abs. 1 Nr. 2 s. dort Rn. 70 ff.

22   **3. Vermögensrechtliche Ansprüche.** Wegen ihres vermögensrechtlichen, nicht höchstpersönlichen Charakters (und ihres Charakters als Leistungsklagen[58]) sind der Antrag auf Unterhalt oder andere vermögensrechtliche Ansprüche in bestehender oder nach beendeter Ehe, wozu auch Klagen im Zusammenhang mit der steuerlichen Veranlagung und auf Gesamtschuldnerausgleich gehören, keine Ehesachen.[59] Zu der Frage, ob diese Verfahren – soweit es sich nicht um spezifische Familiensachen aus dem Katalog des § 111 Nr. 1–9 handelt – sonstige Familiensachen (§§ 111 Nr. 10, 266) darstellen, s. u. § 266 Rn. 66 ff.

§ 122 Örtliche Zuständigkeit

Ausschließlich zuständig ist in dieser Rangfolge:
1. das Gericht, in dessen Bezirk einer der Ehegatten mit allen gemeinschaftlichen minderjährigen Kindern seinen gewöhnlichen Aufenthalt hat;
2. das Gericht, in dessen Bezirk einer der Ehegatten mit einem Teil der gemeinschaftlichen minderjährigen Kinder seinen gewöhnlichen Aufenthalt hat, sofern bei dem anderen Ehegatten keine gemeinschaftlichen minderjährigen Kinder ihren gewöhnlichen Aufenthalt haben;
3. das Gericht, in dessen Bezirk die Ehegatten ihren gemeinsamen gewöhnlichen Aufenthalt zuletzt gehabt haben, wenn einer der Ehegatten bei Eintritt der Rechtshängigkeit im Bezirk dieses Gerichts seinen gewöhnlichen Aufenthalt hat;
4. das Gericht, in dessen Bezirk der Antragsgegner seinen gewöhnlichen Aufenthalt hat;
5. das Gericht, in dessen Bezirk der Antragsteller seinen gewöhnlichen Aufenthalt hat;
6. das Amtsgericht Schöneberg in Berlin.

Übersicht

	Rn.		Rn.
I. Normzweck	1–4	III. Örtliche Zuständigkeit	6–40
II. Entstehungsgeschichte	5	1. Zeitpunkt	6, 7

---

[53] BT-Drucks. 16/6308, S. 226; *Schulte-Bunert/Weinreich/Schröder* Rn. 2; *Keidel/Weber* Rn. 2.

[54] *Stein/Jonas/Schlosser* Vor § 606 ZPO Rn. 14 a; oben § 606 ZPO Rn. 10; *Wieczorek/Schütze/Becker-Eberhard* § 606 ZPO Rn. 37; *Zöller/Philippi* § 606 ZPO Rn. 9; Hk-ZPO/*Kemper* Vor §§ 606–620 g ZPO Rn. 2.

[55] Zu den materiellrechtlichen Grundlagen vgl. *Gernhuber/Coester-Waltjen* § 17 Rn. 13 ff., 22 ff. sowie *Wieczorek/Schütze/Becker-Eberhard* § 606 ZPO Rn. 31 ff.

[56] *Wieczorek/Schütze/Becker-Eberhard* § 606 ZPO Rn. 29 u. 30 m. weit. Nachw.; *Bergerfurth* Eheverf. Rn. 1401.

[57] *Rosenberg/Schwab/Gottwald* § 164 Rn. 8; *Zöller/Philippi* § 606 ZPO Rn. 8; Hk-ZPO/*Kemper* Vor §§ 606–620 g ZPO Rn. 2.

[58] *Stein/Jonas/Schlosser* Vor § 606 ZPO Rn. 14 c.

[59] Vgl. zum alten Recht BayObLG FamRZ 1985, 947 (Klage auf Zustimmung zum Lohnsteuerermäßigungsantrag – keine Familiensache); OLG Hamburg FamRZ 1982, 507 (Klage auf Anteil am Lohnsteuerjahresausgleich – keine Familiensache); OLG Koblenz FamRZ 1982, 942 (Klage auf Schadensersatz wg. Nichtherausgabe von Hausrat – keine Ehe- oder sonstige Familiensache); OLG Stuttgart FamRZ 1992, 1447 (Klage auf Zustimmung zur gemeinsamen Veranlagung – keine Familiensache; anders noch LG München II FamRZ 1978, 126); OLG Rostock FamRZ 2004, 956 (Klage auf Zustimmung zur gemeinsamen Veranlagung – keine Familiensache); OLG Karlsruhe NJW 1979, 881 (Mitwirkung an der Steuererklärung – keine Familiensache); OLG Hamm FamRZ 1983, 937 (Klage auf Zustimmung zur gemeinsamen Veranlagung – keine Familiensache); OLG Düsseldorf FamRZ 1984, 805 (Klage auf Zustimmung zur gemeinsamen Veranlagung – keine Familiensache, ebenso wenig Klage auf Schadensersatz wg. verweigerter Zustimmung); OLG München FamRZ 1979, 721, 723 (Klage auf Anteil am Lohnsteuerjahresausgleich – keine Familiensache); *Stein/Jonas/Schlosser* § 606 ZPO Rn. 14 c u. 15; *Baumbach/Lauterbach/Hartmann* § 122 Rn. 7; *Zöller/Philippi* § 606 ZPO Rn. 4; *Zimmermann* § 606 ZPO Rn. 2; Hk-ZPO/*Kemper* Vor §§ 606–620 g ZPO Rn. 2; *Bergerfurth* Eheverf. Rn. 1400.

	Rn.		Rn.
2. Begriff des gewöhnlichen Aufenthalts ...	8–22	4. Der Gerichtsstand des § 122 Nr. 2	29, 30
a) Allgemeines	8–10	5. Der Gerichtsstand des § 122 Nr. 3	31–35
b) Bestimmung des Daseinsmittelpunktes	11–16	6. Der Gerichtsstand des § 122 Nr. 4	36, 37
c) Einzelfälle	17–22	7. Der Gerichtsstand des § 122 Nr. 5	38, 39
3. Der Gerichtsstand des § 122 Nr. 1	23–28	8. Der Gerichtsstand des § 122 Nr. 6	40

I. Normzweck

§ 122 regelt die ausschließliche örtliche Zuständigkeit des Familiengerichts für Ehesachen. Die sechs örtlichen Zuständigkeiten des § 122 sind hierarchisch aufgebaut, sie haben **zwingenden, absteigenden Rang.**[1] Die örtliche Zuständigkeit ist Verfahrensvoraussetzung und daher von Amts wegen zu prüfen, nicht aber von Amts wegen zu ermitteln.[2] Eine Prüfung der örtlichen Zuständigkeit erfolgt nicht mehr in der Beschwerdeinstanz, § 65 Abs. 4 oder Rechtsbeschwerdeinstanz, § 72 Abs. 2. § 2 gilt nicht (§ 113 Abs. 1 S. 1).

Mit der **Anknüpfung an den gewöhnlichen Aufenthalt,** der sich gleichermaßen auf den des Antragstellers (§ 122 Nr. 1–5) als auch auf den des Antragsgegners (§ 122 Nr. 1–4) sowie (mit Modifikationen auf den beider Ehegatten und der Kinder beziehen kann), weicht § 122, wie das bisherige Recht, vom Grundsatz des *actor sequitur forum rei* ab, den §§ 12, 13 ZPO zugrunde liegt. In Eheverfahren stehen sich nicht notwendigerweise zwei Gegner mit entgegenstehenden Zielen gegenüber; der den allgemeinen Beklagtengerichtsstand tragende Gedanke, dass dem Beklagten ein Vorteil gegenüber dem Kläger einzuräumen sei, der das Ob und Wann des „Angriffs" bestimmen kann,[3] trägt hier nicht. Vielmehr richtet sich die örtliche Zuständigkeit nach **Zweckmäßigkeitserwägungen.** § 122 soll die Entscheidung durch ein besonders sachnahes und daher kompetentes Gericht[4] und durch die Anordnung der Ausschließlichkeit Rechtssicherheit[5] gewährleisten.

Wie schon bisher im 6. Buch der ZPO ist die **örtliche Zuständigkeit** für die einzelnen Verfahren in insgesamt 23 Sonderregelungen – darunter § 122 – einzeln geregelt, der Allgemeine Teil des FamFG enthält keine allgemeine Zuständigkeitsregelung.[6] Die örtliche Zuständigkeit ist, wie vormals in § 606 ZPO aF,[7] als ausschließliche ausgestaltet, die die allgemeinen Regeln der (§ 113 Abs. 1 S. 2 iVm.) §§ 12 ff. ZPO verdrängt.[8] Eine Gerichtsstandsvereinbarung der Beteiligten ist ausgeschlossen, § 113 Abs. 1 S. 2 iVm. § 40 Abs. 2 S. 1 Nr. 2 ZPO.[9] § 33 Abs. 1 ZPO ist nicht anwendbar (vgl. § 33 Abs. 2 ZPO);[10] vielmehr gilt § 122 auch für den **Gegenantrag.** Die Zuständigkeit kann auf einen nachrangigen Gerichtsstand gestützt werden, wenn die Voraussetzungen des vorrangigen unsicher sind und der vorrangige Gerichtsstand nicht zur Zuständigkeit eines anderen Gerichts führen würde.[11] § 122 geht dem allgemeinen Gerichtsstand für exterritoriale Deutsche (§ 15 ZPO) vor.[12] Das Gericht der Ehesache ist (wie gemäß § 621 Abs. 2 S. 1 ZPO aF) für Folgesachen zuständig (vgl. jetzt bei den einzelnen Folgesachen, etwa §§ 152 Abs. 1, 232 Abs. 1 Nr. 1 Rn. 262).[13]

Die ausschließliche **sachliche Zuständigkeit** des Amtsgerichts als Familiengericht folgt aus §§ 23a Abs. 1 Nr. 1, 23b GVG.[14] Für die **internationale Zuständigkeit** in Ehesachen gelten §§ 97, 98; sie ist nicht ausschließlich, § 106.[15] Ergibt sich aus §§ 97, 98, dass deutsche Gerichte zuständig sind, so richtet sich die örtliche Zuständigkeit nach § 122.[16] Die **funktionelle Zuständig-**

---

[1] *Musielak/Borth* Rn. 1; *Keidel/Weber* Rn. 1; ebenso schon zuvor in § 606 ZPO aF, vgl. *Musielak/Borth* § 606 ZPO Rn. 16; *Zöller/Philippi* § 606 ZPO Rn. 22, 31; Hk-ZPO/*Kemper* § 606 ZPO Rn. 3 („Anknüpfungsleiter").
[2] OLG Karlsruhe FamRZ 1999, 1085 Rn. 15; *Thomas/Putzo/Hüßtege* § 606 ZPO Rn. 1; Hk-ZPO/*Kemper* § 606 ZPO Rn. 3.
[3] Siehe oben § 12 ZPO Rn. 2; *Zöller/Vollkommer* § 12 Rn. 2.
[4] *Wieczorek/Schütze/Becker-Eberhard* § 606 ZPO Rn. 2.
[5] *Baumbach/Lauterbach/Hartmann* Rn. 2.
[6] *Brehm* FPR 2006, 401, 402; *Zimmermann* FamFG Rn. 9.
[7] *Zöller/Philippi* § 606 ZPO Rn. 21; Hk-ZPO/*Kemper* § 606 ZPO Rn. 1; *Rosenberg/Schwab/Gottwald* § 164 Rn. 30; *Wieczorek/Schütze/Becker-Eberhard* § 606 ZPO Rn. 3; krit. *Stein/Jonas/Schlosser* § 606 ZPO Rn. 3.
[8] BT-Drucks. 16/6308, S. 226; *Baumbach/Lauterbach/Hartmann* Rn. 19.
[9] *Baumbach/Lauterbach/Hartmann* § 606 ZPO Rn. 1; *Musielak/Borth* Rn. 2; *Baumbach/Lauterbach/Hartmann* Rn. 1.
[10] *Baumbach/Lauterbach/Hartmann* Rn. 1.
[11] *Stein/Jonas/Schlosser* § 606 ZPO Rn. 17.
[12] *Stein/Jonas/Schlosser* § 606 ZPO Rn. 17; *Baumbach/Lauterbach/Hartmann* Rn. 1.
[13] *Kroiß/Seiler* Rn. 173.
[14] *Baumbach/Lauterbach/Hartmann* Rn. 1; *Zimmermann* FamFG S. 104 Rn. 321; *Philippi* FPR 2006, 406.
[15] *Baumbach/Lauterbach/Hartmann* Rn. 19.
[16] *Zöller/Philippi* § 606 ZPO Rn. 21.

keit richtet sich nach dem RPflG, das durch das FGG-ReformG gewisse Änderungen erfahren hat. Zuständig ist der Richter (*e contrario* § 3 Nr. 3 lit. g iVm. § 25 nF RPflG).

II. Entstehungsgeschichte

5 Die Norm übernimmt weitgehend den Inhalt der Absätze 1 bis 3 des § 606 ZPO aF. Die Norm hat an Übersichtlichkeit gewonnen.[17] Die vormalige Zuständigkeit ersten Ranges des „gemeinsamen gewöhnlichen Aufenthalts" der Ehegatten (§ 606 Abs. 1 S. 1 ZPO aF) wurde aufgehoben mit der Begründung,[18] dass die Ehegatten bei Einleitung des Verfahrens regelmäßig getrennt leben und es daher an einem gemeinsamen gewöhnlichen Aufenthalt fehle.[19] Vollständig überzeugt dies nur für das Scheidungsverfahren (vgl. § 1565 Abs. 1 Satz 2 BGB),[20] für andere Ehesachen hatte diese örtliche Zuständigkeit Bedeutung.[21] Gleichwohl ist der Gerichtsstand auch für die anderen Ehesachen weggefallen. Der vormalige „Hilfsgerichtsstand der Restfamilie"[22] ist somit zum Gerichtsstand des ersten Ranges aufgerückt. Der Gerichtsstand des § 122 Nr. 2 wurde neu geschaffen (s. u. Rn. 29).

III. Örtliche Zuständigkeit

6 **1. Zeitpunkt.** Maßgeblicher, aber nicht letztmöglicher Zeitpunkt für die Bestimmung des gewöhnlichen Aufenthalts ist der des Eintritts der Rechtshängigkeit.[23] Entsprechend den allgemeinen Regeln genügt es, wenn die die örtliche Zuständigkeit begründenden Tatsachen im Zeitpunkt der letzten mündlichen Verhandlung vorliegen (eine Ausnahme gilt bei § 122 Nr. 3, s. u. Rn. 35).[24]

7 Die Änderung des einmal ab Rechtshängigkeit zuständigkeitsbegründenden gewöhnlichen Aufenthalts berührt, wie nach bisherigem Recht,[25] die Zuständigkeit nicht. Die *perpetuatio fori* bestimmt sich nach § 113 Abs. 1 S. 2 FamFG iVm. § 261 Abs. 3 Nr. 2 ZPO (§ 2 Abs. 2 gilt gemäß § 113 Abs. 1 S. 1 in Ehesachen nicht).[26] Die *perpetuatio fori* kann wegen Rechtsmissbrauchs ausgeschlossen sein, wenn bei drohendem Wegfall der Zuständigkeitsvoraussetzungen die Antragsschrift bei einem Gericht des falschen Rechtswegs (zB dem Verwaltungsgericht) eingereicht wird, um dadurch bewusst sofort Rechtshängigkeit (ohne das Erfordernis der Zustellung, § 113 Abs. 1 S. 2 iVm. §§ 253 Abs. 1, 5, 271 ZPO) herbeizuführen.[27] Die Zuständigkeit wird auch nicht berührt, wenn nachträglich die Voraussetzungen eines vorrangigen Gerichtsstands eintreten.[28]

8 **2. Begriff des gewöhnlichen Aufenthalts. a) Allgemeines.** Den **Begriff des gewöhnlichen Aufenthalts** verwendet das Gesetz mehrfach,[29] er ist innerhalb des Verfahrensrechts grundsätzlich inhaltsgleich,[30] lediglich bei Gemeinschaftsrecht oder Staatsverträgen autonom[31] auszulegen. Nur

---

[17] Vgl. *Rakete-Dombek*, FPR 2009, 16; *Schulte-Bunert/Weinreich/Schröder* Rn. 1.
[18] BT-Drucks. 16/6308, S. 226; s. a. *Philippi* FPR 2006, 406.
[19] Z. B. OLG Stuttgart FamRZ 1982, 84 Rn. 4; *Stein/Jonas/Schlosser* § 606 ZPO Rn. 12; *Zöller/Philippi* § 606 ZPO Rn. 31.
[20] S. oben § 606 ZPO Rn. 18.
[21] *Zöller/Philippi* § 606 ZPO Rn. 31.
[22] *Wieczorek/Schütze/Becker-Eberhard* § 606 ZPO Rn. 59.
[23] OLG Hamm FamRZ 2008, 1007 Rn. 3; *Thomas/Putzo/Hüßtege* § 606 ZPO Rn. 3.
[24] *Stein/Jonas/Schlosser* § 606 ZPO Rn. 6; *Wieczorek/Schütze/Becker-Eberhard* § 606 ZPO Rn. 68.
[25] *Wieczorek/Schütze/Becker-Eberhard* § 606 ZPO Rn. 69; *Thomas/Putzo/Hüßtege* § 606 ZPO Rn. 3; AK/*Derleder* § 606 ZPO Rn. 7.
[26] Auf § 261 Abs. 3 Nr. 2 ZPO stellt auch *Baumbach/Lauterbach/Hartmann* Rn. 15 ab.
[27] Nicht rechtsmissbräuchlich ist dieses Vorgehen etwa dann, wenn ein bedürftiger Antragsteller wegen unmittelbar bevorstehenden Eintritts der Volljährigkeit des Kindes den Antrag beim VerwG einreicht, sofern es einem vermögenden Antragsteller durch sofortige Einzahlung des Kostenvorschusses bei Anhängigmachung noch gelungen wäre, die Zustellung vor Wegfall der Zuständigkeitsvoraussetzungen herbeizuführen (OLG Schleswig NJW-RR 2009, 152 = FamRZ 2009, 441). Zur Pflicht der Verwaltungsgerichte zur Verweisung in einem solchen Fall siehe BVerwG NJW 2001, 1513; VG Schwerin, Beschl. v. 4. 3. 2005 – Az.: 1 A 3285/04 (Juris), Rn. 2 (kritisch).
[28] OLG Stuttgart FamRZ 1982, 84; *Wieczorek/Schütze/Becker-Eberhard* § 606 ZPO Rn. 69.
[29] Vgl. nur Art. 5 Abs. 2, Art. 14 Abs. 1 Nr. 2, Art. 18 Abs. 1 EGBGB; Art. 5 Nr. 2 EuGVO; Art. 5 EuGVÜ; Art. 2 Abs. 1 lit. a, Art. 3 Abs. 1 EheVO I; Art. 3 Abs. 1 lit. a, Art. 8 Abs. 1 EheVO II; Art. 1 MSA; vgl. ferner § 606 ZPO aF, § 45 FGG aF.
[30] Für § 606 ZPO aF: *Stein/Jonas/Schlosser* § 606 ZPO Rn. 7 (mit geringfügigen Nuancen); *Wieczorek/Schütze/Becker-Eberhard* § 606 ZPO Rn. 44 (nicht hiervon erfasst sind die entsprechenden Begriffe des Sozial- und Steuerrechts); für § 122: *Rakete-Dombek* FPR 2009, 16; *Musielak/Borth* Rn. 5. Für den Begriff des gewöhnlichen Aufenthalts im IPR s. *Baetge*, Der gewöhnliche Aufenthalt im Internationalen Privatrecht, 1994, der für eine dreistufige Differenzierung nach der Anknüpfungsperson, dem betroffenen Rechtsgebiet und dem Zweck der Anknüpfung plädiert (S. 98 ff.).
[31] *Musielak/Borth* Rn. 5; anders zum alten Recht *Stein/Jonas/Schlosser* § 606 ZPO Rn. 7 (auch hier einheitlich, daher sind auch ausl. Rspr. und Lit. in die Auslegung des Begriffs mit einzubeziehen).

Örtliche Zuständigkeit 9–11 § 122

teilweise inhaltsgleich ist er mit dem vom BVerwG verwandten Begriffsverständnis zu § 30 Abs. 3 S. 2 SGB I und § 86 Abs. 3 SGB VIII.[32]

Der Begriff des gewöhnlichen Aufenthalts korrespondiert nicht mit dem des Wohnsitzes (§§ 7 ff. **9** BGB).[33] Die ordnungsbehördliche Meldung ist weder erforderlich noch hinreichend, kann aber Indiz für einen gewöhnlichen Aufenthalt sein.[34] Entsprechend stehen die behördliche Abmeldung oder ihr Fehlen der Annahme eines gewöhnlichen Aufenthalts nicht entgegen.[35] Der Begriff des gewöhnlichen Aufenthalts entspricht auch nicht dem des tatsächlichen Aufenthalts (s. aber sogleich Rn. 11 ff.).[36] Die Absicht, einen Ort zum Daseinsmittelpunkt zu machen, ist weder erforderlich noch ausreichend (s. aber unten zum Aufenthaltswillen Rn. 14).[37] Gewöhnlicher Aufenthalt ist gleichzeitig an mehreren Orten möglich (mit der Folge mehrerer örtlicher Zuständigkeiten und Wahlrecht), denn die Tatbestandsmerkmale des gewöhnlichen Aufenthalts können, da es auf die tatsächliche Lebensführung der betreffenden Person ankommt und sie durchaus mehrere auf eine gewisse Dauer angelegte Daseinsmittelpunkte nebeneinander haben kann, auf mehrere Orte zutreffen.[38] Gewöhnlicher Aufenthalt und Wohnsitz (§§ 7 ff. BGB) können auseinanderfallen (so zB bei Berufssoldaten, s. u. Rn. 17).[39]

Ein **unbekannter Aufenthaltsort** kann einen Gerichtsstand nicht begründen: Ist der Aufenthalt **10** eines Ehegatten tatsächlich und allgemein unbekannt, so wird er behandelt, als habe er keinen gewöhnlichen Aufenthalt im Inland.[40] Dies gilt auch, wenn eine Vermutung oder Wahrscheinlichkeit dafür spricht, dass der Ehegatte mit angeblich unbekanntem Aufenthalt doch noch im Bezirk des für seinen einstigen gewöhnlichen Aufenthaltsort zuständigen Gerichts lebt.[41] Anders, wenn das Gericht Kenntnis vom Aufenthaltsort des Antragsgegners hat, in diesem Fall ist Kenntnis des Antragstellers nicht erforderlich.[42] In diesem Fall ist dem Antragsteller das Gericht mitzuteilen, in dessen Bezirk der Aufenthaltsort des Antragsgegners liegt.[43] Denn ansonsten drohte Missbrauch durch einen Antragsteller, der den Aufenthalt des Gegners nicht zu kennen lediglich vorgibt und sich so einen Gerichtsstand erschleicht.[44]

b) Bestimmung des Daseinsmittelpunktes. Der Begriff des gewöhnlichen Aufenthalts bezieht **11** sich auch im FamFG[45] auf den **Daseinsmittelpunkt**.[46] Die Begründung eines gewöhnlichen Auf-

---

[32] Vgl. BVerwG JAmt 2006, 35.
[33] OLG Hamm NJW 1990, 651 = IPRax 1990, 247; *Wieczorek/Schütze/Becker-Eberhard* § 606 ZPO Rn. 45; AK/*Derleder* § 606 ZPO Rn. 7.
[34] BGH FamRZ 1995, 1135; KG FamRZ 1987, 605 Rn. 7; OLG Frankfurt FamRZ 2006, 885; OLG Schleswig FamRZ 2000, 1426; vgl. oben § 606 ZPO Rn. 15; *Stein/Jonas/Schlosser* § 606 ZPO Rn. 8; *Wieczorek/ Schütze/Becker-Eberhard* § 606 ZPO Rn. 45; *Musielak/Borth* Rn. 5; *Baumbach/Lauterbach/Hartmann* Rn. 10; *Zöller/Philippi* § 606 ZPO Rn. 23.
[35] OLG Zweibrücken, FamRZ 1985, 81; KG FamRZ 1987, 603, 605; *Zöller/Philippi* § 606 Rn. 23; *Thomas/ Putzo/Hüßtege* § 606 Rn. 3.
[36] Siehe unten Rn. 11 ff.
[37] BGH FamRZ 1981, 135; BGH FamRZ 1993, 798; BGH FamRZ 1997, 1070; BayObLG FamRZ 1997, 424; OLG Düsseldorf FamRZ 1999, 112; *Baumbach/Lauterbach/Hartmann* Rn. 10; *Zöller/Philippi* § 606 ZPO Rn. 23; *Thomas/Putzo/Hüßtege* § 606 ZPO Rn. 3.
[38] BayObLGZ 1980, 52, 56 m. weit. Nachw.; KG FamRZ 1987, 603 Rn. 7; s. o. § 606 ZPO Rn. 17; *Stein/Jonas/Schlosser* § 606 ZPO Rn. 11; *Wieczorek/Schütze/Becker-Eberhard* § 606 ZPO Rn. 49; *Zöller/Philippi* § 606 ZPO Rn. 29; *Thomas/Putzo/Hüßtege* § 606 ZPO Rn. 3; *Rosenberg/Schwab/Gottwald* § 164 Rn. 31; ähnl. *Musielak/Borth* Rn. 6.
[39] *Wieczorek/Schütze/Becker-Eberhard* § 606 ZPO Rn. 45; *Zöller/Philippi* § 606 ZPO Rn. 30.
[40] BGH FamRZ 1983, 1199; BayObLG FamRZ 1997, 297; OLG Düsseldorf FamRZ 1974, 92; OLG Zweibrücken FamRZ 1985, 81, 82; OLG Karlsruhe FamRZ 1999, 1085 Rn. 16; OLG Hamburg FamRZ 1974, 93; OLG Stuttgart NJW 1964, 2166; *Stein/Jonas/Schlosser* § 606 ZPO Rn. 11; *Wieczorek/Schütze/Becker-Eberhard* § 606 ZPO Rn. 49; *Musielak/Borth* § 606 ZPO Rn. 16 u. 25; *Zöller/Philippi* § 606 ZPO Rn. 22; *Thomas/Putzo/ Hüßtege* § 606 ZPO Rn. 6; *Baumbach/Lauterbach/Hartmann* Rn. 17; Hk-ZPO/*Kemper* § 606 ZPO Rn. 7; AK/ *Derleder* § 606 ZPO Rn. 11; *Rosenberg/Schwab/Gottwald* § 164 Rn. 26.
[41] BGH FamRZ 1983, 1199 Rn. 7.
[42] OLG Karlsruhe FamRZ 1999, 1086; oben § 606 ZPO Rn. 24; *Baumbach/Lauterbach/Hartmann* Rn. 12; *Zöller/Philippi* § 606 ZPO Rn. 32; *Thomas/Putzo/Hüßtege* § 606 ZPO Rn. 4; *Rosenberg/Schwab/Gottwald* § 164 Rn. 25.
[43] OLG Karlsruhe FamRZ 1999, 1086 Rn. 20 f.
[44] OLG Karlsruhe FamRZ 1999, 1086 Rn. 18.
[45] *Kroiß/Seiler* 2009, Rn. 179; *Fölsch* Rn. 42; *Rakete-Dombek* FPR 2009, 16.
[46] St. Rspr. BGH FamRZ 1975, 272 (zu Art. 1 Haager Unterhaltsübereinkommen); BGH FamRZ 2002, 1182 (zu Art. 1 MSA); OLG Frankfurt FamRZ 2006, 883; ähnlich (das familiäre und berufliche Zentrum) OLG Karlsruhe FamRZ 1992, 316; OLG Schleswig FamRZ 2000, 1426 und (der Ort an dem man nicht nur vorübergehend wohnt und schläft) BGH FamRZ 1975, 272; BayObLG FamRZ 1997, 424; OLG Köln FamRZ 1995, 172 sowie (tatsächlicher Mittelpunkt des Lebens, an dem sich die Person überwiegend aufhält) *Musielak/Borth*

§ 122 12–14   Buch 2. Abschnitt 2. Ehe-, Scheidungs- und Folgesachen

enthalts ist ein überwiegend tatsächlicher Vorgang.⁴⁷ Eines rechtsgeschäftlichen Willens wie bei der Wohnsitzbegründung (Domizilwille)⁴⁸ bedarf es nicht,⁴⁹ auf Geschäfts-, Handlungs- und Willensfähigkeit kommt es nicht an.⁵⁰

12   Erforderlich sind eine gewisse **Dauer**⁵¹ des Aufenthalts (als Annäherung wird für den Regelfall eine Verweildauer von sechs Monaten verlangt⁵²) sowie eine **Eingliederung in die soziale Umwelt**.⁵³ Die soziale Eingliederung kann in der Regel an familiären, beruflichen oder gesellschaftlichen Bindungen abgelesen werden.⁵⁴ Dauer und Aufenthaltswille stehen im Wechselspiel miteinander, so dass die erforderliche Dauer je nach Stärke des Aufenthaltswillens bedeutend länger oder kürzer ausfallen kann.

13   Rein **vorübergehende Anwesenheit** (etwa zu Besuch oder während einer Reise) begründet den gewöhnlichen Aufenthalt regelmäßig nicht,⁵⁵ **vorübergehende Abwesenheit** hebt ihn (sofern die Rückkehr beabsichtigt ist) regelmäßig nicht auf.⁵⁶ So beenden typischerweise Abwesenheiten wegen Aufenthalts im Internat,⁵⁷ wegen des Wehrdienstes, aus beruflichen Gründen, aus gesundheitlichen Gründen⁵⁸ oder wegen Aufnahme in ein Zeugenschutzprogramm nach § 1 Abs. 1, 2 ZSHG⁵⁹ den gewöhnlichen Aufenthalt nicht, wenn ersichtlich ist, dass der Daseinsmittelpunkt am ursprünglichen Aufenthaltsort bestehen bleiben soll und die Rückkehr beabsichtigt ist.⁶⁰ Anders kann bei Abwesenheit von langer Dauer oder auf unbestimmte Zeit zu entscheiden sein.⁶¹

14   Der (rein tatsächliche) **Aufenthaltswille** ist beachtlich⁶² – umso mehr, je kürzer und umso weniger, je länger der Aufenthalt währt.⁶³ Wer auswandert, hat im Ausland sofort gewöhnlichen Aufenthalt, wenn er dort ständig bleiben will.⁶⁴ Wer umzieht, hat am neuen Ort sofort gewöhnlichen Aufenthalt, wenn er dort ständig bleiben will.⁶⁵ Einer Eingewöhnungszeit bedarf es

---

§ 606 ZPO Rn. 17 und (Lebensmittelpunkt) Hk-ZPO/*Kemper* § 606 ZPO Rn. 4; *Baumbach/Lauterbach/Hartmann* Rn. 10; *Zöller/Philippi* § 606 ZPO Rn. 23; von mehreren Aufenthaltsorten derjenige, an dem jemand regelmäßig nächtigt (*Zöller/Philippi* § 606 ZPO Rn. 23; *Stein/Jonas/Schlosser* § 606 ZPO Rn. 7); vgl. auch oben § 606 ZPO Rn. 15.

⁴⁷ *Stein/Jonas/Schlosser* § 606 ZPO Rn. 8; *Wieczorek/Schütze/Becker-Eberhard* § 606 ZPO Rn. 45; im IPR nach der Haager Konferenz ein reiner Tatsachenbegriff, *Baetge*, Der gewöhnliche Aufenthalt im Internationalen Privatrecht, 1994, S. 102 f.

⁴⁸ BGHZ 7, 109; KG FamRZ 1987, 605 Rn. 7; s. oben § 606 ZPO Rn. 15; *Wieczorek/Schütze/Becker-Eberhard* § 606 ZPO Rn. 45.

⁴⁹ BVerfG NJW 1999, 633; BGH NJW 1984, 520; BGH FamRZ 1997, 1070; KG NJW 1988, 650; OLG Hamm FamRZ 1989, 1109; vgl. oben § 606 ZPO Rn. 15; *Musielak/Borth* § 606 ZPO Rn. 17; *Baumbach/Lauterbach/Hartmann* Rn. 10; ähnl. *Thomas/Putzo/Hüßtege* § 606 ZPO Rn. 3.

⁵⁰ *Wieczorek/Schütze/Becker-Eberhard* § 606 ZPO Rn. 47; *Zöller/Philippi* § 606 ZPO Rn. 23.

⁵¹ BGH NJW 1975, 1068; BayObLGZ 1979, 193, 197; KG FamRZ 1987, 605 Rn. 7.

⁵² OLG Hamm IPRax 1990, 247; drei Monate genügt nicht: BGH FamRZ 1995, 728; *Stein/Jonas/Schlosser* § 606 ZPO Rn. 3; *Schulte-Bunert/Weinreich/Schröder* Rn. 3; krit. zur Faustregel von sechs Monaten mit Hinw. zu ihrer Geschichte *Wieczorek/Schütze/Becker-Eberhard* § 606 ZPO Rn. 48; ebenfalls krit. *Musielak/Borth* Rn. 5.

⁵³ BGHZ 21, 307, 318; BGH FamRZ 1981, 135; *Wieczorek/Schütze/Becker-Eberhard* § 606 ZPO Rn. 45; *Musielak/Borth* § 606 ZPO Rn. 17; *Baumbach/Lauterbach/Hartmann* Rn. 10; ähnl. *Rosenberg/Schwab/Gottwald* § 164 Rn. 31.

⁵⁴ *Wieczorek/Schütze/Becker-Eberhard* § 606 ZPO Rn. 45 m. weit. Nachw.

⁵⁵ *Thomas/Putzo/Hüßtege* § 606 ZPO Rn. 3.

⁵⁶ BGH FamRZ 1975, 272; *Musielak/Borth* Rn. 8; *Zöller/Philippi* § 606 ZPO Rn. 25; ähnl. *Wieczorek/Schütze/Becker-Eberhard* § 606 ZPO Rn. 46; ähnl. *Stein/Jonas/Schlosser* § 606 ZPO Rn. 9.

⁵⁷ BGH FamRZ 1975, 272; AG Rottweil FamRZ 1997, 1408; vgl. oben § 606 ZPO Rn. 20; *Zöller/Philippi* § 606 ZPO Rn. 33 (jeweils: wenn die Ferien ständig bei dem Elternteil verbracht werden).

⁵⁸ BGH NJW 1983, 2771, 2772 (neunmonatiger Krankenhausaufenthalt); *Wieczorek/Schütze/Becker-Eberhard* § 606 ZPO Rn. 50 (sofern nicht mit Verbleib auf unabsehbare Zeit gerechnet werden muss); vgl. oben § 606 ZPO Rn. 15.

⁵⁹ OLG Köln FamRZ 2003, 1124 (gleichzusetzen mit einem unfreiwilligen Aufenthaltswechsel).

⁶⁰ BGH FamRZ 1993, 798, 799 m. weit. Nachw.; BayObLG FamRZ 1998, 89; OLG Frankfurt NJW 1961, 1586; OLG Hamm FamRZ 1989, 1331; *Diederichsen* NJW 1977, 650; *Baumbach/Lauterbach/Hartmann* Rn. 12; *Zöller/Philippi* § 606 ZPO Rn. 25; *Thomas/Putzo/Hüßtege* § 606 ZPO Rn. 3.

⁶¹ So zB, wenn jemand für drei Jahre im ausländischen Zweigbetrieb seines Arbeitgebers arbeiten oder ein Beamter auf unbestimmte Zeit an eine deutsche Auslandsvertretung versetzt werden soll: *Zöller/Philippi* § 606 ZPO Rn. 25 m. weit. Nachw.

⁶² *Musielak/Borth* Rn. 5.

⁶³ *Zöller/Philippi* § 606 ZPO Rn. 24; *Stein/Jonas/Schlosser* § 606 ZPO Rn. 9.

⁶⁴ OLG Frankfurt FamRZ 2006, 883, 885 (zum gewöhnlichen Aufenthalt iSd. Art. 3a und 4 S. 1 HKEntfÜ); *Baumbach/Lauterbach/Hartmann* Rn. 10; *Zöller/Philippi* § 606 ZPO Rn. 24.

⁶⁵ BGH FamRZ 1981, 135; BGH FamRZ 1993, 798, 800; OLG Hamm, IPRax 1993, 104; OLG Düsseldorf FamRZ 1999, 112; OLG Frankfurt MDR 1966, 845 (Verweildauer von nur sechs Tagen); OLG München FamRZ 2006, 1622; OLG München NJW-RR 2006, 1376; *Stein/Jonas/Schlosser* § 606 ZPO Rn. 9; *Wieczorek/*

nicht;⁶⁶ zuzugeben ist, dass diese Einschätzung (wie andere) von dem Umstand beeinflusst ist, dass die betreffende Person anderenfalls für einen gewissen, durchaus erheblichen Zeitraum keinerlei gewöhnlichen Aufenthalt hätte und dies als unbefriedigend empfunden wird.⁶⁷ Ein Frauenhaus kann bei unabsehbarer Dauer ausnahmsweise gewöhnlicher Aufenthalt werden.⁶⁸ Im Falle des Frauenhauses ist – wie soeben – nicht so sehr der Wille zum zeitlich unbegrenzten Aufenthalt maßgeblich (denn er besteht regelmäßig nicht), sondern vielmehr der Umstand, dass es anderenfalls an einem gewöhnlichen Aufenthalt überhaupt fehlen würde.⁶⁹

Grundsätzlich müssen der Aufenthalt und seine Dauer **freiwillig** sein, dürfen also nicht von Entscheidungen anderer abhängen.⁷⁰ Daher begründen Entführung (zu „Entführungen" Minderjähriger u. Rn. 26), Flucht und Vertreibung grundsätzlich keinen gewöhnlichen Aufenthalt am neuen Aufenthaltsort.⁷¹ Bei längerem Aufenthalt kann ein gewöhnlicher Aufenthalt auch beim Aufenthalt wider Willen entstehen, wenn kein anderer Daseinsmittelpunkt vorliegt und **keine Rückkehrmöglichkeit** besteht.⁷² Ebenso verhält es sich bei einem Aufenthalt in einer Justizvollzugsanstalt. In diesen Fällen kann bei längerer Dauer die Begründung eines gewöhnlichen Aufenthalts angenommen werden,⁷³ insbesondere wenn die Rückkehrmöglichkeit schwindet.⁷⁴ Untersuchungshaft genügt nicht.⁷⁵ Ein (auch längerer) Klinikaufenthalt genügt regelmäßig nicht (s. bereits soeben Rn. 13),⁷⁶ ebenso wenig die Heimunterbringung i. R. d. Fürsorgeerziehung.⁷⁷ Anstaltsaufenthalt begründet gewöhnlichen Aufenthalt, wenn derjenige nicht an seinen früheren Aufenthaltsort zurückkehren kann.⁷⁸ Als Grenze für die Dauer, die unabhängig von Rückkehrwille und -möglichkeit am aktuellen Aufenthaltsort den gewöhnlichen Aufenthalt begründet, sind zwei Jahre vorgeschlagen worden.⁷⁹

In Zweifelsfällen sind in einer **Gesamtschau** die Dauer des Aufenthalts, der Wille zur Begründung eines neuen Daseinsmittelpunkts und die Rückkehrmöglichkeiten heranzuziehen.⁸⁰ Für die Rückkehrmöglichkeit kann es darauf ankommen, ob derjenige am ursprünglichen Aufenthaltsort noch eine Wohnung oder zumindest ein Zimmer aufrechterhält.⁸¹

c) Einzelfälle. Behält der wehrpflichtige **Soldat** (vgl. zum Wohnsitz § 9 Abs. 2 BGB) seine bisherige Wohnung, bleibt sein bisheriger gewöhnlicher Aufenthalt bestehen.⁸² Auch der Berufssoldat,

---

⁶⁶ *Musielak/Borth* Rn. 5.
⁶⁷ *Wieczorek/Schütze/Becker-Eberhard* § 606 ZPO Rn. 51 stützt das Ergebnis auf diese Überlegung.
⁶⁸ BGH FamRZ 1993, 47; OLG Karlsruhe FamRZ 1995, 1210; OLG Hamburg FamRZ 1983, 612; OLGR Zweibrücken 2000, 495 (Absicht des dauerhaften Verbleibs nach außen erkennbar, etwa durch Anmeldung beim Einwohnermeldeamt); OLG Saarbrücken FamRZ 1990, 1119; *Musielak/Borth* § 606 ZPO Rn. 17; *Baumbach/Lauterbach/Hartmann* Rn. 10 u. 15; *Zöller/Philippi* § 606 ZPO Rn. 24; aA *Stein/Jonas/Schlosser* § 606 ZPO Rn. 11 sowie (nur Wohnsitzbegründung) OLG Nürnberg FamRZ 1997, 1400; OLG Hamm FamRZ 1997, 1294; OLG Hamm FamRZ 2000, 1294; vgl. oben § 606 ZPO Rn. 16.
⁶⁹ *Stein/Jonas/Schlosser* § 606 ZPO Rn. 11; *Wieczorek/Schütze/Becker-Eberhard* § 606 ZPO Rn. 51.
⁷⁰ *Musielak/Borth* Rn. 5; *Baumbach/Lauterbach/Hartmann* Rn. 10.
⁷¹ *Zöller/Philippi* § 606 ZPO Rn. 26.
⁷² OLG München FamRZ 2007, 83 (strafrechtl. Unterbringung in psychiatr. Krankenhaus; gewöhnlicher Aufenthalt iSd. § 30 Abs. 3 S. 2 SGB I); *Zöller/Philippi* § 606 ZPO Rn. 26.
⁷³ OLG Köln FamRZ 2003, 1124; OLG Schleswig SchlHA 1980, 73; OLG Düsseldorf MDR 1969, 143; OLG Stuttgart MDR 1964, 768; *Wieczorek/Schütze/Becker-Eberhard* § 606 ZPO Rn. 51 (längerer Aufenthalt); *Zöller/Philippi* § 606 ZPO Rn. 26. AA OLG Koblenz FamRZ 1998, 756; *Baumbach/Lauterbach/Hartmann* Rn. 10.
⁷⁴ Ähnl. *Musielak/Borth* Rn. 5.
⁷⁵ OLG München FamRZ 2007, 1622, 1623.
⁷⁶ BGH EzFamR ZPO § 606 Nr. 2; BGH FamRZ 1984, 993; BayObLG FamRZ 1993, 89; OLG Karlsruhe FamRZ 1996, 1341, 1342; *Musielak/Borth* § 606 ZPO Rn. 17; *Zöller/Philippi* § 606 ZPO Rn. 26; anders für längeren Aufenthalt in psychiatrischem Krankenhaus: OLG Zweibrücken FamRZ 2007, 1833; LG Koblenz FamRZ 2007, 1770; *Stein/Jonas/Schlosser* § 606 ZPO Rn. 8; *Zöller/Philippi* § 606 ZPO Rn. 26; für sonstige Heilanstalt: *Wieczorek/Schütze/Becker-Eberhard* § 606 ZPO Rn. 51 m. weit. Nachw.
⁷⁷ OLG Düsseldorf NJW-RR 1991, 1411; *Zöller/Philippi* § 606 ZPO Rn. 26.
⁷⁸ OLG Stuttgart FamRZ 1997, 438; OLG München FamRZ 2006, 1622, 1623; OLG München FamRZ 2007, 83 (strafrechtl. Unterbringung in psychiatr. Krankenhaus); LG Koblenz DAVorm 1994, 211; vgl. oben § 606 ZPO Rn. 16.
⁷⁹ *Zöller/Philippi* § 606 ZPO Rn. 26 a. E.
⁸⁰ Vgl. oben § 606 ZPO Rn. 16 (indes nur für unfreiwillige Aufenthalte).
⁸¹ OLG Hamm FamRZ 1989, 1331; vgl. oben § 606 ZPO Rn. 16; anders *Musielak/Borth* Rn. 5 (Aufgabe der früheren Wohnung nur Indiz); ähnl. *Wieczorek/Schütze/Becker-Eberhard* § 606 ZPO Rn. 46; *Stein/Jonas/Schlosser* § 606 ZPO Rn. 10.
⁸² *Wieczorek/Schütze/Becker-Eberhard* § 606 ZPO Rn. 50; *Musielak/Borth* Rn. 8; ähnl. *Stein/Jonas/Schlosser* § 606 ZPO Rn. 10 (Aufrechterhaltung von Beziehungen zum bisherigen gew. Aufenthalt genügt).

der seinen Wohnsitz am Standort hat (vgl. § 9 Abs. 1 BGB), behält bei hinreichenden Bindungen zum Familienwohnsitz (nur) dort seinen gewöhnlichen Aufenthalt.[83] Soldaten behalten im Krieg ihren bisherigen gewöhnlichen Aufenthalt.[84] Dauerhaft in der BRD stationierte Soldaten haben ihren gewöhnlichen Aufenthalt hier.[85]

18 **Ausländer** (auch EU-Ausländer) begründen ihren gewöhnlichen Aufenthalt im Inland, wenn sie ihren Aufenthalt auf Dauer planen, wenn ihr Verbleib gesichert ist (als EU-Bürger oder mit längerfristiger Aufenthaltsberechtigung) und wenn sie längere Zeit im Inland leben.[86] Ausländische Diplomaten und Gastarbeiter haben ihren gewöhnlichen Aufenthalt regelmäßig in der BRD, anders regelmäßig Saisonarbeiter und Grenzgänger.[87]

19 **Asylbewerber** haben einen gewöhnlichen Aufenthalt im Inland grundsätzlich nur, wenn eine Asylberechtigung[88] oder ein Abschiebehindernis feststeht.[89] Möglich ist die Begründung eines gewöhnlichen Aufenthalts jedoch auch bei längerfristiger Duldung[90] bzw. dann, wenn der Asylbewerber mehrere Jahre hier lebt und sozial eingegliedert ist, wobei die vertretenen Zahlen stark differieren[91] und eine Dauer von 2–4 Jahren (abhängig vom Grad sozialer Eingliederung) angemessen sein dürfte; nicht aber nach Ablehnung des Asylantrags (sofern kein Abschiebehindernis besteht).[92] Wer im Wege der Familienzusammenführung in die BRD gekommen ist und sich kurz darauf von seinem Ehegatten trennt, hat hier keinen gewöhnlichen Aufenthalt.[93] Anders kann zu entscheiden sein, wenn die Familienzusammenführung scheitert, aber ein Scheidungsantrag rechtskräftig abgewiesen ist und der Ehegatte längere Zeit (geduldet) im Inland lebt.[94] Gegebenenfalls besteht grundsätzlich der gewöhnliche Aufenthalt am Ort des Asylbewerberheims.[95] Wenn die deutschen Gerichte international zuständig sind, es aber an einem gewöhnlichen Aufenthalt fehlt,[96] greift § 122 Nr. 6 ein.[97]

20 Richtigerweise ist bei Asylbewerbern eine besonders strenge Bewertung nicht angezeigt, da die Annahme eines gewöhnlichen Aufenthalts nicht zur Festigung des Aufenthalts-„Rechts" beiträgt, sondern lediglich ermöglicht, besonders wichtige Probleme und Angelegenheiten der höchstpersönlichen Sphäre vor deutschen Gerichten zu klären und zu regeln.[98]

21 Bei (auch wechselnden) **Aufenthalten zu Ausbildungszwecken** (insbesondere dem Studium) ist richtigerweise in besonderem Maße auf den konkreten Fall abzustellen, da das individuelle Mobilitätsverhalten der Studierenden eine einheitliche Bewertung verhindert.[99] Kriterien sind die

---

[83] OLG Frankfurt NJW 1961, 1586; OLG Schleswig SchlHA 1963, 152; *Wieczorek/Schütze/Becker-Eberhard* § 606 ZPO Rn. 50; *Zöller/Philippi* § 606 ZPO Rn. 30.
[84] *Zöller/Philippi* § 606 ZPO Rn. 27.
[85] OLG Zweibrücken FamRZ 1999, 940; AG Landstuhl FamRZ 2003, 1300; *Musielak/Borth* Rn. 8; *Zöller/Philippi* § 606 ZPO Rn. 28; *Baumbach/Lauterbach/Hartmann* Rn. 10.
[86] OLG Karlsruhe FamRZ 1990, 1352; OLG Koblenz FamRZ 1998, 756; OLG Stuttgart FamRZ 1997, 1161; vgl. oben § 606 ZPO Rn. 17; *Zöller/Philippi* § 606 ZPO Rn. 26; für Armeeangehörige: OLG Zweibrücken NJW-RR 1999, 948; AG Landstuhl FamRZ 2003, 1300; *Wieczorek/Schütze/Becker-Eberhard* § 606 ZPO Rn. 55; *Baumbach/Lauterbach/Hartmann* Rn. 11.
[87] *Zöller/Philippi* § 606 ZPO Rn. 28.
[88] AA *Musielak/Borth* Rn. 7 (tatsächliche Verhältnisse, nicht Erfolgsaussichten des Asylantrags maßgeblich).
[89] OLG Bremen FamRZ 1992, 962; OLG Karlsruhe FamRZ 1992, 316; LG Memmingen DAVorm 1991, 867; BSG InfAuslR 1993, 99; BSG MDR 1990, 780; OLG Koblenz FER 1998, 207; OLG Köln FamRZ 1996, 316; *Zöller/Philippi* § 606 ZPO Rn. 28.
[90] BVerwG FamRZ 2000, 286 (ca. 6 Monate); OLG Nürnberg FamRZ 2002, 324; *Baumbach/Lauterbach/Hartmann* Rn. 12; *Zöller/Philippi* § 606 ZPO Rn. 28; ähnl. *Stein/Jonas/Schlosser* § 606 ZPO Rn. 3 (nicht, wenn Duldung befristet).
[91] OLG Koblenz FamRZ 1990, 536; OLG Hamm NJW 1990, 651 = IPRax 1990, 247 (vier Jahre, Abbruch der Beziehungen zum Heimatstaat); OLG Nürnberg FamRZ 1989, 1304 = IPRax 1990, 249 (23 Monate); OLG Nürnberg FamRZ 1990, 536 = IPRax 1990, 249 (neun Jahre); *Stein/Jonas/Schlosser* § 606 ZPO Rn. 9 (drei Jahre, wohl zust.); *Wieczorek/Schütze/Becker-Eberhard* § 606 ZPO Rn. 56; vgl. oben § 606 ZPO Rn. 17; *Zöller/Philippi* § 606 ZPO Rn. 28; ähnl. *Gottwald* FamRZ 2002, 1343.
[92] OLG Bremen FamRZ 1992, 962; *Zöller/Philippi* § 606 ZPO Rn. 28; *Baumbach/Lauterbach/Hartmann* Rn. 12; ähnl. *Wieczorek/Schütze/Becker-Eberhard* § 606 ZPO Rn. 2 (zusätzlich: drohende Abschiebung erforderlich); aA oben § 606 ZPO Rn. 17 u. *Musielak/Borth* Rn. 7 (bejahend, wenn mehrjähriger Aufenthalt und soziale Eingliederung gegeben).
[93] OLG Karlsruhe FamRZ 1990, 1351 (Scheitern der Familienzusammenführung nach einem Monat); *Stein/Jonas/Schlosser* § 606 ZPO Rn. 11; vgl. oben § 606 ZPO Rn. 17.
[94] OLG Karlsruhe FamRZ 1992, 316 = NJW-RR 1992, 1094 Rn. 17 ff.
[95] Vgl. oben § 606 ZPO Rn. 17.
[96] Vgl. oben § 606a ZPO Rn. 21 ff.
[97] Vgl. oben § 606 ZPO Rn. 17 (noch für § 606 Abs. 3 ZPO).
[98] *Wieczorek/Schütze/Becker-Eberhard* § 606 ZPO Rn. 56.
[99] Vgl. *Wieczorek/Schütze/Becker-Eberhard* § 606 ZPO Rn. 52.

Häufigkeit der Heimkehr zur Familie, der Aufbau neuer sozialer Bindungen am Studienort und der Abbau alter am Familienwohnsitz.[100] Studenten haben ihren gewöhnlichen Aufenthalt am Studienort, wenn dieser den Lebensmittelpunkt bildet.[101] Anders kann bei Wochenendheimkehrern zu entscheiden sein.[102] Gerade bei Studenten kann es häufig zu mehreren gewöhnlichen Aufenthaltsorten kommen.[103] Ein gewöhnlicher Aufenthalt am bisherigen Studienort bleibt bei einem vorübergehenden Wechsel des Studienorts (etwa eines Auslandssemesters) bestehen,[104] wobei ein weiterer gewöhnlicher Aufenthalt am Auslandsstudienort begründet werden kann.[105]

Ein **Ehegatte** hat keinen gewöhnlichen Aufenthalt, wenn er sich von seinem anderen getrennt hat und noch nicht weiß, wo er sich künftig ständig niederlassen möchte.[106] Ein Ehegatte begründet keinen gewöhnlichen Aufenthalt am neuen Aufenthaltsort, wenn er zwar mit seinem Partner umgezogen ist, jedoch von vornherein entschlossen war, sich von ihm zu trennen, falls der andere Ehegatte sein Verhalten ihm gegenüber nicht ändere und diesen Entschluss wenige Wochen später in die Tat umsetzt.[107] Wer fünf Tage pro Woche in Stadt A wohnt und nur am Wochenende seine Familie in Stadt B besucht, kann an beiden Orten gewöhnlichen Aufenthalt haben.[108] Wer sich drei Tage pro Woche ausbildungsbedingt in A, vier Tage bei seiner Familie in B aufhält, kann ebenfalls zwei gewöhnliche Aufenthaltsorte haben.[109] Wer sommers in A, winters in B lebt, hat einen Teil des Jahres seinen gewöhnlichen Aufenthalt in A, einen anderen in B.[110] Verbringt ein Universitätsprofessor drei Tage pro Woche in Universitätsstadt A, den Rest der Zeit bei seiner Familie in Stadt B, so hat er in A und B gewöhnlichen Aufenthalt.[111]

3. Der Gerichtsstand des § 122 Nr. 1. Die örtliche Zuständigkeit ersten Ranges kommt dem Gericht zu, in dessen Bezirk **einer der Ehegatten mit allen gemeinschaftlichen minderjährigen Kindern** seinen gewöhnlichen Aufenthalt hat. § 122 Nr. 1 entspricht weitgehend § 606 Abs. 1 S. 2 aF ZPO.[112] Hinter der Vorschrift steht der Gedanke, dass zahlreiche Scheidungsfolgesachen unmittelbar oder mittelbar die gemeinsamen Kinder betreffen (so der Betreuungsunterhalt, § 137 Abs. 2 S. 1 Nr. 2 iVm. § 231 Abs. 1 Nr. 2 und die Verfahren wegen elterlicher Sorge, Umgangs oder Kindesherausgabe, § 137 Abs. 3 iVm. § 151 Nr. 1–3) und durch die Durchführung des Verfahrens am gewöhnlichen Aufenthalt der Kinder die Zusammenarbeit des Familiengerichts mit dem örtlich zuständigen Jugendamt (§§ 87b Abs. 2, 86 SGB VIII) erleichtert.[113] Der Schwerpunkt des Verfahrens liegt somit bei der Restfamilie.[114]

Die Vorschrift bezieht sich nur auf **minderjährige Kinder** (§ 2 BGB). Der Eintritt der Volljährigkeit eines Kindes während des Verfahrens berührt die Zuständigkeit nicht (§ 113 Abs. 1 S. 2 iVm. § 261 Abs. 3 Nr. 2 ZPO).[115] **Gemeinschaftliche Kinder** sind diejenigen, die von den Ehegatten abstammen (§§ 1591 f. BGB), auch wenn sie außerhalb der Ehe geboren sind, sowie die nur von einem Ehegatten abstammenden und vom anderen Ehegatten angenommenen Kinder (§§ 1741 ff., insbes. 1741 Abs. 2 S. 3 BGB).[116] Scheineheliche Kinder (§ 1599 Abs. 1 BGB) gelten als gemeinsame Kinder; nach § 113 Abs. 1 S. 2 iVm. § 261 Abs. 3 Nr. 2 ZPO berührt die Fest-

---

[100] *Wieczorek/Schütze/Becker-Eberhard* § 606 ZPO Rn. 52.
[101] KG FamRZ 1987, 603, 605 (auch bei erwünschtem aber aussichtslosem Studienplatzwechsel); *Musielak/Borth* Rn. 8; *Zöller/Philippi* § 606 ZPO Rn. 27.
[102] Für gewöhnlichen Aufenthalt bei der Familie *Wieczorek/Schütze/Becker-Eberhard* § 606 ZPO Rn. 52.
[103] *Wieczorek/Schütze/Becker-Eberhard* § 606 ZPO Rn. 52.
[104] Vgl. *Musielak/Borth* Rn. 8.
[105] KG FamRZ 1987, 603; *Stein/Jonas/Schlosser* § 606 ZPO Rn. 10; *Wieczorek/Schütze/Becker-Eberhard* § 606 ZPO Rn. 52.
[106] So etwa OLG Stuttgart FamRZ 1982, 84 (hier Eintritt der Rechtshängigkeit am Tag nach der Flucht vom Ehemann zur Familie der Ehefrau); KG FamRZ 1987, 605; *Stein/Jonas/Schlosser* § 606 ZPO Rn. 11; vgl. oben § 606 ZPO Rn. 16; *Zöller/Philippi* § 606 ZPO Rn. 29.
[107] BGH FamRZ 1993, 798 Rn. 13 ff.; *Zöller/Philippi* § 606 ZPO Rn. 29.
[108] AA *Zöller/Philippi* § 606 ZPO Rn. 29.
[109] Oben § 606 ZPO Rn. 17.
[110] *Zöller/Philippi* § 606 ZPO Rn. 29.
[111] So *Zöller/Philippi* § 606 ZPO Rn. 29; ähnlich oben § 606 ZPO Rn. 17.
[112] Daher wohl Fehler in der Entwurfsbegründung BT-Drucks. 16/6308, S. 226, die § 606 Abs. 1 S. 1 ZPO aF als Vorgängerregelung nennt.
[113] BGH NJW-RR 1987, 1348; oben § 606 ZPO Rn. 23; *Wieczorek/Schütze/Becker-Eberhard* § 606 ZPO Rn. 59 (noch zum KJHG); *Zöller/Philippi* § 606 ZPO Rn. 32; AK/*Derleder* § 606 ZPO Rn. 9; *Keidel/Weber* Rn. 4.
[114] *Musielak/Borth* Rn. 10.
[115] *Stein/Jonas/Schlosser* § 606 ZPO Rn. 13.
[116] Oben § 606 ZPO Rn. 22.

§ 122 25, 26   Buch 2. Abschnitt 2. Ehe-, Scheidungs- und Folgesachen

stellung der Nichtehelichkeit der Vaterschaft während des Verfahrens die Zuständigkeit nicht mehr.[117]

25   Der **gewöhnliche Aufenthalt des Kindes** ist grundsätzlich selbständig festzustellen, unabhängig vom gewöhnlichen Aufenthalt des Sorgeberechtigten (wobei bei gemeinsamer Personensorge regelmäßig Doppelwohnsitz iSd. § 11 BGB besteht).[118] Der gewöhnliche Aufenthalt eines Kindes liegt an dem Ort des Schwerpunkts seiner sozialen und familiären Bindungen.[119] Die soziale Einbindung variiert mit dem Alter der Kinder.[120] Ein Kleinkind hat regelmäßig denselben gewöhnlichen Aufenthalt wie derjenige, der es ständig betreut und versorgt und in dessen Obhut es sich daher befindet (unabhängig von der Sorgeberechtigung).[121] Bei älteren Kindern fließen zusätzlich zur Obhut alle bestehenden sozialen Bindungen in die Bewertung mit ein (zu anderen Familienmitgliedern, Freunden, Bekannten, Kontaktpersonen in Kindergarten, Schule und Lehrstelle).[122] Wie in den Umzugsfällen allgemein (s. o.) ist bei einem Umzug die sofortige Begründung eines gewöhnlichen Aufenthalts möglich.[123] Kein gemeinsamer Aufenthalt mit einem Elternteil besteht, wenn das Kind sich dauerhaft und zeitlich umfassend in einer Pflegefamilie aufhält.[124] Ein Kind kann seinen gewöhnlichen Aufenthalt mit der Mutter im Frauenhaus haben (s. allgemein bereits oben Rn. 14).[125] Bei der Feststellung des Grads der sozialen Einbindung kann als Indiz[126] bedeutsam sein, bei welchem Elternteil das Kind leben[127] und ob es dort, bei dem Elternteil, bei dem das Kind lebt, das behalten möchte.[128] Ein Kind, das unter der Woche beim Vater lebt, dort die Schule besucht und seinen Freundeskreis hat, wochenends aber bei der Mutter ist, hat nur beim Vater einen gewöhnlichen Aufenthalt.[129]

26   Auf die **Rechtmäßigkeit des Aufenthalts** des Kindes, also auf einen etwaigen entgegenstehenden Willen des Sorgeberechtigten kommt es nicht an.[130] Ein gewöhnlicher Aufenthalt der Kinder kann daher auch begründet werden, wenn ein Ehegatte die Kinder ohne Zustimmung des anderen an sich genommen hat.[131] Auch in derartigen „Entführungsfällen" ist die soziale Eingliederung des Kindes entscheidend,[132] wobei jedoch strenge Maßstäbe anzulegen sind[133] und der Wille des Kindes zu berücksichtigen ist.[134] Teilweise wird bei älteren Kindern eine Eingewöhnungszeit von sechs Monaten angenommen;[135] bei jüngeren Kindern, deren soziale Bindungen oft überwiegend zu den unmittelbar

---

[117] *Musielak/Borth* § 606 ZPO Rn. 22; *Baumbach/Lauterbach/Hartmann* Rn. 12; *Zöller/Philippi* § 606 ZPO Rn. 32; aA AG Helmstedt FamRZ 1981, 477; *Stein/Jonas/Schlosser* § 606 ZPO Rn. 13.

[118] BGH FamRZ 1981, 135, 136; BGH FamRZ 1997, 1070; OLG Bremen FamRZ 1992, 963 Rn. 14; OLG Frankfurt FamRZ 2006, 883; oben § 606 ZPO Rn. 20; *Wieczorek/Schütze/Becker-Eberhard* § 606 ZPO Rn. 53; *Musielak/Borth* Rn. 10; *Zöller/Philippi* § 606 ZPO Rn. 34; *Keidel/Weber* Rn. 5.

[119] OLG Hamm FamRZ 1989, 1109 f.; OLG Hamm FamRZ 1991, 1346, 1347; OLG Hamm FamRZ 1991, 1466, 1467; OLG Schleswig FamRZ 2000, 1426, 1427; OLG Karlsruhe FamRZ 2005, 287 Rn. 14.

[120] OLG Karlsruhe FamRZ 2005, 287 Rn. 14; *Wieczorek/Schütze/Becker-Eberhard* § 606 ZPO Rn. 53; oben § 606 ZPO Rn. 20.

[121] OLG Schleswig FamRZ 2000, 1426, 1427; OLG Hamm FamRZ 2008, 1007 Rn. 4 (auch noch für fünfjähriges Kind); oben § 606 ZPO Rn. 20; *Wieczorek/Schütze/Becker-Eberhard* § 606 ZPO Rn. 53; *Musielak/Borth* Rn. 10; *Zöller/Philippi* § 606 ZPO Rn. 34.

[122] Oben § 606 ZPO Rn. 20; *Wieczorek/Schütze/Becker-Eberhard* § 606 ZPO Rn. 53; *Zöller/Philippi* § 606 ZPO Rn. 34.

[123] OLG Karlsruhe FamRZ 2005, 287 Rn. 15.

[124] *Musielak/Borth* Rn. 10.

[125] *Wieczorek/Schütze/Becker-Eberhard* § 606 ZPO Rn. 61.

[126] Vgl. oben § 606 ZPO Rn. 21.

[127] OLG Hamm FamRZ 1991, 1466 (ausl. Inhaber der elterlichen Sorge möchte das 13jährige Kind nicht gegen dessen Willen zurückführen); OLG Hamm FamRZ 2008, 1007 Rn. 4; *Zöller/Philippi* § 606 ZPO Rn. 35.

[128] OLG Hamm FamRZ 2008, 1007 Rn. 4; *Zöller/Philippi* § 606 ZPO Rn. 35.

[129] OLG Bremen FamRZ 1992, 963 Rn. 15 (Besuchscharakter des Aufenthalts bei der Mutter, trotz eigenen Zimmers); *Wieczorek/Schütze/Becker-Eberhard* § 606 ZPO Rn. 53; *Zöller/Philippi* § 606 ZPO Rn. 34; ähnlich *Stein/Jonas/Schlosser* § 606 ZPO Rn. 9 (bei alternierenden Aufenthalten Schwerpunkt maßgeblich).

[130] OLG Hamm FamRZ 1991, 1466; oben § 606 ZPO Rn. 21; *Stein/Jonas/Schlosser* § 606 ZPO Rn. 8; *Wieczorek/Schütze/Becker-Eberhard* § 606 ZPO Rn. 54; *Musielak/Borth* § 606 ZPO Rn. 22; *Zöller/Philippi* § 606 ZPO Rn. 35; *Henrich* FamRZ 1989, 1325; ähnl. AK/*Derleder* § 606 ZPO Rn. 9 (auf die Sorgerechtsregelung kommt es nicht an).

[131] *Zöller/Philippi* § 606 ZPO Rn. 35.

[132] BayObLG DAVorm 1984, 931; BayObLG FamRZ 1993, 349; OLG Hamm FamRZ 1988, 1198, 1199; OLG Düsseldorf FamRZ 1994, 107; OLG Bamberg FamRZ 1996, 1224; *Musielak/Borth* § 606 ZPO Rn. 22; *Zöller/Philippi* § 606 ZPO Rn. 35.

[133] *Wieczorek/Schütze/Becker-Eberhard* § 606 ZPO Rn. 54.

[134] *Musielak/Borth* Rn. 11.

[135] Auch *Stein/Jonas/Schlosser* § 606 ZPO Rn. 9.

präsenten Angehörigen bestehen, kann ein kürzerer Zeitraum ausreichen.[136] Ein kürzerer Zeitraum kann ferner genügen, wenn der Sorgeberechtigte das Kind nicht zurückfordert.[137] Dabei ist auch zu berücksichtigen, ob Chancen auf die Rückführung des Kindes bestehen, bevor dieses am neuen Ort sozial eingegliedert ist.[138] Wird das Kind entgegen einer einstweiligen Anordnung an einen neuen Ort verbracht, kann ein gewöhnlicher Aufenthalt dort nicht ohne weiteres begründet werden, solange damit gerechnet werden muss, dass das Kind zum anderen Elternteil zurückkommen wird.[139]

Das Innehaben eines gewöhnlichen Aufenthalts des Ehegatten „*mit allen ... Kindern*" fordert **27** grundsätzlich Zusammenleben von Eltern und Kind(ern) im Sinne einer **Wohn- und Lebensgemeinschaft**.[140] Hierauf kann in Ausnahmefällen verzichtet werden, wenn ein tatsächlicher Zwang zum Getrenntleben und Rückkehrwille bestehen.[141] Nicht hierunter fallen die Situationen, in denen das Kind ohne tatsächlichen Zwang bei einem Dritten lebt (s. u. Rn. 30). Da diese Situationen künftig zwei unterschiedlichen Gerichtsständen zuzuordnen sein können (§ 122 Nr. 1 bei tatsächlichem Zwang zum Leben bei einem Dritten, § 122 Nr. 2 bei freiwilligem Leben eines Teils der Kinder bei einem Dritten; beide Gerichtsstände führen jedoch zur Zuständigkeit desselben Gerichts; s. u. Rn. 30), wird künftig genauer abzugrenzen sein, wann auf das Erfordernis des Zusammenwohnens verzichtet werden kann. Zum Leben im Internat bereits Rn. 13; allgemein kommt es bei ausbildungsbedingter Abwesenheit eines Kindes darauf an, bei welchem Elternteil es sich in der Freizeit überwiegend aufhält und wer es betreut und versorgt (§ 1606 Abs. 3 S. 2 BGB).[142]

§ 122 Nr. 1 fordert nun ausdrücklich das Zusammenleben „mit *allen* ... Kindern", dies wurde **28** bereits zuvor aus der Formulierung „mit den" in § 606 Abs. 1 S. 2 ZPO aF abgeleitet.[143] Der Gerichtsstand besteht nicht, wenn ein Kind bei dem einen, ein anderes bei dem anderen Ehegatten lebt.[144]

4. Der Gerichtsstand des § 122 Nr. 2. Örtlich zuständig auf dem zweiten Rang ist das Gericht, **29** in dessen Bezirk **einer der Ehegatten mit einem Teil der gemeinschaftlichen minderjährigen Kinder** seinen Aufenthalt hat, sofern keines der gemeinschaftlichen minderjährigen Kinder seinen gewöhnlichen Aufenthalt bei dem anderen Ehegatten hat. Dieser Gerichtsstand wurde gegenüber § 606 ZPO aF neu eingeführt.[145] Die Zuständigkeitsregelung des § 606 ZPO aF die den Aufenthaltsort eines Elternteils *mit allen* gemeinschaftlichen minderjährigen Kindern voraussetzte,[146] konnte, wenn diese Voraussetzung nicht erfüllt war, in Einzelfällen zu der Zuständigkeit eines Gerichts führen, in dessen Bezirk keines der gemeinschaftlichen Kinder lebte. Dies erschien dem Gesetzgeber als nicht sachgerecht im Hinblick darauf, dass das Gericht gegebenenfalls auch über Folgesachen mit Bezug zu den Kindern zu entscheiden hat (s. bereits oben Rn. 2).[147]

Nr. 2 gilt auch, wenn eines der oder alle gemeinsamen Kinder **bei einem Dritten** (zB den **30** Großeltern) lebt bzw. leben, solange der Dritte in demselben Gerichtsbezirk wie der Ehegatte lebt und solange kein Kind bei dem anderen Ehegatten lebt. Diese Fallgruppe war bislang mangels

---

[136] *Wieczorek/Schütze/Becker-Eberhard* § 606 ZPO Rn. 54; oben § 606 ZPO Rn. 21; *Musielak/Borth* Rn. 11 (ebenfalls gegen gewöhnlichen Aufenthalt, wenn die Entführung nur kurze Zeit zurück liegt, aber ohne Angabe eines bestimmten Zeitraums).

[137] *Stein/Jonas/Schlosser* § 606 ZPO Rn. 9.

[138] BGH FamRZ 1981, 135, 137; OLG Bamberg FamRZ 1983, 82; OLG Düsseldorf FamRZ 1984, 194; OLG Hamm, FamRZ 1989, 1109, 1110; OLG Hamm FamRZ 2008, 1007 Rn. 4; OLG Karlsruhe NJW-RR 1999, 1383, 1384; OLG Zweibrücken FamRZ 2008, 1258 Rn. 7; oben § 606 ZPO Rn. 21; *Zöller/Philippi* § 606 ZPO Rn. 35.

[139] OLG Zweibrücken FamRZ 2008, 1258 Rn. 10. Die Frage, ob bei Aufenthaltswechsel im Einklang mit der einstweiligen Anordnung ein gewöhnlicher Aufenthalt begründet werden kann, wenn diese Anordnung angefochten ist, wird offengelassen von OLG Karlsruhe FamRZ 2005, 287 Rn. 15.

[140] OLG Hamm NJW-RR 1989, 1486; *Baumbach/Lauterbach/Hartmann* Rn. 12; *Zöller/Philippi* § 606 ZPO Rn. 33; *Thomas/Putzo/Hüßtege* § 606 ZPO Rn. 4.

[141] *Baumbach/Lauterbach/Hartmann* Rn. 11 f.; *Zöller/Philippi* § 606 ZPO Rn. 34.

[142] *Musielak/Borth* Rn. 10.

[143] Oben § 606 ZPO Rn. 23; *Wieczorek/Schütze/Becker-Eberhard* § 606 ZPO Rn. 60; *Musielak/Borth* Rn. 11; *Philippi* FPR 2006, 406.

[144] So für § 606 Abs. 1 S. 2 ZPO aF BGH NJW-RR 1987, 1348; BGH FamRZ 1997, 416; oben § 606 ZPO Rn. 23; *Musielak/Borth* Rn. 11.

[145] *Kroiß/Seiler* 2009, Rn. 178; in BT-Drucks. 16/6308 noch nicht enthalten; vgl. BT-Drucks. 16/9733.

[146] So sollte eine „unbefriedigende Konkurrenz" vermieden werden, vgl. AK/*Derleder* § 606 ZPO Rn. 9; ein Bedürfnis für direkte oder analoge Anwendung bestand nicht, weil durch die Rangfolge der Gerichtsstände gesichert war, dass das Gericht am gewöhnlichen Aufenthalt zumindest eines Teils der Kinder begründet war: *Wieczorek/Schütze/Becker-Eberhard* § 606 ZPO Rn. 60.

[147] BT-Drucks. 16/9733, S. 263.

§ 122   31–34   Buch 2. Abschnitt 2. Ehe-, Scheidungs- und Folgesachen

eines dem § 122 Nr. 2 entsprechenden Gerichtsstand dem § 606 Abs. 1 S. 2 ZPO aF (der dem jetzigen § 122 Nr. 1 entspricht) zugeordnet worden,[148] weil in diesem Fall zumindest die kindesbezogene Sachnähe des Gerichts[149] und die Verbindung zum örtlich zuständigen Jugendamt[150] gewahrt blieben und vermieden werden sollte, dass das Verfahren vor ein Gericht gelangt, in dessen Bezirk zwar einer der Ehegatten, möglicherweise jedoch keines der Kinder seinen gewöhnlichen Aufenthalt hat.[151] Hierfür besteht nun kein Bedürfnis mehr, so dass § 122 Nr. 2 einschlägig ist.[152]

31   **5. Der Gerichtsstand des § 122 Nr. 3.** Örtlich zuständiges Gericht dritten Ranges ist dasjenige, in dessen Bezirk die **Ehegatten ihren letzten gemeinsamen gewöhnlichen inländischen Aufenthalt** hatten, sofern einer der Ehegatten bei Eintritt der Rechtshängigkeit seinen gewöhnlichen Aufenthalt in diesem Bezirk hat. § 122 Nr. 3 entspricht § 606 Abs. 2 S. 1 aF ZPO.[153]

32   Für den Begriff des gewöhnlichen Aufenthalts s. o. Rn. 8 ff. Der gemeinsame gewöhnliche Aufenthalt der Ehegatten[154] entspricht dem **Mittelpunkt des Ehelebens,** in dem sich die persönlichen, familiären und hauswirtschaftlichen Beziehungen der Ehegatten vereinen.[155]

33   Dies wird regelmäßig der Ort der **Ehewohnung** sein, eine ständige gemeinsame Wohnung ist jedoch nicht unbedingt erforderlich.[156] Ununterbrochene Anwesenheit beider ist nicht erforderlich (zB bei berufsbedingter Abwesenheit und sogar dann, wenn selbst die Wochenenden nicht stets gemeinsam verbracht werden);[157] maßgeblich ist, ob bei beruflicher Abkömmlichkeit das **gemeinsame Privatleben** grundsätzlich an einem Ort stattfindet.[158] Haben beide Ehegatten berufsbedingte Aufenthaltsorte und findet das gemeinsame Privatleben abwechselnd an diesen Orten statt, liegen regelmäßig zwei gemeinsame gewöhnliche Aufenthaltsorte vor;[159] außer, wenn die Ehegatten einvernehmlich einen Ort als gemeinsamen gewöhnlichen Aufenthalt bestimmen.[160] Auch Soldaten (s. Rn. 17), die nur an freien Wochenenden zu ihren Ehegatten fahren, haben einen gemeinsamen gewöhnlichen Aufenthalt am Ehewohnort.[161] Wenige Tage können für den letzten gemeinsamen gewöhnlichen Aufenthalt genügen, wenn sonst kein gemeinsamer Aufenthaltsort bestand.[162]

34   **Getrenntleben** in derselben Gemeinde oder in demselben Gerichtsbezirk genügt nicht.[163] Auch Getrenntleben iSd. § 1567 Abs. 1 S. 2 BGB innerhalb derselben Wohnung steht einem gemeinsamen gewöhnlichen Aufenthalt entgegen.[164]

---

[148] BGH FamRZ 1984, 370 = MDR 1984, 656; OLG München FamRZ 1979, 152; OLG Frankfurt FamRZ 1980, 376; OLG Frankfurt FamRZ 1984, 806; OLG Hamm NJW-RR 1989, 1486 = FamRZ 1989, 641; oben § 606 ZPO Rn. 23; *Stein/Jonas/Schlosser* § 606 ZPO Rn. 13; *Wieczorek/Schütze/Becker-Eberhard* § 606 ZPO Rn. 60 (extensiv ausgelegt oder analog); *Musielak/Borth* Rn. 10 f.; *Zöller/Philippi* § 606 ZPO Rn. 33; *Thomas/Putzo/Hüßtege* § 606 ZPO Rn. 4; aA BGH NJW-RR 1992, 903 Rn. 3 (§ 606 Abs. 2 S. 1 ZPO aF einschlägig; ohne Berufung auf das Urteil von 1984, stattdessen auf den Fall des Urteils BGH FamRZ 1987, 1020, in dem die Kinder auf die Eltern verteilt waren); AG Hersbruck FamRZ 1979, 717.
[149] AK/*Derleder* § 606 ZPO Rn. 10.
[150] *Wieczorek/Schütze/Becker-Eberhard* § 606 ZPO Rn. 60.
[151] BGH FamRZ 1984, 370 = MDR 1984, 656 Rn. 3 f.
[152] AA *Baumbach/Lauterbach/Hartmann* Rn. 12; *Bumiller/Harders* Rn. 4; *Keidel/Weber* Rn. 4; wie hier *Musielak/Borth* Rn. 12.
[153] Irreführend die Erläuterung zur Entwurfsfassung der Nr. 3, jetzt Nr. 4: BT-Drucks. 16/6308, S. 227 (§ 606 Abs. 2 S. 2 ZPO).
[154] Verkürzt daher die Darstellung bei *Baumbach/Lauterbach/Hartmann* Rn. 14 f., der insoweit nur auf Nr. 1 verweist.
[155] *Zöller/Philippi* § 606 ZPO Rn. 31; ähnl. *Wieczorek/Schütze/Becker-Eberhard* § 606 ZPO Rn. 58; *Musielak/Borth* Rn. 9; AK/*Derleder* § 606 ZPO Rn. 8; *Keidel/Weber* Rn. 6.
[156] OLG Schleswig SchlHA 1950, 195; OLG Hamm MDR 1957, 171; *Stein/Jonas/Schlosser* § 606 ZPO Rn. 12; *Zöller/Philippi* § 606 ZPO Rn. 31.
[157] *Musielak/Borth* Rn. 6 (mit Beispiel: längerer Montageaufenthalt an räumlich weit entferntem Ort).
[158] *Zöller/Philippi* § 606 ZPO Rn. 31; ähnl. *Wieczorek/Schütze/Becker-Eberhard* § 606 ZPO Rn. 58; ähnl. aber knapper AK/*Derleder* § 606 ZPO Rn. 8.
[159] *Musielak/Borth* Rn. 6; ähnl. *Wieczorek/Schütze/Becker-Eberhard* § 606 ZPO Rn. 58 (Verneinung eines gemeinsamen gewöhnlichen Aufenthalts ebenso möglich).
[160] BGH FamRZ 1987, 572, 574; *Musielak/Borth* Rn. 6.
[161] OLG Frankfurt NJW 1961, 1586; OLG Schleswig SchlHA 1963, 125; *Zöller/Philippi* § 606 ZPO Rn. 31.
[162] *Thomas/Putzo/Hüßtege* § 606 ZPO Rn. 3.
[163] Oben § 606 ZPO Rn. 18; *Stein/Jonas/Schlosser* § 606 ZPO Rn. 12; *Wieczorek/Schütze/Becker-Eberhard* § 606 ZPO Rn. 58; AK/*Derleder* § 606 ZPO Rn. 8.
[164] Oben § 606 ZPO Rn. 18; OLG Stuttgart FamRZ 1982, 84; *Stein/Jonas/Schlosser* § 606 ZPO Rn. 12; *Schulte-Bunert/Weinreich/Schröder* Rn. 2.

Abgabe bei Anhängigkeit mehrerer Ehesachen   § 123

Da einer der Ehegatten bei **Eintritt der Rechtshängigkeit**[165] noch oder wieder[166] seinen ge- 35
wöhnlichen Aufenthalt im Bezirk des angerufenen Gerichts haben muss, genügt der Zuzug nach
Rechtshängigkeit bei § 122 Nr. 3 ausnahmsweise nicht (zur allgemeinen Regel s. o. Rn. 6).[167]

6. Der Gerichtsstand des § 122 Nr. 4. Auf dem vierten Rang steht das Gericht, in dessen 36
Bezirk der **Antragsgegner seinen gewöhnlichen Aufenthalt** hat. § 122 Nr. 4 entspricht § 606
Abs. 2 S. 2 Alt. 1 ZPO aF.[168] Auch wenn die Formulierung „im Inland" mit dem FamFG entfallen
ist, muss nach allgemeinen Grundsätzen der gewöhnliche Aufenthalt des Antragsgegners im Inland
liegen, um eine Zuständigkeit nach Nr. 5 zu begründen.

Bei Eheaufhebungsverfahren wegen **Doppelehe** ist, wenn der Eheaufhebungsantrag von dem 37
Ehegatten der früheren Ehe gestellt wird (§§ 1306, 1316 Abs. 1 Nr. 1 BGB), für die örtliche
Zuständigkeit auf den gewöhnlichen Aufenthalt der Ehegatten der späteren, nach dem Aufhebungsantrag aufzuhebenden Ehe abzustellen.[169] Die Ehegatten der späteren Ehe sind in diesem Fall
notwendige Streitgenossen (§ 113 Abs. 1 S. 2 FamFG iVm. § 62 ZPO; s. a. § 129 Rn. 3, 11) und
müssen die Voraussetzungen der örtlichen Zuständigkeit gemeinsam erfüllen.

7. Der Gerichtsstand des § 122 Nr. 5. An den **gewöhnlichen Aufenthalt des Antragstellers** 38
knüpft der fünfte Rang an. § 122 Nr. 5 entspricht § 606 Abs. 2 S. 2 Alt. 2 aF ZPO.[170]

Eine Besonderheit gilt, wenn die **Verwaltungsbehörde** (oder ein **Dritter** in Fällen des § 1306 39
BGB) ihre Befugnis zur Antragstellung im Eheaufhebungsverfahren ausübt (zur Befugnis s. § 1316
Abs. 1 Nr. 1 BGB). Kommen die Gerichtsstände nach § 122 Nr. 1–3 nicht in Betracht und hat einer
der Ehegatten – die als Antragsgegner notwendige Streitgenossen sind (Rn. 37) – keinen gewöhnlichen Aufenthalt im Inland, ist, da die Ehegatten *gemeinsam* die Voraussetzungen des § 122 Nr. 4
erfüllen müssen, nicht Nr. 4, sondern Nr. 5 einschlägig und die Zuständigkeit richtet sich nach
dem Sitz der antragstellenden Verwaltungsbehörde (oder dem gewöhnlichen Aufenthalt des Dritten).[171]
Ähnlich kann der Gerichtsstand nach § 122 Nr. 5 am Sitz der das Eheaufhebungsverfahren betreibenden Verwaltungsbehörde (oder am gewöhnlichen Aufenthalt des Dritten) bestehen, wenn die
Ehegatten niemals beide oder gemeinsam einen gewöhnlichen Aufenthalt im Inland hatten und die
Ehe kinderlos blieb.[172]

8. Der Gerichtsstand des § 122 Nr. 6. Ist keiner der ersten fünf Gerichtsstände gegeben, so ist 40
das **Amtsgericht Berlin-Schöneberg** zuständig. § 122 Nr. 6 entspricht § 606 Abs. 3 ZPO aF.
Nr. 6 greift vor allem ein, wenn die Beteiligten im Inland niemals zusammengelebt haben und wenn
auch jetzt keiner der beiden im Inland lebt.[173] Die Vorschrift begründet somit eine Zuständigkeit für
Auslandsdeutsche, die sich in der BRD scheiden lassen möchten.[174] Sie greift aber auch dann ein,
wenn die deutschen Gerichte international zuständig sind und ein Ehegatte in der BRD nur
schlichten, noch keinen gewöhnlichen Aufenthalt begründet hat[175] sowie dann, wenn die vorrangigen Gerichtsstände am unbekannten Aufenthaltsort der Ehegatten (im Inland) scheitern.[176]

§ 123 Abgabe bei Anhängigkeit mehrerer Ehesachen

¹ **Sind Ehesachen, die dieselbe Ehe betreffen, bei verschiedenen Gerichten im ersten Rechtszug anhängig, sind, wenn nur eines der Verfahren eine Scheidungssache ist, die**

---

[165] Vgl. oben § 606 ZPO Rn. 24.
[166] BayObLG NJW 1949, 223; *Stein/Jonas/Schlosser* § 606 ZPO Rn. 13; *Wieczorek/Schütze/Becker-Eberhard* § 606 ZPO Rn. 62; *Zöller/Philippi* § 606 ZPO Rn. 36; *Thomas/Putzo/Hüßtege* § 606 ZPO Rn. 5; *Rosenberg/Schwab/Gottwald* § 164 Rn. 26.
[167] Vgl. für § 606 Abs. 2 S. 1 ZPO aF *Stein/Jonas/Schlosser* § 606 ZPO Rn. 13.
[168] Irreführend die Erläuterung zur Entwurfsfassung der Nr. 4, jetzt Nr. 5: BT-Drucks. 16/6308, S. 227 (§ 606 Abs. 2 S. 2 Alt. 2 ZPO).
[169] BGH StAZ 1977, 81 Rn. 15 (freilich noch für die Nichtigkeitsklage); *Zöller/Philippi* § 631 Rn. 14.
[170] Irreführend die Erläuterung zur Entwurfsfassung der Nr. 5, jetzt Nr. 6: BT-Drucks. 16/6308, S. 227 (§ 606 Abs. 3 ZPO).
[171] OLG Dresden FamRZ 2004, 952; s. a. oben § 606 ZPO Rn. 25.
[172] OLG Dresden FamRZ 2004, 952 Rn. 4.
[173] *Zöller/Philippi* § 606 ZPO Rn. 36 mit Beispiel: Eine Deutsche, die in der Schweiz lebt, will sich von ihrem britischen Ehemann scheiden lassen; die deutsche Gerichtsbarkeit steht der Ehefrau offen, § 98 Abs. 1 Nr. 1 Alt. 1. Vgl. auch *Musielak/Borth* Rn. 16 mit Beispiel: Ein Deutscher, der in Österreich lebt, will sich von seiner in Frankreich lebenden (deutschen) Ehefrau scheiden lassen; die deutsche Gerichtsbarkeit steht dem Ehemann offen, Art. 3 Abs. 1 lit. b EheVO II.
[174] S. oben § 606 ZPO Rn. 25; *Wieczorek/Schütze/Becker-Eberhard* § 606 ZPO Rn. 67.
[175] S. o. § 606 ZPO Rn. 17.
[176] *Stein/Jonas/Schlosser* § 606 ZPO Rn. 17.

§ 123 1–5 Buch 2. Abschnitt 2. Ehe-, Scheidungs- und Folgesachen

übrigen Ehesachen von Amts wegen an das Gericht der Scheidungssache abzugeben. ²Ansonsten erfolgt die Abgabe an das Gericht der Ehesache, die zuerst rechtshängig geworden ist. ³§ 281 Abs. 2 und 3 Satz 1 der Zivilprozessordnung gilt entsprechend.

I. Normzweck

1 Die durch das FamFG neugeschaffene Norm soll die Zusammenführung sämtlicher gleichzeitig bei einem deutschen Gericht im ersten Rechtszug anhängigen und dieselbe Ehe betreffenden Ehesachen ermöglichen.[1] Ihr Anliegen ist Rechtssicherheit durch **Verfahrenskonzentration.**[2] Der Vorrang der Scheidungssache bedingt durch den Zusammenhang mit dem Verbund eine weitere Verfahrenskonzentration, als der Vorrang einer anderen Ehesache auslösen könnte (vgl. § 137 sowie §§ 152 Abs. 1, 201 Nr. 1, 218 Nr. 1, 232 Abs. 1 Nr. 1, 262).[3] Für den Vorrang der Ehesache vor einer sonstigen Familiensache s. § 268.

2 § 123 orientiert sich an § 621 Abs. 3 ZPO aF und macht § 606 Abs. 2 S. 3 u. 4 ZPO aF entbehrlich.[4] Parallele Vorschriften fanden sich bereits zuvor in § 11 Abs. 3 HRVO aF und § 64 Abs. 2 FGG aF.[5] Die Norm hat **keinen direkten Vorgänger in der ZPO.**[6] Sie weist gewisse Ähnlichkeiten mit § 621 Abs. 3 S. 1 und 2 ZPO aF und § 606 Abs. 2 S. 3, 4 ZPO aF[7] auf; Ähnlichkeiten zwischen § 123 S. 1 und § 621 Abs. 2 ZPO aF bestehen nicht.[8]

II. Abgabe an das Gericht der Scheidungssache (Satz 1)

3 § 123 S. 1 FamFG sieht für den Fall, dass eine von mehreren anhängigen Ehesachen eine Scheidungssache ist, die Abgabe der übrigen Ehesachen an das Gericht der Scheidungssache vor. Unabhängig vom Zeitpunkt der Rechtshängigkeit soll der **Scheidungssache Vorrang** zukommen.[9] Die Abgabe erfolgt von Amts wegen.[10] Die Abgabe bedarf keiner vorherigen Anhörung, da § 4 Abs. 2 gemäß § 113 Abs. 1 S. 1 keine Anwendung findet. Anhängigkeit beginnt mit dem Eingang des einleitenden Antrags (§ 113 Abs. 1 S. 2 iVm. § 261 Abs. 1 ZPO, s. u. § 124 Rn. 5 ff.).[11]

4 Nach früherem Recht stand bei Identität des Gegenstands dem zeitlich nachfolgenden Verfahren der Einwand der anderweitigen Rechtshängigkeit entgegen; der Antrag war als unzulässig abzuweisen, sofern nicht ein Verweisungsantrag gestellt wurde.[12] Die Verweisung wird durch die nun vorgesehene **Abgabe von Amts wegen** entbehrlich.[13] Gegenüber der Scheidungssache kann der Einwand der anderweitigen Rechtshängigkeit nicht erhoben werden, da die anderen Ehesachen nicht denselben Streitgegenstand haben.[14] Vor der Abgabe ist rechtliches Gehör zu gewähren.

5 Betroffen sind nach dem Zweck der Vorschrift **nur im ersten Rechtszug** anhängige Verfahren.[15] Ist in erster Instanz bereits eine verfahrensabschließende Entscheidung ergangen, so scheidet (auch wenn die Entscheidung noch nicht rechtskräftig geworden ist) eine Abgabe an das Gericht der Scheidungssache aus, da das Ziel der Entscheidungskonzentration nicht mehr erreicht werden kann.[16] In der Beschwerdeinstanz anhängige Ehesachen werden abgegeben, wenn zurückverwiesen wird (vgl.

---

[1] BT-Drucks. 16/6308, S. 227.
[2] S. o. § 621 ZPO Rn. 168 (für § 621 Abs. 3 ZPO aF); *Baumbach/Lauterbach/Hartmann* Rn. 1.
[3] Vgl. *Kroiß/Seiler* Rn. 181; *Bumiller/Harders* Rn. 5.
[4] *Kroiß/Seiler* Rn. 180; s. a. *Philippi* FPR 2006, 406; *Keidel/Weber* Rn. 1.
[5] Hk-ZPO/*Kemper* § 621 Rn. 82 (zu § 621 Abs. 2 ZPO aF).
[6] BT-Drucks. 16/6308, S. 227.
[7] BT-Drucks. 16/6308, S. 227.
[8] So aber *Baumbach/Lauterbach/Hartmann* Rn. 1.
[9] BT-Drucks. 16/6308, S. 227.
[10] *Thomas/Putzo/Hüßtege* § 621 ZPO Rn. 43; Hk-ZPO/*Kemper* § 621 ZPO Rn. 86 (für § 621 Abs. 3 ZPO aF).
[11] *Baumbach/Lauterbach/Hartmann* Rn. 2.
[12] BT-Drucks. 16/6308, S. 227; *Fölsch* Rn. 43; vgl. zum früheren Recht oben § 606 ZPO Rn. 26 m. weit. Nachw.
[13] BT-Drucks. 16/6308, S. 227; *Fölsch* Rn. 43; *Keidel/Weber* Rn. 1 f.
[14] BT-Drucks. 16/6308, S. 227; *Musielak/Borth* Rn. 2.
[15] So oben § 621 ZPO Rn. 169; *Zimmermann* § 621 ZPO Rn. 35 (beide für § 621 Abs. 3 ZPO aF); zum neuen Recht wie hier *Musielak/Borth* Rn. 4.
[16] BGH FamRZ 1985, 800 = NJW 1986, 2058 Rn. 5; BGH FamRZ 2001, 618 = NJW 2001, 1499 Rn. 9; KG FamRZ 1979, 1062 (für FGG-Verfahren); OLG Stuttgart FamRZ 1978, 816 (für FGG-Verfahren); oben § 621 ZPO Rn. 172; *Musielak/Borth* § 621 ZPO Rn. 22; *Zöller/Philippi* § 621 ZPO Rn. 93 (alle für § 621 Abs. 3 ZPO aF); als teleologische Reduktion versteht Hk-ZPO/*Kemper* § 621 Rn. 83 diese Auslegung.

§ 69 Abs. 1).¹⁷ Ein Rechtsmittel gegen eine nicht verfahrensabschließende Entscheidung (wie etwa die teilweise Versagung von Verfahrenskostenhilfe) hindert die Abgabe nicht.¹⁸

III. Prioritätsprinzip bei Rechtshängigkeit mehrerer Ehesachen (Satz 2)

Ist von den rechtshängigen Ehesachen mehr als eine oder keine eine Scheidungssache, gilt das **Prioritätsprinzip** (§ 123 S. 2).¹⁹ Eine Abgabe nach § 123 S. 2 kann freilich nur erfolgen, wenn die zuerst rechtshängig gewordene Ehesache an diesem Gericht noch anhängig ist.²⁰ Auf die Identität der Streitgegenstände kommt es nicht an; zur Verbindung mehrere Ehesachen, die dieselbe Ehe betreffen s. u. § 126. Die Abgabe erfolgt von Amts wegen, vor der Abgabe ist rechtliches Gehör zu gewähren.

Gemäß § 606 Abs. 2 S. 4 ZPO aF war entsprechend § 36 ZPO der Gerichtsstand durch das nächsthöhere gemeinsame Gericht zu bestimmen, wenn die Rechtshängigkeit mehrerer solcher Ehesachen **an demselben Tag** eintrat.²¹ Die Verweisungsnorm ist nicht in § 123 übernommen worden.²² § 5 gilt für diesen Fall wegen § 113 Abs. 1 S. 1 nicht. Ein Regelungsbedürfnis für den Fall des Eintritts der Rechtshängigkeit zweier Verfahren an demselben Tag besteht jedoch. Der Gesetzesbegründung ist nicht zu entnehmen, dass der Gehalt des § 606 Abs. 2 S. 4 ZPO aF aufgegeben werden sollte. Es finden sich lediglich die Hinweise, die Regelung des § 606 Abs. 2 S. 4 ZPO aF sei (wie die des § 606 Abs. 2 S. 3 ZPO aF) entbehrlich geworden und es bleibe in der Sache bei dem bekannten Prioritätsprinzip.²³ Daher ist im Fall des Eintritts der Rechtshängigkeit an demselben Tag davon auszugehen, dass § 36 ZPO gemäß § 113 Abs. 1 S. 2 FamFG entsprechende Anwendung findet.²⁴

§ 123 S. 1 stellt auf die Anhängigkeit, § 123 S. 2 hingegen auf die **frühere Rechtshängigkeit** ab (zu den Begriffen unten § 124 Rn. 5 ff. und Rn. 8 ff.).²⁵ In § 606 Abs. 2 S. 3 und 4 ZPO aF wurde noch einheitlich der Begriff der Rechtshängigkeit verwendet, in § 621 Abs. 3 ZPO aF hingegen ähnlich der jetzigen Regelung für die Ehesache an die Rechtshängigkeit und für die andere Familiensache an die Anhängigkeit angeknüpft. Hiergegen könnte eingewandt werden, dass es zeitsparender und daher vorzugswürdig sei, die Ehesache bereits ab Anhängigkeit abzugeben. Die Anknüpfung an die Rechtshängigkeit in § 123 S. 2 überzeugt jedoch. Hier wird die Rangfolge nicht wie in Satz 1 nach dem Gegenstand des Verfahrens, sondern nach einem Zeitpunkt bestimmt. Richtigerweise sollte es daher auf den aussagekräftigeren Zeitpunkt der Rechtshängigkeit ankommen, so ist etwa für das Vorliegen der zuständigkeitsbegründenden Tatsachen die Rechtshängigkeit maßgeblich (s. o. § 122 Rn. 6 f.). Auch die Nähe zu § 281 ZPO spricht dafür, auf die Rechtshängigkeit abzustellen, denn die Anwendung des § 281 ZPO setzt die Rechtshängigkeit der zu verweisenden Sache voraus.²⁶

IV. Modalitäten der Abgabe (Satz 3)

Ähnlich § 621 Abs. 3 S. 2 ZPO aF erklärt § 123 S. 3 § 281 Abs. 2 und Abs. 3 S. 1 ZPO für entsprechend anwendbar. Die Entwurfsbegründung hebt besonders hervor, dass die Abgabe **nicht anfechtbar** und für das Adressatgericht **grundsätzlich bindend** ist (§ 281 Abs. 2 S. 4).²⁷ Eine irrtümlich geschehene Verweisung oder Abgabe bindet nicht,²⁸ ebenso wenig ein objektiv willkürlicher Verweisungsbeschluss (etwa, wenn die zuständigkeitsbegründenden Tatsachen klar erkennbar sind und die Begründung nur fragmentarisch und stark fehlerhaft ist).²⁹ Wegen der Bedeutung des Konzentrationsgrundsatzes muss auch dann verwiesen werden, wenn die andere Ehesache zuvor bindend gemäß § 281 Abs. 2 S. 4 ZPO an das Gericht verwiesen worden war.³⁰ Die Bindung nach

---

¹⁷ BGH FamRZ 1980, 444; BGH FamRZ 1985, 800; oben § 621 ZPO Rn. 169; Hk-ZPO/*Kemper* § 621 Rn. 83 (alle für § 621 Abs. 3 ZPO aF).
¹⁸ S. für § 621 Abs. 3 ZPO aF oben § 621 Rn. 172.
¹⁹ Vgl. BT-Drucks. 16/6308, S. 227; aA *Bumiller/Harders* Rn. 3 f. (nur zweiter Fall von § 123 erfasst); wie hier *Musielak/Borth* Rn. 3; *Keidel/Weber* Rn. 3; *Schulte-Bunert/Weinreich/Schröder* Rn. 3.
²⁰ *Rakete-Dombeck* FPR 2009, 16.
²¹ S. für § 606 Abs. 3 S. 3 ZPO aF oben § 606 ZPO Rn. 26.
²² BT-Drucks. 16/6308, S. 227.
²³ BT-Drucks. 16/6308, S. 227.
²⁴ Zu diesem Ergebnis kommt auch *Bumiller/Harders* Rn. 3 und § 122 Rn. 6; *Keidel/Weber* Rn. 5.
²⁵ *Baumbach/Lauterbach/Hartmann* Rn. 3.
²⁶ S. o. § 281 ZPO Rn. 24 m. weit. Nachw.
²⁷ BT-Drucks. 16/6308, S. 227; *Fölsch* Rn. 43. So schon für § 621 Abs. 3 ZPO aF: *Thomas/Putzo/Hüßtege* § 621 ZPO Rn. 44.
²⁸ Für § 621 Abs. 3 ZPO aF: BGH NJW-RR 1996, 897; *Thomas/Putzo/Hüßtege* § 621 ZPO Rn. 46.
²⁹ OLG Hamm FamRZ 2006, 1280 Rn. 9, vgl. BGH NJW 1993, 1273.
³⁰ OLG Hamm FamRZ 2000, 841 Rn. 5 ff.; oben § 621 ZPO Rn. 172 (beide für § 621 Abs. 3 ZPO aF).

§ 123 S. 3 iVm. § 281 Abs. 2 S. 3 ZPO steht einer Weiterverweisung zusammen mit der Ehesache nicht entgegen.[31] Die Verweisung auf § 281 Abs. 2 S. 2 ZPO (Unanfechtbarkeit) durch § 123 S. 3 geht § 58 vor.[32]

10   Es wird vertreten, dass sich die Anwendbarkeit des gesamten § 281 ZPO bereits aus § 113 Abs. 1 S. 2 ergeben soll.[33] Dem Verweis allein auf § 281 Abs. 2 und Abs. 3 S. 1 ZPO ist jedoch zu entnehmen, dass nur diese Teile der Regelung gelten sollen. Dies überzeugt, denn „unzuständig" war das abgebende Gericht nicht. Daher dürfen – da auf § 281 Abs. 3 S. 2 ZPO nicht verwiesen wird – dem Antragsteller die Mehrkosten nicht auferlegt werden.[34]

§ 124 Antrag

[1] Das Verfahren in Ehesachen wird durch Einreichung einer Antragsschrift anhängig.
[2] Die Vorschriften der Zivilprozessordnung über die Klageschrift gelten entsprechend.

I. Normzweck und Systematik

1   **Anhängigkeit** kann die Pflicht zur Verfahrenskonzentration nach § 123 S. 1, **Rechtshängigkeit** die Pflicht zur Verfahrenskonzentration nach § 123 S. 2 auslösen.[1] Unklar ist insofern, weshalb der FamFG-Gesetzgeber die Verpflichtung zur Angabe anderweitiger Anhängigkeiten in der Antragsschrift (§ 622 Abs. 2 Nr. 2 ZPO aF[2]) nicht im Rahmen von § 124 im Unterabschnitt 1 zu den allgemeinen Vorschriften über Ehesachen, sondern erst im Unterabschnitt 2 zu den besonderen Vorschriften für Scheidungs- und Folgesachen geregelt hat (§ 133 Abs. 1 Nr. 3, s. näher dort). Denn Zweck dieser Angaben ist es, dem Familiengericht der Scheidungssache zu ermöglichen, das mit einer anderen Ehesache befasste Gericht zu einer Abgabe zu veranlassen;[3] hierfür sind Angaben über anderweitige Anhängigkeiten auch in Bezug auf Aufhebungs- und Feststellungsanträge relevant.[4]

2   Die **Antragsbefugnis** steht in Scheidungs- und Bestandsfeststellungssachen den Ehegatten, in Aufhebungssachen diesen sowie der Verwaltungsbehörde (außer in den Fällen der § 1314 Abs. 1 Nr. 2–4 BGB, die ausschließlich dem Schutz eines Ehegatten dienen[5]) oder (bei Doppelehe, § 1306 BGB) einem Dritten zu (vgl. unten § 129 Rn. 3 f.).

3   Dass das Verfahren durch **Antragstellung**, nicht durch Klageerhebung eingeleitet wird, ist im Rahmen des FamFG nun keine Besonderheit mehr. Sie war und ist es insofern, als das Verfahren in Ehesachen gem. § 113 Abs. 1 S. 2 und auf Grund zahlreicher Einzelverweisungen von zivilprozessualen Normen dominiert wird,[6] ja sogar in § 124 S. 2 auf die Vorschriften über die *Klageschrift* verweist. Dass die Ehe nur „auf Antrag" aufgehoben (§ 1313 S. 1 BGB) oder geschieden (§ 1564 BGB) wird, ist vom materiellen Recht vorgegeben. Diese Besonderheit beruht auf dem Gedanken, dass sich in Ehesachen nicht notwendigerweise zwei Gegner mit entgegenstehenden Zielen gegenüberstehen, dass die Beteiligten aber wegen des Erfordernisses einer gerichtlichen Entscheidung über Ehescheidung (§ 1564 BGB) und Eheaufhebung (§ 1313 BGB) keinesfalls umhin können, eine gerichtliche Entscheidung herbeizuführen.[7] Hiermit korrespondieren auch die vom allgemeinen Zivilprozess abweichenden Bezeichnungen gemäß § 113 Abs. 5, die vormals (weitgehend) in dem dem Antragserfordernis des § 622 Abs. 1 ZPO aF systematisch nahe stehenden § 622 Abs. 3 ZPO aF geregelt waren und nun durch das FamFG räumlich verlegt wurden. Die räumliche Entfernung wird damit gerechtfertigt, dass die Bezeichnungen nicht nur den Besonderheiten der Ehesachen Rechnung tragen, sondern auch die Begriffe innerhalb des FamFG-Verfahrens allgemein vereinheitlichen sollen.[8]

---

[31] S. o. § 621 ZPO Rn. 172; *Zöller/Philippi* § 621 ZPO Rn. 96 (beide für § 621 Abs. 3 ZPO aF).
[32] *Baumbach/Lauterbach/Hartmann* Rn. 5 (aber auf die Verweisung aus § 113 Abs. 1 S. 2 abstellend).
[33] *Baumbach/Lauterbach/Hartmann* Rn. 4.
[34] Zum alten Recht *Zimmermann* § 621 Rn. 36; Hk-ZPO/*Kemper* § 621 Rn. 87; zum neuen Recht *Keidel/Weber* Rn. 7; *Musielak/Borth* Rn. 5.
[1] Vgl. für das alte Recht oben § 622 ZPO Rn. 6; *Zöller/Philippi* § 622 ZPO Rn. 2; Hk-ZPO/*Kemper* § 622 Rn. 2 u. 3.
[2] Vgl. zu dem Zweck der Norm, die Überleitung all dieser Sachen an das Gericht der Ehesache zu ermöglichen *Zöller/Philippi* § 622 ZPO Rn. 4.
[3] Vgl. *Stein/Jonas/Schlosser* § 622 ZPO Rn. 9 (indes für die Konstellation Scheidungssache – andere Familiensache).
[4] Für Folgesachen hätte es freilich einer Ergänzung im Unterabschnitt 2 bedurft.
[5] *Gernhuber/Coester-Waltjen* § 14 Rn. 10.
[6] Vgl. für das alte Recht *Zöller/Philippi* § 622 ZPO Rn. 1.
[7] Vgl. *Wieczorek/Schütze/Kemper* § 622 ZPO Rn. 1; ähnl. *Stein/Jonas/Schlosser* § 622 ZPO Rn. 2.
[8] BT-Drucks. 16/6308 S. 223.

II. Entstehungsgeschichte

Die Norm entspricht dem früheren § 622 Abs. 1, Abs. 2 S. 2 ZPO aF;[9] für Eheaufhebungsverfahren enthielt § 631 Abs. 2 S. 1 ZPO aF eine dem § 124 S. 1 entsprechende Regelung und § 631 Abs. 2 S. 2 aF ZPO verwies auf § 622 Abs. 2 S. 2 ZPO aF. Für Scheidungsverfahren ist § 133 zu beachten,[10] in dem weitere – scheidungsspezifische – Regelungen des § 622 Abs. 2 S. 1 ZPO aF aufgegangen sind. Die Reform hat den Anwendungsbereich der Regelung erweitert, sie gilt nicht mehr nur für Scheidungsverfahren und Verfahren auf Aufhebung der Ehe, sondern für alle Ehesachen.[11] Zuvor galt für andere Ehesachen § 608 aF iVm. §§ 253ff. ZPO.[12] Statt des früheren § 622 Abs. 3 ZPO aF gilt nun ähnlich § 113 Abs. 5, insbesondere Nr. 3 u. 4 (Bezeichnungen). 4

III. Anhängigkeit (Satz 1)

Gemäß § 124 S. 1 wird das Verfahren in Ehesachen durch die Einreichung einer Antragsschrift anhängig. § 124 S. 1 entspricht § 622 Abs. 1 ZPO aF.[13] Die Anhängigkeit beginnt mit dem **Einlauf der Antragsschrift** bei Gericht.[14] Die Übersendung eines Entwurfs im Verfahrenskostenhilfeverfahren begründet keine Anhängigkeit. Dies wurde nach früherem Recht mit dem Fehlen einer § 620a Abs. 2 S. 1 ZPO aF (wonach der Antrag auf einstweilige Anordnung ab Anhängigkeit oder ab Einreichung eines Antrags auf Bewilligung von Prozesskostenhilfe zulässig war) entsprechenden Bestimmung begründet.[15] Nach neuem Recht ergibt sich dies in ähnlicher Weise aus der Nichtübernahme einer dem § 620a Abs. 2 S. 1 ZPO aF entsprechenden Bestimmung. 5

Anhängigkeit ist für den **Erlass einstweiliger Anordnungen** keine Voraussetzung mehr:[16] § 50 Abs. 1 S. 1 sieht vor, dass die einstweilige Anordnung bei dem Gericht beantragt werden kann, das für die Hauptsache im ersten Rechtszug zuständig *wäre*.[17] 6

Nach bisherigem Recht konnten beide Ehegatten einen eigenen Scheidungsantrag stellen (in diesem Fall waren beide zuzustellen und über beide war zu entscheiden).[18] Das FamFG enthält anders als § 630 Abs. 1 Nr. 1 ZPO aF nicht mehr die Wendung, dass bei der ehedem einverständlichen Scheidung die Antragsschrift die Mitteilung, dass der andere Ehegatte der Scheidung zustimmt „oder in gleicher Weise die Scheidung beantragen wird", zu enthalten hat. 7

IV. Rechtshängigkeit (Satz 2)

Gemäß § 124 S. 2 gelten die Vorschriften der Zivilprozessordnung über die Klageschrift entsprechend. § 124 S. 2 entspricht dem früheren § 622 Abs. 2 S. 2 ZPO aF.[19] Bei der „entsprechenden" Anwendung ist § 113 Abs. 5 Nr. 2–4 zu beachten, der die Terminologie der ZPO-Vorschriften dem FamFG anpasst. § 124 S. 2 wird teilweise mit der Begründung für entbehrlich gehalten, dass § 113 Abs. 1 S. 2 bereits auf §§ 253ff. ZPO verweist.[20] 8

Es gelten gemäß § 124 S. 2 insbesondere die **Anforderungen des § 253 ZPO** an die Antragsschrift.[21] Die Beteiligten und das Gericht sind so genau wie möglich zu bezeichnen sind, der Antrag auf Ehescheidung, Eheaufhebung oder Ehefeststellung muss enthalten sein (§ 124 S. 2 iVm. § 253 Abs. 2 Nr. 1 u. 2 ZPO).[22] Auch die Vorschriften des § 124 S. 2 iVm. § 253 Abs. 4 u. 5 ZPO iVm. §§ 130–133 ZPO über vorbereitende Schriftsätze sind zu beachten, insbesondere ist eine Kopie der Heiratsurkunde 9

---

[9] BT-Drucks. 16/6308, S. 227.
[10] *Kemper*, FamFG – FGG – ZPO, 2009, S. 135.
[11] BT-Drucks. 16/6308, S. 227.
[12] *Baumbach/Lauterbach/Hartmann* Rn. 1.
[13] BT-Drucks. 16/6308, S. 227.
[14] *Thomas/Putzo/Hüßtege* § 622 ZPO Rn. 2.
[15] S. o. § 621 ZPO Rn. 170 (für § 621 Abs. 3 ZPO aF) und oben § 622 ZPO Rn. 5 (indes für Rechtshängigkeit).
[16] Zum alten Recht (§ 620a Abs. 2 S. 1 ZPO aF – Anhängigkeit oder Einreichung eines PKH-Antrags) *Zöller/Philippi* § 622 ZPO Rn. 2; *Hk-ZPO/Kemper* § 622 ZPO Rn. 2; *AK/Derleder* § 616 ZPO Rn. 3.
[17] S. auch BT-Drucks. 16/6308, S. 199f.
[18] OLG Frankfurt FamRZ 1982, 809; oben § 622 ZPO Rn. 7; *Rosenberg/Schwab/Gottwald* § 164 Rn. 3.
[19] BT-Drucks. 16/6308, S. 227.
[20] So *Baumbach/Lauterbach/Hartmann* Rn. 1.
[21] *Zimmermann* FamFG Rn. 324; *Fölsch* Rn. 44.
[22] *Wieczorek/Schütze/Kemper* § 622 Rn. 4; *Rosenberg/Schwab/Gottwald* § 164 Rn. 2; *Hk-ZPO/Kemper* § 622 Rn. 5 (alle für § 622 ZPO aF).

oder des Eintrags im Familienstammbuch beizufügen.[23] Die Anwendung von § 253 Abs. 3 ZPO ist entbehrlich, weil der Streitwert in Ehesachen keinen Einfluss auf die Zuständigkeit hat.[24]

10 Ferner gilt über § 124 S. 2 FamFG § 261 Abs. 1 ZPO, wonach die Rechtshängigkeit mit der **Zustellung der Antragsschrift** eintritt.[25] Zur perpetuatio fori s. bereits oben § 122 Rn. 7. Eine Zustellung im Verfahrenskostenhilfeverfahren, in dem nur der Entwurf eines Antrags mitgeteilt wird, genügt nicht.[26] Der Antragsgegner kann den Scheidungsantrag (Gegenantrag) in der mündlichen Verhandlung zu Protokoll erklären (§ 124 S. 2 FamFG iVm. §§ 261 Abs. 2, 297 ZPO).[27] Wird ein Scheidungsantrag zurückgenommen, ist ein zu diesem Zeitpunkt anhängiger, noch nicht rechtshängiger Gegenantrag nach allgemeinen Grundsätzen als Scheidungsantrag zu behandeln.[28] Der Zeitpunkt der Rechtshängigkeit ist in vielfacher Hinsicht **Anknüpfungspunkt im materiellen Recht**, so besteht ab Rechtshängigkeit Anspruch auf Vorsorgeunterhalt (§ 1361 Abs. 1 S. 2 BGB) und der Auskunftsanspruch über das Endvermögen (§ 1379 Abs. 2 BGB), der Zeitpunkt der Rechtshängigkeit ist für die Berechnung des Zugewinns und die Höhe der Ausgleichsforderung (§ 1384 BGB) und für die Wirksamkeit eines zuvor vereinbarten Ausschlusses des Versorgungsausgleichs maßgeblich (§ 1408 Abs. 2 BGB, § 3 VersAusglG), das Erbrecht des Ehegatten ist ab Rechtshängigkeit des Scheidungsantrags des Erblassers ausgeschlossen (§ 1933 BGB).[29] Unter den Voraussetzungen des § 124 S. 2 iVm. § 270 Abs. 3 ZPO kann die demnächst erfolgte Zustellung materiellrechtliche Rückwirkung haben.[30]

11 **Heilung** von Mängeln der Antragsschrift kann bis zur letzten mündlichen Verhandlung erfolgen. Eine Heilung durch **rügelose Einlassung (§ 295 ZPO)** kommt nicht in Betracht, da die Einhaltung der Inhalts- und Formerfordernisse der Antragsschrift nicht nur Interessen der Parteien des Eherechtsstreits schützen sollen, sondern auch im öffentlichen Interesse bestehen (vgl. § 295 Abs. 2 ZPO). Dies ergibt sich bereits aus dem Interesse an der Aufrechterhaltung der Ehe, aber auch aus den vielfältigen Wirkungen der Rechtshängigkeit für die Ehegatten und Dritte (s. soeben Rn. 10).[31] Daher ist die Festlegung des Zeitpunkts der Rechtshängigkeit von der unter Umständen willkürlichen Beeinflussung freizuhalten, die dem Antragsgegner durch die rügelose Einlassung zur Hauptsache zu Gebote stände.[32] Möglich ist jedoch eine **Heilung von Zustellungsmängeln nach § 189 ZPO**.[33] Eine Heilung erstreckt sich nicht auf die materiellrechtlichen Folgen des § 3 VersAusglG.[34]

12 Der Zeitpunkt der Rechtshängigkeit ist maßgeblich für die **zuständigkeitsbegründenden Tatsachen** des § 122 (s. o. § 122 Rn. 6 f.). Wird ein Antrag in Ehesachen unter absichtlicher Umgehung der familiengerichtlichen Zuständigkeit bei dem Gericht eines anderen Rechtswegs, zB beim Verwaltungsgericht eingereicht, um die Vorschriften über die Zustellung des Ehescheidungsantrags im Parteibetrieb und den maßgeblichen Zeitpunkt für den Eintritt der Rechtshängigkeit zu umgehen, so hat das Verwaltungsgericht jedenfalls an das zuständige Gericht zu verweisen (§ 17a Abs. 2 GVG), erst diesem obliegt dann die Prüfung etwaiger prozessualer Konsequenzen dieses missbräuchlichen Vorgehens.[35] Ein derartiges Vorgehen kann als nicht rechtsmissbräuchlich zu werten sein, wenn der Antragsteller zunächst eine Entscheidung über Verfahrenskostenhilfe hätte herbeiführen müssen und bis dahin die zuständigkeitsbegründenden Tatsachen weggefallen wären, während es einem vermögenden Beteiligten durch Einzahlung des Vorschusses gelungen wäre, noch rechtzeitig die Zustellung zu ermöglichen (vgl. schon oben § 122 Rn. 7).[36]

---

[23] *Stein/Jonas/Schlosser* § 622 ZPO Rn. 3; *Wieczorek/Schütze/Kemper* § 622 ZPO Rn. 5; *Rosenberg/Schwab/Gottwald* § 164 Rn. 2.
[24] *Stein/Jonas/Schlosser* § 622 ZPO Rn. 5.
[25] Vgl. oben § 622 ZPO Rn. 3; *Thomas/Putzo/Hüßtege* § 622 ZPO Rn. 2 f.; *Zöller/Philippi* § 622 ZPO Rn. 2 (alle zu § 622 Abs. 2 S. 2 ZPO aF); zum neuen Recht *Baumbach/Lauterbach/Hartmann* Rn. 15; *Fölsch* S. 126 Rn. 44; *Musielak/Borth* Rn. 2.
[26] BGH FamRZ 1980, 131; OLG Karlsruhe FamRZ 1988, 92; *Stein/Jonas/Schlosser* § 606 ZPO Rn. 6; *Baumbach/Lauterbach/Hartmann* Rn. 12; oben § 606 ZPO Rn. 28.
[27] OLG Frankfurt FamRZ 1982, 809, 811; s. o. § 622 ZPO Rn. 7; *Keidel/Weber* Rn. 11; aA *Musielak/Borth* Rn. 2.
[28] OLG Zweibrücken FamRZ 1999, 941; s. o. § 622 ZPO Rn. 7.
[29] BGH FamRZ 1985, 315; BGHZ 111, 329 = NJW 1990, 2382; oben § 622 ZPO Rn. 3; *Stein/Jonas/Schlosser* § 622 ZPO Rn. 6; Hk-ZPO/*Kemper* § 622 ZPO Rn. 3; *Bamberger/Roth/Neumann* § 1564 BGB Rn. 15.
[30] oben § 622 ZPO Rn. 4.
[31] OLG Schleswig FamRZ 1988, 736 Rn. 19; *Wieczorek/Schütze/Kemper* § 622 ZPO Rn. 8; aA *Keidel/Weber* Rn. 10; *Musielak/Borth* Rn. 4.
[32] BGH NJW 1984, 926 = FamRZ 1984, 386 Rn. 11.
[33] BGH NJW 1984, 926 = FamRZ 1984, 386 Rn. 13 ff. (zu § 187 ZPO aF).
[34] OLG Naumburg EzFamRaktuell 1999, 236; oben § 622 ZPO Rn. 5; *Musielak/Borth* Rn. 4.
[35] So BVerwG NJW 2001, 1513; VG Schwerin, Beschl. v. 4. 3. 2005 – 1 A 3285/04 juris, Rn. 2 (kritisch).
[36] OLG Schleswig NJW-RR 2009, 152 = FamRZ 2009, 441.

§ 125 Verfahrensfähigkeit

(1) In Ehesachen ist ein in der Geschäftsfähigkeit beschränkter Ehegatte verfahrensfähig.

(2) ¹Für einen geschäftsunfähigen Ehegatten wird das Verfahren durch den gesetzlichen Vertreter geführt. ²Der gesetzliche Vertreter bedarf für den Antrag auf Scheidung oder Aufhebung der Ehe der Genehmigung des Familien- und Betreuungsgerichts.

Übersicht

	Rn.		Rn.
I. Normzweck	1, 2	III. Verfahrensführung bei Geschäftsunfähigkeit (Abs. 2)	8–19
II. Verfahrensfähigkeit bei beschränkter Geschäftsfähigkeit (Abs. 1)	3–7	1. Geschäftsunfähigkeit	10
1. Beschränkt Geschäftsfähige	3, 4	2. Gesetzlicher Vertreter	11, 12
2. Umfang der Verfahrensfähigkeit	5–7	3. Familiengerichtliche Genehmigung	13–17
		4. Unerkannte Geschäftsunfähigkeit	18, 19
		IV. Verfahrensführung bei Betreuung	20

I. Normzweck

Die Norm ergänzt für Ehesachen die allgemeinen Vorschriften über die Verfahrensfähigkeit (§ 113 **1** Abs. 1 S. 2 FamFG iVm. §§ 52–58 ZPO) und macht eine Ausnahme von der allgemeinen Regel des § 52 ZPO, wonach nur verfahrensfähig ist, wer geschäftsfähig ist (also in der Lage ist, das Verfahren selbst zu führen, unter Umständen unter Zuhilfenahme eines postulationsfähigen Verfahrensbevollmächtigten).[1] Ihren Grund findet die Abweichung des § 125 im höchstpersönlichen Charakter der Ehesachen, der besonderen Respekt vor der **Entscheidungsfreiheit** des nicht voll Geschäftsfähigen in persönlichen Angelegenheiten fordert und somit ein Gegengewicht zu dem Interesse an einer sinnvollen Wahrnehmung der verfahrensrechtlichen Rechte und Pflichten bildet.[2] Dabei stellt die Vorschrift des § 125 einen Kompromiss dar,[3] indem sie für Minderjährige von § 52 ZPO grundlegend abweicht, ansonsten jedoch die Regel der §§ 51, 52 ZPO modifizierend (Genehmigung) grundsätzlich beibehält.[4] § 9 findet gem. § 113 Abs. 1 S. 1 keine Anwendung.[5]

§ 125 bezieht sich auf alle Abschnitte des Verfahrens.[6] Eine Ausnahme gilt für die Vollstreckung. **2** Dies liegt nahe, da angesichts der gestaltenden bzw. feststellenden Wirkung von Entscheidungen in Ehesachen nach § 121 eine Vollstreckung nur im Hinblick auf die Kosten erfolgt und hiervon nur vermögensrechtliche, keine höchstpersönlichen Interessen des Ehegatten betroffen sind.[7] Eine weitere Ausnahme gilt aus entsprechendem Grund für das Verfahren wegen des Gebührenanspruchs des Verfahrensbevollmächtigten.[8] Die bereits dem § 607 ZPO aF entnommene Wertung, dass die Norm auch für einstweilige Anordnungen (gemäß §§ 620 ff. ZPO aF) gelten soll,[9] dürfte angesichts des Zwecks der Vorschrift auch ohne gesetzgeberische Klarstellung für § 125 zu übernehmen sein. § 125 erstreckt sich nicht auf andere Familiensachen als Ehesachen, auch nicht im Verbund.[10] Letzteres führt praktisch dazu, dass der minderjährige Ehegatte im Ergebnis kaum ein Scheidungsverfahren ohne seinen gesetzlichen Vertreter führen kann.[11]

---

[1] S. o. § 607 ZPO Rn. 1; *Zöller/Philippi* § 607 ZPO Rn. 1; *Baumbach/Lauterbach/Hartmann* Rn. 1; Hk-ZPO/*Kemper* § 606 ZPO Rn. 7. Die Abweichung von § 52 ZPO ist verfassungsmäßig: BVerfG NJW 1982, 1375, 1378.
[2] So auch *Stein/Jonas/Schlosser* § 607 ZPO Rn. 1; *Wieczorek/Schütze/Becker-Eberhard* § 607 ZPO Rn. 1; oben § 607 ZPO Rn. 1; *Musielak/Borth* Rn. 1; *Schulte-Bunert/Weinreich/Schröder* Rn. 1; ähnl. *Zöller/Philippi* § 607 ZPO Rn. 1.
[3] *Stein/Jonas/Schlosser* § 607 ZPO Rn. 1; oben § 607 ZPO Rn. 1.
[4] Vgl. *Wieczorek/Schütze/Becker-Eberhard* § 607 ZPO Rn. 1.
[5] *Keidel/Weber* Rn. 1; *Zimmermann* FamFG Rn. 325; anders *Baumbach/Lauterbach/Hartmann* Rn. 1 (§ 125 hat Vorrang).
[6] *Stein/Jonas/Schlosser* § 607 ZPO Rn. 2; vgl. Auflistung bei *Baumbach/Lauterbach/Hartmann* Rn. 2.
[7] OLG Hamm FamRZ 1960, 161, 162; *Stein/Jonas/Schlosser* § 607 ZPO Rn. 2; *Wieczorek/Schütze/Becker-Eberhard* § 607 Rn. 4; oben § 607 ZPO Rn. 3; *Zöller/Philippi* § 607 ZPO Rn. 1; AK/*Derleder* § 607 ZPO Rn. 1; *Musielak/Borth* Rn. 2.
[8] *Baumbach/Lauterbach/Hartmann* Rn. 2; AK/*Derleder* § 607 ZPO Rn. 1.
[9] Oben § 607 ZPO Rn. 1; *Stein/Jonas/Schlosser* § 607 ZPO Rn. 2; *Musielak/Borth* § 607 ZPO Rn. 2; *Zöller/Philippi* § 607 ZPO Rn. 2; aA AK/*Derleder* § 607 ZPO Rn. 1.
[10] *Wieczorek/Schütze/Becker-Eberhard* § 607 ZPO Rn. 4; oben § 607 ZPO Rn. 1; *Zöller/Philippi* § 607 ZPO Rn. 1; AK/*Derleder* § 607 ZPO Rn. 1 (alle freilich für die Begriffe der Ehesache und Familiensache nach altem Recht); zum neuen Recht *Baumbach/Lauterbach/Hartmann* Rn. 2; *Bumiller/Harders* Rn. 1, 2; *Musielak/Borth* Rn. 2; *Keidel/Weber* Rn. 3; *Schulte-Bunert/Weinreich/Schröder* Rn. 3.
[11] *Wieczorek/Schütze/Becker-Eberhard* § 607 ZPO Rn. 4.

II. Verfahrensfähigkeit bei beschränkter Geschäftsfähigkeit (Abs. 1)

3 **1. Beschränkt Geschäftsfähige.** § 125 Abs. 1 sieht in Abweichung von § 52 ZPO vor, dass auch der nur beschränkt Geschäftsfähige in Ehesachen verfahrensfähig ist. § 125 Abs. 1 stimmt mit § 607 Abs. 1 ZPO aF überein.[12] Seit Inkrafttreten des BtG am 1. 2. 1991 betrifft die Vorschrift **nur noch Minderjährige** (nicht mehr Entmündigte oder unter vorläufige Vormundschaft gestellte Personen oder Pfleglinge nach § 1910 BGB aF).[13] Zur Beteiligung eines Minderjährigen kommt es dann, wenn ein Ehegatte, der das 16. Lebensjahr vollendet hat, nach gerichtlicher Genehmigung (§ 1303 Abs. 2 BGB) die Ehe eingeht[14] oder wenn ein Minderjähriger vor Vollendung des 16. Lebensjahrs eine – aufhebbare (§§ 1303, 1314 Abs. 1 BGB) – Ehe eingeht. Die Norm hat daher heute[15] einen sehr beschränkten Anwendungsbereich.[16]

4 Es besteht **keine Verfahrensfähigkeit nach § 125 Abs. 1,** wenn der Beteiligte wegen **Bestellung eines Betreuers** von der Verfahrensführung ausgeschlossen ist. Wird vom Betreuungsgericht eine **Betreuung mit Einwilligungsvorbehalt** bezüglich einer Ehesache gemäß §§ 1896, 1903 Abs. 1 S. 2 BGB angeordnet, so wird die Stellung des Betreuten zwar der eines beschränkt Geschäftsfähigen angenähert. Gleichwohl hat § 113 Abs. 1 S. 2 FamFG iVm. § 53 ZPO auch in diesem Fall Vorrang, denn anderenfalls steht eine Beeinträchtigung der sachgemäßen und einheitlichen Verfahrensführung sowie vielfach eine Verfahrensführung wider das Interesse des Betreuten zu befürchten.[17] Es soll verhindert werden, dass der Betreute sich durch Affekthandlungen um die ihm aus der Ehe zufließenden Rechte bringt, obwohl der andere Ehegatte an der Ehe festzuhalten gewillt ist.[18] § 53 ZPO ordnet an, dass eine Person, die für einen Rechtsstreit durch einen Betreuer vertreten wird, einem Verfahrensunfähigen gleichsteht. Daher ist in Fällen der Betreuung (auch mit Einwilligungsvorbehalt) nach § 125 Abs. 2 zu verfahren.[19]

5 **2. Umfang der Verfahrensfähigkeit.** Gemäß § 125 Abs. 1 ist in Ehesachen ein beschränkt geschäftsfähiger (§ 106 BGB) Ehegatte voll verfahrensfähig, sowohl aktiv als auch passiv.[20] Damit kann neben **Verfahrenshandlungen** auch der Abschluss **materiellrechtlicher Annexgeschäfte** verbunden sein.[21]

6 Im Einzelnen kann er Verfahrensvollmacht erteilen (vgl. zur besonderen Vollmacht des § 609 ZPO aF jetzt § 114 Abs. 5 S. 1),[22] einen Anwaltsvertrag abschließen,[23] die Ablehnung eines Richters beantragen,[24] ebenso die eines Sachverständigen,[25] er kann Verfahrensgebühren einzahlen,[26] einen Gegenantrag stellen,[27] eine einstweilige Anordnung beantragen,[28] und im Kostenfestsetzungsverfahren[29]

---

[12] BT-Drucks. 16/6308, S. 227.
[13] Oben § 607 ZPO Rn. 2; *Zöller/Philippi* § 607 ZPO Rn. 1; *Schulte-Bunert/Weinreich/Schröder* Rn. 2.
[14] Vgl. Hk-ZPO/*Kemper* § 602 Rn. 2.
[15] Vgl. zu ihrer Geschichte, insbesondere zum früher weiteren Anwendungsbereich *Wieczorek/Schütze/Becker-Eberhard* § 607 ZPO Rn. 2.
[16] *Stein/Jonas/Schlosser* § 607 ZPO Rn. 1.
[17] BGHZ 41, 303 = NJW 1964, 1855 (zur Pflegerbestellung nach § 1910 BGB aF); OLG Hamm FamRZ 1997, 301 (in Verfahren auf Zuweisung der Ehewohnung); *Stein/Jonas/Schlosser* § 607 ZPO Rn. 7 (krit.); oben § 607 ZPO Rn. 2; *Baumbach/Lauterbach/Hartmann* Rn. 3; *Zöller/Philippi* § 607 ZPO Rn. 4 u. 6; *Zimmermann* § 607 ZPO Rn. 2; aA AK/*Derleder* § 607 Rn. 1.
[18] *Stein/Jonas/Schlosser* § 607 Rn. 7; oben § 607 ZPO Rn. 2.
[19] *Stein/Jonas/Schlosser* § 607 Rn. 7; oben § 607 ZPO Rn. 2; zum neuen Recht *Musielak/Borth* Rn. 3; wohl auch *Keidel/Weber* Rn. 5.
[20] Oben § 607 ZPO Rn. 2.
[21] *Stein/Jonas/Schlosser* § 607 ZPO Rn. 2; *Wieczorek/Schütze/Becker-Eberhard* § 607 ZPO Rn. 3; *Keidel/Weber* Rn. 4.
[22] KG FamRZ 1962, 482, 483; OLG Hamburg MDR 1963, 761, 762; *Wieczorek/Schütze/Becker-Eberhard* § 607 ZPO Rn. 3; oben § 607 ZPO Rn. 3; *Zöller/Philippi* § 607 ZPO Rn. 2.
[23] RGZ 34, 486; *Stein/Jonas/Schlosser* § 607 ZPO Rn. 2; *Wieczorek/Schütze/Becker-Eberhard* § 607 ZPO Rn. 3; oben § 607 ZPO Rn. 3.
[24] RGZ 35, 351, 358; *Wieczorek/Schütze/Becker-Eberhard* § 607 ZPO Rn. 3; oben § 607 ZPO Rn. 3; *Zöller/Philippi* § 607 ZPO Rn. 2.
[25] Oben § 607 ZPO Rn. 3.
[26] RG JW 1929, 852; *Stein/Jonas/Schlosser* § 607 ZPO Rn. 2; *Wieczorek/Schütze/Becker-Eberhard* § 607 ZPO Rn. 3; oben § 607 ZPO Rn. 3; *Zöller/Philippi* § 607 ZPO Rn. 2.
[27] Oben § 607 ZPO Rn. 3; *Stein/Jonas/Schlosser* § 607 ZPO Rn. 2; *Musielak/Borth* Rn. 4; *Zöller/Philippi* § 607 ZPO Rn. 2.
[28] *Wieczorek/Schütze/Becker-Eberhard* § 607 ZPO Rn. 3; oben § 607 ZPO Rn. 3; *Zöller/Philippi* § 607 ZPO Rn. 2.
[29] *Stein/Jonas/Schlosser* § 607 ZPO Rn. 2; oben § 607 ZPO Rn. 3; *Zöller/Philippi* § 607 ZPO Rn. 2.

sowie im Wiederaufnahmeverfahren³⁰ wirksam Verfahrenshandlungen vornehmen. Bei der Beteiligtenvernehmung gilt § 455 ZPO für ihn nicht, er kann selbst vernommen werden (§ 125 Abs. 1 geht § 113 Abs. 1 S. 2 FamFG iVm. § 455 Abs. 1 ZPO vor).³¹ Nicht umfasst sind Verfahrenshandlungen im Zwangsvollstreckungsverfahren (§ 120 Abs. 1 FamFG iVm. §§ 704 ff. ZPO; s. bereits Rn. 2).

Soweit der Ehegatte gemäß § 125 Abs. 1 verfahrensfähig ist, ist eine Vertretung durch seinen gesetzlichen Vertreter unzulässig.³² Bei einer „einverständlichen" Scheidung gemäß § 1566 Abs. 1 BGB, § 134 kann der Ehegatte die Zustimmung und den Widerruf der Zustimmung erklären, da er auch selbständig die Scheidungsvereinbarung stellen könnte.³³ Auf die nach hM verneinte Verfahrens- bzw. Geschäftsfähigkeit für den Abschluss einer Scheidungsvereinbarung nach § 630 Abs. 1 Nr. 3, Abs. 4 ZPO aF kommt es nicht mehr an, da diese Inhalte des § 630 ZPO aF nicht in das FamFG übernommen wurden.³⁴ Für die Antragstellung im Eheaufhebungsverfahren bedarf der beschränkt geschäftsfähige Ehegatte gemäß § 1316 Abs. 2 S. 2 Halbs. 2 BGB nicht der Zustimmung seines gesetzlichen Vertreters.³⁵ Für die Antragstellung im Scheidungsverfahren verleiht § 125 Abs. 1 dem beschränkt geschäftsfähigen Ehegatten gleichzeitig Geschäftsfähigkeit für die Abgabe der im Scheidungsantrag liegenden Willenserklärung sowie für die Ausübung der Einrede des § 1568 BGB.³⁶ 7

III. Verfahrensführung bei Geschäftsunfähigkeit (Abs. 2)

§ 125 Abs. 2 unterfallen Verfahren des **geschäftsunfähigen Ehegatten** und des **betreuten Ehegatten** (s. o. Rn. 4 u. unten Rn. 20). Für den geschäftsunfähigen Ehegatten handelt sein gesetzlicher Vertreter, der für den Scheidungs- oder Aufhebungsantrag einer familiengerichtlichen Genehmigung bedarf. § 125 Abs. 2 S. 1 entspricht § 607 Abs. 2 S. 1 ZPO aF.³⁷ § 125 Abs. 2 S. 2 greift mit Modifikationen den Regelungsgehalt des § 607 Abs. 2 S. 2 ZPO aF auf.³⁸ Der Hinweis auf die Herstellungsverfahren entfällt, da diese keine Ehesachen mehr sind (s. o. § 121 Rn. 19 f.).³⁹ 8

§ 125 Abs. 2 betrifft nur die Verfahrensführung und nicht die **materiellrechtliche Situation** – so kommt es etwa bei der Beurteilung, ob der Ehegatte noch ehelich gesinnt ist (§ 1565 Abs. 1 BGB) oder ob Trennungswille (§ 1567 Abs. 1 BGB) vorliegt, auf die Auffassung und den natürlichen Willen des geschäftsunfähigen Ehegatten an.⁴⁰ Die eheliche Lebensgemeinschaft kann nicht automatisch als aufgehoben und die Ehe daher als scheidbar gelten, weil ein Ehegatte infolge seiner Behinderung jedes Verständnis für die Ehe und damit auch für deren Scheitern verloren hat.⁴¹ Selbst innerhalb einer solchen Ehe kann eine eheliche Lebensgemeinschaft noch bestehen, wenn der andere Ehegatte sich in Wahrnehmung seiner Verpflichtung gemäß § 1353 Abs. 1 S. 2 Halbs. 2 BGB dem behinderten Ehegatten weiterhin in ehelicher Verbundenheit und Fürsorge zuwendet.⁴² 9

1. Geschäftsunfähigkeit. Dass Geschäftsunfähige verfahrensunfähig sind, ergibt sich aus § 113 Abs. 1 S. 2 iVm. § 52 ZPO.⁴³ Ob Geschäftsunfähigkeit vorliegt, richtet sich nach § 104 Nr. 2 BGB.⁴⁴ Es ist auch partielle Geschäftsunfähigkeit nur für die Ehesache möglich.⁴⁵ Das Fehlen der Verfahrensfähigkeit ist in jeder Lage des Verfahrens von Amts wegen zu berücksichtigen (§ 113 Abs. 1 S. 2 iVm. § 56 ZPO). Bei Eintritt der Geschäftsunfähigkeit während des Verfahrens ist das Verfahren zunächst zu unterbrechen oder bei Vertretung auf Antrag auszusetzen (§ 113 Abs. 1 S. 2 iVm. §§ 241, 246 ZPO).⁴⁶ Entsprechendes gilt bei anfänglicher, aber erst während des Verfahrens erkann- 10

---

³⁰ *Stein/Jonas/Schlosser* § 607 ZPO Rn. 2; oben § 607 ZPO Rn. 3; *Zöller/Philippi* § 607 ZPO Rn. 2.
³¹ *Stein/Jonas/Schlosser* § 607 ZPO Rn. 2; *Wieczorek/Schütze/Becker-Eberhard* § 607 ZPO Rn. 3; *Baumbach/Lauterbach/Hartmann* Rn. 3; *AK/Derleder* § 607 ZPO Rn. 2.
³² *Rosenberg/Schwab/Gottwald* § 164 Rn. 39.
³³ Oben § 607 ZPO Rn. 3; *Musielak/Borth* Rn. 4.
³⁴ Vgl. zu diesem Punkt nach altem Recht oben § 607 ZPO Rn. 3.
³⁵ *Gernhuber/Coester-Waltjen* § 14 Rn. 12; vgl. zum alten Recht nach § 30 EheG aF oben § 607 ZPO Rn. 4.
³⁶ *Gernhuber/Coester-Waltjen* § 25 Rn. 13.
³⁷ BT-Drucks. 16/6308, S. 227.
³⁸ BT-Drucks. 16/6308, S. 227.
³⁹ Vgl. zum alten Recht noch oben § 607 ZPO Rn. 7.
⁴⁰ BGHZ 149, 140 = NJW 2002, 671 = FamRZ 2002, 316; *Stein/Jonas/Schlosser* § 607 ZPO Rn. 4; *Bamberger/Roth/Neumann* 1564 BGB Rn. 13.
⁴¹ BGHZ 149, 140 = NJW 2002, 671 = FamRZ 2002, 316 Rn. 10.
⁴² BGHZ 149, 140 = NJW 2002, 671 = FamRZ 2002, 316 Rn. 11.
⁴³ *Baumbach/Lauterbach/Hartmann* Rn. 4.
⁴⁴ *Stein/Jonas/Schlosser* § 607 ZPO Rn. 4; oben § 607 ZPO Rn. 5; *Baumbach/Lauterbach/Hartmann* Rn. 4.
⁴⁵ BGHZ 18, 184, 188; BGH FamRZ 1970, 545; BGH FamRZ 1971, 243; BGH FamRZ 1972, 497 f.; *Stein/Jonas/Schlosser* § 607 ZPO Rn. 4; oben § 607 ZPO Rn. 5; *Zöller/Philippi* § 607 ZPO Rn. 5; *Bumiller/Harders* Rn. 3.
⁴⁶ *Wieczorek/Schütze/Becker-Eberhard* § 607 ZPO Rn. 9; oben § 607 ZPO Rn. 6; *AK/Derleder* § 607 ZPO Rn. 3; *Keidel/Weber* Rn. 5.

§ 125   11–15   Buch 2. Abschnitt 2. Ehe-, Scheidungs- und Folgesachen

ter Geschäftsunfähigkeit.[47] Geht ein Gericht offen zu Tage getretenen Zweifeln an der Geschäftsfähigkeit eines Beteiligten nicht nach, so liegt darin ein wesentlicher Verfahrensmangel (§ 117 Abs. 2 S. 1 iVm. § 538 Abs. 2 Nr. 1 ZPO).[48]

11   **2. Gesetzlicher Vertreter** ist der Sorgeberechtigte, gegebenenfalls ein Vormund oder Pfleger (§§ 1771, 1909 BGB); da § 125 Abs. 2 im Fall der Betreuung entsprechend anwendbar ist (s. o. Rn. 4 und unten Rn. 20) ferner ein Betreuer (§§ 1896, 1902 BGB). Auch ein Prozesspfleger (§ 57 ZPO) kann gesetzlicher Vertreter sein.[49] Jedoch wird auch bei Passivverfahren bei Eintritt der Geschäftsunfähigkeit oder dem Auftreten unaufklärbarer Zweifel an der Verfahrensfähigkeit während des Verfahrens regelmäßig (außer bei besonderer Eile) kein Pfleger iSv. § 57 ZPO zu bestellen, sondern das Verfahren auszusetzen sein, um ein Betreuungsverfahren einzuleiten.[50]

12   Genehmigt der gesetzliche Vertreter nach seinem Eintritt die Verfahrenshandlungen des geschäftsunfähigen Ehegatten und gegebenenfalls den Scheidungsantrag (nach familiengerichtlicher Genehmigung, § 125 Abs. 2 S. 2, s. sogleich), so tritt rückwirkend **Heilung** ein,[51] auch noch in der Rechtsbeschwerdeinstanz.[52] Erlangt der Geschäftsunfähige während des Verfahrens Prozessfähigkeit, übernimmt er selbst die Prozessführung und kann, sofern er bislang nicht durch seinen gesetzlichen Vertreter vertreten war, seine bisherigen Prozesshandlungen genehmigen und damit die Verfahrensmängel heilen.[53]

13   **3. Familiengerichtliche Genehmigung.** Gemäß § 125 Abs. 2 S. 2 bedarf der gesetzliche Vertreter für den **Antrag auf Scheidung oder Eheaufhebung** einer gerichtlichen Genehmigung. Für die Genehmigung ist nun das Familiengericht zuständig (früher: Vormundschaftsgericht).[54] Der Richter, nicht der Rechtspfleger ist für die Genehmigung zuständig (arg e contrario §§ 3 Nr. 3, 25 RPflG).[55] Die Regelung soll gewährleisten, dass die Antragstellung im wohlverstandenen Interesse des Geschäftsunfähigen erfolgt,[56] dass nicht Dritte gegen seinen Willen seine Ehe beenden, wenn nicht gewichtige Interessen dafür sprechen – dies ist auch die Leitlinie für die Entscheidung über die familiengerichtliche Genehmigung.[57] Der Feststellungsantrag, der nicht auf eine Änderung der Rechtslage gerichtet ist, bedarf keiner Genehmigung.[58]

14   Die Genehmigung ist **Verfahrensvoraussetzung**. Fehlt die Genehmigung, ist der Aufhebungs- oder Scheidungsantrag unwirksam und folglich als unzulässig zurückzuweisen.[59] Die nachträgliche Genehmigung heilt den Mangel.[60] Die Genehmigung muss bis zum Schluss der letzten Tatsachenverhandlung vorliegen.[61]

15   Hat ein Ehegatte den Scheidungs- oder Aufhebungsantrag noch vor Eintritt der Geschäftsunfähigkeit gestellt, so bedarf es der gerichtlichen Genehmigung für die Weiterführung des Verfahrens durch den gesetzlichen Vertreter nicht, da der Ehegatte die Entscheidung für den Scheidungs- oder Aufhebungsantrag noch zurechenbar getroffen hat.[62] Die familiengerichtliche Genehmigung ist nicht

---

[47] Wieczorek/Schütze/Becker-Eberhard § 607 ZPO Rn. 10.
[48] OLG Zweibrücken FamRZ 1999, 27 Rn. 21.
[49] Wieczorek/Schütze/Becker-Eberhard § 607 ZPO Rn. 10; Stein/Jonas/Schlosser § 607 ZPO Rn. 4; s. o. § 607 ZPO Rn. 6; ebenso wohl Zöller/Philippi § 607 ZPO Rn. 6.
[50] Stein/Jonas/Schlosser § 607 ZPO Rn. 4; Wieczorek/Schütze/Becker-Eberhard § 607 ZPO Rn. 10; s. o. § 607 ZPO Rn. 6; Zöller/Philippi § 607 ZPO Rn. 6.
[51] RGZ 86, 15, 17; BGHZ 41, 104, 106; OLG Hamm FamRZ 1990, 166; KG FamRZ 2006, 433 = MDR 2006, 397 Rn. 5; Stein/Jonas/Schlosser § 607 ZPO Rn. 5; Wieczorek/Schütze/Becker-Eberhard § 607 ZPO Rn. 12; s. o. § 607 ZPO Rn. 6; Zöller/Philippi § 607 ZPO Rn. 6; Thomas/Putzo/Hüßtege § 622 ZPO Rn. 2; Hk-ZPO/Kemper § 607 Rn. 3; AK/Derleder § 607 Rn. 3.
[52] OLG Hamm FamRZ 1990, 167; Stein/Jonas/Schlosser § 607 ZPO Rn. 5; Wieczorek/Schütze/Becker-Eberhard § 607 ZPO Rn. 17 (jew. freilich für Revisionsinstanz); Baumbach/Lauterbach/Hartmann Rn. 5.
[53] Wieczorek/Schütze/Becker-Eberhard § 607 ZPO Rn. 13. AA AK/Derleder § 607 ZPO Rn. 3 (der Wegfall der Geschäftsunfähigkeit heilt frühere Verfahrensmängel).
[54] BT-Drucks. 16/6308, S. 227.
[55] Baumbach/Lauterbach/Hartmann Rn. 5; Keidel/Weber Rn. 6; zum alten Recht (§ 3 iVm. § 14 Abs. 1 Nr. 14 RPflG) Zöller/Philippi § 607 ZPO Rn. 9; Zimmermann § 607 ZPO Rn. 2.
[56] BGH FamRZ 2002, 316; KG FamRZ 2006, 433; OLG München FGPrax 2006, 267; Wieczorek/Schütze/Becker-Eberhard § 607 ZPO Rn. 17; Zöller/Philippi § 607 ZPO Rn. 9; Baumbach/Lauterbach/Hartmann Rn. 5.
[57] Hk-ZPO/Kemper § 607 Rn. 3.
[58] Stein/Jonas/Schlosser § 607 ZPO Rn. 6; krit. Schulte-Bunert/Weinreich/Schröder Rn. 5.
[59] KG FGPrax 2006, 19; Baumbach/Lauterbach/Hartmann Rn. 5; Rosenberg/Schwab/Gottwald § 164 Rn. 40.
[60] S. oben § 607 Rn. 8; Stein/Jonas/Schlosser § 607 ZPO Rn. 5; Zöller/Philippi § 607 ZPO Rn. 9; AK/Derleder § 607 ZPO Rn. 4.
[61] OLG Hamm FamRZ 1990, 166; Rosenberg/Schwab/Gottwald § 164 Rn. 40; Bumiller/Harders Rn. 6.
[62] RGZ 86, 15; OLG Hamm FamRZ 1990, 166; Wieczorek/Schütze/Becker-Eberhard § 607 ZPO Rn. 9; Stein/Jonas/Schlosser § 607 ZPO Rn. 5; s. o. § 607 ZPO Rn. 8; Zöller/Philippi § 607 ZPO Rn. 9.

erforderlich für den umgekehrten Fall, dass der gesetzliche Vertreter den Ehegatten gegen einen Antrag des anderen auf Scheidung oder Aufhebung verteidigt.⁶³

16 Da nach neuem Recht nicht mehr das (frühere) Vormundschaftsgericht, sondern das Familiengericht für die Genehmigung zuständig ist und somit die Zuständigkeiten für **Betreuerbestellung und Antragsgenehmigung** auseinanderfallen, kann die bisherige Annahme, dass in der Betreuerbestellung aus Anlass der beabsichtigten Scheidung zugleich eine Genehmigung des Scheidungsantrags liegt,⁶⁴ nicht aufrechterhalten werden.

17 Der andere Ehegatte kann nicht wirksam **Rechtsmittel** gegen die Genehmigung einlegen.⁶⁵ Richtigerweise ist daran auch nach der Neuregelung durch das FamFG festzuhalten: Der Grund für die Versagung der Befugnis zur Einlegung von Rechtsmitteln liegt darin, dass die Genehmigungsentscheidung sich allein am wohlverstandenen Interesse des Geschäftsunfähigen orientiert und es nicht auf die Interessen des anderen Ehegatten ankommt;⁶⁶ durch die Genehmigung wird nur das durch die Verfahrensunfähigkeit beeinträchtigte Recht des Betroffenen, eine Aufhebung oder Scheidung seiner Ehe herbeizuführen, wiederhergestellt.⁶⁷ Auch kann der andere Ehegatte sich nicht darauf berufen, dass die von Art. 6 Abs. 1 GG und § 1353 BGB geschützte eheliche Gemeinschaft von der Genehmigung unmittelbar betroffen sei. Da durch die Genehmigung der Scheidungsantrag nur zulässig wird, ist über seine Begründetheit, die vom Familiengericht selbständig geprüft wird – und selbständig mit Rechtsmitteln anfechtbar ist –, mit der Genehmigung noch nicht entschieden.⁶⁸ Dass der andere Ehegatte durch die Genehmigung nicht anders gestellt wird, als wenn der Ehegatte noch verfahrensfähig wäre und den Scheidungsantrag selbständig hätte stellen können,⁶⁹ überzeugt nur bedingt, da eine Einmischung eines Dritten vorliegt. Jedoch bleibt zum einen die Entscheidung in der Ehesache selbst einer selbständigen Prüfung vorbehalten, zum anderen stehen dem anderen Ehegatten Rechtsmittel gegen den Aufhebungs- oder Scheidungsbeschluss zu Gebote.

4. Unerkannte Geschäftsunfähigkeit. Die unerkannte Geschäftsunfähigkeit (und somit die **18** fehlende Genehmigung) beeinträchtigt die Rechtskraft der Entscheidung nicht.⁷⁰ Grund hierfür ist das Wesen der Rechtskraft als Mittel zur Herstellung von Rechtsfrieden und Rechtssicherheit.⁷¹ Die Entscheidung kann wirksam und fristlaufauslösend an den unerkannt Geschäftsfähigen zugestellt werden.⁷² Ein vom unerkannt Geschäftsunfähigen erklärter Verzicht auf Rechtsmittel oder die Rücknahme eines Rechtsmittels ist wirksam, da so die Wirkung der Rechtskraft gewahrt wird.⁷³ Unwirksam sind Verfahrenshandlungen, denen kein mit dem Wesen der Rechtskraft verbundenes, zur Rechtssicherheit beitragendes Element innewohnt und solche, die ihm gegenüber vorzunehmen sind (zB Zustellung der Antragsschrift an ihn, Beteiligung am Verfahren infolge rügeloser Einlassung).⁷⁴

Bei unerkannter Geschäftsfähigkeit ist nach Eintritt der Rechtskraft jedoch ein Nichtigkeitsantrag **19** nach § 118 FamFG iVm. § 579 Abs. 1 Nr. 4 ZPO möglich.⁷⁵ Diese Möglichkeit besteht unabhängig davon, ob das Gericht des Hauptverfahrens die Geschäftsfähigkeit geprüft und verneint hat – denn da Verfahrensfähigkeit als Verfahrensvoraussetzung in jeder Lage des Verfahrens von Amts wegen zu prü-

---

⁶³ Hk-ZPO/*Kemper* § 607 Rn. 3.
⁶⁴ Vgl. etwa *Rosenberg/Schwab/Gottwald* § 164 Rn. 40; *Zöller/Philippi* § 607 ZPO Rn. 9; für den Fall der Prozesspflegerbestellung OLG Köln v. 18. 4. 1978 – 21 UF 347/77 – juris, Rn. 46.
⁶⁵ OLG München MDR 2007, 277 = FamRZ 2007, 568; KG FamRZ 2006, 433 = BtPrax 2006, 38; LG Berlin BtPrax 1999, 204 (alle für Beschwerdebefugnis nach § 20 Abs. 1 FGG); *Baumbach/Lauterbach/Hartmann* Rn. 7; *Zöller/Philippi* § 607 ZPO Rn. 9; Hk-ZPO/*Kemper* § 607 Rn. 3 (irrig „Genemigung des Betreuers").
⁶⁶ OLG München MDR 2007, 277 = FamRZ 2007, 568 Rn. 12.
⁶⁷ KG FamRZ 2006, 433 = BtPrax 2006, 38 Rn. 6.
⁶⁸ OLG München MDR 2007, 277 = FamRZ 2007, 568 Rn. 13 m. weit. Nachw.; KG FamRZ 2006, 433 = BtPrax 2006, 38 Rn. 5.
⁶⁹ OLG München MDR 2007, 277 = FamRZ 2007, 568 Rn. 13.
⁷⁰ *Wieczorek/Schütze/Becker-Eberhard* § 607 ZPO Rn. 14; *Baumbach/Lauterbach/Hartmann* Rn. 6.
⁷¹ OLG Zweibrücken FamRZ 1999, 27; s. o. § 607 ZPO Rn. 10.
⁷² BGH FamRZ 1958, 58; BGH FamRZ 1970, 545; *Wieczorek/Schütze/Becker-Eberhard* § 607 ZPO Rn. 14; s. o. § 607 ZPO Rn. 10; *Zöller/Philippi* § 607 ZPO Rn. 7.
⁷³ *Wieczorek/Schütze/Becker-Eberhard* § 607 ZPO Rn. 14; s. o. § 607 ZPO Rn. 10; *Zimmermann* § 607 ZPO Rn. 2 (jew. mit Hinweis auf die Möglichkeit der Nichtigkeitsklage nach § 579 Abs. 1 Nr. 4 ZPO); s. a. *Zöller/Philippi* § 607 ZPO Rn. 7.
⁷⁴ OLG Zweibrücken FamRZ 1999, 27 Rn. 25 (daher war hier der Zeitpunkt der Rechtskraft, nicht der der Rechtshängigkeit maßgeblich für die Ehezeitbestimmung im Versorgungsausgleichsverfahren); s. o. § 607 ZPO Rn. 10.
⁷⁵ BGHZ 84, 24, 27 = FamRZ 1982, 789 = NJW 1982, 2449 Rn. 13 ff.

§ 126 1 Buch 2. Abschnitt 2. Ehe-, Scheidungs- und Folgesachen

fen ist, ist stets von einer Prüfung der Verfahrensfähigkeit auszugehen, weil § 579 Abs. 1 Nr. 4 ZPO anderenfalls ausgehöhlt würde.[76]

IV. Verfahrensführung bei Betreuung

20 Die Anordnung der Betreuung knüpft nicht an Geschäftsunfähigkeit, sondern an die mangelnde Fähigkeit zur Besorgung der eigenen Angelegenheiten an; daher ist der Betreute nicht in jedem Fall „geschäftsunfähig" iSv. § 125 Abs. 2. Jedoch gilt der betreute Ehegatte (auch bei Betreuung mit Einwilligungsvorbehalt, s. o. Rn. 4) gemäß § 113 Abs. 1 S. 2 FamFG iVm. § 53 ZPO als verfahrensunfähig und sein Betreuer handelt für ihn als gesetzlicher Vertreter (§ 1903 BGB). § 125 Abs. 2 wird daher entsprechend angewandt und das Verfahren durch den Betreuer (§ 1896 BGB) geführt.[77] Der Betreuer bedarf in entsprechender Anwendung des § 125 Abs. 2 S. 2 für den Eheaufhebungs- und Scheidungsantrag der familiengerichtlichen Genehmigung.[78] Bestehen für das Familiengericht Anhaltspunkte einer Betreuungsbedürftigkeit, so sollte es (statt eine eigene Prüfung der Verfahrensfähigkeit vorzunehmen) eine Prüfung durch das Betreuungsgericht anregen (vgl. §§ 271, 24 Abs. 1; § 1896 Abs. 1 S. 1 BGB).[79]

§ 126 Mehrere Ehesachen; Ehesachen und andere Verfahren

(1) Ehesachen, die dieselbe Ehe betreffen, können miteinander verbunden werden.

(2) [1] Eine Verbindung von Ehesachen mit anderen Verfahren ist unzulässig. [2] § 137 bleibt unberührt.

(3) Wird in demselben Verfahren Aufhebung und Scheidung beantragt und sind beide Anträge begründet, so ist nur die Aufhebung der Ehe auszusprechen.

Übersicht

	Rn.		Rn.
I. Normzweck	1	IV. Unzulässige Verbindung (Abs. 2)	7–10
II. Entstehungsgeschichte	2	1. Keine Verbindung mit anderer als Ehesache (Abs. 2 Satz 1)	7
III. Zulässige Häufung von Ehesachen (Abs. 1)	3–6	2. Ausnahme für Verbundverfahren (Abs. 2 Satz 2)	8–10
1. Allgemeines	3, 4	V. Vorrang der Aufhebung (Abs. 3)	11
2. Mehrere Anträge des Antragstellers	5	VI. Einheitlichkeit der Entscheidung	12–20
3. Gegenanträge	6		

I. Normzweck

1 Abs. 1 regelt „großzügig"[1] die Verbindung sämtlicher eine Ehe betreffender Ehesachen (iSv. § 121) und beschränkt ansonsten die Verbindungsmöglichkeiten. § 126 regelt die Antragshäufung abweichend von § 113 Abs. 1 S. 2 FamFG iVm. §§ 33, 147, 260 ZPO. § 20 (Verbindung und Trennung) gilt wegen § 113 Abs. 1 S. 1 nicht.[2] Die Vorschrift bezweckt ob der erheblichen öffentlichen Bedeutung des Scheidungsverfahrens die Einheitlichkeit der Entscheidung über dieselbe Ehe und ob der unterschiedlichen Verfahrensmaximen (Amtsermittlungs- u. Beibringungsgrundsatz) gleichzeitig den Ausschluss sämtlicher anderer als Ehesachen (mit Ausnahme des Verbunds, § 126 Abs. 2 S. 2).[3] § 126 trägt gemeinsam mit § 123 (Verfahrenskonzentration) zu einer effizienten Verfahrensführung bei.[4]

---

[76] BGHZ 84, 24, 27 = FamRZ 1982, 789 = NJW 1982, 2449 Rn. 15 (dort auch Ablehnung der Differenzierung danach, ob das Gericht die Verfahrensfähigkeit „wirklich geprüft und nicht nur beiläufig bejaht" hat).
[77] *Zimmermann* FamFG Rn. 325; Hk-ZPO/*Kemper* § 607 Rn. 3.
[78] *Stein/Jonas/Schlosser* § 607 ZPO Rn. 8.
[79] Vgl. *Stein/Jonas/Schlosser* § 607 ZPO Rn. 9.
[1] Zum alten Recht *Stein/Jonas/Schlosser* § 610 ZPO Rn. 2.
[2] So aber *Baumbach/Lauterbach/Hartmann* Rn. 2.
[3] *Baumbach/Lauterbach/Hartmann* Rn. 1; *Zöller/Philippi* § 610 ZPO Rn. 1.
[4] *Keidel/Weber* Rn. 1; *Bumiller/Harders* Rn. 1.

II. Entstehungsgeschichte

Von § 610 Abs. 1 ZPO aF waren Herstellungs-, Scheidungs- und Aufhebungssachen umfasst, § 126 **2** Abs. 1 ermöglicht nun die **Verbindung sämtlicher Ehesachen** iSv. § 121, also Scheidungssachen, Aufhebungssachen und **auch Feststellungssachen**.[5] Die bisherige Unterscheidung in zwei Gruppen (vgl. §§ 610 Abs. 1 und 632 Abs. 2 ZPO aF; zur „Gruppe" der Feststellungsklagen zählten bis 1. 7. 1998 auch die Nichtigkeitsklagen) war dadurch gerechtfertigt, dass Ehenichtigkeitsklage und Klage auf Feststellung des Bestehens oder Nichtbestehens der Ehe im Gegensatz zu den anderen Verfahren keine Vorkehrungen und Bemühungen zur Eheerhaltung kannten, sondern allein auf Klärung der Rechtslage gerichtet waren.[6] Indes war schon im bisherigen Recht die unterschiedliche Behandlung nicht mehr nachzuvollziehen.[7] Auch nach Ansicht des FamFG-Gesetzgebers sind die Gründe zur unterschiedlichen Behandlung der zwei Gruppen heute nicht mehr von Bedeutung, im Vordergrund stünde nun eine effektivere Verfahrensführung.[8] Der nach bisherigem Recht wichtigste Unterschied – uneingeschränkte Amtsermittlung für Feststellungsverfahren, eingeschränkte für Aufhebungs- und Scheidungsverfahren[9] – bleibt auch im FamFG erhalten (vgl. § 127 Abs. 1 sowie Abs. 2 u. 3).

III. Zulässige Häufung von Ehesachen (Abs. 1)

1. Allgemeines. Gemäß § 126 Abs. 1 ist eine Verbindung der in § 121 genannten und dieselbe **3** Ehe betreffenden Ehesachen statthaft.[10] § 126 Abs. 1 ähnelt stark § 610 Abs. 1 ZPO aF,[11] der sich aber freilich auf Herstellungs-, Scheidungs- und Aufhebungssachen bezog (soeben Rn. 2). Wegen des Wegfalls der Herstellungssachen aus dem Katalog des § 121 unterfallen Verbindungen von Ehesachen und Herstellungssachen dem § 126 Abs. 2 S. 1 und sind folglich nicht mehr möglich.[12]

Abgesehen von § 126 bestimmt sich die **Verbindung der Ehesachen** gem. § 113 Abs. 1 S. 2 **4** nach den Normen der ZPO (§ 20 findet gem. § 113 Abs. 1 S. 1 keine Anwendung). Eine Verbindung von Anträgen kann von vornherein durch den Antragsteller (§ 113 Abs. 1 S. 2 FamFG iVm. § 260 ZPO) oder nachträglich durch das Gericht (§ 113 Abs. 1 S. 2 FamFG iVm. § 147 ZPO) erfolgen.[13] Eine nachträgliche Verbindung (§ 113 Abs. 1 S. 2 FamFG iVm. § 147 ZPO) kann auch dann erfolgen, wenn mehrere Aufhebungsberechtigte (vgl. § 1316 Abs. 1 Nr. 1 S. 1 BGB und unten § 129) Aufhebungsanträge stellen.[14] Die Verbindung ist ferner zulässig (im Rahmen des § 126 Abs. 1 und 2), wenn im Wege des Gegen- oder Anschlussantrags verbunden wird (§ 113 Abs. 1 S. 2 FamFG iVm. § 33 ZPO),[15] wobei ein Gegenantrag, auch ein bedingter, nur im Rahmen der nach § 126 Abs. 1, 2 zulässigen Verbindungen statthaft ist.[16] Die Verbindung durch den Antragsteller oder im Wege des Gegenantrags durch den Antragsgegner ist ohne weiteres auch noch in der Beschwerdeinstanz möglich, denn die Beschränkungen des § 533 ZPO für Antragsänderungen und Gegenanträge gelten für die Beschwerde (§§ 58 ff., 117) nicht.[17] Ein ebensolches Ergebnis wurde – für Antrag/Klage und Gegenantrag/Widerklage bereits aus dem alten Recht (§ 611 ZPO aF) abgeleitet.[18] In der Rechtsbeschwerdeinstanz dürften (wie bisher in der Revisionsinstanz[19]) neue Anträge und Gegenanträge unzulässig sein.

2. Mehrere Anträge des Antragstellers. Eine Verbindung durch den Antragsteller ist nur im **5** Hilfsverhältnis sinnvoll[20] bzw. möglich,[21] soweit die Voraussetzungen und Ziele sich teilweise gegen-

---

[5] Vgl. BT-Drucks. 16/6308, S. 227.
[6] Oben § 632 ZPO Rn. 4; *Zöller/Philippi* § 610 ZPO Rn. 1.
[7] Vgl. zur Geschichte, insbesondere dem Rechtszustand bis zum 1. 7. 1998 oben § 610 ZPO Rn. 1 sowie AK/*Derleder* § 610 ZPO Rn. 1.
[8] BT-Drucks. 16/6308, S. 227; s. a. *Musielak/Borth* Rn. 1; *Keidel/Weber* Rn. 2.
[9] Vgl. oben § 610 ZPO Rn. 1.
[10] *Baumbach/Lauterbach/Hartmann* Rn. 1.
[11] *Baumbach/Lauterbach/Hartmann* Rn. 1.
[12] Ebenso *Musielak/Borth* Rn. 1; *Bumiller/Harders* Rn. 1.
[13] Oben § 610 ZPO Rn. 1 u. 2; *Thomas/Putzo/Hüßtege* § 610 ZPO Rn. 2; *Zimmermann* § 610 ZPO Rn. 1; Hk-ZPO/*Kemper* § 610 Rn. 1; AK/*Derleder* § 610 ZPO Rn. 2; näher *Keidel/Weber* Rn. 4.
[14] *Musielak/Borth* § 631 ZPO Rn. 8.
[15] Oben § 610 ZPO Rn. 2; *Thomas/Putzo/Hüßtege* § 610 ZPO Rn. 2.
[16] *Baumbach/Lauterbach/Hartmann* Rn. 3.
[17] Vgl. BT-Drucks. 16/6308 S. 224.
[18] Vgl. *Stein/Jonas/Schlosser* § 610 ZPO Rn. 8, § 611 ZPO Rn. 9.
[19] Vgl. zum alten Recht oben § 611 ZPO Rn. 12 sowie *Stein/Jonas/Schlosser* § 610 ZPO Rn. 8 und § 611 ZPO Rn. 10.
[20] *Thomas/Putzo/Hüßtege* § 610 ZPO Rn. 1.
[21] Oben § 610 ZPO Rn. 2.

§ 126 6, 7   Buch 2. Abschnitt 2. Ehe-, Scheidungs- und Folgesachen

seitig ausschließen (zB wenn Aufhebung, hilfsweise Scheidung beantragt wird).[22] Im Verhältnis von Aufhebung und Scheidung besteht, bedingt durch § 126 Abs. 3 (s. u. Rn. 11), ein gesetzliches Eventualverhältnis.[23] Eine Teilentscheidung über das vorrangige Begehren ist zulässig (s. näher unten Rn. 12 ff.).[24] Werden mehrere Aufhebungsgründe ohne Kenntlichmachung eines Eventualverhältnisses geltend gemacht, so ist wegen des Ausspruchs über die Scheidungsfolgen (§ 1318 BGB) über alle zu entscheiden.[25] Ist das Verhältnis der Anträge zueinander unklar, bedarf es einer Erörterung (§ 113 Abs. 1 S. 2 FamFG iVm. § 139 ZPO).[26] Die Antragsänderung ist keine Verbindung iSv. § 126, sondern Aufgabe des alten und Aufnahme des neuen Verfahrensgegenstands.[27]

6   **3. Gegenanträge.** Gegen einen Aufhebungsantrag ist ein Scheidungsantrag aus anderem Grund oder ein Scheidungsantrag möglich; gegen einen Scheidungsantrag ist ein Aufhebungsantrag und gegen einen Aufhebungs- ein Scheidungsantrag möglich.[28] Beantragen zwei Antragsteller Eheaufhebung aus demselben Aufhebungsgrund, so steht einem Antrag der Einwand anderweitiger Rechtshängigkeit entgegen.[29] Die Erhebung eines Scheidungsgegenantrags gegen einen Scheidungsantrag ist als Anschluss an den Scheidungsantrag auszulegen, da nur noch der Scheidungsgrund des Scheiterns der Ehe besteht und so beide Anträge notwendigerweise übereinstimmen.[30] Gegen einen Feststellungsantrag (§ 121 Nr. 3) war nach altem Recht als Gegenantrag nur ein ebensolcher statthaft (§ 632 Abs. 2 aF). Die Fortgeltung dieser Beschränkung wird auch nach neuem Recht vertreten.[31] Richtigerweise ist zwar ein positiver oder negativer Feststellungsantrag nach neuem Recht gegen einen Antrag auf Aufhebung oder Scheidung grundsätzlich möglich, es wird dem Feststellungsantrag jedoch regelmäßig an erforderlichen Feststellungsinteresse (s. o. § 121 Rn. 14) fehlen. Lediglich theoretisch denkbar sind Fälle, in denen auf einen Feststellungsantrag mit einem auf andere Umstände gestützten Scheidungs- oder Aufhebungsantrag geantwortet wird. Antrag und zulässiger Gegenantrag sind in der jeweils logisch vorgegebenen Reihenfolge zu prüfen (dh. in der Weise, wie sich Anträge gegenseitig ausschließen).[32]

IV. Unzulässige Verbindung (Abs. 2)

7   **1. Keine Verbindung mit anderer als Ehesache (Abs. 2 S. 1).** Nach § 126 Abs. 2 S. 1 ist eine Verbindung einer Ehesache mit einer anderen Familiensache als einer Ehesache grundsätzlich unzulässig. Dies betrifft **alle anderen Verfahren**.[33] Auch eine Verbindung einer Ehesache mit einer Nichtfamiliensache ist unzulässig.[34] Der Grund hierfür wird in der Unvereinbarkeit des Untersuchungsgrundsatzes (§ 127 Abs. 1) bzw. des eingeschränkten Untersuchungsgrundsatzes (§ 127 Abs. 2, 3) mit dem Beibringungsgrundsatz der anderen Verfahren gesehen.[35] § 126 Abs. 2 S. 1 entspricht § 610 Abs. 2 S. 1 ZPO aF mit dem Unterschied, dass die Erwähnung der „Widerklage" zutreffend als entbehrlich angesehen wird.[36] Das Verbot des § 126 Abs. 2 ist von Amts wegen zu beachten.[37] Es ist zwingend, Einwilligungen des Gegners sind unwirksam.[38] Unzulässig nach § 113 Abs. 1 S. 2 FamFG iVm. § 260 ZPO verbundene Anträge sind zu trennen (§ 113 Abs. 1 S. 2 FamFG iVm. § 145 ZPO).[39]

---

[22] *Wieczorek/Schütze/Becker-Eberhard* § 610 ZPO Rn. 8; oben § 610 ZPO Rn. 2, dort auch jeweils Beispiele zum alten Recht (bei *Becker-Eberhard* bis 1. 7. 1998, bei *Bernreuther* bis 31. 8. 2009).
[23] Begriff von *Stein/Jonas/Schlosser* § 610 ZPO Rn. 8; vgl. oben § 610 ZPO Rn. 2.
[24] OLG Zweibrücken OLGR 2001, 470 Rn. 27–30; *Wieczorek/Schütze/Becker-Eberhard* § 610 ZPO Rn. 20; *Zöller/Philippi* § 610 ZPO Rn. 12; *Thomas/Putzo/Hüßtege* § 610 ZPO Rn. 1; aA OLG Zweibrücken FamRZ 1998, 918 Rn. 4 (Einheitlichkeit der Verhandlung und Entscheidung) sowie wohl oben § 610 ZPO Rn. 8.
[25] *Stein/Jonas/Schlosser* § 610 ZPO Rn. 8; oben § 610 ZPO Rn. 2; *Musielak/Borth* Rn. 6.
[26] Vgl. AK/*Derleder* § 610 ZPO Rn. 2.
[27] *Musielak/Borth* Rn. 3.
[28] *Stein/Jonas/Schlosser* § 610 ZPO Rn. 4; *Musielak/Borth* Rn. 5.
[29] *Musielak/Borth* § 631 ZPO Rn. 8.
[30] Oben § 610 ZPO Rn. 1.
[31] *Baumbach/Lauterbach/Hartmann* Rn. 3.
[32] *Stein/Jonas/Schlosser* § 610 ZPO Rn. 4.
[33] *Thomas/Putzo/Hüßtege* § 610 ZPO Rn. 3.
[34] BGH NJW 1981, 2418; *Baumbach/Lauterbach/Hartmann* Rn. 2.
[35] Oben § 610 ZPO Rn. 1.
[36] BT-Drucks. 16/6308, S. 227; *Baumbach/Lauterbach/Hartmann* Rn. 1.
[37] *Wieczorek/Schütze/Becker-Eberhard* § 610 ZPO Rn. 11; *Baumbach/Lauterbach/Hartmann* Rn. 4; Hk-ZPO/*Kemper* § 610 Rn. 1.
[38] *Wieczorek/Schütze/Becker-Eberhard* § 610 ZPO Rn. 11; *Baumbach/Lauterbach/Hartmann* Rn. 4; Hk-ZPO/*Kemper* § 610 Rn. 1.
[39] BGH FamRZ 1997, 812; OLG Hamm FamRZ 1994, 773; oben § 610 ZPO Rn. 4; *Zöller/Philippi* § 610 ZPO Rn. 4; *Thomas/Putzo/Hüßtege* § 610 ZPO Rn. 3; Hk-ZPO/*Kemper* § 610 Rn. 1; AK/*Derleder* § 610 ZPO

Die Trennung unzulässig verbundener Verfahren ist – wie nach altem Recht[40] – auch noch in höheren Instanzen möglich. Soweit ein Verbindungsverbot besteht, betrifft es gleichermaßen die kumulative und eventuelle Antragshäufung.[41] Letzterenfalls ist der unvereinbare Hilfsantrag als unzulässig abzuweisen, da er nicht tauglicher Gegenstand eines selbständigen Verfahrens und daher nicht abtrennbar ist.[42] Die Abweisung als unzulässig kann durch Antragsänderung gem. § 113 Abs. 1 S. 2 FamFG iVm. § 263 ZPO (Fallenlassen der Bedingung, dass der Antrag nur hilfsweise gestellt wurde) vermieden werden.[43] Auch unvereinbare Gegenanträge sind als unzulässig (unstatthaft) abzuweisen.[44]

2. Ausnahme für Verbundverfahren (Abs. 2 Satz 2). § 126 Abs. 2 S. 2 nimmt den **Verbund** 8 (§ 137; vgl. zum früheren Recht § 623 ZPO aF) vom Verbindungsverbot des Abs. 2 S. 1 aus. Die Vorschrift entspricht § 610 Abs. 2 S. 2 ZPO aF. Gem. §§ 126 Abs. 2 S. 2, 137 hat zwischen einer Scheidungssache und einer Familiensache als Folgesache grundsätzlich ein Entscheidungs- und Verfahrensverbund zu bestehen,[45] wobei es sich nicht um eine Verbindung im üblichen Sinne handelt und in den einzelnen Folgesachen die jeweiligen Verfahrensmaximen erhalten bleiben.

Da die Folgesachen des Verbunds nur an Scheidungssachen anknüpfen (§ 137 Abs. 1), hat § 126 9 Abs. 2 S. 2 für **Aufhebungs- und Bestandsfeststellungsverfahren** grundsätzlich keine Bedeutung (s. aber oben § 121 Rn. 10 f. für die Behandlung der Verfahren über die Aufhebungsfolgen). Wegen des Vorrangs der Aufhebung (§ 126 Abs. 3) gilt dies (bis zu einer Entscheidung über den Aufhebungsantrag) auch dann, wenn in einem Verfahren Aufhebungs- und Scheidungsantrag gestellt werden.

Der Streit darum, ob die Ausnahme für Verbundverfahren eine Ausnahme vom Verbindungsverbot 10 darstellt oder ob es sich beim Verbund gar nicht um eine Verfahrensverbindung (iSd. §§ 260, 147 ZPO) handelt,[46] ist praktisch ohne Relevanz.[47]

V. Vorrang der Aufhebung (Abs. 3)

Gemäß § 126 Abs. 3 hat die Aufhebung Vorrang vor der Scheidung, wenn beide beantragt und 11 beide Anträge begründet sind. § 126 Abs. 3 entspricht § 631 Abs. 2 S. 3 ZPO aF.[48] Dieser wiederum entsprach der Regelung, die bis zum Inkrafttreten des EheschlRG in § 18 der EheVO 1938 enthalten war.[49] Die Vorschrift begründet ein „gesetzliches Eventualverhältnis" (Rn. 5) und hat zu der Annahme geführt, dass ein Scheidungsausspruch auflösend bedingt ist, wenn er nach Abweisung eines Aufhebungsantrags durch Teilentscheidung erging (s. sogleich Rn. 12 ff.). Der Vorrang der Aufhebung gilt nicht, wenn der Antragsteller dem Scheidungsbegehren ausdrücklich den Vorrang einräumt.[50] Die Zusammenführung des Vorrangs der Aufhebung des Abs. 3 mit den Verbindungsvorschriften der Absätze 1 und 2 ist systematisch konsequent und trägt zur Übersichtlichkeit der Regelung bei.[51] § 126 Abs. 3 ist auch zu beachten, wenn sich Scheidungs- und Aufhebungsantrag als Antrag und Gegenantrag gegenüberstehen.[52]

Rn. 2; *Rosenberg/Schwab/Gottwald* § 164 Rn. 44 (alle für § 610 ZPO aF); *Musielak/Borth* Rn. 4; *Schulze-Bunert/Weinreich/Schröder* Rn. 2; vgl. auch BGH NJW 1981, 2418; anders *Baumbach/Lauterbach/Hartmann* Rn. 4, der für Abtrennung nach § 20 plädiert, der jedoch gem. § 113 Abs. 1 S. 1 nicht anwendbar ist.

[40] BGH FamRZ 2007, 368, 369 = NJW 2007, 909; *Zöller/Philippi* § 610 ZPO Rn. 4.
[41] Vgl. *Wieczorek/Schütze/Becker-Eberhard* § 610 ZPO Rn. 1 (auch: alternative Klagenhäufung).
[42] BGHZ 34, 134, 153; OLG Stuttgart FamRZ 1981, 579; *Wieczorek/Schütze/Becker-Eberhard* § 610 ZPO Rn. 11; oben § 610 ZPO Rn. 4; *Zöller/Philippi* § 610 ZPO Rn. 4. Vgl. OLG Düsseldorf FamRZ 1989, 648 (hier Antrag auf Feststellung des Nichtbestehens der Ehe neben Scheidungsantrag); OLG Stuttgart FamRZ 1981, 579; *Baumbach/Lauterbach/Hartmann* Rn. 4.
[43] *Zöller/Philippi* § 610 ZPO Rn. 4.
[44] „Widerklagen": oben § 610 ZPO Rn. 4; *Thomas/Putzo/Hüßtege* § 610 ZPO Rn. 3.
[45] *Baumbach/Lauterbach/Hartmann* Rn. 2.
[46] So etwa *Zöller/Philippi* § 610 ZPO Rn. 2.
[47] Zum Streitstand *Wieczorek/Schütze/Becker-Eberhard* § 610 ZPO Rn. 13.
[48] BT-Drucks. 16/6308, S. 227; *Baumbach/Lauterbach/Hartmann* Rn. 1.
[49] Ebenso in § 17 AVO EheG (BZ) und Art. 5 Abschnitt VI § 16 des saarländischen Rechtsangleichungsgesetzes, vgl. oben § 631 Rn. 5.
[50] BGHZ 133, 227 = BGH NJW 1996, 2728 Rn. 11; oben § 610 ZPO Rn. 2; *Zöller/Philippi* § 631 ZPO Rn. 17; *Baumbach/Lauterbach/Hartmann* Rn. 2; *Schulze-Bunert/Weinreich/Schröder* Rn. 3; vgl. BGH FamRZ 1989, 153, 155.
[51] Schon *Stein/Jonas/Schlosser* § 610 ZPO Rn. 1 behandelt § 18 EheVO 1938 im Kontext des § 610 ZPO aF.
[52] Oben § 610 ZPO Rn. 3 (für Klage und Widerklage für § 631 Abs. 2 S. 3 ZPO aF).

VI. Einheitlichkeit der Entscheidung

12 Nach der **Lehre von der Einheitlichkeit der Entscheidung in Ehesachen** war über verschiedene Eheauflösungsgründe, die als Anträge und Gegenanträge oder im Wege der Antragshäufung vorgebracht wurden, einheitlich zu entscheiden; eine Aufspaltung in mehrere Teilurteile oder in kontradiktorische und Versäumnisurteile sollte ausgeschlossen sein.[53] Weiterhin sollte ein nur gegen einen Teil der Entscheidung in Ehesachen gerichtetes Rechtsmittel stets die Rechtskraft aller mitentschiedenen Ehesachen hemmen.[54] Sie wurde mit ihrem Zweck begründet, zu vermeiden, dass auf Grund der Zerlegung verbundener Ehesachen die Rechtskraft hinsichtlich eines Teilausspruchs vorläufig andere Wirkungen als der Gesamtausspruch erzeugt.[55] Teilweise wurde sie auch darauf gestützt (so das RG), dass eine einmal aufgelöste Ehe nicht nochmals aufgelöst werden kann (also die Auflösung nicht aus einem Grund ausgesprochen und danach über die anderen Gründe entschieden werden darf).[56] Der letztgenannte Ansatz wird heute überwiegend auf Grund der Erkenntnisse über die Doppelwirkungen im Recht abgelehnt.[57] Nach der Lehre vom einheitlichen Streitgegenstandsbegriff sollten die von der Lehre von der Einheitlichkeit der Entscheidung angestrebten Wirkungen sich bereits daraus ergeben, dass verschiedene Eheauflösungsgründe stets nur einen Streitgegenstand bilden.[58]

13 Früher stützte sich die Lehre von der Einheitlichkeit der Entscheidung in Ehesachen auf die Präklusionsvorschrift des § 616 ZPO aF (idF bis 1976), wonach der Kläger oder Beklagte nach Abweisung der Scheidungs- oder Anfechtungsklage, eine weitere Scheidungs- oder Anfechtungsklage nicht mehr auf Tatsachen stützen konnte, die er zuvor, auch durch Klageverbindung oder Widerklage, hätte geltend machen können. Ferner stützte sich die Lehre auf den Umstand, dass bei dem Schuldausspruch eine Gesamtwürdigung verlangt wurde.[59] Beide Gründe entfielen mit dem 1. EheRG.[60]

14 Die Lehre von der Einheitlichkeit der Entscheidung in Ehesachen wird heute für weitgehend entbehrlich gehalten, da das geltende Recht die von ihr geforderten Wirkungen bereits anderweitig verwirklicht:[61]

15 Die Lehre von der Einheitlichkeit der Entscheidung verbot es, einen Teil durch **Teilversäumnisurteil, den anderen durch streitiges Urteil** zu entscheiden, da durch den dann möglichen Einspruch der Instanzenzug verschoben würde.[62] Dies war bereits bis zum 31. 8. 2009 von geringer praktischer Relevanz, da Versäumnisentscheidungen nur gegen den Kläger möglich waren;[63] soweit ein Aufhebungsantrag durch Teilversäumnisurteil abgewiesen und dem Scheidungsantrag durch streitige Entscheidung stattgegeben wurde, wurde der Scheidungsausspruch als durch § 631 Abs. 2 S. 3 ZPO aF (vgl. jetzt § 126 Abs. 3) auflösend bedingt angesehen, so dass er entfiel, wenn dem Aufhebungsantrag nach Einspruch stattgegeben wurde.[64] Nach neuem Recht ist selbst gegen den Antragsteller nur noch eine Versäumnisentscheidung dahingehend möglich, dass der Antrag als zurückgenommen gilt (§ 130 Abs. 1 S. 1). Da allenfalls die (fingierte) Rücknahme festgestellt wird, kann es zu widersprechenden Entscheidungen nicht kommen. Trotz der Bezeichnung als Versäumnisentscheidung ist gegen die Entscheidung (Beschluss analog § 269 Abs. 4 ZPO, s. u. § 130 Rn. 5) nicht der Einspruch statthaft.[65] Ein Zusammentreffen einer kontradiktorischen und einer streitigen Entscheidung kann daher nach neuem Recht nicht mehr eintreten, auch kein Auseinanderlaufen der Instanzenzüge durch den Einspruch.

16 Innerhalb der **Scheidungsanträge** kann es zu widersprechenden Entscheidung nicht kommen, da nur noch der einheitliche Scheidungsgrund des Scheiterns besteht, daher ein einheitlicher Streit-

---

[53] *Stein/Jonas/Schlosser* § 610 ZPO Rn. 5; *Rosenberg/Schwab/Gottwald* § 164 Rn. 49.
[54] So oben § 610 ZPO Rn. 5. Vgl. im Einzelnen zu den Folgerungen der Lehre *Wieczorek/Schütze/Becker-Eberhard* § 610 ZPO Rn. 14.
[55] Oben § 610 ZPO Rn. 5 m. zahlr. Nachw.
[56] Vgl. die Nachw. bei *Wieczorek/Schütze/Becker-Eberhard* § 610 ZPO Rn. 15.
[57] Vgl. *Stein/Jonas/Schlosser* § 610 ZPO Rn. 5, Vor § 606 ZPO Rn. 14 e.
[58] Vgl. oben § 610 ZPO Rn. 6 und *Stein/Jonas/Schlosser* § 610 ZPO Rn. 5, § 611 ZPO Rn. 4.
[59] *Stein/Jonas/Schlosser* § 610 ZPO Rn. 5.
[60] S. o. § 610 ZPO Rn. 7.
[61] Oben § 610 ZPO Rn. 7 f.; *Stein/Jonas/Schlosser* § 610 ZPO Rn. 5; *Wieczorek/Schütze/Becker-Eberhard* § 610 ZPO Rn. 19 ff.; *Rosenberg/Schwab/Gottwald* § 164 Rn. 50. AA wohl nur *AK/Derleder* § 610 ZPO Rn. 4, abstellend auf vielfältige und tiefgreifende soziale Folgen von Entscheidungen in Ehesachen.
[62] Oben § 610 ZPO Rn. 9 m. weit. Nachw.
[63] So zum alten Recht oben § 610 ZPO Rn. 9 und ausf. *Wieczorek/Schütze/Becker-Eberhard* § 610 ZPO Rn. 21.
[64] *Rosenberg/Schwab/Gottwald* § 164 Rn. 52.
[65] S. o. § 632 ZPO Rn. 8 und wohl auch *Stein/Jonas/Schlosser* § 635 ZPO Rn. 1–2.

gegenstand vorliegt und innerhalb dieses Streitgegenstandes Teilentscheidungen nicht ergehen können.[66] Die **Herstellungsklagen** zählen nicht mehr zu den Ehesachen.[67] Bedeutung kann die Lehre von der Einheitlichkeit der Entscheidung daher nur noch haben, wenn Scheidungs- und Aufhebungsbegehren oder mehrfach begründete Aufhebungsanträge vorliegen.[68]

Innerhalb **mehrerer Aufhebungsgründe,** die ohne Rangverhältnis geltend gemacht werden, wird der Gefahr der Uneinheitlichkeit dadurch abgeholfen, dass – bereits wegen des Ausspruchs über die Scheidungsfolgen (§ 1318 BGB) – über alle Aufhebungsgründe zu entscheiden ist, so dass der Lehre von der Einheitlichkeit der Entscheidung hier keine Bedeutung mehr zukommt.[69] Das Verhältnis von begründetem Aufhebungs- und Scheidungsantrag regelt § 126 Abs. 3, wobei ausnahmsweise eine Teilentscheidung möglich sein kann (s. o. Rn. 11). 17

Im Verhältnis von **Aufhebungs- und Scheidungsantrag** ist zunächst § 126 Abs. 3 zu beachten, der für den Fall der Begründetheit beider Anträge Entscheidungsharmonie herstellt.[70] Aus § 126 Abs. 3 ist richtigerweise abzuleiten, dass Teilentscheidungen über das eine oder andere Begehren jedenfalls grundsätzlich nicht in Betracht kommen (s. o. Rn. 12).[71] Wird die Aufhebung ausgesprochen, bedarf es wegen § 126 Abs. 3 keiner Entscheidung über den Scheidungsantrag und folglich auch keiner Teilentscheidung.[72] Ist ausnahmsweise eine Teilentscheidung ergangen (Abweisung des primären Aufhebungsantrags) und wird diese mit Rechtsmitteln angefochten, so wird das erstinstanzliche Urteil (Scheidungsausspruch auf den Hilfsantrag hin) hinfällig, da es wegen § 126 Abs. 3 als auflösend bedingt anzusehen ist. So kann es auch in dieser Konstellation nicht zu einer Entscheidungsdisharmonie kommen.[73] Die Versäumnisproblematik stellt sich nicht mehr (s. o. Rn. 15). 18

Werden **Rechtsmittel** eingelegt, so ergibt sich bereits nach allgemeinen Grundsätzen, dass eine Teilanfechtung die Hemmung der Rechtskraft insgesamt zur Folge hat.[74] Soweit die Lehre von der Einheitlichkeit der Entscheidung gebietet, bei Teilanfechtung die Entscheidung insgesamt aufzuheben und zurückzuverweisen, wobei jedoch die nicht angefochtenen Teile bindend bleiben sollen, ergibt sich im Ergebnis nichts anderes als bereits nach allgemeinen Grundsätzen.[75] 19

Mit der Lehre von der Einheitlichkeit der Entscheidung ist jedoch davon auszugehen, dass die **Abtrennung oder Aussetzung** einzelner selbstständiger auf Auflösung der Ehe gerichteter Ehesachen (etwa im Fall des Antrags auf Scheidung und des Gegenantrags auf Aufhebung) nicht zulässig ist.[76] Auf Auflösung derselben Ehe gerichtete **Parallelverfahren** werden durch die umfassende ausschließliche örtliche Zuständigkeit nach § 122, durch die Verbindung nach § 126 sowie durch den Einwand der anderweitigen Rechtshängigkeit gem. § 113 Abs. 1 S. 2 FamFG iVm. § 261 Abs. 3 Nr. 1 ZPO verhindert. 20

§ 127 Eingeschränkte Amtsermittlung

(1) **Das Gericht hat von Amts wegen die zur Feststellung der entscheidungserheblichen Tatsachen erforderlichen Ermittlungen durchzuführen.**

(2) **In Verfahren auf Scheidung oder Aufhebung der Ehe dürfen von den Beteiligten nicht vorgebrachte Tatsachen nur berücksichtigt werden, wenn sie geeignet sind, der Aufrechterhaltung der Ehe zu dienen oder wenn der Antragsteller einer Berücksichtigung nicht widerspricht.**

(3) **In Verfahren auf Scheidung kann das Gericht außergewöhnliche Umstände nach § 1568 des Bürgerlichen Gesetzbuchs nur berücksichtigen, wenn sie von dem Ehegatten, der die Scheidung ablehnt, vorgebracht worden sind.**

---

[66] *Stein/Jonas/Schlosser* § 611 ZPO Rn. 2; *Wieczorek/Schütze/Becker-Eberhard* § 610 ZPO Rn. 7, 17, § 611 ZPO Rn. 6 g.; oben § 610 ZPO Rn. 7.
[67] Zu ihrer Behandlung nach der Lehre von der Einheitlichkeit der Entscheidung oben § 610 ZPO Rn. 13.
[68] *Wieczorek/Schütze/Becker-Eberhard* § 610 ZPO Rn. 19.
[69] *Stein/Jonas/Schlosser* § 610 ZPO Rn. 8; oben § 610 ZPO Rn. 2 u. 8; *Musielak/Borth* § 610 ZPO Rn. 6.
[70] *Wieczorek/Schütze/Becker-Eberhard* § 610 ZPO Rn. 20.
[71] Oben § 610 ZPO Rn. 8 (aber weitergehend).
[72] *Rosenberg/Schwab/Gottwald* § 164 Rn. 51.
[73] *Wieczorek/Schütze/Becker-Eberhard* § 610 ZPO Rn. 20; *Rosenberg/Schwab/Gottwald* § 164 Rn. 51.
[74] BGH NJW 1992, 2296; BGH NJW 1994, 2896; oben § 610 Rn. 11; *Wieczorek/Schütze/Becker-Eberhard* § 610 ZPO Rn. 20.
[75] Vgl. oben § 610 Rn. 11 sowie *Wieczorek/Schütze/Becker-Eberhard* § 610 ZPO Rn. 24 u. 14 m. weit. Nachw.
[76] Oben § 610 ZPO Rn. 8 m. weit. Nachw.

Übersicht

	Rn.		Rn.
I. Normzweck, Anwendungsbereich und Entstehungsgeschichte	1–5	e) Schlüssiger Antrag	13
II. Geltung des Untersuchungsgrundsatzes in Ehesachen (Abs. 1)	6–14	f) Anhörung	14
		III. Einschränkung des Untersuchungsgrundsatzes nach Abs. 2 in Scheidungs- und Aufhebungsverfahren	15–20
1. Allgemeines	6		
2. Amtsermittlung	7–14	1. Allgemeines	15
a) Reichweite	7–9	2. Ehefreundliche Tatsachen	16
b) Begrenzung durch Anträge und Verfahrensgegenstand	10	3. Ehefeindliche Tatsachen; Widerspruch	17–20
c) Erforderlichkeit der Ermittlungen	11	IV. Einschränkung des Untersuchungsgrundsatzes nach Abs. 3 in Scheidungsverfahren	21–23
d) Zu berücksichtigende Tatsachen	12, 12 a		

I. Normzweck, Anwendungsbereich und Entstehungsgeschichte

1 Der Untersuchungsgrundsatz ist **Leitmaxime** des Gesetzgebers in Ehesachen.[1] Die den Ehesachen als Statussachen zukommende besondere Relevanz,[2] die weitreichenden Auswirkungen einer Entscheidung in Ehesachen auch für Dritte[3] sowie das öffentliche Interesse am Schutz der Ehe[4] gebieten weitreichende Aufklärung und Objektivierung und verbieten, die Beschaffung der Entscheidungsgrundlage den Beteiligten allein zu überlassen.[5] Müsste sich das Gericht nur auf das Vorbringen und die Beweisantritte der Beteiligten verlassen, drohte eine Zunahme versteckter „Konventionalscheidungen".[6] Bei der Ausübung des Untersuchungsgrundsatzes sind jedoch die Privat- und Intimsphäre der Ehegatten nach Möglichkeit zu schonen.[7]

2 Der Untersuchungsgrundsatz gilt gemäß § 127 Abs. 1 uneingeschränkt für **Bestandsfeststellungsverfahren** (§ 121 Nr. 3), mit den Einschränkungen des § 127 Abs. 2 für **Aufhebungssachen** (§ 121 Nr. 2) und mit den Einschränkungen des § 127 Abs. 2 und 3 für **Scheidungssachen** (§ 121 Nr. 3). Die Einschränkungen des Untersuchungsgrundsatzes in den Absätzen 2 und 3 dienen dem Schutz vor staatlichem Eindringen in die Privatsphäre (Art. 2 Abs. 1 iVm. Art. 1 Abs. 1 GG).[8] Diese Einschränkungen dürfen nicht durch Rückgriff auf die allgemeinen Vorschriften über die Beweisaufnahme von Amts wegen (vgl. §§ 142–144 ZPO) unterlaufen werden.[9]

3 Das Eingreifen des Amtsermittlungsgrundsatzes in Ehesachen korrespondiert mit der **Einschränkung der Beteiligtenherrschaft und des Beibringungsgrundsatzes** (§ 113 Abs. 4 Nr. 1, 5–8):[10] Die von § 113 Abs. 4 angeordneten Beschränkungen der Beteiligtenherrschaft eröffnen Lücken im Tatsachenstoff. Insbesondere schließt § 113 Abs. 4 Nr. 1 die Geständnisfiktion des § 138 Abs. 3 ZPO,[11] § 113 Abs. 4 Nr. 5 die Anwendung der Vorschriften über das gerichtliche Geständnis (§§ 288–290 ZPO) und § 113 Abs. 4 Nr. 6 das Anerkenntnis aus (§ 307 ZPO) aus. Durch die Zulassung der Amtsermittlung können diese Lücken geschlossen werden.[12] Dieser Zusammenhang wurde bereits aus §§ 616, 617 ZPO aF nicht hinreichend deutlich[13] und wird es im FamFG auf Grund der Verortung in verschiedenen Unterabschnitten noch weit weniger.

4 § 127 gilt für alle Ehesachen,[14] während in Familienstreitsachen der Beibringungsgrundsatz vorherrscht.[15] Er gilt uneingeschränkt im **ersten Rechtszug**. Die Geltung des beschränkten Untersu-

---

[1] *Musielak/Borth* Rn. 1; *Thomas/Putzo/Hüßtege* § 616 ZPO Rn. 2.
[2] *Musielak/Borth* Rn. 2.
[3] *Baumbach/Lauterbach/Hartmann* Rn. 2.
[4] *Wieczorek/Schütze/Becker-Eberhard* § 616 Rn. 1; oben § 616 ZPO Rn. 1; Hk-ZPO/*Kemper* § 616 ZPO Rn. 1 (unter Hinweis auf das Lebenszeitprinzip).
[5] Oben § 616 ZPO Rn. 1; ähnl. *Musielak/Borth* Rn. 2; *Keidel/Weber* Rn. 4.
[6] *Wieczorek/Schütze/Becker-Eberhard* § 616 ZPO Rn. 1; oben § 616 ZPO Rn. 1.
[7] *Rauscher* Rn. 550.
[8] *Stein/Jonas/Schlosser* § 616 ZPO Rn. 1; AK/*Derleder* § 616 ZPO Rn. 1.
[9] *Stein/Jonas/Schlosser* § 616 ZPO Rn. 1; AK/*Derleder* § 616 ZPO Rn. 1.
[10] *Wieczorek/Schütze/Becker-Eberhard* § 616 ZPO Rn. 1; *Baumbach/Lauterbach/Hartmann* Rn. 1; Hk-ZPO/*Kemper* § 616 Rn. 1; AK/*Derleder* § 616 ZPO Rn. 1; *Keidel/Weber* Rn. 4.
[11] *Baumbach/Lauterbach/Hartmann* § 113 Rn. 7; *Zimmermann* FamFG Rn. 321.
[12] *Wieczorek/Schütze/Becker-Eberhard* § 616 ZPO Rn. 1; oben § 616 ZPO Rn. 1.
[13] *Wieczorek/Schütze/Becker-Eberhard* § 616 ZPO Rn. 1.
[14] Für den Ehesachenbegriff des § 606 ZPO aF: *Thomas/Putzo/Hüßtege* § 616 ZPO Rn. 1.
[15] Vgl. *Keidel/Weber* Rn. 4 und § 112 Rn. 3.

chungsgrundsatzes in der **zweiten Instanz** war bislang (§ 616 ZPO aF) beschränkt durch die §§ 528, 529 ZPO.[16] Nach dem neuen Rechtsmittelregime des FamFG gilt im Beschwerdeverfahren zwar gem. § 117 Abs. 2 S. 1 die Vorschrift des § 528 ZPO (Bindung an die Beschwerdeanträge); § 529 ZPO (Bindung an im ersten Rechtszug festgestellte Tatsachen) hingegen gilt nicht.[17] Im Übrigen ist hier iRv. § 115 der Vortrag neuer Tatsachen zulässig (s. dort Rn. 5). In der **Rechtsbeschwerdeinstanz** bleibt es wie bislang in der Revision[18] dabei, dass § 127 nicht gilt, da die die Nachprüfung tatsächlicher Feststellungen beschränkende Vorschrift des § 559 ZPO Anwendung findet (§ 74 Abs. 3 S. 4 FamFG iVm. § 559 ZPO). Die Verletzung des § 127 ist ein wesentlicher Verfahrensfehler iSv. § 74 Abs. 6.

§ 127 findet Anwendung, wenn ein Scheidungsausspruch im **Wiederaufnahmeverfahren** beseitigt werden soll. Die Norm gilt dann bereits für das Vorliegen des Wiederaufnahmegrundes. Dies war zum alten Recht anerkannt;[19] mit dem FamFG hat sich hieran nichts geändert, da § 118 umfassend und ohne Einschränkungen für das Wiederaufnahmeverfahren auf Buch 4 der ZPO (§§ 578–591 ZPO) verweist.

Die drei Absätze der Norm entsprechen im Wesentlichen denen des § 616 ZPO aF.[20] Die Formulierung des Abs. 1 ist nun verpflichtend gefasst („hat ... durchzuführen"), jedoch wurde bereits das Wort „kann" in § 616 Abs. 1 ZPO aF als Verpflichtung ausgelegt.[21] Die Absätze 1 und 2 wurden darüber hinaus sprachlich verändert, inhaltliche Änderungen waren damit nicht verbunden (näher sogleich).[22]

II. Geltung des Untersuchungsgrundsatzes in Ehesachen (Abs. 1)

1. Allgemeines. § 127 Abs. 1 soll § 616 Abs. 1 ZPO aF entsprechen (s. soeben). Der Wortlaut des § 127 Abs. 1 hat gegenüber § 616 Abs. 1 ZPO aF eine Reduktion erfahren – dem Gericht wird nicht mehr aufgegeben, Beweisaufnahmen anzuordnen und nicht vorgebrachte Tatsachen zu berücksichtigen, sondern „die zur Feststellung der entscheidungserheblichen Tatsachen erforderlichen Ermittlungen durchzuführen". Begrüßenswert ist, dass die **Erforderlichkeit** nun Niederschlag im Wortlaut gefunden hat. Nach dem gesetzgeberischen Willen sollten mit der Neuformulierung keine inhaltlichen Änderungen verbunden sein.[23] Ferner entspricht die Formulierung dem Wortlaut des § 26, in den § 12 FGG Eingang gefunden hat. Es ist daher davon auszugehen, dass der doppelte und voneinander unabhängige Inhalt des § 616 Abs. 1 ZPO aF – **Befugnis zur Berücksichtigung von Amts wegen** einerseits, **Befugnis zur Amtsermittlung** andererseits[24] – erhalten geblieben ist. Mit der Erweiterung der „Beweisaufnahme" des § 616 Abs. 1 ZPO aF zu den „erforderlichen Ermittlungen" des § 127 Abs. 1 trägt der Gesetzgeber der bereits unter der alten Fassung praktizierten weiten Auslegung des Untersuchungsgrundsatzes Rechnung (s. Rn. 7), der es trotz des Wortlauts gelang, zwischen Beweiserhebung, sonstiger „Ermittlung" und der Berücksichtigung der gewonnenen Ergebnisse einen Gleichlauf herzustellen.

2. Amtsermittlung. a) Reichweite. Zur Amtsermittlung ist das Gericht nun durch den Wortlaut[25] des § 127 Abs. 1 verpflichtet. Unterlassene Amtsermittlung ist rechtsbeschwerdefähig, wenn und soweit durch die Ermittlung ein eheerhaltendes Ergebnis erzielt werden könnte.[26] Gemäß § 127 Abs. 1 hat das Gericht im Rahmen des Verfahrensgegenstands und der Anträge (Rn. 10) alle erforderlichen Ermittlungen anzustellen, die Erfolg versprechen.[27] Innerhalb dieser (und weiterer, Rn. 12 ff.) Grenzen kann auch ohne Beweisantrag eine Beweiserhebung angeordnet werden.[28] Die

---

[16] Oben § 616 ZPO Rn. 7 m. weit. Nachw.; *Musielak/Borth* § 616 ZPO Rn. 5 m. weit. Nachw.; Hk-ZPO/ *Kemper* § 616 Rn. 2; *Thomas/Putzo/Hüßtege* § 616 ZPO Rn. 1.

[17] BT-Drucks. 16/6308, S. 224; *Musielak/Borth* Rn. 5.

[18] Oben § 616 ZPO Rn. 7; *Musielak/Borth* § 616 ZPO Rn. 5; Hk-ZPO/*Kemper* § 616 ZPO Rn. 2; *Thomas/ Putzo/Hüßtege* § 616 ZPO Rn. 1.

[19] *Stein/Jonas/Schlosser* § 616 ZPO Rn. 11; *Wieczorek/Schütze/Becker-Eberhard* § 616 ZPO Rn. 4; *Zöller/Philippi* § 616 ZPO Rn. 1.

[20] BT-Drucks. 16/6308, S. 227.

[21] Vgl. nur *Stein/Jonas/Schlosser* § 616 ZPO Rn. 9.

[22] BT-Drucks. 16/6308, S. 227.

[23] BT-Drucks. 16/6308, S. 227.

[24] *Wieczorek/Schütze/Becker-Eberhard* § 616 ZPO Rn. 5.

[25] Bereits § 616 Abs. 1 ZPO aF („kann") wurde als verpflichtend verstanden, vgl. nur *Wieczorek/Schütze/Becker-Eberhard* § 616 ZPO Rn. 2; wie zum alten Recht noch *Baumbach/Lauterbach/Hartmann* Rn. 1.

[26] *Baumbach/Lauterbach/Hartmann* Rn. 1; aA (keine Beschränkung auf eheerhaltendes Ergebnis hypothetischer Amtsermittlung) OLG Hamm FamRZ 1990, 166; *Wieczorek/Schütze/Becker-Eberhard* § 616 ZPO Rn. 2; *Musielak/Borth* Rn. 5.

[27] *Baumbach/Lauterbach/Hartmann* Rn. 1.

Ermittlungen müssen dann nicht mehr fortgesetzt werden, wenn die Überzeugung des Gerichts derart gefestigt ist, dass das Ergebnis neuer Ermittlungen sie nicht mehr zu ändern geeignet ist.[29] Dann darf es auch weitere Beweisanregungen unberücksichtigt lassen.[30] Das Verbot des Ausforschungsbeweises gilt unter dem Untersuchungsgrundsatz nicht.[31] Mit der Formulierung des § 127 Abs. 1 („erforderliche Ermittlungen") ist gegenüber der von § 616 Abs. 1 ZPO aF angeordneten „Beweiserhebung" keine Änderung verbunden (s. o. Rn. 6). Das Gericht kann aus gewonnenen Anhaltspunkten und auf Grund von Anregungen durch die Beteiligten weitergehende Ermittlungen anstellen.[32] Dabei ist das Gericht verpflichtet, Anregungen zur Beweiserhebung über entscheidungserhebliche Tatsachen nachzugehen (zum Beweisantrag s. sogleich).[33] Alle **Beweismittel der ZPO** sind zulässig und alle **sonstigen tauglichen Sachaufklärungsmittel** kommen in Betracht – neben Anhörung und Beteiligtenvernehmung (§ 128, vgl. dort) die Befragung Dritter, die Verwertung dienstlicher Kenntnisse aus anderen Verfahren, die Beiziehung der Akten dieser Verfahren.[34] Der Beweisumfang steht im Ermessen des Gerichts, im Übrigen richtet sich die Beweisaufnahme nach allgemeinen Regeln.[35]

8 Auch **Beweisanträge** der Beteiligten bleiben daneben möglich. Auf diese ist § 244 Abs. 3–5 StPO entsprechend anzuwenden.[36] Danach darf insbesondere ein zulässiger Beweisantrag nur dann abgelehnt werden, wenn eine Beweiserhebung wegen Offenkundigkeit überflüssig ist, wenn die Tatsache, die bewiesen werden soll, für die Entscheidung ohne Bedeutung oder schon erwiesen ist, wenn das Beweismittel völlig ungeeignet, wenn das Beweismittel unerreichbar ist oder wenn der Beweisantrag zum Zweck der Verfahrensverschleppung gestellt wird (vgl. § 244 Abs. 3 S. 2 StPO).

9 Der Untersuchungsgrundsatz berührt die sich nach materiellem Recht richtende **Beweislast** nicht. Bei Unaufklärbarkeit sind auch in Ehesachen Beweislastentscheidungen möglich.[37] Die Grundsätze der **Beweisvereitelung** sind anwendbar,[38] ebenso die des **Beweises des ersten Anscheins**.[39]

10 b) **Begrenzung durch Anträge und Verfahrensgegenstand.** Der Umfang der Amtsermittlung ist begrenzt durch die Anträge (§§ 124, 113 Abs. 1 S. 2 FamFG iVm. § 308 Abs. 1 ZPO) und den Verfahrensgegenstand.[40] In Scheidungssachen ist das Gericht nicht an den in der Antragsschrift geltend gemachten Scheidungstatbestand gebunden, da sämtliche Scheidungstatbestände auf den einheitlichen Scheidungsgrund des Scheiterns zurückführen. Ergibt sich also, dass die Ehe nach einem anderen als dem geltend gemachten Tatbestand geschieden werden kann (so etwa § 1565 Abs. 2 BGB statt 1565 Abs. 1 BGB), ist die Scheidung unabhängig von dem vorgetragenen Tatbestand auszusprechen.[41] Bedeutung erlangt die Begrenzung durch die Anträge daher vor allem in Aufhebungs- und Feststellungsverfahren.[42]

11 c) **Erforderlichkeit der Ermittlungen.** Die Ermittlungen müssen sich nicht nur auf entscheidungserhebliche Tatsachen beziehen, sondern auch erforderlich sein. Die Grenze der Erforderlichkeit der Ermittlungen wird durch das **öffentliche Interesse an der materiellen Richtigkeit** des Ergebnisses gezogen, dieses Interesse variiert je nach Verfahren.[43] Das öffentliche Interesse ist nicht

---

[28] *Musielak/Borth* Rn. 6; *Baumbach/Lauterbach/Hartmann* Rn. 3; *Thomas/Putzo/Hüßtege* § 616 ZPO Rn. 4; *Keidel/Weber* Rn. 4.
[29] *Stein/Jonas/Schlosser* § 616 ZPO Rn. 9; *Musielak/Borth* Rn. 3.
[30] *Zöller/Philippi* § 616 ZPO Rn. 8.
[31] *Stein/Jonas/Schlosser* § 616 ZPO Rn. 9; *Wieczorek/Schütze/Becker-Eberhard* § 616 ZPO Rn. 15.
[32] Oben § 616 ZPO Rn. 3; *Schulze-Bunert/Weinreich/Schröder* Rn. 4.
[33] *Zöller/Philippi* § 616 ZPO Rn. 8 (selbst wenn Beteiligter nicht anwaltlich vertreten ist).
[34] *Wieczorek/Schütze/Becker-Eberhard* § 616 ZPO Rn. 5; *Baumbach/Lauterbach/Hartmann* Rn. 3.
[35] *Thomas/Putzo/Hüßtege* § 616 Rn. 1, 4.
[36] BGH NJW 1991, 2961 = FamRZ 1991, 426 Rn. 17; BGH FamRZ 1988, 1037, 1038 m. weit. Nachw.; *Stein/Jonas/Schlosser* § 616 ZPO Rn. 9; *Wieczorek/Schütze/Becker-Eberhard* § 616 ZPO Rn. 15; *Musielak/Borth* § 616 ZPO Rn. 6; *Zöller/Philippi* § 616 ZPO Rn. 9. AA wohl *Baumbach/Lauterbach/Hartmann* Rn. 3 (Beweisantrag unterliegt § 113 Abs. 1 S. 2 FamFG iVm. § 286 ZPO).
[37] *Stein/Jonas/Schlosser* § 616 ZPO Rn. 14; *Wieczorek/Schütze/Becker-Eberhard* § 616 ZPO Rn. 16; *Zöller/Philippi* § 616 ZPO Rn. 10; *Thomas/Putzo/Hüßtege* § 616 ZPO Rn. 1; Hk-ZPO/*Kemper* § 616 Rn. 4; AK/*Derleder* § 616 ZPO Rn. 1.
[38] *Stein/Jonas/Schlosser* § 616 ZPO Rn. 14; *Wieczorek/Schütze/Becker-Eberhard* § 616 ZPO Rn. 16.
[39] *Stein/Jonas/Schlosser* § 616 ZPO Rn. 14; *Wieczorek/Schütze/Becker-Eberhard* § 616 ZPO Rn. 16; *Zöller/Philippi* § 616 ZPO Rn. 10.
[40] *Wieczorek/Schütze/Becker-Eberhard* § 616 ZPO Rn. 6; oben § 616 ZPO Rn. 4; *Musielak/Borth* Rn. 7; *Zöller/Philippi* § 616 ZPO Rn. 3; *Baumbach/Lauterbach/Hartmann* Rn. 1; *Thomas/Putzo/Hüßtege* § 616 ZPO Rn. 2.
[41] *Stein/Jonas/Schlosser* § 616 ZPO Rn. 4; *Wieczorek/Schütze/Becker-Eberhard* § 616 ZPO Rn. 9; *Musielak/Borth* Rn. 7.
[42] *Stein/Jonas/Schlosser* § 616 ZPO Rn. 112.
[43] Vgl. für den insoweit abweichenden Wortlaut des § 610 ZPO aF bereits *Wieczorek/Schütze/Becker-Eberhard* § 606 ZPO Rn. 7; oben § 616 ZPO Rn. 5.

schrankenlos, da trotz der Züge öffentlichen Interesses Privatinteressen der Beteiligten ganz wesentlich die Verfahren in Ehesachen mitbestimmen.[44] Die erforderliche Amtsermittlung erstreckt sich zunächst vor allem auf das Bestehen der Ehe.[45] Regelmäßig erforderlich sind in Scheidungssachen Ermittlungen zur Einhaltung der Trennungsfristen.[46] Weitere relevante Tatsachen s. u. Rn. 12, 16 f. Bleibt der Antragsgegner im Scheidungsverfahren aus, hat das Gericht auf Grund des öffentlichen Interesses an der Erhaltung nicht gescheiterter Ehen nach ehefreundlichen Tatsachen (unten Rn. 16) besonders zu forschen.[47] Auch darüber hinaus können besonders im Bereich der ehefreundlichen Tatsachen Ermittlungen erforderlich sein, da bei ihrem Vortrag zumindest der Antragsteller häufig Zurückhaltung üben wird.[48]

d) Zu berücksichtigende Tatsachen. Zu berücksichtigen sind, gegebenenfalls als Anstoß für Ermittlungen des Gerichts, **Tatsachen,** die die Beteiligten nicht vorgebracht haben[49] und von denen das Gericht Kenntnis erlangt hat,[50] etwa durch die Anhörung oder Vernehmung nach § 128 Abs. 1,[51] eine Zeugenvernehmung,[52] aus einem Jugendamtsbericht.[53] Auch privates oder von Dritten erlangtes Wissen des Gerichts oder eines Richters genügt.[54]

Die zu ermittelnden Tatsachen mussten schon nach altem Recht[55] und müssen nun ausdrücklich **entscheidungserheblich** sein. Entscheidungserheblich ist stets der Nachweis darüber, ob und wann die Ehe geschlossen wurde.[56] Der Nachweis kann durch einen Auszug aus einem Familienstammbuch[57] oder eine Heiratsurkunde[58] geführt werden, aber auch durch andere Erkenntnismittel, sodass die Vorlage der Heiratsurkunde kein Antragserfordernis ist.[59] Das Gericht muss – bei divergierendem Beteiligtenvortrag ohnehin, und wegen § 127 Abs. 1 auch darüber hinaus, soweit wegen beiderseitigem Scheidungswillen Skepsis angebracht ist – alle tatsächlichen Voraussetzungen für die Trennungsfristen (einschließlich des Vollzugs der Trennung bei Trennung innerhalb der ehelichen Wohnung, § 1567 Abs. 1 S. 2 BGB) unter Ausschöpfung der Amtsermittlung feststellen.[60] Es darf sich insoweit nicht mit übereinstimmenden Angaben der Beteiligten begnügen.[61]

e) Schlüssiger Antrag. Der Amtsermittlungsgrundsatz kann nur im Rahmen eines schlüssigen Antrags zum Tragen kommen.[62] § 127 verpflichtet das Gericht nicht, durch Ermittlung von Tatsachen den Beteiligten die Last schlüssigen Vorbringens abzunehmen; in diesem Fall hat das Gericht lediglich einen Hinweis nach § 113 Abs. 1 S. 2 FamFG iVm. § 139 ZPO zu geben und gegebenenfalls den Antrag abzuweisen.[63]

---

[44] *Wieczorek/Schütze/Becker-Eberhard* § 616 ZPO Rn. 7.
[45] OLG Zweibrücken NJW-RR 1997, 1227; *Baumbach/Lauterbach/Hartmann* Rn. 3.
[46] Vgl. nur *Stein/Jonas/Schlosser* § 616 ZPO Rn. 3, 5 f.; *Musielak/Borth* Rn. 3.
[47] OLG Frankfurt NJW 1969, 194; *Zöller/Philippi* § 616 ZPO Rn. 3; ähnl. *Stein/Jonas/Schlosser* § 616 ZPO Rn. 3.
[48] *Wieczorek/Schütze/Becker-Eberhard* § 616 ZPO Rn. 10.
[49] Oben § 616 ZPO Rn. 3; *Thomas/Putzo/Hüßtege* § 616 ZPO Rn. 3.
[50] *Thomas/Putzo/Hüßtege* § 616 ZPO Rn. 3. *Wieczorek/Schütze/Becker-Eberhard* § 616 ZPO Rn. 5 (sogar: „auf welche Weise auch immer"), ähnl. Rn. 12; *Stein/Jonas/Schlosser* § 616 ZPO Rn. 2 („[w]ie . . . ist gleich").
[51] *Zimmermann* § 616 ZPO Rn. 1; Hk-ZPO/*Kemper* § 616 Rn. 3.
[52] Hk-ZPO/*Kemper* § 616 Rn. 3.
[53] *Zöller/Philippi* § 616 ZPO Rn. 3.
[54] *Stein/Jonas/Schlosser* § 616 ZPO Rn. 2; *Baumbach/Lauterbach/Hartmann* Rn. 3; aA AK/*Derleder* § 616 ZPO Rn. 2 (nur wenn Kenntniserlangung in Amtsträgerrolle; Schutz vor unkalkulierbaren Eingriffen in Privatsphäre).
[55] *Wieczorek/Schütze/Becker-Eberhard* § 616 ZPO Rn. 6 („naturgemäß"); oben § 616 ZPO Rn. 5.
[56] OLG Karlsruhe NJW 1991, 966 = FamRZ 1991, 83; OLG Düsseldorf FamRZ 1992, 1078; *Wieczorek/Schütze/Becker-Eberhard* § 616 ZPO Rn. 14; *Musielak/Borth* Rn. 3; *Zöller/Philippi* § 616 ZPO Rn. 2.
[57] *Musielak/Borth* Rn. 3.
[58] *Wieczorek/Schütze/Becker-Eberhard* § 616 ZPO Rn. 14; *Zöller/Philippi* § 616 ZPO Rn. 2.
[59] OLG Zweibrücken NJW-RR 1997, 1227 = FamRZ 1998, 1115 Rn. 22 (Nachweis der Eheschließung nach türkischem Recht); OLG Karlsruhe FamRZ 1991, 83 f. (Nachweis der Eheschließung in Äthiopien; Asylbewerber); OLG Düsseldorf FamRZ 1992, 1078 (Nachweis der Eheschließung nach libanesischem Recht); *Stein/Jonas/Schlosser* § 616 ZPO Rn. 2; *Wieczorek/Schütze/Becker-Eberhard* § 616 ZPO Rn. 14.
[60] *Stein/Jonas/Schlosser* § 616 ZPO Rn. 5; *Wieczorek/Schütze/Becker-Eberhard* § 616 ZPO Rn. 14; *Musielak/Borth* Rn. 3; *Zöller/Philippi* § 616 ZPO Rn. 2; *Baumbach/Lauterbach/Hartmann* Rn. 4; AK/*Derleder* § 616 ZPO Rn. 3.
[61] *Baumbach/Lauterbach/Hartmann* Rn. 4; *Schulze-Bunert/Weinreich/Schneider* Rn. 6. Näher zur Problematik der Ermittlung des Scheiterns der Ehe bei Trennung von einem und weniger als drei Jahren s. *Stein/Jonas/Schlosser* § 616 ZPO Rn. 6.
[62] *Wieczorek/Schütze/Becker-Eberhard* § 616 ZPO Rn. 8; oben § 616 ZPO Rn. 6.
[63] Oben § 616 ZPO Rn. 6; *Musielak/Borth* Rn. 3; *Zöller/Philippi* § 616 ZPO Rn. 7.

§ 127 14–16   Buch 2. Abschnitt 2. Ehe-, Scheidungs- und Folgesachen

14 **f) Anhörung.** Die außerhalb des Beteiligtenvortrags zur Kenntnis des Gerichts gelangten Tatsachen müssen zum Gegenstand der Verhandlung gemacht und die Beteiligten zu ihnen angehört werden.[64] Der **Grundsatz des rechtlichen Gehörs** verlangt Anhörung der Beteiligten (im Sinne der Gewährung rechtlichen Gehörs) zu allen Punkten, die die Beteiligten nicht selbst vorgetragen haben, bei denen das Gericht ermittelt und die es berücksichtigt.[65] Hierfür genügt die Information der Beteiligten bzw. ihrer anwaltlichen Vertreter[66] über die in den Ermittlungen gewonnenen Ergebnisse und die Absicht des Gerichts zu ihrer Verwertung. Für die Anhörung (iSd. Gewährung rechtlichen Gehörs) bedarf es der Verfahrensfähigkeit des Angehörten (anders bei der Anhörung nach § 128, s. dort Rn. 12), bei Verfahrensunfähigen ist deren gesetzlicher Vertreter anzuhören.[67] Hinsichtlich ehefeindlicher Tatsachen ist der Widerspruchsberechtigte anzuhören, bevor Ermittlungen angestellt werden (vgl. § 127 Abs. 2).[68] Persönliche Angaben eines Beteiligten sind dem anderen Beteiligten nur zur Kenntnis zu bringen, wenn das Gericht sie seiner Entscheidung zugrunde legen will.[69] Die Tatsachen müssen ferner nach § 113 Abs. 1 S. 2 FamFG iVm. § 286 ZPO erwiesen sein.[70] Ein Verstoß gegen das Anhörungsrecht ist ein Grund für die Zurückverweisung durch das Beschwerdegericht (§ 117 Abs. 2 S. 1 FamFG iVm. § 538 Abs. 2 Nr. 1 ZPO).[71]

III. Einschränkung des Untersuchungsgrundsatzes nach Abs. 2 in Scheidungs- und Aufhebungsverfahren

15 **1. Allgemeines.** Gemäß § 127 Abs. 2 dürfen in Scheidungs- (§ 121 Nr. 1) und Aufhebungsverfahren (§ 121 Nr. 2) die von den Beteiligten nicht vorgebrachten Tatsachen nur berücksichtigt werden, wenn sie geeignet sind, der Aufrechterhaltung der Ehe zu dienen (sog. ehefreundliche Tatsachen, sogleich Rn. 16) oder wenn der Antragsteller einer Berücksichtigung nicht widerspricht (s. unten Rn. 17). § 127 Abs. 2 sieht somit für die Ehesachen des § 121 Nr. 1 und 2 eine Einschränkung des Amtsermittlungsgrundsatzes vor,[72] die die **Entscheidungsfreiheit in der Intimsphäre** schützen[73] und daneben auch der **Aufrechterhaltung der Ehe** dienen soll.[74] § 127 Abs. 2 entspricht § 616 Abs. 2 ZPO aF,[75] ist aber klarer gefasst. Da die Herstellungsverfahren nicht mehr Ehesachen sind (s. o. § 121 Rn. 19 f.), betrifft § 127 Abs. 2 folglich anders als noch § 616 Abs. 2 ZPO aF diese Verfahren nicht mehr. Bei einem auf Doppelehe (§ 1306 BGB) gestützten Aufhebungsverfahren verliert der Begriff der „ehefreundlichen" oder „ehefeindlichen" Tatsachen seine Aussagekraft. Hier ist die früher geschlossene Ehe zu schützen.[76]

16 **2. Ehefreundliche Tatsachen.** Ob eine Tatsache ehefreundlich oder -feindlich ist, richtet sich nach ihrer Wirkung auf die Ehe nach materiellem Recht im konkreten Fall.[77] Ehefreundliche Tatsachen sind etwa die Erwartung der Wiederherstellung der Lebensgemeinschaft (§ 1565 BGB), die Nichteinhaltung der Trennungszeiten (§ 1565 Abs. 1, 1566 Abs. 3 BGB), Anhaltspunkte für das Bestehen der häuslichen Gemeinschaft (§ 1567 BGB), die Interessen der Kinder (§ 1568, s. u. Rn. 21 ff.), in Aufhebungsverfahren die Bestätigung (§ 1315 BGB).[78] Ehefreundliche Tatsachen kann das Gericht ohne Beschränkung ermitteln und von Amts wegen berücksichtigen.[79] Eine generelle Pflicht zur eigenen Ermittlung ehefreundlicher Tatsachen besteht jedoch nicht.[80] Aus allen Tatsachen

---

[64] *Wieczorek/Schütze/Becker-Eberhard* § 616 ZPO Rn. 5; *Thomas/Putzo/Hüßtege* § 616 ZPO Rn. 3; Hk-ZPO/*Kemper* § 616 Rn. 3; *Musielak/Borth* Rn. 4.
[65] *Stein/Jonas/Schlosser* § 616 ZPO Rn. 10; *Wieczorek/Schütze/Becker-Eberhard* § 616 ZPO Rn. 11; *Baumbach/Lauterbach/Hartmann* Rn. 2; *Zöller/Philippi* § 616 ZPO Rn. 7; ähnl. *Thomas/Putzo/Hüßtege* § 616 ZPO Rn. 1; Hk-ZPO/*Kemper* § 616 Rn. 3.
[66] *Wieczorek/Schütze/Becker-Eberhard* § 616 ZPO Rn. 11; ähnl. *Stein/Jonas/Schlosser* § 616 ZPO Rn. 10.
[67] BGHZ 84, 24, 27 = FamRZ 1982, 789 = NJW 1982, 2449 Rn. 16.
[68] *Stein/Jonas/Schlosser* § 616 ZPO Rn. 10.
[69] *Stein/Jonas/Schlosser* § 616 ZPO Rn. 10.
[70] *Wieczorek/Schütze/Becker-Eberhard* § 616 ZPO Rn. 5 u. 12; *Thomas/Putzo/Hüßtege* § 616 ZPO Rn. 3; ähnl. oben § 616 ZPO Rn. 4.
[71] *Baumbach/Lauterbach/Hartmann* Rn. 2.
[72] *Fölsch* Rn. 45.
[73] Oben § 616 ZPO Rn. 13.
[74] *Musielak/Borth* § 616 ZPO Rn. 8; aA *Wieczorek/Schütze/Becker-Eberhard* § 616 ZPO Rn. 16 (nur Schutz der Imtimsphäre).
[75] BT-Drucks. 16/6308, S. 227.
[76] *Baumbach/Lauterbach/Hartmann* Rn. 4.
[77] *Wieczorek/Schütze/Becker-Eberhard* § 616 ZPO Rn. 19.
[78] *Musielak/Borth* Rn. 3, 8; *Zöller/Philippi* § 616 ZPO Rn. 4; *Baumbach/Lauterbach/Hartmann* Rn. 4; *Bergerfurth* Eheverf. Rn. 1417; *Keidel/Weber* Rn. 8.
[79] Oben § 616 ZPO Rn. 14; *Musielak/Borth* Rn. 8; *Zöller/Philippi* § 616 ZPO Rn. 4.
[80] *Wieczorek/Schütze/Becker-Eberhard* § 616 ZPO Rn. 10.

darf das Gericht stets ehefreundliche rechtliche Folgerungen ziehen.⁸¹ Die Geltendmachung ehefreundlicher Tatsachen unterliegt nicht dem Anwaltszwang des § 114 Abs. 1.⁸²

3. Ehefeindliche Tatsachen; Widerspruch. Der Amtsermittlungsgrundsatz erfasst grundsätzlich **17** auch ehefeindliche Tatsachen, außer wenn der die Eheauflösung begehrende Ehegatte ausdrücklich oder erkennbar **konkludent** widerspricht.⁸³ Der Widerspruch des Antragsgegners ist unbeachtlich. Gelegenheit zum Widerspruch besteht etwa während der Anhörung (s. o. Rn. 14) zu den Ermittlungsergebnissen.⁸⁴ Widerspruch ist Verfahrenshandlung.⁸⁵ Ob eine Erklärung und in ihr ein Widerspruch vorliegt, ist durch **Auslegung** zu ermitteln.⁸⁶ Stillschweigender Widerspruch liegt schon dann vor, wenn Tatsachen behauptet werden, die mit den ehefeindlichen Tatsachen unvereinbar sind.⁸⁷ Die Suche nach dem Widerspruch darf indes nicht dazu führen, dass das Gericht für die Berücksichtigung ehefeindlicher Tatsachen die Zustimmung des Ehegatten einholt.⁸⁸ Widerspruch ist auch ohne anwaltliche Vertretung möglich.

Mit dem Widerspruchsrecht hat es der aus der Ehe strebende Beteiligte in der Hand, zu **18** bestimmen, aus welchem Sachverhalt die Ehe geschieden oder aufgelöst wird.⁸⁹ Ehefeindliche Tatsachen sind nur unberücksichtigt zu lassen, *soweit* sich der Widerspruch auf sie bezieht.⁹⁰ Der Widerspruch unterliegt nicht dem Anwaltszwang des § 114 Abs. 1.⁹¹

Sobald in Bezug auf ehefeindliche Tatsachen ein Widerspruch des Antragstellers vorliegt, ist nicht **19** nur die Berücksichtigung der Tatsachen, sondern über den Wortlaut des § 127 Abs. 2 hinaus auch ihre Ermittlung und diesbezügliche Beweiserhebung ausgeschlossen, es besteht mithin nicht nur ein **Verwertungs-**, sondern auch ein **Ermittlungs- und Erhebungsverbot**.⁹²

Sofern **kein Widerspruch** besteht, ist das Gericht hinsichtlich der ehefeindlichen Tatsachen nicht **20** darauf beschränkt, den Beteiligtenvortrag zu verifizieren, sondern kann grundsätzlich unter voller Ausschöpfung des Untersuchungsgrundsatzes Ermittlungen anstellen.⁹³ Es sollte jedoch bei der Ermittlung und Berücksichtigung ehefeindlicher Tatsachen entsprechend dem Gedanken des § 127 Abs. 2 zurückhaltend sein.⁹⁴ Eine Vereinbarung der Beteiligten über die Ausschaltung oder Beschränkung eines Beweismittels bindet das Gericht nur, wenn sie sich auf ehefeindliche Tatsachen (oder Härtetatsachen, s. sogleich) bezieht.⁹⁵

IV. Einschränkung des Untersuchungsgrundsatzes nach Abs. 3 in Scheidungsverfahren

Gemäß § 127 Abs. 3 darf das Gericht außergewöhnliche Gründe für das Eingreifen der Härteklau- **21** sel des § 1568 BGB nur berücksichtigen, wenn sie von dem Ehegatten, der die Scheidung ablehnt, vorgebracht worden sind.⁹⁶ § 127 Abs. 3 entspricht § 616 Abs. 3 ZPO aF.⁹⁷ Die Norm schützt die

---

⁸¹ *Baumbach/Lauterbach/Hartmann* Rn. 4.
⁸² *Musielak/Borth* Rn. 8.
⁸³ BGH NJW 1980, 1335; *Baumbach/Lauterbach/Hartmann* Rn. 4; *Zöller/Philippi* § 616 ZPO Rn. 5; *Thomas/Putzo/Hüßtege* § 616 ZPO Rn. 6; *Zimmermann* § 616 ZPO Rn. 2; *Keidel/Weber* Rn. 5; *Stein/Jonas/Schlosser* § 616 ZPO Rn. 3; *Wieczorek/Schütze/Becker-Eberhard* § 616 ZPO Rn. 19; oben § 616 ZPO Rn. 13; *Zöller/Philippi* § 616 ZPO Rn. 5; aA wohl *Musielak/Borth* Rn. 9 (nur ausdrücklich, indes anders im folgenden).
⁸⁴ *Wieczorek/Schütze/Becker-Eberhard* § 616 ZPO Rn. 18.
⁸⁵ *Stein/Jonas/Schlosser* § 616 ZPO Rn. 3; *Wieczorek/Schütze/Becker-Eberhard* § 616 ZPO Rn. 19; *Musielak/Borth* Rn. 9; *Thomas/Putzo/Hüßtege* § 616 ZPO Rn. 6.
⁸⁶ Hk-ZPO/*Kemper* § 616 Rn. 7.
⁸⁷ BGH NJW 1980, 1335 = FamRZ 1979, 1007 (zu § 640d ZPO aF); *Stein/Jonas/Schlosser* § 616 ZPO Rn. 3; *Wieczorek/Schütze/Becker-Eberhard* § 616 ZPO Rn. 19; oben § 616 ZPO Rn. 13; *Musielak/Borth* Rn. 9; *Zöller/Philippi* § 616 ZPO Rn. 5; *Baumbach/Lauterbach/Hartmann* Rn. 4; *Zimmermann* § 616 ZPO Rn. 2; Hk-ZPO/*Kemper* § 616 ZPO Rn. 7; *Rauscher* Rn. 550; *Keidel/Weber* Rn. 5.
⁸⁸ Ähnl. *Wieczorek/Schütze/Becker-Eberhard* § 616 ZPO Rn. 18 und *Stein/Jonas/Schlosser* § 616 ZPO Rn. 3.
⁸⁹ Oben § 616 ZPO Rn. 13.
⁹⁰ *Thomas/Putzo/Hüßtege* § 616 ZPO Rn. 6.
⁹¹ *Wieczorek/Schütze/Becker-Eberhard* § 616 ZPO Rn. 19; oben § 616 ZPO Rn. 13; *Zöller/Philippi* § 616 ZPO Rn. 5; *Zimmermann* § 616 Rn. 2 (alle zu § 78 Abs. 2 ZPO aF).
⁹² *Stein/Jonas/Schlosser* § 616 ZPO Rn. 3; *Wieczorek/Schütze/Becker-Eberhard* § 616 ZPO Rn. 18; oben § 616 ZPO Rn. 14; *Zöller/Philippi* § 616 ZPO Rn. 5; Hk-ZPO/*Kemper* § 616 Rn. 6; aA wohl *Rauscher* Rn. 550; *Bumiller/Harders* Rn. 3.
⁹³ Ausf. *Stein/Jonas/Schlosser* § 616 ZPO Rn. 3.
⁹⁴ *Musielak/Borth* Rn. 9.
⁹⁵ *Stein/Jonas/Schlosser* § 616 ZPO Rn. 13; *Baumbach/Lauterbach/Hartmann* Rn. 4; aA AK/*Derleder* § 616 ZPO Rn. 3 (bindet stets).
⁹⁶ Vgl. *Fölsch* Rn. 45; *Baumbach/Lauterbach/Hartmann* Rn. 5.
⁹⁷ BT-Drucks. 16/6308, S. 227.

Entscheidungsfreiheit des die Scheidung ablehnenden Ehegatten, an der Ehe trotz Scheiterns und trotz der Härtegründe festzuhalten,[98] insbesondere die Freiheit seiner Entscheidung über die Preisgabe der seiner Persönlichkeits-, wenn nicht gar seiner Intimsphäre zuzurechnenden (Härte-)Tatsachen.[99] Obgleich § 1568 BGB das Scheitern der Ehe voraussetzt, braucht das Scheitern nicht zunächst gesondert festgestellt werden, wenn das Eingreifen der negativen Härteklausel jedenfalls zu bejahen ist.[100]

22 Bereits der Wortlaut des § 127 Abs. 3 macht deutlich, dass der scheidungsunwillige Ehegatte sich nicht auf § 1568 im Rechtssinne „berufen" muss, sondern dass der **Vortrag von Härtetatsachen** genügt. An den Vortrag der Härtetatsachen sind keine zu hohen Anforderungen zu stellen, ihre substantiierte Darlegung genügt.[101] Für Vorbringen i. R. d. § 127 Abs. 3 besteht eine Ausnahme vom Anwaltszwang des § 114 Abs. 1 (wie bei § 127 Abs. 2), weil außergewöhnliche Umstände nach § 1568 BGB von Amts wegen zu beachten sind.[102] Die Behauptung einer schweren Härte genügt nicht, es kommt auf den entsprechenden Tatsachenvortrag an, der zudem vom scheidungsunwilligen Ehegatten der negativen Härteklausel „zugeordnet" werden muss; es genügt nicht, wenn er die entsprechenden Tatsache irgendwann einmal im Verfahren erwähnt hat.[103] Für den Vortrag von Härtetatsachen bedarf es keiner anwaltlichen Vertretung.[104] Ist der die Scheidung ablehnende Ehegatte nicht anwaltlich vertreten, so ist er über die Härteklausel des § 1568 BGB zu belehren;[105] auch ansonsten kommt Belehrung in Betracht.[106] Hat der scheidungsunwillige Ehegatte Härtetatsachen vorgetragen, ist danach insoweit Amtsermittlung zulässig.[107] Freilich ist dies nicht der Fall, wenn sie (was hypothetisch sein dürfte) vom Antragsteller vorgetragen wurden.[108]

23 Das Verbot des § 127 Abs. 3 erstreckt sich nicht auf die **Kinderschutzklausel** (§ 1568 BGB). Dies ergibt sich zwar kaum aus dem Wortlaut des § 127 Abs. 3 FamFG iVm. § 1568 BGB,[109] jedoch aus dem Zweck. Denn in diesem Fall überwiegen die Interessen der Kinder gegenüber dem Interesse des Ehegatten an seiner Entscheidungsfreiheit.[110] Dies war zum bisherigen Recht anerkannt[111] und der Zweck gebietet weiterhin die Ausnahme der Kinderschutzklausel vom Anwendungsbereich des § 127 Abs. 3.[112] Dass der FamFG-Gesetzgeber eine klarstellende Formulierung des § 127 Abs. 3 unterlassen hat, ist nicht als Entscheidung gegen die Geltung des Untersuchungsgrundsatzes bei der Ermittlung der Kindeswohlinteressen zu werten.

§ 128 Persönliches Erscheinen der Ehegatten

(1) ¹Das Gericht soll das persönliche Erscheinen der Ehegatten anordnen und sie anhören. ²Die Anhörung eines Ehegatten hat in Abwesenheit des anderen Ehegatten stattzufinden, falls dies zum Schutz des anzuhörenden Ehegatten oder aus anderen Gründen erforderlich ist. ³Das Gericht kann von Amts wegen einen oder beide Ehegatten als Beteiligte vernehmen, auch wenn die Voraussetzungen des § 448 der Zivilprozessordnung nicht gegeben sind.

---

[98] Oben § 616 ZPO Rn. 16; *Zöller/Philippi* § 616 ZPO Rn. 6.
[99] *Musielak/Borth* § 616 ZPO Rn. 10; *Schulte-Bunert/Weinreich/Schröder* Rn. 12.
[100] *Stein/Jonas/Schlosser* § 616 ZPO Rn. 7.
[101] *Wieczorek/Schütze/Becker-Eberhard* § 616 ZPO Rn. 21.
[102] *Stein/Jonas/Schlosser* § 616 ZPO Rn. 7; *Wieczorek/Schütze/Becker-Eberhard* § 616 ZPO Rn. 21; oben § 616 ZPO Rn. 16; *Musielak/Borth* § 616 ZPO Rn. 10; *Zöller/Philippi* § 616 ZPO Rn. 6.
[103] Ähnl. OLG Zweibrücken FamRZ 1982, 293; *Stein/Jonas/Schlosser* § 616 ZPO Rn. 7.
[104] *Musielak/Borth* Rn. 10; *Keidel/Weber* Rn. 6.
[105] *Wieczorek/Schütze/Becker-Eberhard* § 616 ZPO Rn. 21; *Thomas/Putzo/Hüßtege* § 616 ZPO Rn. 9; *Zöller/Philippi* § 616 ZPO Rn. 6.
[106] *Stein/Jonas/Schlosser* § 616 ZPO Rn. 7.
[107] *Zimmermann* § 616 ZPO Rn. 3; ähnl. Hk-ZPO/*Kemper* § 616 Rn. 8.
[108] *Wieczorek/Schütze/Becker-Eberhard* § 616 ZPO Rn. 120.
[109] So aber *Wieczorek/Schütze/Becker-Eberhard* § 616 ZPO Rn. 20 (für den dem § 127 Abs. 3 entsprechenden § 616 Abs. 2 ZPO).
[110] Oben § 616 ZPO Rn. 16.
[111] *Wieczorek/Schütze/Becker-Eberhard* § 616 ZPO Rn. 18; *Baumbach/Lauterbach/Hartmann* Rn. 5; *Musielak/Borth* § 616 ZPO Rn. 10; *Zöller/Philippi* § 616 ZPO Rn. 6; *Thomas/Putzo/Hüßtege* § 616 ZPO Rn. 9; *Zimmermann* § 616 ZPO Rn. 3; Hk-ZPO/*Kemper* § 616 Rn. 8; *Rauscher* Rn. 550.
[112] *Keidel/Weber* Rn. 6; *Musielak/Borth* Rn. 10; *Schulte-Bunert/Weinreich/Schröder* Rn. 13; *Bumiller/Harders* Rn. 6.

(2) Sind gemeinschaftliche minderjährige Kinder vorhanden, hat das Gericht die Ehegatten auch zur elterlichen Sorge und zum Umgangsrecht anzuhören und auf bestehende Möglichkeiten der Beratung hinzuweisen.

(3) Ist ein Ehegatte am Erscheinen verhindert oder hält er sich in so großer Entfernung vom Sitz des Gerichts auf, dass ihm das Erscheinen nicht zugemutet werden kann, kann die Anhörung oder Vernehmung durch einen ersuchten Richter erfolgen.

(4) Gegen einen nicht erschienenen Ehegatten ist wie gegen einen im Vernehmungstermin nicht erschienenen Zeugen zu verfahren; die Ordnungshaft ist ausgeschlossen.

Übersicht

	Rn.		Rn.
I. Normzweck und Anwendungsbereich	1–5	V. Vernehmung als Beteiligte (Abs. 1 Satz 3)	19–22
II. Entstehungsgeschichte	6	1. Voraussetzungen	19, 20
III. Anordnung	7–10	2. Durchführung der Beteiligtenvernehmung	21, 22
IV. Anhörung	11–18	VI. Übertragung auf den ersuchten Richter (Abs. 3)	23–25
1. Anhörungspflicht	11		
2. Inhalt der Anhörung	12–18	VII. Ausbleiben eines Ehegatten, Ordnungsmittel	26–28
a) Allgemeines	12–14		
b) Getrennte Anhörung (Abs. 1 Satz 2)	15, 16		
c) Anhörung zur elterlichen Sorge und zum Umgangsrecht; Hinweis auf Beratungsmöglichkeiten (Abs. 2)	17, 18		

I. Normzweck und Anwendungsbereich

Die Ehegatten sind die wichtigsten Erkenntnisquellen der Sachverhaltsermittlung in Ehesachen.[1] § 128 trägt dem Rechnung, indem er die Vorschriften der ZPO über die Anordnung des persönlichen Erscheinens (§ 141 ZPO) und die Vernehmung von Amts wegen (§ 448 ZPO) ändert und erweitert.[2] Auch von den (gemäß § 113 Abs. 1 S. 1 nicht anwendbaren) Vorschriften des allgemeinen Teils über persönliches Erscheinen (§ 33) und persönliche Anhörung (§ 34) unterscheidet er sich deutlich. Soweit § 128 keine Spezialregelung ggü. §§ 141, 448 ZPO enthält, finden sie gem. § 113 Abs. 1 S. 1 Anwendung.[3]

Das Ziel des § 128 liegt zunächst (gemeinsam mit § 127) in der besseren, genaueren, umfassenderen Sachverhaltsaufklärung[4] (auch von Amts wegen,[5] vgl. oben § 127). Gerade eine Anhörung kann den Richter veranlassen, von Amts wegen zu ermitteln.[6]

Ihrer Natur nach ist in Ehesachen die Gewinnung eines persönlichen Eindrucks von großer Bedeutung.[7] Die Anhörung soll dem Richter ermöglichen, den Ehegatten die Tragweite des Eheverfahrens deutlich zu machen, auf eine Aussöhnung[8] oder gütliche Einigung (§ 113 Abs. 1 S. 2 FamFG iVm. § 278 Abs. 1 ZPO)[9] hinzuwirken, die Hinweise zum Verbund nach § 138 Abs. 1 S. 2 zu geben[10] und sich über die für das Kindeswohl maßgeblichen Umstände zu informieren.[11] Ferner gebietet der höchstpersönliche Charakter der Eheverfahren nachgerade eine persönliche Verfahrensbeteiligung.[12] Hinter der Vorschrift steht auch der Gedanke, dass die Regelung von Ehekonflikten

---
[1] *Wieczorek/Schütze/Becker-Eberhard* § 613 ZPO Rn. 2 u. 3.
[2] *Baumbach/Lauterbach/Hartmann* Rn. 1; *Thomas/Putzo/Hüßtege* § 613 ZPO Rn. 2, vgl. auch *Stein/Jonas/Schlosser* § 613 ZPO Rn. 1.
[3] *Keidel/Weber* Rn. 1.
[4] *Wieczorek/Schütze/Becker-Eberhard* § 613 ZPO Rn. 2 u. 3 (Optimierung der Sachverhaltsaufklärung); *Thomas/Putzo/Hüßtege* § 613 ZPO Rn. 2; *Hk-ZPO/Kemper* § 613 Rn. 1; *Musielak/Borth* Rn. 1.
[5] OLG Brandenburg FamRZ 2000, 897; *Wieczorek/Schütze/Becker-Eberhard* § 613 ZPO Rn. 2 u. 3; *Baumbach/Lauterbach/Hartmann* Rn. 1; *Musielak/Borth* Rn. 1.
[6] *Stein/Jonas/Schlosser* § 613 ZPO Rn. 1 u. 2.
[7] KG AnwBl 1989, 680; *Zöller/Philippi* § 616 ZPO Rn. 3; *Baumbach/Lauterbach/Hartmann* Rn. 1.
[8] *Wieczorek/Schütze/Becker-Eberhard* § 613 ZPO Rn. 2.
[9] *Baumbach/Lauterbach/Hartmann* Rn. 1.
[10] Für § 625 Abs. 1 S. 2 ZPO aF: *Thomas/Putzo/Hüßtege* § 613 ZPO Rn. 4.
[11] OLG Düsseldorf FamRZ 2000, 1519; *Baumbach/Lauterbach/Hartmann* Rn. 2.
[12] *Wieczorek/Schütze/Becker-Eberhard* § 613 ZPO Rn. 2; *Zöller/Philippi* § 616 ZPO Rn. 3; vgl. KG JurBüro 1986, 1530 f.; OLG Stuttgart FamRZ 2001, 695; OLG Bamberg JurBüro 1991, 1642 f.

§ 128 4–8   Buch 2. Abschnitt 2. Ehe-, Scheidungs- und Folgesachen

eine Intensivierung der Kommunikation im Verfahren erfordert.[13] Die Anhörung nach § 128 bietet so den Ehegatten Gelegenheit zu einer persönlichen Äußerung.[14]

4   § 128 ist in allen Ehesachen (§ 121) anwendbar.[15] Er gilt auch in der Beschwerdeinstanz (s. o. Vor §§ 121–132 Rn. 11 f.).[16] Auf andere Familiensachen ist § 128 nicht, auch nicht analog anwendbar.[17] § 128 gilt ferner nicht für Verfahren auf Erlass einer einstweiligen Anordnung[18] und nicht für isolierte Folgesachen,[19] für erstere gelten – da auch die §§ 133 ff. keine Regelung vorsehen – § 113 Abs. 1 S. 2 FamFG iVm. §§ 141, 445 ff. ZPO, für zweitere §§ 26, 33 f., 157 ff., 207, 222.[20]

5   Ein Verstoß gegen § 128 Abs. 1–4 ist ein wesentlicher Verfahrensmangel (§ 117 Abs. 2 S. 1 FamFG iVm. § 538 Abs. 2 Nr. 1 ZPO).[21] Bei Verstoß kann daher eine Zurückverweisung nach § 69 Abs. 1 S. 2 notwendig sein.[22]

II. Entstehungsgeschichte

6   Die Norm entspricht im Wesentlichen dem § 613 ZPO aF, wobei sie neu strukturiert und sprachlich klarer gefasst wurde.[23] § 128 Abs. 1 S. 1 entspricht weitgehend § 613 Abs. 1 S. 1 Halbs. 1 ZPO aF[24] und sieht die Anordnung des persönlichen Erscheinens sowie die Anhörung der Ehegatten vor. § 128 Abs. 1 S. 1 geht über die Anordnung des persönlichen Erscheinens nach § 141 ZPO hinaus, indem sie zur Regel macht (s. u. Rn. 11) und zum höchstpersönlichen Erscheinen verpflichtet.[25] § 128 Abs. 1 S. 2 und 3 entsprechen und konkretisieren die Möglichkeit der Beteiligtenvernehmung (früher: Parteivernehmung) des § 613 Abs. 1 S. 1 Halbs. 2 ZPO aF.[26] Zu der Erweiterung des § 128 Abs. 1 S. 2 s. u. Rn. 15 f. Im Übrigen enthält die Norm keine Neuerungen zu §§ 613 Abs. 1 S. 3, Abs. 2 ZPO.[27]

III. Anordnung

7   Die **Anordnung des persönlichen Erscheinens** kann als vorbereitende Maßnahme (§ 113 Abs. 1 S. 2 FamFG iVm. § 273 Abs. 2 Nr. 3 ZPO) oder durch Beschluss in der mündlichen Verhandlung erfolgen.ZPO [28] Die Verfahrensbevollmächtigten erhalten Terminsnachrichten (§ 113 Abs. 1 S. 2 FamFG iVm. §§ 172 Abs. 1, 273 Abs. 4 ZPO entsprechend).[29] Das Gericht kann auch das gemeinsame persönliche Erscheinen der Ehegatten anordnen.[30]

8   Grundsätzlich sind an die **Anordnung der Vernehmung** die Anforderungen zu stellen (§§ 113 Abs. 1 S. 2 iVm. §§ 450 ff. ZPO), die sich aus ihrem Charakter als **echte Beweisaufnahme**[31]

---

[13] AK/*Derleder* § 613 ZPO Rn. 1.
[14] OLG Brandenburg JurBüro 1991, 1642; KG JurBüro 1986, 1530; OLG Stuttgart FamRZ 2001, 695; *Baumbach/Lauterbach/Hartmann* Rn. 1.
[15] Für § 613 ZPO aF mit dem Ehesachenbegriff des § 606 Abs. 1 S. 1 ZPO aF: *Zöller/Philippi* § 613 ZPO Rn. 1; *Thomas/Putzo/Hüßtege* § 613 ZPO Rn. 2; Hk-ZPO/*Kemper* § 613 Rn. 2.
[16] Für die Geltung des § 613 ZPO aF in der Berufungsinstanz *Stein/Jonas/Schlosser* § 610 ZPO Rn. 4.
[17] Für § 613 ZPO aF mit dem Familiensachenbegriff des § 621 ZPO aF *Wieczorek/Schütze/Becker-Eberhard* § 613 ZPO Rn. 1; *Thomas/Putzo/Hüßtege* § 613 ZPO Rn. 1; Hk-ZPO/*Kemper* § 613 Rn. 2.
[18] OLG München JurBüro 1985, 79; *Wieczorek/Schütze/Becker-Eberhard* § 613 ZPO Rn. 1.
[19] OLG Hamburg FamRZ 1983, 409; OLG München JurBüro 1984, 1359; *Stein/Jonas/Schlosser* § 613 ZPO Rn. 1; *Keidel/Weber* Rn. 3; *Zöller/Philippi* § 613 ZPO Rn. 1; aA wohl *Musielak/Borth* Rn. 1 (auf keinerlei Folgesachen anwendbar).
[20] Vgl. *Keidel/Weber* Rn. 3.
[21] OLG Hamm FamRZ 2000, 898; OLG Koblenz OLGR 2007, 622 Rn. 19; *Baumbach/Lauterbach/Hartmann* Rn. 8; *Thomas/Putzo/Hüßtege* § 613 ZPO Rn. 2; Hk-ZPO/*Kemper* § 613 Rn. 7. Genauer *Wieczorek/Schütze/Becker-Eberhard* § 613 ZPO Rn. 8: Erst, wenn die Unterlassung der Anhörung oder Vernehmung auf greifbarem Missbrauch des richterlichen Entscheidungsspielraums beruht oder zugleich eine mangelhafte Sachaufklärung darstellt.
[22] *Baumbach/Lauterbach/Hartmann* Rn. 8.
[23] BT-Drucks. 16/6308, S. 227 f.; *Keidel/Weber* Rn. 2.
[24] BT-Drucks. 16/6308, S. 227.
[25] Vgl. *Stein/Jonas/Schlosser* § 613 ZPO Rn. 1.
[26] BT-Drucks. 16/6308, S. 227 f.
[27] *Kroiß/Seiler* Rn. 186.
[28] *Stein/Jonas/Schlosser* § 619 ZPO Rn. 2; *Zöller/Philippi* § 613 ZPO Rn. 8; *Thomas/Putzo/Hüßtege* § 613 ZPO Rn. 3; *Zimmermann* § 613 ZPO Rn. 1; Hk-ZPO/*Kemper* § 613 Rn. 4; *Musielak/Borth* Rn. 7.
[29] *Zöller/Philippi* § 613 ZPO Rn. 8; *Baumbach/Lauterbach/Hartmann* Rn. 4.
[30] OLG Brandenburg FamRZ 2000, 897 = MDR 2000, 585.
[31] *Wieczorek/Schütze/Becker-Eberhard* § 613 ZPO Rn. 9; *Stein/Jonas/Schlosser* § 613 ZPO Rn. 7 f.; *Thomas/Putzo/Hüßtege* § 613 ZPO Rn. 5; *Baumbach/Lauterbach/Hartmann* ZPO Rn. 1, 5; AK/*Derleder* § 613 ZPO Rn. 1; Hk-ZPO/*Kemper* § 613 Rn. 9; *Schulze-Bunert/Weinreich/Schröder* Rn. 4.

ergeben. Daher ist die Vernehmung grds. (s. aber sogleich) durch Beweisbeschluss anzuordnen (§ 113 Abs. 1 S. 2 FamFG iVm. § 450 Abs. 1 ZPO).[32]

Eine **exakte Trennung von Anhörung und Vernehmung** wird jedoch vielfach nicht einge- **9** halten[33] und für entbehrlich gehalten,[34] denn es kann zweckmäßig sein, sich für oder gegen eine Vernehmung erst auf Grundlage der durch die Anhörung gewonnenen Kenntnisse und Eindrücke zu entscheiden. Daher haben sich im Rahmen von § 128 für den die Vernehmung und/oder die Anhörung anordnenden Beschluss abgesenkte Voraussetzungen durchgesetzt (s. sogleich). Das FamFG hätte die Gelegenheit zu einer gesetzgeberischen Anerkennung oder Korrektur dieser Praxis geboten.

Der Beschluss muss nicht als Beweisbeschluss gekennzeichnet werden und braucht den Gegenstand **10** der Anhörung oder Vernehmung nicht detailliert anzugeben.[35] Er braucht noch nicht klarzustellen, ob eine Anhörung oder eine Vernehmung beabsichtigt ist.[36] Erst beim Erscheinen im Termin ist im Protokoll klarzustellen, ob eine Anhörung oder eine Vernehmung erfolgen soll.[37] Die Anordnung sollte einen Grund nennen,[38] braucht aber kein Beweisthema zu enthalten.[39] In der Ladung ist – auch wenn noch nicht feststeht, ob nur eine Anhörung oder auch eine Vernehmung erfolgen soll – auf die Folgen des Ausbleibens hinzuweisen (§ 128 Abs. 4 FamFG iVm. §§ 141 Abs. 3, 380 Abs. 1 ZPO).[40] Die Ladung ist persönlich mitzuteilen und nicht zuzustellen (§ 113 Abs. 1 S. 2 FamFG iVm. § 141 Abs. 2 ZPO).[41] Steht bereits fest, dass die Ladung zur Vernehmung erfolgt, ist sie von Amts wegen zuzustellen (§ 113 Abs. 1 S. 2 FamFG iVm. § 450 Abs. 1 S. 2 ZPO).[42]

IV. Anhörung

1. Anhörungspflicht. Die Anhörung steht nicht im Ermessen des Gerichts.[43] Sie hat in aller **11** Regel zu erfolgen,[44] wobei in eng umgrenzten Situationen Ausnahmen möglich sind:[45] Die Anhörung kann nicht bereits wegen Säumnis unterbleiben, denn eben für diesen Fall stellt § 128 Abs. 4 die Zwangsmittel der §§ 380, 381 ZPO zur Verfügung (u. Rn. 26 ff.).[46] Sie darf indes dann unterbleiben, wenn der Ehegatte die Anhörung durch mehrfaches unentschuldigtes Fernbleiben verhindert.[47] Ebenso, wenn ein Ehegatte ausdrücklich und endgültig erklärt hat, zur Aussage nicht bereit zu sein (zur Äußerung in der Anhörung ist er nicht verpflichtet, s. u. Rn. 12, 27);[48] ferner, wenn dies sicher vorhersehbar ist.[49] Sie kann sodann unterbleiben, wenn die Anordnung des persönlichen

---

[32] *Wieczorek/Schütze/Becker-Eberhard* § 613 ZPO Rn. 11; *Thomas/Putzo/Hüßtege* § 613 ZPO Rn. 5; *Zöller/Philippi* § 613 ZPO Rn. 11; *Zimmermann* § 613 ZPO Rn. 2.
[33] *Stein/Jonas/Schlosser* § 613 ZPO Rn. 5, ausf. Rn. 12.
[34] *Stein/Jonas/Schlosser* § 613 ZPO Rn. 12,
[35] *Stein/Jonas/Schlosser* § 613 ZPO Rn. 2.
[36] *Wieczorek/Schütze/Becker-Eberhard* § 613 ZPO Rn. 5; *Zöller/Philippi* § 613 ZPO Rn. 8; AK/*Derleder* § 613 ZPO Rn. 2.
[37] BGH FamRZ 1969, 82, 83; *Zöller/Philippi* § 613 ZPO Rn. 9; krit. *Stein/Jonas/Schlosser* § 613 ZPO Rn. 12 („Überperfektionismus"); strenger *Musielak/Borth* Rn. 8 (Beweisbeschluss, § 450 Abs. 1 S. 1 ZPO).
[38] *Baumbach/Lauterbach/Hartmann* Rn. 4; *Schneider* MDR 1997, 781.
[39] *Wieczorek/Schütze/Becker-Eberhard* § 613 ZPO Rn. 5; *Baumbach/Lauterbach/Hartmann* Rn. 4; *Keidel/Weber* Rn. 4.
[40] *Stein/Jonas/Schlosser* § 613 ZPO Rn. 2; *Wieczorek/Schütze/Becker-Eberhard* § 613 ZPO Rn. 5; *Zöller/Philippi* § 613 ZPO Rn. 8; *Baumbach/Lauterbach/Hartmann* Rn. 4; AK/*Derleder* § 613 ZPO Rn. 2; *Musielak/Borth* Rn. 5, 7; *Keidel/Weber* Rn. 4.
[41] *Wieczorek/Schütze/Becker-Eberhard* § 613 ZPO Rn. 5; AK/*Derleder* § 613 ZPO Rn. 2.
[42] *Wieczorek/Schütze/Becker-Eberhard* § 613 ZPO Rn. 11; *Baumbach/Lauterbach/Hartmann* Rn. 4.
[43] So BGH NJW-RR 1994, 644 = FamRZ 1994, 434 Rn. 19.
[44] *Wieczorek/Schütze/Becker-Eberhard* § 613 ZPO Rn. 3 (grundsätzliche Pflicht); *Thomas/Putzo/Hüßtege* § 613 ZPO Rn. 3; Hk-ZPO/*Kemper* § 613 Rn. 3 („muss grds"; Absehen möglich in absoluten Ausnahmefällen); *Rosenberg/Schwab/Gottwald* § 164 Rn. 58 (steht nicht im Ermessen des Gerichts); *Musielak/Borth* Rn. 3; *Schulze/Bunert/Weinreich/Schröder* Rn. 2.
[45] BGH NJW-RR 1994, 644 = FamRZ 1994, 434 Rn. 19; LG Lüdenscheid FamRZ 2004, 1976; AG Lüdenscheid FamRZ 2004, 1977; *Baumbach/Lauterbach/Hartmann* Rn. 2.
[46] OLG Düsseldorf FamRZ 1986, 1117; OLG Hamm FamRZ 1996, 1156; *Zöller/Philippi* § 613 ZPO Rn. 4; *Baumbach/Lauterbach/Hartmann* Rn. 2.
[47] OLG Hamm FamRZ 1999, 1090; OLG Koblenz FamRZ 2001, 1159; AG Konstanz FamRZ 2001, 425; *Baumbach/Lauterbach/Hartmann* Rn. 2; *Thomas/Putzo/Hüßtege* § 613 ZPO Rn. 4; *Zimmermann* § 613 ZPO Rn. 3; Hk-ZPO/*Kemper* § 613 Rn. 67; ähnl. OLG Hamm FamRZ 1998, 1123 Rn. 7 f. (nur einmaliges Ausbleiben, aber Hinzutreten weiterer Umstände).
[48] OLG Hamburg MDR 1997, 596; *Stein/Jonas/Schlosser* § 610 ZPO Rn. 3; *Wieczorek/Schütze/Becker-Eberhard* § 613 ZPO Rn. 14; *Baumbach/Lauterbach/Hartmann* Rn. 2.
[49] OLG Hamm NJW-RR 1998, 1459; *Zöller/Philippi* § 613 ZPO Rn. 4; *Baumbach/Lauterbach/Hartmann* Rn. 2.

§ 128 12, 13   Buch 2. Abschnitt 2. Ehe-, Scheidungs- und Folgesachen

Erscheinens von Anfang an aussichtslos erscheint, weil der Aufenthaltsort des Ehegatten unbekannt ist[50] oder im Ausland liegt, ohne dass Rechtshilfe möglich ist.[51] Ausnahmsweise kann auch dann auf die Anordnung des persönlichen Erscheinens verzichtet werden, wenn sie überflüssig erscheint, weil die Beteiligten sich über die Bedeutung ihres Vorgehens bewusst sind, der Sachverhalt klar und unstreitig und eine Aussöhnung aussichtslos ist;[52] so etwa in Scheidungssachen, in denen bereits eine dreijährige Trennungsfrist (§ 1566 Abs. 2 BGB) verstrichen und keine streitige Folgesache anhängig ist.[53] In geeigneten Fällen ist statt der persönlichen zumindest eine schriftliche Anhörung durchzuführen. Wird zulässigerweise keine Anhörung durchgeführt, ist mit Zustimmung der Beteiligten ein Verfahren ohne mündliche Verhandlung (§ 113 Abs. 1 S. 2 FamFG iVm. § 128 Abs. 2 ZPO) möglich.[54]

12 **2. Inhalt der Anhörung. a) Allgemeines.** Trotz der Abweichungen von § 141 ZPO erfolgt der Anhörung ansonsten im Rahmen des § 113 Abs. 1 S. 2 FamFG iVm. § 141 ZPO[55] und geprägt durch § 127.[56] Sie ist nicht auf bisher vorgetragene Tatsachen beschränkt.[57] § 127 Abs. 2 ist zu beachten.[58] Verfahrensfähigkeit ist für die Anhörung nicht erforderlich.[59] Für die Anhörung bedarf der Beteiligte nicht der anwaltlichen Vertretung; ist er aber vertreten, so hat die Anhörung in Anwesenheit des Verfahrensbevollmächtigten zu geschehen.[60] Vertretung ist unstatthaft.[61] In der Anhörung ist der Beteiligte nicht verpflichtet, sich zu äußern;[62] hierauf sind die Ehegatten hinzuweisen.[63] Äußerungen und Schweigen des Angehörten sind zur Kenntnis zu nehmen und frei zu würdigen (§ 286 ZPO).[64] Die Regelungen über die Mitwirkungslast (§ 27 Abs. 1) sowie die Wahrheits- und Vollständigkeitspflicht (§ 27 Abs. 2) finden gemäß § 113 Abs. 1 S. 1 keine Anwendung.

13 Die Anhörung ist keine mündliche Verhandlung, die Äußerung der Ehegatten in der Anhörung kann weder als Antragstellung noch als Einlassung zur Sache iSd. § 113 Abs. 1 S. 2 FamFG iVm. §§ 137, 269 Abs. 1 ZPO) verstanden werden.[65] Daher ist danach noch die Rücknahme des Scheidungsantrags ohne Zustimmung des Antragsgegners möglich,[66] auch wenn das mündliche Verhandeln lediglich wegen fehlender anwaltlicher Vertretung als Anhörung iSd. § 128 ausgelegt wurde.[67]

---

[50] BGH NJW-RR 1994, 644 = FamRZ 1994, 434 Rn. 19; *Rosenberg/Schwab/Gottwald* § 164 Rn. 58; *Zöller/Philippi* § 613 ZPO Rn. 4; *Musielak/Borth* Rn. 3.
[51] OLG Hamm FamRZ 2000, 898; *Wieczorek/Schütze/Becker-Eberhard* § 613 ZPO Rn. 4; *Zöller/Philippi* § 613 ZPO Rn. 4; *Thomas/Putzo/Hüßtege* § 613 ZPO Rn. 3; *Zöller/Philippi* § 613 ZPO Rn. 4; *Hk-ZPO/Kemper* § 613 Rn. 3; *Musielak/Borth* Rn. 3; aA *Baumbach/Lauterbach/Hartmann* Rn. 2; vgl. auch OLG Koblenz OLGR 2007, 622 Rn. 19; *Zimmermann* § 613 ZPO Rn. 3.
[52] AG Konstanz FamRZ 2001, 425; AG Lüdenscheid FamRZ 2004, 1976; *Stein/Jonas/Schlosser* § 613 ZPO Rn. 2; *Wieczorek/Schütze/Becker-Eberhard* § 613 ZPO Rn. 4; *Zöller/Philippi* § 613 ZPO Rn. 4; offengelassen von BGH NJW-RR 1994, 644 = FamRZ 1994, 434 Rn. 19.
[53] OLG Köln FF 1998, 59; AG Konstanz FamRZ 2001, 425 (dreijähriges Getrenntleben, Zustimmung zur Scheidung und mehrfaches Nichterscheinen); AG Lüdenscheid FamRZ 2004, 1976 (sechsjähriges Getrenntleben, Zustimmung zur Scheidung und schriftliche Äußerung des Antragsgegners); *Baumbach/Lauterbach/Hartmann* Rn. 2; aA *Musielak/Borth* Rn. 3 (vorweggenommene Beweiswürdigung).
[54] Vgl. *Stein/Jonas/Schlosser* § 613 ZPO Rn. 2.
[55] OLG Brandenburg FamRZ 2000, 897.
[56] Vgl. *Musielak/Borth* Rn. 2; *Keidel/Weber* Rn. 5.
[57] *Thomas/Putzo/Hüßtege* § 613 ZPO Rn. 4.
[58] *Musielak/Borth* Rn. 2.
[59] BGH MDR 1964, 126; *Stein/Jonas/Schlosser* § 613 ZPO Rn. 2; *Wieczorek/Schütze/Becker-Eberhard* § 613 ZPO Rn. 6; *Zöller/Philippi* § 613 ZPO Rn. 9; *Baumbach/Lauterbach/Hartmann* Rn. 1.
[60] KG NJW 1970, 287 = FamRZ 1970, 88; *Stein/Jonas/Schlosser* § 613 ZPO Rn. 5; *Wieczorek/Schütze/Becker-Eberhard* § 613 ZPO Rn. 6; *Zöller/Philippi* § 613 ZPO Rn. 9; *Zimmermann* § 613 Rn. 1; AK/*Derleder* § 613 ZPO Rn. 1.
[61] *Baumbach/Lauterbach/Hartmann* Rn. 4.
[62] OLG Hamburg MDR 1997, 596; *Stein/Jonas/Schlosser* § 610 ZPO Rn. 3; *Wieczorek/Schütze/Becker-Eberhard* § 613 ZPO Rn. 14; *Thomas/Putzo/Hüßtege* § 613 ZPO Rn. 4; *Zimmermann* § 613 ZPO Rn. 1; Hk-ZPO/*Kemper* § 613 Rn. 6; *Schulze-Bunert/Weinreich/Schröder* Rn. 9.
[63] *Musielak/Borth* Rn. 8.
[64] OLG Stuttgart FamRZ 2004, 958 Rn. 10; *Wieczorek/Schütze/Becker-Eberhard* § 613 ZPO Rn. 6; oben § 606 ZPO Rn. 11; *Baumbach/Lauterbach/Hartmann* Rn. 5; *Thomas/Putzo/Hüßtege* § 613 ZPO Rn. 4; *Zöller/Philippi* § 613 ZPO Rn. 5; *Zimmermann* § 613 ZPO Rn. 1.
[65] OLG Stuttgart FamRZ 2004, 1364; OLG Köln FamRZ 1985, 1060; OLG Zweibrücken NJW-RR 1997, 833; OLG Stuttgart FamRZ 2005, 286; *Wieczorek/Schütze/Becker-Eberhard* § 613 ZPO Rn. 6; *Baumbach/Lauterbach/Hartmann* Rn. 1; *Thomas/Putzo/Hüßtege* § 613 ZPO Rn. 2 u. 4; Hk-ZPO/*Kemper* § 613 Rn. 6; *Musielak/Borth* Rn. 8.
[66] BGH FamRZ 2004, 1364 = NJW-RR 2004, 1296 Rn. 10; OLG Stuttgart FamRZ 2004, 958 Rn. 10; OLG Stuttgart FamRZ 2005, 286 Rn. 5; *Baumbach/Lauterbach/Hartmann* Rn. 1; *Thomas/Putzo/Hüßtege* § 613 ZPO Rn. 2.
[67] OLG Stuttgart FamRZ 2004, 958 Rn. 10.

Die Anhörung ist keine Beweisaufnahme.⁶⁸ Eine Protokollierung des Inhalts der Anhörung ist **14** zweckmäßig, aber nicht notwendig (vgl. § 113 Abs. 1 S. 2 FamFG iVm. § 160 Abs. 3 Nr. 4 ZPO, der sich nur auf die Vernehmung bezieht).⁶⁹ Bei einer Anhörung sind die Verfahrensbevollmächtigten – anders als bei der Vernehmung (§ 113 Abs. 1 S. 2 FamFG iVm. §§ 451, 397 Abs. 2 ZPO) nicht berechtigt, den Ehegatten Fragen zu stellen.⁷⁰

b) Getrennte Anhörung (Abs. 1 Satz 2). Gemäß § 128 Abs. 1 Satz 2 hat die Anhörung der **15** Ehegatten getrennt voneinander stattzufinden, falls dies zum Schutz des anzuhörenden Ehegatten oder aus anderen Gründen erforderlich ist. Die Ratio der Norm erfordert es, in diesen Fällen zugleich von einem Wegfall des Anwesenheitsrechts des anderen Ehegatten auszugehen.⁷¹ § 128 Abs. 1 S. 2 ist lediglich eine Klarstellung des bisherigen Rechts – nach zutreffender Ansicht⁷² konnte bei Vorliegen besonderer Gründe bereits nach § 613 ZPO aF die Anhörung der Ehegatten getrennt voneinander erfolgen. § 128 Abs. 1 S. 2 wurde erst auf Ersuchen des Bundesrats in das FamFG eingefügt. Die Möglichkeit der getrennten Anhörung erschien dem Bundesrat und dem 6. Rechtsausschuss des Bundestages besonders zum Schutz der von Zwangsheirat Betroffenen vor Bedrohungen und Einschüchterungen wichtig.⁷³ Sie kommt daher nun im Gesetzeswortlaut klar zum Ausdruck und wird eine häufigere getrennte Anhörung ermöglichen. Die getrennte Anhörung ist in anderen Rechtsordnungen der Regelfall⁷⁴ und kann sinnvoll sein, um den Ehegatten eine persönliche Aussprache über die Konfliktsituation unbeschwert von der Anwesenheit des Partners zu ermöglichen. Eine getrennte Anhörung (ohne das Vorliegen „besonderer Gründe") ist indes im Hinblick auf das rechtliche Gehör des anderen Ehegatten problematisch.⁷⁵

Folgte man bereits zuvor der Meinung, dass eine getrennte Anhörung möglich sein soll, ergibt **16** sich folglich grundsätzlich keine Änderung zur bisherigen Rechtslage. Ungeklärt ist aber, wann eine getrennte Anhörung „erforderlich" ist. Es bedarf jedenfalls besonderer Gründe.⁷⁶ „Erforderlichkeit" bedeutet dabei freilich mehr als „ratsam" oder „sachdienlich".⁷⁷ Soweit bislang die Erforderlichkeit einer getrennten Anhörung bejaht und ihr Maßstab beleuchtet wurde, wurde der Gedanke des § 247 S. 1 StPO herangezogen.⁷⁸ Die Situation des § 247 StPO erinnert an die vorliegende nur entfernt – bereits wegen der Unverzichtbarkeit des Anwesenheitsrechts des Angeklagten im Strafprozess, aber auch, weil Repressalien des Angeklagten gegen den Vernommenen im Strafverfahren näher liegen können und weil die Zeugen oder Mitangeklagten in Anwesenheit des Angeklagten von ihrem Zeugnisverweigerungsrecht bzw. Schweigerecht Gebrauch machen könnten. § 247 StPO stellt grundsätzlich hohe Anforderungen – die mit der Anwesenheit des Auszuschließenden für den Aussagenden oft verbundenen seelischen Belastungen und geringeren Störungen des Wohlbefindens genügen nicht.⁷⁹ Dies dürfte auch für § 128 Abs. 1 S. 2 anzunehmen sein.⁸⁰ Jedoch dürfte künftig § 128 Abs. 1 S. 2 auch außerhalb der besonders frappierenden Fallgruppen, in denen bislang eine getrennte Anhörung bejaht wurde,⁸¹ Anwendung finden.

---

⁶⁸ *Wieczorek/Schütze/Becker-Eberhard* § 613 ZPO Rn. 6; Hk-ZPO/*Kemper* § 613 Rn. 6.
⁶⁹ BGH FamRZ 1969, 82; OLG Stuttgart FamRZ 2001, 695; *Wieczorek/Schütze/Becker-Eberhard* § 613 ZPO Rn. 7; *Zöller/Philippi* § 613 ZPO Rn. 10; ähnl. *Stein/Jonas/Schlosser* § 613 ZPO Rn. 5.
⁷⁰ *Zöller/Philippi* § 613 ZPO Rn. 10.
⁷¹ AA *Keidel/Weber* Rn. 6.
⁷² Vgl. *Thomas/Putzo/Hüßtege* § 613 ZPO Rn. 4; jedoch hins. der Anforderungen sehr umstritten: OLG Frankfurt FamRZ 1994, 1400; *Wieczorek/Schütze/Becker-Eberhard* § 613 ZPO Rn. 7 Fn. 23 (nur wenn besondere Gründe es erfordern); aA wohl OLG Brandenburg FamRZ 2000, 897 = MDR 2000, 585 (nur auf den Fall der Anhörung durch den ersuchten Richter abstellend); *Zöller/Philippi* § 613 ZPO Rn. 3 (Anwesenheitsrecht des anderen Ehegatten).
⁷³ BR-Drucks. 309/07 Nr. 41, S. 33 f.; vgl. BT-Drucks. 16/9733 S. 65.
⁷⁴ Vgl. bspw. Art. 252-1 Abs. 1 franz. Code civil (mit Ausnahmetatbeständen in Art. 252-1 Abs. 3), indes im Rahmen des obligatorischen Schlichtungsversuchs (Art. 252 ff. franz. Code civil); anders als im deutschen Verfahrensrecht haben die Ehegatten im franz. Verfahren nicht die Möglichkeit, ihren Scheidungsantrag zu begründen (vgl. Art. 251 franz. Code civil, Art. 1106 franz. Code de procédure civile).
⁷⁵ So etwa zur Neuregelung *Zimmermann* FamFG Rn. 327.
⁷⁶ *Baumbach/Lauterbach/Hartmann* Rn. 5.
⁷⁷ *Baumbach/Lauterbach/Hartmann* Rn. 5.
⁷⁸ So etwa OLG Frankfurt FamRZ 1994, 1400, 1401.
⁷⁹ *Diemer,* in: Karlsruher Kommentar zur StPO, 6. Aufl. 2008, § 247 StPO Rn. 11.
⁸⁰ Ähnl. *Musielak/Borth* Rn. 4, aber zurückhaltender (schwere seelische Schäden); wohl für großzügigere Anwendung *Schulze-Bunert/Weinreich/Schröder* Rn. 3.
⁸¹ Vgl. nur OLG Frankfurt FamRZ 1994, 1400, 1401 (Ehemann in Haft wegen jahrelangen Missbrauchs der Tochter der Ehefrau aus erster Ehe; die Ehefrau wollte nicht in Gegenwart des – zu diesem Zweck aus der Untersuchungshaft vorgeführten – Ehemannes angehört werden).

17 **c) Anhörung zur elterlichen Sorge und zum Umgangsrecht; Hinweis auf Beratungsmöglichkeiten (Abs. 2).** Gemäß § 128 Abs. 2 hat das Gericht die Ehegatten auch zur elterlichen Sorge und zum Umgangsrecht anzuhören und auf bestehende Beratungsmöglichkeiten hinzuweisen, wenn gemeinschaftliche minderjährige Kinder vorhanden sind. Diese qualifizierte Anhörung und Beratung ist zwingend vorgeschrieben[82] und soll für informiertere, fundiertere Entscheidungen der Eltern über Sorge und Umgang sorgen. Gleichzeitig dient die Anhörung insoweit der Sammlung von Informationen über das Kindeswohl, die das Gericht in die Lage versetzen, über die Stellung eines Sorgerechtsantrags von Amts wegen zu entscheiden.[83] § 128 Abs. 2 knüpft an § 613 Abs. 1 S. 2 ZPO aF an und erweitert ihn um die Anhörung zum Umgangsrecht. Mit der Erweiterung soll die tatsächliche Wahrnehmung von Umgangskontakten verbessert und den Ehegatten ihre fortbestehende Verantwortung für die gemeinsamen Kinder verdeutlicht werden.[84] Mit der gegenüber § 613 Abs. 1 S. 2 ZPO aF gestrafften Formulierung zur Beratungsmöglichkeit soll keine inhaltliche Änderung verbunden sein.[85] § 128 Abs. 2 gilt in jeder Lage des Verfahrens, auch in der Beschwerdeinstanz.[86]

18 Das Gericht hat die Eltern über die **elterliche Sorge** nach der Scheidung, über die Bedeutung der gemeinsamen Sorge und die rechtlichen Folgen der Stellung eines Antrags nach §§ 1671, 1672 BGB, § 137 Abs. 3 zu informieren.[87] Wenn ein Antrag noch nicht vorliegt, hat das Gericht auch über die rechtlichen Folgen der Unterlassung der Antragstellung zu unterrichten. Hinsichtlich des **Umgangsrechts** ist über die bestehenden Umgangsrechte von Kind, Eltern und Bezugspersonen sowie über die Möglichkeiten der Regelung, der Beschränkung oder des Ausschlusses zu informieren. Hinsichtlich der **Beratungsmöglichkeiten** ist auf § 17 Abs. 1 Nr. 3, Abs. 2 SGB VIII hinzuweisen.[88] Die Hinweise können auch schriftlich erteilt werden.[89] Insbesondere wenn die Ehegatten eine Äußerung strikt ablehnen und sie anwaltlich vertreten sind (§ 114 Abs. 1), haben die Hinweise auf Beratungsmöglichkeiten schriftlich zu erfolgen.[90] Gleichzeitig sieht § 17 Abs. 3 SGB VIII eine Mitteilung der Gerichte an das Jugendamt über rechtshängige Scheidungsverfahren von Eltern gemeinschaftlicher minderjähriger Kinder vor, um dem Jugendamt zu ermöglichen, die Eltern über das Beratungsangebot nach § 17 Abs. 2 SGB VIII zu informieren. Nach der Erweiterung des § 128 Abs. 1 S. 2 auf die Anhörung zum Umgangsrecht dürfte zudem über die Beratungsmöglichkeiten nach § 18 Abs. 3 SGB VIII zu unterrichten sein, der Eltern einen Anspruch auf Beratung und Unterstützung bei der Ausübung des Umgangsrechts gibt und vorsieht, dass das Jugendamt Vermittlung und Hilfestellung bei der Herstellung von Umgangskontakten und bei der Ausführung gerichtlicher oder vereinbarter Umgangsregelungen leisten soll.

V. Vernehmung als Beteiligte (Abs. 1 Satz 3)

19 **1. Voraussetzungen.** Gemäß § 128 Abs. 1 S. 3 kann das Gericht von Amts wegen einen oder beide Ehegatten als Beteiligte vernehmen; des Vorliegens der Voraussetzungen des § 448 ZPO bedarf es nicht. Eine Vernehmung (und nicht bloße Anhörung) sollte angeordnet werden, wenn das Gericht Beweis über streitige und erhebliche oder von Amts wegen aufzuklärende (§ 127) Tatsachen erheben möchte.[91] Sie ist freilich nur anzuordnen, wenn es auf diese Tatsachen für die Entscheidung ankommt.[92] Gegenüber der Anhörung der Beteiligten hat die Vernehmung weniger den Zweck der Klarstellung des Streitstoffs als vielmehr den des Beweises der in das Verfahren eingeführten Tatsachen.[93]

20 Die Vernehmung ist indes nicht subsidiär zur Anhörung[94] und nicht – wie sonst, vgl. § 448 ZPO – zu den anderen Beweismitteln.[95] Daher muss das Beweisergebnis nach Erhebung aller angebotenen,

---

[82] *Thomas/Putzo/Hüßtege* § 613 ZPO Rn. 6.
[83] *Musielak/Borth* Rn. 11; *Keidel/Weber* Rn. 8; wohl auch *Schulze-Bunert/Weinreich/Schröder* Rn. 6.
[84] BT-Drucks. 16/6308, S. 228; *Keidel/Weber* Rn. 2.
[85] BT-Drucks. 16/6308, S. 228.
[86] *Musielak/Borth* Rn. 9, 10.
[87] *Baumbach/Lauterbach/Hartmann* Rn. 3; *Zöller/Philippi* § 616 ZPO Rn. 2a; *Zimmermann* § 613 ZPO Rn. 3.
[88] *Baumbach/Lauterbach/Hartmann* Rn. 3; *Thomas/Putzo/Hüßtege* § 613 ZPO Rn. 6; Hk-ZPO/*Kemper* § 613 Rn. 6; vgl. BT-Drucks. 13/8511, S. 78.
[89] *Zöller/Philippi* § 616 ZPO Rn. 2a; *Musielak/Borth* Rn. 9.
[90] *Baumbach/Lauterbach/Hartmann* Rn. 3.
[91] *Zöller/Philippi* § 613 ZPO Rn. 5; *Musielak/Borth* Rn. 6; strenger *Baumbach/Lauterbach/Hartmann* Rn. 3 (das gerichtliche Ermessen des § 128 Abs. 1 S. 3 wird zur Verpflichtung); weniger streng *Stein/Jonas/Schlosser* § 613 Rn. 12 (es bleibt beim Ermessen).
[92] *Thomas/Putzo/Hüßtege* § 613 ZPO Rn. 5.
[93] Ähnl. *Wieczorek/Schütze/Becker-Eberhard* § 613 ZPO Rn. 9 (Sachverhaltsermittlung, Bewahrheitung eingeführter Tatsachen).
[94] *Zöller/Philippi* § 613 ZPO Rn. 6; *Zimmermann* § 613 ZPO Rn. 2.
[95] *Wieczorek/Schütze/Becker-Eberhard* § 613 ZPO Rn. 9; *Zöller/Philippi* § 613 ZPO Rn. 6.

zulässigen und erheblichen Beweise also nicht unzureichend sein (vgl. § 448 ZPO). Ferner muss, anders als bei § 448 ZPO kein gewisser Grad von Wahrscheinlichkeit für die Richtigkeit einer bestimmten Behauptung bestehen.[96] Sie fordert, anders als gem. § 448 ZPO, nicht, dass bereits einiger Beweis erbracht ist.[97] Zudem umfasst § 128 Abs. 1 S. 3 Tatsachen, die das Gericht gem. § 127 vom Amts wegen ermitteln möchte ebenso wie Behauptungen der Beteiligten.[98]

2. Durchführung der Beteiligtenvernehmung. Zu dem die Vernehmung anordnenden Beschluss s. o. Rn. 7 ff., insbes. Rn. 10. Die Vernehmung muss sich auf bestimmte Tatsachen beziehen.[99] Die Beeidigung ist möglich (§ 113 Abs. 1 S. 2 FamFG iVm. § 452 ZPO),[100] wobei der Verzicht des Gegners auf die Beeidigung ausgeschlossen ist (vgl. § 113 Abs. 4 Nr. 8 FamFG iVm. § 452 Abs. 3 ZPO). Das Ergebnis der Vernehmung ist zu protokollieren, vgl. § 113 Abs. 1 S. 2 FamFG iVm. § 160 Abs. 3 Nr. 4 Halbs. 1 Alt. 3 ZPO.[101] Die Vernehmung soll auch bei einem Verfahrensunfähigen möglich sein (Abweichung von § 455 ZPO).[102] Ob nur ein Ehegatte oder beide Ehegatten vernommen werden, steht grundsätzlich im Ermessen des Gerichts.[103] Bei Tatsachen, die Gegenstand der Wahrnehmung beider waren, sollen regelmäßig beide vernommen werden.[104] Wird nur ein Ehegatte vernommen, so ist dem anderen Gelegenheit zur Stellungnahme in einer Anhörung zu geben (prozessuale Waffengleichheit).[105] Die Vernehmung hat in Anwesenheit des Verfahrensbevollmächtigten[106] und e contrario § 128 Abs. 1 S. 2 sowie gem. § 357 ZPO (Grundsatz der Parteiöffentlichkeit) in Anwesenheit der Gegenseite[107] stattzufinden. Eine Vertretung ist unstatthaft.[108] Auch hier besteht keine Pflicht zur Äußerung.[109] Die Ergebnisse der Vernehmung – Äußerungen und Schweigen – sind im Rahmen der freien Beweiswürdigung (§ 113 Abs. 1 S. 2 FamFG iVm. § 286 ZPO) zu berücksichtigen.[110]

Die **Beteiligtenvernehmung auf Antrag** (§ 113 Abs. 1 S. 2 FamFG iVm. §§ 445 ff. ZPO), die sich dann allein nach § 113 Abs. 1 S. 2 FamFG iVm. §§ 445 ff. ZPO richtet (wobei § 452 Abs. 3 ZPO gemäß § 113 Abs. 4 Nr. 8 nicht anwendbar ist), wird durch die Vernehmung nach § 128 Abs. 1 S. 3 nicht ausgeschlossen.[111]

VI. Übertragung auf den ersuchten Richter (Abs. 3)

Gemäß § 128 Abs. 3 können Anhörung und Vernehmung durch einen ersuchten Richter erfolgen, wenn ein Ehegatte am Erscheinen verhindert ist oder sich in so großer Entfernung zum Gerichtsort aufhält, dass das Erscheinen für ihn unzumutbar erscheint. § 128 Abs. 3 entspricht § 613 Abs. 1 S. 3 ZPO aF.[112] Dass die Anhörung oder Vernehmung durch den ersuchten Richter erfolgen „kann", kennzeichnet eine Ermächtigung, kein Ermessen.[113] Die Verfahren auf Einleitung der

---

[96] Stein/Jonas/Schlosser § 613 ZPO Rn. 6.
[97] Vgl. Baumbach/Lauterbach/Hartmann § 448 ZPO Rn. 4.
[98] Stein/Jonas/Schlosser § 613 ZPO Rn. 6.
[99] Stein/Jonas/Schlosser § 613 ZPO Rn. 7.
[100] Stein/Jonas/Schlosser § 613 ZPO Rn. 10; Wieczorek/Schütze/Becker-Eberhard § 613 ZPO Rn. 12 (beide: aber selten angebracht); Thomas/Putzo/Hüßtege § 613 ZPO Rn. 5; Zimmermann § 613 ZPO Rn. 2; Hk-ZPO/Kemper § 613 Rn. 9.
[101] Wieczorek/Schütze/Becker-Eberhard § 613 ZPO Rn. 12; Baumbach/Lauterbach/Hartmann Rn. 5; Stein/Jonas/Schlosser § 613 ZPO Rn. 8; Thomas/Putzo/Hüßtege § 613 ZPO Rn. 4 f.; Hk-ZPO/Kemper § 613 ZPO Rn. 6; Zimmermann § 613 ZPO Rn. 2.
[102] Baumbach/Lauterbach/Hartmann Rn. 1.
[103] Stein/Jonas/Schlosser § 613 ZPO Rn. 7; Wieczorek/Schütze/Becker-Eberhard § 613 ZPO Rn. 10; anders bei § 448 ZPO, vgl. Baumbach/Lauterbach/Hartmann § 448 ZPO Rn. 11.
[104] Wieczorek/Schütze/Becker-Eberhard § 613 ZPO Rn. 10; Zöller/Philippi § 613 ZPO Rn. 7; ähnlich bei § 448 ZPO, vgl. Baumbach/Lauterbach/Hartmann § 448 Rn. 11 m. weit. Nachw.
[105] Stein/Jonas/Schlosser § 613 ZPO Rn. 7.
[106] Wieczorek/Schütze/Becker-Eberhard § 613 ZPO Rn. 12; aA (Vernehmung auch ohne anwaltliche Vertretung möglich) Baumbach/Lauterbach/Hartmann Rn. 5.
[107] AA Baumbach/Lauterbach/Hartmann Rn. 5. Wie hier für § 613 ZPO aF Stein/Jonas/Schlosser § 613 ZPO Rn. 8.
[108] Baumbach/Lauterbach/Hartmann Rn. 4.
[109] Wieczorek/Schütze/Becker-Eberhard § 613 ZPO Rn. 14; Zimmermann § 613 ZPO Rn. 2; Hk-ZPO/Kemper § 613 Rn. 6.
[110] Stein/Jonas/Schlosser § 613 ZPO Rn. 9; Hk-ZPO/Kemper § 613 Rn. 6. Zum Gang der Vernehmung s. ferner Zöller/Philippi § 613 Rn. 12.
[111] Stein/Jonas/Schlosser § 613 ZPO Rn. 11; Thomas/Putzo/Hüßtege § 613 ZPO Rn. 5; ähnl. Hk-ZPO/Kemper § 613 Rn. 10.
[112] BT-Drucks. 16/6308, S. 228.
[113] Baumbach/Lauterbach/Hartmann Rn. 6.

§ 128 24–27 Buch 2. Abschnitt 2. Ehe-, Scheidungs- und Folgesachen

Rechtshilfe nach § 128 Abs. 3 ist – wie bereits nach dem 6. Buch der ZPO[114] – keine Familiensache; es richtet sich nach §§ 156ff. GVG.[115] Wird die Anhörung oder Vernehmung vor dem ersuchten Richter durchgeführt, hat freilich auch dieser § 128 Abs. 1 und 2 zu beachten.

24 Der Begriff der **Verhinderung** des Ehegatten richtet sich nach § 113 Abs. 1 S. 2 FamFG iVm. § 375 Abs. 1 Nr. 2 ZPO, der der **großen Entfernung** nach § 113 Abs. 1 S. 2 FamFG iVm. § 375 Abs. 1 Nr. 3 ZPO.[116] Sonstige Verhinderungsgründe – wie Mittellosigkeit[117] – entbinden nicht von der Pflicht zum Erscheinen.[118] Bei der Beurteilung der Verhinderung ist angesichts der großen persönlichen Bedeutung der Ehesachen für beide Ehegatten in der Regel Zumutbarkeit anzunehmen; nur in Ausnahmefällen ist das Erscheinen als unzumutbar anzusehen.[119] Während im Rahmen von § 375 Abs. 1 Nr. 3 ZPO ansonsten schon eine Entfernung innerhalb desselben OLG-Bezirks unter Umständen genügen kann,[120] soll im Rahmen des § 128 Abs. 3 die Überwindung von Entfernungen innerhalb der BRD[121] oder aus dem grenznahen Ausland[122] noch zumutbar sein. Besondere zur Unzumutbarkeit beitragende Umstände können die fehlende Reisefähigkeit,[123] die körperliche Behinderung oder das Vorhandensein ständig betreuungsbedürftiger Kinder sein.[124]

25 Soll eine Anhörung stattfinden, muss im **Ersuchen** der Gegenstand der Anhörung deutlich werden, eine genaue Bezeichnung der aufzuklärenden Tatsachen ist nicht erforderlich;[125] soll eine Vernehmung stattfinden, muss ein Beweisthema angegeben werden.[126] Für das **Verfahren** vor dem ersuchten Richter besteht kein Anwaltszwang (§ 114 Abs. 4 Nr. 6 FamFG iVm. § 78 Abs. 3 ZPO). Die Beiordnung eines Anwalts ist erforderlich, wenn besondere Umstände sie verlangen.[127] Zwangsmaßnahmen nach § 128 Abs. 4 Hs. 2 (s. sogleich) kann auch der ersuchte Richter anordnen, denn die §§ 380, 381 ZPO sind gemäß § 113 Abs. 1 S. 2 FamFG iVm. § 400 ZPO anwendbar.[128]

VII. Ausbleiben eines Ehegatten, Ordnungsmittel

26 § 128 Abs. 4 betrifft den Fall des Ausbleibens eines Ehegatten, dessen persönliches Erscheinen angeordnet ist. Gemäß § 128 Abs. 4 ist in diesem Fall gegen ihn wie gegen einen Zeugen zu verfahren (§§ 380, 381 ZPO), wobei die Ordnungshaft (§ 380 Abs. 1 S. 2 Halbs. 2 ZPO) ausgeschlossen ist (§ 128 Abs. 4 Halbs. 2).[129] § 128 Abs. 4 entspricht § 613 Abs. 2 ZPO aF.[130] Der Ausschluss des § 113 Abs. 4 Nr. 1 der Vorschriften der ZPO über die Folgen der unterbliebenen oder verweigerten Erklärung von Tatsachen bezieht sich lediglich auf §§ 138 Abs. 3 und 4 ZPO,[131] nicht auf §§ 380, 381 ZPO.

27 Gegen den nicht erschienenen Ehegatten (abgesehen von der Möglichkeit der Ordnungshaft) wie gegen den nicht erschienenen Zeugen zu verfahren bedeutet, dass gegen ihn ein **Ordnungsgeld** festzusetzen ist (§ 128 Abs. 4 Halbs. 1 FamFG iVm. § 380 Abs. 1 ZPO, zur Höhe s. Art. 6 EGStGB) und dass bei wiederholtem Ausbleiben auch die **zwangsweise Vorführung** zulässig ist (§ 128 Abs. 4 Halbs. 1 FamFG iVm. § 380 Abs. 2 ZPO).[132] Es bedeutet ferner, dass der nicht erschienene Ehegatte

---

[114] *Stein/Jonas/Schlosser* § 610 ZPO Rn. 4.
[115] *Thomas/Putzo/Hüßtege* § 613 ZPO Rn. 7; *Keidel/Weber* § 111 Rn. 18.
[116] *Baumbach/Lauterbach/Hartmann* Rn. 6; *Thomas/Putzo/Hüßtege* § 613 ZPO Rn. 7; *Zimmermann* § 613 ZPO Rn. 3.
[117] BGH NJW 1975, 1125; *Wieczorek/Schütze/Becker-Eberhard* § 613 ZPO Rn. 4; *Baumbach/Lauterbach/Hartmann* Rn. 6; vgl. §§ 3, 5 JVEG; Nr. 2007 KV FamGKG.
[118] *Baumbach/Lauterbach/Hartmann* Rn. 6; *Keidel/Weber* Rn. 9.
[119] *Thomas/Putzo/Hüßtege* § 613 ZPO Rn. 7; *Hk-ZPO/Kemper* § 613 ZPO Rn. 3; *Schulz-Bunert/Weinreich/Schröder* Rn. 7.
[120] *Baumbach/Lauterbach/Hartmann* § 375 ZPO Rn. 11.
[121] *Stein/Jonas/Schlosser* § 610 ZPO Rn. 4; *Wieczorek/Schütze/Becker-Eberhard* § 613 ZPO Rn. 4; *Zöller/Philippi* § 613 ZPO Rn. 13.
[122] *Stein/Jonas/Schlosser* § 610 ZPO Rn. 4; *Wieczorek/Schütze/Becker-Eberhard* § 613 ZPO Rn. 4.
[123] *Schulze-Bunert/Weinreich/Schröder* Rn. 7.
[124] *Wieczorek/Schütze/Becker-Eberhard* § 613 ZPO Rn. 4.
[125] KG NJW-RR 1990, 586; *Stein/Jonas/Schlosser* § 610 ZPO Rn. 4; *Baumbach/Lauterbach/Hartmann* Rn. 6; *Thomas/Putzo/Hüßtege* § 613 ZPO Rn. 7; strenger *Wieczorek/Schütze/Becker-Eberhard* § 613 ZPO Rn. 4 (substantiierte Angaben zu Thema und Fragen, anderenfalls unzulässig).
[126] *Zöller/Philippi* § 613 ZPO Rn. 11 u. 13; aA KG NJW-RR 1990, 586.
[127] OLG Köln FamRZ 1991, 349 (zu § 78 Abs. 5 ZPO aF).
[128] *Zöller/Philippi* § 613 ZPO Rn. 14; *Thomas/Putzo/Hüßtege* § 613 ZPO Rn. 8.
[129] Vgl. *Baumbach/Lauterbach/Hartmann* Rn. 7; *AK/Derleder* § 613 ZPO Rn. 4.
[130] BT-Drucks. 16/6308, S. 228.
[131] Zum alten Recht: *Thomas/Putzo/Hüßtege* § 617 ZPO Rn. 3.
[132] *Thomas/Putzo/Hüßtege* § 613 ZPO Rn. 7; *Zöller/Philippi* § 613 ZPO Rn. 14; *AK/Derleder* § 613 ZPO Rn. 4; weitergehend *Zimmermann* § 613 Rn. 3 (keine Beschränkung auf wiederholtes Ausbleiben).

die durch das Ausbleiben verursachten Kosten zu tragen hat.[133] Bei einem unentschuldigten Ausbleiben ist das Gericht sogar verpflichtet, dem nicht Erschienenen die Kosten aufzuerlegen und ein Ordnungsgeld zu verhängen.[134] Die Verhängung von Ordnungsgeld ist auch dann zulässig, wenn sich der Beteiligte nicht eingelassen hat.[135] Freilich setzt die Verhängung von Ordnungsgeld eine ordnungsgemäße Ladung (nicht gem. § 377 ZPO, sondern wie oben Rn. 10) und die Einhaltung einer nach pflichtgemäßem Ermessen gesetzten Ladungsfrist voraus.[136] Keine Parallele besteht zum nicht aussagebereiten Zeugen: Da die Ehegatten zur Äußerung nicht verpflichtet sind (s. o. Rn. 11 f.), sind Ordnungsmittel unstatthaft, wenn sie zur Erzwingung einer Erklärung oder Aussage eingesetzt werden sollen; Verweigerung der Erklärung (Anhörung) oder Aussage (Vernehmung) sind folglich dem Nichterscheinen nicht gleichgestellt.[137]

Die Entscheidung über die Ordnungsmittel ergeht durch Beschluss (§ 128 Abs. 4 Halbs. 1 FamFG iVm. § 380 ZPO). Die Zwangsmittel müssen zuvor in der Ladung angedroht worden sein (s. o. Rn. 10). Wegen der großen Bedeutung der Anhörung sind an die Entschuldigung (§ 381 ZPO) strenge Anforderungen zu stellen,[138] bei unentschuldigtem Ausbleiben ist in der Regel ein Ordnungsgeld zu verhängen.[139] Eine Verhinderung des Verfahrensbevollmächtigten kann den nicht erschienenen Ehegatten entschuldigen, wegen des besonderen Vertrauensverhältnisses zwischen Verfahrensbevollmächtigtem und Mandant in einer Ehesache kann von dem Ehegatten nicht verlangt werden, auf eine Vertretung für den verhinderten Verfahrensbevollmächtigten zurückzugreifen.[140] Statthafter Rechtsbehelf gegen Ordnungsmittel nach § 128 Abs. 4 Halbs. 2 FamFG iVm. § 380 ZPO ist die sofortige Beschwerde, §§ 380 Abs. 3 iVm. 567 Abs. 1 Nr. 1 ZPO.[141]

28

§ 129 Mitwirkung der Verwaltungsbehörde oder dritter Personen

(1) Beantragt die zuständige Verwaltungsbehörde oder bei Verstoß gegen § 1306 des Bürgerlichen Gesetzbuchs die dritte Person die Aufhebung der Ehe, ist der Antrag gegen beide Ehegatten zu richten.

(2) ¹Hat in den Fällen des § 1316 Abs. 1 Nr. 1 des Bürgerlichen Gesetzbuchs ein Ehegatte oder die dritte Person den Antrag gestellt, ist die zuständige Verwaltungsbehörde über den Antrag zu unterrichten. ²Die zuständige Verwaltungsbehörde kann in diesen Fällen, auch wenn sie den Antrag nicht gestellt hat, das Verfahren betreiben, insbesondere selbständig Anträge stellen oder Rechtsmittel einlegen. ³Im Fall eines Antrags auf Feststellung des Bestehens oder Nichtbestehens einer Ehe zwischen den Beteiligten gelten die Sätze 1 und 2 entsprechend.

Übersicht

	Rn.		Rn.
I. Normzweck	1, 2	V. Beteiligung der Verwaltungsbehörde ohne eigenen Antrag	12–14
II. Antragstellung des Dritten	3, 4	1. Unterrichtungspflicht (Abs. 2 Satz 1)	12
III. Antrag der Verwaltungsbehörde	5–10	2. Beteiligung ohne eigenen Antrag (Abs. 2 Satz 2)	13, 14
1. Antragsbefugnis	5–8		
2. Befugnisse der Verwaltungsbehörde	9, 10	VI. Rolle der Verwaltungsbehörde im Bestandsfeststellungsverfahren (Abs. 2 Satz 3)	15, 16
IV. Anschließung des Dritten oder des Ehegatten durch eigenen Antrag	11		

---

[133] *Zimmermann* FamFG Rn. 327.
[134] OLG Brandenburg MDR 2000, 585; *Baumbach/Lauterbach/Hartmann* Rn. 7.
[135] OLG Düsseldorf FamRZ 1981, 1096; KG NJW 1970, 287; *Baumbach/Lauterbach/Hartmann* Rn. 7; AK/*Derleder* § 613 ZPO Rn. 4; aA OLG Celle NJW 1970, 1689; OLG Hamburg MDR 1997, 596; *Zimmermann* § 613 ZPO Rn. 5; *Schneider* MDR 1997, 781.
[136] OLG Zweibrücken FamRZ 1982, 1097; *Baumbach/Lauterbach/Hartmann* Rn. 7.
[137] OLG Hamburg MDR 1997, 596; OLG Zweibrücken FamRZ 2006, 281; *Zöller/Philippi* § 613 ZPO Rn. 14; *Baumbach/Lauterbach/Hartmann* Rn. 7; *Thomas/Putzo/Hüßtege* § 613 ZPO Rn. 7; AK/*Derleder* § 613 ZPO Rn. 7.
[138] OLG Brandenburg MDR 2000, 585; *Thomas/Putzo/Hüßtege* § 613 ZPO Rn. 8; Hk-ZPO/*Kemper* § 613 Rn. 5.
[139] *Thomas/Putzo/Hüßtege* § 613 ZPO Rn. 8.
[140] OLG Naumburg FamRZ 2007, 909 Rn. 4 ff.; *Baumbach/Lauterbach/Hartmann* Rn. 7.
[141] *Zimmermann* § 613 ZPO Rn. 4.

§ 129 1–4 Buch 2. Abschnitt 2. Ehe-, Scheidungs- und Folgesachen

I. Normzweck

1 § 129 knüpft an die Vorschriften über die Antragstellung der Verwaltungsbehörde oder des Dritten bei bestimmten Eheaufhebungsgründen (§ 1316 Abs. 1 Nr. 1, Abs. 3 BGB) an und ergänzt sie.[1] § 1316 BGB sieht die **Beteiligung der Verwaltungsbehörde** an Verfahren vor, an denen öffentliches Interesse besteht.[2] Dies betrifft die Eheaufhebungsgründe der fehlenden Ehemündigkeit oder fehlenden familiengerichtlichen Befreiung (§ 1303 BGB), der fehlenden Geschäftsfähigkeit (§ 1304 BGB), der Bigamie (§ 1306 BGB), der Verwandtenehe (§ 1307 BGB), der fehlenden persönlichen Erklärung bei gleichzeitiger Anwesenheit (§ 1311 BGB), der Eheschließung im Zustand der Bewusstlosigkeit oder vorübergehenden Störung der Geistestätigkeit (§ 1314 Abs. 2 Nr. 1 BGB) und der Scheinehe (§ 1314 Abs. 2 Nr. 5 BGB); nicht aber Verfahren nach § 1318 BGB. Bis zum 1.7. 1998 wurde das öffentliche Interesse bei Vorliegen der (teilweise in die Eheaufhebungsgründe des geltenden Rechts überführten) Ehenichtigkeitsgründe (vgl. §§ 17 f., 19–21 EheG aF: Formmangel, Mangel der Geschäfts- oder Urteilsfähigkeit, Doppelehe, Verwandtschaft und Schwägerschaft) noch von der Staatsanwaltschaft wahrgenommen (vgl. § 24 EheG aF), zur Entkriminalisierung des Eheschließungsrechts und zur Entlastung der Staatsanwaltschaft wurde die Aufgabe der Verwaltungsbehörde übertragen.[3] In den Fällen der Doppelehe steht auch dem **Dritten** – dem Ehegatten der früheren Ehe – ein Antragsrecht zu (§§ 1316 Abs. 1 Nr. 1 S. 1 Alt. 3, 1306 BGB). Im Falle des § 129 Abs. 1 werden Verwaltungsbehörde bzw. Dritter Beteiligter iSd. § 7 Abs. 1 (zu den Fällen des § 129 Abs. 2 S. 2 s. u. Rn. 14).

2 § 129 Abs. 1 entspricht § 631 Abs. 3 ZPO aF;[4] § 129 Abs. 2 S. 1 und 2 entsprechen § 631 Abs. 4 ZPO aF; § 129 Abs. 2 S. 3 entspricht §§ 632 Abs. 3 iVm. 631 Abs. 4 ZPO aF.[5]

II. Antragstellung des Dritten

3 Die **Antragsbefugnis eines Dritten** besteht in Fällen der Aufhebbarkeit wegen Doppelehe (§§ 1316 Abs. 1 Nr. 1 S. 1 Alt. 3, 1306 BGB). Stellt der Dritte den Antrag, so werden die beiden (anderen) Ehegatten notwendige Streitgenossen iSd. § 62 ZPO.[6] Der Antrag ist gegen beide anderen Ehegatten zu richten, § 129 Abs. 1. Anders als die Verwaltungsbehörde, die das öffentliche Interesse durchsetzt, bedarf der Dritte eines eigenen Interesses an der Aufhebung:[7]

4 Das „**eigene Interesse**" ist nicht als im Einzelfall darzulegendes besonderes Rechtsschutzinteresse zu verstehen, sondern kann in Bigamiefällen regelmäßig unterstellt werden.[8] Dies folgte bis zum KindRG 1998 daraus, dass die Nichtigerklärung die bigamische Ehe *ex tunc* beseitigte und dadurch die ausschließliche Geltung der ersten Ehe wiederhergestellt wurde.[9] Die Einführung der Aufhebbarkeit der bigamischen Ehe *ex nunc* durch das KindRG hat indes bewirkt, dass ein Interesse des Dritten an der Aufhebung zwar dann ohne weiteres bejaht werden kann, wenn die bigamische Ehe noch neben der Erstehe besteht und die Rechte des Ehegatten aus der Erstehe schmälert.[10] Ist die Erstehe bereits anderweitig aufgelöst, ist das möglicherweise fortbestehende öffentliche Interesse an der Sanktionierung von Verstößen gegen das Verbot der Mehrehe regelmäßig von der Verwaltungsbehörde, nicht vom Dritten geltend zu machen.[11] Ist die Erstehe aufgelöst, so ist der Dritte nur antragsbefugt, wenn er – neben dem öffentlichen Interesse – auch eigene (zB renten- und versorgungsrechtliche) Belange, die gegenüber Belangen der Ehegatten der bigamischen Ehe und etwaiger aus ihr hervorgegangener Kinder schutzwürdig erscheinen, geltend macht.[12]

---

[1] Vgl. oben § 631 ZPO Rn. 7; *Zöller/Philippi* § 631 Rn. 10; *Thomas/Putzo/Hüßtege* § 631 ZPO Rn. 9.
[2] *Baumbach/Lauterbach/Hartmann* Rn. 2.
[3] Vgl. oben § 631 ZPO Rn. 6 u. 9; *Musielak/Borth* § 631 ZPO Rn. 2; *Gernhuber/Coester-Waltjen* § 14 Rn. 10; *Erman/Roth* § 1316 BGB Rn. 4; *Bamberger/Roth/Hahn* § 1316 BGB Rn. 2.
[4] BT-Drucks. 16/6308, S. 228.
[5] Vgl. BT-Drucks. 16/6308, S. 228.
[6] *Musielak/Borth* § 631 ZPO Rn. 9.
[7] *Rauscher* Rn. 214.
[8] BGHZ 149, 357 = NJW 2002, 1268 = FamRZ 2002, 604 Rn. 15.
[9] BGHZ 149, 357 = NJW 2002, 1268 = FamRZ 2002, 604 Rn. 15; BGH FamRZ 2001, 685, 686; BGH FamRZ 1986, 879, 880.
[10] Anders wohl *Bamberger/Roth/Hahn* § 1316 BGB Rn. 10 (indes einschränkend in Rn. 11).
[11] BGHZ 149, 357 = NJW 2002, 1268 = FamRZ 2002, 604 Rn. 16 f.; *Keidel/Weber* Rn. 7.
[12] BGHZ 149, 357 = NJW 2002, 1268 = FamRZ 2002, 604 Rn. 17; *Erman/Roth* § 1316 BGB Rn. 3; *Bamberger/Roth/Hahn* § 1316 BGB Rn. 10.

III. Antragstellung der Verwaltungsbehörde

1. Antragsbefugnis. Die **Antragsbefugnis der Verwaltungsbehörde** ergibt sich aus § 1316 5
Abs. 1 Nr. 1, Abs. 3 BGB; danach ist die Verwaltungsbehörde antragsbefugt in den Fällen der
§§ 1303, 1304, 1306, 1307, 1311, 1314 Abs. 2 Nr. 1 und 5 BGB (dh. stets außer in Fällen des
§ 1314 Abs. 2 Nr. 2–4 BGB); in den Fällen der §§ 1304, 1306, 1307, 1314 Abs. 2 Nr. 1 und 5 BGB
soll die Verwaltungsbehörde den Antrag stellen, wenn die Aufrechterhaltung nicht ausnahmsweise
geboten scheint, weil die Aufhebung für einen Ehegatten oder die aus der Ehe hervorgegangenen
Kinder eine **schwere Härte** darstellen würde (§ 1316 Abs. 3 BGB). Die Härteklausel ist § 1568
BGB nachempfunden.[13] Für die Ermittlung der besonderen Härtegründe gilt der Untersuchungsgrundsatz des § 127,[14] der betroffene Ehegatte hat jedoch die entsprechenden Tatsachen vorzubringen.

Die **Ausübung des Ermessens des § 1316 Abs. 3 BGB** ist an der Intensität der Ehestörung zu 6
orientieren.[15] Das Verbot der **Doppelehe** wiegt regelmäßig sehr schwer, ist doch § 1306 BGB
„selbstverständlich gewordene rechtliche Ausprägung eines als unantastbar empfundenen kulturellen
Besitzes in Europa".[16] Auch im Falle der bigamischen Ehe kann die Ehestörung ausnahmsweise sehr
schwach sein, wenn die Erstehe inzwischen aufgelöst und die Zweitehe lange (und gutgläubig) gelebt
wurde.[17] Gleichwohl hat die Rspr. in einem solchen Fall das öffentliche Interesse an der Antragstellung bejaht und hierbei insbesondere auf die Notwendigkeit der Klärung der renten- und
versorgungsrechtlichen Rechtsverhältnisse der beiden Ehefrauen abgestellt.[18] Bestehen noch beide
Ehen, ist die Ehestörung von erheblicher Intensität und das Ermessen der Verwaltungsbehörde kann
gegen Null schrumpfen.[19] Selbst dann jedoch kann es am öffentlichen Interesse für eine Antragstellung der Verwaltungsbehörde fehlen, wenn die Erstehe nach ausländischem Recht geschieden,
dieser Scheidung jedoch im Inland die Anerkennung versagt wurde.[20]

In den von § 1316 Abs. 3 BGB nicht erfassten Fällen der §§ 1303, 1311 BGB entscheidet die 7
Verwaltungsbehörde nach **pflichtgemäßem Ermessen**.[21] Hierbei ist inbesondere abzuwägen, ob
eine Heilung erfolgen wird[22] (in den Fällen des § 1303 BGB nach § 1315 Abs. 1 S. 1 Nr. 1 BGB, in
den Fällen des § 1311 BGB nach § 1315 Abs. 2 Nr. 2 BGB).

Die Verwaltungsbehörde kann nicht nach § 23 EGGVG zur Antragstellung veranlasst werden,[23] ein 8
subjektives Recht Privater auf Antragstellung besteht nicht.[24] Wer zuständige Verwaltungsbehörde ist, wird durch Verordnungen der Länderregierungen bestimmt (§ 1316 Abs. 1 Nr. 1 S. 2 BGB).[25]

2. Befugnisse der Verwaltungsbehörde. Stellt die Verwaltungsbehörde selbst den verfahrens- 9
einleitenden Antrag, erlangt sie Beteiligtenstellung als **Antragsteller** und nimmt dessen verfahrensrechtliche Position ein.[26] Gemäß § 129 Abs. 1 ist in diesem Fall der Antrag gegen beide Ehegatten zu
richten und die Ehegatten sind als Antragsgegner notwendige Streitgenossen (§ 62 ZPO) selbst dann,
wenn sie einander widersprechende Anträge stellen und dabei ein Ehegatte einen mit dem der
Verwaltungsbehörde übereinstimmenden Antrag stellt.[27] Im Falle bigamischer Ehe ist der Dritte von
der Antragstellung zu unterrichten, § 129 Abs. 2 S. 1 entsprechend.[28]

---

[13] *Borth/Wagenitz* FamRZ 1996, 833, 843.
[14] *Musielak/Borth* Rn. 2.
[15] *Gernhuber/Coester-Waltjen* § 14 Rn. 11.
[16] *Gernhuber/Coester-Waltjen* § 14 Rn. 10; s. a *Musielak/Borth* Rn. 2.
[17] So *Gernhuber/Coester-Waltjen* § 14 Rn. 11.
[18] Vgl. BGH FamRZ 2001, 685 = NJW 2001, 2394, insbes. Rn. 18 (Erstehe bestand seit 1937 und wurde 1953 durch Wiederverheiratung der ersten Ehefrau nach Todeserklärung aufgelöst; Zweitehe bestand von 1946 bis zum Tod des Ehemannes 1985).
[19] *Baumbach/Lauterbach/Hartmann* Rn. 3; *Gernhuber/Coester-Waltjen* § 14 Rn. 11.
[20] Vgl. OLGR Frankfurt 2007, 708.
[21] *Baumbach/Lauterbach/Hartmann* Rn. 3; *Musielak/Borth* § 631 ZPO Rn. 7; *Erman/Roth* § 1316 BGB Rn. 5.
[22] *Erman/Roth* § 1316 BGB Rn. 5.
[23] OLG Düsseldorf FamRZ 1996, 109 (zur Antragstellung der Staatsanwaltschaft); *Baumbach/Lauterbach/Hartmann* Rn. 3; *Gernhuber/Coester-Waltjen* § 14 Rn. 10.
[24] KG FamRZ 1986, 806; oben § 631 ZPO Rn. 10 u. 16; aA (für § 1306 BGB) wohl *Musielak/Borth* Rn. 2.
[25] Für eine Liste der zuständigen Verwaltungsbehörden nach § 1316 Abs. 1 Nr. 1 S. 2 BGB s. *Baumbach/Lauterbach/Hartmann* Rn. 2 oder *Zöller/Philippi* § 631 ZPO Rn. 11 oder *Bamberger/Roth/Hahn* § 1316 BGB Rn. 2.
[26] *Zöller/Philippi* § 631 ZPO Rn. 12; *Thomas/Putzo/Hüßtege* § 631 ZPO Rn. 11.
[27] BGH NJW 1976, 1590 = StAZ 1977, 71 Rn. 8; OLG Dresden FamRZ 2004, 952 Rn. 4; *Baumbach/Lauterbach/Hartmann* Rn. 4; *Musielak/Borth* § 631 ZPO Rn. 9; *Thomas/Putzo/Hüßtege* § 631 ZPO Rn. 9; *Gernhuber/Coester-Waltjen* § 14 Rn. 14; *Bergerfurth* Eheverf. Rn. 1416; *Keidel/Weber* Rn. 5.
[28] So *Musielak/Borth* Rn. 5 (indes wohl für direkte Anwendung).

10 Art und Umfang der Beteiligung stehen im Ermessen der Verwaltungsbehörde.[29] Die Verwaltungsbehörde kann ihre Position gegenüber dem Bestand der Ehe während des Verfahrens wechseln.[30] Für die Rechtsmitteleinlegung ist eine Beschwer nicht erforderlich – sogar nach Obsiegen ist die Einlegung eines Rechtsmittels mit entgegengesetztem Ziel möglich.[31] Für die Verwaltungsbehörde gelten bei Beteiligung am erstinstanzlichen Verfahren die Rechtsmittelfristen ab Zustellung an sie; war sie im erstinstanzlichen Verfahren nicht beteiligt, sind auf sie die für die Ehegatten geltenden Rechtsmittelfristen maßgeblich.[32] Ferner kann sie Wiederaufnahme beantragen.[33] Für die Verwaltungsbehörde gilt kein Anwaltszwang (vgl. § 114 Abs. 3 S. 1).[34]

IV. Anschließung des Dritten oder des Ehegatten durch eigenen Antrag

11 Steht die Antragsbefugnis mehreren zu (Verwaltungsbehörde, beiden Ehegatten, dem Ehegatten der früheren Ehe), kann jeder unabhängig von anderen den Antrag stellen oder sich einem bereits gestellten Antrag anschließen. Mehrere Anträge können verbunden werden (§ 126 Abs. 1).[35] Schließt ein Ehegatte sich dem Aufhebungsantrag des Dritten an, so wird er weder dessen notwendiger Streitgenosse noch Streithelfer, es verbleibt vielmehr bei der Stellung der beiden Ehegatten der späteren Ehe als notwendige Streitgenossen. Will sich ein Ehegatte dem Antrag der Verwaltungsbehörde oder des Dritten anschließen, so wird er weder dessen Streitgenosse (vgl. o. Rn. 3 und 9) noch dessen Streithelfer iSd. § 66 ZPO.[36]

V. Beteiligung der Verwaltungsbehörde ohne eigenen Antrag

12 **1. Unterrichtungspflicht (Abs. 2 Satz 1).** § 129 Abs. 2 S. 1 erlegt dem Gericht, bei dem der Antrag des Ehegatten oder des Dritten gestellt worden ist,[37] eine Unterrichtungspflicht auf und sucht so der Verwaltungsbehörde die Beteiligung zu ermöglichen.[38] Die Unterrichtung erfolgt durch Übersendung einer Abschrift der Antragsschrift.[39]

13 **2. Beteiligung ohne eigenen Antrag (Abs. 2 Satz 2).** Zeigt die Verwaltungsbehörde ihre Beteiligung an, ist ihre Stellung derjenigen des Vertreters des öffentlichen Interesses (§§ 35–37 VwGO) vergleichbar.[40] § 129 Abs. 2 S. 2 bestimmt, dass die Verwaltungsbehörde auch ohne Stellung des Antrags auf Aufhebung oder Feststellung am Verfahren beteiligt sein kann („klägerähnliche Stellung"),[41] insbesondere indem sie Anträge stellt oder Rechtsmittel einlegt[42] oder Stellungnahmen zur Sach- und Rechtslage abgibt.[43] Sie kann also, ohne den verfahrenseinleitenden Antrag gestellt zu haben, das Verfahren betreiben.[44] Die Verwaltungsbehörde kann für oder gegen den Bestand der Ehe eintreten[45] und zwischen diesen Positionen auch während des Verfahrens wechseln.[46] Auch hier stehen Art und Umfang der Beteiligung im Ermessen der Verwaltungsbehörde.[47]

14 Schließt sich die Behörde durch eigenen Antrag an oder legt sie Rechtsmittel ein, erlangt sie Beteiligtenstellung als notwendiger Streitgenosse (§ 62 ZPO) eines Beteiligten.[48] Dabei geht ihre Stellung als Vertreter des öffentlichen Interesses jedoch über die eines Streitgenossen hinaus.[49] In anderen

---

[29] *Musielak/Borth* § 631 ZPO Rn. 11.
[30] *Bamberger/Roth/Hahn* § 1316 BGB Rn. 5.
[31] Oben § 631 ZPO Rn. 14; *Baumbach/Lauterbach/Hartmann* Rn. 4.
[32] Vgl. ausführlich oben § 631 ZPO Rn. 14.
[33] Vgl. oben § 631 ZPO Rn. 14.
[34] *Baumbach/Lauterbach/Hartmann* Rn. 4; vgl. zum alten Recht (§ 78 Abs. 4 ZPO aF) *Zöller/Philippi* § 631 ZPO Rn. 12 m. weit. Nachw.; *Musielak/Borth* § 631 ZPO Rn. 7; *Bergerfurth* Eheverf. Rn. 1416.
[35] Vgl. (für § 147 ZPO) *Musielak/Borth* § 631 ZPO Rn. 8.
[36] OLG München NJW 1957, 954; *Musielak/Borth* § 631 ZPO Rn. 9; *Keidel/Weber* Rn. 5.
[37] *Thomas/Putzo/Hüßtege* § 631 ZPO Rn. 10.
[38] Oben § 631 ZPO Rn. 12; *Zöller/Philippi* § 631 ZPO Rn. 11; *Bergerfurth* Eheverf. Rn. 1416.
[39] *Bergerfurth* Eheverf. Rn. 1416.
[40] Oben § 631 ZPO Rn. 13; *Baumbach/Lauterbach/Hartmann* Rn. 4.
[41] So oben § 631 ZPO Rn. 13 (freilich noch mit dem alten Begriff des Klägers).
[42] Vgl. für § 631 ZPO aF *Thomas/Putzo/Hüßtege* § 631 ZPO Rn. 12; *Musielak/Borth* § 631 ZPO Rn. 2.
[43] *Musielak/Borth* § 631 ZPO Rn. 9.
[44] *Zöller/Philippi* § 631 ZPO Rn. 12.
[45] *Musielak/Borth* § 631 ZPO Rn. 11; *Zöller/Philippi* § 631 ZPO Rn. 12; *Thomas/Putzo/Hüßtege* § 631 ZPO Rn. 11; *Bamberger/Roth/Hahn* § 1316 BGB Rn. 5.
[46] *Bamberger/Roth/Hahn* § 1316 BGB Rn. 5.
[47] *Musielak/Borth* § 631 ZPO Rn. 11; *Zöller/Philippi* § 631 ZPO Rn. 12.
[48] *Zöller/Philippi* § 631 ZPO Rn. 12; *Musielak/Borth* § 631 ZPO Rn. 9; *Thomas/Putzo/Hüßtege* § 631 ZPO Rn. 11.
[49] *Gernhuber/Coester-Waltjen* § 14 Rn. 13.

Säumnis der Beteiligten 1–3 § 130

Fällen der Beteiligung kann sie nicht als notwendiger Streitgenosse eines Beteiligten angesehen werden.[50] Die zum Vertreter des öffentlichen Interesses (§§ 35–37 VwGO) entwickelten Grundsätze behandeln in diesem Fall den Vertreter des öffentlichen Interesses ähnlich einem notwendig Beigeladenen (vgl. §§ 65 Abs. 2, 66 VwGO).[51] Für das FamFG dürfte sich anbieten, die Verwaltungsbehörde in diesem Fall als Beteiligten entsprechend dem Gedanken des § 7 Abs. 2 Nr. 2 anzusehen.[52] Für die sich ohne eigenen Antrag beteiligende Verwaltungsbehörde gelten die Rechtsmittelfristen der beteiligten Ehegatten.[53]

VI. Rolle der Verwaltungsbehörde im Bestandsfeststellungsverfahren (Abs. 2 Satz 3)

§ 129 Abs. 2 S. 3 entspricht in der Sache § 632 Abs. 3 ZPO aF[54] und erklärt § 129 Abs. 2 S. 1 und 2 auch in Verfahren auf Feststellung des Bestehens oder Nichtbestehens einer Ehe für anwendbar. Bereits nach § 632 Abs. 3 ZPO aF war der zuständigen Verwaltungsbehörde Beteiligung in demselben Umfang wie nach § 631 Abs. 4 ZPO aF im Aufhebungsverfahren gestattet.[55] **15**

Weder der Verwaltungsbehörde noch Dritten kommt in Bestandsfeststellungsverfahren nach materiellem Recht Antragsbefugnis zu.[56] Der Dritte nimmt daher an Bestandsfeststellungsverfahren nicht teil und die Verwaltungsbehörde nur nach Maßgabe des § 129 Abs. 1 und 2. Sie kann daher keine Beteiligtenstellung als Antragsteller oder Antragsgegner, wohl aber Beteiligtenstellung nach dem Gedanken des § 7 Abs. 2 Nr. 2 (s. o. Rn. 13 f.) erlangen. Die Möglichkeit, sich mit einem eigenen Antrag einem Antrag der Ehegatten im Bestandsfeststellungsverfahren anzuschließen und Rechtsmittel einzulegen, ist nach dem Wortlaut des Verweises eröffnet; diese Möglichkeit ist dabei aber – entsprechend der fehlenden Antragsberechtigung nach materiellem Recht – in ihrer Stellung von der der Ehegatten abhängig; die Verwaltungsbehörde kann nicht über das Verfahren verfügen und die Ehegatten nicht von der Beendigung des Verfahrens durch Rücknahme abhalten.[57] **16**

§ 130 Säumnis der Beteiligten

(1) Die Versäumnisentscheidung gegen den Antragsteller ist dahin zu erlassen, dass der Antrag als zurückgenommen gilt.

(2) Eine Versäumnisentscheidung gegen den Antragsgegner sowie eine Entscheidung nach Aktenlage ist unzulässig.

I. Normzweck und Systematik

Die Vorschrift soll die **Säumnisfolgen** für alle Ehesachen einheitlich regeln und weicht daher teilweise vom bisherigen Rechtszustand ab.[1] Bislang galten in Scheidungs- und Eheaufhebungsverfahren für die Säumnis des Antragstellers über § 608 ZPO aF die §§ 330 ff. ZPO, so dass gegen ihn ein Versäumnisurteil (oder ein Urteil nach Aktenlage) ergehen konnte.[2] Im Feststellungsverfahren galt § 632 Abs. 4 ZPO aF, der eine Rücknahmefiktion wie heute § 130 Abs. 1 enthielt. **1**

Der die Säumnis des Antragsgegners betreffende § 130 Abs. 2 Alt. 1 entspricht § 612 Abs. 4 ZPO aF,[3] der bereits zuvor für alle Ehesachen galt. **2**

Es kommt nach der Neuregelung der Säumnisfolgen durch § 130 in erster Instanz in keiner Situation zu einem Versäumnisurteil nach § 330 oder § 331 ZPO; daher ist auch der Einspruch nicht statthaft,[4] die §§ 330 ff. finden keine ergänzende Anwendung. Die gesetzgeberische Änderung erstreckt sich jedoch nicht auf das Verfahren in zweiter Instanz (s. u. Rn. 10 f.). Nicht erfasst sind ferner Folgesachen (vgl. §§ 142 Abs. 1 S. 2, 143). **3**

---

[50] Vgl. oben § 631 ZPO Rn. 13.
[51] *Kopp/Schenke* § 35 VwGO Rn. 5.
[52] AA *Bumiller/Harders* Rn. 5 (§ 7 Abs. 1).
[53] *Thomas/Putzo/Hüßtege* § 632 ZPO Rn. 12.
[54] BT-Drucks. 16/6308, S. 228.
[55] *Thomas/Putzo/Hüßtege* § 632 ZPO Rn. 4 a.
[56] S. a. *Bergerfurth* Eheverf. Rn. 1422.
[57] Vgl. zum Vertreter des öffentlichen Interesses *Kopp/Schenke* § 35 VwGO Rn. 5.
[1] BT-Drucks. 16/6308, S. 228.
[2] Vgl. BT-Drucks. 16/6308, S. 228; *Wieczorek/Schütze/Becker-Eberhard* § 612 ZPO Rn. 7; *Rauscher* Rn. 552.
[3] BT-Drucks. 16/6308, S. 228.
[4] AA *Baumbach/Lauterbach/Hartmann* Rn. 6 (Einspruch gem. § 113 Abs. 1 S. 2 FamFG iVm. §§ 338 ff. ZPO).

II. Säumnis in erster Instanz

4 1. Rücknahmefiktion bei Säumnis des Antragstellers (Abs. 1). § 130 Abs. 1 erstreckt die nur für Feststellungsverfahren geltende Regelung des § 632 Abs. 4 ZPO aF auf alle Ehesachen.[5] Nun ist stets bei Säumnis des Antragstellers eine Entscheidung dahin zu erlassen, dass der Antrag als zurückgenommen gilt.[6] Die Rücknahmefiktion verhindert, dass die Beteiligten durch Hinnehmen eines auf Geständnisfiktion beruhenden Versäumnisurteils einvernehmlich über den Bestand ihrer Ehe verfügen.[7] Der Gesetzgeber bevorzugt für alle Ehesachen die Rücknahmefiktion vor der allgemeinen Regel des § 330 ZPO, da ein erhöhtes Interesse an einer materiell richtigen Entscheidung besteht und daher bei Säumnis keine der materiellen Rechtskraft fähige Entscheidung ergehen soll.[8] Der Antragsteller bleibt frei, jederzeit erneut einen Antrag zu stellen. Dem erneuerten Antrag wird auf Grund des öffentlichen Interesses am Verfahren – zumindest in Aufhebungs- und Bestandsfeststellungsverfahren – regelmäßig kein Rechtsmissbrauchseinwand entgegengehalten werden können.[9] Auch eine Entscheidung nach Aktenlage (§ 331a ZPO) bei Säumnis des Antragstellers ist daher, anders als nach früherem Recht,[10] nicht möglich.[11]

5 Die (fingierte) Rücknahme des Antrags wird durch richterliche Entscheidung ausgesprochen.[12] § 269 Abs. 3 ZPO ist nicht anwendbar, da der Rücknahmemechanismus ein anderer ist;[13] über die Kosten ist in Scheidungssachen gemäß § 150 Abs. 2, in Aufhebungs- und Feststellungsverfahren in entsprechender Anwendung des § 269 Abs. 4 ZPO zu entscheiden.[14] Gegen den Versäumnisbeschluss über die fingierte Rücknahme ist der Einspruch (§§ 338 ff. ZPO) statthaft.[15]

6 2. Säumnis des Antragsgegners (Abs. 2). § 130 Abs. 2 schließt eine Versäumnisentscheidung gegen den Antragsgegner sowie eine Entscheidung nach Aktenlage im Falle seiner Säumnis aus. Die Rechtskraft eines Versäumnisurteils mit der Geständnisfiktion des § 331 Abs. 1 ZPO soll der Klärung der Existenz der Ehe nicht entgegenstehen.[16] Ein nur auf Vorbringen einer Seite beruhender Scheidungsanspruch soll vermieden werden.[17] Insoweit bleibt es bei der Regelung des bisherigen Rechts (vgl. § 612 Abs. 4 ZPO aF), eine Fiktion wie die des § 130 Abs. 1 kommt beim Antragsgegner freilich nicht in Betracht. Die Regelung gilt auch für den Anschlussantragsgegner.[18] Der ohne anwaltliche Vertretung (§ 114) erschienene Antragsgegner ist – wie nach allgemeinen Regeln[19] – säumig iSd. § 130 Abs. 2 Alt. 1.[20] § 130 Abs. 2 schließt nicht nur die Anwendung speziell des § 331 ZPO, sondern des Abschnitts über die Säumnis (§§ 330 ff. ZPO) insgesamt aus.[21] Der Ausschluss der Geständnisfiktion bei Säumnis steht im Einklang mit dem Ausschluss der Geständnisfiktion bei Nichtbestreiten (§ 113 Abs. 4 Nr. 5 FamFG iVm. § 138 Abs. 3 ZPO).

7 Im Falle der Säumnis des Antragsgegners ist streitig zu verhandeln und gegebenenfalls von Amts wegen zu ermitteln (§ 127 Abs. 1).[22] Da § 331 Abs. 1 ZPO nicht gilt, ist der Vortrag des Antragstellers grundsätzlich als bestritten anzusehen.[23] Säumnis schließt die Pflicht zur Anhörung des Antrags-

---

[5] BT-Drucks. 16/6308, S. 228.
[6] BT-Drucks. 16/6308, S. 228.
[7] *Musielak/Borth* § 632 ZPO Rn. 6; *Zöller/Philippi* § 632 ZPO Rn. 5; *Thomas/Putzo/Hüßtege* § 632 ZPO Rn. 5; *Bergerfurth* Eheverf. Rn. 1425.
[8] BT-Drucks. 16/6308, S. 228.
[9] Vgl. für § 632 Abs. 4 ZPO aF *Zöller/Philippi* § 632 ZPO Rn. 6.
[10] S. o. § 632 ZPO Rn. 9; *Rauscher* Rn. 552.
[11] AA *Baumbach/Lauterbach/Hartmann* Rn. 3; wie hier *Keidel/Weber* Rn. 4.
[12] S. o. § 632 ZPO Rn. 8; aA wohl *Zöller/Philippi* § 632 ZPO Rn. 6 (Rechtshängigkeit endet mit Eintritt der Rücknahmefiktion).
[13] AA wohl *Keidel/Weber* Rn. 4.
[14] Vgl. § 632 ZPO Rn. 8; *Stein/Jonas/Schlosser* § 635 ZPO Rn. 1; *Musielak/Borth* Rn. 2.
[15] *Keidel/Weber* Rn. 4; *Bumiller/Harders* Rn. 1.
[16] Hk-ZPO/*Kemper* § 633 Rn. 7.
[17] OLG Hamm FamRZ 1987, 521; *Zöller/Philippi* § 612 ZPO Rn. 4.
[18] *Baumbach/Lauterbach/Hartmann* Rn. 4.
[19] Vgl. für § 330 ZPO BGH NJW 1999, 2599.
[20] Vgl. *Wieczorek/Schütze/Becker-Eberhard* § 612 ZPO Rn. 9; aA AK/*Derleder* § 612 ZPO Rn. 4 (da Anhörung und Vernehmung auch ohne anwaltliche Vertretung möglich sind).
[21] *Wieczorek/Schütze/Becker-Eberhard* § 612 ZPO Rn. 8. AA wohl *Baumbach/Lauterbach/Hartmann* Rn. 2 (§§ 330 ff. ZPO gelten ergänzend).
[22] OLG Hamm FamRZ 1987, 521; *Wieczorek/Schütze/Becker-Eberhard* § 612 ZPO Rn. 8; *Zöller/Philippi* § 612 ZPO Rn. 4; *Baumbach/Lauterbach/Hartmann* Rn. 4; *Zimmermann* FamFG Rn. 328; AK/*Derleder* § 612 ZPO Rn. 4; *Keidel/Weber* Rn. 6; *Musielak/Borth* Rn. 4.
[23] *Wieczorek/Schütze/Becker-Eberhard* § 612 ZPO Rn. 8; *Rauscher* Rn. 552.

gegners nicht ohne weiteres aus (s. o. § 128 Rn. 11).[24] Beschwerde (§§ 58 ff.), nicht Einspruch (§ 338 ZPO) ist gegen eine so gefundene Entscheidung statthaft.[25] Es soll dem Zweck der Vorschrift indes entgegenstehen, wenn gegen den säumigen Antragsgegner bereits nach einem Termin ein Scheidungsurteil erlassen wird.[26] Die Ausschlussgründe des § 335 ZPO sollen analoge Anwendung finden.[27]

§ 130 Abs. 2 Alt. 2 schließt eine Entscheidung nach Aktenlage aus. Dies ist lediglich eine Klarstellung des bisherigen Rechts. Bereits vor dem 1. 9. 2009 wurde § 612 Abs. 4 ZPO aF der Ausschluss der §§ 330 ff. ZPO insgesamt entnommen, so dass eine Entscheidung nach Aktenlage (§ 331a ZPO) nicht in Betracht kam.[28] Ist der Gegenantragsteller säumig, so findet Abs. 2, nicht Abs. 1 Anwendung, da er zugleich Antragsgegner ist.[29]

3. Säumnis beider Beteiligten. Im Falle der Säumnis beider Beteiligten soll eine Aktenlageentscheidung (§ 251a ZPO) möglich sein.[30] Vorzugswürdig ist jedoch eine Vertagung (§ 113 Abs. 1 S. 2 FamFG iVm. § 227 Abs. 1 Alt. 3 ZPO).[31] Der für eine Vertagung erforderliche erhebliche Grund[32] kann – auch wenn keine in den Personen der Beteiligten liegenden entschuldigenden Gründe gegeben sind – in der Notwendigkeit der Gewährung rechtlichen Gehörs sowie in dem Bedürfnis der Findung eines materiellrechtlich richtigen Ergebnisses gesehen werden.

III. Säumnis in der Beschwerdeinstanz

Gemäß § 117 Abs. 2 S. 1 findet § 539 ZPO in Ehesachen in der Beschwerdeinstanz entsprechende Anwendung. § 539 ZPO geht in diesem Fall als Sondervorschrift dem § 130 vor; dies war bereits nach altem Recht anerkannt[33] und darf auch im neuen Recht auf Grund der gezielten Verweisung des § 117 Abs. 2 S. 1 gerade für Ehesachen (und Familienstreitsachen) angenommen werden.[34] Folglich ist bei **Säumnis des Beschwerdeführers** die Beschwerde auf Antrag durch Versäumnisentscheidung zurückzuweisen (§ 539 Abs. 1 ZPO).

Für die **Säumnis des Beschwerdegegners** ordnet § 117 Abs. 2 S. 1 FamFG iVm. § 539 Abs. 2 S. 1 ZPO grundsätzlich an, dass auf Antrag des Beschwerdeführers dessen tatsächliches Vorbringen als zugestanden gilt. Wie bisher kann dies jedoch im Falle der Säumnis des Beschwerdegegners in Ehesachen nicht gelten: Ist der Beschwerdegegner zugleich Antragsteller oder Gegenantragsteller, so steht zwar nicht § 130 Abs. 2, wohl aber § 113 Abs. 4 Nr. 5 entgegen, der die Vorschriften der Zivilprozessordnung über die Wirkung des gerichtlichen Geständnisses – und somit auch die Geständnisfiktion des § 539 Abs. 2 ZPO – ausschließt.[35] Ist der Beschwerdegegner zugleich Antragsgegner oder Gegenantragsgegner, so kann entweder wiederum die Wirkung des § 539 Abs. 2 S. 1 ZPO als durch § 113 Abs. 4 Nr. 5 ausgeschlossen angesehen werden; zudem kann argumentiert werden, dass sich § 130 Abs. 2 als speziellere Regelung gegenüber § 539 Abs. 2 S. 1 ZPO durchsetzt[36] und eine Versäumnisentscheidung aus diesem Grunde nicht ergehen. Der Verweis des § 117 Abs. 2 S. 1 auf § 539 Abs. 2 ZPO ist daher für Ehesachen praktisch ohne Bedeutung.

IV. Säumnis in der Rechtsbeschwerdeinstanz

Vor dem 1. 9. 2009 verwies § 555 ZPO für die Revisionsinstanz auf die allgemeinen Vorschriften, die §§ 330 ff. waren daher mit den durch § 612 Abs. 4 ZPO aF (und für Bestandsfeststellungsver-

---

[24] Vgl. zum alten Recht Zöller/Philippi § 612 ZPO Rn. 4; zum neuen wie hier Keidel/Weber Rn. 6.
[25] Wieczorek/Schütze/Becker-Eberhard § 612 ZPO Rn. 8; Zöller/Philippi § 612 ZPO Rn. 4.
[26] OLG Frankfurt NJW 1969, 194; Rosenberg/Schwab/Gottwald § 164 Rn. 69 Fn. 75.
[27] So etwa Keidel/Weber Rn. 6.
[28] So Wieczorek/Schütze/Becker-Eberhard § 612 ZPO Rn. 8. Unklar BT-Drucks. 16/6308, S. 228 („Erweiterung bzw. Klarstellung"). AA Kemper, FamFG – FGG – ZPO, 2009, S. 138 (weitergehend als das bisherige Recht). Für Unzulässigkeit der Entscheidung nach Aktenlage nach altem Recht vgl. etwa AK/Derleder § 612 Rn. 4.
[29] Keidel/Weber Rn. 4.
[30] Baumbach/Lauterbach/Hartmann Rn. 5; Bumiller/Harders Rn. 7; Musielak/Borth Rn. 6; zum alten Recht Thomas/Putzo/Hüßtege § 632 ZPO Rn. 12.
[31] Baumbach/Lauterbach/Hartmann Rn. 5. Ein Ruhen des Verfahrens (§ 251 ZPO), wie von Wieczorek/Schütze/Becker-Eberhard § 612 ZPO Rn. 10 vorgeschlagen, kommt wegen des Erfordernisses des entsprechenden beiderseitigen Antrags der Beteiligten nicht mehr in Betracht.
[32] Vgl. Zöller/Stöber § 227 ZPO Rn. 5; Musielak/Stadler § 227 ZPO Rn. 4 f.
[33] OLG München FamRZ 1995, 379.
[34] AA Keidel/Weber Rn. 5 (§§ 113 Abs. 1, 68 Abs. 3 S. 1, 130); wie hier Bumiller/Harders Rn. 3.
[35] Zöller/Philippi § 612 ZPO Rn. 9 (unter Hinweis auf § 617 ZPO aF, der insoweit § 113 Abs. 4 Nr. 5 entspricht); aA zum alten Recht Bumiller/Harders Rn. 3 (§ 539 II ZPO).
[36] Zöller/Philippi § 612 ZPO Rn. 9 (für die Wertung des § 612 Abs. 4 ZPO aF).

fahren den durch § 632 Abs. 4 ZPO aF) bedingten Modifikationen anzuwenden.[37] Nun verweist in der **Rechtsbeschwerdeinstanz** § 74 Abs. 4 für das weitere Verfahren auf die im ersten Rechtszug geltenden Vorschriften. Gemeint sind mit dem Verweis auf die im ersten Rechtszug geltenden Vorschriften jedoch die *jeweils* im ersten Rechtszug geltenden Vorschriften,[38] in Ehesachen also die §§ 111–121, 122–132 und gem. § 113 Abs. 1 S. 2 die §§ 1–252, 253–494a ZPO. Daher bleibt es in der Rechtsbeschwerdeinstanz bei der Geltung des § 130.

§ 131 Tod eines Ehegatten

Stirbt ein Ehegatte, bevor die Endentscheidung in der Ehesache rechtskräftig ist, gilt das Verfahren als in der Hauptsache erledigt.

I. Normzweck und Anwendungsbereich

1 Die Vorschrift regelt die Auswirkungen des Todes eines Ehegatten vor Rechtskraft der Endentscheidung in der Hauptsache.[1] § 131 entspricht dem bisherigen § 619 ZPO aF.[2] Für Eheaufhebungsverfahren galt noch bis 1. 7. 1998 § 636 ZPO aF, wonach bei Tod eines Ehegatten vor Rechtskraft der Aufhebungsentscheidung die aufhebbare Ehe als durch Tod aufgelöst galt.[3] § 131 ist von Amts wegen zu beachten.[4] Für die allgemeinen Grundsätze der Fortführung des Verfahrens durch den Rechtsnachfolger ist in Ehesachen kein Raum – in das höchstpersönliche Verhältnis der Ehe findet eine Rechtsnachfolge nicht statt.[5] Eine wertende Betrachtung gebietet, den „**Streit über höchstpersönliche Rechtsbeziehungen**" nicht über den Tod der Ehegatten hinaus fortzusetzen".[6] Folgt den Gedanken von der Lehre der Doppelwirkungen im Recht, so ist eine auflösende Entscheidung der Ehe nach Auflösung der Ehe durch Tod nicht schlechthin ausgeschlossen (vgl. jetzt aber dagegen § 1317 Abs. 3 BGB), § 131 ist unter diesem Blickwinkel vielmehr eine Konzession an den höchstpersönlichen Charakter des Verfahrens.[7] Diese Motivation der Norm rechtfertigt ihre analoge Anwendung auf Herstellungsverfahren (sonstige Familiensache iSv. § 266 Abs. 1 Nr. 2, s. o. § 121 Rn. 19 f.).[8]

2 § 131 gilt in jeder Ehesache (§ 121), auch in höheren **Instanzen** – nach altem Recht[9] sowie im FamFG,[10] denn sein Zweck gebietet unabhängig von der Instanz die Beendigung des Verfahrens; zudem enthalten §§ 58 ff. keine Sonderregelung gegenüber § 131, vielmehr verweisen sie im Übrigen auf die schon im ersten Rechtszug geltenden Vorschriften (§§ 68 Abs. 3 S. 1, 74 Abs. 4).

3 § 131 gilt ferner in Verfahren auf Erlass einer **einstweiligen Anordnung** – bereits im alten Recht[11] – und im neuen ob seines Zweckes sowie nach der systematischen Stellung der §§ 49 ff. und § 131. § 131 gilt auch für das laufende **Wiederaufnahmeverfahren** (§ 118 FamFG iVm. §§ 578–591 ZPO), in letzterem freilich auf dieses beschränkt.[12] Die Einleitung eines Wiederaufnahmeverfahrens nach dem Tode eines Ehegatten ist unzulässig.[13] Eine **Wiedereinsetzung in den vorigen Stand** nach Tod eines Ehegatten ist ebenfalls unzulässig.[14] Ist nach Tod eines Ehegatten in einem

---

[37] Vgl. näher *Zöller/Philippi* § 612 ZPO Rn. 8 f. m. weit. Nachw.
[38] Vgl. BT-Drucks. 16/6308, S. 207 und (wenngleich nicht hinreichend klar) S. 211.
[1] Zu der Frage, ob nach der Lehre von den Doppelwirkungen im Recht eine Entscheidung nach dem Tod eines Ehegatten noch möglich wäre *Stein/Jonas/Schlosser* § 619 Rn. 1, Vor § 606 ZPO Rn. 14 c.
[2] BT-Drucks. 16/6308, S. 228; *Keidel/Weber* Rn. 2.
[3] Vgl. *Zöller/Philippi* § 631 ZPO Rn. 16.
[4] *Stein/Jonas/Schlosser* § 619 ZPO Rn. 14; *Baumbach/Lauterbach/Hartmann* Rn. 7; *Thomas/Putzo/Hüßtege* § 619 ZPO Rn. 2.
[5] *Wieczorek/Schütze/Becker-Eberhard* § 619 ZPO Rn. 1.
[6] So *Stein/Jonas/Schlosser* § 619 ZPO Rn. 2; ähnlich *Wieczorek/Schütze/Becker-Eberhard* § 619 ZPO Rn. 1.
[7] In diesem Sinne (vor Schaffung des § 1317 Abs. 3 BGB) *Stein/Jonas/Schlosser* § 619 ZPO Rn. 1.
[8] *Musielak/Borth* Rn. 1.
[9] *Wieczorek/Schütze/Becker-Eberhard* § 619 ZPO Rn. 3; *Baumbach/Lauterbach/Hartmann* Rn. 2; Hk-ZPO/*Kemper* § 619 Rn. 2 (für § 619 ZPO aF).
[10] *Bumiller/Harders* Rn. 1; *Keidel/Weber* Rn. 3; *Schulte-Bunert/Weinreich/Schröder* Rn. 1.
[11] Vgl. zu § 619 ZPO aF: *Stein/Jonas/Schlosser* § 619 ZPO Rn. 11; *Wieczorek/Schütze/Becker-Eberhard* § 619 ZPO Rn. 3.
[12] *Keidel/Weber* Rn. 3; *Musielak/Borth* Rn. 1. Vgl. zu § 619 ZPO aF: *Wieczorek/Schütze/Becker-Eberhard* § 619 ZPO Rn. 3 u. 17; Hk-ZPO/*Kemper* § 619 Rn. 2 (für § 619 ZPO aF).
[13] BGHZ 43, 239; *Stein/Jonas/Schlosser* § 619 ZPO Rn. 11; *Zöller/Philippi* § 619 ZPO Rn. 16; *Thomas/Putzo/Hüßtege* § 619 ZPO Rn. 6.
[14] *Stein/Jonas/Schlosser* § 619 ZPO Rn. 13.

Verfahren die Frage von Bedeutung, ob zu Lebzeiten die Voraussetzungen einer Eheauflösung vorlagen (zB nach § 1933 BGB), so ist darüber (anders als etwa im Fall von § 152 ZPO) inzident zu entscheiden.[15]

§ 131 gilt auch in **Aufhebungsverfahren,** in denen der Antrag von der Verwaltungsbehörde oder einem Dritten gestellt wurde (§ 1316 Abs. 1 Nr. 1 S. 1 BGB; § 129; s. a. § 1317 Abs. 3 BGB).[16] Eine Doppelehe kann daher (wegen § 1317 Abs. 3 BGB) unaufhebbar werden, wenn ein Bigamist oder der Gatte der Erstehe gestorben ist.[17] Dies stellt eine Abkehr von dem bis 1998 geltenden Recht dar, das in § 24 Abs. 1 S. 2 EheG aF dem Staatsanwalt auch nach Tod eines Ehegatten die Erhebung einer Nichtigkeitsklage gestattete.[18]

II. Tod eines Ehegatten

Die Rechtskraft der Endentscheidung in der Ehesache richtet sich wegen § 113 Abs. 1 S. 1 nicht nach § 45.[19] Es gilt § 120 Abs. 1 FamFG iVm. § 705 ZPO.

1. Vor Eintritt der Rechtshängigkeit. Der Tod eines Ehegatten vor Eintritt der Rechtshängigkeit macht den bereits anhängigen Antrag in Ehesachen **unzulässig** wegen Nichtexistenz des Beteiligten und führt mangels Rücknahme durch den Erben zur Abweisung,[20] auch wenn es noch zur Zustellung an den Antragsgegner oder Antragsteller kommt.[21] Stirbt der Antragsteller, so haben seine Erben die Kosten ganz zu tragen.[22]

2. Nach Eintritt der Rechtshängigkeit und vor Endentscheidung. Der Tod eines Ehegatten nach Eintritt der Rechtshängigkeit und vor der Endentscheidung führt zur automatischen **Erledigung der Hauptsache kraft Gesetzes.** Der Begriff der „Erledigung" weicht hier erheblich von dem des § 91a ZPO ab, in dem die Beendigung des Verfahrens durch beiderseitige Disposition eintritt oder zur Durchführung eines Feststellungsverfahrens führt.[23] Die Möglichkeit eines deklaratorischen Beschlusses über die Erledigung besteht, erfordert jedoch ein hierauf gerichtetes Rechtsschutzbedürfnis (näher u. Rn. 15).

Vertreten wird, dass der überlebende Ehegatte gleichwohl dennoch den Antrag zurücknehmen kann (mit der Kostenfolge nach § 113 Abs. 1 S. 2 FamFG iVm. § 269 Abs. 3 ZPO, ansonsten s. u. Rn. 13);[24] dies überzeugt jedoch nicht, da die Rücknahme jedenfalls Rechtshängigkeit voraussetzt und die Rechtshängigkeit mit dem Tod des Ehegatten ex lege endet. Daher überzeugt auch die weit verbreitete Ansicht nicht, wonach nach dem Tod eines Ehegatten eine Abweisung als unzulässig möglich bleibt (mit der Begründung, dass § 131 lediglich eine Entscheidung in der Sache verhindern soll).[25] Rechtsmittel gegen eine eheauflösende Entscheidung kann der überlebende Ehegatte nicht zurücknehmen – da in diesem Fall die eheauflösende Entscheidung entgegen dem Zweck der Norm in Rechtskraft erwüchse.[26]

Soweit das Verfahren fortgeführt wird (s. sogleich), führt der Tod eines Ehegatten nach Eintritt der Rechtshängigkeit zunächst zur Unterbrechung (§ 113 Abs. 1 S. 2 FamFG iVm. § 239 ZPO) oder, wenn Vertretung durch einen Verfahrensbevollmächtigten gegeben ist, auf Antrag zur Aussetzung (§ 113 Abs. 1 S. 2 FamFG iVm. § 246 ZPO).[27] Die Unterbrechungsfolgen nach § 113 Abs. 1 S. 2

---

[15] *Stein/Jonas/Schlosser* § 619 ZPO Rn. 5.
[16] Oben § 631 ZPO Rn. 10; *Musielak/Borth* § 631 ZPO Rn. 11; *Bamberger/Roth/Hahn* § 1313 BGB Rn. 6; *Rauscher* Rn. 206.
[17] Krit. *Gernhuber/Coester-Waltjen* § 14 Rn. 9.
[18] *Rauscher* Rn. 204.
[19] So aber *Baumbach/Lauterbach/Hartmann* Rn. 1.
[20] BGHZ 24, 91; OLG Brandenburg FamRZ 1996, 683; *Stein/Jonas/Schlosser* § 619 ZPO Rn. 16; *Wieczorek/Schütze/Becker-Eberhard* § 619 ZPO Rn. 4; *Zöller/Philippi* § 619 ZPO Rn. 2; *Baumbach/Lauterbach/Hartmann* Rn. 1; *Thomas/Putzo/Hüßtege* § 619 ZPO Rn. 3; *Zimmermann* § 619 ZPO Rn. 1; Hk-ZPO/*Kemper* § 619 Rn. 3 (mit Tenorierungsbeispiel); *Musielak/Borth* Rn. 2; *Schulte-Bunert/Weinreich/Schröder* Rn. 2; *Keidel/Weber* Rn. 5.
[21] *Wieczorek/Schütze/Becker-Eberhard* § 619 ZPO Rn. 4; *Zöller/Philippi* § 619 ZPO Rn. 2.
[22] *Stein/Jonas/Schlosser* § 619 ZPO Rn. 16.
[23] *Wieczorek/Schütze/Becker-Eberhard* § 619 ZPO Rn. 1.
[24] Vgl. zum neuen Recht *Bumiller/Harders* Rn. 3; *Musielak/Borth* Rn. 2; zum alten Recht nur OLG Naumburg FamRZ 2006, 867 Rn. 2; *Stein/Jonas/Schlosser* § 619 ZPO Rn. 2.
[25] So aber *Stein/Jonas/Schlosser* § 619 ZPO Rn. 2; *Wieczorek/Schütze/Becker-Eberhard* § 619 ZPO Rn. 2 u. 7; zum neuen Recht *Musielak/Borth* Rn. 2; *Schulte-Bunert/Weinreich/Schröder* Rn. 2.
[26] Vgl. OLG Koblenz FamRZ 1980, 717; *Stein/Jonas/Schlosser* § 619 ZPO Rn. 2; *Zöller/Philippi* § 619 ZPO Rn. 4; *Musielak/Borth* Rn. 3.
[27] BGH NJW 1981, 686 = FamRZ 1981, 245 Rn. 8; *Zöller/Philippi* § 619 ZPO Rn. 3; *Thomas/Putzo/Hüßtege* § 619 ZPO Rn. 4; *Zimmermann* § 619 ZPO Rn. 1; Hk-ZPO/*Kemper* § 619 Rn. 4.

§ 131 10–13 Buch 2. Abschnitt 2. Ehe-, Scheidungs- und Folgesachen

FamFG iVm. § 249 ZPO finden Anwendung.[28] Soweit das Verfahren nach dem Tode des Ehegatten fortgeführt wird, tritt der Rechtsnachfolger des Verstorbenen in das Verfahren ein.[29] Rechtsmittel gegen eine eheauflösende Entscheidung kann auch er nicht zurücknehmen.[30]

10 **Verfahren über Folgesachen** sind regelmäßig als erledigt anzusehen, da über sie nur für den Fall der Scheidung zu entscheiden ist (§ 137 Abs. 2 S. 1 aE).[31] Auf Antrag kann den Erben oder dem überlebenden Ehegatten jedoch die Fortsetzung als selbständige Folgesache gestattet werden.[32] Freilich ist dies nur dann sinnvoll, wenn die materiellrechtliche Grundlage des in der Folgesache geltend gemachten Anspruchs unabhängig von der Scheidung ist. Abhängigkeit der materiellrechtlichen Grundlage von der Scheidung (mit der Folge der Erledigung in der Hauptsache) besteht in den Fällen des Versorgungsausgleichs, da ein Versorgungsausgleich nur im Falle der Scheidung stattfindet (vgl. § 1 Abs. 1 und § 31 VersAusglG)[33] sowie des nachehelichen Unterhalts.[34] Auf Antrag ist die Erledigung der Folgesache durch Beschluss festzustellen.[35]

11 Wegen Unabhängigkeit der materiellrechtlichen Grundlage von der Scheidung kann etwa die Folgesache Zugewinn fortgeführt werden, wenn der Zugewinn auf Grundlage von §§ 1371 Abs. 2, 1931 Abs. 1 BGB (nicht, wenn nach § 1371 Abs. 1 BGB Erhöhung des Erbteils) verlangt wird.[36] Dies ist auch in Verfahren auf Unterhalt denkbar, soweit es um Trennungsunterhalt für die Vergangenheit geht (§§ 1361 Abs. 4 S. 3, 1360a Abs. 3, 1613 BGB).[37] Soweit sich das Verfahren in der Folgesache nicht erledigt hat und ein Antrag des überlebenden Ehegatten oder des Rechtsnachfolgers des Verstorbenen auf Fortsetzung vorliegt, ist die Folgesache als selbständige Folgesache fortzuführen.[38]

12 Die Erledigung erstreckt sich nicht auf die **Kosten**.[39] Dies gilt auch bei Erledigung in der Rechtsmittelinstanz.[40] Über die Kosten sollte indes nur auf Antrag des überlebenden Ehegatten oder des Erben des verstorbenen Ehegatten entschieden werden.[41] Eine Kostenentscheidung soll entbehrlich sein, wenn der überlebende den verstorbenen Ehegatten allein beerbt.[42]

13 Über die Kosten ist (wenn nicht wegen Rücknahme § 113 Abs. 1 S. 2 iVm. § 269 Abs. 3 ZPO anzuwenden ist, s. o.) wie sonst nach **§ 132 oder § 150** zu entscheiden,[43] nicht nach § 91a ZPO, auch nicht bei einer Folgesache[44] und auch nicht in der Rechtsmittelinstanz.[45] Gegen die Kostenentscheidung ist daher auch nicht die sofortige Beschwerde nach §§ 91a Abs. 2 iVm. 567 Abs. 1

---

[28] *Zöller/Philippi* § 619 ZPO Rn. 3; *Thomas/Putzo/Hüßtege* § 619 ZPO Rn. 4; *Musielak/Borth* Rn. 3; *Schulte-Bunert/Weinreich/Schröder* Rn. 2; *Keidel/Weber* Rn. 5.
[29] *Wieczorek/Schütze/Becker-Eberhard* § 619 ZPO Rn. 10; *Thomas/Putzo/Hüßtege* § 619 ZPO Rn. 4.
[30] *Stein/Jonas/Schlosser* § 619 ZPO Rn. 2. S. a. OLG Koblenz FamRZ 1980, 717; *Zöller/Philippi* § 619 ZPO Rn. 4.
[31] Vgl. zum alten Recht BGH NJW 1981, 686 = FamRZ 1981, 245 Rn. 10; *Zöller/Philippi* § 619 ZPO Rn. 12; zum neuen Recht *Musielak/Borth* Rn. 5 (analog § 150 Abs. 2).
[32] *Stein/Jonas/Schlosser* § 619 ZPO Rn. 5.
[33] BGH NJW 1981, 686 = FamRZ 1981, 245 Rn. 11; OLG Düsseldorf FamRZ 2005, 386 Rn. 11 (beide zu § 1587 BGB aF).
[34] *Wieczorek/Schütze/Becker-Eberhard* § 619 ZPO Rn. 20.
[35] OLG Karlsruhe FamRZ 1996, 773 (für die Folgesache Versorgungsausgleich).
[36] BGHZ 99, 309 = BGH FamRZ 1987, 353 = NJW 1987, 1764; *Zöller/Philippi* § 619 ZPO Rn. 14; *Baumbach/Lauterbach/Hartmann* Rn. 6; *Schulte-Bunert/Weinreich/Schröder* Rn. 5; aA *Wieczorek/Schütze/Becker-Eberhard* § 619 ZPO Rn. 20 (keinesfalls fortzuführen).
[37] *Wieczorek/Schütze/Becker-Eberhard* § 619 ZPO Rn. 20.
[38] *Stein/Jonas/Schlosser* § 619 ZPO Rn. 5.
[39] OLG Düsseldorf FamRZ 2005, 386 Rn. 12; OLG Naumburg FamRZ 2006, 217 Rn. 3 ff.; *Wieczorek/Schütze/Becker-Eberhard* § 619 ZPO Rn. 2; *Zöller/Philippi* § 619 ZPO Rn. 5; *Baumbach/Lauterbach/Hartmann* Rn. 5; *Thomas/Putzo/Hüßtege* § 619 ZPO Rn. 5; Hk-ZPO/*Kemper* § 619 ZPO Rn. 5; *Gottwald* FamRZ 2006, 868.
[40] BGH FamRZ 1986, 253; OLG Köln FamRZ 2000, 620; *Baumbach/Lauterbach/Hartmann* Rn. 5; *Bergerfurth* FamRZ 1998, 16.
[41] OLG Naumburg FamRZ 2006, 217; *Zöller/Philippi* § 619 ZPO Rn. 5; aA *Bumiller/Harders* Rn. 5 (§§ 83 Abs. 2, 81); *Keidel/Weber* Rn. 10 (§ 113 Abs. 1 S. 2 iVm. § 308 Abs. 2 ZPO).
[42] *Zöller/Philippi* § 619 ZPO Rn. 5; so wohl auch (bei offener Formulierung in den Gründen und dezidierter Formulierung im amtl. Ls.) OLG Naumburg FamRZ 2006, 867; aA *Stein/Jonas/Schlosser* § 619 ZPO Rn. 15.
[43] Dem entspricht, dass der BGH nach altem Recht nicht auf § 93a, sondern auf § 91a abgestellt hat (BGH FamRZ 1983, 683; 1986, 253, 254; ebenso OLG Düsseldorf FamRZ 2005, 386 Rn. 16; aA *Zöller/Philippi* § 619 ZPO Rn. 7; aA (§ 91a ZPO, ggf. analog) OLG München NJW 1970, 1799; OLG Bamberg FamRZ 1995, 1073 = NJW-RR 1995, 1289; OLG Karlsruhe FamRZ 1996, 880 = NJW-RR 1996, 773 Rn. 8; OLG Nürnberg FamRZ 1997, 763 = FER 1997, 117 Rn. 8 f.; offengelassen in BGH EzFamR ZPO § 91a Nr. 23; ähnl. *Musielak/Barth* Rn. 4 (§ 150 Abs. 1 analog); wie hier *Keidel/Weber* Rn. 11.
[44] *Baumbach/Lauterbach/Hartmann* Rn. 5.
[45] AA OLG Bamberg FamRZ 1995, 1073 = NJW-RR 1995, 1289.

Nr. 1 ZPO statthaft.[46] Gegen die Anwendung des § 91a ZPO spricht, dass in der Entscheidung nach § 91a ZPO auf die Erfolgsaussicht der Rechtsverfolgung nach summarischer Prüfung abzustellen ist und dies dem Zweck des § 131 widersprechen und die Sonderregelungen für die Kosten des Aufhebungs- und Scheidungsverfahren missachten würde.[47] Die Gegenansicht, die für die Anwendung des § 91a ZPO eintrat, stützte sich darauf, dass § 93a ZPO nur den Fall vorrangig und abschließend regelt, dass die Ehe geschieden oder aufgehoben wird, während für den Fall der Antragsabweisung bzw. Zurückweisung eines Rechtsmittels die allgemeinen Kostenvorschriften der §§ 91, 97 ZPO maßgeblich blieben.[48] Dieses Argument ist durch das FamFG jedenfalls für die Scheidungsverfahren weggefallen, da § 150 Abs. 2 eine spezielle Kostenregelung auch für andere Fälle als die der Verfahrensbeendigung durch Scheidungsausspruch vorsieht.

3. Nach Endentscheidung und vor Eintritt der Rechtskraft. Die **Erledigung** tritt **kraft** 14 **Gesetzes** ein, wenn eine Endentscheidung erlassen, aber noch nicht rechtskräftig ist.[49] Eine verkündete,[50] aber noch nicht rechtskräftige Entscheidung wird automatisch, also ohne weiteres **wirkungslos**.[51]

Daher bedarf es keines besonderen Beschlusses über die Wirkungslosigkeit.[52] Bei Zweifeln an den 15 Voraussetzungen des § 130 kann jedoch das Rechtsschutzbedürfnis für einen solchen **deklaratorischen Beschluss** vorliegen (§ 113 Abs. 1 S. 2 FamFG iVm. § 269 Abs. 4 ZPO analog).[53] So etwa, wenn das Gericht die Scheidung verkündet und zugestellt hat.[54] So etwa auch, wenn noch ein Versorgungsausgleichsverfahren anhängig ist[55] oder wenn die Witwe statt des Versorgungsausgleichs eine Witwenrente beziehen möchte.[56] So ferner, wenn die Scheidung zunächst rechtskräftig geworden war und sodann Wiedereinsetzung in den vorigen Stand (vgl. § 117 Abs. 5 FamFG iVm. §§ 233, 234 Abs. 1 S. 2 ZPO) gewährt wurde.[57] Insbesondere bei Abweisung des Scheidungsantrags fehlt es am Rechtsschutzbedürfnis für einen solchen Beschluss.[58] Zuständig für den Beschluss ist das Gericht, das die Endentscheidung in der Ehesache erlassen hat, nach aA bei isolierter Familiensache dasjenige Gericht, bei dem die Sache anhängig ist.[59] Gegen eine wirkungslose Endentscheidung sind Rechtsmittel wegen Fehlens einer Beschwer unzulässig,[60] auch wenn lediglich die Folgesache Versorgungsausgleich des Verbundurteils angegriffen wird[61] und auch, wenn lediglich die Wirkungslosigkeit der Endentscheidung festgestellt werden soll.[62]

Die Erledigung erstreckt sich nicht auf die **Kostenentscheidung** (zum Tod vor Entscheidung 16 über die Kosten s. o. Rn. 12 f.).[63]

---

[46] Vgl. zum alten Recht *Thomas/Putzo/Hüßtege* § 619 ZPO Rn. 5; *Zimmermann* § 619 ZPO Rn. 1.
[47] Vgl. BGH FamRZ 1986, 253 = NJW-RR 1986, 369 Rn. 9.
[48] So etwa OLG Karlsruhe FamRZ 1996, 880 = NJW-RR 1996, 773 Rn. 8; OLG Nürnberg FamRZ 1997, 763 = FER 1997, 117 Rn. 8.
[49] OLG Saarbrücken FamRZ 1985, 89; *Stein/Jonas/Schlosser* § 619 ZPO Rn. 14; *Baumbach/Lauterbach/Hartmann* Rn. 3; *Zöller/Philippi* § 619 ZPO Rn. 5; *Thomas/Putzo/Hüßtege* § 619 ZPO Rn. 4; *Gottwald* FamRZ 2006, 868.
[50] Auch noch nach dem Tod des Ehegatten möglich gem. § 113 Abs. 1 S. 2 FamFG iVm. § 249 Abs. 3 ZPO: *Zöller/Philippi* § 619 ZPO Rn. 3.
[51] BGH NJW 1981, 686; OLG Düsseldorf FamRZ 2005, 386; OLG Nürnberg FamRZ 2006, 959; *Stein/Jonas/Schlosser* § 619 ZPO Rn. 3; *Wieczorek/Schütze/Becker-Eberhard* § 619 ZPO Rn. 6; *Baumbach/Lauterbach/Hartmann* Rn. 3; *Zimmermann* § 619 ZPO Rn. 1; *Hk-ZPO/Kemper* § 619 Rn. 5.
[52] OLG Frankfurt FamRZ 1981, 192; OLG Saarbrücken FamRZ 1985, 89; *Baumbach/Lauterbach/Hartmann* Rn. 4; ohne Entscheidung *Zimmermann* § 619 ZPO Rn. 1.
[53] OLG Düsseldorf FamRZ 2005, 386 Rn. 15; OLG Zweibrücken FamRZ 1995, 619, 620; *Wieczorek/Schütze/Becker-Eberhard* § 619 ZPO Rn. 7; *Zöller/Philippi* § 619 ZPO Rn. 5; *Baumbach/Lauterbach/Hartmann* Rn. 4; Hk-ZPO/*Kemper* § 619 Rn. 4; *Rosenberg/Schwab/Gottwald* § 164 Rn. 75; *Keidel/Weber* Rn. 8; anders *Stein/Jonas/Schlosser* § 619 ZPO Rn. 14 (§ 269 Abs. 3 S. 3 ZPO analog).
[54] OLG Düsseldorf FamRZ 2005, 386; OLG Hamm FamRZ 1995, 101; OLG Zweibrücken FamRZ 1995, 619; *Zöller/Philippi* § 619 ZPO Rn. 5; *Baumbach/Lauterbach/Hartmann* Rn. 4.
[55] OLG Frankfurt FamRZ 1990, 296; OLG Karlsruhe NJW-RR 1996, 773; OLG Zweibrücken FamRZ 1995, 619; *Baumbach/Lauterbach/Hartmann* Rn. 4; aA OLG Saarbrücken FamRZ 1985, 89.
[56] OLG Celle FamRZ 1980, 70; *Zöller/Philippi* § 619 ZPO Rn. 5.
[57] OLG Zweibrücken FamRZ 1995, 619; *Zöller/Philippi* § 619 ZPO Rn. 5.
[58] *Baumbach/Lauterbach/Hartmann* Rn. 4.
[59] Für ersteres *Baumbach/Lauterbach/Hartmann* Rn. 4, für zweiteres OLG Frankfurt FamRZ 1990, 296.
[60] BGH NJW 1981, 686 = FamRZ 1981, 245; OLG Celle FamRZ 1980, 70; OLG Düsseldorf FamRZ 2005, 386 Rn. 12; *Baumbach/Lauterbach/Hartmann* Rn. 4; *Thomas/Putzo/Hüßtege* § 619 ZPO Rn. 5.
[61] BGH NJW 1981, 686 = FamRZ 1981, 245 Rn. 11.
[62] BGH NJW 1981, 686 = FamRZ 1981, 245 Rn. 12.
[63] Vgl. zum neuen Recht *Bumiller/Harders* Rn. 5; zum alten Recht *Wieczorek/Schütze/Becker-Eberhard* § 619 ZPO Rn. 2; *Zöller/Philippi* § 619 ZPO Rn. 5; *Baumbach/Lauterbach/Hartmann* Rn. 5; *Thomas/Putzo/Hüßtege* § 619 ZPO Rn. 5; Hk-ZPO/*Kemper* § 619 Rn. 5.

§ 132 1 Buch 2. Abschnitt 2. Ehe-, Scheidungs- und Folgesachen

17   Die Erledigung erstreckt sich auch auf die **Entscheidung über eine Folgesache,** soweit für die Folgesache nicht ausnahmsweise auch ohne die Scheidung der Ehe eine materiellrechtliche Grundlage besteht (s. o. Rn. 10 f.).[64]

18   **4. Nach Rechtskraft.** Stirbt der Ehegatte erst nach Rechtskraft, ist § 131 nicht anzuwenden.[65] Tritt der Tod nach Rechtskraft des Scheidungsausspruchs, aber vor einer Entscheidung über die (abgetrennte) **Folgesache** ein, so ist § 131 ebenfalls nicht anzuwenden.[66] Jedoch ist die Fortführung der Folgesache nur dann sinnvoll, wenn durch den Tod des Ehegatten nicht ihre materiellrechtliche Grundlage erloschen ist.[67] So ist etwa die Fortführung eines Verfahrens auf Unterhalt möglich, soweit sich nach dem Tod des Verpflichteten gem. § 1586b BGB der Unterhaltsanspruch gegen die Erben richtet.[68] In der Folgesache Versorgungsausgleich endet das Verfahren beim Tod des Wertausgleichsberechtigten (vgl. § 31 Abs. 1 S. 2 VersAusglG), beim Tode des Wertausgleichspflichtigen ist es gegen den Erben fortzuführen (§ 31 Abs. 1 S. 1 VersAusglG).[69] Im Versorgungsausgleich ist ein Ausspruch über die Erledigung wegen Erlöschen des materiellrechtlichen Anspruchs (§ 31 Abs. 1 S. 2 VersAusglG) möglich.[70] Alle anderen Verfahren enden mit dem Tod eines Ehegatten, so etwa ein Verfahren auf Zuweisung von Ehewohnung und Haushaltsgegenständen[71] sowie die Folgesachen elterliche Sorge (s. a. § 1680 Abs. 1 BGB), Umgangsrecht und Kindesherausgabe (§ 137 Abs. 3 iVm. § 151 Nr. 1–3).

19   Eine **einstweilige Anordnung** tritt mit dem Tod eines Ehegatten außer Kraft.[72] Hierfür gilt nicht § 119 Abs. 1 S. 1 iVm. § 56 Abs. 2 Nr. 4,[73] da die Ehesache gemäß § 112 keine Familienstreitsache ist, sondern § 113 Abs. 1 S. 1 iVm. § 56 Abs. 2 Nr. 4.

§ 132 Kosten bei Aufhebung der Ehe

(1) [1] Wird die Aufhebung der Ehe ausgesprochen, sind die Kosten des Verfahrens gegeneinander aufzuheben. [2] Erscheint dies im Hinblick darauf, dass bei der Eheschließung ein Ehegatte allein die Aufhebbarkeit der Ehe gekannt hat oder ein Ehegatte durch arglistige Täuschung oder widerrechtliche Drohung seitens des anderen Ehegatten oder mit dessen Wissen zur Eingehung der Ehe bestimmt worden ist, als unbillig, kann das Gericht die Kosten nach billigem Ermessen anderweitig verteilen.

(2) Abs. 1 ist nicht anzuwenden, wenn eine Ehe auf Antrag der zuständigen Verwaltungsbehörde oder bei Verstoß gegen § 1306 des Bürgerlichen Gesetzbuchs auf Antrag des Dritten aufgehoben wird.

I. Normzweck und Systematik

1   Für die Kosten in Ehesachen hat das FamFG **kein einheitliches Regime** geschaffen. § 132 regelt die Kosten bei Aufhebung der Ehe (nicht aber bei Abweisung, Rücknahme oder sonstiger Erledigung des Aufhebungsverfahrens). Die Kosten bei Scheidungs- und Folgesachen regelt § 150 umfassend. Für die Kosten in Feststellungssachen bestehen keine Sonderregeln, § 132 kann nicht auf Feststellungssachen erstreckt werden[1] und es gelten daher gemäß § 113 Abs. 1 S. 2 die §§ 91 ff. ZPO (die §§ 80 ff. finden gem. § 113 Abs. 1 S. 1 keine Anwendung).[2]

---

[64] BGH NJW 1981, 686 (Versorgungsausgleich); BGH FamRZ 1983, 683; OLG Celle NdsRpfl 1981, 197; OLG Frankfurt FamRZ 1981, 474; *Stein/Jonas/Schlosser* § 619 ZPO Rn. 4; *Wieczorek/Schütze/Becker-Eberhard* § 619 ZPO Rn. 19 ff.; *Baumbach/Lauterbach/Hartmann* Rn. 3; *Rosenberg/Schwab/Gottwald* § 164 Rn. 75.
[65] Vgl. für § 619 ZPO aF nur BGH NJW 1984, 2829; *Wieczorek/Schütze/Becker-Eberhard* § 619 ZPO Rn. 4.
[66] *Stein/Jonas/Schlosser* § 619 ZPO Rn. 5; *Baumbach/Lauterbach/Hartmann* Rn. 2.
[67] Vgl. OLG Nürnberg FamRZ 2006, 959 (Tod des Berechtigten nach Rechtskraft des Scheidungsausspruchs).
[68] *Zöller/Philippi* § 619 ZPO Rn. 13; *Schulte-Bunert/Weinreich/Schröder* Rn. 5; ähnl. *Stein/Jonas/Schlosser* § 619 ZPO Rn. 5.
[69] Vgl. zum alten Recht nach § 1587e Abs. 2 und 4 BGB aF: OLG Nürnberg FamRZ 2006, 959 (Tod des Berechtigten nach Rechtskraft des Scheidungsausspruchs); *Wieczorek/Schütze/Becker-Eberhard* § 619 ZPO Rn. 20 f.; *Zöller/Philippi* § 619 ZPO Rn. 18; *Baumbach/Lauterbach/Hartmann* Rn. 3; *Thomas/Putzo/Hüßtege* § 619 ZPO Rn. 5.
[70] Vgl. zum alten Recht nach §§ 1587 ff. BGB: OLG Frankfurt FamRZ 1990, 296; *Baumbach/Lauterbach/Hartmann* Rn. 2.
[71] Vgl. zum alten Recht *Wieczorek/Schütze/Becker-Eberhard* § 619 ZPO Rn. 20.
[72] Zum alten Recht *Stein/Jonas/Schlosser* § 619 ZPO Rn. 4.
[73] So aber *Baumbach/Lauterbach/Hartmann* Rn. 3.
[1] Bereits für § 93a ZPO aF war anerkannt, dass die Norm nicht auf andere Ehesachen als die dort geregelten Scheidungs- und Aufhebungssachen angewendet werden konnte, vgl. OLG Koblenz FamRZ 1990, 1368; *Musielak/Wolst* § 93a ZPO Rn. 1.
[2] *Kemper*, FamFG – FGG – ZPO, 2009, S. 139.

Kosten bei Aufhebung der Ehe 2–8 § 132

Dem **Grundsatz der Kostenaufhebung** (§ 132 Abs. 1 S. 1) liegt der Gedanke zugrunde, dass es 2 in Ehesachen keinen „Sieger" und keinen „Verlierer" gibt, sondern dass die Entscheidung des Gerichts im öffentlichen Interesse steht.[3] Ferner wird als Begründung angeführt, dass das Verhältnis der Ehegatten ein besonders enges Gefüge aus Rücksichtnahme- und Solidaritätspflichten begründet, das auf die Aufhebung der Ehe ausstrahlt.[4] Kein Bedürfnis für Kostenaufhebung besteht bei Antragstellung durch Behörde oder Dritten (§ 132 Abs. 2, s. u. Rn. 10). § 132 Abs. 1 und 2 entsprechen überwiegend den Regelungen der Absätze 3 (s. a. Rn. 9) und 4 des § 93a ZPO aF.

Die **Rechtsmittel** gegen die Kostenentscheidung nach § 130 richten sich nach §§ 58 ff.[5] Auch 3 diejenigen Kostenentscheidungen, die den „allgemeinen Vorschriften" (§§ 91 ff. ZPO) unterliegen, sind mit dem Instrumentarium der §§ 58 ff. anzugreifen, da gem. § 99 ZPO regelmäßig die Kostenentscheidung nur gemeinsam mit der Hauptsache angegriffen werden kann.[6] Eine Ausnahme gilt für die Kostenentscheidung nach Antragsrücknahme (§ 113 Abs. 1 S. 2 FamFG iVm. § 269 Abs. 3 ZPO), statthaft ist hier unter den Voraussetzungen des § 269 Abs. 5 ZPO die sofortige Beschwerde.

II. Kostenaufhebung (Abs. 1 Satz 1)

Gemäß § 132 Abs. 1 S. 1 sind die Kosten gegeneinander aufzuheben, wenn die **Aufhebung der** 4 **Ehe** ausgesprochen wird. § 132 Abs. 1 S. 1 entspricht fast wörtlich § 93a Abs. 3 S. 1 ZPO aF.[7] Nach dem Grundsatz der Kostenaufhebung trägt jeder Beteiligte seine außergerichtlichen Kosten selbst, die Gerichtskosten trägt jeder Beteiligte zur Hälfte (§ 92 Abs. 1 S. 2 ZPO). Auf ein Verschulden der Beteiligten kommt es nicht an.[8]

Wird der Antrag auf Aufhebung der Ehe als **unzulässig oder unbegründet** abgelehnt, ist § 132 5 nicht anwendbar. In diesem Fall ist über die Kostentragung nach allgemeinen Grundsätzen zu entscheiden.[9] Da §§ 80 ff. gem. § 113 Abs. 1 S. 1 keine Anwendung finden, gelten gemäß § 113 Abs. 1 S. 2 die §§ 91 ff. ZPO.[10] Eine analoge Anwendung des § 150 Abs. 2, der die Kosten bei Abweisung und Rücknahme des Scheidungsantrags sowie sonstiger Erledigung des Scheidungsverfahrens regelt, kommt nicht in Betracht, da der Gesetzgeber mit § 150 Abs. 2 erstmals eine derartige Regelung geschaffen hat und diese ausdrücklich speziell für die Ehescheidung formuliert hat; hätte der Gesetzgeber eine ebensolche Behandlung der Kosten bei Aufhebungsverfahren gewünscht, hätte er ohne weiteres eine entsprechende Regelung oder einen Verweis schaffen können.

III. Billigkeitsklausel (Abs. 1 Satz 2)

Gemäß § 132 Abs. 1 S. 2 kann von dem Grundsatz der Kostenaufhebung abgewichen werden, 6 wenn dies unbillig erscheint, weil ein Ehegatte allein die Aufhebbarkeit der Ehe kannte oder weil ein Ehegatte durch arglistige Täuschung oder widerrechtliche Drohung oder mit Wissen des anderen Ehegatten zur Eingehung der Ehe bestimmt worden ist (vgl. hierzu die Aufhebungsgründe des § 1314 Abs. 2 Nr. 3 und 4 BGB). § 132 Abs. 1 S. 2 entspricht inhaltlich § 93a Abs. 3 S. 2 Halbs. 2 ZPO aF.[11]

„**Unbilligkeit**" der Kostenaufhebung gegeneinander kann sich nur daraus ergeben, dass ein 7 Ehegatte allein bei Eheschließung die Aufhebbarkeit gekannt hat oder ein Ehegatte durch arglistige Täuschung oder widerrechtliche Drohung des anderen Ehegatte oder mit dessen Wissen zur Eingehung der Ehe bestimmt worden ist (§ 132 Abs. 1 S. 2). Sind diese Voraussetzungen erfüllt, so sind diesem die Aufhebbarkeit kennenden, arglistig täuschenden oder widerrechtlich drohenden Ehegatten die Kosten ganz aufzuerlegen, bei geringerem Mitverschulden des anderen Ehegattenkann können die Kosten aufgeteilt werden.[12]

Abweichungen vom Grundsatz der Kostenaufhebung sind (trotz § 113 Abs. 1 S. 1) bei Unbil- 8 ligkeit möglich, die Verteilung erfolgt dann **„nach billigem Ermessen"**, also – trotz der Unan-

---

[3] Baumbach/Lauterbach/Hartmann Rn. 2.
[4] Oben § 93a ZPO Rn. 1 (für Scheidungssachen, § 93a Abs. 1 ZPO aF, aber ebenso für Aufhebung vgl. Rn. 22); auf den Amtsermittlungsgrundsatz als Begründung weist Keidel/Weber Rn. 3 hin.
[5] Baumbach/Lauterbach/Hartmann Rn. 6.
[6] AA Baumbach/Lauterbach/Hartmann Rn. 6 (§ 113 Abs. 1 S. 2 FamFG iVm. §§ 97 ff. ZPO).
[7] BT-Drucks. 16/6308, S. 228; Baumbach/Lauterbach/Hartmann Rn. 1.
[8] Oben § 93a ZPO Rn. 19.
[9] So bereits für das alte Recht oben § 93a ZPO Rn. 21.
[10] Musielak/Borth Rn. 2.
[11] BT-Drucks. 16/6308, S. 228; Baumbach/Lauterbach/Hartmann Rn. 1.
[12] Thomas/Putzo/Hüßtege § 93a ZPO Rn. 9.

Hilbig

Vor §§ 133 ff 1   Buch 2. Abschnitt 2. Ehe-, Scheidungs- und Folgesachen

wendbarkeit von § 81 gemäß § 113 Abs. 1 S. 1 – unter Heranziehung des Verursachungsprinzips, wie es § 81 Abs. 2 konkretisiert.[13]

9   Die Gesetzesbegründung schweigt dazu, weshalb § 93a Abs. 3 S. 2 Halbs. 1 ZPO aF keinen Eingang in § 132 gefunden hat.[14] Lediglich bei der Vorschrift über die Kosten des Scheidungsverfahrens (§ 150), in der die entsprechende Härteklausel (§ 93a Abs. 1 S. 2 Nr. 1 ZPO aF) ebenfalls nicht übernommen wurde, wird auf die geringe praktische Relevanz der Regelung hingewiesen.[15] Er sah vor, dass von der Kostenaufhebung auch dann abgesehen werden kann, wenn sie einen der **Ehegatten in seiner Lebensführung unverhältnismäßig beeinträchtigen** würde. Wie in § 93a Abs. 1 S. 2 Nr. 1 ZPO aF war hier die bewilligte Prozesskostenhilfe unberücksichtigt zu lassen, also zu fingieren, dass der wirtschaftlich schwächere die Verfahrenskosten selbst zu tragen hat.[16] So konnten dem wirtschaftlich Stärkeren alle oder die überwiegenden Kosten aufgebürdet werden, um zu vermeiden, dass das Verfahren teilweise „praktisch auf Kosten der Staatskasse" geführt wird.[17] Die besondere Belastung der öffentlichen Kassen entsteht durch die häufig angewendete Kostenaufhebung, bei der jeder Beteiligten seine Kosten selbst zu tragen hat und es nicht zu einem Übergang des Kostenerstattungsanspruchs der obsiegenden Seite auf die Staatskasse (§ 59 Abs. 1 S. 1 RVG) kommt.[18]

IV. Kosten bei Eheaufhebung auf Antrag der Behörde oder eines Dritten (Abs. 2)

10   Gemäß § 132 Abs. 2 ist Abs. 1 nicht anzuwenden, wenn eine Ehe auf Antrag der zuständigen Verwaltungsbehörde oder eines Dritten aufgehoben wird. § 132 Abs. 2 entspricht § 93a Abs. 4 ZPO aF.[19] Bei Antrag eines Dritten (§§ 1306, 1316 Abs. 1 Nr. 1 S. 1 Alt. 2 BGB; § 129) oder der Verwaltung (§ 1316 Abs. 1 Nr. 1, Abs. 3 BGB; § 129) ist Kostenaufhebung ausgeschlossen, es gilt die allgemeine Unterliegenshaftung (§ 91 ZPO, mit §§ 97 Abs. 1, 100 Abs. 1 ZPO).[20] Grund ist, dass das besondere Rücksichtsgebot zwischen Ehegatten in diesen Fällen nicht zum Tragen kommt.[21] § 132 Abs. 2 findet auch Anwendung, wenn der Antrag der Behörde oder des Dritten zurückgewiesen wird,[22] für die Behörde ist hinsichtlich der Gerichtskosten § 2 Abs. 1 FamGKG zu beachten. Ist sie ohne eigenen Antrag „beteiligt" iSv. § 129 Abs. 2 (s. o. § 129 Rn. 13 f.), wird sie nicht kostenpflichtig.[23]

Unterabschnitt 2. Verfahren in Scheidungssachen und Folgesachen

Vorbemerkung zu den §§ 133 ff.

I. Das Verfahren in Scheidungssachen und Folgesachen nach der Reform

1   **1. Bestehen bleibende Elemente.** Über die Scheidung befinden weiterhin die Gerichte (vgl. § 1564 Satz 1 BGB), und nicht sonstige Stellen, etwa die Notare. Das Verfahren in Ehesachen und damit auch in Scheidungssachen unterliegt wie bisher weitgehend den **Regeln der ZPO** (vgl. § 113 Abs. 1). Dies ist nicht selbstverständlich,[1] zumal das andere statusbezogene (bisherige) ZPO-Verfahren, dasjenige nach §§ 640 ff. ZPO aF, mit der Reform als Familiensache der freiwilligen Gerichtsbarkeit[2] ausgestaltet wurde. Die Gründe für diese Veränderung[3] betrafen jedoch nicht das

---

[13] *Borth* FamRZ 2007, 1925, 1931; *Baumbach/Lauterbach/Hartmann* Rn. 3.
[14] Gegen Anwendung dieser Härteklausel auch *Bumiller/Harders* Rn. 4; *Schulte-Bunert/Weinreich/Schröder* Rn. 1.
[15] BT-Drucks. 16/6308, S. 233; wohl zust. *Schulte-Bunert/Weinreich/Keske* § 150 Rn. 10.
[16] *Musielak/Wolst* § 93a ZPO Rn. 11.
[17] So *Thomas/Putzo/Hüßtege* § 93a ZPO Rn. 9, 5; ähnlich *Zöller/Herget* § 93a ZPO Rn. 4; *Musielak/Wolst* § 93a ZPO Rn. 6.
[18] Vgl. *Zöller/Herget* § 93a ZPO Rn. 4.
[19] BT-Drucks. 16/6308, S. 228; *Baumbach/Lauterbach/Hartmann* Rn. 1.
[20] BT-Drucks. 16/6308, S. 228; oben § 93a ZPO Rn. 18 (freilich für die Rechtslage vor dem FamFG); *Bumiller/Harders* Rn. 5; *Keidel/Weber* Rn. 5 ff.; *Schulte-Bunert/Weinreich/Schröder* Rn. 4; *Musielak/Borth* Rn. 2. AA *Baumbach/Lauterbach/Hartmann* Rn. 5 (§ 81).
[21] Oben § 93a ZPO Rn. 22 u. 1.
[22] Oben § 93a ZPO Rn. 22; *Schulte-Bunert/Weinreich/Schröder* Rn. 4.
[23] Ebenso *Musielak/Borth* Rn. 2.
[1] Zu dieser Frage in der letzten Reform vgl. MünchKommBGB/*Wolf* § 1564 Rn. 38 mit Fn. 143.
[2] Zum Begriff der Familiensachen der freiwilligen Gerichtsbarkeit (= alle Familiensachen, die weder Ehesachen bzw. diesen gleichgestellte Lebenspartnerschaftssachen noch Familienstreitsachen sind) vgl. BT-Drucks. 16/6308 S. 243, die Überschrift zu Hauptabschnitt 3 des KV (Anlage 1) zum FamGKG, § 14 Nr. 2 IntFamRVG sowie *Meyer-Seitz/Kröger/Heiter* FamRZ 2005, 1430, 1433 (4 a) cc)).
[3] Vgl. hierzu die Begr. des RegE, BT-Drucks. 16/6308, S. 243 sowie *Heiter* FPR 2006, 417, 418.

Vorbemerkung zu den §§ 133 ff.   2–4 Vor §§ 133 ff

Scheidungsverfahren. Zudem wären im Fall eines vergleichbaren Wechsels bezüglich des Verfahrensrechts in Scheidungssachen zahlreiche zusätzliche Modifikationen mit erheblichem Regelungsaufwand erforderlich gewesen, da das Verfahren, auch unter Berücksichtigung der Rechtsprechung, mit den Folgeregelungen stark verzahnt ist und da die unveränderte Anwendbarkeit der Bestimmungen des Allgemeinen Teils des FamFG, einschließlich des erweiterten Beteiligtenbegriffs, für das „zweipolige" und von Besonderheiten geprägte Scheidungsverfahren überwiegend nicht sachgerecht gewesen wäre. Auch hätte ein Wechsel der Verfahrensregelungen zu einem größeren Verlust an Rechtssicherheit gerade in einem zahlenmäßig bedeutsamen Statusverfahren geführt.

Auch sonst haben sich **Struktur und Grundsätze des Verfahrens** praktisch nicht verändert. Der sachliche Gehalt der meisten Einzelvorschriften findet sich, ggf. in angepasster Form, auch im neuen Recht wieder. Wie bisher besteht grundsätzlich Anwaltszwang für beide Ehegatten, gilt der (modifizierte) Amtsermittlungsgrundsatz und ist die persönliche Anhörung der Ehegatten vorgeschrieben. Die Bestimmungen über die Verfahrensfähigkeit, das Verbot einer Versäumnisentscheidung gegen den Antragsgegner, über die Folgen des Todes eines Ehegatten sowie weitere Einzelregelungen wurden aus dem bisherigen Recht übernommen. Dasselbe gilt von dem strukturell erhalten gebliebenen Verbund, einschließlich der Regelungen über die einheitliche Verbundentscheidung und deren Wirksamkeit, über die Folgen der Rücknahme und des Kerns der Regelungen über die Abtrennung. Die Vorschriften über die Aussetzung des Verfahrens, die Beiordnung eines Rechtsanwalts für den nicht vertretenen Antragsgegner, die eingeschränkte Information dritter Personen sowie die Sonderbestimmungen für das Rechtsmittelverfahren, für die Verfahrenskostenhilfe und die Kosten entsprechen weitgehend den aus der ZPO bekannten Vorbildern.

2. **Veränderungen.** Die einzelnen **Änderungen** im Normtext der §§ 133 ff. im Vergleich zu den 3 entsprechenden bisherigen Vorschriften können synoptischen Darstellungen[4] entnommen werden. Es handelt sich teilweise um geringfügige Korrekturen oder um notwendige Anpassungen an geänderte Begriffe oder allgemeine Regelungen, etwa an die Entscheidungsform des Beschlusses, der das Urteil ersetzt, (vgl. § 142 Abs. 1), an das neue Rechtsmittelrecht (vgl. §§ 145–147) oder das von einer Ehesache oder sonstigen Hauptsache unabhängige Verfahren der einstweiligen Anordnung; teilweise wurde auch lediglich eine bisherige Rechtsprechung oder Praxis in den Gesetzestext aufgenommen.

Als bedeutsamere Neuerungen sind demgegenüber zu nennen: 4
– Die Vermutung des Scheiterns nach § 1566 Abs. 1 BGB (**„einverständliche Scheidung"**) kann nun auch ohne die Voraussetzungen des § 630 Abs. 1 ZPO aF, also insbesondere ohne eine Einigung über die dort genannten Fragen eingreifen. Die Nachfolgevorschrift § 133 hat keinen Bezug mehr zu § 1566 Abs. 1 BGB. Sie begnügt sich mit der formalen Erklärung des Antragstellers, ob die Ehegatten zu bestimmten Fragen eine Regelung getroffen haben oder nicht; eine getroffene Regelung muss nicht vorgelegt werden und dass sich die Ehegatten nicht geeinigt haben, hat keine Folgen.[5]
– Die neu eingeführte Vorschrift des § 135 ermöglicht die Anordnung, dass die Ehegatten an einem Informationsgespräch über Mediation oder eine sonstige Form der **außergerichtlichen Streitbeilegung** teilnehmen, die Nichtteilnahme kann kostenrechtliche Nachteile haben.[6]
– Nach § 137 Abs. 2 können Folgesachen aus den dort genannten Bereichen nur bis zu einem Zeitpunkt von **zwei Wochen** vor der mündlichen Verhandlung im ersten Rechtszug in der Scheidungssache anhängig gemacht werden.[7]
– Nach § 137 Abs. 3 werden **Kindschaftssachen** nicht kraft Gesetzes zu Folgesachen, sondern nur wenn ein Ehegatte die Einbeziehung beantragt und das Gericht die Einbeziehung nicht aus Gründen des Kindeswohls ablehnt.[8]
– Die **Abtrennung** einer Kindschaftsfolgesache ist nach § 140 Abs. 2 S. 2 Nr. 3 auch dann möglich, wenn das Gericht dies aus Gründen des Kindeswohls für sachgerecht hält. Die Abtrennung einer Versorgungsausgleichsfolgesache soll nach der neu eingeführten Regelung des § 140 Abs. 2 S. 2 Nr. 4 auf Antrag beider Ehegatten möglich sein, wenn beide die erforderlichen Mitwirkungshandlungen vorgenommen haben und drei Monate ab Rechtshängigkeit verstrichen sind. Hierbei bleibt, wie in den Fällen der Abtrennung wegen außergewöhnlicher Verzögerung nach § 140 Abs. 2 S. 2 Nr. 5, grundsätzlich der vor Ablauf des Trennungsjahres liegende Zeitraum außer Betracht, § 140 Abs. 4.[9]

---

[4] Vgl. etwa *Koritz,* Das neue FamFG, S. 136 ff.
[5] Vgl. im Einzelnen die Erläuterungen zu § 133.
[6] Vgl. im Einzelnen die Erläuterungen zu § 135.
[7] Vgl. im Einzelnen die Erläuterungen zu § 137.
[8] Vgl. im Einzelnen die Erläuterungen zu § 137.
[9] Vgl. im Einzelnen die Erläuterungen zu § 140.

II. Kein vereinfachtes Scheidungsverfahren

5 Ein sogenanntes **vereinfachtes Scheidungsverfahren** enthält das FamFG **nicht**. Unter dieser Bezeichnung waren in beiden Referentenentwürfen zunächst Sonderbestimmungen vorgesehen, durch die das reguläre Verfahren der Scheidung in bestimmten Fällen modifiziert und erleichtert werden sollte.[10] Voraussetzungen dieser Variante sollten sein:[11]
– Es sind keine gemeinschaftlichen Kinder der Ehegatten vorhanden.
– Der Antragsteller legt eine notariell beurkundete Erklärung beider Ehegatten, dass sie das vereinfachte Scheidungsverfahren wählen, und eine Vereinbarung oder einen Titel über die durch die Ehe begründete Unterhaltspflicht sowie über die Rechtsverhältnisse an der Ehewohnung und am Hausrat vor.
– Außer dem Versorgungsausgleich ist keine weitere Folgesache anhängig.

6 Als **Rechtsfolgen** waren folgende Abweichungen von den allgemeinen Regeln des Scheidungsverfahrens vorgesehen:[12]
– Beide Ehegatten sollten sich vor dem Familiengericht nicht durch einen Rechtsanwalt vertreten lassen müssen.
– Die Folgesache Versorgungsausgleich sollte im Fall des vereinfachten Scheidungsverfahrens unter erleichterten Voraussetzungen vom Verbund abgetrennt werden können; es sollte hierfür ausreichen, dass seit Rechtshängigkeit des Scheidungsantrags ein Zeitraum von sechs Monaten verstrichen ist, beide Ehegatten die erforderlichen Mitwirkungshandlungen vorgenommen haben und beide übereinstimmend die Abtrennung beantragen.
– Die Gerichtsgebühr für das Verfahren im Allgemeinen sollte im Fall des vereinfachten Scheidungsverfahrens statt 2,0 nur 1,0 betragen.
– Darüber hinaus sollte der Notar die Ehegatten vor der Beurkundung einer Erklärung über die Wahl des vereinfachten Scheidungsverfahrens darauf hinweisen, dass eine Beratung im alleinigen Interesse eines Ehegatten nur durch einen Rechtsanwalt erfolgt.

7 Bei den Reaktionen auf die Referentenentwürfe nahm die Auseinandersetzung mit dem vereinfachten Scheidungsverfahren von Anfang an breiten Raum ein. Einzelnen Stimmen, die die neue Variante begrüßten,[13] stand eine Vielzahl kritischer bzw. ablehnender Äußerungen gegenüber.[14] Besonders die Anwaltschaft trat der Neuregelung vehement entgegen.[15] Dass als Ausgleich für den im vereinfachten Scheidungsverfahren wegfallenden **Anwaltszwang** derselbe auf alle isolierten Familienstreitsachen, also insbesondere auf alle isolierten Unterhaltsverfahren, ausgedehnt werden sollte,[16] änderte daran nichts. Kritik wurde jedoch auch von anderer Seite geäußert,[17] auch vom Vorsitzenden des deutschen Familiengerichtstages.[18] Letztlich verzichtete die Bundesregierung mit dem RegE auf das vereinfachte Scheidungsverfahren, auch da die Vorbehalte im Bundestag zu groß waren;[19] die oben genannte Regelungen sind nicht Gesetz geworden – mit einer Ausnahme: der Abtrennungsvorschrift des § 140 Abs. 2 S. 2 Nr. 4.

III. Die Frage der Beschleunigung des Scheidungsverfahrens nach der Reform

8 Nach überwiegender Ansicht zum früheren Recht unterliegen Ehesachen **nicht dem Beschleunigungsgrundsatz** des allgemeinen Zivilprozessrechts und sind nicht als eilbedürftig anzu-

---

[10] Zu den Zielen und Vorteilen des vereinfachten Scheidungsverfahrens aus Sicht des Bundesjustizministeriums vgl. die Ausführungen von *Meyer-Seitz* FF 2006, 4 ff. sowie die Begründung des RefE (2006) S. 346 ff., 477 ff.
[11] Vgl. § 143 FamFG idF des RefE (2006).
[12] Vgl. §§ 130 Abs. 1 S. 2, 149 Abs. 2 Nr. 4 FamFG, Nr. 1111 KV-FamGKG sowie § 17a BeurkG jeweils idF des RefE (2006).
[13] *Zimmermann* DRiZ 2006, 212.
[14] Vgl. *Rausch* FuR 2006, 337 m. weit. Nachw.
[15] Vgl. Pressemeldungen der BRAK v. 16. 2. 2006 und v. 22. 5. 2006; Stellungnahme des Deutschen Anwaltvereins zum FGG-RG vom Juli 2006, S. 12; *Groß* und *Peschel-Gutzeit* FF 2006, 4 ff.; *Groß* AnwBl. 2006, 337; *Born* FamRZ 2006, 829; *Meyer-Götz* ZFE 2006, 281; *Machulla-Notthoff* ZFE 2006, 284; *Sarres* FPR 2007, 241; *Dastmaltchi* FPR 2007, 226.
[16] Vgl. § 106 Abs. 3 FamFG idF des RefE (2006); *Häußermann*, in: *Lipp/Schumann/Veit* (Hrsg.), Reform des familiengerichtlichen Verfahrens, Göttinger Juristische Schriften Band 6, S. 5, 35.
[17] *Bergerfurth* FF 2005, 178; *Göhler-Schlicht* FF 2006, 77; *Müller-Piepenkötter* FF 2006, 78 sowie die Nachw. bei *Machulla-Notthoff*, ZFE 2006, 284, 288 Fn. 26.
[18] *Brudermüller* DRiZ 2006, 213.
[19] So die Pressemeldung des BMJ vom 9. 5. 2007; vgl. auch die Ausführungen der MdB *Ute Granold* (CDU) und *Christine Lambrecht* (SPD) in der 173. Sitzung des Deutschen Bundestages v. 27. Juni 2008, Prot. S. 18472, 18478 („Konsens im Parlament").

Vorbemerkung zu den §§ 133 ff. **9, 10 Vor §§ 133 ff**

sehen.[20] Die Bestimmungen, aus denen dies u. a. hergeleitet wird,[21] bestehen ihrem Regelungsgehalt nach fort (§§ 113 Abs. 3 Nr. 3, 115, 136). Hierzu gehören auch die Vorschriften über den Verbund. Dass Folgesachen nunmehr nicht später als zwei Wochen vor einem Termin in der Scheidungssache anhängig gemacht werden können, kann in gewissem Umfang mutwillige Vorgehensweisen verhindern, bewirkt aber keine Beschleunigung des Verfahrens. Mit dem FamFG wurde zwar die Möglichkeit der Abtrennung insbesondere von Versorgungsausgleichsfolgesachen erleichtert (§ 140 Abs. 2 S. 2 Nr. 4),[22] andererseits aber festgelegt, dass die Zeit vor Ablauf des Trennungsjahres bei der Anwendung der Abtrennungsvorschriften außer Betracht bleibt und die bisherige Abtrennungsregelung des § 623 Abs. 2 S. 2, 3 ZPO aF wurde eingeschränkt.[23] Zudem ist klargestellt, dass das Kriterium der außergewöhnlichen Verzögerung in § 140 Abs. 2 S. 2 Nr. 5 in derselben Weise zu verstehen ist wie im geltenden Recht, und dass insoweit auf die zu § 628 Nr. 4 ZPO aF ergangene Rechtsprechung[24] weiter zurückgegriffen werden kann.[25] Schließlich bestand in der Verfahrenspraxis hinsichtlich der Verfahrensdauer, anders als im Bereich der Kindschaftssachen, kein Missstand, auf den der Gesetzgeber hätte reagieren müssen,[26] schon gar nicht bei den wenig Aufwand verursachenden „unstreitigen" Scheidungen; vielmehr war im Gegenteil teilweise eine eher großzügige Handhabung der Abtrennungsvorschriften[27] und des § 630 Abs. 1 ZPO aF, zu beobachten. Eine Gesamtbetrachtung unter Berücksichtigung der im Kern fortbestehenden Grundstrukturen und unter Einbeziehung auch der sich „entschleunigend" auswirkenden Änderungen zeigt, dass sich die Grundlagen der oben genannten Bewertung im Ergebnis nicht verändert haben.

Nach Art. 6 Abs. 1 **EMRK** hat das Gericht über zivilrechtliche Ansprüche in angemessener Frist **9** (reasonable time) zu verhandeln.[28] Dies betrifft nach der Rechtsprechung des Europäischen Gerichtshofs für Menschenrechte (EuGHMR) auch Ehesachen.[29] Die Angemessenheit der Verfahrensdauer ist dabei im Licht der Umstände der Rechtssache sowie unter Berücksichtigung der Komplexität des Falles, des Verhaltens des Beschwerdeführers und der zuständigen Gerichte sowie der Bedeutung des Verfahrens für den Beschwerdeführer zu beurteilen. Der Gerichtshof verlangt in Verfahren zum Personenstand (civil status) eine besondere Zügigkeit (particular dilligence). Jedoch bleiben Zeiten der Verzögerung grundsätzlich unbeanstandet, soweit sie nicht dem jeweiligen Gericht angelastet werden können, etwa weil sie durch die Komplexität des Falles bedingt waren oder durch das Verhalten des Beschwerdeführers verursacht wurden. Es kann angenommen werden, dass der EuGHMR die Besonderheiten des Verbundverfahrens, sofern diese für eine Verzögerung des Scheidungsausspruchs ursächlich sind, unter diesen Gesichtspunkten respektieren wird. Ist der Bereich des Art. 8 EMRK (Achtung des Privat- und Familienlebens) zusätzlich betroffen, etwa weil eine Folgesache aus dem Bereich der elterlichen Sorge oder des Umgangsrechts anhängig ist, können sich die Anforderungen an die Verfahrensführung verschärfen.[30] Der Gerichtshof hat, stets unter Berücksichtigung der Umstände des konkreten Einzelfalls, etwa eine Gesamtdauer von über 9 Jahren für ein – von Besonderheiten geprägtes – Scheidungsverfahren in Deutschland,[31] und eine Gesamtdauer von über 8 Jahren für ein Verfahren auf gerichtliche Trennung nach italienischem Recht[32] als mit den Anforderungen der Konvention unvereinbar beanstandet.

Nach dem zu Rn. 8, 9 Gesagten ist die Frage der Beschleunigung des Scheidungsverfahrens selbst **10** **nicht anders zu beurteilen als vor der Reform:** eine besondere Eilbedürftigkeit besteht nicht, sofern bestimmte Grenzen beachtet sind.[33] Das Gericht darf das Verfahren nicht ohne sachlichen

---

[20] BGH FamRZ 85, 46 (zu II 1. b: „nicht so früh wie möglich"); *Johannsen/Henrich/Sedemund-Treiber* Vor § 606 ZPO Rn. 2; oben § 615 ZPO Rn. 1; *Zöller/Philippi* § 615 ZPO Rn. 1; *Baumbach/Lauterbach/Hartmann* § 615 ZPO Rn. 1; *Bergerfurth/Rogner* Eheverf. Rn. 419, 869.
[21] Vgl. §§ 611 Abs. 2, 612, 614, 615 ZPO aF.
[22] Zur Auslegung der Norm vor dem Hintergrund von Zweck und Inhalt der übrigen Abtrennungsregelungen vgl. die Erläuterungen zu § 140 Rn. 35 ff.
[23] Vgl. die Erläuterungen zu § 140 Rn. 30, 73.
[24] Vgl. etwa BGH FamRZ 1986, 898 („zwei Jahre als Richtpunkt").
[25] Begr. des RegE, BT-Drucks. 16/6308, S. 231 re. Sp.
[26] Die Begr. des RegE erwähnt eine solche Zielrichtung auch nicht, vgl. BT-Drucks. 16/6308, S. 163 f.
[27] *Groß* AnwBl 2006, 337, 338 zu VI.
[28] Vgl. die eingehende Darstellung der Anforderungen bei *Rixe*, Anm. zum Urteil i. S. Sürmeli/Deutschland v. 8. 6. 2006, Nr. 75529/01, FamRZ 2007, 1449, 1453 ff. m. weit. Nachw.
[29] *Meyer-Ladewig*, Europäische Menschenrechtskonvention, 2. Aufl., 2006, § 6 Rn. 8.
[30] Vgl. die Anm. von *Rixe* zum Urteil i. S. Sürmeli/Deutschland v. 8. 6. 2006, Nr. 75529/01, FamRZ 2007, 1453, 1457 ff. m. weit. Nachw.; *Meyer-Ladewig*, Europäische Menschenrechtskonvention, 2. Aufl., 2006, § 8 Rn. 29, 43 a, 48; vgl. auch *Rixe*, ZKJ 2006, 276.
[31] Urteil i. S. Bock/Deutschland v. 29. 3. 1989, Nr. 11118/84.
[32] Urteil i. S. Laino/Italien v. 18. 2. 1999, Nr. 33158/96.
[33] Vgl. Rn. 9.

Grund, wozu auch die Belastung mit vorrangigen Verfahren gehört, unbearbeitet lassen. Mit Eintritt der Entscheidungsreife[34] muss das Verfahren abgeschlossen werden, bei abweisungsreifem Scheidungsantrag ist sogleich zu terminieren. Zu einer bisweilen kritisierten „Überbeschleunigung"[35] wird es bei sachgerechter Auslegung und Handhabung der Neuregelungen[36] nicht kommen. Auch die durchschnittliche Verfahrensdauer dürfte sich nicht wesentlich verändern, zumal einige Neuerungen der Sache nach bereits früher praktiziert wurden. Wie bisher muss und darf das Gericht einen Ehegatten nicht zu einer schnellen Scheidung drängen, dies folgt schon aus Art. 6 Abs. 1 GG. Drängen beide Ehegatten darauf, ist zu beachten, dass sie sich in Konkurrenz mit den Beteiligten der übrigen zur Bearbeitung anstehenden Familiensachen befinden, wobei das Gericht bei der Setzung der Prioritäten an die gesetzlichen Vorgaben gebunden ist. Hierbei kommt nicht nur kindschaftsrechtlichen Verfahren und Verfahren des einstweiligen Rechtsschutzes Vorrang zu, sondern allen Verfahren, bei denen die zivilprozessualen Grundsätze über die Verfahrensbeschleunigung in weitergehendem Umfang Anwendung finden als in Ehesachen.[37] Bei überlanger Verfahrensdauer einer Scheidungssache kann ein Verstoß gegen Art. 6 Abs. 1 EMRK vorliegen. Diese Fälle werden bei Scheidungsverfahren, die für sich genommen verfahrensrechtlich eher unkompliziert sind, kaum vorkommen,[38] bei einer durch Folgesachen verursachten Verzögerung hilft die Abtrennungsvorschrift des § 140 Abs. 2 S. 2 Nr. 5.

11 Dass demgegenüber **Kindschaftssachen,** jedenfalls die in § 155 Abs. 1 genannten,[39] beschleunigt zu bearbeiten sind, auch wenn sie **Folgesachen** sind, steht zu Recht außer Frage. Das Beschleunigungsgebot wird im Gesetzestext nunmehr deutlich zum Ausdruck gebracht (§§ 155, 156 Abs. 3, 157 Abs. 3). Auch die Neufassung der Verbundregelungen (§ 137 Abs. 3, § 140 Abs. 2 S. 2 Nr. 3) trägt dem Rechnung.

§ 133 Inhalt der Antragsschrift

(1) Die Antragsschrift muss enthalten:
1. **Namen und Geburtsdaten der gemeinschaftlichen minderjährigen Kinder sowie die Mitteilung ihres gewöhnlichen Aufenthalts,**
2. **die Erklärung, ob die Ehegatten eine Regelung über die elterliche Sorge, den Umgang und die Unterhaltspflicht gegenüber den gemeinschaftlichen minderjährigen Kindern sowie die durch die Ehe begründete gesetzliche Unterhaltspflicht, die Rechtsverhältnisse an der Ehewohnung und an den Haushaltsgegenständen getroffen haben, und**
3. **die Angabe, ob Familiensachen, an denen beide Ehegatten beteiligt sind, anderweitig anhängig sind.**

(2) Der Antragsschrift sollen die Heiratsurkunde und die Geburtsurkunden der gemeinschaftlichen minderjährigen Kinder beigefügt werden.

Übersicht

	Rn.		Rn.
I. Normzweck	1	2. Erklärung über Regelungen (Nr. 2)	7–10
II. Entstehung	2, 3	3. Angaben zu weiteren Familiensachen (Nr. 3)	11, 12
III. Anwendungsbereich	4	V. Vorlage von Urkunden (Abs. 2)	13–18
IV. Notwendiger Inhalt der Antragsschrift (Abs. 1)	5–12	VI. Nichterfüllung der Anforderungen des § 133	19–22
1. Angaben über gemeinschaftliche Kinder (Nr. 1)	5, 6		

---

[34] Vgl. hierzu für den Fall eines nicht bezifferten Folgeantrags OLG Brandenburg FamRZ 2006, 1772.
[35] Vgl. *Häußermann,* in: *Lipp/Schumann/Veit* (Hrsg.), Die Reform des familiengerichtlichen Verfahrens, 2009, 5, 33; *Rakete-Dombek* FPR 2009, 16 ff.
[36] Vgl. hierzu insbes. die Erläuterungen zu § 140 Rn. 37.
[37] Familienstreitsachen (§ 112), einschl. der neu hinzugekommenen sonstigen Familiensachen (§ 266 Abs. 1).
[38] Der Begr. des RegE zufolge betrug die durchschnittliche Verfahrensdauer in den durch Scheidungsurteil beendeten Fällen 10,7 Monate; BT-Drucks. 16/6308, S. 231.
[39] *Rixe* weist in seiner Anm. zum Urteil i. S. Sürmeli/Deutschland v. 8. 6. 2006, Nr. 75529/01, FamRZ 2007, 1453, 1457 ff., darauf hin, dass nach der Rechtsprechung des EuGHMR nicht nur die in § 155 Abs. 1 genannten, sondern grundsätzlich alle Sorgerechtsverfahren beschleunigt abzuschließen sind.

I. Normzweck

§ 133 enthält besondere Anforderungen an den Scheidungsantrag; zu den allgemeinen Erfordernissen vgl. § 124 S. 2 iVm. § 253 ZPO. Der Antrag muss nach § 133 Abs. 1 bestimmte Mindestangaben enthalten, nach Abs. 2 sollen der Antragsschrift zudem die dort genannten Urkunden beigefügt werden. Auf diese Weise soll das **Gericht** über bedeutsame Punkte, wie das Vorhandensein gemeinschaftlicher minderjähriger Kinder sowie deren Aufenthalt und die Anhängigkeit weiterer gerichtlicher Verfahren **frühzeitig informiert werden**.[1] Dies erleichtert eine sachgerechte Verfahrensführung und hilft, durch fehlende oder unvollständige Information verursachte unnötige Verfahrensschritte, wie etwa Anfragen bei Versorgungsträgern mit unzutreffendem Ehezeitbeginn, Maßnahmen des Gerichts in einem Verfahren, das wegen fehlender Zuständigkeit an ein anderes Gericht zu verweisen ist, oder spätere Berichtigungen des Scheidungsbeschlusses zu vermeiden. Das Erfordernis der Vorlage der Heiratsurkunde wirkt zudem Irrtümern der Antragstellerseite bei der Angabe der Personalien und des Zeitpunkts der standesamtlichen Eheschließung entgegen. Darüber hinaus macht § 133 deutlich, dass trotz des Grundsatzes der Amtsermittlung (§ 127) in erster Linie der Antragsteller und nicht das Gericht die genannten Informationen und Unterlagen beibringen muss; die Vorschrift ist damit auch Ausdruck des im FamFG besonders hervorgehobenen Gedankens der Mitwirkungspflicht.

II. Entstehung

Abs. 1 enthält gegenüber § 622 Abs. 2 ZPO aF[2] **erweiterte Anforderungen** an die Antragsschrift, darunter auch eine Erklärungspflicht über das Vorliegen einer Regelung über bestimmte Fragenkomplexe. Eine § 133 Abs. 2 entsprechende gesetzliche Verpflichtung zur Vorlage von Urkunden mit dem Scheidungsantrag gab es bislang nicht.[3]

Die in Abs. 1 Nr. 1 und 3 enthaltenen Regelungen waren bereits im RefE (2005) vorgesehen[4] und blieben danach im **Gesetzgebungsverfahren** unverändert. Abs. 1 Nr. 2 wurde auf Grund der Beratungen des Rechtsausschusses des Deutschen Bundestages eingefügt[5] und noch vor Inkrafttreten geringfügig geändert.[6] Die Bestimmung des Abs. 2 war, soweit sie sich auf die Heiratsurkunde bezieht, in den Entwürfen von Anfang an vorhanden,[7] mit dem RegE wurde die Vorlagepflicht auf die Geburtsurkunden der gemeinschaftlichen minderjährigen Kinder der Ehegatten erweitert.[8] Dem Vorschlag des Bundesrates, die Regelung des Abs. 2 als zwingende Vorschrift auszugestalten,[9] folgte der Gesetzgeber nicht.

III. Anwendungsbereich

Die Vorschrift des § 133 ist, wie sich aus ihrem Standort ergibt, nur für **Anträge auf Scheidung** der Ehe anwendbar, nicht hingegen auf Anträge in Folgesachen (§ 137). Sie ist nach dem keine Einschränkungen enthaltenden Wortlaut des § 133 auf alle Scheidungsanträge anzuwenden, also auch wenn ein solcher Antrag hilfsweise oder als Gegenantrag gestellt wird[10] oder wenn der Antrag mit Zustimmung des Gerichts (vgl. § 297 Abs. 1 S. 3 ZPO) nach § 261 Abs. 2 ZPO in der mündlichen Verhandlung gestellt wird.[11] In diesen Fällen wird jedoch die **Bezugnahme** auf von dem anderen Ehegatten abgegebene (vollständige und zutreffende) Erklärungen und auf bereits vorliegende Urkunden genügen. Zur sachgerechten Information des Gerichts können die Angaben des anderen Ehegatten auch einer Korrektur (etwa im Hinblick auf Abs. 1 Nr. 2), Vervollständigung oder Aktualisierung bedürfen. Als verfahrensrechtliche Vorschrift ist § 133 auch anzuwenden, wenn die Scheidung selbst nach ausländischem Recht zu beurteilen ist. Zu den Anforderungen des § 133 im Verfahren auf Bewilligung von **Verfahrenskostenhilfe** für einen Scheidungsantrag vgl. Rn. 21.

---

[1] Vgl. die Begründung des RegE, BT-Drucks. 16/6308, S. 228.
[2] Vgl. hierzu eingehend *Vogel* AnwBl. 1982, 457.
[3] OLG Düsseldorf FamRZ 1992, 1078; OLG Karlsruhe FamRZ 1991, 83.
[4] § 141 Abs. 1 FamFG idF d. RefE (2005).
[5] Vgl. BT-Drucks. 16/9733, S. 66 und 293.
[6] BT-Drucks. 16/13027, Nr. 2 c.
[7] § 141 Abs. 2 FamFG idF d. RefE (2005).
[8] BT-Drucks. 16/6308, S. 228.
[9] Vgl. die Stellungnahme des Bundesrates zum RegE, BT-Drucks. 16/6308, S. 373.
[10] AA bisher *Zöller/Philippi* § 622 ZPO Rn. 9 (betr. Gegenanträge).
[11] Vgl. hierzu OLG Brandenburg FamRZ 1998, 1439 sowie OLG Frankfurt FamRZ 1982, 809.

IV. Notwendiger Inhalt der Antragsschrift (Abs. 1)

5 **1. Angaben über gemeinschaftliche Kinder (Nr. 1).** Stets erforderlich ist die Mitteilung der Namen und Geburtsdaten der **gemeinschaftlichen minderjährigen Kinder** der Ehegatten und ihres gewöhnlichen Aufenthalts.[12] Diese Angaben werden für eine korrekte Information des zuständigen Jugendamts nach § 17 Abs. 3 SGB VIII sowie zur Prüfung der örtlichen Zuständigkeit des angerufenen Gerichts benötigt.[13] Zudem ist eine Anhörung und Information der Ehegatten zur elterlichen Sorge und zum Umgangsrecht nach § 128 Abs. 2 nur möglich, wenn dem Gericht das Vorhandensein minderjähriger Kinder der Ehegatten bekannt ist. Die Mitteilungspflicht gilt unabhängig davon, ob eine Kindschaftsfolgesache anhängig ist und auch wenn sich die Personalien der Kinder aus den nach § 133 Abs. 2 beigefügten Urkunden ergeben, da diese möglicherweise nicht vollständig sind. Sind keine gemeinsamen oder volljährige Kinder vorhanden, sollte dies mitgeteilt werden, um Nachfragen zu vermeiden. Angaben zur Staatsangehörigkeit werden vom Gesetz zwar nicht gefordert, können aber sinnvoll sein.

6 Wo ein Kind seinen **gewöhnlichen Aufenthalt** im Rechtssinne hat, kann im Einzelfall unklar oder streitig sein. In derartigen Fällen wird es ausreichen, wenn der Antragsteller Angaben über den faktischen Aufenthalt des Kindes und die diesbezüglichen näheren Umstände macht, die so umfassend und aussagekräftig sind, dass das Gericht beurteilen kann, für welchen Ort die Voraussetzungen des Rechtsbegriffs des gewöhnlichen Aufenthalts erfüllt sind.

7 **2. Erklärung über Regelungen (Nr. 2).** Der antragstellende Ehegatte muss sich auch darüber **erklären,** ob die Ehegatten eine Regelung über die elterliche Sorge, den Umgang und die Unterhaltspflicht gegenüber den gemeinschaftlichen minderjährigen Kindern, die durch die Ehe begründete gesetzliche Unterhaltspflicht sowie über die Rechtsverhältnisse an der Ehewohnung und an den Haushaltsgegenständen getroffen haben. Die Vorschrift wurde durch den Rechtsausschuss des Deutschen Bundestages eingefügt,[14] nachdem in der vorangegangenen Sachverständigenanhörung der vorgesehene Wegfall der Regelungen über die einverständliche Scheidung, insbesondere des § 630 Abs. 1 ZPO aF, kritisiert worden war.[15]

8 Der **Begründung des Rechtsausschusses**[16] zufolge sollen durch die Erklärungspflicht des Antragstellers beide Eheleute „veranlasst werden, sich vor Einleitung des Scheidungsverfahrens über die bedeutsamen Scheidungsfolgen Klarheit zu verschaffen." Auch könne das Gericht „bereits zu Beginn des Verfahrens feststellen, ob und in welchem Ausmaß über die genannten Punkte Streit besteht und den Ehegatten gezielte Hinweise auf entsprechende Beratungsmöglichkeiten erteilen, um zu einer möglichst ausgewogenen Scheidungsfolgenregelung im Kindesinteresse und im Interesse eines wirtschaftlich schwächeren Ehepartners beizutragen." Der Rechtsgedanke der Vorschrift des § 630 Abs. 1 ZPO aF, die überwiegend leerlaufe, werde in das neue Verfahrensrecht übertragen. Die „hinter dieser Vorschrift stehende Absicht, dass die staatlichen Gerichte ihrer Schutzpflicht gegenüber minderjährigen Kindern und dem wirtschaftlich schwächeren Ehegatten gerecht werden müssen," werde „nunmehr dadurch verwirklicht, dass höhere Anforderungen an den notwendigen Inhalt und damit an die Zulässigkeit des Scheidungsantrags gestellt werden."

9 Nummer 2 verlangt lediglich die Erklärung, ob die Ehegatten eine Regelung über die genannten Fragen getroffen haben. Dabei wird unter einer **Regelung** in erster Linie eine von den Ehegatten getroffene Absprache zu verstehen sein,[17] auch wenn es sich nicht um einen Vollstreckungstitel handelt. Weitere Anforderungen an den Inhalt der Erklärung enthält die Norm nicht. Sie lassen sich auch nicht im Weg der Auslegung begründen, zumal der Rechtsausschuss betont hat, dass durch die Bestimmung keine zusätzlichen formalen Hürden geschaffen würden.[18] Weder Art oder Inhalt einer etwa getroffenen Regelung noch Gründe für das Nichtzustandekommen müssen mitgeteilt werden. Den gesetzlichen **Minimalanforderungen** genügt der Satz: „Regelungen iSd. § 133 Abs. 1 Nr. 2 haben die Ehegatten – nicht – getroffen".

10 Die Vorschrift hat nicht die Wirkungen, die ihr durch den Rechtsausschuss (vgl. Rn. 8) zugeschrieben werden: Sie betrifft überwiegend nicht „Scheidungsfolgen", da die in Nummer 2 genann-

---

[12] Vgl. *Vogel* AnwBl. 1982, 457, 458.
[13] Vgl. die Begründung des RegE, BT-Drucks. 16/6308, S. 228.
[14] BT-Drucks. 16/9733, S. 66, 293.
[15] Vgl. insbesondere die schriftlichen Stellungnahmen der Sachverständigen *Rakete-Dombek* und *Dr. Häußermann* sowie deren Ausführungen bei der öffentlichen Anhörung des Rechtsausschusses des Deutschen Bundestages am 13. Februar 2008.
[16] BT-Drucks. 16/9733, S. 293.
[17] Die Begründung des Rechtsausschusses spricht von „Einigung", BT-Drucks. 16/9733, S. 253.
[18] BT-Drucks. 16/9733, S. 293.

ten Fragen regelmäßig bereits mit der Trennung entstehen, sie wendet sich allein an den antragstellenden Ehegatten und nicht auch an den anderen und sie ist wegen der Möglichkeit einer formalen Beantwortung und der fehlenden Anreizwirkung nicht geeignet, einen unwilligen Antragsteller zur Klärung regelungsbedürftiger Punkte zu veranlassen oder dem Gericht zusätzliche Kenntnisse über bestehende Streitpunkte oder den Inhalt einer Regelung zu verschaffen, womit dann in aller Regel auch weder gezielte Hinweise auf Beratungsmöglichkeiten noch ein Hinwirken auf die Ausgewogenheit einer Regelung möglich sind. Als unverbindliche Erinnerung schützt die Vorschrift auch die minderjährigen Kinder und den wirtschaftlich schwächeren Ehegatten nicht.

Normtext und Begründung können nicht darüber hinwegtäuschen, dass es letztlich bei dem **ersatzlosen Wegfall des § 630 Abs. 1 ZPO aF** geblieben ist. Die Streichung dieser Vorschrift wird auch nach Abschluss des Gesetzgebungsverfahrens weiterhin kritisiert.[19] § 630 Abs. 1 ZPO aF war trotz seiner in der Praxis beschränkten Wirksamkeit im Ansatz sinnvoll.[20] Die Regelung ermöglichte zB bei PKH-Gesuchen für Scheidungsanträge, in denen keine näheren Angaben zum Scheitern der Ehe (§ 1565 Abs. 1 BGB), sondern lediglich Ausführungen zum Ablauf des Trennungsjahres und zur Zustimmung des anderen Ehegatten enthalten waren, den Verweis darauf, dass zur Schlüssigkeit des Antrags und damit für die Bejahung der Erfolgsaussicht eine Einigung nach Maßgabe des § 630 Abs. 1 ZPO aF erforderlich ist. Bei einem Reformvorhaben wie dem vorliegenden, das sich die Stärkung einvernehmlicher Konfliktlösungen zum Ziel gesetzt hat,[21] wäre es naheliegend gewesen, die – bislang sicher geringe – Anreizwirkung für eine Einigung nicht durch Aufhebung der Vorschrift völlig zu beseitigen, sondern gezielt zu erhöhen, ein Weg, der für das vereinfachte Scheidungsverfahren ursprünglich konsequent beschritten wurde.[22]

3. Angaben zu weiteren Familiensachen (Nr. 3). In der Antragsschrift muss weiter angegeben werden, ob Familiensachen, an denen beide Ehegatten beteiligt sind, **anderweitig anhängig** sind, Abs. 1 Nr. 3. Damit soll nicht mehr nur wie nach altem Recht eine Überleitung der weiteren Verfahren an das Gericht der Ehesache erleichtert, sondern vor allem die frühzeitige Information des Gerichts über die zwischen den Ehegatten bestehenden Streitpunkte sichergestellt werden.[23] Sind keine unter Nummer 3 fallenden Verfahren anhängig, sollte auch dies mitgeteilt werden, um Nachfragen zu vermeiden.

Das Wort „ob" in Abs. 1 Nr. 3 ist nach dem Zweck der Norm so zu verstehen, dass nicht nur der Umstand der Anhängigkeit weiterer Verfahren als solcher anzugeben ist, sondern die einzelnen Verfahren konkret zu bezeichnen sind, insbesondere durch die Nennung des Gerichts und des Aktenzeichens.[24] Mitteilungspflichtig sind nun, anders als bislang,[25] nicht mehr nur Familiensachen, für die das Gericht der Ehesache örtlich zuständig ist, sondern **alle Familiensachen,** gleich ob sie altem oder neuem Recht unterliegen, an denen die Ehegatten, deren Ehe geschieden werden soll, beteiligt sind, gleich in welcher Weise, und gleichgültig, ob in der Familiensache außer den Ehegatten weitere Personen beteiligt sind oder nicht. Da Abs. 1 Nr. 3 auf die Anhängigkeit abstellt, sind noch nicht abgeschlossene Verfahren, die sich in der Rechtsmittelinstanz befinden, ebenfalls anzugeben. Der Begriff „anderweitig" wird umfassend zu verstehen sein, und alle anderen Familienverfahren außer dem Scheidungsverfahren bezeichnen, in welchem die Antragsschrift eingereicht wird. Es fallen darunter somit nicht mehr nur die bei einem anderen Gericht anhängigen – und damit möglicherweise überzuleitenden – Verfahren, sondern auf Grund der gegenüber § 622 Abs. 2 Nr. 2 ZPO aF geänderten Zwecksetzung[26] auch Verfahren bei dem Gericht, an das der Scheidungsantrag adressiert ist. Erfolgen diesbezügliche Angaben in der Antragsschrift, kann bei der Eingangssachbearbeitung eine korrekte Zuordnung des Verfahrens innerhalb des Gerichts sichergestellt werden.

V. Vorlage von Urkunden (Abs. 2)

Nach Abs. 2 sollen der Antragsschrift bestimmte Urkunden beigefügt werden: die Heiratsurkunde sowie die Geburtsurkunden der gemeinschaftlichen minderjährigen Kinder. Ob es sich dabei um eine Ausnahme von der Vorschrift des § 131 Abs. 3 ZPO handelt,[27] erscheint fraglich, da in den Fällen

---

[19] *Rakete-Dombek* FPR 2009, 16, 17; *Keidel/Weber* Rn. 10 (auch unter dem Aspekt des Art. 6 Abs. 1 GG).
[20] Hierzu eingehend *Münch* FamRB 2008, 251 ff. m. weit. Nachw.
[21] BT-Drucks. 16/6308, S. 164.
[22] Zum letztlich nicht verwirklichten vereinfachten Scheidungsverfahren und den vorgesehenen Anreizen vgl. die Erläuterungen Vor §§ 133 ff. Rn. 5 ff.
[23] Vgl. die Begründung des RegE, BT-Drucks. 16/6308, S. 228.
[24] Ebenso zum bisherigen Recht *Zöller/Philippi* § 622 ZPO Rn. 4.
[25] Vgl. § 622 Abs. 2 Nr. 2 iVm. § 621 Abs. 2 S. 1 ZPO aF.
[26] Vgl. Rn. 1.
[27] So die Begründung des RegE, BT-Drucks. 16/6308, S. 228.

§ 133 14–18   Buch 2. Abschnitt 2. Ehe-, Scheidungs- und Folgesachen

des Abs. 2 die Voraussetzungen des § 131 ZPO (Bezugnahme) nicht unbedingt gegeben sein müssen. Die Antragsschrift ist **mit den Anlagen** der Gegenseite zuzustellen; eine Zustellung ohne die in Bezug genommenen Anlagen ist grds. unwirksam.[28] Abs. 2 ist als **Sollvorschrift** ausgestaltet.[29] Dies bedeutet, dass der antragstellende Ehegatte zur Beifügung der Urkunden verpflichtet ist, dass aber Ausnahmefälle[30] denkbar sind. Hält der Antragsteller einen solchen für gegeben, wird er hierzu Ausführungen machen müssen; die kommentarlose Nichtvorlage der Urkunden genügt den Anforderungen des Abs. 2 nicht.

14   Der Antragsschrift beizufügen sind die **Heiratsurkunde und die Geburtsurkunden** aller gemeinschaftlicher minderjähriger Kinder der Ehegatten. Ein vorhandener Auszug aus dem Familienbuch, aus dem die in den genannten Urkunden enthaltenen Angaben vollständig ersichtlich sind, wird ebenfalls genügen.[31] Mit der gesetzlichen Formulierung „Urkunde" ist die öffentliche Urkunde selbst und nicht etwa eine Kopie gemeint. Eine andere Frage ist, ob das Gericht die Vorlage einer zweifelsfreien (beglaubigten) Abschrift dennoch genügen lässt; dem Normzweck ist damit im Regelfall Genüge getan.[32] Dass sich das Gericht auf andere Weise als durch die Vorlage der Urkunden Gewissheit über die darin beurkundeten Standestatsachen, etwa über das Bestehen der Ehe verschaffen kann, ist zutreffend, berührt aber nicht die Vorlagepflicht nach Abs. 2 und schränkt diese auch nicht ein.

15   Bei der Auslegung des Abs. 2 ist die **Änderung des Personenstandsgesetzes** zum 1. 1. 2009 mit zu berücksichtigen:[33] Nach § 3 PStG führt das Standesamt für seinen Zuständigkeitsbereich nunmehr ein Eheregister, ein Lebenspartnerschaftsregister, ein Geburtenregister und ein Sterberegister. Im Eheregister werden nach § 15 PStG Tag und Ort der Eheschließung, die Personalien der Ehegatten, auf Wunsch eines Ehegatten seine Zugehörigkeit zu einer Religionsgemeinschaft, und die nach der Eheschließung geführten Familiennamen der Ehegatten beurkundet; darüber hinaus wird im Eheregister auf die Beurkundung der Geburt der Ehegatten, auf eine nachgewiesene ausländische Staatsangehörigkeit eines Ehegatten und auf die Bestimmung eines Ehenamens hingewiesen. Im Geburtenregister werden nach § 21 PStG insbesondere die Personalien des Kindes und der genaue Zeitpunkt seiner Geburt sowie die Namen der Eltern beurkundet; darüber hinaus wird im Geburtenregister auf eine nachgewiesene ausländische Staatsangehörigkeit eines Elternteils und entweder auf die Eheschließung der Eltern oder auf die Beurkundung ihrer Geburt hingewiesen. Das Standesamt stellt auf Antrag (§ 62 PStG) aus dem Eheregister **Eheurkunden** (§ 57 PStG) und aus dem Geburtenregister **Geburtsurkunden** (§ 59 PStG) aus. Heirats- und Geburtenbücher, die bis zum 31. 12. 2008 angelegt wurden, werden fortgeführt (§ 76 PStG), Familienbücher werden als Heiratseinträge fortgeführt (§ 77 PStG).

16   Die Regelung des Abs. 2 gilt auch, wenn es sich um **ausländische Urkunden** handelt. Schon deshalb musste der Gesetzgeber in dieser Vorschrift nicht den Begriff der Eheurkunde aus dem neuen deutschen Personenstandsrecht übernehmen, sondern konnte den umfassend vorstehenden Begriff der Heiratsurkunde gebrauchen. Ist eine Urkunde in einer ausländischen Sprache abgefasst, wird das Gericht in entsprechender Anwendung des § 142 Abs. 3 ZPO vom antragstellenden Ehegatten die **Beibringung einer Übersetzung** verlangen können.

17   Dass die Verpflichtung nach Abs. 2 im Fall der **Unmöglichkeit** nicht besteht, ist selbstverständlich. Dieser Fall wird anzunehmen sein, wenn der antragstellende Ehegatte die Urkunde nicht in Besitz hat und er sich die Urkunde selbst oder ausreichenden Ersatz auch nicht in zumutbarer Weise beschaffen kann. Auch die **Unzumutbarkeit** der Beschaffung einer (Ersatz-) Urkunde lässt die Verpflichtung nach Abs. 2 entfallen. In dem vorgenannten Sinn wird auch die Formulierung „zugänglich sind" in der Begründung des RegE[34] zu verstehen sein, zumal die Bundesregierung der Auffassung des Bundesrates ausdrücklich zugestimmt hat, dass sich der Antragsteller im Regelfall die genannten Urkunden selbst **beschaffen** kann.[35]

18   In Inlandsfällen ist es für den antragstellenden Ehegatten, der die Heiratsurkunde oder die Geburtsurkunde nicht selbst in Besitz hat, in aller Regel möglich und zumutbar, sich wegen der Urkunden zunächst an den **anderen Ehegatten** zu wenden oder sich von dem zuständigen **Standesamt** eine

---

[28] BGH NJW 2007, 775 = FamRZ 2007, 461 (LS); *Bumiller/Harders* Rn. 1.
[29] Zum Vorschlag des Bundesrates, eine zwingende Verpflichtung vorzusehen, vgl. BT-Drucks. 16/6308, S. 373 sowie S. 413.
[30] Vgl. die Gegenäußerung der Bundesregierung, BT-Drucks. 16/6308, S. 413.
[31] *Borth* FamRZ 2007, 1925, 1932 hält die Vorlage eines Familienbuchauszugs für vorzugswürdig.
[32] *Kühner* FamRB 2009, 82, 83.
[33] Vgl. *Schulte-Bunert* Rn. 510.
[34] BT-Drucks. 16/6308, S. 228.
[35] BT-Drucks. 16/6308, S. 413.

Eheurkunde oder eine Geburtsurkunde erteilen zu lassen. Die Erklärung, der Antragsteller habe die Urkunde nicht und das Gericht möge der Gegenseite aufgeben, dieselbe vorzulegen, genügt nach Wortlaut und Zweck des Abs. 2 nicht. Hingegen wird die Vorlage nicht gefordert werden können, wenn eine ausländische Urkunde verloren gegangen ist oder wenn sie sich bei einem nicht herausgabebereiten Dritten befindet. Die Beschaffung einer Ersatzurkunde bei ausländischen Stellen wird oftmals entweder nicht möglich oder nicht zumutbar sein.

VI. Nichterfüllung der Anforderungen des § 133

Die **Erfordernisse des Abs. 1** („muss enthalten") sind vergleichbar mit denen des § 253 Abs. 2 ZPO, weshalb im Fall des Verstoßes die entsprechenden Grundsätze gelten. Es handelt sich in beiden Fällen um Anforderungen an die Zulässigkeit des Antrags,[36] also um Sachentscheidungsvoraussetzungen. Daher reicht es aus, wenn die Voraussetzungen bei Schluss der mündlichen Verhandlung erfüllt sind.[37] Dass Wortlaut und Zweck der Norm eher für eine nur in der Antragsschrift selbst erfüllbare Verpflichtung und damit gegen eine Nachholungsmöglichkeit sprechen, führt im Ergebnis zu keiner anderen Beurteilung, da eine solche nur zur Folge hätte, dass der Antragsteller seinen Antrag zurücknehmen und in formgerechter Weise sogleich wieder einreichen würde. Dass ein **Mangel nachträglich behoben** werden kann, wurde bereits zu der Vorgängerregelung § 622 Abs. 2 ZPO aF überwiegend angenommen.[38] Eine Heilung des Mangels nach § 295 ZPO wird wegen dessen Abs. 2 hingegen nicht möglich sein.[39] 19

Das Gericht darf die **Zustellung** des Scheidungsantrags (vgl. § 271 Abs. 1 ZPO) nicht wegen des Fehlens oder wegen Unvollständigkeit der nach Abs. 1 erforderlichen Angaben verweigern.[40] Auch mit der Zustellung einer im Hinblick auf § 133 Abs. 1 mangelhaften Antragsschrift tritt Rechtshängigkeit ein.[41] Das Gericht muss den Antragsteller nach § 139 ZPO auf den Mangel **hinweisen,** ggf. bereits vor der Zustellung.[42] Auch der Bestimmung eines **Termins** steht ein solcher Mangel nicht entgegen,[43] vielmehr darf eine **Abweisung** des Antrags als unzulässig erst nach mündlicher Verhandlung erfolgen.[44] 20

Die Bewilligung von **Verfahrenskostenhilfe für den Scheidungsantrag** setzt unter dem Gesichtspunkt der Erfolgsaussicht (§ 114 ZPO) dessen Zulässigkeit voraus. Der Entwurf einer Scheidungsantragsschrift muss daher jedenfalls den Voraussetzungen des § 133 Abs. 1 entsprechen, eine im Original eingereichte Antragsschrift zudem den Anforderungen des Abs. 2. Fehlen die erforderlichen Erklärungen oder Urkunden, muss das Gericht vor einer ablehnenden Entscheidung zunächst darauf hinweisen und auf Nachbesserung hinwirken. Die dadurch verursachte Verzögerung der Bewilligung der Verfahrenskostenhilfe hat oftmals auch eine Verzögerung der Zustellung des Scheidungsantrags zur Folge. Die Nichteinhaltung der Anforderungen des § 133 kann dabei als Nachlässigkeit des Antragstellers ggf. dem Eintritt der Wirkungen des § 167 ZPO entgegen stehen.[45] 21

Die Nichtbefolgung der **Anforderungen des Abs. 2** („soll") macht den Scheidungsantrag nicht unzulässig. Das Gericht kann jedoch eine **Vorlageanordnung** nach § 142 ZPO erlassen; ob es diesen Weg beschreitet, liegt in seinem Ermessen. Ein solches Vorgehen oder sonstige Nachfragen oder Ermittlungen wirken sich auf die Verfahrensdauer aus, woran dem Antragsteller oftmals nicht gelegen sein wird. Zur Situation im Fall eines Antrags auf Bewilligung von Verfahrenskostenhilfe vgl. die Erläuterungen zu Rn. 21. 22

§ 134 Zustimmung zur Scheidung und zur Rücknahme; Widerruf

(1) Die Zustimmung zur Scheidung und zur Rücknahme des Scheidungsantrags kann zur Niederschrift der Geschäftsstelle oder in der mündlichen Verhandlung zur Niederschrift des Gerichts erklärt werden.

---

[36] Vgl. auch BT-Drucks. 16/9733, S. 293.
[37] *Zöller/Greger* § 253 ZPO Rn. 23.
[38] Oben § 622 ZPO Rn. 7; *Wieczorek/Schütze/Kemper* 622 ZPO Rn. 8; *Johannsen/Henrich/Sedemund-Treiber* § 622 ZPO Rn. 3; *Zöller/Philippi* § 622 ZPO Rn. 8; einschränkend *Stein/Jonas/Schlosser* § 622 ZPO Rn. 6.
[39] *Wieczorek/Schütze/Kemper* § 622 ZPO Rn. 8 m. weit. Nachw.; aA wohl *Zöller/Philippi* § 622 ZPO Rn. 8.
[40] OLG Zweibrücken FamRZ 1999, 941; *Zöller/Greger* § 271 ZPO Rn. 6.
[41] Einschränkend zum bisherigen Recht: *Stein/Jonas/Schlosser* § 622 ZPO Rn. 6.
[42] *Zöller/Greger* § 253 ZPO Rn. 23.
[43] *Stein/Jonas/Schlosser* § 622 ZPO Rn. 6.
[44] OLG Zweibrücken FamRZ 1999, 941; oben § 622 ZPO Rn. 7.
[45] Vgl. *Zöller/Greger* § 167 ZPO Rn. 15 sowie § 253 ZPO Rn. 24.

(2) ¹Die Zustimmung zur Scheidung kann bis zum Schluss der mündlichen Verhandlung, auf die über die Scheidung der Ehe entschieden wird, widerrufen werden. ²Der Widerruf kann zur Niederschrift der Geschäftsstelle oder in der mündlichen Verhandlung zur Niederschrift des Gerichts erklärt werden.

I. Normzweck

1 § 134 Abs. 1 und Abs. 2 S. 2 stellen klar, dass bestimmte Erklärungen, nämlich die Zustimmung zur Scheidung, die Zustimmung zur Rücknahme des Scheidungsantrags und der Widerruf der Zustimmung zur Scheidung, zur **Niederschrift** der Geschäftsstelle oder in der mündlichen Verhandlung zur Niederschrift des Gerichts abgegeben werden können. Da diese Erklärungen bereits durch § 114 Abs. 4 Nr. 3 vom Anwaltszwang ausgenommen wurden, beschränkt sich der Regelungsgehalt des § 134 darauf, die Geschäftsstelle und das Gericht zur Aufnahme der Erklärungen zu verpflichten.

2 Allgemein hat im Anwendungsbereich der ZPO die Zulassung der Erklärung zur Niederschrift des Urkundsbeamten der Geschäftsstelle ohne Weiteres die Ausnahme vom Anwaltszwang zur Folge.[1] Die in § 134 gewählte **Aufteilung** des Regelungserfolgs auf zwei Normen bedeutet demgegenüber eine Abweichung von der Regelungstechnik der in Ehesachen in weiten Bereichen maßgeblichen Verfahrensordnung der ZPO.

3 Abs. 2 Satz 1 bestimmt, dass der **Widerruf** der Zustimmung zur Scheidung bis zum Schluss der mündlichen Verhandlung, „auf die über die Scheidung entschieden wird" möglich ist.

II. Entstehung

4 Abs. 1 wiederholt in Variante 1 hinsichtlich der Zustimmung zur Scheidung die Regelung des § 630 Abs. 2 Satz 2 ZPO aF. Die Norm enthält jedoch selbst keine Aussage über den Anwaltszwang mehr und beschränkt sich auch nicht auf die einverständliche Scheidung.[2] Dass nach Variante 2 auch die Zustimmung zur Rücknahme des Scheidungsantrags zur Niederschrift der Geschäftsstelle oder des Gerichts erklärt werden kann, ist **neu** und stellt eine Veränderung gegenüber der bisherigen Rechtslage dar, wobei die Ausnahme vom Anwaltszwang auch insoweit nicht von § 134 Abs. 1, sondern von § 114 Abs. 4 Nr. 3 bewirkt wird. § 134 Abs. 2 Satz 1 entspricht inhaltlich § 630 Abs. 2 Satz 2 ZPO aF. Für Abs. 2 Satz 2 gilt das zu Abs. 1 Gesagte. Die Fassung des § 134 insgesamt ist gegenüber dem RegE unverändert geblieben.

III. Zustimmung zur Scheidung und Widerruf der Zustimmung

5 **1. Bedeutung der Erklärungen.** Die **Zustimmung** zur Scheidung ist tatbestandliche Voraussetzung für das Eingreifen der unwiderlegbaren Vermutung des Scheiterns der Ehe nach § 1566 Abs. 1 BGB. Darüber hinaus ist die Zustimmung u. a. in § 1933 und § 2077 Abs. 1 BGB von Bedeutung.[3] Sie kann also auch Rechtswirkungen entfalten, wenn die Voraussetzungen des § 1566 Abs. 1 BGB nicht gegeben sind, etwa weil die Scheidung ausländischem Recht unterliegt und § 1566 Abs. 1 BGB somit von vornherein nicht anwendbar[4] ist. Aus welchem Grund der Ehegatte der Scheidung zustimmt, ist für Bestand und Wirksamkeit der Erklärung ohne Belang.[5]

6 Der **Widerruf** lässt die Zustimmung iSd. vorgenannten Vorschriften[6] entfallen. Die freie Widerruflichkeit der Zustimmung bis zum Schluss der mündlichen Verhandlung dient in erster Linie der Aufrechterhaltung der Ehe.[7] Auf die Motivation im konkreten Fall kommt es aber auch hier nicht an. Etwaige der Zustimmung anhaftende Willensmängel können mit einem Widerruf geltend gemacht werden.[8]

7 **2. Allgemeine Anforderungen.** Zunächst ist zu beachten, dass die Anforderungen an die Zustimmung zur Scheidung und an den Widerruf der Zustimmung im Rahmen der §§ 1933, 2077 Abs. 1 BGB mit den Anforderungen an diese Erklärungen im Rahmen des § 1566 Abs. 1 BGB **nicht vollständig identisch** sein müssen.[9] Die nachfolgenden Ausführungen beziehen sich, soweit nichts anderes angegeben ist, auf den Anwendungsbereich des § 1566 Abs. 1 BGB.

---

[1] § 78 Abs. 3 ZPO = § 78 Abs. 5 ZPO aF.
[2] Vgl. BT-Drucks. 16/6308, S. 228 f.
[3] OLG Saarbrücken FamRZ 1992, 109.
[4] MünchKommBGB/*Winkler von Mohrenfels* Art. 17 EGBGB Rn. 131 f.
[5] MünchKommBGB/*Wolf* § 1566 Rn. 23.
[6] Zu § 1933 BGB vgl. MünchKommBGB/*Leipold* § 1933 Rn. 7.
[7] MünchKommBGB/*Wolf* § 1566 Rn. 31.
[8] *Johannsen/Henrich/Jaeger* § 1566 BGB Rn. 14.
[9] Vgl. OLG Frankfurt FamRZ 1990, 210 (LS 2) sowie OLG Stuttgart OLGZ 1993, 263 = Justiz 1993, 192 (5.).

Zustimmung zur Scheidung und zur Rücknahme; Widerruf　　　　　8–12 § 134

Zustimmung zur Scheidung und Widerruf der Zustimmung sind nach hM jeweils zugleich　8 materiell-rechtliche Willenserklärung und Verfahrenshandlung.[10] Aus der Eigenschaft als **Verfahrenshandlung** wird die Voraussetzung hergeleitet, dass ein Verfahrensrechtsverhältnis entstanden, der Scheidungsantrag also **rechtshängig** sein muss.[11] Dies wird teilweise so verstanden, dass eine bereits vor Rechtshängigkeit, etwa in einem vorausgehenden Verfahrenskostenhilfeverfahren, erklärte Zustimmung dennoch nicht unwirksam ist, sondern mit Eintritt der Rechtshängigkeit wirksam wird.[12]

Zustimmung und Widerruf können zur Niederschrift der Geschäftsstelle des Gerichts der Scheidungssache oder in der mündlichen Verhandlung in der Scheidungssache zu Protokoll erklärt　9 werden. § 160 Abs. 3 Nr. 3 ZPO stellt klar, dass die Erklärung in das **Protokoll** aufzunehmen ist. Dass die in der mündlichen Verhandlung erklärte Zustimmung zur Scheidung entgegen § 162 Abs. 1 ZPO **nicht vorgelesen** oder zur Durchsicht vorgelegt und genehmigt wurde, steht der Wirksamkeit nicht entgegen.[13] Für den Widerruf der Zustimmung, an dessen Wirksamkeitsvoraussetzungen eher geringere Anforderungen zu stellen sind, muss dies erst recht gelten. Nach § 129a Abs. 1 ZPO können die Erklärungen auch vor der Geschäftsstelle eines **anderen Amtsgerichts** zu Protokoll abgegeben werden, wobei aber nach § 129a Abs. 2 ZPO die Wirksamkeit erst eintritt, wenn das Protokoll beim Gericht der Scheidungssache eingeht.

Zustimmung und Widerruf sind von dem in Ehesachen für Verfahrenshandlungen der Ehegatten　10 grundsätzlich geltenden **Anwaltszwang ausgenommen** (§ 114 Abs. 4 Nr. 3). Dass diese Freistellung vom Anwaltszwang nicht zugleich bedeutet, dass eine Erklärung zu Protokoll der Geschäftsstelle erfolgen muss, ergibt sich nun aus der neuen, nicht mehr auf eine bestimmte Erklärungsweise abstellenden Fassung des § 114 Abs. 4 Nr. 3. Ein **Schreiben des Ehegatten** reicht also aus. Die schriftliche Verkörperung wird bei einer „außerprozessualen", also nicht direkt dem Gericht gegenüber abgegebenen, sondern etwa in einer Scheidungsfolgenvereinbarung enthaltenen Erklärung überwiegend[14] gefordert, da die Erklärung als Verfahrenshandlung mit Willen des Erklärenden dem Gericht zur Kenntnis gelangen muss.[15]

Zustimmung und Widerruf sind **keine höchstpersönlichen Erklärungen**; würde man dies　11 annehmen, würden an sie höhere Anforderungen gestellt, als an einen eigenen Scheidungsantrag des Antragsgegners.[16] Somit kann auch ein **Anwalt**[17] **oder ein Dritter** die Erklärung namens und in Vollmacht des Ehegatten abgeben. Da ein beschränkt geschäftsfähiger Ehegatte in Ehesachen verfahrensfähig ist (§ 125 Abs. 1), kann er selbst der Scheidung zustimmen und die Zustimmung widerrufen.[18]

3. Die Zustimmung. Die Zustimmung zum Scheidungsantrag des anderen Ehegatten muss　12 **ausdrücklich** erklärt werden;[19] zwar wird der Gebrauch des Wortes „Zustimmung" nicht gefordert,[20] jedoch wird eine konkludente Erklärung überwiegend nicht für ausreichend erachtet.[21] In Zweifelsfällen ist eher Zurückhaltung geboten.[22] Das Gericht wird in derartigen Fällen spätestens bei der persönlichen Anhörung nach § 128 aufklären müssen, ob die Erklärung oder das Verhalten des Ehegatten als Zustimmung verstanden werden soll oder nicht und ob die Zustimmung wirksam ist.[23] Auch wird das Gericht nachzufragen haben, ob eine einmal erklärte Zustimmung noch fortbesteht. Die Ankündigung, dem Scheidungsantrag nicht entgegentreten zu wollen, wird im Allgemeinen

---

[10] OLG Saarbrücken FamRZ 1992, 109; OLG Stuttgart Justiz OLGZ 1993, 263 = 1993, 192; eingehend *Staudinger/Rauscher*, 2004, § 1566 Rn. 31 ff. sowie *Johannsen/Henrich/Jaeger* § 1566 BGB Rn. 13, jeweils m. weit. Nachw.; AA *Damrau* NJW 1977, 1169 ff. (nur Willenserklärung).

[11] BGHZ 111, 329 = FamRZ 1990, 1109; OLG Saarbrücken FamRZ 1992, 109; einschränkend OLG Zweibrücken FamRZ 1995, 601.

[12] So OLG Zweibrücken FamRZ 1995, 601.

[13] OLG Saarbrücken FamRZ 1992, 109 unter Hinweis auf BGH NJW 1984, 1465 = FamRZ 1984, 372; *Wieczorek/Schütze/Kemper* § 630 ZPO Rn. 12 Fn. 17.

[14] AA *Stein/Jonas/Schlosser* § 630 ZPO Rn. 4.

[15] *Staudinger/Rauscher*, 2004, § 1566 BGB Rn. 38; *Johannsen/Henrich/Jaeger* § 1566 BGB Rn. 11, jeweils m. weit. Nachw.

[16] *Johannsen/Henrich/Jaeger* § 1566 BGB Rn. 10.

[17] OLG Frankfurt FamRZ 1990, 210; BayObLG FamRZ 1983, 96.

[18] *Johannsen/Henrich/Sedemund-Treiber* § 630 ZPO Rn. 5.

[19] OLG Zweibrücken FamRZ 1990, 59; OLG Stuttgart NJW 1979, 662; *Staudinger/Rauscher*, 2004, § 1566 Rn. 28; *Johannsen/Henrich/Jaeger* § 1566 BGB Rn. 12; *Wieczorek/Schütze/Kemper* § 630 ZPO Rn. 12.

[20] OLG Frankfurt FamRZ 1990, 210.

[21] MünchKommBGB/*Wolf* § 1566 Rn. 27; *Johannsen/Henrich/Jaeger* § 1566 BGB Rn. 12; eher großzügig OLG Saarbrücken FamRZ 1992, 109 sowie OLG Frankfurt FamRZ 1990, 210 gegen OLG Stuttgart NJW 1979, 662.

[22] Ebenso *Wieczorek/Schütze/Kemper* § 630 ZPO Rn. 12.

[23] *Staudinger/Rauscher*, 2004, § 1566 BGB Rn. 33.

13 Für die Zustimmung ist über das zu Rn. 8 Gesagte hinaus **keine Zeitgrenze** vorgesehen. Die Erklärung kann noch im Rechtsmittelzug erfolgen, auch noch in der Rechtsbeschwerdeinstanz.[27] Soll die Scheidung nach § 1566 Abs. 1 BGB erfolgen, muss die wirksame Zustimmung vor Schluss der mündlichen Verhandlung vorliegen.

14 Etwaige bei der Abgabe der Zustimmung vorhandene **Willensmängel** können durch Widerruf innerhalb der für diesen maßgeblichen Zeitgrenze geltend gemacht werden, also auch noch im Rechtsmittelverfahren. Ist dies nicht mehr möglich, ist ein Wiedereinsetzungsantrag (§ 118) in Betracht zu ziehen.[28]

ebenso wenig genügen, wie die Mitwirkung an einer Vereinbarung über Scheidungsfolgen.[24] Demgegenüber ist die Erklärung der Ehefrau, sie sehe ein, dass sie sich gegen eine Scheidung nicht mehr wehren könne, im konkreten Fall als Zustimmung gewertet worden.[25] In der Ankündigung, für den Fall der Bewilligung von Prozesskostenhilfe einen eigenen Scheidungsantrag stellen zu wollen, wozu es nicht mehr kam, wurde eine Zustimmung zum Scheidungsantrag des anderen Ehegatten gesehen.[26]

15 **4. Zustimmung und eigener Scheidungsantrag.** In einigen Vorschriften sind der eigene Scheidungsantrag und die Zustimmung zum Scheidungsantrag des anderen Ehegatten als **gleichwertige** Tatbestandsvoraussetzungen ausgestaltet (§§ 1566 Abs. 1, 1933, 2077 Abs.1 BGB). Zur Möglichkeit des Widerrufs auch des eigenen Scheidungsantrags des Antragsgegners vgl. die Erläuterungen zu Rn. 21. Auch für die Verfahrenskostenhilfe wirkt sich der Unterschied kaum aus, sie kann dem Ehegatten im ersten Rechtszug auch dann bewilligt werden, wenn er keinen Scheidungsantrag stellen, sondern nur die Zustimmung erteilen will.[29]

16 Die **Gleichsetzung gilt jedoch nicht allgemein,** weshalb im konkreten Fall sorgfältig bedacht werden muss, welche Vorgehensweise gewählt werden soll. Die Zustimmung stellt verfahrensmäßig ein Weniger gegenüber dem eigenen Scheidungsantrag dar, sie enthält kein Rechtsschutzverlangen auf Scheidung der Ehe. Die Zustimmung bewirkt, im Gegensatz zum eigenen Scheidungsantrag, nicht den Fortbestand der Rechtshängigkeit des Scheidungsbegehrens im Fall einer wirksamen Rücknahme des Scheidungsantrags durch den Antragsteller. Der eigene Scheidungsantrag des Antragsgegners setzt die Hinzuziehung eines Rechtsanwalts voraus, die Zustimmung nicht.[30] Wer sich auf eine Zustimmung beschränkt, kann sich möglicherweise mangels Beschwer nicht mit Erfolg gegen eine Aussetzung des Scheidungsverfahrens wenden.[31] Andererseits: stellt der Antragsgegner keinen eigenen Antrag, kann er sich im Fall der Rücknahme des Scheidungsantrags die ihm günstige Kostenfolge des § 150 Abs. 2 Satz 1 erhalten, im Fall des eigenen Antrags gilt hingegen Satz 2 der Bestimmung.

17 Dem Antragsgegner, der keinen eigenen Scheidungsantrag stellen aber auch nicht zustimmen will, steht es frei, lediglich einen Abweisungsantrag[32] zu stellen oder eine sonstige oder **gar keine Erklärung** abzugeben. Das Gericht hat die maßgeblichen Umstände auch dann, nicht anders als wenn sie ausdrücklich bestritten worden wären, von Amts wegen zu ermitteln (§ 127); die Vorschriften der ZPO über die Folgen der unterbliebenen oder verweigerten Erklärung über Tatsachen sind nicht anzuwenden (§ 113 Abs. 4 Nr. 1) und eine Versäumnisentscheidung gegen den Antragsgegner ist ausgeschlossen (§ 130 Abs. 2).

18 **5. Der Widerruf der Zustimmung.** Bei der Frage, ob eine Erklärung oder Verhaltensweise als Widerruf der Zustimmung **auszulegen** ist, wird wegen der eheerhaltenden Zielrichtung des Abs. 2 Satz 1 großzügiger zu verfahren sein, als bei der Zustimmung.[33] Ein Abweisungsantrag wird als Widerruf einer zuvor erteilten Zustimmung zu verstehen sein.[34] Das Gericht muss sich bei der persönlichen Anhörung der Ehegatten darüber vergewissern, dass eine erklärte Zustimmung nicht widerrufen worden ist.[35]

---

[24] OLG Zweibrücken FamRZ 1990, 59; vgl. aber OLG Frankfurt FamRZ 1990, 210 („nicht entgegentritt").
[25] OLG Saarbrücken FamRZ 1992, 109; krit. *Schwab* ScheidungsR Teil II Rn. 83.
[26] OLG Zweibrücken FamRZ 1995, 570.
[27] MünchKommBGB/*Wolf* § 1566 Rn. 28 m. weit. Nachw.; *Staudinger/Rauscher*, 2004, § 1566 BGB Rn. 40.
[28] *Johannsen/Henrich/Jaeger* § 1566 BGB Rn. 14.
[29] *Zöller/Philippi* § 114 ZPO Rn. 43; *Staudinger/Rauscher*, 2004, § 1566 BGB Rn. 89 f.
[30] Krit. zu den Auswirkungen *Rakete-Dombek* FPR 2009, 16, 17.
[31] OLG Karlsruhe FamRZ 1998, 1606.
[32] Vgl. hierzu *Bergerfurth/Rogner* Eheverf. Rn. 67.
[33] *Soergel/Heintzmann* § 1566 BGB Rn. 12; AA *Staudinger/Rauscher*, 2004, § 1566 BGB Rn. 42.
[34] *Bergerfurth/Rogner* Eheverf. Rn. 68, 280.
[35] *Zöller/Philippi* § 630 ZPO Rn. 8.

Als **Zeitgrenze** für den Widerruf nennt Abs. 2 Satz 1 den Schluss der mündlichen Verhandlung, 19
auf die über die Scheidung der Ehe entschieden wird, also einen möglichst späten Zeitpunkt.[36] Der
Widerruf ist demzufolge auch noch im Rechtsmittelzug möglich, auch noch im Rechtsbeschwerdeverfahren.[37] Hat der Antragsgegner zunächst der Scheidung zugestimmt und wurde daraufhin die
Ehe geschieden, so kann er, wenn er die Aufrechterhaltung der Ehe anstrebt, gegen den Beschluss
Beschwerde (§§ 58 ff.) einlegen, und die Zustimmung widerrufen, was jedoch sogleich in der
Beschwerdebegründung erfolgen muss.[38] Ist eine Geltendmachung im Wege des Rechtsmittels nicht
mehr möglich, kann, etwa bei Vorliegen bestimmter Willensmängel, ein Wiedereinsetzungsantrag
(§ 118) in Betracht gezogen werden.[39]

Mit der **wirksamen Erklärung des Widerrufs** ist die Zustimmung mit Wirkung für die Zukunft 20
beseitigt. Der Scheidungsantrag des anderen Ehegatten wird als unbegründet abgewiesen, sofern
nicht die Voraussetzungen des § 1565 Abs. 1 BGB vorliegen. Der Ehegatte, der eine Zustimmung
widerrufen hat, ist an diese Erklärung **nicht gebunden;** er kann nachfolgend dem Scheidungsantrag
des anderen nochmals zustimmen.[40] Eine Verpflichtung, einem Scheidungsantrag zuzustimmen oder
die Zustimmung nicht zu widerrufen, ist unwirksam.[41]

6. Analoge Anwendung: Widerruf des Scheidungsantrags. Überwiegend wird angenommen, 21
dass der Antragsgegner auch seinen **Scheidungsantrag** in entsprechender Anwendung der für
den Widerruf der Zustimmung geltenden Vorschriften **widerrufen** kann, auch wenn die weitergehenden
Voraussetzungen einer – stets möglichen – Rücknahme nicht vorliegen.[42] Diese Ansicht,
die nicht unwidersprochen geblieben ist,[43] verdient Zustimmung, da der eigene Scheidungsantrag im
Rahmen des § 1566 Abs. 1 BGB einer Zustimmung funktional gleichsteht; zudem spricht der
Zweck der Widerrufsregelung für ein weites Verständnis.

IV. Die Zustimmung zur Rücknahme des Scheidungsantrags

Die **Zustimmung zur Rücknahme** des Scheidungsantrags wurde mit dem RegE zusätzlich 21
in die Vorschrift aufgenommen. Aus systematischen Gründen wäre auch eine Zuordnung zu
§ 141 („Rücknahme des Scheidungsantrags") denkbar gewesen, alternativ eine Erweiterung der
Regelung auf alle Ehesachen.[44] Dass die Zustimmung zur Rücknahme des Scheidungsantrags,
anders als nach früherem Recht, nicht dem Anwaltszwang unterliegt, ergibt sich aus § 114 Abs. 4
Nr. 3.

Aus dem Wortlaut und dem Standort in Unterabschnitt 2 (Verfahren in Scheidungssachen und 23
Folgesachen) ergibt sich, dass die Regelung nur für die Zustimmung zur Rücknahme des **Scheidungsantrags** Anwendung findet; für die Parallelvorschrift des § 114 Abs. 4 Nr. 3 gilt wegen des
ebenfalls eindeutigen Wortlauts das gleiche. Umfasst ist damit jeweils auch die Zustimmung zur
Rücknahme des Scheidungsantrags des Antragsgegners. Auch die Zustimmung zur Rücknahme des
Antrags in einem einer Scheidungssache gleichgestellten Verfahren nach ausländischem Recht fällt
darunter.

Nicht anwendbar ist die Regelung auf die Zustimmung zur Rücknahme des Antrags in einer 24
anderen Ehesache, auch wenn das Verfahren mit der Scheidungssache verbunden ist (§ 126 Abs. 1).
Ein sachlicher Grund für diese unterschiedliche Behandlung ist nicht erkennbar; die Begründung des
RegE äußert sich zu dieser Frage nicht. Der Gesetzgeber sollte die praxisgerechte und sinnvolle
Bestimmung auf alle Ehesachen ausdehnen und in den Unterabschnitt 1 (Verfahren in Ehesachen)
einstellen. Keine Anwendung findet die Regelung auf die Zustimmung zur Rücknahme des Antrags
in einer Folgesache.

Wegen der **Voraussetzungen und Wirkungen** einer Rücknahme des Scheidungsantrags, auch 25
auf die Folgesachen, sowie wegen der Anforderungen an die Zustimmungserklärung wird auf die
Erläuterungen zu § 141 verwiesen.

---

[36] *Damrau* NJW 1977, 1169, 1171.
[37] MünchKommBGB/*Wolf* § 1566 Rn. 31; *Staudinger/Rauscher*, 2004, § 1566 BGB Rn. 41.
[38] BGH FamRZ 1987, 264; zum Widerruf vgl. BGHZ 89, 325 = FamRZ 1984, 350; *Zöller/Philippi* § 629a ZPO Rn. 3; *Johannsen/Henrich/Jaeger* § 1564 BGB Rn. 50.
[39] *Johannsen/Henrich/Jaeger* § 1566 BGB Rn. 14.
[40] *Zöller/Philippi* § 630 ZPO Rn. 8; *Wieczorek/Schütze/Kemper* § 630 ZPO Rn. 13 m. weit. Nachw.
[41] MünchKommBGB/*Wolf* § 1566 Rn. 26.
[42] *Staudinger/Rauscher*, 2004, § 1566 BGB Rn. 45 f.; *Johannsen/Henrich/Jaeger* § 1566 BGB Rn. 15, jeweils m. weit. Nachw.
[43] MünchKommBGB/*Wolf* § 1566 Rn. 22 m. weit. Nachw. zur aA.
[44] Vgl. dazu nachfolgend Rn. 24.

§ 135 Außergerichtliche Streitbeilegung über Folgesachen

(1) ¹Das Gericht kann anordnen, dass die Ehegatten einzeln oder gemeinsam an einem kostenfreien Informationsgespräch über Mediation oder eine sonstige Möglichkeit der außergerichtlichen Streitbeilegung anhängiger Folgesachen bei einer von dem Gericht benannten Person oder Stelle teilnehmen und eine Bestätigung hierüber vorlegen. ²Die Anordnung ist nicht selbständig anfechtbar und nicht mit Zwangsmitteln durchsetzbar.

(2) Das Gericht soll in geeigneten Fällen den Ehegatten eine außergerichtliche Streitbeilegung anhängiger Folgesachen vorschlagen.

I. Normzweck

1 Mit der Vorschrift sollen die Möglichkeiten außergerichtlicher Streitbeilegung, wozu auch die Mediation gehört, gesetzgeberisch **hervorgehoben** und **gefördert** werden.[1] Der Gesetzgeber hat erkannt, dass hierfür im Bereich des Familienrechts ein besonderes Bedürfnis besteht. Die Ehegatten sollen in Kenntnis der spezifischen Möglichkeiten außergerichtlicher Streitbeilegung entscheiden, ob sie davon Gebrauch machen oder nicht. Wie den Ehegatten diese Kenntnis vermittelt wird, ist dabei nicht gleichgültig, vielmehr ist die in § 135 Abs. 1 näher beschriebene **qualifizierte Form der Information** vorgegeben.[2]

II. Entstehung

2 Die Vorschrift des § 135 hat im bisherigen Recht **keinen Vorgänger**. Die Regelung war bereits im RefE (2005) enthalten,[3] jedoch nur für die Fälle, in denen ein vereinfachtes Scheidungsverfahren nicht stattfindet und ohne den Zusatz, dass die Anordnung nicht selbständig anfechtbar und nicht mit Zwangsmitteln durchsetzbar ist. Auch bezog sich die Bezeichnung außergerichtliche Streitbeilegung damals nicht auf „anhängige Folgesachen" sondern auf „die Scheidungsfolgen" und eine Berücksichtigung der Nichtteilnahme an dem Informationsgespräch in der Kostenentscheidung war noch nicht vorgesehen.[4] Die beiden letztgenannten Punkte wurden im RefE (2006) geändert.[5] Mit dem RegE, wurde die Ausnahme für das vereinfachte Scheidungsverfahren gestrichen und die heutige Regelung des Abs. 1 S. 2 eingefügt.[6] Die Fassung des RegE ist sodann unverändert Gesetz geworden.

III. Allgemeines

3 Die Regelung ist vor dem Hintergrund gleichlaufender Bemühungen auf europäischer Ebene zu sehen.[7] Damit ist die EU-Richtlinie 2008/52/EG vom 21. Mai 2008 (**„Mediationsrichtlinie"**)[8] gemeint. Diese wird in der Begründung des Entwurfs nicht konkret erwähnt, da sie zum Zeitpunkt der Abfassung zwar konzipiert aber noch nicht erlassen war. Die Richtlinie selbst ist nur in „grenzüberschreitenden" Streitigkeiten in Zivil- und Handelssachen anwendbar, also insbesondere wenn eine Partei ihren Wohnsitz oder gewöhnlichen Aufenthalt in einem anderen Mitgliedstaat hat, als die andere Partei (Art. 1 Abs. 2, Art. 2 Abs. 1 der Richtlinie). § 135 FamFG unterscheidet sich in einigen Punkten von den Regelungen der Richtlinie und ist auch nicht als deren Ausführungsbestimmung anzusehen, jedoch stimmt das Ziel, Mediation zu fördern, überein.[9] Der Grundgedanke des § 135 wurde aus dem Entwurf zu Art. 5 Abs. 1 S. 2 der Richtlinie entnommen. Über die entsprechenden **zivilprozessualen Vorschriften** (§ 278 Abs. 5 ZPO) geht § 135 hinaus, indem Abs. 1 die Anordnung der Teilnahme der Ehegatten an einem Informationsgespräch ermöglicht und indem Abs. 2 nicht als Kann- sondern als Soll-Vorschrift ausgestaltet ist. Eine ähnliche, den Besonderheiten dieser Verfahren angepasste Regelung findet sich in **§ 156 für Kindschaftssachen**.[10] § 135 bezieht sich ausdrücklich auf die Folgesachen und nicht auf die Scheidung selbst, hier findet sich in § 136 eine speziellere Regelung. In seiner jetzigen Fassung („Folgesachen")[11] hätte § 135

---

[1] Vgl. die Begründung des RegE, BT-Drucks. 16/6308, S. 229.
[2] Vgl. die Begründung des RegE, BT-Drucks. 16/6308, S. 229.
[3] § 144 FamFG idF d. RefE (2005).
[4] Vgl. § 158 FamFG idF d. RefE (2005).
[5] Vgl. § 144 und § 158 Abs. 4 S. 2 FamFG idF d. RefE (2006).
[6] § 135 FamFG idF d. RegE, BT-Drucks. 16/6308, S. 36, 229.
[7] BT-Drucks. 16/6308, S. 229.
[8] ABl. EU L 136/3.
[9] *Spangenberg* FamRZ 2009, 834, 835.
[10] Vgl. die Erläuterungen zu § 156.
[11] Vgl. Rn. 2.

gesetzessystematisch auch nach der Bestimmung über Folgesachen (§ 137) angeordnet werden können.

§ 135 sieht mit der Bezugnahme auf „anhängige Folgesachen" die Information über außergerichtliche Streitbeilegung erst zu einem vergleichsweise späten **Zeitpunkt** vor, zu dem die gerichtlichen und anwaltlichen Gebühren in der Folgesache bereits angefallen sind. Um die Chancen dafür, dass sich die Beteiligten auf eine Mediation einlassen – und auch dafür, dass diese Erfolg hat – zu erhöhen und um eine konfliktärmere und kostengünstigere Regelung der Folgen von Trennung und Scheidung zu erreichen, sollte die Information **möglichst früh** gegeben werden. Dass sie bereits in der ersten Phase des Konflikts durch die mit der Sache befassten Anwälte erfolgt, wäre daher wünschenswert; gesetzgeberisch könnte dies durch geeignete Anreize weiter unterstützt werden. Das Familiengericht seinerseits sollte sehr frühzeitig nach § 135 vorgehen, insbesondere noch vor einer Beweisaufnahme. Dass ein intensiver gerichtlicher Streit absehbar ist, mag für eine Anordnung nach § 135 sprechen, Voraussetzung ist es nicht. Der Hinweis auf eine Mediation soll gerade nicht das letzte Mittel in einer nach langem Ringen völlig verfahrenen Prozesssituation sein, sondern soll den Beteiligten helfen, sich eine solche von vornherein zu ersparen.

Die Annahme, die Vorschrift entspreche einer „Tendenz, Streitentscheidung vom Gericht abzuwälzen",[12] ist unberechtigt. Die Begründung zum RegE bringt deutlich zum Ausdruck, dass in der Frage, ob die Ehegatten der außergerichtlichen Streitbeilegung nähertreten oder nicht, kein Zwang ausgeübt werden soll,[13] sie sind und **bleiben in ihrer Entscheidung frei.** Auch wird das Scheidungsverfahren nicht verteuert, da nur kostenfreie Informationsgespräche in Betracht kommen. Verzögert wird es bei konstruktiver Vorgehensweise aller Beteiligter ebenfalls nicht, da die Anordnung, die frühzeitig ergehen soll, während der ohnehin erforderlichen Dauer des Verfahrens (zB Kontenklärung im VA) erledigt werden kann. Die Teilnahme an einem Informationsgespräch erfordert regelmäßig keinen größeren Aufwand, als ein sonstiges im Zusammenhang mit der Trennung zu führendes Gespräch.

Die **Bedeutung der Bestimmung** liegt nicht darin, dass zeitnah ein starker Anstieg der Fallzahlen im Bereich der Mediation herbeigeführt werden könnte, hierfür ist sie zu zurückhaltend angelegt. Daher wird sie auch nicht in nennenswertem Umfang zu einer Justizentlastung führen. Sie schärft jedoch das Bewusstsein für außergerichtliche Streitbeilegung und Mediation bei den Ehegatten, aber auch bei den Familiengerichten, zumal diese auf Grund der Neuregelung mehr als bislang mit den Anbietern außergerichtlicher Streitbeilegung in Kontakt kommen werden.

IV. Informationsgespräch über Mediation (Abs. 1)

Die Vorschrift hat zunächst zur **Voraussetzung,** dass eine Folgesache anhängig ist. Dies ergibt sich vor dem Hintergrund der Veränderung des Wortlauts im Lauf des Gesetzgebungsverfahrens[14] insbesondere daraus, dass Gegenstand des Informationsgesprächs die außergerichtliche Streitbeilegung anhängiger Folgesachen sein soll. Darauf, ob die Folgesache noch Teil des Verbunds oder bereits abgetrennt ist, kommt es nach Wortlaut und Zweck der Norm nicht an. Weiter geht die Bestimmung vom Bestehen eines Angebots an kostenfreien Informationsgesprächen aus. Es ist anzunehmen, dass die Anbieter außergerichtlicher Streitbeilegung bzw. deren Verbände trotz des Erfordernisses der Kostenfreiheit die in der neu geschaffenen Informationsregelung liegende Chance erkennen und mit entsprechenden Angeboten in ausreichendem Umfang an die Familiengerichte herantreten.[15]

Aus allgemeinen Grundsätzen lässt sich darüber hinaus ableiten, dass der Gesichtspunkt der **Unzumutbarkeit** die Verpflichtung der Ehegatten begrenzt. Hat sich beispielsweise ergeben, dass ein Ehegatte einen gewaltsamen Übergriff gegen den anderen begangen hat, kann ggf. ein Fall der Unzumutbarkeit vorliegen. Auch die Modalitäten des Informationsgesprächs, wie etwa eine sehr große zurückzulegende Entfernung, können im Einzelfall für einen Ehegatten unzumutbar sein; dieser Gesichtspunkt sollte jedoch in erster Linie im Rahmen der Ermessensausübung Berücksichtigung finden, ggf. wäre in derartigen Fällen die Anordnung anzupassen. Nach dem Zweck der Vorschrift ist die Schwelle der Unzumutbarkeit hoch anzusetzen. Zeitknappheit, Organisationsschwierigkeiten oder allgemeine Verärgerung über den anderen Ehegatten werden daher ebenso wenig ausreichen, wie sonstige allgemeine Unannehmlichkeiten, wie sie beispielsweise auch mit der Wahrnehmung eines Gerichtstermins verbunden sind. Auch die Erklärung, über Mediation usw., etwa durch den eigenen Rechtsanwalt, bereits informiert zu sein, oder eine von vornherein ablehnende Haltung begründen

---

[12] *Zimmermann* FamFG Rn. 332
[13] BT-Drucks. 16/6308, S. 229.
[14] Vgl. Rn. 2.
[15] Vgl. die Begründung des RegE, BT-Drucks. 16/6308, S. 229.

noch keine Unzumutbarkeit; das Informationsgespräch bietet gerade die Möglichkeit, zusätzliche Aspekte aufzuzeigen, in deren Kenntnis der Ehegatte sich danach entscheidet.

9 Die Anordnung nach Abs. 1 steht im **freien Ermessen** des Gerichts.[16] Das Ermessen bezieht sich darauf, ob und zu welchem Zeitpunkt eine Anordnung ergeht und welche Person oder Stelle gegenüber den Ehegatten benannt wird. Die gemeinsame Teilnahme an dem Informationsgespräch sollte das Gericht, auch wenn insoweit ebenfalls ein Ermessen angenommen wird, den Ehegatten regelmäßig nur vorgeben, wenn beide damit einverstanden sind; es wird die Frage auch offen lassen können. Das Gericht sollte ein Vorgehen nach Abs. 1 nicht nur dann in Betracht ziehen, wenn ein hohes Konfliktpotenzial erkennbar ist oder ein aufwändiges Verfahren droht, sondern gerade auch dann, wenn zwar noch keine Einigung zustande gekommen ist, aber die Erfolgschancen etwa für eine Mediation eher hoch sind, also in der frühen Phase der Auseinandersetzung oder wenn die Beteiligten im Ansatz verständigungsbereit erscheinen. Um eine sachgerechte Ausübung des Ermessens zu ermöglichen und um die Akzeptanz der Maßnahme zu erhöhen, sollte den Ehegatten zuvor **Gelegenheit zur Stellungnahme** gegeben werden.

10 Inhalt der Anordnung kann nur die Teilnahme eines oder beider Ehegatten an einem **Informationsgespräch** über Mediation oder eine sonstige Möglichkeit außergerichtlicher Streitbeilegung sein. Erforderlich ist ein persönliches Gespräch, das auch ein Gruppengespräch sein kann. Die Übergabe eines Merkblatts reicht nicht aus.[17] Gegenstand des Gesprächs kann Mediation oder eine sonstige Möglichkeit außergerichtlicher Streitbeilegung oder beides sein. Gerichtsinterne Angebote[18] fallen nicht darunter, auf sie kann das Gericht ggf. außerhalb des § 135 hinweisen. Wenn das Gesetz außergerichtliche Streitbeilegung auf **anhängige Folgesachen** bezieht, ist damit nicht ausgeschlossen, dass das Informationsgespräch darüber hinaus geht und beispielsweise auch über die Möglichkeiten der Beilegung von Streitigkeiten über **Scheidungsfolgen** informiert, die im konkreten Fall (noch) nicht oder nicht als Folgesache anhängig sind.

11 Als weitere Anforderung legt das Gesetz fest, dass das Informationsgespräch – jedenfalls für die Ehegatten – **kostenfrei** ist. Die Annahme, dass mit der Verwendung des Begriffs „kostenfrei" eine Beratungshilfe für Mediation statuiert würde,[19] ist unzutreffend. Sicherlich kann der Anbieter eines Informationsgesprächs nicht verpflichtet werden, diese Leistung unentgeltlich zu erbringen, der Gesetzgeber verpflichtet aber auch niemand, dies zu tun. Wird, auf freiwilliger Basis und von wem auch immer, ggf. auch von öffentlichen oder gemeinnützigen Stellen oder Verbänden, ein kostenfreies Informationsgespräch angeboten, kann das Gericht die Ehegatten zur Teilnahme veranlassen, mehr besagt die Vorschrift nicht. Der Staat hat sich mit der Regelung nicht zur Übernahme oder Erstattung der Kosten eines Informationsgesprächs verpflichtet, auch nicht bei Bedürftigkeit der Ehegatten. Kostenfreiheit für ein sich möglicherweise anschließendes Mediationsverfahren schreibt das Gesetz ebenfalls nicht vor.[20]

11a Das Gericht muss in der Anordnung eine Person oder Stelle konkret benennen, bei der das Informationsgespräch durchzuführen ist. Die Anbieter von Mediation oder einer sonstigen Form außergerichtlicher Streitbeilegung erscheinen hierfür naturgemäß besonders geeignet.[21] Der Zweck der Vorschrift erfordert nicht, das Wort „eine" als Zahlwort zu verstehen, die konkrete Angabe mehrerer Personen oder Stellen zur Auswahl der Eheleute wird daher zulässig sein. Allerdings sollte das Gericht, hinreichendes Angebot vorausgesetzt, eine individuelle Auswahl unter Berücksichtigung von Unabhängigkeit, Fachkunde und Eignung für den konkreten Fall treffen und nicht pauschal auf eine beigefügte Adressenliste verweisen.

12 Teil der Anordnung nach Abs. 1 ist auch die Verpflichtung, eine **Bestätigung** bei Gericht vorzulegen. Die Formulierung „hierüber" macht deutlich, dass es sich um eine von der durch das Gericht benannten Person oder Stelle stammende Bescheinigung der Teilnahme eines oder beider Ehegatten an der angegebenen Informationsveranstaltung handeln muss. Mehr ist nicht gefordert, insbesondere müssen die Ehegatten keine Erklärung darüber abgeben, ob sie sich für oder gegen den Versuch einer außergerichtlichen Streitbeilegung entschieden haben.

13 Für die gerichtliche Anordnung nach Abs. 1 gibt das Gesetz keine bestimmte Form vor, insbesondere nicht die des Beschlusses. Eine **Verfügung** dürfte daher genügen. Die Anordnung muss eine Person oder Stelle, bei der das Informationsgespräch stattfinden soll (oder mehrere Anbieter) konkret benennen. Für die Vorgabe einer Erledigungsfrist enthält Abs. 1 keine Grundlage. Das dem Gericht

---

[16] Vgl. die Begründung des RegE, BT-Drucks. 16/6308, S. 229.
[17] Vgl. die Begründung des RegE, BT-Drucks. 16/6308, S. 229.
[18] Vgl. dazu *Greger* NJW 2007, 3258; *de Witt* FamRZ 1998, 211.
[19] *Spangenberg* FamRZ 2009, 834, 835.
[20] *Bumiller/Harders* Rn. 2.
[21] Vgl. die Begründung des RegE, BT-Drucks. 16/6308, S. 229.

eingeräumte Ermessen wird auch die Möglichkeit umfassen, eine getroffene **Anordnung zu ändern**. Dies kommt etwa dann in Betracht, wenn sich die näheren Umstände, unter denen das Informationsgespräch stattfinden sollte, im Einzelfall als unzumutbar oder sonst als unnötig belastend für einen Ehegatten erweisen.

Die Anordnung ist nach Abs. 1 S. 2 Halbs. 1 **nicht selbständig anfechtbar**. Es ist auch nicht ersichtlich, wie der Erlass der Anordnung, ihr Inhalt oder der Umstand des Nichterlasses inzident (§ 58 Abs. 2) mit Erfolg angefochten werden könnte. Die Anordnung ist nach Abs. 1 S. 2 Halbs. 2 **nicht mit Zwangsmitteln durchsetzbar**. Die Ehegatten müssen sich jedoch der Möglichkeit bewusst sein, dass das Gericht, sofern keine anderen Informationen vorliegen, mit verfahrensfördernden Maßnahmen bis zur Vorlage der Bestätigung zuwartet; eine baldige Erledigung liegt daher in ihrem Interesse. 14

Ist ein Ehegatte einer Anordnung nach § 135 Abs. 1 nicht nachgekommen, ohne dass er dies genügend entschuldigt hat, kann dies bei der abschließenden **Kostenentscheidung** nach § 150 Abs. 4 S. 2 zu seinen Ungunsten berücksichtigt werden. Diese Möglichkeit ist nicht immer gegeben, sondern nur wenn das Eingangskriterium des § 150 Abs. 4 die **Unbilligkeit** der durch § 150 Abs. 1 bis 3 angeordneten Kostenfolge, erfüllt ist.[22] Hierbei, also nicht erst auf der Rechtsfolgenseite, wird nach der Wertung des § 150 Abs. 4 S. 2 neben den in S. 1 ausdrücklich genannten Aspekten auch dem Umstand der nicht (genügend) entschuldigten Nichtteilnahme Bedeutung zukommen. Sind die Voraussetzungen gegeben, steht es nach dem Gesetzeswortlaut („nach billigem Ermessen anderweitig verteilen", „kann berücksichtigen") im **Ermessen** des Gerichts, ob und in welchem Umfang es den Verstoß gegen eine Anordnung nach § 135 Abs. 1 zum Anlass für eine Änderung der Kostenverteilung der § 150 Abs. 1 bis 3 nimmt. Die Umstände des Einzelfalls sind zu berücksichtigen und abzuwägen. Es kann nicht gesagt werden, dass dem Ehegatten nur diejenigen Kosten zusätzlich auferlegt werden könnten, die gerade durch seine Nichtteilnahme an dem Informationsgespräch verursacht wurden. Andernfalls würde § 150 Abs. 4 S. 2 praktisch leerlaufen, da die Nichtteilnahme in der Regel **keine** konkret feststellbaren **Mehrkosten verursacht**. Vielmehr hat der Gesetzgeber, wie auch in § 81 Abs. 2 und § 243 Nr. 2 und 3, nunmehr bewusst eine Sanktionsmöglichkeit für bestimmte missbilligte verfahrensbezogene Verhaltensweisen geschaffen, auch um diesen präventiv entgegen zu wirken. Er hat dem Gericht dabei, innerhalb der allgemeinen Grenzen der Ermessensausübung, einen weiten Spielraum zugebilligt. Der Sanktionsmechanismus des § 150 Abs. 4 S. 2 versagt in dem zweipoligen Scheidungsverfahren wenn beide Ehegatten der gerichtlichen Anordnung nicht nachkommen. Wurde einem Ehegatten **Verfahrenskostenhilfe** bewilligt, ist dieser gegenüber den möglichen Kostenfolgen weitgehend **unempfindlich**. Aus den genannten Gründen hätte als Alternative zu der getroffenen Regelung die Schaffung einer von der Kostenverteilung unabhängigen gesonderten Gebühr entsprechend der Verzögerungsgebühr erwogen werden können. Das Gericht sollte die Ehegatten auf die in Betracht kommenden kostenrechtlichen Folgen jedenfalls in allgemeiner Form bereits mit Erlass der Anordnung nach § 135 Abs. 1 **hinweisen**,[23] und nicht erst vor der abschließenden Kostenentscheidung. 15

V. Vorschlag außergerichtlicher Streitbeilegung (Abs. 2)

Das Gericht soll in geeigneten Fällen den Ehegatten eine außergerichtliche Streitbeilegung anhängiger Folgesachen vorschlagen. Die Bestimmung entspricht weitgehend § 278 Abs. 5 S. 2[24] ZPO, der durch sie verdrängt wird.[25] Der Vorschlag kann formlos, insbesondere auch mündlich ergehen. Frühzeitiges Tätigwerden empfiehlt sich auch hier. Der Vorschlag hat keine Pflichten oder Obliegenheiten für die Beteiligten und bei Nichtbeachtung keine kostenrechtlichen Nachteile zur Folge. 16

§ 136 Aussetzung des Verfahrens

(1) ¹Das Gericht soll das Verfahren von Amts wegen aussetzen, wenn nach seiner freien Überzeugung Aussicht auf Fortsetzung der Ehe besteht. ²Leben die Ehegatten länger als ein Jahr getrennt, darf das Verfahren nicht gegen den Widerspruch beider Ehegatten ausgesetzt werden.

---

[22] *Bumiller/Harders* Rn. 6.
[23] Ebenso *Löhnig* FamRZ 2009, 737, 740.
[24] Oben § 278 ZPO Rn. 28, 34.
[25] Vgl. die Begründung des RegE, BT-Drucks. 16/6308, S. 229.

(2) Hat der Antragsteller die Aussetzung des Verfahrens beantragt, darf das Gericht die Scheidung der Ehe nicht aussprechen, bevor das Verfahren ausgesetzt war.

(3) ¹Die Aussetzung darf nur einmal wiederholt werden. ²Sie darf insgesamt die Dauer von einem Jahr, bei einer mehr als dreijährigen Trennung die Dauer von sechs Monaten nicht überschreiten.

(4) Mit der Aussetzung soll das Gericht in der Regel den Ehegatten nahelegen, eine Eheberatung in Anspruch zu nehmen.

Übersicht

	Rn.		Rn.
I. Normzweck	1	VI. Aussetzungsentscheidung	18–25
II. Entstehung	2	1. Beschluss	18–20
III. Anwendungsbereich	3–5	2. Anfechtung	21–23
IV. Aussetzung von Amts wegen (Abs. 1)	6–12	3. Wiederholung, Aufhebung	24, 25
V. Aussetzung auf Antrag des Antragstellers (Abs. 2)	13–17	VII. Auswirkungen	26–30
		1. Auswirkungen im Allgemeinen	26–29
		2. Auswirkungen auf das anwendbare Recht, Übergangsrecht	30

I. Normzweck

1 Die Bestimmung soll es ermöglichen, bestehende **Chancen auf Fortsetzung der Ehe zu nutzen.** § 136 hat damit eine eheerhaltende Zielrichtung.[1] Den Ehegatten wird Zeit gegeben, die für den Versuch einer Beilegung des ehelichen Konflikts und zur Klärung, ob die Ehe wirklich gescheitert ist, genutzt werden kann. Ungünstige Einflüsse des Verfahrensbetriebs können für eine gewisse Zeit hintangehalten werden.[2] Der Verweis auf eine Eheberatung soll dazu anregen, die Aussichten mit Unterstützung fachkundiger Dritter zu verbessern. In der Praxis wird von der Aussetzungsmöglichkeit eher zurückhaltend Gebrauch gemacht.[3] Unabhängig von seiner Funktion im Einzelfall macht § 136 deutlich, dass in Scheidungssachen das Bestreben nach Beschleunigung des Verfahrens im Vergleich zu anderen Zielsetzungen nachrangig ist.[4]

II. Entstehung

2 Die Vorschrift entspricht weitgehend § 614 ZPO aF. Dessen Abs. 1 wurde gestrichen und Abs. 3 wurde angepasst, da Verfahren auf Herstellung des ehelichen Lebens keine Ehesachen mehr sind,[5] die übrigen geringfügigen Veränderungen sind sprachlicher Natur.[6] Die Vorschrift war bereits im RefE (2005) enthalten[7] und hat im Gesetzgebungsverfahren lediglich geringe Änderungen in der Formulierung erfahren.

III. Anwendungsbereich

3 Der Anwendungsbereich des § 136 umfasst nur noch das **Scheidungsverfahren,** wie sich aus dem Zweck und der – gegenüber § 614 ZPO aF veränderten – systematischen Stellung ergibt. Verfahren auf Herstellung des ehelichen Lebens sind keine Ehesachen mehr (vgl. § 121). In Verfahren auf Aufhebung der Ehe steht die Frage der Mangelhaftigkeit der Eheschließung und in Verfahren auf Feststellung des Bestehens oder Nichtbestehens einer Ehe die Klärung der Rechtslage im Vordergrund,[8] weshalb die Beschränkung des Anwendungsbereichs sachgerecht ist. Zur Vorgehensweise bei abweisungsreifem Scheidungsantrag vgl. die Erläuterungen zu Rn. 9.

---

[1] Vgl. *Heintzmann* FamRZ 1975, 373, 377 sowie *Theile* DRiZ 1978, 81; zum verfassungsrechtlichen Erfordernis eheerhaltender Elemente vgl. BVerfGE 53, 224 = FamRZ 1980, 319, 323.
[2] BGH NJW 1977, 717 = FamRZ 1977, 125.
[3] *Bergerfurth* FamRZ 2001, 12.
[4] Vgl. Vor §§ 133 ff. Rn. 8 ff.
[5] BT-Drucks. 16/6308, S. 226.
[6] Vgl. die Begründung des RegE, BT-Drucks. 16/6308, S. 229.
[7] § 145 FamFG idF d. RefE (2005).
[8] Vgl. oben § 614 ZPO Rn. 1.

Ist der Scheidungsantrag in einem Verfahren auf Aufhebung der Ehe oder auf Feststellung des Bestehens oder Nichtbestehens der Ehe nur **hilfsweise** gestellt, ist eine Aussetzung jedenfalls zunächst nicht möglich.[9] Wurde in erster Linie Ehescheidung beantragt und das Begehren auf Aufhebung oder Feststellung hilfsweise gestellt, ist § 136 hingegen anwendbar. 4

Sind sowohl ein Antrag auf Scheidung als auch ein Antrag auf **Aufhebung** der Ehe anhängig (vgl. § 126 Abs. 1), ist § 126 Abs. 3 zu beachten; der Aufhebung kommt also Vorrang zu. Dies spricht gegen eine Aussetzung des gesamten Verfahrens.[10] 5

IV. Aussetzung von Amts wegen (Abs. 1)

Das Gericht hat **von Amts wegen zu prüfen** und zu entscheiden, ob die Voraussetzungen für eine Aussetzung vorliegen. Ein Aussetzungsantrag eines Ehegatten ist nicht erforderlich, aber möglich. Liegt ein Antrag des Scheidungsantragstellers vor, ist vorrangig Abs. 2 zu beachten. 6

Voraussetzung einer Aussetzung des Scheidungsverfahrens ist nach Abs. 1, dass nach der freien Überzeugung des Gerichts **Aussicht auf Fortsetzung der Ehe** besteht. Hierfür müssen konkrete Anhaltspunkte vorliegen.[11] Ob vorhandene Hinweise konkret genug sind und eine Aussicht in dem genannten Sinne begründen, hat das Gericht frei zu würdigen; Beweise oder eine Glaubhaftmachung sind nicht erforderlich.[12] Explizite Versöhnungsbereitschaft beider Ehegatten ist als Voraussetzung aber nicht zu fordern; der Widerspruch eines Ehegatten hindert die Aussetzung nicht,[13] ebenso wenig eine längere Trennungszeit (arg. § 136 Abs. 3 S. 2 Alt. 2). 7

Widersprechen beide Ehegatten einer Aussetzung und steht zudem fest, dass sie bereits länger als ein Jahr getrennt leben (§ 1567 BGB), kommt eine Aussetzung nicht in Betracht (§ 136 Abs. 1 S. 2). Verfahrenshandlungen der Ehegatten unterliegen nach § 114 Abs. 1 dem Anwaltszwang. Der Widerspruch ist Verfahrenshandlung.[14] Die Gründe, die bei § 127 Abs. 2 für den Widerspruch zu einer Ausnahme vom Anwaltszwang führen (Schutzzweck der Eheerhaltung), gelten beim Widerspruch gegen die Aussetzung in § 136 nicht. 8

Im Fall der **Abweisungsreife des Scheidungsantrags,** etwa wegen Nichtvorliegens der Voraussetzungen des § 1565 Abs. 2 BGB, darf das Verfahren nicht ausgesetzt werden,[15] da dies mit dem Zweck der Vorschrift nicht vereinbar wäre[16] und zudem rechtsmissbräuchlich wäre. Vielmehr ist in der Sache zu entscheiden. Das Ruhen des Verfahrens kann auf beiderseitigen Antrag angeordnet werden;[17] die Auswirkungen dieses Vorgehens (Bestehenbleiben der Stichtage im Versorgungsausgleich und im Zugewinnausgleich usw.) sollten hierbei jedoch bedacht und ggf. erörtert werden. 9

Ist der Ehegatte, der die Aussetzung des Verfahrens anregt oder beantragt, selbst nicht zur Fortsetzung der Ehe bereit, kann ein Fall des **Rechtsmissbrauchs** vorliegen.[18] Dasselbe kann der Fall sein, wenn sich das behauptete Vorliegen der Voraussetzungen des § 1565 Abs. 2 BGB nicht feststellen lässt und die Aussetzung dazu dienen soll, die Jahresfrist zu erreichen.[19] Ob ein Fall des Rechtsmissbrauchs gegeben ist, wird aber nur nach Würdigung **aller** Umstände des Einzelfalls gesagt werden können. Da nicht abweisungsreife Scheidungsverfahren in der Praxis faktisch auch durch Unterlassen der Mitwirkung im Versorgungsausgleich oder der Auskunft über die Einkommensverhältnisse, durch Stufenklageanträge oder durch spätes Anhängigmachen von Folgesachen in die Länge gezogen werden können, sollte Rechtsmissbrauch nur zurückhaltend und nur in außergewöhnlichen und eindeutigen Konstellationen angenommen werden. 10

Wenn die in Rn. 7 genannten Voraussetzungen zu bejahen und Hinderungsgründe der in Rn. 8–10 genannten Art nicht gegeben sind, **soll** das Gericht das Verfahren aussetzen. Es besteht somit kein Ermessen,[20] vielmehr ist die Aussetzung zu beschließen, wenn nicht ein besonders gelagerter Ausnahmefall vorliegt. 11

---

[9] *Zöller/Philippi* § 614 ZPO Rn. 1.
[10] *Zöller/Philippi* § 614 ZPO Rn. 1; eine getrennte Betrachtung von Scheidungs- und Aufhebungsverfahren hält offenbar für möglich *Bernreuther,* oben § 614 ZPO Rn. 12.
[11] OLG Düsseldorf FamRZ 1978, 609.
[12] *Johannsen/Henrich/Sedemund-Treiber* § 614 ZPO Rn. 4.
[13] *Wieczorek/Schütze/Becker-Eberhard* § 614 ZPO Rn. 5.
[14] Vgl. oben § 616 ZPO Rn. 13.
[15] *Johannsen/Henrich/Sedemund-Treiber* § 614 ZPO Rn. 3; *Zöller/Philippi* § 614 ZPO Rn. 3; *Wieczorek/Schütze/Becker-Eberhard* § 614 Rn. 3; *Schwab* FamRZ 1976, 491, 504.
[16] Vgl. oben § 614 ZPO Rn. 8.
[17] Vgl. OLG Karlsruhe FamRZ 1978, 527.
[18] *Wieczorek/Schütze/Becker-Eberhard* § 614 ZPO Rn. 8.
[19] OLG Hamburg FamRZ 1984, 897.
[20] OLG Düsseldorf FamRZ 1978, 609; *Baumbach/Lauterbach/Hartmann* Rn. 2.

§ 136 12–19   Buch 2. Abschnitt 2. Ehe-, Scheidungs- und Folgesachen

12   Bezüglich der **Dauer der Aussetzung** ist die **Höchstgrenze** des Abs. 3 S. 2 zu beachten. Diese gilt „insgesamt", also nicht für die einzelne Aussetzung, für eine Instanz oder nur für einen der beiden Absätze des § 136, sondern übergreifend für das gesamte Verfahren.[21] Ist die Höchstgrenze nicht erreicht, kann das Verfahren erneut ausgesetzt werden, auch in der Rechtsmittelinstanz. Unabhängig davon ist nach Abs. 3 S. 1 nur eine einmalige Wiederholung zulässig. Im Übrigen enthält das Gesetz keine Vorgaben für die Bestimmung der Dauer der Aussetzung, dem Gericht steht daher insoweit ein **Ermessen** zu.[22]

V. Aussetzung auf Antrag des Antragstellers (Abs. 2)

13   Beantragt der Ehegatte, der den Scheidungsantrag gestellt hat, die Aussetzung, so gilt vorrangig die **speziellere Vorschrift des Abs. 2**. Ob der **Antrag** als Verfahrenshandlung dem Anwaltszwang (§ 114 Abs. 1) unterliegt, wie von der hM angenommen,[23] erscheint angesichts der über § 113 Abs. 1 S. 2 anwendbaren Vorschrift des § 248 Abs. 1 ZPO iVm. § 114 Abs. 4 Nr. 6 fraglich. Ein „Antrag" des anderen Ehegatten wird idR als Anregung für ein Vorgehen nach Abs. 1 auszulegen sein.

14   Die Anordnung ist in den Fällen des Abs. 2 grundsätzlich **zwingend,** das Gericht muss das Verfahren aussetzen, bevor es die Scheidung ausspricht.[24] Auf die Voraussetzungen des § 136 Abs. 1 S. 1 kommt es nach Abs. 2 nicht an, so dass das Scheidungsverfahren auch dann auszusetzen ist, wenn diese nicht vorliegen.[25]

15   Bei **Scheidungsanträgen beider Ehegatten** sollen nach hM für eine Aussetzung nach Abs. 2 wegen der Einheitlichkeit des Verfahrensgegenstandes Aussetzungsanträge beider Ehegatten erforderlich sein.[26] Zwar kann über die Aussetzung des Scheidungsverfahrens in der Tat nur einheitlich entschieden werden, jedoch muss der Grundsatz, dass ein einseitiger Widerspruch die Aussetzung nicht hindert, auch bei beiderseitigem Scheidungsantrag gelten. Zudem widerspräche es dem Zweck der Vorschrift, wenn bei einem zunächst nur einseitigen Scheidungsantrag die Aussetzungspflicht nach Abs. 2 dadurch beseitigt werden könnte, dass der andere Ehegatte vor der Aussetzungsentscheidung einen eigenen Scheidungsantrag nachschiebt. Bei beiderseitigem Scheidungsantrag wird daher das Verfahren insgesamt bereits dann auszusetzen sein, wenn nur ein Ehegatte dies beantragt.

16   Eine Aussetzung nach Abs. 2 kommt nicht in Betracht, wenn der Scheidungsantrag abweisungsreif oder der Aussetzungsantrag **rechtsmissbräuchlich** gestellt ist[27] (vgl. Rn. 9, 10).

17   Die **Dauer** der Aussetzung hat das Gericht unter Beachtung der Obergrenzen des Abs. 3 nach seinem Ermessen zu bestimmen. In den Fällen des Abs. 2 wird jedoch nicht eine ungemessen kurze Frist festgesetzt werden können, da dies in der Sache einer Ablehnung der nach dem Gesetz zwingend vorzunehmenden Aussetzung gleichkäme.

VI. Aussetzungsentscheidung

18   **1. Beschluss.** Die Entscheidung über die Aussetzungsfrage ergeht auch nach der Reform durch **Beschluss.**[28] Für die Bekanntgabe ist § 329 ZPO einschlägig; § 41 ist in Ehesachen gem. § 113 Abs. 1 S. 1 nicht anzuwenden. Zuständig ist das Gericht, bei dem die Ehesache anhängig ist, und zwar auch nach Erlass der Endentscheidung bis zur Einlegung eines Rechtsmittels.[29]

19   Der Beschluss enthält die **Anordnung der Aussetzung** des Verfahrens. Bei Scheidungsanträgen beider Ehegatten kann das Verfahren nur einheitlich, also nicht nur hinsichtlich des Scheidungsantrags eines Ehegatten ausgesetzt werden.[30] Daneben enthält die Entscheidung auch eine Angabe über die **Dauer** der Aussetzung, vgl. hierzu die Erläuterungen zu Rn. 12 und Rn. 17. Das Gericht „soll in der Regel" den Ehegatten mit der Aussetzung auch nahelegen, die Unterstützung durch eine **Eheberatungsstelle** in Anspruch zu nehmen (Abs. 4). In den Gründen sollen die Anhaltspunkte für eine Aussicht auf Fortsetzung der Ehe dargestellt werden.[31]

---

[21] *Johannsen/Henrich/Sedemund-Treiber* § 614 ZPO Rn. 12.
[22] *Baumbach/Lauterbach/Hartmann* Rn. 4.
[23] So *Johannsen/Henrich/Sedemund-Treiber* § 614 ZPO Rn. 2; *Baumbach/Lauterbach/Hartmann* Rn. 3.
[24] Für den Fall der Abweisungsreife vgl. die Erläuterungen zu Rn. 9.
[25] *Wieczorek/Schütze/Becker-Eberhard* § 614 ZPO Rn. 6; vgl. auch oben § 614 ZPO Rn. 6.
[26] *Johannsen/Henrich/Sedemund-Treiber* § 614 ZPO Rn. 8; vgl. auch oben § 614 ZPO Rn. 11.
[27] Vgl. OLG Bamberg FamRZ 1984, 897.
[28] Zum bisherigen Recht vgl. etwa *Zöller/Philippi* § 614 ZPO Rn. 8.
[29] BGH NJW 1977, 717 = FamRZ 1977, 125.
[30] *Johannsen/Henrich/Sedemund-Treiber* § 614 ZPO Rn. 8; *Wieczorek/Schütze/Becker-Eberhard* § 614 ZPO Rn. 9.
[31] Vgl. OLG Düsseldorf FamRZ 1978, 609.

20 Im Fall der **Ablehnung** einer Aussetzung wird eine förmliche Entscheidung durch Beschluss lediglich bei einem Aussetzungsantrag des Antragstellers erforderlich sein, nicht hingegen bei einer Anregung auf Aussetzung nach § 136 Abs. 1.

21 **2. Anfechtung.** Der isolierte Beschluss über die Aussetzung oder deren Ablehnung wird auch nach neuem Verfahrensrecht mit der **sofortigen Beschwerde nach §§ 567 ff. ZPO** anfechtbar sein.[32] Da es sich hierbei nicht um eine Endentscheidung iSd. § 58 Abs. 1 handelt, ist das Rechtsmittel der Beschwerde nach §§ 58 ff. nicht gegeben.[33] Vielmehr liegt eine Zwischen- bzw. Nebenentscheidung vor; diese Entscheidungen sind im Anwendungsbereich des FamFG nicht anfechtbar, wenn nicht gesetzlich etwas anderes bestimmt ist.[34] Das FamFG enthält weder für Ehesachen allgemein noch für Entscheidungen nach § 136 einen Verweis auf die sofortige Beschwerde nach §§ 567 ff. ZPO oder auf ein sonstiges Rechtsmittel. Denkbar ist jedoch, eine solche Geltungsanordnung mittelbar in der über § 113 Abs. 1 S. 2 anwendbaren Vorschrift des § 252 ZPO zu sehen, die bestimmt, dass gegen den die Aussetzung anordnenden oder ablehnenden Beschluss die sofortige Beschwerde stattfindet.[35] Dieses Verständnis erscheint auch sachgerecht, zumal keine Anhaltspunkte dafür erkennbar sind, dass der Gesetzgeber im Bereich des § 136 die Anfechtbarkeit im Vergleich zur bisherigen Rechtslage abweichend regeln wollte.

22 Hat das Gericht über den Aussetzungsantrag **zugleich mit der abschließenden Entscheidung über den Scheidungsantrag** befunden, so enthält der einheitliche Beschluss der Sache nach zwei Entscheidungen,[36] eine Endentscheidung und eine Zwischen- bzw. Nebenentscheidung. Jedoch dürfte hinsichtlich der Letzteren neben der sofortigen Beschwerde nach §§ 567 ff. ZPO (s. o.) auch die **Beschwerde** nach §§ 58 ff., § 117 statthaft sein,[37] was wegen der unterschiedlichen Fristen der beiden Rechtsmittel von Bedeutung sein kann.

23 Der Ehegatte, der dem Scheidungsantrag des anderen nur zugestimmt, selbst aber keinen eigenen Scheidungsantrag gestellt hat, ist durch eine Aussetzung nach § 136 **nicht beschwert,** ein diesbezügliches Rechtsmittel wäre unzulässig.[38] Im Übrigen wird bei einem Rechtsmittel gegen Entscheidungen nach § 136 dasselbe gelten wie in den übrigen Aussetzungsfällen der ZPO: Das Rechtsmittelgericht überprüft das Vorliegen des Aussetzungsgrundes, hat aber den **Beurteilungsspielraum** des Erstgerichts zu respektieren.[39]

24 **3. Wiederholung, Aufhebung.** Die Aussetzung kann nach § 136 Abs. 3 S. 1 **nur einmal wiederholt** werden. Eine Verlängerung der Aussetzung vor deren Ablauf ist einer Wiederholung gleichzusetzen.[40] Auch im Fall der Wiederholung oder Verlängerung darf die Höchstdauer nach § 136 Abs. 3 S. 2 insgesamt nicht überschritten werden.

25 Ob eine **Aufhebung** der Aussetzung von Amts wegen möglich ist,[41] erscheint angesichts der über § 113 Abs. 1 S. 2 anwendbaren Vorschrift des § 250 ZPO fraglich.[42] Jedenfalls im Fall der Aussetzung auf Antrag des Antragstellers (Abs. 2) kann auch die Aufhebung nur auf Antrag des Antragstellers erfolgen.

VII. Auswirkungen

26 **1. Auswirkungen im Allgemeinen.** Die Aussetzung erfasst die Scheidung und damit **auch die Folgesachen,** nicht nur da diese überwiegend (§ 137 Abs. 2) Regelungen „für den Fall der Scheidung" zum Gegenstand haben und nicht vor dem Scheidungsausspruch wirksam werden können (§ 148), sondern wegen des Grundsatzes der gemeinsamen Verhandlung und Entscheidung (§ 137 Abs. 1). Bei Kindschaftsfolgesachen kann ein Vorgehen nach § 140 Abs. 2 S. 2 Nr. 3 zu prüfen sein. Nebenverfahren, etwa solche über Verfahrenskostenhilfe, Vollstreckungsschutz oder Verfahrenswertfestsetzung, sind von der Aussetzung grundsätzlich nicht betroffen, arg. § 249 Abs. 2 ZPO („Hauptsache").[43] Isolierte Verfahren, die nicht ausgesetzt wurden, bleiben unbeeinflusst und

---

[32] Ebenso *Baumbach/Lauterbach/Hartmann* Rn. 6; *Bumiller/Harders* Rn. 8.
[33] Unklar insoweit *Baumbach/Lauterbach/Hartmann* Rn. 6; aber: nicht anwendbare Vorschriften können nicht durch speziellere verdrängt werden.
[34] Vgl. die Begründung des RegE, BT-Drucks. 16/6308, S. 203.
[35] Vgl. auch *Schael* FPR 2009, 11, 13.
[36] Vgl. OLG Köln FamRZ 1995, 888.
[37] Vgl. OLG Köln FamRZ 1995, 888.
[38] Vgl. OLG Karlsruhe FamRZ 1998, 1606.
[39] Vgl. *Zöller/Greger* § 252 ZPO Rn. 3 m. weit. Nachw.
[40] Vgl. oben § 614 ZPO Rn. 15; *Baumbach/Lauterbach/Hartmann* Rn. 4.
[41] Vgl. *Zöller/Philippi* § 614 ZPO Rn. 13; *Bumiller/Harders* Rn. 7 („bei veränderter Sachlage").
[42] Vgl. OLG Frankfurt FamRZ 1978, 919.
[43] *Zöller/Greger* § 249 ZPO Rn. 9 m. weit. Nachw.

werden weiterbetrieben. Dies gilt auch für die nunmehr von einer Ehesache oder Hauptsache unabhängigen Verfahren der **einstweiligen Anordnung**.

27 Die Wirkungen der Aussetzung ergeben sich aus § 249 ZPO.[44] Danach **endet** der Lauf einer jeden verfahrensrechtlichen **Frist**. Fristen des materiellen Rechts sind hiervon nicht betroffen. Darüber hinaus sind die Hauptsache betreffende **Verfahrenshandlungen,** die dem anderen Beteiligten gegenüber vorzunehmen sind, während der Dauer der Aussetzung vorbehaltlich des § 295 ZPO unwirksam, Verfahrenshandlungen, die dem Gericht oder Dritten gegenüber vorzunehmen sind, bleiben möglich. Verfahrenshandlungen des Gerichts sind gegenüber beiden Beteiligten wirkungslos,[45] vgl. aber § 249 Abs. 3 ZPO.

28 Nach Ablauf der festgesetzten Zeit der Aussetzung **enden** deren Wirkungen von selbst, zu diesem Zeitpunkt beginnen die Fristen neu zu laufen.[46] Für Rechtsmittelbegründungsfristen soll dies hingegen nicht gelten.[47] Das Verfahren wird nicht von Amts wegen, etwa durch Bestimmung eines Termins fortgesetzt, sondern erst auf **Antrag eines Beteiligten**.[48]

29 Die **allgemeinen Vorschriften** über die Aussetzung des Verfahrens (§§ 148ff., § 246ff. ZPO) werden durch § 136 nicht verdrängt, ebenso wenig die Vorschriften über das Ruhen des Verfahrens (§§ 251, 251a Abs. 3 ZPO).[49] Eine Aussetzung nach allgemeinen Vorschriften oder die Anordnung des Ruhens des Verfahrens ist auch dann noch möglich, wenn die Obergrenze des § 136 (vgl. Abs. 3) erreicht ist.

30 **2. Auswirkungen auf das anwendbare Recht, Übergangsrecht.** Dass ein Verfahren ausgesetzt ist, ist im Rahmen der Übergangsbestimmungen zur FGG-Reform und zur VA-Strukturreform bedeutsam für die Frage des anwendbaren Rechts. Nach **Art. 111 Abs. 3 FGG-RG** idF des Art. 22 VAStrRefG ist auf ein vor dem 1. 9. 2009 eingeleitetes Verfahren („Altfall") dennoch das auf Grund des FGG-RG geltende neue Recht anzuwenden, wenn das Verfahren zu diesem Stichtag oder danach ausgesetzt ist oder war. Nach **§ 48 Abs. 2 VersAusglG** ist auf ein vor dem 1. 9. 2009 eingeleitetes Verfahren über den Versorgungsausgleich dennoch das nach dem VAStrRefG geltende neue materielle Recht und Verfahrensrecht anzuwenden, wenn das Verfahren zu diesem Stichtag oder danach ausgesetzt ist oder war. In allen Fällen wird wiederum das „alte" Recht anzuwenden sein, wenn die Aussetzung **im Rechtsmittelverfahren aufgehoben** wird (vgl. Rn. 21). Es dürfte daher sinnvoll sein, vor weiteren Verfahrensschritten die Rechtsmittelfrist (§ 569 Abs. 1 ZPO) abzuwarten.

§ 137 Verbund von Scheidungs- und Folgesachen

(1) Über Scheidung und Folgesachen ist zusammen zu verhandeln und zu entscheiden (Verbund).

(2) ¹ Folgesachen sind

1. **Versorgungsausgleichssachen,**
2. **Unterhaltssachen,** sofern sie die Unterhaltspflicht gegenüber einem gemeinschaftlichen Kind oder die durch Ehe begründete gesetzliche Unterhaltspflicht betreffen mit Ausnahme des vereinfachten Verfahrens über den Unterhalt Minderjähriger,
3. **Ehewohnungs- und Haushaltssachen** und
4. **Güterrechtssachen,**

wenn eine Entscheidung für den Fall der Scheidung zu treffen ist und die Familiensache spätestens zwei Wochen vor der mündlichen Verhandlung im ersten Rechtszug in der Scheidungssache von einem Ehegatten anhängig gemacht wird. ² Für den Versorgungsausgleich ist in den Fällen der §§ 6 bis 19 und 28 des Versorgungsausgleichsgesetzes kein Antrag notwendig.

(3) Folgesachen sind auch Kindschaftssachen, die die Übertragung oder Entziehung der elterlichen Sorge, das Umgangsrecht oder die Herausgabe eines gemeinschaftlichen Kindes der Ehegatten oder das Umgangsrecht eines Ehegatten mit dem Kind des anderen Ehegatten betreffen, wenn ein Ehegatte vor Schluss der mündlichen Verhandlung im

---

[44] Vgl. zum Folgenden *Zöller/Greger* § 249 ZPO Rn. 2ff. m. weit. Nachw.
[45] BGHZ 111, 104 = NJW 1990, 1854; *Zöller/Greger* § 249 ZPO Rn. 7.
[46] Vgl. oben § 614 ZPO Rn. 17 m. weit. Nachw.
[47] *Johannsen/Henrich/Sedemund-Treiber* § 614 ZPO Rn. 13; vgl. oben § 614 ZPO Rn. 17.
[48] OLG Karlsruhe FamRZ 1998, 1606; *Zöller/Philippi* § 614 ZPO Rn. 11.
[49] OLG Frankfurt FamRZ 1978, 919; OLG Karlsruhe FamRZ 1978, 527.

ersten Rechtszug in der Scheidungssache die Einbeziehung in den Verbund beantragt, es sei denn, das Gericht hält die Einbeziehung aus Gründen des Kindeswohls nicht für sachgerecht.

(4) Im Fall der Verweisung oder Abgabe werden Verfahren, die die Voraussetzungen des Absatzes 2 oder des Absatzes 3 erfüllen, mit Anhängigkeit bei dem Gericht der Scheidungssache zu Folgesachen.

(5) ¹Abgetrennte Folgesachen nach Absatz 2 bleiben Folgesachen; sind mehrere Folgesachen abgetrennt, besteht der Verbund auch unter ihnen fort. ²Folgesachen nach Absatz 3 werden nach der Abtrennung als selbständige Verfahren fortgeführt.

Übersicht

	Rn.		Rn.
I. Normzweck	1, 2	d) Erster Rechtszug in der Scheidungssache	53–55
II. Entstehung	3	2. Die einzelnen Verfahren	56–72
III. Verbund, gemeinsame Verhandlung und Entscheidung (Abs. 1)	4–24	a) Versorgungsausgleichssachen (Nr. 1)	56–63
		b) Unterhaltssachen (Nr. 2)	64–66
1. Begriff	4	c) Ehewohnungssachen, Haushaltssachen (Nr. 3)	67–69
2. Zusammenfassung mehrerer Verfahren	5, 6		
3. Rechtsnatur der Vorschriften	7, 8	d) Güterrechtssachen (Nr. 4)	70–72
4. Entstehen des Verbunds	9–11	V. Kindschaftssachen als Folgesachen (Abs. 3)	73–81
5. Scheidung	12–17		
6. Folgesachen	18, 19	VI. Folgesachen bei Verweisung oder Abgabe (Abs. 4)	82–86
7. Gemeinsame Verhandlung	20–23		
8. Gemeinsame Entscheidung	24	VII. Wegfall der Eigenschaft als Folgesache	87–92
IV. Folgesachen nach Abs. 2	25–72		
1. Gemeinsame Kriterien für Folgesachen nach Abs. 2	25–55	VIII. Auflösung des Verbunds, Auswirkungen (Abs. 5)	93–98
a) Entscheidung für den Fall der Scheidung	25–32	IX. Übergangsrecht	99–104
		1. Allgemeines	99–101
b) Anhängigmachung durch einen Ehegatten	33–40	2. Verbundverfahren	102, 103
c) Zweiwochenfrist	41–52	3. Versorgungsausgleich	104

I. Normzweck

Der Verbund ist das **verfahrensrechtliche Kernstück** der Scheidungsreform aus dem Jahr 1977 und auch des heutigen Scheidungsverfahrens (vgl. §§ 137 ff.). Das Gesetz belässt es nicht bei einer Zuständigkeitskonzentration beim Gericht der Ehesache, sondern sieht eine echte Entscheidungskonzentration vor: über Scheidung und Scheidungsfolgen soll zusammen verhandelt und entschieden werden. 1

Die mit der Schaffung des Verbunds verfolgten **Zwecke**[1] sind auch nach der Reform des Familienverfahrensrechts weiter maßgeblich:[2] Den Ehegatten werden die möglichen Auswirkungen der Scheidung bereits während des Scheidungsverfahrens konkret vor Augen geführt, der Verbund hat **Warnfunktion** und soll einer übereilten Scheidung entgegenwirken.[3] Der Verbund dient darüber hinaus dem sozial schwächeren Ehegatten, der sich der Scheidung nicht mit Erfolg widersetzen kann; er soll nicht den Status als Ehegatte verlieren, ohne dass eine Regelung der Folgen getroffen wurde,[4] der Verbund hat daher auch **Schutzfunktion**. Darüber hinaus erleichtert er aufeinander abgestimmte Regelungen in den einzelnen Folgesachen.[5] 2

---

[1] BT-Drucks. 7/650, S. 61, 86. Zu den verfassungsrechtlichen Vorgaben vgl. BVerfGE 53, 224 = FamRZ 80, 319; BVerfGE 55, 134 = FamRZ 1981, 15; NJW 2001, 2874 = FamRZ 2001, 986.
[2] Vgl. die Begründung des RegE, BT-Drucks. 16/6308, S. 229.
[3] BGH NJW 1983, 1311 = FamRZ 1983, 461.
[4] OLG Stuttgart FamRZ 2005, 121 sowie MDR 1998, 290; OLG Köln, FamRZ 1998, 301; OLG Düsseldorf FamRZ 1988, 312; vgl. auch *Diederichsen* NJW 1977, 649, 652.
[5] *Johannsen/Henrich/Sedemund-Treiber* § 623 ZPO Rn. 1.

II. Entstehung

3 Die Vorschrift des § 137 über den Verbund weist große Ähnlichkeit mit § 623 ZPO aF auf. Die Norm hat im **Gesetzgebungsverfahren** nur geringe Änderungen erfahren: Bereits in § 146 idF des RefE (2005) waren die heute in § 137 enthaltenen Regelungen vorgesehen. Im weiteren Verlauf der Beratungen wurde die Sonderregelung für Kindschaftsfolgesachen in Abs. 3 um die Befugnis des Gerichts erweitert, eine dem Kindeswohl widersprechende Einbeziehung abzulehnen[6] und in Abs. 2 wurde der spätest mögliche Zeitpunkt für die Einbeziehung von Folgesachen auf Initiative des Bundesrates[7] nach vorn verlegt.[8]

III. Verbund, gemeinsame Verhandlung und Entscheidung (Abs. 1)

4 **1. Begriff.** Die Vorschrift des Abs. 1 enthält eine neu eingeführte[9] **Legaldefinition** des Begriffs „Verbund". Beim Verbund handelt es sich um eine Verbindung eigener Art mehrerer Verfahren. Der **Begriff** Verbund wird an verschiedenen Stellen im Gesetz verwendet, auch außerhalb des FamFG (vgl. etwa § 98 Abs. 2, § 140 Abs. 2 S. 1, § 142 Abs. 1 FamFG, Art. 111 Abs. 4 S. 2 und Abs. 5 FGG-RG, § 44 FamGKG, Erl. (1) zu Nr. 1111 KV-FamGKG). Der Verbund besteht aus der Scheidungssache und Folgesachen. Familiensachen, die keine Folgesachen sind, werden nach neuem Recht als „selbständige Familiensachen" bezeichnet, dem entspricht die bisher gebräuchliche Bezeichnung isolierte Familiensachen. Aufgrund der durch § 270 angeordneten entsprechenden Anwendung der für Verfahren auf Scheidung und andere Familiensachen geltenden Vorschriften kann ein Verbund auch zwischen Lebenspartnerschaftssachen nach § 269 Abs. 1 Nr. 1 und denjenigen Lebenspartnerschaftssachen bestehen, die den in § 137 Abs. 2 und 3 genannten Familiensachen entsprechen; diese Lebenspartnerschaftssachen sind dann ebenfalls Folgesachen.[10]

5 **2. Zusammenfassung mehrerer Verfahren.** Der Verbund ist eine **Zusammenfassung eigener Art.** Sie ist insbesondere keine Verbindung nach § 20 FamFG oder § 147 ZPO. Der Verbund stellt eine Ausnahme vom Verbot der Verbindung mit Ehesachen dar (vgl. § 126 Abs. 2). Als wesentliche Besonderheiten des Verbundes sind zu nennen:[11]
- Familiensachen können die Verfahrenskategorie (Ehesachen/Familienstreitsachen/Familiensachen der freiwilligen Gerichtsbarkeit) und die Verfahrensmaximen **übergreifend** verbunden werden,
- Im Verbund mit der Scheidung können Ansprüche geltend gemacht werden, die derzeit noch **nicht fällig** sind, sondern erst mit Rechtskraft der Scheidung entstehen,[12]
- Sonderregelungen gestalten den Verbund eigenständig aus, insbesondere ist die **Abtrennung** gegenüber den allgemeinen Verbindungsvorschriften erschwert.

6 Die Scheidungssache und die einzelnen Folgesachen bleiben auch im Fall des Verbunds **grundsätzlich eigenständige Verfahren.** Dies folgt bereits aus dem diesbezüglichen Sprachgebrauch des Gesetzes und dem Umstand, dass für die drei Kategorien von Verfahren, die im Verbund vereint sein können (Ehesachen, Familienstreitsachen, Familiensachen der freiwilligen Gerichtsbarkeit) unterschiedliche Verfahrensregelungen gelten.[13] In der Scheidungssache und in den Folgesachen sind also in erster Linie die für diese Verfahren jeweils geltenden allgemeinen und besonderen Verfahrensvorschriften anzuwenden. Diese werden durch die Spezialregelungen der §§ 133 bis 150 nur teilweise verdrängt und modifiziert. Hierbei werden die im Verbund zusammengefassten Verfahren unter bestimmten Einzelgesichtspunkten „wie ein Verfahren" behandelt, etwa indem eine gemeinsame Verhandlung (§ 137 Abs. 1) oder eine einheitliche Entscheidung in der Sache (§ 142 Abs. 1) und über die Kosten (§ 150) angeordnet wird; in diesen Zusammenhang gehört auch die Vorschrift des § 44 FamGKG.[14] Eine Aussetzung erfasst grundsätzlich das gesamte Verbundverfahren;[15] eine Ausnahme stellt die Aussetzung nach § 221 Abs. 2 dar, die wie die Formulierung des § 140 Abs. 2 S. 2 Nr. 2 zeigt, nur die Folgesache Versorgungsausgleich erfasst.

---

[6] Vgl. § 137 Abs. 3 idF des RegE, BT-Drucks. 16/6308, S. 37.
[7] Vgl. BT-Drucks. 16/6308, S. 374.
[8] Vgl. BT-Drucks. 16/9733, S. 68, 293.
[9] § 623 Abs. 1 ZPO aF definierte nur den Begriff Folgesachen.
[10] Auf die Erläuterungen zu § 269 wird verwiesen.
[11] Vgl. *Johannsen/Henrich/Sedemund-Treiber* § 623 ZPO Rn. 1.
[12] Vgl. die Erläuterungen zu Rn. 30.
[13] Vgl. *Zöller/Philippi* § 623 ZPO Rn. 1; *Bergerfurth/Rogner* Eheverf Rn. 378; *Baumbach/Lauterbach/Hartmann* § 623 ZPO Rn. 1.
[14] Eingehend zu kostenrechtlichen Aspekten des Verbunds aus Anwaltssicht *Schöppe-Fredenburg/Schwolow* FuR 1998, 9.
[15] *Johannsen/Henrich/Sedemund-Treiber* § 623 ZPO Rn. 18 m. weit. Nachw. der älteren Rspr.

3. Rechtsnatur der Vorschriften. Die Sonderregelungen über den Verbund sind, wie ihr Standort im Gesetz zeigt, gesetzestechnisch dem **Verfahren in Scheidungssachen** zuzurechnen.[16] Bezüglich dieser Sonderregelungen sind daher nach § 113 Abs. 1 die für das Verfahren vor den Landgerichten geltenden Vorschriften der ZPO anzuwenden, auch soweit die Sonderregelungen Folgesachen der freiwilligen Gerichtsbarkeit betreffen. Das für die jeweiligen Folgesachen maßgebliche Verfahrensrecht ist nur insoweit anzuwenden, als nicht in §§ 133 ff. spezielle Regelungen getroffen sind.

Die Vorschriften über den Verbund sind **zwingend** und damit der Parteidisposition entzogen, auch wenn sie zugleich dem Schutz ihrer Interessen dienen.[17] Dies gilt auch für Antragsfolgesachen.[18] Die Beteiligten können die Rechtswirkungen des Verbunds somit nicht im Wege der Vereinbarung ganz oder teilweise herstellen oder beseitigen, auch nicht durch Unterlassen der Rüge eines diesbezüglichen Verstoßes (§ 295 ZPO).

4. Entstehen des Verbunds. Ein Verfahren wird in den Verbund mit der Scheidungssache einbezogen, sobald es Folgesache ist, also sobald die in Abs. 2, 3 genannten **Voraussetzungen erfüllt** sind. Dies haben in erster Linie die Ehegatten in der Hand. Sie bestimmen, ob sie eine Folgesache überhaupt anhängig machen wollen und mit welchem Antrag, also ob dies in einem selbständigen Verfahren geschehen soll oder im Verbund.

In den Fällen des Abs. 2 hängt die Einbeziehung nicht von einer gerichtlichen Entscheidung ab, sie erfolgt **kraft Gesetzes.**[19] Eines gesonderten, auf Einbeziehung gerichteten Antrags bedarf es nach neuem Recht in den Fällen des § 137 Abs. 2 nicht; wird er doch gestellt, muss er nicht beschieden werden.[20] In den Fällen des Abs. 3 gehört zu den Voraussetzungen, dass das Gericht die Einbeziehung nicht ausdrücklich ablehnt (vgl. Rn. 77). Im Fall der Überleitung eines Verfahrens wird dieses nach § 137 Abs. 4 zur Folgesache und damit in den Verbund einbezogen, sobald die Voraussetzungen des § 137 Abs. 2 oder 3 erfüllt sind und das Verfahren bei dem Gericht der Scheidungssache anhängig ist.

Wird ein Anspruch „im Verbund" geltend gemacht, ohne dass die Voraussetzungen einer Folgesache (Abs. 2 oder 3) vorliegen, so ist das Verfahren nach § 145 ZPO **abzutrennen.**[21]

5. Scheidung. Die Vorschriften über den Verbund gelten **nur im Scheidungsverfahren.** Sie sind nicht anzuwenden in Ehesachen nach § 121 Nr. 2 und 3, also in Verfahren auf Aufhebung der Ehe[22] und in Verfahren auf Feststellung des Bestehens oder Nichtbestehens einer Ehe zwischen den Beteiligten. Dies ergibt sich nach neuem Recht auch daraus, dass die Regelungen zum Verbund in Unterabschnitt 2 des Abschnitts 2 des Buches 2 des FamFG zusammengefasst sind, der Sonderregeln für das Verfahren in Scheidungssachen und Folgesachen enthält. Mehrere bei verschiedenen Gerichten anhängige Scheidungsverfahren sind möglichst zeitnah nach § 123 zusammenzuführen. Auch im Fall einer Härtescheidung gelten die allgemeinen Regeln über den Verbund.[23] Auch ein aussichtsloser Scheidungsantrag führt grundsätzlich zur Herstellung des Verbunds, zumal über die Erfolgsaussichten unterschiedliche Ansichten vertreten werden können und da sich die Beurteilung durch Nachbesserung des Vortrags oder durch Erreichen des Trennungsjahres ändern kann. Jedoch wird im Fall der Aussichtslosigkeit zur Vermeidung unnötigen Aufwands in den Folgesachen (vgl. § 142 Abs. 2 S. 1) vor deren Förderung in erster Linie ein zeitnaher Verhandlungstermin anzusetzen sein.[24]

Wird in einem Verfahren auf **Aufhebung der Ehe** ein **Scheidungsantrag** als Gegenantrag gestellt, wird wegen des Vorrangs der Aufhebung (§ 126 Abs. 3) mit der Behandlung des Scheidungsantrags und der Folgesachen zugewartet werden können, bis sich eine Erfolglosigkeit des Aufhebungsbegehrens abzeichnet.

Die Bestimmungen über den Verbund gelten auch, wenn in erster Linie Eheaufhebung und **hilfsweise Scheidung** beantragt und die Ehe nach dem Hilfsantrag geschieden werden soll.[25] Unterschiedlich wird beurteilt, ob dabei für Folgesachen zunächst ein vorläufiger Verbund hergestellt wird, der wieder aufgelöst wird, wenn nur über die Eheaufhebung zu befinden ist,[26] oder ob der

---

[16] Vgl. BGH NJW 1983, 1317 = FamRZ 1983, 461.
[17] BGH FamRZ 1991, 687 m. weit. Nachw.; oben § 623 ZPO Rn. 37; *Johannsen/Henrich/Sedemund-Treiber* § 623 ZPO Rn. 14.
[18] BGH FamRZ 1991, 687.
[19] Vgl. *Johannsen/Henrich/Sedemund-Treiber* § 623 ZPO Rn. 14.
[20] Vgl. *Johannsen/Henrich/Sedemund-Treiber* § 623 ZPO Rn. 14.
[21] BGH FamRZ 1997, 811.
[22] BGH FamRZ 1989, 153.
[23] OLG Karlsruhe FamRZ 1994, 1399.
[24] *Johannsen/Henrich/Sedemund-Treiber* § 623 ZPO Rn. 16; *Ditzen* FamRZ 1988, 1010.
[25] Vgl. OLG Stuttgart FamRZ 1981, 579.
[26] *Wieczorek/Schütze/Kemper* § 623 ZPO Rn. 5; *Gernhuber/Coester-Waltjen* § 14 Rn. 61; *Bergerfurth/Rogner* Eheverf. Rn. 392 m. weit. zahlr. Nachw.

Verbund erst bei voraussichtlicher Erfolglosigkeit des in erster Linie gestellten Aufhebungsantrags und sachlicher Behandlung des hilfsweise gestellten Scheidungsbegehrens eintritt.[27]

15 Die Vorschriften gelten auch für Scheidungsverfahren, die **ausländischem Sachrecht** unterliegen.[28] In diesen Fällen können die deutschen Gerichte auch berufen sein, die Schuldfrage in Bezug auf die Scheidung zu klären und einen diesbezüglichen Ausspruch in die Entscheidung aufzunehmen oder einen Versöhnungsversuch zu unternehmen.

16 **Trennungsverfahren nach ausländischem Recht** können zwar wie Ehesachen nach § 121 zu behandeln sein, vgl. die Erläuterungen zu § 121 Rn. 18. Damit können insoweit nach überwiegender,[29] wenngleich nicht unbestrittener[30] Ansicht auch die Vorschriften über den **Verbund** Anwendung finden. So kann etwa ein Verfahren mit Bezug zur elterlichen Sorge[31] oder über den Anspruch auf Unterhalt nach Eintritt der Trennung[32] im Verbund mit dem Trennungsverfahren geführt werden. Der Versorgungsausgleich nach deutschem Recht bezieht sich jedoch auf die Zeit bis zur Zustellung eines Scheidungsantrages (Ehezeit, vgl. § 3 Abs. 1 VersAusglG) und ist eine Folge der Scheidung und nicht der Trennung.[33]

17 In **Lebenspartnerschaftssachen nach § 269 Abs. 1 Nr. 1** (Aufhebung der Lebenspartnerschaft) sind nach § 270 Abs. 1 S. 1 die in Scheidungssachen geltenden Vorschriften entsprechend anzuwenden. Die besonderen Verfahrensvorschriften über die Scheidung (§§ 133 ff.), auch diejenigen über den Verbund, werden dabei jedoch nicht anzuwenden sein, wenn in dem Verfahren ausschließlich Gründe nach § 15 Abs. 2 S. 2 LPartG iVm. den **Eheaufhebungsgründen** des BGB geltend gemacht werden bzw. vorliegen. Vgl. hierzu die Erläuterungen zu § 270 Rn. 4.

18 **6. Folgesachen.** Der Begriff der **Folgesachen** ist in § 137 Abs. 2 und 3 näher – und abschließend – bestimmt, wobei auf die bisher verwendete Form der Klammerdefinition[34] verzichtet wurde. Folgesachen nach Abs. 2, 3 sind teilweise Familienstreitsachen,[35] teilweise Familiensachen der freiwilligen Gerichtsbarkeit.[36] Verfahren können auch dann Folgesachen sein, wenn alle oder einzelne geltend gemachte Scheidungsfolgen ausländischem Recht unterliegen, selbst wenn sie dem deutschen Recht unbekannt sind. Maßgeblich ist allein, ob die Angelegenheit unter die in § 137 Abs. 2 Nr. 1 bis 4 und Abs. 3 genannten Begriffe fällt und ob die weiteren Voraussetzungen des § 137 vorliegen. Den Begriff der „rechtzeitigen" Geltendmachung des Folgeantrags, der dazu geführt hatte, dass unzutreffender Weise Verzögerungsüberlegungen angestellt wurden,[37] hat das FamFG aufgegeben. Zu den Voraussetzungen für das Vorliegen einer Folgesache vgl. im Einzelnen die Erläuterungen zu Rn. 25 ff., 73 ff. Zur Bedeutung und zum Verlust der Eigenschaft als Folgesache vgl. die Erläuterungen zu Rn. 87.

19 **Sonstige Familiensachen** nach § 266 sind in § 137 nicht genannt und können daher **keine Folgesachen** sein. In der Begründung des RegE wird als Rechtfertigung dafür eine „denkbare Überfrachtung des Verbundverfahrens" angeführt.[38] Eine solche Befürchtung ist angesichts der statistisch betrachtet geringen Zahl von Folgesachen pro Scheidungsverfahren jedoch nicht begründet. Besonders in den Fällen des § 266 Abs. 1 Nr. 3 handelt es sich oftmals zwar nicht in rechtstechnischer aber in tatsächlicher Hinsicht um typische Scheidungsfolgen, gerade wegen dieses Zusammenhangs wurden sie in den Kreis der Familiensachen einbezogen. Ansprüche nach § 266 Abs. 1 können für einen Ehegatten bedeutsamer sein als die klassischen Scheidungsfolgen, nicht nur wenn letztere vertraglich ausgeschlossen sind. § 137 Abs. 3 zeigt, dass Verfahren auch dann Folgesachen sein können, wenn die Entscheidung nicht formal „für den Fall einer Scheidung" zu treffen ist.[39] Der

---

[27] OLG Stuttgart FamRZ 1981, 579.
[28] BGH NJW 1989, 2203 = FamRZ 1989, 991; *Jayme* IPrax 1985, 46; Jayme, FamRZ 1988, 790, 794; Jayme, IPrax 1990, 254.
[29] OLG Karlsruhe FamRZ 2007, 838 m. Anm. *Gottwald*, FamRZ 1999, 1680 sowie FamRZ 1991, 1308; OLG Frankfurt FamRZ 1994, 715; OLG Stuttgart FamRZ 1997, 1352; *Prütting/Helms* Rn. 9 m. weit. Nachw.; *Johannsen/Henrich/Sedemund-Treiber* § 623 ZPO Rn. 25 m. weit. Nachw.; oben § 623 ZPO Rn. 6 m. weit. Nachw. der älteren Rspr.
[30] OLG Frankfurt FamRZ 1995, 375; OLG München FamRZ 1993, 459.
[31] OLG Karlsruhe FamRZ 1999, 1680; OLG Stuttgart FamRZ 1997, 1352; OLG Frankfurt FamRZ 1994, 715; OLG Saarbrücken OLGR 1997, 27 = FamRZ 1997, 1353 (LS).
[32] OLG Karlsruhe FamRZ 2007, 838.
[33] Zur Bestimmung der Ehezeit in Trennungsfällen vgl. Borth, Vers. Ausgl. Rn. 81.
[34] Vgl. § 623 Abs. 1 S. 1 ZPO aF.
[35] Vgl. allg. zum Verfahren in Familienstreitsachen *Hütter/Kodal* FamRZ 2009, 917.
[36] Zu diesem Begriff vgl. Vor §§ 133 ff. Rn. 1, Fn. 2.
[37] Vgl. hierzu OLG Schleswig FamRZ 1992, 1199.
[38] BT-Drucks. 16/6308, S. 230.
[39] Vgl. die Erläuterungen zu Rn. 73 sowie OLG Brandenburg FamRZ 2003, 387, *Zöller/Philippi* § 623 ZPO Rn. 23 b, jeweils zu § 623 Abs. 2 S. 1 ZPO aF und m. weit. Nachw.

Bedeutung der sonstigen Familiensachen hätte durch die Schaffung einer **flexiblen Einbeziehungsregelung** nach dem Vorbild des § 137 Abs. 3 Rechnung getragen werden können, die tatbestandlich auf Ansprüche nach § 266 Abs. 1 Nr. 3, sofern sie zwischen den Ehegatten bestehen, begrenzt ist und die neben einem Antrag eines Ehegatten eine gerichtliche Überprüfung der Frage der Einbeziehung in den Verbund vorsieht.

7. Gemeinsame Verhandlung. § 137 Abs. 1 ordnet die **gemeinsame Verhandlung** über Scheidung und Folgesachen an. Durch diese Spezialregelung gelten das Mündlichkeitsprinzip[40] und die zivilprozessualen Regeln über die mündliche Verhandlung, das persönliche Erscheinen und die Vorbereitung der Verhandlung durch Schriftsätze[41] auch für Folgesachen der freiwilligen Gerichtsbarkeit; die Vorschriften des § 32 („kann") und § 33 werden dadurch vollständig verdrängt. Soweit ein Verfahren etwa nach einer Abtrennung seine Eigenschaft als Folgesache verloren hat, ist § 137 Abs. 1 hingegen nicht mehr anzuwenden.[42]

Die **Aussetzung** nach § 136 umfasst wegen des in § 137 Abs. 1 geregelten Zusammenhangs das Verbundverfahren insgesamt.[43] Eine Aussetzung kommt auch in den Fällen in Betracht, in denen eine entscheidungserhebliche Regelung Gegenstand eines verfassungsgerichtlichen Verfahrens ist.[44]

Die mündliche Verhandlung ist nach § 170 GVG grundsätzlich **nicht öffentlich**; das Familiengericht oder das OLG kann die Öffentlichkeit zulassen, jedoch nicht gegen den Willen eines Beteiligten. Eine besondere Möglichkeit, weitere Beteiligte von der Teilnahme an der grundsätzlich einheitlichen mündlichen Verhandlung auszuschließen, soweit die Folgesache, an der sie beteiligt sind, nicht Gegenstand der Verhandlung ist, enthält **§ 139 Abs. 2**. Die Handhabung dieser Regelung wird erleichtert, wenn die Verhandlung in Abschnitte entsprechend den einzelnen Folgesachen gegliedert wird. Teilweise wird in diesem Fall eine zusammenfassende Schlussverhandlung für erforderlich gehalten.[45]

Die Bestimmung des § 128 Abs. 1 S. 2 über die **Abwesenheit** des anderen Ehegatten betrifft „die Anhörung" zur Scheidungssache und bezieht sich, schon wegen ihres Standorts im Gesetz, nicht auf die Verhandlung über Folgesachen; ist ausnahmsweise ein Verfahren wegen Gefährdung des Kindeswohls Folgesache (vgl. § 137 Abs. 3 „Entziehung"), dürfte § 157 Abs. 2 S. 2 anwendbar sein. Im Übrigen sieht das FamFG in Familiensachen den Ausschluss eines Ehegatten im Verbundverfahren nicht vor, Beweisaufnahmen sind ohnehin parteiöffentlich. Eine Ausdehnung der vorgenannten Einzelvorschriften auf das gesamte Verbundverfahren ist nicht gerechtfertigt. Vielmehr sollte von der Möglichkeit, „in Abwesenheit" zu verhandeln aus Gründen des rechtlichen Gehörs[46] und der Sachaufklärung nur zurückhaltend Gebrauch gemacht werden,[47] zumal oft zu Beginn nicht hinreichend geklärt ist, ob die Voraussetzungen dafür vorliegen und da häufig weniger einschneidende Mittel, wie die Zuziehung von Ordnungskräften oder Vorgaben zur Verhandlungsführung objektiv ausreichend sind. Der unmittelbaren Wahrnehmung der die Entscheidungsfindung des Gerichts beeinflussenden Umstände und Eindrücke, auch über den eigentlichen Inhalt der Angaben hinaus, kommt erhebliche Bedeutung zu, ebenso der Möglichkeit einer in angemessener Weise erfolgenden Befragung durch den anderen Ehegatten. Zu Recht wurde darauf hingewiesen, dass es gerade in familiengerichtlichen Verfahren oft mehrere „Wahrheiten" gibt, die das Gericht nur in Anwesenheit aller Beteiligter zusammenbringen kann.[48]

8. Gemeinsame Entscheidung. Die **Entscheidung** umfasst im Fall des Ausspruchs der Scheidung grundsätzlich – also vorbehaltlich einer Abtrennung (§ 140) oder der sonstigen Auflösung des Verbunds – auch die Folgesachen, sie ergeht „durch einheitlichen Beschluss" (§ 142 Abs. 1). Eine Teilentscheidung ist im Regelfall nicht statthaft. Bei Abweisung des Scheidungsantrags werden die Folgesachen – von bestimmten Ausnahmen abgesehen – gegenstandslos (§ 142 Abs. 2).

IV. Folgesachen nach Abs. 2

1. Gemeinsame Kriterien für Folgesachen nach Abs. 2. a) Entscheidung für den Fall der Scheidung. Die in § 137 Abs. 2 S. 1 Nr. 1 bis 4 genannten Verfahren sind nur dann Folgesachen, wenn darin eine **Entscheidung für den Fall der Scheidung zu treffen ist**. Ob dies der Fall ist,

---

[40] Vgl. *Johannsen/Henrich/Sedemund-Treiber* § 623 ZPO Rn. 17.
[41] *Zöller/Philippi* § 623 ZPO Rn. 37.
[42] Vgl. *Johannsen/Henrich/Sedemund-Treiber* § 621 ZPO Rn. 33.
[43] Vgl. oben § 614 ZPO Rn. 18.
[44] Vgl. *Johannsen/Henrich/Sedemund-Treiber* § 623 ZPO Rn. 18.
[45] Vgl. oben § 623 ZPO Rn. 42; *Baumbach/Lauterbach/Hartmann* § 623 ZPO Rn. 13.
[46] Vgl. *Zimmermann* Rn. 327.
[47] *Lipp/Schumann/Veit/Häußermann* S. 5, 12 („absoluter Ausnahmecharakter").
[48] *Lipp/Schumann/Veit/Häußermann* S. 5, 12.

muss ggf. durch Auslegung des Antrags oder des Begehrens ermittelt werden. Das von Amts wegen einzuleitende Folgeverfahren Versorgungsausgleich bezieht sich in aller Regel auf die Zeit ab Rechtskraft der Scheidung[49] und wird unter diesem Gesichtspunkt meist unproblematisch sein. Um von einer Entscheidung für den Fall der Scheidung sprechen zu können, müssen folgende Gesichtspunkte beachtet sein:

26   aa) Zum einen darf der Antrag nur unter der **Voraussetzung,** dass die Scheidung erfolgt, also nur eventualiter gestellt sein. Bei dem Verfahrensgegenstand muss es sich um eine durch die Scheidung „bedingte" Leistung oder Regelung handeln. Wird der Antrag auch oder nur für den Fall der Abweisung des Scheidungsantrags oder unabhängig von der Entscheidung darüber gestellt, kann es sich nicht um eine Folgesache handeln.[50] Die Vorschrift des § 142 Abs. 2 zieht die Konsequenz aus dieser Eventualstellung, indem sie anordnet, dass im Fall der Abweisung des Scheidungsantrags die Folgesachen grundsätzlich gegenstandslos werden.

27   Verfahren des **einstweiligen Rechtschutzes** (Einstweilige Anordnung, Arrest) haben eine sofort und nicht erst für den Fall der Scheidung zu treffende Regelung zum Gegenstand und können daher keine Folgesachen nach Abs. 2 sein.

28   Ein auf die Zeit ab Rechtskraft der Scheidung gerichtetes Begehren wird in der Regel so **auszulegen** sein, dass es auch nur für den Fall der Scheidung erhoben wird.[51] Dasselbe wird im Fall der Geltendmachung eines Anspruchs „als Folgesache" oder „im Verbund" gelten.

29   bb) Zum anderen darf sich der Antrag nur auf die **Zeit nach Rechtskraft der Scheidung** beziehen. Verfahrensgegenstand muss also eine künftige Leistung oder Regelung sein. Soweit der Zeitpunkt der Rechtskraft noch ungewiss ist, kann im Antrag und im Tenor formuliert werden: „ab Rechtskraft der Scheidung", ist der Scheidungsausspruch bereits rechtskräftig, ist das Datum anzugeben.[52] Umfasst der Klageantrag etwa in Bezug auf einen Anspruch auf Kindesunterhalt sowohl Zeiten vor Rechtskraft der Scheidung als auch solche danach, ist der erstgenannte Teil vom Verbund abzutrennen.[53]

30   § 137 Abs. 2 ermöglicht einen **Klageantrag auf künftige Leistung,** ohne dass die Voraussetzungen der §§ 257 ff. ZPO vorliegen,[54] und privilegiert damit die Geltendmachung bestimmter Gegenstände im Verbund.[55] Außerhalb des Verbunds müsste vor Rechtskraft der Scheidung eine Abweisung erfolgen. Wird ein zunächst selbständig betriebenes Verfahren an das Gericht der Scheidungssache verwiesen oder abgegeben, ist daher auf die Fassung des Antrags besonders zu achten; das Verfahren kann auch in diesen Fällen nur Folgesache werden, wenn der Antrag, ggf. nach Änderung, den in den vorigen Rn. dargestellten Anforderungen entspricht.

31   cc) Weiter können Ansprüche, die eine für den Fall der Scheidung zu treffende Entscheidung **nur vorbereiten** sollen, wie etwa isoliert geltend gemachte **Auskunftsansprüche,** keine Folgesache sein.[56] Etwas anderes gilt bei einer Geltendmachung des Auskunftsanspruchs im Wege des Stufenklageantrags.[57] Hier ist über den Auskunftsantrag vorab im Wege einer Teilentscheidung zu befinden. Nach Bezifferung des Leistungsantrags ist die Leistungsstufe zu betreiben; die Entscheidung erfolgt dann in der Verbundentscheidung. Wird der unbestimmte Leistungsantrag trotz Terminsantrags und Aufforderung nicht beziffert, wird das Verfahren, nicht anders als ein vornherein isoliert geltend gemachter Auskunftsantrag, nach § 145 ZPO vom Verbund abzutrennen sein.[58] Teilweise wird die Geltendmachung eines nicht mit einem Leistungsantrag verbundenen Auskunftsanspruchs im Verbund für möglich gehalten, wenn es sich um einen Widerklageantrag gegen eine anhängige Folgesache handelt.[59] Lediglich vorbereitend und damit nicht verbundfähig kann auch ein Zwischenfeststellungsantrag in Bezug auf die Wirksamkeit eines Ehevertrages sein, wenn diese Frage für keine bereits anhängige Folgesache vorgreiflich ist.[60] Teilklageanträge sind jedenfalls in Folgesachen, die Familienstreitsachen sind, möglich.[61]

---

[49] Vgl. § 9 Abs. 1 VersAusglG („Wertausgleich bei der Scheidung").
[50] BGHZ 160, 332 = FamRZ 2004, 1952; *Wieczorek/Schütze/Kemper* § 623 ZPO Rn. 8.
[51] *Zöller/Philippi* § 623 ZPO Rn. 23 c.
[52] Oben § 623 ZPO Rn. 13; *Weinreich/Klein/Bäumel* § 623 ZPO Rn. 9.
[53] BGH FamRZ 2004, 1952; OLG Hamm FamRZ 1994, 773.
[54] *Schmitz* FamRZ 1989, 1262.
[55] *Johannsen/Henrich/Sedemund-Treiber* § 623 ZPO Rn. 13.
[56] BGH NJW 1997, 2176 = FamRZ 1997, 811 m. weit. Nachw.; BGH NJW 1979, 1603 = FamRZ 1979, 690.
[57] Vgl. oben § 623 ZPO Rn. 24.
[58] *Johannsen/Henrich/Sedemund-Treiber* § 621 ZPO Rn. 59 a.
[59] OLG Zweibrücken FamRZ 1996, 749.
[60] OLG Köln FamRZ 2006, 1768.
[61] *Zöller/Philippi* § 623 ZPO Rn. 7.

dd) Der – etwa **nach Erledigung** der Folgesache im Wege der Antragsänderung gestellte – 32
Antrag auf Feststellung der Erledigung in der Hauptsache betrifft ebenfalls keine Entscheidung für
den Fall der Scheidung und gehört daher nicht (mehr) in den Verbund.[62]

b) Anhängigmachung durch einen Ehegatten. aa) Ehegatte. Das Verfahren muss **von ei-** 33
nem Ehegatten anhängig gemacht worden sein, es kann also nicht von Amts wegen oder auf
Initiative eines Dritten in den Verbund einbezogen werden. Eine Ausnahme regelt § 137 Abs. 2 S. 2,
wonach für die Durchführung des Versorgungsausgleichs in den Fällen der §§ 6 bis 19 und § 28
VersAusglG kein Antrag erforderlich ist, die Einleitung also durch das Gericht erfolgt.

bb) Anhängigkeit, Allgemeines. Das Verfahren muss **anhängig** sein, Rechtshängigkeit ist 34
nicht erforderlich.[63] Mit der Anhängigkeit[64] ist der Verbund hergestellt. Allein eine Erörterung im
Termin, etwa im Rahmen von Gesprächen über eine umfassende Scheidungsfolgenvereinbarung,
macht den Gegenstand noch nicht anhängig.[65] Wird ein Antrag zugleich mit einem Verfahrenskostenhilfegesuch eingereicht, wird auch ersterer sogleich anhängig, es sei denn der Antragsteller stellt
eindeutig und unmissverständlich klar, dass der Antrag nur unter der Voraussetzung einer VKH-
Bewilligung gestellt sein soll.[66]

Streitig ist in diesem Zusammenhang die Wirkung eines nicht zugleich mit einem Sachantrag 35
gestellten Gesuchs auf Bewilligung von Verfahrenskostenhilfe.[67] Nach allgemeinen Grundsätzen führt
ein solches Gesuch allein die Anhängigkeit des Verfahrens in der Hauptsache nicht herbei.[68] Dennoch
wird es vielfach für die Einleitung eines Folgeverfahrens als ausreichend angesehen.[69] Sowohl mit den
Grundsätzen des Verfahrensrechts als auch mit dem Zweck des Verbunds vereinbar dürfte folgende
Lösung sein: der rechtzeitige[70] isolierte Antrag auf Verfahrenskostenhilfe für eine beabsichtigte
Folgesache macht dieselbe zwar noch nicht anhängig, zwingt aber das Gericht zur Vertagung bis zur
Entscheidung über das VKH-Gesuch (zuzüglich einer gewissen Überlegungsfrist). Letzteres erscheint
umso mehr erforderlich, als hier, abweichend von der Situation des VKH-Antrages für ein beabsichtigtes Rechtsmittelverfahren, die Möglichkeit einer Wiedereinsetzung nicht besteht.

Zur Anhängigkeit im Fall der **Überleitung** an das Gericht der Scheidungssache (Abs. 4) vgl. die 36
Erläuterungen zu Rn. 85.

cc) Anhängigkeit bei Familienstreitsachen. Handelt es sich bei der Folgesache um eine 37
Familienstreitsache (§ 112), so gelten für die Frage der Anhängigkeit die zivilprozessualen
Grundsätze (§ 113 Abs. 1). Danach reicht für die Anhängigkeit die Einreichung einer Antragsschrift[71] bei Gericht, grundsätzlich aber erst die Stellung des Antrags in der mündlichen Verhandlung (vgl. §§ 261 Abs. 2, 297 ZPO) aus. Zum Antrag auf Verfahrenskostenhilfe vgl. die Erläuterungen zu Rn. 34. Das Gesetz verlangt nicht, dass der Antrag von Anfang an ausreichend
begründet oder schlüssig sein müsste,[72] dies gilt insbesondere von im Verhandlungstermin gestellten
Anträgen.[73] Zur Nachreichung der auch in den Fällen des § 261 Abs. 2 ZPO erforderlichen
Begründung iSd. § 253 Abs. 2 Nr. 2 ZPO hat das Gericht die Verhandlung zu vertagen, wird dies
unterlassen, liegt ein wesentlicher Verfahrensmangel vor.[74] Die Zweiwochenfrist des § 137 Abs. 2
S. 1 ist zu beachten.[75]

dd) Anhängigkeit bei Familiensachen der freiwilligen Gerichtsbarkeit. Handelt es sich bei 38
der Folgesache um eine **Familiensache der freiwilligen Gerichtsbarkeit**, etwa nach § 137 Abs. 2
S. 1 Nr. 1 und 3, sowie möglicherweise auch in Verfahren nach Nr. 2 und 4, so ist weiter zu
unterscheiden:

---

[62] OLG Zweibrücken FamRZ 1997, 504.
[63] OLG Koblenz FamRZ 2008, 167 m. weit. Nachw.
[64] Vgl. zu dem Rechtsbegriff *Schilken* JR 1984, 446.
[65] OLG Hamm MDR 1981, 324; vgl. demgegenüber OLG Karlsruhe FamRZ 1993, 458.
[66] BGH FamRZ 1996, 1142; BGH FamRZ 1987, 362; *Zöller/Philippi* § 117 ZPO Rn. 7 m. weit. Nachw.
[67] Vgl. BVerfG NJW-RR 2002, 793 = FamRZ 2002, 665 („schwierige, bislang nicht hinreichend geklärte
Rechtsfrage")
[68] Vgl. allg. BGH FamRZ 1996, 1142; OLG Naumburg EzFamR aktuell 2000, 235 = FamRZ 2001, 168 (LS);
Zöller/Philippi § 623 ZPO Rn. 23c.
[69] OLG Koblenz FamRZ 2008, 1965; OLG Karlsruhe FamRZ 1994, 971; OLG Schleswig SchHA 1995, 157;
vgl. auch OLG Frankfurt MDR 1989, 272; oben § 623 ZPO Rn. 33; *Johannsen/ Henrich/Sedemund-Treiber* § 623
ZPO Rn. 10; *Baumbach/Lauterbach/Hartmann* § 623 ZPO Rn. 10 m. weit. Nachw.
[70] Zur Zweiwochenfrist des § 137 Abs. 2 vgl. die Erläuterungen zu Rn. 41 ff.
[71] Vgl. den Wortlaut des § 124 S. 1 für das Scheidungsverfahren.
[72] OLG Zweibrücken FamRZ 1998, 1525.
[73] BGH NJW 1987, 921 = FamRZ 1987, 802; OLG Koblenz FamRZ 2004, 551.
[74] BGH NJW 1987, 921 = FamRZ 1987, 802; OLG Koblenz FamRZ 2004, 551.
[75] Zur Zweiwochenfrist vgl. die Erläuterungen zu Rn. 41 ff.

39 In den **von Amts wegen einzuleitenden** Folgesachen der freiwilligen Gerichtsbarkeit, also in den Versorgungsausgleichsverfahren, die in § 137 Abs. 2 S. 2 erwähnt sind, tritt die Anhängigkeit mit jeder nach außen erkennbar werdenden Initiative des Gerichts ein, die auf eine Aufnahme des Verfahrens gerichtet ist, insbesondere mit der Aufnahme von Ermittlungen. Gerichtsinterne Abklärungen, wie die Einsichtnahme in anderweitige Akten oder Maßnahmen, die nur der Klärung der Frage dienen, ob überhaupt ein Verfahren einzuleiten ist, reichen nicht aus.[76]

40 In den **auf Antrag einzuleitenden** Folgesachen der freiwilligen Gerichtsbarkeit wird es für die Anhängigkeit wiederum auf den verfahrenseinleitenden Antrag ankommen.[77] Zum Einbeziehungsantrag in den nicht unter Abs. 2 fallenden Kindschaftsfolgesachen vgl. die Erläuterungen zu Rn. 75.

41 c) Zweiwochenfrist. aa) Anwendungsbereich. Das Verfahren muss spätestens **zwei Wochen vor der mündlichen Verhandlung** im ersten Rechtszug in der Scheidungssache anhängig geworden sein. Durch die neu eingeführte Regelung soll der missbräuchlichen Praxis entgegengewirkt werden, Folgeanträge aus taktischen Gründen zum spätestmöglichen Zeitpunkt, etwa erst in der mündlichen Verhandlung, zu stellen.[78] Soweit in den Fällen der §§ 6 bis 19 und § 28 VersAusglG die Folgesache von Amts wegen und nicht von einem Ehegatten (vgl. § 137 Abs. 2 S. 1 aE) eingeleitet wird und der genannte Missbrauch daher nicht möglich ist, wird die Zweiwochenfrist auf diese Fälle des Versorgungsausgleichs nicht anwendbar sein. Das Gericht kann also, etwa wenn es erst weniger als zwei Wochen vor dem Termin bemerkt, dass ein ehevertraglicher Ausschluss des VA unwirksam ist, die Folgesache immer noch von Amts wegen einleiten. Der Antrag nach **§ 3 Abs. 3 VersAusglG** ist kein verfahrenseinleitender Antrag, er bewirkt nicht das Anhängigwerden eines Versorgungsausgleichsverfahrens (vgl. Rn. 61) und unterliegt daher nicht der Zweiwochenfrist des § 137 Abs. 2 S. 1. Jeder Ehegatte kann also auch noch kurz vor oder in dem Verhandlungstermin in der Scheidungssache den Antrag nach § 3 Abs. 3 VersAusglG stellen, auch wenn er anwaltlich nicht vertreten ist (vgl. § 114 Abs. 4 Nr. 7). Ggf. wird das Gericht gerade den anwaltlich nicht vertretenen Ehegatten auf diese Möglichkeit hinweisen müssen.

42 Die Frist gilt ihrem Wortlaut und der Begründung nach nur für das **erstmalige Anhängigmachen** einer Folgesache; nicht erfasst sind andere sich vergleichbar auswirkende Handlungsweisen innerhalb einer bereits anhängigen Folgesache, wie etwa umfangreicher neuer Vortrag und Vorlage neuer Unterlagen oder die Änderung eines gestellten Antrags kurzfristig vor dem angesetzten Termin.

43 bb) **Bestimmung der Frist.** Die Vorschriften der §§ 222 ZPO können bei der vom Zeitpunkt der mündlichen Verhandlung „rückwärts" zu rechnenden Frist (vgl. Rn. 44 f.) nur **entsprechend** angewandt werden; § 222 Abs. 2 ZPO wurde zu einer Verkürzung der Frist führen und dürfte daher nicht anzuwenden sein. Eine Abkürzung oder Verlängerung der Frist durch richterliche Entscheidung ist gesetzlich nicht vorgesehen (vgl. § 224 Abs. 2 ZPO). Die Regelung über die Zweiwochenfrist dürfte, wie die übrigen Bestimmungen über den Verbund **nicht dispositiv** und nicht durch Unterlassen der Rüge (§ 295 ZPO) überwindbar sein, zumal sie nach der Begründung des Bundesrates nicht in erster Linie der Entlastung eines Ehegatten schützen, sondern eine uneffektive Arbeitsweise des Gerichts vermeiden soll. Während früher der maßgebliche Zeitpunkt (damals: Schluss der mündlichen Verhandlung) durch einen Schriftsatznachlass (§ 283 ZPO) hinausgeschoben werden konnte, ist entsprechendes bei der Zweiwochenfrist nicht mehr möglich.

44 Für die Bestimmung der Zweiwochenfrist wird auf den **Zeitpunkt des Beginns der mündlichen Verhandlung in der Scheidungssache** abzustellen sein. Erst zu diesem Zeitpunkt lässt sich sagen, ob überhaupt und wann sie stattgefunden hat. An die Verhandlung wird auch im Gesetzeswortlaut die Berechnung der Zweiwochenfrist angeknüpft. Als Alternative käme ein Abstellen bereits auf den Zeitpunkt der Anhängigkeit der Folgesache in Betracht; es könnte gesagt werden, dass die Folgesache rechtzeitig eingeleitet wurde, wenn zu diesem Zeitpunkt in der Scheidungssache Termin entweder noch nicht oder auf einen in mindestens zwei Wochen liegenden Zeitpunkt bestimmt war. Dagegen spricht jedoch, dass das Gesetz und dessen Begründung nicht auf eine Terminsverfügung oder gar deren Zugang bei den Beteiligten abstellen, sondern auf den Termin selbst, und dass es sich dabei bis zu dessen Beginn um ein künftiges ungewisses Ereignis handelt. Es wird sich als Konsequenz der Gesetz gewordenen Formulierung nicht vermeiden lassen, dass die Frage, ob das hinzukommende Verfahren Folgesache ist oder nicht, bis zum Beginn des Verhandlungstermins in der Scheidungssache in der Schwebe bleibt.

45 Aus dem vorige Rn. dargestellten Verständnis ergibt sich, dass die Frist rückblickend zu bestimmen sein wird: Liegt zum Zeitpunkt einer mündlichen Verhandlung in der Scheidungssache die Anhängig-

---

[76] BGH FamRZ 1993, 176.
[77] *Johannsen/Henrich/Sedemund-Treiber* § 623 ZPO Rn. 10.
[78] Vgl. Nr. 43 der Stellungnahme des Bundesrates, BT-Drucks. 16/6308, S. 374.

keit **zwei Wochen oder länger zurück,** ist das Verfahren, sofern auch die weiteren Voraussetzungen des § 137 Abs. 2 vorliegen, Folgesache. Liegt zum Zeitpunkt der mündlichen Verhandlung in der Scheidungssache die Anhängigkeit weniger als zwei Wochen zurück, steht fest, dass das Verfahren keine Folgesache ist. Es ist ggf. nach § 145 ZPO abzutrennen und als isoliertes Verfahren zu führen.

Liegt der Zeitpunkt der Anhängigkeit weniger als zwei Wochen vor einem bereits bestimmten **46** Verhandlungstermin in der Scheidungssache, droht also eine Verfehlung des Zeitkriteriums, wird der Anwalt versuchen, eine Aufhebung oder Verlegung des Termins auf einen späteren Zeitpunkt zu erreichen. Kommt das Gericht dem nach (vgl. § 227 ZPO), so kann auf diese Weise wegen des o. g. späten Beurteilungszeitpunkts die Zweiwochenfrist noch gewahrt werden und das auch im Übrigen den Anforderungen des § 137 Abs. 2 entsprechende Verfahren wird zur Folgesache. Wird der weniger als zwei Wochen nach Anhängigkeit liegende Termin in der Scheidungssache jedoch nicht aufgehoben oder verlegt, sondern **durchgeführt,** steht mit dem Aufruf der Sache die fehlende Rechtzeitigkeit endgültig fest und das Verfahren kann keine Folgesache mehr werden, auch wenn in diesem Termin, etwa wegen Fernbleibens eines Ehegatten oder seines Anwalts oder aus einem sonstigen Grund das Verfahren nicht abgeschlossen werden kann und ein weiterer Termin angesetzt werden muss (vgl. hierzu Rn. 49).

Unter dem Termin zur mündlichen Verhandlung **in der Scheidungssache** wird jeder im Ver- **47** bundverfahren angesetzte Termin zu verstehen sein, da nach § 137 Abs. 1 grundsätzlich gemeinsam, also auch über die Scheidungssache zu verhandeln ist; eine Ausnahme wird dann zu machen sein, wenn das Gericht den Termin **ausdrücklich nur** zur Verhandlung in einer Folgesache bestimmt hat. Bei dem Verhandlungstermin muss es sich **nicht um den Schluss** der mündlichen Verhandlung, also um die letzte Verhandlung in der Scheidungssache handeln, zumal eine entsprechende, im RegE noch vorgesehene Formulierung letztlich gestrichen wurde.[79]

Die Regelung über die zweiwöchige Frist enthält, wie das Kriterium der rechtzeitigen Geltendma- **48** chung in § 623 ZPO aF oder das des Schlusses der mündlichen Verhandlung in § 137 Abs. 3, keine **subjektiven Anforderungen oder Einschränkungen.** Insbesondere ist es ohne Belang, wann der Ehegatte, der einen weiteren Verfahrensgegenstand einbeziehen will, oder sein Anwalt von dem Termin in der Scheidungssache erfahren hat, oder ob er ohne Verschulden an der rechtzeitigen Einreichung eines Folgeantrags gehindert war. Mangels Geltung des § 233 ZPO ist eine Wiedereinsetzung in den vorigen Stand nicht möglich. Die weitergehende Regelung des § 17 Abs. 1 ist auch dann nicht anwendbar, wenn die Folgesache eine Familiensache der freiwilligen Gerichtsbarkeit ist, da die Regelung über die Zweiwochenfrist in § 137 Abs. 2 nach ihrem Standort im Gesetz zum Recht des Verfahrens in Scheidungssachen gehört und § 17 dort gem. § 113 Abs. 1 S. 1 nicht anwendbar ist.

Die Zweiwochenfrist bezieht sich auf den einzelnen Verhandlungstermin, nicht auf das Verfahren **49** im Ganzen, sie will dem Zwang zur Verlegung eines Termins entgegenwirken, nicht aber der Geltendmachung von Folgesachen; dies auch nicht die Verkürzung der Dauer des gesamten Verfahrens das Ziel der Norm. Dies ergibt sich aus den zur Begründung gemachten Ausführungen des Bundesrates,[80] denen die Bundesregierung in ihrer Gegenäußerung[81] und der Rechtsausschuss des Deutschen Bundestages zugestimmt haben.[82] An keiner Stelle ist dabei vom Schluss der mündlichen Verhandlung, von Beschleunigung, Verzögerung oder von der Verfahrensdauer die Rede, vielmehr ausschließlich von dem einzelnen Verhandlungstermin und dessen Vorbereitung sowie von dem Ziel der Vermeidung einer als missbräuchlich angesehenen Praxis. Da der Ausschluss der Einbeziehung also keine Sanktion für eine Verzögerung des Verfahrens darstellt, **kommt es nicht darauf an,** ob durch das nicht rechtzeitige Anhängigmachen eine solche **Verzögerung** verursacht wird oder nicht. Weder Wortlaut noch Entstehungsgeschichte noch der Zweck der Norm rechtfertigen die Annahme einer derartigen zusätzlichen Voraussetzung. Auch wenn durch die nicht fristgerechte Anhängigmachung keine Verzögerung eintritt, etwa da infolge fehlender Entscheidungsreife der Scheidungssache oder einer anderen Folgesache ohnehin ein weiterer Termin erforderlich ist, ist die Norm ohne Einschränkung anzuwenden.

cc) Rechtsfolge. Die Zweiwochenfrist stellt keine Präklusionsnorm dar; die Rechtsfolge be- **50** schränkt sich vielmehr auf den **Ausschluss einer Einbeziehung** in den Verbund, der Antrag kann in einem selbständigen Verfahren weiterverfolgt werden.

Die Beteiligten bzw. deren Verfahrensbevollmächtigte können die Rechtzeitigkeit einer Folgesache **51** sicherstellen, indem sie diese möglichst **frühzeitig anhängig** machen. Erwägen sie die Einreichung eines Folgeantrags, können sie sich beim Richter über den Stand des Verfahrens und die beabsichtigte

---

[79] Vgl. BT-Drucks. 16/9733, S. 68.
[80] BT-Drucks. 16/6308, S. 374.
[81] BT-Drucks. 16/6308, S. 413.
[82] BT-Drucks. 16/9733, S. 293.

Terminierung erkundigen. Im Fall des nicht mehr rechtzeitigen Anhängigmachens bleibt ihnen ein Antrag auf Terminsverlegung unbenommen, wobei das Gericht aber nicht verpflichtet ist, diesem zu entsprechen, da der Zweck der Zweiwochenfrist gerade darin liegt, zu vermeiden, dass infolge des neuen Antrags „Termine kurzfristig verlegt, aufgehoben oder die ... vertagt werden" müssen.[83] Das Gericht sollte, sofern Termine nicht ohnehin telefonisch abgesprochen werden, möglichst weit im Voraus terminieren. Die in diesem Zusammenhang erwähnte Vorschrift des § 32 Abs. 2[84] ist in Scheidungssachen gem. § 113 Abs. 1 S. 1 allerdings von vornherein nicht anwendbar. Eine Verlängerung der gesetzlichen Ladungsfrist (§ 217 ZPO) in Scheidungssachen auf über zwei Wochen[85] würde zwar die Einhaltung der Zweiwochenfrist erleichtern, ein solcher Schritt würde jedoch deren „präventive" Wirkung (vgl. Rn. 51) aufheben und wäre zudem überschießend, da davon auch die große Zahl an Verfahren betroffen wäre, in denen keine weitere Folgesache mehr anhängig gemacht werden soll. Es ist klar, dass das Gericht, das noch nicht terminiert hat, auf den Eingang eines Folgeantrags nicht mit der Ansetzung eines weniger als zwei Wochen im Voraus liegenden Termins reagieren darf.

52 dd) **Keine Verzögerungssanktionen.** Den Ehegatten steht es, sofern die Zweiwochenfrist beachtet ist, grundsätzlich frei, zu welchem Zeitpunkt sie eine Folgesache im Verbund anhängig machen. Selbst wenn in einem länger dauernden und bereits weit geförderten Verbundverfahren noch ein Folgeantrag in Form eines Stufenantrags eingereicht wird, löst dies keine Präklusion oder sonstige direkte **verfahrensrechtliche Nachteile** aus, insbesondere darf das Gericht die Einbeziehung einer unter Beachtung der Zweiwochenfrist anhängig gemachten Folgesache in den Verbund nicht wegen Verspätung ablehnen.[86] Auch eine Verzögerungsgebühr[87] nach § 32 FamGKG kann nicht festgesetzt werden,[88] da die Vorschrift nur auf selbständige, also nicht als Folgesachen geführte Familienstreitsachen anwendbar ist. Die gesetzlich vorgesehene Reaktion ist eine **Abtrennung** nach § 140 Abs. 2 S. 2 Nr. 5, sobald der dort maßgebliche Zeitgrenze erreicht ist bzw. deren Erreichen absehbar ist. Im Rahmen der Prüfung, ob eine unzumutbare Härte vorliegt, kann dem Gesichtspunkt der Verfahrensverschleppung durch einen Ehegatten Bedeutung zukommen (vgl. § 140 Rn. 66).

53 d) **Erster Rechtszug in der Scheidungssache.** Folgesachen nach § 137 Abs. 2 können nach dem ausdrücklichen Gesetzeswortlaut nur „im **ersten Rechtszug**" in der Scheidungssache anhängig gemacht werden. Eine erstmalige Einleitung im Rechtsmittelzug oder gar nach Ausspruch der Scheidung[89] ist danach ausgeschlossen. Die Scheidungssache befindet sich im Sinne dieser Regelung auch dann noch im ersten Rechtszug, wenn sie durch das Rechtsmittelgericht an das Familiengericht zurückverwiesen wurde; es bestehen keine Anhaltspunkte dafür, dass der Gesetzgeber diese Frage anders als bislang (vgl. § 623 Abs. 4 S. 2 ZPO aF) regeln wollte.[90] Nach der neu eingeführten Zweiwochenfrist des Abs. 2 ist ein Anhängigmachen einer Folgesache zwischen dem Schluss der letzten mündlichen Verhandlung und einem Verkündungstermin nicht mehr möglich.[91]

54 Vereinzelt wurde von den vorige Rn. dargestellten Grundsatz unter der Geltung des früheren Rechts eine **Ausnahme** zugelassen, wenn das Erfordernis für eine Folgeregelung erstmals im Rechtsmittelverfahren zu Tage trat.[92] Angesichts der neuen, eindeutigen und keine Einschränkungen enthaltenden Regelung der zeitlichen Voraussetzungen für Folgeanträge werden diese Fälle jedoch kritisch zu überprüfen sein. Ist die Angelegenheit eilbedürftig und die Hauptsache beim Beschwerdegericht anhängig, kann dieses eine einstweilige Anordnung erlassen (vgl. § 50 Abs. 1).

55 Ist eine Folgesache im Rechtsmittelzug anhängig, kann der Antrag bzw. der Verfahrensgegenstand aber noch **geändert oder erweitert** werden.[93]

56 2. **Die einzelnen Verfahren. a) Versorgungsausgleichssachen (Nr. 1).** Versorgungsausgleichssachen können nach § 137 Abs. 2 Nr. 1 Folgesachen sein. Wegen der umfassten Verfahrens-

---

[83] Stellungnahme des Bundesrates, BT-Drucks. 16/6308, S. 374.
[84] *Rakete-Dombek* FPR 2009, 16, 19.
[85] Eine Verlängerung auf „grds. vier Wochen" befürwortet *Roßmann* ZFE 2009, 244, 248; vgl. auch *Prütting/Helms* Rn. 48.
[86] Vgl. OLG Schleswig FamRZ 1992, 1199; OLG Bamberg FamRZ 1988, 741; OLG Düsseldorf FamRZ 1987, 958 sowie 1280.
[87] Vgl. allg. *Völker* MDR 2001, 1325.
[88] OLG Hamm FamRZ 2003, 1192.
[89] OLG Naumburg EzFamR aktuell 2000, 235 = FamRZ 2001, 168 (LS).
[90] Vgl. die Begründung des RegE, BT-Drucks. 16/6308, S. 230, zu § 137 Abs. 2 S. 1 aE; aA wohl *Prütting/Helms* Rn. 53.
[91] Vgl. hierzu nach bisherigem Recht *Zöller/Philippi* § 623 ZPO Rn. 28.
[92] *Johannsen/Henrich/Sedemund-Treiber* § 623 ZPO Rn. 11 m. weit. Nachw.; *Zöller/Philippi* § 623 ZPO Rn. 30.
[93] *Johannsen/Henrich/Sedemund-Treiber* § 623 ZPO Rn. 11 m. weit. Nachw.; oben § 623 ZPO Rn. 39; *Zöller/Philippi* § 623 ZPO Rn. 29; *Wieczorek/Schütze/Kemper* § 623 ZPO Rn. 37 ff.

gegenstände wird auf die Erläuterungen zu § 217 verwiesen. Zur Erstreckung der für die Scheidungssache bewilligten Verfahrenskostenhilfe auf die VA-Folgesache vgl. § 149. Kommt das FamFG, also neues Verfahrensrecht zur Anwendung, wird in der Regel auch der Versorgungsausgleich nach neuem materiellem Recht zu beurteilen sein.[94] Voraussetzung einer Einbeziehung ist, dass die weiteren Anforderungen des § 137 Abs. 2 erfüllt sind (vgl. hierzu Rn. 25 ff.).

Zu den als Folgesache in Betracht kommenden Verfahren nach neuem Recht[95] gehören insbesondere solche über die in den §§ 9 bis 19 VersAusglG geregelten **Wertausgleich bei der Scheidung**. Dieser erfolgt grundsätzlich durch interne Teilung (§§ 10 bis 13 VersAusglG),[96] also dadurch, dass das Gericht zu Lasten des Anrechts des ausgleichspflichtigen Ehegatten ein Anrecht **bei demselben** Versorgungsträger in Höhe des hälftigen Werts des Ehezeitanteils auf den ausgleichsberechtigten Ehegatten **überträgt**. Demgegenüber ist eine externe Teilung (§§ 14 bis 17 VersAusglG)[97] nur dann vorzunehmen, wenn dies zwischen dem Ausgleichsberechtigten und dem betroffenen Versorgungsträger vereinbart ist, der Versorgungsträger bei Anrechten geringeren Umfangs die externe Teilung verlangt (§ 14 Abs. 2 VersAusglG) oder es sich um ein Anrecht auf Versorgung aus einem öffentlich-rechtlichen Dienst- oder Amtsverhältnis handelt, sofern eine interne Teilung nicht vorgesehen ist (vgl. § 16 Abs. 1, 2 VersAusglG). Im Fall der externen Teilung **begründet** das Gericht zu Lasten des Anrechts des ausgleichspflichtigen Ehegatten für den anderen Ehegatten ein Anrecht **bei einem anderen**, von diesem auszuwählenden Versorgungsträger in Höhe des hälftigen Werts des Ehezeitanteils. Der Versorgungsträger des ausgleichspflichtigen Ehegatten hat einen entsprechenden Kapitalbetrag an den Versorgungsträger des ausgleichsberechtigten Ehegatten zu zahlen. Der bei der externen Teilung ausgewählte Versorgungsträger sowie alle Versorgungsträger, bei denen ein (gleich in welcher Weise) auszugleichendes Anrecht des einen oder des anderen Ehegatten besteht, sind nach § 219 Nr. 2, 3 als **Beteiligte** zu dem Verfahren hinzuzuziehen.[98] Ausnahmen vom Wertausgleich bei der Scheidung sehen § 18 VersAusglG für Fälle der Geringfügigkeit[99] und § 19 VersAusglG bei nicht ausgleichsreifen Anrechten (verfallbare Anrechte und Anrechte, soweit sie auf eine abzuschmelzende Leistung gerichtet sind) vor. § 27 VersAusglG behandelt Fälle der groben Unbilligkeit. § 28 VersAusglG regelt ergänzend den Ausgleich einer privaten Versorgung wegen Invalidität; diese ist nur auszugleichen, wenn der Versicherungsfall in der Ehezeit eingetreten ist. **Ausgleichsansprüche nach der Scheidung** sind insbesondere in §§ 20 bis 26 VersAusglG geregelt.[100] Diesbezügliche Verfahren sind von § 137 Abs. 2 S. 2 nicht umfasst und daher nicht von Amts wegen einzuleiten. Zudem werden hierbei die weiteren Voraussetzungen des § 137 Abs. 2 S. 1 im Regelfall nicht erfüllt sein.

Auskunftsansprüche eines Ehegatten gegen den anderen nach § 4 Abs. 1 VersAusglG können im Verbund im Wege eines **Stufenantrags** entsprechend § 254 ZPO geltend gemacht werden,[101] da sie die Entscheidung über den Versorgungsausgleich vorbereiten. Maßgebend sind auch insoweit die für den primären Verfahrensgegenstand Versorgungsausgleich anzuwendenden Verfahrensvorschriften.[102] Über den Auskunftsantrag wird vorab entschieden. Eine isolierte Geltendmachung außerhalb des Verbunds ist ebenfalls zulässig.[103] Für Ansprüche eines Ehegatten **gegen den betroffenen Versorgungsträger** nach § 4 Abs. 2 VersAusglG[104] wird dasselbe gelten. Auch sie können als „Stufenantrag" in den Verbund einbezogen werden, da sie, wie die Fassung der Norm zeigt, in der Sache lediglich Ersatz für den nicht zum Ziel führenden Auskunftsanspruch gegen den anderen Ehegatten sind; auch diese Ansprüche haben vorbereitenden Charakter im Hinblick auf den Versorgungsausgleich zwischen den Ehegatten. Dass sich der Anspruch gegen einen Dritten richtet, spricht nicht gegen die Einbeziehung in den Verbund,[105] zumal die Versorgungsträger ohnehin Beteiligte in der Versorgungsausgleichsfolgesache sind.[106] **Auskunftsansprüche eines Versorgungs-**

---

[94] Zu den Übergangsvorschriften vgl. *Holzwarth* FamRZ 2009, 2168 sowie *Kemper* FPR 2009, 227.
[95] Vgl. allg. *Schmid* FPR 2009, 196; kritisch *Häußermann* FPR 2009, 223.
[96] *Triebs* FPR 2009, 202.
[97] *Elden* FPR 2009, 206.
[98] Auf die Erl. zu § 219 wird verwiesen.
[99] *Hauß* FPR 2009, 214.
[100] Zu schuldrechtlichen Ausgleichsansprüchen vgl. *Eichenhofer* FPR 2009, 211.
[101] BGH NJW 1981, 1508 = FamRZ 1981, 533 m. weit. Nachw.; BGH NJW 1982, 1646 = FamRZ 1982, 585 und 687.
[102] BGH NJW 1981, 1508 = FamRZ 1981, 533 m. weit. Nachw.; BGH NJW 1982, 1646 = FamRZ 1982, 585 und 687.
[103] OLG Hamburg FamRZ 1981, 1095; *Borth* VersAusgl. Rn. 930 m. weit. Nachw.
[104] Kritisch zum Nutzen des Anspruchs *Häußermann* FPR 2009, 223, 226.
[105] Arg.: § 140 Abs. 1 greift nicht ein.
[106] Vgl. § 219.

trägers gegen einen Ehegatten (vgl. § 4 Abs. 3 VersAusglG) sind hingegen schon deshalb keine Folgesachen, da sie nicht „von einem Ehegatten" anhängig gemacht werden (§ 137 Abs. 2 S. 1).

59 Von den materiell-rechtlichen Auskunftsansprüchen ist die **verfahrensrechtliche Auskunftspflicht** nach § 220 zu unterscheiden. Nach dieser Vorschrift kann das Gericht innerhalb eines Versorgungsausgleichsverfahrens Auskünfte über Grund und Höhe der Anrechte bei allen Personen, Versorgungsträgern und sonstigen Stellen, die zur Auskunftserteilung in der Lage sind, einholen; die genannten Personen und Stellen sind verpflichtet, die gerichtlichen Anordnungen zu befolgen. Wegen der Einzelheiten wird auf die Erläuterungen zu § 220 verwiesen. Die aus § 220 folgende Verpflichtung kann nach § 35 mit Zwangsgeld oder Zwangshaft durchgesetzt werden,[107] sofern es sich bei dem Verpflichteten nicht um einen öffentlich-rechtlich organisierten Versorgungsträger handelt.[108]

60 Nach § 137 Abs. 2 S. 2 ist für den Versorgungsausgleich in den Fällen der §§ 6 bis 19 und 28 VersAusglG kein Antrag erforderlich. Die Einleitung eines entsprechenden Verfahrens erfolgt somit von Amts wegen. Dies bedeutet nicht, dass mit der Scheidungssache kraft Gesetzes auch das Folgeverfahren zum Versorgungsausgleich eingeleitet wäre, es bedarf zur Einleitung vielmehr der Aufnahme der Ermittlungen,[109] also einer Tätigkeit des Gerichts. Dass die Einleitung von Amts wegen erfolgt, bedeutet **nicht, dass dies sofort** zu geschehen hätte. Ist ein Scheidungsantrag ersichtlich abweisungsreif, werden vor einer diesbezüglichen Entscheidung (vgl. § 142 Abs. 2) im Versorgungsausgleich keine Ermittlungen aufzunehmen sein.[110] Einleitung von Amts wegen bedeutet auch **nicht, dass in jedem** Scheidungsverfahren ein Versorgungsausgleichsverfahren einzuleiten wäre. Dies ist zwar regelmäßig der Fall, aber beispielsweise nicht, wenn in **Auslandsfällen** (vgl. Art. 17 Art. 3 S. 1 EGBGB) kein Antrag[111] eines Ehegatten nach Art. 17 Abs. 3 S. 2 EGBGB auf Durchführung des Versorgungsausgleichs gestellt ist. Ein solcher Antrag muss nicht im Verbundverfahren gestellt werden, er kann auch in einem selbständigen Verfahren verfolgt werden.[112] Der Antrag wird auch zurückgenommen werden können.[113]

61 Nach § 3 Abs. 3 VersAusglG findet bei einer **Ehezeit von bis zu drei Jahren** ein Versorgungsausgleich nur statt, wenn ein Ehegatte dies beantragt. Da § 137 Abs. 2 S. 2 keine Ausnahme vorsieht, ist eine Versorgungsausgleichsfolgesache auch dann **von Amts wegen einzuleiten,** wenn danach ein Versorgungsausgleich nicht stattfinden würde. Dafür spricht, dass der zunächst fehlende Antrag im Verlauf des Verfahrens ohne weiteres noch gestellt werden kann, dass die Frage, ob die Ehezeit „bis zu drei Jahre" beträgt, im Einzelfall umstritten bzw. erörterungsbedürftig sein kann sowie dass nach § 224 Abs. 3 der Umstand, dass nach § 3 Abs. 3 VersAusglG ein Wertausgleich bei der Scheidung nicht stattfindet, in der Beschlussformel ausdrücklich festzustellen ist. Der Antrag nach § 3 Abs. 3 VersAusglG ist dem materiellen Versorgungsausgleichsrecht zuzuordnen und nicht als verfahrenseinleitender Antrag iSd. § 23 zu verstehen, so dass das Antragserfordernis zu § 137 Abs. 2 S. 2 nicht im Widerspruch steht.

62 Haben die Ehegatten den Versorgungsausgleich durch **Vereinbarung** ausgeschlossen, wird schon zur sachgerechten Durchführung der Inhalts- und Ausübungskontrolle (§ 8 VersAusglG) ein Verfahren als Folgesache einzuleiten sein; vgl. zudem § 224 Abs. 3.

63 Eine Versorgungsausgleichssache kann nach § 221 Abs. 2 **ausgesetzt** werden. Die Aussetzung erfasst dabei ausnahmsweise nur die Folgesache. Im Fall der Aussetzung kommt eine **Abtrennung** der Folgesache nach § 140 Abs. 2 S. 2 Nr. 2 in Betracht, zwingend ist dieses Vorgehen aber nicht. Ist in einer Versorgungsausgleichsfolgesache eine Entscheidung vor Auflösung der Ehe nicht möglich, kann die Folgesache nach § 140 Abs. 2 S. 2 Nr. 1 abgetrennt werden. Auf die diesbezüglichen Erläuterungen wird verwiesen.

64 **b) Unterhaltssachen (Nr. 2). aa) Unterhaltspflicht gegenüber einem gemeinschaftlichen Kind.** Der Anspruch auf Kindesunterhalt folgt aus §§ 1601 ff. BGB, zur gesetzlichen Prozessstandschaft eines Elternteils für das minderjährige Kind während der Anhängigkeit einer Ehesache vgl. § 1629 Abs. 3 BGB. Als Folgesachen kommen neben Leistungsklageanträgen, etwa auf Zahlung von Unterhalt, auch Abänderungsanträge (§§ 238, 239), Feststellungsanträge, vollstreckungsrechtliche Verfahren, sofern nicht das Vollstreckungsgericht zuständig ist,[114] oder Stufenklageanträge (§ 254

---

[107] BT-Drucks. 16/6308 S. 192.
[108] *Borth* VersAusgl. Rn. 932.
[109] *Baumbach/Lauterbach/Hartmann* § 623 ZPO Rn. 9; *Zöller/Philippi* § 623 ZPO Rn. 23 a m. weit. Nachw.
[110] *Johannsen/Henrich/Sedemund-Treiber* § 623 ZPO Rn. 16; *Zöller/Philippi* § 623 ZPO Rn. 23 a; oben § 623 ZPO Rn. 29.
[111] Vgl. hierzu *Palandt/Thorn* Art. 17 EGBGB (IPR) Rn. 22 m. weit. Nachw.
[112] OLG München FamRZ 1990, 186.
[113] Vgl. OLG Schleswig FamRZ 1991, 96.
[114] Vgl. BGH FamRZ 1979, 421.

ZPO) in Betracht. Entscheidend ist, dass der Antrag nur den Zeitraum ab Rechtskraft der Scheidung umfasst (vgl. Rn. 29). Einstweilige Anordnungsverfahren scheiden als Folgesachen aus,[115] ebenso, nach dem Wortlaut des § 137 Abs. 2 S. 1 Nr. 2, das vereinfachte Verfahren über den Unterhalt Minderjähriger. Wird eine weitere Person, etwa das volljährig gewordene Kind, Verfahrensbeteiligter, ist die Folgesache vom Verbund abzutrennen (§ 140 Abs. 1).

bb) Durch die Ehe begründete Unterhaltspflicht. Als Folgesache kommen hier lediglich 65 Verfahren über den Anspruch auf nachehelichen Unterhalt (§§ 1569 ff. BGB) in Betracht. Da nur Verfahren über Ansprüche für die Zeit ab Rechtskraft der Scheidung in Frage kommen, kann Unterhalt für die Zeit des Getrenntlebens (§ 1361 BGB) nicht im Verbund geltend gemacht werden.[116] Möglich sind neben Leistungsklageanträgen, etwa auf Zahlung von Unterhalt, auch Abänderungsanträge (§§ 238, 239), Feststellungsanträge, vollstreckungsrechtliche Verfahren, sofern nicht das Vollstreckungsgericht zuständig ist oder Stufenklageanträge (§ 254 ZPO), nicht aber Verfahren des einstweiligen Rechtschutzes.

cc) Unterhaltssachen nach § 231 Abs. 2. Die in § 231 Abs. 2 genannten Unterhaltssachen, 66 also Verfahren über die Bestimmung des **Berechtigten, an den das Kindergeld auszuzahlen ist,** haben starken Bezug zu Verfahren über den Kindesunterhalt und können daher theoretisch nach denselben Grundsätzen wie diese in den Verbund einbezogen werden.[117] Voraussetzung ist jedoch, dass sich das Verfahren auf einen nach Rechtskraft der Scheidung liegenden Zeitraum bezieht. Dies wird in der Praxis nur selten der Fall sein, da oftmals eine zeitnahe Regelung angestrebt werden dürfte und da zunächst oft ungewiss ist, ob der Scheidungsausspruch noch vor dem konkreten im Streit stehenden Zeitraum rechtskräftig wird.

c) Ehewohnungssachen, Haushaltssachen (Nr. 3). Ehewohnungs- und Haushaltssachen kön- 67 nen nach Abs. 2 Nr. 3 Folgesachen sein. Wegen der von diesen Begriffen umfassten Verfahrensgegenstände wird auf die Erläuterungen zu § 200 verwiesen. Voraussetzung einer Einbeziehung ist, dass die weiteren Anforderungen des Abs. 2 erfüllt sind (vgl. hierzu die Erläuterungen zu Rn. 25 ff.).

In Betracht kommen nur Regelungen für die Zeit ab Rechtskraft der Scheidung.[118] Grundlage 68 hierfür kann etwa § 1568a oder § 1568b BGB sein. Vorläufige Regelungen für die Zeit des Getrenntlebens bis zur Rechtskraft der Scheidung nach §§ 1361a, 1361b BGB können hingegen nicht Folgesache sein.

In Ehewohnungssachen können nach Maßgabe des § 204 **Dritte verfahrensbeteiligt** sein, ins- 69 besondere der Vermieter, der Grundstückseigentümer oder Personen, mit denen einer oder beide Ehegatten hinsichtlich der Wohnung in Rechtsgemeinschaft stehen. Auch eine Beteiligung des Jugendamts ist nach § 204 Abs. 2 möglich. Darüber hinaus ist eine Beteiligung weiterer Personen auf Grund der Generalklausel des § 7 möglich. Die Mitwirkung weiter Beteiligter im Verfahren (Übermittlung von Schriftstücken, Teilnahme an der mündlichen Verhandlung) regelt § 139; auf die Erläuterungen zu dieser Vorschrift wird verwiesen.

d) Güterrechtssachen (Nr. 4). Güterrechtssachen nach § 261 Abs. 1 oder Abs. 2 können nach 70 Abs. 2 Nr. 4 Folgesachen sein. Wegen der von diesem Begriff umfassten Verfahrensgegenstände wird auf die Erläuterungen zu § 261 verwiesen. Voraussetzung einer Einbeziehung ist, dass die weiteren Anforderungen des Abs. 2 erfüllt sind (vgl. hierzu die Erläuterungen zu Rn. 25 ff).

Folgesachen aus dem Bereich des Güterrechts können insbesondere Verfahren über Ansprüche 71 auf Zahlung des Zugewinnausgleichs (§ 1378 BGB) sein, einschließlich vorbereitender Auskunftsansprüche (§ 1379 BGB), die im Wege des Stufenklageantrags geltend gemacht werden können. Ansprüche auf vorzeitigen Zugewinnausgleich oder auf vorzeitige Aufhebung der Zugewinngemeinschaft (§§ 1385 ff. BGB) werden gerade nicht für den Fall der Scheidung geltend gemacht und sind daher keine Folgesachen.[119] Als Folgesachen in Betracht kommen Verfahren auf Auseinandersetzung der Gütergemeinschaft bei Scheidung der Ehe. Haben die Ehegatten Gütertrennung vereinbart, kann allenfalls der Streit in Bezug auf eine Vereinbarung, durch die der bisherige Güterstand abbedungen wurde, Güterrechtssache, und bei Vorliegen der weiteren Voraussetzungen des § 137 Abs. 2 auch Folgesache sein. Allgemeine vermögensrechtliche Ansprüche anlässlich der Beendigung der Ehe ohne Bezug zum Güterrecht (vgl. § 266 Abs. 1 Nr. 3) sind keine Güterrechtssachen und können keine

---

[115] Vgl. Rn. 27.
[116] BGH FamRZ 1985, 578.
[117] Anders die Begründung des RegE, BT-Drucks. 16/6308, S. 230, wonach in diesen Fällen von vornherein keine Entscheidung für den Fall der Scheidung zu treffen sei.
[118] *Götz/Brudermüller* FPR 2009, 38, 40; *Brudermüller* FamRZ 1987, 109, 111.
[119] KG FamRZ 2001, 166; *Wieczorek/Schütze/Kemper* § 623 ZPO Rn. 27; *Johannsen/Henrich/Sedemund-Treiber* § 623 ZPO Rn. 5.

§ 137 72–77   Buch 2. Abschnitt 2. Ehe-, Scheidungs- und Folgesachen

Folgesachen sein. Die Sicherung güterrechtlicher Ansprüche durch Arrest (vgl. § 119 Abs. 2) soll mit sofortiger Wirkung und nicht erst für den Fall und ab Rechtskraft der Scheidung erfolgen und ist daher nur außerhalb des Verbunds möglich. Wird in einer Güterrechtsfolgesache eine weitere Person außer den Ehegatten Beteiligter, ist das Verfahren nach § 140 Abs. 1 abzutrennen. Ist vor Auflösung der Ehe eine Entscheidung nicht möglich, kommt eine Abtrennung nach § 140 Abs. 2 S. 2 Nr. 1 in Betracht.

72 Die Einbeziehung von **Güterrechtssachen nach § 261 Abs. 2** in den Verbund ist ebenfalls nicht ausgeschlossen. Verfahren nach §§ 1382, 1383 BGB konnten schon bislang Folgesachen sein.[120] Die Einbeziehungsmöglichkeit ist angesichts des Zusammenhangs mit dem Verfahren über die Zugewinnausgleichsforderung (vgl. § 1382 Abs. 5, § 1383 Abs. 3 BGB) auch nahe liegend und sachgerecht. Hingegen ist in den neu hinzugekommenen Verfahren nach §§ 1365 Abs. 2, 1369 Abs. 2 sowie §§ 1426, 1430 und 1452 BGB, die die Ersetzung einer erforderlichen Zustimmung des anderen Ehegatten durch das Familiengericht betreffen, in aller Regel keine Entscheidung für den Fall der Scheidung zu treffen.[121]

V. Kindschaftssachen als Folgesachen (Abs. 3)

73 Nach Abs. 3 können auch bestimmte Kindschaftssachen Folgesachen sein. Im Vergleich zu Abs. 2 gelten hierfür teilweise **abweichende Kriterien.** Insbesondere muss – anders als in Abs. 2 – keine Entscheidung für den Fall der Scheidung zu treffen sein,[122] auch die dort enthaltene Zweiwochenfrist gilt nicht.[123] Statt auf das Anhängigmachen durch einen Ehegatten stellt Abs. 3 auf einen Einbeziehungsantrag und auf eine gerichtliche Prüfung und ggf. Entscheidung der Einbeziehungsfrage ab.

74 Die Regelung des Abs. 3 umfasst **nur Kindschaftssachen,** also nicht etwa sonstige Familiensachen nach § 266 Abs. 1 Nr. 4 oder 5 oder andere Familiensachen, die sich auf ein gemeinschaftliches Kind der Ehegatten beziehen. Die Regelung erfasst dabei ausdrücklich nicht alle Kindschaftssachen, sondern nur solche, die in Bezug auf ein gemeinschaftliches Kind der Ehegatten die Übertragung der elterlichen Sorge (vgl. § 1671 BGB), die Entziehung der elterlichen Sorge (vgl. § 1666 BGB), das Umgangsrecht eines Ehegatten (vgl. § 1684 BGB) oder die Herausgabe oder aber das Umgangsrecht eines Ehegatten mit einem Kind des anderen Ehegatten (vgl. § 1685 BGB) betreffen. Auch Verfahren, die die Feststellung des Bestehens oder Nichtbestehens der gemeinsamen oder alleinigen elterlichen Sorge für ein Kind zum Gegenstand haben,[124] können Folgesachen nach Abs. 3 sein. Die einzelnen Gesetzesbegriffe werden wie in § 151 auszulegen sein; auf die Erläuterungen zu dieser Vorschrift wird verwiesen. Die Formulierung „betreffen" zeigt im FamFG an, dass an den Zusammenhang mit der genannten Regelungsmaterie eher geringe Anforderungen zu stellen sind.

75 Anhängige Kindschaftssachen werden auf Antrag eines Ehegatten in den Verbund aufgenommen.[125] Der formale **Einbeziehungsantrag** ist zu unterscheiden von einem verfahrenseinleitenden Antrag nach § 23 oder dem Antrag nach § 1671 Abs. 1 BGB. Er kann bis zum Schluss der mündlichen Verhandlung im ersten Rechtszug in der Scheidungssache gestellt werden. Im Übrigen besteht keine Verpflichtung, diesen Antrag bereits zu Beginn des Verfahrens in der Kindschaftssache oder allgemein zum frühestmöglichen Zeitpunkt in diesem Verfahren zu stellen; die Ehegatten entscheiden frei darüber, ob und zu welchem Zeitpunkt sie eine Folgesache einleiten. Dies gilt auch für den Fall, dass die Kindschaftssache als selbständiges Verfahren zuvor schon längere Zeit anhängig war. Der Einbeziehungsantrag ist in § 114 Abs. 4 (Ausnahmen vom **Anwaltszwang**) nicht ausdrücklich genannt. Sachgerecht erscheint jedoch eine **entsprechende Anwendung** des § 114 Abs. 4 Nr. 3, 4 und 7, damit auch der anwaltlich nicht vertretene Antragsgegnerseite eine aus Gründen des Kindeswohls sachdienliche Einbeziehung erreichen kann. Vgl. in diesem Zusammenhang auch die Vorschrift des § 138 („Scheidungssache und eine Kindschaftssache als Folgesache").

76 Zu dem Antrag auf Einbeziehung muss das Gericht, schon wegen der mit der Eigenschaft als Folgesache verbundenen Rechtsfolgen, den übrigen Beteiligten **rechtliches Gehör**, also Gelegenheit zur Stellungnahme geben.

77 Voraussetzung der Einbeziehung ist, dass das Gericht dieselbe **nicht ausdrücklich ablehnt** („es sei denn"). Hält das Familiengericht eine Einbeziehung nicht für sachgerecht, lehnt es diese ab und

---

[120] Vgl. § 623 Abs. 1 iVm. § 621 Abs. 1 Nr. 9 ZPO aF.
[121] Vgl. die Begründung des RegE, BT-Drucks. 16/6308, S. 230.
[122] Vgl. OLG Brandenburg FamRZ 2003, 387; *Zöller/Philippi* § 623 ZPO Rn. 23 b, jeweils m. weit. Nachw.; FamRefK/*Hoffmann* § 623 ZPO Rn. 4; *Büttner* FamRZ 1998, 585, 593; aA *Maurer* FamRZ 2001, 1226.
[123] Vgl. hierzu auch die Gegenäußerung der Bundesregierung zu Nr. 43 der Stellungnahme des Bundesrates, BT-Drucks. 16/6308, S. 413.
[124] OLG Stuttgart FamRZ 2008, 539.
[125] Vgl. die Begründung des RegE, BT-Drucks. 16/6308, S. 230.

die Kindschaftssache ist als isoliertes Verfahren weiterzuführen. Nach der Neuregelung kann die Einbeziehung nur aus Gründen des Kindeswohls abgelehnt werden. Dabei fällt auf, dass der Gesetzgeber nicht formuliert hat „... wenn die Einbeziehung dem Kindeswohl nicht widerspricht". Der Gesetzeswortlaut („das Gericht hält", „sachgerecht") spricht dafür, dass dem Gericht hier ein Einschätzungs- und Beurteilungsspielraum zusteht. Tritt das Gericht bei Vorliegen eines Einbeziehungsantrags in das Verfahren ein und fördert dieses, ohne sich ablehnend zur Frage der Einbeziehung zu äußern, ist die Einbeziehung damit erfolgt; eine ausdrückliche positive Einbeziehungsentscheidung ist nicht gefordert. Das Gericht wird nicht zu einem späteren Zeitpunkt die Einbeziehung noch ablehnen können; in Betracht kommt dann lediglich eine Abtrennung, etwa nach § 140 Abs. 2 S. 2 Nr. 3.

Ein anerkennenswerter Grund für die Nichteinbeziehung ist grundsätzlich das aus dem Wohl des **78** Kindes hergeleitete Erfordernis einer schnellen Entscheidung, die nicht erst mit Rechtskraft der Scheidung (vgl. § 148) wirksam werden soll. Andererseits kann eine Kindschaftsfolgesache nach § 140 Abs. 2 S. 2 Nr. 3 nachträglich ohne weiteres vom Verbund abgetrennt werden, wenn Gründe des Kindeswohls dies gebieten. In Zweifelsfällen kann daher einem Einbeziehungsantrag nach Abs. 3 zunächst einmal großzügig **entsprochen** und zugewartet werden, ob der Verfahrensverlauf in der Kindschaftsfolgesache und in den übrigen Verfahren des Verbunds zu Nachteilen für das Kindeswohl führt. Die geringsten Bedenken gegen eine Einbeziehung werden bestehen, wenn der Aufenthalt des Kindes unstreitig ist und das Verfahren lediglich die Frage betrifft, ob die gemeinsame elterliche Sorge fortbestehen soll oder ob die elterliche Sorge ganz oder teilweise auf einen Elternteil allein zu übertragen ist, zumal diese Verfahren zwar von Abs. 3 umfasst sind, aber nicht dem Beschleunigungsgebot des § 155 Abs. 1 unterliegen.

Eine bestimmte Form der **Entscheidung über den Einbeziehungsantrag** schreibt das Gesetz **79** nicht vor, das Gericht ist insoweit also frei, auch wenn es dem Antrag nicht entspricht. Selbständig anfechtbar ist die (ausdrücklich stattgebende oder ablehnende) Entscheidung über die Einbeziehung in keinem Fall, da es sich um eine Zwischen- bzw. Nebenentscheidung handelt und die Anfechtbarkeit nicht besonders angeordnet ist.[126]

In Folgesachen nach Abs. 3 ist, soweit sich aus den vorrangigen Sondervorschriften der §§ 133 ff. **80** nichts anderes ergibt, das **für Kindschaftssachen maßgebliche Verfahrensrecht**[127] anzuwenden, also insbesondere die Vorschriften des Buches 1 und die Regelungen der §§ 151 ff. Die in § 155 genannten Verfahren, auch wenn sie Folgesachen sind, müssen „vorrangig und beschleunigt" durchgeführt werden. In einer Kindschaftssache kann das betroffene Kind unabhängig von seinem Alter Verfahrensbeteiligter sein, wenn im Einzelfall die Voraussetzungen des § 7 erfüllt sind, dies gilt auch, wenn das Verfahren Folgesache ist. Da nach § 9 das Kind vor Vollendung des 14. Lebensjahres grundsätzlich nicht und nach Vollendung des 14. Lebensjahres nur in wenigen Fällen verfahrensfähig ist,[128] handeln im Verfahren für das Kind meist die gesetzlichen Vertreter, also in der Regel die Eltern.[129] Die Verpflichtung zur persönlichen Anhörung des Kindes nach § 159 bleibt unabhängig davon bestehen. Nach § 158 kann ein Verfahrensbeistand[130] zu bestellen sein; ist das Kind selbst verfahrensfähig, werden die Voraussetzungen hierfür nach § 158 Abs. 1 in der Regel ebenfalls erfüllt sein.[131] Zur Mitwirkung des Jugendamts vgl. § 162. Mit der Beauftragung eines Sachverständigen ist diesem eine Frist zur Einreichung des Gutachtens zu setzen, das Gericht kann zusätzlich[132] anordnen, dass der Sachverständige auch auf eine einvernehmliche Lösung hinwirken soll, vgl. § 163. Auf die Erläuterungen zu den genannten Vorschriften wird verwiesen.

Eine Abtrennung ist nach § 140 Abs. 2 S. 2 Nr. 3 oder Nr. 5 möglich. Die Rücknahme des **81** Scheidungsantrags erfasst nach § 141 S. 2 nicht alle Folgesachen aus dem Anwendungsbereich des § 137 Abs. 3. Im Fall der Abweisung des Scheidungsantrags werden gem. § 142 Abs. 2 S. 2 Folgesachen nach § 137 Abs. 3 nicht gegenstandslos. Die Kindschaftssachen werden jeweils als **selbständige Verfahren** fortgeführt.

VI. Folgesachen bei Verweisung oder Abgabe (Abs. 4)

Folgesachen kann es nur beim **Gericht der Scheidungssache** geben. Dies folgt aus Abs. 4. Die **82** Vorschrift stellt klar, dass im Fall der Verweisung oder Abgabe eines Verfahrens, das die Voraussetzun-

---

[126] Vgl. die Begründung des RegE, BT-Drucks. 16/6308, S. 203.
[127] Vgl. hierzu *Stößer* FamRZ 2009, 656.
[128] Zu den Voraussetzungen und Folgen der Verfahrensfähigkeit des Kindes *Heiter* FamRZ 2009, 85.
[129] Vgl. *Schael* FamRZ 2009, 265.
[130] Zum Verfahrensbeistand nach neuem Recht vgl. *Menne* ZKJ 2009, 68 ff.
[131] *Heiter* FamRZ 2009, 85, 89.
[132] *Schael* FamRZ 2009, 265; *Heiter* KindPrax 2006, 219, 221 (Zusatzauftrag).

gen des Abs. 2 oder 3 erfüllt, die Eigenschaft als Folgesache mit Anhängigkeit bei dem Gericht der Scheidungssache beginnt.

83 Die Regelung gilt für **alle Fälle der Überleitung** an ein anderes Gericht und geht damit über den Wortlaut des bisherigen § 623 Abs. 5 ZPO aF hinaus.[133] Ob es sich um eine Verweisung wegen Verfehlung des Rechtswegs (§ 17a GVG) oder wegen örtlicher Unzuständigkeit (§ 3 FamFG, § 281 ZPO) oder um eine Abgabe nach § 4 oder nach §§ 153, 202, 233, 263 oder 268 handelt, ist gleichgültig.

84 Bei einer Überleitung ist in den Fällen des **§ 137 Abs. 2** insbesondere erforderlich, dass eine Regelung für den Fall der Scheidung zu treffen ist. War das vor der Überleitung nicht der Fall, ist der Antrag umzustellen, da das Verfahren sonst auch nach Anhängigkeit beim Gericht der Scheidungssache nicht zur Folgesache werden kann. In den Fällen des **§ 137 Abs. 3** wird das Gericht der Scheidungssache im Fall des Vorliegens des nach dieser Vorschrift erforderlichen Einbeziehungsantrags prüfen müssen, ob eine Einbeziehung aus Gründen des Kindeswohls sachgerecht ist. Verneint es dies, bleibt das Verfahren eine selbständige Familiensache, ansonsten wird es Folgesache und Teil des Verbunds. Vgl. die Erläuterungen zu Rn. 77.

85 Die **Anhängigkeit** „bei dem Gericht der Scheidungssache" (§ 137 Abs. 4) wird in allen Fällen der Überleitung, auch in Familiensachen der freiwilligen Gerichtsbarkeit, wie in § 281 Abs. 2 S. 3 ZPO, § 17b GVG zu bestimmen sein. Da das Verfahren insgesamt bereits anhängig und möglicherweise auch rechtshängig ist (und bleibt), geht es hier nur um die Zuordnung des Verfahrens zu einem bestimmten Gericht.[134] Anhängigkeit bei dem Gericht der Scheidungssache wird damit gegeben sein, wenn **die Akten** bei dem in der Entscheidung über die Abgabe oder Verweisung bezeichneten Gericht **eingehen.** Ist die Entscheidung ausnahmsweise anfechtbar, muss deren Rechtskraft hinzukommen, vgl. § 17b GVG.

86 Ob die Fälle der Abgabe **innerhalb desselben Gerichts,** etwa nach § 23b Abs. 2 GVG, von § 137 Abs. 4 FamFG mit erfasst sind, ist nach dem Wortlaut („Gericht") fraglich. Da es eine gemeinsame Verhandlung und Entscheidung nur geben kann, wenn alle einzelnen Verfahren bei demselben Richter anhängig sind, wird die Bezeichnung „Gericht" in Abs. 4 aber in diesem Sinne zu verstehen sein.

VII. Wegfall der Eigenschaft als Folgesache

87 Eine Folgesache kann diese Eigenschaft wieder verlieren, sofern eine der oben dargestellten **Voraussetzungen,** soweit sie der Veränderung unterliegt, nachträglich wieder entfällt; das Verfahren wird dann als selbständige Familiensache fortgeführt. Ist das Verfahren keine Folgesache mehr, muss es damit auch aus dem Verbund ausscheiden (§ 145 ZPO).

88 Als Grund für den Verlust der Folgesacheneigenschaft kommt beispielsweise eine **Antragsänderung** in Betracht, auf Grund derer das Verfahren entweder nicht mehr eine Regelung für den Fall der Scheidung zum Gegenstand hat[135] oder nicht mehr zu den in Abs. 2 Nr. 1 bis 4 oder Abs. 3 aufgezählten Verfahren gerechnet werden kann. Auf diese Weise kann im Einzelfall eine Auflösung des Verbunds zwar leichter zu erreichen sein als durch eine Abtrennung, der Weg ist jedoch riskant und kann kostenrechtliche oder sonstige Nachteile zur Folge haben.[136] Antragsänderungen sind im Anwendungsbereich der ZPO zulässig, wenn der Gegner einwilligt oder das Gericht sie für sachdienlich erachtet (§ 263 ZPO); dies gilt auch im Verbund.[137] Um einen Fall der Antragsänderung handelt es sich bei Auswechslung eines Folgeantrags auf Zugewinnausgleich durch einen Antrag auf vorzeitigen Zugewinn[138] oder bei Änderung eines Folgeantrags in den Antrag auf Feststellung, dass dieser erledigt ist.[139]

89 Bei einer **Erweiterung** des Antrags um nicht folgesachenfähige Teile, etwa um vor Rechtskraft der Scheidung liegende Unterhaltszeiträume, wird der nicht unter Abs. 2 oder 3 fallende Teil abgetrennt.[140]

90 Eine Folgesache kann diese Eigenschaft auch auf Grund einer **gesetzlichen Anordnung** verlieren. Solche Anordnungen finden sich in §§ 137 Abs. 5 S. 2 (Abtrennung einer Kindschaftssache),

---

[133] Vgl. die Begründung des RegE, BT-Drucks. 16/6308, S. 230.
[134] Vgl. *Kissel/Mayer* § 17 GVG Rn. 42.
[135] *Zöller/Philippi* § 623 ZPO Rn. 34 m. weit. Nachw.
[136] Vgl. OLG Düsseldorf FamRZ 2002, 1572 m. Anm. *Philippi* sowie FamRZ 2003, 388 m. Anm. *Leidinger; Philippi* FamRZ 1991, 1426.
[137] *Philippi* FamRZ 1991, 1426, mit Bsp. fehlender Sachdienlichkeit.
[138] Vgl. OLG Düsseldorf FamRZ 2002, 1572 m. Anm. *Philippi*.
[139] OLG Zweibrücken FamRZ 1997, 504.
[140] OLG Hamm FamRZ 1994, 773.

141 S. 3 iVm. S. 2 (Rücknahme des Scheidungsantrags), 142 Abs. 2 S. 2 iVm. S. 2 (Abweisung des Scheidungsantrags) und Art. 111 Abs. 4 S. 2 iVm. S. 1 FGG-RG (Abtrennung zusammen mit einer Versorgungsausgleichsfolgesache). Es wird dabei jeweils auch zu prüfen sein, ob ein bislang auf eine Entscheidung für den Fall der Scheidung gerichteter Antrag (Fälle des § 137 Abs. 2) nunmehr in einen „unbedingten" zu ändern ist.

Die Frage, ob ein Verfahren **Folgesache** ist oder nicht, hat auch außerhalb des Abs. 1, also **91** unabhängig davon, ob die Folgesache weiter in den Verbund einbezogen bleibt oder wird, erhebliche **Konsequenzen.** Nach §§ 98 Abs. 2, 103 Abs. 2 kann der Umstand, dass sich um eine Folgesache handelt, die **internationale Zuständigkeit** begründen. Nach § 114 Abs. 1 Alt. 1 besteht für beide Ehegatten in sämtlichen Folgesachen **Anwaltszwang.** Da nach § 114 Abs. 1 Alt. 2 Anwaltszwang auch für alle Beteiligten in selbständigen Familienstreitsachen besteht, führt in einer solchen der Verlust der Eigenschaft als Folgesache nicht zum Wegfall des Anwaltszwangs. In Folgesachen, die keine Familienstreitsachen sind, entfällt hingegen mit der Eigenschaft als Folgesache auch der Anwaltszwang. Nach § 114 Abs. 5 erstreckt sich die **Vollmacht** für die Scheidungssache auch auf die Folgesachen. Nach § 148 können Entscheidungen in Folgesachen nicht vor Rechtskraft des Scheidungsausspruchs **wirksam** werden. Bedeutung kommt der Eigenschaft als Folgesache auch in zahlreichen weiteren Vorschriften zu, etwa in §§ 135, 138, 140, 141, 142, 144, 146, 149 und §§ 6, 44 FamGKG. Auf die Erläuterungen zu diesen Vorschriften wird verwiesen.

Verliert ein Verfahren seine Eigenschaft als Folgesache, etwa infolge einer Antragsänderung, führt **92** dies dazu, dass **bezüglich dieses Verfahrens der Verbund aufgelöst** wird; das zur selbständigen Familiensache gewordene Verfahren ist, ggf. nach Abtrennung gem. § 145 ZPO, ohne Rücksicht auf die im Verbund verbliebenen Verfahren fortzusetzen.[141] Jedoch besteht ein **Zusammenhang** auch in entgegengesetzter Richtung: Wird der Verbund bezüglich eines Verfahrens aufgelöst, etwa durch Abtrennung, kann dieses gerade dadurch seine Eigenschaft als Folgesache verlieren (vgl. § 137 Abs. 5 S. 2). Wie § 137 Abs. 5 S. 1 zeigt, ist dies aber nicht stets der Fall.

VIII. Auflösung des Verbunds, Auswirkungen (Abs. 5)

Bei Auflösung des Verbunds wird über ein ursprünglich einbezogenes Verfahren **nicht mehr** **93** **zusammen mit den übrigen verhandelt und entschieden** (§ 137 Abs. 1), eine bewilligte Verfahrenskostenhilfe wird fortdauern, wenn der selbe Antrag außerhalb des Verbunds weiterverfolgt wird.[142] Vom Fortbestand des Verbunds zu trennen ist die Frage, ob ein Verfahren die Eigenschaft als Folgesache verliert; dies kann Ursache oder Folge der Auflösung des Verbunds sein. Vgl. die Erläuterungen zu Rn. 92. Der Verbund kann auf **verschiedene Weise aufgelöst werden,** wobei auch die Folgen jeweils unterschiedlich sind.

Der Verbund endet im Fall der **Abtrennung** (§ 140) hinsichtlich der betroffenen Folgesachen im **94** Verhältnis zur Scheidungssache und zu den nicht abgetrennten Folgesachen. Hinsichtlich der Auswirkungen ist zu unterscheiden: Folgesachen nach **§ 137 Abs. 2** verlieren diese Eigenschaft durch die Abtrennung nicht, sind mehrere Folgesachen abgetrennt, besteht der Verbund auch unter ihnen fort (§ 137 Abs. 5 S. 1, **Restverbund).**[143] Dies gilt auch, wenn der Scheidungsausspruch bereits rechtskräftig ist.[144] Folgesachen nach **§ 137 Abs. 3**, also die dort genannten Kindschaftssachen, verlieren ihre Eigenschaft als Folgesache und werden als selbständige Verfahren fortgeführt (§ 137 Abs. 5 S. 2).

Der Verbund endet durch **Rücknahme oder Abweisung des Scheidungsantrags** (vgl. §§ 141, **95** 142 Abs. 2). Bestimmte Kindschaftssachen sowie diejenigen Folgesachen, hinsichtlich derer ein Beteiligter rechtzeitig ausdrücklich erklärt hat, sie fortsetzen zu wollen (§ 141 S. 1, 2, § 142 Abs. 2 S. 1, 2) verlieren ihre Eigenschaft als Folgesache und werden als selbständige Familiensachen fortgeführt (§ 141 S. 3, § 142 Abs. 2 S. 3). Der Verbund erlischt im Fall der Rücknahme oder Abweisung also vollständig für alle Verfahren. Zu den Folgen des Todes eines Ehegatten auf die Folgesachen vgl. die Erläuterungen zu § 131.

Der Verbund endet bezüglich eines bislang einbezogenen Verfahrens auch, wenn dieses die **96** **Eigenschaft als Folgesache verliert,** etwa durch eine Antragsänderung. Vgl. hierzu und zum Erfordernis der Abtrennung Rn. 87 ff.

Der Verbund endet auch, soweit die einheitlich ergangene Entscheidung (vgl. § 142 Abs. 1) **nur** **97** **hinsichtlich einzelner Verfahren bzw. Folgesachen angefochten** wird.

---

[141] *Philippi* FamRZ 1991, 1426.
[142] OLG Dresden FamRZ 2002, 1415 (Abtrennung des Versorgungsausgleichs).
[143] Vgl. bislang etwa KG FamRZ 1990, 646; OLG Stuttgart FamRZ 1990, 1121.
[144] OLG Zweibrücken FamRZ 1997, 1231 m. weit. Nachw.; *Zöller/Philippi* § 629a ZPO Rn. 6.

98 **Endet das Verfahren in einer Folgesache,** etwa durch Rücknahme des Folgeantrags,[145] Vergleich oder übereinstimmende Erledigungserklärung, endet der Verbund hinsichtlich dieses Verfahrens. Wird die Unwirksamkeit des in einer Folgesache geschlossenen **Vergleichs** geltend gemacht und das Verfahren daraufhin fortgesetzt, wird dieses wie ein nach § 140 abgetrenntes Verfahren zu behandeln sein.[146]

IX. Übergangsrecht

99 **1. Allgemeines.** Ob auf ein Verfahren die durch das FGG-RG geschaffenen („neuen") oder die zuvor maßgeblichen („alten") Vorschriften anzuwenden sind, ist in **Art. 111 FGG-RG** geregelt, die Bestimmung gilt auch im Fall des Verbunds. Auf Verfahren, die bis zum Inkrafttreten des FGG-RG am 1. 9. 2009 (Art. 112 FGG-RG) eingeleitet worden sind oder deren Einleitung bis zu diesem Zeitpunkt beantragt wurde, kommen die bisherigen Vorschriften zur Anwendung. Durch einen isolierten, also nicht mit einem Klageantrag oder einem Antrag nach § 23 verbundenen Verfahrenskostenhilfeantrag wird das Verfahren noch nicht eingeleitet; im Fall der Ablehnung wird der VKH-Gesuchsteller das eigentliche Verfahren oftmals gerade nicht durchführen wollen.

Im Übrigen gelten mit dem Inkrafttreten des FGG-RG die neuen Regelungen. Dies gilt nach Art. 111 Abs. 1 S. 2 FGG-RG auch für Abänderungsverfahren usw. Die Übergangsregelung erstreckt sich auf das gesamte Verfahren in allen Instanzen; wurde das Verfahren also nach bisherigem Recht eingeleitet, richtet sich auch das Rechtsmittelverfahren nach bisherigem Recht. Nach Art. 111 Abs. 2 FGG-RG ist jedes gerichtliche Verfahren, das mit einer Endentscheidung abgeschlossen wird, als ein selbständiges Verfahren im Sinne des Abs. 1 S. 1 anzusehen.

100 Abweichend von Art. 111 Abs. 1 FGG-RG sind nach dessen Abs. 3 auf Familiensachen, die am oder nach dem 1. 9. 2009 **ausgesetzt oder zum Ruhen gebracht** werden, die ab 1. 9. 2009 geltenden neuen Verfahrensvorschriften anzuwenden. Verbundverfahren sind hiervon nicht ausgenommen. Diese Folge ist bei der Aussetzung oder der Anordnung des Ruhens zu beachten.

101 Art. 111 Abs. 4 und 5 enthalten Übergangsregelungen für **Versorgungsausgleichssachen** und weitere Verfahren. Diese Regelungen ordnen, zunächst gleichlaufend mit § 48 VersAusglG, die Anwendung neuen Verfahrensrechts in Altfällen an, die zum Stichtag 1. 9. 2009 oder danach vom Verbund **abgetrennt** wurden; für VA-Verfahren, die schon vor längerer Zeit abgetrennt wurden und nach altem Recht bereits weitgehend gefördert wurden, ist dieser Wechsel sehr ineffizient. Ab 1. 9. 2010 kommt in Versorgungsausgleichssachen stets neues Verfahrensrecht zur Anwendung, wenn bis zu diesem Zeitpunkt im ersten Rechtszug noch keine Endentscheidung erlassen wurde. Bedeutsam ist, dass sich diese Rechtsfolge im letztgenannten Fall über die Versorgungsausgleichssache hinaus auch auf die weiteren mit dieser im Verbund stehenden Verfahren erstreckt. Wurde die Versorgungsausgleichsfolgesache am oder nach dem 1. 9. 2009 vom Verbund abgetrennt, werden alle mit ihr abgetrennten Folgesachen als selbständige Familiensachen weitergeführt (Art. 111 Abs. 4 S. 2 FGG-RG).

102 **2. Verbundverfahren.** Problematisch ist die Frage des anzuwendenden Rechts, wenn in einem vor dem 1. 9. 2009 eingeleiteten Scheidungsverbundverfahren **nach dem Stichtag eine Folgesache neu eingeleitet** wird. Art. 111 Abs. 2 FGG-RG hilft nicht weiter. Zwar bleiben die einzelnen in den Verbund einbezogenen Verfahren grundsätzlich selbständig (vgl. die Erläuterungen zu Rn. 6), so dass demnach auf die nach dem Stichtag neu eingeleitete Folgesache neues Recht angewendet werden müsste. Die Konsequenz, dass im selben Verbund in einigen Fragen altes und neues Recht gleichzeitig zur Anwendung käme, mag während des Laufs des erstinstanzlichen Verfahrens theoretisch noch vorstellbar sein, würde jedoch im Hinblick auf die Entscheidungsform der **einheitlich zu treffenden Entscheidung** oder im Hinblick auf die für das Rechtsmittelverfahren bei umfassender oder teilweiser Anfechtung der Verbundentscheidung geltenden Regelungen zu erheblichen Widersprüchen und Unklarheiten führen. Der **Verbund** sollte daher als **ein Verfahren iSd. Art. 111 FGG-RG** angesehen werden (zum Erfordernis einheitlichen Rechts vgl. auch Art. 111 Abs. 4 S. 2 FGG-RG). Aus diesem Verständnis folgt: Ist das Scheidungsverfahren vor dem 1. 9. 2009 eingeleitet oder dessen Einleitung beantragt worden, ist darauf und auf alle Folgesachen, auch wenn sie nach dem Stichtag eingeleitet werden, vorbehaltlich der Absätze 3 bis 5 des Art. 111 FGG-RG das vor der Reform geltende Recht anzuwenden.

103 War vor dem 1. 9. 2009 ein isoliertes Familienverfahren der in § 137 Abs. 2 oder 3 genannten Art anhängig und wird nach dem Stichtag die Scheidung rechtshängig, ist das isolierte Verfahren, ggf. nach Abgabe an das Gericht oder die Abteilung der Ehesache, in den Verbund einzubeziehen. Auch

---

[145] BGH FamRZ 1991, 687.
[146] OLG Frankfurt FamRZ 1984, 407; vgl. auch den ähnlichen Fall BGH NJW-RR 1991, 1026 = FamRZ 1991, 681; *Zöller/Philippi* § 623 ZPO Rn. 33 a.

in diesem Fall sollte aus den vorgenannten Gründen auf alle Verfahren im Verbund einheitlich nur entweder altes oder neues Verfahrensrecht angewendet werden. Da die Scheidung und ggf. weitere noch hinzukommende Folgesachen dem neuen Recht unterfallen, liegt es nahe, hier **insgesamt neues Recht** anzuwenden, auch auf das anfänglich isolierte und nach altem Recht zu behandelnde Verfahren. Der in diesem Fall mit der Einbeziehung in den Verbund anzunehmende Wechsel des Verfahrensrechts[147] erscheint gegenüber der Alternative einer gleichzeitigen Geltung von altem und neuem Verfahrensrecht im selben Verbund als das kleinere Übel.

3. Versorgungsausgleich. Die Übergangsregelungen zum **Versorgungsausgleich,** die auch das anwendbare Verfahrensrecht betreffen, finden sich in § 48 VersAusglG.[148] Hierbei ist insbesondere zu beachten, dass die **Abtrennung** vom Verbund ebenso wie die Aussetzung oder die Anordnung des Ruhens des Verfahrens dazu führt, dass auch in vor dem 1. 9. 2009 eingeleiteten Verfahren neues Recht zur Anwendung kommt. Ab 1. 9. 2010 kommt in Versorgungsausgleichssachen stets neues materielles Recht und Verfahrensrecht zur Anwendung, wenn bis zu diesem Zeitpunkt im ersten Rechtszug noch keine Endentscheidung erlassen wurde. 104

§ 138 Beiordnung eines Rechtsanwalts

(1) ¹Ist in einer Scheidungssache der Antragsgegner nicht anwaltlich vertreten, hat das Gericht ihm für die Scheidungssache und eine Kindschaftssache als Folgesache von Amts wegen zur Wahrnehmung seiner Rechte im ersten Rechtszug einen Rechtsanwalt beizuordnen, wenn diese Maßnahme nach der freien Überzeugung des Gerichts zum Schutz des Beteiligten unabweisbar erscheint; § 78c Abs. 1 und 3 der Zivilprozessordnung gilt entsprechend. ²Vor einer Beiordnung soll der Beteiligte persönlich angehört und dabei auch darauf hingewiesen werden, dass und unter welchen Voraussetzungen Familiensachen gleichzeitig mit der Scheidungssache verhandelt und entschieden werden können.
(2) Der beigeordnete Rechtsanwalt hat die Stellung eines Beistands.

I. Normzweck

Die Möglichkeit, dem anwaltlich nicht vertretenen Antragsgegner im Scheidungsverfahren einen Rechtsanwalt beizuordnen und der vorangehende Hinweis des Gerichts auf die Möglichkeit der Geltendmachung von Familiensachen im Verbund dienen in erster Linie dem **Schutz des Antragsgegners.** Trotz des nach § 114 Abs. 1 für beide Ehegatten im Verbundverfahren geltenden Anwaltszwangs wird auf der Antragsgegnerseite wegen der im Regelfall nur wenige Verfahrenshandlungen erfordernden Struktur des Scheidungsverfahrens, der Möglichkeit, viele praktisch bedeutsame Verfahrenshandlungen ohne Anwalt vornehmen zu können (§ 114 Abs. 4), und des Ausschlusses einer Versäumnisentscheidung (§ 130 Abs. 2) häufig kein Rechtsanwalt bestellt. Damit kann sich ein Informationsdefizit ergeben. Zudem sind die Wirkungsweise des Verbunds und die sich daraus ergebenden Möglichkeiten oftmals nicht bekannt. § 138 soll insbesondere verhindern, dass der Antragsgegner aus Unkenntnis eine „Wahrnehmung seiner Rechte unterlässt".[1] Die Beiordnung verschafft dem Antragsgegner **Beratung,**[2] nicht aber anwaltliche Vertretung. 1

II. Entstehung

§ 138 entspricht im Wesentlichen **§ 625 ZPO** aF. In § 138 Abs. 1 erfolgten einige Anpassungen an den Sprachgebrauch des FamFG, zudem wurde die Möglichkeit der Beiordnung eines Rechtsanwalts, die bislang nur für einen Antrag nach § 1671 Abs. 1 BGB bestand, auf **alle Kindschaftsfolgesachen**[3] erweitert. Da Kindschaftssachen durch die in § 137 Abs. 3 neu eingeführten einschränkenden Kriterien (vgl. hierzu die Erläuterungen zu § 137) eher seltener als bisher zu Folgesachen werden dürften, wird sich in quantitativer Hinsicht wenig ändern. Weiter muss der nach S. 2 bei der persönlichen Anhörung zu erteilende Hinweis nun auch die „Voraussetzungen" einer Geltendmachung von Familiensachen im Verbund umfassen. § 138 Abs. 2 ist wortgleich mit § 625 Abs. 2 ZPO aF. 2

---

[147] Vgl. auch den in Art. 111 Abs. 5 FGG-RG angeordneten Wechsel während der Anhängigkeit des Verfahrens.
[148] Vgl. die Nachw. zu Rn. 56.
[1] Vgl. BT-Drucks. 7/650 S. 210.
[2] *Johannsen/Henrich/Sedemund-Treiber* § 625 ZPO Rn. 1.
[3] Vgl. die Begründung des RegE, BT-Drucks. 16/6308, S. 230.

3 Die Vorschrift war mit den meisten gegenüber § 625 ZPO aF vorgesehenen Änderungen bereits im RefE (2005) enthalten[4] und hat im **Gesetzgebungsverfahren** nur noch geringfügige sprachliche Veränderungen erfahren.

III. Voraussetzungen und Verfahren der Beiordnung (Abs. 1)

4 **1. Voraussetzungen.** Abs. 1 S. 1 Halbs. 1 setzt die Existenz einer **Scheidungssache** voraus, diese muss also mindestens anhängig sein.[5] Gerade in dieser Scheidungssache muss der **Antragsgegner** ohne anwaltliche Vertretung sein. Für andere Beteiligte im Verbundverfahren gilt die Vorschrift nicht. Maßgeblich ist der **Zeitpunkt der Beurteilung** der Beiordnungsfrage.

5 Das Gericht hat nach § 271 Abs. 2 ZPO den Antragsgegner mit der Zustellung des Scheidungsantrags aufzufordern, einen Anwalt zu bestellen. Ob es für die Frage der **anwaltlichen Vertretung** iSd. § 138 Abs. 1 S. 1 ausreicht, dass der Antragsgegner nur in einer bestimmten Folgesache anwaltlich vertreten ist, ist str.[6] Die Frage ist unter dem Gesichtspunkt des Normzwecks zu verneinen, soweit in diesem Fall von dem Mandat eine Beratung gerade in der Scheidungssache bzw. Kindschaftssache nicht umfasst ist. Die Fiktion des Fortbestands eines beendeten Mandats nach § 87 Abs. 1 Halbs. 2 ZPO wird einer anwaltlichen Vertretung gleichstehen, soweit tatsächlich ein ausreichendes Maß an Beratung vor der Kündigung bereits stattgefunden hat; war dies nicht der Fall, wird eine Beiordnung jedoch möglich sein. Als anwaltlich „vertreten" wird der Antragsgegner auch dann anzusehen sein, wenn ihm im Wege der Verfahrenskostenhilfe ein Rechtsanwalt beigeordnet wurde.[7]

6 Die Beiordnung muss nach der freien Überzeugung des Gerichts zum Schutz „des Beteiligten", also des Antragsgegners, **unabweisbar** erscheinen. Dies ist nach einer älteren Definition dann der Fall, wenn der Antragsgegner aus Unkenntnis, mangelnder Übersicht über seine Lage und die Konsequenzen der Scheidung oder wegen Beeinflussung durch den anderen Ehegatten seine Rechte in unvertretbarer Weise nicht selbst wahrnimmt.[8] Ein übermäßig restriktives Verständnis der Norm wird ihrem Schutzzweck jedoch nicht gerecht. Zudem hat sich die Praxis des Scheidungsverfahrens seit Einführung des § 625 ZPO aF gewandelt. Von der Möglichkeit des § 138 wird umso eher Gebrauch zu machen sein, je weniger die übrigen, im Scheidungsverfahren anwendbaren Vorschriften den Schutz des anderen Ehegatten noch sicherstellen. Auf die Erfolgsaussichten der Rechtsverfolgung des Antragsgegners kommt es nicht an.[9] Dasselbe gilt von einem entgegenstehenden Willen des Antragsgegners.[10] Der Ansicht, dass im Fall eines unschlüssigen Scheidungsantrags eine Beiordnung nicht erfolgen könne,[11] ist nicht beizutreten, da sich die Beurteilung allein durch Zeitablauf in kurzer Zeit ändern kann. Auch dass eine „einverständliche" Regelung der Scheidungsfolgen beabsichtigt ist, muss einer Beiordnung nicht entgegenstehen,[12] etwa wenn ein Ehegatte auf Druck des anderen den nachteiligen Regelungen zustimmt. Grund für die Beiordnung gerade im Scheidungsverfahren kann auch die Überzeugung des Gerichts sein, dass sich der Antragsgegner über die vermögensrechtlichen Folgen der Scheidung nicht im Klaren ist.[13]

7 **Für eine Beiordnung** können ungewöhnliche Konfliktslagen, mangelnde Fähigkeiten zur Konfliktbewältigung oder geringere geistige Fähigkeiten[14] ebenso sprechen wie fehlende Vertrautheit eines Ausländers mit den hiesigen Regelungen im Scheidungsfall[15] oder eine besonders leichte Beeinflussbarkeit. Erfordert das Wohl oder der Schutz eines **betroffenen Kindes** die anwaltliche Beratung des Antragsgegners, wird eine Beiordnung im Regelfall vorzunehmen sein.[16]

8 Andererseits wird es **gegen eine Beiordnung** sprechen, wenn der Antragsgegner, der seine Rechte kennt und nachdrücklich verfolgt, durch sein Verhalten dazu beiträgt, dass mehrere Anwälte

---

[4] § 147 FamFG idF d. RefE (2005).
[5] *Johannsen/Henrich/Sedemund-Treiber* § 625 ZPO Rn. 2; *Prütting/Helms* Rn. 2.
[6] In diesem Sinne *Johannsen/Henrich/Sedemund-Treiber* § 625 ZPO Rn. 2; aA *Wieczorek/Schütze/Kemper* § 625 ZPO Rn. 3.
[7] Einen VKH-Antrag lassen ausreichen *Johannsen/Henrich/Sedemund-Treiber* § 625 ZPO Rn. 2; *Wieczorek/Schütze/Kemper* § 625 ZPO Rn. 3; zur Wirkung der Beiordnung im Rahmen der VKH vgl. *Zöller/Philippi* § 121 ZPO Rn. 29.
[8] OLG Hamm FamRZ 1998, 1123; BT-Drucks. 7/650 S. 210.
[9] *Johannsen/Henrich/Sedemund-Treiber* § 625 ZPO Rn. 2.
[10] Vgl. oben § 625 ZPO Rn. 6.
[11] OLG Hamm FamRZ 1982, 86.
[12] *Johannsen/Henrich/Sedemund-Treiber* § 625 ZPO Rn. 2.
[13] *Stein/Jonas/Schlosser* § 625 ZPO Rn. 1.
[14] Vgl. *Brüggemann* FamRZ 1977, 1, 8 (beschränkte Prozessfähigkeit).
[15] Vgl. oben § 625 ZPO Rn. 4.
[16] Jost NJW 1980, 332; *Baumbach/Lauterbach/Hartmann* § 625 ZPO Rn. 3.

in Folge das Mandat niederlegen.¹⁷ Der Gesichtspunkt der Waffengleichheit allein rechtfertigt eine Beiordnung nicht.

2. Verfahren. Ob möglicherweise ein Fall des § 138 vorliegt, hat das Gericht **von Amts wegen** zu prüfen, auch die Beiordnungsentscheidung ergeht von Amts wegen und ist nicht an einen Antrag gebunden. Zum Verfahren der Beiordnung bestimmt § 138 Abs. 1 S. 2, dass „der Beteiligte" zuvor **persönlich angehört** werden soll. Gemeint ist damit der Antragsgegner, was in § 625 Abs. 1 ZPO aF noch eindeutig ausgesprochen war. Die Anhörung soll nicht erst erfolgen, wenn das Vorliegen der Voraussetzungen einer Beiordnung bereits feststeht, sondern bereits wenn eine solche möglicherweise in Betracht kommt. Sie dient auch der Aufklärung durch den Richter,¹⁸ ob die Voraussetzungen einer Beiordnung vorliegen, insbesondere ob eine solche „unabweisbar erscheint".¹⁹ Sie kann zu dem Ergebnis führen, dass der Antragsgegner von sich aus einen Anwalt beauftragt oder dass die Voraussetzungen des § 138 Abs. 1 S. 1 nicht vorliegen, etwa wenn bereits die Belehrung durch den Richter zum Schutz des Antragsgegners ausreichend ist. Die Anhörung betrifft die Beiordnungsfrage und ist nicht identisch mit der Anhörung beider Ehegatten zur Scheidung nach § 128. Es ist kein überzeugender Grund dafür ersichtlich, dass der Hinweis des Gerichts auf die Möglichkeit und die Voraussetzungen der Geltendmachung bestimmter Verfahrensgegenstände im Verbund sowie Erörterungen im Zusammenhang mit der Beauftragung eines Anwalts in Anwesenheit der Gegenseite erfolgen müssten.²⁰ Fallen beide Anhörungen zusammen,²¹ könnte eine erst danach erfolgende Beiordnung nur noch wenig bewirken. Die Anhörung und ggf. die anschließende Beiordnung sollten aus diesem Grund nicht nur vor dem Scheidungstermin, sondern **möglichst früh** erfolgen, ebenso wie § 158 Abs. 3 S. 1 dies für die Bestellung des Verfahrensbeistands anordnet. Grundsätzlich erforderlich ist eine persönliche Anhörung, dh. ein Gespräch;²² ein belehrendes Schriftstück genügt nicht. In Ausnahmefällen, wie etwa bei einem Auslandsaufenthalt des Antragsgegners, wird die Sollvorschrift eine Beiordnung auch auf Grund nur schriftlicher oder gar ohne Anhörung zulassen.²³ Liegt ein Ausnahmefall nicht vor, kann dies im Beschwerdeverfahren zur Aufhebung eines ohne Anhörung ergangenen Beiordnungsbeschlusses führen.²⁴

Bei der Anhörung soll der Antragsgegner darauf **hingewiesen** werden, dass und unter welchen Voraussetzungen Familiensachen gleichzeitig mit der Scheidungssache verhandelt und entschieden werden können. Gemeint ist damit die Regelung des § 137 über den Verbund. Weitere Hinweise können nach § 139 ZPO zu erteilen sein. Das Gericht hat den Antragsgegner darüber hinaus nicht zu beraten.

3. Entscheidung. Die Entscheidung ergeht in Form einer Verfügung (vgl. § 78c Abs. 3 S. 1 ZPO)²⁵ oder eines Beschlusses.²⁶ Sie sollte **begründet werden,** insbesondere sollten die Tatsachen angegeben werden, aus denen sich die Unabweisbarkeit ergibt.²⁷

Die Beiordnung erfolgt für die **Scheidungssache** und, sofern eine solche anhängig ist, auch für die **Kindschaftsfolgesache.** Nach § 137 Abs. 3 können Kindschaftsfolgesachen Verfahren sein, die die Übertragung oder Entziehung der elterlichen Sorge, das Umgangsrecht oder die Herausgabe eines gemeinschaftlichen Kindes der Ehegatten oder das Umgangsrecht eines Ehegatten mit dem Kind des anderen Ehegatten betreffen, wenn ein Ehegatte rechtzeitig die Einbeziehung des Verfahrens in den Verbund beantragt und das Gericht die Einbeziehung nicht ausdrücklich ablehnt. Wurde eine frühere Kindschaftsfolgesache inzwischen vom Verbund abgetrennt (vgl. etwa § 140 Abs. 2 Nr. 3), hat das Verfahren damit seine Eigenschaft als Folgesache verloren (§ 137 Abs. 5 S. 2). Durch die Neufassung der Beiordnungsvorschrift haben sich frühere Zweifelsfragen zum möglichen Umfang der Beiordnung erledigt. Auf Verfahren der einstweiligen Anordnung, auch wenn sie einen kindschaftsrechtlichen Gegenstand betreffen, kann sie nicht erstreckt werden, da diese nunmehr völlig selbständige Verfahren sind, die nicht in den Verbund einbezogen werden können.

Die Beiordnung kann nach dem eindeutigen Wortlaut des § 138 Abs. 1 S. 1 in beiden Verfahren nur für den **ersten Rechtszug** erfolgen.

---

[17] OLG Hamm FamRZ 1998, 1123.
[18] KG FamRZ 1978, 607; OLG Düsseldorf FamRZ 1978, 918.
[19] OLG Hamm FamRZ 1986, 1122.
[20] AA *Wieczorek/Schütze/Kemper* § 625 ZPO Rn. 5.
[21] Vgl. oben § 625 ZPO Rn. 5; *Johannsen/Henrich/Sedemund-Treiber* § 625 ZPO Rn. 3.
[22] OLG Hamm FamRZ 1986, 1122.
[23] Vgl. oben § 625 ZPO Rn. 5.
[24] OLG Hamm FamRZ 1986, 1122.
[25] *Johannsen/Henrich/Sedemund-Treiber* § 625 ZPO Rn. 3.
[26] *Baumbach/Lauterbach/Hartmann* § 625 ZPO Rn. 4.
[27] OLG Hamm FamRZ 1986, 1122; OLG Düsseldorf FamRZ 1978, 918.

14 Nach der über Abs. 1 S. 1 Halbs. 2 entsprechend anwendbaren Regelung des § 78c Abs. 1 ZPO wird der beizuordnende Rechtsanwalt durch den Vorsitzenden, also den Familienrichter, aus der Zahl der im Bezirk des Gerichts niedergelassenen Anwälte **ausgewählt**.

15 **4. Anfechtung. a) Beiordnung, Ablehnung der Aufhebung.** Bei der Anfechtbarkeit einer die Beiordnung eines Rechtsanwalts aussprechenden Entscheidung ist zu differenzieren (vgl. § 138 Abs. 1 S. 1 Halbs. 2 iVm. § 78c Abs. 3 ZPO):

16 Der **Antragsgegner** kann nach hM[28] die Beiordnung mit der sofortigen Beschwerde nach §§ 567 ff. ZPO anfechten. Dies wird damit begründet, dass er schon die weniger bedeutende Auswahlentscheidung anfechten kann (§ 78c Abs. 3 S. 1 iVm. Abs. 1 ZPO) und dass die Beiordnung einen Eingriff in seine Dispositionsfreiheit bedeutet.[29] Aus der Entstehungsgeschichte des § 138 ergibt sich kein Anhaltspunkt dafür, dass der Gesetzgeber an diesem Verständnis etwas ändern wollte.

17 Dem **beigeordneten Rechtsanwalt** steht nach § 78c Abs. 3 ZPO die sofortige Beschwerde zu, wenn er sich gegen die Auswahlentscheidung nach § 78c Abs. 1 ZPO oder gegen die Ablehnung eines Aufhebungsantrags (§ 48 Abs. 2 BRAO) wendet.[30] Das Rechtsmittel ist ausgeschlossen, wenn der Antragsgegner dem Anwalt Vollmacht erteilt.[31]

18 Dem anderen, **antragstellenden Ehegatten** ist eine Anfechtung verwehrt, da er in § 78c Abs. 3 ZPO nicht genannt ist und auch sonst eine Anfechtbarkeit für ihn nicht positiv angeordnet wird. Die Entscheidung ist als Zwischen- bzw. Nebenentscheidung nach den Grundsätzen des FamFG[32] für ihn damit unanfechtbar.

19 **b) Ablehnung einer Beiordnung.** Eine die Beiordnung **ablehnende Entscheidung** wird von § 78c Abs. 3 ZPO nicht umfasst und auch sonst wird ihre Anfechtbarkeit nicht positiv angeordnet. Die Entscheidung ist als Zwischen- bzw. Nebenentscheidung nach den Grundsätzen des FamFG damit unanfechtbar. Im Übrigen wäre durch eine Ablehnung auch keine der oben genannten Personen beschwert, insbesondere nicht der Antragsgegner, der in eigener Verantwortung für anwaltlichen Beistand sorgen kann.[33]

20 **c) Überprüfung durch das Rechtsmittelgericht.** Auch wenn man im Fall der Anfechtbarkeit der Entscheidung die Voraussetzungen einer Beiordnung im Rechtsmittelverfahren für nachprüfbar hält, sollte das Rechtsmittelgericht auf Grund der Formulierung des Gesetzes („freie" Überzeugung) eine auf konkrete Umstände gestützte Einschätzung des Familienrichters in aller Regel hinnehmen und sie nicht durch eine andere eigene Bewertung ersetzen. Wenn letzteres ausnahmsweise doch erfolgen soll, wird zur Aufklärung der Voraussetzungen eine persönliche Anhörung des Antragsgegners durch den Richter im Beschwerdeverfahren (§ 568 ZPO) entsprechend Abs. 1 S. 2 in Betracht zu ziehen sein.

IV. Folgen der Beiordnung (Abs. 2)

21 Der Rechtsanwalt muss die erfolgte Beiordnung nach § 48 Abs. 1 Nr. 3 BRAO grundsätzlich „übernehmen". Er kann nach § 48 Abs. 2 BRAO beantragen, die Beiordnung aufzuheben, wenn hierfür wichtige Gründe vorliegen. Der Anwalt hat, auch wenn ihm keine Vollmacht erteilt wurde, gegen den Antragsgegner einen **Honoraranspruch** wie ein Verfahrensbevollmächtigter, nunmehr auch einschließlich eines Vorschusses, vgl. § 39 RVG. Ist der Antragsgegner mit der Zahlung in Verzug, kann der Anwalt die (restliche) Vergütung von der Landeskasse fordern, §§ 45 Abs. 2, 47 RVG.

22 Der beigeordnete Rechtsanwalt hat nach Abs. 2 die Stellung eines **Beistands** im Sinn des § 90 ZPO (nicht des § 12, vgl. § 113 Abs. 1 S. 1). Er kann den Antragsgegner umfassend zu beraten[34] und im Termin anwesend zu sein.[35] Nach § 90 Abs. 2 ZPO gilt das vom dem Beistand im Termin oder schriftsätzlich[36] Vorgetragene als von dem Beteiligten vorgebracht, soweit es nicht von diesem sofort widerrufen oder berichtigt wird. Der Beistand ist kein Vertreter und kann nicht wirksam Verfahrenshandlungen im Namen des Antragsgegners vornehmen.[37] **Zustellungen** müssen weiterhin an den

---

[28] OLG Hamm FamRZ 1986, 1122; *Johannsen/Henrich/Sedemund-Treiber* § 625 ZPO Rn. 5 m. weit. Nachw.
[29] Vgl. oben § 625 ZPO Rn. 7; *Zöller/Philippi* § 625 ZPO Rn. 4 m. weit. Nachw.
[30] *Bumiller/Harders* Rn. 3.
[31] Vgl. oben § 625 ZPO Rn. 7.
[32] Vgl. hierzu die Begründung des RegE, BT-Drucks. 16/6308, S. 203.
[33] *Wieczorek/Schütze/Kemper* § 625 ZPO Rn. 7; aA offenbar *Stein/Jonas/Schlosser* § 625 ZPO Rn. 3.
[34] *Zöller/Philippi* § 625 ZPO Rn. 7.
[35] *Brüggemann* FamRZ 1977, 1, 8.
[36] *Baumbach/Lauterbach/Hartmann* § 625 ZPO Rn. 6; *Zöller/Philippi* § 625 ZPO Rn. 7.
[37] BGH NJW 1995, 1225 = FamRZ 1995, 416; OLG Naumburg FamRZ 2002, 248 (LS).

Antragsgegner selbst und nicht an den Beistand erfolgen.[38] Dem Beistand sollen jedoch Abschriften übermittelt werden.[39] Der beigeordnete Anwalt kann für den Antragsgegner **Verfahrenskostenhilfe** nach §§ 114 ff. ZPO beantragen.[40] Es ist dem Antragsgegner unbenommen, dem beigeordneten Rechtsanwalt für das Verfahren **Vollmacht** (vgl. § 114 Abs. 5) zu erteilen. In diesem Fall wird die Beiordnung aufzuheben sein.[41]

§ 139 Einbeziehung weiterer Beteiligter und dritter Personen

(1) ¹Sind außer den Ehegatten weitere Beteiligte vorhanden, werden vorbereitende Schriftsätze, Ausfertigungen oder Abschriften diesen nur insoweit mitgeteilt oder zugestellt, als der Inhalt des Schriftstücks sie betrifft. ²Dasselbe gilt für die Zustellung von Entscheidungen an dritte Personen, die zur Einlegung von Rechtsmitteln berechtigt sind.

(2) Die weiteren Beteiligten können von der Teilnahme an der mündlichen Verhandlung insoweit ausgeschlossen werden, als die Familiensache, an der sie beteiligt sind, nicht Gegenstand der Verhandlung ist.

I. Normzweck

Die Vorschrift behandelt die Rechtsstellung weiterer Beteiligter und dritter Personen im Verbundverfahren. Abs. 1 betrifft die Übermittlung von Schriftstücken und Entscheidungen, Abs. 2 die Teilnahme an der mündlichen Verhandlung. Die Norm insgesamt dient in erster Linie dem **Schutz der Privatsphäre** der betroffenen Personen. In Scheidungsverfahren und in Folgesachen kommen oft Umstände aus dem persönlichen oder familiären Lebensbereich der Ehegatten und Kinder aber auch Fragen ihres Einkommens oder Vermögens zur Sprache. Die Betroffenen haben regelmäßig ein schutzwürdiges Interesse daran, ein weiteres Bekanntwerden dieser Umstände zu vermeiden. Daher sollen andere Personen nicht über das erforderliche Maß hinaus Einblick in die Scheidungssache und in Folgesachen erhalten.[1] Andererseits dürfen den weiteren Personen die zur Wahrnehmung des **rechtlichen Gehörs** erforderlichen Informationen nicht vorenthalten werden.[2] Dies darf bei der Anwendung der Vorschrift nicht aus den Augen verloren werden. Beide Gesichtspunkte müssen in einen angemessenen Ausgleich gebracht werden. 1

Die Vorschrift des § 139 ist vor dem Hintergrund des § 137 Abs. 1 zu sehen, wonach über Scheidung und Folgesachen **zusammen zu verhandeln und zu entscheiden** ist. Da danach grundsätzlich eine einheitliche mündliche Verhandlung stattzufinden hat, stellt sich die Frage, ob – was ohne § 139 denkbar wäre – vorbereitende Schriftsätze bezüglich der Scheidungssache und aller Folgesachen auch an alle Beteiligten übermittelt werden müssen und ob die an nur einer Folgesache Beteiligten an der gesamten mündlichen Verhandlung teilnehmen können, auch solange ein Gegenstand erörtert wird, an dem sie nicht beteiligt sind. Der Grundsatz der einheitlichen Entscheidung über die Scheidung und alle Folgesachen (§ 137 Abs. 1, § 142 Abs. 1) führt zu der Frage, ob die Entscheidung auch dann mit ihrem vollen Inhalt zuzustellen ist, wenn der Zustellungsadressat nur bezüglich einer einzelnen Folgesache beteiligt oder beschwerdeberechtigt ist. In diesen Bereichen begrenzt § 139 aus den unter Rn. 1 dargestellten Gründen auch den in den genannten Vorschriften zum Ausdruck kommenden Gedanken der Einheitlichkeit zugunsten einer getrennten Behandlung der im Verbund zusammengefassten Einzelverfahren. § 139 Abs. 1 S. 2 schränkt darüber hinaus die Vorschriften der § 162 Abs. 3 S. 1 und § 164 ein. 2

Der für § 139 maßgebliche Gedanke des Schutzes der Privatsphäre liegt auch der Neufassung des § 170 GVG zugrunde, wonach Anhörungen, Erörterungen und Verhandlungen nunmehr in allen Familiensachen nichtöffentlich sind. Die auf demselben Grund beruhenden Regelungen des § 140 Abs. 1 (Abtrennung einer Familienstreitsache bei Hinzutreten eines weiteren Beteiligten, etwa des Kindes) und § 1629 Abs. 3 BGB (Geltendmachung von Kindesunterhalt durch einen Elternteil nur im eigenen Namen) wurden beibehalten. Andererseits wurde der Schutz der Privatsphäre durch die **Ausweitung des Kreises der Verfahrensbeteiligten** verringert. So können in Familiensachen, und 3

---

[38] BGH NJW 1995, 1225 = FamRZ 1995, 416; OLG Naumburg FamRZ 2002, 248 (LS).
[39] *Baumbach/Lauterbach/Hartmann* § 625 ZPO Rn. 6; *Zöller/Philippi* § 625 ZPO Rn. 7.
[40] *Baumbach/Lauterbach/Hartmann* § 625 ZPO Rn. 1; *Brüggemann* FamRZ 1977, 1, 8.
[41] *Stein/Jonas/Schlosser* § 625 Rn. 1.
[1] Vgl. die Begründung des RegE, BT-Drucks. 16/6308, S. 230 sowie BGH NJW 1998, 2679 = FamRZ 1998, 1024 (zu § 624 Abs. 4 ZPO aF).
[2] BGH NJW 1998, 2679 = FamRZ 1998, 1024; *Stein/Jonas/Schlosser* § 624 ZPO Rn. 38.

§ 139 4–8   Buch 2. Abschnitt 2. Ehe-, Scheidungs- und Folgesachen

damit auch in Folgesachen aus dem Bereich der freiwilligen Gerichtsbarkeit nunmehr alle unmittelbar Betroffenen und die im Gesetz genannten weiteren Personen als Beteiligte hinzugezogen werden (§ 7 Abs. 2, 3). Teilweise sind sie sogar durch das Gericht von der Einleitung des Verfahrens zu benachrichtigen und auf die Möglichkeit, als Beteiligter einzutreten, ausdrücklich hinzuweisen (§ 7 Abs. 4). Auch sind neben dem Kind in Kindschaftssachen nun auch der Verfahrensbeistand (§ 158 Abs. 3 S. 2) sowie grundsätzlich alle Versorgungsträger in Versorgungsausgleichssachen (§ 219[3]) Beteiligte. Die in Rn. 1 dargestellte Problematik und Bedeutung des § 139 sind dadurch größer geworden.

II. Entstehung

4   Abs. 1 entspricht weitgehend der Vorschrift des § 624 Abs. 4 ZPO aF. § 139 Abs. 2 enthält eine neue Bestimmung, auf Grund derer die Teilnahme weiterer Beteiligter an sie nicht betreffenden Teilen der mündlichen Verhandlung ausgeschlossen werden kann; der Sache nach wurde eine entsprechende Einschränkung bereits bislang vertreten.[4] Die Vorschrift insgesamt war bereits im RefE (2005) vorhanden[5] und hat im Gesetzgebungsverfahren so gut wie keine Veränderung erfahren.

III. Anwendungsbereich

5   Die Vorschrift selbst ist, wie der Standort in Unterabschnitt 2 des Abschnitts 2 zeigt, auf Verfahren in **Scheidungssachen und Folgesachen** anzuwenden. Sie gilt in allen Rechtszügen[6] und auch dann, wenn die Scheidung oder einzelne Folgesachen etwa durch Abtrennung oder infolge der Rechtskraft des Scheidungsausspruchs aus dem Verbund herausgelöst worden sind, sofern der Verbund noch mindestens zwei Verfahren umfasst.

6   Nachdem in Abs. 2 nunmehr die Frage der Teilnahme an der mündlichen Verhandlung explizit geregelt ist, bedarf es insoweit keines Rückgriffs mehr auf einen (bislang aus § 624 Abs. 4 ZPO aF hergeleiteten) allgemeinen Rechtsgrundsatz[7] oder auf eine entsprechende Anwendung des Abs. 1. Im Fall der einfachen Verbindung (vgl. § 147 ZPO in Familienstreitsachen und § 20 in Familiensachen der freiwilligen Gerichtsbarkeit) isolierter Familiensachen ist **§ 139 nicht anwendbar.** Diese Verbindung steht im Ermessen des Gerichts und kann daher, anders als die Einbeziehung einer Folgesache nach § 137 Abs. 2 in den Verbund, bei Bedenken hinsichtlich der Wahrung der Privatsphäre auch unterbleiben.

IV. Eingeschränkte Übermittlung von Schriftstücken und Entscheidungen (Abs. 1)

7   **1. Schriftstücke.** § 139 Abs. 1 S. 1 betrifft die Übermittlung bestimmter Schriftstücke an **weitere Beteiligte.** Dass außer den Ehegatten weitere Personen beteiligt sind, kommt nur in Folgesachen aus dem Bereich der freiwilligen Gerichtsbarkeit in Betracht. Zu denken ist dabei etwa an Versorgungsträger in einer Versorgungsausgleichsfolgesache,[8] an Vermieter oder dinglich Berechtigte in einer Ehewohnungssache[9] oder an die Kinder der Ehegatten,[10] den Verfahrensbeistand (vgl. § 158 Abs. 3 S. 2) sowie, im Fall eines entsprechenden Antrags (§ 162 Abs. 2), das Jugendamt in einer Kindschaftsfolgesache.[11] Handelt es sich bei der Folgesache hingegen um eine Unterhaltssache oder um eine Güterrechtssache als Familienstreitsache, so ist diese im Fall des Hinzutretens eines weiteren Beteiligten abzutrennen (§ 140 Abs. 1), so dass bei korrektem Vorgehen des Gerichts die in § 139 behandelte Problematik nicht besteht.

8   Die Beschränkung bei der Übermittlung von Schriftstücken nach Abs. 1 S. 1 ist zwingend angeordnet, es besteht also **kein Ermessen** des Gerichts. Bei anderen als gerichtlichen Schriftstücken wird jedoch nicht das Gericht sondern der jeweilige Verfasser die **Entscheidung** zu treffen haben, welchen Beteiligten den Schriftsatz zur Kenntnis gelangen soll.[12] Ein Schwärzen von Teilen bzw. ein Fertigen

---

[3] IdF d. Art. 2 VAStrRefG.
[4] Vgl. *Zöller/Philippi* § 623 ZPO Rn. 35 sowie § 624 ZPO Rn. 9; *Baumbach/Lauterbach/Hartmann* § 623 ZPO Rn. 13.
[5] § 148 FamFG idF d. RefE (2005).
[6] Vgl. BGH NJW 1998, 2679 = FamRZ 1998, 1024 zur Anwendung des § 624 Abs. 4 ZPO im Beschwerdeverfahren.
[7] Vgl. *Johannsen/Henrich/Sedemund-Treiber* § 624 ZPO Rn. 9.
[8] Vgl. § 219 sowie OLG Saarbrücken FamRZ 1988, 413.
[9] Vgl. § 137 Abs. 2 Nr. 3, § 204.
[10] Zur Stellung des Kindes als Beteiligter vgl. *Schael* FamRZ 2009, 265.
[11] Vgl. § 137 Abs. 3.
[12] *Stein/Jonas/Schlosser* § 624 ZPO Rn. 38, vgl. auch die Erl. zu Rn. 12.

Da die Vorschrift lediglich dem Schutz der Interessen der Beteiligten dient (vgl. Rn. 1), und nicht 9
öffentlichen Interessen, wird ein (auch konkludenter) **Verzicht möglich** sein, ebenso der Rügeverlust nach § 295 ZPO.

Anwendbar ist Abs. 1 S. 1 seinem Wortlaut nach auf **vorbereitende Schriftsätze** (vgl. §§ 129, 10
130, 131 ZPO) und auf **Ausfertigungen und Abschriften,** wobei nicht ganz deutlich wird, worauf
sich die beiden letztgenannten Begriffe beziehen. Abschriften vorbereitender Schriftsätze sind zweifellos umfasst.[13] Von Ausfertigung spricht das Gesetz in erster Linie in Bezug auf gerichtliche Schriftstücke.[14] Entscheidungen[15] oder Protokolle des Gerichts werden daher von § 139 Abs. 1 S. 1 mit
umfasst sein. Rechtsmittelschriften und Rechtsmittelbegründungsschriften[16] werden in jedem Fall
ohne Einschränkung allen an dem Verfahren in der vorigen Instanz beteiligten Personen zuzustellen
sein;[17] schon wegen der Erweiterungs- bzw. Anschließungsmöglichkeit nach § 145 dürften sie
insoweit als „betroffen" anzusehen sein. Im Übrigen werden Schriftstücke und Entscheidungen im
Rechtsmittelverfahren nur denjenigen Personen zu übermitteln sein, die an der dort noch anhängigen Familiensache beteiligt sind.[18]

Ob ein Schriftstück den weiteren Beteiligten **betrifft,** kann im Einzelfall fraglich sein. Der BGH 11
ist im Fall einer mit dem Ziel des Ausschlusses des Versorgungsausgleichs eingelegten Beschwerde
eines Ehegatten davon ausgegangen, dass die Rechtsmittelschrift auch die Versorgungsträger betrifft
und ihnen daher zuzustellen ist.[19] Im Regelfall dürfte von einem Gleichlauf von Betreffen und
Beteiligung auszugehen sein, dh. ein Schriftstück betrifft grundsätzlich alle Personen, die an der
Familiensache bzw. an den Folgesachen beteiligt sind, zu denen der Schriftsatz Ausführungen enthält.
Einer weiter einschränkenden Auslegung des Begriffs „betrifft" wird der Anspruch der an der jeweiligen Familiensache Beteiligten auf rechtliches Gehör entgegenstehen.[20]

Schwierigkeiten kann die **praktische Handhabung** der Bestimmung bereiten. Gerichtliche Ent- 12
scheidungen, die in den Anwendungsbereich der Vorschrift fallen und in Ausfertigung übermittelt
werden, sollten so abgefasst werden, dass die geforderte Beschränkung der Übermittlung möglich ist.
Sonstige Schriftstücke, insbesondere Schriftsätze der Beteiligten, werden oftmals nicht für jede
Folgesache gesondert gefertigt. Geschieht dies nicht, und enthält das Schriftstück auch sonst keine
diesbezüglichen Hinweise, ist von einem **Einverständnis** des Verfassers mit der Übermittlung an alle
am Verbundverfahren Beteiligten auszugehen (vgl. oben Rn. 9).[21] Lassen die übrigen Beteiligten diese
Vorgehensweise widerspruchslos geschehen, ist auch ihr Einverständnis anzunehmen. Entsprechendes
gilt bei Einreichung getrennter Schriftsätze, so dass davon ausgegangen werden kann, dass ein für alle
Beteiligten an einer bestimmten Folgesache bestimmter Schriftsatz inhaltlich auch nur Ausführungen
enthält, die diese Beteiligten betreffen.[22] Enthält ein Schriftsatz in erheblichem Umfang Ausführungen, die einen Dritten, etwa den Vermieter in einer Ehewohnungssache, nicht betreffen, wird das
Gericht befugt sein, **von einer Weiterleitung an den Drittbeteiligten zunächst abzusehen** und
den Verfasser des Schriftsatzes auf die Problematik hinzuweisen und ggf. **aufzufordern,** eine nur die
für die betreffende Folgesache relevanten Ausführungen enthaltende Fassung einzureichen.

Ist das **verfahrensbeteiligte Kind** ausnahmsweise auch selbst verfahrensfähig (vgl. § 9 Abs. 1),[23] 13
etwa in einer Kindschaftsfolgesache, so wird die Übermittlung vorbereitender Schriftsätze, Ausfertigungen und Abschriften, überhaupt aller Schriftstücke, auf Grund eines entsprechenden, aus § 159
Abs. 4 S. 1 und 164 S. 2 zu entnehmenden allgemeinen Rechtsgedankens, über § 139 Abs. 1 S. 1
hinausgehend zu beschränken sein, wenn und soweit sonst Nachteile für seine Entwicklung, Erziehung oder Gesundheit zu befürchten wären.[24]

---

[13] Ebenso *Wieczorek/Schütze/Kemper* § 624 ZPO Rn. 18.
[14] Vgl. *Zöller/Stöber* § 169 ZPO Rn. 13 m. weit. Nachw.
[15] *Wieczorek/Schütze/Kemper* § 624 ZPO Rn. 18; vgl. auch OLG Celle FamRZ 1978, 920, 921 aE.
[16] Zur diesbezüglichen Anwendung der Vorgängervorschrift § 624 Abs. 4 vgl. BGH NJW 1998, 2679 = FamRZ 1998, 1024.
[17] *Johannsen/Henrich/Sedemund-Treiber* § 624 ZPO Rn. 9, § 629a ZPO Rn. 15 m. weit. Nachw.; oben § 624 ZPO Rn. 14. AA offenbar *Musielak/Borth* § 624 ZPO Rn. 8.
[18] *Johannsen/Henrich/Sedemund-Treiber* § 624 ZPO Rn. 9.
[19] BGH NJW 1998, 2679 = FamRZ 1998, 1024.
[20] Vgl. *Stein/Jonas/Schlosser* § 624 ZPO Rn. 38.
[21] Vgl. auch *Stein/Jonas/Schlosser* § 624 ZPO Rn. 38.
[22] Vgl. *Stein/Jonas/Schlosser* § 624 ZPO Rn. 38.
[23] Eingehend zu den Voraussetzungen der Verfahrensfähigkeit des Kindes und zu seiner Rechtsstellung *Heiter* FamRZ 2009, 85 sowie *Schael* FamRZ 2009, 265.
[24] *Heiter* FamRZ 2009, 85, 88 f.

14 2. **Entscheidungen.** Abs. 1 S. 2 erstreckt die Rechtsfolge des Satzes 1 auch auf **Entscheidungen**, die dritten Personen, die zur Einlegung von Rechtsmitteln berechtigt sind, „zugestellt" werden müssen. Hiervon sind alle Entscheidungen umfasst, nicht nur Endentscheidungen (vgl. § 38 Abs. 1, § 58 Abs. 1), da § 139 Abs. 1 S. 2 keine Einschränkung enthält.

15 **Dritte Personen** sind nur solche, die nicht „weitere Beteiligte" (vgl. Rn. 7) sind.[25] Gegen dieses Verständnis könnte eingewandt werden, dass die Vorgängerregelung § 624 Abs. 4 ZPO aF in ihrem S. 1 „am Verfahren beteiligten Dritte" erwähnt, wobei unter „Dritte" alle Personen außer den Ehegatten fallen, und § 624 Abs. 4 S. 2 ZPO aF dieselbe Bezeichnung „Dritte" ohne das einschränkende Erfordernis der Verfahrensbeteiligung verwendete. Dies würde gegenüber S. 1 eine Erweiterung bedeuten, so dass die in S. 1 genannten Personen mit umfasst wären. Jedoch kann eine solche, an die Verwendung desselben Begriffs anknüpfende Sichtweise auf das neue Recht schon wegen der veränderten Terminologie in § 139 Abs. 1 S. 1 („weitere Beteiligte") nicht übertragen werden. Für die hier vertretene Auffassung lässt sich anführen, dass der Begriff „Ausfertigungen" in Abs. 1 S. 1 nahelegt, dass die Übermittlung von Entscheidungen an Beteiligte bereits dort geregelt ist und dass die in S. 2 enthaltene Einschränkung „... die zur Einlegung von Rechtsmitteln berechtigt sind" für die Beteiligten überflüssig wäre, wohingegen sie vor dem Hintergrund etwa der §§ 60 und 164 eher verständlich ist.

16 Dadurch, dass das unmittelbar in seinen Rechten betroffene Kind unabhängig von seinem Alter nunmehr oftmals selbst Beteiligter sein kann, etwa in Kindschaftsfolgesachen wird der Anwendungsbereich des Abs. 1 S. 2 verringert. Als dritte „Person" kommt etwa noch das **Jugendamt**, das von seiner Beteiligungsoption (§ 162 Abs. 2) keinen Gebrauch gemacht hat, aber dennoch beschwerdeberechtigt ist (§ 162 Abs. 3 S. 2), in Betracht. Die Entscheidung wird also nur insoweit bekannt gemacht (§ 162 Abs. 3 S. 1), als ihr Inhalt das Jugendamt betrifft.

17 Das Gericht muss eine Ausfertigung der Entscheidung, etwa einer solchen nach § 142 Abs. 1, herstellen, die nur den Teil enthält, der den Adressaten betrifft. Bezüglich der ihn nicht betreffenden Teile sind jedenfalls die **Gründe wegzulassen.** Zur Beschlussformel ist zu berücksichtigen, dass diese im Regelfall ohnehin in öffentlicher Sitzung verkündet wurde (§ 173 GVG), so dass durch die Übermittlung an alle Beteiligten in der Regel keine weitere Beeinträchtigung der Privatsphäre eintritt.[26]

18 Im Fall einer Kindschaftsfolgesache ist auch § 164 S. 2 zu beachten, wonach die Begründung einer Entscheidung dem Kind nicht mitgeteilt werden soll, soweit dadurch für dessen Entwicklung, Erziehung oder Gesundheit **Nachteile zu befürchten** wären. Auf die Erläuterungen zu § 164 wird verwiesen.

V. Ausschluss von der Teilnahme an der Verhandlung (Abs. 2)

19 Nach Abs. 2 können **weitere Beteiligte** (vgl. Rn. 7) von der Teilnahme an der mündlichen Verhandlung insoweit ausgeschlossen werden, als die Familiensache, an der sie beteiligt sind, nicht Gegenstand der Verhandlung ist. Der Begriff der mündlichen Verhandlung dürfte in diesem Zusammenhang nach dem Zweck der Regelung auch die Beweisaufnahme mit umfassen. Mit Abs. 2 wurde keine zwingende Vorgabe sondern nur eine Befugnis des Gerichts geschaffen, woraus deutlich wird, dass die Anwesenheit weiterer Beteiligter an den „ihre" Familiensache nicht betreffenden Teilen der Verhandlung nicht von Gesetzes wegen ausgeschlossen oder missbilligt wird.[27] Die Handhabung des Abs. 2 wird erleichtert, wenn die mündliche Verhandlung, soweit dies möglich ist, in Abschnitte gegliedert wird; vorgeschrieben ist aber auch dies nicht. Oftmals wird in diesem Fall eine zusammenfassende Schlussverhandlung für erforderlich gehalten.[28]

20 Die Bestimmung des Abs. 2 gilt auch für das **verfahrensbeteiligte Kind** in einer Kindschaftsfolgesache. Eine Teilnahme an der mündlichen Verhandlung wird insbesondere dann in Betracht kommen, wenn das Kind ausnahmsweise selbst verfahrensfähig ist (vgl. § 9 Abs. 1).[29] In diesem Fall wird seine Teilnahme auf Grund des in § 159 Abs. 4 S. 1 und 164 S. 2 enthaltenen allgemeinen Rechtsgedankens über § 139 Abs. 2 hinausgehend zu **beschränken** sein, wenn und soweit sonst Nachteile für seine Entwicklung, Erziehung oder Gesundheit zu befürchten wären.[30] Für die von der

---

[25] Ebenso *Baumbach/Lauterbach/Hartmann* § 624 ZPO Rn. 6. AA *Finger,* oben § 624 ZPO Rn. 13, der zu Abs. 4 S. 2 von „Drittbeteiligten" und in Rn. 15 „auch" von in erster Instanz nicht formell beteiligten Dritten spricht.
[26] So zutreffend *Wieczorek/Schütze/Kemper* § 624 ZPO Rn. 19 Fn. 43.
[27] Vgl. demgegenüber zum bisherigen Recht *Wieczorek/Schütze/Kemper* § 624 ZPO Rn. 19 („muss").
[28] Oben § 623 ZPO Rn. 42; *Baumbach/Lauterbach/Hartmann* § 623 ZPO Rn. 13.
[29] Vgl. obige Fußnote 23.
[30] *Heiter* FamRZ 2009, 85, 88 f.

mündlichen Verhandlung oder Erörterung zu unterscheidende persönliche Anhörung des Kindes, unabhängig von seiner Beteiligung und Verfahrensfähigkeit, ist vorrangig die spezielle Vorschrift des § 159 zu beachten.

§ 139 Abs. 2 regelt nicht ausdrücklich, wer für die Ausschließung zuständig ist und in welcher Form diese erfolgt. Der Vergleich mit den Fällen der §§ 174 (Ausschluss der Öffentlichkeit) und 177 GVG (Entfernung einzelner Verfahrensbeteiligter) spricht für eine Entscheidung durch **Beschluss des Gerichts**. Dieser ist als Neben- bzw. Zwischenentscheidung nicht anfechtbar.[31] Der Beschluss sollte eine Aussage über die Dauer der Maßnahme enthalten. Sobald die Familiensache erörtert wird, an der die betroffene Person beteiligt ist, ist die Ausschließung aufzuheben. 21

Der Ausschluss nach § 139 Abs. 2, der keinen Antrag voraussetzt und daher auch von Amts wegen erfolgen kann, liegt im **Ermessen** des Gerichts. Es wird dabei nach dem Zweck der Vorschrift die schutzwürdigen Interessen insbesondere eines Ehegatten oder sonstigen Beteiligten, der den Ausschluss begehrt, besonders zu berücksichtigen haben. Geben die übrigen Beteiligten zu erkennen, dass sie gegen die Anwesenheit nichts einzuwenden haben, muss das Gericht nicht von Amts wegen nach Abs. 2 vorgehen. 22

Weitere Personen als die Beteiligten können wegen des Grundsatzes der **Nichtöffentlichkeit** (§ 170 GVG) im Regelfall an der mündlichen Verhandlung in Verbundverfahren ohnehin nicht teilnehmen; vgl. aber die nach § 175 Abs. 2, 3 GVG möglichen Ausnahmen. 23

§ 140 Abtrennung

(1) Wird in einer Unterhaltsfolgesache oder Güterrechtsfolgesache außer den Ehegatten eine weitere Person Beteiligter des Verfahrens, ist die Folgesache abzutrennen.

(2) ¹Das Gericht kann eine Folgesache vom Verbund abtrennen. ²Dies ist nur zulässig, wenn

1. in einer Versorgungsausgleichsfolgesache oder Güterrechtsfolgesache vor der Auflösung der Ehe eine Entscheidung nicht möglich ist,
2. in einer Versorgungsausgleichsfolgesache das Verfahren ausgesetzt ist, weil ein Rechtsstreit über den Bestand oder die Höhe eines Anrechts vor einem anderen Gericht anhängig ist,
3. in einer Kindschaftsfolgesache das Gericht dies aus Gründen des Kindeswohls für sachgerecht hält oder das Verfahren ausgesetzt ist,
4. seit der Rechtshängigkeit des Scheidungsantrags ein Zeitraum von drei Monaten verstrichen ist, beide Ehegatten die erforderlichen Mitwirkungshandlungen in der Versorgungsausgleichsfolgesache vorgenommen haben und beide übereinstimmend deren Abtrennung beantragen oder
5. sich der Scheidungsausspruch so außergewöhnlich verzögern würde, dass ein weiterer Aufschub unter Berücksichtigung der Bedeutung der Folgesache eine unzumutbare Härte darstellen würde, und ein Ehegatte die Abtrennung beantragt.

(3) Im Fall des Absatzes 2 Nr. 3 kann das Gericht auf Antrag eines Ehegatten auch eine Unterhaltsfolgesache abtrennen, wenn dies wegen des Zusammenhangs mit der Kindschaftsfolgesache geboten erscheint.

(4) ¹In den Fällen des Absatzes 2 Nr. 4 und 5 bleibt der vor Ablauf des ersten Jahres seit Eintritt des Getrenntlebens liegende Zeitraum außer Betracht. ²Dies gilt nicht, sofern die Voraussetzungen des § 1565 Abs. 2 des Bürgerlichen Gesetzbuchs vorliegen.

(5) Der Antrag auf Abtrennung kann zur Niederschrift der Geschäftsstelle oder in der mündlichen Verhandlung zur Niederschrift des Gerichts gestellt werden.

(6) Die Entscheidung erfolgt durch gesonderten Beschluss; sie ist nicht selbständig anfechtbar.

Übersicht

	Rn.		Rn.
I. Normzweck	1	III. Allgemeines	4–18
II. Entstehung	2, 3	1. Abtrennung einer Folgesache vom Verbund	4–8

---

[31] Vgl. die Begründung des RegE, BT-Drucks. 16/6308, S. 203.

§ 140 1, 2   Buch 2. Abschnitt 2. Ehe-, Scheidungs- und Folgesachen

	Rn.		Rn.
2. Voraussetzungen der Abtrennung	9–11	e) Rechtliches Gehör	46
3. Ermessen	12, 13	f) Ermessen des Gerichts	47
4. Verfahren	14–18	g) Praktische Handhabung	48
IV. Die Abtrennung nach § 140 Abs. 1	19–23	5. Abtrennung wegen unzumutbarer Härte (Nr. 5)	49–72
V. Die Abtrennungsfälle nach § 140 Abs. 2	24–72	a) Allgemeines	49
1. Abtrennung wegen Unmöglichkeit der Entscheidung (Nr. 1)	24–26	b) Außergewöhnliche Verzögerung	50–54
2. Abtrennung nach Aussetzung des VA-Verfahrens (Nr. 2)	27–29	c) Unzumutbare Härte	55–69
3. Abtrennung einer Kindschaftsfolgesache (Nr. 3)	30–34	d) Abtrennungsantrag	70
4. Abtrennung nach Mitwirkung im Versorgungsausgleich (Nr. 4)	35–48	e) Rechtliches Gehör	71
a) Allgemeines	35–37	f) Ermessen	72
b) Übereinstimmender Abtrennungsantrag	38	**VI. Die Abtrennung nach § 140 Abs. 3**	73–81
c) Dreimonatsfrist	39–41	**VII. Außer Betracht bleibender Zeitraum (Abs. 4)**	82–84
d) Vornahme aller Mitwirkungshandlungen	42–45	**VIII. Abtrennungsantrag (Abs. 5)**	85, 86
		IX. Entscheidung, Unanfechtbarkeit (Abs. 6)	87–90
		X. Folgen der Abtrennung	91, 92

I. Normzweck

1 § 140 fasst die bisherigen Regelungen über die Abtrennung in einer Vorschrift zusammen, dabei wurden einige Abtrennungstatbestände modifiziert und ein weiterer hinzugefügt. Die Vorschrift über die Abtrennung von Folgesachen trägt dem Umstand Rechnung, dass der Verbundgedanke keine absolute Geltung beanspruchen kann,[1] sondern dass es bestimmte **Gesichtspunkte von besonderem Gewicht** gibt, die gegen eine Beibehaltung des Verbundes bis zu einer alle Folgesachen umfassenden Endentscheidung sprechen. So ist in bestimmten Fällen eine Entscheidung über die Folgesache zusammen mit der Scheidung nicht möglich oder nicht sinnvoll (§ 140 Abs. 1, Abs. 2 S. 2 Nr. 1, 2),[2] mit dem Kindeswohl nicht vereinbar (§ 140 Abs. 2 S. 2 Nr. 3) oder unzumutbar (§ 140 Abs. 2 S. 2 Nr. 5). Jeweils muss der durch den Tatbestand umschriebene gewichtige Sachgrund vorliegen und reicht der Wille eines oder beider Ehegatten allein nicht aus, um die Aufhebung des Verbundes zu rechtfertigen. Die neu geschaffene Abtrennungsmöglichkeit nach § 140 Abs. 2 S. 2 Nr. 4 fällt demgegenüber aus dem Rahmen.[3] Schließlich ist auch der Zweck der auf den ersten Blick plausibel erscheinenden Vorschrift über die Abtrennung einer Unterhaltsfolgesache wegen Zusammenhangs mit einer Kindschaftsfolgesache (§ 140 Abs. 3) nur schwer auszumachen,[4] die Regelung dürfte nur einen geringen Anwendungsbereich haben. Dass allen in § 140 zusammengefassten Fällen gleichermaßen der Gedanke der Vermeidung von Härten durch eine Verzögerung der Scheidung zugrunde liegen würde, kann nicht angenommen werden, was insbesondere im Blick auf die Regelungen des Abs. 1 und des Abs. 2 S. 2 Nr. 3 deutlich wird.

II. Entstehung

2 Die meisten in § 140 behandelten Abtrennungsfälle sind aus dem **bisherigen Recht** jedenfalls dem Grunde nach bekannt.[5] § 140 Abs. 1 (Hinzutreten weiterer Beteiligter) entspricht § 623 Abs. 1 S. 2 ZPO aF. § 140 Abs. 2 S. 2 Nr. 1, 2 und 5 geben im Wesentlichen die Regelungen des § 628 S. 1 Nr. 1, 2 und 4 ZPO aF wieder, § 140 Abs. 2 S. 2 Nr. 3 (Abtrennung einer Kindschaftsfolgesache) vereint in modifizierter Form die in § 623 Abs. 2 S. 2, Abs. 3 S. 2 und § 628 S. 1 Nr. 3 ZPO aF enthaltenen Abtrennungsmöglichkeiten, § 140 Abs. 2 S. 2 Nr. 4 ist ohne Vorbild im bisherigen Recht. § 140 Abs. 3 (Abtrennung einer Unterhaltsfolgesache wegen Zusammenhangs mit einer Kindschaftsfolgesache) entspricht im Ansatz § 623 Abs. 2 S. 3 und Abs. 3 S. 3 ZPO aF. § 140 Abs. 4 (außer Betracht bleibender Zeitraum) ist als gesetzliche Bestimmung neu. Insbesondere durch die in § 140

---

[1] Vgl. *Wieczorek/Schütze/Kemper* § 628 ZPO Rn. 1 („sichert die breite Akzeptanz des Verbundprinzips").
[2] Bei der Bezeichnung der einzelnen Abtrennungsfälle des Abs. 2, etwa in Abs. 3 und 4, verzichtet das Gesetz auf die Angabe „Satz 2".
[3] Vgl. Rn. 35 f.
[4] Vgl. BGH NJW 2009, 74 = FamRZ 2008, 2268, 2269 zu § 623 Abs. 2 S. 3 ZPO aF.
[5] Vgl. die Begründung des RegE, BT-Drucks. 16/6308, S. 230 f.

Abs. 2 S. 2 Nr. 4 und 5 eingeführten Antragserfordernisse bedingt sind die neuen Regelungen des § 140 Abs. 5 und § 114 Abs. 4 Nr. 4 (Ausnahme vom Anwaltszwang). § 140 Abs. 6 ordnet, abweichend von der bisherigen Rechtslage an, dass die Entscheidung in Form eines gesonderten Beschlusses, also nicht zusammen mit der Endentscheidung ergeht; dass der Beschluss selbst nicht angefochten werden kann, ist nur im Gesetzeswortlaut neu. Der nach Einführung der weitgehenden Abtrennungsmöglichkeit gem. § 623 Abs. 2 und 3 ZPO aF bedeutungslos gewordene Mechanismus der Vorwegentscheidung über die elterliche Sorge nach § 627 ZPO aF findet sich im FamFG nicht mehr.

Die neu konzipierte Vorschrift über die Abtrennung war bereits im RefE (2005) enthalten,[6] die Fassung wurde aber im nachfolgenden **Gesetzgebungsverfahren** noch mehrfach verändert: Die neue Abtrennungsmöglichkeit nach **Abs. 2 S. 2 Nr. 4** war ursprünglich nur bei Vorliegen der Voraussetzungen des vereinfachten Scheidungsverfahrens eröffnet und sollte ein Anreiz für die Wahl dieser Verfahrensweise sein. Mit der politischen Absage an das vereinfachte Scheidungsverfahren wurde Nummer 4 aber nicht etwa aus dem Entwurf herausgenommen, sondern zu einer in allen Scheidungsfällen anwendbaren Regelung erweitert.[7] Um dem Bundesrat entgegenzukommen, der sich für den völligen Wegfall der Mindestfrist ausgesprochen hatte,[8] wurde im Rahmen der Beratungen im Rechtsausschuss des Deutschen Bundestages die Frist von sechs Monaten auf drei Monate herabgesetzt.[9] In **Abs. 2 S. 2 Nr. 5** wurde mit dem RegE die zuvor gewählte Formulierung „verzögert hat" in „verzögern würde" geändert. In **Abs. 6** wurde durch Einfügung des Wortes „selbständig" klargestellt, dass eine inzidente Überprüfung im Rahmen der Beschwerde gegen die Endentscheidung (vgl. § 58 Abs. 2) möglich bleibt. 3

III. Allgemeines

1. Abtrennung einer Folgesache vom Verbund. § 140 spricht in Übereinstimmung mit allgemeinen zivilprozessualen Kategorien von **Abtrennung** und nicht mehr davon, dass „dem Scheidungsantrag vor der Entscheidung über eine Folgesache stattgegeben" wird.[10] Inhaltlich ändert sich dadurch wenig, da die Abtrennung auch weiterhin praktisch ausschließlich mit dem Ziel erfolgen wird, zunächst die Scheidung aussprechen zu können; die umgekehrte Reihenfolge wäre, jedenfalls soweit das Verfahren Folgesache ist und § 148 damit weiter anwendbar bleibt, wenig sinnvoll. Wegen der Abtrennung von Verfahren, die keine Folgesachen sind, vgl. die Erläuterungen zu Rn. 8. 4

Gegenstand der Abtrennung nach § 140 ist eine **Folgesache** (§ 137 Abs. 2, 3), nicht die Scheidung. Der Begriff der Folgesache wird im FamFG ab dem Zeitpunkt der Anhängigkeit gebraucht (vgl. § 137 Abs. 2 S. 1, Abs. 4). Sollen mehrere Folgesachen abgetrennt werden, muss das Vorliegen der Voraussetzungen für jede einzelne von ihnen gesondert festgestellt werden.[11] 5

Abgetrennt werden können grundsätzlich auch **selbständige Teile** einer Folgesache.[12] Durch die Verwendung des Wortes „wenn" in § 140 Abs. 2 S. 2, anstelle von „soweit" in § 628 ZPO aF, ergibt sich in der Sache keine Änderung. Sind Regelungen für mehrere Kinder zu treffen, kann die Abtrennung bezüglich einzelner von ihnen in Betracht kommen.[13] Jedoch ist bei der Abtrennung von Teilen einer Folgesache besondere Vorsicht und Zurückhaltung geboten. Der abzutrennende Teil muss von der Entscheidung über den Rest der Folgesache zweifelsfrei völlig unabhängig sein; andernfalls kann im Rechtsmittelverfahren eine Aufhebung und Zurückverweisung erfolgen. 6

Die Abtrennung setzt nach dem Wortlaut („vom Verbund") das Vorhandensein von mindestens zwei im **Verbund** (§ 137) stehenden Verfahren voraus. Das Scheidungsverfahren muss nicht darunter sein, es genügt der Restverbund zwischen mindestens zwei Folgesachen.[14] 7

Verfahren, die keine Folgesachen sind und auch nicht im Wege der Antragsänderung zu solchen gemacht werden, sind wenn sie dennoch im Verbundverfahren geführt werden, nach § 145 ZPO abzutrennen.[15] § 20 ist gem. § 113 Abs. 1 S. 1 in Ehesachen nicht anwendbar. Die Abtrennung nach **§ 145 ZPO** ist wegen des Verbots der Verbindung (§ 126 Abs. 2) zwingend,[16] sie kann auch 8

---

[6] § 149 FamFG idF d. RefE (2005).
[7] Vgl. § 140 Abs. 2 S. 2 Nr. 4 FamFG idF d. RegE, BT-Drucks. 16/6308, S. 37.
[8] BT-Drucks. 16/6308, S. 374.
[9] BT-Drucks. 16/9733, S. 69, 293.
[10] Zum Begriff vgl. bereits OLG Frankfurt/M. FamRZ 1980, 280, 281.
[11] OLG Frankfurt FamRZ 1988, 966.
[12] *Schwab/Maurer/Borth* ScheidungsR Teil I Rn. 399; *Zöller/Philippi* § 628 ZPO Rn. 10 m. weit. Nachw. insbes. der bisherigen Rspr. zum Versorgungsausgleich; *Johannsen/Henrich/Sedemund-Treiber* § 628 ZPO Rn. 12.
[13] *Wieczorek/Schütze/Kemper* § 628 ZPO Rn. 5.
[14] OLG Zweibrücken 1997, 504 sowie 1231; OLG Frankfurt/M. FamRZ 1980, 280; *Prütting/Helms* § 137 Rn. 72.
[15] BGH NJW 1997, 2176 = FamRZ 1997, 811; aA *Zöller/Philippi* § 623 ZPO Rn. 32b.
[16] Vgl. BGH FamRZ 2007, 124 für den Fall des § 640c Abs. 1 S. 1 ZPO aF.

noch in einem höheren Rechtszug (Beschwerde oder Rechtsbeschwerde) erfolgen.[17] Eine Abweisung als unzulässig wegen der fälschlichen Geltendmachung im Verbund erfolgt nicht.[18]

9 **2. Voraussetzungen der Abtrennung.** Die Voraussetzungen der Abtrennung einer Folgesache stehen **nicht zur Disposition** der Beteiligten.[19] Trennt das Gericht eine Folgesache ohne Vorliegen der tatbestandlichen Voraussetzungen ab, so stellt dies einen Gesetzesverstoß dar; da die Abtrennungsvoraussetzungen im Rechtsmittelverfahren gegen den Scheidungsanspruch auch ohne entsprechende Rüge überprüft werden,[20] besteht zudem die Gefahr einer Aufhebung und Zurückverweisung.

10 Für die Abtrennung von Folgesachen aus dem Verbund ist § 140 als spezielle Vorschrift anzuwenden, die Anwendung der allgemeinen Vorschriften über die Abtrennung ist ausgeschlossen (vgl. die Formulierung „nur" in § 140 Abs. 2 S. 2). § 140 enthält, vorbehaltlich etwaiger weiterer gesetzlicher Regelungen, eine **abschließende** Regelung der Abtrennungsfälle.[21]

11 Gegenüber dem Grundprinzip des Verbunds (§ 137 Abs. 1) handelt es sich bei § 140 um eine **Ausnahmeregelung**,[22] woran sich durch die Einführung des § 140 Abs. 2 S. 2 Nr. 4 nichts geändert hat. Bei der Anwendung der Norm, insbesondere bei der Auslegung der in den einzelnen Tatbeständen enthaltenen unbestimmten Rechtsbegriffe, ist dieser Umstand mit zu berücksichtigen.[23]

12 **3. Ermessen.** Die Abtrennung **nach § 140 Abs. 1 ist zwingend** und steht nicht im Ermessen des Gerichts.[24] Demgegenüber ist in den Fällen des **§ 140 Abs. 2 und 3 eine Ermessensentscheidung** zu treffen.[25] Dass die Abtrennung nach § 628 ZPO aF eine Ermessensentscheidung war, hatte der BGH ausdrücklich festgestellt.[26] Dies war auch in der Literatur jedenfalls im Ausgangspunkt weitgehend anerkannt, wenngleich oftmals, jedenfalls für bestimmte Fälle, Einschränkungen angenommen wurden.[27] Durch die FGG-Reform wurde der einleitende Teil der Abtrennungsvorschrift (Abs. 2) neu gefasst und die Norm zur Verdeutlichung des Regelungsgehalts in zwei Sätze aufgeteilt. An erster Stelle findet sich in S. 1 die Aussage, dass das Gericht die Folgesache abtrennen kann. Hiervon abgesetzt sind in S. 2 die Voraussetzungen aufgezählt, unter denen die Ermessensentscheidung eröffnet ist. Damit ist klargestellt, dass S. 1 („kann") gegenüber der Eröffnung der Handlungskompetenz in S. 2 einen eigenständigen zusätzlichen Regelungsgehalt hat. Die den beiden Sätzen entsprechenden Schritte müssen bei der Rechtsanwendung getrennt abgearbeitet werden, so dass, nachdem das Vorliegen der Voraussetzungen festgestellt wurde, vom Gericht grundsätzlich eine Betätigung des Ermessens gefordert ist.

13 Bei der Ermessensausübung müssen **alle wesentlichen Umstände des Falles** berücksichtigt werden, was im Rechtsmittelverfahren nachprüfbar ist[28] und daher in den Gründen des Beschlusses zum Ausdruck kommen sollte. Bei der Ausübung des Ermessens wird jede abzutrennende Folgesache einzeln zu betrachten sein. Im Rahmen der anzustellenden Erwägungen wird zunächst dem Umstand der Erfüllung der tatbestandlichen Voraussetzungen Bedeutung zukommen; letztere ist umso größer, je zwingender bzw. gewichtiger der jeweilige Abtrennungstatbestand ist, wobei im Fall des Abs. 2 die Nummern 1 und 5 an vorderer und Nummer 4 an letzter Stelle der Rangfolge stehen werden. Jedoch wird sich die Ermessensprüfung nicht auf den genannten Gesichtspunkt beschränken können; das Ermessen ist bei Vorliegen der Voraussetzungen des Satzes 2 nicht ausgeschlossen, sondern erst eröffnet. Zu berücksichtigen sind grundsätzlich alle wesentlichen für und gegen die Abtrennung sprechenden Gesichtspunkte, einschließlich der Bedeutung der Folgesache für die Beteiligten. Im Fall der Abtrennung vom Restverbund wird großzügiger verfahren werden können, als wenn die Scheidung noch

---

[17] Vgl. BGH FamRZ 2007, 124.
[18] BGH NJW 1998, 2176 = FamRZ 1997, 811; für den Fall des bedingten Klageantrags vgl. aber BGH FamRZ 2007, 124.
[19] BGH NJW 1991, 1616 = FamRZ 1991, 687.
[20] Vgl. die Erläuterungen zu Rn. 89.
[21] *Baumbach/Lauterbach/Hartmann* § 628 ZPO Rn. 7; das VAUG wurde durch Art. 23 Nr. 4 VAStRefG m. W. ab 1. 9. 2009 aufgehoben.
[22] Vgl. oben § 628 ZPO Rn. 3; *Baumbach/Lauterbach/Hartmann* § 628 ZPO Rn. 7; *Wieczorek/Schütze/Kemper* § 628 ZPO Rn. 2.
[23] OLG Düsseldorf FamRZ 1988, 312; OLG Bamberg FamRZ 1988, 531.
[24] Vgl. die Begründung des RegE, BT-Drucks. 16/6308, S. 230.
[25] Vgl. auch die Begründung des RegE, BT-Drucks. 16/6308, S. 231.
[26] BGH NJW 1991, 2491 = FamRZ 1991, 1043, bestätigt durch BGH NJW 2005, 143 = FamRZ 2005, 191. Aus der Rspr. der OLG vgl. OLG Düsseldorf FamRZ 1994, 1121; OLG Oldenburg FamRZ 2001, 167; aA wohl OLG Koblenz FamRZ 2008, 167.
[27] Vgl. oben § 628 ZPO Rn. 3; *Zöller/Philippi* § 628 ZPO Rn. 12; *Baumbach/Lauterbach/Hartmann* § 628 ZPO Rn. 9; *Schwab/Maurer/Borth* ScheidungsR Teil I Rn. 393; *Johannsen/Henrich/Sedemund-Treiber* § 628 ZPO Rn. 12 m. weit. Nachw.
[28] Vgl. BGH NJW 1991, 2491 = FamRZ 1991, 1043.

anhängig ist. Von Bedeutung ist auch, welche weiteren Folgesachen anhängig sind und ob bzw. wann diese entscheidungsreif sind, also ob durch die die Abtrennung überhaupt ein wesentlich früherer Ausspruch der Scheidung erreicht werden kann. Bei der Ermessensbetätigung wird weiter zu berücksichtigen sein, welche Auswirkungen eine erfolgte oder unterlassene Abtrennung auf das anwendbare materielle Recht[29] (etwa im Versorgungsausgleich[30]) oder Verfahrensrecht[31] hat, mitsamt den sich daraus ergebenden Konsequenzen. Ist ein Abtrennungsbegehren rechtsmissbräuchlich,[32] steht dies nicht nur einer nach dem Gesetzeswortlaut zwingend vorgesehenen Abtrennung entgegen, sondern erst recht einer solchen, die in das Ermessen des Gerichts gestellt ist.

4. Verfahren. Das Gericht **prüft** von Amts wegen, ob die Voraussetzungen für eine Abtrennung vorliegen.[33] Soweit Antragserfordernisse bestehen, wird dies jedoch nicht mehr gelten. Soweit kein **Antragserfordernis** besteht sind dennoch gestellte Anträge eines Ehegatten oder eines Dritten als Anregungen zu verstehen.[34] Ein subjektives Recht auf Auflösung des Verbundes besteht nach der Rechtsprechung des BGH[35] nicht; an den dafür genannten Gründen hat sich durch Einführung des zusätzlichen Erfordernisses eines Antrags in bestimmten Abtrennungsfällen nichts geändert. Die Frage, ob nach Schaffung des Antragserfordernisses ein Fall des § 567 Abs. 1 Nr. 2 ZPO gegeben wäre, kann auf sich beruhen, da die Unanfechtbarkeit der (stattgebenden oder ablehnenden) Entscheidung selbst inzwischen ausdrücklich angeordnet ist (vgl. § 140 Abs. 6). 14

Das Gericht muss vor einer von Amts wegen oder auf Antrag erfolgenden Entscheidung über die Abtrennung den Beteiligten **rechtliches Gehör** gewähren,[36] dies folgt nach Ansicht des BGH bereits aus der Bedeutung des Scheidungsverbunds. Zu Recht beschränkt der BGH die Aussage nicht auf die Ehegatten. 15

Eine erfolgte oder unterlassene Abtrennung wird im Regelfall nicht nur die Interessen der Ehegatten, sondern auch Rechtsposition der übrigen **an der abzutrennenden Folgesache Beteiligten** betreffen. Dies gilt etwa, wenn die Entscheidung Einfluss auf das anzuwendende materielle Recht oder Verfahrensrecht hat, was nach § 48 VersAusglG und Art. 111 FGG-RG insbesondere in der Folgesache Versorgungsausgleich der Fall ist. Betroffen sind die weiteren Beteiligten auch, wenn die Folgesache, deren Abtrennung in Betracht kommt, danach ihre Eigenschaft als Folgesache verliert (vgl. § 137 Abs. 5 S. 2 FamFG). 16

Im Einzelfall können auch **Beteiligte an weiteren Folgesachen** betroffen sein, so dass ihnen rechtliches Gehör gewährt werden muss, etwa wenn die weitere Folgesache durch die Abtrennung der anderen Folgesache zur selbständigen Familiensache wird (vgl. Art. 111 Abs. 4 S. 2 FGG-RG). 17

Die Abtrennung kann grundsätzlich zu jedem **Zeitpunkt** erfolgen, auch noch in der Rechtsmittelinstanz.[37] Einschränkungen für eine Abtrennung im Rechtsmittelzug werden angenommen, wenn die Verbundentscheidung lediglich hinsichtlich einer Folgesache angefochten wurde, nicht aber hinsichtlich des Scheidungsausspruchs.[38] 18

IV. Die Abtrennung nach § 140 Abs. 1

In Übereinstimmung mit § 623 Abs. 1 S. 2 ZPO aF ordnet § 140 Abs. 1 an, dass eine Unterhaltsfolgesache oder eine Güterrechtsfolgesache vom Verbund abzutrennen ist, wenn eine **weitere Person Beteiligter** des Verfahrens wird. Als Begründung wurde zu der Vorgängervorschrift das Erfordernis einer einheitlichen Kostenentscheidung im Verbundverfahren[39] und das Bestreben angeführt, wegen des vertraulichen bzw. persönlichen Charakters des Verfahrens eine Beteiligung Dritter zu vermeiden.[40] Demgegenüber können in Folgesachen der freiwilligen Gerichtsbarkeit weiterhin 19

---

[29] OLG Hamm FamRZ 1984, 53; *Baumbach/Lauterbach/Hartmann* § 628 ZPO Rn. 9.
[30] Vgl. § 48 Abs. 2 VersAusglG.
[31] Vgl. etwa Art. 111 Abs. 4 idF d. Art. 22 VAStrRefG.
[32] Vgl. BGH NJW 2009, 76 = FamRZ 2008, 2193 sowie NJW 2009, 74 = FamRZ 2008, 2268.
[33] BGH NJW 2005, 143 = FamRZ 2005, 191.
[34] BGH NJW 2005, 143 = FamRZ 2005, 191.
[35] BGH NJW 2005, 143 = FamRZ 2005, 191; vgl. auch OLG Hamm FamRZ 2002, 333; OLG Oldenburg FamRZ 2001, 167; *Klein* FuR 2004, 295.
[36] BGH NJW 1987, 1772 = FamRZ 1986, 898 („den Parteien"); OLG Köln FamRZ 1983, 289.
[37] *Johannsen/Henrich/Sedemund-Treiber* § 628 ZPO Rn. 17, vgl. aber OLG Bamberg FamRZ 1986, 1011 (erstinstanzlich nicht mehr nach Ausspruch der Scheidung).
[38] BGH NJW 1981, 55 = FamRZ 1980, 1108; OLG Stuttgart FamRZ 1984, 806; aA OLG Saarbrücken FamRZ 1982, 947.
[39] *Johannsen/Henrich/Sedemund-Treiber* § 623 ZPO Rn. 8 c.
[40] Vgl. oben § 623 ZPO Rn. 19; *Baumbach/Lauterbach/Hartmann* § 623 ZPO Rn. 4.

Dritte, nun auch die Kinder der Ehegatten, beteiligt sein, ohne dass das Gesetz dies zum Anlass für eine zwingende Anordnung der Abtrennung nimmt.

20 § 623 Abs. 1 S. 2 ZPO aF bezog sich auf **zivilprozessuale Verfahren** und war auf Folgesachen der freiwilligen Gerichtsbarkeit nicht entsprechend anwendbar.[41] Die nun in § 140 Abs. 1 verwendeten Begriffe Unterhaltssachen und Güterrechtssachen umfassen auch Verfahren der freiwilligen Gerichtsbarkeit (§ 231 Abs. 2, § 261 Abs. 2). In diesen werden zwar in aller Regel keine Entscheidungen für den Fall der Scheidung zu treffen sein,[42] sollte dies aber doch der Fall sein, etwa in Verfahren nach §§ 1382, 1383 BGB, ist § 140 Abs. 1 auf diese Verfahren mit Blick auf die Entstehungsgeschichte nicht anzuwenden.

21 Dass eine weitere Person außer den Ehegatten **Beteiligter** des Verfahrens wird, kann auf verschiedene Weise geschehen. In Unterhaltssachen nach § 231 Abs. 1 kommt etwa der Fall in Betracht, dass Kindesunterhalt durch einen Elternteil in Prozessstandschaft (§ 1629 Abs. 3 BGB) im Verbund geltend gemacht wird, letztere mit Eintritt der Volljährigkeit entfällt und das Kind somit selbst Verfahrensbeteiligter wird.[43] In Güterrechtssachen nach § 261 Abs. 1 ist die bereits in der Definitionsnorm erwähnte Beteiligung Dritter in vielfacher Weise möglich, etwa auf Grund der §§ 1368, 1390 BGB oder aus dem Recht der Gütergemeinschaft auf Grund der §§ 1437 Abs. 2, 1459 Abs. 2, 1480 BGB.

22 Die Abtrennung nach § 140 Abs. 1 ist **zwingend** und steht nicht im Ermessen des Gerichts.[44] In Fällen des Rechtsmissbrauchs wird die Folgesache nach den zu den ebenfalls zwingenden Vorschriften des § 623 Abs. 2 S. 2 und 3 ZPO aF entwickelten Grundsätzen[45] jedoch nicht abzutrennen sein. Das Gericht wird in jedem Fall den Beteiligten vor der Entscheidung rechtliches Gehör zu gewähren haben.

23 Das abgetrennte Verfahren bleibt grundsätzlich **Folgesache** (§ 137 Abs. 5 S. 1), sofern nicht der antragstellende Teil in zulässiger Weise seinen Antrag ändert.

V. Die Abtrennungsfälle nach § 140 Abs. 2

24 **1. Abtrennung wegen Unmöglichkeit der Entscheidung (Nr. 1).** Die Vorschrift des § 140 Abs. 2 S. 2 Nr. 1, wonach die Abtrennung einer Versorgungsausgleichsfolgesache oder einer Güterrechtsfolgesache zulässig ist, wenn vor der Auflösung der Ehe eine Entscheidung in der Folgesache nicht möglich ist, entspricht praktisch vollständig § 628 S. 1 Nr. 1 ZPO aF.[46] Auf die hierzu veröffentlichte Literatur und auf die ergangenen Entscheidungen kann somit, vorbehaltlich inzwischen eingetretener Änderungen, etwa im Recht des Zugewinnausgleichs, weiterhin zurückgegriffen werden. Das Gesetz enthält keine Einschränkung dahingehend, dass die Unmöglichkeit einer Entscheidung über die Folgesache auf rechtlichen Gründen beruhen müsste, auch tatsächliche Gründe reichen aus. Unzweckmäßigkeit oder Unzumutbarkeit stehen der Unmöglichkeit nicht gleich, in diesen Fällen ist eine Abtrennung nach § 140 Abs. 2 S. 2 Nr. 5 zu prüfen.

25 Der Fall der Unmöglichkeit kann im **Versorgungsausgleich** etwa gegeben sein, wenn ein Anrecht erst zum Zeitpunkt der Rechtskraft der Scheidung entsteht und endgültig bewertet werden kann.[47] In Güterrechtssachen konnte im Recht der **Zugewinngemeinschaft** bislang der Einwand des § 1378 Abs. 2 BGB zu Unmöglichkeit im Sinne der Nummer 1 führen.[48] Auch im Recht der **Gütergemeinschaft**[49] haben sich Anwendungsfälle ergeben,[50] etwa in Bezug auf §§ 1476 Abs. 1, 1477 Abs. 2 BGB.

26 Da zunächst die Scheidung erfolgen muss, um überhaupt eine Entscheidung in der Folgesache zu ermöglichen, muss bei Vorliegen der tatbestandlichen Voraussetzungen die Abtrennung erfolgen, ein **Ermessensspielraum** besteht angesichts dessen in aller Regel **nicht mehr**. Vor der Abtrennung ist den Beteiligten rechtliches Gehör zu gewähren.

27 **2. Abtrennung nach Aussetzung des VA-Verfahrens (Nr. 2).** Die weitere Abtrennungsmöglichkeit für Versorgungsausgleichssachen nach § 140 Abs. 2 S. 2 Nr. 2 entspricht der bisherigen

---

[41] *Johannsen/Henrich/Sedemund-Treiber* § 623 ZPO Rn. 8 c.
[42] Vgl. die Begründung des RegE, BT-Drucks. 16/6308, S. 230.
[43] BGH NJW 1985, 1347 = FamRZ 1985, 471; eingehend *Gießler* FamRZ 1994, 802.
[44] Vgl. die Begründung des RegE, BT-Drucks. 16/6308, S. 230.
[45] BGH FamRZ 2008, 2193, 2268.
[46] BT-Drucks. 16/6308 S. 231.
[47] BGH FamRZ 1982, 478 m. Anm. *Kemnade; Musielak/Borth* Rn. 4.
[48] *Finger* FuR 2008, 340 sowie JR 2003, 491.
[49] Vgl. allg. *Ensslen* FamRZ 1998, 1077.
[50] BGH FamRZ 1984, 254 = MDR 1984, 475; OLG Oldenburg FamRZ 1988, 89 m. abl. Anm. *Schwackenberg*; vgl. jedoch OLG Karlsruhe FamRZ 1982, 286 m. Anm. *Bölling; Johannsen/Henrich/Sedemund-Treiber* § 628 Rn. 3 m. weit. Nachw.; *Musielak/Borth* Rn. 4.

Regelung in § 628 S. 1 Nr. 2 ZPO aF.[51] Voraussetzung ist eine erfolgte Aussetzung des Verfahrens in der Folgesache wegen der Anhängigkeit eines „Rechtsstreits" über Bestand oder Höhe eines Anrechts bei einem anderen Gericht. Die Aussetzung selbst wird durch die Spezialvorschrift des § 221 geregelt.[52] Nach § 221 Abs. 2 hat das Gericht das Verfahren **auszusetzen,** wenn ein Rechtsstreit über Bestand oder Höhe eines in den Versorgungsausgleich einzubeziehenden Anrechts anhängig ist. Gemeint sind damit diesbezügliche Verfahren vor einem Sozial-, Verwaltungs-, Arbeits- oder vor einem allgemeinen Zivilgericht. Besteht Streit über Bestand oder Höhe eines Anrechts, ohne dass ein Verfahren der vorgenannten Art anhängig ist, kann das Familiengericht nach § 221 Abs. 3 das Verfahren in der Folgesache Versorgungsausgleich (vorläufig) aussetzen und einem oder beiden Ehegatten eine Frist zur Erhebung der Klage setzen. Die **vorläufige Aussetzung nach § 221 Abs. 3 genügt nicht** für eine Abtrennung nach § 140 Abs. 2 S. 2 Nr. 2.[53] In diesem Fall muss das Familiengericht zunächst die gesetzte Frist abwarten.[54] Wird innerhalb der Frist ein Verfahren der oben genannten Art vor einem anderen Gericht anhängig, liegen die tatbestandlichen Voraussetzungen für eine Abtrennung vor. Wurde ein derartiges Verfahren nicht oder erst nach Fristablauf eingeleitet, ist dies mangels Zusammentreffen von Anhängigkeit des anderweitigen Verfahrens und Aussetzung[55] nicht der Fall. Die Anhängigkeit des vorgreiflichen Rechtsstreits allein führt nicht zur Abtrennung nach Nummer 2,[56] eine Abtrennung kann jedoch nach anderen Vorschriften erfolgen.[57]

Eine Erweiterung des Anwendungsbereichs des § 140 Abs. 2 S. 2 Nr. 2 im Wege der **Analogie** 28 würde dem Verbundprinzip widersprechen und ist **nicht zulässig.**[58] Daher ist eine Abtrennung nach dieser Vorschrift auch in den Fällen, in denen ohne Anhängigkeit eines anderweitigen Rechtsstreits das Verfahren über den Versorgungsausgleich wegen Unwirksamkeit der in der Satzung der Versorgungsanstalt des Bundes und der Länder (oder in entsprechenden Regelungen anderer Versorgungsträger) enthaltenen Übergangsregelung betreffend die Ermittlung der **Startgutschriften** für rentenferne Jahrgänge in entsprechender Anwendung des § 148 ZPO ausgesetzt ist,[59] nicht möglich.

Dass die tatbestandlichen Voraussetzungen erfüllt sind, bedeutet nicht, dass die Folgesache zwin- 29 gend abzutrennen wäre, vielmehr hat das Gericht in diesem Fall sein **Ermessen** auszuüben (vgl. hierzu Rn. 12, 13); dies umfasst auch den Zeitpunkt der Abtrennung. Bei der Ermessensbetätigung sind die Umstände des Einzelfalls zu prüfen. Dabei wird die voraussichtliche Dauer des Verfahrens vor dem anderen Gericht[60] und der Stand des Verbundverfahrens im Übrigen zu berücksichtigen sein; dass weitere Folgesachen noch nicht entscheidungsreif sind, spricht gegen eine Abtrennung. Auch werden die Auswirkungen einer Abtrennung auf die Ehegatten, insbesondere auf das anwendbare materielle Recht im Versorgungsausgleich (vgl. die Übergangsvorschrift § 48 VersAusglG) in die Überlegungen einzubeziehen sein. Darüber hinaus können die Haltung der Beteiligten zur Abtrennungsfrage und die bisherige Dauer des Verbundverfahrens Berücksichtigung finden. Das Gericht muss den Beteiligten, auch den Versorgungsträgern (vgl. § 219), vor der Entscheidung rechtliches Gehör geben.

3. Abtrennung einer Kindschaftsfolgesache (Nr. 3). Nach § 140 Abs. 2 S. 2 Nr. 3 kann eine 30 **Kindschaftsfolgesache** vom Verbund abgetrennt werden, wenn das Gericht dies aus Gründen des Kindeswohls für sachgerecht hält oder wenn in der Kindschaftssache das Verfahren ausgesetzt ist. Die Neufassung ist vor dem Hintergrund der Erfahrungen mit den Vorgängerregelungen zu sehen, deren Normtext weder inhaltliche, auf das Kindeswohl bezogene Voraussetzungen, noch einen Ermessensspielraum des Gerichts enthielt, und die oftmals dazu benutzt wurden, Folgesachen ohne Vorliegen der Voraussetzungen des § 628 ZPO aF vom Verbund zu lösen, um eine schnellere Scheidung zu erreichen.[61] Nunmehr ist in der Vorschrift selbst ausgesprochen, dass Gründe des Kindeswohls für die Abtrennung sprechen müssen. Bei der Neufassung ist das frühere Erfordernis des Antrags eines Ehegatten (vgl. § 623 Abs. 2 S. 2 ZPO aF) entfallen.

In der ersten Variante der Vorschrift müssen **Gründe des Kindeswohls** gegeben sein, die für eine 31 Abtrennung sprechen. Hierbei steht an erster Stelle der Gesichtspunkt, dass im Interesse des Kindes

---

[51] BT-Drucks. 16/6308 S. 231.
[52] Auf die Erläuterungen zu dieser Vorschrift wird verwiesen.
[53] *Johannsen/Henrich/Sedemund-Treiber* § 628 ZPO Rn. 4; *Zöller/Philippi* § 628 ZPO Rn. 4.
[54] Vgl. oben § 628 ZPO Rn. 6.
[55] Vgl. § 221 Abs. 3 „ohne dass die Voraussetzungen des Absatzes 2 erfüllt sind".
[56] *Zöller/Philippi* § 628 ZPO Rn. 4.
[57] Vgl. oben § 628 ZPO Rn. 6; *Wieczorek/Schütze/Kemper* § 628 ZPO Rn. 10.
[58] *Johannsen/Henrich/Sedemund-Treiber* § 628 ZPO Rn. 4.
[59] BGH NJW-RR 2009, 865 = FamRZ 2009, 853 sowie FamRZ 2009, 954, jeweils m. weit. Nachw.
[60] *Wieczorek/Schütze/Kemper* § 628 ZPO Rn. 10.
[61] Vgl. *Klinkhammer* FamRZ 2003, 583.

(nicht etwa der übrigen Beteiligten) eine zeitnahe Entscheidung in der Kindschaftsfolgesache[62] erforderlich ist und nicht bis zur Erledigungsreife auch der übrigen Folgesachen (vgl. § 137 Abs. 1, § 142 Abs. 1 S. 1) bzw. bis zur Rechtskraft der Scheidung (§ 148) zugewartet werden kann oder soll. Der Gesetzgeber hat aber auch erkannt, dass es Fälle geben kann, in denen ein durch die fehlende Entscheidungsreife einer anderen Folgesache bedingtes **Zuwarten** dem Kindeswohl eher nützt.[63] Maßgeblich sind stets die konkreten Umstände des Einzelfalls. Eine Abtrennung wird dann mit dem Gesichtspunkt des Kindeswohls begründet werden können, wenn sie eine frühere Entscheidung in der Kindschaftssache ermöglicht, nicht aber wenn sie im Gegenteil (etwa bei noch nicht entscheidungsreifer Kindschaftsfolgesache) dazu diesen soll, einen früheren Scheidungsausspruch herbeizuführen.

32 Darüber hinaus muss das Gericht die Abtrennung, auch was den Zeitpunkt derselben betrifft, für **sachgerecht** halten. Damit wird dem Gericht ein Beurteilungsspielraum zugestanden. Wesentlicher Gesichtspunkt sollte auch hier das Kindeswohl sein. Darüber hinausgehende Erwägungen sind zwar nicht ausgeschlossen, werden demgegenüber jedoch in der Bedeutung zurücktreten.

33 Die zweite Variante der Vorschrift setzt voraus, dass „das Verfahren", gemeint ist die Kindschaftsfolgesache,[64] ausgesetzt ist. Eine **Aussetzung** ist allenfalls noch nach § 21 denkbar. Die Vorschrift des § 52 Abs. 2 FGG aF, auf die sich § 628 S. 1 Nr. 3 ZPO aF bezog, ist im FamFG nicht mehr enthalten.[65] Der Sinn der wohl selten anzuwendenden Variante dürfte darin liegen, die Aussetzung der Kindschaftsfolgesache zu erleichtern.[66] Die Aussetzung soll nicht mit dem Nachteil erkauft werden müssen, dass während dieser Zeit ein Abschluss der übrigen Verfahren im Verbund praktisch nicht erfolgen kann.

34 Liegen die Voraussetzungen des § 140 Abs. 2 S. 2 Nr. 3 vor, hat das Gericht das ihm nach S. 1 der Vorschrift zustehende **Ermessen auszuüben.** Vgl. hierzu und zu den dabei zu berücksichtigenden Gesichtspunkten im Allgemeinen die Erläuterungen zu Rn. 12, 13. Bei der Ermessensausübung wird an erster Stelle die Verwirklichung des Kindeswohls zu stehen haben. Zum Verfahren der Abtrennung, insbesondere zu dem Erfordernis der Gewährung **rechtlichen Gehörs,** vgl. die Erläuterungen zu Rn. 14ff. Verfahren nach § 140 Abs. 3 verlieren mit der Abtrennung ihre Eigenschaft als Folgesache und werden als selbständige Familiensachen weitergeführt (§ 137 Abs. 5 S. 2), insbesondere entfällt dadurch der in § 148 geregelten Aufschub des Wirksamwerdens.

35 **4. Abtrennung nach Mitwirkung im Versorgungsausgleich (Nr. 4). a) Allgemeines.** Die neu eingeführte Regelung des § 140 Abs. 2 S. 2 Nr. 4 ermöglicht es dem Gericht, die **Folgesache Versorgungsausgleich** abzutrennen, wenn drei Voraussetzungen kumulativ erfüllt sind: beide Ehegatten müssen übereinstimmend die Abtrennung beantragt haben, beide Ehegatten müssen die erforderlichen Mitwirkungshandlungen in der Folgesache vorgenommen haben und seit Rechtshängigkeit des Scheidungsantrags muss ein Zeitraum von drei Monaten verstrichen sein.

36 Der ursprünglich für das vereinfachte Scheidungsverfahren entworfene und nach dessen Herausnahme im Entwurf zurückgebliebene Abtrennungstatbestand ist ein Fremdkörper innerhalb des § 140. Die gesetzliche Regelung für sich genommen weist **Wertungswidersprüche** zu den übrigen Abtrennungsbestimmungen auf, die wie die meisten Sondervorschriften über das Scheidungsverfahren, nach dem Willen des Reformgesetzgebers mit geringen Modifikationen aus dem bisherigen Recht übernommen wurden und hinsichtlich derer das bisherige Verständnis weiter maßgeblich bleiben soll. Während bislang Einigkeit bestand, dass es sich bei der Loslösung vom Verbund um einen Ausnahmefall handelt, wird die Abtrennung nun in der zahlenmäßig häufigsten Folgesache nach einer die regelmäßige Verfahrensdauer weit unterschreitenden, kurzen Frist eröffnet. Während bislang Einigkeit darüber bestand, dass die Abtrennungsvoraussetzungen nicht dispositiv sind, stellt die neu eingeführte Vorschrift maßgeblich auf Anträge beider Ehegatten ab. Die Abtrennung gerade des Verfahrens über den Versorgungsausgleich, der nach der Rechtsprechung des BGH zum Kernbereich des Scheidungsfolgenrechts gehört,[67] soll am leichtesten möglich sein. Und während im Rahmen des Abtrennungstatbestandes des § 140 Abs. 2 S. 2 Nr. 5 eine Loslösung vom Verbund bei Vorliegen einer unzumutbaren Härte bei einer Verfahrensdauer von zwei Jahren möglich ist, soll dasselbe hier bereits nach drei Monaten geschehen – ohne dass ein Härtegrund vorliegt.

37 Für die **Behebung der Unstimmigkeiten** insbesondere bezüglich des Zeitkriteriums sind zwei Möglichkeiten denkbar: Entweder wird das Verständnis des § 140 Abs. 2 S. 2 Nr. 5 (Abtrennung

---

[62] Vgl. die Begründung des RegE, BT-Drucks. 16/6308, S. 231.
[63] Vgl. die Begründung des RegE, BT-Drucks. 16/6308, S. 231.
[64] Vgl. die Begründung des RegE, BT-Drucks. 16/6308, S. 231.
[65] Vgl. die Begründung des RegE, BT-Drucks. 16/6308, S. 237.
[66] Vgl. auch *Johannsen/Henrich/Sedemund-Treiber* § 628 ZPO Rn. 2.
[67] BGHZ 158, 81 = FamRZ 2004, 601.

wegen unzumutbarer Härte) an § 140 Abs. 2 S. 2 Nr. 4 angepasst oder umgekehrt. Gegen den erstgenannten Weg spricht, dass sich die statistischen Grundlagen, auf welche die in Nummer 5 als Richtwert herangezogene Dauer von zwei Jahren gestützt wird, nicht verändert haben. Eine Verfahrensdauer, die die durchschnittliche Verfahrensdauer nicht deutlich übersteigt, wird auch künftig nicht als „außergewöhnlich" bezeichnet werden können. Gegen eine Herabsetzung des Richtwerts sprechen auch der Schutzzweck des Verbundes und die Funktion der Vorschrift. Entscheidend dürfte die Aussage in der **Begründung des RegE** zu § 140 Abs. 2 S. 2 Nr. 5 sein „Die weiteren Kriterien, namentlich dass die Verzögerung außergewöhnlich sein muss ... sind in demselben Sinn zu verstehen wie im geltenden Recht (§ 628 Satz 1 Nr. 4 ZPO). Auf die diesbezügliche Rechtsprechung kann also weiterhin zurückgegriffen werden."[68] Die Auflösung der Wertungswidersprüche muss also primär durch Anpassung des § 140 Abs. 2 S. 2 Nr. 4 erfolgen, so dass an die Erfüllung der tatbestandlichen Voraussetzungen dieser Regelung erhöhte Anforderungen zu stellen sein werden. Der Vergleich mit Nummer 5 spricht zudem für eine zurückhaltende Ausübung des Ermessens bei Anwendung des § 140 Abs. 2 S. 2 Nr. 4.

b) Übereinstimmender Abtrennungsantrag. Beide Ehegatten müssen die Abtrennung der 38 Versorgungsausgleichsfolgesache vom Verbund beantragt haben. Eine Abtrennung von Amts wegen ist damit ausgeschlossen. Der **Abtrennungsantrag** unterliegt nach § 114 Abs. 4 Nr. 4 für beide Ehegatten nicht dem Anwaltszwang, er kann nach § 140 Abs. 4 zu Protokoll der Geschäftsstelle oder im Verhandlungstermin zu Protokoll des Gerichts gestellt werden. Die Anträge müssen in jeder Hinsicht übereinstimmen. Abgelehnte oder zurückgenommene Anträge können bei veränderter Sachlage wiederholt werden. Die Bundesregierung ist in ihrer Gegenäußerung zur Stellungnahme des Bundesrats davon ausgegangen, dass ein Abtrennungsantrag **erst nach Ablauf** der in der Vorschrift genannten Frist (3 Monate) gestellt werden kann.[69] Diese Sichtweise ist auch sachgerecht, da so unnötige Nachfragen durch die antragstellende Seite und Hinweise durch das Gericht, aber auch ablehnende Beschlüsse vermieden werden können.

c) Dreimonatsfrist. Weiterhin muss eine **Frist von drei Monaten** abgelaufen sein. Im RegE 39 war noch eine Fristdauer von sechs Monaten vorgesehen, der Bundesrat hat sich für den völligen Wegfall der Frist ausgesprochen.[70] Die nunmehr geltende Regelung kann als eine Art Kompromiss zwischen beiden Positionen angesehen werden. Die Frist ist nach den allgemeinen Bestimmungen der ZPO zu berechnen (vgl. insbes. § 222 ZPO iVm. § 113 Abs. 1), eine Verkürzung oder Verlängerung der gesetzlichen Frist ist unzulässig (vgl. § 224 Abs. 2 ZPO).

Die **Frist beginnt** (vorbehaltlich des § 140 Abs. 4) mit der Rechtshängigkeit des Scheidungs- 40 antrags. Angesichts dessen erscheint es bemerkenswert, dass der Rechtsausschuss des Deutschen Bundestages bei der Begründung der Änderung der Fristdauer darauf abstellt, dass dadurch Verfahrensverzögerungen „nach Vornahme der Mitwirkungshandlungen" ausgeschlossen würden und „eine der Bedeutung der Folgesache Versorgungsausgleich angemessene, sorgfältige Prüfung der Auskünfte" ermöglicht werde.[71] Demgegenüber ist daran festzuhalten, dass die Frist dem Gesetzeswortlaut zufolge nicht erst mit der Vornahme der Mitwirkungshandlungen oder mit der Übersendung der Auskünfte beginnt. Da die Klärung eines Versicherungskontos in der gesetzlichen Rentenversicherung erfahrungsgemäß nur selten innerhalb von drei Monaten ab Rechtshängigkeit erfolgen kann, zumal damit zur Vermeidung von Mehraufwand oft erst nach Eingang der mit der Zustellung des Scheidungsantrags übermittelten und von beiden Ehegatten auszufüllenden Auskunftsformulare begonnen wird, ist die Frist häufig bereits abgelaufen, wenn die Auskünfte der Versicherungsträger vorliegen; so berechnete, kurze Frist verschafft dem Gericht regelmäßig gerade keine Möglichkeit zu einer „sorgfältigen Prüfung" der Auskünfte.

Bei der **Berechnung der Frist** bleibt nach § 140 Abs. 4 S. 1 der vor Ablauf des ersten Jahres seit 41 Eintritt des Getrenntlebens liegende Zeitraum außer Betracht. Dies gilt nach S. 2 dieser Bestimmung nicht, wenn feststeht, dass die Voraussetzungen des § 1565 Abs. 2 BGB erfüllt sind. Im Fall einer Aussetzung des Verfahrens, etwa nach § 136, endet auch der Lauf der Dreimonatsfrist, nach Beendigung der Aussetzung beginnt die volle Frist von neuem (§ 249 Abs. 1 ZPO).

d) Vornahme aller Mitwirkungshandlungen. Beide Ehegatten müssen die erforderlichen 42 Mitwirkungshandlungen in der Folgesache Versorgungsausgleich vorgenommen haben, die Mitwirkung eines Ehegatten genügt nicht. Auf die Mitwirkung der Versicherungsträger und sonstigen Beteiligten oder eines Sachverständigen kommt es nicht an. Die **Mitwirkungspflicht** ist allgemein

---

[68] BT-Drucks. 16/6308, S. 231.
[69] BT-Drucks. 16/6308, S. 413 zu Nr. 44, vorletzter Satz.
[70] BT-Drucks. 16/6308, S. 374; zur Fristdauer vgl. *Prütting/Helms* Rn. 19 („unverständlich").
[71] BT-Drucks. 16/9733, S. 293.

§ 140 43–48 Buch 2. Abschnitt 2. Ehe-, Scheidungs- und Folgesachen

in § 27 und darüberhinaus für Versorgungsausgleichssachen in § 220 geregelt; die Befolgung der Vorschrift kann nach § 35 durch Zwangsmittel durchgesetzt werden.

43 Zu den in Betracht kommenden **Mitwirkungshandlungen** der Ehegatten zählen insbesondere[72] die vollständige und formgerechte Erteilung der Auskünfte über die eigenen Anrechte, die dem Versorgungsausgleich unterliegen, die vollständige und formgerechte Erteilung der für die Klärung eines Versicherungskontos erforderlichen Auskünfte und Beantwortung der gestellten Fragen gegenüber dem Versorgungsträger und dem Gericht, die Vorlage der benötigten Unterlagen und Beweismittel sowie die Stellung der erforderlichen Anträge, wie etwa des Antrags auf Kontenklärung. Dies gilt nicht nur in Bezug auf Anrechte in der gesetzlichen Rentenversicherung sondern entsprechend auch in Bezug auf alle anderen dem Versorgungsausgleich unterliegenden Anrechte. Eine nach § 221 Abs. 3 angeordnete Klageerhebung gehört ebenfalls zu den Mitwirkungshandlungen.[73] Die Mitwirkung kann auch bezüglich der Klärung der Anrechte des anderen Ehegatten erforderlich sein. Die Stellung eines Auskunftsantrages[74] gegen den anderen Ehegatten wird nicht zu den Mitwirkungshandlungen zu rechnen sein. Wirkt der andere Ehegatte im Versorgungsausgleich nicht mit, so liegen die Voraussetzungen der Nummer 4 ohnehin nicht vor.

44 Die Mitwirkungshandlung muss für die in der Versorgungsausgleichssache zu treffende Endentscheidung **erforderlich** sein. Die Mitwirkung bei der Klärung des eigenen Kontos wird dabei ein häufiger Fall sein, jedoch enthält die Vorschrift insoweit keine Einschränkung, die Mitwirkung des Ehegatten kann auch bei weiteren von Amts wegen aufzuklärenden Fragen erforderlich sein. Nach Wortlaut und Sinn der Bestimmung müssen nicht nur einige sondern **alle** erforderlichen Mitwirkungshandlungen vorgenommen worden sein.

45 Die Voraussetzungen des Abtrennungstatbestandes müssen tatsächlich erfüllt sein. Ungewissheit darüber genügt nicht. Das Gericht darf sich auch nicht mit der Vornahme nur eines Teils der erforderlichen Mitwirkungshandlungen zufrieden geben. Es muss **feststehen,** dass alle erforderlichen Mitwirkungshandlungen vorgenommen wurden.[75] Liegt eine Auskunft aus dem geklärten Konto noch nicht vor, wird sich eine Nachfrage bei dem betroffenen Ehegatten oder beim jeweiligen Versorgungsträger nicht vermeiden lassen, da dem Gericht die zwischen letzterem und dem Ehegatten gewechselte Korrespondenz nicht bekannt sein wird und daher nicht eingeschätzt werden kann, welche Informationen angefordert wurden und ob diese bereits erteilt sind.

46 e) **Rechtliches Gehör.** Das Gericht hat bei Vorliegen eines Abtrennungsantrages dem anderen Ehegatten und den Beteiligten an der Folgesache Versorgungsausgleich zur Vorbereitung einer sachgerechten Ermessensausübung und da deren Rechtspositionen betroffen sein können, in geeigneter Weise **rechtliches Gehör** zu gewähren. Hierbei werden auch die nunmehr als Verfahrensbeteiligte anzusehenden **Versorgungsträger** (§ 219) nicht übergangen werden dürfen.

47 f) **Ermessen des Gerichts.** Liegen die Voraussetzungen des § 140 Abs. 2 S. 2 Nr. 4 vor, hat das Gericht das ihm nach S. 1 der Vorschrift zustehende **Ermessen auszuüben.** Vgl. hierzu und zu den dabei zu berücksichtigenden Gesichtspunkten im Allgemeinen die Erläuterungen zu Rn. 12, 13. Neben anderen für oder gegen eine Abtrennung sprechenden Gesichtspunkten (vgl. die zu § 140 Abs. 2 S. 2 Nr. 5 aufgeführten) wird sich die Ausübung des Ermessens auch an einer gewissen Harmonisierung mit den übrigen Abtrennungstatbeständen orientieren. Weiter wird der **Stand des Verfahrens** insgesamt mit zu berücksichtigen sein. Eine Abtrennung wird auch bei Vorliegen der tatbestandlichen Voraussetzungen kaum gerechtfertigt sein, wenn andere, weder entscheidungsreife noch abzutrennende Folgesachen anhängig sind und die Scheidung daher auch im Fall einer Abtrennung derzeit nicht ausgesprochen werden kann, oder in dem gegenteiligen Fall, dass die Entscheidungsreife der Folgesache Versorgungsausgleich bereits absehbar ist, so dass eine Entscheidung über Scheidung und Folgesachen auch ohne Abtrennung demnächst ergehen kann. Auch der Umstand, dass eine Abtrennung zur Änderung des anzuwendenden materiellen Rechts[76] oder Verfahrensrechts und damit möglicherweise für einen Ehegatten zu wirtschaftlichen Nachteilen führt, wird in die ermessensleitenden Überlegungen einzubeziehen sein.

48 g) **Praktische Handhabung.** Die Vorschrift wurde teils begrüßt, teilweise kritisiert[77] und die Annahme geäußert, dass nun eine „Scheidung im Schnelldurchlauf" möglich sei.[78] Jedoch ist

---

[72] Vgl. auch § 220 Abs. 2 FamFG in der ursprünglichen, deutlicheren Fassung (BGBl. 2008 I S. 2585), die inzwischen durch Art. 2 VAStrRefG geändert wurde. Vgl. auch *Musielak/Borth* Rn. 7.
[73] Vgl. *Stein* § 221 Rn. 19.
[74] Vgl. den Auskunftsanspruch nach § 4 VersAusglG.
[75] AA wohl *Löhnig* FamRZ 2009, 737, 738.
[76] Vgl. zu materiell-rechtlichen Folgen etwa OLG Hamm FamRZ 1984, 53.
[77] Vgl. etwa *Lipp/Schumann/Veit/Häußermann* S. 5, 33.
[78] Vgl. *Rakete-Dombek* FPR 2009, 16, 19.

anzunehmen, dass die neue Regelung in der Praxis der Gerichte nur **zurückhaltend** angewandt wird. Dass keine weiteren Mitwirkungshandlungen der Ehegatten erforderlich sind, wird sich oftmals erst bei Entscheidungsreife sagen lassen. Ein Richter, der sich frühzeitig für die Abtrennung entscheidet, muss damit rechnen, dass klärungsbedürftige Fragen noch nach Ausspruch der Scheidung zu Tage treten und die Beteiligten das Interesse an weiterer Aktivität verloren haben. Die Handhabung der Vorschrift dürften auch diejenigen Übergangsvorschriften beeinflussen, die im Fall der Abtrennung der Folgesache Versorgungsausgleich die Anwendung des „neuen" materiellen Rechts und Verfahrensrechts auch in Altfällen anordnen (§ 48 Abs. 2 VersAuglG, Art. 111 Abs. 4 FGG-RG), sofern sich daraus ein erhöhter Verfahrensaufwand ergibt.

5. Abtrennung wegen unzumutbarer Härte (Nr. 5). a) Allgemeines. Die Abtrennungsmöglichkeit wegen **unzumutbarer Härte** (Nr. 5), die weiterhin für alle Folgesachen anwendbar ist,[79] wurde im Vergleich zu § 628 S. 1 Nr. 4 ZPO aF in einigen Punkten modifiziert. Die explizite Aussage zum Verzögerungsgrund („gleichzeitige Entscheidung über die Folgesache") wurde gestrichen.[80] Bei der Ermittlung der Verfahrensdauer ist § 140 Abs. 4 zu beachten. Auch ist die Abtrennung nun davon abhängig, dass sie ein Ehegatte sie beantragt. Wie bisher muss neben einer außergewöhnlichen Verzögerung zusätzlich das Kriterium der unzumutbaren Härte vorliegen. **49**

b) Außergewöhnliche Verzögerung. Das Kriterium der ungewöhnlichen Verzögerung ist in demselben Sinne zu verstehen wie in § 628 S. 1 Nr. 4 ZPO aF.[81] Die **Verzögerung** muss sich nach dem Wortlaut gerade auf den **Scheidungsausspruch** beziehen. Ist dieser bereits ergangen und rechtskräftig, besteht also nur noch ein Restverbund zwischen mehreren Folgesachen, so wird die Bestimmung aber weiterhin entsprechend anzuwenden sein.[82] **50**

Auf die **Ursache für die Verzögerung** des Scheidungsausspruchs kommt es nach dem Normtext nicht an. Die Verzögerung könne, so die Begründung des RegE, auch durch andere Umstände als durch das Erfordernis der „gleichzeitigen Entscheidung über die (abzutrennende) Folgesache" bedingt sein, genannt wird dabei etwa eine Überlastung des Gerichts.[83] Man wird bei den Verzögerungsgründen unterscheiden müssen: Die Verzögerung der Scheidung hat ihre faktische Ursache (welche es im Einzelnen auch sei, eine lange dauernde Beweisaufnahme, ein spätes Anhängigmachen einer Folgesache oder eine Überlastung des Gerichts) praktisch nie im Scheidungsverfahren selbst sondern so gut wie immer im Verfahren einer Folgesache. Die Verzögerung des Scheidungsausspruchs, worauf die Vorschrift abstellt, wird also gerade **durch das Erfordernis der gleichzeitigen Entscheidung über die Folgesache vermittelt.** Nur gegen eine durch eine Folgesache vermittelte Verzögerung des Scheidungsausspruchs kann die Abtrennung Wirkung entfalten, indem sie das verfahrensrechtliche Hindernis für den Scheidungsausspruch, den Verbund, insoweit aufhebt. Zur Beseitigung anderer Hindernisse, wie etwa der fehlenden Entscheidungsreife der Scheidungssache selbst oder der Überlastung des Gerichts, das trotz gegebener Entscheidungsreife aller in den Verbund einbezogener Gegenstände und Folgesachen die abschließende Entscheidung (§ 142 Abs. 1) nicht erlässt, ist die Abtrennung einer Folgesache **nicht geeignet**. Ist die Abtrennung ein ungeeignetes Mittel zur Behebung der Verzögerung, wird sie im Ergebnis nicht erfolgen dürfen, so dass andere als folgesachenbezogene Verzögerungsgründe im Ergebnis wie bisher ausscheiden werden. **51**

Eine Verzögerung ist „außergewöhnlich", wenn die Verfahrensdauer erheblich über das Maß hinaus geht, das das „ohnehin zeitintensivere Verbundverfahren" im Allgemeinen in Anspruch nimmt.[84] Der BGH bezeichnet einen **Zeitraum von etwa zwei Jahren** als Richtpunkt.[85] Dieser Wert hat sich trotz gelegentlicher Gegenstimmen[86] für den Regelfall in der Praxis durchgesetzt.[87] Es handelt sich dabei um eine generalisierende Formel, an der aus Gründen der Berechenbarkeit und Planbarkeit des Verfahrens für die Beteiligten und die Anwaltschaft, auch nach dem Willen des Gesetzgebers,[88] weiter festzuhalten ist. („Die weiteren Kriterien, namentlich dass die Verzögerung außergewöhnlich sein muss ... sind in demselben Sinn zu verstehen wie im geltenden Recht (§ 628 Satz 1 Nr. 4 ZPO). Auf die diesbezügliche Rechtsprechung kann also weiterhin zurückgegriffen **52**

---

[79] OLG Zweibrücken FamRZ 2002, 334.
[80] Vgl. die Begründung des RegE, BT-Drucks. 16/6308, S. 231.
[81] So die Begründung des RegE, BT-Drucks. 16/6308, S. 231.
[82] OLG Zweibrücken 1997, 504 sowie 1231; OLG Frankfurt/M. FamRZ 1980, 280.
[83] Vgl. die Begründung des RegE, BT-Drucks. 16/6308, S. 231.
[84] OLG Düsseldorf FamRZ 1988, 312; *Johannsen/Henrich/Sedemund-Treiber* § 628 ZPO Rn. 6 m. weit. Nachw.
[85] BGH FamRZ 1986, 898. Vgl. auch BGH FamRZ 1991, 687 und 1043.
[86] OLG Celle FamRZ 1996, 1485; oben § 628 ZPO Rn. 10; vgl. auch *Schwab/Maurer/Borth* ScheidungsR Teil I Rn. 384 f. m. weit. Nachw.; OLG Stuttgart FamRZ 1992, 320.
[87] OLG Hamm FamRZ 2007, 651; OLG Zweibrücken FamRZ 2002, 334.
[88] Vgl. die Begründung des RegE, BT-Drucks. 16/6308, S. 231.

werden"). Besonderheiten des einzelnen Verfahrens sowie die Situation des konkret befassten Gerichts und die Ursachen der Verzögerung sollten daher nicht bei der Frage der Überschreitung der „gewöhnlichen" Verfahrensdauer sondern bei der Prüfung der unzumutbaren Härte und ggf. bei der Ermessensausübung berücksichtigt werden.[89]

53 Mit dem generellen Richtwert ist die (bereits verstrichene und zu erwartende) **Verfahrensdauer im konkreten Fall** zu vergleichen. Für den Beginn ist die Rechtshängigkeit des Scheidungsantrags maßgebend.[90] Liegen Scheidungsanträge **beider Ehegatten** vor, ist maßgeblich der **Scheidungsantrag desjenigen Ehegatten, der die Abtrennung begehrt**.[91] Für den Antragsgegner, der zunächst keinen eigenen Scheidungsantrag gestellt hat, beginnt die Frist erst mit Rechtshängigkeit des eigenen Antrags, also uU deutlich später.[92] Der vor Ablauf des ersten Jahres des Getrenntlebens liegende Zeitraum bleibt nach § 140 Abs. 4 unberücksichtigt, sofern nicht die Voraussetzungen des § 1565 Abs. 2 BGB vorliegen. Im Übrigen sind wegen des Grundsatzes der generalisierenden Betrachtungsweise die Zeiten nicht auszunehmen, in denen das Verfahren geruht hat.[93]

54 Zu der tatsächlichen, bereits abgelaufenen Verfahrensdauer ist nach dem Gesetzeswortlaut („verzögern würde") der **Zeitraum hinzuzurechnen,** der mit hinreichender Sicherheit zu erwarten ist.[94] Es ist also eine Prognose[95] anzustellen. Hinzuzudenken ist die voraussichtliche Dauer in der jeweiligen Instanz. Ob auch ein mögliches Rechtsmittel und dessen Dauer mit zu berücksichtigen ist, ist unklar.[96] Jedenfalls wird zunächst nicht mit dem erforderlichen Grad an Wahrscheinlichkeit gesagt werden können, ob ein Rechtsmittel überhaupt eingelegt wird, zumal in der Regel auch der Ausgang des Verfahrens in der aktuellen Instanz noch nicht feststeht.

55 **c) Unzumutbare Härte.** Der unbestimmte Rechtsbegriff der unzumutbaren Härte ist in gleicher Weise zu verstehen wie in § 628 Satz 1 Nr. 4 ZPO aF.[97] Dabei ist nicht, wie die Formulierung des § 140 Abs. 2 S. 2 Nr. 5 auf den ersten Blick nahelegen könnte, nur auf den Ehegatten abzustellen, der die Abtrennung begehrt.[98] Vielmehr wird Unzumutbarkeit angenommen, wenn das Interesse des einen Ehegatten an einer alsbaldigen Scheidung vorrangig ist vor dem Interesse des anderen Ehegatten an einer gleichzeitigen Entscheidung auch über die Folgesachen.[99] Erforderlich ist somit eine **Abwägung der Interessen**[100] beider Ehegatten im konkreten Einzelfall. Hierbei werden auch die (von den Eltern geltend zu machenden) Interessen der Kinder[101] zu berücksichtigen sein. Die Interessen nicht am Verfahren beteiligter Personen, etwa eines neuen Partners eines Ehegatten, werden, soweit es sich nicht zugleich um Interessen eines Ehegatten handelt, nicht einzubeziehen sein.

56 In **tatsächlicher Hinsicht** sind bei der Abwägung für die Abtrennung nur die von dem die Abtrennung begehrenden Ehegatten vorgebrachten Umstände zu berücksichtigen.[102] Das Gericht hat auch nach einem Abtrennungsantrag nicht von Amts wegen die die Abtrennung ermöglichenden Umstände zu ermitteln. Die Pflicht zur Amtsermittlung nach § 127 Abs. 1 besteht nur im Rahmen des Verfahrensgegenstandes,[103] wovon die Abtrennungsfrage nicht umfasst wird. Zudem hat der

---

[89] Vgl. BGH FamRZ 1986, 898; aA *Johannsen/Henrich/Sedemund-Treiber* § 628 ZPO Rn. 6 m. weit. Nachw.
[90] BGH FamRZ 1986, 898; OLG Schleswig MDR 2004, 514.
[91] OLG Stuttgart MDR 1998, 290; OLG Düsseldorf FamRZ 1985, 412.
[92] OLG Stuttgart OLGR 1998, 7 = MDR 1998, 290.
[93] BGH FamRZ 1986, 898; OLG Zweibrücken FamRZ 2002, 334; OLG Stuttgart MDR 1998, 290.
[94] KG FamRZ 2001, 928; OLG Celle FamRZ 1979, 523; *Johannsen/Henrich/Sedemund-Treiber* § 628 ZPO Rn. 6.
[95] BGH FamRZ 1986, 898.
[96] BGH FamRZ 1986, 898 obiter dicens: „Eine weitere Verzögerung ... hätte durch ein Rechtsmittel eintreten können, was das OLG noch nicht einmal berücksichtigt hat", hierzu oben § 628 ZPO Rn. 11 Fn. 32 („eher unsicher"). Für eine Berücksichtigung: *Zöller/Philippi* § 628 ZPO Rn. 5; oben § 628 ZPO Rn. 11; dagegen: OLG Köln FamRZ 2000, 1294; *Johannsen/Henrich/Sedemund-Treiber* § 628 ZPO Rn. 6 m. weit. Nachw.; *Baumbach/Lauterbach/Hartmann* § 628 ZPO Rn. 5.
[97] So ausdrücklich die Begründung des RegE, BT-Drucks. 16/6308, S. 231.
[98] Vgl. *Schwab/Maurer/Borth* ScheidungsR Teil I Rn. 386.
[99] BGH FamRZ 1986, 898; OLG Stuttgart FamRZ 2005, 121; OLG Zweibrücken FamRZ 1998, 1525; OLG Hamm FamRZ 1992, 1086; OLG Frankfurt FamRZ 1986, 921; vgl. oben § 628 ZPO Rn. 12; *Wieczorek/Schütze/Kemper* § 628 ZPO Rn. 14; *Johannsen/Henrich/Sedemund-Treiber* § 628 ZPO Rn. 7.
[100] BGH FamRZ 1986, 898; KG FamRZ 2001, 928; OLG Bamberg FamRZ 1988, 531; *Schwab/Maurer/Borth* ScheidungsR Teil 1 Rn. 386; *Johannsen/Henrich/Sedemund-Treiber* § 628 ZPO Rn. 7; oben § 628 ZPO Rn. 12.
[101] *Baumbach/Lauterbach/Hartmann* § 628 ZPO Rn. 5.
[102] Vgl. bereits zum bisherigen Recht OLG Schleswig FamRZ 1989, 1106 („müssen vorgetragen werden"); OLG Hamburg FamRZ 2001, 1228 („nicht dargelegt"); KG FamRZ 2001, 928 („angeführte Gründe") sowie FamRZ 2000, 1292 („nicht vorgetragen").
[103] *Wieczroek/Schütze/Becker-Eberhard* § 616 ZPO Rn. 6; vgl. auch die Erläuterungen zu § 127.

Gesetzgeber mit der Einführung des Antragserfordernisses in § 140 Abs. 2 S. 2 Nr. 5 zum Ausdruck gebracht, dass die Geltendmachung von Härtegründen Sache des die Abtrennung begehrenden Ehegatten ist. Oftmals werden die für die Beurteilung bedeutsamen Tatsachen aktenkundig sein; darüber hinaus darf das Gericht seiner Entscheidung nur **feststehende Umstände** zugrunde legen, dem Bestreiten des anderen Ehegatten kann daher Bedeutung zukommen. Wegen des Charakters des § 140 Abs. 2 S. 2 Nr. 5 als Ausnahmevorschrift gehen in Bezug auf Tatsachen verbleibende **Zweifel** zu Lasten desjenigen Ehegatten, der die Abtrennung beantragt.

In der **rechtlichen Beurteilung** der Tatbestandsvoraussetzungen ist das Gericht durch Vereinbarungen der Beteiligten nicht gebunden.[104] Jeder dem Grunde nach abwägungsrelevante Einzelaspekt muss gewichtet werden. Für den einer Abtrennung entgegentretenden Ehegatten streitet, ohne dass es einer ausdrücklichen Geltendmachung dieses rechtlichen Gesichtspunkts bedürfte, der Grundsatz der einheitlichen Entscheidung über Scheidung und Folgesachen (§ 137 Abs. 1, § 142 Abs. 1).[105] Um Unzumutbarkeit bejahen zu können, muss ein **Vorrang**[106] der Interessen des die Abtrennung beantragenden Ehegatten festgestellt werden, teilweise wird ein deutliches Überwiegen gefordert.[107] Wegen des Ausnahmecharakters der Vorschrift werden strenge Maßstäbe angelegt.[108] Die nachfolgend aufgeführten Abwägungsgesichtspunkte[109] können je nachdem, ob sie bei dem einen oder dem anderen Ehegatten vorliegen und je nach dem Grad ihrer Ausprägung für oder gegen eine Abtrennung sprechen.

Das Vorliegen einer ungewöhnlichen Verzögerung kann für sich genommen noch keine unzumutbare Härte begründen,[110] da es sonst dieses zusätzlichen Kriteriums im Gesetz nicht bedurft hätte. Jedoch kann die **Verfahrensdauer** als ein Gesichtspunkt in die Abwägung eingehen.[111] Diesem kann bei erheblicher Überschreitung des Richtwerts auch Gewicht zukommen,[112] wobei zusätzlich die Gründe für die Verfahrensverzögerung zu berücksichtigen sein werden. Als Sanktion für einen Verstoß gegen das aus Art. 6 Abs. 1 EMRK folgende Gebot der Erledigung des Verfahrens in „angemessener Zeit" ist ein Vorgehen nach § 140 Abs. 2 S. 2 Nr. 5 nicht geeignet, auch wenn dem die Abtrennung begehrenden Ehegatten durch die Verzögerung Nachteile entstanden sind. Die Anforderungen der EMRK richten sich primär an das Gericht, die Abtrennungsvorschrift setzt hingegen eine „zweipolige", auf die Ehegatten bezogene Interessenabwägung voraus. Folgen einer ungenügenden Verfahrensförderung durch das Gericht können ggf. den Staat treffen, nicht aber über § 140 Abs. 2 S. 2 Nr. 5 den der Abtrennung widersprechenden Ehegatten, der die Verzögerung nicht zu vertreten hat. Unabhängig davon kann aber im Einzelfall durch eine auf Grund anderer Gesichtspunkte gerechtfertigte Abtrennung nach § 140 Abs. 2 S. 2 Nr. 5 der Eintritt eines Verstoßes gegen die EMRK verhindert werden.

Der Gesichtspunkt der **Bedeutung der Folgesache** ist im Gesetzeswortlaut wie bisher besonders betont. Abzustellen ist dabei nicht auf den Ehegatten, der die Abtrennung beantragt, sondern in erster Linie auf den anderen Ehegatten.[113] Vielfach wird dabei auf die Auswirkungen der Folgesache auf die „**aktuelle Lebenssituation**" des Ehegatten abgestellt.[114] Hierbei ist jedoch zu beachten, das § 140 Abs. 2 S. 2 Nr. 5 („Bedeutung der Folgesache") diesbezüglich **keine Einschränkung** enthält und auch der Schutzzweck des Verbunds nicht auf bestimmte Ansprüche begrenzt ist. Die Bedeutung der Folgesache wird daher bei dem sozial schwächeren Ehegatten auch bei Ansprüchen bejaht werden können, die sich nicht aktuell sondern erst zu einem späteren Zeitpunkt auswirken; in diesem Fall wird das Gewicht des Aspekts im Rahmen der Abwägung etwas geringer sein. Das Interesse des Ehegatten an wirtschaftlicher Absicherung ist hoch zu bewerten.[115] Bei der allgemeinen Einordnung der Bedeutung der Folgesachen, wird auch die im Zusammenhang mit der Überprüfung von Eheverträgen entwickelte Kernbereichsrechtsprechung des BGH[116] eine gewisse Orientierung geben können.

---

[104] *Schwab/Maurer/Borth* ScheidungsR Teil I Rn. 392.
[105] Vgl. OLG Bamberg FamRZ 1988, 531.
[106] OLG Hamm FamRZ 2007, 651.
[107] OLG Köln FamRZ 1997, 1487; *Baumbach/Lauterbach/Hartmann* § 628 ZPO Rn. 6 („muss klar überzeugen").
[108] OLG Hamm FamRZ 2007, 651 m. weit. Nachw.
[109] Vgl. auch die Nachw. der älteren Rspr. bei *Bergerfurth/Rogner* Eheverf. Rn. 29, 30.
[110] AllgM, vgl. OLG Hamm FamRZ 2007, 651 m. weit. Nachw.; OLG Hamburg FamRZ 2001, 1228.
[111] OLG Köln FamRZ 1997, 1487; OLG Bamberg FamRZ 1988, 531.
[112] *Johannsen/Henrich/Sedemund-Treiber* § 628 ZPO Rn. 7 aE.
[113] *Wieczorek/Schütze/Kemper* § 628 ZPO Rn. 14.
[114] BGH NJW 1991, 2491 = FamRZ 1991, 1043 sowie FamRZ 1986, 898; OLG Hamm FamRZ 2007, 651 m. weit. Nachw.; OLG Zweibrücken FamRZ 1998, 1525; OLG Brandenburg FamRZ 1996, 751; *Zöller/Philippi* § 628 ZPO Rn. 8; *Baumbach/Lauterbach/Hartmann* § 628 ZPO Rn. 6.
[115] OLG Hamm FamRZ 2007, 651.
[116] BGHZ 158, 81 = FamRZ 2004, 601.

60 Bei Folgesachen, die **Ansprüche auf Unterhalt** zum Gegenstand haben, ist in aller Regel von einer hohen Bedeutung auszugehen, da sie elementare Lebensbedürfnisse betreffen. Zudem beeinflussen sie oftmals unmittelbar die aktuelle Lebenssituation des Anspruchsinhabers.[117] Bedeutsam sind Folgesachen über Ansprüche auf Kindesunterhalt, da die Sicherstellung des Unterhalts eng mit dem Kindeswohl verbunden ist.[118] Die Unterhaltsfrage für den Ehegatten ab dem Zeitpunkt der Rechtskraft der Scheidung sollte ebenfalls nicht ungeregelt bleiben, zumal damit der Anspruch auf Trennungsunterhalt endet („Unterhalts-Lücke"). Der Ehegatte kann auch nicht auf die Möglichkeit einer einstweiligen Anordnung und damit auf die Einleitung eines weiteren Verfahrens auf eigenes Risiko verwiesen werden; ob er diesen Weg beschreitet und sich zunächst mit einer vorläufigen, nicht der Rechtskraft fähigen Titulierung zufrieden geben will oder nicht, steht ihm frei.[119] Die Folgesache nachehelicher Unterhalt wird daher nur ausnahmsweise und unter besonderen Umständen abgetrennt werden können.[120] Andererseits kann der Umstand, dass voraussichtlich der **nacheheliche Unterhalt wesentlich geringer** ist als der titulierte Trennungsunterhalt, für das Vorliegen einer unzumutbaren Härte sprechen.[121] Die bloße Behauptung oder abstrakte Möglichkeit einer Verringerung des Unterhaltsbetrages wird dabei nicht genügen.[122] Dass der Ehegatte, der nachehelichen Unterhalt geltend macht, über ausreichendes eigenes Einkommen, etwa aus einer Erwerbstätigkeit, oder über eigenes Vermögen verfügt, kann die Bedeutung der Folgesache relativieren.

61 Die Bedeutung der Folgesache **Versorgungsausgleich** wird nach dem oben (Rn. 59) Gesagten nicht pauschal mit dem Gesichtspunkt des noch nicht eingetretenen Rentenfalls verneint werden können.[123] Die Höhe des zu erwartenden Ausgleichs, mögliche Einschränkungen der Erwerbsfähigkeit, die zeitliche Nähe des Renteneintritts und der Umstand, dass der ausgleichsberechtigte Ehegatte mangels nennenswerter anderer Alterssicherung auf den Ausgleich besonders angewiesen ist, sind Gesichtspunkte, die für eine höhere Bedeutung sprechen. **Güterrechtlichen Ansprüchen** wird demgegenüber eine geringere Bedeutung zugemessen,[124] insbesondere wenn ausreichendes Einkommen oder Vermögen vorhanden ist.[125] Die Bedeutung einer jeden Folgesache sollte letztlich anhand der konkreten Umstände des Einzelfalls bestimmt werden.

62 Die **Zustimmung beider Ehegatten** zur Abtrennung allein genügt weder für die Abtrennung noch zur Begründung einer unzumutbaren Härte, da die Abtrennungsvoraussetzungen nicht der Disposition der Beteiligten unterliegen.[126] Das Einverständnis des anderen Ehegatten kann aber als ein Gesichtspunkt in die Gesamtabwägung einfließen und als Indiz dafür gewertet werden, dass seine Interessen durch eine Abtrennung nicht erheblich beeinträchtigt werden.[127] Diese Schlussfolgerung ist aber nicht zwingend.[128] Widerspricht der andere Ehegatte einer Abtrennung, kommt es auf das Gewicht seiner Interessen an.

63 Auf die Einlassung des Antragsgegners zum Begehren auf Scheidung kommt es nicht,[129] bzw. nicht entscheidend an. Eine lange **Dauer der Ehe** spricht gegen eine Abtrennung,[130] wobei allgemein die Bedeutung dieses Gesichtspunkts mit der Ehedauer zunimmt. Der Dauer der Trennung[131] wird eine geringere Bedeutung zukommen,[132] zumal hier teilweise Überschneidungen mit den Kriterien der außergewöhnlichen Verzögerung und der Verfahrensdauer bestehen.

---

[117] BGH NJW 1991, 2491 = FamRZ 1991, 1043; OLG Brandenburg FamRZ 1996, 751.
[118] Vgl. *Maurer* LMK 2008, 271326.
[119] OLG Zweibrücken FamRZ 1998, 1525; aA offenbar OLG Karlsruhe FamRZ 1999, 98; *Zöller/Philippi* § 628 ZPO Rn. 8.
[120] OLG Hamm FamRZ 2007, 651.
[121] BGH NJW 1991, 2491 = FamRZ 1991, 1043; OLG Zweibrücken, FamRZ 2002, 334.
[122] Vgl. OLG Koblenz FamRZ 1990, 769.
[123] *Johannsen/Henrich/Sedemund-Treiber* § 628 Rn. 8 m. weit. Nachw., demgegenüber jedoch die Ausf. zu Rn. 7. Vgl. zur Bedeutung der Folgesache Versorgungsausgleich auch *Wieczorek/Schütze/Kemper* § 628 ZPO Rn. 14 („Mittelstellung").
[124] BGH NJW 1991, 2491 = FamRZ 1991, 1043.
[125] OLG Hamm FamRZ 2007, 651; OLG Karlsruhe FamRZ 1999, 98; *Wieczorek/Schütze/Kemper* § 628 ZPO Rn. 14.
[126] Vgl. BGH NJW 1991, 1616 = FamRZ 1991, 687.
[127] BGH NJW 1991, 2491 = FamRZ 1991, 1043.
[128] Ebenso OLG Schleswig FamRZ 1989, 1106; *Zöller/Philippi* § 628 ZPO Rn. 9.
[129] OLG Bamberg FamRZ 1988, 531.
[130] OLG Köln FamRZ 1997, 1487.
[131] OLG Bamberg FamRZ 198, 531; KG FamRZ 2001, 928.
[132] *Baumbach/Lauterbach/Hartmann* § 628 ZPO Rn. 6; *Wieczorek/Schütze/Kemper* § 628 ZPO Rn. 15; aA OLG Schleswig FamRZ 1992, 1199; OLG Oldenburg FamRZ 1979, 619.

Umstände, die die Voraussetzungen des **§ 1565 Abs. 2 BGB** erfüllen, können als Einzelaspekte in die Gesamtabwägung eingestellt werden.[133] Ein automatischer Gleichlauf von Härtescheidung und Abtrennung besteht jedoch nicht, da die Kriterien nicht übereinstimmen und auch die Auswirkungen verschieden sind. Im Rahmen des § 140 Abs. 2 S. 2 Nr. 5 ist nicht primär auf den Antragsteller und auf „Gründe in der Person des anderen Ehegatten" abzustellen, sondern es hat eine umfassende **Abwägung der Interessen beider Ehegatten** zu erfolgen, bei der weitere, etwa auch verfahrensbezogene Aspekte einbezogen werden können und bei der die Härtegründe durch entgegengerichtete Aspekte an Gewicht verlieren können.

Dass das Verbundverfahren **in Kürze abgeschlossen** werden kann bzw. dass nicht mehr mit weiteren Verzögerungen des Verfahrens zu rechnen ist,[134] spricht gegen eine Abtrennung. Dass eine höchstrichterliche Entscheidung zu einer in Literatur und Rechtsprechung umstrittenen Rechtsfrage **abgewartet** werden soll, rechtfertigt eine Abtrennung nicht.[135] Für eine Abtrennung aus dem Restverbund bei einem im Rechtsmittelzug anhängigen Verfahren kann auch der Umstand angeführt werden, dass der **Scheidungsausspruch** bereits rechtskräftig geworden ist.[136] Ein enger rechtlicher oder tatsächlicher **Zusammenhang** der Folgesache, deren Abtrennung beantragt wird, mit einer anderen im Verbund bleibenden Folgesache spricht gegen eine Abtrennung.[137] Wird in einer als Stufenantrag geführten Folgesache nach Erledigung der vorangegangenen Stufen **kein Leistungsantrag** gestellt oder sonst die Antragstellung unterlassen, ist, wenn insoweit keine Versäumnisentscheidung (§ 142 Abs. 1 S. 2) ergehen kann, das Verbundverfahren fortzuführen.[138] Eine Abtrennung kann auf diesen Umstand allein nicht gestützt werden, bei Hinzutreten weiterer Gesichtspunkte ist sie aber möglich.[139]

Gegen das Vorliegen einer unzumutbaren Härte spricht es, wenn der eine Abtrennung beantragende Ehegatte die Verzögerung selbst **herbeigeführt** hat, jedenfalls wenn er dies **zu vertreten** hat (§ 242 BGB).[140] Dies gilt auch dann, wenn dem anderen Ehegatten ebenfalls eine ungenügende Förderung des Verfahrens zur Last fällt.[141] Zu vertreten ist insbesondere ein Verstoß gegen die allgemeinen Regeln über die Verfahrensförderung in den Folgesachen; in der Rechtsprechung spielen Verzögerungen bei der Erteilung der erforderlichen Auskünfte hierbei eine bedeutsame Rolle.[142] Wer die geschuldeten Auskünfte nicht in angemessener Zeit vollständig erteilt, kann sich nicht darauf berufen, dass die Gegenseite die Vollstreckung eines titulierten Auskunftsanspruchs nicht zügig betrieben habe.[143] Da sich die Prozessförderungspflicht[144] (vgl. § 282 ZPO) auf Angriffs- und Verteidigungsmittel und **nicht auf die Sachanträge** selbst bezieht, sollte, entgegen verbreiteter Ansicht,[145] das spätere Anhängigmachen einer Folgesache, sofern nicht mutwillige Verfahrensverschleppung vorliegt, weder dem einen noch dem anderen Ehegatten vorgeworfen werden.[146] Entsprechendes gilt für den Umstand, dass der Ehegatte sein Ziel mittels eines Folgeantrags und nicht auf einem anderen verfahrensrechtlichen Weg verfolgt hat,[147] die Ehegatten müssen Zeitpunkt und Gegenstand der Antragstellung frei bestimmen können. Bei der aus dem bisherigen Verhalten des die Abtrennung beantragenden Ehegatten hergeleiteten, begründeten Befürchtung, eine Klärung der Folgesachen werde ohne den Druck des Scheidungsverfahrens auf längere Zeit hinaus nicht erreicht werden können, handelt es sich um eine mit dem Zweck des Verbundverfahrens zu vereinbarende, legitime Überlegung, die im Rahmen der vorzunehmenden Interessenabwägung berücksichtigt werden kann.[148]

---

[133] Vgl. OLG Brandenburg FamRZ 2001, 1458; *Finger* MDR 2000, 247.
[134] OLG Brandenburg FamRZ 1996, 751; OLG Stuttgart FamRZ 1992, 320.
[135] OLG Zweibrücken FamRZ 1982, 946; vgl. oben § 628 ZPO Rn. 13.
[136] OLG Zweibrücken FamRZ 1997, 1231; OLG Stuttgart FamRZ 1992, 320; *Prütting/Helms* § 137 Rn. 72; *Schwab/Maurer/Borth* ScheidungsR Teil I Rn. 400; *Wieczorek/Schütze/Kemper* § 628 ZPO Rn. 19.
[137] OLG Hamburg FamRZ 2001, 1228 („enge Verflechtung" von Unterhalt und Zugewinnausgleich).
[138] KG FamRZ 2000, 1292; OLG Hamm FamRZ 1999, 520.
[139] Vgl. OLG Schleswig FamRZ 1991, 96.
[140] OLG Brandenburg FamRZ 1996, 751; *Zöller/Philippi* § 628 Rn. 7 m. weit. Nachw.
[141] OLG Köln FamRZ 1997, 1487; OLG Hamm FamRZ 1997, 825 sowie 1992, 1086.
[142] Vgl. zB OLG Brandenburg FamRZ 1996, 751; OLG Oldenburg FamRZ 1992, 458.
[143] OLG Köln FamRZ 1997, 1487.
[144] Zur Berücksichtigungsfähigkeit dieses Aspekts BGH FamRZ 1986, 898.
[145] Vgl. OLG Hamm FamRZ 2007, 651; OLG Fankfurt FamRZ 1988, 966; *Zöller/Philippi* § 628 ZPO Rn. 7 m. weit. Nachw.
[146] OLG Hamm FamRZ 1997, 1228; OLG Düsseldorf FamRZ 2008, 1266 (Abwarten eines Gutachtens in einem anderen Verfahren).
[147] Abw. zB OLG Bamberg FamRZ 1988, 531 (keine einstweilige Anordnung beantragt); demgegenüber OLG Zweibrücken FamRZ 1998, 1525.
[148] Vgl. OLG Köln FamRZ 1997, 1487; OLG Hamm FamRZ 1997, 825; OLG Koblenz FamRZ 1990, 769.

67 Dass die Verantwortung für eine verfahrensordnungswidrige, nicht nur unerhebliche Verzögerung nicht bei ihm, sondern **allein bei dem anderen Ehegatten** liegt, lässt sich zu Gunsten des die Abtrennung begehrenden Ehegatten anführen.[149] Zur Frage der Vorwerfbarkeit bei der Stellung von Sachanträgen vgl. Rn. 66.

68 Für das Vorliegen einer unzumutbaren Härte kann das **Erfordernis der wirtschaftlichen Verwertung** einer von dem die Scheidung und die Abtrennung begehrenden Ehegatten bewohnten Immobilie sprechen.[150] Beide Ehegatten können in die Interessenabwägung einbringen, dass die erfolgte oder unterlassene Abtrennung für sie **wirtschaftliche Nachteile** zur Folge hat, wobei Möglichkeiten zur Vermeidung dieser Nachteile, wie die Einstellung der Zwangsvollstreckung aus einem Titel über den Trennungsunterhalt, ebenfalls in Betracht zu ziehen sind.[151] Die Erhebung einer Abänderungsklage gegen einen zu hoch erscheinenden Titel über den Trennungsunterhalt kann aber unzumutbar sein.[152] **Gesundheitliche Beeinträchtigungen** auf Grund des Verfahrens, etwa psychische Beschwerden, können grundsätzlich als Argument für das Vorliegen einer unzumutbaren Härte angeführt werden.[153] Jedoch wird oft nicht mit ausreichender Gewissheit **festzustellen** sein, dass die Beschwerden ursächlich gerade auf das Ausstehen des Scheidungsausspruchs zurückzuführen sind und dass sie sich nach einem durch Abtrennung ermöglichten vorgezogenen Ausspruch der Scheidung wesentlich bessern. Die Auseinandersetzung in den Folgesachen wird in der Regel fortdauern. Verbleibende Zweifel daran, dass durch eine Abtrennung die Ursache der Beschwerden beseitigt wird, gehen zu Lasten des die Abtrennung beantragenden Ehegatten. Entscheidend sind stets die Umstände des Einzelfalls.

69 Eine festgestellte **Absicht der Wiederheirat** kann zwar im Rahmen der Interessenabwägung berücksichtigt werden, jedoch wird diesem Aspekt ohne das Hinzutreten weiterer Umstände kein großes Gewicht zukommen,[154] zumal eine erneute Eheschließung auch nach regulärem Abschluss des Verbundverfahrens noch möglich ist. Maßgebend sind die Umstände des Einzelfalls, etwa ob Gründe für eine rasche erneute Eheschließung vorliegen. Hierzu kann gehören, dass der die Abtrennung beantragende Ehegatte infolge **hohen Lebensalters oder schlechter Gesundheit** nur noch eine geringe Lebenserwartung hat.[155] Dieser Aspekt wird auch ohne die Absicht einer Wiederheirat für eine Abtrennung sprechen.[156] Zu berücksichtigen ist, dass ein Ehegatte aus einer neuen Beziehung ein **Kind erwartet**, das „ehelich" geboren oder möglichst bald legitimiert werden soll.[157] Da der Frage, ob die Eltern verheiratet sind, nach der erfolgten Angleichung in vielen Rechtsbereichen inzwischen nur noch ein verringerter Stellenwert zugemessen wird, dürfte auch hier auf die Umstände des Einzelfalls abzustellen sein. Dass aus einer neuen Partnerschaft ein Kind bereits **hervorgegangen** ist, kann in der Abwägung ebenfalls berücksichtigt werden.[158]

70 d) **Abtrennungsantrag.** Ein Ehegatte muss die **Abtrennung beantragen.** Damit soll eine Abtrennung von Amts wegen ausgeschlossen werden. Der Antrag unterliegt nach § 114 Abs. 4 Nr. 4 nicht dem Anwaltszwang und kann zu Protokoll der Geschäftsstelle oder des Gerichts gestellt werden (§ 140 Abs. 5).

71 e) **Rechtliches Gehör.** Das Gericht hat dem anderen Ehegatten und den Beteiligten an der Folgesache, deren Abtrennung beantragt ist, zur Vorbereitung einer sachgerechten Ermessensausübung und da deren Rechtspositionen betroffen sein können, in geeigneter Weise **rechtliches Gehör** zu gewähren.

72 f) **Ermessen.** Sind die tatbestandlichen Voraussetzungen erfüllt, so hat das Gericht in einem weiteren Schritt sein ihm nach Abs. 2 S. 1 zustehendes **Ermessen** auszuüben. Vgl. die Erläuterungen zu Rn. 12, 13. Der **Tatbestandserfüllung** kommt im Fall des § 140 Abs. 2 S. 2 Nr. 5 bei der Ermessensausübung großes Gewicht zu, da das Kriterium der unzumutbaren Härte eine so hohe Schwelle darstellt, dass ein weiteres Zuwarten von einem Ehegatten oftmals nicht mehr verlangt werden kann und da die meisten bei einer Ermessensbetätigung zu berücksichtigenden Umstände

---

[149] OLG Oldenburg FamRZ 1992, 458; OLG Hamm FamRZ 1997, 1228.
[150] BGH NJW-RR 1996, 1025 = FamRZ 1996, 1333.
[151] Vgl. OLG Hamm FamRZ 1992, 1086.
[152] BGH FamRZ 1991, 1043.
[153] OLG Bamberg FamRZ 1988, 531.
[154] OLG Hamm FamRZ 2007, 651; OLG Schleswig MDR 2004, 514; KG FamRZ 2001, 928; *Zöller/Philippi* § 628 ZPO Rn. 7.
[155] OLG Hamm FamRZ 2007, 651; *Schwab/Maurer/Borth* ScheidungsR Teil I Rn. 387.
[156] AA wohl KG FamRZ 2000, 1292 (75. Lebensjahr).
[157] BGH FamRZ 1986, 898; OLG München NJW-RR 2008, 887, auch zum nachträglichen Entfallen des Gesichtspunkts.
[158] OLG Köln FamRZ 1997, 1487.

bereits in die auf Tatbestandsebene vorzunehmende Gesamtabwägung einzustellen waren. Ausnahmsweise können in die Ermessensausübung darüber hinausgehende Aspekte einzubeziehen sein, etwa die Interessen dritter Personen, etwa der Beteiligten an der abzutrennenden Folgesache oder an anderen Folgesachen.[159]

VI. Die Abtrennung nach § 140 Abs. 3

Nach § 140 Abs. 3 kann das Gericht im Fall des Abs. 2 Nr. 3 auf Antrag eines Ehegatten bei Abtrennung einer Kindschaftsfolgesache auch eine **Unterhaltsfolgesache abtrennen.** Die Regelung ersetzt die Bestimmungen § 623 Abs. 2 S. 3, Abs. 3 S. 3 ZPO aF, wonach ein Antrag auf Abtrennung bestimmter sorgerechtsbezogener Folgesachen nach § 623 Abs. 2 S. 1 ZPO aF mit einem Antrag auf Abtrennung einer Unterhaltsfolgesache verbunden werden konnte. Die Abtrennung steht nunmehr stets im Ermessen des Gerichts und sie setzt voraus, dass dieses Vorgehen wegen des Zusammenhangs mit der Kindschaftsfolgesache geboten erscheint. Hintergrund für diese Veränderungen ist auch hier das Bestreben des Gesetzgebers,[160] nicht vom Zweck der Vorschrift gedeckten, missbräuchlichen Abtrennungen[161] entgegenzuwirken. 73

Der BGH hat im Jahr 2008 in zwei Entscheidungen zu den genannten Vorgängerregelungen Stellung genommen; diese Aussagen sind auch für die Vorschrift des § 140 Abs. 3, die der BGH in seine Erwägungen einbezogen hat, von Bedeutung.[162] Danach darf das Familiengericht eine Unterhaltsfolgesache **nicht abtrennen,** wenn dies nach den Umständen des Falles nur dazu dient, in der **Scheidungssache vor der Unterhaltssache** entscheiden zu können. Die Zulassung eines solchen Vorgehens, bei dem die Unterhaltsfrage nach der Scheidung ungeregelt bliebe, wäre vom Zweck der Abtrennungsvorschrift selbst nicht gedeckt, liefe der Schutzfunktion des Scheidungsverbunds zuwider und würde einen Wertungswiderspruch zu den übrigen Abtrennungsvorschriften bedeuten.[163] 74

Daraus ergibt sich, dass die Abtrennung einer Unterhaltsfolgesache nach § 140 Abs. 3 nur in **wenigen Fällen** in Betracht kommt.[164] Eine Abtrennung, die dazu dient, dass in der Scheidungssache vor der Unterhaltsfolgesache entschieden werden kann, wird nach dem soeben Gesagten in der Regel unzulässig sein. Eine Abtrennung mit dem Zweck, dass die Unterhaltsfolgesache vor der Scheidung entschieden werden kann, bringt in der Regel keinen Vorteil, da die Unterhaltssache gem. § 137 Abs. 5 S. 1 auch nach der Abtrennung Folgesache bleibt und daher auf Grund der Regelung des § 148 erst mit Rechtskraft der Scheidung wirksam wird, also auch nicht früher als ohne Abtrennung. Damit ist eine Abtrennung nur in besonders gelagerten Fällen denkbar, etwa wenn die Ermöglichung einer Scheidung vor der Entscheidung über die Unterhaltssache auch bei Anwendung der vom BGH genannten Wertungskriterien ausnahmsweise nicht zu beanstanden ist, wobei das Vorhandensein einer über die Scheidung hinausreichenden Unterhaltsregelung mit zu berücksichtigen sein wird, oder wenn eine Vorabentscheidung über den Unterhalt etwa zur Klärung der Rechtslage, ggf. auch im Rechtsmittelverfahren, trotz des aufgeschobenen Wirksamkeitseintritts sinnvoll ist. 75

Die Abtrennung ist nur „im Fall des Absatzes 2 Nr. 3" möglich, also wenn die Kindschaftsfolgesache **zugleich abgetrennt wird oder bereits abgetrennt wurde;** wobei Gleichzeitigkeit schon unter Geltung des engeren Wortlauts des § 623 Abs. 2 S. 3 ZPO aF („verbunden werden") nicht zwingend gefordert war.[165] Das bloße Vorliegen der Voraussetzungen des Abs. 2 S. 2 Nr. 3, ohne dass eine Abtrennung tatsächlich erfolgt, wird nach der Begründung des RegE („im Fall der Abtrennung", „erweiterte Abtrennung")[166] hingegen nicht ausreichen. 76

Die Abtrennung muss wegen des **Zusammenhangs** der Unterhaltsfolgesache mit der Kindschaftsfolgesache geboten erscheinen. Hierbei ist zu beachten, dass der Begriff der Kindschaftsfolgesache nicht nur Verfahren nach § 1671 BGB umfasst, sondern beispielsweise auch Umgangsstreitigkeiten (vgl. im Einzelnen § 137 Abs. 3). Das Kriterium des Zusammenhangs wird im Sinn des Bestehens einer Abhängigkeit zu verstehen sein, nicht im Sinn des Erfordernisses einer gleichzeitigen 77

---

[159] AA *Schwab/Maurer/Borth* ScheidungsR Teil I Rn. 393; *Wieczorek/Schütze/Kemper* § 628 ZPO Rn. 21 („Ermessen schrumpft auf null").
[160] Vgl. die Begründung des RegE, BT-Drucks. 16/6308, S. 231.
[161] Vgl. BGH NJW 2009, 76 = FamRZ 2008, 2193.
[162] BGH FamRZ 2008, 2193 und 2268 m. zust. Anm. *Maurer* LMK 2008, 271326.
[163] Zuvor str., ebenso bereits OLG Karlsruhe FamRZ 2005, 1495; *Büttner* NJW 1999, 2315, 2326; *Johannsen/Henrich/Sedemund-Treiber* § 623 ZPO Rn. 14b; *Hagelstein* FamRZ 2001, 533; *Klinkhammer* FamRZ 2003, 583; *ders.*, Stellungnahme v. 10. 2. 2008 gegenüber dem Rechtsausschuss des Deutschen Bundestages, S. 12 f.
[164] Vgl. BGH NJW 2009, 76 = FamRZ 2008, 2193, das Argument der leerlaufenden Norm zurückweisend.
[165] OLG Düsseldorf FamRZ 2000, 842.
[166] Vgl. die Begründung des RegE, BT-Drucks. 16/6308, S. 231.

§ 140 78–83   Buch 2. Abschnitt 2. Ehe-, Scheidungs- und Folgesachen

Entscheidung, zumal beide Folgesachen nach einer Abtrennung auch untereinander nicht im (Rest-) Verbund stehen (vgl. § 137 Abs. 5 S. 2). Abzustellen ist auf die Umstände im **konkreten Fall**.[167] Auch kann die Frage des Zusammenhangs Veränderungen unterliegen, also etwa nach einem während des Verfahrens erfolgten Aufenthaltswechsel des Kindes anders zu beantworten sein als zuvor. Der Zusammenhang wird regelmäßig zu verneinen sein, wenn sich die Entscheidung in der Kindschaftsfolgesache nicht auf die konkrete Unterhaltsfolgesache auswirken kann.[168] Ein ganz untergeordneter Zusammenhang, wie etwa ein gewisser Einfluss der Umgangsentscheidung auf die Unterhaltsberechnung unter dem Aspekt der Umgangskosten, wird gleichfalls nicht ausreichen und eine Abtrennung nicht rechtfertigen können.

78 Dass der Anspruch des Kindes auf **Barunterhalt** und der Anspruch eines Ehegatten auf **Betreuungsunterhalt** (§ 1570 BGB) vom Aufenthalt des Kindes abhängen, welcher im Rahmen der Kindschaftsfolgesache geklärt werden soll, kann als typischer Fall eines Zusammenhangs angesehen werden.[169] Jedoch ist hier zwar eine frühzeitige, ggf. durch Abtrennung zu ermöglichende Entscheidung über den Aufenthalt als Grundlage der Unterhaltsfrage von Bedeutung, es sollte also möglichst die **Kindschaftssache vor der Unterhaltssache** geklärt sein. Dies spricht aber noch nicht dagegen, über die Unterhaltsfolgesache danach und zusammen mit der Scheidung zu entscheiden.

79 Bejaht das Gericht im Einzelfall das Vorliegen der vorgenannten Voraussetzungen, eröffnet das Kriterium der **Gebotenheit** die Möglichkeit einer wertenden Überprüfung. Hierbei werden auch die nach der Rechtsprechung des BGH maßgeblichen Kriterien der Schutzzwecks des Verbunds und der Vermeidung von Wertungswidersprüchen mit den übrigen Abtrennungsfällen zu berücksichtigen sein. Auch wird berücksichtigt werden können, mit welcher Wahrscheinlichkeit sich ein Aufenthaltswechsel oder eine sonstige Veränderung in den Lebensumständen des Kindes ergeben wird.

80 Weiterhin muss im Fall des Abs. 3, anders als bei einer Abtrennung der Kindschaftsfolgesache nach Abs. 2 S. 2 Nr. 3, ein **Antrag** eines Ehegatten vorliegen.

81 Liegen alle Voraussetzungen des § 140 Abs. 3 vor und hat das Gericht den Beteiligten rechtliches Gehör gewährt, so hat es das ihm zustehende **Ermessen auszuüben**. Vgl. hierzu und zu den dabei zu berücksichtigenden Gesichtspunkten die Erläuterungen zu Rn. 12, 13. Die wesentlichen Aspekte werden oft bereits bei der Prüfung der Gebotenheitsfrage Berücksichtigung gefunden haben. Zum **Verfahren** der Abtrennung vgl. die Erläuterungen zu Rn. 14 ff. Nach § 137 Abs. 5 behalten Verfahren nach § 137 Abs. 2 ihre Eigenschaft als Folgesache bei, Folgesachen nach § 137 Abs. 3 werden mit der Abtrennung zu isolierten Verfahren. Diese Unterscheidung bleibt auch dann maßgeblich, wenn eine Unterhaltsfolgesache wegen des Zusammenhangs mit einer Kindschaftsfolgesache abgetrennt wird.[170]

VII. Außer Betracht bleibender Zeitraum (Abs. 4)

82 Nach § 140 Abs. 4 bleibt in den Fällen des § 140 Abs. 2 S. 2 Nr. 4 und 5 jeweils der vor Ablauf des ersten Jahres seit Eintritt des Getrenntlebens (§ 1567 BGB) liegende **Zeitraum außer Betracht**, sofern nicht die Voraussetzungen des § 1565 Abs. 2 BGB vorliegen. Damit soll verhindert werden, dass sich ein Ehegatte durch verfrühte Einreichung des Scheidungsantrags verfahrensrechtliche Vorteile verschafft.[171] Dass die Zeit einer verfrühten Antragstellung im Rahmen des § 628 S. 1 Nr. 4 ZPO unberücksichtigt bleibt, war bereits bislang vertreten worden,[172] wenn auch nicht unstr.[173]

83 Die Vorschrift wirkt sich so aus, dass in den Fällen des § 140 Abs. 2 S. 2 Nr. 4 die Dreimonatsfrist faktisch nicht mit der Rechtshängigkeit sondern mit **Ablauf des Trennungsjahres** zu laufen beginnt.[174] Entsprechendes gilt in den Fällen des § 140 Abs. 2 S. 2 Nr. 5 bei der Ermittlung der konkreten Verfahrensdauer. Im Hinblick auf die letztgenannte Konstellation, in der keine Frist im eigentlichen Sinn vorliegt, war im Gesetz nicht von Hemmung o. ä. zu sprechen, sondern allgemeiner davon, dass der Zeitraum „außer Betracht bleibt".

---

167 Vgl. die Begründung des RegE, BT-Drucks. 16/6308, S. 231.
168 Vgl. die Begründung des RegE, BT-Drucks. 16/6308, S. 231; BGH FamRZ 2008, 2268.
169 Differenzierend *Maurer* LMK 2008, 271326.
170 Vgl. die Begründung des RegE, BT-Drucks. 16/6308, S. 231.
171 Vgl. die Begründung des RegE, BT-Drucks. 16/6308, S. 231; zum verfrühten Scheidungsantrag vgl. *Krause* FamRZ 2002, 1386.
172 OLG Köln FamRZ 2000, 1294; OLG Frankfurt FamRZ 1981, 579; *Johannsen/Henrich/Sedemund-Treiber* § 628 ZPO Rn. 6; oben § 628 ZPO Rn. 11; aA OLG Zweibrücken FamRZ 2002, 334.
173 BGH FamRZ 1986, 898 („nicht schlüssig war"); OLG Zweibrücken FamRZ 2002, 334.
174 Vgl. die Begründung des RegE, BT-Drucks. 16/6308, S. 231.

Abtrennung   84–89 § 140

Die Regelung selbst ändert nicht die für die einzelnen Ausgleichssysteme nach materiellem Recht 84
maßgeblichen **Stichtage** (vgl. etwa für den Versorgungsausgleich § 3 Abs. 1 VersAusglG).[175] Der
Rechtsgedanke des § 140 Abs. 4 wird aber im Rahmen der Anwendung von Billigkeitsklauseln
Berücksichtigung finden können.[176] Abs. 4 ändert auch nichts daran, dass das Gericht einen verfrühten Scheidungsantrag in einem zeitnah anzuberaumenden Termin **abzuweisen** hat;[177] nur wenn dies
etwa wegen Erreichen des Trennungsjahres nicht erfolgt, ergibt sich die in Abs. 4 behandelte Frage.

VIII. Abtrennungsantrag (Abs. 5)

In den Fällen des § 140 Abs. 2 S. 2 Nr. 4 und 5 wurde das **Erfordernis des Antrags** eines oder 85
beider Ehegatten eingeführt, in den Vorgängerregelungen zu § 140 Abs. 3 bestand es bereits teilweise. Eine Abtrennung von Amts wegen ist in diesen Fällen nicht möglich. Der Antrag eines
Drittbeteiligten, etwa in einer Folgesache der freiwilligen Gerichtsbarkeit, genügt ebenfalls nicht.

Dass der Abtrennungsantrag von dem nach § 114 Abs. 1 in Ehesachen und Folgesachen für beide 86
Ehegatten grundsätzlich geltenden **Anwaltszwang ausgenommen** ist, ergibt sich bereits aus § 114
Abs. 4 Nr. 4. Die darüber hinaus gehende Bedeutung des § 140 Abs. 5 liegt allenfalls noch darin
klarzustellen, dass die Geschäftsstelle oder das Gericht den Abtrennungsantrag aufnehmen müssen.
Daran hätte auch ohne die zusätzliche Vorschrift niemand gezweifelt.

IX. Entscheidung, Unanfechtbarkeit (Abs. 6)

§ 140 Abs. 6, 1. Halbs. bestimmt, dass die (stattgebende oder ablehnende) Entscheidung über die 87
Abtrennung nach § 140 **gesondert,** also nicht zusammen mit der Endentscheidung zu ergehen hat.
Weiterhin vorgeschrieben ist die Entscheidungsform des **Beschlusses.** Bei Kollegialgerichten handelt
es sich also um eine Entscheidung des Spruchkörpers. Eine stillschweigende Abtrennung oder eine
Entscheidung durch Verfügung ist nicht zulässig.

Gegen den Beschluss selbst ist ein **Rechtsmittel nicht statthaft** (Abs. 6, 2. Halbsatz). Die 88
Unanfechtbarkeit entspricht für die erfolgte Abtrennung nach § 623 Abs. 2, 3 ZPO aF[178] und für
stattgebende wie ablehnende Entscheidungen nach § 628 ZPO aF der bislang herrschenden Ansicht.[179] Die Regelung folgt dem Grundsatz des FamFG, dass Zwischenentscheidungen nicht isoliert
anfechtbar sein sollen.[180]

Eine zu Unrecht vorgenommene Abtrennung stellt jedoch einen Verfahrensfehler[181] dar, der, auch 89
wenn die Abtrennung durch gesonderten Beschluss erfolgte,[182] durch **Rechtsmittel gegen den
Scheidungsausspruch** geltend gemacht werden kann (§ 58 Abs. 2). Eine unberechtigte Auflösung
des Verbunds begründet eine eigenständige Beschwer auch dann, wenn sich der Ehegatte der
Scheidung selbst nicht widersetzt.[183] Auch wenn eine erfolgte Abtrennung im Rechtsmittelverfahren
von den Beteiligten nicht angegriffen wurde, wird das Vorliegen der diesbezüglichen Voraussetzungen, nicht anders als in den Fällen eines unzulässigen Teilurteils nach § 301 ZPO,[184] **von Amts
wegen zu überprüfen** sein;[185] der Mangel kann durch Unterlassen einer entsprechenden Rüge im
Rechtsmittelverfahren nicht behoben werden. Da in der Sache eine Teilentscheidung getroffen
wurde, ohne dass die diesbezüglichen Voraussetzungen vorliegen,[186] hebt das Rechtsmittelgericht die

---

[175] Der Gesichtspunkt ist erwähnt in der Begründung des RegE, BT-Drucks. 16/6308, S. 231.
[176] BGH NJW 1997, 1007 = FamRZ 1997, 347; OLG Oldenburg FamRZ 1996, 1480; *Bergerfurth* FamRZ 1998, 16.
[177] *Ditzen* FamRZ 1988, 1010.
[178] Die Ablehnung eines Abtrennungsantrags nach § 623 Abs. 2, 3 ZPO aF war mit der sofortigen Beschwerde anfechtbar, BGH NJW 2005, 143 = FamRZ 2005, 191; NJW 2009, 76 = FamRZ 2008, 2193; nach allgemeinen Regeln anfechtbar war auch die Vorwegentscheidung nach § 627 ZPO aF.
[179] BGH NJW 2005 143 = FamRZ 2005, 191; OLG Hamm FamRZ 2005, 731, jeweils m. weit. Nachw.; *Zöller/Philippi*, § 628 ZPO Rn. 11, 12 m. weit. Nachw.; *Johannsen/Henrich/Sedemund-Treiber* § 628 ZPO Rn. 16 m. weit. Nachw. Vgl. auch die Begründung des RegE, BT-Drucks. 16/6308, S. 232. Krit. aber überholt OLG Karlsruhe FamRZ 1998, 99.
[180] Vgl. die Begründung des RegE, BT-Drucks. 16/6308, S. 203, 232.
[181] *Zöller/Philippi* § 628 ZPO Rn. 14; *Johannsen/Henrich/Sedemund-Treiber* § 628 ZPO Rn. 14 m. weit. Nachw.
[182] *Johannsen/Henrich/Sedemund-Treiber* § 628 ZPO Rn. 14 m. weit. Nachw.
[183] BGH NJW 2009, 74 = FamRZ 2008, 2268 m. weit. Nachw.; BGH FamRZ 1996, 1070 und 1333; OLG Hamm FamRZ 2007, 651.
[184] Vgl. *Zöller/Vollkommer* § 301 ZPO Rn. 2 aE m. weit. Nachw.
[185] OLG Oldenburg FamRZ 1992, 458 unter Verweis auf BGH NJW 1991, 1616 = FamRZ 1991, 687.
[186] OLG Naumburg NJW 2009, 2964; OLG Nürnberg FamRZ 2005, 1497; *Prütting/Helms* Rn. 38.

§ 141　　Buch 2. Abschnitt 2. Ehe-, Scheidungs- und Folgesachen

Entscheidung auf und verweist das Verfahren nach § 69 S. 2, 3 grundsätzlich, jedenfalls wenn eine Wiederherstellung des Verbunds möglich ist,[187] an das Familiengericht zurück.[188]

90　Durch Rechtsmittel gegen die Entscheidung in der abgetrennten **Folgesache** kann das Nichtvorliegen der Abtrennungsvoraussetzungen grundsätzlich nicht geltend gemacht werden,[189] zumal die Regelungen über die Abtrennung systematisch dem Recht des Verfahrens in Scheidungssachen (§ 133 ff.) und nicht dem Verfahrensrecht der abgetrennten Familiensache zuzuordnen sind. Anders liegt es, wenn geltend gemacht wird, eine Folgesache sei zu Unrecht aus dem **Restverbund,** dem das Scheidungsverfahren nicht mehr angehört, abgetrennt worden; hier werden die Voraussetzungen der Abtrennung im Rechtsmittelverfahren gegen die zunächst entschiedene Folgesache zu prüfen sein.[190]

X. Folgen der Abtrennung

91　Die Abtrennung nach § 140 **löst den Verbund** zwischen dem abgetrennten und den im Verbund verbleibenden Verfahren. Nach § 137 Abs. 5 behalten Verfahren nach § 137 Abs. 2 ihre Eigenschaft als Folgesache, Folgesachen nach § 137 Abs. 3 werden mit der Abtrennung hingegen zu selbständigen Verfahren. Zu den Kosten im Fall der Abtrennung vgl. § 150 Abs. 5 iVm. Abs. 1 bis 4. Die für die Folgesache im Verbund bewilligte Verfahrenskostenhilfe bleibt auch nach der Abtrennung bestehen.[191] Bleibt das abgetrennte Verfahren Folgesache, dauert der für Ehegatten bestehende Anwaltszwang (§ 114 Abs. 1) nach der Abtrennung fort.[192] Auch die Regelung des § 148, wonach Entscheidungen in Folgesachen vor Rechtskraft des Scheidungsausspruchs nicht wirksam werden, gilt weiter.

92　Die Abtrennung kann nach den bestehenden **Übergangsvorschriften** auch Auswirkungen auf das anwendbare materielle Recht oder Verfahrensrecht haben. Dies betrifft insbesondere den Versorgungsausgleich: Nach **§ 48 VersAusglG**[193] ist auf vor dem 1. 9. 2009 eingeleitete Verfahren über den Versorgungsausgleich das ab diesem Zeitpunkt geltende („neue") materielle Recht und Verfahrensrecht insbesondere dann anzuwenden, wenn sie an demselben Stichtag abgetrennt waren oder danach abgetrennt werden (Abs. 2); ist am 31. 8. 2010 im ersten Rechtszug noch keine Endentscheidung ergangen, ist ab dem Folgetag in jedem Fall das neue materielle Recht und Verfahrensrecht anzuwenden (Abs. 3). Art. 111 FGG-RG idF des Art. 22 VAStrRefG enthält im Hinblick auf das Verfahrensrecht für Verfahren über den Versorgungsausgleich zunächst eine gleichlaufende Regelung (Abs. 4 S. 1), bestimmt aber darüber hinaus, dass im Fall einer Abtrennung am oder nach dem 1. 9. 2009 abweichend von § 137 Abs. 5 S. 1 **alle vom Verbund abgetrennten Folgesachen** als **selbständige Familiensachen** fortgeführt werden (Abs. 4 S. 2) und dass ab dem 1. 9. 2010 neues Verfahrensrecht nicht nur für die Versorgungsausgleichssache sondern darüber hinaus auch für alle mit ihr im Verbund stehenden Scheidungs- und Folgesachen anzuwenden ist, wenn bis zum 31. 8. 2010 im ersten Rechtszug noch keine Endentscheidung erlassen wurde (Abs. 5).

§ 141 Rücknahme des Scheidungsantrags

[1] Wird ein Scheidungsantrag zurückgenommen, erstrecken sich die Wirkungen der Rücknahme auch auf die Folgesachen. [2] Dies gilt nicht für Folgesachen, die die Übertragung der elterlichen Sorge oder eines Teils der elterlichen Sorge wegen Gefährdung des Kindeswohls auf einen Elternteil, einen Vormund oder Pfleger betreffen, sowie für Folgesachen, hinsichtlich derer ein Beteiligter vor Wirksamwerden der Rücknahme ausdrücklich erklärt hat, sie fortführen zu wollen. [3] Diese werden als selbständige Familiensachen fortgeführt

---

[187] OLG Düsseldorf FamRZ 2002, 1572; *Johannsen/Henrich/Sedemund-Treiber* § 628 ZPO Rn. 15 m. weit. Nachw.
[188] BGH NJW-RR 1996, 833 = FamRZ 1996, 1070.
[189] BGH NJW 1983, 1317 = FamRZ 1983, 461; OLG Stuttgart FamRZ 1990, 1121.
[190] OLG Zweibrücken FamRZ 1997, 1231.
[191] OLG Dresden FamRZ 2002, 1415.
[192] BGH NJWE-FER 1998, 91 = FamRZ 1998, 1505.
[193] Art. 1 VAStrRefG.

I. Normzweck

Die Vorschrift regelt die Auswirkungen der **Rücknahme des Scheidungsantrags** auf die **Folgesachen.** Dem Verbundprinzip, genauer dem Umstand, dass Folgesachen grundsätzlich nur Regelungen für den Fall der Scheidung betreffen, entspricht es, dass diese Verfahren gegenstandslos werden, wenn es nicht zur Scheidung kommt. Die in § 141 Satz 2 genannten Kindschaftsfolgesachen betreffen nicht notwendigerweise Regelungen für den Fall der Scheidung, daher und aus Grüden des Kindeswohls werden sie auch nach einer Rücknahme des Scheidungsantrags fortgeführt. § 141 weist Ähnlichkeit mit § 142 Abs. 2 auf.

II. Entstehung

§ 141 Satz 1 ordnet übereinstimmend mit dem Grundsatz des **§ 626 ZPO aF** an, dass sich die Wirkungen einer Rücknahme des Scheidungsantrags auf die Folgesachen erstrecken. § 141 Satz 2 enthält die bislang in § 626 Abs. 1 Satz 1 Halbs. 1 und Abs. 2 ZPO aF geregelten Ausnahmefälle. Die Fortführung erfolgt in den genannten kindschaftsrechtlichen Verfahren kraft Gesetzes, in den übrigen Verfahren beruht sie nicht mehr auf einer gerichtlichen Entscheidung (vgl. § 626 Abs. 2 Satz 1 ZPO aF), sondern unmittelbar auf der rechtzeitigen Fortführungserklärung eines Beteiligten. § 141 Satz 3 ordnet in Übereinstimmung mit dem bisherigen Recht (§ 626 Abs. 1 Satz 1 Halbs. 2, Abs. 2 ZPO aF) an, dass alle fortzusetzenden Folgesachen selbständige Familiensachen werden. Die in § 626 ZPO aF enthaltenen kostenrechtlichen Regelungen finden sich, etwas modifiziert, aus Gründen der Übersichtlichkeit nunmehr in § 150.

Die Vorschrift hat im Lauf des **Gesetzgebungsverfahrens** Änderungen lediglich im Hinblick auf den Kreis der fortzuführenden Kindschaftssachen erfahren. Im RefE (2005)[1] und im RegE[2] waren in Satz 2 der Bestimmung (wie in § 142 Abs. 2) zunächst alle Kindschaftsfolgesachen genannt. Auf Vorschlag des Bundesrates,[3] dem die Bundesregierung zugestimmt hat, wurde im Rahmen der Beratungen im Rechtsausschuss des Bundestages diese Erweiterung gegenüber dem bisherigen Rechtszustand wieder zurückgenommen.[4] Als Begründung wurde angefürt, der Stabilisierung der Familienverhältnisse, welche oftmals einer Rücknahme des Scheidungsantrags zugrunde liege, und dem Eltern-Kind-Verhältnis sei es abträglich, wenn Kindschaftsfolgesachen, die nicht eine Gefährdung des Kindswohls betreffen, gegen den Willen der Beteiligten weiter fortgesetzt würden.[5]

III. Rücknahme des Scheidungsantrags

1. Voraussetzungen. Voraussetzungen und Wirkungen der Rücknahme des **Scheidungsantrags**[6] ergeben sich, vorbehaltlich einiger Sondervorschriften, aus den nach § 113 Abs. 1 entsprechend anwendbaren Vorschriften der ZPO, insbesondere § 269 ZPO. Die Vorschriften sind in gleicher Weise für die Rücknahme der Scheidungsanträge beider Ehegatten anwendbar, die nachfolgenden Ausführungen gelten daher entsprechend auch für die Rücknahme des Scheidungsantrags durch den Antragsgegner und die Zustimmung des Antragstellers. Zu der nach hM daneben bestehenden Möglichkeit des Widerrufs eines Scheidungsantrags des Antragsgegners in entsprechender Anwendung des § 134 Abs. 2 Satz 1, vgl. die Erläuterungen zu § 134 Rn. 21.

Die **Erklärung der Rücknahme**[7] ist Verfahrenshandlung, die bedingungsfeindlich und nach § 269 Abs. 2 S. 1 ZPO dem Gericht[8] gegenüber vorzunehmen ist.[9] Nach § 114 Abs. 1 unterliegt sie dem Anwaltszwang. Die Rücknahme erfolgt, wenn sie nicht in der mündlichen Verhandlung erklärt wird, durch Einreichung eines Schriftsatzes. Der Schriftsatz ist der Gegenseite **zuzustellen,** wenn deren Zustimmung erforderlich ist (§ 269 Abs. 2 Satz 3 ZPO); eine Bekanntgabe durch Aufgabe zur Post nach § 15 Abs. 2 genügt nicht, da diese Vorschrift in Ehesachen nicht anwendbar ist (§ 113 Abs. 1 Satz 1). Für die Protokollierung in der mündlichen Verhandlung gelten § 160 Abs. 3 Nr. 8 und § 162 Abs. 1 ZPO **("vorgelesen und genehmigt"),** ein Verstoß macht die Erklärung jedoch

---

[1] § 150 FamFG idF des RefE (2005).
[2] § 141 FamFG idF des RegE.
[3] BT-Drucks. 16/6308, S. 374.
[4] BT-Drucks. 16/9733, S. 70, 293.
[5] BT-Drucks. 16/6308, S. 374.
[6] Zu den Belehrungspflichten eines Anwalts in Bezug auf die Rücknahme eines Scheidungsantrags vgl. OLG Hamm FamRZ 1993, 817.
[7] Zur Auslegung vgl. BGH FamRZ 1996, 1142.
[8] Von der Einlegung des Rechtsmittels an ist das Rechtsmittelgericht zuständig, oben § 626 ZPO Rn. 2.
[9] *Johannsen/Henrich/Sedemund-Treiber* § 626 ZPO Rn. 2.

nicht unwirksam.[10] Die Rücknahme kann frühestens mit der Einreichung des Scheidungsantrags (arg. § 269 Abs. 3 Satz 3 ZPO) erfolgen; nach Rechtskraft des Scheidungsausspruchs ist sie ausgeschlossen.[11] Die Rücknahme kann nur in dem anhängigen Scheidungsverfahren erklärt werden, bei einer Erklärung in einem andern Verfahren ist an die Begründung einer Verpflichtung zur Rücknahme zu denken.[12]

6 Für die Wirksamkeit der Rücknahme ist ab Beginn der mündlichen Verhandlung des Antragsgegners zur Hauptsache dessen **Zustimmung** erforderlich. Diese ist ebenfalls Verfahrenshandlung, die bedingungsfeindlich und dem Gericht gegenüber vorzunehmen ist, nach § 114 Abs. 4 Nr. 3 ist sie vom Anwaltszwang ausgenommen. Nach § 134 Abs. 1 Satz 1 ist das Gericht der Scheidungssache[13] oder die Geschäftsstelle zur Aufnahme der Zustimmungserklärung verpflichtet; nach § 129a ZPO kann die Zustimmung zur Rücknahme auch vor der Geschäftsstelle eines anderen Amtsgerichts zu Protokoll erklärt werden, wobei nach § 129a Abs. 2 ZPO die Wirksamkeit erst eintritt, wenn das Protokoll beim Gericht der Scheidungssache eingeht. Die Zustimmung kann ausdrücklich oder konkludent erfolgen, etwa durch Stellen eines Kostenantrags.[14] Sie kann auch vor Erklärung der Rücknahme erteilt werden.

7 Die Frage, wann in einem Scheidungsverfahren vom **Beginn der mündlichen Verhandlung zur Hauptsache** auszugehen ist, ist durch die Rechtsprechung des BGH inzwischen weitgehend geklärt: Ist der **Antragsgegner anwaltlich vertreten**, ist der Zeitpunkt maßgebend, zu dem der Verfahrensbevollmächtigte im Verhandlungstermin den **Standpunkt des Antragsgegners zum Scheidungsbegehren zu erkennen gegeben** hat.[15] Die Stellung eines konkreten Antrags, etwa auf Abweisung, oder eine ausdrückliche Zustimmung[16] zur Scheidung ist dafür nicht erforderlich, aber jeweils ausreichend. Ausreichend ist auch die Erklärung des Antragsgegnervertreters, er trete dem Scheidungsantrag nicht entgegen.[17] Auch eine sonstige in der mündlichen Verhandlung abgegebene Stellungnahme zum Scheidungsbegehren selbst wird ausreichen.[18] Nimmt der Antragsgegnervertreter hingegen nur zu Fragen der Zulässigkeit des Scheidungsantrags Stellung, liegt darin noch kein Verhandeln zur Hauptsache.[19]

8 Ist der **Antragsgegner nicht anwaltlich vertreten**, ist ein Verhandeln zur Hauptsache nicht möglich. Auch wenn in diesem Fall der Antragsgegner in eigener Person der Scheidung zugestimmt hat oder wenn er nach § 128 persönlich angehört wurde, besteht kein Zustimmungserfordernis und der Scheidungsantrag kann bis zur Rechtskraft des Scheidungsausspruchs einseitig zurückgenommen werden.[20]

9 Die Regelung des § 269 Abs. 2 Satz 4 ZPO (Fiktion der Zustimmung) gilt auch im Scheidungsverfahren.[21] Danach ist die **Zustimmung als erteilt anzusehen,** wenn der Antragsgegner nicht innerhalb einer Notfrist (zur Wiedereinsetzungsmöglichkeit vgl. § 233 ZPO) von zwei Wochen seit der Zustellung des die Rücknahme enthaltenden Schriftsatzes der Rücknahme widerspricht; dies gilt jedoch nur, wenn er zuvor auf diese Folge hingewiesen wurde.

10 Wegen **weiterer Fragen** in Bezug auf die Zustimmungserklärung wird auf die Erläuterungen zu § 114 Abs. 4 Nr. 3 und zu § 134 Abs. 1 verwiesen.

11 Ein nach § 130 Abs. 1 ergangener **Versäumnisbeschluss gegen den Antragsteller** lautet aus Gründen der einheitlichen Behandlung der Ehesachen nicht mehr auf Abweisung, sondern dahin, dass der Antrag als zurückgenommen gilt; der rechtskräftige Beschluss steht der Rücknahmeerklärung gleich. Die Zustimmung des Antragsgegners ist in dessen Antrag auf Erlass einer Versäumnisentscheidung zu sehen.[22] Auf die Erläuterungen zu § 130 wird verwiesen.

---

[10] *Zöller/Stöber* § 162 ZPO Rn. 6 m. weit. Nachw.
[11] *Johannsen/Henrich/Sedemund-Treiber* § 626 ZPO Rn. 2; vgl. auch *Soergel/Heintzmann,* 12. Aufl., 1989, § 1564 BGB Rn 14 a.
[12] BGH MDR 1981, 1002; *Zöller/Greger* § 269 ZPO Rn. 12 a; großzügiger wohl *Baumbach/Lauterbach/Hartmann* § 269 ZPO Rn. 27 aE.
[13] Vgl. § 160 Abs. 3 Nr. 3 aE ZPO.
[14] *Baumbach/Lauterbach/Hartmann* § 269 ZPO Rn. 12.
[15] BGH NJW-RR 2004, 1297 = FamRZ 2004, 1364.
[16] OLG München NJW-RR 1994, 201.
[17] BGH NJW-RR 2004, 1297 = FamRZ 2004, 1364.
[18] Vgl. OLG Stuttgart FamRZ 2002, 831; die Stellung eines Beweisantrags soll ausreichen, vgl. OLG Frankfurt FamRZ 1982, 809.
[19] BGH FamRZ 1987, 800.
[20] BGH NJW-RR 2004, 1297 = FamRZ 2004, 1364 m. weit. Nachw.; OLG Stuttgart FamRZ 2005, 286 sowie FamRZ 2004, 957.
[21] OLG Naumburg, FamRZ 2003, 545.
[22] *Zöller/Greger* § 269 ZPO Rn. 7.

2. Auswirkungen der Rücknahme auf die Scheidungssache. Die wirksame Rücknahme des 12
Scheidungsantrags hat zunächst die in § 269 Abs. 3 ZPO genannten Folgen: Das Scheidungsverfahren gilt als **nicht rechtshängig** geworden, die Rechtshängigkeit entfällt rückwirkend. Eine bereits ergangene **Entscheidung wird wirkungslos,** was etwa im Fall der Rücknahme des Scheidungsantrags im Rechtsmittelverfahren Bedeutung erlangen kann.[23] Hat der Antragsgegner hingegen ebenfalls einen Scheidungsantrag gestellt, bleibt der Verfahrensgegenstand[24] auch nach Rücknahme des Antrags des Antragstellers weiter rechtshängig.[25]

Zu den **kostenrechtlichen Folgen** einer Rücknahme gelten die speziellen Vorschriften des § 150 13
Abs. 2 und 4. Wird der Scheidungsantrag zurückgenommen, trägt der Antragsteller die Kosten der Scheidungssache und der Folgesachen, werden Scheidungsanträge beider Ehegatten zurückgenommen, werden die Kosten der Scheidungssache und der Folgesachen gegeneinander aufgehoben. Im Fall der Unbilligkeit kann das Gericht nach § 150 Abs. 4 die Kosten anderweitig verteilen. Die als umfassende Spezialregelung zu verstehende[26] Vorschrift des § 150 wird auch die Konstellation des § 269 Abs. 3 Satz 3 ZPO mit umfassen bzw. dieser Bestimmung vorgehen. Wegen der Einzelheiten wird auf die Erläuterungen zu § 150 verwiesen. Nach Nr. 1111 des KV zum FamGKG (= Anlage 1) ermäßigt sich die Gerichtsgebühr für das Verfahren im Allgemeinen im Fall der Rücknahme von 2,0 auf 0,5, sofern nicht eine Endentscheidung vorausgegangen ist.

Ist die erklärte **Rücknahme** des einzigen in dem Verfahren gestellten Scheidungsantrags mangels 14
Vorliegen der erforderlichen Zustimmung **nicht wirksam,** darf nach zutreffender hM jedenfalls ein **Scheidungsausspruch nicht erfolgen,** da die Ehe nach § 1564 Satz 1 BGB nur bei Vorliegen eines auf Auflösung gerichteten Begehrens mindestens eines Ehegatten geschieden werden darf,[27] maßgeblich ist wie stets der Zeitpunkt des Schlusses der mündlichen Verhandlung. Der für die gegenteilige Meinung angeführte[28] Hinweis auf einen formellen Verzicht auf die Scheidung und das Argument eines Vertrauensschutzes für den Antragsgegner (der obwohl das Zustimmungserfordernis ausgelöst wurde, keinen eigenen Antrag stellt) können unter dem Gesichtspunkt des Art. 6 Abs. 1 GG nicht überzeugen; beide Überlegungen rechtfertigen nicht den Ausspruch einer von keinem Ehegatten beantragten Scheidung. Unter den genannten Voraussetzungen wird ein Scheidungsausspruch in der Praxis ohnehin kaum vorkommen, da das Gericht die Ehegatten auf die Möglichkeiten eines sachgerechten und unnötige Rechtsmittel vermeidenden verfahrensmäßigen Vorgehens hinweisen wird.

3. Auswirkungen der Rücknahme auf die Folgesachen. § 141 Satz 1 ordnet in Erweiterung 15
des § 269 ZPO an, dass sich die Wirkungen der Rücknahme des Scheidungsantrags auch auf die Folgesachen erstrecken. Dies bedeutet, dass die **Rechtshängigkeit** der Folgesache mit Rückwirkung entfällt. Etwa bereits ergangene Endentscheidungen in der Folgesache verlieren ihre Wirkung, ohne dass es einer ausdrücklichen Aufhebung bedarf. Das Gesagte gilt für noch nicht rechtskräftige **Entscheidungen in der Folgesache** (§ 269 Abs. 3 Satz 3 ZPO) und für solche, die zwar bereits rechtskräftig, aber wegen § 148 noch nicht wirksam geworden sind[29] und auch für Entscheidungen in Folgesachen, die bereits vom Verbund abgetrennt wurden.[30] Die bislang in § 626 Abs. 1 Satz 2 ZPO aF enthaltene Regelung über die anderweitige **Kostenverteilung** bei Rücknahme („bisherigen Sach- und Streitstand in den Folgesachen") ist in § 150 Abs. 4 („insbesondere ... Ergebnis einer Folgesache") aufgegangen.

4. Ausnahme: Fortführung bestimmter Folgesachen. Die in Satz 1 angeordnete Rechts- 16
folge der Erstreckung der Rücknahmewirkungen auf die Folgesachen tritt nach Satz 2 in zwei Fallgruppen nicht ein: Zum einen gilt die Rechtfolge nicht für bestimmte Kindschaftssachen, nämlich für solche, die die Übertragung mindestens eines Teils der elterlichen Sorge wegen **Gefährdung des Kindeswohls** betreffen. Diese Verfahren werden kraft Gesetzes und ohne dass es einer Erklärung oder Entscheidung bedürfte, fortgeführt. Die zur Abwehr möglicher Gefahren für das Kindeswohl eingeleiteten Verfahren sollen nicht durch einen Dispositionsakt ausgerechnet eines Elternteils beendet werden können. Nach den bisherigen Erfahrungen, und angesichts der erhöhten

---

[23] Vgl. OLG Hamm FamRZ 1989, 1102.
[24] Vgl. hierzu *Johannsen/Henrich/Jaeger* § 1564 BGB Rn. 40 ff. m. weit. Nachw.
[25] *Johannsen/Henrich/Jaeger* § 1566 BGB Rn. 10.
[26] BT-Drucks. 16/6308, S. 233.
[27] OLG Frankfurt FamRZ 1982, 809; *Johannsen/Henrich/Jaeger* § 1564 BGB Rn. 34 aE; RGRK/*Graßhoff*, 12. Aufl., § 1564 BGB Rn. 5.
[28] MünchKommBGB/*Wolf* § 1564 Rn. 51.
[29] Oben § 626 ZPO Rn. 6.
[30] *Zöller/Philippi* § 626 ZPO Rn. 2; *Wieczorek/Schütze/Kemper* § 626 ZPO Rn. 5.

Anforderungen des § 137 Abs. 3 an die Einbeziehung von Kindschaftssachen in den Verbund, werden diese Fälle nur selten vorkommen.

17 Zum anderen nennt Satz 2 diejenigen Folgesachen, hinsichtlich derer ein Beteiligter vor Wirksamwerden der Rücknahme ausdrücklich erklärt hat, sie fortführen zu wollen. In Betracht kommen hierfür alle Folgesachen nach § 137 Abs. 2 oder 3. Die rechtzeitig abgegebene wirksame **Fortführungserklärung** hat unmittelbar rechtsgestaltende Wirkung; einen Beschluss, in dem einem Beteiligten die Fortführung der Folgesache vorbehalten wird, sieht das Gesetz nicht mehr vor.[31] In einem Folgeverfahren, dessen Weiterbetreiben ohne Scheidungsverfahren nicht sinnvoll ist, etwa einem Verfahren aus dem Bereich des Versorgungsausgleichs, wird eine Fortführungserklärung nicht gestellt werden; geschieht dies doch, muss das selbständig gewordene Verfahren nach allgemeinen Regeln beendet werden. Zu einem Fortführungsverlangen ist nunmehr außer beiden Ehegatten, selbst derjenige, der die Folgesache nicht anhängig gemacht hat,[32] auch jeder sonstige Beteiligte an dieser Folgesache berechtigt. Dies ergibt sich daraus, dass das FamFG nicht von Ehegatten, sondern einschränkungslos von „ein Beteiligter" spricht. Die Erklärung ist Verfahrenshandlung, weshalb sie dem Anwaltszwang nach Maßgabe des § 114 Abs. 1 unterliegt;[33] dass im Fall der Fortführung als selbständiges Verfahren der Anwaltszwang wegfallen würde, führt zu keiner anderen Beurteilung,[34] da die Fortführungserklärung noch vor diesem Zeitpunkt und im Verbundverfahren abzugeben ist. Sie muss gegenüber dem Gericht, bei dem die Scheidungssache anhängig ist, abgegeben werden. Inhaltlich fordert das Gesetz nunmehr eine ausdrückliche, also eindeutige und nicht nur aus einem anderweitigen Verhalten geschlossene Erklärung.

18 Die Fortführungserklärung kann nach dem Gesetzeswortlaut nur **bis zum Wirksamwerden der Rücknahme** des Scheidungsantrags abgegeben werden. Wird die Rücknahme, etwa weil kein Zustimmungserfordernis besteht, mit Eingang des Schriftsatzes sogleich wirksam, besteht keine Möglichkeit mehr, in rechtswirksamer Weise den Fortführungswillen zu artikulieren; dasselbe gilt, wenn der an einer Fortführung interessierte Beteiligte erst nach erteilter Zustimmung des Antragsgegners überhaupt von der Rücknahme und dem Eintritt ihrer Wirksamkeit Kenntnis erhält (vgl. § 139). Die Abgabe einer „vorsorglichen" Fortführungserklärung ist zulässig und bleibt den Beteiligten unbenommen. Es besteht jedoch kein Anspruch darauf, eine Fortführung bewirken zu können. Immerhin könnte die Fortsetzung einer Folgesache einer Stabilisierung der Familienverhältnisse, welche der Rücknahme des Scheidungsantrags möglicherweise zugrunde liegt, abträglich sein.[35] Jedenfalls ist ein Hinausschieben des gesetzlich festgelegten Zeitpunkts[36] im Wege der Auslegung nach neuem Recht nicht möglich. Mit Wirksamwerden der Rücknahme ist die Rechtshängigkeit der Folgesache unwiderruflich entfallen und sie kann durch eine nachträgliche Erklärung eines Beteiligten auch nicht wieder hergestellt werden. Diesen Gesichtspunkt hat die ein Hinausschieben befürwortende bislang hM nicht für ausschlaggebend gehalten, jedoch enthielt die bisherige Fassung der Vorschrift (§ 626 Abs. 2 Satz 1 ZPO aF) auch noch keine Befristung. Dies hat sich nun geändert; die in Kenntnis der abweichenden bislang hM eingeführte Zeitgrenze wird man daher ernst nehmen müssen.

19 Liegt ein Verfahren der in Rn. 16 genannten Art oder eine rechtzeitige und wirksame Fortführungserklärung vor, bleibt die bisherige Folgesache von der Rücknahme des Scheidungsantrags grundsätzlich unberührt; die Rechtshängigkeit besteht fort, ebenso wie die bislang ergangenen Entscheidungen. Jedoch entfällt die Einbeziehung in den Verbund und das Verfahren wird nach Satz 3 als **selbstständige Familiensache** fortgeführt. Damit entfallen auch alle Rechtsfolgen, die das Gesetz an die Eigenschaft als Folgesache knüpft (vgl. die Erläuterungen zu § 137 Rn. 91). Ein Restverbund besteht unter ihnen nicht. Insbesondere endet ein bislang bestehender Anwaltszwang, soweit sich ein solcher nicht aus anderen Gründen, etwa der neuen Eigenschaft als selbständige Familienstreitsache (§ 114 Abs. 1; Unterhaltssachen nach § 231 Abs. 1, Güterrechtssachen nach § 261 Abs. 1) ergibt, zudem sind beispielsweise § 148 sowie die kostenrechtlichen Bestimmungen für Folgesachen nicht mehr anwendbar (vgl. § 150 Abs. 5 Satz 2). Im Fall der Fortführung bleiben die bisherigen Verfahrenshandlungen und Beweisergebnisse bestehen. Da die in § 137 Abs. 2 genannten Verfahren nur Folgesachen sein können, wenn eine Entscheidung „für den Fall der

---

[31] Vgl. BT-Drucks. 16/6308, S. 232.
[32] Zum bisherigen Streitstand vgl. OLG Stuttgart FamRZ 2006, 714 sowie *Zöller/Philippi* § 626 ZPO Rn. 9, jeweils m. weit. Nachw.
[33] OLG Hamm NJW-RR 2005, 1023 = FamRZ 2005, 1496.
[34] AA oben § 626 ZPO Rn. 16.
[35] Zu diesem Gesichtspunkt vgl. Rn. 3.
[36] Dafür, aus Gründen der Prozessökonomie, *Löhnig* FamRZ 2009, 737, 740 unter Bezugnahme auf *Zöller/Philippi* § 626 ZPO Rn. 9.

Scheidung" zu treffen ist, die Anhängigkeit des Scheidungsverfahrens aber nicht mehr besteht, muss jedenfalls insoweit der **Antrag geändert** werden.

5. Ausspruch der Wirkung durch Beschluss. Nach § 269 Abs. 4 ZPO entscheidet das Gericht auf Antrag über die nach (§ 269) Absatz 3 eintretenden Wirkungen durch Beschluss, § 269 Abs. 5 ZPO regelt die Anfechtbarkeit dieses Beschlusses. Dass die genannten Vorschriften auf die Scheidungssache und für die diese betreffenden Wirkungen (s. o. Rn. 12) anwendbar ist, steht nach § 113 Abs. 1 („In Ehesachen ...") außer Frage. Die Erstreckung auf die **Folgesachen,** die bislang ausdrücklich geregelt war,[37] ergibt sich aus § 141 S. 1. Diese Norm umfasst alle Wirkungen der Rücknahme, also nicht nur die in § 269 Abs. 3 ZPO genannten, sondern auch diejenige, dass die Folgen der Rücknahme auf Antrag durch Beschluss ausgesprochen werden. § 269 Abs. 4 und 5 ZPO finden somit ohne weiteres auch bezüglich der in den Folgesachen eintretenden Wirkungen der Rücknahme des Scheidungsantrags Anwendung, eine besondere Anordnung hat der Gesetzgeber für entbehrlich gehalten.

Nach § 269 Abs. 4 spricht das Gericht die nach § 269 Abs. 3 ZPO hinsichtlich der Scheidungssache und der Folgesachen eintretenden Wirkungen (Wegfall der Rechtshängigkeit, Wirkungsloswerden von Entscheidungen, Kosten), soweit dies beantragt ist, durch **Beschluss** aus. Dies wird entgegen des nur auf § 269 Abs. 3 ZPO verweisenden Wortlauts des § 269 Abs. 4 ZPO auch für die Kostenfolge nach § 150 gelten, da diese spezielle Regelung des FamFG an die Stelle der kostenrechtlichen Bestimmungen des § 269 Abs. 3 ZPO tritt. Den Antrag können beide Ehegatten stellen, unabhängig davon, wer den Scheidungsantrag zurückgenommen hat, da § 269 Abs. 4 ZPO keine Einschränkung hinsichtlich der antragsberechtigten Person vorsieht; der Antrag unterliegt dem Anwaltszwang nach § 114 Abs. 1. Eine mündliche Verhandlung ist wie im unmittelbaren Anwendungsbereich der Regelung grundsätzlich nicht erforderlich (§ 128 Abs. 4 ZPO),[38] jedoch ist den Beteiligten rechtliches Gehör zu gewähren. Der Beschluss umfasst nicht die in § 141 S. 2, 3 genannten Verfahren und Rechtsfolgen, da es sich insoweit nicht nicht um Wirkungen der Rücknahme handelt.

Der Beschluss ist nach der speziellen Anordnung des § 269 Abs. 5 ZPO unter den dort genannten Voraussetzungen mit der **sofortigen Beschwerde nach §§ 567 ff. ZPO** anfechtbar; die Beschwerde nach §§ 58 ff. ist nicht statthaft, zumal keine Endentscheidung iSd. § 58 Abs. 1 vorliegt.[39] Wegen weiterer Einzelheiten wird auf die Erläuterungen zu § 269 ZPO verwiesen.

IV. Rücknahme nur des Folgeantrags

Voraussetzungen und Wirkungen der nur bezüglich einer Folgesache erklärten Rücknahme beurteilen sich nach den **für das jeweilige Verfahren geltenden Regelungen:** Handelt es sich bei der Folgesache um eine Familienstreitsache, sind über § 113 Abs. 1 die Bestimmungen der ZPO anzuwenden, insbesondere § 269 ZPO; ab Beginn der mündlichen Verhandlung des Antragsgegners zur Hauptsache ist somit dessen Zustimmung erforderlich, die jedoch nach allgemeinen Regeln dem Anwaltszwang unterliegt, §§ 114 Abs. 4 Nr. 3 und 134 Abs. 1 sind insoweit nicht einschlägig. Die Zustimmung kann nach § 269 Abs. 2 Satz 4 ZPO fingiert werden. Handelt es sich demgegenüber um eine Familiensache der freiwilligen Gerichtsbarkeit,[40] die nur auf Antrag einzuleiten ist, sind die Regelungen des § 22 Abs. 1, 2 und 4 maßgeblich; danach bedarf die Rücknahme erst ab Erlass der Endentscheidung der Zustimmung der übrigen Beteiligten; eine Fiktion nach Ablauf einer bestimmten Frist ist nicht vorgesehen.

Die **Kosten der Scheidungssache und der Folgesachen** werden grundsätzlich auch dann gegeneinander aufgehoben, wenn der Antrag in einer Folgesache zurückgenommen wurde (vgl. § 150 Abs. 1),[41] der Umstand der Rücknahme kann jedoch im Rahmen des § 150 Abs. 4 berücksichtigt werden. Das Gesagte gilt nach § 150 Abs. 5 auch für abgetrennte Folgesachen, soweit sie nicht als selbständige Verfahren fortgeführt werden.

---

[37] Vgl. § 626 Abs. 1 Satz 3 ZPO aF.
[38] Zu Ausnahmen vgl. *Zöller/Greger* § 269 ZPO Rn. 19.
[39] Arg. BGH FamRZ 1990, 1102.
[40] Hierunter sind alle Familiensachen zu verstehen, die weder Ehesachen noch Familienstreitsachen sind; zum Begriff vgl. die Erläuterungen Vor § 133 Fn. 2.
[41] Vgl. zum bisherigen Recht KG FamRZ 1988, 1075.

§ 142 Einheitliche Endentscheidung; Abweisung des Scheidungsantrags

(1) ¹Im Fall der Scheidung ist über sämtliche im Verbund stehenden Familiensachen durch einheitlichen Beschluss zu entscheiden. ²Dies gilt auch, soweit eine Versäumnisentscheidung zu treffen ist.

(2) ¹Wird der Scheidungsantrag abgewiesen, werden die Folgesachen gegenstandslos. ²Dies gilt nicht für Folgesachen nach § 137 Abs. 3 sowie für Folgesachen, hinsichtlich derer ein Beteiligter vor der Entscheidung ausdrücklich erklärt hat, sie fortführen zu wollen. ³Diese werden als selbständige Familiensachen fortgeführt.

(3) Enthält der Beschluss nach Absatz 1 eine Entscheidung über den Versorgungsausgleich, so kann insoweit bei der Verkündung auf die Beschlussformel Bezug genommen werden.

I. Normzweck

1 § 142 Abs. 1 regelt, dass im Fall des **Ausspruchs der Scheidung** in einem einheitlichen Beschluss auch über die Folgesachen zu entscheiden ist. Der Grundsatz der gemeinsamen Entscheidung (Entscheidungskonzentration) ist ein wesentliches Element des Verbunds. Zu den Zwecken des Verbunds vgl. die Erläuterungen zu § 137 Rn. 2. Abs. 2 behandelt den Fall der **Abweisung** des Scheidungsantrags und die sich daraus ergebenden Konsequenzen für die Folgesachen. Da in Folgesachen grundsätzlich nur Regelungen für den Fall der Scheidung zu treffen sind, ist es konsequent, dass diese Verfahren gegenstandslos werden, wenn es nicht zur Scheidung kommt. Eine Ausnahme gilt hierbei für Kindschaftsfolgesachen und derjenigen Folgesachen, die nach dem erklärten Willen eines Beteiligten fortgeführt werden sollen. Absatz 3 vereinfacht die Verkündung des nach neuem Recht oft umfangreicheren Ausspruchs zum Versorgungsausgleich in der Verbundentscheidung nach Absatz 1.

II. Entstehung

2 Die Vorschrift folgt **§ 629 ZPO aF** nach. § 142 Abs. 1 Satz 1 orientiert sich an § 629 Abs. 1 ZPO.¹ Über die in den Verbund einbezogenen Gegenstände ist in einem einheitlichen Beschluss, also nicht in mehreren Entscheidungen zu befinden. Absatz 1 Satz 2 stellt klar, dass dies auch im Fall der Versäumnisentscheidung gilt und gleicht damit inhaltlich § 629 Abs. 2 Satz 1 ZPO. § 142 Abs. 2 entspricht mit gewissen Modifikationen § 629 Abs. 3 ZPO. Im Fall der Abweisung des Scheidungsantrags werden nicht mehr nur Verfahren auf Übertragung der elterlichen Sorge wegen Gefährdung des Kindeswohls von Amts wegen fortgesetzt, sondern alle Kindschaftsfolgesachen iSd. § 137 Abs. 3, also beispielsweise auch Umgangsstreitigkeiten. Die Fortführung von anderen Folgesachen beruht nicht mehr auf einer gerichtlichen Entscheidung, sondern unmittelbar auf der Fortführungserklärung eines Beteiligten. Wie bisher werden alle fortzusetzenden Folgesachen zu selbständigen Familiensachen.

3 Die Regelung über die Verbundentscheidung und die Folgen der Abweisung des Scheidungsantrags² hat im Lauf des **Gesetzgebungsverfahrens** zum FGG-RG nur geringfügige sprachliche Änderungen erfahren. Die Bestimmung des Abs. 3 wurde nachträglich durch Art. 2 Nr. 4 VAStrRefG eingefügt.

III. Entscheidung durch Beschluss

4 Dass die Endentscheidung über die Scheidung durch **Beschluss** und nicht mehr durch Urteil ergeht, folgt bereits aus dem auch in Ehesachen anwendbaren § 38 Abs. 1 und wird nochmals klargestellt in § 116 Abs. 1. § 142 Abs. 1 enthält daher in erster Linie nicht mehr eine Aussage zur Entscheidungsform, sondern zum Gebot der Einheitlichkeit. Dieses ergibt sich zwar bereits aus § 137 Abs. 1, die Wiederholung macht jedoch deutlich, dass der Gesetzgeber der Aussage des Abs. 1, einem zentralen Element des Verbunds, große Bedeutung zumisst. Da die Entscheidungsform des Beschlusses, anders als die des Urteils, auch nichtrichterlichen Justizangehörigen zur Verfügung steht, kommt der Aussage des § 1564 Satz 1 BGB nunmehr eine gewisse Bedeutung zu. Die Vorschrift wurde mit der Reform neu gefasst³ und spricht nun von einer **„richterlichen Entscheidung"**. Im

---

¹ Vgl. die Begründung des RegE, BT-Drucks. 16/6308, S. 232.
² Vgl. § 151 FamFG idF des RefE (2005).
³ Art. 50 Nr. 22 FGG-RG.

Gegensatz zu den o. g. Normen des FamFG und anders als vor der Reform wird die konkrete Entscheidungsform dort aber nicht erwähnt.

Die **Änderung der Entscheidungsform** hat zunächst gesetzessystematische Gründe. Das FamFG sieht vor, dass Endentscheidungen durch Beschluss ergehen, Ausnahmen sind in Familiensachen nicht mehr vorgesehen. Dies gilt für Ehesachen, Familienstreitsachen und Familiensachen der freiwilligen Gerichtsbarkeit[4] gleichermaßen und stellt damit ein Zeichen der **Vereinheitlichung** des Familienverfahrensrechts dar.[5] Auf dieser Grundlage war auch eine **Vereinfachung** des Rechtsmittelrechts möglich. Darüber hinaus wurde speziell in Bezug auf das Scheidungsverfahren dem Umstand Rechnung getragen, dass die Form des Urteils allgemein mit der Entscheidung in einer inhaltlich umstrittenen Angelegenheit assoziiert wird, was für das gerichtliche Verfahren der Ehescheidung in der Praxis oft nicht zutrifft. Unklar ist noch, ob die Worte „Im Namen des Volkes" auch bei urteilsersetzenden Beschlüssen wegfallen.[6] Dass durch den Wechsel in eine in ZPO-Verfahren für Nebenentscheidungen gebräuchliche Entscheidungsform der **Eindruck einer geringeren Bedeutung** des gerichtlichen Auflösungsakts und der Scheidung als solcher entstehen würde, hat der Gesetzgeber in Kauf genommen.

IV. Einheitliche Entscheidung bei Ausspruch der Scheidung (Abs. 1)

Der Beschluss umfasst im Fall des Abs. 1 den Ausspruch über die Scheidung sowie die Endentscheidungen grundsätzlich in allen noch anhängigen Folgesachen. **Teilentscheidungen sind ausgeschlossen,**[7] sofern solche nicht besonders vorgesehen sind, etwa als Folge einer Abtrennung.[8] Vom Gebot der einheitlichen Entscheidung ist bei Stufenanträgen nur die Endentscheidung über die letzte Stufe erfasst,[9] eine Teilentscheidung etwa über die vorgelagerte Auskunftsstufe ist möglich. Dass die Voraussetzungen für eine Abtrennung oder Teilentscheidung vorlagen, ist, wie in den Fällen des § 301 ZPO, im Rechtsmittelzug von Amts wegen zu prüfen, ggf. kommt eine Aufhebung und Zurückverweisung in Betracht.[10]

Dass eine **Versäumnisentscheidung** zu erfolgen hat,[11] was bei Ausspruch der Scheidung nur in Folgesachen, und zwar nur in solchen, die Familienstreitsachen sind, denkbar ist, steht nach Abs. 1 Satz 2 einer einheitlichen Entscheidung nicht entgegen. Zu einer Versäumnisentscheidung nach den für die jeweilige Gruppe von Familiensachen allgemein geltenden Regeln kann es etwa kommen, wenn der Antragsgegner entgegen § 114 Abs. 1 im Verbundverfahren anwaltlich nicht vertreten ist. Beantragt der Gegner des nicht vertretenen oder nicht verhandelnden Ehegatten weder eine Versäumnisentscheidung noch eine Entscheidung nach Aktenlage, darf die Ehe nicht geschieden werden.[12] Im Fall einer Versäumnisentscheidung soll der Beschluss als (Teil-)Versäumnisbeschluss oder (Teil-)Versäumnisentscheidung bezeichnet werden; entsprechendes gilt bei einer Anerkenntnisentscheidung (vgl. § 38 Abs. 4 Nr. 1). Zum Vorgehen im Fall der Einlegung sowohl des Einspruchs als auch eines Rechtsmittels vgl. § 143 und die diesbezüglichen Erläuterungen.

V. Abweisung des Scheidungsantrags (Abs. 2)

Wird der Scheidungsantrag abgelehnt, gleichgültig ob als unzulässig oder als unbegründet, werden nach Abs. 2 Satz 1 die **Folgesachen „gegenstandslos",** ihre Rechtshängigkeit erlischt. Damit wird auch eine in einer Folgesache bislang ergangene **Endentscheidung wirkungslos,** auch wenn sie bereits rechtskräftig, aber im Hinblick auf § 148 noch nicht wirksam war, und auch wenn sie in einer abgetrennten Folgesache ergangen ist.[13] Diese Folgen treten jedoch erst mit Wirksamwerden des abweisenden Beschlusses (vgl. § 116 Abs. 2) ein, und zwar ohne dass es eines diesbezüglichen Antrags bedürfte.[14] Ein **klarstellender Ausspruch** über die vorgenannten Folgen in dem abweisenden Beschluss selbst wird zulässig sein. Zu den Kosten der Scheidungssache und der Folgesachen (vgl. § 150 Abs. 2, 4, 5) ist in dem abweisenden Beschluss mit zu entscheiden.

---

[4] Zum Begriff vgl. die Erläuterungen Vor §§ 133 ff. Fn. 2.
[5] *Meyer-Seitz/Kröger/Heiter* FamRZ 2005, 1430, 1433 unter Nennung weiterer gemeinsamer Elemente.
[6] Für den Fortbestand *Hütter/Kodal* FamRZ 2009, 917, 919 (in Bezug auf Familienstreitsachen).
[7] Vgl. OLG Brandenburg FamRZ 2004, 384.
[8] Vgl. zum Ganzen auch *Baumbach/Lauterbach/Hartmann* § 623 ZPO Rn. 14 ff. m. weit. Nachw.
[9] *Johannsen/Henrich/Sedemund-Treiber* § 629 ZPO Rn. 2.
[10] *Zöller/Vollkommer* § 301 ZPO Rn. 13 sowie die Erläuterungen zu § 140 Rn. 89.
[11] Vgl. *Johannsen/Henrich/Sedemund-Treiber* § 629 ZPO Rn. 3; *Zöller/Philippi* § 629 ZPO Rn. 4a.
[12] OLG Hamm FamRZ 1999, 520; *Zöller/Philippi* § 629 ZPO Rn. 4b.
[13] *Wieczorek/Schütze/Kemper* § 629 ZPO Rn. 10.
[14] BGH FamRZ 1994, 827.

9 **Ausnahmen** von dem in Satz 1 genannten Grundsatz enthält Abs. 2 Satz 2, 3. Diese Konstellationen werden in der Praxis noch seltener anzutreffen sein, als die Abweisung eines Scheidungsantrags ohnehin schon. Ausgenommen sind kraft Gesetzes nunmehr alle Folgesachen nach § 137 Abs. 3, also **sämtliche Kindschaftsfolgesachen.** Die Gründe, die in § 141 Satz 2 zu einer Einschränkung des Kreises der auch ohne entsprechende Erklärung fortzuführenden Verfahren geführt haben,[15] wurden im Zusammenhang des Abs. 2 nicht für durchschlagend erachtet. Die Verfahren werden als selbständige Familiensachen fortgeführt (Abs. 2 Satz 3). Zu den umfassten Verfahren und den Voraussetzungen der Einbeziehung in den Verbund vgl. die Erläuterungen zu § 137 Rn. 73 ff.

10 Als selbständige Familiensachen fortgeführt werden darüber hinaus diejenigen Folgesachen, hinsichtlich derer ein Beteiligter vor der Entscheidung ausdrücklich erklärt hat, sie fortsetzen zu wollen. In Betracht kommen hierfür alle Folgesachen nach § 137 Abs. 2 oder 3. Die Erklärung unterliegt dem Anwaltszwang nach § 114 Abs. 1. Die rechtzeitig abgegebene wirksame **Fortführungserklärung** hat unmittelbar rechtsgestaltende Wirkung; einen Ausspruch in der Endentscheidung, durch den einem Beteiligten die Fortführung einer bisherigen Folgesache vorbehalten wird, sieht das Gesetz nicht mehr vor. Wegen weiterer Einzelheiten wird auf die Erläuterungen zu § 141 Rn. 17 verwiesen.

11 Der Antrag auf Fortsetzung einer Folgesache nach Abs. 2 Satz 2 („vor der Entscheidung") ist nach zutreffender hM bis zum **Schluss der mündlichen Verhandlung** zu stellen.[16] Dies ist auch noch im Rechtsmittelzug möglich. Das Gericht sollte die Beteiligten darauf hinweisen, dass eine Ablehnung des Scheidungsantrags in Betracht kommt, um ihnen die Möglichkeit einer Fortsetzungserklärung zu geben. Eine ausdrückliche Belehrung über diese Möglichkeit ist jedoch nicht erforderlich.

VI. Der Beschluss in Scheidungssachen

12 **1. Inhalt des Beschlusses.** Der **Inhalt des Beschlusses** im Allgemeinen ist in § 38 geregelt, die Vorschrift ist auf alle eine Endentscheidung enthaltenden Beschlüsse anzuwenden. Auf die Erläuterungen zu § 38 wird verwiesen. In Scheidungssachen und Folgesachen bestehen folgende Besonderheiten:

13 Im **Eingang des Beschlusses** („großes Rubrum") sind die Beteiligten des Verbundverfahrens (für Versorgungsausgleichsfolgesachen: grundsätzlich alle Versorgungsträger, vgl. § 219) aufzuführen. Bei der Bezeichnung der Rollen im Verfahren ist die Terminologie des § 113 Abs. 5 zu beachten.

14 Die **Beschlussformel** umfasst den Ausspruch über die Ehescheidung, einschließlich eines nach dem anwendbaren ausländischen Recht etwa erforderlichen sonstigen Ausspruchs, zB zum Verschulden, die Abweisung des Scheidungsantrags oder im Fall der Säumnis des Antragstellers den Ausspruch, dass der Scheidungsantrag als zurückgenommen gilt (§ 130 Abs. 1). Es schließen sich die Entscheidungen über die Folgesachen an, auch wenn es sich um eine (stattgebende oder den Antrag abweisende) **Versäumnisentscheidung** handelt.[17] Für den Inhalt der Entscheidung im Einzelnen sind die für die jeweilige Gruppe von Familiensachen einschlägigen Vorschriften zu beachten. In **Versorgungsausgleichssachen** wird wegen des Wegfalls des Grundsatzes des Einmalausgleichs die Beschlussformel künftig umfangreicher werden. Zu beachten sind weiterhin auch § 224 Abs. 3 (kein Wertausgleich nach der Scheidung) sowie in § 16 Abs. 3 VersAusglG (Umrechnung in Entgeltpunkte) enthaltenen speziellen Anforderungen an die Beschlussformel.[18] Die **Entscheidung über die Kosten** der Scheidungssache und der Folgesachen ist nach § 150 zu treffen. Der Beschluss, der den Ausspruch der Scheidung, aber zulässiger Weise (zB § 140) keine Entscheidung über alle Folgesachen enthält, muss obwohl er in der Sache eine Teilentscheidung ist, dennoch mit einer Kostenentscheidung versehen werden.[19]

15 Im FamFG gelten die Regeln der ZPO über die vorläufige Vollstreckbarkeit eines Urteils nicht, an ihre Stelle tritt allgemein die Anordnung der **sofortigen Wirksamkeit** des Beschlusses. In Ehesachen ist eine solche jedoch **nicht vorgesehen,** Ehesachen werden stets erst mit Rechtskraft wirksam (§ 116 Abs. 2; bezüglich der Scheidung vgl. auch § 1564 Satz 2 BGB). Eine Anordnung der sofortigen Wirksamkeit in Bezug auf den Ausspruch in der Scheidungssache ist somit ausgeschlossen.

---

[15] Vgl. hierzu die Erläuterungen zu § 141 Rn. 3.
[16] *Johannsen/Henrich/Sedemund-Treiber* § 629 ZPO Rn. 6; *Zöller/Philippi* § 629 ZPO Rn. 8; *Löhnig* FamRZ 2009, 737, 740.
[17] *Johannsen/Henrich/Sedemund-Treiber* § 629 ZPO Rn. 3; *Zöller/Philippi* § 629 ZPO Rn. 4 a m. weit. Nachw.
[18] Vgl. auch § 222 Abs. 3.
[19] Vgl. *Zöller/Philippi* § 629 ZPO Rn. 3.

Folgesachen können nicht vor Rechtskraft des Scheidungsausspruchs wirksam werden (§ 148), aber durchaus später, etwa im Fall einer Abtrennung oder gesonderten Anfechtung. Eine Anordnung der sofortigen Wirksamkeit in Bezug auf eine Folgesache ist möglich; dabei wird aber die Vorschrift des § 148 zu beachten sein.

Der Beschluss kann darüber hinaus den Ausspruch über die **Zulassung** eines Rechtsmittels 16 enthalten. Wegen des Verbots der Verbindung (§ 126 Abs. 2) kommen Entscheidungsinhalte aus anderen Verfahren als Scheidungssachen und Folgesachen nicht in Betracht. Einen Fortsetzungsvorbehalt für bestimmte Folgesachen in der den Scheidungsantrag abweisenden Endentscheidung[20] kennt das FamFG nicht mehr. Ebenfalls nicht mehr zulässig ist es, den Ausspruch über die **Abtrennung** einer Folgesache in die Verbundentscheidung aufzunehmen, da hierüber nach § 140 Abs. 4 durch **gesonderten Beschluss** zu befinden ist.

Der Beschluss, durch den der Scheidungsantrag abgewiesen wird, ist stets zu begründen (§ 38 17 Abs. 3 Satz 1, Abs. 5 Nr. 1). Der Beschluss, durch den die Scheidung ausgesprochen wird, ist grundsätzlich ebenfalls zu begründen; eine Begründung kann nach dem Ermessen des Gerichts **entfallen,** „soweit" gleichgerichteten Anträgen der Beteiligten stattgegeben wird oder der Beschluss in Gegenwart aller Beteiligter mündlich bekannt gegeben (verkündet) wurde und alle Beteiligten auf Rechtsmittel verzichtet haben und, in beiden Fällen, zudem nicht zu erwarten ist, dass der Beschluss im Ausland geltend gemacht wird (§ 38 Abs. 3 Satz 1, Abs. 4 Nr. 2 und 3, Abs. 5 Nr. 1 und 4). Da üblicherweise jedenfalls die weiteren Beteiligten in einer Versorgungsausgleichsfolgesache im Termin nicht vertreten sind, wird man die Anforderungen des § 38 Abs. 4 Nr. 2 und 3 auch lediglich auf die Scheidungssache selbst beziehen können; eine Begründung ist dann nur insoweit nicht erforderlich. Nach § 224 Abs. 2 ist die Entscheidung über den **Versorgungsausgleich stets zu begründen.** In den Gründen sind nach § 224 Abs. 4 auch die nach dem „Wertausgleich bei der Scheidung" noch verbleibenden Anrechte zu benennen.

Dass der Beschluss, der die Endentscheidung in einer Scheidungssache beinhaltet, keine Begrün- 18 dung enthält, führt **nicht zu einer Reduzierung der Gerichtsgebühren,** vgl. Nr. 1111 Nr. 2 aE KV (Anlage 1) zum FamGKG.[21]

Die mit „Gründe" überschriebene Begründung nach § 38 Abs. 3 Satz 1 muss **nicht denselben** 19 **formalen Anforderungen** genügen, die nach der ZPO an den Tatbestand und die Entscheidungsgründe eines Urteils zu stellen sind.[22] Die Begründung muss eine Nachprüfung der Entscheidung in tatsächlicher und rechtlicher Hinsicht durch das Rechtsmittelgericht ermöglichen. Wegen weiterer Einzelheiten wird auf die Erläuterungen zu § 38 verwiesen. Im Hinblick auf § 139 Abs. 1 Satz 2 ist es zweckmäßig, die Gründe bezüglich der Scheidungssache und der einzelnen Folgesache getrennt abzufassen.

2. Insbesondere die Rechtsbehelfsbelehrung. Die nach dem in allen Verfahren anwendbaren 20 § 39 erforderliche[23] Rechtsbehelfsbelehrung ist wie die Begründung **Teil des Beschlusses** („enthält"), und muss daher von der Unterschrift der Richter gedeckt sein. Die Belehrung muss einzelfallbezogen sein und alle im konkreten Fall möglichen („das statthafte") Rechtsmittel aufzeigen. Anzugeben sind neben dem Rechtsbehelf das Gericht, bei dem der Rechtsbehelf einzulegen ist, dessen Sitz sowie die einzuhaltende Form, einschließlich eines bestehenden Anwaltszwangs, sowie die Rechtsmittelfrist. Wegen der Einzelheiten wird auf die Erläuterungen zu § 39 verwiesen.

Im Fall einer Verbundentscheidung ist zunächst über die **Beschwerde nach §§ 58 ff.** und die 21 diesbezüglichen Anforderungen zu belehren. In Folgesachen, die vermögensrechtliche Angelegenheiten sind, wird auch die Wertgrenze und das Zulassungserfordernis des § 61 aufzunehmen sein, sowie in Versorgungsausgleichssachen der Zusatz, dass diese Einschränkungen nur in Bezug auf die Kostenentscheidung gelten (§ 228). Nicht zu belehren ist über die Anschlussbeschwerde (§ 66), da es sich hierbei mangels Devolutiveffekt nicht um ein Rechtsmittel handelt, sondern um einen Antrag innerhalb eines fremden Rechtsmittels.[24] Zu belehren ist hingegen zusätzlich über die Möglichkeit der **Sprungrechtsbeschwerde nach § 75,** sofern diese im konkreten Fall gegeben ist. Dass die Sprungrechtsbeschwerde in ihrer konkreten Ausgestaltung durch das FamFG keine praktische Bedeutung erlangen wird, ändert daran nichts; sie gehört ebenfalls zu den in § 39 erwähnten Rechtsmitteln. Enthält der Beschluss eine Versäumnisentscheidung (vgl. Abs. 1 Satz 2), ist auch über die Möglichkeit des **Einspruchs** zu belehren; die Länge der Einspruchsfrist unterscheidet sich von derjenigen der

---

[20] Vgl. bislang § 629 Abs. 3 Satz 2 ZPO aF.
[21] Zur Begründung vgl. BT-Drucks. 16/6308, S. 309.
[22] BT-Drucks. 16/6308, S. 195; Meyer-Seitz/Kröger/Heiter FamRZ 2005, 1430, 1433.
[23] Kritisch zur Erforderlichkeit Hütter/Kodal FamRZ 2009, 917, 919.
[24] BGH NJW 1984, 1240 = MDR 1984, 569.

§ 142 22–25   Buch 2. Abschnitt 2. Ehe-, Scheidungs- und Folgesachen

Beschwerdefrist. Über außerordentliche Rechtsbehelfe ist nicht zu belehren.[25] Wurde in dem Beschluss zugleich der **Verfahrenswert** festgesetzt, was unter dem Gesichtspunkt der Verfahrensökonomie sinnvoll ist, muss zudem über die **Beschwerde nach § 59 FamGKG** und die diesbezüglichen, von der Beschwerde nach §§ 58 ff. abweichenden Anforderungen belehrt werden; das Verfahren der Wertfestsetzung ist als Familiensache kraft Sachzusammenhangs von § 39 ebenfalls mit umfasst.

22   Die **Rechtsfolgen einer unrichtigen Rechtsbehelfsbelehrung** in einem Beschluss über Scheidungssachen und Folgesachen ergeben sich nicht aus § 17 Abs. 2, auch nicht in Folgesachen der freiwilligen Gerichtsbarkeit. Diese Vorschrift ist nach § 113 Abs. 1 Satz 1 in Ehesachen nicht anwendbar und hierzu gehören, wie der Standort der §§ 137 ff. im diesbezüglichen Abschnitt zeigt, auch die Sonderregeln für Folgesachen. § 142 Abs. 1 schreibt für Folgesachen jeder Art die Entscheidung zusammen mit dem Scheidungsausspruch in einem einheitlichen Beschluss vor, was sich auf den Inhalt der alle Elemente des Beschlusses umfassenden Rechtsbehelfsbelehrung auswirkt. Dass die Vorschriften über das Rechtsmittel (§§ 58 ff.), und damit auch diejenigen über die Rechtsmittelfrist, in allen Verfahren gelten, führt zu keinem von § 113 Abs. 1 Satz 1 abweichenden Ergebnis, da diese Normen nicht die Geltung des § 17 Abs. 2 anordnen. Die Folgen einer fehlerhaften Rechtsbehelfsbelehrung in einem einheitlichen Beschluss, auch wenn er Entscheidungen in Ehesachen, Familienstreitsachen und Familiensachen der freiwilligen Gerichtsbarkeit umfasst, können **nur einheitlich beurteilt** werden. Daher wird im Fall einer unrichtigen Belehrung bei Versäumung der Rechtsmittelfrist die **Wiedereinsetzung nach den Vorschriften der ZPO** (vgl. § 113 Abs. 1 Satz 2) zu prüfen sein. Ist der Rechtsmittelführer hinreichend rechtskundig oder anwaltlich vertreten, wird eine Wiedereinsetzung wegen fehlender Ursächlichkeit des Verstoßes jedoch ausscheiden.[26]

23   **3. Verkündung des Beschlusses (Abs. 3).** Nach Abs. 3 kann, wenn der Beschluss nach Abs. 1 eine Entscheidung über den Versorgungsausgleich enthält, bei der Verkündung insoweit **auf die Beschlussformel Bezug genommen** werden. Die Bestimmung wurde durch das VAStrRefG eingefügt. Der Ausspruch zum Versorgungsausgleich enthält oftmals nur technische Details, ist beim bloßen Hören kaum zu erfassen und kann zudem umfangreich ausfallen, erst recht nach neuem materiellem Recht, sodass eine Verlesung nicht zwingend erforderlich scheint.[27] Zudem kann durch die Bezugnahme vermieden werden, dass in der Wahrnehmung der anwesenden Beteiligten ein Missverhältnis zu dem für sie bedeutsameren Scheidungsausspruch entsteht. Ob hinsichtlich des den Versorgungsausgleich betreffenden Teils auf die Beschlussformel Bezug genommen wird, steht im **Ermessen** des Gerichts.

24   Der Wortlaut der nachträglich eingefügten Vorschrift („Verkündung") ist ein Beleg dafür, dass Beschlüsse in Scheidungssachen, und damit auch in den gleich zu behandelnden übrigen Ehesachen und Familienstreitsachen,[28] weiterhin verkündet werden, und dass der Vorgang auch so bezeichnet werden kann. Zwar ist die Verkündung in § 38 Abs. 3 Satz 3 nicht erwähnt, jedoch ist die Vorschrift im Allgemeinen Teil über die Bekanntgabe des Beschlusses (§ 41) in Ehesachen und Familienstreitsachen zweifelsfrei nicht anwendbar (§ 113 Abs. 1 Satz 1), damit ist nach § 113 Abs. 1 Satz 2 auf die die vergleichbare Frage betreffenden Regelungen der ZPO zurückzugreifen, also auf §§ 310 ff. ZPO. Im Übrigen ist für Beschlüsse, die keine Endentscheidungen enthalten, nach der Begründung des Regierungsentwurfs[29] die Vorschrift des § 329 ZPO entsprechend anzuwenden, die ebenfalls eine Verkündung vorsieht. Die **Verkündung**, entweder noch im selben Termin oder in einem Verkündungstermin,[30] ist also auch unter Geltung des FamFG erforderlich. Bezüglich der Folgen einer unterbliebenen oder fehlerhaften Verkündung gelten dieselben Grundsätze wie in der ZPO.[31]

25   Eine andere Frage ist, ob im Rahmen der entsprechenden Anwendung der ZPO-Vorschriften über die Verkündung die **Terminologie** dem FamFG angepasst werden soll. Dafür spricht, dass unter den Begriffen „mündliche Bekanntgabe" und „Erlass" in den für alle Familiensachen geltenden Vorschriften des Buches 1 (zB § 38, §§ 49 ff., §§ 58 ff. usw.), um zu einer sinnvollen Anwendung zu kommen, jeweils auch die Verkündung eines Beschlusses verstanden werden muss. Dies gilt beispielsweise für den Vermerk nach § 38 Abs. 3 Satz 3, die Voraussetzungen für die Entbehrlichkeit einer

---

[25] BT-Drucks. 16/6308, S. 196.
[26] BGHZ 150, 390, 403 = NJW 2002, 2171; *Maurer* FamRZ 2009, 465, 473.
[27] BR-Drucks. 343/08, S. 218 („Bedürfnis der Praxis").
[28] Vgl. insoweit *Hütter/Kodal* FamRZ 2009, 917, 919 unter Übernahme der Terminologie des § 38 Abs. 3 Satz 3 („Bekanntgabetermin").
[29] BT-Drucks. 16/6308, S. 224.
[30] Abw. („Verkündungstermin ist ... nicht vorgesehen") vor Einfügung des § 142 Abs. 3 noch *Meyer-Seitz/Kröger/Heiter* FamRZ 2005, 1430, 1433.
[31] Vgl. *Zöller/Vollkommer* § 310 ZPO Rn. 7 m. weit. Nachw.

Begründung nach § 38 Abs. 4 Nr. 3 oder die Regelung des § 63 Abs. 3 Satz 2 über den Beginn der hilfsweise geltenden Beschwerdefrist. Der Wortlaut des Abs. 3 spricht jedoch eher gegen eine terminologische Anpassung; auch enthält § 113 Abs. 5 keine entsprechende Anordnung. Dagegen spricht auch, dass die gleiche Bezeichnung („Bekanntgabe") für unterschiedlich geregelte Vorgänge ungenau ist und zu Missverständnissen führen kann. Es erscheint daher eindeutiger und damit vorzugswürdig, in Ehesachen und Familienstreitsachen **weiterhin von Verkündung zu sprechen.**

Der Beschluss in der Scheidungssache ist darüber hinaus in entsprechender Anwendung (§ 113 Abs. 1 Satz 2) des § 317 ZPO den Beteiligten **zuzustellen.** Eine Ersetzung der Zustellung durch Aufgabe zur Post nach § 15 Abs. 2 Var. 2 ist nicht zulässig, da diese Vorschrift in Ehesachen nicht anwendbar ist (§ 113 Abs. 1 Satz 1). 26

§ 143 Einspruch

Wird im Fall des § 142 Abs. 1 Satz 2 gegen die Versäumnisentscheidung Einspruch und gegen den Beschluss im Übrigen ein Rechtsmittel eingelegt, ist zunächst über den Einspruch und die Versäumnisentscheidung zu verhandeln und zu entscheiden.

I. Normzweck

Die Regelung entspricht inhaltlich dem bisherigen § 629 Abs. 2 S. 2 ZPO. Gem. § 142 Abs. 1 S. 1 ist im Fall der Scheidung über sämtliche im Verfahren befindliche Familiensachen durch einheitlichen Beschluss zu entscheiden, und zwar gem. § 142 Abs. 1 S. 2 auch, soweit eine Versäumnisentscheidung zu treffen ist. § 143 regelt das Verhältnis von Einspruch und Rechtsmittel in diesem Fall. 1

II. Regelungsbereich

1. Grundsatz der einheitlichen Entscheidung auch bei Säumnis. Das FamG ist grundsätzlich verpflichtet, über Folgesachen gemeinsam mit der Scheidungssache zu entscheiden, wenn es dem Scheidungsantrag stattgibt. Eine **einheitliche Entscheidung** ergeht aber **auch** dann, **wenn** es sich um eine **Versäumnisentscheidung** handelt. Über eine zulässige Folgesache innerhalb des einheitlichen Verbundbeschlusses darf das FamG bei einer Säumnis nur durch einen Versäumnisspruch[1] nach § 113 Abs. 1 S. 2 iVm. §§ 338ff. ZPO entscheiden.[2] Dabei ist die **Umdeutung eines Einspruchs** in eine Beschwerde möglich, denn für die Qualifizierung kommt es nicht auf die Bezeichnung des Rechtsmittels, sondern dessen Inhalt an,[3] wobei im Zweifel der Meistbegünstigungsgrundsatz Anwendung findet.[4] 2

2. Keine Fristverlängerung durch Einspruch. Ein **Einspruch** führt nicht zur Verlängerung **einer Beschwerde- oder Beschwerdebegründungsfrist,** dh. gegen andere Teile des Verbundbeschlusses muss fristgerecht das zulässige Rechtsmittel eingelegt werden.[5] 3

3. Vorrang der Entscheidung über den Einspruch. Wird sowohl Einspruch eingelegt als auch das zulässige Rechtsmittel hinsichtlich der übrigen Verbundteile, muss das FamG **zunächst über den Einspruch** und die Versäumnisentscheidung verhandeln, um dem Verurteilten die volle Tatsacheninstanz zu erhalten.[6] Dieser Teil der Sache fällt dem Rechtsmittelgericht deshalb erst dann an, wenn gegen die Entscheidung über den Einspruch und das Versäumnisurteil nach allgemeinen Vorschriften ein Rechtsmittel vorliegt, §§ 343, 345, 511 ZPO. In diesem Fall hat das Rechtsmittelgericht im Verbund mit den anderen Teilen der angefochtenen Entscheidung einheitlich durch Beschluss zu entscheiden. Anderenfalls beschränkt sich der Verbund auf die dem Rechtsmittelgericht sogleich angefallenen Entscheidungen. 4

---
[1] OLG Zweibrücken RR 1997, 2.
[2] BGH FamRZ 1994, 1521; OLG Koblenz FamRZ 2001, 1159.
[3] BGH FamRZ 1994, 1521.
[4] BGH FamRZ 1988, 945; OLG Köln FamRZ 1995, 888.
[5] Zur Frage der Fristverlängerung und der Nowendigkeit das für andere Teile des Verbundurteils zulässige Rechtsmittel einzulegen in der bisherigen Rspr. siehe BGH FamRZ 1986, 897.
[6] BGH FamRZ 1986, 897.

5   **4. Kein Einfluss auf Rechtsmitttelfrist anderer Teile der Verbundentscheidung.** Der Einspruch gegen den im Versäumnisverfahren entschiedenen Teil hat keinen Einfluss auf den Lauf der Rechtsmittelfrist wegen der anderen Teile.[7] Bei einer endgültig unzulässigen Folgesache muss das FamG trotz einer Säumnis des Antragstellers den Antrag durch eine streitmäßige Entscheidung insoweit abweisen.[8]

§ 144 Verzicht auf Anschlussrechtsmittel

Haben die Ehegatten auf Rechtsmittel gegen den Scheidungsausspruch verzichtet, können sie auch auf dessen Anfechtung im Wege der Anschließung an ein Rechtsmittel in einer Folgesache verzichten, bevor ein solches Rechtsmittel eingelegt ist.

I. Normzweck

1   Die Regelung entspricht dem bisherigen § 629a Abs. 4 ZPO und regelt die Möglichkeit, auf schnellstem Wege die Rechtskraft des Scheidungsausspruchs zu erreichen.

II. Regelungsbereich

2   Grundsätzlich haben die Beteiligten das Recht der Anschließung, auf das jeder Beteiligte für seine Person verzichten kann.[1] Ehegatten, die auf Rechtsmittel gegen den Scheidungsausspruch verzichtet haben, können auch auf dessen Anfechtung im Wege der Anschließung an ein Rechtsmittel in einer Folgesache verzichten, bevor dieses Rechtsmittel erfolgt.

3   Der Zweck dieser Sonderregelung liegt darin, es den Ehegatten zu ermöglichen, durch einen solchen Verzicht die Rechtskraft des im Verbund ergangenen Scheidungsausspruchs vor dem Abschluss des ganzen Verfahrens beschleunigt herbeizuführen. Die Möglichkeit, im Verbund Anschlussrechtsmittel in Folgesachen einzulegen, bleibt davon unberührt. Für alle Beteiligten gilt das allgemeine Rechtsmittelrecht mit den sich aus § 145 ergebenden Besonderheiten. § 144 hat Vorrang vor § 67.

§ 145 Befristung von Rechtsmittelerweiterung und Anschlussrechtsmittel

(1) Ist eine nach § 142 einheitlich ergangene Endentscheidung teilweise durch Beschwerde oder Rechtsbeschwerde angefochten worden, können Teile der einheitlichen Entscheidung, die eine andere Familiensache betreffen, durch Erweiterung des Rechtsmittels oder im Wege der Anschließung an das Rechtsmittel nur noch bis zum Ablauf eines Monats nach Zustellung der Rechtsmittelbegründung angefochten werden; bei mehreren Zustellungen ist die letzte maßgeblich.

(2) [1] Erfolgt innerhalb dieser Frist eine solche Erweiterung der Rechtsmittel oder Anschließung an das Rechtsmittel, so verlängert sich die Frist um einen weiteren Monat. [2] Im Fall einer erneuten Erweiterung des Rechtsmittels oder Anschließung an das Rechtsmittel innerhalb der verlängerten Frist gilt Satz 1 entsprechend.

I. Normzweck

1   Die Vorschrift enthält weitgehend den Regelungsgegenstand des bisherigen § 629a Abs. 3 ZPO.
2   Der Zwang, im Verbund über Ehesache und Folgesachen einheitlich zu entscheiden, führte in der Vergangenheit dazu, dass bei einer auf Folgesachen beschränkten Anfechtung ohne einen umfassenden Rechtsmittelverzicht der Beteiligten die Rechtskraft des Scheidungsausspruchs in der Schwebe blieb, solange man *diesen* durch eine Erweiterung des Rechtsmittels oder durch eine Anschließung in das Rechtsmittelverfahren einbeziehen konnte. Da in *diesen* Fällen die Vorschrift des § 628 Abs. 1 S. 1 ZPO nicht anwendbar war,[1*] hatte dies zur Konsequenz, dass die Rechtskraft in *diesen* Fällen uU erst nach Jahren eintrat. Dieser Missstand wurde dadurch behoben, dass die nachträgliche Anfechtung

---

[7] BGH RR 1986, 1326.
[8] BGH NJW 1986, 1041; OLG Düsseldorf OLGR 1994, 288; OLG Frankfurt/M. NJW 1992, 1178.
[1] Dazu *Sedemund-Treiber*, FamRZ 1986, 212; BGH FamRZ 1994, 300; BGH FamRZ 1997, 804.
[1*] BGH FamRZ 1980, 1108.

durch Rechtsmittelerweiterung oder Anschließung, ähnlich wie bislang bei § 544 Abs. 2 S. 2 ZPO, nur befristet zulässig ist.² Die Befristung der Rechtsmittel gilt für die 2. und die 3. Instanz. Es muss jedoch § 147 beachtet werden, soweit das Rechtmittel bei teilweiser Anfechtung erfolgreich ist.

II. Regelungsbereich

Abs. 1 entspricht inhaltlich weitgehend dem bisherigen § 629a Abs. 4 ZPO. Um eine bessere begriffliche Abgrenzung von den verfahrensrechtlichen Regelungen über die Abänderung einer Entscheidung durch das Gericht außerhalb eines Rechtsmittelverfahrens zu erreichen, wird nunmehr ausdrücklich von **Erweiterung des Rechtsmittels** und **Anschluss an das Rechtsmittel** gesprochen.³

1. Voraussetzungen. a) Teilanfechtung. Die Regelung gilt nur für eine erst- oder zweitinstanzliche Verbundentscheidung über die Ehesache und eine oder mehrere Folgesachen, dh. im Falle der **teilweisen Anfechtung** einer Verbundentscheidung durch ein Rechtsmittel kann eine Änderung von Teilen der Entscheidung, die eine andere Familiensache betreffen, nur innerhalb der Fristen beantragt werden. Dies gilt sowohl für die Erweiterung des Antrags als auch für die Anschließung.

Abs. 1 S. 1 ist **nicht auf sonstige Entscheidungen** anwendbar, zB in isolierten Familiensachen, oder im Verbund ergehenden gesonderten Entscheidungen, wie beispielsweise der Zurückweisung des Scheidungsantrags nach § 142 Abs. 2 oder der Entscheidung über abgetrennte Folgesachen, die auch allein den Gegenstand des Rechtsmittelverfahrens bilden können.⁴ Die Verbundentscheidung nach § 142 muss zumindest teilweise durch eine Beschwerde oder eine Rechtsbeschwerde angefochten sein. Eine solche **Teilanfechtung hindert** grundsätzlich den **Eintritt der Rechtskraft** des Scheidungsausspruchs.⁵ Richtet sich das Rechtsmittel gegen die gesamte Entscheidung, bleibt es bei den allgemeinen Vorschriften über die Erweiterung des Rechtsmittels und die Anschließung. Wird die Beschwerde gegen den Scheidungsausspruch nachträglich unzulässig, bleibt die Zulässigkeit des Rechtsmittels gegen die Folgesache hiervon unberührt, dh. in diesem Fall findet Abs. 1 keine Anwendung.⁶

b) Befristung. aa) Bei einer teilweisen Anfechtung einer Verbundentscheidung durch ein Hauptrechtsmittel kann eine Änderung von solchen Teilen der Entscheidung, die eine andere Familiensache betreffen, nur **innerhalb eines Monats** beantragt werden. Dies gilt sowohl für die Erweiterung des Antrags als auch für die Anschließung.⁷ Ein etwaiger Wille des Gesetzgebers, durch die Befristung die nach allgemeinen Grundsätzen mögliche Erweiterung der Teilanfechtung auf andere Teile für den Hauptrechtsmittelführer auszuschließen, hat im Gesetz keinen Ausdruck gefunden.⁸ Haben ein Ehegatte wegen des Unterhalts, der andere wegen des Güterrechts und ein Drittbeteiligter wegen des Versorgungsausgleichs Rechtsmittel eingelegt, bleibt es wegen dieser drei Ehe- bzw. Familiensachen bei den allgemeinen Vorschriften. Dagegen greift die Beschränkung für alle anderen Teile der Verbundentscheidung ein,⁹ also auch und gerade für die Anfechtung des Scheidungsausspruchs und etwaige andere Folgesachen.¹⁰ Der Hauptrechtsmittelführer kann deshalb sein Rechtsmittel auch nicht nachträglich erweitern, eine Gegenanschließung bleibt jedoch statthaft.¹¹

bb) Diejenigen Teile der Verbundentscheidung, die nicht Gegenstand eines Hauptrechtsmittels sind, lassen sich nach dem Ablauf der für ein Hauptrechtsmittel geltenden Frist grundsätzlich nur innerhalb einer Monatsfrist angreifen. Dadurch entsteht aber nicht etwa die Möglichkeit ein Hauptrechtsmittel einzulegen, es bleibt vielmehr bei den dafür geltenden Fristen.¹² Die Befristung greift bei einer Antragserweiterung und bei einer Anschließung ein, deren sonstige Zulässigkeit sich nach den allgemeinen Vorschriften richtet. Für den Antrag auf eine Einbeziehung von Entscheidungsteilen in das Verfahren vor dem BGH gilt § 147.

cc) Fristbeginn. Die Monatsfrist für diese Angriffe beginnt grundsätzlich mit der Zustellung der Begründung des Hauptrechtsmittels nach § 65, bei mehreren Zustellungen beginnt die Frist mit der

---

² BGH NJW 1998, 2679.
³ BT-Drucks. 16/6308, 232.
⁴ *Sedemund-Treiber* FamRZ 1986, 210.
⁵ OLG Zweibrücken RR 1998, 147.
⁶ BGH RR 1994, 834.
⁷ BGH RR 1993, 260.
⁸ *Baumbach/Lauterbach/Hartmann* Rn. 3.
⁹ BGH NJW 1987, 1024.
¹⁰ BGH NJW 1998, 2976.
¹¹ OLG Schleswig RR, 1479; OLG Frankfurt/M. FamRZ 1987, 959, OLG Karlsruhe FamRZ 1988, 412.
¹² OLG Frankfurt/M. FamRZ 1986, 1123.

§§ 145 9–13   Buch 2. Abschnitt 2. Ehe-, Scheidungs- und Folgesachen

letzten Zustellung, Abs. 1 HS 2.[13] Das gilt auch und gerade bei mehreren Zustellungen auf Grund mehrerer Hauptrechtsmittel und für alle nachträglichen Angriffe. Dies bedeutet, dass die Zustellung an den vom Hauptrechtsmittel betroffenen Drittbeteiligten die Monatsfrist **einheitlich für alle Beteiligten** in Lauf[14] setzt.

Notwendig ist eine ordnungsgemäße Zustellung der Begründung ohne eine Heilungsmöglichkeit nach § 113 Abs. 1 S. iVm. § 187 S. 1 ZPO oder nach § 295 ZPO an alle vom Hauptrechtsmittel betroffenen Beteiligten,[15] wie zB eine Versorgungsausgleichsbeschwerde an alle Versorgungsträger. Das Unterbleiben auch nur einer notwendigen Zustellung hindert den Fristbeginn,[16] gleiches gilt für den Fall, dass das FamG einen zu beteiligenden Dritten nicht in das Verfahren einbezogen hat.

9   **dd) Fristende.** Das Fristende wird nach § 16 Abs. 2 iVm. § 222 ZPO berechnet. Da die Frist Rechtsmittel und andere Angriffe gegen einen Beschluss begrenzt und dadurch dessen Rechtskraft wegen der nicht angefochtenen Teile bewirkt, erfordert die notwendige leichte Berechenbarkeit an sich, diese Frist wie eine Notfrist gem. § 223 ZPO zu behandeln.[17] Trotzdem ist die Frist abänderbar, und zwar gem § 16 Abs. 2 iVm § 224 Abs. 2, Abs. 3 ZPO entsprechend und gegen ihre Versäumung kommt eine Wiedereinsetzung nach den §§ 17 ff. in Betracht.[18]

10   **ee) Fristverlängerung bei beantragter Abänderung anderer Teile der Entscheidung:** Abs. 2 S. 1 entspricht dem bisherigen § 629a Abs. 3 S. 2 ZPO aF. Wenn ein Beteiligter in der Frist eine Abänderung derjenigen Teile beantragt, die eine andere Familiensache betreffen, verlängert sich die ursprüngliche Frist um einen Monat. Auch ein vor dem Ablauf der Begründungsfrist gestellter *Änderungsfrist löst die Fristverlängerung* aus. Ebenso beginnt die Nachfrist, wenn die Änderung vor dem Ablauf der Begründungsfrist beantragt wird.[19] Die Erstreckung der Frist tritt ein, wenn innerhalb der ursprünglichen Frist ein Abänderungsantrag beim FamG eingeht. Eine Hilfsanschließung genügt, wobei es auf die Zustellung nicht ankommt.[20]

11   Für die **Berechnung der Frist** gilt § 16 Abs. 2 iVm.§§ 222 Abs. 2, 224 Abs. 3 ZPO entsprechend.[21] Die Verlängerung beginnt mit dem Ende der ursprünglichen Frist und endet nach denselben Regeln wie die erste Frist. Eine Wiedereinsetzung nach den §§ 17 ff. ist auch insoweit möglich.

12   **c) Wirkung.** Stellt bis zum Ablauf der Ersten oder verlängerten Frist kein Beteiligter einen Abänderungsantrag nach Abs. 1, werden die bis dahin nicht angegriffenen Teile der Verbundentscheidung, bei einer Rücknahme des Hauptrechtsmittels schon zu diesem Zeitpunkt, rechtskräftig.[22]

Dies hat praktische Bedeutung insbesondere im Hinblick auf den selten angefochtenen Scheidungsausspruch. Wird dieser rechtskräftig, hat dies Auswirkungen auf den titulierten Unterhalt und das Gericht muss die im Verbundbeschluss enthaltene Verurteilung zur Zahlung von nachehelichem Unterhalt nach § 95 Abs. 1 iVm. § 718 ZPO für vorläufig vollstreckbar erklären, falls dies nicht schon ohnehin im Beschluss geschehen war.[23]

13   Der für die Parteien unangenehme Schwebezustand bis zur ersten (Teil-)Rechtskraft kann insbesondere bei mehreren Fristverlängerungen länger dauern. Der Beginn ist eindeutig durch die ordnungsgemäße Zustellung des Beschlusses an die Beteiligten definiert, das endgültige Ende der Frist lässt sich jedoch nicht immer klar definieren, weil die Möglichkeit der Wiedereinsetzung besteht. Da die nicht rechtzeitig angegriffenen Teile der Verbundentscheidung mit dem Fristablauf rechtskräftig werden, ist danach eine Erweiterung der Beschwerde nicht mehr möglich,[24] und die Anfechtungsmöglichkeit lebt auch nicht wieder auf, wenn das Beschwerdegericht die Entscheidung im Übrigen aufhebt und die Sache zurückverweist. Ist der Abänderungsantrag nach Abs. 1 verspätet gestellt und kommt keine Wiedereinsetzung in Betracht, muss das FamG den Antrag als unzulässig verwerfen.[25]

---

[13] BGH NJW 1998, 2680.
[14] *Sedemund-Treiber* FamRZ 1986, 211.
[15] BGH NJW 1998, 2679.
[16] BGH aaO.
[17] OLG Karlsruhe FamRZ 1988, 412, OLG Köln FamRZ 1987, 1060, OLG Nürnberg FamRZ 1986, 924 aA OLG Celle FamRZ 1990, 647, OLG Frankfurt/M. FamRZ 1986, 1123.
[18] *Philippi* FamRZ 1989, 1259.
[19] *Bergerfurth* FamRZ 1986, 941.
[20] *Philippi* FamRZ 1989, 1260.
[21] *Bergerfurth* FamRZ 1987, 177.
[22] BGH NJW 1998, 2679.
[23] OLG Karlsruhe FamRZ 1987, 496.
[24] OLG Frankfurt/M. FamRZ 1986, 924.
[25] OLG Frankfurt/M. FamRZ 1986, 924.

§ 146 Zurückverweisung

(1) ¹Wird eine Entscheidung aufgehoben, durch die der Scheidungsantrag abgewiesen wurde, soll das Rechtsmittelgericht die Sache an das Gericht zurückverweisen, das die Abweisung ausgesprochen hat, wenn dort eine Folgesache zur Entscheidung ansteht. ²Das Gericht hat die rechtliche Beurteilung, die der Aufhebung zugrunde gelegt wurde, auch seiner Entscheidung zugrunde zu legen.

(2) Das Gericht, an das die Sache zurückverwiesen wurde, kann, wenn gegen die Aufhebungsentscheidung Rechtsbeschwerde eingelegt wird, auf Antrag anordnen, dass über die Folgesachen verhandelt wird.

I. Normzweck

§ 146 übernimmt nahezu wörtlich die Regelung des bisherigen § 629b Abs. 1 S. 1 ZPO. Der entscheidende **Unterschied** liegt allerdings darin, dass die bislang zwingende Anordnung der Zurückweisung nunmehr als Soll-Vorschrift ausgestaltet ist. 1

Danach bleibt es, wenn eine Entscheidung, durch die der Scheidungsantrag abgewiesen wurde, aufgehoben wird, zwar im grundsätzlich dabei, dass die Sache zur Wiederherstellung des Verbunds zurückzuweisen ist, wenn bei dem Gericht, das die Abweisung ausgesprochen hat, noch eine Folgesache zur Entscheidung ansteht. Es besteht jedoch die Möglichkeit, dass das Gericht in begründeten Ausnahmefällen von einer **Zurückverweisung absieht**. Denkbar ist der Fall, dass die anstehende Folgesache durch Abtrennung vom Verbund bereits gelöst war oder dass die Folgesache durch eine Vereinbarung bzw. in sonstiger Weise ohne größeren Verfahrensaufwand vor dem Rechtsmittelgericht zum Abschluss gebracht werden kann. Diese Vorgehensweise entspricht dem Bedürfnis der Praxis, in geeigneten Fällen das Verfahren zeitnah zum Abschluss zu bringen.[1] Ein Absehen von der Zurückverweisung kommt allerdings dann nicht in Betracht, wenn ein Beteiligter auf die Zurückverweisung besteht. 2

Hebt das OLG oder der BGH das abweisende Urteil auf, muss die Sache grundsätzlich an dasjenige Gericht zurückverwiesen werden, das die **Abweisung ausgesprochen** hat, wenn bei diesem Gericht eine Folgesache zur Entscheidung ansteht.[2] Dies ist dann der Fall, wenn dort eine Folgesache im Zeitpunkt der abweisenden Entscheidung anhängig war und wenn sich diese Folgesache nicht in der Zwischenzeit erledigt hat. Möglich ist eine Zurückverweisung auch, wenn das FamG eine Sorgerechtsregelung oder einen Versorgungsausgleich von Amts wegen durchführen muss.[3] 3

II. Regelungsbereich

1. Bindungswirkung der Aufhebung (Abs. 1 S. 2). Das Gericht, an das die Zurückverweisung erfolgt, muss die der Aufhebung zugrundeliegende Begründung ebenfalls seiner Entscheidung zugrunde legen, und zwar ähnlich wie bei § 563 Abs. 2 ZPO. Dasselbe gilt für die Selbstbindung des zurückverweisenden Gerichts.[4] Die Zurückverweisung stellt den Verbund nach § 137 wieder her und etwa selbstständig fortgeführte Familiensachen können wieder Folgesachen werden und neue Folgesachen durch Überleitung oder auf Antrag eines Beteiligten entstehen.[5] Die erneute Entscheidung ergeht einheitlich durch Beschluss. 4

§ 146 gilt entsprechend, wenn das FamG den Antrag auf Aufhebung der Ehe abgewiesen hat und wenn in zweiter Instanz hilfsweise ein Antrag auf Scheidung der Ehe erfolgt, sowie dann, wenn das OLG die Scheidungssache an das jetzt zuständige FamG verweist. Die beim unzuständigen FamG wieder aufgelebten Folgesachen sind an das dann zuständige FamG zu verweisen oder abzugeben.[6] 5

2. Verfahren bei Anfechtung der Zurückverweisung. Mit der Einlegung der Rechtsbeschwerde gegen den Beschluss des OLG tritt an sich die Hemmungswirkung wie bei § 511 ZPO ein. Aus Gründen der Prozessökonomie kann jedoch das Gericht, an das die Zurückverweisung erfolgte, auf Antrag jeder Partei eine Verhandlung über die bei ihm zur Entscheidung anstehende Folgesache bis zu deren Entscheidungsreife anordnen. Die Entscheidung darüber ergeht nach pflichtgemäßen 6

---

[1] BT-Drucks. 16/6308, S. 233.
[2] BGH NJW 1997, 1007, OLG Hamm FamRZ 1996, 1078, OLG Naumburg FamRZ 2007, 298.
[3] OLG Celle FamRZ 1979, 234, OLG Dresden FamRZ 2003, 1193, OLG Karlsruhe FamRZ 1981, 191, andere Ansicht allerdings OLG Frankfurt/M. FamRZ 1980, 283.
[4] OLG Düsseldorf FamRZ 1981, 808.
[5] *Diederichsen* NJW 1977, 653.
[6] OLG Hamburg FamRZ 1983, 612; OLG Zweibrücken FamRZ 1985, 81.

Ermessen unter Abwägung der Eilbedürftigkeit der Folgesache und der voraussichtlichen Dauer des Verfahrens beim BGH.

Die Ablehnung des Antrags unterliegt der sofortigen Beschwerde gem. § 113 Abs. 1 S. 2 iVm. § 567 Abs. 1 S. 2 ZPO. Gegen den die Verhandlung anordnenden Beschluss gibt es kein Rechtsmittel. Erst nach Rechtskraft des zurückweisenden Beschlusses darf über die Folgesache im Verbund eine abschließende Entscheidung ergehen, wobei eine Vorwegentscheidung grundsätzlich zulässig ist.

§ 147 Erweiterte Aufhebung

[1] **Wird eine Entscheidung auf Rechtsbeschwerde teilweise aufgehoben, kann das Rechtsbeschwerdegericht auf Antrag eines Beteiligten die Entscheidung auch insoweit aufheben und die Sache zur anderweitigen Verhandlung und Entscheidung an das Beschwerdegericht zurückverweisen, als dies wegen des Zusammenhangs mit der aufgehobenen Entscheidung geboten erscheint.** [2] **Eine Aufhebung des Scheidungsausspruchs kann nur innerhalb eines Monats nach Zustellung der Rechtsmittelbegründung oder des Beschlusses über die Zulassung der Rechtsbeschwerde, bei mehreren Zustellungen bis zum Ablauf eines Monats nach der Zustellung, beantragt werden.**

I. Normzweck

1 Die Vorschrift übernimmt inhaltlich die Vorschrift des § 629c ZPO aF. Durch eine Rechtsbeschwerde nach den §§ 70 ff. fällt trotz des Verbunds die Sache dem BGH nur insoweit an, als die Anfechtung reicht.

Beschränkt sich die Rechtsbeschwerde auf die Scheidungssache, entscheidet der BGH nur hierüber. Weist er den Ehescheidungsantrag ab, wird die Entscheidung in den Folgesachen gem. § 142 Abs. 2 gegenstandslos. Hebt der BGH einen abweisenden Beschluss auf, soll er die Sache nach § 140 Abs. 1 S. 1 zurückverweisen.

II. Regelungszweck

2 Die Notwendigkeit einer einheitlichen Entscheidung eröffnet den Beteiligten gem. § 147 die Möglichkeit, eine Nachprüfung auch solcher Teile der Entscheidung herbeizuführen, die der 3. Instanz nach den §§ 70 ff. nicht angefallen sind,[1] weil auch in der dritten Instanz eine ausgewogene Gesamtlösung erfolgen soll. Hebt der BGH auf eine Rechtsbeschwerde hin eine Entscheidung oder eine dazugehörige Anschließung teilweise auf, besteht auf Antrag eines Beteiligten die Möglichkeit, dass der BGH die Entscheidung auch wegen anderer Teile nachprüft, für die keine Rechtsbeschwerde vorliegt, soweit dies wegen des tatsächlichen Zusammenhangs mit der aufgehobenen Entscheidung als ratsam erscheint.[2]

3 Denkbar ist beispielsweise bei Anfechtung der elterlichen Sorge eine Überprüfung der nicht angegriffenen Entscheidung hinsichtlich des nachehelichen Unterhalts. Die Möglichkeit der erweiterten Nachprüfung und Aufhebung in der dritten Instanz bezieht sich aber nur auf solche Entscheidungsteile, die Gegenstand des Beschwerde-(Berufungs-)entscheids waren, dh. nicht auf nicht angegriffene Entscheidung des FamG.

Die Befugnis nach § 147 besteht nicht, wenn das Rechtmittel ohne Erfolg bleibt oder wenn der BGH eine Verbundentscheidung des OLG voll aufhebt.

4 **1. Notwendigkeit eines Antrags.** Der Wortlaut des Gesetzes ist, klar, dass die Einbeziehung nicht angefochtener Teile nur auf Antrag erfolgt, dieser jedoch von allen Beteiligten, dh. nicht nur dem Rechtsmittelführer, gestellt werden, kann. Der Antrag stellt jedoch kein Rechtsmittel dar. Er kann schon in der Rechtsmittelbegründungsschrift und spätestens bis zum Ende einer etwaigen mündlichen Verhandlung gestellt werden.

5 Richtet sich der Antrag auf die Anfechtung des nicht angefochtenen Scheidungsausspruchs, muss er – ohne Verlängerungsmöglichkeit – binnen eines Monats gestellt werden.[3] Die Frist beginnt mit der Zustellung der Rechtsmittelbegründung oder des Beschlusses über die Zulassung der Rechtsbeschwerde, bei mehreren Zustellungen mit der Letzten. Begehrt der Ehegatte die Aufhebung der Entscheidung in einer anderen Folgesache, muss er dies bis zum Schluss der Letzten mündlichen

---

[1] *Sedemund-Treiber* FamRZ 1986, 212.
[2] *BGH* NJW 1987, 1026.
[3] *Deneke,* FamRZ 1987, 1220.

Verhandlung beantragen, eventuell muss das Gericht einen entsprechenden Hinweis geben. Der Antrag ist auch insoweit zulässig, als eine Rechtsmittelerweiterung oder Anschließung möglich ist.

2. Verzicht auf das Antragsrecht. Ein Verzicht auf das Antragsrecht ist jedenfalls bei einem beiderseitigen Verzicht auf Rechtsmittel gegen das Scheidungsausspruch zulässig,[4] aber auch schon vor Einlegung des Rechtsmittels beim BGH. Ein Verzicht im Hinblick auf die Entscheidungsteile, die nicht Gegenstand des Berufungsbescheids waren, ist nicht erforderlich. Eine Einbeziehung von Amts wegen erfolgt nicht. 6

3. Entscheidung. Hebt der BGH die Entscheidung teilweise auf, kann er die Entscheidung auch wegen nicht angefochtener Teile aufheben und die Sache zur anderweitigen Verhandlung und Entscheidung an das OLG zurückverweisen, soweit sich dies nach pflichtgemäßem Ermessen ergibt und auf Grund des Sachzusammenhangs sinnvoll erscheint.[5] 7

§ 148 Wirksamwerden von Entscheidungen in Folgesachen
Vor Rechtskraft des Scheidungsausspruchs werden die Entscheidungen in Folgesachen nicht wirksam.

Die Vorschrift entspricht dem früheren § 629d ZPO aF. 1
In einer Folgesache ergeht eine Entscheidung nur für den Fall der Scheidung, und zwar grundsätzlich im Verbund mit der Endentscheidung über den Scheidungsantrag, § 137 Abs. 1.
Mit der Abweisung dieses Antrags werden die Folgesachen gem. § 142 Abs. 2 gegenstandslos. 2
Wegen dieser Abhängigkeit von der Scheidungssache bestimmt § 148, dass Folgesachen im Verbundspruch nach § 142 Abs. 2 oder nach einer Abtretung nach § 140 durch einen Beschluss vor der Rechtskraft des Scheidungsausspruchs nicht wirksam werden. § 148 ist lex specialis zu § 40.

§ 149 Erstreckung der Bewilligung von Verfahrenshilfe
Die Bewilligung von Verfahrenshilfe für die Scheidungssache erstreckt sich auf eine Versorgungsausgleichsfolgesache, sofern nicht eine Erstreckung ausdrücklich ausgeschlossen wird.

I. Normzweck

Die Vorschrift stimmt weitgehend mit der früheren Vorschrift des § 624 Abs. 2 ZPO überein und ergänzt die §§ 76 ff., die allerdings von Verfahrenskostenhilfe sprechen, während § 149 den Ausdruck Prozesskostenhilfe verwendet. Die unterschiedliche Terminologie ergibt sich aus der Verweisung in § 113 Abs. 1 S. 2 auf die §§ 114 ff. ZPO. 1

II. Regelungsbereich

1. Antrag. Erforderlich ist ein Antrag für die Scheidungssache und die nicht von § 149 erfassten Folgesachen notwendig, und zwar unter den Voraussetzungen der §§ 114 ff. ZPO. 2

2. Erstreckung. Die Bewilligung von Prozesskostenhilfe erstreckt sich nach § 119 Abs. 1 S. 1 ZPO für diesen Rechtszug auch auf eine Versorgungsausgleichsfolgesache, soweit das Gericht sie nicht ausdrücklich ausnimmt.[1] Die Bewilligung umfasst das Verfahren über den Versorgungsausgleich in jeder Form nach § 217, nicht nur in den Fällen des § 1587b BGB.[2] 3

Für alle anderen Folgesachen muss ein Beteiligter eine Prozesskostenhilfe gesondert beantragen und das FamG muss darüber gesondert entscheiden.

3. Nachträgliche Beschränkung. Eine nachträgliche Beschränkung ist zB bei erkennbarer Mutwilligkeit möglich. Der durch § 124 ZPO festgelegte Bestandsschutz steht dem nicht entgegen, denn auf Grund der „Automatik" des § 149 entsteht kein Vertrauensschutz. § 149 bezieht sich nicht auf ein einstweiliges Anordnungsverfahren nach den §§ 49 ff., da sich die für die Scheidungssache gewährte Prozesskostenhilfe darauf nicht erstreckt. 4

---

[4] *BGH* FamRZ 1984, 468.
[5] *Deneke* FamRZ 1987, 1215.
[1] OLG Rostock FamRZ 2005, 1915, OLG Zweibrücken FamRZ 2006, 133.
[2] OLG Frankfurt/M. FamRZ 2000, 99.

§ 150 Kosten in Scheidungssachen und Folgesachen

(1) Wird die Scheidung der Ehe ausgesprochen, sind die Kosten der Scheidungssache und der Folgesachen gegeneinander aufzuheben.

(2) ¹Wird der Scheidungsantrag abgewiesen oder zurückgenommen, trägt der Antragsteller die Kosten der Scheidungssache und der Folgesachen. ²Werden Scheidungsanträge beider Ehegatten zurückgenommen oder abgewiesen oder ist das Verfahren in der Hauptsache erledigt, sind die Kosten der Scheidungssache und der Folgesachen gegeneinander aufzuheben.

(3) Sind in einer Folgesache, die nicht nach § 140 Abs. 1 abzutrennen ist, außer den Ehegatten weitere Beteiligte vorhanden, tragen diese ihre außergerichtlichen Kosten selbst.

(4) ¹Erscheint in den Fällen der Absätze 1 bis 3 die Kostenverteilung insbesondere im Hinblick auf eine Versöhnung der Ehegatten oder auf das Ergebnis einer als Folgesache geführten Unterhaltssache oder Güterrechtssache als unbillig, kann das Gericht die Kosten nach billigem Ermessen anderweitig verteilen. ²Es kann dabei auch berücksichtigen, ob ein Beteiligter einer richterlichen Anordnung zur Teilnahme an einem Informationsgespräch nach § 135 Abs. 1 nicht nachgekommen ist, sofern der Beteiligte dies nicht genügend entschuldigt hat. ³Haben die Beteiligten eine Vereinbarung über die Kosten getroffen, soll das Gericht sie ganz oder teilweise der Entscheidung zugrunde legen.

(5) ¹Die Vorschriften der Absätze 1 bis 4 gelten auch hinsichtlich der Folgesachen, über die infolge einer Abtrennung gesondert zu entscheiden ist. ²Werden Folgesachen als selbständige Familiensachen fortgeführt, sind die hierfür jeweils geltenden Kostenvorschriften anzuwenden.

I. Normzweck

1   Die Vorschrift übernimmt inhaltlich Teile des aufgehobenen § 93a ZPO aF und regelt die Kosten in Scheidungssachen und Folgesachen. Es handelt sich um eine Spezialregelung gegenüber § 243[1] und eine Ausnahme von den §§ 81 ff., nach denen der Unterliegende die Kosten trägt. Die Vorschrift lässt die Kostenaufhebung und eine anderweitige Kostenverteilung nach billigem Ermessen zu.

2   Kosten iSd. Vorschrift sind sowohl Gebühren als auch Auslagen, dh. § 150 gilt ebenfalls für die gerichtlichen Auslagen für Sachverständige und Zeugen, als auch für diejenigen Auslagen, die ein Verfahrensbevollmächtigter im Rahmen des Auftrags machen durfte. Die Vorschrift gilt nicht für außergerichtliche Kosten eines Anwalts.[2]

II. Regelungsbereich

3   **1. Grundsatz der Kostenaufhebung.** Abs. 1 enthält den Grundsatz der Kostenaufhebung für den Fall der Scheidung und entspricht damit inhaltlich im Wesentlichen dem bisherigen § 93a Abs. 1 S. 1 ZPO. Dies bedeutet, dass jeder Beteiligte seine außergerichtlichen Kosten und die Hälfte der Gerichtskosten tragen muss. Eine Kostenfestsetzung findet daher nur hinsichtlich der anteiligen Gerichtskosten statt, wenn diese von einem Beteiligten vollständig eingezahlt worden sind.

4   Auch wenn dies aus dem Wortlaut des Abs. 1 nicht ohne weiteres ersichtlich ist, ist die Vorschrift in **Zusammenhang mit Abs. 4** zu lesen, in dem es heißt, dass in den Fällen der Absätze 1 bis 3 das Gericht nach billigem Ermessen die Kosten anderweitig verteilen kann. Dies bedeutet, dass die Regel des Abs. 1 nur Anwendung findet, nachdem das Gericht von dem in Abs. 4 eingeräumten Ermessensspielraum Gebrauch gemacht und geprüft hat, ob eine anderweitige Kostenregelung in Betracht kommt.

5   Für den **Begriff der Scheidung** kommt es nur darauf an, ob das Gericht „die Scheidung der Ehe ausspricht". Es ist deshalb unbeachtlich, auf wessen Antrag die Ehescheidung erfolgt, ob der Antragsgegner die Abweisung des Ehescheidungsantrags begehrt oder seinerseits ebenfalls die Scheidung beantragt hatte.

6   Aus dem Wortlaut des Abs. 1 geht eindeutig hervor, dass diese Regelung nicht nur für Scheidungen, sondern auch für die Folgesachen gilt, und zwar sogar dann, wenn die Folgesache nach ausländischem Recht zu beurteilen ist.[3] Bei einer gleichzeitigen Entscheidung über die Ehescheidung und Folgesachen liegt der Kostenverbund iSv. § 137 vor,[4] der auch besteht, wenn in der Zwischenzeit

---

[1] BT-Drucks. 16/6308, S. 233.
[2] BT-Drucks. 16/6308, S. 233.
[3] OLG Karlsruhe RR 2003, 726.
[4] OLG Hamm FamRZ 2002, 104.

ein Antrag oder eine befristete Beschwerde zurückgenommen worden ist.[5] Bei teilweisem Erfolg gegen einen Verbundbeschluss sind teilweise Abs. 1 und teilweise § 84 anwendbar,[6] und zwar Abs. 1 auch dann, wenn sich eine Ehesache infolge des Todes eines Ehegatten in der Zwischenzeit erledigt hat.[7]

2. Kostenhaftung bei Abweisung oder Rücknahme des Scheidungsantrages. Abs. 2 enthält erstmals eine umfassende Regelung für den Fall der sonstigen Beendigung des Verfahrens. 7

a) des Antragstellers. Abs. 2 S. 1 bestimmt die Kostentragung des Antragstellers bei Abweisung oder Rücknahme des Scheidungsantrags, dh. weist das Gericht einen Scheidungsantrag ab oder nimmt der Antragsteller ihn zurück, muss der Antragsteller die Kosten der eigentlichen Scheidungssache tragen. Die Kostenregelung des § 81 gilt insoweit uneingeschränkt. Der Abweisungsgrund für den Scheidungsantrag ist unerheblich. 8

Der Grundsatz der Unterliegenshaftung gilt für den abgewiesenen oder zurücknehmenden Antragsteller auch für die Kosten der Folgesachen. Dazu zählen auch die Kosten einer solchen Folgesache, über die das Gericht infolge einer Abtrennung gesondert entscheiden muss. 9

b) beider Ehegatten. S. 2 nennt die Kostenaufhebung auch für den Fall der Abweisung oder Zurücknahme der Scheidungsanträge beider Ehegatten sowie für den Fall der anderweitigen Erledigung des Verfahrens, dh. auch wenn beide Ehegatten die Scheidung begehrt hatten und das Gericht beide Scheidungsanträge abweist oder wenn die Rücknahme des einen und die Abweisung des anderen zusammentreffen, gilt die Kostenfolge der Kostenaufhebung. 10

3. Außergerichtliche Kosten Drittbeteiligter. Abs. 3 stellt klar, dass Drittbeteiligte ihre außergerichtlichen Kosten grundsätzlich selbst tragen, dass das Gericht jedoch die Möglichkeit hat, nach Abs. 4 eine abweichende Bestimmung zu treffen. 11

4. Anderweitige Kostenverteilung nach billigem Ermessen. Abs. 4 S. 1 regelt die Möglichkeit, für den Fall, dass die Kostenverteilung nach den Absätzen 1 bis 3 unbillig wäre, die Kosten nach billigem Ermessen anderweitig zu verteilen. Im Vergleich zum bisherigen § 93a Abs. 1 S. 2 ZPO entfällt der dort in Nummer 1 genannte Gesichtspunkt der unverhältnismäßigen Beeinträchtigung der Lebensführung, statdessen ist der Aspekt einer Versöhnung der Ehegatten zusätzlich aufgenommen. 12

S. 2 regelt die Möglichkeit des Gerichts, auf eine Weigerung eines Beteiligten an einem nach § 135 Abs. 1 angeordneten Informationsgespräch teilzunehmen, im Rahmen der Kostengrundentscheidung zu reagieren. Diese neu eingeführte Regelung hat erhebliche Relevanz in kindschaftsrechtlichen aber auch sonstigen Verfahren, in denen ein Beteiligter sich gegenüber allen Versuchen eine einverständliche Regelung zu erreichen sperrt. 13

S. 3 liegt die Regelung des bisherigen § 93a Abs. 1 S. 3 ZPO zugrunde. Die Ausgestaltung als Soll-Vorschrift soll stärker als bisher eine Vereinbarung der Parteien über die Verfahrenskosten der Beteiligten berücksichtigen. 14

5. Geltung für Folgesachen. Abs. 5 S. 1 stellt klar, dass die Absätze 1 bis 4 hinsichtlich der Folgesachen auch dann gelten, wenn diese abgetrennt wurden. S. 2 behandelt den Fall, dass ein Verfahren, das ursprünglich Folgesache war, als selbstständige Familiensache fortgeführt wird. Im Gegensatz zur Regelung in S. 1 findet in einem solchen Fall die für eine Familiensache dieser Art geltende allgemeine Kostenregelung Anwendung. 15

---

[5] OLG Köln FamRZ 1997, 222.
[6] OLG Hamburg FamRZ 1990, 299.
[7] OLG Köln FamRZ 2000, 620; OLG Naumburg FamRZ 2006, 217.

Abschnitt 3. Verfahren in Kindschaftssachen

§ 151 Kindschaftssachen

Kindschaftssachen sind die dem Familiengericht zugewiesenen Verfahren, die
1. die elterliche Sorge,
2. das Umgangsrecht,
3. die Kindesherausgabe,
4. die Vormundschaft,
5. die Pflegschaft oder die gerichtliche Bestellung eines sonstigen Vertreters für einen Minderjährigen oder für eine Leibesfrucht,
6. die Genehmigung der freiheitsentziehenden Unterbringung eines Minderjährigen (§§ 1631b, 1800 und 1915 des Bürgerlichen Gesetzbuchs),
7. die Anordnung der freiheitsentziehenden Unterbringung eines Minderjährigen nach den Landesgesetzen über die Unterbringung psychisch Kranker oder
8. die Aufgaben nach dem Jugendgerichtsgesetz

betreffen.

Schrifttum: *Coester,* Verfahren in Kindschaftssachen, in: *Lipp/Schumann/Veit,* S. 39 ff.; *Heilmann,* Das Verfahren der Familien- und Vormundschaftsgerichte, in: *Salgo/Zenz* et al. (Hrsg.), S. 255 ff.; *Heiter,* Das Verfahren in Kindschaftssachen im Entwurf eines FamFG, Kind-Prax 2005, 219 ff.; *Horndasch,* Das neue Verfahren in Kindschaftssachen nach dem FamFG, ZFE 2009, 52 ff.; *Jaeger,* Verfahren in Kindschaftssachen, FPR 2006, 410 ff.; *Stößer,* Das neue Verfahren in Kindschaftssachen, FamRZ 2009, 656 ff.; *Wever,* Das große Familiengericht nach dem FamFG, FF 2008, 399 ff.; *Willutzki,* Kindschaftssachen im neuen FamFG – Ein Überblick, FPR 2009, 327 ff.

Übersicht

	Rn.		Rn.
I. Normzweck und Entstehungsgeschichte	1, 2	ters für einen Minderjährigen oder für eine Leibesfrucht (Nr. 5)	41
II. Die Zuständigkeit des Familiengerichts in Kindschaftssachen	3–5	7. Genehmigung der freiheitsentziehenden Unterbringung eines Minderjährigen (Nr. 6)	42, 43
1. Das „große Familiengericht" und die Kindschaftssachen	3	8. Anordnung der freiheitsentziehenden Unterbringung eines Minderjährigen (Nr. 7)	44
2. Der Familienrichter in Kindschaftssachen	4	9. Die Aufgaben nach dem Jugendgerichtsgesetz (Nr. 8)	45
3. Internationale Zuständigkeit	5	IV. Die Rechtsfolgen der Einordnung als Kindschaftssache	46–48
III. Der Katalog der Kindschaftssachen des § 151	6–45	1. Anwendbarkeit der §§ 152 bis 168 a	46
1. Enumerative Aufzählung	6, 7	2. Familiensache und (ausnahmsweise) Folgesache	47
2. Elterliche Sorge (Nr. 1)	8–30	3. Kosten	48
3. Umgangsrecht (Nr. 2)	31–34	V. Überleitungsvorschriften – Besonderheiten in Kindschaftssachen	49, 50
4. Kindesherausgabe (Nr. 3)	35–37		
5. Vormundschaft (Nr. 4)	38–40		
6. Pflegschaft oder die gerichtliche Bestellung eines sonstigen gesetzlichen Vertre-			

I. Normzweck und Entstehungsgeschichte

1 Die Norm enthält unter Aufgabe der bisherigen Definition in § 640 Abs. 2 S. 2 ZPO aF eine **(neue) Legaldefinition der Kindschaftssachen.** Die früheren Kindschaftssachen sind nun als Abstammungssachen im Entwurf in Abschnitt 4 (§§ 169 bis 185) geregelt.

2 Als einleitende Vorschrift für den Abschnitt „Verfahren in Kindschaftssachen" ist die Norm Teil einer Gesamtkonzeption der Gliederung nach Verfahrensgegenständen und fasst die Regelungsgegenstände des § 621 Abs. 1 Nr. 1 bis 3 ZPO aF und teilweise auch des § 621 Abs. 1 Nr. 12 ZPO aF

zusammen. Sie eröffnet gesetzessystematisch den Weg für eine **einheitliche kindzentrierte Verfahrensgestaltung** in den Verfahren, in welchen das Kind im Mittelpunkt steht und die nicht in einem anderen Abschnitt eine gesonderte Regelung erfahren haben.[1] Wie bereits § 621 Abs. 1 ZPO aF.[2] **handelt es nicht um eine Vorschrift zur Regelung der sachlichen Zuständigkeit** des Familiengerichts, sondern die Norm setzt voraus, dass eine Zuweisung der Verfahren an das Familiengericht durch eine Norm außerhalb des FamFG erfolgt („... die dem Familiengericht zugewiesenen Verfahren ..."; s. auch Rn. 30).

II. Die Zuständigkeit des Familiengerichts in Kindschaftssachen

1. Das „große Familiengericht" und die Kindschaftssachen. Kindschaftssachen sind dem Familiengericht zugewiesen. Diese bei den Amtsgerichten gebildeten Abteilungen für Familiensachen (vgl. § 23b Abs. 1 S. 1 GVG) sollen eine **Konzentration der Zuständigkeit** verwirklichen. Die Norm ist eine der Kernregelungen für die Einführung des großen Familiengerichts, die mit der Abschaffung des Vormundschaftsgerichts einhergeht. Sie offenbart, dass die vormals dem Vormundschaftsgericht übertragenen Aufgaben im Bereich der Vormundschaft und Pflegschaft nunmehr dem Familiengericht obliegen. Der Gesetzgeber bringt insoweit ein mit dem 1. Eherechtsreformgesetz im Jahre 1976 begonnenes und zuletzt mit dem Kindschaftsrechtsreformgesetz fortgeführtes Werk zum Abschluss.[3] Er eröffnet durch die **Aufgabe des bestehenden Dualismus zwischen Familiengericht und Vormundschaftsgericht** den Weg zu einer ganzheitlichen Lösung innerfamiliärer Konflikte vor einem sachnahen und grundsätzlich besonders qualifizierten und spezialisierten Gericht. Tatsächlich zusammenhängende Rechtsstreitigkeiten können nunmehr auch zusammenhängend entschieden werden. Damit werden zugleich Aussetzungen, Mehrfachbelastungen der Gerichte, die Gefahr divergierender Entscheidungen und Zuständigkeitsprobleme, insbesondere zwischen Familiengericht und Vormundschaftsgericht beseitigt. Letztlich sind dies Gesichtspunkte, die auch der Verfahrensbeschleunigung dienen und damit einem der Kernanliegen der Reform in Kindschaftssachen Rechnung tragen (vgl. § 155).

2. Der Familienrichter in Kindschaftssachen. Die Familiengerichte sind mit Familienrichtern besetzt (vgl. § 23b Abs. 3 S. 1 GVG). Den Verfahrensbeteiligten soll „ein Richter mit der als notwendig erachteten **besonderen Sachkunde** zur Verfügung" gestellt werden,[4] denn insbesondere die richterliche Tätigkeit in Kindschaftssachen setzt neben umfassenden Rechtskenntnissen in besonders hohem Maße die Bereitschaft und **Fähigkeit zur Adaption außerjuristischer Erkenntnisse** auf den Gebieten der (Sozial-)Pädagogik und Psychologie voraus, weshalb die Richter durch **Aus- und Weiterbildung** mit den Grundzügen dieser Fachgebiete vertraut gemacht werden müssen.[5] Gleichwohl verlangt das Gesetz für die Tätigkeit als Familienrichter neben dem Erfordernis der Befähigung zum Richteramt lediglich eine einjährige Tätigkeit als Richter auf Probe (vgl. § 23b Abs. 3 S. 2 GVG; s. hingegen § 37 JGG).

3. Internationale Zuständigkeit. Die internationale Zuständigkeit wird ausschließlich durch § 99 geregelt. Zu den Fragen der internationalen Zuständigkeit, insbesondere im Zusammenhang mit dem Haager Minderjährigenschutzabkommen (MSA), dem Haager Kindesentführungsübereinkommen (HKÜ), dem Europäischen Sorgerechtsübereinkommensgesetz (EuSorgeRUbk), der Verordnung über die Zuständigkeit und die Anerkennung und Vollstreckung von Entscheidungen in Ehesachen und in Verfahren betreffend die elterliche Verantwortung (EheGVO) sowie zum Internationalen Familienrechtsverfahrensgesetz (IntFamRVG) und der sog. Brüssel II a-VO siehe die Kommentierung zu § 99.

III. Der Katalog der Kindschaftssachen

1. Enumerative Aufzählung. Grundsätzlich handelt es sich um eine **abschließende** Aufzählung der unter den Begriff der Kindschaftssachen fallenden Regelungsgegenstände. Ein Verfahren ist Kindschaftssache, wenn es die genannten Regelungsgegenstände „betrifft". Es muss damit **nicht der Schwerpunkt des Begehrens** aus einem der genannten Rechtsgebiete herrühren.[6] Es genügt, dass die bekannten Tatsachen einen der genannten Bereiche tangieren und in diesen – auch amtswegiges

---

[1] BT-Drucks. 16/6308, S. 233.
[2] Vgl. nur BGH NJW 1978, 1531.
[3] Vgl. BT-Drucks. 16/6308, S. 168.
[4] BGH NJW 1978, 1531.
[5] Vgl. BVerfGE 55, 171, 178 (= NJW 1981, 217 ff.)
[6] BGH NJW 1978, 1531, 1533.

§ 151 7–14   Buch 2. Abschnitt 3. Verfahren in Kindschaftssachen

– gerichtliches Tätigwerden gebieten könnten. Dann nämlich ist eine Zuweisung in den Zuständigkeitsbereich des Familiengerichts nach Sinn und Zweck der Vorschrift geboten.[7] Vor diesem Hintergrund ist unerheblich, ob materiell-rechtlich ausländisches oder deutsches Recht anzuwenden ist.[8]

7   Da sich das **einstweilige Anordnungsverfahren** nach den Vorschriften richtet, die für eine Hauptsache gelten, soweit sich nicht aus seinem Charakter als Eilverfahren etwas anderes ergibt (vgl. § 51 Abs. 2 S. 1), ist es betreffend die Regelungsgegenstände der Norm ebenfalls Kindschaftssache. Dasselbe gilt **kraft Sachzusammenhang** für Auskunftsansprüche sowie für das Verfahren betreffend die Ablehnung eines Sachverständigen oder eines Richters (§ 6), das Zwangsgeldverfahren (§ 35), das Verfahrenskostenhilfeverfahren (§§ 76 ff.), das Vollstreckungsverfahren (§§ 88 ff.) sowie für das Kostenfestsetzungsverfahren (vgl. § 85).

8   **2. Elterliche Sorge (Nr. 1).** Der Begriff der elterlichen Sorge entspricht dem des Bürgerlichen Gesetzbuchs (vgl. § 1626 Abs. 1 S. 1 BGB). Alle Verfahren, die in **tatsächlicher oder rechtlicher Hinsicht** (vgl. § 1629 Abs. 1 S. 1 BGB) die Bestimmung der Person, der Rechte oder Pflichten des Sorgeberechtigten betreffen oder mit einer solchen Regelung aus sachlichen oder verfahrensrechtlichen Gründen in Zusammenhang stehen, sind Kindschaftssachen.[9] Ob die Eltern verheiratet sind oder nicht ist unerheblich. Sonstige zivilrechtliche Ansprüche aus dem Eltern-Kind-Verhältnis sind hingegen Familiensachen im Sinne des Abschnitts 11 (vgl. § 266 Abs. 1 Nr. 4).[10]

9   Vor diesem Hintergrund bildet das Verfahren der Sorgerechtsentscheidung bei Getrenntleben (§ 1671 BGB) sowie das kindschutzrechtliche Verfahren nach § 1666 BGB (s. Rn. 22) einen Schwerpunkt der Kindschaftssachen iSv. Nr. 1, die insbesondere folgende Angelegenheiten umfasst:

10   **a)** Die Entscheidungen im Zusammenhang mit dem selbständigen **Betrieb eines Erwerbsgeschäfts** durch einen Minderjährigen (§ 112 BGB). Funktionell entscheidet hier der Rechtspfleger (vgl. § 3 Nr. 2 lit. a RPflG).

11   **b)** Die Befreiung von dem Erfordernis der Volljährigkeit zur **Eheschließung** nach § 1303 Abs. 2 und 3 BGB, die Genehmigung einer ohne diese Befreiung vorgenommenen Eheschließung (§ 1315 Abs. 1 S. 1 Nr. 1 BGB) sowie die Ersetzung der Zustimmung des gesetzlichen Vertreters zur Bestätigung der Ehe nach § 1315 Abs. 1 S. 3 Halbs. 2 BGB. Funktionell zuständig ist für diese Verfahren der Richter (vgl. § 14 Abs. 1 Nr. 12 lit. c und Nr. 13 RPflG).

12   **c)** Streitigkeiten, die den **Namen des Kindes** betreffen, denn das Recht der Eltern zur Bestimmung des Kindesnamens ist Ausfluss der elterlichen Sorge.[11] Dazu gehören mit Blick auf § 1628 S. 1 BGB Verfahren, die den Vornamen des Kindes zum Gegenstand haben.[12] Zuständig ist der Richter (vgl. § 14 Abs. 1 Nr. 5 RPflG). Kindschaftssache ist auch die Uneinigkeit über den Nachnamen des Kindes, insbesondere wenn die Eltern binnen eines Monats nach der Geburt des Kindes keine Namensbestimmung treffen (vgl. § 1617 Abs. 2 S. 1 BGB). Zuständig ist gemäß § 14 Abs. 1 Nr. 5 RPflG der Richter, wenn es sich um eine Meinungsverschiedenheit zwischen Sorgeberechtigten handelt,[13] anderenfalls gemäß § 3 Nr. 2a RPflG der Rechtspfleger, da § 1617 BGB im Katalog des § 14 RPflG nicht genannt ist. Nr. 1 umfasst auch die Verfahren der sogenannten Einbenennung im Sinne des § 1618 Absatz 1 S. 4 BGB.[14] Zuständig ist nach § 3 Nr. 2 lit. a RPflG der Rechtspfleger.

13   **d)** Verfahren, die die Feststellung des **Bestehens oder Nichtbestehens der elterlichen Sorge** eines Beteiligten für den anderen zum Gegenstand haben, denn diese sind keine Abstammungssachen mehr (vgl. § 640 Abs. 2 Nr. 5 ZPO aF bzw. § 169). Zuständig ist der Richter (vgl. § 14 Abs. 1 Nr. 1 RPflG).

14   **e)** Die **Ersetzung der Sorgeerklärung** eines Elternteils nach § 1626a Abs. 1 Nr. 1 BGB, wenn die nicht miteinander verheirateten Eltern längere Zeit in häuslicher Gemeinschaft gemeinsam für das Kind die elterliche Verantwortung getragen und sich vor dem 1. 7. 1998 getrennt haben, soweit die gemeinsame elterliche Sorge dem Kindeswohl dient (vgl. Artikel 224 § 2 Absatz 3 EGBGB). Zuständig ist der Richter (vgl. § 14 Abs. 1 Nr. 6 RPflG).

---

[7] Vgl. hierzu BGH FamRZ 1994, 626.
[8] BGH NJW 1981, 126, 127; OLG Frankfurt FamRZ 2001, 367; OLG Düsseldorf FamRZ 1995, 1280; aA OLG Köln FamRZ 1994, 1476; OLG Karlsruhe FamRZ 1997, 33; OLG Stuttgart FamRZ 1997, 1085.
[9] Vgl. BR-Drucks. 309/07, S. 519.
[10] Vgl. OLG Frankfurt/Main ZKJ 2009, 129 zu § 621 Abs. 1 Ziff. 1 ZPO aF.
[11] BGH FamRZ 1999, 1648.
[12] Vgl. nur *Palandt/Diederichsen* Einf. v. § 1616 BGB Rn. 13.
[13] OLG Frankfurt NJW-RR 1996, 1288 m. weit. Nachw.; LG Münster FamRZ 1995, 1516; *Zöller/Philippi* § 621 ZPO Rn. 27.
[14] Vgl. BGH FamRZ 1999, 1648.

f) Die **Ersetzung der Zustimmung eines gesetzlichen Vertreters zur Sorgeerklärung** eines beschränkt geschäftsfähigen Elternteils nach § 1626c Abs. 2 S. 1 BGB durch den Richter (vgl. § 14 Abs. 1 Nr. 12 lit. b RPflG). 15

g) Die Entscheidung des Richters (vgl. § 14 Abs. 1 Nr. 5 bzw. 11 RPflG) über **Meinungsverschiedenheiten** zwischen den sorgeberechtigten Eltern in einzelnen Angelegenheiten oder einer bestimmten Art von Angelegenheiten der elterlichen Sorge, deren Regelung für das Kind von erheblicher Bedeutung sind (vgl. § 1628 Abs. 1 S. 1 BGB). Neben dem Vornamensstreit (vgl. oben lit. c) wird insbesondere der Streit über die religiöse Kindererziehung (vgl. § 2 Abs. 1 und 3 Gesetz über die religiöse Kindererziehung),[15] die Einwilligung in eine Operation des Kindes, Fragen der Einschulung oder Umschulung, der Ausschlagung einer Erbschaft und Urlaubsreisen erfasst.[16] 16

h) Die **Entziehung der Vertretung** nach § 1629 Abs. 2 S. 3 BGB für einen bestimmten Kreis von Angelegenheiten (vgl. § 1796 BGB) durch den Rechtspfleger (vgl. § 3 Nr. 2 lit. a RPflG). 17

i) Die **Übertragung von Angelegenheiten der elterlichen Sorge auf die Pflegeperson** nach § 1630 Abs. 3 BGB mit einer funktionellen Zuständigkeit des Richters (vgl. § 14 Abs. 1 Nr. 4 RPflG). 18

j) Die **Unterstützung der Eltern** bei der Ausübung der Personensorge nach § 1631 Abs. 3 BGB mit Rechtspflegerzuständigkeit (vgl. § 3 Nr. 2 lit. a RPflG). 19

k) Das Verfahren bei Vorlage bzw. Nichtvorlage des von den Eltern nach § 1640 BGB vorzulegenden **Vermögensverzeichnisses,** welches nach § 3 Nr. 2 lit. a RPflG funktionell dem Rechtspfleger obliegt. 20

l) Die Verfahren der **familiengerichtlichen Genehmigung** nach § 1484 Abs. 2 S. 2 BGB (Ablehnung der fortgesetzten Gütergemeinschaft; vgl. in diesem Zusammenhang auch §§ 1491 Abs. 3 S. 1, 1492 Abs. 3 S. 1, 1493 Abs. 2 S. 3 BGB), § 1643 BGB (genehmigungspflichtige Rechtsgeschäfte nach § 1821, 1822 Nr. 1, 3, 5, 8, 11 BGB), § 1644 BGB (Überlassung von Vermögensgegenständen an das Kind), § 1645 BGB (Beginn eines neuen Erwerbsgeschäfts), § 2282 Abs. 2 BGB (Genehmigung der Anfechtung eines Erbvertrages), §§ 2347, 2351 BGB (Genehmigung des Erbverzichts) für welche funktionell jeweils der Rechtspfleger zuständig ist (vgl. § 3 Nr. 2 lit. a RPflG). 21

m) Maßnahmen bei **Gefährdung des Kindeswohls** (vgl. § 1666, 1666a BGB) für die der Richter funktionell zuständig ist (vgl. § 14 Abs. 1 Nr. 2 RPflG). 22

n) Maßnahmen bei **Gefährdung des Kindesvermögens** (vgl. § 1667 BGB) durch den Rechtspfleger (vgl. § 3 Nr. 2 lit. a RPflG). 23

o) Die **Übertragung der elterlichen Sorge** nach § 1671 BGB (Getrenntleben bei gemeinsamer elterlicher Sorge), § 1672 BGB (Getrenntleben bei elterlicher Sorge der Mutter), § 1678 Abs. 2 BGB (Ruhen der Alleinsorge der Mutter), § 1680 Abs. 2 (Tod der allein sorgeberechtigten Mutter), § 1680 Abs. 3 (Entzug der Alleinsorge der Mutter), § 1681 Abs. 1 und 2 BGB (Todeserklärung eines Elternteils) durch den Richter (vgl. § 14 Abs. 1 Nr. 3 RPflG). 24

p) Die Feststellung, dass ein Elternteil die elterliche Sorge auf längere Zeit tatsächlich nicht ausüben kann und damit das **Ruhen der elterlichen Sorge** (§ 1674 Abs. 1 BGB) bzw. der Beendigung des Ruhens (vgl. § 1674 Abs. 2 BGB) durch den Rechtspfleger (vgl. § 3 Nr. 2 lit. a RPflG). 25

q) Die Einschränkung oder der Ausschluss von Befugnissen aus § 1687 Abs. 1 BGB in **Angelegenheiten des täglichen Lebens** bei gemeinsamer elterlicher Sorge (vgl. § 1687 Abs. 2 BGB), bei Alleinsorge des anderen Elternteils (vgl. § 1687a letzter Halbs. iVm. § 1687 Abs. 2 BGB) oder bei Pflegepersonen bzw. diesen gleichgestellten Personen (vgl. § 1688 Abs. 3 S. 2 BGB). Funktionell zuständig ist der Richter (vgl. § 14 Abs. 1 Nr. 7 RPflG). Dies gilt auch in den Fällen des § 1688 BGB.[17] 26

r) Gerichtliche Maßnahmen bei **Verhinderung der Eltern,** die elterliche Sorge auszuüben (vgl. § 1693 BGB), durch den Rechtspfleger (vgl. § 3 Nr. 2 lit. a RPflG). 27

s) Verfahren auf **Überprüfung bzw. Abänderung** einer die elterliche Sorge betreffenden Entscheidung (vgl. § 1696 BGB iVm. § 166). Die Verteilung der funktionellen Zuständigkeit zwischen 28

---

[15] *Staudinger/Salgo* Anh. zu § 1631 BGB, § 2 RKEG Rn. 17; aA zum alten Recht AmtsG Weilburg FamRZ 2003, 1308.
[16] *Palandt/Diederichsen* § 1628 BGB Rn. 4 m. weit. Nachw.
[17] *Zöller/Philippi* § 621 ZPO Rn. 33 k.

§ 151 29–34 Buch 2. Abschnitt 3. Verfahren in Kindschaftssachen

Richter und Rechtspfleger richtet sich hier nach dem zur Überprüfung gestellten Verfahrensgegenstand.[18] Besteht insoweit Richterzuständigkeit, so gilt diese auch für die Verfahren nach § 166. In den anderen Fällen besteht die Zuständigkeit des Rechtspflegers.

29 t) Verfahren auf Übertragung der elterlichen Sorge, wenn die Einwilligung eines Elternteils zur Adoption ihre Kraft verliert (vgl. § 1751 Abs. 3 BGB) sowie der Rückübertragung des Sorgerechts bei Aufhebung des Annahmeverhältnisses (vgl. § 1764 Abs. 3 BGB). Diese Verfahren sind keine Adoptionssachen (vgl. § 186 Rn. 8). Zuständig ist der Richter (§ 14 Abs. 1 Nr. 15 RPflG).

30 Daneben sind auch solche Verfahren Kindschaftssachen, die Rechte und Pflichten des Sorgeberechtigten betreffen und dem Familiengericht **außerhalb des Bürgerlichen Gesetzbuchs** als Aufgaben zugewiesen sind. Hierzu zählt unter anderem die familiengerichtliche Genehmigung in den Fällen von § 16 Abs. 3 VerschG (Antrag auf Einleitung eines Aufgebotsverfahrens bei Todeserklärung), § 3 Abs. 1 S. 2 TSG bzw. § 2 Abs. 1 NamÄndG (Antrag auf Änderung des Vornamens) und § 125 Abs. 2 S. 2 (Antrag auf Scheidung oder Aufhebung der Ehe).

31 **3. Umgangsrecht (Nr. 2).** Das **Umgangsrecht ist immer dann betroffen,** wenn einem Elternteil oder einem Dritten ermöglicht werden soll, sich von dem körperlichen oder geistigen Befinden des Kindes und seiner Entwicklung durch Augenschein und gegenseitige Aussprache fortlaufend zu überzeugen, die Beziehungen zu dem Kind aufrechtzuerhalten, einer Entfremdung vorzubeugen sowie dem gegenseitigen Liebesbedürfnis Rechnung zu tragen.[19] Abzugrenzen sind diese Verfahren, für die funktionell der Richter zuständig ist (vgl. § 14 Abs. 1 Nr. 7 RPflG), von den aus dem Umgangsrecht herrührenden (Schadensersatz-)Ansprüchen im Sinne von § 266 Abs. 1 Nr. 5 (s. auch Rn. § 155 Rn. 73) und von den Betreuungssachen im Sinne von § 271 Nr. 3, wenn der Umgang mit einer unter rechtlicher Betreuung stehenden Person zu regeln ist.[20]

32 Kindschaftssachen im Sinne von Nr. 2 sind Verfahren, die eine **Regelung des Umgangs mit einem Elternteil** zum Gegenstand haben, denn das Familiengericht kann „über den Umfang des Umgangsrechts entscheiden und seine Ausübung, auch gegenüber Dritten, näher regeln" (§ 1684 Abs. 3 S. 1 BGB). Hinzu kommen die Verfahren, die Anordnungen zum Gegenstand haben, durch welche die Beteiligten zur Erfüllung ihrer Verpflichtung angehalten werden, alles zu unterlassen, was das Verhältnis des Kindes zum jeweils anderen Elternteil beeinträchtigt oder die Erziehung erschwert (vgl. § 1684 Abs. 3 S. 2 und 3 iVm. Abs. 2 BGB) sowie die Verfahren betreffend die **Einschränkung oder den Ausschluss des Umgangsrechts** oder des Vollzugs früherer Entscheidungen über das Umgangsrecht zählen hierzu (vgl. § 1684 Abs. 4 S. 1 BGB), wobei eine Einschränkung in diesem Sinne auch die Anordnung eines sogenannten begleiteten Umgangs darstellt (vgl. § 1684 Abs. 4 S. 3 BGB). Die Umgangspflegschaft nach § 1684 Abs. 3 betrifft, gleichwohl sie auch das Sorgerecht einschränkt (vgl. § 1632 Abs. 2 BGB), das Umgangsrecht im Sinne von Nr. 3.[21] Durch Verweisung finden die genannten Vorschriften auch Anwendung, wenn der Umgang des Kindes mit **Großeltern, Geschwister** und – wenn eine sozial-familiäre Beziehung besteht – enge Bezugspersonen (insbesondere **Stief- und Pflegeeltern**) betroffen ist (vgl. § 1685 Abs. 3 BGB), so dass es sich hier ebenfalls um Kindschaftssachen handelt. Dies gilt nicht für den Umgang mit dem unter Betreuung stehenden Betroffenen, da dieser volljährig ist.

33 Überdies werden durch Nr. 2 auch solche Verfahren zu Kindschaftssachen, die eine Streitigkeit über das durch die Personensorge umfasste Recht, den **Umgang des Kindes auch mit Wirkung für und gegen Dritte** zu bestimmen, zum Gegenstand haben (vgl. § 1632 Abs. 3 iVm. Abs. 2 BGB)[22] oder in welchen außerhalb des Anwendungsbereichs von § 1684 Abs. 4 BGB gemäß § 1696 BGB iVm. § 166 Abs. 1 über die Abänderung einer Umgangsentscheidung zu befinden ist.

34 Der Rechtspfleger (vgl. § 3 Nr. 2a RpflG) des Familiengerichts entscheidet als Kindschaftssache im Sinne von Nr. 2 über Streitigkeiten der Eltern hinsichtlich der **Auskunft über die persönlichen Verhältnisse** des Kindes (vgl. § 1686 BGB). Streng genommen handelt es sich hier nicht um ein Verfahren, welches das Umgangsrecht betrifft, denn der Auskunftsanspruch besteht unabhängig vom Bestehen oder Nichtbestehen eines Umgangsrechts.[23] Gleichwohl ist im Ergebnis die von der hM vorgenommene dogmatische Einordnung zutreffend. Dies ergibt sich im Wege der historischen Auslegung, denn der Auskunftsanspruch war vor Inkrafttreten des Kindschaftsrechtsreformgesetzes in § 1634 Abs. 3 BGB aF festgelegt und damit dem Umgangsrecht zugeordnet.

---

[18] Vgl. nur *Staudinger/Coester* § 1696 BGB Rn. 110.
[19] Grundlegend BGHZ 42, 364; vgl. auch BVerfGE 31, 194, 205; BVerfG NJW 2008, 1287 ff.
[20] Hierzu AmtsG Ettlingen FamRZ 2001, 369 f.
[21] Vgl. BVerfG NJW-RR 2006, 1 f.
[22] BR-Drucks. 309/07, S. 519.
[23] *Palandt/Diederichsen* § 1686 BGB Rn. 1.

4. Kindesherausgabe (Nr. 3). Die Regelung erfasst Streitigkeiten über das von der Personensorge umfasste Recht, die **Herausgabe des Kindes** von jedem zu verlangen, der es den Eltern oder einem Elternteil widerrechtlich vorenthält (vgl. § 1632 Abs. 3 iVm. Abs. 1 BGB). Sie ist **lex specialis** gegenüber Nr. 1. Kindschaftssachen sind damit alle Verfahren aus dem unmittelbaren Anwendungsbereich des § 1632 Abs. 3 iVm. Abs. 1 BGB, so dass Anspruchsteller immer die Eltern oder ein Elternteil sind und Anspruchsgegner der andere Elternteil oder jeder Dritte sein kann. Zum Herausgabebegehren von Vormund bzw. Pfleger siehe unten Rn. 39. Bei grenzüberschreitenden Konflikten sind die internationalen Übereinkommen, insbesondere das Haager Kindesentführungsübereinkommen (HKÜ), zu beachten (näher hierzu § 99 Rn. 8 ff.). Der Meinungsstreit über die Zuständigkeit des Familiengerichts in Verfahren, in denen das Kind nicht unter elterlicher Sorge, sondern unter Vormundschaft steht (vgl. § 621 Abs. 1 Nr. 3 ZPO aF),[24] ist nach Abschaffung des Vormundschaftsgerichts obsolet. Funktionell zuständig ist der Richter (vgl. § 14 Abs. 1 Nr. 8 RPflG). 35

Kindschaftssachen sind zudem die Verfahren auf Erlass einer **Verbleibensanordnung** im Sinne von § 1632 Abs. 4 BGB, weil es hier um eine Entscheidung im Zusammenhang mit der Wegnahme des Kindes von der Pflegeperson geht, durch welche in Ergänzung zu § 1632 Abs. 1 BGB festgestellt wird, dass das Kind den Eltern oder einem Elternteil nicht widerrechtlich vorenthalten wird.[25] Entsprechendes gilt in den Verfahren, die den Erlass einer Verbleibensanordnung zu Gunsten anderer Bezugspersonen als Pflegepersonen, insbesondere Stiefelternteile, Großeltern, Lebenspartner, Geschwister etc. betreffen (vgl. § 1682 BGB). 36

Verfahren nach § 1696 BGB iVm. § 166 auf **Abänderung von Herausgabeentscheidungen** oder Verbleibensanordnungen sind ebenfalls Kindschaftssachen im Sinne von Nr. 3. Die Vorschrift ist zudem bei einem Streit über die Herausgabe der Leiche eines Kindes oder deren Umbettung entsprechend anzuwenden.[26] 37

5. Vormundschaft (Nr. 4). Umfasst werden sämtliche Verfahren, die die **Bestimmung der Person oder die Rechte oder Pflichten** des Vormunds (vgl. §§ 1773 ff. BGB) betreffen.[27] Dies sind auch die einstweiligen Maßregeln des Familiengerichts in den Fällen, in denen ein Vormund noch nicht bestellt oder dieser an der Erfüllung seiner Pflichten verhindert ist (vgl. § 1846 BGB), die Anordnung der Vormundschaft (§ 1774 BGB), die Auswahl des Vormunds (§ 1779 BGB), das Zwangsgeldverfahren, um den Ausgewählten zur Übernahme der Vormundschaft anzuhalten (§ 1788 BGB), die Bestellung des Vormunds (§§ 1789, 1791b Abs. 2 Halbs. 1, 1791 c Abs. 3 Halbs. 1 BGB; vgl. auch § 1778 Abs. 2 BGB), die Verfahren zur Erteilung familiengerichtlicher Genehmigungen (vgl. §§ 112, 113 Abs. 3, 1411 Abs. 1 S. 3 und Abs. 2 S. 2, 1803 Abs. 2, 1809, 1810, 1812, 1815, 1819 bis 1823, 2275 Abs. 2 S. 2 Halbs. 2, 2282 Abs. 2, 2290 Abs. 3, 2347, 2351 BGB) bzw. einer allgemeinen Ermächtigung (§ 1825 BGB) sowie die weiteren Entscheidungen im Zusammenhang mit dem Mündelvermögen (vgl. §§ 1803 Abs. 3 S. 2, 1811, 1817 und 1818 BGB).[28] 38

Kindschaftssachen sind zudem **Meinungsverschiedenheiten** zwischen mehreren (vgl. § 1797 Abs. 1 S. 2 BGB) bzw. verschiedenen (vgl. § 1798 BGB) Vormündern über die Herausgabe eines unter Vormundschaft stehenden Kindes (vgl. § 1800 iVm. § 1632 Abs. 3 BGB) bzw. dieses betreffende Umgangsstreitigkeiten (vgl. § 1800 iVm. § 1632 Abs. 2 BGB). Gleiches gilt für die Beratung des Vormunds und die Aufsicht über die gesamte Tätigkeit (vgl. § 1837 BGB) sowie die hieraus resultierende Verfahren bei Interessenkollision (vgl. §§ 1796, 1801 Abs. 1 BGB), Pflichtwidrigkeiten (vgl. § 1802 Abs. 3, 1837 Abs. 2 S. 1, 1837 Abs. 4 iVm. § 1666 BGB) einschließlich etwaiger Zwangsgeldfestsetzungs- (vgl. § 1837 BGB Abs. 3 BGB) und Überprüfungs- bzw. Abänderungsverfahren (§ 1837 Abs. 4 iVm. § 1696 BGB) sowie das Verfahren bei Beendigung der Vormundschaft (vgl. §§ 1882 ff. BGB) und das Festsetzungsverfahren im Sinne von § 168. 39

Funktionell zuständig ist der **Rechtspfleger** (vgl. § 3 Nr. 2 lit. a RPflG) mit Ausnahme der dem Richter vorbehaltenen Aufgaben bei Anordnung einer Vormundschaft über einen Angehörigen eines fremden Staates einschließlich der vorläufigen Maßregeln nach Art. 24 EGBGB (§ 14 Abs. 1 Nr. 10 RPflG) sowie hinsichtlich der religiösen Erziehung nach § 1801 BGB, §§ 2, 3 und 7 des Gesetzes über die religiöse Kindererziehung (§ 14 Abs. 1 Nr. 11 RPflG). Der **Richter** ist auch zuständig für das Mündel betreffende Herausgabeverfahren, Umgangsverfahren und Verfahren zur Abwehr von Gefährdungen seines Wohls. 40

---

[24] *Zöller/Philippi* § 621 ZPO Rn. 38.
[25] *Palandt/Diederichsen* § 1632 BGB Rn. 11; *Staudinger/Salgo* § 1632 BGB Rn. 15.
[26] Vgl. LG Paderborn FamRZ 1981, 701.
[27] BT-Drucks. 16/6308, S. 234.
[28] Siehe auch die Übersicht zur Neuverteilung der vormundschaftsgerichtlichen Zuständigkeiten bei *Meyer-Seitz/Frantzioch/Ziegler* S. 411 ff.

41 **6. Pflegschaft oder die gerichtliche Bestellung eines sonstigen gesetzlichen Vertreters für einen Minderjährigen oder für eine Leibesfrucht (Nr. 5).** Im umfassenden Sinne sind Kindschaftssachen sämtliche Verfahren, die sich auf die Bestimmung der Person des Pflegers oder Vertreters für einen Minderjährigen sowie auf dessen Rechte oder Pflichten beziehen.[29] Als Kindschaftssachen zugewiesen sind damit in erster Linie die im Zusammenhang mit der **Ergänzungspflegschaft für Minderjährige** (§ 1909 BGB) sowie der Pflegschaft für eine Leibesfrucht (§ 1912 BGB) stehenden Verfahren (vgl. auch § 340 Nr. 1). Insoweit wird mit Blick auf § 1915 Abs. 1 BGB hinsichtlich der in Rede stehenden Verfahren, soweit der Aufgabenkreis der Pflegschaft solche zulässt, auf Rn. 38 ff. verwiesen. Keine Kindschaftssachen sind hingegen die Fälle der Abwesenheitspflegschaft im Sinne von § 1911 BGB, da diese nur auf abwesende Volljährige anzuwenden sind. Soweit die Bestellung eines Vertreters in Spezialregelungen außerhalb des BGB vorgesehen ist (vgl. nur § 207 BauGB, § 16 VwVfG, § 15 SGB X) sind die Angelegenheiten Kindschaftssachen, wenn sie dem Familiengericht zugewiesen und der Betroffene minderjährig ist.

42 **7. Genehmigung der freiheitsentziehenden Unterbringung des Minderjährigen (Nr. 6).** Die Regelung nennt die bisherigen Fälle des § 70 Abs. 1 S. 2 Nr. 1 lit. a FGG aF. Sie eröffnet im Anwendungsbereich des **§ 1631 b BGB** den Weg zu § 167 und damit zu den Vorschriften über das Verfahren in Unterbringungssachen (vgl. § 167 Abs. 1). Dies gilt auch bei Anordnung einer Unterbringungsmaßnahme iSv. § 1846 BGB oder wenn die Genehmigung der Unterbringung des Minderjährigen durch den Vormund (vgl. § 1800 BGB) oder durch den Pfleger (vgl. § 1915 Abs. 1 BGB) zu prüfen ist. Mit der Neuregelung kann auch dahingestellt bleiben, ob die genannten Verfahren zugleich die elterliche Sorge betreffen.[30] Jedoch muss vor einer Genehmigung nach § 1631b BGB ggf. im Rahmen der §§ 1666, 1666a BGB über das Aufenthaltsbestimmungsrecht entschieden werden.[31]

43 Es besteht die **funktionelle Zuständigkeit des Richters.** Zwar deutet die Einbeziehung der genannten Verfahren in den Kreis der Kindschaftssachen und die Aufnahme derselben in die eine Vorbehaltsübertragung auf den Rechtspfleger vorsehende Vorschrift des § 3 Nr. 2 lit. a RPflG mangels entsprechenden Richtervorbehalts in § 14 RPflG in missverständlicher Weise auf eine Zuständigkeit des Rechtspflegers. Der Rechtspfleger ist aber grundsätzlich nicht befugt, Freiheitsentziehungen anzudrohen oder anzuordnen (vgl. § 4 Abs. 2 Nr. 2 Halbs. 1 RPflG) und kann damit unter Berücksichtigung von Art. 104 Abs. 2 S. 1 GG, wonach über die Zulässigkeit und Fortdauer einer Freiheitsentziehung nur der Richter zu entscheiden hat, auch keine freiheitsentziehende Unterbringung genehmigen. § 3 Nr. 2 lit. a RPflG ist daher im Wege der verfassungskonformen Auslegung teleologisch zu reduzieren.

44 **8. Anordnung der freiheitsentziehenden Unterbringung eines Minderjährigen (Nr. 7).** Der Normgehalt entspricht im Hinblick auf die Minderjährigen einem Teilbereich des bisherigen § 70 Abs. 1 S. 2 Nr. 3 FGG aF. Auch hier weist die Einbeziehung der nach den **jeweiligen Landesgesetzen angeordneten Unterbringung** insbesondere den Weg zu § 167 (vgl. Rn. 42). Auch hier ist der Richter zuständig (vgl. Rn. 43).

45 **9. Die Aufgaben nach dem Jugendgerichtsgesetz (Nr. 8).** Die Regelung erklärt die auf Grund des Jugendgerichtsgesetzes dem Familiengericht obliegenden Aufgaben zu Kindschaftssachen. Sie umfasst (nur) die Fälle, in welchen das **Aufgabengebiet des Familiengerichts durch das Jugendgerichtsgesetz erweitert** wird, so etwa die durch § 53 JGG dem Jugendrichter eröffnete Möglichkeit, dem Familienrichter im Urteil die Auswahl und Anordnung von Erziehungsmaßregeln zu überlassen, wenn er nicht auf Jugendstrafe erkennt. Das sich anschließende Verfahren ist Kindschaftssache. In diesem hat der Familienrichter eine **Erziehungsmaßregel,** also die Erteilung von Weisungen oder die Anordnung, Hilfen zur Erziehung im Sinne des § 12 JGG in Anspruch zu nehmen (vgl. § 9 JGG), anzuordnen, wenn sich nicht die Umstände, die für das Urteil des Jugendrichters maßgeblich waren, verändert haben (vgl. § 53 JGG). Gleiches gilt, wenn der Strafrichter die Auswahl und Anordnung der Erziehungsmaßregel dem Familienrichter überlässt, weil er diese für erforderlich hält (vgl. § 104 Abs. 4 JGG). Kindschaftssachen sind schließlich die Verfahren, in denen der Familienrichter dem Erziehungsberechtigten oder dem gesetzlichen Vertreter des beschuldigten Jugendlichen einen Vertreter zur Wahrnehmung seiner Interessen im anhängigen Strafverfahren bestellt (vgl. § 67 Abs. 4 S. 3 JGG). Zuständig ist, mit Ausnahme des letztgenannten Verfahrens, der Richter (vgl. §§ 3 Nr. 2 lit. a iVm. 14 Abs. 1 Nr. 14 RPflG).

---

[29] BT-Drucks. 16/6308, S. 234.
[30] So noch *Zöller/Philippi* § 621 ZPO Rn. 33a; OLG Brandenburg FamRZ 2004, 815 m. abl. Anm. *Affeldt* FamRZ 2004, 1798.
[31] BVerfG FamRZ 2007, 1627, 1628.

IV. Die Rechtsfolgen der Einordnung als Kindschaftssache

1. Anwendbarkeit der §§ 152 bis 168a. Mit der Zuordnung der in dieser Vorschrift genannten **46** Verfahren zum Bereich der Kindschaftssachen ist insbesondere der **Anwendungsbereich der §§ 152 bis 168a** eröffnet. Soweit diese Normen keine weiterverweisende Regelung enthalten (vgl. § 167 Abs. 1) oder die Kindschaftssachen an anderer Stelle eine explizite Regelung erfahren (vgl. § 57 für das Rechtsmittel gegen bestimmte einstweilige Anordnungen, § 60 für das Beschwerderecht Minderjähriger, § 81 Abs. 2 Nr. 5 für die Kostentragungspflicht bei Nichtteilnahme an einer nach § 156 Abs. 1 S. 4 angeordneten Beratung, §§ 88 bis 94 für die Vollstreckung und § 99 für die Internationale Zuständigkeit), bleiben die Vorschriften des allgemeinen Teils (vgl. §§ 1 bis 110) anwendbar. Unbeschadet dessen besteht in Kindschaftssachen eine **Mitwirkungspflicht des Jugendamtes nach § 50 SGB VIII.**

2. Familiensache und (ausnahmsweise) Folgesache. Kindschaftssachen sind Familiensachen **47** (vgl. § 111 Nr. 2), aber **weder Ehesachen** (vgl. § 111 Nr. 1) **noch Familienstreitsachen,** da sie im Regelungskatalog des § 112 nicht enthalten sind. Der Anwendungsbereich der §§ 113 bis 120 ist damit nicht eröffnet. Kindschaftssachen können im **Scheidungsverbund** aber Folgesachen sein, wenn ein Ehegatte – unbeschadet der notwendigen Angaben in der Antragsschrift zur Scheidung (vgl. § 133 Abs. 1 Nr. 2) – rechtzeitig die Einbeziehung in den Verbund beantragt und es sich um eine Kindschaftssache handelt, die das Sorge- oder Umgangsrecht bzw. die Herausgabe eines gemeinschaftlichen Kindes oder das Umgangsrecht eines Ehegatten mit dem Kinde des anderen Ehegatten betrifft (vgl. § 137 Abs. 3 FamFG). Diese Verfahren betreffend das Sorge- und Umgangsrecht gehören nicht mehr zum sogenannten Zwangsverbund, werden mithin nicht mehr ipso iure zur Folgesache (vgl. noch § 623 Abs. 1 S. 1 ZPO aF), sondern nur noch auf ausdrücklichen Antrag, es sei denn das Gericht hält die Einbeziehung aus Gründen des Kindeswohls, insbesondere mit Blick auf das Beschleunigungsgebot des § 155 Abs. 1, nicht für sachgerecht. Aus denselben Erwägungen oder im Fall einer Aussetzung des Scheidungsverfahrens (vgl. § 136) kann die Kindschaftsfolgesache **vom Verbund abgetrennt** werden (vgl. § 140 Abs. 2 S. 2 Nr. 3). Im Falle der Einbeziehung finden insbesondere die §§ 135 (Außergerichtliche Streitbelegung über Folgesachen), 142 (Einheitliche Entscheidung), 144 (Verzicht auf Anschlussrechtmittel), 145 (Befristung von Rechtsmittelerweiterung), 146 (Zurückverweisung), 148 (Wirksamwerden von Entscheidungen in Folgesachen) und 150 (Kosten) auf die Kindschaftssache Anwendung. Auch ist dann für die Kindschaftssache die Beiordnung eines Rechtsanwaltes vorgeschrieben (vgl. § 138 Abs. 1). In selbständigen Kindschaftssachen müssen sich die Beteiligten weder erstinstanzlich noch vor dem Oberlandesgericht durch einen **Rechtsanwalt** vertreten lassen (vgl. §§ 10 Abs. 1 iVm. 114 Abs. 1).

3. Kosten. Die Kostenentscheidung richtet sich nach den **allgemeinen Vorschriften (§§ 80 ff.)**. **48** Da Kindschaftssachen zugleich Familiensachen sind (vgl. Rn. 47), ist stets über die Kosten zu entscheiden (§ 80 Abs. 1 S. 2). Der **Wert** ist bei den Kindschaftssachen im Sinne von Nr. 1 bis 3 im isolierten Verfahren in der Regel auf 3000,– Euro festzusetzen (vgl. § 45 FamGKG). Im Übrigen bestimmt sich der Wert nach § 46 FamGKG. Die Gebühren richten sich insbesondere nach KV 1310 ff. zum FamGKG. Zu den kostenrechtlichen Besonderheiten in den Kindschaftssachen des § 151 Nr. 6 und 7 siehe § 167 Rn. 50 f.

V. Überleitungsvorschriften – Besonderheiten in Kindschaftssachen

Auf die vor dem 1. 9. 2009 eingeleiteten oder durch Antrag in Lauf gesetzten Kindschaftssachen **49** ist **weiter das gesamte bisherige Recht** der Zivilprozessordnung und der freiwilligen Gerichtsbarkeit einschließlich des Rechtsmittelrechts und der Instanzenzüge anzuwenden (vgl. Art. 111 Abs. 1 S. 1 FGG-RG).[32] Eine zeitliche Begrenzung gibt es insoweit nicht. Der Gesetzgeber weicht damit von dem allgemeinen Grundsatz ab, dass Prozessgesetze mit ihrem Inkrafttreten auch für anhängige Verfahren wirksam werden.[33] Vormundschaftsgerichte müssen damit bei den Amtsgerichten solange fortbestehen bis die „Altverfahren" rechtskräftig abgeschlossen sind.[34] Soweit **Abänderungsverfahren nach § 1696 BGB** vor dem 1. 9. 2009 eingeleitet oder beantragt worden sind, findet ebenfalls ausschließlich das bisherige Recht Anwendung, für danach eingeleitete Verfahren iSv. § 166 gilt (nur) das neue Recht (vgl. Art. 111 Abs. 1 S. 2 FGG-RG). Entscheidungen des Vormundschaftsgerichts sind damit gegebenenfalls vom Familiengericht zu überprüfen und abzuändern. In

---

[32] BT-Drucks. 16/6308, S. 359.
[33] Vgl. nur BVerfGE 39, 167 sowie *Zöller/Vollkommer* Einleitung Rn. 104 m. weit. Nachw.
[34] Vgl. *Musielak/Borth* § 151 Rn. 2.

§ 152 1, 2 Buch 2. Abschnitt 3. Verfahren in Kindschaftssachen

allen Fällen ist jedoch zu beachten, dass wesentliche Teile der Reform des Verfahrens in Kindschaftssachen bereits am 12. 7. 2008 durch das **Gesetz zur Erleichterung familiengerichtlicher Maßnahmen bei Gefährdung des Kindeswohls** in Kraft getreten sind.[35] Dies gilt insbesondere für das Vorrang- und Beschleunigungsgebot des § 155 Abs. 1 bis 3 (vgl. § 50e Abs. 1 bis 3 FGG aF), die Pflicht zur Überprüfung nach Absehen von gerichtlichen Maßnahmen im Sinne von § 166 Abs. 3 (vgl. § 1696 Abs. 3 S. 2 BGB aF), die Erörterung der Kindeswohlgefährdung gemäß § 157 Abs. 1 und 2 (vgl. § 50f FGG aF) und für die Regelung zu den Sachverständigen in Unterbringungsverfahren in § 167 Abs. 6 (vgl. § 70e Abs. 1 S. 3 FGG aF). Damit sind wesentliche Kerngedanken der Reform in Kindschaftssachen ohne die Einschränkung des Art. 111 Abs. 1 FGG-RG auch auf sogenannte Altverfahren anzuwenden.

50 Aus Art. 111 Abs. 2 FGG-RG ergibt sich, dass in den Kindschaftssachen der § 151 Nr. 4 (Vormundschaft) und Nr. 5 (Pflegschaft) jeder selbständige Verfahrensgegenstand, der mit einem Beschluss im Sinne von § 38 abzuschließen ist, ein selbständiges Verfahren im Sinne von Art. 111 Abs. 1 S. 1 FGG-RG darstellt. Damit ist insbesondere auf Genehmigungs-, Rechnungslegungs- und Vergütungsverfahren betreffend Vormundschaft und Pflegschaft das neue Recht anzuwenden, wenn diese Verfahren nach dem 31. 8. 2009 eingeleitet werden.

§ 152 Örtliche Zuständigkeit

(1) **Während der Anhängigkeit einer Ehesache ist unter den deutschen Gerichten das Gericht, bei dem die Ehesache im ersten Rechtszug anhängig ist oder war, ausschließlich zuständig für Kindschaftssachen, sofern sie gemeinschaftliche Kinder der Ehegatten betreffen.**

(2) **Ansonsten ist das Gericht zuständig, in dessen Bezirk das Kind seinen gewöhnlichen Aufenthalt hat.**

(3) **Ist die Zuständigkeit eines deutschen Gerichts nach den Absätzen 1 und 2 nicht gegeben, ist das Gericht zuständig, in dessen Bezirk das Bedürfnis der Fürsorge bekannt wird.**

(4) ¹**Für die in den §§ 1693 und 1846 des Bürgerlichen Gesetzbuchs und in Artikel 24 Abs. 3 des Einführungsgesetzes zum Bürgerlichen Gesetzbuche bezeichneten Maßnahmen ist auch das Gericht zuständig, in dessen Bezirk das Bedürfnis der Fürsorge bekannt wird.** ²**Es soll die angeordneten Maßnahmen dem Gericht mitteilen, bei dem eine Vormundschaft oder Pflegschaft anhängig ist.**

I. Normzweck und Entstehungsgeschichte

1 Die Norm beinhaltet die **maßgeblichen Grundsätze** für die Regelung der örtlichen Zuständigkeit in den Kindschaftssachen des § 151 Nr. 1 bis 5 und 8.[1] Sie ergänzt § 2, der sich auf allgemeine Regelungen (maßgeblicher Zeitpunkt, perpetuatio fori, Wirksamkeit gerichtlicher Handlungen) zur örtlichen Zuständigkeit beschränkt. Maßgeblich sind nunmehr die drei Anknüpfungspunkte **Anhängigkeit der Ehesache, gewöhnlicher Aufenthalt des Kindes und Fürsorgebedürfnis**. Bei Verhinderung des Gerichts, Ungewissheit über die Zuständigkeit und Zuständigkeitskonflikten gilt § 5. Zu den besonderen Regelungen der örtlichen Zuständigkeit in den Kindschaftssachen des § 151 Nr. 6 und 7 siehe Rn. 9 sowie § 167 Rn. 6. Zur internationalen Zuständigkeit vgl. § 99.

2 **Absatz 1** verwirklicht – wie § 153 in den Fällen der nachträglichen Rechtshängigkeit einer Ehesache – die **Zuständigkeitskonzentration bei dem Gericht der Ehesache**. Es ist nicht zweckmäßig, wenn zwischen den Parteien Verfahren vor verschiedenen Familiengerichten anhängig sind. Vielmehr fördert es die Möglichkeiten einer sachgerechten, rationellen Fallbearbeitung und verhindert das Entstehen widersprüchlicher Entscheidungen, wenn die Zuständigkeit für mehrere die Parteien betreffende Verfahren in einer Hand liegen.[2] Hiermit korrespondiert § 23b Abs. 2 GVG, welcher bestimmt, dass alle Verfahren, die denselben Personenkreis betreffen, von derselben Abteilung und damit vom selben Richter bearbeitet werden, ohne dass es darauf ankäme, ob diese in den Verbund gehören. Die Norm geht in ihrem Anwendungsbereich durch die Einführung des großen Familiengerichts (vgl. § 151 Rn. 3) über die bisherige Zuständigkeitskonzentration hinaus. Wie im bisherigen Recht sind die von der Zuständigkeitskonzentration erfassten Verfahren nicht identisch mit denjenigen, die mögliche Folgesachen sein können (vgl. § 137 Abs. 3).

---

[35] BGBl. Teil I 2008, S. 1188.
[1] RegE des KindRG, BT-Drucks. 13/4899, S. 120.
[2] AA *Bumiller/Harders* § 152 Rn. 5 (auch für § 151 Nr. 6 und 7).

Örtliche Zuständigkeit 3–9 § 152

Absatz 2 regelt demgegenüber die örtliche Zuständigkeit in den Fällen, in den eine **Ehesache** 3
nicht anhängig ist und stellt nicht mehr auf den zahlreiche normative Elemente enthaltenden
Begriff des Wohnsitzes, sondern auf den des gewöhnlichen Aufenthaltes des Kindes ab. Mit dem
Anwendungsbereich dieser Regelung ist zugleich der Weg für eine Verweisung nach § 154 eröffnet,
soweit die weiteren Voraussetzungen jener Norm erfüllt sind (vgl. § 154 Rn. 5 ff.).
Absatz 3 enthält einen **Auffangtatbestand**. Die Kodifizierung der örtlichen Zuständigkeit in 4
Kindschaftssachen muss lückenlos erfolgen. Daher besteht ein Regelungsbedürfnis in den Fällen,
in denen die Voraussetzungen von Absatz 1 oder Absatz 2 nicht erfüllt sind, also weder eine Ehesache
im Sinne des Absatzes 1 anhängig ist oder war noch ein gewöhnlicher Aufenthalt des Kindes im
Sinne von Absatz 2 besteht. Als drittes Kriterium der Anknüpfung für die örtliche Zuständigkeit in
Kindschaftssachen tritt in Absatz 3 daher neben die Anhängigkeit der Ehesache und dem gewöhnlichen Aufenthalt des Kindes das Fürsorgebedürfnis.
Auch **Absatz 4** bestimmt eine örtliche Zuständigkeit des **Fürsorgegericht**s, die jedoch nicht als 5
Auffangzuständigkeit zu verstehen ist, sondern neben die Zuständigkeit des nach Absatz 1 und 2
zuständigen Gerichts tritt (s. Rn. 23).
Die Norm fasst die dem **FGG** und der **ZPO** zu entnehmenden Einzelbestimmungen über die 6
örtliche Zuständigkeit zusammen. Der Regelungsbereich von Absatz 1 entsprach bislang § 621
Abs. 2 S. 1 Nr. 1 bis 3 aF ZPO, der von Abs. 2 (§ 621 Abs. 2 S. 2 aF iVm.) § 36 Abs. 1 S. 1 FGG aF
und derjenige von Abs. 4 dem des § 44 FGG. Soweit § 36 Abs. 1 S. 2 FGG eine ausdrückliche
Zuständigkeitsregelung bei Verfahren über **Geschwister** vorgesehen hat, teilte die Bunderegierung
nicht die vom Bundesrat am Regierungsentwurf geübte Kritik, die darauf abzielte, die Regelung als
sinnvolle Regelung einer einheitlichen örtlichen Zuständigkeit beizubehalten.[3] Sie war vielmehr der
Auffassung, dass eine automatische Zuständigkeitskonzentration nicht allen Fallkonstellationen gerecht werde und das neuere Verfahren ohnehin nach § 4 abgegeben werden könne.[4]

II. Örtliche Zuständigkeit bei anhängiger Ehesache (Abs. 1)

1. Anwendungsbereich. Die **Zuständigkeitskonzentration am Gericht der Ehesache** er- 7
fasst grundsätzlich alle Kindschaftssachen im Sinne von § 151 Nr. 1 bis 5 und 8 (s. Rn. 9 u. § 167
Rn. 4), die ein gemeinschaftliches Kind der Ehegatten betreffen, zwischen denen die Ehesache
anhängig ist. Dabei kommt es nicht darauf an, ob diese nach ihrem Gegenstand überhaupt Folgesachen sein können (vgl. § 137 Abs. 3). Für das eine Kindschaftssache betreffende **Eilverfahren** im
Sinne der §§ 49 ff. gilt die Zuständigkeitsregelung des § 50 Abs. 1, der für Kindschaftssachen letztlich
zur Maßgeblichkeit der §§ 152 bis 154 führt. Die **Vollstreckung** der Herausgabe des Kindes und der
Regelung des Umgangs erfolgt zwar durch das Gericht, in dessen Bezirk das Kind zum Zeitpunkt der
Einleitung der Vollstreckung seinen gewöhnlichen Aufenthalt hat (§ 88 Absatz 1). Bei anhängiger
Ehesache geht jedoch die Regelung zur ausschließlichen örtlichen Zuständigkeit (s. Rn. 15) in
Abs. 1 unter Berücksichtigung von Sinn und Zweck der Zuständigkeitskonzentration (s. Rn. 2) vor.
Es muss sich nicht um eine Streitigkeit unter den Ehegatten handeln. Nach dem Sinn der 8
Zuständigkeitskonzentration sind auch ein gemeinschaftliches Kind betreffende Verfahren nach
§ 1666 BGB (Maßnahmen zur Abwehr einer **Kindeswohlgefährdung**; vgl. auch § 1671 Abs. 3
BGB) und **Abänderungsverfahren** im Sinne von § 166 vom Gericht der Ehesache zu regeln, nicht
hingegen sein **Umgang** mit anderen Bezugspersonen im Sinne von § 1685 BGB, insbesondere mit
Geschwistern, Groß-, Stief- und Pflegeeltern.[5] Vom Regelungsgehalt der Norm ist der Streit um die
Herausgabe eines Kindes nur dann erfasst, wenn die **Herausgabe** von einem Elternteil an den
anderen Elternteil begehrt wird. In den anderen Fällen (s. § 151 Rn. 35) ist das Gericht der Ehesache
nicht zuständig[6] und es greift die allgemeine Zuständigkeitsregelung des Abs. 2 ein.
Nach dem Wortlaut der Norm könnten auch alle Verfahren, die eine **freiheitsentziehende** 9
Unterbringung eines Minderjährigen betreffen, von ihrem Anwendungsbereich erfasst sein. Hinsichtlich der Kindschaftssachen im Sinne von § 151 Nr. 6 und 7 geht jedoch die ausschließliche
Zuständigkeit des § 167 Abs. 1 S. 1 iVm. § 313 vor. Hier muss das Argument der Zuständigkeitskonzentration gegenüber der Orts- und Sachnähe zurücktreten (vgl. § 167 Rn. 6). Eine Abgabe an
das Gericht der Ehesache scheidet daher in Verfahren betreffend die Unterbringung Minderjähriger
aus und wäre verfahrensfehlerhaft (zur gleichwohl bestehenden Unanfechtbarkeit bzw. zur Bindungswirkung für das Gericht der Ehesache siehe § 153 Rn. 12, 14).

---

[3] Vgl. BR-Drucks. 309/07, S. 36.
[4] BT-Drucks. 16/6308, S. 413.
[5] *Keidel/Engelhardt* § 152 Rn. 3; *Stößer* FamRZ 2009, 656, 657.
[6] Vgl. den RegE zum KindRG, BT-Drucks. 13, 4899, S. 121.

10 „**Gemeinschaftliches Kind** der Ehegatten" ist ein Kind, wenn es im rechtlichen Sinne von beiden Ehegatten, die Parteien der Ehesache sind, abstammt. Auf die biologische Elternschaft kommt es nicht an. Ein Ehegatte ist damit die Mutter, also die Frau, die das Kind geboren hat (§ 1591 BGB). Der andere ist der Vater des Kindes, also der Mann, der zum Zeitpunkt der Geburt des Kindes mit dieser verheiratet ist, der die Vaterschaft anerkannt hat oder dessen Vaterschaft gerichtlich festgestellt ist (§ 1592 BGB).

11 **2. Anhängigkeit der Ehesache.** Ehesachen sind im Sinne von § 121 Verfahren auf Scheidung und Aufhebung der Ehe sowie Verfahren auf Feststellung des Bestehens oder Nichtbestehens einer Ehe zwischen den Beteiligten. Sie werden bei Gericht anhängig durch **Eingang des Scheidungs-, Aufhebungs- oder Feststellungsantrages** (§ 124 Satz 1). Dabei kommt es nicht darauf an, wann der Antrag beim Familiengericht als Abteilung des Amtsgerichts eingeht. Maßgeblich ist vielmehr der Eingang beim Amtsgericht. Wird der Sachantrag von der (vorherigen) Bewilligung von Verfahrenskostenhilfe abhängig gemacht, ist der Anwendungsbereich von Abs. 1 nicht eröffnet, denn es wird nicht die Ehesache, sondern lediglich das Verfahrenskostenhilfeverfahren im Sinne der §§ 76 ff. anhängig. Eine Wiederaufnahme des Verfahrens in einer Ehesache nach § 121 eröffnet hingegen die örtliche Zuständigkeit des Gerichts der Ehesache.

12 Die Ehesache selbst muss in dem **Zeitpunkt,** in welchem die Kindschaftssache anhängig wird, anhängig sein („Während"). Ist die Anhängigkeit der Ehesache erloschen, bevor eine Kindschaftssache anhängig wird, besteht somit eine örtliche Zuständigkeit des Gerichts der Ehesache nach Abs. 1 nicht. Auch eine bei dem Gericht der Ehesache **verbliebene Folgesache** begründet dann keine örtliche Zuständigkeit des Gerichts der Ehesache.[7] Jedoch bleibt die nach Abs. 1 für eine Kindschaftssache begründete Zuständigkeit bestehen, wenn die Anhängigkeit der Ehesache nachträglich endet.[8] Dies ergibt sich auch aus dem Wortlaut von Abs. 1 („anhängig ist oder war") und aus dem Grundsatz der perpetuatio fori (§ 2 Abs. 2). Zu den Wechselwirkungen von Anhängigkeit und Rechtshängigkeit siehe auch § 153 Rn. 3.

13 Die **Anhängigkeit der Ehesache endet** nicht durch ein bloßes Nichtbetreiben der Ehesache, ein auf § 7 AktO gegründetes Weglegen der Akte[9] oder durch die Ablehnung der Verfahrenskostenhilfe für die Scheidung, wenn der Scheidungsantrag nicht von deren Bewilligung abhängig gemacht worden ist.[10] Sie endet aber durch (wirksame) Rücknahme des Scheidungsantrages nach § 141, durch übereinstimmende Erledigungserklärung beider Ehegatten (§ 113 Abs. 1 iVm. § 91a ZPO), mit dem Tod eines Ehegatten (§ 131) oder mit Rechtskraft der Entscheidung in der Ehesache im Sinne von § 45.

14 Zwar setzt die Norm nach ihrem Wortlaut die bloße Anhängigkeit der Ehesache voraus, um eine Konzentration der örtlichen Zuständigkeit zu begründen. Nach ihrem Sinn und Zweck macht aber nur eine **Zuständigkeitskonzentration am örtlich zuständigen Gericht** der Ehesache einen Sinn.[11] Eine andere Betrachtungsweise ist wenig zweckmäßig und sorgt nur für unnötige Verfahrensverzögerungen. Deshalb und unter Berücksichtigung der in § 154 zum Ausdruck kommenden gesetzgeberischen Wertungen kommt Abs. 1 auch dann nicht zur Anwendung, wenn eine Ehesache missbräuchlich anhängig gemacht wurde, um dem Gericht einer anderweitig anhängigen Kindschaftssache die Zuständigkeit zu nehmen oder diese zu verzögern.[12]

15 **3. Ausschließliche Zuständigkeit.** Sind die Voraussetzung von Abs. 1 erfüllt, besteht eine ausschließliche Zuständigkeit des Gerichts der Ehesache. Die Ehegatten können **keine wirksame Gerichtsstandsvereinbarung** treffen (vgl. § 113 Abs. 1 iVm. § 40 Abs. 2 ZPO). Die Ausschließlichkeit steht in Widerspruch zum **Regelungsgehalt von Abs. 4**, denn hiernach besteht eine (weitere) örtliche Zuständigkeit für Fürsorgemaßregeln. Sinn und Zweck jener Regelung (s. Rn. 21) verlangen jedoch nach einer teleologischen Reduktion des Abs. 1, so dass durch Abs. 4 eine Ausnahme von der (im Übrigen) bestehenden ausschließlichen Zuständigkeit des Gerichts der Ehesache begründet wird (vgl. Rn. 23).

16 Die ausschließliche Zuständigkeit des Gerichts der Ehesache hat auch zur Folge, dass ein anderes Gericht, bei welchem eine Kindschaftssache im Sinne des § 151 Nr. 1 bis 5 und 8 später anhängig geworden ist, sein Verfahren bei nachträglicher Rechtshängigkeit der Ehesache nach § 153 **abgeben,** ansonsten gemäß § 3 Abs. 1 an das Gericht der Ehesache **verweisen** kann.

---

[7] Vgl. BGH NJW 1982, 1000, 1001.
[8] BGH FamRZ 1986, 454; FamRZ 1998, 609, 610; aA *Bumiller/Harders* § 152 Rn. 3.
[9] Vgl. BGH NJW-RR 1993, 898.
[10] OLG Hamm FamRZ 2008, 1258, 1259.
[11] AA wohl *Zöller/Philippi,* § 621 ZPO Rn. 86 b.
[12] KG FamRZ 1989, 1105.

III. Örtliche Zuständigkeit bei isolierter Kindschaftssache (Abs. 2)

Ist eine **Ehesache nicht anhängig,** ist maßgebliches Anknüpfungskriterium für die örtliche 17
Zuständigkeit in den Kindschaftssachen des § 151 Nr. 1 bis 5 und 8 (vgl. § 167 Rn. 4) der
gewöhnliche Aufenthalt des Kindes. Maßgeblich für die Verdichtung des tatsächlichen zum gewöhnlichen Aufenthalt des Kindes ist insbesondere die Dauer des Aufenthalts sowie Umfang und Intensität
der sozialen (familiären, schulischen, freundschaftlichen) Beziehungen am Aufenthaltsort.[13] Näher
zum Begriff des gewöhnlichen Aufenthalts vgl. § 122 Rn. 25 ff. Bei einseitiger Änderung des gewöhnlichen Aufenthalts des Kindes kann das nach Abs. 2 zuständige Gericht das Verfahren gegebenenfalls an das Gericht des früheren gewöhnlichen Aufenthaltsortes des Kindes verweisen (vgl.
§ 154). **Maßgeblicher Zeitpunkt** für die Bestimmung der Zuständigkeit ist derjenige der Anhängigkeit der Kindschaftssache (s. § 153 Rn. 6), der mit demjenigen des § 2 Abs. 1 identisch ist.[14] Für
den Fall der nachträglichen Rechtshängigkeit der Ehesache siehe § 153 Rn. 3.

IV. Örtliche Zuständigkeit des Gerichts der Fürsorge (Abs. 3)

1. Anwendungsbereich. Der Anwendungsbereich von Abs. 3 ist erst dann eröffnet, wenn die 18
vorgreiflichen Regelungen der örtlichen Zuständigkeit **in Abs. 1 und 2** nicht eingreifen. Dies ist
insbesondere der Fall, wenn nicht nur eine Ehesache nicht anhängig ist oder war, sondern sich auch
der Aufenthalt des Kindes noch nicht zu einem „gewöhnlichen Aufenthalt" verdichtet hat, ein
solcher nicht feststellbar ist oder dieser im Ausland liegt.[15]

2. Fürsorgebedürfnis. Das **Bedürfnis der Fürsorge** muss im Bezirk des Gerichts bekannt 19
werden, die Notwendigkeit gerichtlichen Tätigwerdens in einer das Kind betreffenden Angelegenheit
begründen und in dem Zeitpunkt, in dem die Sache bei dem Gericht anhängig wird, noch bestehen.
Dies kann etwa bei der gebotenen Bestellung eines Vormunds vor der Geburt des Kindes nach
§ 1774 BGB bzw. eines Pflegers für eine Lebensfrucht iSv. § 1912 BGB der Fall sein.[16]

3. Perpetuatio fori. Sind die Voraussetzungen für eine Begründung der örtlichen Zuständigkeit 20
des Fürsorgegerichts erfüllt, dann bleibt diese einmal begründete Zuständigkeit nach dem Grundsatz
der perpetuatio fori (s. § 2 Abs. 2) bestehen. Etwas anderes gilt nur bei **nachträglicher Rechtshängigkeit der Ehesache** mit Blick auf § 153. Soweit das Beschleunigungsgebot des § 155 Abs. 1
nicht entgegensteht, kann zudem unter den Voraussetzungen des § 4 eine **Abgabe** in den Fällen der
nachträglichen Begründung eines gewöhnlichen Aufenthalts erfolgen.

V. Fürsorgemaßregeln (Abs. 4)

1. Anwendungsbereich. Sind die Eltern vorübergehend tatsächlich (vgl. § 1674 Abs. 1 BGB) 21
oder rechtlich (vgl. § 1629 Abs. 2 BGB) verhindert, so hat das Familiengericht die **erforderlichen
Maßnahmen** zu treffen (§ 1693 BGB). Gleiches gilt, wenn der Vormund noch nicht bestellt oder in
entsprechender Weise verhindert ist (§ 1846 BGB) oder im Falle der Erforderlichkeit vorläufiger
Maßnahmen zur Fürsorge für ein ausländisches Kind im Sinne von Art. 24 Abs. 3 EGBGB. Derartige
Maßnahmen erfordern oftmals ein **schnelles Handeln,** weshalb in Abs. 4 der mit der Möglichkeit
einer Anrufung des **ortsnahen Gerichts** verbundene Zeitvorteil nutzbar gemacht wird. Zumal der
Erlass der Maßnahme eine etwa notwendige Ermittlung des mit Blick auf Abs. 3 etwa nach Abs. 1
und Abs. 2 vorrangig örtlich zuständigen Gerichts nicht voraussetzt.

Abs. 4 ist eine **Parallelregelung** mit unterschiedlichem Anwendungsbereich zu § 272 Abs. 2, der die 22
Zuständigkeit des Fürsorgegerichts für den Erlass einer einstweiligen Anordnung oder vorläufiger Maßregeln im Verfahren in Betreuungssachen bestimmt. Hingegen geht in Unterbringungssachen betreffend
Minderjährige mit Blick auf § 167 Abs. 1 die Regelung des § 313 Abs. 2 vor (vgl. § 167 Rn. 4). Für
andere als die in Abs. 4 genannten (eilbedürftigen) Maßnahmen in den Kindschaftssachen des § 151
Nr. 1 bis 5 und 8 richtet sich die örtliche Zuständigkeit nach § 50, der jedoch in besonders dringenden
Fällen ebenfalls eine örtliche Zuständigkeit des Gerichts der Fürsorge vorsieht (vgl. § 50 Abs. 2).

2. Regelungsumfang. Abs. 4 bestimmt, dass für die genannten Maßnahmen neben **(„auch")** 23
dem nach Abs. 1 oder Abs. 2 zuständigen und zuständig bleibenden[17] Gericht dasjenige Gericht zuständig ist, in dessen Bezirk das Bedürfnis der Fürsorge bekannt wird (s. Rn. 19).

---

[13] Vgl. nur OLG Frankfurt am Main FamRZ 2006, 883, 885 m. weit. Nachw.
[14] Vgl. BT-Drucks. 16/6308 S. 234.
[15] BT-Drucks. 16/6308 S. 235.
[16] BT-Drucks. 16/6308 S. 235; *Bumiller/Harders* § 152 Rn. 10, 12; s. auch OLG Oldenburg FamRZ 2008, 426.
[17] Vgl. BayObLG FamRZ 1995, 485.

§ 153 1 Buch 2. Abschnitt 3. Verfahren in Kindschaftssachen

24 Die durch Abs. 4 begründete Zuständigkeit macht das Gericht der Fürsorge mit Anhängigkeit des Verfahrens[18] zum (Mit-)**Inhaber des staatlichen Wächteramtes** im Sinne von Art. 6 Abs. 2 S. 2 GG. Dies hat zur Folge, dass das Fürsorgegericht in dessen Wahrnehmung zur Prüfung der Voraussetzungen für den Erlass der genannten Maßnahmen verpflichtet ist. Die hierfür gebotenen Verfahrensschritte hat es durchzuführen. Die nach Abs. 4 begründete Zuständigkeit ist **keine subsidiäre**, so dass das Fürsorgegericht ein Tätigwerden nicht unter Hinweis auf eine etwa nach Abs. 1 oder 2 der Vorschrift bestehende örtliche Zuständigkeit eines anderen Gerichts verweigern kann. Wird das Bedürfnis der Fürsorge bei mehreren Gerichten bekannt, dann besteht die örtliche Zuständigkeit desjenigen Gerichts, welches zuerst mit der Angelegenheit befasst ist (vgl. § 2 Abs. 1).

25 Die nach Abs. 4 begründete örtliche Zuständigkeit berechtigt und verpflichtet das Fürsorgegericht, die **erforderlichen Maßnahmen** zu erlassen. Ist oder wird das nach Abs. 1 oder 2 örtlich zuständige Gericht bekannt und hat das Fürsorgegericht seine durch die Dringlichkeit des Falles gebotene Aufgabe erfüllt oder fällt das Fürsorgebedürfnis weg, so besteht nach dem Sinn und Zweck der Regelung (vgl. Rn. 21) ein **wichtiger Grund zur Abgabe** im Sinne von § 4. Eine formlose Aktenübersendung genügt nicht.[19] Dies ergibt sich nicht zuletzt aus § 54 Abs. 3 S. 2, denn erst nach förmlicher Abgabe ist das nach Abs. 1 oder 2 örtlich zuständige Gericht auch für Aufhebung oder Änderung einer einstweiligen Anordnung berechtigt. Für **Rechtsmittel** gegen die vom Fürsorgegericht erlassenen Entscheidungen ist das diesem übergeordneten Oberlandesgericht (vgl. § 119 Abs. 1 Nr. 1 lit. a GVG) zuständig. Dies gilt auch, wenn das Fürsorgegericht die Akte bereits an das nach Abs. 1 bzw. 2 zuständige Gericht übersendet hat, so dass für die Durchführung des Rechtsmittelverfahrens keine Zuständigkeit des diesem übergeordneten Oberlandesgerichts besteht.[20]

26 Haben Fürsorgegericht und das nach Abs. 1 bzw. 2 zuständige Gericht im Zeitraum ihrer parallel bestehenden Zuständigkeit **widersprüchliche Entscheidungen** getroffen, dann gilt bis zum Zeitpunkt des Wirksamwerdens der Entscheidung des nach Abs. 1 bzw. 2 zuständigen Gerichts (s. § 40) die Entscheidung des Fürsorgegerichts. Sind beide Entscheidungen wirksam (geworden) kann das nach Abs. 1 bzw. 2 zuständige Gericht die Entscheidung des Fürsorgegerichts ändern. Zudem eröffnet Abs. 4 S. 1 dem Fürsorgegericht nicht die Befugnis, dem nach Abs. 1 oder 2 zuständigen Gericht durch seine Maßnahmen entgegenzutreten. Zum Zwecke der Klarstellung sollte letzteres die Entscheidung des Fürsorgegerichts daher in diesem Fall aufheben. § 2 Abs. 3 greift jedenfalls nicht ein, weil beide Gerichte zum Zeitpunkt der Entscheidung örtlich zuständig waren (vgl. Rn. 23).

27 **3. Anzeigepflicht.** Nach Abs. 4 S. 2 besteht die **Pflicht des Fürsorgegerichts,** die angeordneten Maßnahmen dem Gericht mitzuteilen, bei dem eine Vormundschaft oder Pflegschaft anhängig ist. Die Vorschrift ist lex specialis gegenüber der **allgemeinen Mitteilungsbefugnis** des § 22a Abs. 2. Die dort genannten besonderen Voraussetzungen müssen daher nicht erfüllt sein. Geht bei dem für eine Vormundschaft oder Pflegschaft zuständigen Gericht eine entsprechende Anzeige ein, hat es unverzüglich von Amts wegen zu prüfen, ob und inwieweit es (Folge-)Maßnahmen zu treffen hat. Die Mitteilungspflichten nach dem **Minderjährigenschutzabkommen** (Art. 11 des Abkommens, Art. 2 des Zustimmungsgesetzes, 4. Abschnitt XIII 13 der MiZi) bleiben von der Regelung in Abs. 4 S. 2 unberührt.

§ 153 Abgabe an das Gericht der Ehesache

¹ Wird eine Ehesache rechtshängig, während eine Kindschaftssache, die ein gemeinschaftliches Kind der Ehegatten betrifft, bei einem anderen Gericht im ersten Rechtszug anhängig ist, ist diese von Amts wegen an das Gericht der Ehesache abzugeben. ² § 281 Abs. 2 und 3 Satz 1 der Zivilprozessordnung gilt entsprechend.

I. Normzweck

1 Die Vorschrift behält den vormals § 621 Abs. 3 ZPO aF zu entnehmenden Gedanken einer **Zuständigkeitskonzentration** am vorrangig örtlich zuständigen Gericht der Ehesache bei (hierzu § 152 Rn. 2). Als Parallelvorschrift zu § 202 (Abgabe von Hausratssachen), § 233 (Abgabe von Unterhaltssachen) und § 263 (Abgabe von Güterrechtssachen) ermöglicht die Norm beim Gericht der Ehesache gegebenenfalls die Entscheidung im Verbund, wenn es sich bei der Kindschaftssache ausnahmsweise um eine Folgesache handelt (vgl. §§ 137 Abs. 3, 141 Abs. 1 S. 1). Aber auch in allen

---

[18] Vgl. *Jansen/Müller/Lukoschek* § 44 FGG Rn. 24 m. weit. Nachw.
[19] AA BayObLG FamRZ 1996, 1339 (zum alten Recht).
[20] AA KG FamRZ 1979, 859, 860 (zum alten Recht).

anderen Kindschaftssachen im Sinne von § 151 Nr. 1 bis 5 und 8 wird die Zuständigkeit beim Familiengericht der Ehesache (nachträglich) konzentriert, wenn die Voraussetzungen der Norm erfüllt sind. Vor diesem Hintergrund geht der Anwendungsbereich der Norm über den des § 621 Abs. 3 ZPO aF hinaus.[1] Denn aus der systematischen Auslegung ergibt sich, dass die Norm außerhalb des Regelungsbereiches von § 167 (vgl. § 152 Rn. 9) grundsätzlich in allen ein gemeinschaftliches Kind der Ehegatten betreffenden Kindschaftssachen Anwendung findet. Die Verfahrensgegenstände sind damit identisch mit denjenigen des § 152 Abs. 1 (hierzu § 152 Rn. 7 ff.).

Obwohl das FamFG im Abschnitt 1 des Allgemeinen Teils ausdrückliche Regelungen zu **Verweisung (§ 3)** und **Abgabe (§ 4)** vorsieht, behält der Gesetzgeber die historisch gewachsene Bezeichnung der Abgabe in Verfahren der freiwilligen Gerichtsbarkeit bei (vgl. § 64 Abs. 2 S. 1 FGG aF im Unterschied zur Verweisung oder Abgabe im Sinne von § 621 Abs. 3 S. 1 ZPO aF), was mit Blick auf die (nachträglich) eingeführte Verweisung in den Fällen des § 154 wenig konsequent ist. Unbeschadet dessen ist die Vorschrift lex specialis zu § 4 S. 1, denn es bedarf keines „wichtigen Grundes" und keiner Übernahmebereitschaft[2] im Sinne jener Norm. Als Regelung des allgemeinen Teils und mit Blick auf Art. 103 Abs. 1 GG ist § 4 S. 2 hingegen anwendbar, so dass die Beteiligten vor der Abgabe angehört werden sollen (hierzu unten Rn. 9). 2

II. Rechtshängigkeit der Ehesache

Zum **Begriff der Ehesache** siehe § 121 Rn. 4 ff. Eine Abgabe kommt nur in Betracht, wenn eine Ehesache **(später) rechtshängig** wird und noch rechtshängig ist. Ist die Ehesache bereits anhängig, greift die Zuständigkeitsregelung des § 152 Abs. 1, so dass die Kindschaftssache gemäß § 3 Abs. 1 zu verweisen ist. Die aus der Norm folgende Abgabepflicht wird nach ihrem eindeutigen Wortlaut (noch) nicht ausgelöst, wenn die Ehesache lediglich anhängig aber noch nicht rechtshängig ist. Ist die Ehesache erst nach Anhängigkeit der Kindschaftssache in der Rechtsmittelinstanz rechtshängig geworden, besteht keine Abgabeverpflichtung, sondern die Verfahrenskonzentration greift erst bei einer Zurückverweisung ein und die Rechtsmittelinstanz hat das Verfahren zugleich an das Gericht der Ehesache überzuleiten.[3] 3

Die Rechtshängigkeit einer Ehesache wird nach § 113 Abs. 1 S. 2 iVm. § 261 Abs. 1 ZPO durch die **Erhebung des Antrages** (vgl. § 113 Abs. 5 Nr. 2) begründet. Erhoben ist der Antrag durch Einreichung einer Antragsschrift und (wirksame) Zustellung derselben an den Antragsgegner (§ 113 Abs. 1 S. 2 iVm. § 253 Abs. 1 ZPO). Der Antrag muss auf einen der in § 121 genannten Gegenstände gerichtet sein. Soweit lediglich der Entwurf einer entsprechenden Antragsschrift mit dem Ziel der Vorabbewilligung von **Verfahrenskostenhilfe** eingereicht wird, wird dieser nicht förmlich zugestellt. Nicht die Ehesache ist in diesem Fall bei Gericht anhängig, sondern lediglich das Verfahrenskostenhilfeverfahren.[4] 4

III. Anhängigkeit der Kindschaftssache

1. Kindschaftssache im Sinne der Norm. Eine Kindschaftssache im Sinne von **§ 151 Nr. 1 bis 5 oder 8** (vgl. § 152 Rn. 7 ff. sowie § 167 Rn. 4) muss bereits anhängig sein („während"), anderenfalls gilt § 152 Abs. 1. Auch das **einstweilige Anordnungsverfahren** (§§ 49 ff.) und das **Vollstreckungsverfahren** (§§ 88 ff.) mit den genannten Regelungsgegenständen des § 151 sind Kindschaftssachen im Sinne der Norm (vgl. § 151 Rn. 7).[5] Zum Begriff des **gemeinschaftlichen Kindes** siehe § 152 Rn. 10. 5

2. Beginn der Anhängigkeit. Die Anhängigkeit beginnt in Antragsverfahren mit dem **Eingang des Sachantrages** bei Gericht (vgl. § 23 Abs. 1). Der Eingang eines Antrages auf Bewilligung von Verfahrenskostenhilfe begründet in Kindschaftssachen – anders als bei Ehesachen (vgl. § 152 Rn. 11) – mit Blick auf das staatliche Wächteramt (Art. 6 Abs. 2 S. 2 GG) auch deren Anhängigkeit. Soweit eine Kindschaftssache nicht auf Antrag, sondern **von Amts wegen** eingeleitet wird, wird sie entweder mit der Einleitung gerichtlicher Ermittlungen, dem Eingang einer Mitteilung anderer Gerichte und Behörden auf Grund bestehender Mitteilungspflichten oder mit dem Zeitpunkt des Eingangs einer entsprechenden Anregung auf amtswegiges Tätigwerden (bspw. durch das Jugendamt nach § 8a 6

---

[1] BT-Drucks. 16/6308, S. 235.
[2] AA *Keidel/Engelhardt* § 153 Rn. 4.
[3] BGH NJW 1980, 1392 (= FamRZ 1980, 444); OLG Hamm FamRZ 2008, 1258, 1259; OLG Hamburg NJW-RR 1993, 1286 f.
[4] Vgl. BGHZ 7, 268.
[5] Vgl. nur BGH FamRZ 1986, 789, 789; BayObLG FamRZ 2000, 1605 (zum alten Recht).

SGB VIII) bei Gericht anhängig. Auf die Gründe für die Anhängigkeit beim abgebenden Gericht kommt es nicht an. Insbesondere ist eine Kindschaftssache auch dann an das Gericht der Ehesache abzugeben, wenn dieses bereits früher mit der Sache befasst war und auf Grund einer anderen Vorschrift verwiesen hatte.[6]

7 **3. Ende der Anhängigkeit.** Die Anhängigkeit der Kindschaftssache darf noch nicht geendet haben. Anderenfalls kommt eine Abgabe auf Grund dieser Vorschrift nicht (mehr) in Betracht.[7] Sie endet nicht bei bloßem Nichtbetreiben des Verfahrens, mit einem auf § 7 AktO gegründeten Weglegen des Verfahrens[8] oder durch nicht verfahrensabschließende Entscheidungen, auch wenn gegen diese Rechtsmittel eingelegt werden. Zuständig für die Entscheidung über diese Rechtsmittel ist aber nach Abgabe das dem Familiengericht der Ehesache übergeordnete Oberlandesgericht.[9] Ein **Vergleich** im Sinne von § 36 Abs. 1 S. 1 beendet die Anhängigkeit der Kindschaftssache nur, wenn gerichtliches Handeln in der Sache nicht mehr geboten ist (vgl. § 156 Abs. 2). Jedoch endet die Anhängigkeit der Kindschaftssache mit dem **Wirksamwerden des verfahrensbeendenden Beschlusses** der ersten Instanz.[10] Da der Beschluss erst mit Bekanntgabe wirksam wird (vgl. § 40 Abs. 1) muss diese zur Beendigung der Anhängigkeit des Verfahrens in der ersten Instanz gegenüber allen Beteiligten im Sinne von § 7 erfolgen, in Kindschaftssachen also in der Regel nicht nur gegenüber beiden Elternteilen, sondern gegebenenfalls auch gegenüber Vormund, Pfleger, Verfahrensbeistand und Jugendamt. Hingegen ist unerheblich, ob bzw. wann ein Rechtsmittel gegen den Beschluss eingelegt wird, denn nach Verfahrensabschluss in der ersten Instanz kann der Zweck der Norm ohnehin nicht mehr erreicht werden.[11]

IV. Das Verfahren bei Abgabe

8 **1. Von Amts wegen.** Die Abgabe erfolgt von Amts wegen. Eines Antrages bedarf es damit nicht. § 133 Abs. 1 Nr. 3, welcher als zwingenden **Inhalt der Antragsschrift** die Angabe vorschreibt, ob Familiensachen, an denen beide Ehegatten beteiligt sind, anderweitig anhängig sind, unterstützt das amtswegige Tätigwerden. Ein nach S. 2 iVm. § 281 Abs. 2 S. 1 ZPO zu Protokoll des **Urkundsbeamten der Geschäftsstelle** abgegebene(r) Antrag bzw. Erklärung ist als Anregung für eine Vorgehensweise nach dieser Vorschrift aufzufassen.

9 **2. Rechtliches Gehör.** Die Verfahrensbeteiligten sollen vor der Abgabe angehört werden (§ 4 S. 2; s. Rn. 2). Zu den Folgen einer unterbliebenen Anhörung siehe unten Rn. 12. Das rechtliche Gehör kann mündlich – auch telefonisch – oder schriftlich gewährt werden. Im ersten Fall ist dies aktenkundig zu machen. Der Durchführung einer **mündlichen Verhandlung** bedarf es nicht (vgl. S. 2 iVm. § 281 Abs. 2 S. 2 ZPO).

10 **3. Beschluss.** Die Abgabe selbst erfolgt durch Beschluss. Die lediglich mit einem **internen Vermerk** verbundene Aktenübersendung führt die Rechtsfolgen der Abgabe (s. Rn. 11 ff.) nicht herbei. Der Beschluss ist unbeschadet des § 38 Abs. 3 S. 1 zu **begründen,** da insbesondere die Frage der Willkür anderenfalls nicht wirksam geprüft werden kann.[12] Der Beschluss ist den Beteiligten vom abgebenden Gericht **bekannt zu geben**.

V. Die Rechtsfolgen der Abgabe

11 **1. Allgemeines.** Sind die Voraussetzungen der Vorschrift erfüllt, besteht eine **Pflicht zur Abgabe** der Kindschaftssache an das Gericht der Ehesache. Ein Ermessen steht dem abgebenden Gericht nicht zu („ist diese ... abzugeben."). Da es sich um eine Abgabe und nicht um eine Verweisung handelt, ist § 3 nicht anzuwenden. Vielmehr folgt aus der Bezugnahme auf § 281 Abs. 2 ZPO in S. 2, dass die Abgabeentscheidung grundsätzlich **unanfechtbar** ist (vgl. § 281 Abs. 2 S. 3 ZPO), der Rechtsstreit bei dem im Abgabebeschluss genannten Gericht mit Eingang der Akten **anhängig** wird (vgl. § 281 Abs. 2 S. 4 ZPO) und der Abgabebeschluss für das Gericht der Ehesache **bindend** ist

---

[6] Vgl. OLG Hamm FamRZ 2000, 841, 842 (zum alten Recht); *Zöller/Philippi* § 621 ZPO Rn. 99.
[7] Vgl. BGH NJW 1986, 2058 (= FamRZ 1985, 800).
[8] Vgl. BGH NJW-RR 1993, 898.
[9] BGH FamRZ 2001, 618, 619.
[10] Vgl. BGH NJW 1986, 2058 m. weit. Nachw.; aA für den Fall der Antragszurückweisung wegen örtlicher Unzuständigkeit: OLG Hamburg NJW-RR 1993, 1286.
[11] *Musielak/Borth* § 621 ZPO Rn. 22.; aA *Baumbach/Lauterbach/Hartmann* § 621 ZPO Rn. 39.
[12] OLG Brandenburg FamRZ 2007, 293, 294; OLG München FamRZ 1982, 942, 943; *Baumbach/Lauterbach/Hartmann* § 281 ZPO Rn. 43; aA BGH FamRZ 1988, 943.

Verweisung bei einseitiger Änderung des Aufenthalts des Kindes 1 § 154

(vgl. § 281 Abs. 2 S. 5 ZPO). Darüber hinaus ist der wirksam gewordene Abgabebeschluss für das abgebende Gericht auch **unwiderruflich**.[13]

2. Unanfechtbarkeit. Die Unanfechtbarkeit des Abgabebeschlusses besteht auch dann, wenn er **unrichtig** ist oder auf einem **Verfahrensverstoß** beruht.[14] Eine Ausnahme vom Grundsatz der Unanfechtbarkeit besteht jedoch vor allem dann, wenn dem Abgabebeschluss ein schwerer Verfahrensverstoß zu Grund liegt, was insbesondere bei objektiv **willkürlicher Abgabe**,[15] **Nichtgewährung rechtlichen Gehörs**[16] oder **unterlassener Begründung** (s. Rn. 10) der Fall ist. Auch sind Abgabebeschlüsse des **Rechtspflegers** mit Blick auf § 11 Abs. 2 S. 1 RPflG nicht unanfechtbar. 12

3. Anhängigkeit bei dem Gericht der Ehesache. Die mit **Eingang der Akten** bei dem Gericht der Ehesache eintretende Anhängigkeit der abgegebenen Kindschaftssache hat nicht generell zur Folge, dass die Kindschaftssache zur Folgesache wird. Insoweit bleibt es vielmehr bei der Spezialregelung in § 137 Abs. 3 und 4. Das Gericht der Ehesache übernimmt das Verfahren mit dem bisherigen Verfahrensstand. Alle bisherigen **Verfahrenshandlungen** der Beteiligten und des unzuständig gewordenen Gerichts behalten in gleicher Weise ihre Wirksamkeit wie wenn sie vor bzw. vom Gericht der Ehesache vorgenommen worden wären. 13

4. Bindungswirkung. Die Bindungswirkung, die der Abgabebeschluss mit Blick auf § 281 Abs. 2 S. 4 ZPO **gegenüber dem Gericht der Ehesache** entfaltet, hat zur Folge, dass eine etwaige andere Rechtsauffassung des Gerichts der Ehesache hinsichtlich des Vorliegens der Voraussetzungen der Norm und damit hinsichtlich seiner Zuständigkeit grundsätzlich unerheblich ist. Etwas anderes gilt jedoch in den Fällen, in denen aus **rechtsstaatlichen Erwägungen** vom Grundsatz der Unanfechtbarkeit abgewichen wird (s. Rn. 12). In diesen Fällen entsteht ebenso keine Bindungswirkung wie in den Fällen einer irrigen Annahme des abgebenden Gerichts, eine Ehesache sei (bereits) rechtshängig.[17] Über Streitigkeiten zwischen den Gerichten ist im Verfahren nach § 5 zu befinden. Unabhängig davon steht die rechtliche Würdigung hinsichtlich der Rechtsnatur der Sache dem Gericht der Ehesache frei[18] und auch eine Weiterverweisung durch das Gericht der Ehesache ist zulässig, wenn die gesetzlichen Voraussetzungen erfüllt sind. 14

5. Kosten. Die Kosten des übergeleiteten Verfahrens gelten als **Kosten des Verfahrens** bei dem Gericht der Ehesache. Da S. 2 nicht auf § 281 Abs. 3 S. 2 ZPO verweist, darf das Gericht etwaige Mehrkosten nicht dem Antragsteller der Kindschaftssache auferlegen. Im Übrigen bleibt es bei den allgemeinen Regeln der Kostentragung in §§ 80 ff. 15

§ 154 Verweisung bei einseitiger Änderung des Aufenthalts des Kindes

¹Das nach § 152 Abs. 2 zuständige Gericht kann ein Verfahren an das Gericht des früheren gewöhnlichen Aufenthaltsorts des Kindes verweisen, wenn ein Elternteil den Aufenthalt des Kindes ohne vorherige Zustimmung des anderen geändert hat. ²Dies gilt nicht, wenn dem anderen Elternteil das Recht der Aufenthaltsbestimmung nicht zusteht oder die Änderung des Aufenthaltsorts zum Schutz des Kindes oder des betreuenden Elternteils erforderlich war.

I. Normzweck und Entstehungsgeschichte

Auf das Kind bezogene **Veränderungen der tatsächlichen Verhältnisse** haben in Kindschaftssachen erhebliche Konsequenzen.[1] Diese zeigen sich nicht nur in tatsächlicher und materiell-rechtlicher Hinsicht (hierzu § 155 Rn. 1 ff.), sondern auch im Verfahrensrecht. Letzteres offenbart die Notwendigkeit der Norm, die auf die „häufig zu beobachtende Praxis"[2] der **ertrotzten örtlichen Zuständigkeit** reagiert.[3] 1

---

[13] Zöller/Greger § 281 ZPO Rn. 16.
[14] Vgl. nur BGH NJW 2002, 3634, 3635 sowie FamRZ 1988, 943.
[15] BGH NJW 2003, 3634, 3635.
[16] BVerfGE 61, 37, 40 (= NJW 1982, 2367); BGH FamRZ 1997, 171, 172.
[17] BGH NJW-RR 1996, 897.
[18] BGH FamRZ 1994, 25 f.
[1] Hierzu auch BVerfG, FamRZ 2009, 189, 190 mit Anm. *Völker/Clausius* FF 2009, 54 ff.
[2] BT-Drucks. 16/6308, 235.
[3] Zur Problematik nach altem Recht siehe nur BVerfG FamRZ 2009, 189; BGH NJW 1995, 1224 (= FamRZ 1995, 728) und NJW-RR 1994, 322 sowie OLG Zweibrücken FamRZ 2008, 1258 m. Anm. *Menne* ZKJ 2008, 308 ff.

2   Durch die Norm sollen auf das gemeinschaftliche Kind bezogene **Eigenmächtigkeiten** eines Elternteils verhindert werden, damit seine sozialen Bindungen und sein Wohl nicht beeinträchtigt werden, Umgangskontakte fortgesetzt werden können, die Möglichkeit künftiger einvernehmlicher Lösungen gewahrt bleibt und dem eigenmächtig handelnden Elternteil nicht noch der Vorteil des ortsnahen Gerichts verschafft wird.[4] Insoweit gibt es Parallelen zu den durch das Haager Übereinkommen über die zivilrechtlichen Aspekte internationaler Kindesentführung geregelten Fällen (HKÜ; näher hierzu § 97 Rn. 25 und § 99 Rn. 8 ff.). Von den in der Norm genannten Ausnahmefällen abgesehen ist von dem trennungswilligen Elternteil Rechtstreue zu fordern, so dass dieser, wenn eine einverständliche Lösung nicht in Betracht kommt (vgl. § 1627 BGB), ein Verfahren bei dem für den gewöhnlichen Aufenthalt des Kindes bislang zuständigen Familiengericht einzuleiten hat.

3   Der **Anwendungsbereich der Norm** erstreckt sich auf Grund ihrer systematischen Stellung im Abschnitt 3 auf alle Kindschaftssachen, in denen sich die örtliche Zuständigkeit des Familiengerichts nach § 152 Abs. 2 bestimmt (s. § 152 Rn. 17), insbesondere also eine Ehesache nicht anhängig ist (vgl. §§ 122 Abs. 1, 152 Abs. 1) und es sich nicht um ein Unterbringungsverfahren betreffend Minderjährige handelt (s. § 167 Rn. 6). Es kommt nicht darauf an, ob das zu verweisende Verfahren unmittelbar eine Streitigkeit zwischen den beiden Elternteilen zum Gegenstand hat (s. Rn. 7).

4   Im Rahmen des **Gesetzgebungsverfahren**s sah der Regierungsentwurf zunächst eine Abgabe und keine Verweisung vor. Die Ausnahmeregelung in S. 2 beschränkte sich überdies auf den Fall, dass dem anderen Elternteil das Recht der Aufenthaltsbestimmung nicht zusteht.[5] Der Bundesrat schlug demgegenüber vor, die Abgabe nicht als „Kann"-Vorschrift auszugestalten, da anderenfalls verfahrensverzögernde und das Kind belastende Zuständigkeitsstreitigkeiten vorprogrammiert seien, als weitere Ausnahme den Wegzug zum Schutz vor Gewalt oder Drohung des anderen Elternteils oder die dem Kindeswohl widersprechende Abgabe einzufügen und in einem zusätzlichen Satz eine Bindungswirkung der Abgabe ebenso festzuschreiben wie die Unanwendbarkeit von § 4 S. 1, der für die Abgabe einen wichtigen Grund und die Übernahmebereitschaft des anderen Gerichts verlangt.[6] Zugleich schlug der Bundesrat vor, die Regelungen für die örtliche Zuständigkeit der Träger der Jugendhilfe in §§ 86 bis 88 SGB VIII entsprechend anzupassen.[7] Die Bundesregierung äußerte die Absicht, statt der Abgabe eine Verweisung im Sinne von § 3 vorzusehen. Die weitergehenden Vorschläge des Bundesrates lehnte die Bundesregierung ab, sagte aber zu, die Frage der Erforderlichkeit oder Zweckmäßigkeit einer Anpassung der Regelungen über die örtliche Zuständigkeit der freien Träger zu prüfen.[8] Erst im Rechtsausschuss erhielt die Vorschrift ihre geltende Fassung, wobei die Einschränkung der Verweisungsoption in S. 2 zur Gewährleistung eines effektiven Schutzes für Opfer häuslicher Gewalt für sachgerecht erachtet worden ist.[9]

II. Änderung des Aufenthalts

5   **1. Kindbezogenheit.** Die Aufenthaltsänderung muss sich auf das Kind beziehen. Kind im Sinne der Norm ist **jedes minderjährige Kind,** da Kindschaftssachen die den Familiengerichten zugewiesenen Verfahren sind, die minderjährige Kinder betreffen. Die Vorschrift verlangt nach ihrem Wortlaut zudem, dass es sich um ein gemeinschaftliches Kind handelt („ein Elternteil" und „der andere Elternteil"). Die Vorschrift ist aber auf andere Fälle des eigenmächtigen Verhaltens entsprechend anzuwenden (vgl. Rn. 7).

6   **2. Aufenthaltsänderung.** Der Aufenthalt beruht auf einem **rein tatsächlichen Verhalten.** Erforderlich aber auch ausreichend ist ein Verweilen von gewisser Dauer oder Regelmäßigkeit.[10] Der Begriff des Aufenthalts bleibt damit hinter dem des Wohnsitzes als dem Ort der ständigen Niederlassung (vgl. § 7 Abs. 1 BGB) oder dem des gewöhnlichen oder ständigen Aufenthalts, der insbesondere durch eine auf längere Dauer angelegte soziale Eingliederung gekennzeichnet wird[11] (s. § 152 Rn. 17), zurück. Er kann mit diesem, muss aber nicht mit ihm identisch sein. **Geändert** wird der Aufenthalt, wenn der neue Aufenthalt im Zeitpunkt der Anhängigkeit der Kindschaftssache (vgl. § 2 Abs. 2) von dem vorherigen gewöhnlichen Aufenthalt abweicht. Zudem muss sich der neue Aufent-

---

[4] BT-Drucks. 16/6308, 235.
[5] BT-Drucks. 16/6308, 235.
[6] BR-Drucks. 309/07, 37 f.
[7] BR-Drucks. 309/07, 38.
[8] BT-Drucks. 16/6308, 414.
[9] BT-Drucks. 16/9733, 88, 364.
[10] Vg. *Palandt/Ellenberger* § 7 BGB Rn. 2.
[11] BT-Drucks. 16/6308, S. 226.

halt des Kindes bereits **zu einem gewöhnlichen Aufenthalt verdichtet** haben, denn nur „das nach § 152 Abs. 2 zuständige Gericht" kann nach der Norm ein Verfahren verweisen. In dem Zeitraum von der Begründung des neuen Aufenthalts bis zur Verdichtung des neuen Aufenthalts zum gewöhnlichen Aufenthalt des Kindes ist das Verfahren daher nach **§ 3 Abs. 1** wegen Unzuständigkeit an das Gericht des (früheren) gewöhnlichen Aufenthaltsortes zu verweisen. Auf die weiteren Voraussetzungen der Norm (Rn. 7 bis 15) kommt es in diesen Fällen nicht an.

Nach ihrem Wortlaut setzt die Anwendbarkeit der Norm voraus, dass **„ein Elternteil"**, mithin 7 Vater oder Mutter den Aufenthalt des Kindes ändert. **Entsprechend anwendbar** ist die Vorschrift nach ihrem Zweck in solchen Kindschaftssachen, in denen mehreren Personen das Aufenthaltsbestimmungsrecht, bspw mehreren **Vormündern** (vgl. §§ 1775, 1797 Abs. 1 S. 1 BGB) oder **Pflegern** (§ 1915 Abs. 1 S. 1 iVm. § 1775 BGB). Eine entsprechende Anwendung der Norm kann auch in den Fällen geboten sein, in denen ein **Stiefelternteil** oder ein **Dritter** den Aufenthalt des Kindes eigenmächtig ändert.[12]

III. Fehlende (vorherige) Zustimmung

1. Rechtsnatur der Zustimmung. Die Zustimmung im Sinne der Norm ist keine Willens- 8 erklärung, sondern eine **tatsächliche Willensbekundung.** Sie ist das dem die Aufenthaltsänderung Begehrenden gegenüber erteilte Einverständnis zu einer Änderung des tatsächlichen Aufenthalts des Kindes. Die Zustimmung bedarf **keiner besonderen Form.** Sie kann ausdrücklich oder stillschweigend erteilt werden. Im Rahmen der Anwendbarkeit der Norm sind Willensmängel ebenso unbeachtlich wie ein Widerruf nach erfolgter Aufenthaltsänderung.

2. Zeitpunkt der Zustimmung. Die Zustimmung muss **vor der Änderung** des tatsächlichen 9 Aufenthalts des Kindes erteilt worden sein und im Zeitpunkt der Änderung des Aufenthalts noch vorliegen. Da der Gesetzgeber ausdrücklich die Erteilung einer vorherigen Zustimmung verlangt, wird die Möglichkeit der Verweisung bei einer nachträglichen Zustimmung zur Aufenthaltsänderung nicht generell ausgeschlossen. Dem Gesichtspunkt wird aber bei der Ermessensprüfung des Gerichts Rechnung zu tragen sein (vgl. Rn. 10).

IV. Verweisung an das Gericht des früheren gewöhnlichen Aufenthaltsortes

1. Ermessen. Sind die gesetzlichen Voraussetzungen erfüllt und ein Ausnahmetatbestand (vgl. 10 unten Rn. 12 ff.) nicht gegeben **„kann"** das Familiengericht das Verfahren an das Gericht des früheren gewöhnlichen Aufenthalts verweisen. Dem Familiengericht steht damit grundsätzlich ein **Ermessensspielraum** zu, der pflichtgemäß auszufüllen ist.[13] Eine allgemeine Kindeswohlprüfung findet insoweit nicht statt. Jedoch wird das Familiengericht von einer Verweisung in der Regel abzusehen haben, wenn die Zustimmung zur Aufenthaltsänderung nachträglich erteilt oder der Verhandlung am neuen Aufenthaltsort zugestimmt wird.[14] In diesen Fällen verlangt auch der Gesichtspunkt der „generalpräventiven Abwehr von Gerichtsstandsmanipulationen"[15] regelmäßig nicht nach einer Verweisung. Dieser muss im Zweifel auch dem verfassungsrechtlichen Gebot der Gewährleistung einer – vor allem aus Sicht des Kindes – angemessenen Verfahrensdauer (vgl. § 155 Rn. 6 ff.) weichen. Eine Verweisung kommt somit nicht in Betracht, wenn das **Gebot der Verfahrensbeschleunigung** des § 155 Abs. 1 unter Berücksichtigung der durch die Verweisung eintretenden Verfahrensverzögerung nach einer Durchführung des Verfahrens bei dem Gericht des neuen gewöhnlichen Aufenthaltsortes verlangt. Insoweit sind bei der Ermessensprüfung insbesondere die bei Verweisung zu erwartende Verfahrensverzögerung unter Berücksichtigung der bisherigen Verfahrensdauer, die bereits getätigten Verfahrenshandlungen und der Verfahrensgegenstand zu berücksichtigen. Jedenfalls scheidet eine Verweisung aus, wenn der frühe Termin iSd § 155 Abs. 2 bereits durchgeführt worden ist, die Monatsfrist aus § 155 Abs. 2 fruchtlos verstrichen ist, ein Verfahrensbeistand bestellt ist oder persönliche Anhörungen im Sinne von §§ 159, 160 bereits erfolgt sind.

2. Verweisungsgericht. Im Falle der Verweisung ist an das nach § 152 Abs. 2 vormals zustän- 11 dige **Gericht des früheren gewöhnlichen Aufenthalts** zu verweisen. Dies ist das für den letzten nicht eigenmächtig begründeten gewöhnlichen Aufenthalt des Kindes zuständige Gericht. Da es sich hier um eine Verweisung im Sinne von § 3 und nicht um eine Abgabe im Sinne von § 4 handelt, bedarf es **keiner Übernahmebereitschaft** dieses Gerichts. Nach Sinn und Zweck der

---

[12] Vgl. *Jaeger* FPR 2006, 410, 411.
[13] BT-Drucks. 16/6308 S. 414.
[14] Vgl. BT-Drucks. 16/6308 S. 414.
[15] *Coester*, in: *Lipp/Schumann/Veit* (Hrsg.), S. 45.

Vorschrift hat der Antragsteller kein **Wahlrecht** im Sinne des § 4 Abs. 2 unter mehreren zuständigen Gerichten.

V. Ausnahmetatbestände

12 1. **Kein Aufenthaltsbestimmungsrecht des anderen Elternteils.** Dem anderen Elternteil muss die alleinige oder gemeinschaftliche **elterliche Sorge** bzw. **Personensorge,** die jeweils das Aufenthaltsbestimmungsrecht umfassen (vgl. §§ 1626 Abs. 1 S. 2, 1631 Abs. 1 BGB), oder in entsprechender Weise zumindest das Aufenthaltsbestimmungsrecht zustehen. Fehlt es hieran, scheidet eine Verweisung nach der Norm aus.

13 Die Frage, ob der andere Elternteil das Aufenthaltsbestimmungsrecht innehat, beantwortet sich grundsätzlich nach **deutschem Recht** (vgl. Art. 21 EGBGB). Ein dem anderen Elternteil zustehendes Aufenthaltsbestimmungsrecht, welches die Verweisung hindert, kann aber auch mit Blick auf die erfolgte **Anerkennung einer Sorgerechtsentscheidung** nach Art. 21 f. Brüssel IIa-VO, wenn es sich um eine in einem EU-Mitgliedstaat getroffene Sorgerechtsentscheidung handelt, oder – bei Nichtmitgliedstaaten, die Vertragsstaat sind – nach den Vorschriften des Europäischen Sorgerechtsübereinkommens (ESÜ) ergeben (hierzu § 108 Rn. 5 ff.).[16]

14 Dem anderen Elternteil muss das Aufenthaltsbestimmungsrecht zum **Zeitpunkt** der Aufenthaltsänderung und zum Zeitpunkt der Verweisungsentscheidung zustehen. Verliert der andere Elternteil das Aufenthaltsbestimmungsrecht nach der Aufenthaltsänderung und vor der Verweisung wird jedoch nach pflichtgemäßem Ermessen (vgl. Rn. 10) in der Regel von einer Verweisung abzusehen sein.

15 2. **Aufenthaltsänderung zum Schutz des Kindes oder des betreuenden Elternteils.** Die Verweisung ist ebenfalls ausgeschlossen, wenn die Aufenthaltsänderung zum Schutz des Kindes oder des betreuenden Elternteils erforderlich war. Mit diesen Ausnahmetatbeständen soll ein effektiver Schutz für Opfer häuslicher Gewalt gewährleistet werden.[17] Es ist bereits zweifelhaft, ob sich die Regelung hierfür eignet. Unbeschadet dessen sind diese Ausnahmetatbestände auf Grund der notwendigen Klarheit gesetzlicher Zuständigkeitsreglungen sowie zur Vermeidung aufwändiger Zuständigkeitskonflikte – auch wegen § 155 – **restriktiv** anzuwenden. Zeitraubende gerichtliche Ermittlungen verbieten sich daher (s. Rn. 17).

16 Eine Aufenthaltsänderung ist zum Schutz des Kindes oder des betreuenden Elternteils erforderlich, wenn der andere Elternteil entweder im Hinblick auf das Kind gegen dessen Recht auf **gewaltfreie Erziehung** (§ 1631 Abs. 2 S. 1 BGB) verstoßen, also gegen dieses körperliche oder seelische **Gewalt** ausgeübt hat oder vorsätzlich den Körper, die Gesundheit oder die Freiheit des betreuenden Elternteils widerrechtlich verletzt hat (vgl. § 1 GewSchG). Es muss eine **Kausalität** („zum Schutz") zwischen der Aufenthaltsänderung und dem Verhalten des anderen Elternteils bestehen und der Schutz des Kindes bzw. des betreuenden Elternteils darf schließlich nicht anderweitig in gleich wirksamer Weise gewährleistet werden können **(„erforderlich")** oder in der Vergangenheit bereits gewährleistet worden sein.

VI. Verfahren bei Verweisung

17 1. **Zuständigkeit, Ermittlungen.** Zuständig für die Verweisung ist das nach § 152 Abs. 2 zuständige **Gericht des gewöhnlichen Aufenthalts** des Kindes. Vor der Verweisung sind die Beteiligten **anzuhören** (§ 3 Abs. 1 S. 2). Gegebenenfalls verlangt das **Beschleunigungsgebot** des § 155 Abs. 1 hier das Setzen einer sehr kurzen Frist, die unter einer Woche liegen kann. Ergeben sich – gegebenenfalls als Ergebnis der Gewährung rechtlichen Gehörs – Anhaltspunkte für das Vorliegen der Voraussetzungen eines Ausnahmetatbestandes, sind umfangreiche Ermittlungen nach dem Zweck der Vorschrift ausgeschlossen. Insbesondere muss Verfahrensverzögerungen durch die Antragstellerseite vorgebeugt werden. So hat das Gericht mit kurzer Frist entsprechend § 31 die **Glaubhaftmachung des Ausnahmetatbestandes** zu verlangen, sofern diese nicht bereits mit Antragstellung geschehen ist. Mit Blick auf das Beschleunigungsgebot, welches in den vorliegenden Verfahren regelmäßig zur Anwendung kommen wird (vgl. § 155 Rn. 14) ist der Normgehalt des § 30 Abs. 3 teleologisch zu reduzieren. Eine Beweisaufnahme, die nicht sofort erfolgen kann, ist in jedem Fall unangemessen (vgl. § 31 Abs. 2 analog).

18 2. **Beschluss.** Die Verweisung erfolgt durch begründeten und den Verfahrensbeteiligten bekannt zu machenden Beschluss (vgl. § 3 Abs. 1). Das Familiengericht erklärt sich mit Blick auf § 154 für **örtlich unzuständig** und **verweist** an das Gericht des früheren gewöhnlichen Aufenthalts (vgl.

---

[16] Näher hierzu nur *Palandt/Thorn* Art. 24 EGBGB Rn. 8.
[17] BT-Drucks. 16/9733, S. 364.

Vorrang- und Beschleunigungsgebot **§ 155**

oben Rn. 11). Ein bloßer **Aktenvermerk** genügt den rechtlichen Anforderungen nicht und zieht die an die Verweisung geknüpften Rechtsfolgen (vgl. Rn. 19) nicht nach sich. Einer vorherigen Zustimmung des anderen Gerichts bedarf es nicht (s. Rn. 11).

VII. Die Rechtsfolgen der Verweisung

Der Verweisungsbeschluss ist **nicht anfechtbar** und für das als zuständig bezeichnete Gericht **bindend** (vgl. § 3 Abs. 3). Etwas anderes gilt auch dann nicht, wenn das verweisende Gericht die Vorschrift rechtsfehlerhaft angewendet hat. Der Verweisungsbeschluss entfaltet seine Bindungswirkung also selbst dann, wenn das verweisende Familiengericht zu Unrecht vom Fehlen der vorherigen Zustimmung im Sinne von S. 1 ausgegangen ist, ein bestehendes (Mit-) Aufenthaltsbestimmungsrecht im Sinne im Sinne von S. 2 oder das Fehlen eines der weiteren Ausnahmetatbestände des S. 2 angenommen hat. Etwas anderes gilt nur in streng begrenzten **Ausnahmefällen,** insbesondere bei schweren Verfahrensfehlern oder Willkür (s. § 153 Rn. 12). Eine **Kostenentscheidung** ist im Beschluss nicht zu treffen, denn die im Verfahren vor dem angerufenen Gericht entstehenden Kosten werden als Teil der Kosten behandelt, die bei dem im Beschluss bezeichneten Gericht anfallen (§ 3 Abs. 4). 19

§ 155 Vorrang- und Beschleunigungsgebot

(1) Kindschaftssachen, die den Aufenthalt des Kindes, das Umgangsrecht oder die Herausgabe des Kindes betreffen, sowie Verfahren wegen Gefährdung des Kindeswohls sind vorrangig und beschleunigt durchzuführen.

(2) ¹Das Gericht erörtert in Verfahren nach Abs. 1 die Sache mit den Beteiligten in einem Termin. ²Der Termin soll spätestens einen Monat nach Beginn des Verfahrens stattfinden. ³Das Gericht hört in diesem Termin das Jugendamt an. ⁴Eine Verlegung des Termins ist nur aus zwingenden Gründen zulässig. ⁵Der Verlegungsgrund ist mit dem Verlegungsgesuch glaubhaft zu machen.

(3) Das Gericht soll das persönliche Erscheinen der verfahrensfähigen Beteiligten zu dem Termin anordnen.

Schrifttum: *Brötel,* Der Anspruch auf Achtung des Familienlebens, 1991; *ders.,* Die Defizite im deutschen Kindschaftsrecht, gemessen an der Europäischen Menschenrechtskonvention (EMRK), in: *Koeppel* (Hrsg.), Kindschaftsrecht und Völkerrecht im europäischen Kontext, 1996, S. 49 ff.; *Brüning,* Staatshaftung bei überlanger Dauer von Gerichtsverfahren, NJW 2007, 1094; *Dettenborn,* Zwischen Bindung und Trennung – Die Kindesherausgabe aus psychologischer Sicht, FPR 1996, 76 ff.; *Götz,* Verfahren bei Kindeswohlgefährdung – Anmerkungen aus Sicht der gerichtlichen Praxis, FF-FamFG special, 2009, 20 ff.; *Goldstein/Freud/Solnit,* Jenseits des Kindeswohls, 1974; *Heilmann,* Kindliches Zeitempfinden und Verfahrensrecht, 1998; *ders.,* Die Dauer kindschaftsrechtlicher Verfahren, ZfJ 1998; 317 ff.; *Hennemann,* Die Umsetzung des Vorrang- und Beschleunigungsgrundsatzes, FPR 2009, 20 ff.; *Kirchhof,* Verfassungsrechtliche Maßstäbe für die Verfahrensdauer und für die Rechtsmittel, DStZ 1989, 55 ff.; *Kloepfer,* Verfahrensdauer und Verfassungsrecht – Verfassungsrechtliche Grenzen der Dauer von Gerichtsverfahren, JZ 1979, 209 ff.; *Kluβmann/Stötzel,* Das Kind im Rechtsstreit der Erwachsenen, Basel 1995; *Lansnicker/Schwirtzek,* Rechtsverhinderung durch überlange Verfahrensdauer – Verletzung des Beschleunigungsgebotes nach Art. 6 I 1 EMRK, NJW 2001, 1969 ff.; *Müller-Magdeburg,* Das beschleunigte Familienverfahren im Lichte des FamFG, ZKJ 2009, 184 ff.; *Münder/Mutke/Schone,* Kindeswohl zwischen Jugendhilfe und Justiz, 2000; *Papier,* Richterliche Unabhängigkeit und Dienstaufsicht, NJW 1990, 8 ff.; *Rasche,* Beschleunigte Kindschaftssachen? – Das Vorrangegebot des FamFG, FF 2009, 192 ff.; *Redeker,* Kann eine Untätigkeitsbeschwerde helfen, NJW 2003, 488 f.; *Reichert,* § 165 FamFG-Entwurf aus der Sicht einer Familienrichterin an einem Großstadtgericht, ZKJ 2008, 230 f.; *Rixe,* Der Schutz des Familienlebens und das Verbot der Diskriminierung in der Rechtsprechung des Europäischen Gerichtshofs für Menschenrechte, ZKJ 2006, 276; *ders.,* Anm. zu EGMR, 5. Sektion, Urteil vom 4. 12. 2008, Adan gg. Deutschland, FamRZ 2009, 1037 ff.; *Roller,* Der Gesetzentwurf eines Untätigkeitsbeschwerdegesetzes, DRiZ 2007, 82 ff.; *ders.,* Möglichkeiten des Gesetzgebers zu einer Beschleunigung gerichtlicher Verfahren, ZRP 2008, 122 ff.; *Steinbeiß-Winkelmann,* Überlange Gerichtsverfahren – der Ruf nach dem Gesetzgeber, ZRP 2007, 177ff; *dies.,* Die Verfassungsbeschwerde als Untätigkeitsbeschwerde?, NJW 2008, 1783 ff.; *Vogel,* Die Untätigkeitsbeschwerde im Familienrecht, FPR 2009, 165 ff.; *Wanitzek,* Die Rechtsprechung zum Recht der elterlichen Sorge und des Umgangs seit 2006, FamRZ 2008, 933 ff.; *Wittling-Vogel/Ulick,* Kriterien für die Bewertung der Verfahrensdauer nach Art. 6 Abs. 1 EMRK, DRiZ 2008, 87 ff.

Übersicht

	Rn.		Rn.
I. Normzweck	1–8	b) Abwägungsorientierte Verfahrensbeschleunigungsfaktoren	33, 34
II. Entstehungsgeschichte	9, 10	3. Folgerungen	35–44
III. Rechtstatsachen	11	a) Erstinstanzliches Verfahren	36–40
IV. Anwendungsbereich	12–22	b) Beschwerdeverfahren	41–44
1. Allgemeines	12–14	VII. Der frühe Termin	45–67
2. Aufenthalt	15–17	1. Allgemeines	45–49
3. Umgangsrecht	18, 19	2. Zeitpunkt	50–53
4. Herausgabe des Kindes	20	3. Terminsverlegung	54–58
5. Verfahren wegen Gefährdung des Kindeswohls	21, 22	a) Zwingende Gründe	55, 56
		b) Glaubhaftmachung des Verlegungsgrundes	57, 58
V. Das Vorranggebot	23–25	4. Inhalt	59–63
1. Reihenfolge der Aktenbearbeitung	23	5. Anordnung des persönlichen Erscheinens	64–66
2. Reihenfolge der Terminsanberaumung	24	6. Monatsfrist im Beschwerdeverfahren?	67
3. Verhältnis zu anderen Verfahren	25	VIII. Verstöße	68–75
VI. Das Beschleunigungsgebot	26–44	1. Kein effektives Rechtsschutzsystem	68
1. Allgemeines	26–30	2. Untätigkeitsbeschwerde	69–71
2. Verfahrensbeschleunigung und Kindeswohl	31–34	3. Ablehnung wegen Befangenheit	72
a) Ausschließlich kindeswohldienliche Verfahrensbeschleunigungsfaktoren	32	4. Schadensersatz	73
		5. Dienstaufsichtsbeschwerde	74, 75

I. Normzweck

1 Der **Faktor Zeit** ist in Kindschaftssachen von weitreichender Bedeutung. Zum einen verändern sich hier die tatsächlichen Verhältnisse stetig, was unter Berücksichtigung des Kindeswohls (vgl. nur § 1697a BGB) in der Regel erhebliche Auswirkungen auf die vom Familiengericht zu treffenden Entscheidung hat. Zum anderen kommt die Nichtbescheidung von (Eil-)Anträgen deren Ablehnung für die Zeiträume seit Eingang des Antrages gleich, denn ohne gerichtliche Entscheidung oder ein herbeigeführtes Einvernehmen unter den Verfahrensbeteiligten wird bis zur Beendigung des Verfahrens der Aufenthalt des Kindes beibehalten, Umgangskontakte finden nicht oder nur im geringeren Umfang als angestrebt statt, das Kind wird nicht herausgegeben oder über Maßnahmen zur Abwehr einer Kindeswohlgefährdung wird nicht befunden.

2 Die Norm soll diesen Gesichtspunkten Rechnung tragen. Durch sie soll die Dauer des Verfahrens verkürzt werden, damit die **Besonderheiten des kindlichen Zeitempfindens** Berücksichtigung finden.[1] Erst mit zunehmendem Alter erwirbt ein Kind die Fähigkeit zur Wahrnehmung und Schätzung von Zeit und lernt, dass „verschwundene" Personen wieder auftauchen.[2] Kleinere Kinder empfinden daher – auf objektive Zeiträume bezogen – den Verlust einer Bezugsperson schneller als dauerhaft und endgültig als größere Kinder oder gar Erwachsene. Es kommt hinzu, dass Kinder den Zeitablauf erst mit zunehmendem Alter mittels Uhr und Kalender beurteilen und ihre Bedürfnisse daher nicht auf einen feststellbaren späteren Zeitpunkt verschieben können. Bevor sie hierzu in der Lage sind, ist Beurteilungsgrundlage ausschließlich die Dringlichkeit ihrer Wünsche, so dass insbesondere dem Kleinkind bis zu einem Alter von etwa achtzehn Monaten jeder Aufschub endlos erscheint, was zu einer erhöhten psychischen Belastung führt.[3] Die wirkliche Dauer einer Zeitspanne ist für ein Kind vor diesem Hintergrund bedeutungslos, da es die Zeit subjektiv „auf Grund von Versagungs- oder Ungeduldsgefühl" bemisst.[4]

3 Die Gestaltung des Verfahrens in Kindschaftssachen muss daher der **Gefahr einer faktischen Präjudizierung** Rechnung tragen. Denn jede das Kind betreffende Verfestigung der tatsächlichen Verhältnisse ist im Rahmen der Auslegung des unbestimmten Rechtsbegriffs „Kindeswohl" von rechtlicher Relevanz. Es besteht mithin die Gefahr, dass das gerichtliche Verfahren alleine durch Zeitablauf und die während dessen entstehenden, sich verfestigenden bzw. sich verändernden tatsächlichen Bindungs- und Beziehungsverhältnisse entschieden wird und nicht durch eine das Verfahren

---

[1] BT-Drucks. 16/6815, S. 12, 16.
[2] *Heilmann*, Kindliches Zeitempfinden und Verfahrensrecht, S. 18 ff. m. weit. Nachw.
[3] *Goldstein/Freud/Solnit*, Jenseits des Kindeswohls, S. 18, 39.
[4] *Goldstein/Freud/Solnit*, Jenseits des Kindeswohls, S. 40.

zu einem späteren Zeitpunkt abschließende gerichtliche Entscheidung.[5] Die gerichtliche Entscheidung kann sich nur noch, nicht mehr konstitutiv, sondern lediglich deklaratorisch, den faktischen Gegebenheiten anpassen, sollen die legislatorischen Vorgaben beachtet werden, was auch bedeutet, dass die Rechtsposition eines Beteiligten alleine durch Zeitablauf verloren gehen kann. Dies zeigt sich vor allem in Verfahren, die die elterliche Sorge betreffen, sind doch die vom Faktor Zeit beeinflussten Kriterien zur Auslegung des unbestimmten Rechtsbegriffs Kindeswohl wie vor allem Bindung und Kontinuität hier von besonderer Bedeutung. Es offenbart sich aber auch in Verfahren, die das Umgangsrecht betreffen, nicht nur, weil jeder Tag der Nichtbescheidung eines Umgangsantrages dessen inzidente Ablehnung für die Vergangenheit in sich trägt, sondern weil auch hier die Möglichkeiten der Aufrechterhaltung bzw. Pflege der Beziehungen vom Zeitablauf beeinflusst werden. Schließlich offenbart sich die Gefahr der faktischen Praejudizierung besonders deutlich in den Verfahren wegen Gefährdung des Kindeswohls in den Fällen der Fremdunterbringung des Kindes, denn eine Rückführung kommt regelmäßig nur innerhalb eines für das Kind vertretbaren Zeitrahmens (vgl. § 37 Abs. 1 S. 2 SGB VIII) in Betracht.[6]

Darüber hinaus müssen die **mit dem gerichtlichen Verfahren in Kindschaftssachen einhergehenden Unsicherheiten und Belastungen** für die Verfahrensbeteiligten einbezogen werden.[7] Diese haben nicht nur die Erwachsenen zu tragen, für die es um weitreichende Entscheidungen geht, die ihre zukünftigen Beziehungen zu dem Kind maßgeblich beeinflussen. Sie treffen vor allem auch das Kind. Denn jedes Kind hat ein natürliches Grundbedürfnis nach dauernden stabilen und gesicherten inneren und äußeren Verhältnissen.[8] Länger dauernde Unsicherheiten prägen sich daher in die Persönlichkeitsstruktur eines Kindes ein, so dass nicht nur die Gefahr besteht, dass es für zwischenmenschliche Regungen wie Mitgefühl, Liebe, Achtung und Ehrfurcht unempfänglicher wird, sondern auch Entwicklungsverzögerungen und sonstige Entwicklungsstörungen zu befürchten sind.[9] Mit der Durchführung von Verfahren in Kindschaftssachen gehen in der Regel Unsicherheiten in diesem Sinne einher. Sie beruhen auf der Problematik der Trennungssensibilität, denn die Kinder entnehmen den Gerichtsverfahren häufig eine Bedrohung für ihre Beziehung zu wichtigen Bezugspersonen (zB in Sorgerechts-, Umgangsrechtsverfahren und Verfahren auf Erlass einer Verbleibensanordnung) und über die weitere Zukunft (zB in Verfahren zum Erlass von Maßnahmen zur Abwehr von Gefährdungen des Kindeswohls). Verlustängste, Belastungen und Unsicherheiten werden zum Teil auch von den Erwachsenen auf das Kind transportiert.[10]

Die Norm dient zugleich der Einhaltung der sich aus der **EMRK ergebenden Anforderungen** an die Dauer des Verfahrens in Kindschaftssachen. Denn es besteht hiernach ein Anspruch auf Entscheidung innerhalb angemessener Frist (Art. 6 Abs. 1 EMRK) sowie auf Achtung des Familienlebens (Art. 8 Abs. 1 EMRK).[11] Der Europäische Gerichtshof für Menschenrechte trägt der besonderen Sensibilität des Faktors Zeit in Kindschaftssachen bei der Anwendung dieser Normen seit langer Zeit Rechnung.[12] Die Angemessenheit der Dauer des Verfahrens wird hier nicht nur von Umfang und Schwierigkeit des Falles, dem Verhalten des Beschwerdeführers, der Bedeutung des Verfahrensausgangs für den Betroffenen sowie der Behandlung des Falles durch die mit dem Verfahren befassten Gerichte und Behörden beeinflusst, sondern zugleich von den Besonderheiten des kindlichen Zeitempfindens (s. Rn. 2).[13] Angemessen ist die Dauer des Verfahrens mithin nur dann, wenn sie – unter Einbeziehung des Alters des betroffenen Kindes – auch der Gefahr einer faktischen Praejudizierung (s. Rn. 3) sowie den Unsicherheiten und Belastungen (s. Rn. 4) in der gebotenen Weise Rechnung trägt.[14]

---

[5] *Heilmann*, Kindliches Zeitempfinden und Verfahrensrecht, S. 24 ff.
[6] Vgl. *Staudinger/Salgo* § 1632 BGB Rn. 59.
[7] Vgl. *Heilmann*, Kindliches Zeitempfinden und Verfahrensrecht, S. 30 ff.
[8] *Goldstein/Freud/Solnit*, Jenseits des Kindeswohls, S. 33.
[9] Vgl. *Heilmann*, Kindliches Zeitempfinden und Verfahrensrecht, S. 30 ff.
[10] Vgl. *Klußmann/Stötzel*, S. 146 f.; *Dettenborn* FPR 1996, 77, 85.
[11] Hierzu insbesondere *Brötel*, Der Anspruch auf Achtung des Familienlebens, 1991; *Lansnicker/Schwirtzek* NJW 2001, 1969; *Rixe* ZKJ 2006, 267; *Wittling-Vogel/Ulick* DRiZ 2008, 87 ff.
[12] Siehe nur EGMR FamRZ 2009, 1037, EGMR, Urteil vom 14. 10. 2008, Nr. 36106/05 mit Anm. *Rixe* FamRZ 2009, 1037 ff.; EGMR FamRZ 2008, 1059; EGMR, Urteil vom 15. 5. 2008, Nr. 58364/00, juris; EGMR, Urteil vom 13. 5. 2008, Nr. 13415/06, juris; EGMR, Urteil vom 12. 2. 2008, Nr. 34499/04, juris; EGMR, Urteil vom 10. 1. 2008, Nr. 25706/03, juris; EGMR, Urteil vom 12. 7. 2007, Nr. 39741/02, juris; EGMR, Urteil vom 15. 5. 2007, Nr. 23462/03, juris; EGMR FamRZ 2007, 1449; EGMR NJW 2006, 2389; EGMR FuR 2005, 380; EGMR FamRZ 2005, 585; EGMR FamRZ 2004, 1456; EGMR FamRZ 2003, 816; EGMR FamRZ 2002, 1017; *Wanitzek* FamRZ 2008, 933, 948 f. m. weit. Nachw.; *Rixe* ZKJ 2006, 276 sowie *Heilmann*, Kindliches Zeitempfinden und Verfahrensrecht, S. 37 ff.
[13] Vgl. zuletzt EGMR FamRZ 2009, 105 ff.
[14] Vgl. *Brötel* S. 138 m. weit. Nachw.

6 Schließlich soll die Norm den **verfassungsrechtlichen Vorgaben** Rechnung tragen. Das Gebot effektiven Rechtsschutzes, welches sich für die Verfahrensbeteiligten aus dem Rechtsstaatsprinzip ergibt (vgl. Art. 2 Abs. 1 iVm. Art. 20 Abs. 3 GG), verlangt ebenfalls danach, dass strittige Rechtsverhältnisse in angemessener Zeit geklärt werden müssen.[15] Vor diesem Hintergrund hat das Bundesverfassungsgericht in ständiger Rechtsprechung deutlich gemacht, dass die Verfahrensdauer in Kindschaftssachen nur dann im verfassungsrechtlichen Sinne angemessen ist, wenn sie mit Blick auf die Besonderheiten des kindlichen Zeitempfindens (s. Rn. 2) den Verfahrensgegenstand, das Alter des betroffenen Kindes, die Gefahren der faktischen Praejudizierung (s. Rn. 3) sowie die Belastungen und Unsicherheiten (s. Rn. 4) berücksichtigt.[16] Es kommt hinzu, dass das Verfahren so gestaltet werden muss, dass nicht die Gefahr der Entwertung materieller Grundrechtspositionen besteht.[17] Insbesondere mit Blick auf das Elternrecht aus Art. 6 Abs. 2 S. 1 GG und das allgemeine Persönlichkeitsrecht des Kindes (Art. 2 Abs. 1 iVm. Art. 1 Abs. 1 GG) sind damit unter dem Gesichtspunkt der Gefahr einer faktischen Praejudizierung hohe Anforderungen an die Dauer des Verfahrens zu stellen.[18] In Kindschaftssachen ist daher eine besondere Sensibilität für die Problematik der Verfahrensdauer erforderlich.[19]

7 Das Vorrang- und Beschleunigungsgebot (Abs. 1) wird neben dem frühen Termin (Abs. 2) und der Anordnung des persönlichen Erscheinens (Abs. 3) insbesondere **flankiert durch**
– eine **Kostentragungspflicht,** wenn ein Beteiligter durch schuldhaftes Verletzen seiner Mitwirkungspflicht das Verfahrens erheblich verzögert hat (vgl. § 81 Abs. 2 Nr. 4),
– die Pflicht zur **Erörterung des Erlasses einer einstweiligen Anordnung** in Kindschaftssachen, die den Aufenthalt, das Umgangsrecht oder die Herausgabe des Kindes betreffen (§ 156 Abs. 3 S. 1),[20]
– das **Gebot des Erlasses einer einstweiligen Anordnung** bei Anordnung der Teilnahme an einer Beratung oder schriftlicher Begutachtung (§ 156 Abs. 3 S. 2),[21]
– die **Pflicht zur unverzüglichen Prüfung des Erlasses einer einstweiligen Anordnung** in Verfahren nach §§ 1666, 1666a BGB (vgl. § 157 Abs. 3),
– die **frühzeitige Bestellung des Verfahrensbeistandes** (§ 158 Abs. 3 S. 1) sowie
– die **Fristsetzung bei schriftlicher Begutachtung** (§ 163 Abs. 1).[22]

8 Die Praxis wird zeigen, ob hierdurch eine angemessene Verfahrensdauer in Kindschaftssachen gewährleistet wird. Einen hinreichenden Rechtsschutz gegen Verfahrensverzögerungen versagt das deutsche Recht den Verfahrensbeteiligten derzeit jedenfalls noch (s. Rn. 68). Überdies fehlt es bislang an der Aufnahme eines expliziten Beschleunigungsgebotes im SGB VIII, welches sich an die öffentlichen Träger der Jugendhilfe wendet.

II. Entstehungsgeschichte

9 Der Gesetzgeber hat die Problematik der Verfahrensdauer in Kindschaftssachen **lange Zeit nicht erkannt.** Während **ausländische Verfahrensordnungen** sich dem Thema schon sehr früh annahmen[23] und auch über die **Umsetzung völkerrechtlicher Vorgaben** bei internationalen Konflikten im innerstaatlichen Recht eine Pflicht zu zügigem Handeln begründet wurde (vgl. insbesondere Art. 7 des Europäischen Kinderrechteübereinkommens sowie Art. 11 HKÜ bzw. § 38 IntFamRVG) findet ein Vorrang- und Beschleunigungsgebot nunmehr erstmalig Eingang in das kindschaftsrechtliche Verfahren ohne Auslandsbezug.

10 Es unterstreicht die besondere Bedeutung der Norm, dass sie als **vorgezogener Teil der Verfahrensreform** Aufnahme in das Gesetz zur Erleichterung familiengerichtlicher Maßnahmen bei Gefährdung des Kindeswohls vom 04. Juli 2008 fand und in **§ 50 e Abs. 1 bis 3 FGG aF wortgleich** bereits am 12. Juli 2008 in Kraft getreten ist.[24] Gleichwohl war die konkrete Ausgestaltung der Norm im Gesetzgebungsverfahren umstritten. So schlug der Bundesrat vor, dass die genannten Ver-

---

[15] Vgl. nur BVerfGE 88, 118, 124 sowie *Kirchhof* DStZ 1989, 55 ff.; *Kloepfer* JZ 1979, 209 ff.
[16] Grundlegend BVerfG NJW 2001, 961 f. sowie FamRZ 1997, 871 f. Siehe auch BVerfG FamRZ 2009, 189, 190; FamRZ 2008, 2258, 2259; FamRZ 2005, 1233; FamRZ 2004, 1857; FamRZ 2004, 689; FamRZ 2002, 947; FamRZ 2001, 753; FamRZ 1999, 1053; FamRZ 1997, 41 f.
[17] Vgl. nur BVerfGE 63, 131, 143.
[18] Vgl. *Heilmann,* Kindliches Zeitempfinden und Verfahrensrecht, S. 55 ff. m. weit. Nachw.
[19] BVerfG FamRZ 2000, 413, 414.
[20] BT-Drucks. 16/6308, S. 237.
[21] BT-Drucks. 16/6308, S. 237.
[22] BT-Drucks. 16/8308, S. 241.
[23] Vgl. nur den Children Act 1989 für England und Wales; hierzu *Heilmann* S. 285 ff.
[24] BGBl. 2008 I S. 1188 ff.

fahren vorrangig und beschleunigt einzuleiten seien, sich deren Durchführung neben dem Beschleunigungsgebot am Kindeswohl orientieren sollte und von der Terminierung binnen eines Monats abgesehen werden könne, wenn das Verfahrens nicht besonders eilbedürftig „erscheine" oder vor der Durchführung des Termins nähere Ermittlungen geboten seien.[25] Diese Vorschläge hielt die Bundesregierung nicht für zielführend, zumal das materielle Recht in § 1697a BGB in allen Verfahren in Kindschaftssachen nach einer Kindeswohlorientierung verlange.[26] Der Rechtsausschuss sah keinen Änderungsbedarf.[27]

III. Rechtstatsachen

Detaillierte Untersuchungen zur Verfahrensdauer und den Ursachen für Verfahrensverzögerungen in sorge- und umgangsrechtlichen Verfahren fehlen bislang. Die letzte umfassende Forschungsarbeit datiert aus dem Jahre 1979.[28] Nach einer **Sonderauswertung des Statistischen Bundesamtes zur Familiengerichtstatistik 2005** beträgt die durchschnittliche Verfahrensdauer in sorge- und umgangsrechtlichen Verfahren **6,8 Monate (Umgang) bzw. 7,1 Monate (Sorgerecht).**[29] Hierbei handelt es sich jedoch nur um **Durchschnittswerte,** so dass konkrete Aussagen über die Verfahrensdauer in hochstreitigen Verfahren zu Aufenthalt und Herausgabe, bei gänzlicher Umgangsverweigerung durch einen Elternteil und in Verfahren wegen Gefährdung des Kindeswohls nicht getroffen werden können. Hier besteht – wie auch zu den Ursachen für Verfahrensverzögerungen – erheblicher **Forschungsbedarf.**

11

IV. Anwendungsbereich

1. Allgemeines. Der **Anwendungsbereich** der Norm erstreckt sich auf die in Abs. 1 genannten Kindschaftssachen. Maßgeblich ist alleine der **Verfahrensgegenstand.** Das **Alter des Kindes** mag bei der Konkretisierung der sich aus der Norm ergebenden Anforderungen an die Ausgestaltung des Verfahrens von Relevanz sein (s. Rn. 2). Es hat auf die Frage der grundsätzlichen Anwendbarkeit der Norm jedoch keinen Einfluss. Gleiches gilt hinsichtlich der tatsächlichen Verhältnisse vor Verfahrensbeginn. Die Norm ist also auch dann uneingeschränkt anwendbar, wenn das Kind sich schon lange an einem Ort aufhält oder der begehrte Umgang längere Zeit nicht stattfand.

12

Eine unmittelbare Anwendung auf Verfahren, welche die Genehmigung oder Anordnung der **freiheitsentziehenden Unterbringung** eines Minderjährigen (vgl. § 151 Nr. 6, 7) betreffen, scheidet mit Blick auf die Regelung des § 167 zwar aus (hierzu § 167 Rn. 4). Da aber auch hier der „Aufenthalt" des Kindes betroffen ist und die Überlegungen, die dem Vorrang- und Beschleunigungsgebot zu Grunde liegen (s. Rn. 2, 4), in besonderem Maße einschlägig sind, muss der Regelungsgehalt des Absatzes 1 in diesen Verfahren ebenfalls Beachtung finden (s. § 167 Rn. 5).

13

Die Norm gilt erst Recht in Verfahren auf Erlass einer **einstweiligen Anordnung** mit einem der in Abs. 1 genannten Regelungsgegenstände[30] sowie in entsprechenden **Vollstreckungsverfahren.**[31] Auch inzidente **Zuständigkeitskonflikte** nach § 5 und **Befangenheitsverfahren** im Sinne von § 6 sind vorrangig und beschleunigt zu bearbeiten. Wesentliche Teile der Norm sind darüber hinaus **in allen Rechtszügen** anzuwenden.[32] Erfasst ist damit nicht nur das erstinstanzliche Verfahren, sondern insbesondere auch das Beschwerdeverfahren. Die Monatsfrist des Abs. 2 S. 2 findet im Beschwerdeverfahren jedoch keine Anwendung (s. Rn. 67).

14

2. Aufenthalt. Verfahren, die den Aufenthalt des Kindes betreffen, können sowohl solche des § 151 Nr. 1 sein, wenn (auch) das **Aufenthaltsbestimmungsrecht** im Streit steht, als auch solche nach § 151 Nr. 4, wenn das Aufenthaltsbestimmungsrecht eines Vormundes betroffen ist, oder Verfahren nach § 151 Nr. 5, wenn ein Pfleger mit dem Aufgabenkreis Aufenthaltsbestimmungsrecht bestellt ist. Wird die **Herausgabe des Kindes** verlangt oder ist über Maßnahmen zur Abwehr einer Gefährdung des Kindeswohls zu befinden, ist der Anwendungsbereich der Norm ebenfalls eröffnet (s.

15

---

[25] BR-Drucks. 309/07, S. 38 f.
[26] BT-Drucks. 16/6308, S. 414.
[27] BT-Drucks. 16/9733, S. 88.
[28] *Simitis/Rosenkötter/Vogel/Boost-Muss/Frommann/Hopp/Koch/Zenz,* Kindeswohl – Ein interdisziplinäre Untersuchung über seine Verwirklichung in der vormundschaftsgerichtlichen Praxis, 1979; zur Verfahrensdauer in Verfahren nach § 1666 BGB siehe jedoch *Münder/Mutke/Schone,* S. 148 ff.
[29] Vgl. BT-Drucks, 16/6308, S. 235.
[30] Vgl. BT-Drucks. 16/6308, S. 235.
[31] Vgl. EGMR FamRZ 2008, 1059.
[32] BT-Drucks. 16/6308, S. 235.

Rn. 20 f.). Zu den Verfahren betreffend die Genehmigung oder Anordnung der Unterbringung eines Minderjährigen s. Rn. 13.

16 Der Aufenthalt des Kindes ist im Sinne von Abs. 1 immer dann betroffen, wenn zu regeln ist, an welchem Ort das Kind für eine gewisser Dauer oder Regelmäßigkeit **tatsächlich verweilt**. In erster Linie gehören hierher die Verfahren, in denen, insbesondere bei Trennung der Eltern, um das Aufenthaltsbestimmungsrecht und hier über den Lebensmittelpunkt des Kindes gestritten wird (vgl. §§ 1671, 1672, 1674, 1678 Abs. 2, 1680 Abs. 2 und 3, 1681, 1693, 1696 BGB. Anwendbar ist die Norm zudem in dem Verfahren auf Erlass einer **Verbleibensanordnung** zu Gunsten der Pflegeeltern (vgl. § 1632 Abs. 4 BGB).

17 Die Schwelle zu einer Änderung des gewöhnlichen Aufenthalts (s. § 152 Rn. 17) muss nicht erreicht sein. Der Aufenthalt des Kindes ist auch betroffen, wenn im Verfahren – etwa bei **Uneinigkeit der Eltern nach 1628 BGB** – zB der künftige Kindergarten-, Schul-, Hort-, Internats-, Heim- oder Auslandsaufenthalt des Kindes zu regeln ist.

18 **3. Umgangsrecht.** Verfahren, die das Umgangsrecht betreffen, sind zunächst alle Kindschaftssachen im Sinne von § 151 Nr. 2 (s. § 151 Rn. 31 ff.). Dies sind insbesondere die Verfahren auf **Regelung des Umgangs** mit dem anderen Elternteil (vgl. § 1684 Abs. 3 S. 1 BGB) sowie mit Großeltern, Geschwistern und engen Bezugspersonen wie Stief- und Pflegeeltern (vgl. § 1685 Abs. 3 BGB). Aber auch im Bereich von Vormundschaft und Pflegschaft, also den Kindschaftssachen des § 151 Nr. 4 und 5, kann im Verfahren nach Abs. 1 das Umgangsrecht betroffen sein (s. § 151 Rn. 38, 41).

19 Der Anwendungsbereich der Norm ist unabhängig davon eröffnet, ob über Umfang oder **Ausschluss des Umgangs**, über eine Umgangspflegschaft, einen begleiteten Umgang oder deren jeweilige Abänderung bzw. Aufhebung (vgl. § 1696 BGB, s. § 166 Rn. 7) zu befinden ist, denn in allen genannten Fällen ist das Umgangsrecht betroffen.

20 **4. Herausgabe des Kindes.** Kindschaftssachen, die die Herausgabe des Kindes betreffen, sind insbesondere die Verfahren, in denen die Eltern oder ein Elternteil die Herausgabe des Kindes in den Fällen des **widerrechtlichen Vorenthaltens** verlangen (vgl. § 1632 Abs. 1 BGB) oder in welchen die Herausgabe des Kindes vom **Vormund** (vgl. § 1800 BGB iVm. § 1632 Abs. 1 BGB) oder **Pfleger**, wenn ihm das Aufenthaltsbestimmungsrecht zusteht (vgl. §§ 1915 Abs. 1, 1800 iVm. 1632 Abs. 1 BGB), begehrt wird. Für Verfahren auf **Abänderung** entsprechender Entscheidungen nach § 166 gilt die Norm ebenfalls (vgl. § 166 Rn. 7).

21 **5. Verfahren wegen Gefährdung des Kindeswohls.** Die Norm ist schließlich anzuwenden auf alle Verfahren wegen **Gefährdung des Kindeswohls** (§§ 1666, 1666a BGB). Dies gilt unabhängig davon, welche Maßnahmen im Raume stehen. Der Anwendungsbereich ist damit nicht nur in den Fällen eröffnet, in denen das Verfahren durch eine Meldung des Jugendamtes nach § 8a Abs. 3 SGB VIII mit dem Ziel einer Herausnahme des Kindes aus der Familie oder nach Inobhutnahme des Kindes (vgl. § 42 Abs. 3 S. 2 SGB VIII) eingeleitet wird.

22 Verfahren wegen Gefährdung des Kindeswohls sind neben dem unmittelbaren Anwendungsbereich der §§ 1666, 1666a BGB auch solche, die Maßnahmen wegen Gefährdung des Kindeswohls gegen den **Vormund** (vgl. § 1837 Abs. 4 BGB) oder gegen den **Pfleger** (vgl. §§ 1915 Abs. 1, 1837 Abs. 4 BGB) zum Gegenstand haben. Auch **Abänderungsverfahren** nach § 166, die Maßnahmen wegen Gefährdung des Kindeswohls zum Gegenstand haben (vgl. § 166 Rn. 10 f.), sind vom Anwendungsbereich der Vorschrift erfasst.

V. Das Vorranggebot

23 **1. Reihenfolge der Aktenbearbeitung.** Das immer dem Kindeswohl entsprechende Vorranggebot beeinflusst sowohl in der ersten Instanz als auch im Beschwerdeverfahren die Reihenfolge der Aktenbearbeitung innerhalb des **familiengerichtlichen Dezernats** des einzelnen Richters bzw. des Senats aber auch im **nichtrichterlichen Dienst**. Die vom Anwendungsbereich der Norm erfassten Verfahren (s. Rn. 12 ff.) sind damit gegenüber anderen familiengerichtlichen Verfahren **bevorzugt** und damit grundsätzlich früher zu erledigen.

24 **2. Reihenfolge der Terminsanberaumung.** Dies hat nicht nur Bedeutung für den (früheren) Zeitpunkt der Bearbeitung, insbesondere im Hinblick auf die Einleitung verfahrensfördernder Maßnahmen, sondern unbeschadet von Abs. 2 auch für die **Terminierung**, insbesondere der persönlichen Anhörungen nach §§ 159, 160. Entsprechende Termine sind daher entweder vorzuhalten oder es hat gegebenenfalls die Aufhebung und Verlegung eines in einem nicht vorrangigen Verfahren anberaumten Termins zu erfolgen.[33] Bei **Terminkollisionen** hat ein anderes Gericht, wenn es sich

---

[33] BT-Drucks. 16/6308, S. 235.

dort nicht ebenfalls um eine nach Abs. 1 vorrangige Kindschaftssache handelt, seinen Termin zu verlegen.[34] Dies gilt auch, wenn der dortige Termin zeitlich früher anberaumt war oder es sich dort um ein aufwändiges Verfahren handelt.

3. Verhältnis zu anderen Verfahren. Die vorrangige und damit bevorzugte Erledigung der genannten Kindschaftssachen hat im Notfall **auf Kosten anderer anhängiger Sachen** zu erfolgen.[35] Dies gilt insbesondere gegenüber Ehesachen, Unterhaltssachen und Güterrechtssachen. Im Einzelfall können hier Eilverfahren einen gleichen Rang beanspruchen. Dies gilt freilich auch für Verfahren betreffend die Unterbringung Minderjähriger im Sinne von § 167, Verfahren nach dem Haager Kindesentführungsübereinkommen (vgl. Art. 11 HKÜ) sowie für Verfahren in Wohnungszuweisungs- und Gewaltschutzsachen.

VI. Das Beschleunigungsgebot

1. Allgemeines. Ebenso wie das Vorranggebot dient das Beschleunigungsgebot der **Vermeidung von Verfahrensverzögerungen** und einer damit einhergehenden **Verkürzung der Verfahrensdauer.** Hierdurch sollen die Gefahren einer faktischen Praejudizierung (s. Rn. 3) gemindert und unnötige Belastungen für die Verfahrensbeteiligten, insbesondere für das betreffende Kind (s. Rn. 4) vermieden werden. Eine Preisgabe von **rechtsstaatlichen Verfahrensgarantien** und des Gebots der Einhaltung der einfachgesetzlichen Verfahrensvorschriften in Kindschaftssachen ist mit der Einführung des Beschleunigungsgebotes nicht verbunden. Nach wie vor muss das Familiengericht sein Verfahren so gestalten, dass es möglichst zuverlässig die Grundlage einer **am Kindeswohl orientierten Entscheidung** erkennen kann.[36] In diesem Zusammenhang unabdingbare Verfahrensverzögerungen müssen hingenommen werden. Jedoch trägt jede Verfahrensverzögerung auf Grund der genannten Nachteile der Verfahrensdauer (s. Rn. 1 ff.) die Vermutung in sich, dem Kindeswohl abträglich zu sein. Diese Vermutung muss zum einen bei jeder Maßnahme, die zu einer Verlängerung des Verfahrens führt, insbesondere unter dem Blickwinkel des Kindeswohls widerlegt werden können (s. Rn. 33 f.).[37] Zum anderen müssen für das Kindeswohl abträgliche Situationen und die Gefahr, dass während der Dauer des Verfahrens vollendete Tatsachen geschaffen werden, gegebenenfalls durch den Abschluss eines Zwischenvergleichs oder den Erlass einer **einstweiligen Anordnung** reduziert werden.[38]

Dem Einfluss des Zeitablaufs auf die Beurteilung des Kindeswohls kann jedoch nur durch die (zeitliche) Ausgestaltung des Verfahrens und nicht durch eine den Maßstab des Kindeswohls verlassende gerichtliche Entscheidung Rechnung getragen werden.[39] Das Kindeswohl darf daher in den Fällen der sogenannten **ertrotzten Kontinuität** oder der **mutwilligen Verzögerung** des Verfahrens durch einzelne Verfahrensbeteiligte nicht auf einem Altar vermeintlicher Gerechtigkeitserwägungen geopfert werden, um ein Fehlverhalten zu sanktionieren.[40]

Das Beschleunigungsgebot ist nach alledem **nicht schematisch** zu handhaben.[41] Eine schnelle Entscheidung „um jeden Preis" entspricht weder der gebotenen Kindeswohlorientierung noch den rechtsstaatlichen Anforderungen an die Durchführung des gerichtlichen Verfahrens in Kindschaftssachen. Es besteht aber die Gefahr, dass unangenehme und besonders verantwortungsvolle Entscheidungen hinausgeschoben und Verfahren damit nicht in der gebotenen Weise gefördert werden. Dies wird weder den sich aus der Norm ergebenden noch den völkerrechtlichen, verfassungsrechtlichen und außerjuristischen Anforderungen an die Gestaltung der in Abs. 1 genannten Kindschaftssachen gerecht (s. Rn. 1 ff.).[42]

Besonders problematisch ist vor diesem Hintergrund das – von den Fällen ausnahmsweise zulässiger Aussetzung zu unterscheidende (vgl. Rn. 34) – stillschweigende **„Zuwarten mit dem Verfahrensabschluss".**[43] Dieses lässt sich mit den genannten rechtlichen Vorgaben kaum in Einklang bringen und entspricht nicht dem Beschleunigungsgebot des Absatzes 1.[44] Denn auch das mit dem Zuwarten

---

[34] BT-Drucks. 16/6308, S. 236.
[35] BT-Drucks. 16/6308, S. 235; krit. *Rasche* FF 2009, 192, 193.
[36] Vgl. nur BVerfGE 55, 171, 182; FamRZ 1993, 662, 663; 2009, 399, 400.
[37] Vgl. Section 1 Abs. 2 Children Act 1989; *Heilmann* S. 289 ff. m. weit. Nachw.; *Rasche* FF 2009, 192 („In dubio pro tempo").
[38] BT-Drucks. 16/6308, S. 237.
[39] OLG Frankfurt/Main NJW-RR 2007, 369 f.
[40] Vgl. BVerfG FamRZ 2009, 189, 190.
[41] BT-Drucks. 16/6308, S. 235.
[42] Vgl. *Heilmann* Kindliches Zeitempfinden und Verfahrensrecht, S. 7 ff., 35 ff. 47 ff.
[43] Vgl. BT-Drucks. 16/6308, S. 235; *Hennemann* FPR 2009, 20, 23.
[44] Vgl. Entschließung des AK 9 des 15. DFGT., S. 148; krit. auch *Coester*, in: *Lipp/Schumann/Veit*, S. 46 f.

verbundene Nichtentscheiden ist eine Entscheidung, da die tatsächliche Situation im Hinblick auf den Aufenthalt des Kindes bzw. den Umgang beibehalten und damit manifestiert wird (s. Rn. 3) Entweder, das Gericht hat im Rahmen seiner Amtsermittlungspflichten eine hinreichend zuverlässige Grundlage für eine am Kindeswohl orientierte Entscheidung, dann besteht entsprechend dem Rechtsgedanken des § 300 Abs. 1 ZPO eine **Pflicht zur Entscheidung** oder es muss nach einer Abwägung zwischen dem voraussichtlichem Erkenntnisgewinn und den Nachteilen der Verfahrensverzögerung (s. Rn. 33) weitere Ermittlungen einleiten. Anderenfalls könnte das Gericht sich dem Vorwurf der Untätigkeit oder Befangenheit (s. Rn. 69, 72) ausgesetzt sehen, denn durch ein Zuwarten ohne Verfahrensförderung wird zugleich die Überprüfung der Entscheidung in der nächsten Instanz verhindert und der Regelungsgehalt von § 1696 BGB und § 166 in nicht gebotener Weise eingeschränkt.

30 Der Verfahrensgegenstand, das Alter des betroffenen Kindes, die bisherige Verfahrensdauer, das Ausmaß der Gefahr einer faktischen Praejudizierung (s. Rn. 3) sowie der Umfang von Unsicherheiten und Belastungen für die Verfahrensbeteiligten (s. Rn. 4) beeinflussen die vom Beschleunigungsgebot im **konkreten Einzelfall** ausgehenden Anforderungen an die (weitere) Verfahrensgestaltung. Es erlangt mit Blick auf die **Besonderheiten des kindlichen Zeitempfindens** (s. Rn. 2) umso größeres Gewicht, je jünger das vom Verfahren betroffene Kind ist. Insbesondere bei Kindern im Vorschulalter und grundsätzlich bei traumatisierten Kindern besteht die Gefahr der faktischen Praejudizierung in besonders hohem Maße, was auch Konsequenzen für die Gestaltung des Verfahrens in zeitlicher Hinsicht haben muss. Hingegen sind etwa Verfahren, in denen lediglich die nähere Ausgestaltung des Umgangs im Streit steht, nicht in derselben Weise beschleunigungsbedürftig, wie die Verfahren, in denen darüber zu befinden ist, ob überhaupt Umgang gewährt wird.

31 **2. Verfahrensbeschleunigung und Kindeswohl.** Die Beschleunigung des Verfahrens entspricht im Zweifel dem Kindeswohl (s. Rn. 26). Das Wohl des Kindes begrenzt jedoch zugleich das Beschleunigungsgebot (s. Rn. 33 f.).[45]

32 **a) Ausschließlich kindeswohldienliche Verfahrensbeschleunigungsfaktoren.** Die vom Grundsatz der Verfahrensbeschleunigung gebotene Verfahrensgestaltung dient häufig **uneingeschränkt** dem Kindeswohl. Dies gilt vor allem, wenn ausschließlich Verfahrensverzögerungen vermieden werden, ohne dass das Wohl des Kindes hierdurch nachteilig beeinflusst wird. Es bestehen daher weder unter dem Gesichtspunkt des Kindeswohls noch aus rechtsstaatlichen Erwägungen Bedenken gegen die zeitnahe Anberaumung von Terminen und deren Verlegung nur aus zwingendem Grund, kurze Stellungnahmefristen, eine unmittelbare (ggf. telefonische) Kommunikation mit den Verfahrensbeteiligten, die aktenkundig zu machen ist,[46] eine parallele Verfahrensförderung (bspw. Gewährung rechtlichen Gehörs und Terminierung), straffe Wiedervorlagefristen und das Vermeiden sog. „Schiebeverfügungen", insbesondere von Sachstandsanfragen ohne Fristsetzung und (paralleler) verfahrensfördernder Maßnahme.

33 **b) Abwägungsabhängige Verfahrensbeschleunigungsfaktoren.** Nicht nur rechtsstaatlichen Verfahrensgarantien, wie der Grundsatz der Gewährung rechtlichen Gehörs, und die einfachgesetzlichen Anforderungen an das Verfahren in Kindschaftssachen (vgl. nur §§ 158 bis 162) beeinflussen die Dauer des Verfahrens. Das Gericht muss auch eine möglichst zuverlässige Grundlage für eine am Kindeswohl orientierte Entscheidung haben (s. Rn. 26). Daher bedarf es vor der Entscheidung über die Einleitung weiterer Ermittlungsschritte im Rahmen des **Amtsermittlungsgrundsatzes** (§ 26), etwa vor der Einholung eines Sachverständigengutachtens oder einer ergänzenden Stellungnahme des Jugendamtes, einer Abwägung zwischen den Vorteilen des zu erwartenden zusätzlichen Erkenntnisgewinns einerseits und den Nachteilen, die – auch für das Kind – mit der einhergehenden Verzögerung des Verfahrens verbunden sind andererseits (s. Rn. 39).[47] Auch dem Jugendamt kann vor diesem Hintergrund eine Frist zu setzen sein. Nach deren fruchtlosen Ablauf das Gericht jedenfalls entscheiden, ohne die Anhörungspflicht (vgl. § 162 Abs. 1 S. 1) zu verletzen.[48]

34 Das Beschleunigungsgebot kann auch in Konflikt geraten mit dem Bemühen um eine **konsensuale Streitbeilegung,** soweit die in Abs. 1 genannten Verfahren nicht – wie das (Amts-)Verfahren wegen Gefährdung des Kindeswohls – einer solchen unzugänglich sind. Ein wichtiger Grund für eine **Aussetzung des Verfahrens** im Sinne von § 21 kann bei einer im Raume stehenden einvernehmlichen Lösung, insbesondere bei Wahrnehmung einer **Mediation** im Einzelfall gegeben sein (vgl. aber § 38 Abs. 1 S. 2 IntFamRVG). Das Gericht ist aber auch insoweit verpflichtet, die Nachteile der

---

[45] BT-Drucks. 16/6308, S. 236.
[46] *Müller-Magdeburg* ZKJ 2009, 184, 185.
[47] Vgl. *Staudinger/Coester* § 1666 BGB Rn. 221.
[48] Vgl. *Wiesner-Mörsberger* Vor § 50 FGG Rn. 56.

mit einer Aussetzung verbundenen Verfahrensverzögerung möglichst gering zu halten. Dies kann vor allem über eine **Befristung** der Aussetzung, die den Besonderheiten des kindlichen Zeitempfindens Rechnung zu tragen hat, sowie gegebenenfalls durch eine **einstweilige Regelung** für die Dauer der Aussetzung erfolgen. Die Inanspruchnahme einer außergerichtlichen **Beratung,** insbesondere die Anordnung zur Teilnahme an einer Beratung (§ 156 Abs. 1 S. 4), darf hingegen nicht zu einer Verzögerung des Verfahrens führen.[49]

3. Folgerungen. Das Beschleunigungsgebot **durchdringt** in seinem Anwendungsbereich (s. Rn. 12) das gesamte Verfahren in Kindschaftssachen sowohl vor dem Familiengericht als auch im Beschwerdeverfahren vor dem Oberlandesgericht. Es beeinflusst sowohl die Gesamtverfahrensdauer als auch die Verfahrensführung im Einzelnen.[50]   35

a) Erstinstanzliches Verfahren. Nach Verfahrensbeginn ist die Frage der (örtlichen) **Zuständigkeit** unmittelbar zu klären. Zeitaufwändige Zuständigkeitskonflikte sind möglichst zu vermeiden. Sind sie unausweichlich, drängt das Beschleunigungsgebot zu einer zeitnahen Beantwortung der Zuständigkeitsfrage.   36

Den Verfahrensbeteiligten ist unverzüglich Gelegenheit zur **Stellungnahme** zu geben und zugleich nach Abs. 2 S. 2 der frühe Termin anzuberaumen. In diesem Anfangsstadium des Verfahrens ist in der Regel der **Verfahrensbeistand** zu bestellen (vgl. § 158 Abs. 2 Nr. 2 bis 5), da dies „so früh wie möglich" (§ 158 Abs. 3 S. 1) und damit zu einem Zeitpunkt geschehen soll, welcher eine hinreichende Einflussnahmemöglichkeit auf die Gestaltung und den Ausgang des Verfahrens gewährleistet.[51] Umfangreicher Ermittlungen zur Notwendigkeit der Bestellung eines Verfahrensbeistandes bedarf es in der Regel nicht.[52] Das Beschleunigungsgebot steht der Bestellung eines Verfahrensbeistandes jedenfalls nicht entgegen. Anfängliche Bedenken, eine Interessenvertretung des Kindes würde das Verfahren in Kindschaftssachen verzögern, haben sich nicht als tragfähig erwiesen.[53]   37

Bei der Anberaumung der Termine zur **persönlichen Anhörung** von Kind und Eltern (vgl. §§ 159, 160) führt das Beschleunigungsgebot dazu, dass diese unverzüglich anzusetzen sind, wenn sie nicht ohnehin mit dem frühen Termin verbunden werden (s. Rn. 47). Ihre **Verlegung** kommt entsprechend Abs. 2 S. 3 abweichend von § 32 Abs. 1 S. 2 nur aus zwingenden Gründen in Betracht. Gegebenenfalls sind Verfahrensbeteiligte auf die Kostenfolge des § 81 Abs. 2 Nr. 4 hinzuweisen (s. Rn. 7).   38

Der **Amtsermittlungsgrundsatz** (§ 26) wird vom Beschleunigungsgrundsatz geprägt (s. Rn. 33). Hat das Gericht eine zuverlässige Grundlage für eine am Kindeswohl orientierte Entscheidung bedarf es keiner weiteren Ermittlungen, insbesondere – auch nicht in Verfahren wegen Gefährdung des Kindeswohls – keiner Einholung eines **Sachverständigengutachtens,**[54] welches regelmäßig zu einer erheblichen Verfahrensverzögerung führt.[55] Ist die Einholung eines solchen gleichwohl geboten, so ist dem Sachverständigen zugleich eine Frist zu setzen, binnen derer er das Gutachten einzureichen hat (§ 163 Abs. 1). Reicht der Sachverständige das Gutachten nicht innerhalb der gesetzten Frist ein, so kann gegebenenfalls gegen ihn ein Ordnungsgeld angedroht bzw. festgesetzt werden (§ 30 Abs. 1 iVm. § 411 Abs. 2 ZPO).[56] Besteht eine zuverlässige Entscheidungsgrundlage ist der Beschluss – auch unter Berücksichtigung des Vorranggebots (s. Rn. 23) – unverzüglich abzusetzen und den Beteiligten nach § 41 bekannt zu geben.   39

Die Voraussetzungen für den Erlass einer **einstweiligen Anordnung** sind sorgfältig zu prüfen.[57] Zugleich sollte das Gericht deren Befristung erwägen.[58] Denn die einstweilige Anordnung kann unbeschadet von § 56 zu einem früheren Zeitpunkt außer Kraft treten, wenn das Gericht dies bestimmt. Die Notwendigkeit einer Befristung der einstweiligen Anordnung kann sich im Einzelfall sowohl aus dem Grundsatz der Verhältnismäßigkeit als auch aus der verfahrensbeschleunigenden Wirkung einer solchen Maßnahme ergeben.   40

b) Beschwerdeverfahren. Das Beschleunigungsgebot findet wie das Vorranggebot auch im Beschwerdeverfahren Anwendung. Obwohl dem Familiengericht in Familiensachen und damit auch in Kindschaftssachen (§ 111 Nr. 2) eine Abhilfemöglichkeit gegen Endentscheidungen nicht eröffnet ist   41

---

[49] Vgl. BR-Drucks. 309/07, S. 526.
[50] Vgl. BVerfG FamRZ 2008, 2258, 2259.
[51] BVerfG, Beschl. v. 26. 8. 1999 – 1 BvR 1403/99 (juris).
[52] Hierzu *Menne* ZKJ 2009, 68, 69 f. m. weit. Nachw.
[53] Vgl. *Hannemann/Stötzel* ZKJ 2009, 58, 63; *Heilmann* S. 264 ff.
[54] BVerfG FamRZ 2008, 492, 493; BVerfGE 55, 171, 182 = FamRZ 1981, 124.
[55] Vgl. *Heilmann,* Kindliches Zeitempfinden und Verfahrensrecht, S. 226 ff.; BT-Drucks. 16/6308, S. 241.
[56] BT-Drucks. 16/6308, S. 242.
[57] BVerfG FamRZ 2009, 189 ff.
[58] Entschließung des AK 9 des 15. DFGT, S. 148; siehe auch *Heilmann* S. 317.

§ 155 42–48   Buch 2. Abschnitt 3. Verfahren in Kindschaftssachen

(§ 68 Abs. 1 S. 2), ist die **Beschwerde** binnen eines Monats (§ 63 Abs. 1) bei diesem einzulegen (§ 64 Abs. 1).[59] Das Beschleunigungsgebot verlangt vor diesem Hintergrund nach einer unverzüglichen **Aktenübermittlung** an das Beschwerdegericht. Auch kann die Vorabübermittlung wesentlicher Aktenteile per Fax durch das Familiengericht zu veranlassen sein.[60]

42 Die Beschwerde soll **begründet** werden (§ 65 Abs. 1). Im Anwendungsbereich der Norm (s. Rn. 12 ff.) muss dies innerhalb der Beschwerdefrist geschehen. Die nachträgliche Einräumung einer Frist zur Begründung der Beschwerde kommt in der Regel nicht in Betracht.[61] Das dem Beschwerdegericht in § 65 Abs. 2 insoweit eingeräumte Ermessen wird sich mit Blick auf das Beschleunigungsgebot in den meisten Fällen auf Null reduzieren. Ist das erstinstanzliche Verfahren nicht zu beanstanden und sind keine (weiteren) Ermittlungen von Amts wegen geboten, kann auch unabhängig vom Vorliegen einer Beschwerdebegründung die Zurückweisung der Beschwerde erfolgen (s. Rn. 44).

43 Das **weitere Beschwerdeverfahren** wird mit Blick auf § 68 Abs. 3 S. 1 ebenso vom Beschleunigungsgebot geprägt wie das erstinstanzliche Verfahren (s. Rn. 35 ff.) mit der Maßgabe, dass die bisherige Dauer des erstinstanzlichen Verfahrens und die dort gewonnen Erkenntnisse nach einer besonders sorgfältigen Prüfung verlangen, ob bereits eine **zuverlässige Grundlage** für eine am Kindeswohl orientierte Entscheidung vorhanden ist oder ob es trotz der mit einer Verzögerung des Verfahrens verbundenen Nachteile (vgl. Rn. 2 ff.) zusätzlicher Ermittlungen bedarf. Zum **frühen Termin** im Beschwerdeverfahren siehe Rn. 48, 67.

44 Auch für das Beschwerdegericht besteht eine **Pflicht zur Entscheidung** bei Entscheidungsreife (s. Rn. 29) Eine **Zurückverweisung** kommt ohnehin nur ausnahmsweise in Betracht (vgl. § 69 Abs. 1 Sätze 2 bis 4). Alleine ein Verstoß gegen den Pflichtgehalt der Norm vermag dem Rechtsmittel gegen die Endentscheidung nicht zum Erfolg zu verhelfen (s. Rn. 27, 68).

VII. Der frühe Termin

45 **1. Allgemeines.** Das Familiengericht **erörtert** die Sache mit den Beteiligten in einem frühen Termin. Dieser Termin muss in den genannten Verfahren erstinstanzlich durchgeführt werden. Das Familiengericht hat insoweit kein Ermessen. Lediglich im Hinblick auf den **Zeitpunkt** steht dem Familiengericht ein eingeschränktes Ermessen zu, welches es pflichtgemäß auszuüben hat (s. Rn. 50).

46 **Ziel** des frühen Termins ist es – auch wegen des Anspruchs des Kindes auf Schutz vor überflüssigen Schädigungen – eine (weitere) Eskalation des Konflikts zu vermeiden, eine **einvernehmliche Konfliktlösung** zu fördern,[62] den Sachverhalt frühzeitig aufzuklären[63] und in einem frühen Stadium des Verfahrens rechtliches Gehör zu gewähren. Darüber hinaus dient der Termin selbst – ebenso wie die Einführung der Monatsfrist – zugleich der **Verfahrensbeschleunigung**.

47 **Abzugrenzen** ist der frühe Termin von der **Erörterung der Kindeswohlgefährdung** nach § 157 einerseits und den **persönlichen Anhörungen** des Kindes und der Eltern nach §§ 159, 160 andererseits. Zum einen geht der Anwendungsbereich der Norm über denjenigen des § 157 hinaus, denn letztere ist nur bei Verfahren wegen Gefährdung des Kindeswohls anzuwenden. Zum anderen liegen Form, Zeitpunkt und nähere Ausgestaltung der Anhörungen im pflichtgemäßen Ermessen des Gerichts. Der frühe Termin kann aber mit dem Termin nach § 157 verbunden werden.[64] Auch können die Anhörungen des Kindes und der Eltern gelegentlich des frühen Termins erfolgen.

48 Obwohl das Beschleunigungsgebot sich sowohl an das Amtsgericht als auch an das Oberlandesgericht wendet (s. Rn. 41), besteht eine Pflicht zur Durchführung des frühen Termins im **Beschwerdeverfahren** dann nicht, wenn das Beschwerdegericht die Durchführung des Termins nicht für notwendig erachtet, weil dieser erstinstanzlich durchgeführt worden ist und von einer erneuten Durchführung keine zusätzliches Erkenntnisse zu erwarten sind (vgl. § 68 Abs. 3 S. 2; näher hierzu § 68 Rn. 5). Mit Blick auf das Beschleunigungsgebot des Absatzes 1 hat das Oberlandesgericht dies unmittelbar nach Eingang der Verfahrensakten, die mit der Beschwerdeschrift vorliegen werden (vgl. § 64 Abs. 1), zu prüfen (zur Monatsfrist im Beschwerdeverfahren s. Rn. 67). Das Vorrang- und Beschleunigungsgebot aus Abs. 1, welches nach einer zügigen Terminsanberaumung hinsichtlich etwaiger für erforderlich erachteter Anhörungen verlangt, bleibt hiervon unberührt.

---

[59] Hierzu *Maurer* FamRZ 2009, 465, 475.
[60] BVerfG FamRZ 2009, 1627, 1629.
[61] AA *Götz* FF-FamFG special 2009, 20, 21.
[62] BT-Drucks. 16/6308, S. 236.
[63] BT-Drucks. 16/6308, S. 236.
[64] BT-Drucks. 16/6308, S. 237.

Im Rahmen des Verfahrens auf Erlass einer **einstweiligen Anordnung** im Sinne der §§ 49 ff. 49
findet Abs. 2 keine Anwendung. Die Besonderheiten des einstweiligen Rechtsschutzes (vgl. § 51
Abs. 1 S. 1 Halbs. 2) verlangen hier nach der Möglichkeit einer Entscheidung ohne frühen Termin.
Zumal auch von einer mündlichen Verhandlung abgesehen werden kann (§ 51 Abs. 2 S. 2).

2. Zeitpunkt. Sah § 52 Abs. 1 S. 2 FGG aF eine Erörterung noch „so früh wie möglich …" vor, 50
nutzt der Gesetzgeber nunmehr die verfahrensbeschleunigende Wirkung einer **Zeitvorgabe** für die
Anberaumung des frühen Termins. Die Monatsfrist des Absatzes 2 S. 2 ist nicht zwingend (**„soll"**),
so dass ein eingeschränkter Ermessensspielraum besteht. Der Termin hat in der Regel spätestens
innerhalb eines Monats nach Verfahrensbeginn stattzufinden (s. Rn. 51, 53). Dies schließt die
Anberaumung eines früheren Termins nicht aus („spätestens"). Unter Berücksichtigung der **Besonderheiten des kindlichen Zeitempfindens** (s. Rn. 2) kann vielmehr bei Kleinkindern unter drei
Jahren abhängig vom Verfahrensgegenstand auch die Anberaumung eines Termins in kürzerer Frist
geboten sein.

Fristbeginn für die Berechnung der Monatsfrist des Absatzes 2 S. 2 ist der Zeitpunkt der erst- 51
instanzlichen Anhängigkeit der Kindschaftssache (s. § 153 Rn. 6). Dies gilt entsprechend der bisherigen Regelung des § 620a Abs. 2 ZPO aF mit der Einreichung des Antrages oder dem Eingang der
Anregung auch dann, wenn lediglich die Bewilligung von Verfahrenskostenhilfe für ein bestimmtes
Verfahren beantragt wird, denn das Beschleunigungsgrundsatz gebietet es, Fragen der Bedürftigkeit
gegebenenfalls im Termin zu klären.[65] Überdies sieht § 14 FamGKG keine Vorschusspflicht vor, so
dass der Antrag gleich unbedingt gestellt werden kann.

Zwischen der **Ladung** und dem Termin soll gemäß § 32 Abs. 2 eine **angemessene Frist** liegen. 52
Die Ladungsfrist des § 217 ZPO von einer Woche bzw. drei Tagen gilt nicht, da § 32 Abs. 1 S. 2
nicht auf § 217 ZPO verweist.

Die Anberaumung eines Termins für einen Zeitpunkt **nach Ablauf der Monatsfrist** kommt in 53
der Regel nicht in Betracht.[66] Bei längerfristigen Terminsvorläufen hat das Gericht **Termine vorzuhalten** oder mit Blick auf das Vorranggebot (s. Rn. 23) einen anderen **Termin aufzuheben**,
damit es den gesetzlichen Vorgaben genügen kann. Eine mit einer Fristüberschreitung verbundene
Ausnahme kann im Einzelfall vorliegen, was konkret zu prüfen ist. In diesem Sinne kann eine spätere
Terminsanberaumung ausnahmsweise gerechtfertigt sein, wenn die Terminslage des Gerichts eine
Einhaltung der Monatsfrist nicht zulässt und zugleich ein bestehender Umgang nur geringfügig
erweitert werden soll oder wenn die öffentliche Zustellung der Antragsschrift geboten ist. Gleiches
gilt, wenn innerhalb des letzten Monats eine mündliche Verhandlung in einstweiligen Anordnungsverfahren stattgefunden hat (s. § 51 Abs. 3 S. 2).[67] Ebenso rechtfertigt der **krankheitsbedingte
Ausfall** des zuständigen Richters im Einzelfall eine kurzfristige Überschreitung der Monatsfrist (s.
auch Rn. 56).

3. Terminsverlegung. Abs. 2 S. 4 und 5 enthalten eine gegenüber den Vorschriften des Allge- 54
meinen Teils (vgl. § 32 Abs. 1 S. 2) abweichende Regelung zur Zulässigkeit einer Verlegung des
bereits anberaumten Termins.

a) Zwingende Gründe. Im Gegensatz zu § 32 Abs. 1 S. 2 in Verbindung mit § 227 Abs. 1 ZPO 55
reichen erhebliche Gründe für eine Terminsverlegung nicht aus. Erforderlich sind vielmehr zwingende Gründe. Dies sind nur solche, die eine Teilnahme am Termin **tatsächlich unmöglich** machen,
wie zB eine die Terminsteilnahme ausschließende Erkrankung.[68] Kein zwingender Grund im Sinne
von Abs. 2 S. 4 ist grundsätzlich eine **Terminkollision** für einen Beteiligten oder Beteiligtenvertreter. Ein parallel anberaumter Gerichtstermin in einem anderen Verfahren rechtfertigt eine Terminsverlegung daher nur, wenn es sich ebenfalls um eine vorrangige Kindschaftssache handelt.
Anderenfalls muss die **Verlegung des Paralleltermins** beantragt werden, dem das andere Gericht
mit Blick auf das Vorranggebot des Abs. 1 in der Regel stattzugeben hat.[69] Im Übrigen hat das
Gericht – auch bei Zustimmung der Verfahrensbeteiligten zur Terminsverlegung – im Einzelfall nach
pflichtgemäßem Ermessen zu prüfen, ob der vorgebrachte Terminsverlegungsgrund auch unter
Berücksichtigung der Interessen des Kindes an einer Beschleunigung des Verfahrens (s. Rn. 3, 4) die
hohe Schwelle für eine Terminsverlegung ausnahmsweise erreicht.

Dies gilt auch in den Fällen, in denen sich der Terminsverlegungsgrund aus der **Sphäre des** 56
Gerichts ergibt. Die kurzfristige Erkrankung des zuständigen Richters kann eine Terminsverlegung

---

[65] BT-Drucks. 16/6308, S. 236.
[66] BT-Drucks. 16/6308, S. 236
[67] BT-Drucks. 16/6308, S. 236.
[68] Vgl. BT-Drucks. 16/6308, S. 236.
[69] BT-Drucks. 16/6308, S. 236.

§ 155   57–62   Buch 2. Abschnitt 3. Verfahren in Kindschaftssachen

– nicht jedoch eine Aufhebung ohne Anberaumung eines zeitnahen neuen Termins – rechtfertigen. Ist eine längerfristige Erkrankung des zuständigen Richters bereits absehbar, ist auch mit Blick auf Abs. 1 eine Verlegung des Termins nur zulässig, wenn dem geschäftsplanmäßigen Vertreter die Terminswahrnehmung wegen anderer entgegenstehender Termine in vorrangigen Kindschaftssachen nicht möglich ist. Anderenfalls besteht kein zwingender Grund iSv. Abs. 2 S. 4. Soweit erforderlich sind entgegenstehende Termine in nicht vorrangigen familiengerichtlichen Verfahren zu verlegen, um in diesem Fall die Durchführung des frühen Termins zu ermöglichen.

57   **b) Glaubhaftmachung des Verlegungsgrundes.** Stets muss eine Glaubhaftmachung (§ 31 Abs. 1) des Verlegungsgrundes erfolgen. Glaubhaft zu machen ist die **zwingende Erforderlichkeit** der Terminverlegung. Zur Glaubhaftmachung geeignet ist insbesondere die **eidesstattliche Versicherung** oder ein **ärztliches Attest.** Letzteres muss über die bloße Attestierung einer Arbeitsunfähigkeit hinausgehen, da sich hieraus noch nicht zwingend die Unfähigkeit zur Teilnahme an einem Gerichtstermin ergibt.

58   Die Glaubhaftmachung hat **gleichzeitig** mit der Einreichung des Verlegungsgesuchs zu erfolgen, um dem Gericht bereits bei Eingang des Gesuchs eine Überprüfung der Voraussetzungen für eine Terminsverlegung zu ermöglichen.[70] Erfolgt die Glaubhaftmachung **nicht gleichzeitig,** sind vor der Entscheidung über das Terminsverlegungsgesuch eingehende Glaubhaftmachungen gleichwohl zu berücksichtigen. Im Übrigen kann das Gesuch alleine wegen der fehlenden Glaubhaftmachung zurückgewiesen werden.

59   **4. Inhalt.** Inhalt des frühen Termins ist die **Erörterung der Sache** mit den Beteiligten (s. Rn. 62 f.) und die Anhörung des Jugendamtes. Die Erörterung bezieht sich dabei auf die Sach- und Rechtslage. Die Beteiligten haben daher im Termin unbeschadet der Anhörungsvorschriften der §§ 159, 160, 161 Abs. 2 die Gelegenheit, dem Gericht die verfahrensrelevanten Tatsachen sowie ihre Rechtsansichten und Verfahrensziele mündlich darzulegen.

60   Zudem hört das Gericht das **Jugendamt** an (Abs. 2 S. 2), weshalb ein Vertreter der Behörde zum Erscheinen im Termin **verpflichtet** ist (s. Rn. 65). Diese Anhörung entspricht derjenigen im Sinne von § 162 Abs. 1 S. 2, weshalb dem nicht mit Blick auf § 162 Abs. 2 förmlich beteiligten Jugendamt eine Frist zur nochmaligen Stellungnahme nur nach vorheriger Abwägung von zu erwartendem Erkenntnisgewinn und Nachteilen der Verfahrensverzögerung (s. Rn. 33) zu eröffnen ist. Ruft das Jugendamt das Familiengericht auf Grund seines Schutzauftrages bei Kindeswohlgefährdung an (§ 8a Abs. 3 SGB VIII) ist die Vorlage eines umfassenden schriftlichen Berichts unumgänglich. In den anderen Kindschaftssachen iSv. Abs. 1 bedarf es in der Regel keines (vorherigen) **schriftlichen Berichts** des Jugendamtes.[71] Damit wird ein wesentlicher Grund für die Verzögerung des Verfahrens in Kindschaftssachen beseitigt.[72] Der Vertreter des Jugendamtes kann unmittelbar im Termin aus sozialpädagogischer Sicht – auch ohne vorherige (gesonderte) eigenständige Einbestellung der Beteiligten – über

– etwaige bereits angebotene und erbrachte **Leistungen** berichten, erzieherische und soziale Gesichtspunkte einbringen, auf mögliche Hilfen hinweisen (vgl. § 50 Abs. 2 S. 1 SGB VIII) und
– über den etwaigen **Stand des Beratungsprozesses** informieren (vgl. § 50 Abs. 2 S. 2 SGB VIII).

61   Er kann und soll sich damit auf Grund seines im Termin gewonnenen Eindrucks zum aktuellen Sachstand noch im Termin **fachlich äußern.** Nur so wird gewährleistet, dass dem Gericht (zeitnah) die Fachkunde zugänglich gemacht wird, die es gegebenenfalls (auch) für den Erlass einer einstweiligen Anordnung (s. Rn. 62) benötigt.

62   Bezogen auf den Verfahrensgegenstand hat das Gericht mit den Beteiligten die Möglichkeiten einer **einvernehmlichen Konfliktlösung** sowie mögliche **Hilfs- und Beratungsangebote** nach dem SGB VIII (vgl. bspw. § 28 SGB VIII) zu erörtern und in geeigneten Fällen auf die Möglichkeit der Mediation oder der sonstigen außergerichtlichen Streitbeilegung hinzuweisen (vgl. auch § 156 Abs. 1 S. 3 und 4), zur Deeskalation des Konflikts beizutragen, den Sachverhalt – soweit möglich – weiter aufzuklären und seine (derzeitige) rechtliche Sichtweise offenzulegen. Darüber hinaus sollte das Gericht den Beteiligten den (voraussichtlichen) **weiteren Verfahrensablauf** darlegen, was sich insbesondere (soweit bereits absehbar) auf die vom Gericht für notwendig erachteten weiteren Verfahrensschritte, auch in zeitlicher Hinsicht, bezieht.[73] Hierzu gehören etwaige

---

[70] BT-Drucks. 16/6308, S. 236.
[71] So auch *Müller-Magdeburg* ZKJ 2009, 184, 185; krit. *Keidel/Engelhardt* § 155 Rn. 9; *Götz* FF-FamFG special 2009, 20, 21.
[72] Vgl. *Heilmann* S. 132, 222 ff.
[73] Entschließung des AK 9 des 15. DFGT, S. 149; *Rixe* FamRZ 2009, 1037, 1038; *Müller-Magdeburg* ZKJ 2009, 185, 187.

Terminabsprachen sowie die Frage, ob, wann und in welcher Ausgestaltung eine Anhörung des Kindes nach § 159 erfolgen wird und ob die Einholung eines Sachverständigengutachtens (derzeit) beabsichtigt ist bzw. wer als Sachverständiger in Betracht kommt. Darüber hinaus ist gegebenenfalls die Frage des Erlasses einer **einstweiligen Anordnung** mit den Beteiligten zu erörtern, wenn eine einvernehmliche Lösung nicht erreicht wird oder wenn in Verfahren, die das Umgangsrecht betreffen, die Teilnahme an einer Beratung oder eine schriftliche Begutachtung angeordnet wird (vgl. § 156 Abs. 3 S. 2).

Verbindet das Gericht in **Verfahren wegen Gefährdung des Kindeswohls** den Termin mit dem Erörterungstermin im Sinne von § 157 hat es mit den Beteiligten zu erörtern, wie einer möglichen Gefährdung des Kindeswohls, insbesondere durch öffentliche Hilfen, begegnet werden kann und welche Folgen die Nichtannahme notwendiger Hilfen haben kann. **Anträge nach dem SGB VIII** können im Termin (formlos) oder zu Protokoll des Gerichts gestellt werden, müssen dann aber der zuständigen Stelle noch übermittelt werden. Schließlich kann das Gericht die Beteiligten im Termin **persönlich anhören.** Eine Anhörung des Kindes soll im Termin in der Regel nicht erfolgen.[74] Sie kann jedoch unmittelbar vor oder nach dem Termin durchgeführt werden.

5. Die Anordnung des persönlichen Erscheinens. Das Gericht hat die Problematik mit den Beteiligten **gemeinsam zu erörtern.** Auch mit Blick auf § 156 kann der Termin nur dann zu sinnvollen Lösungen führen, wenn die Beteiligten im Termin anwesend sind.[75] Das Gericht soll daher nach **pflichtgemäßem Ermessen** das persönliche Erscheinen anordnen. Es kann in Ausnahmefällen hiervon absehen, wenn zB wegen erkennbarer Gewalt in der Familie, eine **getrennte Erörterung** (vgl. § 157 Abs. 2 S. 2) durchgeführt wird.[76] Gründe, die nicht geeignet sind, eine Terminsverlegung zu rechtfertigen, weil sie nicht zwingend sind (s. Rn. 55), vermögen auch ein Absehen von der Anordnung des persönlichen Erscheinens nicht zu rechtfertigen.

Die Anordnung des persönlichen Erscheinens trifft die **verfahrensfähigen Beteiligten.** Der Beteiligtenbegriff entspricht dem des § 7. Es ist daher grundsätzlich das persönliche Erscheinen beider **Elternteile,** auch des nichtsorgeberechtigten Vaters, und des **Verfahrensbeistandes** (vgl. § 158 Abs. 3 S. 2), der Beteiligter aus eigenem Recht ist,[77] sowie gegebenenfalls der Pflegeperson (vgl. § 161) anzuordnen. Der **Vertreter des Jugendamtes** ist zwar zu laden und ist zum Erscheinen verpflichtet, weshalb organisatorische Vorkehrungen zu treffen sind, dass ein Sachbearbeiter teilnehmen kann.[78] Sein persönliches Erscheinen ist jedoch nicht anzuordnen, da die Institution und nicht der einzelne Mitarbeiter zur Teilnahme am Termin verpflichtet ist (s. Rn. 60). Die Beschränkung auf die verfahrensfähigen Beteiligten führt insbesondere dazu, dass eine Pflicht zur Anordnung des persönlichen Erscheinens hinsichtlich des nach Maßgabe von § 9 Abs. 1 Nr. 3 nicht verfahrensfähigen Kindes[79] nicht besteht. Eine gleichzeitige Teilnahme des Kindes ist aus Gründen des Kindeswohls häufig nicht angezeigt.[80] Dies schließt freilich eine Verbindung des Termins mit der Kindesanhörung nach § 159 bzw. eine nach pflichtgemäßem Ermessen angeordnete Teilnahme des verfahrensfähigen Kindes (s. auch § 157 Abs. 1 S. 1) nicht generell aus (s. Rn. 47, 63).

Bei einem **Fernbleiben** vom Termin trotz Anordnung des persönlichen Erscheinens gilt § 33 Abs. 3, so dass durch Beschluss ein **Ordnungsgeld** verhängt werden kann. Näher hierzu § 33 Rn. 11 ff.

6. Monatsfrist im Beschwerdeverfahren? Kommt das Oberlandesgericht zu dem Ergebnis, dass der frühe Termin im Beschwerdeverfahren (nochmals) durchzuführen ist (s. Rn. 48), hat es diesen unverzüglich anzuberaumen. Die Monatsfrist des Absatzes 2 S. 2 findet im Beschwerdeverfahren **keine unmittelbare Anwendung.** Deren Einhaltung ist ausgeschlossen, da das Verfahren längst begonnen hat. Die Frist kann im Übrigen auch nicht mit Einleitung des Beschwerdeverfahrens beginnen, da die Beschwerde beim Amtsgericht einzulegen ist (vgl. § 64 Abs. 1) und das Oberlandesgericht als Beschwerdegericht vom Beginn des Beschwerdeverfahrens (zunächst) keine Kenntnis hat. Vor diesem Hintergrund kann eine mit Eingang der Beschwerdeakten beim Oberlandesgericht beginnende Frist von einem Monat allenfalls eine **Orientierung** für eine dem Beschleunigungsgebot des Absatzes 1 entsprechende Terminsanberaumung bieten.

---

[74] BT-Drucks. 16/6308, S. 236, 240.
[75] BT-Drucks. 16/6308, S. 236.
[76] BT-Drucks. 16/6308, S. 236.
[77] Schael FamRZ 2009, 265, 268.
[78] BT-Drucks. 16/6308, S. 236.
[79] Vgl. *Heiter* FamRZ 2009, 85 ff.
[80] BT-Drucks. 16/6308, S. 236.

VIII. Verstöße

68 **1. Kein effektives Rechtsschutzsystem.** Das deutsche Verfahrensrecht stellt **keinen wirksamen Rechtsschutz** gegen überlange Verfahren zur Verfügung.[81] Der Beurteilung des Rechtsmittelgerichts unterliegen zwar auch die nicht selbständig anfechtbaren Entscheidungen, die der Endentscheidung vorausgegangen sind (§ 58 Abs. 2). Alleine eine fehlerhafte Anwendung der Norm führt aber nicht zum Erfolg des Rechtsmittels gegen die Endentscheidung, da Maßstab für das Beschwerdegericht alleine das Kindeswohl ist (s. Rn. 27, 44). Die übrigen verfahrensrechtlichen Möglichkeiten (s. Rn. 69, 72, 74) sind beschränkt und bei Inanspruchnahme ihrerseits geeignet, das Verfahren zu verzögern. Es verwundert daher, dass der Regierungsentwurf eines Untätigkeitsbeschwerdegesetzes nicht weiter verfolgt wird.[82] Gleichwohl müssen Verstöße gegen das Vorrang- und Beschleunigungsgebot (Abs. 1) bzw. gegen die Pflicht zur Anberaumung des frühen Termins (Abs. 2) nicht hingenommen werden.

69 **2. Untätigkeitsbeschwerde.** So kann bei Verstößen gegen den Pflichtgehalt der Norm die Untätigkeitsbeschwerde zulässig und begründet sein.[83] Hinsichtlich ihrer **Statthaftigkeit** bestehen jedenfalls in Kindschaftssachen mit Blick auf die Rechtsprechung des Bundesverfassungsgerichts und das Gebot des effektiven Rechtsschutzes auch ohne ihre ausdrückliche Regelung keine Bedenken.[84] Unbeschadet dessen kann auch an eine entsprechende Anwendung von § 21 Abs. 2 gedacht werden. Eine „Untätigkeit" des Gerichts kann im Einzelfall vor allem dann zu bejahen sein, wenn eine (weitere) unzureichende Verfahrensförderung des Gerichts zu einem erheblichen Rechtsverlust (s. Rn. 3) führen würde.[85] Dies ist dann der Fall, wenn das Verfahren unter Außerachtlassung des Beschleunigungsgebotes nicht (mehr) effektiv gefördert wird, etwa weil das Gericht mit dem Verfahrensabschluss zuwartet (s. Rn. 29) oder seine Tätigkeit auf immer gleich lautende Sachstandsanfragen an den Sachverständigen oder das Jugendamt beschränkt.[86]

70 Bei **begründeter Untätigkeitsbeschwerde** ordnet das Beschwerdegericht an, dem Verfahren in angemessener und gegebenenfalls zu bestimmender Frist (beschleunigten) Fortgang zu geben.[87] Zugleich kann es in den Gründen darlegen, wann nach seiner Auffassung in zeitlicher Hinsicht künftig nicht von einer angemessenen Verfahrensförderung ausgegangen werden kann.[88]

71 Nach Ansicht des Bundesverfassungsgerichts kann dieses **ohne vorherige Durchführung** des Untätigkeitsbeschwerdeverfahrens angerufen werden, damit es das Gericht anweist, effektiven Rechtsschutz zu gewähren.[89]

72 **3. Ablehnung wegen Befangenheit.** Auch kann sich mit Blick auf § 6 iVm. §§ 41 ff. ZPO bei Verstößen gegen die Gebote dieser Norm ein **Befangenheitsgrund** ergeben. Vom Standpunkt eines objektiv und vernünftig denkenden Beteiligten können sachlich nicht zu rechtfertigende Verfahrensverzögerungen und die damit einhergehende Erhöhung der Gefahr einer faktischen Praejudizierung zu seinen Lasten (s. Rn. 3) im Einzelfall die Besorgnis der Befangenheit rechtfertigen.[90] Dies gilt unter anderem, wenn schlechterdings kein vernünftiger Grund mehr ersichtlich ist, der den Richter davon abhalten könnte, über einen Antrag auf Erlass einer einstweiligen Anordnung auf Gewährung eines Umgangsrechts in einer diesem angemessenen Zeit zu befinden, selbst wenn er der Auffassung ist, der Antrag sei abzulehnen.[91] Auch im Falle einer dem Vorrang- und Beschleunigungsgebot nicht entsprechenden Terminierung kann sich ein Befangenheitsgrund ergeben.[92]

---

[81] Vgl. EGHR FamRZ 2007, 1449.
[82] Vgl. BT-Drucks. 16/7555, S. 4; *Roller* DRiZ 2007, 82 ff.; *ders.* ZRP 2008, 122; *Steinbeiß-Winkelmann* NJW 2008, 1783; *dies.* ZRP 2007, 177; *Vogel* FPR 2009, 165, 166.
[83] Vgl. OLG Brandenburg FamRZ 2009, 906; OLG München FamRZ 2008, 704, 705; OLG Karlsruhe FamRZ 2008, 1360 u. 2004, 53; OLG Naumburg FamRZ 2007, 2090; OLG Frankfurt FamRZ 2007, 1030; OLG Brandenburg FamRZ 2007, 491; Kammergericht FamRZ 2007, 2091; OLG Bamberg FamRZ 2003, 1310; aA OLG Hamm FamRZ 2007, 1996.
[84] Vgl. nur BVerfG NJW 2001, S. 961; FamRZ 2004, 689; FamRZ 2005, 173; FamRZ 2005, 1233; FamRZ 2008, 2258ff; ebenso *Zöller/Heßler* § 567 ZPO Rn. 21; *Rixe* FamRZ 2009, 1037, 1039.
[85] Vgl. Vogel FPR 2009, 165.
[86] Vgl. BVerfG NJW 2001, 961; OLG Saarbrücken NJW-RR 1999, 1290.
[87] Vgl. nur *Zöller/Heßler* § 567 ZPO Rn. 21 a.
[88] Vgl. nur OLG Karlsruhe, FamRZ 2004, 53, 54; OLG Brandenburg FamRZ 2007, 491, 492.
[89] BVerfG NJW 2008, 503. Hierzu *Steinbeiß-Winkelmann* NJW 2008, 1783 ff.
[90] Vgl. nach altem Recht: Kammergericht FamRZ 2007, 1993; OLG Bamberg FamRZ 2001, 552; FamRZ 2000, 1287; BayObLG FamRZ 1998, 1240; OLG Karlsruhe FamRZ 1994, 46; OLG Oldenburg FamRZ 1992, 192; OLG Bamberg FamRZ 1998, 1443 mit krit. Anm. *Heilmann* FamRZ 1999, 445.
[91] Vgl. OLG Bamberg FamRZ 2001, 552.
[92] Vgl. OLG Hamm FamRZ 1999, 936 m. zust. Anm. *van Els* FamRZ 2000, 295.

4. Schadensersatz. Zudem können im Einzelfall auf **völkerrechtlicher**[93] und **zivilrechtlicher** 73
Grundlage[94] Schmerzensgeld- bzw. Schadensersatzansprüche entstehen.

5. Dienstaufsichtsbeschwerde. Schließlich kann im Ausnahmefall auch eine Dienstaufsichts- 74
beschwerde begründet sein, auf Grund welcher der Richter von der **zuständigen Dienstaufsicht**
zu „unverzögerter Erledigung der Amtsgeschäfte" angehalten werden kann (vgl. § 26 Abs. 2 DRiG).
Es handelt sich hier aber nicht um ein Mittel des Rechtsschutzes für den Einzelnen, sondern um eine
dienstinterne Kontrolle des richterlichen Handelns durch die Justizverwaltung, soweit dies mit Blick
auf die richterliche Unabhängigkeit im Sinne von Art. 97 GG statthaft ist.[95]

Die Dienstaufsichtsbeschwerde ist gegen Verfahrensverzögerungen nur insoweit zulässig, als der 75
Verstoß gegen das Vorrang- oder Beschleunigungsgebot nicht für den Einzelfall sachlich begründet
wird, sondern auf **allgemein ordnungswidrigem Geschäftsablauf** beruht.[96]

§ 156 Hinwirken auf Einvernehmen

(1) ¹Das Gericht soll in Kindschaftssachen, die die elterliche Sorge bei Trennung und Scheidung, den Aufenthalt des Kindes, das Umgangsrecht oder die Herausgabe des Kindes betreffen, in jeder Lage des Verfahrens auf ein Einvernehmen der Beteiligten hinwirken, wenn dies dem Kindeswohl nicht widerspricht. ²Es weist auf Möglichkeiten der Beratung durch die Beratungsstellen und -dienste der Träger der Kinder- und Jugendhilfe insbesondere zur Entwicklung eines einvernehmlichen Konzepts für die Wahrnehmung der elterlichen Sorge und der elterlichen Verantwortung hin. ³Das Gericht soll in geeigneten Fällen auf die Möglichkeit der Mediation oder der sonstigen außergerichtlichen Streitbeilegung hinweisen. ⁴Es kann anordnen, dass die Eltern an einer Beratung nach Satz 2 teilnehmen. ⁵Die Anordnung ist nicht selbständig anfechtbar und nicht mit Zwangsmitteln durchsetzbar.

(2) ¹Erzielen die Beteiligten Einvernehmen über den Umgang oder die Herausgabe des Kindes, ist die einvernehmliche Regelung als Vergleich aufzunehmen, wenn das Gericht diese billigt (gerichtlich gebilligter Vergleich). ²Das Gericht billigt die Umgangsregelung, wenn sie dem Kindeswohl nicht widerspricht.

(3) ¹Kann in Kindschaftssachen, die den Aufenthalt des Kindes, das Umgangsrecht oder die Herausgabe des Kindes betreffen, eine einvernehmliche Regelung im Termin nach § 155 Abs. 2 nicht erreicht werden, hat das Gericht mit den Beteiligten und dem Jugendamt den Erlass einer einstweiligen Anordnung zu erörtern. ²Wird die Teilnahme an einer Beratung oder eine schriftliche Begutachtung angeordnet, soll das Gericht in Kindschaftssachen, die das Umgangsrecht betreffen, den Umgang durch einstweilige Anordnung regeln oder ausschließen. ³Das Gericht soll das Kind vor dem Erlass einer einstweiligen Anordnung persönlich anhören.

Schrifttum: *Büchner,* § 165 FamFG-Entwurf aus der Sicht der Verfahrenspflege, ZKJ 2006, 412; *Coester,* Gütliche Einigung und Mediation in familienrechtlichen Konflikten, Kind-Prax 2003, 79 (Teil 1), 119 (Teil 2); *Flügge,* Gerichtssaal als Elternschule? Neue Gefährdungen durch die geplante Reform des familiengerichtlichen Verfahrens, FPR 2008, 1; *Giers,* Die Vollstreckung nach dem FamFG – Ausblick, FPR 2008, 441; *ders.,* Die Neuregelung der einstweiligen Anordnung durch das FamFG, FGPrax 2009, 47; *Gießler,* Das einstweilige Anordnungsverfahren, FPR 2006, 421; *Heiter,* Verfahrensfähigkeit des Kindes in personenbezogenen Verfahren nach dem FamFG, FamRZ 2009, 85; *Löhnig/Heiß,* Die Neuregelung des einstweiligen Rechtsschutzes nach dem FamFG – die einstweilige Anordnung nach §§ 49 ff. FamFG, FamRZ 2009, 1101; *Maier,* Hinwirken auf das Einvernehmen nach § 52 FGG und das Vermittlungsverfahren nach § 52a FGG, FPR 2007, 301; *Menne,* „Zu Risiken und Nebenwirkungen..." – eine kritische Auseinandersetzung mit dem beschleunigten Familienverfahren nach § 50 e FGG/§ 155 FamFG, ZKJ 2009, 309; *Proksch,* Evaluation der Reform des Kindschaftsrechts – Notwendigkeit und Möglichkeit von Mediation, ZKM 2003, 66; *ders.,* Rechtstatsächliche Untersuchung zur Reform des Kindschaftsrechts, 2002; *Reichert,* § 165 FamFG-Entwurf aus der Sicht einer Familienrichterin an einem Großstadtgericht, ZKJ 2006, 230; *Schael,* Minderjährige und ihre formelle Beteiligung in Verfahren über Kindschaftssachen nach dem FamFG, FamRZ 2009, 265; *Schumann,* Kindeswohl zwischen elterlicher und staatlicher Verantwortung, in: *Behrends/Schumann* (Hrsg.), Gesetzgebung, Menschenbild und Sozialmodell im Familien- und Sozialrecht, Abhandlungen der Akademie der Wissenschaften zu Göttingen, Neue Folge, Bd. 3, 2008, S. 169; Stellungnahme der Bundeskonferenz für Erziehungsberatung, Kindeswohl, Beratung und Familiengericht, Die FGG-Reform als fachliche Herausforderung, ZKJ 2009, 121; *Trenczek,* Einvernehmliche Regelungen

---
[93] Siehe Fn. 12.
[94] Vgl. BGH FamRZ 2002, 1099 m. zust. Anm. *Weychardt* FamRZ 2003, 927; BGH NJW 2007, 830; *Brüning* NJW 2007, 1094; *Bernau* FamRZ 2007, 248; krit. *Schwab* FamRZ 2002, 1297.
[95] Hierzu *Papier* NJW 1990, 8 ff.
[96] Vgl. *Zöller/Stöber* § 216 ZPO Rn. 21.

§ 156 1, 2   Buch 2. Abschnitt 3. Verfahren in Kindschaftssachen

in Familiensachen – Neue Anforderungen durch das FamFG, FPR 2009, 335; *Walter*, Hinwirken auf Einvernehmen – Welche Zusatzqualifikation braucht das Gericht?, FPR 2009, 23; *Willutzki*, Die FGG-Reform – Chance für ein stärker kindorientiertes Verfahren, ZKJ 2006, 224.

Übersicht

	Rn.		Rn.
I. Normzweck	1	2. Gerichtlich gebilligter Vergleich	13–18
II. Entstehungsgeschichte	2–5	a) Kindeswohl	14–16
III. Anwendungsbereich	6–22	b) Einvernehmen aller Beteiligten	17
1. Hinwirken auf Einvernehmen	6–12	c) Rechtsfolgen	18
a) Kindschaftssachen	6	3. Fehlende Einigung im frühen ersten Termin	19–22
b) Kindeswohl	7	a) Umgangsrechtliche Verfahren	20
c) In jeder Lage des Verfahrens	8	b) Voraussetzungen für den Erlass einer einstweiligen Anordnung	21
d) Beratung, Mediation, außergerichtliche Streitbeilegung	9	c) Entscheidung durch Beschluss, Vollstreckung, Rechtsmittel, Erledigung	22
e) Gerichtliche Anordnung der Beratung	10		
f) Verfahrenskostenhilfe	11		
g) Umsetzung in der Praxis	12		

I. Normzweck

1   Die Stärkung von Konflikt vermeidenden und Konflikt lösenden Elementen im familiengerichtlichen Verfahren ist eines der Hauptanliegen der Reform.[1] Das Hinwirken auf **Einvernehmen zum Wohle des Kindes** als übergeordnetes Verfahrensziel ist daher nicht nur in der Grundnorm des § 156 niedergelegt, sondern hat im Bereich der Kindschaftssachen in einer Reihe weiterer Regelungen Niederschlag gefunden, so ansatzweise in § 157 (Erörterung der Kindeswohlgefährdung), ausdrücklich in § 158 Abs. 4 S. 3 (Mitwirkung am Zustandekommen einer einvernehmlichen Regelung unter Beteiligung des Verfahrensbeistands), in § 163 Abs. 2 (Hinwirken auf Einvernehmen durch den Sachverständigen) und in § 165 (gerichtliches Vermittlungsverfahren bei Konflikten über die Durchführung einer Umgangsregelung).[2] Zur Verwirklichung dieses Ziels wurden die bisherigen Regelungsinhalte der §§ 52, 52a FGG in überarbeiteter und erweiterter Form in § 156 und § 165 übernommen. Wesentliche Neuerungen in § 156 sind die in Abs. 1 aufgenommene **gerichtliche Anordnung zur Teilnahme der Eltern an einer Beratung,** der in Abs. 2 geregelte **gerichtlich gebilligte Vergleich** über den Umgang oder die Herausgabe des Kindes und die in Abs. 3 enthaltene **Neuregelung zur einstweiligen Anordnung.**[3]

II. Entstehungsgeschichte

2   Abs. 1 S. 1 und 2 stellen eine Fortentwicklung des früher in § 52 Abs. 1 FGG geregelten **Hinwirkens auf Einvernehmen** dar. Der durch das Kindschaftsrechtsreformgesetz mit Wirkung zum 1. 7. 1998[4] in das FGG eingefügte § 52 Abs. 1 FGG sollte im Interesse und zum Schutz des von dem Konflikt der Eltern betroffenen Kindes[5] die eigenverantwortliche außergerichtliche Konfliktlösung der Beteiligten insbesondere durch Inanspruchnahme der Beratungsmöglichkeiten der Träger der Kinder- und Jugendhilfe fördern.[6] Nach zehnjähriger Erfahrung[7] mit § 52 Abs. 1 FGG hat der

---

[1] BR-Drucks. 309/2/07, S. 110; BR-Drucks. 309/07 (B), S. 99; BT-Drucks. 16/6308, S. 164. Vgl. weiter *Lipp/Schumann/Veit/Wagner* S. 85: „Das familiengerichtliche Verfahren ist wie keine andere gerichtliche Auseinandersetzung von emotionalen Konflikten geprägt, die kaum justiziabel sind und einen maßgeblichen Einfluss auf das Streitpotenzial haben. [...] Der Verfahrensgesetzgeber ist daher gehalten, ein geeignetes Instrumentarium zum Umgang und zur Lösung dieser vor allem emotional geprägten Konflikte bereitzustellen. Die Reform ist nicht nur auf das eigentliche Gerichtsverfahren beschränkt, sondern bezieht auch vorgerichtliche Lösungsmöglichkeiten ein."

[2] Zum Einvernehmen als übergreifendes Verfahrensziel vgl. *Lipp/Schumann/Veit/Coester* S. 52 ff.; *Reichert* ZKJ 2006, 231.

[3] Dazu *Lipp/Schumann/Veit/Wagner* S. 87.

[4] Kindschaftsrechtsreformgesetz v. 16. 12. 1997, BGBl. I S. 2942 (Art. 8 Nr. 11).

[5] Dazu *Coester* Kind-Prax 2003, 80.

[6] BT-Drucks. 13/4899, S. 133. Mit dem Konzept der Stärkung außergerichtlicher Konfliktlösungen verband der Gesetzgeber auch die Hoffnung einer Entlastung der Familiengerichte (ebenda, S. 51, 75).

[7] Zu Bedenken in der älteren Literatur vgl. *Hansen*, Das Recht der elterlichen Sorge nach Trennung und Scheidung. Bedeutung und Tragweite einer systemorientierten Perspektive im Familienrecht, 1993, S. 142 ff. Das neuere Schrifttum äußert sich hingegen positiv, etwa *Proksch* ZKM 2003, 68 f.; *Rüting*, § 165 FamFG-Entwurf aus Sicht des Jugendamtes, ZKJ 2006, 203 f. Bei einer Befragung von Eltern in den Jahren 1999–2001 gab etwa die Hälfte der befragten Eltern an, von Seiten des Gerichts zu einer Einigung gebracht worden zu sein; lediglich 7,5%

Gesetzgeber dieses Anliegen dahingehend weiterentwickelt, dass künftig zum einen die Eltern zu einer Beratung nach Abs. 1 S. 2 verpflichtet werden können (Abs. 1 S. 4 und 5) und zum anderen in geeigneten Fällen auch ein Hinweis auf die Möglichkeit der Inanspruchnahme einer Mediation oder sonstigen außergerichtlichen Streitschlichtung erfolgen soll (Abs. 1 S. 3).

Der in Abs. 2 gesetzlich definierte **gerichtlich gebilligte Vergleich** stellt ebenso wie eine gerichtliche Entscheidung einen Vollstreckungstitel dar (§ 86 Abs. 1 Nr. 2). Während sich der frühere § 52a Abs. 4 S. 3 FGG auf eine einvernehmliche Umgangsregelung nur der Eltern bezog, müssen jetzt nach Abs. 2 alle formell am Verfahren Beteiligten dem Vergleich zustimmen. Im Laufe des Gesetzgebungsverfahrens erfolgte zudem eine Erstreckung der Regelung auf Verfahren der Herausgabe des Kindes. Der Vorschlag des Rechtsausschusses des Bundesrates, Abs. 2 auf alle Kindschaftssachen nach Abs. 1 zu erstrecken,[8] wurde mit der Begründung abgelehnt, dass ein Vergleich über die elterliche Sorge oder das Aufenthaltsbestimmungsrecht als Teilbereich der Sorge nach materiellem Recht nicht zulässig sei.[9] 3

Die Regelung zur **einstweiligen Anordnung** nach Abs. 3 stellt eine Weiterentwicklung des mit dem Gesetz zur Erleichterung familiengerichtlicher Maßnahmen bei Gefährdung des Kindeswohls im Juli 2008[10] geänderten § 52 Abs. 3 FGG dar. Nach § 52 Abs. 3 FGG (1998) konnte das Gericht im Falle einer Aussetzung des Verfahrens zur Wahrnehmung einer außergerichtlichen Beratung durch die Beteiligten (§ 52 Abs. 2 FGG) eine einstweilige Anordnung erlassen. Mit Inkrafttreten des Gesetzes zur Erleichterung familiengerichtlicher Maßnahmen bei Gefährdung des Kindeswohls 2008 wurde zur Vermeidung einer Entfremdung zwischen Kind und Umgangsberechtigtem aus der Kann-Vorschrift eine Soll-Vorschrift; außerdem wurde klargestellt, dass die einstweilige Anordnung auch einen Ausschluss des Umgangs zum Inhalt haben kann.[11] 4

Um dem Beschleunigungsgebot vollumfänglich Rechnung zu tragen, wurde die in § 52 Abs. 2 FGG geregelte **Aussetzung des Verfahrens** nicht übernommen.[12] Eine Aussetzung des Verfahrens kommt nur nach § 21 in Betracht.[13] 5

III. Anwendungsbereich

1. Hinwirken auf Einvernehmen. a) Kindschaftssachen. Abs. 1 gilt für Kindschaftssachen nach § 151 Nr. 1 bis 3, soweit diese die elterliche Sorge *bei Trennung und Scheidung,* den Aufenthalt des Kindes, das Umgangsrecht oder die Kindesherausgabe betreffen (einschließlich der Abänderung von Entscheidungen in den genannten Kindschaftssachen nach § 166 Abs. 1 iVm. § 1696 BGB).[14] Im Gegensatz dazu erfasste § 52 Abs. 1 FGG alle die Person eines Kindes betreffenden Verfahren und damit auch Verfahren nach § 1618 BGB und § 9 Abs. 5 LPartG (Einbenennung des Kindes),[15] die nun nicht mehr unter Abs. 1 fallen. 6

b) Kindeswohl. Grundsätzlich ist davon auszugehen, dass eine einvernehmliche Konfliktlösung der Beteiligten, insbesondere der Eltern, dem Kindeswohl dient.[16] Um jedoch deutlich zu machen, dass in Ausnahmefällen eine einvernehmliche Lösung gerade nicht dem Kindeswohl entsprechen muss,[17] wurde auf Vorschlag des Rechtsausschusses die Regelung in Abs. 1 S. 1 am Ende um den Halbsatz ergänzt: „wenn dies dem Kindeswohl nicht widerspricht".[18] Damit soll zum Ausdruck ge- 7

---

der befragten Eltern haben an einer außergerichtlichen Beratung teilgenommen. Dazu *Proksch,* Begleitforschung zur Umsetzung der Neuregelungen zur Reform des Kindschaftsrechts, 2. Zwischenbericht, Juli 2001, Teil 2, S. 171 f. Zur zunehmenden Relevanz in der Rechtspraxis vgl. *Maier* FPR 2007, 303.

[8] BR-Drucks. 309/2/07, S. 48.
[9] BT-Drucks. 16/6308, S. 414 mit Hinweis darauf, dass nach materiellem Recht die Beteiligten nicht über die elterliche Sorge disponieren können, weil die Übertragung der elterlichen Sorge auf einen Elternteil auf Grund der gesetzlich bestimmten Voraussetzungen durch gerichtliche Entscheidung erfolgen muss (vgl. §§ 1671 f., 1680 Abs. 2, 3 BGB). Weiter heißt es: „Anders verhält es sich bei Anträgen auf Herausgabe des Kindes. Über die Herausgabe des Kindes können die Beteiligten grundsätzlich disponieren. So kann ein Elternteil den Antrag des anderen Elternteils auf Herausgabe des Kindes ‚anerkennen' oder eine Pflegeperson den Herausgabeanspruch der Eltern."
[10] Gesetz zur Erleichterung familiengerichtlicher Maßnahmen bei Gefährdung des Kindeswohls v. 4. 7. 2008, BGBl. I S. 1188 (Art. 2 Nr. 3).
[11] BT-Drucks. 16/6815, S. 22; BT-Drucks. 16/8914, S. 13.
[12] Kritisch dazu *Nothhafft* (Deutsches Jugendinstitut), Schriftliche Stellungnahme zur öffentlichen Anhörung des Rechtsausschusses des Deutschen Bundestags zum FGG-Reformentwurf am 13. 2. 2008, S. 5.
[13] BT-Drucks. 16/6308, S. 237; BR-Drucks. 309/07, S. 526.
[14] Dazu auch *Reichert* ZKJ 2006, 231. Kritisch zur Beschränkung des Beschleunigungsgrundsatzes *Maier* FPR 2007, 304.
[15] OLG Celle FamRZ 1999, 1377, 1378; OLG Naumburg FamRZ 2001, 1161 f.
[16] Vgl. auch BGH FamRZ 2008, 592, 593 mit Anm. *Luthin.*
[17] Dazu *Lipp/Schumann/Veit/Maier* S. 108.
[18] BT-Drucks. 16/9733, S. 73.

bracht werden, dass „der Grundsatz, die konsensuale und nachhaltige Bereinigung des Elternkonflikts im gerichtlichen Verfahren aktiv zu unterstützen, an Grenzen stoßen kann", insbesondere in Fällen, „in denen die Situation des Kindes im Elternkonflikt eine gerichtliche Regelung zwingend erforderlich macht, die von den Eltern in eigener Verantwortung nicht oder nicht ausreichend klar erreicht werden kann" (zB Fälle der Traumatisierung des Kindes nach erlebter häuslicher Gewalt).[19] Inhaltlich geht die endgültige Fassung von Abs. 1 S. 1 jedoch nicht über die ursprüngliche Regelung des Regierungsentwurfs hinaus,[20] denn bereits mit der Ausgestaltung als Soll-Vorschrift sollte klargestellt werden, dass „ein Hinwirken auf Einvernehmen insbesondere in den Fällen nicht in Betracht kommt, in denen dies dem Kindeswohl nicht entsprechen würde, zB in Fällen häuslicher Gewalt."[21] Ein Hinwirken auf Einvernehmen darf daher nicht erfolgen, wenn dies dem Kindeswohl widerspricht; aber auch darüber hinaus ist die Ausgestaltung der Regelung als Soll-Vorschrift zu beachten.[22] So ist bei der Ausübung des Ermessens etwa auch zu berücksichtigen, ob berechtigte Interessen eines Beteiligten (insbesondere eines Elternteils zB in Fällen der Partnergewalt; vgl. auch § 36 Abs. 1 S. 2) entgegenstehen.[23]

8 c) **In jeder Lage des Verfahrens.** Auch wenn sich das Hinwirken auf Einvernehmen vor allem auf den frühen ersten Termin im beschleunigten Verfahren nach § 155 konzentrieren wird, gilt das Gebot des Abs. 1 S. 1 nach dem Willen des Gesetzgebers in jeder Lage des Verfahrens, dh. in allen **Tatsacheninstanzen.**[24] Dies hat zur Folge, dass der Hinweis auf die Möglichkeiten der Beratung oder Mediation nach Abs. 1 S. 2 und 3 (s. u. Rn. 9) sowie die gerichtliche Anordnung der Beratung nach Abs. 1 S. 4 (s. u. Rn. 10) auch noch in der zweiten Instanz erfolgen können – und zwar unabhängig davon, ob der Verfahrensgegenstand einen gerichtlich gebilligten Vergleich nach Abs. 2 zulässt. Zu beachten ist daher, dass alle am Verfahren formell Beteiligten (dh. ggf. auch das Kind und die nach § 161 Abs. 1 hinzugezogene Pflege-/Bezugsperson), einschließlich der professionell Beteiligten (der Verfahrensbeistand nach § 158 Abs. 3 S. 2 und das nach § 162 Abs. 2 hinzugezogene Jugendamt), auch in der Beschwerdeinstanz in den Prozess des Hinwirkens auf Einvernehmen einzubinden sind.[25]

9 d) **Beratung, Mediation, außergerichtliche Streitbeilegung.** Zur Umsetzung des Ziels einer selbständigen Konfliktlösung soll das Gericht gemäß Abs. 1 S. 2 auf die Möglichkeiten der Beratung durch die Beratungsstellen und -dienste der Träger der Kinder- und Jugendhilfe (§§ 3 ff., 16 ff. SGB VIII) und *in geeigneten Fällen* auf die Möglichkeiten der Mediation und der sonstigen außergerichtlichen Streitbeilegung (Abs. 1 S. 3) hinweisen. Darüber hinaus sollen noch stärker Dritte (der Verfahrensbeistand gemäß § 158 Abs. 4 S. 3 und der Sachverständige gemäß § 163 Abs. 2) als „gewissermaßen verlängerter Arm" des Gerichts[26] in die Einigungsbemühungen einbezogen werden. Offen bleibt nach dem Gesetzeswortlaut, wie die Zusammenarbeit der verschiedenen Professionen innerhalb und außerhalb der Verhandlung konkret aussehen soll. Zu Recht wird darauf hingewiesen, dass „das Familiengericht in den outgesourcten Einigungsprozess eingebunden bleiben [muss], indem es zumindest regelmäßig über den Stand der Bemühungen unterrichtet wird und bei Bedarf auch an diesen Bemühungen mitwirkt", weil das Gericht nur dann seiner Verantwortung für eine tragfähige und die Interessen aller Beteiligten berücksichtigende Lösung gerecht werden kann.[27]

10 e) **Gerichtliche Anordnung der Beratung.** Auf Empfehlung des 16. Deutschen Familiengerichtstages[28] wurde in Abs. 1 S. 4 dem Familiengericht die Kompetenz eingeräumt, die Eltern zur

---

[19] BT-Drucks. 16/9733, S. 293. Vgl. aber auch *Trenczek* FPR 2009, 337.
[20] BT-Drucks. 16/6308, S. 40: „Das Gericht soll in Kindschaftssachen [...] in jeder Lage des Verfahrens auf ein Einvernehmen der Beteiligten hinwirken."
[21] BR-Drucks. 309/07, S. 526.
[22] Kritisch zum Hinwirken auf Einvernehmen *Lipp/Schumann/Veit/Rakete-Dombek* S. 99 f. Insbesondere in Fällen, in denen das BVerfG (FamRZ 2004, 354) den Opfern von Gewalt ein Recht auf getrennte Anhörung im Familiengerichtsverfahren einräumt, dürften berechtigte Interessen entgegenstehen. Zur Problematik auch *Flügge* FPR 2008, 1 ff.
[23] Vgl. *Nothhafft* (Fn. 12), S. 12 f.; *Flügge* FPR 2008, 2.
[24] So auch *Walter* FPR 2009, 24. AA *Lipp/Schumann/Veit/Maier* S. 108 f. (das Hinwirken auf Einvernehmen sei nur in der ersten Instanz ein Gebot, während es in der zweiten Instanz lediglich Appellcharakter besitze).
[25] Dazu auch *Büchner* ZKJ 2006, 413 f. Problematisch ist, dass das persönliche Erscheinen des nicht verfahrensfähigen Kindes zum Termin nicht vorgesehen ist (§ 155 Abs. 3; dazu § 155 Rn. 65). In jedem Fall ist das Kind, wenn es nach § 7 Abs. 2 Nr. 1 Beteiligter ist (dazu § 7 Rn. 7 ff.), aber vom Termin zu benachrichtigen.
[26] So *Lipp/Schumann/Veit/Coester* S. 52.
[27] *Lipp/Schumann/Veit/Maier* S. 109 f. Vgl. weiter Stellungnahme der Bundeskonferenz für Erziehungsberatung ZKJ 2009, 122 f. Zum Schutz der Vertraulichkeit in der Mediation vgl. *Trenczek* FPR 2009, 339.
[28] 16. Deutscher Familiengerichtstag, FamRZ 2005, 1962, 1964.

Hinwirken auf Einvernehmen 11, 12 § 156

Teilnahme an einer Beratung nach Abs. 1 S. 2 (nicht an einer Mediation nach Abs. 1 S. 3)[29] zu verpflichten.[30] Vor Erlass der Anordnung ist dem Jugendamt Gelegenheit zur Stellungnahme zu geben. Im **Einvernehmen mit dem Jugendamt** legt das Gericht fest,[31] bei welcher Beratungsstelle sich die Eltern binnen welcher Frist beraten lassen sollen.[32] Da die Verpflichtung zur Beratung nicht zu einer Verzögerung des Verfahrens führen soll, wurde zum einen von einer **Aussetzung des Verfahrens** (früher § 52 Abs. 2 FGG) abgesehen.[33] Eine Aussetzung des Verfahrens kommt nur in den Fällen des § 21 in Betracht,[34] wobei nach der Intention des Gesetzgebers die Verpflichtung zur Beratung keinen wichtigen Grund für eine Aussetzung nach § 21 darstellen dürfte.[35] Zum anderen soll nach Abs. 3 S. 2 in Kindschaftssachen, die das Umgangsrecht betreffen, eine einstweilige Anordnung erlassen werden (s. u. Rn. 20). Als **verfahrensleitende Verfügung** ist die Anordnung der Beratung nicht selbständig anfechtbar (Abs. 1 S. 5). Weigert sich ein Elternteil an der angeordneten Beratung teilzunehmen, so ist die Beratung nicht mit Zwangsmitteln durchsetzbar (Abs. 1 S. 5).[36] In diesem Fall und im Falle der erkennbaren Verzögerung der Beratung durch einen Elternteil ist die Sache mit den Beteiligten und dem Jugendamt kurzfristig erneut zu erörtern. Außerdem kann dieses Verhalten zur vollständigen oder teilweisen **Kostenauferlegung nach § 81 Abs. 2 Nr. 5** führen.[37] Mit dieser Regelung soll die Bereitschaft der Eltern „befördert" werden, an der Beratung teilzunehmen.[38] Kommen beide Eltern der Anordnung unentschuldigt nicht nach, so sind beide an den Kosten zu beteiligen (dazu § 81 Rn. 48 f.). Schließlich kann sich die Weigerung im Einzelfall – wenn daraus Schlüsse für das Kindeswohl gezogen werden können – auch ungünstig auf die Sachentscheidung auswirken.[39]

f) Verfahrenskostenhilfe. Umstritten war bislang, ob für eine gerichtlich angeregte Mediation 11 Verfahrenskostenhilfe gewährt werden kann.[40] Zwar sollte entsprechend dem Anliegen der Reform, Konflikt vermeidende und Konflikt lösende Elemente im familiengerichtlichen Verfahren zum Wohle des Kindes zu stärken, finanziell hilfebedürftigen Personen die vom Gericht angeregte Mediation ermöglicht werden,[41] jedoch können die Kosten einer außergerichtlichen Mediation nicht in die Verfahrenskostenhilfe einbezogen werden.[42]

g) Umsetzung in der Praxis. Die Aufgaben des Familiengerichts bei der Umsetzung von Abs. 1 12 sind von der konkreten Konfliktsituation abhängig. Eine fachgerechte Einschätzung des Konflikt-

---

[29] Dazu *Lipp/Schumann/Veit/Wagner* S. 87 f.: „Aus Kostengründen und des noch nicht flächendeckenden Angebots wurde klargestellt, dass sich die Teilnahmeverpflichtung nicht auf ein Verfahren der Mediation oder der sonstigen außergerichtlichen Streitbeilegung erstreckte." Vgl. *Trenczek* FPR 2009, 338 f. Nicht zulässig ist die Anordnung einer Familientherapie unter Einbeziehung beider Eltern, BGH FamRZ 1994, 158, 160; OLG Karlsruhe FamRZ 2004, 56, 57. Vgl. weiter BVerfG FamRZ 2004, 523 f.

[30] Zur Pflichtberatung vgl. *Weber*, Beratung in Zwangskontexten, in: *ders./Schilling* (Hrsg.), Eskalierte Elternkonflikte: Beratungsarbeit im Interesse des Kindes bei hoch strittigen Trennungen, 2006, S. 217 ff.; *Schlund*, Beratung ohne Freiwilligkeit, in: *Menne/Hundsalz* (Hrsg.), Jahrbuch für Erziehungsberatung, Bd. 6, 2006, S. 39 ff.

[31] Grundsätzlich hat das Jugendamt das Gericht zu unterstützen (Mitwirkungspflicht nach § 50 SGB VIII), über die Art und Weise der Unterstützung entscheidet es aber selbständig. Dazu auch Stellungnahme der Bundeskonferenz für Erziehungsberatung ZKJ 2009, 122 mit Hinweis darauf, „dass die Anordnung des Familiengerichts nicht die Anordnung einer Leistung der Kinder- und Jugendhilfe bedeutet. Sie entfaltet keine Bindungswirkung für das Jugendamt oder der Beratungsstelle. Die Verpflichtung, die das Gericht ausspricht, bindet die Eltern." Vgl. weiter *Stürtz/Meysen*, Das Jugendamt im Umgangsverfahren, FPR 2007, 282, 284.

[32] Kritisch dazu *Willutzki* ZKJ 2006, 227 (die Anordnung einer Beratung im frühen ersten Termin unter Festlegung der Beratungsstelle und einer Frist sei unrealistisch).

[33] BT-Drucks. 16/6308, S. 237.

[34] BT-Drucks. 16/6308, S. 237; *Lipp/Schumann/Veit/Wagner* S. 87.

[35] So auch *Fölsch* § 3 Rn. 88. Nach *Lipp/Schumann/Veit/Coester* S. 45 ist fraglich, ob für § 21 in Kindschaftssachen ein Anwendungsbereich verbleibt.

[36] Vgl. auch BVerfG FamRZ 2004, 523, 524.

[37] BT-Drucks. 16/6308, S. 237. Dazu auch *Lipp/Schumann/Veit/Wagner* S. 88; *Kretzschmar/Meysen*, Reform des Familienverfahrensrechts – Reformziele und Regelungsmechanismen – eine Auswahl, FPR 2009, 1, 2 m. weit. Nachw.; *Reichert* ZKJ 2006, 231; *Zimmermann*, Kostenentscheidung im FamFG, FamRZ 2009, 377, 381. Kritisch dazu *Nake*, Schriftliche Stellungnahme zur öffentlichen Anhörung des Rechtsausschusses des Deutschen Bundestags zum FGG-Reformgesetz am 11. 2. 2008, S. 14.

[38] BR-Drucks. 309/07, S. 477. Kritisch dazu *Hennemann*, Die Umsetzung des Vorrangs- und Beschleunigungsgrundsatzes – Schnelle Terminierung und Fristsetzung bei schriftlicher Begutachtung, FPR 2009, 20, 22.

[39] So auch *Stößer*, Das neue Verfahren in Kindschaftssachen, FamRZ 2009, 656, 659.

[40] Etwa OLG Dresden FamRZ 2007, 489 f. (bei bloßer Empfehlung einer Mediation durch das Gericht). Dazu auch *Trenczek*, Familiengerichtliches Verfahren und Mitwirkung der Jugendhilfe nach dem FGG-Reformgesetz, ZKJ 2009, 97, 103; *Fölsch* § 3 Rn. 92.

[41] So auch *Fölsch* § 3 Rn. 92; *Proksch* ZKM 2003, 69.

[42] *Götsche* FamRZ 2009, 384; kritisch *Trenczek* FPR 2009, 338 f.

niveaus durch das Familiengericht erfordert eine entsprechende Qualifikation,[43] die das Gericht befähigt, eine Entscheidung über das im Einzelfall angemessene Vorgehen zu treffen: Dabei ist zunächst die Grundentscheidung zu treffen, ob überhaupt der Anwendungsbereich des Abs. 1 S. 1 (Soll-Vorschrift) eröffnet ist oder ob ausnahmsweise von einem Hinwirken auf Einvernehmen abzusehen und sogleich ein förmliches gerichtliches Verfahren durchzuführen ist.[44] Weiter ist zu entscheiden, ob das Gericht selbst in die konfliktmindernde Arbeit mit den Beteiligten einsteigt oder diese Arbeit an fachlich qualifizierte Stellen weiterreicht.[45] Im letzteren Fall ist eine enge Zusammenarbeit mit der Beratungsstelle erforderlich (s. o. Rn. 9), insbesondere können schon konkrete Absprachen über den Beratungsprozess in der Verhandlung getroffen werden.[46]

13 **2. Gerichtlich gebilligter Vergleich.** Abs. 2 regelt in Ergänzung zu § 36 (§ 36 Rn. 3) den **Vergleich über den Umgang oder die Herausgabe des Kindes** und enthält eine gesetzliche Definition des gerichtlich gebilligten Vergleichs.[47] Auch wenn sich Abs. 2 S. 2 ausdrücklich nur auf die Umgangsregelung bezieht, so soll nach dem Willen des Gesetzgebers der Kindeswohlvorbehalt auch bei einer Einigung über die Herausgabe des Kindes beachtet werden.[48] Die gerichtliche Billigung sollte durch **Beschluss** erfolgen, weil der Vergleich mit der Billigung einen Vollstreckungstitel nach § 86 Abs. 1 Nr. 2 darstellt (§ 86 Rn. 18), jedoch die **Vorschriften über die Umgangs- und Herausgabevollstreckung in §§ 88 bis 94** die Besonderheiten des gerichtlich gebilligten Vergleichs nicht hinreichend berücksichtigen. So trägt der Abschnitt zu den §§ 88 bis 94 die Überschrift „Vollstreckung von Entscheidungen [...]" und die Hinweispflicht in § 89 Abs. 2 bezieht sich ebenfalls nur auf einen Beschluss (s. u. Rn. 18).[49] Im Hinblick auf die Vollstreckungsfähigkeit muss der Inhalt des Vergleichs hinreichend bestimmt sein.

14 **a) Kindeswohl.** Im Zusammenhang mit der nach Abs. 2 S. 2 vorgesehenen Kindeswohlprüfung stellen sich zwei Fragen, die der Gesetzgeber nicht eindeutig geregelt hat – und zwar erstens nach dem **Maßstab der Kindeswohlprüfung** und zweitens nach der **Notwendigkeit einer persönlichen Anhörung des Kindes** gemäß § 159 Abs. 1 oder 2 vor Billigung des Vergleichs (die im Gegensatz zum Fall des Abs. 3 S. 3 nicht ausdrücklich vorgeschrieben ist).

15 Nach Abs. 2 S. 2 darf das Familiengericht den Vergleich nur billigen, wenn die einvernehmliche Regelung dem Kindeswohl nicht widerspricht. Die **Kindeswohlprüfung** war schon in § 52a Abs. 4 S. 3 FGG vorgesehen und dort auch deshalb erforderlich, weil die im Vermittlungsverfahren erzielte Umgangsregelung der Eltern an die Stelle der bisherigen gerichtlichen Entscheidung trat (während im Abänderungsverfahren nach § 1696 Abs. 1 BGB eine die bisherige gerichtliche Anordnung ablösende Regelung nur aus triftigen, das Wohl des Kindes nachhaltig berührenden Gründen erlassen werden darf). Nach der neuen Konzeption der §§ 155, 156 soll möglichst frühzeitig (im Idealfall schon im frühen ersten Termin) eine einvernehmliche Regelung der Eltern erreicht werden, so dass sich die Frage stellt, warum in diesen Fällen bei Einvernehmen der Eltern überhaupt eine Kindeswohlprüfung vorgenommen werden soll. Dieses Problem hat der Gesetzgeber gesehen und durch die Festsetzung **unterschiedlicher Kindeswohlschwellen**[50] zu lösen gesucht: Während bei einer gerichtlichen Entscheidung nach § 1697a BGB der positive Kindeswohlstandard („dem Kindeswohl am besten entspricht") gilt, darf das Familiengericht nach Abs. 2 S. 2 einer einvernehmlichen Regelung der Eltern die Billigung nur dann versagen, wenn sie dem Kindeswohl widerspricht

---

[43] Zur erforderlichen Zusatzqualifikation vgl. *Walter* FPR 2009, 27. Vgl. weiter *Lipp/Schumann/Veit/Maier* S. 109; *Lipp/Schumann/Veit/Coester* S. 56 f.
[44] Dazu *Lipp/Schumann/Veit/Maier* S. 108.
[45] So auch *Walter* FPR 2009, 24 ff. (mit Darstellung eines dreistufigen Konfliktmodells). Kritisch zum Familienrichter als Mediator *Staudinger/Coester* 2004, § 1671 BGB Rn. 273. Vgl. auch die Studie von 2000 zur Beratung und Unterstützung durch Jugendamt/Beratungsstellen einerseits und zum Hinwirken auf Einvernehmen durch das Gericht andererseits von *Proksch*, Rechtstatsächliche Untersuchung, S. 182 ff., 216 ff., 261 ff.
[46] Dazu *Weber*, § 165 FamFG-Entwurf aus der Sicht der Familien- und Erziehungsberatung, ZKJ 2006, 196, 198 f.; *Reichert* ZKJ 2006, 232. Vgl. weiter *Lipp/Schumann/Veit/Maier* S. 109 f. Die Zusammenarbeit zwischen Familiengericht, Jugendamt, Beratungsstellen und Anwaltschaft sollte in Handlungsempfehlungen, die den Ablauf des Verfahrens detailliert beschreiben, niedergelegt werden (vgl. etwa die Empfehlungen des AG Kiel bei *Fölsch* § 3 Rn. 86). Zur Einbeziehung von Kindern in die Beratung/Mediation *Trenczek* FPR 2009, 339.
[47] Neu eingeführt hat der Gesetzgeber auch die Einigungsgebühr in Kindschaftssachen (Anmerkungen in Nr. 1000, 1003, 1004 VV RVG); BT-Drucks. 16/6308, S. 136 f., 341; *Fölsch* § 8 Rn. 88.
[48] BT-Drucks. 16/6308, S. 414 zur Einigung der Beteiligten über die Herausgabe des Kindes: „Hier ist mithin Raum für einen gerichtlich gebilligten Vergleich, bei dem vor der Billigung Kindeswohlgesichtspunkte zu prüfen sind." Vermutlich handelt es sich um einen redaktionellen Fehler, weil das Einvernehmen über die Herausgabe des Kindes erst im Laufe des Gesetzgebungsverfahrens in Abs. 1 aufgenommen wurde. Vgl. weiter *Fölsch* § 3 Rn. 90.
[49] Kritisch daher auch *Fölsch* § 6 Rn. 3. Vgl. weiter *Schulte-Bunert/Weinreich/Schulte-Bunert* § 89 Rn. 10.
[50] Kritisch zu den unterschiedlichen Kindeswohlschwellen im BGB *Schumann*, Kindeswohl, S. 203 f.

(negative Kindeswohlprüfung). Da unterhalb der Kindeswohlgefährdungsschwelle des § 1666 BGB verfassungsrechtlich ein Mandat des Staates als Schlichter nur solange besteht, wie der Elternkonflikt andauert, ist eine einvernehmliche Regelung der Eltern gemäß Art. 6 Abs. 2 S. 1 GG grundsätzlich zu respektieren. Auch zur Vermeidung von Widersprüchen im Verhältnis zu § 1671 Abs. 2 Nr. 1, Abs. 3 BGB[51] muss den Eltern bei einer einvernehmlichen Regelung ein möglichst großer Gestaltungsspielraum bleiben.[52] Daher darf das Familiengericht eine einvernehmliche Regelung der Eltern nur dann nicht billigen, wenn die Regelung mit dem Kindeswohl nicht vereinbar ist,[53] dh. Anhaltspunkte für eine Kindeswohlgefährdung vorliegen.

Insbesondere in Fällen, in denen es bereits im **frühen ersten Termin** nach § 155 Abs. 2 zu einer **16** einvernehmlichen Lösung kommt, hat sich das Familiengericht von dem verfahrensunfähigen Kind[54] noch keinen persönlichen Eindruck machen können, § 155 Abs. 3 (§ 155 Rn. 65).[55] Das Hinwirken auf Einvernehmen könnte somit zu einem gerichtlich gebilligten Vergleich nach Abs. 2 führen, ohne dass das Kind persönlich angehört wurde (§ 155 Rn. 47, 65). Im Hinblick auf den aus Art. 103 Abs. 1 GG abgeleiteten Anspruch des Kindes auf rechtliches Gehör[56] ist jedoch zu bedenken, dass sich in der Regel nur bei einer Einbeziehung des Kindes in den Vermittlungsprozess feststellen lässt, ob das Hinwirken auf Einvernehmen und eine daraus resultierende einvernehmliche Regelung dem Kindeswohl widerspricht.[57] Kommt es im frühen ersten Termin nach § 155 Abs. 2 zu keiner Einigung der Eltern, so ist das Gericht bei Vorliegen der Voraussetzungen des § 159 Abs. 1 oder 2 verpflichtet, das Kind vor einer abschließenden gerichtlichen Entscheidung anzuhören.[58] Kommt es hingegen im frühen ersten Termin zu einer Einigung der Eltern, so ist die Frage, ob eine **persönliche Anhörung des Kindes nach § 159** vor Billigung des Vergleichs zu erfolgen hat, auf Grund der dargestellten konzeptionellen Widersprüche (s. o. Rn. 15)[59] nicht ganz einfach zu beantworten: Immerhin lässt sich auch argumentieren, eine einvernehmliche Regelung der Eltern begründe die Vermutung, dass die Regelung dem Kindeswohl nicht widerspricht, mit der Folge, dass eine persönliche Anhörung des Kindes nur erforderlich wäre, wenn konkrete Anhaltspunkte vorliegen, die diese Vermutung in Frage stellen. Auf der anderen Seite steht der gerichtlich gebilligte Vergleich in seinen Wirkungen einer gerichtlichen Entscheidung gleich, stellt insbesondere einen Vollstreckungstitel nach § 86 Abs. 1 Nr. 2 dar und darf nur unter den Voraussetzungen des § 166 Abs. 1 iVm. § 1696 Abs. 1 BGB abgeändert werden (s. u. Rn. 18). Unter Berücksichtigung dieser Erwägungen hat das Gericht daher regelmäßig bei Vorliegen der Voraussetzungen des § 159 Abs. 1 oder 2 das Kind vor Billigung des Vergleichs persönlich anzuhören.[60]

---

[51] Bei Einvernehmen der Eltern nach § 1671 Abs. 2 Nr. 1 BGB ist keine Richtigkeitskontrolle vorgesehen; nur wenn Anhaltspunkte für eine Kindeswohlgefährdung vorliegen, gilt § 1671 Abs. 3 BGB iVm. §§ 1666 ff. BGB. Kritisch bei *Lipp/Schumann/Veit/Coester* S. 53: „Befremdlich mutet an, dass das Gericht dem Umgangsvergleich seine Billigung verweigern kann, wenn dieser dem Kindeswohl widerspricht, während in einen Sorgerechtsvergleich [...] nur bei Kindeswohlgefährdung eingegriffen werden kann (§ 1671 II 1, III BGB)."
[52] Dazu auch *Musielak/Borth* Rn. 4.
[53] Nach BT-Drucks. 13/4899, S. 102 widerspricht eine Maßnahme dem Kindeswohl, wenn sie sich als „mit dem Kindeswohl unvereinbar erweist".
[54] Dazu *Heiter* FamRZ 2009, 85 ff.; *Schael* FamRZ 2009, 267.
[55] Dazu BT-Drucks. 16/6308, S. 236 zu § 155 Abs. 3: „Die Anordnung des persönlichen Erscheinens beschränkt sich auf die verfahrensfähigen Beteiligten, da die Teilnahme des Kindes – das in Umgangsverfahren selbst Beteiligter ist – an dem Termin aus Gründen des Kindeswohls häufig nicht angezeigt ist. Soweit nach § 159 eine Anhörung des Kindes erforderlich ist, entscheidet das Gericht über den Zeitpunkt der Anhörung nach pflichtgemäßem Ermessen."
[56] BVerfG NJW 1999, 631, 633.
[57] So etwa *Walter* FPR 2009, 26 m. weit. Nachw.; *Coester* Kind-Prax 2003, 80; *Heumann*, § 165 FamFG-Entwurf aus Sicht des Anwalts, ZKJ 2006, 200, 202; *Büchner* ZKJ 2006, 414; *Lipp/Schumann/Veit/Coester* S. 48 f.
[58] BT-Drucks. 16/6308, S. 236; KG Berlin FamRZ 2009, 1428 ff. mit Anm. *Ernst*; Anm. *Menne* ZKJ 2009, 309 ff. So auch *Coester* Kind-Prax 2003, 80. Zur bisherigen Praxis (Studie von 2000) vgl. *Proksch*, Rechtstatsächliche Untersuchung, S. 272.
[59] Die konzeptionellen Widersprüchlichkeiten bei der Verwendung des Kindeswohlbegriffs innerhalb des materiellen Rechts, zwischen dem materiellen Recht und dem Verfahrensrecht sowie innerhalb des Verfahrensrechts werden mit Abs. 2 fortgeschrieben. So weist *Lipp/Schumann/Veit/Coester* S. 53 (Fn. 65) auf den Widerspruch hin, dass materiellrechtlich die Umgangsrechte von Eltern und Kindern als subjektive Rechte ausgestaltet seien, sie aber nach der Konzeption des Gesetzgebers im Verfahrensrecht grundsätzlich (§ 36) der Disposition der Beteiligten entzogen worden sind.
[60] Die Frage, ob das Kind vor einem gerichtlich protokollierten Vergleich nach § 52a Abs. 4 S. 3 FGG (Änderung einer gerichtlichen Umgangsregelung durch Vergleich) anzuhören ist, war auch nach alter Rechtslage umstritten; dazu *Jansen/Zorn* § 52a FGG Rn. 17 m. weit. Nachw. Vgl. zu dieser Frage auch – mit starker Kritik am Gesetzgeber – *Lipp/Schumann/Veit/Coester* S. 48 f., 56. AA *Menne* ZKJ 2009, 310.

17 b) Einvernehmen aller Beteiligten. Da sich der gerichtlich gebilligte Vergleich auf alle formell am Verfahren Beteiligten erstreckt, müssen alle Beteiligten, dh. ggf. auch das Kind[61] und der Verfahrensbeistand (§ 158 Abs. 3 S. 2), eine hinzugezogene Pflege-/Bezugsperson (Kann-Beteiligte kraft Hinziehung nach § 161 Abs. 1 iVm. § 7 Abs. 3) oder das Jugendamt im Falle der Beteiligung (Muss-Beteiligter kraft Hinziehung nach § 162 Abs. 2 iVm. § 7 Abs. 2 Nr. 2), zustimmen.[62] Dies gilt grundsätzlich auch dann, wenn erst in der zweiten Instanz eine Einigung der Eltern zustande kommt. Die Mitwirkung aller Beteiligten an der einvernehmlichen Regelung nach Abs. 2 S. 1 hat zur Folge, dass ein Verfahrensabschluss durch Vergleich scheitern müsste, wenn ein Beteiligter nicht zustimmt. Auch wenn der Auffassung, dass der Verfahrensbeistand und das Jugendamt (im Falle einer Beteiligung kraft Hinziehung) dem Vergleich nicht zustimmen müssen, nach dem eindeutig erklärten Gesetzgeberwillen[63] nicht beizupflichten ist,[64] so ist doch nicht zu verkennen, dass der Gesetzgeber die verfassungsrechtlichen Vorgaben (Art. 6 Abs. 2 GG)[65] in diesem Stadium des Verfahrens nicht hinreichend berücksichtigt hat. Während das Gericht den Vergleich nur dann nicht billigen darf, wenn er dem Kindeswohl widerspricht, lässt die Regelung des Abs. 2 S. 1 eine Verweigerung der Zustimmung zur einvernehmlichen Regelung der Eltern durch jeden Beteiligten ohne Einschränkung zu. Bei einer **verfassungskonformen Auslegung der Norm** darf eine einvernehmliche Regelung der Eltern jedoch nicht ohne sachliche Gründe durch die professionell am Verfahren Beteiligten (Jugendamt, Verfahrensbeistand) verhindert werden (dazu auch § 162 Rn. 13). Die Verweigerung der Zustimmung zu einer einvernehmlichen Regelung der Eltern, die dem Kindeswohl nicht widerspricht (Abs. 2 S. 2), ist daher unbeachtlich, so dass das Gericht trotz fehlender Einigung *aller* Beteiligten die einvernehmliche Regelung der Eltern zu billigen hat.

18 c) Rechtsfolgen. Der gerichtlich gebilligte Vergleich stellt einen **Vollstreckungstitel** nach § 86 Abs. 1 Nr. 2 dar (dazu § 86 Rn. 18), auf den die §§ 88 ff. (Vollstreckung von Entscheidungen über die Herausgabe von Personen und die Regelung des Umgangs) Anwendung finden. Bei Zuwiderhandlungen gegen den Vollstreckungstitel können **Ordnungsmittel** verhängt,[66] insbesondere Ordnungsgeld und für den Fall, dass dieses nicht beigetrieben werden kann, Ordnungshaft angeordnet werden, § 89 Abs. 1.[67] Auf diese Folgen einer Zuwiderhandlung gegen den Vollstreckungstitel muss in dem Beschluss, der die Herausgabe der Person oder die Regelung des Umgangs anordnet, hingewiesen werden, § 89 Abs. 2. Diese **Belehrung,** die die bisher notwendige Androhung (§ 33 Abs. 3 FGG) ersetzt, findet auch auf den gerichtlich gebilligten Vergleich nach Abs. 2 Anwendung (§ 89 Rn. 7 f.). Der Vergleich sollte daher zur Erleichterung der Vollstreckung durch **Beschluss** gebilligt werden (s. o. Rn. 13); der Hinweis auf die Folgen der Zuwiderhandlung nach § 89 Abs. 2 kann dann in diesen Beschluss aufgenommen werden.[68] Eine **Abänderung des gerichtlich gebilligten Vergleichs** erfolgt unter den Voraussetzungen des § 166 Abs. 1 iVm. § 1696 Abs. 1 BGB. Von Fällen

---

[61] So auch *Fölsch* § 3 Rn. 90; *Schulte-Bunert/Weinreich/Ziegler* Rn. 5. *Heiter* FamRZ 2009, 89 weist ausdrücklich darauf hin, dass das verfahrensfähige Kind (§ 9 Abs. 1 Nr. 3) durch Verweigerung seiner Zustimmung den Verfahrensabschluss durch Vergleich verhindern kann.

[62] BT-Drucks. 16/6308, S. 237. Vgl. dazu auch *Lipp/Schumann/Veit/Wagner* S. 88; *Borth,* Die Reform des Verfahrens in Familiensachen, FamRZ 2007, 1925, 1933; *Schael* FamRZ 2009, 266.

[63] BT-Drucks. 16/6308, S. 237: „Die Regelung [...] erstreckt sich aber auf alle formell am Verfahren Beteiligten. Damit bedarf es auch einer Zustimmung des Kindes und ggf. des Jugendamts oder des Verfahrensbeistands."

[64] So *Heiter* FamRZ 2009, 89, Fn. 48: „Eine Ausnahme von diesem Erfordernis dürfte für diejenigen Beteiligten zu machen sein, die – wie das Jugendamt, das von seiner Beteiligungsoption (§ 162 II FamFG) Gebrauch macht, oder der Verfahrensbeistand (§ 158 III S. 2 FamFG) – nicht eigene, sondern fremde Interessen (die des Kindes) vertreten." Nicht zutreffend ist auch die Ansicht von *Bumiller/Harders* Rn. 10, dass eine Zustimmung des Verfahrensbeistands zur einvernehmlichen Regelung nach § 156 Abs. 2 S. 1 nur dann erforderlich sei, wenn ihm nach § 158 Abs. 4 S. 3 zusätzlich die Aufgabe übertragen worden ist, am Zustandekommen einer einvernehmlichen Regelung mitzuwirken. Vgl. weiter *Trenczek* FPR 2009, 337.

[65] Zu Art. 6 Abs. 2 GG vgl. auch *Schumann,* Kindeswohl, S. 174 ff.; *Gummersbach,* Die Subjektstellung des Kindes – Die verfahrensrechtliche Neuerung des Anwalts des Kindes in § 50 FGG, 2005, S. 46 f.

[66] Hingegen sah § 33 FGG zur Durchsetzung einer gerichtlichen Verfügung die Anordnung von Zwangsmitteln (Zwangsgeld und Zwangshaft) vor. Dazu *Schulte-Bunert,* Vollstreckung von familiengerichtlichen Entscheidungen in Angelegenheiten der elterlichen Sorge nach § 33 FGG, FPR 2008, 397 ff.; *Bahrenfuss,* Aktuelle Reformbestrebungen im Familienrecht, SchlHA 2008, 109, 111 f.; *Kramer,* Einstweiliger Rechtsschutz betreffend die Herausgabe des Kindes gegen den anderen Elternteil, FuR 2007, 500, 501 f.

[67] Diese Verschärfung gegenüber der alten Rechtslage (Ordnungsmittel statt Zwangsmittel) gehört zu den wesentlichen Zielen der Reform; vgl. nur *Zypries,* Deutscher Bundestag, 173. Sitzung v. 27. 6. 2008, Plenarprotokoll 16/173, S. 18469 („finanzielle Sanktionen"). Kritisch *Leutheusser-Schnarrenberger,* ebenda, S. 18470; *Giers* FPR 2008, 442. Nach *Fölsch* § 6 Rn. 15 ff., insb. Rn. 19, ist die Verschuldensvermutung des § 89 Abs. 4 verfassungsrechtlich nicht haltbar.

[68] Kritisch auch *Fölsch* § 6 Rn. 20. Vgl. weiter *Giers* FPR 2008, 442.

der Kindeswohlgefährdung (§§ 1666, 1666a BGB) abgesehen kann der gerichtlich gebilligte Vergleich nur auf Antrag eines Elternteils unter den Voraussetzungen des § 1696 Abs. 1 BGB[69] oder im Rahmen eines Vermittlungsverfahrens gemäß § 165 Abs. 4 S. 2 (dazu § 165 Rn. 16) geändert werden. Enthält der Vergleich keine **Kostenregelung,** so trägt jeder am Vergleich Beteiligte seine außergerichtlichen Kosten selbst (§ 83 Abs. 1 S. 2), während die Gerichtskosten von allen am Vergleich Beteiligten zu gleichen Teilen zu tragen sind (§ 83 Abs. 1 S. 1).[70] Nicht beteiligt an den Kosten werden minderjährige Beteiligte (§ 81 Abs. 3) und der Verfahrensbeistand (§ 158 Abs. 8), während das Jugendamt als Verfahrensbeteiligter (Muss-Beteiligter kraft Hinzuziehung, § 162 Abs. 2 iVm. § 7 Abs. 2 Nr. 2) der Kostenregelung des § 83 Abs. 1 unterliegt (hinsichtlich der Gerichtskosten ist § 2 FamGKG zu beachten; vgl. auch § 162 Rn. 11 f.).

3. Fehlende Einigung im frühen ersten Termin. Sofern das Einvernehmen zwischen den Beteiligten im frühen ersten Termin nach § 155 Abs. 2 nicht hergestellt werden kann oder das Gericht ausnahmsweise die einvernehmliche Regelung der Eltern nach Vornahme der Kindeswohlprüfung nicht billigt, ist das Verfahren auf der Grundlage der Anträge fortzuführen. Im Hinblick auf die Dauer einer gerichtlichen Entscheidung, insbesondere bei Inanspruchnahme einer Beratung[71] bzw. Mediation (Abs. 1) oder bei Anordnung einer Begutachtung durch einen Sachverständigen (§ 163), hat das Familiengericht in Verfahren nach § 155 Abs. 1 (Kindschaftssachen, die das Umgangsrecht, den Aufenthalt oder die Herausgabe des Kindes betreffen, nicht aber in dem in § 157 gesondert geregelten Verfahren wegen Kindeswohlgefährdung, dazu § 157 Rn. 14 ff.)[72] mit den Beteiligten den **Erlass einer einstweiligen Anordnung** zum Verfahrensgegenstand zu erörtern. Dadurch soll verhindert werden, dass „unvermeidliche Verfahrensverzögerungen für das Kindeswohl abträgliche Situationen herbeiführen oder sogar ‚vollendete Tatsachen' schaffen".[73] Den Konflikt zwischen den widerstreitenden Zielen der Reform (Beschleunigungsgebot einerseits und Erzielung von Einvernehmen andererseits) hat der Gesetzgeber hier – wie auch an anderen Stellen[74] – schematisch zugunsten der Verfahrensbeschleunigung gelöst,[75] statt die Abwägung zwischen den Prinzipien der Konsensförderung und der Verfahrensbeschleunigung im Einzelfall in das richterliche Ermessen zu stellen.

a) Umgangsrechtliche Verfahren. Dem Beschleunigungsgebot wird vor allem für die umgangsrechtlichen Verfahren eine besondere Bedeutung beigemessen, insbesondere soll einer Entfremdung zwischen dem Kind und dem Umgangsberechtigten während der Dauer des Verfahrens entgegengewirkt werden. Wird die Teilnahme an einer Beratung oder die schriftliche Begutachtung angeordnet, so soll das Familiengericht den Umgang durch **einstweilige Anordnung** vorläufig regeln (positive Umgangsregelung) oder zum Schutz des Kindes vorläufig ausschließen (negative Umgangsregelung).[76] Im Wege der einstweilen Anordnung kann auch ein **begleiteter Umgang** nach § 1684 Abs. 4 S. 3 BGB angeordnet werden.[77] Ein Absehen von einer einstweiligen Anordnung kommt insbesondere dann in Betracht, wenn die Anordnung einer Beratung oder schriftlichen Begutachtung voraussichtlich nur zu einer unwesentlichen Verzögerung führt.[78]

b) Voraussetzungen für den Erlass einer einstweiligen Anordnung. Bei Erlass einer einstweiligen Anordnung sind die §§ 49 ff. zu beachten:[79] Während das Gericht in Verfahren, die von

---

[69] BT-Drucks. 16/6308, S. 346 (das Familiengericht kann den Vergleich auf Antrag von mindestens einem Elternteil abändern). Der Gesetzgeber geht somit davon aus, dass nur die Eltern, nicht aber jeder am Vergleich Beteiligte, das Verfahren nach § 1696 Abs. 1 BGB in Gang setzen kann. Diese bevorzugte Stellung der Eltern, die in einem gewissen Widerspruch zu den Rechten der anderen Beteiligten nach § 156 Abs. 2 S. 1 (Zustimmung zur einvernehmlichen Regelung der Eltern) steht, trägt der Elternautonomie des Art. 6 Abs. 2 S. 1 GG Rechnung.

[70] *Zimmermann,* Die Kostenentscheidung im FamFG, FamRZ 2009, 377, 380 f.; *Fölsch* § 8 Rn. 11.

[71] Ausdrücklich heißt es aber in BR-Drucks. 309/07, S. 526: „Die Verpflichtung zur Beratung darf nicht zu einer Verzögerung des Verfahrens führen."

[72] Nach dem Willen des Gesetzgebers regelt § 157 im Verhältnis zu § 155 einen „neuen Verfahrensabschnitt"; BT-Drucks. 16/6308, S. 414 f.

[73] BT-Drucks. 16/6308, S. 237.

[74] So wurde die in § 52 Abs. 2 FGG geregelte Aussetzung des Verfahrens nicht übernommen. Kritisch dazu auch *Lipp/Schumann/Veit/Coester* S. 46.

[75] Kritisch dazu *Nothhafft* (Fn. 12), S. 4 f.; *Willutzki* ZKJ 2006, 226 f.; *Reichert* ZKJ 2006, 231 f.; *Röchling,* Das Gesetz zur Erleichterung familiengerichtlicher Maßnahmen bei Gefährdung des Kindeswohls, FamRZ 2008, 1495, 1497.

[76] Diese Regelung wird unter Kindeswohlaspekten für dringend erforderlich gehalten, weil noch im Jahr 2005 37,6% aller Verfahren zur Regelung des Umgangs mehr als sechs Monate dauerten (BT-Drucks. 16/6308, S. 237; BT-Drucks. 16/6815, S. 18). Vgl. auch BVerfG FamRZ 2001, 753, 754. Kritisch dazu *Flügge* FPR 2008, 1.

[77] *Bumiller/Harders* Rn. 14 m. weit. Nachw.

[78] BT-Drucks. 16/6308, S. 237.

[79] Dazu umfassend *Giers* FGPrax 2009, 47 ff.; *Gießler* FPR 2006, 421 ff. Da es sich bei dem einstweiligen Anordnungsverfahren um ein von der Hauptsache selbständiges Verfahren handelt, ist die anwaltliche Tätigkeit in beiden Verfahren gebührenrechtlich gesondert abzurechnen; dazu *Fölsch* § 4 Rn. 15.

Amts wegen betrieben werden (zB § 1684 Abs. 3 S. 1 BGB, § 1685 Abs. 3 BGB), nach §§ 49, 51 Abs. 1 eine **einstweilige Anordnung von Amts wegen** erlassen kann, ist in Verfahren, in denen verfahrenseinleitende Anträge zu stellen sind (etwa § 1632 Abs. 3 BGB), der **Antrag eines Beteiligten** auf Erlass einer einstweiligen Anordnung erforderlich.[80] Im zweiten Fall muss der Antragsteller nach § 51 Abs. 1 S. 2 den Antrag begründen und das Vorliegen der Voraussetzungen für den Erlass einer einstweiligen Anordnung glaubhaft machen. Vor Erlass der einstweiligen Anordnung muss das Gericht gemäß § 49 Abs. 1 erstens eine **summarische Prüfung der materiellen Rechtslage** vornehmen; zweitens muss es prüfen, ob ein **dringendes Bedürfnis für ein sofortiges Tätigwerden** vorliegt.[81] In umgangsrechtlichen Verfahren wird das dringende Bedürfnis bei drohender Entfremdung zwischen Kind und Umgangsberechtigtem regelmäßig zu bejahen sein.[82] Schließlich ist die **persönliche Anhörung des Kindes** vor Erlass der einstweiligen Anordnung in der Regel vorgesehen (Soll-Vorschrift in Abs. 3 S. 3). Da das Kind im frühen ersten Termin nach § 155 Abs. 2, 3 regelmäßig nicht beteiligt ist (eine Ausnahme gilt für das nach § 9 Abs. 1 Nr. 3 verfahrensfähige Kind, dazu § 155 Rn. 65),[83] stellt Abs. 3 S. 3 klar, dass eine Anhörung des Kindes nach Maßgabe des § 159 vor Erlass der einstweiligen Anordnung stattfinden soll. Insgesamt gelten auch im einstweiligen Anordnungsverfahren die Regelungen zur persönlichen Anhörung des Kindes und der Eltern. Dies bedeutet, dass das Kind bei Vorliegen der Voraussetzungen des § 159 Abs. 1 oder 2 und die Eltern nach § 160 Abs. 1 S. 2 vor Erlass der einstweiligen Anordnung persönlich anzuhören sind.[84] Nur bei **Gefahr im Verzug**, deren Voraussetzungen enger als diejenigen des § 49 Abs. 1 („dringendes Bedürfnis") sind,[85] darf von einer persönlichen Anhörung des Kindes oder der Eltern abgesehen werden.[86] In diesen Fällen ist die persönliche Anhörung nach § 159 Abs. 3 S. 2 und § 160 Abs. 4 unverzüglich nachzuholen; das Gericht kann von Amts wegen die Entscheidung aufheben oder abändern, § 54 Abs. 1 S. 3.[87] Sofern eine Beschwerde gegen die einstweilige Anordnung in den Fällen des § 57 eingelegt wurde,[88] ist die Aufhebung oder Abänderung durch das erstinstanzliche Gericht unzulässig, § 54 Abs. 4.

22   c) **Entscheidung durch Beschluss, Vollstreckung, Rechtsmittel, Erledigung.** Die einstweilige Anordnung ergeht gemäß § 38 Abs. 1 durch **Beschluss;** dieser ist gemäß § 38 Abs. 3 S. 1 zu begründen und gemäß § 39 mit einer Rechtsbehelfsbelehrung zu versehen. Gemäß § 40 Abs. 1 wird der Beschluss mit der Bekanntgabe wirksam und unterliegt nach § 86 Abs. 1 Nr. 1 der **Vollstreckung.** In Verfahren nach § 57 S. 2 Nr. 1 und 2 (**beschwerdefähige Entscheidungen** betreffend die elterliche Sorge einschließlich des Aufenthaltsbestimmungsrechts oder die Herausgabe des Kindes an den anderen Elternteil), nicht aber in Kindschaftssachen, die das Umgangsrecht betreffen, kann die einstweilige Anordnung mit der **Beschwerde** innerhalb einer Frist von zwei Wochen (§ 63 Abs. 2 Nr. 1) angefochten werden.[89] Unabhängig davon kann das Gericht, da die einstweilige Anordnung nicht in materielle Rechtskraft erwächst, die Entscheidung unter den Voraussetzungen des § 54 Abs. 1 aufheben oder ändern.[90] Da es sich bei der einstweiligen Anordnung um eine vorläufige Regelung handelt, tritt diese mit dem Wirksamwerden der **Entscheidung im Hauptsacheverfahren** außer Kraft, wenn die Regelungsbereiche übereinstimmen, § 56 Abs. 1. Dies gilt auch, wenn

---

[80] BT-Drucks. 16/6308, S. 237. Zu Antrags- und Amtsverfahren vgl. *Giers* FGPrax 2009, 48 f.; *Löhnig/Heiß* FamRZ 2009, 1102. Kritisch *Borth*, Einführung in das Gesetz zur Reform des Verfahrens in Familiensachen und in den Angelegenheiten der freiwilligen Gerichtsbarkeit v. 17. 12. 2008, FamRZ 2009, 157, 161 mit Hinweis darauf, dass die Eingriffsschwelle in § 156 Abs. 3 im Verhältnis zu § 49 Abs. 1 nicht eindeutig definiert ist.
[81] Dazu *Giers* FGPrax 2009, 47 f.; *Löhnig/Heiß* FamRZ 2009, 1101; *Musielak/Borth* Rn. 6.
[82] BT-Drucks. 16/6308, S. 237.
[83] BT-Drucks. 16/6308, S. 236. Kritisch dazu *Lipp/Schumann/Veit/Coester* S. 48 f.
[84] Findet im frühen ersten Termin nach § 155 Abs. 2 lediglich ein Gespräch mit dem Ziel eines Hinwirkens auf Einvernehmen statt, so genügt dieses nicht immer den Anforderungen an eine persönliche Anhörung der Eltern; KG Berlin FamRZ 2009, 1428, 1429 f. mit Anm. *Ernst*; der Beschluss bezog sich allerdings auf eine die Instanz abschließende Entscheidung.
[85] Nach *Giers* FGPrax 2009, 48 f. setzt ein „dringendes Regelungsbedürfnis" voraus, dass ein Abwarten bis zur endgültigen Entscheidung zu einer Gefährdung der zu schützenden Interessen führt. Von einer Anhörung des Kindes oder der Eltern darf daher nur bei besonderer Eilbedürftigkeit abgesehen werden.
[86] Insbesondere bei der Regelung des Umgangs durch einstweilige Anordnung wegen drohender Entfremdung wird häufig keine Gefahr im Verzug vorliegen, so dass das Kind regelmäßig vor Erlass der einstweiligen Anordnung angehört werden muss.
[87] Dazu *Giers* FGPrax 2009, 49, 51 f. Vgl. weiter *Musielak/Borth* § 54 Rn. 1.
[88] Dazu *Giers* FGPrax 2009, 51 f. Vgl. weiter *Musielak/Borth* § 57 Rn. 1 ff.
[89] Dazu *Giers* FGPrax 2009, 51; *Löhnig/Heiß* FamRZ 2009, 1104; *Menne*, Anm. zu OLG Köln ZKJ 2008, 427; *Schulte-Bunert/Weinreich/Schwonberg* § 57 Rn. 8 ff.
[90] Dazu *Giers* FGPrax 2009, 51 f. *Löhnig/Heiß* FamRZ 2009, 1104.

das Hauptsacheverfahren später durch einen gerichtlich gebilligten Vergleich nach Abs. 2 S. 1 beendet wird.[91]

§ 157 Erörterung der Kindeswohlgefährdung; einstweilige Anordnung

(1) [1] In Verfahren nach den §§ 1666 und 1666a des Bürgerlichen Gesetzbuchs soll das Gericht mit den Eltern und in geeigneten Fällen auch mit dem Kind erörtern, wie einer möglichen Gefährdung des Kindeswohls, insbesondere durch öffentliche Hilfen, begegnet werden und welche Folgen die Nichtannahme notwendiger Hilfen haben kann. [2] Das Gericht soll das Jugendamt zu dem Termin laden.

(2) [1] Das Gericht hat das persönliche Erscheinen der Eltern zu dem Termin nach Absatz 1 anzuordnen. [2] Das Gericht führt die Erörterung in Abwesenheit eines Elternteils durch, wenn dies zum Schutz eines Beteiligten oder aus anderen Gründen erforderlich ist.

(3) In Verfahren nach den §§ 1666 und 1666a des Bürgerlichen Gesetzbuchs hat das Gericht unverzüglich den Erlass einer einstweiligen Anordnung zu prüfen.

Schrifttum: *Binschus,* Wie kann der Gefährdung eines Kindes begegnet werden?, ZfF 2008, 112; *Büte,* Gesetz zur Erleichterung familiengerichtlicher Maßnahmen bei Gefährdung des Kindeswohls, FuR 2008, 361; *Coester,* Inhalt und Funktion des Begriffs der Kindeswohlgefährdung – Erfordernis einer Neudefinition?, in: *Lipp/Schumann/Veit* (Hrsg.), Kindesschutz bei Kindeswohlgefährdung – neue Mittel und Wege?, Göttinger Juristische Schriften, Bd. 4, 2008, S. 19 (= JAmt 2008, 1); *Fellenberg,* Das sogenannte „Erziehungsgespräch" beim Familiengericht – neue Aufgaben für den Familienrichter?, in: *Lipp/Schumann/Veit* (Hrsg.), Kindesschutz bei Kindeswohlgefährdung – neue Mittel und Wege?, Göttinger Juristische Schriften, Bd. 4, 2008, S. 91; *Giers,* Die Neuregelung der einstweiligen Anordnung durch das FamFG, FGPrax 2009, 47; *Jestaedt,* Staatlicher Kindesschutz unter dem Grundgesetz – Aktuelle Kindesschutzmaßnahmen auf dem Prüfstand der Verfassung, in: *Lipp/Schumann/Veit* (Hrsg.), Kindesschutz bei Kindeswohlgefährdung – neue Mittel und Wege?, Göttinger Juristische Schriften, Bd. 4, 2008, S. 5; *Kunkel,* 2 Jahre Schutzauftrag nach § 8a SGB VIII, ZKJ 2008, 52; *Meysen,* Neuerungen im zivilrechtlichen Kinderschutz, NJW 2008, 2673; *ders.,* Familiengerichtliche Maßnahmen bei Gefährdung des Kindeswohls – Geändertes Recht ab Sommer 2008, JAmt 2008, 233; *Mörsberger,* „Kindeswohl" wird zum Schlagwort. Es dominiert Aktionismus – Zur Entwicklung des Kinderschutzes in Gesetzgebung und Praxis, RdJB 2009, 34; *Röchling,* Neue Aspekte zu Kinderschutz und Kindeswohl? – Zum Entwurf eines „Gesetzes zur Erleichterung familiengerichtlicher Maßnahmen bei Gefährdung des Kindeswohls", FamRZ 2007, 1775; *ders.,* Das Gesetz zur Erleichterung familiengerichtlicher Maßnahmen bei Gefährdung des Kindeswohls, FamRZ 2008, 1495; *Rosenboom/Rotax,* Ein kleiner Meilenstein auf dem Weg zum besseren Kindesschutz, ZRP 2008, 1; *Schumann,* Kindeswohl zwischen elterlicher und staatlicher Verantwortung, in: *Behrends/Schumann* (Hrsg.), Gesetzgebung, Menschenbild und Sozialmodell im Familien- und Sozialrecht, Abhandlungen der Akademie der Wissenschaften zu Göttingen, Neue Folge, Bd. 3, 2008, S. 169; *Trenczek,* Familiengerichtliche Verfahren und Mitwirkung der Jugendhilfe nach dem FGG-Reformgesetz, ZKJ 2009, 97; *Veit,* Das Gesetz zur Erleichterung familiengerichtlicher Maßnahmen bei Gefährdung des Kindeswohls im Überblick, FPR 2008, 598; *Wagner,* Also lautet der Beschluss, dass der Mensch was lernen muss … – Die Erörterung der Kindeswohlgefährdung nach § 50f FGG oder das richterliche „Erziehungsgespräch", FPR 2008, 605; *Wapler,* Staatliche Reaktionsmöglichkeiten bei Kindeswohlgefährdung – Verfassungsrechtliche Aspekte der jüngsten Gesetzesänderungen, RdJB 2009, 21; *Wiesner,* Schutzauftrag des Jugendamtes bei Kindeswohlgefährdung, FPR 2007, 6; *Willutzki,* Der Schutzauftrag des Jugendamtes im neuen Recht, FPR 2008, 488; *ders.,* Kindschaftssachen im neuen FamFG – Ein Überblick, FPR 2009, 327; *ders.,* Kinderschutz aus der Sicht des Familiengerichts, ZKJ 2008, 139.

Übersicht

	Rn.		Rn.
I. Normzweck	1	e) Umsetzung in der Praxis	13
II. Entstehungsgeschichte	2, 3	2. Prüfung des Erlasses einer einstweiligen Anordnung	14–16
III. Anwendungsbereich	4–16	a) Voraussetzungen für den Erlass einer einstweiligen Anordnung	15
1. Erörterung der Kindeswohlgefährdung	4–13		
a) Mögliche Kindeswohlgefährdung	5	b) Entscheidung durch Beschluss, Vollstreckung, Rechtsmittel, Erledigung	16
b) Beteiligte des Gesprächs	6–9		
c) Inhalt des Gesprächs	10, 11		
d) Weiteres Verfahren nach Durchführung des Gesprächs	12		

---

[91] Dazu *Löhnig/Heiß* FamRZ 2009, 1103. Vgl. weiter *Giers* FGPrax 2009, 50 und *Gießler* FPR 2006, 425 f. zur Vollstreckung und zum Außerkrafttreten der einstweiligen Anordnung. Dazu insgesamt auch *Klein,* Reform des einstweiligen Rechtsschutzes, FuR 2009, 241 ff., 321 ff.

I. Normzweck

1 Das Anliegen, Kinder durch präventive Maßnahmen effektiver vor Gefährdungen zu schützen, wurde in weiten Teilen bereits mit dem im Juli 2008 in Kraft getretenen Gesetz zur Erleichterung familiengerichtlicher Maßnahmen bei Gefährdung des Kindeswohls umgesetzt.[1] Abs. 1 und 2 entsprechen im Wesentlichen dem damals neu eingeführten § 50f FGG und sehen bereits im Vorfeld einer Kindeswohlgefährdung nach § 1666 BGB staatliche Maßnahmen zum Schutz von Kindern vor. Bestandteile der Erörterung der Kindeswohlgefährdung sind erstens das Einwirken auf die Eltern und in geeigneten Fällen auch auf das Kind, zweitens die Darlegung möglicher rechtlicher Konsequenzen im Falle des Eintritts einer Kindeswohlgefährdung und drittens das Hinwirken auf eine Kooperation zwischen Eltern und Jugendamt.[2] Hinzu tritt nach § 166 Abs. 3 viertens eine mindestens einmalige Überprüfung der Kindessituation und der anhaltenden Kooperationsbereitschaft der Eltern; eine dauerhafte staatliche Erziehungskontrolle durch das Familiengericht soll nach dem Willen des Gesetzgebers jedoch vermieden werden.[3]

II. Entstehungsgeschichte

2 Der Koalitionsvertrag von CDU, CSU und SPD vom 18. 11. 2005 sah vor, dass eine Arbeitsgruppe die gesetzlichen Vorschriften zu Kindeswohlgefährdungen mit dem Ziel überprüfen sollte, „familiengerichtliche Maßnahmen hinsichtlich schwerwiegend verhaltensauffälliger, insbesondere straffälliger Kinder und Jugendlicher zu erleichtern," und die gesetzlichen Voraussetzungen dafür schaffen sollte, dass die Erziehungsberechtigten zur Inanspruchnahme von Jugendhilfeleistungen verpflichtet werden können.[4] Obwohl sich nach dem Abschlussbericht der vom Bundesjustizministerium eingesetzten Arbeitsgruppe die im Vorfeld aufgestellten Befürchtungen (Zunahme von Fällen schwerer Kindesvernachlässigungen/-misshandlungen, besorgniserregender Anstieg der Kinder- und Jugenddelinquenz) nicht bestätigt haben,[5] hielt der Gesetzgeber die Schaffung von Präventionsmaßnahmen im Vorfeld einer Kindeswohlgefährdung für erforderlich.[6] In konsequenter Fortführung der mit dem Gesetz zur Weiterentwicklung der Kinder- und Jugendhilfe in § 8a SGB VIII[7] im Jahre

---

[1] Gesetz zur Erleichterung familiengerichtlicher Maßnahmen bei Gefährdung des Kindeswohls v. 4. 7. 2008, BGBl. I S. 1188.

[2] So ausdrücklich BT-Drucks. 16/6815, S. 12: „Ein wesentliches Ziel der Erörterung bei Gericht ist es, die Beteiligten – Eltern, Jugendamt und in geeigneten Fällen auch das Kind – an einen Tisch zu bringen. Dies soll dazu beitragen, stärker auf die Eltern und erforderlichenfalls auch auf das Kind einwirken zu können. Es ist Aufgabe der Gerichte, in diesem Gespräch den Eltern den Ernst der Lage vor Augen zu führen, auf mögliche Konsequenzen hinzuweisen und darauf hinzuwirken, dass die Eltern notwendige Leistungen der Jugendhilfe annehmen und mit dem Jugendamt kooperieren."

[3] BT-Drucks. 16/6815, S. 15. Dazu auch *Lipp/Schumann/Veit/Coester* S. 50 ff.

[4] Koalitionsvertrag von CDU, CSU und SPD „Gemeinsam für Deutschland – Mit Mut und Menschlichkeit" v. 18. 11. 2005, B.VIII. 2.1.

[5] Kritisch dazu *Schumann,* Kindeswohl, S. 180 ff. m. weit. Nachw.; *Lipp/Schumann/Veit/Schumann* S. 239 ff. (vgl. insb. die Abbildungen auf S. 255 f., aus denen sich der deutliche Rückgang der Kindstötungen durch Vernachlässigung/Misshandlung sowie der Kinder- und Jugenddelinquenz ergibt). Obwohl die Anzahl der Todesfälle durch Verwahrlosung und Misshandlung von Kindern durch die eigenen Eltern in den letzten 25 Jahren um mehr als die Hälfte gesunken ist und zwischen 10 und 20 Fällen pro Jahr liegt, heißt es von Seiten der Bundesjustizministerin (Deutscher Bundestag, 157. Sitzung v. 24. 4. 2008, Plenarprotokoll 16/157, S. 16543): „Aufgrund zahlreicher Todesfälle bei Kindern, die auf Misshandlung und Verwahrlosung zurückgehen, haben wir im BMJ darüber nachgedacht, was wir tun können, um in Zukunft Kinder besser zu schützen und solche Taten zu verhindern. [...] Die dritte Rechtsänderung betrifft die Überprüfung der gerichtlichen Entscheidung. Unser Ziel ist es, Folgendes zu erreichen: Wenn ein Antrag vom Jugendamt gestellt wurde und das Gericht eine Entscheidung abgelehnt hat, dann sollen die Richterinnen und Richter nach drei Monaten noch einmal in die Akte schauen. [...] Es ist wichtig, deutlich zu machen, dass die Jugendhilfe ruhig Anträge stellen kann; auch wenn den Anträgen nicht sofort nachgekommen wird, mag das in der Folge geschehen."

[6] Der Entwurf zum Gesetz zur Erleichterung familiengerichtlicher Maßnahmen bei Gefährdung des Kindeswohls (BT-Drucks. 16/6815, S. 1, 7) beruft sich darauf, dass sich in jüngster Zeit Medienberichte über erschütternde Fälle von Misshandlung und Vernachlässigung von Kindern gehäuft hätten. Zum Inkrafttreten der inhaltlich weitgehend übereinstimmenden Regelungen bereits im Jahr 2008 heißt es (BT-Drucks. 16/8914, S. 11): „Um zügig auf die gehäuften Fälle der Gefährdung des Kindeswohls reagieren zu können, sei die Verabschiedung dieser Gesetzesänderung bereits jetzt wichtig." Kritisch dazu Stellungnahme des Bundesjugendkuratoriums vom Dezember 2007, Schutz vor Kindeswohlgefährdung – Anmerkungen zur aktuellen Debatte, JAmt 2008, 72 ff. Vgl. weiter *Binschus* ZfF 2008, 112.

[7] Gesetz zur Weiterentwicklung der Kinder- und Jugendhilfe (KICK) v. 8. 9. 2005, BGBl. I S. 2729 (Art. 1 Nr. 4). Dazu *Kunkel* ZKJ 2008, 52 ff. Der neu geschaffene Tatbestand der „möglichen Kindeswohlgefährdung" knüpft unmittelbar an die Konzeption des § 8a SGB VIII an, der eine frühere Einschaltung des Familiengerichts vorsieht und diesem nunmehr auch eine Reaktion unterhalb der Kindeswohlgefährdungsschwelle erlaubt. Dazu

2005 geschaffenen Vorverlagerung staatlicher Eingriffsbefugnisse (Recht des Jugendamts auf Informationsbeschaffung zur Abschätzung eines Gefährdungsrisikos und Pflicht der Eltern zur Mitwirkung an dieser Abschätzung)[8] wurde auf der Grundlage eines Gesetzesantrags des Freistaates Bayern vom 3. Mai 2006 die Einführung eines sog. richterlichen Erziehungsgesprächs diskutiert.[9] Mit dem Gesetz zur Erleichterung familiengerichtlicher Maßnahmen bei Gefährdung des Kindeswohls vom 4. Juli 2008 hat der Gesetzgeber den bayerischen Vorschlag inhaltlich weitgehend umgesetzt, jedoch auf den Begriff des „Erziehungsgesprächs" verzichtet, um den Eindruck zu vermeiden, dass der Familienrichter im Verfahren selbst als Erzieher auftritt.[10] Gleichzeitig wird unmissverständlich klargestellt, dass das Familiengericht mit dem Gespräch nach Abs. 1 unterhalb der Kindeswohlgefährdungsschwelle („bereits im Vorfeld und unabhängig von Maßnahmen nach den §§ 1666, 1666a BGB") in die elterliche Verantwortung eingreifen darf.[11] Neben das klassische Verständnis des Eltern-Kind-Staat-Verhältnisses auf der Grundlage des Art. 6 Abs. 2 GG, wonach staatliche Eingriffe in das Elternrecht auf Fälle der Gefahrenabwehr beschränkt sind, ist mit der Neuregelung in § 50f FGG/§ 157 zum Zwecke der Prävention die staatliche Lenkung und Kontrolle elterlicher Erziehung unterhalb der Kindeswohlgefährdungsschwelle getreten.[12] Bedauerlicherweise hat der Gesetzgeber zu diesem Paradigmenwechsel im Hinblick auf die verfassungsrechtliche Interpretation des Verhältnisses von Elternrecht und Wächteramt keine Stellung bezogen.

Abs. 3 entspricht im Wesentlichen § 50e Abs. 4 FGG, der ebenfalls durch das Gesetz zur Erleichterung familiengerichtlicher Maßnahmen bei Gefährdung des Kindeswohls vom 4. Juli 2008 neu eingeführt wurde.[13] **3**

III. Anwendungsbereich

1. Erörterung der Kindeswohlgefährdung. Die nicht unerhebliche Lücke, die zwischen dem **4** positiven und dem negativen Kindeswohlstandard klafft, und das damit verbundene Unbehagen, dass bis zum Erreichen der Gefährdungsschwelle ein weitgehend staatsfreier Raum bleibt, in dem das „Weniger" an elterlicher Verantwortung nicht durch ein „Mehr" an staatlicher Verantwortung (gegen den Willen der Eltern) ausgeglichen werden darf, vielmehr das Abweichen vom positiven Kindeswohlstandard dem Kind als persönliches Schicksal zuzumuten ist,[14] haben in Rechtspre-

---

auch *Willutzki* FPR 2008, 491. Vgl. weiter *Röchling* FamRZ 2007, 1777; *Wiesner,* Kinderschutz aus der Sicht der Jugendhilfe, ZKJ 2008, 143, 146; *ders.* FPR 2007, 11; *Meysen* JAmt 2008, 238 f.; *Mörsberger* RdJB 2009, 36 ff.

[8] Dazu *Schumann,* Kindeswohl, S. 178 ff. m. weit. Nachw. Vgl. auch *Jestaedt,* Staatlicher Kinderschutz, S. 17 f. Eine weitere Verschärfung ist in dem Entwurf eines Kinderschutzgesetzes (insbesondere mit der Regelverpflichtung zum Hausbesuch nach § 8a I 2 SGB VIII-E) vorgesehen, BT-Drucks. 16/12429, S. 7, 9. Kritisch dazu: Stellungnahme der Kinderschutz-Zentren zum Änderungsvorschlag BMFSFJ/BMJ zu § 8a SGB VIII Schutzauftrag bei Kindeswohlgefährdung v. 23. 5. 2008, S. 1 ff.; Stellungnahme des AFET zum Gesetzentwurf der Bundesregierung, Entwurf eines Gesetzes zur Verbesserung des Kindesschutzes, v. 29. 1. 2009, S. 3 f.; Stellungnahme des Deutschen Vereins zum Regierungsentwurf eines Gesetzes zur Verbesserung des Kinderschutzes (Kinderschutzgesetz), ZKJ 2009, 249, 250 f. Dazu auch *Mörsberger* RdJB 2009, 38 ff., insb. 41 f. Zu Kinderschutzmaßnahmen in den einzelnen Bundesländern vgl. *Binschus* ZfF 2008, 115 f.

[9] Entwurf eines Gesetzes zur Änderung des § 1666 BGB und weiterer Vorschriften v. 3. 5. 2006. Mit dem „richterlichen Erziehungsgespräch" sollte dem Familienrichter ein wirksames Instrumentarium zur Verfügung gestellt werden, um „mit seiner Autorität" auf die „oftmals überforderten Eltern einzuwirken" (BR-Drucks. 296/06, S. 1). Ausdrücklich wurde auch hier der Zusammenhang zu § 8a Abs. 3 SGB VIII (Abschätzung eines Gefährdungsrisikos) hergestellt und darüber hinaus empfohlen, im Gespräch auf die Eltern Druck auszuüben, damit sie mit dem Jugendamt kooperieren (BR-Drucks. 296/06, S. 10 f.). Zur Kritik im Vorfeld der Reform vgl. *Fellenberg,* Erziehungsgespräch, S. 95 f.

[10] BT-Drucks. 16/6815, S. 12. Vgl. weiter *Willutzki* FPR 2009, 329.

[11] BT-Drucks. 16/6815, S. 17; BT-Drucks. 16/6308, S. 237. Dazu auch *Lipp/Schumann/Veit/Hornikel* S. 207 ff., insb. S. 209.

[12] Dazu im Einzelnen *Lipp/Schumann/Veit/Hornikel* S. 232 ff. m. weit. Nachw. Kritisch auch *Röchling* FamRZ 2007, 1778 f.; *Rosenboom/Rotax* ZRP 2008, 2 f.; *Veit* FPR 2008, 600 ff.

[13] BT-Drucks. 16/6815, S. 5, 17.

[14] Dazu insgesamt *Coester,* Inhalt und Funktion, S. 19 ff., sowie zu den Gründen eines eng verstandenen staatlichen Wächteramtes, S. 34: „Die Zurückhaltung des staatlichen Wächters im Zwischenbereich zwischen positivem Kindeswohl und Kindesgefährdung beruht im Wesentlichen auf drei Gründen: den Schwierigkeiten, ,das Beste' für ein konkretes Kind verlässlich zu bestimmen; der weitgehenden Ungeeignetheit staatlicher Institutionen, es ggf. anstelle der Eltern zu gewährleisten; und dem auch historisch bedingten Primat der Eltern, für ihr Kind zu sorgen, wie sie es für richtig halten. Dies schließt ,niedrigschwelliges Mitregieren' des Staates in einer konkreten Familie unterhalb der allgemeinen Gefährdungsgrenze aus, selbst wenn das, was als kindeswohlgerechtes Verhalten durchgesetzt werden soll, allgemeinem Richtigkeitskonsens entspricht. Die Gewissheit, mit Weisungen oder Ähnlichem das Richtige zu tun, wird schon dann schwächer, wenn man das Kind nicht als isoliertes Individuum sieht, sondern als unlösbar eingebunden in das Familiensystem – der Vorteil eines ,minimalinvasiven

§ 157 5   Buch 2. Abschnitt 3. Verfahren in Kindschaftssachen

chung, Schrifttum und Rechtspolitik schon seit längerem Tendenzen zur Schließung der Lücke hervorgerufen – und zwar einerseits in Form einer allmählichen Herabsetzung der Gefährdungsschwelle[15] und andererseits durch die Forderung nach einem „niedrigschwelligen Eingreifen"[16] unterhalb der Gefährdungsschwelle, die mit dem Gesetz zur Erleichterung familiengerichtlicher Maßnahmen bei Gefährdung des Kindeswohls, insbesondere mit dem Gespräch nach Abs. 1 und der Überprüfungspflicht nach § 166 Abs. 3 umgesetzt wurde.[17] Beide Regelungen sind als Soll-Vorschriften ausgestaltet, so dass von der Erörterung nach Abs. 1 und der Überprüfung nach § 166 Abs. 3 in offensichtlich unbegründeten Fällen abgesehen werden kann.[18]

5 **a) Mögliche Kindeswohlgefährdung.** Der Tatbestand des Abs. 1 S. 1 setzt voraus, dass in einem Verfahren nach §§ 1666f. BGB eine „mögliche" Gefährdung des Kindeswohls festgestellt wird. Somit muss ein Sachverhalt vorliegen, bei dem auf Grund des Verdachts einer Kindeswohlgefährdung das Familiengericht angerufen wird, sich dann aber im Laufe des Verfahrens herausstellt, dass die Schwelle des § 1666 BGB noch nicht erreicht ist, dh. keine konkrete, wohl aber eine mögliche Kindeswohlgefährdung besteht. Obwohl auf die Vorverlagerung staatlicher Eingriffsbefugnisse in der Gesetzesbegründung mehrfach und deutlich hingewiesen wird,[19] bleibt offen, wann die „mögliche" Kindeswohlgefährdung beginnt,[20] insbesondere ob der Tatbestand mit der „Nichtgewährleistung des Kindeswohls" in § 27 SGB VIII[21] identisch ist oder ob die Norm nur die notwendige **Ergänzung zu § 8a Abs. 3 S. 1 SGB VIII** darstellt und verhindern soll, dass das Jugendamt in der Phase der Abschätzung des Gefährdungsrisikos das Familiengericht „umsonst" anruft.[22] Im Hinblick auf die ver-

---

Eingriffes' kann leicht durch familiendynamische Nachteile aufgewogen werden." Vgl. weiter *Jestaedt*, Staatlicher Kindesschutz, S. 12 ff., insb. S. 15 f.; *Finke*, Elternwohl, JAmt 2008, 10, 12.

[15] Dazu umfassend *Schumann*, Kindeswohl, S. 189 ff. u. a. mit Hinweis auf OLG Oldenburg FamRZ 1999, 38. Im Jahr 2007 wurden 29.000 Kinder zwangsweise von ihren Eltern getrennt, davon knapp zwei Drittel nur vorübergehend (dies waren 50% mehr als fünf Jahre zuvor); in mehr als 10.000 Fällen endete der Eingriff mit dem (teilweisen) Entzug der elterlichen Sorge (FAZ v. 17. 6. 2009, 10). Vgl. weiter *Röchling* FamRZ 2008, 1495 mit Hinweis auf die Präsentation des Gesetzes zur Erleichterung familiengerichtlicher Maßnahmen bei Gefährdung des Kindeswohls in einer Datenbank des Deutschen Bundestages: „*Frühzeitiges* Eingreifen von Familiengerichten *bei abgesenkter Eingriffsschwelle* für einen *effektiven* Kindesschutz." Zur neuen Umgangspflegschaft nach § 1684 Abs. 3 S. 3 BGB unterhalb der Schwelle des § 1666 BGB kritisch *Lipp/Schumann/Veit/Salgo* S. 163 ff., 166 ff.; *Lipp/Schumann/Veit/Veit* S. 202 ff.

[16] Kritisch dazu *Coester*, Inhalt und Funktion, S. 31 ff.; *Veit* FPR 2008, 600.

[17] Vgl. auch die Abbildung bei *Lipp/Schumann/Veit/Schumann* S. 251. Vgl. weiter *Lipp/Schumann/Veit/Coester* S. 49 ff.

[18] BT-Drucks. 16/6308, S. 237, 243. Dazu auch *Lipp/Schumann/Veit/Hornikel* S. 210, Fn. 6.

[19] So ausdrücklich BT-Drucks. 16/6815, S. 17: „Dem Familiengericht steht damit – bereits *im Vorfeld* und unabhängig von Maßnahmen nach den §§ 1666, 1666a BGB – ein wirksames Instrument zur Verfügung, um auf die Eltern und die Kinder einzuwirken". Vgl. weiter S. 1 zu den Zielen des Gesetzes: „Insbesondere sollen Möglichkeiten geschaffen werden, *frühzeitiger* und stärker auf die Eltern einzuwirken, um diese anzuhalten, notwendige öffentliche Hilfen zur Wiederherstellung ihrer Elternkompetenz in Anspruch zu nehmen. In diesem Sinne sieht der Entwurf verschiedene Änderungen vor, die eine *frühzeitige* Anrufung des Familiengerichts und ein *frühes*, aber ggf. niedrigschwelliges Eingreifen durch das Familiengericht fördern sollen." [Hervorhebungen durch Verf.]. Dazu auch *Lipp/Schumann/Veit/Coester* S. 49 f. („gewisse Vorverlagerung des staatlichen Wächteramts auf verfahrensrechtlicher Ebene"); *Lipp/Schumann/Veit/Hornikel* S. 209; *Röchling* FamRZ 2008, 1497.

[20] Zu befürchten ist, dass Jugendämter früher die Familiengerichte anrufen und es dann auch häufiger zu Eingriffen in die elterliche Sorge kommt. Vgl. dazu *Meysen* NJW 2008, 2675; *ders.* JAmt 2008, 240; *Bringewat*, Die Abschätzung des Gefährdungsrisikos gem. § 8a Abs. 1 S 1 SGB VIII, ZKJ 2008, 297 ff., insb. 302. Vgl. auch die Begründung des Finanzausschusses des Bundesrates zur Empfehlung, § 157 zu streichen (BR-Drucks. 309/2/07, S. 00): „Nach Auskunft der familiengerichtlichen Praxis haben Defizite, soweit sie auftreten, ihre Ursache überwiegend in der praktischen Arbeit der Jugendämter und beruhen hier zumeist auf Einschränkungen in der Personalausstattung. Die Einführung eines isolierten Erörterungstermins wird hieran nichts ändern können. Sie wird lediglich dazu führen, dass die Familiengerichte zukünftig verstärkt im Vorfeld zur Entlastung des Jugendamtes eingeschaltet werden. Es ist zu erwarten, dass die Jugendämter das Erziehungsgespräch vermehrt nutzen werden, um – auch zur eigenen Absicherung – bei ersten Widerständen das Familiengericht anzurufen, anstatt zunächst alle Handlungsalternativen der Jugendamtsarbeit auszuschöpfen."

[21] § 27 SGB VIII gibt dem Personensorgeberechtigten einen Anspruch auf Hilfe zur Erziehung, wenn eine dem Wohl des Kindes entsprechende Erziehung nicht gewährleistet ist. Nach dem Willen des Gesetzgebers (BT-Drucks. 11/5948, S. 68; BT-Drucks. 16/6815, S. 8) soll dieser Anspruch bereits unterhalb der Schwelle des staatlichen Wächteramtes bestehen, wobei Leistungen möglichst frühzeitig angeboten werden sollen, so dass davon auszugehen ist, dass der gesamte Bereich zwischen positivem und negativem Kindeswohlstandard abgedeckt ist. Vgl. auch *Wiesner*, Leistungen der Kinder- und Jugendhilfe nach dem SGB VIII, FPR 2008, 608, 611; *ders.* FPR 2007, 11; *Büte* FuR 2008, 362.

[22] BT-Drucks. 16/6308, S. 237. Kritisch zum Tatbestand auch *Röchling* FamRZ 2008, 1496 (Fn. 25); *Meysen* JAmt 2008, 239 („Unklarheit über die Anlässe für die ‚Erörterung'"); *Trenczek* ZKJ 2009, 104. Vgl. auch *Wapler* RdJB 2009, 24 ff., 28.

fassungsrechtlichen Bedenken gegenüber der Vorverlagerung staatlicher Maßnahmen (s. o. Rn. 2, 4) ist eine **restriktive Anwendung** geboten, so dass nur in Fällen an der Grenze zur Kindeswohlgefährdungsschwelle (Zweifelsfälle) ein Gespräch zur Erörterung der Kindeswohlgefährdung noch vom Wächteramt gedeckt ist.[23] Dies ist auch deshalb geboten, weil das Gespräch Teil des Verfahrens nach §§ 1666 f. BGB ist und damit die für dieses Verfahren geltenden Grundsätze auch auf das Verfahren nach § 157 anzuwenden sind (dies betrifft etwa die Einleitung des Verfahrens von Amts wegen oder auf Anregung, § 24 Abs. 1).

b) Beteiligte des Gesprächs. Nach dem Willen des Gesetzgebers sind die Eltern (Abs. 1 S. 1), in geeigneten Fällen auch das Kind (Abs. 1 S. 1) und im Regelfall das Jugendamt (Abs. 1 S. 2) zu beteiligen. Keine Erwähnung findet der Verfahrensbeistand, dessen Bestellung in diesem Stadium des Verfahrens nach §§ 1666 f. BGB (mögliche Kindeswohlgefährdung) regelmäßig auch nicht erforderlich sein wird.[24] Ist ein Verfahrensbeistand bereits bestellt, so entscheidet das Gericht nach pflichtgemäßem Ermessen, ob dieser an dem Gespräch zu beteiligen ist.

aa) Eltern. Gemäß Abs. 2 S. 1 hat das Gericht das **persönliche Erscheinen** der Eltern[25] zum Termin nach Abs. 1 anzuordnen, um mit beiden Eltern gemeinsam die mögliche Kindeswohlgefährdung zu erörtern. Bleibt ein ordnungsgemäß geladener Elternteil (Abs. 2, § 33 Abs. 2) unentschuldigt aus, so kann nach § 33 Abs. 3 **Ordnungsgeld** verhängt oder die zwangsweise Vorführung angeordnet werden (§ 33 Rn. 11 ff., § 35 Rn. 8).[26] Die verfahrensrechtliche Pflicht zum Erscheinen begründet jedoch keine Erklärungspflicht der Eltern. Da das Gespräch nur bei persönlicher Teilnahme der Eltern zu einem sinnvollen Ergebnis führen wird, kann vom persönlichen Erscheinen eines Elternteils nur ausnahmsweise zum Schutz eines Beteiligten oder aus anderen Gründen abgesehen werden (Abs. 2 S. 2).[27] Insbesondere in Fällen der Partnergewalt obliegt es der Einschätzung des Gerichts, ob es auf die Erörterung ganz verzichtet (Abs. 1 ist Soll-Vorschrift), das Gespräch nur mit einem Elternteil führt oder mit beiden Elternteilen getrennt voneinander die Kindeswohlgefährdung erörtert oder in einem Gespräch mit beiden Eltern den Gefahren für einen Elternteil im Gerichtssaal durch geeignete Maßnahmen begegnet.[28]

bb) Kind. In geeigneten Fällen ist eine Einbeziehung des Kindes in das Gespräch nach Abs. 1 S. 1 vorgesehen. Ein geeigneter Fall liegt regelmäßig dann vor, wenn es primär um die Einwirkung auf das Kind bzw. den Jugendlichen geht.[29] Nach den Vorstellungen des Gesetzgebers ist eine Einbeziehung des Kindes vor allem dann angezeigt, wenn „Drogensucht oder wiederholte Straffälligkeit des Kindes bzw. Jugendlichen Anlass zu dem Verfahren gegeben" haben.[30]

---

[23] Für eine restriktive Anwendung auch *Lipp/Schumann/Veit/Götz* S. 219. Nach *Lipp/Schumann/Veit/Hornikel* S. 209 müssen „gewichtige Anhaltspunkte für eine Kindeswohlgefährdung vorliegen". Zu denken ist etwa an Fälle, in denen Eltern ihren Kindern Hausunterricht erteilen und das Stadium eines beharrlichen Verweigerns der Schulpflicht noch nicht erreicht ist (zur Kindeswohlgefährdung bei Erreichen dieses Stadiums vgl. BGH NJW 2008, 369, 370).

[24] Da eine Bestellung nach § 158 Abs. 2 Nr. 3 nur erforderlich ist, wenn eine (Teil-)Entziehung der Personensorge in Betracht kommt, dürfte dieses Regelbeispiel im Stadium der möglichen Kindeswohlgefährdung nur selten einschlägig sein. In Betracht kommt daher nur eine Bestellung nach § 158 Abs. 1 oder Abs. 2 Nr. 1, die allerdings regelmäßig nicht erforderlich sein dürfte, weil das Gespräch nach § 157 Abs. 1 keine unmittelbaren Folgen für das Kind nach sich zieht.

[25] Dies gilt auch für den nicht sorgeberechtigten Elternteil, dem unter den Voraussetzungen des § 1680 Abs. 3 BGB die elterliche Sorge übertragen werden kann; BT-Drucks. 16/6815, S. 17. So auch *Orgis*, Beteiligungsrecht des nicht sorgeberechtigten Elternteils in Verfahren nach § 1666 BGB, JAmt 2008, 243, 245; *Stößer*, Das neue Verfahren in Kindschaftssachen, FamRZ 2009, 656, 660.

[26] BT-Drucks. 16/6308, S. 191; BT-Drucks. 16/6815, S. 18. § 33 Abs. 3 S. 5 sieht als Rechtsmittel gegen den Beschluss des Gerichts, mit dem die Ordnungsmittel angeordnet werden, die sofortige Beschwerde in entsprechender Anwendung der §§ 567 ff. ZPO vor.

[27] Nach *Lipp/Schumann/Veit/Hornikel* S. 209 f. (Fn. 5 und 7) ist hier einerseits an Fälle zu denken, „in denen das Kind und/oder ein Elternteil Opfer häuslicher Gewalt sind, die von dem anderen Elternteil ausgeht" und andererseits an Fälle, in denen die Mobilität eines Elternteils eingeschränkt ist (längerer Auslandsaufenthalt oder schwere Erkrankung, BT-Drucks. 16/8914, S. 13). Kritisch zur getrennten Anhörung der Eltern *Lipp/Schumann/Veit/Häußermann* S. 11 f.

[28] BT-Drucks. 16/6308, S. 376, 415; BT-Drucks. 16/6815, S. 24; BT-Drucks. 16/8914, S. 13. So auch *Lipp/Schumann/Veit/Hornikel* S. 210.

[29] Dass eine Einwirkung des Familiengerichts auf drogenabhängige oder delinquente Kinder oder Jugendliche nach einem Versagen der Eltern noch Aussicht auf Erfolg verspricht, bezweifelt *Lipp/Schumann/Veit/Götz* S. 221, Fn. 26.

[30] BT-Drucks. 16/6308, S. 238. Kritisch auch *Trenczek* ZKJ 2009, 105: „Dieser Passus ist ein Indiz dafür, dass die Debatte um den Kindesschutz zum Teil nicht nur aus Sorge um das Wohl von Kindern, sondern maßgeblich durch das – ungeachtet entgegenlaufender empirischer Daten – als bedrohlich wahrgenommene abweichende Verhalten junger Menschen ausgelöst und unter dem Blickwinkel einer intensivierten Sozialkontrolle geführt wurde."

9 cc) Jugendamt. Als sozialpädagogische Fachbehörde und Leistungsträger etwaiger Hilfemaßnahmen soll auch das Jugendamt gemäß Abs. 1 S. 2 am Gespräch beteiligt werden.[31] Zur Verteilung der Rollen zwischen Familiengericht und Jugendamt in diesem Gespräch nimmt die Gesetzesbegründung keine Stellung,[32] sondern gibt nur pauschal vor, „dass Familiengerichte und Jugendämter ihre jeweiligen Aufgaben im Sinne einer Verantwortungsgemeinschaft wahrnehmen und das Bewusstsein für die jeweiligen Rollen schärfen" müssten.[33] Dazu dürfte im Einzelfall eine Abstimmung zwischen Familiengericht und Jugendamt bereits im Vorfeld des Gesprächs erforderlich sein.[34]

10 c) Inhalt des Gesprächs. Offen ist, welchen Inhalt das Gespräch haben und wie es sich von der **persönlichen Anhörung der Eltern nach § 160 Abs. 1 S. 2** unterscheiden soll.[35] Nach alter Rechtslage konnte im Rahmen der persönlichen Anhörung nach § 50a Abs. 1 S. 3 FGG die Kindeswohlgefährdung erörtert werden,[36] während es sich jetzt um zwei verschiedene Verfahrensabschnitte handelt.[37] Nach der Gesetzesbegründung ist die Anhörung nach § 160 Abs. 1 S. 2 zur Klärung des Sachverhalts ergebnisoffen zu führen (und dient darüber hinaus der Gewährung rechtlichen Gehörs), während das Gespräch nach Abs. 1 ein Einwirken auf die Eltern bezweckt.[38] Weitere Unterschiede treten hinzu: So bezieht sich etwa die Pflicht, die wesentlichen Ergebnisse der persönlichen Anhörung in einem Vermerk gemäß § 28 Abs. 4 zu dokumentieren (dazu § 28 Rn. 28 ff.), nicht auf den Inhalt des Gesprächs zur Erörterung der Kindeswohlgefährdung.[39] Nach pflichtgemäßem Ermessen kann das Gericht aber in geeigneten Fällen die persönliche Anhörung der Eltern ganz oder teilweise mit dem Gespräch zur Erörterung der Kindeswohlgefährdung verbinden,[40] ebenso wie auch eine Verbindung der Erörterung der Kindeswohlgefährdung mit der Erörterung nach § 155 Abs. 2 im frühen ersten Termin erfolgen kann.[41]

11 Auch wenn ausdrücklich auf den Begriff des „Erziehungsgesprächs" verzichtet wurde (s. o. Rn. 2),[42] kann dem Gespräch nach dem Willen des Gesetzgebers ein **erziehender Charakter** nicht abgesprochen werden; insbesondere soll es „eine gewisse ‚Warnfunktion' entfalten",[43] indem das

---

[31] BT-Drucks. 16/6308, S. 238: „Die Mitwirkung des Jugendamts an dem Gespräch ist von wesentlicher Bedeutung, um die Möglichkeiten einer effektiven Gefahrenabwehr zu erörtern, insbesondere den Hilfebedarf einzuschätzen und die Geeignetheit und Erforderlichkeit einer Hilfe zu beurteilen (§ 27 Abs. 1 SGB VIII). Gleichzeitig können so etwaige Hürden bei der Kooperation der Beteiligten abgebaut werden."

[32] Kritisch dazu *Veit* FPR 2008, 600 f.; *Wapler* RdJB 2009, 28 f., 32 f.; *Oberloskamp*, Das Jugendamt zwischen Hilfe und Kontrolle – neue Herausforderung für die Jugendhilfe?, in: *Lipp/Schumann/Veit* (Hrsg.), Kindesschutz bei Kindeswohlgefährdung – neue Mittel und Wege?, Göttinger Juristische Schriften, Bd. 4, 2008, S. 45, 59. Ebenso *Lipp/Schumann/Veit/Rakete-Dombek* S. 100.

[33] BT-Drucks. 16/6815, S. 1. Vgl. zur Zusammenarbeit von Jugendamt und Familiengericht auch *Lipp/Schumann/Veit/Götz* S. 220 ff. m. weit. Nachw.; *Meysen*, Familiengerichtliche Anordnung von Maßnahmen nach § 1666 BGB und Entscheidungskompetenz des Jugendamts, in: *Lipp/Schumann/Veit* (Hrsg.), Kindesschutz bei Kindeswohlgefährdung – neue Mittel und Wege?, Göttinger Juristische Schriften, Bd. 4, 2008, S. 75, 85 ff.; *Nothhafft*, Verantwortungsgemeinschaft zwischen Familiengerichten und Trägern der öffentlichen Jugendhilfe in kindschaftsrechtlichen Verfahren – Ein Spannungsfeld zwischen „Steuerungsverantwortung der Jugendämter" und „Hilfeplanung durch Familiengerichte", FPR 2008, 613 ff.; *Wagner* FPR 2008, 608.

[34] *Willutzki* FPR 2008, 491; *ders.* ZKJ 2008, 141; *ders.* FPR 2009, 329; *Lipp/Schumann/Veit/Götz* S. 222.

[35] Dazu auch *Veit* FPR 2008, 601 f. Beispiele für Gesprächstechniken finden sich bei *Wagner* FPR 2008, 607.

[36] *Fellenberg*, Erziehungsgespräch, S. 94; *Jansen/Zorn* § 50a FGG Rn. 2, 17.

[37] BT-Drucks. 16/6308, S. 237: „Die Erörterung der Kindeswohlgefährdung bildet einen eigenen Verfahrensabschnitt, der neben die Pflicht zur persönlichen Anhörung der Eltern nach § 160 Abs. 1 Satz 2 tritt." Kritisch *Rosenboom/Rotax* ZRP 2008, 2 f.

[38] BT-Drucks. 16/6815, S. 9, 12: „Dementsprechend ist der Schwerpunkt des Anhörungsgesprächs in der Regel die Feststellung des Sachverhalts. Das Gespräch wird demnach in der Praxis vielfach nicht in ausreichendem Umfang dazu genutzt, auf die Eltern einzuwirken [...]. [...] Die vorgesehene Erörterung der Kindeswohlgefährdung unterscheidet sich in wesentlichen Punkten von der Anhörung der Eltern nach § 50a FGG. Während die Anhörung der Aufklärung des Sachverhalts [...] dient, hat die ‚Erörterung der Kindeswohlgefährdung' insbesondere die Frage zum Gegenstand, wie eine mögliche Gefährdung für das Kindeswohl, insbesondere durch öffentliche Hilfen, abgewendet werden kann. [...] Es ist Aufgabe der Gerichte, in diesem Gespräch den Eltern den Ernst der Lage vor Augen zu führen, auf mögliche Konsequenzen hinzuweisen und darauf hinzuwirken, dass die Eltern notwendige Leistungen der Jugendhilfe annehmen und mit dem Jugendamt kooperieren." Zur Abgrenzung auch *Lipp/Schumann/Veit/Hornikel* S. 208.

[39] Insoweit ist lediglich nach § 28 Abs. 4 zu vermerken, dass ein Gespräch nach § 157 Abs. 1 stattgefunden hat, wer an diesem Gespräch beteiligt war und welche konkreten Maßnahmen zur Abwendung der Kindeswohlgefährdung besprochen wurden. Dazu auch *Musielak/Borth* § 28 Rn. 5.

[40] BT-Drucks. 16/6815, S. 17.

[41] BT-Drucks. 16/6308, S. 237; BR-Drucks. 309/07, S. 527. Vgl. dazu auch *Lipp/Schumann/Veit/Coester* S. 49.

[42] BT-Drucks. 16/6815, S. 12. Kritisch auch *Meysen* NJW 2008, 2675; *ders.* JAmt 2008, 239.

[43] BT-Drucks. 16/6815, S. 17; BT-Drucks. 16/6308, S. 237. Dazu auch *Fellenberg*, Entwurf eines Gesetzes zur Erleichterung familiengerichtlicher Maßnahmen bei Gefährdung des Kindeswohls, FPR 2008, 125, 127.

Erörterung der Kindeswohlgefährdung; einstweilige Anordnung   12   § 157

Familiengericht durch seine Autorität die Eltern unter Androhung weitergehender Maßnahmen (wie der Entziehung des Sorgerechts nach §§ 1666 f. BGB) zur Kooperation mit dem Jugendamt veranlasst,[44] wobei über § 166 Abs. 3 die anhaltende Bereitschaft der Eltern zur Zusammenarbeit mit dem Jugendamt, insbesondere zur Annahme von Hilfeleistungen, kontrolliert wird.[45]

d) Weiteres Verfahren nach Durchführung des Gesprächs. Die weiteren Folgen stehen in unmittelbarem Zusammenhang mit der in **§ 166 Abs. 3** vorgesehenen **Überprüfung des Sachverhalts** (Entwicklung des Kindes bis zu diesem Zeitpunkt).[46] Die Ankündigung der Überprüfung nach § 166 Abs. 3 dient als Druckmittel im Rahmen des Gesprächs zur Erörterung der Kindeswohlgefährdung,[47] die Überprüfung selbst dient dann der Klärung des Sachverhalts.[48] Hat sich die Kindeswohlsituation so verschlechtert, dass aus der möglichen Kindeswohlgefährdung – etwa weil die Eltern keine Hilfe in Anspruch genommen haben – inzwischen eine konkrete Kindeswohlgefährdung iSd. § 1666 BGB geworden ist,[49] so stehen dem Familiengericht nunmehr die Maßnahmen nach § 1666 Abs. 3 BGB zur Verfügung,[50] dh. das Gericht kann u. a. den Eltern die Annahme öffentlicher Hilfen gebieten (§ 1666 Abs. 3 Nr. 1 BGB). Hat sich die Kindeswohlsituation hingegen positiv entwickelt, so scheidet eine erneute gerichtliche Überprüfung nach § 166 Abs. 3 aus.[51] Problematisch sind vor allem die Fälle, in denen sich zum Zeitpunkt der Überprüfung nach § 166 Abs. 3 die Kindeswohlsituation weder verschlechtert noch verbessert hat, dh. der Zustand einer möglichen Kindeswohlgefährdung unverändert fortbesteht.[52] Da der Gesetzeswortlaut die Überprüfung nicht auf eine einmalige Kontrolle beschränkt, lässt die dem Familiengericht eingeräumte „Flexibilität" eine Mehrfach- und ggf. auch eine Dauerkontrolle zu.[53] Im Hinblick auf die verfassungsrechtlichen Bedenken gegenüber staatlicher Kontrolle unterhalb der Gefährdungsschwelle (dazu Rn. 2, 4) ist eine restriktive Handhabung des § 166 Abs. 3 geboten.[54]

---

[44] BT-Drucks. 16/6815, S. 15: „Nehmen beispielsweise Eltern – entgegen ihrer Zusage im Gerichtstermin – Jugendhilfeleistungen nicht in Anspruch, soll das Gericht zeitnah weitergehende Maßnahmen prüfen." Zum Inhalt des Gesprächs auch *Fellenberg*, Erziehungsgespräch, S. 93. Vgl. auch *Wagner* FPR 2008, 606; *Wapler* RdJB 2009, 26 ff., insb. 28; *Schlauß*, Mehr Schutz für gefährdete Kinder, ZKJ 2007, 9, 10 f.

[45] Nach BT-Drucks. 16/6815, S. 23 dient § 166 Abs. 3 der Überprüfung, „ob die Eltern eine in der mündlichen Verhandlung vereinbarte Hilfe tatsächlich angenommen haben und ob diese Hilfe anschlägt"; die vorgesehene Drei-Monats-Frist reiche regelmäßig aus, „um erkennen zu können, ob die Eltern unter dem Eindruck des gerichtlichen Verfahrens bereit sind, notwendige sozialpädagogische Hilfen anzunehmen und mit dem Jugendamt zu kooperieren".

[46] Dazu auch *Lipp/Schumann/Veit/Coester* S. 50 ff. m. weit. Nachw. (dazu auch § 166 Rn. 23 ff.). Wenig überzeugend ist der Hinweis von *Lipp/Schumann/Veit/Hornikel* S. 211 (Fn. 8), mit § 166 Abs. 3 werde der Gefahr vorgebeugt, dass sich die Situation des Kindes verschlechtert, ohne dass das Gericht hiervon Kenntnis erlangt, zumal *Hornikel* ausdrücklich hervorhebt, dass durch die Prüfpflicht des § 166 Abs. 3 „die originäre Verantwortung des Jugendamts, die Familie weiterhin zu begleiten und das Familiengericht über erneute bzw. anhaltende Missstände zu informieren, nicht berührt" werde. Vgl. dazu auch *Lipp/Schumann/Veit/Götz* S. 225 f.

[47] So auch *Willutzki* FPR 2008, 491; *ders.* ZKJ 2008, 142. Vgl. weiter *Meysen* JAmt 2008, 240 f.

[48] BT-Drucks. 16/6815, S. 15 f.: „Zum Zweck der Überprüfung kann das Gericht zum Beispiel das Jugendamt um Mitteilung der Ergebnisse der Hilfeplangespräche und der durchgeführten Hilfen bitten. In Betracht kommt auch die Anhörung der Eltern oder des Kindes." Dazu auch *Röchling* FamRZ 2008, 1496.

[49] Eine Übersicht zu den von der Rechtsprechung anerkannten Fällen der Kindeswohlgefährdung findet sich bei *Kunkel* ZKJ 2008, 55.

[50] Vgl. dazu auch *Ernst*, Der Maßnahmenkatalog des § 1666 BGB, FPR 2008, 602 ff.

[51] Nach BT-Drucks. 16/6815, S. 15 soll „die Einführung dieser Überprüfungspflicht nicht zu einer ‚Dauerkontrolle' der Familie durch das Familiengericht führen". Vgl. weiter *Lipp/Schumann/Veit/Coester* S. 51; *Lipp/Schumann/Veit/Hornikel* S. 211.

[52] Kritisch auch die Stellungnahme des Bundesrats, BT-Drucks. 16/6815, S. 21: „Ein Bedürfnis nach einer Überprüfung der Entscheidung, die eine Maßnahme nach §§ 1666 ff. BGB ablehnt, ist nur dann erforderlich, wenn deutliche Anhaltspunkte für die Annahme bestehen, dass sich die Verhältnisse zum Nachteil des Kindes verändern könnten."

[53] BT-Drucks. 16/6815, S. 15. *Meysen* NJW 2008, 2677 spricht daher von einem „prozesshafte[n] Begleiten von Familienkonflikten" und geht davon aus, dass die Familiengerichte künftig „länger an den Familien und ihren Konflikten dran [...] bleiben" müssten. Vgl. weiter die Abbildung bei *Lipp/Schumann/Veit/Schumann* S. 253. Kritisch auch *Lipp/Schumann/Veit/Coester* S. 49 ff. Vgl. auch *Stein* JAmt 2009, 277, 280.

[54] So auch die Stellungnahme des Bundesrats zur generellen Prüfungspflicht des Familiengerichts (BT-Drucks. 16/6815, S. 21): „Diese starre Bestimmung ist zum einen sachlich nicht geboten und zum anderen geeignet, die Belastung der Familiengerichte und der Justizhaushalte erheblich zu erhöhen." Vgl. weiter aus der Begründung zur Empfehlung des Finanzausschusses des Bundesrates, § 157 zu streichen (BR-Drucks. 309/2/07, S. 50): „Die vorgesehene gesetzliche Regelung führe außerdem dazu, dass die Familiengerichte, die unabhängig bleiben sollen, in die Rolle eines ‚Aufpassers' über die Arbeit der Jugendämter als eigentliche Fachbehörde (Familiengericht quasi als Oberbehörde) gedrängt würden. [...] Es ist also eine deutliche Tendenz zu erkennen, die Arbeit der Jugendämter auf die Familiengerichte zu verschieben; die gerichtliche Autorität wird quasi als Allheilmittel angesehen."

13 **e) Umsetzung in der Praxis.** Aufgrund der Vorverlagerung staatlicher Eingriffsmöglichkeiten kann nunmehr in Fällen, in denen Eltern sich zur Inanspruchnahme staatlicher Hilfen (§§ 27 ff. SGB VIII) an das Jugendamt wenden oder das Familiengericht als Schlichter im Elternkonflikt anrufen, das Herantreten der Eltern an das Jugendamt/Familiengericht zum Einfallstor für Eingriffe in das Elternrecht im Vorfeld einer Kindeswohlgefährdung werden.[55] Wenden sich beispielsweise Eltern wegen Verhaltensauffälligkeiten ihres Kindes an das Jugendamt und wollen sie die in §§ 27 ff. SGB VIII angebotenen staatlichen Hilfen in Anspruch nehmen, dann ist folgendes Szenario denkbar: Das Jugendamt bietet konkrete Hilfe an (Stufe 1: Angebotsphase), die Eltern kooperieren aber nicht in der gewünschten Weise. Zwar kann das Jugendamt in diesem Fall die Eltern nicht zur Annahme des Hilfeangebots verpflichten, jedoch ist das Jugendamt zur weiteren Aufklärung des Sachverhalts, insbesondere zur Abschätzung des Gefährdungsrisikos, nach § 8a Abs. 3 S. 1 Hs. 2 SGB VIII zur Gefahrenermittlung berechtigt, wobei den Eltern jetzt eine Mitwirkungspflicht obliegt (Stufe 2: Mitwirkungsphase). Kooperieren die Eltern wieder nicht hinreichend, etwa weil sie das Gefährdungsrisiko anders einschätzen, so ist das Jugendamt nach § 8a Abs. 1 und 3 SGB VIII berechtigt, zur Klärung des Gefährdungsrisikos das Familiengericht anzurufen, das nun von Amts wegen den Sachverhalt klären kann. Sofern sich der Verdacht nicht als völlig unbegründet herausstellt und kein Fall vorliegt, der weit im Vorfeld einer Kindeswohlgefährdung einzuordnen ist, tritt der Staat als „Miterzieher" auf. Der Familienrichter führt jetzt mit den Eltern ein „Erörterungsgespräch" nach Abs. 1, das nach dem Willen des Gesetzgebers eine „gewisse Warnfunktion" dadurch entfalten soll, dass der Richter die Eltern nachdrücklich auf die Folgen der Nichtannahme staatlicher Hilfen hinweist und sie auf diese Weise zur Kooperation mit dem Jugendamt veranlasst (Stufe 3: Warnphase). Nach in der Regel drei Monaten hat sich das Gericht gemäß § 166 Abs. 3 erneut mit dem Fall zu beschäftigen, um zu überprüfen, ob die Eltern die gerichtliche Warnung ernst genommen haben (Stufe 4: Kontrollphase).[56] Sofern sich an der Situation des Kindes innerhalb von drei Monaten nichts geändert hat, besteht dann die Gefahr einer Mehrfach- oder Dauerkontrolle der elterlichen Erziehung, obwohl lediglich die Möglichkeit einer Gefährdung des Kindeswohls, dh. die Möglichkeit einer möglichen Schädigung des Kindes – also die Gefahr einer Gefahr – vorliegt.[57]

14 **2. Prüfung des Erlasses einer einstweiligen Anordnung.** Die Pflicht des Gerichts, unverzüglich nach der Verfahrenseinleitung den Erlass einer einstweiligen Anordnung zu prüfen, betrifft nach dem Willen des Gesetzgebers – entgegen dem Wortlaut des Abs. 3 – nicht nur Verfahren nach §§ 1666, 1666a BGB, sondern alle Verfahren, die wegen einer Gefährdung des Kindeswohls eingeleitet wurden, insbesondere auch Verfahren, die auf eine Verbleibensanordnung nach § 1632 Abs. 4 BGB oder § 1682 BGB gerichtet sind.[58]

15 **a) Voraussetzungen für den Erlass einer einstweiligen Anordnung.** Bei Erlass einer einstweiligen Anordnung sind die §§ 49 ff. zu beachten:[59] Vor Erlass der einstweiligen Anordnung muss das Gericht gemäß § 49 Abs. 1 eine **summarische Prüfung der materiellen Rechtslage** vornehmen; außerdem muss es prüfen, ob ein **dringendes Bedürfnis für ein sofortiges Tätigwerden** vorliegt.[60] Eine § 156 Abs. 3 S. 3 vergleichbare Regelung, die die persönliche Anhörung des Kindes für den Regelfall vorsieht, fehlt in Abs. 3. Daraus folgt aber nicht, dass eine persönliche Anhörung nicht erforderlich ist. Auch im einstweiligen Anordnungsverfahren gelten die Regelungen zur **persönlichen Anhörung des Kindes** (§ 159) und der Eltern (§ 160). Hat im Verfahren bislang lediglich ein Gespräch zur Erörterung der Kindeswohlgefährdung nach Abs. 1 stattgefunden, so genügt dieses regel-

---

Dabei wird verkannt, dass die begleitende praktische Sozialarbeit in die Hände der Fachleute des Jugendamtes gehört, die Familienrichterinnen und -richter hierfür aber nicht ausgebildet sind, sondern lediglich in Konfliktfällen entscheiden sollen." Vgl. auch *Büte* FuR 2008, 362; *Bahrenfuss*, Aktuelle Reformbestrebungen im Familienrecht, SchlHA 2008, 109, 115; *Wapler* RdJB 2009, 31 f.; *Borth*, Schriftliche Stellungnahme zur öffentlichen Anhörung des Rechtsausschusses des Deutschen Bundestags zum FGG-Reformentwurf am 13. 2. 2008, S. 3.

[55] Abzuwarten bleibt, welche Folgen die Neuregelung für die Inanspruchnahme der Hilfen des Jugendamts (§§ 27 ff. SGB VIII) durch „Problemfamilien" hat, wenn sich das Herantreten der Eltern an das Jugendamt als Einfallstor für staatliche Kontrollen erweisen kann. Zu befürchten ist, dass sich die Neuregelung zumindest in Einzelfällen kontraproduktiv auswirkt. Kritisch daher auch *Lücking-Michel*, Schutz vor Kindeswohlgefährdung – Anmerkungen zur aktuellen Debatte – Stellungnahme des Bundesjugendkuratoriums, ZKJ 2008, 200, 201 f.

[56] BT-Drucks. 16/6815, S. 8, 15, 18. Dazu umfassend *Lipp/Schumann/Veit/Schumann* S. 236 ff. sowie zu einer Darstellung der einzelnen Phasen S. 252. Vgl. weiter *Wiesner* FPR 2007, 9 ff. Zur Differenzierung zwischen „Eingriffs- und Kontrollschwelle" vgl. auch *Coester*, Inhalt und Funktion, S. 35 ff.

[57] Kritisch auch *Coester*, Inhalt und Funktion, S. 37 ff. (S. 37: „Gefährdung light"). *Coester* spricht sich ausdrücklich gegen eine „präventive Wächterfunktion" aus (S. 39 f.).

[58] BT-Drucks. 16/6308, S. 238.

[59] Dazu umfassend *Giers* FGPrax 2009, 47 ff.; *Gießler* FPR 2006, 421 ff.

[60] Dazu *Giers* FGPrax 2009, 47 f.

mäßig nicht den Anforderungen an eine **persönliche Anhörung der Eltern**.[61] Dies bedeutet, dass das Kind bei Vorliegen der Voraussetzungen des § 159 Abs. 1 oder 2 und die Eltern nach § 160 Abs. 1 S. 2 persönlich anzuhören sind. Nur bei **Gefahr im Verzug** (Fälle starker Vernachlässigung, körperlicher oder sexueller Gewalt), deren Voraussetzungen enger als diejenigen des § 49 Abs. 1 („dringendes Bedürfnis") sind,[62] darf von einer persönlichen Anhörung abgesehen werden. In diesen Fällen ist die persönliche Anhörung nach § 159 Abs. 3 S. 2 und § 160 Abs. 4 unverzüglich nachzuholen; das Gericht kann von Amts wegen die Entscheidung aufheben oder abändern, § 54 Abs. 1 S. 3.[63] Sofern eine Beschwerde gegen die einstweilige Anordnung in den Fällen des § 57 eingelegt wurde,[64] ist die Aufhebung oder Abänderung durch das erstinstanzliche Gericht unzulässig, § 54 Abs. 4.

b) Entscheidung durch Beschluss, Vollstreckung, Rechtsmittel, Erledigung. Die einstweilige Anordnung ergeht gemäß § 38 Abs. 1 durch **Beschluss;** dieser ist gemäß § 38 Abs. 3 S. 1 zu begründen und gemäß § 39 mit einer Rechtsbehelfsbelehrung zu versehen. Gemäß § 40 Abs. 1 wird der Beschluss mit der Bekanntgabe wirksam und unterliegt nach § 86 Abs. 1 Nr. 1 der **Vollstreckung.** In Verfahren nach § 57 S. 2 Nr. 1 und 3 (beschwerdefähige Entscheidungen bei Entziehung der elterlichen Sorge gemäß §§ 1666 f. BGB oder im Falle einer Verbleibensanordnung nach § 1632 Abs. 4 BGB oder § 1682 BGB) kann die einstweilige Anordnung mit der **Beschwerde** innerhalb einer Frist von zwei Wochen (§ 63 Abs. 2 Nr. 1) angefochten werden.[65] Unabhängig davon kann das Gericht, da die einstweilige Anordnung nicht in materielle Rechtskraft erwächst, die Entscheidung unter den Voraussetzungen des § 54 Abs. 1 aufheben oder ändern.[66] Da es sich bei der einstweiligen Anordnung um eine vorläufige Regelung handelt, tritt diese mit dem Wirksamwerden der **Entscheidung im Hauptsacheverfahren** außer Kraft, wenn die Regelungsbereiche übereinstimmen.[67] 16

§ 158 Verfahrensbeistand

(1) Das Gericht hat dem minderjährigen Kind in Kindschaftssachen, die seine Person betreffen, einen geeigneten Verfahrensbeistand zu bestellen, soweit dies zur Wahrnehmung seiner Interessen erforderlich ist.

(2) Die Bestellung ist in der Regel erforderlich,
1. **wenn das Interesse des Kindes zu dem seiner gesetzlichen Vertreter in erheblichem Gegensatz steht,**
2. **in Verfahren nach den §§ 1666 und 1666a des Bürgerlichen Gesetzbuchs, wenn die teilweise oder vollständige Entziehung der Personensorge in Betracht kommt,**
3. **wenn eine Trennung des Kindes von der Person erfolgen soll, in deren Obhut es sich befindet,**
4. **in Verfahren, die die Herausgabe des Kindes oder eine Verbleibensanordnung zum Gegenstand haben oder**
5. **wenn der Ausschluss oder eine wesentliche Beschränkung des Umgangsrechts in Betracht kommt.**

(3) ¹**Der Verfahrensbeistand ist so früh wie möglich zu bestellen.** ²**Er wird durch seine Bestellung als Beteiligter zum Verfahren hinzugezogen.** ³**Sieht das Gericht in den Fällen des Absatzes 2 von der Bestellung eines Verfahrensbeistands ab, ist dies in der Endentscheidung zu begründen.** ⁴**Die Bestellung eines Verfahrensbeistands oder deren Aufhebung sowie die Ablehnung einer derartigen Maßnahme sind nicht selbständig anfechtbar.**

(4) ¹**Der Verfahrensbeistand hat das Interesse des Kindes festzustellen und im gerichtlichen Verfahren zur Geltung zu bringen.** ²**Er hat das Kind über Gegenstand, Ablauf und möglichen Ausgang des Verfahrens in geeigneter Weise zu informieren.** ³**Soweit nach den Umständen des Einzelfalls ein Erfordernis besteht, kann das Gericht dem Verfahrensbei-**

---
[61] Vgl. dazu auch KG Berlin FamRZ 2009, 1428, 1429.
[62] Nach *Giers* FGPrax 2009, 48 f. setzt ein „dringendes Regelungsbedürfnis" voraus, dass ein Abwarten bis zur endgültigen Entscheidung zu einer Gefährdung der zu schützenden Interessen führt. Von einer Anhörung des Kindes oder der Eltern darf daher nur bei besonderer Eilbedürftigkeit abgesehen werden.
[63] Dazu *Giers* FGPrax 2009, 49, 51 f. Vgl. weiter *Musielak/Borth* § 54 Rn. 1.
[64] Dazu *Giers* FGPrax 2009, 51 f. Vgl. weiter *Musielak/Borth* § 57 Rn. 1 ff.
[65] Vgl. *Giers* FGPrax 2009, 51; *Löhnig/Heiß* FamRZ 2009, 1104; *Schulte-Bunert/Weinreich/Schwonberg* § 57 Rn. 8 f., 12.
[66] Dazu *Giers* FGPrax 2009, 51 f.
[67] Dazu *Löhnig/Heiß* FamRZ 2009, 1103. Vgl. weiter *Giers* FGPrax 2009, 50 und *Gießler* FPR 2006, 425 f. zur Vollstreckung und zum Außerkrafttreten der einstweiligen Anordnung. Dazu insgesamt auch *Klein*, Reform des einstweiligen Rechtsschutzes, FuR 2009, 241 ff., 321 ff.

stand die zusätzliche Aufgabe übertragen, Gespräche mit den Eltern und weiteren Bezugspersonen des Kindes zu führen sowie am Zustandekommen einer einvernehmlichen Regelung über den Verfahrensgegenstand mitzuwirken. ⁴Das Gericht hat Art und Umfang der Beauftragung konkret festzulegen und die Beauftragung zu begründen. ⁵Der Verfahrensbeistand kann im Interesse des Kindes Rechtsmittel einlegen. ⁶Er ist nicht gesetzlicher Vertreter des Kindes.

(5) Die Bestellung soll unterbleiben oder aufgehoben werden, wenn die Interessen des Kindes von einem Rechtsanwalt oder einem anderen geeigneten Verfahrensbevollmächtigten angemessen vertreten werden.

(6) Die Bestellung endet, sofern sie nicht vorher aufgehoben wird,
1. mit der Rechtskraft der das Verfahren abschließenden Entscheidung oder
2. mit dem sonstigen Abschluss des Verfahrens.

(7) ¹Für den Ersatz von Aufwendungen des nicht berufsmäßigen Verfahrensbeistands gilt § 277 Abs. 1 entsprechend. ²Wird die Verfahrensbeistandschaft berufsmäßig geführt, erhält der Verfahrensbeistand für die Wahrnehmung seiner Aufgaben nach Absatz 4 in jedem Rechtszug jeweils eine einmalige Vergütung in Höhe von 350 Euro. ³Im Falle der Übertragung von Aufgaben nach Absatz 4 Satz 3 erhöht sich die Vergütung auf 550 Euro. ⁴Die Vergütung gilt auch Ansprüche auf Ersatz anlässlich der Verfahrensbeistandschaft entstandener Aufwendungen sowie die auf die Vergütung anfallende Umsatzsteuer ab. ⁵Der Aufwendungsersatz und die Vergütung sind stets aus der Staatskasse zu zahlen. ⁶Im Übrigen gilt § 168 Abs. 1 entsprechend.

(8) Dem Verfahrensbeistand sind keine Kosten aufzuerlegen.

Schrifttum: *Balloff/Koritz,* Handreichung für Verfahrenspfleger, Rechtliche und psychologische Schwerpunkte in der Verfahrenspflegschaft, 2006; *Bienwald,* Verfahrenspflegschaftsrecht, 2002; *Bode,* Praxis-Handbuch Anwalt des Kindes, 2004; *Brock/Breideneichen,* Der „Anwalt des Kindes" in Fällen des Umgangsrechtsboykotts, FuR 2001, 399; *Diederichsen,* Die Verfahrenspflegschaft für das minderjährige Kind als bloße Ergänzungspflegschaft, in: *Schilken/ Kreft/Wagner/Eckardt* (Hrsg.), FS Gerhardt, 2004, 119; *Engelhardt,* Offene Fragen zum Verfahrenspfleger für das Kind (§ 50 FGG), FamRZ 2001, 525; *Gummersbach,* Die Subjektstellung des Kindes – Die verfahrensrechtliche Neuerung des Anwalts des Kindes in § 50 FGG, 2005; *Hannemann/Kunkel,* Der Verfahrenspfleger – das „unbekannte Wesen", FamRZ 2004, 1833; *Hannemann/Stötzel,* Die Verfahrenspflegschaft im deutschen Rechtssystem, ZKJ 2009, 58; *Heiter,* Verfahrensfähigkeit des Kindes in personenbezogenen Verfahren nach dem FamFG, FamRZ 2009, 85; *Koritz,* Vom Verfahrenspfleger zum Verfahrensbeistand – wird nun alles gut?, FPR 2009, 331; *Kunkel,* Datenschutz und Schweigepflicht in der Verfahrenspflegschaft, FPR 2000, 111; *Mutke,* Verfahrenspfleger, Familienrichter und Jugendamt – Betrachtungen sieben Jahre nach der Kindschaftsrechtsreform, FPR 2006, 26; *Menne,* Der Anwalt des Kindes – Entwicklungstendenzen und Perspektiven im Recht der Verfahrenspflegschaft, FamRZ 2005, 1035; *ders.,* Der Verfahrensbeistand im neuen FamFG, ZKJ 2009, 68; *ders.,* Die Entpflichtung des Verfahrenspflegers, ZKJ 2008, 111; *ders.,* Die Tätigkeit des Verfahrenspflegers im Spiegel der Rechtsprechung, JAmt 2005, 274; *ders.,* Neues FamFG: Zur pauschalisierten Entschädigung des Verfahrensbeistands im kommenden Recht, ZKJ 2008, 461; *ders.,* Reform des Verfahrenspflegschaftsrechts: Vom Verfahrenspfleger zum Verfahrensbeistand, FPR 2006, 44; *Müller,* Verfahrenspflegschaft im Umgangsverfahren, FPR 2007, 294; *Peetz,* Die Stellung des Verfahrenspflegers in gerichtlichen Verfahren zur Erzwingung der Herausgabe eines Kindes von einem Elternteil an den anderen und Wahrung der Rechte der Kinder, 2005; *Prenzlow,* Das Ende der qualifizierten Interessenvertretung für Kinder – Verfahrenspflegschaft vor dem Aus!, ZKJ 2008, 343; *ders.,* Der zukünftige Verfahrensbeistand: Argumente für eine fallbezogene Vergütungsregelung, ZKJ 2008, 464; *Profitlich/Zivier,* Verfahrenspflegschaft aus Sicht des Familienrichters, FPR 2006, 29; *Raack,* Der verfahrensübergreifende „Verfahrenspfleger", ZKJ 2006, 72; *Rabe,* Verfahrenspflegschaft zwischen fortschreitender Umsetzung und Novellierung, ZKJ 2007, 437; *Röchling* (Hrsg.), Handbuch Anwalt des Kindes, Verfahrensbeistandschaft und Umgangspflegschaft für Kinder und Jugendliche, 2. Aufl. 2009; *Salgo,* 10 Jahre Verfahrenspflegschaft – eine Bilanz, ZKJ 2009, 49; *ders.,* Der Anwalt des Kindes, Die Vertretung von Kindern in zivilrechtlichen Kindesschutzverfahren – eine vergleichende Studie, 1993; *ders.,* Neue Perspektiven bei der Verfahrenspflegschaft für Kinder und Jugendliche – § 166 FamFG-E, FPR 2006, 12; *ders.,* Zwischenbilanz der Entwicklungstendenzen bei der Verfahrenspflegschaft für Kinder und Jugendliche, FPR 2006, 7; *ders./Stötzel,* Ist die Zahl der Verfahrenspflegerbestellungen im Jahr 2007 tatsächlich gestiegen?!, ZKJ 2008, 417; *Salgo/Zenz/Fegert/Bauer/Weber/Zitelmann* (Hrsg.), Verfahrenspflegschaft für Kinder und Jugendliche, 2002; *Söpper,* Rechtsprechungsübersicht zur Vergütung von Verfahrenspflegern, FamRZ 2002, 1535; *dies.,* Rechtsprechungsübersicht zu Aufgabe und Vergütung von Verfahrenspflegern, FamRZ 2005, 1787; *Stadler/Salzgeber,* Berufsethischer Kodex und Arbeitsprinzipien für die Vertretung von Kindern und Jugendlichen – Sprachrohr und/oder Interessenvertreter?, FPR 1999, 329; *Steindorff-Classen,* Das subjektive Recht des Kindes auf seinen Anwalt, 1998; *Stößer,* Das neue Verfahren in Kindschaftssachen, FamRZ 2009, 656; *Stötzel,* Der Verfahrenspfleger im Erleben der Kinder, FPR 2006, 17; *dies.,* Verfahrensbeistand und Umgangspfleger – Aufgaben und Befugnisse, FPR 2009, 27; *dies.,* Die Verfahrensbeistandschaft im FamFG, JAmt 2009, 213; *dies.,* Hinwirken auf Einvernehmen durch den Verfahrensbeistand, FPR 2009, 332; *dies.,* Wie erlebt das Kind den Verfahrenspfleger?, Studie zum Qualitätsstand der Institution Verfahrenspflegschaft (gemäß § 50 FGG) unter Berücksichtigung der Perspektive des Kindes, 2004; *Trenczek,* Der Verfahrensbeistand im FamFG, ZKJ 2009, 196; *Walter,* Qualitätsentwicklung und -sicherung in der Verfahrenspflegschaft, FPR 2006, 33; *Weber*, Zur Qualifikation von Verfahrenspflegern/innen nach § 50 FGG, ZKJ 2008, 92; *Zimmermann*, Die Beteiligten im neuen FamFG, FPR 2009, 5.

Übersicht

	Rn.		Rn.
I. Normzweck	1	3. Entscheidung des Gerichts	21–24
II. Entstehungsgeschichte	2, 3	a) Begründungspflicht	22
III. Anwendungsbereich	4–49	b) Rechtsmittel	23, 24
1. Voraussetzungen für die Bestellung	4–15	4. Aufgaben des Verfahrensbeistands	25–33
a) Allgemeines	5	a) Originärer Aufgabenbereich	26–31
b) Erforderlichkeit	6	b) Erweiterter Aufgabenbereich	32, 33
c) Regelbeispiele	7–12	5. Rechtsstellung des Verfahrensbeistands	34–39
d) Prüfung der Erforderlichkeit von Amts wegen	13	a) Kein gesetzlicher Vertreter	35
		b) Verfahrensbeteiligter	36, 37
e) Keine Erforderlichkeit trotz Vorliegens eines Regelbeispiels	14	c) Beschwerdeberechtigung	38
		d) Abgrenzung zum Verfahrensbevollmächtigten	39
f) Unterbleiben oder Aufhebung der Bestellung bei angemessener Vertretung	15	6. Ende der Verfahrensbeistandschaft	40–42
		a) Aufhebung	41
2. Bestellungsverfahren	16–20	b) Abschluss des Verfahrens	42
a) Zeitpunkt der Bestellung	17	7. Aufwendungsersatz und Vergütung	43–49
b) Qualifikation des Verfahrensbeistands	18, 19	a) Aufwendungsersatz	44
c) Art und Umfang der Beauftragung	20	b) Vergütung	45–48
		c) Anspruch gegen die Staatskasse	49

I. Normzweck

Eines der Hauptanliegen der Reform ist die Stärkung der Stellung des Kindes in einem seine 1 Person betreffenden Verfahren.[1] Mit der Etablierung des Instituts der Verfahrenspflegschaft (§ 50 FGG) erfüllte der Gesetzgeber bereits 1998 die Forderung des BVerfG, die Interessen des Kindes in einer Weise in das Verfahren einzubringen, die der grundrechtlichen Position des Kindes hinreichend Rechnung trägt.[2] Im Zentrum der Norm steht daher die Frage, in welchen Fällen das Gericht minderjährigen Kindern in Kindschaftssachen nicht vermögensrechtlicher Art einen Verfahrensbeistand zu bestellen hat, damit die Belange des Kindes im Verfahren gewahrt werden.[3] Die Neuregelung der Verfahrensbeistandschaft dient vor allem dazu, die auf der Grundlage des § 50 FGG entstandenen Zweifelsfragen und Streitpunkte zu klären; sie wird auf diese Weise zu einer weiteren Stärkung der Rechte des Kindes im familiengerichtlichen Verfahren (nicht nur in Kindschaftssachen, sondern auch in Abstammungs- und Adoptionssachen, §§ 174, 191) beitragen.[4]

II. Entstehungsgeschichte

Die Verfahrenspflegschaft wurde mit dem Kindschaftsrechtsreformgesetz 1998 neu in das FGG 2 eingeführt,[5] nachdem bereits seit den 1980er Jahren infolge der Zunahme der Scheidungen nach Inkrafttreten des Ersten Eherechtsreformgesetzes 1976[6] über einen stärkeren Schutz des Kindes im Verfahren durch Etablierung eines neutralen Interessenvertreters diskutiert worden war.[7] Da sich aus dem Grundgesetz keine konkreten Vorgaben ableiten ließen,[8] fanden die Befürworter der Ein-

---

[1] So auch *Lipp/Schumann/Veit/Hornikel* S. 145.
[2] BVerfGE 55, 171, 179; 72, 122, 134; 99, 145, 162 f.; BVerfG NJW 2003, 3544 f.; BVerfG FamRZ 2008, 845, 852 f. Dazu auch BT-Drucks. 13/4899, S. 129.
[3] BT-Drucks. 13/4899, S. 129.
[4] BT-Drucks. 16/6308, S. 238. Dazu auch *Lipp/Schumann/Veit/Hornikel* S. 149.
[5] Kindschaftsrechtsreformgesetz v. 16. 12. 1997, BGBl. I S. 2942, 2958 (Art. 8 Nr. 7). Dazu auch BT-Drucks. 13/4899, S. 129 ff. Ein Vorläufermodell (Bestellung eines Pflegers als Vertreter des Kindes im Verfahren) findet sich bereits im preußischen Allgemeinen Landrecht von 1794 (ALR II 18 § 33): „Wenn zwischen den Aeltern noch minderjähriger Kinder ein Ehescheidungs-Prozess entsteht: so muss den Kindern ein Curator bestellt werden." Zur historischen Entwicklung *Gummersbach* S. 18 ff., insb. S. 28 ff.; *Peetz* S. 113 f.; *Salgo*, Anwalt des Kindes, S. 203 ff.
[6] Erstes Gesetz zur Reform des Ehe- und Familienrechts v. 14. 6. 1976, BGBl. I S. 1421.
[7] Zur Entwicklung in der zweiten Hälfte des 20. Jahrhunderts vgl. *Salgo*, Anwalt des Kindes, S. 27 ff.; *ders.*, ZKJ 2009, 49 ff. (insbesondere zu den Einflüssen der angloamerikanischen Rechtsfamilie). Vgl. weiter *Gummersbach* S. 62 ff. mit einer ausführlichen Darstellung des Meinungsstandes (S. 74 ff. zur Ausgestaltung des Instituts im Einzelnen); *Steindorff-Classen* S. 27 ff.
[8] Dazu *Diederichsen* S. 121 ff. Vgl. weiter *Gummersbach* S. 43 ff. mit Hinweis darauf (S. 54), dass das BVerfG nur sehr allgemein aus dem staatlichen Wächteramt die Pflicht ableitete, im Verfahrensrecht Regelungen zu schaffen,

führung eines Anwalts des Kindes vor allem durch Art. 12 der UN-Kinderrechtskonvention von 1989[9] und durch das Europäische Übereinkommen über die Ausübung von Kindesrechten von 1996[10] Unterstützung.[11] Die heftigen Diskussionen im Vorfeld der Kindschaftsrechtsreform[12] über das „Ob" und „Wie" einer Regelung, insbesondere die ablehnende Haltung des Bundesrates,[13] führten schließlich zu einer Kompromisslösung in § 50 FGG[14] und der Erklärung der Bundesregierung, dass § 50 FGG einen engen und auf eindeutige Bedarfsfälle beschränkten Anwendungsbereich haben solle.[15] Heute steht das Institut der Verfahrenspflegschaft bzw. -beistandschaft nicht mehr in Frage: Im Jahr 2007 wurden bundesweit 13.657 Verfahrenspflegschaften angeordnet; dies stellt gegenüber dem Jahr 2005 mit 8.765 Verfahrenspflegschaften eine Zunahme von fast 56% dar.[16] Umfragen bei Richtern, Jugendämtern, Verfahrenspflegern, Eltern und Kindern ergeben zudem ein eher positives Bild.[17]

3 Da nach Inkrafttreten des § 50 FGG eine Fülle von Detailfragen in Rechtsprechung und Literatur stark umstritten war, wurde mit der **Neuregelung** vor allem das Ziel verfolgt, „bestimmte wesentliche Streit- und Zweifelsfragen aus dem Bereich des bisherigen § 50 FGG einer gesetzlichen Klärung zuzuführen".[18] Um die Funktion und die Aufgaben deutlicher zum Ausdruck zu bringen, wurde – auch in Abgrenzung zur Verfahrenspflegschaft in Betreuungs- und Unterbringungssachen – die Bezeichnung „Verfahrensbeistand" gewählt (es handelt sich nicht um eine Beistandschaft nach §§ 1712 ff. BGB). Im Gegensatz zu § 50 Abs. 1 FGG enthält Abs. 1 nicht mehr nur eine Kann-Bestimmung,[19] sondern eine Verpflichtung des Gerichts zur Bestellung eines Verfahrensbeistands, wenn das Kriterium der Erforderlichkeit erfüllt ist. Mit der zusätzlichen Präzisierung der Formulierung in Abs. 1 dahingehend, dass ein „geeigneter" Verfahrensbeistand zu bestellen ist, wird klargestellt, dass gewisse Mindestanforderungen an die fachliche Qualifikation und die persönliche Eignung des Verfahrensbeistands zu stellen sind.[20] In Abs. 2, der über die Regelbeispiele des § 50 Abs. 2 FGG etwas hinausgeht, ist die Regelung des § 158 Abs. 2 Nr. 1 des Regierungsentwurfs, nach der auf An-

---

die eine hinreichende Berücksichtigung der grundrechtlichen Stellung des Kindes garantieren. Vgl. aber auch *Salgo*, Anwalt des Kindes, S. 210 ff.

[9] UN-Kinderrechtskonvention v. 20. 11. 1989; mit Interpretationsvorbehalt (auch bezüglich Art. 12) in Deutschland mit dem Gesetz zu dem Übereinkommen vom 20. November 1989 über die Rechte des Kindes v. 17. 2. 1992 am 5. 4. 1992 in Kraft getreten, BGBl. II S. 121. Art. 12 der Konvention (Mitspracherecht, rechtliches Gehör) hat in Abs. 2 folgenden Wortlaut: „Zu diesem Zweck wird dem Kind insbesondere Gelegenheit gegeben, in allen das Kind berührenden Gerichts- oder Verwaltungsverfahren entweder unmittelbar oder durch einen Vertreter oder eine geeignete Stelle im Einklang mit den innerstaatlichen Verfahrensvorschriften gehört zu werden." Dazu *Peetz* S. 45 ff.; *Steindorff-Classen* S. 55 ff.

[10] Das Europäische Übereinkommen über die Ausübung von Kindesrechten (EÜAK) wurde am 10. 4. 2002 in Deutschland ratifiziert; Gesetz zu dem Europäischen Übereinkommen vom 25. 1. 1996 über die Ausübung von Kinderrechten v. 5. 11. 2001, BGBl. II S. 1074. Art. 9 Abs. 1 EÜAK hat folgenden Wortlaut: „In einem ein Kind berührenden Verfahren, in dem nach innerstaatlichem Recht die Träger elterlicher Verantwortung wegen eines Interessenkonflikts zwischen ihnen und dem Kind von der Vertretung des Kindes ausgeschlossen sind, ist die Justizbehörde befugt, für das Kind in diesem Verfahren einen besonderen Vertreter zu bestellen."

[11] Dazu insgesamt *Gummersbach* S. 56 ff., 60 ff. Nach *Gummersbach* S. 62 stellt die Einführung der Verfahrenspflegschaft nach § 50 FGG „eine Maßnahme dar, die sich in zeitgemäße Tendenzen der internationalen und innereuropäischen Rechtslandschaft am Ende des 20. Jahrhunderts einpasst". Zur Rechtslage im deutschsprachigen Ausland vgl. *Menne*, Auf dem Weg zum „Anwalt des Kindes" – Der österreichische Kinderbeistand im Vergleich mit funktional entsprechenden Institutionen des schweizerischen und deutschen Rechts, iFamZ 2008, 295 ff.

[12] Zum Gesetzgebungsverfahren ausführlich *Gummersbach* S. 89 ff.

[13] BR-Drucks. 180/1/96, S. 50; BR-Drucks. 180/96 (B), S. 34; BT-Drucks. 13/4899, S. 147, 162.

[14] Dazu *Salgo* ZKJ 2009, 51; *Hannemann/Kunkel* FamRZ 2004, 1833 f.; *Gummersbach* S. 97 ff.

[15] BT-Drucks. 13/4899, S. 166, 172.

[16] *Nettersheim*, Grußwort des Bundesjustizministeriums zur Fachtagung „10 Jahre Verfahrenspflegschaft – Rückblick und Ausblick", ZKJ 2009, 48. Zur statistischen Ausgangslage auch *Lipp/Schumann/Veit/Salgo* S. 169 ff.; ders., ZKJ 2009, 51 f.; *ders./Stötzel* ZKJ 2008, 417 ff. Vgl. weiter *Mutke* FPR 2006, 27; *Salgo* FPR 2006, 8 f.; BT-Drucks. 16/6308, S. 415 (Entwicklung bis 2004 bzw. 2005).

[17] *Hannemann/Stötzel* ZKJ 2009, 61; *Stötzel* FPR 2006, 19 f.; *Rabe* ZKJ 2007, 441 f. Eine repräsentative Rechtstatsachenforschung mahnt *Lipp/Schumann/Veit/Salgo* S. 173 ff. mit guten Gründen an; zur Bewährung der Verfahrenspflegschaft in der Vergangenheit S. 176 ff. Vgl. auch *Stötzel*, Studie, S. 3 ff.

[18] BT-Drucks. 16/6308, S. 238.

[19] Schon vor Inkrafttreten des Kindschaftsrechtsreformgesetzes war von der Fraktion Bündnis 90/Die Grünen als Alternative zur Kann-Bestimmung des § 50 Abs. 1 FGG eine Formulierung wie sie heute § 158 Abs. 1 entspricht gefordert worden, BT-Drucks. 13/3341, S. 5; dazu *Gummersbach* S. 91 f. In den letzten Jahren vor der Reform haben sich Teile des Schrifttums bereits dafür ausgesprochen, den Ermessensspielraum des Richters bei Vorliegen des Kriteriums der Erforderlichkeit auf Null zu reduzieren; dazu *Gummersbach* S. 135 ff., insb. S. 150.

[20] BT-Drucks. 16/6308, S. 238. Konkrete Anforderungen an die Qualifikation des Verfahrensbeistands sind jedoch nicht niedergelegt worden. Dazu auch *Menne* ZKJ 2009, 68.

trag eines über 14 Jahre alten Kindes grundsätzlich ein Verfahrensbeistand zu bestellen ist,[21] auf Grund der Empfehlung des Rechtsausschusses und des Finanzausschusses sowie der zustimmenden Stellungnahme des Bundesrates nicht aufgenommen worden.[22] Abs. 3 S. 1 stellt klar, dass der Verfahrensbeistand so früh wie möglich zu bestellen ist, und Abs. 3 S. 2 legt fest, dass der Verfahrensbeistand mit der Bestellung zum Beteiligten wird. Abs. 3 S. 3 entspricht inhaltlich der früheren Regelung des § 50 Abs. 2 S. 2 FGG. Abs. 3 S. 4 entscheidet die bislang strittige Rechtsfrage, ob gegen die Entscheidung über die Bestellung des Verfahrensbeistands, über die Aufhebung oder die Ablehnung einer Verfahrensbeistandschaft ein Rechtsmittel eingelegt werden kann, dahingehend, dass diese verfahrensleitenden Verfügungen nicht selbständig anfechtbar sind. Das Kernstück der Reform stellen die neu eingeführten Bestimmungen über die Aufgaben des Verfahrensbeistands (Abs. 4 S. 1–3) und über seine Rechtsstellung (Abs. 3 S. 2, Abs. 4 S. 5 und 6) dar. Abs. 5 und 6 entsprechen § 50 Abs. 3 und 4 FGG. Die Vergütung und der Aufwendungsersatz des Verfahrensbeistands nach Abs. 7 wurden in der letzten Phase des Gesetzgebungsverfahrens überraschend völlig neu geregelt, insbesondere wurde das bisher aufwandsbezogene Vergütungssystem zur Abwendung erheblicher Mehrkosten für die Justizhaushalte[23] auf eine Fallpauschale umgestellt.[24] Die Pauschalierung blieb bis zuletzt umstritten und wurde auf Beschlussempfehlung des Rechtsausschusses im April 2009 nochmals leicht ergänzt.[25] Abs. 8 stellt klar, dass dem Verfahrensbeistand keine Kosten aufzuerlegen sind.

III. Anwendungsbereich

1. Voraussetzungen für die Bestellung. Die Voraussetzungen für die Bestellung eines Verfahrensbeistands ergeben sich aus der Generalklausel des Abs. 1 (Erforderlichkeit der Bestellung zur Wahrnehmung der Kindesinteressen), die durch eine weitere generalklauselartig formulierte Regelung in Abs. 2 Nr. 1 (erheblicher Gegensatz zwischen den Interessen der Eltern bzw. des gesetzlichen Vertreters und des Kindes) und Regelbeispiele in Abs. 2 Nr. 2–5 (Fälle, in denen typischerweise eine Wahrnehmung der Kindesinteressen durch eine neutrale Person geboten ist) ergänzt wird.

a) Allgemeines. Der Anwendungsbereich erstreckt sich auf jede **Kindschaftssache, die die Person des Kindes betrifft,** dh. jedes Verfahren nach § 151 Nr. 1 bis 8, das nicht ausschließlich vermögensrechtlicher Art ist (einschließlich der Unterbringungsverfahren nach § 151 Nr. 6 und 7 iVm. § 167 Abs. 1 S. 2, dazu § 167 Rn. 21 ff.),[26] und geht somit über die in Abs. 2 Nr. 2 bis 5 genannten Kindschaftssachen hinaus. In der Praxis wurden bislang vor allem in Kindschaftssachen nach § 151 Nr. 1 und 2 Verfahrensbeistände bestellt.[27] Der Anwendungsbereich ist im Erstverfahren gleichermaßen wie im **Abänderungsverfahren nach § 1696 Abs. 1 BGB** eröffnet. Auch im **Vermittlungsverfahren nach § 165** kann die Bestellung eines Verfahrensbeistands geboten sein (dazu § 165 Rn. 11).[28] Schließlich können die Voraussetzungen für die Bestellung eines Verfahrensbeistands auch im **einstweiligen Anordnungsverfahren** oder (erst) in der **zweiten Instanz** vorliegen.

b) Erforderlichkeit. Nach Abs. 1 hat die Bestellung eines Verfahrensbeistands zu erfolgen, wenn dies zur Wahrnehmung der Interessen des Kindes erforderlich ist. Auch wenn Abs. 1 eine eigene, von Abs. 2 unabhängige Fallvariante darstellt,[29] muss die offene Formulierung des Abs. 1 dennoch im Lichte des Abs. 2 ausgelegt werden,[30] der in Nr. 2 bis 5 Beispiele nennt, in denen in einer für das

---

[21] BR-Drucks. 309/07, S. 82, 530; BT-Drucks. 16/6308, S. 40, 238.
[22] BR-Drucks. 309/2/07, S. 55; BR-Drucks. 309/07 (B), S. 45. Dazu *Lipp/Schumann/Veit/Hornikel* S. 147, Fn. 5. Kritisch *Menne* ZKJ 2009, 69.
[23] In der Stellungnahme des Bundesrates zum Regierungsentwurf wird mehrfach auf die erheblichen finanziellen Auswirkungen für die Länder hingewiesen, BR-Drucks. 309/07 (B), S. 43 f.
[24] Kritisch zum Verfahren *Lipp/Schumann/Veit/Salgo* S. 178 ff., 184 ff. Vgl. weiter *Menne* ZKJ 2009, 71 f.
[25] BT-Drucks. 16/12717, S. 58.
[26] Dazu umfassend *Gummersbach* S. 103 ff. (zum Meinungsstand im Schrifttum S. 113 ff.); *Peetz* S. 81 ff. In Kindschaftssachen vermögensrechtlicher Art kommt hingegen bei Bestehen eines erheblichen Interessenkonflikts die Bestellung eines Ergänzungspflegers nach § 1629 Abs. 2 S. 3 BGB iVm. § 1796 Abs. 2 BGB iVm. § 1909 BGB in Betracht (Fälle des § 151 Nr. 5, dazu § 151 Rn. 41).
[27] Nach der Studie von *Hannemann/Stötzel* ZKJ 2009, 59 aus dem Jahr 2005 betrafen von 8.669 erfassten Verfahren, in denen ein Verfahrenspfleger bestellt wurde, fast 90% Verfahren, die die Übertragung oder Entziehung der elterlichen Sorge oder die Regelung des Umgangs zum Gegenstand hatten (davon ca. 66% der Verfahren zur Sorge und ca. 23% zum Umgang). Nicht ganz 2% der Verfahren betrafen die Herausgabe des Kindes. Die weitere Auswertung von *Hannemann/Stötzel* (S. 67) ergab, dass es sich im Wesentlichen um Verfahren nach (1) §§ 1671 f. BGB, (2) §§ 1684 f. BGB und (3) §§ 1666 f. BGB handelte.
[28] AA *Weychardt* Anm. zu OLG Frankfurt a. M. (FamRZ 1999, 1293), FamRZ 2000, 844.
[29] Dazu *Gummersbach* S. 151 ff.
[30] BT-Drucks. 16/6308, S. 238; *Keidel/Engelhardt* Rn. 9, 11.

weitere Schicksal des Kindes bedeutsamen Angelegenheit typischerweise schwerwiegende Interessenkonflikte zwischen Eltern und Kind oder zwischen den Eltern bestehen, und darauf die Vermutung gründet, dass die Eltern in diesen Fällen nicht zur angemessenen Wahrnehmung der Interessen des Kindes in der Lage sind.[31] Die Bestellung eines Verfahrensbeistands ist weder nur auf Extremfälle beschränkt noch ist umgekehrt in jeder Kindschaftssache nichtvermögensrechtlicher Art bei Vorliegen eines familiären Konflikts die Bestellung eines Verfahrensbeistands erforderlich.[32] Vielmehr muss ausweislich der Materialien zu § 50 FGG erstens eine Angelegenheit vorliegen, die für das Kind von erheblicher Bedeutung ist, zweitens die konkrete Gefahr bestehen, dass die Eltern (bzw. der gesetzliche Vertreter)[33] zur Wahrnehmung der Interessen des Kindes nicht in der Lage sind[34] und drittens zu erwarten sein, dass die Interessen des Kindes auch durch die allgemeinen Verfahrensgarantien (Amtsermittlungsgrundsatz nach § 26, persönliche Anhörung des Kindes nach § 159, Mitwirkung der Pflegeperson nach § 161 und des Jugendamts nach § 162, Hinzuziehung eines Sachverständigen nach § 163) nicht hinreichend gewahrt werden können.[35] Daran wollte der Gesetzgeber auch mit der Neuregelung festhalten.[36] Unterschiedliche Anträge der Eltern können ein Indiz für eine konkrete Gefahrenlage sein;[37] das Vorliegen der Gefahr ist aber im Einzelfall zu prüfen.[38]

7 c) **Regelbeispiele.** Die Aufzählung der Regelbeispiele in Abs. 2 konkretisiert inhaltlich die Generalklausel in Abs. 1; weder darf Abs. 2 als abschließend angesehen werden noch ist die Bestellung eines Verfahrensbeistands bei Vorliegen eines Regelbeispiels zwingend erforderlich:[39] Das Gericht hat bei Vorliegen eines Regelbeispiels nach Abs. 2 Nr. 1 bis 5 von einer Bestellung des Verfahrensbeistands abzusehen, wenn die Bestellung ausnahmsweise nicht erforderlich ist, und hat umgekehrt in allen anderen Fällen einen Verfahrensbeistand nach Abs. 1 zu bestellen, wenn dies im konkreten Fall erforderlich ist.

8 aa) **Erheblicher Interessenkonflikt.** Abs. 2 Nr. 1 erfasst diejenigen Fälle, in denen das Interesse des Kindes zu dem seines gesetzlichen Vertreters in **erheblichem** Gegensatz steht, so dass der gesetzliche Vertreter nicht mehr geeignet erscheint, die Interessen des Kindes im Verfahren wahrzunehmen (entsprechend §§ 1629 Abs. 2 S. 3, 1796 Abs. 2 BGB).[40] Ausweislich der Materialien zu § 50 FGG sollen mit Abs. 2 Nr. 1 nur diejenigen Fälle erfasst werden, in denen der erhebliche Interessenkonflikt zu beiden Eltern besteht,[41] während Fälle, in denen ein Interessenkonflikt zwischen den Eltern besteht und die Interessen des Kindes nur im Gegensatz zu den Interessen eines Elternteils stehen, unter Abs. 1 fallen können.[42] Kommt das Gericht bei Prüfung des konkreten Einzelfalls zu dem Ergebnis, dass ein erheblicher Interessenkonflikt nahe liegt und deshalb die Gefahr

---

[31] BT-Drucks. 13/4899, S. 130. Vgl. auch OLG Celle FamRZ 2002, 1356, 1357.
[32] Zum Meinungsstand auch *Gummersbach* S. 118 ff.
[33] Gesetzlicher Vertreter werden regelmäßig die Eltern, können aber auch Dritte – etwa das Jugendamt (OLG Köln FamRZ 2001, 845 f.) – sein.
[34] So kann die Bestellung eines Verfahrensbeistands nach Abs. 1 erforderlich sein, wenn die Eltern intellektuell nicht in der Lage sind, die Interessen ihres Kindes zu vertreten. So auch *Keidel/Engelhardt* Rn. 10.
[35] BT-Drucks. 13/4899, S. 131: „Maßgeblich für die Erforderlichkeit einer eigenen Interessenvertretung für das Kind wird die aus konkreten Einzelumständen abzuleitende Gefahr sein, dass die Eltern oder gesetzlicher Vertreter eines Kindes wegen eigener Interessen nicht in der Lage sind, die berechtigten Interessen des Kindes hinreichend wahrzunehmen, dass es aber wegen der Bedeutung des Verfahrens für das Kind einer solchen, auch nicht anderweitig – etwa durch Anhörung des Kindes und des Jugendamts – sichergestellten Interessenwahrnehmung bedarf."
[36] Ausweislich der Gegenäußerung der Bundesregierung zur Stellungnahme des Bundesrates, der eine erhebliche Ausweitung der Anwendungsfälle des § 158 im Verhältnis zu § 52 FGG befürchtete (BR-Drucks. 309/07 (B), S. 43), ist mit der Neuregelung eine „substantielle Ausweitung der Fälle, in denen eine Bestellung erfolgen sollte [...] nicht beabsichtigt" (BT-Drucks. 16/6308, S. 415). Vgl. dazu auch *Bahrenfuss*, Die Reform des FGG, SchlHA 2007, 80, 84 f.; *Willutzki* ZKJ 2009, 230.
[37] Diesen Fall nennt auch BT-Drucks. 13/4899, S. 131.
[38] Dazu auch *Brock/Breideneichen* FuR 2001, 400 (kontradiktorische Anträge der Eltern bilden den Regelfall und dürfen daher nicht zur vorschnellen Bestellung eines Verfahrensbeistands führen). So auch OLG Dresden FamRZ 2000, 1296, 1297. Vgl. weiter OLG Düsseldorf NJW 2000, 1274.
[39] So ausdrücklich auch BT-Drucks. 13/4899, S. 131 f.; OLG Düsseldorf NJW 2000, 1274; OLG Köln NJW-RR 2001, 76 f. Dazu auch *Gummersbach* S. 159.
[40] BT-Drucks. 13/4899, S. 131. Zur Heranziehung des Interessenkonflikts nach §§ 1629 Abs. 2 S. 3, 1796 Abs. 2 BGB vgl. *Brock/Breideneichen* FuR 2001, 401; *Gummersbach* S. 168 ff. Vgl. weiter *Röhling/Lohrentz/Röhling*, Anwalt des Kindes, § 3 Rn. 8 ff.
[41] Daher werden von Abs. 2 Nr. 1 gerade auch Fälle erfasst, in denen sich die gesetzlichen Vertreter einig sind, ihre Interessen aber im Gegensatz zu denen des Kindes stehen; OLG Hamm FamRZ 2002.
[42] BT-Drucks. 13/4899, S. 131. Dazu ausführlich *Gummersbach* S. 164 ff. Vgl. weiter AG Obernburg FamRZ 2007, 1825; aber auch OLG Koblenz FamRZ 2001, 515; *Keidel/Engelhardt* Rn. 10, 12.

Verfahrensbeistand   9–11 § 158

besteht, dass die Interessen des Kindes durch den gesetzlichen Vertreter nicht mehr angemessen wahrgenommen werden können, so ist die Bestellung des Verfahrensbeistands regelmäßig erforderlich. Allerdings wurde in der Rechtsprechung zu § 50 Abs. 2 Nr. 1 FGG bislang die Frage, welche Anforderungen an einen erheblichen Interessenkonflikt zu stellen sind, uneinheitlich beantwortet.[43] Da in den letzten Jahren die Bestellungen von Verfahrensbeiständen erheblich zugenommen haben, ist davon auszugehen, dass die Tendenz besteht, die Anforderungen an das Kriterium der Erforderlichkeit (dh. an die Voraussetzung des erheblichen Interessenkonflikts in Abs. 2 Nr. 1) herabzusetzen. Nach dem erklärten Gesetzgeberwillen soll aber die Bestellung eines Verfahrensbeistands „nur in solchen Verfahren angeordnet werden, in denen sie auf Grund der konkreten Umstände im Einzelfall notwendig ist, weil sonst die Wahrnehmung der Kindesinteressen nicht gewährleistet ist. Nur in diesem – engen – Rahmen ist wegen des damit verbundenen Eingriffs in das Elternrecht eine Verfahrenspflegerbestellung gerechtfertigt."[44]

bb) (Teil-)Entziehung der elterlichen Sorge. Abs. 2 Nr. 2 erfasst Verfahren nach den §§ 1666, **9** 1666a BGB (begründete Annahme einer Kindeswohlgefährdung), in denen die teilweise oder vollständige Entziehung der Personensorge in Betracht zu ziehen ist. Die Prüfung der Erforderlichkeit im Rahmen des Regelbeispiels des Abs. 2 Nr. 2 ist somit nicht in allen Verfahren nach §§ 1666, 1666a BGB vorgesehen, vielmehr verlangt bereits der Tatbestand, dass die Rechtsfolge einer (Teil-)Entziehung der elterlichen Sorge in Betracht kommt. Da die Grundlage für eine (Teil-)Entziehung der elterlichen Sorge, die typischerweise erhebliche Auswirkungen für das Kind hat,[45] häufig ein Fehlverhalten eines Elternteils oder beider Eltern ist, das wiederum auf einen schwerwiegenden Interessenkonflikt schließen lässt, ist die Bestellung eines Verfahrensbeistands für das Kind regelmäßig erforderlich.[46] Aufgrund der Schwere des Eingriffs darf nur in absoluten Ausnahmefällen von einer Bestellung des Verfahrensbeistands abgesehen werden.[47]

cc) Trennung von der Obhutsperson. Abs. 2 Nr. 3 ist im Gegensatz zu § 50 Abs. 2 Nr. 2 FGG **10** weiter gefasst, insbesondere muss die Trennung von der Obhutsperson nicht auf der Grundlage eines Verfahrens gemäß §§ 1666, 1666a BGB erfolgen.[48] Daher erfasst das Regelbeispiel auch Fälle, in denen eine mit einem Obhutswechsel verbundene Abänderung der elterlichen Sorge nach § 1696 Abs. 1 BGB beantragt ist.[49] Für die Anwendung der Regelung ist es auch ohne Belang, wer die Trennung anstrebt, insbesondere ob das Kind selbst, ein Elternteil, das Jugendamt oder das Gericht einen Obhutswechsel in Betracht zieht.[50] Einen von der Rechtsprechung anerkannten Anwendungsfall stellt auch das Rückführungsverfahren nach dem Haager Kindesentführungsübereinkommen dar.[51]

dd) Herausgabe des Kindes/Verbleibensanordnung. Abs. 2 Nr. 4 erfasst Verfahren nach **11** § 1632 Abs. 1 BGB (Herausgabe des Kindes) und Verfahren nach § 1632 Abs. 4 BGB und § 1682

---

[43] OLG Rostock ZfJ 1999, 307; OLG Frankfurt a. M. DAVorm 1999, 784, 786; OLG Hamm FamRZ 1999, 41; OLG München FamRZ 1999, 667; OLG Düsseldorf NJW 2000, 1274; OLG Köln NJW-RR 2001, 76 f.; OLG Naumburg FamRZ 2009, 1417 f. Weitere Nachw. bei *Bienwald* Rn. 56.
[44] BT-Drucks. 13/4899, S. 130.
[45] Dazu *Gummersbach* S. 188.
[46] BT-Drucks. 16/6308, S. 238. So auch schon BT-Drucks. 13/4899, S. 131: „Solche Verfahren, die zu schwerwiegenden Eingriffen in das Elternrecht führen, berühren die Zuordnung des Kindes zu seiner Familie und sind regelmäßig für ein Kind von erheblicher Bedeutung. Es besteht eine hohe Wahrscheinlichkeit, dass in diesen Verfahren, deren Gegenstand häufig Vorwürfe gegen die Eltern wegen ihres Verhaltens gegenüber dem Kind (Misshandlung, Missbrauch) sein werden, zwischen den Eltern und dem Kind ein schwerwiegender Interessenkonflikt besteht." Zum Regelbeispiel des Abs. 2 Nr. 2 vgl. auch *Gummersbach* S. 183 ff.
[47] BT-Drucks. 13/4899, S. 132 nennt einen Fall, in dem die Bestellung eines Verfahrensbeistands trotz Vorliegens des Regelbeispiels nicht erforderlich ist. Die beschriebene Fallkonstellation, nach der „zwischen den Beteiligten eines Verfahrens nach §§ 1666, 1666a BGB Einigkeit darüber besteht, dass eine andere Maßnahme als die Trennung des Kindes von seiner Familie nicht möglich ist und [...] auch die Anhörung des Jugendamts und des Kindes, das altersbedingt selbst zur Wahrnehmung seiner Interessen in der Lage ist, keine Gesichtspunkte aufzeigt," dürfte in der Praxis aber nur selten auftreten. Vgl. weiter *Bienwald* Rn. 57.
[48] BT-Drucks. 16/6308, S. 238: Mit dem Regelbeispiel erfolge keine Beschränkung auf Verfahren nach §§ 1666, 1666a BGB, weil es für die Auswirkungen einer entsprechenden Maßnahme ohne Bedeutung sei, auf welcher Grundlage sie erfolge.
[49] So auch *Musielak/Borth* Rn. 7.
[50] BT-Drucks. 16/6308, S. 238.
[51] BVerfGE 99, 145, 162 f.; BVerfG FamRZ 2006, 1261, 1262 f.; AG Pankow/Weißensee DAVorm 2000, 1160, 1161. Dazu auch BT-Drucks. 16/6308, S. 239. Vgl. weiter *Bergida*, Die Verfahrenspflegschaft im Rahmen grenzüberschreitender Kindesentführungen nach dem HKÜ, RdJB 2009, 159, 162 f.; *Prenzlou*, Familiengerichtsverfahren mit Auslandsbezug, Die Rolle des Verfahrensbeistands in Fällen von Kindesentführung und Umgangskontakten mit Elternteilen im Ausland, ZKJ 2009, 241 ff.

BGB (Verbleibensanordnung).[52] Die letztgenannte Fallgruppe war bislang schon von § 50 Abs. 2 Nr. 3 FGG erfasst und setzt die begründete Annahme einer Kindeswohlgefährdung voraus.[53]

12 **ee) Ausschluss oder wesentliche Beschränkung des Umgangsrechts.** Neu eingeführt wurde das Regelbeispiel des Abs. 2 Nr. 5: Danach ist die Bestellung eines Verfahrensbeistands regelmäßig erforderlich, wenn der Ausschluss oder eine **wesentliche** Beschränkung[54] des Umgangsrechts (§ 1684 Abs. 4 S. 1, 2 BGB) vom Jugendamt oder einem Verfahrensbeteiligten gefordert oder durch das Gericht ernsthaft erwogen wird.[55] Dies setzt entweder nach § 1684 Abs. 4 S. 2 BGB eine drohende Kindeswohlgefährdung voraus oder verlangt in den Fällen des § 1684 Abs. 4 S. 1 BGB (vorübergehende Umgangsbeschränkung) jedenfalls eine erhebliche Beeinträchtigung des Kindeswohls.[56] In diesen Fällen liegen regelmäßig schwere Grundkonflikte vor, die – auch hinsichtlich der Intensität des Eingriffs – den Konstellationen des Abs. 2 Nr. 2 nahe kommen.

13 **d) Prüfung der Erforderlichkeit von Amts wegen.** Das Gericht hat von Amts wegen zu prüfen, ob die Bestellung eines Verfahrensbeistands nach Abs. 1 oder Abs. 2 erforderlich ist. Liegt eine Anregung des Kindes vor, so hat sich das Gericht bei der anschließenden Prüfung einer Bestellung mit der grundrechtlichen Stellung des Kindes (Art. 6 Abs. 2 S. 1 GG und Art. 2 Abs. 1 GG) auseinanderzusetzen.[57]

14 **e) Keine Erforderlichkeit trotz Vorliegens eines Regelbeispiels.** Auch wenn die Voraussetzungen eines Regelbeispiels vorliegen, kann ausnahmsweise die regelhafte Bestellung eines Verfahrensbeistands nicht erforderlich sein (dies ergibt sich aus Abs. 3 S. 3).[58] Neben dem in Abs. 5 ausdrücklich genannten Fall (s. u. Rn. 15) ist vor allem an Verfahren zu denken, in denen die **Entscheidung von geringer Tragweite** für das Kind ist, die im Verfahrensrecht anderweitig vorgesehenen Verfahrensgarantien (s. o. Rn. 6) nach den Feststellungen des Gerichts ausreichend sind, um die Interessen des Kindes hinreichend zu berücksichtigen, und von dem Tätigwerden des Verfahrensbeistands die Einbringung zusätzlicher Gesichtspunkte nicht zu erwarten ist.[59] Weiterhin kann von einer Bestellung eines Verfahrensbeistands abgesehen werden, wenn alle Beteiligten **gleichgerichtete Verfahrensziele** verfolgen und die Interessen des Kindes im Rahmen einer persönlichen Anhörung hinreichend berücksichtigt werden können.[60] Schließlich hat der Gesetzgeber bei Einführung des § 50 FGG an Fälle gedacht, in denen minderjährige Jugendliche ihre Interessen bei der Anhörung hinreichend selbst wahrnehmen können.[61] Daran ist festzuhalten, auch wenn der Regierungsentwurf zu § 158 ursprünglich vorsah, dass die Bestellung eines Verfahrensbeistands regelmäßig erforderlich sein sollte, wenn ein Kind über 14 Jahren diese beantragt.[62] Aufgrund der Beschlussempfehlung des Rechtsausschusses und der zustimmenden Stellungnahme des Bundesrates wurde dieses Regelbeispiel jedoch mit der Begründung gestrichen, dass Kinder über 14 Jahren auf Grund ihres Alters regelmäßig in der Lage seien, ihre Interessen selbst wahrzunehmen, und im Übrigen bei Bedarf die Bestellung eines Verfahrensbeistands auf Grund der anderen Regelbeispiele nicht ausge-

---

[52] BT-Drucks. 16/6308, S. 239. Zu den Fällen des § 1632 Abs. 4 BGB und des § 1682 BGB vgl. auch *Gummersbach* S. 195 ff., 205 ff.
[53] Aus der Rechtsprechung zu § 50 Abs. 2 Nr. 3 FGG sind zu nennen: BayObLG FamRZ 1999, 1457, 1459; BayObLG FamRZ 2000, 633, 635; OLG Celle FamRZ 2002, 1356, 1357. Vgl. weiter *Bienwald* Rn. 60.
[54] Der Regierungsentwurf sah vor, dass bei **jeder** Beschränkung des Umgangsrechts regelmäßig ein Verfahrensbeistand zu bestellen ist (BR-Drucks. 309/07, S. 82, 531; BT-Drucks. 16/6308, S. 239). Davon wurde am Ende des Gesetzgebungsverfahrens Abstand genommen und das Regelbeispiel auf Fälle einer **wesentlichen** Beschränkung des Umgangsrechts begrenzt, „um einer finanziellen Überforderung der Länder infolge einer Zunahme von Bestellungen von Verfahrensbeiständen entgegenzuwirken" (BT-Drucks. 16/9733, S. 294).
[55] BT-Drucks. 16/6308, S. 239.
[56] Zu den Eingriffsschwellen des § 1684 Abs. 4 S. 1 und 2 umfassend *Staudinger/Rauscher* § 1684 BGB Rn. 260 ff.
[57] BVerfG FamRZ 2004, 86, 87.
[58] So auch *Lipp/Schumann/Veit/Hornikel* S. 147. Kein Hindernis für die Bestellung eines Verfahrensbeistands stellt der Umstand dar, dass das Kind altersbedingt noch nicht in der Lage ist, seine Interessen dem Verfahrensbeistand mitzuteilen, KG Berlin Kind-Prax 2004, 64.
[59] BT-Drucks. 13/4899, S. 131 f. Vgl. weiter OLG Saarbrücken DAVorm 2000, 689, 691; OLG Koblenz FamRZ 2001, 515. Zu weitgehend BayObLG FamRZ 2000, 633, 635. Dazu auch *Bienwald* Rn. 61 ff., 69 f. m. weit. Nachw.
[60] So OLG Düsseldorf FamRZ 2008, 1775, 1776 in einem Rückführungsverfahren nach dem Haager Kindesentführungsübereinkommen.
[61] BT-Drucks. 13/4899, S. 132. Vgl. aber auch *Stötzel*, Studie, S. 66 f. mit Hinweis darauf, dass das Durchschnittsalter der Kinder, deren Interessen durch einen Verfahrenspfleger vertreten wurden, zum Zeitpunkt der Studie bei 13 Jahren lag.
[62] BR-Drucks. 309/07, S. 82, 530; BT-Drucks. 16/6308, S. 238.

schlossen sei.[63] Nach Abs. 3 S. 3 (früher § 50 Abs. 2 S. 2 FGG) besteht für das Absehen von einer regelhaften Bestellung eines Verfahrensbeistands eine **Begründungspflicht** (s. u. Rn. 22).

f) Unterbleiben oder Aufhebung der Bestellung bei angemessener Vertretung. Einen „Spezialfall mangelnder Erforderlichkeit"[64] regelt Abs. 5 (früher § 50 Abs. 3 FGG). Die Soll-Vorschrift erfasst Fälle, in denen die Interessen des Kindes von einem Rechtsanwalt oder einem anderen Verfahrensbevollmächtigten angemessen vertreten werden.[65] Mit dem Kriterium der **Angemessenheit der Vertretung** der Kindesinteressen soll verhindert werden, dass die Eltern die gerichtliche Bestellung eines unabhängigen Interessenvertreters dadurch umgehen, dass sie einen Vertreter damit beauftragen, die Interessen des Kindes in einer bestimmten, ihren eigenen Interessen entsprechenden Weise wahrzunehmen.[66] In diesem Fall muss das Gericht für das Kind – mangels angemessenen Vertreters – einen Verfahrensbeistand bestellen. Eine angemessene Vertretung liegt immer dann vor, wenn der Vertreter im Verhältnis zu den Eltern unabhängig und auch im Verhältnis zum Kind neutral die Kindesinteressen wahrnimmt.[67] Hat das Kind das 14. Lebensjahr vollendet, so kann es das Beschwerderecht nach § 60 selbständig ausüben; daraus ergibt sich die Befugnis, einen Rechtsanwalt zur Beschwerdeführung zu bestellen.[68]

2. Bestellungsverfahren. Das Gericht entscheidet über die Bestellung von Amts wegen (s. o. Rn. 13).[69] Dabei hat es den **Beschleunigungsgrundsatz** (Abs. 3 S. 1) zu beachten, bei der Auswahl das Kriterium der **Geeignetheit** zu Grunde zu legen (Abs. 1) und eine Entscheidung über **Art und Umfang der Beauftragung** zu treffen (Abs. 4 S. 4). Vor der Bestellung des Verfahrensbeistands sind die Beteiligten anzuhören.[70] Der ausgewählte Verfahrensbeistand ist nicht verpflichtet, die Aufgabe zu übernehmen.[71]

a) Zeitpunkt der Bestellung. Im Gegensatz zu § 50 FGG, der den Zeitpunkt, zu dem das Gericht den Verfahrenspfleger zu bestellen hatte, offen ließ,[72] sieht Abs. 3 S. 1 vor, dass der Verfahrensbeistand **so früh wie möglich** zu bestellen ist. Eine wesentliche Neuerung ist damit nicht verbunden, denn auch schon bislang war zur Gewährleistung einer sachgerechten Interessenwahrnehmung eine möglichst baldige Bestellung geboten.[73] Voraussetzung ist aber, dass das Gericht **Anfangsermittlungen zur Frage der Erforderlichkeit** nach Abs. 1 oder 2 angestellt hat.[74] Dazu gehört regelmäßig das Beiziehen von Akten, die Anhörung des Jugendamts und die Gewährung rechtlichen Gehörs im Hinblick auf die beabsichtigte Bestellung eines Verfahrensbeistands.[75] Da für etliche Verfahren, die in den Regelbeispielen des Abs. 2 genannt sind, das Gebot der vorrangigen und beschleunigten Durchführung gemäß § 155 gilt und in diesen Fällen bereits einen Monat nach Beginn des Verfahrens der **frühe erste Termin** gemäß § 155 Abs. 2 S. 2 stattfindet (und dieser uU auch der das Verfahren abschließende Termin sein kann), stellt sich die Frage, wie innerhalb dieses engen Zeitfensters die nach § 158 notwendigen Schritte erfolgen sollen: Prüfung der Erforderlichkeit der Bestellung eines Verfahrensbeistands auf der Grundlage ordnungsgemäß durchgeführter Anfangs-

---

[63] BR-Drucks. 309/2/07, S. 55; BR-Drucks. 309/07 (B), S. 45; BT-Drucks. 16/9733, S. 294. Dazu auch *Stößer* FamRZ 2009, 661. Vgl. weiter *Bumiller/Harders* Rn. 12.

[64] So *Brock/Breideneichen* FuR 2001, 400.

[65] Nach OLG Hamburg FamRZ 2001, 775 hat die Bestellung eines Verfahrensbeistands Vorrang vor der Bewilligung von Verfahrenskostenbeihilfe unter Beiordnung eines Rechtsanwalts. Die Bestellung eines Verfahrensbeistands ist in einem Umgangsrechtsverfahren auch dann nicht erforderlich, wenn ein Umgangspfleger als Ergänzungspfleger (§§ 1684 Abs. 3 S. 3, 1909 BGB) bestellt ist. So auch *Trenczek* ZKJ 2009, 198.

[66] BT-Drucks. 13/4899, S. 132. Dazu auch *Gummersbach* S. 225 ff.; *Stötzel/Balloff* ZKJ 2009, 332.

[67] Daher nimmt in einem Fall nach § 1632 Abs. 4 BGB der Bevollmächtigte der Pflegeeltern die Interessen des Kindes nicht unabhängig war (so aber OLG Köln FamRZ 2000, 635 = NJW-RR 2000, 374). Keine unabhängige Vertretung liegt ferner vor, wenn das Jugendamt als gesetzlicher Vertreter des Kindes für dieses einen Rechtsanwalt beauftragt, der aber den Weisungen des Jugendamts unterliegt (OLG Köln FamRZ 2001, 845 f.). Nicht nachvollziehbar daher OLG Stuttgart FGPrax 2005, 66, 67. Zum Verhältnis von Verfahrensbevollmächtigten und Verfahrensbeistand vgl. *Bienwald* Rn. 570 ff., 588 ff.

[68] Vgl. BVerfG FPR 2004, 36 f.; OLG Hamm FamRZ 2002, 1127. Dazu auch *Keidel/Meyer-Holz* § 60 Rn. 18.

[69] Zum Verfahren vgl. *Bienwald* Rn. 261 ff., 292.

[70] OLG Dresden FamRZ 2000, 1296, 1297. Vgl. weiter *Bienwald* Rn. 284 ff., 305 ff.

[71] BVerfG FamRZ 2000, 1280, 1282 mit Anm. *Bienwald* FamRZ 2000, 1283 f. AA *Bode* S. 61 f.

[72] In BT-Drucks. 13/4899, S. 130 wird dies damit begründet, dass das Gericht Zeit für Anfangsermittlungen haben soll, um unnötige Pflegerbestellungen zu vermeiden. Häufig werde sich erst im Laufe des Verfahrens (nach Anhörung des Kindes oder des Jugendamts) herausstellen, ob die Bestellung erforderlich sei.

[73] So ausdrücklich BT-Drucks. 13/4899, S. 130 (das Gericht soll „baldmöglichst einen Verfahrenspfleger bestellen, um die Interessenwahrung für das Kind zu gewährleisten"). Vgl. weiter *Bienwald* Rn. 135 ff.

[74] BT-Drucks. 16/6308, S. 239.

[75] So *Menne* ZKJ 2009, 69; *Stötzel/Balloff* ZKJ 2009, 331. Vgl. weiter OLG Frankfurt a. M. DAVorm 1999, 784, 785 f.; OLG Frankfurt a. M. FamRZ 1999, 1293, 1294; OLG Dresden FamRZ 2000, 1296, 1297.

ermittlungen, Gewährung rechtlichen Gehörs für die Beteiligten, Auswahl eines geeigneten Verfahrensbeistands, Festlegung von Art und Umfang der Beauftragung sowie Bestellung rechtzeitig vor dem frühen ersten Termin zur Ermöglichung eines Erstkontaktes mit dem Kind. In der Literatur wurde bereits im Vorfeld der Reform darauf hingewiesen, dass dies entweder zur Nichteinhaltung der Monatsfrist für den frühen ersten Termin oder zu einer vorsorglichen Bestellung des Verfahrensbeistands führen werde.[76] Lassen sich mehrere Anliegen der Reform (Beschleunigungsgebot, Förderung einvernehmlicher Konfliktlösung, Stärkung der Rechte des Kindes im Verfahren) im Einzelfall nicht vereinbaren, so darf jedenfalls keine schematische Entscheidung zugunsten der Beschleunigung unter Zurückstellung aller anderen Prinzipien fallen.

18 b) **Qualifikation des Verfahrensbeistands.** Das Gericht hat den Verfahrensbeistand nach pflichtgemäßem Ermessen auszuwählen: Der neu formulierte Abs. 1 verlangt, dass der zu bestellende Beistand zur Interessenwahrnehmung des Kindes persönlich und fachlich **geeignet** sein muss.[77] Ausweislich der Begründung zu § 50 FGG soll das Gericht „entsprechend den Besonderheiten eines jeden Falls beispielsweise auch Sozialarbeiter und Sozialpädagogen, Kinderpsychologen und unter Umständen engagierte Laien – das können etwa auch Verwandte sein – als selbständige Interessenvertreter für ein minderjähriges Kind bestellen. Soweit es schwerpunktmäßig auf die Sachkunde auf dem Gebiet des materiellen und des formellen Rechts ankommt, wird das Gericht einen Rechtsanwalt zu bestellen haben."[78] Da auf Grund dieser weiten Formulierung **professionelle Qualifikationsanforderungen** keine zwingende Voraussetzung für die Bestellung zum Verfahrensbeistand sind, wird seit Inkrafttreten des § 50 FGG kontrovers diskutiert, ob überhaupt eine Qualifikation – und wenn ja, welche – vom Verfahrensbeistand verlangt werden darf.[79] Als Reaktion auf die Diskussion haben verschiedene Vereinigungen, etwa die im Jahre 2000 gegründete „Bundesarbeitsgemeinschaft Verfahrenspflegschaft für Kinder und Jugendliche e. V." oder der Arbeitskreis „Anwalt des Kindes Bundesverband e. V.", Standards und Empfehlungen für Verfahrenspfleger entwickelt;[80] aber auch die Wissenschaft hat sich des Themas angenommen und Anforderungsprofile für Verfahrensbeistände aufgestellt.[81] Dennoch gilt nach wie vor, dass der Gesetzgeber mit der Einführung der Rechtsfigur der Verfahrenspfleger/-beistands keine professionellen Qualifikationsanforderungen etablieren oder gar ein neues Berufsbild schaffen wollte.[82]

19 Nach einer – auf Grund der Befragung von nur 219 Verfahrenspflegern allerdings wenig repräsentativen – Umfrage aus dem Jahr 2005 ergab sich eine Unterteilung nach folgenden Professionen: 44% Sozialpädagogen/-arbeiter, 35% Juristen, 8% Psychologen, 6% Diplom-Pädagogen und 4% Lehrer (daneben 1% Verwandte und 11% Sonstige).[83] Die Mehrzahl (59%) der befragten Verfahrenspfleger gab an, an den inzwischen etablierten **Fort- und Weiterbildungen für Verfahrenspfleger** teilgenommen und sich auf diese Weise zusätzliche Kenntnisse über die vorgesehenen Aufgaben verschafft zu haben; für die befragten 512 Richter waren die wichtigsten Auswahlkriterien Profession und Erfahrung.[84] Insgesamt scheinen die Gerichte aus dem weiten Feld unterschiedlicher Professionen eine Auswahl zu treffen, die – wie vom Gesetzgeber gewünscht[85] – sich in erster Linie daran orientiert, dass **im konkreten Einzelfall** eine Person zum Verfahrensbeistand bestellt wird, die persönlich und fachlich geeignet ist, die Interessen des Kindes unabhängig von den Interessen der übrigen Verfahrensbeteiligten festzustellen und in das Verfahren einzubringen.[86] Die ebenfalls um-

---

[76] *Menne* ZKJ 2009, 70. Kritisch auch *Jaeger,* Verfahren in Kindschaftssachen, FPR 2006, 410, 414 f.; *Koritz* FPR 2009, 331. Relativierend § 155 Rn. 37.

[77] So auch *Lipp/Schumann/Veit/Hornikel* S. 146. Zur Eignung des Verfahrensbeistands vgl. *Diederichsen* S. 133 ff.; *Bienwald* Rn. 160 ff.; *Stötzel/Balloff* ZKJ 2009, 331. Zur Ermessensausübung vgl. *Bode* S. 53 ff.

[78] BT-Drucks. 13/4899, S. 130. Vgl. auch OLG Dresden FamRZ 2003, 877, 879.

[79] Zur Diskussion in Literatur und Fachöffentlichkeit vgl. *Gummersbach* S. 377 ff.; *Röchling*, Anwalt des Kindes, § 2 Rn. 14 ff.; *Bode* S. 56 ff.; *Bienwald* Rn. 163 ff., 172 ff., 178 ff., 185 ff. (mit kritischen Anmerkungen zu Professionalisierungs- und Standardisierungsbemühungen). Vgl. weiter *Weber* ZKJ 2008, 92 ff. (zur Zusatzqualifikation an der Evangelischen Fachhochschule Berlin).

[80] Vgl. nur BAG Verfahrenspflegschaft für Kinder und Jugendliche e. V., Standards für VerfahrenspflegerInnen v. 19. 11. 2005. Dazu auch *Gummersbach* S. 396 ff.

[81] Vgl. nur *Lipp/Schumann/Veit/Salgo* S. 183 f.; *ders.* ZKJ 2009, 55; *Walter* FPR 2006, 33 ff.; *Gummersbach* S. 376 ff., 392 ff.; *Bienwald* Rn. 194 ff., 225. Vgl. weiter zur Qualifikation *Jansen/Zorn* § 50 FGG Rn. 40.

[82] So auch BVerfG FamRZ 2004, 1267, 1269: „Mit der Verfahrenspflegschaft nach § 50 I FGG hat der Gesetzgeber kein neues Berufsbild geschaffen." Kritisch zum Fehlen einer gesetzlichen Regelung der Qualifikationsanforderungen *Salgo* FPR 2006, 15 f.

[83] *Hannemann/Stötzel* ZKJ 2009, 59 f. Vgl. auch *Mutke* FPR 2006, 28; *Rabe* ZKJ 2007, 438.

[84] *Hannemann/Stötzel* ZKJ 2009, 60.

[85] BT-Drucks. 16/6308, S. 238.

[86] OLG Dresden FamRZ 2003, 877, 878.

strittene Frage, ob das **Jugendamt** oder einzelne Mitarbeiter zum Verfahrensbeistand bestellt werden dürfen,[87] wird inzwischen überwiegend verneint.[88] Ein vom Gericht beauftragter **Sachverständiger** kann nicht zum Verfahrensbeistand bestellt werden.[89]

c) Art und Umfang der Beauftragung. Der neu eingeführte Abs. 4 differenziert zwischen dem **originären Aufgabenbereich** (Abs. 4 S. 1 und 2) und dem **erweiterten Aufgabenbereich** (Abs. 4 S. 3) des Verfahrensbeistands (zum Inhalt der Aufgaben s. u. Rn. 25 ff.) und verlangt vom Gericht, dass es Art und Umfang der erweiterten Aufgaben konkret festlegt und begründet (Abs. 4 S. 4). Im Regierungsentwurf war noch vorgesehen, dass der Verfahrensbeistand selbst entscheidet, ob er die weiteren Aufgaben nach Abs. 4 S. 3 (Führung von Gesprächen mit den Eltern und weiteren Bezugspersonen, Mitwirken an einer einvernehmlichen Regelung über den Verfahrensgegenstand) wahrnehmen möchte.[90] Von der Ausweitung der originären Aufgaben des Verfahrensbeistands wurde im Laufe des Gesetzgebungsverfahrens auf Grund der Empfehlung des Rechtsausschusses und des Finanzausschusses sowie der befürwortenden Stellungnahme des Bundesrates mit der Begründung Abstand genommen, dass die weiteren Aufgaben des Verfahrensbeistands originär dem Jugendamt bzw. dem Gericht oblägen. Eine unkontrollierte Übernahme dieser Aufgaben könnte daher zu einer unzulässigen Vermischung der den Verfahrensbeteiligten zugedachten Rollen führen. Aus diesem Grund dürften die weiteren Aufgaben nur dann vom Verfahrensbeistand übernommen werden, wenn im Einzelfall eine konkrete, nach Art und Umfang präzisierte Beauftragung durch das Gericht vorliege.[91]

3. Entscheidung des Gerichts. Entscheidungen des Gerichts über die Bestellung eines Verfahrensbeistands, die Ablehnung eines Antrags auf Bestellung bzw. das Absehen von einer Bestellung sowie die spätere Aufhebung einer Bestellung sind **verfahrensleitende Verfügungen**, die – wie Abs. 3 S. 4 ausdrücklich klarstellt – nicht selbständig anfechtbar sind (s. u. Rn. 23). Da ein besonderer Bestellungsakt nicht vorgesehen ist,[92] wird die Bestellung wirksam mit der schriftlichen oder mündlichen Bekanntgabe an den Beistand. Die Bestellung ist allen Verfahrensbeteiligten mitzuteilen.[93]

a) Begründungspflicht. Sieht das Gericht trotz Vorliegens eines Regelbeispiels nach Abs. 2 ausnahmsweise von der Bestellung eines Verfahrensbeistands ab, so ist dies **in der Endentscheidung nachprüfbar zu begründen** (Abs. 3 S. 3). Aus der Begründung muss sich ergeben, dass sich das Gericht mit den Gegebenheiten des Einzelfalls bezogen auf das Kriterium der Erforderlichkeit der Bestellung eines Verfahrensbeistands auseinandergesetzt hat.[94] Fehlt die Begründung oder ist sie unzureichend, so begründet dies einen **Verfahrensfehler,**[95] der mit dem Rechtsmittel gegen die Endentscheidung geltend gemacht werden kann (s. u. Rn. 24).[96] In den Fällen einer Nichtbestellung oder Aufhebung der Bestellung nach Abs. 5 ist eine Begründung nicht ausdrücklich vorgesehen. Da es sich aber um „Spezialfälle mangelnder Erforderlichkeit" (s. o. Rn. 15) handelt und zudem eine Ermessensentscheidung („soll") unter Prüfung des Kriteriums der „angemessenen Vertretung" zu treffen ist, ist entsprechend Abs. 3 S. 3 auch hier eine Begründung in die Endentscheidung aufzunehmen.[97] Strittig ist schließlich, ob im Falle der Bestellung eines Verfahrensbeistands eine Begründungspflicht besteht.[98] Das Gesetz sieht dies nicht vor und es sprechen auch keine sachlichen Gründe für eine entsprechende Anwendung des Abs. 3 S. 3. Eine wirksame Rechtskontrolle ist auch ohne Begründung möglich, denn das Beschwerdegericht kann eigenständig prüfen, ob eine Bestellung nach Abs. 1 oder 2 erforderlich gewesen ist.

b) Rechtsmittel. Mit der Klarstellung in Abs. 3 S. 4, dass die Entscheidung den Charakter einer nicht anfechtbaren Zwischenverfügung hat, hat der Gesetzgeber die Diskussion über die **selbständi-**

---

[87] Dazu *Gummersbach* S. 381 ff.; *Bienwald* Rn. 235 ff.
[88] OLG Naumburg FamRZ 2000, 300 f. Vgl. weiter die Literaturnachweise bei *Gummersbach* S. 383 f.
[89] *Weychardt,* Anm. zu OLG Frankfurt a. M. (FamRZ 1999, 1293), FamRZ 2000, 844.
[90] BR-Drucks. 309/07, S. 82, 533; BT-Drucks. 16/6308, S. 240.
[91] Dazu insgesamt BR-Drucks. 309/2/07, S. 55 f.; BR-Drucks. 309/07 (B), S. 45; BT-Drucks. 16/6308, S. 415 f.; BT-Drucks. 16/9733, S. 294. Kritisch dazu *Menne* ZKJ 2009, 71.
[92] BT-Drucks. 13/4899, S. 130. Vgl. weiter *Bienwald* Rn. 313 f.
[93] So auch *Musielak/Borth* Rn. 10.
[94] OLG Stuttgart FamRZ 2006, 1857, 1858. So auch *Gummersbach* S. 211.
[95] OLG Frankfurt a. M. FamRZ 1999, 1293, 1294; OLG Saarbrücken DAVorm 2000, 689, 690, 691; OLG Hamm FamRZ 2001, 850 f.; OLG Saarbrücken JAmt 2003, 41, 42; OLG Naumburg ZKJ 2009, 368.
[96] Dazu insgesamt *Gummersbach* S. 216 ff. (Anforderungen an die Begründungspflicht), S. 221 ff. (Folgen der fehlenden Begründung).
[97] AA OLG Köln FamRZ 2000, 635, 636.
[98] Verneinend OLG Karlsruhe DAVorm 2000, 351, 354; bejahend OLG Frankfurt a. M. FamRZ 1999, 1293, 1294; KG Berlin NJW 2000, 2596 f.; OLG Köln NJW-RR 2001, 76 f. Vgl. weiter *Gummersbach* S. 211 f.; *Bode* S. 62 ff.; *Bienwald* Rn. 321 ff.

§ 158   24–26   Buch 2. Abschnitt 3. Verfahren in Kindschaftssachen

ge Anfechtbarkeit, die zu zahlreichen sich widersprechenden Entscheidungen geführt hat,[99] beendet.[100] Im Schrifttum ist diese Entscheidung des Gesetzgebers auf Kritik gestoßen: Insbesondere in Fällen, in denen der Verfahrensbeistand seiner Aufgabe als Interessenvertreter des Kindes nicht gerecht werde, müsse die Bestellung schon im laufenden Verfahren überprüft werden können.[101] In diesen Fällen (denen im Übrigen nicht zwingend eine fehlerhafte Bestellung/Auswahl des Verfahrensbeistands zugrunde liegen muss) kann das Gericht jedoch die Beistandschaft aufheben und dem Kind einen neuen geeigneten Verfahrensbeistand bestellen, sofern dies zur Wahrnehmung der Interessen des Kindes erforderlich ist (s. u. Rn. 41).

24   Erst mit dem **Rechtsmittel gegen die Endentscheidung** kann geltend gemacht werden, dass das Gericht die Bestellung eines Verfahrensbeistands zu Unrecht unterlassen oder abgelehnt[102] oder einen Verfahrensbeistand zu Unrecht abberufen oder die Ablehnung oder Aufhebung der Bestellung nicht hinreichend begründet hat.

25   **4. Aufgaben des Verfahrensbeistands.** Der neu eingeführte Abs. 4 stellt mit den Bestimmungen über die Aufgaben und die Rechtsstellung des Verfahrensbeistands das Kernstück der Reform dar. Eine Klarstellung war von der Praxis, insbesondere von den Verfahrenspflegern selbst, seit Jahren gefordert worden,[103] zumal die Rechtsprechung zur Vergütung einzelner Tätigkeiten nicht nur widersprüchlich, sondern inzwischen auch völlig unübersichtlich geworden war.[104] Nach Abs. 4 ist nunmehr zwischen dem **originären Aufgabenbereich** (Abs. 4 S. 1 und 2) und dem **erweiterten Aufgabenbereich** (Abs. 4 S. 3) zu differenzieren. Die erweiterten Aufgaben sind nach Art und Umfang vom Gericht konkret festzulegen und zu begründen (Abs. 4 S. 4).[105] Sämtliche Aufgaben sind immer nur auf das konkrete Verfahren bezogen, für das der Verfahrensbeistand bestellt wurde.[106]

26   **a) Originärer Aufgabenbereich.** Die Kernaufgabe des Verfahrensbeistands besteht darin, das Interesse des Kindes festzustellen und im gerichtlichen Verfahren zur Geltung zu bringen, Abs. 4 S. 1. Dies beinhaltet insbesondere „die Erfassung der tatsächlich bestehenden kindlichen Wünsche, Vorstellungen und Bedürfnisse, deren Übermittlung an das Gericht, die Wahrung aller verfahrensmäßigen Einflussmöglichkeiten, um die [...] Interessen des Kindes zur Geltung zu bringen, und die Begleitung des Kindes durch das gerichtliche Verfahren".[107] Zur Erfüllung dieser Aufgabe sind regelmäßig folgende Tätigkeiten erforderlich: das Studium der Gerichtsakten,[108] Kenntnisnahme von allen im weiteren Verfahrensablauf erfolgten Äußerungen der anderen Verfahrensbeteiligten und den

---

[99] OLG Celle FamRZ 1999, 1589 f.; OLG München FamRZ 1999, 667; OLG Celle NJW 2000, 1273; OLG Dresden FamRZ 2000, 1296 f.; OLG Köln NJW-RR 2001, 76 f.; OLG Brandenburg NJW-RR 2001, 76; OLG Hamburg FamRZ 2001, 34; OLG Naumburg FamRZ 2001, 170; OLG Köln FamRZ 2002, 968 = FPR 2002, 282; OLG Celle FGPrax 2003, 128; OLG Hamm FamRZ 2003, 881; OLG Naumburg FGPrax 2003, 70; KG Berlin FPR 2004, 145; KG Berlin FamRZ 2004, 1591, 1592; OLG Zweibrücken FamRZ 2004, 1980 f.; OLG Zweibrücken FGPrax 2004, 113; OLG München FamRZ 2005, 635, 636; OLG Köln FamRZ 2006, 282 f.; KG Berlin FGPrax 2006, 261; OLG Hamm FamRZ 2007, 2002; OLG Hamm FamRZ 2008, 427, 428; OLG Nürnberg FamRZ 2008, 73; OLG Frankfurt a. M. FamRZ 2008, 1364 = ZKJ 2009, 78. Dazu auch *Jansen/Zorn* § 50 FGG Rn. 70 ff.; *Gummersbach* S. 340 ff.; *Peetz* S. 177 ff.; *Balloff/Koritz* S. 19 f.; *Bienwald* Rn. 360 ff.; *Engelhardt* FamRZ 2001, 528; *Menne* ZKJ 2008, 111 f.
[100] BT-Drucks. 16/6308, S. 239 unter Berufung auf die Entscheidung des BGH FamRZ 2003, 1275 ff. für den Verfahrenspfleger in Betreuungssachen: Die selbständige Anfechtbarkeit sei nicht geboten, weil weder die Bestellung noch die Unterlassung der Bestellung einen schwerwiegenden Eingriff in die Rechte der Beteiligten darstelle; zudem verhindere der Ausschluss der selbständigen Anfechtbarkeit Verfahrensverzögerungen. Dazu auch *Lipp/Schumann/Veit/Hornikel* S. 147, Fn. 7.
[101] So etwa *Menne* ZKJ 2008, 112.
[102] BT-Drucks. 16/6308, S. 239.
[103] Darauf nimmt BT-Drucks. 16/6308, S. 239 ausdrücklich Bezug. Dazu auch *Gummersbach* S. 334 ff. Vgl. weiter *Engelhardt* FamRZ 2001, 525 f.
[104] Vgl. die Nachweise bei *Jansen/Zorn* § 50 FGG Rn. 47 ff. Vgl. weiter *Gummersbach* S. 298 ff.; *Röchling*, Anwalt des Kindes, 2001, Kap. II Rn. 86 ff.
[105] Zur Differenzierung zwischen originärem und erweitertem Aufgabenkreis *Menne* ZKJ 2009, 71.
[106] BT-Drucks. 16/6308, S. 240.
[107] OLG Dresden FamRZ 2003, 877, 880.
[108] KG Berlin NJW-RR 2001, 73, 74; OLG Frankfurt a. M. FamRZ 2002, 335, 336. Vgl. weiter *Söpper* FamRZ 2002, 1537; *dies.* FamRZ 2005, 1791; *Gummersbach* S. 350 ff.; *Balloff/Koritz* S. 24 f. Das Recht zur Akteneinsicht ergibt sich für den Verfahrensbeistand als Beteiligten aus § 13 Abs. 1. Ein Rechtsanspruch auf Einsicht in die Jugendamtsakten besteht hingegen nicht (dazu *Stadler/Salzgeber* FPR 1999, 332; *Kunkel* FPR 2000, 113 f.; *Menne* JAmt 2005, 275), vielmehr steht die Gewährung der Akteneinsicht im Ermessen der Behörde, das durch die berechtigten Interessen Dritter an der Geheimhaltung ihrer Daten begrenzt wird (*Röchling/Kunkel*, Anwalt des Kindes, § 9 Rn. 26 ff., 33). Die gutachtliche Stellungnahme des Jugendamts ist dem Verfahrensbeistand jedoch zuzuleiten, KG NJW-RR 2001, 73, 74.

gerichtlichen Maßnahmen, ein – zumindest kurzes, der Kontaktaufnahme dienendes – Vorstellungsgespräch bei den Eltern, Begegnungen und Gespräche mit dem Kind,[109] Begleitung des Kindes bei gerichtlichen Anhörungen, Darstellung und Verdeutlichung der Interessen des Kindes, Teilnahme an den Verhandlungen, Hinwirken auf ein möglichst kindgerechtes Verfahren, Kenntnisnahme von gerichtlichen Entscheidungen und verfahrensleitenden Verfügungen,[110] Kenntnisnahme von Beweismitteln,[111] Anregung zur Einholung eines Sachverständigengutachtens, Erläuterung der Verfahrensabläufe gegenüber dem Kind (einschließlich eines Abschlussgesprächs mit dem Kind) sowie Einlegung und Begründung von Rechtsmitteln.[112] Die Interessen des Kindes bringt der Verfahrensbeistand in Form einer schriftlichen oder mündlichen **Stellungnahme** in das Verfahren ein. Eine mündliche Stellungnahme kommt vor allem dann in Betracht, wenn die Bestellung zeitnah zum frühen ersten Termin nach § 155 Abs. 2 erfolgt.[113]

aa) Interessenvertreter des Kindes. Ausweislich der Begründung des Regierungsentwurfs hat der Verfahrensbeistand in seine Stellungnahme sowohl das **subjektive Interesse des Kindes** (den **Willen des Kindes**) als auch das **objektive Interesse (Kindeswohl)** einzubeziehen.[114] Der Verfahrensbeistand hat daher den Willen des Kindes zum Kindeswohl in Beziehung zu setzen und ggf. auch etwaige Bedenken bezüglich des geäußerten Willens des Kindes vorzutragen. Ausweislich der Begründung des Regierungsentwurfs entspricht dieses Verständnis „der Wertung des materiellen Rechts, das vom Zentralbegriff des Kindeswohls geprägt ist (vgl. § 1697a BGB). Es entspricht auch der eigenständigen Stellung des Verfahrensbeistands, der, anders als ein in fremdem Namen handelnder Verfahrensbevollmächtigter, selbst Beteiligter ist."[115] Auch insoweit hat der Gesetzgeber eine bislang hoch strittige Frage[116] einer Lösung zugeführt, wenngleich die neue „Sowohl-als-auch-Formel" von der Literatur kritisch aufgenommen wurde.[117] 27

Die effektive Wahrnehmung dieser Aufgabe umfasst auch die **Ermittlung der Kindesinteressen.**[118] Dazu gehört – abhängig vom Alter des Kindes und den Umständen des konkreten Einzelfalls – auch eine Befassung mit dem Umfeld des Kindes, insbesondere die Führung von **Gesprächen mit den Eltern** oder anderen Bezugspersonen,[119] wenn dies zur Ermittlung der Kindesinteressen erforderlich ist.[120] Auch bei älteren Kindern kann im Einzelfall ein **Erstgespräch** mit den Eltern zur 28

---

[109] Dazu gehört bei jüngeren Kindern auch ein Hausbesuch, OLG Brandenburg FamRZ 2007, 1576 f. Vgl. auch OLG Brandenburg FamRZ 2008, 73 f. Vgl. weiter *Stadler/Salzgeber* FPR 1999, 332, 336; *Söpper* FamRZ 2002, 1537; *dies.* FamRZ 2005, 1790 f.

[110] Daher sind ihm neben der Endentscheidung (Abs. 4 S. 5) auch alle verfahrensleitenden Verfügungen des Gerichts bekannt zu machen.

[111] Dem Verfahrensbeistand muss Gelegenheit zur Stellungnahme zu den der Entscheidung zugrunde zu legenden Beweismitteln gegeben werden, BayObLG Rpfleger 2002, 24.

[112] Dazu insgesamt OLG Dresden FamRZ 2003, 877, 880; OLG Frankfurt a. M. FamRZ 2002, 335, 336 f.; KG Berlin FamRZ 2000, 1300 f.; *Stadler/Salzgeber* FPR 1999, 329 ff., 336 f.; *Menne* JAmt 2005, 275 ff.; *Söpper* FamRZ 2002, 1536 f.; *dies.* FamRZ 2005, 1790 ff.; *Rabe* ZKJ 2007, 439; *Bode* S. 91 ff.; *Bienwald* Rn. 809 ff.; *Salgo/Zenz/Fegert/Bauer/Weber/Zitelmann/Bauer* Rn. 137 ff.; *Röchling,* Anwalt des Kindes, § 5 Rn. 46 ff. Vgl. auch BVerfG FamRZ 2004, 1267, 1269 f. Zu den Aufgaben speziell im Umgangsverfahren vgl. *Müller* FPR 2007, 294 ff.

[113] BT-Drucks. 16/6308, S. 239 f. Zu Inhalt und Form der Stellungnahme vgl. auch *Söpper* FamRZ 2002, 1537 f.; *dies.* FamRZ 2005, 1791.

[114] BT-Drucks. 16/6308, S. 239. Vgl. auch OLG Hamm FamRZ 2008, 427, 428. Zu Kindeswohl und Kindeswille als Beurteilungskriterien im gerichtlichen Verfahren vgl. weiter *Dettenborn,* Kindeswohl und Kindeswille, 2001; *Zitelmann,* Kindeswohl und Kindeswille im Spannungsfeld von Pädagogik und Recht, 2001; *Salgo/Zenz/Fegert/Bauer/Weber/Zitelmann* Rn. 231 ff.

[115] BT-Drucks. 16/6308, S. 239.

[116] Vgl. *Will,* Der Anwalt des Kindes im Sorgerechtsverfahren – Garant des Kindeswohls?, ZfJ 1998, 1, 4 ff.; *Stadler/Salzgeber* FPR 1999, 333 ff.; *Hannemann/Kunkel* FamRZ 2004, 1835 f.; *Schulze,* Familienrichter zwischen Entscheidungszentrierung und Kindesperspektive, ZKJ 2006, 538 ff.; *Peetz* S. 155 ff.; *Balloff/Koritz* S. 22 ff.; *Bode* S. 69 f.; *Bienwald* Rn. 37 ff.; *Rabe* ZKJ 2007, 440 f.

[117] So etwa *Lipp/Schumann/Veit/Veit* S. 197 f. m. weit. Nachw. Vgl. aber auch *Salgo* FPR 2006, 13.

[118] BT-Drucks. 16/6308, S. 239; BVerfG FamRZ 2004, 1267, 1269.

[119] OLG Dresden FamRZ 2002, 968, 969; OLG Zweibrücken FamRZ 2002, 627; OLG Karlsruhe FamRZ 2001, 1166; OLG München FamRZ 2002, 563; OLG Stuttgart FamRZ 2003, 322; OLG Stuttgart FamRZ 2003, 934 f.; OLG Naumburg FGPrax 2003, 264; OLG Dresden FamRZ 2003, 877, 880; OLG Köln FPR 2004, 115; OLG Frankfurt a. M. FamRZ 2008, 1364, 1365 = ZKJ 2009, 78, 79; OLG Brandenburg FGPrax 2008, 239, 240 f.

[120] Nach BVerfG FamRZ 2004, 1270 gehören Gespräche mit den Eltern oder sonstigen Bezugspersonen bei Kindern, die sich sprachlich auszudrücken vermögen (im konkreten Fall waren die Kinder über sechs Jahre alt), nicht zum originären Aufgabenbereich. Weiter heißt es dort: „Ob dies auch für die Interessenvertretung von Kleinkindern gelten kann, deren Wünsche bzw. Interessenlagen nicht ohne weiteres durch Gespräche mit ihnen

§ 158 29, 30 Buch 2. Abschnitt 3. Verfahren in Kindschaftssachen

Ermittlung der Kindesinteressen erforderlich sein.[121] In diesen Fällen gehören die Gespräche mit Eltern und Bezugspersonen nicht zum erweiterten Aufgabenbereich (Abs. 4 S. 3), sondern zu den originären Aufgaben des Verfahrensbeistands.[122] Zum erweiterten Aufgabenbereich nach Abs. 4 S. 3 gehören Gespräche mit Eltern und Bezugspersonen somit nur dann, wenn sie zur Ermittlung des Kindesinteresses nicht erforderlich sind (und etwa dem Zustandekommen einer einvernehmlichen Regelung dienen sollen).[123]

29 Nicht zu den Aufgaben des Verfahrensbeistands gehören insbesondere diejenigen Tätigkeiten, die originär anderen Institutionen und Personen zugewiesen sind:[124] Die **allgemeine Sachverhaltsaufklärung** gehört zu den originären Aufgaben des Gerichts.[125] Die **Begutachtung** des Kindes obliegt dem Sachverständigen.[126] Die **Unterstützung des Jugendamts** gehört ebenfalls nicht zu den Aufgaben des Verfahrensbeistands (insbesondere ist der Verfahrensbeistand bei Erstellung eines Hilfeplans nicht als Fachkraft nach § 36 Abs. 2 SGB VIII einzustufen).[127] Der Verfahrensbeistand ist weder Gehilfe des Gerichts oder des Jugendamts noch hat er diesen gegenüber die Funktion einer Kontrollinstanz.[128] Die **Durchführung des Umgangs** ist einem nach § 1684 Abs. 3 S. 3 BGB zu bestellenden Umgangspfleger und nicht dem Verfahrensbeistand zuzuweisen.[129] Die Inanspruchnahme einer **Supervision** ist regelmäßig nicht zur Erfüllung der Aufgaben des Verfahrensbeistands erforderlich.[130]

30 **bb) Information des Kindes.** Zu den Kernaufgaben des Verfahrensbeistands gehört weiterhin, das Kind in geeigneter Weise über Gegenstand, Ablauf und möglichen Ausgang des Verfahrens zu informieren (Abs. 4 S. 2).[131] Die Information über den wesentlichen Inhalt des Verfahrens und die verfahrensmäßigen Abläufe ist erforderlich, damit das Kind seine Interessen bezogen auf das konkrete

---

selbst ermittelt werden können, kann hier dahingestellt bleiben." Vgl. aber auch das Positionspapier der Bundesarbeitsgemeinschaft Verfahrenspfleger für Kinder und Jugendliche (BAG) eV, Berlin, und des Verbands Anwalt des Kindes (VAK), Bundesverband, Potsdam, Zur künftigen Regelung des Verfahrensbeistands gem. § 158 FamFG, JAmt 2009, 238.
[121] Aus der Gegenäußerung der Bundesregierung (BT-Drucks. 16/6308, S. 415 f.) ergibt sich eine Anknüpfung an die obergerichtliche Rechtsprechung, die insbesondere bei jüngeren Kindern Gespräche mit den Eltern zum originären Aufgabenkern des Verfahrensbeistands rechnet. Vgl. weiter *Röchling*, Anwalt des Kindes, § 5 Rn. 51 ff.
[122] OLG Stuttgart FamRZ 2003, 322. Dies gilt insb. dann, wenn das Kind altersbedingt noch nicht in der Lage ist, seine Interessen ggü. dem Verfahrensbeistand mitzuteilen (dazu KG Berlin FPR 2004, 145). So auch *Lipp/Schumann/Veit/Veit* S. 201. Vgl. weiter *Menne* ZKJ 2009, 71; *ders.* FPR 2006, 46; *Raack* ZKJ 2009, 75; *Müller* FPR 2007, 294; *Söpper* FamRZ 2002, 1538; *dies.* FamRZ 2005, 1792 f.; *Koritz* FPR 2009, 331; *Stötzel* FPR 2009, 334.
[123] *Menne* ZKJ 2009, 71 möchte in den Fällen, in denen ein Gespräch mit den Eltern zur Ermittlung der Kindesinteressen erforderlich ist, das Ermessen des Gerichts nach Abs. 4 S. 3 auf Null reduzieren, so dass das Gericht in diesen Fällen verpflichtet wäre, dem Verfahrensbeistand die erweiterte Aufgabe zu übertragen. Vgl. weiter *ders.* ZKJ 2008, 463. Nach dieser Lösung würde bereits ein Erstgespräch mit den Eltern zur Ermittlung der Kindesinteressen eine erhöhte Fallpauschale nach Abs. 7 S. 3 rechtfertigen (s. u. Rn. 33).
[124] So ausdrücklich auch OLG München FamRZ 2002, 563; KG Berlin FamRZ 2002, 1661, 1663. Vgl. auch *Bienwald* Rn. 839 ff.
[125] BVerfG FamRZ 2004, 1267, 1270. Weit. Nachw. aus der obergerichtlichen Rechtsprechung und der Literatur bei *Gummersbach* S. 305 ff. Vgl. weiter *Stadler/Salzgeber* FPR 1999, 333.
[126] Dazu *Gummersbach* 318 ff. m. weit. Nachw. Vgl. weiter *Stadler/Salzgeber* FPR 1999, 334; *Balloff/Koritz* S. 29 f.; *Bode* S. 89 f.; *Salgo/Zenz/Fegert/Bauer/Weber/Zitelmann/Bauer* Rn. 124 ff.; *Salgo/Zenz/Fegert/Bauer/Weber/Zitelmann/Fegert* Rn. 1181 ff.; *Söpper* FamRZ 2002, 1539; *dies.* FamRZ 2005, 1794.
[127] OLG Brandenburg FamRZ 2001, 692, 693; OLG Brandenburg FamRZ 2005, 1108 mit Anm. *Menne*; VerwG Gelsenkirchen FamRZ 2002, 1352 f.; AG Andernach FamRZ 2009, 1169. Vgl. weiter *Kunkel*, Der „Anwalt des Kindes" – deus ex machina im Hilfeplanungsverfahren?, Kind-Prax 2000, 139 ff.; *Hannemann/Kunkel* FamRZ 2001, 1836 f.; *Söpper* FamRZ 2002, 1538 f.; *dies.* FamRZ 2005, 1793; *Gummersbach* S. 330; *Balloff/Koritz* S. 28 f.; *Bode* S. 84 ff.; *Salgo/Zenz/Fegert/Bauer/Weber/Zitelmann/Maywald* Rn. 1143 ff.
[128] Zur Abgrenzung der Aufgaben von Verfahrensbeistand und Jugendamt bzw. Gericht vgl. OLG Dresden FamRZ 2003, 877, 879; BVerfG FamRZ 2006, 1261, 1263; *Peetz* S. 107 ff., 131 ff.; *Salgo/Zenz/Fegert/Bauer/Weber/Zitelmann/Bauer* FamRZ 2002, 119 f., 129 f. Zur Diskussion vgl. auch *Gummersbach* S. 300 ff.; *Hannemann/Kunkel* FamRZ 2001, 1835. Für weitergehende Befugnisse spricht sich *Raack* ZKJ 2006, 75 f. aus. Vgl. auch *Stadler/Salzgeber* FPR 1999, 334 f. (Kontrollfunktion des Verfahrensbeistands).
[129] OLG Frankfurt a. M. DAVorm 1999, 784, 786 f.; *Hannemann/Kunkel* FamRZ 2004, 1836; *Söpper* FamRZ 2002, 1540; *dies.* FamRZ 2005, 1794; *Rabe* ZKJ 2007, 439. Zum Umgangspfleger *Lipp/Schumann/Veit/Hornikel* S. 150; kritisch *Lipp/Schumann/Veit/Salgo* S. 157 ff.; *Lipp/Schumann/Veit/Veit* S. 202 ff. Vgl. weiter *Bienwald* Rn. 502 ff.
[130] Zur Erstattung der Kosten für eine Supervision: BGH FamRZ 2007, 1548, 1549 f.; KG Berlin FamRZ 2002, 1659, 1660; OLG Brandenburg FamRZ 2003, 256, 257 mit Anm. *Bienwald*; OLG Frankfurt a. M. FamRZ 2004, 1751. Vgl. weiter *Söpper* FamRZ 2005, 1794.
[131] Diese Aufgabe obliegt auch dem Gericht gemäß § 159 Abs. 4 S. 1 bezogen auf die Anhörung des Kindes in der mündlichen Verhandlung (dazu § 159 Rn. 10).

Verfahren äußern kann.¹³² Dabei handelt es sich nicht um eine einmalige Information, vielmehr hat der Verfahrensbeistand das Kind **während des gesamten Verfahrens** über die einzelnen Schritte zu informieren, ebenso wie er bei der unmittelbaren Einbindung des Kindes in das Verfahren (etwa bei der persönlichen Anhörung nach § 159 Abs. 1 oder 2) während des gesamten Verfahrens auf einen kindgemäßen Ablauf hinzuwirken hat.

cc) Teilnahme an der Anhörung des Kindes. Auf Beschlussempfehlung des Rechtsausschusses wurde in § 159 Abs. 4 S. 3 die Teilnahme des Verfahrensbeistands an der persönlichen Anhörung des Kindes vorgesehen. Die Anwesenheit des Verfahrensbeistands soll dem Kind helfen, die „ungewohnte und möglicherweise als bedrohlich empfundene Anhörungssituation zu meistern und sich den Fragen des Gerichts zu öffnen".¹³³ Darüber hinaus hat der Verfahrensbeistand „auf eine kindgemäße Form der Anhörung hinzuwirken, das Kind auf die Anhörung vorzubereiten und dieses gegebenenfalls zu der Anhörung zu begleiten".¹³⁴ Da es sich um eine Soll-Vorschrift handelt und die Gestaltung des Verfahrens im Übrigen im Ermessen des Gerichts liegt (§ 159 Abs. 4 S. 4), kann in Ausnahmefällen von einer Teilnahme des Verfahrensbeistands abgesehen werden.¹³⁵ Weiterhin entscheidet das Familiengericht gemäß § 159 Abs. 4 S. 4 nach pflichtgemäßem Ermessen, ob es im Einzelfall Fragen des Verfahrensbeistands zulässt (dazu insgesamt § 159 Rn. 11).¹³⁶ Ob die Eltern in Ab- oder Anwesenheit des Verfahrensbeistands anzuhören sind, steht ebenfalls im Ermessen des Gerichts (dazu § 160 Rn. 11).¹³⁷

b) Erweiterter Aufgabenbereich. Mit der Aufnahme einer Regelung zu den zusätzlichen Aufgaben des Verfahrensbeistands in Abs. 4 S. 3 hat der Gesetzgeber die in Rechtsprechung und Literatur umstrittene Frage,¹³⁸ ob zu den Aufgaben des Verfahrensbeistands auch die **Streitschlichtung** und die **Mediation** gehören, entschieden. Obwohl die Rechtsprechung dies (auf der Grundlage des § 50 FGG) überwiegend abgelehnt hatte,¹³⁹ sah der Regierungsentwurf ursprünglich vor, dass der Verfahrensbeistand „zur Erfüllung seiner Aufgaben [...] am Zustandekommen einer einvernehmlichen Regelung über den Verfahrensgegenstand mitwirken" kann.¹⁴⁰ Die Entscheidung über die Wahrnehmung dieser fakultativen Aufgabe sollte allein beim Verfahrensbeistand liegen.¹⁴¹ Nachdem der Rechtsausschuss und der Bundesrat eine Ausweitung der Aufgaben abgelehnt hatten, wurde Abs. 4 kurz vor Abschluss des Gesetzgebungsverfahrens dahingehend geändert, dass der Verfahrensbeistand die zusätzlichen Aufgaben des Abs. 4 S. 3 nur übernehmen (und damit nach Abs. 7 S. 3 abrechnen) darf, wenn das Gericht ihm im konkreten Einzelfall diese Aufgaben gemäß Abs. 4 S. 4 übertragen hat (Art und Umfang der Beauftragung sind konkret festzulegen und zu begründen, s. o. Rn. 20).¹⁴² Zudem ist nach dem eindeutigen Wortlaut die Beauftragung nach Abs. 4 S. 3 auf die genannten Aufgaben (Gespräche mit Eltern und weiteren Bezugspersonen, Mitwirkung am Zustandekommen einer einvernehmlichen Regelung über den Verfahrensgegenstand)¹⁴³ beschränkt. Wei-

---

¹³² BT-Drucks. 16/6308, S. 240.
¹³³ BT-Drucks. 16/9733, S. 294f. Zur Verbesserung der verfahrensrechtlichen Stellung des Kindes vgl. auch *Lipp/Schumann/Veit/Veit* S. 198. Zur Umsetzung in der Praxis vgl. *Stötzel*, Studie, S. 73 ff.
¹³⁴ BT-Drucks. 16/6308, S. 416. Vgl. weiter *Söpper* FamRZ 2002, 1539; *dies.* FamRZ 2005, 1791.
¹³⁵ AA OLG Bremen FamRZ 2000, 1298; BayObLG Rpfleger 2002, 24.
¹³⁶ So auch *Stößer* FamRZ 2009, 660.
¹³⁷ KG Berlin NJW-RR 2001, 73, 74. Vgl. weiter *Gummersbach* S. 353 ff. Zur Teilnahme des Verfahrensbeistands an Gerichtsterminen vgl. auch *Bode* S. 102 ff.
¹³⁸ Zum Meinungsstand vor Inkrafttreten des § 158 vgl. *Gummersbach* S. 313 ff.
¹³⁹ So insbesondere BVerfG FamRZ 2004, 1270: Aus der Funktion des Verfahrensbeistands als Interessenvertreter des Kindes lasse sich nicht die Befugnis ableiten, vermittelnd zwischen den Kindern und den Eltern oder auch nur zwischen den Eltern tätig zu werden. So auch OLG Dresden FamRZ 2002, 968, 969; OLG Stuttgart FamRZ 2003, 322; OLG Oldenburg FamRZ 2005, 391, 392; OLG Düsseldorf FamRZ 2003, 190; OLG Dresden FamRZ 2003, 877, 879 f.; OLG Koblenz FamRZ 2008, 1633. Vgl. weiter *Stadler/Salzgeber* FPR 1999, 335; *Bode* S. 99 f.; *Söpper* FamRZ 2002, 1539 f.; *dies.* FamRZ 2005, 1793 f.; *Salgo* FPR 2006, 14; *Rabe* ZKJ 2007, 439.
¹⁴⁰ BR-Drucks. 309/07, S. 83.
¹⁴¹ BR-Drucks. 309/07, S. 533; BT-Drucks. 16/6308, S. 240.
¹⁴² BT-Drucks. 16/9733, S. 294: „Die Erweiterung dieses Aufgabenkreises um Gespräche mit Eltern und anderen Bezugspersonen und um die Mitwirkung an der Herstellung von Einvernehmen soll, um eine Vermischung der den Verfahrensbeteiligten zugedachten Rollen möglichst zu vermeiden, von einer nach Art und Umfang präzise festgelegten Beauftragung durch das Gericht abhängen, deren Notwendigkeit das Gericht begründen muss." Kritisch dazu *Menne* ZKJ 2009, 71; *Stötzel* FPR 2009, 29.
¹⁴³ Die Mitwirkung an einer einvernehmlichen Regelung über den Verfahrensgegenstand ist nicht identisch mit der Einbindung des Verfahrensbeistands nach § 156 Abs. 1 S. 1 in den Vorgang des Hinwirkens auf Einvernehmen oder der Zustimmung zu einem gerichtlich gebilligten Vergleich; die beiden letztgenannten Fälle gehören in den dort genannten Verfahren zu den originären Aufgaben des Verfahrensbeistands (dazu § 156 Rn. 6 ff.). AA *Bumiller/Harders* § 156 Rn. 10.

tere Aufgaben dürfen dem Verfahrensbeistand nicht übertragen werden.[144] Nach dem Willen des Gesetzgebers soll das Gericht die zusätzlichen Aufgaben nicht formularmäßig in den Bestellungsbeschluss aufnehmen, vielmehr soll Abs. 4 S. 3 – gerade auch im Hinblick auf die bisherige Rechtsprechung zu § 50 FGG – eher restriktiv angewandt werden.[145] Für den Ausnahmecharakter sprechen auch die Formulierung „soweit nach den Umständen des Einzelfalls ein **Erfordernis** besteht" (Abs. 4 S. 3) und die Notwendigkeit der Begründung der Beauftragung nach Abs. 4 S. 4. Da außerdem durch die Annäherung an Aufgaben anderer am Verfahren beteiligter Professionen der originäre Aufgabenbereich des Verfahrensbeistands an Unschärfe verliert, sind dem Verfahrensbeistand nur ausnahmsweise Aufgaben der Vermittlung nach Abs. 4 S. 3 zu übertragen. Erhebliche Auswirkungen hat die Differenzierung zwischen originärem und zusätzlichem, vom Gericht abgeleiteten Aufgabenbereich für die **Vergütungsregelung** nach Abs. 7 S. 2 und 3 (s. u. Rn. 45 ff.).

33   **In der Praxis** ist Abs. 4 S. 1 bis 4 daher folgendermaßen umzusetzen: Im Regelfall bleibt es bei den originären Aufgaben nach Abs. 4 S. 1 und 2, zu denen aber auch Gespräche mit Eltern oder anderen Bezugspersonen gehören können, wenn dies zur Ermittlung der Kindesinteressen erforderlich ist (Erstgespräch, Kleinkinder). Diese Tätigkeit ist mit der einfachen Fallpauschale nach Abs. 7 S. 2 zu vergüten.[146] Ist ausnahmsweise nach den Umständen des Einzelfalls die Wahrnehmung der zusätzlich in Abs. 4 S. 3 genannten Aufgaben erforderlich, so hat das Gericht diese Aufgabe konkret festzulegen und ihre Übertragung zu begründen, Abs. 4 S. 4. In diesem Fall ist die erweiterte Tätigkeit des Verfahrensbeistands mit der erhöhten Fallpauschale nach Abs. 7 S. 3 zu vergüten.

34   **5. Rechtsstellung des Verfahrensbeistands.** Die Rechtsstellung des Verfahrensbeistands wird – im Gegensatz zu § 50 FGG – an verschiedenen Stellen des § 158 behandelt: Der Verfahrensbeistand ist erstens **nicht gesetzlicher Vertreter des Kindes** (Abs. 4 S. 6), er ist zweitens **Verfahrensbeteiligter** nach Abs. 3 S. 2 und drittens im Interesse des Kindes zur **Einlegung von Rechtsmitteln** berechtigt (Abs. 4 S. 5). Nicht speziell geregelt ist das **Zeugnisverweigerungsrecht** des Verfahrensbeistands, das sich nach § 29 Abs. 2 iVm. § 383 Abs. 1 Nr. 6 ZPO richtet.[147] Weiterhin fehlt eine **datenschutzrechtliche Regelung** für die Tätigkeit des Verfahrensbeistands; insoweit kann § 68 SGB VIII analog angewandt werden.[148]

35   **a) Kein gesetzlicher Vertreter.** Abs. 4 S. 6 legt fest, dass der Verfahrensbeistand nicht gesetzlicher Vertreter des Kindes ist. Diese Klarstellung war auch deshalb erforderlich, weil in den Materialien zu § 50 FGG die Rechtsstellung des Verfahrenspflegers widersprüchlich dargestellt war,[149] und daher umstritten war, ob der Verfahrenspfleger im prozessualen Bereich verdrängend an die Stelle der Eltern tritt oder ob sowohl die Eltern als auch der Verfahrenspfleger berechtigt sind, das Kind im Verfahren zu vertreten.[150] Nunmehr ist klargestellt, dass der Verfahrensbeistand in eigenem Namen handelt und für das Kind weder rechtliche Willenserklärungen wirksam abgeben noch solche wirksam annehmen kann. Auf diese Weise soll der Eingriff in die Rechte der Eltern, die gesetzliche Vertreter des Kindes auch im Verfahren sind,[151] möglichst gering gehalten wer-

---

[144] AA *Raack* ZKJ 2006, 73 ff. (zu § 50 FGG). Vgl. zur alten Rechtslage auch OLG Stuttgart FamRZ 2003, 395: Auftrag an den Verfahrenspfleger, die Suche nach einem geeigneten Heimplatz nach Abschluss des Verfahrens zu unterstützen. Hier besteht die Gefahr einer „Privatisierung" von Aufgaben der Jugendhilfe, so *Menne* FamRZ 2005, 1039 f. Vgl. weiter OLG Brandenburg FamRZ 2005, 1108 mit Anm. *Menne* (zu der Frage, ob bei einem vom Gesetz nicht gedeckten Auftrag durch das Gericht der Verfahrensbeistand aus Vertrauensschutzgründen eine Vergütung dieses Auftrags verlangen kann). Dazu auch *Söpper* FamRZ 2005, 1789.
[145] BT-Drucks. 16/6308, S. 416.
[146] Kritisch dazu *Trenczek*, Familiengerichtliches Verfahren und Mitwirkung der Jugendhilfe nach dem FGG-Reformgesetz, ZKJ 2009, 97, 101: „Wie man ohne Gespräche mit den Eltern [...] etwas zum Kindeswohl feststellen soll, ist nicht nachzuvollziehen. Freilich sind bei der in § 158 Abs. 7 FamFG vorgesehenen Fallpauschale von im Regelfall 350 Euro mehrere intensive Gespräche mit den Beteiligten ohnehin nicht leistbar, allerdings offensichtlich auch nicht erwünscht." Vgl. aber auch *Stötzel* FPR 2009, 30; *dies.* FPR 2009, 334; *dies./Balloff* ZKJ 2009, 333; *Willutzki* ZKJ 2009, 231.
[147] So auch *Fricke*, Zeugnisverweigerungsrecht des Verfahrenspflegers und des Umgangsbegleiters im FGG-Verfahren, ZfJ 2002, 41 ff.; *Kunkel* FPR 2000, 113; *Hannemann/Kunkel* FamRZ 2004, 1837 f. Dazu auch *Gummersbach* S. 355 ff.; *Röchling/Kunkel*, Anwalt des Kindes, § 9 Rn. 24.
[148] Dazu *Röchling/Kunkel*, Anwalt des Kindes, § 9 Rn. 1 ff. (zum Datenschutz), Rn. 19 (zu § 68 SGB VIII).
[149] BT-Drucks. 13/4899, S. 129 (das Gericht stelle den Verfahrenspfleger dem Kind „ohne ausdrückliche Entziehung der Vertretungsmacht" der Eltern an die Seite), S. 130 („Für die Durchführung des gerichtlichen Verfahrens tritt der Verfahrenspfleger an die Stelle des gesetzlichen Vertreters [...]. Wie einen gesetzlichen Vertreter hat das Gericht den Verfahrenspfleger an den Verfahrenshandlungen des Gerichts zu beteiligen."). Zu diesen widersprüchlichen Aussagen auch *Gummersbach* S. 272 ff.
[150] Dazu auch *Gummersbach* S. 275 ff.; *Bode* S. 74 ff.; *Bienwald* Rn. 416 ff.
[151] Zur gesetzlichen Vertretung Minderjähriger durch die Eltern im Verfahren und zur Stellung des Verfahrensbeistands vgl. auch *Schael*, Minderjährige und ihre formelle Beteiligung in Verfahren über Kindschaftssachen nach

den.¹⁵² Dies bedeutet aber auch, dass die sorgeberechtigten Eltern den Kontakt zwischen Kind und Verfahrensbeistand außerhalb des Gerichts verhindern können.¹⁵³

b) Verfahrensbeteiligter. Nach Abs. 3 S. 2 (entsprechend §§ 274 Abs. 2, 315 Abs. 2) wird der Verfahrensbeistand mit der Bestellung zum Beteiligten. Damit erhält der Verfahrensbeistand alle Rechte und Pflichten, die im Allgemeinen Teil für die Beteiligten vorgesehen sind,¹⁵⁴ insbesondere hat er das Recht zur Akteneinsicht (§ 13), ihm ist Gelegenheit zur Stellungnahme zur Beweisaufnahme zu geben (§ 30 Abs. 4) und die Endentscheidung ist ihm bekannt zu geben (§ 41 Abs. 1). Ihm dürfen jedoch in allen Instanzen **keine Verfahrenskosten** auferlegt werden, weil er allein im Interesse des Kindes tätig wird, Abs. 8.¹⁵⁵ Weiter unterliegt er **keinen Weisungen** von Seiten des Kindes, der Eltern oder des Gerichts, erfüllt seine Aufgabe eigenverantwortlich und kann auch nicht wegen Besorgnis der Befangenheit abgelehnt werden.¹⁵⁶ 36

Die Regelung zum **gerichtlich gebilligten Vergleich** (§ 156 Abs. 2 S. 1) sieht vor, dass der Verfahrensbeistand als Beteiligter einer einvernehmlichen Regelung über den Umgang (auch im Vermittlungsverfahren, § 165 Abs. 4 S. 2) oder über die Herausgabe des Kindes zustimmen muss¹⁵⁷ – und zwar auch dann, wenn der Vergleich erst in zweiter Instanz zustande kommt. Stimmt der Verfahrensbeistand einer einvernehmlichen Regelung der Eltern nicht zu, so hätte dies nach dem Wortlaut der Norm zur Folge, dass das Gericht die einvernehmliche Regelung der Eltern nicht mehr billigen könnte.¹⁵⁸ Nach der offenen Formulierung der Norm könnte der Verfahrensbeistand zudem seine Zustimmung ohne Einschränkung, dh. ohne sachliche Gründe verweigern, während das Gericht den Vergleich nur dann nicht billigen darf, wenn er dem Kindeswohl widerspricht (§ 156 Abs. 2 S. 2). Ein solches „Vetorecht" des Verfahrensbeistands würde aber nicht nur einem der Hauptanliegen der Reform (Förderung einvernehmlicher Regelungen) und den Wertungen des materiellen Rechts (§ 1671 Abs. 2 Nr. 1, Abs. 3 BGB) zuwiderlaufen,¹⁵⁹ sondern stünde auch dem verfassungsrechtlich garantierten Elternrecht entgegen.¹⁶⁰ Bei einer verfassungskonformen Auslegung der Norm darf das Einvernehmen der Eltern daher nicht durch andere Beteiligte (auch nicht durch den Verfahrensbeistand) ohne sachliche Gründe verhindert werden.¹⁶¹ Die Verweigerung der Zustimmung zu einer einvernehmlichen Regelung der Eltern, die dem Kindeswohl nicht widerspricht (§ 156 Abs. 2 S. 2), ist daher unbeachtlich, so dass das Gericht trotz fehlender Zustimmung des Verfahrensbeistands die einvernehmliche Regelung der Eltern zu billigen hat (dazu auch § 156 Rn. 17). 37

c) Beschwerdeberechtigung. Klarstellend wurde in Abs. 4 S. 5 die Regelung aufgenommen, dass der Verfahrensbeistand im Interesse des Kindes Rechtsmittel einlegen kann (und zwar unabhängig von der Beeinträchtigung eigener materieller Rechte).¹⁶² Dies bedeutet, dass der Verfahrens- 38

---

dem FamFG, FamRZ 2009, 265, 268. Kritisch zur Stellung des Verfahrensbeistands als Beteiligter und nicht als gesetzlicher Vertreter *Jacoby*, Der Regierungsentwurf für ein FamFG, FamRZ 2007, 1703, 1709.
¹⁵² BT-Drucks. 16/6308, S. 240.
¹⁵³ OLG Brandenburg FamRZ 2000, 1295, 1296; KG Berlin ZKJ 2008, 120; *Stadler/Salzgeber* FPR 1999, 332; *Söpper* FamRZ 2002, 1537. So im Ergebnis auch *Gummersbach* S. 362 ff. Vgl. weiter *Peetz* S. 152 f., 160 ff.; *Balloff/Koritz* S. 26 f.; *Salgo/Zenz/Fegert/Bauer/Weber/Zitelmann/Bauer* Rn. 111 ff.
¹⁵⁴ BT-Drucks. 16/6308, S. 239. Zu den Rechten und Pflichten der Beteiligten im Allgemeinen Teil vgl. *Zimmermann* FPR 2009, 5 ff.
¹⁵⁵ BT-Drucks. 16/6308, S. 240. Dies gilt auch dann, wenn der Verfahrensbeistand ein Rechtsmittel gegen die Endentscheidung des Gerichts eingelegt hat und die Beschwerde erfolglos war; dazu *Büte*, Elterliche Sorge und Umgangsrecht, Entwicklung der Rechtsprechung von 2002 bis Ende 2005, FuR 2006, 49, 51 mit Hinweis auf OLG Karlsruhe FamRZ 2003, 1768.
¹⁵⁶ OLG München FamRZ 2002, 563; OLG München FamRZ 2005, 635, 636. Vgl. weiter *Profitlich/Zivier* FPR 2006, 31; *Bode* S. 73 f., 79; *Bienwald* Rn. 802 ff. Dazu insgesamt auch *Peetz* S. 185 ff.
¹⁵⁷ BT-Drucks. 16/6308, S. 237: „Die Regelung [...] erstreckt sich aber auf alle formell am Verfahren Beteiligten. Damit bedarf es auch einer Zustimmung des Kindes und ggf. des Jugendamts oder des Verfahrensbeistands." Vgl. weiter BT-Drucks. 16/6308, S. 239.
¹⁵⁸ Nicht geklärt werden kann aber *Heiter* FamRZ 2009, 89, Fn. 48: „Eine Ausnahme von diesem Erfordernis dürfte für diejenigen Beteiligten zu machen sein, die – wie das Jugendamt, das von seiner Beteiligungsoption (§ 162 II FamFG) Gebrauch macht, oder der Verfahrensbeistand (§ 158 III S. 2 FamFG) – nicht eigene, sondern fremde Interessen (die des Kindes) vertreten.".
¹⁵⁹ Bei Einvernehmen der Eltern nach § 1671 Abs. 2 Nr. 1 BGB findet keine Richtigkeitskontrolle statt; nur wenn Anhaltspunkte für eine Kindeswohlgefährdung vorliegen, gilt § 1671 Abs. 3 BGB iVm. § 1666 BGB.
¹⁶⁰ Unterhalb der Kindeswohlgefährdungsschwelle des § 1666 BGB ist das Erziehungsprimat der Eltern und damit auch eine einvernehmliche Regelung grundsätzlich zu respektieren; die Eltern müssen – im Gegensatz zum Staat (§ 1697a BGB) – nicht die bestmögliche Lösung für ihr Kind wählen. St. Rspr. BVerfGE 24, 119, 143; 59, 360, 376; 60, 79, 88, 94; 107, 104, 117 f.
¹⁶¹ So im Ergebnis auch *Heiter* FamRZ 2009, 85, 89 (Fn. 48).
¹⁶² BT-Drucks. 16/6308, S. 239. Zur alten Rechtslage nach § 50 FGG vgl. *Gummersbach* S. 369 ff.

beistand und das beschwerdeberechtigte Kind (§ 60) unabhängig voneinander Rechtsmittel einlegen können und dass das vom Verfahrensbeistand eingelegte Rechtsmittel nicht vom beschwerdeberechtigten Kind und umgekehrt das vom beschwerdeberechtigten Kind eingelegte Rechtsmittel nicht vom Verfahrensbeistand zurückgenommen werden kann. Entsprechend können auch die gesetzlichen Vertreter und der Verfahrensbeistand unabhängig voneinander für das Kind Rechtsmittel einlegen.[163] Über einander widersprechende Rechtsmittel muss das Gericht separat entscheiden.[164]

39   **d) Abgrenzung zum Verfahrensbevollmächtigten.** Auch wenn es sich bei etwa einem Drittel der bislang bestellten Verfahrensbeistände um Juristen handelt[165] und der Verfahrensbeistand das Kind ähnlich wie der Rechtsanwalt den Mandanten durch das Verfahren begleitet und dessen Interessen vertritt,[166] ist die Verfahrensbeistandschaft keine anwaltsspezifische Tätigkeit (s. o. Rn. 18 f.) und unterscheidet sich auch wesentlich von derjenigen eines Rechtsanwalts.[167] Nach der Rechtsprechung des BVerfG ist der Verfahrensbeistand „Vertreter eigener Art", dessen Aufgabe die Ermittlung und Einbringung der Interessen des Kindes in das Verfahren ist,[168] während die Aufgaben des Rechtsanwalts in erster Linie darin bestehen, in allen Rechtsangelegenheiten eigenverantwortlich Rechtsrat zu erteilen und die Rechtsangelegenheiten des Mandanten zu besorgen.[169]

40   **6. Ende der Verfahrensbeistandschaft.** Außer in den Fällen der vorherigen Aufhebung der Verfahrensbeistandschaft durch das Familiengericht endet die Bestellung mit der Rechtskraft der das Verfahren abschließenden Entscheidung oder mit dem sonstigen Abschluss des Verfahrens. Ein **Ruhen der Verfahrensbeistandschaft** ist gesetzlich nicht vorgesehen.[170]

41   **a) Aufhebung.** Als Beispiel für die Aufhebung der Bestellung sieht das Gesetz nur den Fall der angemessenen Vertretung durch einen Rechtsanwalt oder einen anderen geeigneten Verfahrensbevollmächtigten vor (Abs. 5, s. o. Rn. 15). Darüber hinaus ist die Verfahrensbeistandschaft aber auch dann aufzuheben, wenn der Verfahrensbeistand seine Funktion als Interessenvertreter des Kindes nicht erfüllt bzw. nicht erfüllen kann, insbesondere kein Vertrauensverhältnis zu dem Kind aufbauen kann, offensichtlich nicht die Interessen des Kindes wahrnimmt oder der Aufgabe mangels Qualifikation oder persönlicher Eignung nicht gewachsen ist.[171] In der Literatur ist umstritten, auf Grund welcher rechtlichen Grundlage und unter welchen Voraussetzungen die Aufhebung in diesen Fällen zu erfolgen hat.[172] Teilweise wird die Befugnis des Gerichts zur Aufhebung aus der Befugnis zur Bestellung des Verfahrensbeistands abgeleitet.[173] *Menne* sieht die Lösung in der (entsprechenden) Anwendung des Pflegschaftsrechts (§§ 1915, 1886 BGB), so dass eine Aufhebung voraussetzen würde, dass der Verfahrensbeistand durch pflichtwidriges Verhalten die Interessen des Kindes gefährdet.[174] Bei einem Rückgriff auf § 1886 BGB würde jedoch die Entpflichtung des Verfahrensbeistands auf Extremfälle beschränkt bleiben.[175] Bei einer verfassungskonformen Auslegung[176] des § 158 (insbesondere des § 158 Abs. 1 und 5) ist das Gericht von Amts wegen verpflichtet, die Bestellung aufzuheben, wenn sich erst nach der Bestellung herausstellt, dass der Verfahrensbeistand im konkreten Fall nicht geeignet ist, die Interessen des Kindes wahrzunehmen; ggf. hat er einen neuen Verfahrensbeistand zu bestellen.[177] Als verfahrensleitende Verfügungen sind auch diese Entscheidungen nicht selbständig anfechtbar (s. o. Rn. 23 f.).

---

[163] KG Berlin FamRZ 2002, 1661, 1662.
[164] So auch *Jansen/Zorn* § 50 FGG Rn. 59.
[165] *Hannemann/Stötzel* ZKJ 2009, 60.
[166] So *Lipp/Schumann/Veit/Hornikel* S. 146.
[167] Vgl. *Bode* S. 67 ff.
[168] BVerfG FamRZ 2000, 1280, 1281.
[169] BVerfG FamRZ 2000, 1280, 1282.
[170] OLG Dresden FamRZ 2002, 1211 f. Zur Tätigkeit des Verfahrensbeistands bei Ruhen des Verfahrens vgl. *Söpper* FamRZ 2002, 1540.
[171] So etwa *Menne* ZKJ 2008, 112; ders. ZKJ 2009, 70 unter Hinweis auf KG Berlin ZKJ 2008, 120. Vgl. weiter *Stadler/Salzgeber* FPR 1999, 331; *Stötzel/Balloff* ZKJ 2009, 332.
[172] Weiterhin wäre noch an den Fall zu denken, dass das Kriterium der Erforderlichkeit im Laufe des Verfahrens wegfällt (zB wenn kein erheblicher Interessenkonflikt zwischen Eltern und Kind iSd. Abs. 2 Nr. 1 mehr besteht).
[173] So *Musielak/Borth* Rn. 11: „Erweist sich ein Verfahrensbeistand als nicht geeignet, kann das Familiengericht diesen abbestellen und eine andere Person berufen, weil die Bestellung allein im pflichtgemäßen Ermessen des FamG liegt." Vgl. auch *Keidel/Engelhardt* Rn. 42; *Stötzel* JAmt 2009, 216.
[174] *Menne* ZKJ 2008, 112 f. Vgl. weiter *Profitlich/Zevier* FPR 2006, 31.
[175] So auch *Menne* ZKJ 2008, 113. AA *Bode* S. 111 f.
[176] Zur Schutzpflicht des Staates zu Gunsten des von einem Konflikt seiner Eltern betroffenen Kindes vgl. BVerfGE 55, 171, 179; 72, 122, 134; 99, 145, 162 f.; BVerfG FamRZ 2008, 845, 852 f.
[177] Vgl. KG Berlin ZKJ 2008, 120. Zur Problematik auch *Bienwald* Rn. 345 ff. („Ausfall" des Verfahrensbeistands), Rn. 793 ff. (Kontrolle des Verfahrensbeistands).

b) Abschluss des Verfahrens. Sofern die Bestellung nicht vorzeitig durch Rücknahme des **42** Antrags oder Erreichen der Volljährigkeit des Kindes beendet wird, endet sie mit Rechtskraft der das Verfahren abschließenden Entscheidung. Der Verfahrensbeistand ist somit berechtigt, Rechtsmittel einzulegen (Abs. 4 S. 5) und das Rechtsmittelverfahren durchzuführen.[178] An einem von einem anderen Verfahrensbeteiligten durch Einlegung eines Rechtsmittels eingeleiteten Rechtsmittelverfahren nimmt er ebenfalls teil.[179] Hingegen erstreckt sich die Bestellung nicht mehr auf ein sich anschließendes **Verfahren vor dem BVerfG**,[180] auf das **Vollstreckungsverfahren** nach §§ 88 ff.,[181] auf ein späteres **Abänderungsverfahren** nach § 1696 Abs. 1 BGB, auf ein **Vermittlungsverfahren** nach § 165 (dazu § 165 Rn. 11) oder auf ein Verfahren über die Festsetzung der Vergütung.[182] Diese Verfahren können nicht auf Antrag des Verfahrensbeistands aus dem vorangegangenen Verfahren eingeleitet werden;[183] nach Einleitung dieser Verfahren durch andere (antragsberechtigte) Personen ist die Erforderlichkeit der Bestellung eines Verfahrensbeistands erneut zu prüfen.

7. Aufwendungsersatz und Vergütung. Der Rechtsausschuss konnte gegen Ende des Gesetz- **43** gebungsverfahrens die Einführung einer Pauschalierung der Vergütung mit dem Argument, dass nur so „die Belastung der Länderhaushalte infolge der Ausweitung der Bestellungspflicht in kalkulierbaren Grenzen zu halten" sei, durchsetzen.[184] Abs. 7 unterscheidet zwischen den Aufwendungen des nicht berufsmäßigen Verfahrensbeistands (Abs. 7 S. 1) und der Vergütung bei berufsmäßig geführter Verfahrensbeistandschaft (Abs. 7 S. 2–4). Bei der Bestellung des Verfahrensbeistands hat das Gericht festzustellen, ob die Verfahrensbeistandschaft berufsmäßig geführt wird. Diese Feststellung ist weder von Seiten des Verfahrensbeistands noch von Seiten der Staatskasse selbständig anfechtbar.[185]

a) Aufwendungsersatz. Für den Ersatz von Aufwendungen des nicht berufsmäßigen Verfahrens- **44** beistands gilt § 277 Abs. 1 entsprechend. Dieser verweist auf § 1835 Abs. 1 und 2 BGB: § 1835 Abs. 1 BGB verweist wiederum auf die Vorschriften des Auftragsrechts, §§ 669, 670 BGB (dazu § 277 Rn. 4 f., 7 f.); nach § 1835 Abs. 2 BGB gehören zu den Aufwendungen auch Kosten einer angemessenen Versicherung gegen Schäden, die dem Kind vom Verfahrensbeistand zugefügt werden können.[186] Ein Anspruch auf eine Vergütung besteht nicht.

b) Vergütung. Für die berufsmäßig geführte Verfahrensbeistandschaft[187] gilt für **jede Instanz**,[188] **45** dass bei Wahrnehmung des **originären Aufgabenbereichs** (s. o. Rn. 26 ff.) eine **Fallpauschale** in Höhe von **350 Euro** zu bezahlen ist (Abs. 7 S. 2), die sich bei Übertragung zusätzlicher Aufgaben (**erweiterter Aufgabenbereich**, s. o. Rn. 32 f.) auf **550 Euro** erhöht (Abs. 7 S. 3), und zwar jeweils inklusive Aufwendungen (insbesondere Fahrt- und Telefonkosten) und Umsatzsteuer (Abs. 7 S. 4). Dies gilt auch, wenn ein Rechtsanwalt als Verfahrensbeistand bestellt wird (dieser erhält keine Gebühren nach dem RVG); allerdings orientiert sich die Höhe der Fallpauschale an den Gebühren für einen in einer Kindschaftssache mit Regelstreitwert in Höhe von 3000 Euro (§ 45 FamGKG) tätigen Rechtsanwalt.[189]

---

[178] BT-Drucks. 13/4899, S. 132.
[179] OLG Hamm FamRZ 2007, 2002.
[180] BVerfG FamRZ 2004, 1267, 1268: „Die im Namen der Kinder erhobenen Verfassungsbeschwerden sind unzulässig. Der Bf. ist nicht befugt, die Kinder, für die er im familiengerichtlichen Verfahren als Verfahrenspfleger bestellt worden ist, vor dem *BVerfG* zu vertreten."
[181] Vgl. dazu *Peetz* S. 261 ff.
[182] BVerfG FamRZ 2004, 1267.
[183] KG Berlin FamRZ 2003, 1039.
[184] BT-Drucks. 16/9733, S. 294. Kritisch dazu *Lipp/Schumann/Veit/Salgo* S. 178 ff., 184 ff., der die Pauschalierung in der vorliegenden Höhe für verfassungswidrig hält (S. 186).
[185] So auch *Keidel/Engelhardt* Rn. 34 f.
[186] Dazu MünchKommBGB/*Wagenitz* § 1835 BGB Rn. 32 ff.
[187] Dazu *Bode* S. 116 ff.
[188] Die Pauschale für die zweite Instanz wird nicht bereits mit der Einlegung eines Rechtsmittels, sondern erst mit der Wahrnehmung der Aufgabe nach Abs. 4 fällig; BT-Drucks. 16/12717, S. 72.
[189] *Stößer* FamRZ 2009, 662. Vgl. auch Stellungnahme des Bundesrates zu § 277 (BT-Drucks. 16/6308, S. 386): „Die Bestellung eines Verfahrensbeistands soll regelmäßig unterbleiben, wenn die Interessen des Betroffenen von einem Rechtsanwalt oder von einem anderen geeigneten Verfahrensbevollmächtigten angemessen vertreten werden. Dies ergibt sich aus § 158 Abs. 5 FamFG-E [...]. Eine anwaltliche Vertretung des Betroffenen schließt daher die Bestellung eines Verfahrensbeistands bzw. -pflegers in aller Regel aus. Einem Rechtsanwalt stehen Vergütungsansprüche nach dem Rechtsanwaltsvergütungsgesetz, hier insbesondere nach Teil 3, Abschnitt 1 der Anlage 1 zu § 2 Abs. 2 RVG (Nr. 3100 ff.) zu. Es handelt sich um feste Gebührensätze, die sich nach dem Gegenstandswert des Verfahrens und der Art der Tätigkeit (Vertretung in einem Termin, Bewirkung einer Einigung) richten, anstatt von den konkret aufgewandten Stunden abzuhängen. Benötigt ein Rechtsanwalt für die Bearbeitung eines Verfahrens überdurchschnittlich viel Zeit, kann er den Mehraufwand folglich nicht abrechnen. Nicht einzusehen ist, dass einem Verfahrensbeistand bzw. -pfleger bei entsprechender Stundenzahl eine insgesamt höhere Vergütung bewilligt wird

46 Nachdem der Regierungsentwurf an der von der Rechtsprechung auf der Grundlage von § 50 Abs. 5 FGG entwickelten Vergütungspraxis zunächst festgehalten hatte,[190] wurde **in der letzten Phase des Gesetzgebungsverfahrens** überraschend die Pauschalierung der Vergütung für die berufsmäßig geführte Verfahrensbeistandschaft durchgesetzt.[191] Aus der Begründung der Beschlussempfehlung des Rechtsausschusses ergibt sich in aller Deutlichkeit, dass die **Fallpauschalen zur Vermeidung einer zu starken finanziellen Belastung der Länderhaushalte** eingeführt wurden.[192] Darüber hinaus wird betont, dass bei Festsetzung der Höhe der Fallpauschale die **Rechtsprechung des BVerfG**[193] zur angemessenen Vergütung des Verfahrensbeistands berücksichtigt wurde.[194] Zur Ablehnung des bisherigen Vergütungssystems und zur Einführung der Fallpauschale heißt es weiter in der Begründung: „Der Ausschuss hat daher der Beibehaltung des aufwandsbezogenen Vergütungssystems mit der vom Bundesrat vorgeschlagenen festen Obergrenze abgelehnt, weil es dem Verfahrensbeistand keine Mischkalkulation aus einfach und komplex gelagerten Fällen eröffnet und es sich daher um eine unzureichende Vergütung im Sinne der Rechtsprechung des Bundesverfassungsgerichts handeln könnte. Zudem verbleibt bei dieser Vergütungsform weiterhin – wie nach geltendem Recht – ein hoher Abrechnungs- und Kontrollaufwand. Dagegen gestaltet sich die **Handhabung der Fallpauschale unaufwändig und unbürokratisch.** Sie erspart sowohl dem Verfahrensbeistand als auch der Justiz erheblichen Abrechnungs- und Kontrollaufwand und ermöglicht es dem Verfahrensbeistand, sich auf seine eigentliche Tätigkeit, die Wahrnehmung der Kindesinteressen zu konzentrieren. Sie bewirkt zudem eine wünschenswerte **Annäherung** der Vergütung des Verfahrensbeistands an die gebührenorientierte **Vergütung der Rechtsanwälte.** Um den verfassungsrechtlichen Vorgaben Genüge zu tun, hält der Ausschuss zudem eine nach dem Umfang der Tätigkeit des Verfahrensbeistands gestaffelte Fallpauschale für angemessen."[195]

47 Als Reaktion auf die starke Kritik an der Einführung der Fallpauschale (s. u. Rn. 48) wurde im April 2009 auf Beschlussempfehlung des Rechtsausschusses Abs. 7 S. 2 dahingehend ergänzt, dass die Fallpauschale **in jedem Rechtszug** fällig wird.[196] Der Bundesrat rief daraufhin im Mai 2009 den

---

als einem Rechtsanwalt. Das Gesetz geht davon aus, dass ein Rechtsanwalt die Aufgaben des Verfahrensbeistands bzw. -pflegers ausfüllt. Daher ist es sachgerecht, für die Vergütung des Verfahrensbeistands bzw. -pflegers eine Höchstgrenze vorzusehen, die sich an den typischerweise relevanten Gebührentatbeständen des RVG orientiert. Das sind regelmäßig die Verfahrensgebühr von 1,3 (Nr. 3100 VV RVG) und die Terminsgebühr von 1,2 (Nr. 3104 VV RVG). Die sich danach ergebende Gebühr von 2,5 ist allerdings maßvoll auf 2,0 Gebühren zu reduzieren, da der Rechtsanwalt als Verfahrensbevollmächtigter für diese Aufgabe besonders qualifiziert ist. Für die berufsmäßige Tätigkeit von Verfahrensbeiständen oder -pflegern ist eine entsprechend hohe Qualifikation jedoch weder Voraussetzung noch kann sie regelmäßig für das Verfahren nutzbar gemacht werden." Vgl. weiter *Granold*, Deutscher Bundestag, 173. Sitzung v. 27. 6. 2008, Plenarprotokoll 16/173, S. 18473.

[190] BR-Drucks. 309/07, S. 82, 533 („Absatz 7 entspricht dem bisherigen § 50 Abs. 5 FGG.").
[191] Zum Gesetzgebungsverfahren auch *Menne* ZKJ 2009, 71 f.; *ders.*, ZKJ 2008, 461 f. *Lipp/Schumann/Veit/Salgo* S. 178 weist darauf hin, dass vor der Verabschiedung der neuen Fassung des Abs. 7 keine Expertisen eingeholt wurden und keine Anhörungen stattfanden.
[192] Vgl. auch schon BR-Drucks. 309/2/07, S. 54: „Die Zunahme der Bestellung von Verfahrensbeiständen ist mit erheblichen finanziellen Auswirkungen für die Länder verbunden. [...] Ausgehend von den bislang an die Verfahrenspfleger gezahlten Vergütungen ist allein für Scheswig-Holstein mit Mehraugaben von 500 000 bis 1 Million Euro zu rechnen. Hochgerechnet auf die gesamte Bundesrepublik belaufen sich diese Mehraugaben auf 14,5 bis 29 Millionen Euro. Die Kostensteigerungen allein in diesem Punkt übersteigen jeden vom Bundesministerium der Justiz angekündigten Entlastungseffekt des Gesetzentwurfs." Kritisch dazu auch *Salgo/Stötzel* ZKJ 2008, 417 f. Allerdings ist auch nicht zu verkennen, dass die Vergütungsansprüche der Verfahrenspfleger, die im Wege des Regresses häufig von den Eltern als Kostenschuldner zu zahlen sind, teilweise ungewöhnlich hoch ausfielen; OLG Frankfurt a. M. FamRZ 1999, 1293, 1294 (Vergütung iHv. 7200 DM); OLG Oldenburg FamRZ 2005, 391 (Vergütung iHv. 7821 Euro). Vgl. weiter *Peetz* S. 172 ff. Zu regionalen Unterschieden bei der Vergütungspraxis vgl. *Hannemann/Stötzel* ZKJ 2009, 66.
[193] BVerfG FamRZ 2004, 1267, 1269 f.
[194] BT-Drucks. 16/9733, S. 294: „Der Ausschuss hat bei der Einführung der Fallpauschale berücksichtigt, dass eine auskömmliche Vergütung des Verfahrensbeistands verfassungsrechtlich geboten ist. Nach dem Beschluss des Bundesverfassungsgerichts vom 9. März 2004 zur Anwendung des § 50 FGG darf der Verfahrenspfleger nicht durch eine unzureichende Vergütung davon abgehalten werden, die für eine effektive, eigenständige Interessenvertretung des Kindes im Verfahren erforderlichen Einzeltätigkeiten zu entfalten."
[195] BT-Drucks. 16/9733, S. 294 [Hervorhebung durch Verf.]. Weiter heißt es: „Der Ausschuss hat die Höhe der Fallpauschale an den entsprechenden Gebührensätzen für einen in Kindschaftssachen tätigen Rechtsanwalt unter Zugrundelegung des Regelstreitwerts von 3000 Euro orientiert. Der Ausschuss hat hierbei berücksichtigt, dass der Bundesrat sich aus fiskalischen Gründen, aber auch, um einen Gleichlauf mit der Vergütung der Rechtsanwälte in Kindschaftssachen herzustellen, für eine Obergrenze der Vergütung in Höhe einer Gebühr mit dem Gebührensatz 2,0 ausgesprochen hat (vgl. Nummer 72 der Stellungnahme des Bundesrates)."
[196] BT-Drucks. 16/12717, S. 58: „In § 158 Abs. 7 S. 2 werden nach dem Wort ‚Verfahrensbeistand' die Wörter ‚für die Wahrnehmung seiner Aufgaben nach Absatz 4 in jedem Rechtszug jeweils' eingefügt."

Vermittlungsausschuss an und forderte die Streichung dieser Ergänzung: Im Rahmen langwieriger parlamentarischer Beratungen sei mit der Einführung einer **Pauschalierung der Vergütung ein tragfähiger Kompromiss** gefunden worden, der unter Wahrung der rechtsstaatlichen Verfahrensgarantien für die Verfahrensbeteiligten die zu erwartende Mehrbelastung für die Länderhaushalte auf ein erträgliches Maß zurückgeführt habe. Nur auf der Grundlage dieses Kompromisses sei es den Ländern möglich gewesen, dem FGG-Reformgesetz zuzustimmen. Diese Kompromisslinie werde durch die Einführung einer besonderen Vergütung des Verfahrensbeistands in der Beschwerdeinstanz verlassen, ohne dass hierfür ein plausibler Grund erkennbar sei; darüber hinaus führe die Neuregelung zu nicht sachgerechten Ergebnissen.[197] An dieser Stelle wird in der Begründung darauf hingewiesen, dass erstens die Neuregelung einen Anreiz für Verfahrensbeistände bieten könne, im Kosteninteresse Rechtsmittel einzulegen, während dem Kindeswohl im Regelfall ein möglichst zügiger Verfahrensabschluss diene. Zweitens sei die Tätigkeit des Verfahrensbeistands in der ersten Instanz regelmäßig deutlich aufwändiger als im Rechtsmittelzug, so dass es nicht gerechtfertigt sei, dieselbe Vergütung für die Tätigkeit in der zweiten Instanz zuzubilligen. Drittens trage die Neuregelung der von Verfahrensbeiständen und ihren Berufsverbänden geäußerten Kritik überhaupt nicht Rechnung.[198] Daher ist zu erwarten, dass trotz der Änderung in Abs. 7 S. 2[199] die Kritik nicht abbrechen wird und die betroffenen Verfahrensbeistände eine Lösung voraussichtlich über eine Anrufung des Bundesverfassungsgerichts suchen werden.

Die nicht nur von Seiten der betroffenen **Berufsverbände,** sondern auch in der **Literatur** geübte **48 heftige Kritik** an der Einführung von Fallpauschalen in der vorgesehenen Höhe richtet sich primär gegen die Entscheidung für eine Pauschalierung anstelle einer aufwandsbezogenen Vergütung, aber auch gegen die konkret festgesetzte Fallpauschale.[200] Insgesamt werden als Kritikpunkte vor allem die unterschiedliche Vergütung von Verfahrensbeistand und Umgangspfleger (aufwandsbezogene Vergütung nach § 1684 Abs. 3 S. 6 BGB iVm. § 277), die Orientierung am Anwaltshonorar bei fehlender Vergleichbarkeit und die fehlende Flexibilität genannt.[201] Hinzu treten einige neue, durch die Festsetzung der Fallpauschalen entstandene Fragen: Ist nur eine Fallpauschale anzusetzen, wenn mehrere Verfahrensgegenstände in einem Verfahren behandelt werden (zB Regelungen zur Sorge und zum Umgang)? Ist die Fallpauschale für jedes Kind anzusetzen oder gilt sie in einem Verfahren für die Interessenvertretung sämtlicher Geschwisterkinder? Ist die Fallpauschale nur einmal anzusetzen, wenn ein Hauptsacheverfahren und ein einstweiliges Anordnungsverfahren durchgeführt werden? In der Literatur wird dazu vorgeschlagen, die Fallpauschale für jeden Verfahrensgegenstand, für jedes Kind und für jedes selbständige Verfahren (dh. auch für das einstweilige Anordnungsverfahren) jeweils einzeln anzusetzen.[202]

c) Anspruch gegen die Staatskasse. Der Anspruch des Verfahrensbeistands auf Aufwendungs- **49** ersatz oder Vergütung richtet sich unmittelbar gegen die Staatskasse, Abs. 7 S. 5. Diese Auslagen sind als Gerichtskosten gemäß §§ 1 S. 1, 21 ff. FamGKG vom Kostenschuldner zurückzufordern. Gemäß Abs. 7 S. 6 richtet sich das Festsetzungsverfahren nach § 168 Abs. 1 (dazu § 168 Rn. 4 f.).

---

[197] BT-Drucks. 16/13082, S. 2.
[198] BT-Drucks. 16/13082, S. 2 f. Weiter wurde angeregt, auf der Grundlage belastbarer Erfahrungen nach einer Evaluation zu überprüfen, ob die Vergütungsregelung in Abs. 7 S. 2 bis 4 angemessen sei. Sofern dies zu verneinen sei, würden sich die Länder einer sachlich gebotenen Erhöhung der Vergütung nicht verschließen.
[199] Der Vermittlungsausschuss hat die Ergänzung in Abs. 7 S. 2 Ende Mai 2009 bestätigt, BR-Drucks. 509/09, S. 1. Diese Ergänzung durch Art. 8 des Gesetzes zur Modernisierung von Verfahren im anwaltlichen und notariellen Berufsrecht, zur Errichtung einer Schlichtungsstelle der Rechtsanwaltschaft sowie zur Änderung sonstiger Vorschriften (BGBl. I S. 2449, 2471) wird zusammen mit dem FamFG am 1. 9. 2009 in Kraft treten, nachdem der Deutsche Bundestag am 18. 6. 2009 den Einspruch des Bundesrates (BT-Drucks. 16/13363) gemäß Art. 77 Abs. 4 GG zurückgewiesen hat (BR zu Drucks. 509/09 (B)).
[200] *Lipp/Schumann/Veit/Salgo* S. 186 hält die Pauschalierung in der vorgesehenen Höhe für verfassungswidrig. Vgl. weiter *ders.* ZKJ 2009, 53 ff. („destruktiver Eingriff in die Vergütungspraxis"). Nach Ansicht der Verfahrenspflegerverbände (etwa Stellungnahme der BAG Verfahrenspflegschaft zur geplanten Änderung der Vergütungsregelung für den Verfahrensbeistand im Rahmen der Reform des FGG, ZKJ 2008, 322 f. = JAmt 2008, 303 f.) erlauben die Fallpauschalen keine qualifizierte Vertretung der Kindesinteressen mehr. Kritisch auch *Menne* ZKJ 2009, 72; *Prenzlow* ZKJ 2008, 464 ff. (466: „Pauschalierung bedeutet das faktische Aus der qualifizierten Interessenvertretung der Kinder und Jugendlichen"); *ders.* ZKJ 2008, 344 („der pauschale Unsinn"); *Trenczek* ZKJ 2009, 199 f.; *Willutzki,* Die Justiz wird's richten?, ZKJ 2009, 228, 230 f.; *Stötzel/Balloff* ZKJ 2009, 330 f., 333.
[201] So insbesondere *Menne* ZKJ 2009, 72 ff.; *ders.* ZKJ 2008, 463; *Prenzlow* ZKJ 2008, 466.
[202] Dazu *Menne* ZKJ 2009, 74. So auch *Stößer* FamRZ 2009, 662 für die Vergütung bei Vertretung mehrerer Geschwister. Vgl. weiter Positionspapier (Fn. 120), 238 f.; *Stötzel* JAmt 2009, 217 f.; *dies./Balloff* ZKJ 2009, 333; *Koritz* FPR 2009, 332; *Willutzki* ZKJ 2009, 231.

§ 159 Persönliche Anhörung des Kindes

(1) ¹Das Gericht hat das Kind persönlich anzuhören, wenn es das 14. Lebensjahr vollendet hat. ²Betrifft das Verfahren ausschließlich das Vermögen des Kindes, kann von einer persönlichen Anhörung abgesehen werden, wenn eine solche nach der Art der Angelegenheit nicht angezeigt ist.

(2) Hat das Kind das 14. Lebensjahr noch nicht vollendet, ist es persönlich anzuhören, wenn die Neigungen, Bindungen oder der Wille des Kindes für die Entscheidung von Bedeutung sind oder wenn eine persönliche Anhörung aus sonstigen Gründen angezeigt ist.

(3) ¹Von einer persönlichen Anhörung nach Absatz 1 oder Absatz 2 darf das Gericht aus schwerwiegenden Gründen absehen. ²Unterbleibt eine Anhörung allein wegen Gefahr im Verzug, ist sie unverzüglich nachzuholen.

(4) ¹Das Kind soll über den Gegenstand, Ablauf und möglichen Ausgang des Verfahrens in einer geeigneten und seinem Alter entsprechenden Weise informiert werden, soweit nicht Nachteile für seine Entwicklung, Erziehung oder Gesundheit zu befürchten sind. ²Ihm ist Gelegenheit zur Äußerung zu geben. ³Hat das Gericht dem Kind nach § 158 einen Verfahrensbeistand bestellt, soll die persönliche Anhörung in dessen Anwesenheit stattfinden. ⁴Im Übrigen steht die Gestaltung der persönlichen Anhörung im Ermessen des Gerichts.

Schrifttum: *Bergmann*, Zur Kindesanhörung im familiengerichtlichen Verfahren, Kind-Prax 1999, 78; *Carl/Eschweiler*, Kindesanhörung – Chancen und Risiken, NJW 2005, 1681; *Fricke*, Anhörungen von Kindern im Familiengericht, Kind-Prax 1999, 191; *Peetz*, Die Stellung des Verfahrenspflegers in gerichtlichen Verfahren zur Erzwingung der Herausgabe eines Kindes von einem Elternteil an den anderen und Wahrung der Rechte der Kinder, 2005; *Schael*, Minderjährige und ihre formelle Beteiligung in Verfahren über Kindschaftssachen nach dem FamFG, FamRZ 2009, 265; *Stößer*, Das neue Verfahren in Kindschaftssachen, FamRZ 2009, 656; *Völker*, Die Kindesanhörung als Fallstrick bei der Anwendung der Brüssel IIa-Verordnung, FPR 2005, 415; *Willutzki*, Die FGG-Reform – Chance für ein stärker kindorientiertes Verfahren, ZKJ 2006, 224.

I. Normzweck

1 Die Norm ist Ausdruck des verfassungsrechtlichen Gebots, in Kindschaftssachen den Willen des Kindes zu berücksichtigen, soweit das Kindeswohl dem nicht entgegensteht.¹ Das Gebot zur persönlichen Anhörung, dh. zur Anhörung des Kindes in der mündlichen Verhandlung² durch den Richter³ gilt grundsätzlich für alle Verfahren in Kindschaftssachen nach § 151 (mit Ausnahme der Verfahren nach § 151 Nr. 6, 7)⁴ – auch in der Beschwerdeinstanz – und erfüllt mehrere Funktionen: Erstens wird dem Familiengericht ein persönlicher Eindruck von dem Kind vermittelt, der für die in Kindschaftssachen erforderliche Berücksichtigung des Kindeswohlprinzips (§ 1697a BGB) in der Regel unerlässlich ist,⁵ zweitens wird dem Kind rechtliches Gehör gewährt und seine Stellung im Verfahren gestärkt, drittens wird dem Gebot der Sachaufklärung (§ 26) Genüge getan.⁶ Bezüglich der Gewährleistung rechtlichen Gehörs sind § 159 Abs. 1 und 2 gesetzliche Anordnungen iSd. § 34 Abs. 1 Nr. 2 (dazu § 34 Rn. 7).⁷ Hinsichtlich der Sachaufklärung stellt die Norm eine Konkretisierung der §§ 26, 33 Abs. 1 dar, weil das Familiengericht durch Ausübung des richterlichen Fragerechts, das den §§ 26, 33 Abs. 1 dar, weil das Familiengericht durch Ausübung des richterlichen Fragerechts, sich einen persönlichen Eindruck von den Beteiligten und deren Verhältnissen verschaffen und auf diese Weise seine Entscheidungsfindung optimieren kann.⁸ Die Differenzierung zwischen Kindern nach Vollendung des 14. Lebensjahrs (Abs. 1) und Kindern

---

¹ BVerfG NJW 1981, 217, 218 f. = FamRZ 1981, 124, 126; BVerfG FamRZ 2008, 1737, 1738.
² Ein fernmündliches Gespräch stellt keine persönliche Anhörung dar, BayObLG FamRZ 1985, 100 f.
³ Eine Anhörung durch dritte Personen genügt den Anforderungen nicht, dazu *Völker* FPR 2005, 415. Vgl. aber auch *Schlauß*, Fehlende persönliche Anhörung des Kindes durch den ausländischen Richter – ein Anerkennungshindernis?, FPR 2006, 228 ff., 231.
⁴ In Verfahren nach § 151 Nr. 6 und 7 gilt § 167 Abs. 1 S. 1 iVm. § 319.
⁵ BVerfG NJW 1981, 217, 218: „Eine Entscheidung, die den Belangen des Kindes gerecht wird, kann in der Regel nur ergehen, wenn das Kind in dem gerichtlichen Verfahren die Möglichkeit erhalten hat, seine persönlichen Beziehungen zu den übrigen Familienmitgliedern erkennbar werden zu lassen." Dazu auch *Carl/Eschweiler* NJW 2005, 1681. Vgl. weiter *Bergmann* Kind-Prax 1999, 78 f.; *Fricke* Kind-Prax 1999, 191; *Schael* FamRZ 2009, 266 f.
⁶ BVerfG NJW 1988, 125 und BGH NJW 1985, 1702, 1705 zum rechtlichen Gehör und zur Sachaufklärung; BVerfG FamRZ 2002, 229 zum rechtlichen Gehör. Vgl. weiter *Völker* FPR 2005, 415; *Peetz* S. 76 ff.
⁷ BT-Drucks. 16/6308, S. 191 nennt allerdings nur § 159 Abs. 1 als Anwendungsfall des § 34 Abs. 1 Nr. 2.
⁸ Vgl. auch BT-Drucks. 16/6308, S. 416; BVerfG FamRZ 2008, 246 f.

bis zur Vollendung des 14. Lebensjahrs (Abs. 2) findet sich – in Fortschreibung der im materiellen Recht geregelten Widerspruchs- und Mitwirkungsrechte Minderjähriger (etwa § 1671 Abs. 2 Nr. 1, § 1762 Abs. 1 S. 2, 3, § 1778 Abs. 1 Nr. 5, § 1887 Abs. 2 S. 2 BGB) – auch an anderen Stellen (Verfahrensfähigkeit nach § 9 Abs. 1 Nr. 3, Beschwerderecht nach § 60, Empfangszuständigkeit nach § 164 S. 1), wenngleich dieses Prinzip nicht konsequent umgesetzt wurde.[9]

II. Entstehungsgeschichte

§ 159 stimmt mit dem durch das Gesetz zur Neuregelung des Rechts der elterlichen Sorge 1980 eingeführten § 50b FGG[10] inhaltlich weitgehend überein, jedoch wird der Grundsatz der persönlichen Anhörung des Kindes durch einen veränderten Aufbau und einige Präzisierungen noch deutlicher herausgestellt.[11] Abs. 1 bis 3 entsprechen dem Regierungsentwurf; Abs. 4 S. 3 geht auf eine Beschlussempfehlung des Rechtsausschusses zurück.[12] Nicht aufgenommen wurde der Vorschlag des Bundesrats, dass von der – für das Kind häufig belastenden – persönlichen Anhörung auch dann abgesehen werden soll, wenn die Interessen des Kindes durch einen Verfahrensbeistand im Verfahren wahrgenommen werden.[13] Zu Recht hat der Gesetzgeber diesen Vorschlag abgelehnt und daran festgehalten, dass von einer persönlichen Anhörung nur bei Vorliegen eines schwerwiegenden Grundes abgesehen werden darf (Abs. 3 S. 1; s. u. Rn. 6).[14] Ersatzlos fortgefallen ist § 50b Abs. 4 FGG, da § 159 nach der Neukonzeption des Verfahrens in Kindschaftssachen (§ 151 Nr. 4) auch für die Anhörung eines unter Vormundschaft stehenden Kindes (Mündel) gilt.[15]

III. Anwendungsbereich

1. Persönliche Anhörung eines über 14 Jahre alten Kindes. Der Grundsatz, dass das Familiengericht ein Kind, das das 14. Lebensjahr vollendet hat, persönlich anzuhören hat (Abs. 1 S. 1), wird durch die hervorgehobene Position zu Beginn der Regelung besonders betont;[16] dies trägt – wie auch zahlreiche Regelungen des materiellen Rechts (vgl. nur §§ 1626 Abs. 2 S. 1, 1631a, 1671 Abs. 2 Nr. 1 BGB) – der wachsenden Selbstverantwortung des Kindes mit zunehmendem Alter Rechnung.[17] Aus Abs. 1 S. 2 ergibt sich im Umkehrschluss, dass ein über 14 Jahre altes Kind in allen Verfahren, die seine Person betreffen (Kindschaftssachen nach § 151 Nr. 1–5, 8),[18] zwingend in der mündlichen Verhandlung anzuhören ist. In Verfahren, die ausschließlich das Vermögen des Kindes betreffen, kann von einer persönlichen Anhörung abgesehen werden, wenn diese nach Art der Angelegenheit nicht angezeigt ist.[19] In diesem Fall genügt eine schriftliche Anhörung des Kindes.[20]

2. Persönliche Anhörung eines unter 14 Jahre alten Kindes. Abs. 2 entspricht im Wesentlichen § 50b Abs. 1 FGG und behandelt die persönliche Anhörung eines Kindes, das das 14. Lebensjahr noch nicht vollendet hat. Dieses ist persönlich anzuhören, wenn die Neigungen, Bindungen oder der Wille des Kindes für die Entscheidung von Bedeutung sind oder wenn eine persönliche Anhörung aus sonstigen Gründen angezeigt ist. Die **erste Alternative** ist vor allem in Verfahren, die die Person des Kindes betreffen, einschlägig, wenn das Kind nach seinem Alter bereits in der Lage ist,

---

[9] Kritisch daher *Schael* FamRZ 2009, 266 ff.
[10] Gesetz zur Neuregelung des Rechts der elterlichen Sorge v. 18. 7. 1979, BGBl. I S. 1061 (Art. 5 Nr. 2). § 50b FGG hat 1980 § 1695 Abs. 2 BGB aF abgelöst, der vorsah, dass das Gericht vor einer Entscheidung, die die Person oder das Vermögen des Kindes betraf, mit diesem „persönlich Fühlung nehmen konnte".
[11] BT-Drucks. 16/6308, S. 240. Vgl. weiter *Willutzki* ZKJ 2006, 228. Dies wird auch durch die Stellung als erste Norm zur Anhörung der am Verfahren Beteiligten verdeutlicht: Nach alter Rechtslage stand in umgekehrter Reihenfolge an erster Stelle die Norm zur Anhörung der Eltern (§ 50a FGG); die Regelung zur Anhörung des Kindes folgte in § 50b FGG.
[12] BT-Drucks. 16/9733, S. 294 f.
[13] BR-Drucks. 309/2/07, S. 56.
[14] BT-Drucks. 16/6308, S. 416.
[15] Dazu auch *Bumiller/Harders* Rn. 3.
[16] BR-Drucks. 309/07, S. 534.
[17] Vgl. auch BayObLG FamRZ 1984, 1259, 1262 f.
[18] Verfahren, die die Person des Kindes betreffen, erfassen nicht nur solche Verfahren, die die elterliche Sorge oder Personensorge zum Gegenstand haben, sondern auch alle Kindschaftssachen nach § 151 Nr. 1 bis 8, die nicht ausschließlich vermögensrechtlicher Art sind (vgl. BR-Drucks. 309/07, S. 537; BT-Drucks. 16/6308, S. 241). Für Kindschaftssachen nach § 151 Nr. 6, 7 gilt jedoch § 167 Abs. 1 S. 1 iVm. § 319; dazu § 167 Rn. 1, 4 f., 9 f. Die Wertungen des § 159 Abs. 4 sind aber bei der Auslegung des § 167 zu berücksichtigen (dazu § 167 Rn. 11).
[19] Dazu OLG Dresden FamRZ 2001, 1307, 1308.
[20] *Keidel/Engelhardt* Rn. 6; *Stößer* FamRZ 2009, 659. *Schulte-Bunert* Rn. 592 nennt als Beispiel den Fall, dass der Vormund Geld des 15 Jahre alten Mündels für ein Jahr festverzinslich anlegen will.

§ 159 5–7   Buch 2. Abschnitt 3. Verfahren in Kindschaftssachen

die genannten Empfindungen zu äußern.²¹ Dies ist regelmäßig ab dem **dritten Lebensjahr des Kindes** der Fall.²² Da die persönliche Anhörung auch den Zweck verfolgt, dem Gericht einen unmittelbaren Eindruck von dem Kind zu verschaffen (s. o. Rn. 1), ist eine Anhörung auch bei kleinen Kindern aus sonstigen Gründen **(zweite Alternative)** in der Regel angezeigt.²³ Im Übrigen kann das Gericht in vielen Fällen erst dann, wenn es einen unmittelbaren Eindruck von dem Kind gewonnen hat, entscheiden, ob das Kind zu einer Äußerung im Sinne der ersten Alternative in der Lage ist. Auch der Auftrag an den Sachverständigen kann häufig erst dann konkret formuliert werden, wenn sich das Gericht einen persönlichen Eindruck von dem Kind verschafft hat.²⁴ In der bisherigen Praxis zu § 50b Abs. 1 FGG fand daher in Sorgerechtsverfahren unabhängig vom Alter des Kindes fast immer eine persönliche Anhörung des Kindes statt.²⁵ Ausnahmen sind vor allem bei Säuglingen denkbar, während auch bei Kleinkindern im Alter von unter drei Jahren aus dem Verhalten gegenüber den Bezugspersonen Anhaltspunkte für eine kindeswohlorientierte Entscheidung gewonnen werden können.²⁶ Die Verfügung des Gerichts, das Kind persönlich anzuhören, ist als verfahrensleitende Verfügung nicht selbständig anfechtbar.²⁷

5   **3. Absehen von der persönlichen Anhörung des Kindes.** Von einer persönlichen Anhörung des Kindes darf das Gericht nur aus schwerwiegenden Gründen (Abs. 3 S. 1) oder bei Gefahr im Verzug (Abs. 3 S. 2) absehen.

6   **a) Vorliegen eines schwerwiegenden Grundes.** Nach Abs. 3 S. 1 (lex specialis zu § 34 Abs. 2) darf das Familiengericht von einer persönlichen Anhörung nach Abs. 1 oder 2 nur aus schwerwiegenden Gründen absehen.²⁸ Das **Verhältnis von § 34 Abs. 2 zu § 159 Abs. 3** hat der Gesetzgeber nicht klar geregelt,²⁹ insbesondere ist offen geblieben, ob der Anwendungsbereich des § 159 Abs. 3 enger oder weiter als derjenige des § 34 Abs. 2 zu verstehen ist. Auch bei einer von § 34 Abs. 2 unabhängigen, dh. eigenständigen Interpretation des schwerwiegenden Grundes nach § 159 Abs. 3 sind jedoch Fälle, in denen durch die Anhörung eine Beeinträchtigung des Gesundheitszustandes des Kindes zu besorgen ist, trotz Vorliegens des Tatbestandes des § 34 Abs. 2 (Alt. 1) auch unter § 159 Abs. 3 zu fassen. Zu beachten ist weiterhin, dass Abs. 3 **in den Fällen des Abs. 2** nur dann einschlägig ist, wenn eine persönliche Anhörung des Kindes nach dessen Lebensalter angezeigt ist. Liegen die Voraussetzungen des Abs. 2 nicht vor (zB wenn das Kind aus tatsächlichen Gründen zu einem Elternteil keine Neigungen und Bindungen entwickeln konnte), so ist eine persönliche Anhörung bereits nach Abs. 2 nicht geboten, so dass es auf das Vorliegen der Voraussetzungen nach Abs. 3 nicht ankommt.³⁰

7   Insgesamt soll nach dem Willen des Gesetzgebers die Rechtsprechung – wie schon bisher zu § 50b Abs. 3 S. 1 FGG – den unbestimmten Rechtsbegriff des schwerwiegenden Grundes ausfüllen.³¹ Ein schwerwiegender Grund ist zu bejahen, wenn triftige, **das Wohl des Kindes nachhaltig berührende Gründe** vorliegen,³² insbesondere wenn durch die Anhörung eine **Beeinträchtigung des Gesundheitszustandes** des Kindes zu besorgen ist.³³ Zur Klärung dieser Frage ist erforderlichenfalls

---

²¹ *Jansen/Zorn* § 50b FGG Rn. 9.
²² BVerfG FamRZ 2007, 1078, 1079; BayObLG FamRZ 1997, 223, 224; OLG Frankfurt FamRZ 1997, 571; OLG Köln FamRZ 1999, 1517; OLG Zweibrücken FPR 2000, 160; OLG Brandenburg FamRZ 2003, 624; OLG Hamm FamRZ 2009, 996 f. Vgl. aber auch BayObLG FamRZ 1988, 871, 872 f. (zu einem Ausnahmefall bei einem vierjährigen Kind); KG Berlin FamRZ 1999, 808, 809 f. (Absehen von einer persönlichen Anhörung bei einem fünfjährigen Kind) mit kritischer Anm. *Liermann*; OLG Rostock FamRZ 2007, 1835 (erst ab einem Alter des Kindes von sechs Jahren ist die Anhörung zwingend). Zum Meinungsstand auch *Peetz* S. 61 ff., insb. S. 75.
²³ *Jansen/Zorn* § 50b FGG Rn. 10. Vgl. auch *Peetz* S. 61 ff., 75. Zu berücksichtigen ist aber auch der Verfahrensgegenstand; so stellt nach BayObLG FamRZ 1995, 185, 186 das Absehen von einer persönlichen Anhörung eines viereinhalbjährigen Kindes in einem Ehelichkeitsanfechtungsverfahren keinen Verfahrensfehler dar.
²⁴ Dazu auch *Musielak/Borth* § 30 Rn. 6, § 159 Rn. 3.
²⁵ *Jansen/Zorn* § 50b FGG Rn. 12 m. weit. Nachw.
²⁶ Vgl. OLG Nürnberg FamRZ 1997, 223, 224.
²⁷ OLG Karlsruhe FamRZ 2004, 712 mit Anm. *Brehm*.
²⁸ Kritisch dazu Stellungnahme des Bundesrates, BR-Drucks. 309/2/07, S. 112.
²⁹ Nach BR-Drucks. 309/07, S. 422 sollen Vorschriften in weiteren Büchern des FamFG, die die Entbehrlichkeit einer Anhörung an weitere einschränkende Kriterien stellen, § 34 Abs. 2 vorgehen; § 159 Abs. 3 wird allerdings nicht genannt.
³⁰ Vgl. aber noch zur alten Rechtslage BayObLG FamRZ 1988, 871, 873: Dort wurde ein schwerwiegender Grund in einem Fall bejaht, in dem das Kind aus tatsächlichen Gründen keine Neigungen und Bindungen zu den Eltern bzw. einem Elternteil entwickeln konnte.
³¹ BT-Drucks. 16/6308, S. 428.
³² BGH NJW-RR 1986, 1130; BayObLG FamRZ 2001, 647, 648; LG Freiburg FamRZ 2002, 1647, 1648.
³³ BT-Drucks. 16/6308, S. 428; *Stößer* FamRZ 2009, 660. Es müssen Umstände vorliegen, die deutlich über die mit jeder richterlichen Anhörung für das Kind verbundenen Beeinträchtigung hinausgehen (BayObLG

ein **ärztliches Gutachten** einzuholen. Darüber hinaus hat das Gericht zu prüfen, ob die gesundheitliche oder seelische Belastung für das Kind durch eine entsprechende Ausgestaltung der persönlichen Anhörung gemindert werden kann. Ein Kind, das im Ausland lebt, ist – wenn es das Lebensalter zulässt – schriftlich oder fernmündlich anzuhören.[34] Unbeachtlich ist der Wunsch beider Eltern, das Kind – um es vor Belastungen zu bewahren – nicht anzuhören.[35] Im Übrigen gilt die Regel: Je stärker der Eingriff in die Rechte des Kindes oder der Eltern ist, umso gewichtiger müssen die Gründe für ein Absehen von der persönlichen Anhörung des Kindes sein.[36] Die Gründe für das Absehen von der Anhörung sind schriftlich niederzulegen.[37]

Da das Kind grundsätzlich auch im **Beschwerdeverfahren** persönlich anzuhören ist,[38] kann von einer weiteren persönlichen Anhörung nur ausnahmsweise abgesehen werden, etwa wenn das Kind kurz zuvor in der Vorinstanz persönlich angehört wurde und neue Erkenntnisse nicht zu erwarten sind.[39] Für die Feststellung eines schwerwiegenden Grundes ist die Belastung des Kindes durch mehrmalige Anhörungen[40] mit dem Erkenntnisgewinn durch eine erneute persönliche Anhörung (der regelmäßig bei länger zurückliegender Anhörung in der ersten Instanz gegeben ist)[41] abzuwägen.[42] Entsprechendes gilt für das Hauptsacheverfahren, wenn eine persönliche Anhörung im **einstweiligen Anordnungsverfahren** stattgefunden hat. 8

b) Gefahr im Verzug. Eine Anhörung, die allein wegen Gefahr im Verzug unterblieben ist, ist unverzüglich nachzuholen, Abs. 3 S. 2 (früher § 50b Abs. 3 S. 2 FGG). Dies betrifft insbesondere sofortige, zum Schutz des Kindes gebotene Entscheidungen im **einstweiligen Anordnungsverfahren**. Zu denken ist etwa an Fälle, in denen ein Elternteil eine dringend durchzuführende ärztliche Behandlung verweigert oder die Gefahr besteht, dass das Kind ins Ausland verbracht wird.[43] Ist eine **einstweilige Anordnung** (dazu auch § 156 Rn. 21 f., § 157 Rn. 15 f.) ohne die nach dem Gesetz notwendige Anhörung erlassen worden, so kann das Gericht von Amts wegen die Entscheidung aufheben oder abändern, § 54 Abs. 1 S. 3.[44] Sofern eine Beschwerde gegen die einstweilige Anordnung in den Fällen des § 57 eingelegt wurde,[45] ist die Aufhebung oder Abänderung durch das erstinstanzliche Gericht unzulässig, § 54 Abs. 4.[46] 9

4. Gestaltung der persönlichen Anhörung. Abs. 4 S. 1 und 2 entsprechen im Wesentlichen der bisherigen Regelung des § 50b Abs. 2 S. 3 FGG und beschreiben den Verlauf der Anhörung: Das Kind soll zu Beginn der Anhörung über Gegenstand, Ablauf und möglichen Ausgang des Verfahrens in geeigneter und seinem Alter entsprechender Weise informiert werden, soweit nicht Nachteile für seine Entwicklung, Erziehung oder Gesundheit zu befürchten sind.[47] Danach ist dem Kind Gelegenheit zur Äußerung zu geben. Obwohl die Information über Gegenstand, Ablauf und möglichen Ausgang des Verfahrens nach § 158 Abs. 4 S. 2 auch zu den Aufgaben des Verfahrensbeistands gehört, kann das Gericht auf diese Aufgabe nicht verzichten, denn die Information des Kindes vermittelt dem Gericht auch einen ersten Eindruck über die Einsichtsfähigkeit und psychische 10

FamRZ 1987, 87, 88). Nach OLG Hamm FamRZ 1999, 36, 37 stellt eine zu erwartende „seelische Belastung" durch eine erneute Anhörung in der Beschwerdeinstanz keinen schwerwiegenden Grund dar. Vgl. weiter BGH NJW-RR 1986, 1130; OLG Brandenburg JAmt 2003, 261, 262 f.; KG Berlin FamRZ 2007, 227; OLG Rostock FamRZ 2007, 1835; OLG Schleswig SchlHA 2008, 135; KG Berlin FamRZ 2009, 1428 f.

[34] So auch *Musielak/Borth* Rn. 4.
[35] OLG Zweibrücken FamRZ 1999, 246 f.; OLG Rostock FamRZ 2007, 1835.
[36] So auch *Musielak/Borth* Rn. 4.
[37] BGH FamRZ 1984, 1084, 1086; OLG Hamm FamRZ 1996, 421, 422; OLG Frankfurt FamRZ 1999, 617; OLG Köln FPR 2001, 393, 394; OLG Brandenburg FPR 2003, 336, 337; OLG Schleswig SchlHA 2008, 135; KG Berlin FamRZ 2007, 227; BVerfG FamRZ 2002, 229.
[38] BayObLG FamRZ 1995, 500, 501; OLG Hamm FamRZ 1999, 36; OLG Hamm FamRZ 2004, 1797.
[39] So ist nach OLG Koblenz FamRZ 2001, 515 von einer erneuten Anhörung im Beschwerdeverfahren bei einem Zeitabstand von zwei Monaten zur persönlichen Anhörung in der ersten Instanz abzusehen, wenn keine neuen Erkenntnisse zu erwarten sind.
[40] So auch BR-Drucks. 309/2/07, S. 112.
[41] Dazu BVerfG FuR 2008, 134, 135.
[42] Zur Interessenabwägung unter Berücksichtigung des Kindeswohls vgl. auch OLG Köln FamRZ 1997, 1549.
[43] Zum Ausnahmecharakter auch *Musielak/Borth* § 51 Rn. 8, § 159 Rn. 5.
[44] Dazu *Musielak/Borth* § 54 Rn. 1.
[45] Dazu *Musielak/Borth* § 57 Rn. 1 ff.
[46] Dazu insgesamt *Giers*, Die Neuregelung der einstweiligen Anordnung durch das FamFG, FGPrax 2009, 47 ff., insb. 51 f.
[47] Ein Kind, das das 14. Lebensjahr vollendet hat, ist außerdem auf seine Beschwerdeberechtigung nach § 60 hinzuweisen sowie auf die daraus resultierende Befugnis, selbständig einen Verfahrensbevollmächtigten zu bestellen (BayObLG FamRZ 1984, 1259 f.).

Belastbarkeit des Kindes.⁴⁸ Im Übrigen hat das Familiengericht die persönliche Anhörung „unter Berücksichtigung des Alters des einzelnen Kindes, seines Entwicklungsstandes und vor allem seiner häufig durch die Auseinandersetzung zwischen den Eltern besonders angespannten seelischen Verfassung so zu gestalten", dass es „möglichst zuverlässig die Grundlagen einer am Kindeswohl orientierten Entscheidung erkennen" kann.⁴⁹ Bei der Ausübung des pflichtgemäßen Ermessens steht der **Gesichtspunkt des Kindeswohls** an oberster Stelle: „Das Gericht soll eine positive und geschützte Gesprächssituation schaffen, die dem Kind ein offenes Artikulieren seiner Wünsche und Bedürfnisse ermöglicht."⁵⁰ Nach pflichtgemäßem Ermessen hat das Familiengericht auch zu entscheiden, ob das Kind einmal oder mehrmals, zusammen mit Geschwistern oder einzeln, im Gericht oder in der vertrauten familiären Umgebung, in An- oder Abwesenheit der Eltern angehört und ob ein Psychologe oder Sachverständiger hinzugezogen wird.⁵¹ So wird sich bei Kleinkindern eine Anhörung auch im Beisein der Eltern bzw. eines Elternteils empfehlen, damit sich das Gericht einen Eindruck von den Interaktionen zwischen Kind und Eltern verschaffen kann.⁵² Für ältere Kinder gilt hingegen, dass die Anhörung im Beisein eines Elternteils regelmäßig nicht dem Zweck der Anhörung dienlich ist, weil sich das Kind kaum unbefangen äußern wird.⁵³ Die Anordnung, dass das Kind in Abwesenheit oder Anwesenheit anderer Beteiligter⁵⁴ anzuhören ist, ist als verfahrensleitende Verfügung nicht selbständig anfechtbar, § 58 Abs. 2.⁵⁵ Die persönliche Anhörung kann ausnahmsweise auch dem ersuchten oder beauftragten Richter übertragen werden.⁵⁶

11 **5. Anwesenheit des Verfahrensbeistands.** Eingeschränkt wird das freie Ermessen des Gerichts bei der Gestaltung der persönlichen Anhörung durch Abs. 4 S. 3, der im Regelfall die Anwesenheit des Verfahrensbeistands vorsieht. Diese Regelung wurde auf Beschlussempfehlung des Rechtsausschusses neu eingefügt: „Die Anwesenheit des Verfahrensbeistands während der Anhörung soll dem Kind helfen, die [...] ungewohnte und möglicherweise als bedrohlich empfundene Anhörungssituation zu meistern und sich den Fragen des Gerichts zu öffnen."⁵⁷ Daher ist der Verfahrensbeistand regelmäßig auch zum Anhörungstermin zu laden. Über Ausnahmefälle entscheidet das Gericht nach pflichtgemäßem Ermessen. Im Zusammenhang mit dem Anhörungstermin gehört es zu den Aufgaben des Verfahrensbeistands, „auf eine kindgemäße Form der Anhörung hinzuwirken, das Kind auf die Anhörung vorzubereiten und dieses gegebenenfalls zu der Anhörung zu begleiten" (dazu § 158 Rn. 31).⁵⁸ Eine saubere Abgrenzung zwischen der dem Verfahrensbeistand zugewiesenen Funktion der Informationsvermittlung (§ 158 Abs. 4 S. 2) und den Aufgaben des Gerichts im Rahmen der Kindesanhörung hat der Gesetzgeber jedoch nicht vorgenommen (s. o. Rn. 10).⁵⁹ Offen ist nach der Gesetzesbegründung auch, ob der Verfahrensbeistand das Recht haben soll, dem Kind Fragen zu stellen. Daher hat das Familiengericht im Einzelfall nach pflichtgemäßem Ermessen gemäß Abs. 4 S. 4 zu entscheiden, ob es Fragen des Verfahrensbeistands zulässt.⁶⁰

12 **6. Dokumentation der persönlichen Anhörung.** Die wesentlichen Ergebnisse der Anhörung des Kindes sind in einem Vermerk zu dokumentieren, § 28 Abs. 4 (dazu § 28 Rn. 28 ff.),⁶¹ und allen

---

⁴⁸ So auch *Musielak/Borth* Rn. 6.
⁴⁹ BVerfG NJW 1981, 217, 218 f. = FamRZ 1981, 124, 126.
⁵⁰ So ausdrücklich BR-Drucks. 309/07, S. 533; BT-Drucks. 16/6308, S. 240.
⁵¹ BR-Drucks. 309/07, S. 534; BT-Drucks. 16/6308, S. 240; BVerfG NJW 1981, 217, 218 f. = FamRZ 1981, 124, 126. Zur Gestaltung der Anhörung vgl. auch *Bergmann* Kind-Prax 1999, 79 f.; *Fricke* Kind-Prax 1999, 192 f.; *Carl/Eschweiler* NJW 2005, 1681 ff.
⁵² Dazu auch *Stößer* FamRZ 2009, 660.
⁵³ Dazu *Musielak/Borth* Rn. 3; *Schulte-Bunert/Weinreich/Ziegler* Rn. 16.
⁵⁴ BT-Drucks. 16/6308, S. 240 zu Abs. 4 S. 4: „Die Aufnahme in den Gesetzestext ist erforderlich, um einer Einflussnahme von Verfahrensbeteiligten auf die Gestaltung der Anhörung, insbesondere auf die Frage, welche Personen dabei anwesend sind, entgegenwirken zu können." Dazu auch *Willutzki* ZKJ 2006, 228. Auch die Gestattung der Anwesenheit eines Mitarbeiters des Jugendamts liegt im pflichtgemäßen Ermessen des Gerichts, selbst wenn das Jugendamt Verfahrensbeteiligter (§ 162 Abs. 2) ist. AA wohl DIV-Gutachten v. 15. 2. 1995, DAVorm 1995, 459, 461 f. (jedoch mit Hinweis darauf, dass in der Praxis Jugendamtsmitarbeiter bei der Anhörung von Kind und Eltern nur in Ausnahmefällen anwesend sind und regelmäßig nur auf Bitte des Gerichts an dem Termin teilnehmen).
⁵⁵ BT-Drucks. 16/6308, S. 203 f. Vgl. auch OLG München FamRZ 2007, 745, 746.
⁵⁶ BGH NJW 1985, 1702, 1705; *Schulte-Bunert/Weinreich/Ziegler* Rn. 18.
⁵⁷ BT-Drucks. 16/9733, S. 294 f. Zur Verbesserung der verfahrensrechtlichen Stellung des Kindes vgl. auch *Lipp/Schumann/Veit/Veit* S. 198.
⁵⁸ BT-Drucks. 16/6308, S. 416.
⁵⁹ Kritisch daher *Lipp/Schumann/Veit/Coester* S. 62 f. Vgl. weiter *Lipp/Schumann/Veit/Veit* S. 199 f.
⁶⁰ So auch *Stößer* FamRZ 2009, 660.
⁶¹ *Fölsch* § 2 Rn. 78. Nach BGH FamRZ 2001, 907, 908 und OLG Saarbrücken FamRZ 2006, 557 ist es auch zulässig, den Inhalt der persönlichen Anhörung in der abschließenden Entscheidung anzugeben, wenn er voll-

Beteiligten bekannt zu machen.⁶² Nach der Durchführung und Protokollierung der Anhörung sind die Eltern, wenn die persönliche Anhörung des Kindes in ihrer Abwesenheit stattfand, zur Wahrung des Grundsatzes des rechtlichen Gehörs über das Ergebnis der Kindesanhörung zu informieren,⁶³ wobei dem Kind freigestellt werden soll, ob es an diesem Gespräch mit den Eltern teilnimmt.⁶⁴ Bereits zu Beginn der Anhörung sollte das Kind darauf hingewiesen werden, dass die Eltern anschließend über die wesentlichen Inhalte des Gesprächs informiert werden.⁶⁵

7. Verstoß gegen die Anhörungspflicht. Verstöße gegen die Pflicht zur Anhörung oder zur Dokumentation der persönlichen Anhörung⁶⁶ oder zur Dokumentation der Gründe für ein Absehen von der Anhörung stellen **Verfahrensfehler** dar, die zur Aufhebung und Zurückverweisung führen können.⁶⁷ Sofern jedoch die Voraussetzungen des § 69 Abs. 1 S. 2 und 3 nicht vorliegen, muss das Beschwerdegericht – ggf. unter Nachholung der unterlassenen Anhörung⁶⁸ – selbst entscheiden.⁶⁹

§ 160 Anhörung der Eltern

(1) ¹In Verfahren, die die Person des Kindes betreffen, soll das Gericht die Eltern persönlich anhören. ²In Verfahren nach den §§ 1666 und 1666a des Bürgerlichen Gesetzbuchs sind die Eltern persönlich anzuhören.

(2) ¹In sonstigen Kindschaftssachen hat das Gericht die Eltern anzuhören. ²Dies gilt nicht für einen Elternteil, dem die elterliche Sorge nicht zusteht, sofern von der Anhörung eine Aufklärung nicht erwartet werden kann.

(3) Von der Anhörung darf nur aus schwerwiegenden Gründen abgesehen werden.

(4) Unterbleibt die Anhörung allein wegen Gefahr im Verzug, ist sie unverzüglich nachzuholen.

Schrifttum: *Stößer,* Das neue Verfahren in Kindschaftssachen, FamRZ 2009, 656.

I. Normzweck

Die Norm unterscheidet zwischen der persönlichen Anhörung der Eltern nach Abs. 1 und der Anhörung nach Abs. 2 S. 1, die nach pflichtgemäßem Ermessen des Gerichts persönlich oder schriftlich erfolgen kann. In Verfahren, die die Elternverantwortung betreffen, ist die Norm Ausdruck des verfassungsrechtlichen Gebots, Art. 6 Abs. 2 GG auch bei der Ausgestaltung des Verfahrens zu berücksichtigen. Das Gericht erhält erst durch die Anhörung der Eltern in der mündlichen Verhandlung die Grundlage für eine am Kindeswohl orientierte Entscheidung.¹ Außerdem erfüllt die Regelung, die in allen Kindschaftssachen (mit Ausnahme der Verfahren nach § 151 Nr. 6, 7)² – auch in der Beschwerdeinstanz – zu beachten ist,³ folgende Funktionen: Sie gewährt einerseits den Eltern rechtliches Gehör und dient andererseits der Sachaufklärung (Letzteres ergibt sich auch aus Abs. 2 S. 2).⁴ Bezüglich der Gewährleistung rechtlichen Gehörs stellt § 160 eine gesetzliche Anordnung iSd. § 34 Abs. 1 Nr. 2 dar (dazu § 34 Rn. 7),⁵ die die Besonderheiten der Kindschaftssachen berücksichtigt. Hinsichtlich der Sachverhaltsaufklärung stellt die Norm eine Konkretisierung von §§ 26, 33 Abs. 1 dar: Das Familiengericht soll in Kindschaftssachen durch Ausübung des richterlichen Fragerechts den Sachverhalt weiter aufklären, sich einen persönlichen Eindruck von den Beteiligten und deren Verhältnissen verschaffen und auf diese Weise seine Entscheidungsfindung optimieren.

---

ständig, im Zusammenhang und frei von eigenen Wertungen wiedergegeben wird. Vgl. weiter *Schulte-Bunert/Weinreich/Ziegler* Rn. 19; *Bumiller/Harders* § 28 Rn. 4.
⁶² So auch *Musielak/Borth* Rn. 7.
⁶³ OLG Köln FPR 2001, 393, 394.
⁶⁴ *Bergmann* Kind-Prax 1999, 80.
⁶⁵ *Carl/Eschweiler* NJW 2005, 1682.
⁶⁶ *Carl/Eschweiler* NJW 2005, 1685; OLG Karlsruhe NJW-RR 1996, 771; OLG Köln FamRZ 1999, 314, 315; OLG Köln FamRZ 1999, 1517; OLG Zweibrücken FamRZ 1999, 688.
⁶⁷ Etwa OLG Frankfurt FamRZ 1997, 571; OLG Hamm FamRZ 1997, 1550; OLG Brandenburg FPR 2003, 336, 337; OLG Schleswig SchlHA 2008, 135; OLG Düsseldorf FamRZ 2008, 1363 f.
⁶⁸ BayObLG FamRZ 1995, 500, 501.
⁶⁹ Vgl. auch *Musielak/Borth* Rn. 7.
¹ BVerfG FamRZ 2004, 354, 355.
² In Verfahren nach § 151 Nr. 6 und 7 ist § 167 Abs. 4 zu beachten.
³ OLG Oldenburg FamRZ 1999, 35 f.; OLG Hamm FamRZ 1999, 36.
⁴ BGH NJW 1985, 1702, 1705; OLG Hamm FamRZ 1999, 36.
⁵ BT-Drucks. 16/6308, S. 191 f.

II. Entstehungsgeschichte

2 § 160 entspricht mit geringfügigen Änderungen § 50a FGG, der durch das Gesetz zur Neuregelung des Rechts der elterlichen Sorge 1980 eingeführt wurde[6] und die bis dahin in § 1695 Abs. 1 BGB aF geregelte Pflicht zur Anhörung der Eltern ersetzte. Mit der Einführung der Erörterung einer Kindeswohlgefährdung (§ 157 Abs. 1) stellen die persönliche Anhörung der Eltern und das Gespräch nach § 157 Abs. 1 – im Gegensatz zur alten Rechtslage nach § 50a FGG – verschiedene Verfahrensabschnitte dar (s. u. Rn. 4). Statt der früher in § 50a Abs. 3 S. 3 FGG geregelten getrennten Anhörung der Eltern gilt die im Allgemeinen Teil enthaltene Regelung zur getrennten Anhörung der Beteiligten, § 33 Abs. 1 S. 2 (s. u. Rn. 13). Ersatzlos fortgefallen ist § 50a Abs. 4 FGG, da § 160 nach der Neukonzeption des Verfahrens in Kindschaftssachen (§ 151 Nr. 4) auch für die Anhörung eines unter Vormundschaft stehenden Kindes (Mündel) gilt.[7]

III. Anwendungsbereich

3 **1. Anhörung sorgeberechtigter Eltern.** Die Regelung unterscheidet für die sorgeberechtigten Eltern drei Fälle: In Verfahren nach §§ 1666, 1666a BGB sind die Eltern persönlich anzuhören (Abs. 1 S. 2), in Verfahren, die die Person des Kindes betreffen, sollen die Eltern persönlich angehört werden (Abs. 1 S. 1), während in Kindschaftssachen, die ausschließlich vermögensrechtlicher Art sind, die Anhörung der Eltern auch schriftlich oder fernmündlich erfolgen kann (Abs. 2 S. 1).

4 **a) Verfahren nach §§ 1666, 1666a BGB.** Abs. 1 S. 2 sieht eine **Pflicht zur Anhörung der Eltern in der mündlichen Verhandlung** im Falle einer Kindeswohlgefährdung vor (früher § 50a Abs. 1 S. 3 FGG).[8] Wird nach Abs. 3 von einer persönlichen Anhörung aus schwerwiegenden Gründen abgesehen, so hat eine schriftliche Anhörung zu erfolgen (s. u. Rn. 8). Im Verhältnis zur **Erörterung einer Kindeswohlgefährdung nach § 157 Abs. 1** (in Fällen einer möglichen Kindeswohlgefährdung) stellt die persönliche Anhörung der Eltern – im Gegensatz zur alten Rechtslage nach § 50a FGG – einen eigenen Verfahrensabschnitt mit anderer Zielsetzung dar,[9] der jedoch in geeigneten Fällen mit dem Gespräch nach § 157 Abs. 1 verbunden werden kann (dazu § 157 Rn. 10).

5 **b) Verfahren, die die Person des Kindes betreffen.** Abs. 1 S. 1 formuliert auch für alle anderen Verfahren, die die Person des Kindes betreffen, ein **Gebot zur Anhörung der Eltern in der mündlichen Verhandlung.** Verfahren, die die Person des Kindes betreffen, erfassen nicht nur solche Verfahren, die die elterliche Sorge oder Personensorge zum Gegenstand haben,[10] sondern alle Kindschaftssachen nach § 151 Nr. 1 bis 5 und 8, die nicht ausschließlich vermögensrechtlicher Art sind.[11] Durch den Verzicht auf die Wörter „in der Regel" (wie in der Vorgängernorm § 50a Abs. 1 S. 2 FGG noch enthalten) wollte der Gesetzgeber deutlich machen, dass das Gericht nur in besonders gelagerten Ausnahmefällen von einer persönlichen Anhörung der Eltern absehen darf.[12] In diesen Fällen tritt an die Stelle der persönlichen Anhörung eine Anhörung in schriftlicher Form. Offen bleibt jedoch, welche „besonders gelagerten Ausnahmefälle", die nicht unter Abs. 3 fallen (Vorliegen eines schwerwiegenden Grundes), der Gesetzgeber erfassen wollte (s. u. Rn. 8).[13]

---

[6] Gesetz zur Neuregelung des Rechts der elterlichen Sorge v. 18. 7. 1979, BGBl. I S. 1061 (Art. 5 Nr. 2); § 50a Abs. 2 FGG wurde durch das Kindschaftsrechtsreformgesetz v. 16. 12. 1997, BGBl. I S. 2942 (Art. 8 Nr. 8) leicht überarbeitet.

[7] BT-Drucks. 16/6308, S. 240 f. Dazu auch *Bumiller/Harders* Rn. 10.

[8] Auch der nicht sorgeberechtigte Elternteil ist regelmäßig anzuhören (vgl. aber OLG Brandenburg ZKJ 2009, 293, 294). Zur Stellung des nicht sorgeberechtigten Elternteils in Verfahren nach § 1666 BGB vgl. *Orgis,* Beteiligungsrecht nicht sorgeberechtigten Elternteils in Verfahren nach § 1666 BGB, JAmt 2008, 243, 244 ff. Nach BGH FamRZ 2009, 220 f. (mit Anm. *Luthin*) ist der nicht sorgeberechtigte Vater eines nichtehelichen Kindes aber nicht beschwerdeberechtigt, wenn sein Antrag, der Mutter die elterliche Sorge nach § 1666 BGB zu entziehen und die Sorge auf ihn zu übertragen, zurückgewiesen wurde.

[9] BT-Drucks. 16/6308, S. 237: „Die Erörterung der Kindeswohlgefährdung bildet einen eigenen Verfahrensabschnitt, der neben die Pflicht zur persönlichen Anhörung der Eltern nach § 160 Abs. 1 Satz 2 tritt.".

[10] Nach *Musielak/Borth* Rn. 1 f. erfasst die Norm – ohne Begründung – nur Kindschaftssachen nach § 151 Nr. 1 bis 3. Etwas weiter *Stößer* FamRZ 2009, 660.

[11] Verfahren, die die Person des Kindes betreffen, erfassen nicht nur solche Verfahren, die die elterliche Sorge oder Personensorge zum Gegenstand haben, sondern auch alle Kindschaftssachen nach § 151 Nr. 1 bis 8, die nicht ausschließlich vermögensrechtlicher Art sind (vgl. BR-Drucks. 309/07, S. 536; BT-Drucks. 16/6308, S. 241). Für Verfahren nach § 151 Nr. 6, 7 gilt jedoch § 167 Abs. 4; dazu § 167 Rn. 1, 4 f., 32 ff., insb. 34.

[12] BR-Drucks. 309/07, S. 535; BT-Drucks. 16/6308, S. 240. In Sorgerechtsverfahren ergibt sich die Pflicht zur persönlichen Anhörung beider Eltern aus Art. 6 Abs. 2 GG; BVerfG FamRZ 2004, 354, 355. Ein fernmündliches Gespräch stellt keine persönliche Anhörung dar, BayObLG FamRZ 1985, 100 f.

[13] Zur Problematik nach § 50a Abs. 1 S. 2 FGG vgl. *Jansen/Zorn* § 50a FGG Rn. 16.

c) Sonstige Kindschaftssachen. In allen anderen Kindschaftssachen, die nicht unter Abs. 1 **6** fallen (Kindschaftssachen vermögensrechtlicher Art), kann das Gericht der Pflicht zur Anhörung der Eltern auch durch **schriftliche** oder **fernmündliche Anhörung** nachkommen (Abs. 2 S. 1).[14] Im Gegensatz zur alten Rechtslage gilt die Pflicht zur Anhörung der Eltern somit in allen Kindschaftssachen nach § 151 Nr. 1 bis 5, 8; auf diese Weise wird der Anspruch auf rechtliches Gehör der sorgeberechtigten Eltern umfassend gewährleistet.[15] Über die Form der Anhörung – mündliche, schriftliche oder fernmündliche Anhörung – entscheidet das Gericht nach **pflichtgemäßem Ermessen**. Eine **persönliche Anhörung** ist regelmäßig zur weiteren Sachaufklärung geboten, wenn das Familiengericht durch Gewinnung eines persönlichen Eindrucks von den Beteiligten und ihren Verhältnissen seine Entscheidungsfindung optimieren kann.[16] Bei einer schriftlichen oder fernmündlichen Anhörung eines Elternteils (deren Inhalt vom Gericht zu dokumentieren ist) hat das Gericht dem anderen Elternteil Gelegenheit zur Stellungnahme zu geben. Die Anhörungspflicht in sonstigen Kindschaftssachen nach Abs. 2 S. 1 gilt nicht für einen **nicht sorgeberechtigten Elternteil** (bzw. für beide nicht sorgeberechtigten Eltern), wenn von der Anhörung eine Aufklärung nicht erwartet werden kann, Abs. 2 S. 2[17] (früher § 50a Abs. 2 FGG).[18] Dies bedeutet, dass grundsätzlich auch ein nicht sorgeberechtigter Elternteil anzuhören ist, wenn nicht die Ausnahme des Abs. 2 S. 2 einschlägig ist.[19] Nicht sorgeberechtigt ist auch ein Elternteil in der Zeit, in der die elterliche Sorge ruht (§§ 1673 Abs. 1, 1674 Abs. 1, 1675, 1678 Abs. 1 BGB).[20]

2. Absehen von der Anhörung. Von der Anhörung eines Elternteils darf nach Abs. 3 bei **7** Vorliegen eines schwerwiegenden Grundes (früher § 50a Abs. 3 S. 1 FGG)[21] oder nach Abs. 4 bei Gefahr im Verzug (früher § 50a Abs. 3 S. 2 FGG) abgesehen werden. Auch in der **Beschwerdeinstanz** darf – selbst wenn die erstinstanzliche Anhörung erst kurze Zeit zurückliegt – nur dann von einer erneuten persönlichen Anhörung abgesehen werden, wenn ein Erkenntnisgewinn ausgeschlossen ist; eine schriftliche Anhörung ist stets erforderlich.[22] Entsprechendes gilt für das Hauptsacheverfahren, wenn eine persönliche Anhörung im **einstweiligen Anordnungsverfahren** stattgefunden hat.

a) Vorliegen eines schwerwiegenden Grundes. Nach dem Wortlaut des Abs. 3[23] und der **8** Gesetzesbegründung ist offen, ob die Regelung des Abs. 3 sich auf alle Verfahren nach Abs. 1 und 2 bezieht oder nur eine Ausnahmevorschrift zur persönlichen Anhörung nach Abs. 1 darstellt und so zu verstehen ist, dass bei Vorliegen eines schwerwiegenden Grundes in den Fällen des Abs. 1 zwar von einer persönlichen Anhörung abgesehen werden darf, nicht jedoch auf eine schriftliche Anhörung verzichtet werden kann.[24] Weiter ist unklar, ob neben Abs. 2 ein eigenständiger Anwendungsbereich für die besonders gelagerten Ausnahmefälle der Soll-Vorschrift des Abs. 1 S. 1 bleibt (s. o. Rn. 5). Bei einer **systematischen Auslegung der Absätze 1 bis 3** liegt folgende Interpretation nahe: Von einer persönlichen Anhörung nach Abs. 1 S. 1 darf in besonders gelagerten Ausnahmefällen abgesehen werden; in diesen Fällen hat eine schriftliche Anhörung zu erfolgen. Hingegen darf die Anhörung der Eltern nach Abs. 1 und Abs. 2 S. 1 nur dann ganz unterbleiben, wenn ein schwerwiegender Grund vorliegt, der auch eine schriftliche Anhörung nicht erlaubt.[25]

Nach dem Willen des Gesetzgebers soll die Rechtsprechung den unbestimmten Rechtsbegriff des **9** schwerwiegenden Grundes ausfüllen,[26] wobei zu beachten ist, dass Abs. 3 lex specialis zu § 34 Abs. 2

---

[14] Vgl. auch *Stößer* FamRZ 2009, 660.
[15] In BR-Drucks. 309/07, S. 535; BT-Drucks. 16/6308, S. 240 wird hervorgehoben, dass „eine – zumindest schriftliche – Anhörung der sorgeberechtigten Elternteile zur Gewährleistung des rechtlichen Gehörs in jeder Kindschaftssache geboten ist".
[16] So BVerfG NJW 1988, 125.
[17] Vgl. etwa BayObLG FamRZ 1989, 1336, 1338.
[18] Diese Regelung gilt auch für die Eltern eines unter Vormundschaft stehenden Kindes; § 50a Abs. 4 FGG wurde daher ersatzlos gestrichen (BT-Drucks. 16/6308, S. 240 f.).
[19] Die Einschränkung des Abs. 2 S. 2 galt früher auch für die Anhörung von Pflege- oder Bezugspersonen (§ 50c S. 1 FGG, jetzt § 161); dort ist sie mit der Reform weggefallen (dazu § 161 Rn. 9).
[20] Vgl. OLG Brandenburg FamRZ 2000, 1038.
[21] Bei einem einmaligen unentschuldigten Ausbleiben eines Elternteils liegt kein schwerwiegender Grund vor, der ein Absehen von der persönlichen Anhörung des Elternteils rechtfertigt, OLG Frankfurt a. M. NJW 2007, 230; OLG Naumburg FamRZ 2009, 1417.
[22] Dazu auch *Bumiller/Harders* Rn. 6; *Keidel/Engelhardt* Rn. 16 ff.; *Schulte-Bunert/Weinreich/Ziegler* Rn. 11.
[23] Hingegen bezieht sich § 159 Abs. 3 nach seinem Wortlaut auf die *persönliche* Anhörung.
[24] Zur Problematik auch *Schulte-Bunert* Rn. 597 f.
[25] Nach *Musielak/Borth* Rn. 5 ist Absehen von einer persönlichen Anhörung in jedem Fall zu prüfen, ob eine schriftliche Anhörung möglich erscheint. Vgl. weiter *Schulte-Bunert/Weinreich/Ziegler* Rn. 8.
[26] BT-Drucks. 16/6308, S. 428.

§ 160 10–13 Buch 2. Abschnitt 3. Verfahren in Kindschaftssachen

ist (dazu § 34 Rn. 13). Allerdings hat der Gesetzgeber das **Verhältnis von § 34 Abs. 2 zu § 160 Abs. 3** nicht klar geregelt,[27] insbesondere ist offen geblieben, ob der Anwendungsbereich des § 160 Abs. 3 enger oder weiter als derjenige des § 34 Abs. 2 zu verstehen ist. Auch bei einer von § 34 Abs. 2 unabhängigen, dh. eigenständigen Interpretation des schwerwiegenden Grundes nach § 160 Abs. 3 stellen die in § 34 Abs. 2 genannten Fälle regelmäßig schwerwiegende Gründe dar. Von der (persönlichen) Anhörung darf daher abgesehen werden, wenn die Gefahr besteht, dass durch die Anhörung eine **schwere gesundheitliche Beeinträchtigung** eintreten kann, oder die Anhörungsfähigkeit offensichtlich fehlt.[28] Darüber hinaus ist ein schwerwiegender Grund insbesondere dann zu bejahen, wenn der **Aufenthalt eines Elternteils nicht zu ermitteln** oder der Elternteil wegen eines zeitlich nicht absehbaren **Auslandsaufenthalts** nicht erreichbar ist.[29] Wird von einer (persönlichen) Anhörung wegen Vorliegens eines schwerwiegenden Grundes abgesehen, so sind die Gründe dafür in der Entscheidung anzugeben;[30] unterbleibt dies, so liegt ein **Verfahrensfehler** vor (s. u. Rn. 15).

10   b) **Gefahr im Verzug.** Eine Anhörung, die allein wegen Gefahr im Verzug unterblieben ist, ist unverzüglich nachzuholen, Abs. 4 (früher § 50a Abs. 3 S. 2 FGG). Dies betrifft insbesondere sofortige, zum Schutz des Kindes gebotene Entscheidungen im **einstweiligen Anordnungsverfahren.** Zu denken ist etwa an Fälle, in denen ein Elternteil eine dringend durchzuführende ärztliche Behandlung verweigert oder die Gefahr besteht, dass das Kind ins Ausland verbracht wird.[31] Ist eine **einstweilige Anordnung** (dazu § 156 Rn. 21 f., § 157 Rn. 15 f.) ohne die nach dem Gesetz notwendige Anhörung erlassen worden, so kann das Gericht von Amts wegen die Entscheidung aufheben oder abändern, § 54 Abs. 1 S. 3.[32] Sofern eine Beschwerde gegen die einstweilige Anordnung in den Fällen des § 57 eingelegt wurde,[33] ist die Aufhebung oder Abänderung durch das erstinstanzliche Gericht unzulässig, § 54 Abs. 4.[34]

11   3. **Gestaltung der persönlichen Anhörung.** Die Gestaltung der Anhörung steht im pflichtgemäßen Ermessen des Gerichts. Ob die Eltern in Ab- oder Anwesenheit der anderen Verfahrensbeteiligten (etwa des Verfahrensbeistands[35] oder des nach § 162 Abs. 2 hinzugezogenen Jugendamts) anzuhören sind, steht ebenfalls im pflichtgemäßen Ermessen des Gerichts. Findet die persönliche Anhörung in Abwesenheit der anderen Beteiligten statt, so ist diesen – soweit dies zur Aufklärung des Sachverhalts oder zur Gewährung rechtlichen Gehörs erforderlich ist (vgl. § 37 Abs. 2) – Gelegenheit zur Stellungnahme zu geben. Die persönliche Anhörung kann in begründeten Fällen auch auf einen ersuchten oder beauftragten Richter übertragen werden.[36]

12   a) **Erzwingung des persönlichen Erscheinens.** Im Gegensatz zur alten Rechtslage, nach der das tatsächliche Erscheinen nach § 33 FGG durch Androhung und Festsetzung von Zwangsgeld erzwungen werden konnte,[37] kann nach § 33 Abs. 1 S. 1 das unentschuldigte Nichterscheinen trotz ordnungsgemäßer Ladung mit **Ordnungsgeld** sanktioniert werden; bei einem wiederholten, unentschuldigten Ausbleiben eines Elternteils kann nach § 33 Abs. 3 S. 3 die Vorführung angeordnet werden (dazu § 35 Rn. 8, § 33 Rn. 11 ff.).[38] Die Aussage selbst kann nicht erzwungen werden, § 33 Abs. 3 S. 5 sieht als Rechtsmittel gegen den Beschluss des Gerichts, mit dem die Ordnungsmittel angeordnet werden, die **sofortige Beschwerde** in entsprechender Anwendung der §§ 567 ff. ZPO vor.[39]

13   b) **Getrennte Anhörung der Eltern.** Grundsätzlich erfolgt die Anhörung in Anwesenheit beider Elternteile, damit jeder Elternteil auf die Aussagen des anderen Elternteils unmittelbar eingehen

---

[27] Nach BR-Drucks. 309/07, S. 422 sollen Vorschriften in weiteren Büchern des FamFG, die die Entbehrlichkeit einer Anhörung an weitere einschränkende Kriterien stellen, § 34 Abs. 2 vorgehen; § 160 Abs. 3 wird allerdings nicht genannt.
[28] BayObLG FamRZ 1987, 87, 88. Die Gesundheitsgefahr ist regelmäßig durch ein ärztliches Attest nachzuweisen; vgl. *Musielak/Borth* Rn. 5.
[29] So *Stößer* FamRZ 2009, 660. Vgl. auch BayObLG FamRZ 1981, 814, 815; BayObLG FamRZ 1984, 1259, 1261.
[30] OLG Hamm FamRZ 2001, 850 f.
[31] Zum Ausnahmecharakter auch *Musielak/Borth* § 159 Rn. 5.
[32] Dazu *Musielak/Borth* § 54 Rn. 1.
[33] Dazu *Musielak/Borth* § 57 Rn. 1 ff.
[34] Dazu insgesamt *Giers,* Die Neuregelung der einstweiligen Anordnung durch das FamFG, FGPrax 2009, 47 ff., insb. 51 f.
[35] § 159 Abs. 4 S. 3 bezieht sich nur auf die persönliche Anhörung des Kindes.
[36] BGH NJW 1985, 1702, 1705. Dazu auch *Keidel/Engelhardt* Rn. 12 ff.; *Schulte-Bunert/Weinreich/Ziegler* Rn. 16.
[37] Etwa OLG Nürnberg FamRZ 2007, 1574.
[38] Da eine § 128 Abs. 4 entsprechende Regelung für die Kindschaftssachen fehlt, gilt die allgemeine Regel des § 33 Abs. 3.
[39] BT-Drucks. 16/6308, S. 192.

kann.⁴⁰ Eine getrennte Anhörung der Eltern findet unter den Voraussetzungen des § 33 Abs. 1 S. 2 statt (dazu § 33 Rn. 10).⁴¹ Eine Ausnahme zur allgemeinen Regel des § 33 Abs. 1 S. 2 besteht nur für Verfahren nach § 157 Abs. 1 (Erörterung der Kindeswohlgefährdung), in denen § 157 Abs. 2 S. 2 vorgeht (dazu § 157 Rn. 7). Ein Recht auf getrennte Anhörung haben insbesondere Opfer von Gewalt.⁴² Nach getrennter Anhörung ist jedem Elternteil zur Gewährung rechtlichen Gehörs der Inhalt der Anhörung des anderen Elternteils bekannt zu geben.

4. Dokumentation der persönlichen Anhörung. Der wesentliche Inhalt der persönlichen 14 Anhörung der Eltern in der mündlichen Verhandlung ist in einem Vermerk so niederzulegen (§ 28 Abs. 4), dass der persönliche Eindruck des Gerichts von den Eltern und das Anhörungsergebnis dokumentiert sind (dazu § 28 Rn. 28 ff.);⁴³ der Inhalt ist allen Beteiligten zur Kenntnis zu geben. Ein Unterlassen der Dokumentation stellt einen Verfahrensfehler (s. u. Rn. 15) dar, weil das Rechtsmittelgericht nur bei schriftlicher Niederlegung des wesentlichen Inhalts der Anhörung die Ergebnisse der Anhörung würdigen und feststellen kann, ob alle entscheidungserheblichen Tatsachen ermittelt und berücksichtigt wurden.⁴⁴

5. Verstoß gegen die Anhörungspflicht. Verstöße gegen die Pflicht zur Anhörung oder zur 15 Dokumentation der persönlichen Anhörung oder zur Dokumentation der Gründe für ein Absehen von der Anhörung stellen **Verfahrensfehler** dar, die zur Aufhebung und Zurückverweisung führen können.⁴⁵ Sofern jedoch die Voraussetzungen des § 69 Abs. 1 S. 2 und 3 nicht vorliegen, muss das Beschwerdegericht – ggf. unter Nachholung der unterlassenen Anhörung⁴⁶ – selbst entscheiden.

§ 161 Mitwirkung der Pflegeperson

(1) ¹Das Gericht kann in Verfahren, die die Person des Kindes betreffen, die Pflegeperson im Interesse des Kindes als Beteiligte hinzuziehen, wenn das Kind seit längerer Zeit in Familienpflege lebt. ²Satz 1 gilt entsprechend, wenn das Kind auf Grund einer Entscheidung nach § 1682 des Bürgerlichen Gesetzbuchs bei dem dort genannten Ehegatten, Lebenspartner oder Umgangsberechtigten lebt.

(2) Die in Absatz 1 genannten Personen sind anzuhören, wenn das Kind seit längerer Zeit in Familienpflege lebt.

Schrifttum: *Zimmermann*, Die Beteiligten im neuen FamFG, FPR 2009, 5.

I. Normzweck

Die Norm entspricht hinsichtlich der Anhörung (Abs. 2) im Wesentlichen § 50c FGG. Darüber 1 hinaus wird die Stellung von Pflegepersonen (Abs. 1 S. 1) und den in Abs. 1 S. 2 genannten betreuenden Bezugspersonen (§ 1682 BGB) im Interesse des Kindes, das sich bei diesen Personen in Obhut befindet, dadurch gestärkt, dass die Pflege- und Bezugspersonen nach Abs. 1 iVm. § 7 Abs. 3 von Amts wegen formell am Verfahren beteiligt werden können.¹ Maßgebliche Bedeutung kommt der Norm vor allem in Verfahren nach § 1632 Abs. 4 und § 1682 BGB (Verbleibensanordnung zugunsten der Pflegeperson oder der betreuenden Bezugsperson) zu. Die Anhörung der Pflege-/ Bezugsperson (Abs. 2) dient auf Grund des Näheverhältnisses zum Kind als wertvolles Erkenntnismittel für die Entscheidung,² während die darüber hinausgehende Einräumung von Mitwirkungsrechten an die Pflege-/Bezugsperson (Abs. 1) nur im Interesse des Kindes gerechtfertigt ist.³

---

⁴⁰ Dazu auch *Musielak/Borth* Rn. 3.
⁴¹ Da eine § 128 Abs. 1 S. 2 entsprechende Regelung für die Kindschaftssachen fehlt, gilt die allgemeine Regel des § 33 Abs. 1 S. 2. Kritisch zur getrennten Anhörung der Eltern *Lipp/Schumann/Veit/Häußermann* S. 11 f.
⁴² BVerfG FamRZ 2004, 354.
⁴³ *Fölsch* § 2 Rn. 78. Nach BGH FamRZ 2001, 907, 908 und OLG Saarbrücken FamRZ 2006, 557 ist es auch zulässig, den Inhalt der persönlichen Anhörung in der abschließenden Entscheidung anzugeben, wenn er vollständig, im Zusammenhang und frei von eigenen Wertungen wiedergegeben wird. Vgl. weiter *Schulte-Bunert/ Weinreich/Ziegler* Rn. 17; *Bumiller/Harders* § 28 Rn. 4.
⁴⁴ BGH FamRZ 2001, 907, 908 = FuR 2001, 357, 358 f.; KG Berlin FamRZ 2009, 1428, 1429.
⁴⁵ OLG Hamm FamRZ 1997, 1550; OLG Celle FamRZ 1999, 1377, 1378; OLG Naumburg FuR 2000, 120 f.; OLG Hamm FamRZ 2004, 1797; OLG Frankfurt a. M. NJW 2007, 230.
⁴⁶ BayObLG FamRZ 1995, 500, 501.
¹ BR-Drucks. 309/07, S. 535; BT-Drucks. 16/6308, S. 241.
² BT-Drucks. 8/2788, S. 74; BT-Drucks. 13/4899, S. 132. Die Pflege-/Bezugsperson hat (von Fällen, in denen eine Verbleibensanordnung nach § 1632 Abs. 4 bzw. § 1682 BGB zu treffen ist, abgesehen) keinen Anspruch auf rechtliches Gehör (Art. 103 Abs. 1 GG); BGH FamRZ 2000, 219, 220. Vgl. weiter BVerfG FamRZ 1989, 31, 32 f.
³ BR-Drucks. 309/07, S. 392; BT-Drucks. 16/6308, S. 179.

II. Entstehungsgeschichte

2 Die frühere Regelung des § 50c FGG zur Anhörung der Pflegeperson in Personensorgerechtsverfahren, die durch das Gesetz zur Neuregelung des Rechts der elterlichen Sorge 1980 ins FGG eingefügt wurde,[4] stellte eine Ergänzung zu § 1632 Abs. 4 BGB (Verfahren auf Herausgabe eines Kindes, das seit längerer Zeit in Familienpflege lebt) dar. Die Anhörung der Pflegeperson in diesem Verfahren sollte dabei als besondere Ausprägung der Sachaufklärung nach § 12 FGG (jetzt § 26) einer besseren Entscheidungsfindung dienen.[5] Durch das Kindschaftsrechtsreformgesetz 1998[6] und das Lebenspartnerschaftsgesetz 2001[7] wurde der Personenkreis erweitert und die Anhörung auf Personen erstreckt, bei denen das Kind auf Grund einer Verbleibensanordnung nach § 1682 BGB seit längerer Zeit lebt. Neu eingeführt wurde die in Abs. 1 geregelte Kann-Beteiligung (§ 7 Abs. 3) der Pflege-/Bezugsperson.

III. Anwendungsbereich

3 **1. Stärkung der Mitwirkungsrechte der Pflege-/Bezugsperson.** Nach alter Rechtslage (§ 50c FGG) war keine aktive Mitwirkung der Pflege-/Bezugsperson am Verfahren vorgesehen,[8] vielmehr beschränkte sich deren Beteiligung auf die der Sachaufklärung dienende Anhörung.[9] Mit der stärkeren Einbeziehung der Pflege-/Bezugsperson in das Verfahren erkennt der Gesetzgeber an, dass bei länger andauernden Pflege-/Betreuungsverhältnissen die formelle Beteiligung der genannten Personen im Interesse des Kindes liegen kann. Durch die Beteiligung wird sichergestellt, dass die Pflege-/Bezugsperson über den Fortgang und über die Beweisergebnisse informiert wird und auf den Verlauf des Verfahrens Einfluss nehmen kann.[10] Die Hinzuziehung der Pflege-/Bezugsperson erfolgt nach Abs. 1, wenn dies dem Kindeswohl dient (s. u. Rn. 7).

4 **2. Pflegeperson.** Abs. 1 S. 1 knüpft an den im BGB verwendeten Begriff der **Familienpflege für längere Zeit** an (§§ 1630 Abs. 3 S. 1, 1632 Abs. 4, 1688 Abs. 1 BGB). **Familienpflege** liegt dann vor, wenn das Kind außerhalb seiner Herkunftsfamilie bei einer Pflegeperson im Haushalt in familienähnlicher Weise lebt, wobei ein faktisches Pflegeverhältnis genügt, dh. es muss weder ein Pflegevertrag noch eine Pflegeerlaubnis nach § 44 SGB VIII vorliegen.[11] Der Begriff der Familienpflege des BGB, der Abs. 1 S. 1 zugrunde liegt, ist nicht identisch mit den im SGB VIII vorgesehenen Pflegestellen; die Regelungen des SGB VIII können aber als Auslegungshilfe dienen.[12] Erfasst wird die Vollzeitpflege nach § 33 SGB VIII, während die Tagespflege nach § 23 SGB VIII regelmäßig nicht den Anforderungen an eine Familienpflege genügt.[13] Auch die Unterbringung in einem Heim fällt idR nicht unter Abs. 1 S. 1.[14] Anwendungsfälle des Abs. 1 S. 1 sind aber auch die rein faktische Pflege eines Kindes durch Verwandte und die Adoptionspflege nach § 1744 BGB.[15] Eine Familienpflege **für längere Zeit** liegt regelmäßig ab drei bis sechs Monaten vor, allerdings sind die Umstände des Einzelfalls zu berücksichtigen, insbesondere ist zu prüfen, ob der (geplante) Pflegezeitraum eine Entwicklung von engeren Bindungen zwischen dem Kind und der Pflegefamilie erlaubt.[16]

---

[4] Gesetz zur Neuregelung der elterlichen Sorge v. 18. 7. 1979, BGBl. I S. 1061 (Art. 5 Nr. 2).
[5] BT-Drucks. 8/2788, S. 74.
[6] Kindschaftsrechtsreformgesetz v. 16. 12. 1997, BGBl. I S. 2942 (Art. 8).
[7] Lebenspartnerschaftsgesetz v. 16. 2. 2001, BGBl. I S. 266 (Art. 3 § 19).
[8] Nach der Rechtsprechung des BGH (FamRZ 2000, 219 f.) konnten Pflegeeltern in Sorgerechtsverfahren mangels unmittelbaren Eingriffs in ein subjektives Recht und mangels entsprechender Ausgestaltung des FGG-Verfahrens weder materiell noch formell die Stellung von Verfahrensbeteiligten einnehmen.
[9] Vgl. dazu auch BR-Drucks. 309/07, S. 535; BGH FamRZ 2005, 975 ff.
[10] BR-Drucks. 309/07, S. 535; BT-Drucks. 16/6308, S. 241.
[11] BGH FamRZ 2001, 1449, 1451.
[12] BGH FamRZ 2001, 1449, 1451.
[13] Kein grundsätzlicher Ausschluss der Tagespflege nach BGH FamRZ 2001, 1449, 1451.
[14] LG Frankfurt a. M. FamRZ 1984, 729 f. Nach OLG Hamm NJW 1985, 3029, 3030 kann eine als Heimunterbringung einzustufende Betreuung ausnahmsweise als Familienpflege gewertet werden, wenn „die gesamte Versorgung, Betreuung und Erziehung des Kindes familienähnliches Gepräge aufweisen und demgegenüber der Heimcharakter gänzlich in den Hintergrund tritt".
[15] BayObLG FamRZ 1984, 817, 818; BayObLG FamRZ 1985, 100, 101; OLG Brandenburg FamRZ 2000, 1038, 1039.
[16] Dazu insgesamt MünchKommBGB/*Huber* § 1630 BGB Rn. 17–19 (BR-Drucks. 309/07, S. 536 verweist insoweit ausdrücklich auf §§ 1630 Abs. 3, 1632 Abs. 4 BGB).

3. Betreuende Bezugsperson. Abs. 1 S. 2 erfasst den in **§ 1682 BGB** genannten Personenkreis, 5 dh. den Ehegatten eines Elternteils (Stiefelternteil), den eingetragenen Lebenspartner eines Elternteils sowie nach § 1685 Abs. 1 BGB umgangsberechtigte Großeltern oder volljährige Geschwister, wenn das Kind gemeinsam mit einem Elternteil und einer dieser Personen in einem Haushalt gelebt hat. Aufgrund der vermuteten Nähe des Kindes zu den genannten betreuenden Bezugspersonen sind diese den Pflegepersonen nach Abs. 1 S. 1 gleichgestellt. Im Gegensatz zu Abs. 1 S. 1 wird zwar in S. 2 – ebenso wie schon im bisherigen § 50c S. 2 FGG – das Kriterium einer Betreuung **für längere Zeit** nicht erwähnt, da jedoch § 1682 BGB ein Zusammenleben seit längerer Zeit mit den genannten Bezugspersonen voraussetzt, gelten die oben genannten Grundsätze (Rn. 4) entsprechend.

4. Verfahren, die die Person des Kindes betreffen. Abs. 1 (Verfahrensbeteiligung) und Abs. 2 6 (Anhörung) gelten nur für **Verfahren, die die Person des Kindes betreffen** (insbesondere Verfahren nach §§ 1630 Abs. 3, § 1632 Abs. 4, § 1682 und § 1688 Abs. 1, 3 und 4 BGB).[17] Eine Einbeziehung der Pflege-/Bezugsperson in Verfahren ausschließlich vermögensrechtlicher Art ist nicht vorgesehen (zur Anhörung der Pflege-/Bezugsperson in diesen Fällen s. u. Rn. 9), weil in solchen Angelegenheiten regelmäßig keine besondere Sachkenntnis der Pflege-/Bezugsperson vorliegt,[18] die eine formelle Beteiligung im Interesse des Kindes rechtfertigen könnte.

5. Verfahrensbeteiligte kraft Hinzuziehung. a) Entscheidung über die Hinzuziehung. 7 Die in Abs. 1 genannten Pflege-/Bezugspersonen können **von Amts wegen** als **Kann-Beteiligte** iSd. § 7 Abs. 3 zum Verfahren hinzugezogen werden,[19] wenn dies im Interesse des Kindes liegt, dh. dem Kindeswohl dient.[20] Die **Kindeswohlprüfung** begrenzt das Ermessen des Gerichts. Im Interesse des Kindes liegt die Hinzuziehung etwa dann, wenn die Pflege-/Bezugsperson zur Aufklärung des Sachverhalts wesentlich beitragen kann, insbesondere Kenntnisse über Bindungen des Kindes zu den leiblichen Eltern aus eigener Anschauung besitzt.[21] Die Hinzuziehung von Amts wegen bedarf nach dem Wortlaut der Norm (Umkehrschluss aus § 7 Abs. 5 S. 1) keiner formellen Entscheidung, dh. die Hinzuziehung kann auch konkludent durch Übersenden von Schriftstücken oder durch Ladung erfolgen (dazu § 7 Rn. 22).[22] Aus Gründen der Rechtssicherheit sollte sie aber dem Hinzugezogenen und auch den anderen Beteiligten ausdrücklich mitgeteilt werden.[23] Die Pflege-/Bezugsperson kann die Hinzuziehung von Amts wegen anregen, ihr steht jedoch kein Antragsrecht zu.[24] Daher ist die Pflege-/Bezugsperson auch nicht nach § 7 Abs. 4 S. 1 über die Einleitung des Verfahrens zu informieren.[25]

b) Rechtsstellung der hinzugezogenen Pflege-/Bezugsperson. Im Falle einer Hinzuziehung 8 ist die Pflege-/Bezugsperson Beteiligte im frühen ersten Termin nach § 155 Abs. 2, als Beteiligte bei einem Hinwirken des Gerichts oder des Sachverständigen auf Einvernehmen (§ 156 Abs. 1 S. 1, § 163 Abs. 2) einzubeziehen, Beteiligte eines Umgangsvergleichs nach § 156 Abs. 2 und Beteiligte der Erörterung des Erlasses einer einstweiligen Anordnung nach § 156 Abs. 3 S. 1. Im Übrigen hat sie alle im Verfahrensbeteiligten im Allgemeinen Teil zugewiesenen Rechte, aber auch die damit verbundenen Pflichten (und kann insbesondere auch mit Verfahrenskosten belastet werden, § 81 Abs. 1 S. 1).[26] Als Verfahrensbeteiligte ist die Pflege-/Bezugsperson über sämtliche Verfahrensschritte in Kenntnis zu setzen (einschließlich der Ergebnisse des Beweisverfahrens).[27] Bei einem Eingriff in die dem Verfahrensbeteiligten gewährten Rechte besteht eine Beschwerdeberechtigung aber nur dann, wenn auch die materielle Rechtsstellung des Beteiligten vom Ergebnis der Entscheidung betroffen ist (s. u. Rn. 10).

---

[17] Grundsätzlich erfassen Verfahren, die die Person des Kindes betreffen, nicht nur solche Verfahren, die die Personensorge zum Gegenstand haben, sondern alle Kindschaftssachen nach § 151 Nr. 1 bis 8, die nicht ausschließlich vermögensrechtlicher Art sind (vgl. BR-Drucks. 309/07, S. 536; BT-Drucks. 16/6308, S. 241). Die Rechtsprechung ist schon nach der alten Rechtslage von einem weiten Anwendungsbereich ausgegangen, vgl. OLG Köln DAVorm 1995, 1060, 1063.
[18] BT-Drucks. 8/2788, S. 74.
[19] Dazu *Lipp/Schumann/Veit/Häußermann* S. 8.
[20] BR-Drucks. 309/07, S. 536; BT-Drucks. 16/6308, S. 241.
[21] Vgl. auch *Musielak/Borth* Rn. 3. Nach *Lipp/Schumann/Veit/Häußermann* S. 8 muss die Beteiligung im Hinblick auf die Belange des Kindes verfahrensfördernd sein; auf die Interessen der Pflege-/Bezugsperson kommt es hingegen nicht an.
[22] BT-Drucks. 16/6308, S. 179; BR-Drucks. 309/07, S. 392 f.
[23] Nach *Musielak/Borth* Rn. 4 ist der Beschluss über die Hinzuziehung den anderen Beteiligten zuzuleiten.
[24] So können nach BT-Drucks. 16/6308, S. 241 die in Abs. 1 genannten Personen ausdrücklich nur „von Amts wegen hinzugezogen werden". AA *Lipp/Schumann/Veit/Häußermann* S. 8.
[25] So aber *Musielak/Borth* Rn. 4.
[26] BT-Drucks. 16/6308, S. 241.
[27] BT-Drucks. 16/6308, S. 241. Dazu auch *Zimmermann* FPR 2009, 5 ff.

§ 162   Buch 2. Abschnitt 3. Verfahren in Kindschaftssachen

9   **6. Anhörung der Pflege-/Bezugsperson.** Abs. 2 bezieht sich sowohl auf die in Abs. 1 S. 1 genannten Pflegepersonen als auch auf die in Abs. 1 S. 2 aufgezählten betreuenden Bezugspersonen[28] und entspricht inhaltlich im Wesentlichen § 50c FGG. Im Gegensatz zu § 50c FGG, der vorsah, dass das Gericht von einer Anhörung absehen konnte, wenn von dieser keine Aufklärung zu erwarten war, ist die Anhörung der in Abs. 1 genannten Personen zwingend vorgesehen.[29] Eine Begründung dafür, warum diese Einschränkung bei Pflege- und Bezugspersonen weggefallen ist, bei der Anhörung des nicht sorgeberechtigten Elternteils nach § 160 Abs. 2 S. 2 jedoch aufrechterhalten wurde (dazu § 160 Rn. 6), findet sich in der Gesetzesbegründung nicht. Eine bestimmte Form der Anhörung ist nicht vorgesehen, so dass die Entscheidung, ob eine persönliche, schriftliche oder fernmündliche Anhörung erfolgt, dem pflichtgemäßen Ermessen des Gerichts obliegt;[30] häufig wird aber eine **persönliche Anhörung** notwendig sein.[31] Die wesentlichen Ergebnisse der persönlichen Anhörung der Pflege-/Bezugsperson sind in einem Vermerk zu dokumentieren, § 28 Abs. 4 (dazu § 28 Rn. 28 ff.).[32] Unterbleibt die Anhörung der Pflege-/Bezugsperson nach Abs. 2, so liegt ein **Verfahrensfehler** vor.[33] Liegt kein Verfahren vor, das die Person des Kindes betrifft, oder ist das Kriterium des Zusammenlebens für längere Zeit noch nicht erfüllt, so kann eine Anhörung der Pflege-/Bezugsperson zum Zwecke der Sachaufklärung nach § 26 erfolgen.[34]

10   **7. Beschwerdeberechtigung der Pflege-/Bezugsperson.** § 161 sieht – im Gegensatz zu § 162 Abs. 3 S. 2 (Beschwerdeberechtigung des Jugendamts) und im Einklang mit der alten Rechtslage – keine verfahrensrechtliche Beschwerdeberechtigung für die Pflege-/Bezugsperson vor, vielmehr richtet sich die Rechtsmittelbefugnis allein nach der Beschwer der Pflege-/Bezugsperson gemäß § 59 Abs. 1.[35] Dies bedeutet, dass der (hinzugezogenen) Pflege-/Bezugsperson die Beschwerde nur gegen einen unmittelbaren Eingriff in ein zum Zeitpunkt der Entscheidung bestehendes subjektives Recht zusteht.[36] Eine Beschwerdebefugnis ist insbesondere für Verfahren nach § 1632 Abs. 4 BGB (Verbleibensanordnung) anerkannt.[37] In einem Umgangsrechtsverfahren steht den Pflegeeltern ein Beschwerderecht zu, wenn der den Umgang mit den leiblichen Eltern regelnde Beschluss unmittelbar in ihre Rechte eingreift.[38] Hingegen besteht auch für die zum Verfahren als Beteiligte hinzugezogene Pflege-/Bezugsperson keine Berechtigung, einen bloßen Verfahrensverstoß (dh. eine Verletzung der den Verfahrensbeteiligten eingeräumten Rechte, s. o. Rn. 8) unabhängig von einer Beschwer nach § 59 Abs. 1 zu rügen, denn „wer in seiner materiellen Rechtsstellung vom Ergebnis der Entscheidung nicht betroffen ist, hat deswegen grundsätzlich kein Rechtsschutzbedürfnis, Verfahrensverstöße nachprüfen zu lassen".[39]

§ 162 Mitwirkung des Jugendamts

(1) ¹Das Gericht hat in Verfahren, die die Person des Kindes betreffen, das Jugendamt anzuhören. ²Unterbleibt die Anhörung wegen Gefahr im Verzug, ist sie unverzüglich nachzuholen.

(2) Das Jugendamt ist auf seinen Antrag an dem Verfahren zu beteiligen.

---

[28] Unglücklich ist allerdings, dass Abs. 2 mit der Formulierung „wenn das Kind seit längerer Zeit in Familienpflege lebt" den Eindruck erweckt, dass nur Pflegepersonen nach Abs. 1 S. 1 erfasst sein sollen.
[29] BR-Drucks. 309/07, S. 536.
[30] BVerfG NJW 1994, 1053.
[31] BayObLG FamRZ 1985, 100, 101.
[32] Dazu *Fölsch* § 2 Rn. 78.
[33] OLG Oldenburg FamRZ 1999, 35, 36. Sofern die Voraussetzungen des § 69 Abs. 1 S. 2 und 3 nicht vorliegen, muss das Beschwerdegericht – ggf. unter Nachholung der unterlassenen Anhörung – selbst entscheiden; anderenfalls kann es den Beschluss aufheben und die Sache zurückverweisen.
[34] BT-Drucks. 8/2788, S. 74. So auch *Musielak/Borth* Rn. 6.
[35] BR-Drucks. 309/07, S. 536. So auch *Musielak/Borth* Rn. 5, § 59 Rn. 3; *Brehm* § 7 Rn. 7, § 18 Rn. 16 ff.
[36] FamRZ 2000, 219 (keine Beschwer bei einer Entscheidung über die elterliche Sorge nach § 1696 Abs. 1 BGB); BGH FamRZ 2005, 973 = NJW 2005, 2149 (keine Beschwer bei einer Entscheidung zur Regelung des Umgangs des Kindes mit seinen leiblichen Eltern); OLG Rostock NJW-RR 2009, 1093 (Beschwer bei Androhung eines Zwangsgeldes). Vgl. weiter OLG Brandenburg NJW-RR 2009, 945; OLG Jena NJW-RR 2009, 586 f.
[37] BGH NJW 1999, 3718, 3719; BGH FamRZ 2000, 219, 220; BGH FamRZ 2005, 975, 976 f. (Verbleibensanordnung zugunsten von Pflegepersonen); entsprechendes gilt auch für die Verbleibensanordnung zugunsten von Bezugspersonen nach § 1682 BGB. Vgl. weiter BGH FamRZ 2001, 1449, 1450 f. (zum Umgangsrecht einer Bezugsperson nach § 1685 Abs. 2 BGB).Vgl. auch *Musielak/Borth* Rn. 5.
[38] OLG Hamburg FamRZ 2009, 1001 f. mit Anm. *Doukkani-Bördner*.
[39] BGH FamRZ 2005, 975, 977. Vgl. auch BGH FamRZ 2000, 219, 220; BGH NJW 1999, 3718, 3720. Vgl. weiter *Brehm* § 18 Rn. 18.

(3) ¹Dem Jugendamt sind alle Entscheidungen des Gerichts bekannt zu machen, zu denen es nach Absatz 1 Satz 1 zu hören war. ²Gegen den Beschluss steht dem Jugendamt die Beschwerde zu.

Schrifttum: Bayerisches Staatsministerium für Arbeit und Sozialordnung, Familie, Frauen und Gesundheit, Unterstützung von Familien in Trennung und Scheidung bei der Sorgerechtsregelung, ZfJ 1995, 141; *Gummersbach*, Die Subjektstellung des Kindes – Die verfahrensrechtliche Neuerung des Anwalts des Kindes in § 50 FGG, 2005; *Heiter*, Das Verfahren in Kindschaftssachen im Entwurf eines FamFG, Kind-Prax 2005, 219; *Hoffmann*, Mitwirkung des Jugendamtes in familiengerichtlichen Verfahren und Leistungen der Jugendhilfe insbesondere bei Sorgerechts- und Umgangskonflikten, FF 2006, 127; *Kaufmann*, Eltern, Kinder und Fachkräfte der Jugendämter im familiengerichtlichen Verfahren zur Regelung der elterlichen Sorge bei Trennung und Scheidung, FamRZ 2001, 7; *ders.*, Die Pflicht des Familiengerichts zur Anhörung des Jugendamtes, § 49a FGG – eine von der Kindschaftsrechtsreform vergessene Vorschrift, ZfJ 2001, 8; *Kunkel*, Die Familiengerichtshilfe des Jugendamtes – Mitwirkung ohne Wirkung?, FamRZ 1993, 505; *Müller-Magdeburg*, Die Beteiligung des Jugendamtes – Plädoyer für ein aktives Jugendamt, ZKJ 2009, 319; *Oberloskamp*, Beratungs- und Mitwirkungsauftrag der Jugendhilfe bei Trennung und Scheidung – Erfahrungen und Perspektiven drei Jahre nach der Kindschaftsrechtsreform, Kind-Prax 2002, 3; *dies.*, Die Zusammenarbeit von Vormundschafts-/Familiengericht und Jugendamt, FamRZ 1992, 1241; *Proksch*, Rechtstatsächliche Untersuchung zur Reform des Kindschaftsrechts, 2002; *Sarres*, Jugendamt und FamG, Eine starke Gemeinschaft?, ZFE 2007, 418; *Schumann*, Kindeswohl zwischen elterlicher und staatlicher Verantwortung, in: *Behrends/Schumann* (Hrsg.), Gesetzgebung, Menschenbild und Sozialmodell im Familien- und Sozialrecht, Abhandlungen der Akademie der Wissenschaften zu Göttingen, Neue Folge, Bd. 3, 2008, S. 169; Stellungnahme der Bundeskonferenz für Erziehungsberatung, Kindeswohl, Beratung und Familiengericht, Die FGG-Reform als fachliche Herausforderung, ZKJ 2009, 121; *Stößer*, Das neue Verfahren in Kindschaftssachen, FamRZ 2009, 656; *Stürtz/Meysen*, Das Jugendamt im Umgangsverfahren, FPR 2007, 282; *Trenczek*, Die Mitwirkung der Jugendhilfe in gerichtlichen Verfahren, in: *Münder/Wiesner* (Hrsg.), Kinder- und Jugendhilferecht, 2007, S. 342; *ders.*, Familiengerichtliches Verfahren und Mitwirkung der Jugendhilfe nach dem FGG-Reformgesetz, ZKJ 2009, 97; *Wabnitz*, Mitwirkung der Jugendhilfe im familiengerichtlichen Verfahren, ZfJ 2000, 336; *Wiesner*, Zur gemeinsamen Verantwortung von Jugendamt und Familiengericht für die Sicherung des Kindeswohls, ZfJ 2003, 121; *Willutzki*, Die FGG-Reform – Chance für ein stärker kindorientiertes Verfahren, ZKJ 2006, 224; *Zimmermann*, Die Beteiligten im neuen FamFG, FPR 2009, 5.

Übersicht

	Rn.		Rn.
I. Normzweck	1	3. Jugendamt als Verfahrensbeteiligter	11–13
II. Entstehungsgeschichte	2	a) Muss-Beteiligter kraft Hinzuziehung	11
III. Anwendungsbereich	3–17	b) Rechtsstellung als Verfahrensbeteiligter	12
1. Verfahren, die die Person des Kindes betreffen	3	c) Mitwirkungsrechte bei Einvernehmen der Eltern	13
2. Pflicht zur Anhörung des Jugendamts	4–10	4. Bekanntmachung gerichtlicher Entscheidungen	14
a) Gestaltung der Anhörung	5	5. Beschwerdeberechtigung des Jugendamts	15–17
b) Form der Anhörung	6	a) Historische Entwicklung	15
c) Zeitpunkt der Anhörung	7	b) Beschwerdeberechtigung von Behörden	16
d) Anhörung bei Einvernehmen der Eltern	8	c) Ausgestaltung der Beschwerdeberechtigung	17
e) Nachholung der Anhörung	9		
f) Verstoß gegen die Anhörungspflicht	10		

I. Normzweck

§ 162 vereinigt verschiedene Bereiche der Mitwirkung des Jugendamts in Verfahren, die die Person des Kindes betreffen, in einer Norm und stärkt die Rechte des Jugendamts im Vergleich zur bisherigen Rechtslage.[1] Geregelt werden die Pflicht zur Anhörung des Jugendamts durch das Familiengericht (Abs. 1), die Hinzuziehung des Jugendamts als Beteiligter auf Antrag (Abs. 2 iVm. § 7 Abs. 2 Nr. 2) und eine von § 59 Abs. 1 unabhängige Beschwerdebefugnis (Abs. 3 iVm. § 59 Abs. 3). Die Anhörung des Jugendamts nach Abs. 1 dient in erster Linie der Sachaufklärung, aber auch der Unterstützung des Gerichts bei der Entscheidungsfindung durch die vor Ort arbeitende pädagogische Fachbehörde.[2] Die neu ausgestalteten Mitwirkungsrechte in Abs. 2 und 3 stärken die Stellung des Jugendamts im Verfahren, dienen dem Interesse des Kindes und – ausweislich der Druck-

---

[1] Zur Aufwertung der verfahrensrechtlichen Position des Jugendamts auch *Trenczek* ZKJ 2009, 100.
[2] OLG Schleswig FamRZ 1994, 1129 m. weit. Nachw.

§ 162 2
Buch 2. Abschnitt 3. Verfahren in Kindschaftssachen

sachen – auch der Wahrung öffentlicher Interessen.[3] Dieser Ausbau der Rechte des Jugendamts ist verfassungsrechtlich nicht unbedenklich (Eingriff in die Elternverantwortung nach Art. 6 Abs. 2 S. 1 GG), soweit dem Jugendamt im gerichtlichen Verfahren Eingriffsrechte unterhalb der Kindeswohlgefährdungsschwelle (und damit außerhalb des Bereichs des staatlichen Wächteramts nach Art. 6 Abs. 2 S. 2 GG) für eine Phase eingeräumt werden, in der die Eltern den Staat nicht mehr als Schlichter in Anspruch nehmen, weil sie Einvernehmen erzielt haben (s. u. Rn. 13).[4] Wie die auf Grund sachgerechter Vorbereitung kostenbedeutsame Erweiterung der Mitwirkungsrechte des Jugendamts von den Kommunen getragen werden soll,[5] bleibt ebenfalls offen.

II. Entstehungsgeschichte

2   Mit dem Kinder- und Jugendhilfegesetz[6] wurden die **Pflicht zur Anhörung des Jugendamts** durch das Familiengericht 1991 in das FGG eingefügt (§ 49a FGG) und die **Unterstützungs- und Mitwirkungspflichten des Jugendamts** im gerichtlichen Verfahren korrespondierend in **§ 50 SGB VIII** geregelt.[7] Seit dem Kindschaftsrechtsreformgesetz 1998[8] wurde der Katalog der Verfahren, in denen eine Anhörungspflicht besteht (§ 49a Abs. 1 FGG), mehrfach erweitert[9] und die Norm um zwei weitere Absätze (§ 49a Abs. 2 und 2a FGG) ergänzt.[10] Der Kritik, dass ohne nachvollziehbaren Grund Verfahren, die mit den aufgezählten Fallkonstellationen vergleichbar waren, nicht erfasst wurden,[11] wurde durch die allgemeine Fassung von Abs. 1 (Verfahren, die die Person des Kindes betreffen) Rechnung getragen (§ 50 SGB VIII wurde sprachlich angepasst).[12] Damit greift der Gesetzgeber[13] eine Entwicklung auf, die sich in der Praxis bereits durchgesetzt hatte, da eine Anhörungspflicht in den nicht in § 49a FGG aufgezählten, aber vergleichbaren Fällen (beispielsweise Verfahren nach §§ 1618 Abs. 1 S. 4, 1628, 1629 Abs. 2 S. 3, 1672 Abs. 2, 1696 BGB) mit einer

---

[3] BT-Drucks. 16/6308, S. 204. So auch OLG Köln NJW-RR 1995, 1410: „Dass die Kenntnisse und Erfahrungen des Jugendamtes im Verfahren vor dem FamG mit ihrem vollen Gewicht zur Geltung kommen, liegt grundsätzlich nicht nur im Interesse des Kindes, sondern auch im öffentlichen Interesse."

[4] Da nach Art. 6 Abs. 2 S. 1 GG die Pflege und Erziehung der Kinder das natürliche Recht der Eltern ist, darf der Staat in dieses Recht grundsätzlich nur in Ausübung des staatlichen Wächteramtes bei Vorliegen einer Kindeswohlgefährdung oder in seiner Funktion als Schlichter im Elternkonflikt eingreifen (dazu *Schumann*, Kindeswohl, S. 169 ff., 177 f.; *Lipp/Schumann/Veit*/*Schumann* S. 230, 251; *Gummersbach* S. 46 f.). Diese verfassungsrechtliche Dimension muss so auch Art. 6 Abs. 2 GG beeinflusst auch das familiengerichtliche Verfahren, dh. das gerichtliche Verfahren muss so ausgestaltet werden, dass es dem Gebot effektiven Grundrechtsschutzes entspricht und nicht die Gefahr einer Entwertung materieller Grundrechtspositionen begründet (so BVerfG FamRZ 2002, 1021, 1023). Eine sachgerechte und am Kindeswohl orientierte Entscheidung verlangt daher die Mitwirkung des Jugendamts als pädagogische Fachbehörde (dazu *Kunkel* FamRZ 1993, 506) nur solange, wie der Auftrag des Staates, als Schlichter tätig zu werden, besteht (vgl. *Oberloskamp* FamRZ 1992, 1248).

[5] Auf die kostenträchtigen Folgen dieses Ausbaus der Mitwirkungsrechte des Jugendamts wird in der Stellungnahme des Bundesrates (BT-Drucks. 16/6308, S. 360, 402) hingewiesen: Die Ziele der Reform könnten nur erreicht werden, wenn „die Ressourcen der Jugendämter und Beratungsstellen möglichst sinnvoll und schonend eingesetzt werden"; „die Ausweitung der personellen Ressourcen in diesem Bereich [wäre] überaus wünschenswert". „Anderenfalls bestünde die Gefahr, dass sich die Jugendämter und Beratungsstellen bei einer Ausweitung ihrer Aufgaben nicht mehr auf ihr ‚Kerngeschäft' konzentrieren könnten." In der Gegenäußerung heißt es dazu nur, dass die Bundesregierung keinen Änderungsbedarf sieht (BT-Drucks. 16/6308, S. 427). Vgl. aber auch *Granold* (CDU/CSU), Deutscher Bundestag, 173. Sitzung v. 27. 6. 2008, Plenarprotokoll 16/173, S. 18473: „Wir wissen sehr wohl, dass es hier zu einer außerordentlichen Belastung der Jugendämter kommt, die in die Verfahren einzubinden sind. [...] Aber wir meinen schon, dass wir [...] bei den Ländern dafür werben müssen, für die Jugendämter mehr Personal und mehr Geld zur Verfügung zu stellen." Zu den Aufgabenzuwächsen in den Jugendämtern durch die Kindschaftsrechtsreform 1998 vgl. *Proksch* S. 258 ff.

[6] Gesetz zur Neuordnung des Kinder- und Jugendhilferechts (Kinder- und Jugendhilfegesetz – KJHG) v. 26. 6. 1990, BGBl. I S. 1163, 1190 f. (Art. 7). Zur Entstehungsgeschichte der Norm vgl. auch *Kaufmann* ZfJ 2001, 8 f.

[7] Davor war die Pflicht zur Anhörung des Jugendamts durch das Vormundschafts- oder Familiengericht in §§ 48a, 48b JWG geregelt. Dazu BT-Drucks. 11/5948, S. 118.

[8] Kindschaftsrechtsreformgesetz v. 16. 12. 1997, BGBl. I S. 2942, 2957 (Art. 8 Nr. 6).

[9] Zu nennen sind insbesondere das Gesetz zur Neuordnung des Eheschließungsrechts v. 4. 5. 1998, BGBl. I S. 833, 839 (Art. 4 Nr. 3) und das Gesetz zur Umsetzung familiengerichtlicher Entscheidungen des Bundesverfassungsgerichts v. 13. 12. 2003, BGBl. I S. 2547, 2548 (Art. 3).

[10] § 49a Abs. 2 FGG wurde durch das Gewaltschutzgesetz v. 11. 12. 2001, BGBl. I S. 3513, 3516 (Art. 5 Nr. 1), § 49a Abs. 2a FGG durch das Gesetz zur Klärung der Vaterschaft unabhängig vom Anfechtungsverfahren v. 26. 3. 2008, BGBl. I S. 441 f. (Art. 3 Nr. 1) eingefügt.

[11] *Kaufmann* ZfJ 2001, 9 ff.

[12] BR-Drucks. 309/07, S. 536.

[13] So ausdrücklich BR-Drucks. 309/07, S. 536.

analogen Anwendung oder über den Grundsatz der Amtsermittlung (§ 12 FGG) begründet wurde.[14] Neu eingeführt wurde die **Beteiligung des Jugendamts** am Verfahren auf Antrag als sog. Muss-Beteiligter kraft Hinzuziehung (Abs. 2 iVm. § 7 Abs. 2 Nr. 2). Erweitert wurde zudem die **Beschwerdebefugnis des Jugendamts** (Abs. 3 iVm. § 59 Abs. 3).

III. Anwendungsbereich

1. Verfahren, die die Person des Kindes betreffen. Verfahren, die die Person des Kindes 3 betreffen, umfassen nicht nur solche Verfahren, die die elterliche Sorge oder Personensorge zum Gegenstand haben, sondern alle Kindschaftssachen nach § 151 Nr. 1 bis 8, die nicht ausschließlich vermögensrechtlicher Art sind.[15] Damit wurden die in § 49a FGG vorgesehenen Fallkonstellationen deutlich erweitert.[16] Für Abstammungs-, Adoptions-, Wohnungszuweisungs- und Gewaltschutzsachen finden sich in den jeweiligen Abschnitten ebenfalls Regelungen zur Anhörung und Verfahrensbeteiligung des Jugendamts, zur Bekanntmachung gerichtlicher Entscheidungen und zur Beschwerdebefugnis (§§ 172 Abs. 2, 176, 188 Abs. 2, 194f., 204 Abs. 2, 205, 212f.).

2. Pflicht zur Anhörung des Jugendamts. Im Gegensatz zu § 49a FGG (Differenzierung 4 zwischen Ist-, Soll- und Kann-Anhörung für die in § 49a Abs. 1 bis 3 genannten Fälle) sieht Abs. 1 S. 1 für alle Verfahren, die die Person des Kindes betreffen (s. o. Rn. 3) zwingend die Anhörung des örtlich zuständigen Jugendamtes (§ 87b SGB VIII) vor.[17] Da Abs. 1 lediglich solche Kindschaftssachen, die ausschließlich vermögensrechtlicher Art sind, nicht erfasst, dürfte die Anhörung des Jugendamts zur Feststellung entscheidungserheblicher Tatsachen nach § 26 praktisch kaum noch eine Rolle spielen.[18]

a) Gestaltung der Anhörung. Da die Anhörung des Jugendamts nicht nur die Aufklärung des 5 Sachverhalts fördern, sondern auch dem Gericht die Möglichkeit geben soll, auf die Sachkompetenz des Jugendamts zurückzugreifen, dient Abs. 1 in erster Linie der Optimierung der gerichtlichen Entscheidungsfindung.[19] Dieser Aspekt bestimmt das Zusammenwirken von Jugendamt und Familiengericht (Pflicht des Gerichts gemäß Abs. 1, dem Jugendamt Gelegenheit zur Äußerung zu geben, und Pflicht des Jugendamts zur Unterstützung des Gerichts durch Mitwirkung am Verfahren nach § 50 Abs. 1 S. 2 SGB VIII) und damit auch die Ausgestaltung der Anhörung.[20] Dies bedeutet einerseits, dass weder das Familiengericht noch das Jugendamt eine Entscheidung über das „Ob" der Mitwirkung treffen kann,[21] dh. es besteht die gesetzliche Pflicht zur Mitwirkung durch Stellungnahme.[22] Andererseits entscheidet aber das Jugendamt in eigener Verantwortung, wie es seiner Pflicht zur Mitwirkung im Einzelfall nachkommt und in welchem Umfang es seine Sachkompetenz sinnvoll in das Verfahren einbringt:[23] Bei Bedarf stellt es eigene Ermittlungen für eine sachgerechte Äußerung

---

[14] Nachweise bei *Jansen/Zorn* § 49a FGG Rn. 19; *Kaufmann* ZfJ 2001, 11 f.
[15] BR-Drucks. 309/07, S. 536; BT-Drucks. 16/6308, S. 241 („Verfahren, die die Person des Kindes betreffen, sind nicht nur solche, die die elterliche Sorge oder die Personensorge betreffen, sondern auch alle sonstigen Kindschaftssachen, die das Kind betreffen und nicht ausschließlich vermögensrechtlicher Art sind. Dies können auch Kindschaftssachen nach § 151 Nr. 4 bis 7 sein. Daraus ergibt sich eine gewisse Erweiterung der von der Anhörungspflicht umfassten Verfahren."). Grundsätzlich können auch die erwähnten Kindschaftssachen nach § 151 Nr. 8 (Aufgaben nach dem Jugendgerichtsgesetz, dazu § 151 Rn. 45) die Person des Kindes betreffen (insbesondere wenn eine Erziehungsmaßregel verhängt wird).
[16] Dazu auch *Musielak/Borth* Rn. 1 f.; *Trenczek* ZKJ 2009, 99; *Müller-Magdeburg* ZKJ 2009, 319.
[17] Die Zuständigkeit des Jugendamts ergibt sich aus § 87b Abs. 1 SGB VIII iVm. § 86 Abs. 1 bis 4 SGB VIII.
[18] Zur Anhörung nach § 49a FGG einerseits und § 12 FGG andererseits vgl. *Jansen/Zorn* § 49a FGG Rn. 18.
[19] Nach OLG Schleswig FamRZ 1994, 1129 ist Sinn und Zweck der Anhörungspflicht bzw. der Mitwirkungspflicht, „dass das JA seine besondere Sachkunde und Erfahrung zum Wohl des Kindes in das gerichtliche Verfahren einbringt, sich also sachkundig äußert, damit das Gericht eine sachgerechte Entscheidung trifft".
[20] Zur Zusammenarbeit vgl. auch *Kaufmann* FamRZ 2001, 7 ff.; *Wabnitz* ZfJ 2000, 340 ff.
[21] BT-Drucks. 11/5948, S. 138 zur Mitwirkungspflicht des Jugendamts: „Die Pflicht des Gerichts, nach §§ 49, 49a FGG das Jugendamt zu hören, steht in einer notwendigen Wechselbezüglichkeit zur Pflicht des Jugendamts zur Mitwirkung an diesem Verfahren." Vgl. weiter *Kaufmann* FamRZ 2001, 8; *Wiesner/Mörsberger*, SGB VIII, Vor § 50 SGB VIII Rn. 16.
[22] Daher genügt der bloße Hinweis des Jugendamts auf das bestehende Beratungsangebot der Mitwirkungspflicht nicht; OLG Oldenburg NJW-RR 1996, 650. Umgekehrt muss auch das Familiengericht dem Jugendamt Gelegenheit zur hinreichenden Mitwirkung geben. Daher genügt es nicht, wenn das Gericht lediglich auf einen Bericht oder eine Stellungnahme des zuständigen Jugendamts in einem anderen Verfahren zurückgreift. Dazu BGH NJW 1987, 1024, 1025. Zum Inhalt der Mitwirkungspflicht vgl. weiter *Kunkel* FamRZ 1993, 506.
[23] Insbesondere kann das Jugendamt einen anerkannten Träger der freien Jugendhilfe an der Mitwirkungspflicht beteiligen oder ihnen diese Aufgabe zur Ausführung übertragen (§ 76 Abs. 1 SGB VIII); jedoch bleibt das Jugendamt für die Erfüllung dieser Aufgaben verantwortlich (§ 76 Abs. 2 SGB VIII). Dazu OLG Naumburg

an (etwa um zu mehreren in Betracht kommenden Maßnahmen Stellung nehmen zu können) und gibt regelmäßig auch einen konkreten Entscheidungsvorschlag ab.[24] Unabhängig davon, ob und in welchem Umfang das Jugendamt eigene Ermittlungen anstellt, hat das Familiengericht das Jugendamt über den Verlauf und den Inhalt des Verfahrens zu informieren, insbesondere Beweisergebnisse, Schriftsätze und sonstige Dokumente (Sachverständigengutachten, Stellungnahme des Verfahrensbeistands usw.) zu übermitteln.[25] Da das Jugendamt gegenüber dem Familiengericht selbständig ist, besteht keine Weisungskompetenz.[26] Durch die Mitwirkung des Jugendamts wird das Familiengericht aber nicht von seiner Pflicht, eigene Ermittlungen nach § 26 anzustellen, entbunden.[27]

6   **b) Form der Anhörung.** Die Form der Anhörung (schriftliche Anhörung, telefonische Anhörung oder mündliche Anhörung in der Verhandlung) liegt im pflichtgemäßen Ermessen des Gerichts. Eine schriftliche Anhörung in Form der Einholung einer gutachtlichen Stellungnahme ist grundsätzlich ausreichend[28] und kann den Beteiligten zur Gewährung rechtlichen Gehörs leichter zur Kenntnis gebracht werden.[29] In den Fällen des § 155 Abs. 2 S. 3 und des § 157 Abs. 1 S. 2 sowie in geeigneten Fällen nach § 165 Abs. 2 S. 4 ist eine **persönliche Anhörung** bzw. das **persönliche Erscheinen** des Jugendamtsmitarbeiters vorgesehen: Nach der Gesetzesbegründung soll mit der mündlichen Stellungnahme in der Verhandlung erreicht werden, dass sich der Jugendamtsvertreter zum aktuellen Sachstand äußern und auf die Reaktionen der Eltern eingehen kann (dazu § 155 Rn. 60, 65).[30] Unabhängig von den Fällen, in denen eine persönliche Anhörung bzw. das Erscheinen eines Mitarbeiters des Jugendamts ausdrücklich gesetzlich vorgesehen ist, hat das Gericht aber auch in anderen Kindschaftssachen im Einzelfall nach pflichtgemäßem Ermessen zu entscheiden, ob sich die Teilnahme des Jugendamtsmitarbeiters an einem Gerichtstermin empfiehlt.[31] Das Erscheinen eines Mitarbeiters des Jugendamts im Anhörungstermin kann jedoch nicht erzwungen werden.[32] Findet

---

FamRZ 2003, 468 und 781. Vgl. weiter *Kaufmann* FamRZ 2001, 8; *Hoffmann* FF 2006, 131 f.; *Stürtz/Meysen* FPR 2007, 287 f.; *Trenczek*, Mitwirkung der Jugendhilfe, S. 348 ff.

[24] Ein Entscheidungsvorschlag ist nicht zwingend erforderlich, wohl aber eine abschließende Stellungnahme. Nach der Rechtsprechung (BGH NJW 1987, 1024, 1025; OLG Köln, NJW-RR 1995, 1410 f.) soll das Jugendamt einen bestimmten Entscheidungsvorschlag unterbreiten. Aus der neueren Rechtsprechung OLG Stuttgart FamRZ 2006, 1857, 1858: „Das Jugendamt hat insoweit nicht nur die erforderlichen Ermittlungen anzustellen und die ermittelten Tatsachen dem Gericht mitzuteilen, sondern soll auf Grund seiner besonderen Erfahrung alle für das konkrete Verfahren maßgebenden Aspekte zur Geltung bringen und dem Gericht einen bestimmten Entscheidungsvorschlag unterbreiten." Dazu *Oberloskamp* FamRZ 1992, 1243; dies. Kind-Prax 2002, 7; *Wiesner* ZfJ 2003, 126; *Hoffmann* FF 2006, 128 f.; *Sarres* ZFE 2007, 419 f. Vgl. aber auch FK-SGB VIII/*Münder*, § 50 SGB VIII Rn. 7; *Wiesner/Mörsberger*, SGB VIII, § 50 SGB VIII, § 50 SGB VIII Rn. 33.

[25] *Stößer* FamRZ 2009, 661. Zur Zusammenarbeit von Gericht und Jugendamt in der Praxis vgl. auch *Proksch* S. 277 ff., 289 ff.

[26] Das Jugendamt steht selbständig neben dem Gericht und leistet mit seiner Tätigkeit eine sachverständige Unterstützung; seine Pflicht zur Mitwirkung leitet sich aus dem Gesetz (§ 50 Abs. 1 S. 2 SGB VIII) und nicht aus gerichtlicher Anordnung ab. Trotz gutachtlicher Stellungnahme sind die Mitarbeiter des Jugendamts aber keine Sachverständige. Dazu insgesamt FK-SGB VIII/*Münder*, § 50 SGB VIII Rn. 7; *Oberloskamp* FamRZ 1992, 1244 ff., 1247; *Wabnitz* ZfJ 2000, 342 f.; *Sarres* ZFE 2007, 418 ff.; *Stürtz/Meysen* FPR 2007, 286 f.; *Trenczek*, Mitwirkung der Jugendhilfe, S. 344 ff., 350 ff.; OLG Schleswig FamRZ 1994, 1129, 1130.

[27] BVerfG FamRZ 2002, 1021 f. OLG Brandenburg FamRZ 2009, 237. Vgl. weiter FK-SGB VIII/*Münder*, § 50 SGB VIII Rn. 8; *Wiesner/Mörsberger*, SGB VIII, Vor § 50 SGB VIII Rn. 16, § 50 SGB VIII Rn. 23; DIJuF-Rechtsgutachten v. 11. 10. 2002, JAmt 2002, 456 f.; *Wiesner* ZfJ 2003, 127; *Sarres* ZFE 2007, 420.

[28] OLG Brandenburg FamRZ 2000, 1038. Die Stellungnahme des Jugendamts wird zwar inhaltlich regelmäßig einem Sachverständigengutachten ähneln, jedoch hat das Jugendamt verfahrensrechtlich nicht die Stellung eines Gutachters. Dazu *Kaufmann*, FamRZ 2001, 9 m. weit. Nachw.: Das Gericht kann den Gutachter nach freiem Ermessen aussuchen, während sich die örtliche Zuständigkeit des Jugendamts aus § 87b Abs. 1 SGB VIII iVm. § 86 Abs. 1 bis 4 SGB VIII ergibt; das Gericht ist gegenüber dem Gutachter weisungsbefugt, nicht aber gegenüber dem Jugendamt; das Gutachten des Sachverständigen ist Beweismittel, während die Äußerung des Jugendamts zur Stoffsammlung gehört; im Gegensatz zum Sachverständigen kann das zuständige Jugendamt bzw. der im Verfahren angehörte Jugendamtsmitarbeiter auch nicht wegen Besorgnis der Befangenheit abgelehnt werden. Vgl. auch *Oberloskamp* Kind-Prax 2002, 7 f.

[29] Bringen die Beteiligten Einwände gegen die Stellungnahme des Jugendamts vor, so hat das Gericht diese Einwände zur Kenntnis zu nehmen und vor Erlass einer Entscheidung zu würdigen. Dazu *Kaufmann* FamRZ 2001, 9.

[30] BT-Drucks. 16/6308, S. 236. Vgl. weiter *Willutzki* ZKJ 2006, 226 f.; Stellungnahme der Bundeskonferenz für Erziehungsberatung ZKJ 2009, 121 f., 124.

[31] OLG Köln NJW-RR 1995, 1410, 1411.

[32] OLG Schleswig FamRZ 1994, 1129, 1130; OLG Oldenburg NJW-RR 1996, 650: Dies scheitert schon daran, dass der einzelne Jugendamtsmitarbeiter nicht Beteiligter am Verfahren ist; beteiligt ist vielmehr das Jugendamt als Behörde. Das Gericht kann aber, wenn das Jugendamt seiner Mitwirkungspflicht nicht oder nicht ausreichend nachkommt, gegen den Behördenleiter des Jugendamts im Wege der Dienstaufsichtsbeschwerde sowie

c) **Zeitpunkt der Anhörung.** Auch der Zeitpunkt der Anhörung steht im pflichtgemäßen 7
Ermessen des Gerichts; zweckmäßigerweise wird die Anhörung möglichst frühzeitig erfolgen. In den
in § 155 Abs. 1 genannten Kindschaftssachen erstreckt sich das Beschleunigungsgebot ausdrücklich
auf die Anhörung des Jugendamts, so dass dieses im **frühen ersten Termin** nach § 155 Abs. 2 S. 3
zu hören ist (s. o. Rn. 6).[34] Das Gericht hat daher diesen Termin in Absprache mit dem Jugendamt
anzuberaumen.[35] Im Gegensatz zu § 49a Abs. 1 FGG ist in Abs. 1 S. 1 zwar nicht mehr vorgeschrieben, dass das Gericht das Jugendamt vor einer, dh. regelmäßig vor jeder Entscheidung des Gerichts
(einschließlich der Änderung einer Entscheidung oder dem Erlass einer einstweiligen Anordnung)
erneut zu hören hat;[36] allerdings ist auch nicht ersichtlich, dass der Gesetzgeber den bisherigen
Anwendungsbereich einengen wollte.[37] Daher ist das Jugendamt regelmäßig auch im **einstweiligen
Anordnungsverfahren** und in der **Beschwerdeinstanz** anzuhören.[38]

d) **Anhörung bei Einvernehmen der Eltern.** Eine Anhörung des Jugendamts hat auch dann zu 8
erfolgen, wenn die Eltern über die Regelung der elterlichen Sorge (§ 1671 Abs. 2 Nr. 1 BGB) von
vornherein einig sind[39] oder nach einem entsprechenden Hinwirken des Gerichts im frühen ersten
Termin (dort ausdrücklich in § 155 Abs. 2 S. 3 geregelt) Einvernehmen über den Umgang erzielen
(§ 156 Abs. 2). Da das Familiengericht bei Billigung eines Vergleichs nach § 156 Abs. 2 S. 2 das
Kindeswohl zu beachten hat („dem Kindeswohl nicht widerspricht", dazu § 156 Rn. 15), muss es
dem Jugendamt Gelegenheit geben, seine Sachkompetenz in das Verfahren einzubringen. Eine
gutachtliche Stellungnahme des Jugendamts ist aber regelmäßig nicht mehr erforderlich und erfolgt
bei einer Einigung der Eltern auch schon bislang eher selten.[40]

e) **Nachholung der Anhörung.** Sofern die Anhörung vor einer Entscheidung wegen **Gefahr** 9
im Verzug unterbleibt, ist sie – ebenso wie gemäß § 159 Abs. 3 S. 2 in Bezug auf das Kind und
gemäß § 160 Abs. 4 in Bezug auf die Eltern – unverzüglich (dh. ohne schuldhaftes Zögern) nachzuholen, Abs. 1 S. 2 (die Regelung entspricht inhaltlich § 49a Abs. 3 FGG iVm. § 49 Abs. 4 S. 2

---

durch Einschaltung der kommunalen Rechtsaufsicht (Regierungspräsidium) vorgehen. Dazu auch *Oberloskamp*
FamRZ 1992, 1247 f.; *Hoffmann* FF 2006, 129. Vgl. weiter *Trenczek*, Mitwirkung der Jugendhilfe, S. 345 f., 351;
Bayerisches Staatsministerium ZfJ 1995, 147.

[33] Dazu *Fölsch* § 2 Rn. 78. Nach OLG Saarbrücken FamRZ 2006, 557 ist es auch zulässig, den Inhalt der
persönlichen Anhörung in der abschließenden Entscheidung anzugeben, wenn er vollständig, im Zusammenhang
und frei von eigenen Wertungen wiedergegeben wird.

[34] Kritisch dazu BT-Drucks. 16/6308, S. 360 (Stellungnahme des Bundesrats) mit Hinweis auf den damit
verbundenen organisatorischen Aufwand. Vgl. weiter *Hennemann*, Die Umsetzung des Vorrangs- und Beschleunigungsgrundsatzes – Schnelle Terminierung und Fristsetzung bei schriftlicher Begutachtung, FPR 2009, 20, 22 f.

[35] BT-Drucks. 16/6815, S. 17 zu § 50e Abs. 2 FGG (jetzt: § 155 Abs. 2): „Absatz 2 Satz 3 sieht vor, dass das
Gericht einen Vertreter des Jugendamtes im Erörterungstermin persönlich anhört. Die Verpflichtung zur Anhörung des Jugendamtes im Termin setzt zum einen voraus, dass das Jugendamt organisatorische Vorkehrungen trifft
– beispielsweise durch entsprechende Vertretungsregelungen –, die es ermöglichen, dass ein Sachbearbeiter am
Termin teilnehmen kann. Zum anderen ist eine enge Kooperation zwischen Familiengericht und Jugendamt
erforderlich, um Terminkollisionen zu vermeiden. [...] Absatz 2 Satz 4 stellt klar, dass eine Verlegung des Termins
nur aus zwingenden Gründen zulässig ist. Zwingende Gründe sind nur solche, die eine Teilnahme am Termin
tatsächlich unmöglich machen, wie zB eine Erkrankung. Kein ausreichender Grund ist das Vorliegen einer
Terminkollision für einen Beteiligtenvertreter in einem anderen Verfahren, sofern es sich nicht ebenfalls um eine
der in Absatz 1 aufgeführten Angelegenheiten handelt. Dieser hat vielmehr in der anderen Sache einen Verlegungsantrag zu stellen, dem das Gericht wegen des Vorrangs der Kindschaftssache stattzugeben hat." Vgl. auch
BT-Drucks. 16/6308, S. 236, 402; *Trenczek*, Mitwirkung der Jugendhilfe, S. 345 f.

[36] Zur alten Rechtslage *Jansen/Zorn* § 49a FGG Rn. 26.

[37] Dafür spricht auch die Formulierung in Abs. 3 S. 1, wonach dem Jugendamt „alle Entscheidungen [...], zu
denen es nach Absatz 1 Satz 1 zu hören war", bekannt zu machen sind.

[38] Dies gilt im Beschwerdeverfahren jedenfalls dann, wenn auf Grund des Zeitablaufs eine wesentliche Änderung der Verhältnisse zu erwarten ist. BGH NJW 1987, 1024, 1025; BayObLG NJW-RR 1995, 387, 388 =
FamRZ 1995, 185, 186. Zur Anhörung des Jugendamts vor Vollstreckung einer die Person des Kindes betreffenden Entscheidung vgl. *Stößer* FamRZ 2009, 661.

[39] So *Musielak/Borth* Rn. 2.

[40] *Oberloskamp* FamRZ 1992, 1248; *Hoffmann* FF 2006, 133; Bayerisches Staatsministerium ZfJ 1995, 144 (zur
Einigung der Eltern auf der Grundlage einer gemeinsamen Beratung nach § 17 Abs. 2 SGB VIII oder im Rahmen
der Wahrnehmung der Mitwirkung nach § 50 SGB VIII): „Ist auf der Grundlage einer Beratung oder im Rahmen
der Mitwirkung ein einvernehmliches Konzept erarbeitet worden, so ist stets davon auszugehen, dass es im
Einklang mit dem Kindeswohl [...] steht. *Die (weitere) Mitwirkung beschränkt sich daher auf folgende Mitteilung an
das Familiengericht:* ‚[...] Die Eltern haben sich [...] auf folgendes Konzept für die Wahrnehmung des Sorge-
und Umgangsrechts geeinigt: (...).'"

FGG).⁴¹ Dies betrifft insbesondere Fälle, in denen eine **einstweilige Anordnung** ohne Anhörung aller Beteiligten zur Abwendung einer Gefahr sofort zu erlassen war (dazu § 156 Rn. 21, § 157 Rn. 15).⁴² Ist eine einstweilige Anordnung ohne die nach dem Gesetz notwendige Anhörung erlassen worden, so kann das Gericht von Amts wegen die Entscheidung aufheben oder abändern, § 54 Abs. 1 S. 3.⁴³ Sofern eine Beschwerde gegen die einstweilige Anordnung in den Fällen des § 57 eingelegt wurde,⁴⁴ ist die Aufhebung oder Abänderung durch das erstinstanzliche Gericht unzulässig, § 54 Abs. 4.⁴⁵

10 **f) Verstoß gegen die Anhörungspflicht.** Ein Verstoß gegen die Anhörungspflicht (keine oder unzureichende Anhörung des Jugendamts) nach Abs. 1 stellt einen **Verfahrensfehler** dar, der zur Aufhebung und Zurückverweisung führen kann.⁴⁶ Sofern die Voraussetzungen des § 69 Abs. 1 S. 2 und 3 nicht vorliegen, muss das Beschwerdegericht – ggf. unter Nachholung der unterlassenen Anhörung – selbst entscheiden.⁴⁷

11 **3. Jugendamt als Verfahrensbeteiligter. a) Muss-Beteiligter kraft Hinzuziehung.** Abs. 2 führt die Möglichkeit einer Beteiligung des Jugendamts (nicht des einzelnen Jugendamtsmitarbeiters, sondern des Jugendamts als Behörde) auf Antrag in jedem Stadium des Verfahrens ein. Es handelt sich um eine Beteiligung kraft Hinzuziehung nach § 7 Abs. 2 Nr. 2 (Muss-Beteiligter kraft Hinzuziehung).⁴⁸ Um zu vermeiden, dass die Verfahren schwerfälliger werden und ein unnötiger Arbeitsaufwand für Gerichte und Jugendämter entsteht, hat der Gesetzgeber davon abgesehen, dem Jugendamt in allen Kindschaftssachen die Stellung eines Verfahrensbeteiligten zuzuweisen. Stattdessen sieht die Neuregelung vor, dass das Jugendamt von der Einleitung des Verfahrens benachrichtigt wird (§ 7 Abs. 4) und dann im Einzelfall die Entscheidung treffen kann, ob es sich über die Mitwirkung im Rahmen der Anhörung hinaus⁴⁹ am Verfahren aktiv beteiligen möchte. Stellt es einen Antrag auf Beteiligung, so ist das Familiengericht zur Hinzuziehung verpflichtet; ein Ermessensspielraum besteht nicht.⁵⁰ Dies gilt auch, wenn das Jugendamt erst in der Beschwerdeinstanz einen Antrag auf Beteiligung am Verfahren stellt. Eine Hinzuziehung ist entbehrlich, wenn das Jugendamt bereits als Antragsteller (etwa als Vormund) Beteiligter nach § 7 Abs. 1 ist.⁵¹ Die Hinzuziehung bedarf nach dem Wortlaut der Norm (Umkehrschluss aus § 7 Abs. 5 S. 1) keiner formellen Entscheidung, dh. die Hinzuziehung kann auch konkludent durch Übersenden von Schriftstücken oder durch die Ladung erfolgen (dazu § 7 Rn. 22).⁵² Aus Gründen der Rechtssicherheit sollte sie aber den anderen Beteiligten ausdrücklich mitgeteilt werden. Die Zurückweisung des Hinzuziehungsantrags erfolgt durch Beschluss, § 7 Abs. 5 S. 1.⁵³ Gegen den die Hinzuziehung ablehnenden Beschluss steht dem Jugendamt gemäß § 7 Abs. 5 S. 2 die sofortige Beschwerde in entsprechender Anwendung der §§ 567 ff. ZPO zu (dazu § 7 Rn. 30 f.).⁵⁴ Stellt das Jugendamt keinen Antrag auf Hinzuziehung, so darf das Gericht das Jugendamt nicht gegen seinen Willen von Amts wegen als Beteiligten hinzuziehen (dazu § 7 Rn. 15).⁵⁵

12 **b) Rechtsstellung als Verfahrensbeteiligter.** Als Folge der Beteiligung stehen dem Jugendamt einerseits alle im Allgemeinen Teil geregelten Verfahrensrechte eines Beteiligten zu (Akteneinsichtsrecht, Beweisantragsrecht usw.), andererseits kann es aber auch mit Verfahrenskosten belastet werden (§ 81 Abs. 1 S. 1).⁵⁶ In Kindschaftssachen gelten folgende weitere Besonderheiten: Nach § 156

---

⁴¹ BR-Drucks. 309/07, S. 536.
⁴² Zum Ausnahmecharakter vgl. *Musielak/Borth* § 51 Rn. 8.
⁴³ Dazu *Musielak/Borth* § 54 Rn. 1, § 162 Rn. 3.
⁴⁴ Dazu *Musielak/Borth* § 57 Rn. 1 ff.
⁴⁵ Dazu *Giers,* Die Neuregelung der einstweiligen Anordnung durch das FamFG, FGPrax 2009, 47 ff.
⁴⁶ BGH NJW 1987, 1024, 1026; OLG Köln NJW-RR 1995, 1410 f.
⁴⁷ So auch *Musielak/Borth* Rn. 2.
⁴⁸ Dazu *Lipp/Schumann/Veit/Häußermann* S. 7.
⁴⁹ Durch die Anhörung wird das Jugendamt nicht Beteiligter des Verfahrens, § 7 Abs. 6, wohl aber durch die Stellung eines Sach- oder Verfahrensantrags; BT-Drucks. 16/6308, S. 180, 241.
⁵⁰ BR-Drucks. 309/07, S. 536 f.; BT-Drucks. 16/6308, S. 179.
⁵¹ BR-Drucks. 309/07, S. 537; *Heiter* Kind-Prax 2005, 221.
⁵² BT-Drucks. 16/6308, S. 179; BR-Drucks. 309/07, S. 392 f.
⁵³ Da kein Ermessensspielraum besteht sind nur wenige Fälle denkbar, in denen ein den Antrag ablehnender Beschluss ergehen kann (so etwa bei örtlicher Unzuständigkeit des Jugendamts).
⁵⁴ BT-Drucks. 16/6308, S. 179. Dazu auch *Zimmermann* FPR 2009, 7.
⁵⁵ BT-Drucks. 16/6308, S. 179: „Die Behörden (Jugendamt, Betreuungsbehörde) sind nicht schon von Amts wegen zu dem Verfahren hinzuziehen, sondern nur auf Antrag." So auch *Heiter* Kind-Prax 2005, 221.
⁵⁶ BR-Drucks. 309/07, S. 391; BT-Drucks. 16/6308, S. 179. Zum Antragsrecht des Jugendamts und weiteren Verfahrensrechten vgl. *Müller-Magdeburg* ZKJ 2009, 320 f. Zu den Rechten und Pflichten der Beteiligten im Allgemeinen Teil vgl. *Zimmermann* FPR 2009, 5 ff.; *ders.,* Kostenentscheidung im FamFG, FamRZ 2009, 377,

Abs. 1 S. 1 muss das Jugendamt als Beteiligter in den Vorgang des Hinwirkens auf Einvernehmen eingebunden werden[57] und nach § 156 Abs. 2 S. 1 muss es mit einem Vergleich über den Umgang (auch im Vermittlungsverfahren, § 165 Abs. 4 S. 2) oder über die Herausgabe des Kindes einverstanden sein. Ist zusätzlich ein Verfahrensbeistand bestellt, so hat dieser als Beteiligter (§ 158 Abs. 3 S. 2) dieselbe Stellung wie das Jugendamt; beide können unabhängig voneinander im Interesse des Kindes die Rechte als Beteiligte ausüben.

c) Mitwirkungsrechte bei Einvernehmen der Eltern. Im Hinblick auf die gestärkte Stellung 13 des Jugendamts als Verfahrensbeteiligter nach Abs. 2 ist zu klären, wie sich dieser Ausbau der Mitwirkungsrechte des Jugendamts zu anderen Zielen der Reform, insbesondere zum Anliegen, Konflikt vermeidende Elemente im familiengerichtlichen Verfahren zu stärken, verhält.[58] Da das Jugendamt dieses Ziel, vor allem aber Art. 6 Abs. 2 GG[59] bei der Ausübung seiner Rechte als Verfahrensbeteiligter zu berücksichtigen hat, muss es in Fällen, in denen Eltern Einvernehmen erzielt haben, der einvernehmlichen Regelung der Eltern nach § 156 Abs. 2 zustimmen, wenn diese dem Kindeswohl nicht widerspricht (dazu umfassend § 156 Rn. 17).[60]

4. Bekanntmachung gerichtlicher Entscheidungen. Die Regelung entspricht dem bisherigen 14 § 49a Abs. 3 FGG iVm. § 49 Abs. 3 FGG und erfüllt mehrere Zwecke: Sie dient der Informationsbeschaffung für das Jugendamt und der Förderung der Zusammenarbeit von Jugendamt und Gericht. Darüber hinaus gewährleistet die Regelung die effektive Ausübung der neu ausgestalteten Beschwerdebefugnis nach Abs. 3 S. 2, weil dem Jugendamt die Entscheidungen des Gerichts unabhängig von seiner Beteiligtenstellung mitzuteilen sind.[61] Der Pflicht zur Bekanntmachung gerichtlicher Entscheidungen gegenüber dem Jugendamt hat das Gericht in allen Fällen, in denen eine Anhörungspflicht nach Abs. 1 besteht, nachzukommen, selbst wenn unter Verstoß gegen Abs. 1 tatsächlich keine Anhörung stattgefunden hat. Entscheidungen nach § 162 Abs. 3 S. 1 sind auch einstweilige Anordnungen.[62] Wird eine beschwerdefähige Entscheidung unter Verstoß gegen Abs. 3 S. 1 nicht bekannt gegeben, so wird die Entscheidung nicht formell rechtskräftig, §§ 40, 45 (dazu § 41 Rn. 15).[63]

5. Beschwerdeberechtigung des Jugendamts. a) Historische Entwicklung. Abs. 3 S. 2 15 unterscheidet sich nach seinem Wortlaut ganz erheblich von der ursprünglichen Beschwerdeberechtigung des Jugendamts. Die Beschwerdeberechtigung des § 57 Abs. 1 Nr. 9 FGG sah bei Inkrafttreten des Gesetzes über die Angelegenheiten der freiwilligen Gerichtsbarkeit im Jahre 1900 vor, dass gegen eine Entscheidung über eine die Personensorge eines Kindes/Mündels betreffende Angelegenheit jede Person beschwerdeberechtigt ist, die ein berechtigtes Interesse hat, diese Angelegenheit wahrzunehmen.[64] Mit Inkrafttreten des Reichsjugendwohlfahrtsgesetzes 1924 und der Einrichtung

---

380 (Behörden können als Beteiligte sowohl Erstattungsschuldner wie Erstattungsgläubiger sein). Bei Abschluss eines Vergleichs nach § 156 Abs. 2 wird das Jugendamt – wenn der Vergleich keine Kostenregelung enthält – an den Kosten nach folgender Maßgabe beteiligt: Das Jugendamt trägt seine außergerichtlichen Kosten selbst (§ 83 Abs. 1 S. 2), während die Gerichtskosten von allen am Vergleich Beteiligten zu gleichen Teilen zu tragen sind (§ 83 Abs. 1 S. 1), wobei jedoch § 2 FamGKG zu beachten ist; dazu auch § 156 Rn. 18. Vgl. weiter *Trenczek* ZKJ 2009, 100 mit Hinweis darauf, dass dem Jugendamt nach § 81 Abs. 4 die Kosten des Verfahrens auferlegt werden können, wenn etwa auf Grund einer grob fehlerhaften Einschätzung der Sachlage das Familiengericht angerufen wird. Vgl. auch § 81 Rn. 58 f.; *Trunk* JAmt 2009, 282, 286.

[57] Auch bei einem Hinwirken des Sachverständigen auf Einvernehmen zwischen den Beteiligten (§ 163 Abs. 2) ist das Jugendamt, wenn es Verfahrensbeteiligter ist, einzubeziehen.

[58] Diesem Anliegen wird auch durch die Integration von Beratungs- und Unterstützungsangebote des Jugendamts in die gerichtliche Verfahren Rechnung getragen. Dazu *Kaufmann* FamRZ 2001, 10.

[59] Zu Art. 6 Abs. 2 GG vgl. auch *Schumann*, Kindeswohl, S. 174 ff. Vgl. weiter BVerfG FamRZ 2002, 1021, 1023: Die Ausgestaltung des familiengerichtlichen Verfahrens darf nicht zu einer Entwertung der materiellen Grundrechtspositionen führen.

[60] Dies entspricht auch der Wertung des § 9 Nr. 1 SGB VIII.

[61] BT-Drucks. 16/6308, S. 204.

[62] So auch *Musielak/Borth* Rn. 5.

[63] Soweit eine Bekanntgabe an einen Beteiligten nicht möglich ist, beginnt die Frist spätestens mit Ablauf von fünf Monaten nach Erlass des Beschlusses (§ 38 Abs. 3 S. 3) zu laufen, § 63 Abs. 3 S. 2. Nach der Begründung des Regierungsentwurfs knüpft § 63 Abs. 3 S. 2 inhaltlich an § 517 Halbs. 2 ZPO an, wurde jedoch – ohne Begründung – deutlich enger gefasst. Da die Rechtskraft eines Beschlusses nicht allzu lange in der Schwebe bleiben sollte, sollte § 63 Abs. 3 S. 2 analog angewandt werden, wenn die Bekanntgabe an einen Beteiligten versehentlich unterblieben ist (nach dem Willen des Gesetzgebers ist dies allerdings nicht vorgesehen; BT-Drucks. 16/9733, S. 289: „Die Auffangfrist kommt vielmehr nur dann zur Anwendung, wenn eine Bekanntgabe der Entscheidung an einen erstinstanzlich Beteiligten innerhalb dieses Zeitraums nicht gelingt.").

[64] Gesetz über die Angelegenheiten der freiwilligen Gerichtsbarkeit v. 17. 5. 1898, RGBl. S. 189, 200. In den Materialien werden vor allem Personen genannt, die für ein Mündel verantwortlich sind (etwa die einzelnen Mitglieder des Familienrats). Dazu *Hahn*, Die gesamten Materialien zu den Reichs-Justizgesetzen auf Veranlassung

§ 162   16   Buch 2. Abschnitt 3. Verfahren in Kindschaftssachen

von Jugendämtern (seit 1925) wurde das Beschwerderecht des § 57 Abs. 1 Nr. 9 FGG gegen Entscheidungen des Vormundschaftsgerichts auch dem Jugendamt zugebilligt. Dieses Beschwerderecht des Jugendamts wurde durch das Erste Eherechtsreformgesetz (1976) – soweit aus Vormundschaftssachen Familiensachen geworden waren – in das familiengerichtliche Verfahren „verlagert" (§ 64 Abs. 3 S. 3 FGG iVm. § 57 Abs. 1 Nr. 9 FGG). Sämtliche veröffentlichten Entscheidungen bezogen sich auf Fälle, in denen das Jugendamt entweder im Verfahren als Vormund oder Pfleger auftrat und/oder das Kindeswohl gefährdet war.[65] Insgesamt wurde in der Praxis von dem Recht nach § 57 Abs. 1 Nr. 9 FGG kaum Gebrauch gemacht.[66] Erst in den letzten Jahren haben Teile der Kommentarliteratur § 57 Abs. 1 Nr. 9 FGG weiter interpretiert und ein die Beschwerdebefugnis begründendes Interesse des Jugendamts bereits im Falle einer für das Kind unzuträglichen Entscheidung angenommen.[67] Aus der wenig aussagekräftigen Gesetzesbegründung[68] ergibt sich jedoch nicht, dass der Gesetzgeber diese Auslegung für Abs. 3 S. 2 übernehmen wollte. Daher muss davon ausgegangen werden, dass die Beschwerdebefugnis auf Grund der „Wahrung öffentlicher Interessen" nicht über das „berechtigte Interesse" iSd. § 57 Abs. 1 Nr. 9 FGG hinausgehen soll.

16   **b) Beschwerdeberechtigung von Behörden.** Die Beschwerdebefugnis des Jugendamts stellt einen Fall des § 59 Abs. 3 (Beschwerdeberechtigung von Behörden) dar und besteht unabhängig von der Beschwerdebefugnis des § 59 Abs. 1 (Beschwerdeberechtigung auf Grund Beeinträchtigung eigener Rechte).[69] Nach § 59 Abs. 3 wird Behörden eine besondere Beschwerdebefugnis in allen Fällen eingeräumt, in denen sie zur Wahrnehmung öffentlicher Interessen anzuhören sind und sich am Verfahren beteiligen können.[70] Da das Beschwerderecht des Jugendamts im Verhältnis zur bisherigen Rechtslage (§§ 64 Abs. 3 S. 3, 57 Abs. 1 Nr. 9 FGG) nicht ausgebaut werden sollte (s. o. Rn. 15),[71] ist Abs. 3 S. 2 restriktiv zu interpretieren. Dafür spricht nicht nur der zu vermutende Gesetzgeberwille (in den Drucksachen lassen sich keine Hinweise für einen Ausbau finden), sondern vor allem die verfassungskonforme Auslegung der Norm, weil unterhalb der Kindeswohlgefährdungsschwelle keine öffentlichen Interessen bestehen, die einen Eingriff in das Elternrecht rechtfertigen.[72] Dies bedeutet,

---

des Kaiserlichen Reichs-Justizamtes herausgegeben, fortgesetzt von *Mugdan*, Bd. 7: Materialien zum Gesetz über die Angelegenheit der freiwilligen Gerichtsbarkeit, 1898, S. 11, 141 ff. Der Rechtsprechung vor Einrichtung der Jugendämter liegen insbesondere Fälle zu Grunde, bei denen es um die religiöse Erziehung eines Mündels ging (KG Berlin OLGZ 42 (1922), 124: Beschwerdeberechtigung des Caritasverbandes; BayObLG Zeitschrift für Rechtspflege in Bayern 1924, 156: Beschwerdeberechtigung des Stadtpfarrers).

[65] Vgl. nur KG Berlin NJW 1979, 2251 (Kindeswohlgefährdung nach § 1671 Abs. 5 BGB aF und Bestellung des Jugendamts als Vormund); BayObLG FamRZ 1989, 652 (Entziehung der Vermögenssorge nach §§ 1666 Abs. 3, 1667 Abs. 5 BGB aF und Bestellung des Kreisjugendamts als Pfleger: „Das Kreisjugendamt verfolgt mit der weiteren Beschwerde das Recht des Kindes auf Unterhalt und hat damit auch ein durch seine amtliche Aufgabe begründetes berechtigtes Interesse."); BayObLG FamRZ 1996, 1031 (Gefährdung des Kindeswohls nach § 1666 BGB und Bestellung des Jugendamts als Ergänzungspfleger); OLG Hamm FamRZ 1994, 391 (Entzug der elterlichen Sorge nach § 1666 BGB und Bestellung des Jugendamts als Vormund); OLG Karlsruhe FamRZ 2005, 120 f. (Gefährdung des Kindeswohls, Vormundschaft des Jugendamts); OLG Brandenburg FamRZ 2009, 237 (Ruhen der elterlichen Sorge, Vormundschaft des Jugendamts). Weitere Beispiele bei *Keidel/Kuntze/Winkler* § 57 FGG Rn. 38.

[66] DIV-Gutachten v. 15. 2. 1995, DAVorm 1995, 459, 461. Das Gutachten zeigt zudem deutlich, dass die Reichweite der Beschwerdebefugnis nach § 57 Abs. 1 Nr. 9 FGG („berechtigtes Interesse") völlig unklar war – vermutlich auch, weil dieses Rechtsmittel vom Jugendamt nur ausgesprochen selten genutzt wurde: Auf Anfrage des Bayerischen Justizministeriums aus dem Jahr 1993 antworteten sämtliche Richter, die sich an der Befragung beteiligt hatten (161 Familienrichter und 14 Vorsitzende Richter bzw. Richter an Oberlandesgerichten), dass ihnen noch nie eine Beschwerde des Jugendamts nach § 57 Abs. 1 Nr. 9 FGG vorgelegt worden sei.

[67] FK-SGB VIII/*Münder*, § 50 SGB VIII Rn. 30 (die „Entscheidung des Gerichts berücksichtige die Interessen der Minderjährigen nicht ausreichend und sei für die Entwicklung des Minderjährigen unzuträglich"); *Wiesner/Oberloskamp*, SGB VIII, Anhang § 50 SGB VIII Rn. 18 („im Falle einer für das Kind nach Meinung des JAmts unzuträglichen Entscheidung"). Offen bleibt, ob mit der Formulierung einer für das Kindeswohl unzuträglichen Entscheidung nur Fälle im unmittelbaren Vorfeld der Kindeswohlgefährdung erfasst werden sollen.

[68] BR-Drucks. 309/07, S. 537 und BT-Drucks. 16/6308, S. 241 zu § 162 Abs. 3: „Satz 2 enthält die von § 59 unabhängige Beschwerdebefugnis des Jugendamts." Vgl. weiter BR-Drucks. 309/07, S. 449 und BT-Drucks. 16/6308, S. 204 zur Beschwerdeberechtigung von Behörden nach § 59 Abs. 3: „Ihnen wird unabhängig von einer Beeinträchtigung in eigenen Rechten spezialgesetzlich in diesem oder einem anderen Gesetz eine besondere Beschwerdebefugnis zugewiesen, wenn sie zur Wahrnehmung öffentlicher Interessen anzuhören sind und sich am dem Verfahren beteiligen können."

[69] BR-Drucks. 309/07, S. 537.
[70] BT-Drucks. 16/6308, S. 204.
[71] Vgl. aber auch *Musielak/Borth* Rn. 5.
[72] Die Verletzung der Anhörungspflicht stellt zwar einen Verfahrensfehler dar (s. o. Rn. 10), begründet jedoch ohne zusätzliche Verletzung eines materiellen Rechts kein Beschwerderecht des Jugendamts; aA FK-SGB VIII/

dass das Jugendamt nur dann beschwerdeberechtigt ist, wenn es als Vormund oder Pfleger des Kindes beschwert ist[73] oder die Entscheidung das Kindeswohl gefährdet bzw. eine bestehende Kindeswohlgefährdung nicht abwendet.[74]

c) Ausgestaltung der Beschwerdeberechtigung. Die Beschwerdebefugnis besteht unabhängig von der Stellung des Jugendamts als Verfahrensbeteiligter in erster Instanz.[75] Dadurch soll vermieden werden, dass sich das Jugendamt zur Wahrung der Beschwerdeberechtigung stets am Verfahren in erster Instanz beteiligt.[76] Die Beschwerdebefugnis richtet sich nach § 58 Abs. 1 nur gegen Endentscheidungen[77] des Gerichts in Verfahren nach Abs. 1 (dh. in Verfahren, in denen die Anhörungspflicht des Jugendamts besteht). Für die Beschwerde gelten die Fristen des § 63 Abs. 1 und 2 ab dem Zeitpunkt der schriftlichen Bekanntgabe der Entscheidung gegenüber dem Jugendamt (Abs. 3 S. 1 iVm. § 63 Abs. 3 S. 1) und zwar unabhängig davon, ob das Jugendamt Verfahrensbeteiligter nach § 7 Abs. 2 Nr. 2 ist.[78] Ob die Kumulation von Beschwerdeberechtigungen (der Eltern als gesetzliche Vertreter des Kindes, des Verfahrensbeistands nach § 158 Abs. 4 S. 5 und des Jugendamts nach Abs. 3 S. 2) im Interesse des Kindes notwendig ist, erscheint allerdings fraglich.[79]

§ 163 Fristsetzung bei schriftlicher Begutachtung; Inhalt des Gutachtenauftrags; Vernehmung des Kindes

(1) Wird schriftliche Begutachtung angeordnet, setzt das Gericht dem Sachverständigen zugleich eine Frist, innerhalb derer er das Gutachten einzureichen hat.

(2) Das Gericht kann in Verfahren, die die Person des Kindes betreffen, anordnen, dass der Sachverständige bei der Erstellung des Gutachtenauftrags auch auf die Herstellung des Einvernehmens zwischen den Beteiligten hinwirken soll.

(3) Eine Vernehmung des Kindes als Zeuge findet nicht statt.

Schrifttum: *Balloff,* Die Rolle des Sachverständigen in Kindschaftssachen nach neuem Recht, FPR 2006, 415; *ders.,* Einordnung und Bewertung von Gerichtsgutachten und Stellungnahmen aus Sicht des Verfahrenspflegers, FPR 2006, 36; Bayerisches Staatsministerium für Arbeit und Sozialordnung, Familie, Frauen und Gesundheit, Unterstützung von Familien in Trennung und Scheidung bei der Sorgerechtsregelung, ZfJ 1995, 141; *Ernst,* Der Sachverständige in Kindschaftssachen nach neuem Recht, FPR 2009, 345; *Heiter,* Das Verfahren in Kindschaftssachen im Entwurf eines FamFG, Kind-Prax 2005, 219; *Salzgeber,* Der Sachverständige als Hersteller des Einvernehmens, endlich der Garant für das Kindeswohl?, FamRZ 2008, 656; *ders.,* Qualifikation von Sachverständigen, FPR 2008, 278; *Stößer,* Das neue Verfahren in Kindschaftssachen, FamRZ 2009, 656; *Willutzki,* Die FGG-Reform – Chance für ein stärker kindorientiertes Verfahren, ZKJ 2006, 224.

I. Normzweck

Die für den Fall der Anordnung schriftlicher Begutachtung neu eingeführte Fristsetzung in Abs. 1 stellt eine Ausprägung des Beschleunigungsgrundsatzes dar. Mit dieser Regelung, die in allen Kindschaftssachen nach § 151 gilt, reagiert der Gesetzgeber darauf, dass bislang häufig die Einholung eines schriftlichen Gutachtens zu einer erheblichen Verlängerung der Verfahrensdauer führte.[1] Nunmehr ist zwingend die Setzung einer Frist zur Einreichung des Gutachtens vorgesehen.[2] Der ebenfalls neu

---

Münder, § 50 SGB VIII Rn. 29; *Wiesner/Oberloskamp,* SGB VIII, Anhang § 50 SGB VIII Rn. 74; *Heiter* Kind-Prax 2005, 221.
[73] Dies gilt auch, wenn dem Antrag des Jugendamts auf Bestellung zum Vormund oder Pfleger nicht (voll) entsprochen wurde.
[74] Vgl. auch *Musielak/Borth* Rn. 5. AA *Müller-Magdeburg* ZKJ 2009, 321 f.
[75] BT-Drucks. 16/6308, S. 179; *Schulte-Bunert* Rn. 604. Zum Kostenrisiko bei einer erfolglosen Beschwerde (§ 84) vgl. *Müller-Magdeburg* ZKJ 2009, 323.
[76] BT-Drucks. 16/6308, S. 204.
[77] BT-Drucks. 16/6308, S. 203 f. Vgl. auch die Legaldefinition in § 38 Abs. 1.
[78] Nach § 63 Abs. 3 S. 1 beginnt die Beschwerdefrist mit der schriftlichen Bekanntgabe des Beschlusses an den jeweiligen Verfahrensbeteiligten (BT-Drucks. 16/9733, S. 289). Da die Entscheidung nach § 162 Abs. 3 S. 1 dem Jugendamt bekannt zu geben ist, gilt § 63 Abs. 3 S. 1 entsprechend.
[79] Unklar ist vor allem, warum der Gesetzgeber auch in Fällen, in denen nach § 158 ein Verfahrensbeistand bestellt wurde, die Notwendigkeit sieht, dem Kind einen weiteren Sachwalter an die Seite zu stellen (so auch *Musielak/Borth* Rn. 5) und mit einem eigenständigen Beschwerderecht auszustatten.
[1] BR-Drucks. 309/07, S. 537; BT-Drucks. 16/8308, S. 241.
[2] § 411 Abs. 1 ZPO, der bislang auch für Kindschaftssachen galt, sieht lediglich vor, dass das Gericht dem Sachverständigen eine Frist setzen soll; BR-Drucks. 309/07, S. 537; BT-Drucks. 16/8308, S. 241.

eingeführte Abs. 2 eröffnet dem Gericht die Möglichkeit, den Sachverständigen auch zu beauftragen, in Verfahren, die die Person des Kindes betreffen, auf Einvernehmen zwischen den Beteiligten (regelmäßig den Eltern) hinzuwirken. Bei Erteilung eines entsprechenden Auftrags an den Sachverständigen kann dieser die zur Erstellung des Gutachtens notwendige Kontaktaufnahme zu den Beteiligten nutzen, um mit diesen ein einvernehmliches Konzept nach § 156 Abs. 2 zu erarbeiten.[3] Abs. 1 und 2 ergänzen die Regelungen zum Sachverständigenbeweis nach §§ 402 bis 414 ZPO (dazu § 30 Rn. 24 f.). Mit dem neu eingeführten Abs. 3 wird klargestellt, dass das Kind in Kindschaftssachen nur nach Maßgabe des § 159 angehört wird, jedoch nicht im Wege einer förmlichen Beweisaufnahme als Zeuge befragt werden darf.[4]

II. Entstehungsgeschichte

2 Im Gesetzgebungsverfahren war vor allem die Neuregelung des Abs. 1 umstritten. Der Bundesrat hatte die Streichung von Abs. 1 empfohlen, weil „nach Auffassung der gerichtlichen Praxis [...] eine zwingende Fristsetzung nicht zu einer Verfahrensbeschleunigung [führe], da die Länge der Frist ohnehin den Kapazitäten des gewünschten Sachverständigen angepasst werden" müsse. „In vielen Gerichtsbezirken [sei] die Zahl der geeigneten Gutachter nicht allzu groß, so dass geeignete Gutachter häufig überlastet" seien; es sei „daher in der Praxis unmöglich, allzu kurze Fristen zu setzen". Bei einer Streichung von Abs. 1 könne auf § 411 Abs. 1 ZPO zurückgegriffen werden, der als Soll-Vorschrift auch in Kindschaftssachen die Möglichkeit einer Fristsetzung vorsehe.[5] Die Bundesregierung hat die Streichung von Abs. 1 mit der Begründung abgelehnt, dass die obligatorische Befristung des Gutachtenauftrags eine Ausprägung des in § 155 vorgesehenen Beschleunigungsgebotes sei. Auf die Fristsetzung könne nicht verzichtet werden, weil die Einholung des Sachverständigengutachtens in vielen Fällen zu einer erheblichen Verlängerung der Verfahrensdauer führe und eine Soll-Vorschrift nicht ausreichend sei.[6] Abs. 3 wurde auf Beschlussempfehlung des Rechtsausschusses aufgenommen.[7]

III. Anwendungsbereich

3 **1. Fristsetzung bei Anordnung der Begutachtung.** Da nach alter Rechtslage die Einholung eines Sachverständigengutachtens häufig zu einer erheblichen Verlängerung der Verfahrensdauer führte,[8] sah der Gesetzgeber an dieser Stelle ein besonderes Bedürfnis für Maßnahmen der Verfahrensbeschleunigung.[9]

4 **a) Verfahren.** Nach dem Wortlaut von Abs. 1 hat die Fristsetzung zusammen mit der Anordnung der Begutachtung zu erfolgen, so dass der Sachverständige mit Eingang des Auftrags sofort prüfen kann, ob er den Auftrag innerhalb der gesetzten Frist erledigen kann. Reichen seine Kapazitäten für eine Erledigung innerhalb der gesetzten Frist nicht aus, hat er das Gericht unverzüglich zu informieren. Unterlässt er dies und hält er dennoch die gesetzte Frist nicht ein,[10] so bestimmt sich das weitere Vorgehen nach § 30 Abs. 1 iVm. § 411 Abs. 2 ZPO,[11] insbesondere kann gegen den schuldhaft säumigen Sachverständigen nach vorheriger Androhung und Nachfristsetzung ein **Ordnungsgeld** verhängt werden.[12] Um zu verhindern, dass die Versäumung der Frist auf einer unzureichenden **Mitwirkung der Beteiligten** beruht, sieht § 27 Abs. 1 vor, dass die Beteiligten an der Erstellung des Gutachtens mitzuwirken haben. Die Mitwirkung der Beteiligten kann nicht erzwungen werden; die schuldhafte, zu einer erheblichen Verfahrensverzögerung führende Verletzung von Mitwirkungspflichten ist aber bei der Kostenentscheidung nach § 81 Abs. 2 Nr. 4 zu berücksichtigen (dazu § 27 Rn. 7, § 81 Rn. 45 ff.).[13]

---

[3] BR-Drucks. 309/07, S. 537 f.; BT-Drucks. 16/8308, S. 242.
[4] BT-Drucks. 16/9733, S. 295.
[5] BR-Drucks. 309/2/07, S. 56.
[6] BT-Drucks. 16/6308, S. 416.
[7] BT-Drucks. 16/9733, S. 77, 295.
[8] Vgl. nur KG Berlin FamRZ 2005, 729 f. (Erstattung des Sachverständigengutachtens über einen Zeitraum von fast einem Jahr).
[9] BT-Drucks. 16/6308, S. 241.
[10] Verschulden liegt bereits dann vor, wenn der Sachverständige einen Hinderungsgrund nicht rechtzeitig anzeigt; *Baumbach/Lauterbach/Hartmann* § 411 ZPO Rn. 7.
[11] Dazu insgesamt BT-Drucks. 16/6308, S. 242.
[12] Dazu *Baumbach/Lauterbach/Hartmann* § 411 ZPO Rn. 6 ff.
[13] BR-Drucks. 309/07, S. 537; BT-Drucks. 16/6308, S. 242; *Fölsch* § 2 Rn. 65 f. Vgl. auch *Zimmermann*, Kostenentscheidung im FamFG, FamRZ 2009, 377, 381.

b) Umsetzung in der Praxis. Vor Erteilung des Auftrags sollte sich das Gericht – jedenfalls in 5 schwierigen Fällen – mit dem Sachverständigen abstimmen, weil die Länge der Frist auch davon abhängig zu machen ist, welche Erhebungen von Seiten des Sachverständigen zur Erstellung des Gutachtens erforderlich sind.[14] Die Frist muss dem konkreten Auftrag angemessen Rechnung tragen: Bei Setzung einer zu kurzen Frist ist zu befürchten, dass qualifizierte Sachverständige[15] häufig die Erstellung des Gutachtens wegen Überlastung ablehnen, so dass das Gericht vor der Wahl steht, einen weniger qualifizierten Sachverständigen zu beauftragen oder von vornherein eine längere Frist zu gewähren.[16] Bei dieser Entscheidung hat das Familiengericht zu berücksichtigen, dass die Beschleunigung des Verfahrens nicht das einzige Ziel der Reform darstellt, sondern auch die Stärkung der Stellung des Kindes im Verfahren und – wie auch Abs. 2 herausstellt – Konflikt vermeidender Elemente zu den Anliegen der Reform gehören.[17] Im Hinblick auf die beiden letztgenannten Aspekte, insbesondere die Herstellung von Einvernehmen nach Abs. 2, sollten daher keine Abstriche an der Qualifikation zugunsten der Beschleunigung gemacht werden.

2. Erweiterter Auftrag (Hinwirken auf Einvernehmen). Da in der Praxis die Gutachten 6 schon bisher häufig die Empfehlung an die Eltern enthielten, im Interesse ihrer Kinder stärker miteinander zu kooperieren, soll mit der Neuregelung in Abs. 2 erreicht werden, dass der Sachverständige auf diese Empfehlung bereits in der Phase der Erstellung des Gutachtens hinarbeiten kann. Ausweislich der Begründung des Regierungsentwurfs soll „der Sachverständige die Eltern zunächst über die negativen psychologischen Auswirkungen einer Trennung auf alle Familienmitglieder aufklären und sodann versuchen, bei den Eltern Verständnis und Feinfühligkeit für die von den Interessen der Erwachsenen abweichenden Bedürfnisse und für die psychische Lage des Kindes zu wecken. Gelingt dies, kann er mit den Eltern ein einvernehmliches Konzept zum zukünftigen Lebensmittelpunkt des Kindes und zur Gestaltung des Umgangs erarbeiten."[18]

a) Verfahren, die die Person des Kindes betreffen. Verfahren, die die Person des Kindes 7 betreffen, erfassen nicht nur solche Verfahren, die die elterliche Sorge oder Personensorge zum Gegenstand haben, sondern auch alle Kindschaftssachen nach § 151 Nr. 1 bis 8, die nicht ausschließlich vermögensrechtlicher Art sind.[19]

b) Inhalt des Auftrags. Der im Beweisbeschluss des Familiengerichts niedergelegte Auftrag an 8 den Sachverständigen muss zunächst alle Punkte enthalten, zu denen das Gutachten zu erstatten ist (Beweisthema, § 403 ZPO).[20] *Zusätzlich* kann das Gericht von der Möglichkeit nach Abs. 2 Gebrauch machen und muss in diesem Fall ausdrücklich anordnen, dass der Sachverständige auf die Herstellung des Einvernehmens hinwirken soll.[21]

c) Kritik von Seiten der Praxis. Obwohl schon in der bisherigen Praxis der mit der Gutachten- 9 erstellung beauftragte Sachverständige häufig in das Bemühen um eine einvernehmliche Regelung eingebunden wurde,[22] ist Abs. 2 schon während des Gesetzgebungsverfahrens – teilweise heftig – kritisiert worden.[23] Die Kritik richtet sich einerseits gegen die Übertragung einer dem Gericht und

---

[14] So *Lipp/Schumann/Veit/Coester* S. 45; *Willutzki* ZKJ 2006, 228; *Musielak/Borth* Rn. 2; *Bumiller/Harders* Rn. 1.
[15] Zur erforderlichen Qualifikation des Sachverständigen gibt das Gesetz keine Auskunft; die Auswahl des Sachverständigen und damit auch die Entscheidung, wer als Sachverständiger herangezogen wird, liegt vielmehr im pflichtgemäßen Ermessen des Gerichts, § 404 Abs. 1 S. 1 ZPO. Dazu und zu den Anforderungen an die Qualifikation des familienforensischen Sachverständigen umfassend *Salzgeber* FPR 2008, 278 ff., 281 ff.
[16] Auf diese Problematik weisen auch *Musielak/Borth* Rn. 2 und *Salzgeber/Fichtner* ZKJ 2009, 334 hin.
[17] Kritisch zur Fristsetzung daher auch *Balloff*, § 165 FamFG-Entwurf – Das Beschleunigungsgebot des Verfahrens aus psychologischer und sachverständiger Sicht, ZKJ 2006, 289, 290 f. Vgl. weiter *Fölsch* § 3 Rn. 99; *Salzgeber/Fichtner* ZKJ 2009, 335 f.
[18] BR-Drucks. 309/07, S. 538; BT-Drucks. 16/6308, S. 242.
[19] Vgl. BR-Drucks. 309/07, S. 536; BT-Drucks. 16/6308, S. 241 (dort ist § 151 Nr. 8 nicht genannt).
[20] Zu interessanten Fragestellungen in Familiensachen *Salzgeber* FPR 2008, 281 f.
[21] BT-Drucks. 16/6308, S. 242: „Den Familiengerichten soll durch die neue Bestimmung die Befugnis eingeräumt werden, den Gutachtenauftrag auf die in der Regelung genannten Inhalte zu erstrecken." Auch *Heiter* Kind-Prax 2005, 221 und *Willutzki* ZKJ 2006, 229 betonen, dass der Auftrag an den Sachverständigen, auch auf ein Einvernehmen hinzuwirken, nicht allein erteilt werden kann, sondern nur ergänzend zum eigentlichen Gutachtenauftrag. Der erweiterte Auftrag kann aber auch erst später (nach Bestellung des Sachverständigen) erteilt werden; *Ernst* FPR 2009, 347 f. Vgl. aber auch *Salzgeber/Fichtner* ZKJ 2009, 334 f.
[22] So *Lipp/Schumann/Veit/Coester* S. 54; *Ernst* FPR 2009, 346.
[23] Grundsätzliche Zustimmung zur Erweiterung des Gutachtenauftrags äußerte der Siebzehnte Deutsche Familiengerichtstag, Brühler Schriften zum Familienrecht, Bd. 15, 2008, Arbeitskreis 12, S. 153, jedoch mit folgender Einschränkung: „Allerdings sollte der so gestaltete Gutachtenauftrag das Ziel sehr genau umreißen und vom Sachverständigen nicht die Herstellung des Einvernehmens, sondern die Erarbeitung einer kindgerechten Lösung erwarten." Vgl. weiter *Balloff* FPR 2006, 416.

§ 163   10   Buch 2. Abschnitt 3. Verfahren in Kindschaftssachen

dem Jugendamt obliegenden Aufgabe auf den Sachverständigen[24] und andererseits dagegen, dass der **Doppelauftrag an den Sachverständigen** (Begutachtung und Einvernehmensbemühungen) zur **Befangenheit** führen könne,[25] da die Vermischung von Therapie und Diagnose die Gefahr von Verzerrungen in sich trage.[26] Befürchtet wird vor allem für den Fall des Scheiterns der Einigung, dass der „Rollenwechsel des Sachverständigen vom einigungsfördernden Akteur zum distanzierten Diagnostiker" nicht gelingen könne.[27] Unklar ist auch, ob der Sachverständige alle Informationen, die er aus den Gesprächen mit den Eltern im Rahmen der Einigungsbemühungen erhalten hat, für das als Entscheidungshilfe für das Gericht dienende Gutachten verwerten darf.[28] Schließlich ist zu befürchten, dass der Sachverständige sich entsprechend dem Auftrag, Einvernehmen zu erzielen, vor allem auf die Eltern konzentriert und dadurch das Kindeswohl aus dem Blickfeld rückt.[29] *Coester* hält daher die in Abs. 2 vorgesehene Anordnungsbefugnis für unhaltbar, weil „eine auch fachwissenschaftlich umstrittene Vorgehensweise [...] nicht juristisch angeordnet werden" dürfe; in jedem Fall müsse vor der Anordnung das Einverständnis des Sachverständigen zu dieser Vorgehensweise eingeholt werden.[30]

10   **d) Rolle des Sachverständigen.** Nicht klar ist auch die Abgrenzung der Rolle des Sachverständigen im Verhältnis zu den ebenfalls auf Einvernehmen hinarbeitenden Beratungsstellen der Kinder- und Jugendhilfe (§ 156 Abs. 1 S. 2), zu dem ggf. mit derselben Aufgabe betrauten Verfahrensbeistand (§ 158 Abs. 4 S. 3) oder dem am Verfahren als Beteiligter mitwirkenden Jugendamt (§§ 162 Abs. 2, 156 Abs. 2 S. 1). Wie die Beratungsstelle, das Jugendamt, der Sachverständige und der Verfahrensbeistand in den Prozess der einvernehmlichen Konfliktlösung eingeschaltet werden, ob sie kooperativ zusammenarbeiten dürfen und wie ihre Aufgabenfelder im Einzelnen abzugrenzen sind, wird aus dem Gesetz nur ansatzweise ersichtlich.[31] So ist die Tätigkeit des Verfahrensbeistands

---

[24] Etwa *Lipp/Schumann/Veit/Maier* S. 109 f., der die Tätigkeit des auf ein Einvernehmen hinarbeitenden Sachverständigen als ein „Outsourcen" des primär dem Familiengericht zugewiesenen Einigungsprozesses wertet. Vgl. weiter *Stößer* FamRZ 2009, 663: Die Feststellung, welche Regelung der elterlichen Sorge dem Wohl des Kindes besser entspricht sei die ureigene Aufgabe des Gerichts.

[25] Etwa *Lipp/Schumann/Veit/Rakete-Dombek* S. 103 zur Problematik des Wechsels der Rolle zwischen Begutachtung und Einvernehmensbemühungen: „Die Gerichte müssen sich daher bereits bei der Formulierung ihres Gutachtenauftrags darüber im Klaren sein, was gewollt ist und dies berücksichtigen und klarstellen. Dies gilt vor allem für die Reihenfolge der ‚Rollen', in denen der Sachverständige tätig werden soll. Aus Sicht der Mandanten stellt sich die Lage noch weitaus schwieriger dar, da die Frage, ob man an derartigen Einigungsbemühungen bereit ist mitzuwirken oder aber eine ‚klassische' Begutachtung bevorzugt, jeweils nachteilig ausgelegt werden kann. Die Befangenheit des Sachverständigen, der, sofern seine Bemühungen scheitern, den Elternteil, der dies aus seiner Sicht verursacht hat, als denjenigen diffamiert, der nicht kindeswohlentsprechend agiert, wird nun häufiger zum Thema im Gerichtsverfahren werden." Vgl. weiter *Flügger*, Gerichtssaal als Elternschule? Neue Gefährdungen durch die geplante Reform des familiengerichtlichen Verfahrens, FPR 2008, 1 m. weit. Nachw.; *Fölsch* § 3 Rn. 100, *Ernst* FPR 2009, 347.

[26] *Lipp/Schumann/Veit/Coester* S. 54: „Die Kombination von Diagnostik und Therapie, wozu auch die konsensorientierte Arbeit mit den Eltern zu rechnen ist, ist schon fachwissenschaftlich höchst problematisch, insbesondere wenn vorgeschlagen wird, es zunächst mit der ‚Therapie' zu versuchen, bevor eine solide und objektive Diagnose erstellt ist. [...] Auch mag ein Vorverständnis über ein ‚Idealmodell' der Konfliktlösung vorhanden sein, das sich vor eine unbefangene Diagnose schiebt." Vgl. weiter *Stößer* FamRZ 2009, 663.

[27] So *Lipp/Schumann/Veit/Coester* S. 54 m. weit. Nachw.

[28] Kritisch daher *Salzgeber* FamRZ 2008, 657: „Nicht zuletzt wäre ein zu Beginn der Begutachtung stehendes intervenierendes Vorgehen den Betroffenen gegenüber unfair, da das in einer zuerst vertraulichen Beratungssituation gezeigte Verhalten der Beteiligten später gutachterlich verwertet werden würde." Kritisch auch *Willutzki* ZKJ 2006, 229. Zu den unterschiedlichen Rollen des Sachverständigen vgl. auch *Balloff* FPR 2006, 415 f. Insoweit bestehen Parallelen zu den unterschiedlichen Rollen des Jugendamts. Zum Verhältnis von Beratung (Erarbeitung eines einvernehmlichen Konzepts zur elterlichen Sorge bei Trennung und Scheidung, § 17 Abs. 2 SGB VIII) und Mitwirkung des Jugendamts (§ 50 SGB VIII) hat das Bayerische Staatsministerium ZfJ 1995, 143 ff. auf Grund der unterschiedlichen Aufgaben von Beratung (vertrauensvolle Kooperation mit den Eltern) und Mitwirkung (Abgabe einer gutachtlichen Stellungnahme als Fachbehörde) unter ausführlicher Darstellung der Gründe für oder gegen die Modelle einer personellen Verknüpfung von Beratung und Mitwirkung einerseits und einer personellen Trennung von Beratung und Mitwirkung andererseits ausführlich Stellung genommen.

[29] Zu Recht kritisch *Lipp/Schumann/Veit/Coester* S. 54 f.: „Die Eltern werden sich zu strategischem Verhalten veranlasst sehen, was eine Diagnose im Lichte des Kindeswohls erschwert [...]." Nicht der Elternkonsens als solcher dürfe die Lösung darstellen, sondern die „kindeswohlgemäße Konfliktlösung". Vgl. weiter *Salzgeber* FamRZ 2008, 659; *Ernst* FPR 2009, 347.

[30] *Lipp/Schumann/Veit/Coester* S. 55. Vgl. aber auch *Fichtner/Salzgeber* FPR 2009, 348, 350 f.

[31] Zur Problematik auch *Balloff* FPR 2006, 37 ff. So haben das Jugendamt auf Antrag (§ 162 Abs. 2) und der Verfahrensbeistand kraft Gesetzes (§ 158 Abs. 3 S. 2) die Stellung eines Verfahrensbeteiligten, der Sachverständige hingegen nicht. Der Verfahrensbeistand kann den Sachverständigen wegen Befangenheit ablehnen, umgekehrt geht dies hingegen nicht. Zum Aufbau von Kooperationen vgl. auch schon Bayerisches Staatsministerium ZfJ 1995, 149 ff. Vgl. weiter *Rieger* ZKJ 2009, 313 f.

zwar primär auf den Willen und das Interesse des Kindes ausgerichtet, sobald er aber den gerichtlichen Auftrag nach § 158 Abs. 4 S. 3 wahrnimmt, wird seine Stellung als „Anwalt" des Kindes von der Aufgabe, die Eltern zu einer einvernehmlichen Konfliktlösung zu bewegen, überlagert. Sachverständiger und Jugendamt hatten ursprünglich die Aufgabe, dem Gericht eine am Kindeswohl ausgerichtete Stellungnahme vorzulegen, während ihr Handeln nunmehr zunehmend auf die Herstellung von Einvernehmen abzielt.[32] Eine Kooperation zwischen Beratungsstelle, Jugendamt, Verfahrensbeistand und Sachverständigem einschließlich eines Austausches von Informationen und Erfahrungen ist ohne ausdrückliche Einwilligung der Betroffenen unter datenschutzrechtlichen Aspekten nicht zulässig.[33] Andererseits ist den Eltern eine Zusammenarbeit mit den genannten Einrichtungen und Personen ohne eine Koordination und Bündelung der Aufgaben kaum zumutbar.[34] Hier zeigen sich die Schwierigkeiten einer Konfliktlösung in Anlehnung an das sog. Cochemer Modell: Da auch bei einem in das Verfahren integrierten Hinwirken auf Einvernehmen rechtsstaatliche Grundsätze zu beachten sind, genügt es nicht, allen am Verfahren professionell Beteiligten ohne gesetzlich klar definierte Kompetenzen im Verhältnis zueinander nur den Auftrag zu erteilen, auf eine einvernehmliche Regelung der Eltern hinzuwirken.[35]

e) Umsetzung in der Praxis. Unter Berücksichtigung der genannten Kritikpunkte (s. o. Rn. 9 f.) ist bei Umsetzung des Interventionsauftrags nach Abs. 2 Folgendes zu beachten: Erstens muss das Gericht nach pflichtgemäßem Ermessen die Entscheidung treffen, ob es von der Möglichkeit des Abs. 2 überhaupt Gebrauch machen oder nur ein Gutachten als Hilfsmittel für seine Entscheidung einholen möchte. Die Frage, ob ein intervenierendes Vorgehen zusätzlich zur ausschließlich statusorientierten Begutachtung im konkreten Fall angestrebt werden soll, ist mit dem Sachverständigen vor der Beauftragung abzustimmen.[36] Zweitens setzt die Beauftragung nach Abs. 2 voraus, dass der Sachverständige eine entsprechende **Qualifikation** erworben hat, die ihn befähigt, „beratend, mediativ oder auf der Grundlage systematischer Gesprächsführung und auf der Basis einer interventionsorientierten Diagnostik vorzugehen".[37] Bei der Auswahl des Sachverständigen nach § 404 Abs. 1 ZPO ist dieser Umstand im Rahmen des pflichtgemäßen Ermessens zu berücksichtigen. Drittens ist der Umfang des Auftrags an den Sachverständigen bei der Anordnung der **Fristsetzung nach Abs. 1** zu berücksichtigen.[38] Viertens sind die **Kompetenzen** der am Prozess zur Erzielung von Einvernehmen beteiligten Einrichtungen und Personen (Beratungsstellen, Jugendamt, Sachverständiger, Verfahrensbeistand) im Verhältnis zueinander und von Seiten des Gerichts klar festzulegen. Fünftens muss der Auftrag an den Sachverständigen erkennen lassen, dass das Ziel nicht ein Hinwirken auf Einvernehmen um jeden Preis ist,[39] sondern auch diese Tätigkeit unter dem **Kindeswohlvorbehalt** steht.[40]

---

[32] Während die Kindschaftsrechtsreform 1998 die Beteiligung professioneller Akteure in Kindschaftssachen ausgebaut hat, werden jetzt die Aufgaben- und Kompetenzbereiche der beteiligten Professionen ausgeweitet: Jugendamt, Beratungsstellen, Mediatoren, Umgangspfleger, Verfahrenspfleger und Sachverständiger können nun alle mit der Aufgabe betraut werden, zwischen den Eltern zu vermitteln und auf Einvernehmen hinzuwirken.

[33] Zum Datenschutz vgl. etwa FK-SGB VIII/*Münder*, § 50 SGB VIII Rn. 22 f.; Bayerisches Staatsministerium ZfJ 1995, 142.

[34] So im Ergebnis auch *Balloff* FPR 2006, 37 f.

[35] Kritisch daher auch *Bumiller/Harders* Rn. 3. Die Etablierung eines „Runden Tisches" (unter Einbeziehung von Sachverständigen) scheint sinnvoll. Dazu auch *Willutzki* ZKJ 2006, 226 mit Hinweis darauf, dass Sinn und Zweck einer solchen Runde unter Beteiligung der Anwälte, Jugendamtsmitarbeiter, Mitarbeiter der Beratungsstellen, Gutachter und Verfahrensbeistände sei, „die Grundlagen der Tätigkeit der einzelnen Profession den anderen verständlich zu vermitteln, dabei deutlich zu machen, welche Möglichkeiten, aber auch Grenzen der jeweiligen Profession gesetzt sind, die jeweiligen Arbeitsbedingungen zu erläutern, personelle Schwierigkeiten verständlich zu machen und Arbeitsabläufe so aufeinander abzustimmen, dass unnötige Reibungsverluste ausgeschaltet werden." *Willutzki* weist außerdem darauf hin, dass lediglich abgeschlossene Fälle unter Wahrung des Datenschutzes gemeinsam erörtert werden können. Vgl. weiter *Rieger* ZKJ 2009, 313 f.; *Salzgeber/Fichtner* ZKJ 2009, 336 ff.

[36] Dazu auch *Lipp/Schumann/Veit/Coester* S. 55 (der Sachverständige muss mit dem Auftrag einverstanden sein). Vgl. weiter *Salzgeber* FamRZ 2008, 656, der befürchtet, dass einzelne Gerichte nur noch Sachverständige beauftragen, die bereit sind, auf Einvernehmen hinzuwirken, ohne deren Fachkunde und Vorgehensweise zu kennen.

[37] *Salzgeber* FPR 2008, 282.

[38] So auch *Hennemann*, Die Umsetzung des Vorrangs- und Beschleunigungsgrundsatzes – Schnelle Terminierung und Fristsetzung bei schriftlicher Begutachtung, FPR 2009, 20, 22 f.; *Ernst* FPR 2009, 346.

[39] Außerdem weist *Salzgeber* FamRZ 2008, 659 darauf hin, dass Einvernehmen auf der Elternebene nicht Konfliktfreiheit oder Kommunikationsfähigkeit voraussetze: „Einvernehmliche Regelungen können auch in einer parallelen Elternschaft bestehen, die jede direkte Kommunikation der Eltern vermeidet, bis hin zur Akzeptierung genauer Kompetenz- und Zeitstrukturen und einer Delegation an weitere Facheinrichtungen (Beratungsstellen, Umgangsbegleitung, Ergänzungspfleger)."

[40] Dazu *Salzgeber* FamRZ 2008, 659 f.; *Balloff* FPR 2006, 416. Ohnehin sollten die Erwartungen an die Intervention durch den Sachverständigen nicht zu hoch gesteckt werden. Dazu *Salzgeber* (660) unter Berufung auf

12 **3. Keine Vernehmung des Kindes als Zeuge.** Mit dem neu eingeführten Abs. 3 wird klargestellt, dass das Kind in Kindschaftssachen nur nach Maßgabe des § 159 angehört wird, jedoch nicht im Wege einer förmlichen Beweisaufnahme als Zeuge befragt werden darf, so dass die in § 30 Abs. 3 niedergelegte Pflicht des Familiengerichts zur Durchführung einer förmlichen Beweisaufnahme in Kindschaftssachen nicht zu einer Zeugenvernehmung des Kindes führen kann.[41] Dem in der bisherigen Praxis nicht seltenen Angebot eines Elternteils, das Kind als Zeugen vernehmen zu lassen, wird damit von vornherein eine Absage erteilt.[42]

§ 164 Bekanntgabe der Entscheidung an das Kind

[1] Die Entscheidung, gegen die das Kind das Beschwerderecht ausüben kann, ist dem Kind selbst bekannt zu machen, wenn es das 14. Lebensjahr vollendet hat und nicht geschäftsunfähig ist. [2] Eine Begründung soll dem Kind nicht mitgeteilt werden, wenn Nachteile für dessen Entwicklung, Erziehung oder Gesundheit zu befürchten sind. [3] § 38 Abs. 4 Nr. 2 ist nicht anzuwenden.

Schrifttum: *Gummersbach*, Die Subjektstellung des Kindes – Die verfahrensrechtliche Neuerung des Anwalts des Kindes in § 50 FGG, 2005; *Heiter*, Verfahrensfähigkeit des Kindes in personenbezogenen Verfahren nach dem FamFG, FamRZ 2009, 85; *Schael*, Minderjährige und ihre formelle Beteiligung in Verfahren über Kindschaftssachen nach dem FamFG, FamRZ 2009, 265; *Stößer*, Das neue Verfahren in Kindschaftssachen, FamRZ 2009, 656.

I. Normzweck

1 Die Vorschrift regelt einen Teilbereich der verfahrensrechtlichen Stellung des **Minderjährigen ab Vollendung des 14. Lebensjahrs** und trägt damit – ebenso wie zahlreiche Regelungen des materiellen Rechts (etwa §§ 1626 Abs. 2 S. 1, 1631a, 1671 Abs. 2 Nr. 1 BGB) – der zunehmenden Selbstständigkeit des Kindes Rechnung.[1] Die Norm (die im Wesentlichen dem bisherigen § 59 Abs. 2 FGG entspricht) ergänzt das selbständige Beschwerderecht Minderjähriger nach § 60 (ehemals § 59 Abs. 1 FGG), das unabhängig von der Mitwirkung der sie vertretenden Personen besteht. In Ergänzung zu § 41 regelt S. 1, in welchen Fällen Entscheidungen in Kindschaftssachen dem Minderjährigen bekanntzumachen sind. Nach S. 3 ist die Entscheidung – da § 38 Abs. 4 Nr. 2 nicht anzuwenden ist – stets zu begründen, es sei denn, es ist zu befürchten, dass sich die Begründung nachteilig auf die Entwicklung, Erziehung oder Gesundheit des Kindes auswirkt (S. 2).

II. Entstehungsgeschichte

2 Die bisherige Regelung des § 59 Abs. 2 S. 1 FGG (entspricht § 164 S. 1) wurde durch das Gesetz zur Neuregelung des Rechts der elterlichen Sorge 1980 eingeführt; § 59 Abs. 2 S. 2 FGG (entspricht § 164 S. 2) wurde durch das Gesetz zur Änderung unterhaltsrechtlicher, verfahrensrechtlicher und anderer Vorschriften 1986 ergänzt.[2] Klargestellt wurde in S. 3, dass die Entscheidung im Übrigen (dh. wenn S. 2 nicht einschlägig ist) stets zu begründen ist, dh. die im Allgemeinen Teil geregelte Ausnahme zum Begründungserfordernis nach § 38 Abs. 4 Nr. 2 nicht anzuwenden ist.

III. Anwendungsbereich

3 **1. Allgemeines.** Ebenso wie im materiellen Recht wird die wachsende Selbständigkeit des beschränkt geschäftsfähigen Minderjährigen ab Vollendung des 14. Lebensjahrs an verschiedenen Stellen des familiengerichtlichen Verfahrens berücksichtigt.[3] Zu nennen sind: die persönliche Anhö-

---

aktuelle Forschungsergebnisse einer Studie aus England (2007): „Trotz aller Interventionsmaßnahmen haben dennoch 40% der getrennt lebenden Elternteile nach sechs Monaten schon keinen Kontakt mehr zu ihren Kindern und über 30% der Eltern waren mit den mit Hilfe der Interventionsmaßnahmen gefundenen Regelungen unzufrieden."

[41] BT-Drucks. 16/9733, S. 295.
[42] So *Lipp/Schumann/Veit/Götz* S. 218. Vgl. dazu auch *Stößer* FamRZ 2009, 662.
[1] Zur verfassungsrechtlichen Grundlage BVerfG FamRZ 2008, 1737, 1738.
[2] Gesetz zur Neuregelung des Rechts der elterlichen Sorge v. 18. 7. 1979, BGBl. I S. 1061, 1068 (Art. 5 Nr. 6b); Gesetz zur Änderung unterhaltsrechtlicher, verfahrensrechtlicher und anderer Vorschriften v. 20. 2. 1986, BGBl. I S. 301, 305 (Art. 4 Nr. 2a).
[3] Zur Stellung Minderjähriger im Verfahren vgl. *Schael* FamRZ 2009, 266 ff.; *Gummersbach* S. 9 ff. (zu Minderjährigen, die das 14. Lebensjahr vollendet haben, S. 12 f.); *Brehm* § 8 Rn. 6 ff.; *Musielak/Borth* § 60 Rn. 2. Kritisch *Lipp/Schumann/Veit/Häußermann* S. 9 ff.

Bekanntgabe der Entscheidung an das Kind　　　　　　　　　　　　　　　　4, 5 § 164

rung in Kindschaftssachen nach § 159 Abs. 1, die Verfahrensfähigkeit in den (wenigen) Fällen des § 9 Abs. 1 Nr. 3,[4] das selbständige Beschwerderecht nach § 60[5] und die Empfangszuständigkeit nach § 164 S. 1 bezüglich Endentscheidungen, die mit der Beschwerde anfechtbar sind.[6] Mit diesen Regelungen erhält das minderjährige (geschäftsfähige) Kind ab Vollendung des 14. Lebensjahrs die Möglichkeit, seine Interessen im familiengerichtlichen Verfahren selbständig wahrzunehmen und auf das Verfahren Einfluss zu nehmen.[7] Ausweislich der Materialien soll insbesondere mit der neu eingeführten Verfahrensfähigkeit (§ 9 Abs. 1 Nr. 3) die notwendige Akzessorietät zwischen materiellem Recht und Verfahrensrecht geschaffen werden.[8]

2. Bekanntmachung der Entscheidung. Die Entscheidung ist gegenüber dem Kind bekannt　**4** zu machen (Empfangszuständigkeit des Kindes), wenn die Voraussetzungen der selbständigen Ausübung des Beschwerderechts nach § 60 vorliegen.[9] Dies setzt voraus, dass das Kind nicht nach § 104 Nr. 2 BGB geschäftsunfähig ist, es das 14. Lebensjahr zum Zeitpunkt des Erlasses der Entscheidung vollendet hat (§ 60 S. 3)[10] und eine Angelegenheit vorliegt, die entweder die Person des Kindes betrifft oder zu der das Kind angehört werden soll. Die Bekanntgabe erfolgt nach § 15 Abs. 2 durch Zustellung nach §§ 166 ff. ZPO (zwingend in den Fällen des § 41 Abs. 1 S. 2) oder durch Aufgabe zur Post (dazu § 41 Rn. 5 f.) und tritt neben die Bekanntgabe an den gesetzlichen Vertreter.[11] Wird die nach § 60 beschwerdefähige Entscheidung dem Kind unter Verstoß gegen S. 1 nicht bekannt gegeben, so wird die Entscheidung nicht formell rechtskräftig, §§ 40, 45 (dazu § 41 Rn. 15).[12] Dies gilt auch dann, wenn die Bekanntgabe nur gegenüber dem gesetzlichen Vertreter oder dem Verfahrensbevollmächtigten des Kindes erfolgt.[13]

3. Begründung der Entscheidung. Die Entscheidung ist stets zu begründen;[14] S. 3 schreibt　**5** ausdrücklich vor, dass die im Allgemeinen Teil geregelte Ausnahme zum Begründungszwang nach § 38 Abs. 4 Nr. 2 nicht anzuwenden ist. Nach S. 2 soll dem Kind die Begründung nicht mitgeteilt werden, wenn Nachteile für die Entwicklung, Erziehung oder Gesundheit des Kindes zu befürchten sind.[15] In

---

[4] Die Verfahrensfähigkeit des Kindes, das das 14. Lebensjahr vollendet hat, wurde auf Beschlussempfehlung des Rechtsausschusses eingefügt (BT-Drucks. 16/9733, S. 25 f.). Verfahrensfähigkeit bedeutet, dass das Kind Verfahrenshandlungen selbst oder durch einen selbst bestellten Vertreter vornehmen kann. Aus der Verfahrensfähigkeit nach § 9 Abs. 1 Nr. 3 folgt u. a., dass dem Kind die in das Verfahren eingebrachten Schriftstücke (Schriftsätze, Gutachten, Stellungnahmen usw.) zu übermitteln sind. Zur Verfahrensfähigkeit des Kindes vgl. auch *Lipp/Schumann/Veit/Häußermann* S. 10 f.; *Heiter* FamRZ 2009, 85 ff.; *Stößer* FamRZ 2009, 664; *Schael* FamRZ 2009, 267 f.

[5] Das Beschwerderecht umfasst alle Verfahrenshandlungen, die das Beschwerdeverfahren mit sich bringt (etwa das Nachsuchen um Verfahrenskostenhilfe, die Ablehnung eines Sachverständigen, den Verzicht auf Rechtsmittel usw.). Nach *Lipp/Schumann/Veit/Häußermann* S. 10 sollen diese Rechte dem Minderjährigen auch schon im erstinstanzlichen Verfahren zustehen. *Brehm* § 8 Rn. 10 bejaht dies nur dann, wenn dem Minderjährigen nach materiellem Recht ein eigenes Antragsrecht zusteht. Zum Meinungsstreit *Gummersbach* S. 12. Vgl. weiter *Musielak/Borth* § 60 Rn. 2; *Jansen/Briesemeister* § 59 FGG Rn. 4, 16.

[6] § 164 begründet keine allgemeine Verfahrensfähigkeit des Kindes ab Vollendung des 14. Lebensjahrs in Kindschaftssachen. AA wohl *Musielak/Borth* § 9 Rn. 2.

[7] Unabhängig von diesen Rechten können einem Minderjährigen aber keine Kosten auferlegt werden, § 81 Abs. 3 (dazu § 81 Rn. 50 ff.).

[8] BT-Drucks. 16/9733, S. 288. Zu beachten ist allerdings, dass sich die Verfahrensfähigkeit nach § 9 Abs. 1 Nr. 3 nur auf solche Verfahren bezieht, in denen dem Kind nach dem BGB ein eigenes Recht zusteht (§ 1671 Abs. 2 Nr. 1, § 1684 Abs. 1 BGB) und das Kind dieses Recht auch geltend macht. Kritisch daher *Heiter* FamRZ 2009, 86 f. Vgl. weiter *Trenczek*, Familiengerichtliches Verfahren und Mitwirkung der Jugendhilfe nach dem FGG-Reformgesetz, ZKJ 2009, 97, 98 f.

[9] Die Befugnis der Eltern als gesetzlicher Vertreter des Minderjährigen Beschwerde einzulegen, wird durch § 60 nicht berührt; dazu *Brehm* § 8 Rn. 11; *Heiter* FamRZ 2009, 88.

[10] Die Entscheidung ist dem Kind somit nicht bekannt zu machen, wenn es nach Erlass der Entscheidung, aber noch vor Ablauf der Beschwerdefrist das 14. Lebensjahr vollendet. So auch *Jansen/Briesemeister* § 59 FGG Rn. 6.

[11] *Stößer* FamRZ 2009, 664.

[12] So *Stößer* FamRZ 2009, 664. Soweit eine Bekanntgabe an einen Beteiligten nicht möglich ist, beginnt die Frist spätestens mit Ablauf von fünf Monaten nach Erlass des Beschlusses (§ 38 Abs. 3 S. 3) zu laufen, § 63 Abs. 3 S. 2. Nach der Begründung des Regierungsentwurfs knüpft § 63 Abs. 3 S. 2 inhaltlich an § 517 Halbs. 2 ZPO an, wurde jedoch – ohne Begründung – deutlich enger gefasst. Da die Rechtskraft eines Beschlusses nicht allzu lang in der Schwebe bleiben sollte, sollte § 63 Abs. 3 S. 2 analog angewandt werden, wenn die Bekanntgabe an einen Beteiligten versehentlich unterblieben ist (nach dem Willen des Gesetzgebers ist dies allerdings nicht vorgesehen; BT-Drucks. 16/9733, S. 289: „Die Auffangfrist kommt vielmehr nur dann zur Anwendung, wenn eine Bekanntgabe der Entscheidung an einen erstinstanzlich Beteiligten innerhalb dieses Zeitraums nicht gelingt.").

[13] So auch *Keidel/Engelhardt* Rn. 2.

[14] BR-Drucks. 309/07, S. 538.

[15] Eine wortgleiche Formulierung sieht auch § 159 Abs. 4 vor. *Heiter* FamRZ 2009, 88 f. leitet daraus einen allgemeinen Rechtsgedanken ab.

jedem Fall ist aber die Entscheidungsformel mitzuteilen; lassen nur Teile der Begründung Nachteile iSd. S. 2 befürchten, dann sind nur diese wegzulassen.[16]

§ 165 Vermittlungsverfahren

(1) [1] Macht ein Elternteil geltend, dass der andere Elternteil die Durchführung einer gerichtlichen Entscheidung oder eines gerichtlich gebilligten Vergleichs über den Umgang mit dem gemeinschaftlichen Kind vereitelt oder erschwert, vermittelt das Gericht auf Antrag eines Elternteils zwischen den Eltern. [2] Das Gericht kann die Vermittlung ablehnen, wenn bereits ein Vermittlungsverfahren oder eine anschließende außergerichtliche Beratung erfolglos geblieben ist.

(2) [1] Das Gericht lädt die Eltern unverzüglich zu einem Vermittlungstermin. [2] Zu diesem Termin ordnet das Gericht das persönliche Erscheinen der Eltern an. [3] In der Ladung weist das Gericht darauf hin, welche Rechtsfolgen ein erfolgloses Vermittlungsverfahren nach Absatz 5 haben kann. [4] In geeigneten Fällen lädt das Gericht auch das Jugendamt zu dem Termin.

(3) [1] In dem Termin erörtert das Gericht mit den Eltern, welche Folgen das Unterbleiben des Umgangs für das Wohl des Kindes haben kann. [2] Es weist auf die Rechtsfolgen hin, die sich ergeben können, wenn der Umgang vereitelt oder erschwert wird, insbesondere darauf, dass Ordnungsmittel verhängt werden können oder die elterliche Sorge eingeschränkt oder entzogen werden kann. [3] Es weist die Eltern auf die bestehenden Möglichkeiten der Beratung durch die Beratungsstellen und -dienste der Träger der Kinder- und Jugendhilfe hin.

(4) [1] Das Gericht soll darauf hinwirken, dass die Eltern Einvernehmen über die Ausübung des Umgangs erzielen. Kommt ein gerichtlich gebilligter Vergleich zustande, tritt dieser an die Stelle der bisherigen Regelung. [2] Wird ein Einvernehmen nicht erzielt, sind die Streitpunkte im Vermerk festzuhalten.

(5) [1] Wird weder eine einvernehmliche Regelung des Umgangs noch Einvernehmen über eine nachfolgende Inanspruchnahme außergerichtlicher Beratung erreicht oder erscheint mindestens ein Elternteil in dem Vermittlungstermin nicht, stellt das Gericht durch nicht anfechtbaren Beschluss fest, dass das Vermittlungsverfahren erfolglos geblieben ist. [2] In diesem Fall prüft das Gericht, ob Ordnungsmittel ergriffen, Änderungen der Umgangsregelung vorgenommen oder Maßnahmen in Bezug auf die Sorge ergriffen werden sollen. [3] Wird ein entsprechendes Verfahren von Amts wegen oder auf einen binnen eines Monats gestellten Antrag eines Elternteils eingeleitet, werden die Kosten des Vermittlungsverfahrens als Teil der Kosten des anschließenden Verfahrens behandelt.

Schrifttum: *Coester,* Gütliche Einigung und Mediation in familienrechtlichen Konflikten, Kind-Prax 2003, 79 (Teil 1), 119 (Teil 2); *Jeske,* Das Vermittlungsverfahren nach § 52a FGG und die Familienmediation – Wege zur Bewältigung von Umgangsstreitigkeiten, 2005; *Maier,* Hinwirken auf das Einvernehmen nach § 52 FGG und das Vermittlungsverfahren nach § 52a FGG, FPR 2007, 301; *Morawe,* Die Vermittlung nach § 52a FGG und die Güteverhandlung nach § 278 ZPO – eine vergleichende Betrachtung, FPR 2004, 193; *Motzer,* Das Umgangsrecht in der gerichtlichen Praxis seit der Reform des Kindschaftsrechts, FamRZ 2000, 925; *Schael,* Antrag und gerichtliche Umgangsverfügung als Voraussetzungen eines Vermittlungsverfahrens gemäß § 52a FGG, FamRZ 2005, 1796; *ders.,* Minderjährige und ihre formelle Beteiligung in Verfahren über Kindschaftssachen nach dem FamFG, FamRZ 2009, 265; *Prinz zu Wied,* Das Vermittlungsverfahren nach § 52a FGG, FuR 1998, 193.

Übersicht

	Rn.		Rn.
I. Normzweck	1	2. Vorbereitung des Vermittlungstermins	7–11
II. Entstehungsgeschichte	2	a) Ladung der Eltern	8
		b) Ladung des Jugendamts	9
III. Anwendungsbereich	3–21	c) Beteiligung und Anhörung des Kindes	10
1. Einleitung des Vermittlungsverfahrens	3–6		
a) Umgangsregelung nach § 1684 BGB	4	d) Bestellung eines Verfahrensbeistands	11
b) Antrag eines Elternteils	5		
c) Ablehnung der gerichtlichen Vermittlung	6	3. Gestaltung des Vermittlungstermins	12, 13

---

[16] Dazu *Stößer* FamRZ 2009, 664.

	Rn.		Rn.
4. Erfolgreiche Vermittlung	14–17	5. Scheitern der Vermittlung	18–20
a) Inanspruchnahme außergerichtlicher Beratung	15	a) Entscheidung durch Beschluss	19
b) Gerichtlich gebilligter Vergleich	16, 17	b) Prüfung weiterer Maßnahmen	20
		6. Verfahrenskosten und Verfahrenskostenhilfe	21

I. Normzweck

Die Norm regelt die gerichtliche Vermittlung zwischen den Eltern bei Auseinandersetzungen über die Durchführung des Umgangs auf der Grundlage einer gerichtlichen Entscheidung oder eines gerichtlich gebilligten Vergleichs (§ 156 Abs. 2). Da die Stärkung von Konflikt vermeidenden und Konflikt lösenden Elementen im familiengerichtlichen Verfahren eines der Hauptanliegen der Reform ist,[1] liegt es nahe, dieses übergeordnete Ziel bei Auseinandersetzungen über die Durchführung einer Umgangsregelung fruchtbar zu machen und auch in diesem Stadium zu versuchen, **Einvernehmen der Eltern zum Wohle des Kindes** herzustellen. Zweck der Norm ist es daher, Streitigkeiten der Eltern über eine bereits bestehende – gerichtliche oder gerichtlich gebilligte – Umgangsregelung zu überwinden und insbesondere die Vollstreckung mit Zwangsmitteln im Interesse des Kindes durch eine weitere Vermittlung zwischen den Eltern abzuwenden. Daher wird den Eltern anstelle der Einleitung von Zwangsmaßnahmen nach §§ 88 ff. zur Durchsetzung der gerichtlichen bzw. gerichtlich gebilligten Umgangsregelung erneut der Weg zu einer einverständlichen Konfliktlösung eröffnet.[2] **1**

II. Entstehungsgeschichte

Im Wesentlichen wurde die durch das Kindschaftsrechtsreformgesetz 1998 eingeführte Regelung des § 52a FGG zum Vermittlungsverfahren übernommen.[3] Die neue Regelung wurde an die veränderte Rechtslage durch die Reform des familiengerichtlichen Verfahrens angepasst, insbesondere beziehen sich Abs. 1 S. 1 und Abs. 4 S. 2 auf das **neue Institut des gerichtlich gebilligten Vergleichs** (§ 156 Abs. 2). Weiterhin können künftig statt Zwangsmitteln **Ordnungsmittel**[4] im Rahmen der Vollstreckung von Umgangsentscheidungen festgesetzt werden (Abs. 3 S. 2 und Abs. 5 S. 2); Abs. 4 S. 3 wurde an die Vorschrift über den Terminsvermerk (§ 28 Abs. 4) angepasst.[5] Trotz leichter Straffung des Normtextes[6] im Verhältnis zu § 52a FGG ist die Regelung noch immer sehr detailliert.[7] Mit der seit Jahren geäußerten Kritik, dass die Regelung des § 52a FGG seit ihrer Einführung 1998 kaum praktische Bedeutung entfaltet habe,[8] setzt sich der Regierungsentwurf nicht auseinander. **2**

III. Anwendungsbereich

1. Einleitung des Vermittlungsverfahrens. Die Voraussetzungen für die Einleitung eines Vermittlungsverfahrens sind nach Abs. 1 S. 1 das Vorliegen einer gerichtlichen Entscheidung oder eines gerichtlich gebilligten Vergleichs (§ 156 Abs. 2) über den Umgang mit einem gemeinschaftlichen **3**

---

[1] BR-Drucks. 309/2/07, S. 110; BR-Drucks. 309/07 (B), S. 99; BT-Drucks. 16/6308, S. 164.

[2] Zu den Motiven des Gesetzgebers *Jeske* S. 125 ff.

[3] Kindschaftsrechtsreformgesetz v. 16. 12. 1997, BGBl. I S. 2942 (Art. 8 Nr. 11). Dazu auch BT-Drucks. 13/4899, S. 133 ff. In der Literatur werden statt „Vermittlungsverfahren" auch andere Bezeichnungen für das Verfahren verwendet: „gerichtliche Konfliktvermittlung", „gerichtliche Umgangsvermittlung". Dazu und zu weiteren Bezeichnungen *Jeske* S. 128 f.

[4] Diese Verschärfung gegenüber der alten Rechtslage (Ordnungsmittel statt Zwangsmittel) gehört zu den wesentlichen Zielen der Reform; vgl. nur *Zypries*, Deutscher Bundestag, 173. Sitzung v. 27. 6. 2008, Plenarprotokoll 16/173, S. 18469 („finanzielle Sanktionen"); kritisch *Leutheusser-Schnarrenberger*, ebenda, S. 18470; *Giers*, Die Vollstreckung nach dem FamFG-Ausblick, FPR 2008, 441, 442.

[5] BT-Drucks. 16/6308, S. 242.

[6] Abs. 4 konnte gestrafft werden, weil die Voraussetzungen des gerichtlich gebilligten Vergleichs in § 156 Abs. 2 geregelt sind.

[7] Der Bundesrat (BR-Drucks. 309/2/07, S. 57) hatte darum gebeten, im Verlauf des Gesetzgebungsverfahrens eine sprachliche Vereinfachung und erhebliche Straffung zu prüfen; beide Anregungen wurden nicht umgesetzt. Insbesondere hatte der Bundesrat kritisiert, dass die Regelung das richterliche Verhandeln bis ins Detail vorgebe und damit Misstrauen gegenüber den Richtern signalisiere.

[8] Kritisch *Lipp/Schumann/Veit/Maier* S. 111; *ders.* FPR 2007, 302 f.; *Morawe* FPR 2004, 195; *Motzer* FamRZ 2000, 930 f.; *Prinz zu Wied* FuR 1998, 195. Vgl. auch die Studie von *Proksch*, Rechtstatsächliche Untersuchung zur Reform des Kindschaftsrechts, 2002, S. 242 ff.

Kind und ein auf Einleitung eines Vermittlungsverfahrens gerichteter Antrag eines Elternteils. Das **Antragsverfahren** steht nur **Eltern eines gemeinschaftlichen Kindes** offen und ist gegenständlich auf Fragen der Durchführung des Umgangs mit dem Kind beschränkt.[9] Wenn § 152 Abs. 1 nicht einschlägig ist (Zuständigkeitskonzentration am Gericht der Ehesache, dazu § 152 Rn. 7 ff.), richtet sich die örtliche Zuständigkeit regelmäßig nach dem gewöhnlichen Aufenthalt des Kindes, § 152 Abs. 2.[10] Obwohl die Einleitung des Vermittlungsverfahrens gerade auch dem Zweck dient, die Vollstreckung aus einer Umgangsregelung zu verhindern, ist die vorherige Durchführung eines Vermittlungsverfahrens keine Voraussetzung für die Festsetzung von Ordnungsmitteln, § 92 Abs. 3 S. 1 (dazu § 92 Rn. 8). Die Eltern haben somit – bei Vorliegen der jeweiligen Voraussetzungen – die freie Wahl zwischen dem **Vollstreckungsverfahren nach § 92**, dem **Abänderungsverfahren nach § 1696 Abs. 1 BGB** und dem **Vermittlungsverfahren nach § 165**.[11] Allerdings können die Eltern in einen gerichtlich gebilligten Umgangsvergleich nach § 156 Abs. 2 die Klausel aufnehmen, dass vor Einleitung der Vollstreckung ein Vermittlungsverfahren nach § 165 durchzuführen ist.[12] Schließlich ist zu beachten, dass auch die Durchführung des Vermittlungsverfahrens der Festsetzung von Ordnungsmitteln nicht entgegensteht, § 92 Abs. 3 S. 2.[13] Vollstreckungs- und Vermittlungsverfahren können insbesondere dann parallel laufen, wenn ein Elternteil das Vollstreckungsverfahren nach § 92 beantragt und der andere Elternteil einen Antrag auf Vermittlung durch das Gericht gestellt hat.[14] Nach § 93 Abs. 1 Nr. 5 kann allerdings das Gericht die Vollstreckung einstweilen einstellen oder beschränken, wenn die Durchführung eines Vermittlungsverfahrens beantragt wird.

4 **a) Umgangsregelung nach § 1684 BGB.** Der Anwendungsbereich der Vorschrift ist nach Abs. 1 S. 1 nur eröffnet, wenn sich der Antrag eines Elternteils auf die Durchführung des Umgangs mit dem gemeinschaftlichen Kind nach § 1684 BGB bezieht[15] und hierzu bereits eine (wirksam gewordene) **gerichtliche Entscheidung** oder ein **gerichtlich gebilligter Vergleich** (§ 156 Abs. 2) vorliegt. Der gerichtlich gebilligte Vergleich ist der gerichtlichen Entscheidung gleichgestellt, weil sich das Gericht mit der Billigung auf Grund der in § 156 Abs. 2 S. 2 vorgesehenen Kindeswohlprüfung den Inhalt der einvernehmlichen Regelung der Eltern zu Eigen gemacht hat. Bei dem gerichtlich gebilligten Vergleich kann es sich auch um eine Umgangsregelung aus einem früheren Vermittlungsverfahren (Abs. 4 S. 2) handeln. Liegt eine einvernehmliche, jedoch nicht gerichtlich gebilligte Umgangsregelung der Eltern vor, so kann ein Vermittlungsverfahren nicht durchgeführt werden; in diesen Fällen kommt nur eine Vermittlung zwischen den Eltern durch die außergerichtlichen Beratungsstellen und -dienste der Träger der Jugendhilfe nach § 18 Abs. 3 S. 3 SGB VIII in Betracht.[16]

5 **b) Antrag eines Elternteils.** Das Verfahren kann nicht von Amts wegen, sondern nur auf Antrag eines Elternteils eingeleitet werden. Antragsberechtigt sind nur die **Eltern eines gemeinschaftlichen Kindes**. Der Antrag kann entweder vom umgangsberechtigten oder vom betreuenden Elternteil oder von beiden Eltern gestellt werden.[17] Nicht antragsberechtigt sind nach dem eindeutigen Wortlaut der Norm das Kind selbst,[18] das Jugendamt[19] und der Verfahrensbeistand.[20] Notwendiger

---

[9] BT-Drucks. 13/4899, S. 133.
[10] Dazu *Prinz zu Wied* FuR 1998, 193; *Jansen/Zorn* § 52a FGG Rn. 7.
[11] Dazu *Maier* FPR 2007, 302. Kritisch zur „unklaren Abgrenzung" der drei Verfahren *Lipp/Schumann/Veit/Coester* S. 53.
[12] So auch *Jeske* S. 130.
[13] BT-Drucks. 16/6308, S. 219; *Fölsch* § 6 Rn. 30. Vgl. weiter *Schael* FamRZ 2005, 1798. AA noch OLG Zweibrücken FamRZ 2000, 299.
[14] Dazu *Lipp/Schumann/Veit/Häußermann* S. 20: Somit ist eine Vollstreckung in Fällen möglich, „in denen der sorgeberechtigte Elternteil das Vermittlungsverfahren ersichtlich nur mit dem Ziel einer weiteren Verschleppung von Umgangskontakten zwischen Kind und familienfernem Elternteil missbraucht."
[15] Ein Vermittlungsverfahren kann somit nicht in den Fällen des § 1684 BGB (Umgangsrecht von Bezugspersonen) oder auf Antrag der Eltern in den Fällen des § 1686 BGB oder des § 1687 BGB durchgeführt werden. So auch *Prinz zu Wied* FuR 1998, 193 f.
[16] So auch *Jansen/Zorn* § 52a FGG Rn. 4; *Jeske* S. 130.
[17] Dazu *Jeske* S. 129; *Jansen/Zorn* § 52a FGG Rn. 10.
[18] Dies steht im Widerspruch zur Konzeption der Stellung des Kindes ab Vollendung des 14. Lebensjahrs: Obwohl das Kind vom Umgang unmittelbar betroffen ist und ihm ab 14 Jahren auch ein eigenes Beschwerderecht zusteht (§ 60), kann es das Vermittlungsverfahren nicht selbst beantragen. Dazu auch *Prinz zu Wied* FuR 1998, 193.
[19] Von einem Antragsrecht des Jugendamts wurde – trotz Befürwortung von Seiten des Bundesrates – abgesehen; BR-Drucks. 309/2/07, S. 111; BR-Drucks. 309/07 (B), S. 100. In der Gegenäußerung der Bundesregierung (BT-Drucks. 16/6308, S. 428) heißt es, dass das Jugendamt im Rahmen des Beratungsgesprächs nach § 18 Abs. 3 SGB VIII die Eltern auf die Möglichkeit der Einleitung eines Vermittlungsverfahrens hinweisen könne. Führe dieser Hinweis nicht zu einem Antrag eines Elternteils auf gerichtliche Vermittlung, so erscheine es nicht sinnvoll und zielführend, zusätzlich die Jugendämter mit der Einleitung eines Vermittlungsverfahrens zu betrauen.
[20] KG Berlin FamRZ 2003, 1039. Vgl. dazu auch *Schael* FamRZ 2005, 1797 f.; *Prinz zu Wied* FuR 1998, 193.

Inhalt des Antrags muss der Wunsch des antragstellenden Elternteils nach einer gerichtlichen Vermittlung sein; außerdem muss der Antrag das Vorbringen enthalten, dass der andere Elternteil die Durchführung des Umgangs vereitelt oder erschwert. Sofern der Antrag nicht eindeutig formuliert ist, etwa auch ein Abänderungsverfahren nach § 1696 Abs. 1 BGB oder ein Vollstreckungsverfahren nach § 92 in Betracht kommt, hat das Gericht durch gezieltes Nachfragen das Begehren des Antragstellers festzustellen.[21] Der Antrag kann formlos erfolgen;[22] seine Rücknahme ist jederzeit zulässig.[23] Der Widerspruch des anderen Elternteils ist unbeachtlich.[24]

c) Ablehnung der gerichtlichen Vermittlung. Um zu verhindern, dass ein Elternteil zum Zwecke der Verfahrensverschleppung oder der Schikanierung des anderen Elternteils die gerichtliche Vermittlung missbraucht, kann das Familiengericht nach pflichtgemäßem Ermessen die Durchführung des Verfahrens ablehnen, wenn bereits ein Vermittlungsverfahren oder eine außergerichtliche Beratung erfolglos geblieben ist (Abs. 1 S. 2).[25] Aus anderen Gründen (etwa auf Grund der Schwere des Konflikts) darf das Gericht nach dem eindeutigen Wortlaut der Norm die Vermittlung nicht ablehnen. Eine Ausdehnung des Abs. 1 S. 2 auf weitere Fälle ist auch nicht sachgerecht, weil das Familiengericht regelmäßig vor der Darlegung des Sachverhalts durch die Eltern den Erfolg der Vermittlung nicht einschätzen kann.[26] Die ablehnende Entscheidung ergeht durch **Beschluss**, der zu begründen ist (§ 38 Abs. 1 S. 1, Abs. 3 S. 1). Gegen den Beschluss ist die **Beschwerde** nach § 58 Abs. 1 statthaft.[27]

2. Vorbereitung des Vermittlungstermins. Lehnt das Familiengericht die Vermittlung nicht ab, so hat es den weiteren Verfahrensablauf beschleunigt zu gestalten (Abs. 2 S. 1 „unverzüglich").[28] Zum Vermittlungstermin sind die Eltern (s. u. Rn. 8) und in geeigneten Fällen das Jugendamt (s. u. Rn. 9) zu laden; die Vermittlungstätigkeit des Gerichts ist in Abs. 3 geregelt. Nicht ausdrücklich vorgesehen sind die Anhörung des Kindes (s. u. Rn. 10) und die Beteiligung des Verfahrensbeistands (s. u. Rn. 11).

a) Ladung der Eltern. Um mit den Eltern die Konfliktsituation möglichst schnell zu erörtern und den Konflikt durch eine einvernehmliche Regelung zu lösen, sind die Eltern unverzüglich (dh. ohne schuldhaftes Zögern) zum Vermittlungstermin zu laden; das persönliche Erscheinen ist anzuordnen, Abs. 2 S. 1, 2. Die Ladung muss nach Abs. 2 S. 3 den Hinweis enthalten, welche Rechtsfolgen ein erfolgloses Vermittlungsverfahren gemäß Abs. 5 haben kann, insbesondere, dass von Amts wegen die Verhängung von Ordnungsmitteln (§ 89), die Änderung der Umgangsregelung (§ 1696 BGB) oder Maßnahmen in Bezug auf die Sorge (§§ 1666f. BGB oder § 1696 BGB) vorgesehen werden können, wenn das Verfahren scheitert, weil ein Elternteil nicht erscheint (Abs. 5 S. 1, s. u. Rn. 20). Auf diese Weise soll der Ladung der nötige Nachdruck verliehen werden, weil das Gericht das Erscheinen der Eltern nicht erzwingen kann.[29] Spätestens mit der Ladung ist weiterhin der verfahrenseinleitende Antrag des einen Elternteils dem anderen Elternteil zu übermitteln.[30]

---

[21] So *Maier* FPR 2007, 302. Liegt jedoch bei einem Antrag auf Abänderung einer Umgangsrechtsentscheidung nach § 1696 Abs. 1 BGB die Voraussetzung eines triftigen, das Kindeswohl nachhaltig berührenden Grundes nicht vor, so kann nach *Schael* FamRZ 2005, 1797 der Grundsatz wohlwollender Auslegung gebieten, dem Antragsteller das Vermittlungsverfahren zu eröffnen. Unklar OLG Hamm FamRZ 1998, 1303 (Umdeutung eines Antrags auf Ausschluss des Umgangs in einen Antrag auf Durchführung eines Vermittlungsverfahrens).
[22] Insgesamt sind an den Verfahrensantrag keine zu hohen Anforderungen zu stellen, OLG Zweibrücken FamRZ 2000, 299.
[23] Das Vermittlungsverfahren ist damit beendet; so auch *Schael* FamRZ 2005, 1797.
[24] Dazu *Prinz zu Wied* FuR 1998, 194.
[25] BT-Drucks. 13/4899, S. 134. Vgl. auch *Jeske* S. 131; *Coester* Kind-Prax 2003, 81. Die Teilnahme an einer außergerichtlichen Beratung ist nicht Voraussetzung für die Durchführung des Vermittlungsverfahrens, OLG Hamm FamRZ 1998, 1303.
[26] So im Ergebnis auch *Jeske* S. 131 f.
[27] So auch *Schulte-Bunert/Weinreich/Ziegler* Rn. 5. Zur Beschwerde gegen den Beschluss nach alter Rechtslage (§ 52a Abs. 1 S. 2 FGG) vgl. *Jeske* S. 132 f.
[28] Kritisch dazu BR-Drucks. 309/2/07, S. 57: „Darüber hinaus suggeriert die Formulierung in Absatz 2, wonach nunmehr die Ladung zum Vermittlungstermin ‚unverzüglich' zu erfolgen hat (bisher in § 52a Abs. 2 FGG ‚alsbald') eine Verschärfung der Pflichten des Gerichts, die weder erforderlich noch laut Entwurfsbegründung gewollt ist."
[29] BT-Drucks. 13/4899, S. 134; *Jeske* S. 133 f. Kritisch zum Hinweis auf weitere Maßnahmen (Ordnungsmittel, Sorgerechtsentzug) *Prinz zu Wied* FuR 1998, 194 f.; *Lipp/Schumann/Veit/Rakete-Dombek* S. 103 f.; *Jeske* S. 166 ff. Kritik äußert auch *Lipp/Schumann/Veit/Coester* S. 53 an der „eigentümlichen Verbindung von Vermittlungsversuch und Drohkulisse".
[30] Dazu *Prinz zu Wied* FuR 1998, 194.

§ 165   9–12   Buch 2. Abschnitt 3. Verfahren in Kindschaftssachen

9   **b) Ladung des Jugendamts.** Das Jugendamt soll in geeigneten Fällen, insbesondere wenn es im vorausgegangenen Umgangsverfahren von seinen Mitwirkungsmöglichkeiten Gebrauch gemacht hat oder wenn eine außergerichtliche Konfliktlösung über das Jugendamt in Frage kommt,[31] zum Termin geladen werden, Abs. 2 S. 4.[32] Das Erscheinen eines Mitarbeiters des Jugendamts zum Vermittlungstermin kann jedoch nicht erzwungen werden (dazu § 162 Rn. 6). Gemäß § 162 Abs. 2, der auch für das Vermittlungsverfahren gilt, ist das Jugendamt auf Antrag zum Verfahren als Beteiligter hinzuzuziehen (**Muss-Beteiligter kraft Hinzuziehung** gemäß § 7 Abs. 2 Nr. 2; dazu § 162 Rn. 11 ff.).

10 **c) Beteiligung und Anhörung des Kindes.** Nach Abs. 2 sind die Beteiligung und die Anhörung des Kindes nicht ausdrücklich vorgesehen. Ein Minderjähriger, der das 14. Lebensjahr vollendet hat und nach § 9 Abs. 1 Nr. 3 verfahrensfähig ist, muss in (entsprechender) Anwendung des § 155 Abs. 1, Abs. 2 S. 1, Abs. 3[33] zum Termin geladen werden (zur Stellung der Beteiligten bei gerichtlicher Billigung eines Vergleichs s. u. Rn. 17).[34] Die Regelung zur **persönlichen Anhörung des Kindes** nach § 159 Abs. 1 oder 2 gilt ebenfalls für das Vermittlungsverfahren,[35] zumal das Gericht die einvernehmliche Regelung der Eltern nach Abs. 4 S. 2 iVm. § 156 Abs. 2 S. 2 nur dann billigen darf, wenn diese dem Kindeswohl nicht widerspricht. Die notwendige Kindeswohlprüfung ist ohne persönliche Anhörung des Kindes regelmäßig nicht möglich (s. u. Rn. 16; dazu auch § 156 Rn. 16).[36] In der Praxis empfiehlt sich entweder eine Anhörung des Kindes unmittelbar vor dem Vermittlungstermin mit den Eltern oder im Anschluss an den Termin vor der Billigung der einvernehmlichen Regelung der Eltern.[37]

11 **d) Bestellung eines Verfahrensbeistands.** Da es sich bei dem Vermittlungsverfahren um ein selbständiges Verfahren handelt, muss ein Verfahrensbeistand bei **Vorliegen der Voraussetzungen des § 158 Abs. 1 oder 2** erstmals oder ggf. auch erneut (sofern das Kind schon im vorangegangenen Umgangsverfahren einen Verfahrensbeistand hatte) bestellt werden.[38] Auch wenn nach dem Wortlaut des § 165 die Bestellung eines Verfahrensbeistands nicht vorgesehen ist, hat das Gericht zu prüfen, ob die Voraussetzungen hierfür nach § 158 vorliegen (zu denken ist vor allem an Fälle des § 158 Abs. 2 Nr. 1). Da das Vermittlungsverfahren in vielen Fällen dazu führen wird, dass eine neue Umgangsregelung die bisherige Regelung ablöst (s. u. Rn. 17), ist nach der neuen Konzeption des Verfahrens in Kindschaftssachen die Bestellung eines Verfahrensbeistands bei Vorliegen der Voraussetzungen des § 158 erforderlich.[39]

12 **3. Gestaltung des Vermittlungstermins.** Nach Abs. 3 hat das Gericht folgende **Belehrungspflichten**: Es hat erstens auf mögliche Folgen des elterlichen Umgangskonflikts für das Wohl des Kindes (Abs. 3 S. 1), zweitens auf mögliche Rechtsfolgen bei fortbestehendem Umgangskonflikt (Verhängung von Ordnungsmitteln, Einschränkung bzw. Entziehung der elterlichen Sorge, Abs. 3 S. 2)[40] und drittens auf bestehende Möglichkeiten einer außergerichtlichen Beratung (Abs. 3 S. 3)[41] hinzuweisen. Der Hinweis auf die in Abs. 3 S. 2 vorgesehenen Maßnahmen belegt deutlich, dass das Gericht mit seiner Autorität die Eltern zum Einvernehmen bewegen soll.[42] Strittig ist, ob das Gericht trotz des eingeschränkten Verfahrensgegenstands eigene Ermittlungen zur Feststellung des Sachverhalts nach § 26 anstellen darf.[43] Da es sich bei dem Vermittlungsverfahren um ein selbständiges

---

[31] Zur Abgrenzung der Aufgaben von Gericht und Jugendamt vgl. *Jeske* S. 242 ff.
[32] Im Gegensatz dazu sah § 52a Abs. 2 S. 4 FGG noch vor, dass das Gericht das Jugendamt in geeigneten Fällen um Teilnahme am Termin bittet. Dazu *Jeske* S. 134. Zur Mitwirkung des Jugendamts umfassend *Jeske* S. 242, 264 ff.
[33] BT-Drucks. 16/6308, S. 415. Da das minderjährige Kind durch das Umgangsverfahren unmittelbar betroffen ist, ist es gemäß § 7 Abs. 2 Nr. 1 stets materiell Beteiligter. Dazu BGH NJW 2008, 2586.
[34] Zur Verfahrensbeteiligung und Verfahrensfähigkeit Minderjähriger *Schael* FamRZ 2009, 266 ff.; *Gummersbach*, Die Subjektstellung des Kindes – Die verfahrensrechtliche Neuerung des Anwalts des Kindes in § 50 FGG, 2005, S. 9 ff.
[35] So auch *Prinz zu Wied* FuR 1998, 194. AA *Motzer* FamRZ 2000, 930. Zum Meinungsstand vgl. auch *Jeske* S. 171 ff.
[36] Vgl. auch *Maier* FPR 2007, 302; *Jansen/Zorn* § 52a FGG Rn. 17.
[37] Dazu auch *Staudinger/Rauscher* § 1684 BGB Rn. 250.
[38] Die Verfahrensbeistandschaft aus dem ursprünglichen Umgangsverfahren endete gemäß § 158 Abs. 6 mit Rechtskraft der Entscheidung. Dazu auch KG Berlin FamRZ 2003, 1039.
[39] So im Ergebnis auch *Jeske* S. 174 f.
[40] Weiterhin kann das Gericht auch auf die Maßnahmen, die auf Grund eines Antrags eines Elternteils getroffen werden können, hinweisen; BT-Drucks. 13/4899, S. 134.
[41] Eine Anordnung, an einer Beratung teilzunehmen, wie in § 156 Abs. 1 S. 4 vorgesehen, ist vom Wortlaut des Abs. 3 S. 3 nicht gedeckt. Kritisch dazu *Trenczek* FPR 2009, 335, 338.
[42] So auch *Staudinger/Rauscher* § 1684 BGB Rn. 251; *Coester* Kind-Prax 2003, 81 („unverkennbare Druckausübung").
[43] Dazu *Staudinger/Rauscher* § 1684 BGB Rn. 251, 253.

Verfahren handelt, das zu einer neuen vollstreckbaren Umgangsregelung führen kann (Abs. 4 S. 2), steht die Entscheidung, ob Ermittlungen von Amts wegen nach § 26 durchgeführt werden, ebenso wie die sonstige Vorgehensweise des Gerichts im pflichtgemäßen Ermessen.[44]

13 Nach Abs. 4 S. 1 soll das Gericht darauf hinwirken, dass die Eltern **Einvernehmen** über die Ausübung des Umgangs erzielen. Wird **kein Einvernehmen** erzielt, so sind die Streitpunkte nach Abs. 4 S. 3 im **Terminsvermerk** (§ 28 Abs. 4) festzuhalten (dazu § 28 Rn. 28 ff.), damit für ein nachfolgendes Verfahren (s. u. Rn. 20) dokumentiert ist, in welchen Punkten unterschiedliche Auffassungen der Eltern bestehen.[45]

14 **4. Erfolgreiche Vermittlung.** Die gerichtliche Vermittlung ist in drei Fällen erfolgreich: Erstens, wenn die Eltern ihre Konflikte bezüglich der Durchführung der Umgangsregelung lösen und an der bisherigen Regelung festhalten, zweitens, wenn die Eltern eine außergerichtliche Beratung in Anspruch nehmen, und drittens, wenn die Eltern sich auf eine neue Umgangsregelung einigen und diese vom Gericht gebilligt wird.

15 **a) Inanspruchnahme außergerichtlicher Beratung.** Sofern die Eltern sich für die Teilnahme an einer außergerichtlichen Beratung (Abs. 3 S. 3) entscheiden, ist das Vermittlungsverfahren erfolgreich beendet (Umkehrschluss aus Abs. 5 S. 1).[46] Die Einigung der Eltern über die Inanspruchnahme einer außergerichtlichen Beratung ist im **Terminsvermerk** (§ 28 Abs. 4) festzuhalten (dazu § 28 Rn. 28 ff.). Sollte die außergerichtliche Beratung nicht zu einer Einigung der Eltern führen, so wird das Vermittlungsverfahren nicht fortgesetzt. Das Scheitern kann aber bei erneuter Anrufung des Gerichts nach Abs. 1 S. 2 einen Grund zur Ablehnung des Verfahrens darstellen (s. o. Rn. 6).[47]

16 **b) Gerichtlich gebilligter Vergleich.** Einigen sich die Eltern auf eine von der bisherigen Umgangsregelung abweichende Regelung (die auch in einer Ergänzung der bisherigen Regelung bestehen kann), so ist diese einvernehmliche Regelung der Eltern vom Gericht nach Abs. 4 S. 2 zu billigen, wenn die Voraussetzungen des § 156 Abs. 2 vorliegen.[48] Dies bedeutet, dass eine gerichtliche Billigung nur erfolgen darf, wenn die einvernehmliche Regelung der Eltern – wie es in § 52a Abs. 4 S. 3 FGG ausdrücklich vorgesehen war – **dem Kindeswohl nicht widerspricht** (Abs. 4 S. 2 iVm. § 156 Abs. 2 S. 2).[49] Im Hinblick auf die verfassungsrechtlich verankerte Elternverantwortung hat der Staat einvernehmliche Regelungen der Eltern grundsätzlich zu respektieren (dazu auch § 156 Rn. 15). Während bei einer gerichtlichen Entscheidung nach § 1697a BGB der positive Kindeswohlstandard („dem Kindeswohl am besten entspricht") gilt, darf das Familiengericht einer einvernehmlichen Regelung der Eltern nach § 156 Abs. 2 S. 2 die Billigung nur dann versagen, wenn sie dem Kindeswohl widerspricht **(negative Kindeswohlprüfung)**. Zur Vermeidung von Widersprüchen im Verhältnis zu § 1671 Abs. 2 Nr. 1, Abs. 3 BGB[50] muss den Eltern bei einer einvernehmlichen Regelung ein möglichst großer Gestaltungsspielraum bleiben.[51] Daher darf das Familiengericht eine einvernehmliche Regelung der Eltern nur dann nicht billigen, wenn die Regelung mit dem Kindeswohl nicht vereinbar ist,[52] dh. Anhaltspunkte für eine Kindeswohlgefährdung vorliegen. Weiter setzt die Kindeswohlprüfung regelmäßig die **persönliche Anhörung des Kindes** bei Vorliegen der Voraussetzungen des § 159 Abs. 1 oder 2 voraus (s. o. Rn. 10, § 156 Rn. 16).[53]

17 Außerdem ist Voraussetzung für einen gerichtlich gebilligten Vergleich nach § 156 Abs. 2 S. 1, dass **Einvernehmen zwischen allen Beteiligten** des Verfahrens erzielt wird. Ausweislich der Drucksachen ist die Regelung des § 156 Abs. 2 „angelehnt an den bisherigen § 52a Abs. 4 Satz 3

---

[44] Keidel/Sternal § 26 Rn. 12 ff. Zur Vorgehensweise des Gerichts vgl. auch Jeske S. 146 ff., insb. S. 172 (zum Amtsermittlungsgrundsatz). Vgl. weiter Jansen/Zorn § 52a FGG Rn. 20.
[45] BT-Drucks. 13/4899, S. 134. Vgl. weiter Prinz zu Wied FuR 1998, 195.
[46] BT-Drucks. 13/4899, S. 134: „Verständigen sich die Eltern auf die Inanspruchnahme der weiteren Beratung [...] so ist das gerichtliche Vermittlungsverfahren nicht als erfolglos anzusehen (vgl. Absatz 5 Satz 1), aber gleichwohl beendet." Dazu auch Jeske S. 135 f.
[47] BT-Drucks. 13/4899, S. 134 f. Dazu auch Jeske S. 139; Staudinger/Rauscher § 1684 BGB Rn. 255.
[48] BT-Drucks. 16/6308, S. 242: „Die Regelung des gerichtlich gebilligten Vergleichs findet sich jetzt in § 156 Abs. 2. Abs. 4 konnte daher entsprechend gestrafft werden." Vgl. weiter Lipp/Schumann/Veit/Wagner S. 91.
[49] Zur Kindeswohlprüfung vgl. Jeske S. 155 ff.
[50] Bei Einvernehmen der Eltern nach § 1671 Abs. 2 Nr. 1 BGB ist keine Richtigkeitskontrolle vorgesehen; nur wenn Anhaltspunkte für eine Kindeswohlgefährdung vorliegen, gilt § 1671 Abs. 3 BGB iVm. §§ 1666 ff. BGB. Kritisch daher Lipp/Schumann/Veit/Coester S. 53.
[51] Dazu auch Musielak/Borth § 156 Rn. 4.
[52] Nach BT-Drucks. 13/4899, S. 102 widerspricht eine Maßnahme dem Kindeswohl, wenn sie sich als „mit dem Kindeswohl unvereinbar erweist".
[53] Vgl. auch Coester Kind-Prax 2003, 81.

FGG, erstreckt sich aber auf alle formell am Verfahren Beteiligten. Damit bedarf es auch einer Zustimmung des Kindes und ggf. des Jugendamts oder des Verfahrensbeistands."[54] Da der gerichtlich gebilligte Vergleich nach Abs. 4 S. 2 an die Stelle der gerichtlichen Umgangsregelung oder an die Stelle des bisherigen gerichtlich gebilligten Vergleichs (§ 156 Abs. 2) tritt, ist auch diese Voraussetzung zu beachten. Bei einer verfassungskonformen Auslegung des § 156 Abs. 2 darf eine einvernehmliche Regelung der Eltern jedoch nicht ohne sachliche Gründe durch die professionell am Verfahren Beteiligten (Jugendamt, Verfahrensbeistand) verhindert werden (dazu umfassend § 156 Rn. 17). Schließlich muss der gerichtlich gebilligte Vergleich vollstreckungsfähig (§ 86 Abs. 1 Nr. 2) und daher hinsichtlich seines Inhalts hinreichend bestimmt sein (zur Art und Weise der gerichtlichen Billigung und zur Vollstreckung des Vergleichs vgl. § 156 Rn. 13 ff., 18).[55]

18 **5. Scheitern der Vermittlung.** Die Vermittlung ist nach Abs. 5 S. 1 erfolglos geblieben, wenn eine einvernehmliche Regelung über den Umgang nicht erreicht (s. o. Rn. 16 f.) oder eine außergerichtliche Beratung nicht in Anspruch genommen wurde (s. o. Rn. 15) oder ein Elternteil nicht zum Vermittlungstermin erschienen ist (s. o. Rn. 8). Ein Scheitern des Vermittlungsverfahrens wegen Nichterscheinens eines Elternteils setzt voraus, dass dieser ordnungsgemäß geladen wurde. Kann der nicht erschienene Elternteil seine Säumnis nachvollziehbar entschuldigen, so ist zu prüfen, ob dieses Vorbringen in einen Antrag auf erneute Einleitung eines Vermittlungsverfahrens umgedeutet werden kann, dessen Durchführung dann nicht nach Abs. 1 S. 2 abgelehnt werden darf.[56]

19 **a) Entscheidung durch Beschluss.** Die Erfolglosigkeit des Vermittlungsverfahrens wird vom Gericht durch **nicht anfechtbaren Beschluss** festgestellt, Abs. 5 S. 1.[57] Diese Feststellung kann bei erneuter Anrufung des Gerichts nach Abs. 1 S. 2 einen Grund zur Ablehnung des Verfahrens darstellen (s. o. Rn. 6).[58] Für den Fall, dass das Gericht trotz Einigung der Eltern die neue Umgangsregelung nicht gebilligt hat, weil es der Auffassung war, dass diese dem Kindeswohl widerspricht, wird in der Literatur vertreten, dass die Ablehnung der gerichtlichen Billigung der einvernehmlichen Regelung der Eltern durch Beschluss mit Begründung zu erfolgen habe und dieser mit der Beschwerde angefochten werden könne.[59] Da der Beschluss nach Abs. 5 S. 1 jedoch nur die Funktion hat, die Voraussetzung für die Ablehnung eines erneuten Vermittlungsverfahrens nach Abs. 1 S. 2 zu schaffen, und auch sonst in den Fällen des § 156 Abs. 2 S. 1 ein Beschluss im Falle der Ablehnung einer gerichtlichen Billigung der einvernehmlichen Regelung der Eltern nicht vorgesehen ist, kann dieser Auffassung nach der Konzeption des Gesetzes nicht gefolgt werden.

20 **b) Prüfung weiterer Maßnahmen.** Nach der Feststellung der Erfolglosigkeit muss das Gericht von Amts wegen prüfen, ob und ggf. welche Maßnahmen zum Wohle des Kindes zu ergreifen sind. Abs. 5 S. 2 nennt als weitere (mögliche) Maßnahmen die **Anordnung von Ordnungsmitteln** gemäß § 89, die **Änderung der Umgangsregelung** nach § 1696 Abs. 1 BGB oder die **Änderung in Bezug auf die Sorge** nach § 1666 BGB oder § 1696 Abs. 1 BGB. Wird eines dieser Verfahren von Amts wegen oder auf Antrag eines Elternteils eingeleitet, so handelt es sich im Verhältnis zum abgeschlossenen Vermittlungsverfahren um ein selbständiges Verfahren.[60] Das Gericht kann aber noch im Vermittlungsverfahren nach Abschluss der Prüfung weiterer Maßnahmen einen zeitnahen Termin zur Durchführung des Anschlussverfahrens bestimmen.[61]

21 **6. Verfahrenskosten und Verfahrenskostenhilfe.** Das gerichtliche Vermittlungsverfahren ist grundsätzlich gerichtsgebührenfrei.[62] Leitet das Gericht von Amts wegen oder auf Antrag eines Elternteils binnen eines Monats nach Bekanntgabe des Beschlusses über die Erfolglosigkeit des Vermittlungsverfahrens ein Anschlussverfahren ein, so werden nach Abs. 5 S. 3 die Kosten des Vermittlungsverfahrens als Kosten des Anschlussverfahrens behandelt.[63] Die Gebühren des Anwalts sind davon abhängig, ob das Vermittlungsverfahren scheitert oder mit einem gerichtlich gebilligten Vergleich endet (im letzteren Fall fällt eine Einigungsgebühr an).[64] Nach alter Rechtslage war

---

[54] BT-Drucks. 16/6308, S. 237. Dazu auch *Schael* FamRZ 2009, 266.
[55] Dazu auch *Staudinger/Rauscher* § 1684 BGB Rn. 254 f.; *Schael* FamRZ 2005, 1798 f.; *Jeske* S. 157.
[56] So auch *Prinz zu Wied* FuR 1998, 195; *Jeske* S. 140.
[57] Zur Unanfechtbarkeit des Beschlusses *Jeske* S. 141.
[58] BT-Drucks. 13/4899, S. 135.
[59] So *Prinz zu Wied* FuR 1998, 195. Zum Meinungsstand vgl. auch *Jeske* S. 141 ff.
[60] Zur strikten Trennung von Vermittlungs- und Anschlussverfahren vgl. *Jeske* S. 143 ff.
[61] Dazu auch *Staudinger/Rauscher* § 1684 BGB Rn. 258.
[62] BT-Drucks. 13/4899, S. 135.
[63] BT-Drucks. 13/4899, S. 135. Dazu *Jeske* S. 145 f.; *Prinz zu Wied* FuR 1998, 195. Vgl. aber § 17 Nr. 8 RVG.
[64] BT-Drucks. 16/6308, S. 137, 341; *Fölsch* § 8 Rn. 87 f. Uneinheitlich OLG Brandenburg FamRZ 2004, 895; OLG Brandenburg NJW-RR 2006, 1439; OLG Saarbrücken NJOZ 2006, 1930 f.; OLG Nürnberg OLGR 2006, 245; OLG Zweibrücken OLGR 2008, 704. Vgl. weiter *Jansen/Zorn* § 52a FGG Rn. 26.

umstritten, ob für die Durchführung des Vermittlungsverfahrens **Verfahrenskostenhilfe** unter Beiordnung eines Bevollmächtigten gewährt werden kann.[65] Auch wenn nach § 78 Abs. 2 nur noch bei schwieriger Sach- und Rechtslage die Beiordnung eines Anwalts erfolgen soll, ist auch künftig das verfassungsrechtliche Gebot der prozessualen Waffengleichheit zu beachten.[66]

§ 166 Abänderung und Überprüfung von Entscheidungen und gerichtlich gebilligten Vergleichen

(1) Das Gericht ändert eine Entscheidung oder einen gerichtlich gebilligten Vergleich nach Maßgabe des § 1696 des Bürgerlichen Gesetzbuchs.

(2) Eine länger dauernde kindesschutzrechtliche Maßnahme hat das Gericht in angemessenen Zeitabständen zu überprüfen.

(3) Sieht das Gericht von einer Maßnahme nach den §§ 1666 bis 1667 des Bürgerlichen Gesetzbuchs ab, soll es seine Entscheidung in einem angemessenen Zeitabstand, in der Regel nach drei Monaten, überprüfen.

Schrifttum: *Büte*, Gesetz zur Erleichterung familiengerichtlicher Maßnahmen bei Gefährdung des Kindeswohls, FuR 2008, 361 ff.; *Coester*, Inhalt und Funktionen des Begriffs der Kindeswohlgefährdung – Erfordernis einer Neudefinition?, JAmt 2008, 1 ff; ders., Verfahren in Kindschaftssachen, in: Lipp/Schumann/Veit (Hrsg.), Reform des familiengerichtlichen Verfahrens, S. 39 ff.; *Rosenboom/Rotax*, Ein kleiner Meilenstein auf dem Weg zum besseren Kindesschutz, ZRP 2008, 1 ff.; *Vogel*, Gesetz zur Erleichterung familiengerichtlicher Maßnahmen bei Gefährdung des Kindeswohls, FPR 2008, 231 ff.; *Willutzki*, Kinderschutz aus Sicht des Familiengerichts, ZKJ 2008, 139 ff.

Übersicht

	Rn.		Rn.
I. Normzweck und Entstehungsgeschichte	1–4	III. Überprüfung von kindesschutzrechtlichen Maßnahmen (Abs. 2)	17–22
II. Abänderungsbefugnis (Abs. 1)	5–16	1. Überprüfungsgegenstand	17, 18
1. Anwendungsbereich	5, 6	2. Angemessene Zeitabstände	19
2. In Verbindung mit § 1696 Abs. 1 S. 1 BGB	7	3. Überprüfungsverfahren	20–22
3. In Verbindung mit § 1696 Abs. 1 S. 2 BGB	8, 9	IV. Überprüfung bei Absehen von einer Maßnahme (Abs. 3)	23–29
4. In Verbindung mit § 1696 Abs. 2 BGB	10–12	1. Eintrittsschwelle	23
5. Abänderungsgegenstand	13, 14	2. Überprüfungsgegenstand	24–26
6. Verfahrensrechtliche Besonderheiten	15, 16	3. Angemessener Zeitabstand	27, 28
		4. Überprüfungsverfahren	29

I. Normzweck und Entstehungsgeschichte

Die Entscheidung des Familiengerichts auf dem Gebiet des Kindschaftsrechts ist kein ausschließlich 1 die Vergangenheit abschließendes, sondern (vor allem) prognostisch in die Zukunft wirkendes staatliches Handeln. Sie muss daher **geänderten Verhältnissen** angepasst werden können.[1] Der Staat übernimmt in Gestalt des Familiengerichts nach jeder Erstbefassung im Rahmen seines **staatlichen Wächteramtes** aus Art. 6 Abs. 2 S. 2 GG die fortdauernde Verantwortung für das Kindeswohl.[2] Daher begründet § 1696 BGB zum einen eine Pflicht des Familiengerichts zur Änderung einer

---

[65] OLG Thüringen FamRZ 2005, 1578; OLG Brandenburg FamRZ 2009, 1080; OLG Frankfurt a. M. FamRZ 2009, 1079; *Motzer* FamRZ 2000, 930; *Prinz zu Wied* FuR 1998, 195; *Morawe* FPR 2004, 194 f.; *Maier* FPR 2007, 302; *Jeske* S. 178 ff.

[66] Die Auffassung des Gesetzgebers (BT-Drucks. 16/6308, S. 214), die Beiordnung eines Anwalts sei nicht schon bei anwaltlicher Vertretung der Gegenseite geboten, weil das Gebot der prozessualen Waffengleichheit (§ 121 Abs. 2 ZPO) aufgrund des Amtsermittlungsgrundsatzes nicht automatisch im FamFG-Verfahren gelte, dürfte im Hinblick auf die Rechtsprechung des BVerfG (FamRZ 2002, 531 f.) kaum haltbar sein. In der Literatur wird daher überwiegend die Auffassung vertreten, dass auf Grund der Bedeutung des Verfahrens bzw. bei anwaltlicher Vertretung der Gegenseite das Gericht über die Beiordnung nach pflichtgemäßem Ermessen im Einzelfall entscheiden müsse. So *Musielak/Borth* Rn. 2; *Keidel/Zimmermann* § 78 Rn. 5, 15, 17; *Groß* FPR 2006, 432; *Büte* FPR 2009, 14 f. Zur Problematik auch *Schürmann* FamRB 2009, 60; § 78 Rn. 7 f., 10.

[1] *Palandt/Diederichsen* § 1696 BGB Rn. 1.

[2] Krit. *Staudinger/Coester* § 1696 BGB Rn. 4.

familiengerichtlichen Entscheidung zum Sorge – und Umgangsrecht oder eines gerichtlich gebilligten Vergleiches, wenn dies aus triftigen, das **Wohl des Kindes** nachhaltig berührenden Gründen angezeigt ist, und zum anderen zur Aufhebung einer kindesschutzrechtlichen Maßnahme (vgl. § 1696 Abs. 2), wenn eine Gefahr für das Kindeswohl nicht mehr besteht oder die Erforderlichkeit der Maßnahme entfallen ist.

2 Die Norm enthält das **verfahrensrechtliche Pendant zu § 1696 BGB** mit seinem ausschließlichen materiell-rechtlichen Regelungsgehalt. Sie ebnet als lex specialis zu § 48 den Weg zur Durchbrechung materieller und formeller Rechtskraft von Entscheidungen in der Hauptsache in den Kindschaftssachen des § 151 Nr. 1 bis 5 und 8. Zur Abänderung von Entscheidungen im Bereich der Kindschaftssachen des § 151 Nr. 6 und 7 siehe § 167 Rn. 17. Die Abänderung einer im Verfahren auf **Erlass einer einstweiligen Anordnung** ergangenen Entscheidung unterliegt hingegen alleine dem Regelungsgehalt des § 54.[3]

3 Abs. 1 enthält die verfahrensrechtliche **Pflicht und Befugnis zur Durchführung des Abänderungsverfahrens,** welches sich an dem inhaltlichen Entscheidungsmaßstab des § 1696 Abs. 1 und 2 zu orientieren hat. **Abs. 2** entspricht dem erst im Juli 2008 in Kraft getretenen § 1696 Abs. 3 BGB aF und beinhaltet eine periodische Überprüfungspflicht hinsichtlich **kindesschutzrechtlicher Maßnahmen.** Diese Regelung verdeutlicht die fortdauernde Verantwortung des Staates, etwaige Maßnahmen mit Blick auf den Grundsatz der Verhältnismäßigkeit auch zeitlich zu beschränken. Sie dient zugleich der Sicherung der materiell-rechtlichen Abänderungs- bzw. Aufhebungspflicht aus § 1696 BGB.[4] **Abs. 3** geht schließlich über die legislatorischen Vorgaben vor Inkrafttreten des FamFG hinaus und schafft eine **Überprüfungspflicht** in den Fällen des Absehens von einer Maßnahme zur Abwendung einer Gefährdung für Kindeswohl bzw. -vermögen (vgl. §§ 1666, 1666a, 1667 BGB). Durch ihn soll der Gefahr begegnet werden, dass es entgegen der – etwa nach Erörterung im Rahmen von § 157 gebildeten – Annahme des Gerichts nicht gelingt, eine Kindeswohlgefährdung auch ohne familiengerichtliche Maßnahme abzuwenden, die Eltern sich durch das Absehen von Maßnahmen (fälschlich) bestätigt fühlen und mit dem Jugendamt nicht mehr zusammenarbeiten und das Jugendamt das Gericht aus falscher Zurückhaltung nicht mehr anruft.[5]

4 Der Regelungsgehalt der Norm findet erstmals Eingang in das Verfahrensrecht. Im **Gesetzgebungsverfahren** war die Regelung in Abs. 3 umstritten. Der Bundesrat hat vorgeschlagen, von einer generellen Überprüfungspflicht abzusehen und eine solche nur dann vorzusehen, wenn deutliche Anhaltspunkte für die Annahme bestünden, dass sich die Verhältnisse zum Nachteil des Kindes verändern könnten; den Zeitpunkt der Überprüfung solle des Gericht nach den Umständen des Falles selbst bestimmen, sie solle aber zum Schutz des Kindes innerhalb von sechs Monaten erfolgen.[6] Die Bundesregierung stimmte diesem Vorschlag nicht zu, da die Ausgestaltung als Regelfrist, die als Anhaltspunkt für einen im Allgemeinen als angemessen zu erachtenden Überprüfungszeitpunkt diene, den Gerichten zum einen die notwendige Flexibilität gebe und zum anderen eine Zeitspanne von drei Monaten in den meisten Fällen erforderlich, aber auch ausreichend sei, um erkennen zu können, ob die Eltern unter dem Eindruck des gerichtlichen Verfahrens bereit seien, notwendige sozialpädagogische Familienhilfen anzunehmen und mit dem Jugendamt zu kooperieren.[7]

II. Abänderungsbefugnis (Abs. 1)

5 **1. Anwendungsbereich.** Die Norm gilt nach ihrer **systematischen Stellung** im Abschnitt 3 zwar in allen Kindschaftssachen im Sinne von § 151. Der Verweis auf die **materiell-rechtlichen Voraussetzungen des § 1696 BGB** schränkt jedoch den möglichen Anwendungsbereich ein. Denn die Generalnorm des § 1696 Abs. 1 S. 1 BGB ist anwendbar in Verfahren zum Sorge- und Umgangsrecht, wenn nicht eine der in § 1696 Abs. 1 S. 2 BGB genannten Spezialvorschriften (§§ 1672 Abs. 2, 1680 Abs. 2 S. 1 sowie § 1681 Abs. 1 und 2 BGB) oder die kindesschutzrechtliche Aufhebungsvorschrift des § 1696 Abs. 2 BGB eingreift.[8]

6 In den **Kindschaftssachen des § 151 Nr. 4 bis 8** findet § 166 Abs. 1 und damit auch § 1696 BGB bereits deshalb **keine Anwendung,** weil zum einen Regelungsgegenstand dieser Kindschaftssachen nicht das „Sorge- und Umgangsrecht" im engeren Sinne ist. Zum anderen sind für die

---

[3] BT-Drucks. 16/6308, S. 242.
[4] Vgl. BT-Drucks. 7/2060 S. 39; 8/2788, S. 68.
[5] BT-Drucks. 16/6308, S. 243.
[6] BR-Drucks. 309/07, S. 47.
[7] BT-Drucks. 16/6308, S. 417.
[8] BT-Drucks. 16/6308, S. 346.

Änderung von Bestellungsentscheidungen im Vormundschafts – und Pflegschaftsrecht die §§ 1886 ff. BGB lex specialis gegenüber § 1696 BGB.[9] **Etwas anderes** gilt in den Fällen des § 1837 Abs. 4 BGB, der unmittelbar auf den **Vormund**[10] und über § 1915 BGB auf den **Pfleger** Anwendung findet und auf die §§ 1666, 1666a, 1696 BGB verweist. Auch bei vorangegangener Entziehung der Vertretungsmacht des Vormunds oder Pflegers (vgl. §§ 1796, 1915 BGB) oder Änderung einer Entscheidung über die Erteilung einer allgemeinen Ermächtigung für den Vormund oder Pfleger (vgl. §§ 1825, 1915 BGB) findet Abs. 1 Anwendung, da diese Entscheidungen ebenfalls eine **kindesschutzrechtliche Tendenz** aufweisen.[11]

2. In Verbindung mit § 1696 Abs. 1 S. 1 BGB. Der in Abs. 1 enthaltene Verweis auf § 1696 BGB führt mit Blick auf § 1696 Abs. 1 S. 1 BGB zur Abänderbarkeit von Entscheidungen **auf Grund neuer Tatsachen**[12] am Maßstab der „**triftigen, das Wohl des Kindes nachhaltig berührenden Gründe**", in Verfahren über
– **Meinungsverschiedenheiten** der Eltern im Sinne von § 1628 BGB, sofern das Familiengericht die Entscheidung über eine einzelne Angelegenheit einem Elternteil übertragen hat und diese noch nicht getroffen wurde oder die Entscheidung in einer bestimmten Art von Angelegenheiten übertragen wurde und solche noch ausstehen,
– die **Herausgabe** des Kindes (§ 1632 Abs. 1, 3 BGB),
– das **Sorgerecht bei Getrenntleben** der Eltern (§ 1671 BGB),
– das **Sorgerecht bei Ruhen der mütterlichen Alleinsorge** (§ 1678 Abs. 2 BGB),
– das **Umgangsrecht** (§§ 1684 Abs. 3, 1685 BGB), soweit der Umgang durch die Entscheidung nicht eingeschränkt oder ausgeschlossen worden ist (vgl. §§ 1684 Abs. 4, 1685 Abs. 3 BGB; hierzu Rn. 11) sowie
– die **Änderung** einer Entscheidung oder eines gerichtlich gebilligten Vergleichs nach § 1696 Abs. 1 BGB (s. aber Rn. 14).

3. In Verbindung mit § 1696 Abs. 1 S. 2 BGB. Mit Blick auf Abs. 1 iVm. § 1696 Abs. 1 S. 2 BGB besteht eine **Abänderungspflicht** in Bezug auf Entscheidungen in Verfahren über
– den **Wechsel zur gemeinsamen Sorge** nach Übertragung der Alleinsorge auf den Vater (§ 1672 Abs. 2 BGB),
– das **Sorgerecht bei Tod** eines alleinsorgeberechtigten Elternteils (§ 1680 Abs. 2 BGB).
– das Sorgerecht, soweit einem Elternteil, dem die elterliche Sorge gemeinsam mit dem anderen Elternteil oder gemäß § 1626a Abs. 2 BGB alleine zustand, die **elterliche Sorge entzogen** wird, da § 1680 Abs. 3 BGB auf den Prüfungsmaßstab des § 1680 Abs. 2 BGB verweist und
– das **Sorgerecht bei Todeserklärung** eines alleinsorgeberechtigten Elternteils (§ 1681 Abs. 1, 2 BGB).

Verwiesen wird insoweit nicht auf den **Prüfungsmaßstab** des § 1696 Abs. 1 S. 1 BGB, so dass es bei den in den einzelnen Normen genannten Abänderungsmaßstäben (§§ 1672 Abs. 2, 1680 Abs. 2 S. 1, 1681 Abs. 1 BGB: „... dem Wohl des Kindes nicht widerspricht"; §§ 1680 Abs. 2 S. 2, 1681 Abs. 1 BGB: „... dem Wohl des Kindes dient.") verbleibt.

4. In Verbindung mit § 1696 Abs. 2 BGB. Abs. 1 S. 1 verweist auch auf § 1696 Abs. 2 BGB, so dass nach dem Wortlaut der Vorschrift eine Abänderungspflicht im Sinne einer **Pflicht zur Aufhebung kindesschutzrechtlicher Maßnahmen** besteht, wenn auf Grund der in der Ausgangsentscheidung festgestellten oder anderer Tatsachen eine Kindeswohlgefährdung nicht mehr besteht oder die Erforderlichkeit der Maßnahme entfallen ist.[13] Die genannten Maßnahmen unterliegen jedoch auch dann der Abänderung wegen neu eingetretener Umstände, wenn diese nach einer Abmilderung der kindesschutzrechtlichen Maßnahme, deren Verschärfung oder einer anderen ebenso invasiven familiengerichtlichen Maßnahme verlangen.[14] Im Falle des Absehens von einer kindesschutzrechtlichen Maßnahme kann diese Entscheidung, gegebenenfalls ausgehend von der Überprüfungspflicht nach Abs. 3 (s. Rn. 23 ff.), zu ändern sein. Abänderungsmaßstab sind auch hier nicht „triftige, das Wohl des Kindes nachhaltig berührende Gründe", sondern Vorhandensein bzw. Ausmaß der Kindeswohlgefährdung und der Grundsatz der Verhältnismäßigkeit.

Eine **kindesschutzrechtliche Maßnahme** ist nach der Legaldefinition des § 1696 Abs. 2 BGB „eine Maßnahme nach den §§ 1666 bis 1667 oder einer anderen Vorschrift des Bürgerlichen Gesetz-

---

[9] *Staudinger/Coester* § 1696 BGB Rn. 28.
[10] Vgl. BayObLG FamRZ 1999, 1154, 1155.
[11] Vgl. *Staudinger/Coester* § 1696 BGB Rn. 28.
[12] Vgl. nur BGH FamRZ 1993, 314, 315; OLG Thüringen FamRZ 2005, 52, 53.
[13] Vgl. BVerfGE 88, 187 (= NJW 1993, 2733).
[14] *Palandt/Diederichsen* § 1696 BGB Rn. 11; *Staudinger/Coester* § 1696 BGB Rn. 97.

§ 166 12–17 Buch 2. Abschnitt 3. Verfahren in Kindschaftssachen

buchs, die nur ergriffen werden darf, wenn dies zur Abwendung einer Kindeswohlgefährdung oder zum Wohl des Kindes erforderlich ist". Abzuändern sind daher gegebenenfalls Entscheidungen
- zur **Abwehr einer Kindeswohlgefährdung** (§§ 1666, 1666a BGB ggf. iVm. § 1837 Abs. 4 BGB),
- zur **Abwehr einer Gefährdung des Kindesvermögens** getroffene familiengerichtliche Entscheidungen (§ 1667 BGB),
- über eine **Verbleibensanordnung** im Sinne von § 1632 Abs. 4 BGB bzw. § 1682 BGB,
- **Einschränkung oder Ausschluss des Umgangsrechts** von Eltern (vgl. § 1684 Abs. 4 BGB) oder anderen Personen (vgl. § 1685 Abs. 3 iVm. § 1684 Abs. 4 BGB),
- über **Einschränkungen oder Ausschluss der Befugnisse zur alleinigen Entscheidung** in Angelegenheiten des täglichen Lebens bzw. der täglichen Betreuung (§§ 1687 Abs. 2, 1687a, 1688 Abs. 3 S. 2, Abs. 4 BGB) sowie
- über die **Entziehung der Vertretungsmacht** (§§ 1629 Abs. 2 S. 3, 1796 BGB).

12   Auf Grund der Spezialregelung in § 167 unterliegen Entscheidungen nach § 1631b BGB zur **Genehmigung einer Unterbringung** des Kindes zwar dem materiell-rechtlichen Regelungsgehalt des § 1696 Abs. 2 BGB,[15] die maßgebliche verfahrensrechtliche Befugnis ergibt sich aber aus § 167 Abs. 1 S. 1 iVm. §§ 328 bis 330.

13   **5. Abänderungsgegenstand.** Sind die Abänderungsvoraussetzungen erfüllt besteht einerseits eine **materiell-rechtliche Verpflichtung** zur Abänderung und andererseits eine entsprechende **verfahrensrechtliche Befugnis** des Gerichts.[16] Pflicht und Befugnis beziehen sich auf den Abänderungsgegenstand, also in erster Linie auf die **abzuändernde Entscheidung.** Eine Entscheidung im Sinne von Abs. 1 S. 1 ist ein Beschluss, durch den der Verfahrensgegenstand ganz oder teilweise erledigt wird (vgl. § 38 Abs. 1) und der nicht im Wege der einstweiligen Anordnung ergangen ist, weil letzterer von der Spezialvorschrift des § 54 erfasst wird.

14   Ein **gerichtlich gebilligter Vergleich,** aus dem nach § 86 Abs. 1 2 die Vollstreckung stattfindet, ist nach der Legaldefinition von § 156 Abs. 2 S. 1 die vom Gericht als Vergleich aufgenommene und gebilligte einvernehmliche Regelung der Beteiligten über den Umgang oder die Herausgabe des Kindes. Da der Vergleich auf einer von den Eltern im Rahmen ihrer grundsätzlichen Autonomie (Art. 6 Abs. 2 S. 1 GG) einvernehmlich getroffenen Entscheidung beruht, kommt seine Abänderung am Maßstab des § 1696 Abs. 1 BGB nur auf Antrag eines Elternteils in Betracht. Von Amts wegen kann der gerichtlich gebilligte Vergleich nur unter den Voraussetzungen des § 1666 BGB geändert werden.[17]

15   **6. Verfahrensrechtliche Besonderheiten.** Abänderungsverfahren nach Abs. 1 sind **selbständige Verfahren.** Die örtliche Zuständigkeit ist daher unter Berücksichtigung der §§ 152 bis 154 neu zu bestimmen. Die Einleitung des Verfahrens erfolgt grundsätzlich von Amts wegen. Etwas anderes gilt nur bei gerichtlich gebilligten Vergleichen, hier bedarf es des Antrages eines Elternteils, wenn nicht die Einleitung eines Verfahrens nach § 1666 BGB geboten ist (vgl. Rn. 14). Amtsermittlungs- und Anhörungspflichten richten sich nach den allgemeinen Regeln für Kindschaftssachen. Das Verfahren, in welchem eine umfassende Kindeswohlprüfung zu erfolgen hat (s. Rn. 10), ist gegebenenfalls vorrangig und beschleunigt zu bearbeiten (§ 155). Auch kann gemäß § 158 die Bestellung eines Verfahrensbeistandes geboten sein. War ein solcher im Ausgangsverfahren bestellt, so wird dies in der Regel auch im Abänderungsverfahren zur Wahrnehmung der Interessen des Minderjährigen erforderlich sein.[18]

16   **Einstweilige Anordnungen** können während des Abänderungsverfahrens nach Maßgabe der §§ 49 ff. erlassen werden. Unbeschadet dessen ist das Abänderungsverfahren stets durch einen förmlichen Beschluss im Sinne von § 38 ff. abzuschließen. Dieser ist nach allgemeinen Grundsätzen anfechtbar. Ob eine Überprüfungspflicht des Gericht entsteht, richtet sich ausschließlich nach dem Ergebnis der Abänderungsentscheidung: Eine länger dauernde kindschutzrechtliche Maßnahme hat es nach Abs. 2 zu überprüfen, bei (künftigem) Absehen von Maßnahmen nach den §§ 1666 bis 1667 BGB entsteht bei Überschreitung der Eintrittsschwelle (s. Rn. 23) grundsätzlich die Überprüfungspflicht des Absatzes 3.

III. Überprüfung von kindesschutzrechtlichen Maßnahmen (Abs. 2)

17   **1. Überprüfungsgegenstand.** Gegenstand der Überprüfungspflicht aus Abs. 2 sind die in der Form der Endentscheidung als Beschlüsse erlassenen **„kindesschutzrechtliche Maßnahmen"** (s. Rn. 11), wenn es sich um **„länger dauernde"** handelt. Dies sind alle Maßnahmen, die ihrer Natur

---

[15] BT-Drucks. 16/6308, S. 346.
[16] BT-Drucks. 16/6308, S. 242.
[17] BT-Drucks. 16/6308, S. 346.
[18] Vgl. *Salgo* FPR 2006, 12, 14.

nach über einen längeren Zeitraum tatsächliche und rechtliche Wirkung entfalten. Daran kann es etwa bei der Ersetzung von einzelnen Erklärungen nach § 1666 Abs. 3 S. 5 BGB oder bei (kurz) befristeten Entscheidungen fehlen. Ob kindeschutzrechtliche Maßnahmen länger dauern ist nicht nach den Zeitmaßstäben eines Erwachsenen, sondern unter Berücksichtigung der **Besonderheiten des kindlichen Zeitempfindens** (s. § 155 Rn. 2) zu bestimmen. Maßnahmen, die ihre Wirkung über einen Zeitraum von weniger als drei Monaten entfalten, sind jedenfalls nicht in diesem Sinne länger dauernd.

Auf die **Eingriffsintensität** der familiengerichtlichen Entscheidung kommt es nicht an. Immer 18 wenn eine kindeschutzrechtliche Maßnahme erlassen wird, entsteht die Überprüfungspflicht aus Abs. 2, greift sie auch noch so geringfügig in das Elternrecht des Art. 6 Abs. 2 S. 1 GG ein. Erst wenn das Familiengericht in Gänze von einer kindeschutzrechtlichen Maßnahme absieht und es sich hierbei um ein Verfahren nach §§ 1666, 1667 BGB handelte, folgt die Überprüfungspflicht nicht aus Abs. 2, sondern aus Abs. 3.

2. Angemessene Zeitabstände. Zu überprüfen ist in angemessenen Zeitabständen. Im Unter- 19 schied zur Überprüfungspflicht nach Abs. 3 trifft das Familiengericht hier keine einmalige, sondern grundsätzlich eine **immer wiederkehrende Überprüfungspflicht,** so lange die kindeschutzrechtliche Maßnahme fortbesteht. Die Beurteilung der Angemessenheit der Zeitabstände liegt im **pflichtgemäßen Ermessen** des Familiengerichts. Sie hat sich an den **Umständen des Einzelfalls** zu orientieren und wird insbesondere beeinflusst von der Art der kindeschutzrechtlichen Maßnahme und dem Alter des Kindes, insbesondere mit Blick auf die Besonderheiten des kindlichen Zeitempfindens (s. § 155 Rn. 2). Auf Grund der bestehenden Interdependenzen mit dem Kinder- und Jugendhilferecht darf auch nicht außer Acht gelassen werden, dass die Jugendhilfe für das Kind eine auf Dauer angelegte Lebensperspektive zu erarbeiten hat, wenn innerhalb eines für das Kind vertretbaren Zeitraumes eine nachhaltige Verbesserung der Erziehungsbedingungen in der Herkunftsfamilie nicht erreicht werden kann (vgl. § 37 Abs. 1 S. 2 und 3 SGB VIII). Umso intensiver der Eingriff in das Elternrecht und je jünger das Kind ist, umso kürzer werden daher die Zeitabstände der Überprüfung sein. Vor diesem Hintergrund kann – vom Zeitpunkt der Rechtskraft der Entscheidung gerechnet – im Einzelfall der Beginn einer Überprüfung nach drei Monaten ebenso angemessen sein, wie eine solche in zwei Jahren.[19] Der Zeitabstand kann nach der erstmaligen Überprüfung vergrößert werden, wenn diese nicht zu einer Abänderung der kindeschutzrechtlichen Maßnahme geführt hat.

3. Überprüfungsverfahren. Das Überprüfungsverfahren ist ein **nicht förmliches Verfahren** 20 **sui generis.** Die Überprüfungspflicht trifft „das Gericht". Dies ist nicht zwingend das Gericht, welches die kindeschutzrechtliche Maßnahme erlassen hat. Vielmehr ist die **örtliche Zuständigkeit** des Überprüfungsgerichts mit Blick auf § 152 eigenständig zu bestimmen und kann von derjenigen für die Erstentscheidung abweichen.[20] Die **funktionelle Zuständigkeit** von Richter bzw. Rechtspfleger korrespondiert mit derjenigen für die kindeschutzrechtliche Maßnahme. Unbeschadet dessen trifft die Überprüfungsplicht, auch bei kindeschutzrechtlichen Maßnahmen des Oberlandesgerichts, immer ein erstinstanzliches Gericht.

Die periodische Überprüfungspflicht obliegt dem Gericht **von Amts wegen.**[21] Das Gericht hat 21 die Maßnahme zu „überprüfen". Die nähere Ausgestaltung, das heißt welche Aktivitäten das Gericht im Rahmen des Überprüfungsvorgangs entfaltet, steht im **pflichtgemäßen Ermessen** des Gerichts, wobei die dem Beschleunigungsgebot des § 155 zu Grunde liegenden Wertungen (s. § 155 Rn. 2 ff.) auch hier zu beachten sind. Abhängig von der Art der kindeschutzrechtlichen Maßnahme, seiner Einschätzung von der Wahrscheinlichkeit einer künftigen Abänderung sowie Umfang und Ergebnis etwaiger bereits durchgeführter Überprüfungen entscheidet das Gericht über den **Umfang des informellen Überprüfungsverfahrens.** Vor diesem Hintergrund kann auch die Einholung einer aktuellen Stellungnahme des Jugendamtes den gesetzlichen Anforderungen genügen.

Die Überprüfung wird durch einen **Vermerk in den gerichtlichen Akten** beendet.[22] Dieser hat 22 entweder zum Inhalt, dass die Überprüfung keine Anhaltspunkte für das etwaige Vorliegen von Änderungsgründen ergeben hat oder dass wegen solcher Anhaltspunkte ein Änderungsverfahren im Sinne von Abs. 1 eingeleitet wird. Mit Blick auf das Rechtsstaatsprinzip des Grundgesetzes ist der Vermerk insbesondere Eltern, Pflegeeltern und Jugendamt **zur Kenntnis zu bringen.** Das Überprüfungsverfahren gilt nicht als besonderes Verfahren im **kostenrechtlichen Sinne** (vgl. § 31 Abs. 2 S. 2 FamGKG).

---

[19] Vgl. *Staudinger/Coester* § 1696 BGB Rn. 106.
[20] Vgl. BGH FamRZ 1992, 170.
[21] Vgl. BT-Drucks. 7/2060 S. 39; 8/2788, S. 68.
[22] Vgl. *Staudinger/Coester* § 1696 BGB Rn. 105.

IV. Überprüfung bei Absehen von einer Maßnahme (Abs. 3)

23 **1. Eintrittsschwelle.** Eine Überprüfungspflicht besteht auch nach einem Absehen von Maßnahmen zur Abwehr einer Kindeswohlgefährdung (§§ 1666, 1666a BGB) oder zur Abwehr einer Gefährdung des Kindesvermögens (§ 1667 BGB). Das Familiengericht ist **in der Regel** zur Überprüfung verpflichtet. Es kann aber – im Unterschied zur generellen Überprüfungspflicht des Absatzes 2 – von einer Überprüfung absehen. Dies ergibt sich aus dem Wortlaut der Regelung („soll"), der auch Ausnahmen zulässt.[23] Besteht zum Zeitpunkt des Absehens von einer Maßnahme nach Überzeugung des Familiengerichts nicht nur derzeit (s. Rn. 25), sondern auch künftig nicht die Möglichkeit einer Kindeswohlgefährdung, ist die Eintrittsschwelle, die staatliches Handeln als Eingriff in das Elternrecht über Art. 6 Abs. 2 S. 2 GG erst legitimiert, nicht erreicht.[24] Das Familiengericht muss also in **offensichtlich unbegründeten Fällen** von einer Überprüfung absehen. Dies wird insbesondere der Fall sein, wenn der Erörterungstermin (vgl. § 157) oder das weitere Ausgangsverfahren bereits zu einem eindeutigen Ergebnis geführt hat, etwa weil eine Kindeswohlgefährdung nicht festgestellt werden konnte. Hält das Jugendamt als sozialpädagogische Fachbehörde schon zum Zeitpunkt der Erstentscheidung hingegen auf Grund seiner Prognose eine nochmalige Überprüfung für geboten, so wird diese in der Regel durchzuführen sein. Letztlich hat das Gericht aber in eigener Kompetenz zu entscheiden. Das Jugendamt wird durch Abs. 3 nicht von seinem staatlichen Wächteramt und seiner damit verbundenen eigenen Verlaufskontrollpflicht entbunden (vgl. § 1 Abs. 3 Nr. 3 und § 36 Abs. 2 S. 2 SGB VIII). Es bleibt ihm jederzeit unbenommen, nach Maßgabe von § 8a Abs. 3 SGB VIII ein neues familiengerichtliches Verfahren anzuregen.

24 **2. Überprüfungsgegenstand.** Der Überprüfungsgegenstand ist enger als derjenige des Absatzes 2 (s. Rn. 17). Dort sind kindeschutzrechtliche Maßnahmen zu überprüfen, hier ist es die familiengerichtliche **Entscheidung** in Verfahren nach §§ 1666, 1667 BGB. Dort geht es darüber hinaus um Entscheidungen, die einen Eingriff in das elterliche Sorgerecht beinhalten. Hier geht es um Entscheidungen, durch welche gerade von einem Eingriff in das elterliche Sorgerecht abgesehen worden ist. Die Überprüfungspflicht aus Abs. 3 wird also immer dann nicht ausgelöst, wenn eine – auch niedrigschwellige – Maßnahme nach §§ 1666, 1666a, 1667 BGB ergeht. In diesen Fällen kommt ausschließlich Abs. 2 zur Anwendung, wenn es sich um eine länger dauernde kindesschutzrechtliche Maßnahme handelt.

25 Das Familiengericht muss ein Verfahren nach §§ 1666, 1667 BGB durch **förmlichen Beschluss** (vgl. § 38) beendet haben.[25] Fehlt es an einer Entscheidung des Gerichts, dann fehlt es auch an einem Überprüfungsgegenstand im Sinne von Abs. 3. Dies ergibt sich bereits aus dem Wortlaut der Norm („... seine Entscheidung ... zu überprüfen."). Alleine die Durchführung eines **Erörterungstermins** im Sinne von § 157 löst eine Überprüfungspflicht nach Abs. 3 nicht aus, denn dieser ist lediglich Teil des Verfahrens nach § 1666 BGB („In Verfahren nach ...") und beendet es nicht.[26] Sieht das Familiengericht nach Durchführung des Erörterungstermins noch Raum für eine mögliche Kindeswohlgefährdung, ist diesen Bedenken mit Blick auf Art. 6 Abs. 2 S. 2 GG durch vorrangige und beschleunigte (vgl. § 155 Abs. 1) Weiterführung des Verfahrens bis zur Entscheidungsreife und sodann im Rahmen der (Erst-)Entscheidung nach § 1666, 1666a BGB Rechnung zu tragen. Wird das Verfahren nach Durchführung des Erörterungstermins nicht durch förmlichen Beschluss beendet, folgt die Verpflichtung zur beschleunigten weiteren familiengerichtlichen Tätigkeit und zur Aufklärung des Ausmaßes der Kindeswohlgefährdung bis zum förmlichen Abschluss des Verfahrens auch unmittelbar aus dem Gebot des effektiven Rechtsschutzes.

26 Die Endentscheidung des Familiengerichts muss auch **formell rechtskräftig** (vgl. § 45) sein. Denn vor Eintritt der Rechtskraft greift nicht die Überprüfungspflicht aus Abs. 3 ein, sondern diejenige, die der Rechtsstaat durch die Anfechtbarkeit von Entscheidungen und ein gegebenenfalls sich anschließendes Rechtsmittelverfahren zur Verfügung stellt.

27 **3. Angemessener Zeitabstand.** Hinsichtlich des angemessenen Zeitabstandes gelten mit Blick auf die Identität der Terminologie grundsätzlich die **Ausführungen zu Abs. 2** (s. Rn. 19) mit der Maßgabe, dass der Gesetzgeber hier eine **Regelfrist von drei Monaten** benennt. Im Einzelfall kann von diesem abgewichen werden, eine Überprüfung mithin früher oder später eingeleitet werden. Jedoch darf sich das Verhältnis von Regel und Ausnahme nicht umkehren. Der gesetzgeberischen Grundentscheidung für eine Frist von drei Monaten ist vielmehr Rechnung zu tragen.

---

[23] Vgl. BT-Drucks. 16/6308, S. 243.
[24] Vgl. *Coester*, in: *Lipp/Schumann/Veit* (Hrsg.), S. 51.
[25] BT-Drucks. 16/6308, S. 242; aA wohl *Palandt/Diederichsen* § 1696 BGB Rn. 26.
[26] BT-Drucks. 16/6308, S. 237.

Im Übrigen verlangt Abs. 3 – im Unterschied zu Abs. 2 – **nicht nach einer mehrmaligen (periodischen) Überprüfung,** Dies ergibt sich bereits aus dem Wortlaut der Vorschrift („einem angemessenen Zeitabstand"). Hat das Gericht nach der Überprüfung Bedenken, ob ein Absehen von einer Maßnahme nach §§ 1666 bis 1667 BGB auch künftig gerechtfertigt ist, hat es von Amts wegen ein neues Verfahren einzuleiten. **28**

4. Überprüfungsverfahren. Hinsichtlich des Überprüfungsverfahrens gelten die Ausführungen zu Abs. 2 (s. Rn. 20 ff.) entsprechend. **29**

§ 167 Anwendbare Vorschriften bei Unterbringung Minderjähriger

(1) ¹In Verfahren nach § 151 Nr. 6 sind die für Unterbringungssachen nach § 312 Nr. 1, in Verfahren nach § 151 Nr. 7 die für Unterbringungssachen nach § 312 Nr. 3 geltenden Vorschriften anzuwenden. ²An die Stelle des Verfahrenspflegers tritt der Verfahrensbeistand.

(2) Ist für eine Kindschaftssache nach Absatz 1 ein anderes Gericht zuständig als dasjenige, bei dem eine Vormundschaft oder eine die Unterbringung erfassende Pflegschaft für den Minderjährigen eingeleitet ist, teilt dieses Gericht dem für das Verfahren nach Absatz 1 zuständigen Gericht die Anordnung und Aufhebung der Vormundschaft oder Pflegschaft, den Wegfall des Aufgabenbereiches Unterbringung und einen Wechsel in der Person des Vormunds oder Pflegers mit; das für das Verfahren nach Absatz 1 zuständige Gericht teilt dem anderen Gericht die Unterbringungsmaßnahme, ihre Änderung, Verlängerung und Aufhebung mit.

(3) Der Betroffene ist ohne Rücksicht auf seine Geschäftsfähigkeit verfahrensfähig, wenn er das 14. Lebensjahr vollendet hat.

(4) In den in Absatz 1 Satz 1 genannten Verfahren sind die Elternteile, denen die Personensorge zusteht, der gesetzliche Vertreter in persönlichen Angelegenheiten sowie die Pflegeeltern persönlich anzuhören.

(5) Das Jugendamt hat die Eltern, den Vormund oder den Pfleger auf deren Wunsch bei der Zuführung zur Unterbringung zu unterstützen.

(6) ¹In Verfahren nach § 151 Nr. 6 und 7 soll der Sachverständige Arzt für Kinder- und Jugendpsychiatrie und -psychotherapie sein. ²In Verfahren nach § 151 Nr. 6 kann das Gutachten auch durch einen in Fragen der Heimerziehung ausgewiesenen Psychotherapeuten, Psychologen, Pädagogen oder Sozialpädagogen erstattet werden.

Schrifttum: *Bauer,* Die Verfahrenspflegschaft gemäß § 70b FGG, in: Salgo/Zenz et al., S. 73 ff.; *Gollwitzer/ Rüth,* Die geschlossene Unterbringung Minderjähriger aus kinder- und jugendpsychiatrischer Sicht, FamRZ 1996, 1388; *Fegert/Späth/Salgo* (Hrsg.), Freiheitsentziehende Maßnahmen in der Jugendhilfe und Kinder- und Jugendpsychiatrie (2001); *Heiter,* Verfahrensfähigkeit des Kindes in personenbezogenen Verfahren nach dem FamFG, FamRZ 2009, 85 f.; *Koritz,* Der Verfahrenspfleger im Unterbringungsverfahren nach § 1631b BGB – Das Spannungsfeld zwischen einer Bestellung nach § 50 und § 70b FGG, FPR 2006, 42 ff.; *Rohmann,* In Fragen der Heimerziehung ausgewiesener Psychologe als Sachverständiger bei Unterbringung von Kindern und Jugendlichen (§ 70e FGG nF), FPR 2009, 30; *Rüth,* Das jugendpsychiatrische Gutachten zur geschlossenen Unterbringung Minderjähriger in der Psychiatrie und in der Jugendhilfe – Statusermittlung versus Prozessdiagnostik, ZfJ 2001 372 ff.; *Wacker,* Verfahrenspflegschaft gem. § 70b FGG, Kind-Prax 2002, 32; *Walther,* Vor- und Zuführungen in Betreuungs- und Unterbringungsverfahren., R&P 2007, 167 ff.; *Wille,* Freiheitsentziehung von Kindern und Jugendlichen nach § 1631b BGB in der familiengerichtlichen Praxis, Der Amtsvormund 2000, 449.

Übersicht

	Rn.		Rn.
I. Normzweck	1–3	e) Gutachten	13
II. Die Anwendbarkeit der Vorschriften über Unterbringungssachen	4–20	f) Beschluss	14, 15
		g) Bekanntgabe	16
1. Abschließende Regelung	4, 5	h) Abänderung	17
2. Kindschaftssachen im Sinne von § 151 Nr. 6	6–18	i) Beschwerde, Rechtsbeschwerde	18
		3. Kindschaftssachen im Sinne von § 151 Nr. 7	19, 20
a) Zuständigkeit	6	a) Allgemeines	19
b) Beteiligung	7, 8	b) Besonderheiten	20
c) Anhörung des Minderjährigen	9–11		
d) Anhörung des Jugendamtes	12		

§ 167 1–4   Buch 2. Abschnitt 3. Verfahren in Kindschaftssachen

	Rn.		Rn.
III. Besonderheiten in Unterbringungsverfahren betreffend Minderjährige	21–49	a) Allgemeines	32
		b) Eltern	33, 34
		c) Gesetzliche Vertreter, Pflegeeltern	35
1. Verfahrensbeistand	21–24	d) Ausgestaltung	36
a) Allgemeines	21	e) Absehen	37, 38
b) Voraussetzung der Bestellung	22	f) Aktenvermerk	39
c) Rechtsfolgen der Bestellung	23, 24	5. Unterstützung durch das Jugendamt	40–44
2. Mitteilungspflichten	25, 26	a) Verpflichtung des Jugendamtes	40–42
a) Allgemeines	25	b) Gewalt	43
b) Ermessen	26	c) Kosten der Unterstützungsmaßnahme	44
3. Verfahrensfähigkeit	27–31	6. Qualifikation des Sachverständigen	45–49
a) Allgemeines	27, 28	a) Regel	45, 46
b) Rechtsfolgen	29, 30	b) Ausnahme	47–49
c) Freiwilligkeitserklärung	31	IV. Kosten	50, 51
4. Anhörungspflichten	32–39		

I. Normzweck

1 Die Norm fasst erstmalig die Regelungen für das einen Minderjährigen betreffende Unterbringungsverfahren zusammen und sensibilisiert damit das Bewusstsein für die Besonderheiten in solchen Verfahren, in denen **Minderjährige Subjekte des Verfahrens** sind. Die Norm ist lex specialis zu den übrigen Vorschriften des Abschnitts 3 (Verfahren in Kindschaftssachen), die **vollständig verdrängt** werden (s. Rn. 4).

2 **Kerngehalt** der Norm ist zum einen der Brückenschlag von den Regelungen über Kindschaftssachen zu den speziellen Vorschriften über die im Buch 3 geregelten Unterbringungssachen (**Abs. 1 S. 1**). Zum anderen soll den Besonderheiten Rechnung getragen werden, die in den einschlägigen Verfahren mit Blick auf das Verfahrenssubjekt zu beachten sind. Zu diesem Zweck fasst die Norm in den Absätzen 2 bis 6 im Wesentlichen die **nach altem Recht verstreuten** besonderen Regelungen betreffend das Unterbringungsverfahren Minderjähriger in einer Vorschrift zusammen. Der Verweis in Abs. 1 S. 1 gilt nur so weit, wie sich aus Abs. 1 S. 2 bzw. den Absätzen 2 bis 6 nichts anderes ergibt. **Abs. 2** entspricht im Wesentlichen der bisherigen Regelung in § 70 Abs. 7 FGG aF, soweit er die Unterbringung Minderjähriger betraf, **Abs. 3** entspricht § 70a FGG aF, **Abs. 4** § 70d Abs. 2 FGG aF und **Abs. 5** im Wesentlichen § 70g Abs. 5 S. 1 FGG aF. Lediglich die Regelung in Abs. 6 zur Qualifikation der Sachverständigen in den Verfahren betreffend die Unterbringung Minderjähriger modifiziert die bisherige Gesetzeslage.

3 Die Norm ist auf die **Kindschaftssachen des § 151 Nr. 6 und 7** anwendbar (vgl. § 151 Rn. 42 ff.). Erfasst werden damit alle **Genehmigungs- und Anordnungsverfahren,** die eine Unterbringung Minderjähriger zum Gegenstand haben. Nicht geregelt sind hingegen die Fälle **unterbringungsähnlicher Maßnahmen,** durch welche dem Minderjährigen durch mechanische Vorrichtungen (Bettgitter etc.), Medikamente oder auf andere Weise über einen längeren Zeitraum oder regelmäßig die Freiheit entzogen werden soll.[1] Das Fehlen eines ausdrücklichen Verweises in Abs. 1 auf die entsprechende Verfahrensnorm in § 312 Nr. 2 bestätigt, dass materiell-rechtlich von einer Einschränkung des Elternrechts erst bei Überschreiten der Grenzen des § 1666 BGB ausgegangen werden kann. Wird das Kindswohl durch eine unterbringungsähnliche Maßnahme gefährdet, folgt die Notwendigkeit eines gerichtlichen Verfahrens aus dem staatlichen Wächteramt (Art. 6 Abs. 2 S. 2 GG) an den Maßstäben der §§ 1666, 1666a BGB. Dieses Verfahren ist Kindschaftssache im Sinne von § 151 Nr. 1 (s. § 151 Rn. 9, 22). Vor diesem Hintergrund mangelt es auch an den Voraussetzungen einer Analogie, denn eine Regelungslücke liegt nicht vor.[2]

II. Die Anwendbarkeit der Vorschriften über Unterbringungssachen

4 **1. Abschließende Regelung.** Aus der Norm ergibt sich in Verbindung mit den Vorschriften des Allgemeinen Teils und unter Berücksichtigung des Verweises in Abs. 1 S. 1 die **abschließende Regelung des Verfahrens** betreffend die Unterbringung Minderjähriger. Für eine unmittelbare oder analoge Anwendung der weiteren Vorschriften im Abschnitt 3 „Kindschaftssachen" ist wegen

---

[1] Krit. zum alten Recht: MünchKommBGB/*Huber* § 1631b Rn. 8; *Staudinger/Salgo* § 1631b BGB Rn. 49 m. weit. Nachw.
[2] BT-Drucks. 11/4528, S. 82f. Vgl. auch LG Essen FamRZ 1993, 1347, 1348; AmtsG Hamburg-Barmbek FamRZ 2009, 792; MünchKommBGB/*Schwab* § 1906 Rn. 43; aA *Bumiller/Harders* § 167 Rn. 3.

des Fehlens einer Regelungslücke kein Raum (vgl. aber Rn. 5). Sie werden durch die **Vorschriften über die Unterbringungssachen** (§§ 312 bis 339), die nicht nur „entsprechend" anzuwenden sind, nach Maßgabe von Abs. 1 S. 2 sowie Abs. 2 bis 6 **ersetzt** (s. Rn. 6 ff.). Anderenfalls hätte es mit Blick auf § 158 der Regelung in Abs. 1 S. 2 sowie unter Berücksichtigung von § 160 der Regelung in Abs. 4 nicht bedurft. Insbesondere finden daher die Normen zur Zuständigkeitskonzentration bei dem Gericht der Ehesache in §§ 152 Abs. 1 und 153 auf Grund des Verweises auf die Regelung zur ausschließlichen örtlichen Zuständigkeit in Unterbringungssachen (Abs. 1 S. 1 iVm. § 313 Abs. 1 bzw. Abs. 3) keine Anwendung (hierzu § 152 Rn. 9 und § 153 Rn. 5).

Im Einzelfall kann jedoch mit Blick auf das notwendige Bewusstsein für die Besonderheiten in 5 Verfahren, in denen Minderjährige betroffen sind, und die damit verbundene Notwendigkeit einer „**Kindzentrierung des Verfahrens**"[3] eine Heranziehung der in einzelnen Vorschriften des Abschn. 3 zum Ausdruck kommenden Wertungen aus Gründen des Kindeswohls geboten sein. Dies gilt für das Vorrang- und Beschleunigungsgebot (§ 155 Abs. 1), für die Ausgestaltung der Kindesanhörung (§ 159 Abs. 4; s. Rn. 9), die Anhörung des Jugendamtes (s. Rn. 12), die Fristsetzung bei schriftlicher Begutachtung (§ 163 Abs. 1; s. Rn. 13) und die Gründe für das Absehen von einer Bekanntgabe der Entscheidung (§ 164 S. 2; s. Rn. 16). Die Rechtsfolgen der Verfahrensbeistandschaft richten sich wegen Abs. 1 S. 2 ohnehin nach § 158 (s. Rn. 21 ff.).

2. Kindschaftssachen im Sinne von § 151 Nr. 6. a) Zuständigkeit. Die **ausschließliche** 6 **örtliche Zuständigkeit** richtet sich in Abweichung von § 152 nach § 313 Abs. 1, 2 und 4.[4] Örtlich zuständig ist damit in erster Linie das Gericht des gewöhnlichen Aufenthalts des Minderjährigen (Abs. 1 S. 1 Halbs. 1 iVm. § 313 Abs. 1 Nr. 2). Eine Abgabe an das Gericht der Ehesache nach § 153 hat nicht zu erfolgen (vgl. § 153 Rn. 1). Unbeschadet dessen kann eine Abgabe bei Übernahmebereitschaft des anderen Gerichts nach § 4 aus wichtigem Grund oder nach Abs. 1 S. 1 iVm. § 314 erfolgen, wenn das Kind sich im Bezirk des anderen Gerichts aufhält und die Unterbringungsmaßnahme dort vollzogen werden soll. Hiervon sollte aber zurückhaltend Gebrauch gemacht werden, denn im Rahmen der Ermessensentscheidung hat die dem Gericht des gewöhnlichen Aufenthalts eher mögliche Ermittlung der bisherigen Lebensverhältnisse des Minderjährigen ein besonderes Gewicht.[5] Zur **internationalen Zuständigkeit** s. § 99 Rn. 4. **Sachlich zuständig** ist das Familiengericht. Für die bisherige Aufspaltung der Zuständigkeiten zwischen Familien- und Vormundschaftsgericht ist kein Raum mehr (s. § 151 Rn. 3).[6] **Funktionell** besteht die Zuständigkeit des Richters (vgl. § 151 Rn. 43).

b) Beteiligung. Die Fragen der **Beteiligung** regelt Abs. 1 S. 1 iVm. § 315. Zu beteiligen sind – 7 unbeschadet der persönlichen Anhörungsrechte (s. Rn. 32 ff.) – der Minderjährige, wenn er das 14. Lebensjahr vollendet hat (Abs. 3), und entsprechend § 315 Abs. 1 Nr. 2 iVm. § 1902 BGB der gesetzliche Vertreter des Minderjährigen (Eltern, Vormund oder Pfleger mit entsprechendem Aufgabenkreis). Ist den Eltern die elterliche Sorge ganz oder teilweise entzogen, so sind sie auch dann zu beteiligen, wenn der Minderjährige bei ihnen lebt oder bei ihnen bei Einleitung des Verfahrens gelebt hat (Abs. 1 iVm. § 315 Abs. 4 Nr. 1). Die verfassungsrechtliche Stellung der Eltern (vgl. Art. 6 Abs. 2 S. 1 GG) verlangt in Kindschaftssachen nach einer entsprechenden Ermessensausübung.

Das **Jugendamt** ist auf Antrag zu beteiligen (Abs. 1 S. 1 iVm. § 315 Abs. 3; zur Anhörungspflicht 8 vgl. Rn. 12). Die Regelung ersetzt § 162 Abs. 2. Das Jugendamt ist zuständige Behörde.[7] Dies ergibt sich aus § 50 Abs. 1 S. 2 Nr. 1 SGB VIII. Dieser verweist zwar lediglich auf § 162, doch handelt es sich vorliegend um eine Kindschaftssache, an der als zuständige Behörde das Jugendamt mitzuwirken hat (s. § 151 Rn. 46).

c) Anhörung des Minderjährigen. Das Gericht muss den **Minderjährigen** unabhängig von 9 seinem Alter **persönlich anhören** und sich – erforderlichenfalls in der üblichen Umgebung des Minderjährigen – einen **persönlichen Eindruck** von ihm verschaffen (vgl. Abs. 1 S. 1 iVm. § 319). Die sich auf das Alter beziehenden Anhörungsvoraussetzungen des § 159 Abs. 1 bzw. Abs. 2 (Vollendung des 14. Lebensjahres) finden keine Anwendung. Die Verpflichtung gehört als Kernstück des Amtsermittlungsverfahrens (vgl. § 26) zu den wichtigsten Verfahrensgrundsätzen des Unterbringungsrechts und gilt auch im Beschwerdeverfahren.[8] Sie soll dem Richter einen unmittelbaren Eindruck von dem Minderjährigen und der Art seiner Erkrankung bzw. seiner Defizite vermitteln,

---

[3] Vgl. BVerfG FamRZ 2007, 1078, 1079; *Heilmann*, in: *Salgo/Zenz* et al., Rn. 889; *Staudinger/Coester* § 1666 BGB Rn. 207; BT-Drucks. 16/6815, S. 23 zu § 50e FGG aF.
[4] Ebenso *Keidel/Engelhardt* § 167 Rn. 2; aA *Bumiller/Harders* § 167 Rn. 5.
[5] MünchKommBGB/*Hinz* § 1631b Rn. 14; *Staudinger/Salgo* § 1631b BGB Rn. 33.
[6] Hierzu noch OLG Brandenburg FamRZ 2004, 815.
[7] Vgl. zum alten Recht: *Keidel/Kayser* § 70d FGG Rn. 8.
[8] Vgl. BVerfGE 58, 208, 222 f. (= NJW 1982, 691).

damit er in den Stand gesetzt wird, ein klares und umfassendes Bild von der Persönlichkeit des Minderjährigen zu gewinnen und seiner Pflicht genügen kann, den ärztlichen Attesten bzw. Gutachten eine richterliche Kontrolle entgegenzusetzen.[9] Daher kann der Minderjährige auch vorgeführt werden, wenn er die Mitwirkung verweigert (Abs. 1 S. 1 iVm. § 319 Abs. 5). Ein Rechtshilfeersuchen scheidet regelmäßig aus (Abs. 1 S. 1 iVm. § 319 Abs. 4). Bleibt der Minderjährige unentschuldigt dem Anhörungstermin fern, kann nach alledem das Verfahren gleichwohl nicht ohne seine Anhörung beendet werden. Die allgemeine Regelung in § 34 Abs. 3 wird insoweit durch Abs. 1 S. 1 iVm. § 319 verdrängt.

10   Soll eine persönlichen Anhörung nach § 34 Abs. 2 **unterbleiben,** weil hiervon erhebliche Nachteile für die Gesundheit des Minderjährigen zu besorgen sind, darf diese Entscheidung nur auf der Grundlage eines ärztlichen Gutachtens getroffen werden (Abs. 1 S. 1 iVm. § 319 Abs. 3) bzw. die Unfähigkeit zur Willensäußerung muss auf Grund des persönlichen Eindrucks des Gerichts feststehen.[10]

11   Die nähere **Ausgestaltung der Anhörung** steht im Ermessen des Gerichts. Es wird aber die gesetzlichen Wertungen des § 159 Abs. 4 zu berücksichtigen und den Minderjährigen zunächst über Gegenstand, Ablauf und möglichen Ausgang des Verfahrens in einer geeigneten und seinem Alter entsprechenden Weise zu informieren haben, soweit nicht Nachteile für seine Entwicklung, Erziehung oder Gesundheit zu befürchten sind, und dem Minderjährigen Gelegenheit zur Äußerung geben. Es soll darüber hinaus dem bestellten Verfahrensbeistand die Anwesenheit bei der persönlichen Anhörung gestatten (vgl. § 159 Abs. 4 S. 3).

12   d) **Anhörung des Jugendamtes.** Das **Jugendamt** soll als zuständige Behörde (vgl. Rn. 8) angehört werden, was dem Gericht nach dem Wortlaut der Regelung ein Ermessen einräumt (vgl. Abs. 1 S. 1 iVm. § 320 S. 2). Die Regelung ersetzt § 162 Abs. 1 S. 1, welcher die Anhörung des Jugendamtes ausnahmslos vorschreibt („hat"). Unter Berücksichtigung der Wertungen des § 162 Abs. 1 S. 1 hat das Gericht in einem Verfahren betreffend die Unterbringung eines Minderjährigen das Jugendamt als sozialpädagogische Fachbehörde anzuhören (s. Rn. 8). Zu den **weiteren Anhörungspflichten** siehe Abs. 4 (Rn. 32 ff.). Zu den Aufgaben des Jugendamtes bei der Zuführung des Minderjährigen zur Unterbringung siehe Abs. 5 (Rn. 40 ff.).

13   e) **Gutachten.** Das Gericht hat vor der Genehmigung oder Anordnung einer Unterbringung ein **Gutachten** einzuholen (Abs. 1 S. 1 iVm. § 321 Abs. 1) und dem Sachverständigen mit Blick auf die Wertungen des § 163 Abs. 1 eine **Frist** zu setzen. Der Sachverständige hat den Minderjährigen vor der Erstattung des Gutachtens persönlich zu untersuchen oder zu befragen; darüber hinaus soll sich das Gutachten auch auf die voraussichtliche Dauer der Unterbringung erstrecken.[11] Der Minderjährige kann zur Untersuchung vorgeführt werden (Abs. 1 S. 1 iVm. §§ 322, 283) und zum Zwecke der Begutachtung für höchstens sechs Wochen untergebracht werden (Abs. 1 S. 1 iVm. §§ 322, 284). Zur Qualifikation des Sachverständigen siehe Abs. 6 (Rn. 45 ff.).

14   f) **Beschluss.** Der verfahrensbeendende **Beschluss** ist zu begründen (vgl. § 38 Abs. 3 S. 1). Entweder das Gericht lehnt die Genehmigung der Unterbringung ab oder genehmigt diese. Der Inhalt der Beschlussformel muss im letztgenannten Fall nach Abs. 1 S. 1 iVm. § 323 deutlich machen, dass es sich eine vom Gericht genehmigte Unterbringung handelt, und die Unterbringungsmaßnahme näher bezeichnen (vgl. § 323 Nr. 1). Es muss zwar die konkrete Einrichtung nicht namentlich benannt, aber insbesondere klargestellt werden, ob die Unterbringung in einer psychiatrischen Klinik oder in einer geschlossenen Einrichtung der Jugendhilfe genehmigt wird.[12] Die Beschlussformel enthält auch den Zeitpunkt, zu dem die Unterbringungsmaßnahme endet (Abs. 1 S. 1 iVm. § 323 Nr. 2).

15   Der Beschluss muss eine **Rechtsmittelbelehrung** enthalten (vgl. § 39) und wird nach Maßgabe von Abs. 1 S. 1 iVm. § 324 in Abweichung von § 40 nicht mit Bekanntgabe, sondern erst mit Rechtskraft **wirksam.** Das Gericht kann die sofortige Wirksamkeit des Beschlusses anordnen (Abs. 1 S. 1 iVm. § 324 Abs. 2 S. 1).

16   g) **Bekanntgabe.** Der Beschluss ist nach § 41 Abs. 1 den Beteiligten bekannt zu machen. Eine **Bekanntgabe** des Beschlusses und der Anordnung der sofortigen Wirksamkeit an den Minderjährigen, der das 14. Lebensjahr noch nicht vollendet hat, führt nicht zur Wirksamkeit des Beschlusses (vgl. Abs. 1 S. 1 iVm. § 324 Abs. 2 S. 2 Nr. 1 iVm. Abs. 3). Im Übrigen gilt für die Bekanntgabe des Beschlusses Abs. 1 S. 1 iVm. § 325. Hierdurch wird § 164 zwar ersetzt. Unter Berücksichtigung der gesetzlichen Wertungen kann aber nicht nur bei attestierten Gesundheitsnachteilen, sondern auch

---

[9] BVerfG FamRZ 2007, 1627, 1628.
[10] BT-Drucks. 16/6308, S. 192.
[11] Vgl. *Rüth* ZFJ 2000, 372 ff.
[12] BVerfG FamRZ 2007, 1627, 1629.

dann davon abgesehen werden, dem Kind die Gründe des Beschlusses mitzuteilen, wenn hierdurch Nachteile für dessen Entwicklung und Erziehung zu befürchten sind und dem Kind ein Verfahrensbeistand bestellt ist. Eine Aussetzung der Vollziehung kommt, anders als in den Fällen des § 151 Nr. 7, nicht in Betracht, da Abs. 1 S. 1 Halbs. 1 nicht auf § 328 verweist. Die **Vollziehung** des Beschlusses selbst erfolgt nicht durch das Gericht, sondern durch den Personensorgeberechtigten.[13]

h) Abänderung. Die Möglichkeit zu einer **Abänderung** der Entscheidung wird dem Gericht 17 zwar nicht durch § 166 (vgl. Rn. 4), jedoch über Abs. 1 S. 1 iVm. § 330 eröffnet. Das Gericht hat hiernach die Genehmigung aufzuheben, wenn ihre Voraussetzungen wegfallen.

i) Beschwerde, Rechtsbeschwerde. Ein **Beschwerderecht** steht dem Minderjährigen mit 18 Blick auf Abs. 3 erst mit Vollendung des 14. Lebensjahres zu. Für das Beschwerdeverfahren gelten §§ 58 ff. Die Rechtsbeschwerde gegen einen Beschluss des Beschwerdegerichts ist ohne Zulassung statthaft (§ 70 Abs. 3 S. 1 Nr. 2, S. 2). Entgegen dem (missverständlichen) Wortlaut von § 57 (vgl. § 57 S. 1 iVm. § 111 Nr. 2 iVm. § 151 Nr. 6 und 7) ist die Beschwerde – nicht die Rechtsbeschwerde (vgl. § 70 Abs. 4) – auf Grund der Verweisung auf die in Unterbringungssachen für Volljährige geltenden Vorschriften (Abs. 1 S. 1; hierzu Rn. 4) auch gegen Entscheidungen in Verfahren der einstweiligen Anordnung statthaft. Im Übrigen wird zu den näheren Einzelheiten des Verfahrens auf die Kommentierung zu den jeweiligen Vorschriften des Abschnitts 2 in Buch 3 verwiesen, soweit sich nicht aus den nachfolgenden Ausführungen Abweichungen ergeben.

3. Kindschaftssachen im Sinne von § 151 Nr. 7. a) Allgemeines. In den sogenannten An- 19 ordnungsverfahren des § 151 Nr. 7 sind die Vorschriften über das **Verfahren in Unterbringungssachen** (§§ 312 bis 339) mit der Maßgabe anzuwenden, dass die nach § 312 Nr. 3 geltenden Vorschriften Anwendung finden, § 1 S. 2 bzw. Abs. 2 bis 6 nichts anderes ergibt.

b) Besonderheiten. Damit gelten die Ausführungen Rn. 6 bis 18 mit folgenden Abweichungen: 20
– **Örtlich zuständig** ist ausschließlich das Gericht, in dessen Bezirk das Bedürfnis für die Unterbringungsmaßnahme hervortritt (Abs. 1 S. 1 Halbs. 2 iVm. § 313 Abs. 3). Zur **internationalen Zuständigkeit** s. § 99 Rn. 5.
– Das Gericht genehmigt nicht die Unterbringung, sondern **ordnet diese an** und **vollzieht** diese.
– Das Gericht kann die Vollziehung der Unterbringung des Minderjährigen **aussetzen** (Abs. 1 S. 1 Halbs. 2 iVm. § 328).
– Das Recht, gegen eine Maßnahme zur Regelung einzelner Angelegenheiten im Vollzug einer angeordneten Unterbringung eine Entscheidung des Gerichts zu beantragen, steht dem Minderjährigen erst ab **Vollendung des 14. Lebensjahres** zu (Abs. 1 S. 1 Halbs. 2 iVm. § 327).
– Das Gericht muss die **zuständige Behörde** vor der Aufhebung einer Unterbringungsmaßnahme anhören, es sei denn, dass dies zu einer nicht nur geringen Verzögerung des Verfahrens führen würde (Abs. 1 S. 1 Halbs. 2 iVm. § 330 S. 2).

III. Besonderheiten in Unterbringungsverfahren betreffend Minderjährige

1. Verfahrensbeistand. a) Allgemeines. Abs. 1 S. 2 modifiziert die Verweisungskette aus Abs. 1 21 S. 1 iVm. §§ 312 ff. Diese würde uneingeschränkt zu § 317 und damit zur Verfahrenspflegschaft führen. „**An die Stelle des Verfahrenspflegers**" tritt jedoch der Verfahrensbeistand. Die **Voraussetzungen** für die Bestellung richten sich daher nach § 317 Abs. 1 (vgl. Rn. 22),[14] die **Rechtsfolgen** seiner Bestellung nach § 158 (vgl. Rn. 23). Mit der Einführung der Terminologie „Verfahrensbeistand", der in Kindschaftssachen an die Stelle des Begriffs „Verfahrenspfleger" tritt, will der Gesetzgeber die unterschiedliche Ausgestaltung der verschiedenen Rechtsinstitute nach den spezifischen Anforderungen der unterschiedlichen Rechtsgebiete verdeutlichen, „zumal bei der Ausgestaltung in Kindschaftssachen insbesondere Art. 6 GG zu berücksichtigen" ist.[15]

b) Voraussetzung der Bestellung. Voraussetzung für die Bestellung des Verfahrensbeistandes, 22 die so früh wie möglich erfolgen muss, damit er noch die Möglichkeit hat, den gebotenen Einfluss auf die Gestaltung und den Ausgang des Verfahrens zu nehmen,[16] ist dessen **Erforderlichkeit zur Wahrnehmung der Interessen** des Minderjährigen (Abs. 1 S. 1 iVm. § 317 Abs. 1 S. 1). Darüber hinaus ist eine Bestellung unter Berücksichtigung der Wertungen von § 158 Abs. 2 Nr. 1 und zur Wahrung eines angemessenen Grundrechtsschutzes durch Verfahren[17] in der Regel erforderlich,

---

[13] *Staudinger/Salgo* § 1631b BGB Rn. 46.
[14] BT-Drucks. 16/6308, S. 243.
[15] BT-Drucks. 16/6308, S. 238.
[16] BVerfG, Beschl. v. 26. 8. 1999 – 1 BvR 1403/99.
[17] Vgl. nur BT-Drucks. 13/4899, S. 130.

wenn das Interesse des Minderjährigen zu dem seiner gesetzlichen Vertreter in **erheblichem Gegensatz** steht. Dieser Gesichtspunkt wird insbesondere in den Genehmigungsverfahren (§ 151 Nr. 6) die Bestellung eines Verfahrensbeistandes regelmäßig unumgänglich machen. Unbeschadet dessen ist eine Bestellung insbesondere erforderlich, wenn von einer **persönlichen Anhörung des Minderjährigen abgesehen** werden soll, etwa weil hiervon erhebliche Nachteile für die Gesundheit des Minderjährigen zu besorgen sind (s. Rn. 10).

23 c) **Rechtsfolgen der Bestellung.** Der Verfahrensbeistand ist wegen Abs. 1 S. 2 **nicht Verfahrenspfleger** im Sinne von Buch 3 Abschnitt 2 (§§ 312 bis 339). Demzufolge ergeben sich seine Rechte und Pflichten nicht aus § 317 Abs. 3 bis 7, sondern aus § 158 Abs. 3 bis 7.[18] Nur so wird der unterschiedlichen Ausgestaltung der Rechtsinstitute und der Verfahrensbeistandschaft als qualifizierter Verfahrensvertretung von Minderjährigen Rechnung getragen. Die damit verbundene **Anwendbarkeit der sog. Pauschalierung** bei berufsmäßiger Führung der Verfahrensbeistandschaft (vgl. § 158 Abs. 7 S. 2, 3) – im Gegensatz zur Stundenvergütung des Verfahrenspflegers in Unterbringungssachen (vgl. § 318 iVm. § 277 Abs. 2 S. 2 iVm. § 3 VBVG) – ist trotz des Entstehens der Pauschale in jedem Rechtszug verfassungsrechtlich bedenklich und geeignet, den mit dem Rechtsinstitut beabsichtigten „Grundrechtsschutz durch Verfahren" zu konterkarieren.[19]

24 Im Übrigen führt Abs. 1 S. 2 dazu, dass der Beschluss über die Genehmigung oder die Anordnung einer den Minderjährigen betreffenden Unterbringungsmaßnahme mit der **Bekanntgabe** an den Verfahrensbeistand – bei gleichzeitiger Bekanntgabe der Anordnung der sofortigen Wirksamkeit – **sofort wirksam** wird (vgl. § 324 Abs. 2 S. 2 Nr. 1). Er ist vor dem Erlass einer **einstweiligen Anordnung** grundsätzlich anzuhören (vgl. § 331 S. 1 Nr. 3; s. aber § 332).

25 **2. Mitteilungspflichten. a) Allgemeines.** Abs. 2 enthält eine **Spezialregelung zu § 22a**. In Verfahren betreffend die Unterbringung Minderjähriger kann auf Grund der gesetzlichen Regeln (vgl. § 152 einerseits und Abs. 1 S. 1 iVm. § 313 andererseits; s. Rn. 4) für denselben Minderjährigen eine **anderes Gericht zuständig** sein als für Verfahren betreffend seine Vormundschaft (vgl. § 151 Rn. 38 ff.) oder seine Pflegschaft (vgl. § 151 Rn. 41). Da die Vormundschaft den Aufgabenbereich der Unterbringung ohnehin erfasst und die Pflegschaft diesen erfassen kann, können sich tatsächliche und rechtliche Schnittmengen und die Notwendigkeiten von Folgemaßnahmen bei dem jeweiligen Gericht ergeben. Abs. 2 **verpflichtet** daher einerseits das für die Vormundschaft bzw. Pflegschaft zuständige Gericht, dem für das Unterbringungsverfahren zuständigen Gericht die Anordnung oder Aufhebung der Vormundschaft oder Pflegschaft, den Wegfall des Aufgabenbereiches Unterbringung und einen Wechsel in der Person des Vormundes oder Pflegers und andererseits das für das Unterbringungsverfahren zuständige Gericht, dem anderen Gericht die Unterbringungsmaßnahme, ihre Änderung, Verlängerung oder Aufhebung mitzuteilen.

26 b) **Ermessen.** Ein Ermessen hat das Gericht im Rahmen von Abs. 2 nicht. Das Gericht wird seiner Mitteilungspflicht regelmäßig durch **Übersendung einer Ausfertigung** des entsprechenden Beschlusses genügen. Im Übrigen entspricht die in Abs. 2 geregelte Mitteilungspflicht derjenigen des § 313 Abs. 4 (s. § 313 Rn. 14).

27 **3. Verfahrensfähigkeit. a) Allgemeines.** Nach Abs. 3 ist ein Minderjähriger in Unterbringungsverfahren erst verfahrensfähig, wenn er das **14. Lebensjahr** vollendet hat. Zuvor handeln für ihn die Sorgerechtsinhaber. Dies gilt auch dann, wenn er aus gesundheitlichen Gründen geschäftsunfähig im Sinne von § 104 Nr. 2 BGB ist.

28 Die Regelung ersetzt im Verfahren betreffend die Unterbringung eines Minderjährigen die Regelungen zur Verfahrensfähigkeit des Betroffenen in § 316, der über die Verweisung in Abs. 1 S. 1 Anwendung fände, und ist **lex specialis zur allgemeinen Regelung über die Verfahrensfähigkeit** in § 9. Damit wird die Verfahrensfähigkeit in den Kindschaftssachen des § 151 Nr. 6 und 7 zwar gegenüber der Geschäftsfähigkeit, die in vollem Umfang erst ab dem 18. Lebensjahr eintritt (vgl. §§ 2, 104 ff. BGB), erweitert. Abs. 3 schränkt den Kreis der verfahrensfähigen Betroffenen aber im Vergleich zu anderen Betroffenen in Unterbringungssachen ein. Denn nach § 316 besteht die Verfahrensfähigkeit des Betroffenen ohne Rücksicht auf Alter und Geschäftsfähigkeit, so dass jeder Betroffene verfahrensfähig ist. Der Gesetzgeber behält damit den allgemeinen Gedanken des § 9 Abs. 1 Nr. 3 bei und **begrenzt die Verfahrensfähigkeit** Minderjähriger in den genannten Kindschaftssachen: Bei jüngeren Minderjährigen hält es der Gesetzgeber nicht für sachgerecht, eine Verfahrensfähigkeit und die damit verbundenen Rechte und Pflichten einzuräumen.[20] Auf die **individuelle Einsichtsfähigkeit** des Minderjährigen kommt es aus Gründen der Rechtssicherheit nicht an.

---

[18] So auch *Keidel/Engelhardt* § 167 Rn. 2; aA *Bumiller/Harders* § 167 Rn. 12.
[19] Vgl. nur *Salgo* ZKJ 2009, 49, 57.
[20] BT-Drucks. 11/4528, S. 183.

b) Rechtsfolgen. Ab dem 14. Lebensjahr hat der Minderjährige auf Grund der dann einge- 29
tretenen Verfahrensfähigkeit – auch in einstweiligen Anordnungsverfahren und im Rechtsmittelverfahren – damit **alle verfahrensrechtlichen Befugnisse,** die auch ein Geschäftsfähiger hat. Denn die Verfahrensfähigkeit ist die verfahrensrechtliche Geschäftsfähigkeit und bezeichnet die Fähigkeit „vor Gericht zu stehen" und ein Verfahren selbst oder mit Hilfe eines Bevollmächtigten zu führen.[21]

Damit kann er insbesondere **Akteneinsicht** nehmen (s. aber § 13 Abs. 1 Hs. 2), **Anträge** stellen 30
und zurücknehmen, **Ablehnungsgesuche** gegen Richter und Sachverständige vorbringen, **Rechtsmittel** einlegen und zurücknehmen und sonstige – zu beachtende – **verfahrensrechtliche Erklärungen** abgeben, weshalb ihm auch **rechtliches Gehör** zu gewähren ist (vgl. auch § 37 Abs. 2). **Zustellungen** können ihm gegenüber wirksam vorgenommen werden und Rechtsfolgen, unter anderem Fristen, in Gang setzen.[22] Vor diesem Hintergrund verlangt das Rechtsstaatsprinzip auch, dass der verfahrensfähige Minderjährige wirksam einen **Rechtsanwalt** bevollmächtigen kann.[23] Bei **widersprüchlichem Handeln** zwischen Minderjährigem und **Verfahrensbeistand** gelten die allgemeinen Regeln, so dass die Verfahrenshandlungen des verfahrensfähigen Minderjährigen auch in diesem Fall wirksam sind und ein vom Minderjährigen eingelegtes Rechtsmittel nur mit dessen Zustimmung zurückgenommen werden kann.

c) Freiwilligkeitserklärung. Die Verfahrensfähigkeit hat **keinen Einfluss auf die Wirksamkeit** 31
etwaiger vom Minderjährigen abgegeben materiell-rechtlichen Erklärungen, insbesondere nicht auf die Wirksamkeit einer **sogenannten Freiwilligkeitserklärung,** mit welcher sich der Minderjährige mit der Unterbringung einverstanden erklärt und die eine richterlich zu legitimierenden „Freiheitsentziehung" entfallen lässt.[24] Ihre Wirksamkeit hängt nicht von der Verfahrensfähigkeit, sondern von der Einsichts- und Einwilligungsfähigkeit des Minderjährigen ab.[25] Von dieser muss sich der Richter im Rahmen von Abs. 1 S. 1 iVm. § 319 auch selbst einen unmittelbaren Eindruck verschaffen, da er nur so seiner **rechtsstaatlichen Kontrollfunktion**[26] genügen kann. Hat er Zweifel an der Wirksamkeit der Erklärung, ist das Verfahren förmlich weiterzuführen.

4. Anhörungspflichten. a) Allgemeines. Abs. 4 erweitert die sich aus dem bloßen Verweis des 32
Absatzes 1 S. 1 auf § 320 ergebenden Kreis der persönlich anzuhörenden Personen. Neben dem Minderjährigen (vgl. Rn. 9 f.) sind die genannten Personen **grundsätzlich zwingend** („sind") **persönlich** anzuhören. Die Regelung ist auch im Beschwerdeverfahren anwendbar. Das Beschwerdegericht kann von einer nochmaligen Anhörung ausnahmsweise absehen, wenn eine erneute Vornahme keine zusätzlichen Erkenntnisse verspricht (vgl. § 68 Abs. 3 S. 2). Hiervon sollte – auch wegen des Zeitablaufs – nur zurückhaltend Gebrauch gemacht werden.

b) Eltern. Elternteile, denen die Personensorge zusteht, sind insbesondere Vater und Mutter des 33
Kindes, wenn diese verheiratet sind (vgl. §§ 1626, 1631 Abs. 1 BGB) oder gemeinsame Sorgeerklärungen abgegeben haben, sonst nur die Mutter (vgl. §§ 1626a ff. BGB) oder der Elternteil, dem die elterliche Sorge nach § 1671 BGB übertragen ist. Steht die **Personensorge** dem betreffenden Elternteil nur teilweise zu, besteht die Pflicht zu seiner persönlichen Anhörung dann, wenn er bei Verfahrensbeginn mit dem Minderjährigen zusammengelebt hat. Dies folgt aus dem Sinne der persönlichen Anhörung, durch welche Kommunikationsschwierigkeiten vermieden und dem Richter zum Zwecke der Sachaufklärung für seine Entscheidung wichtige Erkenntnisse vermittelt werden können.[27]

Ein Elternteil, dem die Personensorge nicht zusteht, ist nach dem Wortlaut der Vorschrift – 34
abweichend von § 160 Abs. 1 S. 1 – **nicht persönlich** anzuhören. Mit Blick auf das aber auch ihm zustehende Elternrecht aus Art. 6 Abs. 2 S. 1 GG ist ihm jedenfalls **rechtliches Gehör** zu gewähren. Unbeschadet dessen kann eine persönliche oder schriftliche Anhörung dieses Elternteils auch mit Blick auf die **Amtsermittlungspflichten** des Gerichts (vgl. § 26) unter Berücksichtigung des verfassungsrechtlichen Gebots einer zureichenden Sachaufklärung[28] erforderlich sein.

---

[21] Vgl. *Heiter* FamRZ 2009, 85 ff.
[22] Vgl. BayObLG FamRZ 2000, 1445.
[23] *Keidel/Engelhardt* § 70a FGG Rn. 4; aA OLG Saarbrücken BtPrax 1999, 153 für den Fall des Fehlens eines natürlichen Willens.
[24] *Soergel/Strätz* § 1631b BGB Rn. 7; *Erman/Michalski* § 1631b BGB Rn. 4; HK-BuR/*Bauer* § 70a FGG Rn. 19; aA *Palandt/Diederichsen* § 1631b BGB Rn. 2; *Staudinger/Salgo* § 1631b BGB Rn. 8; *Göllwitzer/Ruth* FamRZ 1996, 1388.
[25] *Soergel/Strätz* § 1631b BGB Rn. 7; *Erman/Michalski* § 1631b BGB Rn. 4; HK-BuR/*Bauer* § 70a FGG Rn. 19; *Wille* DAVorm 2000, 450, 451.
[26] Vgl. nur BVerfG FamRZ 2007, 1627, 1628.
[27] Vgl. BT-Drucks. 11/4528 S. 184; *Keidel/Engelhardt* § 70a FGG Rn. 10.
[28] Vgl. BVerfG FamRZ 2007, 1627, 1628.

35 **c) Gesetzliche Vertreter, Pflegeeltern.** Persönlich anzuhören ist auch der **gesetzliche Vertreter** in persönlichen Angelegenheiten, insbesondere also der **Vormund** oder ein **Pfleger** mit entsprechendem Aufgabenkreis, sowie die **Pflegeeltern.** Letzteres sind alle Personen, die den Minderjährigen bei Verfahrensbeginn in einem tatsächlichen Pflegeverhältnis haben. Auf das Bestehen eines (förmlichen) Pflegeverhältnisses im Sinne des SGB VIII (vgl. §§ 27, 33, 44 SGB VIII) kommt es nicht an, denn es geht darum, dem Gericht möglichst aktuelle Erkenntnisse über den Minderjährigen zu vermitteln.[29]

36 **d) Ausgestaltung.** Persönliche Anhörung ist die **unmittelbar mündliche, nicht fernmündliche, Anhörung bei gleichzeitiger Anwesenheit.** Die nähere **Ausgestaltung** (Zeitpunkt, alleine oder gemeinsam, im Gericht oder an anderer Stelle) unterliegt dem pflichtgemäßem Ermessen des Gerichts. Es gilt die **allgemeine Regelung des § 34.** Die persönliche Anhörung kann also unterbleiben, wenn hiervon erhebliche Nachteile für die Gesundheit des Anzuhörenden zu besorgen sind oder er nicht in der Lage ist, seinen Willen kundzutun (vgl. § 34 Abs. 2). Bleibt der Anzuhörende im Anhörungstermin trotz ordnungsgemäßer Ladung unentschuldigt aus, so kann das Verfahren ohne seine persönliche Anhörung beendet werden, worauf er zuvor hinzuweisen ist (vgl. § 34 Abs. 3). In beiden Fällen hat das Gericht nach pflichtgemäßem Ermessen auch unter dem Gesichtspunkt der zureichenden Aufklärung des Sachverhalts zu prüfen, ob die persönliche Anhörung unterbleiben kann.

37 **e) Absehen.** Die Anhörung nach Abs. 4 kann auch vor Erlass einer **einstweiligen Anordnung** bei Gefahr im Verzug unterbleiben. Abs. 1 S. 1 iVm. § 332 nennt die in Abs. 4 genannten Personen zwar nicht. Kann jedoch in diesem Fall eine Anhörung des Betroffenen und – soweit bestellt – des Verfahrensbeistandes unterbleiben, muss dies für den in Abs. 4 genannten Personenkreis erst recht gelten. Die persönliche Anhörung ist dann unverzüglich nachzuholen (Abs. 1 S. 1 iVm. § 332 S. 2).

38 Ansonsten kann mit Blick auf den klaren Wortlaut der Vorschrift von der persönlichen Anhörung nach Abs. 3 nicht abgesehen werden, insbesondere nicht deswegen, weil das Gericht meint, den Sachverhalt **ausreichend aufgeklärt** zu haben oder weil der Minderjährige einer Anhörung der genannten Personen **widerspricht.** Verletzt das Gericht gleichwohl seine Pflichten aus Abs. 3, so stellt dies einen wesentlichen Verfahrensmangel dar.[30] Eine **Zurückverweisung** kommt regelmäßig nicht in Betracht (vgl. § 69 Abs. 1). Vielmehr ist die Anhörung im Beschwerdeverfahren in der Regel nachzuholen.

39 **f) Aktenvermerk.** Das **Ergebnis der persönlichen Anhörung** ist in den Akten zu vermerken (s. § 28 Abs. 4). Der Vermerk ist und den übrigen Beteiligten mit der Gelegenheit zur Stellungnahme zum Zwecke der Gewährung rechtliches Gehörs zu übersenden.

40 **5. Unterstützung durch das Jugendamt. a) Verpflichtung des Jugendamtes.** Abs. 5 ist unbeschadet der Regelungen des SGB VIII eine **Verpflichtung des Jugendamts** zu entnehmen, den jeweils zuständigen gesetzlichen Vertreter bei der Zuführung des Minderjährigen zu unterstützen. Dies gilt nur in den **Kindschaftssachen des § 151 Nr. 6,** da bei den sogenannten Anordnungsverfahren (vgl. § 151 Nr. 7) die Vollziehung der Unterbringung dem gesetzlichen Vertreter, sondern der nach dem jeweiligen Landesrecht zuständigen Behörde obliegt, die das erforderliche Fachpersonal zur Verfügung stellen muss. Wendet sich der gesetzliche Vertreter an ein nach dem SGB VIII örtlich unzuständiges Jugendamt, hat dieses den Wunsch unverzüglich **an die zuständige Stelle weiterzuleiten.**

41 Um Eltern, Vormund oder Pfleger in den Fällen des § 151 Nr. 6 bei der schwierigen Aufgabe der Zuführung zur Unterbringung eine **fachlich kompetente Anlaufstelle** zu geben, können sich die genannten Personen mit der formlosen Bitte um Unterstützung an das Jugendamt wenden. Dieses hat der Bitte auf Grund der gesetzlichen Verpflichtung aus Abs. 5 zu entsprechen. Die Unterstützungsverpflichtung umfasst, das erforderliche **sozialpädagogische Fachpersonal** zur Verfügung zu stellen.

42 Auf die Fälle einer zwangsweisen Verbringung des Minderjährigen in ein „**offenes**" Heim findet Abs. 5 keine Anwendung.[31] Denn hier handelt es sich nicht um eine Kindschaftssache im Sinne des § 151 Nr. 6 oder 7.

43 **b) Gewalt.** Das Jugendamt ist als zuständige Behörde dann befugt, im Rahmen der erwünschten Zuführung **Gewalt** anzuwenden, wenn das Gericht dies auf Grund einer ausdrücklichen Entscheidung angeordnet hat. Es ist, ohne dass es einer richterlichen Anordnung bedürfte, befugt, insoweit die Unterstützung der **polizeilichen Vollzugsorgane** nachzusuchen (Abs. 1 S. 1 iVm. § 326 Abs. 2). Dies entspricht auch den jugendhilferechtlichen Grundprinzipien, die eine unmittelbare Gewaltanwendung durch Mitarbeiter des Jugendamtes nicht vorsehen (vgl. § 8a Abs. 4 SGB VIII).[32]

---

[29] Vgl. BT-Drucks. 11/4528 S. 184.
[30] Vgl. BVerfG FamRZ 2007, 1627, 1629.
[31] Vgl. OLG Hamm FamRZ 2003, 255.
[32] *Walther* R&P 2007, 167, 168.

Die Entscheidung über den Gebrauch der eingeräumten Befugnisse unterliegt der eigenständigen Beurteilung der Exekutive und wie jedes grundrechtsrelevante staatliche Handeln den Schranken des Grundsatzes der Verhältnismäßigkeit. Die Gewalt muss mithin geeignet sein, die Zuführung zu fördern. Sie muss erforderlich sein, so dass mildere Mittel nicht zur Verfügung stehen. Insbesondere müssen daher (vorrangige) kommunikative Maßnahmen gescheitert sein. Schließlich muss die Gewaltanwendung als Ergebnis einer umfassenden Abwägung auch angemessen sein.

c) Kosten der Unterstützungsmaßnahme. Die Kosten der Unterstützungsmaßnahme sind von **44** der Kommune zu tragen, denn die Unterstützung ist eine dem Jugendamt gesetzlich übertragene Aufgabe.[33] Etwas anderes kann nur dann gelten, wenn eine gerichtliche Anordnung vollzogen wird. Dann hat die Behörde die Kosten der Maßnahme aus der Staatskasse zu ersetzen.[34]

6. Qualifikation des Sachverständigen. a) Regel. Abs. 6 enthält eine gegenüber § 321 Abs. 1 **45** S. 4 **abweichende Regelung** über die Qualifikation des Sachverständigen für die Erstattung eines Gutachtens bei Unterbringungsmaßnahmen betreffend Minderjährige (vgl. Rn. 13).

Während der Sachverständige bei Unterbringungssachen Arzt für Psychiatrie sein soll bzw. Arzt **46** mit Erfahrung auf dem Gebiet der Psychiatrie sein muss (vgl. § 321 Abs. 1 S. 4) soll der Sachverständige in den Kindschaftssachen der § 151 Nr. 6 und 7 in der Regel **Arzt für Kinder- und Jugendpsychiatrie und -psychotherapie** sein. Eine geringere oder andere Erfahrung soll der Sachverständige jedenfalls in den Kindschaftssachen des § 151 Nr. 7 nicht haben, da Abs. 6 S. 2 der Norm hier keine Anwendung findet. Befindet sich ein Sachverständiger noch in der Facharztausbildung, so ist dieser noch kein „Arzt für Kinder- und Jugendpsychiatrie und -psychotherapie". Das Gericht wird nach **pflichtgemäßem Ermessen** zu prüfen und besonders festzustellen haben, ob in diesem Fall hinreichende Sachkunde besteht.[35] Jedenfalls muss der Sachverständige Arzt **mit Erfahrung** auf dem Gebiet der Kinder- und Jugendpsychiatrie und -psychotherapie sein. Der Umfang der Erfahrung ist vom Gericht im Rahmen seiner Amtsermittlungspflicht (§ 26) zu klären und in der Entscheidung darzulegen.[36]

b) Ausnahme. In den Kindschaftssachen des § 151 Nr. 6 kann das Gutachten demgegenüber **47** **ausnahmsweise**[37] auch durch einen **Psychotherapeuten,** der nach dem Psychotherapeutengesetze qualifiziert ist, **Psychologen, Pädagogen oder Sozialpädagogen** erstattet werden, wenn dieser in Fragen der **Heimerziehung ausgewiesen** ist. Das Gericht sollte von dieser Ausnahme nur zurückhaltend Gebrauch machen, wird ihm der Kenntnisstand dieser Disziplinen doch bereits regelmäßig über die Stellungnahme des Jugendamtes vermittelt (s. Rn. 12). Das Gericht wird nach pflichtgemäßem Ermessen zu prüfen haben, ob im Gutachtenerstattung nach Abs. 6 S. 2 der Norm im konkreten Fall ausreicht, denn es handelt sich bei stark verhaltensauffälligen Kindern, für die eine geschlossene Unterbringung in Betracht kommt, um eine psychiatrische Hochrisikogruppe, bei welcher im Regelfall eine psychiatrische Begutachtung erforderlich ist.[38]

Etwas anderes kann lediglich dann gelten, wenn von vorneherein nur die Unterbringung in einem **48** geschlossenen Heim der Kinder- und Jugendhilfe (vgl. § 34 SGB VIII) in Betracht zu ziehen und ein **psychiatrischer Hintergrund auszuschließen** ist.[39] Leidet der Minderjährige (auch) unter erheblichen Hirnfunktionsstörungen, schweren Realitätsbezugsstörungen oder gefährlichen Körperfunktionsstörungen, kommt die Erstattung eines Gutachtens durch eine der in Abs. 6 S. 2 genannten Personen nicht in Betracht.[40]

„**In Fragen der Heimerziehung ausgewiesen**" ist der Gutachter, wenn er unzweifelhaft über **49** die mehrjährige Erfahrung einer wissenschaftlichen und praktischen Tätigkeit mit Minderjährigen in geschlossenen Einrichtungen der Kinder- und Jugendhilfe verfügt und seine Fähigkeit und Erfahrung **das durchschnittliche Können seiner Fachkollegen übertrifft**.

IV. Kosten

Die **Kostenentscheidung** richtet sich grundsätzlich nach den Vorschriften im Allgemeinen Teil **50** (§§ 80 ff.; vgl. § 81 Rn. 85). Das Gericht kann in den Fällen der zivilrechtlichen Unterbringung (§ 151 Nr. 6) die **Auslagen des Minderjährigen,** soweit sie zur zweckentsprechenden Rechts-

---

[33] LG Koblenz FamRZ 2004, 566; *Jansen/Sonnenfeld* § 70g FGG Rn. 32; aA *Walther* R&P 2007, 167 ff.
[34] OLG Köln OLGR 2004, 425.
[35] Vgl. BayObLG NJW 1988, 2384.
[36] Vgl. OLG Schleswig FamRZ 2008, 77.
[37] BT-Drucks. 16/6308, S. 243.
[38] BT-Drucks. 16/6308, S. 243.
[39] BT-Drucks. 16/6308, S. 243.
[40] Vgl. *Rohmann* FPR 2009, 30, 31.

§ 168

verfolgung notwendig waren, nach Abs. 1 Satz 1 Halbs. 1 iVm. § 337 Abs. 1 der **Staatskasse** auferlegen, wenn eine Unterbringungsmaßnahme abgelehnt, als ungerechtfertigt aufgehoben, eingeschränkt oder das Verfahren ohne Entscheidung über eine Maßnahme beendet wird.

51 In den Fällen der öffentlich-rechtlichen Unterbringung (§ 151 Nr. 7) hat das Gericht die Kosten gegebenenfalls der Körperschaft aufzuerlegen, der die **zuständige Behörde** angehört (vgl. Abs. 1 Satz 1 Halbs. 2 iVm. § 337 Abs. 2).

§ 168 Beschluss über Zahlungen des Mündels

(1) ¹Das Gericht setzt durch Beschluss fest, wenn der Vormund, Gegenvormund oder Mündel die gerichtliche Festsetzung beantragt oder das Gericht sie für angemessen hält:
1. Vorschuss, Ersatz von Aufwendungen, Aufwandsentschädigung, soweit der Vormund oder Gegenvormund sie aus der Staatskasse verlangen kann (§ 1835 Absatz 4 und § 1835 a Absatz 3 des Bürgerlichen Gesetzbuchs) oder ihm nicht die Vermögenssorge übertragen wurde;
2. eine dem Vormund oder Gegenvormund zu bewilligende Vergütung oder Abschlagszahlung (§ 1836 des Bürgerlichen Gesetzbuchs).

²Mit der Festsetzung bestimmt das Gericht Höhe und Zeitpunkt der Zahlungen, die der Mündel an die Staatskasse nach den §§ 1836 c und 1836 e des Bürgerlichen Gesetzbuchs zu leisten hat. ³Es kann die Zahlungen gesondert festsetzen, wenn dies zweckmäßig ist. ⁴Erfolgt keine Festsetzung nach Satz 1 und richten sich die in Satz 1 bezeichneten Ansprüche gegen die Staatskasse, gelten die Vorschriften über das Verfahren bei der Entschädigung von Zeugen hinsichtlich ihrer baren Auslagen sinngemäß.

(2) ¹In dem Antrag sollen die persönlichen und wirtschaftlichen Verhältnisse des Mündels dargestellt werden. ²§ 118 Abs. 2 Satz 1 und 2 sowie § 120 Abs. 2 bis 4 Satz 1 und 2 der Zivilprozessordnung sind entsprechend anzuwenden. ³Steht nach der freien Überzeugung des Gerichts der Aufwand zur Ermittlung der persönlichen und wirtschaftlichen Verhältnisse des Mündels außer Verhältnis zur Höhe des aus der Staatskasse zu begleichenden Anspruchs oder zur Höhe der voraussichtlich vom Mündel zu leistenden Zahlungen, kann das Gericht ohne weitere Prüfung den Anspruch festsetzen oder von einer Festsetzung der vom Mündel zu leistenden Zahlungen absehen.

(3) ¹Nach dem Tode des Mündels bestimmt das Gericht Höhe und Zeitpunkt der Zahlungen, die der Erbe des Mündels nach § 1836 e des Bürgerlichen Gesetzbuchs an die Staatskasse zu leisten hat. ²Der Erbe ist verpflichtet, dem Gericht über den Bestand des Nachlasses Auskunft zu erteilen. ³Er hat dem Gericht auf Verlangen ein Verzeichnis der zur Erbschaft gehörenden Gegenstände vorzulegen und an Eides statt zu versichern, dass er nach bestem Wissen und Gewissen den Bestand so vollständig angegeben habe, als er dazu imstande sei.

(4) ¹Der Mündel ist zu hören, bevor nach Absatz 1 eine von ihm zu leistende Zahlung festgesetzt wird. ²Vor einer Entscheidung nach Absatz 3 ist der Erbe zu hören.

(5) Auf die Pflegschaft sind die Absätze 1 bis 4 entsprechend anzuwenden.

Schrifttum: *Bienwald,* Geltendmachung von Aufwand und Vergütung – Eine Behörde oder ihre Mitarbeiter werden zu „Pfleger für das Verfahren" bestellt, Rpfleger 1999, 429; *Deinert,* Betreuervergütung und Staatsregress nach dem Tode des Betreuten, FamRZ 2002, 374; *Hartmann,* Die Anwendungsbereiche des Kostenfestsetzungsverfahrens bei Vormundschaft, rechtlicher Betreuung und Pflegschaft, Rpfleger 2003, 394; *Zimmermann,* Die Vergütung des Nachlasspflegers seit 1. 7. 2005, ZEV 2005, 473.

Übersicht

	Rn.		Rn.
I. Normzweck	1–3	1. Zuständigkeit	9
II. Die festsetzungsfähigen Ansprüche	4, 5	2. Verfahrenseinleitung	10–12
III. Das vereinfachte Justizverwaltungsverfahren	6–8	3. Verfahrensgrundsätze	13–20
		a) Rechtliches Gehör	13, 14
		b) Amtsverfahren	15–20
IV. Das gerichtliche Festsetzungsverfahren	9–23	4. Beschluss	21–23

	Rn.		Rn.
V. Die Rückgriffsentscheidung gegen den Erben	24–26	**VII. Rechtsmittel und Vollstreckung**	28, 29
1. Ausgangslage	24	1. Rechtsmittel	28
2. Verfahren	25, 26	2. Vollstreckung	29
VI. Anwendung im Pflegschaftsrecht	27		

I. Normzweck

Handeln für Andere kann **vermögensrechtliche Aufwendungen** verursachen. Auch kann die Zahlung einer **Vergütung** angemessen sein. Deswegen geben die §§ 1835, 1835a, 1836 BGB, §§ 1 ff. VBVG den Vormündern einen Anspruch auf **Aufwendungsersatz** und gegebenenfalls auf Zahlung einer Vergütung, einer **Aufwandsentschädigung**, die dem ehrenamtlichen Vormund zusteht, dem keine Vergütung gewährt wurde, bzw. einer **Abschlagszahlung**, die nur dem Berufsvormund auf dessen Verlangen zusteht (vgl. § 3 Abs. 4 VBVG) und kein Vorschuss, sondern Gegenleistung für erbrachte Teilleistungen ist.[1] Die genannten Ansprüche können sich entweder **gegen die Staatskasse oder gegen den Mündel** richten, wenn nicht das Jugendamt oder ein Verein als Vormund tätig ist. In diesem Fall besteht kein Anspruch auf Aufwendungsersatz gegen die Staatskasse (§ 1835 Abs. 5 BGB) und weder gegen die Staatskasse noch gegen den Mündel ein Anspruch auf Aufwandsentschädigung (§ 1835a Abs. 5 BGB) oder Vergütung (§ 1836 Abs. 3 BGB). Hier kann allenfalls ein Aufwendungsersatzanspruch gegen den vermögenden Mündel bestehen (§ 1835 Abs. 5 BGB). Befriedigt die Staatskasse Ansprüche des Vormundes, so können **Rückgriffsansprüche gegen das Mündel** (§ 1836c BGB) oder **gegen dessen Erben** (§ 1836e BGB) entstehen. Diese materiell-rechtlichen Regeln sind nicht nur in den Fällen der Vormundschaft, sondern auf alle Fälle anwendbar, in denen eine Person einer anderen in persönlicher oder vermögensrechtlicher Hinsicht Hilfe leistet, denn sie sind nicht nur entsprechend ihrem Wortlaut auf den Vormund und den Gegenvormund anzuwenden, sondern insbesondere auf den Betreuer (§ 1908i Abs. 1 Satz 1 BGB; auch den Vereins- oder Behördenbetreuer, vgl. § 7 Abs. 2 Satz 1 Halbs. 2 VBVG bzw. § 8 Abs. 2 VBVG) und den Pfleger (§ 1915 Abs. 1 BGB).

§ 168 enthält die **korrespondierenden verfahrensrechtlichen Grundlagen** und weist damit unter anderem den Weg vom materiell-rechtlichen Anspruch zu Prüfung, Festsetzung, Titulierung bzw. Auszahlung sowie zur Festsetzung von Regressansprüchen der Staatskasse gegen das Mündel oder dessen Erben. Entsprechend dem weiten Anwendungsbereich der materiell-rechtlichen Regelungen in §§ 1835 ff. BGB enthält die Norm die verfahrensrechtlichen Grundlagen der Festsetzung im **Pflegschaftsrecht** (Abs. 5), für den **Verfahrensbeistand** in Kindschaftssachen (§ 158 Abs. 7 Satz 6), Abstammungssachen (§ 174 S. 2) und Adoptionssachen (§ 191 S. 2), für den **Verfahrenspfleger** in Betreuungssachen (§ 277 Abs. 5 S. 2), in Unterbringungssachen (§ 318 iVm. § 277 Abs. 5 S. 2) und Freiheitsentziehungssachen (§ 419 Abs. 5 S. 1 iVm. § 277 Abs. 5 S. 2) sowie für den **Betreuer** (§ 292 Abs. 1). Weder über eine Verweisungsvorschrift noch analog ist die Vorschrift anwendbar auf Ansprüche eines besonderen Vertreters im Sinne von § 57 ZPO, eines Testamentsvollstreckers (§§ 2197 ff. BGB) oder eines Insolvenzverwalters (vgl. §§ 56 ff. InsO).

Die Norm entspricht wortgleich der Vorgängervorschrift des **§ 56 g FGG aF**. Nur § 56g Abs. 5 und 6 FGG aF wurden auf Grund der Regelungen des Allgemeinen Teils zum Rechtsmittel (§§ 58 ff.) und zur Vollstreckung (§§ 86 f., 95) entbehrlich.[2]

II. Die festsetzungsfähigen Ansprüche

Die Norm findet **Anwendung** auf die Festsetzung von Vorschuss-, Aufwendungsersatz- und Aufwandsentschädigung (Abs. 1 S. 1 Nr. 1) sowie von Vergütung und Abschlagszahlung gegen die Staatskasse, (Abs. 1 S. 1 Nr. 2) und schließlich auf die Festsetzung von Rückgriffsansprüchen der Staatskasse gegen das Mündel (Abs. 1 S. 2) oder dessen Erben (Abs. 3). Die Fragen einer **Verzinsung** von Vergütung und Aufwendungsersatz können hingegen nicht im Festsetzungsverfahren geklärt werden, denn Zinsansprüche sind in der (abschließenden) Aufzählung festsetzungsfähiger Ansprüche nicht enthalten.[3]

---

[1] BayObLG FamRZ 2003, 1221, 1222; MünchKommBGB/*Wagenitz* § 1836 Rn. 56.
[2] BT-Drucks. 16/6308, S. 243.
[3] OLG Celle FamRZ 2002, 1431; BayObLG FamRZ 2002, 767; LG Stuttgart BtPrax 1999, 158; Zimmermann FamRZ 2004, 921, 926; aA LG Hildesheim FamRZ 2001, 1642; differenzierend *Jansen/Sonnenfeld* § 56g FGG Rn. 13 m. weit. Nachw.

5 Der Vormund bzw. Pfleger oder Betreuer, wenn die Vermögenssorge zu ihrem Aufgabenkreis zählt,[4] dürfen Beträge in Höhe ihrer Ansprüche auf **Ersatz von Aufwendungen** dem Vermögen des Mündels bzw. Pfleglings **entnehmen**. Sie werden vom Familiengericht überwacht (vgl. §§ 1837, 1843, 1915 BGB), so dass ein Rechtsschutzbedürfnis für die Durchführung eines Festsetzungsverfahrens nicht besteht. Bei Streitigkeiten ist insoweit ein gerichtliches Verfahren nach den Vorschriften der **Zivilprozessordnung** zu führen.[5] Stand dem Berechtigten die Vermögenssorge zwar zum Zeitpunkt der Anspruchsentstehung, nicht aber im Zeitpunkt ihrer Geltendmachung zu, etwa weil sie zwischenzeitlich aufgehoben worden oder der Mündel verstorben ist, bleibt die Durchführung des gerichtlichen Festsetzungsverfahrens möglich.[6]

III. Das vereinfachte Justizverwaltungsverfahren

6 Erfolgt keine Festsetzung des Anspruchs durch einen Beschluss im Sinne von S. 1 und richtet sich dieser gegen die Staatskasse kann eine Festsetzung auch im **vereinfachten Justizverwaltungsverfahren** erfolgen (Abs. 1 S. 4). Etwas anders gilt im Wege der teleologischen Reduktion, wenn auf die umfassenderen Verfahrensgarantien des gerichtlichen Festsetzungsverfahrens nicht verzichtet werden kann, vor allem in nicht einfach gelagerten Fällen, etwa wenn Grund oder Höhe des festzusetzenden Anspruchs problematisch sind.

7 Für das vereinfachte Justizverwaltungsverfahren gelten die Vorschriften über das Verfahren bei der Entschädigung von Zeugen hinsichtlich ihrer baren Auslagen nach dem **Justizvergütungs- und -entschädigungsgesetz (JVEG)** sinngemäß. Der „sinngemäße" Verweis auf diese Regelungen hat zur Folge, dass die Anweisung an die Gerichtskasse zur Auszahlung des geltend gemachten Anspruchs durch den Urkundsbeamten der Geschäftsstelle als Kostenbeamten bei dem Gericht, bei dem die Vormundschaft anhängig ist, erfolgt.

8 Hingegen finden nach hA die Regelungen des gerichtlichen Festsetzungsverfahrens nach § 4 **JVEG keine Anwendung.**[7] Dies ergibt sich aus der lediglich sinngemäßen Verweisung in Abs. 1 S. 4 und der im Übrigen abschließenden Regelung des gerichtlichen Festsetzungsverfahrens für die Fälle der §§ 1835 ff. BGB. Daher ist gegen die Anweisung an die Gerichtskasse keine einfache Beschwerde nach § 4 Abs. 3 JVEG eröffnet. Es kann lediglich ein Antrag auf Einleitung des gerichtlichen Festsetzungsverfahrens gestellt werden.[8] Die Anweisung des Urkundsbeamten der Geschäftsstelle wird dann wirkungslos.

IV. Das gerichtliche Festsetzungsverfahren

9 **1. Zuständigkeit.** Da das gerichtliche Festsetzungsverfahren Teil der anhängigen Kindschaftssache ist, ist das gegenwärtig mit der Sache befasste Gericht auch für das Festsetzungsverfahren zuständig.[9] Ist das Verfahren abgegeben worden, ist vom Zeitpunkt der Übernahme das Gericht **örtlich zuständig,** bei dem die Kindschaftssache nunmehr geführt wird.[10] **Funktionell** ist nach § 3 Nr. 2 lit. a RPflG für das gesamte Verfahren der **Rechtspfleger** zuständig, weil § 14 RPflG einen entsprechenden Richtervorbehalt nicht enthält.

10 **2. Verfahrenseinleitung.** Das gerichtliche Festsetzungsverfahren kann auf **Antrag** (vgl. § 23) des Vormundes, Gegenvormundes oder Mündels eingeleitet werden. Das Mündel selbst kann einen Antrag nur dann stellen, wenn es verfahrensfähig ist (vgl. § 9). Einer besonderen **Form** bedarf der Antrag nicht (vgl. aber § 292 Abs. 2).[11] Der Antragsteller soll den Antrag begründen (vgl. § 23 Abs. 1 S. 1) und in dem Antrag die persönlichen und wirtschaftlichen Verhältnisse des Mündels umfassend darstellen (vgl. Abs. 2 S. 1). Insoweit müssen auch Ansprüche gegen Dritte, insbesondere Unterhaltsansprüche im Sinne von §§ 1601 ff. BGB, mitgeteilt werden. Das Gericht kann verlangen, dass der Antragsteller seine tatsächlichen Angaben **glaubhaft macht** und selbst Erhebungen anstellen, insbesondere die Vorlage von Urkunden anordnen und Auskünfte einholen (Abs. 2 S. 2 iVm. § 118 Abs. 2 S. 1 und 2 ZPO). Macht der Antragsteller einen bestimmten Betrag geltend, so ist dieser durch nachvollziehbare Angaben, bei Vergütungsansprü-

---

[4] Vgl. BayObLG FamRZ 2001, 793, 794.
[5] OLG Köln FamRZ 1998, 1451, 1452; BayObLG FamRZ 1995, 1375; *Keidel/Engelhardt* § 168 Rn. 35.
[6] Vgl. OLG Hamm FamRZ 2004, 1065; BayObLG FamRZ 2001, 866, 867; *Deinert* FamRZ 2002, 374, 375.
[7] Vgl. nur *Jansen/Sonnenfeld* § 56g FGG Rn. 23 m. weit. Nachw.
[8] Vgl. BayObLG FamRZ 1999, 1590, 1591.
[9] Vgl. BayObLG NJW-RR 1997, 966, 967; OLG Naumburg FamRZ 2001, 769.
[10] BayObLG NJW-RR 1997, 966.
[11] LG Koblenz FamRZ 2008, 1659.

chen also insbesondere über die Art der Tätigkeit und den darauf verwandten Zeitaufwand, zu substantiieren.[12]

Daneben kann das Gericht das gerichtliche Festsetzungsverfahren nach pflichtgemäßem Ermessen **von Amts wegen** einleiten (vgl. § 24). Dies wird regelmäßig erfolgen, wenn der Vertreter der Staatskasse dies anregt oder nachträglich Anhaltspunkte für die Unrichtigkeit der Festsetzung im vereinfachten Justizverwaltungsverfahren erkennbar werden. Gleiches gilt, wenn Zweifel an der Mittellosigkeit ersichtlich werden oder widersprüchliche Entscheidungen in dem Festsetzungsverfahren zwischen Vormund und Staatskasse einerseits bzw. Staatskasse und Mündel andererseits vermieden werden sollen.[13] 11

Die Antragstellung und die damit verbunden Geltendmachung hat mit Blick auf bestehende **Ausschlussfristen** von 15 Monaten (§§ 1835 Abs. 1 S. 3, 1836 Abs. 2 S. 4 BGB, § 2 VBVG)[14] bzw. 3 Monaten (§ 1835a Abs. 4 BGB) auch materiell-rechtliche Wirkung. Mit fristgerechtem Antrag wird die Ausschlussfrist gewahrt, wenn der Antrag hinreichend prüffähig ist, denn der gesetzgeberische Zweck einer zeitnahen Abrechnung kann anderenfalls nicht erreicht werden. Erforderlich ist daher, dass mit dem Antrag zum einen ein konkreter Betrag geltend gemacht wird und zum anderen der Antrag jedenfalls schlüssig ist, das heißt nachvollziehbar die Entstehung des geltend gemachten Betrages darlegt.[15] Das Gericht ist regelmäßig nicht gehalten, vor einer Antragstellung auf den Ablauf der Frist oder die damit verbundenen Rechtsfolgen hinzuweisen.[16] 12

3. Verfahrensgrundsätze. a) Rechtliches Gehör. Der **Mündel** ist vor der Festsetzung einer von ihm zu leistenden Zahlung – nicht zwingend persönlich[17] – **anzuhören** (Abs. 4 S. 1). Einer Anhörung des Mündels im Falle einer Festsetzung gegen die Staatskasse bedarf es nach dem klaren Wortlaut von Abs. 4 S. 1 nicht.[18] Da der Mündel hier nicht – auch nicht mittelbar – in seinen Rechten beeinträchtigt wird, ergibt sich auch aus dem verfassungsrechtlichen Grundsatz der Gewährung rechtlichen Gehörs (Art. 103 Abs. 1 GG) nichts anderes, zumal die Festsetzung gegen die Staatskasse im Verhältnis zum Mündel **keine Bindungswirkung** entfaltet.[19] Erfolgt die Festsetzung auf Antrag des Mündels und ergeben sich aus dem Festsetzungsverfahren keine Gesichtspunkte, die nach einer Abweichung vom Antrag des Mündels verlangen, ist eine nochmalige Beteiligung des Mündels entbehrlich. Ansonsten kann von der Anhörung als zwingendes Verfahrensrecht grundsätzlich nicht abgesehen werden. Ist der gesetzliche Vertreter des Mündels mit dem Anspruchsteller identisch, darf dem Mündel rechtliches Gehör nicht über ihn gewährt werden.[20] Insoweit besteht eine Interessenkollision. Daher ist dem Mündel in diesem Fall für das gerichtliche Festsetzungsverfahren entsprechend § 1909 BGB ein **Ergänzungspfleger** zu bestellen. Die Bestellung eines Verfahrensbeistandes (vgl. § 158) scheidet aus, da dieser nur in personenbezogenen Kindschaftssachen tätig wird.[21] In Festsetzungsverfahren betreffend Betreuungssachen kann hingegen die Bestellung eines Verfahrenspflegers (§ 276) geboten sein.[22] 13

Neben dem Mündel ist dem **Vormund** rechtliches Gehör zu gewähren, wenn der Mündel die Festsetzung beantragt hat oder das Festsetzungsverfahren von Amts wegen eingeleitet worden ist. Hat er selbst die Festsetzung beantragt, ist die Anhörung grundsätzlich entbehrlich, es sei denn es ergeben sich neue entscheidungserhebliche Tatsachen. Schließlich ist dem **Vertreter der Staatskasse** (nur) in den Fällen rechtliches Gehör zu gewähren, in denen eine Festsetzung gegen die Staatskasse erfolgen soll. 14

b) Amtsverfahren. Wird das Verfahren von Amts wegen eingeleitet, sind die zur Festsetzung einer angemessenen Vergütung erforderlichen Tatsachen gemäß § 26 vom Gericht **von Amts wegen zu ermitteln.** Gleiches gilt in Antragsverfahren, jedoch gehen Mängel des Antrages zu Lasten des Antragstellers, denn er hat seine Ansprüche geltend zu machen (vgl. § 2 S. 1 VBVG). Soweit nicht mit einer Vergütungspauschale abgegoltener (s. § 158 Abs. 7 S. 2) Aufwendungsersatz geltend 15

---

[12] OLG Frankfurt FamRZ 2002, 193; OLG Brandenburg FamRZ 2002, 1353, 1354.
[13] BayObLG FamRZ 2001, 377, 378.
[14] Hierzu BGH FamRZ 2008, 1611 ff.
[15] Vgl. nur OLG Brandenburg FamRZ 2002, 1353; OLG Frankfurt FamRZ 2002, 194; LG Darmstadt FamRZ 2003, 60.
[16] Vgl. BayObLG FamRZ 2004, 1137, 1138; aA *Jansen/Sonnenfeld* § 56g FGG Rn. 28.
[17] BayObLG FamRZ 1998, 1185 und 1993, 224.
[18] Vgl. auch BT-Drucks. 13/7158, S. 51; *Hartmann* Rpfleger 2003, 394, 396.
[19] BayObLG FamRZ 2004, 305 und 2001, 377; BT-Drucks. 13/7158, S. 51.
[20] Vgl. BVerfG FamRZ 2000, 731, 733.
[21] AA *Keidel/Engelhardt* § 168 Rn. 13; zu § 50 FGG: *Jansen/Sonnenfeld* § 56g FGG Rn. 36.
[22] BayObLG FamRZ 2004, 1231; OLG Karlsruhe Rpfleger 1996, 27; KG FamRZ 1996, 1362, 1366; OLG Frankfurt BtPrax 1997, 201.

§ 168   16–22   Buch 2. Abschnitt 3. Verfahren in Kindschaftssachen

gemacht wird, kann die Vorlage von Belegen verlangt werden. Hinsichtlich der Feststellung des zu vergütenden Zeitaufwandes ist das Gericht an tatsächliche Zugeständnisse des Zahlungsverpflichteten nicht gebunden.[23] Dieser kann in entsprechender Anwendung von § 287 ZPO **geschätzt** werden.[24] Ist der Zeitaufwand im Einzelnen aufgeschlüsselt, kann eine Kürzung nur in den Fällen fehlender Plausibilität, bei der Geltendmachung eines Zeitaufwandes für außerhalb des Aufgabenkreises liegende oder erkennbar nutzlose Tätigkeiten oder bei offensichtlicher Unangemessenheit und damit missbräuchlicher Geltendmachung in der entsprechenden Höhe erfolgen.[25] Weder der Zeitaufwand für die Durchsetzung des Vergütungsanspruchs[26] noch derjenige für die Erstellung des Vergütungsantrages[27] ist jedoch vergütungsfähig.

16   Das Gericht hat die **wirtschaftliche Leistungsfähigkeit des Mündels** grundsätzlich von Amts wegen zu prüfen.[28] Nach Abs. 2 S. 2 iVm. § 118 Abs. 2 S. 1 ZPO kann das Gericht die Glaubhaftmachung (§ 31) der tatsächlichen Angaben des Antragstellers verlangen. Daneben kann es Erhebungen anstellen (Abs. 2 S. 2 iVm. § 118 Abs. 2 S. 2 ZPO), insbesondere die Vorlage von Urkunden anordnen oder Auskünfte einholen.

17   Nach Abs. 2 S. 3 der Norm kann das Gericht aber von einer weiteren Prüfung der wirtschaftlichen Leistungsfähigkeit absehen, wenn der hiermit verbundene Aufwand außer Verhältnis zur Höhe des aus der Staatskasse zu begleichenden Anspruchs steht. Steht nach pflichtgemäßem Ermessen fest, dass eine im Interesse der Staatskasse erfolgende Prüfung der Mittellosigkeit mehr kosten würde als sie einbringt, ist sie unwirtschaftlich.[29]

18   Macht der Vormund Vergütungsansprüche geltend ist von Amts wegen zu prüfen, ob die **Berufsmäßigkeit der Amtsführung** bereits festgestellt ist (vgl. § 1836 Abs. 1 S. 2 BGB; § 1 VBVG). Die Feststellung der Berufsmäßigkeit kann nach hM im Rahmen des Bestellungsverfahrens nachgeholt werden.[30] Eine Nachholung im Festsetzungsverfahren kommt hingegen nicht in Betracht, denn sie muss „bei der Bestellung" erfolgen.[31]

19   Zur Vermeidung unbilliger Ergebnisse ist das Festsetzungsverfahren in den Fällen, in denen die Frage der wirtschaftlichen Leistungsfähigkeit des Mündels und damit der Anspruchsgegner zweifelhaft erscheint, von Amts wegen oder durch stillschweigende Annahme eines entsprechenden Hilfsantrages **auf beide Ansprüche**, dh. gegen die Staatskasse und gegen das Mündel, zu **erstrecken**.[32]

20   Die **Verjährung** (vgl. § 195 BGB) ist nicht von Amts wegen zu prüfen, sondern nur nach Erhebung der Einrede, da verjährte Ansprüche nicht festgesetzt werden dürfen.[33] Weder von Amts wegen noch auf Antrag sind **Schadensersatzansprüche**, der Einwand der **Schlechterfüllung**, die **Erfüllung**, ein **Erlass**, ein **Verzicht**, die **Aufrechnung** und ein **Zurückbehaltungsrecht** zu prüfen.[34] Diese Fragen sind von dem **Prozessgericht** nach den allgemeinen Regeln der Zivilprozessordnung im Rahmen der Klage nach § 767 ZPO zu klären und stehen der Festsetzung mangels einer § 11 RVG entsprechenden Norm nicht entgegen.

21   **4. Beschluss.** Das Gericht entscheidet durch Beschluss im Sinne von **§§ 38 ff.** Es kann in einem **Teilbeschluss** zunächst über einen Teil der Ansprüche, beispielsweise einen Teil des geltend gemachten Zeitraums, entscheiden, wenn nur dieser entscheidungsreif ist. Darüber hinaus kann entsprechend §§ 303, 304 ZPO ein **Zwischenbeschluss** über den Anspruchsgrund oder über eine Rechtsfrage ergehen, die für die Endentscheidung vorgreiflich ist.[35]

22   Bei Festsetzung gegen die Staatskasse hat das Gericht im Beschluss **Höhe und Zeitpunkt der Zahlungen** zu bestimmen, die der Mündel im Falle seiner wirtschaftlichen Leistungsfähigkeit mit Blick auf §§ 1836 c und 1836 e BGB an die Staatskasse zu leisten hat (Abs. 1 S. 2). Es kann die Leistungen nach Abs. 1 S. 3 aber auch zu einem späteren Zeitpunkt („gesondert") – innerhalb einer

---

[23] BayObLG FamRZ 2002, 130, 131.
[24] Vgl. nur BayObLG FamRZ 1996, 1169, 1170.
[25] Vgl. nur OLG Köln ZKJ 2008, 123; BayObLG FamRZ 1996, 1171.
[26] BayObLG FamRZ 1999, 1233, 1234.
[27] BayObLG BtPRax 2001, 76; OLG Schleswig FamRZ 1999, 462.
[28] OLG Frankfurt FamRZ 2009, 250; OLG Schleswig FamRZ 2004, 979.
[29] Vgl. auch BT-Drucks. 13/7158 S. 36.
[30] Vgl. nur *Palandt/Diederichsen* Anh zu § 1836 BGB, § 1 VBVG Rn. 8.
[31] BayObLG FamRZ 2001, 867 = NJW-RR 2001, 943 und FamRZ 2001, 1484; aA OLG Hamm FamRZ 2004, 1324. Offengelassen von OLG Brandenburg ZKJ 2009, S. 132, 133 m. weit. Nachw.
[32] BayObLG FamRZ 2001, 377, 378.
[33] BayObLG FamRZ 2000, 1455.
[34] Vgl. KG NJW-RR 2007, 1598 (= FamRZ 2008, 81); BayObLG FamRZ 1999, 1591, 1592 und NJW 1988, 1919.
[35] BayObLG FamRZ 1996, 250, 251.

Frist von 10 Jahren (vgl. § 1836e Abs. 1 S. 2 BGB) – festsetzen oder von der Festsetzung absehen (Abs. 2 S. 3 aE; vgl. Rn. 17).

Das Gericht kann seine Entscheidung über die an die Staatskasse zu entrichtenden Zahlungen auf Grund der Verweisung in Abs. 2 S. 2 entsprechend § 120 Abs. 3 Nr. 1 ZPO **vorläufig einstellen,** insbesondere wenn abzusehen ist, dass die Zahlungen den erbrachten Aufwand der Staatskasse decken. Es kann seine Rückgriffsentscheidung auch **abändern,** wenn sich die persönlichen oder wirtschaftlichen Verhältnisse ändern (vgl. Abs. 2 S. 2 iVm. § 120 Abs. 4 ZPO) und die 10-Jahresfrist des § 1836e Abs. 1 S. 2 BGB noch nicht verstrichen ist.[36] **Gläubiger des Rückgriffsanspruchs** ist die Staatskasse, was über die Verweisung in Abs. 2 S. 2 auf § 120 Abs. 2 ZPO dahingehend konkretisiert wird, dass Zahlungen an die jeweilige Landeskasse zu leisten sind. Die Zahlungen werden von den Justizbehörden eingezogen (vgl. § 1 Abs. 1 Nr. 4 lit. b JBeitrO). 23

V. Die Rückgriffsentscheidung gegen den Erben

1. Ausgangslage. Eine gerichtliche Entscheidung über Rückgriffsansprüche des Staates ist auch **nach dem Tod des Mündels** zu treffen. Denn der Erbe des Mündels haftet nach dessen Tod mit dem Wert des im Zeitpunkt des Erbfalls vorhandenen Nachlasses mit den Einschränkungen des SGB VII für noch bestehende Ansprüche, die Nachlassverbindlichkeiten (§ 1967 BGB) sind. 24

2. Verfahren. Nach dem Tode des Mündels sind **Höhe und Zeitpunkt** etwaiger Zahlungsansprüche der Staatskasse im Sinne von § 1836e BGB gegen den Erben zu bestimmen. Es kommen die gleichen Verfahrensgrundsätze wie bei der Festsetzungsentscheidung gegen das Mündel zur Anwendung (vgl. Rn. 13 ff.). Vor der Entscheidung ist der **Erbe anzuhören** (Abs. 4 S. 2). Ist der Erbe unbekannt, ist bei dem örtlich zuständigen Nachlassgericht die Bestellung eines **Nachlasspflegers** (vgl. § 1960 BGB) anzuregen und dieser anzuhören. Hinterlässt der Mündel **mehrere Erben** sind alle anzuhören. 25

Nach Abs. 3 S. 2 besteht eine Verpflichtung des Erben zur Erteilung von **Auskunft über den Bestand des Nachlasses.** Darüber hinaus hat der Erbe ein **Bestandsverzeichnis** vorzulegen und eine Versicherung an Eides statt abzugeben (Abs. 3 S. 3). Kommt der Erbe dieser Verpflichtung nicht nach, kann das Gericht gegen ihn Zwangsmittel (vgl. § 35) festsetzen, im Rahmen von § 26 die **Nachlassakten** beiziehen oder die **Schlussrechnungslegung** des Vormunds fruchtbar machen. 26

VI. Anwendung im Pflegschaftsrecht

Die **entsprechende Anwendung** der Absätze 1 bis 4 im Pflegschaftsrecht eröffnet den Anwendungsbereich der Norm für die Pflegschaft iSv. § 1630 Abs. 3 BGB sowie Ergänzungspflegschaft (§ 1909 BGB), Abwesenheitspflegschaft (§ 1911 BGB), Pflegschaft für die Leibesfrucht (§ 1912 BGB), Pflegschaft für unbekannte Beteiligte (§ 1913 BGB), Pflegschaft für das Sammelvermögen (§ 1914 BGB), Nachlasspflegschaft (§ 1960 BGB) und Nachlassverwaltung (§ 1975 BGB) als besondere Form der Nachlasspflegschaft.[37] 27

VII. Rechtsmittel und Vollstreckung

1. Rechtsmittel. Mit der Neuregelung des Rechtsmittelrechts wurde § 56g Abs. 5 FGG entbehrlich. Die Frage der Anfechtung von Entscheidungen im gerichtlichen Festsetzungsverfahren wird nun durch den **Allgemeinen Teil (§§ 58 ff., 70 ff.)** beantwortet.[38] Ist die Beschwerdesumme von 600 Euro nicht überschritten ist gegen Entscheidungen des Rechtspflegers die **sofortige Erinnerung** statthaft (vgl. § 11 Abs. 2 RPflG). Rechtsmittelgericht in Kindschaftssachen ist das Oberlandesgericht (vgl. § 119 Abs. 1 Nr. 1 lit. a GVG). Ist das Verfahren noch nach § 56g FGG aF in erster Instanz eingeleitet worden, dann erfolgt mit Blick auf Art 111 FGG-RG auch die Durchführung des Rechtsmittelverfahrens nach dem bisher geltenden Recht.[39] 28

2. Vollstreckung. Hat das Gericht zu Gunsten des Vormundes oder eines die Vermögenssorge innehabenden Pflegers einen Anspruch festgesetzt, kann dieser den Betrag unmittelbar dem verwalteten Vermögen **entnehmen.** Da es sich um die Erfüllung einer Verbindlichkeit handelt besteht **kein Vertretungsausschluss** im Sinne von § 181 BGB.[40] In allen anderen Fällen bedarf es bei nicht 29

---

[36] Vgl. LG Berlin FamRZ 2008, 1481.
[37] Zur Pflegschaft im Sinne von § 1630 Abs. 3: OLG Stuttgart FamRZ 2006, 1290. Im Übrigen vgl. nur KG NJW-RR 2007, 1598; OLG Zweibrücken FamRZ 2007, 1191; LG Berlin FamRZ 2008, 1481.
[38] BT-Drucks. 16/6308, S. 243.
[39] BT-Drucks. 16/6308, S. 359.
[40] Vgl. *Jansen/Sonnenfeld* § 56g FGG Rn. 14.

freiwilliger Zahlung durch den Verpflichteten bzw. dessen gesetzlichen Vertreter (zB dem nicht mit dem Anspruchsinhaber identischen Pfleger mit dem Aufgabenkreis der Vermögenssorge) der **zwangsweisen Durchsetzung** des Anspruchs im Wege der Vollstreckung (vgl. §§ 86 f., 95).

§ 168a Mitteilungspflichten des Standesamts

(1) Wird dem Standesamt der Tod einer Person, die ein minderjähriges Kind hinterlassen hat, oder die Geburt eines Kindes nach dem Tod des Vaters oder das Auffinden eines Minderjährigen, dessen Familienstand nicht zu ermitteln ist, angezeigt, hat das Standesamt dies dem Familiengericht mitzuteilen.

(2) Führen Eltern, die gemeinsam für ein Kind sorgeberechtigt sind, keinen Ehenamen und ist von ihnen binnen eines Monats nach der Geburt des Kindes der Geburtsname des Kindes nicht bestimmt worden, teilt das Standesamt dies dem Familiengericht mit.

I. Normzweck und Entstehungsgeschichte

1   Familiengerichtliches Handeln setzt **Kenntnis** voraus. Die Norm beabsichtigt, dem Familiengericht die notwendige Kenntnis für Maßnahmen im Bereich des Sorgerechts und des Namensrechts zu vermitteln. Sie dient damit einem ähnlichen Zweck wie etwa die Privatpersonen durch das Bürgerliche Gesetzbuch auferlegten **Mitteilungspflichten** (vgl. §§ 1683, 1799, 1845, 1894, 1895, 1909 Abs. 2 BGB) oder die Mitteilungspflichten auf Grund der PersonenstandsVO vom 22. November 2008 (vgl. § 57 Abs. 1 Nr. 4 und 6, § 58 Abs. 1 Nr. 6; § 59 Abs. 1 Nr. 5 und § 60 Abs. 1 Nr. 7 PersonenstandsVO) bzw. der Dienstanweisung für die Standesbeamten (DA)[1] (vgl. §§ 102, 201, 279, 352 DA). Die Norm ist **lex specialis zu § 22a Abs. 2**, der allgemein die Mitteilungspflichten von Gerichten und Behörden an die Familien- und Betreuungsgerichte regelt.

2   Die Norm regelt Fallkonstellationen, in denen die Prüfung der **Notwendigkeit familiengerichtlicher Maßnahmen** geboten ist (s. Rn. 5 ff.) und in denen der Standesbeamte gegenüber dem Familiengericht – insbesondere mit Blick auf die ihm gegenüber bestehenden gesetzlichen Anzeigepflichten (vgl. §§ 18 ff. PStG, 28 ff. PStG) – auf Grund seiner dienstlichen Tätigkeit in der Regel einen **Kenntnisvorsprung** hat.

3   Mit der Zusammenfassung der in Abs. 1 und Abs. 2 der Vorschrift genannten Mitteilungspflichten findet ein **gesetzgeberischer Irrweg** seinen Abschluss. So fand sich die Regelung des Abs. 1 bislang im Gesetz über die Angelegenheiten der freiwilligen Gerichtsbarkeit (vgl. § 48 FGG aF) und diejenige des Abs. 2 zunächst im Personenstandsgesetz[2] (vgl. § 21a PStG aF) und ab 1. 1. 2009 in § 64c FGG aF[3] § 48 FGG aF wurde durch Abs. 1 noch nahezu wortgleich übernommen (statt den „Standesbeamten" trifft die Mitteilungspflicht nun das „Standesamt"). Der Wortlaut von § 64c FGG aF weicht jedoch, entgegen der Gesetzesbegründung, nach der eine inhaltliche Änderung nicht beabsichtigt ist,[4] von Abs. 2 ab. Denn hiernach besteht eine Mitteilungspflicht gegenüber „dem Familiengericht" (s. Rn. 13) während in § 64c FGG aF, dem für den Wohnsitz oder den gewöhnlichen Aufenthalt des Kindes zuständigen Familiengericht" Mitteilung zu machen war.

II. Normadressat

4   Die Norm wendet sich an **„das Standesamt"**. Der Mitteilungspflicht im Sinne der Vorschrift ist – unbeschadet der dem Standesbeamten auf Grund seiner Dienstanweisung[5] obliegenden Verpflichtungen – mithin auch Genüge getan, wenn die Mitteilung nicht durch den Standesbeamten selbst, sondern durch einen **sonstigen Behördenmitarbeiter** erfolgt.

---

[1] Dienstanweisung für die Standesbeamten und ihre Aufsichtsbehörden in der Fassung der Bekanntmachung vom 23. 11. 1987 (BAnz. Nr. 227 a vom 4. 12. 1987) in der jeweils aktuellen Fassung. Hierzu *Schmitz/Bornhofen/ Müller* (Hrsg.), Dienstanweisung für die Standesbeamten und ihre Aufsichtsbehörden, 2. Aufl. 2001, 29. Lfg.

[2] Eingefügt durch Art. 6 Familiennamensrechtsgesetz vom 16. 12. 1993; neu gefasst durch Art. 3 Nr. 4 des Kindschaftsrechtsreformgesetzes vom 16. 12. 1997.

[3] Vgl. Art. 2 Abs. 13 Nr. 2 Personenstandsrechtsreformgesetzes vom 19. 2. 2007 (BGBl. I S. 122).

[4] BT-Drucks. 16/6308, S. 243.

[5] Siehe Fn. 1.

III. Mitteilungspflichten

1. Kein Ermessen. Sind die Voraussetzungen der Norm erfüllt, so steht dem Standesamt keine 5 eigenständige Ermessensprüfung zu. Vielmehr besteht die **Pflicht zur Mitteilung** auch dann, wenn auf Seiten der Behörde die Notwendigkeit etwaiger familiengerichtlicher Maßnahmen nicht erkannt wird. Anderenfalls würde sich die Behörde eine Aufgabe anmaßen, die ausschließlich dem Familiengericht obliegt. Seiner Mitteilungspflicht genügt das Standesamt durch **schriftliche Übermittlung** von – soweit bekannt – Vor- und Familiennamen der Eltern, ihrem Wohnort sowie den Geburtstag, Geburtsort, das Geschlecht und Vornamen des Kindes (vgl. auch § 270 Abs. 6 DA sowie § 58 Abs. 5 und § 59 Abs. 5 PersonenstandsVO). In den Fällen von Abs. 1 ist auch ein dem Standesamt bekannter Familienname des Kindes und in den Fällen von Abs. 1 Alt. 1 und 2 überdies der Zeitpunkt des Todes mitzuteilen.

2. Tod, Geburt, Auffinden (Abs. 1). Nach Abs. 1 Alt. 1 besteht vor dem Hintergrund der nach 6 § 1680 Abs. 2 BGB vom Familiengericht gegebenenfalls zu treffenden Sorgerechtsregelung eine Mitteilungspflicht, wenn eine **Person stirbt**, die ein **minderjähriges Kind** hinterlassen hat. Eine Person in diesem Sinne ist entweder der Vater oder die Mutter des Kindes. Ob diese mit Blick auf §§ 1626, 1626a, 1671 BGB alleine oder gemeinschaftlich Inhaber der elterlichen Sorge sind ist ebenso wenig maßgeblich, wie ein etwaiger teilweiser oder vollständiger Entzug der elterlichen Sorge nach § 1666 BGB. Kind in diesem Sinne ist jedes Kind, das **von der verstorbenen Person abstammt.** Voraussetzung ist jedoch, dass das Kind noch minderjährig ist. Minderjährig ist das Kind, wenn die mit der Vollendung des 18. Lebensjahres eintretende Volljährigkeit (vgl. § 2 BGB) noch nicht besteht. **Maßgeblicher Zeitpunkt** für die Beurteilung der Minderjährigkeit ist derjenige der Kenntnisnahme vom mitteilungspflichtigen Sachverhalt.

Auch besteht, insbesondere wegen des Eintritts der **gesetzlichen Amtsvormundschaft** nach 7 § 1791c BGB bei Geschäftsunfähigkeit oder Minderjährigkeit der Mutter (vgl. § 1673 BGB), eine Mitteilungspflicht, wenn dem Standesamt die Geburt eines Kindes nach dem Tod des Vaters angezeigt wird (Abs. 1 Alt. 2). Vater in diesem Sinne ist der rechtliche Vater. Auf den Zeitraum zwischen Geburt des Kindes und dem Tod des Vaters kommt es nicht an.

Schließlich besteht eine Mitteilungspflicht des Standesamtes, wenn diesem das **Auffinden eines** 8 **Minderjährigen,** dessen Familienstand nicht zu ermitteln ist, angezeigt wird (Abs. 1 Alt. 3). Die Regelung steht im engen Zusammenhang mit § 1773 Abs. 2 BGB, wonach ein Minderjähriger, dessen Familienstand nicht zu ermitteln ist, einen Vormund erhält. Diese Regelung für die sogenannten „**Findelkinder**" betrifft die Fälle der Kinder, die in eine „**Babyklappe**" gelegt oder sonst anonym geboren wurden (vgl. § 24 PStG) sowie die Minderjährigen, deren Personenstand nicht feststellbar ist (vgl. § 25 PStG).

3. Kein Ehename (Abs. 2). Die Rechtsordnung kann nicht hinnehmen, dass ein Kind namenlos 9 bleibt (vgl. auch Art. 7 Abs. 1 UN-Kinderrechtekonvention). Der Anwendungsbereich von Abs. 2 der Vorschrift ist daher eröffnet, wenn gemeinsam sorgeberechtigte Eltern **keinen Ehenamen** führen, da diese den Geburtsnamen des Kindes erst bestimmen müssen (vgl. § 1617 Abs. 1 BGB; bei Alleinsorge gilt § 1617a BGB). Der Ehename in diesem Sinne ist entsprechend der Legaldefinition des § 1355 Abs. 1 S. 1 BGB der gemeinsame Familienname. Die Eltern führen keinen Ehenamen, wenn sie nicht miteinander verheiratet sind, sie zwar miteinander verheiratet sind, aber keinen Ehenamen bestimmt haben, so dass jeder Elternteil seinen zurzeit der Eheschließung geführten Namen behalten hat (vgl. § 1355 Abs. 1 S. 3 BGB) oder im Fall des § 1355 Abs. 2 BGB, wenn also insbesondere der geschiedene Ehegatte, dessen Name nicht Ehename geworden war, seinen Geburtsnamen oder den zuvor geführten Namen wieder annimmt.

Darüber hinaus müssen die Eltern für das Kind **gemeinsam sorgeberechtigt** sein. Gemeinsam 10 sorgeberechtigt sind sie, wenn sie verheiratet sind bzw. waren (vgl. §§ 1626 Abs. 1, 1626a Abs. 1 Nr. 2 BGB) oder gemeinsame Sorgeerklärungen abgegeben haben (§ 1626a Abs. 1 Nr. 1 BGB) und die elterliche Sorge nicht auf Grund anderer Vorschriften abweichend geregelt ist, insbesondere nicht nach Trennung der Eltern (vgl. § 1671 BGB) oder auf Grund einer familiengerichtlichen Maßnahme zur Abwehr einer Kindeswohlgefährdung (vgl. § 1666 BGB).

Schließlich tritt die Mitteilungspflicht nach Abs. 2 der Vorschrift erst dann ein, wenn die Eltern 11 **binnen eines Monats** nach der Geburt des Kindes den Kindesnamen nicht bestimmt haben. Da die Namensbestimmung Teil der Sorgerechtsausübung (s. § 151 Rn. 12) und von erheblicher Bedeutung ist (hierzu § 1687 Abs. 1 S. 1 BGB), ist die Entscheidung im gegenseitigen Einvernehmen und somit von beiden Elternteilen zu treffen. Die Erklärung, durch welche die Eltern den Geburtsnamen ihres Kindes bestimmen, kann von dem Standesbeamten beglaubigt oder beurkundet werden (vgl. § 45 Abs. 1 S. 1 Nr. 1 PStG; siehe auch § 1617 Abs. 1 S. 2 BGB). Jedenfalls muss die Namensbestimmung binnen Monatsfrist erfolgen. Die Frist errechnet sich entsprechend § 16 Abs. 2 nach den **Vorschriften der Zivilprozessordnung,** die im Wesentlichen auf die für die Berechnung der Fristen geltenden Vorschriften des BGB (vgl. §§ 187 bis 193 BGB) verweisen (vgl. § 222 Abs. 1 ZPO). Zur Fristwahrung genügt der rechtzeitige Eingang der Erklärung beider Elternteile hinsichtlich der Namensbestimmung im Standesamt (vgl. § 130 Abs. 3 BGB).

12   Sinn und Zweck der Regelung verlangen nach einer entsprechenden Anwendung in den Fällen, in denen die Eltern einen **unzulässigen Namen** bestimmen oder der Elternteil, auf den das Namensbestimmungsrecht ohne Fristsetzung (vgl. § 1617 Abs. 2 S. 3 BGB) übertragen wird, dieses nicht innerhalb angemessener Frist ausübt.

IV. Mitteilungsadressat

13   Sind die Voraussetzungen der Mitteilungspflicht erfüllt, dann ist die Mitteilung an das Familiengericht zu richten. Familiengericht in diesem Sinne ist mit Blick auf die Entstehungsgeschichte der Norm (s. Rn. 3) das für den mitgeteilten Sachverhalt **örtlich zuständige Familiengericht** (hierzu § 152).[6] Sollte dem Standesamt die zur Feststellung des örtlich zuständigen Familiengericht notwendigen Tatsachen nicht bekannt oder die Feststellung des örtlich zuständigen Familiengerichts aus anderen Gründen nicht möglich oder zweifelhaft sein, so wird der sich aus der Norm ergebenden Mitteilungspflicht auch durch Mitteilung an das Familiengericht genügt, in dessen Bezirk das Standesamt seinen Amtssitz hat.

V. Rechtsfolge

14   Mit der Mitteilung des Standesamtes an das Familiengericht wird eine **Kindschaftssache** im Sinne des § 151 **anhängig** (s. § 153 Rn. 6). Es gelten daher grundsätzlich die Verfahrensvorschriften des Abschnitts 3. Ergeht die Mitteilung an das örtlich unzuständige Familiengericht, so hat dieses das (einzutragende) Verfahren unverzüglich nach § 3 an das örtlich zuständige Gericht (vgl. § 152) zu verweisen.

---

[6] So auch *Keidel/Engelhardt* Rn. 4.

Abschnitt 4. Verfahren in Abstammungssachen

Vorbemerkung zu den §§ 169 ff.

Schrifttum: *Brüggemann,* Die verfahrensrechtliche Neuordnung des Unehelichenrechts, FamRZ 1969, 120; *Brühl,* Sieben Fragen zur gerichtlichen Vaterschaftsfeststellung, FamRZ 1974, 66; *Büttner,* Änderungen im Familienverfahrensrecht durch das Kindschaftsrechtsreformgesetz, FamRZ 1998, 585; *Fritsche,* Neue Entwicklungen im Abstammungsverfahren, NJ 2007, 294; *Hartmann,* Neues Familienverfahren und ZPO, NJW 2009, 321; *Helms,* Einführung in das Gesetz zur Reform des Verfahrens in Familiensachen und in Angelegenheiten der freiwilligen Gerichtsbarkeit v. 17. 12. 2008, FamRZ 2009, 157; *Heiter,* Das Verfahren in Abstammungssachen im Entwurf eines FamFG – Feststellung der Abstammung und Vaterschaftsanfechtung als Angelegenheit der freiwilligen Gerichtsbarkeit, FPR 2006, 417; *Höfelmann,* Das neue Gesetz zur Änderung der Vorschriften über die Anfechtung der Vaterschaft und das Umgangsrecht von Bezugspersonen des Kindes, FamRZ 2004, 745; *Künkel,* Neue Zuständigkeiten des Familiengerichts ab 1. 7. 1998, FamRZ 1998, 877; *Niepmann,* Die Reform des Kindschaftsrechts, MDR 1998, 565; *Pieper,* Die wichtigsten Änderungen durch das neue Kindschaftsrecht, FuR 1998, 1; *W. Roth,* Vaterschaftsanfechtung durch den biologischen Vater, NJW 2003, 3153; *Wellenhofer,* Verwertbarkeit eines Privatgutachtens zur Vaterschaftsfeststellung, FamRZ 2006, 689; *Wieser,* Zur Anfechtung der Vaterschaft nach neuem Recht, FamRZ 1998, 1004; *ders.,* Die negative Feststellungsklage der nichtehelichen Vaterschaft nach neuem Recht, FuR 1998, 337; *ders.,* Zur Feststellung der nichtehelichen Vaterschaft nach neuem Recht, NJW 1998, 2023; *Willutzki,* Die FGG-Reform – Chance für ein stärker kindorientiertes Verfahren, ZKJ 2006, 224; *Zimmermann,* Das Gesetz zur Ergänzung des Rechts der Anfechtung der Vaterschaft vom 13. 2. 2008, FuR 2009, 21; *ders.,* Die Feststellung der Vaterschaft unabhängig vom Anfechtungsverfahren, FuR 2008, 374.

Der vierte Abschnitt des zweiten Buches regelt die **Abstammungssachen,** die bereits seit 1998 **1** Familiensachen sind (§ 621 Abs. 1 Nr. 10 ZPO aF; jetzt § 111 Nr. 3) und in die Zuständigkeit der Familiengerichte fallen. Es handelt sich aber – trotz des ev. streitigen Charakters der Abstammungsklärung – nicht um Familienstreitsachen (Rückschluss aus § 112).

Bereits vor der Reform durch das FGG-Reformgesetz,[1] das diese Materie in das FamFG verlagerte, haben die die Abstammung betreffenden Verfahren, die bis zum 1. 9. 2009 als Kindschaftsverfahren nach den Regeln der ZPO durchgeführt wurden, zahlreiche Änderungen erfahren. Diese waren vor allem durch Änderungen im materiellen Recht bedingt. So wurden zunächst durch das NEhelG v. 19. 8. 1969 (BGBl. I S. 1243) die Vorschriften der §§ 640 ff. ZPO zum großen Teil neu gefasst.[2] Dann kamen kleinere Änderungen durch das 1. EheRRG[3] und das IPRG.[4] Schließlich brachte das KindRG[5] wesentliche Neuerungen, das KindUG[6] kleinere Anpassungen. Die beiden letztgenannten Änderungen betrafen vor allem die Aufgabe der Unterscheidung zwischen ehelichen und nichtehelichen Kindern im materiellen wie im Verfahrensrecht und die einheitliche sachliche Zuständigkeit. Randkorrekturen verursachte die ZPO-Reform von 2002. Die Reaktionen des Gesetzgebers auf sog. missbräuchliche Vaterschaftsanerkennungen sowie auf die Entscheidungen des BVerfG zum Anfechtungsrecht des leiblichen Vaters und zu den Möglichkeiten der Abstammungsklärung veränderten materielles Recht und Verfahrensrecht gleichermaßen, während die Bekanntmachung v. 5. 12. 2005 keine inhaltlichen Änderungen der ZPO-Vorschriften brachte.[7] Das FamFG übernimmt im Wesentlichen die Grundsätze der früheren Kindschaftsverfahren der ZPO, bringt aber durch die Einbettung in die die Familienverfahren (früher Freiwillige Gerichtsbarkeit) kennzeichnenden Verfahrensprinzipien, die jetzt in einem umfassenden Allgemeinen Teil (Erstes Buch) niedergelegt sind, eine Reihe wichtiger Änderungen.

Für die in § 169 als Abstammungssachen definierten Verfahren sehen die §§ 170–185 besondere **2** Grundsätze vor. Sinn dieser Sonderregelung ist es, die **Klärung des Familienstandes** eines Kindes

---

[1] BT-Drucks. 16/6308.
[2] Im Einzelnen BT-Drucks. 5/3719.
[3] §§ 640 Abs. 1, 640g Abs. 1 ZPO aF.
[4] §§ 640a, 641a ZPO aF.
[5] BGBl. 1997 I S. 2942; BR-Drucks. 180/96, S. 57 ff.
[6] BGBl. 1998 I S. 666; BT-Drucks. 13/7388.
[7] BGBl. 2005 I S. 3202.

wegen der besonderen Bedeutung dieser Fragen abzusichern.[8] Die Verfahrensvorschriften stehen in engem Zusammenhang mit dem materiellen Recht, welches grundsätzlich eine Sperre für Inzident-Entscheidungen der rechtlichen Eltern-Kind-Zuordnung enthält (zu den „Einschränkungen" unten § 169 Rn. 2, 13, 25 f., 71 f., § 184 Rn. 11). Eine **deutschem Recht** unterliegende rechtliche Eltern-Kind-Zuordnung kann daher gerichtlich grundsätzlich nur in einem **Statusverfahren** gestaltet oder festgestellt werden.[9] Als Abstammungssachen kommen aber seit 2008 nicht nur Statusverfahren in Betracht,[10] der Gesetzgeber hat auch die im Vor- und Umfeld der außergerichtlichen Abstammungsklärung notwendig werdende Inanspruchnahme der Gerichte (Durchsetzung des Anspruchs auf Einwilligung in eine Abstammungsuntersuchung und Einsichtnahme in Abstammungsgutachten) zu den Abstammungsverfahren gerechnet. Die außergerichtliche Klärung der Abstammung hat aber auf den familienrechtlichen Status keine unmittelbaren Auswirkungen (s. u. § 169 Rn. 44).

3   Ein Statusverfahren nach §§ 169 ff. ist auch bei einer **ausländischem Recht** unterliegenden Eltern-Kind-Zuordnung möglich.[11] Weder führt die Anwendbarkeit ausländischen (Abstammungs-)Rechts zur (sog. wesenseigenen) Unzuständigkeit deutscher Gerichte, noch bedeutet die Bejahung der internationalen Zuständigkeit deutscher Gerichte (dazu § 100) gleichzeitig die Anwendbarkeit deutschen Rechts.[12] Wann ausländisches materielles Recht anzuwenden ist, ist für die Statusfragen nach Art. 19, 20 EGBGB zu ermitteln. Dies ist bereits infolge der Neufassung der Kollisionsregeln durch das IPRG v. 1. 9. 1986 auch für den Fall unproblematisch geworden, dass die Statusbeziehung zum Zwecke unterhaltsrechtlicher Ansprüche zu klären ist.[13]

4   Bei Anwendung ausländischen materiellen Rechts sind möglicherweise die deutschen Verfahrensvorschriften wegen der engen **Verflochtenheit zwischen materiellem Recht und Verfahren** anzugleichen oder durch das ausländische Abstammungsstatut zu ergänzen[14] (s. zB § 169 Rn. 12 f., 29, 32 f.). Zur Frage der Inzident-Feststellung bei ausländischem Recht unterliegender Eltern-Kind-Zuordnung s. § 169 Rn. 25.

5   Sachlich zuständig für Statussachen und andere Abstammungssachen sind (bereits seit 1. 7. 1998) die Familiengerichte (§§ 23a Nr. 1, 23b Abs. 1 GVG, § 111 Nr. 3). Vor den Familiengerichten besteht in Abstammungssachen kein Anwaltszwang (Rückschluss aus §§ 10, 114).[15] Die beim Familiengericht einzulegende Beschwerde (§§ 58 ff.), die nicht unbedingt eine formelle Beschwer voraussetzt,[16] geht an die Familiensenate des OLG, soweit das Familiengericht nicht abhilft (§ 119 Abs. 1 Nr. 1 a GVG).[17] Auch hier ist keine anwaltliche Vertretung erforderlich.

6   Für die Rechtsbeschwerde (§§ 70 ff.) ist der BGH zuständig (§ 133 GVG), vor dem Anwaltszwang besteht (§ 10). Die Rechtsbeschwerde ist nur zulässig, wenn das OLG diese in dem Beschluss zugelassen hat.[18] Eine Sprungrechtsbeschwerde (§ 75) ist in Abstammungssachen nicht möglich.

---

[8] Vgl. zB OLG Braunschweig DAVorm. 1979, 663.
[9] OLG Bremen FamRZ 1995, 1290; BayObLG StAZ 1996, 113; RGZ 76, 283 (mit stark nationalistisch gefärbten obiter dicta).
[10] Auch § 640 Abs. 2 ZPO aF enthielt mit der Möglichkeit der Klage auf Feststellung des Bestehens oder Nichtbestehens der elterlichen Sorge (nach seiner Nr. 3) ein Kindschaftsverfahren, das nicht Statusprozess war; alle die Abstammung betreffenden Verfahren waren aber Statusprozesse.
[11] OLG Hamm FamRZ 1993, 438 (auch für Anerkennung einer ausländischen Statusentscheidung).
[12] So *Siehr* FamRZ 1971, 292; kritisch *Kropholler* FamRZ 1971, 403.
[13] Zur unselbständigen Anknüpfung: *Palandt/Heldrich* 67. Aufl. 2008 Art. 18 EGBGB Rn. 14; differenzierend: MünchKommBGB/*Siehr* Art. 18 Anh. I Rn. 242 ff.
[14] *Zöller/Geimer* § 640 a ZPO Rn. 31.
[15] Wegen des weitgehend eingreifenden Untersuchungsgrundsatzes kann uU auch die Beiordnung eines Anwalts entbehrlich sein, OLG Oldenburg FamRZ 2002, 106; aA BGH FamRZ 2007, 1968; OLG Frankfurt v. 28. 2. 2006, 3 WF 44/06 (grundsätzlich erforderlich); dies ist aber vom Einzelfall abhängig s. o. § 640 ZPO Rn. 63 aE m. weit. Nachw.
[16] Noch zum alten Recht: *Grunsky* StAZ 1970, 248, 253; *Stein/Jonas/Schlosser* § 641 i ZPO Rn. 6; *Zöller/Philippi* Rn. 55, § 641i Rn. 12; OLG Brandenburg FamRZ 2001, 1630 (Rechtsmittel zulässig trotz zuletzt übereinstimmenden Antrags der Beteiligten); KG DAVorm. 1985, 412 (antragsgemäße Verurteilung bei offensichtlich fehlerhafter Beweiswürdigung, Verwechslung von Beklagtem und Zeugen); strenger: BGH FamRZ 2005, 514 (bei prozesswidrigem, aber wirksamem Anerkenntnisurteil keine Beschwer des auf Vaterschaftsfeststellung klagenden Kindes, daher Rechtsmittel unzulässig); ähnlich bei unzulässigem VU: OLG Bamberg FamRZ 1994, 1044; aA bei der Anfechtung einer Vaterschaftsanerkennung OLG München FamRZ 1987, 171; bei der Wiederaufnahme ist formelle Beschwer verzichtbar: § 185 Rn. 12, ebenso beim ordentlichen Rechtsmittel: OLG Hamm FamRZ 2008, 1646.
[17] Zur Begr. BR-Drucks. 180/96, S. 81, 82; *Künkel* FamRZ 1998, 877.
[18] Zulassung ist auch erforderlich, wenn die Vaterschaftsfeststellung mit einem Zahlungsbegehren auf Regelunterhalt verbunden wird (§ 179): BGH FamRZ 1998, 1023 (zum alten Recht).

Abstammungssachen 1, 2 § 169

Zur internationalen Zuständigkeit s. § 100, zur örtlichen § 170. Zu den besonderen Verfahrensregelungen für die Abstammungssachen § 171 ff. Die VO Brüssel II a erfasst keine Abstammungsverfahren, die Regelungen des autonomen deutschen Rechts werden auch nicht durch internationale Abkommen verdrängt. 7

§ 169 Abstammungssachen

Abstammungssachen sind Verfahren
1. auf Feststellung des Bestehens oder Nichtbestehens eines Eltern-Kind-Verhältnisses, insbesondere der Wirksamkeit oder Unwirksamkeit einer Anerkennung der Vaterschaft,
2. auf Ersetzung der Einwilligung in eine genetische Abstammungsuntersuchung und Anordnung der Duldung einer Probenentnahme,
3. auf Einsicht in ein Abstammungsgutachten oder Aushändigung einer Abschrift oder
4. auf Anfechtung der Vaterschaft.

Übersicht

	Rn.		Rn.
I. Normzweck	1–3	c) Anspruchsvoraussetzungen	51–56
II. Definition der Abstammungssachen	4–91	d) Entscheidung	57, 58
1. Feststellung des Bestehens oder Nichtbestehens eines Eltern-Kind-Verhältnisses (Nr. 1)	4–43	e) Verfahrensrechtliche Besonderheiten	59–62
		3. Antrag auf Einsicht in ein Abstammungsgutachten oder die Aushändigung einer Abschrift (Nr. 3)	63–68
a) Bestehen oder Nichtbestehen einer erfolgten Eltern-Kind-Zuordnung	5–17	a) Anwendungsbereich	63
b) Herstellung oder Nichtherstellung einer Eltern-Kind-Zuordnung	18–36	b) Anspruchsvoraussetzungen und Entscheidung	64–67
c) Die Feststellung der Wirksamkeit oder Unwirksamkeit einer Vaterschaftsanerkennung	37–43	c) Verfahrensrechtliche Besonderheiten	68
		4. Anfechtung der Vaterschaft (Nr. 4)	69–91
2. Antrag auf Ersetzung der Einwilligung und auf Duldung eine Probenentnahme zu einer Abstammungsuntersuchung (Nr. 2)	44–62	a) Anwendungsbereich	69–75
		b) Voraussetzungen einer erfolgreichen Anfechtung	76–83
a) Anwendungsbereich	44–46	c) Beweislast	84
b) Beteiligter Personenkreis	47–50	d) Verhältnis zu anderen Verfahren	85–87
		e) Besondere Verfahrensvorschriften	88
		f) Kosten und Verfahrenskostenhilfe	89–91

I. Normzweck

Die Vorschrift definiert die Abstammungssachen und legt damit den Anwendungsbereich des vierten Abschnitts des zweiten Buches fest. Die Regelung zählt **abschließend** alle abstammungsrechtlichen Statusverfahren auf. Soweit ein den Kindesstatus betreffendes Antragsbegehren nicht unter die aufgeführten Verfahren fällt, wird es im Prinzip weder im Antrags- noch im Klageweg durchsetzbar sein, da sich u. a. aus dem Zusammenwirken des (deutschen) materiellen Rechts mit dem Verfahrensrecht die Ausschließlichkeit der aufgezählten Statusverfahren ergibt. Daher ist Personen, die nach materiellem Recht keine entsprechende Feststellungs- oder Anfechtungslegitimation haben, auch verfahrensrechtlich eine Antragsmöglichkeit versagt. Allerdings erfordern die Entwicklungen in der modernen **Reproduktionsmedizin** (s. Rn. 8, 21, 81) eine **weite Auslegung** der Vorschriften, weil andernfalls Rechtsverweigerung zu befürchten wäre. 1

Mit Statusfragen nur **indirekt zusammenhängende Streitigkeiten** (zB Duldung einer Untersuchung für ein Abstammungsgutachten), die früher im normalen Erkenntnisverfahren zu klären waren, gehören nach Nr. 2 und Nr. 3 jetzt ebenfalls zu den Abstammungssachen; anderes gilt für die Geltendmachung des Anspruchs auf **Auskunft** über den Erzeuger gegen die Mutter. Dieser betrifft keine Abstammungssache, sondern ist eine andere Familiensache iSd. § 266 Abs. 1 Nr. 4. Er kann also ebenfalls im FamFG-Verfahren vor den Familiengerichten geltend gemacht werden, unterliegt aber nicht den Grundsätzen der Statusverfahren[1] und kann auch nicht mit Statusverfahren verbunden 2

---

[1] Vgl. nur *Musielak/Borth* Vor § 169 Rn. 3; *Schulte-Bunert/Weinreich/Schwonberg* Rn. 20. Vor Inkrafttreten des FamFG konnte er nur im normalen Streitverfahren vor dem Landgericht als nichtvermögensrechtlicher Anspruch geltend gemacht werden; wie hier *Bumiller/Harders* Rn. 2; zur früheren Zuständigkeit für den Auskunftsanspruch:

§ 169 3–6 Buch 2. Abschnitt 4. Verfahren in Abstammungssachen

werden (§ 179). Statusfragen dürfen grundsätzlich (Rn. 13, 25) nicht *incidenter,* zB in einem Erb- oder Unterhaltsrechtsstreit, entschieden werden (hM).[2] Bei Anwendung **ausländischen** Kindschaftsrechts ist hingegen großzügiger zu verfahren (s. Rn. 23). Die Anerkennung eines ausländischen Statusurteils ist Statussache,[3] ebenso die Wiederaufnahme eines Verfahrens in Abstammungssachen.[4]

3 Nicht erforderlich ist, dass der Antrag ausdrücklich im Statusverfahren gestellt wird; vielmehr hat das Gericht die abstammungsrechtlichen Vorschriften von Amts wegen anzuwenden.

II. Definition der Abstammungssachen

4 **1. Feststellung des Bestehens oder Nichtbestehens eines Eltern-Kind-Verhältnisses (Nr. 1).** Die Vorschrift der Nr. 1 umfasst neben dem Streit über die anfängliche Wirksamkeit einer Vaterschaftsanerkennung (unten c), s. Rn. 37) sowohl Streitigkeiten a) über das Bestehen oder Nichtbestehen einer rechtlich bereits erfolgten bzw. nicht erfolgten Zuordnung (also insbesondere die Mutterschaft und die Elternschaft der bei Geburt des Kindes miteinander verheirateten Eltern) als auch b) Verfahren, die eine solche rechtliche Zuordnung erst herstellen bzw. ihre Herstellung verneinen. Bei der ersten Gruppe handelt es sich um Feststellungsanträge, bei der zweiten Gruppe ist nur die letzte Variante ein Feststellungs-, die Erste ein Gestaltungsantrag.[5]

5 **a) Bestehen oder Nichtbestehen einer erfolgten Eltern-Kind-Zuordnung. aa) Allgemeiner Anwendungsbereich.** Der Antrag auf Feststellung des Bestehens oder Nichtbestehens einer **Eltern-Kind-Zuordnung** hat zwar eine lange Tradition, deckt jedoch bei Anwendung deutschen materiellen Rechts nur einen sehr schmalen Bereich ab; dementsprechend kommt ein solches Verfahren selten vor.

6 Nicht hierher, sondern zu Nr. 4 gehören die Verfahren, in denen geltend gemacht wird, dass das während der Ehe geborene Kind nicht vom Ehemann der Mutter abstammt, denn damit wird nicht das Nichtbestehen einer Zuordnung festgestellt, sondern eine Zuordnung beseitigt (näher Rn. 69 ff.). Übrig bleiben daher für die Feststellung des Bestehens oder Nichtbestehens einer rechtlich bereits erfolgten Eltern-Kind-Zuordnung bei Anwendung deutschen materiellen Rechts einmal die Fälle, in denen es um die **Unterschiebung oder Verwechselung** eines Kindes geht.[6] Zum anderen kann behauptet werden, dass der **Geburtszeitpunkt** fälschlicherweise innerhalb der Ehe oder des von § 1593 BGB betroffenen Zeitraumes angenommen worden ist oder dass trotz einer später als 300 Tage nach Tod eines Ehepartners erfolgten Geburt (wegen **überlanger Tragzeit**) eine Empfängnis während der Ehe stattgefunden hat und damit nach § 1593 S. 2 BGB das Kind vom verstorbenen Ehegatten abstammt.[7] Schließlich gehören hierher die Fälle, in denen die Feststellung des Nichtbestehens einer Eltern-Kind-Zuordnung mit der Begründung begehrt wird, zwischen den Eltern habe bei Geburt keine Ehe (Nichtehe) oder keine Ehe mehr bestanden, sowie die spiegelbildliche Situation, in der die Zuordnung wegen des Bestehens einer gültigen[8] oder nur aufhebbaren Ehe behauptet wird (§ 1592 Nr. 1 BGB). In allen diesen Fällen geht es um die Feststellung, dass die Kriterien, die das Gesetz für die Zuordnung des Kindes aufstellt (§ 1591 BGB: Geburt durch Frau, § 1592 Nr. 1 BGB: Ehe mit Kindesmutter), nicht vorliegen oder eben doch gegeben sind. Zu Verfahren, in denen es um die Herstellung (oder Nichtherstellung) einer Eltern-Kind-Zuordnung geht unten Rn. 51 ff. Schließlich kann eine solche Feststellung (positiv oder negativ) erfolgen, wenn es um den Bestand oder Nicht-

---

OLG Hamm FamRZ 2000, 38, 40 und NJW 2001, 1870; OLG Bremen FamRZ 2000, 618; OLG Saarbrücken FamRZ 1990, 1371; OLG Düsseldorf DAVorm 1991, 944; zur Untersuchungspflicht: LG Berlin FamRZ 1978, 835 (Duldung der Untersuchung zur Vorbereitung der Restitutionsklage); unglücklich war sicherlich die Verweisung von Personenstandsfragen (zB §§ 45 Abs. 2, 50 PStG aF), die unmittelbar mit der abstammungsmäßigen Zuordnung zusammenhängen (zB § 1599 Abs. 2 BGB) in die allgemeine Zuständigkeit des Amtsgerichts, vgl. OLG Zweibrücken NJW-RR 2000, 881.

[2] Wie hier OLG Köln FamRZ 2003, 1751; für d. Lit. vgl. etwa *Schulte-Bunert/Weinreich/Schwonberg* Vor § 169 Rn. 2; aA BayObLG DAVorm 1979, 50 (Kindesunterschiebung); offen lassend OLG Bremen FamRZ 1995, 1251; ohne Statusfolge (zB für Beweis des Ehebruchs) kann eine genetische Beziehung *incidenter* festgestellt werden: *Gernhuber/Coester-Waltjen* § 52 Rn. 7; *Musielak/Borth* Vor § 169 Rn. 3; zur Inzidentfeststellung im Regressverfahren des Scheinvaters BGHZ 176, 327 und BGH FamRZ 2009, 32, im Versorgungsausgleichsverfahren BGH FamRZ 2008, 1836.

[3] BGH FuR 2000, 260; OLG Hamm FamRZ 1993, 438.

[4] BGH FamRZ 1994, 237; OLG Hamm OLGR 1996, 239.

[5] AA *Zöller/Philippi* § 640 ZPO Rn. 4 – Feststellungsklage, wie hier *Stein/Jonas/Schlosser* § 640 ZPO Rn. 9; wohl auch *Staudinger/Rauscher* § 1600 d BGB Rn. 8.

[6] BGH NJW 1973, 51; vgl. dazu Sachverhalt in OLG Bremen FamRZ 1995, 1291.

[7] LG Tübingen NJW 1952, 942; *Wieczorek/Schütze/Schlüter* § 640 ZPO Rn. 8 nF.

[8] Hierher gehört auch die Zuordnung bei Geburt nach Rechtshängigkeit des Scheidungsantrags, wenn die Voraussetzungen des § 1599 Abs. 2 BGB nicht erfüllt sind.

bestand einer Zuordnung geht, die nach einem (ebenfalls) anwendbaren ausländischen Recht (Art. 19 EGBGB) erfolgt ist[9] oder wenn die Zuordnung zum Ehemann nach § 1592 Nr. 1 BGB im Falle einer Kindesgeburt während der Anhängigkeit eines Scheidungsverfahrens wegen der Unwirksamkeit einer nach § 1599 Abs. 2 BGB „versuchten" Anerkennung festgestellt werden soll.

Abgesehen von den Adoptions- und (früheren) Legitimationsfällen (Rn. 9 ff.) sowie den Besonderheiten bei Anwendung ausländischen Kindschaftsrechts (Rn. 12 f.) ist damit der Kreis der möglichen Begehren – außerhalb der Fragen der Wirksamkeit einer Vaterschaftsanerkennung einschließlich eines Streits über die Zuordnung nach § 1599 Abs. 2 BGB (dazu unten Rn. 37 ff.) – geschlossen. Insbesondere gehören hier nicht die Sachverhalte, in denen die Abstammung des Kindes vom Ehemann der Mutter aus sonstigen Gründen zweifelhaft erscheint (zB homologe Insemination, heterologe Insemination, Geburt eines Kindes nach *In vitro*-Fertilisation mit Embryotransfer). 7

Für einen Antrag auf **Feststellung der Mutterschaft** kommen nur die Fälle in Betracht, in denen es darum geht, ob die betreffende Frau die Gebärende war. Auch dies sind Fälle der Kindesunterschiebung oder Kindesverwechslung. Nicht hingegen kann geltend gemacht werden, dass eine andere Frau die genetische Mutter ist, weil dies nach § 1591 BGB für die Mutterzuordnung irrelevant ist.[10] Innerhalb der Abstammungssachen (Nr. 2) ist aber die Durchsetzung des Anspruchs auf Einwilligung in eine Abstammungsuntersuchung (§ 1598a BGB) und in dessen Folge eine außergerichtliche, statusirrelevante Feststellung der genetischen Abstammung auch in Bezug auf die Mutter möglich (s. u. Rn. 44 ff.). 8

Bei der **Adoption** ist zu unterscheiden zwischen den vor dem 1. 1. 1977 zustande gekommenen Annahmen an Kindes statt und den Adoptionen nach neuem Recht. Bei ersteren ist eine Klärung der Wirksamkeit der Adoption (§ 1741 BGB aF) oder ihrer Aufhebung (§§ 1768 f. BGB aF) im Statusverfahren möglich.[11] Bei Adoptionen nach neuem Recht ist hingegen der Adoptionsbeschluss trotz etwaiger Mängel grundsätzlich wirksam und unanfechtbar (§ 197 Abs. 3); in bestimmten Fällen kommt lediglich eine Aufhebung des Annahmeverhältnisses im familiengerichtlichen Verfahren in Betracht (§§ 1760 ff. BGB, § 198 Abs. 2).[12] Für das Statusfeststellungsverfahren bleiben daher neben der Feststellung des **leiblichen** Eltern-Kind-Verhältnisses, für die wegen des Interesses des Kindes an seiner genetischen Herkunft[13] und der weiterhin, wenn auch rudimentären Bedeutung dieses Verhältnisses ein Bedürfnis bestehen kann, nur solche Fälle übrig, in denen es um die Existenz eines Adoptions- oder Aufhebungsbeschlusses oder um die Identität der betroffenen Personen geht. 9

Letzteres gilt gleichermaßen für Streitigkeiten über die bis 30. 6. 1998 im deutschen Recht mögliche **Ehelicherklärung** auf Antrag des Kindes (§ 1740a BGB aF) oder des Vaters (§§ 1723 ff. BGB aF). Die Fehlerhaftigkeit einer solchen rechtlichen Zuordnung kann nicht nach Nr. 1, sondern nur durch Anfechtung der Vaterschaft (möglicherweise auch der Mutterschaft nach ausländischem Recht, s. unten Rn. 75) geltend gemacht werden (§§ 1735, 1740a Abs. 2 BGB aF). Näheres s. Rn. 69 Fn. 103. 10

Bei der bis 30. 6. 1998 im deutschen Recht möglichen **Legitimation durch nachfolgende Eheschließung** sind daneben noch Streitigkeiten über die Existenz oder Nichtexistenz der Ehe denkbar. Wenn die Vaterschaft des Ehemannes nicht anerkannt und auch nicht gerichtlich festgestellt ist, kann jedoch nicht mit Erfolg die Feststellung beantragt werden, dass das Kind durch nachfolgende Eheschließung der Mutter legitimiert worden sei. Hier ist der Antrag auf Feststellung der (ursprünglich nichtehelichen)[14] Vaterschaft zu richten. Soll bei einer erfolgten Legitimation durch nachfolgende Eheschließung die fehlende blutsmäßige Abstammung geltend gemacht werden, so bleibt nur die Anfechtung der Vaterschaftsanerkennung (Nr. 4; § 1599 BGB)[15] oder die Wiederaufnahme des die Vaterschaft (angeblich unrichtig) feststellenden Verfahrens (§ 185). 11

bb) Besonderheiten bei ausländischem Abstammungsstatut. Beherrscht **ausländisches Recht** das Eltern-Kind-Verhältnis (Art. 19, 20, 21 EGBGB),[16] so sind Statusfeststellungsverfahren in weiterem Umfang als bisher beschrieben möglich. Zwar wird grundsätzlich auch das nach auslän- 12

---

[9] Vgl. OLG Stuttgart FamRZ 2004, 1986.
[10] *Musielak/Borth* Rn. 2; *Staudinger/Rauscher* § 1591 BGB Rn. 20; *Gernhuber/Coester-Waltjen* § 51 Rn. 7–9; missverständlich: *Büttner* FamRZ 1998, 593.
[11] BGHZ 27, 126; *Engler* FamRZ 1970, 113; *Lüderitz* NJW 1976, 1869; ausführlich *Stein/Jonas/Schlosser* § 640 ZPO Rn. 17.
[12] OLG Düsseldorf FamRZ 1997, 117.
[13] *Kleinecke*, Das Recht des Kindes auf Kenntnis der eigenen Abstammung, Diss. Göttingen, 1976.
[14] Inkonsequent *Stein/Jonas/Schlosser* § 640 ZPO Rn. 11, der hier trotz der anerkannten Gestaltungswirkungen (dort Rn. 9) eine reine Feststellungsklage für die eheliche Abstammung ausreichen lassen will.
[15] OLG Düsseldorf DAVorm. 1982, 596 (fälschlicherweise als Feststellung der Unwirksamkeit einer Anerkennung [Abs. 2 Nr. 1 2. Alt.] bezeichnet); OLG Hamm FamRZ 1994, 123; OLG Düsseldorf FamRZ 1998, 53.
[16] Zur Reform: *Henrich* FamRZ 1998, 1401.

dischem materiellen Recht statthafte Begehren in die deutschen Antragsformen gegossen.[17] Wegen der engen Verflechtung des materiellen Rechts mit dem Verfahrensrecht sind dabei jedoch die aus dem materiellen Recht sich ergebenden Rechtsausübungssperren und die verschiedenen Feststellungsmöglichkeiten zu beachten.[18] Insoweit ist nicht von einem *numerus clausus* der Statusanträge auszugehen.

13 Soweit das anwendbare Recht – anders als das deutsche (§ 1594 Abs. 2 BGB) – nicht mit einer Rechtsausübungssperre die vorherige Beseitigung der bisherigen Zuordnung durch eine gerichtliche Gestaltungsentscheidung verlangt, kann nach hM auch vor deutschen Gerichten unmittelbar ein (Statusfeststellungs-)Antrag auf Feststellung der Vaterschaft erhoben werden.[19] So kennen beispielsweise die amerikanischen Rechte überwiegend kein spezielles Ehelichkeitsanfechtungsverfahren bzw keine ausschließlichen Statusverfahren, sondern erlauben die Widerlegung der Ehelichkeitsvermutung auch *incidenter* in jedem gerichtlichen Verfahren.[20] Ein Rechtsstreit, bei dem es unter Anwendung eines anglo-amerikanischen Rechts um die Nichtehelichkeit eines innerhalb der Ehe geborenen Kindes geht, kann also auch vor deutschen Gerichten als Statusfeststellungsverfahren laufen, weil das Antragsbegehren auf Feststellung geht.[21] Daneben wird des Weiteren eine Inzidententfeststellung für möglich gehalten.[22] Umgekehrt kann vor einem deutschen Gericht erfolgreich kein Status*feststellungs*antrag gestellt werden, wenn das anwendbare Recht zuvor eine gerichtliche Gestaltung verlangt. So kann beispielsweise auch in Deutschland die Ehelichkeit eines 300 Tage nach Auflösung der Ehe geborenen Kindes bei Anwendung österreichischen Kindschaftsrechts (§ 138d ABGB)[23] – wenn der frühere Ehemann die Vaterschaft nicht anerkennt – nur im Rahmen eines Feststellungsverfahrens geltend gemacht werden;[24] demnach ist zunächst vor deutschen Gerichten eine derartige Gestaltung herbeizuführen, die früher nach österreichischem Recht mögliche Inzidententfeststellung kommt nicht in Betracht.

14 **cc) Verfahrensrechtliche Besonderheiten.** Der Antrag auf Feststellung des Bestehens oder Nichtbestehens einer erfolgten rechtlichen Eltern-Kind-Zuordnung ist bei Anwendung deutschen Kindschaftsrechts ein Feststellungsantrag. Er kann auch in der negativen Form gestellt werden. Das Feststellungsinteresse wird in der Regel gegeben sein. Der BGH geht sogar davon aus, dass bei einem negativen Feststellungsantrag dieser Art die Berufung auf die Antragsvoraussetzungen bereits das **Feststellungsinteresse** in sich trage.[25]

15 Antragsteller eines derartigen Statusverfahrens können nur die unmittelbar Betroffenen, also „Vater", „Kind", „Mutter" sein (§ 171 Rn. 6). Ein Verfahren zwischen verschiedenen **Mutterschafts-** oder **Vaterschaftsprätendenten** scheidet aus (hM).[26] Allerdings muss bei einem Streit, ob die Vaterzuordnung nach § 1592 Nr. 1 BGB oder nach § 1599 Abs. 2 BGB erfolgt, auch der „Anerkennende" Beteiligter sein können. Da sich die Antragslegitimation ausschließlich aus dem materiellen Recht ergibt, kommen weitere Personen auch nicht über § 7 Abs. 1 als Antragsteller in Betracht. Zu möglichen weiteren Beteiligten § 172 Rn. 11 ff.

16 Im Übrigen gelten gegenüber anderen Abstammungsverfahren keine Besonderheiten. Es bleibt bei der Anwendung der allgemeinen Vorschriften über die Beteiligtenfähigkeit (§§ 8, 172 Rn. 23 ff.) und Verfahrensfähigkeit (§§ 9, 172 Rn. 27 ff.);[27] der Amtsermittlungsgrundsatz gilt

---

[17] Bsp.: Das gegen einen Dritten gerichtete Verlangen der Eltern auf Herausgabe des Kindes wird auch bei Anwendung ausländischen Rechts vor deutschen Gerichten im normalen (nunmehr) familiengerichtlichen Verfahren durchgesetzt; *Jayme* FamRZ 1964, 352 ff.; *Beitzke* FamRZ 1967, 592, 602.

[18] Zu den verschiedenen Möglichkeiten und Beschränkungen, beispielsweise im franz. Recht: *Ferid/Sonnenberger*, Das französische Zivilrecht, Bd. 3, 2. Aufl. 1987, 4 C 101–294; zu weitgehend sich auf die *lex fori* berufend: OLG Hamm IPRspr. 1994 Nr. 113.

[19] AA *Sonnenberger* FamRZ 1964, 238.

[20] *H. D. Krause*, Family Law Ch.11.10 ff.; *Ellmann/Kurz/Scott*, Family Law, 3. Aufl. 1999, S. 1040 ff.; s. a. sec. 601 ff. Uniform Paternity Act (http://www.nccusl.org).

[21] AG Bielefeld FamRZ 1963, 458; vgl. allg. *Staudinger/Henrich*, 2002, Art. 19 EGBGB Rn. 111 ff.

[22] KG IPRax 1985, 48: Feststellung der Nichtehelichkeit *incidenter* im Vaterschaftsfeststellungsverfahren bei Anwendung englischen Rechts; KG IPRax 1984, 42: Inzidentfeststellung der Nichtehelichkeit eines Kindes nach englischem Recht; OLG Hamm IPRax 1982, 192: Nichtehelichkeit eines nur unter dem Namen der (verheirateten) Mutter eingetragenen Kindes nach französischem Recht; BGH NJW 1986, 3022: Feststellung der Nichtehelichkeit eines von einer verheirateten Frau geborenen Kindes, das nach französischem Recht nicht den Statusbesitz eines ehelichen Kindes hat; *Siehr* DAVorm. 1973, 133; aA *Sonnenberger* FamRZ 1964, 238.

[23] *Zemen* FamRZ 1973, 355, 357 zum früheren § 155 S. 2 ABGB.

[24] *Stein/Jonas/Schlosser* Vor § 640 ZPO Rn. 9.

[25] BGH NJW 1973, 51; *Habscheid/Habscheid* FamRZ 1999, 480, 482; kritisch *Stein/Jonas/Schlosser* § 640 ZPO Rn. 3.

[26] Zur Vaterschaftsanfechtung durch den Vaterschaftsprätendenten unten Rn. 76.

[27] Zur Beteiligtenfähigkeit eines noch ungeborenen Kindes vertreten durch den Beistand für eine einstweilige Unterhaltsregelung im Zusammenhang mit einem Vaterschaftsfeststellungsverfahren im Erg. im Hinblick auf die

uneingeschränkt (s. § 177 Rn. 3 ff.), und mit dem Tod eines Beteiligten ist auch dieses Verfahren nicht mehr automatisch in der Hauptsache erledigt (so noch §§ 640 Abs. 1, 619 ZPO aF), sondern wird auf Antrag eines Beteiligten weitergeführt (Näheres § 181 Rn. 9 ff.). Für die internationale (§ 100) und die örtliche Zuständigkeit (§ 170) gelten keine Besonderheiten.

dd) Kosten und Verfahrenskostenhilfe. Für die Verfahrenskosten und die Verfahrenskostenhilfe 17 gelten keine Besonderheiten. Es greifen die allgemeinen Kostenregelungen der §§ 80–85 und 76–78 ein. Dementsprechend findet grundsätzlich eine Kostenverteilung nach gerichtlichem Ermessen statt (§ 81 Abs. 1). Näheres dazu § 81 Rn. 7 ff. Das Gericht kann von der Auferlegung der Kosten absehen. Insofern verringert sich die Bedeutung der Verfahrenskostenhilfe, für die im Übrigen die Regeln der ZPO gelten (§ 76 Abs. 1). Danach muss für die Gewährung der Verfahrenskostenhilfe die Rechtsverfolgung oder Rechtsverteidigung des Antragstellers hinreichende Aussicht auf Erfolg bieten und nicht mutwillig erscheinen (§ 114 ZPO). Für die Rechtsverfolgung ist sie daher nur zu gewähren, wenn Zweifel an der Zuordnung oder das Verhalten der anderen Beteiligten eine gerichtliche Klärung notwendig und aussichtsreich erscheinen lassen. Für die Rechtsverteidigung ist sie nur zu gewähren, wenn der Betreffende sich mit beachtlichen Argumenten gegen die begehrte Feststellung wehrt[28] (anders bei Anfechtungsverfahren, s. Rn. 90 und bei erstmaliger Zuordnung, s. Rn. 36). Auch hier wird ein Anspruch des Antragstellers auf Verfahrenskostenvorschuss gegen einen Unterhaltsverpflichteten als Vermögensbestandteil des Antragstellers angesehen. Dies kann auch für das Verhältnis unter den streitenden Beteiligten gelten, wobei die § 246 zugrunde liegenden Überlegungen herangezogen werden können. Demnach ist ein Verfahrenskostenvorschuss in dem umstrittenen Eltern-Kind-Verhältnis allenfalls dann von dem beitragsfähigen Teil zu erbringen, wenn seine Inanspruchnahme der Billigkeit entspricht. Dies ist nur der Fall, wenn der Bedürftige sich auf das Bestehen der Eltern-Kind-Beziehung beruft und dies weder aussichtslos noch mutwillig erscheint.[29] Dementsprechend ist im Einzelfall analog § 246 eine einstweilige Anordnung über die Gewährung des Verfahrenskostenvorschusses möglich. Dabei ist allerdings grundsätzlich Zurückhaltung geboten, da die einstweilige Anordnung zu einer unangemessenen Verzögerung führen könnte und außerdem auf diese Weise den Leistungsschwächeren bei seinem Unterliegen wegen Nichtbestehens der Beziehung eine Rückerstattungspflicht trifft, er also wesentlich schlechter gestellt wird als bei Gewährung der Verfahrenskostenhilfe. Der Streitwert beträgt nach § 47 Abs. 1 FamGKG in der Regel 2000,– Euro.

b) Herstellung oder Nichtherstellung einer Eltern-Kind-Zuordnung. aa) Anwendungs- 18
bereich. Als wichtigste Untergruppe von Nr. 1 kommen die Verfahren in Betracht, in denen es um die (originäre) Feststellung der Vaterschaft eines mit der Kindesmutter bei Geburt nicht, nicht mehr oder noch nicht verheirateten Mannes geht (§§ 1592 Nr. 3, 1600 d BGB), dessen Ehe mit der Kindesmutter auch nicht innerhalb von 300 Tagen vor Geburt durch Tod aufgelöst worden ist (§ 1593 BGB). Hierher gehören also alle Fälle, in denen dem Kind nicht kraft Gesetzes ein Mann als Vater zugeordnet ist (§§ 1592 Nr. 1, 1593 BGB) und auch eine wirksame Vaterschaftsanerkennung nicht erfolgt ist (§ 1592 Nr. 2 BGB).[30] Zum Streit über dieselbe unten Rn. 37 ff. Die Vaterschafts„feststellung" kann sowohl mit einem positiven wie auch mit einem negativ formulierten Antrag begehrt werden. Auch eine die negative Vaterschaftsfeststellung abweisende Entscheidung hat Gestaltungswirkungen, weil sie positiv Vater und Kind rechtlich zuordnet (§ 182 Abs. 2).[31]

Für die Mutter-Kind-Zuordnung ist eine entsprechende Möglichkeit im deutschen materiellen 19 Recht nicht gegeben, wegen der eindeutigen Zuordnung nach § 1591 BGB auch nicht notwendig (s. auch unten Rn. 69), solange es keine „Retortenkinder" gibt. Ob die Zuordnung zu einer Mutter nach § 1591 BGB erfolgen kann, wenn die Frau bereits vor Geburt verstorben ist,[32] ergibt sich nicht aus dem Wortlaut, ist aber im Ergebnis zu bejahen. Verfahrensrechtlich entstehen dadurch keine besonderen Probleme; im materiellen Recht ist diese Problematik zwar einbezogen worden (vgl. §§ 1593, 1600 BGB), jedoch nicht konsequent einer Lösung zugeführt.

---

werdende Rechtssubjektivität (dazu *Gernhuber/Coester-Waltjen* § 46 Rn. 68, § 75 Rn. 17) richtig: OLG Schleswig MDR 2000, 397.
[28] OLG Zweibrücken MDR 2006, 271.
[29] BGHZ 31, 384, 387 (für den PKV in Unterhaltssachen).
[30] *Zöller/Philippi* § 640 ZPO Rn. 11.
[31] *Brüggemann* FamRZ 1969, 120, 123 (mit der hier in § 182 Rn. 2 (früher § 641h ZPO) nicht akzeptierten Einschränkung für non liquet-Fälle).
[32] Zur Praxis auch außerhalb des „Erlanger Babys": *Hirsche* MedR 1985, 48; vgl. auch *Coester-Waltjen*, FS Gernhuber, 1993, S. 837.

20 Bei Anwendung materiellen **deutschen** Rechts ist die positive Vaterschaftsfeststellung eine **Gestaltungsentscheidung,**[33] weil die Rechtswirkungen aus dem Vaterschaftsverhältnis erst nach Vorliegen einer rechtskräftigen Statusentscheidung (§ 1600d Abs. 4 BGB) geltend gemacht werden können (soweit nicht eine wirksame Vaterschaftsanerkennung vorliegt, die im Regelfall die gerichtliche Feststellung überflüssig machen wird). Dass vor Entscheidungserlass einstweiliger Rechtsschutz möglich ist und der Beschluss Rückwirkungen hat, steht der Qualifikation als Gestaltungsverfahren ebenso wenig entgegen wie die Möglichkeit, die Wirkungen des Beschlusses durch Anerkennung zu erreichen. Letzteres spielt für die Frage des Rechtsschutzbedürfnisses eine Rolle (s. Rn. 30).

21 Nach materiellem deutschen Recht ist der Mann als Vater festzustellen, der das Kind gezeugt hat; die dies ausdrücklich vorsehende Vorschrift des § 1600o Abs. 1 BGB aF ist zwar durch das KindRG aufgehoben worden, eine sachliche Änderung ist aber dadurch nicht eingetreten. Als Vater kommt auch der Mann in Betracht, der im Rahmen einer **medizinisch-assistierten Zeugung** Samen gespendet hat.[34]

22 Der Antrag auf Feststellung des Bestehens oder Nichtbestehens der Vaterschaft kann bei Anwendung deutschen Kindschaftsrechts nicht gestellt werden, **solange eine andere Vater-Kind-Zuordnung** besteht (Rückschluss aus § 1600d Abs. 1 BGB).[35] Ist ein Eltern-Kind-Verhältnis durch **Adoption** entstanden, so hindert dies (insbesondere angesichts des Interesses des Kindes an der Kenntnis der eigenen Abstammung) eine gerichtliche Feststellung der leiblichen Eltern-Kind-Beziehungen nicht.[36]

23 Bei Anwendung eines **ausländischen** Abstammungsrechts, das eine entsprechende Rechtsausübungssperre (wie § 1600d Abs. 1 BGB) nicht kennt, ist der Antrag ohne die genannten Einschränkungen zulässig.[37] Ein Antrag auf Feststellung der nichtehelichen Mutterschaft kann – wie beispielsweise im französischen Recht – wegen der Besonderheiten des ausländischen Kindschaftsrechts Relevanz haben und ist entsprechend zu behandeln.

24 Nicht hierher gehören die Anträge des Kindes gegen den Vater auf **Unterhalt**. Sie gelten nicht als Abstammungssachen, auch wenn Unterhalt im Rahmen einer einstweiligen Verfügung nach § 247 vor Vaterschaftsfeststellung begehrt wird.[38] Mit Abstammungssachen verbunden werden kann allerdings ein Antrag auf Unterhaltszahlung nach § 237.[39] Näheres bei § 179 Rn. 8.

25 Die Feststellung der Vaterschaft ist im Unterhaltsverfahren bei Anwendung **deutschen** Abstammungsrechts **nicht incidenter** möglich.[40] Bei Anwendung **ausländischen** Abstammungsrechts kann jedoch die Abstammung **incidenter** nach dem ausländischen Recht beurteilt und entschieden

---

[33] Streitig, wie hier schon: *Brüggemann* FamRZ 1969, 120; *Leipold*, Grundlagen des einstweiligen Rechtsschutzes, 1972, S. 171; *Schlosser*, Gestaltungsklagen und Gestaltungsurteile, 1965, S. 56; *Stein/Jonas/Schlosser* § 640 ZPO Rn. 9; *Wieczorek/Schütze/Schlüter* § 640 ZPO Rn. 10 nF; aA *Zöller/Philippi* § 640 ZPO Rn. 4; *Rosenberg/Schwab/Gottwald* § 168 III 1.

[34] BGH NJW 1983, 2073; *Coester-Waltjen*, Gutachten zum 56. DJT 1986, B 58; Voraussetzung ist die vorherige erfolgreiche Anfechtung der Vaterschaft des Ehemannes bei einer bei Geburt verheirateten Kindesmutter, die allerdings Ehemann und Kindesmutter versagt ist, soweit sie in die „künstliche Befruchtung" eingewilligt haben, § 1600 Abs. 4 BGB (krit. *Gernhuber/Coester-Waltjen* § 53 Rn. 16). In anderen Rechtsordnungen ist häufig die Feststellung des Samenspenders als Vater gesetzlich ausgeschlossen; zB Schweden, Art. 6 Gesetz v. 26. 12. 1984; Portugal, Art. 1839/3 C. Civ; Bulgarien, Art. 32/3 Familiengesetz v. 15. 3. 1968; Quebec (Kanada), Art. 586 C. C. Q. 1980; Victoria (Australien), sec. 10 c Status of Children (Amendment) Act 1984; dazu *Giesen* JZ 1985, 654.

[35] BGH StAZ 1999, 207; BGHZ 80, 218 zum alten Recht; *Helms* FuR 1996, 178, 181; zu den Ausnahmen vor der Verfassungswidrigkeitserklärung des § 1934c BGB (BVerfG FamRZ 1977, 346): KG DAVorm. 1977, 606. Auch der Erzeuger hat eine Möglichkeit, die eigene Vaterschaft feststellen zu lassen, nur in Verbindung mit einer Anfechtung der Vaterschaft des bisher zugeordneten Mannes, § 1600 Abs. 1 Nr. 2 BGB, § 182 Abs. 1.

[36] OLG Celle DAVorm. 1980, 940; BT-Drucks. 7/5087, S. 15; *Brüggemann* ZBlJugR 1977, 204; *Barth* ZfJ 1984, 68; *Stein/Jonas/Schlosser* § 640 ZPO Rn. 17; zurückhaltend: *Uhlenbruck* FamRZ 1977, 426; *Binschus* ZfJ 1976, 199; zum Recht des Kindes auf Kenntnis der eigenen Abstammung: BVerfG NJW 1989, 891; dementsprechend kann auch dem materiell unbefristet möglichen Vaterschaftsfeststellungsbegehren nicht der Einwand des Rechtsmissbrauchs entgegengehalten werden, OLG Saarbrücken FamRZ 2006, 545.

[37] Oben bei Fn. 20.

[38] *Göppinger* FamRZ 1975, 196, 197; *Schulte-Bunert/Weinreich/Schwonberg* Rn. 18.

[39] Noch zur Regelung vor dem FamFG: OLG Brandenburg FamRZ 2003, 617.

[40] *Gernhuber/Coester-Waltjen* § 59 Rn. 31, § 46 Rn. 68; zur früheren Problematik der Vaterschaftsfeststellung mit Auslandsbezug im Rahmen von Unterhaltsverfahren, die durch das IPRG weitgehend beseitigt ist: *Sonnenberger* FamRZ 1973, 553; *Siehr* DAVorm. 1973, 126; *Beitzke* ZBlJugR 1973, 369; *Sturm* NJW 1975, 493; BGHZ 63, 219; BGH NJW 1976, 1028; *Klinkhardt*, Die Geltendmachung von Unterhaltsansprüchen nichtehelicher Kinder gegenüber ausländischen Vätern, 1971; s. ansonsten oben Rn. 2.

werden, wenn die gerichtliche Vaterschaftsfeststellung nicht Voraussetzung für die Geltendmachung derartiger Ansprüche ist.[41]

Ein nach dem Abstammungsstatut vorgesehenes **Verbot der Feststellung** der nichtehelichen 26 Vaterschaft – wie es vor allem in den islamischen Rechten besteht – ist zu beachten, ein entsprechender Statusfeststellungsantrag daher abzuweisen,[42] soweit nicht der *ordre public* insoweit eine Nichtbeachtung des ausländischen Rechts fordert. Stellt das (ausländische) Abstammungsstatut im Einzelnen stärkere Anforderungen an die Feststellung der nichtehelichen Vaterschaft, so ist dem grundsätzlich Rechnung zu tragen.[43] Sieht das ausländische Kindschaftsrecht[44] eine **Ausübungssperre** oder besondere **Beweisvorschriften** für die Feststellung der Elternschaft vor, so sind diese wegen ihrer materiellrechtlichen Verflochtenheit grundsätzlich auch vor deutschen Gerichten zu beachten.[45] Über die alternativen Anknüpfungen des Art. 19 EGBGB wird allerdings bei deutscher Zuständigkeit idR auch deutsches Recht Abstammungsstatut sein (Art. 19 Abs. 1 S. 1 EGBGB). Ob diesem Vorrang vor den ausländischen Rechten zukommt, ist umstritten.[46]

bb) Antragsberechtigung und Beteiligte. Die Antragsberechtigung ergibt sich – auch nach der 27 Gesetzesbegründung[47] – ausschließlich aus dem materiellen Recht. Die bisherige Vorschrift des § 1600e BGB ist jedoch mit dem FGG-ReformG ersatzlos gestrichen worden, weil man davon ausging, dass diese Vorschrift nunmehr überflüssig sei. Die Überflüssigkeit soll sich daraus ergeben, dass das familiengerichtliche Verfahren einheitlich nach den Regeln des FamFG abläuft, gleichgültig, ob die Beteiligten gestorben sind oder nicht (s. auch unten u. § 181 Rn. 1 ff.). Das materielle Recht regelt nun aber die im früheren § 1600e Abs. 1 BGB aF vorgesehene Antragsbefugnis ausdrücklich nur für die Anfechtung der Vaterschaft (§ 1600 BGB). Wer zur Einleitung eines Verfahrens zur Feststellung der Vaterschaft befugt ist, ergibt sich nicht aus den §§ 1591 ff. BGB. Auch aus dem Beteiligtenbegriff des § 172 kann nicht auf den Kreis der Antragsbefugten geschlossen werden, denn zum einen soll das FamFG diese Frage nicht regeln (s. o.), zum anderen ist die Angabe der dort aufgeführten Personen nicht abschließend. So ist beispielsweise bei der Feststellung der Vaterschaft auch der Vaterschaftsprätendent Beteiligter – und zwar gleichgültig, ob er den Antrag auf Feststellung stellt (dann nämlich nach § 7 Abs. 1) oder ob der Antrag beispielsweise von Kind oder Mutter gestellt wird (dann nämlich nach § 7 Abs. 2 Nr. 1). Dass Mutter, Kind und potentieller Vater antragsbefugt sein müssen, ergibt sich aus der *ratio legis,* weil das Gesetz ansonsten absurd wäre, denn §§ 1600d Abs. 1 BGB und § 171 Abs. 1 unterstellen eine Antragsbefugnis, ja setzen diese sogar voraus. Aus der leichtsinnigen Streichung des § 1600e BGB als „nicht mehr benötigte Vorschrift" darf aber sicherlich nicht auf eine völlig freie Antragsbefugnis geschlossen werden; dies würde dem für das Abstammungsverfahren ausdrücklich vorgesehenen strengen Antragsprinzip (§ 171 als Spezialregelung zu § 24) zuwiderlaufen. Auch wenn eine Antragsbefugnis des Jugendamtes, eines für den Kindesunterhalt aufkommenden Verwandten oder eines anderen Unterhaltsregressberechtigten (zB der jetzige oder frühere Ehemann der Mutter nach erfolgreicher Anfechtung seiner Vaterschaft) in einigen Fällen der Untätigkeit der Mutter durchaus wünschenswert sein kann, dürfte dies nicht dem objektiven Willen des Gesetzgebers entsprechen. Denn selbst wenn die Ausweitung der Antragsbefugnis eine Reihe der derzeitigen Probleme (zB Inzidentfeststellung beim Unterhaltsregress) lösen würde, kann eine solche nicht mit der *ratio legis* begründet werden.[48] Daher wird man auch nach der neuen Rechtslage davon ausgehen müssen, dass sonstige Dritte die Vaterschaftsfeststellung nicht

---

[41] Nach BGH NJW 1976, 1028 (zust. Anm. *Kropholler* NJW 1976, 1011, 1012; abl. *Stein/Jonas/Schlosser* Vor § 640 Rn. 17 in Fn. 41) steht die Abweisung einer nach deutschem Recht beurteilten positiven Feststellungsklage einer inzidenten Annahme der Vaterschaft durch das Unterhaltsstatut nicht entgegen.

[42] BGHZ 63, 219 = NJW 1975, 114, 116 (krit. *Sturm* NJW 1975, 493); *Zöller/Geimer* § 640a ZPO Rn. 30.

[43] *Beitzke* StAZ 1971, 235, 238; *Zöller/Geimer* § 640a ZPO Rn. 30.

[44] ZB Belgien: Art. 322, 325 C.civ., Italien: Art. 274 c. c. (nach Ablösung der romanischen materiell-rechtlichen Beschränkung der Vaterschaftsfeststellung als verfahrensrechtliche Zulässigkeitsvoraussetzung eingeführt), *Bergmann/Ferid,* Italien S. 30, 78.

[45] Zum Beweisrecht: *Coester-Waltjen* Internationales Beweisrecht, 1983, S. 295, 358; zu Problemen bei Beweiserhebungen im Ausland beachte die EuBewVO und das HBÜ, s. a. *Jayme,* FS Geimer, 2002, S. 375; *Decker* IPRax 2004, 230; AG Hamburg FamRZ 2003, 45.

[46] Zur Problematik: *Henrich,* FS D. Schwab, 2005, S. 1145; *Rauscher* FPR 2002, 358; *Hepting* StAZ 2000, 35; *Sturm* StAZ 2003, 355; *Wedemann,* Konkurrierende Vaterschaften und doppelte Mutterschaften im Internationalen Abstammungsrecht, 2006.

[47] BT-Drucks. 16/6308, S. 185.

[48] Es ist wohl kaum zu erwarten, dass der Gesetzgeber im Hinblick auf die Jahrzehnte währende Diskussion über die Berechtigung des Staates zur Einmischung in die Vaterschaftsfeststellung im Rahmen des früheren § 1706 BGB (idF bis 1998) ohne ausdrückliche Regelung Dritten eine Vaterschaftsfeststellung ermöglichen wollte, s. auch *Coester-Waltjen,* JURA 2009, 427, 429 f.

betreiben können – und zwar auch dann nicht, wenn sie ein besonderes (rechtliches oder wirtschaftliches) Interesse haben.[49]

28 Sonstige Dritte können aber möglicherweise die Stellung eines Beteiligten (iSd. § 7) haben. Auch § 7 Abs. 2 Nr. 1 ist der (jedenfalls hier angenommenen) *ratio legis* entsprechend eng auszulegen. Zu den Personen, deren Rechte unmittelbar durch die Vaterschaftsfeststellung betroffen sind, gehören Vaterschaftsprätendenten (auch wenn sie nicht ihrerseits den Feststellungsantrag gestellt haben) und Männer, die als potentielle Väter in Betracht kommen können, sich dagegen aber wehren.[50] Über die Hinzuziehung potentieller Erzeuger als Beteiligte wird die Notwendigkeit mehrerer hintereinander geschalteter Verfahren zur Feststellung der Vaterschaft reduziert. Die Regelung dient daher der Verfahrensökonomie und dem Bedürfnis nach einer schnellen Klärung der Abstammungsfrage.

29 Ist **ausländisches** Recht Kindschaftsstatut, so bestimmt dieses auch über die Antragsbefugnis. Demnach können beispielsweise auch Dritte Antragsteller für die Vaterschaftsfeststellung sein (zu den Erben oder Eltern des verstorbenen Mannes s. Rn. 27, 77, u. § 181 Rn. 16). Eine vom ausländischen Recht vorgesehene **Antragsinitiative des Staatsanwalts** oder einer anderen **staatlichen Stelle** ist im Hinblick auf die materiellrechtliche Qualifikation der Antragsbefugnis[51] und die nunmehr auch im deutschen Abstammungsverfahren eröffnete Initiative einer Behörde auch auf das Verfahren vor deutschen Gerichten zu übertragen. Die zu §§ 640 ff. ZPO aF vorgetragenen Begründung, dass es an einer entsprechenden Institution im deutschen (Kindschafts-/Abstammungs-)Verfahrensrecht fehle[52] und bei Zuständigkeit deutscher Gerichte entweder andere Antragsberechtigte vorhanden seien oder über die Bestellung einer **Amtspflegschaft** geholfen werden könne (so dass keine Rechtsverweigerung zu befürchten sei), überzeugt jetzt nicht mehr. Das Gleiche gilt, wenn das ausländische Recht wegen des besonderen öffentlichen Interesses eine **Beteiligung** der Staatsanwaltschaft während des Verfahrens **zwingend** erfordert.[53]

30 cc) **Rechtsschutzbedürfnis.** Das Rechtsschutzbedürfnis ist bei einem **positiven Antrag auf Feststellung der Vaterschaft** nach deutschem Recht wegen der gestaltenden Wirkung des Beschlusses in der Regel zu unterstellen. Ist die Vaterschaft bereits anerkannt, so besteht hingegen regelmäßig für eine gerichtliche Feststellung kein Bedürfnis. Das Gesetz hat eine gerichtliche Bestätigung nicht vorgesehen, und hinsichtlich der kurzen Fristen für die Anfechtung der Anerkennung ist auch kein schützenswertes Interesse erkennbar,[54] obwohl die Bestandsfestigkeit beider Akte der Vaterschaftsfeststellung auch nach den jüngsten Reformen unterschiedlich ist.[55]

31 Liegt keine wirksame Vaterschaftsanerkennung noch vor, so wird man jedoch regelmäßig das **Rechtsschutzbedürfnis** des Kindes und der Mutter an einer gerichtlichen Feststellung bejahen müssen, selbst wenn der potentielle Erzeuger zur **Anerkennung** bereit und in der Lage ist.[56] Das Kind kann ohnehin durch Zustimmung zur Anerkennung den gewünschten Zustand nur herbeiführen, wenn die Mutter die elterliche Sorge insoweit nicht hat (§ 1595 Abs. 2 BGB); im Übrigen muss es jedenfalls in so wichtigen Angelegenheiten wie der Abstammung dem Einzelnen möglich sein, bei eventuellen Zweifeln die Abstammung gerichtlich klären zu lassen.[57] Ist das Kind nicht zustimmungsberechtigt (so im Normalfall – vgl. § 1595 Abs. 2 BGB), so hängt die Wirksamkeit der Anerkennung allein von der Zustimmung der Mutter ab. Das Kind hat in diesem Fall ebenfalls ein Rechtsschutzbedürfnis (wenn es den Abstammungsantrag stellt).[58] Das Gleiche gilt für die Mutter

---

[49] Zum Erfordernis eines rechtlichen Interesses für alle Anträge im Rahmen des FamFG oben § 23 Rn. 17.
[50] Näher s. § 171 Rn. 6 f.
[51] *Beitzke* RabelsZ 23 (1959) 708, 714; LG München (3. ZK) IPRspr. 1952/53, 179; aA LG München (5. ZK) NJW 1951, 278. Zur damaligen Zeit sah auch das deutsche Kindschaftsrecht die Möglichkeit der Beteiligung des Staatswalts vor.
[52] So *Stein/Jonas/Schlosser* Vor § 640 ZPO Rn. 8 und auch oben § 640 ZPO Rn. 27.
[53] Vgl. für ein entsprechendes Vorgehen im Scheidungsrecht LG Hamburg IPRspr. 1954/55 Nr. 95 (Bestellung eines deutschen Staatsanwalts zur Verteidigung der Ehe nach dem Recht von San Salvador); LG Hamburg FamRZ 1972, 40 (Bestellung des Staatsanwalts zur Verteidigung der Ehe nach italienischem Recht).
[54] *Zöller/Philippi* § 640 ZPO Rn. 12; OLG Düsseldorf NJW 1973, 1331 (zur Widerklage des Kindes auf positive Feststellung der Vaterschaft gegen eine Klage auf Anfechtung der Vaterschaftsanerkennung nach altem Recht).
[55] Dazu im Einzelnen *Gernhuber/Coester-Waltjen* § 52 Rn. 95 ff., 101 ff.
[56] So schon *Brüggemann* FamRZ 1979, 381, 382; *Wieczorek/Schütze/Schlüter* § 640 ZPO Rn. 10 nF; OLG Nürnberg FamRZ 1995, 620; KG FamRZ 1994, 909; KG DAVorm. 1991, 946; so wohl auch, obwohl offen lassend: BGH FamRZ 2005, 514; zurückhaltend *(obiter dictum)* OLG Düsseldorf FamRZ 1991, 1084; strenger *Stein/Jonas/Schlosser* § 640 ZPO Rn. 52; *Staudinger/Rauscher* § 1592 BGB Rn. 42 f.
[57] OLG Braunschweig DAVorm. 1979, 663 (bei nur bedingter Bereitschaft des Mannes zur Anerkennung).
[58] Bei Zustimmungsverweigerung wird die Mutter häufig allerdings keinen Antrag stellen – auch nicht in Vertretung des Kindes –, so dass das Kind nur einen Antrag stellen kann, wenn der Mutter insoweit die elterliche Sorge entzogen ist (§ 1666 BGB); kritisch zur gesetzlichen Regelung: *Gaul* FamRZ 1997, 1451.

selbst, die eine bestandsfeste Klärung herbeiführen möchte. Allerdings darf die Antragstellung nicht als mutwillig anzusehen sein, was dann der Fall ist, wenn bei einem anerkennungswilligen Vater keine konkreten Umstände darauf hinweisen, dass ein Dritter als Vater in Betracht kommen könnte.[59] Die Unwahrscheinlichkeit einer späteren Anfechtung der Anerkennung durch den Vater oder die Mutter vermindert das Rechtsschutzinteresse nicht. Gleichermaßen ist auch ein **Rechtsschutzinteresse** des einen Antrag auf positive Feststellung der Vaterschaft stellenden potentiellen **Vaters** anzuerkennen.[60] Hierher gehören vor allem Fälle, in denen die Mutter die Zustimmung zur Anerkennung nicht gibt (§ 1595 Abs. 1 BGB), nicht jedoch solche, in denen die Anerkennung der Vaterschaft durch einen außerehelichen Erzeuger bezüglich eines während der Ehe der Mutter, aber nach Anhängigkeit des Scheidungsantrages geborenen Kindes (§ 1599 Abs. 2 S. 1 BGB) an der fehlenden Zustimmung des Ehemannes scheitert (§ 1599 Abs. 2 S. 2 BGB). Die Zuordnung zum Ehemann nach § 1592 Nr. 1 BGB oder § 1593 BGB kann nur durch freiwillige Erklärungen der Beteiligten (oder durch Anfechtung der Vaterschaft des Ehemannes – möglicherweise auch durch den Erzeuger nach § 1600 Abs. 1 Nr. 2 BGB –, nicht aber durch ein direktes Vaterschaftsfeststellungsverfahren beseitigt werden.

Das Rechtsschutzinteresse für einen inländischen Antrag ist auch dann gegeben, wenn der **32** potentielle Vater inzwischen im **Ausland** lebt. Darauf, dass die Beweisaufnahme und die praktischen Folgen aus dem Beschluss im Ausland wirken werden, kommt es nicht an.[61] Die voraussichtliche Nichtanerkennung des Beschlusses im Ausland beeinträchtigt das Rechtsschutzbedürfnis für den Antrag in der Regel nicht.[62]

Ausnahmsweise kann sich trotz Vorliegens einer Vaterschaftsanerkennung oder eines bereits früher **33** ergangenen (in- oder ausländischen) Titels ein Bedürfnis nach neuerlicher gerichtlicher Statusentscheidung ergeben, wenn eine derartige Feststellung in dem für die Durchsetzung der Folgen wichtigen Ausland **keine Wirkungen** erzeugt, eine neue gerichtliche Entscheidung dies aber tun würde.[63] Das Gleiche gilt, wenn es sich um einen **ausländischen Titel** handelt, der im Inland nicht anerkennungsfähig ist. Ist dagegen ein ausländischer anerkennungsfähiger Titel gegeben, so kann das Bestehen des Vater-Kind-Verhältnisses nicht mehr in deutschen Statusverfahren festgestellt werden. Die anerkennungsfähige Entscheidung ist *res iudicata*.[64] Über die Anerkennungsfähigkeit kann nur im Verfahren nach §§ 108, 109, nicht nach § 328 ZPO, in einer allgemeinen Feststellungsklage nach § 256 ZPO oder *incidenter* in einem normalen Verfahren gestritten werden.[65] Auch für die **negative Abstammungsfeststellung** kann man in der Regel von einem bestehenden Rechtsschutzbedürfnis ausgehen. Angesichts der besonderen Bedeutung der Angelegenheit ist trotz §§ 1594 Abs. 1, 1595 BGB grundsätzlich das Feststellungsinteresse zu bejahen; dies gilt auch für den negativen Feststellungsantrag des Mannes, der nicht abwarten muss, bis das Kind oder die Mutter einen positiven Feststellungsantrag stellt.[66]

dd) Weitere verfahrensrechtliche Besonderheiten. Für das Verfahren im Einzelnen galten vor **34** der Reform durch das KindRG besondere Regelungen (§§ 641 ff. ZPO aF), die zum großen Teil bereits 1998 aufgehoben bzw. umgestellt worden sind. Lediglich die Möglichkeit einer einstweiligen Anordnung auf Unterhalt (§§ 179 Abs. 1 S. 2, 237, 248), die besondere Formvorschrift für Zustimmungserklärungen (§ 180) und die Sonderregelung für die Urteilsformel (jetzt) in § 182 Abs. 2 greifen allein für Vaterschaftsfeststellungsverfahren ein.

---

[59] AG Dillingen DAVorm. 1977, 509, bestätigt durch OLG München DAVorm. 1977, 511; OLG Stuttgart DAVorm. 1985, 1039 (Verfahrenskostenhilfe).
[60] Der BGH ging 1981 noch zu Recht davon aus, dass dies selten vorkomme (BGHZ 80, 218 = FamRZ 1981, 538) *(obiter dictum)*, inzwischen hat sich die rechtstatsächliche Lage jedoch geändert.
[61] OLG Celle NdsRpfl. 1974, 105; Zöller/Philippi § 640 ZPO Rn. 12.
[62] Zur internationalen Zuständigkeit s. § 100.
[63] Vgl. französische Cour Cass. DAVorm. 1981, 775 (Versäumnisurteil über Zahlvaterschaft nach früherem deutschen Recht).
[64] BGH NJW 1979, 1005 mit Anm. *Basedow* FamRZ 1979, 792. LG Düsseldorf DAVorm. 1974, 484 bezieht sich nur auf einen in der Bundesrepublik möglicherweise nicht verbindlichen Unterhaltstitel aus der früheren CSSR.
[65] Anders noch BGH FuR 2000, 260; OLG Hamm FamRZ 1993, 438; in BGH NJW 1985, 552 hatte das über den Unterhaltsanspruch entscheidende niederländische Gericht die Vaterschaftsfeststellungsklage als unzulässig abgewiesen, weil nach dem von ihm für anwendbar gehaltenen niederländischen Recht die Vaterschaftsbeziehung nur durch Anerkennung entstehen könne.
[66] BGH NJW 1986, 2193, 2194; OLG Hamburg FamRZ 1971, 384; *Gerhard,* FS Bosch, 1976, S. 291; *Gernhuber/Coester-Waltjen* § 52 Rn. 71 Fn. 161; *Staudinger/Rauscher* § 1600e BGB Rn. 47; *Zöller/Philippi* § 640 ZPO Rn. 13; aA *Göppinger* FamRZ 1970, 125, 126; *ders.* NJW 1970, 127; zum früheren Recht das Rechtsschutzinteresse bejahend OLG Düsseldorf NJW 1968, 2967.

35 Von den abstammungsverfahrensrechtlichen Regelungen passen §§ 177 Abs. 1, 176 Abs. 1 S. 1, 183 (wegen ihrer Beschränkung auf Anfechtungsverfahren) nicht. Der Amtsermittlungsgrundsatz (§ 26) ist daher uneingeschränkt anwendbar. Zur Verfahrensfähigkeit s. u. § 172 Rn. 27 ff.

36 **ee) Kosten und Verfahrenskostenhilfe.** Für die Verfahrenskosten gelten keine Besonderheiten. Es greifen die allgemeinen Vorschriften der §§ 80–85 und 76–78 ein (s. o. Rn. 17). Ein Anerkenntnis ist den Beteiligten wegen § 29 verwehrt.[67] Zur Anerkennung der Vaterschaft während des Verfahrens und der Kostenlast s. § 180 Rn. 14. Verfahrenskostenhilfe wird nach den allgemeinen Grundsätzen gewährt (§ 76 Abs. 1 iVm. §§ 114 ff. ZPO). Man wird die „hinreichende Erfolgsaussicht" auch für den der Vaterschaft entgegentretenden Beteiligten nicht verneinen können, solange jedenfalls kein die Vaterschaft bejahendes Sachverständigengutachten vorliegt.[68] Kind oder potentieller Vater werden dabei als Antragsteller in der Regel nicht auf einen Anspruch auf einen Kostenvorschuss gegeneinander verwiesen werden können, da das Rechtsverhältnis, das eine solche Vorschusspflicht als Teil der Unterhaltspflicht begründet, erst durch die gerichtliche Feststellung der Vaterschaft entsteht. Es könnte zwar im Rahmen des Feststellungsverfahrens und einer einstweiligen Anordnung für Unterhaltszahlungen auch eine einstweilige Anordnung über die Gewährung eines Kostenvorschusses nach § 246 gestellt werden. Dies würde jedoch nicht nur zu einer Verzögerung des Verfahrenskostenhilfegesuchs führen, sondern auch keinen vollwertigen Ersatz für die Verfahrenskostenhilfe bedeuten, da im Falle des Nichtbestehens der Vaterschaft der Kostenvorschuss zurückzuzahlen wäre.[69] Die Kindesmutter ist hingegen zur Leistung eines Kostenvorschusses für ihr Kind verpflichtet.[70] Bei Vorliegen einer wirksamen Anerkennung fehlt es an einem Rechtsschutzbedürfnis für einen Feststellungsantrag (s. Rn. 30 ff.). Der Streitwert beträgt idR 2000,– Euro, § 47 Abs. 1 FamGKG.

37 **c) Die Feststellung der Wirksamkeit oder Unwirksamkeit einer Vaterschaftsanerkennung.** Als Abstammungssache klassifiziert das Gesetz ferner den zwischen Vater und Kind bestehenden Streit über die Wirksamkeit einer Vaterschaftsanerkennung. Inhaltlich haben sich die diesbezüglichen Verfahrensregelungen durch die Reformen von 1998 nicht wesentlich geändert, materiellrechtlich ist durch das Erfordernis der mütterlichen Zustimmung (§ 1595 BGB) eine Verschiebung eingetreten, die sich – wenngleich ohne ausdrücklichen Hinweis des Gesetzgebers – wohl auch verfahrensrechtlich dahin auswirkt, dass die Mutter den Antrag auf Feststellung der Wirksamkeit oder Unwirksamkeit der Vaterschaftsanerkennung analog § 1600 BGB (früher auch analog § 1600e Abs. 1 BGB) stellen kann.[71] Das Verfahren hat lediglich die **ursprüngliche Wirksamkeit** – nicht jedoch die Anfechtung der Anerkennung – zum Gegenstand. Es ist ein reines Feststellungsverfahren. Es hat keine Gestaltungswirkungen. Auch bereits in der gerichtlichen Feststellung kann die Vaterschaftsanerkennung bei Vorliegen der Unwirksamkeitsgründe nach § 1598 Abs. 1 BGB als nicht vorhanden behandelt werden.[72] Dementsprechend ist auch eine Inzidentfeststellung in einem anderen Verfahren – möglicherweise unter Beteiligung Dritter – eröffnet (hM).[73] Dann handelt es sich jedoch nicht um ein Statusverfahren.[74] Der Antrag auf Feststellung der Unwirksamkeit der Anerkennung ist nur erfolgreich, wenn die Anerkennung nicht den Voraussetzungen der §§ 1594–1598 BGB entspricht.[75] Unwirksamkeitsgründe sind also fehlende oder fehlerhafte Zustimmungserklärungen, Formmängel, Bedingtheit der Anerkennung oder anderweitige Zuordnung des Kindes (zB, weil wegen nicht vollständiger Erfüllung der Voraussetzungen des § 1599 Abs. 2 BGB das während des Scheidungsverfahrens geborene Kind dem Ehemann der Mutter nach § 1592 Nr. 1 BGB zugeordnet bleibt). Ein Willensmangel nach §§ 117 ff. BGB kommt dabei nicht als Unwirksamkeitsgrund in Betracht (§ 1598 Abs. 1 BGB „… nur unwirksam …" und Rückschluss aus § 1600c Abs. 2 BGB).[76]

---

[67] Zu Unrecht auf § 93 ZPO verweisend OLG Köln FamRZ 1992, 697.
[68] OLG Zweibrücken MDR 2006, 261; OLG Hamm FamRZ 2007, 1753; zur Erforderlichkeit der Beiordnung eines Rechtsanwalts wegen der besonderen Bedeutung des Statussachen: BGH FamRZ 2007, 1968.
[69] *Künkel* DAVorm. 1983, 335, 343; KG FamRZ 1971, 44; OLG Braunschweig DAVorm. 1978, 140.
[70] KG NJW 1982, 111; aA OLG Frankfurt DAVorm. 1981, 871; zur Frage der Glaubhaftmachung KG DAVorm. 1984, 323.
[71] Wie hier, aber mit anderer Begründung: *Wieczorek/Schütze/Schlüter* § 640 ZPO Rn. 15 nF.
[72] MünchKommBGB/*Wellenhofer-Klein* § 1598 Rn. 28; *Staudinger/Rauscher* § 1598 BGB Rn. 11.
[73] BGH FamRZ 1985, 271.
[74] *Gernhuber/Coester-Waltjen* § 52 Rn. 65; zum alten Recht: *Gravenhorst* FamRZ 1970, 128; *Göppinger* DRiZ 1970, 145.
[75] MünchKommBGB/*Wellenhofer-Klein* § 1598 Rn. 2 ff.; *Staudinger/Rauscher* § 1598 BGB Rn. 8.
[76] Begründung des RegE eines Gesetzes über die rechtliche Stellung des unehelichen Kindes, BT-Drucks. V/2370, S. 30; BGH FamRZ 1985, 271; *Gernhuber/Coester-Waltjen* § 52 Rn. 64; *Zöller/Philippi* § 640 ZPO Rn. 15; *Stein/Jonas/Schlosser* § 640 ZPO Rn. 12.

Der Antrag kann nur innerhalb einer **Frist** von fünf Jahren seit Eintragung des Mannes im 38
Personenstandsregister erhoben werden (§ 1598 Abs. 2 BGB). Nach Ablauf dieser Frist sind die
Mängel geheilt; allerdings bleibt dann möglicherweise noch die Möglichkeit einer Vaterschaftsanfechtung, bei der dann die Nichtabstammung zu beweisen ist (§ 169 Nr. 4, §§ 1599 ff. BGB).

Verfahrensgegenstand bei einem Antrag auf Feststellung der Wirksamkeit oder Unwirksamkeit 39
der Vaterschaftsanerkennung ist nur die Vaterschaftsanerkennung, **nicht die Vaterschaft selbst**.[77]
Dementsprechend schließt die Feststellung der Unwirksamkeit der Anerkennung einen späteren
Vaterschaftsfeststellungsantrag, die Feststellung der Wirksamkeit der Anerkennung eine spätere Anfechtung derselben, soweit die Fristen gewahrt sind, nicht aus. Bis zur erfolgreichen gerichtlichen
Anfechtung der Anerkennung steht die Vaterschaft des anerkennenden Mannes bei einer wirksamen
Anerkennung fest (§ 1592 Nr. 2 BGB).[78]

Mit dem Antrag auf Feststellung der Unwirksamkeit der Anerkennung kann ein Antrag auf 40
negative Vaterschaftsfeststellung, mit dem Antrag auf Feststellung der Wirksamkeit der positive Vaterschaftsfeststellungsantrag **verbunden** werden (§ 179 Abs. 1 S. 1 s. u. § 179 Rn. 3).[79]

Wird die Unwirksamkeit der Vaterschaftsanerkennung festgestellt, so wird auch eine (bis 30. 6. 41
1998 im deutschen Recht mögliche) **Legitimation durch nachfolgende Eheschließung** automatisch hinfällig. Hingegen behielt die bis zum 30. 6. 1998 mögliche **Ehelicherklärung** – auf
Antrag des Kindes oder des Vaters – Bestand, da §§ 1735 Abs. 2, 1740 a Abs. 2 BGB aF die Unwirksamkeit nur für den Fall vorsahen, dass rechtskräftig die Nichtabstammung festgestellt wurde. Dies ist
aber mit der Feststellung der Unwirksamkeit der Anerkennung noch nicht geschehen. Die unterschiedliche Wirkung auf die Ehelicherklärung einerseits und auf die Legitimation durch nachfolgende Eheschließung andererseits erklärte sich zudem daraus, dass letztere automatisch eingetreten ist,
erstere hingegen einen gerichtlichen Akt voraussetzte, der eine stärkere Bestandskraft hat. Andernfalls
hätte eine Ehelicherklärung wiederholt werden müssen, wenn zwar die ursprüngliche Anerkennung
unwirksam war, das Gericht aber in einem späteren Verfahren positiv die Vaterschaft feststellte.
Wollten die Beteiligten mit dem Verfahren auch die Wirkung der Ehelicherklärung beseitigen, so
konnten sie dies über die Anfechtung der Vaterschaftsanerkennung bzw. im Falle der Unwirksamkeit
dieser Anerkennung durch Erhebung einer negativen Feststellungsklage erreichen. Nach dem Recht
der ehemaligen DDR hingegen griff die Feststellung der Unwirksamkeit der Vaterschaftsanerkennung nach § 59 FGB nicht auf den Status als eheliches Kind durch, vielmehr bedurfte es einer
Anfechtung der Ehelichkeit.[80]

Mit Inkrafttreten des KindRG (1. 7. 1998) ist die Möglichkeit der Ehelicherklärung überflüssig 42
geworden und entfallen. Nach neuem Recht sind die unter altem Recht ergangenen Ehelicherklärungen auf Antrag des Vaters als Entscheidungen über die elterliche Sorge nach § 1672 Abs. 1
BGB, auf Antrag des Kindes nach Tod der Mutter als Sorgerechtsübertragungen nach § 1680 Abs. 2
S. 2 BGB einzustufen (Art. 224 § 2 EGBGB). Mit der Feststellung der Unwirksamkeit der Anerkennung entfällt der „Schein der Vaterstellung", damit kann aber nicht automatisch die vom Gesetz der
Ehelicherklärung zugeschriebene Wirkung einer gerichtlichen Entscheidung über das Sorgerecht entfallen,[81] vielmehr ist eine Änderung der Entscheidung notwendig, wobei eine analoge Anwendung von § 1680 Abs. 2 S. 1 BGB in Erwägung zu ziehen ist.

Für die Fragen der Verfahrenskosten und der Verfahrenskostenhilfe s. Rn. 17, 36. Einen Anspruch 43
auf Verfahrenskostenvorschuss gegen den anderen Beteiligten kann der sich auf die Wirksamkeit der
Anerkennung berufende Beteiligte analog § 246 im Wege einer einstweiligen Anordnung anstreben
(vgl. Rn. 17). Zu den Besonderheiten bei Anwendung ausländischen Kindschaftsrechts s. Rn. 12 f.,
25, 29, 32 f.

2. Antrag auf Ersetzung der Einwilligung und auf Duldung einer Probeentnahme zu 44
einer Abstammungsuntersuchung (Nr. 2). a) Anwendungsbereich. Die im Jahre 2008 bereits
in § 640 Abs. 2 ZPO aF eingefügte Regelung erlaubt die gerichtliche Durchsetzung der in § 1598a
BGB vorgesehenen Ansprüche, die zu einer außergerichtlichen Klärung der Abstammung führen
können. § 1598a BGB gibt einem (beschränkten) Personenkreis (s. u. Rn. 47), der sich bereits
rechtlich als Vater, Mutter und Kind zugeordnet ist, einen materiell-rechtlichen Anspruch auf
Einwilligung in eine **genetische** Abstammungsuntersuchung und auf Duldung einer Probeentnahme

---

[77] *Zöller/Philippi* § 640 ZPO Rn. 18; so auch schon zum Recht vor der Kindschaftsrechtsreform: *Firsching*
Rpfleger 1970, 16; *Gravenhorst* FamRZ 1970, 126; *Göppinger* DRiZ 1970, 45; *Odersky* FamRZ 1975, 440, 449.
[78] *Zöller/Philippi* § 640 ZPO Rn. 18.
[79] *Odersky* FamRZ 1975, 449; *Göppinger* DRiZ 1970, 45; *Zöller/Philippi* § 640 ZPO Rn. 18.
[80] OLG Dresden OLGR 1998, 456.
[81] Vgl. zur damaligen parallelen Fragestellung bei der (früheren) Anfechtung der Ehelichkeit nach Übertragung
der elterlichen Sorge auf den Ehemann: *Staudinger/Rauscher* (1997) § 1593 BGB Rn. 58.

zu diesem Zweck (§ 1598a Abs. 1 S. 1 BGB).[82] Verweigert der Anspruchsgegner dies, so kann der Gläubiger die gerichtliche Ersetzung der Einwilligung und – soweit erforderlich – die Duldung der Probeentnahme beantragen. Dieses Verfahren führt nicht zu einer gerichtlichen Klärung der Abstammung, sondern bereitet nur die private (außergerichtliche) Begutachtung der Abstammung vor. Ob die Beteiligten anschließend entsprechend dem Ergebnis der privaten Gutachten die rechtliche Zuordnung mit den genetischen Gegebenheiten in Übereinstimmung bringen, hängt von den rechtlichen Möglichkeiten und innerhalb derselben von ihrer Entscheidung ab. Es ist den Berechtigten aber nicht verwehrt, ein Statusverfahren direkt anstelle der Ersetzung der Einwilligung zu beantragen, soweit das Gesetz ihnen eine solche Möglichkeit einräumt. Konkret ist letzteres für die Situationen, in denen Nr. 2 relevant wird, nur in Form einer Anfechtung der Vaterschaft (Nr. 4)[83] möglich und auch das nur, wenn die Anfechtungsfrist noch nicht abgelaufen ist (zum sog. Anfangsverdacht u. Rn. 83, bzw. § 171 Rn. 10 ff.) und die sonstigen Anfechtungsvoraussetzungen (s. u. Rn. 76 ff.) erfüllt sind. Verfahren nach Nr. 2 und Nr. 4 stehen dem Berechtigten innerhalb ihres jeweiligen Anwendungsbereichs also alternativ zur Auswahl.

45 Da die Einwilligung einer bisher nicht zugeordneten Person zur Klärung der Abstammung wegen der Beschränkung des beteiligten Personenkreises nicht von § 1598a BGB umfasst ist, wird der praktische Anwendungsbereich der Nr. 2 (und Nr. 3) gering bleiben, denn entweder greift das Gesetz nicht ein (so in dem eben genannten Fall), oder die Beteiligten geben ihre Einwilligung in die Abstammungsuntersuchung freiwillig oder aber der Gläubiger stellt sogleich den Antrag auf Anfechtung der Vaterschaft nach Nr. 4.

46 Ersetzt werden kann nur die Einwilligung, also die **vorherige** Zustimmung. Eine Genehmigung etwa nach Einholung eines „heimlichen Tests" kann zwar außergerichtlich von den Berechtigten erteilt werden und führt damit das Vorgehen aus dem Bereich der Illegalität heraus, eine gerichtliche Ersetzung der Genehmigung kommt aber nicht in Betracht, denn auf eine solche besteht kein Anspruch.

47 **b) Beteiligter Personenkreis.** Anspruchsteller und Anspruchsgegner können nach § 1598a BGB nur Vater, Mutter und Kind sein. Der potentielle Erzeuger ist weder aktiv- noch passivlegitimiert. Auch andere Dritte können weder einen Antrag stellen noch auf Einwilligung in Anspruch genommen werden. Eine vertragliche Vereinbarung zwischen einem Dritten und einer grundsätzlich antragsberechtigten Person, die letztere verpflichtet, eine außergerichtliche Abstammungsuntersuchung durchzuführen und notfalls die Ersetzung der Einwilligung der anderen Beteiligten gerichtlich zu beantragen, ist nicht in einem Abstammungsverfahren durchsetzbar.[84] Die Wirksamkeit und Durchsetzbarkeit einer solchen Vereinbarung ist im normalen Zivilprozess zu prüfen und – wegen der Höchstpersönlichkeit der Entscheidung zur Anspruchsgeltendmachung nach § 1598a BGB – zu verneinen.

48 Ist einer der Beteiligten gestorben, so ist sein postmortales Persönlichkeitsrecht zu beachten. Eine Probe kann zur Klärung der Abstammung entnommen werden, die Einwilligung dazu obliegt dem Totenfürsorgeberechtigten.[85] Möglicherweise wird dazu eine Exhumierung notwendig. Die Totenfürsorgeberechtigten können dies, soweit sie nahe Verwandte sind, in der Regel durch zur Verfügungstellung einer eigenen Probe abzuwenden versuchen. Sie oder andere Verwandte können aber nach Wortlaut und *ratio legis* nicht zur Einwilligung in eine ihre eigene Person betreffende Untersuchung in einem Verfahren nach Nr. 2 gezwungen werden.[86] Diese Personen (wie auch andere Dritte) müssen allerdings in allen anderen Abstammungsverfahren (außerhalb der Verfahren nach Nr. 2 und Nr. 3) Untersuchungen, die zur Feststellung der Abstammung erforderlich sein können, dulden, § 178 Abs. 1. Diese Untersuchungen sind nicht auf genetische Abstammungsuntersuchungen beschränkt (Näheres s. u. § 178 Rn. 5).

49 In dem Verfahren sind die Eltern von der Vertretung des Kindes ausgeschlossen (§ 1629 Abs. 2 a BGB). Soweit das Kind nicht verfahrensfähig ist (s. u. § 172 Rn. 27 ff.), muss ihm also ein Ergän-

---

[82] Zum Verwertungsverbot für „heimliche Vaterschaftstests": BGH FamRZ 2005, 342; zur Verwertbarkeit gerichtlicher Gutachten, die in einem Verfahren eingeholt worden sind, bei dem der Anfangsverdacht auf einen heimlichen Test gestützt wurde: BGHZ 166, 283.
[83] Eine Anfechtung der Mutterschaft ist – jedenfalls bei Anwendung deutschen materiellen Rechts – nicht möglich (s. u. Rn. 69, 75), eine Vaterschafts- oder Mutterschaftsfeststellung kommt ebenfalls als Alternative zu Nr. 2 für den dort genannten Personenkreis nicht in Betracht, weil diese Beteiligten einander schon als Vater/Mutter/Kind zugeordnet sein müssen, s. u. Rn. 47).
[84] Vgl. zur Parallelsituation in § 1365 BGB: *Staudinger/Thiele*, 2007, § 1365 Rn. 92.
[85] *Gernhuber/Coester-Waltjen* § 52 Rn. 23; MünchKommBGB/*Wellenhofer* § 1598a Rn. 5; *Helms* FamRZ 2008, 1033, 1034.
[86] *Helms* FamRZ 2008, 1033, 1034; aA *Borth* FPR 2007, 381, 382; *Muscheler* FPR 2008, 258, 259.

zungspfleger bestellt werden. Die vorgelagerte Frage, *ob* das minderjährige Kind einen entsprechenden Antrag stellen soll, ist eine Frage der elterlichen Sorge und von den Sorgerechtsinhabern zu entscheiden. Soweit die Eltern die elterliche Sorge innehaben, sind sie außergerichtlich nur dann von der Wahrnehmung der Kindesinteressen in diesem Bereich ausgeschlossen, wenn ein Interessengegensatz im Sinne des § 1796 BGB zu bejahen, dennoch aber eine Vertretungshandlung erforderlich ist.[87] Entsprechend dem weiten Rechtsgeschäftsbegriff des § 1795 BGB[88] und der zum Teil schwierigen Abgrenzung zwischen tatsächlicher Personensorge und rechtsgeschäftlicher Vertretung[89] wird die Entscheidung über das „Ob" eines Tätigwerdens im Abstammungsbereich von der Rechtsprechung und Literatur ohne nähere Auseinandersetzung als Vertretungsfrage eingeordnet, für die die Einschränkung des elterlichen Vertretungsrechts nach §§ 1629, 1796 BGB in Betracht kommen kann.[90] Entgegen den Tendenzen der Rechtsprechung sollte ein Interessengegensatz nicht voreilig verneint werden.

Sind Vater oder Mutter selbst minderjährig, so treffen sie – soweit sie nicht geschäftsunfähig sind – **50** ihre eigene Entscheidung, ob sie den Antrag auf Ersetzung der Einwilligung und Duldung der Probeentnahme stellen wollen, analog § 1600a Abs. 2 S. 1, 2 BGB in eigener Verantwortung ohne Zustimmung ihres gesetzlichen Vertreters.[91] Im Fall ihrer Geschäftsunfähigkeit entscheidet (§ 1600a Abs. 2 S. 3 BGB analog) der gesetzliche Vertreter. Als gesetzlicher Vertreter können insoweit auch die jeweiligen sorgeberechtigten Eltern von Vater und Mutter tätig werden. § 1629 Abs. 2a BGB schließt die Vertretung weder vom Wortlaut – weil auf die Vertretung des Kindes, um dessen Abstammung es geht, beschränkt – noch nach der *ratio legis* aus.[92] Die analoge Anwendung von § 1600a Abs. 2 BGB ist gerechtfertigt, weil der Gesetzgeber an diese Situation offensichtlich nicht gedacht hat, also eine echte Lücke vorliegt, und die Situationen – Vorbereitung zur Klärung der Abstammung einerseits und Klärung der Abstammung durch Anfechtung andererseits – im Hinblick auf Bedeutung, Folgen, persönliche Betroffenheit vergleichbar sind. Die Vorbereitung zur Klärung der Abstammung ist allenfalls von weniger weitgehender Bedeutung, sodass zumindest ein Schluss *a maiore ad minorem* zulässig ist. Zur Verfahrensfähigkeit der minderjährigen Eltern unten § 172 Rn. 29 f.

c) Anspruchsvoraussetzungen. Der materiell-rechtliche Anspruch ist nicht von der Einhaltung **51** einer Frist abhängig, kann also auch noch nach Ablauf der Frist zur Anfechtung der Vaterschaft geltend gemacht werden. Voraussetzung ist daher nicht, dass rechtliche, insbesondere statusrechtliche Konsequenzen aus der Abstammungserklärung gezogen werden können. Auch unter diesem Gesichtspunkt beziehen sich die Ansprüche aus § 1598a BGB ebenso auf eine Klärung der genetischen Abstammung der Mutter, obwohl nach deutschem Recht eine Mutterschaftsanfechtung nicht möglich ist. Die BVerfG-Entscheidung,[93] die Anlass für die gesetzliche Regelung war,[94] hat vor allem das Fehlen jeglicher Klärungsmöglichkeiten der eigenen Abstammung und des eigenen Nachwuchses (außerhalb der Anfechtungs- und der Vaterschaftsfeststellungsklagen) gerügt. Ein Antrag nach § 1598a Abs. 2, 4 BGB kann daher nicht allein deswegen als rechtsmissbräuchlich eingestuft werden, weil infolge der Abstammungsklärung eine Korrektur der rechtlichen Zuordnung nicht möglich oder nicht beabsichtigt ist. Auch das Fehlen konkreter Verdachtsmomente soll nach den Vorgaben des BVerfG einen Klärungsversuch nicht hindern.[95] Rechtsmissbräuchlich ist das Begehren ferner dann nicht, wenn der Antragsteller stattdessen auch die Vaterschaft anfechten könnte, denn das Bundesverfassungsgericht billigt ihm das Kenntnisrecht unabhängig von einer Statusänderung zu. Fälle des Rechtsmissbrauchs sind daher praktisch kaum denkbar. Rechtsmissbräuchlich könnte beispielsweise der eher theoretische Fall sein, dass der Antragsteller bereits entsprechende Proben freiwillig oder nach früheren Verfahren erhalten, aber keine oder keine zuverlässige Abstammungsbegutachtung in die Wege geleitet hat.

Voraussetzung des Anspruchs auf Einwilligung ist daher allein, dass der Anspruch von den und **52** gegen die richtigen Beteiligten geltend gemacht wird (s. o. Rn. 47) und die Einwilligung sich auf eine genetische Abstammungsuntersuchung bezieht. Bezüglich der Duldung der Probeentnahme ist nur verlangt, dass es sich um eine für ein genetisches Abstammungsgutachten geeignete Probe handelt und das Verfahren zur Entnahme nach den anerkannten Grundsätzen der Wissenschaft

---

[87] MünchKommBGB/*Huber* § 1629 Rn. 77; *Muscheler* FPR 2008, 257, 261.
[88] MünchKommBGB/*Huber* § 1629 Rn. 50 ff.
[89] *Staudinger/Peschel-Gutzeit* § 1626 BGB Rn. 60 f, 59.
[90] Vgl. BGH NJW 1975, 345, 346; MünchKommBGB/*Wagenitz* § 1796 Rn. 10 aE.
[91] Für Analogie: *Muscheler* FPR 2008, 257, 261.
[92] *Muscheler* FPR 2008, 257, 261.
[93] BVerfGE 117, 202 = FamRZ 2007, 441.
[94] BT-Drucks. 16/5370, S. 12 ff.
[95] BVerfGE 117, 202 = FamRZ 2007, 441, 443.

erfolgen muss. In Betracht kommen im Wesentlichen Blutproben und Abstriche der Mundschleimhaut. Da beide Proben sich eignen, wird man die Wahl zwischen beiden dem Anspruchsteller überlassen müssen, selbst wenn die genetische Untersuchung von Blutproben eine genauere Begutachtung als die Speicheluntersuchung verspricht. Auch das Verlangen nach beiden Proben ist vom Gesetzestext gedeckt.

53 Eignung der Probe und Beachtung wissenschaftlich anerkannter Grundsätze der Entnahme sind nicht als gegeben anzusehen, wenn eine Identitätsprüfung der Proben nicht sichergestellt ist oder den sonstigen Anforderungen der Richtlinien der Bundesärztekammer nicht entsprochen wird.[96] Dementsprechend sind auch notwendige Maßnahmen zur Identitätssicherung von der Duldungspflicht umfasst.[97]

54 Infolge der Auslagerung des Verfahrens aus der ZPO braucht der Antragsteller in seinem Antrag noch nicht die Einzelheiten seines Begehrens zu bestimmen (vgl. § 23 Abs. 1),[98] erst der gerichtliche Beschluss muss im Hinblick auf die Vollstreckbarkeit (dazu unten Rn. 62) hinsichtlich der Art der Probe und der Duldung der Probeentnahme hinreichend bestimmt sein.[99]

55 Ob die Probeentnahme für die Beteiligten zumutbar ist, ist im Erkenntnisverfahren vom Gericht nicht zu entscheiden. Diese Frage spielt erst bei der Vollstreckung eine Rolle (§ 96a), obwohl dieser Gesichtspunkt bereits bei der Anhörung mit den Beteiligten erörtert werden sollte. Bleibt der Antragsteller bei seinem Begehren, so hindert die Unzumutbarkeit nicht den gerichtlichen Beschluss.

56 Der Anspruch wird dem Grunde nach auch nicht durch entgegenstehende Interessen des minderjährigen Kindes beeinträchtigt, lediglich seine gerichtliche Ersetzung kann verzögert werden, wenn eine erhebliche Beeinträchtigung des Kindeswohls zu befürchten ist. In diesem Fall ist das Verfahren nach § 21 iVm. § 1589a Abs. 3 BGB auszusetzen. Die Aussetzungsentscheidung kann mit der sofortigen Beschwerde angegriffen werden (§ 21 Abs. 2).

57 **d) Entscheidung.** Sind die obigen Voraussetzungen erfüllt, so hat das Gericht wenig Entscheidungsspielraum, denn für Abwägungen bleibt kaum Raum (zur Aussetzung s. o. Rn. 56 und unten Rn. 60 f.). Bei unbestimmten Anträgen wird das Gericht in der Regel bei der vorgeschriebenen Anhörung (§ 175) auf eine Konkretisierung des Begehrens hinwirken. Theoretisch ist eine Abweichung vom Begehren wohl ungeachtet des Antragsprinzips möglich. Die Einwilligung kann aber nur für eine konkrete genetische Abstammungsuntersuchung, nicht generell für alle möglichen Arten von Abstammungsbegutachtungen ersetzt werden. Insofern muss der Beschluss bestimmt genug sein. Für weitere Auflagen und Bedingungen ist aber kein Raum.

58 Nicht entscheiden kann das Gericht hingegen über die Art und die Vornahme der genetischen Abstammungsbegutachtung. Ob und wie eine solche erfolgen soll, liegt allein in der Entscheidung des Antragstellers, der auch die Kosten der Begutachtung trägt. Zur Verwendung des Gutachtens in einem späteren Anfechtungsverfahren s. u. § 177 Rn. 11 ff.

59 **e) Verfahrensrechtliche Besonderheiten.** Die sich vor Inkrafttreten des FGG-ReformG aus § 621a ZPO aF, § 3 Nr. 2a RpflegerG aF ergebende funktionale Zuständigkeit des Rechtspflegers für die entsprechende Entscheidung ist durch die Neufassung des RpflegerG verändert worden. Aus der Nichterwähnung der Abstammungssachen in § 3 RpflegerG muss geschlossen werden, dass auch diese Angelegenheiten nunmehr in die funktionelle Zuständigkeit des Richters fallen, auch wenn es nach der Gesetzesbegründung Ziel der Neustrukturierung ist, die „seitherige Aufgabenverteilung zwischen Richter und Rechtspfleger in diesem Bereich unverändert zu belassen".[100] Das Ergebnis ist trotz des geringen Entscheidungsspielraums des Gerichts richtig.

60 Das Gericht kann, muss aber nicht das Jugendamt anhören, wenn das Kind, um dessen Abstammung es geht, noch minderjährig ist (§ 176 Abs. 1 S. 2, früher § 49a Abs. 2a FGG aF). Die Eltern und das über 14 Jahre alte Kind sollen nach § 175 Abs. 2 S. 1 gehört werden, ein jüngeres Kind *kann* das Gericht anhören, § 175 Abs. 2 S. 2. Für eine Aussetzung nach § 21 ist ein wichtiger Grund stets gegeben, wenn das Verfahren eine erhebliche Gefährdung des Kindeswohls verursachen würde; § 1598a Abs. 3 BGB konkretisiert insoweit § 21.

61 Gegen den Aussetzungsbeschluss ist die sofortige Beschwerde nach § 21 Abs. 2, gegen den Ersetzungs- und Duldungsbeschluss die normale Beschwerde zulässig nach § 184 Abs. 3. Allerdings sind trotz der insoweit unpassenden Formulierung von § 184 Abs. 3 nur die als Beteiligte nach § 1598a BGB in Betracht kommenden Personen beschwerdeberechtigt.

---

[96] MünchKommBGB/*Wellenhofer* § 1598a Rn. 7.
[97] AG Hohenstein-Ernstthal FamRZ 2006, 1769 (ob ein Fingerabdruck erforderlich ist, hängt sicherlich vom Einzelfall ab).
[98] *Fölsch* FamFG § 2 Rn. 61.
[99] *Muscheler* FPR 2008, 257, 262.
[100] BT-Drucks. 16/6308, S. 321.

Die Beschlüsse werden mit Rechtskraft wirksam, § 184 Abs. 1. Die Regelung ist *lex specialis* **62** gegenüber § 40. Dieser Beschluss, der die Einwilligung in die Untersuchung ersetzt, wirkt unmittelbar;[101] soweit er die Duldung der Probeentnahme anordnet, wirkt er ebenfalls unmittelbar als Legitimation für den körperlichen Eingriff. Die Durchsetzung der Duldung bedarf der Vollstreckung, wenn die betroffene Person sich dem Eingriff nicht freiwillig unterzieht. Im Rahmen der Vollstreckung kann sodann die Unzumutbarkeit der Probeentnahme geltend gemacht werden. Verweigert der zur Duldung Verpflichtete die Probeentnahme mehrmals unberechtigterweise, so kann unmittelbarer Zwang angewandt, auch eine zwangsweise Vorführung zur Untersuchung angeordnet werden (§ 96a Abs. 2). Die nach §§ 56 Abs. 4 S. 4, 33 FGG aF bestehende Möglichkeit, daneben oder anstelle des unmittelbaren Zwangs Zwangsgeld zu verhängen, sieht die neue Regelung nicht vor (vgl. §§ 35, 96a).

3. Antrag auf Einsicht in ein Abstammungsgutachten oder die Aushändigung einer **63** **Abschrift (Nr. 3). a) Anwendungsbereich.** Auch die Durchsetzung des von § 1598a Abs. 4 BGB gewährten Anspruchs auf Einsicht in ein Abstammungsgutachten und auf Aushändigung einer Abschrift desselben ist kein Statusverfahren ieS, aber dennoch eine Abstammungssache iSd. §§ 169 ff. Dieses Verfahren ist nicht an eine vorausgegangene Entscheidung über die Ersetzung der Einwilligung und die Duldung der Probeentnahme gebunden, sondern steht immer und allen zur Verfügung, die ihrerseits in eine genetische Abstammungsuntersuchung eingewilligt oder eine „genetische Probe" abgegeben haben. Eine freiwillige Einwilligung und Duldung reicht aus. Der Anspruch – und damit das Verfahren – ist auch nicht auf die in § 1598a Abs. 1 S. 1 BGB genannte Personen beschränkt. Beispielsweise kann ein naher Verwandter des verstorbenen Vaters oder der verstorbenen Mutter, der (freiwillig – s. o. Rn. 48) eine „genetische Probe" gegeben hat, ebenfalls diesen Anspruch geltend machen. Antragsteller können auch Personen sein, die in anderen Abstammungsverfahren (beispielsweise potentielle Erzeuger in einem Vaterschaftsfeststellungs- oder -anfechtungsverfahren) eine genetische Untersuchung geduldet haben. Voraussetzung ist für das Einsichtnahme- und Abschriftbegehren nach dem Wortlaut von § 1598a Abs. 4 BGB allerdings die Einwilligung in die Untersuchung. Eine nach § 1598a Abs. 2 BGB ersetzte Einwilligung dürfte dazu ausreichen, ob eine nach § 178 Abs. 1 vom Gericht angeordnete Abstammungsuntersuchung einen solchen Anspruch auslöst, ist eher zu verneinen. Das Ergebnis der abstammungsrechtlichen Begutachtung ist für Einsichtnahme- und Abschriftbegehren irrelevant.

b) Anspruchsvoraussetzungen und Entscheidung. Dass aus der Kenntnisnahme der Begut- **64** achtung keine direkten statusrechtlichen Konsequenzen gezogen werden können, hindert auch hier den Anspruch und Rechtsschutz nicht. Weigerungsrechte, die dem Anspruch entgegengesetzt werden könnten, ergeben sich – abgesehen von einem Rechtsmissbrauchseinwand – weder aus dem materiellen noch aus dem Verfahrensrecht. Derjenige, der die Probe verlangt und das Gutachten in Auftrag gegeben hat, kann die Anspruchsstellung nicht mit der Begründung verweigern, das erstellte Gutachten sei unzuverlässig oder unrichtig.

Das Gericht (funktionelle Zuständigkeit des Richters) hat keinen Entscheidungsspielraum, wenn **65** die Anspruchsvoraussetzungen erfüllt sind. Insbesondere ist die Gefährdung des Kindeswohls durch die Kenntnisnahme keine Hürde.

Für das beteiligungsfähige Kind (§ 8 Nr. 1) können die sorgeberechtigten Eltern den Anspruch **66** nur geltend machen, wenn sie nicht nach §§ 1629 Abs. 2, 1795, 1796 BGB von der Vertretung ausgeschlossen sind. § 1629 Abs. 2a BGB greift für dieses Antragsverfahren nicht ein. Ob § 1795 Abs. 1 Nr. 3 BGB in Abstammungssachen stets die Eltern als gesetzliche Vertreter ausschließt, wird sicherlich umstritten sein. Nach der hier vertretenen Auffassung (s. u. unten § 172 Rn. 32 ff.) handelt es sich bei den Abstammungssachen durchaus um streitige Verfahren, sodass wegen des neuen Beteiligtenbegriffs eine gesetzliche Vertretung durch Vater oder Mutter ausscheidet, vielmehr ein Ergänzungspfleger nach § 1909 Abs. 1 BGB zu bestellen ist.

Die vorgelagerte Entscheidung über das „Ob" des Antragsverfahrens treffen die Sorgeberechtigten, **67** soweit sie nicht nach § 1796 BGB wegen eines erheblichen Interessengegensatzes ausgeschlossen sind. Im Vergleich zur Entscheidung über die Einwilligung und Duldung der Probeentnahme (s. o. Rn. 49) dürfte hier noch größere Zurückhaltung bei dem Ausschluss der sorgeberechtigten Eltern geboten sein, wenn diese sich gegen die Geltendmachung des Anspruchs eines unter 14 Jahre alten Kindes entscheiden, weil ansonsten der Staat über die Ergänzungspflegschaft in die intimsten Bereiche der Familie hineinregieren könnte. Das über 14 Jahre alte Kind kann den Antrag ohnehin selbst stellen (§ 9 Nr. 3); es bedarf daher auch keiner vorgelagerten Entscheidung über die Frage der Antragstellung.

c) Verfahrensrechtliche Besonderheiten. Der Beschluss, der dem Antrag stattgibt, wird mit **68** Rechtskraft wirksam (§ 184 Abs. 1 als *lex specialis* zu § 40). Die Vollstreckung erfolgt nach § 95 Abs. 1 Nr. 2, Abs. 4.

---

[101] BT-Drucks. 16/6561, S. 13.

§ 169 69–72   Buch 2. Abschnitt 4. Verfahren in Abstammungssachen

69 **4. Anfechtung der Vaterschaft (Nr. 4). a) Anwendungsbereich.** Ein Antrag auf Anfechtung der Vaterschaft ist verfahrensrechtlich und materiellrechtlich unabhängig davon, ob die Zuordnung des Mannes zum Kind kraft Gesetzes wegen der Ehe mit der Mutter oder auf Grund einer Anerkennung erfolgt ist.[102] Mit dem Wegfall der Unterscheidung zwischen ehelicher und nichtehelicher Kindschaft (nach dem KindRG 1998) ist folgerichtig auch die Unterscheidung zwischen Anfechtung der Ehelichkeit und Anfechtung einer Vaterschaftsanerkennung entfallen. Spezialregelungen unter dem Gesichtspunkt, dass die Anfechtung einer kraft Gesetzes erfolgenden Vater-Kind-Zuordnung anderen Grundsätzen unterliegen müsste als eine auf einem Willensakt beruhende, sind verfahrensrechtlich nicht notwendig. Das Abstammungsverfahren nach Nr. 4 umfasst also sowohl die Anfechtung der gesetzlichen Vater-Zuordnung nach §§ 1592 Nr. 1, 1593 BGB als auch die Anfechtung der Anerkennung der Vaterschaft. Bei Anwendung materiellen deutschen Rechts sind damit alle Anfechtungsmöglichkeiten ausgeschöpft. Eine Anfechtung der Mutterschaft sieht das deutsche materielle Recht nicht vor (zum ausl. Recht Rn. 75). Aufgrund der rigiden Fassung des § 1591 BGB („Mutter ist ...") und der Anknüpfung allein an die Geburt ist eine analoge Anwendung der Anfechtungsregelungen für die Vaterschaft nicht möglich. Es kann nur nach § 169 Nr. 1 geltend gemacht werden, dass die Mutter zugeordnete Frau das Kind nicht geboren hat (oben Rn. 8), die an die Geburt anknüpfende Zuordnung aber ist bestandsfest. Auch ein durch Einschaltung des Gerichts nach Nr. 2 (§ 1598a BGB) ermöglichtes privates Abstammungsgutachten, das die Gebärende als genetische Mutter ausschließt, kann eine statusmäßige Beseitigung der Mutter-Zuordnung nicht bewirken oder veranlassen.[103]

70 Sinnvoll ist die Anfechtung der Vaterschaft nach materiellem deutschen Recht nur, wenn mit dem Anfechtungsantrag das negative Feststellungsbegehren verbunden wird, dass das Kind nicht von dem betreffenden Mann abstammt (Nr. 1). Denn nur bei einer solchen gerichtlichen Feststellung „gelten § 1592 Nr. 1 und 2, § 1593 nicht" (§ 1599 Abs. 1 BGB). Obwohl Gestaltungsverfahren[104] (weil die Vater-Kind-Zuordnung beseitigt wird), ist der Antrag also auf Feststellung der Nichtabstammung zu richten. IdR wird ein nicht ausdrücklich dahin gestellter Antrag in diesem Sinne auszulegen sein, wenn vorgetragen wird, dass das Kind nicht von dem Manne abstamme.

71 Allerdings ist die gerichtliche Anfechtung der Vaterschaft nicht mehr in allen Fällen die ausschließliche Möglichkeit zur Beseitigung der Zuordnung. Vielmehr sieht das neue Recht für einen Spezialfall (Kindesgeburt nach Anhängigkeit des Scheidungsantrags) eine die Vater-Kind-Zuordnung nach § 1592 Nr. 1 BGB und § 1593 BGB beseitigende Anerkennung der Vaterschaft durch einen Dritten nach Ehescheidung und mit Zustimmung des früheren Ehemannes vor (§ 1599 Abs. 2 BGB).[105] Abgesehen von diesem Spezialfall ist eine Beseitigung einer Vater-Kind-Zuordnung im deutschen materiellen Recht grundsätzlich nur im Abstammungsverfahren möglich. Der BGH hat allerdings in einem Regressverfahren gegen den Rechtsanwalt, der den Anfechtungsantrag (damals: Klage) nicht rechtzeitig eingereicht hat, die Klärung der Nichtehelichkeit ausnahmsweise als **Inzidentfeststellung ohne Statusfolgen** zugelassen.[106] Diese Möglichkeit ist als Konsequenz der Zurechnung des Anwaltsverschuldens[107] notwendig. Daneben kann das Abhalten des Ehemannes von einer Anfechtung durch die Kindesmutter im Rahmen der unterhaltsrechtlichen Härteregelungen des § 1579 Nr. 7 BGB für den nachehelichen Unterhalt Berücksichtigung finden.[108]

72 Ebenso müssen **Inzidentfeststellungen** zur Frage des Eingreifens des **Eheverbotes** des § 1307 BGB (bei beabsichtigter Ehe mit dem leiblichen Vater oder dessen Abkömmlingen) möglich sein.

---

[102] Ohne Auswirkungen auf die Anfechtung ist es auch, ob das Kind nach altem Recht durch nachfolgende Eheschließung legitimiert oder auf Antrag von Vater oder Kind für ehelich erklärt worden ist: Die Vaterschaft wird nur durch ihre Anfechtung beseitigt: OLG Hamm FamRZ 1994, 123. Die Ehelicherklärung behält nach der Übergangsregelung (Art. 224 § 2 EGBGB) ihre Bedeutung als Sorgerechtsentscheidung, die nach erfolgreicher Anfechtung der Vaterschaft analog § 1680 Abs. 2 S. 1 BGB geändert werden muss (vgl. oben Rn. 10). Auch nach Adoption des Kindes bleibt eine Korrektur der originären Zuordnung möglich (vgl. oben Rn. 9). Die Übergangsregelungen erfassen auch die zwar grundsätzlich noch mögliche (Art. 12 § 4 NEhelG), aber praktisch infolge Zeitablaufs eher seltene Ehelichkeitsanfechtung, mit der die Ehelichkeit eines vor dem 1. 7. 1970 für ehelich erklärten Kindes bestritten wird (vgl. Art. 12 § 8 NEhelG iVm. § 1735a BGB aF).
[103] Kritisch auch *Helms* FuR 1996, 176, 188.
[104] BGH NJW 1999, 1632; *Zöller/Philippi* § 640 ZPO Rn. 25.
[105] *G. Wagner* FamRZ 1999, 7, vgl. dazu OLG Zweibrücken NJW-RR 2000, 881 im Rahmen einer Personenstandssache nach §§ 45 Abs. 2, 50 PStG aF.
[106] BGHZ 72, 299; BGH FamRZ 1993, 308 (abl. *Bosch* FamRZ 1993, 308); der BGH (Z 133, 110) hält nunmehr in diesem Inzidentverfahren § 287 ZPO für anwendbar, der Amtsermittlungsgrundsatz gelte in diesem Schadensersatzverfahren nicht (anders noch BGH NJW-RR 1987, 898); vgl. *Feuerborn* FamRZ 1991, 515; *Gernhuber/Coester-Waltjen* § 52 Rn. 7; *Staudinger/Rauscher* § 1599 BGB Rn. 78.
[107] BGHZ 31, 342, 347; 72, 299; BGH FamRZ 1982, 917; BVerfG NJW 1973, 1315.
[108] BGH FamRZ 1985, 51, 52.

Auch im **Strafrecht** und bei der **Hinterbliebenenrente** sind Ausnahmen vorgesehen.[109] Es handelt sich jedoch in all diesen Fällen nicht um Statusverfahren, für die die Verfahrensvorschriften der §§ 169 ff. anwendbar wären.

73 Der Vorrang des Statusverfahrens ist materiellrechtlich auch dadurch abgesichert, dass für eine andere Vater-Kind-Zuordnung eine Sperre besteht (§ 1594 Abs. 2 BGB). Allerdings kann ein Dritter eine **Erklärung über die Anerkennung** der Vaterschaft bereits während einer bestehenden Zuordnung für den Fall abgeben, dass die erfolgte Vater-Kind-Zuordnung demnächst erfolgreich angefochten wird. Hier steht § 1594 Abs. 2 BGB nach seinem Schutzzweck nicht entgegen.[110] Die Problematik tritt auch bei Anfechtung des Vaterschaftsanerkenntnisses auf. Da bis zur Rechtskraft der Entscheidung über einen erfolgreichen Anfechtungsantrag die Vaterschaft als feststehend betrachtet wird, kann während des Anfechtungsverfahrens auch die einstweilige Einstellung der Zwangsvollstreckung aus einem Unterhaltstitel nicht gefordert werden.[111]

74 Ist **ausländisches** Recht auf das Kindschaftsverhältnis anwendbar (Abstammungsstatut), so ist der Vaterschaftsanfechtungsantrag nach Nr. 4 nur dann der richtige Weg, wenn er als das funktionelle Äquivalent zu dem im ausländischen Kindschaftsrecht vorgesehenen Verfahren betrachtet werden kann. Möglicherweise erfasst ein direkter Antrag auf Feststellung des Erzeugers oder der Antrag auf Feststellung des Nichtbestehens eines Kindschaftsverhältnisses die rechtliche Situation im ausländischen Kindschaftsstatut besser (so zB in den anglo-amerikanischen Rechten).[112] Es kann auch ein Gestaltungsantrag anderer Art in Betracht kommen, der möglichst eng an einen der vorhandenen Antragstypen anzulehnen ist. Im Hinblick auf ausländisches Recht liegt in Ehe- und Abstammungssachen kein deutscher *numerus clausus* der Gestaltungsanträge vor.[113] Schließt das ausländische Recht eine Vaterschaftsanfechtung aus oder gewährt es dem Kind kein[114] oder nur ein zeitlich stark hinausgeschobenes Anfechtungsrecht,[115] so sind auch diese Beschränkungen zwar grundsätzlich zu beachten, möglicherweise aber bei starkem Inlandsbezug wegen eines *ordre public*-Verstoßes nicht anzuwenden.[116] Bei deutscher internationaler Zuständigkeit wird allerdings über Art. 20 S. 2 EGBGB die Anfechtung sehr häufig nach deutschem Recht zu beurteilen sein.

75 Ein Antrag auf Anfechtung der **Mutterschaft** ist bei ausländischem Abstammungsstatut grundsätzlich ebenfalls denkbar. Art. 20 EGBGB ist entsprechend anzuwenden, wobei im Falle eines gewöhnlichen Aufenthalts des Kindes in Deutschland der Verweis des Art. 20 S. 2 EGBGB auf das Aufenthaltsrecht mangels einer Mutterschaftsanfechtungsmöglichkeit leerläuft. Bei Anwendung **ausländischen** Rechts ist auch hier auf die funktionale Äquivalenz zu achten.

76 **b) Voraussetzungen einer erfolgreichen Anfechtung.** Bei Anwendung **deutschen** Kindschaftsrechts sind **berechtigt** zur Erhebung der Antragstellung der dem Kind als Vater zugeordnete Mann, die Mutter und das Kind, unter besonderen Voraussetzungen auch der Vaterschaftsprätendent (§ 1600 BGB); bei Verdacht einer Einreise- oder Aufenthaltserschleichung durch Vaterschaftsanerkennung ist auch eine von den Landesregierungen zu bestimmende Behörde anfechtungsberechtigt (§ 1600 Abs. 1 Nr. 5 BGB).[117]

77 Das früher bei Tod des Ehemannes unter bestimmten Umständen gegebene Anfechtungsrecht seiner Eltern (§ 1595a BGB aF) ist mit der Kindschaftsrechtsreform 1998 ersatzlos entfallen, die Mutter hat nunmehr auch bezüglich der Vaterschaft des Ehemannes (§§ 1592 Nr. 1, 1593 BGB) ein eigenes Anfechtungsrecht (früher nur für die Anfechtung der Vaterschaftsanerkennung, § 1600a BGB aF), das Anfechtungsrecht des Kindes ist seit 1998 auch bezüglich der Vaterschaft des Ehemannes der Mutter nicht mehr beschränkt. Dem Erzeuger steht nur dann ein Anfechtungsrecht zu, wenn zu dem bisher zugeordneten Vater keine sozial-familiäre Beziehung besteht oder bestanden hat (§ 1600 Abs. 2 BGB). Die grundsätzlich begrüßenswerte Anfechtungsmöglich-

---

[109] *Gernhuber/Coester-Waltjen* § 52 Rn. 7.
[110] BGH NJW 1987, 899; kritisch *Göppinger* FamRZ 1987, 764; zustimmend *Christian* DAVorm. 1987, 738. Die Rechtslage ist insoweit – sieht man vom eben erwähnten Spezialfall des § 1599 Abs. 2 BGB ab – nach dem KindRG gegenüber dem alten Recht nicht verändert. Nach altem Recht ließ der BGH (NJW 1987, 899) bei der Ehelichkeitsanfechtung die Abgabe der Erklärungen bereits vor Rechtskraft des Urteils zu, nur die Eintragung im Personenstandsregister konnte erst nach rechtskräftiger Feststellung der Nichtehelichkeit (Beseitigung der Vater-Kind-Zuordnung) erfolgen.
[111] OLG Stuttgart DAVorm. 1980, 116; OLG Saarbrücken DAVorm. 1985, 155.
[112] Oben Fn. 22; vgl. auch *Zöller/Geimer* § 640a ZPO Rn. 30.
[113] BGHZ 47, 324, 332.
[114] So zB das frühere Schweizer und das frühere türkische Recht; Schweiz: BGE 44 II 223 (1918); Türkei: KG OLGZ 1977, 452; Art. 256 Nr. 276 B; *Krüger* StAZ 1980, 2.
[115] Italien Art. 235, 244 c. c.
[116] AG Hamburg DAVorm. 1985, 423.
[117] Dazu *Henrich* FamRZ 2006, 977.

keit[118] ist in ihrer gesetzlichen Ausgestaltung verunglückt; möglicherweise verwehrt sie dem Erzeuger beim Tod beider „Eltern", sein verfassungsmäßiges Elternrecht zur Geltung zu bringen; sie bringt Folgeprobleme, wenn sich im Verfahren herausstellt, dass weder der bisher zugeordnete Mann noch der Vaterschaftsprätendent Vater des Kindes ist.[119] Der Antrag ist in diesem Fall abzuweisen, ein Anfechtungsantrag des bisher zugeordneten Vaters wird dadurch nicht gehindert, so dass das Kind vaterlos werden kann.

78 Soweit die Anfechtungsberechtigten geschäftsfähig sind, können nur sie selbst Beteiligte des Verfahrens sein; dies gilt auch für (geschäftsfähige) Personen, die unter Betreuung stehen (§ 1600a Abs. 5 BGB). Das nicht voll geschäftsfähige Kind und die geschäftsunfähigen „Eltern" werden durch ihren gesetzlichen Vertreter, der dem Wohl des Vertretenen verpflichtet ist (§ 1600a Abs. 4 BGB), vertreten. Die beschränkt geschäftsfähigen „Eltern" hingegen führen das Verfahren selbst (§ 1600a Abs. 2 S. 2 BGB). Rechtsgeschäftliche Vertretung ist nicht möglich (§ 1600a Abs. 1 BGB). Eine gerichtliche Genehmigung ist nicht erforderlich.

79 Der Antrag muss innerhalb der vom BGB vorgesehenen **Frist** erhoben werden,[120] die nunmehr einheitlich für alle Vaterschaftsanfechtungen und alle Beteiligten zwei Jahre beträgt (§ 1600b Abs. 1 BGB); allerdings sieht das Gesetz unterschiedliche früheste Anfangszeitpunkte je nach Konstellationen vor (§ 1600b Abs. 2–5 BGB).

80 Zur Frage, wann der Antrag gestellt ist § 171 Rn. 8. Zur Frage der Schlüssigkeit des Beteiligtenvorbringens § 171 Rn. 9ff.

81 Die das Anfechtungsrecht des Ehemannes ausschließende Anerkennung (§ 1598 BGB aF) ist bereits 1938 weggefallen und mit dem FamÄndG 1961 nicht wieder eingeführt worden. Ein **Verzicht auf das Anfechtungsrecht** kann ebenfalls in der Regel keine Wirkungen entfalten.[121] Die vorherige Zustimmung des als Vater zugeordneten Mannes zur natürlichen Zeugung durch einen Dritten beseitigt sein Anfechtungsrecht nicht. Allenfalls kann im Einzelfall einmal die Ausübung des Anfechtungsrechts nach den Grundsätzen von Treu und Glauben rechtsmissbräuchlich sein.[122] Die Rechtsmissbräuchlichkeit ist von dem dem Begehren entgegentretenden Beteiligten (zur Amtsermittlung § 177 Rn. 3ff.) darzulegen.[123] Bei einer medizinisch-assistierten Zeugung mit der Samenspende eines Dritten hat der Gesetzgeber jedoch seit 2002[124] das Anfechtungsrecht sowohl der Mutter als auch des Mannes ausgeschlossen, wenn diese in die Befruchtung mit Drittsamen eingewilligt haben, § 1600 Abs. 5 BGB.[125] Das Kindeswohl hingegen bildet – außer im Falle des § 1600a Abs. 4 BGB (Anfechtung durch Vertreter des Kindes) – keine Rechtsausübungssperre.[126]

82 Umgekehrt führt der Nachweis eines **fehlenden Zeugungswillens** (etwa bei der homologen Insemination) nicht zum Erfolg der Anfechtung, wenn das Kind tatsächlich von dem betroffenen Mann abstammt.[127] Die Anfechtung ist nur erfolgreich, wenn die Nichtabstammung nachgewiesen wird.

---

[118] Zu den verfassungsrechtlichen Bedenken bzgl. des früheren Ausschlusses: *v. Münch/Kunig/Coester-Waltjen* Art. 6 GG Rn. 75; zum früheren Ausschluss des Erzeugers: BGHZ 80, 218 = NJW 1981, 1372.

[119] Krit. hierzu: *Gernhuber/Coester-Waltjen* § 53 Rn. 111 (dass die Vaterschaft des Prätendenten Voraussetzung seines Anfechtungsrechts ist, ergibt als Verfahrensvoraussetzung wenig Sinn); allg. zu der auf BVerfG NJW 2003, 2151 (dazu *Wellenhofer-Klein* FamRZ 2003, 1899) beruhenden Reform: *Höfelmann* FamRZ 2004, 745; *Büttner*, FS D. Schwab, 2005, S. 735.

[120] Zum Rechtsirrtum BGHZ 24, 134; OLG Zweibrücken FamRZ 1984, 81; zur Hemmung s. § 1600b Abs. 6 BGB; zur höheren Gewalt iSd. § 206 (§ 203 aF) BGB OLG München FamRZ 1972, 372; OLG Frankfurt FamRZ 1984, 414; OLG Dresden FamRZ 2002, 35; arglistige Täuschung und Irrtum hemmen den Fristablauf nicht, *Staudinger/Rauscher* § 1600 BGB Rn. 55 (insbes. mit dem Beispiel einer Täuschung im Rahmen von § 1599 Abs. 2 BGB). Zur EMRK-Widrigkeit zu kurzer Fristen und Fristbeginn vor Verdacht (russ. Recht): EGMR v. 24. 11. 2005 *(Shofman/Russia)* FamRZ 2006, 181.

[121] BGHZ 2, 130, 137.

[122] OLG Düsseldorf FamRZ 1988, 762; AG Lüdenscheid NJW 1986, 754; AG Dieburg NJW 1987, 713; *Roth* FamRZ 1996, 778; alle auf eine Anfechtung bei med.-ass. Zeugung mit Drittsamen gerichtet.

[123] BGH NJW-RR 1993, 643; BGH FamRZ 1995, 861 = NJW 1995, 2028.

[124] Vor Einfügung des § 1600 Abs. 4 BGB wurde dies für den konsentierenden Ehemann verneint: BGHZ 87, 169 = NJW 1983, 2073; BGH FamRZ 1995, 1272; für die Mutter: OLG Celle FamRZ 2001, 700, 701; für den mit der Mutter nicht verheirateten Mann, der die Vaterschaft anerkannt hat: *Coester-Waltjen*, Gutachten zum 56. DJT, Zivilrechtliche Abteilung, 1986 B 76; zur rechtspolitischen Diskussion *Kirchmeier* FamRZ 1998, 1281.

[125] Hierzu *Staudinger/Rauscher* § 1600 BGB Rn. 73ff.; *Gernhuber/Coester-Waltjen* § 52 Rn. 108, § 53 Rn. 16ff.; der Samenspender wird idR der Mutter nicht während der Empfängniszeit beigewohnt haben; der BGH (FamRZ 2005, 621) folgert daraus (ohne Beachtung der *ratio legis* des § 1600 BGB), dass auch er kein Anfechtungsrecht habe. Wie der BGH auch *Zöller/Philippi* § 640 ZPO Rn. 21.

[126] OLG Köln FamRZ 2002, 1629, 1631.

[127] *Staudinger/Rauscher* Anh zu § 1592 BGB Rn. 8; *Coester-Waltjen* Jura 1987, 629, 630.

Bestens gerüstet für die neue FG-Praxis

Unentbehrlich zur FGG-Reform! Jetzt testen: 1 Ausgabe gratis!

Der Praxisreport für alle FG

Für Sie zusammengestellt

Die Zeitschrift FGPrax erfüllt alle Ansprüche, die aus der steigenden Bedeutung der FGG-Verfahren resultieren: FGPrax erschließt Ihnen die Entscheidungen aller Instanzen zu sämtlichen Gebieten des neuen FamFG, künftig auch mit **Praxisanmerkungen** für die sofortige Umsetzbarkeit in Ihrem Arbeitsgebiet.

FGPrax
Praxis der Freiwilligen Gerichtsbarkeit

Entscheidungen der Obergerichte zu allen Bereichen der Freiwilligen Gerichtsbarkeit
15. Jahrgang. 2009.
Erscheint zweimonatlich.
Abonnement € 172,–/Jahr (6 Hefte)
Einzelheft € 31,80

Abbestellung bis 6 Wochen vor Jahresende. Preise jeweils inkl. MwSt., zuzüglich Vertriebs-/Direktbeorderungsgebühren jährlich (€ 5,80/€ 1,60) € 7,40.

Übersichtliche Gliederung nach Sachgebieten

Erfasst werden:

- Grundstücksrecht einschließlich Grundbuchrecht
- Handelssachen und Registerrecht
- Familienverfahrensrecht, insbesondere Vormundschafts- und Betreuungssachen
- Nachlass- und Erbrecht
- das gesamte Kostenrecht, insbesondere die Kostenordnung und das notarielle Gebührenrecht
- Freiheitsentziehungs- und Unterbringungssachen.

Berücksichtigt sind auch alle sonstigen Gebiete der freiwilligen Gerichtsbarkeit, so zum Beispiel:

- Abschiebungshaftverfahren
- Personenstandsangelegenheiten
- Entscheidungen nach dem Spruchverfahrensgesetz.

Herausgegeben von erfahrenen Fachleuten

Notar Prof. **G. Brambring**, RiBayObLG a.D. **J. Demharter**, VorsRiOLG a.D. Dr. **J. Kuntze** und RiOLG **W. Sternal**.

Ideal für Praktiker

Mit FGPrax arbeiten Sie rationell und zeitsparend. Umfangreiche Recherchen in unterschiedlichen Fachzeitschriften entfallen. Sie kennen zuverlässig die aktuelle Rechtsprechung. Berichtsaufsätze zu den einzelnen Sachbereichen vertiefen Ihre Kompetenz.

Name/Vorname

Straße

PLZ/Ort

E-Mail/Kundennummer

Ja, ich bestelle

☐ das Abonnement der Zeitschrift FGPrax
zum Preis von € 172,–/Jahr (6 Hefte)
Abbestellung: 6 Wochen vor Jahresende.
Preis inkl. MwSt. zuzüglich Vertriebs-/Direktbeorderungsgebühren jährlich (€ 5,80/€ 1,60) € 7,40.
Für Nachbezug früherer Jahrgänge bitte Angebot anfordern.

☐ ein kostenloses Probeheft FGPrax

✘

Datum/Unterschrift

VERLAG · C.H.BECK · 80791 MÜNCHEN
Bitte bestellen Sie bei Ihrer Buchhandlung oder bei:
Telefon: (089) 3 81 89-750 · Fax: (089) 3 81 89-402 · E-Mail: bestellung@beck.de
beck-shop.de

ANTWORT

Bitte mit
Postkartenporto
freimachen

Das Fehlen der vorgenannten Voraussetzungen hat nicht die Unzulässigkeit des Anfechtungs- 83
antrags, sondern seine **Unbegründetheit** zur Folge. Zum Inhalt des Antrags, insbesondere zum
Anfangsverdacht u. § 171 Rn. 12. Die Berufung auf einen Irrtum oder ähnliches ist auch bei der
Anfechtung der Vaterschaftsanerkennung nicht erforderlich. Auch eine wider besseres Wissen abgegebene Vaterschaftsanerkennung kann angefochten werden.[128]

c) Beweislast. Der Anfechtende trägt die volle (objektive) Beweislast für die Nichtabstammung 84
des Kindes. Die vom Gesetz aufgestellten Vermutungen (§§ 1600c Abs. 1, Abs. 2 S. 2, 1600d Abs. 2
BGB) müssen widerlegt werden. Der Ehemann der Mutter eines während der Ehe (§ 1592 Nr. 1
BGB) oder innerhalb von 300 Tagen, nachdem die Ehe durch Tod aufgelöst worden ist (§ 1593
BGB), geborenen Kindes wird als Vater vermutet. Das Gleiche gilt für den Mann, der die Vaterschaft
anerkannt hat, soweit die Anfechtung durch ihn nicht auf § 119 Abs. 1 BGB oder § 123 BGB
gestützt wird. Im letzten Fall wird er nur als Vater vermutet, wenn er der Kindesmutter während der
Empfängniszeit beigewohnt hat (§ 1600c Abs. 2 iVm. § 1600d Abs. 2 S. 1 BGB). Auch diese
Vermutung muss jedoch nicht widerlegt werden, wenn schwerwiegende Zweifel an der Vaterschaft
bestehen (§ 1600d Abs. 2 S. 2 BGB). Der anfechtende Mann braucht daher nur den Willensmangel
und – sofern die Beiwohnung während der Empfängniszeit vom Gericht als erwiesen angenommen
wird[129] – Umstände nachzuweisen, die schwerwiegende Zweifel an seiner Vaterschaft begründen. Bei
einem *non liquet* ist der Anfechtungsantrag abzuweisen, weil nach § 1599 Abs. 1 BGB die Zuordnung
nach §§ 1592 Nr. 1, 2, 1593 BGB nur entfällt, wenn die Nichtabstammung rechtskräftig festgestellt
wird. Außerhalb der Anfechtung des Mannes wegen der genannten Willensmängel reichen schwerwiegende Zweifel an der Abstammung zur Widerlegung der Vaterschaftsvermutung nicht aus,
vielmehr muss die Vermutung zur vollen Überzeugung des Gerichts widerlegt werden.[130] Bei einem
Anfechtungsantrag des Vaterschaftsprätendenten stehen die Vermutungen für den bisher als Vater
zugeordneten Mann (§ 1600c BGB) und die aus der (eidesstattlich versicherten) Beiwohnung
resultierende Vermutung (§ 1600d Abs. 2 BGB) für die Vaterschaft des Anfechtenden gegeneinander,
heben sich also auf. In der Praxis spielen die Vermutungen durch die zunehmend sicherer gewordenen naturwissenschaftlichen Methoden des Vaterschaftsnachweises oder -ausschlusses keine große
Rolle.

d) Verhältnis zu anderen Verfahren. Ein Antrag auf **Feststellung der Unanfechtbarkeit** der 85
Vaterschaft ist nicht möglich. Er scheitert nicht etwa am Rechtsschutzbedürfnis,[131] sondern an dem
numerus clausus der Statusverfahren und damit an der Statthaftigkeit; es kommt allein ein Antrag auf
Feststellung des Eltern-Kind-Verhältnisses nach Nr. 1 1. Alt. in Betracht, der – soweit es sich um
einen Feststellungsantrag handelt – jedoch eine spätere Anfechtung der Vaterschaft nicht ausschließt
(s. Rn. 6). Dies entspricht der Wertung im materiellen Recht, welches dem Anfechtungsberechtigten
die volle Frist zur Überlegung[132] und auch zur Sammlung von Beweismaterial gibt. Etwas anderes gilt
bei einem Gestaltungsantrag nach Nr. 1 (auf Herstellung der Vater-Kind-Zuordnung); eine gerichtliche Feststellung der Vaterschaft iSd. § 1592 Nr. 3 BGB kann nicht durch Anfechtung beseitigt
werden. Ein Antrag auf Herstellung einer **Vater-Kind-Zuordnung** ist erst möglich, wenn andere
gesetzlich oder durch Anerkennung erfolgte Vater-Zuordnungen erfolgreich durch Anfechtung
beseitigt worden sind.

In diesem späteren Verfahren steht gegenüber dem als Vater in Betracht kommenden Mann 86
rechtskräftig fest, dass der Mann, dessen Vaterschaft erfolgreich angefochten worden ist, dem Kind
rechtlich nicht als Vater zugeordnet werden kann, weil das Urteil nach § 184 Abs. 2 für und
gegen alle wirkt,[133] s. § 184 Rn. 8.

Die Geltendmachung von Unterhaltsansprüchen während des Anfechtungsverfahrens bleibt mög- 87
lich, weil die rechtliche Zuordnung bis zur rechtskräftigen Feststellung der Nichtabstammung
bestehen bleibt.[134] Das normale Unterhaltsverfahren kann aber auf Antrag ausgesetzt werden (§ 21).

e) Besondere Verfahrensvorschriften. Zu beachten ist § 177 Abs. 1 bezüglich der einge- 88
schränkten Amtsermittlung sowie § 176 bezüglich der Anhörung des Jugendamtes, § 182 Abs. 1 im

---

[128] KG StAZ 2002, 241; OLG Köln FamRZ 2002, 629 f.; *Firsching* Rpfleger 1970, 16; *Göppinger* DRiZ 1970, 145; *Goeschen* ZRP 1972, 108.
[129] *Gernhuber/Coester-Waltjen* § 52 Rn. 129 f.; *Staudinger/Rauscher* § 1600c BGB Rn. 34; *Zöller/Philippi* § 640 ZPO Rn. 24.
[130] *Staudinger/Rauscher* § 1600c BGB Rn. 12.
[131] *Stein/Jonas/Schlosser* Rn. 27.
[132] BGH NJW 1983, 2073.
[133] OLG Frankfurt NJW 1988, 832; weitergehende Wirkung annehmend OLG München NJW 1977, 341.
[134] *Stein/Jonas/Schlosser* § 640 ZPO Rn. 10 m. weit. Nachw.

§ 170 1, 2　　　　　　　　　　　Buch 2. Abschnitt 4. Verfahren in Abstammungssachen

Hinblick auf den Inhalt des Beschlusses bei Anfechtunge nach § 1600 Abs. 1 Nr. 2 BGB und § 183 wegen der Kosten.

89　**f) Kosten und Verfahrenskostenhilfe.** Zu den Kosten vgl. unten § 183.

90　**Verfahrenskostenhilfe** kann auch derjenige Beteiligte verlangen, der dem Anfechtungsantrag nichts entgegenzusetzen hat, solange er keine aussichtslose Verteidigung vorhat.[135] Da die gerichtliche Entscheidung die einzige Möglichkeit ist, die nicht der biologischen Wahrheit entsprechende rechtliche Zuordnung des Kindes zum Ehemann der Mutter bzw. zu dem Mann, der die Vaterschaft anerkannt hat, zu beseitigen, und ein Anerkenntnis iSd. § 307 ZPO nicht möglich ist, bietet auch die Rechtsverfolgung dessen, der sich gegen die Anfechtung nicht wehrt, weil dies aussichtlos wäre, iSd. § 76 Abs. 1 iVm. § 114 ZPO Aussicht auf Erfolg.[136] Andernfalls hinge die Gewährung der Verfahrenskostenhilfe von der Position als Antragsteller ab, was zu einem Wettlauf bei der Antragserhebung führen könnte. Ob die Beiordnung eines Rechtsanwalts im Rahmen der Verfahrenskostenhilfe vorzunehmen ist, hängt von den Umständen des Einzelfalles ab.[137]

91　Ein Anspruch des Antragstellers auf Verfahrenskosten**vorschuss** gegen einen Unterhaltsberechtigten ist auch hier als Vermögensbestandteil des Antragstellers iSd. § 115 ZPO anzusehen. Für einen solchen Anspruch lässt die Rechtsprechung auch die Scheinvater-Beziehung ausreichen.[138]

§ 170 Örtliche Zuständigkeit

(1) Ausschließlich zuständig ist das Gericht, in dessen Bezirk das Kind seinen gewöhnlichen Aufenthalt hat.

(2) Ist die Zuständigkeit eines deutschen Gerichts nach Absatz 1 nicht gegeben, ist der gewöhnliche Aufenthalt der Mutter, ansonsten der des Vaters maßgebend.

(3) Ist eine Zuständigkeit nach den Absätzen 1 und 2 nicht gegeben, ist das Amtsgericht Schöneberg in Berlin ausschließlich zuständig.

I. Gesetzesgeschichte, Normzweck

1　§ 170 übernimmt einen Teil der Regelungen des § 640a ZPO aF (Abs. 1 S. 1) für die örtliche Zuständigkeit. Wie die Vorgängernorm schreibt § 170 eine einheitliche Zuständigkeit für alle Abstammungsverfahren vor.[1] Anders als § 640a ZPO aF regelt § 170 aber nicht mehr die internationale Zuständigkeit. Diese ist im Zusammenhang mit den internationalen Zuständigkeitsregelungen des FamFG insgesamt in Buch 1 Abschnitt 9 (§ 100) geregelt. Danach lösen die deutsche Staatsangehörigkeit und der deutsche gewöhnliche Aufenthalt von Kind, Mutter, Vater und anfechtungsberechtigtem Vaterschaftsprätendenten die deutsche internationale Zuständigkeit aus.[2]

2　Erstrebt wird durch § 170 eine Konzentration der Zuständigkeit möglichst bei einem Gericht für alle ein bestimmtes Kind betreffende Verfahren.[3] Dem entspricht die Möglichkeit der Verbindung mehrerer dasselbe Kind betreffender Abstammungsverfahren nach § 179 (s. dort Rn. 3). Grundtendenz ist aber auch der Schutz des Kindes durch ein ihm nahes Forum unter Aufgabe des Grundsatzes *actor sequitur forum rei*.

---

[135] OLG Köln FamRZ 1987, 400; OLG Celle FamRZ 1983, 735; OLG Frankfurt DAVorm. 1983, 306; OLG Nürnberg FamRZ 1985, 1275; aA KG FamRZ 1987, 502; OLG Koblenz FamRZ 1987, 503 m. weit. Nachw.; KG OLGZ 1970, 161.
[136] OLG Köln FamRZ 1987, 400; OLG Köln FamRZ 1996, 1289; OLG Celle OLGR 1994, 269; OLG Zweibrücken ZfJ 1995, 282.
[137] OLG Düsseldorf FamRZ 1987, 401; OLG Köln FamRZ 1987, 400; OLG Hamburg NJW 1971, 1414; OLG Hamm DAVorm. 1983, 514; Beiordnung notwendig, wenn sich Verfahren nicht einfach gestaltet: OLG Köln FamRZ 1996, 1289; ähnlich: OLG Düsseldorf FamRZ 1996, 226; OLG Bamberg FamRZ 1997, 377; OLG Karlsruhe OLGR 1998, 9; OLG Brandenburg FamRZ 1997, 1285; wegen Untersuchungsgrundsatzes nicht nötig: OLG Oldenburg FamRZ 2002, 106; für grundsätzliche Beiordnung: OLG Frankfurt NJW-RR 2006, 1376.
[138] KG FamRZ 1987, 303; OLG Hamm DAVorm. 1982, 381; aA OLG Koblenz FamRZ 1976, 359; OLG Karlsruhe FamRZ 1996, 872 (kritische Anmerkung *P. Gottwald*).
[1] Die bis zum Kindschaftsrechtsreformgesetz von 1998 bestehenden unterschiedlichen örtlichen Zuständigkeiten zur Feststellung nicht ehelicher, legitimierter und für ehelich erklärter Kinder (§ 641a ZPO aF) waren bereits in § 640a ZPO aF von 1998 nicht mehr übernommen.
[2] Die deutsche Staatsangehörigkeit oder der deutsche gewöhnliche Aufenthalt des möglichen Erzeugers ist hingegen nicht zuständigkeitsbegründend, kritisch: *Coester/Waltjen* JURA 2009, 427, 429 Fn. 16.
[3] Vgl. bereits Gesetzesbegründung zu § 640a ZPO aF: BR-Drucks. 180/96, S. 135.

II. Anwendungsbereich

1. Örtliche Zuständigkeit. § 170 regelt nur die örtliche Zuständigkeit. Die Zuständigkeit ist 3 eine ausschließliche. Auch alternative Zuständigkeiten sind nicht mehr vorgesehen. Ein bei einem unzuständigen Gericht eingegangener Antrag muss nach § 3 behandelt werden (Unzuständigkeitserklärung und Verweisung an das zuständige Gericht; s. a. § 171 Rn. 8).

2. Anknüpfungspunkt. Anknüpfungspunkt ist nunmehr der gewöhnliche Aufenthalt, nicht 4 mehr der Wohnsitz. Dies entspricht einem Trend in internationalen Abkommen und auch den Regelungen der internationalen Zuständigkeit in Buch 1 Abschnitt 9. Die Definition des gewöhnlichen Aufenthalts hat einheitlich für die internationale wie für die örtliche Zuständigkeit zu erfolgen.

3. Zuständigkeitsleiter. Vorrangig ist das Gericht am gewöhnlichen Aufenthalt des Kindes 5 zuständig.[4] Dem Anliegen einer Zuständigkeitskonzentration und dem Schutz des Kindes durch einen nahen Gerichtsstand entspricht die Ausschließlichkeit und der Verzicht auf die noch nach § 640a Abs. 1 S. 2 ZPO aF vorgesehene alternative Zuständigkeit des Gerichts am Wohnsitz der Mutter bei einem Antrag derselben.

Hat das Kind keinen gewöhnlichen Aufenthalt in Deutschland, so kann das Gericht am gewöhn- 6 lichen Aufenthalt der Mutter angerufen werden. Die internationale Zuständigkeit der deutschen Gerichte ergibt sich in diesem Fall aus § 100 Nr. 2. Hat auch die Mutter ihren gewöhnlichen Aufenthalt nicht in Deutschland, so ist der gewöhnliche Aufenthalt des Vaters für die örtliche Zuständigkeit maßgebend. Vater idS. ist nur der rechtlich als Vater dem Kind bereits zugeordnete Mann. Der gewöhnliche Aufenthalt des Vaterschaftsprätendenten oder des möglichen Erzeugers, dessen Vaterschaft festgestellt werden soll, ist nicht zuständigkeitsbegründend. In diesem Fall ist, soweit die internationale Zuständigkeit deutscher Gerichte wegen der deutschen Staatsangehörigkeit von Mutter, Kind oder Vaterschaftsprätendent gegeben ist, das Amtsgericht Schöneberg nach Abs. 3 zuständig. Gewöhnlicher Aufenthalt oder Staatsangehörigkeit des potentiellen Erzeugers begründen keine internationale Zuständigkeit der deutschen Gerichte, bei Fehlen einer deutschen Staatsangehörigkeit von Mutter oder Kind kann daher für und gegen ihn auch keine örtliche Zuständigkeit des Amtsgerichts Schöneberg begründet werden.

4. Keine Dispositionsmöglichkeiten. Infolge der Ausschließlichkeit der Zuständigkeit ist eine 7 Vereinbarung der Beteiligten über die Anrufung eines anderen Gerichts wirkungslos. Die Zuständigkeit eines anderen Gerichts kann auch nicht durch rügelose Einlassung begründet werden.

5. Keine Beschwerdegrund. Nach § 65 Abs. 4 ist die Missachtung der Zuständigkeitsregelun- 8 gen allerdings kein Beschwerdegrund. Auch dies entspricht dem bisherigen Recht.

§ 171 Antrag

(1) Das Verfahren wird durch einen Antrag eingeleitet.

(2) ¹In dem Antrag sollen das Verfahrensziel und die betroffenen Personen bezeichnet werden. ²In einem Verfahren auf Anfechtung der Vaterschaft nach § 1600 Abs. 1 Nr. 1 bis 4 des Bürgerlichen Gesetzbuchs sollen die Umstände angegeben werden, die gegen die Vaterschaft sprechen, sowie der Zeitpunkt, in dem diese Umstände bekannt wurden. ³In einem Verfahren auf Anfechtung der Vaterschaft nach § 1600 Abs. 1 Nr. 5 des Bürgerlichen Gesetzbuchs müssen die Umstände angegeben werden, die die Annahme rechtfertigen, dass die Voraussetzungen des § 1600 Abs. 3 des Bürgerlichen Gesetzbuchs vorliegen, sowie der Zeitpunkt, in dem diese Umstände bekannt wurden.

I. Normzweck

Mit der Verlagerung der Abstammungsverfahren aus der ZPO in das FamFG war der Wechsel in 1 der Bezeichnung des verfahrenseinleitenden Schriftstücks von der bisherigen Klage zum **Antrag** erforderlich, weil das FamFG verfahrenseinleitende Schriftstücke nur in Form von Anträgen kennt. Des Weiteren musste die für Verfahren nach der ZPO bestehende Selbstverständlichkeit, dass ein Verfahren grundsätzlich nur auf Parteiinitiative in Gang gesetzt werden kann (§ 253 ZPO), im Rahmen des FamFG ausdrücklich hervorgehoben werden, da im Allgemeinen neben Antragsverfahren auch von Amts wegen einzuleitende Verfahren möglich sind (§ 24 Abs. 1). § 171 dient daher

---

[4] Dies gilt – wie bei § 640a ZPO aF – auch, wenn für das Kind eine Vormundschaft oder Pflegschaft besteht: OLG Düsseldorf JAmt 2006, 109 (zu § 640a ZPO aF).

dem Ausschluss amtswegig eingeleiteter Abstammungsverfahren. Im Grundsatz wird damit Familienautonomie und Privatsphäre der Beteiligten geschützt (wenngleich nicht zu verkennen ist, dass mit dem Anfechtungsrecht der zuständigen Behörde nach § 1600 Abs. 1 Nr. 5 BGB eine „Einmischungsmöglichkeit" des Staates zumindest in bestimmten Situationen gegeben ist). Mit Abs. 2 sieht das Gesetz zudem bezüglich des Antragsinhalts eine Sonderregelung gegenüber § 23 vor.

II. Antragsverfahren

1. Anwendungsbereich und Rechtsnatur. § 171 gilt für alle Abstammungsverfahren des § 169 Nr. 1 bis 4. Ist ausländisches Recht anwendbar, so muss in Abbildung des **ausländischen materiellen Rechts** die dortige Kompetenz zu einer Verfahrenseinleitung von Amts wegen durch eine Antragsberechtigung der in deutschen Abstammungsverfahren zuständigen Behörde (auch außerhalb des engen Anwendungsbereichs des § 1600 Abs. 1 Nr. 5 BGB) ersetzt werden.

Die Antragstellung ist (wie die Klage) **Verfahrenshandlung** in der Form einer Erwirkungshandlung. Sie ist Willensbekundung, nicht Willenserklärung oder Rechtsgeschäft, denn ihre Wirkungen (Rechtshängigkeit etc.) treten nicht deswegen ein, weil der Antragsteller sie gewollt und einen diesbezüglichen Willen erklärt hat, sondern kraft Gesetzes.[1] Als Verfahrenshandlung ist die Antragstellung unanfechtbar (zur Zurücknahme u. Rn. 14). Die Antragstellung bestimmt – ungeachtet des weitgehend herrschenden Amtsermittlungsprinzips, §§ 26, 177 – den Verfahrensstoff und das Verfahrensziel. Wird beispielsweise die Vaterschaft eines Mannes erfolgreich angefochten und stellt sich während des Verfahrens heraus, wer der wirkliche Erzeuger des Kindes ist, so kann der ergehende Beschluss die Vaterschaft des letzteren nur feststellen, wenn ein entsprechender Antrag gestellt worden ist (zur Beteiligung u. § 172 Rn. 11 ff.).

2. Voraussetzung der Verfahrensfähigkeit. Als Verfahrenshandlung setzt die Antragstellung **Verfahrensfähigkeit** voraus. Diese bestimmt sich nach § 9. Danach ist grundsätzlich **Geschäftsfähigkeit** erforderlich (§ 9 Abs. 1 Nr. 1 und 2; s. a. § 172 Rn. 27 ff.). § 9 Abs. 1 Nr. 3 soll nach dem Willen des Gesetzgebers die verfahrensrechtliche Lage **innerhalb eines eingeleiteten Verfahrens** der materiellrechtlichen anpassen, also insbesondere dem über 14 Jahre alten Kind Beteiligungsmöglichkeiten (durch Widerspruchs- und Mitwirkungsrechte) im Verfahren geben, die seiner materiellrechtlichen Rechtsposition entsprechen[2] (Bewirkungshandlungen). Daher kann aus § 9 Abs. 1 Nr. 3 trotz des insoweit nicht eindeutigen Wortlauts nicht geschlossen werden, dass beispielsweise das über 14 Jahre alte Kind in Abstammungssachen verfahrensfähig ist und daher selbst einen verfahrenseinleitenden Antrag stellen kann. Für das Anfechtungsverfahren ergibt sich dies bereits aus § 1600a Abs. 3 BGB, für andere Abstammungsverfahren wohl *incidenter* aus § 1629 Abs. 2 S. 3, Abs. 3 BGB. Das minderjährige Kind – auch wenn es über 14 Jahre alt ist – ist daher in allen Abstammungsverfahren als nicht verfahrensfähig anzusehen und daher auch nicht berechtigt, einen Antrag selbst zu stellen.[3]

Es erscheint zweifelhaft, ob Vater, Mutter und potentieller Erzeuger, soweit sie noch beschränkt geschäftsfähig sind, stets als verfahrensfähig angesehen werden können. Für den Anfechtungsantrag kann man dies jedenfalls nicht aus § 9 Abs. 1 Nr. 2 iVm. § 1600a Abs. 2 S. 2 BGB schließen. Letztere Vorschrift erweitert nämlich nicht die Geschäftsfähigkeit und ist daher mit den in der Gesetzesbegründung genannten Regeln der §§ 112, 113 BGB nicht vergleichbar. Passender ist für den Anfechtungsantrag eine Anwendung von § 9 Abs. 1 Nr. 4, da § 1600a Abs. 2 S. 2 BGB das Anfechtungsrecht als höchst persönliches Recht ausgestaltet und damit die betreffenden als „diejenigen, die auf Grund ... eines anderen Gesetzes dazu bestimmt sind" eingestuft werden können. Dies würde die ersatz- und kommentarlose Streichung von § 640b ZPO aF erklärlich machen. Für alle anderen Abstammungsverfahren (außerhalb der Vaterschaftsanfechtung) bleibt es aber bei der ausnahmslosen Verfahrensunfähigkeit der beschränkt Geschäftsfähigen. Eine wirksame Antragstellung ist daher (außerhalb der Anfechtungsverfahren) nur durch den gesetzlichen Vertreter möglich.

3. Antragsbefugnis. Die Befugnis zur Antragstellung ergibt sich allein aus dem materiellen Recht. Für die Verfahren nach § 169 Nr. 2 und 3 regelt § 1598a BGB die Antragsbefugnis (s. o. § 169 Rn. 47 ff., 63), für die Anfechtungsverfahren nach § 169 Nr. 4 ergibt sich das materiellrechtliche Anfechtungsbefugnis aus § 1600 BGB (s. o. § 169 Rn. 76 f.). Für die Verfahren auf Feststellung eines rechtlich bereits bestehenden Eltern-Kind-Verhältnisses ergibt sich die Aktivlegitimation *incidenter* aus der Art des Antrags. Antragsbefugt können nur Personen sein, die rechtlich einander zugeordnet sind

---

[1] *Rosenberg/Schwab/Gottwald* § 88 Rn. 7, § 63 Rn. 3.
[2] BT-Drucks. 16/9733, S. 288 – eine Beschränkung auf die dort erwähnten Kindschaftssachen ergibt sich aber aus dem Gesetz nicht. Zur Verfahrensfähigkeit des Kindes in Kindschaftssachen: *Heiter* FamRZ 2009, 85; *Schoel* FamRZ 2009, 265.
[3] Ebenso *Schulte-Bunert/Weinreich/Schwonberg* § 172 Rn. 10 f.

(s. o. § 169 Rn. 15). Für die Klage auf Feststellung des Bestehens oder Nichtbestehens einer bisher rechtlich nicht verfestigten Vaterschaft fehlt hingegen seit der Aufhebung des § 1600e BGB eine gesetzliche Festlegung der Antragsbefugnis. Da der Gesetzgeber aber wohl kaum durch die Streichung des § 1600e BGB auch jedem Dritten (bei berechtigtem Interesse) eine Befugnis zur Feststellung der Vaterschaft geben wollte, ist auch in Zukunft davon auszugehen, dass antragsbefugt nur Mutter, Kind und potentieller Erzeuger sind (Näheres s. o. § 169 Rn. 27; s. a. § 23 Rn. 17).

Der Antragsteller hat automatisch die Stellung eines Beteiligten (§ 7 Abs. 1). Neu gegenüber den **7** Abstammungsverfahren der ZPO (Kindschaftsverfahren aF) ist, dass es keines Antragsgegners mehr bedarf. Damit trägt das Gesetz der Tatsache Rechnung, dass die Betroffenen in (echten) Statussachen nicht oder nur begrenzt privatautonom gestalten können, daher ein Gericht einschalten müssen, auch wenn die Begehren gleichgerichtet sind. Der Verzicht auf die Rolle des Antragsgegners kann möglicherweise auch in zunächst streitigen Fällen zu einer gewissen Befriedung führen. Die Betroffenen sind als Beteiligte (s. u. § 172 Rn. 11 ff.) in das Verfahren involviert. Allerdings sind in Verfahren nach § 169 Nr. 2 und Nr. 3, die ja keine echten Statusverfahren sind (s. o. § 169 Rn. 44, 63), die kontradiktorischen Positionen von Anspruchsteller und Anspruchsgegner vorgegeben.

4. Antragsform. Eine bestimmte Form ist für den Antrag in § 171 nicht vorgeschrieben. Daher **8** bleibt es bei der allgemeinen Regelung, dass ein Antrag schriftlich eingereicht oder zur Niederschrift der Geschäftsstelle abgegeben werden kann, da eine anwaltliche Vertretung in Abstammungssachen nicht notwendig ist (§ 25 Abs. 1). Der Antrag muss nicht notwendig bei dem *zuständigen* Gericht abgegeben werden; es reicht die Einreichung oder Protokollierung vor irgendeinem Amtsgericht (§ 25 Abs. 2); dieses muss sodann den Antrag an das in demselben bezeichnete Gericht weitergeben. Allerdings entfaltet die Antragstellung erst Wirkung, wenn die Niederschrift bei letzterem eingeht (§ 25 Abs. 3 S. 2). Verzögerungen auf dem Amtsweg, die zu einer Verfristung führen, können zu einer Wiedereinsetzung in den vorherigen Stand berechtigen (§ 18).[4] Aus diesem Zusammenspiel der Normen muss gefolgert werden, dass ein an ein **unzuständiges Gericht** gerichteter Antrag oder die Wahl des **falschen Rechtswegs** nicht zur Rechtshängigkeit führt.[5] Damit kann ein solcher Antrag nicht entscheidend für die zuständigkeitsbegründenden Faktoren (§ 2 Abs. 2 iVm. § 170, s. § 170 Rn. 4 ff.) und auch nicht fristwahrend sein. Letzteres kann für die Vaterschaftsanfechtungsklage Bedeutung haben.

III. Antragsinhalt

1. Normativer Gehalt. Abs. 2 legt abweichend von § 23 Abs. 1 die inhaltlichen Anforderungen **9** an den Antrag fest. Abgesehen von dem Antrag der zuständigen Behörde auf Anfechtung der Vaterschaft nach § 1600 Abs. 1 Nr. 5 BGB, der **zwingend** einen bestimmten Inhalt haben muss (§ 171 Abs. 2 S. 2), ist aber auch diese Vorschrift eine Sollvorschrift, die Nichtbeachtung der Anforderungen macht die Antragstellung daher nicht unzulässig.

2. Soll-Inhalt. Der Antrag **soll** das Verfahrensziel angeben. Als Verfahrensziele kommen bei **10** Anwendung deutschen Rechts nur die in § 169 Nr. 1 bis 4 genannten Begehren in Betracht. Andere Ziele – beispielsweise die Anfechtung der Mutterschaft – können bei Anwendung deutschen materiellen Rechts nicht verfolgt werden. Soweit ausländisches Recht anwendbar ist und ein Abstammungsverfahren vor deutschen Gerichten eingepasst werden kann (s. o. § 169 Rn. 12 f., 23, 29, 74 f.), sind auch die Antragsziele entsprechend zu formulieren. Bei ungenauen oder fehlerhaften Bezeichnungen hat das Gericht auf die richtige Fassung hinzuweisen und für eine eventuelle Komplettierung zu sorgen (§ 28 Abs. 2). So sollte ein Antrag mit dem Verfahrensziel der Ersetzung der Einwilligung in eine Abstammungsuntersuchung und zur Duldung einer Probeentnahme so konkret gefasst werden, dass der ergehende Beschluss einen vollstreckungsfähigen Inhalt hat. Auch ein Antrag auf Feststellung der Vaterschaft kann nicht abstrakt gestellt werden, sondern muss konkret bezeichnen, wer als Vater für welches Kind festgestellt werden soll. Da das Gericht (im Rahmen des Antragsprinzips) an den Antrag gebunden ist und diesem nur ganz, teilweise oder gar nicht entsprechen, nicht aber etwas anderes verfügen kann (vgl. § 23 Rn. 14), muss der Antrag jedenfalls vor Entscheidungserlass hinreichend konkretisiert sein; andernfalls ist er als unzulässig abzuweisen.

Da der Antragsteller in der Regel Kenntnis von den weiteren Betroffenen haben wird, sollte er **11** diese auch bereits in der Antragschrift angeben. Soweit sich die Betroffenheit erst im Laufe des Verfahrens herausstellt (häufig, wenn weitere Männer potentiell als Erzeuger in Betracht kommen), können bzw. müssen diese vom Gericht noch hinzugezogen werden (§ 8 Abs. 2 Nr. 1 bzw. Abs. 3).

---

[4] BT-Drucks. 16/6308, S. 186.
[5] Vgl. dazu die jedenfalls ausnahmsweise andere Lösung in Ehesachen, § 124 Rn. 12 mit Hinweis auf OLG Schleswig FamRZ 2009, 441.

12 Eine Begründung des Antrags im Übrigen fordert das Gesetz – im Gegensatz zu § 23 (ebenfalls aber nur Sollvorschrift) – nicht generell, sondern nur für die Vaterschaftsanfechtung. Bei den anderen Verfahrenszielen kann man davon ausgehen, dass sie sich im Wesentlichen aus sich selbst heraus erklären. In Anfechtungsverfahren hingegen sollte eine genauere Darlegung der gegen die Vaterschaft sprechenden Umstände und der Hinweis auf den Kenntniszeitpunkt erfolgen. Der Gesetzgeber hat damit weitgehend die Anforderungen, die die Rechtsprechung an Anfechtungsklagen stellte (sog. **Anfangsverdacht**),[6] festgeschrieben. Aus der Formulierung von Abs. 2 S. 1 kann aber geschlossen werden, dass eine fehlende Darlegung den Antrag nicht unzulässig macht.[7] Die Problematik ist durch § 1598a BGB weitgehend entschärft.

13 **3. Muss-Inhalt.** Unzulässig ist aber der Antrag der zuständigen Behörde, wenn diese nicht darlegt, dass zwischen dem Mann, der die Vaterschaft anerkannt hat, und dem Kind keine sozialfamiliäre Beziehung besteht oder bestanden hat und außerdem durch die Anerkennung die rechtlichen Voraussetzungen für eine erlaubte Einreise oder einen erlaubten Aufenthalt des Kindes oder eines Elternteils geschaffen wurde. Mit dem Erfordernis der Darlegung dieser Umstände soll einer allzu forschen Anfechtung durch die zuständige Behörde bei Beteiligung von Ausländern entgegengewirkt werden. Allerdings wird zwar die Einreise- oder Aufenthaltswirkung leicht festzustellen und darzulegen sein, die Frage des Bestands oder Fehlens einer sozial-familiären Beziehung ist hingegen leichter zu behaupten als zu belegen. Die Behörden sollten die Begründungspflicht ernst nehmen, die Gerichte die Anforderungen nicht zu stark herabsetzen.

IV. Weiteres Verfahren

14 Mit der Einreichung der Antragsfrist wird das Verfahren „rechtshängig". Auf diesen Zeitpunkt kommt es für die Wahrung der Anfechtungsfrist nach § 1600b Abs. 1 S. 1 BGB an. § 171 schweigt sich über das weitere Verfahren aus. Obwohl § 171 *lex specialis* zu § 23 Abs. 1 ist, dürfte § 23 Abs. 2 auch im Abstammungsverfahren anwendbar sein. Daher ist der Antrag den übrigen Beteiligten zu übermitteln, damit diesen rechtliches Gehör gewährt wird. Soweit die Tätigkeit eines Betreuungsgerichts (zB bei geschäftsunfähigen Beteiligten) notwendig wird, ist auch dem Betreuungsgericht Mitteilung zu machen (§ 22a). Der Antrag kann (bis zur Rechtskraft der Entscheidung) jederzeit und bis zum Erlass einer Endentscheidung sogar ohne Zustimmung der übrigen Beteiligten zurückgenommen werden (§ 22 Abs. 1, 2). Das Verfahren kann aber auch dadurch ohne jegliche Entscheidung beendet werden, dass sämtliche Beteiligte dies erklären (§ 23 Abs. 3). Der Tod eines Beteiligten hat auf das Verfahren insofern eine Auswirkung, als es nur fortgesetzt wird, wenn mindestens einer der Beteiligten dies innerhalb einer Frist von einem Monat durch Erklärung gegenüber dem Gericht verlangt (§ 181).

§ 172 Beteiligte

(1) Zu beteiligen sind
1. **das Kind,**
2. **die Mutter,**
3. **der Vater.**

(2) Das Jugendamt ist in den Fällen des § 176 Abs. 1 Satz 1 auf seinen Antrag zu beteiligen.

Schrifttum: *Harms,* Zulassung und Nebenintervention des als Erzeuger in Frage kommenden Mannes im postmortalen Vaterschaftsanfechtungsverfahren des Kindes, jurisPR-FamR 25/2007; *Helms,* Das neue Verfahren zur Klärung der leiblichen Abstammung, FamRZ 2008, 1033; *Wieser,* Zur Beiladung eines dritten Mannes im Verfahren der Vaterschaftsanfechtung, FamRZ 2008, 456.

Übersicht

	Rn.		Rn.
I. Gesetzesgeschichte, Normzweck	1–7	2. Weitere mögliche beteiligte Personen	11–16
II. Personenkreis	8–22	3. Das Jugendamt	17–20
1. Die rechtlich einander zugeordneten Personen	8–10	4. Der gesetzliche Vertreter	21
		5. Verfahrensbeistand	22

---

[6] Vgl. *Staudinger/Rauscher* § 1599 BGB Rn. 17 ff. m. weit. Nachw.
[7] Vgl. zu § 23: BT-Drucks. 16/6308, S. 186.

	Rn.		Rn.
III. Beteiligtenfähigkeit	23–26	3. Gesetzliche Vertretung geschäftsunfähiger und beschränkt geschäftsfähiger Beteiligter	32–35
1. Rechtsfähigkeit	23		
2. Nasciturus	24, 25		
3. Verstorbene	26	**V. Beteiligtenstellung**	36–39
IV. Verfahrensfähigkeit	27–35	1. Gestaltung des Verfahrens	36, 37
1. Geschäftsfähigkeit	27, 28	2. Stellung innerhalb des Verfahrens	38
2. Beschränkt Geschäftsfähige	29–31	3. Folgen der Nichtbeteiligung	39

I. Gesetzesgeschichte, Normzweck

§ 172 hat weder im FGG noch in der ZPO ein direktes Vorbild. Dem Regelungsgehalt nahe **1** kommt lediglich § 640e ZPO aF, der über die Beiladungspflicht des Gerichtes dafür sorgte, dass je nach Konstellation der Parteien des Abstammungsverfahrens die nicht als Partei involvierte Mutter (zB bei Klage auf Feststellung der Vaterschaft durch das – u. U. volljährige – Kind) oder das nicht als Partei auftretende oder vertretene Kind (zB bei Anfechtung der Vaterschaft durch die Mutter) an dem Verfahren beteiligt wurden und rechtliches Gehör erhielten (zum früheren Recht oben § 640e ZPO Rn. 1 f.).[1]

Die Notwendigkeit, diesen Personen rechtliches Gehör zu gewähren, ergab sich auch damals **2** schon aus der *inter omnes*-Wirkung von Statusentscheidungen (§ 640h Abs. 1 S. 1 ZPO aF). § 172 nimmt diesen Gedanken auf und stellt die Einbeziehung der nach den Wertungen des materiellen Rechts unmittelbar im Bereich der Abstammungsfragen Betroffenen in das Verfahren sicher. Damit dient auch diese Vorschrift der Gewährung rechtlichen Gehörs. Im Hinblick auf Entscheidungen über die Abstammung ist dies wegen der auch nach neuem Recht bestehenden (sogar weitergehenden) *inter omnes*-Wirkung (s. unten § 184 Abs. 2) des Beschlusses erforderlich. Die Beteiligtenstellung der entsprechenden Personen würde sich allerdings auch bereits aus § 7 Abs. 2 Nr. 1, ihre Anhörung aus § 34 Abs. 1 Nr. 1 ergeben.

In Streitigkeiten nach § 169 Nr. 2 und 3 erklärt sich die Notwendigkeit der Gewährung recht- **3** lichen Gehörs aus der Tangierung des Persönlichkeitsrechts von Vater, Mutter und Kind – gleichgültig, wer als Antragsteller fungiert.

Der Vaterschaftsprätendent – im Gesetzentwurf der Bundesregierung noch ausdrücklich als Betei- **4** ligter in Verfahren, in denen er die Vaterschaft eines anderen Mannes anficht, erwähnt – wird über § 7 Abs. 1 einbezogen. Das Gleiche gilt für die zuständige Behörde, die die Vaterschaft nach § 1600 Abs. 1 Nr. 5 BGB anficht. § 7 behält demgemäß auch für das Abstammungsverfahren Bedeutung (s. unten Rn. 11). Neben § 7 hat § 172 daher eigentlich nur klarstellende Bedeutung,[2] denn alle in § 172 genannten Beteiligten sind, selbst wenn sie nicht Antragsteller sind, über § 7 Abs. 2 Nr. 1 hinzuzuziehen, da sie durch das Verfahren unmittelbar in ihren Rechten betroffen sind.

Entsprechend der materiell-rechtlichen Rechtsposition (vgl. zB § 1600 Abs. 1 Nr. 2, § 1598a **5** Abs. 1 Nr. 2 BGB) gilt dies auch für die Mutter in allen die Abstammung des Kindes betreffenden Verfahren. Nur wer dieses verneint (zB bei einer gerichtlichen Vaterschaftsfeststellung), billigt § 172 Abs. 2 konstitutive Bedeutung zu.

Über die verfassungsrechtlich gebotene Gewährung rechtlichen Gehörs hinaus ist Normzweck des **6** § 172, die dem Verfahrensgegenstand sachnächsten Personen in das Verfahren einzubinden, ihre Tatsachenkenntnisse über die Rechte (vor allem Anhörungsrecht) und Pflichten (vor allem Wahrheits- und Vollständigkeitspflicht) für das Verfahren nutzbar zu machen.

Die bisherigen Möglichkeiten der Streitverkündung (nach § 640e ZPO aF) bzw. der Neben- **7** intervention nach § 66 ZPO entfallen. Ihre Aufgabe wird teilweise durch die Möglichkeit der Hinzuziehung nach § 7 Abs. 2 und 3, teilweise durch die bewegliche Struktur des Antragsverfahrens übernommen.[3]

II. Personenkreis

1. Die rechtlich einander zugeordneten Personen. § 172 stellt sicher (s. oben Rn. 2 aE) bzw. **8** zumindest klar, dass alle Personen, die rechtlich einander im Eltern-Kind-Verhältnis zugeordnet sind, Beteiligte eines Abstammungsverfahrens nach § 169 werden. Damit erhalten sie vom Verfahren Kenntnis und könnten ihre Beteiligtenrechte geltend machen. Entscheidend ist die (bisherige) recht-

---

[1] BGH NJW 1984, 353.
[2] So auch *Baumbach/Lauterbach/Hartmann* Rn. 1.
[3] So auch *Schulte-Bunert/Weinreich/Schwonberg* Vor § 169 Rn. 4.

liche Zuordnung. Vater ist daher nur der Mann, der nach § 1592 BGB eine rechtliche Vaterposition hat, nicht hingegen der Vaterschaftsprätendent oder der nur mögliche Erzeuger des Kindes.[4]

9 Soweit die Zuordnung auf Adoption beruht, sind Adoptivvater und Adoptivmutter Beteiligte, auch wenn es um die genetische Abstammung des Kindes geht.[5] Vater und Mutter sind Beteiligte, auch wenn sie (zusätzlich) als Vertreter des Kindes an dem Verfahren teilnehmen sollten (hierzu unten Rn. 11). Sie haben eigene Beteiligtenrechte.

10 Besteht eine Eltern-Kind-Zuordnung nach **ausländischem Recht**, so ist § 172 unabhängig von der Frage, wie das ausländische Recht die materiell-rechtliche Position der zugeordneten Personen ausgestaltet (also zB unabhängig vom Bestehen eines Rechts der Mutter zur Anfechtung der Vaterschaft) anzuwenden.[6] Man kann § 172 insofern *ordre public*-Charakter zubilligen.

11 **2. Weitere mögliche beteiligte Personen.** Eine abschließende Regelung der am Abstammungsverfahren beteiligten Personen enthält § 172 nicht. Er enthält lediglich eine Definition der in jedem Fall zu beteiligenden Personen. Daneben gilt uneingeschränkt die Regelung des § 7, die die (außerdem) zu beteiligenden Personen festlegt. Dies ergibt sich bereits daraus, dass der noch nicht als Vater rechtlich feststehende Mann in dem sowohl von ihm als auch vom Kind eingeleiteten Verfahren auf Feststellung des Bestehens oder Nichtbestehens seiner Vaterschaft Beteiligter sein muss. Auch die die Vaterschaft anfechtende Behörde ist beteiligt. Soweit eine in § 172 nicht genannte Person selbst die Verfahrensinitiative ergriffen hat, ergibt sich daher ihre Beteiligtenposition aus § 7 Abs. 1. Der mögliche Erzeuger, dessen Vaterschaft auf Initiative der Mutter oder des Kindes[7] festgestellt werden soll, muss ebenfalls – wenngleich nicht mehr als Antragsgegner bezeichnet – die Beteiligtenrolle im Hinblick auf alle Rechte und Pflichten (zB auf Beschwerdebefugnis) haben. Er ist als Beteiligter nach § 7 Abs. 2 einzuordnen.

12 Ob auch **andere Männer, die als potentielle Erzeuger in Betracht kommen** (vor allem die Mehrverkehrszeugen des früheren Rechts), Beteiligtenstatus haben, erscheint fraglich und ist nicht einheitlich zu beantworten. Stellt sich beispielsweise während des Verfahrens auf Feststellung der Vaterschaft heraus, dass statt des ursprünglich als Vaters vermuteten Herrn X Herr Y mit großer Wahrscheinlich Erzeuger des Kindes ist, so wird der Antragsberechtigte in der Regel den Antrag umstellen („Y als Vater des Kindes ... festzustellen"). Das insoweit bewegliche Verfahren nach dem FamFG erlaubt eine Umstellung des Antrags, da es keine Formalisierung der Beteiligten als Antragsgegner voraussetzt. Spätestens mit der Umstellung des Antrags muss Y eine Beteiligtenstellung bekommen, denn er muss beschwerdeberechtigt (iSd. § 59 Abs. 1, § 184 Abs. 3) sein und ist damit auch iSd. § 7 Abs. 2 Nr. 1 unmittelbar betroffen. Er hat einen Anspruch auf rechtliches Gehör. Zwar unterscheiden sich § 59 Abs. 1 („in seinen Rechten beeinträchtigt") und § 7 Abs. 2 Nr. 1 („unmittelbar betroffen") im Wortlaut voneinander. Es macht aber wenig Sinn und ist mit rechtsstaatlichen Grundsätzen nicht zu vereinbaren, wenn eine in das Verfahren involvierte Person zwar nach Abschluss desselben Rechtsmittelbefugnis, während des laufenden Verfahrens aber keine Beteiligtenstellung haben sollte. Insofern ist der potentielle Erzeuger – jedenfalls dann, wenn seine Vaterschaft festgestellt werden soll – nicht nur Auskunftsperson, sondern Beteiligter.

13 Zweifelhaft ist hingegen, ob auch der potentielle Erzeuger, dessen Vaterschaft nicht Gegenstand des Feststellungs- oder Anfechtungs*begehrens* ist, schon die Stellung eines Beteiligten hat. Da es einen Antragsgegner im FamFG-Abstammungsverfahren nicht gibt, kann die fehlende Antragsgegner-Stellung nicht als Beleg für einen Ausschluss von der Beteiligtenrolle dienen. Man wird aber – in Anlehnung an § 640e ZPO aF – die unmittelbare Betroffenheit iSd. § 7 Abs. 1 eng auszulegen haben. Auch nach § 640e ZPO aF gehörten zu dem Kreis der beizuladenden Personen weder die anderen Vaterschafts- (oder Mutterschafts-)Prätendenten[8] noch andere potentielle Erzeuger.[9]

---

[4] ZU § 60e ZPO aF: OLG Oldenburg NJW-RR 2004, 871; *Gaul* FamRZ 1997, 1461.
[5] Vgl. bereits zu § 640e ZPO oben Rn. 2; *Stein/Jonas/Schlosser* § 640e ZPO Rn. 5; *Wieczorek/Schütze/Schlüter* § 640e ZPO Rn. 3.
[6] So schon, wenngleich etwas enger, zu § 640e ZPO aF oben § 640e ZPO Rn. 16.
[7] Zur Problematik der Begrenzung der Aktivlegitimation s. oben § 169 Rn. 27.
[8] Sie können für die Vaterschaftsfeststellung nach § 1600d BGB ohne Einschränkungen (durch positiven oder negativen Feststellungsantrag), für die Vaterschaftsanfechtung unter den beschränkenden Voraussetzungen des § 1600 Abs. 1 Nr. 2 BGB die Initiative ergreifen; das Verfahren wäre über § 170 bei demselben Gericht anhängig und könnte nach § 179 Abs. 1 mit dem anderen Verfahren verbunden werden, so dass dann auf diese Weise beide potentiellen Väter Beteiligte wären; zu den Möglichkeiten nach früherem Recht s. oben § 640e ZPO Rn. 3 Fn. 13.
[9] BGHZ 83, 391 = NJW 1982, 1652; FamRZ 2007, 1731; BayObLG FamRZ 1992, 984; aA *Stein/Jonas/Schlosser* § 640e ZPO Rn. 7; eine Beiladung des früheren Ehemannes bei Anfechtung einer nach § 1593 S. 3 BGB bestehenden Vaterschaft kam auch nach früherem Recht nicht in Betracht, da der frühere Ehemann in diesen Fällen bereits verstorben sein musste; s. a. BGH NJW 2007, 3063; OLG Jena NJW 2007, 229.

Diese Grundregelung gilt ungeachtet der Tatsache, dass die subjektive Rechtskraft eines Beschlus- **14** ses durch § 184 Abs. 2 gegenüber § 640h Abs. 1 S. 2 ZPO aF ausgeweitet, eine Nebenintervention (dazu näher sogleich) nicht in gleichem Maße wie nach § 66 ZPO möglich ist und schließlich eine Streitverkündungsmöglichkeit (wie sie in § 640e Abs. 2 ZPO aF vorgesehen war)[10] durch andere Optionen der Betroffenen ersetzt ist. Die nunmehr weiter (als in § 640h Abs. 1 S. 2 ZPO aF) gehende subjektive Rechtskraft eines Beschlusses auf Feststellung, dass eine bestehende Eltern-Kind-Zuordnung richtig ist,[11] steht nicht entgegen, denn aus gegenüber am Verfahren nicht beteiligten Vaterschaftsprätendenten ist die Frage der Beteiligung nicht das Problem der neuen Rechtskraftregelung (s. unten § 184 Rn. 8 f.). Der Verzicht des Gesetzgebers auf Möglichkeiten der Nebenintervention und der Streitverkündung wird weitgehend (wenngleich nicht ganz) durch die grundsätzlich offene Gestaltung des Verfahrens aufgefangen, in der Personen, die materiell-rechtlich ein Antragsrecht haben, aktiv tätig oder aber vom Gericht hinzugezogen werden können.

In einem Verfahren auf Anfechtung einer bestehenden Vaterschaftszuordnung ist die Stellung **15** potentieller Erzeuger nur indirekt berührt: Ist die Anfechtung nicht erfolgreich, so ist damit zwar ihre eigene Zuordnung als Vater des Kindes gehindert (§§ 1594 Abs. 2, 1600 d Abs. 1 BGB), außerhalb von § 1600 Abs. 1 Nr. 2 BGB haben sie aber ohnehin keine Möglichkeit, in die Vaterposition zu kommen. Es wäre widersinnig, Vaterschaftsprätendenten über die Beteiligtenstellung weitergehende Möglichkeiten (zB Beschwerderecht, Akteneinsicht etc.) zu gewähren. Allein die Tatsache, dass es zu einem Anfechtungsverfahren gekommen ist, öffnet die „Familie" nicht für die Begehren potentieller Erzeuger. Dies geben auch die übrigen Vorschriften zu erkennen: Vater, Mutter und Kind können durch Rücknahme des Antrags (§ 22) das Verfahren und damit den Streit um die Abstammung beenden; sie können durch Nichtvorbringen von Tatsachen, die für eine Nichtvaterschaft sprechen, eine Abweisung der Anfechtungsklage herbeiführen (§ 177 Abs. 1). Ist die Anfechtung erfolgreich, so eröffnet dies zwar die Möglichkeit der Feststellung der Vaterschaft des potentiellen Erzeugers. Ein Recht auf Schutz hiergegen steht ihm jedoch nicht zu.[12]

Dass dem Kind durch die Versagung der Streitverkündung die Möglichkeit genommen wird, die **16** Ergebnisse eines erfolglos verlaufenden Vaterschaftsfeststellungsverfahrens auch gegenüber anderen potentiellen Erzeugern zu sichern, ist durch die Möglichkeit der Antragstellung und Verbindung von Verfahren (s. unten § 179 Rn. 1) aufgefangen. Die Einbeziehung potentieller Erzeuger in den Beteiligtenbegriff würde diesbezüglich nichts nützen. Damit ist festzuhalten: Potentielle Erzeuger, deren Vaterschaft Gegenstand des Verfahrensantrags ist, sind Beteiligte – im Aktivprozess nach § 7 Abs. 1, im Passivprozess nach § 7 Abs. 2. Soweit potentielle Erzeuger antragsbefugt sind (beispielsweise bei der Vaterschaftsfeststellung eines bisher noch nicht einem Vater zugeordneten Kindes), sind sie nur Beteiligte, wenn sie einen entsprechenden Antrag (auf Feststellung des Bestehens oder Nichtbestehens ihrer Vaterschaft) stellen (§ 7 Abs. 1). Ein Recht auf Beteiligung iSd. § 7 Abs. 3 räumt ihnen – außerhalb ihres Antrags – das materielle Recht nicht ein. Andere Personen, wie beispielsweise Ehegatten oder registrierte Lebenspartner eines als Vater in Betracht kommenden Mannes, sind nicht Beteiligte. Die ihnen früher bei Tod des möglichen Erzeugers eingeräumte Beteiligtenstellung (§ 55b FGG aF)[13] sieht das FamFG nicht vor. Ihre Rechte sind nicht unmittelbar durch das Verfahren betroffen (auch wenn sich ihre Erbposition dadurch ändern sollte)[14] und sie sind auch nicht auf Grund eines anderen Gesetzes zu beteiligen (§ 7 Abs. 1 Nr. 1 bzw. Nr. 2).[15] Für das Abstammungsverfahren bleibt die Beteiligtenstellung auf die Intimgruppe der möglicherweise auf Grund von Verwandtschaft bzw. als Eltern grundsätzlich einander familienrechtlich zugeordneten Personen beschränkt.

3. Das Jugendamt. Das Jugendamt nimmt unter den potentiellen Beteiligten des § 172 Abs. 2 **17** eine Sonderstellung ein. Es ist nicht automatisch Beteiligter, sondern wird es nur auf Antrag (§ 172 Abs. 2). Antragsbefugt ist es aber nur in bestimmten Vaterschaftsanfechtungsverfahren, nämlich bei einer Anfechtung durch „Dritte" (Vaterschaftsprätendent oder zuständige Behörde) und durch das Kind, wenn dieses von einem gesetzlichen Vertreter vertreten wird (§ 176 Abs. 1 S. 1). Im ersten Fall geht es vor allem um die Beurteilung des Fehlens einer sozial-familiären Bindung. Hierzu kann das Jugendamt in der Regel etwas beitragen. Insofern sind Anhörung (§ 176 Abs. 1 S. 1) und Betei-

---

[10] Zur Streitverkündungsmöglichkeit in früheren FG-Verfahren: OLG Schleswig RdL 1955, 174; BGHZ 38, 110; aA *Baur* FGG § 14 II.
[11] Zum schmalen Anwendungsbereich des § 640h Abs. 1 S. 2 ZPO aF s. oben § 640h ZPO Rn. 14.
[12] I. E. ebenso *Schulte-Bunert/Weinreich/Schwonberg* Rn. 21 f.; *Musielak/Borth* Rn. 1.
[13] Vgl. Jansen/*Sonnenfeld* § 55b FGG Rn. 22.
[14] Dies würde ansonsten gleichermaßen für Großeltern, Geschwister und andere gesetzlich erb- oder unterhaltsberechtigte Personen gelten.
[15] AA *Schulte-Bunert/Weinreich/Schwonberg* Rn. 27.

§ 172 18–25   Buch 2. Abschnitt 4. Verfahren in Abstammungssachen

ligtenstellung sachgerecht.[16] Im Falle der Vaterschaftsanfechtung durch den gesetzlichen Vertreter des Kindes dienen Anhörung und Beteiligtenstellung durch das Jugendamt der Kindeswohl-Kontrolle, die das materielle Recht in § 1600a Abs. 3, 4 BGB vorsieht. Auch insofern ist die Einbeziehung die konsequente Fortführung der materiell-rechtlichen Regelung. Zu der dem Gericht aufgegebenen Kindeswohlprüfung (Amtsermittlungsgrundsatz, § 26) soll das Jugendamt angehört werden.

18 Die Beteiligtenstellung kann das Jugendamt selbst dann beantragen, wenn das Gericht – entgegen der Soll-Vorschrift des § 176 Abs. 1 S. 1 – **eine Anhörung nicht durchgeführt** hat. Dem entspricht auch die von § 176 Abs. 2 S. 2 gewährte Beschwerdemöglichkeit. Es kann Akteneinsicht (§ 13) nehmen und hat eine Erscheinenspflicht.

19 Ist ein anfechtungsberechtigter Elternteil **minderjährig**, so kann er – soweit er nicht geschäftsunfähig ist – das Anfechtungsrecht nur selbst ausüben (§ 1600a Abs. 2 S. 2 BGB). Die Zulässigkeit des Anfechtungsverfahrens hängt nicht von seinem Wohl ab, das Jugendamt hat daher nicht die Möglichkeit, die Beteiligtenstellung zu beantragen (zu Anhörung und Beschwerden unten § 176 Rn. 5 ff., 9 f.). Nicht zu den Beteiligten gehört das Jugendamt, wenn es als **Beistand** nach § 1712 BGB bestellt ist und im Namen des Kindes eine Vaterschaftsfeststellung betreibt. Beteiligter ist in diesem Fall das Kind, das Jugendamt ist sein gesetzlicher Vertreter (begrenzt auf das Verfahren unter Ausschluss der Eltern, § 173). Zur Rolle des gesetzlichen Vertreters s. sogleich.

20 Es wundert, dass der Gesetzgeber eine Beteiligtenstellung des Jugendamtes nicht für das **Verfahren nach § 1598a Abs. 2 BGB** vorgesehen hat, kann doch auch hier das Kindeswohl die Durchsetzung des Anspruchs verzögern. Die Anhörung des Jugendamtes ist in diesem Fall nur als Kann-Vorschrift ausgestaltet (§ 176 Abs. 1 S. 2, dazu s. unten § 176 Rn. 2).

21 **4. Der gesetzliche Vertreter.** Der gesetzliche Vertreter eines geschäftsunfähigen oder beschränkt geschäftsfähigen Beteiligten hat auf Grund seiner Vertreterstellung allein nicht die Position eines Beteiligten; er handelt für den Beteiligten, ist aber selbst nicht Beteiligter (zu den Eltern als gesetzliche Vertreter in Abstammungssachen s. unten Rn. 32 ff.). Im Verhältnis zum Gericht nimmt er allerdings – wie der gesetzliche Vertreter prozessunfähiger Parteien – die Stellung eines Beteiligten ein,[17] hat beispielsweise ein Antragsrecht[18] und ist als Beteiligter zu vernehmen (§ 30 FamFG, § 455 Abs. 1 ZPO).[19] Der zu § 15 FGG aF bestehende Streit über die entsprechende Anwendung der Vorschriften über die Parteivernehmung[20] dürfte sich durch die Neufassung des § 30 erledigt haben.

22 **5. Verfahrensbeistand.** Wird im Abstammungsverfahren nach § 174 ein Verfahrensbeistand für das Kind bestellt, so ist dieser ebenfalls nach § 174 S. 2 iVm. § 158 Abs. 3 S. 2 Beteiligter. Als solcher hat er zwar die Interessen des Kindes im Verfahren zur Geltung zu bringen (§ 174 S. 2 iVm. § 158 Abs. 3 S. 1), ist aber nicht sein gesetzlicher Vertreter (§ 174 S. 2 iVm. § 158 Abs. 4 S. 6).

III. Beteiligtenfähigkeit

23 **1. Rechtsfähigkeit.** Die Beteiligtenfähigkeit richtet sich nach § 8. Jugendamt und zuständige Behöde (iSd. § 1600 Abs. 1 Nr. 5 BGB) sind nach § 8 Nr. 3 beteiligtenfähig. Im Übrigen kommen für Abstammungsverfahren nur natürliche Personen in Betracht. Bei diesen ist Rechtsfähigkeit erforderlich. Dies wirft die Frage nach der Beteiligtenfähigkeit des *nasciturus* und die Stellung des bereits Verstorbenen auf.

24 **2. Nasciturus.** Statusverfahren (nach § 169 Nr. 1, 4) sind erst nach Geburt des Kindes möglich, da erst mit der Geburt ein Status zugeordnet werden kann (durch Heirat der Mutter vor der Geburt kann beispielsweise eine zuvor abgegebene Vaterschaftsanerkennung bedeutungslos werden).[21] Eine vorherige Anfechtung der Vaterschaft ist nicht möglich.[22]

25 Es bestehen dagegen keine Bedenken, die Anträge nach § 1598a Abs. 2 und 3 BGB/§ 169 Nr. 2 und 3 auch pränatal zuzulassen, soweit ein berechtigtes Interesse besteht (zB auf Seiten des Ehemannes, der mit der Geburt als Vater zugeordnet wird). Praktische Schwierigkeiten stehen der Durchführung eines solchen Verfahrens nicht notwendig entgegen, kann auch von dem *nasciturus* eine Probe zur genetischen Untersuchung erlangt werden. Der *nasciturus* – vertreten nach § 1912 BGB (s. unten Rn. 32 ff.) – ist insoweit beteiligtenfähig.

---

[16] AA *Keidel/Engelhardt* § 176 Rn. 5.
[17] S. oben §§ 51, 52 ZPO Rn. 31.
[18] Vgl. oben Vor § 23 Rn. 22 m. weit. Nachw.
[19] Vgl. oben § 30 Rn. 33.
[20] Dazu Jansen/*Baronin von König* § 15 FGG Rn. 80.
[21] Vgl. *Gernhuber/Coester-Waltjen* § 52 Rn. 55 f.
[22] OLG Rostock NJW-RR 2007, 291.

3. Verstorbene. Verstorbene sind keine natürliche Personen mehr. Sie können daher nicht den **26** Status als Beteiligte haben. Zwar beendet der Tod eines bis dahin Beteiligten das Verfahren nicht automatisch (§ 181), die Fortführung des Verfahrens erfolgt jedoch nicht durch die Erben. Vielmehr wird das Verfahren (wie bereits früher nach § 1600e Abs. 2, 3 BGB aF) unter den verbleibenden Beteiligten – soweit einer von ihnen dies beantragt – weitergeführt. Der Verstorbene ist dadurch geschützt, dass auch in diesem Verfahren Eingriffe oder Maßnahmen, die sein (postmortales) Persönlichkeitsrecht betreffen (zB genetische Probeentnahme aus dem Leichnam), der Zustimmung des Totenfürsorgeberechtigten bedürfen.

IV. Verfahrensfähigkeit

1. Geschäftsfähigkeit. Die Verfahrensfähigkeit aller Beteiligter (also sowohl der in § 172 auf- **27** gezählten Personen als auch der Beteiligten nach § 7) richtet sich nach § 9. Die Spezialregelung des § 640b ZPO aF für Vaterschaftsanfechtungsverfahren ist entfallen, teilweise wird sie durch § 9 Abs. 1 Nr. 3 und 4 aufgefangen (s. unten Rn. 29 ff.).

Wie die Prozessfähigkeit (§§ 51 ff. ZPO) setzt auch die Verfahrensfähigkeit grundsätzlich Ge- **28** schäftsfähigkeit voraus. Jedenfalls ist Geschäftsfähigkeit ausreichend (§ 9 Abs. 1 Nr. 1).

2. Beschränkt Geschäftsfähige. Beschränkt Geschäftsfähige, die nach § 9 Abs. 1 Nr. 2 verfah- **29** rensfähig sein könnten, kommen für die Verfahren nach § 169 nicht in Betracht, weil es im entsprechenden materiellen Recht keine partielle Geschäftsfähigkeit gibt. § 1600a Abs. 2 BGB beendet die beschränkte Geschäftsfähigkeit minderjähriger Eltern nicht. Auch minderjährige Eltern, die nicht partiell geschäftsfähig sind, können aber möglicherweise[23] nach § 9 Abs. 1 Nr. 3 iVm. § 1600a Abs. 2 S. 2 BGB für eine Vaterschaftsanfechtung als verfahrensfähig eingestuft werden, wenn sie das 14. Lebensjahr vollendet haben.

Jüngere Eltern (beispielsweise die 12jährige Mutter, die die auf einer Anerkennung oder auf einer **30** nach ausländischem Recht gültig geschlossenen Ehe beruhenden Vaterschaft anfechten will) haben – soweit sie nicht geschäftsunfähig sind – materiell-rechtlich eine Anfechtungsbefugnis, die sie nur selbst ausüben können. Das Verfahrensrecht ist auf diesen (zugegebener Maßen seltenen) Fall nicht konsequent zugeschnitten, es sei denn, man ist bereit, hierauf § 9 Abs. 1 Nr. 4 anzuwenden.[24] Es erscheint allerdings problematisch, § 9 Abs. 1 Nr. 3 für minderjährige Eltern über 14 Jahren, § 9 Abs. 1 Nr. 4 für jüngere anzuwenden. Eine einheitliche Regelung des Problems durch § 9 Abs. 1 Nr. 4 erscheint insbesondere im Hinblick auf den begrenzten Gesetzeszweck der Nr. 3 (s. o. § 171 Rn. 4) vorzugswürdig. Jedenfalls muss eine eventuelle Diskrepanz zwischen materiellem Recht und Verfahrensrecht (mit einer Rechtsanalogie zu § 9 Abs. 1 Nr. 2 und 3) zugunsten der Grundhaltung des materiellen Rechts gelöst werden: Vater oder Mutter, die das 14. Lebensjahr noch nicht vollendet haben, aber nicht geschäftsunfähig sind, können für das Vaterschaftsanfechtungsverfahren als verfahrensfähig angesehen werden.

Das beschränkt geschäftsfähige Kind hingegen bedarf auch nach materiellem Recht zur Vater- **31** schaftsanfechtung (§ 1600a Abs. 3 BGB) – wie auch zu anderen Abstammungsverfahren – eines gesetzlichen Vertreters. Es ist daher weder nach § 9 Abs. 1 Nr. 2 noch nach Nr. 3 verfahrensfähig. Das Gleiche gilt für alle geschäftsunfähigen oder beschränkt geschäftsfähigen Beteiligten in Abstammungsverfahren außerhalb der Vaterschaftsanfechtung.

3. Gesetzliche Vertretung geschäftsunfähiger und beschränkt geschäftsfähiger Beteilig- **32** **ter.** Die (nach bürgerlichem Recht dazu befugten) Personen „handeln für die nicht verfahrensfähigen Beteiligten" (§ 9 Abs. 2). Dies kann für den Bereich der Abstammungssachen nur der gesetzliche Vertreter sein, weil Personen, die nicht gesetzliche Vertreter, aber dennoch für Minderjährige zu handeln befugt sind (vgl. zB § 1688 Abs. 1 S. 1 BGB oder §§ 1682, 1688 IV BGB),[25] in Abstammungsfragen nicht vorkommen. Gesetzliche Vertreter der verfahrensunfähigen Eltern sind in der Regel deren Eltern, evtl. ein Vormund oder Betreuer. Gesetzliche Vertreter des minderjährigen Kindes sind grundsätzlich die Eltern (§ 1629 Abs. 1 BGB). In **Verfahren nach § 1598a Abs. 2 BGB iVm. § 169 Nr. 2** sind die Eltern allerdings von der Vertretung **ausgeschlossen** (§ 1629 Abs. 2 a BGB). Daher ist für das verfahrensunfähige Kind in diesen Verfahren stets ein **Ergänzungspfleger** nach §§ 1693, 1909 Abs. 1 BGB zu bestellen.

---

[23] Zur Problematik des § 9 Abs. 1 Nr. 3 oben § 171 Rn. 4.
[24] Konsequent war insofern § 640b ZPO aF, der eine volle Entsprechung zu § 1600a Abs. 2 BGB darstellte, vgl. oben § 640b ZPO Rn. 1.
[25] Dies sind Pflegeeltern und Stiefeltern nach dem Tod des zuvor sorgeberechtigten Elternteils, nicht hingegen der Stiefelternteil zu Lebzeiten des Sorgeberechtigten, der insoweit ein eigenes, vom Sorgeberechtigten abgeleitetes Vertretungsrecht hat – dazu *Coester-Waltjen*, FS D. Schwab, 2005, S. 761, 770.

33 Für die **übrigen Verfahren** gilt Folgendes: Bei der **Anfechtung** der Vaterschaft ist der (bisher rechtlich zugeordnete) Vater stets von der Vertretung des Kindes ausgeschlossen – unabhängig von der Inhaberschaft der elterlichen Sorge und unabhängig davon, von wem die Verfahrensinitiative ausgeht (§§ 1629 Abs. 2 S. 1, 1795 Abs. 2, 181 BGB).[26] Die Mutter ist bei bestehender Ehe ebenfalls – wie nach bisherigem Recht[27] – auch wenn sie allein sorgeberechtigt sein sollte, von der Vertretung nach §§ 1629 Abs. 1 S. 1, 1795 Abs. 1 Nr. 3 BGB wegen „gesetzlicher Interessenkollision" ausgeschlossen. Ungeachtet der Verlagerung des Anfechtungsverfahrens aus der ZPO in das FamFG handelt es sich um eine jedenfalls grundsätzlich **streitige** Angelegenheit, für die § 1795 Abs. 1 Nr. 3 BGB gilt.[28]

34 Für ein Verfahren auf **Feststellung der Vaterschaft** kommt der Mann, dessen Vaterschaft festgestellt werden soll, schon mangels bestehender rechtlicher Zuordnung zum Kind nicht als gesetzlicher Vertreter in Betracht. Für ein Vertretungsrecht der Mutter scheint hier – wie bei der Anfechtung eines Vaterschaftsanerkenntnisses des mit der Mutter nicht verheirateten Mannes – zunächst § 1629 Abs. 1, Abs. 2 S. 3 Halbs. 2 BGB zu sprechen. Problematisch daran ist aber, dass die Mutter nach § 172 stets auch selbst Beteiligte ist. Nimmt man §§ 1795 Abs. 2, 181 BGB ernst, so ist die Mutter auch hier (wie in allen anderen Abstammungsverfahren) gehindert, das Kind zu vertreten, da sie selbst bereits eine eigene verfahrensmäßige Position als Beteiligte hat. Es ist wohl anzunehmen, dass der Gesetzgeber diese Problematik nicht gesehen hat, als er die Beteiligtenposition in § 172 festschrieb. Es erscheint aber dennoch richtig, auch hier die Mutter von der Vertretung auszuschließen, denn es handelt sich um ein im Grundsatz streitiges Verfahren mit möglicherweise vielen Interessengegensätzen. § 1629 Abs. 2 S. 3 Halbs. 2 BGB behält Bedeutung für die interne Entscheidung des „Ob" der Vaterschaftsfeststellung.[29] Die Befürchtung eines staatlichen Hineinregierens in die Familie[30] trifft für die hier zur Debatte stehende Vertretung im laufenden Verfahren nicht zu.

35 Bleibt schließlich noch die Vertretung des Kindes in Verfahren nach § 169 Nr. 3. Aus § 1629 Abs. 2a BGB könnte geschlossen werden, dass hier zumindest ein Elternteil vertretungsberechtigt sein wird. Auch hier stehen aber §§ 1629 Abs. 2 S. 1, 1795 Abs. 2, 181 BGB entgegen. Danach bedarf also das minderjährige Kind in Abstammungsverfahren **stets** einer von den Eltern verschiedenen Person als gesetzlichen Vertreter **(Vormund oder Ergänzungspfleger)**.[31]

V. Beteiligtenstellung

36 **1. Gestaltung des Verfahrens.** Beteiligte haben (unabhängig davon, ob sie auf Grund ihrer materiell-rechtlichen Antragsbefugnis das Verfahren in Gang setzen können – s. oben § 171 Rn. 2 ff.) begrenzte Möglichkeiten, das Verfahren zu gestalten. So können sie über einen Wiedereinsetzungsantrag bei unverschuldeter Fristversäumung das Verfahren wieder in einen früheren Stand versetzen (§ 17). Ein Beteiligter bestimmt bei Tod eines anderen Beteiligten durch seinen Antrag über die Fortsetzung des Verfahrens (§ 181). Die Beteiligten können einverständlich das Verfahren ohne Entscheidung beenden (§ 22 Abs. 3); mit Zustimmung der Anderen kann der Antragsteller durch Rücknahme seines Antrags eine erlassene Endentscheidung vor Rechtskraft wirkungslos machen und das Verfahren beenden (§ 22 Abs. 1 S. 1, Abs. 2). Vor Erlass einer Entscheidung kann der Antragsteller den Antrag auch ohne Zustimmung der anderen Beteiligten zurücknehmen (§ 22 Abs. 1 S. 1). Eine vergleichsweise Erledigung durch die Beteiligten (§ 26) kommt in Abstammungssachen nur für Verfahren nach § 169 Nr. 2 und 3 in Betracht, weil den Beteiligten für die echten Statusverfahren die für einen Vergleich vorausgesetzte materiell-rechtliche Dispositionsbefugnis fehlt.

37 Die Beteiligtenstellung vermittelt grundsätzlich im FamFG nicht bereits als solche eine **Beschwerdeberechtigung**. Für Abstammungssachen erweitert § 184 Abs. 3 jedoch die Beschwerdeberechtigung auf alle Beteiligten[32] (und auf diejenigen, die zu beteiligen gewesen wären; außerdem hat auch das nicht beteiligte Jugendamt in bestimmten Fällen eine Beschwerdeberechtigung). Die beschränkenden Regelungen des § 59 sind daher verdrängt. Einer Beschwer i. S. e. Beeinträchtigung der materiellen Rechtstellung (§ 59 Abs. 1) bedarf es nicht.[33] Der Antragsteller kann daher auch gegen

---

[26] Zur Anwendung des Grundgedankens des § 181 BGB bei der Verfahrensvertretung: MünchKommBGB/*Wagenitz* § 1795 BGB Rn. 35 m. weit. Nachw.
[27] Vgl. oben § 640b ZPO Rn. 9.
[28] MünchKommBGB/*Huber* § 1629 BGB Rn. 57; MünchKommBGB/*Wagenitz* § 1795 BGB Rn. 34.
[29] OLG Hamm FamRZ 2008, 1646.
[30] So BT-Drucks. 13/892 S. 16 f., 30, 34.
[31] Ebenso *Musielak/Borth* Rn. 4; ähnlich *Schulte-Bunert/Weinreich/Schwonberg* Rn. 9, 11 f., 16; aA wohl *Friederici/Kemper/Fritsche* § 173 Rn. 9.
[32] Anders nach altem Recht (§ 55b FGG aF): BGHZ 163, 37.
[33] OLG Hamm FamRZ 2008, 1646 zum alten Recht (erst-recht-Schluss aus § 641i ZPO aF = § 185).

einen stattgebenden Beschluss Beschwerde einlegen. Die Sonderregelung des § 60 über die Verfahrensfähigkeit des minderjährigen Kindes im Beschwerdeverfahren passt nach Gesetzesgeschichte,[34] Systematik und *ratio legis*[35] nicht, der Wortlaut „seine Person betreffende Angelegenheit"[36] ist daher eng auszulegen und auf Kindschaftssachen iSd. §§ 151 ff. und weitere Fragen der elterlichen Sorge (§ 266 Abs. 1 Nr. 4) zu beschränken.

2. Stellung innerhalb des Verfahrens. Beteiligte sind – wie die Parteien eines Zivilprozesses – 38 zur Wahrheit und Vollständigkeit ihres Vortrags verpflichtet (§ 27 Abs. 2); sie trifft eine Mitwirkungslast (§ 27 Abs. 1) und sie sind auf Anordnung des Gerichts zum persönlichen Erscheinen verpflichtet (§ 33 Abs. 1). Grundsätzlich haben sie ein Anhörungs- (§ 34) und ein Akteneinsichtnahmerecht (§ 13). Eine Aussagepflicht haben sie nicht (s. oben § 27 Rn. 7), wohl aber müssen sie (wie auch jede andere Person) Untersuchungen, insbesondere die Entnahme von Blutproben zur Feststellung der Abstammung dulden (§ 178). Sie können als Beteiligte nach § 30 FamFG, § 455 ZPO vernommen werden (vgl. oben § 30 Rn. 33).

3. Folgen der Nichtbeteiligung. Die nach § 172 (und nach § 7 Abs. 1 und 2) als Beteiligte zu 39 behandelnden Personen sind zwingend und in jedem Stadium des Verfahrens – auch in der Rechtsmittelinstanz – hinzuzuziehen. Die Unterlassung ist ein schwerer Verfahrensfehler.[37]

§ 173 Vertretung eines Kindes durch einen Beistand

Wird das Kind durch das Jugendamt als Beistand vertreten, ist die Vertretung durch den sorgeberechtigten Elternteil ausgeschlossen.

I. Entstehungsgeschichte, Normzweck

§ 173 ersetzt die Regelung des § 53a ZPO aF. Wie § 53a ZPO aF ist diese Vorschrift die 1 verfahrensrechtliche Fortsetzung der materiellrechtlichen Regelung in § 1712 BGB: Auf Antrag der – in diesem Fall notwendigerweise – (sorgeberechtigten)[1] Mutter oder eines nach § 1776 BGB bestellten Vormunds[2] kann das Jugendamt als Beistand des Kindes die Vaterschaftsfeststellung betreiben. Um in Verfahren eine Mehrheit gesetzlicher Vertreter des Kindes und widersprüchliche Verfahrenshandlungen zu vermeiden, wird die Verfahrensführung beim Beistand monopolisiert.[3] Dies wird in der Regel dem Willen des (im Übrigen – vor allem außerhalb des Verfahrens – unbeschränkt für das Kind handlungsfähig bleibenden) gesetzlichen Vertreters – also der Mutter oder des Vormunds – entsprechen, wurde die Beistandschaft doch gerade auf ihren/seinen Antrag zu diesem Zweck eingerichtet.[4] Andernfalls hat die Mutter bzw. der Vormund die Möglichkeit, die Beistandschaft nach § 1715 BGB zu beenden. Die Rolle des gesetzlichen Vertreters lebt damit auch in verfahrensrechtlicher Hinsicht grundsätzlich wieder auf. Allerdings ist hierbei zu beachten, dass – jedenfalls nach hier vertretener Ansicht – die Mutter als Beteiligte (§ 172) wegen §§ 1629 Abs. 2, 1795 Abs. 1 Nr. 3, Abs. 2, 181 BGB von der Vertretung des Kindes ausgeschlossen ist (s. oben § 172 Rn. 32 ff.), so dass insofern die Bestellung eines Ergänzungspflegers notwendig wird.

II. Anwendungsbereich

Der Anwendungsbereich von § 173 ist äußerst schmal. Voraussetzung ist die Bestellung des 2 Jugendamtes als Beistand, die Aufgabenzuständigkeit des Beistands und die Verfahrenseinleitung durch ihn oder einen anderen Beteiligten. Da die Möglichkeiten der Beistandsbestellung auf die Aufgabenbereiche Vaterschaftsfeststellung und Unterhaltsgeltendmachung beschränkt sind, spielt § 173 nur für Verfahren nach § 169 Nr. 1 – und auch dort nur für die Feststellung einer bisher nicht

---

[34] § 60 lehnt sich an § 59 FGG aF an, der nicht auf Abstammungssachen bezogen war, vgl. dazu Jansen/Briesemeister § 59 FGG, Rn. 20.
[35] Eine eigene Beschwerdebefugnis des über 14 Jahre alten Kindes würde dem Grundsatz des § 1600a Abs. 3 BGB widersprechen.
[36] Zur Definition derselben für § 59 FGG: *Jansen/Briesemeister* § 59 FGG Rn. 1.
[37] Vgl. zu § 640e ZPO aF: BGH NJW 2002, 2109; OLG Stuttgart FamRZ 2004, 1986; zum rechtlichen Gehör im FG-Verfahren aF: BVerfG FamRZ 2009, 106.
[1] § 1713 Abs. 1 S. 1 BGB.
[2] § 1713 Abs. 1 S. 3 BGB.
[3] *Stein/Jonas/Bork* § 53a Rn. 1; oben § 53a ZPO Rn. 4; *Zöller/Vollkommer* § 53a ZPO Rn. 1.
[4] Vgl. oben § 53a ZPO Rn. 4.

§ 174 1 Buch 2. Abschnitt 4. Verfahren in Abstammungssachen

bestehenden Vaterschaft[5] – eine Rolle.[6] In diesen kann der Beistand sowohl auf der Aktiv- wie auf der Passivseite, in einem Verfahren mit einem positiven wie mit einem negativen Feststellungsantrag tätig werden. Für alle anderen Abstammungsverfahren kommt hingegen eine Beistandschaft nicht in Betracht, also weder für das Vaterschaftsanfechtungsverfahren[7] noch für Klagen nach § 1598a BGB, denn § 1598a BGB kann nur eingreifen, wenn bereits eine Vaterzuordnung besteht.

3 Zum anderen wird der Anwendungsbereich praktisch dadurch geschmälert, dass bei einem Vaterschaftsfeststellungsverfahren des Kindes die Mutter ohnehin nicht gesetzliche Vertreterin im Verfahren wäre, daher zur Stellung eines Antrags auf Beistandschaft für diese Zwecke kein Anlass bestehen wird. Ein (nach § 1776 BGB) bestellter Vormund wird in der Regel (aber nicht notwendig) keine Beistandschaft beantragen.

III. Stellung des Beistands

4 Der Beistand ist gesetzlicher Vertreter des Kindes, nicht Bevollmächtigter der Mutter oder des Vormunds und auch nicht Verfahrensbeistand (zu Letzterem unten § 174). Er ist als Vertreter einer nicht verfahrensfähigen Person in seiner Stellung gegenüber dem Gericht aber einem Beteiligten ähnlich, kann also auch seine eigene Anhörung verlangen und kann nach den Regeln der Beteiligtenvernehmung vernommen werden (§ 30 FamFG, § 455 ZPO). Neben ihm kann die sorgeberechtigte Mutter die gesetzliche Vertretung des Kindes im Verfahren nicht wahrnehmen, wenn man sie nicht ohnehin schon für von der Vertretung nach materiellem Recht ausgeschlossen betrachten (s. o. Rn. 1, § 172 Rn. 32 ff.). Ein nach § 1776 BGB berufener Vormund, der die Beistandschaft beantragt hat, ist nach dem Wortlaut des § 173 nicht ausgeschlossen. Nach der ratio legis sollte aber § 173 analog angewandt werden.[8] Die Bestellung eines Verfahrensbeistands für das Kind nach § 174 wird durch die (materiellrechtliche) Beistandschaft nach § 1712 BGB nicht beeinträchtigt; verfahrensrechtlich ergeben sich schon allein deswegen keine Auswirkungen, weil der Verfahrensbeistand nicht gesetzlicher Vertreter des Kindes ist (§§ 174 S. 2, 158 Abs. 4 S. 6). Ist zur gesetzlichen Vertretung des Kindes wegen Ausschlusses der Mutter nach § 1629 Abs. 2 BGB[9] ein (Ergänzungs-)Pfleger bestellt, so wird zwar in der Praxis in der Regel keine Beistandschaft des Jugendamtes in Betracht kommen, soweit aber beide nebeneinander bestehen sollten, kommt dem Ergänzungspfleger wegen der Unabhängigkeit seiner Position vom Elternwillen Vorrang zu: Würde nämlich die Beistandschaft des Jugendamtes nach § 1715 enden, so bliebe ohnehin das Kind nur durch den Verfahrenspfleger, dessen Bestellung ja offensichtlich wegen des Interessengegensatzes notwendig war, Beteiligter.

5 Nicht verdrängt wird aber die Mutter als Beteiligte aus eigenem Recht nach § 172. Sie hat also weiterhin eine verfahrensrechtlich relevante Position (zu ihrer Verfahrensposition oben § 172 Rn. 8, 36 ff.), kann aber auf keinen Fall – solange die Beistandschaft besteht – die Rechte des Kindes im Verfahren wahrnehmen.

§ 174 Verfahrensbeistand

[1] Das Gericht hat einem minderjährigen Beteiligten in Abstammungssachen einen Verfahrensbeistand zu bestellen, sofern dies zur Wahrnehmung seiner Interessen erforderlich ist. [2] § 158 Abs. 2 Nr. 1 sowie Abs. 3 bis 7 gilt entsprechend.

I. Gesetzesgeschichte, Normzweck

1 § 174 ist im Abstammungsverfahren eine neue Vorschrift. In den §§ 640 ff. ZPO aF fand sich keine Entsprechung, auch das FGG kannte den Verfahrensbeistand nicht. Allerdings hat der Verfahrensbeistand des neuen Rechts gewisse Ähnlichkeit mit dem Verfahrenspfleger iSd. § 50 FGG aF, der für Abstammungsverfahren nach § 1600e Abs. 2 BGB aF in Verfahren der freiwilligen Gerichtsbarkeit ebenfalls einbezogen werden konnte.[1] Der Verfahrensbeistand ist nicht nur für das Abstammungsverfahren, sondern auch für das Kindschaftsverfahren (§ 158) vorgesehen. Die Formulierungen

---

[5] Zu den anderen Verfahren nach § 169 Nr. 1 vgl. oben § 169 Rn. 5 ff., 37 ff.; zur Beistandschaft des Jugendamtes in Unterhaltsverfahren vgl. OLG Sachsen-Anhalt FamRZ 2006, 1233; OLG Stuttgart ZKJ 2007, 162.
[6] Ebenso *Schulte-Bunert/Weinreich/Schwonberg* Rn. 3.
[7] Vgl. OLG Nürnberg MDR 2001, 219.
[8] MünchKommBGB/*von Sachsen Gessaphe* § 1716 Rn. 8.
[9] Im Einzelnen s. § 172 Rn. 32 ff.
[1] Jansen/*Sonnenfeld*, § 56c FGG Rn. 32.

der §§ 174, 158 sind weitgehend an § 50 FGG aF angelehnt.[2] Der Gesetzgeber hat die Neufassung nicht nur zur Korrektur des Namens, sondern auch zur Klarstellung einer Reihe bis dahin offener Fragen genutzt.

Sinn des § 174 ist es sicherzustellen, dass die Interessen des Kindes auch im Abstammungsverfahren angemessen geltend gemacht werden.[3] Insbesondere soll verhindert werden, dass die möglicherweise nicht mit den Kindesinteressen harmonisierenden Bestrebungen der Eltern oder der anderen Beteiligten das Verfahren dominieren. Dieser Gedanke passt allerdings gerade in Abstammungsverfahren nur begrenzt, denn außerhalb von § 1598a Abs. 3 BGB und § 1600a Abs. 4 BGB spielt das Kindeswohl innerhalb der bereits initiierten Verfahren praktisch kaum (s. unten Rn. 10) eine Rolle.[4] Allein bei der Frage der einverständlichen Beendigung (§ 22 Abs. 1 S. 2, Abs. 3) und der Beschwerde kann der Verfahrensbeistand im Interesse des Kindes das Verfahren gestalten (weil er Beteiligter und als solcher beschwerdebefugt ist, § 184 Abs. 3). Zum anderen ergibt sich nach der hier vertretenen Auffassung ohnehin die Notwendigkeit, dem Kind wegen der eigenständigen Beteiligung der Eltern einen Ergänzungspfleger zu bestellen (s. oben § 172 Rn. 32 ff.), so dass seinen Bedürfnissen bereits durch die Bestellung eines Ergänzungspflegers Rechnung getragen sein sollte.[5]

II. Anwendungsbereich

§ 174 gilt grundsätzlich für alle Abstammungsverfahren. Filter der Anwendung ist allein die **Erforderlichkeit** der Verfahrensbeistandsbestellung. Wird bereits das Jugendamt als Beistand nach § 1712 BGB als gesetzlicher Vertreter des Kindes tätig, so wird es in der Regel zusätzlich keines Verfahrensbeistands bedürfen, denn bereits das Jugendamt ist zur Wahrnehmung der Kindesinteressen berechtigt und verpflichtet. Das Gleiche gilt, wenn für das Kind – nach der hier vertretenen Ansicht der Regelfall (s. oben § 172 Rn. 32 ff.) – ein Ergänzungspfleger bestellt ist. Das Gesetz sieht sogar von einer Bestellungspflicht in den Fällen ab, in denen das Kind von einem Rechtsanwalt oder von einem anderen Verfahrensbevollmächtigten (angemessen) vertreten wird.[6]

Soweit man den oder die **sorgeberechtigten Elternteil(e)** zur Vertretung des Kindes grundsätzlich für befugt hält, kommt es zu einer Bestellung des Verfahrensbeistandes immer dann, wenn die Elterninteressen in erheblichem Gegensatz zu den Kindesinteressen stehen (§§ 174 S. 2, 158 Abs. 2 Nr. 1). In diesem Fall ist regelmäßig eine Bestellung erforderlich.

Soweit Erforderlichkeit besteht, hat das Gericht **keinen Ermessensspielraum,** sondern eine Bestellungspflicht.[7] §§ 174 S. 2, 158 Abs. 2 Nr. 1 übernehmen insoweit die Funktion des §§ 1629 Abs. 2 S. 3, 1796 BGB, die aber für die Feststellung der Vaterschaft (wohl aber für andere Abstammungsverfahren,[8] soweit nicht bereits §§ 1629 Abs. 2 S. 1, 1795 BGB relevant sind) nicht eingreifen.

Der Verfahrensbeistand ist so früh wie möglich zu bestellen. Die Entscheidung über die Bestellung oder Nichtbestellung ist nicht isoliert anfechtbar (§§ 174 S. 2, 158 Abs. 3 S. 4).[9]

Die Auswahl obliegt dem Gericht. Das Gesetz fordert in § 174 S. 1 im Gegensatz zu § 168 Abs. 1 S. 1 nicht die Bestellung eines *geeigneten* Verfahrensbeistands, trotz dieses Formulierungsunterschiedes hat jedoch auch in Abstammungssachen das Gericht nach pflichtgemäßem Ermessen zu handeln und darf daher keine ungeeignete Person bestellen. Besondere fachliche Qualifikationen sind aber nicht vorgegeben. Es muss sich weder notwendig um eine Person mit juristischen noch mit medizinischen/genetischen Kenntnissen handeln. Die Frage der Eignung ergibt sich aus den im jeweiligen Einzelfall zu beurteilenden Umständen.

---

[2] Dazu *Salgo* ZKJ 2009, 49 ff.; *Menne,* FS Frank, 2008, S. 443, 445.
[3] Zum Bedürfnis einer Repräsentation der Kindesinteressen in gerichtlichen Verfahren allgemein: *Salgo* ZKJ 2009, 49 ff.; *Staudinger/Coester* § 1666 BGB Rn. 269 ff.; zur Bewertung des Verfahrenspflegers nach § 50 FGG aF in der Praxis: *Hannemann/Stötzel* ZKJ 2009, 58 ff.
[4] Etwas anderes gilt für die Frage, *ob* ein Abstammungsverfahren eingeleitet werden soll, für die durchaus die Kindesinteressen eine große Rolle spielen. Diese Entscheidung obliegt aber den Sorgeberechtigten, ein Verfahrensbeistand kann erst im eingeleiteten Verfahren tätig werden.
[5] AA *Schulte-Bunert/Weinreich/Schwonberg* Rn. 1, der durch die Bestellung eines Verfahrensbeistands die Ergänzungspflegerbestellung abwenden möchte.
[6] Kritisch *Coester,* in: *Lipp/Schumann/Veit* (Hrsg.) Reform des familiengerichtlichen Verfahrens, 2009, S. 58; *Salgo* ZKJ 2009, 12, 16; Erforderlichkeit der Beiordnung eines Rechtsanwalts in Kindschaftssachen aF aus Rechtsschutzgründen bejahend: OLG Frankfurt NJW-RR 2006, 1376; NJW 2007, 230.
[7] Vgl. BT-Drucks. 16/6308, S. 238.
[8] Insoweit ist § 174 daher eigentlich entbehrlich.
[9] Zustimmend aus Gründen der Vermeidung von Verfahrensverzögerung: *Menne* ZKJ 2009, 68, 79; kritisch *Willutzki* ZKJ 2006, 224, 227.

III. Funktion und Stellung des Verfahrensbeistands

8 Der Verfahrensbeistand ist Beteiligter (§§ 174 S. 2, 158 Abs. 3 S. 2). Er hat als solcher eigene Rechte und Pflichten im Verfahren.[10] Seine Rechte hat er im Interesse des Kindes geltend zu machen. Er vertritt das Kind aber nicht. Er steht – soweit seine Bestellung für erforderlich gehalten wurde – neben dem gesetzlichen Vertreter des Kindes, sei dieser nun Ergänzungspfleger (§ 1909 BGB), Beistand (§ 1712 BGB) oder sorgeberechtigter Elternteil. Möglicherweise kann daneben auch noch ein Verfahrensbevollmächtigter die Kindesinteressen wahrnehmen (obwohl in einem solchen Fall auf den Verfahrensbeistand verzichtet werden *soll* (§§ 174 S. 2, 158 Abs. 5). Auch die aus eigenem Recht am Verfahren beteiligten Eltern werden u. U. die Kindesinteressen – jedenfalls aus ihrer Sicht – im Auge haben. Schließlich ist auch das (nicht nach § 1712 BGB als Beistand bestellte) Jugendamt möglicherweise (§ 176) den Kindesinteressen verpflichtet.

9 In dieser Vielzahl von Personen, die um das Wohl des Kindes bemüht sind oder zumindest sein sollten, hat der Verfahrensbeistand einen konkret umschriebenen **Aufgaben-** und einen recht beschränkten **Befugnisbereich:** Er muss die Kindesinteressen feststellen, im Verfahren zur Geltung bringen und das Kind in geeigneter Weise über Gegenstand, Ablauf und möglichen Ausgang des Verfahrens informieren. Die möglichen Kindesinteressen können sich nur auf die Aufrechthaltung/Beseitigung oder Feststellung der Elternzuordnung bzw. (für Verfahren nach § 196 Nr. 2 und Nr. 3 iVm. § 1598 Abs. 2 und Abs. 3 BGB) der (zunächst außergerichtlichen) Aufklärung der genetischen Abstammung beziehen. Grundsätzlich kann er diese Interessen nur in Gesprächen mit dem Kind sowie durch Erkenntnis und Wertung der objektiven Umstände feststellen. Zu Gesprächen mit den Eltern oder anderen Bezugspersonen muss ihm das Gericht ausdrücklich eine Ermächtigung erteilen. Eigene Nachforschungen darf er nicht anstellen.

10 Für Abstammungssachen, deren Ausgang grundsätzlich von der genetischen Abstammung, nicht von den Kindesinteressen abhängig ist, hat er aber nur wenige Ansatzpunkte zu einer Geltendmachung der von ihm festgestellten Kindesinteressen. Er kann dies nämlich nur dort tun, wo **Wertungsspielraum** besteht. Dies ist sicherlich der Fall in einem Verfahren nach § 169 Nr. 2 iVm. § 1598a Abs. 2, 3 BGB. Hier kann der Verfahrensbeistand auf Aussetzung des Verfahrens im Hinblick auf die Kindesbelange plädieren (§ 1598a Abs. 3 BGB). Bei einer Anfechtung der Vaterschaft durch den gesetzlichen Vertreter des Kindes (§ 1600a Abs. 3 BGB) kann er die Unzulässigkeit der Anfechtung aus Kindeswohlgründen geltend machen (§ 1600a Abs. 4 BGB). Bei einer Anfechtung der Vaterschaft durch den Vaterschaftsprätendenten (§ 1600 Abs. 1 Nr. 2 BGB) oder durch die zuständige Behörde (§ 1600 Abs. 1 Nr. 5 BGB) kann er im Interesse des Kindes auf das Fehlen oder das Bestehen einer sozial-familiären Bindung an den Vater hinweisen. Möglichkeiten der Erkundung durch Gespräche mit den Eltern und weiteren Bezugspersonen hat er aber – wie bereits erwähnt – nur insoweit, als ihn das Gericht hierzu ausdrücklich und mit Begründung ermächtigt (§§ 174 S. 2, 158 Abs. 4 S. 3, 4). Ansonsten kann er nur im Interesse des Kindes darauf hinwirken, dass nur zuverlässige Abstammungsgutachten verwendet werden, dass die Beteiligten im Interesse des Kindes von einer Statusveränderung oder genetischen Untersuchung absehen und das eingeleitete Verfahren nach § 22 Abs. 3 beenden. Auch diese Ziele kann er allein durch den Versuch eines überzeugenden Plädoyers in Verfahren, nur bei ausdrücklicher Ermächtigung durch Gespräche mit den Eltern und weiteren Bezugspersonen verfolgen.

11 Seine Aufgabe, das Kind in *geeigneter Weise* über das Verfahren zu informieren, kann auch darin bestehen, die Einleitung des Verfahrens und seines Zieles dem Kind *gegenüber* nicht aufzudecken, weil beispielsweise bereits das Bedürfnis eines Beteiligten nach Klärung der genetischen Abstammung eine erhebliche Beeinträchtigung des Kindeswohls bedeuten kann (vgl. § 1598a Abs. 2 BGB). Es kann seine Aufgabe sein, eine Verunsicherung des Kindes durch ein möglicherweise ohnehin völlig aussichtsloses Verfahren (zB bei einer Anfechtung nach § 1600 Abs. 1 Nr. 2 oder Nr. 5 BGB) zu verhindern.

12 Bezüglich des Aufwendungsersatzes für den Verfahrensbeistand wird auf die Kommentierung zu § 158 verwiesen.

13 § 174 S. 2 nimmt nicht Bezug auf § 158 Abs. 8. Dennoch dürfte es auch hier sachgerecht sein, dem Verfahrensbeistand, der hier ebenfalls allein im Interesse des Kindes tätig wird, keine Verfahrenskosten aufzuerlegen. Offensichtlich handelt es sich um ein Redaktionsversehen, um eine versäumte Anpassung an die Umnummerierung der Absätze in § 158 (bzw. § 166 Referentenentwurf).[11] Über

---

[10] §§ 174 S. 2, 158 Abs. 4 S. 5 (der Verfahrensbeistand kann im Interesse des Kindes Rechtsmittel einlegen) ist eigentlich überflüssig, denn § 184 Abs. 3 gibt *jedem* Beteiligten ein Beschwerderecht, § 70 ermöglicht (eingeschränkt) allen Beteiligten die Rechtsbeschwerde.

[11] Vgl. Referentenentwurf vom 14. 2. 2006; s. auch BT-Drucks. 16/6308, S. 377.

§ 21 Abs. 1 Nr. 4 FamGKG kann allerdings ohnehin der Verfahrensbeistand nicht als Kostenschuldner bestimmt werden.

§ 175 Erörterungstermin; persönliche Anhörung

(1) ¹Das Gericht soll vor einer Beweisaufnahme über die Abstammung die Angelegenheit in einem Termin erörtern. ²Es soll das persönliche Erscheinen der verfahrensfähigen Beteiligten anordnen.

(2) ¹Das Gericht soll vor einer Entscheidung über die Ersetzung der Einwilligung in eine genetische Abstammungsuntersuchung und die Anordnung der Duldung der Probeentnahme (§ 1598a Abs. 2 des Bürgerlichen Gesetzbuchs) die Eltern und ein Kind, das das 14. Lebensjahr vollendet hat, persönlich anhören. ²Ein jüngeres Kind kann das Gericht persönlich anhören.

I. Gesetzesgeschichte, Normzweck

§ 175 Abs. 1 hat in den bisherigen Abstammungsverfahrensregeln (§§ 640 ff. ZPO aF)[1] kein Vorbild, wenngleich das Mündlichkeitsprinzip, das Konzentrationsprinzip und die allgemeinen Regeln der ZPO (§§ 139, 141 ZPO) die entsprechende Wirkung haben. § 175 Abs. 2 entspricht – bis auf kleine Änderungen des Wortlauts – § 56 FGG aF, wurde aber erst im Rechtsausschuss in das FamFG übernommen. **1**

Die Vorschrift verstärkt die „Kann"-Regelung der §§ 32, 33 für Abstammungsverfahren zu Sollvorschriften. Sie stärkt das Mündlichkeitsprinzip, das im FamFG-Verfahren keine generelle Geltung beansprucht (vgl. oben Vor § 23 Rn. 24, § 32 Rn. 1), fördert die Sachverhaltsaufklärung und bietet Gelegenheit, den Beteiligten rechtliches Gehör zu gewähren.[2] Außerdem werden mit der (als Sollvorschrift) vorgegebenen Reihenfolge von Erörterungstermin und Beweisaufnahme die Effizienz des Verfahrens gesteigert und unnötige Kosten vermieden. **2**

II. Anwendungsbereich

Die Anwendungsbereiche von Abs. 1 und Abs. 2 unterscheiden sich: Abs. 1 betrifft nur Verfahren nach § 169 Nr. 1 und Nr. 4, denn für Verfahren nach § 169 Nr. 2 und 3 kann eine *Beweisaufnahme* über die Abstammung nicht in Betracht kommen. Abs. 2 erfasst nur Verfahren nach § 169 Nr. 2. Für Verfahren nach § 169 Nr. 3 (§ 1598a Abs. 4 BGB) bleibt es bezüglich der Terminsbestimmung und der Anhörung bei den Kann-Regelungen der §§ 32, 33. **3**

Die Absätze unterscheiden sich auch im Regelungsgehalt: Abs. 1 betrifft die Anberaumung eines **Erörterungstermins** mit **persönlichem Erscheinen,** Abs. 2 nur die **persönliche Anhörung** bestimmter Personen. **4**

Die Terminsanberaumung im Falle des **Abs. 1** soll nach der Gesetzesbegründung vor allem der Klärung dienen, ob die Anfechtungsfrist eingehalten ist.[3] Die Erörterung der Angelegenheiten in einem Termin *vor* Anordnung einer Abstammungsbegutachtung erscheint aber nicht nur wegen der Anfechtungsfrist, sondern bei Anfechtungen nach § 1600 Abs. 1 Nr. 2 und Nr. 5 BGB vor allem von besonderer Wichtigkeit, um die Frage des Bestehens einer sozial-familiären Beziehung vorweg zu klären. Eine Anordnung einer Abstammungsbegutachtung bevor festgestellt ist, dass eine sozial-familiäre Beziehung zwischen Kind und rechtlichem Vater *nicht* besteht, wäre ein unzulässiger Eingriff in den Familienfrieden. Die notwendige Reihung der Verfahrensschritte ergibt sich daher schon aus dem materiellen Recht und den allgemeinen Verfahrensgrundsätzen. Insofern ist § 175 Abs. 1 eigentlich überflüssig, jedenfalls aber keinesfalls auf die Erörterung von Anfechtungsfristen beschränkt. **5**

Der Termin soll zur **Sachverhaltsklärung,** insbesondere zur Erörterung möglicher Einwände gegen das Antragsbegehren, zur Klärung der Position der Beteiligten und zur Ermittlung eventuell weiterer zu beteiligender Personen dienen. Das persönliche Erscheinen der (verfahrensfähigen) Beteiligten soll angeordnet werden, um dieselben zur Mitwirkung (§ 27) zu bewegen und ihnen – wie allerdings nur aus der Überschrift ersichtlich – rechtliches Gehör zu gewähren. Die Anordnung des persönlichen Erscheinens soll – soweit verfahrensfähig – an Vater, Mutter, Vaterschaftsprätendent, **6**

---

[1] S. aber unten Rn. 5.
[2] Zum rechtlichen Gehör im FG-Verfahren aF: BVerfG FamRZ 2009, 106.
[3] BT-Drucks. 16/6308, S. 245.

§ 176 1 Buch 2. Abschnitt 4. Verfahren in Abstammungssachen

den Mann, dessen Vaterschaft festgestellt werden soll, den Verfahrensbeistand des Kindes (§§ 175 S. 2, 158 Abs. 3 S. 2) und eventuell den Jugendamtsvertreter (§ 172 Abs. 2) ergehen. Das persönliche Erscheinen des minderjährigen Kindes kann nicht angeordnet werden (weil es nicht verfahrensfähig ist). Ihm muss aber rechtliches Gehör durch Anhörung des gesetzlichen Vertreters (der *nicht* Beteiligter ist – s. oben § 172 Rn. 21) gewährt werden.[4] Im Hinblick auf die grundsätzliche Beteiligtenöffentlichkeit des FamFG-Verfahrens[5] ist daher auch der gesetzliche Vertreter des Kindes zu diesem Termin zu laden.

7   Da es sich um einen Erörterungstermin handelt, gelten für Ladung und Durchführung die Regeln des § 32. Es hat eine förmliche Ladung an die entsprechenden Personen und ihre Verfahrensbevollmächtigten zu ergehen.[6] Auf die Folgen der Nichtbefolgung der Anordnung des persönlichen Erscheinens ist hinzuweisen (§ 33 Abs. 4).

8   Vor einer Entscheidung über die Ersetzung der Einwilligung in eine genetische Abstammungsuntersuchung und die Duldung einer Probeentnahme soll nach **Abs. 2** das Gericht Vater, Mutter und das über 14 Jahre alte Kind[7] persönlich anhören. Da diesem Personenkreis ohnehin ein Recht auf rechtliches Gehör bereits nach der allgemeinen Vorschrift des § 34 Abs. 1 Nr. 1 zusteht, scheint die Regelung auf den ersten Blick überflüssig zu sein. Die in § 175 Abs. 2 vorgeschriebene gesetzliche Soll-Regelung der Anhörung hat aber Bedeutung für § 34 Abs. 1 Nr. 2: Sind die Voraussetzungen der Soll-Vorschrift (§ 175 Abs. 2) erfüllt, so hat das Gericht nach § 34 Abs. 1 Nr. 2 die entsprechenden Personen anzuhören. Diese Anhörung dient dann nicht nur der Gewährung rechtlichen Gehörs, sondern kann auch zur Sachverhaltsaufklärung genutzt werden. Insofern erweitert § 175 Abs. 2 über § 34 Abs. 1 Nr. 2 die Zielrichtung der Anhörung. Zur Anhörung braucht kein Erörterungstermin (§ 32) bestimmt zu werden, es sind aber die Regeln des § 33 zu beachten.

9   Ein eventuell bestellter **Verfahrensbeistand**[8] wird vom Gesetz hier nicht erwähnt, obwohl auch seine Anhörung sinnvoll sein kann. Sie ist nach der allgemeinen Regelung des § 32 möglich.

10   Gegenstand der Anhörung sollte dabei vor allem die Frage sein, ob im Hinblick auf das Kindeswohl eine **Aussetzung** des Verfahrens nach § 1598a Abs. 4 BGB in Betracht kommt. Da die Beteiligten hier aber – anders als in den echten Statussachen – über den Verfahrensgegenstand verfügen können, kann die Anhörung auch zur Hinwirkung auf eine **gütliche Einigung** der Parteien (§ 26) genutzt werden.

§ 176 Anhörung des Jugendamts

(1) ¹Das Gericht soll im Fall einer Anfechtung nach § 1600 Abs. 1 Nr. 2 und 5 des Bürgerlichen Gesetzbuchs sowie im Fall einer Anfechtung nach § 1600 Abs. 1 Nr. 4 des Bürgerlichen Gesetzbuchs, wenn die Anfechtung durch den gesetzlichen Vertreter erfolgt, das Jugendamt anhören. ²Im Übrigen kann das Gericht das Jugendamt anhören, wenn ein Beteiligter minderjährig ist.

(2) ¹Das Gericht hat dem Jugendamt in den Fällen einer Anfechtung nach Absatz 1 Satz 1 sowie einer Anhörung nach Absatz 1 Satz 2 die Entscheidung mitzuteilen. ²Gegen den Beschluss steht dem Jugendamt die Beschwerde zu.

I. Gesetzesgeschichte, Normzweck

1   § 176 erweitert die bisher nur in § 640d Abs. 2 ZPO aF vorgesehene (erst 2006 eingeführte) Beteiligung des Jugendamtes in Abstammungssachen. Das Jugendamt soll in verschiedenen Verfahren und mit unterschiedlicher Intensität eingeschaltet werden, um sachgerechte Entscheidungen zum Schutz Minderjähriger zu gewährleisten. Die in Abs. 1 angeführten Situationen sind sehr unterschiedlich. Abs. 2 stärkt die Verfahrensposition des Jugendamtes, indem er dem Jugendamt ein eigenes Beschwerderecht – unabhängig von der in bestimmten Situationen möglichen Beteiligtenstellung (§ 172 Abs. 2, s. dort Rn. 17 ff.) – einräumt. Dementsprechend hat das Gericht eine Pflicht, dem Jugendamt nach einer Anhörung die Entscheidung mitzuteilen. Die Mitteilung

---

[4] *Jansen/Briesemeister* § 12 FGG Rn. 121.
[5] Vgl. oben Vor § 23 Rn. 28.
[6] Vgl. oben § 32 Rn. 8.
[7] Für das jüngere Kind bleibt es bei der Kann-Regelung des Abs. 2 S. 2; vgl. auch § 34 Abs. 2.
[8] Zu dessen Funktion in diesem Verfahren s. oben § 174 Rn. 8 ff.

ermöglicht dem Jugendamt auch, die in der Folge der Entscheidung notwendigen Maßnahmen einzuleiten.

II. Anwendungsbereich

Abs. 1 S. 1 enthält eine Sollvorschrift, Abs. 1 S. 2 eine Kannvorschrift bezüglich der Anhörung 2 des Jugendamtes. Abs. 1 S. 2 betrifft alle Abstammungsverfahren, an denen ein Minderjähriger beteiligt ist, Abs. 1 S. 1 nur Vaterschaftsanfechtungen. Von diesen sind aber nur Verfahren betroffen, in denen das Bestehen oder Nichtbestehen sozial-familiärer Beziehungen des Kindes zum rechtlichen Vater (§ 1600 Abs. 1 Nr. 2 und Nr. 5, Abs. 2, Abs. 3 BGB) oder das Kindeswohl (§ 1600a Abs. 4 BGB) eine Rolle spielen. Letzteres (Abs. 1 S. 1) macht Sinn (s. sogleich Rn. 3 ff.), Ersteres (Abs. 1 S. 2) ermöglicht bei wörtlicher Anwendung hingegen eine Beteiligung des Jugendamtes, die sich außer im Falle des § 1598a Abs. 3 BGB nicht durch den Sachverhalt legitimieren lässt (s. unten Rn. 5).

Ob zwischen dem rechtlich zugeordneten Vater und dem Kind eine sozial-familiäre Beziehung 3 besteht oder bestanden hat, kann dem Jugendamt, wenn die rechtliche Zuordnung auf einer Vaterschaftsanerkennung beruht, im Rahmen von § 52a SGB VIII oder auch infolge einer zunächst beantragten Beistandschaft (§ 1712 BGB) bekannt geworden sein. Bei einer Vaterschaftszuordnung nach § 1592 Nr. 1 BGB (zum Ehemann der Mutter) kann das Jugendamt Kenntnisse über die familiären Beziehungen aus einem Kindschaftsverfahren (§§ 151 ff., insbesondere § 151 Nr. 1, Nr. 2) haben.

Im Rahmen der Anfechtung der Vaterschaft durch den gesetzlichen Vertreter eines minderjährigen 4 Kindes mag das Jugendamt eventuell keine Kenntnisse der Verhältnisse in das Verfahren einbringen, dafür aber zu der Beurteilung der Kindeswohldienlichkeit der Anfechtung (§ 1600a Abs. 4 BGB) beitragen können.

Fraglich erscheint hingegen, welche Gesichtspunkte durch eine Anhörung des Jugendamtes in das 5 Verfahren eingebracht werden können, wenn beispielsweise ein **minderjähriger Elternteil** die Vaterschaft anficht. Hier passt das Anhörungsrecht des § 176 Abs. 1 S. 2 nicht. Das materielle Recht hat die Entscheidung über die Anfechtung der Vaterschaft allein in die Kompetenz des (nicht geschäftsunfähigen) Elternteils gelegt und das FamFG verlängert diese Kompetenz in das Verfahrensrecht hinein (§ 9 Abs. 1 Nr. 4, vgl. oben § 172 Rn. 29 f.). Geht es um die Feststellung der Elternschaft eines minderjährigen Elternteils, werden dessen Interessen durch die gesetzlichen Vertreter wahrgenommen (s. oben § 172 Rn. 31 aE). Das Wohl des Minderjährigen ist in dem einen wie in dem anderen Fall kein Entscheidungskriterium. Die Beteiligung des Jugendamtes ist daher eine nicht durch Sachgesichtspunkte legitimierte Einmischung in die persönlichen Verhältnisse der Beteiligten. Es wäre besser gewesen, begrenzt auf die Ermittlungen zu § 1598a Abs. 3 BGB eine Möglichkeit der Anhörung des Jugendamtes vorzusehen. Da es sich bei Abs. 1 S. 2 um eine **Kannvorschrift** handelt, das Gericht von dieser Befugnis nicht Gebrauch zu machen braucht, ist zu hoffen, dass die sachfremde Einmischung in der Praxis nicht erfolgen wird.

Die Sollregelung des Abs. 1 S. 1 bedeutet, dass das Gericht begründen muss, warum es von einer 6 Anhörung abgesehen hat. Es besteht aber – auch wenn der Gesetzgeber ausdrücklich keine Fälle des Absehens von der Anhörung benannt hat – keine generelle Anhörungspflicht. Sieht das Gericht **sachwidrig** von einer Anhörung des Jugendamtes ab, begründet dies einen Verfahrensfehler.

Für die Anhörung des Jugendamtes gelten die gleichen Regelungen wie bei seiner Anhörung nach 7 § 162 (s. dort Rn. 4 ff.).

Die für die Sollanhörung nach Abs. 1 S. 1 entscheidenden Konstellationen (nicht die Situation des 8 Abs. 1 S. 2) geben im Übrigen dem Jugendamt – unabhängig davon, ob das Gericht eine Anhörung durchgeführt hat oder durchführen will – die Möglichkeit, einen **Antrag auf Beteiligung** zu stellen (§ 172 Abs. 2).[1] Als Beteiligter hat es ein Mitwirkungsrecht nach § 27.

Unabhängig von der Anhörung und der Beteiligtenstellung hat das Jugendamt in den Konstellationen des Abs. 1 S. 1 ein eigenes **Beschwerderecht**. Ein solches steht dem Jugendamt im Falle des 9 Abs. 1 S. 2 nur zu, wenn es tatsächlich angehört wurde.

Zur Ausübung des Beschwerderechts, aber auch zur Ermöglichung eventueller weiterer Maßnah- 10 men ist die ergehende Entscheidung dem Jugendamt **mitzuteilen** (Abs. 2 S. 2).

---

[1] Nach den Regeln des FGG erlangte das Jugendamt weder durch die Anhörung die Beteiligtenstellung noch konnte es eine solche beantragen, vgl. *Jansen/Zorn* § 49 FGG Rn. 17. Materiell Beteiligter war es nur als Vormund oder Pfleger. Es war allerdings auch damals beschwerdeberechtigt (auch als Nichtbeteiligter) nach §§ 57 Abs. 1 Nr. 9, 70 d Abs. 1 Nr. 6, 70 m Abs. 2 FGG aF.

§ 177 Eingeschränkte Amtsermittlung; förmliche Beweisaufnahme

(1) Im Verfahren auf Anfechtung der Vaterschaft dürfen von den beteiligten Personen nicht vorgebrachte Tatsachen nur berücksichtigt werden, wenn sie geeignet sind, dem Fortbestand der Vaterschaft zu dienen, oder wenn der die Vaterschaft Anfechtende einer Berücksichtigung nicht widerspricht.

(2) [1] Über die Abstammung in Verfahren nach § 169 Nr. 1 und 4 hat eine förmliche Beweisaufnahme stattzufinden. [2] Die Begutachtung durch einen Sachverständigen kann durch die Verwertung eines von einem Beteiligten mit Zustimmung der anderen Beteiligten eingeholten Gutachtens über die Abstammung ersetzt werden, wenn das Gericht keine Zweifel an der Richtigkeit und Vollständigkeit der im Gutachten getroffenen Feststellungen hat und die Beteiligten zustimmen.

Schrifttum: *Geisler,* Darlegungslast und Amtsaufklärung für sozial-familiäre Bindung zwischen Kind und rechtlichem Vater bei der Anfechtungsklage des biologischen Vaters, jurisPR-BGHZivilR 21/2008; *Reichenbach,* Zivilprozessuale Verwertbarkeit rechtswidrig erlangter Informationen am Beispiel heimlicher Vaterschaftstests, AcP 206 (2006) 598; *Stylianidis,* Private Vaterschaftsgutachten im Zivilprozess, JR 2007, 1; *Wellenhofer,* Verwertbarkeit eines Privatgutachtens zur Vaterschaftsfeststellung, FamRZ 2006, 689.

I. Gesetzesgeschichte, Normzweck

1 In den Verfahren der Anfechtung der Vaterschaft (§ 169 Nr. 4) ist mit § 177 Abs. 1 das Amtsermittlungsprinzip (§ 26) bezüglich der **anfechtungsfreundlichen** Tatsachen zugunsten einer beschränkten Parteiherrschaft (ähnlich dem § 127 Abs. 2 s. dort Rn. 15 ff.) durchbrochen, weil in der Regel[1] kein *öffentliches Interesse* an der Beseitigung der bestehenden Eltern-Kind-Zuordnung besteht.[2] Die Vorschrift entspricht § 640d ZPO aF, welcher seinerseits durch das KindRG für die Gleichbehandlung ehelicher und nichtehelicher Kinder angepasst worden war:[3] Der Wortlaut ist neu gefasst, aber inhaltlich nicht verändert. Der Amtsermittlungsgrundsatz entbindet den Anfechtenden aber ohnehin nicht von der Darlegungslast bezüglich der Anfechtungsvoraussetzungen.[4]

2 § 177 Abs. 2 S. 1 schreibt den für das bisherige ZPO-Verfahren selbstverständlichen Grundsatz des Strengbeweises für das Abstammungsverfahren des FamFG fest. Inhaltlich bedeutet auch dies keine Änderung. Abs. 2 S. 2 lockert diesen Grundsatz, indem er mit Einverständnis der Parteien die Verwertung von Privatgutachten als Beweismittel zulässt. Auf diese Weise sollen Zeit und Kosten eingespart werden, wenn die bereits vorliegenden Gutachten keinen Zweifel an Richtigkeit und Vollständigkeit lassen.

II. Anwendungsbereich von Abs. 1

3 Für **anfechtungsfeindliche** Tatsachen gilt der **Amtsermittlungsgrundsatz** unbeschränkt. Das Gericht hat diese zu berücksichtigen, gleichgültig, ob ein Beteiligter sie vorgebracht hat oder nicht, gleichgültig ob der Antragsteller der Verwertung widerspricht oder nicht.[5] Ergibt beispielsweise die Beweisaufnahme oder die Anhörung (zB des Jugendamtes), dass eine sozial-familiäre Beziehung des Kindes zum Vater besteht, so kann das Gericht diese Tatsache berücksichtigen, auch wenn die nach § 1600 Abs. 1 Nr. 5 BGB anfechtende öffentliche Behörde die entsprechenden Tatsachen nicht vorbringt oder ihrer Verwertung sogar widerspricht. Zwar verfolgt die Behörde mit der Anfechtung von Scheinvaterschaften durchaus ein öffentliches Interesse, das öffentliche Interesse geht aber nur so weit, wie in der Tat keine sozial-familiäre Beziehung besteht. Es besteht kein öffentliches Interesse an der Zerstörung von Scheinvaterschaften als solche.

4 **Anfechtungsfreundliche** Tatsachen hingegen kann das Gericht nur berücksichtigen, wenn ein Beteiligter diese vorgebracht hat und der **Anfechtende nicht widerspricht.** Der Widerspruch des Anfechtenden gegen die Verwertung der Tatsache muss deutlich sein. Die schlichte Nichtübernahme

---

[1] S. oben § 169 Rn. 69 ff.
[2] BGH FamRZ 1979, 1007; OLG Brandenburg FamRZ 2004, 480; zust. *Keidel/Engelhardt* Rn. 1; § 177 Abs. 1 ist daher nicht anwendbar auf Vaterschaftsfeststellungsverfahren: OLG Brandenburg FamRZ 2004, 471 (noch zu § 640d ZPO aF); zur Problematik der Schlüssigkeitsanforderungen § 171 Rn. 9 ff.
[3] Die Vorschrift galt nach bisheriger Meinung auch in vormundschaftsgerichtlichen Anfechtungsverfahren entsprechend: *Stein/Jonas/Schlosser* § 640d ZPO Rn. 4.
[4] BGH FamRz 2008, 1821 – Darlegung, warum zwischen Kind und mit ihm zusammenlebenden rechtlichen Vater *keine* sozial-familiäre Beziehung bestehen soll.
[5] Vgl. BGH FamRZ 1990, 507; zum Umfang der Amtsermittlung in Abstammungsverfahren: BGHZ 18, 79, 84 ff.; krit. (für „und"-Verknüpfung) *Keidel/Engelhardt* Rn. 3.

in den eigenen Sachvortrag schließt die Berücksichtigung nicht aus, da nach Wortlaut und Sinn der Vorschrift die Parteiherrschaft und die daran gekoppelte Behauptungslast nicht in vollem Umfang eingreifen. Im Allgemeinen kann davon ausgegangen werden, dass der Anfechtende alle zum Erfolg seiner Klage führenden Tatsachen berücksichtigt haben möchte. Will er dies nicht, so ist sein **ausdrücklicher Widerspruch** ausreichend. Ihm ist dementsprechend Möglichkeit zur Stellungnahme zu geben; ansonsten ist der Grundsatz des rechtlichen Gehörs verletzt. Die Gelegenheit zum Widerspruch besteht im Rahmen der grundsätzlich erforderlichen Anhörung (s. oben § 172 Rn. 38). Ein **stillschweigender Widerspruch** kann vorliegen (und ist ausreichend), wenn die vom Antragsteller behaupteten Tatsachen mit den anfechtungsfreundlichen Tatsachen, die von keinem Beteiligten vorgetragen sind, **offensichtlich** in unvereinbarem Widerspruch stehen.[6]

Der Widerspruch und der Ausschluss können sich nur auf **Tatsachen,** nicht auf die Benutzung von Beweismitteln beziehen (hM). Umfasst sind aber auch Tatsachen, die erst anlässlich einer Beweisaufnahme aufgedeckt werden. 5

Anfechtungsfeindliche Tatsachen sind alle Tatsachen, die einer **Anfechtung entgegenstehen** können. Dazu gehören beispielsweise Tatsachen, die auf den Ablauf der Anfechtungsfrist hindeuten, sowie Umstände, die auf das Bestehen einer sozial-familiären Beziehung zwischen rechtlichem Vater und Kind schließen lassen. Diese Tatsachen kann das Gericht ohne Beschränkung ermitteln und berücksichtigen. Es darf auch aus allen Tatsachen stets Folgerungen ziehen, die gegen eine Berechtigung der Anfechtung sprechen. 6

Anfechtungsfreundliche Tatsachen sind hingegen alle diejenigen Umstände, die zum **Erfolg** der Anfechtung führen können. Hierzu gehört etwa auch der Mehrverkehr der Mutter während der Empfängniszeit. Widerspricht der Antragsteller, so darf das Gericht diese Tatsache weder verwerten noch in dieser Hinsicht ermitteln oder Beweise erheben. Der Anfechtende soll die Möglichkeit haben, über die Verwertung anfechtungsbegründender Tatsachen ebenso zu disponieren wie über die Anfechtung selbst. 7

Die Vorschrift ist entsprechend anwendbar bei der Anfechtung der Mutterschaft nach einem **ausländischen Kindschaftsstatut,** soweit dieses der dortigen *ratio legis* entspricht. Geht das ausländische Recht beispielsweise von einem vorrangigen öffentlichen Interesse an der Ermittlung der biologischen Wahrheit aus, so ist § 177 Abs. 1 nicht anzuwenden.[7] Die Vorschrift erlangt auch nicht über den *ordre public* Geltung. 8

III. Anwendungsbereich von Abs. 2

1. Grundsätzlicher Strengbeweis. § 177 Abs. 2 beschränkt seinen Anwendungsbereich auf die echten Statussachen, nämlich die Feststellung des Bestehens oder Nichtbestehens eines Eltern-Kind-Verhältnisses und die Anfechtung der Vaterschaft (§ 169 Nr. 1 und Nr. 4). In diesen Statussachen gilt – wie bisher im Rahmen der ZPO-Verfahren – der Strengbeweis. Der im FamFG-Verfahren ansonsten grundsätzlich mögliche Freibeweis (§ 29) ist wegen der besonderen Bedeutung der Statussachen, insbesondere dem Bedürfnis nach Statuswahrheit und Statusbeständigkeit[8] ausgeschlossen. § 177 Abs. 2 ist damit eine Ausfüllung von § 30 Abs. 2. Die Durchführung des förmlichen Beweisverfahrens ist nicht in das Ermessen des Gerichts gestellt (wie in § 30 Abs. 1), sondern Pflicht. Sie richtet sich nach den Vorschriften der ZPO, umfasst also als Beweismittel Auskunftspersonen (entspricht den Zeugen der ZPO), Sachverständige, Urkunden, Augenschein und Beteiligtenvernehmung (entspricht der Parteivernehmung der ZPO). Amtliche Auskünfte sind keine Beweismittel iSd. ZPO,[9] durch die Bezugnahme auf die allgemeinen Beweisvorschriften der ZPO in § 30 Abs. 1 ist aber auch § 358a ZPO umfasst.[10] Die Beteiligtenanhörung ist – wie die Parteianhörung der ZPO – kein Beweismittel, denn sie ist – vom Prinzip her ungeachtet der Wahrheits- und Vollständigkeitspflicht der Beteiligten (§ 27 Abs. 2)[11] – nicht auf die Wahrheitsermittlung, sondern auf die Klärung von Lücken und Widersprüchen im Beteiligtenvortrag gerichtet.[12] Wichtigstes Beweismittel innerhalb der Abstammungsverfahren sind Sachverständige, Auskunftspersonen und Vernehmung der Beteiligten. Zu den Einzelheiten oben § 30 Rn. 20 ff. 9

---

[6] Nur geringe Anforderungen an den Widerspruch und den Hinweis auf die zugrunde zu legenden Tatsachen stellt der BGH (vgl. FamRZ 1990, 507; *obiter* bestätigt in BGH JZ 1999, 41); gleicher Ansicht wie hier *Stein/Jonas/Schlosser* § 640d ZPO Rn. 1; *Keidel/Engelhardt* Rn. 5; Leitsatz 3 zu undifferenziert bei OLG Brandenburg FamRZ 2009, 59.
[7] Zust. *Keidel/Engelhardt* Rn. 6.
[8] Dazu *Gernhuber/Coester-Waltjen* § 52 Rn. 1 ff.
[9] Streitig, vgl. *Rosenberg/Schwab/Gottwald* § 121 Rn. 6.
[10] So auch oben § 30 Rn. 20.
[11] Dazu oben § 27 Rn. 12 ff.
[12] *Rosenberg/Schwab/Gottwald* § 122 Rn. 3.

10 Das Verfahren der Beweiserhebung richtet sich nach §§ 358 bis 361 ZPO; es muss also ein Beweisbeschluss ergehen (§ 358 ZPO), wenn die Beweiserhebung nicht unmittelbar im anberaumten Termin stattfindet,[13] der die beweisbedürftigen Tatsachen und die Beweismittel (§ 359 ZPO) bezeichnet. Ein Protokoll ist aufzunehmen (§ 159 Abs. 1 ZPO), ein Vermerk nach § 28 Abs. 4 reicht nicht.[14]

11 **2. Verwendung von Privatgutachten.** Ist bereits ein Privatgutachten über die Abstammung, die Gegenstand des Verfahrens ist, vorhanden, so kann in Abweichung vom Strengbeweis dieses Gutachten unter bestimmten Voraussetzungen an die Stelle eines im förmlichen Beweisverfahren einzuholenden Sachverständigenbeweises treten.

12 Erste Voraussetzung hierfür ist, dass dieses Privatgutachten mit **Zustimmung der anderen Beteiligten** eingeholt worden ist. Die „heimlichen Vaterschaftstests" kommen daher von vornherein nicht in Betracht.[15] Selbst wenn die anderen Beteiligten nunmehr ihrer Verwertung zustimmen sollten, können sie im Verfahren keine Beweiskraft entfalten. Diese konsequente Nichtbeachtung illegal eingeholter Abstammungsgutachten trägt wesentlich zur Effektivität des Unzulässigkeitsverdiktes bei: Der heimlich unter Verletzung von Persönlichkeitsrechten Agierende kann in späteren Verfahren die anderen Beteiligten nicht unter Druck setzen, der Verwertung des illegalen Gutachtens zuzustimmen.[16]

13 Ein mit Zustimmung der anderen Beteiligten eingeholtes Abstammungsgutachten liegt nicht nur bei einer tatsächlich von den Betroffenen erteilten Einwilligung vor, sondern auch, wenn die Betroffenen sich gegen den Anspruch aus § 1598a Abs. 1 BGB zunächst gewehrt haben, ihre Einwilligung aber nach § 1598a Abs. 2 BGB ersetzt wurde. Ansonsten wäre die Ersetzung der Einwilligung nur von begrenztem Wert. Den Beteiligten bleibt ohnehin die Möglichkeit, sich gegen die Verwertung des Gutachtens wie ein Beweismittel durch Versagung ihres Einverständnisses zu wehren (s. unten Rn. 15 f.).

14 § 177 Abs. 2 S. 2 erfasst aber nicht nur Privatgutachten, die auf Grund eines Anspruchs nach § 1598a Abs. 1 BGB eingeholt werden konnten, sondern auch alle weiteren einverständlich eingeholten Abstammungsbegutachtungen, beispielsweise ein Gutachten über eine bereits noch nicht rechtlich zugeordnete Vaterstellung. Sind potentieller Erzeuger, Mutter und Kind überein gekommen, eine genetische Abstammungsuntersuchung vorzunehmen und entsprechende Probeentnahmen zu dulden, so ist das daraufhin erstellte Gutachten iSv. § 177 Abs. 2 S. 2 in einem späteren Verfahren verwertbar, soweit die sonstigen Voraussetzungen (s. Rn. 15 ff.) ebenfalls vorliegen.

15 Als zweites müssen die Beteiligten mit der Verwertung des (mit ihrer Zustimmung eingeholten) Gutachtens im Verfahren einverstanden sein. Verweigert ein Beteiligter die Zustimmung, so bleibt das Privatgutachten Beteiligtenvortrag und kann einen Sachverständigenbeweis nicht ersetzen.

16 Das Gesetz verlangt **keine Begründung** für die Versagung der Einwilligung. Bis zur Grenze des Rechtsmissbrauchs können daher die übrigen Beteiligten die Verwertung blockieren. Bereits das Nichteinverständnis *eines* Beteiligten (zB des Jugendamtes, wenn es nach § 172 Abs. 2 auf seinen Antrag hin die Beteiligtenrolle bekommen hat) reicht aus. Häufig werden Beteiligte, die zunächst mit der genetischen Abstammungsuntersuchung einverstanden waren, der Verwertung widersprechen, wenn sie Zweifel an der Zuverlässigkeit derselben haben.

17 Das Gesetz verlangt positiv Einverständnis, nicht negativ Widerspruch als Verwertungsschranke. Das Einverständnis kann ausdrücklich, u. U. aber auch konkludent erteilt werden. Allein aus dem Schweigen eines Beteiligten darf aber nicht auf das Einverständnis geschlossen werden. Einverständnis oder Widerspruch eines nicht am Verfahren Beteiligten sind irrelevant.[17]

18 Als drittes muss eine **Seriositätskontrolle** des Gerichts stattzufinden. Das Gericht darf keine Zweifel an der Richtigkeit und Vollständigkeit der im Gutachten getroffenen Feststellungen haben. Es muss das Gutachten also einer näheren Prüfung auf Zuverlässigkeit des Gutachters, Richtigkeit des zugrunde gelegten Sachverhalts (insbesondere Identitätssicherung der genetischen Proben)[18] und

---

[13] Oben § 358 ZPO Rn. 2; zur Verwertbarkeit eines Sachverständigengutachtens, das auf Grund eines fehlerhaften Beweisbeschlusses eingeholt wurde: OLG Celle FamRZ 2006, 54; ein Rechtsmittel gegen einen Beschluss, der die Einholung eines Sachverständigengutachtens anordnet, besteht nicht: BGH FamRZ 2007, 1728.
[14] AA oben § 30 Rn. 37.
[15] BVerfG NJW 2007, 753; BGH FamRZ 2007, 1315; FamRZ 2005, 340.
[16] Der BGH (BGHZ 166, 283) hat die Verwertbarkeit eines gerichtlichen Sachverständigengutachtens, das in einem nach einem heimlichen Vaterschaftstest (Anfangsverdacht) eingeleiteten Verfahren erhoben worden ist, bejaht.
[17] War der Betroffene an dem Begutachtungsverfahren beteiligt, so wird er in der Regel auch Beteiligter des Abstammungsverfahrens sein, notwendig ist dies aber nicht (zB bei Großeltern oder anderen weiteren Verwandten).
[18] Zu den Anforderungen an die Identitätssicherung bei gerichtlichen Gutachten: AG Hohenstein-Ernstthal FamRZ 2006, 1769.

Plausibilität der Schlussfolgerungen untersuchen. Auf die Überprüfung angedeuteter Bedenken der (im Übrigen mit der Verwertung einverstandenen) Beteiligten ist es nicht beschränkt. § 177 Abs. 1 schränkt insoweit die Amtsermittlung nicht ein, selbst wenn das Gutachten die angefochtene Vaterschaft bestätigt haben sollte.

Die Überprüfung fordert vom Gericht eine durchaus nicht unbeträchtliche Sachkunde. Jede Art 19 von Zweifel an Richtigkeit und Vollständigkeit schließt eine Verwertung aus. Abstammung oder Nichtabstammung sind dann durch einen gerichtlich bestellten Sachverständigen zu begutachten.

§ 178 Untersuchungen zur Feststellung der Abstammung

(1) Soweit es zur Feststellung der Abstammung erforderlich ist, hat jede Person Untersuchungen, insbesondere die Entnahme von Blutproben, zu dulden, es sei denn, dass ihr die Untersuchung nicht zugemutet werden kann.

(2) ¹Die §§ 386 bis 390 der Zivilprozessordnung gelten entsprechend. ²Bei wiederholter unberechtigter Verweigerung der Untersuchung kann auch unmittelbarer Zwang angewendet werden, insbesondere die zwangsweise Vorführung zur Untersuchung angeordnet werden.

I. Gesetzesgeschichte, Normzweck

§ 178 ersetzt für die Abstammungsverfahren iSd. § 169 § 372a ZPO aF. Die Formulierungen sind 1 gegenüber der ZPO-Vorschrift leicht geändert, inhaltlich besteht jedoch kein Unterschied. Die Vorschrift ergänzt die materiell-rechtliche Regelung des § 1598a BGB, die außerhalb eines laufenden Abstammungsverfahrens Bedeutung hat, für das **bereits eingeleitete** Abstammungsverfahren. Die Regelung des § 178 geht aber über § 1598a BGB hinaus, und zwar sowohl in Bezug auf die Arten der beabsichtigten Untersuchung als auch bezüglich des betroffenen Personenkreises.

Die Regelung des § 178 legitimiert sich aus der **besonderen Beweisproblematik** in Abstam- 2 mungssachen. Weitgehende Sicherheit über die Abstammung kann im Wesentlichen nur durch eine **Sachverständigenbegutachtung** erreicht werden, für die in der Regel Untersuchungen möglicher Beteiligter und Betroffener notwendig sind. Trotz des Eingriffs in das Grundrecht der körperlichen Unversehrtheit (Art. 2 Abs. 2 S. 1 GG) ist diese Regelung daher verfassungsgemäß.[1]

II. Duldungspflicht

Die Pflicht zur Duldung von Untersuchungen zur Feststellung der Abstammung tritt als selb- 3 ständige Pflicht neben eine eventuelle bestehende Aussagepflicht.[2]

Die Duldungspflicht besteht in **allen Verfahren,** in denen es um die Feststellung der Abstammung 4 geht. Betroffen sind also die Abstammungsverfahren nach § 169 Nr. 1 und Nr. 4. In dem Verfahren nach § 169 Nr. 2 geht es nicht um die Duldung innerhalb eines Verfahrens, sondern um die Ersetzung der Einwilligung zu einer genetischen Untersuchung außerhalb eines Verfahrens. Für die Verfahren nach § 169 Nr. 3 passt die Regelung von vornherein nicht.

Die Duldungspflicht besteht nur für **Untersuchungen zur Abstammung.** Das Gesetz erwähnt 5 ausdrücklich die Entnahme von Blutproben, auch andere Abstammungsuntersuchungen können aber eine Rolle spielen. Beispielsweise können auch Untersuchungen für **erbbiologische Gutachten, Tragezeitgutachten oder Zeugungsunfähigkeitsprüfungen** notwendig sein. Voraussetzung ist allerdings, dass die Untersuchung zur Feststellung der Abstammung **erforderlich** ist. Dies bedeutet zum einen, dass die Abstammung nicht bereits durch die Untersuchung anderer, beispielsweise näherstehender Personen festgestellt werden kann (Untersuchung des potentiellen Erzeugers vorrangig vor der Untersuchung seiner Eltern). Erforderlich ist sie auch nur dann, wenn sie geeignet ist, zur Aufklärung der Abstammungsverhältnisse beizutragen.[3]

Die Anordnung kann von Amts wegen oder auf Antrag eines Beteiligten erfolgen. Es hat 6 entsprechend § 177 Abs. 2 S. 1 ein Beweisbeschluss zu ergehen.

Die Duldungspflicht trifft grundsätzlich **alle Personen,** deren Untersuchung für die Feststellung 7 der Abstammung relevant sein kann. Die Duldungspflicht ist daher nicht nur auf die in § 1598a BGB genannten Personen beschränkt. Sie betrifft auch nicht nur Beteiligte, sondern kann sich auf weitere

---

[1] BVerfGE 5, 13.
[2] *Stein/Jonas/Berger* § 372a ZPO Rn. 3.
[3] *Stein/Jonas/Berger* § 372a ZPO Rn. 19; zur Duldungspflicht auch von identitätssichernden Aufnahmen: AG Hohenstein-Ernstthal FamRZ 2006, 1769.

§ 179   1   Buch 2. Abschnitt 4. Verfahren in Abstammungssachen

Auskunftspersonen (Großeltern, weitere Verwandte) erstrecken. Grundsätzlich werden sogar Tote im Rahmen des **postmortalen** Persönlichkeitsrechts für „duldungspflichtig" gehalten.[4]

III. Ausnahmen von der Duldungspflicht

8   Eine erforderliche Untersuchung zu dulden verpflichtet ist der Betroffene nur dann nicht, wenn die Untersuchung ihm **unzumutbar** ist. Die Unzumutbarkeit bezieht sich dabei nicht auf die Folge der Abstammungsfeststellung, sondern auf die Untersuchung. Dies ergibt sich bereits daraus, dass dem Duldungspflichtigen kein Zeugnisverweigerungsrecht eingeräumt ist.[5] Unzumutbarkeit ist daher anzunehmen, wenn dem Duldungspflichtigen durch die Untersuchung ein **gesundheitlicher Schaden** entstehen könnte. Für die im Mittelpunkt nunmehr stehenden DNA-Analysen wird dies in der Regel zu verneinen sein, da die an Stelle von Blutabnahmen ebenfalls möglichen Proben (Mundschleimhautabstrich, Haar) wohl kaum gesundheitliche Schäden verursachen. Bei Blutabnahmen sind die **religiösen Überzeugungen** zu berücksichtigen (vgl. Zeugen Jehovas). Eine Unzumutbarkeit ist hingegen nicht schon dann zu bejahen, wenn durch die beabsichtige Gutachten der Verdacht eines Verbrechens erhärtet werden könnte.[6] Die Rechtsprechung war bisher mit der Bejahung der Unzumutbarkeit aus anderen als gesundheitlichen Gründen außerordentlich zurückhaltend.[7]

IV. Weigerung und deren Folgen

9   Für den Fall der Weigerung verweist § 178 Abs. 2 auf die Regelungen der ZPO. Danach ist zu unterscheiden, ob der Betroffene die Duldung mit schriftlicher Begründung oder ohne Begründung verweigert. Im ersten Fall hat ein **Zwischenverfahren** über die Weigerung stattzufinden (§§ 386 bis 389 ZPO),[8] verweigert der Betroffene ohne Grund, so können ihm ohne Weiteres die durch die Weigerung **verursachten Kosten** auferlegt werden.

10 Bei einer unbegründeten oder unberechtigten Weigerung werden dem Betroffenen darüber hinaus **Ordnungsgeld** und **Ordnungshaft** auferlegt (§ 390 Abs. 1 ZPO). Bei mehrfacher Weigerung kann **unmittelbarer Zwang** geübt werden. Das Gleiche gilt, wenn der Betroffene zum Untersuchungstermin nicht bzw. wiederholt nicht erscheint, weil er die Untersuchung verweigert. Erscheint der Betroffene ohne ausdrückliche Verweigerung der Untersuchung nicht, so ist er wie ein Betroffener, der die Untersuchung ohne Angabe von Gründen verweigert, zu behandeln.

11 Die Erklärung der Weigerung ist keine **Willenserklärung**, sondern eine einer Willenserklärung ähnliche Handlung, für die nicht unbedingt Geschäftsfähigkeit, sondern nur die entsprechende **Verstandesreife** erforderlich ist. Der einsichtsfähige Minderjährige kann daher die Verweigerung selbst erklären. Für die nichtverstandesreifen Minderjährigen handelt der gesetzliche Vertreter.

§ 179 Mehrheit von Verfahren

(1) ¹ **Abstammungssachen, die dasselbe Kind betreffen, können miteinander verbunden werden.** ² Mit einem Verfahren auf Feststellung des Bestehens der Vaterschaft kann eine Unterhaltssache nach § 237 verbunden werden.

(2) Im Übrigen ist eine Verbindung von Abstammungssachen miteinander oder mit anderen Verfahren unzulässig.

I. Gesetzesgeschichte, Normzweck

1   § 179 nimmt im Wesentlichen den Regelungsgehalt von § 640c ZPO aF auf. Die zügige und effektive Durchführung von Abstammungssachen soll durch diese Regelung gewährleistet werden: Abstammungssachen, die dasselbe Kind betreffen, können miteinander verbunden werden, um auf diese Weise die möglicherweise für alle Verfahren notwendige Sachverhaltsaufklärung, insbesondere die Beweisaufnahme nur einmal durchführen zu müssen und logisch miteinander vereinbare Ergebnisse zu gewährleisten. Durch den grundsätzlichen Ausschluss der Verbindung von Abstam-

---

[4] Oben § 372a ZPO Rn. 18, 2; vgl. OLG Saarbrücken 2005, 297; *Keidel/Engelhardt* Rn. 11.
[5] *Stein/Jonas/Berger* § 372a ZPO Rn. 10 m. weit. Nachw.
[6] AA *Stein/Jonas/Berger* § 372a ZPO Rn. 11 und (für Abwägung) *Keidel/Engelhardt* Rn. 14.
[7] Vgl. allerdings BGHZ 45, 356, 360 (Nachweis des Ehebruchs im Scheidungsprozess).
[8] Die Berechtigung der Weigerung durch die Mutter als Vertreterin der Kinder (nach altem Recht) ist im Zwischenstreit, nicht im Verfahren über Entzug der elterlichen Sorge zu klären: BGH FamRZ 2007, 549; OLG Karlsruhe FamRZ 2007, 738.

mungsverfahren mit anderen Verfahren soll verhindert werden, dass die Klärung der Abstammung durch anderen für die Abstammung irrelevanten Verfahrensstoff belastet und verzögert wird, das Verfahren nach zum Teil abweichenden Verfahrensregelungen (zB Freibeweis statt Strengbeweis, § 177 Abs. 2 S. 1) durchgeführt werden muss. Eine Ausnahme gilt in einem Verfahren, mit dem die Herstellung einer Vater-Kind-Zuordnung begehrt wird, für den Antrag auf Leistung des Mindestunterhalts nach § 1612a BGB, weil bei Feststellung der Vaterschaft der Beschluss über den Mindestunterhalt ohne weitere Tatsachenklärung und Beweiserhebung ergehen kann. Das Abstammungsverfahren wird durch diese zusätzliche Entscheidung nicht belastet.[1] Voraussetzung ist eine Antragsberechtigung für die **Vaterschaftsfeststellung,** die der seine Vaterschaft anfechtende Mann (Scheinvater) nicht hat (s. oben § 169 Rn. 27 f.), er kann daher im Anfechtungsprozess seinen **Regressanspruch** gegen den wirklichen Erzeuger nicht über § 237 geltend machen.[2] Die Beantragung einer einstweiligen Anordnung auf Unterhalt bleibt nach § 247 auch schon vor Geburt des Kindes (unabhängig von der Vaterschaftsfeststellung als selbständiges Verfahren) möglich.[3]

II. Anwendungsbereich

§ 179 gilt für alle Abstammungsverfahren: Sie können bezüglich desselben Kindes zwar miteinander verbunden werden, nicht aber mit anderen Verfahren. Das Verbindungsverbot gilt auch für die Verfahren nach § 169 Nr. 2 und Nr. 3, die keine echten Statusverfahren sind. Es gilt – außer für § 237 – auch für die Verbindung **mit allen anderen familiengerichtlichen Verfahren,** und zwar in beiden Richtungen: Weder kann eine Abstammungssache (zB Anfechtung der Vaterschaft) mit einer Scheidungssache verbunden werden, noch umgekehrt in Scheidungsverfahren ein Abstammungsantrag anhängig gemacht werden.[4] Auch alle Verfahren, die zwar für die Abstammung relevante Ergebnisse erzeugen können, aber nicht in § 169 aufgezählt sind, fallen unter das Verbindungsverbot.[5]

III. Zulässige Antragshäufungen

1. Objektive Antragshäufung. Mehrere Abstammungssachen können im Wege der objektiven Antragshäufung miteinander verbunden werden. So kann beispielsweise der Antrag auf Feststellung des Erzeugers als nichtehelicher Vater mit dem Antrag auf Feststellung des Bestehens eines Eltern-Kind-Verhältnisses (auf Adoption beruhend) zusammen verhandelt werden. Auch Antrag und Gegenantrag können in einem Verfahren miteinander verbunden werden. Praktisch relevanter dürften Eventualverbindungen sein. So kann der Antrag auf Feststellung des Bestehens einer Vaterschaft nach § 1592 Nr. 1 BGB hilfsweise mit dem Antrag auf Feststellung der Vaterschaft dieses Mannes nach § 1592 Nr. 3 BGB; der Antrag auf Feststellung der Unwirksamkeit eines Vaterschaftsanerkenntnisses hilfsweise mit der Anfechtung der Vaterschaft verbunden werden. Voraussetzung ist aber immer, dass es sich um die Abstammung desselben Kindes handelt.

2. Subjektive Antragshäufung. Soweit es um die Abstammung desselben Kindes geht, sind subjektive Antragshäufungen möglich, auch wenn das FamFG eine Antragsgegnerschaft nicht mehr vorsieht. So kann das Kind die Feststellung eines Eltern-Kind-Verhältnisses zu **Vater und Mutter** begehren, was insbesondere im Rahmen moderner Reproduktionsmedizin Bedeutung haben kann (s. oben § 169 Rn. 8, 21, 81). Die Anfechtung der Vaterschaft kann mit dem Antrag auf Feststellung der Vaterschaft eines anderen Mannes (§ 1592 Nr. 2 BGB)[6] verbunden werden; Voraussetzung ist allein, dass der Antragsteller für beide Verfahren antragsbefugt ist (s. oben § 169 Rn. 27, § 171 Rn. 6 f.).[7]

---

[1] Bereits zu § 640c ZPO aF: *Brückler* DRIZ 1971, 231.
[2] OLG Hamm FamRZ 2005, 476.
[3] Die nach § 641d ZPO aF mögliche einstweilige Anordnung war Teil des Verfahrens auf Feststellung der Vaterschaft.
[4] BGH vom 15. 11. 2006 – XI ZR 97/04 – BeckRS 2006, 13867; OLG Hamm FamRZ 1988, 317; OLG Brandenburg FamRZ 1996, 370.
[5] BGH FamRZ 2007, 738 (vor Inkrafttreten von § 1598a BGB) – Zwischenstreit über Mitwirkung nach § 372a ZPO aF; ebenso Auskunftsklage gegen Mutter auf Benennung des möglichen Erzeugers.
[6] Der Antragsteller kann dabei dieser andere Mann sein, wenn es sich um eine Anfechtung nach § 1600 Abs. 1 Nr. 2 BGB handelt.
[7] Zur Möglichkeit der Mutter, beide Anträge miteinander zu verbinden: AG Schwerin FamRZ 2005, 381 (zu § 640c ZPO aF).

§ 180

5   Subjektive Antragshäufung ist auch dadurch möglich, dass mehrere Antragsbefugte das gleiche Ziel verfolgen, zB Mutter und Kind fechten die Vaterschaft an.[8] Das Gleiche gilt, wenn mit den Anträgen entgegengesetzte Ziele verfolgt werden. Das Rechtsschutzbedürfnis ergibt sich in beiden Fällen, wenn es um die Anfechtung der Vaterschaft geht, trotz Identität des Verfahrensgegenstandes daraus, dass das materielle Recht unterschiedliche Voraussetzungen aufstellt, unterschiedliche Fristen vorsieht und im Übrigen im Hinblick auf die Antragsrücknahmemöglichkeit (§ 22 Abs. 1) und die Dispositionsmöglichkeit des Antragstellers (§ 177 Abs. 1) Unterschiede aufweist.[9]

6   Nicht möglich ist hingegen die Antragshäufung mehrerer Kinder gegen denselben Mann als Vater[10] oder umgekehrt die Anfechtung der Vaterschaft für mehrere Kinder. Dies gilt auch, wenn es sich um Zwillinge handelt, da zweieiige Zwillinge nicht denknotwendig von demselben Vater abstammen müssen. Die *ratio legis* erfordert also nicht eine Abweichung vom Begriff „dasselbe Kind".

7   Eine hilfsweise subjektive Antragshäufung kommt auch für das FamFG-Verfahren nach den allgemeinen Grundsätzen nicht in Betracht. Der Antrag kann aber – unter Inkaufnahme einer teilweisen Antragsabweisung – auf Feststellung der Vaterschaft mehrerer Männer gerichtet werden.[11] Vernünftiger erscheint es, während des laufenden Verfahrens den Antrag umzustellen.

8   **3. Unterhaltsanspruch.** Ein Unterhaltsbegehren kann nur auf Zahlung des **Mindestunterhalts** gerichtet werden. Ein solcher Antrag kann nur während der Minderjährigkeit des Kindes gestellt werden und auch nur, wenn die Vaterschaft noch nicht feststeht (§ 237). Anträge, die über den Mindestbetrag hinausgehen, können nicht im Abstammungsverfahren geltend gemacht werden, weil deren Beurteilung eine weitere Sachverhaltsaufklärung nötig machen könnte. Auch rückständiger Unterhalt kann nicht verlangt werden.[12]

IV. Zuständigkeit

9   Die Zuständigkeitskonzentration aller Abstammungsverfahren beim Gericht im Bezirk des gewöhnlichen Aufenthalts des Kindes (§ 170) bewirkt, dass alle in Betracht kommenden Verfahren nur in diesem Gericht anhängig gemacht werden können, denn es handelt sich um eine ausschließliche Zuständigkeit. Die von § 640a Abs. 1 S. 2 ZPO aF vorgesehene alternative Zuständigkeit bei Anträgen der Mutter ist entfallen. Das Gericht muss daher notwendig von der Anhängigkeit der dasselbe Kind betreffenden Abstammungsverfahren Kenntnis haben, so dass die Verbindung derselben in der Regel angebracht ist.

10 Für das nach § 237 mögliche Unterhaltsbegehren ist ebenfalls die ausschließliche Zuständigkeit des Gerichts am gewöhnlichen Aufenthalt des Kindes gegeben (§ 237 Abs. 2). Auch im Falle einer einstweiligen Anordnung vor Feststellung der Vaterschaft nach § 248 ist dasselbe Gericht zuständig (§ 248 Abs. 2).

11 Auch wenn **ausländisches Recht** materiell-rechtlich die Abstammungsregelungen bestimmt, ist das Anliegen des § 179 zu beachten. Deswegen dürfen auch hier nur Verfahren miteinander verbunden werden, die keine Beeinträchtigung der schnellen und effektiven Klärung der Abstammung verursachen können. Für die Einordnung als Abstammungssache bei Anwendung ausländischen Rechts vgl. oben Vor §§ 169 ff. Rn. 4, § 169 Rn. 12 f.

§ 180 Erklärungen zur Niederschrift des Gerichts

[1] **Die Anerkennung der Vaterschaft, die Zustimmung der Mutter sowie der Widerruf der Anerkennung können auch in einem Erörterungstermin zur Niederschrift des Gerichts erklärt werden.** [2] **Das Gleiche gilt für die etwa erforderliche Zustimmung des Mannes, der im Zeitpunkt der Geburt mit der Mutter des Kindes verheiratet ist, des Kindes oder eines gesetzlichen Vertreters.**

Schrifttum: *Brüggemann,* Vaterschaftsprozess gegen den anerkennungswilligen Erzeuger, FamRZ 1979, 381; *Kemper,* Die Anerkennung der Vaterschaft zur Niederschrift des Gerichts nach § 641c ZPO, ZBlJugR 1971, 194;

---

[8] BGH FamRZ 2002, 880 verneint die Möglichkeit einer nachträglichen Anfechtung durch die Mutter im Anfechtungsverfahren des Kindes und verweist sie auf den Beitritt als Streitgenossin; für das FamFG-Verfahren ist ein Antragshäufung vorzuziehen.
[9] HM; vgl. OLG Köln NJW 1992, 1721.
[10] So aber noch möglich nach § 640c ZPO aF: OLG Köln FamRZ 2005, 1765.
[11] *Musielak/Borth* Rn. 3.
[12] BGH FamRZ 1995, 994 (rückständiger Unterhalt nach früherem DDR-Recht); aA bei unstreitiger Höhe: OLG Thüringen OLG-NL 1996, 138.

ders., Mehr Sorgfalt bei der Anerkennung der Vaterschaft im Prozess nach § 641c ZPO, DAVorm. 1987, 842; *Stockmann*, Vaterschaftsanerkenntnis im Kindschaftsprozess, jurisPR-FamR 12/2005.

I. Gesetzesgeschichte, Normzweck

§ 180 entspricht § 641c ZPO aF.[1] In Anpassung an die Verlagerung des Abstammungsverfahrens von der ZPO in das FamFG ist die „mündliche Verhandlung" durch den „Erörterungstermin" ersetzt worden. Eine inhaltliche Änderung ergibt sich damit nicht. **1**

Die Vorschrift ermöglicht es den Beteiligten (s. unten Rn. 4f.), während eines Abstammungsverfahrens die im materiellen Recht gegebenen Möglichkeiten der Festschreibung der Eltern-Kind-Zuordnung durch Anerkennung innerhalb des Verfahrens zu nutzen. Diese Vorschrift ist das Bindeglied zwischen dem im Statusverfahren geltenden, die Beteiligtenposition weitgehend beschränkenden Verfahrensregeln (§ 26) einerseits und den materiell-rechtlichen Gestaltungsmöglichkeiten der Beteiligten andererseits. Vergleich und Anerkenntnis bleiben damit weiterhin in Statusverfahren[2] unzulässig (§ 169 Rn. 36, § 172 Rn. 36).[3] **2**

Die Anerkennungserklärung der Vaterschaft und die entsprechenden (notwendig bleibenden) Zustimmungserklärungen sind **keine Verfahrenshandlungen.** Sie haben keine unmittelbar verfahrensbeendigende Wirkung (näher Rn. 8 ff.).[4] Die Erklärungen sind persönlich abzugeben.[5] Da es sich um rein materiell-rechtliche Erklärungen handelt, die anders als der Vergleich auch keinen doppelfunktionalen Charakter haben, gelten für den Bestand und die Anforderungen an diese Erklärungen (zB Geschäftsfähigkeit) die materiell-rechtlichen Regelungen.[6] **3**

II. Anwendungsbereich

Die Vorschrift ist in *allen* Verfahren, in denen es um die Vaterschaft, nicht aber um die Anfechtung einer Vaterschaftsanerkennung geht, anwendbar. Praktisch wird die Regelung meistens in Verfahren auf Herstellung einer Vater-Kind-Zuordnung iSd. § 1600d Abs. 1 BGB relevant. Relevanz kann die Regelung in einer Anfechtung der Vaterschaft nach § 1592 Nr. 1 BGB im Sonderfall des **§ 1599 Abs. 2 BGB** erhalten, in der nunmehr der Erzeuger (der nicht Verfahrensbeteiligter ist) die Anerkennungserklärung abgibt. Dass dies möglich sein muss, ergibt sich aus S. 2. Sicherlich wäre es ökonomisch sinnvoll gewesen, eine dem § 180 entsprechende Vorschrift auch im Scheidungsverfahren vorzusehen.[7] Für die analoge Anwendung fehlt es angesichts der außerhalb des Verfahrensrechts vorhandenen Formvorschriften[8] und der bewussten Trennung der verfahrensrechtlichen Handhabung der verschiedenen Familiensachen an einer analogiefähigen Lücke. **4**

§ 180 erlaubt nicht nur in dem eben angesprochenen Sonderfall des § 1599 Abs. 2 BGB Erklärungen von Personen, die nicht Antragsteller sind, sondern ermöglicht auch die Zustimmungserklärung der Mutter in einem Verfahren auf Feststellung der Vaterschaft auf Antrag des Kindes. Das Gleiche gilt für die Zustimmung des Kindes, wenn diese bei einem Antrag der Mutter auch Feststellung der Vaterschaft erforderlich ist (§ 1595 Abs. 2 BGB). In einem vom Vaterschaftsprätendenten nach § 1600 Abs. 1 Nr. 2 BGB begonnenen Vaterschaftsanfechtungsverfahren kann eine Anerkennung durch den Anfechtenden aber nicht erfolgen. Dies gilt nicht nur, weil vor erfolgreichem Abschluss des Verfahrens die Vaterschaft des bisher zugeordneten Mannes feststeht und eine Sperre bildet (dies könnte notfalls durch die Annahme einer zunächst schwebend unwirksamen Anerkennung – Vorbild § 1599 Abs. 2 BGB – aufgefangen werden), vor allem aber setzt der Ausspruch des Erfolgs dieser Anfechtung eine gleichzeitige **bestandsfeste** Zuordnung voraus, die nur über die gerichtliche Feststellung, nicht über die durch Anfechtung möglicherweise später angreifbare Anerkennung erreicht werden kann. Entsprechend der *ratio legis* muss in einem Verfahren auf Feststellung der Vaterschaft des angeblichen Erzeugers X der als Auskunftsperson vernommene Y eine Anerkennungserklärung **5**

---

[1] Bereits § 641c ZPO aF war mit Rücksicht auf die im Wesentlichen der Mutter zustehende Zustimmungsbefugnis und die Möglichkeit des Widerrufs der Anerkennungserklärung nach § 1597 Abs. 3 BGB neu gefasst worden.

[2] Etwas anderes gilt für Verfahren nach § 169 Nr. 2 und 3.

[3] Speziell für das Anerkenntnis: BGH NJW 1994, 2697; OLG Brandenburg FamRZ 2004, 471 und FamRZ 2001, 503; OLG Hamm FamRZ 1988, 101 und 854; *Kemper* ZBlJugR 1971, 159; *ders.* DAVorm. 1987, 821; ein verfahrenswidrig ergangene Anerkenntnisentscheidung ist dennoch wirksam: BGH FamRZ 2005, 514.

[4] *Brüggemann* FamRZ 1979, 381.

[5] *Göppinger* NJW 1970, 650; *Kemper* ZBlJugR 1971, 194 (auch soweit nach früherem Recht in Berufungsverfahren Anwaltszwang bestand).

[6] *Kemper* ZBlJuR 1971, 195; zust. *Keidel/Engelhardt* Rn. 3.

[7] § 134 betrifft derartige Erklärungen nicht.

[8] Zur Anwendung dieser auch im Scheidungsverfahren: *Niepmann* MDR 1998, 565, 568.

abgeben können. In einem Verfahren zur Anfechtung einer Vaterschaftsanerkennung hingegen besteht für eine Anerkennungserklärung desjenigen, dessen Vaterschaftsanerkennung angefochten wird, kein Bedürfnis, weil die gewünschte Wirkung durch Rücknahme des Anfechtungsantrags erreicht werden kann. Der Anerkennungserklärung eines Dritten steht vor der rechtskräftigen Entscheidung über die Anfechtung der Anerkennung § 1594 Abs. 2 BGB entgegen. In einem Verfahren auf Feststellung der Mutterschaft nach ausländischem Recht gilt diese Vorschrift entsprechend. Alle folgenden Ausführungen beziehen sich daher auch auf die Mutterschaftsanerkennung.

III. Form

6   § 180 ersetzt die Form des § 1597 Abs. 1 BGB (Beurkundung der Erklärungen). Die Erklärungen haben in dem Erörterungstermin zur **Niederschrift des Gerichts** zu erfolgen. Das Gericht hat daher einen **Vermerk** anzufertigen (§ 28 Abs. 4), wobei wegen der Wichtigkeit dieser Erklärung der Urkundsbeamte der Geschäftsstelle hinzuzuziehen ist. In entsprechender Anwendung des Rechtsgedankens der §§ 177 Abs. 2, 30 Abs. 2 sind die **Erklärungen zu verlesen** (§ 162 Abs. 1 ZPO).[9] Angesichts der Bedeutung der Erklärung (und der ansonsten notwendigen Form nach § 1597 Abs. 1 BGB) sind diese Formalien strikt zu handhaben.[10] Eine diesen Punkt betreffende Abschrift ist den in § 1597 Abs. 2 genannten Personen vom Gericht zu übersenden.

7   Ist **ausländisches Recht** Abstammungsstatut, so sollten auch die formalen Erfordernisse dieses ausländischen Rechts beachtet werden, damit die Anerkennung auch in jenem Staat Wirkungen entfalten kann und keine hinkenden Rechtsverhältnisse entstehen.

IV. Wirkungen der Vaterschaftsanerkennung

8   Mit der Abgabe der Vaterschaftsanerkennung und der erforderlichen Zustimmungserklärungen kann das Gericht (abgesehen vom Fall des § 1600 Abs. 1 Nr. 2 BGB, § 184) nach § 1600d Abs. 1 BGB nicht mehr die Vaterschaft gerichtlich feststellen. Die Parteien haben die Möglichkeit, den **Antrag zurückzunehmen** (§ 22)[11] oder die **Hauptsache für erledigt zu erklären**.[12] In der Regel werden die Parteien gleichzeitig mit der Anerkennung und den Zustimmungen zumindest konkludent auch einen Antrag auf Erledigungserklärung oder Antragsrücknahme abgeben.[13] Antragsrücknahme und Erledigungserklärungen einerseits und Anerkennung bzw. Zustimmungen andererseits sind jedoch zwei selbständige Rechtshandlungen: Erstere sind Verfahrenshandlungen, letztere materiell-rechtliche Erklärungen. Die Unwirksamkeit der einen berührt die Wirksamkeit der anderen Erklärung nicht, soweit nicht eine Fehleridentität vorliegt.

9   Wenn weder alle Beteiligten die Beendigung des Verfahrens durch Erledigung oder durch Antragsrücknahme erklären (§ 22 Abs. 3) noch der Antragsteller den Antrag zurücknimmt (§ 22 Abs. 1), ist der **Antrag als unzulässig** (§ 1600d Abs. 1 BGB) abzuweisen.

10   Ist **ausländisches Recht** Abstammungsstatut, so richten sich die Rechtsfolgen der wirksamen Vaterschaftsanerkennung nach diesem Recht. Unter Berücksichtigung dieser Wirkungen ist zu beurteilen, ob sich die Vaterschaftsfeststellung erledigt hat, ob ein weiter verfolgter Antrag als unzulässig abzuweisen ist oder die gerichtliche Feststellung etwa wegen der nur geringen Bedeutung der Anerkennung möglich bleibt und für sie ein Rechtsschutzbedürfnis besteht.

11   War mit der Vaterschaftsfeststellung auch ein Antrag auf **Unterhalt** verbunden (§§ 179, 237), so bleibt das Unterhaltsverfahren zulässig und weiterhin als Statusverfahren anhängig.[14] Da im Statusverfahren nicht über Abweichungen vom Mindestbetrag entschieden werden kann (§ 237 Abs. 3), bleibt die Verhandlung über den Unterhalt auf den Streit über den Grund des Anspruchs beschränkt. Heiratet die Mutter den Mann, der die Vaterschaft anerkannt hat, so ist auch das Unterhaltsverfahren in der Hauptsache erledigt.

12   Hat nur der Mann die Anerkennungserklärung abgegeben, fehlt es aber an den nach dem anwendbaren deutschen oder ausländischen Recht **erforderlichen Zustimmungen**, so ist die Vaterschaft als nicht wirksam anerkannt anzusehen; das Verfahren ist fortzuführen.

---

[9] H. M. zu § 641c ZPO aF; OLG Hamm FamRZ 1988, 101; für das neue Recht ebenso ohne Begründung: *Musielak/Borth* Rn. 1; für Protokollierung *Schulte-Bunert/Weinreich/Schwonberg* Rn. 2.
[10] *Zöller/Philippi* § 641c ZPO Rn. 1; aA OLG Brandburg FamRZ 2000, 548.
[11] Im Rahmen des ZPO-Verfahrens alter Fassung kam nur eine Erledigung der Hauptsache in Betracht.
[12] KG FamRZ 1994, 909.
[13] *Stein/Jonas/Schlosser* § 641c ZPO Rn. 2.
[14] OLG Brandenburg FamRZ 2003, 617; OLG Essen FamRZ 1971, 535; OLG Hamm NJW 1972, 1094; BGH NJW 1974, 571; *Bosch* FamRZ 1971, 637; *ders.* FamRZ 1972, 269; *Kemper* FamRZ 1973, 523.

Ist die notwendige **Verlesung der Erklärungen** (s. oben Rn. 6) unterblieben, so ist die Vaterschaftsanerkennung unwirksam.[15] Sie entfaltet daher keine rechtlichen Wirkungen. Die Unwirksamkeit kann mit einem Feststellungsantrag nach § 169 Nr. 1 geltend gemacht werden.

V. Kosten

Die **Niederschrift** der Anerkennung und der Zustimmungserklärungen ist gerichtsgebührenfrei; auch die Abschrift der Sitzungsniederschrift ist für jeden Beteiligen schreibauslagenfrei. Soweit ein Anwalt tätig geworden ist, wird seine Beteiligung (Beratung) von der allgemeinen Verfahrensgebühr gedeckt, §§ 1, 3 Abs. 2 FamGKG, KV 1320.

Über die Kosten des Verfahrens wird bei Erklärung der Erledigung der Hauptsache nach § 83 Abs. 2 iVm. § 81 entschieden.[16] In der Regel führt dies zu einer Kostenpflicht des Mannes; von einer Kostentragung durch die die Zustimmung zur Anerkennung verweigernde Mutter hat der Gesetzgeber trotz entsprechender Gesetzesvorschläge bei der früheren Reform abgesehen.[17] Daher ist auch bei einer Zustimmung zur Anerkennung während des Verfahrens von einer Kostenlast für die Mutter abzusehen. § 81 Abs. 2 lässt aber dem Gericht einen gewissen Spielraum.

Die Grundregeln gelten auch, wenn der Mann während des Rechtsstreits anerkennungswillig wirkt und das antragstellende Kind seine Zustimmung wegen der bestehenden **Zweifel** an der wahren Abstammung erst nach Einholung eines entsprechenden Gutachtens abgibt.[18] § 81 Abs. 1 kommt nicht in Betracht, weil die Anerkennung der Vaterschaft kein Vergleich ist. Auch eine analoge Anwendung scheidet aus, weil angesichts des Rechts auf Klärung der eigenen Abstammung und der weitergehenden Bestandskraft einer gerichtlichen Vaterschaftsfeststellung dieselbe trotz Anerkennungsbereitschaft des Mannes bei Ungewissheit über die Vaterschaft nicht rechtsmissbräuchlich zu sein braucht.[19]

§ 181 Tod eines Beteiligten

¹ Stirbt ein Beteiligter vor Rechtskraft der Endentscheidung, hat das Gericht die übrigen Beteiligten darauf hinzuweisen, dass das Verfahren nur fortgesetzt wird, wenn ein Beteiligter innerhalb einer Frist von einem Monat dies durch Erklärung gegenüber dem Gericht verlangt. ² Verlangt kein Beteiligter innerhalb der vom Gericht gesetzten Frist die Fortsetzung des Verfahrens, gilt dieses als in der Hauptsache erledigt.

Schrifttum: *Heukamp*, Der Tod des Vaters während des Vaterschaftsanfechtungsprozesses, FamRZ 2007, 606; *Lakkis*, Die Exhumierung zur postmortalen Vaterschaftsfeststellung und -anfechtung, FamRZ 2006, 454.

I. Gesetzesgeschichte, Normzweck

§ 181 kombiniert die Regelungen von § 640 Abs. 1 iVm. § 619, § 640g ZPO aF (als *leges speciales* zu § 239 ZPO) sowie § 1600e BGB aF. Der frühere Übergang von einem ZPO-Verfahren in ein Verfahren der freiwilligen Gerichtsbarkeit entfällt, weil die Abstammungsverfahren insgesamt aus dem Bereich der ZPO-Verfahren ausgegliedert worden sind. In familiengerichtlichen Verfahren, in denen es nicht notwendig einen Antragsgegner geben muss, war daher die Möglichkeit der Fortführung des Verfahrens trotz des Todes eines Beteiligten grundsätzlich nahe liegend, in Abstammungsverfahren wegen der besonderen Bedeutung des Status und der Notwendigkeit eines gerichtlichen Verfahrens zur Klärung desselben angezeigt.

Da aber möglicherweise das Interesse an der Fortführung des Verfahrens geschwunden sein kann, wenn ein Beteiligter gestorben ist, wird das Verfahren nur weitergeführt, wenn mindestens ein Beteiligter dies verlangt. Eine solche Regelung ist verfahrensökonomisch sinnvoller (insbesondere im Hinblick auf evtl. schon erhobene Beweise) als eine Erledigung der Hauptsache und die Möglichkeit der Initiierung eines neuen Verfahrens durch die (antragsbefugten) Interessierten.

---

[15] OLG Hamm FamRZ 1988, 101; *Zöller/Philippi* § 641 c ZPO Rn. 1; aA OLG Brandenburg FamRZ 2000, 548.
[16] *Musielak/Borth* Rn. 2; noch zum alten Recht (§ 91a ZPO aF): KG FamRZ 1994, 909, 911; OLG Hamburg DAVorm. 1992, 1355; OLG Frankfurt FamRZ 1990, 1372 (auch bezüglich des rückständigen Regelunterhalts bei Unterhaltsvorschriftsgewährungen, hypothetisches Obsiegen des Kindes).
[17] BR-Drucks. 180/96, S. 129.
[18] OLG München FamRZ 1985, 530; dazu *Schlicht* DAVorm. 1985, 535.
[19] A. A. zum Recht vor der Kindschaftsrechtsreform OLG Köln FamRZ 1992, 697.

II. Anwendungsbereich

3 § 181 gilt – anders als die § 640 Abs. 1 iVm. §§ 619, 640g ZPO aF und § 1600e BGB aF, die unterschiedliche Regelungen für die verschiedenen Abstammungsverfahren trafen – für **alle Verfahren** nach § 169. Obwohl alle Abstammungsverfahren höchstpersönliche Angelegenheiten betreffen, kann die Fortführung des Verfahrens auch bei Tod eines Beteiligten für die übrigen Beteiligten von Interesse bleiben, weil ihre Rechtsposition berührt ist. Die Regelung bezieht sich (anders als § 1600e Abs. 2 BGB aF) nur auf Fälle, in denen der Tod eines Beteiligten während eines bereits eingeleiteten Verfahrens erfolgt.

4 Das Gesetz unterscheidet – anders als das frühere Recht – nicht danach, welche verfahrensmäßige Position (zB Antragsteller oder anderer Beteiligter), welche materiell-rechtliche Beziehung (zB Antragsbefugter, familienrechtlich Zugeordneter) der Verstorbene hatte, sondern behandelt die Auswirkungen des **Todes eines jeden Beteiligten** identisch.

5 Beteiligter iSd. § 181 sind nicht nur die in § 172 aufgeführten Personen, sondern alle – also auch die nach § 7 Abs. 1, Abs. 2 Nr. 1, Nr. 2 – Beteiligten. Dass nicht allein die Beteiligten nach § 172 (also Vater, Mutter, Kind) gemeint sein können, ergibt sich bereits aus der Notwendigkeit, die Regelung auch auf den Tod des Mannes, dessen Vaterschaft festgestellt werden sollte, zu erstrecken. So geht selbst die Gesetzesbegründung davon aus, dass dieser (früher in § 1600e Abs. 2 BGB aF behandelte) Fall umfasst ist und betont, dass es sich um eine „neue und einfache Verfahrensweise, die für alle Beteiligten gleichermaßen Anwendung findet", handelt.[1]

6 Nach Wortlaut und Systematik des Gesetzes löst daher auch der **Tod der als Verfahrensbeistand** für das Kind bestellten Person (Beteiligter nach § 7 Abs. 2 Nr. 2 iVm. §§ 174, 158 Abs. 3 S. 2) die Wirkungen des § 181 aus, führt also auch zu einer Erledigung der Hauptsache, wenn keiner der übrigen Beteiligten fristgemäß die Fortsetzung beantragen sollte. Angemessen, ausreichend und der *ratio legis* entsprechend ist aber in diesem Fall eher eine **Aussetzung des Verfahrens** nach § 21, denn die für die Erledigung sprechende höchstpersönliche Verbindung des Verstorbenen zum Verfahrensgegenstand ist in einem solchen Fall gerade nicht gegeben. Insofern ist die Vorschrift teleologisch zu reduzieren. Sie findet nur bei Tod eines auch *materiell-rechtlich* Beteiligten Anwendung.

7 Die Möglichkeit der Fortführung des Verfahrens besteht in größerem Umfang als dies vor der Reform durch das FGG-ReformG der Fall war: Nunmehr kann auch bei Tod des Vaterschaftsprätendenten, der die Vaterschaft nach § 1600 Abs. 1 Nr. 2 BGB angefochten hat, das Verfahren weitergeführt werden.[2] Der Tod von sowohl Mutter als auch Kind beendet das Verfahren nicht notwendig.

8 Die Vorschrift greift nur ein, wenn der Tod (nach Einleitung des Verfahrens und) vor Rechtskraft der Entscheidung (§ 45) eintritt. Eine bereits rechtskräftige Entscheidung wird nicht berührt; die Wirkung des § 181 tritt auch in der **Rechtsmittelinstanz** ein.

III. Verfahren

9 **1. Unterbrechung.** Das Gesetz schweigt zu der unmittelbaren Wirkung des Todes eines Beteiligten. Auch die allgemeinen Regelungen behandeln diese Frage nicht. Da aber in einem solchen Fall Fristen nicht unverändert weiterlaufen und Verfahrenshandlungen teilweise nicht vorgenommen werden können, ist in entsprechender Anwendung des Grundsatzes des § 239 ZPO von einer Unterbrechung des Verfahrens auszugehen.

10 **2. Hinweispflicht.** Nach dem Gesetzeswortlaut hat das Gericht die Beteiligten auf die **Notwendigkeit eines Fortsetzungsantrags** hinzuweisen. Auch wenn das Gesetz dies nicht ausdrücklich sagt, ist den Beteiligten durch diesen Hinweis deutlich zu machen, dass sich ohne einen entsprechenden Antrag das Verfahren in der Hauptsache erledigt. Dieser Hinweis hat so früh wie möglich, d. h. also möglichst unmittelbar nach Bekanntwerden des Todes eines Beteiligten zu erfolgen (vgl. § 28 Abs. 3). Eine bestimmte Form ist für den Hinweis nicht vorgesehen. Auch insoweit ist § 28 Abs. 3 bezüglich der **Aktenkundigmachung** aber heranzuziehen.

11 **3. Die Frist** von einem Monat berechnet sich nach den allgemeinen Vorschriften (§ 16 Abs. 2 FamFG iVm. § 222 ZPO iVm. §§ 186 ff. BGB). Die Frist beginnt – wohl wie bei der Beschwerde – mit der Erteilung des Hinweises an den jeweiligen Beteiligten zu laufen (vgl. § 63 Abs. 3). Sie endet

---

[1] BT-Drucks. 16/6308, S. 246.
[2] Zur Erledigung nach früherem Recht s. oben § 640 Rn. 90; zum begrenzten Anwendungsbereich des § 640g ZPO aF oben § 640g ZPO Rn. 1, 2.

also nicht notwendig für alle Beteiligten zum gleichen Zeitpunkt. Sie ist keine Ausschluss- oder Notfrist.³

4. Fortsetzungsantrag. Ein Antrag von nur einem Beteiligten auf Fortsetzung des Verfahrens reicht aus. Jeder Beteiligte kann diesen Antrag stellen. Es muss sich dabei nicht um den Antragsteller oder einen Beteiligten handeln, der das Verfahren hätte initiieren können.⁴ 12

Insofern erfolgt nach dem neuen Recht mit der Verfahrenseinleitung eine Öffnung, die auch „außenstehenden" Beteiligten die Fortsetzung über den Todesfall hinaus ermöglicht. Ein Widerspruchsrecht der anderen Beteiligten besteht nicht. Nur der Antragsteller kann in einem solchen Fall durch Rücknahme des Antrags die Fortsetzung hindern (§ 22 Abs. 1). 13

Der Antrag auf Fortsetzung ist **Verfahrenshandlung,** setzt also Verfahrensfähigkeit voraus. 14

5. Fortführung. Das Verfahren wird bei einem entsprechenden Antrag mit den übrigen Beteiligten fortgesetzt. Ein Eintrittsrecht der Erben oder Totenfürsorgeberechtigten des Verstorbenen gibt es nicht, soweit in der Folge (zB bei einer Probeentnahme für eine Abstammungsuntersuchung) das postmortale Persönlichkeitsrecht des Verstorbenen berührt wird, sind die Totenfürsorgeberechtigten zu hören. 15

IV. Tod vor Verfahrenseinleitung

Ist eine Person, die Beteiligte eines Abstammungsverfahrens sein würde, bereits vor Einleitung des Verfahrens gestorben, so richtet sich die Frage, ob ein Verfahren eingeleitet werden kann, nach materiellem Recht. Die diese Frage früher regelnde Vorschrift des § 1600e Abs. 2 BGB aF ist (als „überflüssig") aufgehoben worden.⁵ Da es keines Antragsgegners bedarf, ist also allein entscheidend, ob noch eine antragsbefugte Person vorhanden ist.⁶ 16

§ 182 Inhalt des Beschlusses

(1) ¹Ein rechtskräftiger Beschluss, der das Nichtbestehen einer Vaterschaft nach § 1592 des Bürgerlichen Gesetzbuchs infolge der Anfechtung nach § 1600 Abs. 1 Nr. 2 des Bürgerlichen Gesetzbuchs feststellt, enthält die Feststellung der Vaterschaft des Anfechtenden. ²Diese Wirkung ist in der Beschlussformel von Amts wegen auszusprechen.

(2) Weist das Gericht einen Antrag auf Feststellung des Nichtbestehens der Vaterschaft ab, weil es den Antragsteller oder einen anderen Beteiligten als Vater festgestellt hat, spricht es dies in der Beschlussformel aus.

Schrifttum: *Höfelmann,* Das Gesetz zur Änderung der Vorschriften über die Anfechtung der Vaterschaft und das Umgangsrecht von Bezugspersonen des Kindes, FamRZ 2004, 745; *Zeuner,* Zur Tragweite negativer Abstammungsentscheidungen, FS Schwind, 1979, S. 383.

I. Gesetzesgeschichte, Normzweck

§ 182 Abs. 1 übernimmt wortgetreu den Inhalt vom § 640h Abs. 2 ZPO aF; die Regelung des Abs. 2 entspricht § 641h ZPO aF. Beide Absätze bringen also keine Neuerung gegenüber dem früheren Recht. 1

Die Regelungen des § 182 stehen in engem Zusammenhang mit § 184 Abs. 2, der die grundsätzliche *inter omnes*-Wirkung von Entscheidungen in Abstammungssachen festschreibt. Sinn des § 182 ist es, durch die Bestimmung des Tenors den **Umfang der Rechtskraft** zu gestalten und klarzustellen, um damit unnötige weitere Verfahren, die möglicherweise widersprechende Ergebnisse erzeugen könnten, zu vermeiden. 2

II. Anwendungsbereich des § 182 Abs. 1

Die dem § 182 Abs. 1 zugrunde liegende Regelung des § 640h Abs. 2 ZPO aF ist mit der Einführung des (begrenzten) Anfechtungsrechts des Vaterschaftsprätendenten in § 1600 Abs. 1 Nr. 2 3

---

³ *Musielak/Borth* Rn. 2.
⁴ § 640g ZPO aF lag der Gedanke zugrunde, dass fortsetzungsberechtigt Personen wären, die ohnehin eine materiell-rechtliche Klagebefugnis hatten; auch § 1600e Abs. 2 BGB aF ermöglichte ein Anfechtungsverfahren nur den Klageberechtigten.
⁵ BT-Drucks. 16/6308, S. 345.
⁶ Zur Problematik oben § 169 Rn. 27, 77.

§ 182 4–7

BGB als verfahrensrechtliche Fortsetzung der in § 1600 Abs. 2 BGB aufgestellten Anfechtungsvoraussetzung der „leiblichen Vaterschaft" des Anfechtenden geschaffen worden.[1]

4   Der Anwendungsbereich ist dementsprechend schmal. Ficht beispielsweise das Kind erfolgreich die Vaterschaft des ihm zugeordneten Mannes an und stellt sich während des Verfahrens heraus, dass der Beteiligte X der leibliche Vater des Kindes ist, so kann die Feststellung der Vaterschaft des X zwar auf Antrag des Kindes in einem nach § 179 mit der Anfechtung verbundenen Verfahren erfolgen, es handelt sich dann aber um ein eigenständiges Verfahren mit eigenständiger Endentscheidung; § 182 Abs. 1 findet keine Anwendung. Der Unterschied liegt im Wesentlichen darin, dass bei einem Sachverhalt nach § 182 Abs. 1 eine Rechtsmittelentscheidung und eine Wiederaufnahme (§ 185) sowohl die Anfechtung der Vaterschaft als auch die Feststellung der Vaterschaft des Anfechtenden ergreifen wird, während in den zuletzt erwähnten Fällen für jedes Verfahren ein Wiederaufnahmegrund bestehen muss und beide Verfahren sowohl bei der Wiederaufnahme als auch in der Rechtsmittelinstanz ein unterschiedliches Schicksal haben kann.

III. Wirkung des § 182 Abs. 1

5   Bei der Anfechtung durch den Vaterschaftsprätendenten nach § 1600 Abs. 1 Nr. 2 BGB sind zwei Rechtsbeziehungen Verfahrensgegenstand: die angefochtene rechtliche Zuordnung des Kindes zu seinem „bisherigen Vater" und das gleichzeitig zu etablierende Rechtsband zwischen Kind und dem Anfechtenden. Über **beide Rechtsbeziehungen** erfolgt eine Entscheidung (damit das Kind durch die Anfechtung des Vaterschaftsprätendenten nicht vaterlos gestellt wird), wenn die Anfechtungsvoraussetzungen vorliegen. Die materiell-rechtlichen Anfechtungsvoraussetzungen sind ebenfalls auf beide Rechtsbeziehungen bezogen: Es müssen die allgemeinen (§§ 1600a ff. BGB) und die besonderen (§ 1600 Abs. 2 BGB) Anfechtungsvoraussetzungen vorliegen. Dazu gehört u. a., dass (1) nicht der bisher als Vater zugeordnete Mann, sondern (2) der Anfechtende der leibliche Vater des Kindes ist. In konsequenter Umsetzung des § 1600 Abs. 2 BGB („die Anfechtung ... setzt voraus ..., dass der Anfechtende der leibliche Vater des Kindes ist"), ist der Antrag als unbegründet (mit Antragsverbrauch)[2] abzuweisen, wenn der Anfechtende nicht der leibliche Vater des Kindes ist.[3] Allein die Tatsache, dass der als Vater zugeordnete Mann nicht der leibliche Vater ist, reicht für einen Erfolg der Anfechtung nicht aus.[4] Mit der Abweisung des Antrags ist rechtskräftig festgestellt, dass der Vaterschaftsprätendent kein Anfechtungsrecht hat.[5] Bezüglich der Vaterschaft des bisher zugeordneten Mannes kann die abweisende Entscheidung keine Rechtskraft entfalten, denn für eine diesbezügliche Entscheidungsfindung war – wie beim Fehlen anderer Anfechtungsvoraussetzungen – kein Raum. Ob die abweisende Entscheidung einem **späteren Anfechtungsantrag** des Kindes oder der Mutter entgegensteht, ist zu bezweifeln und hier wohl ebenso wie bei Versäumung der Anfechtungsfrist durch den Anfechtenden des früheren Prozesses[6] zu verneinen. Das Gleiche gilt (erst recht), wenn der Anfechtungsantrag abgewiesen wird, weil das Fehlen einer sozial-familiären Beziehung nicht nachgewiesen werden konnte.

6   Liegen aber alle Anfechtungsvoraussetzungen vor, so sind zur Klarstellung der Entscheidungswirkungen die Rechtsgestaltungen bezüglich beider Rechtsbeziehungen in die **Formulierung** der Endentscheidung aufzunehmen: Die Vaterschaft des bisher zugeordneten Mannes wird beseitigt, die des Anfechtenden (nach § 1592 Nr. 3 BGB) etabliert. Die Entscheidung hat damit auch zweifache Rechtskraftwirkung.

IV. Anwendungsbereich des § 182 Abs. 2

7   § 182 Abs. 2 gilt – wie § 641h ZPO aF – nur für **negative Feststellungsanträge** bezüglich der Vaterschaft (analog für die Mutterschaft). Des Eingreifens der Regelung bedarf es nicht, wenn die Feststellung der ursprünglichen Unwirksamkeit oder die Anfechtung der Vaterschaftsanerkennung

---

[1] Gesetz vom 23. 4. 2004, BGBl. I S. 598.

[2] Wird eine Anfechtung wegen Fehlens der Anfechtungsvoraussetzungen außerhalb der Abstammungsfrage abgewiesen, so wird damit rechtskräftig für und gegen alle (nur) festgestellt, dass der Anfechtende kein Anfechtungsrecht hat, BGH FamRZ 2003, 155.

[3] Vgl. *Höfelmann* FamRZ 2004, 745, 749; *Büttner*, FS D. Schwab, 2005, S. 735, 740; *Eckebrecht* FPR 2005, 205, 208; aA *Wieser* FamRZ 2004, 1773, 1774 (Abweisung als unzulässig); es kann sich aber bei der genetischen Verbindung nicht um eine Klagevoraussetzung handeln, weil diese ja gerade Gegenstand des Verfahrens ist.

[4] Daraus sollte sich auch die Reihenfolge der einzuholenden Gutachten ergeben: Ist bereits die Vaterschaft des Anfechtenden zweifelhaft, bedarf es einer Klärung der Vaterschaft des bisher zugeordneten Mannes nicht.

[5] BGH FamRZ 2003, 155.

[6] OLG Düsseldorf NJW 1980, 2760.

negativ beschieden wird, denn diese Entscheidungen ändern den Status des Kindes nicht. Die Vater-Kind-Zuordnung ergibt sich in diesen Fällen bereits aus § 1592 BGB. Dasselbe gilt bei einer erfolglosen Anfechtung der nach § 1592 Nr. 1 BGB bestehenden Vaterschaft.

Die Vorschrift greift ferner nur ein, wenn ein negativer Feststellungsantrag **abgewiesen** und auch dann, wenn **positiv das kontradiktorische Gegenteil** festgestellt wird. Da sich dieses aus dem Tenor der Entscheidung („der (negative) Feststellungsantrag wird abgewiesen ...") nicht automatisch ergeben würde, ist aus Klarstellungsgründen die mit der Entscheidung erfolgende positive statusmäßige Zuordnung ausdrücklich zu formulieren. Dies erleichtert insbesondere die Beurkundungsvermerke des Standesamts nach § 27 PStG. **8**

Die Regelung greift daher nicht ein, wenn nicht das kontradiktorische Gegenteil, sondern die **Vaterschaft eines anderen Mannes** festgestellt wird.[7] Die Formulierung „oder einen anderen Beteiligten als Vater festgestellt hat", muss nach Gesetzesgeschichte[8] und nach der *ratio legis* allein auf den Beteiligten bezogen werden, um dessen Vaterschaft es in dem negativen Feststellungsantrag geht. Der Fall, dass sich im Rahmen des Streits um die Vaterschaft des X der Mann Y als Erzeuger des Kindes herausstellt, wird von § 182 Abs. 2 auch dann nicht erfasst, wenn Y (wegen § 7 Abs. 2 Nr. 1) Beteiligter des Verfahrens war. Ys Vaterschaft kann zwar auf Antrag in dem mit der negativen Feststellungsklage verbundenen Verfahren (§ 179 – s. oben § 179 Rn. 4 ff.) festgestellt werden. Dies ist jedoch eine gesonderte Entscheidung, die auch bezüglich Beschwerde und Wiederaufnahme eigenen Regelungen unterliegt. **9**

V. Wirkungen des § 182 Abs. 2

Die Regelung führt nicht zu einer Änderung der **Rechtskraftwirkung**: Bei sachlicher Antragsabweisung eines negativen Feststellungsantrags ist bereits nach den allgemeinen Grundsätzen das kontradiktorische Gegenteil festgestellt. Dies gilt bei negativen Feststellungsanträgen auch dann, wenn der Abweisung eine Beweislastentscheidung zugrunde liegt, also die Vaterschaft zwar nicht positiv zur vollen Überzeugung des Gerichts naturwissenschaftlich nachgewiesen werden konnte, aber die Abstammungsvermutung des § 1600d Abs. 2 S. 1 BGB nicht durch schwerwiegende Zweifel an der Vaterschaft entkräftet werden konnte.[9] Sogenannte *non liquet*-Fälle, in denen die Antragsabweisung die Vaterschaft weder ausschließt noch feststellt, sind nach deutschem Kindschaftsrecht nicht mehr möglich.[10] Die Formulierung „weil es den Antragsteller oder einen anderen Beteiligten als Vater festgestellt hat", enthält lediglich eine Klarstellung dahin, dass eine derartige Feststellung nur bei Sachentscheidungen, nicht bei der Unzulässigkeit des Antrags möglich ist. **10**

§ 182 Abs. 2 bedeutet des Weiteren keine Abweichung von § 172, da die Tenorierung den vom Antrag umfassten Erkenntnisgegenstand wiedergibt. Dies gilt jedenfalls dann, wenn man den Beteiligtenbegriff dementsprechend eng fasst (s. oben Rn. 9). **11**

Ist die nach § 182 Abs. 2 vorgeschriebene ausdrückliche Feststellung der Abstammung im Tenor **unterblieben,** so entfaltet die Entscheidung im Regelfall dennoch die Rechtskraft dahin, dass der beteiligte Mann rechtlich als Vater dem Kind zuzuordnen ist.[11] Etwas anderes gilt nur, wenn das Gericht entweder nach **ausländischem Kindschaftsstatut** oder auch fälschlicherweise nach deutschem Recht bei der Abweisung des Antrags von der Ungeklärtheit der Abstammung ausging und daher keine Sachentscheidung treffen wollte.[12] **12**

§ 183 Kosten bei Anfechtung der Vaterschaft

Hat ein Antrag auf Anfechtung der Vaterschaft Erfolg, tragen die Beteiligten, mit Ausnahme des minderjährigen Kindes, die Gerichtskosten zu gleichen Teilen; die Beteiligten tragen ihre außergerichtlichen Kosten selbst.

---

[7] AA *Keidel/Engelhardt* Rn. 3; wie hier *Schulte-Bunert/Weinreich/Schwonberg* Rn. 11.
[8] In § 641h ZPO aF war von Kläger und Beklagtem die Rede, wohl nur mangels Antragsgegnerschaft im FamFG-Verfahren hat der Gesetzgeber die offenere Formulierung gewählt.
[9] OLG Hamburg DAVorm. 1975, 229, 231; *Stein/Jonas/Schlosser* § 641h ZPO Rn. 2; *Gaul,* FS Bosch, 1976, 272; *Gravenhorst* FamRZ 1970, 127.
[10] *Stein/Jonas/Schlosser* § 641h ZPO Rn. 2; wohl auch BGHZ 40, 367; ist bereits die die Vermutung des § 1600d BGB auslösende Beiwohnung zweifelhaft, so wird dem Antrag bei unsicherem Abstammungsgutachten (und fehlenden weiteren Klärungsmöglichkeiten) stattzugeben sein, § 182 passt daher von vornherein nicht; *Musielak/Borth* (Rn. 3) sprechen davon, dass § 182 „nicht herangezogen" werden kann.
[11] *Stein/Jonas/Schlosser* § 641h ZPO Rn. 3.
[12] Nach *Brüggemann* FamRZ 1969, 120 Fn. 12 soll dies auch bei Anwendung deutschen Rechts möglich sein.

I. Gesetzesgeschichte, Normzweck

1 § 183 ist § 93c ZPO aF nachgebildet. Die Vorschrift ist aber nicht nur an die Struktur des FamFG-Abstammungsverfahrens angepasst, sondern enthält auch inhaltliche Änderungen. Diese ergeben sich nicht nur aus einem gegenüber den Parteien des Abstammungs-(/Kindschafts-)Verfahrens nach früheren Recht erweiterten Beteiligtenbegriff (s. unten Rn. 7), sondern auch durch die Befreiung des Kindes von der Kostenlast (s. unten Rn. 7).

2 Hintergrund der (alten und neuen) Regelung ist die Überlegung, dass die Beteiligten über die rechtliche Zuordnung nicht disponieren können, vielmehr ein gerichtliches Verfahren zur Beseitigung derselben notwendig ist. Sie können eine rechtliche Zuordnung nicht „unter sich" korrigieren. Insofern sind sie auf die Inanspruchnahme des gerichtlichen Verfahrens angewiesen; da auch innerhalb desselben keine Möglichkeit besteht, durch Anerkennung das Verfahren möglichst kostengünstig zu beenden, erscheint es gerecht, die Kostenlast nicht in vollem Umfang den Beteiligten aufzuerlegen, die bei einer erfolgreichen Anfechtung nicht Antragsteller sind.[1]

II. Verhältnis zu anderen Normen

3 § 183 ist *lex specialis* gegenüber §§ 80 f. Andernfalls hätte es der Befreiung des minderjährigen Kindes von der Kostenlast nicht bedurft (weil § 81 Abs. 3 minderjährige Beteiligte generell von der Kostentragung für die Person betreffenden Verfahren ausnimmt). Die Konstellationen des § 81 Abs. 2 passen in der Regel ohnehin nicht; es fehlt im Übrigen an einer dem Verweis in § 93c ZPO aF (auf § 96 ZPO) entsprechenden Regelung. Die Kostenauferlegung nach §§ 178 Abs. 2 FamFG, 390 ZPO bleibt von der Kostenverteilung nach § 183 unberührt, weil es sich hierbei um gesonderte Kosten handelt, für die im Übrigen die *ratio* des § 183 nicht passt.

III. Anwendungsbereich

4 **1. Nur Anfechtungsverfahren** fallen in den Anwendungsbereich des § 183. Für alle übrigen Abstammungssachen bleibt es bei den allgemeinen Kostenregelungen der §§ 80 f. Die Regelung gilt auch nur für das **gerichtliche Verfahren,** nicht für einen Widerruf der Anerkennung nach § 1597 Abs. 3 BGB und auch nicht für ein Verfahren auf Feststellung des Nichtbestehens der Vaterschaft wegen wirksamen Widerrufs der Anerkennung.

5 **2. Nur erfolgreiche Anfechtungen** sind erfasst. Wird der Anfechtungsantrag abgewiesen, so bleibt es bei der Regelung der §§ 80, 81: Grundsätzlich trägt der erfolglose Antragsteller die Kosten auch der anderen Beteiligten, soweit nicht eine andere Kostenverteilung billig erscheint. Erledigt sich die Hauptsache (zB durch Tod eines Beteiligten, s. oben § 181), so bedarf es einer analogen Anwendung (wie bisher bei § 93c ZPO aF)[2] des § 183 nicht, weil § 83 Abs. 1 ohnehin diese Regelung für die Erledigung der Hauptsache vorsieht.[3]

6 Wird über einen Antrag nicht entschieden, weil dieser zurückgenommen wird (vgl. § 22 Abs. 1, 2), oder erklären alle Beteiligten, dass sie das Verfahren nicht fortsetzen wollen, greifen ebenfalls die allgemeinen Regelungen ein, die mit §§ 83 Abs. 2, 81 eine billige, dem Einzelfall angepasste Entscheidung ermöglichen.

IV. Kostenverteilung

7 **1. Beteiligtenbegriff.** § 183 bezeichnet die Beteiligten als Kostenschuldner. Beteiligte sind – anders als in § 93c ZPO aF – nicht nur Vater, Mutter, Kind, sondern auch weitere Anfechtungsberechtigte (Vaterschaftsprätendent, der nach § 1600 Abs. 1 Nr. 2 BGB, öffentliche Behörde, die nach § 1600 Abs. 1 Nr. 5 BGB die Vaterschaft anficht), evtl. das Jugendamt (§ 172 Abs. 2) und ein für das Kind bestellter Verfahrensbeistand (§§ 174, 158 Abs. 3 S. 2). Ausdrücklich ausgenommen aus der Kostenbeteiligungspflicht ist nur das **minderjährige Kind,** um dessen Abstammung es geht. **Minderjährige Elternteile** sind hingegen (zwingend Beteiligte, § 172 Abs. 1, aber) nicht (wie in § 81 Abs. 3) von der Kostentragung befreit. Vater und Mutter sind also in jedem Fall an den Kosten zu beteiligen. Es besteht auch kein Grund, den anfechtenden **Vaterschaftsprätendenten** von der

---

[1] OLG Hamm FamRZ 2007, 1753 (Mutwilligkeit der Rechtsverteidigung für Prozesskostenhilfe des Anfechtungsgegners nach altem Recht zu Recht verneint).
[2] Vgl. *Baumbach/Lauterbach/Hartmann* § 93 c ZPO Rn. 10; OLG Brandenburg MDR 2000, 1380.
[3] Zu §§ 91a Abs. 1, 93 c ZPO aF: OLG Köln FamRZ 2006, 54.

Beteiligungspflicht auszunehmen. Dasselbe gilt im Falle einer Anfechtung durch die **öffentliche Behörde.**

Fraglich erscheint allerdings eine Kostenbeteiligung des **Jugendamtes.** Auch wenn dieses auf eigenen Antrag Beteiligter geworden ist (§ 172 Abs. 2), passt die Regelung der Kostentragung hierfür nicht.[4] Erst recht kann der **Verfahrensbeistand** des Kindes nicht mit (einem Teil der) Kosten belastet werden. Zwar wird in § 183 nicht auf § 158 Abs. 8 verwiesen und auch § 174 S. 2 enthält einen solchen Verweis nicht. Es ist aber davon auszugehen, dass Letzteres ein Redaktionsversehen ist (s. oben § 174 Rn. 13).[5]

2. Kostenlast. In der Regel werden daher zwei oder drei Kostenträger in Betracht kommen (Vater/Mutter und evtl. Vaterschaftsprätendent oder öffentliche Behörde und/oder volljähriges Kind), unter denen die Gerichtskosten gleichmäßig aufzuteilen sind. Die **außergerichtlichen Kosten** tragen alle Beteiligten (auch das minderjährige Kind) selbst.

Die Frage, ob einer der Beteiligten (zB der erfolgreich anfechtende Scheinvater) einen Regressanspruch wegen dieser Kostenlast gegen andere Beteiligte hat, regelt § 183 nicht. Ein solcher kann sich aber aus dem materiellen Recht ergeben (zB gegen den wirklichen Erzeuger[6] oder aus § 826 BGB gegen die Mutter).[7]

8

9

10

§ 184 Wirksamkeit des Beschlusses, Ausschluss der Abänderung, ergänzende Vorschriften über die Beschwerde

(1) [1] Die Endentscheidung in Abstammungssachen wird mit Rechtskraft wirksam. [2] Eine Abänderung ist ausgeschlossen.

(2) Soweit über die Abstammung entschieden ist, wirkt der Beschluss für und gegen alle.

(3) Gegen Endentscheidungen in Abstammungssachen steht auch demjenigen die Beschwerde zu, der an dem Verfahren beteiligt war oder zu beteiligen gewesen wäre.

I. Gesetzesgeschichte, Normzweck

§ 184 übernimmt einen Teil der Regelung des § 640h ZPO aF, geht jedoch in seinem Anwendungsbereich über die frühere Vorschrift hinaus, weil er auch den Eintritt des Wirksamwerdens und die Beschwerdebefugnis regelt. Normzweck ist eine dem Abstammungsverfahren als (in der Regel) Statusentscheidung angemessene Regelung der Urteilswirkungen.

1

II. Anwendungsbereich des § 184 Abs. 1

§ 184 Abs. 1 gilt für **alle Abstammungsverfahren** nach § 169, in Unterschied zu Abs. 2 auch für die Verfahren nach § 169 Nr. 2 und 3 (die Streitigkeiten nach §§ 1598a Abs. 2 und 4 BGB betreffen). In Abweichung von § 40 Abs. 1, der ein Wirksamwerden des Beschlusses mit Bekanntgabe an die Beteiligten vorsieht,[1] tritt die Wirkung der Entscheidung (ebenso wie in den Fällen des § 40 Abs. 3) erst mit Rechtskraft ein. Für die echten Statussachen ergibt sich die Notwendigkeit, die Wirkungen an die Rechtskraft zu knüpfen, aus der Natur der Sache. Auch die Wirkungen von Entscheidungen nach § 169 Nr. 2 und 3 dürfen erst mit Rechtskraft eintreten, weil andernfalls ein Rechtsmittel gegen die Ersetzung der Einwilligung[2] oder gegen die zur Einsichtgewährung verpflichtende Entscheidung völlig bedeutungslos würde.

2

---

[4] Für Kostenbeteiligung, aber mit Hinweis auf § 64 Abs. 2 und SGB X *Schulte-Bunert/Weinreich/Schwonberg* Rn. 5.
[5] Vgl. § 21 Abs. 1 Nr. 4 FamGKG.
[6] BGHZ 57, 229; BGHZ 103, 162; ausführlich *Gernhuber/Coester-Waltjen* § 52 Rn. 137 ff.
[7] Verneinend: OLG Jena MDR 2006, 335; AG Uelzen FamRZ 2002, 844; kritisch: *Gernhuber/Coester-Waltjen* § 52 Rn. 140; zur Kostenerstattung nach SGB VIII: OVG Nordrhein-Westfalen 12 A 576/07 vom 6. 6. 2008.
[1] Dies entspricht § 16 FGG aF, der als Zeitpunkt für das Wirksamwerden die Bekanntmachung wählte, weil es sowohl an einer Verkündung (mangels Erörterungstermins/mündlicher Verhandlung) als auch an formeller Rechtskraft fehlen konnte. Erlass und Wirksamwerden fallen daher nach den allgemeinen Regelungen des FGG und des FamFG zusammen.
[2] Vgl. die Entsprechung in § 894 ZPO, wenn eine Erklärung nicht ersetzt, sondern der Erklärungspflichtige zur Abgabe verurteilt wird.

§ 184 3–9   Buch 2. Abschnitt 4. Verfahren in Abstammungssachen

3   Die Grundregel des § 184 Abs. 1 entspricht dem **bisherigen Recht:** nach den allgemeinen Grundsätzen des ZPO-Verfahrens[3] und nach § 55b Abs. 2 FGG aF für die Abstammungs-(/Kindschafts-)Verfahren nach Tod eines Beteiligten. Wie in § 318 ZPO ist eine Abänderung ausgeschlossen.

4   Die Regelung gilt nur für **Endentscheidungen**, eventuelle Zwischenentscheidungen entfalten nach der allgemeinen Regelung des § 40 Abs. 1 bereits mit Bekanntgabe Wirkungen.

III. Anwendungsbereich des § 184 Abs. 2

5   § 184 Abs. 2 gilt nicht für alle Endentscheidungen in Abstammungssachen, sondern nur für solche, mit denen über die **Abstammung** entschieden wird. Damit fallen Verfahren nach § 169 Nr. 2 und 3 heraus. Ebenso kann sich diese Regelung nur auf Entscheidungen in der Sache, nicht auf solche, mit denen der Antrag als unzulässig abgewiesen[4] oder das Verfahren für erledigt erklärt wird, beziehen. Schließlich sind nur Entscheidungen umfasst, die positiv eine Vaterschaft feststellen oder bestätigen bzw. umgekehrt die Zuordnung verneinen oder beseitigen. Voraussetzung ist aber stets, dass über die Abstammung selbst, nicht nur über Anfechtungsvoraussetzungen oder die Wirksamkeit von Erklärungen entschieden wird. So ist beispielsweise bei Verneinung der Wirksamkeit einer Anerkennung ein späteres Verfahren auf Feststellung der Vaterschaft nicht ausgeschlossen.

6   Wird ein Antrag, mit dem die Vaterschaft (Mutterschaft) angefochten wird, abgewiesen, so wird damit der Status des Kindes nicht geändert. § 182 Abs. 2 (s. dort Rn. 5) greift nicht. Über die Abstammung ist in diesem Verfahren nur entschieden worden, wenn diese selbst und nicht nur die Anfechtungsvoraussetzungen Gegenstand des Verfahrens waren. Sind nur die Anfechtungsvoraussetzungen verneint worden, so ist über die Abstammung nicht entschieden. Die Entscheidung kann daher über den Antragsteller hinaus keine Wirkungen entfalten. Es bleibt anderen Beteiligten möglich, diese Vaterschaft (Mutterschaft) – gleichgültig, ob sie auf Anerkennung oder Ehe mit der Mutter beruht – anzufechten (vgl. oben § 182 Rn. 5).

7   Unerheblich ist, ob es sich bei der Sachentscheidung um einen gestaltenden oder einen feststellenden Beschluss handelt. Die für die Gestaltungsentscheidungen ohnehin geltende *inter omnes*-**Wirkung** wird damit auf Feststellungsbeschlüsse ausgedehnt. *Inter omnes*-Wirkung tritt also zum einen für die Entscheidungen ein, mit denen eine Vater-(Mutter)-Kind-Zuordnung *erstmalig* hergestellt wird (vgl. oben § 169 Rn. 18 ff.) – gleichgültig, ob die auf einem positiven Feststellungsantrag oder einem abgewiesenen negativen Feststellungsantrag (vgl. oben § 182 Abs. 2) beruht. Zum anderen haben auch Entscheidungen, die eine bisher schon bestehende Vater-(Mutter-)Zuordnung (auf positiven oder negativen Feststellungsantrag hin) bestätigen, diese Wirkungen. Selbst wenn die rechtskräftige Entscheidung auf einem Verfahrensfehler beruhen sollte, hindert dies die Rechtskraftwirkung nicht.[5]

IV. Wirkungen des § 184 Abs. 2

8   **1. Bindung.** Rechtskräftige Sachentscheidungen iSd. § 184 Abs. 2 binden Beteiligte, Dritte, Behörden und Gerichte. In einem Folgeverfahren darf weder primär noch inzident von einer rechtlichen Eltern-Kind-Zuordnung ausgegangen werden, die im Widerspruch zu den rechtskräftigen Feststellungen des Statusbeschlusses steht. Ebenso ist zB im Verfahren auf Herausgabe des Kindes und im Strafverfahren wegen Verletzung der gesetzlichen Unterhaltspflicht von der rechtskräftigen Feststellung des Statusbeschlusses auszugehen (hM).[6] Der Standesbeamte hat bei den Eintragungen in das Geburtenregister die rechtskräftige gerichtliche Feststellung zu beachten; abweichende oder in Widerspruch hierzu stehende Eintragungen sind nicht möglich.[7]

9   **2. Umfang der Bindung.** Diese zunächst weitreichend erscheinende Wirkung relativiert sich allerdings, wie insbesondere die jüngere Rechtssprechung zeigt, durch den allgemeinen Grundsatz,

---

[3] Wirksamkeit nicht iSv. Existenz, sondern von Wirkungsentfaltung, kommt Entscheidungen – außerhalb der vorläufigen Vollstreckbarkeit, die für Abstammungs(/Kindschafts)verfahren keine Rolle spielt, und der Frage des Fristbeginns für Rechtsmittel – erst ab Eintritt der formellen Rechtskraft zu, vgl. *Rosenberg/Schwab/Gottwald* § 60 Rn. 9.

[4] Bereits hM zu § 640h Abs. 1 ZPO aF. Vgl. oben § 640h Rn. 2.

[5] BGH NJW 1994, 1627 (unzulässiges Anerkenntnisurteil); BGH FamRZ 2005, 514; OLG Bamberg FamRZ 1995, 1044 (unzulässiges Versäumnisurteil); LG Traunstein StAZ 2006, 239 (ZPO-Verfahren statt FG-Verfahren aF).

[6] *Heimann-Trosien* JR 1976, 235; BGHSt 21, 11; das Statusurteil ist (als neue Tatsache) Wiederaufnahmegrund bei einer vorangegangenen Verurteilung: OLG Hamm NJW 2004, 2461.

[7] BVerwG NJW 1971, 2336.

dass nur der Tenor, nicht die Beschlusselemente in Rechtskraft erwachsen.[8] Das bedeutet für Statussachen, dass nur die **rechtliche Zuordnung** für alle bindend festgestellt ist, nicht jedoch ist damit auch die Frage der **leiblichen Abstammung** einer gegenteiligen Behandlung unzugänglich oder vertraglichen Verpflichtungen, die auf der wahren Abstammung aufbauen, die Grundlage entzogen. Vertragliche Übernahmen von Unterhaltsverpflichtungen, die sich an der wirklichen biologischen Elternschaft orientieren, werden nicht durch die Rechtskraft der Statusentscheidung berührt.[9] Nur auf diese Weise wird dem Gedanken des Vorrangs der Ermittlung der wahren Abstammungsverhältnisse, der u. a. auch in § 185 zum Ausdruck kommt, Rechnung getragen. Die Zweigleisigkeit der grundsätzlich, dh. vorbehaltlich des § 185, gegebenen Beständigkeit der rechtlichen Eltern-Kind-Zuordnung einerseits und die daneben in gewissem Rahmen offen bleibende inzidente Klärung der biologischen Abstammungsverhältnisse andererseits werden dem Bedürfnis nach Rechtssicherheit und Allgemeinverbindlichkeit der Statusentscheidungen sowie dem Interesse des Kindes an der Kenntnis der eigenen biologischen Abstammung gerecht.

Angesichts der sich zunehmend verfeinernden und an **Zuverlässigkeit gewinnenden Methoden der Vaterschaftsfeststellung**, der nur sehr beschränkten Dispositionsmöglichkeiten der Beteiligten (§ 177) und der durch § 185 gegenüber anderen Entscheidungen erweiterten Wiederaufnahmemöglichkeiten ist allerdings kaum zu erwarten, dass es häufig zu Diskrepanzen zwischen der gerichtlichen Statusfeststellung und entgegengesetzten Annahmen in späteren Verfahren kommt. Den Grundwertungen des materiellen deutschen Rechts würde es nicht entsprechen, wenn in diesen wenigen Fällen eine der wahren Abstammung widersprechende Zuordnung zum „letzten" in Anspruch genommenen möglichen Erzeuger vorgenommen würde. Die aus diesem Grundsatz entstehende Misslichkeit, dass die Rechtskraft der früheren Entscheidungen eine der wahren Abstammung entsprechende rechtliche Zuordnung hindert,[10] kann außerhalb einer großzügigen Anwendung des § 185 nicht im verfahrensrechtlichen Bereich, sondern durch materiell-rechtliche Regelungen ausgeglichen werden. 10

3. Inzidentfeststellungen. Diese Betrachtung ermöglicht auch ohne Rückgriff auf Ausnahmetatbestände eine konsequente Beurteilung hiermit zusammenhängender Fragen in anderen Rechtsbereichen. So ist etwa im Eheschließungsrecht und für die Verwandtschaft als strafrechtliches Tatbestandsmerkmal (in §§ 11 Abs. 1 Nr. 1 lit. a, 35, 173, 174 Abs. 1 Nr. 3 StGB) dem Sinn dieser Vorschriften entsprechend sowohl das durch rechtliche Zuordnung als auch das allein durch biologische Verbindung entstandene Eltern-Kind-Band entscheidend.[11] 11

4. Private Abstammungsklärung. In der Regel werden auch nach einer *inter omnes*-Entscheidung über die Abstammung die als Vater-Mutter-Kind einander zugeordneten Personen nach § 1598a BGB noch die Einwilligung in eine Abstammungsuntersuchung verlangen können, soweit dieses Begehren im Einzelfall nicht rechtsmissbräuchlich ist. § 1598a BGB dient der Durchsetzung des Rechts auf Kenntnis der eigenen Abstammung bzw. der Überprüfung der genetischen Verbindung der rechtlich einander zugeordneten Personen. Diese statusunabhängige Überprüfung wird folglich nach § 184 Abs. 2 nicht ausgeschlossen. Daher ist auch weiterhin ein Verfahren nach § 169 Nr. 2 und 3 nicht durch den Einwand der *res iudicata* gehindert. 12

V. Anwendungsbereich des § 184 Abs. 3

§ 184 Abs. 3 regelt die Beschwerdebefugnis abweichend von § 59: Die Beschwerde setzt nicht eine Beeinträchtigung des Beschwerdeführers in seinen Rechten voraus, sondern steht jedem Beteiligten zu. Damit können auch Jugendamt (§ 172 Abs. 2) und Verfahrensbeistand (§§ 174 S. 2, 158 Abs. 3 S. 2, Abs. 4 S. 5) die Beschwerde einlegen. Ferner haben die übrigen Beteiligten die Mög- 13

---

[8] BGH NJW 1994, 2697.
[9] Vgl. OLG Hamm NJW 1988, 830 für die vertragliche Übernahme der Unterhaltsverpflichtung durch den (unbestritten) wahren Erzeuger bei Unterlassung der Ehelichkeitsanfechtungsklage durch den (früheren) Ehemann.
[10] In derartigen Diskrepanzfällen kann beispielsweise nach erfolgreicher Anfechtung der Vaterschaft nach § 1592 Nr. 1 BGB und erfolglosen Bemühungen um die gerichtliche Feststellung des Vaters nach § 1600d Abs. 1 BGB die Frage auftreten, ob der als Vater nach § 1592 Nr. 1 BGB ausgeschiedene, nunmehr als biologischer Vater in Betracht kommende Ehemann der Mutter das Kind nach § 1594 BGB anerkennen kann oder ob ihm nur die Möglichkeit der Wiederaufnahme nach § 185 bleibt.
[11] Soweit auf Blutsverwandtschaft abgestellt wird, kommt es daher auf die tatsächliche biologische Verbindung an; iE ebenso *Gernhuber/Coester-Waltjen* § 10 Rn. 22; *Rauscher* Rn. 167; BGH NJW 1981, 326; zur Orientierung allein an der rechtlichen Zuordnung im Höferecht: *Ahrens* FamRZ 1976, 95.

lichkeit, ein Rechtsmittel einzulegen, wenn sie mit diesem eine andere als die ergangene Entscheidung erreichen wollen.[12] Auf eine formelle Beschwer kommt es nicht an.[13]

14 Beschwerdeberechtigt ist schließlich auch eine Person, die durch das Verfahren in ihren Rechten unmittelbar berührt wird und daher nach § 7 Abs. 2 Nr. 1 zu beteiligen gewesen wäre.[14] Erfährt das Gericht von der Existenz einer solchen Person, so hat es den Beschluss derselben schriftlich bekannt zu geben (§ 63 Abs. 3), damit die Beschwerdefrist auch für diese Person zu laufen beginnt. Mit Ablauf von fünf Monaten nach Erlass wird der Beschluss aber rechtskräftig (§ 63 Abs. 3 S. 2). Eine Beschwerde ist dann nur noch möglich, wenn der Betroffene Wiedereinsetzung in den vorherigen Stand nach §§ 17 ff. begehren kann. Auch diese Möglichkeit ist nach einem Jahr und fünf Monaten nach Erlass der Entscheidung nicht mehr gegeben (§ 18 Abs. 4). Der Beschluss ist dann trotz seiner Verfahrenswidrigkeit wegen Nichtbeteiligung der zu beteiligenden Person unanfechtbar. Die Wirkungen der Entscheidung können dann nur noch durch eine Wiederaufnahme nach § 185 beseitigt werden, wenn und soweit es sich um eine einem Beteiligten gleichzustellende Person handelt. Dies kann nur angenommen werden, wenn die entsprechende Person auch materiell-rechtlich antragsbefugt gewesen wäre (s. § 185 Rn. 11).

§ 185 Wiederaufnahme des Verfahrens

(1) Der Restitutionsantrag gegen einen rechtskräftigen Beschluss, in dem über die Abstammung entschieden ist, ist auch statthaft, wenn ein Beteiligter ein neues Gutachten über die Abstammung vorlegt, das allein oder in Verbindung mit den im früheren Verfahren erhobenen Beweisen eine andere Entscheidung herbeigeführt haben würde.

(2) Der Antrag auf Wiederaufnahme kann auch von dem Beteiligten erhoben werden, der in dem früheren Verfahren obsiegt hat.

(3) ¹ Für den Antrag ist das Gericht ausschließlich zuständig, das im ersten Rechtszug entschieden hat; ist der angefochtene Beschluss von dem Beschwerdegericht oder dem Rechtsbeschwerdegericht erlassen, ist das Beschwerdegericht zuständig. ² Wird der Antrag mit einem Nichtigkeitsantrag oder mit einem Restitutionsantrag nach § 580 der Zivilprozessordnung verbunden, ist § 584 der Zivilprozessordnung anzuwenden.

(4) § 586 der Zivilprozessordnung ist nicht anzuwenden.

Schrifttum: *Braun,* Aktuelle Fragen der Restitutionsklage gemäß § 641i ZPO, FamRZ 1989, 1129; *Gaul,* zum Anwendungsbereich des § 641i ZPO, FS Bosch, 1976, S. 241; *Niklas,* Vaterschaftsgutachten als Restitutionsgrund, JR 1988, 441.

I. Gesetzesgeschichte, Normzweck

1 § 185 entspricht im Wesentlichen § 641i ZPO aF. Dessen von Rechtsprechung und Literatur vorgenommene bzw. befürwortete Erweiterungen des Anwendungsbereichs hat der Gesetzgeber in die neue Vorschrift übernommen, die ihrerseits eine Erweiterung des § 48 Abs. 2 darstellt. Über § 48 Abs. 2 bleibt daneben die Wiederaufnahme nach §§ 579, 580 ZPO möglich. Dieses Nebeneinander der verschiedenen Wiederaufnahmegründe wird durch § 185 Abs. 3 S. 2 deutlich hervorgehoben.

2 Zu beachten ist – an systematisch nicht einleuchtender Stelle – Art. 229 § 17 EGBGB (s. unten Rn. 10 aE).

3 Sinn der Regelung ist es, wegen der Wichtigkeit und der weitreichenden Folgen von Statusentscheidungen eine Revision unrichtiger Entscheidungen zu ermöglichen und wissenschaftlichen Fortschritten in der Ermittlung der Abstammung Rechnung zu tragen.[1]

---

[12] Vgl. bereits früher BGH NJW 1994, 2697, 2698 *(obiter dictum)* m. weit. Nachw. zur streitigen Literatur; anders aber BGHZ 163, 37 zur Vaterschaftsfeststellung im FG-Verfahren aF Für die nicht in § 55 Abs. 1 S. 1 FGG aF genannten Personen.
[13] So auch *Schulte-Bunert/Weinreich/Schwonberg* Rn. 10. So schon zum früheren Recht (Rückschluss aus § 641i ZPO aF) OLG Hamm FamRZ 2008, 1646.
[14] Da außerhalb von § 172 keine andere Regelung die Beteiligung weiterer Personen vorschreibt, wird § 7 Abs. 2 Nr. 2 praktisch nicht relevant.
[1] Kritisch oben § 641i ZPO Rn. 1.

II. Anwendungsbereich

1. Alle Statusverfahren. § 185 gilt (anders als § 641i ZPO aF) bereits nach seinem Wortlaut für 4 *alle* Entscheidungen, in denen über **die Abstammung entschieden** worden ist. Damit sind außer den Streitigkeiten, in denen die materiell-rechtlichen Ansprüche des § 1598a BGB Verfahrensgegenstand sind (§ 169 Nr. 2 und 3), alle Verfahren nach § 169 umfasst. Es muss aber hier – wie in § 184 – um eine (positiv oder negativ) *feststellende* oder *gestaltende* Entscheidung über die Abstammung gehen, dh. die leibliche Abstammung selbst muss Gegenstand des Verfahrens und des Beschlusses gewesen sein. Bleibt eine rechtliche Zuordnung beispielsweise erhalten, weil die Anfechtungsfrist versäumt ist oder weil eine sozial-familiäre Beziehung zum rechtlich zugeordneten Vater[2] bestand, so hat diese Entscheidung gerade nicht über die Abstammung entschieden, eine Restitutionsklage nach § 185 ist ausgeschlossen. Dies ergibt sich nicht nur aus dem Wortlaut, sondern eindeutig auch aus der *ratio legis*, denn ein neues Gutachten über die Abstammung kann nur dann ein anderes Ergebnis herbeiführen, wenn die Abstammung selbst Grundlage der früheren Entscheidung war. Für die nicht in den Anwendungsbereich des § 185 fallenden Entscheidungen bleibt eine Wiederaufnahme nach § 48 Abs. 2 FamFG iVm. §§ 579, 580 ZPO möglich, soweit die dortigen Voraussetzungen erfüllt sind.

2. Neues Gutachten über die Abstammung. In Erweiterung der Restitutionsgründe (insbesondere § 580 Nr. 7 b ZPO) erlaubt § 185 die Wiederaufnahme, wenn ein neues **Gutachten** über die Abstammung vorgelegt wird. An die Form oder Überzeugungskraft des Gutachtens stellt das Gesetz keine ausdrücklichen Anforderungen. Letzteres ist ohnehin eine Frage der freien Beweiswürdigung. Der Begriff „Gutachten" setzt allerdings eine gewisse Sachkunde des Erstellers und ein Bemühen um wissenschaftlich korrekte Erkenntnisse voraus.[3] Andernfalls könnte das Gutachten von vornherein nicht geeignet sein, ein anderes Ergebnis des Verfahrens herbeizuführen. Dass andere Gutachter die Richtigkeit des Gutachtens in Zweifel ziehen, hindert nicht.[4] Auch ein Privatgutachten reicht aus.[5] Die Wiedergabe allgemeiner Erkenntnisse genügt nicht, sie müssen auf den konkreten Sachverhalt, der Gegenstand des Verfahrens war, bezogen sein.[6]

Das Gutachten muss sich auf die **Abstammung** beziehen, für die genetische/biologische Abstam- 6 mung relevant sein. Damit kann es auch allein Indizien, wie zB die Zeugungsfähigkeit oder die Tragezeit betreffen.[7] Aus Gutachten zu anderen Anfechtungsvoraussetzungen (zB sozial-familiäre Beziehung, Fristbeginn, Zeitpunkt der Eheschließung)[8] sind keine Aufschlüsse über die genetische Verbindung zu erwarten. Derartige Gutachten kommen daher für eine Wiederaufnahme nach § 185 nicht in Betracht.

Neu ist ein Gutachten jedenfalls nur dann, wenn es in vorherigen Verfahren nicht vorgelegt 7 wurde.[9] Ein Ergänzungsgutachten, das ein bereits im vorherigen Verfahren erstattetes Gutachten mit einem vom Gericht nicht übernommenen Ergebnis lediglich wiederholt, ist *kein* neues Gutachten.[10] Wohl aber ist ein Gutachten neu, wenn es das der Entscheidung im vorherigen Verfahren zugrunde gelegte Gutachten in Frage stellt.[11] Es muss sich nicht notwendig auf neue Befunde stützen, sondern kann auch allein aus den alten Befunden neue Schlussfolgerungen ziehen.[12] Es können, müssen aber nicht notwendig neue wissenschaftliche Erkenntnisse verwertet werden.[13] Neu ist das Gutachten nicht mehr, wenn es bereits zurzeit des vorhergehenden Verfahrens *vorlag*, es sei denn, der Antragsteller des Wiederaufnahmeverfahrens war in vorherigen Verfahren unverschuldet an der Einbringung desselben verhindert.[14] Dies bestätigt § 582 ZPO, der ebenfalls anwendbar ist.[15]

---

[2] Relevant für § 1600 Abs. 1 Nr. 2 und Nr. 5 BGB.
[3] OLG Hamm DAVorm. 1981, 472, 476; *Schulte-Bunert/Weinreich/Schwonberg* Rn. 7.
[4] BGH FamRZ 1993, 943.
[5] OLG Hamm DAVorm. 1981, 472, 475; *Gaul*, FS Bosch, 1976, S. 241, 246; *Musielak/Borth* Rn. 3.
[6] BGH FamRZ 1989, 1067; *Keidel/Engelhardt* Rn. 4.
[7] BGH FamRZ 1984, 681; BGH FamRZ 1989, 374; OLG Hamm DAVorm. 1981, 472, 475; *Musielak/Borth* Rn. 3; weiter *Keidel/Engelhardt* Rn. 4 (Glaubwürdigkeitsgutachten über die Mutter).
[8] Dieser Zeitpunkt ist relevant, wenn es um die Vater-Kind-Zuordnung nach § 1592 Nr. 1 BGB geht, die im vorherigen Verfahren nach § 169 Nr. 1 bejaht worden ist, s. oben § 169 Rn. 6.
[9] OLG Hamm FamRZ 1980, 392.
[10] Wohl aA oben § 641i ZPO Rn. 10 bei Fn. 38.
[11] BGHZ 156, 153, 156.
[12] BGH FamRZ 1989, 374, 375; BGHZ 156, 153, 156.
[13] BGHZ 61, 186, 193; BGH FamRZ 1984, 681, 682; BGH NJW 1994, 2697, 2698.
[14] BGH FamRZ 1989, 374; BGH NJW 1993, 1928; aA wohl *Braun* FamRZ 1989, 1129.
[15] AA *Musielak/Borth* Rn. 4.

8 Für auf illegale Weise ermöglichte Gutachten – insbesondere die sog. heimlichen Vaterschaftstests – besteht ein Verwertungsverbot.[16] Sie sind dementsprechend auch nicht geeignet, ein neues Verfahren in Gang zu setzen.[17] Zu § 1598a BGB unten Rn. 10.

9 3. Kausalität. Gutachten müssen für ein *anderes Ergebnis* des Abstammungsverfahrens *kausal sein können*. Es reicht nicht aus, wenn erst zusätzliche Beweise das Ergebnis des vorherigen Verfahrens erschüttern können.[18]

10 4. Vorlage. Das neue Gutachten muss bei Antragstellung *vorliegen*. Es muss also schon erstellt sein.[19] Das Wiederaufnahmeverfahren kann nicht in Gang gesetzt werden, um erst innerhalb desselben eine neue Begutachtung – beispielsweise nach § 178 – zu erstreben.[20] Ob ein Beteiligter zur Vorbereitung einer Wiederaufnahme für eine außergerichtliche Begutachtung die Einwilligung der Beteiligten und ihre Duldung einer Probeentnahme erreichen kann, hängt davon ab, ob die Voraussetzungen des § 1598a BGB gegeben sind (zB ob es sich um rechtlich einander als Vater-Mutter-Kind zugeordnete Personen handelt). Da der Anspruch des § 1598a Abs. 1 BGB unabhängig von der Möglichkeit der Erschütterung einer rechtlichen Zuordnung besteht,[21] hindert eine rechtskräftige Entscheidung die Durchsetzung dieses Anspruchs nicht, solange dem Anspruchsteller nicht Rechtsmissbrauch vorgeworfen werden kann.[22] Ein infolge dieser Duldung der Probeentnahme *entstandenes* Gutachten kann daher zur Ingangsetzung des Wiederaufnahmeverfahrens benutzt werden. Dass ein solches Gutachten allerdings dann nicht zur Wiederaufnahme geeignet ist, wenn im vorhergehenden Verfahren eine Anfechtung der Vaterschaft wegen Ablauf der Anfechtungsfrist abgewiesen wurde, ergibt sich bereits aus der oben beschriebenen Beschränkung des Anwendungsbereichs von § 185 Abs. 1 auf Entscheidungen, die über die Abstammung *selbst* entscheiden (oben Rn. 4). Beruht die vorherige Entscheidung auf dem Ablauf der Anfechtungsfrist, so kann schon denknotwendig ein Gutachten über die genetische/biologische Verbindung kein anderes Ergebnis bewirken. Der Gesetzgeber hat diesen Ausschluss vorsichtshalber aber noch einmal ausdrücklich – an deplatzierter Stelle[23] – ins Gesetz aufgenommen (Art. 229 § 17 EGBGB).

11 5. Beteiligte. Wiederaufnahme kann nur ein **Beteiligter des vorherigen Verfahrens** betreiben. Außenstehende Dritte können auch hier keine Änderung der rechtlichen Zuordnung bewirken. Dies ist logische Konsequenz des Antragsverfahrens und der Beschränkungen der Antragsbefugnisse nach materiellem Recht. Fraglich ist allein, ob auch eine **Person, die zu beteiligen gewesen wäre**, aber verfahrenswidrig nicht beteiligt worden ist, einen Wiederaufnahmeantrag stellen kann. Dass der Beschluss ihr gegenüber Rechtskraft entfaltet, ergibt sich aus § 184 Abs. 2 (s. dort Rn. 14). Die dortige Spezialregelung für die Beschwerdebefugnis findet in § 185 aber keine Entsprechung. Daher kann sich diese Person, soweit sie nicht über Wiedereinsetzung in den vorherigen Stand oder sonstige Wiederaufnahmegründe (§§ 579, 580 ZPO) ihre Rechte geltend machen kann, jedenfalls dann die rechtskräftige Entscheidung hinnehmen, wenn sie materiell-rechtlich kein eigenes Antragsrecht hat. Auf § 185 kann sich ein solcher Dritter nicht berufen.[24] Die früher dezidierte, allerdings nur einen kleinen Teil der Abstammungs(/Kindschafts)verfahren betreffende Regelung des § 640h Abs. 1 S. 2, 3 ZPO aF ist entfallen. Mit dem Wegfall der Ausnahmen der Rechtskraftwirkung (und der Ausnahme der Ausnahmen) sollte im Interesse der Beständigkeit abstammungsmäßiger Zuordnungen nicht eine zusätzliche Erschütterungsmöglichkeit derselben durch Wiederaufnahme geschaffen werden. Ansonsten wäre es Dritten allzu leicht möglich, nach einem vorausgegangenen Abstammungsverfahren durch Vorlage (irgend-)eines (nicht völlig unplausiblen) Gutachtens die Familienbeziehungen erneut in Frage zu stellen. Die hohe Schwelle der Verfassungsbeschwerde bzw. der anderen Wiederaufnahmegründe ist eine geeignete Schranke. Soweit der zu beteiligende, aber nicht beteiligte Dritte ein eigenes Antragsrecht hat (insbesondere Vater, Mutter, Kind) ist hingegen auch diesen Personen eine Wiederaufnahme zu ermöglichen, wenn sie – was in der Praxis wohl kaum vorkommen dürfte – verfahrenswidrig nicht beteiligt worden sind.

---

[16] BGHZ 156, 153, 156.
[17] Kritisch (aber noch vor Einführung des § 1598a BGB) o. § 641i ZPO Rn. 10a.
[18] BGH FamRZ 2003, 1833.
[19] Vgl. BGHZ 156, 153, 156.
[20] *Musielak/Borth* Rn. 5; Horndasch/Viefhues/*Horndasch* Rn. 5.
[21] Vgl. *Gernhuber/Coester-Waltjen* § 52 Rn. 22 ff.
[22] Vgl. auch oben § 184 Rn. 12.
[23] Es handelt sich nämlich nicht nur um eine Übergangsvorschrift zur Einfügung von § 1598a BGB, sondern um eine auch für Anfechtungsabweisungen nach Inkrafttreten des § 1598a BGB geltende Regelung. Im Übrigen scheint eine Änderung des Art. 229 § 17 EGBGB durch das FGG-ReformG übersehen worden zu sein. Auch das FamFG-Reparaturgesetz (Ges. v. 30. 7. 2009, BGBl. I S. 2449) sieht keine Anpassung vor.
[24] Offen gelassen bei *Musielak/Borth* Rn. 8

6. Keine Beschwer. Eine Beschwer durch die vorangegangene Entscheidung ist nicht erforderlich (Abs. 2). Daher kann auch ein Verfahren, in dem der Beschluss antragsgemäß ergangen ist, wieder aufgenommen werden.

7. Fristen. Fristen sind für dieses Wiederaufnahmeverfahren nach der ausdrücklichen Regelung des § 185 Abs. 4 nicht zu beachten. Die Grenze ist allenfalls der Rechtsmissbrauch.

III. Zuständigkeit

Die Zuständigkeit ist in § 185 Abs. 3 ausführlich geregelt. Sie weicht von der Regelung des § 584 ZPO nur für eine vom Rechtsbeschwerdegericht erlassene Entscheidung ab. Bei der Zuständigkeitsregelung des § 584 ZPO bleibt es, wenn mit der Wiederaufnahme nach § 185 eine Wiederaufnahme aus den in §§ 579, 580 ZPO genannten Gründen verbunden wird.

Abschnitt 5. Verfahren in Adoptionssachen

Vorbemerkung zu den §§ 186 ff.

Übersicht

	Rn.		Rn.
A. Verfahrensrechtliche Regelungen	1–4	**VII. Rechtliches Gehör**	24, 25
I. Überblick	1, 2	**VIII. Entscheidung**	26–31
II. Synopse der adoptionsverfahrensrechtlichen Regelungen nach FGG und FamFG	3	1. Form	26, 27
		2. Entscheidungsgrundlage	28
		3. Erlass	29
III. Besondere Vorschriften	4	4. Bekanntgabe	30, 31
B. Verfahren in Adoptionssachen	5–50	**IX. Beendigung des Verfahrens**	32–36
I. Familiensachen	5	1. Tod eines Beteiligten	32–34
II. Zuständigkeit	6–10	2. Antragsrücknahme	35
1. Internationale Zuständigkeit	6	3. Entscheidung	36
2. Familiengericht	7	**X. Kosten. Geschäftswert**	37–41
3. Funktionelle Zuständigkeit	8–10	1. Kostenentscheidung	37
a) Richter/Rechtspfleger	8, 9	2. Geschäftswert	38
b) Rechtsmittelrechtszug	10	3. Kostenentstehung und -erhebung	39–41
III. Beteiligtenfähigkeit. Verfahrensfähigkeit	11, 12	**X. Rechtsmittel**	42–46
		1. Statthaftigkeit	42, 43
IV. Verfahrenseinleitung	13–17	2. Zuständigkeit	44
1. Antragsverfahren	13–16	3. Beschwerdebefugnis	45
a) Antragserfordernis	13	4. Tatsacheninstanz. Rechtsinstanz	46
b) Antragsbefugnis	14	**XI. Außerordentliche Rechtsbehelfe**	47–50
c) Rechtsnatur des Antrags	15	1. Statthaftigkeit	47–49
d) Rechtsfolgen der Antragstellung	16	2. Rechtsfolgen	50
2. Amtsverfahren	17	**C. Mitteilungspflichten**	51
V. Termin	18–20	**D. Übergangsrecht**	52
VI. Ermittlungen	21–23		

Schrifttum: *Krause,* Das Verfahren in Adoptionssachen nach dem FamFG, FamRB 2009, 221; *Reinhardt,* FamFG und Adoption, JAmt 2009, 162.

A. Verfahrensrechtliche Regelungen

I. Überblick

1 Das FGG-RG hat die im FGG enthaltenen und verstreuten besonderen Regelungen zum Adoptionsverfahren (dazu Rn. 5–50) und zudem die Regelung zur Erteilung der Bescheinigung über den Eintritt der Vormundschaft des Jugendamts (§ 1751 Abs. 1 S. 4 BGB aF) in das Buch 2 Abschnitt 5 des FamFG übernommen. Zudem finden sich im **BGB**, das abgesehen vom Wechsel der Zuständigkeit vom VormG zum FamG und von der Übernahme von § 1751 Abs. 1 S. 4 BGB in § 190 von der Verfahrensrechtsreform unverändert blieb, weitere Regelungen mit verfahrensrechtlichem Charakter:
- § 1752 BGB: Annahmeantrag und Beschluss des FamG in einer Minderjährigenadoption.
- § 1762 BGB: Antragserfordernis, Form und Antragsberechtigung als Voraussetzung zur Aufhebung einer Minderjährigenadoption.
- § 1763 BGB: Aufhebung des Annahmeverhältnisses von Amts wegen.

Vorbemerkung zu den §§ 186 ff.   2–5 **Vor §§ 186 ff.**

- § 1768 BGB: Annahmeantrag und Beschluss des FamG in einer Volljährigenadoption.
- § 1771 BGB: Antragserfordernis, Form und Antragsberechtigung als Voraussetzung zur Aufhebung einer Volljährigenadoption.

Hinzu kommen die **allgemeinen Regelungen** in Buch 2 Abschnitt 1 [Allgemeine Vorschriften] und in Buch 1 [Allgemeiner Teil], die auch ganz spezielle Regelungen für das Adoptionsverfahren enthalten: § 101 zur internationalen Zuständigkeit in Adoptionssachen sowie zur Anerkennung ausländischer Adoptionen, die §§ 108 Abs. 2 S. 1, 109 für die Volljährigenadoption und § 108 Abs. 2 S. 3 für die Minderjährigenadoption (dazu auch § 199 Rn. 2–4).   **2**

II. Synopse der adoptionsverfahrensrechtlichen Regelungen nach FGG und FamFG

3

	FGG	FamFG
Internationale Zuständigkeit	§ 43 b Abs. 1	§ 101
Örtliche Zuständigkeit	§§ 43 b Abs. 2–4, 44 a Abs. 1	§ 187
Fachliche Äußerung	§ 56 d	§ 189
Anhörungen Beteiligter	§§ 50 a, 55 c	§§ 192, 193
Anhörung von Jugendamt und Landesjugendamt	§ 49	§§ 194, 195
Annahmebeschluss	§ 56 e S. 1	§ 197 Abs. 1
Wirksamkeit des Annahmebeschlusses	§ 56 e S. 2	§ 197 Abs. 2
Unanfechtbarkeit. Unabänderbarkeit	§ 56 e S. 3	§ 197 Abs. 3
Ersetzung von Einwilligungen und Zustimmungen	§ 53 Abs. 1 S. 2, 1, Abs. 2	§ 198 Abs. 1
Aufhebung eines Annahmeverhältnisses	§ 56 f Abs. 3	§ 198 Abs. 2
Befreiung vom Eheverbot nach § 1308 Abs. 1 BGB	§ 44 a Abs. 2	§ 198 Abs. 3
Anerkennung ausländischer Entscheidungen	§ 16 a	§§ 108 Abs. 2 S. 1, Abs. 2 S. 3, 109, 199

III. Besondere Vorschriften

Das FamFG enthält folgende besonderen Verfahrensvorschriften: **4**
In *Buch 1 Abschnitt 9 Unterabschnitt 2*
§ 101 für die internationale Zuständigkeit, und
in *Buch 2 Abschnitt 5*
- § 186: Bestimmung der **Adoptionssachen,**
- § 187: **Örtliche Zuständigkeit** des FamG,
- § 188: **Beteiligte** in einer Adoptionssache,
- § 189: Einholung einer **fachlichen Äußerung** der Adoptionsvermittlungsstelle,
- § 190: Erteilung einer **Bescheinigung** über den Eintritt der Vormundschaft (Nachfolgeregelung von § 1751 Abs. 1 S. 4 BGB),
- § 191: Bestellung eines **Verfahrensbeistands;**[1]
- § 192: **Anhörung** der Beteiligten,
- §§ 193–195: **Anhörung** der Kinder des Annehmenden und des Anzunehmenden, des zuständigen Jugendamts und des Landesjugendamts,
- § 196: Ausschluss der **Verbindung** von Adoptionssachen mit anderen Verfahren,
- §§ 197, 198: Das Verfahren abschließender **Beschluss** und seine Wirksamkeit und Anfechtbarkeit,
- § 199: Fortgeltung der Vorschriften des **AdWirkG.**

B. Verfahren in Adoptionssachen

I. Familiensachen

Die Adoptionssachen waren nach der bisherigen gesetzlichen Regelung Vormundschaftssachen.   **5**
Dies ergab sich nicht schon aus dem FGG, das zwar vereinzelte Vorschriften zum Adoptionsverfahren

---

[1] Zur Bestellung eines Ergänzungspflegers für das Kind im Verfahren auf Ersetzung der Einwilligung eines Elternteils s. MünchKommBGB/*Maurer* § 1748 Rn. 29.

(§§ 55c, 56d, 56e, 56f FGG aF), aber keine Zuständigkeitsbestimmung enthielt, sondern aus den Regelungen im BGB, die vorwiegend materiellrechtlichen, zum Teil aber auch oder gar ausschließlich verfahrensrechtlichen Charakter (etwa §§ 1752 Abs. 1, 1768 Abs. 1 S. 1 BGB) haben (§§ 1746 Abs. 1 S. 4 Halbs. 1, Abs. 2 S. 1, Abs. 3; 1748 Abs. 1 S. 2, Abs. 4; 1749 Abs. 1 S. 2; 1750 Abs. 1 S. 1, 3; 1751 Abs. 1 S. 4, Abs. 3; 1752 Abs. 1; 1753 Abs. 2; 1757 Abs. 2 S. 2 Halbs. 1, Abs. 3, 4; 1758 Abs. 2 S. 2; 1760 Abs. 1; 1763; 1764 Abs. 1 S. 2; 1765 Abs. 2 S. 1, Abs. 3; 1768 Abs. 1; 1771 S. 1; 1772 Abs. 1 BGB), durch welche die Zuständigkeit für im Adoptionsverfahren erforderliche Verrichtungen dem Vormundschaftsgericht zugewiesen wurden. Nunmehr qualifiziert § 111 Nr. 4 im Zuge der Einführung des „Großen Familiengerichts"[2] die Adoptionssachen als **Familiensachen,** für welche die Familiengerichte als Abteilungen der Amtsgerichte funktionell zuständig sind (§§ 23a Abs. 1 Nr. 1, 23b Abs. 1 GVG). § 186 definiert, was unter **Adoptionssachen** in diesem Sinne zu verstehen ist.

II. Zuständigkeit

6 **1. Internationale Zuständigkeit.** Nach § 101 (vormals § 43b Abs. 1 S. 1 FGG aF[3]) sind die inländischen FamG für eine Annahme **international** zuständig, wenn der Annehmende, einer der annehmenden Ehegatten oder das Kind Deutscher ist (Nr. 1) oder seinen gewöhnlichen Aufenthalt im Inland hat (Nr. 2). Die inländische Zuständigkeit ist nicht ausschließlich, weshalb sie nicht bedingt, dass nicht zugleich eine ausländische Zuständigkeit besteht (§ 106, vormals § 43b Abs. 1 S. 2 FGG aF). Dagegen ist die internationale Zuständigkeit für Anerkennungs-, Feststellungs- und Umwandlungsverfahren nach dem AdWirkG ausschließlich (dazu Anhang zu § 1752 BGB § 5 AdWirkG Rn. 3). Zur internationalen Zuständigkeit s. die Ausführungen zu § 101.

7 **2. Familiengericht.** Sachlich ausschließlich zuständig ist das Amtsgericht (§ 23a Abs. 1 Nr. 1 GVG, §§ 111 Nr. 4, 186, vormals § 35 FGG aF). – Zur **örtlichen** Zuständigkeit s. § 187. – Alle Adoptionssachen (§§ 111 Nr. 4, 186) sind kraft Gesetzes nunmehr dem **FamG** zugewiesen (**gesetzliche Geschäftsverteilung:** §§ 23a Abs. 1 Nr. 1, 23b Abs. 1 GVG; dazu auch Rn. 5),[4] während sie unter der Geltung des FGG dem VormG zugefallen sind.

8 **3. Funktionelle Zuständigkeit. a) Richter/Rechtspfleger.** Funktionell ist das Verfahren grundsätzlich dem **Richter** vorbehalten (§§ 3 Nr. 1 lit. b, 14 Abs. 1 Nr. 13 RPflG),[5] weil dem Rechtspfleger nicht die vollständige richterliche Unabhängigkeit zukommt, durch den Annahmebeschluss aber in die elterliche Sorge und damit in ein Grundrecht eingegriffen wird (vgl. §§ 1761 Abs. 2, 1762 Abs. 2 S. 1 BGB). Wegen Art. 19 Abs. 4 GG muss deshalb, soll nicht entgegen der durch § 197 Abs. 3 (vormals § 56d S. 3 FGG aF) im Kindesinteresse angeordneten Unanfechtbarkeit ein Rechtszug eröffnet werden, bereits im ersten Rechtszug ein Richter entscheiden.[6]

9 In die funktionelle Zuständigkeit des **Rechtspflegers** fallen folgende Verfahren, die nicht nach § 14 Abs. 1 Nr. 13 RPflG dem Richter vorbehalten sind (§ 3 Nr. 2 lit. a RPflG):[7]
– Erteilung der Bescheinigung nach § 190 (dazu dort Rn. 8),
– Anordnung des Verbots der Offenbarung oder Ausforschung der Adoptionsumstände nach § 1758 Abs. 2 S. 2 BGB, es sei denn, sie ergeht mit der Entscheidung über die Ersetzung,[8]
– Entscheidung über Gesuche um Akteneinsicht (§ 13 Abs. 2 S. 2, § 34 FGG aF), soweit sie im Zusammenhang mit dem Offenbarungs- und Ausforschungsverbot stehen,
– Anordnung zur Führung des Ehenamens nach § 1765 Abs. 3 BGB, doch entscheidet darüber idR der Richter zusammen mit der Aufhebung des Annahmeverhältnisses, weil eine getrennte Bearbeitung nicht sachdienlich wäre (§ 6 RPflG).[9]

---

[2] BT-Drucks. 16/6308, S. 168f.

[3] Nach dem RegE eines Gesetzes zur Änderung von Vorschriften des Adoptionsrechts (BT-Drucks. 7/421) sollte entsprechend §§ 36, 43 FGG aF das FamG am Wohnsitz des Kindes zuständig sein, BT-Drucks. 7/3061, S. 58; doch war dies unzulänglich, dazu *Beitzke* FamRZ 1976, 75. Der RA-BT gestaltete § 43b Abs. 1 FGG aF grundlegend um, weil für das Kindeswohl eher die Verhältnisse des Annehmenden ausschlaggebend sind, die ortsnah überprüft werden sollen, BT-Drucks. 7/5087, S. 23; s. auch *Beitzke* FamRZ 1976, 507 f.; *Bischof* JurBüro 1976, 1594f.

[4] Dazu auch MünchKommBGB/*Maurer* § 1752 Rn. 5.

[5] LG Frankenthal DAVorm 1981, 489 (für Vorabentscheidung über die Wirksamkeit der Einwilligung, dazu auch Rn. 27).

[6] BR BT-Drucks. 7/3061 S. 79; *Lüderitz* NJW 1976, 1869. Vgl. auch *Staudinger/Frank* § 1752 BGB Rn. 14; *Engler* FamRZ 1975, 133. – Nach dem RegE [Fn. 3] sollte die Zuständigkeit insgesamt dem Rechtspfleger übertragen werden, BT-Drucks. 7/3061, S. 41. Der RA-BT empfahl mehrheitlich die heutige Lösung, BT-Drucks. 7/5087, S. 25; zu den dort angeführten Gründen s. *Lüderitz* aaO.

[7] Dazu auch *Bischof* JurBüro 1976, 1596f.

[8] *Jansen/Müller-Lukoschek* § 43b FGG Rn. 67.

[9] *Jansen/Müller-Lukoschek* § 43b FGG Rn. 67.

b) Rechtsmittelrechtszug. Das FamFG ordnet auch den Rechtsmittelzug neu. Führte er nach 10 §§ 19 Abs. 2, 28 Abs. 1 FGG aF vom VormG über das LG als zweiter Tatsacheninstanz zum OLG als Rechtsinstanz mit der Möglichkeit der Divergenzvorlage an den BGH (§ 28 Abs. 2 FGG aF), führt er nunmehr vom FamG zum OLG als Beschwerdegericht und zum BGH als Rechtsbeschwerdegericht (§§ 119 Abs. 1 Nr. 1 lit. a, 133 GVG).

III. Beteiligtenfähigkeit. Verfahrensfähigkeit

Die **Beteiligtenfähigkeit** (§ 8; entspricht der Parteifähigkeit in § 50 ZPO) setzt in Adoptions- 11 sachen die Verfahrensfähigkeit (§ 9 Abs. 1;[10] entspricht Prozessfähigkeit in §§ 51 ff. ZPO) voraus.[11] Wie zur Prozessfähigkeit nach der ZPO wird für die **Verfahrensfähigkeit** auf die materiellrechtliche Fähigkeit abgestellt, rechtsgeschäftlich wirksam am Rechtsleben teilzunehmen. Deshalb ist ein unbeschränkt **geschäftsfähiger** – nicht geschäftsunfähiger und nicht in seiner Geschäftsfähigkeit beschränkter – Beteiligter stets auch verfahrensfähig (Nr. 1). Da in Verfahren auf Annahme Minderjähriger (§ 1741 BGB) und auf Aufhebung des Annahmeverhältnisses (§ 1759 ff. BGB) auch das Kind beteiligt ist (§ 188 Abs. 1 Nr. 1 lit. a, Nr. 3) und ggf. auch ein beteiligter leiblicher Elternteil (§ 188 Abs. 1 Nr. 1 lit. b, c) oder der Ehegatte des Annehmenden (§ 188 Abs. 1 Nr. 1 lit. c) noch **minderjährig** sein kann und nicht selten auch ist, sind in Adoptionssachen v. a. § 9 Abs. 1 Nr. 3, 4, Abs. 2 von Bedeutung. Danach gilt:
– Der Ehegatte eines Annehmenden (vgl. §§ 1742 Abs. 2 S. 2, 1749 Abs. 1, 2, 1750 Abs. 3 S. 2 BGB[12]) und ein anzunehmendes Kind, die das **14. Lebensjahr** vollendet haben und nicht geschäftsunfähig sind, sind stets verfahrensfähig (§ 9 Abs. 1 Nr. 3; dazu auch § 1746 Abs. 1 S. 2, 3, Abs. 2 S. 1 BGB). Für das Auftreten und Handeln im Verfahren bedürfen sie nicht der Vertretung durch ihren gesetzlichen Vertreter (§ 9 Abs. 2).
– I. Ü. sind sie als natürliche Personen zwar beteiligtenfähig (§ 8 Nr. 1), aber nicht verfahrensfähig. Für das – auch verheiratete (§ 1633 BGB) – minderjährige Kind (§ 1626 BGB) handeln im Verfahren seine **gesetzlichen Vertreter** (§ 9 Abs. 2). Dies sind bis zur wirksamen Einwilligung der leiblichen Eltern bzw. deren Ersetzung diese, danach idR das Jugendamt als Vormund (dazu auch § 190, § 1751 BGB).

Die Verfahrensfähigkeit muss während der gesamten **Verfahrensdauer** – von der Einleitung (dazu 12 Rn. 13–17) bis zum rechtskräftigen Abschluss des Verfahrens – vorliegen.[13] Dies ist v. a. für die antragstellenden Annehmenden von Bedeutung: Sind sie bereits bei Einleitung des Verfahrens nicht verfahrensfähig, ist ihr Annahmeantrag unzulässig. Werden sie während des Verfahrens geschäftsunfähig (§ 104 Nr. 2 BGB), kann die Annahme nicht mehr ausgesprochen werden.[14] Der Annehmende verliert nicht nur verfahrensrechtlich seine Verfahrensfähigkeit – ggf. könnte für ihn ein Betreuer handeln (§ 9 Abs. 2, § 1896 BGB) –, sondern auch materiellrechtlich seine **Annahmefähigkeit**.[15]

IV. Verfahrenseinleitung

1. Antragsverfahren. a) Antragserfordernis. Verfahren in Adoptionssachen setzen einen **An-** 13 **trag** voraus (Ausnahme: Aufhebung einer Adoption von Amts wegen [§ 1763 BGB], wenn dies aus schwerwiegenden Gründen zum Wohle des Kindes erforderlich ist) – insoweit hat er die Rechtsnatur eines **Verfahrensantrags** (zu seiner Natur als **Sachantrag** s. Rn. 15) –, auch wenn auf eine Annahme ausländisches Sachrecht anzuwenden ist, das dem Vertragssystem folgt.[16] Es ist bereits durch dessen Einreichung beim FamG **eingeleitet** (§ 23), ohne dass es insoweit einer Zuleitung an die übrigen Beteiligten bedürfte (dazu auch § 113 Abs. 1 iVm. § 253 Abs. 1 ZPO). Das Verfahren ist also bereits mit der **Anhängigkeit** des Antrags eingeleitet und nicht erst mit seinem Zugang bei den übrigen Beteiligten, also mit Rechtshängigkeit. – Zwar soll der Antrag den übrigen Beteiligten zur Gewährung rechtlichen Gehörs **übermittelt** werden (§ 23 Abs. 2). Dabei steht dem FamG jedoch insoweit ein „Ermessen" zu, als bei unzulässigem Antrag oder dessen offensichtlicher Unbegründet-

---

[10] IdF des RA-BT BT-Drucks. 16/9733, S. 288.
[11] BT-Drucks. 16/6308, S. 180.
[12] Dazu MünchKommBGB/*Maurer* § 1741 Rn. 33, § 1750 Rn. 11.
[13] *Soergel/Liermann* § 1751 BGB Rn. 6.
[14] *Soergel/Liermann* § 1751 BGB Rn. 6 m. weit. Nachw.
[15] Dazu auch MünchKommBGB/*Maurer* § 1743 Rn. 3 aE. Entgegen der dort geäußerten Auffassung führt jedoch nicht die fehlende Verfahrensfähigkeit zur Annahmeunfähigkeit: Das Verfahrensrecht leitet sich vom materiellen Recht ab, weshalb umgekehrt die Annahmeunfähigkeit zur Verfahrensunfähigkeit führt.
[16] BayObLG ZfJ 1981, 537 = FamRZ 1982, 198 (LS); BayObLGZ 1982, 318, 320 = NVwZ 1983, 764; *Keidel/Engelhardt* § 197 Rn. 4.

Vor §§ 186 ff. 14, 15   Buch 2. Abschnitt 5. Verfahren in Adoptionssachen

heit von einer Übermittlung soll abgesehen werden können.[17] In Adoptionssachen dürfte dies jedoch kaum vorkommen, weil sowohl der Annahmeantrag als auch ein Aufhebungsantrag der notariellen Beurkundung bedarf (§§ 1752 Abs. 2 S. 2, 1762 Abs. 3 BGB) und deshalb bereits fachlich vorgeprüft ist. Denkbar ist, dass ein lediglich privatschriftlich abgefasster Antrag eingereicht wird; ihn wird das FamG aber nicht zurückweisen, ohne zuvor Gelegenheit zur Nachholung der qualifizierten Form gegeben zu haben. – **Wann** der Antrag übermittelt wird, steht grundsätzlich nicht im Ermessen des FamG. Doch kann es angezeigt sein, den anderen Beteiligten einen Annahmeantrag, der vom Notar meist unverzüglich nach Beurkundung eingereicht wird, erst dann zu übermitteln, wenn die Probezeit (§ 1744 BGB) abgelaufen ist und sich auf Grund der fachlichen Äußerung (§ 189) abzeichnet, dass sich ein Eltern-Kind-Verhältnis zwischen Annehmendem und Anzunehmendem gebildet hat und der Annahmeantrag nicht wegen Scheiterns wieder **zurückgenommen** wird (zur Rücknahme s. § 1750 Abs. 4 S. 1 BGB).[18] – Zur Hinzuziehung von **Beteiligten** s. auch § 188 Rn. 5.

14   b) **Antragsbefugnis.** Sie ergibt sich aus dem materiellen Recht, das bestimmt, wer welchen Antrag stellen kann – zu den von Amts wegen betriebenen Verfahren s. Rn. 17 –: Den Antrag auf
– Annahme eines **Minderjährigen** nur die Annehmenden/der Annehmende (§ 1752 Abs. 1 BGB), auf Annahme eines Volljährigen nur der Annehmende und der Angenommene gemeinsam (§ 1768 Abs. 1 S. 1 BGB),
– Annahme eines **Volljährigen** mit den Wirkungen der Minderjährigenannahme der Annehmende und der Angenommene gemeinsam (§ 1772 Abs. 1 S. 1 BGB),
– Änderung des **Vornamens** oder Hinzufügen weiterer Vornamen der Annehmende (§ 1757 Abs. 4 S. 1 Nr. 1 BGB),
– Voranstellen oder Anfügen des bisherigen **Familiennamens** der Annehmende (§ 1757 Abs. 4 S. 1 Nr. 2 BGB),
– Ersetzung der **Einwilligung der leiblichen Eltern** des Kindes das Kind (§ 1748 Abs. 1 S. 1 BGB), gesetzlich vertreten durch seinen Vormund bzw. Pfleger nach ggf. teilweisem Entzug des Sorgerechts (§ 1666 BGB) oder Bestellung eines Ergänzungspflegers (§§ 1629 Abs. 2 S. 3 Halbs. 1, 1796 BGB); nach Vollendung des 14. Lebensjahres ist das Kind, ist es nicht geschäftsunfähig, selbst antragsbefugt (§ 60),
– Ersetzung der **Einwilligung des Ehegatten** des Annehmenden der Annehmende (§ 1749 Abs. 1 S. 2 BGB; die Ersetzung der Einwilligung des Ehegatten des Anzunehmenden [§ 1749 Abs. 2, 3 BGB] ist nicht möglich),[19]
– **Aufhebung** des Annahmeverhältnisses für einen **Minderjährigen** derjenige, ohne dessen Antrag oder Einwilligung das Kind angenommen worden ist (§ 1762 Abs. 1 S. 1 BGB), ggf. also der Annehmende (§ 1752 Abs. 1 BGB), das angenommene Kind (§ 1746 Abs. 1 S. 3 BGB), sein Vormund oder Pfleger (§ 1746 Abs. 1 S. 2 BGB), die leiblichen Eltern (§ 1747 BGB), der Ehegatte des Annehmenden (§ 1749 Abs. 1 BGB) oder der Ehegatte des Angenommenen (§ 1749 Abs. 2, 3 BGB), soweit die Einwilligung vom FamG nicht ersetzt worden ist,
– Beibehaltung des durch die Annahme erworbenen **Familiennamens** das Kind (§§ 1765 Abs. 1 S. 1, 1766 S. 2 BGB),
– Führen des vor der Annahme geführten **Geburtsnamens** als Ehenamen statt des durch die Annahme erworbenen Namens die Ehegatten (§ 1765 Abs. 3 BGB),
– **Aufhebung** der Annahme eines **Volljährigen** der Annehmende und der Angenommene gemeinsam (§§ 1771 S. 1, 1772 Abs. 2 BGB);[20] kein Antragsrecht haben die leiblichen Eltern, auch nicht bei einer Volljährigenadoption mit den Wirkungen der Minderjährigenannahme, weil ihre Einwilligung in die Annahme nicht erforderlich ist,[21] und auch nicht die Kinder des Annehmenden, selbst wenn sie nicht angehört oder ihre Interessen durch die Annahme nicht gewahrt wurden (§ 1769 BGB).[22]

15   c) **Rechtsnatur des Antrags.** Der Antrag hat neben seiner Wirkung als Verfahrensantrag (dazu Rn. 13) auch die eines **Sachantrags**,[23] an den das FamG gebunden ist.[24] So kann etwa ohne erneute

---

[17] Zum Ganzen BT-Drucks. 16/6308, S. 186.
[18] Dazu BayObLGZ 1983, 318; ZfJ 1981, 537 = FamRZ 1982, 198 (LS); s. auch näher MünchKommBGB/*Maurer* § 1752 Rn. 3.
[19] *Staudinger/Frank* Rn. 10; MünchKommBGB/*Maurer* Rn. 8, jeweils zu § 1749 BGB.
[20] BGHZ 103, 12 = NJW 1988, 1139 = FamRZ 1988, 390, 391.
[21] BayObLG FGPrax 2000, 204 = FamRZ 2001, 122, 123.
[22] BayObLG NJW-RR 1986, 872 = FamRZ 1986, 719, 720 m. Anm. *Bosch*.
[23] KG FamRZ 2004, 1315, 1316; wohl auch *Staudinger/Frank* § 1752 BGB Rn. 4; *Engelhardt*, in: Keidel/Kuntze/Winkler § 56e FGG Rn. 3.
[24] OLG Hamm FamRZ 2001, 859, 861 (Namensanpassung); s. dazu auch Rn. 13.

Antragstellung nicht statt einer **gemeinschaftlichen** Adoption durch Ehegatten eine **Einzeladoption** durch einen von ihnen oder statt einer **Minderjährigen-** eine **Volljährigenadoption** ausgesprochen werden. Deshalb erledigt sich das Verfahren auf eine Minderjährigenadoption, wenn das Kind während des noch laufenden Annahmeverfahrens volljährig wird; der ursprüngliche Antrag wird unzulässig (dazu näher §§ 197, 198 Rn. 8) und ist, wird er weiterverfolgt, zurückzuweisen. Für die Volljährigenadoption bedarf es eines neuen Antrags; das ursprüngliche Verfahren kann dann mit einem anderen Verfahrensgegenstand fortgesetzt werden.[25] Wird der Anzunehmende während des Rechtsbeschwerdeverfahrens volljährig, ist den Beteiligten durch Zurückverweisung des Verfahrens an das Beschwerdegericht als letzte Tatsacheninstanz Gelegenheit zur Stellung eines Antrags auf Volljährigenadoption zu geben.[26]

d) Rechtsfolgen der Antragstellung. Der Antrag leitet das Verfahren ein (s. § 23) und bestimmt den **Verfahrensgegenstand**; auch insoweit kommen ihm verfahrensrechtliche Wirkungen zu (dazu Rn. 1).[27] Fragen, deren Beantwortung dem Kindeswohl zwar dient, die jedoch **nicht unmittelbar** mit der Annahme zusammenhängen, sind nicht Gegenstand des Verfahrens; deshalb kann die Annahme nicht davon abhängig gemacht werden, dass der Ehemann als künftiger **Stiefvater** den Namen des leiblichen Vaters, der sich bisher für das Kind nicht interessiert hat, preisgibt.[28] – **Einwilligungen** können jedoch bereits zuvor bindend gegenüber dem mutmaßlich zuständigen FamG erklärt werden; auch wenn sich die Zuständigkeit ändert, weil die Adoptionsbewerber (Pflegepersonen) ihren gewöhnlichen Aufenthalt verändern, bleiben die Einwilligungen wirksam.[29] **16**

2. Amtsverfahren. Das materielle Recht sieht lediglich für folgende Adoptionssachen vor, dass sie **von Amts wegen** – dh. es bedarf keines Antrags, gleichwohl gestellte Anträge sind Anregungen an das FamG auf Einleitung eines Verfahrens (§ 24) – eingeleitet und betrieben werden: **17**
- die **Aufhebung** einer Minderjährigenadoption (§ 1763 BGB).
- die Erteilung der **Bescheinigung** über den Eintritt der Vormundschaft des Jugendamts (§ 190, dazu dort Rn. 10). Das Verfahren ist in diesen Fällen mit dem schriftlich niedergelegten Beschluss des FamG zum Tätigwerden, der den Beteiligten zu übermitteln ist (entsprechend § 23 Abs. 2), eingeleitet.[30]
- die **Ersetzung** der Einwilligung oder Zustimmung des **Vormunds** oder Pflegers des Kindes (§ 1746 Abs. 3 Halbs. 1 BGB) bedarf es keines Antrags.[31]

V. Termin

Das FamG kann einen Termin bestimmen, um die Sache mit den Beteiligten zu **erörtern** (§ 32). In Adoptionssachen wird dies jedoch nur ausnahmsweise dann erforderlich werden, wenn es um die Aufhebung eines Annahmeverhältnisses geht (dazu §§ 197, 198 Rn. 59) oder das Ergebnis von Ermittlungen mit den Beteiligten mündlich erörtert werden muss. IÜ kommt eine Terminsanberaumung insbesondere zur förmlichen **Beweisaufnahme** (§ 30) in Betracht. Für die **persönlichen Anhörungen** des Annehmenden und des anzunehmenden bzw. angenommenen Kindes (§ 192 Abs. 1) sieht § 34 Abs. 3 S. 1 einen **Anhörungstermin** vor, dessen Gestaltung wie auch die Anhörung insgesamt im pflichtgemäßen Ermessen des FamG steht (dazu §§ 192–195 Rn. 14–18). Zum Absehen von einem Termin im **Beschwerdeverfahren** s. § 68 Abs. 3 S. 2.[32] **18**

---

[25] KG FamRZ 2004, 1315 f.
[26] AA OLG Karlsruhe NJWE-FER 2000, 52 = FamRZ 2000, 768: Zurückverweisung an das FamG; ebenso *Staudinger/Frank* § 1752 BGB Rn. 5; ausdrücklich offen gelassen von OLG Hamm FamRZ 2001, 859 f.
[27] Allgemein zum Annahmeantrag s. MünchKommBGB/*Maurer* § 1752 Rn. 2, 3.
[28] KG DAVorm 1978, 788, 793; aA LG Berlin FamRZ 1978, 148, dem *Erman/Saar* Rn. 6; *Palandt/Diederichsen* Rn. 3, jeweils zu § 1741 BGB, folgen.
[29] Dazu auch MünchKommBGB/*Maurer* § 1750 Rn. 5. – Hängt nach der Zurückweisung eines Antrags auf Ausspruch einer Minderjährigenadoption die Beschwerdeberechtigung von der Antragsbefugnis ab, ist diese bei Auslandsberührung verfahrensrechtlich zu qualifizieren, sodass insoweit nicht das Adoptionsstatut, sondern das inländische Recht (lex fori) zur Anwendung kommt, BayObLGZ 1997, 85 = NJW-RR 1997, 644 = FamRZ 1997, 841 f.
[30] Das FamFG enthält keine ausdrückliche Regelung dazu, wie und wann diese Amtsverfahren einzuleiten bzw. eingeleitet sind, obwohl sich BT-Drucks. 16/6308, S. 185 umfassend auch mit der Möglichkeit der amtswegigen Verfahrenseinleitung befasst.
[31] BT-Drucks. 7/3061, S. 36 [Nr. 14]; auch OLG Hamm OLGZ 1991, 257 = NJW-RR 1991, 905 = FamRZ 1991, 1230, 1231; LG Berlin ZfJ 1984, 372 f.; *Staudinger/Frank* Rn. 21; MünchKommBGB/*Maurer* Rn. 9; RGRK/*Dickescheid* Rn. 16, jeweils zu § 1746 BGB; *Jansen/Wick* § 53 FGG Rn. 18; aA *Engelhardt*, in: *Keidel/Kuntze/Winkler* Vor § 43b FGG Rn. 39.
[32] Dazu auch *Maurer* FamRZ 2009, 440 f.; ders. FamRZ 2009, 465, 476 ff.

Vor §§ 186 ff. 19–23   Buch 2. Abschnitt 5. Verfahren in Adoptionssachen

19   Für Verfahren zur **Aufhebung** einer Minderjährigen- wie einer Volljährigenadoption[33] sah § 56f Abs. 1 FGG aF ausdrücklich einen Erörterungstermin vor, zu dem der Antragsteller des Aufhebungsverfahrens, der Annehmende, das Kind und im Falle seiner Minderjährigkeit das Jugendamt zu laden waren.[34] Diese Regelung geht nunmehr in § 32 und insbesondere in den Vorschriften zur Anhörung des Annehmenden und des Kindes (§ 192 Abs. 1) sowie des Jugendamts (§ 194 Abs. 1) auf.

20   Stets sind Erörterungen und Anhörungen **nicht öffentlich** (§ 170 S. 1 GVG), es sei denn, die Öffentlichkeit wird ausnahmsweise zugelassen (§ 170 S. 2 GVG), wofür in Adoptionssachen jedoch kaum je Anlass bestehen wird. Unberührt hiervon ist das Recht der Beteiligten, an den Erörterungen und Anhörungen teilzunehmen (**Beteiligtenöffentlichkeit;** zu den Einschränkungen insbesondere bei der Anhörung Minderjähriger s. §§ 192–195 Rn. 15).

VI. Ermittlungen

21   Das FamG, dort der funktionell zuständige Richter[35] oder Rechtspfleger (dazu Rn. 8, 9), ist berechtigt und verpflichtet, die zur Feststellung der **formell-** und **materiellrechtlichen Voraussetzungen** erforderlichen Ermittlungen selbstständig anzustellen (**Amtsermittlungsgrundsatz**, § 26, vormals § 12 FGG aF).[36] Dabei sollen die Beteiligten mitwirken und sich über die tatsächlichen Umstände vollständig und der Wahrheit gemäß erklären (§ 27).

22   **Beweise** hat das FamG grundsätzlich im Wege des **Freibeweises** in geeigneter Form zu erheben (§ 29 Abs. 1, dazu § 29 Rn. 10–14).[37] Es entscheidet nach pflichtgemäßem Ermessen über Beweisanträge der Beteiligten (§ 29 Abs. 1 S. 2) und darüber, ob es eine förmliche Beweisaufnahme anordnet und die maßgeblichen Umstände durch **Strengbeweis** ermittelt (§ 30 Abs. 1). Ausnahmen, die den Strengbeweis vorsehen, können nach § 30 Abs. 3 eintreten, dürften aber in Adoptionssachen selten sein.

23   Das FamG hat insbesondere
– die Beteiligten (§ 192), die Kinder des Annehmenden und des Anzunehmenden (§ 193), ggf. auch das Jugendamt (§ 194) und das Landesjugendamt (§ 195, vormals § 49 Abs. 2 FGG aF, iVm. §§ 11 Abs. 1 Nr. 2, 3 Abs. 2 AdVermiG) **anzuhören,**
– die **fachliche Äußerung** der Adoptionsvermittlungsstelle, ersatzweise des Jugendamts (§ 189, vormals § 56d FGG aF) einzuholen,
– **Zeugen** zu vernehmen, insbesondere zu den Voraussetzungen für die Ersetzung der Einwilligung eines Elternteils (§ 1748 BGB)[38] und zur Erforderlichkeit der Aufhebung des Annahmeverhältnisses aus schwerwiegenden Gründen zum Wohl des Kindes (§ 1763 Abs. 1 BGB), ansonsten eine Zeugenvernehmung aber nur ganz ausnahmsweise in Betracht kommen wird,
– Erhebungen über den **psychischen Gesundheitszustand** der Annehmenden und des Anzunehmenden anzustellen und hierzu ggf. ein **psychologisches** und/oder **psychiatrisches Gutachten** dazu einzuholen, ob die Annahme dem Wohl des Kindes dient (§ 1741 Abs. 1 S. 1 BGB) oder die Aufhebung des Annahmeverhältnisses aus schwerwiegenden Gründen zum Wohl des Kindes erforderlich ist (§ 1763 Abs. 1 BGB), muss jedoch selbst die erheblichen Umstände bezeichnen und die Sachentscheidung treffen.[39]
– Erhebungen über den **physischen Gesundheitszustand** der Annehmenden und des Anzunehmenden anzustellen und hierzu ggf. **medizinische Gutachten** einzuholen; gegen den Betroffenen darf das FamG allerdings keine Zwangsmittel verhängen (§ 30 Abs. 1; der Anwendungsbereich der §§ 178 [Abstammungssachen, ehemals § 372a ZPO], 283 [Betreuungssachen, ehemals § 68a Abs. 3 FGG], 321 [Unterbringungssachen, ehemals § 70e FGG] ist wegen ihrer Eigenschaft als Ausnahmevorschriften nicht erweiterbar.

---

[33] *Jansen/Sonnenfeld* Rn. 1; wohl auch *Engelhardt,* in: *Keidel/Kuntze/Winkler* Rn. 2, jeweils zu § 56f FGG.
[34] Dazu BayObLG FamRZ 1995, 1210, 1211.
[35] Ermittlung durch den Richter, nicht durch den Rechtspfleger: KG DAVorm 1978, 788, 792.
[36] Bsp.: Staatsangehörigkeit des Annehmenden und des Kindes: BayObLG FamRZ 2004, 303 f. – Anordnung der Untersuchung auf HIV-Antikörper: LG Berlin FamRZ 1989, 427; dazu KG OLGZ 1991, 406 = FamRZ 1991, 1101 (bei Weigerung keine schematische Folgerung!). – Entbehrlichkeit einer Einwilligung nach § 1747 Abs. 4 BGB wegen dauernd unbekannten Aufenthalts: OLG Köln DAVorm 1998, 936 f. (Nachfrage bei der Arbeitsverwaltung und Sozialbehörde, wenn der Einwilligungsberechtigte Sozialleistungsempfänger ist). – Weitere Bsp. bei *Soergel/Liermann* § 1752 BGB Rn. 9.
[37] BT-Drucks. 16/6308, S. 188.
[38] Das OLG Düsseldorf FamRZ 1995, 1294, 1295 hat die Anhörung des Vormunds des Kindes, in dessen Pflege sich das Kind befand, nach § 50c FGG aF für erforderlich gehalten.
[39] BayObLGZ 1998, 351 = NJW-RR 1998, 1294 = FamRZ 1998, 1456; LG Hannover DAVorm 1977, 759 (dort auch: als Zwischenverfügung nicht selbständig anfechtbar, dazu auch Rn. 43).

VII. Rechtliches Gehör

Allen **Beteiligten** (dazu § 188) ist stets rechtliches Gehör zu gewähren (§§ 28 Abs. 4 S. 1, 2, 29 **24** Abs. 3, 30 Abs. 4, 37 Abs. 2).[40] Doch gelten auch insoweit die **Einschränkungen** zum Wohl der Kinder aus §§ 192 Abs. 3, 193 S. 2 (vormals § 50b Abs. 3 S. 1 FGG aF). – Zum Verfahren bei **Verletzung** des rechtlichen Gehörs s. Rn. 48–50.

Das rechtliche Gehör ist zu allen **Vorgängen** im Verfahren und den Verfahrensgegenstand **25** betreffenden **Umständen** zu gewähren. Dies gilt v. a. für den maßgeblichen Sachverhalt und den Vortrag anderer Beteiligter,[41] aber auch für Anträge und Beweiserhebungen einschließlich der fachlichen Äußerung nach § 189. Insbesondere muss der Anzunehmende zu ihm nachteiligen Äußerungen und Umständen Stellung nehmen können.[42]

VIII. Entscheidung

1. Form. Das FamG entscheidet durch **Beschluss** (§ 116 Abs. 1), der grundsätzlich zu **begrün-** **26** **den** ist (§ 38 Abs. 3 S. 1).[43] Einer Begründung bedarf es jedoch insbesondere dann nicht, wenn der Beschluss gleichgerichteten Anträgen der Beteiligten stattgibt oder nicht dem erklärten Willen eines Beteiligten widerspricht (§ 38 Abs. 4 Nr. 2). Danach ist ein Beschluss zu begründen, der
– einem Adoptionsantrag entspricht, weil das FamG die Zustimmung oder Einwilligung eines Beteiligten nicht für **erforderlich** hält (etwa § 1747 Abs. 4 BGB, § 197 Abs. 1 S. 2, dazu auch §§ 197, 198 Rn. 12),
– einen Adoptionsantrag **zurückweist,**
– von den Auffassungen der Annehmenden zum **Geburtsnamen** des Kindes abweicht (§ 1757 Abs. 2, 3 BGB),
– einem Antrag zur Änderung des **Vornamens** des Kindes nicht entspricht (§ 1757 Abs. 4 BGB),
– eine **Zustimmung** oder **Einwilligung** ersetzt,
– eine Annahme **aufhebt** oder die Aufhebung versagt,
– die Befreiung vom **Eheverbot** des § 1308 BGB versagt,
– die Erteilung einer **Bescheinigung** über den Eintritt der Vormundschaft versagt (dazu § 190 Rn. 13, 16–18),
– Zwangsmittel gegen die Adoptionsvermittlungsstelle/das Jugendamt zur Erzwingung der **fachlichen Äußerung** anordnet (dazu § 189 Rn. 11, 22),
– einen **Verfahrensbeistand** bestellt oder dessen Bestellung versagt (dazu § 191 Rn. 22, 23).

Für das Begründungserfordernis unerheblich ist dagegen, dass ein Annahmebeschluss nicht an- **27** fechtbar ist (§ 197 Abs. 3 S. 1, dazu §§ 197, 198 Rn. 30); § 38 Abs. 4 Nr. 3 ist nicht entsprechend anwendbar. – Stets und unabhängig vom Begründungserfordernis sind in einem Beschluss, der die Annahme als Kind ausspricht, aber die **gesetzlichen Vorschriften** anzugeben, auf die sich die Annahme gründet (§ 197 Abs. 1 S. 1, dazu §§ 197, 198 Rn. 13, 14). – Der Erlass eines **Vorbescheids,** der im Gegensatz zum FGG gleichfalls mit der befristeten Beschwerde anfechtbar wäre (§§ 58 Abs. 1, 63 Abs. 1), ist wegen der Umgehung der Unanfechtbarkeit des Annahmebeschlusses (dazu §§ 197, 198 Rn. 30) unzulässig.[44]

2. Entscheidungsgrundlage. Das FamG entscheidet nach seiner **freien Überzeugung,** die es **28** aus dem gesamten Inhalt des Verfahrens gewonnen hat (§ 37 Abs. 1). An die erteilten Einwilligungen und erstatteten Berichte ist es bei seiner Überzeugungsbildung nicht gebunden, sie allein machen auch weitere Ermittlungen nicht entbehrlich. Doch braucht es **Beweisanträgen** nicht nachzugehen, soweit es die angebotenen Beweise für nach den bisherigen Ermittlungen für nicht sachdienlich oder aus Rechtsgründen für unerheblich hält (§ 29 Abs. 2).[45] – Bleiben nach Ausschöpfung aller Erkenntnismöglichkeiten vernünftige **Zweifel** an der Kindeswohldienlichkeit einer Annahme und/oder am Entstehen eines Eltern-Kind-Verhältnisses, ist der Adoptionsantrag abzuweisen.[46] Entsprechendes gilt für die Aufhebung eines Annahmeverhältnisses und die Befreiung vom Eheverbot des § 1308 BGB.

---

[40] Dazu und zum Umfang BVerfGE 79, 51 = NJW 1989, 519 = FamRZ 1989, 31, 33.
[41] BVerfGE 92, 158 = NJW 1995, 2155 = FamRZ 1995, 789, 794.
[42] BayObLG FamRZ 1983, 532, 533; FamRZ 1991, 224, 226.
[43] *Keidel/Engelhardt* § 197 Rn. 11, 30. So wegen der Bedeutung der Entscheidung bzw. der einschneidenden Wirkungen bereits zur Rechtslage nach dem FGG *Staudinger/Frank* Rn. 25; *Soergel/Liermann* Rn. 13 („zusammengefasste Begründung"), jeweils zu § 1752 BGB; *Engelhardt,* in: *Keidel/Kuntze/Winkler* Rn. 11; *Jansen/Sonnenfeld* Rn. 9 m. weit. Nachw., jeweils zu § 56e FGG; aA MünchKommBGB/*Maurer* Rn. 14; wohl ebenso *Erman/ Saar* Rn. 13 (nur die Ablehnung der Namensänderung sei zu begründen), jeweils zu § 1752 BGB.
[44] LG Düsseldorf, Beschl. v. 16. 9. 1980 – 25 T 402/80, juris (LS).
[45] BVerfGE 79, 51 = NJW 1989, 519 = FamRZ 1989, 31, 33.
[46] *Staudinger/Frank* § 1752 BGB Rn. 21.

29 **3. Erlass.** Der Beschluss ist erlassen, wenn er in vollständiger Form – § 38 Abs. 2 : Bezeichnung der Beteiligten, ihrer gesetzlichen Vertreter und der Bevollmächtigten (Nr. 1); Bezeichnung des Gerichts und Namen der Gerichtspersonen, die bei der Entscheidung mitgewirkt haben (Nr. 2); Beschlussformel (Nr. 3); Abs. 3: Begründung (S. 1); Unterschriften der mitwirkenden Richter (S. 2) – vorliegt und der Geschäftsstelle übergeben oder durch Verlesen der Beschlussformel (§ 41 Abs. 2 S. 1) bekannt gegeben wurde (§ 38 Abs. 3 S. 3). Der Erlass der Entscheidung führt zu dessen Unabänderbarkeit und zur Beendigung des Rechtszugs. Er ist Voraussetzung für die Zulässigkeit von Rechtsmitteln (§ 58 Abs. 1).

30 **4. Bekanntgabe.** Der Beschluss ist den Beteiligten bekannt zu geben (§ 41 Abs. 1 S. 1). Der unanfechtbare **Annahmebeschluss** (§ 197 Abs. 3 S. 1, dazu §§ 197, 198 Rn. 30) ist an den Annehmenden, nach dessen Tod an das Kind zuzustellen (§ 197 Abs. 2, dazu §§ 197, 198 Rn. 18; s. auch Rn. 31). Die Bekanntgabe eines **anfechtbaren Beschlusses** (dazu §§ 197, 198 Rn. 33, 43–46, 56–57, 64, 68) erfolgt lediglich an den Beteiligten durch förmliche Zustellung, dessen erklärtem Willen er nicht entspricht (§ 41 Abs. 1 S. 2), i. Ü. durch formlose Übermittlung.

31 Die Bekanntgabe an das anzunehmende **Kind** erfolgt, hat es das 14. Lebensjahr noch nicht vollendet oder ist es geschäftsunfähig, an seinen gesetzlichen Vertreter. Hat die Bekanntgabe danach an das Kind selbst zu erfolgen, ist § 164 wegen der gleichen Interessenlage des Kindes entsprechend anzuwenden: Die Begründung ist dem Kind nur bekannt zu machen, wenn es das 14. Lebensjahr vollendet hat und nicht geschäftsunfähig ist (S. 1). Auch dann soll sie dem Kind nicht mitgeteilt werden, wenn Nachteile für dessen Entwicklung, Erziehung oder Gesundheit zu befürchten sind (S. 2).

IX. Beendigung des Verfahrens

32 **1. Tod eines Beteiligten.** Das FamFG enthält keine ausdrückliche Regelung dazu, wie nach dem Tod eines Beteiligten zu verfahren ist. Für Adoptionsverfahren gilt: Der Tod des anzunehmenden **Kindes** beendet das **Annahmeverfahren**, weil die Annahme nach dessen Tod nicht mehr ausgesprochen werden kann (§ 1753 Abs. 1 BGB; dazu auch §§ 197, 198 Rn. 18). – Auch der Tod eines **Annehmenden** beendet grundsätzlich das Annahmeverfahren. Hat er allerdings den Antrag bereits beim FamG eingereicht oder den den Annahmeantrag beurkundenden Notar mit dessen Einreichung beauftragt, ist der Ausspruch der Annahme weiter zulässig (§ 1753 Abs. 2 BGB, dazu §§ 197, 198 Rn. 18). – Der Tod eines leiblichen **Elternteils** hat keine unmittelbaren Auswirkungen auf ein Adoptionsverfahren. Er wirkt sich lediglich mittelbar dahin aus, dass es seiner – höchstpersönlichen[47] – Einwilligung (§ 1747 BGB) und ggf. deren Ersetzung (§ 1748 BGB) nicht mehr bedarf.

33 Die **Aufhebung** einer Annahme ist auch nach dem Tod eines Beteiligten möglich (§ 1764 Abs. 1 S. 2 BGB, dazu auch §§ 197, 198 Rn. 59). Zwar kann der Angenommene nach dem Tod des Annehmenden ohne weiteres nochmals adoptiert werden (vgl. § 1742 BGB), doch besteht bei groben Willensmängeln ein berechtigtes Interesse an der Beseitigung der Annahmewirkungen.[48] Beim Tod des **Angenommenen** ist dies offensichtlich, wenn er Abkömmlinge hinterlässt.[49] Das Antrags- und Einwilligungsrecht ist als **höchstpersönliches** Recht nicht vererblich[50] und kann daher nach dem Tode nicht mehr ausgeübt werden. Doch ist der Tod des Antragstellers oder des Kindes nach Beurkundung entsprechend § 1753 Abs. 2 BGB unschädlich, wenn der Notar mit der Einreichung betraut war (dazu auch §§ 197, 198 Rn. 18).[51] Da die Aufhebung einer **Volljährigenadoption** den Antrag sowohl des Annehmenden wie des Angenommenen voraussetzt (§ 1771 S. 1 BGB), kann sie nach Ableben eines von beiden grundsätzlich nicht mehr ausgesprochen werden. Eine Ausnahme ist aber auch insoweit bei groben Willensmängeln bei der Annahme zu machen (s. o.). Zu den **Wirkungen** einer Aufhebung nach dem Tod eines Beteiligten s. §§ 197, 198 Rn. 59.

34 Ein Verfahren auf **Befreiung vom Eheverbot** des § 1308 BGB erledigt sich mit dem Tod des annehmenden wie des angenommenen Verlobten.

35 **2. Antragsrücknahme.** Der **Annahmeantrag** kann bis zum Abschluss des Verfahrens zurückgenommen werden (s. dazu § 1750 Abs. 4 S. 1 BGB), also bis zum Wirksamwerden des Annahmebeschlusses (dazu §§ 197, 198 Rn. 17–23). Die Rücknahme bedarf keiner qualifizierten **Form**. Ein trotz Antragsrücknahme ergehender oder bekannt gemachter Annahmebeschluss ist aus Gründen der

---

[47] MünchKommBGB/*Maurer* § 1747 Rn. 2.
[48] BT-Drucks. 7/3061 S. 50 [zu § 1763 BGB]; *Staudinger/Frank* Rn. 6; aA *Erman/Saar* Rn. 4, jeweils zu § 1764 BGB.
[49] BT-Drucks. 7/3061 S. 50 [zu § 1763 BGB]; *Staudinger/Frank* Rn. 6; *Erman/Saar* Rn. 4, jeweils zu § 1764 BGB.
[50] BayObLGZ 1986, 57 = NJW-RR 1986, 872 = FamRZ 1986, 719, 720 m. Anm. *Bosch*. So schon bisheriges Recht (für Anfechtbarkeit): BGH FamRZ 1969, 479; OLG Köln NJW 1951, 158.
[51] Ebenso *Soergel/Liermann* Rn. 6 (unter Hinweis auf § 1764 BGB); MünchKommBGB/*Maurer* Rn. 7, jeweils zu § 1762 BGB

Vorbemerkung zu den §§ 186 ff. 36–38 **Vor §§ 186 ff.**

Rechtssicherheit weder unwirksam noch nichtig, sondern lediglich nach §§ 1759, 1760 Abs. 1 BGB aufhebbar.[52] – Soweit ein **Aufhebungsverfahren** nur auf Antrag betrieben wird (§§ 1759, 1760 BGB), kann dieser auch zurückgenommen werden.[53] In Amtsverfahren scheidet die Rücknahme eines Antrags allerdings aus. – Der Antrag auf **Ersetzung** einer Einwilligung (§ 1749 Abs. 1 S. 2 BGB) oder Zustimmung (§ 1748 Abs. 1 S. 1 BGB) sowie der Antrag auf **Befreiung vom Eheverbot** des § 1308 BGB kann bis zum Eintritt der Wirksamkeit der Entscheidung zurückgenommen werden. – Stets ist die Abänderung einer Entscheidung oder eine Wiederaufnahme des Verfahrens (dazu § 48) ausgeschlossen (§ 197 Abs. 3 S. 2 [dazu §§ 197, 198 Rn. 34–37], § 198 Abs. 1 Halbs. 2, Abs. 2 Halbs. 2, Abs. 3 Halbs. 2 [näher dazu §§ 197, 198 Rn. 47–50, 56–58, 64, 66, 68]).

3. Entscheidung. Das **Annahmeverfahren** endet mit Eintritt der Wirksamkeit des **Annahme-** 36 **beschlusses**, weil dieser damit auf Grund seiner Unanfechtbarkeit materiell und formell rechtskräftig wird (§ 197 Abs. 3 S. 1, dazu §§ 197, 198 Rn. 17, 30). Fortgesetzt werden kann es jedoch noch hinsichtlich einer beantragten **Namensänderung** wegen der insoweit gegebenen Zulässigkeit der Beschwerde (dazu §§ 197, 198 Rn. 33). Die **Versagung** der Annahme wird, da sie mit der Beschwerde nach § 58 angefochten werden kann (dazu §§ 197, 198 Rn. 43–46), mit Eintritt der formellen Rechtskraft wirksam. Auch in **Aufhebungsverfahren** tritt die Wirksamkeit des **Aufhebungsbeschlusses** erst mit Eintritt der formellen Rechtskraft ein (§ 198 Abs. 2, dazu §§ 197, 198 Rn. 63).

X. Kosten. Geschäftswert

1. Kostenentscheidung. Das FamG hat in Adoptionssachen als Familiensachen in der Endent- 37 scheidung (§ 82) stets auch über die Kosten des Verfahrens – Gerichtskosten (Gebühren und Auslagen) sowie die notwendigen Aufwendungen der Beteiligten – § 80) – zu entscheiden (§§ 81 Abs. 1 S. 3, 111 Nr. 4, 186). Es entscheidet über die Kostentragung nach billigem Ermessen (§ 81 Abs. 1 S. 1).[54] Bei einer **Minderjährigenadoption** wird es idR angemessen sein, unabhängig davon, ob die Adoption ausgesprochen oder der Antrag zurückgewiesen wurde, die Kosten dem Antragsteller, antragstellenden Ehegatten nach Kopfteilen aufzugeben (entsprechend § 100 Abs. 1 ZPO). Entsprechend ist bei einer **Volljährigenadoption** zwischen Annehmendem und Anzunehmendem zu verfahren. Eine andere Kostenquote können ggf. die Einkommens- und Vermögensverhältnisse der Beteiligten rechtfertigen. – Wurde das Annahmeverfahren mit einem Verfahren auf **Ersetzung** einer Einwilligung oder Zustimmung verbunden (dazu § 196 Rn. 4), kann es wegen der auch nach dem FamFG geltenden Einheitlichkeit der Kostenentscheidung zu einer Kostenquote entsprechend der Baumbach'schen Formel zwischen dem Anzunehmenden und dem Beteiligten, dessen Erklärung ersetzt werden soll, kommen. Geht es allerdings um die Ersetzung der Einwilligung oder Zustimmung des Vormunds oder Pflegers nach § 1746 Abs. 3 BGB, bleibt dieses Zwischenverfahren kostenrechtlich ohne Belang, weil es von Amts wegen zu betreiben ist. – Wurde dem anzunehmenden Kind ein **Verfahrensbeistand** bestellt (§ 191), sollen diesem auch die Verfahrenskosten auferlegt werden können (§ 191 S. 2 verweist nicht auch auf § 158 Abs. 8).[55] Doch gibt es dafür keinen sachlichen Grund, sodass von einem Redaktionsversehen des Gesetzgebers und auch insoweit von einem Verbot, dem Verfahrensbeistand die Verfahrenskosten aufzuerlegen, auszugehen ist.[56] – Zur **Kostenentscheidung** allgemein § 81 Rn. 70–77, zum **Ersetzungsverfahren** allgemein s. §§ 197, 198 Rn. 51–58.

2. Geschäftswert. Der Geschäftswert eines Verfahrens zur Annahme eines **Minderjährigen** 38 sowie zur Aufhebung einer Annahme beträgt idR 3000 Euro, kann sich aber auf Grund des Vermögens der Annehmenden erhöhen (§ 42 Abs. 2, 3 FamGKG, vormals §§ 98 Abs. 2, 30 Abs. 2 KostO).[57] Auch der Geschäftswert der Verfahren zur Annahme eines **Volljährigen** sowie zur Aufhebung einer Annahme, auf **Ersetzung** einer Einwilligung oder Zustimmung und auf Befreiung vom **Eheverbot** des § 1308 BGB beläuft sich idR auf 3000 Euro (§ 42 Abs. 3 FamGKG, vormals §§ 98 Abs. 2, 30 Abs. 2 KostO). – Dagegen haben die Verfahren auf Erteilung der Bescheinigung über den Eintritt der Vormundschaft (§ 190) und über die Bestellung eines Verfahrensbeistands (§ 191) keinen eigenen Geschäftswert. Lediglich im Beschwerdeverfahren nach Verweigerung der

---

[52] OLG Düsseldorf FamRZ 1997, 117 (auch keine Statusklage nach § 640 Abs. 2 Nr. 1 ZPO [jetzt § 169 Nr. 1] auf Feststellung des Nichtbestehens des Eltern-Kind-Verhältnisses zwischen dem/den Adoptierenden und dem Adoptierten).
[53] *Engelhardt*, in: *Keidel/Kuntze/Winkler* § 56f FGG Rn. 10.
[54] Zur Rechtslage nach dem FGG s. *Engelhardt*, in: *Keidel/Kuntze/Winkler* Rn. 17; *Jansen/Sonnenfeld* Rn. 10, jeweils zu § 56e FGG aF.
[55] So Praxiskommentar FamFG/*Meysen* § 191 Rn. 4.
[56] Der RegE enthielt noch die Verweisung auf § 158 Abs. 8 (BT-Drucks. 16/6308, S. 45), die Beschlussempfehlung des RA-BT enthält sie ohne Begründung nicht mehr (BT-Drucks. 16/9733, S. 85, 295).
[57] LG Darmstadt FamRZ 2003, 248 (5% des Reinvermögens).

Bescheinigung ist ein Beschwerdewert festzusetzen (§ 42 Abs. 2, 3 FamGKG), der sich idR auf deutlich unter 3000 Euro belaufen dürfte.

39 3. **Kostenentstehung und -erhebung.** Die Verfahren, die im Zusammenhang mit einer **Minderjährigenadoption** stehen, sind auch bei Zurückweisung und Zurücknahme eines Antrags und einschließlich der Verfahren auf Ersetzung von Einwilligungen,[58] auf Anordnung von Offenbarungs- und Ausforschungsverboten (§ 1758 Abs. 2 S. 2 BGB)[59] und über die Namensführung **gerichtsgebührenfrei** (FamGKG KV Vorbem. 1.3.2 Abs. 1 Nr. 2, Abs. 2, ehemals § 91 S. 1 Halbs. 2 KostO).[60] – **Kostenschuldner** für die **Auslagen** ist der Annehmende als Antragsteller (§ 21 Abs. 1 S. 1 FamGKG, ehemals § 2 Nr. 1 KostO).

40 Für das Verfahren auf Annahme eines **Volljährigen** und über die **Befreiung vom Eheverbot des § 1308 BGB** (entsprechend FamGKG KV Vorbem. 1.3.2 Abs. 2)[61] werden auch im Falle der Abweisung oder Rücknahme eines Antrags (anders § 91 S. 1 Halbs. 2 KostO) zwei volle **Gebühren** erhoben (FamGKG KV Vorbem. 1.3.2 Abs. 1 Nr. 2, Nr. 1320, 1321, vormals §§ 91 S. 1 Halbs. 1, 98 Abs. 1 KostO). **Kostenschuldner** sind der Annehmende und der Anzunehmende als Antragsteller (§ 21 Abs. 1 S. 1 FamGKG, vormals §§ 2 Nr. 1, 5 KostO). – **Gerichtsgebührenfrei** sind **Verfahren auf Ersetzung der Einwilligung zur Annahme als Kind** neben den Gebühren für das Verfahren über die Annahme als Kind (FamGKG KV Vorbem. 1.3.2 Abs. 2), die Entscheidungen über die Namensführung und über die Wirkungen wie bei der Annahme eines Minderjährigen (entsprechend FamGKG KV Vorbem. 1.3.2 Abs. 2).[62]

41 Für **Beschwerdeverfahren** ist zwar das ausdrückliche Privileg des § 131 Abs. 3 KostO aF, wonach es gebührenfrei ist, wenn die Beschwerde im Interesse des Kindes eingelegt war, entfallen. In der Sache ergibt sich jedoch nichts Anderes, weil in **Minderjährige** betreffenden Adoptionssachen ohnehin keine Gerichtsgebühren erhoben werden, mithin auch nicht für das Beschwerdeverfahren. In **Volljährige** betreffenden Adoptionssachen gilt dies nicht (und galt auch nach § 131 Abs. 3 KostO aF nicht), vielmehr sind Gebühren nach FamGKG KV Nr. 1322–1324 (Beschwerdeverfahren) und Nr. 1325–1327 (Rechtsbeschwerdeverfahren) zu erheben.

XI. Rechtsmittel

42 1. **Statthaftigkeit.** Gegen die Entscheidungen des FamG ist **grundsätzlich** die Beschwerde (§ 58 Abs. 1) und nach Zulassung, an die der BGH gebunden ist (§ 70 Abs. 2 S. 2),[63] die Rechtsbeschwerde statthaft (§ 70 Abs. 1, 2). **Anfechtbar** ist danach ein Beschluss, durch den
– ein Annahmeantrag **abgewiesen** wird,
– eine Einwilligung oder Zustimmung zur Annahme als Kind **ersetzt** (§ 198 Abs. 1 Halbs. 1) oder die Ersetzung versagt wird (dazu §§ 197, 198 Rn. 56, 57),
– die Annahme als Kind **aufgehoben** (§ 198 Abs. 1 Halbs. 1) oder die Aufhebung versagt wird (dazu §§ 197, 198 Rn. 64),
– die Befreiung vom Eheverbot des § 1308 BGB versagt wird (dazu §§ 197, 198 Rn. 68).
Zur Anfechtbarkeit der Erteilung der **Bescheinigung** über den Eintritt der Vormundschaft nach § 190 s. dort Rn. 16–18.

43 **Unanfechtbar** ist dagegen
– der Ausspruch der **Annahme** als Kind (§ 197 Abs. 3 S. 1, dazu §§ 197, 198 Rn. 30–33),
– die Befreiung vom **Eheverbot** des § 1308 Abs. 1 BGB (§ 198 Abs. 3 Halbs. 1, dazu §§ 197, 198 Rn. 65),
– eine **Zwischenentscheidung**, die das Verfahren nicht erledigt (§§ 38 Abs. 1 S. 1, 58 Abs. 1, 2).
Die Wirksamkeit des Beschlusses wird, liegt kein Nichtigkeitsgrund vor, auch nicht durch die Verletzung des materiellen oder Verfahrensrechts beeinträchtigt.[64] Das Annahmeverhältnis kann nur

---

[58] *Assenmacher/Mathias,* KostO, 16. Aufl. 2007, „Annahme als Kind (Adoption)" Anm. 3.1; für die Ersetzung der Einwilligung eines Ehegatten nach § 1749 Abs. 1 S. 2 BGB aA *Lappe,* in: *Korintenberg/Lappe/Bengel/Reimann,* KostO, 16. Aufl. 2005, § 98 Rn. 6, § 97 Rn. 26.

[59] *Lappe,* in: *Korintenberg/Lappe/Bengel/Reimann* [Fn. 58] § 98 Rn. 3.

[60] BT-Drucks. 16/6308, S. 312.

[61] *Keidel/Engelhardt* § 186 Rn. 8.

[62] Zu Letzterem *Lappe,* in: *Korintenberg/Lappe/Bengel/Reimann* [Fn. 58] § 98 Rn. 22 bis 24; *Assenmacher/Mathias* [Fn. 58].

[63] Während der RegE noch vorsah, dass der BGH insbesondere im Hinblick auf die Rechtsbeschwerde in Angelegenheiten der freiwilligen Gerichtsbarkeit zu seiner Entlastung an die Zulassung nicht gebunden ist (BT-Drucks. 16/6308, S. 26, 209), führte der RA-BT 16/9377, S. 290 auf Anregung des BR (BT-Drucks. 16/6308, S. 369), der die BReg entgegen getreten ist (BT-Drucks. 17/6308, S. 410), und der Sachverständigen die Bindung wieder ein.

[64] OLG Düsseldorf FamRZ 2008, 1282, 1283 (Annahme durch einen Ehegatten allein).

unter den Voraussetzungen der §§ 1759, 1760–1762, 1763 BGB aufgehoben werden. – Zum Verfahren, wenn ein Minderjähriger irrtümlich als **Volljähriger** adoptiert wurde, s. §§ 197, 198 Rn. 25.

2. Zuständigkeit. Funktionell zuständig zur Entscheidung über die Beschwerde ist das Oberlandesgericht (§ 111 Nr. 4, § 119 Abs. 1 Nr. 1 lit. a GVG), der Bundesgerichtshof für die Rechtsbeschwerde. Für bis zum 31. 8. 2009 eingeleitete Verfahren gilt der bisherige Instanzenzug weiter: Beschwerdegericht ist das Landgericht (§ 19 Abs. 2 FGG aF), Gericht der weiteren Beschwerde das Oberlandesgericht (§ 28 Abs. 1 FGG aF), auf zulässige Divergenzvorlage durch das Oberlandesgericht der Bundesgerichtshof (§ 28 Abs. 2, 3 FGG aF). 44

3. Beschwerdebefugnis. Wer am Adoptionsverfahren beteiligt ist, kann, ist er durch die Entscheidung des FamG beschwert, auch Beschwerde und Rechtsbeschwerde einlegen, sofern sie statthaft sind (dazu Rn. 42, 43). Für das Adoptionsverfahren ergeben sich jedoch folgende Besonderheiten: 45
– Am Verfahren beteiligte **minderjährige Kinder** (dazu Rn. 11), die nicht geschäftsunfähig sind und das 14. Lebensjahr vollendet haben, können ihr Beschwerderecht ohne Mitwirkung ihres gesetzlichen Vertreters ausüben (§ 60 S. 1, 3). Dies gilt entsprechend auch für **minderjährige Ehegatten** eines Annehmenden (zum auf die persönlichen Angelegenheiten beschränkten Fortbestand der Personensorge, zu dem auch die Einwilligung nach §§ 1749, 1750 BGB gehört, s. §§ 1633, 1750 Abs. 3 S. 2 BGB) im Verfahren auf Ersetzung seiner Einwilligung (§ 1749 Abs. 1 S. 2 BGB).
– Das **Jugendamt** und das **Landesjugendamt** sind im Interesse des Anzunehmenden stets beschwerdebefugt (§§ 194 Abs. 2 S. 2, 195 Abs. 2 S. 2, dazu auch §§ 192–195 Rn. 33, §§ 197, 198 Rn. 44, 63, 64, 68).

4. Tatsacheninstanz. Rechtsinstanz. Die **Beschwerdeinstanz** ist Tatsacheninstanz. Das Beschwerdegericht hat deshalb alle (noch) weiter erforderlichen Ermittlungen selbst anzustellen und auch die Beteiligten grundsätzlich erneut persönlich **anzuhören**.[65] Doch kann von der Anhörung abgesehen werden, wenn die erneute Anhörung keine weiteren Erkenntnisse erwarten lässt, etwa wenn die Anhörungen im ersten Rechtszug nur kurze Zeit zurückliegen und sich im Beschwerdeverfahren keine neuen Gesichtspunkte ergeben (§ 68 Abs. 3 S. 2, dazu dort Rn. 5).[66] – Demgegenüber ist die **Rechtbeschwerdeinstanz** eine reine Rechtsinstanz (§ 72 Abs. 1). – Mit dieser Regelung hat sich gegenüber der FGG-Regelung keine grundsätzliche Änderung ergeben, ausgenommen die geänderten funktionellen Zuständigkeiten (dazu Rn. 8, 9). 46

XII. Außerordentliche Rechtsbehelfe

1. Statthaftigkeit. Wegen der Unanfechtbarkeit des Annahmebeschlusses mit ordentlichen Rechtsmitteln (§ 197 Abs. 3 S. 1, vormals § 56e S. 3 FGG aF)[67] ist eine abändernde Entscheidung auch nicht nach einer **Gegenvorstellung** zulässig.[68] Auch eine Anfechtung wegen „greifbarer Gesetzwidrigkeit"[69] scheidet wegen der statusändernden Wirkungen des Annahmebeschlusses (dazu §§ 197, 198 Rn. 25) aus Gründen der Rechtssicherheit aus.[70] 47

Dagegen ermöglicht die **Anhörungsrüge** (§§ 44, 68 Abs. 3 S. 1, vormals § 29a FGG aF),[71] die in Konkurrenz zu den Aufhebungstatbeständen tritt, über eine Aufhebung nach § 1760 Abs. 1, 2 BGB hinaus eine erneute Sachprüfung, wenn rechtliches Gehör nicht gewährt wurde. Trotz des numerus clausus der Aufhebungstatbestände, welcher der Bedeutung des Bestands einer Annahmeentscheidung insbesondere für das Kind geschuldet ist,[72] ist die Anhörungsrüge auch insoweit anwendbar[73] und 48

---

[65] OLG Bremen OLGR 2006, 510, 511 = FamRZ 2007, 930 (LS).
[66] OLG Zweibrücken FGPrax 2001, 113 = FamRZ 2001, 1730, 1732 m. weit. Nachw.; s. dazu auch BT-Drucks. 16/6308, S. 207; *Maurer* FamRZ 2009, 465, 476 ff.
[67] Dazu BayObLGZ 1986, 57 = NJW-RR 1986, 872 = FamRZ 1986, 719, 720 m. Anm. *Bosch*.
[68] Ebenso *Soergel/Liermann* § 1752 BGB Rn. 17; zur aA vor der Einführung der Gehörsrüge zum 1. 1. 2005 s. OLG Köln, Beschl. v. 18. 6. 2001 – 16 Wx 1/01, juris [24]; *Bosch* FamRZ 1986, 722; s. auch LG Koblenz NJW-RR 2000, 959 = FamRZ 2000, 1095, 1096 (außerordentliche Beschwerde, die zur Aufhebung und Zurückverweisung an das AG führt).
[69] Dazu etwa LG Koblenz NJW-RR 2000, 959 = FamRZ 2000, 1095, 1096.
[70] BGHZ 150, 133 = NJW 2002, 1577 = FamRZ 2003, 92 (LS); BGHZ 159, 14 = NJW 2004, 2224 = FamRZ 2004, 1191, 1193; s. auch bereits *Soergel/Liermann* § 1752 BGB Rn. 15.
[71] Dies übersieht *Musielak/Borth* § 197 Rn. 11.
[72] Dazu MünchKommBGB/*Maurer* Vor § 1741 Rn. 31–33.
[73] Auch für sie gilt die Vorgabe des BVerfG, dass zur sachgerechten Aufgabenverteilung zwischen Fach- und Verfassungsgerichtsbarkeit eine fachgerichtliche Kontrolle erfolgen soll, wenn die Verletzung des Anspruchs auf rechtliches Gehör geltend gemacht wird (BVerfGE 107, 395 = NJW 2003, 1924 = FamRZ 2003, 995, 998 f.; s. auch BT-Drucks. 15/3706, S. 13).

wird als das einfachere Verfahren nicht von den Aufhebungstatbeständen verdrängt. Sie ist innerhalb einer **Frist** von 2 Wochen nach Kenntniserlangung von der Verletzung rechtlichen Gehörs, längstens bis zum Ablauf eines Jahres nach der Bekanntgabe der Entscheidung an den Betroffenen zu erheben (§ 44 Abs. 2 S. 2, 3, vormals § 29a Abs. 2 S. 1, 2 FGG aF) und führt zur Aufhebung des Adoptionsbeschlusses und zur Fortsetzung des Adoptionsverfahrens. Im Interesse des Kindeswohls ist die Jahresfrist eine absolute **Ausschlussfrist** und auch auf die Fälle anzuwenden, in denen dem Betroffenen die Entscheidung nicht bekannt gemacht worden ist. Die gesetzlich geregelten Aufhebungstatbestände stellen dann, verfassungsrechtlich nicht zu beanstanden, die einzige Handhabe zur Aufhebung eines Annahmeausspruchs dar. – Kommt das FamG auf Grund des nachgeholten rechtlichen Gehörs zu einer **Aufhebung** des Annahmebeschlusses – bei einer **Minderjährigenadoption** sind dabei die grundrechtlich geschützten Interessen am Bestand der Adoption[74] besonders zu beachten[75] –, entfaltet diese Entscheidung idR **Wirkungen** ex tunc; § 1764 Abs. 1 S. 1 BGB ist nicht anwendbar.[76] Dies verwehrt aber im Einzelfall bei Vorliegen besonderer, schutzwürdiger Interessen eines Beteiligten nicht die ausdrückliche Anordnung der Aufhebung ex nunc.

49 Wird die Anhörungsrüge als unbegründet zurückgewiesen (§ 44 Abs. 4 S. 1), ist die **Verfassungsbeschwerde** der einzig noch mögliche Rechtsbehelf.[77] Ist die Anhörungsrüge wegen Fristablaufs unzulässig, ist es auch eine Verfassungsbeschwerde unzulässig, weil der Betroffene seine Rechte hätte im fachgerichtlichen Verfahren verfolgen können (§ 90 Abs. 2 S. 1 BVerfGG). – Die Verfassungsbeschwerde stellt (auch) eine gefährliche Sanktion dar, weil sie das BVerfG trotz des numerus clausus der Aufhebungsgründe in §§ 1760, 1763 BGB (§ 1759 BGB) in den Stand setzt, dem Adoptionsbeschluss seine materielle und formelle Rechtskraft zu nehmen und dem FamG eine erneute Entscheidung zu eröffnen (dazu auch §§ 197, 198 Rn. 30).[78] Nicht verfassungsbeschwerdeberechtigt sind das **Jugendamt** und das **Landesjugendamt** als Behörde und Teil einer Selbstverwaltungskörperschaft[79] sowie die **Adoptionsvermittlungsstelle**.

50 2. **Rechtsfolgen.** Die Gehörsrüge ist relativ unproblematisch, weil sie fristgebunden ist (dazu Rn. 48). Wird sie allerdings relativ spät innerhalb der absoluten Ausschlussfrist von einem Jahr erhoben, ist wie bei der Verfassungsbeschwerde die Verletzung des rechtlichen Gehör gegen das **Kindeswohl**, das Verfassungsrang hat[80] und dem ggf. der Vorrang zukommt, abzuwägen. Bedeutung hat dies vor allem dann, wenn wegen der Verletzung rechtlichen Gehörs der Annahmeausspruch oder die Ersetzung von Einwilligungen und Zustimmungen angefochten wird, weil damit die Annahme verzögert werden kann.

C. Mitteilungspflichten

51 Aufgrund der Änderung des Personenstands und des Namens des Angenommenen durch die **Adoption** und ihrer **Aufhebung** hat das Standesamt das **Geburtenregister** durch Aufnahme der Folgebeurkundungen zum Geburtseintrag fortzuführen (§§ 27 Abs. 3 Nr. 1, 27 Abs. 1 Nr. 4 PStG).[81] Das FamG hat dem **Standesamt** hierzu eine beglaubigte Abschrift des Adoptionsdekrets bzw. Aufhebungsbeschlusses zu übersenden und seine Wirksamkeit (dazu §§ 197, 198 Rn. 17–23, 40, 63, 65, 67) **mitzuteilen** (§ 56 Abs. 1 Nr. 1 lit. c PStV; zu der Mitteilungspflicht des Standesamts, das eine Folgebeurkundung über die Annahme als Kind oder deren Aufhebung einträgt, s. § 57 Abs. 5 PStV). Mit einem zu verwendenden amtlichen Vordruck teilt die Geschäftsstelle des FamG (zu den Mitteilungsadressaten s. MiZi XIV. Abs. 3) die Annahme oder ihre Aufhebung, die Personalien des angenommenen Kindes und des Annehmenden sowie ggf. seines Ehegatten, den Tag der

---

[74] MünchKommBGB/*Maurer* § 1759 Rn. 3, § 1761 Rn. 4–7.
[75] *Frank/Wassermann* FamRZ 1988, 1249 f.
[76] BVerfGE 89, 381 = NJW 1994, 1053 m. Bspr. *Luther* NJW 1995, 306 = FamRZ 1994, 493, 495 f. m. Bspr. *Niemeyer* FuR 1994, 100 (zur Volljährigenadoption); anders noch – ebenfalls zur Volljährigenadoption: Aufhebung der vormundschaftsgerichtlichen Entscheidung – BVerfG NJW 1988, 1963 = FamRZ 1988, 1247, 1248 m. krit. Anm. *Frank/Wassermann* und Anm. *Niemeyer* FuR 1994, 100.
[77] Dazu BVerfG FPR 2003, 488 = FamRZ 2003, 1448, 1449. Vor Einführung der Anhörungsrüge war die Verfassungsbeschwerde der einzig mögliche Rechtbehelf, s. etwa BVerfGE 89, 381 = NJW 1994, 1053 = FamRZ 1994, 493, 496; BVerfGE 92, 158 = NJW 1995, 2155 = FamRZ 1995, 789, 794
[78] BVerfG FamRZ 2008, 244. Zu den Bedenken dagegen s. *Staudinger/Frank* § 1759 BGB Rn. 9 ff.; *Frank* FamRZ 2007, 1952.
[79] BVerfGE 21, 362 = NJW 1967, 1411; BVerfGE 24, 367, 383 = NJW 1969, 309.
[80] BVerfGE 74, 102 = NJW 1987, 2399 = FamRZ 1987, 564, 565.
[81] Bis 31. 12. 2008 war in das Geburtenbuch (§ 30 Abs. 1 PStG aF) sowie in das Familienbuch der Annehmenden (§ 15 Abs. 1 S. 1 Nr. 2, 3 PStG aF), der leiblichen und ggf. des verheirateten Angenommenen (§ 14 Abs. 1 Nr. 5 PStG aF) einzutragen.

Adoptionssachen 1–3 § 186

Zustellung des Annahmebeschlusses an den Annehmenden bzw. das Kind (§ 1753 Abs. 2 BGB), im Falle der Aufhebung eines Adoptionsdekrets den Tag der Rechtskraft der Entscheidung sowie ggf. Namensänderungen (§ 1765 BGB) mit (MiZi XIV.).

D. Übergangsrecht

Das Übergangsrecht (Art. 111 Abs. 1 S. 1 FGG-RG, abgedruckt als Anhang nach dem FamFG) ist **52** zu Recht denkbar einfach ausgestaltet worden. Angeknüpft wird an den Zeitpunkt der Verfahrenseinleitung (§ 23, dazu Rn. 13–17) oder deren Beantragung: Für bis zum 31. 8. 2009 eingeleitete Verfahren gilt das Recht der freiwilligen Gerichtsbarkeit, insbesondere also die Zuständigkeit des VormG und der Rechtszug über das LG zum OLG (dazu Rn. 10),[82] ab 1. 9. 2009 das Verfahrensrecht des. Dabei ist die Unterscheidung zwischen Verfahrenseinleitung und deren Beantragung in Adoptionssachen ohne Belang: Bereits mit Eingang des Antrags beim FamG ist das Verfahren eingeleitet (dazu Rn. 13). – Art. 111 Abs. 1 S. 2 FGG-RG[83] ist überflüssig: Dass es sich bei den Abänderungs-, Verlängerungs- und Aufhebungsverfahren um eigenständige Verfahren und nicht um die Fortsetzung der ehemaligen Verfahren handelt, ist verfahrensrechtlich nicht zweifelhaft.

§ 186 Adoptionssachen

Adoptionssachen sind Verfahren, die
1. die Annahme als Kind,
2. die Ersetzung der Einwilligung zur Annahme als Kind,
3. die Aufhebung des Annahmeverhältnisses oder
4. die Befreiung vom Eheverbot des § 1308 Abs. 1 des Bürgerlichen Gesetzbuchs
betreffen.

I. Normzweck

Zur Umqualifizierung der Adoptionssachen durch das von Vormundschaftssachen zu **Familien-** **1** **sachen** durch § 111 Nr. 4 s. zunächst die Ausführungen Vor § 186 Rn. 5. – § 186 definiert die Verfahren, die im Einzelnen unter die **Adoptionssachen** iSd. § 111 Nr. 4 fallen. Die Vorschrift hat **ausschließlichen** Charakter; Verfahren mit anderen **Verfahrensgegenständen** (dazu Vor § 186 Rn. 14–17) mögen Familiensachen iSd. § 111 sein, jedenfalls sind sie keine Adoptionssachen. Bedeutung hat dies insbesondere für das Verdikt der Verfahrensverbindung (§ 196).

II. Adoptionssachen

1. Annahme als Kind (Nr. 1). Dabei handelt es sich zunächst um Verfahren, welche auf die **2** Annahme als Kind gerichtet sind (§§ 1752 Abs. 1, 1768 Abs. 1 S. 1 BGB), und zwar sowohl auf eine **Minderjährigenadoption** (§ 1741 BGB) als auch auf eine **Volljährigenadoption** (§ 1767 BGB), auch mit den Wirkungen einer Minderjährigenannahme (§ 1772 BGB). – Hierzu zählen auch **Anerkennungs-** und **Wirkungsfeststellungsverfahren** nach § 2 AdWirkG und **Umwandlungsverfahren** nach § 3 AdWirkG.[1] Zwar lässt § 199 FamFG die Vorschriften des AdWirkG ausdrücklich unberührt, bestimmt § 5 Abs. 3 S. 1 AdWirkG, dass das FamG im Verfahren der freiwilligen Gerichtsbarkeit entscheidet, und verweist § 5 Abs. 3 S. 2 AdWirkG zu den Anhörungen auf die §§ 159, 160 FamFG und nimmt nicht die ausdrücklichen adoptionsverfahrensrechtlichen Anhörungsvorschriften in §§ 192–195 FamFG in Bezug. Sachgerecht ist die Qualifizierung als Familiensachen und Adoptionssachen dennoch, weil so, ebenso wie in den Verfahren auf Befreiung vom Eheverbot des § 1308 (dazu Rn. 7), der Sachzusammenhang zu den übrigen Adoptionssachen gewahrt wird.

Umfasst sind zudem alle die Annahme vorbereitenden und den Adoptionsausspruch „nachbe- **3** reitenden" Verrichtungen, die nicht unter Nr. 2 (dazu Rn. 4, 5) und Nr. 3 (dazu Rn. 6) fallen:
– Verfahren auf **Feststellung** der Wirksamkeit einer Adoption oder sie betreffender Einwilligungen und Zustimmungen (dazu §§ 197, 198 Rn. 23),[2]
– **Genehmigung** der Einwilligung des nicht geschäftsunfähigen Kindes, welches das 14. Lebensjahr vollendet hat (§ 1746 Abs. 1 S. 3 Halbs. 2 BGB),

---

[82] BT-Drucks. 16/6308, S. 359.
[83] Eingefügt durch das RA-BT auf die Prüfbitte des BR, BT-Drucks. 16/6308, S. 401, 427; 16/9733, S. 305 f.
[1] S. auch MünchKommBGB/*Maurer* Anhang zu § 1752 § 1 AdWirkG Rn. 2–6.
[2] Praxiskommentar/*Meysen* Rn. 2.

§ 186 4–8   Buch 2. Abschnitt 5. Verfahren in Adoptionssachen

- **Genehmigung** der Einwilligung bei unterschiedlicher Staatsangehörigkeit des Annehmenden und des Kindes (§ 1746 Abs. 1 S. 4 Halbs. 1 BGB),
- Erteilung der **Bescheinigung** über den Eintritt der Vormundschaft des Jugendamts nach § 1751 Abs. 1 S. 4 BGB (dazu § 190),
- Entgegennahme der **Einwilligungserklärungen** vor Anhängigkeit eines Adoptionsantrags (§ 1750 BGB),
- Entgegennahme von Erklärungen zum **Namen** d. anzunehmenden Kindes (§ 1757 Abs. 2, 3 BGB),
- Ergänzung des Adoptionsausspruchs zum **Namen** des Angenommenen, wenn hierüber entgegen § 1757 Abs. 4 BGB nicht bereits mit dem Adoptionsausspruch entschieden wurde,[3]
- Verfahren zum **Offenbarungs-** und **Ausforschungsverbot** nach § 1758 BGB, sofern Privatpersonen betroffen und nicht die Verwaltungsgerichte zuständig sind,[4]
- Einholung der **fachlichen Äußerung** (§ 189, dazu dort Rn. 5),
- Erteilung der **Bescheinigung** über den Eintritt der Vormundschaft (§ 190, dazu dort Rn. 7),
- Bestellung eines **Verfahrensbeistands** (§ 191, dazu dort Rn. 16).

4   **2. Ersetzung der Einwilligung zur Annahme als Kind (Nr. 2).** Betroffen sind:
- Entgegennahme des **Widerrufs** einer Einwilligung durch das Kind (§ 1746 Abs. 2 BGB).[5]
- Die Einwilligung des durch einen Vormund oder Pfleger vertretenen, geschäftsunfähigen oder noch nicht 14 Jahre alten **Kindes** (§ 1746 Abs. 1 S. 2 BGB).
- Nicht ausdrücklich genannt, gleichwohl mit umfasst ist die **Zustimmung** des gesetzlichen Vertreters des Kindes, das nicht geschäftsunfähig ist und das 14. Lebensjahr bereits vollendet hat (§ 1746 Abs. 1 S. 2, Abs. 3 Halbs. 1 BGB).[6]
- Die Einwilligung der **Eltern** des Kindes (§§ 1747, 1748 BGB).
- Die Einwilligung des **Ehegatten** des ein Kind allein Annehmenden (§§ 1741 Abs. 2 S. 3, 4, 1749 Abs. 1 S. 2 BGB).

5   Hierher gehören auch alle vor- und nachbereitenden Verrichtungen des FamG:
- Erteilung der **Bescheinigung** über den Eintritt der Vormundschaft des Jugendamts nach § 1751 Abs. 1 S. 2 BGB (§ 190).[7]
- Anordnung des Eintritt des **Offenbarungs-** und **Ausforschungsverbots** nach Antrag auf Ersetzung der Einwilligung eines Elternteils nach § 1747 BGB (§ 1758 Abs. 2 S. 2 BGB).

6   **3. Aufhebung des Annahmeverhältnisses (Nr. 3).** Erfasst werden Verfahren auf
- **Aufhebung** einer Annahme als Kind, unabhängig davon, ob sie auf Antrag (§ 1759 BGB) oder von Amts wegen (§ 1763 BGB) betrieben werden (§§ 1759 ff., 1771 BGB),
- **Feststellung** der Aufhebung des Annahmeverhältnisses infolge Eheschließung nach § 1766 BGB,
- **Namensänderung** nach § 1765 Abs. 2, 3 BGB, wenn über sie nicht zugleich mit der Aufhebung der Annahme entschieden wurde.

7   **4. Befreiung vom Eheverbot (Nr. 4).** Bereits bisher dem FamG zugewiesen (§ 23b Abs. 1 S. 1 Nr. 14 GVG, § 621 Abs. 1 Nr. 12 ZPO aF) war die Befreiung vom Eheverbot zwischen Personen, deren Verwandtschaft iSd. § 1307 BGB durch die Annahme als Kind begründet worden ist (§ 1308 Abs. 1 BGB). Obgleich keine Adoptionssache im eigentlichen Sinne, wird sie wegen ihres Sachzusammenhangs trotzdem von Gesetzes wegen zur Adoptionssache erklärt.[8] – Da die Entscheidung bereits bislang den FamG zugewiesen war, hat diese Qualifizierung insoweit keine das bisherige Recht ändernden Auswirkungen. Und zwar auch dann nicht, wenn an einem Gericht mehrere Abteilungen für Familiensachen bestehen, weil bereits über die Zugehörigkeit zu demselben Personenkreis die ehemals für die Annahme als Kind zuständige Abteilung auch für die Befreiung vom Eheverbot zuständig sein soll (§ 23b Abs. 2 S. 1 GVG). Werden aber die Adoptionssachen durch den gerichtsinternen Geschäftsverteilungsplan einer Abteilung zugewiesen, bewirkt die Qualifizierung als Adoptionssache von Gesetzes wegen deren Zuständigkeit auch für die Befreiung vom Eheverbot.

III. Keine Adoptionssachen

8   Keine Adoptionssachen sind folgende im Zusammenhang mit Adoptionssachen stehende Verfahren:

---

[3] Dazu MünchKommBGB/*Maurer* § 1757 Rn. 11.
[4] Dazu MünchKommBGB/*Maurer* § 1758 Rn. 2 aE.
[5] Praxiskommentar/*Meysen* Rn. 3.
[6] BT-Drucks. 16/6308, S. 247 führt die Ersetzung nach § 1746 Abs. 3 Halbs. 1 BGB nicht ausdrücklich auf, sondern benennt nur „insbesondere" die Verfahren nach §§ 1748, 1749 Abs. 1 S. 2 BGB.
[7] Dazu MünchKommBGB/*Maurer* § 1751 BGB Rn. 2 m. weit. Nachw.
[8] BT-Drucks. 16/6308, S. 247.

Örtliche Zuständigkeit   1 § 187

— Streitigkeiten des anzunehmenden Kindes gegen die Adoptionsbewerber über die Verpflichtung zur Zahlung von **Unterhalt** nach § 1751 Abs. 4 BGB, wenn die leiblichen Eltern die Einwilligung in die Adoption erteilt und die Annehmenden das Kind in Obhut genommen haben, ihm aber nicht den erforderlichen Unterhalt zukommen lassen. Sie unterfallen allerdings auch nicht den Unterhaltssachen nach § 231 Abs. 1 Nr. 1, weil zwischen Annehmenden und Anzunehmendem (noch) kein Verwandtschaftsverhältnis besteht. Von Gesetzes wegen sind sie deshalb keine Familiensachen, weder als Unterhaltssachen (§§ 111 Nr. 8, 231 Abs. 1 Nr. 1) noch als sonstige Familiensachen (§§ 111 Nr. 10, 266). Diese Unterhaltsstreitigkeiten wären damit die einzigen, die keine Familiensachen wären und deshalb – abhängig vom Streitwert – in die Zuständigkeit der Zivilabteilung des Amtsgerichts oder der Landgerichte fielen (§ 23 Abs. 1 Nr. 2 lit. a GVG). Diese Streitigkeiten nicht den FamG zu übertragen ist ein Versehen des Gesetzgebers sowohl des KindRG wie auch des FamFG, das durch die entsprechende Anwendung von § 231 Abs. 1 Nr. 1 behoben und dadurch auch diese Streitigkeiten zu Familiensachen gemacht werden sollten.[9]
— Verfahren zum **Sorgerecht** nach §§ 1751 Abs. 3, 1764 Abs. 4 BGB. Es handelt sich um Kindschaftssachen (§§ 111 Nr. 2, 151 Nr. 1; dazu aber auch § 196 Rn. 4 und §§ 197, 198 Rn. 61).[10]
— Auch bei Verfahren zum **Umgangsrecht** der Eltern nach §§ 1684, 1685 BGB handelt es sich um Kindschaftssachen (§§ 111 Nr. 2, 151 Nr. 2; dazu auch § 151 Rn. 14).[11] Ein Recht auf Umgang mit dem Kind steht den leiblichen Eltern nach der materiellrechtlichen Regelung zwar nicht zu (§§ 1751 Abs. 1 S. 1 Halbs. 2, 1755 BGB),[12] doch ist dies aus grund- und menschenrechtlicher Sicht durchaus fragwürdig.[13]
— Verfahren zum **Auskunftsrecht** nach § 1686 BGB sind als Ergänzung des Umgangsrechts gleichfalls Kindschaftssachen (§§ 111 Nr. 2, 151 Nr. 2; dazu auch § 151 Rn. 16).[14] Auch an dessen materiellrechtlichem Ausschluss bestehen verfassungsrechtliche Bedenken.[15]
— Befreiung vom Erfordernis der **Ehemündigkeit** eines minderjährigen Verlobten (§ 1303 BGB) im Gegensatz zum Verfahren auf Befreiung vom Eheverbot des § 1308 BGB (zu Letzterem Rn. 7; zur Verfahrensverbindung s. § 196 Rn. 4, zur örtlichen Zuständigkeit § 187 Rn. 11).
— Das nationale und das internationale **Adoptionsvermittlungsverfahren** nach dem AdVermiG einschließlich der internationalen Adoptionsvermittlung nach dem HaagAdoptÜbk (dazu auch § 199 Rn. 2).

§ 187 Örtliche Zuständigkeit

(1) **Für Verfahren nach § 186 Nr. 1 bis 3 ist das Gericht ausschließlich zuständig, in dessen Bezirk der Annehmende oder einer der Annehmenden seinen gewöhnlichen Aufenthalt hat.**

(2) **Ist die Zuständigkeit eines deutschen Gerichts nach Absatz 1 nicht gegeben, ist der gewöhnliche Aufenthalt des Kindes maßgebend.**

(3) **Für Verfahren nach § 186 Nr. 4 ist das Gericht ausschließlich zuständig, in dessen Bezirk einer der Verlobten seinen gewöhnlichen Aufenthalt hat.**

(4) **Kommen in Verfahren nach § 186 ausländische Sachvorschriften zur Anwendung, gilt § 5 Abs. 1 Satz 1 und Abs. 2 des Adoptionswirkungsgesetzes entsprechend.**

(5) [1]**Ist nach den Absätzen 1 bis 4 eine Zuständigkeit nicht gegeben, ist das Amtsgericht Schöneberg in Berlin zuständig.** [2]**Es kann die Sache aus wichtigem Grund an ein anderes Gericht verweisen.**

I. Normzweck

Als Nachfolgeregelung von §§ 43b Abs. 2–4, 44a Abs. 1 FGG aF regelt die Vorschrift allein die **1** **örtliche** Zuständigkeit. Die **sachliche** Zuständigkeit bestimmt sich nach § 23a Abs. 1 Nr. 1 GVG, §§ 111 Nr. 4, 186, die Zuständigkeit der Familiengerichte nach § 23b Abs. 1 GVG durch **gesetzliche Geschäftsverteilung,** die **funktionelle** Zuständigkeit nach § 14 Abs. 1 Nr. 13, 14 RPflG und

---

[9] MünchKommBGB/*Maurer* § 1751 Rn. 16; ebenso AnwK-BGB/*Finger* § 1751 BGB Rn. 14.
[10] *Keidel/Engelhardt* Rn. 2, 4; *Bumiller/Harders* Rn. 6; s. auch BT-Drucks. 16/6308, S. 247.
[11] BT-Drucks. 16/6308, S. 247.
[12] MünchKommBGB/*Maurer* § 1751 Rn. 4.
[13] MünchKommBGB/*Maurer* Vor § 1741 Rn. 35.
[14] OLG Zweibrücken FamRZ 1990, 779; *Staudinger/Peschel-Gutzeit* § 1634 BGB Rn. 83 m. weit. Nachw.; AnwK-BGB/*Peschel-Gutzeit* § 1686 Rn. 3.
[15] Dazu MünchKommBGB/*Maurer* Vor § 1741 Rn. 36; § 1751 Rn. 4.

§ 187 2–5   Buch 2. Abschnitt 5. Verfahren in Adoptionssachen

die **internationale** Zuständigkeit nach § 101 (zuvor § 43b FGG aF). Zur Zuständigkeit nach dem **AdWirkG** s. Rn. 14 und § 199.

II. Grundsätze

2   **1. Ausschließlichkeit.** Die Gerichtsstände nach Abs. 1–3 sind ausschließlich. Für Abs. 1 und 3 gilt dies kraft ausdrücklicher Anordnung, für Abs. 2 kraft seiner ersatzweisen Anknüpfung an Abs. 1, wenn mangels gewöhnlichen Aufenthalts eines Annehmenden im Inland (vgl. auch § 101) kein Gerichtsstand nach Abs. 1 besteht.[1] – Ausschließlichkeit heißt, dass andere Gerichtsstände nicht prorogiert werden können und der Rechtsstreit auch nicht nach § 4 an ein anderes Gericht abgegeben werden kann. Eine Verweisung nach § 3 ist mangels Unzuständigkeit ohnehin verwehrt. Allerdings eröffnet Abs. 5 S. 2 dem Amtsgericht Schöneberg in Berlin trotz bestehender örtlicher Zuständigkeit ausnahmsweise eine Verweisung an ein unzuständiges Gericht aus wichtigem Grund (dazu Rn. 13).

3   **2. Anknüpfung.** § 43b Abs. 2 S. 1 Halbs. 1 FGG aF hat für die örtliche Zuständigkeit vorrangig am Wohnsitz und lediglich hilfsweise am Aufenthalt angeknüpft. Nunmehr knüpft § 187 allgemein am **gewöhnlichen Aufenthalt**, mithin als Mittelpunkt der Lebensführung an, die „von einer auf längere Dauer angelegten sozialen Eingliederung gekennzeichnet [wird] und allein von der tatsächlichen – ggf. vom Willen unabhängigen – Situation gekennzeichnet [ist]".[2] – Zur – nicht ausschließlichen (§ 106) – **internationalen Zuständigkeit** in Fällen fremder Staatsangehörigkeit s. § 101 Nr. 1, dazu dort Rn. 14. – Für die örtliche Zuständigkeit ist die **Staatsangehörigkeit** der Beteiligten kein Anknüpfungskriterium. Zudem ist die ausdrückliche Verweisung in § 43b Abs. 2 S. 2 FGG aF für den Fall der Anwendung ausländischen materiellen Adoptionsrechts auf § 5 Abs. 1 S. 1, Abs. 2 AdWirkG, der die Entscheidungskonzentration auf die VormG/FamG am Sitz des OLG beinhaltet, entfallen. Damit besteht keine Entscheidungskonzentration, weil § 199 (dazu auch dort Rn. 4) nur für die direkt dem AdWirkG unterfallenden Fälle der Anerkennungs- und Wirkungsfeststellung (§ 2 AdWirkG) sowie der Umwandlung einer ausländischen Adoption (§ 3 AdWirkG) anordnet, dass die Vorschriften des AdWirkG unberührt bleiben. Dies ist eine gesetzgeberische Fehlleistung, wenn damit beabsichtigt worden sein sollte, die Zuständigkeitskonzentration in diesen Fällen aufzuheben (dazu aber auch Rn. 14).

4   **3. Zeitpunkt. a) Anhängigkeit.** Der Anknüpfungspunkt muss in dem Zeitpunkt gewahrt sein, in dem das FamG mit der Adoptionssache **befasst** wird, also ein Verfahren mit dem Ziel der Erledigung eingeleitet wird.[3] In Antragsverfahren tritt die Befassung mit Eingang des Antrags beim FamG ein,[4] in Amtsverfahren – Ersetzung der Einwilligung eines Vormunds oder Pflegers (§ 1746 Abs. 3 BGB), Aufhebung des Annahmeverhältnisses zum Wohl des Kindes (§ 1763 BGB) [dazu Vor § 186 Rn. 17] – mit Kenntniserlangung des FamG von Tatsachen, die Anlass für gerichtliche Maßnahmen sein können.[5]

5   **aa) Antragsverfahren.** Für sie ist nach der **Antragsbefugnis** zu differenzieren:
– Die Annahme eines **minderjährigen** Kindes kann nur vom Annehmenden beantragt werden (§ 1752 Abs. 1 BGB). Bei gemeinschaftlicher Annahme (§ 1741 Abs. 2 S. 2 BGB) reicht der Eingang des Antrags eines der Annehmenden beim FamG aus.
– Nach dem **Tod** des Annehmenden (§ 1753 BGB) kommt es auf die Einreichung des Antrags durch den damit beauftragten Notar an.[6] Zur nunmehr gegebenen örtlichen Zuständigkeit des FamG am gewöhnlichen Aufenthalt des anzunehmenden Kindes s. Rn. 10.
– Für die **Aufhebung** einer Minderjährigenadoption ist der Eingang des Antrags des Antragsberechtigten (§ 1762 Abs. 1 BGB) maßgeblich.
– Die **Ersetzung** der Einwilligung eines Elternteils kann nur das Kind beantragen (§ 1748 Abs. 1 S. 1 BGB), die Ersetzung der Einwilligung seines Ehegatten nur der Annehmende (§ 1749 Abs. 1 S. 2 BGB). Wird das Ersetzungsverfahren bereits betrieben, bevor die Annahme beantragt wurde, gelten als Annehmende unabhängig davon, ob sie ihre Adoptionsabsicht zwischenzeitlich aufge-

---

[1] Die örtliche Zuständigkeit nach § 43b Abs. 2 FGG aF war ausschließlich, nicht jedoch die aus § 43b Abs. 3, 4 FGG aF, *Engelhardt*, in: *Keidel/Kuntze/Winkler* § 43b FGG Rn. 17 m. weit. Nachw.
[2] BT-Drucks. 16/6308, S. 247, 226. Dazu auch *Reinhardt* JAmt 2009, 162, 163 und die eingehenden Erläuterungen § 122 Rn. 8–22.
[3] Zum Ganzen auch BT-Drucks. 16/6308, S. 247, 234.
[4] *Jansen/Müller-Lukoschek* § 43b FGG Rn. 57; *Keidel/Engelhardt* Rn. 4.
[5] KG FGPrax 1995, 71 = FamRZ 1995, 440, 441 m. Anm. *Bosch*. Nach OLG Celle FamRZ 1979, 861, 862; *Keidel/Engelhardt* Rn. 6 tritt Anhängigkeit mit der Befassung des FamG mit einem Verfahren ein.
[6] *Bumiller/Harders* Rn. 5, 6; aA *Keidel/Engelhardt* Rn. 5: Maßgeblich ist der Zeitpunkt der Erteilung des Auftrags zur Einreichung. Doch entfiel diese in § 43b Abs. 2 S. 1 FGG ausdrücklich enthaltene Bestimmung (dazu *Jansen/Müller-Lukoschek* Rn. 59; *Engelhardt*, in: *Keidel/Kuntze/Winkler* § 43b FGG Rn. 15, jeweils zu § 43b FGG). Da der Auftrag an den Notar jedoch nur die Entschließung des Annehmenden ersetzt, den Adoptionsantrag einzureichen, und nicht auch die Einreichung selbst, führt allein die Auftragserteilung nicht mehr zur Anhängigkeit.

geben haben,[7] diejenigen, für deren Annahme die Ersetzung betrieben wird (dazu auch §§ 197, 198 Rn. 11).[8] Dies gilt auch für die Feststellung der Wirksamkeit des **Widerrufs einer Einwilligung** in eine Annahme.[9]

– Für die Annahme eines **Volljährigen** bedarf es des Antrags des Annehmenden und des Anzunehmenden (§§ 1768 Abs. 1 S. 1, 1772 Abs. 1 S. 1 BGB). Doch reicht auch insoweit der Eingang eines Antrags beim FamG aus.
– Für die **Aufhebung** einer Volljährigenadoption (§ 1771 BGB) reicht der Eingang des Antrags des Annehmenden oder des Angenommenen aus.
– Die **Befreiung vom Eheverbot** des § 1308 Abs. 1 BGB wird nur auf Antrag eines der Verlobten erteilt; haben die Verlobten verschiedene gewöhnliche Aufenthalte, sind beide FamG für das Verfahren ausschließlich örtlich zuständig (zu den Wirkungen der Antragstellung s. Rn. 8).

Jedes Gericht ist zur Entgegennahme der Einwilligungen nach § 1750 Abs. 1 S. 1 BGB zuständig. **6** Da die Einreichung einer notariell beurkundeten **Einwilligungserklärung** oder der **Verzichtserklärung** eines nichtehelichen Vaters nach §§ 1746, 1747 Abs. 1, Abs. 3 S. 1 Nr. 3, 1749 BGB (dazu auch § 1750 BGB)[10] beim FamG aber nicht auf die Einleitung eines Annahmeverfahrens gerichtet ist, führt sie auch nicht zur Anhängigkeit eines solchen; Anhängigkeit tritt auch insoweit erst mit der Einreichung des Annahmeantrags ein.

bb) Amtsverfahren. In Betracht kommen lediglich die Verfahren **7**
– auf Einholung der **fachlichen Äußerung** (§ 189, dazu dort Rn. 10),
– auf Erteilung einer **Bescheinigung** über den Eintritt der Vormundschaft nach Einwilligung der leiblichen Eltern in die Annahme (§ 190; dazu näher dort Rn. 10),
– auf Bestellung eines **Verfahrensbeistands** (§ 191, dazu dort Rn. 18),
– auf Ersetzung der **Einwilligung** eines Vormund oder Pflegers (§ 1746 Abs. 3 BGB),
– und v. a. auf **Aufhebung** des Annahmeverhältnisses zu einem Minderjährigen aus schwerwiegenden Gründen zum Wohl des Kindes (§ 1763 BGB).

b) Wirkungen. Das Verfahren beginnt bei dem FamG, bei dem der Antrag zuerst eingeht. Zudem **8** tritt bei mehreren örtlich zuständigen FamG die **Anhängigkeitssperre** ein (§ 2 Abs. 1, ehemals § 4 FGG aF), sodass ein weiterer Antrag bei einem (ehemals auch) örtlich zuständigen FamG unzulässig ist. Damit zusammen hängt die Fortdauer der Zuständigkeit **(perpetuatio fori)**, weshalb der Eintritt eine anderweitige örtliche Zuständigkeit begründender Umstände nach Anhängigkeit die einmal begründete örtliche Zuständigkeit unberührt lässt (§ 2 Abs. 2).[11] Dem FamG ist eine Verweisung nach § 3 verwehrt (Ausnahme: Abs. 5 S. 2, dazu Rn. 13). – Auch ein **ohne Antragsbefugnis** eingereichter Antrag führt zur Anhängigkeit der Adoptionssache und zur perpetuatio fori. – Eine **Abgabe** aus wichtigem Grund bei Übernahmebereitschaft des FamG, an das abgegeben werden soll (§ 4 S. 1), oder nach verweigerter Übernahme auf Grund einer Zuständigkeitsbestimmung durch das OLG (§ 5 Abs. 1 Nr. 5, Abs. 2) bleibt dagegen zulässig, wenn das Verfahren bei dem FamG des neuen Wohnsitzes leichter und zweckmäßiger geführt werden kann.[12] – Die örtliche Unzuständigkeit des FamG kann im **Rechtsmittelverfahren** nicht gerügt werden (§§ 65 Abs. 4, 72 Abs. 2). Deshalb kann die Entscheidung nicht aufgehoben und das Verfahren an das FamG zurückverwiesen werden, wenn das FamG unzutreffend seine örtliche Zuständigkeit angenommen hat.[13] – Zur fortbestehenden Zuständigkeit für die Erteilung der **Bescheinigung über den Eintritt der Vormundschaft** (§ 1751 Abs. 1 S. 2 BGB) nach Ersetzung der Einwilligung eines leiblichen Elternteils in die Annahme (§ 1748 BGB) und Wechsel der örtlichen Zuständigkeit des FamG für das Annahmeverfahren s. § 190 Rn. 9.

III. Zuständigkeit

1. Annahme-, Ersetzungs-, Aufhebungsverfahren. In ihnen (§ 186 Nr. 1–3, dazu dort **9** Rn. 2–6) bestimmt sich die örtliche Zuständigkeit zunächst nach dem gewöhnlichen Aufenthalt des

---

[7] BayObLG FamRZ 1978, 65, 67.
[8] OLG Hamm OLGZ 1987, 129, 131 f. = NJW-RR 1987, 260 (insoweit nicht abgedruckt). Zur Führung der Vormundschaft nach § 1751 Abs. 1 S. 2 BGB ebenso KG OLGZ 1978, 139 = FamRZ 1978, 210 f.; OLGZ 1982, 219 = FamRZ 1981, 1111.
[9] OLG Frankfurt a. M. FamRZ 1981, 206, 207.
[10] AA *Engelhardt*, in: *Keidel/Kuntze/Winkler* § 43b FGG Rn. 14.
[11] *Keidel/Engelhardt* Rn. 4.
[12] BayObLGZ 1983, 210 = FamRZ 1984, 203 mN zum Streitstand; NJWE-FER 2001, 302 = FamRZ 2001, 1536 f. Für die bloße Einwilligung sollte die gleiche Folgerung jedoch nicht gezogen werden (dazu Rn. 6).
[13] Anders nach dem FGG: Lediglich wenn auch das örtlich zuständige FamG zum Bezirk des Rechtsbeschwerdegerichts gehörte und weitere Sachaufklärung nicht erforderlich war, sollte das Rechtsbeschwerdegericht auch in der Sache entscheiden können, OLG Köln FGPrax 2007, 121 f. = FamRZ 2007, 1576 (LS).

oder, kann das Kind von Ehegatten (§ 1741 Abs. 2 S. 2 BGB) nur gemeinsam angenommen werden, der **Annehmenden** (Abs. 1). Haben die Annehmenden nicht denselben gewöhnlichen Aufenthalt – im Annahmeverfahren selten, in Aufhebungsverfahren nach Trennung und Scheidung praktisch bedeutsam –, kann jeder Annehmende den Antrag sowohl beim FamG seines gewöhnlichen Aufenthalts als auch des anderen Annehmenden einreichen; dann sperrt die Anhängigkeit des Verfahrens bei einem FamG die Zuständigkeit des anderen **(anderweitige Anhängigkeit)**.[14]

10   Haben die Annehmenden keinen gewöhnlichen Aufenthalt, bestimmt der gewöhnliche Aufenthalt des **Kindes** unabhängig von seiner Staatsangehörigkeit die örtliche Zuständigkeit (Abs. 2). Anders als der Wohnsitz des Kindes (§ 11 BGB) leitet sich sein gewöhnlicher Aufenthalt nicht von dem seiner Eltern ab, sondern ist selbständig zu bestimmen.[15] Betroffen sind alle Annehmenden, die gar keinen oder lediglich im Inland keinen gewöhnlichen Aufenthalt oder nach ihrem **Tod** keinen mehr haben. Zur **Staatsangehörigkeit** als Anknüpfungskriterium s. Rn. 3.

11   **2. Befreiung vom Eheverbot.** Örtlich zuständig in Verfahren auf Befreiung vom Eheverbot des § 1308 Abs. 1 BGB ist das FamG am gewöhnlichen Aufenthalt eines der **Verlobten.** Jeder Verlobte kann unabhängig von seinem eigenen gewöhnlichen Aufenthalt seinen Antrag auch beim FamG am gewöhnlichen Aufenthalt des anderen Verlobten stellen.[16]

12   **3. Auffangzuständigkeit.** Besteht keine Zuständigkeit eines deutschen FamG nach Abs. 1 bis 3, weil kein Betroffener seinen gewöhnlichen Aufenthalt im Inland hat, ist das Amtsgericht Schöneberg in Berlin örtlich zuständig (Abs. 5 S. 1). Erfasst werden die Fälle, dass ein Betroffener zwar **Aufenthalt,** nicht jedoch seinen gewöhnlichen Aufenthalt im Inland hat, er aber **Deutscher** ist und damit die internationale Zuständigkeit der deutschen FamG gegeben ist (§ 101 Nr. 1, dazu dort Rn. 14).[17]

13   **4. Verweisung.** Das Amtsgericht Schöneberg in Berlin kann das Verfahren „aus wichtigem Grund" an ein anderes FamG **verweisen** (Abs. 5 S. 2;[18] s. dazu auch § 43b Abs. 3 S. 2, Abs. 4 S. 3 FGG aF). Die Verweisung ist bindend und unanfechtbar (§ 3 Abs. 3), einer konstitutiven Übernahmebereitschaft des iudex ad quem (so § 4 S. 1, § 46 Abs. 1 S. 1 Halbs. 1 FGG) bedarf es nicht.[19] **Negative Kompetenzstreitigkeiten** zwischen verweisendem und angegangenem FamG werden vom gemeinsamen, und, wäre dies der BGH, vom für das FamG, das zuerst mit der Sache befasst war, zuständigen OLG entschieden (§ 5 Abs. 1 Nr. 4, Abs. 2). – Ein **wichtiger Grund** wird insbesondere dann vorliegen, wenn ein Betroffener zwar seinen Aufenthalt, nicht jedoch seinen gewöhnlichen Aufenthalt im Inland hat und dieser Aufenthalt so lange andauert, dass an diesem Aufenthaltsort sachgerechte Ermittlungen angestellt werden können. – Diese Verweisungsmöglichkeit ist **kritisch** zu sehen, weil sie unsystematisch ist: Verwiesen wird im Allgemeinen vom unzuständigen an ein zuständiges Gericht (vgl. § 3 Abs. 1 S. 1). Dagegen soll in den vorliegenden Fallgestaltungen das zuständige Gericht sein Verfahren an ein unzuständiges Gericht abgeben; Letzteres soll erst durch die Weiterleitung des Verfahrens zuständig werden. Dies sind gerade die typischen Fälle dafür, dass nicht – bindend (§ 3 Abs. 3 S. 2) – verwiesen, sondern nicht bindend abgegeben wird, sodass das angegangene Gericht erst mit seiner Bereiterklärung zur Übernahme oder durch die Zuständigkeitsbestimmung nach § 5 Abs. 1 Nr. 4, Abs. 2 örtlich zuständig wird.

IV. Zuständigkeitskonzentration

14   § 187 Abs. 4[20] (ehemals inhaltsgleich § 43b Abs. 2 S. 2 FGG aF[21]) ordnet für die örtliche Zuständigkeit die entsprechende Anwendung von § 5 Abs. 1 S. 1, Abs. 2 AdWirkG für den Fall an,

---

[14] KG FGPrax 1995, 71 = FamRZ 1995, 440, 441 m. zust. Anm. *Bosch.*
[15] *Keidel/Engelhardt* Rn. 3.
[16] *Keidel/Engelhardt* Rn. 7; *Bumiller/Harders* Rn. 9.
[17] Eine Konkurrenz der örtlichen Zuständigkeit des AG Schöneberg in Berlin mit der des FamG am Wohnort des Kindes (§ 43b Abs. 3, 4 FGG aF), wenn ein im Ausland wohnhafter und sich dort aufhaltender Deutscher ein im Inland wohnendes Kind annimmt (so MünchKommBGB/*Maurer* Rn. 5; *Staudinger/Frank* Rn. 13; *Erman/Saar* Rn. 6; aA RGRK/*Dickescheid* Rn. 8 [Zuständigkeit des AG Schöneberg in Berlin ist *immer* subsidiär], jeweils zu § 1752 BGB), kann nicht mehr vorkommen.
[18] Eingefügt vom RA-BT (BT-Drucks. 16/9733, S. 295) auf Anregung des BR (BT-Drucks. 16/6308, S. 380), der die BReg nicht entgegengetreten ist (BT-Drucks. 16/6308, S. 417, 414).
[19] *Bumiller/Harders* Rn. 8; *Reinhardt* JAmt 2009, 162, 163.
[20] Nachträglich in das FamFG eingefügt durch Art. 8 Nr. 1 lit. q Doppellit. bb des Gesetzes zur Modernisierung von Vorschriften im anwaltlichen und notariellen Berufsrecht, zur Errichtung einer Schlichtungsstelle der Rechtsanwaltschaft sowie zur Änderung sonstiger Vorschriften v. 30. 7. 2009 (BGBl. I S. 2449). S. dazu auch Praxiskommentar FamFG/*Meysen* Rn. 6.
[21] Dazu OLG Köln FGPrax 2007, 121 = FamRZ 2007, 1576 (L).

dass **ausländische Sachvorschriften** zur Anwendung kommen, was zur Zuständigkeitskonzentration bei den FamG (nach dem FGG: VormG) am Sitz des OLG führt. Diese Regelung ist zwar überflüssig, weil auch bei Anwendung ausländischer Sachvorschriften durch inländische Gerichte der Grund für die Zuständigkeitskonzentration trägt, einschlägigen Sachverstand bei den Konzentrationsgerichten zu bilden und zu nutzen, sodass § 5 Abs. 1 S. 1, Abs. 2 AdWirkG entsprechend heranzuziehen ist. Der Klarstellung dient sie aber allemal. – Die Regelung gilt unabhängig davon, dass das AdWirkG nur auf die Adoption Minderjähriger Anwendung findet (§ 1 S. 2 AdWirkG), für die Annahme **Minderjähriger** wie **Volljähriger**, weil § 5 Abs. 1 S. 1, Abs. 2 AdWirkG nur für entsprechend anwendbar erklärt wird, es sich also um keine Rechtsgrund-, sondern um eine Rechtsfolgenverweisung handelt.[22]

§ 188 Beteiligte

(1) Zu beteiligen sind
1. in Verfahren nach § 186 Nr. 1
   a) der Annehmende und der Anzunehmende,
   b) die Eltern des Anzunehmenden, wenn dieser entweder minderjährig ist und ein Fall des § 1747 Abs. 2 Satz 2 oder Abs. 4 des Bürgerlichen Gesetzbuchs nicht vorliegt oder im Fall des § 1772 des Bürgerlichen Gesetzbuchs,
   c) der Ehegatte des Annehmenden und der Ehegatte des Anzunehmenden, sofern nicht ein Fall des § 1749 Abs. 3 des Bürgerlichen Gesetzbuchs vorliegt,
2. in Verfahren nach § 186 Nr. 2 derjenige, dessen Einwilligung ersetzt werden soll,
3. in Verfahren nach § 186 Nr. 3
   a) der Annehmende und der Angenommene,
   b) die leiblichen Eltern des minderjährigen Angenommenen;
4. in Verfahren nach § 186 Nr. 4 die Verlobten.

(2) Das Jugendamt und das Landesjugendamt sind auf ihren Antrag zu beteiligen.

Übersicht

	Rn.		Rn.
I. Normzweck	1	2. Benannte Verfahren	9–19
II. „Beteiligter"	2, 3	a) Annahmeverfahren	9–11
III. Beteiligung	4–7	b) Ersetzungsverfahren	12–14
1. Begriff	4	c) Aufhebungsverfahren	15–17
2. Rechtstechnische Umsetzung	5–7	d) Befreiung vom Eheverbot	18, 19
IV. Beteiligte	8–21	3. Unbenannte Verfahren	20
1. Benannte und unbenannte Beteiligte	8	4. Weitere Beteiligte	21
		V. Verfahrensrechtliche Folgen	22, 23

I. Normzweck

Das FGG hatte die Beteiligten an den Verfahren in Adoptionssachen nicht ausdrücklich benannt.[1] Es galt der Grundsatz, dass alle materiell Beteiligten vom – ehemals zuständigen – VormG auch am Verfahren zu beteiligen waren und sie damit zu (auch) formell Beteiligten wurden. Das FamFG wollte diese Differenzierung auch wegen der zum Teil mühsamen Feststellung der Beteiligten – wobei sich der Aufwand in Adoptionssachen wegen deren Übersichtlichkeit wohl in engen Grenzen gehalten hat – aufgeben (dazu Rn. 2; s. auch § 7 Rn. 1).[2] § 188 benennt die (nunmehr) vom FamG am Verfahren zu beteiligenden Personen **positiv** und **enumerativ** (dazu aber auch Rn. 2, 8) und schafft dadurch Rechtsklarheit. – Zur **Beteiligtenfähigkeit** und zur **Verfahrensfähigkeit** s. Vor § 186 Rn. 11, 12, zur **Beschwerdebefugnis** s. Vor § 186 Rn. 45.

---

[22] Ebenso – zu § 43b Abs. 2 S. 2 FGG – OLG Köln FGPrax 2006, 211 = FamRZ 2006, 1859; MünchKommBGB/*Maurer* Anhang zu § 1752 § 5 AdWirkG Rn. 5; aA OLG Schleswig FamRZ 2006, 1462; OLG Stuttgart NJW-RR 2007, 297 = FGPrax 2007, 26, 27 = FamRZ 2007, 746 (LS); NJW-RR 2007, 732 = FamRZ 2007, 839, 840; OLG München FGPrax 2007, 127, 128; Beschl. v. 3. 2. 2009 – 31 AR 35/09, juris [6, 7]; OLG Rostock FGPrax 2007, 174; OLG Hamm OLGR 2007, 782, 783 = FamRZ 2008, 300 [LS]; *Bumiller/Harders* Rn. 10; *Henrich* IPRax 2007, 338.
[1] Dazu auch BT-Drucks. 16/6308, S. 177 [Zu § 7 (Beteiligte)].
[2] BT-Drucks. 16/8308, S. 178.

II. „Beteiligter"

2 Ganz aufgegeben hat das FamFG die Unterscheidung zwischen materiell und formell Beteiligten (dazu Rn. 1) aber nicht. Vielmehr hat es sie in eine Differenzierung zwischen Beteiligten kraft Gesetzes und kraft Hinzuziehung transformiert.[3] Gewonnen ist damit jedenfalls in Adoptionssachen nicht viel, weil die nach § 188 kraft Gesetzes Beteiligten ganz überwiegend auch materiell Beteiligte sind (Abs. 1; Ausnahme: Jugendamt und Landesjugendamt, Abs. 2). So bestimmt § 188, wer in Adoptionssachen zu beteiligen ist, dh. wer **formell** als Beteiligter am Verfahren zu beteiligen ist. Dabei wird in Abs. 1 an den **materiell** am Verfahren Beteiligten angeknüpft. Abs. 2 bestimmt mit dem Jugendamt und dem Landesjugendamt materiell nicht Beteiligte zu formell zu Beteiligenden. Sie sind wegen ihrer Bedeutung bei der Adoptionsvermittlung, -begleitung und -nachsorge (s. zu Letzterem § 9 Abs. 2 AdVermiG)[4] auf Antrag als zu Beteiligende hinzuzuziehen (§ 7 Abs. 2 Nr. 2). – Dabei ist die Regelung in § 188 **nicht abschließend** (dazu Rn. 8). Die materiell Beteiligten müssen auch in Adoptionssachen weiter bestimmt werden, was rechtfertigt, sie auch künftig zum Ausgangspunkt der Überlegungen, wer am Verfahren zu beteiligen ist, zu machen.

3 Dass der Gesetzgeber seine definitorische **Differenzierung** selbst nicht durchhält und zum Teil synonym verwendet, belegt § 188 Abs. 2: Nach seinem Wortlaut sind Jugendamt und Landesjugendamt auf Antrag zu beteiligen. Die Begründung des RegE spricht dagegen von Hinzuziehung.[5] Und auch § 7 Abs. 2 Nr. 2 spricht davon, dass als Beteiligter hinzuzuziehen ist, wer „auf Grund dieses oder eines anderen Gesetzes von Amts wegen oder auf Antrag zu beteiligen" ist.

III. Beteiligung

4 **1. Begriff.** § 188 versteht „Beteiligung" **formell.** Wer zu beteiligen oder hinzuzuziehen ist (dazu Rn. 2), dem ist Gelegenheit zu geben, sich **aktiv** am Verfahren zu beteiligen und an dessen Gestaltung mitzuwirken. Dies bedeutet aber nicht, dass nur die, welche vom FamG zum Verfahren hinzugezogen wurden, auch formell Beteiligte sein können. Vielmehr sind auch die materiell Beteiligten formell beteiligt, die zwar vom FamG versehentlich nicht hinzugezogen wurden, aber von sich aus dem Verfahren beitreten. – Wer dagegen im Verfahren **auftritt,** ohne materiell beteiligt zu sein, ist noch nicht formell beteiligt. Vielmehr ist sein Auftreten im Verfahren als Antrag auf Hinzuziehung zu werten, über den das FamG entscheidet (zur Hinzuziehung der Beteiligten s. Rn. 5–7). Zieht es ihn hinzu, wird er formell Beteiligter.

5 **2. Rechtstechnische Umsetzung.** Die gesetzliche Regelung kennt, was auch für die Adoptionssachen bedeutsam ist, zwei Arten der Beteiligung: In **Antragsverfahren** durch eigene Antragstellung (§ 7 Abs. 1) sowie durch Hinzuziehung (§ 7 Abs. 2). Das FamG hat die zu Beteiligenden von der Einleitung des Verfahrens zu benachrichtigen (§ 7 Abs. 4 S. 1) und über ihr Antragsrecht zu belehren (§ 7 Abs. 4 S. 2).[6] Entspricht das FamG einem Antrag auf Hinzuziehung nicht, entscheidet es durch Beschluss, der als Zwischenentscheidung von dem Betroffenen kraft ausdrücklicher gesetzlicher Anordnung mit der sofortigen **Beschwerde** der ZPO innerhalb einer Notfrist von 2 Wochen angefochten werden kann (§ 7 Abs. 5, §§ 567 Abs. 1 Nr. 1, 569 Abs. 1 ZPO; s. auch § 58 Abs. 1). – In **Amtsverfahren** (§ 1763 BGB) durch Hinzuziehung (§ 7 Abs. 2).

6 §§ 7, 188 nennen keinen **Zeitpunkt,** zu dem ein Beteiligter auch formell zu beteiligen ist. Daraus lässt sich aber kein Ermessen des FamG dazu ableiten, wann es ihn hinzuziehen will. Vielmehr hat es ihn zum frühest möglichen Zeitpunkt zu beteiligen, um ihm die umfassende Teilnahme am Verfahren zu ermöglichen und ihn nicht in seinen Rechten zu beschneiden. Dies setzt aber die Einleitung des Verfahrens in der Adoptionssache voraus und bedingt, dass das FamG Kenntnis von dem Betroffenen hat.

7 Allein mit der Benachrichtigung und Belehrung eines Betroffenen hat es jedoch nicht sein Bewenden: Jedem formell Beteiligten ist im weiteren Verlauf des Verfahrens **rechtliches Gehör** zu gewähren (dazu Vor § 186 Rn. 24, 25). Deshalb ist
– er über alle Verfahrensvorgänge in Kenntnis zu setzen,
– ihm Gelegenheit zu geben, sich hierzu zu äußern,

---

[3] BT-Drucks. 16/8308, S. 178.
[4] Dazu MünchKommBGB/*Maurer* Anhang zu § 1744 Rn. 22.
[5] BT-Drucks. 16/6308, S. 247 [Zu § 188 (Beteiligte)].
[6] Nach *Musielak/Borth* Rn. 2 tritt die Beteiligung der Annehmenden und des anzunehmenden Kindes „ohne eine förmliche Beiziehung" ein. Für die Annehmenden trifft dies zu, weil sie bereits als Antragsteller formell beteiligt sind. Für das Kind, ist es wie bei einer Volljährigenadoption nicht gleichfalls Antragsteller, bedarf es jedoch einer förmlichen Hinzuziehung.

Beteiligte 8–10 § 188

– ihm die Teilnahme an Anhörungen zu ermöglichen, soweit ihn das FamG nicht von der Anwesenheit bei der Anhörung des minderjährigen Kindes ausschließt (§ 159 Abs. 4 S. 4; zum Anwesenheitsrecht des Verfahrensbeistands s. § 159 Abs. 4 S. 4 und § 191 Rn. 11).

IV. Beteiligte

1. Benannte und unbenannte Beteiligte. Ausdrücklich werden in § 188 Abs. 1 materiell Beteiligte iSd. § 7 Abs. 2 Nr. 1 und in § 188 Abs. 2 zu beteiligende Behörden iSd. § 7 Abs. 2 Nr. 2 enumerativ **benannt**. Trotz des Wortlauts von § 188 ist diese Aufzählung nach der Intention des Gesetzgebers nicht abschließend (dazu auch Rn. 2).[7] Vielmehr sind auch die Antragsteller (§ 7 Abs. 1), alle nicht aufgezählten weiteren materiell Beteiligten (§ 7 Abs. 2 Nr. 1) und die kraft Gesetzes von Amts wegen oder auf ihren Antrag (§ 7 Abs. 2 Nr. 2, dazu Rn. 21) am Verfahren formell Beteiligte zu beteiligen bzw. beteiligt.[8]

2. Benannte Verfahren. a) Annahmeverfahren. In Verfahren auf Annahme als Kind (Abs. 1 Nr. 1, dazu § 186 Rn. 2, 3) sind alle **materiell** beteiligt, die im Annahmeverfahren Erklärungen abgeben müssen oder deren verweigerte Erklärungen ersetzt werden sollen, mithin
- bei der **Minderjährigenadoption**
  - die **Annehmenden** als Antragsteller (lit. a),
  - das **minderjährige Kind** (lit. a);[9] Benachrichtigung und Belehrung sind an seinen gesetzlichen Vertreter zu richten, und, hat es das 14. Lebensjahr vollendet und ist es nicht geschäftsunfähig, auch an das Kind (vgl. § 1746 Abs. 1 S. 2–3 BGB),
  - die **leiblichen Eltern** des Kindes (lit. b)[10] als Einwilligende; zu ihnen zählt auch der Mann, dessen Vaterschaft zwar noch nicht (rechtskräftig) festgestellt ist, der sie aber glaubhaft macht (§ 1747 Abs. 1 S. 2 BGB), mit seinem formellen Beitritt zum Adoptionsverfahren durch die Berufung auf die Vaterschaft,[11]
  - der **Ehegatte** des Annehmenden und des Anzunehmenden (§ 1749 Abs. 1, 2 BGB), es sei denn, ihre Einwilligung ist nach § 1749 Abs. 3 BGB nicht erforderlich (lit. c),
  - der Elternteil, dessen Einwilligung **ersetzt** werden soll,[12]
  - der **gesetzliche Vertreter** des Kindes (§ 1746 Abs. 1 S. 1, 3, Abs. 3 S. 1 BGB),
  - die **Kinder** des Annehmenden[13] und des Anzunehmenden[14] (zu ihrer Anhörung s. § 193 und dazu §§ 192–195 Rn. 22, 23),[15]
- bei der **Volljährigenadoption**
  - grundsätzlich nur der **Annehmende** und der **Anzunehmende,** weil lediglich deren Anträge für die Annahme erforderlich sind und es weiterer Einwilligungen nicht (mehr) bedarf (§ 1768 Abs. 1 S. 1, 2 BGB),
  - zudem die **leiblichen Eltern** des Anzunehmenden dann, wenn die Annahme mit den Wirkungen der **Minderjährigenannahme** (§ 1772 BGB) ausgesprochen werden soll, weil diese Wirkungen nur ausgesprochen werden dürfen, wenn ihr nicht überwiegende Interessen der Eltern entgegen stehen, die (auch) wegen der rechtlichen Auswirkungen einer Minderjährigenannahme insbesondere auf die Verwandtschaftsverhältnisse (§§ 1754–1756 BGB) zu prüfen sind und zu denen diese sich im Verfahren erklären können müssen, zumal sie bislang am Verfahren nicht beteiligt waren.[16]

---

[7] BT-Drucks. 16/6308, S. 247 [Zu § 188 (Beteiligte)]: „Unter den Voraussetzungen des § 7 Abs. 2 Nr. 1 können im Einzelfall weitere Personen hinzuzuziehen sein."; s. auch *Keidel/Engelhardt* Rn. 1; *Bumiller/Harders* Rn. 1; *Trenczek* ZKJ 2009, 97, 105; *Reinhardt* JAmt 2009, 162, 163.
[8] Dazu auch BayObLG NJWE-FER 2000, 5 = FamRZ 2000, 768, 769.
[9] AA scheinbar OLG Bremen OLGR 2006, 510, 512 = FamRZ 2007, 930 (LS), wenn es ausführt, das Beschwerdegericht habe, wenn es auch eine Volljährigenadoption erwogen habe, auch den Anzunehmenden anhören müssen.
[10] Zum „unbekannten" Vater s. MünchKommBGB/*Maurer* § 1747 Rn. 5.
[11] Dazu auch MünchKommBGB/*Maurer* § 1747 Rn. 3–8.
[12] Dazu auch MünchKommBGB/*Maurer* § 1748 Rn. 28.
[13] BVerfGE 55, 171 = NJW 1981, 217 = FamRZ 1981, 124; NJW 1988, 1963 = FamRZ 1988, 1247 m. Anm. *Frank/Wassermann*; NJW 2009, 138 = FamRZ 2009, 106, 107, weil die Interessen der Kinder unmittelbar bereits durch die Anwesenheit des Anzunehmenden und nicht lediglich mittelbar, wie es nur für ihre Vermögensinteressen zutrifft, betroffen werden (dazu MünchKommBGB/*Maurer* § 1752 Rn. 9, § 1745 Rn. 14, § 1759 Rn. 8 m. weit. Nachw.); BGH NJW 1985, 1702 = FamRZ 1985, 169, 172; OLG Karlsruhe NJWE-FER 1998, 4 = FamRZ 1998, 56; aA *Jansen/Sonnenfeld* § 56f FGG Rn. 27.
[14] Für sie kann nichts Anderes als für die Kinder des Annehmenden gelten, die in gleicher Weise materiell betroffen sind.
[15] Ebenso *Bumiller/Harders* § 193 Rn. 3.
[16] BayObLG FGPrax 2000, 204 = FamRZ 2001, 122, 123.

11 Nicht materiell beteiligt und auch nicht formell zu beteiligen ist dagegen
– ein Elternteil, der seine Einwilligung ohne Kenntnis des bereits feststehenden Annehmenden erteilt oder auf diese Kenntnis verzichtet hat (**Inkognitoadoption,** § 1747 Abs. 2 S. 2 BGB),[17]
– ein Elternteil, dessen **Einwilligung nicht erforderlich** ist, weil er zur Abgabe einer Erklärung dauernd außerstande oder sein Aufenthalt dauernd unbekannt ist (§ 1747 Abs. 4 BGB),
– die weiteren **Verwandten** der Annehmenden und des Anzunehmenden, da sie in unterhalts- und erbrechtlicher Hinsicht nur mittelbar betroffen sind,
– das **Jugendamt** und das **Landesjugendamt**, die aber auf ihren Antrag formell zu beteiligen sind (Abs. 2, dazu auch Rn. 21),
– die **Adoptionsvermittlungsstelle,** die im Rahmen der Amtsermittlung (§§ 26, 29) lediglich anzuhören, die aber nicht auch beschwerdebefugt ist.

12 **b) Ersetzungsverfahren.** Insoweit sieht **Nr. 2** nur diejenigen als zu Beteiligende vor, deren Einwilligung ersetzt werden soll, also
– den **Vormund** oder Pfleger (§ 1746 Abs. 3 Halbs. 1 BGB),
– die leiblichen **Eltern** (§ 1748 BGB),
– den **Ehegatten** des Annehmenden (§ 1749 BGB).

13 Die Beteiligung auf diesen Personenkreis zu beschränken ließe jedoch die Interessen der anderen an einer Annahme beteiligten Personen außer Betracht. Ein **unmittelbares** Interesse an der Ersetzung einer Einwilligung haben, weshalb sie nach § 7 Abs. 2 Nr. 2 hinzuzuziehen sind,
– die Annehmenden und
– auch das anzunehmende Kind.

14 Kein unmittelbares, sondern lediglich ein **mittelbares** Interesse dahin, dass die versagte Einwilligung eines Elternteils nicht erteilt wird, haben dagegen
– der Vormund bzw. Pfleger im Verfahren auf Ersetzung der Einwilligung der leiblichen Eltern und des Ehegatten,
– die leiblichen Eltern im Verfahren auf Ersetzung der Einwilligung des Vormunds bzw. Pflegers und des Ehegatten,
– der Ehegatte im Verfahren auf Ersetzung der Einwilligung der leiblichen Eltern und des Vormunds bzw. des Pflegers,
sodass sie nicht, auch nicht auf ihren Antrag, hinzuzuziehen sind.

15 **c) Aufhebungsverfahren.** An ihnen sind nach **Nr. 3** nur solche Personen beteiligt, deren Interessen und Rechte durch die Aufhebung **unmittelbar** berührt werden (s. auch § 7 Abs. 2 Nr. 1), bei der Aufhebung einer
– **Minderjährigenadoption** also:
  – Die **Annehmenden** und das angenommene **Kind** (lit. a),
  – Die **leiblichen Eltern** des minderjährigen Angenommenen (lit. b) – gemeint sind die Eltern, denen vor der Annahme die Elternschaft rechtlich zugestanden hat, also auch ehemalige Adoptiveltern und Personen, die infolge der Geburt (§ 1591 BGB), der Ehe oder eines Anerkenntnisses als Eltern (§ 1592 Nr. 1, 2 BGB) gelten, ohne leibliche Eltern zu sein[18] –, weil sie durch die Aufhebung wieder in ihre ursprüngliche Rechtsstellung einrücken und wegen der evtl. Rückübertragung der elterlichen Sorge auf sie (§ 1764 Abs. 3, 4 BGB),[19] unabhängig davon, ob sie den Aufhebungsantrag gestellt haben.[20] Fraglich ist dies dann, wenn die Annahme durch Ehegatten nur zu einem von ihnen aufgehoben wird, weil dann die Wirkungen der Aufhebung des Annahmeverhältnisses nur im Verhältnis zu diesem Ehegatten eintreten, im Verhältnis zum anderen Ehegatten aber die Wirkungen der Annahme bestehen bleiben (§ 1764 Abs. 5) und insbesondere „das Verwandtschaftsverhältnis des Kindes und seiner Abkömmlinge zu [ihren] leiblichen Verwandten und die sich aus ihm ergebenden Rechte und Pflichten" nicht wieder aufleben (§ 1765 Abs. 5 Halbs. 2, Abs. 3 BGB).[21] Zwar lässt sich diese Beschränkung dem Wortlaut von Nr. 3 nicht entnehmen, doch ist sie sachgerecht, wenn lediglich ein Ehegatte die Aufhebung beantragt hat.[22] Haben dagegen beide Ehegatten die

---

[17] Dazu MünchKommBGB/*Maurer* § 1747 Rn. 17; *Musielak/Borth* Rn. 2.
[18] Praxiskommentar FamFG/*Meysen* Rn. 6.
[19] *Keidel/Engelhardt* Rn. 7; *Bumiller/Harders* Rn. 5; *Reinhardt* JAmt 2009, 162, 163.
[20] BayObLG NJWE-FER 2000, 5 = FamRZ 2000, 768, 769; KG OLGZ 1994, 78 = FamRZ 1993, 1359, 1362; OLG Zweibrücken NJWE-FER 1997, 152 = FamRZ 1997, 577; OLG Düsseldorf FGPrax 1997, 222 = FamRZ 1998, 1196, 1197; *Engelhardt,* in: *Keidel/Kuntze/Winkler* § 56f FGG Rn. 13; s. auch BT-Drucks. 13/4899, S. 112 f.
[21] Nach *Staudinger/Frank* § 1759 BGB Rn. 21 (3) sind die leiblichen Eltern nicht zu beteiligen.
[22] Dazu MünchKommBGB/*Maurer* § 1762 Rn. 4.

Beteiligte 16–19 § 188

Aufhebung beantragt, sind stets auch die leiblichen Eltern von Beginn an am Verfahren zu beteiligen, unabhängig von der Erfolgsaussicht des Aufhebungsantrags bezüglich beider Ehegatten.
- Dem **Ehegatten** des Annehmenden und des Anzunehmenden,[23] denen ein Einwilligungsrecht in die Adoption zustand (§ 1749 Abs. 1, 2 BGB).
- Die weiteren leiblichen **Verwandten** des Kindes, wenn seine leiblichen Eltern bereits gestorben sind und sie deshalb mit der Aufhebung unterhaltspflichtig werden (§§ 1601, 1606, 1607 BGB).[24] – Ihrer Beteiligung soll es jedoch nicht bedürfen, wenn die Aufhebung des Annahmeverhältnisses eine erneute Adoption ermöglichen soll (§ 1763 Abs. 3 lit. b BGB), weil durch die Folgeadoption ihnen gegenüber wieder der Rechtszustand wie vor der Aufhebung hergestellt wird.[25] Doch ist dies abzulehnen, weil das Zustandekommen der Folgeadoption erst in der Zukunft liegt und deshalb für die Verwandten durchaus ein Bedürfnis besteht, ihre durch die Erstadoption vermittelte Rechtsposition im Aufhebungsverfahren zu verteidigen.
- Die **Kinder des Annehmenden** sind stets nicht zu beteiligen,[26] weil sie auch als Erben nicht die Aufhebung der Adoption beantragen können.[27]

- **Volljährigenadoption** lediglich der Annehmende und der Angenommene, die nur gemeinsam die Aufhebung beantragen können (§ 1771 S. 1 BGB).

Lit. b sieht ausdrücklich auch nur die Beteiligung der leiblichen Eltern des minderjährigen **16** Angenommenen vor.[28] Ausgehend vom materiellen Recht, das die Wirkungen einer Adoption nicht nach dem tatsächlichen **Alter** des Angenommenen im Zeitpunkt der Annahme, sondern danach bestimmt, ob eine Minderjährigen- (§§ 1759–1765 BGB) oder eine Volljährigenadoption (§§ 1767, 1768, 1769 BGB) ausgesprochen wurde, und unterschiedliche materiellrechtliche Folgen nur aus der Art der Annahme und ihrer Aufhebung ableitet (vgl. §§ 1754–1757, 1764, 1765, 1770, 1771 BGB),[29] ist auch für die Beteiligung allein darauf abzustellen, ob eine Minderjährigen- oder eine Volljährigenadoption aufgehoben werden soll, auf das Alter des Angenommenen bei der Aufhebung des Annahmeverhältnisses kommt es nicht an.[30]

Eine lediglich **mittelbare** Berührung durch die noch hypothetischen Unterhaltspflichten und die **17** Beeinträchtigungen des Erbrechts reichen für eine materielle Beteiligung nicht aus;[31] dies trifft etwa auf den Ehegatten eines leiblichen Elternteils und des Kindes zu, aber auch auf weiter entfernte Adoptivverwandte, etwa Kinder des Annehmenden.[32]

d) **Befreiung vom Eheverbot.** In Verfahren auf Befreiung vom Eheverbot des § 1308 BGB sind **18** die **Verlobten,** die auf Grund der Adoption in gerader Linie verwandt oder zu Geschwistern geworden sind (§§ 1308 Abs. 1 S. 1, 1307 S. 1 BGB) – Adoptiveltern und Adoptivkind oder Adoptionsgeschwister –, zu beteiligen **(Nr. 4)**. Da es unmittelbar nur um die Eheschließung geht und die Auflösung des Annahmeverhältnisses (§§ 1766, 1767 Abs. 2 S. 1 BGB) lediglich deren Folge ist, gibt es in diesen Verfahren keine weiteren materiell Beteiligten.[33]

Auch **Minderjährige** können am Verfahren auf Befreiung vom Eheverbot beteiligt sein (§ 9 **19** Abs. 1 Nr. 3; zur Beteiligung Minderjähriger s. näher Vor § 186 Rn. 11).[34] Die Erteilung der Befreiung setzt aber, weil grundsätzlich nur Volljährige heiraten können (§ 1303 Abs. 1 BGB), voraus, dass der minderjährige Verlobte das 16. Lebensjahr vollendet hat und vom FamG auf seinen Antrag vom Erfordernis der Ehemündigkeit befreit wurde (§ 1303 Abs. 2, 3 BGB). Es bedarf mithin zweier Verfahren vor dem FamG: Befreiung vom Erfordernis der **Ehemündigkeit** (§ 1303 BGB)

---

[23] *Staudinger/Frank* § 1759 BGB Rn. 21 (1).
[24] *Staudinger/Frank* § 1759 BGB Rn. 21 (1); *Engelhardt,* in: *Keidel/Kuntze/Winkler* Rn. 13; *Bassenge/Herbst/Roth/Bassenge* Rn. 2; *Jansen/Sonnenfeld* Rn. 27, jeweils zu § 56f FGG; *Keidel/Engelhardt* Rn. 8; *Bassenge* JR 1976, 187 f.
[25] *Staudinger/Frank* § 1759 BGB Rn. 21 (2).
[26] *Keidel/Engelhardt* Rn. 8.
[27] BayObLG NJW-RR 1986, 872 = FamRZ 1986, 719, 720 m. Anm. *Bosch.*
[28] Zu § 56f FGG aF s. schon BayObLG FamRZ 1990, 1392 f.; FGPrax 2000, 204 = FamRZ 2001, 122, 123; *Engelhardt,* in: *Keidel/Kuntze/Winkler* Rn. 14; *Jansen/Sonnenfeld* Rn. 29.
[29] Zu Letzterem auch MünchKommBGB/*Maurer* § 1771 Rn. 12.
[30] Dazu ansatzweise MünchKommBGB/*Maurer* § 1771 Rn. 2.
[31] AllgM, s. lediglich *Engelhardt,* in: *Keidel/Kuntze/Winkler* § 56f FGG Rn. 13; *Keidel/Engelhardt* Rn. 10, jeweils m. weit. Nachw.
[32] BayObLGZ 1986, 57 = NJW-RR 1986, 87 = FamRZ 1986, 719, 720 m. Anm. *Bosch.*
[33] Dies entspricht der hergebrachten Rechtslage zu § 7 EheG, § 1308 BGB idF von Art. 1 Nr. 2 EheschlRG, § 44a FGG aF idF von Art. 4 Nr. 1 EheschlRG, *Jansen/Müller-Lukoschek* Rn. 28; s. auch *Engelhardt,* in: *Keidel/Kuntze/Winkler* Rn. 12, jeweils zu § 44a FGG.
[34] Dazu allgemein *Heiter* FamRZ 2009, 85 ff.

§ 188 20, 21   Buch 2. Abschnitt 5. Verfahren in Adoptionssachen

und Befreiung vom Eheverbot der Verwandtschaft des § 1308 BGB. Sie können schon deshalb nicht miteinander verbunden werden, weil es sich bei dem Verfahren auf Befreiung vom Erfordernis der Ehemündigkeit um keine Adoptionssache handelt (§§ 186, 196). – Ggf. bestehen auch **verschiedene örtliche Zuständigkeiten.** Für das Verfahren nach § 1303 Abs. 2, 3 BGB zur Befreiung vom Erfordernis der Ehemündigkeit galt zur örtlichen Zuständigkeit bislang die Regelung in §§ 43, 35b, 36 Abs. 1–3 FGG aF, die am Aufenthalt des minderjährigen Verlobten (§ 43 Abs. 1 FGG aF)[35] bzw. daran anknüpfte, bei welchem Gericht eine Vormundschaft, Betreuung oder Pflegschaft für den Minderjährigen anhängig ist. Dieses Verfahren ist, da § 1303 BGB durch das FGG-RG nicht geändert wurde, weiter vor dem FamG zu führen, ohne dass es sich allerdings um eine Familiensache handelt, weil diese Angelegenheiten weder den Adoptionssachen, sodass sich die örtliche Zuständigkeit insbesondere nicht nach § 187 richtet, noch den sonst im Katalog der §§ 111, 151, 186, 266 aufgeführten Familiensachen zugehören. Auch sieht das FamFG keine allgemeine Vorschrift zur örtlichen Zuständigkeit vor, insbesondere nicht in § 2, der die örtliche Zuständigkeit nicht bestimmt, sondern voraussetzt. Eine Änderung der bisherigen FGG-Regelung war vom Gesetzgeber des FamFG wohl nicht gewollt, sodass sich die örtliche Zuständigkeit des FamG für diese Angelegenheiten in entsprechender Anwendung von §§ 272 Abs. 1 Nr. 1, 2, 313 Abs. 1 Nr. 1, 2 zunächst nach der gerichtlichen Anhängigkeit einer Vormundschaft, Betreuung oder Pflegschaft und, fehlt es an einer solchen, nach dem Aufenthalt des Minderjährigen bestimmt.

20 **3. Unbenannte Verfahren.** Als Verfahren, für die § 188 keine Beteiligten ausdrücklich bestimmt, kommen insbesondere in Betracht das Verfahren
 – zur Erteilung der **Bescheinigung** über den Eintritt der Vormundschaft (§ 190, dazu dort Rn. 11).
 – auf Erstattung der **fachlichen Äußerung** (§ 189),
 – zur Bestellung eines **Verfahrensbeistands** (§ 191, dazu dort Rn. 19).

21 **4. Weitere Beteiligte.** Weitere – formelle – Beteiligungen sieht die gesetzliche Regelung in Adoptionssachen ausdrücklich vor (vgl. § 7 Abs. 2 Nr. 2) für
 – einen für das minderjährige Kind bestellten **Verfahrensbeistand** (§§ 191 S. 2, 158 Abs. 3 S. 2, vormals § 56f Abs. 2 FGG aF; dazu § 191 Rn. 11),[36]
 – das **Jugendamt** und das **Landesjugendamt**, die nicht materiell beteiligt sind,[37] auf ihren Antrag **(Abs. 2)**, dem zu entsprechen ist.[38] Ansonsten werden sie nur zur Erteilung der fachlichen Äußerung und zur Anhörung (§§ 189, 194, 195, ehemals §§ 49 Abs. 1 Nr. 3, 56f Abs. 1 FGG aF) beigezogen, die allein jedoch nicht zur Beteiligung führt (§ 7 Abs. 6). Obwohl Jugendamt und Landesjugendamt infolge der Anhörungspflicht (§§ 194 Abs. 1 S. 1, 195 Abs. 1 S. 1) in aller Regel vom Verfahren wissen, hat das FamG sie von der Einleitung des Verfahrens zu benachrichtigen und sie auf ihre Antragsbefugnis zur Hinzuziehung **hinzuweisen** (§ 7 Abs. 4).[39] – Die Beteiligung erfolgt formlos oder durch Beschluss. Zurückgewiesen wird ein Beteiligungsantrag durch Beschluss, der mit der sofortigen Beschwerde anfechtbar ist (§ 7 Abs. 5 S. 1, 2, §§ 567 ff. ZPO).[40] Sie ermöglicht dem Jugendamt/Landesjugendamt, Sach- und Verfahrensanträge zu stellen und Rechtsmittel einzulegen (dazu aber auch §§ 194 Abs. 2 S. 2, 195 Abs. 2 S. 2 und Rn. 22),[41] die allein schon zur Beteiligung führen (zur Beteiligung durch Beschwerdeeinlegung s. auch §§ 192–195 Rn. 33).[42] – Die formelle Beteiligung tritt jedoch nur in Verfahren ein, in denen sie eine **fachliche Äußerung** abzugeben haben und/oder **anzuhören** sind, mithin in einen **Minderjährigen** betreffenden Annahme- und Aufhebungsverfahren. Zwar folgt diese Einschränkung weder aus dem Wortlaut von Abs. 2 noch aus der Gesetzesbegründung,[43] wohl aber aus dem Zweck der Beteiligung und den Aufgaben von Jugendamt und Landesjugendamt. Denn das Jugendamt unterstützt das FamG in Kinder und Jugendliche, also Minderjährige betreffende Verfahren (§§ 50, 7 Abs. 1 Nr. 1, 2 SGB VIII), und auch das Landesjugendamt ist nur in Annahmeverfahren bei der Vermittlung Minderjähriger (§ 1 S. 1 iVm. § 11 Abs. 1 Nr. 2, 3, Abs. 2 S. 1 AdVermiG) anzuhören (näher dazu §§ 192–195 Rn. 26).

---

[35] Zum Erfordernis der Geschäftsfähigkeit beider Verlobten s. einerseits *Palandt/Brudermüller* Einführung vor § 1297 BGB Rn. 1, andererseits MünchKommBGB/*Wacke* § 1297 Rn. 7.
[36] *Engelhardt*, in: *Keidel/Kuntze/Winkler* § 56f FGG Rn. 13.
[37] *Staudinger/Frank* Rn. 21 m. weit. Nachw.; MünchKommBGB/*Maurer* Rn. 9, jeweils zu § 1752 BGB.
[38] *Keidel/Engelhardt* Rn. 10; Praxiskommentar FamFG/*Meysen* Rn. 8; *Trenczek* ZKJ 2009, 97, 106.
[39] *Keidel/Engelhardt* Rn. 10; aA *Musielak/Borth* Rn. 6.
[40] *Keidel/Engelhardt* Rn. 10.
[41] S. auch *Reinhardt* JAmt 2009, 162, 164.
[42] *Büte* FuR 2008, 537, 538; *Reinhardt* JAmt 2009, 162, 164 f.; aA Praxiskommentar FamFG/*Meysen* Rn. 8.
[43] BT-Drucks. 16/6308, S. 247.

Fachliche Äußerung einer Adoptionsvermittlungsstelle 1 **§ 189**

V. Verfahrensrechtliche Folgen

Alle – materiell wie formell – Beteiligte sind 22
– von der **Einleitung** des Verfahrens (§§ 23, 24) in Kenntnis zu setzen,
– zu **Erörterungsterminen** (§ 32) zu laden,
– von allen **Verfahrenshandlungen** eines Beteiligten und des FamG in Kenntnis zu setzen,
– von der Durchführung von **Ermittlungen** (§§ 29–31) und deren Ergebnis in Kenntnis zu setzen. Ihnen ist
– vor einer Entscheidung **rechtliches Gehör** zu gewähren (dazu Vor § 186 Rn. 24, 25) und
– die **Entscheidung** bekannt zu machen (§ 41). Sie können
– **Rechtsmittel** einlegen, sofern solche stattfinden (dazu Vor § 186 Rn. 42–46; §§ 197, 198 Rn. 30–33, 43–46, 56–57, 62, 63, 66).

Die **Nichtbeteiligung** eines materiell Beteiligten durch das FamG verletzt das verfassungsrecht- 23 lich garantierte (Art. 103 Abs. 4 GG) rechtliche Gehör. Einer **Anhörungsrüge** des Betroffenen gegen eine Endentscheidung (§ 44) kann das FamG abhelfen, den Betroffenen beteiligen und seine Endentscheidung ggf. abändern. Weist sie das FamG als unbegründet zurück, steht dem Betroffenen die Verfassungsbeschwerde offen (s. auch Vor § 186 Rn. 47–50).

§ 189 Fachliche Äußerung einer Adoptionsvermittlungsstelle

¹ Wird ein Minderjähriger als Kind angenommen, hat das Gericht eine fachliche Äußerung der Adoptionsvermittlungsstelle, die das Kind vermittelt hat, einzuholen, ob das Kind und die Familie des Annehmenden für die Annahme geeignet sind. ² Ist keine Adoptionsvermittlungsstelle tätig geworden, ist eine fachliche Äußerung des Jugendamts oder einer Adoptionsvermittlungsstelle einzuholen. ³ Die fachliche Äußerung ist kostenlos abzugeben.

Übersicht

	Rn.		Rn.
I. Normzweck	1	3. Ermittlungen	14, 15
II. Allgemeines	2–9	4. Form. Inhalt	16, 17
1. Anwendungsbereich	2, 3	IV. Weitere Einzelfragen	18–22
2. Abgrenzungen	4	1. Unterlassene Einholung	18
3. Rechtsnatur	5	2. Ermittlungen	19
4. Zuständigkeit	6–8	3. Rechtliches Gehör	20
5. Kosten	9	4. Anhörung	21
III. Fachliche Äußerung	10–17	5. Mitteilung der Entscheidung. Beschwerde	22
1. Einholung	10–12		
2. Gegenstand	13		

Schrifttum: *Arndt/Oberloskamp*, Die gutachtliche Äußerung einer Adoptionsvermittlungsstelle gemäß § 56d FGG, ZfJ 1977, 273.

I. Normzweck

Diese Vorschrift soll sicherstellen, dass vor der Entscheidung über die Annahme als Kind jedenfalls 1 der Sachverstand und die besonderen Erfahrungen der Adoptionsvermittlungsstelle nutzbar gemacht werden. Zudem soll dem FamG die Entscheidung, ob die Annahme dem Kindeswohl dient (§ 1741 Abs. 1 S. 1 BGB), erleichtert werden.[1] Damit steht die Regelung in unmittelbarem Zusammenhang mit den vom FamG durchzuführenden Ermittlungen und ist Teil von ihnen (dazu Rn. 5, Vor § 186 Rn. 23; zur Rechtsnatur als Adoptionssache auch § 186 Rn. 3). Sie ist die sachlich unveränderte Nachfolgeregelung von § 56d FGG aF und entspricht Art. 9 Abs. 3 EuAdÜbk.[2] – Der Wortlaut der Vorschrift wurde im Gesetzgebungsverfahren ohne inhaltliche Änderung redaktionell von „gutachtlich" zu „fachlich" geändert, um die fachliche Äußerung auch sprachlich von dem Gutachten eines

---
[1] BT-Drucks. 7/3061, S. 58.
[2] Europäisches Übereinkommen über die Adoption von Kindern v. 24. 4. 1967 (BGBl. 1980 II S. 1094 iVm. ZustG v. 25. 8. 1980 (BGBl. 1980 II S. 1093).

§ 189 2–6 Buch 2. Abschnitt 5. Verfahren in Adoptionssachen

Sachverständigen als einem förmlichen Beweismittel (§ 30, § 402 ff. ZPO) abzugrenzen (dazu auch Rn. 16).[3]

II. Allgemeines

2 **1. Anwendungsbereich.** Die fachliche Äußerung ist nur in Verfahren einzuholen, die auf die **Annahme eines Minderjährigen** als Kind (§§ 1741, 1752 Abs. 1 BGB) gerichtet sind (S. 1). In Verfahren auf Annahme eines **Volljährigen,** auch soweit sich deren Wirkungen nach den Vorschriften über die Annahme eines Minderjährigen richten sollen (§ 1772 BGB), bedarf es des Schutzes des Anzunehmenden nicht, weil er seine Interessen selbst wahrnehmen kann (s. auch § 191: Allein dem Minderjährigen ist ggf. ein Verfahrensbeistand zu bestellen; das Jugendamt bzw. das Landesjugendamt ist nur in Verfahren auf Annahme eines Minderjährigen anzuhören, § 194 Abs. 1 S. 1, § 195 Abs. 1 S. 1 iVm. § 11 Abs. 1 Nr. 2, 3, § 1 S. 1 AdVermiG).

3 Dagegen gilt § 189 **nicht** auch in Verfahren auf
– Ersetzung der Einwilligung oder Zustimmung des Vormunds (§ 1746 Abs. 3 BGB),
– Ersetzung der Einwilligung eines Elternteils (§ 1748 BGB),
– Ersetzung der Einwilligung des Ehegatten (§ 1749 Abs. 1 S. 2, 3 BGB) und
– Aufhebung des Annahmeverhältnisses (§§ 1760, 1763 BGB).

Dies führt jedoch nur dazu, dass das FamG zur Einholung einer fachlichen Äußerung nicht verpflichtet ist, verwehrt ihm aber nicht, im Rahmen der Amtsermittlung (§ 26) auch in diesen Fällen eine fachliche Äußerung der Adoptionsvermittlungsstelle oder des Jugendamts einzuholen.[4] Oft wird auch geboten sein, weil diese Stellen auf Grund der Vermittlung des Kindes (§ 7 AdVermiG) und der Adoptionsbegleitung einschließlich der Adoptionsnachsorge (§ 9 AdVermiG) meist über die umfassendsten Kenntnisse von der Qualität des Annahmeverhältnisses verfügen. Obwohl diese fachliche Äußerung nicht § 189 unterfällt, ist auch sie kostenlos zu erstatten (S. 3, dazu auch Rn. 9), weil es zu den gesetzlichen Aufgaben der Adoptionsvermittlungsstellen gehört, das FamG zu unterstützen und an den Verfahren mitzuwirken (§ 50 Abs. 1 SGB VIII).[5]

4 **2. Abgrenzungen.** Die fachliche Äußerung ist von anderen „Beteiligungen" des Jugendamts am Adoptionsverfahren abzugrenzen. Als Abgrenzungskriterien können das Tätigwerden im oder außerhalb des Adoptionsverfahrens, die förmliche Beteiligung und die Anhörung dienen. Von der förmlichen **Beteiligung** unterscheidet sich die fachliche Äußerung dadurch, dass das Jugendamt allein durch die Anforderung der Äußerung seitens des FamG nicht am Verfahren beteiligt wird.[6] Mit der **Anhörung** hat sie gemein, dass sie der Ermittlung der maßgeblichen Entscheidungsgrundlagen dient. Außerhalb des Adoptionsverfahrens dient der **Adoptionseignungsbericht** der Ermittlung und Prüfung der allgemeinen Eignung eines Adoptionsbewerbers zur Annahme eines Kindes mit gewöhnlichem Aufenthalt im Ausland (§ 7 Abs. 3 AdVermiG).

5 **3. Rechtsnatur.** Das FamG hat die **Pflicht,** die fachliche Äußerung der Adoptionsvermittlungsstelle einzuholen,[7] weil diese „mit dem Sachverhalt am besten vertraut und deshalb am ehesten in der Lage [ist], dem Gericht die Tatsachen und Wertungen zu vermitteln, die es für seine Entscheidung benötigt."[8] Die fachliche Äußerung dient damit der **Ermittlung** der Voraussetzungen für die Annahme eines Kindes (§ 1741 Abs. 1 S. 1 BGB; s. auch Rn. 4), ohne dass damit die Verpflichtung des FamG, den Sachverhalt von Amts wegen zu ermitteln (§ 26), auf deren Einholung reduziert würde. Das auf ihre Einholung gerichtete Verfahren ist deshalb selbst Adoptionssache iSd. § 186 Nr. 1 (dazu auch dort Rn. 3). – Zu den Folgen der **Nichteinholung** der fachlichen Äußerung s. Rn. 18.

6 **4. Zuständigkeit.** Die fachliche Äußerung ist grundsätzlich von der **Adoptionsvermittlungsstelle** zu erstatten (S. 1), die das Kind vermittelt hat, also das Kind und die Adoptionsbewerber mit dem Ziel der Annahme als Kind „zusammengeführt" (§ 1 S. 1 AdVermiG) oder die Gelegenheit, ein Kind anzunehmen oder annehmen zu lassen, nachgewiesen (§ 1 S. 2 AdVermiG) hat.[9] – Hat **keine Adoptionsvermittlung** durch eine Adoptionsvermittlungsstelle stattgefunden, ist die fachliche Äußerung des Jugendamts oder einer Adoptionsvermittlungsstelle einzuholen (§ 189 S. 2).[10]

---

[3] BT-Drucks. 16/9733, S. 295 (auf Hinweis eines Sachverständigen in der Anhörung des RA-BT).
[4] *Engelhardt,* in: *Keidel/Kuntze/Winkler* § 56d FGG Rn. 1.
[5] S. auch BT-Drucks. 7/5087, S. 24: § 56d S. 3 FGG aF (jetzt: § 189 Abs. 3 FamFG) wurde nur zur Klarstellung in den Gesetzestext aufgenommen.
[6] S. auch *Musielak/Borth* Rn. 2.
[7] BT-Drucks. 7/3061, S. 58.
[8] BT-Drucks. 7/5087, S. 24.
[9] Dazu MünchKommBGB/*Maurer* Anhang zu § 1744 Rn. 16.
[10] Missverständlich *Musielak/Borth* Rn. 1: Die Formulierung „"...kann die das Kind vermittelnde Stelle, aber auch eine andere Vermittlungsstelle sein,.." lässt die nach der gesetzlichen Regelung nicht bestehende Möglichkeit

Unerheblich ist dabei, ob es sich um eine **nationale** Adoptionsvermittlung oder um eine im 7
Inland vermittelte **internationale** Adoption handelt (für Auslandsadoptionen sind die Regeln des
AdWirkG maßgebend, dazu § 199).[11] Allerdings wird vorausgesetzt, dass die Adoptionsvermittlung
legal, dh. durch ein befugtes Jugendamt (§ 2 Abs. 1 AdVermiG) oder eine **berechtigte** Adoptionsvermittlungsstelle (§ 2 Abs. 2 AdVermiG) vermittelt wurde (§ 5 Abs. 1 AdVermiG). Dazu muss die
Adoptionsvermittlungsstelle anerkannt worden sein (§§ 2 Abs. 2, 4 AdVermiG).[12] – Von dem, der
illegal vermittelt hat, ist unabhängig davon keine fachliche Äußerung einzuholen, ob es sich um eine
Einzelperson oder eine Organisation handelt; an deren Stelle hat sich das Jugendamt oder eine andere
Adoptionsvermittlungsstelle fachlich zu äußern.

Die fachliche Äußerung hat die Adoptionsvermittlungsstelle abzugeben, welche die Vermittlung 8
vorgenommen hat (dazu auch Rn. 6). Hat das **Jugendamt** die fachliche Äußerung abzugeben, weil
keine Adoptionsvermittlungsstelle tätig geworden ist, richtet sich seine örtliche Zuständigkeit nach
§§ 87b, 50, 86 Abs. 1–4 SGB VIII. Maßgebend ist danach zunächst der gewöhnliche Aufenthalt der
leiblichen Eltern (§ 86 Abs. 1–3 SGB VIII), ersatzweise der des Kindes (§ 86 Abs. 4 SGB VIII).[13]

5. Kosten. Sowohl die Adoptionsvermittlungsstelle als auch das Jugendamt haben die fachliche 9
Äußerung **kostenlos** abzugeben (S. 3).[14] Für das Jugendamt korrespondiert dies mit seiner Pflicht,
das FamG bei allen die Person von Kindern und Jugendlichen entsprechenden Maßnahmen zu
unterstützen (§ 50 Abs. 1, 2 SGB VIII), und fehlenden Vorschriften zur Kostenerstattung in
§§ 89–89h SGB VIII. – Nicht nur die fachliche Äußerung ist kostenlos zu erstatten, sondern auch
die hierzu erforderlichen **Ermittlungen** (dazu Rn. 14, 15) sind auf eigene Kosten anzustellen. –
Unabhängig hiervon ist das Recht, ggf. **Kostenerstattung** von den Beteiligten zu verlangen. Ein
entsprechender Anspruch kann sich insbesondere aus dem mit einer Adoptionsvermittlungsstelle
abgeschlossenen Vermittlungsvertrag oder aus Geschäftsführung ohne Auftrag ergeben.

III. Fachliche Äußerung

1. Einholung. Das FamG holt im Zuge seiner Amtsermittlung die fachliche Äußerung von der 10
Adoptionsvermittlungsstelle/dem Jugendamt **von Amts wegen** ein. Sie ist eine gesetzlich vorgeschriebene besondere Form der Beweiserhebung iSd. § 29. – Adoptionsvermittlungsstelle/Jugendamt sind zur Erstattung der fachlichen Äußerung auch **verpflichtet.**[15] Zwar spricht dies § 189 nicht
ausdrücklich aus, ergibt sich aber daraus, dass der Einholungspflicht auch eine Erstattungspflicht
korrespondieren muss, für das Jugendamt zudem aus seiner Mitwirkungspflicht aus § 50 Abs. 1 S. 2
Nr. 3 SGB VIII (bis 31. 8. 2009: § 50 Abs. 2 SGB VIII iVm. § 49 FGG aF).

Weigert sich die Adoptionsvermittlungsstelle/das Jugendamt, die fachliche Äußerung zu erstatten, 11
ist in einem **Zwischenverfahren** die Verpflichtung zur Erstattung in einem Beschluss festzustellen.
Dessen Gegenstand ist die Frage, ob die Weigerung berechtigt ist – was angesichts der Pflicht zur
Erstattung schlecht vorstellbar ist. **Beteiligte** dieses Zwischenverfahrens ist allein die Adoptionsvermittlungsstelle/das Jugendamt. – Das FamG kann, hat es die Abgabe der fachlichen Äußerung
angeordnet und auf die Folgen der Unterlassung hingewiesen, **Zwang** zu deren Abgabe ausüben
(§ 35 Abs. 1 S. 1, Abs. 2). Dies gilt sowohl gegenüber privatrechtlich organisierten Adoptionsvermittlungsstellen als auch gegenüber dem Jugendamt als einer Behörde, denn der Reformgesetzgeber
hat in Kenntnis des Streits in Rspr. und Literatur zur Verhängung von Zwangsmitteln gegen öffentlich-rechtliche Versorgungsträger hierzu keine Einschränkung vorgenommen, sodass davon auszugehen ist, dass er auch insoweit die Verhängung von Zwangsmitteln nicht ausschließen wollte.[16] Da es
sich bei der fachlichen Äußerung um ein einem Sachverständigengutachten ähnliches Beweismittel
handelt, könnte die Verhängung von Zwangsmitteln auch auf die entsprechende Anwendung von

---

offen, dass die fachliche Äußerung statt von einer das Kind vermittelnden Adoptionsvermittlungsstelle auch von
einer anderen Adoptionsvermittlungsstelle eingeholt werden kann. *Reinhardt* JAmt 2009, 162, 165 geht wohl
davon aus, dass das Jugendamt stets eine fachliche Äußerung abzugeben hat, auch wenn das Kind durch eine
(andere) Adoptionsvermittlungsstelle vermittelt wurde (ebenso Praxiskommentar FamFG/*Meysen* Rn. 1, weil
„beide i. S. d. Satzes 1 vermittelt [haben]").

[11] Dazu MünchKommBGB/*Maurer* Anhang zu § 1752 § 5 AdWirkG Rn. 3.
[12] Dazu die Erläuterungen bei MünchKommBGB/*Maurer* Anhang zu § 1744 Rn. 4–8.
[13] Zur örtlichen Zuständigkeit des Jugendamtes entsprechend § 87c Abs. 3 SGB VIII s. LG Kassel FamRZ
1993, 234 f. m. Anm. *Henrich*.
[14] Dazu BT-Drucks. 7/5087, S. 24 (zu § 56d FGG aF): „Zur Klarstellung" wurde dies ausdrücklich in den
Gesetzestext aufgenommen.
[15] *Keidel/Engelhardt* Rn. 1.
[16] Zur Zulässigkeit von Zwangsmitteln gegen öffentlich-rechtliche Versorgungsträger s. *Jansen/Wick* § 53b
FGG Rn. 43, die zutreffend auch auf § 882a ZPO hinweisen.

§ 30 Abs. 1, §§ 409 Abs. 1 S. 2, 411 Abs. 2 ZPO gestützt werden. – Das Zwangsmittel ist gegen den Leiter des Adoptionsvermittlungsstelle/Behördenleiter des Jugendamts zu verhängen; diese können die Verhängung mit der sofortigen Beschwerde anfechten (§ 35 Abs. 5). – Ist danach zwar die Verhängung von Zwangsmitteln nicht grundsätzlich ausgeschlossen, wird dies doch kaum den erwünschten Erfolg, nämlich eine aussagekräftige und verwertbare fachliche Äußerung bringen. Die Einholung eines Sachverständigengutachtens nach Durchführung aller weiteren Ermittlungen dürfte idR die vorzugswürdige Alternative sein. – Nicht ausgeschlossen ist die Einlegung einer **Dienstaufsichtsbeschwerde.** Dagegen ist die Einschaltung des **Landesjugendamts** idR verwehrt, weil sie lediglich die Adoptionsvermittlungsstelle unterstützt (§ 9 Abs. 1 AdVermiG), ggf. also auch das Jugendamt, aber eben nicht bei der Erstellung und Abgabe der fachlichen Äußerung.

12 Die Mitteilung, **keine** fachliche Äußerung abgeben zu können, ist keine Äußerung iSd. § 189[17] und vom FamG auch nicht einfach hinzunehmen. Damit das FamG über die weitere Verfahrensgestaltung entscheiden kann (dazu Rn. 15), muss die Adoptionsvermittlungsstelle mitteilen, warum ihr keine fachliche Äußerung möglich ist und über welche weiteren Kenntnisse sie für deren Abgabe verfügen muss. Ggf. sind Zwangsmittel gegen die Adoptionsvermittlungsstelle/das Jugendamt zu verhängen (dazu Rn. 11). Zudem hat das FamG im Rahmen seiner **Amtsermittlungspflicht** (§ 26) weitere Ermittlungen anzustellen, von denen es eine fachliche Äußerung nicht entbindet. Zu den Rechtsfolgen, wenn weitere Ermittlungen **unterlassen** werden, s. Rn. 18.

13 **2. Gegenstand.** Gegenstand der fachlichen Äußerung ist die **Eignung** von Kind und Annehmenden (S. 1). Sie hat sich deshalb zu den Annahmevoraussetzungen des § 1741 Abs. 1 S. 1 BGB zu verhalten, also dazu, ob die Annahme dem Kindeswohl dient[18] und zu erwarten ist, dass zwischen Kind und Annehmenden ein Eltern-Kind-Verhältnis entsteht. Sie hat sich insbesondere zu den Bindungen, Neigungen und dem Willen des Kindes,[19] über den Verlauf der Pflegezeit (§ 1744 BGB) bzw. darüber zu erklären, weshalb eine solche Pflege nicht für erforderlich gehalten wurde.[20] – Im Falle einer **Inkognitoadoption** (dazu auch Rn. 20) kann bereits die fachliche Äußerung auch unter Wahrung des Inkognitos der Annehmenden abgegeben werden.[21]

14 **3. Ermittlungen.** Zur Ermittlung der tatsächlichen Umstände für die fachliche Äußerung haben Adoptionsvermittlungsstelle/Jugendamt mit allen Beteiligten, insbesondere mit den Annehmenden und, ist dies altersbedingt möglich, mit dem anzunehmenden Kind **Gespräche** zu führen und sich auch Gewissheit über die äußeren Umstände der Lebensverhältnisse des Kindes zu verschaffen. Soweit mit Kleinstkindern noch nicht verbal kommuniziert werden kann, ist anlässlich der Gespräche mit den Anzunehmenden zu **beobachten,** wie sich das Kind in der neuen Umgebung eingelebt hat und bewegt und welches Verhältnis sich zwischen Kind und Annehmenden aufgebaut hat.

15 **Verweigern** die Beteiligten ihre Mitwirkung, ist dem Jugendamt und erst recht einer privatrechtlich organisierten Adoptionsvermittlungsstelle verwehrt, die Beteiligten zu einer Anhörung zu laden oder Zwangsmittel anzuwenden.[22] Sie sind dann eben nicht in der Lage, sich fachlich äußern. Adoptionsvermittlungsstelle/Jugendamt haben das FamG hiervon in Kenntnis zu setzen, das nicht schon deshalb einen Adoptionsantrag abweisen darf, vielmehr auf Grund der geltenden Amtsermittlung (§ 26, dazu auch Rn. 5, 19) versuchen muss, durch eine Anhörung der Beteiligten, an der auch Vertreter der Adoptionsvermittlungsstelle/des Jugendamts teilnehmen sollten, die maßgeblichen Umstände zu ermitteln und das Ergebnis der Adoptionsvermittlungsstelle zur Verfügung zu stellen,[23] um ihr so die fachliche Äußerung zu ermöglichen. – Diese Durchbrechung der **Nichtöffentlichkeit** ist durch die Pflicht zur Einholung und Erstattung der fachlichen Äußerung und die Amtsermittlungspflicht gerechtfertigt.

16 **4. Form. Inhalt.** Die fachliche Äußerung unterscheidet sich von einem **Sachverständigengutachten,** was auch die redaktionelle Änderung durch das von „gutachtliche" in „fachliche" Äußerung deutlich macht (dazu auch Rn. 1). Mit der Bezeichnung „fachliche Äußerung" wird der Bogen zur **Fachlichkeit** der mit der Adoptionsvermittlung betrauten Fachkräfte geschlagen, die hierzu auf Grund ihrer Persönlichkeit, ihrer Ausbildung und beruflichen Erfahrung geeignet sein müssen (§ 3 Abs. 1 S. 1 AdVermiG; zur Besetzung der zentralen Adoptionsvermittlungsstelle des Landesjugendamts s. § 13 AdVermiG).[24]

---

[17] Anders BayObLGZ 2000, 230 = NJW-RR 2001, 722 = FamRZ 2001, 647.
[18] BT-Drucks. 7/3061, S. 58.
[19] BayObLG FamRZ 1993, 1480.
[20] *Engelhardt,* in: *Keidel/Kuntze/Winkler* § 56d FGG Rn. 3.
[21] BVerfGE 79, 51 = NJW 1989, 519 = FamRZ 1989, 31, 35.
[22] *Mörsberger* in: *Wiesner/Mörsberger/Oberloskamp/Struck* § 50 SGB VIII Rn. 31.
[23] BayObLGZ 2000, 230 = NJW-RR 2001, 722 = FamRZ 2001, 647.
[24] Zu den Einzelheiten s. MünchKommBGB/*Maurer* Anhang zu § 1744 Rn. 9.

Die fachliche Äußerung ist an keine bestimmte **Form** gebunden,[25] sodass sie mündlich zur 17 Niederschrift des Urkundsbeamten der Geschäftsstelle oder in einem Termin oder aber schriftlich abgegeben werden kann. In der Praxis wird die Vorlage einer schriftlichen Stellungnahme die Regel sein. – Die Stellungnahme hat sich **umfassend** und **eingehend** damit auseinander zu setzen, ob auf Grund der äußeren wie auch der **psychosozialen** Gegebenheiten die Adoptionsvoraussetzungen vorliegen,[26] wozu nicht aussagekräftige Floskeln nicht ausreichen. Sie hat sich auf **wissenschaftlicher Grundlage** mit allen **maßgeblichen Umständen** sowohl bei den Annehmenden als auch dem anzunehmenden Kind und seinen leiblichen Eltern zu beschäftigen, etwa mit deren Herkunft und Lebenslauf, ihren materiellen Verhältnissen, Bildung, Beruf, Konfession und Krankheiten, einschließlich Erbkrankheiten, sowie ihren gesellschaftlichen Kontakten, den Umständen der Adoptionsfreigabe,[27] den Wünschen und Vorstellungen der Annehmenden von dem Kind und der Qualität des während der Adoptionspflege entstandenen Eltern-Kind-Verhältnisses, und daraus einen schlüssigen und nachvollziehbaren **Entscheidungsvorschlag** zu entwickeln.

IV. Weitere Einzelfragen

1. Unterlassene Einholung. Die Nichteinholung der fachlichen Äußerung ist ein **Verstoß** gegen 18 §§ 26, 189, führt jedoch nicht zur **Nichtigkeit** der Entscheidung des FamG.[28] Wird die **Annahme** ausgesprochen, bleibt sie grundsätzlich folgenlos, weil dieser Beschluss nicht anfechtbar ist (§ 197 Abs. 3 S. 1) und das Annahmeverhältnis nicht nach § 1760 BGB aufgehoben werden kann. Wird der Annahmeantrag **zurückgewiesen,** kann der Annehmende die unterlassene Einholung mit der Beschwerde (§§ 58, 63 Abs. 1) rügen.[29] – Adoptionsvermittlungsstelle/Jugendamt können sich auch nicht auf die Verletzung rechtlichen Gehörs berufen und die **Anhörungsrüge** (§§ 44, 68 Abs. 3 S. 1; dazu und zur **Verfassungsbeschwerde** allgemein Vor § 186 Rn. 48, 49) erheben, weil sie in ihrer Funktion als Erstatter der fachlichen Äußerung nicht am Annahmeverfahren beteiligt sind.

2. Ermittlungen. Das FamG hat die im Verfahren auf Annahme eines Minderjährigen erforder- 19 lichen Ermittlungen **von Amts wegen** durchzuführen (§ 26, dazu Vor § 186 Rn. 21). Allein die Einholung einer fachlichen Äußerung enthebt es deshalb auch nicht von weiteren Ermittlungen, insbesondere nicht von der Anhörung der Beteiligten, um sich einen persönlichen Eindruck von diesen zu verschaffen (dazu auch Vor § 186 Rn. 23).[30]

3. Rechtliches Gehör. Die fachliche Auskunft ist als Maßnahme der Amtsermittlung grund- 20 sätzlich allen Beteiligten des Annahmeverfahrens **bekannt zu geben,**[31] zudem ist ihnen Gelegenheit zur Stellungnahme zu geben. Eingeschränkt wird das rechtliche Gehör
- bezüglich des **Kindes,** wenn infolge der Kenntnis der fachlichen Äußerung Nachteile für seine Entwicklung, Erziehung oder Gesundheit zu befürchten sind (dazu auch § 159 Abs. 4 S. 1) oder wegen des geringen Alters eine weitere Aufklärung durch die Gehörsgewährung nicht zu erwarten ist („aus schwerwiegenden Gründen", entsprechend § 159 Abs. 3 S. 1),
- bezüglich der **leiblichen Eltern** im Falle einer **Inkognitoadoption** zur Wahrung des Inkognitos der Annehmenden (dazu § 1758 BGB),[32] wenn bereits die fachliche Äußerung anonymisiert ist (dazu Rn. 13) oder wenn ihre Einwilligung nach § 1748 BGB ersetzt wurde[33] (zu deren Verfahrensbeteiligung auch in diesen Fällen s. § 188 Abs. 1 Nr. 1 Buchst. b und dazu dort Rn. 12–14).

4. Anhörung. Äußert sich das Jugendamt nicht bereits fachlich, ist es zu allen für das jeweilige 21 Verfahren maßgebenden tatsächlichen und rechtlichen Umständen[34] **anzuhören** (§ 194 Abs. 1, vormals § 49 Abs. 1 Nr. 1 FGG aF).[35] Es hat sich auch über den Verlauf der Pflegezeit (§ 1744 BGB)

---

[25] *Trenczek* ZKJ 2009, 97, 106.
[26] *Engelhardt,* in: *Keidel/Kuntze/Winkler* Rn. 3; *Jansen/Sonnenfeld* Rn. 10, jeweils zu § 56d FGG; zum Inhalt mit Muster *Arndt/Oberloskamp* ZfJ 1977, 273 ff.
[27] *Musielak/Borth* Rn. 2.
[28] Zur Nichtigkeit eines Annahmebeschlusses s. BayObLGZ 1996, 77 = NJW-RR 1996, 1093 = FamRZ 1996, 1034 f. m. weit. Nachw.; OLG Düsseldorf FGPrax 2008, 23 = FamRZ 2008, 1282, 1283; dazu näher §§ 197, 198 Rn. 21–23.
[29] *Engelhardt,* in: *Keidel/Kuntze/Winkler* Rn. 4; *Jansen/Sonnenfeld* Rn. 13, jeweils zu § 56d FGG.
[30] BayObLG FamRZ 1993, 1480, 1481; BayObLGZ 2000, 230 = NJW-RR 2001, 722 = FamRZ 2001, 647, 648; s. auch *Jansen/Zorn* § 49 FGG Rn. 11 m. weit. Nachw.
[31] *Keidel/Engelhardt* Rn. 3.
[32] *Jansen/Sonnenfeld* § 56d FGG Rn. 13.
[33] *Jansen/Sonnenfeld* Rn. 16; aA *Engelhardt,* in: *Keidel/Kuntze/Winkler* Rn. 5, jeweils zu § 56d FGG.
[34] OLG Karlsruhe NJWE-FER 1998, 4 = FamRZ 1998, 56.
[35] OLG Frankfurt a. M. OLGR 1999, 278.

§ 190 1, 2   Buch 2. Abschnitt 5. Verfahren in Adoptionssachen

oder darüber zu verhalten, weshalb eine solche Pflege nicht für erforderlich gehalten wurde. Von der Anhörung kann nur abgesehen werden, wenn eine Annahme gar nicht in Betracht kommt.[36] – In Fällen mit **Auslandsberührung** (§ 11 Abs. 1 Nr. 2, 3 AdVermiG) ist zudem die zentrale Adoptionsvermittlungsstelle oder das Landesjugendamt anzuhören (§ 195 Abs. 1, vormals § 49 Abs. 2 FGG aF).[37]

22   **5. Mitteilung der Entscheidung. Beschwerde.** Dem Jugendamt, das die fachliche Äußerung abgegeben hat, ist die Entscheidung des FamG **mitzuteilen** (§ 194 Abs. 2 S. 1; zur Form der Mitteilung s. § 41 Abs. 1). Es hat, ohne dass es darauf ankommt, ob es (auch) angehört worden ist, ein eigenes **Beschwerderecht** (§ 194 Abs. 2 S. 2), allerdings nur, soweit die Entscheidung überhaupt anfechtbar ist (dazu §§ 192–195 Rn. 32, 33). Zur sofortigen Beschwerde gegen die Verhängung von **Zwangsmitteln** s. Rn. 11.

§ 190 Bescheinigung über den Eintritt der Vormundschaft

Ist das Jugendamt nach § 1751 Abs. 1 Satz 1 und 2 des Bürgerlichen Gesetzbuchs Vormund geworden, hat das Familiengericht eine Bescheinigung über den Eintritt der Vormundschaft zu erteilen; § 1791 des Bürgerlichen Gesetzbuchs ist nicht anzuwenden.

Übersicht

	Rn.		Rn.
I. Normzweck	1	2. Zuständigkeit	8, 9
II. Bescheinigung	2–6	3. Verfahrenseinleitung	10
1. Rechtsnatur	2, 3	4. Beteiligte	11
2. Zeitpunkt	4	5. Ermittlungen	12
3. Voraussetzungen	5	6. Entscheidung	13, 14
4. Form. Inhalt	6	7. Bekanntmachung	15
III. Verfahren	7–19	8. Rechtsmittel	16–18
1. Rechtsnatur	7	9. Kosten	19

I. Normzweck

1   Die Vorschrift übernimmt die Regelung des § 1751 Abs. 1 S. 4 BGB aF, aufgehoben durch Art. 50 Nr. 33 FGG-RG, inhaltsgleich in das FamFG. Dadurch erhält das Jugendamt frühzeitig Kenntnis von den abgegebenen Einwilligungserklärungen und wird auf die Notwendigkeit einer zum Wohle des Kindes erforderlichen Pflegeerlaubnis (§ 44 SGB VIII) hingewiesen.[1] Zudem stellt die Vorschrift sicher, dass sich das Jugendamt nach Eintritt der Vormundschaft nach außen durch Vorlage der Bescheinigung als gesetzlicher Vertreter legitimieren und damit für das anzunehmende Kind auch rechtsverbindlich handeln kann. – Die Übernahme in das FamFG soll eine stärkere Beachtung der Anordnung in der Praxis bewirken.[2] Sie ist insofern folgerichtig, als die Bestimmung ausschließlich formalen Charakter hat (dazu Rn. 2).[3] Dies gilt allerdings auch für § 1791 BGB,[4] den das FGG-RG im BGB belassen und nicht in Buch 2 Abschnitt 3 des FamFG – „Vormundschaftssachen" sind als Kindschaftssachen Familiensachen, §§ 111 Nr. 2, 151 Nr. 4 – übernommen hat.

II. Bescheinigung

2   **1. Rechtsnatur.** Die Erteilung der Bescheinigung hat keine konstitutive Wirkung, sondern lediglich **deklaratorische** Bedeutung. Denn sie regelt nur eine Pflicht des FamG und nicht auch das Rechtsverhältnis zwischen Annehmenden, anzunehmendem Kind und dem leiblichen Elternteil. – Deshalb ist die Erteilung der Bescheinigung auch lediglich ein **formaler** Akt. Er ist **verfahrensrechtlicher** Natur,[5] weil das FamG vor Erteilung der Bescheinigung insbesondere

---

[36] BayObLG FamRZ 1987, 87; *Engelhardt*, in: *Keidel/Kuntze/Winkler* § 49 FGG Rn. 4.
[37] Dazu auch OLG Bremen OLGR 2006, 510, 511 = FamRZ 2007, 930 (LS).
[1] BT-Drucks. 7/5087, S. 14.
[2] BT-Drucks. 16/6308, S. 247.
[3] Der Reformgesetzgeber verspricht sich durch die Übernahme in eine gesonderte Vorschrift eine stärkere Beachtung in der Praxis (BT-Drucks. 16/6308, S. 247). Woher er seine Kenntnisse über die mangelnde Beachtung von § 1751 Abs. 1 S. 4 BGB aF bezogen hat, teilt er nicht mit.
[4] MünchKommBGB/*Wagenitz* § 1791 Rn. 4.

auch die Voraussetzungen für den Eintritt der Vormundschaft des Jugendamts zu prüfen hat (dazu Rn. 12).

Konstitutiv wird das Rechtsverhältnis bereits mit Einwilligung der beiden leiblichen Elternteile **3** oder rechtskräftiger Ersetzung der Einwilligungen (§§ 1747, 1748 BGB)[6] durch Änderung der bisher bestehenden Rechtsverhältnisse von Gesetzes wegen **materiellrechtlich** umgestaltet:
- Die elterliche Sorge ruht und das Jugendamt wird Vormund (§ 1751 Abs. 1 S. 1 Halbs. 1 BGB),
- die Befugnis zum Umgang mit dem Kind kann nicht mehr ausgeübt werden (§ 1751 Abs. 1 S. 1, 2 BGB),
- die Annehmenden werden dem Kind mit dessen Inobhutnahme unterhaltspflichtig (§ 1751 Abs. 4 BGB).

2. Zeitpunkt. Das FamG hat die Bescheinigung **unverzüglich** zu erteilen. Unverzüglich heißt, **4** nach Eintritt der Voraussetzungen für den Eintritt der Vormundschaft, Kenntniserlangung durch das FamG und Durchführung der erforderlichen Ermittlungen auch zu seiner Zuständigkeit und der Zuständigkeit des Jugendamts (dazu auch Rn. 5, 12).

3. Voraussetzungen. Das Jugendamt muss **Vormund** des anzunehmenden Kindes geworden sein **5** (§ 1751 Abs. 1 S. 2 Halbs. 1 BGB). Dazu darf das Kind nicht (mehr) anderweitig gesetzlich vertreten sein. Eine anderweitige gesetzliche Vertretung besteht in folgenden Fällen:
- § 1751 Abs. 1 S. 1 Halbs. 1 BGB ordnet das Ruhen der elterlichen Sorge des leiblichen Elternteils an, der bislang die elterliche Sorge ggf. gemeinsam mit dem anderen Elternteil ausgeübt und in die Annahme als Kind eingewilligt hat (§ 1747 BGB) oder dessen Einwilligung rechtskräftig ersetzt worden ist (§ 1748 BGB). Damit ist dieser Elternteil nicht mehr berechtigt, die elterliche Sorge auszuüben (§ 1675 BGB). Der andere Elternteil übt sie grundsätzlich alleine aus (§ 1678 Abs. 1 Halbs. 1 BGB), sodass auch keine Vormundschaft eintritt (§ 1751 Abs. 1 S. 2 Halbs. 2 Alt. 1 BGB), es sei denn, der in die Annahme einwilligende Elternteil habe die elterliche Sorge nach §§ 1626a Abs. 2, 1671, 1672 Abs. 1 BGB allein ausgeübt (§ 1678 Abs. 1 Halbs. 2 BGB).
- Es ist bereits Vormundschaft eingetreten und der Vormund bestellt, nachdem den leiblichen Eltern die elterliche Sorge ganz entzogen worden ist (§§ 1666, 1773 Abs. 1 BGB). Da zwischen Eintritt der Vormundschaft nach ihrer Anordnung und Bestellung getrennt wird,[7] tritt die Vormundschaft des Jugendamts nach § 1751 Abs. 1 S. 2 Halbs. 1 BGB aber dann ein, wenn eine Vormundschaft zwar bereits angeordnet, der Vormund aber noch nicht bestellt ist.

4. Form. Inhalt. Die Entscheidung über die Erteilung der Bescheinigung ergeht durch **Be- 6 schluss** (dazu Rn. 13), durch den **festgestellt** wird, dass Vormundschaft eingetreten ist (dazu auch Rn. 2, 3). – Halbs. 2 ordnet ausdrücklich an, dass **§ 1791 BGB** nicht anzuwenden ist.[8] Der Sinn dieser Regelung erschließt sich jedoch nicht;[9] denn in der Begründung des lediglich deklaratorischen Charakters der Bescheinigung[10] kann er nicht liegen, da auch die Bestallung nach § 1791 BGB materiellrechtlich keinen konstitutiven Charakter hat.[11] Entsprechend § 1791 Abs. 2 BGB sollte die Bescheinigung **Namen** und Zeit der **Geburt** des Mündels sowie das **Jugendamt,** das von Gesetzes wegen als Vormund eingesetzt ist – das Jugendamt, in dessen Bereich die annehmende Person ihren gewöhnlichen Aufenthalt hat (§ 87c Abs. 4 SGB VIII) – und den dort mit der Führung der Vormundschaft betrauten **Beamten** aufführen. – Die Bescheinigung wird in Form einer **Ausfertigung** des Beschlusses erteilt.

III. Verfahren

1. Rechtsnatur. Das Verfahren auf Erteilung ist ein **selbständiges,** vom Annahmeverfahren **7** unabhängiges Verfahren, das dem Verbot der Verfahrensverbindung des § 196 (dazu dort Rn. 3) unterliegt. Eine Beziehung zum Annahmeverfahren hat es nur insoweit, als die Erteilung der Bescheinigung von der Einwilligung eines Elternteils in die Annahme und deren weiter bestehenden Wirksamkeit sowie davon abhängt, dass das Annahmeverfahren überhaupt noch zu einer Annahme führen kann. Insbesondere folgende Abhängigkeiten bestehen:
- Wirksame Erteilung der Einwilligung (§§ 1747, 1750 Abs. 1 S. 2 BGB): Zugang der notariell beurkundeten Einwilligung beim VormG (§ 1750 Abs. 1 S. 2, 3 BGB),

---

[5] So BT-Drucks. 16/6308, S. 247.
[6] MünchKommBGB/*Maurer* § 1751 Rn. 2 m. weit. Nachw.
[7] Dazu MünchKommBGB/*Wagenitz* § 1774 Rn. 1, § 1789 Rn. 1.
[8] Eingefügt vom RA-BT BT-Drucks. 7/5087, S. 14, 36.
[9] Auch der RA-BT BT-Drucks. 7/5087, S. 14, 36 begründet dies nicht.
[10] So etwa Staudinger/*Frank* Rn. 18; Soergel/*Liermann* Rn. 5, jeweils zu § 1751 BGB.
[11] MünchKommBGB/*Wagenitz* § 1791 Rn. 4.

§ 190 8–12 Buch 2. Abschnitt 5. Verfahren in Adoptionssachen

- keine Abhängigkeit der Einwilligung von einer Bedingung oder Zeitbestimmung (§ 1750 Abs. 2 S. 1 BGB),
- ggf. wirksame Ersetzung der Einwilligung (§ 1748 BGB),
- kein Widerruf der Einwilligung des Kindes (§ 1746 Abs. 2 S. 1 BGB),
- keine Rücknahme des Annahmeantrags (§ 1750 Abs. 4 S. 1 BGB),[12]
- keine Versagung der Annahme (§ 1750 Abs. 4 S. 1 BGB),
- keine Annahme innerhalb von 3 Jahren nach Wirksamkeit der Erteilung (§ 1750 Abs. 4 S. 2 BGB).

8 **2. Zuständigkeit.** Die Erteilung der Bescheinigung ist als Adoptionssache (§ 186 Nr. 1, dazu dort Rn. 3) Familiensache (§ 111 Nr. 4), für die das Amtsgericht als FamG **sachlich** und nach der **gesetzlichen Geschäftsverteilung** zuständig ist (§§ 23a Abs. 1 Nr. 1, 23b Abs. 1 GVG). **Funktionell** zuständig ist der Rechtspfleger (§§ 3 Nr. 2 lit. a, 14 Abs. 1 Nr. 13 RPflG) beim **örtlich** zuständigen (dazu § 187 Rn. 9, 10) FamG.[13]

9 Hat die **örtliche** Zuständigkeit des FamG durch die Verlegung des gewöhnlichen Aufenthalts der Annehmenden (§ 187 Nr. 1) oder des anzunehmenden Kindes nach Ersetzung der Einwilligung vor Erteilung der Bescheinigung gewechselt, hat zwar das nunmehr unzuständige, nicht aber das zuständige FamG die erforderliche Kenntnis. Wegen seiner Sachnähe und der auch zeitlich drängenden Notwendigkeit, die Bescheinigung auszustellen, bleibt das FamG, das die Ersetzung ausgesprochen hat, für ihre Erteilung zuständig. – Bei einem **Zuständigkeitswechsel** unmittelbar nach erteilter Einwilligung braucht dem zunächst zuständigen Jugendamt keine Bescheinigung mehr übersandt zu werden, weil von ihm keine Aufgaben (mehr) wahrgenommen werden können (zur Wirksamkeit von Rechtsgeschäften, wenn sie gleichwohl wahrgenommen werden, s. § 47, ehemals § 32 FGG aF);[14] erforderlich ist lediglich, dass eines der beteiligten Jugendämter überhaupt von der Einwilligung erfährt, um die erforderlichen Maßnahmen treffen zu können.[15]

10 **3. Verfahrenseinleitung.** Das FamG hat das Verfahren auf Erteilung der Bescheinigung mit Kenntniserlangung davon, dass ein leiblicher Elternteil in die Adoption seines Kindes eingewilligt hat oder seine Einwilligung ersetzt worden ist, **von Amts wegen** einzuleiten (ebenso wie bei der Bestallung nach § 1791 BGB;[16] zur Einleitung s. auch Vor § 186 Rn. 17). Allerdings hat es sich nicht von Amts wegen um Kenntnis zu bemühen. – **Kenntnis** erlangt das FamG insbesondere:
- Mit Eingang der **Einwilligungen**, die ihm gegenüber zu erklären sind (§ 1750 Abs. 1 BGB). IdR wird der die Einwilligung beurkundende Notar die Urkunde kraft ausdrücklicher Betrauung beim FamG einreichen (für den Annahmeantrag ausdrücklich § 1753 Abs. 2 BGB).
- Die Einreichung einer Einwilligung beim **unzuständigen** FamG führt weder materiellrechtlich zur Wirksamkeit und Unwiderruflichkeit der Einwilligung (§ 1750 Abs. 1 S. 3 BGB)[17] noch zur Kenntniserlangung durch das zuständige FamG. Letzteres erlangt erst mit Eingang der Einwilligung vom unzuständigen FamG, das eine Amtspflicht zur Weiterleitung trifft, Kenntnis.
- Die von ihm ausgesprochene rechtskräftige **Ersetzung** der Einwilligung. Zur örtlichen Zuständigkeit bei Ausspruch der Ersetzung durch ein anderes FamG s. Rn. 9.

11 **4. Beteiligte.** Das FamG hat die **materiell** Beteiligten auch **formell** zu beteiligen (§ 7 Abs. 1, 2, § 188 Abs. 1; dazu auch § 188 Rn. 22, 23). – **Materiell** beteiligt sind, da es nicht nur um die Bescheinigung, sondern auch und gerade um die Voraussetzungen für ihre Erteilung geht (dazu Rn. 5, 6), entgegen § 188 Abs. 1 Nr. 1 lit. b die leiblichen Eltern und das Jugendamt als (möglicher) Vormund, obwohl in § 188 Abs. 1 Nr. 1 nicht genannt und nach Abs. 2 nur auf Antrag formell zu beteiligen. Dagegen sind die Annehmenden und das anzunehmende Kind nicht materiell beteiligt, weil sie in ihren Rechten nur mittelbar betroffen sind (dazu § 7 Abs. 2 Nr. 1).

12 **5. Ermittlungen.** Das FamG hat seine örtliche Zuständigkeit und die des Jugendamts, das von Gesetzes wegen zum Vormund eingesetzt ist, zu prüfen. In der Sache hat es die Einwilligungen der leiblichen Eltern und ggf. deren rechtskräftige Ersetzung als Voraussetzungen des Eintritts der

---

[12] Dazu näher MünchKommBGB/*Maurer* § 1752 Rn. 3.
[13] BayObLGZ 1977, 193 = FamRZ 1978, 65, 66; Keidel/Engelhardt Rn. 4.
[14] Anders offenbar OLG Stuttgart FamRZ 1978, 207. Offen gelassen von KG OLGZ 1982, 129 = FamRZ 1981, 1111.
[15] RA-BT BT-Drucks. 7/5087, S. 14.
[16] MünchKommBGB/*Wagenitz* § 1791 Rn. 4.
[17] Str., dazu MünchKommBGB/*Maurer* § 1750 Rn. 5, 9 m. weit. Nachw.

Vormundschaft **von Amts wegen** zu ermitteln (§ 26; dazu auch Vor § 186 Rn. 21–23). – Nach § 192 Abs. 2 sollen die Beteiligten **angehört** werden. Da im Gegensatz zu Abs. 1 keine persönliche Anhörung angeordnet wird, reicht eine **schriftliche** Anhörung aus, wozu den Beteiligten eine Frist zur Stellungnahme eingeräumt werden kann. Damit ist auch das **rechtliche Gehör** (zu dessen **Nachholung** s. § 44 ; dazu auch Vor § 186 Rn. 48, 49) gewahrt.

6. Entscheidung. Das FamG entscheidet über die Erteilung der Bescheinigung durch **Beschluss,** 13 der grundsätzlich zu **begründen** ist (§§ 38 Abs. 1, 3 S. 1, 116). – Doch bedarf es einer Begründung insbesondere dann nicht, wenn „der Beschluss nicht dem erklärten Willen eines Beteiligten widerspricht" (§ 38 Abs. 4 Nr. 2 Alt. 2). Davon ist dann auszugehen, wenn die materiell Beteiligten vom FamG auch formell am Verfahren beteiligt worden sind und sich keiner von ihnen gegen die Erteilung der Bescheinigung ausgesprochen bzw. die Erteilung beantragt hat.

Buch 2 [Verfahren in Familiensachen] Abschnitt 5 [Verfahren in Adoptionssachen] enthält ebenso 14 wenig wie Abschnitt 1 [Allgemeine Vorschriften] eine Regelung zu den **Kosten.** Für sie gelten deshalb die allgemeinen Regelungen in §§ 80–85. – Nach § 81 Abs. 1 S. 3 ist über die Kosten stets zu **entscheiden.** Liegt keiner der Ausnahmetatbestände der Abs. 2–5 vor, sind die Kosten vom FamG den Beteiligten nach billigem Ermessen aufzuerlegen, idR also den Annehmenden, da die Erteilung der Bescheinigung der Vorbereitung der von ihnen angestrebten Annahme als Kind dient. – Zum Anfall von gerichtlichen **Gebühren** und **Kosten** s. Rn. 19.

7. Bekanntmachung. Der Beschluss ist den Annehmenden, den leiblichen Eltern und dem 15 Jugendamt **bekannt zu machen** (§ 41 Abs. 1 S. 1), und zwar, da er anfechtbar ist, grundsätzlich durch förmliche **Zustellung.** Sie ist jedoch – entgegen § 16 Abs. 2 FGG aF – entbehrlich, wenn der Beschluss dem erklärten Willen der Beteiligten entspricht (§ 41 Abs. 1 S. 2).[18] Da es um Anhaltspunkte dafür geht, „dass der Beschluss dem Anliegen eines Beteiligten zuwiderläuft",[19] müssen sich die Beteiligten ausdrücklich für oder gegen die Erteilung der Bescheinigung ausgesprochen haben, wenn auch nicht notwendig im familiengerichtlichen Verfahren.

8. Rechtsmittel. Der Beschluss des Rechtspflegers ist eine Endentscheidung, gegen die das 16 Rechtsmittel der **Beschwerde** stattfindet (§ 58 Abs. 1). Der Rechtszug geht ohne Umweg über den Familienrichter vom Rechtspfleger direkt an das OLG (§ 11 Abs. 1 RPflG). Zu den Einzelheiten s. die Erörterungen zu §§ 58 ff.

Die **Beschwerdebefugnis** (§ 59 Abs. 1, 3) kommt folgenden Beteiligten zu: 17
– den **Annehmenden** gegen die Versagung der Bescheinigung, weil damit die Legitimation des Jugendamts als Vormund formell offen bleibt,
– den **leiblichen Eltern** gegen deren Erteilung,[20]
– dem **Jugendamt** sowohl gegen die Versagung, weil es damit seine Befugnisse als Vormund geltend macht,[21] als auch gegen die Erteilung, um geltend machen zu können, dass Vormundschaft nicht oder nicht bei ihm, sondern bei einem anderen Jugendamt, oder bei ihm statt bei einem anderen Jugendamt[22] eingetreten ist.

In der Beschwerdeentscheidung ist auch über die **Kosten** zu entscheiden (§ 81 Abs. 1 S. 3; dazu 18 auch Rn. 14). Nicht ausgeschlossen, aber eher die Ausnahme ist die Zulassung der **Rechtsbeschwerde** durch das Beschwerdegericht (§ 70 Abs. 1), um das Vorliegen der Voraussetzungen für die Erteilung der Bescheinigung überprüfen zu lassen.

9. Kosten. Gerichtsgebühren fallen nicht an, auch das Beschwerdeverfahren ist **gebührenfrei** 19 (KV Vorbemerkung 1.3.2 zu § 3 Abs. 2 FamGKG).[23] Die **Auslagen** werden dagegen erhoben (KV Vorbemerkung 2 zu § 3 Abs. 2 FamGKG).

§ 191 Verfahrensbeistand

¹ **Das Gericht hat einem minderjährigen Beteiligten in Adoptionssachen einen Verfahrensbeistand zu bestellen, sofern dies zur Wahrnehmung seiner Interessen erforderlich ist.** ² **§ 158 Abs. 2 Nr. 1 sowie Abs. 3 bis 7 gilt entsprechend.**

---

[18] BT-Drucks. 16/6308, S. 197: „..., um Verfahrensaufwand zu reduzieren".
[19] BT-Drucks. 16/6308, S. 197.
[20] BayObLGZ 1978, 384 = StAZ 1979, 122, 124 = FamRZ 1979, 1078 (LS).
[21] AA wohl LG Memmingen FamRZ 1981, 1003 f.
[22] OLG Stuttgart FamRZ 1978, 207 f.
[23] BT-Drucks. 16/6308, S. 312.

Übersicht

	Rn.		Rn.
I. Normzweck	1	1. Rechtsnatur	16
II. Anwendungsbereich	2, 3	2. Zuständigkeit	17
III. Beistandschaft	4–15	3. Einleitung	18
1. Pflicht	4	4. Beteiligte	19
2. Voraussetzungen	5–8	5. Zeitpunkt der Bestellung	20, 21
3. Auswahl	9	6. Entscheidung	22, 23
4. Rechtsstellung	10–14	7. Anfechtbarkeit	24–26
5. Beendigung	15	a) Grundsatz	24
IV. Verfahren	16–26	b) Ausnahme	25, 26

I. Normzweck

1 Bislang sah lediglich § 56f Abs. 2 S. 1 FGG aF in Aufhebungsverfahren nach §§ 1759 ff. BGB ausdrücklich und zwingend die Bestellung eines Pflegers zum Schutz des minderjährigen oder geschäftsunfähigen anzunehmenden Kindes[1] für den Fall vor, dass das Kind durch den Annehmenden gesetzlich vertreten wird. Nach der Vorstellung des Reformgesetzgebers soll § 191 nun die Beiordnung eines Verfahrensbeistands in **allen Adoptionssachen** eröffnen.[2] Dies verkennt jedoch, dass auch nach bisherigem Recht in Adoptionssachen als Angelegenheiten, welche die Person des Kindes betreffen, ganz allgemein die Bestellung eines Verfahrensbeistands nach § 50 Abs. 1, Abs. 2 Nr. 1 FGG aF zugelassen war.[3] Jedenfalls aber sorgt die Neuregelung für eine Klarstellung. – Die Vorschrift dient dazu, in der Person des gesetzlichen Vertreters des Kindes auftretende **Interessenkollisionen** aufzulösen und durch die Bestellung eines Verfahrensbeistands die angemessene Wahrnehmung der Kindesinteressen sicherzustellen.[4] – Der RegE[5] zu § 158 Abs. 2 sah noch vor, dass die Bestellung eines Verfahrensbeistands auf Antrag eines Kindes, welches das 14. Lebensjahr vollendet hat (Nr. 1), oder wenn das Interesse des Kindes zu dem seiner gesetzlichen Vertreter in erheblichem Gegensatz steht (Nr. 2), erforderlich ist. Nr. 1 des RegE hat der RA-BT gestrichen, weil es vornehmlich um den Schutz jüngerer Kinder gehe, die Bestellung eines Verfahrensbeistands für ältere Kinder auf Grund anderer Regelbeispiele nicht ausgeschlossen ist und zudem das 14 Jahre alte Kind nach § 9 Abs. 1 Nr. 3 verfahrensfähig ist.[6] – § 191 gilt nur für Adoptionssachen (§ 186), § 158 ist nur in Kindschaftssachen (dazu § 151) anwendbar. Beide Vorschriften stehen deshalb in keinem **Konkurrenzverhältnis**. – Gerichtliche **Kosten** hat der Verfahrensbeistand nicht zu tragen (§ 21 Abs. 1 Nr. 4 FamGKG; dazu auch Vor § 186 Rn. 37). Zu seiner **Vergütung** s. §§ 191 S. 2, 158 Abs. 7, 277 Abs. 1, 168 Abs. 1 und dazu § 158 Rn. 43–49.

II. Anwendungsbereich

2 **Sachlich** umfasst die Vorschrift alle **familiengerichtlichen** Adoptionsverfahren (dazu auch Rn. 1). – Geht es um die **Einwilligung** minderjähriger oder geschäftsunfähiger Kinder, die insoweit auch vom Jugendamt nicht beraten zu werden brauchen (vgl. § 51 SGB VIII), in die Annahme (§§ 1746, 1750 Abs. 1 S. 2 BGB), zählt dazu das notarielle Beurkundungsverfahren:[7] Das FamFG und damit § 191 gilt kraft Sachzusammenhangs mit der Adoptionssache nach § 1 „in den Angelegenheiten der freiwilligen Gerichtsbarkeit, die durch Bundesgesetz den Gerichten zugewiesen sind"; zu ihnen gehören auch die Verfahren vor den Notaren, die Behörden iSd. § 488 sind.[8]

3 Der **persönliche** Anwendungsbereich umfasst alle am Adoptionsverfahren beteiligten **Minderjährigen**. Dabei handelt es sich v. a. um den Anzunehmenden bzw. Angenommenen (§ 188 Abs. 1 Nr. lit. a, Nr. 3 lit. a). Die Kinder des Annehmenden und des Anzunehmenden sind nicht beteiligt,

---

[1] BVerfG NJW 2003, 3544 = FamRZ 2004, 86, 87.
[2] BT-Drucks. 16/6308, S. 169, 248.
[3] *Engelhardt*, in: *Keidel/Kuntze/Winkler* Rn. 19; *Jansen/Zorn* Rn. 6, jeweils zu § 50 FGG; MünchKommBGB/*Maurer* § 1752 Rn. 10.
[4] BT-Drucks. 16/6308, S. 248.
[5] BT-Drucks. 16/6308.
[6] BT-Drucks. 16/9733, S. 288, 295.
[7] So *Paulitz/Oberloskamp* Adoption S. 107 (für die Stiefkindadoption). Das Beurkundungsverfahren gehört als dem familiengerichtlichen Verfahren vorgelagerter Teil zur freiwilligen Gerichtsbarkeit (*Winkler*, Beurkundungsgesetz, 16. Aufl. 2008, Einleitung Rn. 29); s. auch §§ 1, 140–157 KostO, § 54 Abs. 2 S. 1 BeurkG.
[8] BayObLGZ 1983, 101, 103; *Winkler*, in: *Keidel/Kuntze/Winkler* § 194 FGG Rn. 2.

sondern nur anzuhören (§ 193). Es kann aber auch um einen minderjährigen Angenommenen gehen, der neben der Befreiung vom Eheverbot des § 1308 BGB die Befreiung vom Erfordernis der Ehemündigkeit (§ 1303 BGB) erstrebt (dazu auch § 196 Rn. 4). – Ob Minderjährigkeit in diesem Sinne vorliegt, richtet sich nach der lex fori, also nach inländischem Sachrecht (§ 2 BGB: Vollendung des 18. Lebensjahres).

III. Beistandschaft

1. Pflicht. Sowohl § 158 Abs. 1 als auch § 191 S. 1 ordnen nunmehr ausdrücklich an, was auch 4 schon für die als Kann-Bestimmung ausgestaltete Vorgängerregelung in §§ 50, 56f FGG aF angenommen wurde:[9] Es handelt sich um eine **gebundene** Entscheidung des FamG, sodass die Bestellung eines Verfahrensbeistands bei Vorliegen der Voraussetzungen zwingend ist.[10] Liegen die Voraussetzungen vor, ist das FamG verpflichtet, einen Verfahrensbeistand zu bestellen, dem FamG ist kein Ermessen eröffnet. Eine **Ausnahme** gilt lediglich insoweit, als die Bestellung unterbleiben oder aufgehoben werden soll, wenn die Interessen des Kindes von einem Rechtsanwalt oder einem anderen geeigneten Verfahrensbevollmächtigten angemessen vertreten werden (§ 158 Abs. 5; vormals §§ 50 Abs. 3, 56 f Abs. 2 FGG aF; dazu auch Rn. 9). – Der **Verstoß** gegen die Pflicht zur Bestellung eines Verfahrensbeistands führt zunächst nur dazu, dass dem Kind eben kein Beistand zur Seite steht, zeitigt ansonsten jedoch (noch) keine Wirkungen: Weder dem Kind noch anderen Beteiligten steht gegen die Untätigkeit des FamG oder gegen eine ablehnende Entscheidung die Beschwerde zu, weil es sich lediglich um eine nicht anfechtbare Zwischenentscheidung handelt (dazu Rn. 24).

2. Voraussetzungen. Dem Minderjährigen ist ein Verfahrensbeistand zu bestellen, soweit dies zur 5 **Wahrung seiner Interessen** erforderlich ist, insbesondere sein Interesse zu dem seiner gesetzlichen Vertreter in erheblichem Gegensatz steht (S. 1, S. 2 iVm. § 158 Abs. 2 Nr. 1).[11] Es geht für
– das anzunehmende **Kind** um sein Wohl iSd. § 1741 Abs. 1 S. 1 BGB,
– Kinder des **Annehmenden** und des **Anzunehmenden** um ihre nach § 1745 BGB schützenswerten Interessen (zu deren Beteiligtenstellung s. § 188 Rn. 9),
– das **verlobte** Kind um sein verfassungsrechtlich geschütztes Interesse an der Eingehung der Ehe (§ 1308 BGB).
Für die einzelnen Adoptionssachen gilt: 6
– In **Annahmeverfahren** werden sich für das anzunehmende Kind schon wegen der Adoptionsfreigabe oder nach der Ersetzung der Einwilligung der leiblichen Eltern (§§ 1747, 1748 BGB) in aller Regel keine Anhaltspunkte für Interessengegensätze zu seinen leiblichen Eltern ergeben, weil dann idR Vormundschaft des Jugendamts eingetreten ist (§ 1751 Abs. 1 S. 2 Halbs. 1 BGB, dazu auch § 190) und sich zu ihm als gesetzlichem Vertreter kaum erhebliche Interessengegensätze iSd. § 191 ergeben werden. Anderes kann gelten, wenn nicht das Jugendamt **Vormund** (§ 1751 Abs. 1 S. 2 Halbs. 2 Alt. 2 BGB) ist oder bereits eine **Pflegschaft** besteht (§ 1751 Abs. 1 S. 3 BGB). – Allein wegen einer beantragten **Namensänderung**[12] dürfte nur ganz ausnahmsweise ein Bedürfnis für eine Verfahrensbeistandschaft bestehen.
– In **Ersetzungsverfahren** (§§ 1748, 1746 Abs. 3, 1749 Abs. 1 S. 2, 3 BGB), weil das Kind beteiligt ist (§ 188 Abs. 1 Nr. 2, dazu auch dort Rn. 13).[13] Dies gilt auch, wenn die Ersetzung in einem Zwischenverfahren im Rahmen des Annahmeverfahrens durchgeführt wird (dazu auch § 196 Rn. 4).
– Im **Aufhebungsverfahren** ist das Kind Beteiligter (§§ 188 Abs. 1 Nr. 3 lit. a, 186 Nr. 3). Vertreten die Annehmenden das Kind als gesetzliche Vertreter, sind stets die Voraussetzungen für eine Verfahrensbeistandschaft erfüllt, sodass sie, ohne dass es weiterer Ermittlungen bedürfte (dazu Rn. 20), umgehend einzurichten ist (s. auch § 56f Abs. 2 FGG aF).[14] Wurde ihnen die elterliche Sorge aber entzogen (§ 1666 BGB)[15] oder ruht sie, bei Annahme durch Ehegatten die elterliche Sorge beider (§§ 1674, 1678 BGB), tritt Vormundschaft ein (§ 1773 Abs. 1 BGB).[16]

---

[9] *Engelhardt,* in: *Keidel/Kuntze/Winkler* § 50 FGG Rn. 33 m. weit. Nachw.; *Jansen/Sonnenfeld* § 56f FGG Rn. 35; s. auch BT-Drucks. 16/6308, S. 238.
[10] *Menne* ZKJ 2009, 68, 69.
[11] BT-Drucks. 16/6308, S. 248.
[12] Praxiskommentar FamFG/*Meysen* Rn. 2.
[13] *Musielak/Borth* Rn. 1; Praxiskommentar FamFG/*Meysen* Rn. 2.
[14] *Engelhardt,* in: *Keidel/Kuntze/Winkler* Rn. 17; *Jansen/Sonnenfeld* Rn. 35, jeweils zu § 56f FGG; Praxiskommentar FamFG/*Meysen* Rn. 2.
[15] *Jansen/Sonnenfeld* § 56f FGG Rn. 36.
[16] MünchKommBGB/*Wagenitz* § 1773 Rn. 7.

7 Für die **Kinder** der Annehmenden und des Anzunehmenden (zu deren Beteiligtenstellung s. § 188 Rn. 9) liegen die Voraussetzungen für eine Verfahrensbeistandschaft nur vor, wenn bereits genügend sichere Anhaltspunkte dafür ersichtlich sind, dass ihre schützenswerten Interessen durch eine Annahme verletzt werden,[17] ohne dass es darauf ankäme, dass das Jugendamt bereits angehört wäre.[18]

8 Auch für das minderjährige Kind als **Verlobter** (§ 1308 BGB) wird in aller Regel ein Bedürfnis für eine Verfahrensbeistandschaft bestehen. Dass das Kind seine Interessen nicht objektiv wahrnehmen kann, ist offensichtlich, ist es subjektiv doch zu sehr in seine persönliche Beziehung zu seinem Adoptivelternteil verstrickt. Es bedarf aber einer objektiven Abwägung zwischen dem Verlust aller Rechte aus der Adoption durch Eheschließung und Aufhebung des Annahmeverhältnisses von Gesetzes wegen (§ 1766 BGB) und den persönlichen Beziehungen sowie dem Erwerb der Rechte durch die Eheschließung.

9 **3. Auswahl.** Sie steht im Ermessen des FamG. § 191 (ebenso § 174) enthält nicht die Einschränkung wie § 158 Abs. 1 FamG, dass ein „geeigneter" Verfahrensbeistand zu bestellen ist. Doch ist selbstverständlich, dass die bestellte Person „geeignet" zum Beistand in der konkreten Adoptionssache sein muss, weil nur ein geeigneter Verfahrensbeistand die Interessen des Kindes sachgerecht wahrnehmen kann.[19] – Das FamG soll „eine Person zum Verfahrensbeistand bestellen, die persönlich und fachlich geeignet ist, das Interesse des Kindes festzustellen und sachgerecht in das Verfahren einzubringen."[20] Dabei sollte darauf geachtet werden, dass diese Person möglichst bereits über einschlägige rechtliche und praktische **Erfahrungen** in Adoptionsangelegenheiten, insbesondere in der Adoptionsvermittlung verfügt. Diese besonderen Qualifikationen bringen regelmäßig Mitarbeiter von behördlichen wie freien Adoptionsvermittlungsstellen (§ 2 AdVermiG) mit (dazu §§ 3, 13 AdVermiG). – Wie bereits § 50 Abs. 3 FGG aF sieht § 158 Abs. 5 das Unterbleiben bzw. die Aufhebung der Bestellung des Verfahrensbeistands vor, wenn die Interessen des Kindes von einem **Rechtsanwalt** oder einem anderen geeigneten Verfahrensbevollmächtigten angemessen vertreten werden. Da diese Personen jedoch meist einseitig auf die rechtliche Vertretung ausgerichtet sind und ihnen die Kenntnisse und Fähigkeiten fehlen, die Interessen des Kindes zu ermitteln und objektiv zu bewerten, ist deren Bestellung zum Verfahrensbeistand allgemein, insbesondere aber in Adoptionssachen verfehlt.[21]

10 **4. Rechtsstellung.** Die Verfahrensbeistandschaft ist ein ausschließlich **verfahrensrechtliches** Institut[22] und deshalb **materiellrechtlich** neutral: Weder wird der Verfahrensbeistand gesetzlicher Vertreter des Kindes (§ 158 Abs. 4 S. 6) noch stehen ihm sonstige materiellrechtliche Befugnisse zu. Er hat nur „das Interesse des Kindes festzustellen und im gerichtlichen Verfahren zur Geltung zu bringen" (§ 158 Abs. 4 S. 1, dazu näher dort Rn. 25–33). Hierzu reicht es aus, ihn mit Befugnissen zur **Ermittlung** der für die Beurteilung der subjektiven wie objektiven Interessen des Kindes und seines Wohls maßgeblichen Umstände und zu deren **Umsetzung** im Verfahren auszustatten.

11 Der Verfahrensbeistand hat infolge seiner Bestellung insbesondere folgende Befugnisse und Rechte (zu den Einzelheiten § 158 Rn. 34–39):
 – Er wird mit allen Rechten und Pflichten eines Beteiligten,[23] ausgenommen die Kostentragungspflicht (§ 158 Abs. 8), formell am Verfahren **beteiligt** (§ 158 Abs. 3 S. 2), auch in einem Rechtsmittelverfahren (vgl. § 158 Abs. 6 Nr. 1: Beendigung der Bestellung erst mit formell rechtskräftiger Entscheidung),
 – ihm ist deshalb umfassend **rechtliches Gehör** zu gewähren,
 – er soll, dh. er muss **angehört** werden (§ 192 Abs. 2, dazu §§ 192–195 Rn. 8); da nicht die persönliche Anhörung vorgeschrieben ist, wird in der Praxis von ihm meist eine **schriftliche** Stellungnahme erbeten, die aber sein Recht auf Teilnahme an den Anhörungen der anderen Beteiligten und ergänzende mündliche Ausführungen nicht ausschließt;
 – er kann **Anträge,** insbesondere Beweisanträge (§ 29 Abs. 2 S. 1) stellen,
 – ihm steht ein Recht auf **Befragung** der anderen Beteiligten bei deren gerichtlicher Anhörung zu,

---

[17] Zum Ganzen FamRefK/*Maurer* Rn. 4, 18; *Engelhardt,* in: *Keidel/Kuntze/Winkler* Rn. 6, jeweils zu § 50 FGG; *Soergel/Liermann* Vor § 1741 BGB Rn. 47; § 1745 BGB Rn. 18.
[18] AA wohl OLG Stuttgart FamRZ 2005, 542, 543.
[19] *Menne* ZKJ 2009, 68, 69 stellt zwar fest, dass im Gesetzestext von § 191 S. 1 das Wort „geeignet" fehlt, verhält sich jedoch nicht dazu, ob und ggf. welche Folgerungen hieraus zu ziehen sind.
[20] BT-Drucks. 16/6308, S. 238; dazu auch § 158 Rn. 18, 19.
[21] Dazu bereits FamRefK/*Maurer* § 50 FGG Rn. 30.
[22] BT-Drucks. 16/6308, S. 238.
[23] BT-Drucks. 16/6308, S. 239.

Verfahrensbeistand 12–16 § 191

- die **Anhörung des minderjährigen Kindes** soll in seiner Anwesenheit erfolgen (§ 159 Abs. 4 S. 3 entsprechend; s. dazu dort Rn. 11),[24]
- ihm ist die Entscheidung **bekannt zu machen** (§ 41), und zwar nach dem Ermessen des FamG durch förmliche Zustellung nach der ZPO oder durch Aufgabe zur Post,[25]
- er kann im Interesse des Kindes **Rechtsmittel** einlegen (S. 2, § 158 Abs. 4 S. 5); da er nicht der Vertreter des Kindes, sondern Beteiligter ist (dazu § 188 Rn. 22), hat er es im eigenen Namen einzulegen;[26] auch insoweit trifft ihn als einen im fremden Interesse Handelnden keine Kostentragungspflicht[27] (entsprechend § 158 Abs. 8; dazu, warum nicht auch dieser in die Verweisung aufgenommen wurde, sagt die Gesetzesbegründung nichts;[28] angesichts der ausdrücklichen Verweisungen kann dies nur mit einem Redaktionsversehen erklärt werden).

Der Verfahrensbeistand hat (S. 2) 12
- die **Interessen** des Kindes festzustellen (§ 158 Abs. 4 S. 1 Halbs. 1) und hierzu auch seine Neigungen, Bindungen und seinen Willen zu ermitteln (s. auch § 159 Abs. 2 und dazu dort Rn. 4),
- das Kind über Gegenstand, Ablauf und möglichen Ausgang des familiengerichtlichen Verfahrens in geeigneter Weise zu **informieren** (§ 158 Abs. 4 S. 2),
- zur Erfüllung dieser Aufgaben **Gespräche** mit dem Kind zu führen,
- auf **ausdrückliche Anordnung** des FamG Gespräche mit den leiblichen Eltern des Kindes und weiteren Bezugspersonen, insbesondere den Annehmenden, Heimleitern, Erziehern und Lehrern zu führen (§ 158 Abs. 4 S. 3); diese Einschränkung gegenüber dem RegE, der dem Verfahrensbeistand allgemein „zur Erfüllung seiner Aufgaben ... Gespräche mit den Eltern und Bezugspersonen" ermöglichte,[29] ist jedenfalls für die Adoptionssachen missglückt, weil die Interessen des Kindes nur in seinem psychosozialen Umfeld sachgerecht ermittelt werden können, wozu aber alle seine sozialen Kontakte gehören; dies sollte Anlass für das FamG sein, die Führung solcher Gespräche stets anzuordnen;
- die Interessen des Kindes im familiengerichtlichen Verfahren zur **Geltung** zu bringen (§ 158 Abs. 4 S. 1 Halbs. 2), sie also vorzutragen und bezogen auf die psychosozialen Faktoren und Beziehungen des Kindes darzustellen.

Zwangsbefugnisse stehen dem Verfahrensbeistand nicht zu. Doch auch das FamG kann die 13 übrigen Beteiligten und Bezugspersonen nicht zur Kooperation mit dem Verfahrensbeistand zwingen. Es kann sie aber in dessen Anwesenheit anhören oder als Zeugen vernehmen, schriftliche Angaben von ihnen einholen und diese Anordnungen zwangsweise durchsetzen (§§ 30, 33 Abs. 3), und es hat dem Verfahrensbeistand seine Ermittlungsergebnisse zugänglich zu machen.

„Soweit" (S. 1) scheint auszudrücken, dass die Verfahrensbeistandschaft auf bestimmte Befugnisse 14 **beschränkt** werden kann. Jedenfalls für Adoptionssachen ist dies nicht vorstellbar, weil es stets um das Kindeswohl und die Eltern-Kind-Beziehung als Ganzes geht (§§ 1741 Abs. 1 S. 1, 1761 Abs. 2 BGB). Der Umfang der Verfahrensbeistandschaft wird danach allein durch den Verfahrensgegenstand (dazu Vor § 186 Rn. 16) beschränkt.

5. Beendigung. Die Beistandschaft endet 15
- mit Eintritt der formellen **Rechtskraft** der die Adoptionssache, für die sie eingerichtet worden ist, abschließenden Endentscheidung (S. 2, § 158 Abs. 6 Nr. 1), ggf. auch im Rechtsmittelrechtszug, einschließlich der Versagung der Aufhebung des Annahmeverhältnisses nach Einleitung des Aufhebungsverfahrens von Amts wegen (§ 1763 BGB, dazu §§ 197, 198 Rn. 63),
- in Antragsverfahren nach der **Zurücknahme** des Antrags (S. 2, § 158 Abs. 6 Nr. 2),
- nach **Aufhebung** der Bestellung eines Verfahrensbeistands, „wenn die Interessen des Kindes von einem Rechtsanwalt oder einem anderen Verfahrensbevollmächtigten angemessen vertreten werden" (S. 2, § 158 Abs. 5).

Zu den Einzelheiten s. §§ 191 S. 2, 158 Abs. 5, 6 und dazu § 158 Rn. 40–42.

IV. Verfahren

1. Rechtsnatur. Das Verfahren auf Bestellung eines Verfahrensbeistands ist – selbst Adoptions- 16 sache (dazu § 186 Rn. 3) – ein unselbständiges **Zwischenverfahren,** das im Rahmen des Ver-

---

[24] Eingefügt vom RA-BT BT-Drucks. 16/9733, S. 295.
[25] BT-Drucks. 16/6308, S. 196 f.
[26] *Zimmermann* FamFG Rn. 365.
[27] *Zimmermann* FamFG Rn. 365.
[28] BT-Drucks. 16/6308, S. 245 (zu § 174 FamFG), 247 f. (zu § 191 FamFG).
[29] S. dazu die Änderung durch den RA-BT (BT-Drucks. 16/9733, S. 294) auf die Empfehlung des BR (BT-Drucks. 16/6308, S. 377).

fahrens zur Hauptsache durchgeführt wird[30] und deshalb von diesem abhängig ist: Das Hauptsacheverfahren muss eingeleitet (dazu Vor § 186 Rn. 13–17) und darf noch nicht beendet sein (§ 158 Abs. 6), zudem kann die Entscheidung nicht bzw. nicht isoliert angefochten werden (dazu Rn. 24–26).

17 **2. Zuständigkeit.** Für die Bestellung eines Verfahrensbeistands ist das Gericht **funktionell** zuständig, bei dem das Verfahren anhängig ist, im ersten Rechtszug somit das FamG, im Beschwerderechtszug der Familiensenat beim OLG. Weiter ist das Rechtspflegeorgan zuständig, welches das Verfahren führt, also der Familienrichter, im Beschwerdeverfahren der Familiensenat beim OLG oder – im Verfahren auf Erteilung der Bescheinigung über den Eintritt der Vormundschaft (§ 190, dazu dort Rn. 8), doch wird insoweit die Bestellung eines Verfahrensbeistands kaum je in Betracht kommen – der Rechtspfleger.

18 **3. Einleitung.** Das FamG leitet das Verfahren zur Bestellung eines Verfahrensbeistands **von Amts wegen** oder auf Anregung eines Beteiligten ein. Dies geschieht idR durch die Mitteilung an die Beteiligten und den in Aussicht genommenen Verfahrensbeistand, dass die Bestellung beabsichtigt ist, und die Einräumung einer Frist zur Stellungnahme.

19 **4. Beteiligte.** Am Verfahren auf Bestellung eines Verfahrensbeistands sind zunächst alle diejenigen beteiligt, die in der Adoptionssache beteiligt sind, für die dem Kind ein Verfahrensbeistand bestellt werden soll (dazu § 188). Hinzu kommt als Beteiligter die Person, die zum Verfahrensbeistand bestellt werden soll. Alle Beteiligten sind auch zur Bestellung **anzuhören** (§§ 192–195), wenn auch nicht notwendig persönlich.

20 **5. Zeitpunkt der Bestellung.** § 191 bestimmt wie § 158 und auch schon § 50 FGG aF den Zeitpunkt der Bestellung des Verfahrensbeistands nicht, auch um unnötige Bestellungen zu vermeiden.[31] Der Verfahrensbeistand ist aber so früh wie möglich zu bestellen (§ 158 Abs. 3 S. 1), um ihm eine effiziente Tätigkeit zu ermöglichen. Deshalb ist er nicht erst dann zu bestellen, wenn ein beachtenswerter Interessengegensatz iSv. § 158 Abs. 2 Nr. 1 bereits **definitiv** festgestellt ist, sondern bereits dann, wenn ein solcher in Betracht kommt.[32] – Maßgeblicher Zeitpunkt ist das Vorliegen der Voraussetzungen für die Bestellung eines Verfahrensbeistands, also deren Erforderlichkeit zur Wahrung der Interessen des Kindes (S. 1, S. 2 iVm. § 158 Abs. 2 Nr. 1; dazu Rn. 5–8).[33] Dies setzt zwar in aller Regel voraus, dass sich auf Grund von bereits durchgeführten **Anfangsermittlungen** die Erforderlichkeit der Bestellung ergeben hat.[34] Solcher bedarf es jedoch ausnahmsweise nicht, wenn der Interessengegensatz des Kindes zu seinem gesetzlichen Vertreter ohne weiteres ersichtlich ist. Von Letzterem ist für **Aufhebungsverfahren** auszugehen (dazu Rn. 6).

21 Die Bestellung muss dem Verfahrensbeistand die Möglichkeit lassen, seine Aufgaben, die Interessen des Kindes durch Einflussnahme auf die Gestaltung und den Ausgang des Verfahrens eigenständig zu vertreten (dazu Rn. 11, 12),[35] sachgerecht wahrzunehmen. Sie hat deshalb **unverzüglich** nach Vorliegen der Voraussetzungen für eine Bestellung zu erfolgen. Ggf. sind auch bereits durchgeführte Ermittlungen zu wiederholen, wenn sonst eine sachgerechte Tätigkeit des Verfahrensbeistands nicht möglich ist.

22 **6. Entscheidung.** Anordnung der Beistandschaft und Bestellung des Beistands (zu seiner Auswahl s. Rn. 9) erfolgen durch **Beschluss**. Dabei handelt es sich um keine Endentscheidung, sondern um eine Zwischenentscheidung, in der Art und Umfang der Beauftragung konkret festzulegen und die Beauftragung zu **begründen** ist (S. 2, § 158 Abs. 4 S. 4). – Der Beschluss ist den Beteiligten **bekannt zu geben** (§ 41 Abs. 1 S. 1). Er wird mit der Bekanntgabe an den Verfahrensbeistand **wirksam** (§ 40 Abs. 1). Mit der Wirksamkeit seiner Bestellung kann der Verfahrensbeistand alle Rechte wahrnehmen und hat alle Pflichten zu erfüllen (dazu Rn. 10–12).

23 Die **Ablehnung** der Anordnung einer Beistandschaft bedarf keiner ausdrücklichen Entscheidung.[36] Doch ist eine Entscheidung durch begründeten Beschluss anzuraten, weil die unterlassene Anordnung spätestens im Beschluss zur Hauptsache zu begründen ist und im Rechtsmittelverfahren zur Hauptsache überprüft werden kann (dazu Rn. 25, 26).

---

[30] *Jansen/Sonnenfeld* § 56f FGG Rn. 37.
[31] So ausdrücklich BT-Drucks. 13/4899, S. 130.
[32] OLG München FPR 1999, 354 = FamRZ 1999, 667; FamRefK/*Maurer* § 50 FGG Rn. 18.
[33] BT-Drucks. 16/6308, S. 239; s. auch bereits BT-Drucks. 13/4899 S. 130.
[34] BT-Drucks. 16/6308, S. 239; dazu auch OLG Frankfurt a. M. FamRZ 1999, 1293, 1294; OLG Dresden FamRZ 2000, 1296, 1297.
[35] BVerfG, 1. Senat 3. Kammer, Beschl. v. 26. 8. 1999 – 1 BvR 1403/99, juris [26].
[36] AA wohl *Keidel/Engelhardt* Rn. 4.

7. Anfechtbarkeit. a) Grundsatz. Der Beschluss ist als **Zwischenentscheidung** nicht selbständig anfechtbar (ausdrücklich S. 2, § 158 Abs. 3 S. 4; dazu allgemein auch § 58 Abs. 1).[37] Die Bestellung eines Verfahrensbeistands ist auch nicht mittelbar mit der Beschwerde in der Hauptsache anfechtbar, weil sie niemanden beschwert, sieht man einmal von der Einschränkung des bestehenden Sorgerechts des gesetzlichen Vertreters ab.[38] 24

b) Ausnahme. Ablehnung und **Unterlassung** der Bestellung sowie ihre **Aufhebung** können allerdings mittelbar zusammen mit der Entscheidung in der Hauptsache mit Begründung angefochten werden, dass die Fortführung des Verfahrens ohne Verfahrensbeistand wegen der Verletzung von § 191 fehlerhaft war (§ 58 Abs. 2). Ein Erfolg der Beschwerde setzt allerdings voraus, dass 25
— die Beschwerde gegen die Endentscheidung in der Hauptsache überhaupt **statthaft** ist (§§ 197 Abs. 3 S. 1, 198 Abs. 1 S. 1, Abs. 2 Halbs. 1, Abs. 3 Halbs. 1, dazu §§ 197, 198 Rn. 30–33, 43–46, 56–57, 64, 65, 68) und
— die Entscheidung in der Hauptsache auf diesem Verstoß beruht.

Zu einer **Zurückverweisung** des Verfahrens an das FamG[39] (dazu § 69 Rn. 3, 4) führt die Beschwerde allerdings nur dann, wenn 26
— das FamG **in der Sache** noch nicht entschieden hat (§ 69 Abs. 1 S. 2), oder
— das Verfahren infolge der unterlassenen Bestellung an einem **wesentlichen Mangel** leidet, zur Entscheidung eine umfangreiche oder aufwändige Beweiserhebung notwendig wäre und ein Beteiligter die Zurückverweisung beantragt (§ 69 Abs. 1 S. 3). Zwar nicht ausdrücklich gesagt, aber gleichwohl erforderlich ist, dass die angefochtene Entscheidung auf dem Mangel beruhen kann.[40] Für die unterlassene, aber erforderliche Beistandsbestellung sollte dies regelmäßig angenommen werden,[41] weil der Verfahrensbeistand zum einen selbst Beteiligter des Verfahrens mit allen Rechten wird und zum anderen ja gerade zur Wahrung der Interessen des Kindes berufen ist, Voraussetzung für seine Bestellung mithin ist, dass eine Interessenwahrung für erforderlich gehalten wird. Berührt wird dadurch die Pflicht des FamG zur Amtsermittlung (§ 26).

§ 192 Anhörung der Beteiligten

(1) Das Gericht hat in Verfahren der Annahme als Kind oder auf Aufhebung des Annahmeverhältnisses den Annehmenden und das Kind persönlich anzuhören.

(2) Im Übrigen sollen die Beteiligten angehört werden.

(3) Von der Anhörung eines minderjährigen Beteiligten kann abgesehen werden, wenn Nachteile für seine Entwicklung, Erziehung oder Gesundheit zu befürchten sind oder wegen des geringen Alters von einer Anhörung eine Aufklärung nicht zu erwarten ist.

§ 193 Anhörung weiterer Personen

¹ Das Gericht hat in Verfahren auf Annahme als Kind die Kinder des Annehmenden und des Anzunehmenden anzuhören. ² § 192 Abs. 3 gilt entsprechend.

---

[37] *Keidel/Engelhardt* Rn. 4. Damit hat der Gesetzgeber im Hinblick auf die „zahlreichen sich widersprechenden Entscheidungen" eine „Klarstellung im Gesetz" vorgenommen, BT-Drucks. 16/6308, S. 239. In neuerer Zeit zu § 50 FGG aF ebenso etwa KG FamRZ 2004, 1591, 1592; FGPrax 2006, 261; KGR 2008, 208 f. = FamRZ 2008, 547 (LS); OLG München FamRZ 2005, 635, 636; OLG Frankfurt a. M. OLGR 2006, 85 f.; FamRZ 2008, 1364; OLG Köln FamRZ 2006, 282 f.; FamRZ 2007, 266; OLG Nürnberg FamRZ 2008, 73; aA etwa OLG Naumburg, Beschl. v. 16. 6. 2005 – 14 WF 116/05, juris [4]. Zu § 67 FGG aF verneint der BGH FGPrax 2003, 224 = FamRZ 2003, 1275 eine Anfechtung grundsätzlich und lässt sie nur bei einem einschneidenden Eingriff in die Rechte des Betroffenen zu.
[38] Nach BT-Drucks. 16/6308, S. 239 „liegt weder in der Bestellung noch im Fall des Unterlassens der Bestellung ein derart schwerwiegender Eingriff in die Rechte der Beteiligten vor, dass eine isolierte Anfechtbarkeit geboten wäre." Zum Eingriff in das Elternrecht s. auch BT-Drucks. 16/6308, S. 240.
[39] *Keidel/Engelhardt* Rn. 4 bezieht sich dazu noch auf OLG Frankfurt a. M. FamRZ 1982, 848.
[40] Zu § 538 ZPO s. o. Rn. 17; *Musielak/Ball* Rn. 4.
[41] AA OLG Frankfurt a. M. FamRZ 1982, 848; *Jansen/Sonnenfeld* § 56f FGG Rn. 53.

§ 194 Anhörung des Jugendamts

(1) ¹In Adoptionssachen hat das Gericht das Jugendamt anzuhören, sofern der Anzunehmende oder Angenommene minderjährig ist. ²Dies gilt nicht, wenn das Jugendamt nach § 189 eine fachliche Äußerung abgegeben hat.

(2) ¹Das Gericht hat dem Jugendamt in den Fällen, in denen dieses angehört wurde oder eine fachliche Äußerung abgegeben hat, die Entscheidung mitzuteilen. ²Gegen den Beschluss steht dem Jugendamt die Beschwerde zu.

§ 195 Anhörung des Landesjugendamts

(1) ¹In den Fällen des § 11 Abs. 1 Nr. 2 und 3 des Adoptionsvermittlungsgesetzes hat das Gericht vor dem Ausspruch der Annahme auch die zentrale Adoptionsstelle des Landesjugendamts anzuhören, die nach § 11 Abs. 2 des Adoptionsvermittlungsgesetzes beteiligt worden ist. ²Ist eine zentrale Adoptionsstelle nicht beteiligt worden, tritt an seine Stelle das Landesjugendamt, in dessen Bereich das Jugendamt liegt, das nach § 194 Gelegenheit zur Äußerung erhält oder das nach § 189 eine fachliche Äußerung abgegeben hat.

(2) ¹Das Gericht hat dem Landesjugendamt alle Entscheidungen mitzuteilen, zu denen dieses nach Absatz 1 anzuhören war. ²Gegen den Beschluss steht dem Landesjugendamt die Beschwerde zu.

Schrifttum: *Oberloskamp,* Die Zusammenarbeit von Vormundschafts-/Familiengericht und Jugendamt, FamRZ 1992, 1241; *dies.,* Das Verhältnis von Jugendamt und Vormundschafts-/ Familiengericht (§ 50 KJHG – §§ 49, 49a FGG), DAVorm 1993, 373; *Trenczek,* Familiengerichtliches Verfahren und Mitwirkung der Jugendhilfe nach dem FGG-Reformgesetz, ZKJ 2009, 97.

Übersicht

	Rn.		Rn.
A. Allgemeines	1–6	4. Absehen	16–21
I. Normzweck	1	a) Minderjährige Kinder	16–18
		b) Andere Beteiligte	19–21
II. Regelungsbereich	2, 3	C. Weitere Personen (§ 193)	22, 23
III. Grundsätze	4–6	D. Jugendamt und Landesjugendamt (§§ 194, 195)	24–33
B. Beteiligte (§ 192)	7–21		
I. Anwendungsbereich	7–9	I. Anwendungsbereich	24–26
1. Persönlicher Anwendungsbereich	7, 8	1. Persönlicher Anwendungsbereich	24
2. Sachlicher Anwendungsbereich	9	2. Sachlicher Anwendungsbereich	25, 26
II. Minderjährige	10	II. Örtliche Zuständigkeit	27, 28
III. Anhörung	11–21	III. Anhörung	29–31
1. Pflicht	11–13	IV. Mitteilung der Entscheidung. Beschwerderecht	32, 33
2. Persönliche Anhörung	14		
3. Gestaltung	15		

A. Allgemeines

I. Normzweck

1 Die gesetzlich vorgeschriebenen Anhörungen sind Teil der vom FamG von Amts wegen anzustellenden **Ermittlungen** (§ 26) und dienen der Gewährung **rechtlichen Gehörs**.[1] Soweit es um die **Beteiligten** geht (§ 192; zum persönlichen Anwendungsbereich s. Rn. 7, 8), sollen sie dem FamG „angesichts der besonderen Tragweite der Entscheidung ... einen persönlichen Eindruck"[2] von den anzuhörenden Beteiligten und ihren psychosozialen Beziehungen und Lebensumständen verschaffen. – Auch die Anhörung der **Kinder** der Annehmenden wie des Anzunehmenden (§ 193) dient dazu, dem FamG einen unmittelbaren Eindruck vom Einleben und der Eingliederung des

---

[1] BVerfG FPR 2002, 23 = FamRZ 2002, 229.
[2] BT-Drucks. 16/6308, S. 248.

Anzunehmenden in die Familie der Annehmenden zu ermöglichen und um beurteilen zu können, ob der Annahme „überwiegende Interessen des Annehmenden oder des Anzunehmenden entgegenstehen" oder ob „zu befürchten ist, dass Interessen des Anzunehmenden durch Kinder des Annehmenden gefährdet werden" (§ 1745 S. 1 BGB). – Die Anhörung des **Jugendamts** und des Landesjugendamts (§§ 194, 195, vormals § 49 Abs. 1, 2 FGG aF) dient der objektiven Stoffsammlung zu den entscheidungserheblichen Umständen und dazu, dem FamG die fachliche Einschätzung zu vermitteln und ihm dadurch den besonderen Sachverstand dieser Behörden nutzbar zu machen (zum selben Zweck der fachlichen Äußerung s. § 189 und dazu dort Rn. 1), ohne dass dadurch ggf. weitere Ermittlungen des FamG verwehrt oder auch nur entbehrlich würden. Sie regeln die Mitteilung der Entscheidung an das Jugendamt bzw. das Landesjugendamt (jeweils Abs. 2 S. 1, vormals § 49 Abs. 3 FGG aF) und deren Beschwerdebefugnis (jeweils Abs. 2 S. 2).

II. Regelungsbereich

Sachlich regeln die §§ 192, 193 zunächst allein die **Anhörung.** – Dies gilt auch für die §§ 194 Abs. 1, 195 Abs. 1. Sie ziehen in ihren jeweiligen Abs. 2 aber weitere **verfahrensrechtliche** Folgerungen aus dem Umstand, dass Jugendamt bzw. Landesjugendamt anzuhören sind: Ihnen ist die Entscheidung des FamG mitzuteilen, und ihnen steht auch ein Beschwerderecht zu (dazu aber auch Rn. 32, 33). 2

§ 192 Abs. 2 regelt darüber hinaus sowohl den persönlichen als auch einen weiteren sachlichen Anwendungsbereich: 3
– **Persönlich,** weil auch die Anhörung weiterer, in Abs. 1 nicht einbezogener Beteiligter angeordnet wird.
– **Sachlich,** weil auch die Anhörungen für die anderen Adoptionssachen (§ 186 Nr. 2, 3, 4) als die Annahme- und Aufhebungsverfahren geregelt wird.[3]

III. Grundsätze

Es ist die **Pflicht** des FamG, die Beteiligten (zu diesen § 188) und das Jugendamt sowie ggf. das Landesjugendamt anzuhören. Ihre ausdrückliche Normierung in §§ 192–195 hebt den Stellenwert und die Bedeutung der Anhörungen für das Verfahren in Adoptionssachen hervor. Sie ist unbedingt und steht nicht im Ermessen des FamG (zu § 192 Abs. 2 s. aber auch Rn. 19–21). – Dagegen steht es im Ermessen des FamG, **wann** es die jeweilige Anhörung durchführt. Jedenfalls die Anhörung des **Jugendamts/Landesjugendamts** (dazu Rn. 29–31) empfiehlt sich zu einem möglichst frühen Zeitpunkt,[4] da sie Hinweise für weiter gehende Ermittlungen erbringen kann. Jedenfalls ist das Jugendamt/Landesjugendamt **vor der Entscheidung** anzuhören.[5] Zudem muss den anderen Beteiligten **rechtliches** Gehör durch die Gelegenheit zur Stellungnahme eingeräumt werden. – Die Verletzung der Pflicht zur Anhörung führt im Rechtsmittel- und im verfassungsgerichtlichen Verfahren (dazu Vor § 186 Rn. 42–50) idR zur Aufhebung der angefochtenen Entscheidung und **Zurückverweisung** des Verfahrens an die Vorinstanz. 4

Die Anhörungen sind in §§ 192–195 **nicht umfassend** geregelt, weil sie nicht alle Beteiligten erfassen, sodass sich weitere Anhörungspflichten aus § 34 und auf Grund der geltenden Amtsermittlung (§ 26, dazu Vor § 186 Rn. 21–23) ergeben können (zu weiteren Beteiligten s. auch Rn. 8). 5

Die **Gestaltung** der Anhörungen ist nicht einheitlich (dazu Rn. 15, 18, 23, 31). IdR wird das FamG einen **Termin** anberaumen, in dem es die Anhörung durchführt (dazu Vor § 186 Rn. 18–20), jedenfalls dann, wenn der Beteiligte persönlich anzuhören ist (§ 192 Abs. 1, dazu Rn. 14). Zu diesem Termin kann es das **persönliche Erscheinen** der Beteiligten anordnen (§ 33 Abs. 1 S. 1). Aus dem Recht der Beteiligten auf Gewährung **rechtlichen Gehörs** folgt ihr Recht, bei der Anhörung der anderen Beteiligten **anwesend** zu sein und ggf. Fragen zu stellen. Doch kann das FamG die Anhörung eines Beteiligten in **Abwesenheit** der anderen Beteiligten anordnen, wenn dies zu dessen Schutz oder aus anderen Gründen erforderlich ist (§ 33 Abs. 1 S. 2, dazu dort Rn. 10; s. auch Rn. 15).[6] – Zur **Einführung** des minderjährigen Kindes in „den Gegenstand, Ablauf und möglichen Ausgang des Verfahrens" (§ 159 Abs. 4 S. 1) s. Rn. 15, zum **Absehen** von der Anhörung s. Rn. 16–21, zum Absehen im **Beschwerdeverfahren** s. § 68 Abs. 3 S. 2 und dazu dort Rn. 5.[7] 6

---

[3] BT-Drucks. 16/6308, S. 248.
[4] *Jansen/Zorn* § 49 FGG Rn. 16.
[5] *Keidel/Engelhardt* § 194 Rn. 5.
[6] Eingefügt vom RA-BT BT-Drucks. 16/9733, S. 289.
[7] Dazu allgemein auch *Maurer* FamRZ 2009, 465, 476 ff. Zu § 55c FGG aF *Jansen/Sonnenfeld* Rn. 19; zu § 49 FGG aF *Engelhardt*, in: *Keidel/Kuntze/Winkler* Rn. 8; *Jansen/Zorn* Rn. 19, jeweils m. weit. Nachw.

B. Beteiligte (§ 192)

I. Anwendungsbereich

1. Persönlicher Anwendungsbereich. Abs. 1 ordnet für Annahmeverfahren und Aufhebungsverfahren die Anhörung des **Annehmenden** und des **Kindes** an. Er versteht unter „Kinde" allgemein einen Anzunehmenden bzw. Angenommenen, mithin im Falle einer **Volljährigenadoption** (§§ 1767 ff. BGB) auch einen Volljährigen. § 55c FGG aF regelt dagegen lediglich die Anhörung eines minderjährigen Kindes,[8] doch ist auch unter der Geltung des FGG der volljährige Anzunehmende im Rahmen der Amtsermittlung insbesondere zur Klärung des Bestehens eines Eltern-Kind-Verhältnisses persönlich anzuhören (§ 12 FGG aF).[9]

Abs. 2 verweist zu weiteren Anzuhörenden zunächst auf die nach § 188 Abs. 1 in den einzelnen Adoptionssachen Beteiligten – nicht einbezogen werden jedoch das ggf. nach § 188 Abs. 2 zu beteiligende Jugendamt bzw. Landesjugendamt, für welche ausschließlich die §§ 194, 195 gelten (dazu Rn. 24) – und
– auf §§ 191, 158: Der **Verfahrensbeistand** ist formell Beteiligter (dazu § 191 Rn. 11), er ist auch anzuhören (§ 192 Abs. 2), damit er seine Ermittlungen zum „Interesse des Kindes ... im gerichtlichen Verfahren zur Geltung ... bringen" kann (§ 158 Abs. 4 S. 1);
– aber auch auf die Beteiligten in den Verfahren auf
  – Erzwingung der **fachlichen Äußerung** (§ 189, dazu dort Rn. 11, 12),
  – Erteilung der **Bescheinigung** über den Eintritt der Vormundschaft (§ 190, dazu dort Rn. 11), wenngleich in ihnen kaum persönliche Anhörungen erforderlich sein werden.

2. Sachlicher Anwendungsbereich. Sachlich gilt **Abs. 1** nur für Annahme- und Aufhebungsverfahren (§§ 1752, 1759 ff., 1767, 1768, 1772, 1771 BGB), **Abs. 2** zudem[10] für Ersetzungsverfahren (§§ 1746 Abs. 3, 1748, 1749 Abs. 1 S. 2 BGB) und Verfahren auf Erteilung der Bescheinigung über den Eintritt der Vormundschaft (§ 190), zur Befreiung vom Eheverbot des § 1308 BGB und zur Bestellung eines Verfahrensbeistands (§ 191).

II. Minderjährige

Grundsätzlich ist nicht auf die Minderjährigkeit eines Anzunehmenden abzustellen, weil alle Anzunehmenden, seien sie minder- oder volljährig, anzuhören sind. Lediglich ausnahmsweise kommt der Minderjährigkeit Bedeutung zu, wenn es um
– das **Absehen** von der Anhörung eines Beteiligten (Abs. 3, dazu Rn. 16–21); in diesen Fällen bestimmt sich die Minderjährigkeit, auch wenn der Betroffene ausländischer Staatsangehöriger ist, wegen der verfahrensrechtlichen Anknüpfung der Minderjährigkeit und der dem Verfahrensrecht zugrunde liegenden Vorstellung von der Person des Anzuhörenden nach der lex fori, also nach deutschem Sachrecht,
– die **Gestaltung** der Anhörung,
– die **Mitteilung** der Begründung einer Entscheidung an das anzunehmende Kind (§ 164 S. 2 entsprechend, dazu Vor § 186 Rn. 31)
geht.

III. Anhörung

1. Pflicht. Abs. 1 differenziert – anders als § 159 Abs. 1 S. 1, Abs. 2 für die Kindschaftssachen – nicht nach dem **Alter** des Kindes und bestimmt, dass neben dem Annehmenden auch das Kind stets persönlich anzuhören ist.[11] § 159 wird nicht für anwendbar erklärt und ist auch nicht bereits auf Grund der Gesetzessystematik anwendbar, weil Abschnitt 5 (Verfahren in Adoptionssachen) ebenso wie Abschnitt 3 (Verfahren in Kindschaftssachen) selbständige Abschnitte des Buches 2 sind und lediglich die Regelungen in Abschnitt 1 allgemeine Vorschriften enthalten. Angesichts der Verschiedenartigkeit der Regelungen in § 192 Abs. 1 und § 159 Abs. 1, 2 ist Letztere auch nicht entsprechend anwendbar. – „Im Übrigen sollen die beteiligten Personen" angehört werden" **(Abs. 2)**.[12] Dies führt zu Einschränkun-

---

[8] Engelhardt, in: Keidel/Kuntze/Winkler Rn. 1; Jansen/Sonnenfeld Rn. 3, jeweils zu § 55c FGG.
[9] BayObLG FamRZ 1982, 644, 646 m. weit. Nachw.
[10] Keidel/Engelhardt Rn. 4, 5.
[11] BVerfG FPR 2002, 23 = FamRZ 2002, 229; BayObLGZ 2000, 230 = NJW-RR 2001, 722 = FamRZ 2001, 647 f.; OLG Düsseldorf FamRZ 1995, 1294, 1295; zum volljährigen Anzunehmenden BayObLG FamRZ 1982, 644, 646; s. auch Keidel/Engelhardt Rn. 2, 6.
[12] Keidel/Engelhardt § 193 Rn. 4 scheinen diesen Personenkreis nach § 193 zu erfassen.

gen in dreifacher Hinsicht: Zunächst gilt – anders als Abs. 1, der nur Annahme- und Aufhebungsverfahren erfasst – Abs. 2 für **alle Adoptionssachen** (dazu Rn. 9). Zudem ist die Anhörung nicht zwingend, sondern nach **pflichtgemäßem Ermessen**[13] – das sich nach dem erforderlichen Umfang der Aufklärung des Sachverhalts angesichts der bisher gewonnenen Erkenntnisse richtet – durchzuführen. Grundsatz ist die Anhörung, die Ausnahme das Absehen. Und letztlich sieht Abs. 2 nicht vor, dass die Beteiligten **persönlich** anzuhören sind. Dies schließt wegen der Pflicht zur Amtsermittlung (dazu Vor § 186 Rn. 21) die Erforderlichkeit einer persönlichen Anhörung nicht aus, wenn der persönliche Eindruck von einem Beteiligten von maßgebender Bedeutung für die Entscheidung ist.

Die Gesetzesbegründung erläutert zwar nicht, warum nach § 192 in Adoptionssachen anders verfahren wird als in Kindschaftssachen nach § 159 Abs. 1, 2. Sie führt lediglich aus, dass Abs. 1 und 3 weitgehend § 55c FGG aF entspreche.[14] Letzterer bezog sich aber ausdrücklich auch auf § 50b Abs. 2 S. 1 FGG aF, wonach ein Kind, welches das 14. Lebensjahr vollendet hat und nicht geschäftsunfähig ist, stets anzuhören ist. Dem Wort „weitgehend" kann entnommen werden, dass dem Gesetzgeber die Unterschiedlichkeit der Regelung bewusst war, weshalb man auch nicht von einem Redaktionsversehen ausgehen kann. Das bedeutet, dass grundsätzlich **alle** minderjährigen Kinder stets anzuhören sind (zum Absehen von ihrer Anhörung s. Rn. 16–21). 12

Dass § 159 nicht entsprechend herangezogen wird, ist auch recht verständlich, sind in den Adoptionssachen die maßgeblichen Verhältnisse doch bereits im Zuge der **Vorbereitung** der Adoption meist weit besser als in den Kindschaftssachen ermittelt. So steht vor der Annahme idR eine **Vermittlung** des Kindes durch eine Adoptionsvermittlungsstelle, der die **sachdienlichen Ermittlungen** vorauszugehen haben (§§ 1, 2, 7 AdVermiG), und die Adoption wird idR erst nach einer angemessenen Aufenthaltsdauer des Kindes in **Adoptionspflege** bei den späteren Adoptiveltern ausgesprochen (§ 1744 BGB, § 8 AdVermiG). Zudem ist in jedem Fall eine **fachliche Äußerung** der Adoptionsvermittlungsstelle bzw. des Jugendamts einzuholen (§ 189). 13

2. Persönliche Anhörung. Die Annehmenden und das Kind sind persönlich anzuhören (§§ 34 Abs. 1 Nr. 2, 192 Abs. 1). Persönlich bedeutet: 14
– Die Anhörung ist **mündlich** und bei **körperlicher Anwesenheit** des Beteiligten durchzuführen, um dem FamG einen unmittelbaren, auch visuellen Eindruck von dem Beteiligten, seinem Gesundheits- und Geisteszustand, seinem Entwicklungsstand und seinen Reaktionen zu ermöglichen. Fernmündliche Gespräche und schriftliche Ausführungen reichen idR nicht aus und scheiden deshalb jedenfalls grundsätzlich aus; sie können aber ggf. der Vorbereitung der persönlichen Anhörung dienen.
– Die Anhörung ist vom **erkennenden Richter** durchzuführen. Die Anhörung durch den **ersuchten** Richter (§ 156 ff. GVG) reicht grundsätzlich nicht aus (dazu auch Rn. 18), wohl aber die durch den **beauftragten** Richter (§ 30, §§ 451, 375 ZPO; dazu auch Rn. 15).

3. Gestaltung. Das FamFG enthält für sie keine ausdrückliche Regelung, auch nicht in § 34, der die Pflicht zur Anhörung, das Absehen von ihr und die Folgen des Ausbleibens eines Beteiligten bei der Anhörung regelt. Dies ist nicht unverständlich, weil § 159 für Kindschaftssachen eine eingehende Regelung vorsieht und es auch in Adoptionssachen allein um das Kindeswohl geht (etwa §§ 1741 Abs. 1 S. 1, 1757 Abs. 4, 1761 Abs. 2 BGB). Deshalb ist es sachgerecht, § 159 jedenfalls insoweit entsprechend heranzuziehen, als in § 159 Abs. 4 der Ablauf der Kindesanhörung geregelt wird. Die Art und Weise der Anhörung steht deshalb grundsätzlich im pflichtgemäßen **Ermessen** des FamG (§ 159 Abs. 4 S. 4), das insbesondere die persönlichen Umstände des Kindes wie seinen geistigen, seelischen und gesundheitlichen Zustand zu berücksichtigen hat. Danach gilt: 15
– Als **Ort** der Anhörungen sehen § 32 Abs. 1 S. 2, § 219 Abs. 1 ZPO grundsätzlich die Gerichtsstelle vor. Insbesondere für die Anhörung minderjähriger Kinder kann es sich aber anbieten, sie in ihrer gewohnten Umgebung bei ihren Adoptivpflegeeltern anzuhören.[15] Dies schließt nicht stets aus, Kinder im Kindergarten oder der Kindertagesstätte in Abwesenheit der Adoptiveltern anzuhören, doch wird dies nur ganz ausnahmsweise angezeigt sein, geht es doch gerade um Ermittlungen zur Eltern-Kind-Beziehung zwischen Kind und Adoptiveltern. Anhörungen in der Schule dürften von vornherein ausscheiden, um das Kind nicht in eine Sonderstellung zu drängen.
– Im Beschwerderechtszug kann der Familiensenat des OLG die Anhörung einem Senatsmitglied als **beauftragtem** Richter übertragen (§ 30, §§ 451, 375 ZPO).

---

[13] *Bumiller/Harders* Rn. 5.
[14] BT-Drucks. 16/6308, S. 248.
[15] BT-Drucks. 16/6308, S. 192: „Ob das Gericht den Beteiligten zu einem Termin lädt oder sich zur Anhörung in die übliche Umgebung des Beteiligten begibt, hängt primär von den geistigen und körperlichen Fähigkeiten des Beteiligten ab."

§§ 192–195   16   Buch 2. Abschnitt 5. Verfahren in Adoptionssachen

– Die **Beteiligtenöffentlichkeit** (dazu Vor § 186 Rn. 20) gebietet zwar grundsätzlich, allen Beteiligten die Anwesenheit bei allen Anhörungen zu gestatten. Doch räumt der Gesetzgeber dem FamG ein, einen Beteiligten dann in Abwesenheit anderer Beteiligter anzuhören, wenn „die Anhörung ausschließlich der Gewährleistung des rechtlichen Gehörs eines Beteiligten dient".[16] Im Hinblick auf die Belange minderjähriger Kinder (auch) in Adoptionssachen ist dies jedoch zu eng. Für sie gilt gleichermaßen, „eine positive und geschützte Gesprächssituation zu schaffen, die dem Kind ein offenes Artikulieren seiner Wünsche und Bedürfnisse ermöglicht", sodass es im am Kindeswohl ausgerichteten Ermessen des FamG steht (§ 159 Abs. 4 S. 4 entsprechend), das Kind in **Abwesenheit** der anderen Beteiligten und ihrer Verfahrensbevollmächtigten anzuhören.[17] Dies gilt insbesondere für eine Konfrontation des Kindes mit seinen leiblichen Eltern, die es oft gar nicht kennen wird, bei einer **Inkognitoadoption** auch im Verhältnis der Annehmenden zu den leiblichen Eltern. Zudem muss gewährleistet sein, dass das Kind nicht der **Beeinflussung** durch die Adoptiveltern ausgesetzt ist; ergeben sich hierfür Anhaltspunkte, ist die Anhörung des Kindes in deren Abwesenheit fortzusetzen, wenn dies auf Grund der Befindlichkeit des Kindes überhaupt möglich ist. – Die Anordnung, das Kind in Abwesenheit der anderen Beteiligten anzuhören, ist als verfahrensleitende Verfügung nicht anfechtbar (§ 58 Abs. 2).[18]

– Auch für einen für das Kind bestellten **Verfahrensbeistand** (§ 191) sieht § 192 keine § 159 Abs. 4 S. 3 gleiche Regelung vor, wonach die persönliche Anhörung des Kindes in Anwesenheit des Verfahrensbeistands stattfinden soll (dazu § 159 Rn. 11). Aufgrund der gleich gelagerten Kindesbelange in Adoptionssachen und der Stellung des Verfahrensbeistands als unabhängiger Vertreter des Kindes, der dessen Interessen zur Geltung bringen soll, ist jedoch auch diese kindschaftsverfahrensrechtliche Bestimmung entsprechend anzuwenden.[19]

– Für Kindschaftssachen bestimmt § 159 Abs. 4 S. 1, dass das minderjährige (dazu auch Rn. 10) Kind in „den Gegenstand, Ablauf und möglichen Ausgang des Verfahrens" **eingeführt** werden soll (dazu dort Rn. 9). §§ 192, 193 enthalten keine gleiche Regelung für die Adoptionssachen. Dies ist im Grundsatz auch sachgerecht, weil das Kind oft (noch) nichts davon weiß, dass es adoptiert werden soll, und es nicht dem FamG obliegt oder auch nur zusteht, das Kind hierüber aufzuklären; dies ist entsprechend Alter und Entwicklungsstand des Kindes allein Sache der Adoptiveltern, ggf. unterstützend begleitet von der Adoptionsvermittlungsstelle (§ 9 AdVermiG).[20] – Gleichwohl ist die kindschaftsrechtliche Regelung dann entsprechend anzuwenden, wenn das Kind über seine Annahme Kenntnis hat oder – bei einer „offenen Adoption"[21] – Umgang mit seinen leiblichen Eltern hat oder hatte. Stets kann es aber darüber informiert werden, dass es um seinen Aufenthalt bei und sein Verhältnis zu seinen Adoptivpflegeeltern geht. – Die Einführung des Kindes hat stets sein Alter, Entwicklungsstand und Einsichtsfähigkeit sowie seine Kenntnis der äußeren Umstände zu berücksichtigen und ist entsprechend eingehender oder kursorischer zu gestalten. – Wann ein Kind **minderjährig** in diesem Sinne ist, richtet auch bei einem Kind mit ausländischer Staatsangehörigkeit allein nach der lex fori, mithin nach deutschem Sachrecht: Minderjährig ist ein Kind, das das 18. Lebensjahr noch nicht vollendet hat (§ 2 BGB).

16   **4. Absehen. a) Minderjährige Kinder.** § 192 Abs. 3 übernimmt die Möglichkeit, von der Anhörung eines **Minderjährigen** (dazu Rn. 10, 15)[22] abzusehen, aus §§ 55c, 50b Abs. 3 FGG aF, der ein Absehen nur aus schwerwiegenden, dh. triftigen, das Wohl des Kindes nachhaltig berührenden Gründen[23] vorsah und in § 159 Abs. 3 S. 1 für Kindschaftssachen auch weiter vorsieht (dazu dort Rn. 5–8). Für Adoptionssachen konkretisiert[24] § 192 Abs. 3 die Möglichkeit, von einer Anhörung abzusehen, dahin, dass

---

[16] BT-Drucks. 16/6308, S. 192 (zu § 34).
[17] BT-Drucks. 16/6308, S. 240 (zu § 159). Zur Anhörung nach §§ 55c, 50b FGG aF s. OLG München FamRZ 2007, 745, 746; *Jansen/Sonnenberg* § 55c Rn. 10 m. weit. Nachw.
[18] BT-Drucks. 16/6308, S. 203, wo festgestellt wird, dass dies geltendem Recht entspreche. Zur gleichlautenden hM zu §§ 55c, 50b FGG aF s. OLG München FamRZ 2007, 745, 746 m. weit. Nachw.
[19] Zu §§ 55c, 50b FGG aF s. OLG Bremen, Beschl. v. 20. 12. 1999 – 5 WF 126/99, juris [4] = FamRZ 2000, 1298 (LS).
[20] MünchKommBGB/*Maurer* Anhang zu § 1744 Rn. 22.
[21] Dazu MünchKommBGB/*Maurer* Vor § 1741 Rn. 38–48.
[22] Zum AdWirkG s. auch MünchKommBGB/*Maurer* Anhang zu § 1752 § 1 AdWirkG Rn. 5.
[23] BVerfG FPR 2002, 23 = FamRZ 2002, 229; BayObLG FamRZ 1988, 871, 872; NJWE-FER 2000, 5 = FamRZ 2000, 768, 769; OLG Stuttgart NJW-RR 1989, 1355 = FamRZ 1989, 1110; FGPrax 2005, 66 = FamRZ 2005, 542, 543; OLG Oldenburg FamRZ 2004, 399, 400. S. dazu auch den Bericht des RA-BT-Drucks. 7/5087 S. 24: Neufassung des § 55c FGG aF durch das SorgeRG gegen die bewusste Zurückhaltung beim AdoptG; *Jansen/Zorn* Rn. 30; *Engelhardt*, in: *Keidel/Kuntze/Winkler* Rn. 27, jeweils zu § 50b FGG und m. weit. Nachw.
[24] BT-Drucks. 16/6308, S. 248.

– **Nachteile** für die Entwicklung, Erziehung und Gesundheit des Minderjährigen durch eine Störung seines inneren Gleichgewichts[25] zu befürchten sein müssen – s. dazu die Parallele in § 159 Abs. 4 S. 1 hinsichtlich der Information des anzuhörenden Kindes in Kindschaftssachen,
– wegen seines geringen **Alters** und der daraus folgenden Unfähigkeit zu vernünftiger Eigenbeurteilung[26] eine Aufklärung nicht zu erwarten ist, wozu auch zählen kann, dass **Neigungen** des Kindes zu seinen Eltern oder **Bindungen** an sie, die für die Entscheidung über die Ersetzung ihrer Einwilligung zur Adoption von Bedeutung sein könnten, sich schon aus tatsächlichen Gründen nicht entwickeln konnten,[27] oder
– das FamG eine Entscheidung **ohne Sachprüfung** trifft, so wenn es einen Antrag, etwa mangels Antragsbefugnis, als unzulässig abweist.[28]

Dagegen rechtfertigt die Anhörung durch das Jugendamt anlässlich der Erstellung seiner **fachlichen Äußerung** ein Absehen von der persönlichen Anhörung durch das FamG nicht.[29]

Die ausdrückliche Bezugnahme auf zu befürchtende **Nachteile** trägt der besonderen Situation in **17** Adoptionssachen Rechnung, die dadurch geprägt ist, dass das Kind oft von seinen leiblichen Eltern nichts weiß und nur noch seine Adoptiv(pflege)eltern als Eltern kennt. Soweit dem bei der Anhörung des Kindes Rechnung getragen werden kann, ihm also das Adoptivverhältnis nicht offenbart werden muss (dazu auch Rn. 15), werden im Allgemeinen keine Nachteile durch die Anhörung zu befürchten sein. – Im Einzelfall ist dies jedoch aus in der Person des Kindes liegenden besonderen Gründen nicht ausgeschlossen. Liegen hierfür konkrete Anhaltspunkte vor, muss das FamG das Gefährdungspotential für das Kind durch einen sozialpädagogisch geschulten Mitarbeiter des Jugendamts[30] oder durch ein Sachverständigengutachten klären[31] und/oder darf das Kind nur in Anwesenheit eines Sachverständigen anhören.[32]

Entsprechend § 159 Abs. 1 ist das Kind idR anzuhören, wenn es das **14. Lebensjahr** vollendet **18** hat, sprechen nicht „schwerwiegende Gründe" dagegen (Abs. 2), etwa wenn es durch die Anhörung in seiner Gesundheit gefährdet oder aus seinem seelischen Gleichgewicht gebracht würde;[33] bereits die Erörterung verfahrensbedingter Umstände kann das Kind in Konflikt bringen. Sind solche Konflikte durch die Anwesenheit der Beteiligten zu befürchten, hat eine getrennte Anhörung zu erfolgen.[34] Zum Ganzen näher § 159 Rn. 3, 5–6. – War eine Aufklärung wegen des geringen **Alters** des Kindes nicht zu erwarten, konnte auch bislang schon von seiner Anhörung abgesehen werden (dazu § 159 Rn. 4).[35] Abs. 3 sieht dies nun für Adoptionssachen ausdrücklich vor, ohne dass der Gesetzgeber dies ausdrücklich begründet.[36] Rechtfertigen lässt sich diese Einschränkung mit den vor dem Adoptionsausspruch anzustellenden Ermittlungen (dazu Vor § 186 Rn. 21–23), die gewährleisten, dass sich das FamG bereits ein Bild von den äußeren Umständen, mit und in denen das Kind lebt, machen kann. – **Jüngere** Kinder sind zu hören, wenn ihre Neigungen, Bindungen oder ihr Wille bereits bedeutsam sind (§ 159 Abs. 2, dazu dort Rn. 4) oder es sonst angezeigt ist, dass sich das FamG einen unmittelbaren Eindruck von dem Kind verschafft;[37] dies wird spätestens ab Einschulung der Fall sein.[38] Eine absolute **Altersgrenze** sieht Abs. 3 aber nicht vor. – Unabhängig vom Alter des Kindes kann die persönliche Anhörung durch das erkennende FamG auch unterbleiben, wenn es aus tatsächlichen Gründen keine Bindungen und Neigungen zu den Eltern oder einem Elternteil entwickeln konnte[39] oder bei seiner Anhörung durch einen ersuchten Richter seine Einwilligung in die Annahme

---

[25] BGH NJW-RR 1986, 1130; OLG Köln FamRZ 1997, 1549.
[26] BayObLG FamRZ 1981, 814, 815; aA OLG Hamburg FamRZ 1983, 527 f.
[27] BayObLG FamRZ 1988, 871, 873; OLG Oldenburg FamRZ 2004, 399, 400.
[28] BayObLGZ 1986, 57 = NJW-RR 1986, 872 = FamRZ 1986, 719, 721 m. Anm. *Bosch*.
[29] BayObLG FamRZ 1993, 1480 f.
[30] Dazu BGH NJW-RR 1986, 1130.
[31] Dazu auch OLG Köln FamRZ 1997, 1549; *Jansen/Zorn* § 50b FGG Rn. 30.
[32] Dazu *Engelhardt*, in: *Keidel/Kuntze/Winkler* § 50b FGG Rn. 13 m. weit. Nachw.
[33] BGH NJW-RR 1986, 1130; KG FamRZ 1981, 204; LG Freiburg FamRZ 2002, 1647, 1648; s. auch *Luthin* FamRZ 1981, 114: Gefährdung des Kindeswohls.
[34] In der Begründung daher verfehlt BayObLG NJW-RR 1988, 1352 = FamRZ 1988, 868, 870; FamRZ 1988, 871, 873, im Ergebnis zutreffend, weil es sich um Kleinkinder handelte.
[35] Zu § 50b FGG aF s. eingehend *Jansen/Zorn* Rn. 12, 13; *Engelhardt*, in: *Keidel/Kuntze/Winkler* Rn. 13 m. weit. Nachw.
[36] S. dazu BT-Drucks. 16/6308, S. 248.
[37] BayObLGZ 2000, 230 = NJW-RR 2001, 722 = FamRZ 2001, 647, 648.
[38] BayObLG FamRZ 1993, 1480 f. (bejaht für 11jähriges Kind); OLG Oldenburg FGPrax 1996, 59 = FamRZ 1996, 895 (verneint für 2jähriges Kind).
[39] BayObLG FamRZ 1984, 312 (LS) = ZfJ 1985, 36; FamRZ 1988, 871, 873; BayObLGZ 2000, 230 = NJW-RR 2001, 722 = FamRZ 2001, 647, 648.

ausdrücklich verweigert hat.⁴⁰ – Das Absehen von der persönlichen Anhörung ist in der Endentscheidung **zu begründen**.

19 **b) Andere Beteiligte.** Für die anderen Beteiligten, die unter § 192 fallen, enthält dieser **keine** Regelung zum Absehen von ihrer Anhörung. Für sie gelten zunächst die §§ 33 Abs. 3, 34 Abs. 3: Gegen den Beteiligten, der entgegen der Anordnung seines persönlichen Erscheinens unentschuldigt im Termin zur Anhörung ausbleibt, kann ein Ordnungsgeld verhängt werden, nach § 34 Abs. 3 S. 1 kann das Verfahren ohne seine persönliche Anhörung **beendet** werden. Da es in den Adoptionssachen in aller Regel aber auf den persönlichen Eindruck von den Beteiligten ankommt, hat das FamFG alle Möglichkeiten für die Durchführung der persönlichen Anhörung auszuschöpfen, bevor es sich seine Erkenntnisse auf andere Art beschafft.⁴¹

20 Fraglich ist, ob die allgemeine Regelung in § 34 Abs. 2, wonach „die persönliche Anhörung eines Beteiligten unterbleiben [kann], wenn hiervon erhebliche Nachteile für seine Gesundheit zu besorgen sind oder der Beteiligte offensichtlich nicht in der Lage ist, seinen Willen kundzutun," auch in Adoptionssachen zur Anwendung kommt. Zweifel ergeben sich daraus, dass § 192 Abs. 3 für diesen Problembereich eine besondere Regelung getroffen hat, die der allgemeinen Regelung vorgehen und diese ausschließen kann. Maßgeblich ist, dass die Adoptionssachen und ihr Verfahren die persönliche Anhörung der anderen Beteiligten unabdingbar gebieten und deshalb die Anwendbarkeit von § 34 Abs. 2 **abzulehnen** ist:⁴¹ᵃ Zwar gehen bereits dem Annahmeverfahren (§ 186 Nr. 1) und auch der Annahme eingehende Ermittlungen voraus (dazu Vor § 186 Rn. 21–23). Gleichwohl können diese die Überzeugungsbildung des FamG nur vorbereiten, nicht aber dessen persönlichen Eindruck von den Beteiligten, der immer auch eine subjektive Wertung beinhaltet und in Adoptionssachen von ganz besonderer Wichtigkeit ist, ersetzen. Dies gilt umso mehr in Ersetzungs- und Aufhebungsverfahren (§ 186 Nr. 2, 3), ist aber auch im Verfahren auf Befreiung vom Eheverbot des § 1308 BGB (§ 186 Nr. 4) von Bedeutung.

21 Kommt es auf den **persönlichen Eindruck** von einem anderen Beteiligten nicht an, etwa weil er eine förmliche Erklärung abgegeben hat oder sich bereits gegenüber dem Jugendamt äußern konnte, ist seine Anhörung nicht erforderlich. Stets sind seine persönliche Anhörung und weitere Ermittlungen aber bei Zweifeln oder der Behauptung von Willensmängeln geboten. Auch auf die persönliche Anhörung von Erwachsenen und älteren Kindern (§ 193, dazu Rn. 23), die zwar nicht förmlich beteiligt sind, mit dem Anzunehmenden aber in **häuslicher Gemeinschaft** leben werden, sollte nicht verzichtet werden.⁴²

C. Weitere Personen (§ 193)

22 Als „weitere Personen" nennt § 193 lediglich die **Kinder** des Annehmenden⁴³ – deren Verwandtschaftsordnung durch die Annahme nach §§ 1754, 1755 BGB verändert wird⁴⁴ – und des Anzunehmenden – deren verwandtschaftliche Einordnung sich allerdings nicht ändert, sondern die Verwandtschaft wird lediglich um ein weiteres Mitglied (oder mehrere) vermehrt; insoweit gewährt das BGB keinen Bestandsschutz⁴⁵ – und ordnet ihre Anhörung an (zu deren Eigenschaft als Beteiligte s. § 188 Rn. 9). – Kinder des Anzunehmenden werden von dieser Regelung nicht umfasst,⁴⁶ sie fallen auch nicht unter § 192 Abs. 2 (dazu Rn. 8), weil sie nicht beteiligt sind. Doch wird die Amtsermittlungspflicht des FamG idR auch deren persönliche Anhörung gebieten. Lediglich ausnahmsweise wird sich ihre nicht persönliche Anhörung anbieten. – Diese Regelung ist die verfahrensrechtliche Ausprägung zu §§ 1745 S. 1, 1768 Abs. 1 S. 2, 1769 BGB, wonach eine „Annahme nicht ausgesprochen werden [darf], wenn ihr überwiegende Interessen der Kinder des Annehmenden oder des Anzunehmenden entgegenstehen oder wenn zu befürchten ist, dass Interessen des Anzunehmenden durch Kinder des

---

⁴⁰ BayObLG FamRZ 1997, 576, 577.
⁴¹ Praxiskommentar FamFG/*Meysen* § 192 Rn. 2.
⁴¹ᵃ AA Praxiskommentar FamFG/*Meysen* § 192 Rn. 2.
⁴² Dazu auch MünchKommBGB/*Maurer* § 1741 Rn. 11, § 1745 Rn. 14.
⁴³ Bis zum Inkrafttreten des FamFG fehlte eine gesetzliche Regelung: § 68a FGG aF, nach dem bis 1976 über 14 Jahre alte Kinder vor Erteilung der unter altem Recht erforderlichen Befreiungen persönlich gehört werden sollten, war ersatzlos aufgehoben worden; diese – möglicherweise versehentliche – Änderung (Art. 4 Nr. 9 AdoptG [dazu MünchKommBGB/*Maurer* Vor § 1741 Rn. 11]; s. auch MünchKommBGB/*Lüderitz* 3. Aufl. Vor § 1741 Rn. 16) war bislang nicht korrigiert worden, obwohl das Problem bekannt war. Das BVerfG NJW 1988, 1963 = FamRZ 1988, 1247 f. m. Anm. *Frank/Wassermann*; NJW 2009, 138 = FamRZ 2009, 106, 107 hat dies geändert: Die Kinder des Annehmenden sind materiell Betroffene und deshalb im Adoptionsverfahren anzuhören.
⁴⁴ Dazu MünchKommBGB/*Maurer* § 1745 Rn. 11 m. weit. Nachw.
⁴⁵ Dazu MünchKommBGB/*Maurer* § 1745 Rn. 14.
⁴⁶ Praxiskommentar FamFG/*Meysen* § 193 Rn. 2.

Annehmenden gefährdet werden."[47] **Altersgrenzen** gibt es nicht. – Erfasst werden eheliche und nichteheliche, leibliche und adoptierte Kinder, aber auch – in entsprechender Anwendung – **Enkel**.[48] – Von der Anhörung dieser Personen ist die „Anhörung" **weiterer Personen** (dazu Rn. 3, 9) zu unterscheiden, bei der es sich um eine durch die Amtsermittlungspflicht (§ 26) gebotene Beweiserhebung iSd. §§ 29, 30 handelt. So kann bei der Annahme eines Stiefkindes ein geschiedener Ehegatte des Annehmenden Auskunft über die Unterhaltszahlungen an Kinder aus der geschiedenen Ehe geben, und die neue Ehefrau kann Angaben zu den Unterhaltsansprüchen gegen den leiblichen Elternteil machen.[49]

Die Gestaltung der Anhörung steht im Ermessen des FamG, sie muss nicht stets persönlich **23** erfolgen. **Volljährige** werden sich deshalb auch schriftlich äußern können, zudem können sie auch telefonisch angehört werden. Persönlich anzuhören sind sie aber, wenn ihre tatsächlichen schriftlichen Niederlegungen Anlass zu Zweifeln an ihrer schriftlichen Ausdrucksfähigkeit geben (§ 26: Amtsermittlung). – **Minderjährige** werden oft nicht geschäftsgewandt genug sein, um sich schriftlich zu äußern, sodass sie, auch des persönlichen Eindrucks wegen, idR auch persönlich anzuhören sind. Unter den Voraussetzungen des § 192 Abs. 3 kann von ihrer Anhörung abgesehen werden (§ 193 S. 2, dazu Rn. 16–18).

D. Jugendamt und Landesjugendamt (§§ 194, 195)

I. Anwendungsbereich

1. Persönlicher Anwendungsbereich. §§ 194, 195 regeln die Anhörung des Jugendamts und **24** des Landesjugendamts. Und zwar unabhängig davon, ob sie bislang am Verfahren beteiligt waren (§ 188 Abs. 2), weil § 192 Abs. 2 nur natürliche Personen meint.[50] Anzuhören ist das **örtlich zuständige** Jugendamt und Landesjugendamt (dazu Rn. 27, 28). – Zur **Beteiligung** von Jugendamt/Landesjugendamt s. § 188 Abs. 2 und dort Rn. 21.

2. Sachlicher Anwendungsbereich. § 194 (vormals § 49 Abs. 1 FGG aF) regelt die Anhörung **25** des Jugendamts in **allen Adoptionssachen** iSd. § 186.[51] Das **Jugendamt** ist stets anzuhören, wenn das anzunehmende oder angenommene Kind noch **minderjährig** ist (§ 194 Abs. 1 S. 1; zur Minderjährigkeit s. Rn. 10, 15). In Verfahren auf Annahme eines **volljährigen** Kindes ist das Jugendamt nicht beteiligt und kann es auch nicht sein, weil die Interessenvertretung Volljähriger nicht zu seinen Aufgaben gehört (dazu § 188 Rn. 21).

§ 195 Abs. 1 (vormals – inhalts- und nahezu wortgleich – § 49 Abs. 2 FGG aF) regelt die **26** Anhörung des **Landesjugendamts** dagegen nur in den **Annahmefällen** – nicht auch in den weiteren Adoptionssachen – mit „Auslandsberührung", für die bei ihm eine zentrale Adoptionsstelle eingerichtet ist (§ 2 Abs. 1 S. 1 Halbs. 2, S. 4 AdVermiG) und in denen es nach § 11 Abs. 1 Nr. 2, 3, Abs. 2 S. 1 AdVermiG von der Adoptionsvermittlungsstelle am **Vermittlungsverfahren** zu beteiligen ist: Entweder hat ein Adoptionsbewerber oder das anzunehmende Kind eine ausländische Staatsangehörigkeit (Nr. 2), oder sie haben ihren Wohnsitz oder gewöhnlichen Aufenthalt außerhalb Deutschlands (Nr. 3). Auch das Landesjugendamt ist am Vermittlungsverfahren nur zu beteiligen, soweit es um die Vermittlung minderjähriger Kinder geht (§ 1 S. 1 iVm. § 11 Abs. 1 Nr. 2, 3, Abs. 2 S. 1 AdVermiG); die Vermittlung Volljähriger unterfällt schon nicht dem AdVermiG.[52] Ersetzungs- und Aufhebungsverfahren einschließlich des Verfahrens auf Rückübertragung der elterlichen Sorge (§ 1765 Abs. 4 BGB) werden von § 195 Abs. 1 nicht erfasst, doch kann die Amtsermittlungspflicht (§ 26) die Anhörung des Landesjugendamts auch in diesen Verfahren im Einzelfall gebieten, etwa zur Klärung der Rückführung des Kindes in die Herkunftsfamilie.[53] – Für andere Adoptionssachen ergibt

---

[47] Dazu MünchKommBGB/*Maurer* § 1745 Rn. 4–10.
[48] MünchKommBGB/*Maurer* § 1745 Rn. 3 m. weit. Nachw. Für den nasciturus (zur Beachtlichkeit seiner Interessen s. *Staudinger/Frank* § 1745 BGB Rn. 13; *Gernhuber/Coester-Waltjen* § 68 Fn. 168) stellt sich die Frage nach seiner Anhörung nicht.
[49] Bsp. von *Musielak/Borth* § 193 Rn. 2.
[50] S. dazu BT-Drucks. 16/6803, S. 248.
[51] *Keidel/Engelhardt* § 194 Rn. 2 beschränken die Anhörung des Jugendamts auf folgende Adoptionssachen: Annahme eines minderjährigen Kindes (§ 1741 BGB), Aufhebung des Annahmeverhältnisses (§§ 1760, 1763 BGB) und Ersetzung der Einwilligung der leiblichen Eltern in die Adoption (§ 1748 BGB); s. auch *Bumiller/Harders* § 194 Rn. 1: auch bei Rückübertragung der elterlichen Sorge auf die leiblichen Eltern (§§ 1751 Abs. 3, 164 Abs. 4 BGB).
[52] Zur Pflicht zur Anhörung sowohl des Jugendamts als auch des Landesjugendamts bei ungeklärtem Geburtsdatum des Anzunehmenden s. OLG Bremen OLGR 2006, 510, 511 = FamRZ 2007, 930 (LS).

sich die Anhörungspflicht zwar nicht aus § 195 Abs. 1, kann aber aus der Amtsermittlungspflicht (§ 26) folgen.[54]

II. Örtliche Zuständigkeit

27 Die örtliche Zuständigkeit des **Jugendamts** bestimmt sich nach §§ 87b Abs. 1 S. 1, 86 Abs. 1–4 SGB VIII und richtet sich grundsätzlich nach dem gewöhnlichen Aufenthalt der leiblichen Eltern des anzunehmenden Kindes. Die Zuständigkeiten zur Erstellung der fachlichen Äußerung nach § 189 S. 1, 2 und die für die Anhörung nach § 194 Abs. 1 laufen idR gleich. Sie müssen es aber nicht, etwa wenn ein Jugendamt als Adoptionsvermittlungsstelle aufgetreten ist und sich für das familiengerichtliche Verfahren wegen der Änderung der Anknüpfungspunkte eine andere örtliche Zuständigkeit ergibt. Eine Fortdauer der Zuständigkeit des vermittelnden Jugendamts besteht nicht, sie tritt nach § 87b Abs. 2 SGB VIII vielmehr erst mit der Einleitung des familiengerichtlichen Verfahrens (dazu Vor § 186 Rn. 13–17) ein.

28 Örtlich zuständig ist das **Landesjugendamt,** das nach § 11 Abs. 2 AdVermiG von der Adoptionsvermittlungsstelle seines Zuständigkeitsbereichs am Vermittlungsverfahren beteiligt worden ist (§ 195 Abs. 1 S. 1). Ihm wird dadurch die Möglichkeit gegeben, sich bei der Anhörung auf die ihm bekannten Ermittlungsergebnisse im Vermittlungsverfahren zu stützen. Hat die Adoptionsvermittlungsstelle entgegen § 11 Abs. 2 AdVermiG das Landesjugendamt nicht am Vermittlungsverfahren beteiligt, ist das Landesjugendamt zuständig, in dessen Bereich das nach § 194 anzuhörende Jugendamt bzw. das Jugendamt liegt, das die fachliche Äußerung nach § 189 abgegeben hat (§ 195 Abs. 1 S. 2). **Funktionell** zuständig ist die **zentrale Adoptionsstelle** des Landesjugendamts (dazu § 2 Abs. 1 S. 2 Halbs. 2 AdVermiG).

III. Anhörung

29 Auch die Anhörung des Jugendamts und des Landesjugendamts steht in der **Pflicht** des FamG und nicht in seinem Ermessen[55] (dazu und zum **Zeitpunkt** der Anhörung s. Rn. 4). Zur Aufhebung und **Zurückverweisung** des Beschwerdegerichts an das FamG bei einem Verstoß gegen die Anhörungspflicht s. § 69 Abs. 1 S. 2–4 und dazu dort Rn. 3, 4;[56] der Verstoß wird idR zur Zurückverweisung aus der Rechtsbeschwerdeinstanz führen.[57] – Von dieser Pflicht zur Anhörung macht § 194 Abs. 1 S. 2 eine Ausnahme für den Fall, dass das örtlich zuständige Jugendamt eine **fachliche Äußerung** nach § 189 abgegeben hat. Dies verwehrt es dem FamG aber nicht, in Ausübung seiner Amtsermittlungspflicht das Jugendamt um ergänzende Erläuterungen zu bitten oder den Sachbearbeiter zur Erörterung oder Anhörung zu einem Termin zu laden. – Das FamG kann weiter dann von der Anhörung **absehen**, wenn mangels ausreichender tatsächlicher Anhaltspunkte von vornherein Maßnahmen iSd. Verfahrensgegenstandes überhaupt nicht in Betracht kommen.[58] Doch sollte damit zurückhaltend umgegangen werden, weil dies nur selten beurteilt werden kann. – Im **Beschwerdeverfahren** muss die Anhörung nicht wiederholt werden, wenn sich keine Anhaltspunkte für eine wesentliche Änderung der maßgebenden tatsächlichen Umstände ergeben.[59] Doch sollte stets die Möglichkeit zur Äußerung gegeben werden. – Aus der „Ersetzung" der Anhörung des Jugendamts durch seine fachliche Äußerung folgt auch der rechtliche **Charakter** der Anhörung als gleichfalls fachliche – nicht gutachtliche, was bereits zu der Änderung der Terminologie in § 189 von „gutachtlich" zu „fachlich" geführt hat (dazu dort Rn. 1) – Äußerung.[60] Die **sachlichen Kriterien** der Anhörung folgen deshalb gleichfalls § 189 (dazu dort Rn. 13, 16–17).[61] Im Übrigen bestimmt sich

---

[53] *Musielak/Borth* Rn. 2; zu § 49 Abs. 2 FGG aF s. *Jansen/Zorn* Rn. 23; *Engelhardt,* in: *Keidel/Kuntze/Winkler* Rn. 13.
[54] *Keidel/Engelhardt* § 195 Rn. 4.
[55] *Keidel/Engelhardt* § 194 Rn. 7, § 195 Rn. 4. S. dazu allerdings auch BayObLG, Beschl. v. 22. 6. 1999 – 1Z BR 115/95, juris [11]: „Die Anhörung ist eine besondere Form der Sachaufklärung, deren Zweck darin besteht, dass das Jugendamt die von ihm ermittelten Tatsachen dem Gericht mitteilt und zu dem entscheidungserheblichen Sachverhalt gutachtlich Stellung nimmt. Es ist nicht erkennbar, inwiefern eine Äußerung des Jugendamts im vorliegenden Fall für die zu treffende Entscheidung erheblich sein könnte, sodass ein Verstoß gegen § 12 FGG ausscheidet."
[56] S. zu § 69 auch *Maurer* FamRZ 2009, 465, 482.
[57] Zur Rechtslage nach dem FGG – Aufhebung und Zurückverweisung – s. OLG Frankfurt a. M. OLGR 1999, 278; OLG Bremen OLGR 2006, 510, 512 = FamRZ 2007, 930 (LS); *Jansen/Zorn* Rn. 18 m. weit. Nachw.; *Engelhardt,* in: *Keidel/Kuntze/Winkler* Rn. 7, jeweils zu § 49 FGG.
[58] BayObLG FamRZ 1987, 87, 88; *Keidel/Engelhardt* § 194 Rn. 3.
[59] *Keidel/Engelhardt* § 194 Rn. 8.
[60] BGH FamRZ 1954, 219; OLG Stuttgart FamRZ 2006, 1857, 1858 (zu § 49a Abs. 1 Nr. 7 FGG); *Keidel/Engelhardt* § 194 Rn. 4.

Anhörung

Mitwirkungspflicht und Umfang der Mitwirkung entsprechend § 162. – Als jedenfalls potentielle Beteiligte sind Jugendamt und Landesjugendamt und ihre Mitarbeiter weder Gutachter noch Zeugen. Will das FamG einen Mitarbeiter nach ausdrücklichem Hinweis darauf als Zeugen vernehmen (zur erforderlichen Aussagegenehmigung s. § 29 Abs. 2, §§ 383 Abs. 1 Nr. 6, 385 Abs. 2 ZPO), kann es dies nur zu dessen Wahrnehmungen, nicht auch zu dessen Bewertungen und Schlussfolgerungen tun.[62]

Zwar hat das FamG kein **Weisungsrecht** gegenüber Jugendamt und Landesjugendamt. Vielmehr nehmen diese ihre Funktion, das FamG zu unterstützen (§ 50 Abs. 1 S. 2 Nr. 3 SGB VIII, bis 31. 8. 2009 § 50 Abs. 1 S. 2 SGB VIII iVm. § 49 FGG aF), in eigener Verantwortung und Gestaltungsfreiheit wahr. Wie die fachliche Äußerung (dazu § 189 Rn. 11) kann es jedoch auch die Stellungnahme **erzwingen**.[63]

Die **Gestaltung** der Anhörungen steht dagegen im Ermessen des FamG. Maßstab ist die **Amtsermittlungspflicht** des FamG und die sich daraus ergebende Notwendigkeit zur Aufklärung der maßgeblichen Verhältnisse. Meist wird sich die Einholung einer schriftlichen Stellungnahme anbieten,[64] zumal die persönliche Anhörung des Sachbearbeiters die mit ihr erhofften unmittelbaren Eindrücke von den Beteiligten nicht erbringen kann. Doch kann das FamG auch den Sachbearbeiter zur Erörterung oder Anhörung zu einem Termin laden und diesen in diesem Zusammenhang mündlich, in Eilfällen ggf. auch telefonisch, berichten lassen;[64a] dies bietet sich insbesondere nach Vorliegen einer schriftlichen Stellungnahme und sich aus ihr ergebendem Erörterungsbedarf an. – Die **Bekanntgabe** der Entscheidung an das Jugendamt bzw. Landesjugendamt (dazu Rn. 32) stellt aber schon deshalb nicht die gesetzlich geforderte Anhörung dar,[65] weil sie erst nach Abschluss des Verfahrens in der jeweiligen Instanz erfolgt.

IV. Mitteilung der Entscheidung. Beschwerderecht

§§ 194 Abs. 2, 195 Abs. 2 stellen sicher, dass Jugendamt und Landesjugendamt auch nach der Entscheidung des FamG in der Lage sind, die Interessen des Kindes wahrzunehmen. Deshalb ist ihnen die Entscheidung des FamG **mitzuteilen** (S. 1); die Art der Mitteilung – formlos oder durch Zustellung – richtet sich nach § 41 Abs. 1 (dazu dort Rn. 5, 6). Dem **Jugendamt** ist die Entscheidung nur mitzuteilen, wenn es angehört worden ist oder „lediglich" eine fachliche Äußerung abgegeben hat (§ 194 Abs. 2 S. 1), die dann zum Absehen von seiner Anhörung nach § 194 Abs. 1 S. 2 geführt hat. Demgegenüber ist dem **Landesjugendamt** die Entscheidung auch dann mitzuteilen, wenn es zwar nicht angehört wurde, aber anzuhören war (§ 195 Abs. 2 S. 1). Doch sollten beide Bestimmungen nicht unterschiedlich gehandhabt werden, weil dafür kein sachlicher Grund ersichtlich ist.[66] § 49 Abs. 3 FGG ordnete für Jugendamt und Landesjugendamt die Mitteilung der Entscheidung an, wenn sie zu beteiligen waren. Die Gesetzesbegründung verweist für beide Bestimmungen lediglich darauf, dass sie § 49 Abs. 3 FGG entsprächen,[67] woraus geschlossen werden kann, dass vom gleichen Regelungsgehalt der Bestimmungen ausgegangen wird. Deshalb ist die Entscheidung auch dem Jugendamt mitzuteilen, wenn seine Anhörung verfahrensfehlerhaft unterlassen worden war. Doch dürfte dies nicht praktisch werden, weil kaum vorstellbar ist, dass das FamG nach Abfassung der Entscheidung den Verfahrensmangel erkennt und diese gleichwohl ohne Nachholung der Anhörung den Beteiligten mitteilt. Vorstellbar ist dies lediglich dann, wenn der Mangel nach Mitteilung der Entscheidung an die anderen Beteiligten erkannt wird.

Zudem steht Jugendamt und Landesjugendamt ein **Beschwerderecht** zu (§§ 194 Abs. 2 S. 2, 195 Abs. 2 S. 2), jedoch nur, soweit nach §§ 197, 198 ein Beschluss überhaupt anfechtbar ist (dazu §§ 197, 198 Rn. 30–33, 43–46, 56–57, 64, 65, 68). Die **Unstatthaftigkeit** der Beschwerde gegen einen Annahmebeschluss (§ 197 Abs. 3 S. 1, dazu §§ 197, 198 Rn. 30–33) geht aus Gründen der Rechtssicherheit dem Beschwerderecht vor.[68] – Das Jugendamt/Landesjugendamt wird durch Ein-

---

[61] Ähnlich *Musielak/Borth* Rn. 2: „...zu den persönlichen und häuslichen Verhältnisse des Kindes und der Annehmenden ...".

[62] Zum Ganzen *Oberloskamp* FamRZ 1992, 1241, 1247.

[63] AA die ganz hM – die auf die Dienst- und kommunale Rechtsaufsicht verweist –, OLG Schleswig FPR 1997, 101 = FamRZ 1994, 1129, 1130; *Jansen/Zorn* § 49 FGG Rn. 14; *Oberloskamp* FamRZ 1992, 1241, 1247 f. m. weit. Nachw.; *dies.* DAVorm 1993, 373, 377; *Lohrentz* Kind-Prax 2001, 43, 46. Gegen Zwangsmittel gegen Mitarbeiter, weil diese nicht Beteiligte sind, OLG Oldenburg NJW-RR 1996, 650.

[64] *Jansen/Zorn* § 49 FGG Rn. 13; *Keidel/Engelhardt* § 194 Rn. 5.

[64a] *Keidel/Engelhardt* § 194 Rn. 5.

[65] S. auch *Jansen/Zorn* Rn. 15; *Engelhardt,* in: *Keidel/Kuntze/Winkler* Rn. 6, jeweils zu § 49 FGG.

[66] AA *Keidel/Engelhardt* Rn. 5.

[67] BT-Drucks. 16/6308, S. 248.

[68] AA wohl *Musielak/Borth* § 194 Rn. 3, § 195 Rn. 3; *Keidel/Engelhardt* § 194 Rn. 10; *Reinhardt* JAmt 2009, 162, 165.

§ 196 1–4 Buch 2. Abschnitt 5. Verfahren in Adoptionssachen

legung der Beschwerde zum **Beteiligten**.[69] – Wurde dem Jugendamt bzw. dem Landesjugendamt die Entscheidung nicht mitgeteilt (dazu Rn. 32), bleibt die **Beschwerdefrist** gleichwohl nicht offen, weil § 63 Abs. 3 S. 2[70] – der anders als § 517 Halbs. 2 ZPO darauf abstellt, dass die schriftliche Bekanntgabe des Beschlusses nicht bewirkt werden kann, während vorliegend der Mangel darin liegt, dass er zwar hätte mitgeteilt werden können, aber nicht mitgeteilt wurde – nicht Platz greift und deshalb die Beschwerdefrist auch für das Jugendamt/Landesjugendamt mit Ablauf der Frist für den Beteiligten, dem der Beschluss zuletzt bekannt gemacht worden ist, verstreicht.[71]

§ 196 Unzulässigkeit der Verbindung
Eine Verbindung von Adoptionssachen mit anderen Verfahren ist unzulässig.

I. Normzweck

1   Die Verbindung von Verfahren dient der **Verfahrensökonomie.** Deshalb sieht sie § 20 auch ausdrücklich vor, wenn sie sachdienlich ist. Adoptionssachen werden jedoch von zahlreichen **Besonderheiten** geprägt, insbesondere den Geheimhaltungsinteressen aller Beteiligten und dem Offenbarungs- und Ausforschungsverbot (§ 1758 BGB).[1] Damit ist ihre Verbindung mit anderen Verfahren nicht zu vereinbaren, weshalb § 196 als Ausnahme von § 20[2] die Unzulässigkeit der Verbindung mit anderen Verfahren anordnet.

II. Verbot der Verbindung

2   **1. Grundsatz.** Das Verbot der Verbindung gilt für alle **Verfahren,** gleich welcher Art sie sind und worauf sie sich richten. So können insbesondere von den leiblichen Eltern angestrengte Verfahren zur Regelung des Sorge-, Umgangs- oder Auskunftsrechts sowie zur Anordnung der Herausgabe oder des Verbleibens des Kindes nicht mit einer Adoptionssache verbunden werden. Und zwar auch dann nicht, wenn sich das Kind schon in Adoptionspflege (§ 1744 BGB) befindet.

3   Der Wortlaut der Vorschrift ist nicht eindeutig: Er schließt zwar die Verbindung von mehreren **Adoptionssachen** nicht aus, lässt aber auch die Deutung zu, dass mit einer Adoptionssache auch keine andere Adoptionssache verbunden werden kann. Von Letzterem ist auszugehen: Das Verbindungsverbot gilt grundsätzlich auch für mehrere Adoptionssachen. Deshalb ist insbesondere unzulässig die Verbindung
– von Annahmeverfahren, die verschiedene Annehmende und Anzunehmende betreffen,
– von Annahme- und Aufhebungsverfahren, zumal nicht aufgehoben werden kann, was noch nicht besteht; die „Aufhebungsgründe" sind im Annahmeverfahren als der Annahme entgegenstehend geltend zu machen und zu berücksichtigen,
– des Annahmeverfahrens mit dem Verfahren auf Erteilung der Bescheinigung über den Eintritt der Vormundschaft (§ 190 Rn. 7).

4   **2. Ausnahmen.** Als Ausnahme von diesem Verbot der Verbindung von Adoptionssachen ist eine Verfahrensverbindung **zuzulassen**, wenn dies sachdienlich ist (§ 20):[3]
– Die Annahmeverfahren betreffen **dieselben** Annehmenden und leiblichen Eltern, dh. die Annehmenden nehmen mehrere Kinder derselben leiblichen Eltern gleichzeitig als Kinder an. Dies gilt jedoch nicht, wenn es sich um ein minderjähriges und ein volljähriges Kind handelt, weil Zweck und Voraussetzungen der jeweiligen Annahmen gänzlich unterschiedlich sind.
– Die Feststellung der **Wirksamkeit einer Einwilligung** mit dem Annahmeverfahren (dazu auch §§ 197, 198 Rn. 11).
– Das Verfahren auf **Ersetzung** der Einwilligung oder Zustimmung (§§ 1746 Abs. 3 Halbs. 2, 1748, 1749 Abs. 1 S. 2 BGB) mit dem Annahmeverfahren. Da die Annahme die Einwilligung und Zustimmung bzw. deren Ersetzung voraussetzt, die Ersetzungsentscheidung aber erst mit Eintritt ihrer formellen Rechtskraft wirksam wird (§§ 40 Abs. 3 S. 2, 198 Abs. 1 Halbs. 1), ist zunächst in einem Zwischenverfahren über die Ersetzung zu entscheiden und für die Annahmeentscheidung

---

[69] *Keidel/Engelhardt* § 194 Rn. 10, § 195 Rn. 3, 6.
[70] Fassung von § 63 Abs. 3 S. 2 durch den Rechtsausschuss des Bundestags, BT-Drucks. 16/9733, S. 43. Wie § 517 Halbs. 2 ZPO der Gesetzentwurf der Bundesregierung, BT-Drucks. 16/6308, S. 25, 206.
[71] BT-Drucks. 16/9733, S. 289.
[1] BT-Drucks. 16/6308, S. 248.
[2] BT-Drucks. 16/6308, S. 248.
[3] S. auch Praxiskommentar FamFG/*Meysen* Rn. 2.

Beschluss §§ 197, 198

der Eintritt der Rechtskraft der Ersetzungsentscheidung (dazu §§ 197, 198 Rn. 11, 57) abzuwarten.
- Das Verfahren auf Bestellung eines **Verfahrensbeistands** (§ 191, dazu dort Rn. 16, 17).
- Anordnung des **Offenbarungs- und Ausforschungsverbots** im Verfahren auf Ersetzung der Einwilligung eines leiblichen Elternteils (§ 1758 Abs. 2 S. 2 BGB).
- Eine Verbindung kraft Gesetzes besteht zur Entscheidung über den **Vor-** und **Familiennamen** des Anzunehmenden als Folge der Annahme (§ 1757 Abs. 4 BGB).
- In Verfahren auf **Aufhebung** des Annahmeverhältnisses kraft Gesetzes zum **Familien-** und **Ehenamen** des angenommenen Kindes nach Aufhebung (§ 1765 Abs. 2, 3 BGB) und zur **elterlichen Sorge** für das Kind (§ 1764 Abs. 4 BGB, dazu auch §§ 197, 198 Rn. 61).
- Eine „unechte" Verbindung besteht bei der **Volljährigenadoption,** wenn die Anordnung beantragt wird, dass sich die Wirkungen der Annahme nach den Vorschriften über die Annahme eines Minderjährigen richten (§ 1772 Abs. 1 BGB). „Unecht", weil es sich um ein einheitliches Verfahren handelt.
- Aus Gründen der Verfahrensökonomie ist eine Verbindung der Verfahren auf Befreiung vom Erfordernis der **Ehemündigkeit** – sie sind zwar den FamG zugewiesen, aber keine Familiensachen – mit dem Verfahren auf Befreiung vom **Eheverbot** des § 1308 BGB zulässig.

§ 197 Beschluss über die Annahme als Kind

(1) ¹In einem Beschluss, durch den das Gericht die Annahme als Kind ausspricht, ist anzugeben, auf welche gesetzlichen Vorschriften sich die Annahme gründet. ²Wurde die Einwilligung eines Elternteils nach § 1747 Absatz 4 des Bürgerlichen Gesetzbuchs nicht für erforderlich erachtet, ist dies ebenfalls in dem Beschluss anzugeben.

(2) In den Fällen des Absatzes 1 wird der Beschluss mit der Zustellung an den Annehmenden, nach dem Tod des Annehmenden mit der Zustellung an das Kind wirksam.

(3) ¹Der Beschluss ist nicht anfechtbar. ²Eine Abänderung oder Wiederaufnahme ist ausgeschlossen.

§ 198 Beschluss in weiteren Verfahren

(1) ¹Der Beschluss über die Ersetzung einer Einwilligung oder Zustimmung zur Annahme als Kind wird erst mit Rechtskraft wirksam. ²Bei Gefahr im Verzug kann das Gericht die sofortige Wirksamkeit des Beschlusses anordnen. ³Der Beschluss wird mit Bekanntgabe an den Antragsteller wirksam. ⁴Eine Abänderung oder Wiederaufnahme ist ausgeschlossen.

(2) Der Beschluss, durch den das Gericht das Annahmeverhältnis aufhebt, wird erst mit Rechtskraft wirksam; eine Abänderung oder Wiederaufnahme ist ausgeschlossen.

(3) Der Beschluss, durch den die Befreiung vom Eheverbot nach § 1308 Abs. 1 des Bürgerlichen Gesetzbuchs erteilt wird, ist nicht anfechtbar; eine Abänderung oder Wiederaufnahme ist ausgeschlossen, wenn die Ehe geschlossen worden ist.

Schrifttum: *Frank,* Namensrechtliche Probleme bei Adoptionen, StAZ 2008, 1; *Heilmann,* Die „Anfechtung" einer Einwilligung vor Erlaß des Adoptionsdekrets, DAVorm 1997, 671; *Kollnig,* Randvermerke über die Annahme als Kind – nochmals zur Grundlage der Annahme (§ 56e FGG, §§ 300–302 DA), StAZ 1985, 144; *Liermann,* Zur Teilnichtigkeit einer Entscheidung der Freiwilligen Gerichtsbarkeit, FamRZ 2000, 722; *Lobensteiner,* Randvermerk im Geburtenbuch und Vermerk im Familienbuch über Annahme als Kind – Grundlage der Eintragung, StAZ 1980, 256; *Mergenthaler,* Welche Gesetzesbestimmungen muß der Beschluß über die Annahme als Kind enthalten?, StAZ 1977, 292; *Münstermann,* Randvermerk über Annahme als Kind, StAZ 1985, 258; *Steffen,* Nochmals – Zur Grundlage der Annahme als Kind in Randvermerken (§§ 300–302 DA), StAZ 1985, 258; *Steiner,* Die Erwachsenenadoption im Lichte der Erbschaftsteuerreform, ErbStB 2008, 83; *Trenczek,* Familiengerichtliches Verfahren und Mitwirkung der Jugendhilfe nach dem FGG-Reformgesetz, ZKJ 2009, 97.

Übersicht

	Rn.		Rn.
A. Normzwecke	1–3	B. Annahme als Kind (§ 197)	4–37

§§ 197, 198 1, 2   Buch 2. Abschnitt 5. Verfahren in Adoptionssachen

	Rn.		Rn.
I. Verfahrensgegenstand	4, 5	C. Versagung der Annahme	38–50
II. Prüfungsumfang	6–10	I. Inhalt	38, 39
1. Antrag	6–9	II. Wirksamkeit	40
2. Annahmevoraussetzungen	10	III. Wirkungen	41, 42
III. Zwischenverfahren	11	IV. Anfechtbarkeit	43–46
IV. Entscheidung	12–16	V. Abänderbarkeit	47–50
1. Tenor	12	D. Ersetzungen (§ 198 Abs. 1)	51–58
2. Angabe der angewandten Vorschriften	13, 14	I. Anwendungsbereich	51
3. Bekanntgabe	15, 16	II. Rechtsnatur	52
V. Wirksamkeit	17–23	III. Bekanntgabe. Wirksamkeit	53–55
1. Eintritt	17–19	IV. Anfechtbarkeit. Abänderbarkeit	56–58
2. Nichtigkeit	20–22	E. Aufhebung des Annahmeverhältnisses (§ 198 Abs. 2)	59–64
3. Verfahrensrechtliche Geltendmachung der Unwirksamkeit	23	I. Allgemeines	59
VI. Wirkungen	24–27	II. Anwendungsbereich	60
1. Grundsätze	24	III. Inhalt	61
2. Annahme	25, 26	IV. Wirkungen	62
3. Name	27	V. Wirksamkeit	63
VII. Berichtigungen. Ergänzungen	28, 29	VI. Anfechtbarkeit. Abänderbarkeit	64
VIII. Anfechtbarkeit. Abänderbarkeit	30–37	F. Befreiung vom Eheverbot des § 1308 Abs. 1 BGB (§ 198 Abs. 3)	65–68
1. Unanfechtbarkeit	30–33	I. Befreiung	65, 66
a) Annahmebeschluss	30	II. Ablehnung	67, 68
b) Entscheidungen des Beschwerdegerichts	31, 32		
c) Folgeregelungen	33		
2. Unabänderbarkeit	34–36		
3. Wiederaufnahme des Verfahrens	37		

A. Normzwecke

1 §§ 197, 198 sind – fast wortgleich – die Nachfolgeregelungen von §§ 53 Abs. 1 S. 2, S. 1, 56 e, 56 f Abs. 3, 44 a Abs. 2 FGG aF (vgl. dazu die Synopse Vor § 186 Rn. 3). Sie bestimmen Umfang und Reichweite der **Bestandskraft** von Entscheidungen in Adoptionssachen iSv. § 186 und enthalten Sonderregelungen für die wichtigsten Entscheidungen, ohne jedoch ausschließlich zu sein: Die Bestandskraft des einen Annahmeantrag abweisenden Beschlusses (dazu Rn. 38–49), von Entscheidungen zur Abgabe der fachlichen Äußerung (§ 189, dazu dort Rn. 22), zur Erteilung der Bescheinigung über den Eintritt der Vormundschaft (§ 190, dazu dort Rn. 16–18) und zur Verfahrensbeistandschaft (§ 191, dazu dort Rn. 24–26) folgen, obgleich auch sie als Annexverfahren den Adoptionssachen zugehören (dazu § 186 Rn. 3), den allgemeinen Regeln. – Zum **Verfahren** in Adoptionssachen allgemein s. Vor § 186 Rn. 5–50, zur **örtlichen Zuständigkeit** § 187, zu den **Beteiligten** § 188, zu **Form** und **Inhalt** der Entscheidung s. Rn. 12–14, Vor § 186 Rn. 26, 27, zu den außerordentlichen Rechtsbehelfen der **Anhörungsrüge** und **Verfassungsbeschwerde** s. Vor § 186 Rn. 47–50.

2 Als verfahrensrechtliche Ergänzung zu § 1752 BGB[1] regelt **§ 197** die Bestandskraft eines **Annahmebeschlusses** und enthält Regelungen zu deren Sicherung. Zweck der Norm ist der **Schutz** des Wohls des angenommenen Kindes aus Gründen der **Rechtssicherheit** durch eine weitgehende – Ausnahmen: §§ 1759 ff., 1771, 1772 Abs. 5 BGB – Unauflösbarkeit der Annahme, die ein unnötiges Hinausschieben ihrer Wirksamkeit vermeidet.[2] Die Anordnung, im Beschluss die Vorschriften anzugeben, auf die sich die Entscheidung stützt (dazu Rn. 13, 14), dient dem Schutz des **Rechtsverkehrs,** um Unsicherheiten über seine Reichweite auszuschließen.[3] – Keine Regelung enthält § 197 dagegen für den Fall, dass ein Adoptionsantrag **abgewiesen** wurde (dazu Rn. 38–50).

---

[1] *Jansen/Sonnenfeld* § 56e FGG Rn. 1.
[2] BT-Drucks. 7/3061, S. 58.
[3] *Bumiller/Winkler* Rn. 2; *Jansen/Sonnenfeld* Rn. 1, jeweils zu § 56e FGG.

§ 198 bestimmt die Bestandkraft von Entscheidungen in ganz unterschiedlichen, einer Annahme vorausgehenden – **Ersetzung** einer Einwilligung oder Zustimmung (Abs. 1) – oder nachfolgenden – **Aufhebung** des Annahmeverhältnisses (Abs. 2), Befreiung vom **Eheverbot** des § 1308 Abs. 1 BGB – Adoptionssachen. – Zur **Synopse** der Regelungen von FGG und FamFG s. Vor § 186 Rn. 3.

B. Annahme als Kind (§ 197)

I. Verfahrensgegenstand

§ 197 regelt nur die Modalitäten einer Entscheidung, durch welche die **Annahme** als Kind ausgesprochen wird. Er ist sowohl auf eine Minderjährigen- wie auch auf eine Volljährigenadoption anzuwenden (§§ 1752 Abs. 1, 1767, 1768 BGB).[4] Alle anderen Entscheidungen werden nicht von seinem Anwendungsbereich umfasst, sondern unterfallen entweder § 198 – Ersetzung einer Einwilligung oder Zustimmung (Abs. 1), Aufhebung des Annahmeverhältnisses (Abs. 2), Befreiung vom Eheverbot des § 1308 BGB (Abs. 3) – oder richten sich – wie die Zurückweisung eines Annahmeantrags (dazu Rn. 38–50) und Entscheidungen zur Erteilung der Bescheinigung über den Eintritt der Vormundschaft (§ 190, dazu dort Rn. 16–18) und zur Verfahrensbeistandschaft (§ 191, dazu dort Rn. 24–26) – mangels besonderer Vorschriften nach den allgemeinen Regeln. – Auch das Adoptionsdekret eines **Rechtsmittelgerichts** unterfällt § 197,[5] auch wenn es die Annahme nicht selbst ausspricht, sondern die Abweisung eines Annahmeantrags aufhebt, weil die Annahme aus den bislang erhobenen Umständen nicht versagt werden kann, und das Verfahren zur weiteren Prüfung zurückverweist.[6]

Darüber hinaus beinhaltet der Annahmebeschluss – vom Ausspruch zur Annahme trennbar – meist auch Feststellungen zum **Namen** des Angenommenen (§ 1757 Abs. 1–4 BGB; dazu insbesondere Rn. 33). Deshalb sind Teilentscheidungen nicht von vornherein unzulässig (zur **Teilnichtigkeit** s. Rn. 22). Allerdings sind diese Feststellungen zum Geburtsnamen (§ 1757 Abs. 1–3 BGB) ohnehin nur deklaratorisch (dazu Rn. 24). Lediglich soweit Entscheidungen zum Vornamen des Anzunehmenden (§ 1757 Abs. 4 S. 1 Nr. 1 BGB) oder zum Familiennamen (§ 1757 Abs. 4 S. 1 Nr. 2 BGB) getroffen werden, hat die Entscheidung konstitutiven Charakter. Für beide Fälle sieht § 1757 Abs. 4 S. 1 jedoch gegen § 196 die Entscheidung im Verbund mit dem Adoptionsausspruch zu. Es ist auch nicht gerechtfertigt, über die Annahme unter Auflösung des Verbunds vorab zu entscheiden, weil auch unter Berücksichtigung des Kindeswohls schlecht vorstellbar erscheint, dass die Entscheidung zum Namen durch die zur Annahme unzumutbar verzögert werden kann. – Zur **Ergänzung** des Adoptionsdekrets, wenn über einen Antrag zur Namensänderung versehentlich nicht mit dem Annahmeausspruch entschieden wurde, s. Rn. 29.

II. Prüfungsumfang

Das FamG hat alle **verfahrens- und materiellrechtlichen Voraussetzungen** für eine Annahme als Kind zu prüfen und zu ermitteln. Nur wenn alle Annahmevoraussetzungen (dazu Rn. 10) zu seiner Überzeugung vorliegen, spricht es die Annahme aus; ein Ermessen steht ihm nicht zu.[7] – Zum **Verfahren** allgemein s. Vor § 186 Rn. 5–50, zu den vom FamG von Amts wegen anzustellenden **Ermittlungen** insbesondere Vor § 186 Rn. 21–23, zur **fachlichen Äußerung** von Jugendamt oder Adoptionsvermittlungsstelle § 189, zu den **Anhörungen** §§ 192–195 und die dortigen Erläuterungen.

1. Antrag. Voraussetzung für ein Annahmeverfahren ist ein **wirksamer** Antrag (§ 1752 Abs. 1 BGB; dazu auch Vor § 186 Rn. 13–16),
– der **materiellrechtlich**
  – nicht unter einer **Bedingung** oder **Zeitbestimmung** stehen darf (§ 1752 Abs. 2 S. 1 BGB),
  – nicht von einem **Vertreter** gestellt sein darf (§ 1752 Abs. 2 S. 1 BGB),
  – notariell **beurkundet** sein muss (§§ 1752 Abs. 2 S. 2, 1767 Abs. 2 BGB),
  – auf den Ausspruch von nach dem Gesetz möglichen **Rechtsfolgen** gerichtet sein muss,[8]
– und **formalrechtlich**

---

[4] *Engelhardt*, in: *Keidel/Kuntze/Winkler* § 56e FGG Rn. 1; *Keidel/Engelhardt* Rn. 2.
[5] *Jansen/Sonnenfeld* § 56e FGG Rn. 2 m. weit. Nachw.
[6] *Engelhardt*, in: *Keidel/Kuntze/Winkler* § 56e FGG Rn. 24 m. weit. Nachw.
[7] *Gernhuber/Coester-Waltjen* § 68 Rn. 95: Öffentlich-rechtlicher Anspruch auf richterlichen Akt.
[8] OLG Hamm FGPrax 2001, 20 = FamRZ 2001, 859, 860 f. (Namensanpassung).

§§ 197, 198 8–10

8 Im Einzelnen ist jedoch nach der **Art** der Annahme als Kind zu unterscheiden:

- nicht **zurückgenommen** sein darf (zur Rücknahme des Adoptionsantrags s. Vor § 186 Rn. 35),[9]
- beim **FamG** eingegangen sein muss (§ 1750 Abs. 1 S. 1 BGB) oder den im Falle des Todes des Annehmenden beim FamG einzureichen der beurkundende Notar beauftragt sein muss (§ 1753 Abs. 2 BGB).

- Für eine **Minderjährigenadoption** ist der Antrag des Annehmenden erforderlich (§ 1752 Abs. 1 BGB). Ist der Annehmende verheiratet, kann das Kind grundsätzlich nur auf Antrag beider **Ehegatten** angenommen werden (§ 1741 Abs. 2 S. 2 BGB). Nur wenn der Annehmende nicht verheiratet ist (§ 1741 Abs. 2 S. 1 BGB) oder das (auch adoptierte, § 1742 BGB) Kind seines Ehegatten annehmen will, reicht sein alleiniger Antrag aus. Zudem muss der Annehmende sowohl bei Antragstellung als auch im **Zeitpunkt** der Entscheidung minderjährig sein; sonst ist der Annahmeantrag als unzulässig abzuweisen (dazu auch Vor § 186 Rn. 12).[10]
- Auch für eine **Volljährigenadoption**[11] bedarf es eines Antrags des Annehmenden, bei gemeinsamer Adoption durch ein Ehepaar der Antrag der Ehegatten.[12] Daneben ist ein Antrag des Anzunehmenden erforderlich (§ 1768 Abs. 1 S. 1 BGB).

9 Ist bei einem Antrag von Ehegatten auf **gemeinschaftliche Annahme** eines Kindes nur die Annahme durch einen von ihnen zulässig, so ist zu unterscheiden:

- Ist die gemeinschaftliche Annahme unzulässig, weil zum Ehegatten bereits eheliche **Eltern-Kind-Beziehungen** bestehen, ist der Antrag auf eine alleinige Annahme gerichtet und als Einwilligung des Ehegatten auszulegen.
- Ist die gemeinschaftliche Annahme wegen **beschränkter Geschäftsfähigkeit** oder zwischenzeitlichem **Tod** des Ehegatten unzulässig, ist der Antragsteller zu hören, ob er seinen Antrag als auf eine alleinige Annahme gerichtet aufrechterhalten will.[13] Nimmt er ihn trotz Hinweises auf die Rechtslage nicht zurück, ist von einer entsprechenden Antragstellung auszugehen.
- Ist eine **Einzelannahme** überhaupt **unzulässig**, führen Hindernisse in der Person bereits eines Ehegatten zur Abweisung des ganzen Antrags.

10 2. **Annahmevoraussetzungen. Materiellrechtlich** müssen vorliegen:

- Die Ehe von gemeinschaftlich annehmenden **Ehegatten** muss im Zeitpunkt des Adoptionsausspruchs (noch) bestehen.[14]
- Das erforderliche **Mindestalter** und die **Geschäftsfähigkeit** des/der Annehmenden (§ 1743 BGB).[15]
- Für eine Minderjährigenadoption die **Minderjährigkeit,** für eine Volljährigenadoption die **Volljährigkeit** des Kindes. Zum Verfahren, wenn statt einer Minderjährigen- eine Volljährigenadoption oder statt einer Volljährigen- eine Minderjährigenadoption ausgesprochen wurde, s. Rn. 25.
- Die Förderung des **Kindeswohls** und die Erwartung einer **Eltern-Kind-Beziehung** durch die Annahme als Kind (§§ 1741 Abs. 1, 1767 BGB). **Zweifel** an der Eignung der Antragsteller gehen zu seinen Lasten. Die Erwartung, dass ein Eltern-Kind-Verhältnis entstehen werde, ist nicht dargetan, wenn die für und gegen sie sprechenden Umstände gleich schwer wiegen; uU kann die Pflegezeit verlängert werden. – Sollen **Geschwister** angenommen werden, ist für jedes Kind zu prüfen, ob die gesetzlichen Voraussetzungen erfüllt sind; allerdings fördert ihre Trennung idR nicht ihr Wohl.[16]
- Die Annahme eines Volljährigen muss **sittlich gerechtfertigt** sein (§ 1767 Abs. 1 Halbs. 1 BGB).
- Die Belehrung des **nichtehelichen Vaters** nach § 51 Abs. 3 SGB VIII, dass er in die Annahme einwilligen muss, auch wenn seine Vaterschaft noch nicht feststeht, er sie aber glaubhaft machen kann, und über sein Recht, auf den Antrag, ihm die elterliche Sorge für das Kind zu übertragen, zu verzichten.[17] Die Feststellung der Vaterschaft abzuwarten kann dem Kindeswohl zuwider-

---

[9] MünchKommBGB/*Maurer* § 1752 Rn. 3.
[10] BayObLGZ 1996, 77 = NJW-RR 1996, 1093 = FamRZ 1996, 1034, 1035; AG Mainz FamRZ 2001, 1641; *Keidel/Engelhardt* § 197 Rn. 3; *Liermann* FamRZ 1997, 112, 113; aA *Kirchmayer* StAZ 1995, 262, 264 f.
[11] Zum Eintritt der Volljährigkeit des Anzunehmenden während des Verfahrens s. Vor § 186 Rn. 15.
[12] MünchKommBGB/*Maurer* § 1767 Rn. 4.
[13] BGHZ 24, 345 = NJW 1957, 1357. Zur Einwilligung in diesem Fall s. MünchKommBGB/*Maurer* § 1747 Rn. 18.
[14] S. dazu aber auch MünchKommBGB/*Maurer* § 1753 Rn. 4.
[15] *Keidel/Engelhardt* § 197 Rn. 5.
[16] Dazu MünchKommBGB/*Maurer* § 1741 Rn. 9.
[17] Dazu LG Bochum DAVorm 1993, 205, 206.

laufen;[18] die Rechte des Mannes werden durch die Möglichkeit der Glaubhaftmachung seiner Vaterschaft gewahrt.[19]
- Die Interessen von **Kindern** des Annehmenden oder Anzunehmenden sind zu berücksichtigen (§ 1745 BGB).
- Die notariell beurkundeten und dem FamG zugegangenen (§ 1750 Abs. 1 S. 2 BGB) **Einwilligungen** von Kind (§§ 1746, 1768 Abs. 1 S. 2 BGB, bei unterschiedlicher Staatsangehörigkeit des Annehmenden und des Kindes einschließlich der Genehmigung durch das FamG, wenn die Annahme nicht deutschem Recht unterliegt, § 1746 Abs. 1 S. 4 BGB), Eltern (§ 1747 BGB) und Ehegatten (§§ 1749, 1768 Abs. 1 S. 2 BGB), ihre Entbehrlichkeit (§§ 1747 Abs. 4, 1749 Abs. 3 BGB), die **Zustimmung** des gesetzlichen Vertreters des Kindes zu dessen Einwilligung (§ 1746 Abs. 1 S. 3 BGB) oder ihre rechtskräftige **Ersetzung** (§§ 1746 Abs. 3, 1748, 1749 Abs. 1 S. 2 BGB) müssen vorliegen und wirksam sein. Muss ein **gesetzlicher Vertreter** mitwirken – das Kind hat das 14. Lebensjahr noch nicht vollendet oder ist geschäftsunfähig (§ 1746 Abs. 1 S. 2 BGB) –, muss seine Vertretungsmacht im Zeitpunkt der Erklärung[20] bestehen. – Die Einwilligung des **Kindes** muss noch im Zeitpunkt des Ausspruchs der Annahme vorliegen, darf also nicht widerrufen worden sein (§ 1746 Abs. 2 BGB, dazu dort Rn. 13, 14). – Die Einwilligung der **Eltern** darf nicht vor Ablauf der Sperrfrist des § 1747 Abs. 3 BGB (8 Wochen nach Geburt) erteilt worden sein. **Unwirksam** sind Einwilligungen, die unter einem Willensmangel, der zugleich Aufhebungsgrund (§ 1760 Abs. 2 lit. a–d BGB) ist, leiden[21] oder vor Ablauf der Schutzfrist (§ 1747 Abs. 3 BGB) abgegeben wurden.[22]
- Das Kind **lebt** (§ 1753 Abs. 1 BGB).
- Der Annehmende ist zwar **tot**, doch hatte er den Antrag bereits beim FamG eingereicht oder den den Annahmeantrag beurkundenden Notar mit dessen Einreichung beim FamG betraut (§ 1753 Abs. 2 BGB).

III. Zwischenverfahren

Die Unwirksamkeit von **Einwilligungen** und Zustimmungen kann als Gegenstand der Prüfung der Annahmevoraussetzungen (dazu Rn. 10) auf Antrag eines am Annahmeverfahren Beteiligten im Interesse alsbaldiger Klärung **vor Annahme** geltend gemacht werden:[23] Vor Stellung eines Adoptionsantrags in einem selbständigen,[24] auf Feststellung der Unwirksamkeit der Einwilligung gerichteten Verfahren, danach als Zwischenfeststellung im Annahmeverfahren (zur **örtlichen Zuständigkeit** s. § 187 Rn. 5).[25] – Zwar ist verfahrensrechtlich nicht grundsätzlich ausgeschlossen, über einen Antrag auf Feststellung der Unwirksamkeit einer Erklärung erst im Annahmebeschluss zu entscheiden. Doch verbietet sich dies vorliegend zur Wahrung der Interessen des Betroffenen, weil diese Entscheidung wegen der Unanfechtbarkeit des Annahmebeschlusses (dazu Rn. 30–32) nicht mehr überprüfbar ist. Ist im Annahmeverfahren die Unwirksamkeit einer Einwilligung zwar behauptet, aber nicht festgestellt worden, ist zunächst über den formgerechten **Feststellungsantrag**[26] zu entscheiden und vor dem Ausspruch der Annahme der Eintritt der formellen Rechtskraft dieser Entscheidung (dazu Rn. 30) abzuwarten.[27] Dass der Erlass eines **Vorbescheids** in Adoptionsverfahren nicht zulässig ist (dazu Rn. 34, Vor § 186 Rn. 27), steht dem schon deshalb nicht entgegen, weil es sich bei der Entscheidung über die Wirksamkeit einer Einwilligung oder Zustimmung um eine Endentscheidung iSd. § 58 Abs. 1

11

---

[18] LG Stuttgart FamRZ 1978, 207 f.; dazu auch MünchKommBGB/*Maurer* § 1747 Rn. 7.
[19] Dazu MünchKommBGB/*Maurer* § 1747 Rn. 6–8.
[20] Dazu MünchKommBGB/*Maurer* § 1746 Rn. 14.
[21] LG Duisburg DAVorm 1980, 228.
[22] *Gernhuber/Coester-Waltjen* § 68 Rn. 65.
[23] HM, s. BVerfGE 78, 201 = DAVorm 1988, 689; OLG Frankfurt a. M. FamRZ 1981, 206, 207; OLG Hamm OLGZ 1987, 129 = NJW-RR 1987, 260 (insoweit nicht abgedruckt); LG Frankenthal DAVorm 1981, 489, 492; *Soergel/Liermann* Rn. 7; *Staudinger/Frank* Rn. 23, jeweils zu § 1752 BGB; *Schultz* DAVorm 1980, 230 ff.; aA LG Duisburg DAVorm 1980, 228. Zur Führung der Vormundschaft nach § 1751 Abs. 1 S. 2 BGB ebenso KG OLGZ 1982, 219 = FamRZ 1981, 1111.
[24] Ganz hM, s. *Staudinger/Frank* § 1752 BGB Rn. 23 m. weit. Nachw.
[25] BayObLG NJW-RR 1994, 903 = FamRZ 1994, 1348, 1349; OLG Zweibrücken NJWE-FER 2000, 1678 = FamRZ 2001, 1730, 1731; *Jansen/Sonnenfeld* § 56e FGG Rn. 18; MünchKommBGB/*Maurer* § 1748 Rn. 28.
[26] AA – Aufhebungsantrag – LG Duisburg DAVorm 1980, 228.
[27] OLG Hamm OLGZ 1991, 257 = NJW-RR 1991, 905 = FamRZ 1991, 1230, 1232; OLG Celle ZfJ 1998, 262 f.; *Staudinger/Frank* § 1752 BGB Rn. 23, 24; *Jansen/Sonnenfeld* § 56e FGG Rn. 4; aA noch MünchKomm BGB/*Maurer* § 1750 Rn. 13, § 1752 Rn. 13.

zu einem anderen Verfahrensgegenstand und nicht lediglich um die Mitteilung einer Rechtsmeinung im Rahmen eines Verfahrensgegenstands handelt.[28] Deshalb ist die abgesonderte Entscheidung über die Wirksamkeit von Einwilligungen und Zustimmungen auch dann, wenn sie in einem Zwischenverfahren ergeht, selbständig **anfechtbar**,[29] zumal ein unabweisbares Bedürfnis an der Klärung dieser Frage vor Ausspruch der Annahme besteht und damit ein Aufhebungsverfahren vermieden werden kann.[30] Zudem besteht, anders als beim Adoptionsausspruch, kein statusrechtliches Interesse an der Unanfechtbarkeit der Entscheidung. Da dasselbe Bedürfnis an einer abschließenden Klärung besteht, ist die **Beschwerde** statthaft. S. auch Rn. 32. – Ist eine selbständige Entscheidung über den Feststellungsantrag ergangen, ist ein Antrag auf Aufhebung der Adoption, gestützt auf denselben Rechtsgrund, wegen **rechtskräftiger Vorentscheidung** unbegründet. – Zur **Ersetzung** der Einwilligung bzw. Zustimmung s. allgemein Rn. 51–58.

IV. Entscheidung

12 1. **Tenor.** Zur Entscheidung als **Beschluss** und zu seiner **Begründung** s. Vor § 186 Rn. 26, 27. – Der **Tenor** des Beschlusses kann lauten: *„Auf Antrag der Eheleute A vom... wird ausgesprochen: Die Eheleute A nehmen Y, geboren am... in..., als Kind an".*[31] Wird der Beschluss den Eltern und gesetzlichen Vertretern bekannt gemacht, sind bei einer **Inkognitoadoption** in der Beschlussausfertigung (dazu Rn. 16) Name und Anschrift des Antragstellers unkenntlich zu machen und durch die Nummer, unter der die Adoptanden in der Bewerberliste der Adoptionsvermittlungsstelle registriert sind, zu ersetzen.[32] – Mit dem Ausspruch der Annahme sind gewünschte **Namensänderungen** anzuordnen (§ 1757 Abs. 2 BGB)[33] und in den Tenor aufzunehmen: *„Der Angenommene führt den Namen..."*. Insoweit ist der Beschluss den weiteren Beteiligten nicht bekannt zu geben (dazu Rn. 15, 16). Vorabentscheidungen sind unzulässig.[34] – Vorzugsweise in den Tenor oder – ausreichend – in die Begründung des Beschlusses ist die inzident getroffene Feststellung aufzunehmen, dass das FamFG von der Entbehrlichkeit der **Einwilligung eines Elternteils** (§ 1747 Abs. 4 BGB) ausgeht (§ 197 Abs. 1 S. 2, vormals § 56e S. 1 Halbs. 1 FGG aF), „um bei einem etwaigen Aufhebungsantrag [wegen der Aufhebbarkeit des Annahmeausspruchs, wenn die Voraussetzungen zu Unrecht angenommen wurden, § 1760 Abs. 5 BGB] zweifelsfrei feststellen zu können, ob die Einwilligung eines Elternteils deshalb nicht eingeholt wurde, weil die Voraussetzungen des § 1747 Abs. 4 BGB für gegeben erachtet wurden".[35] – Zu den **Kosten** des Verfahrens s. Vor § 186 Rn. 39–41.

13 2. **Angabe der angewandten Vorschriften.** In dem Beschluss sind wegen der unterschiedlichen Wirkungen einer Annahme[36] – ob im Tenor oder in den Gründen hat der Gesetzgeber dem Gericht überlassen[37] – die **Vorschriften** anzugeben, auf die sich die Annahme „gründet" (§ 197 Abs. 1 S. 1, vormals § 56e S. 1 FGG aF). Die Angabe dient dazu, Unklarheiten im Rechtsverkehr, um welche Art der Annahme es sich handelt, auszuräumen.[38] Sie hat keine konstitutive Wirkung, sondern lediglich deklaratorische Bedeutung.[39] Aufzuführen sind danach die Vorschriften, auf die sich die Adoption als **Rechtsgrundlage** stützt,[40] wie auch diejenigen, welche die **Rechtswirkungen** der Adoption regeln.[41] Anzugeben ist deshalb,[42] ob es sich
   bei der **Minderjährigenadoption** um eine
   – allgemeine Volladoption, auch gemeinschaftliche Adoption durch Ehegatten (§§ 1741 Abs. 2 S. 1, 2, 1754, 1755 Abs. 1, 2 BGB),

---

[28] Im Ergebnis ebenso *Staudinger/Frank* § 1752 BGB Rn. 24.
[29] *Staudinger/Frank* § 1752 BGB Rn. 23; aA LG Duisburg DAVorm 1980, 227; wohl auch *Keidel/Engelhardt* § 197 Rn. 23.
[30] Ebenso *Staudinger/Frank* § 1752 BGB Rn. 24.
[31] Abweichende Formulierung bei *RGRK/Dickescheid* § 1752 BGB Rn. 19.
[32] MünchKommBGB/*Maurer* § 1752 Rn. 13, 15; *Jansen/Sonnenfeld* § 56e FGG Rn. 21.
[33] Dazu MünchKommBGB/*Maurer* § 1757 Rn. 2–10.
[34] KG OLGZ 1978, 135 = FamRZ 1978, 208 f.; *Keidel/Engelhardt* § 197 Rn. 15; Praxiskommentar FamFG/*Meysen* § 197 Rn. 3 (Angabe im Tenor sinnvoll).
[35] BT-Drucks. 7/3061, S. 79.
[36] BT-Drucks. 7/3061, S. 58.
[37] BT-Drucks. 7/3061, S. 79.
[38] BT-Drucks. 7/3061, S. 58.
[39] *Jansen/Sonnenfeld* § 56e FGG Rn. 46; *Keidel/Engelhardt* § 197 Rn. 16.
[40] OLG Karlsruhe StAZ 1979, 71 f. m. Anm. *Kollnig*.
[41] AA AG Bielefeld StAZ 1979, 331, 332.
[42] S. dazu auch *Keidel/Engelhardt* § 197 Rn. 13.

Beschluss   14–16 §§ 197, 198

– beschränkte Volladoption bei der Annahme eines mit den Annehmenden im 2. und 3. Grad verwandten und verschwägerten Kindes (§§ 1741 Abs. 2 S. 1, 2,[43] 1756 Abs. 1 BGB),
– Stiefkindadoption (§§ 1741 Abs. 2 S. 3, 1755 Abs. 2, 1756 Abs. 2 BGB),
oder um eine **Volljährigenadoption** mit
– beschränkter Wirkung (§§ 1767, 1770 BGB),
– den erweiterten Wirkungen einer Minderjährigenadoption (§ 1772 BGB)
handelt.

Die Praxis macht weitere Angaben, die gesetzlich nicht vorgeschrieben sind, und führt auch an   **14**
– § 1741 Abs. 2 S. 2 BGB,[44] obwohl bei der Annahme durch ein Ehepaar die sich daraus ergebende Rechtsfolge – der Anzunehmende wird **gemeinschaftliches Kind** der Ehegatten – kraft Gesetzes eintritt,
– die **Ersetzung** der Einwilligungen des Vormund oder Pflegers (§ 1746 Abs. 3 BGB), eines leiblichen Elternteils (§ 1748 BGB), des Ehegatten des Annehmenden (§ 1749 Abs. 1 S. 2, 3 BGB),
– dass die **Einwilligung** eines Elternteils nach § 1747 Abs. 4 BGB nicht für erforderlich gehalten wird (§ 197 Abs. 1 S. 2, vormals § 56e S. 1 Halbs. 2 FGG aF),
– den **Namen** des Angenommenen (§ 1757 BGB).[45]

3. Bekanntgabe. Außer den Annehmenden ist der Annahmebeschluss folgenden Beteiligten   **15**
bekannt zu geben:
– Dem **Angenommenen,** ggf. vertreten durch seinen gesetzlichen Vertreter (Vormund, Pfleger, § 1751 Abs. 1 S. 2, 3 BGB; zur Zustellung nach dem Tod des Annehmenden s. Rn. 18),
– im Falle einer Einzelannahme dem **Ehegatten** des Annehmenden (§ 1749 BGB),
– den leiblichen **Eltern** des Kindes (§§ 1747, 1748 BGB),
– nach dem Tod des Annehmenden auch dessen **Erben** – auch soweit sie, wie etwa die leiblichen oder angenommenen Kinder des Annehmenden, nicht Beteiligte sind (dazu § 188 Rn. 11) – und im Falle einer Einzelannahme dem **überlebenden Ehegatten,**[46]
zudem
– dem **Jugendamt** bzw. dem **Landesjugendamt,** ohne dass sie bislang am Verfahren beteiligt gewesen sein müssten (§ 188 Abs. 2, dazu dort Rn. 21), wenn sie angehört wurden oder eine fachliche Äußerung abgegeben haben (§§ 194 Abs. 2 S. 1, 195 Abs. 2 S. 1, vormals § 49 Abs. 3 FGG aF).[47] – Dies gilt auch, wenn sie zwar hätten angehört oder von ihnen eine fachliche Äußerung hätte eingeholt werden müssen, dies aber unterlassen wurde. Zum FGG ergibt sich dies bereits aus dem Wortlaut von § 49 Abs. 3 FGG aF,[48] ebenso aus § 195 Abs. 2 S. 1, während § 194 Abs. 2 S. 1 seinem Wortlaut nach darauf abzustellen scheint, dass das Jugendamt tatsächlich angehört wurde oder eine fachliche Äußerung abgegeben hat. Da sich aber der Gesetzgeber zu der unterschiedlichen sprachlichen Gestaltung nicht verhält und ausdrücklich davon spricht, dass §§ 194 Abs. 2 S. 1, 195 Abs. 2 S. 1 „dem bisherigen § 49 Abs. 3 FGG aF [entspricht]",[49] kann davon ausgegangen werden, dass er am nach dem FGG bestehenden Rechtszustand nichts ändern wollte.

Der Annahmebeschluss wird allen Beteiligten grundsätzlich durch **formlose** Übersendung einer   **16**
Beschlussausfertigung bekannt gegeben (dazu auch Vor § 186 Rn. 30, 31). Dies gilt auch für das Jugendamt und das Landesjugendamt, weil sie zwar beschwerdeberechtigt sind, der Annahmebeschluss aber nicht anfechtbar ist (§ 197 Abs. 3 S. 1, dazu Rn. 30). An andere Beteiligte als die Annehmenden, das anzunehmende Kind und das Jugendamt bzw. das Landesjugendamt erfolgt die Bekanntgabe ggf. unter Wahrung des **Inkognito** der Annehmenden (§ 41 Abs. 1 S. 1, vormals § 16 Abs. 1 FGG aF; zur Inkognitoadoption s. auch Rn. 12).[50] – Um die Wirksamkeit des Beschlusses herbeizuführen, ist er jedoch dem Annehmenden, nach seinem Tod dem anzunehmenden Kind

---

[43] Doch ist die Angabe von § 1741 Abs. 2 S. 2 BGB allein nicht ausreichend, weil das Verwandtschaftsverhältnis zu den bisherigen Verwandten erloschen sei, was nicht sein muss, weil auch Verwandte iSd. § 1756 ein Kind gemeinschaftlich annehmen können, aA OLG Karlsruhe StAZ 1979, 71 f. m. Anm. *Kollnig*.
[44] OLG Karlsruhe StAZ 1979, 71 m. Anm. *Kollnig*; *Lobensteiner* StAZ 1980, 256.
[45] *Frank* StAZ 2008, 1, 4.
[46] *Staudinger/Frank* § 1753 BGB Rn. 11; *Engelhardt,* in: *Keidel/Kuntze/Winkler* Rn. 19; *Jansen/Sonnenfeld* Rn. 25, jeweils zu § 56e FGG; *Keidel/Engelhardt* § 197 Rn. 18.
[47] Dies soll nicht nur der gegenseitigen Informationsbeschaffung dienen, sondern auch der vertrauensvollen Zusammenarbeit zwischen FamG und Jugendbehörden, *Engelhardt,* in: *Keidel/Kuntze/Winkler* Rn. 14; *Jansen/Zorn* Rn. 25, jeweils zu § 24 FGG.
[48] Ebenso *Jansen/Zorn* § 49 FGG Rn. 24.
[49] BT-Drucks. 16/6308, S. 248 [Zu § 194 (Anhörung des Jugendamts)] und [Zu § 195 (Anhörung des Landesjugendamts)].
[50] *Staudinger/Frank* § 1752 BGB Rn. 34.

förmlich **zuzustellen** (§ 197 Abs. 2, vormals § 56e S. 2 FGG aF; dazu Rn. 18; s. auch § 1753 Abs. 2, 3 BGB; die Zustellung richtet sich nach § 15 Abs. 2, §§ 166–195 ZPO). Dies gewährleistet auch die zuverlässige Bestimmung der absoluten Frist zur Beantragung der Aufhebung des Annahmeverhältnisses (3 Jahre seit der Annahme, § 1762 Abs. 2 S. 1 BGB).

V. Wirksamkeit

17   1. **Eintritt.** Der Annahmebeschluss wird mit der **Zustellung** einer Beschlussausfertigung an den Annehmenden wirksam,[51] bei einer Annahme durch Ehegatten (§ 1741 Abs. 2 S. 2 BGB) mit der Zustellung an beide Annehmenden, mithin mit der letzten Zustellung an einen der Ehegatten.[52] Die Bekanntgabe an die anderen Beteiligten beeinflusst die Wirksamkeit des Annahmebeschlusses nicht.[53] Sie tritt damit gleichsam *inter omnes* ein, wie auch die formelle Rechtskraft (dazu Rn. 30) *inter omnes* wirkt.[54] – Mit der (letzten) Zustellung beginnt die Dreijahresfrist für einen Aufhebungsantrag (§ 1762 Abs. 2 S. 1 Halbs. 2 BGB, dazu Rn. 16).

18   Nach dem **Tod eines Annehmenden** (s. § 1753 Abs. 2, 3 BGB) ist zu unterscheiden:
– War der Adoptionsantrag auf die **gemeinschaftliche Annahme** durch eine Ehepaar gerichtet (§ 1742 Abs. 2 S. 2 BGB), wird der Annahmebeschluss durch die Zustellung an den überlebenden Ehegatten wirksam.[55] Eine Zustellung an das anzunehmende Kind mag zwar zur Klarstellung wünschenswert sein,[56] doch bedarf es ihrer nicht.
– War der Antrag auf eine **Einzelannahme** auch in Form der Stiefelternadoption gerichtet (§ 1741 Abs. 2 S. 2–4 BGB), wird der Annahmebeschluss mit der Zustellung an das Kind wirksam (§ 197 Abs. 2, vormals § 56e S. 2 FGG aF).[57] Für ein Kind, welches das 14. Lebensjahr noch nicht vollendet hat oder geschäftsunfähig ist, erfolgt die Zustellung an seinen gesetzlichen Vertreter.

19   Nach dem **Tod des Kindes,** das angenommen werden soll, kann eine Annahme nicht mehr erfolgen (§ 1753 Abs. 1 BGB), das Annahmeverfahren ist beendet (dazu auch Vor § 186 Rn. 32). Ein bereits ergangener Annahmebeschluss ist nicht mehr zuzustellen (s. dazu auch Rn. 22, 26). Wird der Annahmebeschluss den Annehmenden gleichwohl noch zugestellt, wird er trotzdem nicht wirksam. Zur Feststellung der Unwirksamkeit s. Rn. 23.

20   2. **Nichtigkeit.** Das bewusste Absehen des Gesetzgebers von einer Regelung der „seltenen Fälle der Nichtigkeit einer Annahme"[58] führt zu erheblicher Rechtsunsicherheit. Doch ist neben der Aufhebung der Annahme für eine „Nichtigkeit" nur in eng begrenzten **Ausnahmefällen** unter Anlegung eines sehr strengen Maßstabs[59] Raum, etwa wenn „es an jeder gesetzlichen Grundlage für die Entscheidung fehlt oder... die Entscheidung eine der Rechtsordnung ihrer Art nach unbekannte Rechtsfolge ausspricht",[60] weil die durch die Annahme begründeten Statusverhältnisse erhöhten Bestandsschutz genießen[61] und die für Rechtsgeschäfte vorgesehenen Nichtigkeitsgründe für die Annahme durch Dekret nicht gelten.[62] Sowohl **verfahrensrechtliche** – s. dazu auch den Ausschluss eines Wiederaufnahmeantrags iSd. § 48 Abs. 2, § 579 ZPO (dazu Rn. 37) – als auch **materiellrechtliche Mängel** führen deshalb grundsätzlich nur zur Aufhebbarkeit der Annahme, die in § 1760 BGB abschließend geregelt ist.[63]

---

[51] BayObLGZ 1998, 279 = NJW-RR 1999, 1379 = FamRZ 1999, 1667, 1668f. (zur Ersatzzustellung).
[52] *Soergel/Liermann* § 1752 BGB Rn. 14; *Engelhardt,* in: *Keidel/Kuntze/Winkler* Rn. 15; *Jansen/Sonnenfeld* Rn. 24, jeweils zu § 56e FGG.
[53] *Jansen/Sonnenfeld* § 56e FGG Rn. 21; *Keidel/Engelhardt* Rn. 19; *Bumiller/Harders* Rn. 8, jeweils zu § 197.
[54] Praxiskommentar FamFG/*Meysen* § 197 Rn. 5; dazu auch *Jansen/Sonnenfeld* § 56e FGG Rn. 24; einschränkend wohl *Keidel/Engelhardt* Rn. 19 und *Bumiller/Harders* Rn. 8, jeweils zu § 197: „für alle Beteiligten".
[55] *Soergel/Liermann* Rn. 7; MünchKommBGB/*Maurer* Rn. 6, jeweils zu § 1753 BGB; *Jansen/Sonnenfeld* Rn. 25; aA *Engelhardt,* in: *Keidel/Kuntze/Winkler* Rn. 19, jeweils zu § 56e FGG; wohl auch – „sinnvoll" – *Staudinger/Frank* § 1753 BGB Rn. 11, der allerdings davon ausgeht, dass die in Unkenntnis des Todes eines Ehegatten ausgesprochene Annahme nicht wirksam ist (s. aber § 1753 Abs. 2, 3 BGB, dazu MünchKommBGB/*Maurer* § 1753 Rn. 7).
[56] *Soergel/Liermann* § 1753 BGB Rn. 7.
[57] Zur Gewährung rechtlichen Gehörs durch Einhaltung der Zustellungsvorschriften s. BayObLGZ 2000, 14 = NJW-RR 2000, 1452 = FamRZ 2000, 1097f.
[58] BT-Drucks. 7/3061, S. 46.
[59] BayObLGZ 1996, 77 = NJW-RR 1996, 1093 = FamRZ 1996, 1034, 1035 m. weit. Nachw.
[60] BayObLGZ 2002, 155 = FamRZ 2002, 1649, 1650 m. weit. Nachw.; BayObLG FamRZ 2005, 1010, 1011.
[61] BayObLGZ 1996, 77 = NJW-RR 1996, 1093 = FamRZ 1996, 1034, 1035 m. Anm. *Liermann* FamRZ 1997, 112; OLG Düsseldorf FGPrax 2008, 23 = FamRZ 2008, 1282, 1283.
[62] BGHZ 103, 12 = NJW 1988, 1139 = FamRZ 1988, 390, 392 m. Bspr. *Hohloch* JuS 1988, 655 und Anm. *Jayme* IPRax 1988, 251; *Soergel/Liermann* § 1759 BGB Rn. 5. Auch die im Gesetzgebungsverfahren zum Gesetz über die Annahme als Kind und zur Änderung anderer Vorschriften (AdoptG) v. 2. 7. 1976 (BGBl. I S. 1749) gezogene Parallele zu § 16 EheG aF (BT-Drucks. 7/3061 S. 46 [zu § 1759 Abs. 3]) geht fehl: Durch Vertrag wird die Ehe geschlossen, nicht (mehr) aber auch ein Kind angenommen.
[63] Verfassungsmäßigkeit offen gelassen von BVerfGE 78, 201 = DAVorm 1988, 689, 690.

Beschluss　　　　　　　　　　　　　　　　　　　　　　21　§§ 197, 198

Wirksam ist insbesondere: 21
- Die **Einzelannahme** durch einen Ehegatten gegen § 1741 Abs. 2 S. 2 BGB und ohne Vorliegen der Voraussetzungen aus § 1741 Abs. 2 S. 3, 4 BGB.
- Die gemeinschaftliche Annahme durch **Unverheiratete**.[64] Sie schafft keine Kollision der Elternrechte, sondern ordnet mit der Zuweisung von Rechten und Pflichten verheirateter Eltern an nicht verheiratete Personen eine im positiven Recht zwar nicht vorgesehene, aber logisch und praktisch mögliche Rechtsfolge an. Dieser objektiv rechtswidrige Zustand kann durch Heirat der Beteiligten, durch Beschränkung der Annahme auf einen Beteiligten und durch Aufhebung der Annahme beseitigt werden. Eine schematische Nichtigkeit ist ebenso unangemessen[65] wie Sanktionslosigkeit. Nur die Aufhebbarkeit bietet die notwendige Flexibilität.[66] Damit wird freilich eine Erweiterung der Aufhebungsgründe um den Fall, dass eine im Gesetz nicht vorgesehene Rechtsfolge (Ehelichkeit im Verhältnis zu Unverheirateten) angeordnet wurde, unvermeidlich. Die durch den Wortlaut „nur" nahe gelegte restriktive Auslegung von §§ 1759–1763 BGB erweist sich als nicht durchführbar: Lässt man die Aufhebung nicht zu, wird weitergehend Nichtigkeit, zumindest eine erhebliche Rechtsunsicherheit erzeugt. Bei der **Volljährigenadoption** besteht ein vergleichbarer Vertrauensschutz nicht.[67]
- Die entgegen § 1742 BGB ausgesprochene **mehrfache Einzelannahme**,[68] weil bei ihrer Behandlung als nichtig[69] das durch die §§ 1760, 1761 BGB geschützte Vertrauen des Minderjährigen verletzt würde. Werden bei – paralleler oder sukzessiver – mehrfacher Einzelannahme durch die mehrfache Schaffung eines Kindschaftsstatus mit Ausschließlichkeitswirkung[70] kollidierende Elternrechte begründet, kann eine Aufhebung nach § 1763 BGB erfolgen, bei sukzessiver Einzelannahme zudem nach § 1760 BGB, wenn für die Zweitadoption, wie regelmäßig, die erforderlichen Einwilligungen fehlen. Stellt sich – etwa bei einer Scheinehe der Annehmenden – der Mangel nach Auflösung der Verbindung zwischen den einzeln Annehmenden erst nach Jahren heraus, darf aber die faktische Eltern-Kind-Beziehung nicht ignoriert und ein Rechtsverhältnis zu den leiblichen Eltern nicht ohne weiteres wieder begründet werden. Vielmehr verliert die Erstadoption auf Grund der Zweitadoption ihre Wirkungen.[71]
- Der Ausspruch der Volljährigenadoption eines **Minderjährigen** und der Minderjährigenadoption eines **Volljährigen** (dazu Rn. 15, 25, Vor § 186 Rn. 15).
- Die Annahme nach dem **Tod des Annehmenden,** ohne dass der Antrag beim VormG/FamG bereits eingereicht oder der den Annahmeantrag beurkundende Notar bei oder nach der Beurkundung mit der Einreichung des Antrags betraut worden war (§ 1753 Abs. 2 BGB),[72] weil sie nicht generell unzulässig ist.
- Eine – unbewusste – **Namensbestimmung,** die das Gesetz nicht kennt, weil es sich meist um eine falsche Rechtsanwendung handelt,[73] die zudem mit der Beschwerde angefochten werden kann (dazu Rn. 33).
- Eine Annahme ohne wirksamen **Antrag** des Annehmenden (§ 1752 Abs. 1 BGB)[74] – sonst ein weitgehend anerkannter Nichtigkeitsgrund[75] –, **Einwilligung** des Kindes (§ 1746 BGB) einschließlich der **Zustimmung** seines gesetzlichen Vertreters (§ 1746 Abs. 1 S. 3 BGB) oder Einwilligung eines leiblichen Elternteils (§ 1747 BGB) – dies lässt nach § 1760 BGB die Wirksamkeit der Adoption ausdrücklich unberührt und führt lediglich zu ihrer Aufhebbarkeit – und ohne die fehlende Einwilligung eines Ehegatten (§ 1749 BGB).

---

[64] AA BayObLGZ 1996, 77 = NJW-RR 1996, 1093 = FamRZ 1996, 1034, 1035 m. weit. Nachw.; LG Bad Kreuznach StAZ 1985, 167; *Staudinger/Frank* § 1759 BGB Rn. 6; *Jansen/Sonnenfeld* § 53e FGG Rn. 41.

[65] BayObLGZ 1984, 230 = FamRZ 1985, 201, 203; LG Braunschweig FamRZ 1988, 106.

[66] Ähnlich LG Münster StAZ 1983, 316.

[67] Dazu MünchKommBGB/*Maurer* § 1771 Rn. 13.

[68] Ebenso *Staudinger/Frank* § 1742 BGB Rn. 16 m. weit. Nachw.; *Erman/Saar* § 1759 BGB Rn. 3; aA etwa RGRK/*Dickescheid* § 1759 BGB Rn. 3.

[69] So LG Bad Kreuznach StAZ 1985, 167 für parallele Einzelannahme durch Geschwister, freilich von Volljährigen (dazu MünchKommBGB/*Maurer* § 1771 Rn. 13); *Erman/Saar* § 1759 BGB Rn. 4 für gemeinschaftliche Annahme durch Unverheiratete und Zweitadoption; ebenso RGRK/*Dickescheid* § 1759 BGB Rn. 3; offen gelassen von BGHZ 103, 12 = NJW 1988, 1139 = FamRZ 1988, 390, 391 f. m. Bspr. *Hohloch* JuS 1988, 655 und Anm. *Jayme* IPRax 1988, 251.

[70] *Nied* StAZ 1982, 23; im Ergebnis ebenso LG Braunschweig FamRZ 1988, 106.

[71] *Staudinger/Frank* Rn. 17; *Soergel/Liermann* Rn. 12, jeweils zu § 1742 BGB.

[72] AA *Jansen/Sonnenfeld* § 53e FGG Rn. 41.

[73] *v. Bar* StAZ 1980, 67, 68.

[74] OLG Düsseldorf NJWE-FER 1996, 67 = FamRZ 1997, 117 (Adoptionsbeschluss trotz Rücknahme des Adoptionsantrags); MünchKommBGB/*Maurer* Rn. 18; *Staudinger/Frank* Rn. 7, jeweils zu § 1759 BGB.

[75] MünchKommBGB/*Maurer* 1759 BGB Rn. 18.

§§ 197, 198 22, 23   Buch 2. Abschnitt 5. Verfahren in Adoptionssachen

- Eine Entscheidung ohne Einholung der **fachlichen Äußerung** nach § 189 (dazu dort Rn. 18).
- Die Verletzung des Anspruchs der Beteiligten auf Gewährung **rechtlichen Gehörs**. Eine Korrektur ermöglicht allerdings die Anhörungsrüge (§§ 44, 68 Abs. 3 S. 1) und die Verfassungsbeschwerde (dazu Rn. 30, Vor § 186 Rn. 47–50).

22 **Nichtig** und deshalb unwirksam ist dagegen:
- Die Annahme nach dem **Tod des Angenommenen** (§ 1753 Abs. 1 BGB, dazu auch Rn. 15, 19).[76]
- Die Annahme des Kindes durch seinen **leiblichen Elternteil** (dazu auch Rn. 21; anders das bis zum 30. 6. 1998 geltende Recht, dazu Rn. 25, 26); die Annahme durch den mitadoptierenden Ehegatten ist dagegen wirksam.[77]
- Die Annahme seines **Ehegatten** (§ 1766 BGB).[78]
- Der Ausspruch der Annahme bei Fehlen der **statusmäßigen** Adoptionsvoraussetzungen, etwa wenn der Annehmende sein eigenes Kind annimmt.[79]
- Eine **bewusste Namensbestimmung**, die das Gesetz nicht kennt.[80] Sie führt idR nur zur Teilnichtigkeit des Annahmebeschlusses,[81] zur Gesamtnichtigkeit und damit Unwirksamkeit des Adoptionsausspruchs (§ 139 BGB) jedoch dann, wenn die weitere Führung des bisherigen Namens unabdingbare Voraussetzung für die Adoptionsbereitschaft des Angenommenen war, was insbesondere den Adoptionsakten, vornehmlich dem Adoptionsantrag zu entnehmen ist.[82]
- Der Ausspruch der Annahme durch ein anderes Gericht als das **FamG**.[83]
- Die Entscheidung durch den **Rechtspfleger** statt den Richter (§ 8 Abs. 4 S. 1 RPflG; zur funktionellen Zuständigkeit s. auch Vor § 186 Rn. 8, 9).

23 **3. Verfahrensrechtliche Geltendmachung der Unwirksamkeit.** Obwohl die – ggf. teilweise (dazu Rn. 22) – Unwirksamkeit des Adoptionsdekrets, das keinerlei Wirkungen erzeugt, jederzeit geltend gemacht werden kann, kann ein Bedürfnis für ihre Feststellung bestehen, um den Rechtsschein der Wirksamkeit zu beseitigen. Hierzu sind mehrere Wege denkbar:
- Zunächst ist ein **Statusverfahren** nach § 169 Nr. 1 (vormals § 640 Abs. 2 Nr. 1 ZPO) zu betreiben, gerichtet auf die Feststellung des Nichtbestehens eines Eltern-Kind-Verhältnisses.[84] Der Antrag kann von jedem gestellt werden, der ein unmittelbares Interesse an der Feststellung hat, also von den Annehmenden, dem Angenommenem und den leiblichen Eltern des Kindes, aber auch – als potentiellen Erben – vom Ehegatten des Annehmenden und seinen Kindern. Zu richten ist er von den Annehmenden gegen den Angenommenen, vom Angenommenen gegen die Annehmenden und von den leiblichen Eltern gegen Annehmende und Angenommenen. Die Feststellung entfaltet Rechtskraftwirkungen inter omnes (§ 184 Abs. 2, vormals § 640h Abs. 1 S. 1 ZPO).
- Das Statusverfahren ist recht aufwändig und kompliziert. Deshalb wird es allgemein für zulässig gehalten, auf Antrag eines Beteiligten, für den ein Rechtsschutzbedürfnis bestehen muss, das Annahmeverfahren **fortzusetzen** und festzustellen, dass der Annahmebeschluss nicht wirksam geworden ist.[85] Prozessual ist dies folgerichtig, weil ein unwirksamer Beschluss nicht nur keine materiellrechtlichen Wirkungen erzeugt, sondern auch das Verfahren nicht abschließt. Deshalb ist weder ein Aufhebungsverfahren zu betreiben noch kann eine außerordentliche Beschwerde gegen den Annahmebeschluss – zu dessen Unanfechtbarkeit s. Rn. 30–32 – eingelegt werden.[86]

---

[76] BayObLGZ 1996, 77 = NJW-RR 1996, 1093 = FamRZ 1996, 1034, 1035 m. weit. Nachw. und m. Anm. *Liermann* FamRZ 1997, 112.
[77] LG Hamburg StAZ 1959, 101.
[78] Dazu MünchKommBGB/*Maurer* § 1766 Rn. 2.
[79] BayObLGZ 1996, 77 = NJW-RR 1996, 1093 = FamRZ 1996, 1034, 1035 m. weit. Nachw. und m. Anm. *Liermann* FamRZ 1997, 112.
[80] *v. Bar* StAZ 1980, 67, 68 („offenkundig falsche Kompetenzanmaßung").
[81] OLG Karlsruhe FGPrax 1999, 58 = FamRZ 2000, 115, 116; *Jansen/Sonnenfeld* § 53e FGG Rn. 42; *Liermann* FamRZ 2000, 722 f. – Zu einem Fall der bewusst vom Gesetz abweichenden Namensbestimmung s. AG Leverkusen FamRZ 2008, 2058 f. m. abl. Anm. *Maurer* FamRZ 2009, 440.
[82] Dazu BayObLG FamRZ 2003, 1869; OLG Celle FamRZ 1997, 115; OLG Karlsruhe FGPrax 1999, 58 = FamRZ 2000, 115, 116; OLG Hamm FGPrax 2001, 20 = FamRZ 2001, 859, 860 f.; *Frank* StAZ 2008, 1, 5.
[83] MünchKommBGB/*Maurer* Rn. 18; *Staudinger/Frank* Rn. 7, jeweils zu § 1759 BGB; aA *Zimmermann*, in: Keidel/Kuntze/Winkler § 7 FGG Rn. 24 a.
[84] AllgM, etwa OLG Düsseldorf FamRZ 1997, 117; *Staudinger/Frank* § 1759 BGB Rn. 8.
[85] *Staudinger/Frank* § 1759 BGB Rn. 8; *Kahl*, in: Keidel/Kuntze/Winkler § 19 FGG Rn. 86, 87 „Elterliche Sorge"; *Zimmermann*, in: Keidel/Kuntze/Winkler § 7 FGG Rn. 28; *Engelhardt*, in: Keidel/Kuntze/Winkler Rn. 26; *Jansen/Sonnenfeld* Rn. 41, jeweils zu § 56e FGG.
[86] AA *Staudinger/Frank* § 1759 BGB Rn. 8.

VI. Wirkungen

1. Grundsätze. Der Annahmebeschluss entfaltet Wirkungen entsprechend § 184 Abs. 2 (vormals 24 § 640h Abs. 1 S. 1 ZPO) **inter omnes** (s. etwa § 4 Abs. 2 S. 1 AdWirkG). Er wirkt **rechtsgestaltend**.[87] – Seine **konstitutiven** Wirkungen treten **ex nunc** ab seiner Wirksamkeit (dazu Rn. 17–19) ein und wirken nicht auf den Zeitpunkt der Einreichung des Annahmeantrags zurück.[88] Diese beziehen sich **zivilrechtlich** auf die statusrechtlichen Beziehungen des Kindes zu den Annehmenden und zu seinen leiblichen Eltern (§§ 1754–1756 BGB) mit ihren Folgewirkungen insbesondere zum Namens-, Sorge-, Umgangs-, Unterhalts-, Erb- und Eheschließungsrecht und **öffentlich-rechtlich** auf das Straf-, Steuer-, Staatsangehörigkeits-, Sozial-, Sozialhilfe- und Verfahrensrecht.[89] – Dagegen hat die Angabe der **Vorschriften,** auf die sich die Annahme „gründet" (dazu Rn. 13, 14), nur **deklaratorische** Bedeutung; ihr Fehlen bleibt ohne Rechtsfolgen.[90]

2. Annahme. Der Annahmebeschluss entfaltet Wirkungen grundsätzlich nach der Art der Annahme, die ihm zugrunde gelegt worden ist. Danach gilt: 25
– Die **gemeinschaftliche Annahme** des Kindes eines Ehegatten gegen § 1741 Abs. 2 S. 3, 4 BGB, der die Annahme des eigenen Kindes nicht (mehr) kennt und ausschließlich eine Einzelannahme vorsieht,[91] ist schon deshalb unschädlich und wirksam (dazu auch Rn. 22), weil damit nicht in die Statusbeziehungen zum leiblichen Elternteil und zu dessen Verwandtschaft eingegriffen wird.
– Wurde ein **Minderjähriger** als Volljähriger adoptiert, hat der Annahmebeschluss lediglich die Wirkungen einer Volljährigenadoption nach § 1770 BGB. Er kann nur nach §§ 1771 S. 2, 1760 BGB aufgehoben werden,[92] deren Voraussetzungen idR aber nicht vorliegen dürften. Auch ist er nicht nichtig (dazu Rn. 21). Zulässig ist jedoch eine Nachadoption entsprechend § 1772 Abs. 1 S. 1 lit. d BGB, obwohl dieser gerade keine nachträgliche Änderung[93] und auch keine Minderjährigenadoption, sondern unter weiteren Voraussetzungen eine Volljährigenadoption mit den Wirkungen einer Minderjährigenadoption vorsieht.
– Wurde die Annahme eines **Volljährigen** unter Nichtbeachtung von § 1772 Abs. 1 S. 1 lit. d BGB als Minderjähriger ausgesprochen, ist sie mit den Wirkungen einer Minderjährigenadoption wirksam.[94] Zwar wurden dann die weiteren Voraussetzungen nicht geprüft, doch ist der Annahmebeschluss trotz Fehlerhaftigkeit nicht nichtig (dazu Rn. 21, 22). Zur Unabänderbarkeit des Annahmebeschlusses s. Rn. 34–36.

Wirkungslos und deshalb rechtsfolgenlos sind nichtige Adoptionsdekrete (dazu Rn. 22). Aus 26 materiellrechtlichen Gründen betrifft dies die Annahme des Kindes durch seinen **leiblichen Elternteil** (dagegen ist die Annahme durch den mitadoptierenden Ehegatten wirksam),[95] nach seinem **Tod** und die Annahme des **Ehegatten** (§ 1766 BGB).[96]

3. Name. Zum vom Angenommenen nach der Adoption geführten **Namen** ist zu unterscheiden: 27
– Liegen die gesetzlichen Voraussetzungen vor, treten zum **Geburtsnamen** des Angenommenen die Rechtswirkungen der Annahme (§ 1757 Abs. 1–3 BGB) von Gesetzes wegen ein; Feststellungen hierzu im Annahmebeschluss sind grundsätzlich nur deklaratorischer Natur.[97] Dies jedenfalls insoweit, als das FamG auch die Rechtsfolge ausspricht, die sich aus dem Gesetz ergibt. Weicht das FamG von der gesetzlichen Regelung ab, wirkt sein Ausspruch konstitutiv. Insoweit handelt es sich auch um eine „Entscheidung" im eigentlichen Sinne, an die auch der Standesbeamte gebunden ist, es sei denn, sie wäre nichtig (dazu Rn. 20–22).[98]
– Wurde der **Vorname** des Anzunehmenden geändert oder seinem bisherigen Vornamen weitere Vornamen hinzugefügt (§ 1757 Abs. 4 Nr. 1 BGB) oder dem neuen **Familiennamen** der alte vorangestellt oder angefügt (§ 1757 Abs. 4 Nr. 2 BGB), hat die Entscheidung, weil es für die Namensänderung eines Ausspruchs des FamG bedarf, konstitutiven Charakter.

---

[87] *Soergel/Liermann* § 1752 BGB Rn. 14.
[88] *Engelhardt,* in: *Keidel/Kuntze/Winkler* § 56 FGG Rn. 20; *Keidel/Engelhardt* Rn. 19; Praxiskommentar FamFG/*Meysen* Rn. 5, jeweils zu § 197.
[89] Zu den Einzelheiten s. MünchKommBGB/*Maurer* §§ 1754, 1755 Rn. 4–9.
[90] *Jansen/Sonnenfeld* § 56e FGG Rn. 46.
[91] Dazu näher MünchKommBGB/*Maurer* § 1741 Rn. 3.
[92] BayObLGZ 1986, 155, 159 f.
[93] Deshalb kritisch, gleichwohl zustimmend *Staudinger/Frank* § 1752 BGB Rn. 27.
[94] BayObLGZ 1996, 77 = NJW-RR 1996, 1093 = FamRZ 1996, 1034; *Liermann* FamRZ 1997, 112.
[95] LG Hamburg StAZ 1959, 101.
[96] Dazu MünchKommBGB/*Maurer* § 1766 Rn. 2.
[97] Wohl aA *Jansen/Sonnenfeld* § 56e FGG Rn. 45.
[98] Dazu *Frank* StAZ 2008, 1, 4.

VII. Berichtigungen. Ergänzungen

28 Über offensichtliche Schreibfehler hinausgehende Berichtigungen (§ 42)[99] und Ergänzungen des Annahmebeschlusses (§ 43) sind wegen seiner Unanfechtbarkeit und Unabänderbarkeit grundsätzlich **unzulässig**. Insbesondere können ihm nicht nachträglich weitere Vorschriften, auf die sich die Annahme gründet (§ 197 Abs. 1 S. 1, dazu Rn. 13, 14), hinzugefügt werden,[100] weil deren Aufnahme in den Annahmebeschluss unabhängig von einem Antrag ist, oder einer Volljährigenadoption die Wirkungen einer Minderjährigenadoption beigegeben werden, wenn dies nicht vor Erlass des Beschlusses beantragt war und der entsprechende Ausspruch lediglich versehentlich unterlassen wurde.[101]

29 Das FamG kann den Annahmebeschluss aber zu **Namensänderungen** des Angenommenen ergänzen, die bereits vor Wirksamkeit des Annahmebeschlusses (dazu Rn. 17) beantragt worden sind (§ 43 Abs. 1), weil er insoweit nicht unter demselben unbedingten, von der Rechtssicherheit geforderten Bestandsschutz wie der Annahmeausspruch steht.[102] Ein erst nach Wirksamwerden des Annahmebeschlusses gestellter Antrag auf Namensänderung ist dagegen nicht mehr Gegenstand des Annahmeverfahrens und kann nicht zu einer Ergänzung führen, vielmehr ist er unstatthaft und deshalb zurückzuweisen.[103]

VIII. Anfechtbarkeit. Abänderbarkeit

30 1. Unanfechtbarkeit. a) **Annahmebeschluss**. Der Beschluss, der die Annahme als Kind eines Minderjährigen wie eines Volljährigen ausspricht, ist im Interesse des Kindes an der positiven Entwicklung einer gesicherten, kontinuierlichen Statusbeziehung,[104] die durch einen Aufschub der Bestandskraft gefährdet werden könnte, und iSd. Rechtssicherheit **unanfechtbar** (§ 197 Abs. 3 S. 1). Das anzunehmende Kind ist durch das Erforderlichkeit seiner Einwilligung, die es zudem bis zum Ausspruch der Annahme widerrufen kann, ausreichend geschützt.[105] Die Unanfechtbarkeit erstreckt sich auch auf die Entscheidung zum **Namen** des angenommenen Kindes nach § 1757 Abs. 1 S. 1, Abs. 4 BGB.[106] Zur Anfechtbarkeit von Entscheidungen in selbständigen **Feststellungsverfahren** s. Rn. 11. – Die sich aus dem Gesetz ergebende Unanfechtbarkeit des Annahmebeschlusses führt dazu, dass Wirksamkeit und **formelle Rechtskraft** gleichzeitig eintreten.[107] – Grundsätzlich unerheblich ist, ob der Annahmebeschluss verfahrensordnungsgemäß zustande gekommen und materiellrechtlich zutreffend ist.[108] Die Grenze dessen, was hinzunehmen ist, ist die **Nichtigkeit** des Adoptionsdekrets (dazu Rn. 20–22). I. Ü. kann nur die **Aufhebung** des Annahmeverhältnisses nach §§ 1759 ff., 1771 BGB betrieben werden. – Auch eine **Gegenvorstellung** und eine außerordentliche Beschwerde wegen **„greifbarer Gesetzwidrigkeit"** ist nicht zulässig (dazu Vor § 186 Rn. 47). Zulässig sind dagegen die **Anhörungsrüge** (§§ 44, 68 Abs. 3 S. 1, vormals § 29a FGG aF) und die **Verfassungsbeschwerde** (dazu Vor § 186 Rn. 48, 49).

31 b) **Entscheidungen des Beschwerdegerichts**. Die in § 197 Abs. 3 S. 1 angeordnete Unanfechtbarkeit, die auch zur Unstatthaftigkeit der Rechtsbeschwerde führt, erfasst jedenfalls auch eine Entscheidung, durch die das **OLG** auf zulässige Beschwerde (dazu Rn. 43–46) die familiengerichtliche Entscheidung abändert und die Annahme ausspricht.

32 Zum alten Recht war streitig, ob die Unanfechtbarkeit auch Entscheidungen des OLG erfasst, durch die **festgestellt** wird, dass ein bestimmtes Annahmehindernis nicht besteht, oder das FamG **angewiesen** wird, die Annahme nicht aus einem im den Annahmeantrag abweisenden Beschluss

---

[99] *Keidel/Kuntze/Winkler/Schmidt* § 18 FGG Rn. 59 ff.
[100] LG Stuttgart StAZ 1984, 247; aA *Keidel/Engelhardt* § 197 Rn. 26.
[101] OLG Frankfurt a. M. FGPrax 2009, 17 = FamRZ 2009, 356.
[102] OLG Düsseldorf DAVorm 1983, 87, 88; OLG Hamm OLGZ 1983, 423 = FamRZ 1983, 649 (LS) (Antrag nach § 1757 Abs. 2 S. 1 BGB); AG Köln StAZ 1982, 178; dazu auch MünchKommBGB/*Maurer* § 1757 Rn. 11; aA BayObLGZ 1979, 346 = StAZ 1980, 65 = FamRZ 1980, 501 (LS) (Antrag nach § 1757 Abs. 2 S. 1 BGB).
[103] AllgM, s. lediglich BayObLGZ 1979, 346 = StAZ 1980, 65, 66 f. m. Anm. *v. Bar* = FamRZ 1980, 501 (LS); BayObLG StAZ 2003, 44 m. weit. Nachw. = FamRZ 2003, 1773 (LS); OLG Köln FamRZ 2003, 1773; *Engelhardt*, in: *Keidel/Kuntze/Winkler* § 56e FGG Rn. 15; *Keidel/Engelhardt* Rn. 27 m. weit. Nachw.; *Bumiller/Harders* Rn. 12, jeweils zu § 197.
[104] Dazu MünchKommBGB/*Maurer* Vor § 1741 Rn. 4.
[105] BT-Drucks. 7/3061, S. 58 f.; *Engelhardt*, in: *Keidel/Kuntze/Winkler* § 56e FGG Rn. 22; *Keidel/Engelhardt* Rn. 21; *Bumiller/Harders* Rn. 12, jeweils zu § 197; *Lüderitz* NJW 1976, 1865, 1869.
[106] BayObLGZ 1979, 346 = StAZ 1980, 65 = FamRZ 1980, 501 (LS); OLG Hamm OLGZ 1983, 423 = StAZ 1983, 200 = FamRZ 1983, 649 (LS); *Palandt/Diederichsen* § 1757 BGB Rn. 12; *Keidel/Engelhardt* § 197 Rn. 23.
[107] BGHZ 109, 211 = NJW-RR 1990, 323 = FamRZ 1990, 283, 286 f.; BGHZ 178, 47 = NJW 2009, 594 = FamRZ 2008, 2019, 2020.
[108] OLG Düsseldorf FGPrax 2008, 23; *Jansen/Sonnenfeld* § 56e FGG Rn. 28.

angegebenen Grund zu versagen,[109] weil auch der Annahmeausspruch, hätte sich das FamG nicht auf diesen Umstand gestützt, unanfechtbar gewesen wäre. Der Auffassung, die von der Anfechtbarkeit solcher Beschwerdeentscheidungen ausgeht, ist zuzustimmen (dazu auch Rn. 11). – Da nach dem FamFG die **Rechtsbeschwerde** zulassungsgebunden ist, stellt sich die Frage nach ihrer Zulassung (§ 70 Abs. 1, 2). Der Grund für den Ausschluss der Anfechtbarkeit, den Bestand des Annahmeausspruchs zu schützen und daneben auch das Verfahren zu beschleunigen,[110] steht auch der Zulassung der Rechtsbeschwerde gegen solche Feststellungen und Anweisungen über den Wortlaut von § 70 Abs. 2 hinaus entgegen. Zur gleichwohl erfolgten Zulassung s. Rn. 46.

c) Folgeregelungen. Anfechtbar ist der Annahmebeschluss aber, soweit nicht die Annahme, sondern mit ihr ausgesprochene Folgeregelungen angefochten werden sollen. Bis 31. 8. 2009 ist die einfache Beschwerde nach § 19 FGG aF der zulässige Rechtsbehelf, ab 1. 9. 2009 die fristgebundene Beschwerde nach §§ 58, 63 (zur Übergangsregelung s. Vor § 186 Rn. 52, 53). Beiden kann das FamG/VormG abhelfen (§ 68 Abs. 1 S. 1, § 18 FGG aF). Dies gilt etwa, wenn einem Antrag 33
– auf **Änderung des Namens** des Kindes (§ 1757 Abs. 4 BGB), und zwar unabhängig davon, ob der Antrag zurückgewiesen oder der Name anders als beantragt geändert wurde; denn ein entsprechend dringendes Bedürfnis nach sofortiger Bestandskraft des Annahmebeschlusses besteht aus Gründen der Rechtssicherheit hinsichtlich der Namensgebung nicht;[111]
– auf die Bestimmung, dass sich die Wirkungen der Annahme eines **Volljährigen** nach den Vorschriften über die Annahme eines Minderjährigen oder eines verwandten Minderjährigen richten (§ 1772 BGB)[112]
nicht entsprochen wurde.

2. Unabänderbarkeit. Der Annahmebeschluss ist – gleichfalls aus Gründen des Bestandsschutzes 34 – auch nach einer Änderung der **maßgeblichen Umstände** oder der **Rechtslage** zum Wohle des Kindes und der Rechtssicherheit (dazu Rn. 2) unabänderbar (§ 197 Abs. 3 S. 2 [vormals § 56e S. 3 FGG aF], der eine von § 48 Abs. 1 S. 1 abweichende spezielle Regelung enthält). Dies gilt auch für die Beschwerdeinstanz,[113] zumal die Entscheidung unanfechtbar ist und eine gleichwohl eingelegte Beschwerde vom Beschwerdegericht ohne Sachprüfung als unzulässig zu verwerfen ist. – Dagegen ist eine die Annahme **vorbereitende Feststellung,** dass ein bestimmtes Hindernis der Annahme nicht entgegensteht, abänderbar.[114] Sie ist kein bindender, im Adoptionsverfahren ohnehin nicht zulässiger Vorbescheid (dazu auch Rn. 11), sondern lediglich die unverbindliche Mitteilung einer Rechtsauffassung, die zum Gegenstand der Erörterung mit den Beteiligten gemacht wird und von der bis zum Erlass des Annahmebeschlusses (dazu Rn. 36) wieder abgerückt werden kann. – Wird der Annahmebeschluss nach dem **Tod** des Kindes in dessen Unkenntnis erlassen, ist er zwar wirksam, entfaltet aber keine Wirkungen. Aus Gründen der Rechtssicherheit ist ausnahmsweise seine Aufhebung im Wege der Abänderung entsprechend § 48 Abs. 1 zuzulassen.[115] Zur Anfechtbarkeit selbständiger Feststellungen s. Rn. 11, 32.

Wegen der Unabänderbarkeit des Annahmebeschlusses kann die antragsgemäß ausgesprochene 35 Annahme eines Volljährigen als Kind nicht nachträglich in eine **Volljährigenadoption** mit den Wirkungen der Minderjährigenannahme abgeändert werden,[116] und zwar auch dann nicht, wenn die Antragsteller geltend machen, eine Annahme mit den Wirkungen einer Minderjährigenadoption sei stets beabsichtigt gewesen und nur aus Unkenntnis über die unterschiedlichen Ausgestaltungen der

---

[109] So die wohl ganz hM, s. etwa *Engelhardt*, in: *Keidel/Kuntze/Winkler* § 56e FGG Rn. 24 m. weit. Nachw.; *Keidel/Engelhardt* Rn. 23; *Bumiller/Harders* Rn. 12, jeweils zu § 197 und m. weit. Nachw.; kritisch *Staudinger/ Frank* § 1752 BGB Rn. 33.

[110] BT-Drucks. 7/3061, S. 58 [Zu Nummer 5] zur Übernahme der in § 67 Abs. 3 FGG aF angeordneten Unanfechtbarkeit des Annahmebeschlusses in § 56e S. 3 FGG aF: „..., damit die Wirksamkeit einer vom Annehmenden und vom Kind gleichermaßen angestrebten Annahme nicht unnötig hinausgeschoben wird".

[111] OLG Köln StAZ 1982, 278 m. Anm. *Held*; FamRZ 2003, 1773 f.; OLG Zweibrücken FGPrax 2001, 75 = FamRZ 2001, 1733 m. weit. Nachw.; LG Koblenz StAZ 1983, 205; LG Lübeck StAZ 1998, 289 f.m. Anm. *Sachse*; LG Braunschweig FamRZ 2000, 366; *Staudinger/Frank* § 1752 BGB Rn. 33; MünchKommBGB/*Maurer* § 1757 Rn. 11; *Jansen/Sonnenfeld* § 56e FGG Rn. 33; wohl auch OLG Karlsruhe FGPrax 1999, 58 = FamRZ 2000, 115 f.; aA BayObLGZ 1979, 346 = StAZ 1980, 65; OLG Hamm OLGZ 1983, 423 = StAZ 1983, 200; *Palandt/Diederichsen* § 1757 BGB Rn. 12.

[112] *Staudinger/Frank* § 1752 BGB Rn. 33; *Jansen/Sonnenfeld* § 56e FGG Rn. 37, 40.

[113] *Keidel/Engelhardt* § 197 Rn. 25.

[114] Tendenziell ebenso *Staudinger/Frank* § 1752 BGB Rn. 33; aA KG FamRZ 1957, 184; *Engelhardt*, in: *Keidel/ Kuntze/Winkler* § 56e FGG Rn. 24 m. weit. Nachw.; auch noch MünchKommBGB/*Maurer* § 1752 Rn. 15.

[115] MünchKommBGB/*Maurer* Rn. 2; *Erman/Saar* Rn. 2, jeweils zu § 1753 BGB; *Keidel/Engelhardt* § 197 Rn. 25.

[116] AG Kaiserslautern StAZ 1983, 17, 18.

§§ 197, 198 36–40   Buch 2. Abschnitt 5. Verfahren in Adoptionssachen

Volljährigenadoption nicht beantragt worden.[117] Eine gleichwohl vorgenommene Abänderung ist jedoch nicht nichtig.[118] Zur **Ergänzung** des Adoptionsdekrets s. Rn. 28, 29.

36 Die Unabänderbarkeit des Annahmebeschlusses tritt mit seinem **Erlass** ein. Erlassen ist der Beschluss, wenn er in vollständiger Form der Geschäftsstelle übergeben oder durch Verlesen der Beschlussformel bekannt gegeben wurde (§ 38 Abs. 3 S. 3, dazu auch Vor § 186 Rn. 29).[119] Abgeändert werden kann der Beschluss, obgleich gefasst und vollständig abgefasst, nur noch bis zur Übergabe an die Geschäftsstelle oder Verlesen der Beschlussformel.

37 **3. Wiederaufnahme des Verfahrens.** Auch eine Wiederaufnahme des Adoptionsverfahrens (§ 48 Abs. 2 iVm. §§ 578 ff. ZPO) ist nicht statthaft (§ 197 Abs. 3 S. 2). Damit wird zum Schutz des Bestandes des durch die Adoption begründeten Eltern-Kind-Verhältnisses und der Rechtssicherheit in Bezug auf die begründeten Statusbeziehungen in Kauf genommen, dass das Adoptionsdekret auf fehlerhafter Tatsachengrundlage ergangen ist (dazu auch Rn. 21, 22). Die Verweisung des Gesetzgebers darauf, dass (auch) dies § 56e S. 3 FGG aF entspricht,[120] ist, obwohl dieser sich nicht ausdrücklich zur Wiederaufnahme verhält, im Hinblick auf die angestrebte Unabänderbarkeit des Adoptionsdekrets folgerichtig.

C. Versagung der Annahme

I. Inhalt

38 Ist der Adoptionsantrag **unzulässig** – etwa mangels Zuständigkeit, Beteiligtenfähigkeit oder Verfahrensfähigkeit[121] – oder sind die **Annahmevoraussetzungen** (dazu Rn. 10) nicht zur Überzeugung des FamG nachgewiesen und verspricht ein Aufschub der Entscheidung keine weitere Klärung oder ist er mit dem Wohl des Kindes nicht vereinbar, kann die Annahme nicht ausgesprochen werden, sodass der Annahmeantrag abzuweisen ist.[122] Soll die Versagung auf die Ablehnung der **Ersetzung** einer Einwilligung gestützt werden, ist deren Wirksamkeit, die erst mit Rechtskraft eintritt (§ 198 Abs. 1 S. 1), abzuwarten (dazu Rn. 11). – Zur Form und Begründung der **Entscheidung** s. Vor § 186 Rn. 26, 27, zu den **Kosten** s. Vor § 186 Rn. 37, 39–41.

39 Wegen der Bindung an den Antrag der Annehmenden ist dieser auch abzuweisen, wenn mit der Adoption **Rechtsfolgen** erstrebt werden, die nach dem Gesetz nicht möglich sind. Dies können verwandtschaftsrechtliche, aber auch etwa namensrechtliche Folgen sein, was aber voraussetzt, dass sie **unabdingbare** Voraussetzung für den Annahmeantrag sind (dazu auch Rn. 21, 22).[123]

II. Wirksamkeit

40 Der Beschluss wird mit seiner **Bekanntgabe** an den Antragsteller wirksam (§ 40 Abs. 1; ehemals § 16 Abs. 1 FGG aF). Die Bekanntgabe erfolgt durch förmliche **Zustellung**, weil gegen den Beschluss die fristgebundene Beschwerde zulässig ist (§§ 58 Abs. 1, 63 Abs. 1 [dazu Rn. 43]; anders bis zum 31. 8. 2009: unbefristete Beschwerde nach § 19 FGG aF). Die Zustellung erfolgt an den Antragsteller (§ 41 Abs. 1 S. 2), bei einer Minderjährigenadoption mithin an den Annehmenden (§ 1752 Abs. 1 BGB), bei einer Volljährigenadoption an den Annehmenden und den Anzunehmenden (§ 1768 Abs. 1 S. 1 BGB). Bei mehreren Antragstellern tritt die Wirksamkeit erst mit der letzten Zustellung ein. Nach dem **Tod des Annehmenden** (§ 1753 Abs. 2 BGB) tritt Wirksamkeit mit der Zustellung an das Kind bzw. dessen gesetzlichen Vertreter ein.[124] – Wegen des Beschwerderechts des Jugendamts/Landes-

---

[117] OLG Frankfurt a. M., Beschl. v. 12. 8. 2008 – 20 W 127/08, juris [13].
[118] AA AG Kaiserslautern StAZ 1983, 17, 18.
[119] Zu § 16 FGG aF – Übergabe an die Geschäftsstelle und Hinausgabe zur Bekanntmachung an die Beteiligten – BayObLGZ 1998, 279 = NJW-RR 1999, 1379 = FamRZ 1999, 1667, 1669; OLG Celle StAZ 1971, 114, 115; OLG Düsseldorf FamRZ 1997, 117; *Engelhardt*, in: *Keidel/Kuntze/Winkler* Rn. 26; *Jansen/Sonnenfeld* Rn. 36, jeweils zu § 56e FGG; *Keidel/Engelhardt* § 197 Rn. 25.
[120] BT-Drucks. 16/6308, S. 248.
[121] Den Tod des Kindes (§ 1753 Abs. 1 BGB), das fehlende Mindestalter des Annehmenden (§ 1743 BGB), fehlende Einwilligungen und Zustimmungen sowie die unzulässige Zweitadoption (§ 1742 BGB) zu den verfahrensrechtlichen Zulässigkeitsvoraussetzungen zu rechnen (so *Soergel/Liermann* § 1752 BGB Rn. 10; *Jansen/Sonnenfeld* § 56e FGG Rn. 48) leuchtet nicht ein, da es sich um materiellrechtliche Zulässigkeitsvoraussetzungen für eine Adoption handelt.
[122] *Soergel/Liermann* § 1752 BGB Rn. 10 Fn. 46; *Jansen/Sonnenfeld* § 56e FGG Rn. 48. – § 1750 Abs. 4 S. 1 BGB sagt: „... die Annahme versagt".
[123] OLG Karlsruhe FGPrax 1999, 58 = FamRZ 2000, 115, 116 (Namensanpassung); OLG Hamm FGPrax 2001, 20 = FamRZ 2001, 859, 860 f.; *Frank* StAZ 2008, 1, 5.
[124] *Jansen/Sonnenfeld* § 56e FGG Rn. 50.

jugendamts (dazu Rn. 44) ist der Beschluss auch ihnen zuzustellen. – I. Ü. ist der Beschluss den Beteiligten, die kein Beschwerderecht haben, formlos bekanntzumachen (§ 41 Abs. 1 S. 1).

III. Wirkungen

Verfahrensrechtlich beendet der den Annahmeantrag abweisende Beschluss mit Eintritt seiner 41 formellen Rechtskraft (dazu Rn. 43) das Adoptionsverfahren.

Materiellrechtlich treten folgende Rechtsfolgen ein: 42
– Die **Einwilligungen** des Kindes, der Eltern und der Ehegatten treten außer Kraft (§ 1750 Abs. 4 S. 1 BGB). Abzustellen ist nicht auf die Wirksamkeit des die Annahme versagenden Beschlusses, sondern auf den Eintritt seiner Rechtskraft, weil eine Beschwerde von vornherein erfolglos wäre, wenn bereits mit dessen Wirksamwerden die Einwilligungen ihre Kraft verlieren würden, was nicht gewollt war.[125] Zwar können die Einwilligungen nicht unbegrenzt in der Schwebe bleiben,[126] doch wird der Rechtssicherheit durch die gesetzliche Begrenzung ihrer Wirksamkeit auf höchstens 3 Jahre (§ 1750 Abs. 4 S. 2 BGB) ausreichend genügt.[127] – Unwirksam gewordene Einwilligungen müssen bei erneuter Antragstellung auch durch denselben Adoptionsbewerber erneut erteilt werden.
– Das FamG hat über die **elterliche Sorge,** die nach § 1751 Abs. 1 BGB geendet hatte, nach Eintritt der Wirkungslosigkeit der Einwilligung eines leiblichen Elternteils von Amts wegen zu entscheiden und sie diesem zu übertragen, wenn und soweit dies dem Wohl des Kindes nicht widerspricht (§ 1751 Abs. 3 BGB).

IV. Anfechtbarkeit

Gegen einen den Adoptionsantrag abweisenden Beschluss findet die Beschwerde statt. Sie ist 43 innerhalb der **Beschwerdefrist** von 1 Monat ab Bekanntmachung an den jeweiligen Beteiligten einzulegen (§§ 58 Abs. 1, 63 Abs. 1, 3; bis 31. 8. 2009: befristete Beschwerde – Beschwerdefrist 2 Wochen – nach §§ 56f Abs. 3, 60 Abs. 1 Nr. 6, 22 FGG aF).[128]

Beschwerdeberechtigt sind: 44
– Die **Antragsteller** (§ 59 Abs. 1). Bei einer **Minderjährigenadoption** also der Annehmende (§ 1752 Abs. 1 BGB), antragstellende Ehegatten sind jeweils einzeln beschwerdeberechtigt.[129] Bei einer **Volljährigenadoption** ist auch der Anzunehmende als weiterer Antragsteller beschwerdeberechtigt (§ 1768 Abs. 1 S. 1 BGB).[130]
– Das **Jugendamt** und das **Landesjugendamt,** soweit sie anzuhören waren (§§ 194 Abs. 2, 195 Abs. 2, anders §§ 57 Abs. 1 Nr. 9, 20 Abs. 2 FGG aF;[131] dazu auch § 188 Rn. 21, §§ 192–195 Rn. 33).

Nicht beschwerdeberechtigt ist dagegen: 45
– Das **Kind,** weil eine Annahme ohne den Willen des Annehmenden, der ja selbst Beschwerde einlegen kann, nicht gerechtfertigt ist.[132] Doch bestehen folgende **Ausnahmen:**
  – Bei **Tod des Annehmenden** (§ 1753 BGB),[133] weil ein Rechtsschutzbedürfnis des Kindes für die Feststellung besteht, dass eine Annahme weiter zulässig und deshalb anzuordnen ist, und

---

[125] Dies zeigt der RegE zum AdoptG, der die Kraftlosigkeit einer Einwilligung erst mit der „endgültigen" Versagung der Annahme vorsah (BT-Drucks. 7/3061, S. 5 zu § 1750 Abs. 5; auch LG Köln FamRZ 1985, 108 m. Anm. *Schön*; woran auch der RA-BT nichts ändern wollte (BT-Drucks. 7/5087, S. 14 zu § 1750).
[126] *Bassenge* JR 1976, 187; aA RGRK/*Dickescheid* § 1752 BGB Rn. 23, § 1750 Rn. 14.
[127] Ebenso LG Berlin ZfJ 1984, 372, 373; RGRK/*Dickescheid* § 1752 BGB Rn. 23; *Staudinger/Frank* Rn. 38; *Soergel/Liermann* Rn. 12, jeweils zu § 1752 BGB; aA – die Einwilligungen verlieren ihre Wirksamkeit, wenn nicht innerhalb der für sofortige Beschwerden vorgesehenen Frist von 2 Wochen nach Bekanntgabe der Ablehnung Beschwerde eingelegt wird – LG Köln FamRZ 1985, 108; *Erman/Saar* § 1752 BGB Rn. 18.
[128] BayObLG FamRZ 1983, 532; OLG Hamm OLGZ 1979, 410 = FamRZ 1979, 1082, 1083; *Palandt/Diederichsen* § 1752 BGB Rn. 1; *Keidel/Engelhardt* § 197 Rn. 30; *Bassenge* JR 1976, 187; *Engler* FamRZ 1975, 132; *ders.* FamRZ 1976, 588.
[129] *Engler* FamRZ 1976, 588.
[130] *Jansen/Sonnenfeld* § 56e FGG Rn. 52.
[131] *Engelhardt,* in: *Keidel/Kuntze/Winkler* § 57 FGG Rn. 34.
[132] BayObLGZ 1997, 85 = NJW-RR 1997, 644 = FamRZ 1997, 841, 842. AA *Keidel/Engelhardt* § 197 Rn. 30 für ein Kind, das das 14. Lebensjahr vollendet hat; doch gewährt § 60 kein eigenständiges Beschwerderecht, sondern setzt dieses voraus, und verleiht dem Kind lediglich die Befugnis, das Beschwerderecht selbständig auszuüben, s. etwa *Engelhardt,* in: *Keidel/Kuntze/Winkler* § 59 FGG Rn. 1; *Keidel/Meyer-Holz* Rn. 1, 2; *Bumiller/Harders* Rn. 1, jeweils zu § 60.
[133] Zum bis zum 30. 6. 1998 geltenden Recht wurde angenommen, dass dem Kind für diesen Fall entsprechend § 56a Abs. 2 FGG aF, aufgehoben durch Art. 8 Nr. 16 KindRG, ausnahmsweise ein Beschwerderecht zusteht

der Grund für den Ausschluss des Beschwerderechts des Kindes nach dem Tod des Annehmenden nicht mehr besteht (s. auch §§ 197 Abs. 2, 59 Abs. 1).[134] Verstirbt der Annehmende während des laufenden Rechtsmittelverfahrens, besteht seine Beschwerdeberechtigung fort (entsprechend § 1753 Abs. 2 BGB).[135]

– Bei einer **Volljährigenadoption,** weil der Anzunehmende auch Antragsteller ist (dazu Rn. 44).
– Die **Adoptionsvermittlungsstelle.**

46   Die **Rechtsbeschwerde** ist gegen einen Beschluss, der eine den Annahmeantrag erstinstanzlich abweisenden Beschluss bestätigt, nur nach Zulassung durch das Beschwerdegericht statthaft (§ 70 Abs. 1, 2).[136] Nicht anfechtbar ist dagegen ein Beschluss, durch den das Beschwerdegericht selbst erstmals die **Annahme** ausspricht (§ 197 Abs. 3 S. 1), sodass auch eine Zulassung der Rechtsbeschwerde nicht zulässig ist (dazu auch Rn. 31, 32). An eine gleichwohl angeordnete fehlerhafte Zulassung ist das Rechtsbeschwerdegericht nicht gebunden;[137] es verwirft die Rechtsbeschwerde als unzulässig.

V. Abänderbarkeit

47   Im Gegensatz zum Adoptionsausspruch (dazu Rn. 34–36) kann das FamG seine die Annahme versagende Entscheidung ändern. Zwar kommt ihm nach Einlegung einer Beschwerde keine **Abhilfebefugnis** nach § 68 Abs. 1 S. 1 Halbs. 1 zu (anders § 18 FGG aF), weil es sich bei den Adoptionssachen um Familiensachen handelt (§§ 63 Abs. 1 S. 2, 111 Nr. 4, 186 Nr. 1). Doch kann es auf Antrag auch eine rechtskräftige Entscheidung **ändern,** „wenn sich die zugrunde liegende Sach- und Rechtslage nachträglich wesentlich geändert hat" (§ 48 Abs. 1 S. 1). Danach müssen sich entweder wesentliche neue Erkenntnisse ergeben haben, die eine andere Beurteilung der Annahmevoraussetzungen rechtfertigen, oder es muss sich die Rechtslage, die entgegen früherem Recht nunmehr eine Annahme zulässt, geändert haben. Aus Gründen der Rechtssicherheit reicht allein nicht aus, dass das FamG anderen Sinnes geworden ist. Entgegen dem bisherigen Recht (§ 18 Abs. 1 FGG aF)[138] ist die Entscheidung mithin nicht frei abänderbar. Damit hat sich auch die Frage erledigt, auf welchen Zeitpunkt hinsichtlich der Unwirksamkeit einer Einwilligung in die Adoption (§ 1750 Abs. 4 BGB) abzustellen ist.[139]

48   Die Änderung erfolgt nur auf **Antrag** (§ 48 Abs. 1 S. 2). **Antragsbefugt** sind die Personen, die einen Antrag auf Einleitung eines Annahmeverfahrens stellen können: Bei einer Minderjährigenadoption der Annehmende (§ 1752 Abs. 1 BGB), bei einer Volljährigenadoption der Annehmende und der Anzunehmende (§ 1768 Abs. 1 BGB). Bei einer Annahme durch Ehegatten und bei einer Volljährigenadoption bedarf es kumulativer und gleichgerichteter Annahmeanträge.

49   § 48 Abs. 2 lässt auch eine **Wiederaufnahme** des Verfahrens unter den Voraussetzungen der §§ 578 ff. ZPO zu. Dazu braucht sich die Tatsachengrundlage der Entscheidung nicht geändert zu haben, es reicht aus, dass diese verfahrensfehlerhaft ermittelt und/oder festgestellt worden ist.

50   Die **Anhörungsrüge** (§§ 44, 68 Abs. 3 S. 1) und – nachgeschaltet – die **Verfassungsbeschwerde** (dazu Vor § 186 Rn. 48, 49) haben für den **ersten Rechtszug** keine große Bedeutung, weil gegen die Versagung der Annahme Beschwerde eingelegt und (auch) mit ihr die Verletzung des rechtlichen Gehörs gerügt werden kann. Gegenüber der Verfassungsbeschwerde ist die Beschwerde zudem vorrangig. Gegen Entscheidungen im **Beschwerderechtszug** kommt ihr größere Bedeutung

---

(OLG Braunschweig DAVorm 1978, 784; *Bassenge* JR 1976, 187; *Engelhardt,* in: *Keidel/Kuntze/Winkler* 13. Aufl. § 56e FGG Rn. 30).

[134] Ebenso *Soergel/Liermann* Rn. 4 (praeter legem, „weil sonst die in seinem Sinne und mit seiner Einwilligung vorgesehene Adoption schon bei diesem Verfahrensstand rechtskräftig abgewiesen wäre"); *Staudinger/Frank* Rn. 5, jeweils zu § 1753 BGB; MünchKommBGB/*Maurer* § 1752 Rn. 17; aA LG Kassel NJW-RR 2006, 511 = FamRZ 2006, 727; *Palandt/Diederichsen* § 1753 BGB Rn. 2; *Engelhardt,* in: *Keidel/Kuntze/Winkler* Rn. 30; *Jansen/Sonnenfeld* Rn. 53, jeweils zu § 56e FGG.

[135] OLG Braunschweig DAVorm 1978, 784; *Engelhardt,* in: *Keidel/Kuntze/Winkler* Rn. 30; *Jansen/Sonnenfeld* Rn. 53, jeweils zu § 56e FGG; *Keidel/Engelhardt* § 197 Rn. 30.

[136] Für das bis 31. 8. 2009 geltende Recht gilt: Weist das LG die Beschwerde zurück, kann der Antragsteller weitere Beschwerde einlegen, ohne dass ein selbstständiger Beschwerdegrund gegeben sein müsste (§ 27 Abs. 1 S. 1 FGG aF, der in S. 2 nicht auch auf § 568 Abs. 2 ZPO verweist; zur Hauptsacheerledigung im Rechtsbeschwerdeverfahren nach rechtskräftiger Adoption durch die Pflegeeltern (nach Schweizer Recht) s. BayObLG NJWE-FER 1998, 42 = FamRZ 1998, 57 (LS). Die Prüfung beschränkt sich auf Gesetzesverletzungen (§ 27 FGG aF), zu denen auch die Beurteilung des Kindeswohls gehört (OLG Hamm FamRZ 1982, 194, 195).

[137] BGHZ 154, 102 = NJW 2003, 1531.

[138] Dazu *Jansen/Sonnenfeld* § 56e FGG Rn. 59.

[139] Dazu MünchKommBGB/*Maurer* § 1752 Rn. 17; *Jansen/Sonnenfeld* § 56e FGG Rn. 59.

D. Ersetzungen (§ 198 Abs. 1)

I. Anwendungsbereich

§ 198 Abs. 1 gilt für **Minderjährigen-** wie **Volljährigenadoptionen.** Er erfasst sowohl Beschlüsse, die eine Einwilligung eines Kindes (§ 1746 Abs. 3 BGB), Elternteils (§ 1748 BGB) und Ehegatten (§ 1749 Abs. 1 S. 2 BGB) oder die Zustimmung des gesetzlichen Vertreters des Kinds zu dessen Einwilligung (§ 1746 Abs. 1 S. 3 BGB) **ersetzen,** als auch solche, welche die Ersetzung **versagen.** Denn sein Wortlaut („Beschluss über die Ersetzung") ist anders als in § 197 Abs. 1 („Beschluss, durch den das Gericht die Annahme als Kind ausspricht") gefasst.[140] – Zu den **Beteiligten** des Ersetzungsverfahrens s. § 188 Rn. 12–14. 51

II. Rechtsnatur

Über die Ersetzung einer Einwilligung oder Zustimmung wird in der Praxis als Ausnahme zum Verbot der Verfahrensverbindung (§ 196, dazu dort Rn. 4) idR in einem **Zwischenverfahren** zum Annahmeverfahren entschieden. Das FamG kann aber auch in einem **selbständigen** Verfahren entscheiden (zum Ganzen Rn. 11). – Maßgeblich kommt es insoweit auf die Antragstellung an, da die Erklärung nur auf Antrag ersetzt wird. Ausgenommen ist allerdings die Ersetzung der Zustimmung des gesetzlichen Vertreters zur Einwilligung des Kindes, die von Amts wegen erfolgt (§ 1746 Abs. 3 BGB, dazu Rn. 57); insoweit kommt es darauf an, in welchem Verfahren das FamG die Ersetzung betreibt. – Stets muss vor der Entscheidung über die Annahme jedoch der Eintritt der Rechtskraft der Entscheidung über die Ersetzung abgewartet werden (§ 198 Abs. 1 S. 1, dazu auch Rn. 57, 58). 52

III. Bekanntgabe. Wirksamkeit

Der Beschluss ist allen am Ersetzungsverfahren Beteiligten (dazu § 188 Rn. 12–14) **bekannt zu machen.** Er ist den Beteiligten förmlich **zuzustellen,** deren erklärtem Willen die Entscheidung nicht entspricht, den weiteren Beteiligten ist er formlos zu übersenden (§ 41 Abs. 1). 53

Der Ersetzungsbeschluss wird grundsätzlich erst mit Eintritt der formellen Rechtskraft **wirksam** (§ 198 Abs. 1 S. 1, in Abweichung von § 40 Abs. 1, der die Wirksamkeit eines Beschlusses an die Bekanntgabe an die Beteiligten knüpft), also nach Ablauf der Beschwerdefrist (§ 63 Abs. 1) für den beschwerdeberechtigten Beteiligten. Denn die Aufhebung der Ersetzung würde die Rechtssicherheit gefährden, weil sie zu den Rechtsfolgen aus § 1751 Abs. 1 S. 1, 2 BGB führt:[141] Die elterliche Sorge des betreffenden Elternteils ruht, er darf sein Umgangsrecht nicht mehr ausüben, das Jugendamt wird gesetzlicher Vertreter des Kindes.[142] 54

Ausnahmsweise kann das FamG bei Gefahr im Verzug von Amts wegen[143] – Anträge sind lediglich Anregungen (§ 24 Abs. 1) – die **sofortige Wirksamkeit** des Ersetzungsbeschlusses anordnen (§ 198 Abs. 1 S. 2). Die Anordnung liegt nicht im **Ermessen** des FamG,[144] vielmehr hat es sie, liegen die Voraussetzungen vor, auch zu erlassen. Gefahr im Verzug kann vorliegen, wenn durch eine (weitere) Verzögerung des Adoptionsausspruchs das Kindeswohl gefährdet würde, was in Adoptionssachen schon angesichts der vorgesehenen Adoptionspflegezeit (§ 1744 BGB) in aller Regel nicht angenommen werden kann. Vorstellbar wäre, dass der Aufenthalt des Kindes bei den Annehmenden gewahrt werden soll,[145] etwa bei bevorstehender Rückführung eines ausländischen anzunehmenden Kindes, oder wenn wegen des absehbaren Todes des anzunehmenden Kindes, nach dem die Annahme nicht mehr ausgesprochen werden kann, die Annahme sofort vollzogen werden soll.[146] – Der Beschluss, 55

---

[140] Wohl ebenso *Keidel/Engelhardt* Rn. 3.
[141] BT-Drucks. 7/3061, S. 40 (Nr. 2); KG OLGZ 1978, 139 = FamRZ 1978, 210; MünchKommBGB/*Maurer* Rn. 2; *Palandt/Diederichsen* Rn. 1, jeweils zu § 1751 BGB; s. auch *Keidel/Engelhardt* § 198 Rn. 4 (Vornahme gegenüber Dritten wirksamer Rechtsgeschäfte aufgrund des Beschlusses); aA AG Münster DAVorm. 1977, 271 mit abl. Anm. *Czerner*.
[142] S. dazu näher MünchKommBGB/*Maurer* § 1751 Rn. 3–9.
[143] *Keidel/Engelhardt* Rn. 5.
[144] AA *Keidel/Engelhardt* Rn. 5.
[145] *Musielak/Borth* § 198 Rn. 1.
[146] Praxiskommentar FamFG/*Meysen* § 198 Rn. 4.

mit dem die sofortige Wirksamkeit des Ersetzungsbeschlusses angeordnet wird, ist dem Antragsteller des Ersetzungsverfahrens bekannt zu machen (§ 198 Abs. 1 S. 3, der sich nur auf S. 2 bezieht, wie sich aus § 53 Abs. 2 FGG aF erschließt),[147] im Falle der von Amts wegen betriebenen Ersetzung der Zustimmung des gesetzlichen Vertreters des anzunehmenden Kindes nach § 1746 Abs. 3 BGB (dazu Rn. 52, 57) dem Antragsteller des Adoptionsverfahrens. Mit dieser Bekanntgabe wird er unabhängig davon wirksam, dass er auch anderen Beteiligten bekannt zu machen ist.[148] – Der Beschluss ist keine Endentscheidung iSd. §§ 38 Abs. 1, 58 Abs. 1, weil er den Verfahrensgegenstand nicht erledigt. Vielmehr ist er seiner Rechtsnatur nach eine einstweilige Anordnung (§ 49 Abs. 1), die nach § 57 S. 1 nicht anfechtbar ist.[149] Wie die Entscheidung in der Hauptsache ist er grundsätzlich unabänderbar, auch eine Wiederaufnahme ist ausgeschlossen (§ 198 Abs. 1 S. 4). Wird aber die Entscheidung in der Hauptsache angefochten (dazu Rn. 56–58), kann das FamG deren Vollziehung unter Aufhebung des Sofortvollzugs aussetzen (§ 64 Abs. 3).[150]

IV. Anfechtbarkeit. Abänderbarkeit

56 Der Beschluss ist mit der **Beschwerde** anfechtbar (§§ 58, 63 Abs. 1). **Beschwerdebefugt** ist der Beteiligte, dessen erklärtem Willen die Entscheidung nicht entspricht und der deshalb durch sie beschwert ist. Dies ist
– der Antragsteller – das Kind, das die Ersetzung der Einwilligung seiner leiblichen Eltern (§ 1748 Abs. 1 S. 1 BGB),[151] sowie der Annehmende, der die Ersetzung der Einwilligung seines Ehegatten (§ 1749 Abs. 1 S. 2 BGB) beantragt hat, wenn seinem Antrag nicht entsprochen wird – und
– der Einwilligungs- bzw. Zustimmungsberechtigte, dessen Erklärung ersetzt wird.

57 Da die Ersetzung der Einwilligung oder der Zustimmung des **gesetzlichen Vertreters** zur Einwilligung eines geschäftsunfähigen oder noch nicht 14 Jahre alten Kindes (§ 1746 Abs. 3 BGB) keines Antrags bedarf, ist sie vom FamG von Amts wegen zu betreiben und auszusprechen (dazu auch Vor § 186 Rn. 17).[152] Die Ersetzung kann nur der gesetzliche Vertreter anfechten. Eine versagende Entscheidung[153] kann nur anfechten
– in einem selbständigen **Verfahren** das Kind,
– in einem **Zwischenverfahren** (dazu auch Rn. 11, 32) alle Beteiligten, die durch die Entscheidung in ihren Rechten beeinträchtigt sind (§ 59 Abs. 1), auch das nicht geschäftsunfähige und mindestens 14jährige Kind (§ 60),
– die **inzident** im Annahmeverfahren getroffene Entscheidung der Anzunehmende durch Beschwerde gegen den die Annahme versagenden Beschluss (dazu Rn. 43–46).

58 Nach Wirksamkeit des Ersetzungsbeschlusses durch Eintritt der formellen Rechtskraft ist er nicht (mehr) **abänderbar**,[154] und auch eine **Wiederaufnahme** des Ersetzungsverfahrens (§ 48) ist ausgeschlossen (§ 198 Abs. 1 S. 4, ebenso vormals § 18 Abs. 2 FGG aF;[155] s. allgemein auch Rn. 34–37).

E. Aufhebung des Annahmeverhältnisses (§ 198 Abs. 2)

I. Allgemeines

59 Die Aufhebung erfolgt grundsätzlich nur auf **Antrag** dessen, ohne dessen Antrag oder Einwilligung das Kind angenommen worden ist. Für ein geschäftsunfähiges oder noch nicht 14 Jahre altes

---

[147] Eingefügt vom RA-BT, BT-Drucks. 16/9733, S. 295 [Zu § 198] („..., die die gegenwärtige Rechtslage zweifelsfrei wiederherstellt"); anders noch der RegE BT-Drucks. 16/6308, S. 248, der – wohl zu Recht – im vorliegenden Zusammenhang kein Bedürfnis für die Anordnung der sofortigen Wirksamkeit sah.
[148] Keidel/Engelhardt Rn. 5.
[149] BayObLGZ 1987, 171 = NJW-RR 1987, 1226, 1227 m. weit. Nachw.; Keidel/Engelhardt Rn. 5.
[150] Keidel/Engelhardt Rn. 5.
[151] BayObLG FamRZ 1984, 935.
[152] BT-Drucks. 7/3061, S. 36 [Nr. 14]; auch OLG Hamm OLGZ 1991, 257 = NJW-RR 1991, 905 = FamRZ 1991, 1230, 1231; LG Berlin ZfJ 1984, 372 f.; Staudinger/Frank Rn. 21; MünchKommBGB/Maurer Rn. 9; RGRK/Dickescheid Rn. 16, jeweils zu § 1746 BGB; Jansen/Wick § 53 FGG Rn. 18; aA Engelhardt, in: Keidel/Kuntze/Winkler Vor § 43b FGG Rn. 39.
[153] Zum Ganzen Staudinger/Frank § 1746 BGB Rn. 21.
[154] Keidel/Engelhardt Rn. 5.
[155] Nach BT-Drucks. 16/6308, S. 248 (... wie bisher ausgeschlossen").

Kind kann nur sein gesetzlicher Vertreter den Antrag stellen, i. Ü. bedarf das Kind auch nicht der Zustimmung seines gesetzlichen Vertreters (§§ 1762 Abs. 1, 1760, 1771 S. 2 und 3, 1772 Abs. 2 S. 1 BGB). – Lediglich aus schwerwiegenden Gründen des Kindeswohls kann die Aufhebung **von Amts wegen** betrieben werden (§ 1763 BGB, § 24 Abs. 1). – Wegen des schweren Eingriffs in die Lebensstellung aller Beteiligten, insbesondere aber des Kindes, durch die Aufhebung eines Annahmeverhältnisses ist sie idR mit allen Beteiligten in einem **Termin** zu erörtern.[156] – Nach dem **Tod** des Annehmenden oder des Angenommenen kann eine Aufhebung des Annahmeverhältnisses noch ausgesprochen werden, wenn bereits vor dem Tod der Antrag vom Verstorbenen (§ 1764 Abs. 1 S. 2 BGB)[157] oder von einem leiblichen Elternteil gestellt worden war[158] (dazu auch Vor § 186 Rn. 33). Auch auf eine Antragstellung nach dem Tod kann die Annahme aufgehoben werden, wenn hierfür ein besonderes Bedürfnis besteht: Nach dem Tod des Angenommenen auf Antrag des Annehmenden, wenn der Angenommene Kinder hatte, und nach dem Tod des Annehmenden auf Antrag des Angenommenen und seiner leiblichen Eltern, um das Kind wieder in die Herkunftsfamilie einzugliedern.[159] – Zu den **Beteiligten** des Aufhebungsverfahrens s. § 188 Rn. 15–17.

II. Anwendungsbereich

§ 198 Abs. 2 gilt sowohl für **Minderjährigen-** als auch für **Volljährigenadoptionen**. Er erfasst nur Beschlüsse, welche die Adoption **aufheben**. Für Beschlüsse, die eine Aufhebung **versagen**, gelten die allgemeinen Regeln (dazu Rn. 38–50). 60

III. Inhalt

Das FamG entscheidet in dem Beschluss, mit dem es ein Annahmeverhältnis aufhebt (§§ 1760, 1763, 1771 BGB), zugleich 61
- auf Antrag des angenommenen Kindes über den von ihm nach der Aufhebung der Annahme zu führenden **Familiennamen** (§ 1765 Abs. 2 BGB),
- auf Antrag des angenommenen Kindes und seines Ehegatten, ob sie den vor der Annahme geführten Geburtsnamen nunmehr als **Ehenamen** führen (§ 1765 Abs. 2 BGB)
- über die **elterliche Sorge** für das Kind (§ 1764 Abs. 4 BGB) – obwohl es sich dabei um keine Adoptionssache handelt (dazu § 186 Rn. 8; zur Verfahrensverbindung § 196 Rn. 4) –, wenn die maßgeblichen Erkenntnisse dazu, ob sie den leiblichen Eltern ganz oder teilweise wieder zurück übertragen werden kann oder Pflegschaft oder Vormundschaft anzuordnen ist, bereits ermittelt sind und vorliegen.[160]

IV. Wirkungen

Die materiellrechtlichen Wirkungen einer Aufhebung richten sich nach §§ 1764, 1765 BGB: 62
- Sie wirkt nur für die **Zukunft** (§ 1764 Abs. 1 S. 1 BGB). Ausnahme: Das Annahmeverhältnis wird nach dem Tod des Antragstellers aufgehoben (§ 1764 Abs. 1 S. 2 BGB).
- Das durch die Annahme **begründete** Verwandtschaftsverhältnis des Angenommenen erlischt einschließlich der sich aus diesem ergebenden Rechte und Pflichten (§ 1764 Abs. 2 BGB). Wird sie nur im Verhältnis zu einem Ehegatten einer gemeinschaftlichen Annahme (§ 1741 Abs. 2 S. 2 BGB) aufgehoben, erlischt das Verwandtschaftsverhältnis nur im Verhältnis zu diesem Ehegatten und seinen Verwandten.
- Das Verwandtschaftsverhältnis des Angenommenen zu seinen **leiblichen Verwandten** lebt einschließlich der sich aus diesem ergebenden Rechte und Pflichten wieder auf (§ 1764 Abs. 3 BGB), ausgenommen die elterliche Sorge (zu ihr § 1764 Abs. 4 BGB).
- Das angenommene Kind verliert das Recht zur Führung des **Familiennamens** der Annehmenden als Geburtsnamen (§ 1765 Abs. 1 S. 1 BGB), es sei denn, dieser wäre zwischenzeitlich zum Ehenamen des Angenommenen geworden (S. 3) oder das Annahmeverhältnis wäre nur zu einem Ehegatten aufgehoben worden (S. 2).

Zu den Möglichkeiten der **Namensbestimmung** durch das FamG s. § 1765 Abs. 2, 3 BGB und dazu Rn. 61.

---

[156] *Bumiller/Harders* Rn. 15.
[157] Dazu auch MünchKommBGB/*Maurer* § 1764 Rn. 8.
[158] *Staudinger/Frank* § 1764 BGB Rn. 6 m. weit. Nachw.
[159] Dazu näher *Staudinger/Frank* § 1764 BGB Rn. 6; MünchKommBGB/*Maurer* § 1760 Rn. 16.
[160] MünchKommBGB/*Maurer* § 1764 Rn. 6; *Jansen/Sonnenfeld* § 56f FGG Rn. 44.

V. Wirksamkeit

63 Der Beschluss, der ein Annahmeverhältnisses **aufhebt**, wird erst mit Eintritt seiner formellen Rechtskraft **wirksam** (§ 198 Abs. 2, vormals § 56f Abs. 3 FGG aF). Er ist – abweichend von § 41 Abs. 1 S. 2, der die Zustellung nur an die Beteiligten vorsieht, deren erklärtem Willen die Aufhebung nicht entspricht – allen Beteiligten des Aufhebungsverfahrens durch förmliche **Zustellung** bekannt zu machen, um Unklarheiten über die Wirksamkeit des Aufhebungsbeschlusses zu vermeiden.[161] – Auch ohne bisher am Verfahren beteiligt gewesen zu sein (§ 188 Abs. 2, dazu dort Rn. 21) ist dem **Jugendamt** bzw. dem **Landesjugendamt**, wurden sie angehört oder hat das Jugendamt eine fachliche Äußerung abgegeben, die Entscheidung mitzuteilen (§ 194 Abs. 2 S. 1), und zwar, da sie beschwerdeberechtigt sind, durch förmliche Zustellung. Zu ergänzen ist, dass die Mitteilungspflicht auch gilt, wenn Jugendamt und Landesjugendamt zwar hätten angehört oder von ihnen eine fachliche Äußerung hätte eingeholt werden müssen, dies aber unterlassen wurde. – Auf einen Beschluss, durch den ein Antrag auf Aufhebung **abgewiesen** oder in einem von Amts wegen betriebenen Aufhebungsverfahren **festgestellt** wird, dass die Annahme nicht aufgehoben wird, sind die allgemeinen Regeln anwendbar, da insoweit kein besonderes Bedürfnis auf Rechtssicherheit besteht. Er wird mit der Bekanntgabe an die Beteiligten, für die er seinem wesentlichen Inhalt nach bestimmt ist (§ 40 Abs. 1), also an die Antragsteller und das Kind **wirksam,** und ist allen Beteiligten, deren erklärtem Willen die Aufhebung des Annahmeverhältnisses nicht entspricht, förmlich **zuzustellen** (§ 41 Abs. 1 S. 2).

VI. Anfechtbarkeit. Abänderbarkeit

64 Der Beschluss im Aufhebungsverfahren ist nach den allgemeinen Regeln mit der fristgebundenen **Beschwerde** (§§ 58 Abs. 1, 63 Abs. 1) anfechtbar. **Beschwerdeberechtigt** ist nach §§ 59, 60 der, der durch den Beschluss in seinen Rechten beeinträchtigt ist:
– Gegen die **Aufhebung** des Annahmeverhältnisses vornehmlich die Annehmenden, das Kind und seine leiblichen Eltern,[162] soweit sie auch Beteiligte sind (§ 188 Abs. 1 Nr. 3 lit. b, dazu dort Rn. 15–17) und sofern sie nicht selbst den Aufhebungsantrag gestellt haben. Bei einer gemeinschaftlichen Annahme durch Ehegatten (§ 1741 Abs. 2 S. 2 BGB) kann jeder Ehegatte selbständig anfechten, auch wenn die Aufhebung nur im Verhältnis zum anderen ausgesprochen wurde und die Ehe geschieden ist (§§ 1763 Abs. 2, 1764 Abs. 5 BGB).[163] Nach Eintritt der Rechtskraft des Aufhebungsbeschlusses ist seine **Abänderbarkeit** und eine **Wiederaufnahme** des Verfahrens (§ 48) ausgeschlossen.
– Gegen die **Abweisung** des Aufhebungsantrags der Antragsteller, bei mehreren Antragstellern jeder von ihnen (§ 59 Abs. 2).[164] Wurde das Aufhebungsverfahren **von Amts wegen** betrieben (§ 1763 BGB) und die Aufhebung durch die Feststellung versagt, dass das Annahmeverhältnis nicht aufgehoben wird, steht dem Annehmenden grundsätzlich kein Beschwerderecht zu, weil er in seinen Rechten nicht betroffen ist. Dagegen sind er[165] und die leiblichen Eltern dann in ihren Rechten betroffen und deshalb beschwerdeberechtigt, wenn sie die Einleitung des Aufhebungsverfahrens angeregt haben. Dem Kind steht ein Beschwerderecht nach § 60 zu.[166] – Ein bis 31. 8. 2009 bestehendes, § 57 Abs. 1 Nr. 9 FGG aF entsprechendes Beschwerderecht zur Wahrnehmung der (fremden) Interessen des Kindes[167] – „... jedem, der ein berechtigtes Interesse hat, diese Angelegenheit wahrzunehmen" – besteht nach dem FamFG nicht mehr.[168] Dies entspricht insoweit auch der FGG-Systematik, als in Familiensachen § 57 Abs. 1 Nr. 9 FGG aF gerade nicht anwendbar war (§§ 64 Abs. 3 S. 3, 57 Abs. 2 FGG aF) und Adoptionssachen nunmehr Familiensachen sind (§ 111 Nr. 4). – Die Aufhebung ablehnende Beschlüsse sind **abänderbar** und es kann die **Wiederaufnahme** betrieben werden (§ 198 Abs. 1 S. 4 ist nicht anwendbar).[169]

---

[161] *Bumiller/Harders* Rn. 16; aA *Keidel/Engelhardt* Rn. 17: Zustellung nur an den Beteiligten, dessen Willen nicht entspricht (§ 41 Abs. 1 S. 2), doch bleibt damit der Eintritt der Rechtskraft zu unsicher.
[162] KG OLGZ 1994, 78 = FamRZ 1993, 1359, 1362; OLG Düsseldorf FGPrax 1997, 222 = FamRZ 1998, 1196, 1197.
[163] BayObLG FamRZ 1968, 485; *Keidel/Engelhardt* § 198 Rn. 19.
[164] Zum FGG aF s. *Engelhardt,* in: *Keidel/Kuntze/Winkler* Rn. 23; *Jansen/Sonnenfeld* Rn. 50, jeweils zu § 56f FGG; *Keidel/Engelhardt* Rn. 20.
[165] KG OLGZ 1994, 78 = FamRZ 1993, 1359, 1360.
[166] *Keidel/Engelhardt* Rn. 20.
[167] Dazu *Engelhardt,* in: *Keidel/Kuntze/Winkler* Rn. 23; *Jansen/Sonnenfeld* Rn. 50, jeweils zu § 56f FGG und m. weit. Nachw.
[168] Wohl ebenso *Zimmermann* FamFG Rn. 153.
[169] *Keidel/Engelhardt* Rn. 18.

– Stets das **Jugendamt** (§ 194 Abs. 2 S. 2) und ggf. das **Landesjugendamt** (§ 195 Abs. 2 S. 2, dazu auch § 188 Rn. 21). Zur Beschwerdebefugnis des **Verfahrensbeistands** s. § 191 Rn. 11.

F. Befreiung vom Eheverbot des § 1308 Abs. 1 BGB (§ 198 Abs. 3)

I. Befreiung

§ 198 Abs. 3 regelt nur die Befreiung vom Eheverbot des § 1308 Abs. 1 BGB. Der sie aussprechende Beschluss ist beiden Verlobten formlos **bekannt zu machen** (§ 41 Abs. 1 S. 1), mit der Bekanntmachung wird er **wirksam** (§ 40 Abs. 1). – Der Beschluss ist **unanfechtbar** (§ 198 Abs. 3 Halbs. 1). Ein Anfechtungsrecht wäre realistisch ohnehin nur für das Jugendamt in Betracht gekommen (§ 194 Abs. 2 S. 2), weil für die Verlobten kaum je ein Bedürfnis für eine Anfechtung bestehen wird, zumal sie die Befreiung nicht umzusetzen brauchen und jederzeit von einer Eheschließung Abstand nehmen können. – Der Beschluss bindet den Standesbeamten.[170] 65

Ab Eheschließung ist die Befreiung **unabänderbar,** zudem kann das Verfahren nicht wieder **aufgenommen** werden (§ 198 Abs. 3 Halbs. 2). Bis zur Eheschließung ist nach § 48 beides möglich und insbesondere nicht durch die Unanfechtbarkeit der Entscheidung über die Befreiung ausgeschlossen.[171] – Für den gleichlautenden § 44a Abs. 2 S. 2 FGG aF wurde vertreten, dass das FamG nach §§ 621e Abs. 3 S. 2, 318 ZPO auch schon vor der Eheschließung an einer Änderung seiner Entscheidung gehindert war.[172] Doch ist dem zu widersprechen: Bei dem Verfahren auf Befreiung vom Eheverbot des § 1308 BGB handelte es sich, obwohl das Verfahren dem FamG zugewiesen war, um keine Familiensache iSd. § 621 Abs. 1 Nr. 1–13 ZPO, § 23b Abs. 1 S. 2 Nr. 1–15 GVG, sodass auch § 621e ZPO nicht anwendbar war. Auch aus § 64 Abs. 3 S. 1 FGG aF, der zwar nicht an den „Familiensachen", sondern an den „Angelegenheiten, die vor das Familiengericht gehören," anknüpft, folgt nichts anderes, weil § 621e ZPO nur für die in seinem Abs. 1 aufgeführten Familiensachen, zu denen die Befreiung vom Eheverbot gerade nicht gehört, gilt, nicht auch für die anderen Angelegenheiten, die vor das FamG gehören, und zwar auch nicht entsprechend. Anzuwenden war demzufolge allein das FGG, das in § 18 FGG aF eine Änderungsbefugnis vorsah. 66

II. Ablehnung

Der Beschluss, der einen Antrag auf Befreiung vom Eheverbot abweist, ist gleichfalls beiden Verlobten **bekannt zu machen** (§ 41 Abs. 1 S. 1), und zwar durch förmliche Zustellung an beide Verlobte, weil unabhängig davon, wer von ihnen den Antrag auf Befreiung gestellt hat, die Ablehnung der Befreiung idR auch dem erklärten Willen des nicht antragstellenden Verlobten nicht entsprechen wird (§ 41 Abs. 1 S. 2). Er wird gegenüber jedem Verlobten mit der Bekanntgabe an ihn **wirksam** (§ 40 Abs. 1). – Zum **Tod** eine Verlobten s. Vor § 186 Rn. 34. 67

Anfechtbarkeit und Abänderbarkeit eines Beschlusses, der einen Antrag auf Befreiung vom Eheverbot abweist, folgen den **allgemeinen Regeln:**[173] Die Beschwerde und – nach Zulassung – die Rechtsbeschwerde sind, liegen die Voraussetzungen i. Ü. vor, statthaft (§§ 58, 70 Abs. 1, 2), auch die Abänderbarkeit und die Wiederaufnahme des Verfahrens sind zulässig (§ 48). – Auch ein **minderjähriger** Verlobter (dazu § 188 Rn. 19), der wegen § 1303 Abs. 2 BGB mindestens das 16. Lebensjahr vollendet haben muss, ist beschwerdefähig und kann deshalb selbst Beschwerde einlegen (§ 60, s. auch § 8 Abs. 1 Nr. 3). – Entsprechend der Rechtslage nach dem FGG kommt **Dritten** regelmäßig keine Beschwerdebefugnis zu.[174] Ist aber einer der Verlobten minderjährig, ist das **Jugendamt** anzuhören (§ 194 Abs. 1 S. 1), auf seinen Antrag ist es auch zu beteiligen (§ 188 Abs. 2). Ihm ist, wurde es angehört oder hat es eine fachliche Äußerung nach § 189 abgegeben – oder hätte es angehört oder eine fachliche Äußerung von ihm eingeholt werden müssen (dazu auch Rn. 15, 63) –, die Entscheidung mitzuteilen (§ 194 Abs. 2 S. 1), zudem steht ihm ein Beschwerderecht zu (§ 194 Abs. 2 S. 2). 68

---

[170] Keidel/Engelhardt Rn. 23.
[171] Zweifelnd Musielak/Borth § 198 Rn. 3 wegen der fehlenden Abhilfebefugnis aus § 68 Abs. 1 S. 2 FamFG.
[172] Engelhardt, in: Keidel/Kuntze/Winkler Rn. 20; Jansen/Müller-Lukoschek Rn. 38, jeweils zu § 44a FGG.
[173] Dazu auch Engelhardt, in: Keidel/Kuntze/Winkler Rn. 27; Jansen/Müller-Lukoschek Rn. 35, jeweils zu § 44a FGG.
[174] Zur Rechtslage nach dem FGG aF s. Jansen/Müller-Lukoschek § 44a FGG Rn. 37.

§ 199 Anwendung des Adoptionswirkungsgesetzes
Die Vorschriften des Adoptionswirkungsgesetzes bleiben unberührt.

Schrifttum: *Baumann*, Verfahren und anwendbares Recht bei Adoptionen mit Auslandsberührung, 1992; *Maurer*, Das Gesetz zur Regelung von Rechtsfragen auf dem Gebiet der internationalen Adoption und zur Weiterentwicklung des Adoptionsvermittlungsrechts, FamRZ 2003, 1337; *Müller/Sieghörtner/Emmerling de Oliveira*, Adoptionsrecht in der Praxis, 2007, S. 51 ff.; *Steiger*, Das neue Recht der internationalen Adoption und Adoptionsvermittlung, 2002; *Winkelsträter*, Anerkennung und Durchführung internationaler Adoptionen in Deutschland, 2007.

I. Normzweck

1 Die Vorschrift stellt sicher, dass das **AdWirkG**[1] neben den Vorschriften des FamFG anwendbar bleibt.[2] Zwar enthält der Allgemeine Teil des FamFG in § 97 Abs. 2 die Bestimmung, dass zur Umsetzung und Ausführung von Vereinbarungen und Rechtsakten nach völkerrechtlichen Vereinbarungen diese als unmittelbar anwendbares Recht vorgehen und Regelungen in Rechtsakten der Europäischen Gemeinschaft unberührt bleiben. Doch geht der Regelungsbereich des AdWirkG über den des § 97 Abs. 1 in mehrfacher Hinsicht hinaus (dazu Rn. 4). Im Anwendungsbereich des AdWirkG gehen seine Regelungen als Spezialvorschriften den allgemeinen Regelungen vor.[3] – Zur **Entscheidungskonzentration** nach § 5 Abs. 1 S. 1, Abs. 2 AdWirkG bei der Anwendung **ausländischer Sachvorschriften** auf die Annahme nach dem Entfallen von § 43b Abs. 2 S. 2 FGG aF s. § 187 Rn. 4, 14. – Zur Qualifikation der Angelegenheiten nach dem AdWirkG als **Adoptionssachen** und als **Familiensachen** s. Vor § 186 Rn. 2.

II. Verhältnis zum Adoptionswirkungsgesetz

2 **1. Anwendungsbereich.** Der Anwendungsbereich des § 199 deckt sich mit dem des AdWirkG:
– Formell umfasst er die Anerkennung gerichtlicher und behördlicher, materiell Voll- und schwache Adoptionen aussprechender **Adoptionsdekrete** wie auch **Vertragsadoptionen**.[4]
– Er ist nicht auf die Anerkennung von Adoptionen nach dem Haager Übereinkommens über den Schutz von Kindern und die Zusammenarbeit auf dem Gebiet der internationalen Adoption v. 29. 5. 1993[5] (HaagAdoptÜbk) beschränkt, sondern erfasst **alle** Adoptionen, die im Ausland durchgeführt oder auf die im Inland ausländisches Sachrecht angewandt wurde, auch wenn sie nicht auf der Grundlage (anderer) völkerrechtlicher Vereinbarungen ausgesprochen wurden. Allerdings ist die Anwendbarkeit des AdWirkG auf die Adoption von Kindern, die im Zeitpunkt der ausländischen Adoption das 18. Lebensjahr noch nicht vollendet haben (Art. 3 HaagAdoptÜbk, § 1 S. 2 AdWirkG, ebenso § 108 Abs. 2 S. 3 [dazu dort Rn. 3]), beschränkt.
– Unerheblich ist, ob es sich nach ausländischem Sachrecht um eine **Minderjährigen-** oder eine **Volljährigenadoption** gehandelt hat.[6]

3 Für die Anerkennung einer ausländischen **Volljährigenadoption** – aus inländischer Sicht also die Annahme eines Kindes, das im Zeitpunkt des Erlasses des ausländischen Adoptionsdekrets das 18. Lebensjahr bereits vollendet hat – gelten die §§ 108 Abs. 1 Abs. 2 S. 1, 109 (dazu auch § 108 Rn. 3). Voraussetzung ist, dass die Adoption nach dem nach Art. 22, 23 EGBGB anwendbaren Sachrecht wirksam ist.[7]

4 **2. Konkurrenzen.** Für die Adoption von Kindern, die im Zeitpunkt der ausländischen Adoption das **18. Lebensjahr** noch nicht vollendet haben, erklärt § 108 Abs. 2 S. 3 (dazu auch dort Rn. 23)
– § 2 AdWirkG (**Anerkennungs- und Wirkungsfeststellung**),
– § 4 AdWirkG (**Antragstellung; Reichweite der Entscheidungswirkungen**), womit er insbesondere die Antragsbefugnis und die Wirkung einer Anerkennungs- und Wirkungsfeststellung nach § 2 AdWirkG und eines Umwandlungsausspruchs nach § 3 AdWirkG in Bezug nimmt, und
– § 5 AdWirkG (**Zuständigkeit und Verfahren**)

---

[1] S. dazu die Darstellung in MünchKommBGB/*Maurer* Anhang zu § 1752.
[2] BT-Drucks. 16/6308, S. 248.
[3] BT-Drucks. 16/6308, S. 248; *Keidel/Engelhardt* Rn. 1; *Bumiller/Harders* Rn. 2.
[4] MünchKommBGB/*Maurer* Anhang zu § 1750 § 1 AdWirkG Rn. 2 m. weit. Nachw.
[5] Ratifiziert durch das Gesetz zu dem Haager Übereinkommen vom 29. Mai 1993 über den Schutz von Kindern und die Zusammenarbeit auf dem Gebiet der internationalen Adoption v. 23. 10. 2001 (BGBl. II S. 1034).
[6] Zum Ganzen MünchKommBGB/*Maurer* Anhang zu § 1752 Vor § 1 AdWirkG Rn. 4, § 1 AdWirkG Rn. 5, 6.
[7] Etwa *Palandt/Thorn* Art. 22 EGBGB Rn. 11.

für anwendbar. Der Sinn dieser Verweisung erschließt sich nicht ohne weiteres, bleiben doch die Vorschriften des Adoptionswirkungsgesetzes bereits nach § 199 unberührt. Welche Vorschriften des Adoptionswirkungsgesetzes genau unberührt bleiben, sagt allerdings weder das Gesetz noch die Gesetzesbegründung.[8] Werden die §§ 2, 4, 5 AdWirkG zur **„Anerkennung oder Nichtanerkennung"** des ausländischen **Adoptionsdekrets** – und nicht auch Wirkungsfeststellung (§ 2 Abs. 2 AdWirkG) – aber bereits durch § 108 Abs. 2 S. 3 für anwendbar erklärt, kann sich § 199 nur noch auf

– die Nichtanwendbarkeit von § 109 (vormals § 16a FGG aF) zu den **Anerkennungshindernissen** bei Anwendbarkeit des AdWirkG,
– die **Wirkungsfeststellung** nach § 2 Abs. 2 S. 1 Nr. 1, 2 AdWirkG,
– die **Umwandlung** einer Adoption mit schwachen Wirkungen in eine Volladoption (§ 3 AdWirkG), und
– auf **Vertragsadoptionen,** die von § 97 Abs. 2 nicht erfasst werden, aber nach dem AdWirkG anerkannt werden können, während § 108 nur die Anerkennung von „ausländischen Entscheidungen" regelt,

beziehen.

---

[8] BT-Drucks. 16/6308, S. 222 [zu § 108]: „Das isolierte Anerkennungsverfahren gilt jedoch gemäß Abs. 2 S. 3 nicht für ausländische Adoptionsentscheidungen, soweit der Angenommene zurzeit der Annahme das 18. Lebensjahr nicht vollendet hatte. Denn insoweit ist der Anwendungsbereich des Adoptionswirkungsgesetzes eröffnet, dessen Verfahren auf Anerkennungsfeststellung vorrangig sein soll.", und [zu § 199] S. 248: „Die Norm enthält eine Ergänzung zu § 97 Abs. 2 für das Adoptionswirkungsgesetz. Sie ist erforderlich, da dieses Gesetz über die Umsetzung und Ausführung von Rechtsakten nach § 97 Abs. 1 hinausgeht. Die Vorschriften des Adoptionswirkungsgesetzes gehen als Spezialvorschriften denjenigen des FamFG vor."

Abschnitt 6. Verfahren in Ehewohnungs- und Haushaltssachen

§ 200 Ehewohnungssachen, Haushaltssachen
(1) Ehewohnungssachen sind Verfahren
1. nach § 1361b des Bürgerlichen Gesetzbuchs,
2. nach § 1568a des Bürgerlichen Gesetzbuchs.
(2) Haushaltssachen sind Verfahren
1. nach § 1361a des Bürgerlichen Gesetzbuchs,
2. nach § 1568b des Bürgerlichen Gesetzbuchs.

Schrifttum: Allgemeines: *Becker-Eberhard*, Die Räumungsvollstreckung gegen Ehegatten und sonstige Hausgenossen, FamRZ 1994, 1296; *Breetzke*, Die Beteiligten im Hausratsverfahren, DRiZ 1956, 170; *Brudermüller*, Die Zuweisung der Ehewohnung an einen Ehegatten, FamRZ 1987, 109; *ders.*, Wohnungszuweisung bei Beendigung einer nichtehelichen Lebensgemeinschaft?, FamRZ 1994, 207; *ders.*, Rechtsschutz gegen den Partner bei gemeinsamer Mieter der Wohnung, FuR 1994, 3; *ders.*, Ehewohnung und Hausrat als Streitobjekt bei Trennung der Ehegatten, FuR 1996, 229; *ders.*, Zuweisung der Mietwohnung bei Ehegatten, Lebenspartner, Lebensgefährten, WuM 2003, 250; *Eichenhofer*, Die Auswirkungen der Ehe auf Besitz und Eigentum der Eheleute, JZ 1988, 326; *Erbarth*, Die Benutzungsvergütung des die Ehewohnung verlassenden Ehegatten bei Bestehen eines dinglichen Wohnrechts, NJW 1997, 974; *ders.*, Der Anspruch des die Ehewohnung verlassenden Ehegatten auf Entrichtung einer Benutzungsvergütung für die Zeit des Getrenntlebens, NJW 2000, 1379; *ders.*, Der Anspruch auf Entrichtung einer Nutzungsvergütung des die Ehewohnung „freiwillig" verlassenden Ehegatten gem. § 1361b Abs. 3 S. 2 BGB FamRZ 2005, 1713; *Flatow*, Die Ehewohnung in der Trennungsphase der Ehegatten, 2002; *Garbe*, Neuregelung der Wohnungszuweisung und familiengerichtliches Verfahren, FamRB 2003, 92; *Goy*, Beweislastumkehr im Wohnungszuweisungsverfahren bei Misshandlung. Bericht über die Anhörung bei der Senatsverwaltung für Arbeit und Frauen im Berlin am 29. 11. 1991 zur künftigen Ausgestaltung des § 1361b BGB, Streit 1992, 18; *Graba*, Das Familienheim bei Scheitern der Ehe, NJW 1987, 1721; *Hambitzer*, Der possessorische Besitzschutz unter getrennt lebenden Eheleuten, FamRZ 1989, 236; *Henrich*, Die einstweilige Zuweisung der Ehewohnung, wenn zwischen ausländischen Ehegatten ein Scheidungsverfahren anhängig ist, IPRax 1998, 88; *Henrich/Schwab* (Hsg.), Der Schutz der Familienwohnung in europäischen Rechtsordnungen, Beiträge zum europäischen Familienrecht, Bd. 2, 1995; *Horz*, Nutzungsvergütung für die Ehewohnung in der Trennungsphase – Vergleich der Rechtslage vor und nach der Neufassung des § 1361b BGB zum 1. 1. 2002, 2003; *Kobusch*, Der Hausrat als Streitobjekt zwischen getrennt lebenden Ehegatten, Schriften zum deutschen und europäischen Zivil-, Handels- und Prozessrecht, BT. 161, 195; *ders.*, Die eigenmächtige Hausratsteilung, FamRZ 1994, 935; *Kuhnt*, Die Regelung des Hausrats nach der Ehescheidung, AcP 150 (1949), 133; *Lempp/Thalmann*, Die Beteiligung Dritter an familienrechtlichen Wohnungszuweisungsverfahren, FamRZ 1984, 14; *Maurer*, Die Wirkungen vorläufiger Benutzungsregelungen zum Hausrat und zur Ehewohnung, FamRZ 1991, 886; *Menter*, Verbotene Eigenmacht hinsichtlich der Ehewohnung bei getrennt lebenden Ehegatten, FamRZ 1997, 76: *Münzberg*, Räumung gegen Familienmitglieder ohne entsprechenden Vollstreckungstitel, in: Fs. für *Gernhuber*, 1993, 781; *Nies*, Einstweilige Anordnung zur Einweisung und Besitzentsetzung bei Ehewohnungen, MDR 1994, 8; *Rabl*, Die Ehewohnung. Besitz, Vinkulierung, Gebrauchsüberlassung, Diss. Regensburg 1985; *Sander*, Prozessuales in Wohnungszuweisungsverfahren, FPR 1997, 127; *Scharfschwerdt-Otto*, Gestaltungsmöglichkeiten und Bindung des billigen Ermessens im Hausratsverfahren, Schriften zum bürgerlichen Recht Band 157, 1992; *Schubert*, Zur Reform der Gemeinschaftsteilung durch die Hausratsverordnung von 1944, JZ 1983, 939; *Schumacher*, Der Regierungsentwurf des zivilgerichtlichen Schutzes bei Gewalttaten und Nachstellungen sowie zur Erleichterung der Trennung, FamRZ 2001, 953; *dies.*, Mehr Schutz bei Gewalt in der Familie, FamRZ 2002, 645; *Schwab*, Zivilrechtliche Schutzmöglichkeiten bei häuslicher Gewalt, FamRZ 1999, 1317; *Smid*, Der Schutz des Besitzes an der Ehewohnung während des Scheidungsverfahrens, NJW 1983, 2486; *ders.*, Der Fluch der bösen Tat, oder: Verwirkung des Besitzschutzes anb der Ehewohnung aufgrund vorangegangenen unmoralischen Tuns?, FamRZ 1989, 55; *ders.*, Einheitlicher Prozess über Herausgabeansprüche zwischen Ehegatten und differenzierter Begriff des Hausrats im Zusammenhang der verschiedenen Rechtsinstitute, AcP 189 (1989), 51; *Vogel*, Herausgabe eigenmächtig entfernten Hausrats, FamRZ 1981, 839; *Weinreich*, Zuweisung der Ehewohnung nach GewSchG und § 1361b BGB, FuR 2007, 145; *Wlecke*, Bestandsschutz an der gemieteten Ehewohnung, Schriften zum deutschen und europäischen Zivil-, Handels- und Prozessrecht, Bd. 157, 1995.

Speziell zur neuen Rechtslage: *Borth*, Die Reform des Verfahrens in Familiensachen, FamRZ 2007, 1925; *ders.*, Einführung in das Gesetz zur Reform des Verfahrens in Familiensachen und in Angelegenheiten der freiwilligen Gerichtsbarkeit vom 17. 12. 2008 (FGG-ReformG); *Brudermüller/Götz*, Die „Rechtsnachfolger" der Hausratsverordnung, FamRZ 2009, 1261; *Büte*, Verfahrenskostenhilfe, Anwaltszwang und Ausnahmen, FPR

2009, 14; *Giers,* Die Vollstreckung nach dem FamFG – Ausblick, FPR 2008, 441; *Götz/Brudermüller,* Wohnungszuweisung und Hausratsteilung, NJW 2008, 3025; *dies,* Wohnungszuweisungs- und Hausratssachen, FPR 2009, 38; *Hartmann,* Neues Familienverfahren und ZPO, NJW 2009, 321; *Maurer,* Die Rechtsmittel in Familiensachen nach dem FamFG, FamRZ 2009, 465; *Meyer-Seitz/Kröger/Heiter,* Auf dem Weg zu einem modernen Familienverfahrensrecht – Die familienverfahrensrechtlichen Regelungen im Entwurf eines FamFG, FamRZ 2005, 1430; *Roth,* Die Zuweisung von Hausrat und Ehewohnung nach dem Entwurf eines Gesetzes zur Änderung des Zugewinnausgleichs- und Vormundschaftsrechts, FamRZ 2008, 1388; *Schael,* Die Statthaftigkeit von Beschwerde und sofortiger Beschwerde nach dem neuen FamFG, FPR 2009, 11; *Schwab,* Neues Familienrecht. Ein Zwischenbericht, FamRZ 2009, 1; *Zimmermann,* Die Beteiligten im neuen FamFG, FPR 2009, 5; *ders.,* Die Kostenentscheidung im FamFG, FamRZ 2009, 377.

Übersicht

	Rn.		Rn.
A. Normzweck	1, 2	a) Bestehende Ehe und „anlässlich der Scheidung"	59
B. Regelungsbereich	3–99	b) Begriff des Haushaltsgegenstandes	60, 61
I. Ehewohnungssachen	8–57	c) Einzelfälle	62–66
1. Begriffsbestimmung	10–20	2. Haushaltssachen (§ 1361a BGB)	67–73
a) Bestehende Ehe (§ 1361b BGB) und „anlässlich der Scheidung" (§ 1568a BGB)	10–15	a) Herausgabeanspruch des Alleineigentümers (§ 1361a Abs. 1 S. 1 BGB)	68
b) Ehewohnung	16–20	b) Überlassungsanspruch des Nichteigentümers (§ 1361a Abs. 1 S. 2 BGB)	69, 70
2. Ehewohnungssachen (§ 1361b BGB)	21–42	c) Verteilung von Haushaltsgegenständen, die im gemeinsamen Eigentum beider Ehegatten stehen nach § 1361a Abs. 2 BGB	71, 72
a) Überlassung der Ehewohnung (§ 1361b Abs. 1 S. 1 BGB)	22–32		
b) Unterlassungspflichten des weichenden Ehegatten (§ 1361b Abs. 3 S. 1 BGB)	33	d) Festsetzung einer Benutzungsvergütung durch das FamG	73
c) Vergütung für die Nutzung (§ 1361b Abs. 3 S. 2 BGB)	34–42	3. Haushaltssachen (§ 1568b BGB)	74–77
3. Ehewohnungssachen nach § 1568a BGB	43–57	a) Anspruch (§ 1568b Abs. 1 BGB)	75, 76
a) Überlassung der Ehewohnung (§ 1568a Abs. 1, Abs. 2 BGB)	44–46	b) Anspruch (§ 1568b Abs. 3 BGB)	77
b) Begründung eines Mietverhältnisses (§ 1568a Abs. 4, Abs. 5 S. 1 BGB)	47–51	**C. Internationales Privatrecht**	78–83
c) Die Ansprüche der zur Vermietung berechtigten Person (§ 1568a Abs. 5 S. 2 und S. 3 BGB)	52–54	I. Ehewohnung und Haushaltsgegenstände im Inland	80, 81
d) Streitigkeiten im Rahmen von § 1568a Abs. 3 BGB	55–57	II. Ehewohnung und Haushaltsgegenstände im Ausland	82, 83
II. Haushaltssachen	58–77	**D. Internationale Zuständigkeit**	84, 85
1. Begriffsbestimmung	59–66	**E. Die Verfahrenswerte**	86, 87
		F. Tenorierung	88–94

A. Normzweck

Die Vorschrift definiert die in Abschnitt 6 erfassten Familiensachen von § 111 Nr. 5, die Ehewohnungs- und Haushaltssachen. Sie hat **keine unmittelbare Vorgängerin;** das Verfahren nach der HausratsVO war eine privatrechtliche Streitsache der freiwilligen Gerichtsbarkeit.[1] Es unterstand neben den wenigen Verfahrensvorschriften der HausratsVO selbst seit dem 1. EheRG einem Gemisch aus Verfahrensgrundsätzen der freiwilligen Gerichtsbarkeit und der ZPO. Bei Verfahren nach §§ 1361a, 1361b BGB galten gem. § 18a HausratsVO aF die Verfahrensvorschriften der §§ 11 bis 18 HausratsVO aF ebenso wie bei den Verfahren nach §§ 2 ff. HausratsVO aF. Neben den besonderen Verfahrensvorschriften der HausratsVO aF waren gem. §§ 1 Abs. 2, 13 Abs. 1 HausratsVO aF sowohl die §§ 621 bis 630 ZPO aF als auch die Vorschriften des FGG anwendbar. Darüber hinaus waren aus der ZPO und dem GVG gem. § 621a Abs. 1 S. 1 ZPO aF („soweit sich aus diesem Gesetz oder dem GVG nichts Besonderes ergibt") anwendbar die §§ 119 Abs. 1 Nr. 1a, 170 GVG sowie bei einem Verbund mit einer Scheidungssache auch §§ 78 Abs. 2 (Vertretungszwang durch einen Rechtsanwalt), 93a Abs. 1, Abs. 2 ZPO (Kostenverteilung). Daneben galten die besonderen Verfahrensvorschriften der HausratsVO, also die §§ 11 ff. HausratsVO aF (§ 1 Abs. 2 HausratsVO aF, § 621

1

---
[1] BGH FamRZ 1979, 230.

Abs. 1 S. 1 ZPO aF). Die HausratsVO selbst wiederum enthielt in § 13 Abs. 1 HausratsVO, soweit sie keine eigene Regelung traf, eine Verweisung auf die Vorschriften des FGG aF. Jedoch traten an die Stelle der §§ 2 bis 6, 8 bis 11, 13, 16 Abs. 2, Abs. 3 und 17 FGG aF die für das zivilprozessuale Verfahren maßgebenden Vorschriften, § 621a Abs. 1 S. 2 ZPO aF. Das betraf insbesondere die Bestimmung des örtlich zuständigen Gerichts, die Ausschließung und Ablehnung des Richters, die Beteiligung von Beiständen und Bevollmächtigten sowie die Bekanntmachung gerichtlicher Verfügungen.[2] Diese unübersichtliche und verwickelte, zum Teil doppelte Regelung wurde zu Recht heftig kritisiert.[3] *Brüggemann* sprach von einem **„Juristengesetz makaberen Grades"** sowie davon, dass dem Gesetzgeber die Dinge aus dem Gleis gelaufen seien.[4] *Bosch* hielt angesichts der Kompliziertheit der Materie sogar schon den Rechtsunterricht im Familien- und Prozessrecht vor Studenten für „kaum noch möglich".[5]

2 Die **Neuregelung** führt demgegenüber in Ehewohnungs- und Haushaltssachen ein **klares, übersichtliches Verfahrensrecht** herbei. Es treten nur mehr die schon bisher bestehenden, im materiellen Recht begründeten Abgrenzungsschwierigkeiten auf, in welchem Umfang §§ 1361a, 1361b und 1568a, 1568b BGB eingreifen.

B. Regelungsbereich

3 § 200 definiert und erfasst sämtliche Ehewohnungs- und Haushaltssachen im Sinne von § 111 Nr. 5 FamFG. Es handelt sich um der **freiwilligen Gerichtsbarkeit unterfallende Familiensachen**, nicht um Familienstreitsachen iVm. § 112. Deshalb ist grundsätzlich der allgemeine Teil des FamFG anzuwenden, die Sondervorschriften des § 113 gelten nicht.

4 Diese **Einordnung ist sachlich zutreffend.** Ideologische Vorbehalte gegen den liberalen Zivilprozess, der den Parteien eine starke Stellung einräumt, bestehen nicht.[6] Vielmehr ist ein Streit grundsätzlich im Zivilprozess auszutragen, wenn das materielle Recht privatrechtliche Ansprüche gewährt, wie dies im Anwendungsbereich von § 200 – mit Ausnahme von § 1361a Abs. 2 BGB – der Fall ist, so §§ 1361b Abs. 1 S. 1, 1361b Abs. 3 S. 1, 1361b Abs. 4 BGB und jetzt auch §§ 1568a Abs. 1, 1568a Abs. 2, 1568a Abs. 4, 1568a Abs. 5 S. 1, 1568a Abs. 5, S. 2, 3 sowie § 1568b Abs. 1, 1568b Abs. 3 BGB. Das ergibt sich aus § 3 EGZPO iVm. § 13 GVG. Der Zivilprozess ist aber nur dann die sachgemäße Verfahrensart, wenn die Parteien ihren Aufklärungsbeitrag nach den abstrakten Regeln der Darlegungslast auch leisten können. Hierzu müssen sie wissen, an welche Tatbestandsvoraussetzungen Rechtsfolgen im Gesetz geknüpft sind. Verzichtet das Gesetz auf die Normierung klarer Tatbestände, sind abstrakte Regeln für die Beibringung des Streitstoffes ungeeignet.[7] Die Freiwillige Gerichtsbarkeit wurde daher über ihren ursprünglichen Bereich hinaus vorwiegend auf solche Streitsachen ausgedehnt, bei denen dem Richter ein Ermessen eingeräumt ist (so zB in §§ 2 S. 1, 8 HausratsVO aF). **Klare Tatbestände** fehlen aber auch **bei Anspruchsgrundlagen mit unbestimmten Rechtsbegriffen.** Wegen der Vielzahl und Weite der in §§ 1361a, 1361b, 1568a, 1568b BGB verwendeten unbestimmten Rechtsbegriffe „Billigkeit", „unbillige Härte", „angemessene Vergütung", „der Billigkeit entsprechende Vergütung", „Wohl der im Haushalt lebenden Kinder", „in stärkerem Maße angewiesen sein", „angemessene Ausgleichszahlung", ist es für die Ehegatten kaum je möglich, den jeweils erforderlichen konkreten Sachvortrag von vornherein zu leisten. **Abstrakte Regeln** eignen sich daher für die **Beibringung des Streitstoffes** gerade in dem sensiblen **Bereich von Ehewohnung und Haushaltsgegenständen** – insbesondere wenn Kinder im Haushalt leben – **nicht.** Solche Verfahren der freiwilligen Gerichtsbarkeit, die Aufgaben des Zivilprozesses übernehmen, nennt man **privatrechtliche Streitsachen.**[8] Sie gehören schon herkömmlich und gehören auch unter der Geltung des FamFG zu den **drei Arten der Angelegenheiten der freiwilligen Gerichtsbarkeit**[9] – neben den **klassischen Fürsorgeverfahren** (freiwillige Gerichtsbarkeit im materiellen Sinne) so zB den Kindschafts-, Adoptions-, Betreuungs-, Nachlass- und

---

[2] Vgl. hierzu im Einzelnen *Staudinger/Weinreich* § 13 HausratsVO Rn. 1 ff.
[3] MünchKommBGB/*Müller-Gindullis* § 13, HausratsVO Rn. 1; *Staudinger/Weinreich* § 13 HausratsVO Rn. 1 ff.
[4] *Brüggemann* FamRZ 1977, 1, 19.
[5] *Bosch* FamRZ 1976, 401, 408.
[6] Brehm § 2 Rn. 5; ideologisch motiviert für eine allgemeine Anwendung des FG-Verfahrens dagegen *Baumbach* ZAkDR 1938, 583; 1941, 31; vgl. dazu auch *Bärmann* AcP 154 (1955), 388 f.
[7] Brehm § 2 Rn. 4.
[8] Brehm § 1 Rn. 4; § 2 Rn. 1, 4 ff.; *Keidel/Kuntze/Winkler/Schmidt* Rn. 5, § 12 Rn. 226 ff.; vgl. oben § 1 Rn. 16.
[9] Brehm § 1 Rn. 4; § 2 Rn. 1 ff., *Keidel/Sternal* § 1 FGG Rn. 30 f., 33 ff.; vgl. oben § 1 Rn. 16 ff. abweichend *Bumiller/Harders* § 1 Rn. 4 ff.

Teilungssachen, Register- und unternehmensrechtlichen Verfahren, Urkundssachen, Verfahren in Freiheitsentziehungssachen und die Aufgebotsverfahren und den **öffentlich-rechtlichen Streitsachen** wie zB die Verfahren nach §§ 107 Abs. 1 bis Abs. 9, 23 ff. EGGVG, 111 Abs. 4 BNotO und 40 Abs. 4 BRAO. In privatrechtlichen Streitsachen (nicht selten auch echte Streitsachen genannt[10]) stehen sich die Beteiligten als Gegner gegenüber und verfolgen meist vermögensrechtliche Interessen privatrechtlicher Natur,[11] und das Gericht entscheidet als neutrale Instanz verbindlich über Rechte und Rechtsverhältnisse zwischen den Beteiligten.[12] Der Begriff der **privatrechtlichen Streitsache** ist dabei den Verfahren vorbehalten, auf die das **Verfahren der freiwilligen Gerichtsbarkeit uneingeschränkt Anwendung** findet, obwohl der Verfahrensgegenstand auf Streitentscheidung gerichtet ist.[13] Er ist nämlich nicht nur in der Sache zutreffend, sondern erlaubt zudem die **Abgrenzung zwischen privatrechtlichen Streitsachen der freiwilligen Gerichtsbarkeit** einerseits und **Familienstreitsachen sowie Ehesachen** andererseits. Bei diesen handelt es sich um Unterarten des Zivilprozesses, da sie weitgehend nach den Vorschriften der ZPO erledigt werden, § 113 Abs. 1, Abs. 2.[14] Wortlaut und Systematik von § 23a Abs. 1, Abs. 2 GVG sprechen nicht gegen eine solche Einteilung und Begrifflichkeit, insbesondere **nicht dagegen, Familiensachen als Angelegenheit der freiwilligen Gerichtsbarkeit einzuordnen**.[15] Die Gegenüberstellung von Familiensachen und Angelegenheiten der freiwilligen Gerichtsbarkeit in § 23a Abs. 1 Nr. und Nr. 2 GVG und die Aufzählung letzterer in § 23a Abs. 2 GVG erfolgte, weil eben nicht alle Familiensachen Angelegenheiten der freiwilligen Gerichtsbarkeit sind, infolge dessen sämtliche Familiensachen in Buch 2 des FamFG erfasst werden und daher § 111 hinsichtlich der Bestimmung der sachlichen Zuständigkeit der Amtsgerichte § 23a Abs. 1 GVG ergänzt und konkretisiert. Demgegenüber sind die übrigen Angelegenheiten der Freiwilligen Gerichtsbarkeit nicht in einem Buche des FamFG konzentriert, sondern verteilen sich auf die Bücher drei bis acht, weshalb die sachliche Zuständigkeit insgesamt richtigerweise im GVG geregelt wurde. Inhaltliche Schlüsse auf Umfang und Begriffe der Angelegenheiten der freiwilligen Gerichtsbarkeit können aus der reinen, insgesamt noch dazu misslungenen[16] Zuständigkeitsnorm des § 23a GVG nicht gezogen werden. Schließlich spricht auch das FamGKG mehrfach von „Familiensachen der Freiwilligen Gerichtsbarkeit".

Das **FamFG** enthält auch für **privatrechtliche Streitigkeiten der freiwilligen Gerichtsbarkeit die erforderlichen Regelungen,** obwohl es den Begriff nicht gebraucht. Insbesondere ist die von der Rechtsprechung[17] vorgenommene Einschränkung des Amtsermittlungsgrundatzes des § 12 FGG aF nicht mehr erforderlich; sie folgt jetzt aus §§ 23 Abs. 1, 27, 203 Abs. 1 und Abs. 2, 206 Abs. 1. So wurde der Grundsatz der Amtsermittlung nach § 26 ergänzt durch eine allgemeine Mitwirkungspflicht der Beteiligten (§ 27), die insbesondere in privatrechtlichen Streitverfahren der Freiwilligen Gerichtsbarkeit Bedeutung hat;[18] die allgemeine Mitwirkungspflicht nach § 27 wird für Haushaltssachen durch § 203 Abs. 2 und § 206 konkretisiert. Die Grenzen der richterlichen Aufklärungspflicht müssen deshalb nicht mehr mit den Besonderheiten der Streitverfahren der freiwilligen Gerichtsbarkeit gerechtfertigt werden.[19] In **Ehewohnungs- und Haushaltssachen** trifft die Beteiligten eine **gegenüber dem Zivilprozess abgeschwächte Beibringungs- und Darlegungslast**.[20] Den Beteiligten obliegt es nach dem FamG den ihnen bekannten Sachverhalt vorzutragen und die ihnen bekannten Beweismittel anzugeben, um dem Gericht Anhaltspunkte dafür zu liefern, welche Ermittlungen vom Amts wegen (§ 26 mit der Einschränkung des § 206 Abs. 3 für Haushaltssachen) anzustellen sind.[21]

---

[10] *Brehm* § 2 Rn. 6, Fn. 7 weist zutreffend darauf hin, dass das Attribut „echt" überflüssig ist, weil es keine unechten Streitsachen gibt.
[11] So BGH NJW 1994, 581.
[12] *Brehm* § 2 Rn. 6
[13] *Brehm* § 2 Rn. 6; *Keidel/Sternal* § 1 Rn. 30 f., 33 f., vgl. oben § 1 Rn. 16; abweichend *Bumiller/Harders* § 1 Rn. 4 ff.
[14] *Brehm* § 1 Rn. 7; *Keidel/Sternal* § 1 Rn. 31; aA *Bumiller/Harders* § 1 Nr. 8, 13, die auch die Familienstreitsachen iSv. § 112 als privatrechtliche Streitsache bezeichnen.
[15] So wohl auch *Hütter/Kodal* FamRZ 2009, 917, 918 sub I 2 li. Sp.; *Brehm* § 1 Rn. 1 ff.; *Keidel/Sternal* § 1 Rn. 1, 24 ff.; vgl oben § 1 Rn. 1 ff., 18; *Heiter* FamRZ 2009, 85 Fn. 3 will lediglich die bisherige Begrifflichkeit beibehalten.
[16] Vgl. dezidiert oben § 1 Rn. 6.
[17] BGH NJW 1994, 581.
[18] So auch *Keidel/Sternal* § 27 Rn. 3; *Bumiller/Harders* § 26 Rn. 2 f., § 27 Rn. 1; vgl. oben § 26 Rn. 1, abweichend wohl oben § 27 Rn. 1: § 27 begründet keine neue Rechtslage.
[19] *Brehm* § 2 Rn. 9.
[20] *Keidel/Sternal* § 27 Rn. 3; *Keidel/Giers* § 203 Rn. 5; *Bumiller/Harders* § 26 Rn. 1, § 203 Rn. 3; *Hartmann* NJW 2009, 321, 322.
[21] *Keidel/Sternal* § 27 Rn. 3; *Keidel/Giers* § 203 Rn. 5; *Bumiller/Harders* § 26 Rn. 1, § 203 Rn. 3.

6 **Ehewohnungssachen** sind alle unter **§ 1361b BGB (Abs. 1 Nr. 1)** und **§ 1568a BGB (Abs. 1 Nr. 2)** fallenden Verfahren, also nicht nur die **Ansprüche auf Überlassung der Ehewohnung** bei Getrenntleben oder bei intendiertem Getrenntleben der Ehegatten gem. § 1361b Abs. 1 S. 1 BGB sowie gem. § 1568a Abs. 1, Abs. 2 BGB für die Zeit nach der Scheidung, sondern auch **Vergütungsansprüche** gem. § 1361b Abs. 3 S. 2 BGB und Ansprüche auf Begründung eines Mietverhältnisses gem. § 1568a Abs. 4, Abs. 5 BGB.

7 **Haushaltssachen** sind alle von **§ 1361a (Abs. 2 Nr. 1)** und von **§ 1568b BGB (Abs. 2 Nr. 2)** erfassten Verfahren. Es sind dies bei getrennt lebenden Ehegatten die Verfahren über den Herausgabeanspruch des Alleineigentümers gem. § 1361a Abs. 1 S. 1 BGB, den Überlassungsanspruch benötigter Haushaltsgegenstände des Nichteigentümers gem. § 1361a Abs. 1 S. 2 BGB, das Zuweisungsverfahren nach § 1361a Abs. 2 BGB bei Bruchteils- (§ 1008 BGB) und Gesamtheitseigentum (§ 1416 BGB) beider Ehegatten und das Verfahren auf Festsetzung einer Nutzungsvergütung gem. § 1361a Abs. 3 S. 2 BGB. § 1568b BGB hat für die Zeit nach Rechtskraft der Scheidung in Abs. 1 den Anspruch auf Überlassung und Übereignung im gemeinsamen Eigentum stehender Haushaltsgegenstände und in Abs. 3 den Anspruch des Ehegatten, der seinen Eigentumsanteil nach Abs. 1 überträgt, auf Entrichtung einer angemessenen Ausgleichszahlung zum Gegenstand.

I. Ehewohnungssachen

8 Der Begriff **Ehewohnungssachen** ist gegenüber dem ursprünglich vorgesehenen „Wohnungszuweisungssachen" zutreffend. Er geht auf die mit dem Gesetz zur Änderung des Zugewinnausgleichs und Vormundschaftsrechts[22] einhergehende Aufhebung der materiell-rechtlichen Vorschriften der Hausratsverordnung und Einfügung von § 1568a BGB zurück. Eine **familiengerichtliche Zuweisung der Ehewohnung gibt es danach nicht mehr.** Schon § 1361b Abs. 1 S. 1 BGB (ebenso §§ 14 Abs. 1 S. 1 LPartG; 2 Abs. 1, Abs. 6 S. 1 GewSchG) gewährt dem berechtigten Ehegatten einen Anspruch iSv. § 194 Abs. 1, Abs. 2 BGB gegen den anderen auf Überlassung der Ehewohnung und stellt demgemäß eine Anspruchsgrundlage dar.[23] Der Richter entscheidet über den **Überlassungsanspruch**, er weist die Ehewohnung **nicht** einem Ehegatten im Rahmen einer rechtsgestaltenden Ermessensentscheidung zu. Eben dies gilt jetzt auch für **§ 1568a Abs. 1, Abs. 2 BGB.** Es handelt sich um **Ansprüche auf Überlassung der Ehewohnung** für die Zeit nach Rechtskraft der Scheidung.

9 Demgegenüber konnten beide Ehegatten nach § 1 Abs. 1 HausratsVO nur die Gestaltung ihrer Rechtsverhältnisse an der Ehewohnung durch das Gericht verlangen.[24] Die Vorschrift begründete keinen Anspruch der Ehegatten iSv. § 194 BGB auf Auseinandersetzung. Die Ehegatten konnten nur die **Gestaltung** ihrer **Rechtsverhältnisse an der Ehewohnung und am Hausrat** durch das Gericht verlangen. Eine solche Möglichkeit gibt es hinsichtlich der Ehewohnung nicht mehr. Man sollte daher **nicht mehr von „Wohnungszuweisung" sprechen.**

10 **1. Begriffsbestimmung. a) Bestehende Ehe (§ 1361b BGB) und „anlässlich der Scheidung" (§ 1568b BGB). aa) Bestehende Ehe bei § 1361b BGB.** Nach dem **Wortlaut** und der **systematischen Stellung** des § 1361b BGB unter den Vorschriften von Titel 5 des Buches 4 über die „Wirkungen der Ehe im Allgemeinen", ist eine **wirksame Ehe der Parteien Anspruchsvoraussetzung** sämtlicher auf der Vorschrift basierender Ansprüche. Es darf sich also weder um eine **absolute Nichtehe** (matrimonium non existens),[25] noch um eine rechtskräftig aufgehobene (§§ 1313 S. 1, S. 2 BGB, 631 ZPO aF) oder um eine rechtskräftig geschiedene Ehe (§§ 1564 S. 1, S. 2 BGB, 622 ff. ZPO aF) handeln.

11 Eine sogenannte **absolute Nichtehe** entfaltet keinerlei materielle Rechtswirkungen. Sie tritt aus formellen Gründen (nur beim Fehlen der Mitwirkung eines Standesbeamten) oder aus sachlichen Gründen ein (zB wenn überhaupt keine Erklärung abgegeben wurde, sie schließen zu wollen). Sie liegt in folgenden Fällen vor: Bei Eheschließung zwischen gleichgeschlechtlichen Partnern; bei Eingehung der Ehe ohne Mitwirkung des Standesbeamten, auch nicht iSv. § 1310 Abs. 2 BGB, also unter Verletzung von § 1310 Abs. 1 BGB, zB vor einem Geistlichen oder Rabbiner; die **vor der standesamtlichen Eheschließung** vorgenommene **kirchliche Trauung** und zwar auch nach dem Wegfall des sog. „**Verbots der kirchlichen Voraustrauung**" ab 1. 1. 2009 durch ersatzlosen Wegfall des

---

[22] BGBl. I 2009 S. 1696.
[23] *Erbarth* FamRZ 2005, 1713, 1716, zustimmend *Staudinger/Voppel* § 1361b BGB Rn. 50.
[24] *Johannsen/Henrich/Brudermüller* § 1 HausratsVO Rn. 3.
[25] Vgl. zu dieser besonders klar *Palandt/Diederichsen*, 58. Aufl. 1999, Einf. § 1313 BGB Rn. 2; *Staudinger/Strätz* § 1310 BGB Rn. 54 ff.

bisherigen § 67 PStG aF[26] bleibt ohne zivilrechtliche Wirkung, selbst wenn dies zB infolge einer lebensgefährlichen Erkrankung geschah, solange ihr nicht die standesbeamtliche Trauung folgt, auch nach längerer „Ehe"-führung und auch dann, wenn die Nichtehe in das Eheregister eingetragen wird, da die Eintragung von den Fällen des § 1310 Abs. 2 BGB abgesehen, unerheblich ist; eine Nichtehe ist weiter gegeben, wenn die Eheschließung vor einem nicht bereiten Standesbeamten iSv. § 1310 Abs. 1 S. 1 BGB oder eine Verweigerung der Mitwirkung iSv. § 1310 Abs. 1 S. 2 BGB stattgefunden hat; zu einer Nichtehe kommt es schließlich, wenn der Eheschließungswille überhaupt nicht erklärt worden ist.

Eine Ehe besteht auch dann nicht mehr, wenn sie **rechtskräftig aufgehoben** oder **geschieden** 12 wurde; die Ehe ist jedes Mal mit der Rechtskraft des Urteils und bei ab 1. 9. 2009 anhängigen Verfahren des Beschlusses aufgelöst (§§ 1313 S. 2, 1564 S. 2 BGB).

§ 1361b BGB kann insgesamt **nicht** auf **nichteheliche Lebensgemeinschaften** angewendet 13 werden. Eine direkte Anwendung scheidet schon auf Grund des Wortlauts und der systematischen Stellung der Vorschrift aus. Auch eine entsprechende Anwendung im Wege der Analogie ist nicht möglich. Es fehlt bereits eine ausfüllungsbedürftige Lücke im Gesetz – die Grundlage jeder Analogie[27] –, die durch analoge Anwendung von § 1361b BGB zu schließen ist. Eine Regelungslücke, also eine Situation, in der nicht nur ein einzelner Rechtssatz, sondern eine Regelung im Ganzen unvollständig ist, liegt nicht vor. § 1361b BGB ist Ausfluss der auch unter getrennt lebenden Ehegatten weiter wirkenden Fürsorge- und Beistandspflichten aus § 1353 Abs. 1 S. 2 Halbs. 1 BGB, die für Partner nichtehelicher Lebensgemeinschaften nicht gelten. Die nichteheliche Lebensgemeinschaft als solche verpflichtet rechtlich zu nichts.[28] Es fehlt mithin die „Ähnlichkeit" der Sachverhalte. Ehe und nichteheliche Lebensgemeinschaft stimmen in den für die rechtliche Bestimmung maßgeblichen Hinsichten gerade nicht überein: Es fehlt an der familienrechtlichen Verfasstheit der nichtehelichen Lebensgemeinschaft. Diesen Unterschied kann keine Analogie überbrücken, auch wenn die tatsächliche Ähnlichkeit der nichtehelichen Lebensgemeinschaft mit der Ehe noch so umfassend wäre.[29]

bb) Ansprüche „anlässlich der Scheidung" nach § 1568a BGB. Die Ansprüche nach 14 § 1568a können „anlässlich der Scheidung" geltend gemacht werden, dh. sie können **nicht nur nach der Scheidung der Ehe,** sondern **schon gleichzeitig mit der Scheidung** erhoben werden. Dies eröffnet die Möglichkeit, die Ansprüche als Scheidungsfolgesache im Verbund zu verfolgen, § 137 Abs. 1, Abs. 2 S. 1 Nr. 3.

Die Ansprüche finden bei **Aufhebung der Ehe** (§§ 1313 ff. BGB) nach § 1318 Abs. 4 Halbs. 1 15 BGB entsprechende **Anwendung.** Demgegenüber gelten sie **nicht bei Auflösung** der Ehe durch den Tod eines Ehegatten und bei nichtehelichen Lebensgemeinschaften.

b) Ehewohnung. aa) Begriff. Eine **Legaldefinition des Rechtsbegriffs „Ehewohnung"** 16 existiert nicht.[30] Die Rechtsprechung zu § 1 HausratsVO hat dem Begriff Konturen gegeben. Er ist bei § 1 HausratsVO aF, nunmehr bei § 1568a BGB und bei § 1361b BGB identisch und weit auszulegen.[31] Als **Ehewohnung** sind danach die gemeinsamen Räumlichkeiten, in denen beide Ehegatten wohnen, gewohnt haben oder bestimmungsgemäß wohnen sollen, zu verstehen.[32]

Die Charakterisierung von Räumen als Ehewohnung richtet sich bei **§ 1361b BGB** nach dem 17 **Zeitpunkt der Trennung oder Trennungsabsicht,** hingegen bei **§ 1568a BGB** nach demjenigen **der Antragstellung.** Auf die Eigentumsverhältnisse und die sonstige Rechtslage kommt es nicht an. Gleichgültig ist also, ob es sich um eine Mietwohnung[33] handelt oder welcher Ehegatte sie gemietet hat, ob die Wohnung einem oder beiden Ehegatten gehört,[34] oder ob das Nutzungsrecht durch

---

[26] Gesetz zur Reform des Personenstandsrechts vom 19. 12. 2007, BGBl. 2007 I S. 122; dazu instruktiv *Schwab* in FamRZ 2008, 1121 ff.; in der katholischen Kirche ist daraufhin eine „Ordnung für kirchliche Tauungen bei fehlender Zivileheschließung" verkündet worden, abgedruckt in FamRZ 2009, 18.
[27] *Larenz/Canaris,* Methodenlehre, S. 191 ff., 202 ff.
[28] Vgl. umfassend *Staudinger/Löhnig* Anh. zu § 1297 ff. BGB Rn. 22 ff.
[29] *Diederichsen* AcP 198 (1998), 171, 192.
[30] Erwähnung in §§ 1361b, 1567 Abs. 1 S. 2 BGB, §§ 1 ff. HausratsVO aF, §§ 620 Nr. 7, 621 Nr. 7, 630 Abs. 1 Nr. 3 ZPO aF und jetzt in §§ 57 Nr. 5, 96, 111 Nr. 5, 137 Abs. 2 S. 1 Nr. 3, 200, 202 S. 1, 203 Abs. 3, 204, 205, 209 Abs. 2, 269 Abs. 1 sowie § 48 FamGKG.
[31] *MünchkommBGB/Wacke* § 1361b Rn. 3; *Johannsen/Henrich/Brudermüller* § 1361b BGB Rn. 8; *Bamberger/Roth/Neumann* § 1361b BGB Rn. 1; *Soergel/Lange* § 1361b BGB Rn. 3 aE; *Weinreich/Klein/Weinreich* § 1361b BGB Rn. 9; *Staudinger/Voppel* § 1361b BGB Rn. 6.
[32] BayObLG FamRZ 1971, 36 m. weit. Nachw.; OLG München FamRZ 1986, 1019; *Schulz* S. 20 f. *Flatow* S. 9 ff.
[33] Hierzu *Brudermüller* WuM 2003, 250 ff. mit Fallbeispielen.
[34] OLG München FamRZ 1990, 530 f. zu §§ 2, 5 HausratsVO aF; LG Itzehoe FamRZ 1990, 630 = NJW-RR 1990, 648 f.; AG Köln FamRZ 1991, 811 ff.; OLG Köln FamRz 1992, 440 f.; OLG Frankfurt FamRZ 1992, 667 ff.; *Schulz* S. 20.

Verwaltungsakt begründet wurde; es ist auch irrelevant, dass die Berechtigung zur Nutzung der Wohnung satzungsgemäß auf die Mitgliedschaft in einer Genossenschaft oder einem Verein beschränkt ist;[35] gleichgültig ist auch, ob die betreffenden Räumlichkeiten nach öffentlichem Recht zu Wohnzwecken genutzt werden dürfen, da es auf die tatsächlichen Verhältnisse ankommt.[36] Die Ehewohnung braucht nicht abgeschlossen zu sein, auch ein einzelner Raum, Nebenräume, ein möbliertes Zimmer, ja sogar rechtlich als bewegliche Sachen einzuordnende Behältnisse wie Baracken, Wohnwagen[37] und Wohnschiffe gelten als solche, wenn nur die definitionsmäßige Voraussetzungen vorliegen.[38] Zur Ehewohnung gehören auch Nebenräume einschließlich Keller, Dachboden, Garten, Garage, Sport- und Fitnessräume sowie Grundstücksflächen.[39]

18 Die Ehegatten können **zwei** oder **mehr Ehewohnungen unterhalten.** Der die Nutzungsberechtigung begründende **Überlassungsanspruch** nach § 1361b Abs. 1 S. 1 BGB ist allerdings **regelmäßig nur hinsichtlich einer Wohnung** gegeben. Es muss für jede Wohnung geprüft werden, ob es sich tatsächlich um die Ehewohnung handelt.[40] Dagegen muss nicht festgestellt werden, welche Wohnung vorwiegend genutzt wird und wo der Schwerpunkt der Lebensbeziehungen liegt.[41] Die Ansicht,[42] nur eine von mehreren vorhandenen Wohnungen könne als Ehewohnung qualifiziert werden, trifft nicht zu. Die Singularformulierung in §§ 1361b Abs. 1 S. 1, 1568a Abs. 1 BGB („die Ehewohnung") spricht nicht dagegen, dass Eheleute mehrere Ehewohnungen haben können; vielmehr enthält der Wortlaut allenfalls die Beschränkung, dass der Überlassungsanspruch nur hinsichtlich einer Ehewohnung besteht.[43] Auf eine gewisse Dauer ist allerdings nicht zu verzichten, weshalb die Wohnung zumindest für einen ständigen zeitweiligen Aufenthalt bestimmt sein muss, denn die Ehewohnung verdient und erfährt eine rechtliche Sonderbehandlung, weil sie Mittelpunkt und räumlicher Rückhalt der Familie ist.[44]

19 **bb) Dauer der Eigenschaft der Wohnung als Ehewohnung.** Die Eigenschaft der Wohnung als Ehewohnung bleibt **grundsätzlich mindestens bis zur Rechtskraft der Endentscheidung in der Scheidungssache** (§§ 45, 148) **bestehen.**[45] Vorher entfällt sie nur auf Grund einer Vereinbarung der Ehegatten („Entwidmung"). Entgegen einer vielfach vertretenen Ansicht verliert die Wohnung ihre Eigenschaft als Ehewohnung **nicht auf Grund** der Vermutung des **§ 1361b Abs. 4 BGB.** Danach wird unwiderleglich vermutet, dass der Ehegatte, der aus der Ehewohnung ausgezogen ist und nicht innerhalb von sechs Monaten nach seinem Auszug eine ernstliche Rückkehrabsicht gegenüber dem anderen, in der Wohnung verbliebenen Ehegatten bekundet, diesem das **alleinige Nutzungsrecht** an der Wohnung überlassen hat. Schon nach dem Wortlaut entfällt gerade nicht die Eigenschaft der Wohnung als Ehewohnung,[46] sondern allein das Nutzungsrecht des ausgezogenen Ehegatten. Der Bedeutungszusammenhang mit § 1361b Abs. 1 BGB, den früheren § 1 ff. HausratsVO und §§ 1568a, 1568b BGB bestätigen ein solches Verständnis. Nur dann ist die sachliche Übereinstimmung von § 1361b Abs. 4 BGB mit diesen Vorschriften gewahrt. Die Eigenschaft der Wohnung als Ehewohnung entfällt selbst bei einer gerichtlichen Entscheidung über den Überlassungsanspruch nach § 1361b Abs. 1 S. 1 BGB nicht. Es erfolgt allein eine besitzrechtliche Regelung. Das aus § 1353 Abs. 1 S. 2 Halbs. 1 BGB folgende Recht zum Mitbesitz der Ehewohnung wird gem. § 1361b Abs. 1 S. 1 BGB zu einem Recht zum Alleinbesitz des überlassungsberechtigten Ehegatten modifiziert. Ebendies geschieht, wenn § 1361b Abs. 4 BGB eingreift. Das gegenüber § 1361b Abs. 1 S. 1 BGB „qualitativ" schwächere – weil ohne ursprüngliche Überlassungspflicht erst auf Grund der Tatsache des Auszugs entstehende – Nutzungsrecht nach § 1361b Abs. 4 BGB, kann

---

[35] OLG München FamRZ 1991, 1452; *Johannsen/Henrich/Brudermüller* § 1361b BGB Rn. 8.
[36] MünchKommBGB/*Müller-Gindullis* § 1 HausratsVO Rn. 5, *Rauscher* Rn. 718; *Gottwald* Anm. zu OLG Naumburg FamRZ 2005, 1269; *Weinreich* FuR 2007, 145, 146; aA OLG Naumburg FamRZ 2005, 1269.
[37] BGH LM Nr. 1 zu § 3 HausratsVO.
[38] *Schulz* S. 20; MünchKommBGB/*Müller-Gindullis* § 1 HausratsVO Rn. 5.
[39] OLG Thüringen FamRZ 2004, 877; OLG Frankfurt/M. FamRZ 1957, 112; *Johannsen/Henrich/Brudermüller* § 1361b BGB Rn. 8; *Weinreich* FuR 2007, 145.
[40] *Schulz* S. 21; *Flatow* S. 13.
[41] *Kast* S. 56; *Scharfschwerdt-Otto* S. 54 f.
[42] MünchKommBGB/*Müller-Gindullis* § 1 HausratsVO Rn. 6; *Flatow* S. 13, die nur die Hauptwohnung grundsätzlich als Ehewohnung ansieht.
[43] Dies verkennt *Horz* S. 17 f., 21, wenn auf Grund des Wortlauts gefolgert wird, es könne nur eine Wohnung existieren.
[44] *Flatow* S. 10 ff.; *Schulz* S. 21; MünchKommBGB/*Müller-Gindullis* § 1 HausratsVO Rn. 6.
[45] BGHZ 71, 216, 221 ff.
[46] *Haußleiter/Schulz* Kap. 4 III 7. Rn. 36b gehen insoweit offenbar von einem anderen Wortlaut aus wenn sie ausführen, es werde „nach § 1361b Abs. 4 BGB unwiderleglich vermutet, dass er die Wohnung endgültig aufgegeben hat."

keine stärkeren und weitergehenderen Wirkungen entfalten als jenes.[47] Verlöre die Wohnung ihren Charakter als Ehewohnung, wären zudem die früheren §§ 1 ff. HausratsVO und nunmehr **§§ 1568a Abs. 1, Abs. 2, 1568b BGB** in den Fällen, in denen § 1361b Abs. 4 BGB eingreift, **nicht anwendbar.** Die vormalige Ehewohnungszuweisung wie die Überlassungsansprüche gem. § 1568a Abs. 1, Abs. 2 BGB, 1568b Abs. 1 BGB setzen voraus, dass es sich noch um die Ehewohnung handelt. Der Anspruch auf Überlassung der Ehewohnung für die Zeit nach Rechtskraft der Scheidung bestünde in einer Vielzahl von Fällen nicht, die Vorschrift wäre weitgehend unanwendbar und daher in einem großen Teil ihres Anwendungsbereichs zweck- und funktionslos. Eine solche Auslegung ist systematisch nicht anzunehmen, weil die sachliche Übereinstimmung der Vorschriften nicht gewahrt wäre.[48] Sie widerspricht auch der Regelungsabsicht der Gesetzgeber und dem Zweck der Norm. § 1361b Abs. 4 BGB soll in der Zeit des Getrenntlebens der Rechtssicherheit dienen und trifft deshalb bloß eine vorläufige Regelung des Nutzungsrechts für eben diesen Zeitraum.[49]

Einzig eine solche Auslegung ist nach der **Entscheidung des BVerfG vom 12. 5. 2006**[50] **verfassungskonform.** Die Vorschriften der HausratsVO, insbesondere die Möglichkeit der Zuweisung der Ehewohnung, dienen hiernach „in Ausformung von Artikel 6 Abs. 1 GG" dem Schutz von Ehe und Familie. Die Zuweisung der Ehewohnung (jetzt die Ansprüche auf Überlassung der Wohnung gem. § 1568a Abs. 1, Abs. 2 BGB) darf deswegen nicht vereitelt werden, ohne dass die in diesen Vorschriften und Art. 6 Abs. 1 GG zum Schutz von Ehe und Familie vorgegebene Interessenabwägung aller Beteiligten unter besonderer Achtung des Wohls der Kinder erfolgt. Das genau geschähe aber, wenn die Ehewohnung ihre Eigenschaft als Wohnung auf Grund der Vermutung des § 1361b Abs. 4 BGB verlöre. 20

2. Ehewohnungssachen nach § 1361b BGB. Hierzu zählen **alle** von § 1361b BGB erfassten Verfahren. Es handelt sich um die Ansprüche auf Überlassung der Ehewohnung nach § 1361b Abs. 1 S. 1 BGB, die auf Grund der Unterlassungspflicht gem. § 1361b Abs. 3 S. 1 BGB zu treffenden Entscheidungen über die Verbote in tatsächlicher und rechtsgeschäftlicher Hinsicht und die Ansprüche auf Entrichtung einer Nutzungsvergütung gem. § 1361b Abs. 3 S. 2 BGB. 21

a) Überlassung der Ehewohnung gem. § 1361b Abs. 1 S. 1 BGB. Der Überlassungsanspruch setzt neben einer wirksamen Ehe und dem Charakter der Wohnung als Ehewohnung voraus, dass die Ehegatten **getrennt leben** oder ein Ehegatte **zukünftig getrennt leben will** und, dass die Überlassung notwendig ist, um eine **unbillige Härte** zu vermeiden. 22

aa) Getrenntleben und Trennungsabsicht. α) Getrenntleben. Es gilt die **Legaldefinition des § 1567 Abs. 1 S. 1 BGB.** Dies folgt für § 1361b Abs. 1 S. 1 BGB jetzt bereits aus **§ 1361b Abs. 4 BGB,** der ausdrücklich von der **„Trennung der Ehegatten iSv. § 1567 Abs. 1"** spricht. Das Gesetz verwendet den **Begriff „Getrenntleben"** zudem in §§ 1357 Abs. 3, 1361 ff., 1362 Abs. 1 S. 2, 1385, 1565 Abs. 1 S. 2, 1566, 1629 Abs. 3 S. 1 BGB, also nicht nur in §§ 1565 Abs. 2, 1566 BGB, auf die sich § 1567 Abs. 1 S. 1 BGB nach seiner systematischen Stellung unmittelbar bezieht, sondern **umfassend.** Hierdurch kommt zum Ausdruck, dass nach dem Willen der Gesetzgeber die Legaldefinition zumindest für das gesamte bürgerliche Recht gilt.[51] 23

β) Trennungsabsicht. Sie reicht gleichfalls aus. Trennungsabsicht liegt vor, wenn zumindest **ein Teil** die eheliche Lebensgemeinschaft **derzeit ablehnt,** aber die häusliche Gemeinschaft noch fortbesteht.[52] Hier wird deutlich, dass die subjektiven Tatbestandselemente des § 1567 Abs. 1 S. 1 BGB gerade bei der Feststellung der Trennungsabsicht herangezogen werden müssen, um überhaupt diesbezüglich Aussagen treffen zu können. 24

Ein **Recht zum Getrenntleben** iSv. § 1353 Abs. 2 BGB ist wie bei § 1567 Abs. 1 S. 1 BGB **nicht** Voraussetzung des Getrenntlebens. Getrenntleben ist nämlich ein tatsächlicher Zustand; seine Herbeiführung ist also Realakt.[53] 25

---

[47] *Erbarth* FamRZ 2005, 1713, 1716.
[48] *Larenz/Canaris* Methodenlehre, S. 205.
[49] *Erbarth* FamRZ 2005, 1713, 1716.
[50] FamRZ 2006, 1358 f.
[51] *Gernhuber/Coester/Waltjen* § 27 VII, S. 263 Fn. 115; *Schwab/Schwab* II Rn. 166; *Palandt/Diederichsen* 58. Aufl. § 1567 BGB Rn. 2, § 1361b BGB Rn. 4; *Staudinger/Rauscher,* 2004, § 1567 BGB Rn. 1 ff., 10 ff. mit der Einschränkung, dass § 1567 Abs. 1 auf Vorschriften anwendbar ist, die in engem Zusammenhang mit einer auf Scheidung abzielenden Trennung stehen, für §§ 1361a, 1361b wird die Anwendbarkeit ausdrücklich bejaht, ebenda Rn. 11.
[52] *Bamberger/Roth/Neumann* § 1361b BGB Rn. 4; *Johannsen/Henrich/Brudermüller* § 1361b BGB Rn. 6.
[53] *Palandt/Diederichsen,* 58. Aufl. 1999, § 1567 BGB Rn. 1; *Staudinger/Rauscher* § 1567 BGB Rn. 5; speziell zu § 1361b BGB: *Erbarth* NJW 1997, 974, 975; *Johannsen/Henrich/Brudermüller* § 1361b BGB Rn. 7; *Weinreich/Klein/Weinreich* § 1361b Rn. 15; aA MünchKommBGB/*Wacke* § 1361b Rn. 4.

26   **bb) Notwendigkeit der Vermeidung einer unbilligen Härte.** Der Überlassungsanspruch nach § 1361b Abs. 1 S. 1 BGB setzt weiterhin voraus, dass die Überlassung der gesamten Wohnung oder von Wohnungsteilen („soweit") auch unter Berücksichtigung der Belange des anderen Ehegatten notwendig ist, um für den berechtigten Ehegatten[54] eine unbillige Härte zu vermeiden. Bei dem **Kriterium der „unbilligen Härte"** handelt es sich um einen **unbestimmten Rechtsbegriff**. Er enthält einen ausfüllungsbedürftigen Wertmaßstab, der, wie jeder Wertmaßstab, einen oder mehrere spezifische Rechtsgedanken enthält. Diese entziehen sich zwar jeder begrifflichen Definition, können aber durch allgemein akzeptierte Beispiele verdeutlicht werden. Eine **Definition** der „unbilligen Härte" ist deshalb **nicht möglich.** Hinsichtlich der Kasuistik wird auf die Darstellung bei *Staudinger/Voppel* § 1361b BGB Rn. 16 ff. und bei *Palandt/Brudermüller* § 1361b BGB Rn. 10 bis 14 Bezug genommen.

27   **cc) Fälle der verbotenen Eigenmacht.** Nicht um eine **Ehewohnungssache** iSv. § 200 Abs. 1 Nr. 1 handelt es sich in den Fällen, in denen ein Ehegatten den anderen aus der **Ehewohnung aussperrt** und dieser **ohne Trennungsabsicht gem.** § **861 BGB** Wiedereinräumung des Mitbesitzes verlangt. § 1361b Abs. 1 S. 1 BGB greift hier zugunsten des ausgesperrten Ehegatten nicht ein, weil die Ehegatten nicht getrennt leben und auch kein Ehegatte getrennt leben will. Eine Konkurrenz beider Normen besteht daher nicht. Aufgrund des Wortlauts und der Regelungsabsicht der Gesetzesverfasser **scheidet eine Anwendung von § 200 Abs. 1 Nr. 1 aus.** Es handelt sich um eine **sonstige Familiensache iSv. § 266 Abs. 1 Nr. 2.**[55] Der bisher bestehende Streit, ob das FamG[56] oder das allgemeine Zivilrecht[57] zuständig ist, ist damit überholt.

28   Demgegenüber ist sowohl die **materiell-rechtliche Frage** des Verhältnisses von § 1361b Abs. 1 BGB und § 861 BGB umstritten, als auch war bisher die von der Antwort hierauf abhängige **prozessuale Frage strittig,** welches Gericht für den jeweiligen Anspruch zuständig ist, wenn die **Ehegatten getrennt leben** oder ein Ehegatte getrennt leben will. Die prozessuale Frage stellt sich jetzt modifiziert, nämlich ob es sich um eine Ehewohnungssache nach § 200 Abs. 1 Nr. 1 oder um eine sonstige Familiensache nach § 266 Abs. 1 Nr. 3 handelt. Zum **materiell-rechtlichen Verhältnis** von § 861 Abs. 1 BGB zu § 1361b Abs. 1 BGB werden im Grundsatz **drei Meinungen** vertreten: **α)** Nach überwiegender Rechtsprechung[58] und herrschender Lehre[59] verdrängt § 1361b Abs. 1 BGB § 861 Abs. 1 BGB als lex specialis. **β)** Ein Teil der Rechtsprechung[60] und der Lehre[61] geht davon aus, dass beide Vorschriften grundsätzlich unabhängig voneinander, in freier Anspruchskonkurrenz, zur Anwendung kommen, also der possessorische Anspruch von getrennt lebenden Ehegatten ohne Einschränkung geltend gemacht werden kann. **γ)** Vermittelnde Ansichten nehmen zwar eine Anspruchskonkurrenz an, berücksichtigen aber bei dem Anspruch nach § 861 Abs. 1 BGB den Regelungsgehalt von § 1361 BGB[62] oder wenden § 1361b BGB entsprechend an und berücksichtigen in diesem Rahmen den possessorischen Schutz.[63]

29   Sowohl die Ansicht, die § 1361b Abs. 1 S. 1 BGB als lex specialis zu § 861 Abs. 1 BGB ansieht, als auch die sog. vermittelnden Ansichten sind mehr oder weniger offen von dem Bestreben bestimmt, zu einer einheitlichen gerichtlichen Zuständigkeit – möglichst des FamGs – zu gelangen, um divierende Entscheidungen zu verhindern.[64] Mit dem Inkrafttreten des FamFG entfällt dieser

---

[54] So jetzt auch ausdrücklich *Schwab* Rn. 331, S. 158 unter b.
[55] BT-Drucks. 16/630 S. 262, 263; vgl. oben § 266 Rn. 60, 75 ff.
[56] *Götz/Brudermüller* Rn. 263; *Weinreich/Klein/Klein* § 1361b BGB Rn. 61.
[57] So OLG Düsseldorf FamRZ 1985, 1061; *Haußleiter/Schulz* Kap. 4 Rn. 171, 173; *Gießler/Soyka* Rn. 877, 879; *Zöller/Philippi* § 621 ZPO Rn. 52.
[58] LG Bochum FamRZ 1983, 166; OLG Düsseldorf FamRZ 1986, 276, 277; FamRZ 1987, 483; FamRZ 1994, 390; OLG Frankfurt/M FamRZ 1988, 399; OLG Hamm FamRZ 1987, 483; 1988, 1303, 1304; OLG Koblenz FamRZ 1985, 931; OLG Köln FamRZ 1997, 1276; OLG Oldenbourg FamRZ 1994, 1254; OLG Schleswig FamRZ 1997, 892; OLG Stuttgart FamRZ 1996, 172; OLG Zweibrücken FamRZ 1987, 1146, alle zu § 1361a; OLG Köln FamRZ 1987, 77, 78, zu § 1361b.
[59] MünchKommBGB/*Joost* § 861 Rn. 14; MünchKommBGB/*Müller-Gindullis* § 18a HausratsVO Rn. 22; oben § 620 ZPO Rn. 76; *Soergel/Heintzmann* § 18a HausratsVO Rn. 7; BGB-RGRK/*Kalthoener* § 18a HausratsVO Rn. 6; *Palandt/Bassenge* § 861 BGB Rn. 10; *Luthin* FamRZ 1984, 1095; *Vogel* FamRZ 1981, 839.
[60] OLG Bamberg FamRZ 1993, 335, 336; AG Darmstadt FamRZ 1994, 109; AG Dinslaken FamRZ 1994, 521, 522; OLG Düsseldorf FamRZ 1983, 164, 165; FamRZ 1984, 1095 und FamRZ 1987, 484; OLG Frankfurt/M FamRZ 1981, 184; KG FamRZ 1987, 1147.
[61] *Staudinger/Bund* § 858 BGB Rn. 35; MünchKommBGB/*Wacke* § 1361a Rn. 16; *Soergel/Lange* Rn. 13; § 1361b BGB Rn. 8; *Gernhuber/Coester-Waltjen* § 19 Rn. 32; *Rauscher* Rn. 345; *Hambitzer* FamRZ 1989; 236, 237 f.; *Smid* AcP 189 (1989) 51, 68 ff.; wohl auch *Bamberger/Roth/Neumann* § 18a HausratsVO Rn. 8.
[62] OLG Köln FamRZ 2001, 174; OLG Hamm RamRZ 1991, 881; OLG Nürnberg FamRZ 2006, 468.
[63] OLG Karlsruhe FamRZ 2001, 760, 761; AG Neustadt a. Rbge RamRZ 2005, 1253; *Heuther* FamRZ 1997, 76, 78; *Götz/Brudermüller* Rn. 262.
[64] *Götz/Brudermüller* Rn. 262, 264.

Grund, weil es sich bei den **Verfahren nach § 861 Abs. 1 BGB** zwar **nicht um Ehewohnungssachen,** aber um **sonstige Familiensachen iSv. §§ 266 Abs. 1 Nr. 3, 111 Nr. 10** handelt für die das FamG zuständig ist. **Nach § 20** sind beide Verfahren zu verbinden; die Sachdienlichkeit hierfür ist zu bejahen, weil die Gegenstände der Verfahren in einem Zusammenhang stehen. Das ermöglicht zunächst, die materiell-rechtliche Frage unbeeinflusst von der prozessualen zu beantworten.

Eine normverdrängende Konkurrenz zugunsten von § 1361b BGB ist nicht gegeben. Die Vorschrift verdrängt § 861 BGB **weder als „lex specialis" noch auf Grund ihres Zwecks.** Es fehlt jeweils bereits am selben oder sich weitgehend deckenden Lebenssachverhalt, der Voraussetzung nicht nur jeder normverdrängenden Konkurrenz, sondern einer Normenkonkurrenz überhaupt ist.[65] Evident ist dies, wenn der aussperrende Ehegatte seinerseits die Überlassung der Ehewohnung gem. § 1361b Abs. 1 S. 1 BGB von dem ausgesperrten Ehegatten begehrt, der gem. § 861 Abs. 1 BGB Wiedereinräumung des Besitzes fordert. Aber auch wenn der ausgesperrte Ehegatte sowohl Wiedereinräumung des Mitbesitzes gem. § 861 Abs. 1 BGB als auch Überlassung der Ehewohnung und damit des Nutzungs- und Besitzrechts gem. § 1361b Abs. 1 S. 1 BGB verlangt, liegen den Ansprüchen **unterschiedliche Sachverhalte** zugrunde. § 861 Abs. 1 BGB allein und ausschließlich die Umstände der Aussperrung; nur diese sind für die Frage relevant, ob der Besitz ohne den Willen des ausgesperrten Ehegatten und ohne gesetzliche Gestattung erfolgte. Bei § 1361b BGB hingegen ist eine Vielzahl von Umständen zu berücksichtigen, um in einer Gesamtabwägung beurteilen zu können, ob eine unbillige Härte gegeben ist. Das Aussperren ist nur ein Abwägungspunkt unter vielen. Von einem sich weitgehend deckendem Sachverhalt kann nicht mehr gesprochen werden, **beide Ansprüche sind nebeneinander anwendbar.**

30

Der Gefahr divergierender Entscheidungen kann unter Geltung des FamFG durch eine entsprechende Anwendung von § 864 Abs. 2 BGB begegnet werden, die zum Erlöschen des Anspruchs aus § 861 Abs. 1 BGB führt. In den in der Mehrzahl der Fälle vorliegenden einstweiligen Anordnungsverfahren durch Anordnung des Familienrichters in der Ehewohnungssache (§ 200 Abs. 1 Nr. 1 iVm. § 1361b Abs. 1 S. 1 BGB) gem. § 53 Abs. 2 S. 1 Alt. 2, dass die Vollstreckung der einstweiligen Anordnung vor der Zustellung an den Verpflichteten wirksam ist. Der Beschluss wird dann gem. § 53 Abs. 2 S. 2 mit seinem Erlass wirksam; die Entscheidung ist nämlich meist wegen der gem. § 207 (trotz § 51 Abs. 2 S. 2) regelmäßig durchzuführenden mündlichen Erörterung entgegen dem Grundsatz von § 57 Abs. 1 S. 1 nach § 57 Abs. 1 S. 2 Nr. 5 nicht unanfechtbar. Die Entscheidung in der sonstigen Familiensache nach § 861 Abs. 1 BGB iVm. § 266 Abs. 1 Nr. 3 ist dagegen gem. § 57 Abs. 1 S. 1 unanfechtbar. Auch hier ist in der vorliegenden Konstellation zur Erteilung der Zwangsvollstreckung die Anordnung nach § 53 Abs. 2 S. 1 Alt. 2 zu treffen.

31

§ 864 Abs. 2 BGB ist entsprechend anzuwenden, weil es dem Sinn und Zweck der Vorschrift entspricht, den Besitzschutzanspruch im Zeitpunkt der Entscheidung als erloschen anzusehen und ihn deshalb als **unbegründet** zurückzuweisen. Der Fall entspricht in der für die rechtliche Wertung maßgeblichen Hinsichten demjenigen, in dem über possessorische Besitzschutzklage und petitorische Widerklage im Fall einer Revisionsentscheidung gleichzeitig entschieden wird.[66] Zwar ist die Entscheidung über den das Recht zum Besitz betreffenden Anspruch nach § 1361b Abs. 1 S. 1 BGB weder formell noch materiell rechtskräftig. Die Wirksamkeit des Beschlusses in der Ehewohnungssache und Unanfechtbarkeit und Wirksamkeit des Beschlusses in der sonstigen Familiensache fallen aber zeitlich zusammen, weshalb ihre jeweilige Vollstreckbarkeit unmittelbar eintritt und so für das einstweilige Anordnungsverfahren zu einer wertungsmäßig gleichen Rechtslage führen. Dadurch ist sowohl dem Normzweck von § 863 BGB, die gegen Ansprüche aus §§ 861, 862 BGB zulässigen Einwendungen zu beschränken, um gegenüber Besitzbeeinträchtigungen schnellen gerichtlichen Schutz zu erlangen, als auch demjenigen von § 864 Abs. 2 BGB aus praktischen Gründen Besitzschutz zu versagen, wenn bereits (rechtskräftig) feststeht, dass die jetzige Besitzlage als solche trotz der verbotenen Eigenmacht der Rechtslage entspricht und damit angesichts der rechtskräftigen Feststellung eine sinnwidrige Änderung der Besitzlage zu vermeiden ist, Genüge getan. **Wirksamkeit und Unanfechtbarkeit** stehen im **einstweiligen Anordnungsverfahren der Rechtskraft gleich.** Auch in den zukünftig zahlenmäßig geringen **Hauptsacheverfahren** – nach §§ 49 ff. ist die gleichzeitige Anhängigkeit einer Hauptsache, eines diesbezüglichen Gesuchs auf Bewilligung von Prozesskostenhilfe oder die Anhängigkeit eines Scheidungsverfahrens nicht mehr Voraussetzung für eine einstweilige Anordnung – ist **§ 864 Abs. 2 BGB entsprechend anzuwenden** und der Anspruch aus § 861 Abs. 1 BGB als **unbegründet** zurückzuweisen. Die sofortige Wirksamkeit der Entscheidung über den Anspruch gem. § 1361b Abs. 1 S. 1 BGB auf Überlassung der Ehewohnung ist gem. § 209 Abs. 2 S. 2 anzuordnen; die Entscheidung über den possessorischen Anspruch aus § 861 Abs. 1

32

---

[65] *Larenz/Canaris,* Methodenlehre, S. 87 f.
[66] Vgl. dazu BGHZ 73, 357 ff.; BGH NJW 1999, 425, 427.

BGB auf Einräumung des Mitbesitzes wird dann gem. § 40 Abs. 1 mit der Bekanntgabe an den anderen Ehegatten später wirksam. Hier ist die Wirksamkeit des Beschlusses ebenfalls der Rechtskraft gleichzustellen. Das entspricht den Normzwecken von §§ 863, 864 Abs. 2 BGB. Eine sinnwidrige Änderung der Besitzlage in diesem besonders sensiblen Bereich wird verhindert.

33 **b) Unterlassungspflichten des weichenden Ehegatten nach § 1361b Abs. 3 S. 1 BGB.** Die Vorschrift verpflichtet den Ehegatten, dem die Wohnung nicht zugewiesen worden ist, **jegliches Verhalten zu unterlassen,** dass die **Ausübung des Nutzungsrechts nach Abs. 1 S. 1 der Vorschrift** durch den anderen Ehegatten **erschweren** oder **vereiteln** kann. Positiv gewendet wird auch von einem **Gebot des Wohlverhaltens** gesprochen.[67] Die Regelung ist eingeführt worden, um dem Gericht bei entsprechendem Rechtsschutzbedürfnis die Möglichkeit zu geben, nach § 15 HausratsVO aF (jetzt nach § 209 Abs. 1) Anordnungen zu treffen, um dem weichenden Ehegatten solche Handlungen zu untersagen.[68] Dazu hätte es keiner besonderen gesetzlichen Regelung bedurft. Die Überlassungspflicht nach § 1361b Abs. 1 S. 1 BGB enthält die Nebenpflicht des überlassungsverpflichteten Ehegatten, dem berechtigten Gatten die Nutzung auch zu ermöglichen.[69] Die Gerichte haben auch nach altem Recht gem. § 15 HausratsVO aF iVm. § 18a HausratsVO die erforderlichen flankierenden Anordnungen getroffen, um die Überlassungspflicht über allgemeine Regelungen zur Abwicklung hinaus durchzusetzen.[70]

34 **c) Vergütung für die Nutzung nach § 1361b Abs. 3 S. 2 BGB.** Der Anspruch auf Entrichtung einer Nutzungsvergütung gem. § 1361b Abs. 3 S. 2 BGB setzt eine **Nutzungsberechtigung** des in der Ehewohnung verbliebenen Ehegatten voraus; mit dieser korrespondiert untrennbar eine Überlassungspflicht des anderen Gatten, des Inhabers des Vergütungsanspruchs. Das Erfordernis der Nutzungsberechtigung folgt bereits aus dem Wortlaut von § 1361b Abs. 3 S. 2 BGB („nutzungsberechtigter Ehegatte"). Der Bedeutungszusammenhang, in den § 1361b Abs. 3 S. 2 BGB hineingestellt ist, und die Regelungsabsicht der Gesetzesverfasser bestätigen und erhärten ein solches Normverständnis. So setzt der neu geschaffene Vergütungsanspruch des § 2 Abs. 5 GewSchG gleichfalls eine Überlassungsverpflichtung und eine Nutzungsberechtigung voraus. Er ist nämlich nur gegeben, wenn entweder eine Überlassungsverpflichtung des Ausgezogenen nach § 2 Abs. 1 GewSchG iVm. § 1 Abs. 2 S. 1 Nr. 1 GewSchG oder nach § 2 Abs. 6 S. 1 iVm. § 1 Abs. 2 S. 1 Nr. 1 GewSchG besteht. Hingegen gewährt § 2 GewSchG in den Fällen, in denen keine Überlassungsverpflichtung und demzufolge auch keine Nutzungsberechtigung besteht – so bei einer Verletzung des Hausrechts (§ 1 Abs. 2 S. 1 Nr. 2a GewSchG) – keinen Vergütungsanspruch. Daraus folgt, dass nach den Vorstellungen der Gesetzesverfasser bei fehlender Pflicht zum Auszug ohne Weiteres weder eine Überlassungsverpflichtung noch ein Anspruch auf Entrichtung einer Benutzungsvergütung gegen sind. Auch § 1568a Abs. 3, Abs. 5 S. 1 BGB sehen nur für den Ehegatten den Eintritt in ein bestehendes oder die Begründung eines Mietvertrages vor, dem ein Überlassungsanspruch nach § 1568a Abs. 1, Abs. 2 BGB und dementsprechend ein Nutzungsrecht an der Wohnung zusteht. Eine **Nutzungsberechtigung iSv. § 1361b Abs. 3 S. 2 BGB** liegt vor, wenn dem Ehegatten der **Überlassungsanspruch nach § 1361b Abs. 1 S. 1 BGB** zusteht oder wenn die Ehegatten eine **wirksame Nutzungsvereinbarung** bezüglich der Wohnung getroffen haben.[71] Die **Nutzungsberechtigung** auf Grund der **unwiderleglichen Vermutung des § 1361b Abs. 4 BGB** begründet **keine Nutzungsberechtigung** iSv. Abs. 3 S. 2 der Vorschrift.

35 Verlässt der die Nutzungsvergütung fordernde Ehegatte die Ehewohnung, **ohne dass er auf Grund einer familiengerichtlichen Entscheidung hierzu verpflichtet ist,** und **fehlt auch eine Vereinbarung der Eheleute** darüber, wer von beiden die Ehewohnung künftig benutzen soll, ist es nach wie vor beliebt, von einem „freiwilligen" Auszug zu sprechen.[72] Tatsächlich verbergen sich dahinter **drei unterschiedliche Fallgruppen:**

36 **aa) Weicht** der nach § 1361b Abs. 1 S. 1 BGB **überlassungspflichtige Ehegatte** und entspricht die Entrichtung der Nutzungsvergütung der Billigkeit, so steht dem ausgezogenen Ehegatten gem. § 1361b Abs. 3 S. 2 BGB eine Nutzungsvergütung zu. Der Tatbestand des Anspruchs gem. § 1361b Abs. 3 S. 2 BGB ist erfüllt.[73]

---

[67] *Staudinger/Voppel* § 1361b BGB Rn. 56.
[68] BT-Drucks. 14/5429, S. 33.
[69] *Erbarth* FuR 2001, 197, 199 f.; *Staudinger/Voppel* § 1361b BGB Rn. 57.
[70] Vgl. *Staudinger/Weinreich* § 15 HausratsVO Rn. 4 ff.
[71] *Erbarth* FamRZ 2005, 1713; *ders.* FamRZ 1998, 1007, 1009; *Staudinger/Voppel* § 1361b BGB Rn. 65; *Soergel/Lange* § 1361b BGB Rn. 6.
[72] So *Brudermüller* FamRZ 2003, 1705, 1708; *Müller* FF 2002, 4348; *Horz* S. 101 ff., 107; *Götz/Brudermüller* Rn. 274.
[73] *Erbarth* FamRZ 2005, 1713, 1715 f.; *Staudinger/Voppel* § 1361b BGB Rn. 64.

Der Anspruch gem. § 1361b Abs. 3 S. 2 BGB besteht grundsätzlich – insbesondere in den **37** sogenannten „Gewaltfällen" – auch dann, wenn dem in der Ehewohnung verbliebenen Ehegatten **„die Alleinnutzung aufgedrängt"** wurde. Die tatbestandlichen Voraussetzungen des Vergütungsanspruchs sind gegeben. Zur Erfüllung iSv. § 362 Abs. 1 BGB genügt nämlich die Herbeiführung des Leistungserfolges durch eine Leistungshandlung des Schuldners, die in jeder Weise der geschuldeten entspricht. Ggf. kann die Nutzungsvergütung nicht der Billigkeit entsprechen, die Nutzungsberechtigung ist jedenfalls gegeben.[74]

bb) Dem gem. § 1361b Abs. 1 S. 1 BGB **überlassungsberechtigten Ehegatten,** der gleichwohl **38** die Ehewohnung verlässt, steht kein Anspruch auf Entrichtung einer Nutzungsvergütung unmittelbar aus § 1361b Abs. 3 S. 2 BGB gegen den in der Wohnung verbliebenen Ehegatten zu. Dieser ist nämlich weder gem. § 1361b Abs. 1 S. 1, Abs. 2 BGB noch gem. § 1361b Abs. 4 BGB nutzungsberechtigt iSv. § 1361b Abs. 3 S. 2 BGB. In einem solchen Fall steht dem ausgezogenen Ehegatten allerdings auf Grund einer **entsprechenden Anwendung des § 1361b Abs. 3 S. 2 BGB** im Wege des argumentum a minori ad maius ein Anspruch auf Entrichtung einer Nutzungsvergütung gegen den anderen Ehegatten zu.

cc) Zieht ein Ehegatte aus der Ehewohnung aus, obwohl **§ 1361b Abs. 1 S. 1 BGB zugunsten 39 keines Teils eingreift,** steht dem ausgezogenen Ehegatten gegen den anderen kein Anspruch gem. § 1361b Abs. 3 S. 2 BGB auf Entrichtung einer Nutzungsvergütung zu. Das Tatbestandsmerkmal der Nutzungsberechtigung fehlt.[75] **§ 1361b Abs. 1 S. 1 BGB** begründet keine Nutzungsberechtigung; die Vorschrift ist **weder direkt noch entsprechend anwendbar.** Hieran ändert sich nichts, wenn sechs Monate nach dem Auszug gem. § 1361b Abs. 4 BGB der in der Wohnung verbliebene Ehegatte an dieser die alleinige Nutzungsberechtigung erwirbt. Die Auslegung ergibt, dass eine solche Nutzungsberechtigung für § 1361b Abs. 3 S. 2 BGB qualitativ nicht ausreicht. Fehlt eine Vereinbarung der Ehegatten, kann allein § 1361b Abs. 1 S. 1 BGB eine Nutzungsberechtigung iSv. § 1361b Abs. 3 S. 2 BGB begründen.[76]

Die entsprechende Anwendung von § 1361b Abs. 3 S. 2 BGB im Wege der Analogie scheidet **40** hier gleichfalls mangels einer Regelungslücke aus. Dass eine Regelungslücke vorliegt, wird weder vom BGH in seiner Entscheidung vom 15. 2. 2006[77] noch von den übrigen Befürwortern einer entsprechenden Anwendung von § 1361b Abs. 2 BGB aF und § 1361b Abs. 3 S. 2 BGB begründet, sondern bloß behauptet.[78] Zwar stehen dem ausgezogenen Ehegatten in dieser Fallkonstellation keine weiteren Anspruchsgrundlagen zur Seite, auf Grund derer er eine Nutzungsvergütung verlangen kann. Hat er innerhalb von sechs Monaten nach dem Auszug seine Rückkehrabsicht dem anderen gegenüber nicht bekundet, schließt das gem. **§§ 1361b Abs. 4, 1353 Abs. 1 S. 2 Halbs. 1 BGB** bestehende **Recht** des anderen **zum Alleinbesitz der Ehewohnung** sämtliche weiteren Anspruchsgrundlagen bereits tatbestandlich aus. Aufgrund des Rechts zum Alleinbesitz der Ehewohnung des in ihr verbleibenden Ehegatten, scheidet eine in der alleinigen Nutzung liegende Pflichtverletzung dieses Ehegatten iSv. **§ 280 Abs. 1 BGB** aus. Einem Anspruch gem. **§§ 987 Abs. 1, 990 Abs. 1 BGB** steht das Recht zum Alleinbesitz des Ehegatten wegen der deshalb fehlenden Vindikationslage ebenso entgegen wie einem solchen gem. **§ 812 Abs. 1 S. 1 Alt. 2 BGB.** Auf diese Weise ist auch die Rechtsfolge von **§ 745 Abs. 2 BGB** eingetreten, nämlich nicht nur die Benutzungsregelung selbst, sondern weitergehend die auf Grund dieser zu treffende schuldrechtliche Sondervereinbarung, welche bestimmt, dass der Ehegatte die Wohnung nunmehr unentgeltlich allein benutzen darf. Dem ausgezogenen Ehegatten stehen weitergehend auch keine Ansprüche auf Entrichtung einer Nutzungsvergütung auf Grund der genannten möglichen Anspruchsgrundlagen zu, **wenn er innerhalb von sechs Monaten seine Rückkehrabsicht bekundet.**[79]

Eine „planwidrige" Unvollständigkeit der gesetzlichen Regelung **liegt** aber gleichwohl **nicht 41 vor.** Nach dem Regelungsplan oder dem Gesamtzusammenhang des Gesetzes fehlt keine der Vorschrift des § 1361b Abs. 3 S. 2 BGB entsprechende Regelung. Gesetzgeber und Gesetzesverfasser des UÄndG[80] wie des GewSchG[81] wollten nur dem Ehegatten einen Anspruch auf Entrichtung einer

---

[74] *Erbarth* FamRZ 2005, 1713, 1716 f.; *Staudinger/Voppel* § 1361b BGB Rn. 69 f, jeweils m. weit. Nachw.
[75] So auch BGH FamRZ 2006, 930, 931 zu § 1361b Abs. 2 BGB aF; *Erbarth* FamRZ 2005, 1713 ff., 1719 f.; *Staudinger/Voppel* § 1361b BGB Rn. 63.
[76] S. o. Rn. 34.
[77] FamRZ 2006, 930 ff.
[78] Vgl. *Staudinger/Voppel* Rn. 68 und *Götz/Brudermüller* Rn. 274 jeweils m. weit. Nachw.
[79] Vgl. dazu *Erbarth* NJW 2000, 1379, 1380 ff.
[80] BT-Drucks. 10/2888, S. 16.
[81] BT-Drucks. 14/5429, S. 31 ff.

Nutzungsvergütung nach § 1361b Abs. 2 BGB aF und § 1361b Abs. 3 S. 2 BGB gewähren, der die Ehewohnung auf Grund eines Anspruchs des anderen Ehegatten gegen ihn auf Überlassung der Wohnung iSv. § 1361b Abs. 1 S. 1 BGB verlassen hat.

42 Die vom BGH und vom OLG München[82] für erforderlich gehaltene „angemessene Kompensation für das die Trennung überdauernde Besitzrecht des anderen Ehegatten, dass dem Herausgabeanspruch des Weichenden aus § 985 BGB entgegensteht", ist während des Getrenntlebens, wenn § 1361b Abs. 1 S. 1 BGB nicht eingreift ebenso wenig geboten wie eine Kompensation des „Verlusts des Wohnbesitzes". Das gilt unabhängig davon, ob die Wohnung gemietet ist, im Miteigentum beider oder im Alleineigentum des ausgezogenen Ehegatten steht. Der weichende Ehegatte verliert sein Recht zum Mitbesitz der Ehewohnung aus § 1353 Abs. 1 S. 2 Halbs. 1 BGB während des Getrenntlebens jedenfalls nicht, solange § 1361b Abs. 1 S. 1 BGB nicht zugunsten des anderen Ehegatten eingreift oder eine vertragliche Überlassungspflicht gegeben ist. Der durch den Auszug ggf. eingetretene „Verlust" des („Wohn-") Besitzes – der tatsächlichen Sachherrschaft – an der Wohnung ist kein „Verlust" iSd. eigentlichen Wortbedeutung,[83] vielmehr wurde ggf. der **Besitz von dem Ausziehenden freiwillig aufgegeben.** Er kann grundsätzlich jederzeit in die Ehewohnung zurückkehren. In solchen Fällen soll dem ausgezogenen Ehegatten nach der Regelungsabsicht der Gesetzgeber kein Anspruch auf Entrichtung einer Nutzungsvergütung zustehen.

43 3. Ehewohnungssachen nach § 1568a BGB. Zu dieser Kategorie gehören **sämtliche unter § 1568a BGB fallende Verfahren.** Es sind dies die Ansprüche von Ehegatten auf Überlassung der Ehewohnung anlässlich der Scheidung nach § 1568a Abs. 1, Abs. 2 BGB, die Ansprüche des Ehegatten und der zur Vermietung berechtigten Person auf Begründung eines Mietverhältnisses gem. § 1568a Abs. 4, Abs. 5 S. 1 BGB, die Ansprüche des Vermieters nach § 1568a Abs. 5 S. 2 BGB auf Befristung des Mietvertrages und nach § 1568a Abs. 5 S. 3 BGB auf Entrichtung einer angemessenen Miete und schließlich Streitigkeiten zwischen den Ehegatten wie zwischen einem Ehegatten und dem Vermieter darüber, ob der Eintritt des gem. § 1568a Abs. 1, Abs. 2 BGB überlassungsberechtigten Ehegatten gem. § 1568a Abs. 3 S. 1 BGB in den Mietvertrag erfolgt ist oder nicht.

44 a) **Überlassung der Ehewohnung gem. § 1568a Abs. 1, Abs. 2 BGB. aa) Der Anspruch gem. § 1568a Abs. 1 BGB.** § 1568a Abs. 1 BGB gewährt einem Ehegatten einen **Anspruch iSv. § 194 Abs. 1, Abs. 2 BGB** auf **Überlassung der Ehewohnung** anlässlich der Scheidung gegen den anderen Ehegatten. Die Ehegatten können nicht mehr wie nach §§ 1, 2, 3 HausratsVO aF bloß allgemein die Gestaltung ihrer Rechtsverhältnisse an Ehewohnung und Hausrat verlangen. **Abs. 1** erfasst die Fälle, in denen **die Ehewohnung im Mit- oder Gesamthandseigentum der Ehegatten** steht sowie bei einer entsprechenden **gemeinsamen anderweitigen dinglichen Berechtigung** an der Wohnung und diejenigen, in denen **die Ehewohnung gemietet** ist. Die Vorschrift greift auch ein, wenn der **dinglich alleinberechtigte Ehegatte** die Überlassung der Wohnung verlangt.[84] Nicht unter § 1568a Abs. 1 BGB fallen demgegenüber die Ehewohnungen, an denen nur **ein Ehegatte dinglich berechtigt** ist und der andere die Überlassung verlangt sowie diejenigen, an denen **einem Ehegatten** gemeinsam **mit einem Dritten ein dingliches Recht** zusteht. Diese Fälle erfasst **§ 1568a Abs. 2 BGB.**[85]

45 Der Überlassungsanspruch setzt zudem voraus, dass der Ehegatte **in stärkerem Maße als der andere auf die Nutzung der Ehewohnung nach der Scheidung angewiesen ist** oder **die Überlassung aus anderen Gründen der Billigkeit entspricht. Primär** ist der unbestimmte Rechtsbegriff des „in stärkerem Maße angewiesen Seins" zu prüfen. Die **allgemeinen Billigkeitsgründe** sind **nur ergänzend** insbesondere in Fällen heranzuziehen, in denen kein Ehegatte stärker als der andere auf die Ehewohnung angewiesen ist.[86] In stärkerem Maße auf die Nutzung der Ehewohnung angewiesen ist ein Ehegatte dann, wenn das **Wohl der im Haushalt lebenden Kinder** dies erfordert. Das Interesse der Kinder am Verbleib in ihrer vertrauten Umgebung führt in aller Regel dazu, dass dem Ehegatten, bei dem sich die Kinder nach der Scheidung gewöhnlich aufhalten (iSv. § 1687 Abs. 1 S. 2 BGB)[87] der Anspruch zusteht. Die gleichfalls zu berücksichtigenden „Lebensverhältnisse der Ehegatten" sind demgegenüber **weniger gewichtig** und treten im Zweifel hinter das Kindeswohl zurück. Dieser unbestimmte Rechtsbegriff soll sicherstellen, dass bei

---

[82] FamRZ 2008, 695.
[83] Vgl. *Grimm,* Deutsches Wörterbuch, Stichwort: Verlust: das Abhandenkommen, das Verlieren als Ereignis.
[84] Die Vorschrift unterscheidet sich allerdings insoweit von § 3 HausratsVO aF, denn diese betraf überhaupt nur den Fall, in dem die Wohnung dem dinglich nicht berechtigten Ehegatten zugewiesen werden sollte.
[85] Vgl. zu den Fällen unterschiedlich starker dringliche Rechte OLG Stuttgart FamRZ 1990, 1260; OLG Oldenburg FamRZ 1998, 571.
[86] BT-Drucks. 16/368, S. 47.
[87] Vgl. *Palandt/Heinrichs* § 7 BGB Rn. 3.

der gerichtlichen Entscheidung wie bisher nach § 2 HausratsVO aF auch alle Umstände des Einzelfalls Berücksichtigung finden können.[88] Der Überlassungsanspruch besteht auch dann, wenn die Überlassung **aus anderen Gründen der Billigkeit entspricht.** Diese Variante hat den Anwendungsbereich der Vorschrift nicht erweitert und ist daher überflüssig. Das von den Entwurfsverfassern genannte Fallbeispiel, dass ein Ehegatte ein besonders schützenswertes Interesse an der Wohnung hat, weil er in ihr aufgewachsen ist, erfasst auch die ursprüngliche Fassung; denn dann ist dieser Ehegatte auf Grund der Lebensverhältnisse der Ehegatten in stärkerem Maße auf die Ehewohnung angewiesen.

bb) Der Anspruch gem. § 1568a Abs. 2 BGB. Der Anspruch umfasst überhaupt nur im Alleineigentum eines Ehegatten und im gemeinsamen Eigentum mit einem Dritten stehende Wohnungen sowie im gemeinsamen Eigentum eines Ehegatten mit einem Dritten stehende Wohnungen und Ehewohnungen, an denen einem Ehegatten allein oder gemeinsam mit einem Dritten ein Nießbrauch-, Erbbaurecht oder dingliches Wohnrecht zusteht, wenn der **nicht dinglich berechtigte Ehegatte** die **Überlassung der Ehewohnung verlangt.**[89] Er setzt voraus, dass **die Überlassung notwendig ist, um eine unbillige Härte** für diesen Ehegatten zu vermeiden, dh. der **Eigentümer** (dinglich Berechtigte) hat **grundsätzlich Vorrang** vor dem anderen Ehegatten. Die Situation von § 1568a Abs. 2 BGB unterscheidet sich daher von derjenigen des § 1361b Abs. 1 BGB. Eine unbillige Härte liegt nicht schon dann vor, wenn der andere Ehepartner die Wohnung dringender braucht als der Eigentümer oder der dinglich Berechtigte. Im Hinblick auf den Ausnahmecharakter der Vorschrift reichen die Unannehmlichkeiten der Wohnungssuche und des Umzugs sowie finanzielle Erschwernisse bei der Ersatzraumbeschaffung allein nicht aus;[90] es müssen weitere Umstände vorliegen, insbesondere führt das **Wohl der im Haushalt lebenden Kinder** regelmäßig zu einer unbilligen Härte für den dinglich nicht berechtigten Ehegatten, bei dem sich die Kinder gewöhnlich aufhalten. Das Interesse der Kinder am Verbleiben in ihrer vertrauten Umgebung geht der dinglichen Berechtigung vor,[91] obwohl der Anspruch des § 1568a Abs. 2 BGB es im Gegensatz zu dem nach Abs. 1 der Vorschrift als Kriterium nicht ausdrücklich benennt. Im Rahmen der „unbilligen Härte" sind jedoch wie bei § 3 HausratsVO aF alle erkennbaren Umstände in die Gesamtabwägung mit einzubeziehen.[92] Das Wohl der im Haushalt lebenden Kinder ist gegenüber einer dinglichen Berechtigung, auch gegenüber dem Eigentum, das **höherrangige Rechtsgut.**

b) Begründung eines Mietverhältnisses gem. § 1568a Abs. 4, Abs. 5 S. 1 BGB. aa) Der Anspruch gem. § 1568a Abs. 4 BGB. § 1568a Abs. 4 BGB gewährt dem Ehegatten, der nicht Partei des Dienst- oder Arbeitsvertrags ist, einen Anspruch auf Begründung eines Mietverhältnisses gegen die zur Vermietung der Ehewohnung berechtigte Person nur unter der Voraussetzung, dass der **Dienstberechtigte** oder der **Arbeitgeber** damit **einverstanden** sind oder, wenn dies notwendig ist, um eine **schwere Härte für den Ehegatten** (der nicht Partei des Dienstvertrags ist) zu vermeiden. Der Wortlaut der Vorschrift bringt das allerdings – im Gegensatz zu § 4 HausratsVO aF – nicht so klar zum Ausdruck. Das ergibt sich erst aus der Begründung der Gesetzesverfasser.[93] Der dienstverpflichtete Ehegatte bedarf schließlich keines entsprechenden Anspruchs, da sein rechtliches Verhältnis zur Wohnung bereits auf Grund eines Mietvertrags mit dem Vermieter oder eines öffentlich-rechtlichen Nutzungsverhältnisses geregelt ist. Der Gesetzestext sagt auch nichts dazu, gegen wen der Anspruch besteht. Das wäre erforderlich gewesen, eben weil die richterliche Ermessensentscheidung bei § 4 HausratsVO aF durch einen **Anspruch auf Abschluss eines Mietvertrags** ersetzt wird. Anspruchsgegner kann nur die zur Vermietung berechtigte Person sein, was auch der Bedeutungszusammenhang mit Abs. 5 von § 1568a BGB zeigt.

§ 1568a Abs. 4 BGB **verdrängt Abs. 3 und Abs. 5** der Vorschrift zwar nicht als lex specialis aber **auf Grund seines Sinn und Zwecks.** Abs. 4 BGB ist nicht lex specialis im Verhältnis zu § 1568a Abs. 3, Abs. 5 BGB, denn keineswegs besteht über jede Dienst- und Werkwohnung, die Ehewohnung ist, ein Mietvertrag, noch besteht über solche Ehewohnungen nie ein Mietvertrag. Liegen die Voraussetzungen von § 1568a Abs. 3 BGB oder § 1568a Abs. 5 S. 1 BGB aber vor, so fordert der Zweck von Abs. 4 der Vorschrift, die Dienstwohnung nur nach dieser Bestimmung und nicht nach § 1568a Abs. 3, Abs. 5 S. 1 BGB zu beurteilen. Das Gesetz hat in § 1568a Abs. 4 BGB spezielle

---

[88] BT-Drucks. 6308, S. 46.
[89] Vgl. oben Rn. 44.
[90] OLG München FamRZ 1995, 1205, OLG Köln FamRZ 1996, 492.
[91] Weniger streng *Staudinger/Weinreich* § 3 HausratsVO Rn. 14; wie hier *Johannsen/Heinrich/Brudermüller* § 3 HausratsVO § 3 Rn. 5.
[92] BT-Drucks. 16/9733, S. 40 f.
[93] BT-Drucks. 16/9733, S. 40 f.

Ehewohnungen einer einheitlichen und abschließenden Regelung unterworfen; es handelt sich um einen Fall der **Subsidiarität infolge erschöpfender Regelung**.[94]

49 Liegt die **Zustimmung** des Dienstberechtigten oder Arbeitgebers zur Begründung eines Mietverhältnisses zwischen der zur Vermietung berechtigten Person und dem Ehegatten, der nicht Partei des Dienst- oder Arbeitsvertrags ist, vor, so richtet sich die Fortsetzung oder Begründung eines Mietvertrags nach § 1568a Abs. 1 iVm. Abs. 3, Abs. 5 S. 1 BGB. Ist der Dienstberechtigte **nicht** mit der Begründung eines solchen Mietverhältnisses mit der zur Vermietung berechtigten Person **einverstanden**, setzt der Anspruch voraus, dass das Zustandekommen eines Mietvertrags notwendig ist, um für den Ehegatten, der nicht Partei des Dienst- oder Arbeitsvertrags ist, **eine schwere Härte zu vermeiden**.[95]

50 bb) **Der Anspruch gem. § 1568a Abs. 5 S. 1 BGB.** Die Vorschrift gewährt dem **Ehegatten**, der gem. **§ 1568a Abs. 1, Abs. 2 BGB** einen Anspruch auf Überlassung der Ehewohnung hat **sowie der zur Vermietung berechtigten Person** jeweils einen Anspruch auf Begründung eines Mietvertrags zu den ortsüblichen Bedingungen, wenn kein Mietvertrag über die Ehewohnung besteht. Erfasst werden Ehewohnungen, die **im Alleineigentum des überlassungspflichtigen Ehegatten, im Miteigentum beider Ehegatten,** im Miteigentum **des überlassungspflichtigen Ehegatten mit einer dritten Person** stehen aber auch Ehewohnungen, die sich **ganz im Alleineigentum Dritter** befinden, zB der Eltern oder Schwiegereltern der Ehegatten und den Eheleuten unentgeltlich auf Grund eines bloßen Gefälligkeitsverhältnisses oder eines Gefälligkeitsvertrags[96] in Form eines Leihvertrags überlassen worden sind. Die Gesetzesverfasser führen zudem noch den Fall an, in dem der **Alleinmieter-Ehegatte den Mietvertrag** bereits wirksam **gekündigt** hat.[97] Das entspricht dem Normzweck der § 5 Abs. 2 HausratsVO aF ersetzenden Vorschrift, den überlassungsberechtigten Ehegatten durch den Mietvertrag bei dem Verkauf der Ehewohnung (gem. § 566 BGB) und der Teilungsversteigerung (§§ 753 ff. BGB, 180 ff. ZVG) zu schützen.

51 Machen der Ehegatte oder die zur Vermietung berechtigte Person den Anspruch geltend, liegt darin ein **Antrag** (iSv. §§ 145 ff. BGB) zum Abschluss eines entsprechenden Mietvertrags gegenüber dem jeweils anderen. Nach den Vorstellungen der Entwurfsverfasser kommt der Mietvertrag idealiter durch dessen erforderliche **Annahme** zustande. Nimmt dagegen eine Person den Antrag auf Abschluss eines Mietvertrags nicht an, muss die andere den Anspruch vor dem FamG (§§ 111 Abs. 1 Nr. 5, 200 Abs. 1 Nr. 2) geltend machen. Mit Rechtskraft des den Anspruch stattgebenden Beschlusses (§§ 45, 209 Abs. 2 S. 1), gilt die Annahmeerklärung als abgegeben, §§ 894 Abs. 1 S. 1 ZPO, 95 Abs. 1 Nr. 5, Abs. 2.

52 c) **Die Ansprüche der zur Vermietung berechtigten Person gem. § 1568a Abs. 5 S. 2 und S. 3 BGB.** Zu den Ehewohnungssachen iSv. § 200 Abs. 1 Nr. 2 zählen auch die Ansprüche nach § 1568a Abs. 5 S. 2, S. 3 BGB.

53 Ist die zur Vermietung berechtigte Person gem. § 1568a Abs. 5 S. 1 BGB Vertragspartei auf Vermieterseite geworden, gewährt ihr **§ 1568 Abs. 5 S. 2 BGB** unter den Voraussetzungen des § 575 Abs. 1 BGB oder wenn die Begründung eines unbefristeten Mietverhältnisses unter Würdigung der berechtigten Interessen des Vermieters unbillig ist, einen **Anspruch auf angemessene Befristung des Mietvertrags**. Der Vermieter kann als einmal die Befristung des Mietvertrags verlangen wenn die Voraussetzungen des § 575 Abs. 1 BGB vorliegen (dazu: MünchKommBGB/ *Schilling* § 575 Rn. 6 ff.). Darüber hinaus kommt eine **Befristung aus Billigkeitsgründen** in Betracht. Die Gesetzesverfasser nennen in der Begründung keine konkreten Beispiele, wann ein unbefristeter Mietvertrag für den Vermieter unbillig ist. Es lässt sich lediglich entnehmen, dass die **dingliche Berechtigung des Vermieters** und die **Zumutbarkeit des sofortigen Auszugs** des überlassungsberechtigten Ehegatten in die Abwägung einzubeziehen sind. *Götz* und *Brudermüller*[98] halten die zweite Alternative von § 1568a Abs. 5 S. 2 BGB zutreffend für **überflüssig**. Das Mietrecht bietet mit § 549 Abs. 2 Nr. 1 BGB eine angemessene Lösung an: Handelt es sich um ein Mietverhältnis nur zum vorübergehenden Gebrauch, was der Fall ist, wenn es von vornherein bei Abschluss des Mietvertrags für eine kürzere absehbare Zeit geschlossen wird, wobei der Zeitraum auch ein Jahr übersteigen kann[99] – sind eine Befristung unabhängig von den Voraussetzungen des § 575 Abs. 1 BGB möglich und bestimmte Mieterschutzvorschriften ausgeschlossen. Der Vermieter

---

[94] Vg. *Larenz/Canaris*, Methodenlehre, S. 89 Fn. 30; *Dietz*, Anspruchskonkurrenz bei Vertragsverletzung und Delikt, 1934, S. 62.
[95] BT-Drucks. 16/9733, S. 40 f.
[96] Zur Abgrenzung und Kasuistik vgl. *Palandt/Heinrichs* Einl. v. § 241 BGB Rn. 7 ff.
[97] BT-Drucks. S. 45.
[98] NJW 2008, 3025, 3028.
[99] *Palandt/Weidenkaff* § 549 BGB Rn. 15.

kann nur eine angemessene Befristung verlangen. Bei der **Dauer der Befristung** sind die Interessen des berechtigten Ehegatten an dem dauerhaften Verbleib in der Wohnung und des Eigentümers an einer anderen Verwendung oder Verwertung der Ehewohnung gegeneinander abzuwägen.[100]

bb) § 1568a Abs. 5 S. 3 BGB kann der Vermieter für den Fall, dass eine Einigung mit dem überlassungsberechtigten Ehegatten über die Höhe der Miete nicht zustande kommt, von diesem eine angemessene Miete verlangen; das soll im Zweifel die ortsübliche Vergleichsmiete sein. Die Vorschrift betrifft schon nach ihrem Wortlaut nur **die Fälle, in denen der Mietvertrag trotz der fehlenden Einigung über die Höhe der Miete fest abgeschlossen,** dh. eine **Einigung über die Entgeltlichkeit** der Überlassung der Wohnung erzielt worden ist und daher dem überlassungsberechtigten Ehegatten ein Anspruch nach § 1568a Abs. 1, Abs. 2 BGB zusteht. Deshalb spricht § 1568a Abs. 5 S. 3 auch von **„dem Vermieter"**. Nicht erfasst werden also die Fälle, in denen bereits kein Mietvertrag zustande gekommen ist, weil die zur Vermietung berechtigte Person und der überlassungsberechtigte Ehegatte keine Einigung über die Entgeltlichkeit der Wohnungsüberlassung erreicht haben. Hier muss der Ehegatte nach § 1568a Abs. 5 S. 1 BGB vorgehen. § 1568a Abs. 5 S. 3 BGB gewährt einen **Anspruch auf Abgabe einer Willenserklärung wenn lediglich über die Höhe der Miete keine Einigung erzielt wurde.** Der Antrag liegt in dem die **konkrete Höhe der Miete** benennenden Verfahrensantrag (§ 203 Abs. 1), die Annahmeerklärung des Ehegatten gilt mit Rechtskraft des dem Anspruch stattgebenden Beschlusses (§§ 45, 209 Abs. 2 S. 1) gem. § 894 Abs. 1 ZPO iVm. § 95 Abs. 1 Nr. 5, Abs. 2 als abgegeben. Im Gegensatz zu den sonst anwendbaren §§ 316, 315 BGB wurde also dem Vermieter weder ein Gestaltungsrecht bezüglich der Miethöhe nach billigem Ermessen eingeräumt (wie in §§ 315 Abs. 2, 316 BGB) noch die Bestimmung der Miethöhe durch den Richter nach billigem Ermessen im Wege der Ergänzung des Vertragsinhalts durch richterliche Gestaltung vorgesehen (wie in §§ 315 Abs. 3, S. 2, 316 BGB). Das Bestimmungsrecht des Vermieters als Zwischenschritt für eine gerichtliche Entscheidung entfällt zu Recht völlig, um der besonderen Situation von Ehegatten Rechnung zu tragen und so Streit zu vermeiden. § 1568a Abs. 5 S. 3 BGB ist ein Unter- und Spezialfall der §§ 315 Abs. 1, Abs. 3, 316 BGB, obwohl § 1568a Abs. 5 S. 3 BGB bewusst kein Leistungsbestimmungsrecht einräumt. Der Tatbestand des § 1568a Abs. 5 S. 3 BGB enthält alle Merkmale noch § 316 BGB und darüber hinaus noch zusätzliche, nämlich diejenigen, dass Vertragsgegenstand die Ehewohnung ist und es sich bei dem unbestimmten Umfang der versprochenen Gegenleistung um die Höhe der vom gem. § 1568a Abs. 1, Abs. 2 BGB überlassungsberechtigten Ehegatten an den Vermieter für die Zeit ab Rechtskraft der Scheidung zu zahlenden Miete handelt. Das logische Verhältnis der Spezialität führt hier zur Verdrängung der allgemeinen Norm, weil die Rechtsfolgen beider Normen sich ausschließen.[101] § 1568a Abs. 5 S. 3 BGB **verdrängt §§ 315 Abs. 1, Abs. 3, 316 BGB als lex specialis.**

d) Streitigkeiten im Rahmen von § 1568a Abs. 3 BGB. Ehewohnungssachen iSv. § 201 Nr. 2 sind schließlich auch Streitigkeiten zwischen den Ehegatten oder einem Ehegatten und dem Vermieter der Wohnung, ob der nach § 1568a Abs. 1 BGB überlassungsberechtigte Ehegatte nach Abs. 3 der Vorschrift im Wege gesetzlicher Sonderrechtsnachfolge alleinige Vertragspartei auf Mieterseite geworden ist. Es gibt allerdings **Fallkonstellationen, die nicht unter § 200 Abs. 1 Nr. 2 fallen.**

Verweigert der gem. § 1568a Abs. 1 BGB **überlassungsberechtigte Mitmieter-Ehegatte** die **Mitteilung gem. § 1568a Abs. 3 S. 1 Nr. 1 BGB** an den Vermieter, uU gerade um zu verhindern, alleiniger Mieter zu werden, steht dem gem. § 1568a Abs. 1 BGB überlassungspflichtigen gegen den in der Wohnung verbliebenen überlassungsberechtigten Ehegatten gem. **§ 745 Abs. 2 BGB** ein Anspruch auf Einwilligung in eine Vergütungsregelung zu, die bestimmt, dass der Überlassungsberechtigte Ehegatte die gesamte Miete zu tragen hat. Es handelt sich **nicht um eine Ehewohnungssache,** da es sich nicht um ein Verfahren nach § 1568a BGB handelt. Es liegt eine **sonstige Familiensache iSv. § 266 Abs. 1 Nr. 3** vor.

Ist dagegen **der überlassungspflichtige Ehegatte Alleinmieter,** steht ihm ein Anspruch gegen den anderen Ehegatten **entsprechend § 1568a Abs. 3 Nr. 1 BGB** auf Mitteilung der Wohnungsüberlassung an den Vermieter zu; **§ 200 Abs. 1 Nr. 2 greift ein.**

II. Haushaltssachen

Der Begriff **„Haushaltssachen"** wird jetzt **einheitlich** bei § 1361a BGB und bei § 1568b BGB gebraucht. Er geht wie schon der Begriff „Ehewohnungssachen" auf das Gesetz vom 14. 5. 2009[102]

---

[100] Entwurf der Bundesregierung, S. 48.
[101] Vgl. allgemein zur Spezialität *Larenz/Canaris*, Methodenlehre 3. Aufl., S. 87 ff.
[102] BGBl. I. S. 2009 S. 1696.

zurück. Es sollte daher in Zukunft nicht mehr von „Hausrat", „Hausratsverteilung" und „Hausratsverfahren" gesprochen werden, sondern dem Wortlaut von §§ 1361a, 1568b BGB entsprechend von „**Haushaltsgegenständen**" (wie bisher schon § 1361a BGB mit Ausnahme der amtlichen Überschrift) und „**Haushaltssachen**", dies zumal der Begriff Hausrat iSv. §§ 1, 8 ff. HausratsVO aF dem der Haushaltsgegenstände iSv. § 1361a BGB entsprach.

59 **1. Begriffsbestimmung. a) Bestehende Ehe und „anlässlich" der Scheidung.** § 1361a BGB setzt wie § 1361b BGB eine bestehende Ehe und das Getrenntleben der Ehegatten voraus, die Begriffe sind identisch.[103] Die Ansprüche nach § 1568b BGB können – wie diejenigen nach § 1568a BGB – „anlässlich der Scheidung" geltend gemacht werden, dh. sie können nicht nur nach der Scheidung der Ehe, sondern schon gleichzeitig mit der Scheidung erhoben werden; das eröffnet die Möglichkeit die Ansprüche als Scheidungsfolgesachen im Verbund verfolgen zu können.[104] Die Ansprüche finden bei Aufhebung der Ehe (§ 1313 ff. BGB) nach § 1318 Abs. 4 Halbs. 1 BGB entsprechende Anwendung. Demgegenüber gelten sie nicht bei Auflösung der Ehe durch den Tod eines Ehegatten und bei nichtehelichen Lebensgemeinschaften.

60 **b) Begriff des Haushaltsgegenstandes.** Der Begriff der Haushaltsgegenstände iSv. §§ 1361a, 1568b BGB ist weitgehend[105] derselbe wie in § 1369, 1370, 1640 Abs. 1 S. 3, 1932, 1969 BGB und entspricht demjenigen des Hausrats in §§ 1, 8 ff. HausratsVO aF.[106] Haushaltsgegenstände sind **alle beweglichen Sachen**, die nach den ehelichen Lebens- und Vermögensverhältnissen der Ehegatten für die gemeinsame Wohnung, die Hauswirtschaft und das Zusammenleben einschließlich der gemeinsamen Freizeitgestaltung bestimmt sind[107] sowie mit den Haushaltsgegenständen **verbundene Ansprüche** und **Rechte**.[108] Die „Bestimmung", also der **Widmung**, zum Haushaltsgegenstand kann sich auch aus schlüssigem Verhalten der Eheleute ergeben.[109] Es kommt nicht darauf an, welcher Ehegatte den Gegenstand gekauft hat und aus wessen Mitteln er bezahlt worden ist.[110] Es handelt sich um Gegenstände, die der **Ausstattung der Räume** und ihrer **Wohnlichmachung** dienen.[111] Daher sind nur solche Gegenstände Haushaltsgegenstände, die **bis zur Trennung angeschafft** worden sind, nicht jedoch solche, die zum Zweck der Trennung beschafft worden sind, um den Hausstand eines der Ehegatten auszustatten.[112] Ebenso scheiden Gegenstände, die ausschließlich als Kapitalanlage angeschafft worden sind oder allein dem Beruf oder sonstigem Erwerb dienen, wie etwa Werkzeug,[113] Fachbücher und auch Gegenstände, die zum persönlichen Gebrauch oder den persönlichen Interessen – wie Kleidung und Schmuck,[114] Familienandenken – eines Ehegatten dienen und zum persönlichen Gebrauch der Kinder bestimmte Gegenstände,[115] als Haushaltsgegenstände aus.

61 Zu den Haushaltsgegenständen gehören daher: Möbel, Teppiche, Herde, Kühlschränke, Lampen, Bilder und Wandschmuck, Gardinen, Bett- und Tischwäsche, Rundfunk- Fernseh- und Videogeräte,[116] Tonträger, Filme, Küchen- und Haushaltsgeräte, Gartenmöbel und Bücher, die der Unterhaltung und allgemeinen Bildung dienen sowie Klaviere, sofern sie nicht für den Beruf eines Ehegatten bestimmt sind.[117]

---

[103] Vgl. oben Rn. 10 ff.
[104] Vgl. oben Rn. 11.
[105] Zu Unterschieden hinsichtlich der Einordnung von Vorräten *Quambusch* FamRZ 1989, 691.
[106] Vgl. dazu Münchkomm BGB/*Wacke* § 1361a BGB Rn. 4; *Johannsen/Henrich/Brudermüller* § 1361a BGB Rn. 10; *Bamberger/Roth/Neumann* § 1361a BGB Rn. 3; *Weinreich/Klein/Weinreich* § 1361b BGB Rn. 4.
[107] BGH FamRZ 1984, 144, 146; FamRZ 1984, 575; OLG Köln FamRZ 2002, 322, 323; OLG Naumburg FamRZ 2004, 889, 890; AG Weilburg FamRZ 2000, 117; grundlegend *Kuhnt* AcP 150 (1949), 130, 132; MünchKommBGB/*Wacke* § 1361a Rn. 4; MünchKommBGB/*Müller-Gindullis* § 1 HausratsVO Rn. 8; *Johannsen/Henrich/Brudermüller* § 1361a BGB Rn. 11; *Weinreich/Klein/Weinreich* § 1361a BGB Rn. 4; aA *Smid* AcP 189 (1989), 51, 67 mit einem deutlich weiteren Verständnis; Haushaltsgegenstände sollen alle in der Ehewohnung befindlichen Gegenstände im Alleineigentum eines oder Miteigentum beider Ehegatten sein, umso § 1361a BGB zur einheitlichen Anspruchsgrundlage für die Herausgabeansprüche getrennt lebender Ehegatten zu machen, die auch für Gegenstände des persönlichen Gebrauchs Anwendung findet, wobei der Hauptziel ist, die Zuständigkeit des FamG zu begründen. Dies ist nunmehr wegen § 266 Abs. 1 Nr. 3 nicht mehr erforderlich.
[108] BayObLG FamRZ 1970, 31; OLG Hamm FamRZ 1990, 531.
[109] *Staudinger/Weinreich* § 1 HausratsVO Rn. 30.
[110] OLG Düsseldorf FamRZ 1987, 1055 zu § 8 Abs. 1 HausratsVO aF; AG Weilburg FamRZ 2000, 1017.
[111] *Kuhnt* AcP 150 (1949), 130, 133.
[112] OLG Brandenburg FamRZ 2003, 532; vgl. BGH FamRZ 1984, 144; *Klein* FuR 1997, 142, 144.
[113] OLG Düsseldorf FamRZ 1986, 1134.
[114] Vgl. OLG Ham FamRZ 1993, 211, 212.
[115] *Johannsen/Henrich/Brudermüller* § 1361a BGB Rn. 22.
[116] OLG Düsseldorf MDR 1960, 850; BayObLG FamRZ 1968, 319.
[117] BayObLG 1952, 279.

c) Einzelfälle. aa) Der PKW. Die Einordnung des PKWs als Haushaltsgegenstand ist umstritten. **62** Dieser Streit spiegelt die enorme gesellschaftliche Stellung des PKWs und damit zugleich diejenige des Materiellen in der Gesellschaft wider. Der Befund macht den PKW jedoch nicht zum Haushaltsgegenstand; vielmehr ist dies **grundsätzlich** auch dann **zu verneinen,** wenn der PKW gelegentlich durch die **Familie** genutzt wird.[118] Ein PKW kann ausnahmsweise Haushaltsgegenstand sein, wenn er überwiegend für Fahrten mit der Familie, Einkäufe usw. genutzt wird.

bb) Wohnwagen und Wohnmobil. Sie sind regelmäßig als Haushaltsgegenstände anzusehen. Es **63** gelten die zum PKW dargestellten Grundsätze.

cc) Einbauküchen und Einbaumöbel. Diese, wie die Badezimmereinrichtung, sind dann kein **64** Haushaltsgegenstand, wenn sie wesentlicher Bestandteil des Gebäudes und damit des Grundstücks gem. § 94 Abs. 1 S. 1, Abs. 2 BGB sind.[119]

dd) Vorräte an Nahrungs- und Genussmitteln. Zu den Haushaltsgegenständen gehören auch **65** Vorräte auch an Nahrungs- und Genussmitteln, wenn sie zum Verbrauch bestimmt sind; allerdings darf das FamG nach § 1361a Abs. 4 BGB eine Übereignung zum Verzehr nicht anordnen.[120]

ee) Haustiere. Auch seit dem § 90a S. 1 BGB keine Sachen mehr sind, ist § 1361a **66** BGB wie auch § 1568b BGB gem. § 90a BGB entsprechend anwendbar. Tiere sind dann Haushaltsgegenstände, wenn sie der familiären Freizeitgestaltung[121] oder ganz überwiegend der Liebhaberei dienen,[122] nicht aber, wenn die Tiere zum landwirtschaftlichen Inventar gehören oder mit ihnen Gewinn erzielt werden soll, wie zB bei einem Zuchtpferd.[123]

2. Haushaltssachen nach § 1361a BGB. Darunter fallen alle von § 1361a BGB erfassten Ver- **67** fahren. Sämtliche Ansprüche setzen eine **bestehende Ehe** und ein **Getrenntleben der Ehegatten** voraus.[124]

a) Der Herausgabeanspruch des Alleineigentümers gem. § 1361a Abs. 1 S. 1 BGB. 68 aa) Voraussetzungen. Der Anspruch jedes Ehegatten gem. § 1361a Abs. 1 S. 1 BGB auf Herausgabe der in seinem Alleineigentum stehenden Haushaltsgegenstände verdrängt als **lex specialis** den allgemeinen Herausgabeanspruch des Eigentümers einer Sache nach **§ 985 BGB.** § 1361a Abs. 1 S. 1 BGB ist ein Unterfall von § 985 BGB, die Normen stehen im logischen Verhältnis der Spezialität.[125] Der Herausgabeanspruch geht auf Herausgabe der Haushaltsgegenstände iSv. **Verschaffung des unmittelbaren Besitzes,** in dem Zustand, in dem sie sich befinden. Die Herausgabe hat dort zu erfolgen, **wo sich die Sache befindet** (§ 269 Abs. 1 BGB). Die Kosten der Abholung vom Herausgabeort trägt wie bei § 985 BGB der Eigentümer.

b) Der Überlassungsanspruch des Nichteigentümers gem. § 1361a Abs. 1 S. 2 BGB. Die **69** Vorschrift stellt nicht nur eine Einwendung gegenüber dem Herausgabeanspruch von § 1361a Abs. 1 S. 1 BGB dar, sondern begründet einen **selbstständigen Anspruch auf Überlassung** benötigter Gegenstände zum Gebrauch.[126] Die Norm modifiziert das grundsätzlich bis zur Rechtskraft der Scheidung fortbestehende Recht zum Mitbesitz beider Ehegatten an den Haushaltsgegenständen aus § 1353 Abs. 1 S. 2 Halbs. 1 BGB zu einem Recht zum Alleinbesitz des Nichteigentümer-Ehegatten.

Der Überlassungsanspruch setzt voraus, dass der Nichteigentümer die Haushaltsgegenstände zur **70** Führung eines abgesonderten Haushalts benötigt und die Überlassung nach den Umständen des Falls der Billigkeit entspricht. Er bezieht sich nur auf vorhandene Gegenstände. Die Vorschrift gewährt **keinen Beschaffungsanspruch.** Der bedürftige Ehegatte kann danach nicht verlangen, dass der andere die zur Führung eines abgesonderten Haushalts erforderlichen Gegenstände anschafft, um sie ihm zu überlassen.[127] Die Sachen sind in dem aktuellen Zustand zu überlassen. Der bedürftige

---

[118] Deshalb ist der einzige PKW auch nicht weil er zwangsläufig gelegentlich durch die Familie genutzt werde Haushaltsgegenstand, so aber OLG Düsseldorf FuR 2007, 39.
[119] OLG Zweibrücken FamRZ 1993, 82; OLG Hamm FamRZ 1991, 89; OLG Frankfurt/M. FamRZ 1982, 938.
[120] Vgl. *Kuhnt* AcP 150 (1949), 130, 133 m. weit. Nachw.; MünchKommBGB/*Wacke* § 1361a Rn. 5; *Soergel/Lange* § 1361a BGB Rn. 6; *Quambusch* FamRZ 1989, 691; *Kobusch* S. 12; aA RGRK/*Finke* § 1369 BGB Rn. 7.
[121] OLG Zweibrücken FamRZ 1989, 1432.
[122] OLG Schleswig NJW 1998, 3127.
[123] Vgl. dazu OLG Naumburg FamRZ 2001, 481.
[124] Siehe dazu oben Rn. 20 ff.
[125] Vgl. dazu m. weit. Nachw. *Larenz/Canaris,* Methodenlehre, S. 87 ff.
[126] *Bamberger/Roth/Neumann* § 1361a BGB Rn. 8; *Johannsen/Henrich/Brudermüller* § 1361a BGB Rn. 28; *Gernhuber/Coester-Waltjen* § 19 Rn. 28; MünchKommBGB/*Wacke* § 1361a BGB Rn. 9; *Staudinger/Voppel* § 1361a BGB Rn. 25.
[127] KG OLGZ 21 215; *Staudinger/Hübner/Voppel* § 1361a BGB Rn. 25.

Ehegatte kann ggf. die erforderlichen Mittel für Neuanschaffungen für untergegangene oder zerstörte Haushaltsgegenstände, die er zur Führung eines abgesonderten Haushalts benötigt, als Sonderbedarf im Rahmen des Trennungsunterhalts nach § 1361 Abs. 4 BGB geltend machen.[128] Die **Überlassung** der Haushaltsgegenstände hat auch hier (wie bei § 1361a Abs. 1 S. 1 BGB) dort zu erfolgen, **wo sie sich befinden** (§ 269 Abs. 1 BGB); die Verpflichtung zur Gebrauchsüberlassung ist regelmäßig Holschuld iSd. § 269 Abs. 1 BGB, dh. die Kosten für den Transport sind Sache des anspruchsberechtigten Ehegatten.[129] Nur im Einzelfall kann auf Grund besonderer Umstände insbesondere im Zusammenhang mit der Trennung der anspruchsberechtigte Ehegatte einen **Anspruch auf Übernahme der Kosten** durch den anderen Ehegatten haben.[130] Auch steht dem anspruchsberechtigten Ehegatten gem. § 1353 Abs. 1 S. 2 Halbs. 1 BGB ein **Anspruch auf Auskunft** über die vorhandenen Haushaltsgegenstände zu, wenn er den aktuellen Bestand entschuldbar nicht kennt, sich die Kenntnis nicht anderweitig zumutbar verschaffen und der andere Ehegatte die Auskunft unschwer geben kann.[131]

71 c) **Verteilung von Haushaltsgegenständen, die im gemeinsamen Eigentum beider Ehegatten stehen nach § 1361a Abs. 2, Abs. 3 S. 1 BGB.** Die Ehegatten haben nach § 1361a Abs. 2 BGB die in ihrem gemeinsamen Eigentum stehenden Haushaltsgegenstände **nach Billigkeit zu verteilen**. Die Vorschrift erfasst sowohl Bruchteilseigentum gem. § 1008 BGB als auch Gesamtheitseigentum im Rahmen der Gütergemeinschaft nach §§ 1416, 1419 BGB.[132] Ein Anspruch auf Herausgabe besteht nicht.

72 Erst wenn und soweit **die Ehegatten keine Einigung** erzielen können, entscheidet auf Antrag das FamG. Der in § 1361a Abs. 3 S. 1 Halbs. 1 vorgesehene **Vorrang einer Einigung der Ehegatten** bedeutet nicht, dass eine Entscheidung des Gerichts nur möglich ist, wenn die Ehegatten nachweisen, dass zuvor ernsthafte **Einigungsbemühungen** stattgefunden haben.[133] Für die Verteilung nach Billigkeit gelten die gleichen Grundsätze wie für die Billigkeitsregelung nach § 1361a Abs. 1 S. 2 BGB mit der Maßgabe, dass nicht nur die zur Führung eines abgesonderten Haushalts benötigten, sondern **alle Gegenstände** verteilt werden können. **§ 1361a Abs. 2, Abs. 3 BGB** hätte mit der Aufhebung der materiell-rechtlichen Vorschriften der Hausrats-VO und der Einfügung der §§ 1568a, 1568b durch das Gesetz zur Änderung des Zugewinnausgleichs- und Vormundschaftsrechts vom 14. 5. 2009[134] wie diese in einen Anspruch iSv. § 194 BGB **umgestaltet werden müssen**. Die Gesetzesverfasser betonen, dass der Richter in Ehewohnungs- und Haushaltssachen **nur noch anhand von Anspruchsgrundlagen entscheidet**. § 1361a Abs. 2, Abs. 3 S. 1, S. 2 BGB stellen daher nunmehr **Fremdkörper** in dem **System von Anspruchsgrundlagen** dar. Die Vorschriften sollten bei nächster Gelegenheit entsprechend geändert werden.

73 d) **Festsetzung einer Benutzungsvergütung durch das FamG.** § 1361a Abs. 3 S. 2 BGB räumt dem Familienrichter die Befugnis ein, – wenn sich die Ehegatten über die Verteilung der Haushaltsgegenstände **nicht einigen** können (§ 1361a Abs. 3 S. 1 BGB) – mit der Entscheidung nach Abs. 1 S. 2 und Abs. 2 der Vorschrift über die Verteilung zugunsten des Allein-, Mit- oder Gesamthanseigentümers, der dem anderen Ehegatten Haushaltsgegenstände überlassen muss, eine **angemessene Vergütung** festzusetzen. Auch **§ 1361a Abs. 3 S. 2 BGB** gewährt im Gegensatz zu §§ 1361b Abs. 3 S. 2, 1568b Abs. 3 BGB keinen Anspruch iSv. § 194 Abs. 1 BGB, ein Leistungsantrag ist daher nicht zulässig. Die Vorschrift sollte in einen Anspruch verwandelt werden.

74 3. **Haushaltssachen nach § 1568b BGB.** Zu diesen gehören der Anspruch nach § 1568a Abs. 1 BGB auf Überlassung und Übereignung von in gemeinsamen Eigentum der Ehegatten stehender Haushaltsgegenstände sowie der Anspruch des zur Übereignung seines Eigentumsanteils verpflichteten Ehegatten gem. § 1568b Abs. 3 BGB auf Entrichtung einer Ausgleichszahlung.

75 a) **Der Anspruch gem. § 1568b Abs. 1 BGB.** Die Vorschrift übernimmt den Regelungsgehalt von § 8 Abs. 1 HausratsVO aF, ist demgegenüber allerdings als **Anspruch iSv. § 194 Abs. 1 BGB** konzipiert. Die Vorschrift – erfasst im **Mit- und Gesamthandseigentum** beider Ehegatten stehende Haushaltsgegenstände, nicht hingegen im **Alleineigentum** eines Ehegatten befindliche. Die Gesetzgeber haben bewusst auf eine § 9 HausratsVO aF. entsprechende Regelung verzichtet. Im

---
[128] *Soergel/Lange* § 1361 BGB Rn. 33.
[129] KG OLGZ 21, 215; JW 1920, 713; *Johannsen/Henrich/Brudermüller* § 1361a BGB Rn. 34; *Bamberger/Roth/Neumann* § 1361a BGB Rn. 10; *Gernhuber/Coester-Waltjen* § 19 Rn. 28.
[130] *Soergel/Lange* § 1361a BGB Rn. 8; *Klein* FuR 1997, 199, 200; teilweise wird der Anspruch auf § 1361 BGB gestützt, so OLG Hamm HRR 1929 Nr. 1732 und *Johannsen/Henrich/Brudermüller* § 1361a BGB Rn. 34.
[131] KG FamRZ 1982, 68 wobei der Auskunftsanspruch auf §§ 1353, 242 BGB gestützt wird.
[132] MünchKommBGB/*Wacke* § 1361a BGB Rn. 15; *Staudinger/Voppel* § 1361a BGB Rn. 39.
[133] MünchKommBGB/*Wacke* § 1361a BGB Rn. 17; *Staudinger/Voppel* § 1361a BGB Rn. 43.
[134] BGBl. I 2009 S. 1696.

Alleineigentum eines Ehegatten stehende Haushaltsgegenstände sollen zukünftig nur noch im Rahmen eines eventuellen **güterrechtlichen Ausgleichs** berücksichtigt werden.[135] **Nicht übernommen** wurden auch die Regelungen des § 10 HausratsVO aF. **Schulden** werden daher im Haushaltssachen betreffenden Verfahren nicht mehr verteilt, folglich mindern sie jeweils im Rahmen des Zugewinnausgleichs in der Regel nur noch das Endvermögen des Ehegatten, der im Außenverhältnis Schuldner ist. Von einem Ehegatten unter **Eigentumsvorbehalt** erworbene Haushaltsgegenstände werden gleichfalls auf Grund des Wegfalls von § 10 Abs. 2 HausratsVO aF nicht nach § 1568b Abs. 1 BGB verteilt. Es handelt sich **nicht** um **Haushaltssachen**. Haushaltsgegenstände, die im **Alleineigentum** eines Ehegatten stehen, unterfallen nur noch einem eventuellen güterrechtlichen Ausgleich.

Im Gegensatz zur Lage nach §§ 1 Abs. 1, 8 f. HausratsVO aF kann der Anspruch auf **einzelne** 76 **Haushaltsgegenstände beschränkt** werden, eine umfassende Regelung ist nicht mehr vorgesehen. Allerdings **verlangt § 203 Abs. 2 S. 2 FamFG** vom Antragsteller die Beifügung einer **Aufstellung sämtlicher Haushaltsgegenstände**. Die Vorschrift legt erkennbar die **alte Rechtslage** der HausratsVO zugrunde. Sie hat noch Bedeutung für den nach § 36 Abs. 1 S. 2 den Ehegatten vom Gericht möglichst frühzeitig zu **unterbreitenden Vergleichsvorschlag**. Sie soll grundsätzlich dem **Verkehrswert des Gegenstandes zum Zeitpunkt der Verteilung** entsprechen.[136]

b) Der Anspruch gem. § 1568b Abs. 3 BGB. Die Vorschrift entspricht § 8 Abs. 3 S. 2 77 HausratsVO aF, gewährt aber dem Ehegatten, der nach Abs. 1 der Norm seinen Eigentumsanteil überträgt gegen den anderen Ehegatten wiederum einen **Anspruch** iSv. § 194 Abs. 1 BGB auf Entrichtung einer **angemessenen** Ausgleichszahlung. Die **Höhe** richtet sich grundsätzlich nach dem Verkehrswert.[137] Gegebenenfalls wechselseitige Ansprüche der Ehegatten stehen dem jeweiligen Anspruch auf eine Ausgleichszahlung nicht entgegen, sie sind vielmehr miteinander zu verrechnen.

C. Internationales Privatrecht

Über die Anknüpfung der Hausratsverteilung und der Wohnungszuweisung bzw. der Ansprüche 78 auf Herausgabe und Überlassung von Haushaltsgegenständen sowie auf Überlassung der Ehewohnung herrschte bei getrennt lebenden und geschiedenen Ehegatten lange Zeit Streit. Es wurde vor dem Inkrafttreten des IPR-Neuregelungsgesetzes vom 25. 7. 1986 teilweise an Art. 14 EGBGB (persönliche Ehewirkungen), teilweise an Art. 15 EGBGB (Ehegüterrecht), an Art. 17 EGBGB (Scheidungsstatut), an die lex rei sitae oder an die lex fori angeknüpft.

Nach dem Inkrafttreten des IPR-Neuregelungsgesetzes ergab sich insoweit eine neue Situation, als 79 die Ehewirkungen nicht mehr in ihrer Gesamtheit an Art. 14 EGBGB angeknüpft wurden. Insbesondere für Unterhaltsansprüche wurde eine neue Kollisionsnorm (Art. 18 EGBGB) geschaffen. Das führte dazu, dass eine verbreitete Meinung die Ansprüche auf Herausgabe von Hausrat und die Zuweisung der Ehewohnung unterhaltsrechtlich qualifizierte und darum Art. 18 EGBGB anwandte. Die Anknüpfung an Art. 18 EGBGB hatte nämlich den Vorteil, dass sie, solange die Ehe noch nicht geschieden war, im Regelfall zur Anwendung des deutschen Rechts (gewöhnlicher Aufenthalt des Unterhaltsberechtigten, Art. 18 Abs. 1 S. 1 BGB) führte. Da insbesondere bei dem Anspruch auf Überlassung der Ehewohnung für die Zeit des Getrenntlebens nach § 1361b BGB häufig Eile geboten war, wurde die Anknüpfung an die lex fori von vielen Gerichten als sachgerechter angesehen als die oft mühevolle und zeitraubende Ermittlung des ausländischen Heimatrechts der Ehegatten. Diesem praktischen Bedürfnis hat nunmehr der Gesetzgeber mit dem Gesetz zur Verbesserung des zivilrechtlichen Schutzes bei Gewalttaten und Nachstellungen sowie zur Erleichterung der Überlassung der Ehewohnung vom 11. 11. 2001[138] durch Einfügung des neuen Art. 17a EGBGB Rechnung getragen.

I. Ehewohnung und Haushaltsgegenstände im Inland

1. Ansprüche und Verfahren nach §§ 1361a, 1361b BGB. Art. 17a EGBGB erfasst jedenfalls 80 den Anwendungsbereich der §§ 1361a, 1361b BGB bei im Inland belegenen Ehewohnungen und ordnet für diese die Anwendung der deutschen Sachvorschriften an. Art. 17a EGBGB ist **lex specialis** gegenüber dem Ehewirkungs-, dem Ehegüterrechts-, dem Scheidungs- und dem Unter-

---

[135] Gesetzesentwurf, S. 48.
[136] Entwurf S. 49.
[137] BT-Drucks. 16/10798, S. 37.
[138] BGBl. I S. 3513.

haltsstatut. Auf das Heimatrecht der Ehegatten oder auf das Recht an ihrem gewöhnlichen Aufenthalt kommt es also nicht mehr an, wenn die Ehewohnung im Inland belegen ist und die Haushaltsgegenstände sich im Inland befinden.

81 **2. Die Ansprüche gem. §§ 1568a, 1568b BGB.** Da Art. 17a EGBGB von „Nutzungsbefugnis" spricht, sind **Eigentum** und Nutzungsbefugnis **zu unterscheiden. § 1568a BGB** wird deshalb von Art. 17a EGBGB erfasst. Die Verweisung des Art. 17a EGBGB ist aber auch auf die **Fälle des § 1568b Abs. 1 BGB zu erstrecken,** auch soweit dieser einen Anspruch auf Übereignung gewährt. Obgleich die Übertragung von Eigentum mehr ist als eine bloße Nutzungsregelung, ist anzunehmen, dass auch diese Folge in den Anwendungsbereich des Art. 17a EGBGB fällt.[139] Es gälte nämlich gem. Art. 43 EGBGB ohnehin deutsches Recht als lex rei sitae.[140]

II. Ehewohnung und Haushaltsgegenstände im Ausland

82 Auf im Ausland belegene Ehewohnungen und auf Haushaltsgegenstände, die sich im Ausland befinden, bezieht sich Art. 17a EGBGB nach seinen insoweit klaren Wortlaut nicht. Es bleibt daher für die geringe Anzahl solcher Fälle bei dem bisherigen Rechtszustand. *Henrich*[141] führt den Fall an, dass ein Ehegatte die gemeinsame Wohnung in Deutschland verlassen hat, in seine ausländische Heimat zurückgekehrt ist, und dabei Haushaltsgegenstände mitgenommen hat. In diesem Fall sei sowohl vorstellbar, dass der in Deutschland verbliebene Ehegatte die Rückerstattung dieser Gegenstände verlangt, als auch, dass er mit der Zuteilung dieser Gegenstände an den anderen Ehegatten einverstanden sei, dafür aber eine Ausgleichszahlung begehre. Bei im Ausland belegenen Ehewohnungen könne es sein, dass der im Ausland verbliebene Ehegatte die Zuweisung der Ehewohnung zur alleinigen Nutzung begehre oder der nach Deutschland zurückgekehrte Ehegatte eine Aufteilung der Wohnung verlange.

83 Die Frage der Überlassung von Haushaltsgegenständen und Ehewohnungen ist dann **den allgemeinen Ehewirkungen nach Art. 14 EGBGB** zu unterstellen.[142] Ist danach **deutsches Recht berufen,** liegt jedenfalls eine **Ehewohnungs- oder Haushaltssache iSv. § 200** vor.

D. Internationale Zuständigkeit

84 Für Ehewohnungs- und Haushaltssachen gibt es keine supranationalen Regelungen. Die Brüssel I-VO bzw. das Luganer Übereinkommen sind nicht anzuwenden.[143] Die Verordnung (EG) Nr. 2201/2003 des Rates vom 27. 11. 2003 über die Zuständigkeit und die Anerkennung und Vollstreckung von Entscheidungen von Ehesachen und in Verfahren betreffend die elterliche Verantwortung und zur Aufhebung der Verordnung (EG) Nr. 1347/2000 (**„Brüssel IIa-VO, EheGVO**) erfasst Ehewohnungs- und Haushaltssachen nicht, wenn kein Bezug zu einer Ehescheidung vorliegt.[144] Denn sie erfasst nur die Scheidung selbst sowie sorgerechtliche Angelegenheiten. Allerdings wird für **Eilmaßnahmen Art. 20 Brüssel IIa-VO** angewendet, allerdings nur, wenn der beantragte Rechtsschutz **im Zusammenhang mit einer Scheidung** erfolge.[145] Demgegenüber ist *Rauscher* zutreffend der Ansicht, dass **§ 1361b BGB,** nicht aber § 1361a BGB von Art. 20 EheGVOII erfasst wird.[146] Art. 20 EheGVOII begründet die internationale Zuständigkeit in dringenden Fällen nach dem **nationalen Rechts des angerufenen Mitgliedsstaats** gerade „ungeachtet der Bestimmungen dieser Verordnung" und damit über den Anwendungsbereich des Art. 1 EheGVOII hinaus und unabhängig von diesem. Das EuGVÜ,[147] das nur noch Bedeutung im Verhältnis zu den außer-

---

[139] *Bamberger/Roth/Heiderhoff* Art. 17a EGBGB Rn. 15, 16; *Johannsen/Henrich/Henrich* Art. 17a EGBGB Rn. 3; *Palandt/Thorn* Art. 17a EGBGB Rn. 2.
[140] Ebenda.
[141] In: *Johannsen/Henrich* Art. 17a EGBGB Rn. 4.
[142] OLG Frankfurt/M. FamRZ 1989, 84, 85; 1994, 633; OLG Hamm FamRZ 1990, 54; KG FamRZ 1991, 1190; OLG Stuttgart FamRZ 1990, 1354; *Johannsen/Henrich/Henrich* Art. 17a EGBGB Rn. 4; *Palandt/Thorn* Art. 17a EGBGB Rn. 2 aE Die Gegenansicht qualifiziert die Problematik unterhaltsrechtlich und wendet dementsprechend Art. 18 BGB an, vgl. dazu m. weit. Nachw. *Staudinger/Voppel* § 1361a BGB Rn. 77.
[143] Vgl. oben § 105 Rn. 5, § 97 Rn. 39 ff.
[144] Erwägungsgrund (8); *Schröder/Bergschneider/Mörsdorf-Schulte* Rn. 11.233; *Thomas/Putzo/Hüßtege* Art. 1 Rn. 3; *Zöller/Geimer* Anh. II Rn. 22.
[145] *Staudinger*/Spellenberg, Internationales Eheverfahrensrecht, Art. 20 Rn. 20; *Zöller/Geimer* Art. 20 EheGVO Rn. 3.
[146] *Rauscher/Rauscher* EuZPR Art. 20 Rn. 20 Fn. 25.
[147] Vgl. dazu *Baumbach/Lauterbach/Hartmann* Schlussanhang V. C. 1. Rn. 1 ff.

europäischen Gebieten der Mitgliedsstaaten nach Art. 299 EG, für die es in Kraft gesetzt worden ist, und für Altfälle nach Art. 66 Abs. 2 der VO hat und die dieses Übereinkommen seit 1. 3. 2002 ersetzende EuGVVO[148] erfassen gleichfalls die Ehewohnungs- und Haushaltssachen nicht. Der EuGH sieht alle vermögensrechtlichen Ansprüche, die sich unmittelbar aus der Ehe oder ihrer Auflösung ergeben als „eheliche Güterstände" iSd. Art. 1 Abs. 2a EuGVVO an;[149] hierzu zählen Ehewohnungs- und Haushaltssachen, da es sich jedenfalls nicht um eine Frage des Unterhalts handelt.[150]

Die **internationale Zuständigkeit** des deutschen Familiengerichts für Ehewohnung und Haushaltssachen leitet sich daher **entsprechend § 105**[151] aus **der örtlichen Zuständigkeit nach § 200** ab und zwar unabhängig davon, ob sich die Ehewohnung im Inland oder im Ausland befindet. 85

E. Die Verfahrenswerte

§ 48 FamGKG legt für Ehewohnungs- und Haushaltssachen erstmals konkrete Werte fest. Begründet wird dies mit der Vergleichbarkeit der Fälle und mit einer Arbeitserleichterung des Gerichts.[152] Die neue Regelung führt zu einer **deutlichen Reduzierung des Gebührenstreitwerts;** es gelten nunmehr folgende Festwerte: 86

Ehewohnungssachen nach § 1568a BGB:	4000,– EUR
Ehewohnungssachen nach § 1361b BGB:	3000,– EUR
Haushaltssachen nach § 1568b BGB:	3000,– EUR
Haushaltssachen nach § 1361a BGB:	2000,– EUR

In **einstweiligen Anordnungsverfahren** (§§ 49 ff.) gilt nach § 41 FamGK jeweils die **Hälfte des für die Hauptsache bestimmten Werts.** Dass die einstweilige Anordnung jetzt unabhängig von einem Hauptsacheverfahren betrieben werden kann, **verstärkt** die Reduzierung des Gebührenstreitwerts. Allerdings kann das FamG nach **§ 48 Abs. 3 FamGK** einen **höheren** oder **niedrigeren** Wert festsetzen, wenn der nach § 48 Abs. 1, Abs. 2 FamGK bestimmte Wert nach den besonderen Umständen des Einzelfalls unbillig ist. 87

F. Tenorierung

Bei der Tenorierung ist zu beachten, dass jetzt bis auf die Fälle des § 1361a Abs. 2 BGB über Ansprüche iSv. § 194 Abs. 1 BGB entschieden wird. Die Ehewohnung und die Haushaltsgegenstände werden daher, soweit das FamG über die Ansprüche entscheidet, von diesem **nicht mehr einem Ehegatten zugewiesen.** Der Anspruchsgegner ist verpflichtet, dem anspruchsberechtigten Ehegatten die Wohnung zu überlassen (§§ 1361b Abs. 1 S. 1, 1568a Abs. 1, Abs. 2 BGB) und die Haushaltsgegenstände herauszugeben (§ 1361a Abs. 1 S. 1 BGB), zu überlassen (§ 1361a Abs. 1 S. 2 BGB) sowie zu überlassen und zu übereignen (§ 1568b Abs. 1 BGB). Im Gegensatz zur bloßen Zuweisung von Haushaltsgegenständen und Ehewohnung nach der HausratsVO stellen die Endentscheidungen über diese Ansprüche **vollstreckbare Herausgabe-** bzw. **Räumungstitel** dar. Eine **Herausgabe- und Räumungsanordnung** ist **nicht mehr erforderlich,** um einen nach §§ 883 Abs. 1, 885 Abs. 1 ZPO, 95 Abs. 1 Nr. 2 vollstreckbaren Titel auf Herausgabe zu schaffen.[153] Es sollte daher wie folgt tenoriert werden: 88

1. Anspruch gem. § 1361b Abs. 1 S. 1 BGB. Der Antragsteller hat die am Viktualienmarkt 3 in München gelegene Ehewohnung bestehend aus fünf Zimmern, einer Küche, einem Bad, zwei Toiletten, und dem Kellerabteil Nr. 7 der Antragstellerin (bis ...... ggf. Befristung) zur alleinigen Benutzung zu überlassen. 89

---

[148] Vgl. dazu *Baumbach/Lauterbach/Hartmann* Schlussanhang V. C. 2. Rn. 1 ff.
[149] EuGH NJW 1979, 1100 (LS 1).
[150] KG FamRZ 1974, 198 für den Fall einer in der Schweiz gelegenen Ferienwohnung; MünchKommBGB/ *Winkler von Mohrenfels* Art. 17a EGBGB Rn. 22; *Staudinger/Mankowski* Art. 17a EGBGB Rn. 31; *Staudinger/ Weinreich* Einl. zur HausratsVO Rn. 12.
[151] Vgl. oben § 105 Rn. 1, 6.
[152] BT-Drucks. 16/6308, S. 307.
[153] Vgl. § 209 Rn. 5.

§ 201 1–5   Buch 2. Abschnitt 6. Verfahren in Ehewohnungs- und Haushaltssachen

90 **2. Ansprüche gem. § 1568a Abs. 1, Abs. 2 BGB.** Der Antragsgegner hat der Antragstellerin die am Viktualienmarkt 3 in München gelegene Ehewohnung bestehend aus fünf Zimmern, einer Küche, einem Bad, zwei Toiletten, und dem Kellerabteil Nr. 7 für die Zeit ab Rechtskraft der Scheidung (bis ... ggf. Befristung) zur alleinigen Benutzung zu überlassen.

91 **3. Anspruch gem. § 1361a Abs. 1 S. 1 BGB.** Der Antragsgegner hat an die Antragstellerin (genaue Angabe und Bezeichnung der Gegenstände) herauszugeben.

92 **4. Anspruch gem. § 1361a Abs. 1 S. 2 BGB.** Der Antragsgegner hat der Antragstellerin (genaue Angabe und Bezeichnung der Gegenstände) zum Gebrauch zu überlassen.

93 **5. Entscheidung des FamG nach § 1361a Abs. 3 S. 1 BGB.** Der Antragstellerin werden folgende Haushaltsgegenstände zur alleinigen Nutzung zugeteilt: (Genaue Angabe und Bezeichnung der Gegenstände). Der Antragsgegner ist verpflichtet, die zugeteilten Gegenstände an die Antragstellerin herauszugeben.

94 **6. Anspruch gem. § 1568b Abs. 1 BGB.** Der Antragsgegner hat der Antragstellerin folgende im gemeinsamen Eigentum beider stehenden Haushaltsgegenstände ab Rechtskraft der Scheidung zu überlassen und zu übereignen: (Genaue Angabe und Bezeichnung der Gegenstände).

§ 201 Örtliche Zuständigkeit

Ausschließlich zuständig ist in dieser Rangfolge:
1. während der Anhängigkeit einer Ehesache das Gericht, bei dem die Ehesache im ersten Rechtszug anhängig ist oder war;
2. das Gericht, in dessen Bezirk sich die gemeinsame Wohnung der Ehegatten befinden;
3. das Gericht, in dessen Bezirk der Antragsgegner seinen gewöhnlichen Aufenthalt hat;
4. das Gericht, in dessen Bezirk der Antragsteller seinen gewöhnlichen Aufenthalt hat.

I. Normzweck

1 Die Vorschrift regelt die **ausschließliche örtliche Zuständigkeit** der Ehewohnungs- und Haushaltssachen.

2 Die **sachliche Zuständigkeit** des Amtsgerichts folgt jetzt aus **§ 23a Abs. 1 Nr. 1 GVG iVm. § 111 Nr. 5**. Demgegenüber regelte § 11 Abs. 1 HausratsVO aF iVm. § 18a HausratsVO aF die sachliche und örtliche Zuständigkeit.[1] Die Norm begründet ausdrücklich die Zuständigkeit des Familiengerichts als besonderer Abteilung des Amtsgerichts.

3 § 23b Abs. 1 GVG erfasst nunmehr dadurch, dass § 23a Abs. 1 Nr. 1 GKG auch die sachliche Zuständigkeit der Amtsgerichte für Ehewohnungs- und Haushaltssachen im Sinne der §§ 111 Nr. 5, 200 bestimmt, gleichfalls sämtliche Ehewohnungs- und Haushaltssachen und weist sie im Weg **der gesetzlichen Geschäftsverteilung** den Abteilungen für Familiensachen zu, sogenannte geschäftliche oder **funktionelle Zuständigkeit**.[2]

II. Regelungsbereich

4 § 201 bestimmt die **ausschließliche** und daher nicht anders zu vereinbarende **örtliche Zuständigkeit** in Ehewohnungs- und Haushaltssachen. Die **Auflistung** in § 201 **entspricht der Prüfungsreihenfolge.** Erst wenn der vorrangige Gerichtsstand nicht vorliegt, kann ein nachfolgender begründet werden.[3] Die Gesetzesverfasser weisen zutreffend darauf hin, dass die gewählte Abfolge der bisherigen §§ 11 Abs. 2, S. 2 HausratsVO aF iVm. dem bisherigen § 606 Abs. 2 S. 2 ZPO aF entspricht und, dass für die übrigen von der Verweisung in § 11 Abs. 2 S. 2 HausratsVO aF umfassten Vorschriften des § 606 Abs. 2, Abs. 3 ZPO aF kein Bedürfnis mehr besteht. Den Vorschriften wird im Wesentlichen durch §§ 2 Abs. 1, 5 Rechnung getragen.

5 **1. Erstrangige örtliche Zuständigkeit nach § 201 Nr. 1.** Ist eine **Ehesache** iSd. §§ 111 Nr. 1, 121 – insbesondere also ein Verfahren auf Scheidung der Ehe – anhängig, so ist **örtlich**

---
[1] MünchKommBGB/*Müller-Gindullis* § 11 HausratsV Rn. 1; vgl. § 621 ZPO Rn. 84; *Staudinger/Weinreich* § 11 HausratsVO § 11 Rn. 1.
[2] BT-Drucks. 16/6308, S. 319; *Baumbach/Lauterbach/Hartmann* GrdZ § 1 Rn. 6, § 23b GVG Rn. 2; vgl. § 1 ZPO Rn. 9; BGH FamRZ 1992, 665.
[3] *Bumiller/Harders* Rn. 1; *Keidel/Giers* Rn. 2.

ausschließlich das Gericht zuständig, bei dem die **Ehesache im ersten Rechtszug anhängig** ist oder **war**. Das Wort „war" stellt klar, dass es unerheblich ist, in welcher Instanz die Ehesache schwebt.

Anhängigkeit tritt ein mit der **Einreichung der Antragsschrift** (§ 124 iVm. § 253 Abs. 2 **6** ZPO)[4] und endet erst mit Eintritt der formellen Rechtskraft des Beschlusses in der Ehesache (vgl. § 45). Endet die Anhängigkeit der Ehesache etwa mit der Rechtskraft des in der Sache ergangenen Beschlusses oder aus sonstigen Gründen, so bleibt die Zuständigkeit für eine bis dahin anhängig gewordene Ehewohnungs- und Haushaltssachen bestehen.[5] Es gilt nach § 2 Abs. 2 in den Verfahren des FamFG der Grundsatz der perpetuatio fori, nachdem die einmal begründete Zuständigkeit fortdauert, auch wenn sich die hierfür maßgeblichen Umstände danach ändern.

2. Zweitrangige örtliche Zuständigkeit nach § 201 Nr. 2. Ist eine Ehesache nicht oder nicht **7** mehr anhängig, so ist das Familiengericht zuständig, in dessen **Bezirk sich die gemeinsame Wohnung der Ehegatten** befindet. Die Regelung entspricht inhaltlich dem bisherigen § 11 Abs. 2 S. 1 HausratsVO aF; sie betrifft den Fall, in dem die Ehegatten zum Zeitpunkt der Antragstellung ihren gewöhnlichen Aufenthalt noch in der Ehewohnung haben.[6] Erfasst werden also die Verfahren nach §§ 1361a, 1361b BGB, in denen die Ehegatten noch in der Ehewohnung leben sowie Verfahren nach §§ 1568a, 1568b BGB, in denen die Ehegatten nach der Scheidung weiter in der (dann ehemaligen) Ehewohnung zusammen leben, weil sie auch dann eine gemeinsame Wohnung haben.[7]

3. Drittrangige örtliche Zuständigkeit nach § 201 Nr. 3. Ist eine Zuständigkeit nach Nr. 1 **8** und Nr. 2 nicht gegeben, richtet sich die örtliche Zuständigkeit gem. Nr. 3 nach dem **gewöhnlichen Aufenthalt des Antragsgegners**. Der Begriff des gewöhnlichen Aufenthalts knüpft an die tatsächlichen Verhältnisse an und unterscheidet sich dadurch vom Wohnsitz i. S. v. § 7 BGB, zu dessen Begründung ein rechtsgeschäftlicher Wille erforderlich ist.[8] Er ist ein **rein tatsächliches Verhältnis**. Erforderlich aber auch ausreichend ist ein **Verweilen von gewisser Dauer oder Regelmäßigkeit**. Ein gewöhnlicher Aufenthalt setzt daher eine gewisse Eingliederung in die soziale Umwelt für eine gewisse Dauer voraus, als Faustregel sind sechs Monate erforderlich und ausreichend,[9] dagegen sind drei Monate zu kurz.[10] Eine Person hat mithin ihren gewöhnlichen Aufenthalt dort, wo sich der **Schwerpunkt ihrer sozialen und beruflichen Bindungen** befindet.[11] Bei einem noch sehr kurzen oder auch kürzeren Aufenthalt kann der Aufenthaltswille Bedeutung erlangen. Unerheblich ist eine vorübergehende Abwesenheit zB aus beruflichen,[12] gesundheitlichen[13] oder ausbildungsbedingten[14] Gründen, sofern nur die Möglichkeit und Absicht der Rückkehr besteht. Die Anmeldung beim Einwohnermeldeamt ist lediglich Indiz, reicht aber zur Begründung des gewöhnlichen Aufenthalts nicht aus,[15] wie umgekehrt aus der unterlassenen Anmeldung nicht auf das Fehlen des gewöhnlichen Aufenthalts geschlossen werden kann.[16]

Ein **unfreiwilliger Aufenthaltswechsel** begründet zunächst keinen neuen gewöhnlichen Auf- **9** enthalt.[17] Ein gewöhnlicher Aufenthalt kann aber nach längerer Aufenthaltsdauer auch wider Willen entstehen, insbesondere in einer **Strafanstalt**.[18] Nach diesen Kriterien ist auch der Aufenthalt in einem **Frauenhaus** zu beurteilen.[19]

---

[4] *Baumbach/Lauterbach/Hartmann* § 124 Rn. 1 weist zutreffend darauf hin, dass die Verweisung in § 124 S. 2 überflüssig ist, weil sie bereits durch die in § 113 Abs. 1 S. 2 erfolgte Verweisung erfasst wird.
[5] BGH NJW 1986, 3141.
[6] BT-Drucks. 16/6308, S. 249.
[7] MünchKommBGB/*Müller-Gindullis* § 11 HausratsV Rn. 5; *Götz/Brudermüller* FPR 2009, 38, 39.
[8] BGHZ 7, 109; *Palandt/Heinrichs* § 7 BGB Rn. 7.
[9] OLG Hamm NJW 1990, 651.
[10] BGH FamRZ 1995, 728.
[11] BGH FamRZ 1975, 272; 1981, 135; 1993, 798, 800; BayObLG FamRZ 1992, 585; 1983, 89; *Johannsen/Henrich/Sedemund-Treiber* § 606 ZPO Rn. 18; vgl. ausführlich oben § 122 Rn. 8 ff.
[12] *Johannsen/Henrich/Sedemund-Treiber* § 606 ZPO Rn. 18.
[13] BGH NJW 1983, 2772; *Baumbach/Lauterbach/Hartmann* § 122 Rn. 10.
[14] BGH NJW 1975, 1068; *Baumbach/Lauterbach/Hartmann* § 122 Rn. 10; *Zöller/Philippi* § 606 ZPO Rn. 25.
[15] BGH FamRZ 1995, 1135; 1976, 171 f.; *Stein/Jonas/Schlosser* § 606 ZPO Rn. 8.
[16] OLG Zweibrücken FamRZ 1985, 81 f.; KG FamRZ 1987, 603, 605.
[17] *Johannsen/Henrich/Sedemund-Treiber* § 606 ZPO Rn. 18; *Zöller/Philippi* § 606 ZPO Rn. 26; *Baumbach/Lauterbach/Hartmann* § 122 Rn. 10.
[18] OLG Stuttgart MDR 1964, 768; OLG Düsseldorf MDR 1969, 143; LG Koblenz DAVorm 1994, 211; *Baumbach/Lauterbach/Hartmann* § 122 Rn. 10; *Johannsen/Henrich/Sedemund-Treiber* § 606 ZPO Rn. 18; vgl. § 606 ZPO Rn. 16.
[19] OLG Saarbrücken FamRZ 1990 1119 m. w. N.; OLG Karlsruhe FamRZ 1995, 1210; OLG Hamm FamRZ 1997 1294; anderer Ansicht OLG Köln FamRZ 1992, 796 und OLG Nürnberg FamRZ 1994, 1011 f. u. 1997 1400, jedenfalls bei Vorliegen zusätzlicher besonderer Umstände, wie einer polizeilichen Anmeldung.

§ 202 1–4 Buch 2. Abschnitt 6. Verfahren in Ehewohnungs- und Haushaltssachen

10 **Asylbewerber,** die noch nicht jahrelang in Deutschland leben und noch nicht sozial eingegliedert sind,[20] haben grundsätzlich weder vor Abschluss des Asylverfahrens[21] noch nach Ablehnung ihres Asylantrags[22] einen gewöhnlichen Aufenthalt am Ort ihres Asylbewerberheims. Etwas anderes gilt dann, wenn feststeht, dass der Asylbewerber asylberechtigt ist[23] oder dass er unabhängig vom Ausgang des Asylverfahrens nicht abgeschoben wird[24] und auch dann, wenn die Behörden den Aufenthalt mehrere Jahre lang geduldet haben.[25]

11 **4. Viertrangige örtliche Zuständigkeit nach § 201 Nr. 4.** Letztrangig örtlich zuständig ist das Gericht, in dessen Bezirk der **Antragsteller** seinen **gewöhnlichen Aufenthalt** hat.

§ 202 Abgabe an das Gericht der Ehesache

¹ Wird eine Ehesache rechtshängig, während eine Ehewohnungs- oder Haushaltssache bei einem anderen Gericht im ersten Rechtszug anhängig ist, ist diese von Amts wegen an das Gericht der Ehesache abzugeben. ² § 281 Abs. 2 und 3 Satz 1der Zivilprozessordnung gilt entsprechend.

I. Normzweck

1 Die Vorschrift regelt den Übergang eines Verfahrens von einem „anderen Gericht" auf das FamG einer Ehesache. Sie stimmt mit §§ 153, 233, 263, 268 bis auf den jeweiligen Geltungsbereich praktisch wörtlich überein. § 202 verwirklicht die **Zuständigkeitskonzentration** beim Gericht der Ehesache für den Fall der nachträglichen Rechtshängigkeit einer Ehesache bei einem anderen Gericht, als dem mit der Ehewohnungssache oder Haushaltssache zunächst befassten.[26] In einem solchen Falle ist das **Verfahren von Amts wegen** an das **Gericht der Ehesache abzugeben.** Die Vorschrift entspricht § 11 Abs. 3 HausratsVO aF und § 621 Abs. 3 ZPO aF, die den Sachverhalt jeweils und damit doppelt regelten. Das wurde zu Recht kritisiert, die Vorschrift des § 11 Abs. 3 HausratsVO aF daher als überflüssig angesehen.[27] Die Neuregelung hat diese Doppelregelung beseitigt und ist daher insgesamt klarer und übersichtlicher.

II. Regelungsbereich

2 **1. Spezialregelung gegenüber § 4.** § 202 geht als speziellere Regelung § 4 vor. § 4 S. 1 enthält eine auch für ein Verfahren von Amts wegen typische weitere und weitergehende Möglichkeit neben der förmlichen Verweisung nach § 3 zur Veränderung des erkennenden Gerichts. Sie tritt hinter die speziellere Sachverhalte regelnden §§ 123, 153, 154, 202, 263, 268 zurück.

3 **2. Abgabe von Amts wegen, nicht Verweisung.** Die Vorschrift sieht keine Verweisung vor, sondern eine Abgabe. Diese beiden Möglichkeiten sind zu unterscheiden wie § 3 und § 4 zeigen. Die Gesetzesverfasser betonen, mit § 3 die bisherige diesbezügliche Lücke des FGG aF zu schließen und erstmals die Verweisung bei Unzuständigkeit zu regeln. § 4 S. 1 knüpft demgegenüber an den bisherigen § 46 Abs. 1 S. 1 FGG aF an und regelt die **nicht bindende Abgabe** einer Sache an ein anderes Gericht trotz bestehender Zuständigkeit des angerufenen Gerichts und unterscheidet sich damit von § 3, der die förmliche und bindende Verweisung einer Sache bei sachlicher oder örtlicher Unzuständigkeit des angerufenen Gerichts an ein anderes Gericht vorsieht. § 202 ist ein **spezieller Fall der Abgabe**; die **Abgabe** ist im Gegensatz zu derjenigen nach § 3 bindend § 281 Abs. 2 S. 4 iVm. § 202 S. 2.

4 **3. Nachträgliche Rechtshängigkeit einer Ehesache.** Wird eine Ehesache iSv. § 121 erst rechtshängig, nachdem eine Ehewohnungs- oder Haushaltssache bei einem anderen Familiengericht anhängig gemacht worden ist, so ist die Ehewohnungs oder Haushaltssache gem. § 202 **an das Gericht der Ehesache abzugeben.** Damit soll die Konzentration der Verfahren beim Familien-

---

[20] Vgl. zu diesen Fällen OLG Koblenz FamRZ 1990, 536; OLG Karlsruhe FamRZ 1990, 1351.
[21] *Baumbach/Lauterbach/Hartmann* § 122 Rn. 11; *Johannsen/Henrich/Sedemund-Treiber* § 606 ZPO Rn. 18; vgl. § 606 ZPO Rn. 25.
[22] OLG Bremen FamRZ 1992, 962.
[23] BSG InfAuslR 1993, 99.
[24] BSG MDR 1990, 780 OLG Koblenz FER 1998, 207; OLG Köln FamRZ 1996, 316.
[25] BVerwG FamRZ 2000, 286, OLG Hamm NJW 1990, 651; *Gottwald* FamRZ 2002, 1343; *ders.,* FS Nakamura, 1996, S. 190, allerdings weitergehend; vgl. oben § 122 Rn. 19 f.
[26] BT-Drucks. 16/6308, S. 249; *Götz/Brudermüller* FPR 2009, 38, 39.
[27] *Johannsen/Henrich/Brudermüller* § 11 HausratsVO Rn. 1 am Ende aE.

gericht erreicht werden, wobei insbesondere die Scheidungssache (§ 121 Nr. 1) als bedeutendere führend ist. Das muss – wie schon bei § 11 Abs. 3 S. 1 HausratsVO aF – auch dann gelten, wenn das Ehewohnungs- oder Haushaltsverfahren nicht bei dem nach § 201 FamFG zuständigen Familiengericht anhängig gemacht worden war.[28] Das abgegebene Verfahren bleibt aber ein Selbstständiges, unabhängig davon, dass ggf. auch daneben noch ein Ehewohnungs- oder Haushaltsverfahren im Scheidungsverbund zulässig ist, mit dem eine Regelung für die Zeit nach der Scheidung begehrt wird (§ 137 Abs. 1, Abs. 2 Nr. 3 FamFG). § 202 FamFG hat daher in erster Linie für Ehewohnungs- und Haushaltssachen **bei Getrenntleben Bedeutung** (§ 200 Abs. 1 Nr. 1 iVm. § 1361b BGB, § 200 Abs. 2 Nr. 1 iVm. § 1361a BGB).

Erfolgt die **Abgabe vor Rechtshängigkeit der Ehesache,** also bevor die Antragsschrift in der Ehesache dem Antragsgegner zugegangen ist (§ 261 Abs. 1 ZPO iVm. § 113 Abs. 1 S. 2), so stellt die Abgabe noch keine rechtlich wirksame Entscheidung über die Zuständigkeit dar.[29] Die Abgabe ist dann **nicht** gem. § 281 Abs. 2 S. 4 ZPO iVm. § 202 S. 2 **bindend.** 5

Nach Erlass der erstinstanzlichen Entscheidung in der Ehewohnungs- oder Haushaltssache scheidet eine Abgabe nach § 202 gleichfalls aus; die Entscheidungskonzentration beim erstinstanzlichen Gericht der Ehesache kann nicht mehr erreicht werden.[30] Dass die Instanz formell noch nicht beendet ist, genügt daher nicht. Ist also in der ersten Instanz beim Amtsgericht eine abschließende Entscheidung ergangen und befindet sich das Verfahren beim Beschwerdegericht, so bleibt die Zuständigkeit des Beschwerdegericht unberührt. Sollte dieses allerdings die erstinstanzliche Entscheidung aufheben oder die Sache zurücküberweisen (§ 69 Abs. 1), so erfolgt die Abgabe an das jetzt zuständige Gericht der Ehesache.[31] 6

Die **Verweisung in S. 2 auf § 281 Abs. 2, Abs. 3 S. 1 ZPO** hat zur Folge, dass der **Abgabebeschluss unanfechtbar** und für das in ihm bezeichnete Familiengericht **bindend** ist sowie, dass zuvor die in dem abgegebenen Verfahren entstandenen Kosten in dem Verfahren der Ehesache zu berücksichtigen sind, diese aber nicht zwingend nach § 281 Abs. 3 S. 2 ZPO dem Antragsteller des Verfahrens nach § 200 aufzuerlegen sind. Die Kostenentscheidung folgt aus § 81. 7

§ 203 Antrag

(1) Das Verfahren wird durch den Antrag eines Ehegatten eingeleitet.

(2) ¹Der Antrag in Haushaltssachen soll die Angabe der Gegenstände enthalten, deren Zuteilung begehrt wird. ²Dem Antrag in Haushaltssachen nach § 200 Abs. 2 Nr. 2 soll zudem eine Aufstellung sämtlicher Haushaltsgegenstände beigefügt werden, die auch deren genaue Bezeichnung enthält.

(3) Der Antrag in Ehewohnungssachen soll die Angabe enthalten, ob Kinder im Haushalt der Ehegatten leben.

I. Normzweck

Die Vorschrift stellt in **Abs. 1** klar, dass Verfahren in Ehewohnungs- und Haushaltssachen **nur** durch den **Antrag** eines Ehegatten, **nicht** hingegen **von Amts wegen,** eingeleitet werden. Sie ersetzt § 1 Abs. 1 HausratsVO aF. 1

Abs. 2 konkretisiert die Begründungspflicht als spezielle Mitwirkungspflicht nach § 23 Abs. 1 S. 1, S. 2 weiter. Die Vorschrift enthält besondere Anforderungen an den Antrag und zwar in S. 1 für alle Haushaltssachen und in S. 2 noch weitergehende Anforderungen für die Haushaltssachen nach § 200 Abs. 2 Nr. 2, also die Ansprüche des § 1568b BGB. 2

Abs. 3 konkretisiert ebenfalls die Begründungspflicht des Antragstellers nach § 23 Abs. 1 S. 1, S. 2 für Ehewohnungssachen. In den Antrag sollen auch die im Haushalt lebenden Kinder aufgenommen werden, um frühzeitig eine sachgerechte Beteiligung des Jugendamts zu gewährleisten.[1] 3

---

[28] *Kissel/Mayer* § 23d GVG Rn. 28.
[29] BGH NJW-RR 1994, 645.
[30] So sämtlich zu § 11 Abs. 3 HausratsVO aF BGH NHW 1986, 2058; MünchKommBGB/*Müller-Gindullis* § 11 HausratsV § 11 Rn. 7; *Staudinger/Weinreich* § 11 HausratsVO Rn. 14.
[31] *Soergel/Heintzmann* § 11 HausratsVO Rn. 4.
[1] BT-Drucks. 16/6308, S. 249.

II. Regelungsbereich

4 **1. Verfahrenseinleitender Antrag, Abs. 1.** Die Vorschrift bestimmt, dass das Verfahren – insoweit mit § 1 Abs. 1 HausratsVO aF übereinstimmend – **nur auf Antrag eines Ehegatten** eingeleitet wird. Dritte sind nicht antragsbefugt. Eine Verfahrenseinleitung von Amts wegen ist nicht zulässig; deshalb kann das Verfahren nicht durch eine Anregung eingeleitet werden, § 24 Abs. 1.

5 Erforderlich ist ein sogenannter **einfacher Verfahrensantrag**, kein Sachantrag wie zB bei dem Erbschaftsantrag nach §§ 2353, 2354 BGB.[2] Das FamFG schreibt wenig zum Inhalt des verfahrenseinleitenden Antrags vor. §§ 23 Abs. 1, 203 Abs. 1 FamFG erfordern keinen echten Antrag im zivilprozessualem Sinne (vgl. § 253 Abs. 2 ZPO). Es muss nur deutlich werden, was der Antragsteller will. Der verfahrenseinleitende Antrag soll lediglich begründet werden, er soll von dem Antragsteller oder seinem Bevollmächtigten unterschrieben werden; die zur Begründung dienenden Tatsachen und Beweismittel sollen angegeben sowie die Personen benannt werden, die als Beteiligte in Betracht kommen; Urkunden, auf die Bezug genommen wird, sollen in Urschrift oder Abschrift beigefügt werden (§§ 23 Abs. 1 S. 1, 2, 3, 203 Abs. 1 enthalten keine weiteren Anforderungen; solche befinden sich in § 203 Abs. 2 iVm. § 206 Abs. 3).

6 Der Antrag kann **schriftlich** bei dem zuständigen Amtsgericht oder **vor der Geschäftsstelle** eines jeden deutschen Amtsgerichts zur Niederschrift abgegeben werden (§ 25 Abs. 1, Abs. 2 FamFG). Im letzteren Falle hat die Geschäftsstelle die Niederschrift unverzüglich an das Gericht zu übermitteln, an das der Antrag oder die Erklärung gerichtet ist. Die Wirkung einer Verfahrenshandlung tritt nicht ein, bevor die Niederschrift dort eingeht (**§ 25 Abs. 3**).

7 Der Antrag kann bis zur **Rechtskraft der Endentscheidung zurückgenommen** werden, § 22 Abs. 1. Nach dem Erlass der Endentscheidung bedarf die Rücknahme jedoch der Zustimmung der übrigen Beteiligten, § 204. Eine bereits ergangene, noch nicht rechtskräftige Endentscheidung wird dann durch die Antragsrücknahme wirkungslos, ohne dass es einer ausdrücklichen Aufhebung bedarf (§ 22 Abs. 2 S. 1). Das Familiengericht stellt diese Wirkung auf Antrag durch einen nach § 22 Abs. 3 S. 2 nicht anfechtbaren Beschluss fest.

8 Die Gesetzesverfasser[3] betonten, dass im Gegensatz zu § 1 Abs. 1 HausratsVO aF, das Vorliegen einer **Einigung der Ehegatten nicht mehr** ausdrücklich als **Verfahrenshindernis** genannt sei. Einer Erwähnung dieses Umstands im Normtext bedürfe es nicht, weil in den Fällen, in denen sich die Ehegatten bereits ganz oder teilweise wirksam geeinigt haben, das Regelungsinteresse für ein gerichtliches Verfahren fehle. Dh., der Antrag müsste wegen fehlenden Rechtsschutzbedürfnisses als unzulässig zurückgewiesen werden.[4] Dem **Rechtsschutzbedürfnis des antragstellenden Ehegatten steht die Einigung der Eheleute** aber **nicht entgegen,** weil allein die Durchführung des gerichtlichen Verfahrens ihm die Möglichkeit eröffnet, dass das Gericht nach § 209 Abs. 1 Anordnungen trifft, die zur Durchführung der Endentscheidung erforderlich sind. Dies ist insbesondere in den Fällen der Überlassung der Ehewohnung nach §§ 1361b Abs. 1 S. 1, 1568a Abs. 1, Abs. 2 S. 1 BGB von Bedeutung. In den Fällen, in denen zwischen den Ehegatten Streit darüber besteht, ob eine Einigung vorliegt, ist diese Frage nicht schon im Rahmen der Zulässigkeit des Verfahrens, sondern im Rahmen der Begründetheit zu prüfen.[5] Anderenfalls verlagerte man diese materiell-rechtliche Frage in die Zulässigkeitsprüfung. Ein solches Verständnis widerspricht nicht der Regelungsabsicht der Gesetzgeber.[6] Es handelt sich bei den Ausführungen nämlich lediglich um die Normvorstellungen der Entwurfsverfasser, die nicht den Willen des eigentlichen Gesetzgebers darstellen und daher für den Ausleger nicht verbindlich sind.[7]

9 **2. Spezielle Antragsvoraussetzungen für Haushaltssachen nach Abs. 2.** Die Vorschrift enthält in S. 1 besondere Anforderungen für den Anspruch nach § 1361a Abs. 1 S. 1 BGB auf Herausgabe von Haushaltsgegenständen, den Überlassungsanspruch nach § 1361a Abs. 1 S. 2 BGB, das Verteilungsbegehren nach § 1361a Abs. 2 BGB und den Überlassungs- und Übereignungsanspruch nach § 1568b Abs. 1 BGB; für die Festsetzung Benutzungsvergütung nach § 1361a Abs. 3 S. 2 BGB und den Anspruch auf eine Ausgleichszahlung nach § 1568b Abs. 3 BGB gelten die

---

[2] *Zimmermann* FamFG Rn. 70.
[3] BT-Drucks. 16/6308, S. 249.
[4] *Götz/Brudermüller* FPR 2009, 38, 39.
[5] Vergleichbar besteht ein Rechtsschutzbedürfnis trotz eines schlichten Anerkenntnisses außerhalb von § 307 ZPO, so OLG Schleswig SchlHA 1977, 191.
[6] Vergleiche dazu, um welche Personen es sich handelt, wenn nach dem „Willen oder nach den Normvorstellungen des Gesetzgebers" gefragt wird, *Larenz/Canaris,* Methodenlehre der Rechtswissenschaft, 3. Aufl., S. 149 f.
[7] *Larenz/Canaris,* ebenda, S. 150.

besonderen Antragserfordernisse nicht.[8] S. 2 enthält weitergehende Anforderungen für den Anspruch nach § 1568b Abs. 1 BGB. Beide Sätze von Abs. 2 werden durch § 206 Abs. 1 ergänzt.

§§ 203 Abs. 2, 206 Abs. 1 legen die **Geltung der HausratsVO zugrunde.** Nach § 1 Abs. 1 HausratsVO aF bestand nämlich kein Anspruch iSv. § 194 Abs. 1 BGB der Ehegatten gegeneinander auf Auseinandersetzung; vielmehr konnten die Ehegatten nur die Gestaltung ihrer Rechtsverhältnisse an der Ehewohnung und am Hausrat durch das Gericht verlangen.[9] Bei der früheren Rechtslage wären beide Vorschriften in besonderem Maße geeignet gewesen durch die Erhöhung der Mitwirkungspflichten der Ehegatten den Umfang der Nachermittlungen zu verringern und so die Verfahrensdauer zu verkürzen. Nachdem die materiell-rechtlichen Vorschriften der HausratsVO durch das Gesetz zur Änderung des Zugewinnausgleichs- und Vormundschaftsrechts vom 14. 5. 2009[10] aufgehoben wurden und die Regelung für Haushaltsgegenstände sich nunmehr in § 1568b BGB befindet, der als Anspruch iSv. § 194 Abs. 1 BGB ausgestaltet ist, haben die Vorschriften ihre **besondere Bedeutung weitgehend eingebüßt**; sie besteht nur noch für die reformbedürftige Vorschrift des § 1361a Abs. 2 BGB.[11] Machen die Ehegatten die Ansprüche nach §§ 1361a Abs. 1 S. 1, Abs. 1 S. 2, 1568b Abs. 1 geltend, so sind sie ohnehin gehalten, den Gegenstand, den sie begehren genau zu bezeichnen. Der Antrag ist sonst nicht verständlich. §§ 203 Abs. 2, 206 heben diese Verpflichtung der Ehegatten hervor und erleichtern dem Familienrichter das Vorgehen im Rahmen der Amtsermittlung. Es gilt der Grundsatz der Amtsermittlung (§ 26) in der eingeschränkten Form für privatrechtliche Streitsachen der freiwilligen Gerichtsbarkeit.[12]

a) Nach § 203 Abs. 2 S. 1 soll der Antrag die Angabe der Haushaltsgegenstände enthalten, deren Zuteilung der Antragsteller begehrt, er soll sein Verfahrensziel also präzisieren.[13] Durch diese frühzeitige und konkrete Angabe des Verfahrensziels soll eine Begrenzung des Verfahrensstoffs auf die streitigen Punkte erleichtert und damit der Verfahrensökonomie gedient werden. Unterlässt der Antragsteller die Präzisierung, kann der Antrag **nicht als unzulässig zurückgewiesen werden,** da die Vorschrift lediglich als „Soll-Vorschrift" ausgestaltet ist.[14] Das Gericht muss die Beteiligten nach § 28 Abs. 1 S. 1, Abs. 2 vielmehr auf die bestehenden Mängel hinweisen und zugleich darauf hinwirken, dass alle erheblichen Tatsachen erklärt, ungenügende tatsächliche Angaben ergänzt, Formfehler beseitigt und sachdienliche Anträge gestellt werden.

b) § 203 Abs. 2 S. 2 fordert für den Antrag nach § 1568b Abs. 1 BGB, den Anspruch auf Überlassung und Übereignung der im gemeinsamen Eigentum beider Ehegatten stehenden Haushaltsgegenständen für die Zeit ab Rechtskraft der Scheidung, eine Aufstellung sämtlicher Haushaltsgegenstände sowie deren genaue Bezeichnung. Die Anforderungen von S. 2 betreffen nicht den Antrag als solchen, sondern die **Begründung des Antrags**.[15] Zweck der Vorschrift ist es, die Klärung des genauen Bestands an Haushaltsgegenständen in die vorgerichtliche Phase zu verlagern. Auf diese Weise sollen der Umfang der Nachermittlungen des Gerichts verringert und die Verfahrensdauer verkürzt werden.[16] *Götz* und *Brudermüller* sind der Ansicht, hierdurch wandere der „schwarze Peter" aus der Hand des Richters in die des Rechtsanwalts.[17] Es handelt sich jedoch um einen Ausdruck der begrenzten Beteiligtenherrschaft im Antragsverfahren iSv. § 23 Abs. 1.[18]

Das Wissen, welche Haushaltsgegenstände insgesamt zum Haushalt gehört haben, ist wichtig für den vom Familienrichter zu unterbreitenden Vergleichsvorschlag (vgl. § 36 Abs. 1). Da „die genaue Bezeichnung" der Haushaltsgegenstände nur gegeben ist, wenn sie den Anforderungen an die Bestimmtheit eines Vollstreckungstitels entspricht,[19] hilft sie dem Gericht schnell einen Vollstreckungstitel zu schaffen und trägt so zur Verkürzung der Verfahrensdauer bei.

3. Besondere Anforderungen an den Antrag in Ehewohnungssachen nach Abs. 3. In den Antrag sollen auch die im **Haushalt lebenden Kinder** aufgenommen werden, um frühzeitig eine sachgerechte **Beteiligung des Jugendamts** zu gewährleisten.[20] Die Vorschrift trägt dem Umstand

---

[8] BT-Drucks. 16/6308, S. 249; *Keidel/Giers* Rn. 3.
[9] *Johannsen/Henrich/Brudermüller* § 1 HausratsVO Rn. 2; *Staudinger/Weinreich* § 1 HausratsVO Rn. 14.
[10] BGBl. I 2009, S. 1696.
[11] Vgl. dazu § 200 Rn. 71 ff.
[12] Vgl. oben § 200 Rn. 4, 5.
[13] BT-Drucks. 16/6308, S. 249.
[14] BT-Drucks. 16/6308, S. 249; *Bumiller/Harders* Rn. 7.
[15] BT-Drucks. 16/6308, S. 249.
[16] BT-Drucks. 16/6308, S. 249.
[17] FPR 2009, 38, 39.
[18] So zutreffend *Hartmann* NJW 2009 321, 322 re. Sp sub VII. 2.a; vgl. oben.
[19] BT-Drucks. 16/6308, S. 249; *Keidel/Giers* Rn. 3.
[20] BT-Drucks. 16/6306, S. 247.

§ 204 1–4 Buch 2. Abschnitt 6. Verfahren in Ehewohnungs- und Haushaltssachen

Rechnung, dass Kinder von der Trennung der Eltern besonders betroffen sind, gleichzeitig aber die Eltern ihrerseits durch die Trennungssituation jedenfalls zeitweise nicht mehr in der Lage sind kindeswohlorientiert zu handeln und zu entscheiden.[21] Vor allem anhaltender Streit der Eltern vor, während und nach der Trennung verursachen meist vielfältige Beeinträchtigungen der Kinder im Leistungs- und Gefühlsbereich.[22] Die frühe Einschaltung des Jugendamts kann den Streit der Ehegatten darüber, wer nach Trennung oder Scheidung die Ehewohnung weiter bewohnt, kindeswohlorientiert mindern oder sogar beseitigen.

§ 204 Beteiligte

(1) In Ehewohnungssachen nach § 200 Abs. 1 Nr. 2 sind auch der Vermieter der Wohnung, der Grundstückseigentümer, der Dritte (§ 1568a Absatz 4 des Bürgerlichen Gesetzbuchs) und Personen, mit denen die Ehegatten oder einer von ihnen hinsichtlich der Wohnung in Rechtsgemeinschaft stehen, zu beteiligen.

(2) Das Jugendamt ist in Ehewohnungssachen auf seinen Antrag zu beteiligen, wenn Kinder im Haushalt der Ehegatten leben.

I. Normzweck

1   Die Vorschrift ist wie § 7 HausratsVO aF auf Ehewohnungssachen beschränkt und regelt den Personenkreis der Beteiligten iSv. § 7 Abs. 2 näher. § 204 bestimmt nämlich diejenigen Beteiligten, die auf Grund des FamFG **von Amts wegen** (Abs. 1) oder **auf Antrag** (Abs. 2) in Ehewohnungssachen **zu beteiligen sind**. Die Vorschrift trifft die dem Beteiligtenbegriff des FamFG insgesamt in § 7 Abs. 2, Abs. 3 zugrunde gelegte Differenzierung bei der Beteiligung kraft Hinzuziehung: In § 7 Abs. 2 werden Beteiligte genannt, die das Gericht in jedem Falle oder auf Antrag zum Verfahren **hinzuzuziehen hat**, hingegen bezieht sich § 7 Abs. 3 auf Personen, die das Gericht von Amts wegen oder auf Antrag zum Verfahren **hinzuziehen kann**. Die beiden Absätze von § 204 gehören zur erstgenannten Gruppe von § 7 Abs. 2 Nr. 2. Die Beteiligten kraft Hinzuziehung werden hierdurch je nach ihrer materiellen Betroffenheit in zwei Gruppen mit unterschiedlichen Anforderungen an die Tätigkeit des Gerichts unterteilt. Durch diese Unterscheidung soll eine möglichst umfassende Einbeziehung der materiell Betroffenen gewährleistet und zugleich eine übermäßige Belastung des Gerichts vermieden werden.[1] § 204 bestimmt die Beteiligten, die über die gem. § 7 Abs. 1, Abs. 2, Abs. 3 hinaus speziell in Ehewohnungssachen zu beteiligen sind.

2   Nach § 7 Abs. 1 ist in Ehewohnungs- und Haushaltssachen immer der **Antragssteller** Beteiligter und zwar unabhängig davon, ob er in eigenen materiellen Rechten betroffen ist.[2] Der **Antragsgegner** ist entsprechend § 7 Abs. 1 Beteiligter. In privatrechtlichen Streitsachen der freiwilligen Gerichtsbarkeit ist der Antragsgegner über den Wortlaut von § 7 Abs. 1 hinaus – wie in der streitigen Gerichtsbarkeit – als derjenige, gegen den Rechtsschutz begehrt wird, Beteiligter kraft Gesetzes.[3]

II. Regelungsbereich

3   **1. Die von Amts wegen hinzuzuziehenden Beteiligten, §§ 204 Abs. 1, 7 Abs. 2 Nr. 2 Alt. 1.** § 204 Abs. 1 entspricht inhaltlich § 7 HausratsVO aF. Die Vorschrift gilt nur für **Ehewohnungssachen nach §§ 1568a BGB, 200 Abs. 1 Nr. 2**, also solche Verfahren, die Regelungen hinsichtlich der Ehewohnung für die Zeit nach Rechtskraft der Scheidung betreffen. Die Vorschrift verfolgt den Zweck, allen Personen, in deren Rechte durch die Entscheidung über die Wohnung eingegriffen werden kann, rechtliches Gehör zu gewähren. Überdies dient die Beteiligung Dritter der Sachaufklärung.[4]

4   **a) Kreis der Beteiligten.** § 204 Abs. 1 bestimmt im Gegensatz zu § 7 HausratsVO aF den Kreis der Beteiligten **nicht abschließend**. Die Vorschrift ergänzt vielmehr die allgemeine Regelung des

---

[21] *Balloff*, Kinder vor dem Familiengericht 2004, S. 48.
[22] *Furstenberg/Cherlin*, Geteilte Familien 1993, S. 100 ff.; *Goldstein/Solnit*, Wenn Eltern sich trennen. Was wird aus den Kindern?, 1989, S. 11 ff.
[1] BT-Drucks. 16/6308, S. 178.
[2] BT-Drucks. 16/6308, S. 178; *Meyer-Seitz/Frantzioch/Ziegler* S. 53; *Kroiß/Seiler* § 2 C I. Rn. 19 aE.
[3] Vgl. ausführlich oben § 7 Rn. 4; anders *Bumiller/Harders* Rn. 2; *Keidel/Giers* Rn. 4; *Zimmermann* FamFG Rn. 390; sämtlich für § 7 Abs. 2 Nr. 1.
[4] BayObLG FamRZ 1970, 36, 37; MünchKommBGB/*Müller-Gindullis* § 7 HausratsV Rn. 1; *Staudinger/Weinreich* § 7 HausratsVO Rn. 1.

Beteiligte 5–11 § 204

§ 7 Abs. 1, Abs. 2, Abs. 3 hinsichtlich des Kreises der Beteiligten. Neben dem antragstellenden Ehegatten (§ 7 Abs. 1) und dem anderen Ehegatten, dem Antragsgegner (§ 7 Abs. 1) sind nach §§ 204 Abs. 1, 7 Abs. Nr. 2 Alt. 1 Beteiligte:

aa) Der Vermieter, auch der Untervermieter (Hauptmieter), wenn die Wohnung untervermietet 5 war. Auch der Verleiher oder Verpächter sind zu beteiligen.[5] Bei Zuteilung einer Genossenschaftswohnung, ist die Genossenschaft zu beteiligen;[6] handelt es sich bei dem Vermieter um Erben einer Erbengemeinschaft oder um eine BGB-Gesellschaft, so **sind diese zu beteiligen.**[7]

bb) Der Grundstückseigentümer; der Erbbauberechtigte, der Nießbraucher[8] und sonstige ding- 6 liche Berechtigte, die unter § 7 HausratsVO aF fielen[9] werden nicht mehr von § 204 Abs. 1, sondern **bereits von § 7 Abs. 2 Nr. 1 erfasst.**[10] Entgegen der Ansicht der Gesetzgeber und der Begründung der Gesetzesverfasser[11] ist eine „ausdehnende Auslegung"[12] der Vorschrift auf Erbbauberechtigte und weitere dingliche Berechtigte nicht mehr erforderlich.

cc) Der Dritte iSv. § 1568a Abs. 4 BGB. Haben die Ehegatten die Wohnung iSv. § 1568a Abs. 4 7 BGB auf Grund eines Dienst- oder Arbeitsverhältnisses inne, so ergibt sich die Stellung des Dienstherrn, Arbeitgebers oder Betriebsleiters als Beteiligter **bereits aus § 7 Abs. 2 Nr. 1.**[13] Nicht erforderlich ist auch hier, dass der Dienstherr oder Arbeitgeber zugleich Vermieter ist. Er ist auch Beteiligter, wenn die Wohnung von einem Dritten gemietet ist, der sich gegenüber dem Dienstherrn verpflichtet hat, sie nur an dessen Betriebsangehörige zu vermieten.

dd) Personen, mit denen die Ehegatten oder einer von ihnen hinsichtlich der Wohnung in 8 Rechtsgemeinschaft stehen. Gemeint sind – wie bei § 7 HausratsVO aF – **Dritte, die eigene** dingliche, auch zB als Miteigentümer oder schuldrechtliche (zB als Mitmieter oder Untermieter[14]) **Besitzrechte** an der Ehewohnung haben.[15] Auch dieser Personenkreis wird bereits von § 7 Abs. 2 Nr. 1 erfasst; § 204 Abs. 1 hat insoweit klarstellende Bedeutung.

Nicht ausreichend ist es, dass jemand durch die Ehewohnungssache tatsächlich unmittelbar 9 betroffen wird. Da minderjährige Kinder allein auf Grund des Eltern-Kind-Verhältnisses mit keinem Elternteil hinsichtlich der Ehewohnung in Rechtsgemeinschaft stehen, sind sie in Ehesachen nach wie vor nicht Beteiligte. Ihre Interessen werden jetzt durch Abs. 2 von § 204 geschützt; hiernach ist das Jugendamt – das bisher gleichfalls nicht Beteiligter war[16] – auf seinen Antrag hin als Beteiligter hinzuzuziehen.

2. Das Jugendamt als auf seinen Antrag hin zwingend hinzuzuziehender Beteiligter, 10 **§§ 204 Abs. 2, 7 Abs. 2 Nr. 2.** Nach § 204 Abs. 2 ist das Jugendamt in Ehewohnungssache auf seinen Antrag hin zwingend als Beteiligter hinzuzuziehen, wenn **Kinder im Haushalt der Ehegatten** leben. Abs. 2 betrifft – im Gegensatz zu Abs. 1 der Vorschrift – **alle Ehewohnungssachen iSv. § 200 Abs. 1**, also nicht nur diejenigen nach § 1568a BGB für die Zeit nach Rechtskraft der Scheidung, sondern auch die Ehewohnungssachen nach § 1361b BGB für die Zeit des Getrenntlebens der Ehegatten.

Das Jugendamt ist als Behörde (ebenso wie zB die Betreuungsbehörde) nicht schon von Amts 11 wegen zu dem Verfahren hinzuzuziehen, sondern **nur auf Antrag.** Es hat also die Wahl, ob es nur im Rahmen der Anhörung am Verfahren teilnehmen oder als Beteiligter aktiv am Verfahren mitwirken will. Stellt das Jugendamt einen Antrag auf Beteiligung, **hat das Gericht die Hinzuziehung zu veranlassen,** ein Ermessensspielraum besteht nicht, §§ 7 Abs. 2 Nr. 1 Alt. 2, 204 Abs. 2.[17] Auf diese Weise wird vermieden, von Amts wegen alle potentiell Entscheidungsbetroffenen zu ermitteln und zum Verfahren hinzuzuziehen, auch wenn diese im Einzelfall am Verfahren nicht interessiert und in ihren Rechten jedenfalls nicht mit Sicherheit betroffen sind.[18] Speziell § 204 Abs. 2 soll den Jugendämter ein flexibles Vorgehen ermöglichen und unnötigen Verwaltungsaufwand vermeiden.

---

[5] OLG Schleswig FamRZ 1955, 139.
[6] OLG Oldenburg NdsRpfl. 1952, 153.
[7] *Staudinger/Weinreich* § 7 HausratsVO Rn. 3.
[8] OLG Celle NdsRpfl. 1961, 228; OLG Stuttgart OLGZ 1968, 126.
[9] MünchKommBGB/*Müller-Gindullis* § 7 HausratV Rn. 4; *Staudinger/Weinreich* § 7 HausratsVO Rn. 4.
[10] *Götz/Brudermüller* FPR 2009, 38, 40; aA *Bumiller/Harders* Rn. 2 und *Keidel/Giers* Rn. 2.
[11] BT-Drucks. 16/6308, S. 249 f.
[12] *Larenz/Canaris*, Methodenlehre der Rechtswissenschaft, 3. Aufl., S. 174 f.
[13] AA *Keidel/Giers* Rn. 2, allerdings ohne Begründung.
[14] BayObLGZ 1955, 202, 206; OLG Celle NdsRpfl. 1961, 228; OLG Hamm JMBl. NRW 1951, 214, 215.
[15] Vgl. BayObLG FamRZ 1977, 467, 468 f.; AG Berlin-Tempelhof/Kreuzberg FPR 2008, 457, 458.
[16] *Staudinger/Weinreich* § 7 HausratsVO Rn. 6 aE.
[17] *Meyer-Seitz/Frantzioch/Ziegler* S. 54.
[18] *Kollhosser* ZZP 93 (1980), 265, 283.

Stellt das **Jugendamt** den **Antrag**, als Beteiligter hinzugezogen zu werden **nicht**, kann das Familiengericht das Amt **nicht** nach § 7 Abs. 3 von Amts wegen als Beteiligten hinzuziehen.[19] Es ist vielmehr für § 7 Abs. 3 erforderlich, dass der zu Beteiligende vom Gericht von Amts wegen oder auf Antrag hinzugezogen werden *kann*, aber **gerade die Hinzuziehung auf Grund Ermessens des Gerichts angeordnet wird** – wie gegenteiligen Regelungen in §§ 162 Abs. 2, 172 Abs. 2, 204 Abs. 2, 212, 274 Abs. 3, 315 Abs. 3 einerseits und § 345 Abs. 1 andererseits zeigen. Ist das Jugendamt Beteiligter, hat es alle Verfahrensrechte, kann allerdings auch mit Verfahrenskosten belastet werden. Das Beschwerderecht steht dem Jugendamt als Behörde gem. §§ 59 Abs. 3 Alt. 1, 205 Abs. 2 S. 2 unabhängig von der Beteiligung in der ersten Instanz zu.

12 Die Beteiligtenstellung des Jugendamtes gewährleistet, dass die **Rechte der Kinder** und das **Kindeswohl**, dem bei den Ansprüchen nach § 1361b Abs. 1 S. 1, S. 2, § 1568a Abs. 1 BGB entscheidende Bedeutung zukommt, von einer fachkompetenten Behörde im Verfahren vertreten wird. Dies ist besonders wichtig, weil die Eltern auf Grund ihrer persönlichen Situation oft nicht in ausreichendem Maße in der Lage sind und die Bestellung eines Verfahrensbeistands nach § 158 Abs. 1, Abs. 2 ausscheidet, weil dies nur bei Kindschaftssachen, nicht aber bei Ehewohnungssachen möglich ist. Weist das FamG den Antrag des Jugendamtes auf Hinzuziehung zurück, steht dem Amt gegen diesen Beschluss (§ 7 Abs. 5 S. 1) gem. §§ 567 ff. ZPO, 7 Abs. 5 S. 2 die sofortige Beschwerde zu.[20]

§ 205 Anhörung des Jugendamts in Ehewohnungssachen

(1) ¹ In Ehewohnungssachen soll das Gericht das Jugendamt anhören, wenn Kinder im Haushalt der Ehegatten leben. ² Unterbleibt die Anhörung allein wegen Gefahr im Verzug, ist sie unverzüglich nachzuholen.

(2) ¹ Das Gericht hat in den Fällen des Absatzes 1 Satz 1 dem Jugendamt die Entscheidung mitzuteilen. ² Gegen den Beschluss steht dem Jugendamt die Beschwerde zu.

I. Normzweck

1 Die Vorschrift **ergänzt § 204 Abs. 2**, aber auch **§ 33 Abs. 1 S. 1**, den Abs. 1 S. 1 erweitert. Abs. 1 trägt dem Umstand Rechnung, dass die Überlassung der Ehewohnung in aller Regel erhebliche Auswirkungen auf das Wohl der betroffenen Kinder hat.[1] Die Anhörung des Jugendamts soll das bei den Wohnungsüberlassungsansprüchen nach §§ 1361b Abs. 1 S. 1, S. 2, 1568a Abs. 1 BGB besonders entscheidungserhebliche Kindeswohl zu berücksichtigen helfen.

2 **Abs. 2** dient nicht nur der notwendigen Information des angehörten Jugendamts und gewährleistet dessen Beschwerdeberechtigung nach Abs. 2 S. 2, sondern ermöglicht vor allem die notwendige vertrauensvolle Zusammenarbeit zwischen Gericht und Jugendbehörden.[2]
§§ 162 Abs. 1, Abs. 3; 213 enthalten ähnliche Regelungen.

II. Regelungsbereich

3 **1. Anhörung des Jugendamts.** Abs. 1 bestimmt, dass das Gericht in Ehewohnungssachen das Jugendamt anhören soll, wenn Kinder im Haushalt der Ehegatten leben. Im Gegensatz zu § 162 Abs. 1 S. 1 handelt es sich bei Abs. 1 S. 1 um eine sogenannte **„Soll"-Vorschrift**. Dies ermöglicht es dem Familienrichter ggf. von einer Anhörung des Jugendamts abzusehen. Die Gesetzesverfasser wollten hierdurch der Erweiterung gegenüber § 49a Abs. 2 FGG aF Rechnung tragen, dass die Anhörung des Jugendamts bei im Haushalt der Eheleute lebenden Kindern unabhängig vom voraussichtlichen Verfahrensausgang vorgesehen ist.[3] Das entspricht zwar dem Charakter der Anhörung als besonderer Form der Sachaufklärung, die eine besonders geregelte Ermittlungs- und Entscheidungshilfe für das Familiengericht darstellt. Der Richter darf aber gleichwohl nur ausnahmsweise von der Anhörung absehen; sie hat ohnehin nur in solchen Fällen Bedeutung, in denen das Jugendamt nicht nach §§ 7 Abs. 2 Nr. 2, 204 Abs. 2 Beteiligter ist (ist das Jugendamt Beteiligter, erfolgt die Anhörung

---

[19] Vgl. ausführlich oben § 7 Rn. 14 ff.; *Keidel/Giers* Rn. 3; aA *Götz/Brudermüller* FPR 2009, 38, 40; *Meyer-Seitz/Frantzioch/Ziegler* S. 54.
[20] Die Beschwerde gegen den den Antrag auf Hinzuziehung zurückweisenden Beschluss ist von derjenigen gem. §§ 59 Abs. 3 Alt. 1, 205 Abs. 2 S. 2 gegen den Beschluss in der Hauptsache zu unterscheiden.
[1] BT-Drucks. 16/6308, S. 250.
[2] *Keidel/Kuntze/Winkler/Engelhardt* § 49 FGG Rn. 14.
[3] BT-Drucks. 16/6308, S. 250.

regelmäßig gem. § 34 Abs. 1 Nr. 1). Gerade dann aber dürfte die Anhörung des Jugendamts zur Wahrung der Kindesinteressen **kaum je entbehrlich** sein. Die ungerechtfertigt unterbliebene Anhörung ist ein Verfahrensfehler, der zur Beschwerde berechtigt, § 59 Abs. 2, 3. Durch die Anhörung allein erlangt das Jugendamt nicht die Beteiligtenstellung, § 7 Abs. 6.

a) Umfang der Anhörungspflicht. Die ggf. gebotene Anhörung muss dann bei **allen im** 4 **Haushalt der Ehegatten lebenden Kindern** erfolgen, nicht nur bei solchen, denen das Jugendamt bereits Hilfe gewährt hat oder bei denen es schon als Vormund oder Pfleger tätig geworden ist; sie erfolgt ggf. unabhängig davon, ob das Kind die deutsche oder eine ausländische Staatsangehörigkeit besitzt oder ob deutsches oder ausländisches Recht anzuwenden ist.[4] Anzuhören ist das Jugendamt auch unabhängig davon, ob es sich um gemeinsame Kinder der Ehegatten oder Stiefkinder handelt solange sie nur im Haushalt leben. Dies folgt bereits daraus, dass das Wohl solcher Kinder bei §§ 1361b Abs. 1 S. 1, S. 2, 1568a BGB zu berücksichtigen ist.

b) Inhalt der Anhörung. Das Jugendamt wird als kompetente Fachbehörde gehört. Es hat nicht 5 nur die erforderlichen Ermittlungen anzustellen und die ermittelten Tatsachen dem Gericht mitzuteilen, sondern muss auch **konkret zu den Folgen für das Kindeswohl** bei der Überlassung der Ehewohnung an den antragstellenden Ehegatten **gutachtlich Stellung nehmen.**[5] Dabei soll es auf Grund seiner besonderen Erfahrungen alle für das konkrete Verfahren maßgebenden Aspekte zur Geltung bringen und dem Gericht einen bestimmten Entscheidungsvorschlag unterbreiten.[6]

c) Form und Zeitpunkt der Anhörung sind nicht mehr geregelt. Allerdings muss die 6 Anhörung auch bei § 205 Abs. 1 S. 1 **vor der Entscheidung** erfolgen, obwohl der Wortlaut das im Gegensatz zu §§ 49 Abs. 1, 49a Abs. 2 FGG aF nicht mehr zum Ausdruck bringt. Die Anhörung wird in aller Regel schriftlich, kann aber auch mündlich, in Eilfällen fernmündlich, erfolgen. Die Übersendung der gerichtlichen Entscheidung an das Jugendamt stellt keine Anhörung im Sinne der Vorschrift dar.

d) Unterbliebene Anhörung wegen Gefahr im Verzug, Abs. 1 S. 2. Ist die Anhörung des 7 Jugendamts allein wegen Gefahr im Verzug unterblieben, ist sie gem. § 205 Abs. 1 S. 2 nachzuholen. Entsprechend der gesetzlichen Umgrenzung des Begriffs einer **Gefahr im Verzug** in § 758a Abs. 1 S. 2 ZPO ist eine Anhörung des Jugendamts entbehrlich, soweit sie den Erfolg der Eilanordnung gefährden würde. Grundsätzlich ist der Begriff eng auszulegen.[7] **Unverzüglichkeit** bedeutet nach der **Legaldefinition von § 121 Abs. 1 S. 1 BGB,** dass die Anhörung ohne schuldhaftes Zögern nachgeholt werden muss.

2. Mitteilungspflicht; Beschwerderecht; Abs. 2. Nach **Abs. 2 S. 1** sind dem Jugendamt **alle** 8 **Entscheidungen** mitzuteilen hinsichtlich derer es angehört wurde (vgl. § 15 Abs. 3). Sie wiederholt nicht überflüssig dasselbe, das schon § 41 Abs. 1 S. 1 FamFG anordnet.[8] § 41 Abs. 1 S. 1 gilt nämlich nur für Beteiligte; § 205 Abs. 1 S. 1 und damit auch Abs. 2 S. 1 der Vorschrift haben gerade dann Bedeutung, wenn das Jugendamt nicht Beteiligter iSv. §§ 7 Abs. 2 Nr. 2, 204 Abs. 2 FamFG ist.

Abs. 2 S. 2 räumt dem Jugendamt die in § 59 Abs. 3 für Behörden vorgesehene Beschwerde- 9 berechtigung ein. Die Beteiligtenstellung in erster Instanz ist bei Behörden keine notwendige Voraussetzung für das Beschwerderecht. Dadurch soll vermieden werden, dass sich Behörden nur zur Wahrung ihrer Beschwerdeberechtigung stets am Verfahren erster Instanz beteiligen. Die Möglichkeit der Ausübung des Beschwerderechts wird dadurch gewährleistet, dass den Behörden – hier dem Jugendamt – die Endentscheidungen unabhängig von ihrer Beteiligtenstellung mitzuteilen sind.[9] Eine Beschwer des Jugendamts iSv. § 59 Abs. 1 ist nicht erforderlich.[10]

§ 206 Besondere Vorschriften in Haushaltssachen

(1) Das Gericht kann in Haushaltssachen jedem Ehegatten aufgeben,
1. die Haushaltsgegenstände anzugeben, deren Zuteilung er begehrt,

---

[4] OLG Hamm, OLGZ 1972, 371, 374.
[5] Vgl. BGH FamRZ 1954, 219; OLG Hamm OLGZ 1972, 371, 374; BayObLG FamRZ 1994, 1411; OLG Köln NJW-RR 1995, 1410.
[6] Vgl. BGH NJW 1987, 1024, 1026; BayObLG FamRZ 1975, 223, 226; OLG Hamburg FamRZ 1968, 533; OLG Köln NJW-RR 1995, 1410; OLG Karlsruhe NJWE-FER 1998, 4.
[7] Vgl. BVerfG NJW 2001, 1121.
[8] So *Baumbach/Lauterbach/Hartmann* § 213 Rn. 3.
[9] *Meyer-Seitz/Frantzioch/Ziegler* S. 126.
[10] *Keidel/Giers* Rn. 4.

2. eine **Aufstellung sämtlicher Haushaltsgegenstände** einschließlich deren genauer Bezeichnung vorzulegen oder eine vorgelegte Aufstellung zu ergänzen,
3. sich **über bestimmte Umstände zu erklären**, eigene Angaben zu ergänzen oder zum Vortrag eines anderen Beteiligten Stellung zu nehmen oder
4. **bestimmte Belege vorzulegen**
und ihm hierzu eine angemessene Frist setzen.

(2) Umstände, die erst nach Ablauf einer Frist nach Absatz 1 vorgebracht werden, können nur berücksichtigt werden, wenn dadurch nach der freien Überzeugung des Gerichts die Erledigung des Verfahrens nicht verzögert wird oder wenn der Ehegatte die Verspätung genügend entschuldigt.

(3) Kommt ein Ehegatte einer Auflage nach Absatz 1 nicht nach oder sind nach Absatz 2 Umstände nicht zu berücksichtigen, ist das Gericht insoweit zur weiteren Aufklärung des Sachverhalts nicht verpflichtet.

I. Normzweck

1   Die Vorschrift konkretisiert in **Abs. 1** die in § 27 allgemein geregelte Mitwirkungspflicht der Beteiligten und ergänzt zugleich § 203 Abs. 2, indem sie das Gericht befugt, beiden Ehegatten bestimmte Auflagen zu erteilen und diese innerhalb einer zu bestimmenden, angemessenen Frist zu erfüllen. Die Vorschrift ist – wie § 203 Abs. 2 – Ausdruck der von *Hartmann*[1] zutreffend sogenannten „begrenzten Beteiligtenherrschaft" in Antragsverfahren nach § 23 Abs. 1 S. 1.

2   **Abs. 2** enthält eine Präklusionsregelung für den Fall der Versäumung einer nach Abs. 1 gesetzten Frist, um die Mitwirkung der Ehegatten in Haushaltssachen auch tatsächlich sicherzustellen.[2]

3   **Abs. 3** ergänzt Abs. 1 und 2 und enthält eine Ausnahme von der Pflicht zur Amtsermittlung nach § 26.

II. Regelungsbereich

4   **1. Befugnis des Familiengerichts zur Auflagenerteilung.** Das FamG hat auf Grund seiner **Hinwirkungspflicht gem. § 28 Abs. 1 S. 1** darauf hinzuwirken, dass die Beteiligten sich rechtzeitig über alle entscheidungserheblichen Umstände erklären; sie greift sowohl bei gänzlich fehlendem als auch bei unvollständigem oder widersprüchlichem Vortrag zu den entscheidungserheblichen Punkten.[3] § 206 Abs. 1 konkretisiert diese gerichtliche Hinwirkungspflicht für Haushaltssachen und schafft so Klarheit über die Befugnisse des Gerichts. Das ist im Hinblick auf die Präklusionsregelung nach Abs. 2 und das Entfallen der Amtsermittlungspflicht nach Abs. 3 der Vorschrift von besonderer Bedeutung.

5   Die durch § 206 Abs. 1 zugleich bestehenden erhöhten Mitwirkungspflichten der Ehegatten in Haushaltssachen ist Ausdruck einer in diesen Antragsverfahren **besonders ausgeprägten Beteiligtenherrschaft**[4] in privatrechtlichen Streitverfahren der freiwilligen Gerichtsbarkeit. Die Gesetzesverfasser sahen hierfür ein besonderes Bedürfnis, weil es sich lediglich um vermögensrechtliche Angelegenheiten ohne besonderes öffentliches Interesse handele und das Verfahren als kontradiktorisches Streitverfahren gewisse Ähnlichkeiten mit einem regulären Zivilprozess habe.[5] Deshalb sollen die Beteiligten und nicht das Gericht für die Beibringung des Tatsachenstoffs in einem Verfahren verantwortlich seien, dass regelmäßig eine Vielzahl von Einzelgegenständen betrifft.

6   **a) Abs. 1 Nr. 1.** Das Familiengericht kann nach dieser Vorschrift jedem Ehegatten aufgeben, die **Haushaltsgegenstände anzugeben,** deren Zuteilung er begehrt. Eine solche Auflage dient der Präzisierung des Verfahrensziels durch die Ehegatten. Sie hat insbesondere in den Fällen Bedeutung, in denen der Antragsteller entgegen § 203 Abs. 2 S. 1 keine entsprechenden Angaben gemacht hat sowie für den **Antragsgegner,** für den die Vorschrift keine Mitwirkungspflicht begründet. Abs. 1 Nr. 1 hat besondere Bedeutung für **§ 1361a Abs. 2, Abs. 3 S. 1 BGB,** da allein nach dieser Vorschrift noch eine Verteilung der Haushaltsgegenstände durch das Gericht erfolgt, nicht (mehr) jedoch nach §§ 1361a Abs. 1, Abs. 1 S. 2, 1568b Abs. 1 BGB. Darüber hinaus hat sie Bedeutung für den gerichtlichen Vergleichsvorschlag.[6]

---

[1] NJW 2009, 321, 322 sub VII. 2a; vgl oben § 200 Rn. 4, 5.
[2] BT-Drucks. 16/6308, S. 250; *Götz/Brudermüller* FPR 2009, 38, 39.
[3] *Meyer-Seitz/Frantzioch/Ziegler* S. 81.
[4] Vgl. dazu allgemein *Hartmann* NJW 2009, 321, 322 sub. VII. 2a.
[5] BT-Drucks. 16/6308, S. 250.
[6] Vgl. oben § 203 Rn. 10; anders, allerdings von der Rechtslage bei Geltung der HausratsVO ausgehend, *Keidel/Giers* Rn. 5.

b) Abs. 1 Nr. 2. Nach dieser Vorschrift kann das Familiengericht jedem Ehegatten aufgeben, 7 eine **Aufstellung sämtlicher Haushaltsgegenstände** einschließlich deren genauer Bezeichnung vorzulegen oder eine vorgelegte Aufstellung zu ergänzen. Die Angaben betreffen – wie § 203 Abs. 2 S. 2 – die Begründung des Antrags; Abs. 1 Nr. 2 erfasst allerdings – im Gegensatz zu § 203 Abs. 2 S. 2 – nicht nur die Verfahren nach **§ 1568b Abs. 1 BGB**, sondern auch diejenigen nach **§ 1361a Abs. 1 S. 1, Abs. 1 S. 2, Abs. 3 S. 1 BGB** bei Getrenntleben der Ehegatten. Sie hat geringere Bedeutung als ursprünglich angenommen, weil es eine gerichtliche Verteilung der Haushaltsgegenstände nur noch im Rahmen von § 1361a Abs. 3 S. 1 BGB gibt.[7]

c) Abs. 1 Nr. 3. Nach dieser Vorschrift kann das Familiengericht jedem Ehegatten aufgeben, sich 8 über bestimmte Umstände zu erklären, eigene Angaben zu ergänzen oder zum Vortrag eines anderen Beteiligten Stellung zu nehmen. Eine solche **Ergänzung des Sachvortrags** kann das Gericht den Parteien bereits nach § 28 Abs. 1 S. 1 auferlegen, Abs. 1 Nr. 3 verdrängt diese daher als speziellere Vorschrift.

d) Abs. 1 Nr. 4. Nach dieser Vorschrift kann das Familiengericht den Ehegatten aufgeben, 9 bestimmte **Belege vorzulegen**. Zu denken ist an Unterlagen über den Kauf von Haushaltsgegenständen, die über den Zeitpunkt der Anschaffung, die Person des Käufers und den Anschaffungspreis Auskunft geben können.[8]

Das Familiengericht kann dem Ehegatten **zur Erfüllung der Auflagen** nach Abs. 1 Nr. 1 bis 4 10 eine **angemessene Frist** setzen. Die Angemessenheit und damit die konkrete Länge der Frist hängt von Umfang und Anzahl der anzugebenden und zu bezeichnenden Haushaltsgegenstände, dem Umfang und dem Aufwand der erforderlichen Angaben sowie dem Umfang des Vortrags eines anderen Beteiligten zu dessen Stellung zu nehmen ist und von der Art und voraussichtlichen Beschaffungsdauer der vorzulegenden Belege ab.

2. Präklusion nach § 206 Abs. 2. Die Vorschrift sanktioniert die Versäumung einer nach Abs. 1 11 gesetzten Frist, in dem sie **verspätetes Vorbringen präkludiert.** Die Präklusion soll die Mitwirkung der Ehegatten sicherstellen. Ihr unterliegen jedoch nur „Umstände", womit insbesondere Vortrag und Beweisangebote für bestimmte Sachen gemeint sind, weshalb eine Veränderung des Verfahrensziels selbst durch § 206 Abs. 2 nicht ausgeschlossen wird. Die Ehegatten können also unabhängig von der Präklusion die Überlassung anderer Haushaltsgegenstände als der zunächst begehrten verlangen.

Die Präklusion tritt aber nur ein, wenn durch das verspätete Vorbringen der Umstände nach der 12 freien Überzeugung des Gerichts die **Erledigung des Verfahrens verzögert** wird oder wenn der Ehegatte die Verspätung nicht **genügend entschuldigt.**

Keine ursächliche Verzögerung in der Erledigung des ganzen Verfahrens tritt in der Folge der 13 Zulassung verspätet vorgebrachter Umstände ein, wenn dieselbe Verzögerung auch bei rechtzeitigem Vorbringen eingetreten wäre, die **Verspätung** also **nicht allein kausal für die Verzögerung** ist.[9] Ob eine Verzögerung eintritt, stellt das Gericht, bezogen auf den Zeitpunkt des Vorbringens[10] nach seiner freien Überzeugung fest. Es gilt wie in der ZPO der **absolute Verzögerungsbegriff.** Danach ist auf den Vergleich abzustellen, ob der Rechtsstreit allein durch Zulassung des verspäteten Vorbringens länger dauern würde als bei seiner Zurückweisung.[11] Eine Verzögerung kann vorliegen, soweit der Ehegatte inhaltlich lückenhaft vorträgt, etwa auf ein gegnerisches Argument oder eine Auflage des Gerichts nicht ausreichend und zumutbar antwortet oder Belege nicht einreicht.

Das Gericht muss ein verspätetes Vorbringen ferner auch dann zulassen, wenn es die Erledigung 14 des Rechtsstreits zwar verzögert, der **Ehegatte die Verspätung** jedoch **entschuldigt. Abs. 2** spricht – ebenso wie § 296 Abs. 1 ZPO – von „**genügender" Entschuldigung.** Beide Vorschriften nennen nicht als eine weitere Voraussetzung der Zurückweisung ein Verschulden, sondern als eine Voraussetzung der Zulassung trotz Verspätung eine Entschuldigung, also gerade den entgegengesetzten Vorgang.[12] An eine Entschuldigung muss das Gericht scharfe Anforderungen stellen, um dem Zweck der Präklusion gerecht zu werden. Der Ehegatte ist entschuldigt, wenn ihm die verspätet vorgebrachten Umstände bis zum Fristablauf nicht bekannt waren und er sie auch nicht unschwer durch Erkundigung ermitteln konnte.[13] Außerdem, wenn er die familiengerichtliche Auflage infolge

---

[7] Vgl. oben § 203 Rn. 10, § 200 Rn. 71 ff.
[8] BT-Brucks. 16/6308, S. 250.
[9] BVerfG NJW 1995, 1417; BGH NJW 1999, 787.
[10] BGHZ 75, 138.
[11] BGHZ 75, 138; 86, 31.
[12] Vgl. dazu *Baumbach/Lauterbach/Hartmann* § 296 Rn. 52.
[13] BGH NJW 1988, 60.

§ 207 1–5   Buch 2. Abschnitt 6. Verfahren in Ehewohnungs- und Haushaltssachen

unklarer Formulierung missverstanden hat.[14] Glaubhaftmachung im Sinne von § 31 Abs. 1 kann das Familiengericht nicht verlangen, argumentum e § 296 Abs. 4 ZPO.

15 **3. Ausnahme von der Pflicht zur Amtsermittlung nach Abs. 3.** Dieser Abs. ergänzt die Absätze 1 und 2 von § 206. Das Familiengericht ist nach § 206 Abs. 3 nicht verpflichtet, Umstände von Amts wegen aufzuklären, wenn die Ehegatten einer Auflage nach § 206 Abs. 1 nicht oder verspätet nachgekommen und deshalb mit ihrem Vorbringen präkludiert sind. Hierdurch werden ein **Verstoß gegen die Mitwirkungspflicht nach Abs. 1** und **die Präklusionswirkung nach Abs. 2** sankioniert.[15] Freilich erfasst die Präklusionswirkung nach der Begründung der Gesetzesverfasser nach ihrem Sinn und Zweck nur solche Umstände, die für den Ehegatten, gegen den sich die Auflage richtet, günstig sind. Betrifft die Auflage hingegen für den Ehegatten nachteilige Umstände, soll die Amtsermittlungspflicht des Gerichts nicht eingeschränkt sein.[16] *Götz* und *Brudermüller* haben zutreffend angemerkt, dass diese Differenzierung in der Praxis schwierig zu handhaben ist.[17]

§ 207 Erörterungstermin

¹ **Das Gericht soll die Angelegenheit mit den Ehegatten in einem Termin erörtern.** ² **Es soll das persönliche Erscheinen der Ehegatten anordnen.**

I. Normzweck

1 Die Vorschrift regelt in **S. 1**, dass in Ehewohnungs- und Haushaltssachen ein mündlicher Erörterungstermin stattfinden soll und schränkt das dem Gericht gem. § 32 Abs. 1 S. 1 zustehende Ermessen ein. Die Vorschrift ersetzt § 13 Abs. 2 HausratsVO aF.

2 **S. 2** sieht vor, dass das Gericht das persönliche Erscheinen der Ehegatten anordnen soll und schränkt das gem. § 33 Abs. 1 bestehende Ermessen des Gerichts ein.

II. Regelungsbereich

3 **1. Mündlicher Erörterungstermin nach S. 1.** Die Vorschrift bestimmt als Soll-Vorschrift – wie § 175 Abs. 1 S. 1 in Abstammungssachen –, dass Ehewohnungs- und Haushaltssachen mit den Beteiligten **in einem Termin erörtert** werden. Sie schränkt das gem. § 32 Abs. 1 S. 1 bestehende Ermessen des Gerichts zwischen mündlichem und schriftlichem Verfahren („kann ... erörtern") ein. S. 1 verdrängt – wie § 175 Abs. 1 S. 1[1] – als schärfere Vorschrift § 32 Abs. 1 S. 1.

4 S. 1 schreibt ebenso wie § 13 Abs. 2 HausratsVO aF, den es ersetzt, die **mündliche Erörterung** als **Regelfall** vor.[2] Das gilt auch für die Beschwerdeinstanz.[3] Das Familiengericht darf daher von einem mündlichen Erörterungstermin nur aus triftigen Gründen absehen.[4] Das ist wie bislang zB dann der Fall, wenn ein Einigungsversuch aussichtslos erscheint, wenn es keiner weiteren Sachaufklärung bedarf,[5] oder wenn das Erscheinen eines Beteiligten im Verhältnis zum Wert der zu verteilenden Haushaltsgegenstände zu umständlich und kostspielig wäre.[6]

5 Findet eine mündliche Erörterung statt, so beschränkt sich der zur Entscheidung anstehende Tatsachenstoff nicht auf dasjenige, was in der mündlichen Verhandlung vorgebracht wurde, vielmehr ist **Entscheidungsgrundlage der gesamte Akteninhalt**.[7] Weder § 32 Abs. 1 S. 1 noch § 207 S. 1 führen den Mündlichkeitsgrundsatz in das FamFG-Verfahren bzw. die Ehewohnungs- und Haushaltsverfahren ein.[8] Der mündliche Erörterungstermin ist gem. § 170 S. 1 GVG nicht öffentlich. Es gilt aber weiterhin der Grundsatz der Beteiligtenöffentlichkeit, § 357 ZPO.[9] Führt das Gericht eine

---

[14] BGH WM 1990, 1421.
[15] BT-Drucks. 16/6308, S. 250.
[16] BT-Drucks. 16/6308, S. 250; *Bumiller/Harders* Rn. 4; *Keidel/Giers* Rn. 11.
[17] FPR 2009, 38, 39.
[1] *Baumbach/Lauterbach/Hartmann* § 32 Rn. 1.
[2] *Götz/Brudermüller* FPR 2009, 38, 40 sub I. 3.; *Keidel/Giers* Rn. 2; so schon zu § 13 HausratsVO aF *Johannsen/Henrich/Brudermüller* § 13 HausratsVO Rn. 5, MünchKommBGB/*Müller-Gindullis* § 13 HausratsV Rn. 4, *Staudinger/Weinreich* § 13 HausratsVO Rn. 17.
[3] So OLG Braunschweig FamRZ 1980, 568 zu § 13 Abs. 2 HausratsVO.
[4] *Götz/Brudermüller* FPR 2009, 38, 40 sub I. 3.
[5] KG MDR 1966, 928; BayObLG FamRZ 1970, 36, 37.
[6] OLG Hamm JMBl. NRW 1950, 11, 12.
[7] BT-Drucks. 16/6308, S. 191.
[8] BT-Drucks. 16/6308, S. 191.
[9] BT-Drucks. 16/6308, S. 191.

förmliche Beweisaufnahme nach den Vorschriften der ZPO durch, ist den Beteiligten zu gestatten, der Beweisaufnahme beizuwohnen.

2. Anordnung des persönlichen Erscheinens der Ehegatten, S. 2. Die Vorschrift sieht vor, 6 dass das Gericht das persönliche Erscheinen der Ehegatten anordnen soll; sie schränkt das dem Gericht gem. § 33 Abs. 1 S. 1 eingeräumte Ermessen („kann ... anordnen") ein. S. 2 verdrängt daher § 33 Abs. 1 S. 1. Im **Regelfall** ist das **persönliche Erscheinen** der Ehegatten **anzuordnen**, lediglich aus triftigen Gründen kann hiervon abgesehen werden. Diese entsprechen im Wesentlichen denjenigen nach denen gem. S. 1 von einem mündlichen Erörterungstermin abgesehen werden kann. Ist das nicht der Fall, so ist regelmäßig auch das persönliche Erscheinen der Ehegatten nach S. 2 anzuordnen. Es kann nach § 33 Abs. 3 durch Ordnungsgeld und Vorführung erzwungen werden. In Gewaltfällen hat nach § 33 Abs. 1 S. 2 eine getrennte Anhörung stattzufinden, wenn dies zum Schutz eines Ehegatten oder aus sonstigen Gründen erforderlich ist.[10]

§ 208 Tod eines Ehegatten

Stirbt einer der Ehegatten vor Abschluss des Verfahrens, gilt dieses als in der Hauptsache erledigt.

Schrifttum: *Jauernig*, Tod eines Ehegatten vor Beginn, während oder nach Abschluss des Eheprozesses, FamRZ 1961, 98 ff.

I. Normzweck

Die Vorschrift bestimmt verhältnismäßig undeutlich, dass ein Ehewohnungs- und Haushaltsver- 1 fahren in der Hauptsache als erledigt gilt, wenn ein verfahrensbeteiligter Ehegatte vor Abschluss des Verfahrens stirbt. Eine solche Regelung existierte bisher nicht. Der Tod eines Ehegatten führte gleichwohl zur Erledigung der Hauptsache im genannten Zeitraum.[1]

§ 208 trägt dem Umstand Rechnung, dass der **Tod bei höchstpersönlichen Ansprüchen ein** 2 **erledigendes Ereignis** darstellt.[2] Die Vorschrift stellt zugleich klar, dass im Falle des Todes einer Partei während des Verfahrens weder entsprechend § 239 Abs. 1 ZPO eine Unterbrechung des Verfahrens eintritt noch gem. § 21 Abs. 1 iVm. § 249 ZPO eine Aussetzung des Verfahrens erfolgt.[3] Sie unterscheidet sich auch wesentlich von der Regelung des § 91a Abs. 1 S. 1 ZPO. Diese dient im Gegensatz zu § 208 der Kostengerechtigkeit.[4] Sie setzt neben dem objektiv erledigenden Ereignis als solchem[5] die Erledigterklärung beider Parteien voraus.[6] § 208 **beendet** demgegenüber **kraft Gesetzes das Verfahren** in der Hauptsache unmittelbar mit dem Eintritt des erledigenden Ereignisses, nämlich dem Tod eines Ehegatten. Nur die Kostenentscheidung bleibt Gegenstand des Verfahrens; die Erben treten kraft Gesetzes (§ 1922 BGB) in das insoweit fortbestehende Prozessrechtsverhältnis ein.[7]

II. Regelungsbereich

1. Zeitlicher Geltungsbereich, Todeszeitpunkt. § 208 sagt lediglich, dass der Tod vor „Ab- 3 schluss des Verfahrens" eingetreten sein muss, hingegen nennt § 131 den Zeitpunkt der Rechtskraft der Endentscheidung in der Ehesache und § 619 ZPO aF stellte auf den Zeitpunkt der Rechtskraft des Urteils ab. Nicht ausdrücklich bestimmt wird jeweils, ab welchem Zeitpunkt der Tod eines Ehegatten zur Erledigung führt.

a) Tod eines Ehegatten führt nur nach Rechtshängigkeit des Antrags zur Erledigung. 4 Die Begriffe **Anhängigkeit**[8] und **Rechtshängigkeit**[9] sind bei Ehewohnungs- und Haushaltssachen

---

[10] BVerfG FPR 2004, 260 = FamRZ 2004, 354.
[1] *Johannsen/Henrich/Brudermüller* § 13 HausratsVO Rn. 2 aE; *Staudinger/Weinreich* § 20 HausratsVO Rn. 1.
[2] BGH NJW 2005, 2385; *Bumiller/Harders* § 208 Rn. 1.
[3] *Baumbach/Lauterbach/Hartmann* Übers § 239 ZPO Rn. 5 aE.
[4] OLG Zweibrücken ZMR 1992, 403; *Baumbach/Lauterbach/Hartmann* § 91a Rn. 3.
[5] Vgl. zu diesem Erfordernis ausführlich und dezidiert *Baumbach/Lauterbach/Hartmann* § 91a ZPO Rn. 3, 23 ff.
[6] Vgl. BGH NJW 1986, 589; *Prütting/Weser* ZZP 116, 302.
[7] OLG Hamm FamRZ 1969, 102; *Götz/Brudermüller* FPR 2009, 38, 40 sub I. 6.
[8] Vgl. zum Begriff *Baumbach/Lauterbach/Hartmann* § 261 ZPO Rn. 1; *Thomas/Putzo/Reichold* § 253 ZPO Rn. 1, § 261 ZPO Rn. 1.
[9] *Baumbach/Lauterbach/Hartmann* § 261 ZPO Rn. 1; *Thomas/Putzo/Reichold* § 261 ZPO Rn. 1.

anwendbar. Dies folgt bereits aus dem Wortlaut von § 202 S. 1, der ausdrücklich von der Anhängigkeit einer Ehewohnungs- und Haushaltssache spricht. §§ 200 ff. enthalten zwar keine Aussage zur Rechtshängigkeit, der Gebrauch des Begriffs Anhängigkeit impliziert aber auch den Gebrauch des Begriffs Rechtshängigkeit, da in einer Verfahrensart beide nur gemeinsam, nämlich in ihrer gegenseitigen Abgrenzung, sinnvoll verwendet werden können. Die Gesetzgeber folgen damit inzident der zutreffenden Ansicht *Habscheids*,[10] der schon bisher die Anwendbarkeit beider Begriffe bei privatrechtlichen Streitsachen der freiwilligen Gerichtsbarkeit bejahte. Es verbleibt daher bei dem **allgemeinen Grundsatz**, dass auch bei dem Tod eines Ehegatten die Erledigung des Verfahrens nur ein nach Rechtshängigkeit des Antrags eintretendes Ereignis bewirken kann; erst durch die Zustellung des Antrags wird ein Prozessrechtsverhältnis begründet.[11]

5 b) § 208 gilt bis zum **Abschluss des Verfahrens** und damit im Gegensatz zu § 131 und § 619 ZPO aF ggf. **über** den **Zeitpunkt der Rechtskraft der Endentscheidung hinaus**. Das ist erforderlich, weil die rechtskräftige Endentscheidung in Ehewohnungs- und Haushaltssachen gem. § 48 Abs. 1 S. 1 abgeändert werden kann, wenn sich die der Endentscheidung zugrunde liegende Sachlage nachträglich wesentlich geändert hat.[12] § 48 ist gem. § 113 Abs. 1 S. 1 bei Ehesachen nicht anzuwenden, weshalb § 131 zutreffend auf den Zeitpunkt der Rechtskraft der Endentscheidung in der Ehesache abstellt. Der Zeitpunkt des Abschlusses des Verfahrens kann also nicht konkret bestimmt werden.

6 **2. Sachlicher Geltungsbereich.** Die Vorschrift gilt in allen Ehewohnungs- und Haushaltssachen nach § 200, auch in den höheren Instanzen, in **einstweiligen Anordnungsverfahren** (§§ 49 ff.) und im die Bewilligung von **Verfahrenskostenhilfe** betreffenden Verfahren (§§ 76 ff.).

7 Handelt es sich bei der Ehewohnungs- oder Haushaltssache um eine **Folgesache** iSv. §§ 137 Abs. 1, Abs. 2 Nr. 3, 200 Abs. 1 Nr. 2, Abs. 2 Nr. 2, ist § 208 gleichfalls anwendbar. Die Vorschrift stellt klar, dass diese Folgesachen nicht gem. § 141 S. 2, S. 3 als selbstständige Familiensachen fortgeführt werden können, auch wenn ein Ehegatte erklärt, sie fortführen zu wollen.[13]

8 **3. Erledigungsfolgen.** Die **Erledigung tritt** mit dem Tod eines Ehegatten **kraft Gesetzes** ein.[14] Es sind weder – wie bei § 91a Abs. 1 S. 1 ZPO – Erledigterklärungen der Ehegatten noch ein die Erledigung feststellender Beschluss des Gerichts erforderlich.[15] Ist der Beschluss bereits bekanntgegeben (§ 41 Abs. 1, Abs. 2), ggf. sogar rechtskräftig und trat erst hiernach die Erledigung ein, so ist zur Vermeidung von Missverständnissen ein deklaratorischer Ausspruch zulässig.[16]

9 Die Wirkungslosigkeit erstreckt sich **nicht** auf die **Entscheidung über die Kosten**. Daher ist insofern eine Fortsetzung des Verfahrens zulässig.[17] Die Kostengrundentscheidung richtet sich bei selbstständigen Verfahren gem. § 83 Abs. 2 nach § 81, bei Folgesachen (§§ 137 Abs. 2 Nr. 3, 200 Abs. 1 Nr. 2, Abs. 2 Nr. 2) nach § 150.[18] § 81 und § 150 verdrängen als speziellere Vorschriften § 91a Abs. 1 S. 1 ZPO. Das FamFG enthält für die von ihm erfassten Verfahren eigenständige Kostenregelungen soweit nicht nach § 81 Abs. 5 eventuell bundesrechtliche Vorschriften zur Kostenpflicht vorrangig sind. Gerade für den Fall der tatsächlichen Erledigung, einer „sonstigen Erledigung" iSv. § 83 Abs. 2, passt § 81 Abs. 1 S. 1 zum Grundgedanken des § 91a Abs. 1 S. 1 ZPO. Die Vorschrift geht von dem Grundsatz einer Verteilung zum Ob und Wie nach einem zwar „billigen" und daher weiteren, aber doch pflichtgemäßen Ermessen des Gerichts aus. Darüber hinaus ermöglicht § 81 Abs. 1 S. 2 im Rahmen des Ermessens sogar, ähnlich wie bei § 20 Abs. 1 S. 3 FamGKG

---

[10] Streitgegenstand § 7 II 2d; § 16 II 1b; § 21 II 3.
[11] BGHZ 83, 12, 14; speziell für das Eheverfahren KG JurBüro 1969, 984.
[12] Die Anwendbarkeit von § 48 Abs. 1 S. 1 befürworten auch *Götz* und *Brudermüller* in: FPR 2009, 38, 41 sub I 9.
[13] Obwohl die Rechtsfolge der Fortsetzung einer Folgesache nach § 141 S. 2, S. 3 allein auf Grund der Beteiligtenerklärung erfolgt und dem Gericht insoweit kein Ermessen zusteht (OLG Hamm NJW-RR 2005, 1024), führt die Rücknahme des Scheidungsantrags und der Tod eines Ehegatten gleichwohl zur Beendigung des Ehewohnungs- und Haushaltsverfahren, weil hier nur eine Entscheidung für den Fall der Scheidung zu treffen ist, § 137 Abs. 2 S. 1.
[14] OLG Saarbrücken FamRZ 1985, 89, 90; *Gottwald* FamRZ 2006, 868.
[15] *Baumbach/Lauterbach/Hartmann* § 131 Rn. 3, 4; *Johannsen/Henrich/Sedemund-Treiber* § 619 Rn. 3; vgl. § 619 ZPO Rn. 1, 13.
[16] So zu § 619 ZPO aF OLG Frankfurt FamRZ 1990, 296; OLG Hamm FamRZ 1995, 101; OLG Zweibrücken NJW-RR 1998, 147 f.; vgl. § 619 ZPO Rn. 13.
[17] BGH FamRZ 1982, 156; OLG Düsseldorf FamRZ 2005, 386; OLG Naumburg FamRZ 2006, 867 mit zustimmenden Anm. v. *Gottwald*; *Baumbach/Lauterbach/Hartmann* § 131 Rn. 5; vgl. § 619 ZPO Rn. 21; *Johannsen/Henrich/Sedemund-Treiber* § 619 ZPO Rn. 3; aM OLG Koblemz FamRZ 1980, 717.
[18] Für Folgesachen *Baumbach/Lauterbach/Hartmann* § 131 Rn. 5.

III. Tod eines Ehegatten außerhalb des zeitlichen Geltungsbereichs der Vorschrift

1. Tod vor Rechtshängigkeit. Stirbt ein Ehegatte nachdem der verfahrenseinleitende Antrag (§§ 203 Abs. 1, 23 Abs. 1) beim FamG eingegangen ist, aber bevor er dem anderen Ehegatten übermittelt wurde (§ 23 Abs. 2), ist der **Antrag** wegen Wegfalls des Beteiligten **unzulässig** und zwingt das Gericht mangels einer Rücknahme des Antrags durch den Erben nach einem entsprechenden Hinweis (§ 28 Abs. 1 S. 2) zur Verwerfung als unzulässig durch einen Verfahrensbeschluss.[19] Die Übermittlung des Antrags ist zu unterlassen. Erfolgt sie in Unkenntnis des Todes trotzdem, ist der Antrag als unzulässig zu verwerfen, wenn keine Rücknahme des Antrags erfolgt. Eine Erledigung liegt auch hier mangels eines Prozessrechtsverhältnisses nicht vor.[20]

2. Tod nach Rechtskraft des Beschlusses. Die Anwendung von **§ 208 scheidet aus,** wenn ein Ehegatte stirbt, nachdem der Beschluss rechtskräftig (§ 45) und kein Abänderungsverfahren rechtshängig ist. Zwar ist die Vorschrift wegen der Möglichkeit der Abänderung eines rechtskräftigen Beschlusses gem. § 48 Abs. 1 über den Zeitpunkt der Rechtskraft hinaus bis „zum Abschluss" des Verfahrens anwendbar; das gilt aber selbstredend nur, wenn beide Ehegatten zu diesem Zeitpunkt noch leben.

Stirbt der Antragsgegner während der Anhängigkeit einer von der Bewilligung von **Verfahrenskostenhilfe** abhängig gemachten **bedingten Beschwerde,** tritt die Erledigung erst mit der Entscheidung über die Wiedereinsetzung ein. Der Sinn und Zweck der Bestimmungen über die Verfahrenskostenhilfe in §§ 76 ff. begründen hier eine teleologische Extension von § 208. Die mittellose Partei darf nicht schlechter als die bemittelte stehen, die sofort Beschwerde gegen den Beschluss eingelegt hätte.[21]

Im Übrigen ist für eine **Wiederaufnahme** nach § 48 Abs. 2 iVm. §§ 578 ff. ZPO nach dem Tod eines Ehegatten kein Raum, weil eine neue Sachentscheidung nicht ergehen kann.

§ 209 Durchführung der Entscheidung, Wirksamkeit

(1) Das Gericht soll mit der Endentscheidung die Anordnungen treffen, die zu ihrer Durchführung erforderlich sind.

(2) ¹Die Endentscheidung in Ehewohnungs- und Haushaltssachen wird mit Rechtskraft wirksam. ²Das Gericht soll in Ehewohnungssachen nach § 200 Abs. 1 Nr. 1 die sofortige Wirksamkeit anordnen.

(3) ¹Mit der Anordnung der sofortigen Wirksamkeit kann das Gericht auch die Zulässigkeit der Vollstreckung vor der Zustellung an den Antragsgegner anordnen. ²In diesem Fall tritt die Wirksamkeit in dem Zeitpunkt ein, in dem die Entscheidung der Geschäftsstelle des Gerichts zur Bekanntmachung übergeben wird. ³Dieser Zeitpunkt ist auf der Entscheidung zu vermerken.

I. Normzweck

Abs. 1 entspricht inhaltlich § 15 HausratsVO aF und ermöglicht es dem Familienrichter, die zur Durchführung der Überlassung der Haushaltsgegenstände und der Ehewohnung sowie die zur Durchführung zu entrichtender Nutzungsvergütungen und Ausgleichszahlungen erforderlichen Anordnungen zu treffen – **ohne** dass es **eines dahingehenden Antrags** bedarf. Es handelt sich dabei in erster Linie um solche Anordnungen, die die nach § 86 vorzunehmende Vollstreckung erleichtern und sichern sollen.

Abs. 2 S. 1 entspricht § 16 Abs. 1 S. 1 HausratsVO aF und bestimmt, dass Beschlüsse des Familiengerichts in Ehewohnungs- und Haushaltssachen – **abweichend** von der Regel des **§ 40 Abs. 1** – **erst mit ihrer Rechtskraft wirksam** und damit auch **erst dann gem. § 86 Abs. 2 vollstreckbar** sind. Daraus folgt zugleich, dass es keine vorläufige Vollstreckbarkeit gibt.

---

[19] So zu § 619 ZPO aF: BGHZ 24, 91, 94; OLG Brandenburg FamRZ 1996, 683; *Jauernig* FamRZ 1961, 98, 103; *Stein/Jonas/Schlosser* § 619 ZPO Rn. 16; vgl. § 619 ZPO Rn. 4; *Thomas/Putzo/Hüßtegge* § 619 ZPO Rn. 2.
[20] BGHZ 24, 91, 94; vgl. § 619 ZPO Rn. 4.
[21] So zu § 619 ZPO aF OLG Stuttgart FamRZ 2000, 1029, 30; dem folgen *Johannsen/Henrich/Sedemund-Treiber* § 619 ZPO Rn. 7; § 619 ZPO Rn. 5; ebenso zu § 131 FamFG *Baumbach/Lauterbach/Hartmann* Rn. 1.

§ 209 3–9   Buch 2. Abschnitt 6. Verfahren in Ehewohnungs- und Haushaltssachen

3   Deshalb soll das Familiengericht nach Abs. 2 S. 2 in Ehewohnungssachen nach §§ 1361b BGB iVm. 200 Abs. 1 Nr. 1 die **sofortige Wirksamkeit** anordnen. Auf diese Weise wird der zunächst durch Abs. 2 S. 1 gegenüber dem Grundsatz des § 40 Abs. 1 hinaus geschobene Zeitpunkt der Wirksamkeit und damit zugleich der Vollstreckbarkeit (§ 86 Abs. 2) wieder auf den Zeitpunkt des § 40 Abs. 1 verlagert. Die Vorschrift hat wegen **§ 53 Abs. 2** in der Regel **nur Bedeutung für Hauptsacheverfahren** auf Überlassung der Ehewohnung für die Zeit des Getrenntlebens nach § 1361b Abs. 1 S. 1 BGB, die es freilich wegen der nach dem FamFG bestehenden **Hauptsachenunabhängigkeit** der einstweiligen Anordnung kaum mehr geben wird. Abs. 2 S. 2 führt für die Ansprüche aus § 1361b BGB, insbesondere für dies. S. 1 der Vorschrift die Gleichbehandlung mit den Ansprüchen nach § 2 GewSchG herbei, die bislang fehlte.

4   Nach **Abs. 3** kann das Familiengericht noch weitergehend die Zulässigkeit der **Vollstreckung vor der Zustellung** an den Antragsgegner anordnen. Dies war bisher nach § 64b Abs. 2 S. 2 Alt. 2 FGG aF nur in Verfahren nach §§ 1, 2 GewSchG möglich und nunmehr ebenfalls nach § 216 Abs. 2 S. 1; Abs. 3 eröffnet eine solche Anordnung jetzt für Verfahren nach § 1361b BGB.

II. Regelungsbereich

5   **1. Die nach Abs. 1 in Betracht kommenden Anordnungen. a) Allgemeines.** Abs. 1 hat gegenüber § 15 HausratsVO aF **stark an Bedeutung verloren,** weil das FamG nur noch nach § 1361a Abs. 2 BGB Haushaltsgegenstände verteilt, im Übrigen über Ansprüche entscheidet und deshalb insoweit eine Herausgabe und Räumungsanordnung nicht mehr erforderlich ist, um einen nach §§ 883 Abs. 1, 885 Abs. 1 ZPO, 95 Abs. 1 Nr. 2 vollstreckbaren Titel auf Herausgabe zu schaffen. Im Gegensatz zur bloßen Zuweisung von Haushaltsgegenständen und Ehewohnung nach der HausratsVO aF stellen die Endentscheidungen über die Herausgabe- und Überlassungsansprüche gem. §§ 1361a Abs. 1 S. 1, S. 2, 1361b Abs. 1 S. 1, 1568a Abs. 1, Abs. 2, 1568b Abs. 1 BGB **vollstreckbare Herausgabe- bzw. Räumungstitel** dar. Unter Herausgabe iSv. § 883 Abs. 1 ZPO ist nämlich die körperliche Übergabe der Sache an den Gläubiger zu verstehen.[1] Der Anspruch kann auch auf die Einräumung von bloßem Mitbesitz gerichtet sein.[2] Das ist bei den Ansprüchen auf Überlassung von Haushaltsgegenständen der Fall. Auch für § 885 Abs. 1 S. 1 ZPO reichen nach dem ausdrücklichen Wortlaut Ansprüche auf Überlassung einer unbeweglichen Sache aus.[3]

6   Hinzu kommt, dass das FamG nach § 1361b Abs. 3 S. 1 BGB die zur Durchführung der Ehewohnungsüberlassung erforderlichen Anordnungen zu treffen hat, wozu auch sämtliche von dem Maßnahmenkatalog des § 1 GewSchG vorgesehenen Schutzanordnungen gehören.[4]

7   **b) Haushaltssachen.** Verteilt der Familienrichter Haushaltsgegenstände, die den Ehegatten gemeinsam gehören nach **§ 1361a Abs. 3 S. 1, Abs. 2 BGB,** muss zugleich eine vollstreckbare Herausgabeanordnung ergehen, weil die Zuweisung der Gegenstände als solche kein vollstreckbarer Herausgabetitel iSv. §§ 883 Abs. 1 ZPO iVm. 95 Abs. 1 Nr. 2 Alt. 1 ist.[5] Die Gegenstände müssen nach dem **Bestimmtheitsgrundsatz** so genau bezeichnet sein, dass der Beschluss einen **vollstreckungsfähigen Inhalt** hat.[6] Dazu ist erforderlich, dass sie für den Gerichtsvollzieher ohne weiteres identifizierbar sind und bei einem Streit gegen weitere im Haushalt befindliche Gegenstände derselben Gattung unverwechselbar unterschieden werden können.[7]

8   Bestehen noch Abzahlungsverpflichtungen auf Grund eines Ratenkaufs, kann jetzt auch bei einer Verteilung nach § 1361a Abs. 3 S. 1, Abs. 2 BGB angeordnet werden, dass der jeweils begünstigte Ehegatte die Zahlungsverpflichtung im Innenverhältnis übernimmt.[8] Bei der Bestimmung einer Nutzungsvergütung nach § 1361a Abs. 3 S. 2 BGB und dem Anspruch auf Entrichtung einer Ausgleichszahlung nach § 1568b Abs. 3 BGB sind Anordnungen über die Art und Weise der Zahlungen wie auch einer Zug-um-Zug-Leistung möglich.

9   **c) Ehewohnungssachen.** Dem Überlassungspflichtigen Ehegatten ist ggf. aufzugeben, vorhandene Wohnungsschlüssel herauszugeben sowie ggf. seine darin befindliche Habe wegzuschaffen.

---

[1] Vgl. § 883 ZPO Rn. 11; *Musielak/Lackmann* § 883 ZPO Rn. 5.
[2] OLG Braunschweig OLGR 1996, 250.
[3] Vgl. § 885 ZPO Rn. 9.
[4] *Johannsen/Henrich/Brudermüller* § 1361b BGB Rn. 57.
[5] *Johannsen/Henrich/Brudermüller* § 15 HausratsVO Rn. 3; *Staudinger/Weinreich* § 15 HausratsVO Rn. 3.
[6] Vgl. BGH FamRZ 1988, 255 zum Bestimmtheitserfordernis bei der Einigung durch die eine Vielzahl aufgelisteter Haushaltsgegenstände, soweit sie nicht unpfändbar sind, übereignet werden soll.
[7] OLG Zweibrücken FamRZ 1993, 82, 84; 1999, 672; OLG Brandenburg FamRZ 2000, 1102, 1103; 2003, 532 LS IV; OLG Köln FamRZ 2001, 174.
[8] Das war bisher nicht möglich, weil nach § 18a HausratsVO aF nur die §§ 11 ff. HausratsVO aF entsprechend anwendbar waren.

Der Zeitpunkt der Überlassung ist zu bestimmen, dh. im Ergebnis ggf. eine Räumungsfrist zu **10** gewähren. Eine Räumungsfrist kann auch nachträglich bewilligt werden, zB dann, wenn der weichende Ehegatten wider Erwarten noch keine ausreichende Ersatzwohnung finden konnte.[9]

2. Wirksamkeit der Endentscheidung, Abs. 2 S. 1; Anordnung der sofortigen Wirksam- 11 keit, Abs. 2 S. 2. a) Wirksamkeit nach Abs. 2 S. 1. Die Endentscheidungen des FamG über Haushaltsgegenstände und die Ehewohnung werden **nicht nur formell,** sondern auch **materiell rechtskräftig.**[10] Die Bedeutung der materiellen Rechtskraft wird allerdings durch die Möglichkeit der **Abänderung nach § 48 Abs. 1 S. 1** eingeschränkt. Nach **Abs. 2 S. 1** tritt die **Wirksamkeit der Endentscheidung** mit formeller Rechtskraft iSv. § 45 ein. Formell rechtskräftig werden die Endentscheidungen nach § 45 Abs. 1 mit Ablauf der Rechtsmittelfrist oder der Frist für die weiteren möglichen Rechtsbehelfe, ohne dass ein Rechtsmittel eingelegt worden ist. Die formelle Rechtskraft tritt gleichfalls ein, wenn die Beschwerdeberechtigten auf Rechtsmittel verzichtet haben und wenn der BGH über die Rechtsbeschwerde endgültig entschieden hat. Ist die Ehewohnungssache nach § 1568a BGB oder die Haushaltssache nach § 1568a BGB **Folgesache** (§ 137 Abs. 2 S. 1 Nr. 3), so tritt die **Wirksamkeit nicht vor Rechtskraft des Scheidungsausspruchs** ein, § 148.

Abs. 2 S. 1 geht als **speziellere Vorschrift** der allgemeineren des § 40 Abs. 1 vor und schiebt den **12** Zeitpunkt der **Wirksamkeit** von demjenigen der Bekanntgabe (§§ 40 Abs. 1, 41, 15) auf denjenigen der **formellen Rechtskraft** hinaus. Daraus folgt, dass es **keine vorläufige Vollstreckbarkeit** gibt.[11]

Der Zeitpunkt der Wirksamkeit ist **entscheidend für die Vollstreckung,** weil nach **§ 86 Abs. 2 13 Beschlüsse** erst **mit Wirksamwerden vollstreckbar** sind. Nach § 86 Abs. 3 ist eine **Vollstreckungsklausel** (§ 725 ZPO iVm. § 95 Abs. 1) nur erforderlich, wenn die Vollstreckung nicht durch das Gericht erfolgt, das den Beschluss erlassen hat.

Die Möglichkeit der **Abänderung nach § 48 Abs. 1, Abs. 3** verdrängt als **speziellere Vor- 14 schrift** die **Vollstreckungsabwehrklage nach § 767 ZPO.** Das Verhältnis von § 17 HausratsVO aF, der gleichfalls die Möglichkeit eröffnete, die getroffene Regelung abzuändern und an die geänderten Verhältnisse anzupassen, und § 767 ZPO war problematisch und umstritten.[12] Soweit § 17 HausratsVO aF eingriff, wurde, soweit man nicht schon die Zulässigkeit der Vollstreckungsabwehrklage verneinte,[13] § 17 HausratsVO aF als § 767 ZPO verdrängende speziellere Vorschrift angesehen[14] oder das Rechtsschutzbedürfnis für die Klage nach § 767 ZPO verneint.[15] Eine zeitliche Grenze für die Abänderung besteht zwar nach wie vor nicht. Es sind aber alle Rechtsmittel befristet, so dass formelle Rechtskraft eintritt (§ 45), weshalb das FamFG die Änderungsmöglichkeiten im Gegensatz zu § 18 FGG aF und über § 17 Abs. 1 HausratsVO aF hinaus beschränkt hat. Die Gesetzesverfasser haben betont, dass eine allgemeine Abänderungsvorschrift nicht mit der grundsätzlichen Befristung der Rechtsmittel vereinbar ist.[16] Sie betonen darüber hinaus, dass § 48 Abs 1 keine Anwendung findet, wenn gesetzliche Sonderregelungen über die Abänderung von Entscheidungen bestehen, wie in Sorgerechts-, Versorgungsausgleichs-, Betreuungs- und Unterbringungssachen gem. §§ 166, 230, 294, 330. Hierdurch kommt die Regelungsabsicht der Gesetzesverfasser zum Ausdruck, dass Beschlüsse nach dem FamFG nur nach § 48 Abs. 1 oder den im Gesetz enthaltenen speziellen Regelungen abgeändert werden sollen. Wendete man § 767 ZPO neben § 48 Abs. 1 an, wäre die sachliche Übereinstimmung beider Gesetzesbestimmungen nicht gewahrt. § 48 Abs. 1 knüpft die Abänderung an andere Voraussetzungen als § 767 ZPO die Erhebung von Einwendungen zur Beseitigung der Vollstreckbarkeit eines Vollstreckungstitels; sie sind teils weiter, teils enger.

b) Anordnung der sofortigen Wirksamkeit nach Abs. 2 S. 2. In Ehewohnungssachen **wäh- 15 rend des Getrenntlebens** nach § 1361b BGB soll das FamG die **sofortige Wirksamkeit** anordnen. Dies ist besonders wichtig für den Anspruch auf Überlassung der Ehewohnung für die Zeit des Getrenntlebens nach § 1361b Abs. 1 S. 1 BGB. Auf diese Weise wird die **Lage** wie sie **nach § 40 Abs. 1** besteht wiederhergestellt. Die zunächst für Ehewohnungs- und Haushaltssachen nach Abs. 2 S. 1 auf den Zeitpunkt des Eintritts der Rechtskraft hinausgeschobene Wirksamkeit und Vollstreckbarkeit der Endentscheidung wird durch Abs. 2 S. 2 für Verfahren des nach §§ 200 Abs. 1 Nr. 1

---

[9] OLG Bamberg FamRZ 2001, 691.
[10] *Götz/Brudermüller* FPR 2009, 38, 41 sub I. 9.
[11] So zu § 16 HausratsVO aF OLG Karlsruhe FamRZ 1983, 731; MünchKommBGB/*Müller-Gindullis* § 16 HausratsV Rn. 4; *Staudinger/Weinreich* § 16 HausratsVO Rn. 2.
[12] Vgl. *Johannsen/Henrich/Brudermüller* § 16 HausratsVO Rn. 5; MünchKommBGB/*Müller-Gindullis* § 16 HausratsV Rn. 4; *Staudinger/Weinreich* § 16 HausratsVO Rn. 14 bis 16.
[13] So LG Mönchengladbach NJW 1949, 229 mit abl. Anm. *Ferge* und *Schwab/Maurer/Borth* I Rn. 683.
[14] So MünchKommBGB/*Müller-Gindullis* § 16 HausratsV Rn. 4; *Staudinger/Weinreich* § 16 HausratsVO Rn. 16.
[15] So *Johannsen/Henrich/Brudermüller* § 16 HausratsVO Rn. 5.
[16] BT-Drucks. 16/6308, S. 198.

iVm. 1361b BGB auf den **Zeitpunkt der Bekanntgabe** (§ 15 Abs. 1, Abs. 2) an den anderen Ehegatten vorverlagert. Die Wirksamkeit und Vollstreckbarkeit eines Beschlusses, der einen Ehegatten zur Überlassung der Ehewohnung für die Zeit des Getrenntlebens an den anderen verpflichtet, erst mit Rechtskraft, verhinderte einen effektiven Rechtsschutz, da der Zeitpunkt durch Einlegung der Beschwerde (§§ 58 ff.) erheblich hinausgezögert werden könnte. Die Anordnung der sofortigen Wirksamkeit war bislang gem. § 64b Abs. 2 S. 2 Halbs. 1 FGG aF bei Wohnungsüberlassungen nach § 2 GewSchG vorgesehen, dh. für Fälle, in denen die Parteien einen auf Dauer angelegten gemeinsamen Haushalt führen oder innerhalb von sechs Monaten vor der Antragstellung geführt haben. Wegen der Vergleichbarkeit der Sachverhalte haben die Gesetzgeber eine Gleichbehandlung der von § 2 GewSchG (§ 216) und § 14 LPartG (§§ 270 Abs. 1 S. 2, 111 Nr. 5, 209 Abs. 2 S. 2) und § 1361b BGB erfassten Sachverhalte herbeigeführt.[17]

16   **3. Zulässigkeit der Vollstreckung vor Zustellung mit Anordnung der sofortigen Wirksamkeit, Abs. 3 S. 1; Wirksamkeit mit Übergabe an die Geschäftsstelle zur Bekanntmachung, Abs. 3 S. 2 und Vermerkung dieses Zeitpunkts auf der Entscheidung, Abs. 3 S. 3.**
a) Zulässigkeit der Vollstreckung vor Zustellung nach Abs. 3 S. 1. Zum Schutze des Ehegatten, der Opfer einer Gewalttat des anderen Ehegatten geworden ist und zum Schutze des Kindeswohls (§ 1361b Abs. 1 S. 2 BGB) besteht häufig nicht nur die Notwendigkeit eines vollstreckbaren Beschlusses vor Eintritt der Rechtskraft der Endentscheidung, sondern weitergehend schon vor Bekanntgabe des Beschlusses an den überlassungspflichtigen Ehegatten. Deshalb sieht Abs. 3 S. 1 im Anschluss an Abs. 2 S. 2 vor, dass das FamG in Verfahren nach § 1361b BGB mit der Anordnung der sofortigen Wirksamkeit auch die Zulässigkeit der Vollstreckung vor der Zustellung an den Antragsgegner anordnen kann. Damit sollen zum Schutz des antragstellenden Ehegatten und der im Haushalt lebenden Kinder Situationen vermieden werden, in denen der Antragsgegner die Bekanntgabe der gerichtlichen Entscheidung zum Anlass für neue Gewalttaten oder Belästigungen nimmt. Aufgrund der Anordnung **entfällt** die **allgemeine Vollstreckungsvoraussetzung** der **Zustellung nach § 87 Abs. 2**.[18]

17   **b) Zeitpunkt der Wirksamkeit, Abs. 3 S. 2.** Im Falle der familiengerichtlichen Anordnung der sofortigen Wirksamkeit der Entscheidung und der Zulässigkeit der Vollstreckung vor der Zustellung an den Antragsgegner wird die **Endentscheidung** nicht erst durch die Bekanntgabe (§§ 40 Abs. 1, 41, 15 Abs. 2), sondern bereits in dem Zeitpunkt **wirksam,** in dem sie vom **Richter der Geschäftsstelle zum Zwecke der Bekanntmachung übergeben** wird. Die Übergabe setzt voraus, dass die Entscheidung abgesetzt und vom Richter unterschrieben ist; Übergabe bedeutet das Übergehen der Entscheidung aus dem Bereich des Richters in den Bereich der Geschäftsstelle.[19] Zu diesem Zeitpunkt tritt gem. § 86 Abs. 2 die Vollstreckbarkeit des Beschlusses ein.

18   **c)** Um Rechtssicherheit im Hinblick auf dem Zeitpunkt dieser Form der Wirksamkeit der Endentscheidung zu erhalten, verpflichtet **Abs. 3 S. 3** den Richter und ggf. den Geschäftsstellenbeamten, den **Zeitpunkt der Übergabe der Endentscheidung** vom Richter an die Geschäftsstelle bei dieser nach Tag, Stunde und Minute **zu vermerken.** Die Nachholung kann nur dann zum Vorwurf der Falschbeurkundung im Amt führen, wenn sie ihrerseits nicht zugleich vermerkt wird.[20]

19   **d)** Die auf Vorschlag des Bundesrats eingefügte Vorschrift des Abs. 3 bewirkt die Gleichstellung stattgebender Beschlüsse über Ansprüche nach § 1361b BGB und § 2 GewSchG (§ 216 Abs. 2) hinsichtlich Wirksamkeit und Vollstreckbarkeit; sie war bislang nicht gegeben, weil § 64b Abs. 2 FGG aF nur für Verfahren nach § 2 GewSchG galt. Bei **einstweiligen Anordnungsverfahren** folgt die Gleichstellung aus **§ 53 Abs. 2.** Die Verfahren nach § 200 Abs. 1 Nr. 1 iVm. § 1361b BGB zählen zu den Verfahren, in denen ein besonderes Bedürfnis dafür besteht, anzuordnen, dass die Vollstreckung der einstweiligen Anordnung vor Zustellung an den Verpflichteten zulässig ist.

---
[17] BT-Drucks. 16/6308, S. 251.
[18] *Götz/Brudermüller* FPR 2009, 38, 41 sub I. 11.
[19] *Baumbach/Lauterbach/Hartmann* Rn. 2.
[20] So wohl auch *Baumbach/Lauterbach/Hartmann* Rn. 2.

Abschnitt 7. Verfahren in Gewaltschutzsachen

§ 210 Gewaltschutzsachen
Gewaltschutzsachen sind Verfahren nach den §§ 1 und 2 des Gewaltschutzgesetzes.

Schrifttum: Allgemeines: *Borchert*, Stalking – Ein rechtliches Phänomen, FPR 204, 239; *Grizwotz*, Schutz vor Gewalt in Lebensgemeinschaften und vor Nachstellungen, NJW 2002, 872; *Hermann*, Die Umsetzung des „Gewaltschutzgesetzes" in das Landespolizeirecht, NJW 2002, 3062; *Kay*, Polizeiliche Eingriffsmöglichkeiten bei häuslicher Gewalt, FPR 2005, 28; *Löhnig*, Darlegung der Voraussetzungen des Anspruchs auf Wohnungsüberlassung, FPR 2005, 36; *Naucke-Lömker*, Überblick über die Umsetzung des Gewaltschutzgesetzes in den Bundesländern, NJW 2002, 3525; *Oberloskamp*, Der Schutz von Kindern nach dem GewSchG und Kinderrechteverbesserungsgesetz einerseits und den Vorschriften der §§ 1666, 1666a BGB andererseits, FPR 2003, 285; *Peschel-Gutzeit*, Gesetz zur Verbesserung des zivilgerichtlichen Schutzes bei Gewalttaten und Nachstellungen sowie zur Erleichterung der Überlassung der Ehewohnung bei Trennung (GewSchG), FPR 2001, 243; *Schumacher*, Der Regierungsentwurf eines Gesetzes zur Verbesserung des zivilgerichtlichen Schutzes bei Gewalttaten und Nachstellungen sowie zur Erleichterung der Überlassung der Ehewohnung bei Trennung, FamRZ 2001, 953; *dies*, Mehr Schutz bei Gewalt in der Familie, FamRZ 2002, 645; *dies./Janzen*, Gewaltschutz in der Familie, 2003; *v. Pechstaedt*, Zivilrechtliche Abwehrmaßnahmen gegen Stalking, NJW 2007, 1233; *Viefhues*, Einstweiliger Rechtsschutz bei Maßnahmen nach dem GewSchG innerhalb und außerhalb eines Scheidungsverfahrens, FPR 2005, 32; *Weber-Hornig/Kohaupt*, Partnerschaftsgewalt in der Familie – Das Drama des Kindes und Folgerungen für die Hilfe, FPR 2003, 315; *Weinreich*, Das Stiefkind in der HausratsVO und im Gesaltschutzgesetz, FPR 2004, 88; *Will*, Gewaltschutz in Paarbeziehungen mit gemeinsamen Kindern, FPR 2004, 233. Zu den Gesetzesmaterialien s den RegE, BT-Drucks. 14/5429.

Speziell zum neuen Recht: vergleiche die Angaben bei § 200.

Übersicht

	Rn.		Rn.
A. Normzweck	1–4	g) Antrag	39
B. Regelungsbereich	5–57	II. Gewaltschutzsachen nach § 2 GewSchG	40–58
I. Gewaltschutzsachen nach § 1 GewSchG	5–39	1. Geltungsbereich	41–46
1. Familiengerichtliche Maßnahmen nach § 1 Abs. 1 GewSchG	7–28	a) Auf Dauer angelegter gemeinsamer Haushalt	41, 42
a) Verletzungshandlung	8–13	b) Konkurrenzen	43–46
b) Widerrechtlichkeit	14	2. Taten nach § 1 Abs. 1 GewSchG	47–52
c) Verschulden	15–17	a) Überlassung der gemeinsamen Wohnung nach § 2 Abs. 1 GewSchG	47–52
d) Wiederholungsgefahr	18	b) Nutzungsvergütung gem. § 2 Abs. 5 GewSchG	53
e) Erforderliche Maßnahmen nach § 1 Abs. 1 GewSchG; Befristung der Maßnahmen, § 1 Abs. 1 S. 2 GewSchG; beispielhafte Aufzählung der Schutzanordnungen, § 1 Abs. 1 S. 3 GewSchG	19–26	3. Taten nach § 1 Abs. 2 Nr. 1 GewSchG	54–57
		a) Überlassung der gemeinsamen Wohnung gem. § 2 Abs. 6 S. 1 GewSchG	54–56
		b) Nutzungsvergütung gem. § 2 Abs. 5, Abs. 6 S. 3 GewSchG	57
f) Wahrnehmung berechtigter Interessen, § 1 Abs. 1 S. 3 letzter Halbs. GewSchG	27	4. Unterlassungsanordnungen nach § 2 Abs. 4 GewSchG	58
g) Antrag	28	**C. Internationales Privatrecht**	59–63
2. Familiengerichtliche Maßnahmen nach § 1 Abs. 2 GewSchG	29–39	I. Gewaltschutzsachen nach § 1 GewSchG	59–61
a) Verletzungshandlung	30–33	II. Gewaltschutzsachen nach § 2 GewSchG	62, 63
b) Widerrechtlichkeit	34	**D. Die Verfahrenswerte**	64, 65
c) Verschulden	35		
d) Wiederholungsgefahr	36		
e) Erforderliche Maßnahmen	37		
f) Schutz berechtigter Interessen	38		

§ 210 1–4

A. Normzweck

1   Die Vorschrift definiert die in Abschnitt 7 erfassten Familiensachen von § 111 Nr. 6, die Gewaltschutzsachen. Zu diesen gehören alle Verfahren nach den §§ 1 und 2 des GewSchG. **§§ 111 Nr. 6, 210 konkretisieren** die in § 23a Abs. 1 Nr. 1 GVG festgelegte **sachliche Zuständigkeit** der Amtsgerichte für Familiensachen. Die Vorschrift hat keine unmittelbare Vorgängerin; sie wählt wie § 64b FGG aF – der in Abs. 1 die örtliche Zuständigkeit regelte[1] – als Anknüpfungskriterium die Bezugnahme auf §§ 1 und 2 des Gewaltschutzgesetzes.

2   Bisher war die sachliche Zuständigkeit des FamG für Verfahren nach §§ 1, 2 GewSchG nach § 23a Nr. 7 GVG aF nur gegeben, wenn die verletzte oder bedrohte Person mit dem Täter einen auf Dauer angelegten gemeinsamen Haushalt führt oder innerhalb von 6 Monaten vor der Antragstellung einen solchen Haushalt geführt hat. Lagen diese Voraussetzungen nicht vor, war abhängig vom Streitwert (§§ 23 Nr. 1, 71 Abs. 1 GVG aF) eine Zivilkammer des Landgerichts oder das Amtsgericht sachlich zuständig, allerdings war dann bei Zuständigkeit des Amtsgerichts gerade nicht die Abteilung für Familiensachen berufen (§ 23b Abs. 1 S. 1 Nr. 8a GVG aF). Nach der klaren Entscheidung des Gesetzgebers[2] endete nach bisheriger Rechtslage die Zuständigkeit des Familiengerichts für Streitigkeiten zwischen Ehegatten nach dem GewSchG, wenn sie länger als sechs Monate keinen gemeinsamen Haushalt mehr geführt hatten.[3] Diese **nicht überzeugende Rechtswegspaltung** wurde zu Recht kritisiert.[4]

3   Die Neuregelung sieht daher zutreffend die **umfassende sachliche Zuständigkeit des Familiengerichts** für sämtliche Gewaltschutzsachen vor, § 23a Nr. 1 GVG iVm. §§ 111 Nr. 6, 210. Auf diese Weise entfallen nicht nur die bisher häufig bestehenden Zweifel über die Zuständigkeit. Die Vereinheitlichung der Zuständigkeit führt zugleich zu einem **einheitlichen Verfahrensrecht;** sämtliche Gewaltschutzsachen sind Angelegenheiten der freiwilligen Gerichtsbarkeit, um eine gegenüber der ZPO flexiblere und den Besonderheiten des Einzelfalles angepasste Verfahrensgestaltung zu ermöglichen.[5] So sind die Anforderungen an den verfahrenseinleitenden Antrag nach § 23 Abs. 1 geringer als diejenigen des § 253 Abs. 2 ZPO, zugleich wegen des Amtsermittlungsgrundsatzes (§ 26) die verfahrensleitenden Pflichten des Familienrichters höher (§ 28 Abs. 1, Abs. 2) und es besteht die Möglichkeit formloser Beweiserhebungen (§§ 29 Abs. 1, 30 Abs. 1, Abs. 3). Das alles dient sowohl der Verfahrenswirtschaftlichkeit als auch der Gerechtigkeit.[6]

4   Der Gesetzgeber hat mit der Vorschrift das „ganz große" Familiengericht in Gewaltschutzsachen eingeführt. Das Familiengericht ist – und damit weitergehend als in sonstigen Familiensachen nach §§ 111 Nr. 10, 266 – nicht nur für Gewaltschutzsachen zuständig, die Partner **nichtehelicher Lebensgemeinschaften** betreffen, sondern darüber hinaus sogar dann, wenn es an einer **besonderen Nähebeziehung** zwischen den Hauptbeteiligten **fehlt**.[7] Der Ausdruck „Großes Familiengericht" sollte allerdings **nicht gebraucht werden**. *Hartmann*[8] hat treffend und dezidiert darauf aufmerksam gemacht, dass der Ausdruck im Gesetz nicht existiert und auch sachlich nicht zutrifft. Trotz der Ausweitung der Aufgaben des früheren FamG erledigt es jetzt unter eben dieser Bezeichnung „Familiengericht" nicht alle Streitigkeiten mit Familienbezug, zB nicht solche mit erbrechtlichem Hintergrund und auch nicht die formell dem FamG in Buch 4 des BGB betreuungsrechtlichen Verfahren.[9]

B. Regelungsbereich

Die Vorschrift definiert und erfasst **sämtliche Gewaltschutzsachen** iSv. § 111 Nr. 6 FamFG.

Es handelt sich um **privatrechtliche Streitsachen der freiwilligen Gerichtsbarkeit**. Die Beteiligten trifft eine **gegenüber dem Zivilprozess abgeschwächte Beibringungs- und Darle-

---

[1] *Keidel/Kuntze/Winkler* § 64b FGG Rn. 2.
[2] BT-Drucks. 14/5426, S. 22.
[3] So OLG Nürnberg FPR 2003, 378; OLG Hamm FamRZ 2006, 1767; OLG Rostock FamRZ 2007, 742.
[4] Vgl. *Brudermüller* FF 2000, 156, 158; *Schwab* FamRZ 2002, 1, 3; kritisch auch *Weil* FamRZ 2003, 547; *Niepmann* MDR 2003, 841, 848.
[5] BT-Drucks. 16/6308, S. 251; *Kemper* S. 190.
[6] *Baumbach/Lauterbach/Hartmann* § 210 Rn. 2.
[7] Kritisch *Keidel/Giers* Rn. 1: „Systembruch".
[8] In: *Baumbach/Lauterbach* § 111 Rn. 1, § 266 Rn. 1; NJW 2009, 321.
[9] So auch *Zimmermann* FamFG Rn. 299.

gungslast: Den Beteiligten obliegt es nach dem FamFG den ihnen bekannten Sachverhalt vorzutragen und die ihnen bekannten Beweismittel anzugeben, um dem Gericht Anhaltspunkte dafür zu liefern, **welche Ermittlungen von Amts wegen (§ 26)** anzustellen sind.[10]

I. Gewaltschutzsachen nach § 1 GewSchG

Die Vorschrift normiert die gerichtliche Befugnis, zur Abwendung weiterer Verletzungen von Körper, Gesundheit oder Freiheit der verletzten Person die erforderlichen Schutzmaßnahmen in Bezug auf den Täter zu treffen. Sie stellt die schon vor ihrer Schaffung von den Gerichten zur Durchsetzung des aus §§ 823 Abs. 1, 1004 Abs. 1 BGB entsprechend hergeleiteten Unterlassungsanspruchs ausgeübten Befugnisse auf eine ausdrückliche gesetzliche Grundlage. Die Norm gestattet dem FamG, Eingriffe in Rechtspositionen des Täters anzuordnen.

§ 1 GewSchG schützt **jede natürliche Person,** die Opfer von Gewalt oder eines Gewalttäters geworden ist. Eine besondere Beziehung zwischen Opfer und Täter muss nicht bestehen. Erfasst werden **Gewalttaten** im **häuslichen** wie im **außerhäuslichen Bereich,** so auch, wenn Kinder ihren Eltern gegenüber Gewalt ausüben, gem. § 3 GewSchG jedoch nicht im umgekehrten Fall bei Gewalt der sorgeberechtigten Eltern gegen das Kind.

1. Familiengerichtliche Maßnahmen nach § 1 Abs. 1 GewSchG. Die Vorschrift setzt einen **materiell-rechtlichen Anspruch auf Unterlassung** der Verletzung der genannten Rechtsgüter **voraus.** Das richtet sich nach den allgemeinen Vorschriften des Rechts der unerlaubten Handlung. Die Voraussetzungen für ein Einschreiten des FamG nach § 1 Abs. 1 GewSchG entsprechen denen nach §§ 823 Abs. 1, 1004 Abs. 1 BGB entsprechend.[11] Das gilt zum einen für die Beschreibung der geschützten Rechtsgüter (Körper, Gesundheit oder Freiheit) zum anderen für die Verletzungshandlung und deren Widerrechtlichkeit.

a) Verletzungshandlung. Wer von einer Person vorsätzlich und widerrechtlich an Körper, Gesundheit oder in seiner Freiheit verletzt wird, hat einen Anspruch darauf, dass das zuständige FamG **alle erforderlichen Maßnahmen** zur **Abwendung weiterer Verletzungshandlungen** trifft. Die Vorschrift erfasst aber nur die für Gewalttaten typischen Fälle der **vorsätzlichen Begehung** der Verletzungshandlung. Bei der Prüfung, ob im konkreten Einzelfall eine Verletzung der genannten Rechtsgüter vorliegt, ist auf die zu § 823 BGB ergangene Rechtsprechung zurückzugreifen.[12] Die jeweils behaupteten **Verletzungshandlungen** sind konkret und detailliert vom **Antragsteller darzulegen.**

aa) Körperverletzung. Der Körper der geschützten Person wird verletzt durch jeden unbefugten physischen oder psychischen Eingriff in die körperliche Befindlichkeit, die eine Störung der körperlichen, geistigen oder seelischen Befindlichkeit bewirkt.[13]

bb) Gesundheitsverletzung. Sie liegt bei jeder durch den Täter hervorgerufenen Störung der physischen, psychischen oder mentalen Befindlichkeit eines Menschen mit Krankheitscharakter vor; denn das Gegenteil von Gesundheit heißt Krankheit, weshalb dieser Begriff zur Konkretisierung von § 823 BGB zu verwenden ist.[14] Demgegenüber **vermeidet der BGH**[15] häufig die Heranziehung des Kriteriums der Krankheit, wonach unter dem Begriff der Gesundheitsverletzung „jedes Hervorrufen oder Steigern eines von den normalen körperlichen Funktionen nachteilig abweichenden Zustands fällt". Beispiele sind Depressionen, Neurosen oder Psychosen.

cc) Verletzung der Freiheit. Sie setzt die Einschränkung der körperlichen Fortbewegungsfreiheit voraus.[16] Rein sprachlich könnte man diesen Begriff sehr weit interpretieren und darunter sogar die allgemeine Handlungsfreiheit subsumieren. Dagegen spricht jedoch schon, dass sich diese mit Leben, Körper und Gesundheit, denen das Gesetz sie in § 823 BGB an die Seite stellt, weder hinsichtlich ihrer rechtsethischen Ranghöhe noch hinsichtlich ihrer sozialtypischen Offenkundigkeit vergleichen lässt. Außerdem und vor allem würde man auf diese Weise das gesetzliche System sprengen, denn mit der Kategorie der Handlungsfreiheit lässt sich nahezu jede beliebige Interessenverletzung erfassen, so dass diese schon bei Fahrlässigkeit haftbar machen würde und man so iE zu

---

[10] Vgl. oben § 200 Rn. 4, 5.
[11] *Bamberger/Roth/Reinken* § 1 GewSchG Rn. 6, 10; *Keidel/Kunze/Winkler/Weber* Vorb § 64b FGG Rn. 3; *Palandt/Brudermüller* § 1 GewSchG Rn. 4, 5.
[12] Vgl. dazu *Bamberger/Roth/Spindler* § 823 BGB Rn. 29 ff.; *Palandt/Sprau* § 823 BGB Rn. 3 ff. jeweils m. weit. Nachw.
[13] BGH NJW 1980, 1452, 1453 *Larenz/Canaris* II. 2., § 76 II. 1a) S. 377.
[14] *Larenz/Canaris* II. 2., § 76 II. 1a, b.
[15] BGHZ 114, 284, 289.
[16] *Deutsch* Rn. 185; *Kötz* Rn. 56.

§ 210 12–18   Buch 2. Abschnitt 7. Verfahren in Gewaltschutzsachen

einer „großen" Generalklausel käme.[17] Daher genügt die Beeinträchtigung der **allgemeinen Handlungs- und Entschlussfreiheit nicht,**[18] selbst wenn sie durch Drohung, Zwang oder Täuschung bewirkt wird.[19]

12 Das ist der eigentliche Grund, weshalb eine Freiheitsverletzung iSv. Entziehung der körperlichen Bewegungsfreiheit durch auch nur **kurzfristiges Einsperren** der Person erfolgen kann,[20] **nicht** aber durch **bloßes Aussperren.**[21]

13 **dd) Verletzung weiterer in § 823 Abs. 1 und Abs. 2 BGB geschützter Rechte und Rechtsgüter.** § 1 Abs. 1 GewSchG erfasst **nur die ausdrücklich genannten Rechte.** Zum Schutz der weiteren von § 823 Abs. 1 und Abs. 2 BGB erfassten Rechte und Rechtsgüter wie zB des allgemeinen Persönlichkeitsrechts, ist auf die von der Rechtsprechung entwickelten Grundsätze des Unterlassungsanspruchs aus §§ 823, 1004 Abs. 1 S. 2 BGB entsprechend zurück zu greifen. Es handelt sich folglich **nicht um Gewaltschutzsachen.**

14 **b) Widerrechtlichkeit.** Die Widerrechtlichkeit der Verletzungshandlung ist nach den für § 823 BGB geltenden Maßstäben zu beurteilen.[22] Danach ist grundsätzlich von Widerrechtlichkeit auszugehen, wenn der Täter nicht einen Rechtfertigungsgrund darlegen kann.

15 **c) Verschulden. aa) Begriff.** Er ist weder im BGB noch im GewSchG definiert. Nach der Systematik des BGB, die hier zugrunde zu legen ist,[23] ist er Oberbegriff der Schuldformen Vorsatz und Fahrlässigkeit und erfordert als weiteres Verschuldenselement Zurechnungsfähigkeit.[24]

16 **bb) Zurechnungsfähigkeit oder Schuldfähigkeit.** § 1 Abs. 1 S. 1 GewSchG fordert die Schuldform Vorsatz und daher zugleich als weiteres Verschuldenselement **Zurechnungsfähigkeit des Täters.**[25] Nach **§ 1 Abs. 3 GewSchG** steht allerdings die **Schuldunfähigkeit** der Anordnung von Maßnahmen nach § 1 Abs. 1 S. 1 und Abs. 2 GewSchG **nicht entgegen,** wenn der Täter in einem die freie Willensbestimmung ausschließenden Zustand krankhafter Störung der Geistestätigkeit handelte, in den er sich durch geistige Getränke oder ähnliche **Mittel** vorübergehend versetzt hat (vgl. demgegenüber § 827 BGB). Als geistige Getränke kommen insbesondere Alkoholika, als ähnliche Mittel insbesondere Drogen und Psychopharmaka in Betracht. Demgegenüber können Fälle **vorübergehender Schuldunfähigkeit aus anderen Gründen** als der Einnahme von Rauschmitteln, zB auf Grund von Krankheiten, und bei dauernder Schuldunfähigkeit des Täters[26] Unterlassungsansprüche nur auf §§ 1004 Abs. 1 analog, 823 Abs. 1 BGB gestützt werden.[27] Es handelt sich dann **nicht um Gewaltschutzsachen.**

17 **cc) Vorsatz.** Die Rechtsgutsverletzung erfordert Vorsatz des Täters, dh. Wissen und Wollen der Verletzung des geschützten Rechtsguts, wobei dolus eventualis genügt.[28] Körper- und Gesundheitsverletzungen auf Grund **fahrlässigen Verhaltens** sind dagegen wiederum nach den allgemeinen Regeln zu behandeln (dann **keine Gewaltschutzsache**).[29]

18 **d) Wiederholungsgefahr.** Das FamG hat die zur Abwendung **weiterer Verletzungen** erforderlichen Maßnahmen zu treffen. Im Gegensatz zu § 1004 Abs. 1 S. 2 BGB müssen weitere Beeinträchtigungen nicht zu besorgen sein. Das nach dem GewSchG zum Eingreifen maßgebende Ver-

---

[17] *Larenz/Canaris* oben Fn. 13; *Deutsch* Rn. 185; *Kötz* Rn. 56 § 76 II. 2a. S. 385.
[18] OLG München OLG 1985, 466; MünchKommBGB/*Wagner* § 823 BGB Rn. 92; aA *Eckert* JuS 1994, 625.
[19] *Bamberger/Roth/Spindler* § 823 BGB Rn. 38.
[20] OLG Brandenburg NJW-RR 2006, 220.
[21] So *Bamberger/Roth/Reinken* § 1 GewSchG Rn. 13; *Palandt/Brudermüller* § 1 GewSchG Rn. 5; *Viefhus* FPR 2005, 32, 35; dagegen weitergehend *Gziwotz* NJW 2002, 872, 873; offen gelassen von OLG Köln FamRZ 2003, 1281.
[22] Vgl. *Bamberger/Roth/Spindler* § 823 BGB Rn. 9 ff.; *Palandt/Sprau* § 823 BGB Rn. 23 ff.; *Jauernig/Teichmann* § 823 BGB Rn. 47 ff.
[23] Vgl. oben Rn. 13.
[24] *Palandt/Heinrichs* § 276 BGB Rn. 5.
[25] *Bamberger/Roth/Reinken* § 1 GewSchmG, Rn. 18, 31; *Palandt/Brudermüller* § 1 GewSchG Rn. 5; aA *Schumacher* FamRZ 2002, 645, 649; *Schumacher/Janzen* Rn. 35 jeweils mit der inkonsistenten Begründung, auf ein Verschulden der handelnden Person und damit auf ihre Zurechnungsfähigkeit komme es nicht an. Beide Schuldformen, Vorsatz und Fahrlässigkeit, erfordern als weiteres Verschuldenselement die Zurechnungs- oder Schuldfähigkeit. Möglicherweise wird die im Strafrecht geltende sogenannte Schuldtheorie (§§ 16, 17 StGB; BGH GrSt 2, 194) zugrunde gelegt. Demgegenüber gilt im Zivilrecht die sogenannte Vorsatztheorie, nach der zum Vorsatz das Bewusstsein der Rechtswidrigkeit bzw. Pflichtwidrigkeit des Täters gehört (BGHZ 69, 142; 118, 208; NJW 2002, 3255; OLG München ZIP 2008, 66).
[26] AG Wiesbaden FamRZ 2006, 1145 mAv *Nagel*.
[27] *Palandt/Brudermüller* § 1 GewSchG Rn. 5.
[28] *Schumacher/Janzen* Rn. 34; *Palandt/Brudermüller* § 1 GewSchG Rn. 5.
[29] *Bamberger/Roth/Reinken* § 1 GewSchG Rn. 16; *Löhnig* Rn. 86; *Palandt/Brudermüller* § 1 GewSchG Rn. 5.

halten des Täters **indiziert** vielmehr die **Wiederholungsgefahr.** § 1 Abs. 1 S. 1 GewSchG geht von einer Vermutung aus, dass in den Fällen, in denen es bereits zu Gewalttaten gekommen ist, weitere Taten zu erwarten sind. An die dem Täter obliegende Widerlegung der Vermutung, sind hohe Anforderungen zu stellen.[30] Gelingt ihm dies nicht, ist davon auszugehen, dass weitere Gewalttaten drohen. Die verletzte Person kann dem Vortrag des Täters zudem durch konkrete, die Wiederholungsgefahr gerade indizierende Umstände entgegentreten. Einer drohenden **Erstbeeinträchtigung** kann wiederum nur nach § 1004 Abs. 1 entsprechend, § 823 BGB begegnet werden (**keine Gewaltschutzsache**).[31]

e) Erforderliche Maßnahmen nach § 1 Abs. 1 GewSchG; Befristung der Maßnahmen, § 1 Abs. 1 S. 2 GewSchG; beispielhafte Aufzählung der Schutzanordnungen, § 1 Abs. 1 S. 3 GewSchG. aa) Erforderliche Maßnahmen und Befristung. Das FamG hat nach § 1 Abs. 1 S. 1 GewSchG die **erforderlichen Maßnahmen** zu treffen. Es hat also den **Grundsatz der Verhältnismäßigkeit** zu beachten.[32] Die Maßnahmen beinhalten nämlich einen Eingriff in grundrechtlich geschützte Rechtspositionen des Täters. Die Anordnungen sollen zudem nach § 1 Abs. 1 S. 2 GewSchG befristet werden; die Frist kann verlängert werden, auch mehrmals, wenn nach Ablauf der ursprünglich bestimmten Frist weitere Verletzungen der Rechtsgüter des Opfers zu befürchten sind.[33] Die **Befristung** ist Ausfluss **des Grundsatzes der Verhältnismäßigkeit.**[34] Die Bemessung der Frist richtet sich danach, welcher Zeitraum erforderlich ist, um der Gefahr weiterer Rechtsgutsverletzungen entgegen zu wirken. So kann bei wiederholter Verletzung von Rechtsgütern durch den Täter oder bei bereits länger andauernder Belästigung durch den Täter, eine längere Dauer der Schutzmaßnahmen angeordnet werden. Auch bei entsprechender Schwere der Gewalttat kann eine längerfristige Maßnahme angezeigt sein.[35] Ausreichend für die Befristung ist die Begrenzung der vorläufigen Maßnahme bis zur Beendigung des Hauptsacheverfahrens.[36] 19

bb) Beispielhafte Aufzählung in § 1 Abs. 1 S. 3 GewSchG. Die Vorschrift konkretisiert die möglichen Schutzanordnungen, enthält aber **keinen abschließenden Katalog,** wie das Wort „insbesondere" zum Ausdruck bringt. So können die folgenden Verbote, ggf. mehrere, ergehen: 20

α) Betretungsverbot, § 1 Abs. 1 S. 3 Nr. 1 GewSchG. Zum Schutz des Opfers kann das Gericht anordnen, dass der Täter die Wohnung des Opfers nicht betreten darf. Eine solche Anordnung wird häufig im Zusammenhang mit einer **Wohnungsüberlassung** nach § 2 Abs. 1, Abs. 6 S. 1 GewSchG ergehen. Dieses Betretungsverbot erweitert die Möglichkeit des sogenannten „Platzverweises" nach Polizeirecht im Rahmen der Gefahrenabwehr.[37] 21

β) Näherungsverbot, § 1 Abs. 1 S. 3 Nr. 2 GewSchG. Das Gericht kann dem Täter verbieten, sich in einem **bestimmten Umkreis der Wohnung** der verletzten Person aufzuhalten. Die Eingrenzung des vom Näherungsverbot erfassten Umkreises richtet sich nach den örtlichen Verhältnissen, zB danach, ob es sich um eine dichte oder weitläufige Bebauung handelt.[38] Der verletzten Person soll so mit Hilfe einer „Bannmeile" die Möglichkeit gegeben werden, sich gefahrlos in der Nähe der eigenen Wohnung aufhalten zu können. 22

γ) Aufenthaltsverbot, § 1 Abs. 1 S. 3 Nr. 3 GewSchG. Weitergehend können Schutzanordnungen den Aufenthalt des Täters an **anderen näher zu bestimmenden Orten** verbieten, an denen sich das Opfer regelmäßig aufhält, auch in seiner Freizeit; so kann dem Täter verboten werden den Arbeitsplatz, den Kindergarten, die Schule, eine Sportstätte oder das Stammlokal der verletzten Person aufzusuchen. Nicht notwendig ist, dass sich die verletzte Person zwingend an diesen Orten aufhalten muss.[39] 23

δ) Kontaktverbot, § 1 Abs. 1 S. 3 Nr. 4 GewSchG. Die Vorschrift sieht als Schutzmaßnahme ein **Kontakt- und Belästigungsverbot** vor. Es handelt sich um die mit dem Schlagwort – **stalking** (aus der englischen Jägersprache: Heranpirschen) – bezeichneten Fälle. Gemeint sind hartnäckige Belästigungen einer Person durch eine andere durch die wiederholte Überwachung und Beobach- 24

---

[30] OLG Brandenburg NJW-RR 2006, 220.
[31] *Banberger/Roth/Reinken* § 1 GewSchG Rn. 19 aE.
[32] OLG Stuttgart FPR 2004, 253 = FamRZ 2004, 876.
[33] *Bamberger/Roth/Reinken* § 1 GewSchG Rn. 29; *Palandt/Brudermüller* § 1 GewSchG Rn. 7.
[34] *Bamberger/Roth/Reinken* § 1 GewSchG Rn. 29.
[35] *Bamberger/Roth/Reinken* § 1 GewSchG Rn. 29; *Palandt/Brudermüller* § 1 GewSchG Rn. 7.
[36] OLG Naumburg FPR 2003, 376.
[37] Vgl. zur Rechtslage in den einzelnen Bundesländern: *Naucke/Lömker* NJW 2002, 3525 ff.; vgl. VGH BaWü NJW 2005, 88; OVG Münster NJW 2002, 2195; VG Aachen NJW 2004, 1888; vgl. insgesamt und ausführlich *Eicke,* Die polizeiliche Wohnungszuweisung bei häuslicher Gewalt, 2008.
[38] *Bamberger/Roth/Reinken* § 1 GewSchG Rn. 23; *Palandt/Brudermüller* § 1 GewSchG Rn. 8.
[39] BT-Drucks. 14/7297, S. 4.

tung des Opfers, ständiger Anwesenheit des Täters in der unmittelbaren Umgebung des Opfers, aufdringliche Kontaktversuche und Annäherung, Telefonterror und sonstige Verfolgung mittels Telekommunikation.[40] Eine derart hartnäckige Vorgehensweise des Täters ist nicht zwingend erforderlich. Auch ohne dies kann ein Kontaktverbot verhängt werden, dass sich auf **alle Arten der Kontaktaufnahme** erstreckt, wie auf die herkömmliche Art über Telefon und Telefax, als auch die unter Einsatz von modernen Kommunikationsmitteln wie Mobiltelefon, Internet oder E-mail.

25 ε) **Verbot des Zusammentreffens und Abstandsgebot, § 1 Abs. 1 S. 3 Nr. 5 GewSchG.** Dem Täter kann verboten werden, ein Zusammentreffen mit der verletzten Person herbeizuführen, aber auch bei einem zufälligen Zusammentreffen mit dem Opfer, unverzüglich einen näher zu bestimmenden Abstand zu diesem einzunehmen.[41]

26 Nicht erfasst werden demgegenüber Fälle, in denen der Täter das Eigentum des Opfers zerstört, insoweit verbleibt es wiederum bei dem allgemeinen zivilrechtlichen Unterlassungsanspruch (§ 3 Abs. 2 GewSchG).[42] Es handelt sich **nicht** um eine **Gewaltschutzsache**.

27 f) **Wahrnehmung berechtigter Interessen, § 1 Abs. 1 S. 3 letzter Halbs. GewSchG.** Die Schutzanordnungen können eingeschränkt werden, wenn dies zur Wahrnehmung berechtigter Interessen des Täters erforderlich ist. Das kann insbesondere bei der **Ausübung des Umgangs** mit einem gemeinsamen **Kind** gegeben sind. Allerdings hat *Brudermüller*[43] zutreffend darauf hingewiesen, dass vorzugsweise kein direkter Kontakt zwischen Täter und Opfer angezeigt ist, sondern eine dritte zur Vermittlung bereite Person einzuschalten ist.[44]

28 g) **Antrag.** Es ist ein Antrag der verletzten Person erforderlich, das FamG wird **nicht von Amts wegen** tätig. Das folgt aus der **Verfahrensvorschrift des § 1 Abs. 1 S. 1 GewSchG.** Einer § 124 S. 1, 203 Abs. 1 entsprechenden Vorschrift bedurfte es daher nicht. Dies gilt auch für Gewaltschutzsachen nach §§ 1 Abs. 2, 2 GewSchG. Für § 1 Abs. 2 GewSchG gilt Abs. 1 der Vorschrift entsprechend; die Überlassungsansprüche nach § 2 Abs. 1, Abs. 6 S. 1 GewSchG setzen jeweils das Eingreifen von § 1 Abs. 1 bzw. Abs. 2 GewSchG voraus und werden daher regelmäßig mit den Schutzanträgen geltend gemacht. Geschieht dies nicht, ergibt sich das Antragserfordernis entsprechend § 1 Abs. 1 S. 1 GewSchG. Die **formellen Antragsvoraussetzungen** bestimmen sich nach **§ 23 Abs. 1.**[45]

29 2. **Familiengerichtliche Maßnahmen nach § 1 Abs. 2 GewSchG.** Die Vorschrift erstreckt die Möglichkeit gerichtlicher Schutzanordnungen nach Maßgabe des Abs. 1 **auf zwei weitere Fallkonstellationen:** Nach **Nr. 1** auf die widerrechtliche Drohung mit der Verletzung des Lebens, des Körpers, der Gesundheit oder der Freiheit und nach **Nr. 2** auf die widerrechtlich und vorsätzlich herbeigeführten unzumutbaren Belästigungen, die sich für das Opfer als schwerwiegende Belastung seiner Privatsphäre darstellen.

30 a) **Verletzungshandlung. aa) Widerrechtliche Drohung mit Verletzung der geschützten Rechtsgüter, Abs. 2 S. 1 Nr. 1.** Schutzanordnungen nach § 1 Abs. 1 GewSchG kommen nicht nur bei einer bereits eingetretenen Verletzung des Rechtsguts in Betracht, sondern nach Abs. 2 Nr. 1 der Vorschrift auch bei widerrechtlichen iSv. §§ 240, 241 StGB ernsthaften[46] Drohungen mit der Verletzung des Lebens, der Gesundheit oder der Freiheit in Betracht. Unter Drohung ist das ausdrückliche, schlüssige oder versteckte Inaussichtstellen einer künftigen Verletzung der bezeichneten Rechtsgüter zu verstehen, auf dessen Eintritt der Drohende Einfluss hat oder zu haben vorgibt. Der Bedrohte muss diese Drohung Ernst nehmen.[47] Das Gericht hat die zur Verhinderung der Gewalttat erforderlichen Maßnahmen anzuordnen.

31 bb) **Eindringen in die Wohnung oder das befriedete Besitztum, § 1 Abs. 2 S. 1 Nr. 2 lit. a GewSchG.** Die Bestimmung dient dem **Schutz des Hausrechts.** Für die Beschreibung der Verletzung des Hausrechts ist an die in § 123 StGB verwendeten Formulierungen[48] angeknüpft

---

[40] Vgl. *von Pechstaedt* NJW 2007, 1233; *Dressing/Gass,* Stalking! Verfolgung, Bedrohung, Belästigung, 2005; *Hoffmann,* Stalking, 2005; *Weiß/Winterer,* Stalking und häusliche Gewalt, 2005; *Kerbein/Pröbsting* ZRP 2002, 76; *Borchert* FPR 2004, 239; vgl. insbesondere zum Forschungsstand *Dressing/Kühner/Gass* FPR 2006, 176 ff.; vgl. im Übrigen die Beiträge in FPR 2006 Heft 5.
[41] *Bamberger/Roth/Reinken* § 1 GewSchG Rn. 26.
[42] *Palandt/Brudermüller* § 1 GewSchG Rn. 8.
[43] In: *Palandt* § 1 GewSchG Rn. 8.
[44] So auch *Bamberger/Roth/Reinken* § 1 GewSchG Rn. 27.
[45] Vgl. oben Rn. 3; § 203 Rn. 4, 5, § 23.
[46] OLG Schleswig FPR 2004, 266.
[47] Insoweit wird auf die Rechtsprechung und Literatur zu § 240 StGB Bezug genommen, vgl. zB *Tröndle/Fischer* 50. Aufl. § 240 StGB Rn. 31.
[48] *Tröndle/Fischer* 50. Aufl. § 123 StGB Rn. 5.

worden. Erfasst wird die Privatwohnung, also das Eindringen in die Wohnung oder das Haus, dass dem Opfer zur ständigen Benutzung zu dienen bestimmt ist. Allerdings sind im Gegensatz zu § 123 StGB die **Geschäftsräume der verletzten Person nicht geschützt. Befriedetes Besitztum** ist jedes „eingehegte"[49] Gelände zu verstehen. Erfasst werden also zB der umzäunte Garten und der Hofraum.[50]

cc) Unzumutbare Belästigung, § 1 Abs. 2 S. 1 Nr. 2 lit. b GewSchG. Die Vorschrift erstreckt die Möglichkeit gerichtlicher Schutzanordnungen nach § 1 Abs. 1 GewSchG auf Fälle wiederholter, dauerhafter Nachstellungen und der Verfolgung unter Verwendung von Fernkommunikationsmitteln. Es geht auch um die Problematik des sogenannten **Stalkings**.[51] 32

In den Fällen von § 1 Abs. 2 S. 1 Nr. 2 lit. b GewSchG ist Voraussetzung, dass die belästigte Person gegenüber dem Täter ausdrücklich die **Unterlassung** der Belästigungen **verlangt hat,** denn die Belästigungen müssen **„gegen den ausdrücklich erklärten Willen"** des Opfers erfolgt sein. Die verletzte Person müsste demnach im Streitfall nachweisen, dass sie vom Täter verlangt hat, die Nachstellungen und Verfolgungen zu unterlassen. Sind solche Belästigungen tatsächlich erfolgt, besteht aber, wie bei Wiederholungsgefahr, eine **Beweiserleichterung** zugunsten des Opfers. Es spricht eine **tatsächliche Vermutung** dafür, dass das Opfer dem Täter unmissverständlich zu erkennen gegeben hat, dass es mit den Nachstellungen und Verfolgungen nicht einverstanden war. Der Täter muss die Vermutung widerlegen.[52] 33

b) Widerrechtlichkeit. Sie muss bei sämtlichen Tatbeständen vorliegen. Vgl. die Ausführungen zu Rn. 14. 34

c) Verschulden. Die Tatbestände von § 1 Abs. 2 S. 1 Nr. 2 GewSchG erfordern im Gegensatz zu demjenigen des § 1 Abs. 2 S. 1 Nr. 1 GewSchG vorsätzliches Handeln. Nur soweit der Täter wegen Genusses geistiger Getränke oder ähnlicher Mittel bei der Tat nicht zurechnungsfähig gewesen ist, steht dies der Anordnung von Schutzmaßnahmen nicht entgegen. 35

d) Wiederholungsgefahr. Sie muss auch bei § 1 Abs. 2 S. 1 GewSchG vorliegen. Vgl. im Übrigen Rn. 18. 36

e) Erforderliche Maßnahmen. Es gilt § 1 Abs. 1 GewSchG entsprechend. Der **Grundsatz der Verhältnismäßigkeit** ist zu beachten.[53] Die Anordnungen sind entsprechend § 1 Abs. 1 S. 2 GewSchG regelmäßig zu befristen. 37

f) Schutz berechtigter Interessen. In der Fallgruppe des § 1 Abs. 2 S. 1 Nr. 2 lit. b GewSchG entfällt der Tatbestand unzumutbarer Belästigung (wie nach § 1 Abs. 1 S. 3 letzter Halbs. GewSchG), wenn die Handlung der Wahrnehmung berechtigter Interessen dient, S. 1 Abs. 2 S. 2 GewSchG. 38

g) Antrag. Entsprechend § 1 Abs. 1 S. 1 GewSchG ist ein **verfahrenseinleitender Antrag erforderlich**. 39

II. Gewaltschutzsachen nach § 2 GewSchG

§ 2 GewSchG ist im Gegensatz zu der Verfahrensvorschrift des § 1 GewSchG eine materiellrechtliche Norm und enthält echte **materiell-rechtliche Anspruchsgrundlagen**. Die Vorschrift knüpft an die von § 1 Abs. 1 S. 1, Abs. 2 S. 1 GewSchG zugrunde gelegten Taten an und gewährt Ansprüche auf Überlassung der gemeinsamen Wohnung (§ 2 Abs. 1, Abs. 6 S. 1 GewSchG) und auf Entrichtung eine Nutzungsvergütung (§ 2 Abs. 5; ggf. iVm. Abs. 6 S. 3 GewSchG). 40

1. Geltungsbereich. a) Auf Dauer angelegter gemeinsamer Haushalt. Sämtliche Ansprüche setzen einen **„auf Dauer angelegten gemeinsamen Haushalt"** der verletzten bzw. bedrohten Person mit dem Täter voraus. Dies gilt auf Grund des Bedeutungszusammenhangs **auch** für die Ansprüche auf Entrichtung einer **Nutzungsvergütung.** § 2 GewSchG gilt nach seinem Wortlaut für alle Personen, die in einer solchen häuslichen Gemeinschaft leben, unabhängig davon, ob zwischen den Beteiligten eine Rechtsbeziehung besteht oder nicht.[54] Der **Wortlaut** umfasst also sowohl Ehegatten, Lebenspartner, in nicht ehelicher Lebensgemeinschaft lebende Partner und zwar unabhängig davon, ob es sich um eine hetero- oder homosexuelle Beziehung handelt, Geschwister, Eltern und Kinder als auch Personen, bei denen eine familiäre Verbindung fehlt. Allerdings müssen 41

---
[49] *Tröndle/Fischer* 50. Aufl. § 123 StGB Rn. 7.
[50] *Bamberger/Roth/Reinken* § 1 GewSchG Rn. 33.
[51] Siehe dazu oben Rn. 24.
[52] *Haußleiter/Schulz* Kap. 10 Rn. 17.
[53] OLG Brandenburg NJW-RR 2006, 220.
[54] BT-Drucks. 14/5429, S. 19; *Bamberger/Roth/Reinken* § 2 GewSchG Rn. 2; *Palandt/Brudermüller* § 2 GewSchG Rn. 1.

die zusammenlebenden Personen stets einen **gemeinsamen Haushalt** führen. Dies verlangt die Vorschrift und scheidet damit die Fälle des **bloßen Mitbewohnens aus**. Daher zählen in loser Gemeinschaft zusammenlebende Personen, die primär der gemeinsame Wunsch verbindet, preiswerter oder komfortabler zu wohnen nicht zum geschützten Personenkreis.[55] Derart zusammenlebende Personen führen **keinen gemeinsamen Haushalt**, vielmehr führt jede Person einen eigenen Haushalt, es fehlt ein gemeinsames Wirtschaften. Deshalb erfasst § 2 GewSchG Wohngemeinschaften von Studenten und Auszubildenden nicht.[56]

42 Der gemeinsame Haushalt muss zudem **auf Dauer** angelegt sein. Der Begriff des „**auf Dauer angelegten gemeinsamen Haushalts**" ist aus dem MietRReformG vom 19. 7. 2001[57] übernommen und entspricht der herkömmlichen Umschreibung für die eheähnliche Gemeinschaft als einer Lebensgemeinschaft, die auf Dauer angelegt ist, keine weiteren Bindungen gleicher Art zulässt und sich durch innere Bindungen auszeichnet, die gegenseitiges füreinander Einstehen begründen und über eine reine Wohn- und Wirtschaftsgemeinschaft hinausgehen.[58]

43 **b) Konkurrenzen.** Aufgrund des **weiten Anwendungsbereichs** von § 2 GewSchG ist dessen **Verhältnis zu § 1361b BGB** und **§ 14 LPartG umstritten.** Manche[59] wenden § 2 GewSchG und §§ 1361b BGB, 14 LPartG nebeneinander an, wobei teilweise offen bleibt, ob echte Anspruchskonkurrenz[60] oder bloß Anspruchsnormenkonkurrenz[61] vorliegen soll. Demgegenüber werden §§ 1361b BGB, 14 LPartG überwiegend als leges speciales zu § 2 GewSchG angesehen, wenn die Ehegatten getrennt leben oder getrennt leben wollen.[62]

44 **§§ 1361b BGB, 14 LPartG verdrängen § 2 GewSchG nicht als leges speciales.** Es fehlt bereits am logischen Verhältnis der Spezialität. Im logischen Verhältnis der Spezialität stehen die Tatbestände von zwei Normen dann, wenn der Anwendungsbereich der spezielleren Norm völlig in dem der allgemeineren aufgeht, wenn also alle Fälle der spezielleren Norm auch solche der allgemeineren Norm sind. Das ist der Fall, wenn der Tatbestand der spezielleren Norm alle Merkmale der allgemeineren Norm und darüber hinaus noch mindestens ein zusätzliches Merkmal enthält; dh., wenn der in der speziellen Norm geregelte Fall ein Unterfall des Tatbestandes der generellen Norm ist.[63] §§ 1361b, 14 LPartG sind keine Unterfälle in diesem Sinne von § 2 GewSchG. Im Anwendungsbereich ist § 2 GewSchG zwar **einerseits weiter,** denn er setzt weder eine Ehe zwischen den Parteien,[64] noch setzt er Getrenntleben oder einen dahin gehenden Wunsch voraus. Andererseits ist § 2 GewSchG **aber auch enger,** nämlich hinsichtlich der betroffenen Interessen, da ein Sachverhalt nach § 1 GewSchG vorliegen muss, während bei §§ 1361b BGB, 14 LPartG auch eine von familiärer Gewalt ganz unabhängige unbillige Härte Grundlage des Anspruchs auf Wohnungsüberlassung sein kann.[65]

45 **§ 2 GewSchG wird jedoch von §§ 1361b BGB, 14 LPartG im Wege der „Subsidiarität infolge erschöpfender Regelung" verdängt.**[66] Ein solcher Fall liegt vor, wenn sich die **Tatbestände zweier Normen nur teilweise decken,** einige Fälle also nur dem einen, einige dem anderen, einige beiden Tatbeständen unterfallen.[67] Treffen auf einen Sachverhalt beide Tatbestände zu, kommt es auf den Sinn und Zweck der in Frage stehenden Regeln und die hinter ihnen stehenden Wertungen an. Eine Verdrängung wegen Subsidiarität infolge erschöpfender Regelung erfolgt, wenn das Gesetz bestimmte Vorgänge aus besonderen Gründen einer einheitlichen Regelung

---

[55] BT-Drucks. 14/5429, S. 30; *Haußleiter/Schulz* Kap. 10 Rn. 22, 23; *Palandt/Brudermüller* § 2 GewSchG Rn. 2.
[56] BT-Drucks. 14/5429, S. 30; *Haußleiter/Schulz* Kap. 10 Rn. 22, 23; *Palandt/Brudermüller* § 2 GewSchG Rn. 2; aA Schumacher FamRZ 2002, 645, 650.
[57] Vgl. BT-Drucks. 439/00, S. 92; BT-Drucks. 14/5429, S. 30, 71.
[58] BT-Drucks. 439/00, S. 92.
[59] *Haußleiter/Schulz* Kap. 10 Rn. 46 ff., 50; *Hohloch* FPR 2008, 430, 431; *Schumacher* FamRZ 2006, 645, 653; *Erman/Gamillscheg* § 1361b BGB Rn. 20.
[60] So *Hohloch* FPR 2008, 430, 431; zum Begriff vgl. *Larenz/Wolf* § 18 Rn. 26 ff., 38 ff.
[61] Zum Begriff vgl. *Larenz/Wolf* § 18 Rn. 26 ff., 33 ff.
[62] *Bamberger/Roth/Reinken* § 2 GewSchG Rn. 6 aE; *Brudermüller* FamRZ 2003, 1705, 1707; *Johannsen/Heinrich/Brudermüller* § 1361b BGB Rn. 3; *Palandt/Brudermüller* § 1361b BGB Rn. 1, § 2 GewSchG Rn. 2; *Hoppenz/Müller* § 1361b BGB Rn. 4; MAH/Familienrecht/*Müller* § 16 Rn. 68; AnwK-BGB/*Boden* § 1361b BGB Rn. 21; FA-Hdb.FamR/*Klein* 8. Kap. Rn. 56; *Scholz/Stein/Eckebrecht* Teil D Rn. 1 f, § 17 Rn. 38, 70.
[63] *Dietz*, Anspruchskonkurrenz bei Vertragsverletzung und Delikt, 1934, S. 16 ff.; *Larenz/Canaris*, Methodenlehre der Rechtswissenschaft 3. Aufl. 1995, S. 88; *Larenz/Wolf* § 18 Rn. 20.
[64] Zum Personenkreis *Finger* FuR 2006, 241, 246.
[65] So besonders klar *Rauscher* Rn. 346a.
[66] *Dietz* oben Fn. 63, S. 62; *Larenz/Canaris*, Methodenlehre, S. 89, vgl. dort auch Fn. 30.
[67] Ebenda.

hat unterwerfen wollen, die es für diese Fälle als abschließend gedacht hat. Wendete man dann auf einen Teil dieser Vorgänge, die auch dem Tatbestand einer anderen Norm unterfallen, diese andere Norm ebenfalls an, so vereitelte man damit den Zweck der besonderen Regelung für einen Teil der Fälle. Deshalb ist in solchen Fällen die Verdrängung der anderen Norm anzunehmen.[68]

46 Die Gesetzgeber wollten mit **§§ 1361b BGB, 14 LPartG** die Ansprüche auf Überlassung der Wohnung und auf Entrichtung einer Nutzungsvergütung für Ehegatten und Lebenspartner **abschließend** regeln.[69] Auch sind nach §§ 1361b Abs. 1 S. 1 BGB, 14 Abs. 1 S. 1 LPartG sämtliche Belange des auf Überlassung in Anspruch genommenen anderen Ehegatten und Lebenspartners bei der Prüfung, ob eine unbillige Härte vorliegt, zu berücksichtigen. Diese Voraussetzungen umginge man ggf., wenn man § 2 GewSchG neben §§ 1361b BGB, 14 LPartG anwendete. Außerdem hat § 2 GewSchG bei Ehegatten neben §§ 1361b, 1568a BGB keinen Anwendungsbereich. Den Fall, dass ein Ehegatte von dem anderen die Überlassung der Ehewohnung verlangt, gleichzeitig aber weder getrennt lebt, noch getrennt leben will,[70] gibt es nicht. Die dies gleichwohl für möglich haltende Ansicht[71] geht von einem unzutreffenden Begriff des Getrenntlebens aus. Ihre Vertreter fordern nämlich bei dem dem Trennungswillen zu Grunde liegenden Motiv der „Ablehnung der ehelichen Lebensgemeinschaft" iSv. § 1567 Abs. 1 BGB, eine uneingeschränkte und vorbehaltlose Ablehnung. Es reicht jedoch schon für den Trennungswillen die Absicht aus, durch den Auszug aus der Ehewohnung zunächst Abstand von dem anderen Ehegatten und der Krisensituation zu gewinnen, und für das Motiv des § 1567 Abs. 1 S. 1 BGB genügt es dementsprechend, dass der Ehegatte die häusliche Gemeinschaft deshalb nicht will, weil er derzeit dem ehelichen Zusammenleben mit dem anderen vorläufig abgeneigt ist.[72] Begehrt ein Ehegatte in Gewaltfällen die Überlassung der Ehewohnung von dem anderen, beabsichtigt er durch den Auszug des Täters von diesem und der Krisensituation zumindest vorübergehend Abstand zu gewinnen; er lehnt zumindest derzeit die Fortsetzung der bisherigen ehelichen Lebensgemeinschaft ab, er „will" jedenfalls iSv. § 1361b Abs. 1 S. 1 BGB getrennt leben.

47 **2. Taten nach § 1 Abs. 1 S. 1 GewSchG. a) Überlassung der gemeinsamen Wohnung nach § 2 Abs. 1 GewSchG. aa) Anspruchsvoraussetzungen.** Im Fall einer Tatbegehung nach § 1 Abs. 1 S. 1 GewSchG ist der Überlassungsanspruch an **keine weiteren Voraussetzungen** geknüpft. Die Überlassung der Wohnung an das Opfer hängt insbesondere nicht davon ab, dass sie zur Vermeidung einer unbilligen Härte erforderlich ist[73] (anders dagegen §§ 1361b Abs. 1 S. 1 BGB, 14 Abs. 1 S. 1 LPartG, 2 Abs. 6 S. 1 GewSchG). Im Fall einer Gewalttat ist der Anspruch auf Überlassung der Wohnung zur alleinigen Benutzung durch die verletzte Person ohne weitere Darlegung begründet. Die Gewalttat muss nicht in der Wohnung stattgefunden haben. Schützenswerte Belange des Täters finden über den Ausschlusstatbestand des § 2 Abs. 3 Nr. 3 GewSchG Berücksichtigung.

48 **bb) Überlassungsdauer.** Steht der verletzten Person **gemeinsam** mit dem Täter eine **dingliche Berechtigung** an der Wohnung zu oder haben beide die Wohnung gemietet, ist die Dauer der Wohnungsüberlassung nach **§ 2 Abs. 2 S. 1 GewSchG zu befristen.** Eine Höchstfrist ist im Gesetz nicht vorgesehen. Die Frist ist nach den Umständen des Einzelfalls so zu bemessen, dass während ihrer Dauer eine endgültige Regelung ergehen kann. Das richtet sich auch nach den Verhältnissen auf dem örtlichen Wohnungsmarkt.[74]

49 Ist der Täter hingegen **dinglich alleinberechtigt** oder Alleinmieter oder besteht eine gemeinsame dingliche Berechtigung des Täters mit einem Dritten oder hat der Täter die Wohnung gemeinsam mit einem Dritten gemietet, so hat das Gericht **gem. § 2 Abs. 2 S. 2 GewSchG die Wohnungsüberlassung** an die verletzte Person **auf die Dauer von höchstens sechs Monaten zu**

---

[68] *Dietz* oben Fn. 60, S. 62; *Larenz/Canaris,* Methodenlehre, S. 89.
[69] BT-Drucks. 14/5429, S. 21.
[70] Dies halten für möglich *Schumacher/Jansen* Rn. 66; früher auch *Brudermüller*, in: *Johannsen/Henrich* § 1361b BGB Rn. 3, anders nunmehr auf Grund der Anwendung des Begriffs des Getrenntlebens iSv. § 1567 Abs. 1 BGB in: Palandt § 2 GewSchG Rn. 2 sowie *Götz/Brudermüller* Rn. 259, 162 (dort speziell zum Begriff des Getrenntlebens).
[71] Siehe Fn. 68.
[72] *Johannsen/Henrich/Jaeger* § 1567 BGB Rn. 11 f.; *Staudinger/Rauscher* § 1567 BGB Rn. 95: „Auch wenn ein Ehegatte die eheliche Wohnung in ‚eigentlich ehefreundlicher Absicht' verlässt, etwa weil er das Leben mit den Schwiegereltern im selben Haus als für seine Ehe schädlich ansieht, will er diese Form der Lebensgemeinschaft nicht mehr fortführen; selbst wenn er hofft, der Partner werde ihm folgen, lehnt er die gegenwärtig gelebte eheliche Lebensgemeinschaft ab."
[73] OLG Naumburg FPR 2003, 376; *Bamberger/Roth/Reinken* § 2 GewSchG Rn. 4; *Palandt/Brudermüller* § 2 GewSchG Rn. 3.
[74] *Palandt/Brudermüller* § 2 GewSchG Rn. 4.

befristen. Konnte allerdings das Opfer keine andere angemessene Wohnung zu zumutbaren Bedingungen finden, kann das FamG nach seinen Ermessen in besonderen Ausnahmefällen eine Fristverlängerung auf weitere sechs Monate, insgesamt auf höchstens ein Jahr, gewähren, sofern die Belange des Täters oder eines berechtigten Dritten nicht überwiegen, § 2 Abs. 2 S. 3 GewSchG. Ist das Opfer allein oder mit einem Dritten an der Wohnung berechtigt, ist die Überlassung nicht zu befristen.[75]

50 cc) **Ausschluss des Anspruchs nach § 2 Abs. 3 GewSchG. α) Keine Wiederholungsgefahr, § 2 Abs. 3 Nr. 1 GewSchG.** Der präventive Charakter der Vorschrift verbietet es, den Anspruch zu gewähren, wenn keine weiteren Gewalttaten zu erwarten sind. Diesbezüglich obliegt dem **Täter die Darlegungs- und Beweislast.**[76] Der Anspruch ist nicht ausgeschlossen, sondern bleibt bestehen, wenn dem Opfer das weitere Zusammenleben mit dem Täter wegen der Schwere der Tat nicht zugemutet werden kann.

51 β) **Fristablauf, § 2 Abs. 3 Nr. 2 GewSchG.** Der Anspruch ist auch ausgeschlossen, wenn die verletzte Person nicht innerhalb von drei Monaten nach der Tat die Überlassung der Wohnung schriftlich (vgl. demgegenüber § 1361b Abs. 4 BGB) vom Täter verlangt.

52 γ) **Besonders schwerwiegende Täterinteressen, § 2 Abs. 3 Nr. 3 GewSchG.** Der Überlassungsanspruch ist ferner ausgeschlossen, wenn der Überlassung der Wohnung an das Opfer besonders schwerwiegende Belange des Täters entgegenstehen. Solche können wegen einer Behinderung oder besonders schweren Erkrankung des Täters gegeben sein.

53 b) **Nutzungsvergütung gem. § 2 Abs. 5 GewSchG.** Die Vorschrift entspricht derjenigen des § 1361b Abs. 3 S. 2 BGB. Sie setzt wie diese einen **Überlassungsanspruch nach § 2 Abs. 1 GewSchG voraus.** Eine Nutzungsvergütung entspricht in der Regel der Billigkeit, wenn der Täter ein auf einem Mietvertrag oder einer dinglichen Berechtigung beruhendes Nutzungsrecht hat. Sind die Wohnkosten bereits im Rahmen einer Unterhaltsregelung berücksichtigt worden, scheidet der Anspruch auf Entrichtung einer Nutzungsvergütung aus.

54 3. **Taten nach § 1 Abs. 2 Nr. 1 GewSchG. a) Überlassung der gemeinsamen Wohnung gem. § 2 Abs. 6 S. 1 GewSchG. aa) Anspruchsvoraussetzungen.** Bei einer widerrechtlichen Drohung mit einer Rechtsgutsverletzung iSv. § 1 Abs. 2 S. 1 Nr. 1 GewSchG ist weitere Voraussetzung, dass die Überlassung der gemeinsamen Wohnung an die bedrohte Person erforderlich ist, um für diese **eine unbillige Härte** zu vermeiden. Sie kann nach § 2 Abs. 6 S. 2 GewSchG insbesondere dann gegeben sein, wenn ohne die Überlassung an das Opfer das Wohl von im Haushalt lebenden Kindern beeinträchtigt ist. Im Übrigen sind die Voraussetzungen einer unbilligen Härte wie bei § 1361b Abs. 1 BGB zu beurteilen.[77]

55 Die Überlassung der Wohnung ist gem. § 2 Abs. 6 S. 3 GewSchG entsprechend Abs. 2 der Vorschrift zu befristen.

56 bb) **Ausschluss des Anspruchs nach § 2 Abs. 3 iVm. Abs. 6 S. 3 GewSchG.** Der Überlassungsanspruch ist entsprechend § 2 Abs. 3 GewSchG ausgeschlossen.

57 b) **Nutzungsvergütung gem. § 2 Abs. 5, Abs. 6 S. 3 GewSchG.** Der bedrohten Person steht entsprechend § 2 Abs. 5 GewSchG ein Anspruch auf Entrichtung einer Nutzungsvergütung zu.

58 4. **Unterlassungsanordnungen nach § 2 Abs. 4 GewSchG.** Die Regelung zu den Verboten der Erschwernis oder Vereitelung der Ausübung des Nutzungsrechts entspricht § 1361b Abs. 3 S. 1 BGB. Das Gericht kann Anordnungen treffen, soweit nicht bereits solche nach § 1 GewSchG ergangen und ausreichend sind. Es kann hier zB dem Täter untersagen, das Mietverhältnis zu kündigen, solange das Nutzungsrecht des Opfers besteht. In die Eigentumsverhältnisse darf aber wie bei § 1361b Abs. 3 S. 1 BGB nicht eingegriffen werden, weshalb ein Veräußerungsverbot nicht angeordnet werden darf.[78]

C. Internationales Privatrecht

I. Gewaltschutzsachen nach § 1 GewSchG

59 1. **Ehegatten und Lebenspartner.** Art. 17a EGBGB, der gem. Art. 17b Abs. 2 S. 1 Alt. 2 EGBGB auf Lebenspartner entsprechend anwendbar ist, umfasst auch die mit der Überlassung

---

[75] *Palandt/Brudermüller* § 2 GewSchG Rn. 6.
[76] OLG Koblenz ZFE 2003, 252.
[77] S. o. § 200 Rn. 26.
[78] *Weinreich* FuR 2007, 145, 148; im Übrigen wird auf § 200 Rn. 33. Bezug genommen.

der Ehewohnung zusammenhängende Betretungs-, Näherungs- und Kontaktverbote nach § 1 GewSchG, wenn sie mit der Überlassung der Wohnung zusammenhängen.[79] In solchen Fällen ist bei im Inland gelegenen, aber jedenfalls im Ergebnis auch bei im Ausland gelegenen Wohnungen,[80] nach bzw. entsprechend Art. 17a EGBGB deutsches Recht anwendbar.

Ist dies nicht der Fall, greift Art. 17a EGBGB nicht ein, weil die Verletzung in keinem Bezug zu einer Ehewohnung im Inland aufweisen, muss das internationale Deliktrecht angewendet werden. Auch bei Anwendung der allgemeinen Kollisionsnormen gelangt man oft zum deutschen Recht. So greift bei schuldhafter Rechtsgutsverletzung und insbesondere beim „Stalking" ohne Bezug zu einer inländischen Ehewohnung zwar Art. 17a EGBGB nicht ein. Gleichwohl ist deutsches Recht jedoch nach Art. 40 Abs. 1 S. 1 EGBGB als Tatort im Regelfall Deliktstatut. Anders ist es nur, wenn Täter und Opfer ihren gewöhnlichen Aufenthalt beide in demselben ausländischen Staat haben und daher Art. 40 Abs. 2 S. 1 EGBGB eingreift.[81] Die am 11. 1. 2009 in Kraft getretene Rom II-VO (Art. 32 Rom II-VO) nimmt das Gebiet des Persönlichkeitsschutzes gem. Art. 1 Abs. 2g Rom II-VO insgesamt vom Anwendungsbereich der Rom II-VO aus. Der Persönlichkeitsschutz und damit auch § 1 GewSchG unterliegen, soweit nicht Art. 17a EGBGB eingreift, dem allgemeinen Deliktstatut. **60**

2. Nichteheliche Lebensgemeinschaften. Auf nichteheliche Lebensgemeinschaften ist Art. 17a EGBGB entsprechend anwendbar (str.).[82] Die Rechtslage entspricht daher derjenigen bei Ehegatten und Lebenspartnern. **61**

II. Gewaltschutzsachen nach § 2 GewSchG

Bei Ehegatten und Lebenspartnern ist § 2 GewSchG nicht anwendbar; die Vorschrift wird von §§ 1361b, 1568a BGB, 14, 18 LPartG wegen Subsidiarität infolge erschöpfender Regelung verdrängt. Kollisionsrechtliche Probleme treten mithin nicht auf. **62**

Bei Partnern nichtehelicher Lebensgemeinschaften ist Art. 17 EGBGB entsprechend anwendbar und deshalb bei im Inland wie im Ausland gelegenen Wohnungen deutsches Recht anwendbar.[83] **63**

D. Verfahrenswert

Der Verfahrenswert bestimmt sich bei Gewaltschutzsachen nach § 49 FamGKG. Es gelten folgende Festwerte: **64**
Gewaltschutzsachen nach § 1 GewSchG: 2000,– EUR.
Gewaltschutzsachen nach § 2 GewSchG: 3000,– EUR.

In Einstweiligen Anordnungsverfahren (§§ 49 ff.) gilt nach § 41 FamGKG jeweils die Hälfte des für die Hauptsache bestimmten Werts. Das FamG kann aber nach § 49 Abs. 2 FamGKG einen höheren oder niedrigeren Wert festsetzen, wenn der nach § 49 Abs. 1 FamGK bestimmte Wert nach den bestimmten Umständen des Einzelfalls unbillig ist. **65**

§ 211 Örtliche Zuständigkeit
Ausschließlich zuständig ist nach Wahl des Antragstellers
1. das Gericht, in dessen Bezirk die Tat begangen wurde,
2. das Gericht, in dessen Bezirk sich die gemeinsame Wohnung des Antragstellers und des Antragsgegners befindet oder
3. das Gericht, in dessen Bezirk der Antragsgegner seinen gewöhnlichen Aufenthalt hat.

---

[79] *Hohloch* FÜR 2008, 430, 433 sub VII.; *Bamberger/Roth/Spickhoff* Art. 40 EGBGB Rn. 12.
[80] Vgl. zu dem diesbezüglich bestehendem Streit *Johannsen/Henrich/Henrich* Art. 17a EGBGB Rn. 4; *Bamberger/Roth/Heiderhoff* Art. 17a EGBGB Rn. 17; § 200 Rn. 82 f.
[81] *Bamberger/Roth/Heiderhoff* Art. 17a EGBGB Rn. 22.
[82] *Bamberger/Roth/Heiderhoff* Art. 17a EGBGB Rn. 14; *MünchKommBGB/Winkler v. Mohrenfels* Art. 17a EGBGB Rn. 16; AnwK-BGB/*Gruber* Art. 17a EGBGB Rn. 22; jeweils m. weit. Nachw. zum Streitstand.
[83] Vgl. oben Rn. 61.

I. Normzweck

1 Die Vorschrift bestimmt die örtliche Zuständigkeit der sachlich (gem. § 23a Abs. 1 Nr. 1 GVG iVm. §§ 111 Nr. 6, 210)[1] zuständigen FamG für Gewaltschutzsachen. Sie entspricht dem bisherigen §§ 64b Abs. 1 FGG aF, der die örtliche Zuständigkeit für Verfahren nach §§ 1, 2 GewSchG regelte soweit nach alter Rechtslage das FamG zuständig war.[2]

2 § 211 hat **Vorrang** vor den Zuständigkeiten der übrigen Teile des FamFG und daher auch vor **§ 2 Abs. 1**.[3] Es gilt allerdings auch hier der in **§ 2 Abs. 2** normierte allgemeine **Grundsatz der perpetuatio fori**.

3 Die Regelung enthält die seltene Kombination von **ausschließlichen Wahlzuständigkeiten**.[4] Die einmal getroffene Wahl ist wie bei § 35 ZPO jedenfalls ab dem Zeitpunkt der Rechtshängigkeit endgültig.[5] Der Antragsgegner muss sich mit der Entscheidung des Antragstellers auf das von diesem gewählte Gericht einstellen; zudem wäre sonst der Willkür Tür und Tor geöffnet.[6]

II. Regelungsbereich

4 Der Antragsteller kann zwischen dem Gericht, in dessen **Bezirk die Tat begangen wurde** (Nr. 1), dem Gericht, in dessen **Bezirk sich die gemeinsame Wohnung des Antragstellers und des Antragsgegners befindet** (Nr. 2) und dem Gericht, in dessen **Bezirk der Antragsgegner seinen gewöhnlichen Aufenthalt hat** (Nr. 3) wählen. Die hiervon abweichende örtliche Zuständigkeit eines anderen FamG kann nicht vereinbart werden.

5 **1. Gericht des Bezirks der Tatbegehung, Nr. 1.** Die Regelung ist ersichtlich § 32 ZPO nachgebildet. Wie dieser klärt auch Nr. 1 den Begriff des Begehungsorts nicht.[7] Die Begriffsklärung ist damit der Lehre und Rechtsprechung überlassen.[8] Zuständig ist dasjenige Gericht, in dessen Bezirk die Gewalttat nach § 1 Abs. 1 S. 1 GewSchG und die Drohung, das Eindringen und die unzumutbare Belästigung iSv. § 1 Abs. 2 S. 1 GewSchG nach dem Antrag des Antragstellers begangen wurde. Es genügt, dass irgendein Tatbestandsmerkmal hier eintrat.[9] Ausreichend ist daher sowohl der **Handlungsort** als Ort, an dem das schadensbegründende Ereignis veranlasst wurde,[10] als auch der **Ort des Eingriffs in das Rechtsgut**[11] sowie der **Ort des Verletzungserfolgs**.[12] Dagegen begründet der Ort, an dem lediglich Schadensfolgen eingetreten sind grundsätzlich keine Zuständigkeit nach Nr. 1.[13] Er kann allerdings dann die Zuständigkeit begründen, wenn die unerlaubte Handlung durch den Erfolg nicht vollendet wäre.[14] Die bloße Vorbereitung einer Verletzungshandlung oder einer Drohung reicht hingegen für die Begründung der Zuständigkeit nicht aus.[15]

6 Liegt der Begehungsort in verschiedenen Gerichtsbezirken, ist jedes FamG zuständig; der Antragsteller hat die Wahl, welches der in Frage kommenden Gerichte er anruft; das zuerst gewählte ist das endgültig zuständige.[16] Die Grenzen des Gerichtsbezirks ergeben sich aus den landesrechtlichen Vorschriften über Amtsgerichte als FamG.[17]

7 **2. Gericht im Bezirk der gemeinsamen Wohnung, Nr. 2.** Haben die Parteien noch eine gemeinsame Wohnung, wobei es auf die **Dauer nicht mehr ankommt**,[18] kann der Antragsteller

---

[1] Vgl. § 210 Rn. 1 bis 3.
[2] Vgl. § 210 Rn. 2.
[3] *Baumbach/Lauterbach/Hartmann* § 211 Rn. 1; aA *Steidel/Gier* Rn. 2.
[4] *Baumbach/Lauterbach/Hartmann* § 211 Rn. 1; vgl. auch BGH NJW 1993, 2810.
[5] *Baumbach/Lauterbach/Hartmann* § 211 Rn. 1; *Bumiller/Harders* Rn. 2; *Keidel/Gier* Rn. 2; für § 35 ZPO allgM; vgl. BayObLG NJW-RR 1991, 187; einschränkend allerdings KG NJW-RR 2001, 62.
[6] *Baumbach/Lauterbach/Hartmann* § 35 ZPO Rn. 2; vgl. § 35 ZPO Rn. 4.
[7] *Baumbach/Lauterbach/Hartmann* § 32 ZPO Rn. 17, § 211 Rn. 2.
[8] *Baumbach/Lauterbach/Hartmann* § 32 Rn. 17.
[9] Vgl. zu § 32 ZPO: RGZ 72, 41, 44; BGHZ 40, 391, 395; BGHZ 124, 242, 245; BayObLG MDR 2003, 1311.
[10] OLG Hamburg WRP 1992, 805; OLG Stuttgart NJW RR 2006, 1363.
[11] BGHZ 132, 111; BayObLG Z 95, 303.
[12] KG NJW 2006, 2337; LG Düsseldorf BB 2007, 848.
[13] *Bumiller/Harders* Rn. 3; vgl. zu § 32 ZPO: BayObLG RPfleger 2004, 366; OLG Düsseldorf NJW-RR 1988, 940; OLG München NJW RR 1993, 703; aMLG Mainz NJW-RR 2000 588 in einem Fall der Amtshaftung, die Entscheidung ist allerdings in sich widersprüchlich.
[14] BGHZ 52, 108, 111; BGH NJW 1997, 1590; BGH NJW 1980, 1224, 1225; vgl. auch *Kiethe* NJW 1994, 225 mit Beispielen zur Unterscheidung der verschiedenen Örtlichkeiten.
[15] *Baumbach/Lauterbach/Hartmann* § 32 ZPO Rn. 17; vgl. § 32 ZPO Rn. 20.
[16] *Baumbach/Lauterbach/Hartmann* § 211 Rn. 2.
[17] *Baumbach/Lauterbach/Hartmann* § 211 Rn. 2.
[18] Vgl. § 210 Rn. 2, 3; *Baumbach/Lauterbach/Hartmann* Rn. 2; aA *Bumiller/Harders* Rn. 4; *Keidel/Giers* Rn. 4.

Beteiligte 1–3 § 212

auch das FamG anrufen, in dessen Bezirk sich die Wohnung befindet. Wie bei § 201 Nr. 2 und § 11 Abs. 2 S. 1 HausratsVO aF besteht eine gemeinsame Wohnung nur dann, wenn beide Parteien zum Zeitpunkt der Antragstellung ihren gewöhnlichen Aufenthalt noch in der Wohnung haben.[19]

Erfasst werden sowohl **Verfahren nach § 1 GewSchG** als auch **nach § 2 GewSchG,** solange nur 8 eine gemeinsame Wohnung von Täter und Opfer besteht. Maßgeblich ist der **Zeitpunkt der Rechtshängigkeit,**[20] dh. der Zeitpunkt der Bekanntgabe der Antragsschrift an den Antragsgegner durch Zustellung der Antragsschrift, § 15 Abs. 1, Abs. 2 iVm. §§ 168, 173 bis 175 ZPO.

3. Gericht im Bezirk des gewöhnlichen Aufenthalts des Antragsgegners, Nr. 3. Örtlich 9 zuständig ist auch das FamG, in dessen Bezirk der Antragsgegner seinen gewöhnlichen Aufenthalt hat. Zum Begriff des gewöhnlichen Aufenthalts vgl. § 201 Rn. 10 bis 12 sowie § 122 Rn. 8 ff.

III. Internationale Zuständigkeit

Die internationale Zuständigkeit könnte sich für Verfahren nach § 2 GewSchG bei **Eilmaß-** 10 **nahmen** aus **Art. 20 Brüssel I-VO** ergeben, wenn ein Zusammenhang mit der Scheidung besteht. Ist dies der Fall, so verdrängen §§ 1361b, 1568a BGB den § 2 GewSchG,[21] weshalb ein solcher Fall nicht eintreten kann.

Für Anträge nach dem GewSchG, die **keinen Zusammenhang mit einer Scheidung** aufwei- 11 sen, gilt die EuGVVO (BrüsselI-VO VOEG Nr. 44/2001). Die **internationale Zuständigkeit** des deutschen FamG folgt aus **Art. 5 Nr. 3 Brüssel IIa-VO/EheGVO,** da die Verfahrensvorschrift des § 1 GewSchG und die Ansprüche aus § 2 GewSchG deliktisch zu qualifizieren sind.[22]

Greifen weder die Brüssel IIa-VO noch die Brüssel I-VO ein, leitet sich die internationale 12 Zuständigkeit des deutschen FamG für Gewaltschutzsachen **entsprechend § 105**[23] aus der **örtlichen Zuständigkeit nach § 211** ab.

§ 212 Beteiligte

In Verfahren nach § 2 des Gewaltschutzgesetzes ist das Jugendamt auf seinen Antrag zu beteiligen, wenn ein Kind in dem Haushalt lebt.

I. Normzweck

Die Vorschrift bestimmt für Verfahren nach § 2 GewSchG, insbesondere für die Überlassungs- 1 ansprüche nach § 2 Abs. 1, Abs. 6 S. 1 GewSchG, den Personenkreis der Beteiligten iSv. § 7 Abs. 2 Nr. 2 Alt. 2 näher. § 212 bestimmt nämlich wie § 204 Abs. 2, dass das Jugendamt auf seinen Antrag hin zu beteiligen ist, wenn ein Kind im Haushalt lebt. Das Jugendamt ist nach § 7 Abs. 2 Nr. 2 Alt. 2 sog. „**Muss-Beteiligter**" oder besser **kraft Hinzuziehung** allerdings **nur auf eigenen Antrag;** dh. das FamG muss das Jugendamt hinzuziehen, wenn es einen entsprechenden Antrag stellt.[1]

§ 212 ist **nicht abschließend,** sondern bestimmt mit dem Jugendamt einen Beteiligten, der auf 2 seinen Antrag zwingend beteiligt werden muss, nicht hingegen die übrigen Beteiligten. Nach § 7 Abs. 1 ist in Gewaltschutzsachen immer der Antragsteller Beteiligter, unabhängig davon, ob er in eigenen materiellen Rechten betroffen ist.[2] Der Antragsgegner ist entsprechend § 7 Abs. 1 Beteiligter,[3] weil Gewaltschutzsachen zu den privatrechtlichen Streitsachen der freiwilligen Gerichtsbarkeit zählen.

II. Regelungsbereich

Das Jugendamt ist in sämtlichen Gewaltschutzsachen nach § 2 GewSchG auf seinen **Antrag** hin 3 **gem. §§ 212, 7 Abs. 2 Nr. 2 Alt. 2** zwingend als Beteiligter hinzuzuziehen, wenn ein Kind im Haushalt lebt. Das Jugendamt ist als Behörde nicht schon von Amts wegen zu dem Verfahren hinzuzuziehen, sondern nur auf Antrag. Stellt das Amt den Antrag, muss es hinzugezogen werden, ein Ermessen des Familienrichters (§ 7 Abs. 2: „sind" – § 7 Abs. 3: „kann") besteht nicht. Das

---

[19] Vgl. § 201 Rn. 7.
[20] *Baumbach/Lauterbach/Hartmann* § 211 Rn. 3.
[21] Vgl. § 210 Rn. 43 ff.
[22] *Andrae,* Internationales Familienrecht, 1999, § 2 Rn. 11; MünchKommBGB/*Winkler v. Mohrensfels* Art. 17a EGBGB Rn. 29.
[23] Vgl. oben § 105 Rn. 1, 7 ff.
[1] Vgl. näher § 204 Rn. 1, § 7 Rn. 6 ff.
[2] BT-Drucks. 16/6308, S. 178; *Meyer-Seitz/Frantzioch/Ziegler* S. 53; *Kroiß/Seiler* § 2 C I. Rn. 19 aE.
[3] Vgl. oben § 204 Rn. 2 sowie § 7 Rn. 4.

Jugendamt hat die Wahl, ob es nur im Rahmen der Anhörung am Verfahren teilnehmen oder als Beteiligter aktiv am Verfahren mitwirken will. Die Vorschrift soll den Jugendämtern ein flexibles Vorgehen ermöglichen und unnötigen Verwaltungsaufwand vermeiden. Stellt das Jugendamt keinen Antrag, als Beteiligter hinzugezogen zu werden, kann es vom Familienrichter **nicht nach § 7 Abs. 3** von Amts wegen oder auf Antrag anderer Beteiligter **als Beteiligter** hinzugezogen werden.[4]

4   Die Beteiligtenstellung des Jugendamtes gewährleistet gerade in den Kinder besonders belastenden Gewaltfällen, dass die **Rechte der Kinder,** insbesondere das Kindeswohl, von einer fachkompetenten Behörde im Verfahren vertreten werden. In Fällen, in denen es zu Gewalthandlungen zwischen den Eltern oder von einem Elternteil gegenüber dem Kind kam, ist die Beteiligung des Jugendamts besonders wichtig. Die Eltern sind nämlich in diesen Situationen meist nicht in der Lage, dem Kindeswohl ausreichende Beachtung zu schenken.

5   Als Beteiligter hat das **Jugendamt alle Verfahrensrechte,** kann aber auch mit Verfahrenskosten belastet werden, § 81 Abs. 1 S. 1.[5] Weist das FamG den Antrag des Jugendamtes auf Hinzuziehung zurück, steht dem Amt gegen diesen Beschluss (§ 7 Abs. 5 S. 1) gem. §§ 567 ff. ZPO iVm. 7 Abs. 5 S. 2 die sofortige Beschwerde zu.[6]

§ 213 Anhörung des Jugendamts

(1) ¹In Verfahren nach § 2 des Gewaltschutzgesetzes soll das Gericht das Jugendamt anhören, wenn Kinder in dem Haushalt leben. ²Unterbleibt die Anhörung allein wegen Gefahr im Verzug, ist sie unverzüglich nachzuholen.

(2) ¹Das Gericht hat in den Fällen des Absatzes 1 Satz 1 dem Jugendamt die Entscheidung mitzuteilen. ²Gegen den Beschluss steht dem Jugendamt die Beschwerde zu.

I. Normzweck

1   Die Vorschrift **ergänzt § 212,** aber auch **§ 33 Abs. 1 S. 1,** den Abs. 1 S. 1 erweitert.
2   **Abs. 1** dient der angemessenen Berücksichtigung des Kindeswohls bei den Ansprüchen auf Überlassung der Wohnung nach § 2 Abs. 1, Abs. 6 S. 1 GewSchG.
3   **Abs. 2** dient der notwendigen Information des angehörten Jugendamts, gewährleistet dessen Beschwerdeberechtigung nach Abs. 2 S. 2 und ermöglicht vor allem die notwendige vertrauensvolle Zusammenarbeit zwischen FamG und Jugenbehörden.[1]
4   §§ 162 Abs. 1, Abs. 3, 205 enthalten ähnliche Regelungen.

II. Regelungsbereich

5   **1. Anhörung des Jugendamts. Abs. 1 S. 1** bestimmt, dass das FamG in Verfahren nach § 2 GewSchG das Jugendamt anhören soll, wenn **Kinder im Haushalt** leben. Im Gegensatz zu § 162 Abs. 1 S. 2 handelt es sich bei Abs. 1 wie bei § 205 Abs. 1 S. 1 um eine sog. **„Soll-Vollschrift".**[2] Die **Anhörung** ist trotzdem **die Regel,** das Absehen von der Anhörung die Ausnahme.[3] Die Anhörung nach Abs. 1 hat ohnehin nur dann Bedeutung, wenn das Jugendamt nicht nach §§ 7 Abs. 2 Nr. 2, 212 Beteiligter ist; ist das Jugendamt Beteiligter, erfolgt die Anhörung regelmäßig gem. § 34 Abs. 1 Nr. 1. Gerade bei fehlender Beteiligung ist die Anhörung des Jugendamts zur Wahrung der Kindesinteressen in aller Regel erforderlich. Die Anhörung allein macht das Jugendamt nicht zum Beteiligten, § 7 Abs. 6.

6   **a) Umfang der Anhörungspflicht und Inhalt der Anhörung.** Es gilt das zu § 205 Rn. 5, 6 Ausgeführte.

7   **b) Form und Zeitpunkt der Anhörung sind nicht mehr geregelt.** Die Anhörung nach Abs. 1 S. 1 muss grundsätzlich vor der Entscheidung erfolgen, obwohl der Wortlaut das im Gegensatz zu §§ 49 Abs. 1, 49a Abs. 2 FGG aF nicht mehr ausdrücklich bestimmt. Die Anhörung erfolgt regelmäßig schriftlich, kann aber auch mündlich, in Eilfällen fernmündlich, durchgeführt werden.

---

[4] Vgl. oben § 204 Rn. 11 sowie § 7 Rn. 14 ff.
[5] *Zimmermann* FPR 2009, 5, 8 sub VI.
[6] Die Beschwerde gegen den den Antrag auf Hinzuziehung zurückweisenden Beschluss ist von derjenigen gem. §§ 59 Abs. 3 Alt. 1, 213 Abs. 2 S. 2 gegen den Beschluss in der Hauptsache zu unterscheiden.
[1] Vgl. *Keidel/Kuntze/Winkler/Engelhardt* § 49 FGG Rn. 14; § 205 Rn. 2.
[2] Vgl. dazu näher § 205 Rn. 4.
[3] *Baumbach/Lauterbach/Hartmann* § 213 Rn. 2; vgl. näher § 205 Rn. 4.

c) Unterbliebene Anhörung wegen Gefahr im Verzug, Abs. 1 S. 2. Ist die Anhörung des Jugendamts wegen Gefahr im Verzug unterblieben, ist sie gem. Abs. 1 S. 2 **unverzüglich nachzuholen.** Entsprechend der gesetzlichen Umgrenzung des Begriffs einer Gefahr im Verzug in §§ 758a Abs. 1 S. 2 ZPO ist eine Anhörung entbehrlich, wenn sie den Erfolg der Eilanordnung gefährden würde. Grundsätzlich ist der Begriff eng auszulegen.[4] Unverzüglichkeit richtet sich nach der Legaldefinition von § 121 Abs. 1 S. 1 BGB, dh. sie muss ohne schuldhaftes Zögern nachgeholt werden.[5] 8

2. Mitteilungspflicht; Beschwerderechte; Abs. 2.[6] Nach Abs. 2 S. 1 sind dem Jugendamt alle Entscheidungen mitzuteilen hinsichtlich derer es angehört wurde (vgl. § 15 Abs. 3). 9

Abs. 2 S. 2 räumt dem Jugendamt die in § 59 Abs. 3 für Behörden vorgesehene Beschwerdeberechtigung ein. Die Beteiligtenstellung in erster Instanz ist bei Behörden keine notwendige Voraussetzung für das Beschwerderecht. 10

§ 214 Einstweilige Anordnung

(1) ¹Auf Antrag kann das Gericht durch einstweilige Anordnung eine vorläufige Regelung nach § 1 oder § 2 des Gewaltschutzgesetzes treffen. ²Ein dringendes Bedürfnis für ein sofortiges Tätigwerden liegt in der Regel vor, wenn eine Tat nach § 1 des Gewaltschutzgesetzes begangen wurde oder auf Grund konkreter Umstände mit einer Begehung zu rechnen ist.

(2) Der Antrag auf Erlass der einstweiligen Anordnung gilt im Fall des Erlasses ohne mündliche Erörterung zugleich als Auftrag zur Zustellung durch den Gerichtsvollzieher unter Vermittlung der Geschäftsstelle und als Auftrag zur Vollstreckung; auf Verlangen des Antragstellers darf die Zustellung nicht vor der Vollstreckung erfolgen.

I. Normzweck

Abs. 1 S. 1 betont, dass auf Antrag durch eine einstweilige Anordnung vorläufige Regelungen nach §§ 1, 2 GewSchG getroffen werden können. 1

Abs. 1 S. 2 konkretisiert den **unbestimmten Rechtsbegriff** des **dringenden Bedürfnisses** für ein sofortiges Tätigwerden iSv. § 49 Abs. 1. 2

Abs. 2 trägt dem besonderen Beschleunigungsbedürfnis der Vollziehung der einstweiligen Anordnung Rechnung und enthält Erleichterungen hinsichtlich der allgemeinen Vollstreckungsvoraussetzungen der Zustellung des Beschlusses nach § 87 Abs. 2 und fingiert den Vollstreckungsantrag, der in privatrechtlichen Streitsachen der freiwilligen Gerichtsbarkeit grundsätzlich erforderlich ist (argumentum e § 87 Abs. 1 S. 1). 3

II. Regelungsbereich

1. Zulässigkeit der einstweiligen Anordnung, Abs. 1 S. 1. Die Vorschrift hat klarstellende Funktion; sie betont die Zulässigkeit einer einstweiligen Anordnung in Gewaltschutzsachen nach § 210. Das FamG kann danach **auf Antrag** durch einstweilige Anordnung vorläufige Regelungen nach §§ 1, 2 GewSchG treffen. Abs. 1 S. 1 geht der allgemeinen Vorschrift des § 49 Abs. 1 vor. Im Gegensatz zu der bisherigen Regelung in § 64b Abs. 3 S. 1 FGG aF setzt der Antrag auf Erlass einer einstweiligen Anordnung **die Anhängigkeit eines Hauptsacheverfahrens** oder **die Einreichung** eines diesbezüglichen Antrags auf Bewilligung von Verfahrenskostenhilfe **nicht voraus.** Die Einführung eines hauptsacheunabhängigen einstweiligen Rechtsschutzes ist gerade in Gewaltschutzsachen besonders geboten.[1] 4

2. Dringendes Bedürfnis für ein sofortiges Tätigwerden, Abs. 1 S. 2. § 49 Abs. 1 fordert für sämtliche dem FamFG unterfallende einstweilige Anordnungen u. a. **ein dringendes Bedürfnis** für ein sofortiges Tätigwerden. Es handelt sich um einen **unbestimmten Rechtsbegriff.**[2] Das Gesetz bedient sich zur Umschreibung des Tatbestands eines ausfüllungsbedürftigen Wertmaßstabes, 5

---

[4] Vgl. BVerfG NJW 2001, 1121.
[5] *Baumbach/Lauterbach/Hartmann* § 213 Rn. 2 aE.
[6] Vgl. näher § 205 Rn. 9, 10.
[1] Dies forderte bereits Arbeitskreis 19 (GewSchG) des 15. Deutschen Familiengerichtstages 2003, Beschluss Nr. 5, Brühler Schriften zum Familienrecht, Band 13, 2004, S. 101.
[2] Vgl. zu diesen Allgemein *Larenz/Canaris,* Methodenlehre der Rechtswissenschaft, S. 109 ff.

§ 215 1

die sich jeder begrifflichen Definition entzieht.³ Dennoch sind derartige Wertmaßstäbe nicht schlechthin inhaltslos. Sie enthalten vielmehr jeweils einen spezifischen Rechtsgedanken, der durch allgemein akzeptierte Beispiele verdeutlicht werden kann.⁴ Der Gesetzgeber selbst hat den unbestimmten Rechtsbegriff des **dringenden Bedürfnisses für ein sofortiges Tätigwerden** in Abs. 1 S. 2 für Gewaltschutzsachen **konkretisiert**. Es liegt danach in der Regel vor, **wenn eine Tat nach § 1 GewSchG begangen wurde** oder **auf Grund konkreter Umstände mit einer Begehung zu rechnen ist**. Abs. 1 S. 2 verschärft dadurch nicht die Zulässigkeitsvoraussetzungen für eine einstweilige Anordnung im Verhältnis zu § 49 Abs. 1.⁵ Die Regelung konkretisiert lediglich die allgemeine Vorschrift des § 49 Abs. 1.⁶ Die Voraussetzungen, dass bereits eine Tat iSv. § 1 GewSchG begangen sein muss oder auf Grund konkreter Umstände mit einer Begehung zu rechnen ist, führen nicht zu einer Verschärfung. Vielmehr setzt ein dringendes Bedürfnis für ein sofortiges Tätigwerden des FamG voraus, dass zumindest eine hinreichend konkrete Tatsachenlage gegeben ist, die den Schluss zulässt, dass mit einer Tat nach § 1 Abs. 1 S. 1 oder Abs. 2 S. 1 GewSchG zu rechnen ist.⁷ Fehlt es hieran, bedarf es eines sofortigen Tätigwerdens des FamG zum Schutz des Antragstellers nicht.

6 3. **Vollziehung der einstweiligen Anordnung ohne mündliche Erörterung von Amts wegen, Abs. 2.** Erlässt das FamG eine einstweilige Anordnung ohne vorherige mündliche Erörterung, bedarf deren Vollziehung besonderer Beschleunigung.

7 Nach Abs. 2 Halbs. 1 ist daher **weder** ein **Vollstreckungsantrag noch** die allgemeine Vollstreckungsvoraussetzung der **Zustellung** nach § 87 Abs. 2 erforderlich. In Antragsverfahren erfordert nämlich auch die Vollstreckung grundsätzlich einen Antrag des Berechtigten⁸ (argumentum e § 87 Abs. 1 S. 1). Darüber hinaus wird bei Stellen eines Antrags auf Erlass der einstweiligen Anordnung – unter der Voraussetzung des Erlasses der einstweiligen Anordnung ohne mündliche Verhandlung – der **Auftrag zur Zustellung des Beschlusses und deren Vollziehung** durch den Gerichtsvollzieher unter Vermittlung der Geschäftsstelle des Vollstreckungsgerichts nach § 753 Abs. 2 ZPO iVm. § 95 Abs. 1 Nr. 2, Nr. 4 **fingiert**. **Zuständig** für die Beauftragung des Gerichtsvollziehers ist der **Urkundsbeamte des Vollstreckungsgerichts**, nicht des Familiengerichts als Prozessgerichts.⁹ Entsprechend § 129a Abs. 2 S. 1 ZPO ist der Urkundsbeamte der Geschäftsstelle des FamG verpflichtet, unverzüglich eine vollstreckbare Ausfertigung des ohne mündliche Verhandlung erlassenen Beschlusses dem Urkundsbeamten der Geschäftsstelle des Vollstreckungsgerichts zur Weitergabe an den Gerichtsvollzieher zu übergeben.

8 **Abs. 2 Halbs. 2** bestimmt zum Schutze der Antrag stellenden Partei, dass der Gerichtsvollzieher auf deren Verlangen die Zustellung des Beschlusses im einstweiligen Anordnungsverfahren an den Vollstreckungsschuldner **nicht vor der Vollstreckung** vornehmen darf.

§ 215 Durchführung der Endentscheidung

In Verfahren nach § 2 des Gewaltschutzgesetzes soll das Gericht in der Endentscheidung die zu ihrer Durchführung erforderlichen Anordnungen treffen.

I. Normzweck

1 Die Vorschrift entspricht inhaltlich § 64b Abs. 2 S. 4 FGG aF iVm. dem bisherigen § 15 HausratsVO aF. Sie ermöglicht dem Familienrichter, die zur Durchführung der Ansprüche auf Überlassung der Wohnung (§ 2 Abs. 1, Abs. 6 S. 1 GewSchG) und zur Entrichtung einer Nutzungsvergütung (§ 2 Abs. 5 iVm. Abs. 6 S. 3 GewSchG) erforderlichen Anordnungen zu treffen und zwar **ohne** dass es **eines dahingehenden Antrags** bedarf. Es handelt sich in erster Linie um solche Anordnungen, die die nach **§ 86 vorzunehmende Vollstreckung erleichtern** und **sichern** sollen.

---

³ *Larenz*, Methodenlehre der Rechtswissenschaft, 6. Aufl. 1991, S. 223 f.
⁴ Vgl. oben Fn. 3.
⁵ So *Borth* FamRZ 2007, 1925, 1929; FamRZ 2009, 157, 161; *Baumbach/Lauterbach/Hartmann* § 214 Rn. 1; hieran zu Recht zweifelnd *Kroiß/Seiler* § 3 Rn. 368; wie hier *Bumiller/Harders* Rn. 5; *Keidel/Giers* Rn. 3.
⁶ BT-Drucks. 16/6308, S. 252.
⁷ Im Ergebnis ebenso *Keidel/Giers* Rn. 4.
⁸ BT-Drucks. 16/6308, S. 217.
⁹ So bei Einfügung der Vorgängervorschrift des § 64b Abs. 3 S. 6 FGG aF BT-Drucks. 14/5429, S. 36. AA *Keidel/Giers* Rn. 6, der aber übersieht, dass für § 753 Abs. 2 ZPO der Urkundsbeamte des Vollstreckungsgerichts zuständig ist.

II. Regelungsbereich

1. Allgemeines. Die Vorschrift hatte schon bisher nicht die Bedeutung wie §§ 15 HausratsVO aF bei Ehewohnungssachen. §§ 2 Abs. 1, Abs. 6 S. 1 GewSchG stellen seit jeher Ansprüche iSv. § 194 BGB dar, Herausgabe- und Räumungsanordnungen im Gegensatz zur Lage nach der HausratsVO aF waren und sind nicht erforderlich. Die Endentscheidungen über die Ansprüche auf Überlassung der Wohnung gem. § 2 Abs. 1, Abs. 6 S. 1 GewSchG stellen vollstreckbare Herausgabe- bzw. Räumungstitel dar. Für § 885 Abs. 1 S. 1 ZPO reichen nach dem ausdrücklichen Wortlaut Ansprüche auf Überlassung einer unbeweglichen Sache aus.[1] Die Vorschrift erlangt auch nicht durch die Aufhebung von § 892a ZPO aF größere Bedeutung,[2] da diese Vorschrift inhaltsgleich durch § 96 ersetzt wurde.

2. Die in Betracht kommenden Anordnungen. Der zur Überlassung der Wohnung verpflichteten Partei ist aufgegeben, vorhandene Wohnungsschlüssel herauszugeben sowie ggf. seine darin befindliche Habe wegzuschaffen. Der **Zeitpunkt der Überlassung** ist zu bestimmen, dh. im Ergebnis ggf. eine Räumungsfrist zu gewähren. Im Wesentlichen sind die die Vollstreckung nach § 86 erleichternde Anordnungen zu treffen.

Zu den weiteren Anordnungsmöglichkeiten bei der Überlassung der Wohnung siehe § 200 Rn. 33, § 210 Rn. 20 ff.

§ 216 Wirksamkeit; Vollstreckung vor Zustellung

(1) ¹ **Die Endentscheidung in Gewaltschutzsachen wird mit Rechtskraft wirksam.** ² **Das Gericht soll die sofortige Wirksamkeit anordnen.**

(2) ¹ **Mit der Anordnung der sofortigen Wirksamkeit kann das Gericht auch die Zulässigkeit der Vollstreckung vor der Zustellung an den Antragsgegner anordnen.** ² **In diesem Fall tritt die Wirksamkeit in dem Zeitpunkt ein, in dem die Entscheidung der Geschäftsstelle des Gerichts zur Bekanntmachung übergeben wird; dieser Zeitpunkt ist auf der Entscheidung zu vermerken.**

I. Normzweck

Abs. 1 S. 1 entspricht inhaltlich § 64b Abs. 2 S. 1 FGG aF und bestimmt, dass Beschlüsse des FamG in Gewaltschutzsachen – abweichend von der Regel des § 40 Abs. 1 – erst mit ihrer Rechtskraft wirksam und damit auch erst dann gem. § 86 Abs. 2 vollstreckbar sind.

Abs. 1 S. 2 sieht deshalb in Gewaltschutzsachen die Anordnung der sofortigen Wirksamkeit vor. So wird der zunächst durch Abs. 1 S. 1 gegenüber dem Grundsatz des § 40 Abs. 1 auf den Zeitpunkt des Eintritts der Rechtskraft hinausgeschobene Zeitpunkt der Wirksamkeit wiederum auf denjenigen des § 40 Abs. 1 vorverlagert.

Abs. 2 ermöglicht es dem FamG über die Anordnung der sofortigen Wirksamkeit hinaus, die Zulässigkeit der **Vollstreckung vor der Zustellung** an den Antragsgegner anzuordnen. Dies war bisher nach § 64b Abs. 2 S. 2 Alt. 2 FGG aF im Gegensatz zu Ehewohnungssachen bereits für Verfahren nach §§ 1, 2 GewSchG möglich.

II. Regelungsbereich

1. Wirksamkeit der Endentscheidung, Abs. 1 S. 1; Anordnung der sofortigen Wirksamkeit, Abs. 1 S. 2. a) Wirksamkeit nach Abs. 1 S. 1. Die Endentscheidungen des FamFG in Gewaltschutzsachen werden nicht nur formell, sondern auch materiell rechtskräftig. Doch wird die Bedeutung der materiellen Rechtskraft durch die Möglichkeit der Abänderung nach § 48 Abs. 1 S. 1 eingeschränkt. **Nach Abs. 1 S. 1** tritt **die Wirksamkeit der Endentscheidung** mit der **formellen Rechtskraft iSv. § 45** ein. Formell rechtskräftig werden Endentscheidungen mit Ablauf der Rechtsmittelfrist oder der Frist für die weiteren möglichen Rechtsbehelfe, ohne dass ein Rechtsmittel eingelegt worden ist. Die formelle Rechtskraft tritt zudem ein, wenn die Beschwerdeberechtigten auf Rechtsmittel verzichtet haben und wenn der BGH über die Rechtsbeschwerde endgültig entschieden hat.

---

[1] Vgl. § 885 ZPO Rn. 9.
[2] So aber *Baumbach/Lauterbach/Hartmann* Rn. 1.

5 Abs. 1 S. 1 geht als speziellere Vorschrift der allgemeineren des § 40 Abs. 1 vor und schiebt den Zeitpunkt der Wirksamkeit von demjenigen der Bekanntgabe (§§ 40 Abs. 1, 41, 15) auf denjenigen der formellen Rechtskraft hinaus. Diese Regelung überzeugt nicht. Gerade in Gewaltschutzsachen ist die sofortige Vollziehbarkeit der Entscheidung meist das dringendste Anliegen überhaupt. Sachangemessen ist daher insbesondere hier der Eintritt der Wirksamkeit und damit der Vollstreckbarkeit (§ 86 Abs. 2) mit Bekanntgabe, wie dies der Grundsatz gem. §§ 40 Abs. 1, 15 vorsieht.[1] Die Regelung zeigt zugleich, dass es hier **keine vorläufige Vollstreckbarkeit** gibt.

6 Der Zeitpunkt der Wirksamkeit ist entscheidend für die **Vollstreckung;** nach § 86 Abs. 2 sind Beschlüsse erst mit Wirksamwerden vollstreckbar. Nach **§ 86 Abs. 3** ist eine **Vollstreckungsklausel** (§ 725 ZPO iVm. § 95 Abs. 1) nur erforderlich, wenn die Vollstreckung nicht durch das Gericht erfolgt, das den Beschluss erlassen hat. Die Möglichkeit der **Abänderung nach § 48 Abs. 1, Abs. 3** **verdrängt als speziellere Vorschrift** die **Vollstreckungsabwehrklage nach § 767 ZPO**.[2]

7 **b) Anordnung der sofortigen Wirksamkeit nach Abs. 1 S. 2.** Nach Abs. 1 S. 2 soll das FamG in Gewaltschutzsachen die sofortige Wirksamkeit anordnen. Auf diese Weise wird die Lage wie sie nach § 40 Abs. 1 besteht wieder hergestellt.

8 **2. Zulässigkeit der Vollstreckung vor Zustellung mit Anordnung der sofortigen Wirksamkeit, Abs. 2 S. 1; Wirksamkeit mit Übergabe an die Geschäftsstelle zur Bekanntmachung, Abs. 2 S. 2 Halbs. 1 und Vermerkung dieses Zeitpunkts auf der Entscheidung, Abs. 2 S. 2 Halbs. 2. a) Zulässigkeit der Vollstreckung vor Zustellung nach Abs. 1 S. 1.** Zum Schutze des Opfers einer Gewalttat und zum Schutze des Kindeswohls besteht häufig nicht nur die Notwendigkeit eines vollstreckbaren Beschlusses vor Rechtskraft der Endentscheidung, sondern weitergehend schon vor Bekanntgabe des Beschlusses an den Täter. Deshalb sieht Abs. 2 S. 1 im Anschluss an Abs. 1 S. 2 vor, dass das FamG mit der Anordnung der sofortigen Wirksamkeit auch die Zulässigkeit der Vollstreckung vor der Zustellung an den Täter anordnen kann. Damit sollen zum Schutz des Opfers einer Gewalttat und der im Haushalt lebenden Kinder Situationen vermieden werden, in denen der Täter die Bekanntgabe der gerichtlichen Entscheidung zum Anlass für neue Gewalttaten oder Drohungen mit solchen Tat nimmt. Aufgrund der Anordnung **entfällt** die **allgemeine Vollstreckungsvoraussetzung** der **Zustellung nach § 87 Abs. 2**.[3]

9 **b) Zeitpunkt der Wirksamkeit, Abs. 2 S. 2 Halbs. 1.** Ordnet das FamG neben der sofortigen Wirksamkeit auch die Zulässigkeit der Vollstreckung vor der Zustellung an den Antragsgegner an, wird die Entscheidung nicht erst durch die Bekanntgabe (§§ 40 Abs. 1, 41, 15 Abs. 2), sondern bereits in dem Zeitpunkt **wirksam,** in dem sie vom **Richter der Geschäftsstelle** zum Zwecke der Bekanntmachung **übergeben wird.** Übergabe bedeutet, das Übergehen des unterschriebenen Beschlusses aus dem Bereich des Richters in den Bereich der Geschäftsstelle.[4] Zu diesem Zeitpunkt tritt gem. § 86 Abs. 2 die Vollstreckbarkeit des Beschlusses ein.

10 Abs. 2 S. 2 Halbs. 2 verpflichtet den Richter und ggf. den Geschäftsstellenbeamten, den **Zeitpunkt der Übergabe der Entscheidung** vom Richter an die Geschäftsstelle nach Tag, Stunde und Minute **zu vermerken.**[5]

11 § 53 Abs. 2 S. 1, S. 2 trifft für das in Gewaltschutzsachen weitaus häufigere und daher bedeutendere **einstweilige Anordnungsverfahren** eine vorrangige Spezialregelung.[6]

§ 216a Mitteilung von Entscheidungen

[1]**Das Gericht teilt Anordnungen nach den §§ 1 und 2 des Gewaltschutzgesetzes sowie deren Änderung oder Aufhebung der zuständigen Polizeibehörde und anderen öffentlichen Stellen, die von der Durchführung der Anordnung betroffen sind, unverzüglich mit, soweit nicht schutzwürdige Interessen eines Beteiligten an dem Ausschluss der Übermittlung, das Schutzbedürfnis anderer Beteiligter oder das öffentliche Interesse an der Übermittlung überwiegen.** [2]**Die Beteiligten sollen über die Mitteilung unterrichtet werden.**

---

[1] *Baumbach/Lauterbach/Hartmann* Rn. 1.
[2] Vgl. § 209 Rn. 13.
[3] *Baumbach/Lauterbach/Hartmann* Rn. 2.
[4] *Baumbach/Lauterbach/Hartmann* Rn. 2.
[5] Vgl. näher § 209 Rn. 15.
[6] *Baumbach/Lauterbach/Hartmann* Rn. 3.

I. Normzweck

In der Alltagspraxis ist im Bereich des Gewaltschutzes das Verhältnis der beteiligten Gerichte und **1** Behörden nicht immer reibungsfrei. Die Vorschrift soll helfen ein **Informationsdefizit** zwischen FamG und Polizei hinsichtlich erlassener Schutzanordnungen nach § 1 GewSchG und titulierter Verpflichtungen zur Überlassung der Wohnung nach § 2 Abs. 1 Abs. 6 S. 1 GewSchG zu **minimieren.** Insbesondere die Polizei braucht eine sofortige vollständige Information des FamG über dessen Anordnungen und Maßnahmen, um sachgerecht vorgehen zu können.[1]

II. Regelungsbereich

Die Vorschrift ähnelt § 22a und erinnert an § 35a FGG aF S. 1 sieht eine **umfassende Mittei- 2 lung** von Anordnungen nach §§ 1, 2 GewSchG sowie deren Änderung oder Aufhebung an die **Polizeibehörden** und andere öffentliche Stellen, vor.[2] Als andere Behörden kommen insbesondere **Schulen, Kindergärten, Jugendhilfeeinrichtungen** nicht nur in einer öffentlich-rechtlichen Trägerschaft, **Tagesheime** und eventuell auch ein **Mutterhaus** in Betracht.[3] Mögliche weitere Beteiligte bestimmen sich nach §§ 7, 8.

Zur Information der Polizei und anderer Behörden ist eine Übermittlung der Entscheidungen des **3** FamG in abgekürzter Form ausreichend. Das Gericht muss natürlich eine Mitteilung auch unverzüglich von jeder Erweiterung, Einschränkung, sonstigen Änderung oder von einer Aufhebung einer Anordnung nebst den etwaigen zugehörigen Bedingungen machen. Die konkrete Ausgestaltung der Datenübermittlung bleibt der Anordnung über Mitteilungen in Zivilsachen überlassen.[4]

Zuständig für die Übermittlung der Anordnungen nach §§ 1, 2 GewSchG sowie deren Ände- **4** rung oder Aufhebung sind die **Urkundsbeamten der Geschäftsstelle.**[5]

Eine Mitteilung an die Beteiligten hat insbesondere dann zu unterbleiben, wenn dem Antrags- **5** gegner der Aufenthaltsort des Antragstellers oder der betroffenen Kinder nicht bekannt gemacht werden soll.[6]

S. 2 ordnet an, dass die **Beteiligten** über die Mitteilung in der Regel **unterrichtet werden.** **6** Schon das Rechtsstaatsprinzip erfordert die zumindest anschließende, ebenfalls unverzügliche Unterrichtung der Beteiligten.[7] Eine **Ausnahme** hiervon ist insbesondere wiederum dann zu machen, wenn dem Antragsgegner der Aufenthaltsort des Antragstellers oder betroffener Kinder zu deren Schutz nicht bekannt gemacht werden soll.

---

[1] Vgl. dazu *Meyer-Seitz/Frantzioch/Ziegler* S. 291 f.
[2] BT-Drucks. 16/9733, S. 369.
[3] *Baumbach/Lauterbach/Hartmann* Rn. 3.
[4] BT-Drucks. 16/9733, S. 369 f.
[5] BT-Drucks. 16/9733, S. 369.
[6] BT-Drucks. 16/9733, S. 369, 370.
[7] *Baumbach/Lauterbach/Hartmann* Rn. 2 aE.

Abschnitt 8. Verfahren in Versorgungsausgleichssachen

Schrifttum: *Bergmann,* Verfahrensrechtliche Änderungen, FPR 2009, 232; *Bergmann,* Richterliche Kontrolle von Eheverträgen und Scheidungsvereinbarungen unter besonderer Berücksichtigung des Versorgungsausgleichs, FF 2007, 16; *Bergner,* Der reformierte Versorgungsausgleich – Die wichtigsten materiellen Neuerungen, NJW 2009, 1169; *Bergner,* Der reformierte Versorgungsausgleich – Verfahrensrecht, Übergangsrecht und anzuwendendes altes bzw. neues Recht, NJW 2009, 1233; *Bergner,* Die reformbedürftige Strukturreform des Versorgungsausgleichs, ZRP 2008, 211; *Bergschneider,* Beck'sches Formularbuch Familienrecht, 2. Aufl. 2008; *Blomeyer/Rolfs/Otto,* Gesetz zur Verbesserung der betrieblichen Altersversorgung, 4. Aufl. 2006; *Boeckor,* Der Versorgungsausgleich vor seiner Revision, NotBZ 2005, Beilage zu Heft 8; *Borth,* Versorgungsausgleich, 4. Aufl. 2008; *Borth,* Das Gesetz zur Strukturreform des Versorgungsausgleichs – Darstellung der Änderungen aufgrund der Beratungen im Rechtsausschuss des Deutschen Bundestages –, FamRZ 2009, 562; *Borth,* Der Regierungsentwurf für ein Gesetz zur Strukturreform des Versorgungsausgleichs, FamRZ 2008, 1797; *Borth,* Diskussionsentwurf des Bundesministeriums der Justiz für ein Gesetz zur Strukturreform des Versorgungsausgleichs (VAStrRefG) vom 29. 8. 2007 – einführende Stellungnahme, FamRZ 2007, 1773; *Borth,* Die Organisationsreform in der gesetzlichen Rentenversicherung und ihre Auswirkungen auf das Versorgungsausgleichsverfahren, FamRZ 2005, 1885; *Borth,* Rechtsprechungsübersicht zum Versorgungsausgleich ab 1. 4. 1997, FamRZ 2001, 877; *Deisenhofer,* Unwirksamkeit des Ausschlusses des Versorgungsausgleichs bei Nichtigkeit des Ehevertrags, FPR 2007, 124; *Eichenhofer,* Zukünftiger Anwendungsbereich des schuldrechtlichen Versorgungsausgleichs (künftig: schuldrechtliche Ausgleichszahlungen, FPR 2009, 211; *Eichenhofer,* Drei Wege zum Versorgungsausgleich, FamRZ 2008, 950; *Elden,* Die externe Teilung als Ausnahmefall im neuen Versorgungsausgleich, FPR 2009, 206; *Eulering/Viefhues,* Der reformierte Versorgungsausgleich – praktische Umsetzung durch die Familiengerichte, FamRZ 2009, 1368; *Friederici,* Anmerkungen zur Strukturreform des Versorgungsausgleichs, FF 2005, 140; *Glockner,* Die Neuregelung des Versorgungsausgleichs ist notwendig, FS Schwab, S. 640; *Hahne,* Überlegungen zur Reform des Versorgungsausgleichs unter besonderer Berücksichtigung der Betriebsrenten, BetrAV 2008, 37; *Hahne,* Versorgungsausgleich für Betriebsrente: Was ist – was kommt?, BetrAV 2008, 425; *Hahne,* Die Abänderung rechtskräftiger Versorgungsausgleichsentscheidungen gemäß § 10a VAHRG nF, FamRZ 1987, 217; *Hähnchen,* Elektronischer Rechtsverkehr – ein praktischer Leitfaden, 2007; *Hähnchen,* Elektronische Akten bei Gericht – Chancen und Hindernisse, NJW 2005, 2257; *Hauß,* Versorgungsausgleich und Verfahren in der anwaltlichen Praxis, 2004; *Hauß,* Der Verzicht auf Bagatellausgleiche im neuen Versorgungsausgleichsrecht, FPR 2009, 214; *Hauß,* Der neue Versorgungsausgleich, FamRB 2008, 282; *Häußermann,* Zehn Fallstricke des neuen Versorgungsausgleichs, FPR 2009, 223; *Häußermann,* Überlegungen des Familiengerichts zur Umsetzung der gesetzlichen Neuregelung des Versorgungsausgleichs – eine Mängelliste, BetrAV 2008, 428; *Haußleiter/Schramm,* Vereinbarungen zum Versorgungsausgleich nach neuem Recht, NJW-Spezial 2009, 292; *Kemper,* Die Übergangsregelungen des Gesetzes zur Strukturreform des Versorgungsausgleichs, FPR 2009, 227; *Langohr-Plato,* Betriebliche Altersversorgung, 3. Aufl. 2005; *Merten/Baumeister,* Der neue Versorgungsausgleich in der betrieblichen Altersversorgung, DB 2009, 957; *Pohl,* Steuerliche Rahmenbedingungen für den Versorgungsausgleich, BetrAV 2009, 100; *Rehme,* Der Regierungsentwurf eines Gesetzes zur Strukturreform des Versorgungsausgleichs, FuR 2008, 370; FuR 2008, 433; FuR 2008, 474; *Reinhard,* Ausländische Versorgungsanwartschaften im Versorgungsausgleich, FamRZ 2007, 866; *Ricken,* Modelle zusätzlicher Altersvorsorge, DRV 2007, 366; *Riedel,* Hintergründe zur Überarbeitung der Barwert-Verordnung, BetrAV 2004, 122; *Rotax,* Anstehende Veränderungen im Recht des Versorgungsausgleichs, ZFE 2007, 284; *Römer,* Zu den Informationspflichten nach dem neuen VVG, VersR 2007, 618; *Ruland,* Die vorgesehene Strukturreform des Versorgungsausgleichs, NZS 2008, 225; *Ruland,* Der neue Versorgungsausgleich – Strategien und Beratung durch den Anwalt, NJW 2009, 1697; *Ruland,* Versorgungsausgleich, 2. Aufl. 2009; *Schmid,* Die Strukturreform des Versorgungsausgleichs: Reformbedarf, Gesetzgebungsverfahren, Leitlinien des neuen Rechts, FPR 2009, 196; *Schmid,* Gibt es einen Königsweg im Versorgungsausgleich?, FPR 2007, 114; *Schoch/Schmidt-Aßmann/Pietzner,* Verwaltungsgerichtsordnung, 2009; *Triebs,* Grundsatz der internen Teilung nach dem Versorgungsausgleichsgesetz, FPR 2009, 202; *Viefhues,* Elektronische Kommunikation zwischen den Gerichten und den Versorgungsträgern, BetrAV 2009, 103; *Viefhues,* Das Gesetz über die Verwendung elektronischer Kommunikationsformen in der Justiz, NJW 2005, 1009; *Weil,* Ausgleich von „Ost/West-Anrechten", FPR 2009, 209; *Wick,* Der Versorgungsausgleich, 2. Aufl. 2007; *Wick,* Vereinbarungen über den VA – Regelungsbefugnisse der Ehegatten, FPR 2009, 219; *Wick,* Die Zusatzversorgung des öffentlichen Dienstes im öffentlich-rechtlichen Versorgungsausgleich – vor und nach der Strukturreform, FamRZ 2008, 1223; *Zimmermann,* Das neue FamFG, München 2009; *Zimmermann,* Die Beteiligten im neuen FamFG, FPR 2009, 5; *Zypries,* Es darf kein Übergewicht gegenüber der Richterbank entstehen, DRiZ 2009, 26.

Vorbemerkung zu den §§ 217 ff.

Übersicht

	Rn.		Rn.
I. Das VAStrRefG	1–4	2. Weitere Änderungen	2
1. Überblick	1	3. Reformbedarf	3

	Rn.		Rn.
4. Gesetzgebungsverfahren	4	b) Formelle Wirksamkeitsvoraussetzungen	29
II. Das Verhältnis zwischen dem FGG-RG und dem VAStrRefG	5	c) Materielle Wirksamkeitsvoraussetzungen	30
III. Das neue materielle Versorgungsausgleichsrecht	6–49	6. Ausgleichsansprüche nach der Scheidung	31–33
1. Das neue Ausgleichssystem	7	a) Fehlende Ausgleichsreife	32
2. Grundsatz der internen Teilung	8–12	b) Ausgleichsformen	33
a) Begriff der internen Teilung	9	7. Anpassungsverfahren	34–37
b) Anforderungen an die interne Teilung	10	a) Anpassung wegen Unterhalt	35
c) Sonderfall: Vollziehung durch Verrechnung	11	b) Anpassung wegen Invalidität oder besonderer Altersgrenze	36
d) Teilungskosten	12	c) Anpassung wegen Tod	37
3. Ausnahmsweise externe Teilung	13–18	8. Wertermittlung durch die Versorgungsträger	38–41
a) Begriff der externen Teilung	14	a) Maßgebliche Bezugsgröße	39
b) Voraussetzungen der externen Teilung	15–17	b) Maßgebender Zeitpunkt	40
c) Wahl des Zielversorgungsträgers	18	c) Bewertung des Ehezeitanteils	41
d) Anrechte aus einem öffentlich-rechtlichen Dienst- oder Amtsverhältnis	19	9. Korrespondierender Kapitalwert	42–46
		a) Begriff	43
		b) Berechnung	44
e) Keine Geltendmachung von Teilungskosten	20	c) Erforderlichkeit	45
		d) Vereinbarungen	46
4. Absehen von der Teilung	21–26	10. Übergangsvorschriften	47–51
a) Kurze Ehezeit	22	a) Allgemeine Übergangsvorschrift	48
b) Vereinbarung über Ausschluss	23	b) Verfahren nach den §§ 4 bis 10 VAHRG aF	49
c) Geringfügige Differenz zweier Ausgleichswerte	24	c) Ausgesetzte VAÜG-Fälle	50
d) Geringfügige Ausgleichswerte	25	d) Abänderungsverfahren	51
e) Grobe Unbilligkeit	26	IV. Anwendbarkeit auf Lebenspartnerschaftssachen	52–54
5. Vereinbarungen der Ehegatten über den Versorgungsausgleich	27–30	1. Materiellrechtliche Vorschriften	52
a) Regelungsbefugnisse der Ehegatten	28	2. Verfahrensvorschriften	53, 54

I. Das VAStrRefG

1. Überblick. Das Gesetz zur Strukturreform des Versorgungsausgleichs (VAStrRefG) vom 3. 4. **1** 2009[1] ist am 1. 9. 2009 in Kraft getreten. Mit dem Gesetz ist das Recht des Versorgungsausgleichs grundlegend reformiert worden. Das materielle Versorgungsausgleichsrecht ist jetzt einheitlich im neuen Versorgungsausgleichsgesetz (VersAusglG) geregelt. Das Bürgerliche Gesetzbuch (BGB) enthält nun lediglich noch in § 1587 die Regelung, dass zwischen den geschiedenen Ehegatten ein Versorgungsausgleich nach Maßgabe des Versorgungsausgleichsgesetzes stattfindet. Die §§ 1587a bis 1587p BGB aF sind aufgehoben worden. Die Barwert-Verordnung, das Gesetz zur Regelung von Härten im Versorgungsausgleich (VAHRG) und das Versorgungsausgleichs-Überleitungsgesetz (VAÜG) sind außer Kraft getreten. Die verfahrensrechtlichen Vorschriften zum Versorgungsausgleich im FamFG sind größtenteils geändert worden (Artikel 2 VAStrRefG).

2. Weitere Änderungen. Daneben enthält das VAStrRefG in Artikel 5 das Gesetz über die **2** interne Teilung beamtenversorgungsrechtlicher Ansprüche von Bundesbeamtinnen und Bundesbeamten im Versorgungsausgleich sowie begleitende Änderungen im Sechsten Buch Sozialgesetzbuch (Artikel 4 VAStrRefG), im Beamtenversorgungsgesetz (Artikel 6 VAStrRefG), im Abgeordnetengesetz (Artikel 7 VAStrRefG), im Soldatenversorgungsgesetz (Artikel 8 VAStrRefG), im Gesetz über die Alterssicherung der Landwirte (Artikel 9 VAStrRefG), im Einkommensteuergesetz (Artikel 10 VAStrRefG), in der Altersvorsorge-Durchführungsverordnung (Artikel 11 VAStrRefG), im Lebenspartnerschaftsgesetz (Artikel 12 VAStrRefG), im Gesetz über Gerichtskosten in Familiensachen (Artikel 13 VAStrRefG), im Rechtspflegergesetz (Artikel 14 VAStrRefG), im Rechtsanwaltsvergütungsgesetz (Artikel 15 VAStrRefG), in der Kostenordnung (Artikel 16 VAStrRefG), im Schornsteinfegergesetz (Artikel 17 VAStrRefG), im Hüttenknappschaftlichen Zusatzversicherungs-Gesetz (Artikel 18 VAStrRefG), im Zehnten Buch Sozialgesetzbuch (Artikel 19 VAStrRefG), im Einführungsgesetz zum Bürgerlichen Gesetzbuche (Artikel 20 VAStrRefG), im Ersten Gesetz zur

---
[1] BGBl. I 2009 S. 700.

Reform des Ehe- und Familienrechts (Artikel 21 VAStrRefG) und im FGG-Reformgesetz (Artikel 22 VAStrRefG).

3. Reformbedarf. Das bisherige Recht war aus mehreren Gründen reformbedürftig: Das System der Saldierung aller Anrechte und des Einmalausgleichs über die gesetzliche Rentenversicherung machte es erforderlich, die sog. nicht volldynamischen Anrechte mit Hilfe der Barwert-Verordnung[2] den sog. volldynamischen Anrechten (gesetzliche Rentenversicherung und Beamtenversorgung) vergleichbar zu machen. Diese Vergleichbarmachung führte auf Grund der fehleranfälligen Prognosen über die künftige Wertentwicklung der Anrechte in vielen Fällen zu Wertverzerrungen.[3] Zudem ergaben sich in vielen Fällen für beide Ehegatten ungleichartige Versorgungen mit unterschiedlichen Risiken und Entwicklungschancen.[4] Hinzu kam, dass ein vollständiger Ausgleich der Anrechte bei der Scheidung häufig nicht stattfinden konnte. Die später mögliche Korrektur durch eine Abänderung der Entscheidung nach § 10a VAHRG aF und der später mögliche schuldrechtliche Versorgungsausgleich wurden in der Regel nicht geltend gemacht. Das war insbesondere vor dem Hintergrund der wachsenden Bedeutung der ergänzenden betrieblichen und privaten Vorsorge seit 2001[5] eine unbefriedigende Situation. Das bisherige Recht führte in vielen Fällen zu ungerechten Ergebnissen. Darüber hinaus waren die – zum Teil sehr umfangreichen – Regelungen kompliziert, nur schwer verständlich und auf drei Gesetze und eine Verordnung verteilt (BGB, VAHRG, VAÜG, Barwert-Verordnung).

4. Gesetzgebungsverfahren. Bestrebungen nach einer grundlegenden Reform des Versorgungsausgleichsrechts gab es bereits seit längerem. Die Reformdebatte reicht bis in die achtziger Jahre zurück.[6] Im September 2003 hatte das Bundesministerium der Justiz die Kommission „Strukturreform des Versorgungsausgleichs" eingesetzt, der Expertinnen und Experten aus vielen mit dem Versorgungsausgleich befassten Institutionen angehörten. Im Oktober 2004 hatte die Kommission ihren Abschlussbericht übergeben.[7] Nachfolgend wurde im Bundesministerium der Justiz auf der Grundlage eines Eckpunktepapiers vom 28. 1. 2006[8] ein Gesetzentwurf zur Strukturreform des Versorgungsausgleichs erarbeitet,[9] der vom Bundeskabinett am 21. 5. 2008 beschlossen wurde.[10] Am 12. 2. 2009 wurde das Gesetz vom Deutschen Bundestag mit mehreren Änderungen entsprechend der Beschlussempfehlung des Rechtsausschusses vom Vortag[11] beschlossen.[12] Der Bundesrat hat dem Gesetz am 6. 3. zugestimmt. Am 3. 4. 2009 ist das Gesetz ausgefertigt und am 8. 4. 2009 im Bundesgesetzblatt verkündet worden.[13]

II. Das Verhältnis zwischen dem FGG-RG und dem VAStrRefG

Das Gesetz zur Reform des Verfahrens in Familiensachen und in den Angelegenheiten der freiwilligen Gerichtsbarkeit (FGG-Reformgesetz – FGG-RG) vom 17. 12. 2008[14] enthält in seinem Artikel 1 das Gesetz über das Verfahren in Familiensachen und in den Angelegenheiten der freiwilligen Gerichtsbarkeit (FamFG). Buch 2 Abschnitt 8 FamFG (§§ 217 bis 230) enthält die Regelungen zum Versorgungsausgleichsverfahren. Die Vorschriften beruhen noch auf dem bis zum Inkrafttreten der Strukturreform des Versorgungsausgleichs geltenden materiellen Versorgungsausgleichsrecht. Das FamFG ist am 1. 9. 2009 in Kraft getreten. Parallel dazu wurden mit dem VAStrRefG das materielle

---

[2] Barwert-Verordnung vom 24. 6. 1977 (BGBl. I S. 1014), zuletzt geändert durch die Verordnung vom 2. 6. 2008 (BGBl. I S. 969).
[3] Vgl. BGHZ 148, 351 = NJW 2002, 296 und *Riedel* BetrAV 2004, 122.
[4] *Hahne* BetrAV 2008, 425 und BetrAV 2008, 37.
[5] Vgl. Altersvermögensgesetz vom 26. 6. 2001 (BGBl. I S. 1310) und Versorgungsänderungsgesetz 2001 vom 20. 12. 2001 (BGBl. I S. 3926).
[6] Vgl. hierzu *Friederici* FF 2005, 140.
[7] Vgl. den auf der Internetseite des Bundesministeriums der Justiz veröffentlichten Abschlussbericht der Kommission (www.bmj.bund.de unter Themen > Zivilrecht > Familienrecht > Versorgungsausgleich > Abschlussbericht der Kommission), hierzu auch *Glockner* FS *Schwab*, S. 649 ff.; *Boecken*, NotBZ 2005, Beilage zu Heft 8, 1 ff.
[8] Vgl. den Auszug in FPR 2007, 108 ff., hierzu *Schmid* FPR 2007, 114 ff.; *Rotax* ZFE 2007, 284 ff.
[9] Zum Diskussionsentwurf vom 29. 8. 2007: *Borth* FamRZ 2007, 1773; zum Referentenentwurf vom 12. 2. 2008: *Ruland* NZS 2008, 225.
[10] BT-Drucks. 16/10144, *Borth* FamRZ 2008, 1797; *Eichenhofer* FamRZ 2008, 950; kritisch: *Häußermann* BetrAV 2008, 428; *Bergner* ZRP 2008, 211, *Rehme* FuR 2008, 370; FuR 2008, 433, FuR 2008, 474.
[11] BT-Drucks. 16/11903.
[12] Vgl. zu den Änderungen: *Borth* FamRZ 2009, 562, kritisch: *Bergner* NJW 2009, 1169; ders. NJW 2009, 1233.
[13] BGBl. I 2009 S. 700.
[14] BGBl. I 2008 S. 2586.

Recht und das Verfahrensrecht des Versorgungsausgleichs grundlegend reformiert. Das VAStrRefG ist ebenfalls am 1. 9. 2009 in Kraft getreten.[15] In seinem Artikel 2 enthält das VAStrRefG Änderungen des FamFG.[16] Insbesondere sind Änderungen der Vorschriften zum Versorgungsausgleichsverfahren in Buch 2 Abschnitt 8 FamFG enthalten, außerdem Änderungen in den §§ 114, 137 und 142 FamFG. Da das FamFG und Artikel 2 des VAStrRefG gleichzeitig in Kraft getreten sind und das zeitlich später verkündete VAStrRefG Änderungen des zeitlich früher verkündeten Stammgesetzes FamFG in der verkündeten Fassung enthält, gelten die Vorschriften des FamFG seit dem 1. 9. 2009 ausschließlich in ihrer durch Artikel 2 des VAStrRefG geänderten Fassung. Das VAStrRefG hat darüber hinaus mit seinem Artikel 22 auch das FGG-RG selbst geändert, nämlich die Übergangsvorschrift Artikel 111 FGG-RG. Die Änderungen dieser Übergangsvorschrift beziehen sich insbesondere auf die Frage, welches Verfahrensrecht in Versorgungsausgleichsverfahren Anwendung findet. Auch insoweit gilt, dass Artikel 111 FGG-RG seit dem 1. 9. 2009 ausschließlich in der durch Artikel 22 VAStrRefG geänderten Fassung Anwendung findet.

III. Das neue materielle Versorgungsausgleichsrecht

Im Versorgungsausgleichsrecht sind materielles Recht und Verfahrensrecht in besonderer Weise eng miteinander verbunden und verzahnt. Die materiellen Regelungen zum Versorgungsausgleich werden durch die rechtsgestaltende Entscheidung des Gerichts umgesetzt. Der Versorgungsausgleich findet auf Grund richterlicher Entscheidung statt, und zwar nur im Falle einer – vom Gericht ausgesprochenen – Scheidung (oder ggf. im Falle einer Aufhebung der Ehe). Somit greifen das materielle Recht des Versorgungsausgleichs und das Verfahrensrecht des Versorgungsausgleichs ineinander. Aus diesem Grunde erschließen sich die neuen verfahrensrechtlichen Vorschriften nur im Zusammenhang mit dem neuen materiellen Versorgungsausgleichsrecht.

1. Das neue Ausgleichssystem. Nach dem neuen System findet anstatt der bisherigen Saldierung aller Anrechte und des Einmalausgleichs über die gesetzliche Rentenversicherung eine gesonderte Teilung jedes von den Ehegatten in der Ehezeit erworbenen Anrechts statt. Eine Vergleichbarmachung der Anrechte ist damit entbehrlich. Prognosefehler und Wertverzerrungen, die bislang durch die Umrechnung der Anrechte mit Hilfe der Barwert-Verordnung entstanden sind, entfallen. Zudem können die Anrechte in der Regel bereits bei der Scheidung vollständig ausgeglichen werden, so dass keine Ausgleichsreste mehr verbleiben. Das neue System führt daher zu einem gerechteren und transparenteren Ausgleich zwischen den Eheleuten.[17]

2. Grundsatz der internen Teilung. Grundsätzlich wird jedes Anrecht auf eine Versorgung nach den §§ 10 bis 13 VersAusglG intern geteilt (§ 9 Abs. 2 VersAusglG).[18]

a) Begriff der internen Teilung. Der jeweils ausgleichsberechtigte Ehegatte erhält einen Anspruch auf eine Versorgung bei dem Versorgungsträger des anderen, ausgleichspflichtigen Ehegatten. Nach § 10 Abs. 1 VersAusglG überträgt das Familiengericht für die ausgleichsberechtigte Person zulasten des Anrechts der ausgleichspflichtigen Person ein Anrecht in Höhe des Ausgleichswerts bei dem Versorgungsträger, bei dem das Anrecht der ausgleichspflichtigen Person besteht.
Beispiel: Der Ehemann hat in der Ehezeit eine Anwartschaft auf eine Betriebsrente mit einem Kapitalwert von 30 000 EUR erworben. Zugunsten der Ehefrau überträgt das Familiengericht für sie bei demselben Versorgungsträger ein Anrecht auf eine Betriebsrente im Wert von 15 000 EUR. Das Anrecht des Ehemanns wird entsprechend gekürzt. Bisher konnten betriebliche und private Versorgungen bei der Scheidung häufig nicht bzw. nur bis zu der Wertgrenze des § 3b Abs. 1 Nr. 1 VAHRG aF ausgeglichen werden.

b) Anforderungen an die interne Teilung. Die interne Teilung muss die gleichwertige Teilhabe der Ehegatten an den in der Ehezeit erworbenen Anrechten sicherstellen (§ 11 Abs. 1 S. 1 VersAusglG). Das ist der Fall, wenn 1. für die ausgleichsberechtigte Person ein eigenständiges und entsprechend gesichertes Anrecht übertragen wird, 2. ein Anrecht in Höhe des Ausgleichswerts mit vergleichbarer Wertentwicklung entsteht und 3. der gleiche Risikoschutz gewährt wird (wobei der Versorgungsträger den Risikoschutz auf eine Altersversorgung beschränken kann, wenn er für das nicht abgesicherte Risiko einen zusätzlichen Ausgleich bei der Altersversorgung schafft), § 11 Abs. 1 S. 2 VersAusglG.

---

[15] BGBl. I 2009 S. 700.
[16] Überblick: *Bergmann* FPR 2009, 232 ff.
[17] Vgl. *Schmid* FPR 2009, 196 ff.
[18] Vgl. hierzu *Triebs* FPR 2009, 202 ff.

Vor §§ 217 ff. 11–18   Buch 2. Abschnitt 8. Verfahren in Versorgungsausgleichssachen

11 **c) Sonderfall: Vollziehung durch Verrechnung.** Sind nach der internen Teilung für beide Ehegatten Anrechte gleicher Art bei demselben Versorgungsträger auszugleichen, vollzieht dieser nach § 10 Abs. 2 VersAusglG den Ausgleich nur in Höhe des Wertunterschieds nach Verrechnung. Das Gleiche gilt, wenn verschiedene Versorgungsträger zuständig sind und Vereinbarungen zwischen ihnen eine Verrechnung vorsehen. Das Gericht spricht in diesen Fällen also die interne Teilung der beiden Anrechte aus, der Versorgungsträger vollzieht die interne Teilung aber durch Verrechnung.
Beispiel: Der Ehemann hat in der Ehezeit in der gesetzlichen Rentenversicherung 10 Entgeltpunkte erworben. Die Ehefrau hat in der Ehezeit in der gesetzlichen Rentenversicherung 6 Entgeltpunkte erworben. Das Familiengericht überträgt für die Ehefrau zulasten des Anrechts des Ehemannes ein Anrecht in Höhe von 5 Entgeltpunkten. Zugleich überträgt das Familiengericht für den Ehemann zulasten des Anrechts der Ehefrau ein Anrecht in Höhe von 3 Entgeltpunkten. Die gesetzliche Rentenversicherung vollzieht den Ausgleich in Höhe von 2 Entgeltpunkten zugunsten der Ehefrau.

12 **d) Teilungskosten.** Die bei der internen Teilung entstehenden Kosten kann der Versorgungsträger nach § 13 VersAusglG jeweils hälftig mit den Anrechten beider Ehegatten verrechnen, soweit sie angemessen sind.

13 **3. Ausnahmsweise externe Teilung.** Ausnahmsweise findet eine externe Teilung von Anrechten nach den §§ 14 bis 17 VersAusglG statt.[19]

14 **a) Begriff der externen Teilung.** Bei der externen Teilung begründet das Gericht für den jeweils ausgleichsberechtigten Ehegatten zulasten des Anrechts des ausgleichspflichtigen Ehegatten ein Anrecht in Höhe des Ausgleichswerts bei einem anderen Versorgungsträger, als demjenigen, bei dem das Anrecht des ausgleichspflichtigen Ehegatten besteht (§ 14 Abs. 1 VersAusglG). Die ausgleichsberechtigte Person kann wählen, ob ein für sie bestehendes Anrecht ausgebaut oder ein neues Anrecht begründet werden soll (§ 15 Abs. 1 VersAusglG).
Beispiel: Der Ehemann hat in der Ehezeit eine Anwartschaft auf eine Betriebsrente aus einer Pensionskasse mit einem Kapitalwert von 30 000 EUR erworben. Die Pensionskasse als Versorgungsträger bietet der Ehefrau eine externe Teilung an. Die Ehefrau ist damit einverstanden. Sie möchte ihren bestehenden Riester-Vertrag aufstocken und erklärt daher, dass der ihr zustehende Anteil der Versorgung in diesen Riester-Vertrag fließen solle. Das Gericht begründet für die Ehefrau ein Anrecht in Höhe von 15 000 Euro bei dem Versorgungsträger, bei dem der Riester-Vertrag besteht. Dies geht zu Lasten des Anrechts des Ehemannes bei der Pensionskasse. Gleichzeitig ordnet das Gericht an, dass die Pensionskasse den Betrag von 15 000 EUR in den bestehenden Vertrag der Ehefrau über die Riester-Rente einzuzahlen hat. Damit entfällt die Verpflichtung der Pensionskasse, der Ehefrau bei sich ein Anrecht auf eine Betriebsrente zu verschaffen.

15 **b) Voraussetzungen der externen Teilung.** Eine externe Teilung ist nur in folgenden Fällen zulässig:

16 **aa) Vereinbarung.** Eine externe Teilung ist nach § 14 Abs. 2 Nr. 1 VersAusglG zulässig, wenn der ausgleichsberechtigte Ehegatte und der Versorgungsträger des ausgleichspflichtigen Ehegatten eine externe Teilung vereinbaren. Eine solche Vereinbarung ist unabhängig von der Höhe des Ausgleichswerts möglich. Es unterliegt der freien Entscheidung des ausgleichsberechtigten Ehegatten und des Versorgungsträgers des ausgleichspflichtigen Ehegatten, ob sie eine solche Vereinbarung, ggf. auch über höhere Ausgleichswerte, schließen oder nicht.[20]

17 **bb) Verlangen des Versorgungsträgers bei Kleinanrechten.** Eine externe Teilung ist nach § 14 Abs. 2 Nr. 2 VersAusglG auch zulässig, wenn der Versorgungsträger des ausgleichspflichtigen Ehegatten eine externe Teilung verlangt und der Ausgleichswert am Ende der Ehezeit bestimmte Grenzbeträge nicht übersteigt (§§ 14 Abs. 2 Nr. 2, 17 VersAusglG). Die Grenze für diesen Ausgleichswert liegt derzeit (2009) bei rund 50 EUR monatlicher Rente bzw. rund 6000 EUR Kapitalwert.[21] Bei Betriebsrenten aus Direktzusagen oder Unterstützungskassen beträgt die Grenze für den Ausgleichswert derzeit 64 800 EUR Kapitalwert[22] (§ 17 VersAusglG). Ein Einverständnis des ausgleichsberechtigten Ehegatten ist in diesen Fällen nicht erforderlich.[23]

18 **c) Wahl des Zielversorgungsträgers.** Sind die Voraussetzungen für eine externe Teilung nach § 14 Abs. 2 Nr. 1 oder Nr. 2 oder § 17 VersAusglG gegeben, kann der ausgleichsberechtigte

---

[19] Vgl. hierzu *Elden* FPR 2009, 206 ff.
[20] Vgl. auch § 222 Rn. 3 ff.
[21] § 2 Abs. 1 der Sozialversicherungs-Rechengrößenverordnung 2009 vom 2. 12. 2008, BGBl. I S. 2336.
[22] § 3 Abs. 1 Nr. 1 der Sozialversicherungs-Rechengrößenverordnung 2009 vom 2. 12. 2008, BGBl. I S. 2336.
[23] Vgl. auch § 222 Rn. 7 ff.

Vorbemerkung zu den §§ 217 ff.   19–25   **Vor §§ 217 ff.**

Ehegatte die Zielversorgung wählen. Es kann ein bestehendes Anrecht ausgebaut oder ein neues Anrecht begründet werden. Wenn der ausgleichsberechtigte Ehegatte sein Wahlrecht nicht ausübt, erfolgt die externe Teilung nach § 15 Abs. 5 S. 1 VersAusglG grundsätzlich durch Begründung eines Anrechts in der gesetzlichen Rentenversicherung; bei Anrechten im Sinne des Betriebsrentengesetzes durch Begründung eines Anrechts in der Versorgungsausgleichskasse (§ 15 Abs. 5 S. 2 VersAusglG).[24]

d) Anrechte aus einem öffentlich-rechtlichen Dienst- oder Amtsverhältnis. Die interne 19 Teilung ist mit dem VAStrRefG für die Beamtinnen und Beamten sowie die Richterinnen und Richter nur auf Bundesebene eingeführt worden (vgl. Artikel 5 VAStrRefG). Solange die Länder im Rahmen ihrer Zuständigkeit keine interne Teilung vorsehen, sind Anrechte aus einem öffentlich-rechtlichen Dienst- oder Amtsverhältnis nach § 16 Abs. 1 VersAusglG immer extern zu teilen, nämlich wie bislang durch Begründung eines Anrechts bei einem Träger der gesetzlichen Rentenversicherung.

e) Keine Geltendmachung von Teilungskosten. Etwaige bei der externen Teilung entstehende 20 Kosten kann der Versorgungsträger nicht mit den Anrechten der Ehegatten verrechnen, da § 13 VersAusglG nur für die interne Teilung gilt. Auch anderweitig kann der Versorgungsträger etwaige ihm durch die externe Teilung entstehende Kosten nicht geltend machen.

4. Absehen von der Teilung. Ein Versorgungsausgleich findet in folgenden Fällen nicht statt:[25]   21

a) Kurze Ehezeit. Bei einer Ehezeit von bis zu drei Jahren findet ein Versorgungsausgleich nach 22 § 3 Abs. 3 VersAusglG nur statt, wenn ein Ehegatte dies beantragt. Hintergrund für die Regelung ist, dass in diesen Fällen in der Regel kein Bedarf für einen Ausgleich besteht, insbesondere weil nur geringe Werte auszugleichen wären. Die Regelung dient der Entlastung der Familiengerichte und der Versorgungsträger. Sofern im Einzelfall innerhalb der kurzen Ehezeit von einem Ehegatten hohe Anrechte erworben worden sind, ist durch die Antragsmöglichkeit sichergestellt, dass ein Versorgungsausgleich stattfinden kann. Die Antragstellung unterliegt nach § 114 Abs. 4 Nr. 7 nicht dem Anwaltszwang.

b) Vereinbarung über Ausschluss. Die Ehegatten können den Versorgungsausgleich nach den 23 §§ 6 bis 8 VersAusglG in einer Vereinbarung ganz oder teilweise ausschließen. Die Vereinbarung muss notariell beurkundet oder gerichtlich protokolliert werden (§ 7 Abs. 1 und 2 VersAusglG) und einer Inhalts- und Ausübungskontrolle standhalten (§ 8 Abs. 1 VersAusglG). Sie bedarf aber nicht mehr – wie dies bislang für Scheidungsfolgenvereinbarungen der Ehegatten nach § 1587o Abs. 2 S. 3 BGB aF der Fall war – der Genehmigung des Familiengerichts.

c) Geringfügige Differenz zweier Ausgleichswerte. Ist die Differenz zwischen zwei beider- 24 seitigen Ausgleichswerten gering und handelt es sich um gleichartige Anrechte, soll das Gericht diese Anrechte nach § 18 Abs. 1 VersAusglG nicht ausgleichen. Eine geringfügige Differenz liegt nach § 18 Abs. 3 VersAusglG bei einem Rentenbetrag von derzeit (2009) rund 25 Euro bzw. einem Kapitalwert von rund 3000 EUR[26] vor. Aus der Fassung als Soll-Regelung ergibt sich, dass das Gericht den Ausgleich durchführt, wenn dies im Einzelfall ausnahmsweise geboten ist. Das kann beispielsweise dann der Fall sein, wenn ein Ehegatte dringend auf den (geringen) Wertzuwachs angewiesen ist. Mit der Regelung sollen Familiengerichte und Versorgungsträger entlastet werden, soweit es um geringe Ausgleichswertdifferenzen geht. Sind die Anrechte gleichartig, ist in der Regel kein schützenswertes Interesse der Ehegatten anzunehmen, trotz der geringen Ausgleichswertdifferenz einen wechselseitigen Ausgleich vorzunehmen.

d) Geringfügige Ausgleichswerte. Handelt es sich um ein Anrecht mit einem geringen Aus- 25 gleichswert, soll das Gericht dieses nach § 18 Abs. 2 VersAusglG ebenfalls nicht ausgleichen. Ein geringer Ausgleichswert liegt nach § 18 Abs. 3 VersAusglG bei einem Rentenbetrag von derzeit (2009) rund 25 Euro bzw. einem Kapitalwert von rund 3000 EUR vor. Aus der Soll-Regelung ergibt sich, dass das Gericht den Ausgleich durchführt, wenn dies im Einzelfall ausnahmsweise

---

[24] Die Regelung des zweiten Halbsatzes tritt nach Artikel 10 Abs. 7 des Gesetzes zur Änderung des Vierten Buches Sozialgesetzbuch, zur Errichtung einer Versorgungsausgleichskasse und anderer Gesetze vom 15. 7. 2009, BGBl. I S. 1939, vgl. Beschlussempfehlung und Bericht des Ausschusses für Arbeit und Soziales, BT-Drucks. 16/13424) erst in Kraft, sobald die Gründung der Versorgungsausgleichskasse nach dem Gesetz über die Versorgungsausgleichskasse (VersAusglKassG; Artikel 9e dieses Gesetzes) abgeschlossen und die erstmalige Erlaubnis nach § 3 Abs. 1 S. 2 VersAusglKassG bekannt gemacht ist. Geschieht dies vor dem 1. 9. 2009, also vor Inkrafttreten der Strukturreform des Versorgungsausgleichs, so tritt die Vorschrift erst mit der Strukturreform am 1. 9. 2009 in Kraft.

[25] Zum Ausschluss von Bagatellausgleichen: *Hauß* FPR 2009, 214 ff.

[26] § 2 Abs. 1 der Sozialversicherungs-Rechengrößenverordnung 2009 vom 2. 12. 2008, BGBl. I S. 2336.

geboten ist. Das kann beispielsweise dann der Fall sein, wenn der ausgleichsberechtigte Ehegatte durch den geringen Ausgleichswert eine rentenrechtliche Wartezeit erfüllen kann. Auch diese Regelung soll die Familiengerichte und die Versorgungsträger entlasten. Bislang fand ein Ausgleich selbst bei einem Ausgleichswert von 0,01 EUR statt.

26   e) **Grobe Unbilligkeit.** Schließlich ist für Härtefälle in § 27 VersAusglG vorgesehen, dass ein Versorgungsausgleich ausnahmsweise nicht stattfindet, soweit er grob unbillig wäre. Dies ist nur dann der Fall, wenn die gesamten Umstände des Einzelfalls es rechtfertigen, von der Halbteilung abzuweichen.

27   **5. Vereinbarungen der Ehegatten über den Versorgungsausgleich.**[27] Nach dem Willen des Gesetzgebers soll Vereinbarungen der Ehegatten über den Versorgungsausgleich künftig eine größere Bedeutung zukommen als bisher. Dazu werden voraussichtlich schon die leichter zugänglichen und verständlichen Normen einen Beitrag leisten. Zu einer Entlastung der Familiengerichte und einer interessengerechten Lösung von Versorgungsausgleichsfällen wird es im neuen Recht dann kommen, wenn die Anwaltschaft die Möglichkeiten des neuen Rechts, umfassende Vereinbarungen zu treffen, nutzt und versucht, den Versorgungsausgleich durch eine Vereinbarung nach § 6 VersAusglG im Interesse des Mandanten zu gestalten.[28]

28   a) **Regelungsbefugnisse der Ehegatten.** Nach § 6 VersAusglG können die Ehegatten Vereinbarungen über den Versorgungsausgleich schließen. Es wird nicht mehr zwischen Vereinbarungen im Rahmen eines Ehevertrags (§ 1408 BGB) und Vereinbarungen im Rahmen einer Scheidungsfolgenvereinbarung (früher: § 1587o BGB aF) unterschieden. Das Familiengericht ist an die getroffene Vereinbarung gebunden, wenn keine Wirksamkeits- und Durchsetzungshindernisse bestehen.

29   b) **Formelle Wirksamkeitsvoraussetzungen.** § 7 VersAusglG sieht bestimmte formelle Voraussetzungen für die Wirksamkeit der Vereinbarung vor: Vereinbarungen müssen grundsätzlich notariell beurkundet oder gerichtlich protokolliert werden (Ausnahme: Vereinbarungen nach Rechtskraft der Entscheidung über den Wertausgleich bei der Scheidung). Vereinbarungen im Rahmen eines Ehevertrages können nur bei gleichzeitiger Anwesenheit beider Ehegatten zur Niederschrift vor einem Notar geschlossen werden (§ 7 Abs. 3 VersAusglG iVm. § 1410 BGB). Eine gerichtliche Genehmigung der Vereinbarung, wie sie in § 1587o BGB aF für Scheidungsfolgenvereinbarungen vorgesehen war, ist nicht erforderlich.

30   c) **Materielle Wirksamkeitsvoraussetzungen.** In § 8 VersAusglG sind die materiellen Voraussetzungen für die Wirksamkeit der Vereinbarung geregelt: Die Vereinbarung muss wie bislang auch einer Inhalts- und Ausübungskontrolle standhalten (§ 8 Abs. 1 VersAusglG). Bei der Inhaltskontrolle ist auf eine mögliche Unwirksamkeit der Vereinbarung, insbesondere wegen Sittenwidrigkeit nach § 138 BGB, abzustellen und dabei die höchstrichterliche Rechtsprechung zu beachten. Im Rahmen der Inhaltskontrolle ist eine Gesamtwürdigung erforderlich, die in objektiver Hinsicht die Einkommens- und Vermögensverhältnisse bei Eheschließung sowie den geplanten oder bereits verwirklichten Zuschnitt der Ehe und in subjektiver Hinsicht die von den Ehegatten mit der Vereinbarung verfolgten Zwecke sowie die sonstigen Beweggründe berücksichtigt, die den begünstigten Ehegatten zu seinem Verlangen nach der von den gesetzlichen Bestimmungen abweichenden vertraglichen Gestaltung veranlasst und den benachteiligten Ehegatten bewogen haben, diesem Verlangen zu entsprechen.[29] Bei der Ausübungskontrolle geht es um die Frage, ob die Berufung auf die getroffene Vereinbarung im Hinblick auf die seit Abschluss einer Vereinbarung eingetretene Entwicklung gegen Treu und Glauben verstößt. Dies ist dann der Fall, wenn die Vereinbarung im Zeitpunkt der Scheidung zur Folge hat, dass der dadurch benachteiligte Ehegatte auf Grund einer einvernehmlichen Änderung der gemeinsamen Lebensumstände (zB Geburt eines gemeinsamen Kindes) über keine hinreichende Alterssicherung verfügt und das Ergebnis mit dem Gebot der ehelichen Solidarität schlechthin unvereinbar erscheint.[30] Eine Übertragung oder Begründung von Anrechten im Rahmen der Vereinbarung ist nur zulässig, wenn die maßgeblichen Regelungen dies zulassen und die betroffenen Versorgungsträger zustimmen (§ 8 Abs. 2 VersAusglG).

31   **6. Ausgleichsansprüche nach der Scheidung.** Verbleiben nach dem Wertausgleich bei der Scheidung noch nicht ausgeglichene Anrechte, können bei Renteneintritt des ausgleichspflichtigen Ehegatten in Bezug auf diese Anrechte Ausgleichsansprüche nach der Scheidung nach den §§ 20 bis

---

[27] Vgl. auch *Wick* FPR 2009, 219 ff. und *Bergschneider* Beck'sches Formularbuch Familienrecht, C. Vereinbarungen zur Ehescheidung sowie *Haußleiter/Schramm* NJW-Spezial 2009, 292 und *Ruland* NJW 2009, 1697.
[28] *Hauß* FPR 2009, 214, 219.
[29] BGH NJW 2005, 137; NJW 2005, 139; grundlegend zur Inhaltskontrolle von Eheverträgen: BGH NJW 2004, 930.
[30] BGH NJW 2005, 137; NJW 2005, 139; NJW 2008, 3426.

26 VersAusglG (früher: schuldrechtlicher Versorgungsausgleich nach den §§ 1587f ff. BGB aF) geltend gemacht werden. Nach dem reformierten Recht wird es aber nur noch wenige Fälle geben, in denen Anrechte im Wertausgleich bei der Scheidung nicht ausgeglichen werden.[31]

a) Fehlende Ausgleichsreife. Ein Wertausgleich bei der Scheidung findet nach § 19 VersAusglG 32 dann nicht statt, wenn ein Anrecht (noch) nicht ausgleichsreif ist. Die Ausgleichsreife fehlt insbesondere bei noch verfallbaren Anrechten nach dem Betriebsrentengesetz und Anrechten bei ausländischen, zwischenstaatlichen oder überstaatlichen Versorgungsträgern. Fehlt einem Anrecht zum Zeitpunkt des Wertausgleichs bei der Scheidung die Ausgleichsreife, ist der Versorgungsausgleich nicht generell, sondern nur zu diesem Zeitpunkt, also für den Wertausgleich bei der Scheidung nach den §§ 9 bis 18 VersAusglG ausgeschlossen. Der Versorgungsausgleich kann dann später nachgeholt werden, und zwar durch Geltendmachung der Ausgleichsansprüche nach der Scheidung nach den §§ 20 bis 26 VersAusglG.

b) Ausgleichsformen. Ausgleichsansprüche nach der Scheidung können entweder in Form eines 33 Anspruchs auf eine schuldrechtliche Ausgleichsrente (§ 20 VersAusglG) oder in Form eines Anspruchs auf eine Kapitalzahlung (§ 22 VersAusglG) bestehen. Ist dies für die ausgleichspflichtige Person zumutbar, kann alternativ auch ein vorzeitiger Anspruch auf Abfindung bestehen (§§ 23, 24 VersAusglG). Ist der ausgleichspflichtige Ehegatte verstorben, kann ein Anspruch gegen den Versorgungsträger (§ 25 VersAusglG) oder gegen die Witwe oder den Witwer (§ 26 VersAusglG) bestehen (früher: verlängerter schuldrechtlicher Versorgungsausgleich).

7. Anpassungsverfahren. Die Übertragung oder Begründung von Anrechten zugunsten des 34 ausgleichsberechtigten Ehegatten geht mit einer Kürzung des Anrechts des ausgleichspflichtigen Ehegatten einher. In besonderen Härtefällen kann es aus verfassungsrechtlichen Gründen geboten sein, nach Rechtskraft der Entscheidung zum Versorgungsausgleich diese Kürzung vorübergehend auszusetzen oder die Kürzung überhaupt nicht mehr vorzunehmen. Wann dies der Fall ist, ist in den §§ 32 ff. VersAusglG geregelt (früher: Härtefallregelungen nach den §§ 4 ff. VAHRG aF). Die Vorschriften gelten nur für die Regelsicherungssysteme, also nicht für die betriebliche und private Vorsorge. Es handelt sich um Antragsverfahren.

a) Anpassung wegen Unterhalt. Ist der ausgleichspflichtige Ehegatte wegen der Kürzung nicht 35 in der Lage, an den ausgleichsberechtigten Ehegatten Unterhalt zu zahlen, kann die Kürzung nach den §§ 33, 34 VersAusglG in entsprechender Höhe ausgesetzt werden. Zuständig ist – abweichend vom bisherigen Recht – das Familiengericht.

b) Anpassung wegen Invalidität oder besonderer Altersgrenze. Bezieht der ausgleichspflich- 36 tige Ehegatte aus seiner Versorgung eine vorzeitige Rente wegen Erwerbsunfähigkeit oder einer vorgezogenen Altersgrenze, kann er aber aus dem im Versorgungsausgleich erworbenen Anrecht keine Rente beziehen, weil er die diesbezüglichen Leistungsvoraussetzungen nicht erfüllt, kann die Kürzung seiner Versorgung nach den §§ 35, 36 VersAusglG ausgesetzt werden. Zuständig ist der jeweilige Versorgungsträger.

c) Anpassung wegen Tod. Ist der ausgleichsberechtigte Ehegatte gestorben und hat die Ver- 37 sorgung aus dem im Versorgungsausgleich erworbenen Anrecht vor seinem Versterben nicht länger als 36 Monate bezogen, so wird das Anrecht des ausgleichspflichtigen Ehegatten auf seinen Antrag nach den §§ 37, 38 VersAusglG nicht länger gekürzt.

8. Wertermittlung durch die Versorgungsträger. Die Ermittlung des Ehezeitanteils des An- 38 rechts wird von den Versorgungsträgern vorgenommen. Diese teilen dem Gericht den ermittelten Ehezeitanteil zusammen mit einem Vorschlag für die Bestimmung des Ausgleichswerts mit.

a) Maßgebliche Bezugsgröße. Der Versorgungsträger berechnet den Ehezeitanteil des Anrechts 39 nach § 5 Abs. 1 VersAusglG in Form der für das jeweilige Versorgungssystem maßgeblichen Bezugsgröße. Maßgebliche Bezugsgröße können insbesondere Entgeltpunkte (gesetzliche Rentenversicherung), Rentenbeträge (zB Beamtenversorgung) oder Kapitalwerte (zB Privatvorsorge) sein. Der Versorgungsträger hat also kein Auswahlermessen, nach welcher Bezugsgröße er den Ehezeitanteil berechnet, sondern er hat die Berechnung nach der für das Anrecht maßgeblichen Bezugsgröße vorzunehmen. Eine Ausnahme gilt nach § 45 VersAusglG für Anrechte im Sinne des Betriebsrentengesetzes: Bei diesen kann der Versorgungsträger den Wert entweder als Rentenbetrag nach § 2 BetrAVG oder als Kapitalwert nach § 4 Abs. 5 BetrAVG ermitteln. Weitere spezifische Vorgaben für die Wertermittlung durch bestimmte Versorgungsträger sind in den §§ 43 ff. VersAusglG enthalten.

b) Maßgebender Zeitpunkt. Maßgebender Zeitpunkt für die Bewertung ist nach § 5 Abs. 2 40 S. 1 VersAusglG das Ende der Ehezeit, also der letzte Tag des Monats vor Zustellung des Scheidungs-

---

[31] *Eichenhofer* FPR 2009, 211 ff.

antrags (§ 3 Abs. 1, 2. Hs. VersAusglG). Rechtliche oder tatsächliche Veränderungen nach dem Ende der Ehezeit, die auf den Ehezeitanteil zurückwirken, sind zu berücksichtigen.

41   c) **Bewertung des Ehezeitanteils.** Der Ehezeitanteil ist der Anteil des Anrechts, der in der Ehezeit erworben worden ist (§ 1 Abs. 1 VersAusglG). Soweit dies möglich ist, ist der Ehezeitanteil nach § 39 VersAusglG unmittelbar zu bewerten. Das ist dann der Fall, wenn sich der Wert des Anrechts nach einer Bezugsgröße richtet, die unmittelbar bestimmten Zeitabschnitten (und damit unmittelbar der Ehezeit) zugeordnet werden kann. Der Wert des Ehezeitanteils entspricht dann dem Umfang der auf die Ehezeit entfallenden Bezugsgröße. Ist eine unmittelbare Bewertung nicht möglich, ist eine zeitratierliche Bewertung nach § 40 VersAusglG vorzunehmen.

42   **9. Korrespondierender Kapitalwert.** Der korrespondierende Kapitalwert nach § 47 VersAusglG ist eine Hilfsgröße für ein Anrecht, dessen Ausgleichswert nicht bereits als Kapitalwert bestimmt ist (§ 47 Abs. 1 VersAusglG).

43   a) **Begriff.** Die Teilung der Anrechte wird zwar auf Grundlage ihrer jeweiligen maßgeblichen Bezugsgröße durchgeführt. Das Gericht ist aber in bestimmten Fällen auf den Kapitalwert des Anrechts angewiesen. Handelt es sich bei der maßgeblichen Bezugsgröße nicht um einen Kapitalwert (sondern beispielsweise um Entgeltpunkte, Versorgungspunkte oder einen Rentenbetrag), hat der Versorgungsträger daher ergänzend den entsprechenden Kapitalwert des Anrechts als sog. korrespondierenden Kapitalwert zu berechnen.

44   b) **Berechnung.** Nach § 47 Abs. 2 VersAusglG entspricht der korrespondierende Kapitalwert dem Betrag, der zum Ende der Ehezeit aufzubringen wäre, um beim Versorgungsträger der ausgleichspflichtigen Person für sie ein Anrecht in Höhe des Ausgleichswerts zu begründen. In § 47 Abs. 3 bis 5 VersAusglG sind Einzelheiten zur Berechnung des korrespondierenden Kapitalwerts geregelt.

45   c) **Erforderlichkeit.** Der korrespondierende Kapitalwert kann in folgenden Fällen für das Gericht und die Ehegatten erforderlich sein: Vereinbarungen der Ehegatten (§§ 6 bis 8 VersAusglG), externe Teilung auf Verlangen des Versorgungsträgers (§ 14 Abs. 2 Nr. 2 VersAusglG), Zahlbetrag bei der externen Teilung (§ 14 Abs. 4 VersAusglG), Geringfügigkeit einer Ausgleichswertdifferenz zwischen beiderseitigen Anrechten gleicher Art (§ 18 Abs. 1 VersAusglG), Geringfügigkeit eines Ausgleichswerts (§ 18 Abs. 2 VersAusglG), Härtefallregelung wegen grober Unbilligkeit (§ 27 VersAusglG), Abänderungsverfahren (§§ 51, 52 VersAusglG und §§ 225, 226).

46   d) **Vereinbarungen.** Mit den korrespondierenden Kapitalwerten erhalten die Ehegatten einen Anhaltspunkt für die Werte der Anrechte, um auf dieser Grundlage eine Vereinbarung schließen zu können. Allerdings sind bei einem Wertvergleich nicht nur die Kapitalwerte und korrespondierenden Kapitalwerte, sondern auch die weiteren Faktoren der Anrechte zu berücksichtigen, die sich auf die Versorgung auswirken (§ 48 Abs. 6 VersAusglG). Das sind insbesondere deren Leistungsspektrum (zB isolierte Altersversorgung einerseits und Anrechte, die neben der Altersversorgung auch Invaliditäts- und Hinterbliebenenschutz gewährleisten andererseits), die allgemeinen Anpassungen (zB Steigerungen der gesetzlichen Rentenversicherungen einerseits, statische Privatrenten ohne Anpassungen in der Leistungsphase andererseits) und die Finanzierungsverfahren (zB Abschnittsdeckungsverfahren berufsständischer Versorgungswerke einerseits, Umlagefinanzierungsverfahren der Sozialversicherung andererseits).[32]

47   **10. Übergangsvorschriften.** Die Übergangsvorschriften regeln die Fälle, in denen nach dem Inkrafttreten des Gesetzes, also ab dem 1. 9. 2009 ausnahmsweise das bisherige materielle Recht und Verfahrensrecht anzuwenden ist.[33] Ferner regeln sie insbesondere die Wiederaufnahme von Verfahren, die nach dem VAÜG ausgesetzt wurden und bestimmen, wie ein nach dem bis zum 31. 8. 2009 geltenden Recht durchgeführter öffentlich-rechtlicher Versorgungsausgleich abzuändern ist.

48   a) **Allgemeine Übergangsvorschrift.** Nach der allgemeinen Übergangsvorschrift des § 48 VersAusglG ist auf alle bis zum 31. 8. 2009 eingeleiteten Versorgungsausgleichsverfahren das bisher geltende materielle Recht und Verfahrensrecht weiterhin anzuwenden (§ 48 Abs. 1 VersAusglG); auf alle ab dem 1. 9. 2009 eingeleiteten Versorgungsausgleichsverfahren ist das neue Recht anzuwenden. Für die bis zum 31. 8. 2009 eingeleiteten Versorgungsausgleichsverfahren gelten allerdings nach § 48 Abs. 2 VersAusglG folgende Besonderheiten: Bei Abtrennung, Aussetzung oder einer Anordnung des Ruhens des Verfahrens findet auch auf diese Verfahren ab dem 1. 9. 2009 das neue Recht Anwendung. Unerheblich ist, ob die Abtrennung, Aussetzung oder die Anordnung des Ruhens des Verfahrens vor oder nach dem 1. 9. 2009 erfolgt sind. Außerdem gilt nach § 48 Abs. 3 VersAusglG: Auf

---

[32] BT-Drucks. 16/11903, S. 112.
[33] Insoweit zu Empfehlungen für den Rechtsanwalt: *Hauß* FamRB 2008, 282.

alle am 1. 9. 2010 im ersten Rechtszug noch anhängigen Versorgungsausgleichsverfahren findet – unabhängig vom Zeitpunkt ihrer Einleitung oder sonstigen Voraussetzungen – das neue Recht Anwendung. Ist das Versorgungsausgleichsverfahren am 1. 9. 2010 noch in der Rechtsmittelinstanz anhängig, findet § 48 Abs. 3 VersAusglG hingegen keine Anwendung. Diese Übergangsregelungen werden dazu beitragen, dass das neue Versorgungsausgleichsrecht schnell umfassend gelten wird. Spätestens ab dem 1. 9. 2010 wird nicht mehr auf das bisherige Recht zurückgegriffen werden müssen.[34]

b) Verfahren nach den §§ 4 bis 10 VAHRG aF. Für Verfahren nach den §§ 4 bis 10 VAHRG aF gilt nach § 49 VersAusglG: Ist der Antrag beim Versorgungsträger bis zum 31. 8. 2009 eingegangen, ist das bisher geltende Recht anzuwenden; ist der Antrag beim Versorgungsträger am 1. 9. 2009 oder danach eingegangen, ist das neue Recht anzuwenden. Handelt es sich um einen Antrag auf Aussetzung der Kürzung wegen Unterhalt (bisher § 5 VAHRG aF), ist zu beachten, dass der Versorgungsträger nach dem neuen Recht (§§ 33, 34 VersAusglG) nicht mehr zuständig ist. **49**

c) Ausgesetzte VAÜG-Fälle. § 50 VersAusglG regelt, wie mit den nach dem bisherigen Recht nach § 2 Abs. 1 S. 2 VAÜG aF ausgesetzten Versorgungsausgleichsverfahren (Ausgleich von „Ost-Anrechten" und „West-Anrechten") zu verfahren ist. Die Ehegatten und die betroffenen Versorgungsträger haben die Möglichkeit, im Leistungsfall einen Antrag auf Wiederaufnahme des Verfahrens zu stellen. Das Gericht hat das Verfahren dann wiederaufzunehmen. Wird kein Antrag gestellt, soll das Gericht das Verfahren binnen fünf Jahren, also bis zum 1. 9. 2014, von Amts wegen wiederaufnehmen.[35] **50**

d) Abänderungsverfahren. In den §§ 51, 52 VersAusglG ist geregelt, unter welchen Voraussetzungen Entscheidungen, die noch nach dem bisherigen Recht getroffen worden sind, abgeändert werden können (früher: § 10a VAHRG aF). Unter welchen Voraussetzungen Entscheidungen, die nach dem neuen Recht getroffen werden, abgeändert werden können, regeln hingegen die §§ 225, 226. **51**

IV. Anwendbarkeit auf Lebenspartnerschaftssachen

1. Materiellrechtliche Vorschriften. Die durch das VersAusglG erfolgten materiellrechtlichen Neuerungen finden bei Aufhebung einer Lebenspartnerschaft entsprechende Anwendung. **52**

§ 20 Abs. 1 Lebenspartnerschaftsgesetz (LPartG) lautet nach der Neufassung durch das VAStrRefG:

„(1) Wird eine Lebenspartnerschaft aufgehoben, findet in entsprechender Anwendung des Versorgungsausgleichsgesetzes ein Ausgleich von im In- oder Ausland bestehenden Anrechten (§ 2 Abs. 1 des Versorgungsausgleichsgesetzes) statt, soweit sie in der Lebenspartnerschaftszeit begründet oder aufrechterhalten worden sind."

In § 20 Abs. 3 LPartG heißt es nach der Neufassung durch das VAStrRefG:

„(3) Schließen die Lebenspartner in einem Lebenspartnerschaftsvertrag (§ 7) Vereinbarungen über den Versorgungsausgleich, so sind die §§ 6 bis 8 des Versorgungsausgleichsgesetzes entsprechend anzuwenden."

2. Verfahrensvorschriften. Die entsprechende Anwendung der verfahrensrechtlichen Vorschriften des FamFG (§§ 217 ff.) ist in § 270 Abs. 1 S. 2 geregelt. Beim Versorgungsausgleich der Lebenspartner handelt es sich aber der Bezeichnung nach nicht um eine Versorgungsausgleichssache, sondern nach § 269 Abs. 1 Nr. 6 um eine Lebenspartnerschaftssache. **53**

Soweit die vorangegangenen Erläuterungen und die nachfolgenden Ausführungen zu den einzelnen Paragraphen nur die Ehegatten bezeichnen, gelten diese auf Grund der entsprechenden Anwendung der Normen auch für den Versorgungsausgleich der Lebenspartnerinnen und Lebenspartner. **54**

§ 217 Versorgungsausgleichssachen
Versorgungsausgleichssachen sind Verfahren, die den Versorgungsausgleich betreffen.

I. Überblick

Entsprechend der allgemeinen Systematik des 2. und 3. Buches enthält Buch 2 Abschnitt 8 zu Beginn eine Definition der Versorgungsausgleichssachen. Handelt es sich um eine Versorgungsausgleichssache, gelten für das Verfahren die nachfolgenden Vorschriften. Aus § 111 Nr. 7 ergibt sich, **1**

---

[34] Vgl. *Kemper* FPR 2009, 227, 231.
[35] Vgl. auch *Weil* FPR 2009, 209 ff.

§ 217 2–5   Buch 2. Abschnitt 8. Verfahren in Versorgungsausgleichssachen

dass Versorgungsausgleichssachen Familiensachen sind. Familiensachen gehören nach § 13 GVG vor die ordentlichen Gerichte und fallen nach § 23a Abs. 1 Nr. 1 GVG in die erstinstanzliche Zuständigkeit der Amtsgerichte. Bei den Amtsgerichten werden Abteilungen für Familiensachen (Familiengerichte) gebildet, § 23b Abs. 1 GVG.

II. Verfahren, die den Versorgungsausgleich betreffen

2   **1. Versorgungsausgleich.** Der Versorgungsausgleich hat die Aufgabe, die von den Ehegatten während der Ehe erworbenen Anrechte auf eine Versorgung wegen Alter und Invalidität gleichmäßig aufzuteilen. Das wirkt sich in der Regel zugunsten desjenigen Ehegatten aus, der keine oder nur eine geringe eigenständige Versorgung aufbauen konnte, etwa weil er sich der Kinderbetreuung und der Haushaltsführung gewidmet hat. Seit dem 1. 9. 2009 ist der Versorgungsausgleich im Gesetz über den Versorgungsausgleich[1] geregelt. Während das bislang geltende Recht eine Saldierung aller von den Ehegatten in der Ehezeit erworbenen Anrechte und einen Einmalausgleich der hälftigen Differenz über die gesetzliche Rentenversicherung vorsah, wird nach dem reformierten Recht jedes von den Ehegatten in der Ehezeit erworbene Anrecht gesondert geteilt. Das führt wegen der nicht mehr erforderlichen Umrechnung der Anrechte zu gerechteren Ergebnissen und in der Regel zu einer abschließenden Aufteilung der Anrechte bei der Scheidung.[2]

3   **2. Den Versorgungsausgleich betreffende Verfahren.** Versorgungsausgleichsverfahren sind nur solche Verfahren, die den Versorgungsausgleich betreffen. Das sind zum einen solche Verfahren, in denen es um den Versorgungsausgleich selbst geht (vgl. nachfolgend a) bis e)) und zum anderen solche Verfahren, die mit dem Versorgungsausgleich sachlich zusammenhängen (vgl. nachfolgend f) bis g)).

4   **a) Wertausgleich bei der Scheidung.** Den Versorgungsausgleich betreffen zunächst einmal alle Verfahren über den Wertausgleich bei der Scheidung (früher: öffentlich-rechtlicher Versorgungsausgleich). Nach dem reformierten Recht findet grundsätzlich die interne Teilung der Vorsorgeanrechte der Ehegatten nach den §§ 10 ff. VersAusglG statt. Bei der internen Teilung wird für die ausgleichsberechtigte Person zulasten des Anrechts der ausgleichspflichtigen Person ein Anrecht bei dem Versorgungsträger der ausgleichspflichtigen Person begründet.[3] Ausnahmsweise werden Anrechte nach den §§ 14 ff. VersAusglG extern geteilt. Bei der externen Teilung wird zulasten des Anrechts der ausgleichspflichtigen Person ein Anrecht bei einem anderen Versorgungsträger zugunsten der ausgleichsberechtigten Person begründet oder ein für diese bei einem anderen Versorgungsträger bestehendes Anrecht aufgestockt.[4] Das Verfahren über den Wertausgleich bei der Scheidung wird im Regelfall als Folgesache im Scheidungsverbund (§ 137 Abs. 1) geführt. Für die Einleitung des Verfahrens bedarf es insoweit keines Antrages (§ 137 Abs. 2 S. 2). Unter bestimmten Voraussetzungen kann das Verfahren nach § 140 vom Verbund abgetrennt werden. Die Abtrennung von Versorgungsausgleichssachen ist mit dem FamFG wesentlich erleichtert worden. Insbesondere kann das Versorgungsausgleichsverfahren gem. § 140 Abs. 2 Nr. 4 drei Monate nach Rechtshängigkeit des Scheidungsantrags auf Antrag beider Ehegatten vom Scheidungsverbund abgetrennt werden, wenn die Ehegatten die erforderlichen Mitwirkungshandlungen in der Versorgungsausgleichssache erbracht haben. Wird die Versorgungsausgleichssache abgetrennt, bleibt sie allerdings nach § 137 Abs. 5 S. 1 Folgesache. Sind mehrere Folgesachen abgetrennt, besteht der Verbund auch unter ihnen fort. In seltenen Fällen wird das Verfahren über den Wertausgleich bei der Scheidung als selbständiges Verfahren geführt. Das ist zum einen dann der Fall, wenn die Ehe im Ausland geschieden worden ist und nachfolgend im Inland der Versorgungsausgleich geltend gemacht wird. Zum anderen kann nach einer Aufhebung der Ehe nach den §§ 1313 ff. BGB unter bestimmten Voraussetzungen ein Versorgungsausgleich durchzuführen sein (§ 1318 Abs. 3 BGB).

5   **b) Ausgleichsansprüche nach der Scheidung.** Des Weiteren handelt es sich auch bei Verfahren über Ausgleichsansprüche nach der Scheidung nach den §§ 20 bis 26 VersAusglG (früher: „schuldrechtlicher Versorgungsausgleich") um Verfahren, die den Versorgungsausgleich betreffen. Solche Ausgleichsansprüche können in Bezug auf noch nicht ausgeglichene Anrechte (§ 19 VersAusglG) bestehen. Sie können gegen den anderen Ehegatten in Form von schuldrechtlichen Ausgleichszahlungen nach den §§ 20 ff. VersAusglG (schuldrechtliche Ausgleichsrente, Abtretung von Versorgungsansprüchen, Anspruch auf Ausgleich von Kapitalzahlungen) oder in Form einer Abfindung

---

[1] Versorgungsausgleichsgesetz – VersAusglG, BGBl. I 2009 S. 700.
[2] Überblick: *Schmid* FPR 2009, 196 ff.
[3] Vgl. Vorb. §§ 217 ff. Rn. 8 ff.
[4] Vgl. Vorb. §§ 217 ff. Rn. 13 ff.

nach den §§ 23, 24. VersAusglG geltend gemacht werden. Nach dem Tod der ausgleichspflichtigen Person können auch Ausgleichsansprüche nach der Scheidung gegen den Versorgungsträger oder die Witwe oder den Witwer bestehen (Teilhabe an der Hinterbliebenenversorgung nach den §§ 25, 26 VersAusglG). Diese Verfahren werden nur auf Antrag eingeleitet (vgl. § 223). Im Regelfall werden sie als selbständige Verfahren geführt. Nur in Ausnahmefällen werden die Voraussetzungen für einen Ausgleichsanspruch nach der Scheidung bereits im Zeitpunkt der Scheidung vorliegen.

c) Vereinbarungen. Schließen die Ehegatten nach den §§ 6 bis 8 VersAusglG eine Vereinbarung über den Versorgungsausgleich, so handelt es sich ebenfalls um ein Versorgungsausgleichsverfahren. Das Gericht trifft dann keine Entscheidung über den Wertausgleich bei der Scheidung oder über Ausgleichsansprüche nach der Scheidung. Es stellt aber nach § 224 Abs. 3 in der Beschlussformel fest, dass – auf Grund der Vereinbarung – kein Versorgungsausgleich stattfindet.[5] **6**

d) Abänderungsverfahren. Auch Verfahren, in denen eine Abänderung der gerichtlichen Entscheidung beantragt wird, sind Versorgungsausgleichsverfahren. Entscheidungen über einen öffentlich-rechtlichen Versorgungsausgleich, die noch nach dem bis zum 31. 8. 2009 geltenden Recht getroffen worden sind, können nach den §§ 51, 52 VersAusglG abgeändert werden, Entscheidungen über den Wertausgleich bei der Scheidung, die nach dem seit dem 1. 9. 2009 geltenden Recht getroffen worden sind, können unter den Voraussetzungen der §§ 225, 226 abgeändert werden. Diese Verfahren sind jeweils auf Antrag einzuleiten und werden als selbständige Verfahren geführt. **7**

e) Anpassung der Kürzung wegen Unterhalt. Schließlich handelt es sich nach dem reformierten Versorgungsausgleichsrecht bei bestimmten Anpassungsverfahren (früher: Härtefälle nach den §§ 4 ff. VAHRG aF) um Versorgungsausgleichsverfahren. Wird eine Anpassung der Kürzung wegen Unterhalt (Aussetzung der Kürzung zur Ermöglichung von Unterhaltszahlungen an den anderen Ehegatten) beantragt, ist nach dem reformierten Recht das Familiengericht für die Entscheidung zuständig (§ 34 Abs. 1 VersAusglG). Das gilt auch, wenn es um die Beendigung der Aussetzung im Falle der Änderung von Unterhaltszahlungen geht (§ 34 Abs. 6 S. 2 VersAusglG). Soweit nach § 34 Abs. 6 S. 1 VersAusglG hingegen der Versorgungsträger über die Beendigung der Aussetzung entscheidet, handelt es sich um ein außergerichtliches Verfahren. Außergerichtliche Verfahren sind auch die anderen Anpassungsfälle nach den §§ 35, 36 VersAusglG (Anpassung wegen Invalidität der ausgleichspflichtigen Person oder einer für sie geltenden besonderen Altersgrenze) und nach den §§ 37, 38 VersAusglG (Anpassung wegen Tod der ausgleichsberechtigten Person). **8**

f) Auskunftsansprüche. Darüber hinaus sind von § 217 auch solche Verfahren erfasst, die mit dem Versorgungsausgleich sachlich zusammenhängen.[6] Bei Auskunftsansprüchen ist danach zu differenzieren, welchem Zweck die Auskunft dient und ob ein Sachzusammenhang mit dem Versorgungsausgleich besteht: Soll der Auskunftsanspruch die Durchführung des Versorgungsausgleichs vorbereiten, betrifft er als vorbereitender Nebenanspruch den Versorgungsausgleich.[7] Hierzu zählen insbesondere Auskunftsansprüche nach § 4 VersAusglG, die sich ausschließlich auf „die für den Versorgungsausgleich erforderlichen Auskünfte" beziehen. Gleiches gilt für einen Auskunftsanspruch, mit dem die Geltendmachung einer Abfindung im Rahmen von Ausgleichsansprüchen nach der Scheidung (früher: schuldrechtlicher Versorgungsausgleich) vorbereitet werden soll.[8] Dient die Auskunft hingegen einem Zweck, der mit dem Versorgungsausgleich sachlich nicht zusammenhängt, handelt es sich nicht um ein Versorgungsausgleichsverfahren. Findet zwischen geschiedenen Eheleuten der Versorgungsausgleich nicht statt, etwa weil er rechtskräftig versagt worden ist, verlangt ein Ehegatte aber von dem anderen Auskunft über dessen Versorgungsanrechte, um einen Schadensersatzanspruch gegen seinen vormaligen Prozessbevollmächtigten beziffern zu können, so betrifft ein deswegen geführter Rechtsstreit nicht den Versorgungsausgleich.[9] **9**

g) Sachzusammenhang mit dem Versorgungsausgleich. Unter dem Gesichtspunkt des Sachzusammenhangs sind Versorgungsausgleichsverfahren schließlich auch Verfahren über andere Ansprüche, die mit dem Versorgungsausgleich besonders eng zusammenhängen. Das sind beispielsweise Streitigkeiten, die sich im Hinblick auf einen Vertrag zwecks Regelung des Versorgungsausgleichs oder bei dessen Durchführung und Abwicklung ergeben.[10] Auch Rückzahlungsansprüche eines geschiedenen Ehegatten gegen den anderen Ehegatten nach § 812 BGB, die sich aus der Abwicklung **10**

---

[5] Vgl. hierzu § 224 Rn. 34.
[6] BGH NJW 1978, 1531; OLG Koblenz FamRZ 1981, 992 (jeweils für Unterhalt); OLG Düsseldorf FamRZ 1985, 721 (für Zugewinn).
[7] BGH NJW 1981, 1508; OLG Hamm NJW 1978, 2560.
[8] OLG Karlsruhe FamRZ 1996, 673.
[9] BGH NJW 1984, 2040; aA die Vorinstanz OLG Karlsruhe FamRZ 1982, 1028.
[10] OLG Hamm FamRZ 1979, 1035 (für Zugewinn).

einer Vereinbarung über den Versorgungsausgleich ergeben, sind als den Versorgungsausgleich betreffende Streitigkeiten anzusehen.[11] Aber auch dann, wenn ein Ehegatte nach Durchführung des Versorgungsausgleichs gegen den anderen Ehegatten auf Schadensersatz klagt, weil dieser im vorangegangenen Versorgungsausgleichsverfahren Anrechte verschwiegen hat, betrifft das Verfahren kraft Sachzusammenhangs den Versorgungsausgleich.[12]

III. Der Sozial-, Verwaltungs- oder Arbeitsgerichtsbarkeit zugewiesene Verfahren

11 Unter § 217 können von vorneherein nur Verfahren fallen, die nach § 13 GVG der **ordentlichen Gerichtsbarkeit** zugewiesen sind. Keine Versorgungsausgleichssachen im Sinne der Vorschrift sind daher Verfahren, die der Sozialgerichtsbarkeit, der Verwaltungsgerichtsbarkeit oder der Arbeitsgerichtsbarkeit zugewiesen sind. Das ist insbesondere dann der Fall, wenn es um eine Auskunft lediglich aus dem Versicherungsverhältnis geht.[13] In Betracht kommen insoweit insbesondere Auskunftsansprüche aus § 109 Abs. 1, Abs. 5 oder § 149 Abs. 4 SGB VI oder nach § 4a BetrAVG. Hat beispielsweise das Familiengericht über den Versorgungsausgleich entschieden und entsteht bei Eintritt des Versorgungsfalls Streit zwischen einem Ehegatten und dem Versorgungsträger über die Höhe, die Kürzung oder den Beginn der Versorgung, fällt diese Streitigkeit – je nach der betreffenden Versorgung – in die Zuständigkeit der Sozial-, Verwaltungs- oder Arbeitsgerichte. Gleiches gilt, wenn es während des laufenden Versorgungsausgleichsverfahrens auf Grund der vom Versorgungsträger erteilten Auskunft zu einem Rechtsstreit zwischen dem Ehegatten und dem Versorgungsträger über den Bestand oder die Höhe eines Anrechts kommt. Das Familiengericht setzt in solchen Fällen das Versorgungsausgleichsverfahren nach § 221 Abs. 2 oder Abs. 3 bis zur Entscheidung in dem anderen Rechtsstreit aus. Für die Klage eines Ehegatten gegen den Rentenversicherungsträger, dem Familiengericht zur Durchführung des Versorgungsausgleichs Auskunft über das Versicherungsverhältnis des anderen Ehepartners zu erteilen, ist hingegen der Rechtsweg zu den Gerichten der ordentlichen Gerichtsbarkeit eröffnet, weil es sich bei der Auskunft insoweit um einen – jetzt in § 220 Abs. 4 geregelten – verfahrensrechtlichen Bestandteil des Versorgungsausgleichsverfahrens handelt.[14]

§ 218 Örtliche Zuständigkeit

Ausschließlich zuständig ist in dieser Rangfolge:
1. während der Anhängigkeit einer Ehesache das Gericht, bei dem die Ehesache im ersten Rechtszug anhängig ist oder war;
2. das Gericht, in dessen Bezirk die Ehegatten ihren gemeinsamen gewöhnlichen Aufenthalt haben oder zuletzt gehabt haben, wenn ein Ehegatte dort weiterhin seinen gewöhnlichen Aufenthalt hat;
3. das Gericht, in dessen Bezirk ein Antragsgegner seinen gewöhnlichen Aufenthalt oder Sitz hat;
4. das Gericht, in dessen Bezirk ein Antragsteller seinen gewöhnlichen Aufenthalt oder Sitz hat;
5. das Amtsgericht Schöneberg in Berlin.

I. Überblick

1 **1. Inhalt und Normzweck.** In der Vorschrift sind die Bestimmung der örtlichen Zuständigkeit des bisherigen § 621 Abs. 2 S. 1 ZPO aF und einzelne, teilweise modifizierte Bestimmungen der örtlichen Zuständigkeit des bisherigen § 45 FGG aF zusammengefasst worden. Die Zusammenfassung dient der Übersichtlichkeit und Klarheit. Abgrenzungsfragen im Hinblick auf die Anwendung dieser beiden Zuständigkeitsvorschriften sind entfallen. Die Rangfolge der Zuständigkeitsbestimmungen geht von dem Grundgedanken der größtmöglichen Sachnähe aus. Jede der genannten Zuständigkeitsregeln kann nur Anwendung finden, wenn die jeweils vorhergehende Zuständigkeitsregel („in dieser Rangfolge") nicht greift.

---

[11] OLG Hamm FamRZ 1979, 1036 (für Zugewinn).
[12] OLG Hamm NJW-RR 1991, 1349 (für Unterhalt).
[13] BSG NJW-RR 1996, 1283 = FamRZ 1996, 1333.
[14] BSG NJW-RR 1996, 1283 = FamRZ 1996, 1333.

Örtliche Zuständigkeit 2–8 § 218

2. Anwendungsbereich der Nummer 1 bis 5. In den meisten Fällen wird sich die örtliche 2 Zuständigkeit für das Versorgungsausgleichsverfahren aus **Nummer 1** ergeben. Der Versorgungsausgleich wird grundsätzlich von Amts wegen bei einer Scheidung durchgeführt (§ 137 Abs. 2 S. 2),¹ so dass in diesen Fällen die Anhängigkeit einer Ehesache vorliegt. Die örtliche Zuständigkeit für die Ehesache richtet sich nach § 122. Über den Versorgungsausgleich ist dann zusammen mit der Scheidung zu verhandeln und entscheiden (Verbund von Scheidungs- und Folgesachen nach § 137 Abs. 1). Wird die Versorgungsausgleichssache später vom Verbund abgetrennt und über die Scheidungssache vorab entschieden, verbleibt es für die Versorgungsausgleichssache nach § 2 Abs. 2 bei der einmal begründeten Zuständigkeit. Die Zuständigkeitsregelungen der **Nummern 2 bis 5** kommen demgegenüber insbesondere für Ausgleichsansprüche nach der Scheidung nach den §§ 20 bis 26 VersAusglG, die außerhalb des Scheidungsverbundes geltend gemacht werden, für Anträge auf Anpassung wegen Unterhalt nach den §§ 33, 34 VersAusglG und für Abänderungsverfahren nach den §§ 225, 226 (bzw. für Altfälle nach den §§ 51, 52 VersAusglG) in Betracht. Anders als bei den Verfahren, die einen Wertausgleich bei der Scheidung nach den §§ 9 bis 19 VersAusglG zum Gegenstand haben, ist bei diesen Verfahren in der Regel keine Ehesache mehr anhängig.

3. Ausschließliche Zuständigkeit. Die Vorschrift begründet eine ausschließliche Zuständigkeit. 3 Sie geht also etwaigen anderen, nicht ausschließlichen örtlichen Zuständigkeiten vor. Eine anderweitige Zuständigkeit kann daher auch nicht durch Vereinbarung der Ehegatten (§ 40 Abs. 2 Nr. 2 ZPO) begründet werden. Sind in den Fällen von Nr. 2 bis Nr. 4 mehrere Gerichte ausschließlich örtlich zuständig, ist das Gericht zuständig, das zuerst mit der Angelegenheit befasst ist (§ 2 Abs. 1). Auf den Zeitpunkt des tatsächlichen Tätigwerdens des Gerichts kommt es insoweit nicht an.²

4. Anhängigkeit bei unzuständigem Gericht. Wird eine Versorgungsausgleichssache bei 4 einem anderen als dem ausschließlich örtlich zuständigen Gericht anhängig gemacht, hat sich das Gericht durch Beschluss für unzuständig zu erklären und die Sache nach Anhörung der Beteiligten an das zuständige Gericht zu verweisen (§ 3 Abs. 1). Liegt eine Zuständigkeit mehrerer Gerichte vor, kann der Antragsteller wählen, an welches Gericht die Sache verwiesen werden soll. Unterbleibt die Wahl oder ist das Verfahren von Amts wegen eingeleitet worden, ist die Sache an das vom angerufenen Gericht bestimmte Gericht zu verweisen (§ 3 Abs. 2). Dieser Beschluss ist nicht anfechtbar und für das als zuständig bezeichnete Gericht bindend (§ 3 Abs. 3).

5. Maßgeblicher Zeitpunkt. Maßgebender Zeitpunkt für das Vorliegen der Voraussetzungen 5 der Nummern 1 bis 5 ist die Befassung des Gerichts mit der Sache. Dies ist zwar nicht mehr – wie bislang in § 45 Abs. 5 FGG aF – ausdrücklich geregelt, ergibt sich jedoch letztlich im Zusammenhang mit den Regelungen in § 2 Abs. 1 und 2. In den von Amts wegen im Verbund zur Scheidungssache eingeleiteten Verfahren ist ein Gericht dann mit der Versorgungsausgleichssache befasst, wenn der Scheidungsantrag bei Gericht eingeht. In den Antragsverfahren wird der Zeitpunkt der Befassung durch den Eingang des Antrages bestimmt. Ist eine Zuständigkeit nach § 218 einmal begründet worden, besteht diese Zuständigkeit auch bei einer Veränderung der sie begründenden Umstände fort (**perpetuatio fori**, § 2 Abs. 2).

6. Handlungen des örtlich unzuständigen Gerichts. Nimmt ein örtlich unzuständiges Ge- 6 richt Handlungen in der Versorgungsausgleichssache vor, sind diese deswegen nicht unwirksam (§ 2 Abs. 3). Dies dient dem Vertrauensschutz der Beteiligten und der Rechtssicherheit.³

7. Sachliche und funktionelle Zuständigkeit. Die Vorschrift regelt nur die örtliche Zuständig- 7 keit. Die sachliche Zuständigkeit des Amtsgerichts ergibt sich aus § 23a Abs. 1 Nr. 1 GVG. Die funktionelle Zuständigkeit des Familiengerichts innerhalb des Amtsgerichts bestimmt sich nach § 23b Abs. 1 GVG. Die sachliche Zuständigkeit des Oberlandesgerichts für die Verhandlung und Entscheidung über die Beschwerde gegen die Entscheidungen des Amtsgerichts in den von den Familiengerichten entschiedenen Sachen ergibt sich aus § 119 Abs. 1 Nr. 1a GVG. Die sachliche Zuständigkeit des Bundesgerichtshofs für die Verhandlung und Entscheidung über die Rechtsbeschwerde und die Sprungrechtsbeschwerde ist in § 133 GVG geregelt.

8. Internationale Zuständigkeit. Die internationale Zuständigkeit für die im Scheidungsver- 8 bund geführten Versorgungsausgleichssachen ist in § 98 Abs. 2, Abs. 1 geregelt. Danach sind die deutschen Gerichte zuständig, wenn 1. ein Ehegatte Deutscher ist oder bei der Eheschließung war, 2. wenn beide Ehegatten ihren gewöhnlichen Aufenthalt im Inland haben, 3. wenn ein Ehegatte Staatenloser mit gewöhnlichem Aufenthalt im Inland ist oder 4. wenn ein Ehegatte seinen gewöhnlichen Aufenthalt im Inland hat, es sei denn, dass die zu fällende Entscheidung offensichtlich nach

---

¹ Vgl. § 137 Rn. 56 ff.
² BT-Drucks. 16/6308, S. 175.
³ *Keidel/Kuntze/Winkler* § 7 FGG Rn. 1; *Keidel/Sternal* § 2 Rn. 1.

dem Recht keines der Staaten anerkannt würde, denen einer der Ehegatten angehört.[4] Die internationale Zuständigkeit für isolierte Versorgungsausgleichssachen – beispielsweise im Falle einer Scheidung ohne Durchführung des Versorgungsausgleichs im Ausland oder im Fall einer Geltendmachung von Ausgleichsansprüchen nach der Scheidung – bestimmt sich nach § 102. Danach sind die deutschen Gerichte zuständig, wenn 1. der Antragsteller oder der Antragsgegner seinen gewöhnlichen Aufenthalt im Inland hat, 2. wenn über inländische Anrechte zu entscheiden ist oder 3. wenn ein deutsches Gericht die Ehe zwischen Antragsteller und Antragsgegner geschieden hat.[5]

II. Anhängigkeit einer Ehesache (Nr. 1)

9   **1. Inhalt der Regelung.** Nummer 1 entspricht der bisherigen Regelung in § 621 Abs. 2 S. 1 ZPO aF. Ist eine Ehesache anhängig, so ist für das Versorgungsausgleichsverfahren das Gericht ausschließlich örtlich zuständig, bei dem die Ehesache im ersten Rechtszug anhängig ist oder war.

10 **2. Ehesache.** Die Vorschrift verlangt die Anhängigkeit gerade der Ehesache. Welche Verfahren Ehesachen sind, ist in § 121 bestimmt: Verfahren auf Scheidung der Ehe (Scheidungssachen), Verfahren auf Aufhebung der Ehe und Verfahren auf Feststellung des Bestehens oder Nichtbestehens einer Ehe zwischen den Beteiligten. Ist die Ehesache nicht mehr anhängig, sondern nur noch eine Folgesache, reicht dies nicht aus, um eine Zuständigkeit nach § 218 Nr. 1 zu begründen.[6]

11 **3. Anhängigkeit der Ehesache.** Die Anhängigkeit der Ehesache **beginnt** mit der Einreichung des Antrages auf Scheidung oder Aufhebung der Ehe (§ 124). Die Anhängigkeit **endet** mit Rücknahme des Antrages (vgl. § 141), mit übereinstimmender Erledigungserklärung (§ 113 Abs. 1 S. 2 iVm. § 91a ZPO), mit dem Tod eines Ehegatten (§ 131) oder mit Rechtskraft der Entscheidung über die Ehesache.[7] Das bloße Nichtbetreiben des Verfahrens und ein Weglegen der Akten nach Maßgabe der Aktenordnung beendet hingegen die Anhängigkeit der Ehesache nicht.[8] Hat ein Gericht in erster Instanz bereits einen Beschluss in der Ehesache erlassen, ist der Beschluss aber noch nicht rechtskräftig, so ist dieses Gericht für eine noch vor Rechtskraft der Ehesache anhängig gemachte Versorgungsausgleichssache ausschließlich örtlich zuständig („bei dem die Ehesache im ersten Rechtszug anhängig **ist**"). Ist die Ehesache in der Rechtsmittelinstanz anhängig, ist für die Versorgungsausgleichssache das Gericht zuständig, bei dem die Ehesache in erster Instanz anhängig war („bei dem die Ehesache im ersten Rechtszug anhängig **war**").

12 **4. Örtliche Zuständigkeit für die Ehesache.** Die örtliche Zuständigkeit für die Ehesache richtet sich nach § 122, der primär an den gewöhnlichen Aufenthalt eines Ehegatten mit den gemeinschaftlichen minderjährigen Kindern anknüpft. Die Vorschrift sieht eine ausschließliche Zuständigkeit in folgender Rangfolge vor: 1. das Gericht, in dessen Bezirk einer der Ehegatten mit allen gemeinschaftlichen minderjährigen Kindern seinen gewöhnlichen Aufenthalt hat; 2. das Gericht, in dessen Bezirk einer der Ehegatten mit einem Teil der gemeinschaftlichen minderjährigen Kinder seinen gewöhnlichen Aufenthalt hat, sofern bei dem anderen Ehegatten keine gemeinschaftlichen minderjährigen Kinder ihren gewöhnlichen Aufenthalt haben; 3. das Gericht, in dessen Bezirk die Ehegatten ihren gemeinsamen gewöhnlichen Aufenthalt zuletzt gehabt haben, wenn einer der Ehegatten bei Eintritt der Rechtshängigkeit im Bezirk dieses Gerichts seinen gewöhnlichen Aufenthalt hat; 4. das Gericht, in dessen Bezirk der Antragsgegner seinen gewöhnlichen Aufenthalt hat; 5. das Gericht, in dessen Bezirk der Antragsteller seinen gewöhnlichen Aufenthalt hat; 6. das Amtsgericht Schöneberg in Berlin.[9]

13 **5. Perpetuatio fori.** Wird das Versorgungsausgleichsverfahren beim nach Nummer 1 zuständigen Gericht rechtshängig und wird danach die Entscheidung über die Ehesache rechtskräftig, während das Versorgungsausgleichsverfahren noch rechtshängig bleibt, besteht die Zuständigkeit für das Versorgungsausgleichsverfahren auch nach Rechtskraft der Entscheidung über die Ehesache fort (perpetuatio fori gem. § 2 Abs. 2).[10]

---

[4] Vgl. im Einzelnen § 98 Rn. 42 ff.
[5] Vgl. im Einzelnen § 102 Rn. 3 ff.
[6] BGH NJW 1982, 1000.
[7] BGH NJW 1981, 126; OLG Köln FamRZ 1999, 29.
[8] BGH NJW-RR 1993, 898.
[9] Vgl. im Einzelnen zu § 122.
[10] BGH NJW 1998, 1312 (für Sorgerecht).

III. Gemeinsamer gewöhnlicher Aufenthalt der Ehegatten (Nr. 2)

1. Inhalt der Regelung. Nummer 2 entspricht im Wesentlichen dem bisherigen § 45 Abs. 1 **14**
FGG aF. Es werden zwei mögliche Alternativen geregelt:
– Die Ehegatten haben (noch) einen gemeinsamen gewöhnlichen Aufenthalt. Dann ist das Gericht zuständig, in dessen Bezirk sich dieser gemeinsame gewöhnliche Aufenthalt befindet (1. Hs.).
– Die Ehegatten haben keinen gemeinsamen gewöhnlichen Aufenthalt (mehr). Einer der Ehegatten hat seinen gewöhnlichen Aufenthalt aber noch dort, wo die Ehegatten zuletzt ihren gemeinsamen gewöhnlichen Aufenthalt gehabt haben. Dann ist das Gericht zuständig, in dessen Bezirk die Ehegatten ihren gemeinsamen gewöhnlichen Aufenthalt zuletzt gehabt haben.

2. Gewöhnlicher Aufenthalt. In beiden Alternativen wird jeweils auf den gewöhnlichen Auf- **15**
enthalt der Ehegatten[11] abgestellt. Der gewöhnliche Aufenthalt einer Person ist der Ort, an dem sich diese Person tatsächlich längere Zeit aufhält, gleichgültig, ob sie vorübergehend abwesend ist.[12] Es ist der Ort des tatsächlichen Lebensmittelpunktes, der Schwerpunkt der sozialen und familiären Bindungen.[13] Die polizeiliche Meldung ist nicht entscheidend, sie stellt lediglich ein Indiz dar.[14] Durch eine zeitweilige Abwesenheit, auch von längerer Dauer, wird der gewöhnliche Aufenthalt normalerweise nicht aufgehoben, sofern die Absicht besteht, an den früheren Aufenthaltsort zurückzukehren.[15] Befindet sich eine Person in einer Justizvollzugsanstalt und verbüßt dort eine mehrjährige Freiheitsstrafe, befindet sich dort der gewöhnliche Aufenthaltsort dieser Person.[16]

3. Gemeinsamer Aufenthalt der Ehegatten. Um einen gemeinsamen Aufenthalt handelt es **16**
sich, wenn die Ehegatten an dem Aufenthaltsort ein gemeinsames eheliches Leben führen und dieser Ort den Mittelpunkt des ehelichen Lebens bildet.[17] Dies ist in der Regel der Ort der ehelichen Wohnung. Leben die Ehegatten auf Dauer getrennt, besteht kein gemeinsamer gewöhnlicher Aufenthalt mehr. Das gilt auch dann, wenn die Ehegatten am selben Ort (also im selben Gerichtsbezirk, in derselben Stadt oder auch im selben Haus), aber getrennt leben.[18]

4. Weiterhin gewöhnlicher Aufenthalt. Voraussetzung der zweiten Alternative ist, dass einer **17**
der Ehegatten seinen gewöhnlichen Aufenthalt weiterhin dort hat. Diese Zuständigkeitsregel greift auch ein, wenn der andere Ehegatte verstorben ist.[19] „**Dort**" bezieht sich nicht auf den konkreten vorherigen gemeinsamen Aufenthalt, also die gemeinsame Wohnung, sondern auf den Amtsgerichtsbezirk, in dem sich der gemeinsame gewöhnliche Aufenthalt der Eheleute befunden hat. Unerheblich ist, ob der Ehegatte seinen gewöhnlichen Aufenthalt seit der Trennung fortwährend in diesem Bezirk gehabt hat oder ob er seinen gewöhnlichen Aufenthalt nach der Trennung zwischenzeitlich in einem anderen Gerichtsbezirk gehabt hat und danach wieder in den Gerichtsbezirk des letzten gemeinsamen gewöhnlichen Aufenthaltes der Ehegatten zurückgekehrt ist.[20]

IV. Gewöhnlicher Aufenthalt oder Sitz eines Antragsgegners (Nr. 3)

1. Inhalt der Regelung. Nummer 3 stellt auf den gewöhnlichen Aufenthalt oder Sitz eines **18**
Antragsgegners ab. Damit weicht diese Vorschrift sprachlich von dem bisherigen § 45 Abs. 2 S. 1 FGG aF ab, der auf den gewöhnlichen Aufenthalt desjenigen Ehegatten abstellte, „dessen Recht durch die beantragte Verfügung beeinträchtigt würde". In der Praxis wird allerdings im Regelfall derjenige, „dessen Recht durch die beantragte Verfügung", das heißt durch die beantragte Entscheidung des Gerichts, beeinträchtigt würde, der Antragsgegner sein, so dass sich keine tatsächliche Abweichung zum früheren § 45 Abs. 2 S. 1 FGG aF ergibt.

2. Gewöhnlicher Aufenthalt oder Sitz. Ist der Antragsgegner eine **natürliche Person,** kommt **19**
es auf deren gewöhnlichen Aufenthaltsort an (vgl. die Ausführungen unter Rn. 15). Handelt es sich beim Antragsgegner hingegen um eine **juristische Person,** kommt es auf deren Sitz an. Das ist insbesondere dann der Fall, wenn Antragsgegner der Versorgungsträger ist, etwa in den Fällen von § 25 VersAusglG (Teilhabe an der Hinterbliebenenversorgung) oder §§ 33, 34 VersAusglG (Aussetzung der

---

[11] Zum Begriff des gewöhnlichen Aufenthalts vgl. auch § 122 Rn. 8 ff.
[12] *Keidel/Kuntze/Winkler* § 45 FGG Rn. 15; *Keidel/Weber* § 122 Rn. 3.
[13] OLG Zweibrücken NJW-RR 2008, 1104 = FamRZ 2008, 1258.
[14] BGH NJW-RR 1995, 507.
[15] BGH NJW 1975, 1068.
[16] BGH NJWE-FER 1997, 89.
[17] OLG Hamm MDR 1957, 171; OLG Schleswig SchlAnz 1953, 11.
[18] OLG Stuttgart FamRZ 1982, 84.
[19] BGH NJW-FER 1997, 89.
[20] BayObLGZ (1949) 1950/51, 38 = NJW 1949, 223.

Kürzung wegen Unterhalt). Der Sitz einer juristischen Person ergibt sich aus Gesetz, Verleihung oder Satzung. Fehlt es an einem eindeutig bestimmten Sitz, gilt in entsprechender Anwendung von § 17 Abs. 1 S. 2 ZPO der Ort, wo die Verwaltung geführt wird, als Sitz. Der Verwaltungsort ist der Tätigkeitsort der Geschäftsführung und der dazu berufenen Vertretungsorgane, mithin bei einem Unternehmen der Ort, wo die grundlegenden Entscheidungen der Unternehmensleitung effektiv in laufende Geschäftsführungsakte umgesetzt werden.[21] Der Sitz der Deutschen Rentenversicherung Bund befindet sich in Berlin, die Deutsche Rentenversicherung Knappschaft-Bahn-See hat ihren Sitz in Bochum. Der Sitz der Regionalträger der Deutschen Rentenversicherung ergibt sich aus ihrer jeweiligen Satzung.

20   **3. Unbekannter Aufenthaltsort.** Ist der Aufenthaltsort des Antragsgegners unbekannt, ist dies dem Fall gleichzustellen, dass ein gewöhnlicher Aufenthalt des Antragsgegners nicht besteht.[22] Eine Vermutung oder auch nur eine Wahrscheinlichkeit dafür, dass eine Person, die unbekannten Aufenthalts ist, doch noch im Bezirk des für ihren einstigen gewöhnlichen Aufenthaltsort zuständigen Gerichts lebt, ist nicht allgemein anzuerkennen.[23]

21   **4. Mehrere Antragsgegner.** Nach dem eindeutigen Gesetzeswortlaut ist es für die Zuständigkeitsbestimmung ausreichend, dass **ein** Antragsgegner seinen gewöhnlichen Aufenthaltsort oder Sitz in dem betreffenden Gerichtsbezirk hat. Ist ein Antrag gegen mehrere Antragsgegner gerichtet (beispielsweise bei einem gegen mehrere Personen gerichteten Auskunftsanspruch nach § 4 VersAusglG) und haben diese ihren gewöhnlichen Aufenthalt oder Sitz an unterschiedlichen Gerichtsständen, so sind daher mehrere Gerichte ausschließlich örtlich zuständig. Nach § 2 Abs. 1 ist unter mehreren örtlich zuständigen Gerichten das Gericht zuständig, das zuerst mit der Angelegenheit befasst ist. Bei Antragsverfahren führt dies faktisch zu einer Wahlmöglichkeit des Antragstellers im Hinblick auf das zuständige Gericht, wenn die Antragsgegner ihren Aufenthalt oder Sitz an unterschiedlichen Gerichtsständen haben.

V. Gewöhnlicher Aufenthalt oder Sitz eines Antragstellers (Nr. 4)

22   **1. Inhalt der Regelung.** Nummer 4 entspricht im Ergebnis dem bisherigen § 45 Abs. 2 S. 2 FGG aF. Dieser bestimmt, dass in den Fällen, in denen der Antragsgegner seinen gewöhnlichen Aufenthalt nicht im Inland hat oder sich sein gewöhnlicher Aufenthalt im Inland nicht feststellen lässt, das Gericht zuständig ist, in dessen Bezirk der Antragsteller seinen gewöhnlichen Aufenthalt hat. Die neue Vorschrift des § 218 Nr. 4 stellt sprachlich nur auf den gewöhnlichen Aufenthalt oder Sitz eines Antragstellers ab. Sie kommt jedoch, wegen des Vorrangs von Nummer 3 praktisch in den Fällen zur Anwendung, in denen der Antragsgegner im Inland keinen gewöhnlichen Aufenthalt hat oder sich ein gewöhnlicher Aufenthalt nicht ermitteln lässt.

2. Einzelheiten. Die Ausführungen zu Rn. 19 bis 21 gelten entsprechend.

VI. Auffangzuständigkeit (Nr. 5)

23   Nummer 5 entspricht § 45 Abs. 4 FGG aF. Sie enthält die Auffangzuständigkeit des Amtsgerichts Schöneberg in Berlin.

§ 219 Beteiligte

Zu beteiligen sind
1. die Ehegatten,
2. die Versorgungsträger, bei denen ein auszugleichendes Anrecht besteht,
3. die Versorgungsträger, bei denen ein Anrecht zum Zweck des Ausgleichs begründet werden soll, und
4. die Hinterbliebenen und die Erben der Ehegatten.

Übersicht

	Rn.		Rn.
I. Überblick	1–14	2. Systematik	2–7
1. Entstehungsgeschichte	1	a) Regelung in § 7 (Allgemeiner Teil)	3

---

[21] BGHZ 97, 269 = NJW 1986, 2194.
[22] OLG Stuttgart NJW 1964, 2166.
[23] OLG Hamburg FamRZ 1974, 93.

	Rn.		Rn.
b) Regelung in § 219 (Versorgungsausgleichssachen)	4	a) Fehlende Ausgleichsreife, Absehen vom Ausgleich	20
c) Beteiligte in Versorgungsausgleichssachen	5–7	b) Kurze Ehezeit	21
		c) Vereinbarung	22
3. Beteiligtenfähigkeit	8	**IV. Versorgungsträger, bei denen ein Anrecht begründet werden soll (Nr. 3)**	23–26
4. Hinzuziehung durch das Gericht	9	1. Inhalt und Regelungszweck	23
5. Rechtsfolgen der Beteiligtenstellung	10	2. Versorgungsträger	24
6. Vertretung durch einen Rechtsanwalt	11–13	3. Begründung eines Anrechts zum Zweck des Ausgleichs	25
a) Ehegatten	12	4. Hinzuziehung durch das Gericht	26
b) Sonstige Beteiligte	13		
7. Unterbliebene Hinzuziehung	14	**V. Hinterbliebene und Erben der Ehegatten (Nr. 4)**	27
II. Die Ehegatten (Nr. 1)	15, 16		
1. Inhalt und Regelungszweck	15	**VI. Sonstige Personen als Beteiligte**	28–31
2. Anwendungsbereich	16	1. Allgemeines	28
III. Versorgungsträger, bei denen ein auszugleichendes Anrecht besteht (Nr. 2)	17–22	2. Arbeitgeber	29–31
		a) Direktzusage	30
1. Inhalt und Regelungszweck	17	b) Direktversicherung, Pensionskasse, Pensionsfond, Unterstützungskasse	31
2. Versorgungsträger	18		
3. Auszugleichende Anrechte	19–22		

I. Überblick

1. Entstehungsgeschichte. Das bis zum 31. 8. 2009 geltende Recht enthielt keine allgemeine 1 Regelung dazu, wer in Versorgungsausgleichssachen zu beteiligen war. Nach den für die freiwillige Gerichtsbarkeit allgemein geltenden Grundsätzen war Beteiligter im materiellen Sinn jede Person, deren Rechte und Pflichten durch die Regelung der Angelegenheit, also durch die zu erwartende oder bereits erlassene gerichtliche Entscheidung, unmittelbar betroffen werden oder betroffen werden können, ohne Rücksicht darauf, ob sie im Verfahren eingetreten ist.[1] Als Beteiligter im formellen Sinn war im Allgemeinen jede Person anzusehen, die zur Wahrnehmung sachlicher Interessen am Verfahren teilnimmt oder zu ihm, auch eventuell zu Unrecht, zugezogen worden ist.[2] Lediglich in verschiedenen Einzelregelungen wurde auf den Begriff des Beteiligten am Verfahren Bezug genommen. So regelte § 53b Abs. 2 S. 1 FGG aF für die Fälle des § 1587b Abs. 1 und 2 BGB aF die formelle Beteiligung des Trägers der gesetzlichen Rentenversicherung und für die Fälle des § 1587b Abs. 2 BGB aF zusätzlich die formelle Beteiligung des Trägers der beamtenrechtlichen Versorgungslast. Gemäß § 11 Abs. 1 VAHRG aF galt dies entsprechend für die Ausgleichsformen nach den §§ 1 Abs. 2 und 3, 3b Abs. 1 Nr. 1 VAHRG aF und die insoweit jeweils zuständigen Versorgungsträger. Im Falle des früheren § 1587b Abs. 3 BGB aF war nach der Rechtsprechung der Träger der gesetzlichen Rentenversicherung zu beteiligen, bei dem die zum Ausgleich der Anwartschaft zu entrichtenden Beträge einzuzahlen waren.[3] In § 3a Abs. 9 S. 2 VAHRG aF war die Beteiligung der Witwe oder des Witwers in den Fällen des Absatzes 1 und die Beteiligung des Berechtigten in den Fällen des Absatzes 4 vorgesehen. Nunmehr ist der Begriff des Beteiligten ausdrücklich im Gesetz geregelt, und zwar im Allgemeinen Teil in § 7 und für Versorgungsausgleichssachen ergänzend in § 219. Die im FGG-RG[4] enthaltene Vorschrift des § 219, die sich noch auf das bisherige materielle Versorgungsausgleichsrecht bezog, ist im Hinblick auf das ab dem 1. 9. 2009 geltende materielle Versorgungsausgleichsrecht im VAStrRefG[5] neu gefasst worden.

2. Systematik. Die Vorschrift bestimmt, wer in Versorgungsausgleichsverfahren vom Gericht von 2 Amts wegen als Beteiligter hinzuzuziehen ist. Sie knüpft an die allgemeine Vorschrift des § 7 Abs. 2 Nr. 2 an und regelt, wen das Gericht in Versorgungsausgleichssachen von Amts wegen hinzuzuziehen hat. Es handelt sich nicht um eine abschließende Regelung; vielmehr kann sich die Beteiligung weiterer Personen oder Stellen aus § 7 Abs. 2 Nr. 1 ergeben.[6]

---

[1] BGHZ 35, 296; BayObLG NJW-RR 1988, 931; *Keidel/Kuntze/Winkler* § 6 FGG Rn. 18 m. weit. Nachw.; *Keidel/Zimmermann* § 2 Rn. 4.
[2] *Keidel/Kuntze/Winkler* § 6 FGG Rn. 18 m. weit. Nachw.; *Keidel/Zimmermann* § 2 Rn. 5.
[3] BGH FamRZ 1981, 132.
[4] BGBl. I 2008 S. 2586.
[5] BGBl. I 2009 S. 700.
[6] BT-Drucks. 16/6308, S. 252.

§ 219 3–10   Buch 2. Abschnitt 8. Verfahren in Versorgungsausgleichssachen

3   **a) Regelung in § 7 (Allgemeiner Teil).** § 7 sieht drei Formen der Beteiligung vor:[7]
– Die Beteiligung kraft Gesetzes: Nach § 7 Abs. 1 ist in Antragsverfahren der Antragsteller Beteiligter.
– Die „Muss-Beteiligung" kraft Hinzuziehung: § 7 Abs. 2 sieht vor, wer (darüber hinaus) als Beteiligter hinzuziehen ist: Zum einen diejenigen, deren Recht durch das Verfahren unmittelbar betroffen wird (Nr. 1) und zum anderen diejenigen, die auf Grund dieses oder eines anderen Gesetzes von Amts wegen oder auf Antrag zu beteiligen sind (Nr. 2). Dabei geht die Spezialregelung in Nr. 2 der Generalklausel in Nr. 1 allerdings vor.
– Die „Kann-Beteiligung" kraft Hinzuziehung: Schließlich kann das Gericht nach § 7 Abs. 3 von Amts wegen oder auf Antrag weitere Personen als Beteiligte hinzuziehen, soweit dies in diesem oder einem anderen Gesetz vorgesehen ist.

4   **b) Regelung in § 219 (Versorgungsausgleichssachen).** Die für Versorgungsausgleichssachen geltende Regelung des § 219 knüpft an § 7 Abs. 2 Nr. 2 an („Muss-Beteiligung kraft Hinzuziehung") und zählt auf, wer in Versorgungsausgleichssachen „auf Grund dieses Gesetzes von Amts wegen zu beteiligen" ist. Eine Beteiligung auf Antrag ist in § 219 nicht vorgesehen. Ebenso wenig ist in Versorgungsausgleichssachen vorgesehen, dass das Gericht von Amts wegen oder auf Antrag weitere Personen als Beteiligte hinzuziehen *kann,* so dass die Regelung des § 7 Abs. 3 für Versorgungsausgleichssachen ins Leere geht.

5   **c) Beteiligte in Versorgungsausgleichssachen.** Für Versorgungsausgleichsverfahren bedeutet das:
6   **aa) Von Amts wegen eingeleitete Verfahren.** In von Amts wegen eingeleiteten Verfahren sind zum einen die in § 219 genannten Personen und Stellen als Beteiligte hinzuzuziehen (§ 7 Abs. 2 Nr. 2 iVm. § 219). Zum anderen sind nach § 7 Abs. 2 Nr. 1 diejenigen als Beteiligte hinzuzuziehen, deren Recht durch das Verfahren unmittelbar betroffen wird.

7   **bb) Antragsverfahren.** In Antragsverfahren ist Beteiligter der Antragsteller (§ 7 Abs. 1). Darüber hinaus sind die in § 219 genannten Personen und Stellen als Beteiligte hinzuzuziehen (§ 7 Abs. 2 Nr. 2 iVm. § 219). Außerdem sind nach § 7 Abs. 2 Nr. 1 diejenigen als Beteiligte hinzuzuziehen, deren Recht durch das Verfahren unmittelbar betroffen wird.

8   **3. Beteiligtenfähigkeit.** Beteiligte können nur solche Personen und Stellen sein, die beteiligtenfähig sind. Nach § 8 sind beteiligtenfähig 1. natürliche und juristische Personen, 2. Vereinigungen, Personengruppen und Einrichtungen, soweit ihnen ein Recht zustehen kann und 3. Behörden.

9   **4. Hinzuziehung durch das Gericht.** Bei der Beteiligung nach § 219 handelt es sich um eine Beteiligung von Amts wegen, da im Wortlaut ein Antrag als Voraussetzung nicht genannt ist. Das Gericht hat also keinen Ermessensspielraum, sondern zwingend die in der Vorschrift genannten Personen an dem Verfahren zu beteiligen. Ein förmlicher Beschluss über die Hinzuziehung ist nicht erforderlich. Die Hinzuziehung eines Beteiligten erfolgt vielmehr durch eine tatsächliche Beteiligung am Verfahren, im Regelfall dadurch, dass der verfahrenseinleitende Antrag, eine Ladung oder ein sonstiges Schriftstück an den jeweiligen Beteiligten übermittelt wird.[8] Es kann sich allerdings anbieten, dabei auf die Beteiligtenstellung hinzuweisen. Die Versorgungsträger werden in der Regel durch die Übersendung des gerichtlichen Auskunftsersuchens nach § 220 als Beteiligte hinzugezogen. Auch in diesen Fällen ist es sinnvoll – insbesondere in Zweifelsfällen –, den betreffenden Beteiligten auf seine Beteiligtenstellung hinzuweisen.

10   **5. Rechtsfolgen der Beteiligtenstellung.** An die Beteiligtenstellung knüpfen zahlreiche andere Vorschriften an und regeln Rechte und Pflichten der Beteiligten[9] (vgl. im Einzelnen zu der Beteiligtenstellung § 7 sowie zu den einzelnen Vorschriften). Insbesondere sind aus dem Buch 1 (Allgemeiner Teil) die nachfolgenden Rechte und Pflichten zu nennen:

§ 3 Abs. 1	Anhörung der Beteiligten vor Verweisung der Sache an ein anderes Gericht
§ 4	Anhörung der Beteiligten vor Abgabe der Sache an ein anderes Gericht
§ 9 Abs. 4	Zurechnung eines Verschuldens des gesetzlichen Vertreters eines Beteiligten
§ 10 Abs. 1	Möglichkeit, das Verfahren selbst zu betreiben, soweit eine Vertretung durch Rechtsanwälte nicht geboten ist
§ 10 Abs. 2	Möglichkeit, sich durch einen Rechtsanwalt oder eine andere dort genannte Person als Bevollmächtigten vertreten zu lassen
§ 12	Möglichkeit, im Termin mit einem Beistand zu erscheinen

---

[7] Vgl. auch *Zimmermann* FamFG Rn. 24; *derselbe* FPR 2009, 5.
[8] *Zimmermann* FamFG Rn. 24.
[9] *Zimmermann* FamFG FPR 2009, 5.

Beteiligte   11–13 § 219

§ 13	Recht auf Akteneinsicht
§ 14 Abs. 2	Möglichkeit, Anträge und Erklärungen als elektronisches Dokument zu übermitteln
§ 15	die Bekanntgabe bzw. formlose Mitteilung von Dokumenten
§ 22	das Erfordernis der Zustimmung der übrigen Beteiligten bei einer Rücknahme des Antrages durch den Antragsteller zwischen Erlass und Rechtskraft der Endentscheidung
§ 23 Abs. 1	Benennung der Personen, die als Beteiligte in Betracht kommen, in der Antragsschrift
§ 23 Abs. 2	Übermittlung des Antrags an die übrigen Beteiligten durch das Gericht
§ 25	Möglichkeit der Abgabe von Anträgen und Erklärungen
§ 27	Mitwirkungsobliegenheit der Beteiligten sowie deren Pflicht, Erklärungen über tatsächliche Umstände vollständig und der Wahrheit gemäß abzugeben
§ 28	Verfahrensleitende Handlungen des Gerichts gegenüber den Beteiligten
§ 30 Abs. 4	Gelegenheit zur Stellungnahme zum Ergebnis einer förmlichen Beweisaufnahme
§ 32	Erörterung der Sache mit den Beteiligten
§ 33	Anordnung des persönlichen Erscheinens eines Beteiligten und die Möglichkeit der Verhängung von Ordnungsmitteln bei einem unentschuldigten Nichterscheinen
§ 34	Persönliche Anhörung eines Beteiligten
§ 36	Möglichkeit eines Vergleichsschlusses
§ 37	Äußerungsrecht der Beteiligten vor einer gerichtlichen Entscheidung
§ 41	Bekanntgabe des Beschlusses an die Beteiligten
§ 70 Abs. 1	Möglichkeit der Rechtsbeschwerde
§ 81 Abs. 1, 2	Möglichkeit des Gerichts, den Beteiligten die Kosten des Verfahrens ganz oder teilweise aufzuerlegen

6. Vertretung durch einen Rechtsanwalt. Ob sich ein Beteiligter durch einen Rechtsanwalt 11 vertreten lassen muss, ist in Bezug auf die einzelnen Beteiligten unterschiedlich geregelt:

a) Ehegatten. Nach § 114 Abs. 1 müssen sich die Ehegatten vor dem Familiengericht und dem 12 Oberlandesgericht in **Ehesachen und Folgesachen** durch einen Rechtsanwalt vertreten lassen. Der Vertretung durch einen Rechtsanwalt bedarf es nach § 114 Abs. 4 Nr. 7 nicht für den Antrag auf Durchführung des Versorgungsausgleichs bei kurzer Ehezeit nach § 3 Abs. 3 VersAusglG und für die Erklärungen zum Wahlrecht hinsichtlich der Zielversorgung bei der externen Teilung nach § 15 Abs. 1 und 3 VersAusglG. Diese Regelung ist vor dem Hintergrund des § 114 Abs. 4 Nr. 3 zu sehen: Dort ist geregelt, dass es für die Zustimmung zur Scheidung (vgl. § 1566 Abs. 1, 2. Alt. BGB) der Vertretung durch einen Rechtsanwalt nicht bedarf. Ist aus diesem Grunde einer der Ehegatten nicht anwaltlich vertreten, so soll im Interesse dieses Ehegatten auch für den Antrag auf Durchführung des Versorgungsausgleichs bei kurzer Ehezeit nach § 3 Abs. 3 VersAusglG, für die Wahl des Zielversorgungsträgers im Rahmen der externen Teilung nach § 15 Abs. 1 VersAusglG und für die Zustimmung zur Wahl der Zielversorgung nach § 15 Abs. 3 VersAusglG kein Anwaltszwang gelten. Der Vertretung durch einen Rechtsanwalt bedarf es nach § 114 Abs. 4 Nr. 4 außerdem nicht für einen Antrag auf Abtrennung einer Folgesache von der Scheidung und nach § 114 Abs. 4 Nr. 5 im Verfahren über die Verfahrenskostenhilfe. In **selbständigen Versorgungsausgleichssachen** gilt der Rechtsanwaltszwang nach § 114 Abs. 1 nicht, die Ehegatten *können* sich aber nach § 10 Abs. 2 S. 1 durch einen Rechtsanwalt vertreten lassen. Vor dem Bundesgerichtshof müssen sich die Ehegatten durch einen bei dem Bundesgerichtshof zugelassenen Rechtsanwalt vertreten lassen (§ 114 Abs. 2).

b) Sonstige Beteiligte. Für die sonstigen Beteiligten gilt der Rechtsanwaltszwang des § 114 13 Abs. 1 in Versorgungsausgleichssachen nicht. Ihnen steht es frei, ob sie sich nach § 10 Abs. 2 S. 1 durch einen Rechtsanwalt oder einen anderen gesetzlich zugelassenen Bevollmächtigten vertreten lassen oder nicht. Versorgungsträger können sich insbesondere auch durch ihre Beschäftigten als Bevollmächtigte vertreten lassen (vgl. im Einzelnen § 10 Abs. 2 S. 2 Nr. 1). Behörden und juristische Personen des öffentlichen Rechts – also insbesondere die öffentlich-rechtlichen Versorgungsträger – können sich nach § 10 Abs. 2 S. 2 Nr. 1 auch durch Beschäftigte anderer Behörden oder juristischer Personen des öffentlichen Rechts einschließlich der von ihnen zur Erfüllung ihrer öffentlichen Aufgaben gebildeten Zusammenschlüsse vertreten lassen.[10] Vor dem Bundesgerichtshof müssen sich

---

[10] Vorschrift geändert durch das Gesetz zur Modernisierung von Verfahren im anwaltlichen und notariellen Berufsrecht, zur Errichtung einer Schlichtungsstelle der Rechtsanwaltschaft sowie zur Änderung sonstiger Vor-

die sonstigen Beteiligten nach § 114 Abs. 2 grundsätzlich durch einen bei dem Bundesgerichtshof zugelassenen Rechtsanwalt vertreten lassen. Behörden und juristische Personen des öffentlichen Rechts einschließlich der von ihnen zur Erfüllung ihrer öffentlichen Aufgaben gebildeten Zusammenschlüsse können sich allerdings nach § 114 Abs. 3 auch vor dem Bundesgerichtshof durch eigene Beschäftigte oder Beschäftigte anderer Behörden oder juristischer Personen des öffentlichen Rechts einschließlich der von ihnen zur Erfüllung ihrer öffentlichen Aufgaben gebildeten Zusammenschlüsse[11] vertreten lassen. Voraussetzung ist insoweit aber, dass die zur Vertretung berechtigten Personen die Befähigung zum Richteramt haben.

14 **7. Unterbliebene Hinzuziehung.** Unterbleibt eine amtswegige Hinzuziehung durch das Gericht, kann die betreffende Person einen Antrag auf Hinzuziehung stellen. Dies ergibt sich mittelbar aus der Regelung des § 7 Abs. 5, die im Gesetzgebungsverfahren auf Empfehlung des Rechtsausschusses[12] eingefügt worden ist, um „klarzustellen, dass auch einem nach Abs. 2 von Amts wegen zu Beteiligenden eine Befugnis zu einem Antrag auf Hinzuziehung und ein Beschwerderecht gegen eine unterbliebene Hinzuziehung zusteht".[13] Entspricht das Gericht einem solchen Antrag auf Hinzuziehung nicht, hat es darüber nach § 7 Abs. 5 S. 1 durch Beschluss zu entscheiden. Dieser Beschluss ist mit der sofortigen Beschwerde in entsprechender Anwendung der §§ 567 bis 572 ZPO anfechtbar (§ 7 Abs. 5 S. 2). Dadurch kann im Wege der sofortigen Beschwerde zeitnah überprüft werden, ob jemand zu Recht nicht zu einem Verfahren hinzugezogen wurde, weil er durch das Verfahren nicht unmittelbar in seinen Rechten betroffen wird (§ 7 Abs. 2 Nr. 1) oder weil die Voraussetzungen des § 219 nicht vorliegen.

II. Die Ehegatten (Nr. 1)

15 **1. Inhalt und Regelungszweck.** Nummer 1 sieht vor, dass die Ehegatten zu beteiligen sind. Die Regelung bezieht sich auf beide Ehegatten. Gemeint sind nach dem Sinn und Zweck der Vorschrift nur die Ehegatten, zwischen denen der Versorgungsausgleich durchgeführt werden soll oder durchgeführt worden ist, also nicht etwaige neue Ehepartner eines Ehegatten. Die Vorschrift erfasst auch die geschiedenen Ehegatten. Das betrifft insbesondere die Fälle, in denen nach der Scheidung Ausgleichsansprüche nach der Scheidung nach den §§ 20 bis 26 VersAusglG geltend gemacht werden oder in denen nach Scheidung und Durchführung des Versorgungsausgleichs eine Anpassung wegen Unterhalt nach den §§ 33, 34 VersAusglG, eine Abänderung des Wertausgleichs bei der Scheidung nach den §§ 225, 226 oder eine Abänderung des öffentlich-rechtlichen Wertausgleichs nach den §§ 51, 52 VersAusglG beantragt wird.

16 **2. Anwendungsbereich.** Die Benennung der Ehegatten als zu beteiligende Personen an erster Stelle der Vorschrift dient im Wesentlichen der Klarstellung und der Übersichtlichkeit. Ist ein Ehegatte Antragsteller (zB in Verfahren über Ausgleichsansprüche nach der Scheidung nach den §§ 20 bis 26 VersAusglG, in Verfahren auf Anpassung wegen Unterhalt nach den §§ 33, 34 VersAusglG, in Abänderungsverfahren nach den §§ 225, 226 oder nach den §§ 51, 52 VersAusglG), ergibt sich die Beteiligtenstellung dieses Ehegatten kraft Gesetzes bereits aus § 7 Abs. 1. Die Beteiligtenstellung des anderen Ehegatten ergibt sich dann aus § 219 Nr. 1, er wäre aber ansonsten ohnehin nach § 7 Abs. 2 Nr. 1 zu beteiligen, weil sein Recht durch das Verfahren unmittelbar betroffen wird. Entsprechendes gilt für die Fälle einer Antragstellung durch den Versorgungsträger (§ 34 Abs. 2 S. 2 VersAusglG) und in von Amts wegen eingeleiteten Verfahren.

III. Versorgungsträger, bei denen ein auszugleichendes Anrecht besteht (Nr. 2)

17 **1. Inhalt und Regelungszweck.** Nummer 2 sieht vor, dass die Versorgungsträger, bei denen ein auszugleichendes Anrecht besteht, als Beteiligte hinzuzuziehen sind. Hintergrund für die Beteiligung dieser Versorgungsträger am Verfahren ist, dass sie durch die Entscheidung des Gerichts (insbesondere durch die Entscheidung über eine interne oder externe Teilung des Anrechts im Wertausgleich bei der Scheidung) in ihren Rechten betroffen werden. Im Regelfall wird sich erst durch die vom

---

schriften vom 30. 7. 2009 BGBl. I S. 2449, vgl. Beschlussempfehlung und Bericht des Rechtsausschusses BT-Drucks. 16/12717, S. 56.
[11] Vorschrift geändert durch das Gesetz zur Modernisierung von Verfahren im anwaltlichen und notariellen Berufsrecht, zur Errichtung einer Schlichtungsstelle der Rechtsanwaltschaft sowie zur Änderung sonstiger Vorschriften vom 30. 7. 2009 BGBl. I S. 2449, vgl. Beschlussempfehlung und Bericht des Rechtsausschusses BT-Drucks. 16/12717, S. 57.
[12] BT-Drucks. 16/9733, S. 25.
[13] BT-Drucks. 16/9733, S. 287.

Gericht eingeholte Auskunft der Ehegatten über ihre Vorsorgeanrechte ergeben, bei welchen Versorgungsträgern auszugleichende Anrechte bestehen. Erst zu diesem Zeitpunkt können und müssen die betreffenden Versorgungsträger daher als Beteiligte zum Verfahren hinzugezogen werden.

2. Versorgungsträger im Sinne der Vorschrift ist derjenige, bei dem das auszugleichende Anrecht **18** besteht, also derjenige, gegen den sich der Anspruch oder die Anwartschaft des ausgleichspflichtigen Ehegatten auf eine Versorgung richtet. Bei der betrieblichen Altersvorsorge ist zu unterscheiden: Im Falle einer Direktzusage (unmittelbare Versorgungszusage des Arbeitgebers) ist Versorgungsträger der Arbeitgeber selbst.[14] Bedient sich der Arbeitgeber hingegen zur Erfüllung seiner Verpflichtung eines Dritten, nämlich einer Direktversicherung (§ 1b Abs. 2 BetrAVG), einer Pensionskasse (§ 1b Abs. 3 BetrAVG), eines Pensionsfonds (§ 1b Abs. 3 BetrAVG) oder einer Unterstützungskasse (§ 1b Abs. 4 BetrAVG),[15] handelt es sich um eine mittelbare Versorgungszusage und der jeweilige Dritte ist Versorgungsträger.[16]

3. Auszugleichende Anrechte. Was auszugleichende Anrechte sind, bestimmt § 2 Abs. 1 bis 3 **19** VersAusglG: Anrechte sind nach § 2 Abs. 1 VersAusglG die im In- oder Ausland bestehende Anwartschaften auf Versorgungen und Ansprüche auf laufende Versorgungen, insbesondere der gesetzlichen Rentenversicherung, aus anderen Regelsicherungssystemen wie der Beamtenversorgung oder der berufsständischen Versorgung oder aus der privaten Alters- und Invaliditätsvorsorge. Nach § 2 Abs. 2 VersAusglG ist ein Anrecht auszugleichen, sofern es 1. durch Arbeit oder Vermögen geschaffen oder aufrechterhalten worden ist, 2. der Absicherung im Alter oder bei Invalidität, insbesondere wegen verminderter Erwerbsfähigkeit, Berufsunfähigkeit oder Dienstunfähigkeit dient und 3. auf eine Rente gerichtet ist; ein Anrecht im Sinne des Betriebsrentengesetzes oder des Altersvorsorgeverträge-Zertifizierungsgesetzes ist unabhängig von der Leistungsform auszugleichen. Für die Charakterisierung eines Anrechts als Anwartschaft im Sinne des Gesetzes kommt es nicht darauf an, welchen Grad von Verfestigung es bereits erreicht hat. Auch Anrechte, bei denen noch weitere Bedingungen erfüllt sein müssen als der Eintritt des versicherten Risikos, sind von § 2 VersAusglG erfasst.[17] § 2 Abs. 3 VersAusglG bestimmt insoweit, dass eine Anwartschaft im Sinne dieses Gesetzes auch dann vorliegt, wenn am Ende der Ehezeit eine für das Anrecht maßgebliche Wartezeit, Mindestbeschäftigungszeit, Mindestversicherungszeit oder ähnliche zeitliche Voraussetzung noch nicht erfüllt ist. Ist nach der Auskunft des Ehegatten unklar, ob es sich bei dem betreffenden Anrecht um ein auszugleichendes Anrecht im Sinne von § 2 VersAusglG handelt, hat das Gericht zunächst ein entsprechendes Auskunftsersuchen an den Versorgungsträger zu richten, ohne dass dieser dadurch bereits die Beteiligtenstellung erlangt (§ 7 Abs. 6).

a) Fehlende Ausgleichsreife, Absehen vom Ausgleich. Unerheblich ist, ob das bei dem **20** Versorgungsträger bestehende Anrecht ausgleichsreif ist oder ob einer der Fälle des § 19 Abs. 2 VersAusglG vorliegt und dem Anrecht damit die Ausgleichsreife fehlt. Denn auch das (noch) nicht ausgleichsreife Anrecht ist dem Grunde nach ein auszugleichendes Anrecht im Sinne von § 2 VersAusglG. Es obliegt der Prüfung des Gerichtes, ob es sich im konkreten Fall um ein nicht ausgleichsreifes Anrecht handelt oder nicht. Gleiches gilt für den Fall, dass ein Versorgungsausgleich nach der Prüfung des Gerichts im Ergebnis wegen Geringfügigkeit (§ 18 Abs. 1 oder Abs. 2 VersAusglG) oder wegen grober Unbilligkeit (§ 27 VersAusglG) nicht stattfindet. Denn auch hierbei handelt es sich dem Grunde nach um auszugleichende Anrechte im Sinne des § 2 VersAusglG. Das Gericht kann erst auf Grund der Auskunft des Versorgungsträgers und ggf. weiterer Ermittlungen beurteilen, ob bei beiderseitigen Anrechten gleicher Art die Differenz ihrer Ausgleichswerte gering ist (§ 18 Abs. 1 VersAusglG), ob ein Anrecht einen geringen Ausgleichswert hat (§ 18 Abs. 2 VersAusglG), ob es den Ausgleich ausnahmsweise trotz Geringfügigkeit durchführt („Soll-Regelung" in § 18 Abs. 1 und 2 VersAusglG) oder ob ein Fall der groben Unbilligkeit vorliegt (§ 27 VersAusglG). Bis zu einer entsprechenden Feststellung des Gerichts können die Versorgungsträger daher in ihren Rechten betroffen werden, so dass sie zu beteiligen sind.

b) Kurze Ehezeit. Bei einer kurzen Ehezeit von bis zu drei Jahren findet nach § 3 Abs. 3 **21** VersAusglG ein Versorgungsausgleich nur statt, wenn einer der Ehegatten dies beantragt. Auch die in einer kurzen Ehezeit erworbenen Anrechte sind nach dem Wortlaut von § 2 VersAusglG dem Grunde nach auszugleichende Anrechte. Solange im Falle einer kurzen Ehezeit ein Antrag eines Ehegatten auf Durchführung des Versorgungsausgleichs nicht vorliegt, ist § 219 Nr. 2 allerdings einschränkend dahingehend auszulegen, dass die Versorgungsträger nicht zu beteiligen sind. Findet

---

[14] *Blomeyer/Rolfs/Otto* Rn. 202 ff.; *Ricken* DRV 2007, 366, 370.
[15] *Blomeyer/Rolfs/Otto* Rn. 214 ff.; *Ricken* DRV 2007, 366, 370 f.
[16] Zur Hinzuziehung des Arbeitgebers in diesen Fällen vgl. Rn. 25 ff.
[17] BT-Drucks. 16/10144, S. 47.

von vorneherein auf Grund der kurzen Ehezeit, unabhängig von der Art und Höhe der Anrechte, ein Versorgungsausgleich nicht statt, können die betreffenden Versorgungsträger nicht in ihren Rechten betroffen sein. Ihre Beteiligung ist auch nicht erforderlich, da sich die Nichtdurchführung des Versorgungsausgleichs allein aus der kurzen Ehezeit und der Nichtstellung eines Antrages auf Durchführung ergibt. Eine Beteiligtenstellung der Versorgungsträger in diesen Fällen würde zudem dem gesetzgeberischen Zweck des § 3 Abs. 3 VersAusglG zuwiderlaufen, Versorgungsträger und Familiengerichte zu entlasten und das Scheidungsverfahren zu beschleunigen.[18] Denn um die Versorgungsträger, bei denen auszugleichende Anrechte bestehen, zu ermitteln, müsste das Gericht zunächst von den Ehegatten die entsprechenden Auskünfte über die in der Ehezeit erworbenen Anrechte einholen.

22 c) **Vereinbarung.** Haben die Ehegatten den Versorgungsausgleich in einer Vereinbarung ausgeschlossen und bestehen keine Anhaltspunkte dafür, dass die Vereinbarung einer Inhalts- und Ausübungskontrolle nicht standhält, sind die Versorgungsträger ebenfalls nicht zu beteiligen, da die bei ihnen bestehenden Anrechte der Ehegatten von vorneherein nicht auszugleichen sind und die Versorgungsträger deshalb in ihren Rechten nicht betroffen sein können. Auch insoweit ist § 219 Nr. 2 einschränkend auszulegen. Schließen die Ehegatten allerdings eine Vereinbarung, in welcher sie Anrechte übertragen oder begründen, so ist zu beachten, dass die betroffenen Versorgungsträger nach § 8 Abs. 2 VersAusglG zustimmen müssen.

IV. Versorgungsträger, bei denen ein Anrecht begründet werden soll (Nr. 3)

23 **1. Inhalt und Regelungszweck.** Nummer 3 bestimmt, dass auch die Versorgungsträger, bei denen im Rahmen einer externen Teilung ein Anrecht zum Zweck des Ausgleichs begründet werden soll, zu beteiligen sind. Hintergrund für die Beteiligung dieser Versorgungsträger am Verfahren ist – ebenso wie bei der Beteiligung der Versorgungsträger, bei denen ein auszugleichendes Anrecht besteht (Nr. 2) -, dass sie durch die Entscheidung des Gerichts in ihren Rechten betroffen werden.

24 **2. Versorgungsträger.** Versorgungsträger ist derjenige, bei dem im Rahmen der externen Teilung ein Anrecht begründet werden soll, gegen den sich also das Anrecht auf eine Versorgung richten soll. Dabei ist unerheblich, ob bereits ein Anrecht bei diesem Versorgungsträger besteht, das aufgestockt werden soll, oder ob ein Anrecht neu begründet werden soll. Wegen Anrechten der betrieblichen Altersversorgung wird auf die Ausführungen unter III. 2. verwiesen.[19]

25 **3. Begründung eines Anrechts zum Zweck des Ausgleichs.** Von der Regelung sind nur die aufnehmenden Versorgungsträger bei einer externen Teilung nach § 14 VersAusglG erfasst. Nicht erfasst sind die Versorgungsträger, die eine interne Teilung zu Gunsten der ausgleichsberechtigten Person vornehmen. Diese fallen bereits unter Nr. 2. Zudem wird bei der internen Teilung nach § 10 VersAusglG kein Anrecht für die ausgleichsberechtigte Person *begründet,* sondern das Familiengericht *überträgt* für die ausgleichsberechtigte Person zulasten des Anrechts der ausgleichspflichtigen Person ein Anrecht in Höhe des Ausgleichswerts bei dem Versorgungsträger, bei dem das Anrecht der ausgleichspflichtigen Person besteht (§ 10 Abs. 1 VersAusglG).

26 **4. Hinzuziehung durch das Gericht.** Im Regelfall wird sich erst im Laufe des Verfahrens herausstellen, welcher Versorgungsträger nach Nr. 3 zu beteiligen ist. Denn zunächst einmal müssen die Voraussetzungen für eine externe Teilung vorliegen. Eine externe Teilung ist nur durchzuführen bei einer Vereinbarung zwischen der ausgleichsberechtigten Person und dem Versorgungsträger der ausgleichspflichtigen Person (§ 14 Abs. 2 Nr. 1 VersAusglG) oder auf Verlangen des Versorgungsträgers der ausgleichspflichtigen Person (§ 14 Abs. 2 Nr. 2, § 17 VersAusglG). Sodann muss die ausgleichsberechtigte Person nach § 15 Abs. 1 VersAusglG Gelegenheit erhalten, eine Zielversorgung zu wählen. Übt die ausgleichsberechtigte Person ihr Wahlrecht nicht aus, so erfolgt die externe Teilung durch Begründung eines Anrechts in der gesetzlichen Rentenversicherung (§ 15 Abs. 5 VersAusglG) *bzw. durch Begründung eines Anrechts in der Versorgungsausgleichskasse (§ 15 Abs. 5 S. 2 VersAusglG).*[20] Erst wenn die ausgleichsberechtigte Person die Zielversorgung gewählt hat oder die

---

[18] BT-Drucks. 16/10144, S. 38 und 48.
[19] Rn. 18.
[20] Diese Regelung tritt nach Artikel 10 Abs. 7 des Gesetzes zur Änderung des Vierten Buches Sozialgesetzbuch, zur Errichtung einer Versorgungsausgleichskasse und anderer Gesetze vom 15. 7. 2009, BGBl. I S. 1939 (vgl. Beschlussempfehlung und Bericht des Ausschusses für Arbeit und Soziales, BT-Drucks. 16/13424) erst in Kraft, sobald die Gründung der Versorgungsausgleichskasse nach dem Gesetz über die Versorgungsausgleichskasse (VersAusglKassG; Artikel 9 e dieses Gesetzes) abgeschlossen und die erstmalige Erlaubnis nach § 3 Abs. 1 S. 2 VersAusglKassG bekannt gemacht ist. Geschieht dies vor dem 1. 9. 2009, also vor Inkrafttreten der Strukturreform des Versorgungsausgleichs, so tritt die Vorschrift erst mit der Strukturreform am 1. 9. 2009 in Kraft.

Beteiligte 27–31 § 219

Frist zur Benennung einer Zielversorgung abgelaufen ist, steht die Zielversorgung fest und damit auch, welcher Versorgungsträger nach Nr. 3 zu beteiligen ist. Zu den weiteren verfahrensrechtlichen Einzelheiten vgl. § 222.

V. Hinterbliebene und Erben der Ehegatten (Nr. 4)

Nummer 4 sieht vor, dass auch die Hinterbliebenen und die Erben der Ehegatten zu beteiligen 27 sind. Eine Beteiligung des Erben ist in den Fällen relevant, in denen ein Ehegatte nach Rechtskraft der Scheidung, aber vor Rechtskraft der Entscheidung über den Wertausgleich nach den §§ 9 bis 19 VersAusglG stirbt. Dann ist nämlich nach § 31 Abs. 1 S. 1 VersAusglG das Recht des überlebenden Ehegatten gegen die Erben geltend zu machen. Eine Beteiligung der Witwe oder des Witwers des verstorbenen ausgleichspflichtigen Ehegatten bereits bei Einleitung des Verfahrens kann sich aus den §§ 25, 26 VersAusglG ergeben: Stirbt die ausgleichspflichtige Person und besteht ein noch nicht ausgeglichenes Anrecht, so kann die ausgleichsberechtigte Person nach § 25 Abs. 1 VersAusglG vom Versorgungsträger die Hinterbliebenenversorgung verlangen, die sie erhielte, wenn die Ehe bis zum Tod der ausgleichspflichtigen Person fortbestanden hätte. Dies hat nach § 25 Abs. 5 VersAusglG zur Folge, dass eine Hinterbliebenenversorgung, die der Versorgungsträger an die Witwe oder den Witwer der ausgleichspflichtigen Person zahlt, entsprechend zu kürzen ist. Deshalb ist in diesen Fällen die Witwe oder der Witwer als Beteiligter hinzuzuziehen. Stirbt die ausgleichspflichtige Person und besteht ein noch nicht ausgeglichenes Anrecht bei einem ausländischen, zwischenstaatlichen oder überstaatlichen Versorgungsträger, so kann die ausgleichsberechtigte Person nach § 26 VersAusglG einen direkten Anspruch gegen die Witwe oder den Witwer der ausgleichspflichtigen Person geltend machen, soweit der Versorgungsträger an die Witwe oder den Witwer eine Hinterbliebenenversorgung leistet. Daher ist auch in diesen Fällen die Witwe oder der Witwer als Beteiligter hinzuzuziehen. Schließlich können Hinterbliebene oder Erben auch in einem Abänderungsverfahren nach §§ 225, 226 Beteiligte sein (Hinterbliebene: § 226 Abs. 1 oder Abs. 5 S. 1, Erben: § 226 Abs. 5 S. 3).

VI. Sonstige Personen als Beteiligte

1. Allgemeines. Andere Personen und Stellen, die nicht in § 219 aufgeführt sind, können nach 28 § 7 Abs. 2 Nr. 1 (diejenigen, deren Recht durch das Verfahren unmittelbar betroffen wird) zwingend als Beteiligte hinzuzuziehen sein. § 7 Abs. 6 allerdings stellt klar, dass derjenige, der lediglich anzuhören ist oder eine Auskunft zu erteilen hat, alleine dadurch nicht Beteiligter wird. Holt das Gericht also etwa nach § 220 Abs. 1, Abs. 5 bei einer sonstigen Stelle, die Auskunft geben kann, Auskünfte ein, wird diese Stelle nicht alleine dadurch Beteiligter.

2. Arbeitgeber. Ist ein Anrecht aus der betrieblichen Altersversorgung auszugleichen, stellt sich 29 die Frage, ob auch der Arbeitgeber des ausgleichspflichtigen Ehegatten, der diesem die Versorgungszusage gegeben hat, zu beteiligen ist. Insoweit ist danach zu differenzieren, ob es sich um eine unmittelbare oder eine mittelbare Versorgungszusage handelt.

a) Direktzusage. Liegt eine Direktzusage des Arbeitgebers vor (unmittelbare Versorgungszusage 30 des Arbeitgebers nach § 1 Abs. 1 S. 3 BetrAVG), ist der Arbeitgeber selbst Versorgungsträger[21] und daher sowohl bei einer internen Teilung des Anrechts als auch bei einer externen Teilung des Anrechts bereits nach § 219 Nr. 2 als Beteiligter hinzuzuziehen.[22]

b) Direktversicherung, Pensionskasse, Pensionsfond, Unterstützungskasse. Liegt eine 31 mittelbare Versorgungszusage des Arbeitgebers vor (Durchführung der betrieblichen Altersversorgung über eine Direktversicherung nach § 1b Abs. 2 BetrAVG, über eine Pensionskasse oder einen Pensionsfond nach § 1b Abs. 3 BetrAVG oder über eine Unterstützungskasse nach § 1b Abs. 4 BetrAVG),[23] so ist der Arbeitgeber zwar nicht selbst Versorgungsträger, aber sein Recht – jedenfalls bei der internen Teilung – ggf. durch das Verfahren unmittelbar betroffen. Denn nach § 1 Abs. 1 S. 3 BetrAVG steht der Arbeitgeber für die Erfüllung der von ihm zugesagten Leistungen auch dann ein, wenn die Durchführung nicht unmittelbar über ihn erfolgt. Das gilt auch dann, wenn der Arbeitgeber in der Zusage auf die Leistungen des Versorgungsträgers verweist. Kann der Versorgungsträger die zugesagte Leistung nicht aus eigenen Mitteln erbringen, muss der Arbeitgeber für die Erfüllung der Versorgungszusage einstehen.[24] Diese nachrangige Haftung des Arbeitgebers für die

---

[21] *Blomeyer/Rolfs/Otto* Rn. 202 ff.; *Ricken* DRV 2007, 366, 370.
[22] Vgl. Rn. 18.
[23] *Blomeyer/Rolfs/Otto* Rn. 214 ff., *Riedel* DRV 2007, 366, 370 f.
[24] *Langohr-Plato* Rn. 72.

Versorgungsleistung (sog. „Verschaffungsanspruch") muss bei einer internen Teilung des Anrechts auch gegenüber dem ausgleichsberechtigten Ehegatten gelten. Denn bei der internen Teilung von Betriebsrenten im Sinne des BetrAVG erlangt die ausgleichsberechtigte Person nach § 12 VersAusglG mit der Übertragung des Anrechts die Stellung eines ausgeschiedenen Arbeitnehmers. Sie erlangt damit zwar keine arbeitsrechtliche Stellung,[25] sie muss dem ausgleichspflichtigen Ehegatten aber in den versorgungsrechtlichen Rechtspositionen gegenüber dem Arbeitgeber gleichgestellt sein.[26] Der Arbeitgeber kann daher in diesen Fällen ggf. nach § 7 Abs. 2 Nr. 1 als Beteiligter hinzuzuziehen sein.

§ 220 Verfahrensrechtliche Auskunftspflicht

(1) Das Gericht kann über Grund und Höhe der Anrechte Auskünfte einholen bei den Personen und Versorgungsträgern, die nach § 219 zu beteiligen sind, sowie bei sonstigen Stellen, die Auskünfte geben können.

(2) ¹Übersendet das Gericht ein Formular, ist dieses bei der Auskunft zu verwenden. ²Satz 1 gilt nicht für eine automatisiert erstellte Auskunft eines Versorgungsträgers.

(3) Das Gericht kann anordnen, dass die Ehegatten oder ihre Hinterbliebenen oder Erben gegenüber dem Versorgungsträger Mitwirkungshandlungen zu erbringen haben, die für die Feststellung der in den Versorgungsausgleich einzubeziehenden Anrechte erforderlich sind.

(4) ¹Der Versorgungsträger ist verpflichtet, die nach § 5 des Versorgungsausgleichsgesetzes benötigten Werte einschließlich einer übersichtlichen und nachvollziehbaren Berechnung sowie der für die Teilung maßgeblichen Regelungen mitzuteilen. ²Das Gericht kann den Versorgungsträger von Amts wegen oder auf Antrag eines Beteiligten auffordern, die Einzelheiten der Wertermittlung zu erläutern.

(5) Die in dieser Vorschrift genannten Personen und Stellen sind verpflichtet, gerichtliche Ersuchen und Anordnungen zu befolgen.

Übersicht

	Rn.
I. Inhalt und Normzweck	1–3
1. Inhalt	1
2. Normzweck	2
3. Abgrenzung zu materiellrechtlichen Auskunftspflichten	3
II. Ermittlungen des Gerichts	4–11
1. Amtsermittlungsgrundsatz	4
2. Grundsätze der Beweiserhebung	5
3. Auskünfte der Versorgungsträger	6
4. Verfahrensablauf	7–11
a) Auskunft der Ehegatten	8
b) Auskunft der Versorgungsträger	9
c) Mitwirkung der Ehegatten	10
d) Wertmitteilung durch die Versorgungsträger	11
III. Einholung von Auskünften (Abs. 1)	12–36
1. Entstehungsgeschichte	12
2. Beginn der Auskunftsbefugnis	13
3. Umfang der Auskunftsbefugnis	14
4. Anrechte	15
5. Auskunftspflichtige Personen und Stellen	16–35
a) Ehegatten (§ 219 Nr. 1)	17
b) Versorgungsträger, bei denen ein auszugleichendes Anrecht besteht (§ 219 Nr. 2)	18–32
c) Versorgungsträger, bei denen ein Anrecht zum Zweck des Ausgleichs begründet werden soll (§ 219 Nr. 3)	33
d) Hinterbliebene und Erben der Ehegatten (§ 219 Nr. 4)	34
e) Sonstige Stellen, die Auskünfte geben können	35
6. Elektronischer Rechtsverkehr zwischen Gericht und Versorgungsträger	36
IV. Verwendung eines Formulars (Abs. 2)	37–40
1. Entstehungsgeschichte	37
2. Inhalt und Normzweck	38
3. Automatisiert erstellte Auskünfte	39
4. Überarbeitete Formulare	40
V. Mitwirkungshandlungen der Ehegatten, Hinterbliebenen und Erben (Abs. 3)	41–43
1. Inhalt und Normzweck	41
2. Mitwirkungshandlungen	42
3. Mitwirkungsverpflichtete	43

---

[25] BT-Drucks. 16/10144, S. 57.
[26] Vgl. hierzu *Merten/Baumeister* DB 2009, 957, 960.

	Rn.		Rn.
VI. Wertmitteilung durch den Versorgungsträger (Abs. 4)	44–65	5. Erläuterung der Einzelheiten der Wertermittlung	65
1. Inhalt und Normzweck	44	**VII. Pflicht, gerichtliche Anordnungen und Ersuchen zu befolgen (Abs. 5)**	66, 67
2. Nach § 5 VersAusglG benötigte Werte	45–58	1. Entstehungsgeschichte	66
a) Regelung in § 5 VersAusglG	46	2. Inhalt und Normzweck	67
b) Ehezeitanteil des Anrechts	47–49	**VIII. Anfechtbarkeit gerichtlicher Anordnungen und Ersuchen**	68, 69
c) Vorschlag für die Bestimmung des Ausgleichswerts	50	1. Keine selbständige Anfechtbarkeit	68
d) Kosten der internen Teilung	51	2. Schlechterstellung im Vergleich zum bisherigen Recht	69
e) Vorschlag für einen korrespondierenden Kapitalwert	52–58	**IX. Zwangsweise Durchsetzung**	70–72
3. Übersichtliche und nachvollziehbare Berechnung	59–63	1. Zwangsgeld und Zwangshaft	70
a) Übersichtlichkeit	60	2. Öffentlich-rechtliche Versorgungsträger	71
b) Nachvollziehbarkeit	61	3. Persönliches Erscheinen der Ehegatten und zwangsweise Vorführung	72
c) Kriterien für die gebotene Übersichtlichkeit und Nachvollziehbarkeit	62		
d) Automatisiert erstellte Auskunft	63		
4. Maßgebliche Regelungen für die Teilung	64		

I. Inhalt und Normzweck

1. Inhalt. Die ursprünglich im FGG-RG[1] vorgesehene Norm ist mit den Änderungen und Ergänzungen durch das VAStrRefG[2] an das neue materielle Versorgungsrecht angepasst worden. Sie enthält einerseits die Befugnisse des Gerichts in Bezug auf die Einholung von Auskünften und andererseits die verfahrensrechtlichen Verpflichtungen der Auskunftspersonen. In Abs. 1 ist die Befugnis des Gerichts zur Einholung von Auskünften geregelt, in Abs. 2 die Verpflichtung der Auskunftsperson zur Verwendung eines übersandten Formulars, in Abs. 3 die Befugnis des Gerichts, die Erbringung von Mitwirkungshandlungen anzuordnen, in Abs. 4 die Verpflichtung des Versorgungsträgers zur Wertmitteilung und die Befugnis des Gerichts, den Versorgungsträger zur Erläuterung aufzufordern und schließlich in Abs. 5 die Verpflichtung der Auskunftspersonen, gerichtliche Ersuchen und Anordnungen zu befolgen. 1

2. Normzweck. Bei seinen Ermittlungen ist das Gericht im Versorgungsausgleichsverfahren in besonderer Weise auf die Auskünfte der Ehegatten, der Versorgungsträger und ggf. auch sonstiger Personen und Stellen angewiesen. Auf anderem Wege als durch eine Auskunft sind die entscheidungserheblichen Tatsachen in der Regel nicht festzustellen. § 220 hat vor diesem Hintergrund den Zweck, die verfahrensrechtlichen Auskunftsbefugnisse des Gerichts und die Auskunftspflichten der Auskunftspersonen ausdrücklich und in einer Norm festzuschreiben und so die Amtsermittlungspflicht des Gerichts nach § 26 zu erleichtern. Die festgeschriebenen Auskunftspflichten können notfalls zwangsweise durchgesetzt werden.[3] 2

3. Abgrenzung zu materiellrechtlichen Auskunftspflichten. Die Regelung des § 220 ist abzugrenzen von materiellrechtlichen Regelungen über Auskunftsansprüche der Beteiligten untereinander: Nach § 4 VersAusglG sind die Ehegatten, ihre Hinterbliebenen und Erben verpflichtet, einander die für den Versorgungsausgleich erforderlichen Auskünfte zu erteilen. Hilfsweise besteht ein entsprechender Auskunftsanspruch gegen die betroffenen Versorgungsträger. Die Versorgungsträger ihrerseits können die erforderlichen Auskünfte von den Ehegatten, deren Hinterbliebenen und Erben sowie von den anderen Versorgungsträgern verlangen. Diese Auskunftsansprüche sind in einem gesonderten Verfahren vor dem Familiengericht geltend zu machen. Daneben bestehen materiellrechtliche Auskunftsansprüche der Ehegatten gegen den Träger der gesetzlichen Rentenversicherung nach § 109 Abs. 1, Abs. 5 SGB VI und § 149 Abs. 4 SGB VI sowie gegen den Träger der betrieblichen Altersversorgung nach § 4a BetrAVG, die vor den jeweiligen Fachgerichten geltend zu machen sind.[4] 3

---
[1] BGBl. I 2008 S. 2586.
[2] BGBl. I 2009 S. 700.
[3] Vgl. Rn. 70 ff.
[4] § 217 Rn. 11.

II. Ermittlungen des Gerichts

4 **1. Amtsermittlungsgrundsatz.** In Versorgungsausgleichsverfahren gilt der Amtsermittlungsgrundsatz nach § 26 (bislang § 12 FGG aF): Das Gericht hat von Amts wegen die zur Feststellung der entscheidungserheblichen Tatsachen erforderlichen Ermittlungen durchzuführen. § 27 Abs. 1 begründet eine Mitwirkungspflicht der Beteiligten bei der Ermittlung der entscheidungserheblichen Tatsachen. Die Beteiligten sollen, soweit sie dazu in der Lage sind, durch die Angabe von Tatsachen und Beweismitteln eine gerichtliche Aufklärung ermöglichen. Die Darlegungslast der Beteiligten erhöht sich dabei in gleichem Maß, wie das Gericht auf deren Mitwirkung bei der Sachaufklärung angewiesen ist.[5] Für die Beteiligten besteht eine Wahrheits- und Vollständigkeitspflicht nach § 27 Abs. 2. Das Gericht hat darauf hinzuwirken, dass die Beteiligten sich rechtzeitig über alle erheblichen Tatsachen erklären und ungenügende tatsächliche Angaben ergänzen. Bei dieser Hinwirkungspflicht nach § 28 Abs. 1 S. 1 handelt es sich um eine spezielle Ausformung der Pflicht zur Amtsermittlung.[6]

5 **2. Grundsätze der Beweiserhebung.** Das Gericht entscheidet nach pflichtgemäßem Ermessen, ob es sich zur Beschaffung der für seine Entscheidung erheblichen Tatsachen mit formlosen Ermittlungen nach § 29 begnügen kann oder ob es eine förmliche Beweisaufnahme nach den Vorschriften der ZPO nach § 30 durchführen muss. Nach § 29 Abs. 1 S. 1 gilt der Grundsatz des Freibeweises: Das Gericht erhebt die erforderlichen Beweise in der ihm geeignet erscheinenden Form, ohne an förmliche Regeln gebunden zu sein. So kann das Gericht beispielsweise Auskunftspersonen informell persönlich, telefonisch oder schriftlich befragen oder Akten beiziehen. Nach seinem pflichtgemäßen Ermessen kann das Gericht den entscheidungserheblichen Sachverhalt aber auch nach § 30 durch eine förmliche Beweisaufnahme nach der ZPO feststellen und ermitteln (Strengbeweis). Der Strengbeweis ist stets dann erforderlich, wenn durch formlose Ermittlungen eine genügende Sachaufklärung nicht zu erreichen ist oder wenn das Recht der Beteiligten, an der Wahrheitsermittlung mitzuwirken, auf andere Weise nicht gesichert ist.[7]

6 **3. Auskünfte der Versorgungsträger.** Auskünfte der Versorgungsträger unterliegen nicht den Vorschriften über den Urkundsbeweis, sondern sie sind teils Zeugenbeweis, teils Sachverständigenbeweis.[8] Die Auskunft eines Trägers der gesetzlichen Rentenversicherung oder der Beamtenversorgung ist als ein Unterfall der in den §§ 273 Abs. 2 Nr. 2, 358a S. 2 Nr. 2 ZPO angesprochenen amtlichen Auskunft anzusehen, die die Zeugenvernehmung des in Frage kommenden Sachbearbeiters über die tatsächlichen Grundlagen einer Versorgungsanwartschaft ersetzt und zugleich eine rechtsgutachtliche Äußerung darüber enthält, wie nach den maßgebenden rentenrechtlichen Vorschriften die ehezeitlich erworbene Versorgungsanwartschaft eines Ehegatten zu berechnen ist.[9] Die Auskunftspflicht verdrängt die Verschwiegenheitspflicht nach § 35 SGB I.[10] Die schriftliche Erteilung einer Auskunft durch betriebliche und private Versorgungsträger ersetzt gemäß § 377 Abs. 3 ZPO die mögliche mündliche Vernehmung des Sachbearbeiters des Versorgungsträgers als Zeugen. Das Zeugnisverweigerungsrecht nach § 383 Abs. 1 Nr. 6 ZPO tritt hinter die gesetzliche Auskunftspflicht zurück.[11]

7 **4. Verfahrensablauf.** Die Ermittlung der entscheidungserheblichen Tatsachen im Versorgungsausgleich durch das Gericht läuft in der Regel in folgenden Einzelschritten ab, die jeweils auch zwangsweise durchsetzbar sind.[12]

8 a) **Auskunft der Ehegatten.** Das Gericht holt bei den Ehegatten zunächst Auskünfte darüber ein, welche Anrechte sie in der Ehezeit bei welchen Versorgungsträgern erworben haben. Dies geschieht in der Regel mit Hilfe eines Formulars. Aus den Angaben der Ehegatten zu ihrem beruflichen Werdegang können sich darüber hinaus Anhaltspunkte für weitere Anrechte ergeben. So wird bei gewerblichen Arbeitnehmern in der Regel ein Anrecht auf eine Betriebsrente bestehen und bei Angestellten im öffentlichen Dienst ein Anrecht auf eine Zusatzversorgung des öffentlichen Dienstes. Solchen Anhaltspunkten muss das Gericht im Rahmen der Amtsermittlung weiter nachgehen und bei dem betreffenden Ehegatten, ggf. auch bei dem in Betracht kommenden Versorgungsträger nachfragen. Trägt ein Ehegatte vor, dass der andere Ehegatte noch weitere als die von ihm

---

[5] BT-Drucks. 16/6308, S. 186.
[6] BT-Drucks. 16/6308, S. 187.
[7] OLG Zweibrücken NJW-RR 1988, 1211.
[8] BGHZ 89, 114 = NJW 1984, 438.
[9] BGH NJW 1998, 138.
[10] BT-Drucks. 7/4694, S. 18.
[11] BT-Drucks. 7/4694, S. 18.
[12] Vgl. Rn. 70 ff.

angegebenen Anrechte erworben habe, muss das Gericht dem ebenfalls durch Nachfrage bei dem anderen Ehegatten und ggf. durch Nachfrage bei dem betreffenden Versorgungsträger nachgehen.

b) Auskunft der Versorgungsträger. Das Gericht holt auf Grund der von den Ehegatten 9 erlangten Informationen Auskünfte bei den betreffenden Versorgungsträgern über den Ehezeitanteil und den Ausgleichswert sowie ggf. den korrespondierenden Kapitalwert ein. In seinem Auskunftsersuchen hat das Gericht die für den Versorgungsträger erforderlichen Angaben mitzuteilen. Das sind insbesondere der Name, ggf. der Geburtsname und das Geburtsdatum des betreffenden Ehegatten, Beginn und Ende der Ehezeit sowie die Versicherungsnummer oder Personalnummer. Zusammen mit dem Auskunftsersuchen wird das Gericht den Versorgungsträgern entsprechende Formulare übersenden, die diese für die Auskunftserteilung zu verwenden haben. Die größeren Versorgungsträger, wie insbesondere die gesetzliche Rentenversicherung und Träger der Beamtenversorgung, haben das Auskunftsverfahren allerdings automatisiert, so dass diese – zulässigerweise – ihre Auskunft nicht mit Hilfe des Formulars erteilen, sondern im Wege einer automatisiert erstellten Auskunft.

c) Mitwirkung der Ehegatten. Im Rahmen der Auskunftseinholung bei den Versorgungs- 10 trägern können weitere Mitwirkungshandlungen der Ehegatten notwendig werden. Die Ehegatten müssen daran mitwirken, die Versorgungsträger in die Lage zu versetzen, die Auskunft erteilen zu können. Sind die Angaben der Ehegatten nicht vollständig oder fehlen Belege, werden die Versorgungsträger dies dem Gericht mitteilen. Das Gericht fordert die Ehegatten dann auf, ihre Angaben zu ergänzen. Insbesondere sind häufig weitere Angaben oder Nachweise der Ehegatten zur Klärung des Versicherungsverlaufs in der gesetzlichen Rentenversicherung erforderlich. Der Träger der gesetzlichen Rentenversicherung fordert dann zunächst den jeweiligen Ehegatten auf, die noch erforderlichen Angaben zu machen oder die noch notwendigen Nachweise zu erbringen. Wenn dies nichts fruchtet, erfolgt eine Mitteilung der gesetzlichen Rentenversicherung an das Gericht, welches den betreffenden Ehegatten zu der konkreten Mitwirkungshandlung auffordert. Haben die Ehegatten alle Mitwirkungshandlungen erbracht, kommt eine Abtrennung der Versorgungsausgleichssache vom Verbund nach § 140 Abs. 2 Nr. 4 in Betracht. Diese Vorschrift sieht eine erleichterte Abtrennungsmöglichkeit für die Folgesache Versorgungsausgleich vor: Ist seit der Rechtshängigkeit des Scheidungsantrags ein Zeitraum von drei Monaten verstrichen, haben beide Ehegatten die erforderlichen Mitwirkungshandlungen in der Versorgungsausgleichssache vorgenommen und beantragen beide Ehegatten übereinstimmend die Abtrennung, kann das Gericht die Versorgungsausgleichssache vom Verbund abtrennen.

d) Wertmitteilung durch die Versorgungsträger. Die Versorgungsträger erteilen dem Gericht 11 dann die Auskunft, das heißt sie teilen dem Gericht die benötigten Werte, deren Berechnung und die für die Teilung maßgeblichen Regelungen mit. Kann das Gericht oder einer der Beteiligten die Berechnung nicht nachvollziehen, hat der Versorgungsträger die Berechnung nach einer Aufforderung durch das Gericht im Einzelnen zu erläutern.

III. Einholung von Auskünften (Abs. 1)

1. Entstehungsgeschichte. Das bis zum 31. 8. 2009 geltende Recht enthielt in § 53b Abs. 2 12 S. 2 FGG aF und in § 11 Abs. 2 S. 1 VAHRG aF die Befugnis des Gerichts, von den in den Vorschriften jeweils genannten Personen und Stellen Auskünfte über Grund und Höhe der Versorgungsanwartschaften einzuholen. Die in Artikel 1 FGG-RG ursprünglich vorgesehene Regelung hatte den Inhalt dieser beiden Regelungen in § 220 Abs. 1 zusammengefasst. Durch das VAStrRefG ist Abs. 1 nochmals geringfügig modifiziert worden.

2. Beginn der Auskunftsbefugnis. Die Auskunftsbefugnis des Familiengerichts entsteht mit der 13 Einleitung des Versorgungsausgleichsverfahrens.[13] In Verbundverfahren ist unerheblich, ob der Scheidungsantrag begründet ist.[14]

3. Umfang der Auskunftsbefugnis. Die Auskunftsbefugnis erstreckt sich auf Grund und Höhe 14 der Anrechte. Den Umfang der zu erteilenden Auskunft bestimmt das Gericht nach pflichtgemäßem Ermessen. Die Vorschrift normiert eine Befugnis, aber keine Pflicht des Gerichts zur Einholung von Auskünften. Ob und inwieweit das Gericht zur Einholung von Auskünften verpflichtet ist, bestimmt sich vielmehr nach § 26. Danach hat das Gericht von Amts wegen die zur Feststellung der entscheidungserheblichen Tatsachen erforderlichen Ermittlungen durchzuführen. Die Einholung einer

---

[13] OLG Köln FamRZ 1984, 1111; *Keidel/Kuntze/Winkler* § 53b FGG Rn. 9c; MünchKommBGB/*Gräper* § 11 VAHRG Rn. 7.
[14] OLG Köln FamRZ 1984 1111; OLG Braunschweig FamRZ 1995, 300; OLG Zweibrücken FamRZ 1998, 918; § 11 VAHRG Rn. 7.

Auskunft kann im Einzelfall ggf. entbehrlich sein. So etwa dann, wenn bereits auf Grund der ermittelten Tatsachen feststeht, dass es sich um ein Anrecht mit einem geringen Ausgleichswert nach § 18 Abs. 2 VersAusglG handelt. Das ist beispielsweise dann der Fall, wenn das Anrecht erst sehr kurz vor Ehezeitende begründet worden ist und bis zum Ehezeitende offenkundig keinen nennenswerten Wert erreicht haben kann oder wenn auf Grund der bereits ermittelten Tatsachen feststeht, dass das Anrecht noch verfallbar und damit nicht ausgleichsreif ist. Das Gericht hat seine Amtsermittlungspflicht jedoch pflichtgemäß auszuüben. So ist etwa zu beachten, dass auch Anrechte mit einem geringen Ausgleichswert im Einzelfall auszugleichen sind, denn bei § 18 Abs. 2 VersAusglG handelt es sich um eine Soll-Vorschrift. Darüber hinaus ist zu beachten, dass beim Wertausgleich bei der Scheidung nach § 224 Abs. 4 in der Begründung die Anrechte zu benennen sind, die noch für Ausgleichsansprüche nach der Scheidung verbleiben. So müssen etwa Anrechte, die bei einem ausländischen Versorgungsträger bestehen und die deshalb nach § 19 Abs. 2 Nr. 4 VersAusglG nicht ausgleichsreif sind, in der Begründung konkret bezeichnet werden.

15   **4. Anrechte.** Die Befugnis des Gerichts bezieht sich grundsätzlich auf alle in der Ehezeit erworbenen Anrechte im Sinne von § 2 Abs. 1 VersAusglG. Sie wird allerdings durch den Amtsermittlungsgrundsatz begrenzt. Danach hat das Gericht von Amts wegen (nur) die zur Feststellung der entscheidungserheblichen Tatsachen erforderlichen Ermittlungen durchzuführen. Findet nach § 3 Abs. 3 VersAusglG wegen kurzer Ehezeit und mangels eines Antrages eines Ehegatten kein Versorgungsausgleich statt, so ist das Gericht daher nicht befugt, Auskünfte einzuholen. Denn in diesem Fall besteht findet unabhängig von der Art und Höhe der Anrechte kein Versorgungsausgleich statt.

16   **5. Auskunftspflichtige Personen und Stellen.** Die gerichtliche Befugnis zur Auskunftseinholung besteht zum einen gegenüber den in § 219 Nr. 1 bis 4 genannten Personen und Versorgungsträgern, also den im Versorgungsausgleichsverfahren Beteiligten.[15] Zum anderen besteht die gerichtliche Befugnis auch gegenüber sonstigen Stellen, die Auskunft geben und damit zur Aufklärung des entscheidungserheblichen Sachverhalts beitragen können.

17   **a) Ehegatten (§ 219 Nr. 1).** Die Ehegatten haben alle Auskünfte zu erteilen, die das Gericht zur Ermittlung von Grund und Höhe der Versorgungsanrechte für erforderlich hält. Zunächst einmal sind Angaben zur Person erforderlich. Das Gericht leitet diese Angaben an die Versorgungsträger weiter und diese können die Anfrage korrekt zuordnen. Aus den Angaben zur Person können außerdem beispielsweise auch Teile der Rentenversicherungsnummer ermittelt werden, falls diese vom Ehegatten nicht, nicht vollständig oder falsch mitgeteilt wird.[16] Insbesondere aber sind Angaben der Ehegatten dazu erforderlich, bei welchen Versorgungsträgern sie Anrechte in der Ehezeit erworben haben. Daneben können Angaben zur beruflichen Tätigkeit für das Gericht dienlich sein, um zu ermitteln, bei welchen Versorgungsträgern ggf. (weitere) Anrechte erworben worden sind.[17] Sinnvoll ist es darüber hinaus, bereits in der ersten Anfrage an die Ehegatten auch abzufragen, ob zwischen den Ehegatten eine Vereinbarung zum Versorgungsausgleich nach den §§ 6 bis 8 VersAusglG getroffen worden ist oder ob dies beabsichtigt ist. Erteilt ein Ehegatte nur unzureichend oder gar keine Auskunft, kann das gerichtliche Auskunftsersuchen auch zwangsweise durchgesetzt werden.[18]

18   **b) Versorgungsträger, bei denen ein auszugleichendes Anrecht besteht (§ 219 Nr. 2).** Aus den Angaben der Ehegatten und ggf. den weiteren Ermittlungen des Gerichts ergeben sich die Versorgungsträger, bei denen die Ehegatten Anrechte in der Ehezeit erworben haben. Liegt eine kurze Ehezeit vor und hat keiner der Ehegatten einen Antrag auf Durchführung des Versorgungsausgleichs gestellt, findet unabhängig von der Art und Höhe der Anrechte kein Versorgungsausgleich statt, so dass keine Befugnis des Gerichts besteht, Auskünfte von den betreffenden Versorgungsträgern einzuholen.[19] Erteilt der Versorgungsträger eine unrichtige Auskunft und kommt es auf Grund dieser fehlerhaften Auskunft zu einer unrichtigen Entscheidung des Gerichts, kann im Einzelfall ein Schadensersatzanspruch des betreffenden Ehegatten gegen den Versorgungsträger bestehen.[20]

19   **aa) Gesetzliche Rentenversicherung.** Ergeben sich aus der Auskunft eines Ehegatten Anhaltspunkte dafür, dass dieser möglicherweise Anrechte in der gesetzlichen Rentenversicherung erworben hat (zB Angabe einer Rentenversicherungsnummer, Angabe von Zeiten der Kindererziehung, Angabe einer Tätigkeit als Arbeiter oder Angestellter, Zeitsoldat oder Widerrufsbeamter), ist eine

---

[15] Vgl. im Einzelnen die Ausführungen zu § 219.
[16] Vgl. Rn. 22.
[17] Vgl. hierzu jeweils die Ausführungen zu den einzelnen Versorgungsträgern unter Rn. 18 ff.
[18] Vgl. Rn. 70 f.
[19] Vgl. zur fehlenden Beteiligung § 219 Rn. 21.
[20] BGHZ 137, 11 = NJW 1998, 138 (gesetzlicher Rentenversicherungsträger).

Auskunft der gesetzlichen Rentenversicherung einzuholen. Das Auskunftsersuchen ist an den jeweils zuständigen Rentenversicherungsträger zu richten.

α) Organisation der gesetzlichen Rentenversicherung. Vor der Organisationsreform 2005[21] wurden Angestellte in der Regel zentral bei der BfA versichert und Arbeiter regional bei den Landesversicherungsanstalten. Daneben gab es Sonderanstalten für Versicherte bestimmter Branchen (Bundesknappschaft, Bahnversicherungsanstalt, Seekasse). Mit der Organisationsreform ist die Unterscheidung zwischen Arbeitern und Angestellten, die auch für die Zuordnung zu einem Rentenversicherungsträger maßgebend war, weggefallen. Die Aufgaben der gesetzlichen Rentenversicherung werden seitdem von zwei Bundesträgern, nämlich der Deutschen Rentenversicherung Bund (DRV Bund) in Berlin (früher: Bundesversicherungsanstalt für Angestellte – BfA) und der Deutschen Rentenversicherung Knappschaft-Bahn-See (DRV Knappschaft Bahn-See) in Bochum (früher: Bundesknappschaft, Bahnversicherungsanstalt und Seekasse) sowie 14 Regionalträgern (früher: Landesversicherungsanstalten – LVA) wahrgenommen. Die Regionalträger führen gem. § 125 Abs. 1 S. 2 SGB VI den Namen „Deutsche Rentenversicherung" mit einem Zusatz, der ihre jeweilige regionale Zuständigkeit kennzeichnet. Die Zuteilung der Versicherten auf die beiden Bundesträger und die Regionalträger findet nach einem bestimmten Schlüssel gem. § 127 SGB VI statt.

β) Zuständiger Rentenversicherungsträger. Für Neuversicherte ist nach § 127 Abs. 1 Satz 1 SGB VI grundsätzlich der Träger der Rentenversicherung zuständig, der durch die Datenstelle der Träger der Rentenversicherung bei der Vergabe der Versicherungsnummer festgelegt wurde. Werden Neuversicherte bei Vergabe der Versicherungsnummer einem Regionalträger zugeordnet und verzieht der Versicherte aus dessen Zuständigkeitsbereich, wird der für den neuen Wohnsitz zuständige Regionalträger zuständig (§ 128 SGB VI). Ein Wechsel zur Deutschen Rentenversicherung Knappschaft-Bahn-See erfolgt, wenn der Versicherte nach Zuordnung der Versicherungsnummer eine Beschäftigung ausübt, für die die Deutsche Rentenversicherung Knappschaft-Bahn-See die Versicherung durchführt (§ 130 SGB VI). Versicherte, für die bis zum 31. 12. 2004 eine Versicherungsnummer vergeben wurde (Bestandsversicherte) bleiben grundsätzlich bei dem Rentenversicherungsträger, bei dem sie am 31. 12. 2004 versichert waren. Ein Zuständigkeitswechsel ergibt sich jedoch auch hier, wenn die oben bereits beschriebenen Voraussetzungen der §§ 128, 130 SGB VI vorliegen oder im Rahmen des Ausgleichsverfahrens (§ 274 c SGB VI). Falls bereits Rente gezahlt wird, ist der die Rente zahlende Versicherungsträger zuständig. Sofern aus der Auskunft des Ehegatten nicht zweifelsfrei erkennbar ist, welcher Rentenversicherungsträger zuständig ist, sollte das Gericht das Auskunftsersuchen zunächst an die Deutsche Rentenversicherung Bund richten. Diese prüft dann, ob sie oder ein anderer Rentenversicherungsträger zuständig ist und gibt den Vorgang ggf. an den zuständigen Rentenversicherungsträger ab und informiert das Gericht über die Abgabe.

γ) Versicherungsnummer. Die Versicherungsnummer kennzeichnet das Versicherungskonto, das für jeden Versicherten bei dem zuständigen Versicherungsträger geführt wird (§ 149 SGB VI). Die Versicherungsnummer wird in der Regel beim Eintritt in die gesetzliche Rentenversicherung vergeben (zB bei erstmaliger Aufnahme einer Beschäftigung) und ändert sich später nicht mehr, auch wenn ein anderer Träger der gesetzlichen Rentenversicherung – etwa auf Grund eines Wohnortwechsels – zuständig wird. Der neue Versicherungsträger führt das Versicherungskonto dann unter der Nummer weiter, die beim Eintritt in die gesetzliche Rentenversicherung ausgegeben worden ist. Die Versicherungsnummer setzt sich zusammen aus der Bereichsnummer des zuständigen Versicherungsträgers, dem (sechsstelligen) Geburtsdatum, dem Anfangsbuchstaben des Namens, der (zweistelligen) Seriennummer, die auch eine Aussage über das Geschlecht einer Person enthalten darf (00 bis 49 für Männer und 50 bis 99 für Frauen) und der (einstelligen) Prüfziffer (§ 147 Abs. 2 SGB VI). Beispielsweise kann die Versicherungsnummer für Max Mustermann, geboren am 3. 8. 1972, für den bei Eintritt in die gesetzliche Rentenversicherung die Deutsche Rentenversicherung Bund zuständig war, wie folgt lauten: 52 030872 M 238.

δ) Bereichsnummern. Von den Versicherungsträgern werden folgende Bereichsnummern verwendet:
(02) Nord; Lübeck (Bereich Mecklenburg-Vorpommern)
(03) Mitteldeutschland, Leipzig (Bereich Thüringen)
(04) Berlin-Brandenburg, Frankfurt/Oder (Bereich Brandenburg)
(08) Mitteldeutschland, Leipzig (Bereich Sachsen-Anhalt)
(09) Mitteldeutschland, Leipzig (Bereich Sachsen)
(10) Braunschweig-Hannover, Hannover (Bereich Hannover)

---

[21] Gesetz zur Organisationsreform in der gesetzlichen Rentenversicherung (RVOrgG) vom 9. 12. 2004, BGBl. S. 3242, hierzu auch *Borth* FamRZ 2005, 1885.

(11) Westfalen, Münster
(12) Hessen, Frankfurt/Main
(13) Rheinland, Düsseldorf (Bereich Rheinprovinz)
(14) Bayern Süd, München (Bereich Oberbayern)
(15) Bayern Süd, Landshut (Bereich Niederbayern-Oberpfalz)
(16) Rheinland-Pfalz, Speyer
(17) Saarland, Saarbrücken
(18) Nordbayern, Bayreuth (Bereich Ober- und Mittelfranken)
(19) Nord, Lübeck (Bereich Hamburg)
(20) Nordbayern, Würzburg (Bereich Unterfranken)
(21) Schwaben, Augsburg
(23) Baden-Württemberg, Karlsruhe (Bereich Württemberg)
(24) Baden-Württemberg, Stuttgart (Bereich Baden)
(25) Berlin-Brandenburg, Berlin (Bereich Berlin)
(26) Nord, Lübeck (Bereich Schleswig-Holstein)
(28) Oldenburg-Bremen, Oldenburg
(29) Braunschweig-Hannover, Hannover (Bereich Braunschweig)
(38) Deutsche Rentenversicherung Knappschaft-Bahn-See, Beschäftigung im Wirtschaftsbereich Bahn
(39) Deutsche Rentenversicherung Knappschaft-Bahn-See, Beschäftigung im Wirtschaftsbereich Seefahrt
(42) bis (69) Deutsche Rentenversicherung Bund
(80),(81),(82),(89) Deutsche Rentenversicherung Knappschaft-Bahn-See, Beschäftigung im sonstigen Bereich

24   **ε) Selbständig Tätige.** Nach den §§ 2, 4, 229, 229a SGB VI sind auch bestimmte selbständig Tätige in der gesetzlichen Rentenversicherung versicherungspflichtig. So beispielsweise nach § 2 S. 1 Nr. 5 SGB VI Künstler und Publizisten nach näherer Bestimmung des Künstlersozialversicherungsgesetzes (KSVG) und nach § 2 S. 1 Nr. 8 SGB VI Gewerbetreibende, die in die Handwerksrolle eingetragen sind und in ihrer Person die für die Eintragung in die Handwerksrolle erforderlichen Voraussetzungen erfüllen.

25   **ζ) Zeiten im Ausland.** Sind Versicherungszeiten oder gleichgestellte Zeiten im Ausland zurückgelegt worden, zählen diese unter bestimmten Voraussetzungen für den Anspruch auf die deutsche Rente mit. Die zuständigen Bundes- und Regionalversicherungsträger können ggf. um Amtshilfe bei der Aufklärung der ausländischen Rentenanwartschaften ersucht werden. Diese führen dann den Schriftverkehr mit dem jeweiligen zuständigen ausländischen Versicherungsträger. Es gelten folgende Zuständigkeiten der Regionalträger:
Australien: Oldenburg-Bremen
Belgien: Rheinland
Bosnien und Herzegowina: Bayern-Süd (Standort Landshut)
Bulgarien: Mitteldeutschland (Standort Halle)
Chile: Rheinland
Dänemark: Nord (Standort Lübeck)
Estland: Nord (Standort Neubrandenburg)
Finnland: Nord (Standort Lübeck)
Frankreich: Rheinland-Pfalz
Griechenland: Baden-Württemberg (Standort Stuttgart)
Großbritannien: Nord (Standort Hamburg)
Irland: Nord (Standort Hamburg)
Island: Westfalen
Israel: Rheinland
Italien: Schwaben
Japan: Braunschweig-Hannover (Standort Braunschweig)
Kanada: Nord (Standort Hamburg)
Korea: Braunschweig-Hannover (Standort Braunschweig)
Kosovo: Bayern Süd (Standort Landshut)
Kroatien: Bayern-Süd (Standort Landshut)
Lettland: Nord (Standort Neubrandenburg)
Liechtenstein: Baden-Württemberg (Standort Karlsruhe)
Litauen: Nord (Standort Neubrandenburg)

Luxemburg: Rheinland-Pfalz
Malta: Schwaben
Marokko: Schwaben
Mazedonien: Bayern-Süd (Standort Landshut)
Montenegro: Bayern-Süd (Standort Landshut)
Niederlande: Westfalen
Norwegen: Nord (Standort Lübeck)
Österreich: Bayern-Süd (Standort München)
Polen: Berlin-Brandenburg (Standort Berlin)
Portugal: Nordbayern (Standort Würzburg)
Rumänien: Nordbayern (Standort Würzburg)
Russland und andere Nachfolgestaaten der früheren UdSSR ohne Estland, Lettland, Litauen bei Anwendung des DDR-UdSSR-Vertrages: Mitteldeutschland (Standort Leipzig)
Schweden: Nord (Standort Lübeck)
Schweiz: Baden-Württemberg (Standort Karlsruhe)
Serbien: Bayern-Süd (Standort Landshut)
Slowakei: Bayern-Süd (Standort Landshut)
Slowenien: Bayern-Süd (Standort Landshut)
Spanien: Rheinland
Tschechische Republik: Bayern-Süd (Standort Landshut)
Türkei: Nordbayern (Standort Beyreuth)
Tunesien: Schwaben
Ungarn: Mitteldeutschland (Standort Erfurt)
USA: Nord (Standort Hamburg)
Zypern: Baden-Württemberg (Standort Stuttgart)
Sofern Beiträge zu einem Bundesträger gezahlt wurden, ist stets dessen Zuständigkeit gegeben.

bb) Träger der betrieblichen Altersversorgung. Hat ein Ehegatte Anrechte in der betrieblichen Altersversorgung erworben, ist eine Auskunft des jeweiligen Trägers der betrieblichen Altersversorgung einzuholen. Im Falle der Direktzusage (unmittelbare Versorgungszusage des Arbeitgebers) ist Träger der betrieblichen Altersversorgung der Arbeitgeber selbst. Bei der Direktzusage verspricht der Arbeitgeber eine eigene Leistung und verpflichtet sich selbst zur Leistungsgewährung.[22] In einem solchen Fall ist also der Arbeitgeber als Versorgungsträger zur Auskunft verpflichtet. Im Unterschied dazu handelt es sich um eine mittelbare Versorgungszusage des Arbeitgebers, wenn dieser sich zur Erfüllung seiner Verpflichtung eines Dritten, nämlich einer Direktversicherung (§ 1b Abs. 2 BetrAVG), einer Pensionskasse (§ 1b Abs. 3 BetrAVG), eines Pensionsfonds (§ 1b Abs. 3 BetrAVG) oder einer Unterstützungskasse (§ 1b Abs. 4 BetrAVG) bedient.[23] Bei einer mittelbaren Versorgungszusage des Arbeitgebers ist die Versorgung also aus dem Unternehmen des Arbeitgebers ausgegliedert und einer eigenständigen juristischen Person überlassen, die Versorgungsträger ist.[24] In diesen Fällen ist also nicht der Arbeitgeber, sondern der jeweilige Versorgungsträger zur Auskunft verpflichtet. Der Arbeitgeber kann im Einzelfall aber als „sonstige Stelle" ebenfalls zur Auskunft verpflichtet sein.[25]

cc) Träger der Zusatzversorgung des öffentlichen Dienstes.[26] Eine Auskunft des jeweiligen Trägers der Zusatzversorgung des öffentlichen Dienstes ist erforderlich, wenn ein Ehegatte möglicherweise entsprechende Anrechte erworben hat (zB Tätigkeit als Angestellter im öffentlichen Dienst). Der in der Praxis wichtigste Zusatzversorgungsträger ist die Versorgungsanstalt des Bundes und der Länder (VBL) in Karlsruhe. Daneben bestehen 24 Zusatzversorgungskassen des kommunalen und kirchlichen Dienstes, die unter dem Dach der Arbeitsgemeinschaft kommunale und kirchliche Altersversorgung (AKA) e. V. in München zusammengefasst sind.

dd) Dienstherr eines Beamten, Richters oder Berufssoldaten. War ein Ehegatte als Beamter, Richter oder Berufssoldat tätig, ist eine Auskunft des jeweiligen Dienstherrn einzuholen. Als Dienstherren kommen Bund, Länder, Gemeinden, Gemeindeverbände sowie Körperschaften, Anstalten und Stiftungen des öffentlichen Rechts in Betracht. Ist dem Gericht die interne Zuständigkeit des Dienstherrn für die Auskunftserteilung nicht bekannt, so kann das Auskunftsersuchen zunächst an die zuständige Besoldungsdienststelle übersandt werden.

---

[22] *Ricken* DRV 2007, 366, 370., *Langohr-Plato* Rn. 73 ff.
[23] *Ricken* DRV 2007, 366, 370 f., *Langohr-Plato* Rn. 99 ff.
[24] Vgl. auch BT-Drucks. 16/10144, S. 45.
[25] Vgl. Rn. 35.
[26] *Wick* FamRZ 2008, 1223.

29 ee) **Berufsständische Versorgungsträger.** Bei bestimmten freiberuflichen Tätigkeiten eines Ehegatten werden Anrechte in einer berufsständischen Versorgungseinrichtung erworben worden sein (zB Angabe einer Tätigkeit als Arzt, Apotheker, Architekt, Notar, Rechtsanwalt, Steuerberater, Steuerbevollmächtigter, Tierarzt, Wirtschaftsprüfer, vereidigter Buchprüfer, Zahnarzt) Dann ist eine Auskunft der jeweils zuständigen Versorgungseinrichtung einzuholen. Spitzenorganisation der 87 auf Landesrecht beruhenden öffentlich-rechtlichen Pflichtversorgungseinrichtungen der Angehörigen der verkammerten Freien Berufe ist die Arbeitsgemeinschaft berufsständischer Versorgungseinrichtungen e. V. (ABV) in Köln.

30 ff) **Private Versorgungsträger.** Gibt ein Ehegatte an, Anrechte bei einem privaten Versicherungsträger (private Rentenversicherung) erworben zu haben, ist nach § 2 Abs. 2 Nr. 2 VersAusglG Anrechte nach dem Altersvorsorgeverträge-Zertifizierungsgesetz („Riester-Verträge") unabhängig von der konkreten Auszahlungsform (zB lebenslange Leibrente, Auszahlungsplan mit anschließender Teilkapitalverrentung) auszugleichen sind. Für Anrechte aus Lebensversicherungen gilt: Anrechte aus privaten Kapitallebensversicherungen werden nach wie vor nicht in den Versorgungsausgleich einbezogen, da ihnen strukturell der Vorsorgecharakter fehlt und die ausgleichspflichtige Person über das angesparte Kapital durch eine vorzeitige Kündigung in der Anwartschaftsphase verfügen kann.[27] In den Versorgungsausgleich einbezogen werden also nur die Anrechte aus privaten Lebensversicherungen, die auf eine Rentenleistung gerichtet sind; unerheblich ist, ob in diesem Rahmen ein Kapitalwahlrecht besteht, solange dieses nicht ausgeübt ist.[28]

31 gg) **Sonstige Versorgungsträger (zB Landwirtschaftliche Alterskasse).** War ein Ehegatte als Landwirt tätig, wird er Anrechte in der Alterssicherung der Landwirte erworben haben. Für Auskünfte über Anrechte aus der Alterssicherung der Landwirte sind die landwirtschaftlichen Alterskassen zuständig. Ergeben sich aus der Auskunft des Ehegatten Anhaltspunkte für sonstige andere Versorgungsträger, ist eine Auskunft des jeweiligen Versorgungsträgers einzuholen.

32 hh) **Ausländische, zwischenstaatliche und überstaatliche Versorgungsträger.**[29] Hat ein Ehegatte Anrechte bei einem ausländischen, zwischenstaatlichen oder überstaatlichen Versorgungsträger erworben, ist grundsätzlich ebenfalls ein Auskunftsersuchen an den zuständigen Versorgungsträger zu richten. Diese Anrechte unterliegen zwar nicht der deutschen Gerichtsbarkeit und können daher nicht im Wertausgleich bei der Scheidung ausgeglichen werden (vgl. § 19 Abs. 2 Nr. 4 VersAusglG). Ein ausländischer, zwischenstaatlicher oder überstaatlicher Versorgungsträger kann durch das deutsche Gericht nämlich nicht dazu verpflichtet werden, die ausgleichsberechtigte Person im Wege der internen Teilung in sein Versorgungssystem aufzunehmen oder das Anrecht extern zu teilen.[30] Er ist gegenüber dem Gericht daher grundsätzlich auch nicht zur Erteilung einer Auskunft verpflichtet. Allerdings können in Bezug auf Anrechte bei ausländischen, zwischenstaatlichen und überstaatlichen Versorgungsträgern Ausgleichsansprüche nach der Scheidung nach den §§ 20 bis 26 VersAusglG bestehen. In seiner Entscheidung über den Wertausgleich bei der Scheidung hat das Gericht gem. § 224 Abs. 4 die Anrechte, die nach dem Wertausgleich bei der Scheidung noch für Ausgleichsansprüche nach der Scheidung verbleiben, in der Begründung zu benennen. Das erfordert eine möglichst genaue Bezeichnung des betreffenden Anrechts. Darüber hinaus hat das Gericht darüber zu entscheiden, ob und inwieweit nach § 19 Abs. 3 VersAusglG auch in Bezug auf die sonstigen Anrechte der Ehegatten kein Wertausgleich bei der Scheidung stattfindet, weil dies für den anderen Ehegatten unbillig wäre. Schließlich ist es den Parteien mit einer Auskunft über das betreffende Anrecht ggf. möglich, eine Vereinbarung über den Versorgungsausgleich zu schließen. Bei Weigerung des ausländischen Versorgungsträgers, eine Auskunft über das betreffende Anrecht zu erteilen oder bei sonstigen besonderen Schwierigkeiten kann allerdings von der Einholung der Auskunft abgesehen werden. Eine Ausnahme stellen insoweit Anrechte dar, die bei einem ausländischen Sozialversicherungsträger erworben worden sind. In Bezug auf solche Anrechte werden bei Bestehen entsprechender Regelungen in einem Sozialversicherungsabkommen die im Ausland zurückgelegten Versicherungszeiten bei der Anspruchsprüfung und ggf. bei der Berechnung der deutschen gesetzlichen Rente berücksichtigt. Das Gericht hat dem im Rahmen seiner Amtsermittlungspflicht (§ 26) nachzugehen. Die entsprechenden Ermittlungen können aber im Wege der Amtshilfe über den zuständigen gesetzlichen Rentenversicherungsträger erfolgen.[31]

---

[27] BT-Drucks. 16/10144, S. 47.
[28] BT-Drucks. 16/10144, S. 47.
[29] Vgl. auch *Reinhard* FamRZ 2007, 866.
[30] BT-Drucks. 16/10144, S. 62.
[31] Vgl. Rn. 25.

c) **Versorgungsträger, bei denen ein Anrecht zum Zweck des Ausgleichs begründet werden soll (§ 219 Nr. 3).** Eine Auskunftsbefugnis besteht auch gegenüber Versorgungsträgern, bei denen im Rahmen einer externen Teilung nach den §§ 14 bis 17 VersAusglG ein Anrecht zum Zwecke des Ausgleichs begründet werden soll. Das kann insbesondere bei der Prüfung des Gerichts relevant werden, ob die nach § 15 Abs. 1 VersAusglG gewählte Zielversorgung eine angemessene Versorgung im Sinne von § 15 Abs. 2 VersAusglG gewährleistet. Für diese Prüfung benötigt das Gericht die rechtlichen Grundlagen (zB AVB), nach denen das Anrecht begründet werden soll. Außerdem benötigt das Gericht die konkreten Daten für das zu begründende Anrecht, um die Beschlussformel über die externe Teilung hinreichend konkret fassen zu können.

d) **Hinterbliebene und Erben der Ehegatten (§ 219 Nr. 4).** Auch gegenüber den Hinterbliebenen und Erben eines Ehegatten kann eine Auskunftsbefugnis bestehen. Das wird insbesondere in folgenden Fällen relevant: Stirbt die ausgleichspflichtige Person und besteht ein noch nicht ausgeglichenes Anrecht bei einem ausländischen, zwischenstaatlichen oder überstaatlichen Versorgungsträger, so kann die ausgleichsberechtigte Person nach § 26 VersAusglG einen Anspruch gegen die Witwe oder den Witwer der ausgleichspflichtigen Person haben, soweit der Versorgungsträger an die Witwe oder den Witwer eine Hinterbliebenenversorgung leistet. Hintergrund dieser Regelung ist, dass der Versorgungsträger selbst nicht in Anspruch genommen werden kann. In diesen Fällen ist das Auskunftsersuchen des Gerichts mithin an die Witwe oder den Witwer zu richten. Ist in einem Abänderungsverfahren nach §§ 225, 226 ein Hinterbliebener (§ 226 Abs. 1 oder Abs. 5 S. 1) oder ein Erbe (§ 226 Abs. 5 S. 3) beteiligt, können Auskunftsersuchen des Gerichts an diese gerichtet werden.

e) **Sonstige Stellen, die Auskünfte geben können.** Das Gericht auch befugt, bei sonstigen Stellen, die Auskünfte geben können, Auskünfte einzuholen. Eine sonstige Stelle, die Auskunft geben kann, kann insbesondere der frühere oder der aktuelle **Arbeitgeber** eines Ehegatten sein. Hat der Arbeitgeber eine mittelbare Versorgungszusage abgegeben, bei welcher die Durchführung der Versorgung auf eine Direktversicherung, eine Pensionskasse, einen Pensionsfond oder eine Unterstützungskasse ausgegliedert ist,[32] ist der Arbeitgeber zwar selbst nicht Versorgungsträger, kann aber Auskünfte darüber geben, bei welchen Versorgungsträgern Anrechte bestehen. Über Zeiten der Arbeitslosigkeit können Arbeitsagenturen, über Anrechnungszeiten wegen Krankheit gesetzliche Krankenkassen, über Ausbildungszeiten schulische Einrichtungen befragt werden.[33] Denkbar ist auch, dass Versorgungsträger **Dritte** mit der Auskunftserteilung beauftragen.[34]

6. Elektronischer Rechtsverkehr zwischen Gericht und Versorgungsträger. Nehmen Gericht und Versorgungsträger an einem zur elektronischen Übermittlung eingesetzten Verfahren (Übermittlungsverfahren) teil, um die im Versorgungsausgleich erforderlichen Daten auszutauschen, so findet § 229 Anwendung. In diesem Fall soll das Gericht Auskunftsersuchen nach § 220 im Übermittlungsverfahren übermitteln; der Versorgungsträger soll dem Gericht Auskünfte nach § 220 ebenfalls im Übermittlungsverfahren übermitteln (§ 229 Abs. 3).

IV. Verwendung eines Formulars (Abs. 2)

1. Entstehungsgeschichte. Das bisherige Recht sah keine bestimmte Form der Auskunft vor. Zwar wurde teilweise eine Pflicht der Ehegatten bejaht, den amtlichen Vordruck zum Versorgungsausgleich auszufüllen.[35] Für die Versorgungsträger galt diese Pflicht jedoch nicht. Insbesondere betriebliche Versorgungsträger und Versicherungsunternehmen haben die Auskünfte daher teilweise in einer den amtlichen Formularen nicht entsprechenden Weise erteilt. Infolgedessen entstanden teilweise Unklarheiten und bestimmte, für die Durchführung des Versorgungsausgleichs wesentliche Punkte, blieben unbeantwortet, so dass oftmals Nachfragen erforderlich waren, die das Verfahren verzögerten.[36] Das FGG-RG sah deshalb in Artikel 1 § 220 Abs. 1 S. 2 FamFG erstmals eine gesetzliche Pflicht vor, in den Fällen, in denen das Gericht zur Auskunftserteilung ein amtliches Formular übersendet, dieses zu verwenden. Die Norm ist vom VAStrRefG übernommen worden, bezieht sich jetzt sprachlich allgemein auf „Formulare" und ist in S. 2 dahingehend modifiziert worden, dass automatisiert erstellte Auskünfte eines Versorgungsträgers von dem Formularzwang ausgenommen worden sind.

---

[32] Vgl. hierzu *Riedel* DRV 2007, 366, 370 f.
[33] *Jansen/Wick* § 53b, Rn. 23; *Johannsen/Henrich/Brudermüller* § 53b FGG Rn. 21.
[34] OLG Bremen FamRZ 2004, 31; OLG Dresden FamRZ 2000, 298.
[35] MünchKommBGB/*Gräper* § 11 VAHRG Rn. 9; *Staudinger/Rehme* § 11 VAHRG Rn. 6.
[36] BT-Drucks. 16/6308, S. 253.

38 **2. Inhalt und Normzweck.** Die Regelung bestimmt, dass dann, wenn das Gericht mit dem Auskunftsersuchen ein Formular übersendet, dieses bei der Auskunft zu verwenden ist. Durch diese Vorschrift soll ein reibungsloser Verfahrensablauf sichergestellt werden. Das Gericht, die Anwälte und die Ehegatten sollen nicht mit individuellen Auskunftsschreiben der Versorgungsträger konfrontiert werden. Darüber hinaus soll durch die Verwendung eines Formulars mit präzisen Fragen sichergestellt werden, dass alle relevanten Informationen vom Versorgungsträger erteilt werden.

39 **3. Automatisiert erstellte Auskünfte.** Eine Ausnahme von dem Formularzwang macht S. 2 für automatisiert erstellte Auskünfte eines Versorgungsträgers. Insbesondere die Deutsche Rentenversicherung, aber auch größerer betriebliche Versorgungsträger, erteilen ihre Auskünfte mittels eines automatisierten Verfahrens. Diese sinnvolle Praxis soll durch den Formularzwang nicht eingeschränkt werden. Auch die automatisiert erstellten Auskünfte müssen aber den inhaltlichen Anforderungen an die gesetzlichen Auskunftspflichten entsprechen.

40 **4. Überarbeitete Formulare.** Im Zuge der Strukturreform des Versorgungsausgleichs hat die Länder-Arbeitsgruppe „Entwicklung neuer Formulare zum Versorgungsausgleich" unter der Federführung von Baden-Württemberg unter Einbeziehung der Versorgungsträger neue Formulare zum Versorgungsausgleich entwickelt. Dabei sind die bislang in der Praxis verwendeten Formulare grundlegend überarbeitet, an das neue Recht angepasst, vereinfacht und sprachlich verbessert worden. Mit der Entwicklung einheitlicher neuer Formulare soll sichergestellt werden, dass die Familiengerichte und die am Verfahren Beteiligten nicht mit einer Vielzahl unterschiedlicher Formulare konfrontiert werden. In der Übergangszeit wird das Gericht darauf zu achten haben, bei der Durchführung des Versorgungsausgleichs nach bisherigem Recht (nach § 48 Abs. 1 VersAusglG: bei Einleitung des Verfahrens bis zum 31. 8. 2009) die bisherigen Formulare und bei der Durchführung des Versorgungsausgleichs nach dem reformierten Recht die neuen Formulare zu übersenden.

V. Mitwirkungshandlungen der Ehegatten, Hinterbliebenen und Erben (Abs. 3)

41 **1. Inhalt und Normzweck.** Der Versorgungsträger kann ggf. außerstande sein, die Auskunft zu erteilen, ohne dass er weitere Informationen erhält. Insbesondere bei der gesetzlichen Rentenversicherung ist eine Erteilung der Auskunft erst dann möglich, wenn der Versicherungsverlauf geklärt ist. In einem solchen Fall besteht zwar bereits nach § 149 Abs. 4 SGB VI eine Verpflichtung des Ehegatten gegenüber der gesetzlichen Rentenversicherung, an der Klärung des Versicherungsverlaufs mitzuwirken. Daneben kann aber auch das Gericht nach Abs. 3 anordnen, dass der betreffende Ehegatte, Hinterbliebene oder Erbe gegenüber dem Versorgungsträger die für die Feststellung des Anrechts erforderlichen Mitwirkungshandlungen erbringt. Die Verpflichtung kann dann erforderlichenfalls zwangsweise durchgesetzt werden.[37]

42 **2. Mitwirkungshandlungen.** Welche Mitwirkungshandlungen für die Feststellung der in den Versorgungsausgleich einzubeziehenden Anrechte erforderlich sind, teilen die Versorgungsträger dem Gericht in der Regel selbst mit. Erforderliche Mitwirkungshandlungen können beispielsweise in Mitteilungen, der Übermittlung von Unterlagen oder der Stellung von Anträgen bestehen. Das Gericht kann insbesondere verlangen, dass alle erheblichen Tatsachen angegeben und notwendige Urkunden und Beweismittel beigebracht werden. Das betrifft insbesondere die Beantwortung konkreter Anfragen der Versorgungsträger[38] oder die Beibringung bestimmter Unterlagen. Darüber hinaus kann das Gericht auch anordnen, dass die für die Feststellung der einzubeziehenden Anrechte erforderlichen Anträge – etwa ein Antrag auf Kontenklärung in der gesetzlichen Rentenversicherung – zu stellen sind.[39] Das Gericht kann auch anordnen, dass die vorgesehenen Formulare, insbesondere der Versorgungsträger, zu verwenden sind, wenn diese der vollständigen Erfassung aller für die Berechnung der Versorgungsanrechte erheblichen Daten dienen.[40] Das Gericht muss konkret und verständlich anordnen, welche Mitwirkungshandlungen gegenüber welchem Versorgungsträger zu erbringen sind.[41] Dabei müssen die erforderlichen Mitwirkungshandlungen so genau wie möglich bezeichnet werden, damit die betreffende Person aus der Anordnung erkennen kann, zu welchen offenen Punkten oder Fragen sie noch Angaben machen muss oder welche Unterlagen und Belege

---

[37] Vgl. Rn. 70 ff.
[38] OLG Düsseldorf FamRZ 2005, 375.
[39] Nach bisherigem Recht wurde eine solche Pflicht teilweise abgelehnt: OLG Brandenburg FamRZ 1998, 681; OLG Frankfurt FamRZ 2006, 556; *Staudinger/Rehme* § 11 VAHRG, Rn. 6; teilweise wurde eine Pflicht bejaht: *Johannsen/Henrich/Hahne* § 11 VAHRG, Rn. 2.
[40] Schon nach bisherigem Recht bejahend: KG FamRZ 2002, 960; *Borth* FamRZ 2001, 877, 890.
[41] So auch *Musielak/Borth* Rn. 9.

sie einreichen muss. Zudem ist die Anordnung des Gerichtes nur dann vollstreckbar, wenn sie hinreichend bestimmt ist.[42]

3. Mitwirkungsverpflichtete. Mitwirkungsverpflichtet sind die Ehegatten, ihre Hinterbliebenen 43 und Erben. Ist der betreffende Ehegatte verstorben, kann das Gericht die Anordnung daher gegenüber den Hinterbliebenen oder den Erben treffen.[43]

VI. Wertmitteilung durch den Versorgungsträger (Abs. 4)

1. Inhalt und Normzweck. Die Vorschrift konkretisiert die Auskunftspflicht des Versorgungs- 44 trägers. Sie führt auf, worauf sich die Mitteilungspflicht gegenüber dem Gericht im Einzelnen erstreckt. Damit ist in dieser Norm auf einen Blick zusammengefasst, welche Angaben die Versorgungsträger dem Gericht mitzuteilen haben. Eine solche Konkretisierung sah das bisherige Recht nicht vor. Der Versorgungsträger hat dem Gericht folgendes mitzuteilen: a) die nach § 5 VersAusglG benötigten Werte, b) eine übersichtliche und nachvollziehbare Berechnung, c) die für die Teilung maßgeblichen Regelungen. Darüber hinaus kann das Gericht – von Amts wegen oder auf Antrag eines Beteiligten – den Versorgungsträger auffordern, die Einzelheiten der Wertermittlung zu erläutern.

2. Nach § 5 VersAusglG benötigte Werte. Der Versorgungsträger hat dem Gericht die nach 45 § 5 VersAusglG benötigten Werte mitzuteilen. § 5 VersAusglG enthält allgemeine Regeln zur Bestimmung von Ehezeitanteil und Ausgleichswert, während sich die eher technischen Einzelheiten der Wertermittlung aus den §§ 39 bis 47 VersAusglG ergeben.

a) Regelung in § 5 VersAusglG. § 5 VersAusglG lautet: 46

„*§ 5 Bestimmung von Ehezeitanteil und Ausgleichswert*

(1) Der Versorgungsträger berechnet den Ehezeitanteil des Anrechts in Form der für das jeweilige Versorgungssystem maßgeblichen Bezugsgröße, insbesondere also in Form von Entgeltpunkten, eines Rentenbetrags oder eines Kapitalwerts.

(2) [1] *Maßgeblicher Zeitpunkt für die Bewertung ist das Ende der Ehezeit.* [2] *Rechtliche oder tatsächliche Veränderungen nach dem Ende der Ehezeit, die auf den Ehezeitanteil zurückwirken, sind zu berücksichtigen.*

(3) Der Versorgungsträger unterbreitet dem Familiengericht einen Vorschlag für die Bestimmung des Ausgleichswerts und, falls es sich dabei nicht um einen Kapitalwert handelt, für einen korrespondierenden Kapitalwert nach § 47.

(4) [1] *In Verfahren über Ausgleichsansprüche nach der Scheidung nach den §§ 20 und 21 oder den §§ 25 und 26 ist grundsätzlich nur der Rentenbetrag zu berechnen.* [2] *Allgemeine Wertanpassungen des Anrechts sind zu berücksichtigen.*

(5) Die Einzelheiten der Wertermittlung ergeben sich aus den §§ 39 bis 47."

Die nach § 5 benötigten Werte sind also der Ehezeitanteil des Anrechts, ein Vorschlag für die Bestimmung des Ausgleichswerts und ggf. ein Vorschlag für einen korrespondierenden Kapitalwert. Darüber hinaus hat der Versorgungsträger, wenn er Kosten der internen Teilung nach § 13 VersAusglG geltend machen will, diese anzugeben.

b) Ehezeitanteil des Anrechts. Der Ehezeitanteil ist der Anteil des Anrechts, der in der Ehezeit 47 erworben worden ist (§ 1 Abs. 1 VersAusglG). Die Ehezeit beginnt mit dem ersten Tag des Monats, in dem die Ehe geschlossen worden ist; sie endet am letzten Tag des Monats vor Zustellung des Scheidungsantrags (§ 3 Abs. 1 VersAusglG). Schon bislang haben die meisten Versorgungsträger dem Gericht den Ehezeitanteil des Anrechts mitgeteilt. Allerdings haben auch einige Versorgungsträger zulässigerweise lediglich den Wert des Anrechts und die Daten der Betriebszugehörigkeit mitgeteilt, aus denen das Gericht den Ehezeitanteil des Anrechts ermittelt hat. Nach dem reformierten Recht müssen nun alle Versorgungsträger den Ehezeitanteil des Anrechts selbst ermitteln.

aa) Maßgebliche Bezugsgröße. Der Ehezeitanteil des Anrechts ist vom Versorgungsträger in 48 Form der für das jeweilige Versorgungssystem maßgeblichen Bezugsgröße zu berechnen. So ist die maßgebliche Bezugsgröße beispielsweise in der gesetzlichen Rentenversicherung der Entgeltpunkt, in der Beamtenversorgung der monatliche Rentenbetrag und in den kapitalgedeckten Systemen der privaten Altersvorsorge der Kapitalwert. In Verfahren über Ausgleichsansprüche nach der Scheidung nach den §§ 20 und 21 oder den §§ 25 und 26 VersAusglG ist abweichend davon grundsätzlich nur

---

[42] Hierzu Rn. 70.
[43] Zur Auskunftsbefugnis ggü. Erben und Hinterbliebenen Rn. 34.

der Rentenbetrag zu berechnen (§ 5 Abs. 4 VersAusglG). Denn in diesem Falle ist der Versorgungsfall bereits eingetreten und es wird eine laufende Versorgung gezahlt. Der Anspruch der ausgleichsberechtigten Person richtet sich auf eine schuldrechtliche Ausgleichsrente oder auf eine Teilhabe an der Hinterbliebenenversorgung. Ausnahmsweise kann es aber auch hier erforderlich sein, dass der Versorgungsträger den Ehezeitanteil des Anrechts als korrespondierenden Kapitalwert ermittelt.[44]

49 **bb) Maßgeblicher Zeitpunkt.** Maßgeblicher Zeitpunkt für die Bewertung ist nach § 5 Abs. 2 S. 1 VersAusglG das Ende der Ehezeit. Ergeben sich zwischen dem Ende der Ehezeit und der gerichtlichen Entscheidung rechtliche oder tatsächliche Veränderungen, die auf den Ehezeitanteil – und damit auch auf den Ausgleichswert – zurückwirken, sind diese nach § 5 Abs. 2 S. 2 VersAusglG vom Versorgungsträger allerdings zu berücksichtigen. Es entspricht der bisherigen ständigen Rechtsprechung des Bundesgerichtshofs, diese nacheheszeitlichen Veränderungen bereits in der Erstentscheidung zu berücksichtigen.[45] Hintergrund dafür ist, dass nach den §§ 225, 226 (bisher § 10a VAHRG aF) ohnehin eine rechtskräftige Entscheidung zum Versorgungsausgleich abgeändert werden kann, wenn sich der beim Wertausgleich bei der Scheidung zugrunde gelegte Ausgleichswert aus rechtlichen oder tatsächlichen Gründen nachträglich wesentlich ändert. Der BGH hat ausgeführt, dass es dem Grundsatz der Prozessökonomie widersprechen würde, solche Veränderungen bei der (ersten) tatrichterlichen Entscheidung über den Versorgungsausgleich auszuklammern. Vielmehr spreche der Zweck der Regelung des § 10a VAHRG für die Berücksichtigung von einschlägigen Umständen schon bei der Erstentscheidung.[46] Ein typischer Fall einer rechtlichen Veränderung, die auf den Ehezeitanteil zurückwirkt, war die zwischen Ende der Ehezeit und der gerichtlichen Entscheidung erfolgte Gesetzesänderung, wonach rückwirkend Kindererziehungszeiten berücksichtigt werden. Ein typischer Fall einer tatsächlichen Veränderung, die auf den Ehezeitanteil zurückwirkt, ist eine zwischen dem Ende der Ehezeit und der gerichtlichen Entscheidung eintretende Dienstunfähigkeit. Insbesondere ändert sich durch die kürzere Dienstzeit das Zeit-Zeit-Verhältnis nach § 40 VersAusglG zwischen Ehezeit und Dienstzeit. Keine rechtliche oder tatsächliche Veränderung, die auf den Ehezeitanteil zurückwirkt, sind die üblichen Wertentwicklungen des Anrechts, also beispielsweise die Änderungen des Werts eines Entgeltpunkts in der gesetzlichen Rentenversicherung. Ebenfalls keine tatsächliche Veränderung, die auf den Ehezeitanteil zurückwirkt, sind spätere Beförderungen, die keinen Bezug zur Ehezeit haben.[47]

50 **c) Vorschlag für die Bestimmung des Ausgleichswerts.** Der Ausgleichswert entspricht der Hälfte des Werts des jeweiligen Ehezeitanteils der ausgleichspflichtigen Person (§ 1 Abs. 2 VersAusglG). Die Hälfte des Werts des jeweiligen Ehezeitanteils kann die numerische Hälfte des Ehezeitanteils in Form seiner maßgeblichen Bezugsgröße sein. Beträgt der Ehezeitanteil des Anrechts in der gesetzlichen Rentenversicherung beispielsweise 40 Entgeltpunkte, so beläuft sich der Ausgleichswert auf 20 Entgeltpunkte. Die Hälfte des Werts des jeweiligen Ehezeitanteils kann im Einzelfall aber auch anders bestimmt werden. Beispielsweise sind Aufteilungen zulässig, bei denen das Deckungskapital eines kapitalgedeckten Anrechts in der Weise verteilt wird, dass gleich hohe Rentenbeträge für die Ehegatten erzeugt werden.[48] Je nach Altersunterschied der Ehegatten sind nämlich aus versicherungsmathematischen Gründen unterschiedlich hohe Kapitalbeträge erforderlich, um für die Ehegatten gleich hohe Rentenbeträge zu erzeugen. In diesen Fällen ist der Ausgleichswert also nicht die numerische Hälfte des Ehezeitanteils in Form seiner maßgeblichen Bezugsgröße (dem Kapitalwert); der Ausgleichswert entspricht aber, bezogen auf die dadurch erzeugte Rente, der Hälfte des Werts des jeweiligen Ehezeitanteils. Der reformierte Versorgungsausgleich lässt diese Spielräume zu.[49]

51 **d) Kosten der internen Teilung.** Nach § 13 VersAusglG kann der Versorgungsträger die bei der internen Teilung entstehenden Kosten jeweils hälftig mit den Anrechten beider Ehegatten verrechnen, soweit sie angemessen sind. Will der Versorgungsträger diese Kosten geltend machen, so muss er dies ebenfalls mitteilen und die Höhe der Kosten angeben. Das Gericht prüft dann, ob die Kosten angemessen sind. In Anlehnung an die bisherige Rechtsprechung zum Kostenabzug im Rahmen der Realteilung nach § 1 Abs. 2 VAHRG aF[50] hält der Gesetzgeber pauschale Kostenabzüge von 2 bis 3% des Deckungskapitals für angemessen.[51] Der Rechtsausschuss ist davon ausgegangen, dass die Gerichte bei der Anerkennung angemessener Teilungskosten des Versorgungsträgers im Sinne des

---

[44] Vgl. dazu unten Rn. 52 ff.
[45] BGH FamRZ 1988, 1148 m. weit. Nachw.
[46] BGH FamRZ 1988, 1148.
[47] Vgl. im Einzelnen zu §§ 225, 226.
[48] BT-Drucks. 16/10144, S. 50.
[49] Kritisch: *Häußermann* FPR 2009, 223.
[50] OLG Celle FamRZ 1985, 939, 942; OLG Frankfurt FamRZ 1998, 626, 628.
[51] BT-Drucks. 16/10144, S. 57.

§ 13 VersAusglG sich nicht in jedem Fall schematisch an einem bestimmten Prozentsatz des auszugleichenden Wertes orientieren, sondern bei einem hohen Wert keinen Abzug zulassen, der das Anrecht empfindlich schmälern würde und außer Verhältnis zu dem Aufwand der Versorgungsträger stünde.[52] Unter die Kostenregelung fällt nicht der Aufwand für die reine Auskunftserteilung bei der Ermittlung des Ehezeitanteils bzw. des Ausgleichswertes. Vielmehr kann der Versorgungsträger nur Kosten abziehen, die durch die interne Teilung entstehen, wie zum Beispiel durch die Einrichtung eines neuen Kontos und den damit zusammenhängenden Verwaltungsaufwand.[53] Im Falle der Unangemessenheit kann das Gericht den Kostenabzug in der Höhe korrigieren. Die Anrechte der Ehegatten sind dann um die vom Versorgungsträger geltend gemachten angemessenen Kosten zu reduzieren.

e) Vorschlag für einen korrespondierenden Kapitalwert. Handelt es sich bei dem Ausgleichswert nicht um einen Kapitalwert, hat der Versorgungsträger dem Gericht auch einen Vorschlag für den sog. korrespondierenden Kapitalwert nach § 47 VersAusglG zu unterbreiten. Hintergrund für diese Regelung ist folgender: Nach dem reformierten Recht wird die Teilung der Anrechte zwar auf Grundlage ihrer jeweiligen maßgeblichen Bezugsgröße durchgeführt. Allerdings sind die Ehegatten und das Gericht in mehreren Fällen auf den Kapitalwert eines Anrechts bzw. auf eine gemeinsame Vergleichsgröße für alle Anrechte angewiesen. Handelt es sich bei der maßgeblichen Bezugsgröße nicht um einen Kapitalwert (sondern um einen Rentenbetrag, um Entgeltpunkte, Versorgungspunkte oder ähnliches), ist dem Gericht daher ergänzend der entsprechende Kapitalwert des Anrechts (als sog. korrespondierender Kapitalwert nach § 47 VersAusglG) mitzuteilen. Es handelt sich dabei lediglich um eine Hilfsgröße (§ 47 Abs. 1 VersAusglG). Das Gericht benötigt den korrespondierenden Kapitalwert in folgenden Fällen: 52

(1) Vereinbarungen der Ehegatten (§§ 6 bis 8 VersAusglG). Schließen die Ehegatten eine Vereinbarung über den Versorgungsausgleich, prüft das Gericht, ob die Vereinbarung einer Inhalts- und Ausübungskontrolle standhält (§ 8 Abs. 1 VersAusglG), sofern es im konkreten Fall entgegenstehende Anhaltspunkte gibt (§ 26). Hierfür ist eine wertende Betrachtung erforderlich, die unter anderem auf Grund eines Vergleichs der in die Vereinbarung einbezogenen Anrechte erfolgt. Um den Wertvergleich durchführen zu können, müssen die Anrechte vergleichbar sein. Haben alle Anrechte die gleiche maßgebliche Bezugsgröße, ist dies unproblematisch möglich. Haben die Anrechte unterschiedliche maßgebliche Bezugsgrößen, erfolgt der Wertvergleich auf Grundlage der Kapitalwerte bzw. der korrespondierenden Kapitalwerte der Anrechte. 53

(2) Externe Teilung auf Verlangen des Versorgungsträgers (§ 14 Abs. 2 Nr. 2 VersAusglG). Verlangt der Versorgungsträger der ausgleichspflichtigen Person eine externe Teilung, ist dies nur zulässig, wenn der Ausgleichswert am Ende der Ehezeit bestimmte Grenzwerte nicht übersteigt. Ist maßgebliche Bezugsgröße ein Rentenbetrag, liegt dieser Grenzwert bei höchstens 2 Prozent der monatlichen Bezugsgröße nach § 18 Abs. 1 SGB IV. In allen anderen Fällen (also bei einem Kapitalwert, Entgeltpunkten oder einer anderen Größe als maßgeblicher Bezugsgröße) liegt der Grenzwert als Kapitalwert bei höchstens 240 Prozent der monatlichen Bezugsgröße nach § 18 Abs. 1 SGB IV. Ist in letzterem Fall also maßgebliche Bezugsgröße kein Kapitalwert, sondern eine andere Größe, benötigt das Gericht ergänzend den korrespondierenden Kapitalwert, um ermitteln zu können, ob der Grenzwert überschritten ist oder nicht. 54

(3) Zahlbetrag bei der externen Teilung (§ 14 Abs. 4 VersAusglG). Bei der externen Teilung hat der Versorgungsträger der ausgleichspflichtigen Person den Ausgleichswert als Kapitalbetrag an den Versorgungsträger der ausgleichsberechtigten Person zu zahlen (§ 14 Abs. 4 VersAusglG). Das Gericht setzt in seiner Endentscheidung den nach § 14 Abs. 4 VersAusglG zu zahlenden Kapitalbetrag fest (§ 222 Abs. 3). Ist maßgebliche Bezugsgröße des betreffenden Anrechts kein Kapitalwert, so benötigt das Gericht den korrespondierenden Kapitalwert, um den zu zahlenden Kapitalbetrag festsetzen zu können. 55

(4) Geringfügigkeit (§ 18 Abs. 1 und Abs. 2 VersAusglG). Das Familiengericht soll beiderseitige Anrechte gleicher Art nicht ausgleichen, wenn die Differenz ihrer Ausgleichswerte gering ist (§ 18 Abs. 1 VersAusglG). Einzelne Anrechte mit einem geringen Ausgleichswert soll das Familiengericht ebenfalls nicht ausgleichen (§ 18 Abs. 2 VersAusglG). Für die Geringfügigkeit stellt § 18 Abs. 3 VersAusglG darauf ab, ob der Wertunterschied nach Abs. 1 oder der Ausgleichswert nach Abs. 2 bei einem Rentenbetrag als maßgeblicher Bezugsgröße höchstens 1 Prozent, in allen anderen Fällen (also bei einem Kapitalwert, Entgeltpunkten oder einer anderen Größe als maßgebliche Bezugsgröße) als Kapitalwert höchstens 120 Prozent der monatlichen Bezugsgröße nach § 18 Abs. 1 56

---

[52] BT-Drucks. 11903, S. 103.
[53] BT-Drucks. 16/10144, S. 57.

SGB IV beträgt. Handelt es sich bei der maßgeblichen Bezugsgröße also weder um einen Rentenbetrag noch um einen Kapitalwert, benötigt das Gericht den korrespondierenden Kapitalwert, um zu ermitteln, ob eine Geringfügigkeit vorliegt oder nicht.

57 **(5) Härtefallregelung wegen grober Unbilligkeit (§ 27 VersAusglG).** Nach § 27 VersAusglG findet ein Versorgungsausgleich ausnahmsweise nicht statt, soweit er grob unbillig wäre. Dies ist der Fall, wenn die gesamten Umstände es rechtfertigen, von der Halbteilung abzuweichen. Das Gericht hat also eine wertende Betrachtung vorzunehmen. In diesem Zusammenhang können auch die Größenordnungen der auszugleichenden Anrechte eine Rolle spielen. Ist die maßgebliche Bezugsgröße der Anrechte nicht identisch, findet ein solcher Wertvergleich auf der Grundlage der Kapitalwerte bzw. der korrespondierenden Kapitalwerte statt.

58 **(6) Abänderungsverfahren (§§ 51, 52 VersAusglG, §§ 225, 226).** Abänderungsverfahren nach den §§ 51 Abs. 2, 52 VersAusglG bzw. nach den §§ 225 Abs. 2, 226 FamFG sind nur dann zulässig, wenn eine wesentliche Wertänderung vorliegt. Für die Wesentlichkeit der Wertänderung stellt § 225 Abs. 3 darauf ab, ob die Wertänderung mindestens 5 Prozent des bisherigen Ausgleichswerts des Anrechts beträgt und bei einem Rentenbetrag als maßgebliche Bezugsgröße 1 Prozent, in allen anderen Fällen als Kapitalwert 120 Prozent der am Ende der Ehezeit maßgeblichen monatlichen Bezugsgröße nach § 18 Abs. 1 SGB IV übersteigt. Handelt es sich bei der maßgeblichen Bezugsgröße also weder um einen Rentenbetrag, noch um einen Kapitalwert, benötigt das Gericht auch hier den korrespondierenden Kapitalwert, um zu ermitteln, ob eine wesentliche Wertänderung vorliegt oder nicht.

59 **3. Übersichtliche und nachvollziehbare Berechnung.** Der Versorgungsträger ist zu einer übersichtlichen und nachvollziehbaren Berechnung der mitgeteilten Werte verpflichtet. Hintergrund der Regelung ist, dass in der Regel nur der jeweilige Versorgungsträger über das erforderliche Fach- und Detailwissen in Bezug auf das auszugleichende Anrecht verfügt. Da in der Regel weder das Gericht noch die Ehegatten und ihre Rechtsanwälte über solche detaillierten Kenntnisse verfügen, hat der Versorgungsträger die Berechnung so darzustellen, dass sie für Nicht-Experten des jeweiligen Versorgungssystems verständlich ist. Das Gericht und die Ehegatten bzw. ihre Rechtsanwälte sollen in die Lage versetzt werden, anhand der Darlegungen des Versorgungsträgers die Berechnung zu überprüfen. Das Gericht hat insbesondere auf der Grundlage der mitgeteilten Werte den Ausgleichswert zu bestimmen. Dies ist dem Gericht nur dann möglich, wenn der Versorgungsträger verständlich darlegt, wie er die mitgeteilten Werte ermittelt hat und das Gericht so auch ohne detaillierte Kenntnisse des jeweiligen Versorgungssystems überprüfen kann, ob es dem Vorschlag des Versorgungsträgers für den Ausgleichswert folgt oder nicht.

60 **a) Übersichtlichkeit.** Übersichtlich ist eine Berechnung, wenn sie strukturiert und überschaubar ist, also die gebotene Deutlichkeit und Kürze[54] besitzt. Der Versorgungsträger hat die wesentlichen von den unwesentlichen Informationen zu trennen und nur die wesentlichen Elemente der Berechnung überschaubar aufzubereiten. Eine Berechnung, die zahlreiche versicherungsmathematische Detailrechnungen auf einer Vielzahl an Seiten enthält, ist nicht mehr übersichtlich. Eine solche „Überinformation" entspricht nicht dem Regelungszweck der Norm.

61 **b) Nachvollziehbarkeit.** Nachvollziehbar ist eine Berechnung, wenn sie in aufeinander folgenden logischen und verständlichen Denk- und Rechenschritten dargestellt ist. Zu einer nachvollziehbaren Berechnung gehört auch die Benennung des angewandten versicherungsmathematischen Berechnungsverfahrens sowie der grundlegenden Annahmen der Berechnung, insbesondere der Zinssatz und die angewandten Sterbetafeln. Zur Offenlegung von Geschäftsgeheimnissen (etwa spezifischen geschäftsinternen Kalkulationen) ist der Versorgungsträger aber nicht verpflichtet.[55]

62 **c) Kriterien für die gebotene Übersichtlichkeit und Nachvollziehbarkeit.** Einen Anhaltspunkt für die gebotene Übersichtlichkeit und Nachvollziehbarkeit können die Regelungen zum sog. Produktinformationsblatt im Rahmen der Informationspflichten bei Versicherungsverträgen geben.[56] Die diesbezüglichen Bestimmungen sehen vor, dass die dort mitzuteilenden Informationen von besonderer Bedeutung in übersichtlicher und verständlicher Form knapp dargestellt werden müssen.[57] Die hierzu entwickelten Kriterien können daher weitgehend entsprechend herangezogen werden.[58]

---

[54] Die Gesetzesbegründung führt das Kriterium der Kürze ausdrücklich auf: BT-Drucks. 16/10144, S. 94.
[55] BT-Drucks. 16/10144, S. 94.
[56] § 4 der Verordnung über Informationspflichten bei Versicherungsverträgen (VVG-Informationspflichtenverordnung – VVG-InfoV vom 18. 12. 2007, BGBl. I S. 3004).
[57] § 4 Abs. 5 S. 2 iVm. Abs. 1 VVG-InfoV.
[58] Zur praktischen Handhabung von privatversicherungsrechtlichen Informationspflichten: *Römer* VersR 2007, 618.

d) Automatisiert erstellte Auskunft. Die dargestellten Grundsätze für die Übersichtlichkeit 63 und Nachvollziehbarkeit gelten auch und insbesondere für automatisiert erstellte Auskünfte der Versorgungsträger. Mehr noch als bei individuell erstellten Auskünften besteht hier die Gefahr der Überfrachtung der Berechnung mit unwesentlichen Details. Werden die Werte und deren Berechnung in einer automatisiert erstellten Auskunft nach Abs. 2 S. 1 zusammen mitgeteilt, sollten die Werte drucktechnisch so hervorgehoben werden, dass sie zweifelsfrei erkennbar sind.

4. Maßgebliche Regelungen für die Teilung. Der Versorgungsträger hat dem Gericht die 64 maßgeblichen Regelungen für die Teilung mitzuteilen (zB Gesetz, Satzung eines berufsständischen Versorgungsträgers, Geschäftsplan einer privaten Rentenversicherung). Sofern dem Gericht die einschlägigen allgemeinen Vertragsbedingungen oder das Satzungsrecht eines Versorgungsträgers bereits bekannt sind, reicht ein Verweis auf die entsprechenden Regelungen aus. Im Übrigen muss der Versorgungsträger die entsprechenden Regelungen in einer gesonderten Anlage beifügen. Handelt es sich beispielsweise um eine individuell ausgestaltete betriebliche Versorgungszusage und unterbreitet der Versorgungsträger einen Teilungsvorschlag im Einzelfall, sollten die entsprechenden Regelungen dem Gericht als gesonderte Anlage übermittelt werden.

5. Erläuterung der Einzelheiten der Wertermittlung. Bestehen Unklarheiten bei der Ermitt- 65 lung der Werte, kann das Gericht den Versorgungsträger zur Erläuterung der Einzelheiten der Wertermittlung auffordern. Dies gilt auch für die Ermittlung der Kosten der internen Teilung. Die Erläuterung kann im Regelfall schriftlich erfolgen. Es kann aber auch eine mündliche Erläuterung durch den zuständigen Sachbearbeiter des Versorgungsträgers im Termin erfolgen. Das Gericht wird in diesem Fall in der Regel eine informale Befragung des zuständigen Sachbearbeiters nach § 29 vornehmen. Es kann aber auch nach pflichtgemäßem Ermessen nach § 30 Abs. 1 entscheiden, eine förmliche Beweisaufnahme durchzuführen und den zuständigen Sachbearbeiter im Termin als Zeugen vernehmen.[59] Die Aufforderung zur Erläuterung kann von Amts wegen oder auf Antrag eines Beteiligten erfolgen. Wer Beteiligter ist, bestimmt § 219. So können etwa die Ehegatten eine Erläuterung der Einzelheiten der Wertermittlung beantragen, aber auch andere Versorgungsträger. Insbesondere der Versorgungsträger, bei dem im Rahmen einer externen Teilung ein Anrecht zum Zweck des Ausgleichs begründet werden soll, kann ein Interesse an einer Erläuterung der von dem abgebenden Versorgungsträger ermittelten Werte haben. Insbesondere der mitgeteilte (korrespondierende) Kapitalwert ist für diesen wichtig, weil das Gericht auf dieser Grundlage nach § 222 Abs. 3 den vom abgebenden an den aufnehmenden Versorgungsträger zu zahlenden Kapitalbetrag festsetzt. Beantragt ein Beteiligter, den Versorgungsträger zur Erläuterung der Einzelheiten der Wertermittlung aufzufordern, so steht es im pflichtgemäßen Ermessen des Gerichts, ob es diesem Antrag entspricht oder nicht („kann"). Ist aus Sicht des Gerichts keine Erläuterung der Einzelheiten der Wertermittlung erforderlich, hat es den Antrag zurückzuweisen. Diese Entscheidung ist als Zwischenentscheidung nicht selbständig anfechtbar.

VII. Pflicht, gerichtliche Anordnungen und Ersuchen zu befolgen (Abs. 5)

1. Entstehungsgeschichte. Korrespondierend zu der Auskunftsbefugnis des Gerichts war in 66 § 53b Abs. 2 S. 3 FGG aF und in § 11 Abs. 2 S. 2 VAHRG aF die Verpflichtung der dort jeweils genannten Personen und Stellen geregelt, den gerichtlichen Ersuchen Folge zu leisten. Das FGG-RG hat diese Regelung in § 220 Abs. 3 übernommen und auf Anordnungen des Gerichts erstreckt; durch das VAStrRefG ist die Norm lediglich sprachlich leicht abgeändert worden.

2. Inhalt und Normzweck. Die Regelung beinhaltet die Pflicht der in der Vorschrift genannten 67 Personen und Stellen, gerichtliche Ersuchen und Anordnungen zu befolgen. Die Versorgungsträger können sich daher nicht auf ihre Pflicht zur Amtsverschwiegenheit (§ 35 SGB I) oder auf ein etwaiges Zeugnisverweigerungsrecht berufen. Die Regelung korrespondiert mit der Auskunftsbefugnis des Gerichts in Abs. 1, mit der Anordnungskompetenz des Gerichts in Abs. 3 und mit der Befugnis des Gerichts, den Versorgungsträger zur Erläuterung der Einzelheiten der Wertermittlung aufzufordern, in Abs. 4 S. 2. Während diese Regelungen Befugnisse und Kompetenzen des Gerichts regeln, regelt Abs. 4 die darauf bezogenen Pflichten der Adressaten.

VIII. Anfechtbarkeit gerichtlicher Anordnungen und Ersuchen

1. Keine selbständige Anfechtbarkeit. Bei gerichtlichen Anordnungen und Ersuchen nach 68 § 220, die unmittelbar an einen Beteiligten gerichtet sind, handelt es sich um nicht selbständig

---

[59] Vgl. hierzu Rn. 5.

anfechtbare Zwischenentscheidungen. Nach den Regelungen des FamFG sind Zwischen- und Nebenentscheidungen grundsätzlich nicht selbständig anfechtbar, es sei denn, die selbständige Anfechtbarkeit ist ausdrücklich im Gesetz vorgesehen.[60] Eine solche selbständige Anfechtbarkeit, die in mehreren Vorschriften des FamFG durch die Formulierung „Der Beschluss ist mit der sofortigen Beschwerde in entsprechender Anwendung der §§ 567 bis 572 ZPO anfechtbar" vorgesehen ist, findet sich in § 220 nicht. Auch wenn der Beschluss einen Hinweis auf die Möglichkeit der Verhängung von Zwangsmitteln bei Zuwiderhandlung enthält (früher: Androhung der Zwangsmittel), ist er im Gegensatz zum früheren Recht mangels einer entsprechenden Regelung in § 35 nicht selbständig anfechtbar. Zwischenentscheidungen nach § 220 sind daher nur zusammen mit der Hauptentscheidung anfechtbar (§ 58 Abs. 2).

69 2. Schlechterstellung im Vergleich zum bisherigen Recht. Soweit es lediglich um die gerichtliche Verfügung geht, mit der die Absendung von Auskunftsersuchen an die Beteiligten angeordnet wird, erscheint es unbedenklich, dass diese Verfügung nicht selbständig anfechtbar ist, da es sich bei einer solchen Verfügung lediglich um eine interne verfahrensleitende Verfügung handelt, durch die Rechte der Beteiligten nicht verletzt werden können. Auch nach bisherigem Recht waren solche Verfügungen als der Sachaufklärung dienende, noch nicht in die Rechte von Beteiligten eingreifende Zwischenentscheidungen nicht nach § 19 Abs. 1 FGG aF selbständig anfechtbar.[61] Problematisch ist jedoch, dass auch gerichtliche Entscheidungen, mit denen einem Beteiligten die Erteilung einer konkreten Auskunft unter Hinweis auf die Möglichkeit der Verhängung von Zwangsmitteln bei Zuwiderhandlung auferlegt wird, nicht selbständig anfechtbar sind. Nach dem bislang geltenden Recht waren solche Anordnungen, mit denen ein bestimmtes Verhalten der Beteiligten im Verfahren verlangt wurde, nach § 19 FGG aF mit der einfachen Beschwerde anfechtbar, unabhängig davon, ob in dem betreffenden Beschluss zugleich Zwangsmittel angedroht wurden oder nicht.[62] Hintergrund dafür war, dass solche Beschlüsse den Beteiligten eine Verpflichtung zum Tätigwerden auferlegten und damit die Grundlage für eine zwangsweise Durchsetzung bildeten, so dass sie in nicht unerheblicher Weise in die Rechtssphäre Beteiligter eingriffen.[63]

IX. Zwangsweise Durchsetzung

70 1. Zwangsgeld und Zwangshaft. Die zwangsweise Durchsetzung von gerichtlichen Ersuchen und Anordnungen erfolgt nach § 35. Danach kann das Gericht durch Beschluss gegen den Verpflichteten ein Zwangsgeld festsetzen und für den Fall, dass dieses nicht beigetrieben werden kann, Zwangshaft anordnen (§ 35 Abs. 1 S. 1 und 2). Verspricht die Anordnung eines Zwangsgeldes keinen Erfolg, so soll das Gericht (sogleich) Zwangshaft anordnen (§ 35 Abs. 1 S. 3). Voraussetzung für eine zwangsweise Durchsetzung ist, dass der Verpflichtete zuvor in dem gerichtlichen Ersuchen oder der gerichtlichen Anordnung auf die Folgen einer Zuwiderhandlung gegen die Entscheidung hingewiesen worden ist (§ 35 Abs. 2). Die zwangsweise Durchsetzung ist nur zulässig, wenn das Gericht die Handlung, die es erzwingen will, in seinem Ersuchen oder in seiner Anordnung zuvor hinreichend klar bestimmt hat.[64] Das einzelne Zwangsgeld darf den Betrag von 25 000 Euro nicht übersteigen. Mit der Festsetzung des Zwangsmittels sind dem Verpflichteten sogleich die Kosten dieses Verfahrens aufzuerlegen (§ 35 Abs. 3 S. 1 und 2). Für den Vollzug der Zwangshaft gelten § 901 S. 2, die §§ 904 bis 906, 909, 910 und 913 ZPO entsprechend (§ 35 Abs. 3 S. 3). Im Gegensatz zu dem vorangegangenen gerichtlichen Ersuchen oder der gerichtlichen Anordnung nach § 220 (vgl. hierzu VII.) ist der Beschluss, durch den Zwangsmaßnahmen angeordnet werden, mit der sofortigen Beschwerde in entsprechender Anwendung der §§ 567 bis 572 ZPO selbständig anfechtbar (§ 35 Abs. 5).

71 2. Öffentlich-rechtliche Versorgungsträger. Die Verhängung von Zwangsgeld ist auch gegen öffentlich-rechtliche Versorgungsträger zulässig.[65] Der Gegenansicht[66] ist zwar darin zuzustimmen,

---

[60] BT-Drucks. 16/6308, S. 203.

[61] OLG Braunschweig FamRZ 1995, 300; BayObLG NJW-RR 1987, 1202; MünchKommBGB/*Strobel* § 53b FGG Rn. 7; *Schwab/Maurer/Borth* I Rn. 609.

[62] OLG Brandenburg FamRZ 2001, 1309; OLG Braunschweig FamRZ 1995, 300; *Keidel/Kuntze/Winkler* § 19 FGG Rn. 9; *Schwab/Maurer/Borth* I Rn. 609.

[63] OLG Brandenburg FamRZ 2001, 1309.

[64] OLG Frankfurt FamRZ 2000, 540; OLG Hamburg FamRZ 1993, 350; OLG Karlsruhe FamRZ 1989, 651 („klar und für den Adressaten verständlich"); *Keidel/Kuntze/Winkler* § 53b Rn. 9 c; *Staudinger/Rehme* § 11 VAHRG Rn. 8.

[65] OLG Frankfurt JurBüro 1987, 98; KG Berlin NJW-RR 1996, 252; KG Berlin FamRZ 1998, 839; *Jansen/Wick* § 53b Rn. 43.

[66] *Johannsen/Henrich/Brudermüller* § 53b FGG Rn. 21; *Keidel/Kuntze/Weber* § 53b FGG Rn. 9a; *Keidel/Weber* Rn. 14; *Schwab/Maurer/Borth* I Rn. 610.

dass grundsätzlich damit gerechnet werden kann, dass Verwaltungsbehörden ihrer gesetzlichen Verpflichtung auch ohne Zwangsmittel nachkommen und es daher im Verkehr zwischen Behörden solcher Zwangsmaßnahmen nicht bedarf.[67] Ist dies jedoch ausnahmsweise nicht der Fall, muss auch die Verhängung von Zwangsgeld möglich sein. Allerdings wird es häufig zweckmäßiger sein, die Aufsichtsbehörde einzuschalten, um zu der erforderten Auskunft zu gelangen.[68] Zu berücksichtigen ist auch, dass die Verhängung eines Zwangsgeldes gegen einen öffentlichrechtlichen Versorgungsträger im Einzelfall als mittelbarer Eingriff in die Organisationsgewalt des Versorgungsträgers ermessensfehlerhaft sein kann, nämlich dann, wenn die Nichterteilung der Auskunft in angemessener Frist auf einer allgemeinen Überlastung beruht, der nur durch organisatorische Maßnahmen abgeholfen werden könnte.[69]

3. Persönliches Erscheinen der Ehegatten und zwangsweise Vorführung. Vor der zwangsweisen Durchsetzung eines Auskunftsersuchens oder eines Mitwirkungsverlangens des Gerichts gegenüber einem der Ehegatten durch die Verhängung von Zwangsgeld oder die Anordnung von Zwangshaft kann es häufig zweckdienlich sein, zunächst das persönliche Erscheinen des betreffenden Ehegatten zu einem gesonderten Termin anzuordnen. Die erforderlichen Auskünfte können dann in diesem Termin mündlich mit dem Ehegatten erörtert und eventuelle Verständnisfragen des Ehegatten geklärt werden. Wenngleich die von der Länder-Arbeitsgruppe entwickelten neuen Formulare für die Auskünfte wesentlich verständlicher und damit einfacher auszufüllen sind als die bisherigen Formulare, kann es doch vorkommen, dass die Ehegatten die Formulare allein aus dem Grunde nicht ausfüllen, weil sie sich dazu mangels Verständnisses nicht in der Lage sehen. Das Ziel des Gerichts, die entsprechenden Auskünfte zu erlangen, lässt sich mit der Anordnung des persönlichen Erscheinens häufig besser und effektiver erreichen als im Wege der Verhängung von Zwangsgeld (dessen Beitreibung in der Praxis häufig scheitert) oder der Anordnung von Zwangshaft. Wird das persönliche Erscheinen des Ehegatten angeordnet und erscheint dieser trotz ordnungsgemäßer Ladung wiederholt unentschuldigt nicht, kann nach § 33 Abs. 3 S. 3 dessen zwangsweise Vorführung angeordnet werden. Ob eine zwangsweise Vorführung zweckdienlich ist, ist eine Frage der Umstände des konkreten Einzelfalls. 72

§ 221 Erörterung, Aussetzung

(1) Das Gericht soll die Angelegenheit mit den Ehegatten in einem Termin erörtern.

(2) Das Gericht hat das Verfahren auszusetzen, wenn ein Rechtsstreit über Bestand oder Höhe eines in den Versorgungsausgleich einzubeziehenden Anrechts anhängig ist.

(3) ¹Besteht Streit über ein Anrecht, ohne dass die Voraussetzungen des Absatzes 2 erfüllt sind, kann das Gericht das Verfahren aussetzen und einem oder beiden Ehegatten eine Frist zur Erhebung der Klage setzen. ²Wird diese Klage nicht oder nicht rechtzeitig erhoben, kann das Gericht das Vorbringen unberücksichtigt lassen, das mit der Klage hätte geltend gemacht werden können.

I. Überblick

Durch das VAStrRefG[1] sind die ursprünglich in Artikel 1 FGG-RG[2] vorgesehenen §§ 221 und 222 in einem neuen § 221 zusammengefasst und leicht modifiziert worden. 1

II. Erörterungstermin

1. Abgrenzung zu § 137 und § 32. Neben dem grundsätzlich für alle Versorgungsausgleichssachen geltenden § 221 Abs. 1 enthält § 137 eine Sonderregelung für Versorgungsausgleichsverfahren im Scheidungsverbund. Soweit diese Vorschriften nichts Spezielles regeln, greift ergänzend die allgemeine Vorschrift des § 32. 2

a) Versorgungsausgleich im Verbundverfahren. Steht die Versorgungsausgleichssache als Folgesache im Verbund mit der Scheidungssache, so ist nach § 137 Abs. 1 über Scheidung und Folgesachen zusammen zu verhandeln und zu entscheiden. Insoweit ist also zwingend eine mündliche 3

---

[67] *Schwab/Maurer/Borth* I Rn. 610.
[68] *Jansen/Wick* § 53b FGG Rn. 43.
[69] KG NJW-RR 1996, 252.
[1] BGBl. I 2009 S. 700.
[2] BGBl. I 2008 S. 2586, 2587.

§ 221 4, 5   Buch 2. Abschnitt 8. Verfahren in Versorgungsausgleichssachen

Verhandlung auch für Versorgungsausgleichssachen vorgesehen. Eine entsprechende Regelung fand sich im bis zum 31. 8. 2009 geltenden Recht in § 623 Abs. 1 S. 1 ZPO aF. Die Pflicht zur mündlichen Verhandlung bezieht sich auf alle Beteiligten, also die Ehegatten und die von der Entscheidung betroffenen Versorgungsträger.[3] Die Beteiligten sind zur mündlichen Verhandlung zu laden. Die Versorgungsträger verzichten allerdings regelmäßig im Vorfeld auf eine Ladung.[4] Der Verhandlungstermin kann dann ohne sie durchgeführt werden. Im Verfahren über eine isolierte Beschwerde gegen die Entscheidung über den Versorgungsausgleich findet § 137 keine Anwendung.[5]

4 b) Selbständige und abgetrennte Versorgungsausgleichsverfahren. Für selbständige und aus dem Verbund abgetrennte Versorgungsausgleichsverfahren gilt § 137 Abs. 1 nicht. In diesen Fällen greift die Regelung des § 221 Abs. 1 ein, wonach die Angelegenheit mit den Ehegatten in einem Termin erörtert werden soll. Die Soll-Regelung hat zur Folge, dass in Ausnahmefällen von einer Erörterung abgesehen werden kann. In dem bis zum 31. 8. 2009 geltenden Recht fand sich eine ähnliche Soll-Regelung in § 53b Abs. 1 FGG aF. Danach sollte das Gericht in Verfahren nach § 1587b BGB aF und nach § 1587f BGB aF (öffentlich-rechtlicher und schuldrechtlicher Versorgungsausgleich) mit den Beteiligten mündlich verhandeln. Diese Vorschrift betraf die selbständigen Versorgungsausgleichsverfahren und die aus dem Scheidungsverbund abgetrennten und isoliert fortgeführten Versorgungsausgleichssachen.[6] Sie war gem. § 11 Abs. 1 VAHRG aF entsprechend anzuwenden auf Verfahren nach § 1 Abs. 2 und 3, 3b VAHRG aF auf Verfahren nach § 2 VAHRG aF ferner auf Verfahren nach § 3a VAHRG aF und auf Verfahren nach § 10a VAHRG aF[7] sowie auf Verfahren nach den §§ 1587g Abs. 3 BGB aF, 3a Abs. 6 VAHRG aF iVm. § 1587d Abs. 2 BGB aF.[8] Die nunmehrige Soll-Regelung in § 221 Abs. 1 bezieht die Ehegatten in die Soll-Erörterung ein. Für die übrigen Beteiligten, insbesondere die beteiligten Versorgungsträger, greift die allgemeine Vorschrift des § 32 Abs. 1 S. 1, wonach das Gericht die Sache im Termin mit den (weiteren) Beteiligten erörtern kann. Eine Ladung der Versorgungsträger macht allerdings nur in seltenen Ausnahmefällen Sinn. In aller Regel wird die zuvor eingeholte schriftliche Auskunft der Versorgungsträger ausreichend sein und kein weiterer tatsächlicher oder rechtlicher Erörterungsbedarf mit den Versorgungsträgern bestehen. Nur in Einzelfällen kann es zweckdienlich oder erforderlich sein, die Sache auch mit den Versorgungsträgern zu erörtern, insbesondere kann dies zum Zwecke der Erläuterung der Einzelheiten der Wertermittlung durch den Versorgungsträger nach § 220 Abs. 4 S. 2 notwendig sein.[9] In den Fällen, in denen Hinterbliebene oder Erben der Ehegatten Beteiligte sind (insbesondere Abänderungsverfahren nach den §§ 51, 52 VersAusglG oder nach den §§ 225, 226, außerdem § 31 VersAusglG: Tod eines Ehegatten zwischen Rechtskraft der Scheidung und Rechtskraft der Entscheidung über den Versorgungsausgleich), sollten diese in aller Regel nach § 32 Abs. 1 S. 1 zu einem Termin geladen werden, damit die Angelegenheit mit ihnen erörtert werden kann.

5 2. Anordnung des persönlichen Erscheinens. Da das Gericht in der Ehesache nach § 128 Abs. 1 S. 1 das persönliche Erscheinen der Ehegatten anordnen und sie anhören soll, werden die Ehegatten in Verbundverfahren in aller Regel im Termin persönlich anwesend sein, so dass auch die Versorgungsausgleichssache mit ihnen persönlich erörtert werden kann. Nur dann, wenn ein Ehegatte am Erscheinen verhindert ist oder sich in so großer Entfernung vom Sitz des Gerichts aufhält, dass ihm das Erscheinen nicht zugemutet werden kann, kann in der Ehesache die Anhörung oder Vernehmung durch einen ersuchten Richter erfolgen (§ 128 Abs. 3). Für die übrigen Beteiligten sowie für alle Beteiligten in selbständigen und aus dem Scheidungsverbund abgetrennten Versorgungsausgleichssachen greifen die allgemeinen Vorschriften der §§ 33, 34 ein. Danach kann das Gericht gem. § 33 Abs. 1 das persönliche Erscheinen eines Beteiligten zu einem Termin anordnen und ihn anhören, wenn dies zur Aufklärung des Sachverhalts sachdienlich erscheint. Erscheint ein Beteiligter trotz ordnungsgemäßer Ladung unentschuldigt nicht zum Termin, kann gegen ihn nach § 33 Abs. 3 ein Ordnungsgeld verhängt werden. Im Falle eines wiederholten unentschuldigten Ausbleibens kann auch eine zwangsweise Vorführung angeordnet werden.[10] Wenn es zur Gewähr-

---

[3] *Johannsen/Henrich/Brudermüller* § 53b FGG, Rn. 5.
[4] *Borth* Rn. 907.
[5] BGH NJW 1983, 824.
[6] BGH NJW 1983, 824; OLG Koblenz FamRZ 1985, 1144; KG FamRZ 1984, 495.
[7] *MünchKommBGB/Strobel* § 53b FGG Rn. 1; *Jansen/Wick* § 53b FGG Rn. 3; *Keidel/Kuntze/Weber* § 53b, Rn. 3; *Johannsen/Henrich/Brudermüller* § 53b FGG Rn. 3.
[8] *Jansen/Wick* § 53b Rn. 3; *Schwab/Maurer/Borth* I Rn. 592; aA: *Keidel/Kuntze/Weber* § 53b FGG Rn. 3; *Johannsen/Henrich/Brudermüller* § 53b FGG Rn. 3.
[9] Vgl. § 220 Rn. 65.
[10] Für die Ehesachen ergibt sich das aus § 128 Abs. 4 iVm. den §§ 380, 381 ZPO.

3. Zweck der Erörterung. Der Zweck der Erörterung der Angelegenheit in einem Termin ist 6
die Aufklärung des Sachverhalts, die Wahrung des rechtlichen Gehörs und ggf. die Herbeiführung
einer Vereinbarung.[11] Entscheidungsgrundlage des Gerichts ist aber nicht nur das im Termin von den
Beteiligten Vorgebrachte, sondern der gesamte Akteninhalt und das Ergebnis der gesamten Amtsermittlungen des Gerichts (§ 26). Aus der Fassung der Regelung als Soll-Vorschrift folgt, dass das
Gericht grundsätzlich dazu verpflichtet ist, die Angelegenheit mit den Ehegatten im Termin zu
erörtern. Es kann nur ausnahmsweise im Einzelfall davon abgesehen werden, insbesondere wenn
nichts mehr zu erörtern ist und ein Vergleichsschluss nicht in Betracht kommt.[12] Ein Verstoß gegen
die Pflicht stellt einen – mit der Beschwerde geltend zu machenden – Verfahrensfehler dar, wenn
dadurch gegen die Amtsermittlungspflicht des Gerichts oder gegen das Gebot der Gewährung rechtlichen Gehörs verstoßen wird.[13]

4. Inhalt der Erörterung. Mit dem reformierten Versorgungsausgleichsrecht hat die Erörterung 7
des Versorgungsausgleichs noch weiter an Bedeutung gewonnen. Zum einen stehen dem Gericht in
größerem Umfange als bisher Ermessens- und Billigkeitsentscheidungen zu. Zum anderen werden die
Möglichkeiten der Ehegatten für Vereinbarungen erweitert und erleichtert. Außerdem haben auch die
Versorgungsträger Gestaltungsrechte. Inhalt der Erörterung der Versorgungsausgleichssache wird
zunächst die Aufklärung des Sachverhalts sein. Es werden also zunächst – wie bisher – Grund und
Höhe der in der Ehezeit erworbenen Anrechte und die von den Versorgungsträgern dazu erteilten
Auskünfte zu erörtern sein. Daneben hat die Gewährung rechtlichen Gehörs in bestimmten Fällen
besondere Bedeutung. So hat sich die Erörterung bei einer kurzen Ehezeit im Sinne von § 3 Abs. 3
VersAusglG auch darauf zu beziehen, dass in diesem Fall ein Versorgungsausgleich nur stattfindet,
wenn ein Ehegatte dies beantragt. Der Antrag eines Ehegatten auf Durchführung des Versorgungsausgleichs ist dann auch noch im Termin möglich. Fehlt einzelnen oder mehreren Anrechten die
Ausgleichsreife, so wird dies ebenfalls zu erörtern sein. Entsprechendes gilt, wenn und soweit das
Gericht auf Grund Geringfügigkeit (§ 18 Abs. 1 oder Abs. 2 VersAusglG) oder wegen grober Unbilligkeit (§ 27 VersAusglG) beabsichtigt, vom Ausgleich abzusehen. In diesem Fall hat das Gericht die
für seine beabsichtigte Entscheidung maßgeblichen Gesichtspunkte zu erörtern. Schließlich wird auch
zu erörtern sein, ob eine Vereinbarung der Ehegatten über den Versorgungsausgleich (§§ 6 bis 8
VersAusglG) geschlossen werden soll. Soweit das Gericht entsprechende Hinweise zu
den genannten Punkten bereits im Vorfeld des Termins, spätestens mit der Ladung zum Termin
erteilen, damit sich die Beteiligten darauf einstellen können und ggf. außergerichtlich bereits in
Verhandlungen über eine Vereinbarung zum Versorgungsausgleich treten können. Ein Hinweis auf
§ 3 Abs. 3 VersAusglG, wonach der Versorgungsausgleich bei einer Ehezeit von bis zu drei Jahren nur
stattfindet, wenn ein Ehegatte dies beantragt, sollte vom Gericht sinnvollerweise zu Beginn des
Verfahrens erteilt werden. Zwar ergibt sich aus der Hinwirkungspflicht nach § 28 Abs. 1 und 2 keine
Hinweispflicht des Gerichts in Bezug auf einen solchen Antrag,[14] ein Hinweis ist aber zweckdienlich.
So können die Ehegatten rechtzeitig (und nicht erst in dem Verhandlungstermin) darüber entscheiden,
ob sie einen Antrag auf Durchführung des Versorgungsausgleichs trotz kurzer Ehezeit stellen wollen
und das Gericht kann den Termin entsprechend vorbereiten. Eine Fristsetzung für das Wahlrecht nach
§ 14 Abs. 2 VersAusglG wird zweckmäßigerweise bereits in dem Auskunftsverlangen des Gerichts zu
Beginn des Verfahrens enthalten sein.[15] Ebenfalls noch vor dem Termin wird eine Fristsetzung nach
§ 15 Abs. 1 VersAusglG zur Wahl des Zielversorgungsträgers bei einer externen Teilung erfolgen.[16]

5. Nichtöffentlichkeit. Nach § 170 Abs. 1 S. 1 GVG sind Verhandlungen, Erörterungen und 8
Anhörungen in Familiensachen nicht öffentlich. Dies gilt für Versorgungsausgleichssachen im Scheidungsverbund genauso wie für abgetrennte und selbständige Versorgungsausgleichssachen. Das Gericht kann gem. § 170 Abs. 1 S. 2 GVG die Öffentlichkeit zulassen, jedoch nicht gegen den Willen
eines Beteiligten. Das Gericht hat daher im Einzelfall zu entscheiden, ob das Interesse der Beteiligten
am Schutz ihrer Privatsphäre oder der sich aus dem Rechtsstaatsprinzip ergebende Grundsatz der
Öffentlichkeit der Verhandlung in dem konkreten Verfahren überwiegt. Dieses Ermessen wird
beschränkt, soweit ein Beteiligter der Zulassung der Öffentlichkeit widerspricht.[17]

---
[11] OLG München FamRZ 1980, 367.
[12] OLG Hamm FamRZ 1980, 702.
[13] OLG Hamm FamRZ 1980, 702; *Keidel/Kuntze/Winkler* § 53b FGG Rn. 5.
[14] Ähnlich auch: *Hauß* FPR 2009, 214, 215.
[15] § 222 Rn. 19.
[16] § 222 Rn. 19.
[17] BT-Drucks. 16/6308, S. 320.

III. Verfahrensaussetzung bei Rechtsstreit mit Versorgungsträger (Abs. 2)

9 **1. Entstehungsgeschichte.** Das bis zum 31. 8. 2009 geltende Recht sah in § 53c Abs. 2 FGG aF vor, dass das Gericht das Verfahren zwingend auszusetzen hatte, wenn ein Rechtsstreit über eine Anwartschaft oder eine Aussicht auf eine Versorgung anhängig war. War die Klage erst nach Ablauf einer vom Gericht gesetzten Frist erhoben worden, so stand die Aussetzung im Ermessen des Gerichts. Diese Regelung ist vom FGG-RG[18] sprachlich modifiziert in § 221 Abs. 2 übernommen worden. Das VAStrRefG[19] hat die Vorschrift dann nochmals leicht geändert, insbesondere ist der bisherige S. 2 entfallen.

10 **2. Inhalt und Normzweck.** Um den Versorgungsausgleich durchführen zu können, muss das Gericht die in den Versorgungsausgleich einzubeziehenden Anrechte ermitteln. Ist ein anderweitiger Rechtsstreit darüber anhängig, ob oder in welcher Höhe ein in den Versorgungsausgleich einzubeziehendes Anrecht besteht, muss das Gericht das Verfahren über den Versorgungsausgleich aussetzen. Das Gericht hat zunächst die Entscheidung des für das Anrecht zuständigen Fachgerichts abzuwarten, um dessen Entscheidung in seine Entscheidung über den Versorgungsausgleich einbeziehen zu können. Die Zivilgerichte sind wegen der grundsätzlichen Gleichwertigkeit aller Gerichtszweige an die Entscheidungen der Gerichte der anderen Gerichtszweige im Rahmen ihrer Rechtskraftwirkung gebunden.[20] Inhaltlich divergierende Entscheidungen werden so vermieden.

11 **3. Verfahren und Wirkung der Aussetzung.** Die Vorschrift gilt für alle Versorgungsausgleichsverfahren, also sowohl für Verfahren im Scheidungsverbund, als auch für selbständige oder abgetrennte Verfahren. Vor einer Aussetzung des Versorgungsausgleichsverfahrens sollte den Beteiligten rechtliches Gehör gewährt werden. Die Aussetzung erfolgt durch Beschluss. Die Wirkungen der Aussetzung ergeben sich nach § 21 Abs. 1 S. 2, der hier entsprechend gilt, in entsprechender Anwendung von § 249 ZPO. Danach endet durch die Aussetzung der Lauf einer jeden Frist. Nach Beendigung der Aussetzung beginnt die volle Frist von neuem zu laufen (§ 249 Abs. 1 ZPO). Die während der Aussetzung von einem Beteiligten in Ansehung der Hauptsache vorgenommenen Verfahrenshandlungen sind den anderen Beteiligten gegenüber ohne rechtliche Wirkung (§ 249 Abs. 2 ZPO). Aber auch Verfahrenshandlungen des Gerichts (zB Ladungen, Zustellungen), die die Hauptsache betreffen, sind während der Aussetzung allen Beteiligten gegenüber wirkungslos.[21] Obgleich dies nicht ausdrücklich bestimmt ist, ergibt sich aus der Vorschrift zugleich, dass das Gericht das Verfahren wieder aufzunehmen hat, wenn der Rechtsstreit, auf Grund dessen das Gericht das Verfahren ausgesetzt hat, nicht mehr anhängig ist. Das folgt aus dem Amtsermittlungsgrundsatz nach § 26; das Verfahren kann nur so lange ausgesetzt werden, wie der Grund für die Aussetzung gegeben ist.

12 **4. Anfechtbarkeit.** Für die Anfechtbarkeit des Beschlusses gilt § 21 Abs. 2 entsprechend. Denn bei der Aussetzung nach § 221 Abs. 2 handelt es sich um eine gesetzliche Spezialregelung der Aussetzung aus wichtigem Grund (§ 21 Abs. 1), auf welche die Regelung über die Anfechtbarkeit Anwendung findet. Der Beschluss, mit dem das Verfahren nach § 221 Abs. 2 ausgesetzt wird, ist daher nach § 21 Abs. 2 mit der sofortigen Beschwerde in entsprechender Anwendung der §§ 567 bis 572 ZPO mit einer Frist von zwei Wochen anfechtbar.

13 **5. Abtrennung.** Ist das Versorgungsausgleichsverfahren im Verbund mit dem Scheidungsverfahren anhängig, so kann das Gericht die Versorgungsausgleichssache nach § 140 Abs. 2 Nr. 2 durch gesonderten Beschluss abtrennen und über die Scheidung und die übrigen Folgesachen vorab entscheiden. Dieser Beschluss ist nicht selbständig anfechtbar (§ 140 Abs. 6).

IV. Verfahrensaussetzung mit Frist zur Klageerhebung (Abs. 3)

14 **1. Entstehungsgeschichte.** Das FGG aF sah in § 53c Abs. 1 und Abs. 2 S. 2 vor, dass das Gericht bei einem Streit unter den Beteiligten über den Bestand oder die Höhe einer Anwartschaft oder einer Aussicht auf eine Versorgung das Verfahren über den Versorgungsausgleich aussetzen konnte und einem oder beiden Ehegatten eine Frist zur Erhebung der Klage bestimmen konnte. Wurde die Klage nicht vor Ablauf der bestimmten Frist erhoben, so konnte das Gericht im weiteren Verfahren das Vorbringen eines Beteiligten, das er mit einer Klage hätte geltend machen können, unberücksichtigt lassen. Wurde die Klage erst nach Ablauf der bestimmten Frist erhoben, konnte

---

[18] BGBl. I 2008 S. 2386.
[19] BGBl. I 2009 S. 700.
[20] BGH NJW 1992, 313 m. weit. Nachw.
[21] BGHZ 43, 135 = NJW 1965, 1019; BGHZ 111, 104 = NJW 1990, 1854.

das Gericht das Verfahren aussetzen. Die Regelung ist vom FGG-RG leicht modifiziert in § 221 Abs. 1 und vom VAStrRefG in nochmals leicht modifizierter Form in § 221 Abs. 3 übernommen worden.

2. Inhalt und Normzweck. Die Vorschrift sieht für die Fälle, in denen Streit über ein Anrecht besteht, ohne dass bereits ein Rechtsstreit anhängig ist, in Form einer Kann-Regelung die Befugnis des Gerichtes vor, das Verfahren über den Versorgungsausgleich auszusetzen und einem oder beiden Ehegatten eine Frist zur Klageerhebung zu setzen. Ob das Gericht von dieser Möglichkeit Gebrauch macht oder nicht, liegt in seinem pflichtgemäßen Ermessen. Setzt das Gericht das Verfahren unter gleichzeitiger Fristsetzung zur Klageerhebung aus und verstreicht die vom Gericht gesetzte Frist, ohne dass eine Klage erhoben worden ist, kann das Gericht den Vortrag des betreffenden Ehegatten insoweit als präkludiert behandeln. Durch diese Vorschrift soll Verfahrensverschleppungen begegnet werden.[22] Mit der Aussetzung soll verhindert werden, dass ein nach Bestand und Höhe nicht sicher geklärtes Anrecht in den Versorgungsausgleich einbezogen und so möglicherweise ein Ehegatte zu Unrecht belastet wird. Das Familiengericht kann aber auch von einer Aussetzung absehen und die streitige Vorfrage auf Grundlage des Ergebnisses seiner Amtsermittlungen (§ 26) selbst entscheiden. Das wird in Betracht kommen, wenn das Gericht davon ausgehen kann, die Streitfrage selbst hinreichend sicher klären zu können.[23] Sofern das Familiengericht inzident über Grund und Höhe des betreffenden Anrechts entscheidet, entfaltet allerdings die Entscheidung über diese Vorfrage im Verhältnis zwischen Ehegatten und Versorgungsträger keine Rechtskraftwirkung.[24] Zudem ist es häufig auch in der Sache sinnvoll, dass das jeweils zuständige Spezialgericht über Grund und Höhe des betreffenden Anrechts entscheidet und nicht das Familiengericht.

3. Streit über ein Anrecht. Im Gegensatz zu der im bisherigen Recht in § 53c Abs. 1 FGG aF vorgesehenen Regelung muss der Streit über das Anrecht nicht zwingend zwischen den Beteiligten des Versorgungsausgleichsverfahrens bestehen. Allerdings wird dies in der Regel der Fall sein, da nach dem reformierten Versorgungsausgleichsrecht neben den Ehegatten alle Versorgungsträger, bei denen ein auszugleichendes Anrecht besteht und alle Versorgungsträger, bei denen ein Anrecht zum Zweck des Ausgleichs begründet werden soll, Beteiligte sind. Besteht Streit über die Höhe des Ehezeitanteils oder über die Höhe des Ausgleichswerts, ist zu differenzieren: Liegt dem Streit eigentlich ein Streit über die Höhe des Anrechts zugrunde, welche sich auf Ehezeitanteil und Ausgleichswert auswirkt, handelt es sich um einen Streit über ein Anrecht im Sinne von Abs. 3. Geht es bei dem Streit hingegen tatsächlich nur um die Höhe des Ehezeitanteils oder die Höhe des Ausgleichswerts, also lediglich um die vom Versorgungsträger vorgenommene Wertermittlung des Ehezeitanteils oder des Ausgleichswerts aus dem (unstreitigen) Anrecht, liegt kein Fall des Absatzes 3 vor.[25]

4. Verfahren und Wirkung der Aussetzung. Beabsichtigt das Gericht eine Aussetzung des Verfahrens und eine Fristsetzung zur Klageerhebung vor dem zuständigen Spezialgericht, sollte den Beteiligten zunächst rechtliches Gehör gewährt werden. Die Aussetzung erfolgt durch Beschluss. Die Wirkungen der Aussetzung ergeben sich – wie bei der Aussetzung nach Abs. 2[26] – in entsprechender Anwendung von § 249 ZPO. Die Fristsetzung zur Klageerhebung kann, wie die Vorschrift ausdrücklich vorsieht, gegenüber einem oder gegenüber beiden Ehegatten erfolgen. Das erforderliche Rechtsschutzinteresse für eine Feststellungsklage zur Klärung der versorgungsrechtlichen Vorfrage kann nicht nur der Ehegatte haben, der das streitige Versorgungsanrecht besitzt oder besitzen kann,[27] sondern auch der Ehegatte, der nicht Inhaber des streitigen Versorgungsanrechts ist.[28] Bei letzterem ergibt sich das rechtliche Interesse im Regelfall im Hinblick auf die Durchführung des Versorgungsausgleichs.[29] Einem Versorgungsträger darf keine Frist zur Klageerhebung gesetzt werden, wie sich aus dem Wortlaut des Absatzes 3 S. 1 eindeutig ergibt. Bei der Bemessung der Frist hat das Gericht eine ausreichende Überlegungs- und Vorbereitungszeit des Ehegatten zur Erhebung der Klage einzukalkulieren.

5. Anfechtbarkeit. Der Beschluss, mit dem das Verfahren nach § 221 Abs. 3 ausgesetzt wird, stellt – wie der Beschluss nach § 221 Abs. 2 – einen gesetzlich geregelten Spezialfall der Aussetzung aus wichtigem Grund nach § 21 Abs. 1 dar, so dass für dessen Anfechtbarkeit § 21 Abs. 2 ent-

---

[22] BT-Drucks. 7/4361, S. 71.
[23] *Johannsen/Henrich/Brudermüller* § 53c FGG Rn. 5.
[24] *Borth* Rn. 242.
[25] Vgl. BT-Drucks. 16/10144, S. 95.
[26] Vgl. Rn. 11.
[27] *Jansen/Wick* § 53c FGG Rn. 7.
[28] MünchKommBGB/*Strobel* § 53c FGG, Rn. 4; *Johannsen/Henrich/Brudermüller* § 53c FGG Rn. 6; aA *Jansen/Wick* § 53c FGG Rn. 7.
[29] MünchKommBGB/*Strobel* § 53c FGG, Rn. 4.

sprechende Anwendung findet. Der Beschluss ist daher nach § 21 Abs. 2 mit der sofortigen Beschwerde in entsprechender Anwendung der §§ 567 bis 572 ZPO mit einer Frist von zwei Wochen anfechtbar.

19   **6. Abtrennung.** Soweit das Versorgungsausgleichsverfahren im Verbund mit dem Scheidungsverfahren anhängig ist, scheidet eine gleichzeitige gesonderte Abtrennung des Versorgungsausgleichsverfahrens aus dem Verbund – anders als bei der Aussetzung nach Abs. 2 – in der Regel aus. Aufgrund der noch nicht erhoben Klage besteht hier eine grundsätzlich andere Ausgangssituation als im Falle von Abs. 2. Aufgrund dessen ist die Möglichkeit einer Abtrennung in der Regel nicht gerechtfertigt. Eine Abtrennung nach § 140 Abs. 2 Nr. 2 scheidet aus, weil gerade noch kein Rechtsstreit über den Bestand oder die Höhe eines Anrechts vor einem anderen Gericht anhängig ist. Sobald der betreffende Ehegatte der Aufforderung des Gerichtes nachgekommen ist und Klage erhoben hat, ist, wird man allerdings § 140 Abs. 2 Nr. 2 auf Grund des dann anhängigen Rechtsstreits entsprechend anwenden können. Eine Abtrennung auf Antrag der Ehegatten nach § 140 Abs. 2 Nr. 4 drei Monate nach Rechtshängigkeit des Scheidungsantrags ist nicht möglich, weil es sich bei der vom Gericht auferlegten Klageerhebung um eine erforderliche Mitwirkungshandlung des betreffenden Ehegatten handelt, die dieser gerade (noch) nicht vorgenommen hat. Eine Abtrennung nach § 140 Abs. 2 Nr. 5 schließlich ist allenfalls dann möglich, wenn bereits absehbar ist, dass sich der Scheidungsausspruch durch das Verfahren vor dem Spezialgericht so außergewöhnlich verzögern würde, dass ein weiterer Aufschub unter Berücksichtigung der Bedeutung der Versorgungsausgleichssache eine unzumutbare Härte darstellen würde und ein Ehegatte die Abtrennung beantragt.[30]

20   **7. Keine oder nicht rechtzeitige Klageerhebung.** Wird die Klage nicht fristgemäß erhoben, hat das Gericht das Verfahren wieder aufzunehmen und fortzusetzen. Es kann dann das Vorbringen, das mit der Klage hätte geltend gemacht werden können, unberücksichtigt lassen. Dies ändert zwar nichts daran, dass das Gericht verpflichtet ist, von Amts wegen die zur Aufklärung der auszugleichenden Anrechte erforderlichen Ermittlungen anzustellen (§ 26). Die Regelung ermöglicht es dem Gericht aber, sich auf die vom Versorgungsträger erteilte Auskunft zu stützen und Beanstandungen des betreffenden Ehegatten unberücksichtigt zu lassen, die entweder nicht begründet erscheinen oder aber deren Klärung erheblichen Zeit- oder Kostenaufwand erfordern würde.[31] Bei der Ausübung seines Ermessens zur Frage von weiteren Ermittlungen wird das Gericht das Interesse der Beteiligten an einem baldigen Abschluss des Verfahrens gegen das Interesse der Beteiligten an einer möglichst vollständigen Aufklärung der in den Versorgungsausgleich einzubeziehenden Anrechte abzuwägen haben.[32]

V. Verfahrensaussetzung aus anderen Gründen

21   Durch die Regelungen in Abs. 2 und Abs. 3 ist eine Aussetzung nach anderen Vorschriften nicht ausgeschlossen.

22   **1. Aussetzung nach § 21 Abs. 1.** Nach der allgemeinen Vorschrift des § 21 Abs. 1 kann das Gericht das Verfahren aus **wichtigem Grund** aussetzen, insbesondere wenn die Entscheidung ganz oder zum Teil von dem Bestehen oder Nichtbestehen eines Rechtsverhältnisses abhängt, das den Gegenstand eines anderen anhängigen Verfahrens bildet oder von einer Verwaltungsbehörde festzustellen ist. Insoweit kommt insbesondere der Fall in Betracht, dass ein in den Versorgungsausgleich einzubeziehendes Anrecht (vorübergehend) nicht berechnet werden kann, etwa weil das BVerfG eine für das betreffende Versorgungssystem geltende Rechtsnorm für nichtig erklärt hat und eine Neuregelung noch nicht getroffen worden ist.[33] Hat ein Ehegatte ein Anrecht bei einer **Zusatzversorgung des öffentlichen Dienstes,** insbesondere bei der Versorgungsanstalt des Bundes und der Länder (VBL) erworben und handelt es sich dabei um eine Versorgung für einen sog. rentenfernen Jahrgang, kann bis auf weiteres keine zutreffende Auskunft erteilt werden. Denn nach der Rechtsprechung des BGH[34] ist die auf dem Tarifvertrag Altersversorgung vom 1. 3. 2002 (ATV) beruhende Übergangsregelung für rentenferne Versicherte in der Satzung der Versorgungsanstalt des Bundes und

---

[30] Vgl. im Einzelnen § 140.
[31] *Johannsen/Henrich/Brudermüller* § 53c FGG Rn. 7; *Jansen/Wick* § 53c FGG Rn. 7; *Keidel/Kuntze/Weber* § 53c FGG Rn. 6; *Keidel/Weber* Rn. 11.
[32] *Jansen/Wick* § 53c FGG Rn. 7.
[33] *Jansen/Wick* § 53c FGG Rn. 2.
[34] BGHZ 174, 127, 172 ff. = NJW 2008, 1378; BGH, FamRZ 2008, 1343; BGH FamRZ 2009, 37; BGH FamRZ 2009, 303 = NJW-RR 2009, 361; BGH FamRZ 2009, 211 = NJW-RR 2009, 366; BGH FamRZ 2009, 950.

der Länder (§ 78 Abs. 1 und 2, 79 Abs. 1 S. 1 VBLS) unwirksam.[35] Gleiches gilt für inhaltsgleiche Übergangsregelungen in den Satzungen anderer Zusatzversorgungsträger des öffentlichen Dienstes.[36] In diesen Fällen wird das Verfahren nach § 21 Abs. 1 aus wichtigem Grund auszusetzen sein, solange wegen der Unwirksamkeit der Übergangsregelung für rentenferne Versicherte für die Berechnung des in den Versorgungsausgleich einzubeziehenden Anrechts auf eine Zusatzversorgung des öffentlichen Dienstes eine rechtliche Grundlage fehlt. Liegt ein aussonderbarer Teil des Verfahrensgegenstandes vor, kann eine Teilentscheidung zum Versorgungsausgleich ergehen. Eine solche ist aber erst dann geboten, wenn beim Ausgleichspflichtigen der Rentenfall bereits eingetreten ist oder zumindest bald bevorsteht.[37]

2. Aussetzung nach § 136 Abs. 1. Nach der für Scheidungs- und Folgesachen geltenden Vorschrift des § 136 Abs. 1 soll das Gericht das (Verbund-)Verfahren von Amts wegen aussetzen, wenn nach seiner freien Überzeugung Aussicht auf Fortsetzung der Ehe besteht. Das ist dann der Fall, wenn auf Grund konkreter Anhaltspunkte für eine Aussöhnung der Ehegatten die berechtigte Hoffnung besteht, dass die Ehegatten zur ehelichen Lebensgemeinschaft zurückfinden.[38] 23

§ 222 Durchführung der externen Teilung

(1) Die Wahlrechte nach § 14 Abs. 2 und § 15 Absatz 1 des Versorgungsausgleichsgesetzes sind in den vom Gericht zu setzenden Fristen auszuüben.

(2) Übt die ausgleichsberechtigte Person ihr Wahlrecht nach § 15 Abs. 1 des Versorgungsausgleichsgesetzes aus, so hat sie in der nach Absatz 1 gesetzten Frist zugleich nachzuweisen, dass der ausgewählte Versorgungsträger mit der vorgesehenen Teilung einverstanden ist.

(3) Das Gericht setzt in der Endentscheidung den nach § 14 Abs. 4 des Versorgungsausgleichsgesetzes zu zahlenden Kapitalbetrag fest.

(4) Bei einer externen Teilung nach § 16 des Versorgungsausgleichsgesetzes sind die Absätze 1 bis 3 nicht anzuwenden.

Übersicht

	Rn.		Rn.
I. Überblick	1	IV. Fristsetzung für die Ausübung der Wahlrechte (Abs. 1)	17–24
II. Die externe Teilung nach den §§ 14 bis 17 VersAusglG	2–13	1. Inhalt und Normzweck	17
1. Vereinbarung	3–6	2. Befugnis zur Fristsetzung	18
a) Regelungszweck	4	3. Zeitpunkt und Form der Fristsetzung	19
b) Kein Höchstbetrag des Ausgleichswerts	5	4. Dauer der Frist und Fristenlauf	20
c) Form und Inhalt der Vereinbarung	6	5. Ausübung des Wahlrechts	21
2. Einseitiges Verlangen des Versorgungsträgers	7–11	6. Keine Ausübung des Wahlrechts	22
a) Regelungszweck	8	7. Verspätete Ausübung des Wahlrechts	23
b) Verlangen des Versorgungsträgers	9	8. Anwaltliche Vertretung bei Ausübung der Wahlrechte	24
c) Grenzwert nach § 14 Abs. 2 Nr. 2 VersAusglG	10	V. Gerichtliche Prüfung	25–31
d) Grenzwert nach § 17 VersAusglG	11	1. Vereinbarung	26
3. Anrechte aus einem öffentlich-rechtlichen Dienst- oder Amtsverhältnis	12	2. Einseitiges Verlangen nach externer Teilung	27
4. Kein Gleichlauf der Versorgungen	13	3. Weitere Zulässigkeitsvoraussetzung	28
III. Wahlrechte bei der externen Teilung	14–16	4. Wahl der Zielversorgung	29–31
1. Wahlrechte nach § 14 Abs. 2 VersAusglG	15	a) Gewährleistung einer angemessenen Versorgung (§ 15 Abs. 2 VersAusglG)	30
2. Wahlrecht nach § 15 Abs. 1 VersAusglG	16	b) Keine steuerpflichtigen Einnahmen oder schädliche Verwendung (§ 15 Abs. 3 VersAusglG)	31–34

---

[35] Vgl. hierzu *Borth* FamRZ 2008, 326.
[36] BGH VersR 2009, 54; BGH FamRZ 2009, 296; BGH FamRZ 2009, 591; BGH FamRZ 2009, 954.
[37] BGH FamRZ 2009, 950.
[38] § 614 ZPO Rn. 2.

§ 222   1–6   Buch 2. Abschnitt 8. Verfahren in Versorgungsausgleichssachen

	Rn.		Rn.
VI. Einverständnis des ausgewählten Versorgungsträgers (Abs. 2)	35–39	**VII. Festsetzung des zu zahlenden Kapitalbetrages (Abs. 3)**	40–42
1. Inhalt und Normzweck	35	1. Inhalt und Normzweck	40
2. Nachweis des Einverständnisses	36	2. Endentscheidung	41
3. Kein Einverständnis erforderlich	37	3. Festsetzung des zu zahlenden Kapitalbetrages	42
4. Frist für die Beibringung des Nachweises	38	**VIII. Externe Teilung nach § 16 VersAusglG**	43
5. Beteiligtenstellung des gewählten Versorgungsträgers	39		

I. Überblick

1   Die Vorschrift ist durch das VAStrRefG[1] neu geschaffen worden. Sie betrifft die verfahrensrechtlichen Fragen der externen Teilung nach den §§ 14 bis 17 VersAusglG. Die Absätze 1 und 2 enthalten Bestimmungen zu den Wahlrechten der Versorgungsträger und der Eheleute im Rahmen der externen Teilung, in Abs. 3 ist die Festlegung des zu zahlenden Kapitalbetrages geregelt. Abs. 4 ist auf Grund der Beschlussempfehlung des Rechtsausschusses des Deutschen Bundestages[2] angefügt worden. Er stellt klar, dass die Absätze 1 bis 3 bei einer externen Teilung nach § 16 VersAusglG nicht anzuwenden sind. Das betrifft die Fälle der externen Teilung von Anrechten aus einem öffentlich-rechtlichen Dienst- oder Amtsverhältnis, wenn der Versorgungsträger keine interne Teilung vorgesehen hat (§ 16 Abs. 1 VersAusglG).

II. Die externe Teilung nach den §§ 14 bis 17 VersAusglG

2   Die externe Teilung ist in den §§ 14 bis 17 VersAusglG geregelt. Bei der externen Teilung begründet das Familiengericht für die ausgleichsberechtigte Person zulasten des Anrechts der ausgleichspflichtigen Person ein Anrecht in Höhe des Ausgleichswerts bei einem anderen Versorgungsträger als demjenigen, bei dem das Anrecht der ausgleichspflichtigen Person besteht (§ 14 Abs. 1 VersAusglG). Die externe Teilung ist nach § 14 Abs. 4 VersAusglG damit verbunden, dass der Versorgungsträger des ausgleichspflichtigen Ehegatten, also der abgebende Versorgungsträger den Ausgleichswert als Kapitalbetrag an den aufnehmenden Zielversorgungsträger zahlt. Eine externe Teilung ist nur in bestimmten, gesetzlich vorgesehenen Fällen zulässig.

3   **1. Vereinbarung.** Eine externe Teilung ist zulässig, wenn die ausgleichsberechtigte Person und der Versorgungsträger der ausgleichspflichtigen Person eine externe Teilung vereinbaren (§ 14 Abs. 2 Nr. 1 VersAusglG).

4   **a) Regelungszweck.** Die Regelung soll dem Versorgungsträger der ausgleichspflichtigen Person und der ausgleichsberechtigten Person einen Gestaltungsspielraum im Rahmen des Versorgungsausgleichs geben. Damit wird ihnen die Möglichkeit eröffnet, durch eine Einigung eigenständig eine Lösung herbeizuführen. Die ausgleichsberechtigte Person soll über ihr Anrecht unabhängig von der ausgleichspflichtigen Person bestimmen können.[3] Der Versorgungsträger der ausgleichspflichtigen Person wird insbesondere dann an einer externen Teilung interessiert sein, wenn er die ausgleichsberechtigte Person nicht in sein Versorgungssystem aufnehmen möchte und gleichzeitig bereit und in der Lage ist, den entsprechenden Kapitalbetrag an den aufnehmenden Versorgungsträger auszuzahlen. Die ausgleichsberechtigte Person wird insbesondere dann ein Interesse an einer externen Teilung haben, wenn sie ein bestimmtes bestehendes Anrecht bei einem anderen Versorgungsträger aufstocken möchte oder eine Versorgung bei einem anderen Versorgungsträger begründen möchte.[4]

5   **b) Kein Höchstbetrag des Ausgleichswerts.** Die Möglichkeit einer externen Teilung auf Grund einer Vereinbarung ist nicht auf eine bestimmte Höhe des Ausgleichswerts begrenzt. Es können also sowohl kleinere Anrechte, als auch sehr werthaltige Anrechte auf Grund einer solchen Vereinbarung extern geteilt werden. Für die ausgleichsberechtigte Person ergibt sich so die Möglichkeit, ihre Versorgung bei einem Versorgungsträger zu bündeln.

6   **c) Form und Inhalt der Vereinbarung.** Bei der Vereinbarung handelt es sich um einen Vertrag zwischen der ausgleichsberechtigten Person und dem Versorgungsträger der ausgleichspflichtigen Person über den Ausgleichsweg der externen Teilung. In welche Versorgung der Ausgleichswert

---

[1] BGBl. I 2009 S. 700.
[2] BT-Drucks. 16/11903.
[3] *Elden* FPR 2009, 206.
[4] Vgl. BT-Drucks. 16/10144, S. 58.

fließen soll, wird hingegen allein von der ausgleichsberechtigten Person festgelegt. Der Vertrag kommt durch übereinstimmende Willenserklärungen der ausgleichsberechtigten Person und des Versorgungsträgers zustande. Es kann auch ein dreiseitiger Vertrag unter Einbeziehung des Zielversorgungsträgers erfolgen, dies ist aber nicht notwendig.[5] Für die Willenserklärungen gelten die allgemeinen Vorschriften des BGB über Antrag und Annahme (§§ 145 ff. BGB). Eine bestimmte Form ist für die Vereinbarung nicht vorgesehen. Aus Gründen der Rechtssicherheit, Klarheit und Nachweisbarkeit ist es allerdings in aller Regel zweckmäßig, die Vereinbarung schriftform (§ 126 BGB) oder zumindest in Textform (§ 126b BGB) zu schließen.

2. Einseitiges Verlangen des Versorgungsträgers. Eine externe Teilung ist zulässig, wenn der Versorgungsträger der ausgleichspflichtigen Person eine externe Teilung verlangt und der Ausgleichswert am Ende der Ehezeit bestimmte Grenzbeträge nicht übersteigt (§§ 14 Abs. 2, 17 VersAusglG).

a) Regelungszweck. Dem Versorgungsträger der ausgleichspflichtigen Person wird nach § 14 Abs. 2 Nr. 2 VersAusglG ermöglicht, kleinere Ausgleichswerte auch ohne Zustimmung der ausgleichspflichtigen Person extern zu teilen. Hierdurch soll die Entstehung von Kleinstanrechten und eine Zersplitterung der Anrechte vermieden werden.[6] Eine interne Teilung auch von kleinsten Anrechten und der damit verbundene Aufwand nebst Verwaltungskosten würden häufig unverhältnismäßig sein. Der Versorgungsträger soll deshalb in diesen Fällen nicht darauf angewiesen sein, dass die ausgleichsberechtigte Person der externen Teilung zustimmt. In der Praxis wird es viele Fälle geben, in denen sich die ausgleichsberechtigte Person auf eine entsprechende Anfrage des Versorgungsträgers überhaupt nicht äußert, so dass bereits daran eine externe Teilung nach § 14 Abs. 2 Nr. 1 VersAusglG scheitern würde.

b) Verlangen des Versorgungsträgers. Eine bestimmte Form ist für das Verlangen des Versorgungsträgers nicht vorgesehen, es wird allerdings in aller Regel schriftlich erfolgen. Das Verlangen des Versorgungsträgers, dass er eine externe Teilung verlangt, muss gegenüber dem Gericht abgegeben werden, welches seinerseits die ausgleichsberechtigte Person darüber in Kenntnis zu setzen hat.

c) Grenzwert nach § 14 Abs. 2 Nr. 2 VersAusglG. Grundsätzlich ist die externe Teilung auf Verlangen des Versorgungsträgers der ausgleichspflichtigen Person nur zulässig, wenn der Ausgleichswert am Ende der Ehezeit bei einem Rentenbetrag als maßgeblicher Bezugsgröße höchstens 2 Prozent, in allen anderen Fällen als Kapitalwert höchstens 240 Prozent der monatlichen Bezugsgröße nach § 18 Abs. 1 SGB IV beträgt. Die monatliche Bezugsgröße nach § 18 Abs. 1 SGB IV beläuft sich im Jahr 2009 auf 2520 Euro.[7] Ist maßgebliche Bezugsgröße des Ausgleichswerts ein Rentenbetrag, darf dieser also maximal 50,40 Euro betragen (2 Prozent von 2520 Euro).[8] Ist maßgebliche Bezugsgröße eine andere Größe, so darf der Ausgleichswert als Kapitalwert maximal 6048 Euro betragen (240 Prozent von 2520 Euro). Die monatliche Bezugsgröße nach § 18 Abs. 1 SGB IV wird jährlich zum 1. 1. neu festgesetzt. Maßgeblich ist die am Ende der Ehezeit geltende monatliche Bezugsgröße nach § 18 SGB IV.

d) Grenzwert nach § 17 VersAusglG. Handelt es sich bei dem auszugleichenden Anrecht um ein Anrecht im Sinne des Betriebsrentengesetzes aus einer Direktzusage (unmittelbare Versorgungszusage des Arbeitgebers) oder einer Unterstützungskasse, gilt nach § 17 VersAusglG ein wesentlich höherer Grenzwert. Der Gesetzgeber hat in diesen Fällen ein schützenswertes Interesse des Arbeitgebers an einer externen Teilung gesehen. Denn bei Anrechten aus einer Direktzusage (§ 1b Abs. 1 BetrAVG) oder einer Unterstützungskasse (§ 1b Abs. 4 BetrAVG) handelt es sich um Anrechte aus sog. internen Durchführungswegen.[9] Der Arbeitgeber ist hier unmittelbar mit den Folgen der internen Teilung konfrontiert, weil er deren Verwaltung selbst übernehmen muss.[10] Dies ist bei Anrechten im Sinne des Betriebsrentengesetzes aus den sog. externen (versicherungsförmigen) Durchführungswegen[11] (Direktversicherung nach § 1b Abs. 2 BetrAVG, Pensionskasse und Pensionsfond nach § 1b Abs. 3 BetrAVG) nicht der Fall. Bei Anrechten aus einer Direktzusage oder einer Unterstützungskasse muss daher nach dem Willen des Gesetzgebers das mögliche Interesse der ausgleichsberechtigten Person an einer internen Teilung in höherem Maße zurücktreten.[12] Die

---

[5] Vgl. Rn. 36.
[6] BT-Drucks. 16/10144, S. 58.
[7] § 2 Abs. 1 Sozialversicherungs-Rechengrößenverordnung 2009 vom 2. 12. 2008, BGBl. I S. 2336.
[8] Entspricht der Wertgrenze im bislang geltenden § 3b Abs. 1 Nr. 1 VAHRG.
[9] *Ricken* DRV 2007, 366, 370.
[10] BT-Drucks. 16/10144, S. 60.
[11] *Ricken* DRV 2007, 371.
[12] BT-Drucks. 16/10144, S. 60.

§ 222 12–14   Buch 2. Abschnitt 8. Verfahren in Versorgungsausgleichssachen

[Text teilweise durch umgeknickte Ecke verdeckt:] ...erlangt des Versorgungsträgers der ausgleichspflichtigen Person ist in diesen Fällen nur zulässig, wenn der Ausgleichswert am Ende der Ehezeit als Kapitalwert höchstens die Beitragsbemessungsgrenze in der allgemeinen Rentenversicherung nach den §§ 159 und 160 SGB VI erreicht. Die Beitragsbemessungsgrenze in der allgemeinen Rentenversicherung beläuft sich im Jahre 2009 auf 64.800 Euro.[13] Der Ausgleichswert am Ende der Ehezeit darf also als Kapitalwert maximal 64.800 Euro betragen. Die Beitragsbemessungsgrenze in der allgemeinen Rentenversicherung wird jeweils zum 1.1. neu festgesetzt. Maßgeblich ist die am Ende der Ehezeit geltende Bemessungsgrenze.

12 **Anrechte aus einem öffentlich-rechtlichen Dienst- oder Amtsverhältnis.** Anrechte aus einem öffentlich-rechtlichen Dienst- oder Amtsverhältnis sind – solange der Träger der Versorgung keine interne Teilung vorsieht – nach § 16 Abs. 1 VersAusglG immer extern zu teilen, nämlich durch Begründung eines Anrechts bei einem Träger der gesetzlichen Rentenversicherung. Mit dem Gesetz zur Strukturreform des Versorgungsausgleichs ist die interne Teilung im Bereich der Beamten- und Richterversorgung nur für die Bundesbeamtinnen und Bundesbeamten, Bundesrichterinnen und Bundesrichter eingeführt worden.[14] Den Ländern steht es frei, die interne Teilung auch in ihren Bereich einzuführen. Solange dies nicht erfolgt ist, erfolgt der Ausgleich wie bislang über die gesetzliche Rentenversicherung. Es bleibt abzuwarten, ob die Länder dem Beispiel des Bundes folgen und eine interne Teilung auch für ihre Landesbeamtinnen und Landesbeamten, Landesrichterinnen und Richter vorsehen. Anrechte aus einem Beamtenverhältnis auf Widerruf sowie aus einem Dienstverhältnis einer Soldatin oder eines Soldaten auf Zeit sind nach § 16 Abs. 2 VersAusglG hingegen stets extern zu teilen, nämlich durch Begründung eines Anrechts in der gesetzlichen Rentenversicherung.

13 Kein Gleichlauf der Versorgungen. Eine externe Teilung führt dazu, dass das Anrecht des ausgleichspflichtigen Ehegatten und das Anrecht des ausgleichsberechtigten Ehegatten in ihrer weiteren Wertentwicklung auseinanderlaufen. Nach der Teilung richtet sich die weitere Entwicklung der Anrechte nach dem jeweiligen Versorgungssystem. Das Anrecht des ausgleichsberechtigten Ehegatten kann sich also besser oder schlechter entwickeln als das Anrecht des ausgleichspflichtigen Ehegatten. Der Gesetzgeber hat dies aber für gerechtfertigt gehalten. Im Falle von § 14 Abs. 2 Nr. 1 VersAusglG könne die ausgleichsberechtigte Person frei über den Abschluss einer Vereinbarung entscheiden und trage somit die damit verbundenen Chancen und Risiken.[15] Stimmt also der ausgleichsberechtigte Ehegatte einer externen Teilung zu (§ 14 Abs. 2 Nr. 1 VersAusglG), besteht daher kein schutzwürdiges Interesse dieses Ehegatten an einem Gleichlauf der beiden Versorgungen. Die Zulässigkeit einer externen Teilung nach § 14 Abs. 2 Nr. 2 VersAusglG ohne Einverständnis des ausgleichsberechtigten Ehegatten vermeidet die Entstehung von Kleinanrechten. Nach der Abwägung des Gesetzgebers überwiegt das Erfordernis, den Versorgungsträger von der Verwaltung eines zusätzlichen Kleinanrechts zu entlasten, gegenüber dem Interesse des ausgleichsberechtigten Ehegatten an einer optimalen Teilhabe.[16] Unverhältnismäßige Kosten für die Verwaltung solch kleiner Anrechte können von vornherein vermieden werden. Die externe Teilung nach § 14 Abs. 2 Nr. 2 berücksichtigt aber auch das Interesse des ausgleichsberechtigten Ehegatten. Kleinanrechte aus verschiedenen Versorgungen können gebündelt in eine von diesem nach § 15 Abs. 1 VersAusglG ausgewählte Versorgung, ggf. auch in die gesetzliche Rentenversicherung *oder in die Versorgungsausgleichskasse*[17] (§ 15 Abs. 5 VersAusglG) fließen.

III. Wahlrechte bei der externen Teilung

14 Im Rahmen der externen Teilung sieht das Gesetz mehrere Wahlrechte der Beteiligten vor. Diese erfordern individuelle Überlegungen bei den Beteiligten und eine entsprechende Bearbeitung durch das Gericht.[18] So enthält § 14 Abs. 2 VersAusglG Wahlrechte der ausgleichsberechtigten Person und

---

[13] § 3 Abs. 1 Nr. 1 Sozialversicherungs-Rechengrößenverordnung 2009 vom 2. 12. 2008, BGBl. I S. 2336.
[14] Vgl. Art. 5 VAStrRefG.
[15] BT-Drucks. 16/10144, S. 58.
[16] BT-Drucks. 16/10144, S. 38.
[17] Diese Regelung tritt nach Artikel 10 Abs. 7 des Gesetzes zur Änderung des Vierten Buches Sozialgesetzbuch, zur Errichtung einer Versorgungsausgleichskasse und anderer Gesetze vom 15. 7. 2009, BGBl. I S. 1939 (vgl. Beschlussempfehlung und Bericht des Ausschusses für Arbeit und Soziales, BT-Drucks. 16/13424) erst in Kraft, sobald die Gründung der Versorgungsausgleichskasse nach dem Gesetz über die Versorgungsausgleichskasse (VersAusglKassG; Art. 9e dieses Gesetzes) abgeschlossen und die erstmalige Erlaubnis nach § 3 Abs. 1 S. 2 VersAusglKassG bekannt gemacht ist. Geschieht dies vor dem 1. 9. 2009, also vor Inkrafttreten der Strukturreform des Versorgungsausgleichs, so tritt die Vorschrift erst mit der Strukturreform am 1. 9. 2009 in Kraft.
[18] *Bergmann* FPR 2009, 232, 234.

fließen soll, wird hingegen allein von der ausgleichsberechtigten Person festgelegt. Der Vertrag kommt durch übereinstimmende Willenserklärungen der ausgleichsberechtigten Person und des Versorgungsträgers zustande. Es kann auch ein dreiseitiger Vertrag unter Einbeziehung des Zielversorgungsträgers erfolgen, dies ist aber nicht notwendig.[5] Für die Willenserklärungen gelten die allgemeinen Vorschriften des BGB über Antrag und Annahme (§§ 145 ff. BGB). Eine bestimmte Form ist für die Vereinbarung nicht vorgesehen. Aus Gründen der Rechtssicherheit, Klarheit und Nachweisbarkeit ist es allerdings in aller Regel zweckmäßig, die Vereinbarung in Schriftform (§ 126 BGB) oder zumindest in Textform (§ 126b BGB) zu schließen.

2. Einseitiges Verlangen des Versorgungsträgers. Eine externe Teilung ist auch zulässig, wenn der Versorgungsträger der ausgleichspflichtigen Person eine externe Teilung verlangt und der Ausgleichswert am Ende der Ehezeit bestimmte Grenzbeträge nicht übersteigt (§§ 14 Abs. 2 Nr. 2, 17 VersAusglG). 7

a) Regelungszweck. Dem Versorgungsträger der ausgleichspflichtigen Person wird nach § 14 Abs. 2 Nr. 2 VersAusglG ermöglicht, kleinere Ausgleichswerte auch ohne Zustimmung der ausgleichspflichtigen Person extern zu teilen. Hierdurch soll die Entstehung von Kleinstrenten und eine Zersplitterung der Anrechte vermieden werden.[6] Eine interne Teilung auch von Kleinstanrechten und der damit verbundene Aufwand nebst Verwaltungskosten würden häufig unverhältnismäßig sein. Der Versorgungsträger soll deshalb in diesen Fällen nicht darauf angewiesen sein, dass die ausgleichsberechtigte Person der externen Teilung zustimmt. In der Praxis wird es viele Fälle geben, in denen sich die ausgleichsberechtigte Person auf eine entsprechende Anfrage des betroffenen Versorgungsträgers überhaupt nicht äußert, so dass bereits daran eine externe Teilung nach § 14 Abs. 2 Nr. 1 VersAusglG scheitern würde. 8

b) Verlangen des Versorgungsträgers. Eine bestimmte Form ist für das Verlangen des Versorgungsträgers nicht vorgesehen, es wird allerdings in aller Regel schriftlich erfolgen. Die Erklärung des Versorgungsträgers, dass er eine externe Teilung verlangt, muss gegenüber dem Gericht abgegeben werden, welches seinerseits die ausgleichsberechtigte Person darüber in Kenntnis zu setzen hat. 9

c) Grenzwert nach § 14 Abs. 2 Nr. 2 VersAusglG. Grundsätzlich ist die externe Teilung auf Verlangen des Versorgungsträgers der ausgleichspflichtigen Person nur zulässig, wenn der Ausgleichswert am Ende der Ehezeit bei einem Rentenbetrag als maßgeblicher Bezugsgröße höchstens 2 Prozent, in allen anderen Fällen als Kapitalwert höchstens 240 Prozent der monatlichen Bezugsgröße nach § 18 Abs. 1 SGB IV beträgt. Die monatliche Bezugsgröße nach § 18 Abs. 1 SGB IV beläuft sich im Jahr 2009 auf 2520 Euro.[7] Ist maßgebliche Bezugsgröße des Ausgleichswerts ein Rentenbetrag, darf dieser also maximal 50,40 Euro betragen (2 Prozent von 2520 Euro).[8] Ist maßgebliche Bezugsgröße eine andere Größe, so darf der Ausgleichswert als Kapitalwert maximal 6048 Euro betragen (240 Prozent von 2520 Euro). Die monatliche Bezugsgröße nach § 18 Abs. 1 SGB IV wird jährlich zum 1. 1. neu festgesetzt. Maßgeblich ist die am Ende der Ehezeit geltende monatliche Bezugsgröße nach § 18 SGB IV. 10

d) Grenzwert nach § 17 VersAusglG. Handelt es sich bei dem auszugleichenden Anrecht um ein Anrecht im Sinne des Betriebsrentengesetzes aus einer Direktzusage (unmittelbare Versorgungszusage des Arbeitgebers) oder einer Unterstützungskasse, gilt nach § 17 VersAusglG ein wesentlich höherer Grenzwert. Der Gesetzgeber hat in diesen Fällen ein schützenswertes Interesse des Arbeitgebers an einer externen Teilung gesehen. Denn bei Anrechten aus einer Direktzusage (§ 1b Abs. 1 BetrAVG) oder einer Unterstützungskasse (§ 1b Abs. 4 BetrAVG) handelt es sich um Anrechte aus sog. internen Durchführungswegen.[9] Der Arbeitgeber ist hier unmittelbar mit den Folgen der internen Teilung konfrontiert, weil er deren Verwaltung selbst übernehmen muss.[10] Dies ist bei Anrechten im Sinne des Betriebsrentengesetzes aus den sog. externen (versicherungsförmigen) Durchführungswegen[11] (Direktversicherung nach § 1b Abs. 2 BetrAVG, Pensionskasse und Pensionsfond nach § 1b Abs. 3 BetrAVG) nicht der Fall. Bei Anrechten aus einer Direktzusage oder einer Unterstützungskasse muss daher nach dem Willen des Gesetzgebers das mögliche Interesse der ausgleichsberechtigten Person an einer internen Teilung in höherem Maße zurücktreten.[12] Die 11

---

[5] Vgl. Rn. 36.
[6] BT-Drucks. 16/10144, S. 58.
[7] § 2 Abs. 1 Sozialversicherungs-Rechengrößenverordnung 2009 vom 2. 12. 2008, BGBl. I S. 2336.
[8] Entspricht der Wertgrenze im bislang geltenden § 3b Abs. 1 Nr. 1 VAHRG.
[9] *Ricken* DRV 2007, 366, 370.
[10] BT-Drucks. 16/10144, S. 60.
[11] *Ricken* DRV 2007, 371.
[12] BT-Drucks. 16/10144, S. 60.

externe Teilung auf Verlangen des Versorgungsträgers der ausgleichspflichtigen Person ist in diesen Fällen nur zulässig, wenn der Ausgleichswert am Ende der Ehezeit als Kapitalwert höchstens die Beitragsbemessungsgrenze in der allgemeinen Rentenversicherung nach den §§ 159 und 160 SGB VI erreicht. Die Beitragsbemessungsgrenze in der allgemeinen Rentenversicherung beläuft sich im Jahre 2009 auf 64 800 Euro.[13] Der Ausgleichswert am Ende der Ehezeit darf also als Kapitalwert maximal 64 800 Euro betragen. Die Beitragsbemessungsgrenze in der allgemeinen Rentenversicherung wird jährlich zum 1. 1. neu festgesetzt. Maßgeblich ist die am Ende der Ehezeit geltende Beitragsbemessungsgrenze.

12   **3. Anrechte aus einem öffentlich-rechtlichen Dienst- oder Amtsverhältnis.** Anrechte aus einem öffentlich-rechtlichen Dienst- oder Amtsverhältnis sind – solange der Träger der Versorgung (noch) keine interne Teilung vorsieht – nach § 16 Abs. 1 VersAusglG immer extern zu teilen, nämlich durch Begründung eines Anrechts bei einem Träger der gesetzlichen Rentenversicherung. Mit dem Gesetz zur Strukturreform des Versorgungsausgleichs ist die interne Teilung im Bereich der Beamten- und Richterversorgung nur für die Bundesbeamtinnen und Bundesbeamten, Bundesrichterinnen und Bundesrichter eingeführt worden.[14] Den Ländern steht es frei, die interne Teilung auch für ihren Bereich einzuführen. Solange dies nicht erfolgt ist, erfolgt der Ausgleich wie bislang über die gesetzliche Rentenversicherung. Es bleibt abzuwarten, ob die Länder dem Beispiel des Bundes folgen und eine interne Teilung auch für ihre Landesbeamtinnen und Landesbeamten, Richterinnen und Richter vorsehen. Anrechte aus einem Beamtenverhältnis auf Widerruf sowie aus einem Dienstverhältnis einer Soldatin oder eines Soldaten auf Zeit sind nach § 16 Abs. 2 VersAusglG hingegen stets extern zu teilen, nämlich durch Begründung eines Anrechts in der gesetzlichen Rentenversicherung.

13   **4. Kein Gleichlauf der Versorgungen.** Eine externe Teilung führt dazu, dass das Anrecht des ausgleichspflichtigen Ehegatten und das Anrecht des ausgleichsberechtigten Ehegatten in ihrer weiteren Wertentwicklung auseinanderlaufen. Nach der Teilung richtet sich die weitere Entwicklung der Anrechte nach dem jeweiligen Versorgungssystem. Das Anrecht des ausgleichsberechtigten Ehegatten kann sich also besser oder schlechter entwickeln als das Anrecht des ausgleichspflichtigen Ehegatten. Der Gesetzgeber hat dies aber für gerechtfertigt gehalten. Im Falle von § 14 Abs. 2 Nr. 1 VersAusglG könne die ausgleichsberechtigte Person frei über den Abschluss einer Vereinbarung entscheiden und trage somit die damit verbundenen Chancen und Risiken.[15] Stimmt also der ausgleichsberechtigte Ehegatte einer externen Teilung zu (§ 14 Abs. 2 Nr. 1 VersAusglG), besteht daher kein schutzwürdiges Interesse dieses Ehegatten an einem Gleichlauf der beiden Versorgungen. Die Zulässigkeit einer externen Teilung nach § 14 Abs. 2 Nr. 2 VersAusglG ohne Einverständnis des ausgleichsberechtigten Ehegatten vermeidet die Entstehung von Kleinanrechten. Nach der Abwägung des Gesetzgebers überwiegt das Erfordernis, den Versorgungsträger von der Verwaltung eines zusätzlichen Kleinanrechts zu entlasten, gegenüber dem Interesse des ausgleichsberechtigten Ehegatten an einer optimalen Teilhabe.[16] Unverhältnismäßige Kosten für die Verwaltung solch kleiner Anrechte können von vornherein vermieden werden. Die externe Teilung nach § 14 Abs. 2 Nr. 2 berücksichtigt aber auch das Interesse des ausgleichsberechtigten Ehegatten. Kleinanrechte aus verschiedenen Versorgungen können gebündelt in eine von diesem nach § 15 Abs. 1 VersAusglG ausgewählte Versorgung, ggf. auch in die gesetzliche Rentenversicherung *oder in die Versorgungsausgleichskasse*[17] (§ 15 Abs. 5 VersAusglG) fließen.

III. Wahlrechte bei der externen Teilung

14   Im Rahmen der externen Teilung sieht das Gesetz mehrere Wahlrechte der Beteiligten vor. Diese erfordern individuelle Überlegungen bei den Beteiligten und eine entsprechende Bearbeitung durch das Gericht.[18] So enthält § 14 Abs. 2 VersAusglG Wahlrechte der ausgleichsberechtigten Person und

---

[13] § 3 Abs. 1 Nr. 1 Sozialversicherungs-Rechengrößenverordnung 2009 vom 2. 12. 2008, BGBl. I S. 2336.
[14] Vgl. Art. 5 VAStrRefG.
[15] BT-Drucks. 16/10144, S. 58.
[16] BT-Drucks. 16/10144, S. 38.
[17] Diese Regelung tritt nach Artikel 10 Abs. 7 des Gesetzes zur Änderung des Vierten Buches Sozialgesetzbuch, zur Errichtung einer Versorgungsausgleichskasse und anderer Gesetze vom 15. 7. 2009, BGBl. I S. 1939 (vgl. Beschlussempfehlung und Bericht des Ausschusses für Arbeit und Soziales, BT-Drucks. 16/13424) erst in Kraft, sobald die Gründung der Versorgungsausgleichskasse nach dem Gesetz über die Versorgungsausgleichskasse (VersAusglKassG; Art. 9e dieses Gesetzes) abgeschlossen und die erstmalige Erlaubnis nach § 3 Abs. 1 S. 2 VersAusglKassG bekannt gemacht ist. Geschieht dies vor dem 1. 9. 2009, also vor Inkrafttreten der Strukturreform des Versorgungsausgleichs, so tritt die Vorschrift erst mit der Strukturreform am 1. 9. 2009 in Kraft.
[18] *Bergmann* FPR 2009, 232, 234.

Versorgungsausgleichskasse ist steuerrechtlich wie eine Pensionskasse zu behandeln und damit steuerrechtlich der betrieblichen Altersversorgung gleichgestellt. Die Regelung kommt nur zum Tragen, wenn die ausgleichsberechtigte Person keine andere Zielversorgung wählt. Es bleibt ihr unbenommen, ihr Wahlrecht nach § 15 Abs. 1 bis 4 VersAusglG auszuüben: Sie kann also ein anderes bestehendes Anrecht ausbauen oder ein neues Anrecht begründen, sei es bei der gesetzlichen Rentenversicherung, sei es im Bereich der privaten Vorsorge („Riester-Rente") oder der betrieblichen Altersversorgung.

7. Verspätete Ausübung des Wahlrechts. Wird ein Wahlrecht erst nach Ablauf der vom Gericht gesetzten Frist ausgeübt, kann das Gericht die Ausübung des Wahlrechts grundsätzlich unberücksichtigt lassen.[24] Das gilt insbesondere für das Wahlrecht des Versorgungsträgers nach § 14 Abs. 2 Nr. 2 VersAusglG. Wird dem Gericht hingegen nach Fristablauf eine Vereinbarung zwischen der ausgleichsberechtigten Person und dem Versorgungsträger der ausgleichspflichtigen Person gem. § 14 Abs. 2 Nr. 1 VersAusglG vorgelegt und zugleich unter Zustimmung des aufnehmenden Versorgungsträgers das Wahlrecht nach § 15 Abs. 1 VersAusglG ausgeübt, kann das Gericht die Ausübung des Wahlrechts auch nach Fristablauf berücksichtigen, da dann weder eine Verzögerung des Verfahrens zu Lasten eines Beteiligten eintritt, noch einseitig in Rechte eines Beteiligten eingegriffen wird.

8. Anwaltliche Vertretung bei Ausübung der Wahlrechte. Die Ausübung der Wahlrechte im Rahmen der externen Teilung ist auch dann möglich, wenn ein Ehegatte nicht anwaltlich vertreten ist. Das kann dann der Fall sein, wenn die Scheidung auf Grund von § 1566 Abs. 1, 2. Alt. BGB durchgeführt wird. Dann bedarf es nämlich nur des Antrags eines Ehegatten, der anwaltlich vertreten sein muss. Der andere Ehegatte, der dem Scheidungsantrag zustimmt, muss hingegen nach § 114 Abs. 4 Nr. 3 nicht anwaltlich vertreten sein.[25] Möchten in einem solchen Fall der Versorgungsträger des ausgleichspflichtigen Ehegatten und der nicht anwaltlich vertretene ausgleichsberechtigte Ehegatte eine externe Teilung vereinbaren, so kann die Vereinbarung außergerichtlich geschlossen und sodann dem Gericht übermittelt werden. Dies wird in der Praxis der Regelfall sein. Eine anwaltliche Vertretung ist dann nicht erforderlich, da keine Erklärungen gegenüber dem Gericht abgegeben werden. Für die Erklärung des ausgleichsberechtigten Ehegatten zum Wahlrecht nach § 15 Abs. 1 VersAusglG bedarf es nach § 114 Abs. 4 Nr. 7 keiner Vertretung durch einen Rechtsanwalt. Soll die Vereinbarung zwischen der ausgleichsberechtigten Person und dem Versorgungsträger der ausgleichspflichtigen Person ausnahmsweise durch gerichtliche Protokollierung geschlossen werden, verbleibt es hingegen beim Anwaltszwang nach § 114 Abs. 1. Ist der ausgleichspflichtige Ehegatte nicht anwaltlich vertreten und bedarf es im konkreten Einzelfall seiner Zustimmung zur Wahl der Zielversorgung nach § 15 Abs. 3 VersAusglG,[26] so kann diese Zustimmung nach § 114 Abs. 4 Nr. 7 ebenfalls ohne Vertretung durch einen Rechtsanwalt erfolgen. Die Versorgungsträger unterliegen ohnehin nicht dem Rechtsanwaltszwang.[27]

V. Gerichtliche Prüfung

Die Ausübung der Wahlrechte nach § 14 Abs. 2 VersAusglG und § 15 Abs. 1 VersAusglG unterliegt der richterlichen Überprüfung.

1. Vereinbarung. Wird dem Gericht eine Vereinbarung zwischen der ausgleichsberechtigten Person und dem Versorgungsträger der ausgleichspflichtigen Person vorgelegt, hat es zu prüfen, ob die Vereinbarung nach den allgemeinen Regeln des BGB wirksam getroffen worden ist oder ob Anhaltspunkte für eine Unwirksamkeit bestehen. Hält das Gericht die Vereinbarung für unwirksam, hat es die ausgleichsberechtigte Person und den Versorgungsträger der ausgleichspflichtigen Person darauf hinzuweisen, damit diese den Mangel ggf. beseitigen können.

2. Einseitiges Verlangen nach externer Teilung. Verlangt der Versorgungsträger der ausgleichspflichtigen Person einseitig eine externe Teilung, hat das Gericht zu prüfen, ob der Ausgleichswert die Grenzwerte nach § 14 Abs. 2 Nr. 2 VersAusglG oder – im Falle eines Anrechts im Sinne des Betriebsrentengesetzes aus einer Direktzusage oder einer Unterstützungskasse – nach § 17 VersAusglG nicht überschreitet.[28] Anderenfalls hat das Gericht dem Versorgungsträger einen entsprechenden Hinweis zu erteilen.

---

[24] Vgl. BT-Drucks. 16/10144, S. 95.
[25] § 219 Rn. 8.
[26] Vgl. hierzu Rn. 34.
[27] § 219 Rn. 13.
[28] Vgl. Rn. 10 und 11.

28 **3. Weitere Zulässigkeitsvoraussetzung.** In den beiden genannten Fällen einer externen Teilung obliegt dem Gericht die weitere Prüfung, ob die externe Teilung im Einzelfall unzulässig ist. Nach § 15 Abs. 5 VersAusglG ist eine externe Teilung unzulässig, wenn ein Anrecht durch Beitragszahlung nicht mehr begründet werden kann. Das ist beispielsweise dann der Fall, wenn die ausgleichsberechtigte Person bereits ihre Altersversorgung bezieht und daher ein Anrecht durch Beitragszahlung in der nach § 15 Abs. 1 VersAusglG gewählten Zielversorgung oder aber in der maßgeblichen Auffang-Zielversorgung nach § 15 Abs. 5 VersAusglG nicht mehr begründet werden kann. In einem solchen Fall ist – selbst bei Vorliegen einer Vereinbarung nach § 14 Abs. 2 Nr. 1 VersAusglG – eine externe Teilung unzulässig. Es kommt dann zu einer internen Teilung nach den §§ 10 bis 13 VersAusglG.

29 **4. Wahl der Zielversorgung.** Teilt die ausgleichsberechtigte Person mit, in welche Zielversorgung der ihr zustehende Ausgleichswert fließen soll, hat das Gericht zu prüfen, ob die gewählte Zielversorgung den Anforderungen des § 15 Abs. 2 bis 4 VersAusglG genügt. Dieser sieht vor:

§ 15 Wahlrecht hinsichtlich der Zielversorgung

(2) Die gewählte Zielversorgung muss eine angemessene Versorgung gewährleisten.

(3) Die Zahlung des Kapitalbetrags nach § 14 Abs. 4 an die gewählte Zielversorgung darf nicht zu steuerpflichtigen Einnahmen *oder zu einer schädlichen Verwendung*[29] bei der ausgleichspflichtigen Person führen, es sei denn, sie stimmt der Wahl der Zielversorgung zu.

(4) Ein Anrecht in der gesetzlichen Rentenversicherung, im Sinne des Betriebsrentengesetzes oder aus einem Vertrag, der nach § 5 des Altersvorsorgeverträge-Zertifizierungsgesetzes zertifiziert ist, erfüllt stets die Anforderungen der Absätze 2 und 3.

Daraus ergeben sich folgende Prüfpflichten des Gerichts:

30 **a) Gewährleistung einer angemessenen Versorgung (§ 15 Abs. 2 VersAusglG).** Das Gericht hat zu prüfen, ob die von der ausgleichsberechtigten Person gewählte Zielversorgung eine angemessene Versorgung gewährleistet. Diese Vorschrift dient dem Schutz der ausgleichsberechtigten Person vor der Wahl einer unzureichenden Zielversorgung. Dies ist insbesondere dann wichtig, wenn die ausgleichsberechtigte Person nicht anwaltlich vertreten ist.[30] Nach § 15 Abs. 4 VersAusglG gewährleisten die in der Praxis wichtigsten Zielversorgungen stets eine angemessene Versorgung. Dabei handelt es sich um folgende drei Zielversorgungen: aa) die gesetzliche Rentenversicherung, bb) eine betriebliche Altersversorgung im Sinne des BetrAVG,[31] cc) eine Privatvorsorge, wenn der Vertrag nach § 5 des Altersvorsorgeverträge-Zertifizierungsgesetzes zertifiziert ist („Riester-Vertrag"). Mit dieser gesetzlichen Regelung verbleiben in der Praxis nur noch wenige Zielversorgungen, bei denen das Gericht im Einzelfall zu prüfen hat, ob sie eine angemessene Versorgung gewährleisten. Insbesondere wird es sich hierbei um Privatvorsorgeverträge handeln, bei denen der Vertrag nicht nach § 5 Altersvorsorgeverträge-Zertifizierungsgesetz zertifiziert ist. Kommt das Gericht zu dem Ergebnis, dass die von der ausgleichsberechtigten Person gewählte Zielversorgung keine angemessene Versorgung gewährleistet, ist die Wahl der Zielversorgung unwirksam. Das Gericht hat die ausgleichspflichtige Person darauf hinzuweisen und ihr unter erneuter Fristsetzung Gelegenheit zu geben, eine andere Zielversorgung zu wählen.

31 **b) Keine steuerpflichtigen Einnahmen oder schädliche Verwendung (§ 15 Abs. 3 VersAusglG).** Das Gericht hat darüber hinaus zu prüfen, ob die Zahlung des Kapitalbetrags vom abgebenden Versorgungsträger an die gewählte Zielversorgung in steuerrechtlicher Hinsicht zu steuerpflichtigen Einnahmen (§ 3 EStG) oder zu einer schädlichen Verwendung (§ 93 EStG) bei der ausgleichspflichtigen Person führen würde. Ist dies der Fall, ist ebenfalls die Wahl der Zielversorgung unwirksam, es sei denn, die ausgleichspflichtige Person stimmt der getroffenen Wahl zu. Die Vorschrift dient dem Schutz der ausgleichspflichtigen Person vor einer Wahl der ausgleichsberechtigten Person, die sich steuerrechtlich nachteilig auf die ausgleichspflichtige Person auswirken würde. Zwar sind die meisten Fälle der externen Teilung nach § 3 Nr. 55 b EStG für die ausgleichspflichtige Person steuerneutral gestellt,[32] aus steuersystematischen Gründen konnte dies vom Gesetzgeber aber nicht für alle Übertragungen geregelt werden.[33]

---

[29] Eingefügt durch Art. 9 d des Gesetzes zur Änderung des Vierten Buches Sozialgesetzbuch, zur Errichtung einer Versorgungsausgleichskasse und anderer Gesetze vom 15. 7. 2009, BGBl. I S. 1939 (vgl. Beschlussempfehlung und Bericht des Ausschusses für Arbeit und Soziales, BT-Drucks. 16/13424).

[30] Vgl. Rn. 24.

[31] Vgl. hierzu *Merten/Baumeister* DB 2009, 957, 961.

[32] BT-Drucks. 16/10144, S. 108.

[33] BT-Drucks. 16/10144, S. 109.

aa) In § 15 Abs. 4 VersAusglG genannte Zielversorgungen. Der Gesetzgeber hat in § 15 **32**
Abs. 4 VersAusglG klargestellt, dass bei bestimmten Zielversorgungen die Zahlung des Kapitalbetrages vom abgebenden Versorgungsträger an die gewählte Zielversorgung nicht zu steuerpflichtigen Einnahmen oder zu einer schädlichen Verwendung bei der ausgleichspflichtigen Person führt. Dies ergibt sich bereits aus dem Steuerrecht,[34] ist aber an dieser Stelle wiederholt worden, um das Gericht von der Prüfung komplexer steuerrechtlicher Vorfragen zu entlasten.[35] Zugleich kann auch die ausgleichsberechtigte Person aus der Vorschrift entnehmen, welche Zielversorgungen den Anforderungen des § 15 Abs. 3 VersAusglG genügen. Es handelt sich dabei – genauso wie bei der Frage der Gewährleistung einer angemessenen Versorgung[36] – um folgende drei Zielversorgungen: aa) die gesetzliche Rentenversicherung, bb) eine betriebliche Altersversorgung im Sinne des BetrAVG, cc) eine Privatvorsorge, wenn der Vertrag nach § 5 des Altersvorsorgeverträge-Zertifizierungsgesetzes zertifiziert ist ("Riester-Vertrag"). Auch die Zahlung des Kapitalbetrags an die *Versorgungsausgleichskasse*[37] führt nicht zu steuerpflichtigen Einnahmen oder zu einer schädlichen Verwendung im Sinne des § 93 EStG, da diese Kasse steuerrechtlich einer betrieblichen Pensionskasse gleichsteht.[38]

bb) Einzelfallprüfung. Es verbleiben daher nur wenige Fälle, in denen das Gericht eine Einzel- **33**
fallprüfung vorzunehmen hat. Wählt beispielsweise der ausgleichsberechtigte Ehegatte als Zielversorgung für den Ausgleichswert eines betrieblichen Anrechts eine Versorgung, bei der die aus diesem Anrecht fließenden Leistungen bei ihm zu steuerpflichtigen Einkünften nach § 20 Abs. 1 Nr. 6 EStG oder nach § 22 Nr. 1 S. 3 a) bb) EStG führen würden, ist dieser Fall der externen Teilung nach § 3 Nr. 55 b S. 2 EStG für die ausgleichspflichtige Person nicht steuerneutral gestellt.[39] Gleiches gilt, wenn die Wahl der Zielversorgung zu einer schädlichen Verwendung gemäß § 93 EStG beim ausgleichspflichtigen Ehegatten führen würde. Denn im Falle einer schädlichen Verwendung werden die anteiligen Zulagen und gewährten Steuervorteile nach § 93 EStG vom ausgleichspflichtigen Ehegatten zurückgefordert. Eine solche schädliche Verwendung zu Lasten des ausgleichspflichtigen Ehegatten liegt beispielsweise dann vor, wenn der ausgleichsberechtigte Ehegatte als Zielversorgung für den Ausgleichswert eines Anrechts aus einer geförderten betrieblichen Altersversorgung einen nicht geförderten privaten Rentenvertrag wählt.[40]

cc) Zustimmung zur Wahl der Zielversorgung. Gelangt das Gericht auf Grund seiner **34**
Prüfung zu dem Ergebnis, dass die Zahlung des Kapitalbetrages an die gewählte Zielversorgung zu steuerpflichtigen Einnahmen oder zu einer schädlichen Verwendung bei der ausgleichspflichtigen Person führen würde, bedarf die Wahl der Zielversorgung der Zustimmung der ausgleichspflichtigen Person. Das Gericht hat in einem solchen Fall die Ehegatten darauf hinzuweisen und zugleich dem ausgleichspflichtigen Ehegatten Gelegenheit zu geben, der Wahl der Zielversorgung zuzustimmen. Eine Zustimmung wird beispielsweise dann in Betracht kommen, wenn die Ehegatten eine Vereinbarung dahingehend geschlossen haben, dass der ausgleichsberechtigte Ehegatte im Innenverhältnis für die durch die Teilung entstehende Steuerschuld des ausgleichspflichtigen Ehegatten aufkommt. Die Zustimmung der ausgleichspflichtigen Person unterliegt nach § 114 Abs. 4 Nr. 7 nicht dem Anwaltszwang. Stimmt die ausgleichspflichtige Person nicht zu, hat das Gericht die ausgleichsberechtigte Person darüber in Kenntnis zu setzen und sie zugleich unter erneuter Fristsetzung aufzufordern, eine andere Zielversorgung zu benennen. Unterbleibt dies, erfolgt die externe Teilung nach § 15 Abs. 5 VersAusglG durch Begründung eines Anrechts in der gesetzlichen Rentenversicherung *oder der Versorgungsausgleichskasse*.[41]

---

[34] § 3 Nr. 55 b S. 1 iVm. §§ 19, 20, 22 EStG.
[35] BT-Drs. 16/11903, S. 105.
[36] Vgl. Rn. 30.
[37] Diese Regelung tritt nach Artikel 10 Abs. 7 des Gesetzes zur Änderung des Vierten Buches Sozialgesetzbuch, zur Errichtung einer Versorgungsausgleichskasse und anderer Gesetze vom 15. 7. 2009, BGBl. I S. 1939 (vgl. Beschlussempfehlung und Bericht des Ausschusses für Arbeit und Soziales, BT-Drucks. 16/13424) erst in Kraft, sobald die Gründung der Versorgungsausgleichskasse nach dem Gesetz über die Versorgungsausgleichskasse (VersAusglKassG; Artikel 9 e dieses Gesetzes) abgeschlossen und die erstmalige Erlaubnis nach § 3 Abs. 1 S. 2 VersAusglKassG bekannt gemacht ist. Geschieht dies vor dem 1. 9. 2009, also vor Inkrafttreten der Strukturreform des Versorgungsausgleichs, so tritt die Vorschrift erst mit der Strukturreform am 1. 9. 2009 in Kraft.
[38] Beschlussempfehlung und Bericht des Ausschusses für Arbeit und Soziales, BT-Drucks. 16/13424, S. 39
[39] *Pohl* BetrAV 2008, 100.
[40] *Pohl* BetrAV 2008, 100, 101.
[41] Vgl. Rn. 22.

VI. Einverständnis des ausgewählten Versorgungsträgers (Abs. 2)

35 **1. Inhalt und Normzweck.** Abs. 2 ergänzt Abs. 1 in Bezug auf das Wahlrecht nach § 15 Abs. 1 VersAusglG: Übt die ausgleichsberechtigte Person ihr Wahlrecht nach § 15 Abs. 1 VersAusglG aus, das heißt, wählt sie innerhalb der vom Gericht gesetzten Frist eine konkrete Zielversorgung aus, so hat sie binnen derselben Frist zugleich nachzuweisen, dass der gewählte Versorgungsträger mit der vorgesehenen Teilung einverstanden ist. Hintergrund für diese Regelung ist, dass eine externe Teilung nicht ohne Einverständnis des aufnehmenden Versorgungsträgers durchgeführt werden kann. Insbesondere ist so auch gewährleistet, dass es nicht zwischen der ausgleichsberechtigten Person und dem Versorgungsträger der ausgleichspflichtigen Person zu einem Vertrag zu Lasten Dritter kommt. Der ausgleichsberechtigten Person ist zuzumuten, das Einverständnis des von ihr ausgewählten Versorgungsträgers in der gleichen Frist einzuholen, die ihr für die Ausübung des Wahlrechts vom Gericht gesetzt worden ist.

36 **2. Nachweis des Einverständnisses.** Die ausgleichsberechtigte Person hat nachzuweisen, dass der von ihr als Zielversorgung gewählte Versorgungsträger mit der vorgesehenen Teilung einverstanden ist. Wie dieser Nachweis erfolgt, bleibt ihr überlassen. Aus dem Nachweis muss sich jedoch mit hinreichender Deutlichkeit und Sicherheit ergeben, dass der gewählte Versorgungsträger mit der konkreten vorgesehenen Teilung einverstanden ist. Der gewählte Versorgungsträger hat zugleich die rechtlichen Grundlagen für das zu begründende Anrecht mitzuteilen (zB Versicherungsantrag, AVB etc.).[42] So kann das Gericht prüfen, ob es sich um eine angemessene Zielversorgung handelt und in der Beschlussformel die Rechtsgrundlage, nach welcher das Anrecht begründet wird, genau bezeichnen. Sind diese Angaben in der Einverständniserklärung des Versorgungsträgers nicht enthalten, kann das Gericht die entsprechenden Auskünfte auch nach § 220 Abs. 1 bei dem aufnehmenden Versorgungsträger einholen.[43] Zweckmäßigerweise nimmt der gewählte Versorgungsträger in seinem Einverständnis auf die Grundlage der externen Teilung Bezug. Also entweder auf die zwischen der ausgleichsberechtigten Person und dem Versorgungsträger der ausgleichspflichtigen Person getroffene Vereinbarung oder auf das Verlangen des Versorgungsträgers der ausgleichspflichtigen Person nach einer externen Teilung und außerdem auf den in der Auskunft des abgebenden Versorgungsträgers mitgeteilten kapitalisierten Ausgleichswert. Möglich ist auch der Abschluss einer dreiseitigen Vereinbarung über die externe Teilung zwischen ausgleichsberechtigtem Ehegatten, abgebendem Versorgungsträger und aufnehmendem Versorgungsträger.

37 **3. Kein Einverständnis erforderlich.** Ein Einverständnis des aufnehmenden Versorgungsträgers ist nicht erforderlich, wenn die ausgleichsberechtigte Person keine Zielversorgung wählt und die externe Teilung deshalb nach § 15 Abs. 5 VersAusglG durch Begründung eines Anrechts in der gesetzlichen Rentenversicherung *oder in der Versorgungsausgleichskasse*[44] erfolgt. Denn § 222 gilt nach seinem eindeutigen Wortlaut nur für den Fall der Ausübung des Wahlrechts nach § 15 Abs. 1 VersAusglG. Vor diesem Hintergrund ist die Regelung in Abs. 2 einschränkend dahingehend auszulegen, dass auch dann, wenn die ausgleichsberechtigte Person als Zielversorgung die gesetzliche Rentenversicherung *oder bei einem Anrecht im Sinne des BetrAVG als Zielversorgung die Versorgungsausgleichskasse*[45] wählt, kein Einverständnis des gewählten Versorgungsträgers erforderlich ist. Denn es kann keinen Unterschied machen, ob die ausgleichsberechtigte Person ihr Wahlrecht nicht ausübt und das Anrecht deshalb beim jeweiligen Auffangversorgungsträger begründet wird, oder ob sie ihr Wahlrecht entsprechend der Auffangregelung ausübt. *Bei der Wahl der Versorgungsausgleichskasse als Zielversorgungsträger ist allerdings Voraussetzung, dass es sich bei dem auszugleichenden Anrecht um ein Anrecht im Sinne des Betriebsrentengesetzes handelt (§ 15 Abs. 5 S. 2 VersAusglG).*[46] Schließlich ist ein Einverständnis des aufnehmenden Versorgungsträgers auch in den Fällen nicht erforderlich, in denen eine externe Teilung nach § 16 VersAusglG durch Begründung eines Anrechts bei einem Träger der gesetzlichen Rentenversicherung erfolgt.[47]

---

[42] BT-Drucks. 16/10144, S. 95.
[43] Vgl. § 220 Rn. 33.
[44] Diese Regelung tritt nach Art. 10 Abs. 7 des Gesetzes zur Änderung des Vierten Buches Sozialgesetzbuch, zur Errichtung einer Versorgungsausgleichskasse und anderer Gesetze vom 15. 7. 2009, BGBl. I S. 1939 (vgl. Beschlussempfehlung und Bericht des Ausschusses für Arbeit und Soziales, BT-Drucks. 16/13424) erst in Kraft, sobald die Gründung der Versorgungsausgleichskasse nach dem Gesetz über die Versorgungsausgleichskasse (VersAusglKassG; Artikel 9 e dieses Gesetzes) abgeschlossen und die erstmalige Erlaubnis nach § 3 Abs. 1 S. 2 VersAusglKassG bekannt gemacht ist. Geschieht dies vor dem 1. 9. 2009, also vor Inkrafttreten der Strukturreform des Versorgungsausgleichs, so tritt die Vorschrift erst mit der Strukturreform am 1. 9. 2009 in Kraft.
[45] Fn. 43.
[46] Fn. 43.
[47] Vgl. Rn. 41.

4. Frist für die Beibringung des Nachweises. Die ausgleichsberechtigte Person hat zugleich 38
mit der Wahl der Zielversorgung das Einverständnis dieses Zielversorgungsträgers beizubringen.
„Zugleich" bedeutet nicht, dass der Nachweis gleichzeitig mit der Ausübung des Wahlrechtes
beizubringen ist, sondern nur, dass der Nachweis zusätzlich zur Ausübung des Wahlrechts beizubringen ist und dass für die Beibringung dieses Nachweises die gleiche richterliche Frist wie für die
Ausübung des Wahlrechts gilt. Die ausgleichsberechtigte Person ist daher mit der Fristsetzung
zugleich aufzufordern, im Falle der Wahl einer Zielversorgung zugleich den Nachweis des Einverständnisses dieses Versorgungsträgers beizubringen. Übt die ausgleichsberechtigte Person ihr Wahlrecht aus, bevor ihr vom Gericht eine Frist zur Wahl der Zielversorgung gesetzt worden ist, so hat das
Gericht der ausgleichsberechtigten Person eine gesonderte Frist zur Beibringung des Nachweises zu
setzen, für welche die Grundsätze der Fristbestimmung nach Abs. 1 entsprechend gelten.[48]

5. Beteiligtenstellung des gewählten Versorgungsträgers. Der von der ausgleichsberechtigten Person gewählte Zielversorgungsträger ist nach § 219 Nr. 3 zu beteiligen.[49] 39

VII. Festsetzung des zu zahlenden Kapitalbetrages (Abs. 3)

1. Inhalt und Normzweck. Abs. 3 bestimmt, dass das Gericht in seiner Endentscheidung den 40
Betrag festzusetzen hat, den der Versorgungsträger der ausgleichspflichtigen Person an den Versorgungsträger der ausgleichsberechtigten Person zu zahlen hat. Damit enthält die Endentscheidung eine
vollstreckbare Titulierung des vom abgebenden Versorgungsträger an den aufnehmenden Versorgungsträger zu zahlenden Betrages. Unterbleibt die Zahlung, kann der aufnehmende Versorgungsträger den vom Gericht festgesetzten Kapitalbetrag nach den §§ 86 Abs. 1 Nr. 1, 95 nach den
Bestimmungen der ZPO gegen den abgebenden Versorgungsträger vollstrecken.[50] Der Beschluss
entfaltet insoweit zwischen den beiden Versorgungsträgern Rechtskraftwirkung.

2. Endentscheidung. Endentscheidung ist der den Verfahrensgegenstand ganz oder teilweise 41
erledigende Beschluss des Gerichts (§ 38 Abs. 1 S. 1).

3. Festsetzung des zu zahlenden Kapitalbetrages. Der Betrag, den der abgebende Versor- 42
gungsträger der ausgleichspflichtigen Person an den aufnehmenden Versorgungsträger der ausgleichsberechtigten Person zu zahlen hat, entspricht nach § 14 Abs. 4 VersAusglG dem Ausgleichswert als
Kapitalwert bzw. als korrespondierender Kapitalwert.

VIII. Externe Teilung nach § 16 VersAusglG

Abs. 4 stellt klar, dass die Absätze 1 bis 3 bei einer externen Teilung nach § 16 VersAusglG 43
(externe Teilung von Anrechten aus einem öffentlich-rechtlichen Dienst- oder Amtsverhältnis durch
Begründung eines Anrechts bei einem Träger der gesetzlichen Rentenversicherung) nicht anzuwenden sind. Hintergrund dafür ist, dass es sich in den Fällen des § 16 VersAusglG zwar strukturell um
eine externe Teilung handelt. Allerdings hat das Gericht bei dieser Teilung wie bisher nur anzuordnen, dass zulasten des Anrechts der ausgleichspflichtigen Person bei der Beamtenversorgung ein
Anrecht für die ausgleichsberechtigte Person bei der gesetzlichen Rentenversicherung begründet
wird. Weder besteht ein Wahlrecht der ausgleichsberechtigten Person im Hinblick auf die Zielversorgung nach Abs. 1, noch bedarf es eines Einverständnisses der aufnehmenden gesetzlichen Rentenversicherung zur externen Teilung nach Abs. 2, noch ist nach Abs. 3 der Betrag festzusetzen, der von
der Beamtenversorgung an die Rentenversicherung zu erstatten ist. Die Höhe der vom Beamtenversorgungsträger an den Träger der gesetzlichen Rentenversicherung zu zahlenden Erstattung ergibt
sich vielmehr wie bisher aus § 225 SGB VI.

---

§ 223 Antragserfordernis für Ausgleichsansprüche nach der Scheidung
Über Ausgleichsansprüche nach der Scheidung nach den §§ 20 bis 26 des Versorgungsausgleichsgesetzes entscheidet das Gericht nur auf Antrag.

---

[48] Vgl. Rn. 20.
[49] § 219 Rn. 23 ff.
[50] AA: *Musielak/Borth* Rn. 6: Die Vollstreckung könne durch den ausgleichsberechtigten Ehegatten in der
Weise vorgenommen werden, dass die Einzahlung des Ausgleichswerts in die Zielversorgung erfolgt.

I. Entstehungsgeschichte und Inhalt

1. Entstehungsgeschichte. Nach dem bis zum 31. 8. 2009 geltenden Recht erfolgte der schuldrechtliche Versorgungsausgleich gem. § 1587f BGB aF nur auf Antrag eines Ehegatten. Dies erstreckte sich auf die Durchführung des schuldrechtlichen Versorgungsausgleichs (§ 1587f BGB aF), auf die Abtretung von Versorgungsansprüchen (§ 1587i BGB aF) und auf die Zahlung einer Abfindung (§ 1587l BGB aF) und galt auch für den verlängerten schuldrechtlichen Versorgungsausgleich (§ 3a VAHRG aF). Die genannten materiellrechtlichen Vorschriften sind durch das VAStrRefG aufgehoben worden; der frühere schuldrechtliche Versorgungsausgleich und verlängerte schuldrechtliche Versorgungsausgleich ist nunmehr in den §§ 20 bis 26 VersAusglG („Ausgleichsansprüche nach der Scheidung") geregelt.[1] § 223 enthält die Bestimmung, dass das Gericht über Ausgleichsansprüche nach der Scheidung nach den §§ 20 bis 26 VersAusglG nur auf Antrag entscheidet.

2. Inhalt. Die Vorschrift bestimmt, dass das Gericht über Ausgleichsansprüche nach der Scheidung nur auf Antrag entscheidet. Ausgleichsansprüche nach der Scheidung sind 1. der Anspruch auf eine schuldrechtliche Ausgleichsrente, der Anspruch auf Abtretung von Versorgungsansprüchen und der Anspruch auf Ausgleich von Kapitalzahlungen (§§ 20 bis 22 VersAusglG), 2. der Anspruch auf Abfindung (§§ 23 und 24 VersAusglG) und 3. der Anspruch gegen den Versorgungsträger oder gegen die Witwe oder den Witwer auf Teilhabe an der Hinterbliebenenversorgung (§§ 25 und 26 VersAusglG, früher: sog. verlängerter schuldrechtlicher Versorgungsausgleich).

II. Antragserfordernis

1. Verfahrenseinleitung auf Antrag/von Amts wegen. Verfahren werden allgemein von Amts wegen oder auf Antrag eingeleitet. Die Regelung in § 223 stellt klar, dass das Gericht über Ausgleichsansprüche nach der Scheidung nach den §§ 20 bis 26 VersAusglG nur auf Antrag entscheidet. Das Verfahren über den Wertausgleich bei der Scheidung ist hingegen von Amts wegen einzuleiten: Nach § 137 Abs. 2 S. 2 ist für die Durchführung des Versorgungsausgleichs im Scheidungsverbund in den Fällen der §§ 6 bis 19 und 28 VersAusglG kein Antrag notwendig. Die Einleitung des Verfahrens kann aber nach § 24 angeregt werden, was in der Praxis meist im Rahmen des Scheidungsantrags erfolgt. Ausgleichsansprüche nach der Scheidung werden in der Regel außerhalb des Scheidungsverbunds beantragt, weil die Voraussetzungen eines Anspruchs zum Zeitpunkt der Scheidung in der Regel noch nicht vorliegen. Soll ein Ausgleichsanspruch nach der Scheidung ausnahmsweise im Scheidungsverbund geltend gemacht werden, weil dessen Voraussetzungen bereits gegeben sind, ist auch insoweit nach § 223 ein Antrag erforderlich. Nach Verfahrenseinleitung gilt für das Betreiben des Verfahrens sowohl in den Antragsverfahren als auch in den von Amts wegen eingeleiteten Verfahren der Amtsermittlungsgrundsatz nach § 26.

2. Inhalt und Form des Antrags. Bei dem Antrag handelt es sich um einen verfahrenseinleitenden Antrag, nicht um einen Sachantrag. Der Antrag muss nicht beziffert werden, er soll aber nach § 23 Abs. 1 S. 1 begründet werden. Der Antrag soll die Angabe der zur Begründung dienenden Tatsachen und Beweismittel und die Benennung der Personen, die als Beteiligte in Betracht kommen, enthalten. Urkunden, auf die Bezug genommen wird, sollen in Urschrift oder Abschrift beigefügt und der Antrag soll von dem Antragsteller oder seinem Bevollmächtigten unterschrieben werden. Die Antragsbegründung sollte Ausführungen dazu enthalten, in Bezug auf welche Versorgungen ein Anspruch geltend gemacht wird und ggf., ob es sich dabei um eine laufende Versorgung oder eine Kapitalzahlung handelt. Ist zuvor bereits ein Wertausgleich bei der Scheidung durchgeführt worden, hat das Gericht die danach für Ausgleichsansprüche nach der Scheidung noch verbleibenden Anrechte gem. § 224 Abs. 4 in der Begründung der Entscheidung benannt.[2] Der antragstellende Ehegatte kann sich also dieses Merkpostens bedienen. Es bietet sich für den Antragsteller an, diese Entscheidung dem Antrag beizufügen, damit das Gericht im Rahmen seiner Amtsermittlungspflicht auf die dortigen Angaben zurückgreifen und die Akte ggf. beiziehen kann. Das Gericht soll den Antrag nach § 23 Abs. 2 an die übrigen Beteiligten übermitteln. Werden Ansprüche gegen den anderen Ehegatten nach den §§ 20 bis 24 VersAusglG geltend gemacht, ist der Antrag an diesen zu übermitteln. Im Falle von Ansprüchen gegen den Versorgungsträger nach § 25 VersAusglG oder gegen die Witwe oder den Witwer nach § 26 VersAusglG ist der Antrag jeweils an diese zu übermitteln. Da in den selbständigen Versorgungsausgleichsverfahren kein Anwaltszwang besteht (Umkehrschluss aus § 114), können die Beteiligten das Verfahren selbst betreiben und damit auch Anträge und Erklärungen

---

[1] Hierzu: *Eichenhofer* FPR 2009, 211 ff.
[2] Vgl. § 224 Rn. 38 f.

gegenüber dem zuständigen Gericht schriftlich oder zur Niederschrift der Geschäftsstelle abgeben (§ 25 Abs. 1). Wurde die Antragstellung in erster Instanz versäumt (also in dem Fall, dass die Voraussetzungen für Ausgleichsansprüche nach der Scheidung bereits im Zeitpunkt der Scheidung vorlagen und daher im Verbundverfahren geltend gemacht werden konnten), kann der Antrag in der Beschwerdeinstanz nicht mehr nachgeholt werden.[3]

III. Sonstige auf Antrag einzuleitende Verfahren

Neben den in § 223 genannten Verfahren gibt es noch weitere Versorgungsausgleichsverfahren, die nur auf Antrag eingeleitet werden. In diesen Fällen ist jeweils in den materiellrechtlichen Vorschriften geregelt, dass es eines Antrages bedarf. So ist nach § 33 Abs. 1 VersAusglG für eine Anpassung wegen Unterhalt, über die nach § 34 Abs. 1 VersAusglG das Familiengericht entscheidet, ein Antrag erforderlich. Auch eine Abänderung der Entscheidung nach den §§ 51, 52 VersAusglG findet nach § 51 Abs. 1 VersAusglG nur auf Antrag statt, ebenso wie nach § 225 Abs. 2 eine Abänderung der Entscheidung nach den §§ 225, 226. Des Weiteren handelt es sich auch bei Verfahren auf Auskunftserteilung nach § 4 VersAusglG iVm. § 1605 Abs. 1 S. 2 und 3 BGB um Antragsverfahren. Ein nach § 2 Abs. 1 S. 2 VAÜG aF ausgesetzter Versorgungsausgleich ist nach § 50 Abs. 1 Nr. 1 VersAusglG auf Antrag eines Ehegatten oder eines Versorgungsträgers wieder aufzunehmen, wenn aus einem im Versorgungsausgleich zu berücksichtigenden Anrecht Leistungen zu erbringen oder zu kürzen wären.[4] Hierbei handelt es sich aber nicht um eine Einleitung auf Antrag, sondern um eine Wiederaufnahme auf Antrag. 5

§ 224 Entscheidung über den Versorgungsausgleich

(1) Endentscheidungen, die den Versorgungsausgleich betreffen, werden erst mit Rechtskraft wirksam.

(2) Die Endentscheidung ist zu begründen.

(3) Soweit ein Wertausgleich bei der Scheidung nach § 3 Abs. 3, den §§ 6, 18 Abs. 1 oder Abs. 2 oder § 27 des Versorgungsausgleichsgesetzes nicht stattfindet, stellt das Gericht dies in der Beschlussformel fest.

(4) Verbleiben nach dem Wertausgleich bei der Scheidung noch Anrechte für Ausgleichsansprüche nach der Scheidung, benennt das Gericht diese Anrechte in der Begründung.

Übersicht

	Rn.		Rn.
I. Die Entscheidung über den Versorgungsausgleich	1–5	6. Beschlussformel bei der externen Teilung	13
1. Allgemeines	1	a) Normalfall: Externe Teilung nach den §§ 14, 15, 17 VersAusglG	14
2. Inhalt der Entscheidung	2	b) Sonderfall: Externe Teilung nach § 16 VersAusglG	15
3. Begründung der Entscheidung	3	**III. Die Kostenentscheidung**	16
4. Rechtsbehelfsbelehrung	4	1. Verbundentscheidung	17
5. Verkündung/Bekanntgabe	5	2. Abgetrennte Versorgungsausgleichssachen	18
II. Die Beschlussformel zur Hauptsache	6–15	3. Selbständige Versorgungsausgleichssachen	19
1. Beschlussformel	6	**IV. Wirksamkeit der Entscheidung (Abs. 1)**	20–24
2. Inhalt der Beschlussformel	7	1. Entstehungsgeschichte	20
3. Beschlussformel bei der internen Teilung	8	2. Inhalt und Normzweck	21
4. Kostenabzug durch Versorgungsträger	9–11	3. Eintritt der Rechtskraft	22
a) Beschlussformel	10	4. Verbundentscheidungen	23
b) Gesonderter Ausspruch	11		
5. Keine Verrechnung von Anrechten durch das Gericht	12		

---

[3] BGH NJW 1990, 1847, aA OLG Bamberg FamRZ 2001, 689.
[4] Näher hierzu: *Weil* FPR 2009, 209.

	Rn.		Rn.
5. Rechtskraftzeugnis	24	c) Geringfügigkeit der Ausgleichswertdifferenz gleichartiger Anrechte	35
V. Begründung der Entscheidung (Abs. 2)	25–28	d) Geringfügigkeit eines Ausgleichswerts	36
1. Entstehungsgeschichte	25	e) Grobe Unbilligkeit	37
2. Inhalt und Normzweck	26	VII. Benennung verbleibender Anrechte (Abs. 4)	38–41
3. Inhalt der Begründung	27	1. Inhalt und Normzweck	38
4. Entscheidung in Verbundsachen	28	2. Fallgruppen	39–41
VI. Feststellung der Nichtdurchführung des Versorgungsausgleichs (Abs. 3)	29–37	a) Fehlende Ausgleichsreife	40
		b) Vereinbarung der Ehegatten	41
1. Inhalt und Normzweck	29	VIII. Verfahrenswert und Gebühren	42–46
2. Anwendungsbereich	30	1. Verfahrenswert	42
3. Inhalt der Beschlussformel	31	a) Versorgungsausgleichssachen	43
4. Einzelne Fälle der Nichtdurchführung	32–37	b) Verbundverfahren	44
a) Kurze Ehezeit	33	2. Gerichtsgebühren	45
b) Vereinbarung der Ehegatten	34	3. Rechtsanwaltsgebühren	46

I. Die Entscheidung über den Versorgungsausgleich

1 **1. Allgemeines.** Die Vorschrift fasst die ursprünglich durch das FGG-RG[1] in § 227 getroffenen Regelungen neu und ergänzt diese. Sie betrifft nach ihrer Überschrift alle Entscheidungen über den Versorgungsausgleich, ihrem Inhalt nach tatsächlich aber nur Endentscheidungen. Eine Endentscheidung liegt nach § 38 Abs. 1 vor, soweit durch die Entscheidung der Verfahrensgegenstand ganz oder teilweise erledigt wird. Über Endentscheidungen entscheidet das Gericht nach § 38 Abs. 1 durch Beschluss. Das gilt auch für die Ehesache (Umkehrschluss aus § 113 Abs. 1 S. 1). Zwischen- und Nebenentscheidungen müssen nur dann durch Beschluss ergehen, wenn dies im Gesetz vorgesehen ist[2] (zB der Beschluss über die Verweisung bei Unzuständigkeit gem. § 3 oder der Beschluss über die Verhängung eines Ordnungsgeldes gem. § 33 Abs. 3). Ist über den Versorgungsausgleich im Verbund zu entscheiden, ergeht die Entscheidung nach § 142 Abs. 1 zusammen mit dem Scheidungsausspruch und ggf. weiteren Folgesachen in einem einheitlichen Beschluss. Wird der Scheidungsantrag abgewiesen, werden die Folgesachen gem. § 142 Abs. 2 grundsätzlich gegenstandslos. Eine Entscheidung über den Versorgungsausgleich ist dann nicht zu treffen. In abgetrennten oder selbständigen Versorgungsausgleichsverfahren ergeht ein Beschluss nur zur Versorgungsausgleichssache. Auch Teilentscheidungen sind möglich, wenn ein aussonderbarer Teil des Verfahrensgegenstandes vorliegt, über den selbständig entschieden werden kann.[3] Eine Teilentscheidung darf aber nur ergehen, wenn die Entscheidung unabhängig von der Entscheidung über den restlichen Verfahrensgegenstand möglich ist.[4]

2 **2. Inhalt der Entscheidung.** Die Entscheidung enthält nach § 38 Abs. 2 Folgendes:
1. die Bezeichnung der Beteiligten, ihrer gesetzlichen Vertreter und der Bevollmächtigten;
2. die Bezeichnung des Gerichts und die Namen der Gerichtspersonen, die bei der Entscheidung mitgewirkt haben;
3. die Beschlussformel.

Die Beteiligten, ihre gesetzlichen Vertreter und die Bevollmächtigten werden im Rubrum bezeichnet. Wer Beteiligter ist, ergibt sich aus § 219 und § 7. Das Gericht und die Namen der Gerichtspersonen (Richter), die an der Entscheidung mitgewirkt haben, werden nachfolgend im Eingangssatz bezeichnet. Das Datum der Übergabe des Beschlusses an die Geschäftsstelle oder der Bekanntgabe durch Verlesen der Beschlussformel ist nach § 38 Abs. 3 auf dem Beschluss zu vermerken.

3 **3. Begründung der Entscheidung.** Der Beschluss ist nach Abs. 2 der Vorschrift zwingend zu begründen und nach § 38 Abs. 3 S. 2 zu unterschreiben. Ein Absehen von der Begründung nach § 38 Abs. 4 ist wegen der in Abs. 2 vorgesehenen Begründungspflicht bei Endentscheidungen in Versorgungsausgleichssachen nicht möglich. So ist sichergestellt, dass die Ehegatten und ihre Anwälte, aber auch die Versorgungsträger, die die Entscheidung umsetzen müssen, die Versorgungsausgleichs-

---

[1] BGBl. I 2008 S. 2586.
[2] BT-Drucks. 16/6308, S. 195.
[3] *Keidel/Kuntze/Winkler* § 53b FGG Rn. 10 b m. weit. Nachw.; *Ruland* Rn. 1027.
[4] BGH FamRZ 1983, 38; BGH NJW 1984, 120.

entscheidung anhand der Begründung nachvollziehen und überprüfen können. Die dahinterstehenden Ehegatten müssen den Versorgungsausgleich ohne juristische Vorbildung verstehen und auch nachvollziehen. Schließlich geht es um die in der Ehezeit erworbenen Anrechte der Ehegatten.[5]

4. Rechtsbehelfsbelehrung. Außerdem hat jeder Beschluss eine Belehrung über das statthafte Rechtsmittel, den Einspruch, den Widerspruch oder die Erinnerung sowie das Gericht, bei dem diese Rechtsbehelfe einzulegen sind, dessen Sitz und die einzuhaltende Form und Frist zu enthalten (§ 39). Gegen die im ersten Rechtszug ergangenen Versorgungsausgleichsentscheidungen der Amtsgerichte ist das Rechtsmittel der Beschwerde (§§ 58 ff.) statthaft. Die Rechtsbeschwerde eines Beteiligten ist statthaft, wenn sie das Beschwerdegericht oder das Oberlandesgericht im ersten Rechtszug in dem Beschluss zugelassen hat (§§ 70 ff.).[6]

5. Verkündung/Bekanntgabe. Für Versorgungsausgleichssachen, über die zusammen mit der Scheidung im Verbund durch einheitlichen Beschluss entschieden wird (§ 142 Abs. 1) sieht das Gesetz eine erleichterte Möglichkeit der Verkündung vor: Nach § 142 Abs. 3 kann insoweit bei der Verkündung auf die Beschlussformel Bezug genommen werden. Der Gesetzgeber wollte mit dieser Regelung den Bedürfnissen der Praxis Rechnung tragen: In Scheidungs- und Folgesachen sind die Eheleute regelmäßig beim Verlesen der Beschlussformel persönlich anwesend. Für sie steht der Scheidungsausspruch im Mittelpunkt des Interesses und der Wahrnehmung. Die eher technische Entscheidung zum Versorgungsausgleich, bestehend aus Wertbeträgen, Kontonummern, Bezeichnungen der Versorgungsträger usw. können und wollen die Eheleute in diesem Moment regelmäßig nicht nachvollziehen. Die Einzelheiten der Entscheidung zum Versorgungsausgleich erschließen sich ohnehin nur bei der Erörterung der beabsichtigten Regelung im Termin bzw. im Zusammenhang mit der schriftlichen Begründung.[7] Die nach dem reformierten Versorgungsausgleichsrecht auf Grund der Teilung jedes Anrechts wesentlich längeren Beschlussformeln des Wertgleichs bei der Scheidung[8] brauchen daher bei der Verkündung der Entscheidung nicht verlesen werden, sondern es kann insoweit auf die schriftliche Beschlussformel Bezug genommen werden. Entscheidungen in selbständigen Versorgungsausgleichsverfahren sind den Beteiligten nach § 41 Abs. 1 bekannt zu geben. Erfolgt die Bekanntgabe gegenüber Anwesenden durch Verlesen der Beschlussformel nach § 41 Abs. 2 S. 1, so gilt die Erleichterung des § 142 Abs. 3 nicht. Das ist deshalb gerechtfertigt, weil in diesen Fällen der Versorgungsausgleich alleiniger Verfahrensgegenstand ist und von daher im Mittelpunkt des Interesses der anwesenden Beteiligten steht. Zudem ist die Beschlussformel in selbständigen Versorgungsausgleichssachen in der Regel sehr viel kürzer als die Beschlussformel zum Wertausgleich bei der Scheidung.

II. Die Beschlussformel zur Hauptsache

1. Beschlussformel. Die Beschlussformel ist die Entsprechung zum Urteilstenor. Sie enthält in möglichst knapper und genauer Form die Entscheidung des Gerichts und muss ohne Gründe aus sich heraus verständlich sein. Wird mit dem Beschluss unmittelbar ein Rechtszustand geändert (Gestaltungsentscheidung) muss die Beschlussformel so bestimmt sein, dass feststeht, welcher konkrete Rechtszustand in welcher Form geändert wird. Zu der Beschlussformel gehört nicht nur die Entscheidung über die Hauptsache, sondern auch die Entscheidung über die Kosten. Diese richtet sich in Verbundsachen nach § 150, im Übrigen nach den §§ 81 ff.[9]

2. Inhalt der Beschlussformel. Die Beschlussformel enthält für jedes Anrecht jeweils folgende Angaben:
a) die Angabe, ob es sich um eine interne Teilung („Übertragung") oder eine externe Teilung („Begründung") handelt;
b) die Bezeichnung des jeweils ausgleichspflichtigen Ehegatten („zu Lasten") und des jeweils ausgleichsberechtigten Ehegatten („zu Gunsten");
c) die Bezeichnung des Versorgungsträgers, bei dem das auszugleichende Anrecht besteht;
d) die Bezeichnung des auszugleichenden Anrechts (zB Versicherungsnummer);
e) bei einer externen Teilung: die Bezeichnung des Versorgungsträgers, bei dem ein Anrecht ausgebaut oder begründet wird;
f) soweit bei der internen oder externen Teilung bereits ein Konto des ausgleichsberechtigten Ehegatten bei dem Versorgungsträger besteht, bei dem das Anrecht begründet oder übertragen

---

[5] *Elden* FPR 2009, 206, 208.
[6] Vgl. im Einzelnen § 228 Rn. 2 ff.
[7] BT-Drucks. 16/10144, S. 93.
[8] Kritisch: *Triebs* FPR 2009, 202, 205.
[9] Vgl. im Einzelnen Rn. 16 ff.

wird: die Bezeichnung des Anrechts, das aufgestockt oder begründet wird (zB Versicherungsnummer);
g) die Höhe des Ausgleichswerts und dessen Bezugsgröße;
h) die Rechtsgrundlage für das zu übertragene oder zu begründende Anrecht (bei gesetzlicher Rentenversicherung und Beamtenversorgung entbehrlich);
i) das Ende der Ehezeit, auf das sich die Übertragung oder Begründung zu beziehen hat;
j) bei einer internen Teilung ggf. die Verminderung der Anrechte der Ehegatten um den Kostenabzug des Versorgungsträgers;
k) bei einer externen Teilung: die Verpflichtung des abgebenden Versorgungsträgers, einen Kapitalbetrag an den aufnehmenden Versorgungsträger (Zielversorgung) zu zahlen.

8 **3. Beschlussformel bei der internen Teilung.** Nachfolgend ist dargestellt, wie die Beschlussformel bei einer internen Teilung in Bezug auf die unterschiedlichen Versorgungsträger lautet.[10] In der jeweiligen Überschrift ist zusätzlich zum Versorgungsträger die jeweilige maßgebliche Bezugsgröße genannt. Aus Vereinfachungsgründen ist jeweils von einem Anrecht des Ehemannes ausgegangen worden, das zugunsten der Ehefrau geteilt wird.

– **Gesetzliche Rentenversicherung – Entgeltpunkte –**
Im Wege der internen Teilung wird zu Lasten des Anrechts des Ehemannes bei der Deutschen Rentenversicherung ... (Versicherungskonto-Nr.: ...) zu Gunsten der Ehefrau ein Anrecht in Höhe von ... Entgeltpunkten auf das bei der Deutschen Rentenversicherung ... zu errichtende Versicherungskonto/bestehende Versicherungskonto (Nr.: ...), bezogen auf den ..., übertragen.

– **Gesetzliche Rentenversicherung – Entgeltpunkte (Ost) –**
Im Wege der internen Teilung wird zu Lasten des Anrechts des Ehemannes bei der Deutschen Rentenversicherung ... (Versicherungskonto-Nr.: ...) zu Gunsten der Ehefrau ein Anrecht in Höhe von ... Entgeltpunkten (Ost) auf das bei der Deutschen Rentenversicherung ... zu errichtende Versicherungskonto/ bestehende Versicherungskonto (Nr.: ...), bezogen auf den ..., übertragen.

– **Beamtenversorgung – Rentenbetrag –**
Im Wege der internen Teilung wird zu Lasten des Anrechts des Ehemannes bei ... (Nr.: ...) zu Gunsten der Ehefrau ein Anrecht in Höhe von ... EUR monatlich, bezogen auf den ..., übertragen.

– **Berufsständische Versorgung – Rentenbetrag / Versorgungspunkte / Kapitalwert –**
Im Wege der internen Teilung wird zu Lasten des Anrechts des Ehemannes bei ... (Nr.: ...) zu Gunsten der Ehefrau ein Anrecht in Höhe von ... EUR monatlich / ... Versorgungspunkten / ... EUR Kapitalwert nach Maßgabe der Satzung vom ..., bezogen auf den ... übertragen.

– **Betriebliche Altersversorgung – Rentenbetrag / Kapitalwert –**
Im Wege der internen Teilung wird zu Lasten des Anrechts des Ehemannes bei ... (Nr.: ...) zu Gunsten der Ehefrau ein Anrecht in Höhe von ... EUR monatlich / ... EUR Kapitalwert nach Maßgabe der Satzung/ der Versorgungsordnung/ der Betriebsvereinbarung/ des Einzelvertrages vom ..., bezogen auf den ... übertragen.

– **Private Altersversorgung – Kapitalwert –**
Im Wege der internen Teilung wird zu Lasten des Anrechts des Ehemannes bei ... (Nr.: ...) zu Gunsten der Ehefrau ein Anrecht in Höhe von ... EUR Kapitalwert nach Maßgabe des Tarifs ... der AVB vom ..., bezogen auf den ... übertragen.

– **Zusatzversorgung des öffentlichen Dienstes – Versorgungspunkte –**
Im Wege der internen Teilung wird zu Lasten des Anrechts des Ehemannes bei ... (Nr.: ...) zu Gunsten der Ehefrau ein Anrecht in Höhe von ... Versorgungspunkten nach Maßgabe der Satzung vom ..., bezogen auf den ... übertragen.

9 **4. Kostenabzug durch Versorgungsträger.** Der Versorgungsträger kann nach § 13 VersAusglG die bei der internen Teilung entstehenden Kosten mit den Anrechten beider Ehegatten jeweils hälftig verrechnen, soweit sie angemessen sind. Macht der Versorgungsträger für den Fall einer internen Teilung solche ihm entstehenden Kosten geltend, hat die Beschlussformel daher jeweils auch einen Ausspruch dazu zu enthalten, in welcher Höhe sich die Anrechte der Ehegatten um einen Kostenabzug des Versorgungsträgers vermindern.

10 **a) Beschlussformel.** Die Beschlussformel zum Kostenabzug kann wie folgt lauten: „Die Anrechte der Ehegatten vermindern sich jeweils um einen Kostenabzug des Versorgungsträgers in Höhe von ...".

11 **b) Gesonderter Ausspruch.** Das Erfordernis eines gesonderten Ausspruchs des Kostenabzugs ergibt sich daraus, dass nach § 1 Abs. 2 S. 2 VersAusglG den Ehegatten untereinander jeweils die

---
[10] Vgl. auch *Eulering/Viefhues* FamRZ 2009, 1368 mit Beispielsfällen.

Hälfte des Werts des Ehezeitanteils des jeweiligen Anrechts des anderen Ehegatten (Ausgleichswert) zusteht. Der Ausgleichswert im Sinne des Gesetzes ist also der Wert, der sich ohne den Kostenabzug des Versorgungsträgers ergibt (Bruttowert).[11] Von dem durch die Übertragung des Ausgleichswerts entstandenen Anrecht des ausgleichsberechtigten Ehegatten und dem verbliebenen Anrecht des ausgleichspflichtigen Ehegatten sind die Kosten der internen Teilung zugunsten des Versorgungsträgers abzuziehen. Das kommt auch in der Beschlussformel zur internen Teilung zum Ausdruck: Die Übertragung des Anrechts zu Gunsten des ausgleichsberechtigten Ehegatten in Höhe des Ausgleichswerts erfolgt zu Lasten des Anrechts des ausgleichspflichtigen Ehegatten. Das bedeutet, dass die Kürzung des Anrechts des ausgleichspflichtigen Ehegatten („zu Lasten") das spiegelbildliche Gegenstück zu dem für den ausgleichsberechtigten Ehegatten übertragenen Ausgleichswert („zu Gunsten") ist. Würde man den Ausgleichswert im Sinne von § 1 Abs. 2 S. 2 VersAusglG hingegen als Nettowert (also nach Kostenabzug) verstehen, so würde dies zum einen bedeuten, dass den Ehegatten untereinander nur die um den Kostenabzug verminderte Hälfte des Werts des Ehezeitanteils zustehen würde. Das kann aber nicht richtig sein, da der Kostenabzug nicht durch den anderen Ehegatten, sondern durch einen Dritten, nämlich den Versorgungsträger geltend gemacht wird und auch diesem zusteht. Zum anderen würde in der Beschlussformel der (um den Kostenabzug verminderte) Wert zu Gunsten des ausgleichsberechtigten Ehegatten nicht der (um den Kostenabzug erhöhten) Kürzung des Anrechts des ausgleichspflichtigen Ehegatten entsprechen. Schließlich würde es bei einer Beschlussformel lediglich zur Übertragung des (Netto)Ausgleichswerts jedenfalls an einer ausdrücklichen Entscheidung des Gerichts zum Kostenabzug gegenüber dem ausgleichspflichtigen Ehegatten fehlen.

5. Keine Verrechnung von Anrechten durch das Gericht. Sind bei der internen Teilung für beide Ehegatten Anrechte gleicher Art bei demselben Versorgungsträger auszugleichen, so nimmt das Gericht keine Verrechnung vor. In § 10 Abs. 2 VersAusglG ist zwar für die interne Teilung eine Verrechnung von Anrechten gleicher Art bei demselben Versorgungsträger vorgesehen. Allerdings bezieht sich diese Vorschrift nur auf die Vollziehung des Versorgungsausgleichs durch den Versorgungsträger nach der Entscheidung des Gerichts. Sind also beispielsweise Anrechte beider Ehegatten bei der gesetzlichen Rentenversicherung auszugleichen, lautet der Tenor:

Im Wege der internen Teilung wird zu Lasten des Versicherungskontos des Ehemannes bei der Deutschen Rentenversicherung ... (Nr.: ...) ein Anrecht in Höhe des Ausgleichswerts von ... Entgeltpunkten auf das Versicherungskonto der Ehefrau bei der Deutschen Rentenversicherung ... (Nr.: ...), bezogen auf den ..., übertragen.

Im Wege der internen Teilung wird zu Lasten des Versicherungskontos der Ehefrau bei der Deutschen Rentenversicherung ... (Nr.: ...) ein Anrecht in Höhe des Ausgleichswerts von ... Entgeltpunkten auf das Versicherungskonto des Ehemannes bei der Deutschen Rentenversicherung ... (Nr.: ...), bezogen auf den ..., übertragen.

Erst beim Vollzug der gerichtlichen Entscheidung durch den Träger der gesetzlichen Rentenversicherung erfolgt eine Verrechnung der beiden Anrechte nach Maßgabe des SGB VI.

6. Beschlussformel bei der externen Teilung. Bei einer externen Teilung lautet die Beschlussformel wie folgt:

a) Normalfall: Externe Teilung nach den §§ 14, 15, 17 VersAusglG. Im Wege der externen Teilung wird zu Lasten des Anrechts des Ehemannes bei ... (Nr.: ...) zu Gunsten der Ehefrau ein Anrecht in Höhe von ... EUR Kapitalwert auf dem bei ... zu errichtenden Versicherungskonto/ bestehenden Versicherungskonto (Nr.: ...) nach Maßgabe der Satzung/der Versorgungsordnung/der Betriebsvereinbarung/des Vertragsangebots vom ... bezogen auf den ... begründet.

Der ... wird verpflichtet, zu diesem Zweck .... EUR an den ... zu zahlen.

b) Sonderfall: Externe Teilung nach § 16 VersAusglG. Im Wege der externen Teilung wird zu Lasten des Anrechts des Ehemannes bei ... (Nr.: ...) zu Gunsten der Ehefrau ein Anrecht in Höhe von ... EUR monatlich auf das bei der Deutschen Rentenversicherung ... zu errichtende Versicherungskonto/ bestehende Versicherungskonto (Nr.: ...) bezogen auf den ... begründet.

Der Monatsbetrag ist in Entgeltpunkte umzurechnen.

III. Die Kostenentscheidung

Zu der Beschlussformel gehört auch die Entscheidung über die Kosten. Die Kostenentscheidung richtet sich in Verbundsachen und abgetrennten Folgesachen nach § 150, im Übrigen nach den §§ 81 ff.

---

[11] Anders allerdings BT-Drucks. 16/10144, S. 50: Der Kostenabzug finde seinen Niederschlag beim Vorschlag für den Ausgleichswert; ebenso *Eulering/Vieflues* FamRZ 2009, 1368.

17 1. Verbundentscheidung. Ergeht die Entscheidung zum Versorgungsausgleich im Verbund mit der Scheidungssache und wird die Scheidung der Ehe ausgesprochen, so sind nach § 150 Abs. 1 die Kosten der Scheidungssache und der Folgesachen gegeneinander aufzuheben. Die Ehegatten tragen also jeweils die Hälfte der Gerichtskosten und ihre eigenen außergerichtlichen Kosten. Dies gilt nach § 150 Abs. 2 S. 2 auch, wenn beide Ehegatten Scheidungsanträge eingereicht haben und beide ihre Anträge zurücknehmen oder beide Anträge abgewiesen werden oder wenn das Verfahren in der Hauptsache erledigt ist. Hat nur ein Ehegatte einen Scheidungsantrag gestellt und wird dieser abgewiesen oder zurückgenommen, trägt nach § 150 Abs. 2 S. 1 der Antragsteller die Kosten der Scheidungssache und der Folgesachen. Sind in der Versorgungsausgleichssache außer den Ehegatten weitere Beteiligte vorhanden, tragen diese gem. § 150 Abs. 3 ihre außergerichtlichen Kosten selbst. Das betrifft insbesondere die nach § 219 Nr. 2 oder Nr. 3 beteiligten Versorgungsträger. In Ausnahmefällen kann das Gericht die Kosten nach § 150 Abs. 4 nach billigem Ermessen anderweitig verteilen.

18 2. Abgetrennte Versorgungsausgleichssachen. Wird eine Versorgungsausgleichssache aus dem Scheidungsverbund abgetrennt und über diese gesondert entschieden, gelten nach § 150 Abs. 5 S. 1 ebenfalls die Kostenregeln zur Verbundentscheidung nach § 150 Abs. 1 bis 4.

19 3. Selbständige Versorgungsausgleichssachen. Ergeht eine Entscheidung in einer selbständigen Versorgungsausgleichssache (zB Ansprüche auf einen Wertausgleich nach der Scheidung nach den §§ 20 bis 26 VersAusglG, Abänderungsentscheidungen nach den §§ 51, 52 VersAusglG oder nach den §§ 225, 226, Versorgungsausgleich nach Scheidung im Ausland), so richtet sich die Kostenentscheidung nach den §§ 81 ff. Die Kostenentscheidung erfolgt nach § 81 Abs. 1 nach billigem Ermessen. Das Gericht kann die Kosten des Verfahrens nach billigem Ermessen den Beteiligten ganz oder zum Teil auferlegen. Es kann auch anordnen, dass von der Erhebung der Kosten abzusehen ist. Im Gesetz ist nunmehr eine verpflichtende Kostenentscheidung vorgesehen (§ 81 Abs. 3). In § 81 Abs. 2 sind besondere Konstellationen geregelt, in denen das Gericht die Kosten des Verfahrens ganz oder teilweise einem Beteiligten auferlegen soll. In Versorgungsausgleichssachen kommen insbesondere die Tatbestände von Nr. 3 (der Beteiligte hat zu einer wesentlichen Tatsache schuldhaft unwahre Angaben gemacht) und Nr. 4 (der Beteiligte hat durch schuldhaftes Verletzen seiner Mitwirkungspflichten das Verfahren erheblich verzögert) in Betracht, wenn ein Ehegatte schuldhaft falsche oder verspätete Auskünfte über seine in der Ehezeit erworbenen Anrechte gibt oder seiner Mitwirkungspflicht nach § 220 Abs. 3 schuldhaft nicht nachkommt.

IV. Wirksamkeit der Entscheidung (Abs. 1)

20 1. Entstehungsgeschichte. Die Vorschrift übernimmt die nach dem FGG-RG[12] in § 227 S. 1 enthaltene Regelung, dass Endentscheidungen, die den Versorgungsausgleich betreffen, erst mit Rechtskraft wirksam werden. Diese Vorschrift entsprach inhaltlich dem bis zum 31. 8. 2009 geltenden § 53g Abs. 1 FGG aF.

21 2. Inhalt und Normzweck. Die Vorschrift enthält eine Sonderbestimmung zur Wirksamkeit von Endentscheidungen in Versorgungsausgleichssachen. Nach der allgemeinen Vorschrift des § 40 wird der Beschluss bereits mit Bekanntgabe an den Beteiligten, für den er seinem wesentlichen Inhalt nach bestimmt ist, wirksam. Abweichend hiervon ist für Endentscheidungen in Versorgungsausgleichssachen vorgesehen, dass die Endentscheidung erst mit Rechtskraft wirksam wird. Hintergrund für diese Ausnahmeregelung ist, dass Endentscheidungen über den Versorgungsausgleich rechtsgestaltend wirken, das heißt unmittelbar zur Herstellung oder Umgestaltung von Versicherungs- oder Versorgungsverhältnissen führen.[13]

22 3. Eintritt der Rechtskraft. Der Eintritt der formellen Rechtskraft bestimmt sich nach § 45. Danach tritt die formelle Rechtskraft erst ein, wenn die Frist für die Einlegung des zulässigen Rechtsmittels abgelaufen ist. Der Eintritt der Rechtskraft wird dadurch gehemmt, dass das Rechtsmittel rechtzeitig eingelegt wird. Bei unanfechtbaren richterlichen Entscheidungen oder Rechtsmittelverzicht aller Rechtsmittelberechtigter tritt die formelle Rechtskraft sofort ein. Im Falle eines Rechtsmittelverzichts durch die Ehegatten ist zu beachten, dass auch die beteiligten Versorgungsträger rechtsmittelberechtigt sind.

23 4. Verbundentscheidungen. Ist über die Versorgungsausgleichssache im Verbund mit der Scheidungssache entschieden worden, wird die Entscheidung über die Folgesache Versorgungsausgleich nicht vor Rechtskraft des Scheidungsausspruchs wirksam (§ 148). Es ist also eine doppelte Rechts-

---

[12] BGBl. I 2008 S. 2586.
[13] MünchKommBGB/*Strobel* § 53g FGG Rn. 1.

kraftprüfung erforderlich. Die Entscheidung über die Versorgungsausgleichssache wird erst wirksam, wenn sowohl die Scheidungssache rechtskräftig ist, als auch die Versorgungsausgleichssache selbst. Die Rechtskraft kann insbesondere dann auseinanderfallen, wenn die eine Entscheidung mit einem Rechtsmittel angefochten und die andere nicht innerhalb eines Monats nach Zustellung der Rechtsmittelbegründung mit einem Anschlussrechtsmittel angegriffen und damit vorab rechtskräftig wird.

5. Rechtskraftzeugnis. Für die Erteilung des Rechtskraftzeugnisses ist grundsätzlich die Geschäftsstelle des Gerichts des ersten Rechtszuges, also des Familiengerichts zuständig (§ 46 S. 1). Dabei prüft der Urkundsbeamte der Geschäftsstelle die formelle Rechtskraft der Entscheidung, also dass bis zum Fristablauf keine Rechtsmittelschrift eingereicht worden ist. Das Rechtskraftzeugnis wird als Bescheinigung des Urkundsbeamten der Geschäftsstelle erteilt und kann auf die Endentscheidung gesetzt werden oder als selbständige Bescheinigung erteilt werden. Die Entscheidung der Geschäftsstelle ist mit der Erinnerung in entsprechender Anwendung des § 573 ZPO anfechtbar.[14]

V. Begründung der Entscheidung (Abs. 2)

1. Entstehungsgeschichte. Die Vorschrift übernimmt inhaltlich die zuvor in § 227 S. 2 enthaltene Regelung, die ihrerseits dem bis zum 31. 8. 2009 geltenden § 53b Abs. 3 FGG aF entsprach.

2. Inhalt und Normzweck. Die Regelung sieht vor, dass Endentscheidungen in Versorgungsausgleichssachen immer zu begründen sind. Zwar ist bereits in der allgemeinen Vorschrift des § 38 Abs. 3 geregelt, dass der Beschluss (die Endentscheidung) zu begründen ist. Allerdings sind in § 38 Abs. 4 Ausnahmen von dieser Begründungspflicht vorgesehen. Die Spezialregelung für Versorgungsausgleichssachen hat zur Folge, dass diese in den allgemeinen Vorschriften vorgesehenen Ausnahmeregelungen auf Versorgungsausgleichssachen keine Anwendung finden. Damit wird dem Schwierigkeitsgrad der betroffenen Materie Rechnung getragen.[15] Mit der Begründungspflicht soll zum einen die Transparenz der getroffenen Entscheidung für die Beteiligten gewährleistet werden.[16] Zum anderen ist es für etwaige spätere Abänderungsverfahren wichtig, die Grundlagen der gegebenenfalls abzuändernden Entscheidung nachvollziehen zu können, um feststellen zu können, ob die Abänderungsvoraussetzungen vorliegen.

3. Inhalt der Begründung. Die tragenden Gründe sind nachvollziehbar darzustellen.[17] Eine Trennung der Begründung in Tatbestand und Entscheidungsgründe ist nicht erforderlich. Es genügt, wenn der Begründung der zugrunde gelegte Sachverhalt zu entnehmen ist. Die Gründe der Entscheidung müssen die wesentlichen tatsächlichen und rechtlichen Gesichtspunkte dafür erkennen lassen, wie das Gericht zu seiner Entscheidung gelangt ist, und so präzise und ausführlich sein, dass die Rechtsmittelinstanz die Entscheidung überprüfen kann und es erkennbar wird, ob Art. 103 GG beachtet worden ist.[18] Wegen der Berechnung der von den Ehegatten in der Ehezeit erworbenen Anrechte genügt eine Bezugnahme auf die jeweiligen Auskünfte der Versorgungsträger, wenn die Auskünfte den Ehegatten vorliegen und die Auskünfte nachvollziehbar sind. Sieht das Gericht vom Ausgleich ab, hat die Begründung auch Ausführungen darüber zu enthalten, welche Erwägungen und Berechnungen das Gericht dazu angestellt hat.[19] Die Verwendung von Textbausteinen ist zulässig, ein ordnungsgemäß unterschriebener Beschluss im Sinne von § 38 Abs. 3 liegt in diesem Fall aber erst dann vor, wenn der Richter eine aus den Textbausteinen gefertigte Reinschrift, die auch das volle Rubrum enthält, als Urschrift unterschreibt.[20]

4. Entscheidung in Verbundsachen. Ergeht die Entscheidung über den Versorgungsausgleich im Verbund mit der Scheidung und ggf. anderen Folgesachen, ist § 139 Abs. 1 zu beachten. Danach werden den neben den Ehegatten Beteiligten Ausfertigungen und Abschriften nur insoweit mitgeteilt oder zugestellt, als der Inhalt der Entscheidung sie betrifft. Die Versorgungsträger erhalten also lediglich die Beschlussformel und die Gründe in Bezug auf die Entscheidung über den Ausgleich des betreffenden Anrechts. Hingegen dürfen ihnen insbesondere die Gründe zur Ehesache (soweit diese – wie beispielsweise die Ehezeit – nicht zugleich der Begründung der Entscheidung zum Versor-

---

[14] Eingefügt durch das Gesetz zur Modernisierung von Verfahren im anwaltlichen und notariellen Berufsrecht, zur Errichtung einer Schlichtungsstelle der Rechtsanwaltschaft sowie zur Änderung sonstiger Vorschriften vom 30. 7. 2009 BGBl. I S. 2449, Beschlussempfehlung und Bericht des Rechtsausschusses BT-Drucks. 16/12717, S. 56.
[15] *Johannsen/Henrich/Brudermüller* § 53b FGG Rn. 26.
[16] *Jansen/Wick* § 53b FGG Rn. 50.
[17] *Keidel/Kuntze/Winkler* § 53b FGG Rn. 11; *Keidel/Weber* Rn. 7.
[18] BVerfG NJW 1980, 278.
[19] Vgl. Rn. 32 ff.
[20] OLG Celle FamRZ 1990, 419.

gungsausgleich dienen) und den weiteren Folgesachen nicht mitgeteilt werden. Diese Vorschrift dient dem Schutz der Vertraulichkeit und damit dem Datenschutz im weiteren Sinne.[21] Vor diesem Hintergrund sollte die Begründung in Aufbau und Gliederung möglichst so formuliert sein, dass sie in Bezug auf die einzelnen Beteiligten in sich verständlich ist, aber keine Angaben enthält, die den jeweiligen Beteiligten nichts angehen.[22]

VI. Feststellung der Nichtdurchführung des Versorgungsausgleichs (Abs. 3)

29 **1. Inhalt und Normzweck.** Die Vorschrift ist durch das VAStrRefG neu geschaffen worden. Das reformierte materielle Versorgungsausgleichsrecht sieht im Vergleich zum bisherigen Recht in weitaus mehr Fällen eine vollständige oder teilweise Nichtdurchführung des Ausgleichs vor. Bislang war dies nur im Falle der negativen Härteklausel des § 1587c BGB aF der Fall und dann, wenn die Ehegatten den Versorgungsausgleich in einem Ehevertrag nach § 1408 Abs. 2 BGB oder in einer Vereinbarung nach § 1587o BGB aF mit Genehmigung des Familiengerichts ausgeschlossen hatten. Soweit das Gericht in der Vergangenheit in diesen Fällen – wie in der Praxis üblich – im Urteil ausgesprochen hat, dass ein Versorgungsausgleich nicht stattfindet, kam diesem Ausspruch nach der bisherigen Rechtsprechung des BGH lediglich deklaratorische Bedeutung zu.[23] In einer Entscheidung vom 22. 10. 2008 ist der BGH von seiner bisherigen Rechtsprechung abgewichen. Die Feststellung, dass eine Entscheidung über den Versorgungsausgleich nicht stattfindet, erwachse ggf. in Rechtskraft, weil sie auf einer – die Wirksamkeit der Vereinbarung umfassenden – Rechtsprüfung beruhe. Eine solche Entscheidung sei einem Grundurteil vergleichbar und deshalb wie eine Endentscheidung über den Versorgungsausgleich anfechtbar.[24] Nunmehr hat das Gericht in den in Abs. 3 genannten Fällen, in denen ein Wertausgleich bei der Scheidung nicht stattfindet, dies zwingend in der Beschlussformel festzustellen. Die Vorschrift stellt damit zugleich klar, dass in diesen Fällen immer eine materielle Prüfung des Gerichts vorausgeht.[25] Einem entsprechenden Ausspruch kommt konstitutive Bedeutung zu. Es wird bindend festgestellt, dass kein Versorgungsausgleich stattfindet. Der Ausspruch ist daher grundsätzlich auch anfechtbar und der Rechtskraft fähig.

30 **2. Anwendungsbereich.** Die Regelung bezieht sich nur auf die Fälle, in denen ein Wertausgleich bei der Scheidung nach den in der Vorschrift ausdrücklich aufgeführten Normen nicht stattfindet. Das sind folgende fünf Fälle: § 3 Abs. 3 VersAusglG (kurze Ehezeit), § 6 VersAusglG (Vereinbarung der Ehegatten), § 18 Abs. 1 VersAusglG (Geringfügigkeit der Ausgleichswertdifferenz gleichartiger Anrechte), § 18 Abs. 2 VersAusglG (Geringfügigkeit eines Ausgleichswerts), § 27 (grobe Unbilligkeit). Die Regelung bezieht sich hingegen nicht auf die Fälle, in denen ein Wertausgleich bei der Scheidung nicht stattfindet, weil dem Anrecht die Ausgleichsreife fehlt (§ 19 VersAusglG).[26] Hintergrund dafür ist, dass in den in der Vorschrift ausdrücklich genannten Fällen der Versorgungsausgleich generell, also auch für die Zukunft ausgeschlossen ist und daher eine konstitutive Entscheidung über die Nichtdurchführung ergehen soll, während in den Fällen einer fehlenden Ausgleichsreife eines Anrechts nur der Wertausgleich bei der Scheidung nicht stattfindet, spätere Ausgleichsansprüche nach der Scheidung nach den §§ 20 bis 26 VersAusglG hingegen unberührt bleiben. Insoweit findet aber Abs. 4 Anwendung, wonach die für Ausgleichsansprüche nach der Scheidung noch verbleibenden Anrechte in der Begründung zu benennen sind.

31 **3. Inhalt der Beschlussformel.** Ein Wertausgleich bei der Scheidung kann entweder gar nicht oder nur in Bezug auf bestimmte Anrechte nicht stattfinden. Diese beiden Fälle sind bei der Fassung der Beschlussformel zu unterscheiden. Findet ein Wertausgleich bei der Scheidung in Bezug auf alle Anrechte nicht statt (zB bei kurzer Ehezeit nach § 3 Abs. 3 VersAusglG), lautet die Beschlussformel: „Ein Wertausgleich bei der Scheidung findet nicht statt." Findet ein Wertausgleich bei der Scheidung nur in Bezug auf einzelne Anrechte nicht statt, gibt es zwei Möglichkeiten: Entweder kann die Beschlussformel lauten: „Ein Wertausgleich bei der Scheidung findet in Bezug auf das Anrecht des Ehemannes bei ... (Nr. ...) nicht statt." Oder aber es kann nach dem Ausspruch über den Versorgungsausgleich, soweit er stattfindet, formuliert werden: „Im Übrigen findet ein Versorgungsausgleich nicht statt." Im letzteren Fall ist dem Bestimmtheitsgrundsatz aber nur dann Genüge getan, wenn sich im Zusammenhang mit der Begründung ergibt, auf welche Anrechte sich dieser Ausspruch bezieht.

---

[21] S. o. § 624 ZPO Rn. 13.
[22] S. o. § 624 ZPO Rn. 13.
[23] BGH FamRZ 2007, 536; BGH NJW-RR 1991, 1026 = FamRZ 1991, 681.
[24] BGH NJW 2009, 677; zustimmende Anmerkung *Borth* FamRZ 2009, 216.
[25] BT-Drucks. 16/10144, S. 96.
[26] AA: *Ruland* Rn. 1013.

4. Einzelne Fälle der Nichtdurchführung. Nach dem reformierten materiellen Versorgungs- 32
ausgleichsrecht ist der Wertausgleich bei der Scheidung in mehreren Fällen nicht durchzuführen.
Teilweise steht dem Gericht ein Ermessensspielraum zu, teilweise bedarf es einer Berechnung durch
das Gericht. Dem Gericht obliegt jeweils eine materielle Prüfpflicht. Im Zusammenhang mit Abs. 2
ergibt sich, dass auch die Feststellung, dass kein Versorgungsausgleich stattfindet, zu begründen ist.
Umfang und Inhalt der Begründung bestimmen sich nach dem konkreten Fall.

a) Kurze Ehezeit. Nach § 3 Abs. 3 VersAusglG findet bei einer Ehezeit von bis zu drei Jahren 33
ein Versorgungsausgleich nur statt, wenn ein Ehegatte dies beantragt. Das Gericht prüft, ob eine
kurze Ehezeit im Sinne der Vorschrift vorliegt und ob ein Antrag eines Ehegatten gestellt worden ist,
den Versorgungsausgleich durchzuführen. Die Begründung hat tatsächliche Ausführungen über die
Ehezeit zu enthalten und auf § 3 Abs. 3 VersAusglG Bezug zu nehmen. Darüber hinaus sollte
festgehalten werden, dass keiner der Ehegatten einen Antrag auf Durchführung des Versorgungsausgleichs gestellt hat.

b) Vereinbarung der Ehegatten. Die Ehegatten können nach den §§ 6 ff. VersAusglG Verein- 34
barungen über den Versorgungsausgleich schließen. Insbesondere können die Ehegatten eine Scheidungsfolgenvereinbarung treffen, in welcher sie auch den Versorgungsausgleich regeln. Sie können
den Versorgungsausgleich auch ganz oder teilweise ausschließen. Die Vereinbarung muss grundsätzlich notariell beurkundet oder gerichtlich protokolliert werden (formelle Wirksamkeitsvoraussetzungen nach § 7 VersAusglG). Außerdem muss sie einer Inhalts- und Ausübungskontrolle auf der
Grundlage der höchstrichterlichen Rechtsprechung standhalten.[27] Werden durch eine Vereinbarung
Anrechte übertragen oder begründet, ist dies nur zulässig, wenn die maßgeblichen Regelungen dies
zulassen und die betroffenen Versorgungsträger zustimmen (materielle Wirksamkeitsvoraussetzungen
nach § 8 VersAusglG). So sind Vereinbarungen über die Übertragung oder Begründung von Anrechten in der gesetzlichen Rentenversicherung, der Beamtenversorgung und der Alterssicherung der
Landwirte nicht zulässig.[28] Das Gericht hat zu prüfen, ob nach diesen Grundsätzen Anhaltspunkte für
eine formelle oder materielle Unwirksamkeit der Vereinbarung bestehen. In der Begründung ist die
Vereinbarung zu benennen. Darüber hinaus hat die Begründung Ausführungen zur formellen Wirksamkeit der Vereinbarung zu enthalten. Bestehen Anhaltspunkte für materielle Wirksamkeitshinder-
nisse nach § 8 VersAusglG oder macht ein Beteiligter solche geltend, hat das Gericht darzulegen,
weshalb die Vereinbarung auch materiell wirksam ist. Die Vorschrift gilt auch für den Fall, dass die
Ehegatten vereinbaren, den Versorgungsausgleich Ausgleichsansprüchen nach der Scheidung vorzubehalten. In diesem Falle müssen die für Ausgleichsansprüche nach der Scheidung vorbehaltenen
Anrechte zusätzlich in der Begründung benannt werden.[29]

c) Geringfügigkeit der Ausgleichswertdifferenz gleichartiger Anrechte. In § 18 Abs. 1 35
VersAusglG ist vorgesehen, dass das Familiengericht beiderseitige Anrechte gleicher Art nicht ausgleichen soll, wenn die Differenz ihrer Ausgleichswerte gering ist. Wann die Wertdifferenz geringfügig ist, bestimmt sich nach § 18 Abs. 3 VersAusglG.[30] Das Gericht hat zu prüfen, ob die Voraussetzungen von § 18 Abs. 1 VersAusglG vorliegen. Die Begründung hat zweierlei zu enthalten: Zum
einen muss sie eine rechnerische Darstellung enthalten, aus der sich ergibt, dass die Differenz der
betreffenden beiden Ausgleichswerte gering im Sinne von § 18 Abs. 3 VersAusglG ist. Zum anderen
hat die Begründung Ausführungen darüber zu enthalten, warum es sich bei den beiden betreffenden
Anrechten um „Anrechte gleicher Art" handelt. Bestehen Anhaltspunkte dafür, dass der Ausgleich
entgegen der Soll-Bestimmung ausnahmsweise durchzuführen sein könnte, weil er im konkreten
Einzelfall geboten ist, muss das Gericht auch das prüfen und in der Begründung Ausführungen dazu
machen, warum dennoch vom Ausgleich abgesehen wird.

d) Geringfügigkeit eines Ausgleichswerts. In § 18 Abs. 2 VersAusglG ist vorgesehen, dass das 36
Familiengericht einzelne Anrechte mit einem geringen Ausgleichswert nicht ausgleichen soll. Wann
ein Ausgleichswert geringfügig ist, bestimmt sich ebenfalls nach § 18 Abs. 3 VersAusglG.[31] Das
Gericht prüft also, ob die Voraussetzungen des § 18 Abs. 2 VersAusglG vorliegen. Die Begründung
hat eine rechnerische Darstellung zu enthalten, aus der sich die Geringfügigkeit des Ausgleichswerts
ergibt. Bestehen Anhaltspunkte dafür, dass der Ausgleich dennoch ausnahmsweise durchzuführen sein

---

[27] BVerfG NJW 2001, 957; grundlegend: BGH NJW 2004, 930; zuletzt zB BGH NJW 2005, 137; NJW 2005, 139; NJW 2008, 3426; vgl. auch *Deisenhofer* FPR 2007, 124 *Bergmann* FF 2007, 16; und *Wick* FPR 2009, 219.
[28] §§ 32, 46 Abs. 2 SGB I.
[29] Vgl. Rn. 38 f.
[30] Vgl. im Einzelnen Vor §§ 217 ff., Rn. 22.
[31] Vgl. im Einzelnen Vor §§ 217 ff., Rn. 23.

könnte, weil er im Einzelfall geboten ist, muss das Gericht auch dies prüfen. Sieht es dennoch vom Ausgleich ab, hat die Begründung auch Ausführungen dazu zu enthalten.

37 **e) Grobe Unbilligkeit.** Schließlich enthält § 27 VersAusglG eine Härtefallregelung. Danach findet ein Versorgungsausgleich ausnahmsweise nicht statt, soweit er grob unbillig wäre. Nach § 27 S. 2 VersAusglG ist das nur dann der Fall, wenn die gesamten Umstände des Einzelfalls es rechtfertigen, von der Halbteilung abzuweichen. Es ist Sache der Ehegatten, die für die Härteklausel erheblichen Umstände vorzutragen. Werden solche Umstände vorgetragen oder bestehen sonst Anhaltspunkte für eine solche grobe Unbilligkeit, hat das Gericht diesen Anhaltspunkten nachzugehen und zu prüfen, ob die Gesamtumstände es rechtfertigen, vom Ausgleich abzusehen. In diesem Rahmen kann insbesondere die im bisherigen Recht zu § 1587c BGB aF ergangene umfangreiche Rechtsprechung herangezogen werden. Die Begründung hat die entsprechenden Erwägungen und Ausführungen des Gerichts zu enthalten. Kann das Vorliegen der Härtefallvoraussetzungen nicht festgestellt werden, ist der Ausgleich durchzuführen.

VII. Benennung verbleibender Anrechte (Abs. 4)

38 **1. Inhalt und Normzweck.** Abs. 4 sieht für den Wertausgleich bei der Scheidung vor, dass dann, wenn nach dem Wertausgleich bei der Scheidung noch Anrechte für Ausgleichsansprüche nach der Scheidung verbleiben, das Gericht diese in der Begründung zu benennen hat. Eine Benennung der Anrechte in der Beschlussformel ist nicht vorgesehen.[32] Gesetzgeberischer Zweck dieser Regelung ist, die Eheleute durch die Benennung der verbliebenen Anrechte daran zu erinnern, dass noch nicht ausgeglichene Anrechte vorhanden sind und sie gleichzeitig darauf hinzuweisen, welche Anrechte dies sind.[33] Es soll also möglichst verhindert werden, dass Ausgleichsansprüche nach der Scheidung nicht geltend gemacht werden, weil dem betreffenden ausgleichsberechtigten Ehegatten nicht bewusst ist, dass noch nicht ausgeglichene Anrechte des anderen Ehegatten vorhanden sind oder dies in Vergessenheit gerät. Diese Benennung verbleibender Anrechte in der Begründung hat keine konstitutive Wirkung.

39 **2. Fallgruppen.** In folgenden Fällen können nach dem Wertausgleich bei der Scheidung noch Anrechte für Ausgleichsansprüche nach der Scheidung verbleiben:

40 **a) Fehlende Ausgleichsreife.** Ein oder mehrere Anrechte sind nicht ausgleichsreif gem. § 19 VersAusglG. Das kann etwa der Fall sein bei noch nicht unverfallbaren Anrechten im Sinne des Betriebsrentengesetzes oder wenn es sich um ein Anrecht bei einem ausländischen Versorgungsträger handelt.

41 **b) Vereinbarung der Ehegatten.** Die Ehegatten schließen eine Vereinbarung nach den §§ 6 bis 8 VersAusglG, in welcher sie den Versorgungsausgleich ganz oder teilweise Ausgleichsansprüchen nach der Scheidung nach den §§ 20 bis 26 VersAusglG vorbehalten.

VIII. Verfahrenswert und Gebühren

42 **1. Verfahrenswert.** Die Höhe des Verfahrenswerts in Versorgungsausgleichssachen ist durch das VAStrRefG neu geregelt worden.[34]

43 **a) Versorgungsausgleichssachen.** Der Verfahrenswert beträgt in Versorgungsausgleichssachen nach § 50 Abs. 1 S. 1 FamGKG grundsätzlich für jedes Anrecht 10% des in drei Monaten erzielten Nettoeinkommens der Ehegatten; bei Ausgleichsansprüchen nach der Scheidung beträgt der Verfahrenswert für jedes Anrecht 20% des in drei Monaten erzielten Nettoeinkommens der Ehegatten. Die Regelung knüpft damit, ähnlich wie § 43 FamGKG für den Verfahrenswert der Ehesache, an das in drei Monaten von beiden Ehegatten zusammen erzielte Nettoeinkommen an. Mit höheren Einkünften sind im Allgemeinen auch höhere Anrechte in den Versorgungssystemen verbunden, so dass die Bedeutung der erworbenen Anrechte besser als nach dem bisherigen Recht abgebildet werden kann.[35] Pro Anrecht wird ein bestimmter Prozentsatz (10% bzw. 20%) dieses gemeinsamen Nettoeinkommens für die Errechnung des Verfahrenswerts berücksichtigt. Damit wird dem Umstand Rechnung getragen, dass mit mehr Anrechten der Ehegatten in der Regel auch mehr Aufwand für Rechtsanwälte und das Familiengericht verbunden ist. Der erhöhte Prozentsatz bei Verfahren über Ausgleichsansprüche nach der Scheidung berücksichtigt, dass die Geltendmachung von Aus-

---

[32] Vgl. Rn. 30.
[33] BT-Drucks. 16/10144, S. 96.
[34] Vgl. Artikel 13 VAStrRefG.
[35] BT-Drucks. 16/10144, S. 111.

gleichsansprüchen nach der Scheidung häufig mit einem höheren Aufwand verbunden ist, da oft komplexe, zeitlich weit zurückliegende Sachverhalte erneut aufgerollt werden müssen.[36] § 50 Abs. 1 S. 2 FamGKG sieht für den Verfahrenswert nach S. 1 einen Mindestwert von 1000 Euro vor. Dieser Mindestwert entspricht dem im bisherigen § 49 Nr. 1 GKG aF vorgesehenen Wert für die (ausschließliche) Ausgleichung von Anrechten aus den Regelsicherungssystemen. Er gewährleistet, dass – insbesondere bei Ehegatten mit einem niedrigen Nettoeinkommen und wenigen Anrechten – mit der Neuregelung grundsätzlich keine Gebühreneinbußen für die Justiz oder die Anwaltschaft verbunden sind.[37] In Verfahren über einen Auskunftsanspruch oder über die Abtretung von Versorgungsansprüchen beträgt der Verfahrenswert nach § 50 Abs. 2 FamGKG wie im bisherigen Recht[38] 500 Euro. Nach § 50 Abs. 3 FamGKG kann das Gericht einen höheren oder niedrigeren Wert festsetzen, wenn der nach den Absätzen 1 oder 2 bestimmte Wert nach den besonderen Umständen des Einzelfalls unbillig ist. Diese Vorschrift soll verhindern, dass es zu unvertretbar hohen oder zu unangemessen niedrigen Kosten kommt.[39] Dies ist insbesondere in den Fällen wichtig, in denen der nach den Absätzen 1 oder 2 ermittelte Wert in keinem Verhältnis zu Umfang, Schwierigkeit und Bedeutung der Sache steht.[40]

b) Verbundverfahren. In Verbundverfahren werden gem. § 44 FamGKG die Werte der Folgesachen zum Wert der Scheidungssache hinzuaddiert. Das entspricht der bisherigen Regelung in § 46 Abs. 1 S. 1 GKG aF.

2. Gerichtsgebühren. Für die Gerichtsgebühren gilt das FamGKG. Sie richten sich gem. § 3 Abs. 1 FamGKG grundsätzlich nach dem Verfahrenswert. Die Gebühr für das Verfahren im Allgemeinen wird nach § 29 FamGKG in jedem Rechtszug hinsichtlich eines jeden Teils des Verfahrensgegenstandes nur einmal erhoben. In Verbundverfahren gelten nach § 44 Abs. 1 FamGKG die Scheidungssache und die Folgesachen als ein Verfahren. Das bedeutet, dass die Werte der einzelnen miteinander verbundenen Verfahren grundsätzlich addiert werden.[41] Wird die Versorgungsausgleichssache aus dem Verbund abgetrennt, bleibt sie nach § 137 Abs. 5 S. 1 FamFG Folgesache, so dass sie trotz der Abtrennung zusammen mit der Scheidung als einheitliches Verfahren abgerechnet wird. Die Regelung des § 6 Abs. 2 FamGKG greift hier nicht ein.[42] Die Gebühren in Verbundsachen richten sich nach Nr. 1110 bis Nr. 1140 des Kostenverzeichnisses des FamGKG. Die Gebühren in selbständigen Versorgungsausgleichssachen richten sich nach Nr. 1320 bis Nr. 1328 des Kostenverzeichnisses des FamGKG.

3. Rechtsanwaltsgebühren. Die Höhe der Rechtsanwaltsgebühren bestimmt sich nach dem RVG. Sie richten sich nach den Nummern 3100 ff. VV RVG. Insbesondere können im familiengerichtlichen Verfahren in erster Instanz die Verfahrensgebühr (Nr. 3100, 3101 VV RVG), die Terminsgebühr (Nr. 3104, 3105 VV RVG) und die Einigungsgebühr (Nr. 1000, 1003 VV RVG) bzw. die Aussöhnungsgebühr (Nr. 1001, 1003 VV RVG) anfallen.

Vorbemerkung zu den §§ 225 ff.

I. Entstehungsgeschichte und Anwendungsbereich

1. Entstehungsgeschichte. Die ursprünglich im FGG-RG[1] vorgesehenen §§ 225, 226 sind mit dem VAStrRefG entfallen und durch zwei vollständig neue Normen ersetzt worden. § 225 und § 226 treten im reformierten Versorgungsausgleichsrecht zusammen an die Stelle des bis zum 31. 8. 2009 geltenden § 10a des Gesetzes zur Regelung von Härten im Versorgungsausgleich (VAHRG)[2] und betreffen die Abänderung von Entscheidungen über den Wertausgleich bei der Scheidung.

a) Die bisherige Regelung des § 10a VAHRG aF. Bei Einführung des Versorgungsausgleichs 1977 durch das 1. EheRG war eine Abänderungsmöglichkeit von Entscheidungen zum Versorgungsausgleich nicht vorgesehen. Dies war vor folgendem Hintergrund misslich: Maßgebender Stichtag für

---
[36] BT-Drucks. 16/11903, S. 126.
[37] BT-Drucks. 16/10144, S. 111.
[38] § 30 KostO.
[39] BT-Drucks. 16/6308, S. 307.
[40] BT-Drucks. 16/10144, S. 111.
[41] BT-Drucks. 16/6308, S. 305.
[42] BT-Drucks. 16/6308, S. 301.
[1] BGBl. I 2008 S. 2586.
[2] Gesetz zur Regelung von Härten im Versorgungsausgleich vom 21. 2. 1983 (BGBl. I S. 105).

die Bewertung der Anrechte der Ehegatten ist das Ehezeitende. Da die Ehegatten regelmäßig bei Auflösung der Ehe noch keine Versorgung beziehen, werden die in der Ehezeit erworbenen Anrechte letztlich fiktiv ermittelt. Aufgrund dieser fiktiven Wertermittlung des Anrechts können sich nach rechtskräftiger Entscheidung über den Versorgungsausgleich Wertveränderungen ergeben. Grund für eine solche Wertveränderung können beispielsweise geänderte gesetzliche oder sonstige rechtliche Bestimmungen oder Änderungen in den individuellen Umständen sein. Die Wertänderung kann dazu führen, dass der Wert des tatsächlich bezogenen Anrechts von der fiktiven Wertbestimmung dieses Anrechts abweicht. Aufgrund der Rechtskraft der Entscheidung waren Änderungen aber nur im Rahmen der Vorschriften zur Wiederaufnahme nach §§ 578 ff. ZPO möglich. Der BGH hatte zwar mehrfach entschieden, dass Gesetzesänderungen nach dem Ende der Ehezeit, aber noch vor der Entscheidung zum Versorgungsausgleich in der Entscheidung zum Versorgungsausgleich berücksichtigt werden müssten.[3] Diese Rechtsprechung erfasste zunächst allerdings zum einen nur Gesetzesänderungen und zum anderen keine Änderungen, die erst nach der Entscheidung zum Versorgungsausgleich eintraten. Mit dem § 10a VAHRG aF wurde daher die Möglichkeit eingeführt, die Entscheidung zum Versorgungsausgleich in bestimmten Fällen abzuändern. Voraussetzung für eine Abänderung war nach § 10a Abs. 1 VAHRG aF, dass sich der dem Ausgleich zugrunde gelegte Wertunterschied verändert hatte, dass ein Anrecht unverfallbar geworden war oder dass ein dem schuldrechtlichen Ausgleich überlassenes Anrecht öffentlich-rechtlich ausgleichbar geworden war. Die Gründe, weshalb sich die Versorgungsanrechte verändert haben konnten, waren vielfältig. Sämtliche denkbaren Gründe waren von der Korrekturmöglichkeit erfasst.[4] Neben Änderungen des Versorgungsrechts und Änderungen in der individuellen Situation der Ehegatten waren auch Rechen- und Rechtsanwendungsfehler der Versorgungsträger und der Gerichte ausreichend, um eine Abänderung nach § 10a VAHRG aF zu begründen.[5] Lagen die Voraussetzungen für eine Abänderung nach § 10a VAHRG aF vor, war eine Totalrevision der abzuändernden Entscheidung vorzunehmen.

3 **b) Bedarf für Abänderungsmöglichkeit nach neuem Recht.** Auch nach dem reformierten Recht muss aus verfassungsrechtlichen Gründen eine Abänderungsmöglichkeit fortbestehen. Die neue Regelung verhindert etwaige nachträglich eintretende grundrechtswidrige Auswirkungen des Versorgungsausgleichs. Solchen Auswirkungen muss der Gesetzgeber nach der Rechtsprechung des BVerfG in geeigneter Weise begegnen.[6] Er ist verpflichtet, die Möglichkeit einer Korrektur für die Fälle zu eröffnen, in denen sich herausstellt, dass die mit dem Versorgungsausgleich verteilten Anrechte nicht oder nicht in voller Höhe entstanden oder dass tatsächlich entstandene Anrechte des Ausgleichsberechtigten unberücksichtigt geblieben sind. Anderenfalls würde der rechtskräftig vollzogene Versorgungsausgleich durch nachträglich eintretende Umstände zu Ergebnissen führen, die mit dem Grundgesetz nicht vereinbar sind.[7] Solche Fallgestaltungen sind auch nach dem neuen Recht denkbar: Sind Anrechte, bezogen auf die Ehezeit, erst nachträglich überhaupt entstanden (Beispiel: Nachträgliche Anerkennung von Zeiten als rentenrelevant) oder aber nicht bzw. nicht in der angenommenen Höhe entstanden (Beispiel: vorzeitige Dienstunfähigkeit), so ist der Wertausgleich bei der Scheidung auf Grund der unzutreffend gewordenen Annahmen falsch und kann deshalb auf Antrag abgeändert werden. Die Möglichkeit der Abänderung ist allerdings nur noch bei rechtlichen oder tatsächlichen Änderungen möglich. Zudem ist es ausreichend, die Korrektur bei dem einzelnen Anrecht anzusetzen. Eine Totalrevision ist auf Grund des neuen Ausgleichssystems nicht mehr erforderlich.

4 **c) Die Neuregelung der §§ 225, 226.** In bestimmten gesetzlich vorgesehenen Fällen soll wie bisher eine nachträgliche Abänderung der gerichtlichen Entscheidung möglich sein. Mit dieser Korrekturmöglichkeit wird die Rechtskraft der Entscheidung im Interesse der materiellen Gerechtigkeit der Entscheidung durchbrochen. Nach der neuen Regelung in den §§ 225 und 226 ist eine Entscheidung über den Wertausgleich bei der Scheidung dann abänderbar, wenn sich nachträglich rechtliche oder tatsächliche Umstände geändert haben, die für die Bewertung des Ausgleichswerts eines Anrechts maßgeblich sind und die Wertänderung wesentlich ist oder wenn durch die Abänderung eine für die Versorgung der ausgleichsberechtigten Person maßgebende Wartezeit erfüllt wird. Diese Änderungen berechtigen dann wie im bisherigen Recht dazu, die ursprüngliche Entscheidung des Gerichts abändern zu lassen. Die bisherigen weiteren Abänderungsgründe (§ 10a Abs. 1 Nr. 2 und 3 VAHRG aF)

---

[3] BGHZ 90, 52 = NJW 1984, 1544; BGH FamRZ 1984, 992; BGH NJW-RR 1986, 490 = FamRZ 1986, 447; BGH NJW 1986, 1169 = FamRZ 1986, 449.
[4] MünchKommBGB/*Dörr* § 10a VAHRG Rn. 16.
[5] BGH FamRZ 1989, 264; BGH NJW-RR 2004, 795 = FamRZ 2004, 786; BGH NJW-RR 1989, 130 = FamRZ 1989, 264.
[6] BVerfGE 53, 257 = NJW 1980, 692.
[7] BVerfGE 87, 348 = NJW 1993, 1057; BVerfGE 53, 257 = NJW 1980, 692.

sind entfallen.⁸ In § 19 Abs. 1 in Verbindung mit Abs. 2 Nr. 1 VersAusglG ist nun geregelt, dass noch verfallbare betriebliche Anrechte schuldrechtlich auszugleichen sind. Die Fallgestaltungen des früheren § 10a Abs. 1 Nr. 3 VAHRG aF kommen im neuen Ausgleichssystem nicht mehr vor, da alle Anrechte, die teilungsreif sind, im Wertausgleich bei der Scheidung vollständig geteilt werden.

2. Anwendungsbereich. Die Vorschriften finden nur Anwendung auf Entscheidungen, die nach dem reformierten, ab dem 1. 9. 2009 geltenden Versorgungsausgleichsrecht getroffen worden sind. Für Abänderungen von Entscheidungen, die noch nach dem bis zum 31. 8. 2009 geltenden Recht getroffen worden sind, gelten die Übergangsvorschriften im VAStrRefG (§§ 51, 52 VAStrRefG),⁹ die insoweit an die Stelle von § 10a VAHRG aF getreten sind.

II. Überblick über den Regelungsinhalt der §§ 225, 226

§ 225 regelt nach seiner Überschrift die Zulässigkeit der Abänderung und enthält die einzelnen materiellen Abänderungsvoraussetzungen. § 226 regelt nach seiner Überschrift die Frage der Durchführung der Abänderung und enthält die formellen Abänderungsvoraussetzungen und weitere Verfahrensregelungen.

1. Einleitung des Verfahrens. Das Verfahren wird nicht von Amts wegen, sondern nur auf Antrag eingeleitet. Das ergibt sich aus § 225 Abs. 2. Bei diesem Antrag handelt es sich wie bisher nicht um einen Sachantrag, sondern um einen Verfahrensantrag. Der Antrag muss erkennen lassen, auf welches Anrecht sich die Abänderung beziehen soll. Die Antragsschrift muss lediglich erkennen lassen, wer Antragsteller ist und welches Rechtsschutzziel angestrebt werden soll.¹⁰ Eine Bezifferung des Antrags ist hingegen nicht erforderlich, da das Gericht seine Entscheidung entsprechend der materiellen Rechtslage zu treffen hat.¹¹ Das Gericht ist daher auch nicht an einen gestellten bezifferten Antrag gebunden.¹² Der Antrag kann jederzeit zurückgenommen werden. Nach Einleitung unterliegt das Verfahren dem Amtsermittlungsgrundsatz nach § 26.

2. Verfahrensart. Es handelt sich nicht um eine Wiederaufnahme oder eine Fortführung des Erstverfahrens, sondern um ein neues Verfahren, das als selbständiges Verfahren geführt wird.

3. Rechtliche Prüfung. Die rechtliche Prüfung nach § 225 und § 226 erstreckt sich im Wesentlichen auf verfahrensrechtliche Fragen und auf die Abänderungsvoraussetzungen im engeren Sinne. Zweckmäßigerweise wird die rechtliche Prüfung in der Regel in folgenden Schritten ablaufen:

a) Antragsberechtigung (§ 226 Abs. 1). Zunächst ist zu prüfen, ob die Antragstellerin oder der Antragsteller antragsberechtigt ist. Nach § 226 Abs. 1 sind neben den Ehegatten und ihren Hinterbliebenen auch die von der Abänderung betroffenen Versorgungsträger antragsberechtigt.¹³

b) Abzuänderndes Anrecht (§ 225 Abs. 1). Außerdem ist festzustellen, ob sich der Antrag auf ein Anrecht im Sinne des § 32 VersAusglG bezieht. Nach § 225 Abs. 1 ist eine Abänderung des Wertausgleichs bei der Scheidung nur für Anrechte aus den in § 32 VersAusglG aufgeführten Regelsicherungssystemen, nicht jedoch für Anrechte aus der betrieblichen oder privaten Vorsorge zulässig.¹⁴

c) Antragszeitpunkt (§ 226 Abs. 2). In zeitlicher Hinsicht ist zu prüfen, ob der Antrag frühestens sechs Monate vor dem Zeitpunkt gestellt ist, ab dem ein Ehegatte voraussichtlich eine laufende Versorgung aus dem abzuändernden Anrecht bezieht oder dies auf Grund der Abänderung zu erwarten ist.¹⁵

d) Abänderungsvoraussetzungen im engeren Sinne (§ 225 Abs. 2, Abs. 3 oder § 225 Abs. 4). Schließlich geht es um die Frage, ob die Abänderungsvoraussetzungen im engeren Sinne nach § 225 Abs. 2 iVm. Abs. 3 oder nach § 225 Abs. 4 vorliegen, ob also entweder nach dem Ende der Ehezeit eine rechtliche oder tatsächliche Veränderung eingetreten ist, die auf den Ausgleichswert eines Anrechts zurückwirkt und zu einer wesentlichen Wertänderung führt (§ 225 Abs. 2) oder ob durch die Abänderung eine für die Versorgung der ausgleichsberechtigten Person maßgebende Wartezeit erfüllt (§ 225 Abs. 4) wird.

---

⁸ Vgl. § 225 Rn. 19 ff.
⁹ Vgl. Vor §§ 217 ff. Rn. 48.
¹⁰ BGH NJW 2003, 3772.
¹¹ BGH NJW-RR 1989, 130 = FamRZ 1989, 264; NJW 2003, 3772.
¹² *Wick* Rn. 297.
¹³ Vgl. § 226 Rn. 1 ff.
¹⁴ Vgl. § 225 Rn. 5 ff.
¹⁵ Vgl. § 226 Rn. 5 ff.

14 e) **Auswirkung zugunsten eines Ehegatten/Hinterbliebenen (§ 225 Abs. 5).** Des weiteren ist zu prüfen, ob sich die Abänderung zugunsten eines Ehegatten oder seiner Hinterbliebenen auswirkt.[16]

15 **4. Durchführung der Abänderung.** Liegen die genannten Voraussetzungen für eine Abänderung vor, so führt das Gericht die Abänderung durch, indem es die Entscheidung in Bezug auf dieses Anrecht abändert.

16 a) **Abänderung in Bezug auf das betreffende Anrecht (§ 225 Abs. 2).** Im Gegensatz zum bisherigen Recht in § 10a VAHRG aF wird keine Totalrevision durchgeführt, sondern das Gericht ändert seine Entscheidung nur in Bezug auf das betreffende Anrecht ab. Das ist eine Folge des neuen materiellen Versorgungsausgleichsrechts, wonach jedes Anrecht intern oder extern geteilt wird, so dass sich die korrigierende Entscheidung allein auf das betreffende Anrecht erstrecken muss.[17]

17 b) **Anwendung von § 27 VersAusglG (§ 226 Abs. 3).** Bestehen entsprechende Anhaltspunkte, prüft das Gericht, ob die zu treffende Abänderungsentscheidung ggf. grob unbillig wäre und aus diesem Grund von der Halbteilung abzuweichen ist.[18]

18 **5. Wirkung der Abänderung (§ 226 Abs. 4).** Hat das Gericht die Abänderung ausgesprochen und ist die Entscheidung rechtskräftig, so wirkt die Abänderung (rückwirkend) ab dem ersten Tag des Monats, der auf den Monat der Antragstellung folgt. Eine weitergehende Rückwirkung auf den Zeitpunkt der Änderung ist nicht vorgesehen. Es obliegt damit dem Antragsteller, rechtzeitig einen Antrag zu stellen.[19]

19 **6. Sonderfall: Versterben eines Ehegatten (§ 226 Abs. 5).** Für den Fall des Versterbens eines Ehegatten trifft § 226 Abs. 5 Sonderregelungen. Verstirbt der antragstellende Ehegatte, so wird das Verfahren nur dann fortgesetzt, wenn dies ein antragsberechtigter Beteiligter innerhalb einer Frist von einem Monat verlangt. Hierauf hat das Gericht die antragsberechtigten Beteiligten hinzuweisen. Verlangt innerhalb der Monatsfrist kein antragsberechtigter Beteiligter die Fortsetzung des Verfahrens, gilt das Verfahren als in der Hauptsache erledigt. Für den Fall des Versterbens eines nicht antragstellenden Ehegatten wird das Verfahren gegen dessen Erben fortgesetzt.[20]

§ 225 Zulässigkeit einer Abänderung des Wertausgleichs bei der Scheidung

(1) Eine Abänderung des Wertausgleichs bei der Scheidung ist nur für Anrechte im Sinne des § 32 des Versorgungsausgleichsgesetzes zulässig.

(2) Bei rechtlichen oder tatsächlichen Veränderungen nach dem Ende der Ehezeit, die auf den Ausgleichswert eines Anrechts zurückwirken und zu einer wesentlichen Wertänderung führen, ändert das Gericht auf Antrag die Entscheidung in Bezug auf dieses Anrecht ab.

(3) Die Wertänderung nach Absatz 2 ist wesentlich, wenn sie mindestens 5 Prozent des bisherigen Ausgleichswerts des Anrechts beträgt und bei einem Rentenbetrag als maßgeblicher Bezugsgröße 1 Prozent, in allen anderen Fällen als Kapitalwert 120 Prozent der am Ende der Ehezeit maßgeblichen monatlichen Bezugsgröße nach § 18 Abs. 1 des Vierten Buches Sozialgesetzbuch übersteigt.

(4) Eine Abänderung ist auch dann zulässig, wenn durch sie eine für die Versorgung der ausgleichsberechtigten Person maßgebende Wartezeit erfüllt wird.

(5) Die Abänderung muss sich zugunsten eines Ehegatten oder seiner Hinterbliebenen auswirken.

Übersicht

	Rn.		Rn.
I. Abänderbare Entscheidungen	1–4	3. Keine Abänderbarkeit bei fehlender Ausgleichsreife	3
1. Entscheidung über Wertausgleich bei der Scheidung	1	4. Keine Abänderbarkeit von „Negativentscheidungen"	4
2. Entscheidung über Nichtdurchführung wegen Geringfügigkeit	2	**II. Abänderbare Anrechte (Abs. 1)**	5–13

---

[16] Vgl. § 225 Rn. 32 ff.
[17] Vgl. § 225 Rn. 35.
[18] Vgl. § 226 Rn. 9 ff.
[19] Vgl. § 226 Rn. 13 ff.
[20] Vgl. § 226 Rn. 17 ff.

Zulässigkeit einer Abänderung des Wertausgleichs bei der Scheidung 1–3 § 225

	Rn.		Rn.
1. Erfasste Anrechte	5–10	IV. **Wesentliche Wertänderung (Abs. 3)**	26–28
a) Anrechte aus der gesetzlichen Rentenversicherung	6	1. Kumulative Wertgrenzen	26
b) Anrechte aus der Beamtenversorgung	7	2. Relative Wertgrenze	27
c) Anrechte aus einer berufsständischen Versorgung	8	3. Absolute Wertgrenze	28
d) Anrechte aus der Alterssicherung der Landwirte	9	V. **Abänderung zur Erfüllung einer Wartezeit (Abs. 4)**	29–31
e) Anrechte aus den Versorgungssystemen der Abgeordneten	10	1. Inhalt und Normzweck	29
2. Nicht erfasste Anrechte	11–13	2. Voraussetzungen der Abänderung	30
a) Empfehlung der Kommission	12	3. Wartezeiten	31
b) Kein rechtstatsächlicher Bedarf	13	VI. **Auswirkung zugunsten eines Ehegatten oder Hinterbliebenen (Abs. 5)**	32–34
III. **Abänderung bei rechtlicher oder tatsächlicher Veränderung (Abs. 2)**	14–25	1. Inhalt	32
1. Rechtliche oder tatsächliche Veränderung	15–22	2. Normzweck	33
a) Rechtliche Veränderung	16	3. Abänderung zugunsten „eines" Ehegatten	34
b) Tatsächliche Veränderung	17	VII. **Durchführung der Abänderung**	35–37
c) Bezug zur Ehezeit	18	1. Abänderung nur in Bezug auf das Anrecht	35
d) Keine Abänderungsgründe	19–22	2. Neue Auskunft des Versorgungsträgers	36
2. Nach Ehezeitende	23	3. Gerichtliche Entscheidung	37
3. Rückwirkung auf den Ausgleichswert	24		
4. Wesentliche Wertänderung des Ausgleichswerts	25		

I. Abänderbare Entscheidungen

1. Entscheidung über Wertausgleich bei der Scheidung. Der Abänderung unterliegen nur 1 Entscheidungen über den Wertausgleich bei der Scheidung, also Entscheidungen, die nach den §§ 9 bis 19, 27 VersAusglG getroffen worden sind. Unerheblich ist, ob die Entscheidung im Verbundverfahren ergangen ist, in einem abgetrennten Versorgungsausgleichsverfahren oder in einem selbständigen Versorgungsausgleichsverfahren nach Ehescheidung im Ausland. Auch Abänderungsentscheidungen, die nach den §§ 225, 226 oder nach den §§ 51, 52 VersAusglG getroffen worden sind, unterliegen ihrerseits der Abänderung. Solche Fälle werden allerdings nach dem reformierten Recht kaum auftreten, da sowohl die Abänderung nach den §§ 225, 226, als auch die Abänderung nach den §§ 51, 52 VersAusglG frühestens sechs Monate vor Beginn des Leistungsfalls eines Ehegatten zulässig sind (§ 226 Abs. 2).[1] Die Vorschrift bezieht sich nur auf Entscheidungen, die bereits nach dem reformierten Recht getroffen worden sind. Entscheidungen, die noch nach dem bis zum 31. 8. 2009 geltenden Recht ergangen sind, unterliegen hingegen der Abänderung nach den §§ 51, 52 VersAusglG. Für die Abänderung von Entscheidungen über Ausgleichsansprüche nach der Scheidung nach den §§ 20 bis 26 VersAusglG ist § 48 Abs. 1 anzuwenden. Vereinbarungen über Ausgleichsansprüche nach der Scheidung sind gemäß § 227 Abs. 2 entsprechend der §§ 225, 225 abänderbar, wenn die Abänderung nicht ausgeschlossen worden ist.

2. Entscheidung über Nichtdurchführung wegen Geringfügigkeit. Die Entscheidung unterliegt nach dem Sinn und Zweck der Norm auch insoweit der Abänderung, als das Gericht den Wertausgleich bei der Scheidung wegen Geringfügigkeit (§ 18 Abs. 1 oder Abs. 2 VersAusglG) nicht durchgeführt hat. In diesen Fällen müssen allerdings nicht nur die Voraussetzungen für die Abänderung vorliegen, sondern es muss auch der Grund entfallen sein, weswegen das Gericht den Ausgleich in seiner Erstentscheidung nicht durchgeführt hat. Insbesondere kann die Wertänderung eines Anrechts dazu führen, dass der Ausgleichswert nunmehr die Geringfügigkeitsgrenze überschreitet oder dass die Differenz zwischen zwei beiderseitigen Ausgleichswerten von Anrechten gleicher Art nicht mehr geringfügig ist.

3. Keine Abänderbarkeit bei fehlender Ausgleichsreife. In den Fällen, in denen nach § 19 3 VersAusglG ein Wertausgleich wegen fehlender Ausgleichsreife eines Anrechts nicht durchgeführt worden ist, liegt hingegen keine abänderbare Entscheidung des Gerichts über einen Wertausgleich bei der Scheidung vor. Die Ehegatten sind vielmehr auf Ausgleichsansprüche nach der Scheidung nach den §§ 20 bis 26 VersAusglG zu verweisen.

---

[1] Vgl. § 226 Rn. 5 ff.

4. Keine Abänderbarkeit von „Negativentscheidungen". Eine Abänderung kommt auch dann nicht in Betracht, wenn der Versorgungsausgleich in der Erstentscheidung ohne Ermittlung eines Wertunterschiedes bereits dem Grunde nach ausgeschlossen wurde.[2] Das gilt insbesondere auch für Entscheidungen, in denen das Gericht den Wertausgleich bei der Scheidung wegen grober Unbilligkeit (§ 27 VersAusglG) nicht durchgeführt hat. Diese unterliegen dann nicht der Abänderung, wenn in der Entscheidung nicht auf die Höhe der jeweiligen Versorgungsanrechte, sondern ausschließlich auf andere Gründe (zB schwerwiegende Verfehlungen eines Ehegatten, Vermögensverhältnisse eines Ehegatten) abgestellt worden ist.[3] Haben die Parteien hingegen in einer Vereinbarung den Versorgungsausgleich ausgeschlossen und hat das Gericht den Versorgungsausgleich deshalb nicht durchgeführt, so ist die Vereinbarung nach § 227 Abs. 2 abänderbar.

II. Abänderbare Anrechte (Abs. 1)

1. Erfasste Anrechte. In Abs. 1 ist bestimmt, dass eine Abänderung der getroffenen Entscheidung nur für Anrechte aus den in § 32 VersAusglG aufgeführten Regelsicherungssystemen zulässig ist. Eine Abänderung ist damit nur in Bezug auf folgende Anrechte zulässig:

a) Anrechte aus der gesetzlichen Rentenversicherung, einschließlich der Höherversicherung. Erfasst sind Anrechte bei der Deutschen Rentenversicherung Bund und den Regionalträgern der Deutschen Rentenversicherung, bei der Deutschen Rentenversicherung Knappschaft-Bahn-See und der umlagefinanzierten hüttenknappschaftlichen Zusatzversicherung. Auch umfasst ist die sog. Höherversicherung: Bis 1997 konnten neben Pflicht- oder freiwilligen Beiträgen zusätzliche Beiträge (Höherversicherungsbeiträge) gezahlt werden. Bei der späteren Rente wird aus diesen Beiträgen ein statischer Steigerungsbetrag errechnet und neben der Rente als Zusatzleistung gezahlt.

b) Anrechte aus der Beamtenversorgung oder einer anderen Versorgung, die zur Versicherungsfreiheit nach § 5 Abs. 1 SGB VI führt. Erfasst sind Versorgungen für Beamte und Richter auf Lebenszeit, für Berufssoldaten und Soldaten auf Zeit, für Beamte auf Widerruf im Vorbereitungsdienst, für beamtenähnlich Beschäftigte, beispielsweise Beschäftigten von Körperschaften, Anstalten und Stiftungen des öffentlichen Rechts sowie für satzungsgemäße Mitglieder geistlicher Genossenschaften.

c) Anrechte aus einer berufsständischen Versorgung oder einer anderen Versorgung, die nach § 6 Abs. 1 Nr. 1 oder Nr. 2 SGB VI zu einer Befreiung von der Sozialversicherungspflicht führen kann. Neben den Anrechten aus berufsständischen Versorgungen sind insbesondere Anrechte von Lehrern oder Erziehern, die an nicht-öffentlichen Schulen beschäftigt sind, unter den Voraussetzungen von § 6 Abs. 1 Nr. 2 SGB VI erfasst.

d) Anrechte aus der Alterssicherung der Landwirte. Erfasst sind die Anrechte aus der landwirtschaftlichen Sozialversicherung.

e) Anrechte aus den Versorgungssystemen der Abgeordneten und der Regierungsmitglieder im Bund und in den Ländern.

2. Nicht erfasste Anrechte. Von der Abänderung ausgeschlossen sind Anrechte aus der betrieblichen und der privaten Vorsorge.

a) Empfehlung der Kommission. Die fehlende Abänderbarkeit von Anrechten aus der betrieblichen und der privaten Vorsorge entspricht der Empfehlung der Kommission „Strukturreform des Versorgungsausgleichs".[4] Anrechte aus der betrieblichen Altersvorsorge können auf der Grundlage ihres Kapitalwerts zum Ehezeitende ausgeglichen werden. Die Halbteilung ist zu diesem Stichtag zu wahren, ungeachtet der weiteren Entwicklung des in den Anrechten verkörperten Vorsorgevermögens. Zudem würde die Abänderung bei Anrechten aus der betrieblichen Altersvorsorge im Fall einer externen Teilung auf kaum überwindbare praktische Schwierigkeiten stoßen, da mit der Auszahlung des Ausgleichswerts die Entwicklung des neu begründeten Anrechts vom Schicksal der ausgeglichenen Versorgung gänzlich losgelöst wird.

b) Kein rechtstatsächlicher Bedarf. Der Gesetzgeber hat aber auch deshalb die Anrechte der betrieblichen Altersvorsorge und der privaten Alters- und Invaliditätsvorsorge von der Abänderung ausgenommen, weil bei der ergänzenden Vorsorge rechtstatsächlich kein Bedarf für nachträgliche Abänderungen besteht.[5] Soweit die Anrechte kapitalgedeckt sind, beruht die Ermittlung des Aus-

---

[2] BGH FamRZ 1996, 282.
[3] Vgl. *Hahne* FamRZ 1987, 217, 229.
[4] Abschlussbericht der Kommission S. 98 ff. (veröffentlicht auf der Internetseite des Bundesministeriums der Justiz www.bmj.bund.de unter Themen > Zivilrecht > Familienrecht > Versorgungsausgleich > Abschlussbericht der Kommission).
[5] BT-Drucks. 16/10144, S. 97; kritisch: *Ruland* Rn. 917.

gleichswerts auf der unmittelbaren Bewertung nach § 39 VersAusglG. Das bedeutet, dass der Ehezeitanteil und damit auch der Ausgleichswert auf Grundlage der in der Ehezeit erworbenen Kapitalbeträge ermittelt werden, so dass eine nachträgliche Änderung des Ehezeitanteils, die auf den Ausgleichswert zurückwirkt, hier nicht vorstellbar ist. Handelt es sich um Anwartschaften aus der betrieblichen Altersversorgung, die der zeitratierlichen Bewertungsmethode folgen (§ 45 Abs. 2 S. 2 und 3 VersAusglG), so können sich auch hier keine rückwirkenden Änderungen zum Vorteil der ausgleichspflichtigen Person ergeben, weil bei der Wertermittlung der Übertragungswert bzw. die unverfallbare Anwartschaft am Ehezeitende maßgeblich ist. Ändert sich das Zeit-Zeit-Verhältnis, weil beispielsweise der ausgleichspflichtige Ehegatte seine Versorgung vorzeitig bezieht, so allenfalls zum Vorteil der ausgleichsberechtigten Person. Denn in diesem Falle verkürzt sich die Gesamtzeit der Betriebszugehörigkeit, während die Ehezeit gleich bleibt, so dass der Anteil der Ehezeit im Verhältnis zur Gesamtzeit größer wird. Der Ausgleich dieses Mehrbetrags sowie der „verfallbaren Einkommensdynamik" erfolgt dann über Ausgleichsansprüche nach der Scheidung, sofern dem nicht § 27 VersAusglG entgegensteht.[6]

III. Abänderung bei rechtlicher oder tatsächlicher Veränderung (Abs. 2)

Abs. 2 regelt, unter welchen konkreten Voraussetzungen ein Abänderungsverfahren zulässig ist. Es muss eine rechtliche oder tatsächliche Veränderung nach dem Ende der Ehezeit eingetreten sein, die auf den Ausgleichswert eines Anrechts zurückwirkt und zu einer wesentlichen Wertänderung des Ausgleichswerts führt 14

1. Rechtliche oder tatsächliche Veränderung. Es muss sich um eine rechtliche oder tatsäch- 15 liche Veränderung handeln.

a) Rechtliche Veränderung. Eine rechtliche Veränderung liegt vor bei gesetzlichen oder unter- 16 gesetzlichen Normänderungen,[7] einer geänderten höchstrichterlichen Rechtsprechung oder einer Änderung der Verwaltungspraxis. Dies ist beispielsweise der Fall bei neuen rentenrechtlichen Bestimmungen oder Neuregelungen im Beamtenversorgungsrecht,[8] in der gesetzlichen Rentenversicherung bei der rückwirkenden Zuerkennung von Kindererziehungszeiten[9] oder der geänderten Bewertung von Ausbildungszeiten.[10] Gesetzliche Änderungen müssen ihrem zeitlichen Geltungswillen nach auch das ehezeitlich erworbene Versorgungsanrecht erfassen.[11]

b) Tatsächliche Veränderung. Eine tatsächliche Veränderung liegt bei einer Änderung der 17 tatsächlichen (individuellen) Umstände vor, die nicht bereits in dem Anrecht selbst angelegt ist. Das ist beispielsweise der Fall beim Eintritt einer vorzeitigen Dienstunfähigkeit,[12] bei einem sonstigen Ausscheiden des Ehegatten aus dem Beamtenverhältnis[13] oder umgekehrt bei einem längeren Verbleib im Dienst als in der Ausgangsentscheidung angenommen.[14] Auch Besoldungserhöhungen mit rückwirkender Kraft, eine Verlängerung der Teilzeitbeschäftigung und Beurlaubung eines Beamten sowie die Übernahme eines Beamten auf Widerruf oder Soldaten auf Zeit in ein Beamtenverhältnis auf Lebenszeit können tatsächliche Änderungen darstellen.[15] Die in dem Anrecht selbst angelegte (normale) Wertentwicklung stellt hingegen keine tatsächliche Veränderung dar.

c) Bezug zur Ehezeit. Die Veränderung muss wie bisher einen Bezug zur Ehezeit und damit 18 zum Ehezeitanteil der Versorgung haben. Wird beispielsweise die Ruhegehaltsfähigkeit einer Stellenzulage erst nach Ehezeitende angeordnet, so ist Voraussetzung für deren Berücksichtigung, dass der betreffende Ehegatte die individuellen Voraussetzungen für die Ruhegehaltfähigkeit dieser Zulage bei Ehezeitende bereits erfüllt hatte.[16]

d) Keine Abänderungsgründe. Im Gegensatz zum bisherigen Recht berechtigen folgende 19 Umstände nicht zu einer Abänderung:

---

[6] BT-Drucks. 16/10144, S. 97.
[7] Vgl. zB die Tabelle bei *Hauß* Rn. 807.
[8] ZB Dienstrechtsreformgesetz vom 24. 2. 1997, BGBl. I S. 322; Versorgungsänderungsgesetz 2001 vom 20. 12. 2001, BGBl. I, 3926.
[9] Hinterbliebenenrenten- und Erziehungszeiten-Gesetz vom 11. 7. 1985, BGBl. I 1450.
[10] Wachstums- und Beschäftigungsförderungsgesetz vom 25. 9. 1996, BGBl. I 1461.
[11] BGH FamRZ 2003, 435.
[12] BGH NJW 1992, 313; OLG Celle FamRZ 1989, 985; OLG Hamm FamRZ 1990, 173.
[13] BGH NJW 1989, 2811; BGH NJW 1989, 34; BGH NJW 1989, 32.
[14] BVerfGE 87, 348 = NJW 1993, 1057.
[15] *Musielak/Borth* Rn. 7.
[16] BGH FamRZ 1995, 27.

20 **aa) Rechen- und Rechtsanwendungsfehler.** In die Erstentscheidung eingeflossene Rechen- und Rechtsanwendungsfehler, beispielsweise infolge unrichtiger, unvollständiger oder irrtümlicher Auskünfte seitens der Versorgungsträger oder der Bestimmung einer falschen Ehezeit, stellen keinen Abänderungsgrund dar. Gleiches gilt, wenn ein Anrecht in der Ausgangsentscheidung versehentlich nicht berücksichtigt wird. Bei solchen Fehlern handelt sich bereits nicht um tatsächliche oder rechtliche Veränderungen, sondern schlichtweg um eine materiell unrichtige Entscheidung, die mit den zulässigen Rechtsmitteln angefochten werden kann. Wird die Entscheidung nicht angefochten, muss es – wie bei anderen gerichtlichen Entscheidungen auch – trotz der materiellen Unrichtigkeit bei der Rechtskraft der Entscheidung bleiben. Nach dem bisherigen Recht war die Ursache eines abweichenden Wertunterschieds unerheblich, so dass auch Rechen- und Rechtsanwendungsfehler eine Abänderung begründen konnten.[17] Liegen hingegen die Voraussetzungen für eine Abänderung vor, so ist der Versorgungsträger im Rahmen der neu zu erteilenden Auskunft nicht gehalten, etwaige Berechnungs- oder Buchungsfehler der Erstauskunft auch für die Auskunft im Abänderungsverfahren beizubehalten. Insoweit kann also im Rahmen des Abänderungsverfahrens in Bezug auf das entsprechende Anrecht eine Fehlerkorrektur erfolgen.[18]

21 **bb) Änderung der Verfallbarkeit.** Wird ein verfallbares Anrecht nachträglich unverfallbar oder war ein als verfallbar behandeltes Anrecht tatsächlich unverfallbar, war nach dem bisherigen Recht nach § 10a Abs. 1 Nr. 2 VAHRG aF eine Abänderung möglich. Da Anrechte auf Betriebsrenten allerdings nicht zu den abänderbaren Anrechten zählen, entfällt dieser Abänderungsgrund. Bei Eintritt der Unverfallbarkeit eines betrieblichen Anrechts stehen dem ausgleichsberechtigten Ehegatten aber Ausgleichsansprüche nach der Scheidung nach den §§ 20 bis 26 VersAusglG zu.

22 **cc) Änderung der Ausgleichsform.** Der bisher in § 10a Abs. 1 Nr. 3 VAHRG aF vorgesehene Abänderungsgrund (ein von der abzuändernden Entscheidung dem schuldrechtlichen Versorgungsausgleich überlassenes Anrecht kann durch Begründung von Anrechten ausgeglichen werden, weil die für das Anrecht maßgebende Regelung eine solche Begründung bereits vorsah oder nunmehr vorsieht) ist auf Grund des neuen Ausgleichssystems nicht mehr notwendig. Denn alle Anrechte, die ausgleichsreif sind, werden im Wertausgleich bei der Scheidung vollständig geteilt. Fallgestaltungen wie nach früherem Recht kommen daher nicht mehr vor.

23 **2. Nach Ehezeitende.** Die Veränderung muss nach dem Ende der Ehezeit eingetreten sein. Das ist dann der Fall, wenn die Veränderung frühestens am Tag nach dem Ende der Ehezeit eingetreten ist. Nicht erforderlich ist eine Veränderung erst nach der Erstentscheidung. Vielmehr ist es ausreichend, wenn die Veränderung zwischen dem Ehezeitende und dem Zeitpunkt der Erstentscheidung erfolgt ist. Unerheblich ist auch, ob die Veränderung in der Erstentscheidung bereits hätte berücksichtigt werden können.

24 **3. Rückwirkung auf den Ausgleichswert.** Die Veränderung muss auf den Ausgleichswert eines Anrechts zurückwirken. Dies ist dann der Fall, wenn die rechtliche oder tatsächliche Veränderung dazu führt, dass sich der Ausgleichswert rückwirkend ändert. Eine solche Änderung des Ausgleichswerts kann bei unmittelbar bewerteten Ehezeitanteilen insbesondere dadurch entstehen, dass sich der Wert des Ehezeitanteils selbst erhöht und bei zeitratierlich bewerteten Anrechten insbesondere dadurch, dass sich durch eine Verkürzung der Dienstzeit das Zeit-Zeit-Verhältnis zwischen Dienstzeit und Ehezeit ändert.

25 **4. Wesentliche Wertänderung des Ausgleichswerts.** Schließlich muss die Veränderung zu einer wesentlichen Wertänderung führen. Die wesentliche Wertänderung bezieht sich auf den Ausgleichswert. Eine Wertänderung ist die Differenz zwischen dem ursprünglich in der Erstentscheidung zugrundegelegten Ausgleichswert und dem sich durch die Veränderung ergebenden Ausgleichswert. In Abs. 3 ist geregelt, wann es sich um eine wesentliche Wertänderung handelt.

IV. Wesentliche Wertänderung (Abs. 3)

26 **1. Kumulative Wertgrenzen.** Abs. 3 bestimmt, wann eine Wertänderung des Ausgleichswerts wesentlich im Sinne von Abs. 2 ist. Die Wesentlichkeit der Wertänderung ist kumulativ an das Erreichen einer relativen Wertgrenze und an das Übersteigen einer absoluten Wertgrenze geknüpft.[19] Ist nur die relative Wertgrenze erreicht, aber die absolute Wertgrenze nicht überschritten oder

---

[17] BGH NJW-RR 2004, 795 = FamRZ 2004, 786 (rechtsfehlerhaft zugrunde gelegtes Ehezeitende); BGH NJW-RR 1989, 130 = FamRZ 1989, 264 (unrichtige Auskunft eines Versorgungsträgers).
[18] BT-Drucks. 16/10144, S. 97.
[19] Zur Verfassungsmäßigkeit der Wesentlichkeitsgrenze nach § 10a Abs. 2 VAHRG: BVerfGE 87, 348 = NJW 1993, 1057.

umgekehrt, so liegt keine wesentliche Wertänderung vor. Abs. 3 orientiert sich am bisherigen § 10a Abs. 2 S. 2 VAHRG aF.

2. Relative Wertgrenze. Die relative Wertgrenze beträgt mindestens 5 Prozent des bisherigen Ausgleichswerts des Anrechts. Es handelt sich um eine relative Grenze, weil sie keine feste Größe ist, sondern abhängig von der Höhe des jeweiligen Ausgleichswertes ist. Abgestellt wird – im Unterschied zum bisherigen § 10a VAHRG aF – auf den Ausgleichswert des einzelnen betreffenden Anrechts und nicht mehr auf den Ausgleichsbetrag nach Saldierung aller Anrechte. Diese Neuerung ist durch das neue Ausgleichssystem bedingt. Bei der relativen Wertgrenze muss die genannte Grenze lediglich erreicht, nicht überschritten sein. Die Wertgrenze ist im Vergleich zum bisherigen § 10a VAHRG aF von 10 Prozent (bezogen auf den Ausgleichsbetrag nach Saldierung) auf 5 Prozent (bezogen auf den jeweiligen Ausgleichswert) gesenkt worden. 27

3. Absolute Wertgrenze. Zugleich muss die Wertänderung wie im bisherigen § 10a VAHRG aF eine absolute Wertgrenze übersteigen. Damit sollen Bagatellverfahren vermieden werden.[20] Bei der absoluten Wertgrenze ist zu unterscheiden: Ist die maßgebliche Bezugsgröße des Anrechts ein Rentenbetrag, so muss die Wertänderung 1 Prozent der am Ende der Ehezeit maßgeblichen monatlichen Bezugsgröße nach § 18 Abs. 1 SGB IV übersteigen. Für das Jahr 2009 beträgt dieser Wert 25,20 EUR.[21] Ist die maßgebliche Bezugsgröße des Anrechts kein Rentenbetrag (sondern beispielsweise Entgeltpunkte, Versorgungspunkte oder ein Kapitalwert), so muss die Wertänderung als Kapitalwert 120 Prozent der am Ende der Ehezeit maßgeblichen monatlichen Bezugsgröße nach § 18 Abs. 1 SGB IV übersteigen. Für das Jahr 2009 beträgt dieser Wert 3024 EUR.[22] Diese Wertgrenzen entsprechen der Geringfügigkeitsgrenze in § 18 Abs. 3 VersAusglG. Der jeweilige Betrag muss überschritten sein. Was die maßgebliche Bezugsgröße des Anrechts ist, richtet sich nach dem jeweiligen Versorgungssystem. Die Versorgungsträger haben nach § 5 Abs. 1 VersAusglG den Ehezeitanteil des Anrechts – und damit auch den Ausgleichswert – immer in Form der für das jeweilige Versorgungssystem maßgeblichen Bezugsgröße zu berechnen. In den Fällen, in denen die maßgebliche Bezugsgröße des Anrechts kein Kapitalwert ist, ist der Versorgungsträger gemäß § 5 Abs. 3, 2. Hs. VersAusglG verpflichtet, zusätzlich den korrespondierenden Kapitalwert nach § 47 VersAusglG mitzuteilen. Dem Gericht liegt daher stets auch der Kapitalwert des Ausgleichswerts vor. 28

V. Abänderung zur Erfüllung einer Wartezeit (Abs. 4)

1. Inhalt und Normzweck. Abs. 4 regelt einen Sonderfall, der bislang in § 10a Abs. 2 Nr. 2 VAHRG aF geregelt war: Ist die Wertänderung des Anrechts zwar nicht wesentlich, wird jedoch bei Berücksichtigung des geänderten Wertes des Anrechts eine für die Versorgung der ausgleichsberechtigten Person maßgebende Wartezeit erfüllt, so ist die Abänderung ebenfalls zulässig. In diesen Fällen besteht wegen der bedeutsamen Auswirkungen der Abänderung auf die Versorgung des Ehegatten ebenfalls ein Bedürfnis für eine Abänderungsmöglichkeit. 29

2. Voraussetzungen der Abänderung. Wie nach Abs. 2 muss eine rechtliche oder tatsächliche Veränderung nach dem Ende der Ehezeit eingetreten sein, die auf den Ausgleichswert eines Anrechts zurückwirkt (im Einzelnen siehe unter III.). Die Veränderung muss jedoch nicht zu einer wesentlichen Wertänderung des Ausgleichswerts führen. Stattdessen muss die Abänderung zur Erfüllung einer konkreten Wartezeit führen. 30

3. Wartezeiten. Die Regelungen zu den Wartezeiten in der gesetzlichen Rentenversicherung ergeben sich aus den §§ 50 bis 53 SGB VI, wobei in § 52 SGB VI die Erfüllung von Wartezeiten durch den Versorgungsausgleich geregelt ist. Die konkreten Wartezeiten ergeben sich aus § 50 SGB VI. Nach § 50 Abs. 1 SGB VI ist die Erfüllung der **allgemeinen Wartezeit von 5 Jahren** Voraussetzung für einen Anspruch auf Regelaltersrente (§ 35 SGB VI), auf Rente wegen verminderter Erwerbsfähigkeit (§§ 43 ff. SGB VI) und auf Rente wegen Todes (§ 46 SGB VI: Witwenrente und Witwerrente, § 47 SGB VI: Erziehungsrente, § 48 SGB VI: Waisenrente, § 49 SGB VI: Rente wegen Todes bei Verschollenheit). Die Erfüllung der Wartezeit von **20 Jahren** ist nach § 50 Abs. 2 SGB VI Voraussetzung für einen Anspruch auf Rente wegen voller Erwerbsminderung an Versicherte, die die allgemeine Wartezeit vor Eintritt der vollen Erwerbsminderung nicht erfüllt haben (§ 43 Abs. 6 SGB VI). Nach § 50 Abs. 3 SGB VI ist die Erfüllung der Wartezeit von **25 Jahren** Voraussetzung für einen Anspruch auf Altersrente für langjährig unter Tage beschäftigte Bergleute (§ 40 SGB VI) und auf Rente für Bergleute vom 50. Lebensjahr an (§ 45 Abs. 3 SGB VI). Die Erfüllung der 31

---

[20] BT-Drucks. 16/10144, S. 97.
[21] § 2 Abs. 1 Sozialversicherungs-Rechengrößenverordnung 2009 vom 2. 12. 2008, BGBl. I S. 2336.
[22] § 2 Abs. 1 Sozialversicherungs-Rechengrößenverordnung 2009 vom 2. 12. 2008, BGBl. I S. 2336.

Wartezeit von **35 Jahren** ist nach § 50 Abs. 4 SGB VI Voraussetzung für einen Anspruch auf Altersrente für langjährig Versicherte (§ 36 SGB VI) und auf Altersrente für schwerbehinderte Menschen (§ 37 SGB VI). In § 243b SGB VI ist bestimmt, dass die Erfüllung der Wartezeit von **15 Jahren** Voraussetzung für einen Anspruch auf Altersrente wegen Arbeitslosigkeit oder nach Altersteilzeitarbeit (§ 237 SGB VI) und auf Altersrente für Frauen (§ 237a SGB VI) ist.

VI. Auswirkung zugunsten eines Ehegatten oder Hinterbliebenen (Abs. 5)

32 **1. Inhalt.** Nach Abs. 5 muss sich die Abänderung zugunsten eines Ehegatten oder eines Hinterbliebenen eines Ehegatten auswirken. Die Bestimmung schließt damit diejenigen Fälle von der Abänderung aus, die sich lediglich zugunsten eines Versorgungsträgers auswirken. Sie gilt sowohl für die Fälle einer wesentlichen Wertänderung nach Abs. 2 iVm. Abs. 3 als auch für die Fälle der Erfüllung einer Wartezeit nach Abs. 2 iVm. Abs. 4.

33 **2. Normzweck.** Mit der Bestimmung soll – ebenso wie mit der Regelung des bisherigen § 10a Abs. 2 Nr. 3 VAHRG aF – verhindert werden, dass ein Versorgungträger eine ausschließlich ihn selbst begünstigende Abänderungsentscheidung bewirkt, um beispielsweise die von ihm an den ausgleichspflichtigen Ehegatten zu zahlende Versorgung stärker kürzen zu können, obschon der ausgleichsberechtigte Ehegatte bereits verstorben ist und somit von der Abänderung überhaupt nicht mehr profitieren kann.[23]

34 **3. Abänderung zugunsten „eines" Ehegatten.** Die Abänderung muss sich nur zugunsten „eines" Ehegatten oder seiner Hinterbliebenen auswirken. Unschädlich ist also, wenn sich die Abänderung ausnahmsweise nicht zugunsten des antragstellenden Ehegatten, sondern zugunsten des anderen Ehegatten auswirkt. In diesen Fällen wird der antragstellende Ehegatte allerdings in der Regel seinen Antrag zurücknehmen, sobald er erkennt, dass sich die Abänderung zugunsten des anderen Ehegatten auswirkt. Der andere Ehegatte hat dann die Möglichkeit, einen neuen Abänderungsantrag zu stellen.

VII. Durchführung der Abänderung

35 **1. Abänderung nur in Bezug auf das Anrecht.** Die Abänderung wird durchgeführt, indem das Gericht die Entscheidung in Bezug auf das betreffende Anrecht abändert (vgl. Abs. 2 aE). Die Korrektur beschränkt sich also im Abänderungsverfahren auf das jeweils betroffene Anrecht. Dies ist vor dem Hintergrund zu sehen, dass nach dem neuen Ausgleichssystem jedes in der Ehezeit erworbene Anrecht für sich geteilt wird.[24] Von daher ist eine Abänderung auch nur in Bezug auf das jeweilige Anrecht erforderlich. Im Gegensatz zum bisherigen Recht findet somit keine „Totalrevision" statt, also kein „Wiederaufrollen" des gesamten Ausgleichs.

36 **2. Neue Auskunft des Versorgungsträgers.** Um prüfen zu können, ob die Voraussetzungen für eine Abänderung vorliegen und um die Abänderung durchführen zu können, muss das Gericht in Bezug auf das betreffende Anrecht eine neue Auskunft des jeweiligen Versorgungsträgers einholen. Der Versorgungsträger ist dann verpflichtet, dem Gericht die Auskunft gemäß § 220 Abs. 4 zu erteilen. Fallen dem Versorgungsträger anlässlich der neuen Auskunftserteilung Berechnungs- oder Buchungsfehler auf, die in der ersten Auskunft enthalten waren, ist er nicht gehalten, diese im Abänderungsverfahren beizubehalten, sondern kann diese korrigieren.[25]

37 **3. Gerichtliche Entscheidung.** Die örtliche Zuständigkeit des Familiengerichts richtet sich nach § 218.[26] Bei dem zuständigen Gericht muss es sich nicht notwendigerweise um das Gericht handeln, das die Erstentscheidung getroffen hat. Für das Verfahren gelten die §§ 219 bis 221. Zu beteiligen sind neben den Ehegatten nur die Versorgungsträger, die von der Abänderung betroffen sind. Zur Erörterung der Angelegenheit gelten die Ausführungen zu § 221.[27] Für die Entscheidung der Abänderung ist § 224 anzuwenden. Die Beschlussformel kann beispielsweise wie folgt lauten: „Der Beschluss des Amtsgerichts ... vom ... wird in Bezug auf das Anrecht des Ehemannes bei ... abgeändert und wie folgt gefasst: ...". Zum Rubrum, den Beschlussgründen und den sonstigen Formalien gelten die Ausführungen zu § 224 im Wesentlichen entsprechend.

---

[23] BT-Drucks. 10/5447, S. 19.
[24] BT-Drucks. 16/10144, S. 96.
[25] BT-Drucks. 16/10144, S. 97.
[26] § 218 Rn. 2 ff., 14 ff.
[27] § 221 Rn. 2 ff.

§ 226 Durchführung einer Abänderung des Wertausgleichs bei der Scheidung

(1) Antragsberechtigt sind die Ehegatten, ihre Hinterbliebenen und die von der Abänderung betroffenen Versorgungsträger.

(2) Der Antrag ist frühestens sechs Monate vor dem Zeitpunkt zulässig, ab dem ein Ehegatte voraussichtlich eine laufende Versorgung aus dem abzuändernden Anrecht bezieht oder dies auf Grund der Abänderung zu erwarten ist.

(3) § 27 des Versorgungsausgleichsgesetzes gilt entsprechend.

(4) Die Abänderung wirkt ab dem ersten Tag des Monats, der auf den Monat der Antragstellung folgt.

(5) ¹Stirbt der Ehegatte, der den Abänderungsantrag gestellt hat, vor Rechtskraft der Endentscheidung, hat das Gericht die übrigen antragsberechtigten Beteiligten darauf hinzuweisen, dass das Verfahren nur fortgesetzt wird, wenn ein antragsberechtigter Beteiligter innerhalb einer Frist von einem Monat dies durch Erklärung gegenüber dem Gericht verlangt. ²Verlangt kein antragsberechtigter Beteiligter innerhalb der Frist die Fortsetzung des Verfahrens, gilt dieses als in der Hauptsache erledigt. ³Stirbt der andere Ehegatte, wird das Verfahren gegen dessen Erben fortgesetzt.

I. Antragsberechtigung (Abs. 1)

1. Antragsberechtigte. Die Antragsberechtigung ist in Abs. 1 geregelt. Die Regelung entspricht der bisherigen Regelung in § 10a Abs. 4 VAHRG aF.

a) Ehegatten und ihre Hinterbliebenen. Antragsberechtigt sind beide Ehegatten. Auch die Hinterbliebenen der Ehegatten können einen Antrag auf Abänderung stellen, wobei es gleichgültig ist, ob es sich um Hinterbliebene des ausgleichspflichtigen oder des ausgleichsberechtigten Ehegatten handelt.[1] Hinterbliebene sind insbesondere etwaige neue Ehepartner der Ehegatten[2] und die Kinder der Ehegatten. Hinterbliebene können ein Interesse an einer Abänderung haben, wenn sich die Abänderung mittelbar auch auf ihre eigene Hinterbliebenenversorgung (Witwen- und Witwerrente, Waisenrente, Erziehungsrente) auswirkt. Da die Abänderung von den Ehegatten erst relativ spät begehrt werden kann (vgl. § 226 Abs. 2), soll den Hinterbliebenen durch das eigene Antragsrecht auch dann die Möglichkeit einer Abänderung gegeben werden, wenn der begünstigte Ehegatte zuvor bereits verstorben ist.[3]

b) Versorgungsträger. Neben den Ehegatten und ihren Hinterbliebenen sind auch die von der Abänderung betroffenen Versorgungsträger antragsberechtigt. Das Antragsrecht der Versorgungsträger dient dazu, Manipulationen der Ehegatten zu Lasten der Versorgungsträger vorzubeugen. Solche Manipulationen sind zB dort möglich, wo sich eine Abänderung zugunsten des noch nicht im Rentenalter befindlichen Berechtigten ergäbe, die beim Verpflichteten, der schon seine Altersversorgung bezieht, zu einer sofortigen erhöhten Kürzung führen würde. Vereinbaren die Ehegatten in einem solchen Fall, den Abänderungsantrag erst dann zu stellen, wenn auch der Berechtigte das Rentenalter erreicht hat oder wenn der Verpflichtete verstorben ist, würde der Versorgungsträger benachteiligt. Denn der Versorgungsträger könnte während dieser Zeitspanne die Versorgung des Verpflichteten nicht oder nicht in dem der eigentlichen Rechtslage entsprechenden Umfang kürzen.[4] Das Antragsrecht der Versorgungsträger ist jedoch durch den Grundsatz eingeschränkt, dass sich die Abänderung nach § 225 Abs. 5 zugunsten eines Ehegatten oder Hinterbliebenen auswirken muss.

2. Nicht Antragsberechtigte. Nicht antragsberechtigt sind damit insbesondere etwaige neue Ehepartner oder Kinder der noch lebenden Ehegatten. Nicht antragsberechtigt ist auch der nichteheliche Lebensgefährte eines Ehegatten. Dieser ist bei einem Versterben des Ehegatten insbesondere kein Hinterbliebener im Sinne der Vorschrift, weil sich die Abänderung des Versorgungsausgleichs auf seine eigene Versorgung nicht auswirken kann. Auch die Erben, soweit es sich dabei nicht um Hinterbliebene im Sinne der Vorschrift handelt, sind aus dem gleichen Grunde nicht antragsberechtigt. Schließlich sind auch Versorgungsträger, die nicht von der Abänderung des jeweiligen Anrechts betroffen sind, nicht antragsberechtigt.

---

[1] BGH NJW 1998, 3571.
[2] BGH NJW-RR 1992, 1283 = FamRZ 1993, 173.
[3] BT-Drucks. 10/6369, S. 22.
[4] BT-Drucks. 10/5447, S. 19.

II. Antragszeitpunkt (Abs. 2)

5 **1. Inhalt und Normzweck.** Abs. 2 bestimmt, ab welchem Zeitpunkt ein Antrag auf Abänderung zulässig ist. Der frühestmögliche Zeitpunkt für einen Antrag ist sechs Monate vor Beginn des Leistungsfalls eines Ehegatten. Die Regelung stellt nicht mehr wie bisher alternativ auf das Lebensalter ab, sondern nur noch auf den bevorstehenden Leistungsbeginn. Diese Regelung erlaubt es, sämtliche bis zu diesem Zeitpunkt eintretenden Änderungen in einem Verfahren zu berücksichtigen. Zugleich ist gewährleistet, dass ein weiteres Abänderungsverfahren in der Zwischenzeit unterbleibt.[5]

6 **2. Entstehungsgeschichte.** In § 10a Abs. 5 VAHRG aF war geregelt, dass der Antrag frühestens mit Vollendung des 55. Lebensjahres eines Ehegatten oder bei tatsächlichem Versorgungsbezug zulässig ist. Die Kommission „Strukturreform des Versorgungsausgleichs" hatte in ihrem Abschlussbericht vorgeschlagen, den frühestmöglichen Zeitpunkt für die Abänderung auf den Leistungsfall zu verschieben.[6] Dies entsprach auch einer Empfehlung des 15. Deutschen Familiengerichtstags.[7]

7 **3. Leistungsbeginn.** Leistungsbeginn ist entweder der erstmalige Leistungsbezug eines Ehegatten aus dem Anrecht, dessen Ausgleichswert abgeändert werden soll, oder der Zeitpunkt, zu dem die antragstellende Person durch die Abänderung die Erfüllung der entsprechenden Leistungsvoraussetzungen erwarten kann. Letzteres kann beispielsweise der Fall sein, wenn durch die Erhöhung des Ausgleichsanspruchs und der daraus folgenden Wartezeitgutschrift gemäß § 52 SGB VI eine konkrete Wartezeit erfüllt wird und damit die Voraussetzungen für einen Rentenanspruch vorliegen.[8]

8 **4. Sechs Monate vor Leistungsbeginn.** Der Antrag ist nicht erst im Leistungsfall, sondern bereits sechs Monate vor Leistungsbeginn zulässig. So kann das Abänderungsverfahren bereits vor Leistungsbeginn eingeleitet werden. Die Regelung soll sicherstellen, dass die gerichtliche Entscheidung möglichst noch vor oder zumindest zeitnah nach Leistungsbeginn ergehen kann. Wäre der Antrag erst im Leistungsfall zulässig, würde die Abänderungsentscheidung in jedem Fall erst nach Rentenbeginn ergehen. Die Frist von sechs Monaten entspricht der auch in § 120d Abs. 1 SGB VI für die Erklärung zum Rentensplitting vorgesehenen Frist. Diese Regelung sieht vor, dass eine Erklärung der Eheleute zum Rentensplitting frühestens sechs Monate vor der voraussichtlichen Erfüllung der Anspruchsvoraussetzungen abgegeben werden kann. Außerdem entspricht die Frist auch der in § 50 Abs. 2 VersAusglG für die Wiederaufnahme der ausgesetzten „Ost-West-Fälle" vorgesehen Frist. Danach ist ein Antrag auf Wiederaufnahme eines nach § 2 Abs. 1 S. 2 VAÜG aF ausgesetzten Versorgungsausgleichsverfahrens frühestens sechs Monate vor dem Zeitpunkt zulässig, ab dem auf Grund des Versorgungsausgleichs voraussichtlich Leistungen zu erbringen oder zu kürzen wären.

III. Härtefallregelung (Abs. 3)

9 **1. Inhalt und Normzweck.** In Abs. 3 ist geregelt, dass § 27 VersAusglG entsprechend gilt. Das bedeutet, dass eine Abänderung ausnahmsweise nicht stattfindet, soweit sie grob unbillig wäre. Eine ähnliche Regelung war im bisherigen Recht in § 10a Abs. 3 VAHRG aF enthalten. Im Gegensatz zu der bisherigen Regelung werden bei der Billigkeitsprüfung aber nicht nur die beiderseitigen wirtschaftlichen Verhältnisse, insbesondere der Versorgungserwerb nach der Ehe, berücksichtigt, sondern es fließen die gesamten Umstände des Einzelfalls in die Billigkeitsprüfung ein. Mit der Regelung soll vermieden werden, dass es bei einer Abänderungsentscheidung zu einer grob unbilligen Entscheidung im Sinne von § 27 VersAusglG kommt. Soweit Umstände bereits in der Erstentscheidung zur Anwendung der Billigkeitsklausel geführt haben oder – umgekehrt – zurückgewiesen wurden, bleibt dies für die Abänderungsentscheidung maßgebend. Sie werden nicht erneut aufgerollt. Dieser Grundsatz gilt indes nur für abgeschlossene Tatbestände, beispielsweise ein früheres Fehlverhalten, nicht dagegen für die stets wandelbaren wirtschaftlichen Verhältnisse.[9]

10 **2. Billigkeitserwägungen.** § 27 VersAusglG sieht vor, dass ein Versorgungsausgleich ausnahmsweise nicht stattfindet, soweit er grob unbillig wäre. Dies ist nur der Fall, wenn die gesamten Umstände des Einzelfalls es rechtfertigen, von der Halbteilung abzuweichen.

---

[5] BT-Drucks. 16/10144, S. 98.
[6] Abschlussbericht, S. 99 (veröffentlicht auf der Internetseite des Bundesministeriums der Justiz www.bmj.bund.de unter Themen > Zivilrecht > Familienrecht > Versorgungsausgleich > Abschlussbericht der Kommission).
[7] Brühler Schriften zum Familienrecht, Band 13.
[8] BT-Drucks. 16/10144, S. 98.
[9] *Hahne* FamRZ 1987, 217, 229.

a) Nachträgliche Umstände. Bei der Härtefallprüfung im Rahmen der entsprechenden Anwendung von § 27 VersAusglG im Abänderungsverfahren sind nur solche Umstände zu berücksichtigen, die nachträglich, also nach der abzuändernden Entscheidung, entstanden sind.[10] Etwaige bereits bei der abzuändernden Entscheidung vorliegende, aber nicht geltend gemachte bzw. nicht berücksichtigte Umstände bleiben im Abänderungsverfahren außer Betracht.[11]

b) Einzelne Umstände. Der Ausschluss der Abänderung kommt etwa dann in Betracht, wenn die wirtschaftlichen Verhältnisse des antragstellenden Berechtigten insgesamt erheblich besser als die des Verpflichteten sind und der Verpflichtete auf das betreffende Anrecht in der bisherigen Höhe dringend angewiesen ist. Auch wenn sich durch die Abänderung das wirtschaftliche Gleichgewicht zu Lasten des Ausgleichsverpflichteten so verändern würde, dass dessen Inanspruchnahme im Rahmen des Versorgungsausgleichs grob unbillig wäre,[12] greift § 27 VersAusglG ein. Der Ausschluss der Abänderung kommt ferner dann in Betracht, wenn der Berechtigte den Grund für die Abänderung in vorwerfbarer Weise selbst verursacht hat. Auch ein persönliches (nacheheliches) erhebliches Fehlverhalten eines Ehegatten kann im Einzelfall zu einem Ausschluss der Abänderung führen.

IV. Wirkung der Abänderung (Abs. 4)

1. Inhalt und Normzweck. Die Abänderungsentscheidung hat, wie die Erstentscheidung, ab dem Zeitpunkt ihrer Rechtskraft rechtsgestaltende Wirkung. Ist über die Abänderung rechtskräftig entschieden, wirkt sie auf den ersten Tag des Monats, der auf den Monat der Antragstellung folgt, zurück. Die Regelung entspricht dem bisherigen § 10a Abs. 7 S. 1 VAHRG aF. Sie soll sicherstellen, dass der Zeitpunkt der Wirkung der Abänderung allein vom Zeitpunkt der Antragstellung abhängt und unabhängig von der Dauer des Verfahrens ist.[13] Insbesondere wird durch die Regelung vermieden, dass der von der Abänderung nachteilig betroffene Ehegatte den Wirkungszeitpunkt der Abänderung durch Verfahrensverzögerungen hinausschieben kann.[14]

2. Erster Tag des Monats, der auf die Antragstellung folgt. Die Abänderungsentscheidung wirkt auf den ersten Tag des Monats, der auf die Antragstellung folgt, zurück. Ob mit „Antragstellung" der Zeitpunkt des Eingangs des Antrages bei Gericht oder der Zeitpunkt der Zustellung des Antrages gemeint ist, war schon zu § 10a Abs. 7 S. 1 VAHRG aF umstritten.[15] Richtigerweise ist mit der bisherigen überwiegenden Meinung mit der Antragstellung der Zeitpunkt des Eingangs des Antrages bei Gericht gemeint, denn in diesem Augenblick ist der Antrag „gestellt". Eine Unterscheidung zwischen Anhängigkeit und Rechtshängigkeit gibt es zudem im Versorgungsausgleichsverfahren nicht.[16] Der Zeitpunkt des Eingangs des Antrags bei Gericht ist auch zuverlässig feststellbar. Wann der Abänderungsantrag dem anderen Ehegatten bekanntgemacht worden ist, ist unerheblich. Haben beide Ehegatten einen Antrag in Bezug auf das gleiche Anrecht gestellt, so wirkt die Entscheidung auf den Zeitpunkt zurück, in dem der erste Antrag bei Gericht eingegangen ist. Das gilt auch dann, wenn der erste Antrag zurückgenommen worden ist, nachdem der zweite Antrag bei Gericht eingegangen ist. Anders liegt es hingegen, wenn der zweite Antrag erst gestellt wird, nachdem der erste Antrag wirksam zurückgenommen worden ist. In einem solchen Fall ist das Verfahren mit Rücknahme des ersten Antrages beendet und der zweite Antrag leitet ein neues Verfahren ein, in dem auch der Zeitpunkt der Wirksamkeit der Entscheidung neu zu bestimmen ist.[17] Wirkungszeitpunkt ist daher der Erste des Folgemonats nach Eingang des Antrags bei Gericht. Ist der Antrag etwa am 15. Juli bei Gericht eingegangen, wirkt eine spätere rechtskräftige Entscheidung über die Abänderung auf den 1. 8. zurück. Gleiches gilt, wenn der Antrag am 1. Juli oder am 31. Juli bei Gericht eingegangen ist.

3. Keine weitergehende Rückwirkung. Eine weitergehende Rückwirkung auf den Zeitpunkt der rechtlichen oder tatsächlichen Änderung ist nicht vorgesehen. Dies erscheint vor dem Hintergrund, dass der Antragsteller es selbst in der Hand hat, wann er den Abänderungsantrag stellt, gerechtfertigt.

---

[10] BGH NJW 2007, 433.
[11] OLG Köln FamRZ 1990, 294.
[12] OLG Saarland, NJW-RR 2008, 454; OLG Köln FamRZ 1999, 1207; OLG Nürnberg FamRZ 1990, 759.
[13] *Soergel/Hohloch* § 10a VAHRG Rn. 35.
[14] *Johannsen/Henrich/Hahne* § 10a VAHRG Rn. 47.
[15] Eingang des Antrages: OLG Celle NJW-RR 2008, 528 = FamRZ 2008, 900; § 10a VAHRG, Rn. 98; *Wick* Rn. 309; *Soergel/Hohloch* § 10a VAHRG, Rn. 35; Zustellung des Antrages: *Borth* Rn. 850; *Musielak/Borth* Rn. 8.
[16] MünchKommBGB/*Dörr* § 10a VAHRG Rn. 98.
[17] *Wick* Rn. 309.

§ 227 1 Buch 2. Abschnitt 8. Verfahren in Versorgungsausgleichssachen

16 **4. Schutz des Versorgungsträgers.** Die bislang in § 10a Abs. 7 S. 2 VAHRG aF enthaltene Bestimmung zum Schutz des Versorgungsträgers in der Übergangszeit ist jetzt in § 30 VersAusglG enthalten.

V. Versterben eines Ehegatten (Abs. 5)

17 **1. Inhalt und Normzweck.** In Abs. 5 ist der Sonderfall des Versterbens eines der Ehegatten während des Abänderungsverfahrens geregelt. Während sich die Sätze 1 und 2 auf den Fall beziehen, dass der antragstellende Ehegatte verstirbt, regelt S. 3 den Fall, dass der andere Ehegatte verstirbt. Regelungen zum Versterben eines Ehegatten fanden sich im bisherigen Recht in § 10a Abs. 10 VAHRG aF.

18 **2. Versterben des antragstellenden Ehegatten.** Verstirbt der Ehegatte, der den Abänderungsantrag gestellt hat, vor Rechtskraft der Endentscheidung, hat das Gericht das in S. 1 und 2 vorgeschriebene Verfahren einzuhalten:

19 **a) Gerichtlicher Hinweis.** Nach Abs. 5 S. 1 hat das Gericht die übrigen antragsberechtigten Beteiligten darauf hinzuweisen, dass das Verfahren nur fortgesetzt wird, wenn ein antragsberechtigter Beteiligter innerhalb einer Frist von einem Monat dies durch Erklärung gegenüber dem Gericht verlangt. Zu den übrigen antragsberechtigten Beteiligten zählen nicht nur die schon vor dem Versterben antragsberechtigten Beteiligten, nämlich der andere Ehegatte und die von der Abänderung betroffenen Versorgungsträger, sondern insbesondere auch die nunmehr antragsberechtigten Hinterbliebenen des verstorbenen Ehegatten. Diese können ein Interesse an der Fortsetzung des Verfahrens haben, wenn sich die Abänderung auf ihre eigene Versorgung auswirkt.[18] Die Monatsfrist beginnt mit der Bekanntgabe an den jeweiligen Beteiligten (§ 16 Abs. 1). Für die Frist gelten nach § 16 Abs. 2 die §§ 222 und 224 Abs. 2 und 3 sowie § 225 ZPO entsprechend. Aufgrund der Hinweispflicht des Gerichtes ist die gesetzliche Frist von einem Monat ausreichend.

20 **b) Fortsetzungsverlangen.** Verlangt ein antragsberechtigter Beteiligter innerhalb der Monatsfrist die Fortsetzung des Verfahrens, ist das Verfahren fortzusetzen. Dieser ist nunmehr Antragsteller des Verfahrens. Die übrigen Beteiligten bleiben weiterhin Beteiligte.

21 **c) Kein Fortsetzungsverlangen.** Wird binnen Monatsfrist von keinem der antragsberechtigten Beteiligten die Fortsetzung des Verfahrens verlangt, so gilt das Verfahren nach Abs. 5 S. 2 als in der Hauptsache erledigt. Auch in anderen Verfahren sieht das FamFG vor, dass im Falle des Todes eines Beteiligten das Verfahren als erledigt gilt (vgl. §§ 131, 181 und 208). Die Kostenentscheidung richtet sich nach den §§ 83 Abs. 2, 81.

22 **3. Versterben des anderen Ehegatten.** Verstirbt der andere Ehegatte, wird das Verfahren nach Abs. 5 S. 3 gegen dessen Erben fortgesetzt. Die vom antragstellenden Ehegatten begehrte Änderung kann sich für diesen auch nach Versterben des anderen Ehegatten noch auswirken.

§ 227 Sonstige Abänderungen

(1) Für die Abänderung einer Entscheidung über Ausgleichsansprüche nach der Scheidung nach den §§ 20 bis 26 des Versorgungsausgleichsgesetzes ist § 48 Abs. 1 anzuwenden.

(2) Auf eine Vereinbarung der Ehegatten über den Versorgungsausgleich sind die §§ 225 und 226 entsprechend anzuwenden, wenn die Abänderung nicht ausgeschlossen worden ist.

I. Entstehungsgeschichte und Inhalt

1 Die ursprünglich im FGG-RG[1] in § 227 vorgesehene Regelung ist mit dem VAStrRefG[2] durch eine vollständig neue Norm ersetzt worden. Die Norm ist im Zusammenhang und in Abgrenzung zu den §§ 225, 226 zu sehen: Während die §§ 225, 226 die Abänderung von Entscheidungen über den Wertausgleich bei der Scheidung betreffen, ist in § 227 zum einen geregelt, nach welcher Vorschrift sich die Abänderung von Entscheidungen über Ausgleichsansprüche nach der Scheidung richtet (Abs. 1) und zum anderen, nach welchen Vorschriften sich die Abänderung einer Vereinbarung der Ehegatten über den Versorgungsausgleich richtet (Abs. 2). Die Abänderung von Entscheidungen

---
[18] Vgl. Rn. 2.
[1] BGBl. I 2008 S. 2586.
[2] BGBl. I 2009 S. 700.

über den schuldrechtlichen Versorgungsausgleich war im bisherigen Recht in § 1587g Abs. 3 BGB aF, § 1587l Abs. 3 BGB aF und § 3a Abs. 6 VAHRG aF jeweils iVm. § 1587d Abs. 2 BGB aF geregelt. Vereinbarungen über den Versorgungsausgleich waren nach dem bisherigen Recht gemäß § 10a Abs. 9 VAHRG aF in entsprechender Anwendung des § 10a Abs. 1 bis 8 VAHRG aF abänderbar.

II. Abänderung einer Entscheidung über Ausgleichsansprüche nach der Scheidung (Abs. 1)

1. Entscheidung über Ausgleichsansprüche nach der Scheidung. Ausgleichsansprüche nach 2 der Scheidung (früher: schuldrechtlicher Versorgungsausgleich) sind in den §§ 20 bis 26 VersAusglG geregelt.[3] Unter die Ausgleichsansprüche nach der Scheidung fallen

– Schuldrechtliche Ausgleichszahlungen (§ 20 Anspruch auf schuldrechtliche Ausgleichsrente – bisher § 1587g BGB aF –, § 21 Abtretung von Versorgungsansprüchen – bisher § 1587i BGB aF –, § 22 Anspruch auf Ausgleich von Kapitalzahlungen)
– Abfindung (§ 23 Anspruch auf Abfindung; Zumutbarkeit, § 24 Höhe der Abfindung, Zweckbindung, – früher § 1587l BGB aF –)
– Teilhabe an der Hinterbliebenenversorgung (§ 25 Anspruch gegen den Versorgungsträger – bisher § 3a Abs. 1 bis 4 VAHRG aF –, § 26 Anspruch gegen die Witwe oder den Witwer – bisher § 3a Abs. 5 VAHRG aF -).

Es handelt sich dabei um selbständige Versorgungsausgleichsverfahren, die auf Antrag eingeleitet werden.

2. Abänderung der Entscheidung nach § 48 Abs. 1. Während im bisherigen Recht für die 3 Abänderung von Entscheidungen über den schuldrechtlichen Versorgungsausgleich in § 1587g Abs. 3 BGB aF, in § 1587l Abs. 3 BGB aF und in § 3a Abs. 6 VAHRG aF jeweils auf die Regelung des § 1587d Abs. 2 BGB aF verwiesen wurde, ist für die Abänderung von Entscheidungen über Ausgleichsansprüche nach der Scheidung nunmehr einheitlich § 48 Abs. 1 anzuwenden. § 48 Abs. 1 sieht vor, dass das Gericht des ersten Rechtszuges eine rechtskräftige Endentscheidung mit Dauerwirkung aufheben oder ändern kann, wenn sich die zugrunde liegende Sach- oder Rechtslage nachträglich wesentlich geändert hat. In Verfahren, die nur auf Antrag eingeleitet werden, erfolgt die Aufhebung oder Abänderung nur auf Antrag.

3. Voraussetzungen der Abänderung. Für eine Abänderung einer Entscheidung über Aus- 4 gleichsansprüche nach der Scheidung müssen sämtliche Voraussetzungen des § 48 Abs. 1 vorliegen.

a) Rechtskräftige Endentscheidung mit Dauerwirkung. Abänderbar sind nur rechtskräftige 5 Endentscheidungen mit Dauerwirkung. Eine Dauerwirkung liegt vor, wenn die Entscheidung eine längerfristige Begründung oder Veränderung eines Rechtsverhältnisses zur Folge hat. Das ist bei Entscheidungen in Versorgungsausgleichssachen in der Regel der Fall. Über den Wortlaut hinaus müssen aber auch Vereinbarungen, die im Verfahren über Ausgleichsansprüche nach der Scheidung getroffen worden sind, nach § 48 Abs. 1 (und nicht nach § 227 Abs. 2) abänderbar sein.

b) Änderung der zugrundeliegenden Sach- oder Rechtslage. Es muss sich entweder die 6 Sachlage geändert haben oder die Rechtslage. Eine Änderung der Sachlage liegt immer dann vor, wenn sich die der Entscheidung zugrunde liegenden Tatsachen ändern. Eine Änderung der Rechtslage ist gegeben, wenn sich das maßgebliche materielle Recht ändert. Hierunter können grundsätzlich auch Änderungen der höchstrichterlichen Rechtsprechung fallen.[4]

c) Wesentliche Änderung. Es muss sich um eine wesentliche Änderung handeln. Das ist dann 7 der Fall, wenn eine bedeutsame, bei der Entscheidungsfindung maßgebliche Änderung der Verhältnisse vorliegt.[5] Eine wesentliche Änderung liegt vor allem bei einem Wegfall der Anspruchsvoraussetzungen für die Ausgleichsrente[6] oder bei einer Erhöhung oder Verringerung des Versorgungswertes von mindestens 10% vor.[7] Als wesentliche Änderung ist es beispielsweise auch anzusehen, wenn zum Zeitpunkt der Entscheidung über Ausgleichsansprüche nach der Scheidung eine verminderte Erwerbsfähigkeit nach § 43 Abs. 1, Abs. 2 SGB VI vorlag, die zu einer zeitlich befristeten Rente geführt hat und später wieder eine dauerhafte Erwerbsfähigkeit eingetreten ist.[8]

---

[3] Vgl. Vor §§ 217 ff. Rn. 31 ff.
[4] BT-Drucks. 16/6308, S. 198.
[5] BT-Drucks. 16/6308, S. 198.
[6] MünchKommBGB/*Glockner* § 1587g BGB Rn. 29.
[7] *Johannsen/Henrich/Hahne* § 1587g BGB Rn. 23; § 1587g BGB Rn. 29; *Musielak/Borth* Rn. 5.
[8] *Musielak/Borth* Rn. 5.

8   **d) Nachträgliche Änderung.** Die Änderung muss nachträglich, also nach Erlass des Beschlusses über die Ausgleichsansprüche nach der Scheidung eingetreten sein.

9   **e) Antrag.** In Verfahren, die nur auf Antrag eingeleitet werden, erfolgt auch die Abänderung gemäß § 48 Abs. 1 S. 2 nur auf Antrag. Da in § 223 vorgesehen ist, dass das Gericht über Ausgleichsansprüche nach der Scheidung nach den §§ 20 bis 26 VersAusglG nur auf Antrag entscheidet, ist auch für die Abänderung einer Entscheidung über Ausgleichsansprüche nach der Scheidung ein Antrag erforderlich.

III. Abänderung einer Vereinbarung der Ehegatten über den Versorgungsausgleich (Abs. 2)

10   **1. Vereinbarung der Ehegatten über den Versorgungsausgleich.** Die Ehegatten können nach den §§ 6 bis 8 VersAusglG Vereinbarungen über den Versorgungsausgleich treffen. Es kann sich dabei um eine notariell beurkundete oder eine gerichtlich protokollierte Vereinbarung handeln.[9]

11   **2. Abänderung der Entscheidung nach den §§ 225, 226.** Soll eine Vereinbarung der Ehegatten über den Versorgungsausgleich abgeändert werden, sind die §§ 225, 226 entsprechend anzuwenden. Das bedeutet, dass sämtliche Voraussetzungen der §§ 225, 226 entsprechend vorliegen müssen. Außerdem darf die Abänderung in der Vereinbarung nicht ausgeschlossen worden sein. Bislang war dies in § 10a Abs. 9 VAHRG aF geregelt. Sind sämtliche Voraussetzungen für eine Abänderung erfüllt, wird die Abänderung nach den §§ 225, 226 durchgeführt.

12   **3. Vor dem 1. 9. 2009 geschlossene Vereinbarungen.** Nach dem Wortlaut der Vorschrift ist es unerheblich, ob die Vereinbarung nach dem Inkrafttreten des VAStrRefG geschlossen worden ist oder vor dessen Inkrafttreten. Vereinbarungen vor dem Inkrafttreten des VAStrRefG werden allerdings regelmäßig auf Grundlage des bisherigen Rechts getroffen worden sein, also auf Grundlage einer Saldenbildung. Daher passen die §§ 225, 226 auf solche Fälle nicht. § 227 ist daher nach seinem Sinn und Zweck einschränkend dahingehend auszulegen, dass er für Vereinbarungen, die vor dem 1. 9. 2009 auf Grundlage des bisherigen Rechts getroffen worden sind, nicht gilt, sondern stattdessen die §§ 51, 52 VersAusglG Anwendung finden.

13   **4. Vor dem 1. 1. 1987 geschlossene Vereinbarungen.** Für vor dem 1. 1. 1987 geschlossene Vereinbarungen sah die Übergangsvorschrift des § 13 Nr. 2 VAHRG aF zum Schutz des Vertrauens der Beteiligten in den Bestand einer einmal getroffenen Vereinbarung vor, dass diese nur unter besonderen Voraussetzungen abgeändert werden konnten. Konkret sah die Vorschrift vor, dass vor dem 1. 1. 1987 geschlossene Vereinbarungen nur abgeändert werden konnten, soweit die Bindung an die Vereinbarung auch unter besonderer Berücksichtigung des Vertrauens des Antragsgegners in die getroffene Vereinbarung für den Antragsteller unzumutbar ist. Für den Fall, dass im Zusammenhang mit einer vor dem 1. 1. 1987 geschlossenen Vereinbarung über den Versorgungsausgleich auch anderes geregelt wurde, fand eine Abänderung nicht statt, es sei denn, dass die Regelung im Übrigen auch ohne den Versorgungsausgleich getroffen worden wäre. Diese Regelung hat das VAStrRefG nicht übernommen. Weder in § 227 Abs. 2 selbst, noch im materiellen Übergangsrecht des VersAusglG findet sich insoweit eine Einschränkung. Nach der allgemeinen Übergangsvorschrift des § 48 Abs. 1 VersAusglG findet das ab dem 1. 9. 2009 geltende Recht auf alle ab diesem Zeitpunkt eingeleiteten Verfahren, und somit auch auf alle ab dem 1. 9. 2009 eingeleiteten Verfahren auf Abänderung einer Vereinbarung der Ehegatten über den Versorgungsausgleich Anwendung. Die im bis zum 31. 8. 2009 geltenden Recht enthaltene Regelung des § 13 Nr. 2 VAHRG aF kann jedoch im Rahmen von § 27 VersAusglG, der über § 48 Abs. 1 VersAusglG und die entsprechende Anwendung von § 226 Abs. 3 entsprechend gilt, Berücksichtigung finden. Eine grobe Unbilligkeit kann auch darin liegen, dass eine Abänderung dem in § 13 Nr. 2 VAHRG aF niedergelegten Vertrauensschutz zuwiderliefe.

§ 228 Zulässigkeit der Beschwerde

In Versorgungsausgleichssachen gilt § 61 nur für die Anfechtung einer Kostenentscheidung.

I. Inhalt und Normzweck

1   Die Vorschrift sieht vor, dass die Regelung des § 61, welche für die Zulässigkeit der Beschwerde einen Beschwerdewert von über 600 Euro oder eine Zulassung der Beschwerde durch das entschei-

---

[9] Vgl. Vor §§ 217 ff. Rn. 27 ff.

dende Gericht vorsieht, in Versorgungsausgleichssachen nur für die Anfechtung einer Kostenentscheidung gilt. Damit wird dem Umstand Rechnung getragen, dass eine Mindestbeschwer in Versorgungsausgleichssachen jedenfalls für Rechtsmittel der Rentenversicherungsträger nicht sachgerecht ist, da die Versorgungsträger im Ergebnis die Interessen der Versichertengemeinschaft wahrnehmen und sich wegen der Ungewissheit des künftigen Versicherungsverlaufs regelmäßig zunächst noch nicht feststellen lässt, ob sich die getroffene Entscheidung zum Nachteil für den Versorgungsträger auswirkt oder nicht. Aus Gleichbehandlungsgründen gilt § 61 – mit der Ausnahme der Anfechtung der Kostenentscheidung – für alle Beteiligten in Versorgungsausgleichssachen nicht.[1]

II. Rechtsmittel in Versorgungsausgleichssachen

Eine Entscheidung in einer Versorgungsausgleichssache kann nach den allgemeinen Vorschriften 2 mit der Beschwerde (§§ 58 ff.) und der Rechtsbeschwerde (§§ 70 ff.) angefochten werden. Die sofortige Beschwerde in entsprechender Anwendung der §§ 567 bis 572 ZPO ist hingegen nur gegen bestimmte Zwischen- und Nebenentscheidungen zulässig.

1. Beschwerde. Die Beschwerde nach den §§ 58 ff. ist gegen die im ersten Rechtszug ergange- 3 nen Endentscheidungen des Amtsgerichts über den Versorgungsausgleich statthaft. Endentscheidung ist gemäß der Legaldefinition in § 38 die Entscheidung, die über den Verfahrensgegenstand in der Instanz ganz oder teilweise abschließend entscheidet. Unerheblich ist, ob es sich um eine Entscheidung im Verbund mit der Scheidung handelt, um eine Entscheidung in einem abgetrennten Versorgungsausgleichsverfahren oder um eine Entscheidung in einem selbständigen Versorgungsausgleichsverfahren. Ist die Entscheidung über den Versorgungsausgleich im Verbund mit der Scheidungssache ergangen, kann entweder eine gemeinsame Anfechtung von Scheidungsausspruch und Versorgungsausgleichsentscheidung erfolgen oder aber nur eine isolierte Anfechtung der Entscheidung zum Versorgungsausgleich. Werden der Scheidungsausspruch und die Entscheidung zum Versorgungsausgleich zusammen angefochten, sind die Voraussetzungen der Beschwerde grundsätzlich in Bezug auf die Scheidungssache und in Bezug auf die Versorgungsausgleichssache getrennt zu prüfen.

a) Beschwerdeberechtigung. Die Beschwerde steht nach § 59 Abs. 1 denjenigen zu, die durch 4 den Beschluss in ihren (eigenen) Rechten beeinträchtigt sind. Der ausgleichspflichtige Ehegatte ist beispielsweise dann in seinen Rechten beeinträchtigt, wenn das Gericht für den anderen Ehegatten einen zu hohen Ausgleichwert begründet oder übertragen hat, wenn das Gericht ein nicht ausgleichsreifes Anrecht als ausgleichsreif behandelt hat, wenn das Gericht eine externe Teilung vorgenommen hat, obwohl nach § 15 Abs. 3 VersAusglG eine Zustimmung der ausgleichspflichtigen Person zu der Wahl der Zielversorgung erforderlich war, die diese nicht erteilt hat oder wenn das Gericht den Ausgleich trotz Vorliegens der Härtefallvoraussetzungen nach § 27 VersAusglG durchgeführt hat. Der ausgleichsberechtigte Ehegatte ist beispielsweise dann in seinen Rechten beeinträchtigt, wenn das Gericht für ihn einen zu niedrigen Ausgleichswert begründet oder übertragen hat, wenn das Gericht Anrechte unter Hinweis auf Geringfügigkeit nach § 18 Abs. 1 oder Abs. 2 VersAusglG nicht ausgeglichen hat, obwohl die Geringfügigkeitsgrenze des § 18 Abs. 3 VersAusglG überschritten war oder wenn das Gericht den Ausgleich wegen einer kurzen Ehezeit nach § 3 Abs. 3 VersAusglG nicht durchgeführt hat, obwohl der ausgleichsberechtigte Ehegatte einen Antrag auf Durchführung des Versorgungsausgleichs gestellt hatte. Ein Versorgungsträger ist durch den Versorgungsausgleich grundsätzlich dann in seinen Rechten beeinträchtigt, wenn das Gericht einen im Gesetz nicht vorgesehenen Eingriff in seine Rechtsstellung vorgenommen hat. Auf eine finanzielle Mehrbelastung kommt es dabei nicht an.[2] Die Beeinträchtigung der Rechte des Versorgungsträgers kann nach dem neuen Teilungssystem für den Versorgungsträger, bei dem das auszugleichende Anrecht besteht, beispielsweise darin liegen, dass das Gericht unzulässigerweise eine interne, statt eine externe Teilung vorgenommen hat (zB weil es die Voraussetzungen der externen Teilung nach den §§ 14 ff. VersAusglG fehlerhaft als nicht gegeben angesehen hat). Die Beeinträchtigung der Rechte des Versorgungsträgers, bei dem im Wege der externen Teilung ein Anrecht zum Zwecke des Ausgleichs begründet werden soll, kann beispielsweise darin liegen, dass das Gericht eine externe Teilung vorgenommen hat, obwohl die Zustimmung des Zielversorgungsträgers nach § 222 Abs. 2 nicht vorlag. Für die Beschwerdeberechtigung kommt es nicht auf die Beteiligtenstellung an. Es kann also auch derjenige beschwerdeberechtigt sein, der vom Gericht (fehlerhaft) nicht als Beteiligter hinzugezogen worden ist. Umgekehrt sind Beteiligte nicht automatisch beschwerdeberechtigt, sondern nur dann, wenn sie durch die Endentscheidung in eigenen Rechten beeinträchtigt sind. In

---
[1] BT-Drucks. 16/6308, S. 254 und BT-Drucks. 16/10144, S. 99.
[2] BGH NJW 1981, 1274.

§ 228 5–9   Buch 2. Abschnitt 8. Verfahren in Versorgungsausgleichssachen

Antragsverfahren gilt nach § 59 Abs. 2 eine Besonderheit für den Fall, dass der Antrag zurückgewiesen worden ist: Die Beschwerde steht in diesen Fällen nur dem Antragsteller zu. Das betrifft insbesondere Abänderungsverfahren nach den §§ 51, 52 VersAusglG oder nach den §§ 225, 226, in denen der Antrag auf Abänderung zurückgewiesen worden ist.

5 **b) Beschwerdewert.** In Versorgungsausgleichssachen ist die Beschwerde gegen die Hauptsacheentscheidung wegen der Regelung in § 228 unabhängig vom Wert des Beschwerdegegenstandes zulässig. Das Gericht des ersten Rechtszuges trifft daher in Versorgungsausgleichssachen auch keine Entscheidung über die Zulassung der Beschwerde gemäß § 61 Abs. 2, Abs. 3. Wird nur die Kostenentscheidung angefochten, ist die Beschwerde hingegen nach § 61 Abs. 1 grundsätzlich nur zulässig, wenn der Wert des Beschwerdegegenstandes 600 Euro übersteigt.

6 **c) Beschwerdefrist.** Die Beschwerdefrist beträgt nach § 63 Abs. 1 einen Monat. Sie beginnt jeweils mit der schriftlichen Bekanntgabe des Beschlusses an die Beteiligten (§ 63 Abs. 3 S. 1). Die mündliche Bekanntgabe des Beschlusses an einen Beteiligten im Termin setzt die Beschwerdefrist noch nicht in Gang. Der (fehlerhaft) nicht am Verfahren Beteiligte kann mangels einer schriftlichen Bekanntgabe des Beschlusses an ihn unbefristet Beschwerde erheben. Auch § 63 Abs. 3 S. 2, wonach die Frist spätestens mit Ablauf von fünf Monaten nach Erlass des Beschlusses beginnt, wenn die schriftliche Bekanntgabe an einen Beteiligten nicht bewirkt werden kann, findet insoweit keine Anwendung. Für jeden Beteiligten läuft die Beschwerdefrist gesondert. Das hat insbesondere für die Fälle Bedeutung, in denen die im Termin anwesenden Eheleute auf Rechtsmittel verzichten. Die Beschwerdefrist für die Versorgungsträger beginnt dann erst ab schriftlicher Bekanntgabe an diese zu laufen. Haben die Ehegatten nicht auch auf Anschlussrechtsmittel verzichtet (§ 67 Abs. 2), können sie sich der Beschwerde des anderen Ehegatten daher später noch anschließen (§ 66).

7 **d) Einlegung der Beschwerde.** Die Beschwerde ist bei dem Gericht einzulegen, dessen Beschluss angefochten wird – „iudex a quo" (§ 64 Abs. 1). Die Einlegung wird im Regelfall durch Einreichung einer Beschwerdeschrift erfolgen (vgl. § 64 Abs. 2 S. 1). Die Beschwerdeschrift muss lediglich die Bezeichnung des angefochtenen Beschlusses und die Erklärung enthalten, dass Beschwerde gegen diesen Beschluss eingelegt wird (§ 64 Abs. 2 S. 2). Sie soll begründet werden (§ 65 Abs. 1) und ist vom Beschwerdeführer oder seinem Bevollmächtigten zu unterzeichnen (§ 64 Abs. 2 S. 3). Wird gegen den Scheidungsausspruch und die Versorgungsausgleichssache zusammen Beschwerde eingelegt, ist zu beachten, dass für Rechtsmittel in Ehesachen nach § 117 Sonderregeln gelten.

8 **e) Anschlussbeschwerde.** Hat ein Beschwerdeberechtigter Beschwerde eingelegt, können sich die anderen Beteiligten[3] dieser Beschwerde nach § 66 anschließen. Ist das Hauptrechtsmittel durch einen Versorgungsträger eingelegt worden, scheidet eine Anschlussbeschwerde eines Ehegatten allerdings in der Regel aus.[4] Da das Gericht wegen des ungewissen künftigen Versicherungs- und Versorgungsverlaufs auch entgegen dem Rechtsmittelziel des Versorgungsträgers entscheiden kann,[5] fehlt es an einem Rechtsschutzbedürfnis für die Anschlussbeschwerde des Ehegatten.[6] Die Anschlussbeschwerde ist auch dann noch zulässig, wenn für den jeweiligen Beteiligten die Beschwerdefrist bereits abgelaufen ist (§ 66 S. 1). Bei der Beschwerde gegen eine Verbundentscheidung ist allerdings die in § 145 vorgesehene Befristung zu beachten. Die Anschlussbeschwerde ist auch dann zulässig, wenn der Beteiligte auf Rechtsmittel verzichtet hat (§ 66 S. 1), sie ist hingegen nicht zulässig, wenn der Beteiligte auch auf Anschlussrechtsmittel verzichtet hat (§ 67 Abs. 2). Eine eingelegte Anschlussbeschwerde verliert ihre Wirkung, wenn die Beschwerde zurückgenommen wird oder diese als unzulässig verworfen wird (§ 66 S. 2).

9 **f) Gang des Beschwerdeverfahrens.** Das Gericht, dessen Beschluss angefochten wird, hat die Beschwerde unverzüglich dem Beschwerdegericht vorzulegen (§ 68 Abs. 1, 2. Hs.). Eine Abhilfebefugnis steht dem vorlegenden Gericht nicht zu (§ 68 Abs. 1 S. 2). Beschwerdegericht ist nach § 119 Abs. 1 Nr. 1 a GVG das Oberlandesgericht. Das Beschwerdegericht ist an etwaige Beschwerdeanträge nicht gebunden.[7] Das rechtfertigt sich vor allem aus dem Umstand, dass im Versorgungsausgleich neben dem Interesse des betroffenen Ehegatten auch das Interesse der Solidargemeinschaft der

---

[3] Geändert durch das Gesetz zur Modernisierung von Verfahren im anwaltlichen und notariellen Berufsrecht, zur Errichtung einer Schlichtungsstelle der Rechtsanwaltschaft sowie zur Änderung sonstiger Vorschriften vom 30. 7. 2009, BGBl. I S. 2449, vgl. Beschlussempfehlung und Bericht des Rechtsausschusses BT-Drucks. 16/12717, S. 56.
[4] BGHZ 92, 207 = NJW 1985, 968.
[5] BGHZ 92, 5 = NJW 1984, 2879.
[6] BGHZ 92, 207 = NJW 1985, 968.
[7] BGHZ 92, 5 = NJW 1984, 2879.

Versicherten betroffen ist. Die Ehegatten müssen deshalb grundsätzlich eine die Sach- und Rechtslage entsprechende Entscheidung hinnehmen.[8] Dieser Grundsatz wird jedoch durch das Verbot der Schlechterstellung des Beschwerdeführers durchbrochen.[9] Danach ist das Beschwerdegericht daran gehindert, eine an sich nach der Gesetzeslage gebotene Entscheidung zu treffen, wenn hierdurch eine Verschlechterung der Rechtsposition einträte, die dem Beschwerdeführer ohne das Rechtsmittel erhalten geblieben wäre.

2. Rechtsbeschwerde. Die Rechtsbeschwerde ist nach den §§ 70 ff. nur dann statthaft, wenn sie 10 das Beschwerdegericht oder das Oberlandesgericht im ersten Rechtszug in dem Beschluss zugelassen hat, weil die Rechtssache grundsätzliche Bedeutung hat (§ 70 Abs. 2 Nr. 1) oder die Fortbildung des Rechts oder die Sicherung einer einheitlichen Rechtsprechung eine Entscheidung des Beschwerdegerichts erfordert (§ 70 Abs. 2 Nr. 2). Im Unterschied zur Beschwerde sind alle am Verfahren Beteiligten zur Einlegung der Rechtsbeschwerde berechtigt. Die Rechtsbeschwerde ist unabhängig vom Wert des Beschwerdegegenstands zulässig. Sie ist innerhalb einer Frist von einem Monat nach der schriftlichen Bekanntgabe des Beschlusses durch Einreichen einer Beschwerdeschrift bei dem Rechtsbeschwerdegericht – „iudex ad quem" – einzulegen (§ 71 Abs. 1). Die Anschlussrechtsbeschwerde ist zulässig, allerdings nur binnen einer Frist von einem Monat nach der Bekanntgabe der Begründungsschrift der Rechtsbeschwerde (§ 73).

3. Sofortige Beschwerde. Die sofortige Beschwerde in entsprechender Anwendung der §§ 567 11 bis 572 ZPO gegen Zwischen- und Nebenentscheidungen ist nur dann zulässig, wenn sie im Gesetz ausdrücklich vorgesehen ist. Dies ist in Versorgungsausgleichssachen beispielsweise bei einer Entscheidung nach § 221 Abs. 2 oder nach § 221 Abs. 3 (entsprechende Anwendung von § 21 Abs. 2),[10] bei einer Entscheidung über einen Antrag auf Hinzuziehung als Beteiligter (§ 7 Abs. 5 S. 2[11]) oder bei einer Entscheidung über die Anordnung von Zwangsmaßnahmen (§ 35 Abs. 5) der Fall.

4. Rechtskraft. Die Rechtskraft eines Beschlusses tritt nach § 45 nicht ein, bevor die Frist für die 12 Einlegung des zulässigen Rechtsmittels abgelaufen ist. Der Eintritt der Rechtskraft wird dadurch gehemmt, dass das Rechtsmittel rechtzeitig eingelegt wird. Ist über die Versorgungsausgleichssache im Verbund mit der Scheidungssache entschieden worden, wird die Entscheidung über die Folgesache Versorgungsausgleich nicht vor Rechtskraft des Scheidungsausspruchs wirksam (§ 148). Zur Wirksamkeit von Endentscheidungen, die den Versorgungsausgleich betreffen vgl. § 224 Abs. 1.[12]

§ 229 Elektronischer Rechtsverkehr zwischen den Familiengerichten und den Versorgungsträgern

(1) Die nachfolgenden Bestimmungen sind anzuwenden, soweit das Gericht und der nach § 219 Nr. 2 oder Nr. 3 beteiligte Versorgungsträger an einem zur elektronischen Übermittlung eingesetzten Verfahren (Übermittlungsverfahren) teilnehmen, um die im Versorgungsausgleich erforderlichen Daten auszutauschen. Mit der elektronischen Übermittlung können Dritte beauftragt werden.

(2) Das Übermittlungsverfahren muss
1. bundeseinheitlich sein,
2. Authentizität und Integrität der Daten gewährleisten und
3. bei Nutzung allgemein zugänglicher Netze ein Verschlüsselungsverfahren anwenden, das die Vertraulichkeit der übermittelten Daten sicherstellt.

(3) [1] Das Gericht soll dem Versorgungsträger Auskunftsersuchen nach § 220, der Versorgungsträger soll dem Gericht Auskünfte nach § 220 und Erklärungen nach § 222 Abs. 1 im Übermittlungsverfahren übermitteln. [2] Einer Verordnung nach § 14 Abs. 4 bedarf es insoweit nicht.

(4) Entscheidungen des Gerichts in Versorgungsausgleichssachen sollen dem Versorgungsträger im Übermittlungsverfahren zugestellt werden.

(5) [1] Zum Nachweis der Zustellung einer Entscheidung an den Versorgungsträger genügt die elektronische Übermittlung einer automatisch erzeugten Eingangsbestätigung an

---
[8] *Musielak/Borth* § 228 Rn. 13.
[9] BGHZ 85, 180 = NJW 1983, 173.
[10] Vgl. § 221 Rn. 11 und 18.
[11] Vgl. § 219 Rn. 14.
[12] § 224 Rn. 20 ff.

§ 229 1–3   Buch 2. Abschnitt 8. Verfahren in Versorgungsausgleichssachen

das Gericht. ²Maßgeblich für den Zeitpunkt der Zustellung ist der in dieser Eingangsbestätigung genannte Zeitpunkt.

Übersicht

	Rn.		Rn.
I. Entstehungsgeschichte	1–4	a) Übermittlung im Übermittlungsverfahren	19
1. Ausgangslage	2	b) Verstoß gegen Soll-Vorschrift	20
2. Einrichtung einer Arbeitsgruppe	3	c) Bekanntgabe	21
3. Gesetzgebungsverfahren	4	4. Auskünfte und Erklärungen der Versorgungsträger	22–24
II. Inhalt und Normzweck	5, 6	a) Übermittlung im Übermittlungsverfahren	23
1. Inhalt	5	b) Verstoß gegen Soll-Vorschrift	24
2. Normzweck	6	5. Entbehrlichkeit einer Rechtsverordnung	25–27
III. Teilnahme am Übermittlungsverfahren (Abs. 1)	7–10	a) Regelungsinhalt von § 14	26
1. Übermittlungsverfahren	8	b) Verzicht auf Verordnungsermächtigung	27
2. Teilnahme	9	VI. Zustellung von Entscheidungen (Abs. 4)	28–31
3. Beauftragung von Dritten	10	1. Inhalt	28
IV. Anforderungen an das Übermittlungsverfahren (Abs. 2)	11–15	2. Abgrenzung zu § 174 ZPO	29
1. Bundeseinheitlichkeit	12	3. Förmliche Zustellung	30
2. Gewährleistung der Authentizität und Integrität der Daten	13	4. Verstoß gegen Soll-Vorschrift	31
3. Verschlüsselung	14	VII. Nachweis der Zustellung (Abs. 5)	32–37
4. EGVP	15	1. Zustellungsnachweis	33
V. Pflichten des Gerichts und der Versorgungsträger (Abs. 3)	16–27	2. Automatisch erzeugte Eingangsbestätigung	34
1. Anwendungsbereich	16	3. OSCI-Protokoll	35
2. Normzweck	17	4. Fehlgeschlagene Übermittlung	36
3. Auskunftsersuchen des Gerichts	18–21	5. Zustellungszeitpunkt	37

I. Entstehungsgeschichte

1 Die im FGG-RG[1] vorgesehene Norm ist mit dem VAStrRefG[2] durch eine völlig neue Norm ersetzt worden.

2 **1. Ausgangslage.** Der Versorgungsausgleich ist ein Massengeschäft mit gleichförmigen Geschäftsabläufen sowohl bei den Versorgungsträgern als auch bei den Familiengerichten. Auf beiden Seiten werden die Informationen über die auszugleichenden Anrechte in der Regel elektronisch vorgehalten bzw. verarbeitet. Es liegt deshalb nahe, diese Daten soweit wie möglich auch automatisiert auszutauschen und Medienbrüche durch den Einsatz von Papierformularen zu vermeiden. Außerdem lassen sich so Fehler vermeiden, die durch die manuelle Übertragung von Daten entstehen.[3]

3 **2. Einrichtung einer Arbeitsgruppe.** Das Bundesministerium der Justiz hatte bereits bei der Versendung des Referentenentwurfs zum VAStrRefG vom 12. 2. 2008 bei den Ländern und den Versorgungsträgern angefragt, ob aus Anlass der Strukturreform des Versorgungsausgleichs eine Initiative zum elektronischen Rechtsverkehr in Versorgungsausgleichssachen ergriffen werden sollte.[4] Dies wurde begrüßt. Daraufhin fand am 6. 3. 2008 auf Einladung des Bundesministeriums der Justiz ein Workshop unter Teilnahme von Vertretern der Landesjustizverwaltungen und der Versorgungsträger statt. Ziel dieses Workshops war es, die unterschiedlichen Beteiligten zusammenzuführen und einen Überblick über bereits vorhandene technische und rechtliche Strukturen zu gewinnen, um so eine gemeinsame Grundlage für künftige Aktivitäten zu schaffen. Infolge dieses Treffens beschloss die Bund-Länder-Kommission für Datenverarbeitung und Rationalisierung in der Justiz, zu der Arbeitsgruppe „Elektronischer Rechtsverkehr" eine Unterarbeitsgruppe „Strukturreform des Versorgungsausgleichs" einzurichten. Die Federführung für diese Unterarbeitsgruppe lag bei Nordrhein-West-

---
[1] BGBl. I 2008 S. 2586.
[2] BGBl. I 2009 S. 700.
[3] BT-Drucks. 16/10144, S. 128.
[4] Anschreiben des Bundesministeriums der Justiz an die Landesjustizverwaltungen vom 14. 2. 2008.

falen. Die Unterarbeitsgruppe tagte erstmals am 24. Juli 2008 in Berlin. Sie hat all diejenigen Fragen geklärt und koordiniert, die sich im Zusammenhang mit der geplanten elektronischen Kommunikation zwischen Familiengerichten und Versorgungsträgern gestellt haben. Parallel zu dieser Unterarbeitsgruppe wurde die Arbeitsgruppe „Entwicklung neuer Formulare zum Versorgungsausgleich" unter der Federführung von Baden-Württemberg eingerichtet. Diese Arbeitsgruppe hat sich mit der Erarbeitung der neuen Formulare für Versorgungsausgleichssachen beschäftigt. Das erste Treffen dieser Arbeitsgruppe fand am 11. Juli 2008 in Berlin statt. Die Unterarbeitsgruppe „Strukturreform des Versorgungsausgleichs" zur Arbeitsgruppe „Elektronischer Rechtsverkehr" und die Arbeitsgruppe „Entwicklung neuer Formulare zum Versorgungsausgleich" haben sich gegenseitig über ihre Arbeitsergebnisse informiert und ausgetauscht, um sicherzustellen, dass die künftigen Abfragen in Papierform und die Abfragen per elektronischem Datenaustausch miteinander kompatibel sind.[5]

3. Gesetzgebungsverfahren. Im Regierungsentwurf für das VAStrRefG[6] vom 21. 5. 2008 war der jetzige § 229 noch nicht vorgesehen. Der Bundesrat hatte in seiner Stellungnahme zum Regierungsentwurf vom 4. Juli 2008[7] vorgeschlagen, im FamFG einen neuen § 229 einzufügen, in welchem der elektronische Rechtsverkehr zwischen den Familiengerichten und den Versorgungsträgern geregelt wird. Die Bundesregierung hatte in ihrer Gegenäußerung[8] diesen Vorschlag grundsätzlich begrüßt. Gleichzeitig hatte die Bundesregierung ausgeführt, dass sie im weiteren Gesetzgebungsverfahren auf Grundlage des Vorschlags des Bundesrates, soweit erforderlich, einen eigenen Formulierungsvorschlag unterbreiten werde. Dieser Vorschlag solle auch die bis dahin erarbeiteten Ergebnisse der Unterarbeitsgruppe „Strukturreform des Versorgungsausgleichs"[9] aufgreifen. Wie vom Bundesrat vorgeschlagen, sei insoweit zu prüfen, welche Modifikationen der bislang bereits vorhandenen Vorschriften zum elektronischen Rechtsverkehr erforderlich seien, um den besonderen Umständen in Versorgungsausgleichssachen Rechnung zu tragen. Die neu zu schaffende Vorschrift solle, wie vom Bundesrat vorgeschlagen, nicht nur Fragen der Zustellung regeln, sondern ganz allgemein ein elektronisches Kommunikationssystem definieren, in dessen Rahmen nicht nur Entscheidungen elektronisch zugestellt werden, sondern zuvor insbesondere auch die Auskunftsersuchen der Familiengerichte sowie die Auskünfte der Versorgungsträger über die auszugleichenden Anrechte ausgetauscht werden. Darüber hinaus sei zu prüfen, ob es einer Verordnungsermächtigung bedürfe oder ob die erforderlichen Regelungen unmittelbar im Gesetz getroffen werden könnten. Ein entsprechender Formulierungsvorschlag für einen neuen § 229 ist dann in die Beratungen der Berichterstatter des Rechtsausschusses eingebracht worden. Der Rechtsausschuss des Deutschen Bundestages hat in seiner Beschlussempfehlung vom 11. 2. 2009[10] die Einfügung des § 229 in seiner jetzigen Form empfohlen und der Bundestag hat diese Einfügung am darauf folgenden Tage beschlossen.

II. Inhalt und Normzweck

1. Inhalt. Die jetzige Fassung des § 229 stellt eine komplett neue Regelung dar, die Pilotcharakter auch für andere gerichtliche Verfahren haben soll.[11] Die Norm enthält die Rechtsgrundlagen für den elektronischen Rechtsverkehr zwischen den Familiengerichten und den Versorgungsträgern.[12] Sie gilt im konkreten Fall nur, soweit das mit der Sache befasste Gericht und der nach § 219 Nr. 2 oder Nr. 3 beteiligten Versorgungsträger an einem Übermittlungsverfahren im Sinne der Vorschrift teilnehmen. Die Vorschrift enthält die rechtlichen und technischen Anforderungen, die an das Übermittlungsverfahren gestellt werden, die Pflichten der Gerichte und der Versorgungsträger, die an dem Übermittlungsverfahren teilnehmen sowie besondere Bestimmungen für die Zustellung der gerichtlichen Entscheidung im Übermittlungsverfahren.

2. Normzweck. Bereits nach dem bisherigen Recht bot sich ein verstärkter elektronischer Datenaustausch zwischen den Familiengerichten und den Versorgungsträgern an. Denn sowohl die Justiz als auch die Versorgungsträger arbeiten bereits seit längerem mit elektronischen Fachsystemen und Datenbanken, kommunizieren aber in Papierform. Das ist nicht mehr zeitgemäß und fehleranfällig. Durch den elektronischen Rechtsverkehr können die Gerichte erheblich entlastet wer-

---

[5] Vgl. Gegenäußerung BT-Drucks. 16/10144, S. 128.
[6] BT-Drucks. 16/10144.
[7] BT-Drucks. 16/10144, S. 116 ff., 120 ff.
[8] BT-Drucks. 16/10144, S. 124 ff., 127 f.
[9] Vgl. Rn. 3.
[10] BT-Drucks. 16/11903.
[11] BT-Drucks. 16/11903, S. 121.
[12] Allgemein zum elektronischen Rechtsverkehr: *Hähnchen* S. 11 ff. und *Viefhues* NJW 2005, 1009.

den.¹³ Auch vermeidet der elektronische Rechtsverkehr Fehler, die durch die manuelle Übertragung von Daten entstehen.¹⁴ Das Verfahren wird im Interesse der scheidungswilligen Eheleute beschleunigt und ein Beitrag zum Bürokratieabbau geleistet.¹⁵ Mit der Strukturreform und dem Prinzip der internen oder externen Teilung jedes Anrechts nimmt der erforderliche Austausch zwischen den Familiengerichten und den Versorgungsträgern noch zu. Schon bislang mussten alle Versorgungsträger, bei denen auszugleichende Anrechte der Ehegatten bestanden, Auskunft über diese Anrechte erteilen. Die gerichtlichen Entscheidungen im Versorgungsausgleich mussten allerdings bislang in der Regel nur an die Träger der gesetzlichen Rentenversicherung und ggf. an die Beamtenversorgungsträger zugestellt werden. Durch das neue System der Teilung jedes Anrechts vergrößert sich in vielen Fällen die Anzahl der am Verfahren beteiligten Versorgungsträger. Damit erhöht sich auch die Zahl derjenigen Versorgungsträger, an die die Endentscheidung im Versorgungsausgleichsverfahren zugestellt werden muss. Eine gewisse Vereinfachung und Erleichterung für die Gerichte ist zwar mit der Regelung zur Bekanntgabe von Entscheidungen in § 15 Abs. 2 S. 1 2. Alt. verbunden. Danach kann die Bekanntgabe nicht nur durch eine Zustellung nach den §§ 166 bis 195 ZPO bewirkt werden, sondern auch dadurch, dass die Entscheidung unter der Anschrift des Adressaten zur Post gegeben wird. Eine elektronische Übermittlung kann den Aufwand der bei Gericht beschäftigten Servicekräfte und den Aufwand der Versorgungsträger jedoch darüber hinaus erheblich erleichtern.

III. Teilnahme am Übermittlungsverfahren (Abs. 1)

7 Abs. 1 eröffnet für die Familiengerichte und die Versorgungsträger die Möglichkeit zur Teilnahme an einem elektronischen Übermittlungsverfahren, für das die speziellen Regelungen in Abs. 2 bis 5 gelten.

8 **1. Übermittlungsverfahren.** Ein Übermittlungsverfahren im Sinne der Vorschrift ist ein zur elektronischen Übermittlung eingesetztes Verfahren. Es handelt sich dabei um ein Verfahren, mit dem die im Versorgungsausgleich erforderlichen Daten ausgetauscht werden. Übermittelt werden können in dem Verfahren alle im Versorgungsausgleich von Seiten des Gerichts und von Seiten des beteiligten Versorgungsträgers erforderlichen Daten. So benötigt der Versorgungsträger zur Auskunftserteilung beispielsweise die Angaben zur Ehezeit sowie den Namen, das Geburtsdatum und ggf. weitere Angaben über den ausgleichspflichtigen Ehegatten. Das Gericht seinerseits benötigt vom Versorgungsträger den Wert des Ehezeitanteils, einen Vorschlag für die Bestimmung des Ausgleichswerts sowie weitere Daten und Einzelheiten.¹⁶ Die Übermittlung der Daten ist nicht nur in der Form eines lesbaren elektronischen Dokuments möglich, sondern beispielsweise auch als lediglich maschinenlesbarer Datensatz. Auch können Daten in einer beigefügten Datei – beispielsweise im pdf-Format – enthalten sein. Die konkreten Anforderungen an das Übermittlungsverfahren sind in Abs. 2 geregelt.

9 **2. Teilnahme.** An dem Übermittlungsverfahren können nur die Familiengerichte und die Versorgungsträger teilnehmen. Die Teilnahme am Übermittlungsverfahren ist für beide Seiten freiwillig. Weder die Familiengerichte, noch die Versorgungsträger sind gezwungen am Übermittlungsverfahren teilzunehmen. Die freiwillige Teilnahme am Übermittlungsverfahren berücksichtigt, dass Gerichte und Versorgungsträger zunächst die technischen Voraussetzungen für eine Teilnahme schaffen müssen und daher selbst darüber entscheiden sollen, ob und ggf. ab welchem Zeitpunkt sie am Übermittlungsverfahren teilnehmen. Der Erfolg des elektronischen Rechtsverkehrs steht und fällt allerdings mit der Akzeptanz durch seine Anwender.¹⁷ An dem Übermittlungsverfahren können und werden nur diejenigen Gerichte und Versorgungsträger teilnehmen, bei denen die entsprechenden technischen und organisatorischen Voraussetzungen vorliegen. Bei den Versorgungsträgern wird sich insbesondere für kleinere Versorgungsträger häufig der technische und organisatorische Aufwand für eine Teilnahme am Übermittlungsverfahren nicht lohnen. Hingegen wird die Teilnahme am Übermittlungsverfahren für größere Versorgungsträger, wie die gesetzliche Rentenversicherung oder die Beamtenversorgung des Bundes, aber auch größere betriebliche Versorgungsträger letztlich eine Reduzierung von Aufwand und Kosten bedeuten. Für die Familiengerichte wird sich der technische und organisatorische Aufwand für eine Teilnahme am Übermittlungsverfahren in aller Regel auf Grund der Vielzahl der Verfahren bereits dann lohnen, wenn auf Seiten der Versorgungsträger die gesetzliche Rentenversicherung an dem Übermittlungsverfahren teilnimmt. Erste Erfahrungen mit

---

¹³ *Zypries* DRiZ 2009, 26 f.
¹⁴ Vgl. Gegenäußerung BT-Drucks. 16/10144, S. 127 f.
¹⁵ *Viefhues* BetrAV 2009, 103.
¹⁶ Vgl. im Einzelnen oben § 220 Rn. 44 ff.
¹⁷ *Hähnchen* NJW 2005, 2257.

dem elektronischen Rechtsverkehr haben die Amtsgerichte bereits in den Registersachen gesammelt. Eine förmliche Teilnahmeerklärung ist nicht vorgesehen. Die Teilnahme wird durch die faktische Nutzung des Übermittlungsverfahrens begründet.

3. Beauftragung von Dritten. Nach Abs. 1 S. 2 können Dritte mit der elektronischen Übermittlung beauftragt werden. Wie im allgemeinen Zustellungsrecht (§ 15 Abs. 2 iVm. § 168 Abs. 1 ZPO) können somit beliehene Unternehmer mit der Ausführung der Übermittlung beauftragt werden. Der Dritte kann als technischer Dienstleister den hoheitlichen Akt der Zustellung bewirken und Eingangsstelle für Übermittlungen an das Gericht sein. In der Justiz werden bereits solche Dienstleister (Rechenzentren) eingesetzt. 10

IV. Anforderungen an das Übermittlungsverfahren (Abs. 2)

In Abs. 2 werden die konkreten Anforderungen an das Übermittlungsverfahren geregelt. 11

1. Bundeseinheitlichkeit. Für das Übermittlungsverfahren muss ein einziger bundeseinheitlicher Standard gelten. Diese Einheitlichkeit ist bei der vorgesehenen Übermittlung der Daten über das EGVP (Elektronisches Gerichts- und Verwaltungspostfach) gewährleistet.[18] Über dieses System wird beispielsweise schon bislang der elektronische Rechtsverkehr zwischen den Registergerichten und den Notaren in Handelsregistersachen abgewickelt. Eine flächendeckende Nutzbarkeit des Übermittlungsverfahrens für alle Gerichte oder alle Versorgungsträger setzt die Regelung nicht voraus. Die technischen Einzelheiten können von der zuständigen Bund-Länder-Kommission „Elektronischer Rechtsverkehr" im Benehmen mit den Versorgungsträgern festgelegt werden. 12

2. Gewährleistung der Authentizität und Integrität der Daten. Das Übermittlungsverfahren muss darüber hinaus die Authentizität und die Integrität der Daten gewährleisten. Die Vorschrift knüpft damit an den Standard an, der in anderen Rechtsvorschriften wie § 55a Abs. 1 VwGO für die Übermittlung eines elektronischen Dokuments an das Gericht gesetzt worden ist.[19] Das Erfordernis der Authentizität bedeutet, dass der Nachweis der Urheberschaft gewährleistet ist.[20] Es soll sichergestellt sein, dass die Daten dem angegebenen Absender zuzurechnen sind.[21] Die Gewährleistung der Integrität bedeutet, dass der Schutz der Daten vor (unbemerkter) nachträglicher Veränderung durch Dritte sichergestellt ist.[22] Die Daten müssen also dem Absender eindeutig zuzurechnen sein und dürfen auf ihrem elektronischen Weg vom Absender zum Empfänger nicht verfälscht werden können. So ist in der Gesetzesbegründung zu § 55a Abs. 1 VwGO ausgeführt, dass es zur Sicherung der Integrität des Dokuments notwendig ist, dass die Übermittlung der Dokumente mittels kryptografischer Verfahren erfolgt, die mindestens auf den „Standards und Architekturen für eGovernment-Anwendungen (SAGA)" in der jeweils aktuellen Fassung beruhen. Ferner ist sicherzustellen, dass das übermittelte Dokument bei seinem Eingang beim Gericht so gespeichert wird, dass seine Integrität für die Zeit der Speicherung überprüfbar ist.[23] Die Richtlinien des EGVP (Elektronisches Gerichts- und Verwaltungspostfach) gewährleisten die erforderliche Authentizität und Integrität.[24] 13

3. Verschlüsselung. Bei Nutzung allgemein zugänglicher Netze (zB Internet) sind die Daten zu verschlüsseln. Das Verschlüsselungsverfahren muss die Vertraulichkeit der übermittelten Daten sicherstellen. Welches Verfahren hierfür konkret angewendet wird, kann von dem Betreiber des Übermittlungsverfahrens verbindlich vorgegeben werden. 14

4. EGVP. Das Elektronische Gerichts- und Verwaltungspostfach ist vom BVerwG und dem BFH zusammen mit dem Bundesamt für Sicherheit in der Informationstechnik sowie in Abstimmung mit dem parallelen Pilotprojekt des Landes Nordrhein-Westfalen konzipiert worden und befindet sich seit Ende 2004 im Einsatz. Dabei handelt es sich um eine Software, mit der Gerichte und Behörden mit ihren „Kunden" und untereinander besonders sicher unstrukturierte Nachrichten im sog. OSCI-Format[25] austauschen können. Diese Nachrichten können auch mit Anhängen versehen und ggf. auch elektronisch signiert werden. Der Versand von Nachrichten mit dem EGVP gleicht dem Versand von Einschreiben mit Rückschein, denn das EGVP arbeitet mit der Virtuellen Poststelle des 15

---

[18] Vgl. hierzu Rn. 15.
[19] Beschlussempfehlung und Bericht des Rechtsausschusses BT-Drucks. 16/11903, S. 119.
[20] VG Neustadt NJW 2007, 619 (zu § 55a VwGO).
[21] OVG Rheinland-Pfalz NVwZ-RR 2006, 519 (zu § 55a VwGO).
[22] OVG Rheinland-Pfalz NVwZ-RR 2006, 519; VG Neustadt, NJW 2007, 619 (jeweils zu § 55a VwGO).
[23] Entwurf eines Gesetzes über die Verwendung elektronischer Kommunikationsformen in der Justiz (Justizkommunikationsgesetz – JKomG), BT-Drucks. 15/4067, S. 37.
[24] Beschlussempfehlung und Bericht des Rechtsausschusses BT-Drucks. 16/11903, S. 119; näher zum EGVP: Rn. 15.
[25] Vgl. hierzu Rn. 35.

Bundes – VPS – zusammen. Das EGVP stellt eine direkte, gesicherte Verbindung direkt zu den dort vorgehaltenen elektronischen Postfächern her. Alle mit dem EGVP zusammengestellten Nachrichten werden im OSCI-Format an die Virtuelle Poststelle des Bundes geschickt. Diese prüft die Signatur, soweit eine solche beigefügt wurde, quittiert den Empfang, erstellt darüber ein Protokoll und hält die Nachricht zum Abruf durch den Empfänger vor. Insbesondere die Empfangsbestätigung bietet eine Sicherheit über Tatsache und Zeitpunkt des erfolgreichen Versands, wie sie kein gängiges E-Mail-Programm bieten kann.[26] Das EGVP ist beispielsweise bei den Registergerichten bereits im Einsatz.

V. Pflichten des Gerichts und der Versorgungsträger (Abs. 3)

16 **1. Anwendungsbereich.** In Abs. 3 sind die Pflichten des Gerichts und der Versorgungsträger festgelegt. Diese Pflichten bestehen nur für die am Übermittlungsverfahren teilnehmenden Gerichte und Versorgungsträger. Das ergibt sich aus Abs. 1, wonach die nachfolgenden Bestimmungen nur anzuwenden sind, soweit Gericht und Versorgungsträger an dem Übermittlungsverfahren teilnehmen.

17 **2. Normzweck.** Zweck der Bestimmung ist es, in den Fällen, in denen ein Gericht oder ein Versorgungsträger am Übermittlungsverfahren teilnimmt, sicherzustellen, dass das Übermittlungsverfahren von diesen grundsätzlich auch umfassend genutzt wird. Entscheidet sich also ein Gericht für die Teilnahme am Übermittlungsverfahren, so sollen die am Übermittlungsverfahren teilnehmenden Versorgungsträger grundsätzlich nicht mit elektronisch übermittelten Daten dieses Gerichts einerseits und schriftlich übermittelten Daten dieses Gerichts andererseits konfrontiert werden. Umgekehrt sollen am Übermittlungsverfahren teilnehmende Gerichte sich grundsätzlich nicht gleichzeitig mit elektronisch übermittelten und mit schriftlich übermittelten Daten eines am Übermittlungsverfahren teilnehmenden Versorgungsträgers auseinandersetzen müssen.

18 **3. Auskunftsersuchen des Gerichts.** Nimmt ein Gericht am Übermittlungsverfahren teil, ist das gerichtliche Ermessen im Hinblick auf den Übermittlungsweg eingeschränkt. Ein Eingriff in die richterliche Unabhängigkeit (Art. 97 Abs. 1 GG) durch die Soll-Vorschrift liegt insoweit aber nicht vor, da die Vornahme der Übermittlung des Auskunftsersuchens an den Versorgungsträger – wie die Zustellung der Entscheidung – in die Aufgabenzuständigkeit der Geschäftsstelle fällt[27] und der Richter im Regelfall lediglich anordnen wird, dass eine Auskunft vom Versorgungsträger einzuholen ist, nicht aber, auf welchem konkreten Wege dieses Auskunftsersuchen dem Versorgungsträger zu übermitteln ist. Zudem handelt es sich lediglich um eine Ordnungsvorschrift.[28] Dem Richter müssen allerdings zur Wahrung seiner richterlichen Unabhängigkeit seitens der Justizverwaltung auf dessen Wunsch Ausdrucke der elektronisch eingehenden Dokumente auf Papier zur Verfügung gestellt werden, wenn er sich allein auf Grund der elektronischen Auskünfte der Versorgungsträger nicht zu einer sachgerechten Vorbereitung seiner richterlichen Tätigkeit in der Lage sieht.[29]

19 **a) Übermittlung im Übermittlungsverfahren.** Das am Übermittlungsverfahren teilnehmende Gericht soll Auskunftsersuchen nach § 220 dem Versorgungsträger im Übermittlungsverfahren übermitteln. Von dieser Regelung umfasst ist sowohl das eigentliche Auskunftsersuchen an den Versorgungsträger nach § 220 Abs. 1 iVm. Abs. 4 S. 1, als auch die Aufforderung zur Erläuterung der Einzelheiten der Wertermittlung nach § 220 Abs. 4 S. 2. Insbesondere in letzterem Fall kann allerdings, etwa wenn die Aufforderung zur Erläuterung sehr komplex ist, im Einzelfall eine schriftliche Übermittlung angezeigt sein.

20 **b) Verstoß gegen Soll-Vorschrift.** Die Übermittlung eines gerichtlichen Auskunftsersuchens auf dem Papierwege trotz Teilnahme des Gerichts am Übermittlungsverfahren ist unzulässig, aber nicht unwirksam, weil es sich bei der Soll-Regelung lediglich um eine Ordnungsvorschrift handelt.[30]

21 **c) Bekanntgabe.** Durch Übermittlung des gerichtlichen Auskunftsersuchens im Übermittlungsverfahren wird das Ersuchen dem Versorgungsträger bekannt gegeben. Einer Bekanntgabe bedarf es gemäß § 15 Abs. 1 regelmäßig, da gerichtliche Auskunftsersuchen an Versorgungsträger üblicherweise eine gerichtliche Fristbestimmung enthalten. Der Lauf der Frist beginnt, soweit nichts anderes bestimmt ist, mit der Bekanntgabe (§ 16 Abs. 1).

---

[26] Schoch/Schmidt-Aßmann/Pietzner/Rudisile § 55a VwGO Rn. 67, nähere Einzelheiten zum EGVP unter http://www.egvp.de.
[27] Vgl. hierzu Rn. 28.
[28] BT-Drucks. 16/11903, S. 120.
[29] Dienstgericht Düsseldorf MMR 2009, 142.
[30] BT-Drucks. 16/11903, S. 120.

4. Auskünfte und Erklärungen der Versorgungsträger. Umgekehrt besteht auch für diejenigen Versorgungsträger, die an dem Übermittlungsverfahren teilnehmen, die Pflicht, das Übermittlungsverfahren zu nutzen. 22

a) Übermittlung im Übermittlungsverfahren. Der am Übermittlungsverfahren teilnehmende Versorgungsträger soll Auskünfte nach § 220 und Erklärungen nach § 222 Abs. 1 im Übermittlungsverfahren übermitteln. Unter die Auskünfte nach § 220 fallen sowohl die Auskunft nach § 220 Abs. 1 iVm. Abs. 4 S. 1 als auch die Erläuterung der Einzelheiten der Wertermittlung nach § 220 Abs. 4 S. 2. Während die nach § 5 VersAusglG benötigten Werte regelmäßig als Datensatz übermittelt werden, können die Berechnung und die für die Teilung maßgeblichen Regelungen auch in einer gesonderten Datei (zB im pdf-Format) als Anlage übermittelt werden. Die für die Bearbeitung geeignete Form der Übermittlung wird in den dafür vorgesehenen Gremien zwischen den Nutzern und dem Betreiber des Übermittlungsverfahrens festgelegt. 23

b) Verstoß gegen Soll-Vorschrift. Ein Verstoß gegen den vorgeschriebenen Übermittlungsweg oder die vorgeschriebene Form der Übermittlung führt auch hier nicht zur Unwirksamkeit der Erklärungen oder Auskünfte des Versorgungsträgers, da es sich um eine reine Ordnungsvorschrift handelt.[31] 24

5. Entbehrlichkeit einer Rechtsverordnung. In Abweichung zu § 14 Abs. 4 bedarf es für die Geltung der Soll-Vorschrift zur Übermittlung keiner Rechtsverordnungen der Länder. 25

a) Regelungsinhalt von § 14. Nach § 14 Abs. 2 können die Beteiligten Anträge und Erklärungen als elektronisches Dokument übermitteln. Für das elektronische Dokument gelten § 130a Abs. 1 und 3 sowie § 298 ZPO entsprechend. Für das gerichtliche elektronische Dokument gelten nach § 14 Abs. 3 die §§ 130b und 298 ZPO entsprechend. § 14 Abs. 4 sieht vor, dass die Bundesregierung und die Landesregierungen für ihren Bereich durch Rechtsverordnung den Zeitpunkt bestimmen, von dem an elektronische Akten geführt und elektronische Dokumente bei Gericht eingereicht werden können. Die Bundesregierung und die Landesregierungen bestimmen für ihren Bereich durch Rechtsverordnung die geltenden organisatorisch-technischen Rahmenbedingungen für die Bildung, Führung und Aufbewahrung der elektronischen Akte und die für die Bearbeitung der Dokumente geeignete Form. 26

b) Verzicht auf Verordnungsermächtigung. Um die Flexibilität des Übermittlungsverfahrens zu gewährleisten, hat der Gesetzgeber auf eine Verordnungsermächtigung zur Einführung des Verfahrens nach dem Vorbild der §§ 130a, 130b ZPO bzw. § 14 Abs. 4 verzichtet. In der Praxis ist von den Verordnungsermächtigungen nach den §§ 130a, 130b ZPO bislang vom Bund[32] und von mehreren Ländern, dort aber vielfach beschränkt auf bestimmte Gerichte, Gebrauch gemacht worden. Vor dem Hintergrund des insgesamt eher zurückhaltenden Gebrauchs der Verordnungsermächtigung nach den §§ 130a, 130b ZPO ist im Rahmen von § 229 auf eine Verordnungsermächtigung verzichtet worden. Dem Gesetzgeber schien zudem ein informeller Rahmen für das Übermittlungsverfahren ausreichend, weil dessen Benutzerkreis, bestehend aus Versorgungsträgern und Familiengerichten, überschaubar bleibt. Außerdem bleibt anders als bei § 130a ZPO die Wirksamkeit einer Erklärung des Versorgungsträgers von einem Verstoß gegen Formvorschriften grundsätzlich unberührt. Technische Einzelheiten zur einzuhaltenden Form im Übermittlungsverfahren – die bei den auf Grund der §§ 130a, 130b ZPO erlassenen Verordnungen in den Verordnungen enthalten sind – sind im Rahmen von § 229 zwischen den Nutzern und dem Betreiber des Übermittlungsverfahrens einvernehmlich festzulegen und in geeigneter Form bekannt zu machen.[33] 27

VI. Zustellung von Entscheidungen (Abs. 4)

1. Inhalt. Nach Abs. 4 ist für die Zustellung von gerichtlichen Entscheidungen an Versorgungsträger das Übermittlungsverfahren zu nutzen. Damit ist – bei einer Teilnahme des betreffenden Familiengerichts am Übermittlungsverfahren – das Ermessen der Geschäftsstelle, wie die Bekanntgabe der Entscheidung zu bewirken ist, eingeschränkt. Die Nutzung des Übermittlungsverfahrens ist bei Teilnahme des Versorgungsträgers und des Gerichts am Übermittlungsverfahren obligatorisch. 28

---

[31] BT-Drucks. 16/11903, S. 120.
[32] Rechtsverordnungen des Bundes: Verordnung über den elektronischen Rechtsverkehr beim Bundesgerichtshof und Bundespatentgericht vom 24. 8. 2007, BGBl. I S. 2130; Verordnung über den elektronischen Rechtsverkehr beim Bundesverwaltungsgericht und beim Bundesfinanzhof vom 26. 11. 2004, BGBl. I S. 3091; Verordnung über den elektronischen Rechtsverkehr beim Bundesarbeitsgericht vom 9. 3. 2006, BGBl. I S. 519; Verordnung über den elektronischen Rechtsverkehr beim Bundessozialgericht vom 18. 12. 2006, BGBl. I S. 3219.
[33] Beschlussempfehlung und Bericht des Rechtsausschusses BT-Drucks. 16/11903, S. 120.

Ein Eingriff in die richterliche Unabhängigkeit (Art. 97 Abs. 1 GG) ist mit der Soll-Vorschrift nicht verbunden. Nach § 168 Abs. 1 S. 1 ZPO ist die Zustellung von Amts wegen grundsätzlich Sache der Geschäftsstelle. Der Urkundsbeamte führt die Zustellung in eigener Zuständigkeit und Verantwortung als unabhängiges Organ der Rechtspflege aus.[34] Damit findet Abs. 4 beim Handeln des Urkundsbeamten der Geschäftsstelle Anwendung. Der Richter wird zwar dennoch häufig verfügen, dass die Entscheidung zuzustellen ist. Allerdings wird sich diese Verfügung in der Regel nicht auf die konkrete Zustellungsart beziehen. Nimmt der Richter trotz § 168 Abs. 1 S. 1 ZPO eine Verfügung der Zustellungsart vor, gilt die Soll-Vorschrift des Absatzes 4 auch für ihn. Ein Eingriff in die richterliche Unabhängigkeit wird jedoch auch insoweit nicht vorliegen, da es sich lediglich um eine Ordnungsvorschrift handelt.[35] Anders kann es liegen, wenn eine konkrete Weisung des Amtsgerichtsdirektors an die Geschäftsstelle erfolgt, Zustellungen nur noch elektronisch vorzunehmen, auch entgegen anderslautender Verfügungen der Richter.[36]

29 **2. Abgrenzung zu § 174 ZPO.** Schon nach bisherigem Recht war eine elektronische Zustellung an jeden Verfahrensbeteiligten, der der Übermittlung elektronischer Dokumente ausdrücklich zugestimmt hat, möglich. Nach § 174 Abs. 3 S. 1 iVm. S. 2 ZPO war hierfür allerdings eine elektronische Signatur erforderlich.

30 **3. Förmliche Zustellung.** Die Übermittlung der gerichtlichen Entscheidung im Übermittlungsverfahren ist eine förmliche Zustellung im Sinne von § 41 Abs. 1 S. 2. Die Formvorschriften für die zu übermittelnden elektronischen Dokumente bleiben von Abs. 4 unberührt.

31 **4. Verstoß gegen Soll-Vorschrift.** Hat das Gericht das Gebot der Zustellung im Übermittlungsverfahren versehentlich nicht beachtet, sondern die Bekanntgabe auf dem Postwege nach § 15 Abs. 2 bewirkt, hat dies nicht die Unwirksamkeit der Bekanntgabe zur Folge, da es sich bei Abs. 4 lediglich um eine Ordnungsvorschrift handelt.[37]

VII. Nachweis der Zustellung (Abs. 5)

32 Abs. 5 erleichtert den Nachweis der Zustellung bei elektronischer Übermittlung an den Versorgungsträger.

33 **1. Zustellungsnachweis.** Kommt es zum Streit darüber, ob oder wann eine Entscheidung dem Versorgungsträger zugestellt worden ist, ist die Zustellung bzw. deren Zeitpunkt zu belegen. Insbesondere für die Frage, ob ein Rechtsmittel fristgerecht eingelegt worden ist, kommt es auf den Zeitpunkt der Zustellung der gerichtlichen Entscheidung an den Versorgungsträger an. Bei einer Zustellung der Entscheidung als Papierdokument finden die §§ 166 bis 195 ZPO Anwendung; für die Bekanntgabe des Dokuments gilt § 15 Abs. 2.

34 **2. Automatisch erzeugte Eingangsbestätigung.** Nach Abs. 5 genügt für den Nachweis der Zustellung die elektronische Übermittlung einer automatisch erzeugten Eingangsbestätigung an das Gericht. Schon die allgemeinen Vorschriften lassen ein elektronisches Empfangsbekenntnis zu (§ 15 Abs. 1 iVm. § 174 Abs. 3 S. 2 ZPO). Dieses ist jedoch mit einer qualifizierten elektronischen Signatur zu versehen und ist ein Textdokument, das von der Justiz manuell ausgewertet werden muss und dessen Erstellung auch auf Seiten der Versorgungsträger mit Aufwand verbunden ist. Abs. 5 lässt demgegenüber eine automatisiert erzeugte Eingangsbestätigung des elektronischen Postfachs des Versorgungsträgers als Zustellungsnachweis genügen. Der Nachweis wird somit nicht mehr an einen Willensakt des Empfängers gebunden. Aus Sicht des Gesetzgebers kann dies verantwortet werden, weil die Zahl der in Betracht kommenden Empfänger überschaubar ist und weil die Zuverlässigkeit der Versorgungsträger, die an dem Übermittlungsverfahren teilnehmen, außer Frage steht.[38]

35 **3. OSCI-Protokoll.** In dem EGVP-Verfahren (Elektronisches Gerichts- und Verwaltungspostfach)[39] wird beispielsweise das sog. OSCI-Protokoll erstellt, das sich in der Praxis bereits bewährt hat. OSCI (Online Services Computer Interface) ist der Name eines Protokollstandards für das eGovernment. OSCI bietet erhöhte Sicherheit gegenüber bisherigen Kommunikationsprotokollen. Dies

---

[34] Oben § 168 ZPO Rn. 1.
[35] BT-Drucks. 16/11903, S. 120.
[36] Vgl. zur Weisung des Amtsgerichtsdirektors, sich bei der Durchführung von Zustellungen ausschließlich eines bestimmten Unternehmens zu bedienen: OLG Düsseldorf NJW 2008, 384 (hier: Keine Geltendmachung im Verfahren nach § 23 EGGVG möglich).
[37] BT-Drucks. 16/11903, S. 121.
[38] Beschlussempfehlung und Bericht des Rechtsausschusses BT-Drucks. 16/11903 S. 121.
[39] Vgl. hierzu Rn. 15.

geschieht durch die Trennung von Nutz- und Inhaltsdaten beim Transport der Nachrichten und der Nutzung einer sehr sicheren Verschlüsselung.[40]

4. Fehlgeschlagene Übermittlung. Das technische System garantiert, dass fehlgeschlagene Übermittlungen den Gerichten sofort angezeigt werden und dass fehlerhafte Eingangsbestätigungen praktisch ausgeschlossen sind.[41] Damit ist die elektronische Zustellung kaum fehleranfällig und letztlich mindestens genauso sicher und zuverlässig wie eine Zustellung nach den §§ 166 bis 195 ZPO. Bei Zustellungen nach den §§ 166 bis 195 ZPO kann in der Praxis menschliches Versagen der nach § 168 Abs. 1 S. 2 ZPO beauftragten Zustellungsperson leicht zu (unerkannten) Zustellungsmängeln führen. **36**

5. Zustellungszeitpunkt. Für den Zeitpunkt der Zustellung ist nach Abs. 5 S. 2 der in der automatisch erzeugten Eingangsbestätigung genannte Zeitpunkt maßgeblich. Damit ist der Zustellungszeitpunkt eindeutig feststellbar. **37**

§ 230 *(aufgehoben)*

Die ursprünglich im FGG-RG vorgesehene Norm ist durch das VAStrRefG[1] ersatzlos entfallen.

---

[40] *Schoch/Schmidt-Aßmann/Pietzner/Rudisile* § 55a VwGO Rn. 67.
[41] Beschlussempfehlung und Bericht des Rechtsausschusses, BT-Drucks. 16/11903, S. 121.
[1] Vor §§ 217 ff. Rn. 1 ff.

Abschnitt 9. Verfahren in Unterhaltssachen

Unterabschnitt 1. Besondere Verfahrensvorschriften

§ 231 Unterhaltssachen

(1) Unterhaltssachen sind Verfahren, die
1. die durch Verwandtschaft begründete gesetzliche Unterhaltspflicht,
2. die durch Ehe begründete gesetzliche Unterhaltspflicht,
3. die Ansprüche nach § 1615l oder § 1615m des Bürgerlichen Gesetzbuchs betreffen.

(2) [1] Unterhaltssachen sind auch Verfahren nach § 3 Abs. 2 Satz 3 des Bundeskindergeldgesetzes und § 64 Abs. 2 Satz 3 des Einkommensteuergesetzes. [2] Die §§ 235 bis 245 sind nicht anzuwenden.

Übersicht

	Rn.		Rn.
I. Normzweck und Systematik	1–3	b) Regressanspruch des Scheinvaters	21, 22
II. Familienstreitsachen (Abs. 1)	4–30	c) Prozesskostenvorschuss	23
1. Anwendbare Vorschriften	4	d) Isolierte Auskunftsklage	24
2. Durch Verwandtschaft begründeter Unterhalt (Abs. 1 Nr. 1)	5, 6	e) Steuerrechtliche Streitigkeiten	25, 26
3. Ehegattenunterhalt (Abs. 1 Nr. 2)	7–10	f) Rückforderung von zu viel gezahltem Unterhalt	27
4. Unterhaltsansprüche gem. §§ 1615l, 1615m BGB (Abs. 1 Nr. 3)	11	g) Erstattung von Versicherungsleistungen	28
5. Gesetzlicher Unterhaltsanspruch	12–15	h) Ausländische Rechtsinstitute	29–32
6. Qualifikation als Unterhaltsanspruch	16–32	III. Unterhaltssachen der freiwilligen Gerichtsbarkeit (Abs. 2)	33–35
a) Parteien des Rechtsstreits	17–20		

I. Normzweck und Systematik

1   Die einzelnen Familiensachen werden in § 111 aufgezählt. Die dabei verwendeten Bezeichnungen werden jeweils in der ersten Vorschrift des entsprechenden Abschnitts näher definiert. Der 9. Abschnitt regelt das Verfahren in **Unterhaltssachen.** Mit der Vorschrift wird damit der in § 111 Nr. 8 eingeführte Begriff der Unterhaltssache als Familiensache konkretisiert. Die Aufzählung in § 111 und die jeweiligen Definitionen am Beginn der Abschnitte ersetzen die bislang in § 23b Abs. 1 S. 2 GVG und § 621 Abs. 1 ZPO enthaltenen Kataloge.

2   Es gibt zwei Gruppen von Unterhaltssachen, Familienstreitsachen und Unterhaltssachen der freiwilligen Gerichtsbarkeit.[1] Auf die in Abs. 1 aufgelisteten **Familienstreitsachen** sind die wesentlichen Vorschriften der ZPO anwendbar. Der Begriff der Familienstreitsachen wird mit dem FamFG neu eingeführt, die Angelegenheiten sind mit den bisherigen ZPO-Familiensachen weitgehend identisch. Die Aufzählung in Abs. 1 entspricht § 23b Abs. 1 Nr. 5, Nr. 6 und Nr. 13 GVG bzw. § 621 Abs. 1 Nr. 4, Nr. 5 und Nr. 11 ZPO.

3   Die Unterhaltssachen der **freiwilligen Gerichtsbarkeit** nach dem Bundeserziehungsgeld- und Einkommensteuergesetz werden in Abs. 2 ebenfalls als Unterhaltssachen definiert und fallen damit nun auch in die Zuständigkeit der Familiengerichte.

II. Familienstreitsachen (Abs. 1)

4   **1. Anwendbare Vorschriften.** § 112 Nr. 1 stellt klar, dass die Unterhaltssachen gem. Abs. 1 Familienstreitsachen sind. Gem. § 113 Abs. 1 sind die §§ 2 bis 37, 40 bis 48 und 76 bis 96 nicht anwendbar. Die allgemeinen Vorschriften der ZPO und die Vorschriften der ZPO über das Verfahren

---

[1] BT-Drucks. 16/6308, S. 169, 254.

Unterhaltssachen

vor den Landgerichten gelten entsprechend. Vorschriften über den Urkunden- und Wechselprozess sowie über das Mahnverfahren sind entsprechend anzuwenden. § 227 Abs. 3 ZPO ist auf Familienstreitsachen nicht anzuwenden, wie sich sowohl aus § 113 Abs. 3 als auch aus § 227 Abs. 3 Nr. 3 ZPO ergibt.

2. Durch Verwandtschaft begründeter Unterhalt (Abs. 1 Nr. 1). Der Begriff der durch Verwandtschaft begründeten gesetzlichen Unterhaltspflicht umfasst alle Unterhaltsansprüche gem. §§ 1601 ff. BGB. Darunter fallen zunächst sämtliche Unterhaltsansprüche von **Kindern gegen ihre Eltern.** Schon mit dem am 1. 7. 1998 in Kraft getretenen Kindschaftsrechtsreformgesetz[2] wurde der Begriff in § 621 Abs. 1 Nr. 4 ZPO übernommen und damit die Zuständigkeit der Familiengerichte auch auf Unterhaltsansprüche von Kindern gegenüber ihren nicht miteinander verheirateten Eltern erweitert, die bis dahin noch den allgemeinen Streitgerichten zugewiesen waren. Mit dem Kindschaftsrechtsreformgesetz sollte so die verfassungskonforme Gleichbehandlung von ehelichen und nichtehelichen Kindern erreicht werden.

Ebenso werden Ansprüche auf Verwandtenunterhalt in absteigender Linie, also der **Eltern gegen die Kinder,** und Ansprüche der Kinder gegen Verwandte in aufsteigender Linie (Großeltern) erfasst. Auch der Elternunterhalt war im Katalog des § 621 Abs. 1 ZPO vor dem Kindschaftsrechtsreformgesetz nicht enthalten. Die Erweiterung der Zuständigkeit des Familiengerichts für sämtliche Unterhaltsansprüche von und gegen Aszendenten war gut und sachgerecht. Sie war im Jahr 1998 in einer erster Schritt in Richtung eines „großen Familiengerichts",[3] dem man mit Inkrafttreten des FamFG am 1. 9. 2009 wieder ein Stück näher kommt, indem die sachliche Zuständigkeit der Familiengerichte auf alle Rechtsstreitigkeiten erstreckt wird, die durch den sozialen Verbund von Ehe und Familie sachlich verbunden sind.[4] Soweit ausländisches Recht auf ein vor deutschen Gerichten geführtes Verfahren anwendbar ist und dieses Unterhaltsansprüche zwischen **Verwandten in der Seitenlinie** vorsieht, sind auch solche Ansprüche von § 231 Abs. 1 Nr. 1 nach dem Wortlaut der Vorschrift erfasst.[5]

3. Ehegattenunterhalt (Abs. 1 Nr. 2). Unterhaltsansprüche zwischen Ehegatten sind in drei zeitlichen Abschnitten zu unterscheiden, Familienunterhalt gem. § 1360 BGB, Trennungsunterhalt gem. § 1361 BGB und nachehelicher Unterhalt gem. §§ 1569 ff. BGB. Es handelt sich jeweils um unterschiedliche Streitgegenstände, alle sind von der durch Ehe begründeten gesetzlichen Unterhaltspflicht erfasst.

Der **Familienunterhalt gem. § 1360 BGB** ist in der Praxis so gut wie nie Gegenstand einer gerichtlichen Auseinandersetzung zwischen den Ehegatten, ist aber im Hinblick auf die Leistungsfähigkeit eines Unterhaltspflichtigen von Bedeutung, wenn dessen Einkommen unter dem Selbstbehalt liegt, er diesen aber durch den Familienunterhalt decken kann.[6] Der Familienunterhalt, der während bestehender Lebensgemeinschaft von beiden Ehegatten geschuldet wird, besteht, ausgenommen der Anspruch auf Taschengeld, nicht in der Zahlung einer festen Geldrente des leistungsfähigen an den bedürftigen Ehegatten. Vielmehr vereinbaren die Ehegatten wer in welcher Weise, also durch Erwerbstätigkeit, Haushalt, Kinderbetreuung etc. zum Lebensunterhalt der gesamten Familie beiträgt. Kommt es darüber zu einem Streit, der gerichtlich ausgetragen werden muss, wird damit stets auch eine Trennung der Ehegatten verbunden sein, mit der sich der Streitgegenstand und die Anspruchsgrundlage ändern und Trennungsunterhalt geschuldet ist.

Voraussetzung für den Trennungsunterhalt gem. § 1361 BGB ist eine bestehende Ehe, aber gleichzeitig die Beendigung der ehelichen Lebensgemeinschaft. Er kann nur bis zur Rechtskraft der Scheidung geschuldet sein und ist damit nicht als Folgesache sondern in einem isolierten Verfahren geltend zu machen.

Unterhaltsansprüche ab Rechtskraft der Scheidung stellen wiederum einen neuen Streitgegenstand dar. Der **nacheheliche Unterhalt gem. §§ 1569 ff. BGB** kann als Folgesache geltend gemacht werden oder in einem isolierten Verfahren, wenn das Scheidungsverfahren bereits abgeschlossen ist. Von § 231 Abs. 1 Nr. 2 erfasst sind auch die Ansprüche auf Kapitalabfindung gem. § 1585 BGB, auf Sicherheitsleistung gem. § 1585a BGB und auf Schadensersatz wegen Nichterfüllung der Unterhaltspflicht gem. § 1585b Abs. 2 und 3 BGB.[7]

---

[2] BGBl. 1997 I S. 2942.
[3] *Schwab/Wagenitz* FamRZ 1997, 1377 ff.
[4] BT-Drucks. 16/6308; *Kretzschmar/Meysen* FPR 2009, 1.
[5] So auch *Zöller/Philippi* § 621 ZPO Rn. 39 a.
[6] BGH NJW 2004, 674 = FamRZ 2004, 366 ff.; BGH NJW 2004, 677 = FamRZ 2004, 370.
[7] *Zöller/Philippi* § 621 ZPO Rn. 5, 7.

§ 231 11–15   Buch 2. Abschnitt 9. Verfahren in Unterhaltssachen

11   **4. Unterhaltsansprüche gem. §§ 1615l, 1615m BGB (Abs. 1 Nr. 3).** Unterhaltsansprüche der Mutter eines nichtehelichen Kindes gegen den Vater sah das BGB bereits in seiner ursprünglichen Fassung vor. Die Rechte wurden durch zahlreiche Reformen immer weiter ausgeweitet, zuletzt durch das Schwangeren- und Familienhilfeänderungsgesetz von 1995,[8] das Kindschaftsrechtsreformgesetz von 1998 und das Gesetz zur Änderung des Unterhaltsrechts von 2008.[9] Der Unterhaltsanspruch wurde 1995 zunächst auf drei Jahre nach der Geburt verlängert, 1998 wurde die Verlängerungsmöglichkeit darüber hinaus bei Unbilligkeit eingeführt.[10] Bis zum Inkrafttreten des Kindschaftsrechtsreformgesetztes am 1. 7. 1998 waren die Unterhaltsansprüche der Mutter eines nichtehelichen Kindes gegen den Vater jedoch den allgemeinen Zivilgerichten zugewiesen. Die Übertragung auch dieser Unterhaltsansprüche auf das Familiengericht hat sich wegen der Sachnähe bewährt und wurde deshalb im FamFG beibehalten und mit dem Ziel eines großen Familiengerichts weiter fortgesetzt, s. Rn.

12   **5. Gesetzlicher Unterhaltsanspruch.** Unter § 231 Abs. 1 fallen nur gesetzliche Unterhaltsansprüche. Sie sind zu unterscheiden von vertraglichen Ansprüchen, die vorliegen, wenn die Parteien eine Unterhaltsleistung vertraglich vereinbaren, obwohl eine gesetzliche Unterhaltspflicht nicht besteht.

13   Grundsätzlich ist es den Parteien im Hinblick auf die Vertragsfreiheit möglich, sich völlig vom gesetzlichen Unterhaltsanspruch zu lösen und die Deckung eines von ihnen festgelegten Lebensbedarfs auf eine **rein vertragliche Grundlage** zu stellen.[11] In der Regel sind Unterhaltsvereinbarungen jedoch eine Ausgestaltung des gesetzlichen Unterhaltsanspruchs. Nach der Rechtsprechung des BGH verliert ein Unterhaltsanspruch trotz vertraglicher Ausgestaltung nicht seine Eigenschaft als gesetzlicher Anspruch, wenn die vertragliche Vereinbarung den gesetzlichen Unterhaltsanspruch, dessen Bestand unangetastet bleibt, lediglich inhaltlich nach Höhe, Dauer und Modalitäten der Unterhaltsgewährung näher festlegt und präzisiert.[12] Nur wenn besondere Anhaltspunkte dafür sprechen, kann eine selbständige, rein vertragliche Unterhaltsvereinbarung vorliegen.[13] Jedenfalls bei Ansprüchen, auf die gem. § 1614 BGB nicht verzichtet werden kann, also beim Kindesunterhalt und beim Trennungsunterhalt, kann ein rein vertraglicher Unterhaltsanspruch nicht vorliegen. Auch beim nachehelichen Unterhalt, der dem Verzichtsverbot gem. § 1614 BGB nicht unterliegt, kann ein rein vertraglicher Unterhaltsanspruch heute kaum mehr angenommen werden. Denkbar war dies hinsichtlich des nachehelichen Unterhalts, wenn die Ehe vor Inkrafttreten des Ersten Gesetzes zur Reform des Ehe- und Familienrechts[14] am 1. 7. 1977 geschieden wurde, als im Scheidungsrecht noch das Verschuldensprinzip galt.[15] Wurde die Ehe durch Verschulden des Unterhaltsberechtigten geschieden, gab es keine gesetzliche Grundlage für nachehelichen Unterhalt, die Ehegatten konnten eine rein vertragliche Vereinbarung schließen.[16] Vereinbarungen über den nachehelichen Unterhalt stellen grundsätzlich eine Ausgestaltung des gesetzlichen Unterhalts gem. §§ 1569 ff. BGB dar, auch nach der Reform des Unterhaltsrechts zum 1. 1. 2008 besteht der gesetzliche Anspruch selbst dann, wenn keine ehebedingten Nachteile vorliegen. Die Möglichkeit der Befristung oder Begrenzung nach § 1578b BGB ändert nichts am Bestehen des gesetzlichen Unterhaltsanspruchs und daran, dass Vereinbarungen darüber, auch wenn sie einen höheren Unterhalt zugestehen, als ihn ein Gericht zugesprochen hätte, den gesetzlichen Unterhalt modifizieren und nicht einen rein vertraglichen Unterhaltsanspruch begründen.

14   Auch die Vereinbarung, Unterhalt gem. **§ 1615l BGB länger als drei Jahre** nach der Geburt zu bezahlen, beruht nicht auf einer rein vertraglichen Grundlage, da auch das Gesetz seit 1. 7. 1998 die Möglichkeit der Verlängerung vorsieht, s. Rn. 11. Die praktische Bedeutung von Unterhaltsvereinbarungen, die vor dem 1. 7. 1998 geschlossen wurden und einen Betreuungsunterhalt gem. § 1615l BGB für die Zeit nach Vollendung des 3. Lebensjahres des Kindes vorsahen, wird zusehends geringer, da die betroffenen Kinder inzwischen mindestens 11 Jahre alt sind und die Betreuungsbedürftigkeit absehbar ist.

15   Rein vertragliche Unterhaltsansprüche, die nicht unter § 231 Abs. 1 fallen, können vorliegen, wenn die Parteien dies ausdrücklich wünschen, beispielsweise weil die Unterhaltspflicht nicht durch Wiederverheiratung des Berechtigten entfallen soll oder in voller Höhe vererblich sein soll. Denkbar

---

[8] BGBl. 1995 I S. 1050.
[9] BGBl. 2007 I S. 3189.
[10] *Wendl/Staudigl/Pauling* § 7 Rn. 1; *Schwab/Borth* IV Rn. 1371.
[11] *Wendl/Staudigl/Pauling* § 6 Rn. 600 a.
[12] BGH, Beschluss v. 5. 11. 2008 – XII ZR 103/07.
[13] BGH NJW 2004, 2896, 2897 = BGH FamRZ 2004, 1546.
[14] BGBl. 1976 I S. 1421.
[15] MünchKommBGB/*Rebmann* Einleit. Bd. 7 Rn. 131.
[16] BGH NJW 1978, 1924.

ist dies, wenn im Rahmen einer Scheidungsfolgenvereinbarung der vereinbarte Unterhalt gleichzeitig Ausgleich für den ausgeschlossenen Versorgungsausgleich sein soll oder die Vermögensauseinandersetzung so geregelt wird. Es empfiehlt sich aber, den Unterhaltsanspruch ausdrücklich als vertraglichen zu bezeichnen.

6. Qualifikation als Unterhaltsanspruch. Neben der Zahlung einer monatlichen Unterhaltsrente zur Deckung des allgemeinen Lebensbedarfs oder der Leistung von Naturalunterhalt, zB durch Überlassung von Wohnraum, sind auch Nebenansprüche und mit der Unterhaltspflicht eng verbundene Ansprüche als Unterhalt zu qualifizieren und stellen damit Familiensachen iSd. § 231 Abs. 1 dar. **16**

a) Parteien des Rechtsstreits. Unterhaltssachen gem. § 231 Abs. 1 liegen vor, wenn Ansprüche zwischen Verwandten, Ehegatten, oder nicht miteinander verheirateten Eltern betroffen sind, nach dem Wortlaut ist aber nicht zwingend erforderlich, dass diese auch selbst Partei des Rechtsstreits sind. Unterhaltssachen und damit Familiensachen sind auch Verfahren von und gegen **Rechtsnachfolger** der ursprünglichen Unterhaltsberechtigten oder -verpflichteten. **17**

Unterhaltsansprüche erlöschen grundsätzlich mit dem Tod des Berechtigten oder des Verpflichteten, § 1615 BGB. Dies gilt gem. §§ 1360a Abs. 3, 1361 Abs. 4 S. 4 BGB auch für den Familienunterhalt und den Trennungsunterhalt. Auf die Erben des Unterhaltsberechtigten gehen nur Ansprüche über, die im Zeitpunkt des **Todes des Berechtigten** schon fällig waren. Für den nachehelichen Unterhalt regelt dies § 1586 Abs. 2 BGB. Wenn die Erben des Berechtigten den Unterhaltsanspruch einklagen, liegt eine Unterhaltssache gem. § 231 Abs. 1 vor. **18**

Beim **Tod des Verpflichteten** gehen Ansprüche auf nachehelichen Unterhalt gem. § 1586b BGB auf die Erben über. Die Erben haften unabhängig von ihrer eigenen Leistungsfähigkeit, allerdings ist der Anspruch begrenzt auf den Betrag, der dem Pflichtteil des Ehegatten entspricht, wenn die Ehe nicht geschieden worden wäre, § 1586b Abs. 1 S. 3 BGB. Die Erben des Unterhaltspflichtigen können Beklagte eines Unterhaltsrechtsstreits sein oder auf Abänderung oder Einstellung der Zwangsvollstreckung aus dem Unterhaltstitel klagen. Es handelt sich dann um eine Unterhaltssache iSd. § 231 Abs. 1.[17] **19**

Verklagt der Berechtigte die Person, auf die der Anspruch gem. §§ 1584 S. 3, 1607 BGB übergegangen ist, liegt ebenfalls eine Unterhaltssache gem. § 231 Abs. 1 vor. Da § 231 Abs. 1 ein Verwandtschaftsverhältnis zwischen den Parteien gerade nicht voraussetzt, sondern darauf abstellt, dass Unterhaltsansprüche betroffen sind, gilt dies auch im Fall eines **gesetzlichen Forderungsübergangs** gem. § 91 BSHG, § 37 BAföG und § 7 UVG. Das Familiengericht bleibt das sachnähere Gericht, da sich der Unterhaltsanspruch in seinem Charakter durch den Übergang auf den Träger der Sozialhilfe etc. nicht ändert. **20**

b) Regressanspruch des Scheinvaters. Nachdem der Nachweis der biologischen Vaterschaft wissenschaftlich inzwischen zweifelsfrei und relativ einfach möglich ist und mit der Einführung des § 1598a BGB zum 1. 4. 2008 die Klärung der leiblichen Abstammung durch einen Anspruch auf Einwilligung in eine genetische Untersuchung sehr erleichtert wurde,[18] ist davon auszugehen, dass das Auseinanderfallen von rechtlicher und biologischer Vaterschaft in Zukunft vermehrt aufgedeckt wird. Das Kind hat bis zur Anfechtung der Vaterschaft vom Scheinvater Unterhalt bekommen und erhält nach der Feststellung der Vaterschaft des biologischen Vaters gegen diesen einen Unterhaltsanspruch für die Zeit ab seiner Geburt, § 1613 Abs. 2 Nr. 2 BGB. Soweit der Scheinvater Unterhaltsleistungen an das Kind erbracht hat, geht dieser Anspruch des Kindes gem. § 1607 Abs. 3 S. 2 BGB auf diesen über. Der Scheinvater kann seine Unterhaltsleistungen also aus übergegangenem Recht des Kindes vom leiblichen Vater verlangen. **21**

Ob es sich bei dem Anspruch des Scheinvaters gegen den Erzeuger des Kindes um eine Unterhaltssache iSd. § 231 Abs. 1 handelt, die in den Zuständigkeitsbereich des FamG fällt, ist jedoch im Hinblick auf die Kosten des Vaterschaftsanfechtungsprozesses umstritten.[19] Dafür dass es sich bei dem übergegangenen Unterhaltsanspruch um eine Familiensache handelt spricht schon der Wortlaut des § 231 Abs. 1, der gerade nicht auf die Parteien des Rechtsstreits abstellt, sondern auf den betroffenen Anspruch. Auch wenn dieser Anspruch kraft Gesetzes auf den Scheinvater übergeht, ist nach wie vor der Anspruch auf Kindesunterhalt Gegenstand des Verfahrens. Ein Verwandtschaftsverhältnis zwischen den Parteien des Rechtsstreits setzt § 231 Abs. 1 gerade nicht voraus. Dagegen kann es sich bei den **Kosten für den Vaterschaftsanfechtungsprozess** gerade nicht um einen übergegangenen Unterhaltsanspruch handeln. Da gem. § 93c ZPO die Kosten des Vaterschaftsanfechtungsverfahrens **22**

---
[17] Vgl. BGH FamRZ 1988, 933, 935.
[18] Vgl. *Wellenhofer* NJW 2008, 1185.
[19] Dagegen: OLG Thüringen FamRZ 2003, 1125; LG Kempten FamRZ 1999, 1297 f.; *Zöller/Philippi* § 621 ZPO Rn. 41 u. 44 a; dafür: OLG Koblenz FamRZ 1999, 658.

gegeneinander aufzuheben sind, hat der Scheinvater keine Unterhaltsleistung an das Kind erbracht, indem er seine eigenen Verfahrenskosten trägt. Die Verfahrenskosten des Kindes stellen einen Sonderbedarf dar, den es vom leiblichen Vater als Unterhalt verlangen kann. Da das Kind aber gem. § 183 auch im Falle des Unterliegens nicht verpflichtet ist, die Verfahrenskosten des Scheinvaters zu tragen, kann es diese auch nicht vom Erzeuger ersetzt verlangen. Da der Anspruch des Kindes schon nicht besteht, kann er nicht auf den Scheinvater übergegangen sein. Gleichwohl hat der Scheinvater einen Anspruch gegen den leiblichen Vater auf Erstattung der Kosten des Vaterschaftsanfechtungsprozesses. Es handelt sich dabei um einen vom BGH im Wege der Rechtsfortbildung entwickelten **familienrechtlichen Ausgleichsanspruch,**[20] der jedoch nicht unter § 231 Abs. 1 fällt. Zwar ist das Familiengericht im Vergleich zum allgemeinen Streitgericht das sachnähere Gericht und dessen Zuständigkeit deshalb grundsätzlich vom Gesetzgeber gewünscht, zumal mit der Einführung des FamFG nochmals deutlich gemacht wurde, dass die Zuständigkeiten des Familiegerichts ausgeweitet werden sollen. Der Kostenerstattungsanspruch des Scheinvaters kann aber Familiensache sein und damit in die Zuständigkeit des Familiengerichts fallen, zwar nicht als Unterhaltssache gem. § 231 Abs. 1, jedoch als Folgeanspruch der Vaterschaftsanfechtung gem. § 169 Nr. 4.

23 **c) Prozesskostenvorschuss.** Gem. § 1360a Abs. 4, § 1361 Abs. 4 S. 4 BGB umfasst der Familien- bzw. der Trennungsunterhalt auch den Anspruch auf Prozesskostenvorschuss.

24 **d) Isolierte Auskunftsklage.** Auch wenn der Auskunftsanspruch für die Ermittlung des nachehelichen Unterhalts, wenn er nicht als Stufenklage sondern in Form einer isolierten Auskunftsklage geltend gemacht wird, nicht als Scheidungsfolgesache iSd. § 137 im Scheidungsverfahren geltend gemacht werden kann,[21] so betrifft der Anspruch doch den Unterhalt und ist Familiensache gem. § 231 Abs. 1. Der Auskunftsanspruch ist in der Systematik des BGB in § 1605 und damit im Titel der Unterhaltspflichten geregelt. Mit dem Auskunftsanspruch wird die Entscheidung über den Unterhaltsanspruch vorbereitet, so dass das sachnächste Gericht dasjenige ist, das auch über den Unterhaltsanspruch selbst entscheidet, also das Familiengericht.

25 **e) Steuerrechtliche Streitigkeiten.** Zwischen den Ehegatten kann es zum Streit über die Frage der Zusammenveranlagung und über die Durchführung des steuerlichen Realsplittings kommen. Den Anspruch auf **Zustimmung zur Zusammenveranlagung** hat der BGH bereits in einer Entscheidung aus dem Jahr 1976 auf § 1353 Abs. 1 BGB gestützt.[22] Die Zustimmung muss erklärt werden, wenn sie dem anderen Ehegatten steuerliche Vorteile bringt. Bei Verweigerung der Zustimmung macht sich der pflichtige Ehegatte Schadensersatzpflichtig.[23] Im Veranlagungszeitraum müssen die Ehegatten, jedenfalls teilweise, zusammengelebt haben. Die geringere Steuerlast auf Grund der Zusammenveranlagung kommt damit beiden zugute, da sie sich auf das für die Deckung des Familienunterhalts zur Verfügung stehende Einkommen auswirkt. Soweit die Ehegatten im Veranlagungszeitraum getrennt lebten, hat die Höhe der Steuerlast Einfluss auf die Höhe des Trennungsunterhalts. Der Anspruch auf Zustimmung zur Zusammenveranlagung betrifft jedoch nicht den Unterhalt, da er weder aus unterhaltsrechtlichen Bestimmungen hergeleitet werden kann, noch eine unterhaltsrechtliche Nebenpflicht beinhaltet. Es handelt sich um einen Anspruch, der sich aus den allgemeinen Ehewirkungen und der ehelichen Solidarität ergibt, es besteht **kein unmittelbarer Zusammenhang** mit dem Unterhaltsanspruch.[24] Allein die mittelbare Auswirkung auf die Höhe des Ehegattenunterhalts reicht nicht aus, um eine Unterhaltssache iSd. § 231 Abs. 1 anzunehmen.

26 Dagegen handelt es sich bei der **Mitwirkung am steuerlichen Realsplitting** um eine Streitigkeit, die den Unterhaltsanspruch betrifft. Der Unterhaltspflichtige kann die Unterhaltszahlungen als Sonderbelastungen gem. § 10 EStG absetzen. Der Unterhaltsberechtigte muss den erhaltenen Unterhalt als Einkommen versteuern und bekommt seine Nachteile vom Pflichtigen ersetzt. Sowohl die Klage auf Zustimmung des Unterhaltsempfängers zum Realsplitting als auch dessen Klage auf Ausgleich der steuerlichen Nachteile betreffen den Unterhaltsanspruch[25] und fallen unter § 231 Abs. 1. Der Anspruch beruht nach der Rechtsprechung des BGH auf einer Ausprägung des Grundsatzes von Treu und Glauben im Rahmen des zwischen den Ehegatten bestehenden gesetzlichen Unterhaltsrechtsverhältnisses. Auch der Erstattungs- oder Freistellungsanspruch ist kein isolierter Anspruch nach § 242 BGB sondern besitzt Unterhaltsqualität.[26]

---

[20] BGH FamRZ 1988, 387; *Palandt/Diedrichsen* § 1607 BGB Rn. 18.
[21] BGH NJW 1997, 2176 ff. (Wiedergabe des Meinungsstreits zur isolierten Auskunftsklage als Scheidungsfolgesache vgl. S. 2177).
[22] BGH FamRZ 1977, 38; BGH NJW 2002, 2319; BGH NJW 2005, 1196.
[23] *Tiedtke* FPR 2003, 400 ff.
[24] OLG Düsseldorf FamRZ 1984, 805, 806.
[25] OLG Düsseldorf FamRZ 1984, 805, 806.
[26] BGH NJW 1997, 1441, 1442; *Kalthoener/Büttner* Rn. 875.

f) Rückforderung von zu viel gezahltem Unterhalt. Eine Forderung des Unterhaltspflichtigen auf Rückzahlung von zu viel gezahltem Unterhalt betrifft ebenfalls den Unterhaltsanspruch und ist von § 231 Abs. 1 erfasst. Die Sachnähe des Familiengerichts ist erforderlich, da bei der Prüfung des Anspruchs gem. § 812 Abs. 1 S. 1 BGB das Fehlen des rechtlichen Grundes und damit das Fehlen eines Unterhaltsanspruchs für die erhaltenen Zahlungen geprüft werden muss.

g) Erstattung von Versicherungsleistungen. Erhält der Unterhaltspflichtige von seiner Krankenversicherung oder Beihilfestelle Erstattungen für Krankheitskosten, die der unterhaltsbedürftige Ehegatte bereits bezahlt hat, kann dieser die Auszahlung der Erstattung verlangen. Da es sich bei den Krankheitskosten um Ausgaben zur Deckung des Lebensbedarfs des Unterhaltsberechtigten handelt, betrifft auch der Erstattungsanspruch den Unterhalt.[27] Ist es erforderlich, diesen beim anderen Ehegatten einzuklagen, ist das Familiengericht zuständig. Dagegen handelt es sich nicht um eine Unterhaltssache, wenn ein Ehegatte vom anderen die Übertragung eines Schadensfreiheitsrabatts bei der KFZ-Versicherung verlangt und einklagt, zuständig sind die allgemeinen Zivilgerichte.[28] Dieser Anspruch ist unabhängig von Bestehen und Umfang einer Unterhaltspflicht.

h) Ausländische Rechtsinstitute. Wenn in Verfahren vor deutschen Gerichten ausländisches materielles Recht anzuwenden ist, stellt sich die Frage, ob der Streitgegenstand unterhaltsrechtlich zu qualifizieren ist, insbesondere wenn ausländische Rechtsinstitute betroffen sind, die das deutsche Sachrecht so nicht kennt. Die Qualifikation solcher Rechtsinstitute ist nicht nur erforderlich, um den Sachverhalt der richtigen materiell-rechtlichen Kollisionsnorm zuordnen zu können, sondern auch für die Wahl des zuständigen Gerichts. Im französischen Recht und im spanischen Recht beispielsweise gibt es einen Anspruch auf eine Ausgleichszahlung nach Beendigung der Ehe. Problematisch ist außerdem die Qualifikation der in islamischen Rechtsordnungen vorkommenden Morgengabe.

In Art. 97 des **spanischen Codigo Civil** wird dem Ehegatten, dessen wirtschaftliche Situation im Vergleich zum anderen durch die Scheidung verschlechtert, eine **Ausgleichszahlung** zugesprochen, die in einer zeitlich befristeten oder unbefristeten monatlichen Rente oder in einer einmaligen Zahlung geleistet werden kann. Der Gesetzgeber hat zwar ausdrücklich das Wort „compensación", Schadensersatz gewählt, die Kriterien, unter denen die Zahlung zu gewähren ist, sind jedoch denen des deutschen Unterhaltsrechts vergleichbar, so dass von einer unterhaltsrechtlichen Qualifikation ausgegangen werden kann.

Die **französische „prestation compensatoire"** (Ausgleichszahlung nach Auflösung der Ehe) wird teils je nach ihrer Ausgestaltung unterhaltsrechtlich, teils güterrechtlich oder als Schadensersatz qualifiziert.[30]

Bei der Morgengabe handelt es sich um ein eigenständiges, dem materiellen deutschen Recht unbekanntes Rechtsinstitut. Vor der Eheschließung wird ein Geldbetrag vereinbart, den der zukünftige Ehemann seiner Braut zu zahlen hat. Sie dient der finanziellen Absicherung der Frau nach Beendigung der Ehe. Bei Eheschließung wird in der Regel nur ein kleiner Teil der Morgengabe bezahlt, der Rest wird erst bei Auflösung der Ehe durch Scheidung oder Tod fällig. Die Morgengabe erfüllt verschiedene Funktionen. Zum Teil ist sie Wirksamkeitsvoraussetzung für die Eheschließung. Sie soll weiterhin den Ehemann daran hindern, die Ehefrau vorschnell zu verstoßen und die Privatscheidung („talaq") durchzuführen. Wird die Morgengabe nach der Trennung geltend gemacht ist sie unterhaltsrechtlich zu qualifizieren, wenn damit in erster Linie der Lebensunterhalt der Frau gesichert werden soll, oder güterrechtlich, wenn die güterrechtliche Privilegierung im Vordergrund steht.[31]

III. Unterhaltssachen der freiwilligen Gerichtsbarkeit (Abs. 2)

Die Zuständigkeit des Familiengerichts wurde durch das FamFG um die Unterhaltssachen der freiwilligen Gerichtsbarkeit erweitert. Es handelt sich dabei um die Verfahren zur Bestimmung des Elternteils, an den das Kindergeld ausgezahlt werden soll gem. § 64 Abs. 2 S. 3 EStG, § 3 Abs. 2 BKiGG, für die bisher das Vormundschaftsgericht zuständig war.[32] Funktionell zuständig für Verfahren nach § 231 Abs. 2 ist gem. § 25 Nr. 2 lit. a der Rechtspfleger, soweit nicht ein Verfahren nach § 231 Abs. 1 anhängig ist.

---

[27] *Zöller/Philippi* § 621 ZPO Rn. 43 a m. weit. Nachw.
[28] OLG Köln FamRZ 2003, 622.
[29] *Lindner* Informaciones 2005, 194, 197.
[30] Vgl. zu den unterschiedlichen Arten der Ausgleichszahlungen *Rieck,* Ausländisches Familienrecht, Länderbericht Frankreich, Rn. 29 ff.
[31] *v. Hoffmann/Thorn* IPR § 6 Rn. 9, MünchKommBGB/*Sonnenberger* Einleitung IPR, Rn. 531.
[32] *Zöller/Philippi* § 621 ZPO Rn. 45 aE.

34 Wurde das Kindergeld an einen Berechtigten ausgezahlt, ist die Frage der Aufteilung zwischen den Elternteilen oder die Verpflichtung zur Weiterleitung an das Kind eine Unterhaltssache gem. § 231 Abs. 1, und damit eine Familienstreitsache.

35 Verfahren nach Abs. 2 sind Angelegenheiten der freiwilligen Gerichtsbarkeit. Die §§ 1–110 sind damit ohne die Einschränkungen des § 113 anwendbar, die Vorschriften der ZPO werden nicht ergänzend herangezogen.

§ 232 Örtliche Zuständigkeit

(1) Ausschließlich zuständig ist
1. für Unterhaltssachen, die die Unterhaltspflicht für ein gemeinschaftliches Kind der Ehegatten betreffen, mit Ausnahme des vereinfachten Verfahrens über den Unterhalt Minderjähriger, oder die die durch die Ehe begründete Unterhaltspflicht betreffen, während der Anhängigkeit einer Ehesache das Gericht, bei dem die Ehesache im ersten Rechtszug anhängig ist oder war;
2. für Unterhaltssachen, die die Unterhaltspflicht für ein minderjähriges Kind oder ein nach § 1603 Abs. 2 Satz 2 des Bürgerlichen Gesetzbuchs gleichgestelltes Kind betreffen, das Gericht, in dessen Bezirk das Kind oder der Elternteil, der auf Seiten des minderjährigen Kindes zu handeln befugt ist, seinen gewöhnlichen Aufenthalt hat; dies gilt nicht, wenn das Kind oder ein Elternteil seinen gewöhnlichen Aufenthalt im Ausland hat.

(2) Eine Zuständigkeit nach Absatz 1 geht der ausschließlichen Zuständigkeit eines anderen Gerichts vor.

(3) ¹Sofern eine Zuständigkeit nach Absatz 1 nicht besteht, bestimmt sich die Zuständigkeit nach den Vorschriften der Zivilprozessordnung mit der Maßgabe, dass in den Vorschriften über den allgemeinen Gerichtsstand an die Stelle des Wohnsitzes der gewöhnliche Aufenthalt tritt. ²Nach Wahl des Antragstellers ist auch zuständig
1. für den Antrag eines Elternteils gegen den anderen Elternteil wegen eines Anspruchs, der die durch Ehe begründete gesetzliche Unterhaltspflicht betrifft, oder wegen eines Anspruchs nach § 1615l des Bürgerlichen Gesetzbuchs das Gericht, bei dem ein Verfahren über den Unterhalt des Kindes im ersten Rechtszug anhängig ist;
2. für den Antrag eines Kindes, durch den beide Eltern auf Erfüllung der Unterhaltspflicht in Anspruch genommen werden, das Gericht, das für den Antrag gegen einen Elternteil zuständig ist;
3. das Gericht, bei dem der Antragsteller seinen gewöhnlichen Aufenthalt hat, wenn der Antragsgegner im Inland keinen Gerichtsstand hat.

I. Normzweck

1 Mit Einführung des FamFG wird die örtliche Zuständigkeit in allen in § 231 definierten Unterhaltssachen in einer Vorschrift umfassend geregelt. Die bisher über §§ 621, 642, 35 und 23a ZPO verteilten Regelungen werden damit übersichtlich zusammengefasst. Die Neufassung dient nicht nur der Übersichtlichkeit und besseren Auffindbarkeit der Vorschriften zur örtlichen Zuständigkeit in Unterhaltssachen. Es soll gewährleistet werden, dass die Zuständigkeit möglichst bei den sachnächsten Gericht liegt und mehrere Verfahren innerhalb einer Familie bei einem Gericht konzentriert werden. So soll die Arbeit der Gerichte effektiv gestaltet werden und zeitliche Verzögerungen bei der Fallbearbeitung sollen vermieden werden.

2 Abs. 1 legt die ausschließliche örtliche Zuständigkeit für Verfahren betreffend den Ehegattenunterhalt, den Kindesunterhalt und den Unterhalt von nicht miteinander verheirateten Eltern grundsätzlich fest. Abs. 2 ordnet den Vorrang der in Abs. 1 vorgesehenen ausschließlichen Zuständigkeit gegenüber anderen ausschließlichen Gerichtsständen an, und Abs. 3 schließlich trifft eine Regelung für den Fall, dass eine Zuständigkeit nach Abs. 1 nicht gegeben ist.

II. Ausschließliche Zuständigkeit nach Abs. 1

3 **1. Während der Anhängigkeit einer Ehesache (Nr. 1).** Die Vorschrift des § 231 Abs. 1 Nr. 1 entspricht inhaltlich weitgehend dem bisherigen § 621 Abs. 2 S. 1 ZPO, wurde jedoch klarer und einfacher formuliert.

Örtliche Zuständigkeit   4–9 § 232

a) Anwendungsbereich. Der ausschließliche Gerichtsstand beim Gericht der Ehesache wird für 4
Unterhaltssachen, die die Unterhaltspflicht für ein gemeinschaftliches Kind der Ehegatten betreffen,
sowohl volljähriger als auch minderjähriger Kinder, sowie für die durch die Ehe begründete Unterhaltspflicht
angeordnet. Ausgenommen von der ausschließlichen Zuständigkeit wird das vereinfachte
Verfahren über den Unterhalt Minderjähriger. Insoweit hat der Gesetzgeber die Regelung des § 621
Abs. 2 S. 1 Nr. 4 ZPO geändert, in dem das vereinfachte Verfahren „zur Abänderung von Unterhaltstiteln"
ausgenommen war. Diese bisherige Fassung beruht nach den Gesetzesmaterialien auf
einem Redaktionsversehen, das zu korrigieren war.[1]

b) Verfahrenskonzentration. Beim Gericht der Ehesache sollen diejenigen Verfahren konzen- 5
triert werden, die die **Ehegatten und ihre gemeinschaftlichen Kinder** betreffen. So können
diese Familiensachen, an denen Ehegatten und ihre gemeinschaftlichen Kinder beteiligt sind und die
oft in sachlich engem Zusammenhang stehen, von einem einzigen Gericht sachgerechter und
rationeller bearbeitet werden als von mehreren Gerichten.[2] Die bisherige Regelung des § 621 Abs. 2
S. 1 ZPO hatte das selbe Ziel, sie wurde mit der Kindschaftsrechtsreform vom 1. 7. 1998 erforderlich,
mit der auch Verfahren betreffend nichteheliche Kinder und Ansprüche von nicht miteinander
verheirateten Eltern der Zuständigkeit des Familiengerichts neu zugewiesen wurden, während zuvor
dort ohnehin nur Angelegenheiten von Ehegatten und ihren gemeinschaftlichen Kindern behandelt
wurden. Hinsichtlich der **Konzentration auf das Gericht der Ehesache,** bei der es für die
genannten Verfahren bleiben sollte, wurde die Unterscheidung erforderlich und dies führte zu der
sprachlich nicht ganz eingängigen Formulierung des § 621 Abs. 2 ZPO. Der Gesetzgeber des
FamFG hat hier eine deutliche Vereinfachung erreicht und zur Verständlichkeit des Gesetztestextes
beigetragen.

c) Anhängigkeit. Die ausschließliche Zuständigkeit wird begründet, solange eine Ehesache 6
anhängig ist, Rechtshängigkeit ist nach dem Wortlaut nicht erforderlich. Die Anhängigkeit einer
Ehesache wird durch die Einreichung des Scheidungsantrags oder des Antrags in einer sonstigen
Ehesache iSd § 121 begründet, § 124. Die Anhängigkeit endet mit dem Abschluss des Verfahrens,
also mit einem rechtskräftigen Beschluss, der Rücknahme des Antrags oder einer übereinstimmenden
Erledigterklärung der Parteien.[3]

Die ausschließliche Zuständigkeit des Gerichts der Ehesache gem. § 232 Abs. 1 Nr. 1 dauert 7
auch nach Ende der Anhängigkeit der Ehesache fort **(perpetuatio fori).** Erforderlich ist bei
Familienstreitsachen, also Unterhaltssachen gem. § 231 Abs. 1, dass diese vor Beendigung der
Anhängigkeit der Ehesache rechtshängig geworden sind gem. §§ 253 Abs. 1, 261 Abs. 1 ZPO. Die
Antragsschrift muss der Gegenseite zugestellt worden sein, bloße Anhängigkeit reicht nicht aus.[4]
Bei den Unterhaltssachen der freiwilligen Gerichtsbarkeit (§ 231 Abs. 2) ist die Einreichung des
Antrags während der Anhängigkeit der Ehesache ausreichend, um die perpetuatio fori zu begründen.

2. Zuständigkeit ohne Anhängigkeit einer Ehesache (Nr. 2). a) Anwendungsbereich. Ist 8
eine Ehesache nicht anhängig, begründet § 232 Abs. 1 Nr. 2 eine ausschließliche Zuständigkeit des
Gerichts am gewöhnlichen Aufenthalt des Kindes oder des für das Kind handelnden Elternteils
für Streitigkeiten, die den **Unterhalt des minderjährigen Kindes** oder eines gem. § 1603 Abs. 2 S. 2
BGB gleichgestellten Kindes betreffen. Die ausschließliche Zuständigkeit am gewöhnlichen Aufenthalt
des Kindes oder des Elternteils sah bisher auch § 642 ZPO vor. Nr. 2 ist auf Verfahren über
Kindesunterhalt anwendbar, jedoch nur, wenn eine Zuständigkeit nach Nr. 1 nicht gegeben ist. Nr. 1
ist insoweit die speziellere Regelung. Anwendbar ist § 232 Abs. 1 Nr. 2 zum einen bei den Streitigkeiten
über den Unterhalt nichtehelicher Kinder, die erst mit der Kindschaftsrechtsreform 1998 in
die Zuständigkeit des Familiengerichts aufgenommen wurden. Zum anderen fallen darunter Verfahren
betreffend den Unterhalt ehelicher Kinder, wenn diese vor Anhängigkeit der Ehesache,
insbesondere des Scheidungsverfahrens der Eltern, rechtshängig wurden.

Nicht anwendbar ist § 232 Abs. 1 Nr. 2 wenn das Kind oder ein Elternteil seinen gewöhnlichen 9
Aufenthalt im Ausland hat. Nach dem Wortlaut ist die ausschließliche Zuständigkeit ausgeschlossen,
wenn der Elternteil, der für das Kind den Antrag stellt, oder der unterhaltspflichtige Elternteil, also
der Antragsgegner, seinen **Wohnsitz im Ausland** hat. Hat nur letzterer keinen Wohnsitz im Inland
greift die Zuständigkeit gem. § 232 Abs. 3 Nr. 3. Zu beachten sind bei **Auslandsberührung** die
entsprechenden Staatsverträge und das EU-Recht. Sachlich anwendbar auf Unterhaltsansprüche sind

---

[1] BT-Drucks. 16/6308, S. 255; *Johannsen/Henrich/Sedemund/Treiber* § 621 ZPO Rn. 4 a.
[2] RegE des KindRG BT-Drucks. 13/4899, S. 120.
[3] Oben § 261 ZPO Rn. 36 f.
[4] BGH FamRZ 1981, 23, 24.

Dötsch

die Brüssel I-VO⁵ und das Luganer Übereinkommen⁶ zu berücksichtigen. Die Verordnung und das Luganer Übereinkommen regeln die internationale Zuständigkeit. Die besondere Zuständigkeit für Unterhaltssachen gem. Art. 5 Nr. 2 Brüssel I-VO/LugÜ verweist auf „die Gerichte des Ortes..." und regelt damit auch die örtliche Zuständigkeit. Als unmittelbar anwendbares Gemeinschaftsrecht und als völkerrechtlicher Vertrag haben die Brüssel I-VO und das Luganer Übereinkommen Vorrang vor den innerstaatlichen Regelungen, so dass bei internationaler Zuständigkeit der deutschen Gerichte die örtliche Zuständigkeit auch dann nicht nach § 232 Abs. 1 Nr. 2 ermittelt wird, wenn die Anwendbarkeit nicht durch HS 2 ausgeschlossen ist. Haben das Kind und beide Eltern ihren gewöhnlichen Aufenthalt in Deutschland, aber ausländische Staatsangehörigkeiten, liegt ein Auslandsbezug vor, der zur Anwendbarkeit der Brüssel I-VO oder des Luganer Übereinkommens führen kann, das die nationalen Regelungen zur örtlichen Zuständigkeit verdrängt.

10 **b) Anknüpfungspunkte.** Ausschließlich zuständig ist das Gericht des Ortes, an dem das Kind oder des für das Kind handelnde Elternteil seinen **gewöhnlichen Aufenthalt** hat. Der Gesetzgeber weicht damit vom Gerichtsstand am Wohnsitz ab, der in § 642 ZPO noch zu Streit führte. Das minderjährige Kind teilt gem. § 11 BGB den Wohnsitz der Eltern, bzw. des sorgeberechtigten Elternteils. Leben die Eltern getrennt und haben sie das gemeinsame Sorgerecht, hat das Kind einen Doppelwohnsitz,⁷ was zur Folge hat, dass der unterhaltspflichtige Elternteil, bei dem das Kind nicht lebt, eine negative Feststellungsklage oder eine Abänderungsklage auch am eigenen Wohnsitz erheben kann. Dies läuft dem Sinn und Zweck der Regelung zuwider, einen für das minderjährige Kind bequemen ausschließlichen Gerichtsstand an dessen Wohnort zu schaffen. Ob § 642 ZPO entsprechend auszulegen war und als Wohnsitz des Kindes nur der gewöhnliche Aufenthalt die Zuständigkeit begründen sollte, war umstritten.⁸ Der Gesetzgeber hat den Streit entschieden und seinem tatsächlichen Willen Geltung verschafft, indem nicht mehr an den formalen Wohnsitz sondern an den tatsächlichen gewöhnlichen Aufenthalt des Kindes angeknüpft wird.

11 Soweit an den **gewöhnlichen Aufenthalt des Elternteils** angeknüpft wird, hat der Gesetzgeber gegenüber der früheren Regelung des § 642 Abs. 1 ZPO ebenfalls Unklarheiten beseitigt. Der Elternteil, der den Anspruch des Kindes für dieses gerichtlich geltend macht, soll dies an seinem eigenen Wohnort tun können, unabhängig davon, ob er als gesetzlicher Vertreter des Kindes oder in Prozessstandschaft handelt. Damit sind jetzt auch Fälle der Prozessstandschaft gem. § 1629 Abs. 3 S. 1 BGB erfasst.⁹

12 Der gewöhnliche Aufenthalt des Kindes fällt nicht zwingend mit demjenigen des handelnden Elternteils zusammen. Auch minderjährige Kinder können im Einzelfall einen eigenen gewöhnlichen Aufenthalt begründen, beispielsweise bei einem Internatsaufenthalt. Dagegen wird der gewöhnliche Aufenthalt durch ein Auslandsschuljahr oder sonstige vorübergehende Auslandsaufenthalte im Zusammenhang mit der Ausbildung nicht aufgegeben.¹⁰ Die verschiedenen Gerichtsstände, die Nr. 2 begründet, stehen gleichberechtigt nebeneinander, der Antragsteller kann zwischen ihnen frei wählen.

13 **3. Volljährige Kinder.** § 642 ZPO galt nach dem Wortlaut ausschließlich für minderjährige Kinder. Aufgenommen wurden neben den Verfahren, die den Unterhalt minderjähriger Kinder betreffen, auch die Ansprüche der **nach § 1603 Abs. 2 S. 2 BGB gleichgestellten volljährigen Kinder.** Für diese war § 642 Abs. 1 ZPO nach dem Wortlaut nicht anwendbar, was in Literatur und Rechtsprechung kritisiert wurde und zu dem Streit darüber führte, ob § 642 Abs. 1 auf diese jungen Volljährigen analog angewendet werden kann.¹¹ Da die materiellrechtlich in verschiedenen Aspekten gleichgestellten Kinder andernfalls unangemessen benachteiligt wären, insbesondere wenn gleichzeitig auch Unterhaltsansprüche minderjähriger Geschwister geltend gemacht wurden, hat die Rechtsprechung die analoge Anwendung von § 642 ZPO wiederholt bejaht.¹² Der Gesetzgeber hat dem Streit ein Ende bereitet und dem praktischen Bedürfnis Rechnung getragen, wonach die ausschließliche Zuständigkeit des gewöhnlichen Aufenthaltes auch für die gem. § 1603 Abs. 2 S. 2 BGB gleichgestellten volljährigen Kinder gelten soll.¹³

---

⁵ Oben § 97 Rn. 39, § 105 Rn. 10–12. Gilt im Verhältnis zu den Mitgliedsstaaten der EU, seit 1. 7. 2007 auch im Verhältnis zu Dänemark (ABl. Nr. L 299 vom 16. 11. 2005 und L 94 vom 4. 4. 2007), das EuGVÜ hat damit keinen räumlichen Anwendungsbereich mehr.
⁶ Oben § 105 Rn. 13. Gilt im Verhältnis zu Island, Norwegen, Schweiz.
⁷ *Palandt/Ellenberger* § 11 BGB Rn. 3.
⁸ Gegen teleologische Reduktion: oben § 642 ZPO Rn. 15; dafür: *Musielak/Borth* § 642 ZPO Rn. 2.
⁹ BT-Drucks. 16/6308, S. 255.
¹⁰ *Zöller/Philippi* § 642 ZPO Rn. 3.
¹¹ Oben § 642 ZPO Rn. 2 m. weit. Nachw.
¹² OLG Oldenburg FamRZ 2005, 1846 (NJW-RR 2005, 1168); OLG Hamm FamRZ 2003, 1126; OLG Stuttgart FamRZ 2002, 1044.
¹³ BT-Drucks. 16/6308, S. 255.

Örtliche Zuständigkeit　　　　　　　　　　　　　　　　　　　　　　14–20 § 232

14　Volljährige Kinder, die nicht gem. § 1603 abs. 2 S. 2 BGB gleichgestellt sind müssen ihre Unterhaltsansprüche an den nach den allgemeinen Vorschriften zuständigen Gerichten einklagen. Eine ausschließliche Zuständigkeit nach Nr. 1 kann bestehen, wenn es sich um ein eheliches Kind handelt und eine Ehesache der Eltern anhängig ist. Andernfalls gilt Abs. 3 Nr. 2 (siehe Rn. 19).

III. Zusammentreffen mehrerer ausschließlicher Zuständigkeiten

15　Die Kollision mehrerer ausschließlicher Zuständigkeiten hat im Unterhaltsrecht insbesondere im Fall der **Vollstreckungsgegenklage gem. § 767 ZPO** praktische Bedeutung. Ausschließlich zuständig für eine Vollstreckungsgegenklage ist das Gericht des ersten Rechtszugs gem. §§ 767 Abs. 1, 802 ZPO. Eine Regelung für das Zusammentreffen von mehreren ausschließlichen Zuständigkeiten wurde mit § 232 Abs. 2 neu eingeführt und den Zuständigkeiten nach Abs. 1 ausdrücklich der Vorrang vor anderen ausschließlichen Zuständigkeiten gegeben.

16　Nach bisheriger Rechtslage wurde in Rechtsprechung und Literatur einhellig vom Vorrang der Zuständigkeit nach §§ 767 Abs. 1, 802 ZPO ausgegangen, weil es als wichtiger angesehen wurde, die Sachkunde des Vorprozesses zu nutzen, als einen Zusammenhang mit einer anhängigen Ehesache herzustellen[14] oder den Interessen des minderjährigen Kindes Rechnung zu tragen.[15] Der Gesetzgeber räumt nun aber gerade der Zuständigkeit nach Abs. 1 den Vorrang gegenüber anderen ausschließlichen Zuständigkeiten ein und gibt diesen damit ein deutlich höheres Gewicht, insbesondere gegenüber der Fallkenntnis des Gerichts des Vorprozesses, die nach Ablauf einer längeren Zeitspanne oder im Falle eines Richterwechsels nicht mehr von ausschlaggebender Bedeutung sein kann. Entscheidend ist insoweit viel mehr der Inhalt der Akten des Vorprozesses, die von dem nach Abs. 1 zuständigen Gericht ohne weiteres beigezogen werden können.[16]

IV. Zuständigkeit nach Abs. 3

17　**1. Allgemeines.** Abs. 3 bestimmt für die Fälle, in denen eine ausschließliche Zuständigkeit nach Abs. 1 nicht besteht, dass sich die örtliche Zuständigkeit nach den Vorschriften der ZPO richtet. Aus Gründen der Vereinheitlichung mit den vorstehenden Absätzen ist statt des Wohnsitzes immer der gewöhnliche Aufenthalt maßgeblich. Neben den allgemeinen Zuständigkeiten nach der ZPO stellt Abs. 3 dem Antragsteller die Gerichtsstände der Nr. 1 bis 3 zur Wahl. Der Anwendungsbereich des Abs. 3 ist nicht abschließend, er umfasst insbesondere Unterhaltsansprüche volljähriger, nicht gem. § 1603 Abs. 2 S. 2 BGB privilegierter Kinder, Ansprüche auf Trennungsunterhalt, die vor Anhängigkeit einer Ehesache eingeklagt werden und Ansprüche von nicht miteinander verheirateten Eltern.

18　**2. Annexzuständigkeit (Nr. 1).** Abs. 3 S. 2 Nr. 1 entspricht inhaltlich dem bisherigen § 642 Abs. 3 ZPO. Er enthält eine Annexzuständigkeit für Unterhaltsansprüche von Ehegatten, wenn eine Ehesache nicht anhängig ist, oder nicht mit einander verheirateten Eltern für das Gericht, bei dem ein Verfahren über den Kindesunterhalt anhängig ist. Durch die Konzentration der Verfahren betreffend Kindesunterhalt und die Unterhaltsansprüche der Eltern soll eine einheitliche Betrachtung der Leistungsfähigkeit des Unterhaltspflichtigen gewährleisten.

19　**3. Wahlrecht des Kindes (Nr. 2).** Die Regelung entspricht inhaltlich dem bisherigen § 35a ZPO. Gegenüber einem volljährigen Kind sind beide Elternteile als Gesamtschuldner barunterhaltspflichtig. Das Kind kann beide am Ort des gewöhnlichen Aufenthalts eines Elternteils verklagen. So wird für Unterhaltsklagen von Kindern gegen ihre Eltern, nicht jedoch gegen die Großeltern oder sonstige Unterhaltsschuldner, ein besonderer **Gerichtsstand der Streitgenossenschaft** geschaffen und dem Kind die Rechtsverfolgung erleichtert. Das Wahlrecht besteht nur, wenn das Kind auch tatsächlich beide Eltern verklagt und für die Klage gegen beide ein Rechtsschutzbedürfnis besteht.[17] Die Vorschrift ist für eheliche und uneheliche Kinder gleichermaßen anwendbar, für minderjährige Kinder und gem. § 1603 Abs. 2 S. 2 BGB gleichgestellte Kinder gilt der ausschließliche Gerichtsstand des Abs. 1 Nr. 2, so dass ihnen das Wahlrecht nicht zugute kommt.

20　**4. Aufenthalt des Antragsgegners im Ausland (Nr. 3).** Der bisherige § 23a ZPO wird ebenfalls als Gerichtsstand, der dem Unterhaltsgläubiger zur Wahl stehen soll, in § 232 Abs. 3 übernommen. Auch dies dient dem Zweck der Erleichterung der Rechtsverfolgung. § 23a ZPO war mit dem Inkrafttreten des Haager Übereinkommens über die Anerkennung und Vollstreckung von

---

[14] BGH NJW 1980, 1393, *Zöller/Philippi* § 621 ZPO Rn. 92, *Musielak/Borth* § 621 ZPO Rn. 14.
[15] BGH NJW 2002, 444; oben § 642 ZPO Rn. 10; *Zöller/Philippi* § 642 ZPO Rn. 2, 12; aA *Musielak/Borth* § 642 ZPO Rn. 3.
[16] BT-Drucks. 16/6308, S. 255.
[17] OLG Nürnberg FamRZ 1996, 172.

Entscheidungen auf dem Gebiet der Unterhaltspflicht gegenüber Kindern in die ZPO eingefügt worden, gilt aber weiter als das Haager Übereinkommen nicht nur für Kinder sondern für alle unterhaltsberechtigten Personen. Der Unterhalt kann am gewöhnlichen Aufenthalt des Berechtigten geltend gemacht werden, wenn der Pflichtige im Inland keinen Gerichtsstand hat. Der gewöhnliche Aufenthalt des Berechtigten ersetzt den allgemeinen Gerichtsstand der bisherigen Regelung des § 23a ZPO, dies dient der Vereinheitlichung mit den Gerichtsständen des Abs. 1. Anwendbar ist § 232 Abs. 3 S. 2 Nr. 3 nur, wenn der Unterhaltspflichtige im Inland keinen Gerichtsstand hat, wofür auch der Gerichtsstand des Vermögens gem. § 23 ZPO oder eine Gerichtsstandsvereinbarung in Frage kommt. Die Vorschrift ist weiter nicht anwendbar, wenn sich die örtliche Zuständigkeit aus der vorrangig anwendbaren Brüssel I-VO oder dem Luganer Übereinkommen ergibt (s. Rn. 9).

§ 233 Abgabe an das Gericht der Ehesache

¹ Wird eine Ehesache rechtshängig, während eine Unterhaltssache nach § 232 Abs. 1 Nr. 1 bei einem anderen Gericht im ersten Rechtszug anhängig ist, ist diese von Amts wegen an das Gericht der Ehesache abzugeben. ² § 281 Abs. 2 und 3 Satz 1 der Zivilprozessordnung gilt entsprechend.

I. Normzweck

1   Die Vorschrift entspricht dem bisherigen § 621 Abs. 3 ZPO. Sie verfolgt wie § 232 Abs. 1 Nr. 1 den Zweck, mehrere Verfahren in Familiensachen bei einem Gericht zu konzentrieren, indem diese Vorschrift praktisch umgekehrt wird. Ist eine Ehesache bereits anhängig, begründet § 232 Abs. 1 Nr. 1 eine ausschließliche Zuständigkeit am Gericht der Ehesache für Unterhaltssachen zwischen Ehegatten und ihren gemeinsamen Kindern. Auch wenn eine Unterhaltssache nach § 232 Abs. 1 Nr. 1 vor der Ehesache anhängig wird, sollen die Verfahren bei einem Gericht konzentriert werden, wobei auch wenn sie zeitlich später eingeleitet wird, dem Gericht der Ehesache Vorrang eingeräumt wird.

II. Voraussetzungen für die Abgabe an das Gericht der Ehesache

2   **1. Anhängigkeit einer Unterhaltssache im ersten Rechtszug.** Eine **Unterhaltssache gem. § 232 Abs. 1 Nr. 1** muss anhängig sein, dies sind Streitigkeiten, die den Unterhalt für ein gemeinschaftliches Kind der Ehegatten oder die durch die Ehe begründete Unterhaltspflicht betreffen. Ausgenommen sind vereinfachte Verfahren über den Unterhalt Minderjähriger.

3   **Anhängigkeit** der Unterhaltssache ist ausreichend, Rechtshängigkeit ist nach dem Wortlaut des Gesetzes gerade nicht erforderlich. Gem. § 124 wird die Anhängigkeit durch Einreichung des Antrags begründet. Sie endet mit dem Abschluss des Verfahrens, also mit einem Beschluss, der Rücknahme des Antrags, einem das Verfahren beendenden Vergleich oder der übereinstimmenden Erledigterklärung.

4   Eine Verweisung nach § 233 ist nur möglich, solange die Unterhaltssache **im ersten Rechtszug** anhängig ist. Sobald eine endgültige Entscheidung in erster Instanz erlassen wurde, ist die Verweisung grundsätzlich nicht mehr möglich. Ist das Unterhaltsverfahren bei Rechtshängigkeit der Ehesache schon in der Rechtsmittelinstanz anhängig, greift die Verfahrenskonzentration nur dann wieder ein, wenn es zu einer Zurückverweisung an das erstinstanzliche Familiengericht kommt. Die Zuständigkeit des Gerichts der Ehesache tritt dann an die Stelle der örtlichen Zuständigkeit des Ausgangsgerichts.¹

5   **2. Rechtshängigkeit einer Ehesache.** Die Verfahrenskonzentration am Gericht der Ehesache tritt nur ein, wenn während der Anhängigkeit der Unterhaltssache im ersten Rechtszug eine Ehesache rechtshängig wird, also die Antragsschrift der Gegenseite zugestellt wird. Die Rechtshängigkeitsvoraussetzungen richten sich nach §§ 253 Abs. 1, 261 Abs. 1 ZPO. Die Übersendung eines Entwurfs im PKH-Prüfverfahren begründet die Rechtshängigkeit nicht. Nach bisherigem Recht war die Rechtshängigkeit eines Hauptsacheverfahrens erforderlich, um den Erlass einer einstweiligen Anordnung zu beantragen, wobei die Einreichung eines PKH-Gesuchs ausreichend war, § 620a Abs. 2 S. 1 ZPO. Nach neuem Recht kann eine einstweilige Anordnung unabhängig vom Hauptsacheverfahren beantragt werden. Da eine dem § 620a Abs. 2 S. 1 ZPO entsprechende ausdrückliche Regelung fehlt, ist die vom Gesetzeswortlaut verlangte Rechtshängigkeit einer Ehesache

---

¹ BGH NJW 1980, 1392.

3. Zusammentreffen mit anderen ausschließlichen Zuständigkeiten. Im Fall einer Vollstreckungsklage ist eine **ausschließliche Zuständigkeit gem. §§ 767 Abs. 1, 802 ZPO** gegeben. Die Rechtsprechung zum alten Recht sah diese ausschließliche Zuständigkeit als vorrangig gegenüber der ausschließlichen Zuständigkeit beim Gericht der Ehesache gem. § 621 Abs. 2 ZPO an (vgl. § 232 Rn. 15 f.). In Konsequenz dazu wurde auch die Abgabe an das Gericht der Ehesache gem. § 621 Abs. 3 bei Anhängigkeit einer Vollstreckungsgegenklage gem. § 767 ZPO abgelehnt.[2] Dies kann nach der aktuellen Rechtslage nicht mehr gelten. Gem. § 232 Abs. 2 geht die ausschließliche Zuständigkeit gem. § 232 Abs. 1 Nr. 1 anderen ausschließlichen Zuständigkeiten ausdrücklich vor. Der Gesetzgeber hat damit der Verfahrenskonzentration gegenüber der Sachkunde des Gerichts des Ausgangsverfahrens die höhere Bedeutung zugemessen. Diesem Willen des Gesetzgebers muss Rechnung getragen werden, indem auch der Abgabe an das Gericht der später rechtshängig gewordenen Ehesache der Vorrang vor der ausschließlichen Zuständigkeit gem. §§ 767 Abs. 1, 802 ZPO gegeben wird. Dies wird durch die Bezugnahme auf § 232 Abs. 1 Nr. 1 im Gesetzestext zusätzlich zum Ausdruck gebracht.

III. Rechtsfolge: Abgabe an das Gericht der Ehesache

Liegen die Voraussetzungen vor, hat das Familiengericht die Unterhaltssache **von Amts wegen** an das Gericht der Ehesache abzugeben. Dies gilt sowohl für Familienstreitsachen als auch für Unterhaltssachen der freiwilligen Gerichtsbarkeit. § 233 S. 2 verweist auf § 281 Abs. 2 ZPO, woraus sich die **Unanfechtbarkeit** der Entscheidung (§ 281 Abs. 2 S. 2 ZPO) und die **Bindungswirkung** für das Gericht der Ehesache (§ 281 Abs. 2 S. 4 ZPO) ergibt. Ein Antrag ist nicht erforderlich. Die Parteien müssen jedoch vor der Abgabe gehört werden, da nach der Rechtsprechung des BGH bei Nichtgewähr des rechtlichen Gehörs die Bindungswirkung der Abgabe verneint wird.[3]

IV. Kosten

§ 233 S. 2 verweist weiter auf § 281 Abs. 3 S. 1 ZPO. Danach sind die beim verweisenden Gericht entstandenen Kosten als Kosten des Gerichts der Ehesache anzusehen. Die Mehrkosten, die durch die Verweisung entstehen, können nicht dem Antragsteller auferlegt werden, da auf S. 2 gerade nicht verwiesen wird.

§ 234 Vertretung eines Kindes durch einen Beistand

Wird das Kind durch das Jugendamt als Beistand vertreten, ist die Vertretung durch den sorgeberechtigten Elternteil ausgeschlossen.

Die Vorschrift entspricht dem bisherigen § 53a ZPO. Sie ist wortgleich zu § 173 (s. Kommentierung dort) und ebenso wie dieser lex specialis zu § 12.

§ 235 Verfahrensrechtliche Auskunftspflicht der Beteiligten

(1) [1] Das Gericht kann anordnen, dass der Antragsteller und der Antragsgegner Auskunft über ihre Einkünfte, ihr Vermögen und ihre persönlichen und wirtschaftlichen Verhältnisse erteilen sowie bestimmte Belege vorlegen, soweit dies für die Bemessung des Unterhalts von Bedeutung ist. [2] Das Gericht kann anordnen, dass der Antragsteller und der Antragsgegner schriftlich versichern, dass die Auskunft wahrheitsgemäß und vollständig ist; die Versicherung kann nicht durch einen Vertreter erfolgen. [3] Mit der Anordnung nach Satz 1 oder Satz 2 soll das Gericht eine angemessene Frist setzen. [4] Zugleich hat es auf die Verpflichtung nach Absatz 3 und auf die nach den §§ 236 und 243 Satz 2 Nr. 3 möglichen Folgen hinzuweisen.

(2) Das Gericht hat nach Absatz 1 vorzugehen, wenn ein Beteiligter dies beantragt und der andere Beteiligte vor Beginn des Verfahrens einer nach den Vorschriften des bürgerli-

---

[2] Oben § 621 ZPO Rn. 171; *Zöller/Philippi* § 621 ZPO Rn. 95, 88.
[3] BGH NJW 1979, 551.

chen Rechts bestehenden Auskunftspflicht entgegen einer Aufforderung innerhalb angemessener Frist nicht nachgekommen ist.

(3) Antragsteller und Antragsgegner sind verpflichtet, dem Gericht ohne Aufforderung mitzuteilen, wenn sich während des Verfahrens Umstände, die Gegenstand der Anordnung nach Absatz 1 waren, wesentlich verändert haben.

(4) Die Anordnungen des Gerichts nach dieser Vorschrift sind nicht selbständig anfechtbar und nicht mit Zwangsmitteln durchsetzbar.

Übersicht

	Rn.		Rn.
I. Entstehungsgeschichte, Normzweck	1–3	1. Bedeutung für die Bemessung des Unterhalts	24, 25
1. Entstehungsgeschichte	1	2. Voraussetzungen für die schriftliche Versicherung gem. Abs. 1 S. 2	26, 27
2. Normzweck	2, 3		
II. Auskunftsrecht des Gerichts (Abs. 1 S. 1)	4–11	**VII. Die Verpflichtung des Gerichts zur Einholung von Auskünften**	28–36
1. Anwendungsbereich	4–8	1. Allgemeines	28, 29
a) Vereinfachtes Verfahren	5	2. Antrag eines Beteiligten	30
b) Einstweilige Anordnung	6	3. Voraussetzungen	31
c) Unterhaltsansprüche nach ausländischem Recht	7	a) Auskunftspflicht nach bürgerlichem Recht	32
d) Selbständiges Auskunftsverfahren zwischen den Parteien	8	b) Aufforderung vor Beginn des Verfahrens	33–35
2. Gegenstand des Auskunftsverlangens	9	c) Nichtnachkommen der Auskunftspflicht	36
3. Adressaten des Auskunftsverlangens	10, 11	**VIII. Die Pflicht zur unaufgeforderten Auskunftserteilung**	37–39
III. Schriftliche Versicherung der Richtigkeit (Abs. 1 S. 2)	12–16	1. Zweck der Regelung	37
1. Allgemeines	12	2. Zumutbarkeit	38, 39
2. Rechtsnatur der Versicherung	13, 14	**IX. Die Anfechtbarkeit und Durchsetzung der Entscheidungen nach § 235**	40–
3. Persönliche Erklärung	15	1. Anfechtbarkeit	40
4. Form	16	2. Durchsetzung des gerichtlichen Auskunftsrechts	41
IV. Fristsetzung (Abs. 1 S. 3)	17–19		
V. Hinweispflichten des Gerichts (Abs. 1 S. 4)	20–22		
VI. Ermessensausübung des Gerichts	23–27		

I. Entstehungsgeschichte, Normzweck

1 **1. Entstehungsgeschichte.** Die Vorschriften der §§ 235 und 236 weiten die Auskunftsrechte des Gerichts aus. Der Auskunftsanspruch des Gerichts wurde mit § 643 ZPO mit dem Gesetz zur Vereinheitlichung des Unterhaltsrechts minderjähriger Kinder, das mit dem KindRG am 1. 7. 1998 in Kraft trat, eingeführt. Gegen das gerichtliche Auskunftsrecht in einem Verfahren, das nicht dem Grundsatz der Amtsermittlung unterliegt, wurden kritische Stimmen laut, zumal auch ein Auskunftsanspruch gegenüber Dritten, vergleichbar dem Anspruch im Verfahren zum Versorgungsausgleich, normiert wurde.[1] § 643 ZPO sollte aber die schon zuvor nach § 273 ZPO bestehenden Möglichkeiten, das Verfahren nach pflichtgemäßem Ermessen zu fördern, erweitern.[2] Auch das FamFG führt für Unterhaltsverfahren die Amtsermittlungspflicht nicht ein, § 26 ist gem. § 113 Abs. 1 S. 1 auf Familienstreitsachen nicht anzuwenden.[3] Die Auskunftsrechte des Gerichts, die § 643 ZPO eingeführt hat, werden mit §§ 235, 236 jedoch beibehalten und ausgeweitet.

2 **2. Normzweck.** Von der Einführung des gerichtlichen Auskunftsrechts in § 643 ZPO versprach man sich die **Vermeidung der oft langwierigen Auskunftsverfahren,** insbesondere dadurch, dass der Richter die Befugnis erhielt, sich und der gegnerischen Partei die erforderlichen Informationen direkt bei Dritten, wie dem Arbeitgeber oder dem Finanzamt, zu beschaffen. Zehn Jahre später ist festzustellen, dass die Stufenklage nach wie vor eine gängige Art der gerichtlichen Geltendmachung von Unterhaltsansprüchen ist und die gerichtliche Durchsetzung des Auskunftsanspruchs trotz der

---

[1] DAV FamRZ 1997, 276 ff.
[2] *Strauss* FamRZ 1998, 993, 1001.
[3] *Zimmermann* Das neue FamFG Rn. 407.

Informationsmöglichkeiten des Gerichts erforderlich geblieben ist. Die Gerichte machen von ihrem Auskunftsrecht häufig Gebrauch, indem sie den Parteien die Vorlage konkreter Unterlagen aufgeben. Dass dies der korrekten Unterhaltsberechnung und damit der Gerechtigkeit, für den Berechtigten ebenso wie für den Pflichtigen, dient und die Qualität gerichtlicher Entscheidungen verbessert, steht außer Frage. Die Beschleunigung und Vereinfachung der Unterhaltsstreitigkeiten bleibt erklärtes Ziel, dem der Gesetzgeber mit einer erneuten Erweiterung und Verbesserung der gerichtlichen Auskunftsmöglichkeiten mit der Einführung des FamFG nochmals näher zu kommen versucht.

§ 235, der die zuvor in § 643 Abs. 1 ZPO geregelten Auskunftsrechte des Gerichts gegenüber den Parteien ausweitet, versucht das Ziel des Gesetzgebers zu erreichen, indem neben dem Auskunftsrecht in Abs. 2 auch eine **Pflicht des Gerichts zur Einholung der Auskünfte** eingeführt wird. Außerdem bekommt das Gericht die Möglichkeit, die schriftliche Versicherung der Richtigkeit und Vollständigkeit der erteilten Auskünfte zu verlangen und erhält damit ein der eidesstattlichen Versicherung vergleichbares Mittel. Gesetzlich normiert wird außerdem erstmals die **Pflicht zur unaufgeforderten Auskunftserteilung.** Dem Auskunftsrecht gegenüber Dritten widmet der Gesetzgeber des FamFG nicht nur einen Abs. wie bisher, sondern einen eigenen Paragraphen, mit dem Ziel, dass die Gerichte diesem bisher noch relativ wenig genutzten Auskunftsrecht zukünftig mehr Bedeutung beimessen und vermehrt Gebrauch davon machen. Das Gericht muss mit der Aufforderung zur Auskunft an die Partei darauf hinweisen, dass die Auskünfte von Dritten eingeholt werden, wenn der Aufforderung keine Folge geleistet wird. So werden die Parteien zusätzlich motiviert, vollständige Auskünfte zu erteilen, da ihnen bewusst wird, dass sie ihr ohnehin nicht entgehen können. Diese Ausgestaltung der Auskunftsrechte soll zur effektiveren Verwirklichung des Gesetzeszwecks, insbesondere der Vermeidung von Auskunftsstufenklagen, beitragen und so den Unterhaltsberechtigten helfen, für die die Durchsetzung der Ansprüche oftmals von existenzieller Bedeutung ist.

II. Auskunftsrecht des Gerichts (Abs. 1 S. 1)

1. Anwendungsbereich. Das Auskunftsrecht hat das Familiengericht grundsätzlich in allen streitigen Unterhaltssachen gem. § 231 Abs. 1. Dies ergibt sich aus der systematischen Stellung der Vorschrift im Gesetz, so dass der ausdrückliche Verweis auf § 231 Abs. 1 nicht mehr erforderlich ist, während § 643 ZPO noch auf § 621 Abs. 1 Nr. 4, 5 und 11 Bezug nehmen musste.

Die Auskunftsrechte der §§ 235 bis 245 stehen dem Richter, nicht aber dem Rechtspfleger zu, der für die Unterhaltssachen der freiwilligen Gerichtsbarkeit gem. § 231 Abs. 2 funktionell zuständig ist.[4]

a) Vereinfachtes Verfahren. Aus dem Anwendungsbereich ausgenommen ist das **vereinfachte Verfahren über den Unterhalt Minderjähriger** gem. §§ 249 ff. Dies ergab sich nicht aus dem Wortlaut des § 643 Abs. 1 ZPO und geht auch aus dem neu gefassten Wortlaut des § 235 nicht ausdrücklich hervor. In der Gesetzesbegründung zu § 643 ZPO wird dies aber als ausdrücklicher Wille des Gesetzgebers klargestellt.[5] In der Begründung zu § 235 äußert sich der Gesetzgeber nicht noch einmal dazu. Da sich aber an der Formulierung der Vorschrift gegenüber § 643 Abs. 1 ZPO nichts geändert hat, auch dort war auf Verfahren in Familiensachen gem. § 621 Abs. 1 Nr. 4, 5 und 11 ZPO verwiesen worden, die auch das vereinfachte Verfahren umfassten, muss davon ausgegangen werden, dass der zu § 643 Abs. 1 ZPO geäußerte Wille des Gesetzgebers weiterhin gültig ist. Der Grund dafür, den gerichtlichen Auskunftsanspruch nicht auf vereinfachte Verfahren über den Unterhalt Minderjähriger zu erstrecken, ist im beschränkten Verfahrensgegenstand und im Fehlen einer Beweisaufnahme in diesem Verfahren zu sehen. Dies ändert sich auch in der Neufassung der §§ 249 ff. nicht.

b) Einstweilige Anordnung. Auskünfte kann das Gericht auch im Verfahren auf Erlass einer einstweiligen Anordnung einholen.[6] Zwar handelt es sich um ein summarisches Verfahren, in dem Beweise nicht im Strengbeweisverfahren erbracht werden müssen. Die Parteien müssen ihren Vortrag aber glaubhaft machen, Mittel zur Glaubhaftmachung sind neben der eidesstattlichen Versicherung einer Partei auch die üblichen Beweismittel, insbesondere Urkunden. Gerade im Verfahren der einstweiligen Anordnung ist die Beschleunigung des Verfahrens ein wichtiger Grundsatz, der kaum besser erreicht werden kann, als mit einem zusätzlichen gerichtlichen Auskunftsanspruch. Der summarische Charakter des Verfahrens steht dem gerichtlichen Auskunftsanspruch aber gerade dann nicht entgegen, wenn Auskünfte verlangt werden, die von der Partei problemlos und sofort beschafft werden können, zB Gehaltsabrechnungen. Das Gericht hat dies bei seiner Ermessensausübung, insbesondere dahingehend, welche Auskünfte im summarischen Verfahren verlangt werden, zu berücksichtigen.

---

[4] Oben § 231 Rn. 33.
[5] BT-Drucks. 13/7338, S. 38.
[6] Oben § 643 ZPO Rn. 3; *Zöller/Philippi* § 643 ZPO Rn. 1; *Musielak/Borth* § 643 ZPO Rn. 1.

c) Unterhaltsansprüche nach ausländischem Recht. Die Vorschrift des § 235 Abs. 1 ist **verfahrensrechtlich zu qualifizieren** und damit nach dem im Verfahrensrecht geltenden lex fori-Prinzip auch anzuwenden, wenn in einem vor deutschen Gerichten geführten Verfahren das materiellrechtliche **Unterhaltsstatut ausländisches Recht** ist. § 235 begründet keinen materiellrechtlichen Auskunftsanspruch im Sinne des § 1605, 1580 BGB, sondern regelt das Prozessrechtsverhältnis der Parteien zum Gericht.[7] Das Auskunftsrecht des Gerichts besteht jedoch nicht uneingeschränkt in Verfahren, in denen sich der Unterhaltsanspruch nach ausländischem Recht richtet, denn im Unterhaltsverfahren herrscht trotz der Rechte gem. §§ 235, 236 gerade nicht der Grundsatz der Amtsermittlung. Muss das Gericht den Unterhaltsanspruch nach ausländischem Recht ermitteln, hat es dieses genauso anzuwenden, wie ein ausländischer Richter es tun würde. Bemisst das ausländische Recht die Höhe des Unterhalts nach Kriterien, für die eine Auskunft nicht erforderlich ist, dient die Auskunft nicht der Bemessung des Unterhalts und hat das Gericht entsprechend keinen Anspruch. Denkbar ist dies, wenn der Unterhalt nach dem konkreten Bedarf ermittelt wird und der Pflichtige seine Leistungsfähigkeit nur als Einwendung vortragen kann. Legt der Pflichtige in diesem Fall seine Einkünfte nicht offen bleibt er beweisfällig und das Gericht kann seine Entscheidung treffen, ohne Auskünfte einzuholen. Auch für die Ermittlung der Höhe von unterhaltsrechtlich zu qualifizierenden Schadensersatzzahlungen (zB nach französischem oder spanischem Recht) sind vom Einkommen der Parteien unabhängige Berechnungsmethoden denkbar.

d) Selbständiges Auskunftsverfahren zwischen den Parteien. Ein gerichtliches Auskunftsrecht besteht nicht, wenn die Parteien ihre materiell-rechtlichen Auskunftsansprüche isoliert, nicht im Rahmen einer Stufenklage, geltend machen. In einem isolierten Auskunftsverfahren geht es nicht um die Bemessung des Unterhalts.[8] Die Parteien streiten in einem solchen Verfahren nicht über die Höhe des Unterhalts, sondern über das Bestehen oder den Umfang der Auskunftspflicht. Die Qualität der gerichtlichen Entscheidung wird, anders als im Betragsverfahren oder der Leistungsstufe einer Stufenklage, nicht verbessert, indem das Gericht selbst die Auskünfte bei den Parteien einholt, zu denen es sie verurteilt.

2. Gegenstand des Auskunftsverlangens. Auskunft ist über die **Einkünfte und das Vermögen** sowie über die **persönlichen und wirtschaftlichen Verhältnisse** zu erteilen. Die Einkünfte und das Vermögen sind auch von den materiell-rechtlichen Auskunftsansprüchen gem. §§ 1605, 1580 BGB erfasst. Über die persönlichen und wirtschaftlichen Verhältnisse muss dem Gericht bei der Beantragung von Prozesskostenhilfe bzw. der Verfahrenskostenhilfe im FamFG gem. §§ 76 ff. Auskunft erteilt werden, wobei diese Auskünfte gerade nicht an die gegnerische Partei weitergeleitet werden. Ein materiell-rechtlicher Anspruch der Parteien auf Auskunft über die persönlichen und wirtschaftlichen Verhältnisse des anderen kann nur aus § 242 BGB hergeleitet werden.[9] Diese Auskunft umfasst beispielsweise die Geburt eines Kindes des Pflichtigen, beim Kindesunterhalt die Eheschließung oder Scheidung des unterhaltspflichtigen Elternteils, die Aufnahme eines Studiums, etc. Verlangt werden kann auch die **Vorlage von Belegen**.

3. Adressaten des Auskunftsverlangens. Das Gericht kann nur vom **Antragsteller und vom Antragsgegner** gem. § 235 Auskünfte verlangen. Auskünfte von Dritten können nur nach der Maßgabe des § 236 verlangt werden, also nur von den dort bezeichneten Stellen. Es besteht insbesondere kein Auskunftsanspruch gegen den Ehegatten oder die Mutter eines nichtehelichen Kindes des Pflichtigen über deren Einkünfte, auch wenn diese durchaus Einfluss auf die Unterhaltshöhe haben können, wenn es sich um vorrangig oder gleichrangig Unterhaltsberechtigte handelt. Der Pflichtige muss aber die Bedürftigkeit solcher ebenfalls unterhaltsberechtigter Personen darlegen und beweisen, wenn er die Einschränkung seiner Leistungsfähigkeit im Verfahren berücksichtigt wissen möchte. Das Bestehen solcher Unterhaltspflichten gehört außerdem zu den persönlichen und wirtschaftlichen Verhältnissen, über die der Pflichtige selbst Auskunft zu erteilen hat. Ein Auskunftsrecht des Gerichts gegen den weiteren Unterhaltsberechtigten der Partei ist deshalb nicht erforderlich, gegebenenfalls kann die Frage auch über die Beweislast gelöst werden.

Das Auskunftsverlangen richtet sich an Antragsteller und Antragsgegner des Verfahrens, diese können sich bei der Erteilung aber eines Vertreters bedienen. Die Auskunft muss **nicht eigenhändig erstellt und von der Partei selbst unterschrieben** sein. Dies wurde im Rahmen des materiell-rechtlichen Auskunftsanspruchs zum Teil verlangt,[10] während andere Gerichte die Erteilung der Auskunft in einem Anwaltsschriftsatz, nicht jedoch über mehrere Schriftsätze verteilt, ausreichen

---

[7] *Musielak/Borth* § 643 ZPO Rn. 1.
[8] *Musielak/Borth* § 643 ZPO Rn. 1.
[9] MünchKommBGB/*Born* § 1605 Rn. 5.
[10] OLG Dresden FamRZ 2005, 1195; OLG München FamRZ 1996, 738.

ließen.¹¹ Der BGH hat den Streit mit Beschluss vom 28. 11. 2007 entschieden und klargestellt, dass der Auskunftspflichtige eine eigene und schriftliche Erklärung abgeben muss, die jedoch nicht die Schriftform des § 126 BGB erfüllen muss und auch durch einen Rechtsanwalt übermittelt werden kann.¹² Die Anforderungen an die Erteilung der vom Gericht geforderten Auskünfte können insoweit nicht höher sein. Insbesondere vor dem Hintergrund der bezweckten Verfahrensbeschleunigung muss davon ausgegangen werden, dass die Erteilung der Auskünfte durch den Prozessbevollmächtigten ausreicht. Andernfalls hätte der Gesetzgeber in Kenntnis der höchstrichterlichen Rechtssprechung in den Wortlaut des § 235 Abs. 1 S. 1 das Formerfordernis einer eigenhändig unterschriebenen Auskunft aufgenommen. Ebenso wie materiellrechtlich die Erklärung durch einen Dritten, in der Regel den prozessbevollmächtigten Rechtsanwalt, ausreicht und eine persönliche Erklärung erst in der zweiten Stufe der eidesstattlichen Versicherung gem. § 261 BGB zwingend abgegeben werden muss, wurde dem Gericht mit der schriftlichen Versicherung gem. § 235 Abs. 1 S. 2 ein der eidesstattlichen Versicherung vergleichbares Mittel an die Hand gegeben.¹³ Auch diese neu eingeführte Parallele zum materiell-rechtlichen Auskunftsanspruch und das in S. 2, 2. Halbs. anders als in S. 1 ausdrücklich formulierte Verbot der Abgabe durch einen Vertreter, begründet den Rückschluss, dass die Auskunft nach § 235 Abs. 1 S. 1 nicht zwingend von der Partei persönlich erteilt werden muss, sondern die gleichen Maßstäbe anzusetzen sind, die die Rechtssprechung für die materiell-rechtlichen Auskunftsansprüche entwickelt hat.

III. Schriftliche Versicherung der Richtigkeit (Abs. 1 S. 2)

1. Allgemeines. Mit § 235 Abs. 1 S. 2 wird erstmals eine Regelung eingeführt, die es dem Gericht ermöglicht, vom Antragsteller oder dem Antragsgegner eine schriftliche Versicherung anzufordern, dass er die Auskunft wahrheitsgemäß und vollständig erteilt hat. Das bisherige Verfahrensrecht kennt die Möglichkeit nicht, dass das Gericht von einem Beteiligten die **ausdrückliche und eigenhändige Erklärung der Richtigkeit** seiner erteilten Auskunft zu verlangen. Der Gesetzgeber will dem Gericht damit ein Instrumentarium an die Hand geben, das wenigstens zum Teil die Funktion der zweiten Stufe einer Auskunftsstufenklage, der eidesstattlichen Versicherung gem. § 261 BGB, erfüllt. Das gerichtliche Auskunftsrecht wird der Struktur eine Stufenklage angepasst, um es möglichst effektiv zu gestalten und dem Ziel der Vermeidung langwieriger und aufwändiger Stufenklagen näher zu kommen und die Unterhaltsverfahren zu beschleunigen. Die schriftliche Versicherung dient dazu, den Auskunftsschuldner zu größtmöglicher Sorgfalt bei der Erstellung seiner Auskunft anzuhalten.

2. Rechtsnatur der Versicherung. Verlangt werden kann die schriftliche Versicherung, dass die Auskunft wahrheitsgemäß und vollständig ist. Es handelt sich dabei ausdrücklich nicht um eine eidesstattliche Erklärung der Partei. Es handelt sich um eine **Prozesshandlung**¹⁴ der Partei, die gegenüber dem Gericht abzugeben ist. Bei Abgabe der Versicherung unterliegt der Beteiligte der prozessualen Wahrheitspflicht gem. § 138 Abs. 1 ZPO. Sanktionen bei Verstoß gegen die einfache Wahrheitspflicht sieht das Gesetz nicht ausdrücklich vor, es kann allerdings der Tatbestand des Prozessbetrugs gem. § 263 StGB erfüllt sein und die Glaubhaftigkeit des Parteivortrags im Verfahren wird bei nachgewiesenen Verstößen gegen die prozessuale Wahrheitspflicht nachhaltig erschüttert.¹⁵ Demgegenüber ist die Abgabe einer falschen eidesstattlichen Versicherung gem. § 156 StGB strafbar.

Dass das Gericht gerade **nicht** das Recht gegeben wird, vom auskunftspflichtigen Antragsteller oder Antragsgegner eine **eidesstattliche Versicherung** seiner Auskunft iSd. § 261 BGB zu verlangen, wird in der Gesetzesbegründung damit erklärt, dass diese zweite Stufe in Unterhaltsverfahren oftmals nicht beschritten wird, und es deshalb ausreichend erscheint, dass das Gericht zunächst eine schriftliche Versicherung verlangen kann.¹⁶ Indem dem Gericht ein gegenüber der eidesstattlichen Versicherung milderes Mittel an die Hand gegeben wird, wird dem Umstand Rechnung getragen, dass im Unterhaltsverfahren gerade nicht der Grundsatz der Amtsermittlung herrscht. Sollte sich bei Anwendung des Gesetzes in der Praxis zeigen, dass die schriftliche Versicherung nicht als Motivation für die Parteien zur sorgfältigen Auskunftserteilung nach der Aufforderung gem. § 235 Abs. 1 S. 1 ausreicht, ist mit einer entsprechenden Gesetzesänderung zu rechnen. Der Gesetzgeber wollte so

---

¹¹ OLG Hamm FamRZ 2005, 1194; OLG Hamm FamRZ 2006, 865 (zur Auskunft über mehrere Schriftsätze verteilt).
¹² BGH NJW 2008, 917.
¹³ BT-Drucks. 16/6308, S. 255.
¹⁴ Zum Begriff der Prozesshandlung oben Einl Rn. 372 ff.
¹⁵ S. o. § 138 ZPO Rn. 16.
¹⁶ BT-Drucks. 16/6308, S. 255.

wenig wie möglich in die Rechte der Parteien eingreifen, aber dennoch die Erreichung des bereits mit der Einführung von § 643 ZPO gesetzte Ziel der Beschleunigung der Unterhaltsverfahren durch Vermeidung von Stufenklagen erreichen.

15 **3. Persönliche Erklärung.** In § 235 Abs. 1 S. 2, 2. Halbs. wird ausdrücklich vorgeschrieben, dass die Versicherung nicht durch einen Vertreter abgegeben werden kann. Wird ein Beteiligter zur Abgabe der schriftlichen Versicherung aufgefordert, muss er selbst die möglicherweise nicht von ihm persönlich erstellte Auskunft prüfen und die Verantwortung für die Richtigkeit übernehmen. Damit soll die Qualität der gerichtlichen Entscheidung verbessert werden, die maßgeblich von der Richtigkeit und Vollständigkeit der Auskünfte der Beteiligten zu ihren Einkünften, ihrem Vermögen und ihren persönlichen und wirtschaftlichen Verhältnissen abhängt. Durch die Verpflichtung zur eigenhändigen Erklärung kann jedenfalls im Hinblick auf versehentlich vergessene Tatsachen eine möglichst vollständige Auskunft erlangt werden. Ein Beteiligter, der absichtlich Tatsachen verschweigt oder bewusst falsch vorträgt, wird sich durch die persönliche Erklärung wohl genauso wenig abschrecken lassen wie durch die zweite Stufe einer Stufenklage nach § 254 ZPO.

16 **4. Form.** Während Prozesshandlung in der mündlichen Verhandlung üblicherweise mündlich oder schriftlich vorgenommen werden können, schreibt § 235 Abs. 1 S. 2 für die Versicherung der Richtigkeit und Vollständigkeit der Auskunft die Schriftform vor. Gemeint ist die Schriftform iSd. § 126 BGB. Zu beachten sind die für Erklärungen gegenüber dem Gericht geltenden §§ 130, 130a ZPO. Die Schriftform kann gem. § 130a ZPO durch Übersendung eines elektronischen Dokuments gewahrt werden. Da es gerade auf die persönliche Erklärung durch den Beteiligten ankommt, ist das Dokument mit einer qualifizierten Signatur gem. § 2 Nr. 3 SigG zu versehen. Eine e-Mail mit qualifizierter Signatur erfüllt nicht die Voraussetzungen eines Schriftsatzes, vorbereitende Schriftsätze iSd. § 129 ZPO können in dieser Form gerade nicht eingereicht werden.[17] Ist jedoch kein Schriftsatz sondern nur eine schriftliche Erklärung vom Gesetz vorgeschrieben, wie bei § 235 Abs. 1 S. 2 der Fall, ergibt sich aus dem Umkehrschluss aus der Entscheidung des BGH vom 4. 12. 2008, IX ZB 41/08, dass dann eine mit qualifizierter Signatur versehene e-Mail ausreichend sein muss. Nicht ausreichend ist dagegen eine einfache e-Mail an das Gericht, ohne qualifizierte Signatur, da diese gerade nicht verbindlich den Absender erkennen lässt. Das Formerfordernis der Schriftform ist auch erfüllt, wenn die e-Mail im Anhang ein vom Beteiligten unterschriebenes eingescanntes Dokument enthält.[18]

IV. Fristsetzung (Abs. 1 S. 3)

17 Für die Erteilung der Auskunft oder die Abgabe der schriftlichen Erklärung der Richtigkeit und Vollständigkeit soll das Gericht den Beteiligten eine angemessene Frist setzen. Dies dient der **Beschleunigung** des Verfahrens. Nach bisherigem Recht gab es eine entsprechende Vorschrift nicht, die Möglichkeit ergab sich aber aus der grundsätzlichen Pflicht des Richters zur Prozessleitung. Es war auch bislang üblich und empfehlenswert, bei der Aufforderung zur Auskunft eine Frist zu setzen und über die Folgen bei Nichtbeachtung zu belehren.[19] Der neue § 235 Abs. 1 gibt der Fristsetzung eine weiterreichende Bedeutung, indem der fruchtlose Fristablauf Voraussetzung für die Rechtsfolge des § 236. Nur wenn das Gericht eine angemessene Frist gesetzt hat und dies fruchtlos abgelaufen ist, kann das Gericht als nächsten Schritt von den in § 236 Abs. 1 bezeichneten Stellen Auskunft verlangen.

18 Es handelt sich um eine **Sollvorschrift,** dh. die Setzung einer Frist für die Erteilung der nach S. 1 geforderten Auskünfte oder die Abgabe der Erklärung nach S. 2 ist der Regelfall. Nur ausnahmsweise kann davon abgesehen werden, beispielsweise wenn von vornherein feststeht, dass der Beteiligte, an den sich die Aufforderung richtet, ohne eigenes Verschulden nicht in der Lage ist, die Belege oder die Informationen kurzfristig zu erlangen. Der Beteiligte muss die Umstände vortragen und sein fehlendes Verschulden gegebenenfalls nachweisen. Das Gericht hat ein Ermessen, das es dann nur richtig ausüben kann, indem es in einem solchen Fall von einer Fristsetzung ausnahmsweise absieht. Für die Erklärung der Vollständigkeit und Richtigkeit der Auskunft kann von der Fristsetzung nicht abgesehen werden. Es sind insoweit keine Gründe denkbar, aus denen dem Beteiligten die Abgabe der Erklärung nicht möglich sein sollte, da sie immer erst abgegeben werden kann, wenn die Auskunft bereits erteilt wurde.

---

[17] BGH Beschluss vom 4. 12. 2008, IX ZB 41/08, BeckRS 2009 00075 zur Einreichung einer Berufungsbegründung per E-Mail mit qualifizierter Signatur.
[18] So BGH NJW 2008, 2649 zur Wahrung der Schriftform bei Einreichung einer Berufungsbegründung als eingescanntes Dokument per e-Mail.
[19] S. o. § 643 ZPO Rn. 8.

Die **Länge der angemessenen Frist** steht im Ermessen des Gerichts, das dabei die Interessen 19
der Beteiligten gegeneinander abzuwägen hat. Ist der Auskunftsschuldner der Unterhaltpflichtige wird die Frist so kurz wie möglich zu setzen sein, da der Unterhaltsberechtigte durch Verfahrensverzögerungen möglicherweise in seiner Existenz bedroht wird. Dagegen hat der Unterhaltsberechtigte, der zur Erteilung bestimmter Auskünfte aufgefordert wird in der Regel schon ein eigenes Interesse am Fortgang des Verfahrens. Dem Interesse des Unterhaltsberechtigten an der Beschleunigung des Verfahrens steht das Interesse des Pflichtigen gegenüber, ausreichend Zeit zur Beschaffung der Unterlagen zu haben, bevor bei Ablauf der Frist das Auskunftsersuchen an Dritte gem. § 236 droht.

V. Hinweispflichten des Gerichts (Abs. 1 S. 4)

Eine Hinweispflicht des Gerichts auf die Möglichkeit der Einforderung von Auskünften bei 20
Dritten sah auch § 643 Abs. 2 S. 2 ZPO schon vor. Wegen der geänderten Struktur der Vorschriften über die Auskunftspflicht wurde die **Hinweispflicht** in Abs. 1 S. 4 gegenüber der bisherigen Regelung etwas erweitert. So muss der auskunftspflichtige Beteiligte nicht nur darauf hingewiesen werden, dass die Auskunft direkt **von Dritten,** nämlich den in § 236 Abs. 1 bezeichneten Stellen verlangt werden kann, wenn er dem Ersuchen nicht fristgerecht nachkommt. Er muss außerdem auf die **Pflicht zur unaufgeforderten Auskunftserteilung** gem. Abs. 3 und auf die **Kostenfolge** des § 243 Nr. 2 und 3 hingewiesen werden.

Die Hinweispflicht des Gerichts ist von Bedeutung für die Wahrung des **Grundsatzes der** 21
Verhältnismäßigkeit. Insbesondere durch die Möglichkeit der Auskunft von Dritten wird in Rechtspositionen der Beteiligten eingegriffen. Hiervon muss so wenig wie möglich Gebrauch gemacht werden, eben gerade so viel wie erforderlich ist, um dem Interesse des anderen Beteiligten und dem öffentlichen Interesse an der Beschleunigung des Verfahrens und der korrekten Unterhaltsermittlung gerecht zu werden. Den Beteiligten muss mitgeteilt werden, dass und unter welchen Voraussetzungen sich das Gericht direkt an den Arbeitgeber oder sonstige in § 236 Abs. 1 genannte Stellen wenden kann und wird. So hat der Betroffene die Möglichkeit, dies zu verhindern und die damit für ihn möglicherweise verbundenen Nachteile zu vermeiden, indem er die Auskünfte selbst erteilt. Der Hinweis auf die Rechtsfolgen des § 236 Abs. 1 und der Kostenfolgen gem. § 243 Nr. 2 und 3 steigert außerdem die **Effektivität des gerichtlichen Auskunftsrechts,** denn der Hinweis auf die Rechtsfolgen ist ein ebenso sanftes wie wirkungsvolles Druckmittel.

Auf die Pflicht zur **unaufgeforderten Auskunftserteilung** gem. Abs. 3 muss hingewiesen 22
werden, um sicherzustellen, dass sich die Beteiligten dieser Pflicht bewusst sind. Nur wenn die Beteiligten ihre Pflichten kennen, können sie ihnen unaufgefordert nachkommen.

VI. Ermessensausübung des Gerichts

Die Aufforderung zur Auskunft gem. § 235 Abs. 1 S. 1 und die Versicherung der Wahrheit und 23
Vollständigkeit der Auskunft gem. S. 2 kann das Gericht nach pflichtgemäßer Ausübung des Ermessens verlangen.

1. Bedeutung für die Bemessung des Unterhalts. Auskünfte kann das Gericht von den 24
Beteiligten schon nach dem Wortlaut des Gesetzes nur verlangen, soweit sie für die Bemessung des Unterhalts erforderlich sind. Dies war auch schon in § 643 Abs. 1 ZPO vorgeschrieben und stellt eine verfahrensrechtliche Selbstverständlichkeit dar. Bei korrekter Ausübung des Ermessens im Hinblick auf den Umfang der geforderten Auskünfte darf das Gericht selbstverständlich nur solche Informationen verlangen, die für die Unterhaltsbemessung und damit für das Verfahren von Bedeutung sind. Dies entspricht dem verfahrensrechtlichen Grundsatz, dass auch nur erhebliche Tatsachen bewiesen werden müssen.[20] Der Gesetzgeber weist mit dem Zusatz darauf hin, dass die bezeichneten Gegenstände des Auskunftsverlangens, Einkünfte, Vermögen und persönliche und wirtschaftliche Verhältnisse nicht in allen Fällen erforderlich sind. Das Gericht muss **konkret** zur Erteilung bestimmter, **im Einzelfall erforderlicher,** Auskünfte auffordern und darf, anders als die Parteien untereinander bei der außergerichtlichen Aufforderung zur Auskunftserteilung, nicht pauschal alle Informationen anfordern.

Wenn die Auskunft **keinen Einfluss auf den Unterhaltsanspruch** hat, besteht auch materiell- 25
rechtlich kein Auskunftsanspruch zwischen den Parteien. Das Gericht muss dies im Rahmen der Ausübung seines Ermessens berücksichtigen. So sind beispielsweise Auskünfte zum Einkommen des Unterhaltspflichtigen nicht erforderlich, wenn der Unterhalt nach dem **konkreten Bedarf** bemessen

---

[20] *Rosenberg/Schwab/Gottwald* § 110 Rn. 5.

wird.²¹ Zu berücksichtigen ist, ob ein wirksamer **Unterhaltsverzicht** vorliegt²² oder wenn der Unterhaltspflichtige **offensichtlich nicht leistungsfähig** ist.²³ Auskunft darf außerdem nicht verlangt werden, wenn es sich um eindeutig **nichtprägendes Einkommen** handelt, zB wenn es sich um Einkünfte des Unterhaltsschuldners aus einem offensichtlichen Karrieresprung handelt.²⁴ Ergibt sich aus vorliegenden Steuererklärungen und Steuerbescheiden, dass der Auskunftspflichtige keine Einkünfte aus Kapitalvermögen oder Vermietung und Verpachtung hat, ist eine Auskunft über das Vermögen nicht für die Bemessung des Unterhalts erforderlich.

26 **2. Voraussetzungen für die schriftliche Versicherung gem. Abs. 1 S. 2.** Ob die schriftliche Versicherung der Wahrheit und Vollständigkeit der Auskunft von einer Partei verlangt wird, steht ebenfalls im Ermessen des Gericht. Das Gericht muss prüfen, ob die **Auskunft vollständig erteilt** wurde und nicht offensichtlich noch Teile fehlen. Trägt ein Beteiligter vor, dass er noch nicht alle Informationen oder Belege liefern kann, beispielsweise weil Bilanzen noch nicht erstellt oder ein Steuerbescheid noch nicht ergangen ist, darf er auch noch nicht zur Erklärung nach Abs. 1 S. 2 aufgefordert werden. Dies ist daraus zu folgern, dass auch bei einer Stufenklage nach § 254 ZPO die Pflicht zur Abgabe der eidesstattlichen Versicherung voraussetzt, dass die Auskunft ihrem wesentlichen Inhalt nach erteilt wurde.²⁵ Befindet sich der Auskunftspflichtige in einem Rechtsirrtum über den Umfang der zu erteilenden Auskunft oder ist die Auskunft auf Grund unverschuldeter Unkenntnis von Vermögenspositionen unvollständig, muss das Gericht zunächst Ergänzung der Auskunft verlangen.²⁶ Derartige Rechtsirrtümer der Beteiligten über den Umfang der Auskunft sollten beim Auskunftsverlangen des Gerichts aber durch eine eindeutige und konkrete Definition der geforderten Informationen und genaue Bezeichnung der gewünschten Belege vermieden werden.

27 Die Voraussetzungen, unter denen das Gericht die schriftliche Versicherung nach Abs. 1 S. 2 fordern kann, können an die **Anspruchsvoraussetzungen** für die Abgabe der **eidesstattlichen Versicherung in einer Stufenklage** angelehnt werden.²⁷ Der Anspruch auf Abgabe der eidesstattlichen Versicherung ist gegeben, wenn Grund zu der Annahme besteht, dass die erteilte Auskunft unvollständig ist und dies auf der **mangelnden Sorgfalt** des Auskunftspflichtigen beruht.²⁸ Dies hat das Gericht im Wege einer Wahrscheinlichkeitsprognose festzustellen.²⁹ Ein Indiz für mangelnde Sorgfalt ist die mehrfache Ergänzung und Berichtigung der Auskunft.³⁰ Die erteilte Auskunft ist außerdem auf widersprüchliche Angaben und Widersprüche zum sonstigen Vortrag des Auskunftspflichtigen im Verfahren zu untersuchen. Allein die nachgewiesene Unvollständigkeit der Auskunft in einzelnen Punkten begründet nicht die mangelnde Sorgfalt. Der Verdacht kann entkräftet werden, wenn den Umständen nach anzunehmen ist, dass die mangelnde Auskunft auf unverschuldeter Unkenntnis oder auf einem entschuldbaren Irrtum beruht.³¹ Gegenüber der eidesstattlichen Versicherung gem. §§ 260, 261 BGB ist die schriftliche Versicherung nach § 235 Abs. 1 S. 2 ein milderes Mittel, so dass auch die Voraussetzungen weniger streng sein dürften. Zu berücksichtigen hat das Gericht im Rahmen seiner Ermessensausübung jedenfalls, dass die schriftliche Versicherung nur Sinn macht, wenn die vermutete Unvollständigkeit oder Unrichtigkeit der Auskunft auf mangelnder Sorgfalt des Auskunftspflichtigen beruht, denn nur dann kann sie zu einer Verbesserung der Auskunft und damit der gerichtlichen Entscheidung führen.

VII. Die Verpflichtung des Gerichts zur Einholung von Auskünften

28 **1. Allgemeines.** Nach § 235 Abs. 2 ist das Gericht unter bestimmten Voraussetzungen zur Einholung von Auskünften gem. Abs. 1 verpflichtet. Die Regelung wird vom FamFG neu eingeführt, eine vergleichbare **Verpflichtung des Gerichts** gab es bisher nicht. Die Regelung dient dem

---

[21] BGH NJW 1994, 2618.
[22] BGH NJW 1994, 2618 zum materiell-rechtlichen Auskunftsanspruch.
[23] BGH NJW 1983, 1429; OLG Naumburg FamRZ 2001, 1480; jeweils zum materiell-rechtlichen Unterhaltsanspruch.
[24] BGH NJW 1985, 1699; BGH NJW 1982, 2771 verneint den Auskunftsanspruch über die Höhe eines Pflichtteils, wenn die Beträge nicht zur Deckung des Lebensbedarfs der Familie verwendet wurden.
[25] OLG Köln FamRZ 1990, 1128.
[26] *Büte* FPR 2006, 462, 465 zum Anspruch auf Abgabe der eidesstattlichen Versicherung.
[27] Den Vergleich mit der 2. Stufe einer Stufenklage stellt der Gesetzgeber in der Gesetzesbegründung her, vgl. BT-Drucks. 16/6308.
[28] BGH NJW 1984, 484; OLG Hamburg GRUR-RR 2005, 114, 116; jeweils zum Anspruch auf Abgabe der eidesstattlichen Versicherung.
[29] S. o. § 254 ZPO Rn. 16.
[30] OLG Köln NJW-RR 1998, 126 zum Anspruch auf Abgabe der eidesstattlichen Versicherung.
[31] BGH NJW 1984, 484 zum Anspruch auf Abgabe der eidesstattlichen Versicherung.

Zweck, der hinter der gesamten Reformierung der Auskunftsrechte des Gerichts steht, der möglichst weitgehenden Vermeidung von zeitaufwändigen Stufenklagen. Die Beteiligten, die für die Berechnung der Unterhaltsansprüche auf Auskünfte des anderen angewiesen sind und diese außergerichtlich nicht erlangen können, werden aber auf eine Stufenklage nur verzichten, wenn ihnen einen effektiver Mechanismus zur Verfügung gestellt wird, um notwendigen Informationen anderweitig zu erlangen.

Die Beschleunigung des Verfahrens ist in Unterhaltssachen wegen der in aller Regel existenziellen Bedeutung für die Beteiligten geboten. Dabei ist es gerade in niedrigen und durchschnittlichen Einkommensbereichen, in denen die Mittel nach einer Trennung üblicherweise knapp werden und nicht zur Beibehaltung des bisherigen Lebensstandards ausreichen, den Unterhalt korrekt zu bemessen und nicht auf Grund fehlender Auskünfte zu niedrige Unterhaltsbeträge zu ermitteln. Über das private Interesse der Beteiligten hinaus besteht aber auch ein **öffentliches Interesse** an der richtigen Unterhaltsbemessung, da nur so vermieden werden kann, dass erhöhte Sozialleistungen zur Ergänzung des Unterhalts in Anspruch genommen werden. 29

2. Antrag eines Beteiligten. Voraussetzung für die Verpflichtung des Gerichts nach Abs. 2 ist ein entsprechender Antrag eines Beteiligten. Es handelt sich dabei um einen **Prozessantrag,** nicht um einen Sachantrag, so dass die Förmlichkeiten des § 297 ZPO nicht eingehalten werden müssen.[32] 30

3. Voraussetzungen. Die Voraussetzungen, unter denen die Beteiligten die Einholung der Auskünfte durch das Gericht beantragen können, definiert der Gesetzgeber. Es muss ein materiell-rechtlicher Auskunftsanspruch nach bürgerlichem Recht bestehen. Der beantragende Beteiligte muss vor Beginn des Verfahrens zur Auskunftserteilung innerhalb einer angemessenen Frist aufgefordert haben, dem der andere Beteiligte nicht nachgekommen ist. 31

a) Auskunftspflicht nach bürgerlichem Recht. Da die Verpflichtung des Gerichts zur Einholung der Auskünfte die Auskunftsstufenklage ersetzen soll, die aber nur begründet ist, wenn der Antragsteller einen materiell-rechtlichen Auskunftsanspruch hat, ist das Bestehen eines solchen auch Voraussetzung im Rahmen des § 235 Abs. 2. Ein Auskunftsanspruch gem. **§§ 1605, 1580 und 1361 Abs. 4 BGB** besteht grundsätzlich dann, wenn die Auskunft für die Ermittlung der Unterhaltshöhe von Bedeutung ist, vgl. Rn. 25. 32

b) Aufforderung vor Beginn des Verfahrens. Das Gericht kann nur zur Einholung der Auskünfte verpflichtet werden, wenn der Beteiligte vor Einleitung des Verfahrens die Gegenseite außergerichtlich zur Erteilung der Auskünfte aufgefordert hat. Der Auskunftsgläubiger muss den Pflichtigen vor Beginn des Verfahrens **in Verzug gesetzt** haben. Hierfür ist eine ausdrückliche und **konkrete Aufforderung** zur Erteilung der Auskünfte erforderlich und für die Erfüllung der Pflicht muss eine **angemessene Frist** gesetzt werden.[33] Eine Frist ist dann angemessen, wenn es dem Auskunftsschuldner objektiv möglich ist, innerhalb dieser Frist die Auskunft und die Belege zusammenzustellen. Bei einem Selbständigen, der Auskunft über die Einkünfte der letzten drei Jahre erteilen muss, wird die Frist in der Regel großzügiger zu bemessen sein, als bei einem Angestellten, der nur die letzten zwölf Gehaltsabrechnungen vorlegen muss. Die Anforderungen an die angemessene Frist dürfen nicht zu Lasten des Auskunftsgläubigers zu hoch angesetzt werden. Er ist insoweit schutzwürdig, insbesondere dann, wenn zwischen Fristablauf und dem Antrag nach Abs. 2 einige Zeit vergangen ist, in der ebenfalls die Auskunft nicht erteilt wurde. 33

Nach der Rechtsprechung des BGH zum Zahlungsanspruch auf Unterhalt steht die **Übersendung eines Prozesskostenhilfegesuchs** ebenso wie die Übersendung eines Antrags auf Erlass einer **einstweiligen Anordnung** einer Mahnung gleich, mit der der Schuldner in Verzug gesetzt wird.[34] Gleichwohl wird es im Rahmen von § 235 Abs. 2 nicht ausreichen, den Auskunftsschuldner durch Übersendung eines Prozesskostenhilfegesuchs oder eines Antrags aus Erlass einer einstweiligen Anordnung in Verzug zu setzen. Gegenstand eines Eilverfahrens ist nicht der Auskunftsanspruch sondern die vorläufige Regelung des Zahlungsanspruchs. Auch das Prozesskostenhilfegesuch ist nur dann geeignet, den Schuldner mit dem Auskunftsanspruch in Verzug zu setzen, wenn es sich um einen Stufenantrag handelt, in diesem Fall ist aber Abs. 2 nicht einschlägig, der ja gerade die Erforderlichkeit einer Stufenklage vermeidet. Regelmäßig wird es im Prozesskostenhilfegesuch an einer angemessenen Fristsetzung zur Erteilung der Auskunft fehlen. 34

Die Aufforderung zur Auskunftserteilung muss nach dem Wortlaut des Gesetzes **vor Beginn des Verfahrens** erfolgt sein. Gemeint ist ein **Hauptsacheverfahren,** denn nur in diesem gilt § 235 Abs. 2. Die außergerichtliche Aufforderung zur Auskunft muss nicht vor Einleitung eines Verfahrens 35

---

[32] S. o. § 297 ZPO Rn. 3, Zöller/Greger § 297 ZPO Rn. 1, Stein/Jonas/Leipold § 297 Rn. 3.
[33] Zu den Verzugsvoraussetzungen beim Unterhaltsanspruch vgl. Wendl/Staudigl/Gerhardt § 6 Rn. 115 ff.
[34] Zum Prozesskostenhilfegesuch BGH FamRZ 2004, 1177; BGH FamRZ 1992, 920, 921; zum Antrag auf einstweilige Anordnung BGH NJW 1995, 2032, 2033.

auf Erlass einer einstweiligen Anordnung oder vor der Beantragung von Prozesskostenhilfe verlangt werden. Es kann dem Unterhaltsgläubiger nicht zugemutet werden, vor Stellung eines Eilantrags eine Frist zur Auskunftserteilung zu setzen und deren fruchtlosen Ablauf abzuwarten. Mit dem Antrag auf Prozesskostenhilfe wird das Verfahren in der Hauptsache gerade nicht rechtshängig, der Antrag stellt nicht den Beginn des Verfahrens dar, sondern bereitet dieses nur vor. Da der Zweck des Abs. 2 die Beschleunigung des Unterhaltsverfahrens ist, muss es dem Gläubiger möglich sein, zeitgleich zur außergerichtlichen Klärung der Einkommensverhältnisse den Antrag auf Prozesskostenhilfe zu stellen und so zu vermeiden, dass dieses Verfahren im Falle des Scheiterns der außergerichtlichen Bemühungen vorab geführt werden muss und so weitere Zeit vergeht, in der der Unterhalt nicht gesichert ist. Andernfalls bliebe die sofortige Auskunftsstufenklage für den Gläubiger das sicherere Mittel, schnell einen Unterhaltstitel zu erlangen, was gerade nicht Zweck der Einführung des § 235 Abs. 2 ist, der alle Beteiligten dazu anhalten soll, die Auskünfte außergerichtlich zu erteilen und damit nicht zuletzt die Gerichte zu entlasten.

36 c) **Nichtnachkommen der Auskunftspflicht.** Nur wenn der Auskunftsschuldner der außergerichtlichen Aufforderung nicht innerhalb der angemessenen Frist nachgekommen ist, die Auskunft also überhaupt nicht erteilt hat, kann das Gericht gem. Abs. 2 zur Einholung der Auskünfte verpflichtet werden. Abs. 2 ist nicht einschlägig, wenn zwar eine Auskunft erteilt wurde, jedoch Zweifel an der Vollständigkeit und Richtigkeit bestehen. Es ist dann die schriftliche Erklärung der Richtigkeit und Vollständigkeit der Auskunft gem. Abs. 1 S. 2 zu verlangen, wenn die Unvollständigkeit auf mangelnder Sorgfalt des Auskunftsschuldners beruht, vgl. Rn. 26, 27. Wurde die Auskunft auf Grund von Unkenntnis oder eines entschuldbaren Irrtums nicht vollständig erteilt, kann die Ergänzung verlangt werden, ggf. auch über einen Antrag nach Abs. 2.

VIII. Die Pflicht zur unaufgeforderten Auskunftserteilung

37 **1. Zweck der Regelung.** § 235 Abs. 3 führt eine Pflicht der Beteiligten zur unaufgeforderten Mitteilung von Umständen, die sich während des Verfahrens wesentlich ändern, vor. Auch dies dient der **Beschleunigung** des Verfahrens, erhöht die Qualität der gerichtlichen Entscheidung und kann damit sogar Folgeverfahren auf Abänderung vermeiden, wenn Umstände von vornherein berücksichtigt werden können, von denen die Gegenseite sonst möglicherweise erst nach Abschluss des Verfahrens Kenntnis erlangt hätte.

38 **2. Zumutbarkeit.** Auf die Pflicht zur unaufgeforderten Informationspflicht müssen die Beteiligten gem. Abs. 1 S. 3 **hingewiesen** werden. Es ist davon auszugehen, dass die Gerichte mit dem Hinweis auch ausführlich erläutern, wann eine wesentliche Änderung vorliegt, die eine unaufgeforderte Informationspflicht auslöst. Es wird damit sichergestellt, dass den Beteiligten diese Pflicht bekannt ist. Sie stellt letztlich eine Fortbildung und Ausprägung der prozessualen Wahrheitspflicht dar, da sich die Informationspflicht des Abs. 3 nur auf wesentliche Änderungen **während des Verfahrens** bezieht. Die Beteiligten haben ohnehin im Lauf des Verfahrens zur Beschleunigung des Verfahrens beizutragen.

39 Auch im materiellen Recht kann sich eine Verpflichtung zur ungefragten Information aus **Treu und Glauben gem. § 242 BGB** ergeben. Zwar besteht diese Pflicht sowohl für den Unterhaltsberechtigten als auch für den Unterhaltspflichtigen nur unter der engen Voraussetzung, dass das Schweigen evident unredlich ist.[35] Beim Unterhaltspflichtigen wird eine Pflicht zur ungefragten Information angenommen, wenn er auf Grund mangelnder Leistungsfähigkeit einen geringeren Unterhalt bezahlt, diese aber später wieder besteht.[36] Die Rechtsprechung zur Offenbarungspflicht gem. § 242 BGB bezieht sich jedoch grundsätzlich auf Fälle, in denen eine rechtskräftige Entscheidung oder ein Unterhaltsvergleich vorliegt und dessen Abänderung nach § 323 ZPO bzw. §§ 238 ff. in Frage steht. § 235 Abs. 3 regelt eine Offenbarungspflicht während des laufenden Verfahrens, auf die die Beteiligten ausdrücklich hingewiesen wurden. Während laufender Vergleichsverhandlungen sind aber auch im materiellen Recht die Anforderungen an die Pflicht zur Offenlegung der Verhältnisse weniger hoch, denn die schwebenden Vergleichsverhandlungen begründen ein Vertrauensverhältnis zwischen den Parteien und der Vergleich kann ggf. nach den Grundsätzen über den Wegfall oder die Änderung der Geschäftsgrundlage abgeändert und an die tatsächlichen Verhältnisse angepasst werden.

---

[35] BGH NJW 2008, 2581 (für den Unterhaltsberechtigten); BGH FamRZ 1988, 270 (für den Unterhaltspflichtigen).
[36] BGH FamRZ 1988, 270.

IX. Die Anfechtbarkeit und Durchsetzung der Entscheidungen nach § 235

1. Anfechtbarkeit. § 235 Abs. 4 erklärt die Entscheidungen des Gerichts auf der Grundlage dieser Vorschrift für **nicht selbständig anfechtbar**. Dies entspricht der bisherigen Rechtslage zu § 643 ZPO. An der ausdrücklichen Regelung entsprechend Abs. 4 fehlte es bislang, das Ergebnis wurde aus dem Charakter der Entscheidung als Zwischenentscheidung hergeleitet.[37]

2. Durchsetzung des gerichtlichen Auskunftsrechts. Weiterhin stellt Abs. 4 ausdrücklich klar, dass die Entscheidungen, mit denen das Gericht von seinem Auskunftsrecht Gebrauch macht, nicht mit Zwangsmitteln durchsetzbar sind. Auch damit wird die bisherige Rechtslage zu § 643 ZPO lediglich klarstellend übernommen. Das Gericht kann seinen Auskunftsanspruch somit nicht mit Zwangsmitteln durchsetzen, es kann jedoch den Umstand, dass ein Beteiligter geforderte Auskünfte nicht liefert bei der Beweiswürdigung zu dessen Lasten berücksichtigen.[38]

40

41

§ 236 Verfahrensrechtliche Auskunftspflicht Dritter

(1) Kommt ein Beteiligter innerhalb der hierfür gesetzten Frist einer Verpflichtung nach § 235 Abs. 1 nicht oder nicht vollständig nach, kann das Gericht, soweit dies für die Bemessung des Unterhalts von Bedeutung ist, über die Höhe der Einkünfte Auskunft und bestimmte Belege anfordern bei
1. Arbeitgebern,
2. Sozialleistungsträgern sowie der Künstlersozialkasse,
3. sonstigen Personen oder Stellen, die Leistungen zur Versorgung im Alter und bei verminderter Erwerbsfähigkeit sowie Leistungen zur Entschädigung und zum Nachteilsausgleich zahlen,
4. Versicherungsunternehmen oder
5. Finanzämtern.

(2) Das Gericht hat nach Absatz 1 vorzugehen, wenn dessen Voraussetzungen vorliegen und der andere Beteiligte dies beantragt.

(3) Die Anordnung nach Absatz 1 ist den Beteiligten mitzuteilen.

(4) ¹Die in Absatz 1 bezeichneten Personen und Stellen sind verpflichtet, der gerichtlichen Anordnung Folge zu leisten. ²§ 390 der Zivilprozessordnung gilt entsprechend, wenn nicht eine Behörde betroffen ist.

(5) Die Anordnungen des Gerichts nach dieser Vorschrift sind für die Beteiligten nicht selbständig anfechtbar.

Übersicht

	Rn.		Rn.
I. Normzweck	1–4	6. Finanzämter	13, 14
1. Regelungsziel	1, 2	7. Nicht auskunftspflichtige Dritte	15-
2. Keine Amtsermittlung	3	a) Datenstelle der Rentenversicherungsträger	15
3. Verhältnis zu § 235	4	b) Banken	16
II. Gegenstand der Auskunft	5, 6	**IV. Verpflichtung des Gerichts**	17–19
1. Einkünfte	5	1. Voraussetzungen	18
2. Auskünfte der Beteiligten	6	2. Antrag eines Beteiligten	19
III. Adressaten des Auskunftsverlangens	7–14	**V. Mitteilung an die Beteiligten**	20
1. Allgemeines	7	**VI. Auskunftsverweigerungsrechte und Zwangsmittel**	21–24
2. Arbeitgeber	8, 9	1. Auskunftsverweigerungsrechte	21, 22
3. Sozialleistungsträger	10	2. Zwangsmittel	23, 24
4. Leistungsträger der Alters- und Erwerbsminderungsversorgung	11	**VII. Anfechtbarkeit der Entscheidung**	25
5. Versicherungsunternehmen	12		

---

[37] BT-Drucks. 16/6308; oben § 643 ZPO Rn. 8; *Zöller/Philippi* § 643 ZPO Rn. 6.
[38] Zum Auskunftsverlangen nach § 643 ZPO: *Weber* NJW 1998, 1992, 2000; BT-Drucks. 13/7338, S. 36.

I. Normzweck

1. Regelungsziel. Das Auskunftsrecht gegenüber den in § 236 genannten Stellen steigert die **Effektivität des gerichtlichen Auskunftsrechts.** Zum einen soll die Vorschrift die Bereitschaft der Beteiligten fördern, die erforderlichen Auskünfte freiwillig zu erteilen, um eine gerichtliche Anfrage beim Arbeitgeber oder den weiteren in § 236 aufgeführten Stellen zu vermeiden. Zum anderen wird dem Gericht so eine Möglichkeit gegeben, die erforderlichen Informationen auch dann zu bekommen, wenn der Beteiligte seine Mitwirkung verweigert und damit die Qualität der gerichtlichen Entscheidung verbessert. § 236 unterstützt und verstärkt die Wirkung des § 235, der das gerichtliche Auskunftsrecht gegenüber der bisherigen Gesetzeslage stärkt, um langwierige Auskunftsverfahren zu vermeiden.

Das Auskunftsrecht des Gerichts gegenüber Dritten war auch in § 643 Abs. 2 ZPO schon vorgesehen. Die mit § 236 eingeführte Regelung soll das gerichtliche Auskunftsrecht, ebenso wie schon die neue Formulierung des § 235, **transparenter** und für die Beteiligten nachvollziehbarer gestalten. Die Vorschriften wurden **übersichtlicher strukturiert** und umfassende Hinweis- und Bekanntgabepflichten eingeführt. Gerade in Familiensachen ist eine klare und aus sich heraus verständliche Verfahrensordnung von großer Bedeutung, da die Beteiligten in einem höchstpersönlichen und sensiblen Lebensbereich betroffen sind und gerade die Unterhaltsverfahren in der Regel von existenzieller Bedeutung für sie sind.

2. Keine Amtsermittlung. Die Verbesserung der Auskunftsrechte des Gerichts im Unterhaltsverfahren soll jedoch keine Abkehr vom in Familienstreitsachen geltenden **Beibringungsgrundsatz** bedeuten. Insbesondere muss auch weiterhin in Unterhaltsverfahren eine **Versäumnisentscheidung möglich** sein. Ziel des Gesetzgebers bleibt aber die Verbesserung der Möglichkeiten des Gerichts zur **Prozessförderung und Sachverhaltsaufklärung.** Durch den Ausbau der Auskunftsrechte und der Auskunfts- und Belegpflichten der Beteiligten im Unterhaltsprozess gelingt dahingehend ein weiterer Schritt, mit dem nicht zuletzt auch der erhöhten staatlichen Verantwortung für die materielle Richtigkeit der gerichtlichen Entscheidungen in diesen Verfahren Rechnung getragen wird. Das bisherige Verfahrensmodell der ZPO ist für Streitgegenstände konzipiert, die voll und ganz der Dispositionsmaxime unterliegen und im Regelfall keinen besonderen Grundrechtsschutz genießen. Der besondere Charakter familienrechtlicher Angelegenheiten verlangt demgegenüber zum Teil besondere Regelungen und weitergehende Befugnisse und Verpflichtungen des Gerichts im Rahmen der Prozessleitung.[1]

3. Verhältnis zu § 235. § 236 ist gegenüber dem Auskunftsrecht des Gerichts nach § 235 subsidiär. Zunächst muss das Gericht versuchen, gem. § 235 die Auskünfte direkt vom Beteiligten zu erlangen. Nur wenn ein Beteiligter der Aufforderung nach § 235 Abs. 1 nicht innerhalb der gesetzten Frist nachkommt, können Auskünfte von Dritten angefordert werden. Verwiesen wird auf § 235 Abs. 1 insgesamt, so dass der Beteiligte zur Auskunftserteilung aufgefordert, eine angemessene Frist gesetzt, auf die Rechtsfolge des § 236 hingewiesen werden und ggf. die schriftliche Erklärung der Wahrheit und Vollständigkeit verlangt werden muss, bevor das Auskunftsrecht nach § 236 bestehen kann.

II. Gegenstand der Auskunft

1. Einkünfte. Der Gegenstand des gerichtlichen Auskunftsverlangens nach § 236 unterscheidet sich von demjenigen in § 235. Auskünfte von den in § 236 bezeichneten Stellen dürfen nur über die Einkünfte der Beteiligten, nicht auch über den Bestand des Vermögens und die persönlichen und wirtschaftlichen Verhältnisse verlangt werden. Dies ergibt sich eindeutig aus dem Wortlaut. Auf diese Weise soll, gerade auch weil der andere Beteiligte mit dem Antrag nach Abs. 2 die Einholung der Auskünfte bei Dritten erzwingen kann, eine **Ausforschung verhindert** werden.[2] Außerdem soll der Umfang der Auskunftspflicht des am Verfahren nicht beteiligten Dritten auf das nötigste beschränkt werden. Gerade der Bestand des Vermögens spielt für die Berechnung der Unterhaltshöhe eine untergeordnete Rolle und muss deshalb nicht zwingend mitgeteilt werden. Zinseinkünfte und andere Erträge aus dem Vermögen fallen unter die Einkünfte, deren Höhe ggf. vom Finanzamt mitgeteilt werden kann.

2. Auskünfte der Beteiligten. Das Auskunftsrecht gem. § 236 ist ebenso wie das gegenüber den Beteiligten selbst gem. § 235 auf Einkünfte der Beteiligten beschränkt. Über Einkünfte sonstiger

---

[1] BT-Drucks. 16/6308, S. 162.
[2] BT-Drucks. 16/6308, S. 256.

Personen kann auch bei den in § 236 bezeichneten Stellen keine Auskunft verlangt werden. Die Höhe der Einkünfte von Lebensgefährten, der Mutter eines weiteren Kindes eines Beteiligten, etc. haben für die Höhe des Unterhalts keine Bedeutung und sind schon deshalb nicht von der Auskunftspflicht erfasst.³

III. Adressaten des Auskunftsverlangens

1. Allgemeines. Die gem. § 236 auskunftspflichtigen Dritten werden **abschließend** aufgezählt. Die Vorschrift ist aus Gründen der Rechtssicherheit nicht analogiefähig. Der Gesetzgeber wollte transparente Vorschriften zum gerichtlichen Auskunftsrecht schaffen, für die Beteiligten muss also aus dem Gesetzeswortlaut ersichtlich sein, von welchen Stellen das Gericht Auskunft verlangen kann. Die genannten Stellen waren auch bereits nach § 643 Abs. 2 ZPO auskunftspflichtig. Die Nr. 1 bis 5 entsprechen den in § 643 Abs. 2 Nr. 1 und 3 ZPO bezeichneten Stellen.

2. Arbeitgeber. Die Auskunftspflicht des Arbeitgebers über Einkünfte des dort angestellten Beteiligten ist nicht nur ein sehr effektives Mittel zur zuverlässigen Ermittlung des Sachverhalts, sondern motiviert auch viele Beteiligte zur freiwilligen Auskunftserteilung und Belegvorlage. Gleichzeitig ist zu berücksichtigen, dass die gerichtliche Anfrage beim Arbeitgeber auch in vielen Fällen eine erhebliche Beeinträchtigung des Beteiligten darstellen und in Einzelfällen bis zum Verlust des Arbeitsplatzes oder Nachteilen im beruflichen Fortkommen führen kann. Für den Schutz der Privatsphäre ist es unabkömmlich, den Beteiligten ausdrücklich vorher auf das Auskunftsrecht hinzuweisen und diesem eine beabsichtigte Anfrage konkret anzukündigen. Der Beteiligte muss die Chance haben, seine Privatsphäre zu schützen und die Auskünfte doch noch freiwillig zu erteilen, um zu verhindern, dass sein Arbeitgeber Kenntnis von seiner familiären Situation erlangt.

Der **Begriff des Arbeitgebers** entspricht demjenigen in § 643 ZPO. Der Begriff ist in Anlehnung an die arbeitsrechtliche Definition des BAG, wonach Arbeitgeber ist, wer mindestens einen anderen in einem Arbeitsverhältnis als Arbeitnehmer beschäftigt und dafür eine Vergütung schuldet,⁴ weit auszulegen. Eingeschlossen ist nach der Gesetzesbegründung zu § 643 ZPO auch der öffentlichrechtliche Dienstherr.⁵ Einem Arbeitgeber iSd. § 236 Abs. 1 Nr. 1 sind nicht nur die klassischen Arbeitnehmer, die in Angestellte und Arbeiter nach den Kriterien des § 133 Abs. 2 unterteilt sind, zuzuordnen. Auch arbeitnehmerähnliche Personen, insbesondere freie Mitarbeiter, sind häufig hauptsächlich oder ausschließlich für nur einen Arbeitgeber auf Grund eines Dienst- oder Werkvertrags tätig und von diesem wirtschaftlich abhängig. Auch Handelsvertreter können je nach den Umständen des Einzelfalls einem Arbeitgeber iSd. § 236 Abs. 1 Nr. 1 zugeordnet werden.⁶

3. Sozialleistungsträger. Auskunft kann das Gericht auch von den Sozialleistungsträgern einschließlich der Künstlersozialkasse verlangen. Die Leistungsträger ergeben sich aus § 12 iVm. §§ 18 bis 29 SGB I. Neben der Künstlersozialkasse fallen darunter die Landesämter für Ausbildungsförderung, die Arbeitsämter und sonstige Dienststellen der Bundesagentur für Arbeit, die Arbeitsämter und Hauptfürsorgestellen für Schwerbehinderte, die Krankenkassen und die Bundesknappschaft, die bei den Krankenkassen errichteten Pflegekassen, die gewerblichen und landwirtschaftlichen Berufsgenossenschaften, die Seeberufsgenossenschaft, die Gemeindeunfallversicherungsverbände und die Unfallkassen, die Deutsche Rentenversicherung, die Landesversicherungsanstalten, die landwirtschaftlichen Alterskassen, die Versorgungsämter, die Träger der gesetzlichen Krankenversicherung, die Familienkassen, die Träger der Sozialhilfe, etc.⁷ Diese Stellen sind grundsätzlich zur Geheimhaltung verpflichtet, die Ausnahme von der Geheimhaltungspflicht findet sich in § 74 SGB X.

4. Leistungsträger der Alters- und Erwerbsminderungsversorgung. Zu den Leistungsträgern gem. Nr. 3 zählen insbesondere die berufsständischen und privaten Träger der Alters- und Erwerbsminderungsversorgung, also auch die Versorgungseinrichtungen der Selbständigen. Die Stellen sind in § 69 Abs. 2 SGB X aufgezählt. Von diesen Trägern können auch Daten zur Berechnung von Einkünften gefordert werden, da das Auskunftsrecht nicht nur die Höhe von Einkünften sondern auch Angaben zu den relevanten Zeiträumen und Daten, die die Berechnung der Einkünfte ermöglichen, erfasst. Auch insoweit gilt die Ausnahme von der Geheimhaltungspflicht gem. § 74 SGB X.

---

³ Siehe § 235 Rn. 10.
⁴ *Palandt/Putzo* Einf. vor § 611 BGB Rn. 6.
⁵ Oben § 643 ZPO Rn. 14.
⁶ *Palandt/Putzo* Einf. vor § 611 BGB Rn. 13; oben § 643 ZPO Rn. 14; offen lassend *Musielak/Borth* § 643 ZPO Rn. 8.
⁷ Vollständige Aufzählung bei *Zöller/Philippi* § 643 ZPO Rn. 7.

12 **5. Versicherungsunternehmen.** Versicherungsunternehmen sind zur Auskunft über Kapitallebensversicherungen und private Altersvorsorge verpflichtet.

13 **6. Finanzämter.** Hinsichtlich der Auskunftspflicht der Finanzämter gibt es im FamFG gegenüber der Regelung in § 643 Abs. 2 Nr. 3 ZPO **keine Beschränkung** auf Rechtsstreitigkeiten über den Unterhalt minderjähriger Kinder mehr. Der Gesetzgeber hält diese Begrenzung der Auskunftspflicht der Finanzämter auf bestimmte Unterhaltsgläubiger nicht für sachgerecht.[8] Überlegungen, die zur Begrenzung der Auskunftspflicht der Finanzämter auf Verfahren über Kindesunterhalt geführt haben, waren insbesondere die Vermeidung von Steuerausfällen, da zu befürchten war, dass die Steuer- und Unterhaltspflichtigen ihrer Offenbarungspflicht gegenüber dem Finanzamt nicht mehr vollständig nachkommen, wenn sie dadurch auch unterhaltsrechtliche Nachteile zu befürchten haben, revidiert der Gesetzgeber zurecht. Da der Kindesunterhalt in der Regel in Prozessstandschaft oder gesetzlicher Vertretung durch die Mutter geltend gemacht wird, erlangt die unterhaltsberechtigte Ehefrau oder nichteheliche Mutter auf diese Weise häufig ohnehin Kenntnis von den Auskünften des Finanzamts und kann diese dann in ihrem eigenen Unterhaltsprozess verwenden. Diese Begrenzung, die ohnehin viel kritisiert worden war,[9] fällt damit nun weg.

14 Eine **Schutzwürdigkeit** des Auskunftsschuldners sieht der Gesetzgeber insoweit nicht. Es besteht eine Auskunftspflicht gegenüber dem Gegner in einem Unterhaltsverfahren oder gem. § 235 gegenüber dem Gericht. Wer die geforderte Auskunft, insbesondere nach Aufforderung durch das Gericht, nicht erteilt, verhält sich pflichtwidrig und ist in geringerem Maße schutzwürdig. Die Durchbrechung des **Steuergeheimnisses** sieht § 30 Abs. 4 AO ausdrücklich vor, wenn die Offenbarungspflicht wie vorliegend gesetzlich geregelt ist.

15 **7. Nicht auskunftspflichtige Dritte. a) Datenstelle der Rentenversicherungsträger.** § 643 Abs. 2 S. 1 Nr. 2 ZPO sah bisher eine Auskunftspflicht der Datenstelle der Rentenversicherungsträger vor. Nachdem sich gezeigt hat, dass dafür in Unterhaltssachen kein nennenswertes praktisches Bedürfnis besteht, hat der Gesetzgeber von dieser Auskunftsmöglichkeit bewusst wieder abgesehen.[10]

16 **b) Banken.** Eine Auskunftsmöglichkeit gegenüber Banken sah schon § 643 Abs. 2 ZPO nicht vor. Trotz der Kritik hieran[11] hat der Gesetzgeber auch ins FamFG keine Auskunftspflicht der Banken aufgenommen sondern sich für die Wahrung des **Bankgeheimnisses** entschieden. Da es sich um eine abschließende Aufzählung der auskunftspflichtigen Stellen handelt, muss eine Auskunftsmöglichkeit gegenüber Banken verneint werden, obwohl diese wesentlich zur Effektivität der gerichtlichen Auskunftsrechte beitragen könnte. Der Gesetzgeber schreckt offensichtlich weiterhin vor einer Verletzung des Bankgeheimnisses zurück. Die Gründe dafür, dass diese Geheimhaltungspflicht anders behandelt wird als das Steuergeheimnis und das Sozialgeheimnis sind auch aus der Begründung zu § 236 nicht ersichtlich.

IV. Verpflichtung des Gerichts

17 Abs. 2 enthält eine Parallelvorschrift zu § 235 Abs. 2. Auch zur Einholung der Auskünfte von Dritten kann das Gericht auf Antrag eines Beteiligten verpflichtet werden. Die Auskunftsrechte werden damit nochmals effektiver gestaltet als nach bisheriger Rechtslage, nach der die Beteiligten keinen Einfluss darauf hatten, ob ein Familienrichter von seinen Auskunftsmöglichkeiten gegenüber den in Abs. 1 genannten Stellen Gebrauch macht.

18 **1. Voraussetzungen.** Das Gericht ist zur Einholung der Auskünfte gem. Abs. 1 verpflichtet, wenn dessen Voraussetzungen vorliegen. Auskünfte können von Dritten erst eingeholt werden, wenn ein Beteiligter seiner Auskunftspflicht nach § 235 Abs. 1 nicht innerhalb der hierfür gesetzten Frist nachgekommen ist. Der Beteiligte muss außerdem über die Rechtsfolgen des § 236 vom Gericht informiert worden sein und die gesetzte Frist muss angemessen gewesen sein. War es dem Beteiligten objektiv nicht möglich, innerhalb der Frist die geforderten Auskünfte beizubringen, ist auch keine Auskunft von Dritten gerechtfertigt.

19 **2. Antrag eines Beteiligten.** Ebenso wie nach § 235 Abs. 2 besteht eine Verpflichtung des Gerichts zur Einholung der Auskünfte nur auf Antrag eines Beteiligten. Es handelt sich um einen **Prozessantrag,** nicht um einen Sachantrag, so dass die Förmlichkeiten des § 297 ZPO nicht eingehalten werden müssen.[12]

---

[8] BT-Drucks. 16/6308, S. 256.
[9] *Weber* NJW 1998, 1991, 2000.
[10] BT-Drucks. 16/6308, S. 256.
[11] DAV FamRZ 1997, 276, 277; *Strauß* FamRZ 1998, 993, 1002.
[12] Vgl. § 235 Rn. 30.

V. Mitteilung an die Beteiligten

Abs. 3 verlangt die Mitteilung einer Auskunftsaufforderung an Dritte gegenüber den Beteiligten. 20
Sie müssen die Möglichkeit haben, durch Erteilung der Auskunft zu verhindern, dass das Gericht sich mit dem Auskunftsersuchen an Dritte wendet. Das Auskunftsersuchen gegenüber Dritten wird vom Gesetzgeber als **ultima ratio** ermöglicht, wenn die Auskünfte von den Beteiligten direkt nicht erlangt werden können. Es stellt einen Eingriff in die Grundrechte der Beteiligten dar, der nur dann verhältnismäßig und gerechtfertigt ist, wenn die Absicht dem Betroffenen vorher mitgeteilt wurde, und ihm so eine letzte Möglichkeit gegeben wird, den Eingriff zu verhindern, indem er die Auskunft, die er bis zu diesem Stand des Verfahrens verweigert hat, doch noch erteilt.

VI. Auskunftsverweigerungsrechte und Zwangsmittel

1. Auskunftsverweigerungsrechte. Die in Abs. 1 bezeichneten Personen und Stellen können 21
sich auf gesetzliche Zeugnisverweigerungsrechte berufen,[13] zB wenn der Ehegatte eines Beteiligten auch der Arbeitgeber ist. Die Dritten sind damit **wie Zeugen zu behandeln,** was sich auch aus der Bezugnahme auf § 390 ZPO ergibt. Wer als Zeuge ein **Zeugnisverweigerungsrecht** hätte, muss auch die einer Zeugenaussage vergleichbare Erklärung gem. § 236 nicht abgeben, da sonst der Zweck der Zeugnisverweigerungsrechte, zB der Schutz von Ehe und Familie, nicht gewährleistet wäre. Die Gegenauffassung lehnt die Berufung auf das Zeugnisverweigerungsrecht ab, mit der Begründung, dass sich der Gesetzgeber in § 236 dem Unterhaltsinteresse den Vorrang vor dem Geheimhaltungsinteresse gegeben hat.[14] Dem kann nicht gefolgt werden, da Zeugnisverweigerungsrechte eine Ausnahme darstellen, die aus verfassungsrechtlichen Erwägungen geboten sind. Auch Zeugen sind im sehr hoch angesetzten Interesse der prozessualen Wahrheitsfindung zur Aussage verpflichtet. Die Auskunftspflicht der in Abs. 1 genannten Stellen ist dem durchaus vergleichbar. Die Rechte eines Zeugen, beispielsweise den eigenen Ehegatten oder sonstige nahe Angehörige nicht belasten zu müssen, insbesondere um die eigene Unterhaltsgrundlage nicht zu verlieren, müssen den genannten Personen ebenso zustehen. Diese schlechter zu stellen als einen Zeugen im Zivilprozess ist nicht durch sachliche Gründe gerechtfertigt und wird auch vom Wortlaut des § 236 nicht ausdrücklich verlangt.

Dagegen können sich die in Abs. 1 genannten Dritten nicht auf ein einfaches **Geheimhaltungs-** 22
interesse berufen.[15]

2. Zwangsmittel. Während der Auskunftsanspruch gegenüber den Beteiligten gem. § 235 Abs. 4 23
ausdrücklich nicht mit Zwangsmitteln durchsetzbar ist, verweist § 236 Abs. 3 S. 2 auf § 390 ZPO und damit auf die auf Zeugen, die kein Zeugnisverweigerungsrecht haben, anwendbaren Zwangsmittel der Androhung und Verhängung von **Ordnungsgeld** und ggf. auch **Haft.** Derjenige, dem das Ordnungsgeld auferlegt wird, hat gegen den Beschluss das Rechtsmittel der sofortigen Beschwerde.[16]

Ausgenommen von der Anwendbarkeit des § 390 ZPO werden lediglich Behörden. Nach altem 24
Recht waren lediglich die Finanzämter ausgenommen, gegen alle anderen auskunftspflichtigen Behörden konnte mit Zwangsmitteln vorgegangen werden. Die Begründung für die Ausnahme der Finanzämter war die Begründung auf deren gesetzestreues Verhalten.[17] Es ist nicht nachvollziehbar, warum hier in die Finanzämter ein höheres Vertrauen gelegt werden soll, als in alle anderen Behörden. Der Gesetzgeber hat diese Unterscheidung in § 236 Abs. 4 aufgehoben und **alle Behörden** von der Möglichkeit der Androhung und Anwendung von Zwangsmitteln befreit. Im Falle der Weigerung der Auskunftserteilung bleibt bei Behörden nur die Einschaltung der Dienstaufsicht.

VII. Anfechtbarkeit der Entscheidung

Ebenso wie die Anordnungen des Gerichts nach § 235 sind auch Anordnungen nach § 236 für die 25
Beteiligten nicht selbständig anfechtbar. Dritte können nur gegen die Anordnung von Zwangsmitteln Rechtsmittel einlegen, vgl. Rn. 23. Rechtsmittel gegen die Anordnungen nach Abs. 1 stehen ihnen mangels Beteiligtenstellung ebenso wenig zu, wie einem Zeugen gegen einen Beweisbeschluss im Zivilverfahren.

---

[13] *Zöller/Philippi* § 643 ZPO Rn. 11 (zum bisherigen Recht).
[14] *Musielak/Borth* § 643 ZPO Rn. 14 (zum bisherigen Recht).
[15] BGH NJW 2005, 3349, 3350.
[16] *Zimmermann* FamFG Rn. 410.
[17] Oben § 643 ZPO Rn. 19 (zum bisherigen Recht).

§ 237 Unterhalt bei Feststellung der Vaterschaft

(1) Ein Antrag, durch den ein Mann auf Zahlung von Unterhalt für ein Kind in Anspruch genommen wird, ist, wenn die Vaterschaft des Mannes nach § 1592 Nr. 1 und 2 oder § 1593 des Bürgerlichen Gesetzbuchs nicht besteht, nur zulässig, wenn das Kind minderjährig und ein Verfahren auf Feststellung der Vaterschaft nach § 1600d des Bürgerlichen Gesetzbuchs anhängig ist.

(2) Ausschließlich zuständig ist das Gericht, bei dem das Verfahren auf Feststellung der Vaterschaft im ersten Rechtszug anhängig ist.

(3) [1] Im Fall des Absatzes 1 kann Unterhalt lediglich in Höhe des Mindestunterhalts und gemäß den Altersstufen nach § 1612a Abs. 1 Satz 3 des Bürgerlichen Gesetzbuchs und unter Berücksichtigung der Leistungen nach § 1612b oder § 1612c des Bürgerlichen Gesetzbuchs beantragt werden. [2] Das Kind kann einen geringeren Unterhalt verlangen. [3] Im Übrigen kann in diesem Verfahren eine Herabsetzung oder Erhöhung des Unterhalts nicht verlangt werden.

(4) Vor Rechtskraft des Beschlusses, der die Vaterschaft feststellt, oder vor Wirksamwerden der Anerkennung der Vaterschaft durch den Mann wird der Ausspruch, der die Verpflichtung zur Leistung des Unterhalts betrifft, nicht wirksam.

I. Allgemeines

1 **1. Entstehungsgeschichte.** Die Vorschrift tritt an die Stelle des bisherigen § 653 ZPO. Während der Unterhaltsanspruch nach bisherigem Recht jedoch als sog. Annexverfahren zum Vaterschaftsfeststellungsverfahren geltend zu machen war, handelt es sich bei dem Verfahren nach § 237 um ein **selbständiges Verfahren,** das nach § 179 Abs. 1 S. 2 mit dem Verfahren auf Feststellung der Vaterschaft verbunden werden kann aber nicht muss. Es handelt sich nun, da das Verfahren vom Gesetzgeber als selbständiges Verfahren ausgestaltet wurde, eindeutig um eine Unterhaltssache, während beim Verfahren nach § 653 ZPO aF in der Literatur umstritten war, ob es sich um eine Unterhaltssache oder um eine Kindschaftssache handelte, die den entsprechenden Verfahrensvorschriften des Statusverfahrens unterlag.[1]

2 **2. Normzweck.** § 237 gibt dem Kind die Möglichkeit, vor der wirksamen Feststellung der Vaterschaft einen Unterhaltstitel gegen den potentiellen Vater zu erlangen. Andernfalls müsste das Kind das Vaterschaftsfeststellungsverfahren abwarten und könnte erst nach dessen Abschluss ein Unterhaltsverfahren einleiten, denn solange die Vaterschaft nicht festgestellt oder wirksam anerkannt ist, kann grundsätzlich auch ein Unterhaltsverfahren nicht erfolgreich eingeleitet werden. Die dadurch bedingte **zeitliche Verzögerung** zu Lasten des minderjährigen Kindes soll durch § 237 so gering wie möglich gehalten werden. Das Kind soll mit der wirksamen Vaterschaftsfeststellung auch bereits einen **Unterhaltstitel** in der Hand haben, der jedenfalls den Mindestunterhalt sicherstellt.

3 **3. Durchbrechung des Grundsatzes des § 1600d Abs. 4 BGB.** Die Möglichkeit, den Kindesunterhalt schon vor der wirksamen Feststellung der Vaterschaft gerichtlich geltend zu machen, stellt eine Durchbrechung des gesetzlichen Grundsatzes des § 1600d Abs. 4 BGB dar, wonach die **Rechtswirkungen der Vaterschaft erst vom Zeitpunkt der Feststellung an** geltend gemacht werden können. Der Anspruch auf Kindesunterhalt gem. §§ 1601 ff. BGB stellt eine solche Rechtswirkung dar, da das Bestehen eines Verwandtschaftsverhältnisses in gerader Linie Anspruchsvoraussetzung ist. Dieser Grundsatz wird durch die vorzeitige Klagemöglichkeit nach § 237 durchbrochen, ebenso wie schon nach dem bisher gültigen § 653 ZPO. Dass es sich um eine Durchbrechung des genannten Grundsatzes des § 1600d Abs. 4 BGB handelt, wollte der Gesetzgeber durch die gegenüber § 653 ZPO aF geänderte Formulierung, die Klage ist zulässig, obwohl die Vaterschaft nach § 1592 Nr. 1 und 2 oder § 1593 BGB nicht besteht, besonders deutlich machen.

II. Anwendungsbereich

4 **1. Anhängigkeit eines Statusverfahrens.** Ein Hauptsacheantrag auf Kindesunterhalt ist zulässig, wenn bzw. obwohl die **Vaterschaft des Antragsgegners noch nicht rechtswirksam festgestellt wurde.** Für ein Unterhaltsverfahren nach § 237 besteht kein Rechtsschutzbedürfnis, wenn die

---

[1] Kindschaftssache: Oben § 653 ZPO Rn. 1, *Musielak/Borth* § 653 ZPO Rn. 4, *Demharter* FamRZ 1985, 978, OLG Brandenburg FamRZ 2003, 617 (= NJW-RR 2003, 292); Unterhaltssache: *Zöller/Philippi* § 653 ZPO Rn. 5a, *Gottwald* FamRZ 2003, 618, *Baumbach/Lauterbach/Hartmann* § 653 ZPO Rn. 4, OLG Stuttgart FamRZ 1995, 1168.

Vaterschaft nach § 1592 Nr. 1 und Nr. 2 oder § 1593 BGB bereits begründet ist, wenn der Mann also die Vaterschaft bereits anerkannt hat oder mit der Mutter des Kindes verheiratet ist. Voraussetzung für den Antrag auf Kindesunterhalt ist die gleichzeitige Anhängigkeit eines **Verfahrens auf Feststellung der Vaterschaft** gem. § 1600d BGB. Der Wortlaut des Gesetzes verlangt lediglich Anhängigkeit, nicht Rechtshängigkeit des Vaterschaftsfeststellungsverfahrens. Der Unterhaltsantrag kann damit gleichzeitig mit dem Feststellungsantrag gestellt werden.

Die Zulässigkeit des Unterhaltsantrags ist auf die Anhängigkeit eines Verfahrens gem. § 1600d **5** BGB beschränkt, also auf eine Klage auf positive Feststellung der Vaterschaft. Insbesondere ist § 237 **nicht anwendbar,** wenn ein Antrag des Vaters auf **Anfechtung der Vaterschaft, Feststellung der Unwirksamkeit einer Vaterschaftsanerkennung** oder eine **negative Vaterschaftsfeststellungsklage** gestellt wurde. Es besteht dann, jedenfalls solange dem Antrag nicht rechtskräftig stattgegeben wurde, die rechtliche Vaterschaft und ein Unterhaltsantrag gegen den Mann ist auch ohne die Sonderregelung des § 237 zulässig. Dies entspricht auch den Grundsätzen des bisherigen Rechts, wonach eine einstweilige Anordnung auf Kindesunterhalt gem. § 641d ZPO und § 653 ZPO ebenfalls nur im Feststellungsverfahren, nicht jedoch im Anfechtungsverfahren anwendbar waren. Erforderlich war eine positive Feststellungsklage des Kindes, eine negative Feststellungsklage des rechtlichen Vaters reichte nicht aus.[2]

2. Anspruchsberechtigte Personen. § 237 gilt nur für Unterhaltsansprüche **minderjähriger 6 Kinder.** Volljährige, auch privilegierte Volljährige iSd. § 1603 Abs. 2 S. 2 BGB, müssen den Abschluss des Vaterschaftsfeststellungsverfahrens abwarten, bevor sie Unterhaltsansprüche gegen den Vater geltend machen können. Insoweit ist der Gesetzgeber von geringerer Schutzwürdigkeit ausgegangen. Dies ist gerechtfertigt, da bei allen volljährigen Kindern beide Elternteile barunterhaltspflichtig sind und Unterhaltsleistungen nicht mehr durch Betreuung erbracht werden können. Beide Eltern sind anteilig nach ihren Einkommensverhältnissen für den Barunterhalt heranzuziehen. Solange die Vaterschaft für ein volljähriges Kind nicht festgestellt wurde, ist die Mutter allein unterhaltspflichtig und schuldet dem Kind damit den gesamten Unterhalt, so dass der Bedarf gedeckt ist und die Schutzbedürftigkeit des Kindes damit nicht in gleichem Maße gegeben wie bei einem minderjährigen Kind, für das die Mutter ihre Unterhaltspflicht durch Betreuung erfüllt und dessen Barunterhalt bis zur Vaterschaftsfeststellung in voller Höhe ungedeckt bleibt. Dies gilt auch für privilegierte Volljährige iSd. § 1603 Abs. 2 S. 2 BGB, so dass eine Gleichbehandlung mit minderjährigen Kindern hier nicht geboten ist. Hätte der Gesetzgeber diese dennoch gewollt, hätte er die Ansprüche der privilegierten Volljährigen ausdrücklich aufgenommen, so wie er eine entsprechende Änderung gegenüber der alten Rechtslage beispielsweise in § 232 Abs. 1 Nr. 2 formuliert hat.

3. Hauptsacheverfahren. Eine Zulässigkeit des Unterhaltsantrags vor Feststellung der Vaterschaft **7** wird **nur für Hauptsacheanträge** begründet.[3] Anträge auf Erlass einer einstweiligen Anordnung sind vor der Feststellung der Vaterschaft nach § 237 nicht zulässig. Insoweit besteht kein Rechtsschutzinteresse. Da der nach § 237 erlangte Unterhaltstitel gem. Abs. 4 ohnehin erst nach Rechtskraft des Feststellungsbeschlusses wirksam ist, ist ein Eilverfahren betreffend den Unterhaltsanspruch nicht zielführend.

III. Örtliche Zuständigkeit (Abs. 2)

Abs. 2 begründet eine **ausschließliche Zuständigkeit,** abweichend von der Zuständigkeitsregelung des § 232. Es handelt sich um eine **Annexzuständigkeit** beim Gericht, bei dem das Verfahren **8** auf Feststellung der Vaterschaft im ersten Rechtszug anhängig ist. So soll die Verbindung mit dem Feststellungsverfahren ermöglicht werden.[4] Anders als nach bisherigem Recht handelt es sich um ein selbständiges Verfahren, für das sich die Zuständigkeit nach § 232 richten würde, während die Zuständigkeit für das Verfahren auf Vaterschaftsfeststellung in § 170 geregelt ist.

IV. Verfahrensgegenstand

1. Mindestunterhalt. Gegenstand des Unterhaltsverfahrens gem. § 237 ist der Unterhalt des **9** minderjährigen Kindes, beschränkt auf den Mindestunterhalt gem. § 1612a Abs. 1 S. 3 BGB. Der Mindestunterhalt wird als **Prozentsatz des steuerlichen Kinderfreibetrags** ermittelt. Das Kind

---

[2] Zöller/Philippi § 641d ZPO Rn. 4; Thomas/Putzo/Hüßtege § 641d Rn. 2; aA oben Coester-Waltjen § 641d ZPO Rn. 2 und § 653 Rn. 4, wonach der Unterhaltsantrag des Kindes gem. § 653 ZPO auch im Verfahren auf Anfechtung eines Vaterschaftsanerkenntnisses statthaft ist.
[3] BT-Drucks. 16/6308, S. 257.
[4] BT-Drucks. 16/6308, S. 257.

kann gem. § 1612a Abs. 1 S. 3 BGB bis zur Vollendung des sechsten Lebensjahres 87 Prozent, bis zur Vollendung des 12. Lebensjahres 100 Prozent und ab dem 13. Lebensjahr bis zur Volljährigkeit 117 Prozent von einem Zwölftel des doppelten Kinderfreibetrags verlangen. Dies entspricht den Beträgen der niedrigsten Einkommensstufe der **Düsseldorfer Tabelle** für die jeweilige Altersstufe.[5]

10 Zweck dieser **Beschränkung des Verfahrensgegenstandes** ist die Vereinfachung des Unterhaltsverfahrens gem. § 237. Zwar ist die systematische Stellung von § 237, anders als die Vorgängervorschrift des § 653 ZPO aF, nicht im Unterabschnitt zum vereinfachten Verfahren zu finden. Dennoch sollen in diesem Verfahren nicht die konkreten Umstände des Unterhalts geklärt werden, sondern lediglich die Mindestversorgung des minderjährigen Kindes direkt im Anschluss an das Vaterschaftsfeststellungsverfahren sicher gestellt werden. Es wird nicht geklärt, ob der Vater tatsächlich einen höheren Unterhalt schuldet oder weniger zu zahlen hätte, so dass die Erforderlichkeit langwieriger Auskunftserteilungen entfällt. Die Einzelfragen können im Abänderungsverfahren gem. § 240 geklärt werden. Die Beschränkung auf den Mindestbedarf soll häufige Abänderungen nach § 240 vermeiden. Das Kind kann, zur Vermeidung eines solchen Abänderungsverfahrens bei bekannter geringerer Leistungsfähigkeit des Vaters, gem. Abs. 3 S. 2 weniger als den Mindestunterhalt verlangen.

11 **2. Zu berücksichtigende Leistungen.** Die Höhe des nach § 237 zu beantragenden Unterhalts ist unter Berücksichtigung der Leistungen gem. §§ 1612b und 1612c BGB zu ermitteln.

12 **a) Kindergeld.** Das auf das Kind entfallende Kindergeld ist gem. § 1612b BGB zur Deckung seines Bedarfs zu verwenden. Gem. § 1612b abs. 1 Nr. 1 BGB ist das Kindergeld **in Höhe der Hälfte** auf die Höhe des Unterhalts anzurechnen, wenn ein Elternteil, im Fall des § 237 die Mutter, die Unterhaltspflicht durch Betreuung des Kindes erfüllt. In allen anderen Fällen ist das Kindergeld gem. § 1612b Abs. 1 Nr. 2 BGB **in voller Höhe** vom Zahlbetrag des Unterhalts in Abzug zu bringen. Von den von § 1612b Abs. 1 Nr. 2 BGB erfassten Fällen ist für § 237 nur die Fremdbetreuung minderjähriger Kinder einschlägig. Für privilegierte Volljährige und volljährige Kinder gilt § 237 nicht.

13 **b) Kindergeldsurrogate.** Sonstige regelmäßig wiederkehrende kindbezogene Leistungen werden in gleicher Weise wie das Kindergeld auf den Unterhaltsanspruch angerechnet, soweit sie den **Anspruch auf Kindergeld ausschließen,** also höchstens bis zu einem Betrag von derzeit 164 Euro. Kindergeldsurrogate iSd. § 1612c BGB sind abschließend in § 65 Abs. 1 Nr. 1 bis 3 EStG aufgezählt. Es fallen darunter Kindergeldzulagen aus der gesetzlichen Unfallversicherung, Kinderzuschüsse aus der gesetzlichen Rentenversicherung und dem Kindergeld vergleichbare Leistungen, die im Ausland oder von einer zwischen- oder überstaatlichen Einrichtung gewährt werden. Dagegen sind kindbezogene Teile des Ortszuschlags für Angestellte und Arbeiter im öffentlichen Dienst und kindbezogene Teile des Familienzuschlags für Beamte kein Kindergeldsurrogat sondern gelten als unterhaltsrechtlich relevantes Einkommen,[6] können aber nicht bei der Ermittlung des Unterhalts im Verfahren nach § 237 in Abzug gebracht werden. Nicht im Rahmen von § 237 abzugsfähig sind außerdem Kinderzulagen nach § 9 Abs. 5 Eigenheimzulagengesetz[7] und kinderbedingte Erhöhungen des Arbeitslosengelds I, die nach der Rechtsprechung des BGH unterhaltsrechtlich zu berücksichtigendes Einkommen und damit nicht dem Kindergeld vergleichbare Leistungen sind.[8]

14 **3. Einwendungen.** Ob der Vater gegen den Unterhaltsanspruch im Verfahren nach § 237 Einwendungen vortragen kann, war in § 653 ZPO nicht eindeutig geregelt und die neue Vorschrift des § 237 enthält insoweit keine geänderte Formulierung. Im Hinblick auf den Normzweck sind Einwendungen **grundsätzlich nicht zuzulassen,** sondern der Vater ist insoweit auf das Abänderungsverfahren nach § 240 zu verweisen.[9] Die Rechtsprechung zu § 653 ZPO kann insoweit auf die neue Rechtslage übertragen werden. Der BGH hat entschieden, dass der Vater, der vor der Feststellung der Vaterschaft Zahlungen an die Mutter geleistet hat, im Verfahren nach § 653 ZPO mit dem Einwand der Erfüllung ausgeschlossen ist und diesen erst im Rahmen einer anschließenden Korrekturklage nach § 654 ZPO geltend machen kann.[10] Während die Oberlandesgerichte zum Teil zunächst Einwendungen im Verfahren nach § 653 ZPO zugelassen haben,[11] wird dies inzwischen einheitlich abgelehnt.[12]

---

[5] *Palandt/Diederichsen* § 1612a BGB Rn. 3.
[6] *Wendl/Staudigl/Scholz* § 2 Rn. 498; BGH FamRZ 1989, 172.
[7] *Wendl/Staudigl/Scholz* § 2 Rn. 498.
[8] BGH NJW 2007, 2249.
[9] Zur alten Rechtslage: *Zöller/Philippi* § 653 ZPO Rn. 4 aE, oben § 653 ZPO Rn. 9.
[10] BGH FamRZ 2003, 111095 (= BGH FPR 2003, 490).
[11] OLG Brandenburg FamRZ 2000, 1581 zum Einwand der Leistungsunfähigkeit; OLG Brandenburg FamRZ 2000, 1044 gegen Einwand der Leistungsunfähigkeit jedoch für Verjährung und Verwirkung.
[12] OLG Brandenburg FamRZ 2005, 1843; OLG Bremen FamRZ 2000, 1164; OLG Köln FamRZ 2003, 1018 (= FPR 2003, 482).

V. Abänderung der Entscheidung

Nach Abs. 3 S. 2 kann das Kind einen geringeren Unterhalt als den Mindestunterhalt verlangen. **15** Eine Herabsetzung oder Erhöhung des Unterhalts kann jedoch nach S. 3 im Verfahren nach § 237 nicht verlangt werden. Die Unterhaltsentscheidung im Verfahren nach § 237 kann nur durch ein **Verfahren nach § 240** abgeändert werden. Ein Rechtsmittel gegen die Entscheidung gibt es darüber hinaus nicht.

VI. Wirksamwerden der Entscheidung

Abs. 4 entspricht grundsätzlich dem bisherigen § 653 Abs. 2 ZPO aF. Die Unterhaltsentscheidung **16** nach § 237 wird damit erst wirksam, wenn die **Vaterschaft rechtskräftig festgestellt** wurde. Sobald die Vaterschaftsfeststellung in Rechtskraft erwächst, kann aus dem Unterhaltstitel vollstreckt werden. Neu aufgenommen wurde gegenüber § 653 Abs. 2 ZPO das Kriterium des **Wirksamwerdens der Anerkennung der Vaterschaft.** Auch nach wirksamer Anerkennung steht die rechtliche Vaterschaft fest und die Wirksamkeit des Unterhaltstitels nach § 237 ist gerechtfertigt. Auch nach bisherigem Recht war nach hM die Wirksamkeit des Unterhaltstitels anerkannt, wenn sich das Verfahren auf Vaterschaftsfeststellung durch das wirksame Anerkenntnis der Vaterschaft erledigt hat.[13] Diese Konstellation ist auch nach neuem Recht die einzig denkbare, denn die vorherige Anhängigkeit eines Feststellungsverfahrens ist zwingende Zulässigkeitsvoraussetzung für ein Unterhaltsverfahren nach § 237.

§ 238 Abänderung gerichtlicher Entscheidungen

(1) ¹Enthält eine in der Hauptsache ergangene Endentscheidung des Gerichts eine Verpflichtung zu künftig fällig werdenden wiederkehrenden Leistungen, kann jeder Teil die Abänderung beantragen. ²Der Antrag ist zulässig, sofern der Antragsteller Tatsachen vorträgt, aus denen sich eine wesentliche Veränderung der der Entscheidung zugrunde liegenden tatsächlichen oder rechtlichen Verhältnisse ergibt.

(2) Der Antrag kann nur auf Gründe gestützt werden, die nach Schluss der Tatsachenverhandlung des vorausgegangenen Verfahrens entstanden sind und deren Geltendmachung durch Einspruch nicht möglich ist oder war.

(3) ¹Die Abänderung ist zulässig für die Zeit ab Rechtshängigkeit des Antrags. ²Ist der Antrag auf Erhöhung des Unterhalts gerichtet, ist er auch zulässig für die Zeit, für die nach den Vorschriften des bürgerlichen Rechts Unterhalt für die Vergangenheit verlangt werden kann. ³Ist der Antrag auf Herabsetzung des Unterhalts gerichtet, ist er auch zulässig für die Zeit ab dem Ersten des auf ein entsprechendes Auskunfts- oder Verzichtsverlangen des Antragstellers folgenden Monats. ⁴Für eine mehr als ein Jahr vor Rechtshängigkeit liegende Zeit kann eine Herabsetzung nicht verlangt werden.

(4) Liegt eine wesentliche Veränderung der tatsächlichen oder rechtlichen Verhältnisse vor, ist die Entscheidung unter Wahrung ihrer Grundlagen anzupassen.

Übersicht

	Rn.		Rn.
I. Allgemeines	1–5	2. Identität der Anspruchsgrundlage und der Beteiligten	7–10
1. Entstehungsgeschichte	1	a) Identischer Unterhaltsanspruch	7
2. Normzweck	2	b) Keine Identität der Streitgegenstände	8, 9
3. Verhältnis zu §§ 323 ff. ZPO	3	c) Identität der Beteiligten	10
II. Allgemeine Prozessvoraussetzungen	4, 5	3. Entsprechende Anwendung	11
1. Rechtsnatur	4	4. Nicht nach § 238 abänderbare Unterhaltstitel	12–14
2. Zuständigkeit	5	a) Nicht mehr vollstreckungsfähige Titel	12
III. Statthaftigkeit der Abänderungsklage	6–24	b) Urteile auf Kapitalabfindung	13
1. Verurteilung zu zukünftig wiederkehrenden Leistungen	6	c) Einstweilige Anordnung	14
		5. Verhältnis zu anderen Klagearten	15–25
		a) Leistungsklage	16–18

---

[13] *Zöller/Philippi* § 653 ZPO Rn. 6; oben § 653 ZPO Rn. 12.

	Rn.		Rn.
b) Vollstreckungsgegenklage	19–26	c) Abänderung von Versäumnisurteilen	44
c) Negative Feststellungsklage	27	d) Vorhersehbarkeit	45
d) Rechtsmittel	28, 29	e) Wiedereinsetzung in den vorigen Stand	46
IV. Besondere Zulässigkeitsvoraussetzungen	30–38	f) Wirkungen für den Antragsgegner	47
1. Aufbau der gesetzlichen Regelung	30	3. Wesentliche Änderung der Umstände (Abs. 4)	48–62
2. Wesentliche Änderung der Verhältnisse (Abs. 1)	31	a) Änderung der wirtschaftlichen Verhältnisse	49–53
3. Zeitgrenze (Abs. 3)	32–38	b) Änderung der Rechtslage	54–56
a) Grundsatz (Abs. 3 S. 1)	33	c) Befristung und Begrenzung des Unterhalts	57–60
b) Erhöhung des Unterhalts (Abs. 3 S. 2)	34	d) Wesentliche Änderung	61, 62
c) Herabsetzung des Unterhalts (Abs. 3 S. 3)	35, 36	4. Bindungswirkung (Abs. 4)	63–65
d) Ausschluss der Abänderung (Abs. 3 S. 4)	37, 38	5. Beweislast	66
V. Begründetheit	39–66	VI. Abänderung ausländischer Unterhaltsurteile	67-31
1. Doppelfunktion des § 238	39	1. Qualifikation des § 238	67
2. Tatsachenpräklusion (Abs. 2)	40–47	2. Abänderbarkeit ausländischer Entscheidungen	68
a) Entstehung der Abänderungstatsachen	40	3. Internationale Zuständigkeit	69
b) Präklusion vor Ablauf der Rechtsmittelfrist	41–43	4. Bedeutung des Unterhaltsstatuts	70, 71

I. Allgemeines

1. Entstehungsgeschichte. Die Vorschrift ist als Spezialvorschrift für die Abänderung gerichtlicher Entscheidungen in Unterhaltssachen in Anlehnung an den bisherigen § 323 ZPO aF entstanden.[1] Die Abänderungsklage wurde bereits durch die Novelle von 1898 eingeführt, mit der die damalige CPO an das BGB angepasst wurde. Klagen auf künftig **wiederkehrende Leistungen** iSd. § 258 ZPO wollte man damals ausdrücklich zulassen.[2] Diese wiederum machten das Rechtsinstitut der Abänderungsklage für den Fall, dass sich die ursprünglichen Verhältnisse ändern und der bestehende Titel auf wiederkehrende Leistungen angepasst oder aufgehoben werden muss, unabkömmlich. Die Abänderungsklage ist damit ein im deutschen Zivilprozessrecht lange bekanntes und ausdrücklich geregeltes Institut. Mit der Einführung des FamFG wird die Abänderungsklage speziell für Unterhaltsansprüche im entsprechenden Abschnitt geregelt.

2. Normzweck. Wenn man eine Klage auf zukünftige wiederkehrende Leistungen zulässt, muss auch ein Rechtsinstrument zur **Beseitigung des Titels, auch nach Eintritt der Rechtskraft,** geschaffen werden, weil die Entscheidung des Gerichts über eine künftige Leistungspflicht nicht auf der Grundlage eines abgeschlossenen, abschließend ermittelten Sachverhalt, beruht. Es wird vielmehr eine Entscheidung auf Grund einer Prognose über zukünftige Tatsachen bzw. die mögliche, vorhersehbare Veränderung aktueller Tatsachen wie der Bedürftigkeit und der Leistungsfähigkeit der Beteiligten getroffen. Die Änderungen treten üblicherweise nach Ablauf der Rechtsmittelfrist oder nach Abschluss des Berufungs- oder Revisionsverfahrens ein, so dass diese Möglichkeit der Berichtigung erstinstanzlicher Urteile die Interessen der Beteiligten nicht zu wahren vermag.

3. Verhältnis zu §§ 323 ff. ZPO. Der bisherige § 323 ZPO wird geändert und im Aufbau an die §§ 238 ff. FamFG angepasst. Da für die Abänderung verschiedener Unterhaltstitel verschiedene Regeln gelten, werden jeweils unterschiedliche Vorschriften geschaffen. § 238 regelt die Abänderung von Urteilen, § 239 bezieht sich auf Vergleiche, nach § 240 können Entscheidungen im vereinfachten Verfahren und nach § 237 abgeändert werden. § 241 schließlich führt die verschärfte Haftung nach § 818 Abs. 4 BGB mit Rechtshängigkeit der Abänderungsklage auch ohne gesonderten Leistungsantrag auf Rückzahlung neu ein. Der bisherige § 323 ZPO wird in Anlehnung an diesen Aufbau durch die §§ 323, 323a und 323b ZPO ersetzt. Mit Ausnahme der speziellen Regelung für das vereinfachte Verfahren und Verfahren nach § 237 entsprechen die §§ 323 bis 323b BGB der Regelung des FamFG. In der Gesetzesbegründung stellt der Gesetzgeber klar, dass es sich bei den §§ 238ff um **Spezialregelungen für die Abänderung von Entscheidungen in Unterhalts-**

---

[1] BT-Drucks. 16/6308, S. 257.
[2] Oben § 323 ZPO Rn. 1.

sachen handelt.³ Als solche sind sie vorrangig vor den §§ 323 ff. ZPO anzuwenden, obwohl deren Anwendbarkeit nach § 113 Abs. 1 grundsätzlich gegeben wäre. Warum der Gesetzgeber die wortgleichen Vorschriften vollständig, nicht nur ergänzend die Regelung des § 240, ins FamFG aufgenommen hat, ist aus der Gesetzesbegründung nicht ersichtlich.

II. Allgemeine Prozessvoraussetzungen

1. Rechtsnatur der Abänderungsklage. Die Abänderungsklage ist eine **prozessuale Gestaltungsklage** und zugleich eine **Leistungs- oder Feststellungsklage**.⁴ Als Gestaltungsklage wird mit ihrer Hilfe ein Titel über künftig wiederkehrende Unterhaltsansprüche geändert. Zusätzlich handelt es sich, soweit mit ihr die Erhöhung des bisher titulierten Unterhalts begehrt wird um eine Leistungsklage, bzw. es wird im Fall der Reduzierung oder Aufhebung des titulierten Unterhalts mit der Abänderungsklage die Feststellung des Nichtbestehens eines Rechtsverhältnisses beantragt. 4

2. Zuständigkeit. Das Abänderungsverfahren ist **Unterhaltssache iSd. § 231**. Für die örtliche Zuständigkeit gilt § 232. Eine Sonderregelung sieht das Gesetz nicht vor, insbesondere ist eine Fortdauer der Zuständigkeit des früheren Prozessgerichts auch im FamFG nicht vorgesehen. Dass eine solche Sonderregelung nicht eingeführt wurde, obwohl sie in der Literatur zum bisherigen Recht als sachgerecht angesehen wurde,⁵ ist konsequent im Hinblick auf den jetzt in § 232 Abs. 2 ausdrücklich geregelten Vorrang der Zuständigkeit nach § 232 gegenüber anderen ausschließlichen Zuständigkeiten, insbesondere § 767 ZPO, der eine der Abänderungsklage vergleichbare Klageart betrifft. 5

III. Statthaftigkeit der Abänderungsklage

1. Verurteilung zu künftig wiederkehrenden Leistungen. Die Abänderungsklage ist statthaft gegen gerichtliche Entscheidungen, die den Unterhaltspflichtigen zur Erbringung von künftig fälligen, regelmäßigen Unterhaltsleistungen verurteilen. Wiederkehrende Leistungen sind in bestimmten Zeitabschnitten fällig werdende Leistungen aus ein und demselben Rechtsverhältnis, so dass die einzelne Leistung nur noch vom Zeitablauf abhängt.⁶ § 238 geht somit davon aus, dass laufende Unterhaltsansprüche dem Grunde nach, wenn die Anspruchsvoraussetzungen vorliegen, die einzelnen Ansprüche werden jedoch erst nach regelmäßigem Zeitablauf, üblicherweise zum Ersten eines Monats fällig. 6

2. Identität der Anspruchsgrundlage und der Beteiligten. a) Identischer Unterhaltsanspruch. Die Abänderungsklage ist nur statthaft, wenn Ansprüche aus einem einheitlichen Unterhaltsverhältnis geltend gemacht werden. Nach gefestigter Rechtsprechung des BGH handelt es sich bei **Trennungsunterhalt nach § 1361 BGB und nachehelichem Unterhalt gem. §§ 1569 ff. BGB** nicht um ein einheitliches Unterhaltsverhältnis, sondern der nacheheliche Unterhalt muss, als Scheidungsfolgesache oder isoliert, in einem vom Verfahren auf Trennungsunterhalt gesonderten Verfahren geltend gemacht werden.⁷ Mit der Rechtskraft der Ehescheidung tritt zwar im Hinblick auf den Trennungsunterhalt eine Änderung der Umstände ein, deren Berücksichtigung nicht im Wege der Abänderungsklage gem. § 238 geltend gemacht werden kann. Der Unterhaltsberechtigte muss eine neue Leistungsklage auf nachehelichen Unterhalt erheben, die Zwangsvollstreckung aus dem Titel über den Trennungsunterhalt ist ab Rechtskraft der Scheidung unzulässig und vom Unterhaltsschuldner ggf. mit der Vollstreckungsgegenklage gem. § 769 ZPO zu bekämpfen. 7

b) Keine Identität der Streitgegenstände. Dass das Ausgangsverfahren und die Abänderungsklage gem. § 238 ein identisches Unterhaltsverhältnis zum Gegenstand haben müssen, bedeutet jedoch nicht, dass es sich beim Ausgangsantrag und dem Abänderungsantrag um identische Streitgegenstände und damit um eine Durchbrechung des Prinzips der materiellen Rechtskraft gem. § 322 Abs. 1 ZPO handelt. Im deutschen Zivilprozessrecht wird überwiegend von einem **zweigliedrigen Streitgegenstandsbegriff** ausgegangen, wonach der Streitgegenstand durch den **prozessualen Antrag** und den zu seiner Begründung **vorgetragenen Lebenssachverhalt** bestimmt wird.⁸ Mit der Abänderungsklage wird weder der gleiche Antrag noch der gleiche Sachverhalt wie in der Ausgangsklage vorgetragen.⁹ Es wird gerade eine nicht vorhersehbare Änderung der Umstände 8

---

³ BT-Drucks. 16/6308, S. 257.
⁴ Oben § 323 ZPO Rn. 3, 4; *Zöller/Vollkommer* § 323 ZPO Rn. 2; *Rosenberg/Schwab/Gottwald* § 157 Rn. 2.
⁵ Oben § 323 ZPO Rn. 60.
⁶ Oben § 258 ZPO Rn. 5; BGH NJW 1992, 1624, 1625; 2007, 294.
⁷ BGH NJW 1980, 2811; BGH NJW 1985, 1340.
⁸ Oben Vor §§ 253 ff. ZPO Rn. 32.
⁹ Oben § 323 ZPO Rn. 6.

gegenüber der Prognose des Gerichts vorgetragen. Auch ist der Abänderungsantrag nicht vergleichbar einem gegenläufigen Antrag, bei dem Streitgegenstandsidentität angenommen werden kann. Dies ist offensichtlich, wenn der Unterhaltsberechtigte die Abänderung nach oben beantragt, aber auch bei einer beantragten Reduzierung durch den Unterhaltsschuldner liegt kein gegenläufiger Antrag vor. Es wird nicht, ausgehend von den Umständen im Zeitpunkt der Erstentscheidung, ein gegenläufiger Antrag auf Unterhalt des Unterhaltspflichtigen gestellt oder die rückwirkende Aufhebung des Ersturteils verlangt, sondern eine Änderung der damals vom Gericht prognostizierten Umstände geltend gemacht und eine entsprechende Anpassung der Ursprungsentscheidung beantragt.

9   Die hM[10] verwendet die Terminologie der Identität der Streitgegenstände ungenau im Hinblick auf den überwiegend anerkannten zweigliedrigen Streitgegenstandsbegriff. Gefordert wird als Zulässigkeitsvoraussetzung die Identität der Anspruchsgrundlage, also das vorliegen eines einheitlichen Unterhaltsverhältnisses, wie oben geschildert (Rn. 6). Dogmatisch richtig wird, ausgehend vom zweigliedrigen Streitgegenstand, die materielle **Rechtskraft** der Erstentscheidung durch die Abänderungsklage mangels Identität der Streitgegenstände **nicht durchbrochen.** Identische Streitgegenstände können nur angenommen werden, wenn man in Abkehr von der Lehre des zweigliedrigen Streitgegenstandsbegriffs der vom EuGH für die autonome Auslegung des Begriffs desselben Anspruchs gem. Art. 27 EuGVO (Brüssel I-VO) entwickelten Kernpunkttheorie folgt, die eher einem materiellen Streitgegenstandsbegriff folgt.[11]

10 c) **Identität der Beteiligten.** Die Beteiligten des Erstprozesses sind in der Regel auch Antragsteller und Antragsgegner im Abänderungsverfahren, ggf. mit vertauschten Rollen. Ein **Wechsel der Beteiligten** ist grundsätzlich nicht denkbar, zumal Unterhaltsansprüche höchstpersönlich sind und nicht aus abgetretenem Recht geltend gemacht werden. Den Beteiligten stehen diejenigen Personen gleich, **auf die sich die Rechtskraft erstreckt.**[12] Die Abänderungsklage ist damit zulässig, wenn Unterhalt für ein minderjähriges Kind durch den betreuenden Elternteil vor der Ehescheidung der Eltern in Prozessstandschaft geltend gemacht wurde und das Kind nach Eintritt der Volljährigkeit selbst Beteiligter des Abänderungsverfahrens ist. Ebenfalls klageberechtigt ist der Zessionar kraft Gesetzes. Der Rechtsnachfolger des Unterhaltsgläubigers ist auch passivlegitimiert, so dass der Schuldner gegen den Rechtsnachfolger des Gläubigers, zB den Sozialhilfeträger, Abänderungsklage erheben kann.[13]

11 **3. Entsprechende Anwendung.** Die Abänderungsklage gem. § 238 ist auch die statthafte Klageart, wenn im abzuändernden Ersturteil nicht ein künftig wiederkehrender Unterhaltsanspruch tituliert wurde, sondern der durch eine einstweilige Anordnung titulierte Unterhalt auf Grund einer **negativen Feststellungsklage** des Unterhaltspflichtigen herabgesetzt wurde und dieser die erneute Herabsetzung begehrt.[14] Voraussetzung ist, dass das Gericht die Entscheidung auf Grund einer Zukunftsprognose getroffen hat. Ebenso ist die Abänderungsklage statthaft, wenn der Unterhaltsberechtigte in dieser Konstellation die erneute Erhöhung des Unterhalts wegen geänderter Umstände begehrt, auch wenn mit der negativen Feststellungsklage der Unterhalt auf „0" herabgesetzt worden war. Einen als Leistungsklage formulierten Antrag muss das Gericht entsprechend auslegen, der antragstellende Unterhaltsberechtigte muss bei seinem Sachvortrag dann aber nicht nur das Vorliegen der Anspruchsvoraussetzungen sondern außerdem eine Änderung der Umstände gegenüber dem Sachverhalt der negativen Feststellungsklage vortragen.

12 **4. Nicht nach § 238 abänderbare Unterhaltstitel. a) Nicht mehr vollstreckungsfähige Titel.** Wurde aus einem Titel für Trennungsunterhalt gem. § 1361 BGB nach Rechtskraft der Scheidung weiter vollstreckt, bzw. werden weiterhin Rechte aus diesem geltend gemacht, ist die Abänderungsklage nicht statthaft. Der Unterhaltsschuldner muss sich mit der Vollstreckungsabwehrklage dagegen zur Wehr setzen, der Unterhaltsberechtigte muss eine neue Leistungsklage auf nachehelichen Unterhalt erheben, da es sich um unterschiedliche Streitgegenstände handelt (vgl. Rn. 6).

13 b) **Urteile auf Kapitalabfindung.** Wird der **nacheheliche Unterhalt** in Form einer Kapitalabfindung ausgeurteilt, ist einen Abänderungsklage nicht statthaft. Das Gesetz sieht diese Möglichkeit in **§ 1585 Abs. 2 BGB** ausdrücklich vor. Zwar beruht auch die Entscheidung des Gerichts über die Höhe der Kapitalabfindung auf einer Zukunftsprognose, mit der Abfindungszahlung soll die Angelegenheit jedoch abschließend und dauerhaft erledigt werden. Die Abfindung wird von den Beteiligten üblicherweise vereinbart bzw. übereinstimmend gewünscht, um sämtliche wirtschaftliche Verbindun-

---

[10] Zöller/Vollkommer § 323 ZPO Rn. 30; Johannsen/Henrich/Brudermüller § 323 ZPO Rn. 4 (m. weit. Nachw.).
[11] Oben Art. 27 EuGVO Rn. 7.
[12] Zöller/Vollkommer § 323 ZPO Rn. 30.
[13] Zöller/Vollkommer § 323 ZPO Rn. 30 aE (m. weit. Nachw.).
[14] OLG Hamm FamRZ 1994, 387 = NJW-RR 1994, 1417.

gen zum geschiedenen Ehegatten schnell zu lösen, damit jeder unbelastet einen neuen Lebensweg beschreiten kann.[15] Der Unterhaltsberechtigte kann diese Form der Unterhaltsgewährung verlangen, wenn ein wichtiger Grund vorliegt.[16] Dass ein in Form einer Kapitalabfindung gewährter Unterhaltsanspruch nicht nachträglich abgeändert werden kann, ergibt sich auch daraus, dass der Anspruch bei Wiederverheiratung des Berechtigten nicht gem. § 1586 Abs. 1 BGB entfällt, die Abfindung also nicht zurück gezahlt werden muss. Dies gilt sogar, wenn die Kapitalabfindung in Raten zu zahlen war.[17]

c) Einstweilige Anordnung. Eine einstweilige Anordnung tritt auch nach dem FamFG durch **Wirksamwerden einer anderweitigen Regelung** außer Kraft, § 56 Abs. 1 S. 1 entspricht insoweit dem bisherigen § 620f ZPO. Auch nach der Neuregelung wirkt eine einstweilige Anordnung auf Trennungsunterhalt über die Rechtskraft der Scheidung hinaus.[18] Mit der einstweiligen Anordnung wird im summarischen Verfahren eine vorläufige Regelung getroffen, die nicht der materiellen Rechtskraft fähig ist. Die Beteiligten haben die Möglichkeit, den Anspruch im Hauptsacheverfahren abschließend klären zu lassen, der Unterhaltsberechtigte durch Erhebung einer Leistungsklage, der Pflichtige mit einer negativen Feststellungsklage.[19] Erst danach ist eine Präklusionswirkung gegeben und eine Abänderungsklage gem. § 238 statthaft.[20] 14

5. Verhältnis zu anderen Klagearten. Sowohl der Unterhaltsberechtigte als auch der Unterhaltspflichtige können die Abänderung eines Unterhaltstitels nach § 238 beantragen. Eine Konkurrenz kann zur Leistungsklage und zur Vollstreckungsgegenklage bestehen, hinsichtlich der Leistungsklage jedoch nur, wenn der Berechtigte die Erhöhung des Unterhalts verlangt und hinsichtlich der Vollstreckungsgegenklage, wenn der Unterhaltspflichtige die Herabsetzung verlangt. 15

a) Leistungsklage. Verlangt der Unterhaltsberechtigte die Aufstockung eines bereits bestehenden Unterhaltstitels ist zu prüfen, ob dieses Ziel mit einer Abänderungsklage oder mit einer Leistungsklage erreicht werden kann. Wenn bereits ein Urteil über den **gleichen Unterhaltsanspruch** vorliegt, kann nur die Abänderungsklage statthaft sein. Wird erstmals ein neuer Unterhaltsanspruch geltend gemacht, ist eine Leistungsklage zu erheben. Beide Klagearten stehen in einem Exklusivverhältnis zueinander. Dabei gilt der Trennungsunterhalt als vom nachehelichen Unterhalt zu unterscheidender Anspruch (vgl. Rn. 6). Wird die Erhöhung des nachehelichen Unterhalts auf eine neu aufgetretene Krankheit und damit auf eine neue Anspruchsgrundlage innerhalb des nachehelichen Unterhalts gestützt, ist die Abänderungsklage statthaft, denn der nacheheliche Unterhalt als solcher stellt einen einheitlichen Anspruch dar. Zu beachten sind materiell-rechtlich die Einsatzzeitpunkte für die jeweiligen Anspruchsgrundlagen, denkbar ist aber grundsätzlich ein Wechsel von Betreuungsunterhalt zu Krankheitsunterhalt gem. § 1572 BGB. 16

Der **BGH** lässt Nachforderungen des Unterhaltsgläubigers grundsätzlich nur unter den Voraussetzungen für eine Abänderungsklage zu. Auch wenn ein Unterhaltstitel in Form eines **einseitigen Anerkenntnisses** des Unterhaltsschuldners vorliegt, der Berechtigte aber einen höheren Unterhalt fordert, ist dies nur in Form der Abänderungsklage möglich. Ein Wahlrecht wurde gestützt auf eine ältere Rechtsprechung des BGH früher angenommen. Es fehlt dafür jedoch an einer gesetzlichen Grundlage und der BGH betont inzwischen, dass dem der Wortlaut des § 323 Abs. 4 ZPO aF, jetzt § 239, entgegensteht.[21] Allerdings ist ein unzulässiger Leistungsantrag auszulegen und ggf. in einen Abänderungsantrag **umzudeuten**, wenn die Klage von Anfang an auf die Abänderung des Ersturteils gerichtet ist. Bei der Auslegung von Prozesshandlungen ist zwar zunächst auf den Wortlaut des Antrags abzustellen, ein Beteiligter darf aber nicht am buchstäblichen Sinn seiner Wortwahl festgehalten werden, sondern es ist stets davon auszugehen, dass er mit seiner Prozesshandlung das erreichen will, was nach den Maßstäben der Rechtsordnung vernünftig ist und seiner Interessenlage entspricht.[22] 17

Auf eine verdeckte Teilklage im Erstprozess kann sich der Unterhaltsgläubiger, der Aufstockung eines gerichtlich festgesetzten Unterhalts verlangt jedoch nicht berufen, es ist im Zweifel davon auszugehen, dass im Vorprozess der Unterhalt in voller Höhe eingeklagt wurde.[23] Nur wenn in Form einer **offenen Teilklage** die Geltendmachung höheren Unterhalts ausdrücklich vorbehalten wurde, ist die Nachforderung im Wege der Leistungsklage zulässig.[24] 18

---

[15] Palandt/Brudermüller § 1585 BGB Rn. 5.
[16] Palandt/Brudermüller § 1585 BGB Rn. 6.
[17] BGH NJW 2005, 3282.
[18] Zimmermann FamFG Rn. 137.
[19] BGH NJW 1983, 2317; 1995, 2032; st. Rspr.
[20] Zum bisherigen Recht: oben § 323 ZPO Rn. 57; Johannsen/Henrich/Brudermüller § 323 ZPO Rn. 26.
[21] Wendl/Staudigl/Schmitz § 10 Rn. 152c m. weit. Nachw.
[22] BGH FamRZ 2004, 1712 = NJW-RR 2004, 371.
[23] BGH FamRZ 1987, 259, 262.
[24] BGH FamRZ 1995, 729, 730.

19 b) Vollstreckungsgegenklage. aa) Die große **Bedeutung der Abgrenzung** zwischen Abänderungsklage und Vollstreckungsgegenklage gem. § 767 ZPO ergab sich vor Einführung des FamFG aus der unterschiedlichen örtlichen Zuständigkeiten für beide Verfahren.[25] Diese Problematik hat der Gesetzgeber beseitigt, indem er mit der Einführung des § 232 Abs. 2 für Unterhaltssachen der ausschließlichen örtlichen Zuständigkeit gem. § 232 Abs. 1 den Vorrang vor anderen ausschließlichen Zuständigkeiten, also insbesondere derjenigen nach § 802 ZPO für die Vollstreckungsgegenklage, ausdrücklich geregelt hat und damit jedenfalls keine unterschiedlichen Gerichtsstände begründet sein können.

20 Die Abgrenzung der beiden Klagearten wird dadurch jedoch nicht hinfällig. Nur die Abänderungsklage verlangt eine **wesentliche Änderung** der Umstände. Relativiert wurde die Bedeutung der Abgrenzung hinsichtlich der **zeitlichen Grenze** des § 323 Abs. 3 S. 1 ZPO aF, denn der neue § 238 lässt die Abänderungsklage des Unterhaltsschuldners nicht erst ab Rechtshängigkeit der Klage sondern schon ab dem Ersten des auf ein entsprechendes Auskunfts- oder Verzichtsverlangen folgenden Monats zu, § 238 Abs. 3 S. 2. Die Vollstreckungsgegenklage war und ist ab dem Zeitpunkt der Entstehung der Einwendung begründet, auch ohne dass dem Unterhaltsberechtigten diese vom Schuldner mitgeteilt wird.

21 Unter **dogmatischen Gesichtspunkten** bleibt die Bedeutung der Abgrenzung zwischen der Abänderungs- und der Vollstreckungsgegenklage unverändert bestehen. Die Klagen schließen sich gegenseitig aus, da sie unterschiedliche Zielrichtungen haben. Während die Abänderungsklage als Gestaltungsklage auf die Anpassung einer Entscheidung an geänderte Verhältnisse gerichtet ist, beschränkt sich der Streitgegenstand der Vollstreckungsgegenklage auf die Beseitigung der Vollstreckbarkeit eines Titels. Der Unterhaltsschuldner hat deswegen **keine Wahlmöglichkeit,** sondern muss sein Begehren auf die Klageart stützen, die dem Ziel am besten entspricht.[26] Möglich ist jedoch ein Antrag gem. § 767 ZPO neben der Abänderungsklage im Wege der Klagehäufung gem. § 260 ZPO, auch als Hilfsantrag.[27]

22 bb) Die **Abgrenzung nach Klagegründen** ist praktikabel und hat sich weitgehend durchgesetzt.[28] Rechtsvernichtende, rechtshemmende und beschränkende **Einwendungen** werden danach mit § 767 ZPO durchgesetzt. Mit der Abänderungsklage wird die Änderung der **anspruchsbegründenden Tatsachen,** die den Klagegrund selbst betreffen, geltend gemacht. Eine eindeutige Abgrenzung kann jedoch auch über dieses Kriterium nicht erzielt werden, denn auch der Wegfall der Bedürftigkeit oder der Leistungsfähigkeit stellt beispielsweise eine Einwendung des Unterhaltspflichtigen dar. Insoweit hat der BGH in seinem Urteil vom 8. 6. 2005[29] klargestellt, dass die Vollstreckungsgegenklage immer dann ausgeschlossen ist, wenn eine Änderung auch Auswirkungen auf die Höhe des Bedarfs des Unterhaltsberechtigten hat, denn § 767 erlaubt dem Gericht lediglich, die Vollstreckung auf der Grundlage des im Ausgangsurteil rechtskräftig festgestellten Unterhaltsbedarfs für unzulässig zu erklären. Wirken sich die vom Unterhaltsschuldner vorgebrachten Gründe gleichzeitig den **Bedarf des Berechtigten** aus, ist eine Neuberechnung der Unterhalts erforderlich und damit nur die Abänderungsklage statthaft. Dies ist insbesondere nach der Änderung der Rechtsprechung des BGH zur Differenzmethode regelmäßig der Fall, wenn eine Erhöhung des eigenen Einkommens des Unterhaltsberechtigten geltend gemacht wird. Ebenso erhöht sich der Bedarf, wenn der Altersvorsorgeunterhalt wegfällt oder wenn sich wegen des Rentenbezugs des Unterhaltsberechtigten die wirtschaftlichen Verhältnisse ändern.[30]

23 Mit seiner Rechtsprechung zur **Wandelbarkeit der ehelichen Lebensverhältnisse**[31] hat der BGH für den nachehelichen Unterhalts klargestellt, dass auch sonstige Veränderungen der maßgeblichen persönlichen und wirtschaftlichen Verhältnisse, die sich auf das dem Unterhaltspflichtigen verfügbare Einkommen und damit mittelbar auf die Höhe des Unterhalts auswirken, auf der Bedarfsebene zu berücksichtigen sind. Auch der Hinzutritt vorrangiger oder gleichrangiger weiterer Unterhaltsberechtigter hat Einfluss auf den Unterhaltsbedarf des geschiedenen Ehegatten und ist nach der zitierten Rechtsprechung Teil der wandelbaren ehelichen Lebensverhältnisse, die sich auf die Unterhaltshöhe schon auf der Bedarfsebene auswirken und damit im Wege der Abänderungsklage geltend zu machen sind (vgl. unten Rn. 51).[32]

---

[25] *Johannsen/Henrich/Brudermüller* § 323 ZPO Rn. 6 (zur alten Rechtslage).
[26] BGH NJW 2005, 2313; aA *Baumbach/Lauterbach/Hartmann* § 323 ZPO Rn. 4.
[27] *Baumbach/Lauterbach/Hartmann* § 323 ZPO Rn. 4.
[28] *Johannsen/Henrich/Brudermüller* § 323 ZPO Rn. 7; *Wendl/Staudigl/Schmitz* § 10 Rn. 145.
[29] BGH NJW 2005, 2313 ff.
[30] BGH NJW 2005, 2313, 2314.
[31] Erstmals zur Wandelbarkeit der ehelichen Lebensverhältnisse: BGH NJW 2003, 1518; Ausweitung: BGH NJW 2006, 1654; 2008, 1663; 2009, 588.
[32] Kritisch zu dieser Rechtsprechung des BGH: Born, NJW 2008, 3089.

cc) Die **Vollstreckungsgegenklage** ist danach statthaft bei Erlass der Schuld,[33] Stundung, Verjährung und Verwirkung,[34] unzulässiger Rechtsausübung,[35] Scheidung der Ehe als Einwendung gegen einen Titel über Trennungsunterhalt,[36] Wiederverheiratung des geschiedenen Unterhaltsberechtigten, Erfüllung und Erfüllungssurrogate wie das Kindergeld oder Leistung von Naturalunterhalt. Gegen die Vollstreckung eines zeitlich begrenzten Unterhalts über die Zeitgrenze hinaus, die Vollstreckung des Kindesunterhalts durch einen Elternteils im eigenen Namen nach Eintritt der Volljährigkeit des Kindes oder bei Vollstreckung des Kindesunterhalts gegen den Scheinvater, nachdem dieser die Vaterschaft wirksam angefochten hat, ist ebenfalls die Vollstreckungsgegenklage der richtige Rechtsbehelf.[37]

dd) Dagegen ist die **nachträgliche Begrenzung oder Befristung** des nachehelichen Unterhalts nach der Rechtsprechung des BGH mit der Abänderungsklage geltend zu machen.[38] Dies gilt auch für die nachträgliche Befristung und Begrenzung nach dem seit 1. 1. 2008 geltenden § 1578b BGB. Auch die Herabsetzung oder Begrenzung des Unterhalts gem. § 1579 BGB auf Grund geänderter Verhältnisse ist im Wege der Abänderungsklage geltend zu machen.[39]

ee) Wählt der Unterhaltsschuldner die falsche Klageart, hat das Gericht einen entsprechenden **Hinweis gem. § 139 ZPO** zu erteilen und die Klage nicht sofort als unzulässig abzuweisen. Anträge sind ggf. **auszulegen oder umzudeuten.** Wird das Klagebegehren jedoch ausdrücklich auf § 767 ZPO gestützt und trotz eines entsprechenden gerichtlichen Hinweises daran festgehalten, besteht auch kein Raum für eine Umdeutung des Antrags.[40]

c) Negative Feststellungsklage. Die negative Feststellungsklage ist gegenüber der Abänderungsklage, ebenso wie gegenüber der Vollstreckungsgegenklage, subsidiär. Es besteht **kein Rechtsschutzbedürfnis,** soweit gegen eine Hauptsacheentscheidung vorgegangen wird. Lediglich eine einstweilige Anordnung kann vom Unterhaltspflichtigen mit der negativen Feststellungsklage gem. § 56 außer Kraft gesetzt werden.

d) Rechtsmittel. Eine entscheidende Änderung ergibt sich aus der Formulierung des § 238 Abs. 2 gegenüber der bisher gültigen Fassung des § 323 ZPO aF. Während die in Abs. 2 geregelte Tatsachenpräklusion nach § 323 Abs. 2 ZPO aF eintrat, wenn die Geltendmachung der Änderung durch Einspruch **nicht mehr** möglich war, ist nach § 238 Abs. 2 erforderlich, dass die Geltendmachung der Tatsachen durch Einspruch nicht möglich **war oder ist.** Damit ändert sich auch das Verhältnis zwischen Abänderungsklage und Berufung. Nach dem Wortlaut des neuen § 238 ist der Antragsteller einer Abänderungsklage jetzt gezwungen, innerhalb der Rechtsmittelfrist auftretende Änderungen der Umstände mit einem Berufungsverfahren geltend zu machen. Nach alter Rechtslage bestand lediglich eine Pflicht zur Anschlussberufung, wenn die Gegenseite die Berufung bereits eingelegt hatte. Eine Abänderungsklage konnte auch vor Ablauf der Rechtsmittelfrist erhoben werden und wurde ggf. bis zum Abschluss des Rechtsmittelverfahrens ausgesetzt, wenn ein solches später von der Gegenseite eingeleitet wurde.[41] Da nach der neuen Formulierung des § 238 Abs. 2 Tatsachen für das Abänderungsverfahren präkludiert sind, wenn sie vor Ablauf der Rechtsmittelfrist entstanden sind, ihre Geltendmachung durch Einspruch also möglich gewesen wäre, muss jetzt in diesem Fall die Berufung eingelegt werden (vgl. Rn. 38). Der Abänderungskläger verliert damit nicht nur sein **Wahlrecht zwischen Abänderungsklage und Berufung,**[42] sondern auch eine Instanz, denn die Tatsachen müssen nach Schluss der mündlichen Verhandlung in der ersten Instanz entstanden sein. Auch wenn beide Beteiligte das erstinstanzliche Urteil eigentlich nicht angreifen möchten, ist auf Grund dieser Formulierung jetzt ein Berufungsverfahren zu führen.

Nachdem der Wortlaut des § 238 Abs. 2 vom Gesetzgeber bewusst geändert wurde, muss davon ausgegangen werden, dass diese Veränderung gegenüber der früheren Rechtslage gewollt ist. Warum den Beteiligten aber durch die Tatsachenpräklusion **eine Instanz genommen** werden sollte und die Einlegung der Berufung gefördert werden soll, ist nicht nachvollziehbar und ergibt sich auch nicht aus der Gesetzesbegründung. Dort geht der Gesetzgeber gerade nicht auf Gründe für diese Änderung ein, sondern sagt im Gegenteil, dass mit der geänderten Formulierung lediglich eine Präzisierung

---

[33] BGH FamRZ 1979, 573.
[34] BGH FamRZ 1987, 259.
[35] BGH NJW 1983, 2317.
[36] BGH FamRZ 1981, 242.
[37] *Wendl/Staudigl/Schmitz* § 10 Rn. 145a (m. weit. Nachw.).
[38] BGH NJW 2000, 3789 (zur Befristung und Begrenzung gem. §§ 1573, 1578 BGB aF).
[39] BGH NJW 1997, 1851, 1852; BGH NJW-RR 1990, 1410.
[40] BGH NJW 2005, 2313, 2315.
[41] Oben § 323 ZPO Rn. 40ff.
[42] Zum Wahlrecht nach altem Recht (hM): oben § 323 ZPO Rn. 40 (m. weit. Nachw.).

und Klarstellung erreicht werden sollte.[43] Es bestehen berechtigte Zweifel, dass der Gesetzgeber die durch die Änderung des Wortlauts insoweit erreichte Änderung tatsächlich bewusst herbeiführen wollte. Solange der Gesetzgeber hier keine Korrektur vornimmt, wird der Rechtsanwender dies hinnehmen müssen. Für eine teleologische Reduktion des § 238 Abs. 2 ist kein Raum.

IV. Besondere Zulässigkeitsvoraussetzungen

30 1. **Aufbau der gesetzlichen Regelung.** Besondere Zulässigkeitsvoraussetzungen für eine Abänderungsklage gem. § 238 sind in **Abs. 1 und Abs. 3** geregelt, während sich Abs. 2 und Abs. 4 auf die Begründetheit der Klage beziehen.[44] Abs. 1 S. 1 bezeichnet wie bisher § 323 Abs. 1 ZPO die Entscheidungen, die einer Abänderungsklage zugänglich sind und regelt damit die **Statthaftigkeit der Abänderungsklage** (Rn. 6 ff.). Abs. 1 S. 2 enthält die **Wesentlichkeitsschwelle.** Aus Abs. 3 ergibt sich die **Zeitgrenze**, innerhalb der die Abänderung von Unterhaltsansprüchen beantragt werden kann.

31 2. **Wesentliche Änderung der Verhältnisse (Abs. 1).** Die Wesentliche Änderung der Verhältnisse ist sowohl Zulässigkeits- als auch Begründetheitsvoraussetzung. Die Abänderungsklage ist nur dann zulässig, wenn der Antragsteller Tatsachen vorträgt, aus denen sich eine wesentliche Änderung der der Entscheidung zugrunde liegenden tatsächlichen oder rechtlichen Verhältnisse ergibt. Erweist sich der Vortrag als unrichtig oder die vorgetragene Änderung als nicht wesentlich ist die Klage unbegründet.[45] Die Wesentlichkeitsschwelle war auch in § 323 Abs. 1 ZPO aF schon Zulässigkeitsvoraussetzung der Abänderungsklage, was auch der Rechtsprechung des Bundesgerichtshofs entspricht.[46] Mit der Neufassung in § 238 Abs. 1 S. 2 wollte der Gesetzgeber schon dem Wortlaut der Vorschrift nach klarstellen, dass auch eine wesentliche Änderung der **rechtlichen Verhältnisse,** also insbesondere eine Änderung der höchstrichterlichen Rechtsprechung zur Zulässigkeit einer Abänderungsklage führt.[47] Damit wird die bisherige Rechtsprechung, nach der in einer Änderung der höchstrichterlichen Rechtsprechung sowie einer Gesetzesänderung oder einer neuen verfassungskonformen Auslegung eine Änderung der Verhältnisse iSd. § 323 Abs. 1 ZPO aF lag,[48] gesetzlich normiert.

32 3. **Zeitgrenze (Abs. 3).** Abs. 3 bestimmt die Zeitgrenze, bis zu der eine rückwirkende Abänderung von Unterhaltsansprüchen möglich ist. Es handelt sich um eine Neufassung des bisherigen § 323 Abs. 3 ZPO aF.

33 a) **Grundsatz (Abs. 3 S. 1).** Abs. 3 S. 1 bestimmt als Grundsatz die Abänderbarkeit des Unterhalts **ab Rechtshängigkeit des Antrags.** Maßgeblich ist die Zustellung des Antrags an den Gegner, weder die Einreichung eines Prozesskostenhilfeantrags[49] noch die bloße Einreichung eines Abänderungsantrags bei Gericht ist ausreichend. Inhaltlich entspricht dies der bisherigen Regelung des § 323 Abs. 3 ZPO aF, der auf die Erhebung der Klage und damit gem. § 253 ZPO ebenfalls auf den Zeitpunkt der Zustellung an den Gegner abstellte.

34 b) **Erhöhung des Unterhalts (Abs. 3 S. 2).** Eine Abweichung von dem in S. 1 festgesetzten Grundsatz sieht S. 2 für den Abänderungsantrag auf Erhöhung des Unterhalts vor. Wenn nach den Vorschriften des bürgerlichen Rechts **Unterhalt für die Vergangenheit verlangt werden kann,** soll die Abänderung auch gerichtlich durchsetzbar sein. Die Formulierung bezieht sich insbesondere auf § 1613 Abs. 1 BGB und die auf diesen verweisenden Vorschriften des materiellen Unterhaltsrechts, §§ 1360a Abs. 3, 1361 Abs. 4 S. 4 und 1585 b Abs. 2 BGB. Die Verweisung auf § 1615l BGB fehlte in der alten Fassung des § 323 Abs. 3 S. 2 ZPO, die jetzige Formulierung ist insoweit genereller gefasst und vermeidet derartige Lücken in der Aufzählung. Der Anspruch der nichtehelichen Mutter oder des nichtehelichen Vaters kann nach den Vorschriften des bürgerlichen Rechts in der gleichen Weise rückwirkend geltend gemacht werden wie Kindesunterhalt und Ehegattenunterhalt während der Trennung und nach der Scheidung, denn auch § 1615l BGB verweist auf § 1613 BGB. Die neue Formulierung ist damit nicht nur verständlicher als § 323 Abs. 3 S. 2 ZPO aF, der durch einen Verweis auf die genannten Vorschriften des materiellen Unterhaltsrechts letztlich den

---

[43] BT-Drucks. 16/6308, S. 257.
[44] BT-Drucks. 16/6308, S. 257.
[45] BGH NJW 2001, 3618, 3619.
[46] BGH FamRZ 1984, 353, 355; *Zöller/Vollkommer* § 323 ZPO Rn. 31.
[47] BT-Drucks. 16/6308, S. 257.
[48] BGH NJW 2001, 3618, 3620 zur Änderung der Gesetzeslage und der ihr gleichkommenden verfassungskonformen Auslegung; BGH NJW 2003, 1181 zum Wechsel der Rechtsprechung des BGH zur Differenzmethode bei der Unterhaltsberechnung; *Thomas/Putzo/Hüßtege* § 323 ZPO Rn. 25.
[49] BGH NJW 1982, 1050.

gleichen Inhalt zum Ausdruck bringen wollte, sondern auch genereller und damit vollständig. Wird die Erhöhung des Unterhalts verlangt, ist die Abänderungsklage damit nicht erst ab Rechtshängigkeit sondern schon ab dem Zeitpunkt zulässig, zu dem der Unterhaltspflichtige zur Auskunftserteilung oder zur Zahlung des erhöhten Unterhalts aufgefordert und damit in Verzug gesetzt wurde. Es gelten die Voraussetzungen für den Schuldnerverzug gem. § 286 BGB.

c) Herabsetzung des Unterhalts (Abs. 3 S. 3). Eine entsprechende Regelung für die Abänderungsklage auf Herabsetzung des Unterhalts führt Abs. 3 S. 3 neu ein. Anträge auf Herabsetzung des Unterhalts sind ab dem Ersten des auf ein entsprechendes Auskunfts- oder Verzichtsverlangen des Antragstellers folgenden Monats zulässig. Damit erreicht der Gesetzgeber die **Gleichbehandlung von Unterhaltsgläubiger und Schuldner.**[50] Damit folgt der Gesetzgeber der Literaturmeinung, die eine analoge Anwendung von § 323 Abs. 3 S. 2 ZPO aF auf die Herabsetzung des Unterhalts forderte.[51] Dagegen dass sich der Schuldner nach dem Gesetzeswortlaut nicht einmal bei bewusster Verheimlichung eigener Einkünfte durch den Unterhaltsgläubiger rückwirkend gegen einen vorhandenen Titel zur Wehr setzen konnte, hat sich die Rechtsprechung zum Teil durch die Anerkennung eines Schadensersatzanspruchs beholfen, so dass der Gläubiger auch ohne Abänderung des Titels den zu viel gezahlten Unterhalt zurück fordern konnte.[52] Derartige Konstruktionen sind mit der Neuregelung nicht mehr erforderlich. Auch die Diskussion über die verfassungsrechtliche Rechtfertigung dieser bisherigen Ungleichbehandlung von Schuldner und Gläubiger im Verfahrensrecht erübrigt sich damit.[53]

Die **Voraussetzungen** für eine Abänderungsklage auf rückwirkende Herabsetzung des Unterhalts entsprechen **spiegelbildlich** den Voraussetzungen für die rückwirkende Erhöhung. Die Voraussetzungen benennt der Gesetzgeber in Abs. 3 S. 3 ausdrücklich. Der Unterhaltsschuldner muss den Gläubiger entweder mit dem Ziel der Herabsetzung des Unterhalts **zur Auskunft auffordern,** oder ihm eine „**negative Mahnung**" übersenden, ihn also auffordern, teilweise oder vollständig auf den titulierten Unterhalt zu verzichten.[54] Der Unterhaltsschuldner setzt den Unterhaltsgläubiger und Schuldner des Rückforderungsanspruchs damit mit diesem in Verzug, die Voraussetzungen für den Schuldnerverzug gem. § 286 BGB gelten hier ebenso wie beim spiegelbildlichen Anspruch gem. § 1613 BGB. Den sich danach ergebenden Anspruch auf Herabsetzung des Unterhalts kann er im Wege der Abänderungsklage ab dem Ersten des auf das Auskunftsverlangen folgenden Monats durchsetzen, spiegelbildlich zur Möglichkeit des Gläubigers, eine Unterhaltserhöhung rückwirkend ab dem Auskunftsverlangen einzuklagen. Ein Verweis auf die Vorschriften des bürgerlichen Rechts entsprechend der Regelung in Abs. 3 S. 2 wäre insoweit nicht klar und eindeutig gewesen, da dieses keine dem § 1613 BGB vergleichbare spezielle Regelung für Unterhaltsansprüche bereitstellt, sondern auf die Vorschriften über gesetzliche Schuldverhältnisse zurückgegriffen werden muss. Insbesondere beim Rückzahlungsanspruch wegen ungerechtfertigter Bereicherung gem. § 812 BGB kann der Gläubiger in aller Regel den Einwand der Entreicherung gem. § 818 Abs. 4 BGB entgegenhalten. Der Unterhaltsschuldner konnte dem nur durch Erhebung einer Rückforderungsklage in Form einer Leistungsklage entgegenwirken. Genau dies sollte zur effektiven Wahrung der Rechte des Unterhaltsschuldners nicht mehr erforderlich sein; das Ziel erreicht der Gesetzgeber, indem er mit § 238 Abs. 3 S. 3 die Zulässigkeit der Abänderungsklage auf rückwirkende Herabsetzung des Unterhalts ausdrücklich regelt und mit § 241 eine sachgerechte Regelung zur verschärften Haftung iSd. § 818 Abs. 4 BGB einführt.

d) Ausschluss der Abänderung (Abs. 3 S. 4). Abs. 3 S. 4 enthält eine zeitliche Einschränkung für die Geltendmachung eines rückwirkenden **Herabsetzungsantrags** und gilt nach dem ausdrücklichen Willen des Gesetzgebers nur für die Herabsetzung, nicht für die Erhöhung des Unterhalts. Sie ist § 1585b Abs. 3 BGB, der entsprechenden materiellrechtlichen Vorschrift für die Erhöhung des nachehelichen Unterhalts, nachgebildet.[55] Die Vorschrift des § 238 Abs. 3 S. 4 ist rein **verfahrensrechtlich** ausgestaltet und hat keinen materiellrechtlichen Inhalt. Die Abänderungsklage auf Herabsetzung des Unterhalts ist für die Zeit von mehr als einem Jahr vor Rechtshängigkeit bereits unzulässig. Dagegen ergibt sich die zeitliche Grenze für die Erhöhung des Unterhalts nach S. 2 allein nach den materiellrechtlichen Vorschriften über die Verwirkung von Unterhaltsansprüchen, für den nachehelichen Unterhalt insbesondere nach § 1585b Abs. 3 BGB. S. 4 regelt damit die Verwirkung eines prozessualen Rechts. Da dem Beteiligten damit die Möglichkeit der Klage und damit der

---

[50] BT-Drucks. 16/6308, S. 258.
[51] MünchKommBGB/*Maurer* § 1585b Rn. 21; *Graba*, Die Abänderung von Unterhaltstiteln, Rn. 420 b.
[52] OLG Karlsruhe NJW-RR 2004, 145.
[53] *Johannsen/Henrich/Brudermüller* § 323 ZPO Rn. 117 aE.
[54] BT-Drucks. 16/6308, S. 258.
[55] BT-Drucks. 16/6308, S. 258.

gerichtlichen Überprüfung seines Anspruchs von vornherein genommen wird, ist dies von der Rechtsprechung nur unter engen Voraussetzungen anerkannt worden.[56] Der Gesetzgeber hält die zeitliche Begrenzung des Herabsetzungsverlangens aus Gründen der Rechtssicherheit für erforderlich.[57]

38　Eine **Ausnahme** von der zeitlichen Begrenzung des Herabsetzungsverlangens muss immer dann möglich sein, wenn diese im konkreten Fall **grob unbillig** ist. Eine solche Ausnahme sieht auch § 1585b Abs. 3 BGB vor, dem Abs. 3 S. 4 als spiegelbildliche Vorschrift nachgebildet wurde. Im ursprünglichen Referentenentwurf für das FamFG aus dem Jahr 2005 war eine Härteklausel in Abs. 3 S. 5 enthalten, die eine Ausnahme von den zeitlichen Begrenzungen in S. 1 bis 4 im Falle grober Unbilligkeit, insbesondere im Hinblick auf das Verhalten des Antragsgegners, ausdrücklich zuließ. Dass diese Härteklausel in der endgültigen Fassung des Gesetzes nicht mehr enthalten ist, bedeutet aber nicht, dass Ausnahmen von der zeitlichen Begrenzung nicht im Wege der teleologischen Reduktion möglich sein sollen. Von der Härteklausel wurde abgesehen, weil eine damit möglicherweise verbundene Erhöhung des Streitpotentials nicht riskiert werden sollte und gerade keine Ausweitung der Ausnahmefälle gegenüber der bisherigen Berücksichtigung der groben Unbilligkeit im Wege der teleologischen Reduktion herbeigeführt werden sollte.[58] Unter engen Voraussetzungen ist eine Abänderungsklage auf Herabsetzung des Unterhalts damit auch für einen Zeitraum von mehr als einem Jahr vor Rechtshängigkeit möglich. Auf die Kriterien des § 1585b Abs. 3 BGB kann insoweit zurückgegriffen werden, dieser stellt auf ein unredliches Verhalten des Antragsgegners ab. Die Beteiligten sollen durch die Einjahresfrist zur zeitnahen Geltendmachung ihrer Ansprüche angehalten werden, um Nachteile für den anderen, der mit einer bestimmten Unterhaltshöhe kalkuliert und sich sonst hohen Nach- oder Rückzahlungen ausgesetzt sieht, zu vermeiden. Verursacht der Antragsgegner durch Nichterteilung von Auskünften die verspätete Geltendmachung, stellt die Einjahresfrist eine grobe Unbilligkeit zu Lasten des Abänderungsklägers dar. Der Unterhaltsgläubiger braucht dabei keine sichere Kenntnis vom Herabsetzungsanspruch des Schuldners zu haben, es ist ausreichend, dass er mit der Möglichkeit rechnete und sein Handeln aktiv oder durch Unterlassung auf die Vereitelung der Geltendmachung der Unterhaltsreduzierung ausgerichtet hat.[59] Die Nichterfüllung der vom Gläubiger in einem Vergleich übernommenen Verpflichtung, jede Einkommensänderung unaufgefordert anzuzeigen kann ausreichen, weil sie nach der Lebenserfahrung den Schluss zulässt, der Gläubiger beabsichtige, um die Unterhaltsreduzierung herumzukommen.[60]

V. Begründetheit

39　**1. Doppelfunktion des § 238.** Die Vorschrift des § 238 enthält neben den prozessualen Regelungen zur Zulässigkeit der Abänderungsklage in Abs. 1 und 3 auch materiellrechtliche Bestimmungen. Abs. 2 und 4 betreffen die Begründetheit der Abänderungsklage, sie enthalten besondere materiellrechtlichen Voraussetzungen für das Bestehen oder Nichtbestehen eines Abänderungsanspruchs, die zusätzlich zu den Voraussetzungen des Unterhaltsanspruchs vorliegen müssen.

40　**2. Tatsachenpräklusion (Abs. 2). a) Entstehung der Abänderungstatsachen.** Der bisherige § 323 Abs. 2 ZPO aF wurde umformuliert, um insbesondere klarzustellen, dass es sich dabei um eine Frage der Begründetheit der Klage handelt, nicht um eine Zulässigkeitsvoraussetzung.[61] Die Abänderungsklage kann nur auf Gründe gestützt werden, die nach dem Schluss der letzten Tatsachenverhandlung des vorangegangenen Verfahrens entstanden sind. Eine Verhandlung nur über die Kosten des Rechtsstreits ist keine Tatsachenverhandlung, es muss über einen den Klageanspruch begründenden Sachvortrag verhandelt worden sein.[62]

41　**b) Präklusion vor Ablauf der Rechtsmittelfrist.** Das Abgrenzungskriterium für die präkludierten Alttatsachen soll nach dem Willen des Gesetzgebers inhaltlich dem § 323 Abs. 2 ZPO aF entsprechen.[63] Mit der Formulierung, „und deren Geltendmachung durch Einspruch nicht mehr

---

[56] BVerfG NJW 1972, 1025; MünchKommBGB/*Roth* § 242 Rn. 90.
[57] BT-Drucks. 16/6308, S. 258.
[58] BT-Drucks. 16/9733, S. 296.
[59] Entsprechend zu § 1585b Abs. 3 BGB: MünchKommBGB/*Maurer* § 1585b Rn. 24; *Soergel/Häberle* § 1585b BGB Rn. 6.
[60] Entsprechend zu § 1585b Abs. 3 BGB: BGH NJW 1989, 526, 528; MünchKommBGB/*Maurer* § 1585b Rn. 24 (mit weiteren Rechtsprechungsnachweisen).
[61] BT-Drucks. 16/6308, S. 257.
[62] OLG Köln FamRZ 1996, 354 = NJW-RR 1996, 1349.
[63] BT-Drucks. 16/6308, S. 257.

möglich ist oder war" wird jedoch eine entscheidende Änderung im Hinblick auf Tatsachen, die nach der letzten mündlichen Tatsachenverhandlung aber vor Ablauf der Rechtsmittelfrist entstanden sind. Bisher bestand nach einhelliger Meinung ein **Wahlrecht** zwischen Abänderungsklage und Berufung.[64] Dieses Wahlrecht entfällt nach der neuen Formulierung, denn nach dieser ist der Antragsteller in einem späteren Verfahren nach § 238 mit Tatsachen präkludiert, die vor Ablauf der Rechtsmittelfrist entstanden sind und deren Geltendmachung durch Einspruch damit zumindest möglich war. Nach bisherigem Recht konnte er wählen, ob er Berufung einlegt oder den Ablauf der Berufungsfrist abwartet und danach, ggf. erst wenn weitere Abänderungsgründe dazugekommen sind, die Abänderungsklage beim Amtsgericht erhebt. Es ist zu bezweifeln, dass der Gesetzgeber tatsächlich wollte, dass Parteien, die ansonsten mit einem Urteil zufrieden sind und damit auch bis zum Hinzutreten weiterer Abänderungsgründe leben könnten, jetzt trotzdem gezwungen sein sollen, die Berufung einzulegen, um mit diesen Gründen bei einer später wegen weiterer Abänderungsgründe erforderlichen Klage nicht präkludiert zu sein. Dies ist weder mit dem Grundsatz der Prozessökonomie vereinbar noch dient es der sonst im familienrechtlichen Verfahren stets geförderten und gewünschten Streitvermeidung. Solange der Gesetzgeber keine erneute Änderung vornimmt, wird jedoch so verfahren werden müssen, denn eine Auslegung entgegen dem ausdrücklichen und insoweit unmissverständlichen Wortlaut des Gesetzes ist nicht möglich (vgl. Rn. 25 f.).

Unverändert bleibt die **Pflicht zur Anschlussberufung** und zur Geltendmachung aller Tatsachen, wenn es zum Berufungsverfahren kommt.[65] Legt der andere Beteiligte gegen das Ersturteil Berufung ein, mussten nach alter Rechtslage und müssen auch jetzt alle während des Berufungsverfahrens entstehenden Tatsachen in das Verfahren eingebracht werden und ggf. im Wege der Anschlussberufung die Abänderung des Ersturteils beantragt werden. 42

Nicht präkludiert ist der Antragsteller in einem Abänderungsverfahren mit Tatsachen, die vor Ablauf der Berufungsfrist entstanden sind, wenn er **im erstinstanzlichen Urteil vollumfänglich obsiegt** hat. Der Beteiligte hatte dann keine Beschwer und konnte keine Berufung einlegen, so dass die Geltendmachung der Tatsachen durch Einspruch nicht möglich war. 43

c) Abänderung von Versäumnisurteilen. Unverändert ist die Lage hinsichtlich der Abänderung von Versäumnisurteilen gem. § 331 ZPO. Insoweit bestand auch nach alter Rechtslage eine **Pflicht zur Einlegung des Einspruchs.** Legt der Abänderungsberechtigte gegen ein Versäumnisurteil keinen Einspruch ein, ist er mit Tatsachen, die während der Einspruchsfrist entstanden sind bei einer Abänderungsklage gegen das Versäumnisurteil nach § 238 Abs. 2 präkludiert.[66] Anders als bei Tatsachen, die nach Abschluss der ersten Tatsacheninstanz entstehen und zur Einlegung der Berufung zwingen, führt der Einspruch gegen ein Versäumnisurteil nicht zum Verlust einer Instanz. Der Einspruch bewirkt den erneuten Eintritt in die Tatsachenverhandlung. Das gleiche Verfahren wird damit in erster Instanz fortgesetzt und durch die Berücksichtigung der Tatsachen in dieser wird ggf. sogar ein Abänderungsverfahren vermieden. Zur Bindungswirkung bei Abänderung eines Versäumnisurteils siehe unten Rn. 65. 44

d) Vorhersehbarkeit. Die Entscheidung über zukünftigen Unterhalt beruht auf einer **Prognose.** Auf der Grundlage der vorgetragenen Tatsachen versucht das Gericht, die Entwicklung des Unterhalts vorherzusehen. Die Prognose bezieht sich ausschließlich auf die Entwicklung des Unterhaltsanspruchs, nicht jedoch auf eine mögliche Veränderung der ihr zugrunde liegenden Tatsachen. Dass eine Tatsache, die später zur Abänderbarkeit des Urteils führt, schon im vorausgegangenen Verfahren vorhersehbar war, steht der Geltendmachung dieser Tatsache im Abänderungsverfahren nicht entgegen, solange der Abänderungsgrund im Erstverfahren tatsächlich noch nicht entstanden war.[67] Vorhersehbare aber noch nicht entstandene Tatsachen wie die Geburt eines weiteren Kindes, der Wegfall der Unterhaltspflicht für ein Kind bei Eintritt der Volljährigkeit als Abzugsposten beim Ehegattenunterhalt, etc. bereits im Erstprozess ist sachdienlich und die Gerichte sind im Rahmen einer effektiven Verfahrensleitung dazu verpflichtet, um den Beteiligten ein absehbares Abänderungsverfahren möglichst zu ersparen. Unterbleibt die Berücksichtigung vorhersehbarer Tatsachen führt dies jedoch nicht zur Präklusion nach Abs. 2. Eine entsprechende Anwendung der Vorschrift auf objektiv noch nicht entstandene sondern nur subjektiv vorhersehbare Tatsachen ist nicht gerechtfertigt und geht zum Nachteil des Abänderungsberechtigten weit über den Zweck der Tatsachenpräklusion hinaus. 45

---

[64] Oben § 323 ZPO Rn. 40 f.; *Zöller/Vollkommer* § 323 ZPO Rn. 13.
[65] *Zöller/Vollkommer* § 323 ZPO Rn. 13.
[66] Zur bisherigen Rechtslage: *Zöller/Vollkommer* § 323 ZPO Rn. 14.
[67] BGH NJW 1992, 364; *Zöller/Vollkommer* § 323 ZPO Rn. 34; oben § 323 ZPO Rn. 84.

46 **e) Wiedereinsetzung in den vorigen Stand.** Maßgeblich ist allein die tatsächliche Entstehung der Tatsachen, erlangt der Antragsteller erst später Kenntnis von Tatsachen, die vor der Letzten mündlichen Verhandlung entstanden sind, unterliegen diese der Präklusion und können grundsätzlich nicht mehr geltend gemacht werden. Hat der Antragsteller **unverschuldet keine Kenntnis** bzw. nicht rechtzeitig vor Ablauf der Einspruchsfrist gegen ein Versäumnisurteil oder der Frist zur Berufungsbegründung Kenntnis erlangt, gilt § 233 ZPO und es ist Wiedereinsetzung in den vorigen Stand zu gewähren.[68] Allerdings wird die Präklusion abzulehnen sein, wenn der Abänderungsberechtigte von einer Tatsache nach Ablauf der Frist zur Einlegung der Berufung Kenntnis erlangt hat und nicht aus anderen Gründen von ihm oder dem anderen Beteiligten aus anderen Gründen die Berufung eingelegt wurde.

47 **f) Wirkungen für den Antragsgegner.** § 238 Abs. 2 gilt nach hM nur für den Antragsteller.[69] Dies bedeutet, dass in einem Erstprozess über die Gewährung von Unterhalt alle Tatsachen vorgetragen werden müssen, die zur Erhöhung des Unterhalts führen bzw. tatsächlich bestehende Einwendungen und Einreden vorzutragen, sonst kann derjenige, der dies versäumt hat, auf diese Tatsachen keine neue Abänderungsklage stützen.[70] Allerdings ist auch der Gegner in einem Abänderungsverfahren nicht von der möglichen Präklusion befreit. Möchte er Tatsachen in das Verfahren einbringen, die eine Abänderung in die andere Richtung begründen, muss er dies im Wege der Abänderungswiderklage tun und für den Widerkläger gilt § 238 Abs. 2 in gleicher Weise. Es besteht außerdem die **Pflicht zur Erhebung einer solchen Widerklage,** wenn die Präklusion mit den zum entsprechenden Zeitpunkt bereits entstandenen Tatsachen in einer späteren Abänderungsklage vermieden werden soll.[71]

48 **3. Wesentliche Änderung der Umstände (Abs. 4).** Die Abänderungsklage ist begründet, wenn sich aus den vorgetragenen Tatsachen (vgl. oben Rn. 30) eine wesentliche Änderung der Umstände ergibt.

49 **a) Änderung der persönlichen oder wirtschaftlichen Verhältnisse.** Häufiger Grund für eine Abänderungsklage ist die Änderung des der Erstentscheidung zugrunde liegenden Sachverhalts. Es muss sich dabei um eine **tatsächliche Änderung** halten, eine andere Bewertung des ursprünglichen Sachverhalts begründet keine Abänderungsklage.

50 **aa)** Die **wirtschaftlichen Verhältnisse** der Beteiligten bilden die Grundlage für die Ermittlung des Unterhaltsanspruchs. Maßgeblich sind die Bedürftigkeit des Unterhaltsgläubigers und die Leistungsfähigkeit des Unterhaltsschuldners, die sich aus deren Einkommensverhältnissen und den persönlichen Verhältnissen ergeben. Verändert sich das bereinigte Nettoeinkommen eines Beteiligten beispielsweise durch eine Gehaltserhöhung, das Hinzukommen weiterer Einnahmequellen oder den Wegfall von Belastungen ist der Unterhalt auf Grund einer Änderung der wirtschaftlichen Verhältnisse neu zu berechnen.

51 **bb)** Eine Änderung der **persönlichen Verhältnisse** liegt vor, wenn durch Wiederheirat, Geburt eines Kindes, etc. weitere Unterhaltsberechtigte hinzukommen, die jedoch nur beachtlich sind, wenn sie in einem höheren Rang gem. § 1609 BGB als der Unterhaltsgläubiger des Abänderungsverfahrens berechtigt sind. Im Mangelfall ist die Änderung schon bei Gleichrangigkeit zu berücksichtigen. Auch wenn ein vorrangiger bzw. gleichrangiger Berechtigter wegfällt, beispielsweise ein volljähriges Kind nach Beendigung der Ausbildung, kann ein Abänderungsgrund gegeben sein.

52 **cc) Nachehelicher Unterhalt.** Während beim Verwandtenunterhalt und auch beim Unterhalt der nichtehelichen Mutter gem. § 1615l BGB grundsätzlich eine Abänderungsklage begründen können, wenn sich dadurch auch die Unterhaltshöhe ändert, ist beim nachehelichen Unterhalt § 1578 BGB einschränkend zu berücksichtigen. Die Unterhaltshöhe bestimmt sich nach den **eheprägenden Lebensverhältnissen.** Nach der Scheidung eintretende Umstände haben in der Regel die ehelichen Lebensverhältnisse nicht geprägt. Die Rechtsprechung des BGH betreffenden die ehelichen Lebensverhältnisse ist umfangreich. Früher wurde auf den Stichtag der Rechtskraft der Scheidung abgestellt und nachträglich eingetretene Veränderungen konnten allenfalls berücksichtigt werden, wenn ihnen entweder bereits in der Ehe angelegte Entwicklung zugrunde lag.[72] Diese Rechtsprechung wurde zunächst für nachteilige wirtschaftliche Veränderungen gelockert, die nur dann nicht zu einer Abänderbarkeit der ursprünglichen Entscheidung führen konnten, wenn sie auf einer Verletzung der Erwerbsobliegenheit des Unterhaltspflichtigen oder freiwilligen beruflichen oder

---

[68] Zöller/Vollkommer § 323 ZPO Rn. 34.
[69] BGH NJW 1987, 1203; 1988, 2372; 1990, 2889; 1992, 366; 1998, 161.
[70] BGH NJW 1998, 161.
[71] BGH NJW 1998, 161; Zöller/Vollkommer § 323 ZPO Rn. 34.
[72] BGH FamRZ 1987, 459, 460.

wirtschaftlichen Dispositionen beruhten.[73] Seine Rechtsprechung dazu hat der BGH in jüngster Zeit grundlegend geändert und nicht mehr strikt auf den Stichtag der Rechtskraft der Scheidung abgestellt. Dass auch eine negative Einkommensentwicklung beim Unterhaltspflichtigen nicht erst im Rahmen der Leistungsfähigkeit sondern schon auf Bedarfsebene zu berücksichtigen ist, hat der BGH erstmals in seiner Entscheidung vom 29. 1. 2003 ausdrücklich klargestellt.[74] Im Anschluss daran wurde der Begriff der **Wandelbarkeit der ehelichen Lebensverhältnisse** ausgedehnt. Nachträgliche Veränderungen persönlicher und wirtschaftlicher Verhältnisse, insbesondere auch der Hinzutritt vorrangiger oder gleichrangiger weiterer Unterhaltsberechtigter, die sich auf das Einkommen des Unterhaltspflichtigen auswirken, haben danach Einfluss auf den Unterhaltsbedarf des Berechtigten und stellen damit eine Änderung iSd. § 323 Abs. 4 dar.[75] Während Einkommenserhöhungen auf Grund eines nicht in der Ehe angelegten **Karrieresprungs** bis zuletzt nicht als Abänderungsgrund angesehen wurden,[76] hat der BGH jetzt auch hiervon eine Ausnahme zugelassen. Selbst eine auf einem Karrieresprung beruhende nachträgliche Einkommenserhöhung des Unterhaltspflichtigen kann zu berücksichtigen sein, nämlich dann, wenn sie mit dem Hinzutreten weiterer Unterhaltsberechtigter zusammenfällt und nur die Berücksichtigung dieses Umstandes zum Nachteil des Berechtigten unbillig wäre.[77]

dd) Einkommensfiktionen. Eine tatsächliche Änderung der Verhältnisse ist auch anzunehmen, 53 wenn sich die Tatsachen ändern, die im Ersturteil zum Ansatz fiktiver Einkünfte beim Unterhaltsberechtigten oder -pflichtigen geführt haben. Wenn ein Beteiligter eine Erwerbsobliegenheit hat, sich aber nicht ausreichend um eine Stelle bemüht können bei ihm zurecht fiktive Einkünfte angesetzt werden. Weist er im Abänderungsverfahren nach, dass er sich nach Abschluss des Erstverfahrens um eine Arbeit bemüht hat, eine solche aber nicht gefunden hat, oder auch eine Stelle hat, bei der er aber weniger verdient, als fiktiv angesetzt wurde, ist eine Anpassung geboten und die Abänderungsklage geboten.[78]

b) Änderung der Rechtslage. Ebenso wie eine Änderung der Tatsachen kann eine Änderung 54 der Rechtslage eine Abänderungsklage begründen. Darunter fallen **Gesetzesänderungen** und die einer solchen gleichkommende geänderte verfassungskonforme Auslegung eines Gesetzes. Ändern muss sich die **objektive** Rechtslage. Eine Abänderungsklage ist nicht begründet, wenn eine andere Anspruchsgrundlage für den nachehelichen Unterhalt auf Grund geänderter Umstände einschlägig wird.

Ein Abänderungsgrund liegt auch bei einer grundlegenden **Änderung der höchstrichterlichen** 55 **Rechtsprechung** vor. Gerade im Unterhaltsrecht kommt der Rechtsprechung wegen der allgemein gefassten Unterhaltstatbestände eine besondere Konkretisierungsfunktion zu, die im Falle ihrer Änderung auch die Anpassung früherer Urteile rechtfertigt. Eine Rechtsprechungsänderung, die eine Abänderung rechtfertigte, war im Wechsel von der Anrechnungs- zur Differenzmethode bei der Unterhaltsberechnung zu sehen, ebenso wie in der Entscheidung des Bundesverfassungsgerichts vom 7. 10. 2003 zur Berücksichtigung des Splittingvorteils der neuen Ehe.[79] Auch wenn die Amtsgerichte und Oberlandesgerichte für einen von ihnen zu entscheidenden Fall nicht an die Rechtsprechung des BGH gebunden sind, so halten sie sich doch in der Regel daran, so dass die Änderung der Rechtsprechung einer Gesetzesänderung gleichkommt. Dies gilt nicht, wenn der BGH eine in Literatur und Rechtsprechung strittige Frage erstmals entscheidet,[80] und auch nicht für die Rechtsprechung der Oberlandesgerichte. Umstritten ist in der Literatur, ob auch die Änderung der Leitlinien der Oberlandesgerichte oder der Düsseldorfer Tabelle eine Abänderungsklage begründen können.[81] Die Frage ist kaum von praktischer Relevanz, da Oberlandesgerichte zwar in Einzelfällen nicht mit der Rechtsprechung des BGH konform entscheiden, die Leitlinien jedoch im Allgemeinen in Übereinstimmung mit der höchstrichterlichen Rechtsprechung abgefasst werden. Änderungen der Düsseldorfer Tabelle rechtfertigen die Abänderung nur, wenn nicht ohnehin ein dynamisches Unterhaltsurteil vorliegt, was zwischenzeitlich die Regel ist.

---

[73] BGH FamRZ 1988, 145, 147 (Erwerbsobliegenheitsverletzung); BGH FamRZ 1988, 256 (unverschuldete Arbeitslosigkeit).
[74] BGH NJW 2003, 1518.
[75] BGH NJW 2006, 1654; 2008, 1663; 2009, 588.
[76] BGH NJW 2008, 1663.
[77] BGH NJW 2009, 588.
[78] *Wendl/Staudigl/Schmitz* § 10 Rn. 158 c.
[79] BVerfG NJW 2003, 3466.
[80] *Wendl/Staudigl/Schmitz* § 10 Rn. 158 d; *Graba* Rn. 278.
[81] Vgl. zum Meinungsstand *Graba* Rn. 279.

56 Änderungen der Rechtslage können erst ab dem Zeitpunkt geltend gemacht werden, zu dem sie tatsächlich vorlagen, also nach **Inkrafttreten** eines neuen Gesetzes oder ab **Verkündung** des entsprechenden höchstrichterlichen Urteils.[82]

57 **c) Befristung und Begrenzung des Unterhalts.** Die Möglichkeiten der Befristung und Begrenzung des Unterhalts wurden mit der Unterhaltsrechtsreform zum 1. 1. 2008 in § 1578b BGB neu geregelt. Eine **Änderung der Rechtslage** ist damit insoweit verbunden, als § 1578b BGB für alle Unterhaltstatbestände gilt, während nach alter Rechtslage nur der Unterhalt gem. § 1573 BGB befristet werden konnte. Es ist jetzt also auch die Befristung von **Krankheitsunterhalt** nach § 1572 BGB grundsätzlich möglich.[83]

58 Für den **Aufstockungsunterhalt** hatte der BGH schon vor der Einführung des § 1578b BGB klargestellt, dass auch bei langer Ehedauer von einer Befristung und Begrenzung des Aufstockungsunterhalts auszugehen ist, wenn dies der Billigkeit im Hinblick auf ehebedingte Nachteile entspricht.[84] Die zeitliche Befristung des Aufstockungsunterhalts kann nachträglich im Wege der Abänderungsklage geltend gemacht werden, auch wenn das Ersturteil noch keine Befristung enthielt und aus der Zeit der Anrechnungsmethode stammt.[85] Von der Möglichkeit der Befristung wurde bis zur zitierten Rechtsprechung des BGH aus dem Jahr 2007 nur sehr verhalten Gebrauch gemacht, weil dies erst mit Einführung der Differenzmethode eine deutliche Verlängerung des Unterhalts bis hin zur lebenslangen Lebensstandardgarantie auch ohne lange Ehedauer und damit die Notwendigkeit der Befristung ergab. Die Anrechnungsmethode führte schon auf Grund der Art der Unterhaltsberechnung nur zu begrenzten Unterhaltsansprüchen und eine Befristung war nicht erforderlich. Dies änderte sich mit Einführung der Differenzmethode. Wurde der Unterhalt im Ersturteil bereits nach der Differenzmethode berechnet und keine Befristung ausgesprochen, kann diese ebenfalls nachträglich geltend gemacht werden, wenn die **Tatsachen, aus denen sich die Befristung herleiten lässt** noch nicht vorlagen. Waren solche Tatsachen zwar erkennbar, aber ihr Eintritt nicht sicher und allein vom Zeitablauf abhängig, ist der Abänderungskläger nicht präkludiert, die Befristung kann noch geltend gemacht werden (vgl. oben Rn. 44). Insbesondere muss dies bei langer Ehedauer für Ersturteile aus der Zeit vor der Rechtsprechung des BGH zur Befristung aus dem Jahr 2007 gelten.

59 Dies gilt auch für einen nach der Unterhaltsrechtsreform unbefristet zugesprochenen **Betreuungsunterhalt** gem. § 1570 BGB. Der Betreuungsunterhalt ist nicht durch die gesetzliche Neuregelung von vornherein bis zum dritten Lebensjahr des Kindes zu befristen. Das Gesetz sieht die Verlängerung über das dritte Lebensjahr hinaus vor, wenn dies der Billigkeit entspricht, für welche der Unterhaltsberechtigte die Darlegungs- und Beweislast hat.[86] Am bisher praktizierte Altersphasenmodell wollte der BGH nicht festhalten sondern die Frage der Billigkeit im Einzelfall entschieden wissen. Es ist deshalb ab dem dritten Lebensjahr des Kindes von einer Erwerbsobliegenheit des betreuenden Elternteils auszugehen, soweit Betreuungsmöglichkeiten vorhanden sind und dies mit dem Kindeswohl vereinbar ist. Ob und in welcher Höhe diese Erwerbsobliegenheit den Unterhaltsanspruch beeinflusst ist regelmäßig bei Erlass des Ersturteils nicht vorhersehbar, insbesondere soweit dies von der Entwicklung der Kinder und den Aspekten des Kindeswohls abhängt. Ebenso wenig lässt sich im Voraus verbindlich feststellen, ob und inwieweit die aufgenommene Erwerbstätigkeit ehebedingte Nachteile auszugleichen vermag.[87] Gerade wenn im Ersturteil Druck und Existenzangst im Interesse des Kindeswohls vom betreuenden Elternteil genommen werden sollen und deshalb auf eine Befristung verzichtet wird, muss dem Unterhaltspflichtigen später bei positiver Entwicklung noch die Möglichkeit der Abänderung gegeben sein.

60 Hinsichtlich des **Unterhalts gem. § 1615l BGB** stellt die auf Grund des Urteils des Bundesverfassungsgerichts vom 28. 2. 2007[88] ergangene **Gesetzesänderung** eine Änderung der Rechtslage dar. Ein nur bis zum dritten Lebensjahr des Kindes gewährter Unterhalt kann im Wege der Abänderungsklage darüber hinaus geltend gemacht werden. Für eine Leistungsklage besteht kein Rechtsschutzbedürfnis, weil es sich um den gleichen Unterhaltsanspruch handelt, der nur auf Grund geänderter Rechtslage über das dritte Lebensjahr des Kindes hinaus gewährt wird. Für die Frage der nachträglichen Befristung gilt das zum nachehelichen Unterhalt gem. § 1570 BGB Gesagte, da die Vorschriften vom Gesetzgeber aneinander angepasst wurden.[89]

---

[82] BGH NJW 2007, 1961, 1964.
[83] BGH FPR 2009, 128.
[84] BGH FamRZ 2007, 2049 = NJW-RR 2008, 1; BGH NJW 2008, 148.
[85] BGH NJW 2007, 1961; Abweichung von BGH NJW 2004, 3106.
[86] BGH NJW 2008, 3125, 3132.
[87] *Wendl/Staudigl/Pauling* § 4 Rn. 594.
[88] BVerfG NJW 2007, 1735.
[89] Zu den unterschiedlichen Aspekten der Billigkeit bei § 1615l und § 1570 BGB: BGH NJW 2008, 3125 ff.

d) Wesentliche Änderung. Eine Abänderungsklage ist nur begründet, wenn sich die Umstände **61** wesentlich geändert haben. Eine Gesamtbetrachtung aller Umstände muss insgesamt zu einer wesentlichen Veränderung führen. Die Veränderung einzelner Umstände reicht nicht aus, wenn eine Erhöhung oder Reduzierung des Unterhalts durch die Veränderung anderer Umstände wieder ausgeglichen wird. Für das Ausmaß der Veränderung kommt es darauf an, welche Auswirkung die Änderungen insgesamt auf die Höhe des Unterhalts haben.[90] Als Anhaltspunkt für eine wesentliche Änderung wird in Literatur und Rechtsprechung die sog. **10%-Grenze** herangezogen.[91] Es handelt sich dabei jedoch nicht um eine starre Grenze und auch nicht um eine Mindeständerung. Die Wesentlichkeit der Änderung ist im Einzelfall zu beurteilen. Bei beengten wirtschaftlichen Verhältnissen kann schon eine geringere Veränderung wesentlich sein.[92]

Wesentlich sind nur **nachhaltige** Veränderungen.[93] Eine Abänderungsklage ist nicht begründete, **62** wenn eine kurzfristige Einkommensreduzierung vorliegt, zB durch Arbeitslosigkeit, aber nach wenigen Monaten wieder das ursprüngliche Einkommensniveau erreicht wird. Würden auch kurzfristige Veränderungen die Abänderungsklage begründen, müsste der andere Beteiligte sofort nach Wegfall der Änderung wieder eine Abänderungsklage erheben, was nicht zu der im Familienrecht gewünschten dauerhaften Befriedung beiträgt. Der Auffassung, dass bei gehobenen Vermögensverhältnissen und einer Unterhaltsrente von 600 Euro monatlich schon bei einem Einkommensausfall von einem Monat die Berufungssumme erreicht und damit die Wesentlichkeitsgrenze überschritten sei,[94] kann nicht uneingeschränkt gefolgt werden. Gerade in guten wirtschaftlichen Verhältnissen ist die vorübergehende Fortzahlung des Unterhalts zumutbar, zumal dem Unterhaltsschuldner die Möglichkeit der Rückforderung schon erhalten bleibt, wenn er außergerichtlich die Reduzierung geltend macht. Allerdings ist hier auf die **Umstände des Einzelfalls** abzustellen. Entfallen dem Unterhaltsschuldner durch die Arbeitslosigkeit sämtliche Einkünfte und verfügt er nicht über das nötige Kapital, um den Ausfall zu überbrücken, kann ihm die Fortzahlung des Unterhalts nicht zugemutet werden, insbesondere nicht, wenn der Unterhaltsgläubiger selbst in der Lage ist, seinen Mindestbedarf zu decken.

4. Bindungswirkung (Abs. 4). Die Entscheidung ist gem. Abs. 4 **unter Wahrung ihrer** **63** **Grundlagen** anzupassen, wenn sich die Umstände wesentlich geändert haben. Die Bindungswirkung an die Entscheidungsgründe des abzuändernden Urteils ist bei der Beurteilung der Begründetheit der Abänderungsklage maßgeblich.

Gebunden sind die Beteiligten dabei auch an die **Prognose des Erstrichters.** Hat er die **64** Tatsachen falsch bewertet und kam deshalb zu einer falschen Prognose, ist der Abänderungsrichter an die Bewertung des Erstrichters gebunden. Eine falsche Bewertung des Erstrichters kann nur durch die Berufung angegriffen werden. Dies gilt zB für eine falsche Unterhaltsberechnung oder Fehler bei der Ermittlung des Sachverhalts, ebenso wie für die fehlerhafte Berücksichtigung oder Nichtberücksichtigung einzelner Positionen. Ausnahmen können aus Billigkeitsgründen zugelassen werden, wenn die Aufrechterhaltung des Urteils zu untragbaren Ergebnissen führen würde.[95] Kann die Entscheidungsgrundlage des Ersturteils nicht ermittelt werden, ist für die Abänderbarkeit auf die tatsächlichen Umstände abzustellen. Dies kann bei einem Anerkenntnisurteil der Fall sein, da die Tatsachen dort in der Regel nicht gerichtlich festgestellt wurden, oder auch bei ausländischen Urteilen.

Betrifft die Abänderungsklage ein **Versäumnisurteil** gegen den Beklagten, bezieht sich die **65** Bindungswirkung auf den schlüssigen Klagevortrag im Erstverfahren. Gem. § 331 Abs. 1 S. 1 ZPO ist der Klagevortrag als zugestanden anzusehen und damit stellt er die Grundlage für das Urteil dar, soweit es sich um schlüssigen Vortrag handelt. Auch wenn dies den Nachteil hat, dass der Beklagte bei unrichtigem Vortrag des Klägers ein Versäumnisurteil nicht hinnehmen kann, auch wenn er das Ergebnis akzeptieren könnte bzw. dass das Urteil bei geringem Klagevortrag leichter abänderbar ist, ist die Bindungswirkung aus Gründen der Rechtssicherheit zu bejahen.[96]

5. Beweislast. Der Antragsteller muss grundsätzlich darlegen und beweisen, dass sich die Verhält- **66** nisse wesentlich geändert haben. Er hat damit die Beweislast für die der Erstentscheidung zugrunde liegenden Tatsachen und die wesentliche Änderung.[97] Dabei muss er beweisen, dass die Änderung der Umstände insgesamt zu einer wesentlichen Veränderung führt, er muss also auch gegenläufige

---

[90] BGH NJW 1996, 517; NJW-RR 1990, 194.
[91] *Wendl/Staudigl/Schmitz* § 10 Rn. 158.
[92] Oben § 323 ZPO Rn. 86.
[93] BGH NJW 1996, 517; *Thomas/Putzo/Hüßtege* § 323 ZPO Rn. 25.
[94] *Wendl/Staudigl/Schmitz* § 10 Rn. 158 a.
[95] BGH FamRZ 1984, 374, 376; 1997, 259.
[96] Oben § 323 ZPO Rn. 77; *Zöller/Vollkommer* § 323 ZPO Rn. 41; *Wendl/Staudigl/Schmitz* § 10 Rn. 158.
[97] BGH FamRZ 2004, 1179 = NJW-RR 2004, 155; *Graba* Rn. 271, 295, 298.

Änderungen darlegen.[98] Auf Seiten des Antragsgegners ist einfaches Bestreiten nicht ausreichend, wenn es sich um Tatsachen handelt, die ihm besser bekannt sind als dem Antragsteller und deren Preisgabe ihm zumutbar ist, beispielsweise eine Veränderung seines eigenen Einkommens. Stützt der Unterhaltsberechtigte als Antragsteller seinen Anspruch auf einen neuen Unterhaltstatbestand, bleibt es bei der üblichen Beweislastverteilung im Unterhaltsverfahren.[99]

VI. Abänderung ausländischer Unterhaltsurteile

67 **1. Qualifikation des § 238.** Die **Doppelfunktion** des § 238 hat der Gesetzgeber des FamFG nochmals deutlich herausgestellt (s. o. Rn. 30 und 39). Die Vorschrift enthält sowohl rein prozessuale Regelungen betreffend die Zulässigkeit der Klage in Abs. 1 und Abs. 3. Diese sind damit als **Prozessrecht** zu qualifizieren und nach dem **lex fori-Prinzip** nur anzuwenden, wenn das Verfahren vor deutschen Gerichten geführt wird. Da in Abs. 2 und Abs. 4 ausdrücklich Fragen der Begründetheit der Klage geregelt werden, handelt es sich dabei um **materiellrechtlich** zu qualifizierende Vorschriften des deutschen Unterhaltsrechts. Sie kommen nur zur Anwendung, wenn das Unterhaltsstatut deutsches Recht ist.

68 **2. Abänderbarkeit ausländischer Entscheidungen.** Nur anerkennungsfähige Entscheidungen können vor einem deutschen Gericht abgeändert werden. Die Frage der **Anerkennungsfähigkeit** prüft das deutsche Gericht inzident als Zulässigkeitsvoraussetzung der erhobenen Abänderungsklage. Es ist nicht erforderlich, dass das Ersturteil förmlich anerkannt wurde oder eine förmliche Vollstreckbarerklärung erteilt wurde.[100] Zu unterscheiden sind isolierte Unterhaltsentscheidungen und Unterhaltsentscheidungen innerhalb eines Trennungs- oder Scheidungsverfahrens. Die Anerkennungsfähigkeit von isolierten Unterhaltsentscheidungen richtet sich ausschließlich nach Art. 32 ff. der Verordnung (EG) Nr. 44/2001 über die gerichtliche Zuständigkeit und die Anerkennung und Vollstreckung von Entscheidungen in Zivil- und Handelssachen (Brüssel I-VO) bzw. das inhaltsgleiche Luganer Übereinkommen vom 16. 9. 1988, soweit diese zeitlich und räumlich-persönlich anwendbar sind. Ist kein Staatsvertrag oder EG-Recht einschlägig, sind die Anerkennungsvoraussetzungen für ausländische Entscheidungen in § 328 ZPO geregelt. Wurde über den Unterhalt als Folgesache im Scheidungs- oder Trennungsurteil entschieden, ist nicht das Unterhaltsurteil als solches isoliert anzuerkennen, sondern die Anerkennungsfähigkeit des Scheidungs- oder Trennungsurteils ist zu prüfen.[101] Diese richtet sich für Urteile aus Mitgliedsstaaten der EU nach der Verordnung (EG) Nr. 2201/2003 über die Zuständigkeit und die Anerkennung und Vollstreckung von Entscheidungen in Ehesachen und in Verfahren betreffend die elterliche Verantwortung (Brüssel IIa-VO), die seit 1. 7. 2007 auch für Dänemark gilt. Gem. Art. 21 Brüssel IIa-VO werden die Entscheidungen eines anderen Mitgliedsstaates ohne förmliches Verfahren anerkannt.

69 **3. Internationale Zuständigkeit.** Noch vor der Frage der Zulässigkeit der Abänderungsklage ist die internationale Zuständigkeit der deutschen Gerichte zu prüfen. Die Abänderungsklage ist **Unterhaltssache iSd. Art. 5 Nr. 2 der Brüssel I-Verordnung.** International zuständig sind demnach die Gerichte am Wohnsitz des Unterhaltsberechtigten, unabhängig davon, ob dieser Antragsteller oder Antragsgegner der Abänderungsklage ist.[102] Die Annexzuständigkeit des Art. 5 Nr. 2 Brüssel I Verordnung am Gericht der Ehescheidung für Unterhalt als Scheidungsfolgesache ist für die Abänderungsklage nicht relevant, da nur die Erstentscheidung im Scheidungsverfahren ergeht. Zu prüfen ist ggf. die Anwendbarkeit des **Luganer Übereinkommens.** Sind weder Staatsverträge noch europarechtlichen Verordnungen anwendbar, folgt die internationale Zuständigkeit **gem. § 105 der örtlichen Zuständigkeit.**[103] Sind die deutschen Gerichte international zuständig, ist nach dem lex fori Prinzip das deutsche Verfahrensrecht anzuwenden, also zunächst nach Abs. 1 und Abs. 3 die Zulässigkeit der Abänderungsklage zu prüfen.

70 **4. Bedeutung des Unterhaltsstatuts.** Die Begründetheit einer auf die Abänderung einer ausländischen Entscheidung gerichteten Klage richtet sich nur dann nach Abs. 2 und Abs. 4, wenn das Unterhaltsstatut deutsches Recht ist, also wenn sich der Unterhaltsanspruch nach dem materiellen deutschen Unterhaltsrecht richtet. Auch in einem Abänderungsverfahren vor deutschen Gerichten sind Abs. 2 und Abs. 4 deshalb nicht anwendbar, wenn nicht materielles deutsches Recht anzuwenden ist. Die Anwendbarkeit kann nicht über das lex fori Prinzip begründet werden, weil § 238 Abs. 2

---

[98] *Wendl/Staudigl/Dose* § 6 Rn. 726; *Wendl/Staudigl/Schmitz* § 10 Rn. 166.
[99] *Wendl/Staudigl/Dose* § 6 Rn. 726.
[100] *Johannsen/Henrich/Brudermüller* § 323 ZPO Rn. 59.
[101] Oben § 323 ZPO Rn. 127.
[102] Oben Art. 5 EuGVO Rn. 49 s. o. I ZPR, B. 1.
[103] S. o. § 105 Rn. 10 ff.

und Abs. 4 nicht als verfahrensrechtliche Vorschriften qualifiziert werden können sondern materielles Unterhaltsrecht betreffen.[104] Das Unterhaltsstatut wird nach **Art. 18 EGBGB** ermittelt. Es umfasst auch die Frage der Abänderbarkeit einer Unterhaltsentscheidung und regelt Art und Ausmaß der Abänderung.[105]

Art und Ausmaß er Abänderung richten sich nicht zwingend nach dem Recht, nach dem der Unterhalt in der Ausgangsentscheidung ermittelt wurde. Ein **Statutenwechsel** ist beachtlich.[106] Hat der Unterhaltsberechtigte seinen gewöhnlichen Aufenthalt verändert und ist damit ein Statutenwechsel verbunden, bedeutet dies auch eine Änderung des anwendbaren Rechts und damit eine Änderung der Umstände die der Erstentscheidung zugrunde lagen. Ob damit auch die Abänderung der Erstentscheidung begründet ist, wird nach dem aktuellen Unterhaltsstatut ermittelt. An den gewöhnlichen Aufenthalt wird gem. Art. 18 Abs. 1 EGBGB beim Verwandtenunterhalt und beim Trennungsunterhalt angeknüpft. Der nacheheliche Unterhalt richtet sich dagegen nach dem auf die Ehescheidung anwendbaren Recht (Art. 18 Abs. 4 EGBGB), wenn das Scheidungsurteil hier anerkannt wurde. Das Unterhaltsstatut für den nachehelichen Unterhalt ist dann unwandelbar und die Abänderung richtet sich nach dem Recht der Erstentscheidung.

§ 239 Abänderung von Vergleichen und Urkunden

(1) ¹Enthält ein Vergleich nach § 794 Abs. 1 Nr. 1 der Zivilprozessordnung oder eine vollstreckbare Urkunde eine Verpflichtung zu künftig fällig werdenden wiederkehrenden Leistungen, kann jeder Teil die Abänderung beantragen. ²Der Antrag ist zulässig, sofern der Antragsteller Tatsachen vorträgt, die die Abänderung rechtfertigen.

(2) Die weiteren Voraussetzungen und der Umfang der Abänderung richten sich nach den Vorschriften des bürgerlichen Rechts.

I. Normzweck, Entstehungsgeschichte

§ 239 regelt die Abänderbarkeit von Vergleichen und Urkunden und entspricht damit dem bisherigen § 323 Abs. 4 ZPO aF bzw. dem neuen § 323a ZPO. Auch diese Titel basieren auf einer Prognose, wenngleich sie nicht von einem Gericht sondern von den Parteien selbst und damit einvernehmlich erstellt wurde. Dass auch hinsichtlich der Änderung der Verhältnisse und die damit verbundene Änderung der Unterhaltshöhe ein Einvernehmen erzielt werden kann, ist aber trotz der einvernehmlichen Erstregelung nicht gesagt. Deshalb müssen auch Vergleiche nach § 794 Nr. 1 ZPO und vollstreckbare Urkunden, die eine Verpflichtung zu künftig fällig werdenden wiederkehrenden Leistungen enthalten, einer gerichtlichen Abänderung zugänglich sein.

II. Anwendungsbereich

§ 239 regelt die Abänderbarkeit für **Vergleiche gem. § 794 Abs. 1 Nr. 1 ZPO** und vollstreckbare Urkunden. Die bisherige Regelung des § 323 Abs. 4 ZPO aF verwies außerdem auf Titel gem. § 794 Nr. 2a und Nr. 2b ZPO. § 794 Nr. 2a ZPO aF wird zum 1. 9. 2009 aufgehoben. Dort waren Beschlüsse aus einem Vereinfachten Verfahren über den Unterhalt Minderjähriger bezeichnet, deren Abänderbarkeit § 240 gesondert regelt. § 794 Nr. 5 ZPO bezeichnet vollstreckbare Urkunden, die von einem deutschen Gericht oder einem deutschen Notar errichtet wurden. Auf diese nimmt § 239 wörtlich Bezug, nicht über die Verweisung.

Unter die **vollstreckbaren Urkunden** fallen auch Jugendamtsurkunden gem. §§ 59, 60 SGB VIII. Dies entsprach schon nach früherer Rechtslage der Rechtsprechung und der herrschenden Lehre.[1] Es entspricht dem Normzweck, denn letztlich stellt die Jugendamtsurkunde lediglich eine kostengünstige Alternative zum notariellen Anerkenntnis dar. Der Unterhaltspflichtige soll nicht von der Errichtung abgeschreckt werden, indem man ihm auf Grund des Wortlauts des Gesetzes die Abänderungsmöglichkeit verweigert. Nach dem neuen Wortlaut des § 239 Abs. 1 S. 1 können auch Jugendamtsurkunden problemlos subsumiert werden. Die Urkunden gem. § 794 Abs. 1 Nr. 5 ZPO sind nach wie vor abänderbar, sie fallen auch unter die vollstreckbaren Urkunden. Dies sind in einem

---

[104] So auch *Wendl/Staudigl/Dose* § 9 Rn. 252 ff., oben § 323 ZPO Rn. 135; aA *Strasser* FPR 2007, 451, 452.
[105] *Palandt/Thorn* Art. 18 EGBGB Rn. 17.
[106] So auch *Wendl/Staudigl/Dose* § 9 Rn. 254, oben § 323 ZPO Rn. 137; BGH NJW 1983, 1976, beurteilt die Abänderung nach dem Recht der Erstentscheidung, aber offen gelassen für Statutenwechsel.

[1] BGH NJW 1985, 64; BGH FamRZ 2003, 304, 305 = NJW-RR 2003, 433, 434; oben § 323 ZPO Rn. 12; *Zöller/Vollkommer* § 323 ZPO Rn. 5.

gerichtlichen Verfahren geschlossene und protokollierte Vergleiche und außergerichtliche Unterhaltsvereinbarungen, die notariell beurkundet wurden. Auch einseitige Erklärungen, wie Anerkenntnisse, ohne Vergleichscharakter fallen darunter.

4 **Nicht abänderbar** nach § 239 sind jedoch außergerichtliche Vereinbarungen, die nicht tituliert wurden. Nur wenn die Parteien dies besonders vereinbart haben, ist der Anwendungsbereich des § 239 eröffnet.

III. Zulässigkeit

5 **1. Klagebefugnis.** Grundsätzlich sind nur die Vertragsparteien selbst **aktivlegitimiert.** Klagebefugt sind aber auch Kinder, wenn die Eltern im Scheidungsverfahren einen Vergleich über den Kindesunterhalt geschlossen haben, der abzuändern ist und nach rechtskräftiger Scheidung kein Fall der Prozessstandschaft gem. § 1629 Abs. 3 BGB mehr vorliegt.[2] Handelt es sich bei dem abzuändernden Titel um einen echten Vertrag zugunsten Dritter, ist auch der Begünstigte klagebefugt.[3]

6 Umgekehrt ist der Rechtsnachfolger des Unterhaltsberechtigten, beispielsweise der Träger der Sozialhilfe, **passivlegitimiert.** Ist der Unterhaltsanspruch nur zum Teil übergangen, muss der Schuldner seine Klage gegen den Berechtigten und den Rechtsnachfolger richten, insbesondere wenn er zu viel bezahlten Unterhalt zurückverlangen möchte.

7 **2. Änderung der Umstände.** Gem. Abs. 1 S. 2 muss der Antragsteller Tatsachen vortragen, die die Abänderung rechtfertigen. Ebenso wie bei der Abänderung von Urteilen gem. § 238 ist die Klage nur zulässig, wenn eine Änderung der Umstände, die dem Vergleichsschluss zugrunde lagen, vorgetragen wird. Wird zwar vorgetragen, dass sich die **Geschäftsgrundlage des Vergleichs geändert hat,** kann dies aber im Rahmen der Begründetheit nicht bewiesen werden, ist die Klage zulässig aber unbegründet. Anders als bei der Abänderung von gerichtlichen Urteilen gem. § 238 kommt es bei der Abänderung von Vergleichen oder vollstreckbaren Urkunden für die Frage der Zulässigkeit nicht darauf an, dass es sich um eine wesentliche Änderung handelt.

8 **3. Keine zeitliche Beschränkung.** § 239 enthält keine dem § 238 Abs. 3 entsprechende Regelung. Schon nach alter Rechtslage war bei der Abänderung von Vergleichen die zeitliche Beschränkung gem. § 323 Abs. 3 ZPO aF nicht anwendbar.[4] Dies wollte der Gesetzgeber ausdrücklich beibehalten.[5] Vergleiche und vollstreckbare Urkunden sind demnach grundsätzlich rückwirkend unbeschränkt abänderbar. Wenn dem materiell-rechtliche Gründe entgegenstehen, ist dies eine Frage der Begründetheit.

IV. Begründetheit

9 **1. Wesentlichkeitsgrenze.** Anders als bei § 238 kann die Abänderung von Vergleichen oder vollstreckbaren Urkunden begründet sein, ohne dass eine Wesentlichkeitsschwelle überschritten wird.[6] Die Voraussetzungen der Abänderbarkeit richten sich nach dem materiellen Recht und damit zunächst danach, welche Voraussetzungen für eine Abänderung **vereinbart** haben. Beachtlich ist auch der vereinbarte Ausschluss der Abänderbarkeit, soweit dieser nicht einem unzulässigen Unterhaltsverzicht gleichkommt.

10 Haben die Parteien die Voraussetzungen für eine Abänderung nicht ausdrücklich oder jedenfalls im Wege der Auslegung erkennbar definiert, muss auf die Grundsätze über den **Wegfall der Geschäftsgrundlage** zurückgegriffen werden.[7] Abs. 2 verweist auf die Vorschriften des bürgerlichen Rechts und damit auf § 313 BGB, der eine Anpassung von Verträgen vorsieht, wenn sich die Umstände nach Vertragsschluss schwerwiegend verändert haben. Damit ist, sofern die Parteien nicht etwas anderes vereinbart haben, auch insoweit für die Begründetheit der Abänderungsklage eine wesentliche Veränderung der Umstände erforderlich. Wann eine solche schwerwiegende Änderung der Umstände vorliegt, ist nach den Umständen des Einzelfalls zu beurteilen.[8] Sie wird angenommen, wenn davon auszugehen ist, dass eine Vertragspartei oder beide den Vertrag nicht oder nicht mit dem gleichen Inhalt abgeschlossen hätten, wenn sie die Veränderung vorhergesehen hätten. Davon ist

---

[2] S. auch oben § 238 Rn. 10.
[3] *Zöller/Vollkommer* § 323 ZPO Rn. 30; offen gelassen BGH NJW 1983, 684 (ein Vergleich zwischen den Eltern über Kindesunterhalt stellt danach keinen Vertrag zugunsten Dritter dar).
[4] *Zöller/Vollkommer* § 323 ZPO Rn. 46.
[5] BT-Drucks. 16/6308, S. 258.
[6] BT-Drucks. 16/6308, S. 258.
[7] BGH FamRZ 1986, 785.
[8] *Palandt/Grüneberg* § 313 BGB Rn. 18.

jedenfalls auszugehen, wenn die Kriterien für eine wesentliche Änderung iSd. § 238 Abs. 4 vorliegt.[9] Auch dort wird eine Wesentlichkeitsschwelle von einer bestimmten Abweichung, beispielsweise 10%, abgelehnt und auf die Umstände des Einzelfalls abgestellt, insbesondere ob die Parteien in guten oder eher beengten wirtschaftlichen Verhältnissen leben.

2. Bindungswirkung. Soweit sich diese nicht wesentlich geändert hat, sind die Parteien an die vereinbarte Geschäftsgrundlage gebunden. Der Antragsteller muss die Geschäftsgrundlage bei Vergleichsschluss darlegen und die entsprechenden Änderungen. Die Geschäftsgrundlage kann, wenn sie nicht ausdrücklich festgelegt wurde, durch Auslegung des Vereinbarungstextes ermittelt werden. Anhaltspunkte für die Geschäftsgrundlage liefert in der Regel die im Zeitpunkt des Vergleichsschlusses herrschende höchstrichterliche Rechtsprechung. Eine Änderung der höchstrichterlichen Rechtsprechung, insbesondere die Änderung der Berechnungsmethode der Anrechnungs- zur Differenzmethode stellt eine wesentliche Änderung der Geschäftsgrundlage dar.[10] Auch ist die nachträgliche Befristung und Begrenzung des Unterhalts möglich, wenn zu Zeiten der Anrechnungsmethode eine solche nicht vereinbart wurde.[11]

§ 240 Abänderung von Entscheidungen nach den §§ 237 und 253

(1) Enthält eine rechtskräftige Endentscheidung nach § 237 oder § 253 eine Verpflichtung zu künftig fällig werdenden wiederkehrenden Leistungen, kann jeder Teil die Abänderung beantragen, sofern nicht bereits ein Antrag auf Durchführung des streitigen Verfahrens nach § 255 gestellt worden ist.

(2) ¹Wird ein Antrag auf Herabsetzung des Unterhalts nicht innerhalb eines Monats nach Rechtskraft gestellt, so ist die Abänderung nur zulässig für die Zeit ab Rechtshängigkeit des Antrags. ²Ist innerhalb der Monatsfrist ein Antrag des anderen Beteiligten auf Erhöhung des Unterhalts anhängig geworden, läuft die Frist nicht vor Beendigung dieses Verfahrens ab. ³Der nach Ablauf der Frist gestellte Antrag auf Herabsetzung ist auch zulässig für die Zeit ab dem Ersten des auf ein entsprechendes Auskunfts- oder Verzichtsverlangen des Antragstellers folgenden Monats. ⁴§ 238 Abs. 3 Satz 4 gilt entsprechend.

I. Allgemeines

1. Normzweck. Ist ein Verfahren auf Feststellung der Vaterschaft rechtshängig, kann das Kind gem. § 237 schon vor der rechtskräftigen Entscheidung die Festsetzung des Mindestunterhalts verlangen. Einen höheren Unterhalt kann es nicht verlangen. Auch im vereinfachten Verfahren gem. §§ 249 ff. werden Bedürftigkeit und Leistungsfähigkeit nicht abschließend ermittelt, sondern ein existenzsichernder Titel schnell und einfach verschafft. Diese Art der Unterhaltsfestsetzung führt zu einem entsprechendem **Korrekturbedürfnis.** Die rechtskräftige Entscheidung muss abgeändert werden können, auch wenn die Voraussetzungen des § 238 nicht vorliegen, also insbesondere wenn noch keine wesentliche Änderung der Umstände eingetreten ist.

2. Verhältnis zu § 238. Die beiden Vorschriften schließen sich gegenseitig aus. § 240 regelt die Abänderungsklage für die gerichtlichen Entscheidungen nach § 237 und § 253. Diese Titel sind nicht gem. § 238 abänderbar. Ist eine Entscheidung nach § 240 ergangen, kann diese bei wesentlicher Änderung der ihr zugrunde liegenden Umstände wiederum nur nach § 238 abgeändert werden.

II. Prozessvoraussetzungen

1. Zuständigkeit. § 240 enthält keine Regelung der Zuständigkeit. Da es sich um eine Unterhaltssache handelt, ist das Familiengericht sachlich zuständig und die örtliche Zuständigkeit richtet sich nach § 232.

2. Rechtskräftige Entscheidung. a) Entscheidung nach § 237. Die Entscheidung nach § 237 wird erst wirksam, wenn der Beschluss, der die Vaterschaft feststellt, rechtskräftig ist. Rechtsmittel gegen die Entscheidung gibt es nicht.[1] Vorher kann auch die Abänderung gem. § 240 nicht verlangt werden. § 237 stellt eine Durchbrechung des Grundsatzes des § 1600d Abs. 4 BGB dar, wonach die Wirkungen der Vaterschaft erst nach deren rechtskräftiger Feststellung geltend gemacht werden

---

[9] S. o. § 238 Rn. 48 ff.
[10] BGH NJW 2001, 3618, 2004, 3106, 2007, 2249.
[11] S. o. § 238 Rn. 57 ff.
[1] S. o. § 237 Rn. 15.

können. Dem Kind wird zwar die Möglichkeit gegeben, seinen Unterhalt gegen den noch nicht feststehenden Vater bereits titulieren zu lassen, jedoch wird dieses Recht auf den Mindestunterhalt begrenzt, um auch den Rechten des Mannes Rechnung zu tragen, dessen Vaterschaft noch gar nicht feststeht. Ließe man nun vor Rechtskraft des Feststellungsbeschlusses die Abänderungsklage nach § 240 zu, mit der auch ein höherer Unterhalt geltend gemacht werden kann, würde diese Regelung unterlaufen.

5 **b) Festsetzungsbeschluss gem. § 253.** Gegen den Festsetzungsbeschluss gem. § 253 ist die sofortige Beschwerde gem. § 256 zulässig. Nach Ablauf der Beschwerdefrist bzw. nach Abschluss des Beschwerdeverfahrens ist der Beschluss rechtskräftig. Dagegen können die Beteiligten vorgehen, indem sie das streitige Verfahren gem. § 255 einleiten oder Abänderungsklage nach § 240 erheben.

6 **3. Vorrang des streitigen Verfahrens.** Abs. 1 entspricht inhaltlich dem bisherigen § 654 Abs. 1 ZPO aF Zusätzlich aufgenommen wurde die Regelung des Vorrangs des streitigen Verfahrens gem. § 255.[2] Hat ein Beteiligter die Durchführung des streitigen Verfahrens beantragt, ist die Abänderungsklage gem. § 240 unzulässig. Das streitige Verfahren ist mit einer Unterhaltsentscheidung zu beenden, gegen die dann nur noch unter den Voraussetzungen des § 238 Abänderungsklage erhoben werden kann.

7 **4. Monatsfrist (Abs. 2).** Die Abänderungsklage nach § 240 kann grundsätzlich zeitlich unbegrenzt erhoben werden. Die Monatsfrist stellt **keine Ausschlussfrist** dar. Sie gilt für den Antrag des Schuldners auf Herabsetzung des Unterhalts. Wird der Abänderungsantrag vor Ablauf von einem Monat ab Rechtskraft der Entscheidung gestellt, kann die Abänderung **rückwirkend ohne zeitliche Beschränkung** verlangt werden. Die Voraussetzungen des § 238 Abs. 3 S. 3 verlangt § 240 Abs. 2 gerade nicht, sofern die Monatsfrist abgelaufen ist. Hat der Unterhaltsgläubiger innerhalb der Monatsfrist einen auf Erhöhung des Unterhalts gerichteten Abänderungsantrag anhängig gemacht, beginnt die Monatsfrist für den Herabsetzungsantrag gem. Abs. 2 S. 2 nicht vor Beendigung dieses Verfahrens, sei es durch eine Entscheidung oder durch Rücknahme des Antrags, zu laufen. Inhaltlich entspricht diese Regelung dem bisherigen § 654 Abs. 2 S. 2 ZPO, allerdings wollte der Gesetzgeber die Verständlichkeit der Formulierung verbessern.[3] Damit setzt der Gesetzgeber die Kritik der Literatur an der bisherigen Formulierung um.[4] Der Wortlaut ist jetzt eindeutig.

8 Mit einem **nach Ablauf der Monatsfrist** gestellten Antrag kann die Abänderung der Entscheidung nur noch ab für die Zeit ab Rechtshängigkeit des Abänderungsantrags verlangt werden. S. 3 entspricht § 238 Abs. 3 S. 3 und ermöglicht auch nach Ablauf der Monatsfrist die Abänderung für die Zeit vor Rechtshängigkeit der Abänderungsklage, wenn außergerichtlich zur Auskunft oder zum Verzicht auf den Unterhalt aufgefordert wurde.[5]

9 **5. Ausschluss der Abänderung.** Mit dem Verweis auf § 238 Abs. 3 S. 4 wird klargestellt, dass eine Abänderung für einen mehr als ein Jahr vor Rechtshängigkeit der Klage liegenden Zeitraum ausgeschlossen ist. Die Geltendmachung ist nach dem Willen des Gesetzgebers nicht ausgeschlossen, wenn dies aus Gründen der Billigkeit geboten ist. Von der Einführung einer Härteklausel wurde nur abgesehen, um eine Ausweitung der Ausnahmefälle gegenüber der bisherigen Berücksichtigung der Billigkeit im Wege der teleologischen Reduktion zu verhindern.[6]

III. Begründetheit

10 Im Rahmen der Begründetheit der Abänderungsklage gem. § 240 ist der Unterhalt nach den Vorschriften des materiellen Rechts zu ermitteln. Es handelt sich um eine Unterhaltssache gem. § 231 Abs. 1 und damit um ein streitiges Verfahren, auf das gem. § 113 Abs. 1 die §§ 2 bis 37, 40 bis 48 und 76 bis 96 nicht anwendbar sind. Die allgemeinen Vorschriften der ZPO und die Vorschriften der ZPO über das Verfahren vor den Landgerichten gelten entsprechend.[7] Es gelten die allgemeinen Regeln zur Darlegungs- und Beweislast, während die abzuändernde Entscheidung gem. § 237 oder § 253 im summarischen Verfahren ergangen ist.

---

[2] BT-Drucks. 16/6308, S. 258.
[3] BT-Drucks. 16/6308, S. 259.
[4] Oben § 654 ZPO Rn. 10; *Zöller/Philippi* § 654 ZPO Rn. 5.
[5] S. o. § 238 Rn. 35 f.
[6] S. o. § 238 Rn. 38.
[7] S. o. § 231 Rn. 4.

IV. Entscheidung, Rechtsmittel

Über die Abänderungsklage wird durch **Beschluss** gem. § 38 entschieden. Der rechtskräftige Beschluss ist einer Abänderungsklage gem. § 238 zugänglich. **11**

Gegen den Beschluss kann die **sofortige Beschwerde** gem. §§ 58 ff. eingelegt werden. Die Frist zur Begründung der Beschwerde beträgt gem. § 117 für Familienstreitsachen zwei Monate. Zuständig ist das Oberlandesgericht gem. § 119 GVG, die Beschwerde ist jedoch gem. § 64 Abs. 1 beim Gericht der ersten Instanz einzulegen. Die Frist wird nur durch Einreichung des Schriftsatzes bei diesem Gericht gewahrt. Eine beim Oberlandesgericht eingelegte Beschwerde wird an das zuständige Amtsgericht weitergeleitet und ist nur fristgemäß, wenn dies innerhalb der Beschwerdefrist geschieht.[8] Hilft das Amtsgericht nicht ab, hat es die Beschwerde unverzüglich an das Oberlandesgericht weiterzuleiten, § 68 Abs. 1. Gegen die Beschwerdeentscheidung ist die Rechtsbeschwerde gem. §§ 70 ff. statthaft, wenn sie vom Beschwerdegericht zugelassen wurde. **12**

§ 241 Verschärfte Haftung

Die Rechtshängigkeit eines auf Herabsetzung gerichteten Abänderungsantrags steht bei der Anwendung des § 818 Abs. 4 des Bürgerlichen Gesetzbuchs der Rechtshängigkeit einer Klage auf Rückzahlung der geleisteten Beträge gleich.

I. Normzweck

1. Normzweck. Die Vorschrift wird ins FamFG neu eingeführt. Eine entsprechende Regelung gab es bisher nicht. Der Gesetzgeber möchte damit eine **Vereinfachung** und in gewissem Umfang auch eine **Kostenersparnis** erreichen.[1] Die Rückforderung zu viel gezahlten Unterhalts wird dem Unterhaltsschuldner dadurch erleichtert, dass die Erhebung einer Abänderungsklage auf Herabsetzung des Unterhalts ausreicht, um die Wirkung des § 818 Abs. 4 BGB herbeizuführen, also dem Unterhaltsgläubiger den Einwand der Entreicherung zu nehmen. Nach bisheriger Rechtslage war dafür ein zusätzlicher Leistungsantrag auf Rückzahlung des zu viel gezahlten Unterhalts erforderlich. **1**

2. Ausgangslage. Der Unterhaltsschuldner, der im Wege der Abänderungsklage die Herabsetzung des Unterhalts verlangt, muss bis zu einer Entscheidung über seinen Antrag den titulierten Unterhalt weiter bezahlen, sofern nicht im Wege der einstweiligen Anordnung über die Einstellung der Zwangsvollstreckung angeordnet wurde. Er hat im Falle des Obsiegens mit seiner Abänderungsklage ein schutzwürdiges Interesse daran, den zu viel gezahlten Unterhalt zurück zu bekommen. Die **Anspruchsvoraussetzungen des § 812 Abs. 1 S. 1 BGB** liegen dann vor, denn mit der Abänderungsklage entfällt rückwirkend der Rechtsgrund für die Unterhaltszahlung. Da der Unterhaltsberechtigte diesen aber üblicherweise für die Lebensführung verbraucht hat, wird dem Rückforderungsanspruch aus ungerechtfertigter Bereicherung in der Regel mit Erfolg der Einwand der Entreicherung gem. § 818 Abs. 3 BGB entgegengehalten. Nur wenn der Unterhaltsgläubiger das Geld nicht für seine Lebensführung verwendet hat, sondern sich damit noch vorhandene Vermögensvorteile geschaffen hat, zum Beispiel durch Bildung von Ersparnissen. Verwendet er den Unterhalt zur Tilgung von Schulden, liegt eine Entreicherung vor, wenn davon auszugehen ist, dass er dies auch ohne die Überzahlung unter Einschränkung seiner sonstigen Bedürfnisse getan hätte.[2] **2**

Der Einwand der Entreicherung entfällt nur, wenn eine **verschärfte Haftung** vorliegt. Insoweit erfordert § 819 Abs. 1 BGB positive Kenntnis von der Rechtsgrundlosigkeit des überzahlten Unterhalts.[3] § 820 Abs. 1 BGB ist auf gesetzliche Unterhaltszahlungen grundsätzlich nicht anwendbar.[4] Die verschärfte Haftung gem. § 818 Abs. 4 BGB erfordert die Rechtshängigkeit einer auf den Rückforderungsanspruch aus ungerechtfertigter Bereicherung gerichteten Leistungsklage. Die Rechtshängigkeit der Abänderungsklage war nach der Rechtsprechung des BGH gerade nicht ausreichend, um die verschärfte Haftung zu begründen.[5] **3**

---
[8] *Schürmann* FuR 2009, 130, 137.
[1] BT-Drucks. 16/6308, S. 259.
[2] BGH NJW 2000, 740; 1992, 2415.
[3] *Wendl/Staudigl/Gerhardt* § 6 Rn. 214.
[4] BGH NJW 1998, 2433.
[5] BGH NJW 1986, 2057; BGH NJW 2000, 740, 741 (zur negativen Feststellungsklage).

II. Auswirkungen der Neuregelung

4 **1. Materiellrechtliche und prozessuale Bedeutung.** Die in § 241 aufgenommene Neuregelung hat in erster Linie materiellrechtliche Auswirkungen auf das **Bestehen des Anspruchs** des Unterhaltsschuldners auf Rückforderung von zu viel gezahltem Unterhalt aus ungerechtfertigter Bereicherung bzw. den fehlenden Einwand der Entreicherung gem. § 818 Abs. 3 BGB gegen diesen Anspruch. Die prozessuale Bedeutung des § 241 liegt darin, dass eine Abänderungsklage auf Herabsetzung des Unterhalts nicht mehr mit einem im Wege der Klagehäufung, ggf. der Eventualklagehäufung, erhobenen Leistungsantrag auf Rückforderung verbunden werden muss, um wirtschaftliche Nachteile für den Schuldner zu vermeiden. Dieses **zweigleisige Vorgehen** ist nicht mehr erforderlich und die Vorschrift dient damit nicht zuletzt der Prozessökonomie. Der Leistungsantrag wirkt sich aber nicht nur kostenerhöhend aus, sondern birgt zudem die Schwierigkeit, dass er jeden Monat, in dem der überhöhte Unterhalt bezahlt wurde, angepasst werden muss. Die Prozessführung wollte der Gesetzgeber insoweit erleichtern.[6]

5 **2. Keine Benachteiligung des Unterhaltsgläubigers.** Mit der Einführung des § 241 ist keine Benachteiligung des Unterhaltsgläubigers verbunden. Auch nach alter Rechtslage konnte der Schuldner die verschärfte Haftung nach § 818 Abs. 4 BGB herbeiführen oder sich anders wirksam gegen die Überzahlung schützen. Die Leistungsklage konnte auch hilfsweise im Wege der Eventualklagehäufung für den Fall des Obsiegens mit dem Abänderungsantrag erhoben werden und barg damit noch nicht einmal ein erhöhtes Kostenrisiko für den Abänderungskläger.[7] Er hatte außerdem die Möglichkeit, den Unterhalt zur Vermeidung von Zwangsvollstreckungsmaßnahmen als zins- und tilgungsfreies Darlehen zu gewähren, verbunden mit der Rückzahlungsverpflichtung für den Fall, dass der Abänderungsantrag erfolgreich ist. Der Unterhaltsberechtigte ist nach Treu und Glauben verpflichtet, sich auf eine solche Gestaltung einzulassen.[8] Allein die Tatsache, dass auch von erfahrenen Praktikern des Familienrechts dies häufig nicht gesehen oder vergessen wurde, stellt keinen Vorteil des Unterhaltsgläubigers dar, sondern vielmehr einen Missstand, der vom Gesetzgeber nun zurecht beseitigt wird.[9]

6 **3. Kostenersparnis.** Wenn der Leistungsantrag im Wege der Eventualklagehäufung mit der Abänderungsklage verbunden wurde, war damit zwar das Kostenrisiko für den Antragsteller nicht erhöht, gleichwohl entstanden im Falle des Obsiegens mit der Abänderungsklage oder einem Vergleichsschluss im gerichtlichen Verfahren höhere Gerichts- und Anwaltskosten. Für den Gesetzgeber war dies insoweit ein Motiv, als immer dann, wenn für den Leistungsantrag Prozesskostenhilfe gewährt wurde, auch eine Ersparnis von Staatskosten erreicht werden kann.[10]

§ 242 Einstweilige Einstellung der Vollstreckung

¹Ist ein Abänderungsantrag auf Herabsetzung anhängig oder hierfür ein Antrag auf Bewilligung von Verfahrenskostenhilfe eingereicht, gilt § 769 der Zivilprozessordnung entsprechend. ²Der Beschluss ist nicht anfechtbar.

I. Normzweck

1 Mit der Einführung des § 242 folgt der Gesetzgeber der herrschenden Lehre und Rechtsprechung, die bislang von einer analogen Anwendung des § 769 ZPO bei der Abänderungsklage ausging.[1] Die Möglichkeit der einstweiligen Einstellung der Zwangsvollstreckung ist erforderlich, um die **Rechte des Unterhaltsschuldners** zu wahren. Die Erleichterung der Geltendmachung des Rückforderungsanspruchs aus ungerechtfertigter Bereicherung gem. § 241 allein ist nicht ausreichend. Zwar erlangt der Schuldner so einen vollstreckbaren Titel gegen den Unterhaltsgläubiger, läuft aber trotzdem Gefahr, dass die Zwangsvollstreckung daraus ins Leere läuft, wenn der Unterhalt vollständig verbraucht wurde und keine Einkünfte oberhalb der Pfändungsfreigrenzen oder sonstige Vermögenswerte vorhanden sind.

---

[6] BT-Drucks. 16/6308, S. 259.
[7] BGH NJW 2000, 740; 1998, 2433; Handbuch FA Familienrecht/*Gerhardt* Kap. 6 Rn. 567.
[8] BGH NJW 2000, 740, 742.
[9] BT-Drucks. 16/6308, S. 259.
[10] BT-Drucks. 16/6308, S. 259.
[1] BGH FamRZ 1986, 793, 794; oben § 323 ZPO Rn. 125; *Graba* Rn. 450.

II. Voraussetzungen

1. Hauptsacheantrag. Nach dem Wortlaut muss ein Abänderungsantrag anhängig sein. Darunter fallen alle Anträge nach §§ 238, 239 und 240, es muss also in der Hauptsache die Abänderung eines Urteils, eines Vergleichs, einer vollstreckbaren Urkunde oder einer Entscheidung im Vaterschaftsfeststellungsverfahren gem. § 237 oder im vereinfachten Verfahren über den Unterhalt Minderjähriger gem. § 253 beantragt sein. Ausreichend ist die **Anhängigkeit** des Hauptsacheantrags, er muss nicht zugestellt sein, oder die Einreichung eines **Prozesskostenhilfegesuchs.** Damit geht die gesetzliche Regelung weiter als die bisher herrschende Meinung zur analogen Anwendung des § 769 ZPO, die einen rechtshängigen Antrag verlangte.[2]

2. Rechtsschutzbedürfnis. Die Abänderungsklage ist nur gegen vollstreckbare Titel statthaft, so dass der Antragsteller, der die Herabsetzung des Unterhalts verlangt, grundsätzlich ein Rechtsschutzinteresse hat. Nicht erforderlich ist, dass Zwangsvollstreckungsmaßnahmen bereits eingeleitet wurden oder eine vollstreckbare Ausfertigung beantragt wurde.[3] Dies verstärkt das Rechtsschutzbedürfnis, ist aber keine Voraussetzung. Auch bzw. gerade ein redlicher Unterhaltsschuldner, der Vollstreckungsmaßnahmen unbedingt vermeiden möchte und deshalb die Zahlung nicht einstellt, solange ihm die Zwangsvollstreckung droht, ist angesichts seines gesetzestreuen Verhaltens schutzwürdig.

3. Anordnungsgrund. Der Antrag auf Erlass der einstweiligen Anordnung zur Einstellung der Zwangsvollstreckung ist begründet, die Interessen des Antragstellers schwerer wiegen als diejenigen des Antragsgegners. Das Gericht hat eine **Interessenabwägung** vorzunehmen und sein Ermessen pflichtgemäß auszuüben. Insbesondere sind dabei die Erfolgsaussichten des Hauptsacheantrags auf Abänderung des Unterhaltstitels zu berücksichtigen. Die anspruchsbegründenden Tatsachen müssen glaubhaft gemacht werden.

III. Entscheidung, Rechtsmittel

Das Gericht, das in der Hauptsache zuständig ist entscheidet durch Beschluss. Mit S. 2 regelt der Gesetzgeber in Übereinstimmung mit der bisherigen Rechtsprechung des BGH, dass der Beschluss nicht anfechtbar sein soll.[4]

§ 243 Kostenentscheidung

¹ Abweichend von den Vorschriften der Zivilprozessordnung über die Kostenverteilung entscheidet das Gericht in Unterhaltssachen nach billigem Ermessen über die Verteilung der Kosten des Verfahrens. ² Es hat hierbei insbesondere zu berücksichtigen:
1. das Verhältnis von Obsiegen und Unterliegen der Beteiligten, einschließlich der Dauer der Unterhaltsverpflichtung,
2. den Umstand, dass ein Beteiligter vor Beginn des Verfahrens einer Aufforderung des Gegners zur Erteilung der Auskunft und Vorlage von Belegen über das Einkommen nicht oder nicht vollständig nachgekommen ist, es sei denn, dass eine Verpflichtung hierzu nicht bestand,
3. den Umstand, dass ein beteiligter einer Aufforderung des Gerichts nach § 235 Abs. 1 innerhalb der gesetzten Frist nicht oder nicht vollständig nachgekommen ist, sowie
4. ein sofortiges Anerkenntnis nach § 93 der Zivilprozessordnung.

I. Normzweck, Anwendungsbereich

1. Normzweck. § 243 behandelt die **Kostenverteilung,** sie soll in Unterhaltsverfahren zukünftig abweichend von den Vorschriften der ZPO geregelt werden. Das Gericht hat jetzt nach billigem Ermessen zu entscheiden. Die Kostenentscheidung in Unterhaltssachen soll damit flexibler und weniger formal gehandhabt werden können.[1] Da die Vorschriften der ZPO nicht mehr anwendbar sind, werden die wesentlichen Gesichtspunkte der Kostenvorschriften der ZPO in den Nummern 1 bis 4 aufgezählt.

---

[2] *Graba* Rn. 451 (m. weit. Nachw.), aA KG FamRZ 1988, 313.
[3] Oben § 769 ZPO Rn. 20.
[4] BT-Drucks. 16/6308, S. 259, BGH NJW 2004, 2224.
[1] BT-Drucks. 16/6308, S. 259.

2 Die Regelung ist dem bisherigen **§ 93 d ZPO** vergleichbar, der losgelöst vom Grundsatz des § 91 ZPO, wonach die unterliegende Partei die Kosten des Rechtsstreits zu tragen hat, unter Billigkeitsgesichtspunkten der in Anspruch genommenen Partei die Kosten auferlegt, wenn sie ihre Auskunftspflichten verletzt hat und damit Anlass zur Klage gegeben hat. Diese Sanktion über die Kosten soll die Bereitschaft zur freiwilligen Auskunftserteilung fördern.

3 **2. Anwendungsbereich.** Die Vorschrift ist auf alle **streitigen** Verfahren betreffend die gesetzliche Unterhaltspflicht anzuwenden. Die Kosten von Unterhaltssachen der freiwilligen Gerichtsbarkeit gem. § 231 Abs. 2 werden in den §§ 80–85 geregelt. Auf Familienstreitsachen sind diese gem. § 113 nicht anwendbar, stattdessen greifen hier die ZPO-Vorschriften, die für Unterhaltsstreitsachen von § 243 ersetzt werden. Anwendbar ist § 243 sowohl für die Kosten eines **Hauptsacheverfahrens** als auch für **einstweilige Anordnungen.** Da nach dem FamFG eine einstweilige Anordnung auch ohne anhängiges Hauptsacheverfahren beantragt werden kann, muss über die Kosten separat entschieden werden. Eine dem § 620g ZPO aF vergleichbare Regelung, wonach die Kosten der einstweiligen Anordnung den Kosten der Hauptsache folgen, sieht das FamFG nicht vor. Wird der Unterhaltsanspruch im Scheidungsverfahren als **Folgesache** geltend gemacht, ist § 243 nicht anwendbar, sondern die Kosten werden gem. § 150 gegeneinander aufgehoben.

II. Billigkeitsgesichtspunkte

4 Das Gericht hat nach billigem Ermessen über die Kostenverteilung zu entscheiden. Die Nummern 1 bis 4 halten die dabei zu beachtenden Gesichtspunkte fest, es handelt sich um die Grundprinzipien des § 91 ZPO und des § 93d ZPO aF. Die Aufzählung ist nicht abschließend, wie sich aus der Formulierung „insbesondere" ergibt. Auch andere **Grundsätze der ZPO-Kostenvorschriften** können in die Abwägung des Gerichts einbezogen werden, beispielsweise kann in der Rechtsmittelinstanz der Rechtsgedanke des § 97 Abs. 2 ZPO in die Kostenentscheidung einfließen. § 243 legt aber gerade keine eindeutige Rechtsfolge fest, sondern stellt die Kostenentscheidung in das Ermessen des Gerichts, geregelt werden nur einige Gesichtspunkte, die im Rahmen der Ermessensentscheidung zu berücksichtigen sind. Die Rechtsgedanken der entsprechenden ZPO-Vorschriften, sind anzuwenden, die direkte Anwendbarkeit dieser Regelungen schließt § 243 als lex specialis jedoch aus.

5 **1. Obsiegen und Unterliegen (Nr. 1).** Nr. 1 übernimmt den Grundsatz des § 91 ZPO, wonach die unterliegende Partei die Kosten des Verfahrens zu tragen hat. Ergänzt wird der Grundsatz dadurch, dass nicht nur ausschlaggebend ist, zu welchem Bruchteil der Klageforderung der Höhe nach stattgegeben wurde, sondern auch die **Dauer der Unterhaltspflicht** in die Entscheidung mit einbezogen werden soll. Der Gesetzgeber trägt damit dem Umstand Rechnung, dass in Unterhaltsverfahren anders als bei Verfahren über einmalige Leistungen, der Dauercharakter der Verpflichtung bei der Streitwertermittlung nur begrenzt berücksichtigt wird.[2] Gerade seit Inkrafttreten des neuen Unterhaltsrechts am 1. 1. 2008 hat aber die Frage, für welche Dauer ein Unterhalt zugesprochen wird, an Bedeutung gewonnen. Auch wenn dem Berechtigten der Unterhaltsanspruch in der beantragten Höhe zugesprochen wird, kann darin ein teilweises Obsiegen des Pflichtigen liegen, wenn gleichzeitig seinem Befristungsantrag vollumfänglich stattgegeben wurde und der Berechtigte den Antrag unbefristet oder für einen längeren Zeitraum gestellt hat. Bei der Ermittlung des Streitwerts wird vom Jahresbetrag des Unterhalts ausgegangen, unabhängig davon für wie viele Jahre Unterhalt beantragt wird.

6 **2. Verletzung der Auskunftspflicht.** In seine Ermessensentscheidung hat das Gericht gem. Nr. 2 und Nr. 3 auch das Verhalten des Unterhaltspflichtigen vor bzw. im Verfahren einzubeziehen. Voraussetzung dafür ist, dass ein Auskunftsanspruch nach materiellem Unterhaltsrecht bestand, dieser richtet sich nach §§ 1361 Abs. 4, 1580, 1605 BGB oder ergänzend nach Treu und Glauben gem. § 242 BGB.

7 **a) Außergerichtliche Auskunftspflicht (Nr. 2).** Indem die außergerichtliche Verweigerung der Auskunft sich bei der Kostenentscheidung nachteilig auswirken kann, sollen die Parteien zur freiwilligen Auskunftserteilung ermutigt werden. Ebenso sollen aber die Berechtigten zunächst außergerichtlich versuchen, die Auskünfte zu bekommen und nicht sofort die gerichtliche Auseinandersetzung suchen. Deshalb wirkt sich die außergerichtliche Nichterteilung der Auskunft nur dann zum Nachteil des Auskunftsschuldners aus, wenn eine materiell-rechtliche Auskunftspflicht bestand und er ordnungsgemäß dazu aufgefordert wurde. Die Voraussetzungen einer **ordnungsgemäßen Aufforderung** entsprechen denjenigen gem. § 235 Abs. 2.[3] Die Auskunftspflichten bestehen zwar

---
[2] BT-Drucks. 16/6308, S. 259.
[3] S. o. § 235 Rn. 31 bis 36.

wechselseitig, dennoch kann sich eine nachteilige Kostenfolge nach dieser Vorschrift nur für den Unterhaltsschuldner ergeben. Der Gläubiger, der trotz Aufforderung keine Auskunft über sein eigenes Einkommen erteilt und in der Folge auch einen zu hohen Unterhalt einklagt, wird in der Regel über Nr. 1 an den Kosten zu beteiligen sein. Lediglich wenn er die außergerichtliche Auskunftserteilung verweigert und dadurch eine außergerichtliche Lösung insgesamt verhindert, kann Nr. 2 auch zu seinem Nachteil angewendet werden; soweit der Pflichtige dann nicht auf Grund des Klagevortrags ein Anerkenntnis abgibt und Nr. 4 einschlägig ist.

b) Auskunftsverlangen des Gerichts (Nr. 3). Unter den Voraussetzungen des § 235 Abs. 1 kann das Gericht die Beteiligten zur Auskunft auffordern. Kommt ein Beteiligter dieser Aufforderung nicht oder nicht vollständig nach, kann das Gericht dies auch in seine Kostenentscheidung einbeziehen. Die Vorschrift nimmt ausdrücklich nur auf § 235 Abs. 1 Bezug. Allerdings muss die Verweigerung der Auskunft auch und gerade wenn sich ein Beteiligter der Aufforderung des Gerichts nach § 235 Abs. 2 widersetzt, in die Kostenentscheidung einbezogen werden. Unter den Voraussetzungen des § 235 Abs. 2 ist das Gericht auf Antrag des anderen Beteiligten zur Einforderung der Auskunft verpflichtet. Voraussetzung dafür ist eine vorherige außergerichtliche Aufforderung, so dass immer dann, wenn das Gericht gem. § 235 Abs. 2 zur Auskunft aufgefordert hat, die Voraussetzungen der Nr. 2 jedenfalls erfüllt sind. 8

c) Kausalität. Nr. 2 und Nr. 3 stellen eine Ausnahme zum Grundsatz der Kostenpflicht der unterliegenden Partei gem. § 243 S. 1 dar. Auch wenn der Beteiligte, der seine Auskunftspflicht verletzt hat, im Verfahren obsiegt hat und deshalb grundsätzlich die Kosten nicht tragen müsste, können sie ihm nach Nr. 2 oder Nr. 3 teilweise oder ganz auferlegt werden. In die Ermessensentscheidung ist einzubeziehen, ob er durch sein Verhalten höhere Kosten, zB durch Erforderlichkeit einer Beweisaufnahme oder Einholung der Auskünfte von Dritten gem. § 236, verursacht hat. Im Falle der Nr. 2 ist zu berücksichtigen, ob durch die Verweigerung der Auskunft überhaupt erst Anlass zur Klage gegeben wurde. Eine Kausalität zwischen dem Verhalten des Beteiligten und der Entstehung von Kosten ist jedoch nach dem Wortlaut ausdrücklich keine Voraussetzung für die Berücksichtigung der Auskunftsverweigerung bei der Kostenentscheidung. Insoweit wurde § 93d ZPO aF abgeändert, der noch verlangte, dass durch die Auskunftsverweigerung Anlass zur Klage gegeben wurde. Mit der Neufassung wollte der Gesetzgeber die unterlassene oder ungenügende Auskunftserteilung stärker als bisher sanktionieren.[4] 9

3. Sofortiges Anerkenntnis (Nr. 4). Nr. 4 nimmt auf § 93 ZPO Bezug. Gibt der Unterhaltspflichtige ein sofortiges Anerkenntnis ab,[5] hat das Gericht dies in seine Ermessensentscheidung einzubeziehen. Anders als bei § 93 ZPO müssen die Kosten dann nicht zwingend dem anderen Beteiligten auferlegt werden. Lediglich der Rechtsgedanke des § 93 ist bei der Ermessensausübung vom Gericht zu berücksichtigen. Bei der Ermessensentscheidung wird aber auch einzubeziehen sein, ob der Anerkennende durch sein Verhalten Anlass zur Klage gegeben hat, oder ob er überhaupt nicht außergerichtlich zur Unterhaltszahlung oder zur Titulierung des freiwillig gezahlten Unterhalts aufgefordert wurde. 10

III. Entscheidung, Rechtsmittel

Das Gericht entscheidet nach billigem Ermessen über die Kosten. Die Entscheidung ergeht mit der Hauptsacheentscheidung. Gegen die Kostenentscheidung stehen die gleichen Rechtsmittel zur Verfügung wie gegen die Entscheidung in der Unterhaltssache. Allerdings kann die Kostenentscheidung **nicht isoliert angefochten** werden, Voraussetzung ist, das auch gegen die Hauptentscheidung ein Rechtsmittel eingelegt wurde. § 99 ZPO ist gem. § 113 Abs. 1 S. 2 anzuwenden. 11

§ 244 Unzulässiger Einwand der Volljährigkeit

Wenn der Verpflichtete dem Kind nach Vollendung des 18. Lebensjahres Unterhalt zu gewähren hat, kann gegen die Vollstreckung eines in einem Beschluss oder in einem sonstigen Titel nach § 794 der Zivilprozessordnung festgestellten Anspruchs auf Unterhalt nach Maßgabe des § 1612a des Bürgerlichen Gesetzbuchs nicht eingewandt werden, dass die Minderjährigkeit nicht mehr besteht.

---

[4] BT-Drucks. 16/6308, S. 259.
[5] Zu den Voraussetzungen siehe oben § 93 ZPO Rn. 5 ff.

I. Normzweck und Wirkung

1 Die Vorschrift entspricht dem bisherigen § 798a ZPO. Der Gesetzgeber hat bei der Formulierung des § 244 jedoch gegenüber der bisherigen Regelung eindeutig klargestellt, dass nur Einwendungen gegen die Vollstreckung ausgeschlossen werden sollen.[1] § 244 dient dem **Schutz des gerade volljährig gewordenen Kindes.** Der Unterhaltstitel, der für das minderjährige Kind geschaffen wurde, bleibt auch nach Eintritt der Volljährigkeit vollstreckbar. Es handelt sich beim Minderjährigen- und Volljährigenunterhalt um identische Streitgegenstände. § 244 hat keine materiell-rechtliche Auswirkung, sondern nur **Vollstreckungswirkung.** Der Anspruch entfällt materiell-rechtlich mit Eintritt der Volljährigkeit. Da, insbesondere bei privilegierten Volljährigen gem. § 1603 Abs. 2 S. 2 BGB, trotzdem weiterhin ein Anspruch auf Kindesunterhalt besteht und das Kind, das sich in der Ausbildung befindet und keine eigenen Einkünfte hat, in der Regel dringend auf die Unterhaltszahlungen angewiesen ist, kann es aus dem Titel zunächst weiter vollstrecken.

II. Voraussetzungen

2 **1. Unterhaltstitel.** Anwendbar ist § 244 auf alle Unterhaltstitel gem. § 794 ZPO. Darunter fallen neben Urteilen und im Scheidungsverfahren der Eltern ergangene einstweilige Anordnungen auch nach § 794 ZPO vollstreckbare Vergleiche und notarielle beurkundete Anerkenntnisse. **Jugendamtsurkunden** gem. §§ 59, 60 SGB VIII stellen ebenfalls vollstreckbare Urkunden dar, obwohl sie nicht ausdrücklich in § 794 ZPO erwähnt sind. Es handelt sich dabei lediglich um eine kostengünstigere Alternative zum notariellen Anerkenntnis, die Urkunde soll aber gerade die gleiche Wirkung entfalten.[2] Das Kind soll durch diese Möglichkeit nicht benachteiligt werden, sondern auch bei engen wirtschaftlichen Verhältnissen soll der Unterhaltsschuldner die Möglichkeit haben, einen Unterhaltstitel freiwillig zu errichten, ohne Notarkosten tragen zu müssen. Auch die Rechtsprechung und die Literatur haben die Jugendamtsurkunden bisher schon genauso behandelt wie sonstige Urkunden gem. § 794 Abs. 1 Nr. 5 ZPO, beispielsweise bei der Frage der Abänderbarkeit solcher Urkunden.[3] Auch § 244 ist auf Jugendamtsurkunden anwendbar, ohne dass diese ausdrücklich genannt werden.

3 Der Kindesunterhalt muss gem. § 1612a BGB tituliert sein, dh. es muss sich um einen dynamisierten Unterhaltstitel ohne zeitliche Begrenzung handeln.

4 **2. Folgen der Volljährigkeit.** Anspruch auf Kindesunterhalt gem. §§ 1601 ff. BGB haben sowohl minderjährige als auch volljährige Kinder, wenngleich die Anspruchsvoraussetzungen und die Art der Ermittlung der Unterhaltshöhe nicht unerhebliche Unterschiede aufweisen. Es handelt sich um **identische Streitgegenstände.**[4] Dies hat zur Folge, dass der Unterhaltsanspruch anders als der Trennungsunterhalt des Ehegatten mit Rechtskraft der Scheidung nicht mit Eintritt der Volljährigkeit automatisch endet. Die Unterhaltstitel, die aus der Zeit der Minderjährigkeit des Kindes stammen, gelten über den Zeitpunkt der Scheidung hinaus.[5] Es ist jedoch eine Titelumschreibung auf das volljährige Kind gem. § 727 ZPO erforderlich, wenn der betreuende Elternteil den Titel in Prozessstandschaft gem. § 1629 Abs. 3 BGB erwirkt hat. Hat der Elternteil das Verfahren im Namen des Kindes als dessen Vertretungsberechtigter gem. § 1629 Abs. 1, Abs. 2 BGB geführt, fällt mit der Volljährigkeit die Vertretungsbefugnis weg.[6] Das Kind muss dann seine Rechte aus dem Titel selbst geltend machen und ggf. im eigenen Namen vollstrecken.

5 **3. Verteidigungsmöglichkeiten des Unterhaltsschuldners.** Der Unterhaltsschuldner kann gegen die Vollstreckung nicht einwenden, dass das Kind volljährig geworden ist. Er kann somit auch keine Vollstreckungsgegenklage gem. § 767 ZPO auf diese Einwendung stützen, sondern muss den Unterhaltsanspruch erst **materiell-rechtlich beseitigen.** Dies kann er im Wege einer Abänderungsklage gem. § 238 tun, mit der er diese Änderung der Umstände geltend machen und eine Neuberechnung verlangen kann, u. a. unter Abzug des gesamten Kindergeldes und Berücksichtigung der anteiligen Barunterhaltspflicht des Elternteils, der seine Unterhaltspflicht bis dahin durch Betreuung des Kindes erfüllt hat. Ist die Abänderungsklage nicht statthaft, beispielsweise weil es sich bei dem Unterhaltstitel um eine im Scheidungsverfahren ergangene einstweilige Anordnung handelt, kann

---

[1] BT-Drucks. 16/6308, S. 259.
[2] S. o. § 239 Rn. 3.
[3] Zur Frage der Abänderbarkeit: BGH NJW 1985, 64; BGH FamRZ 2003, 304, 305 = NJW-RR 2003, 433, 434; oben § 323 ZPO Rn. 12; *Zöller/Vollkommer* § 323 ZPO Rn. 5.
[4] BGH NJW 1994, 1530; *Wendl/Staudigl/Scholz* § 2 Rn. 17.
[5] BGH NJW 2006, 57.
[6] *Wendl/Staudigl/Scholz* § 2 Rn. 18.

der Unterhaltsschuldner eine negative Feststellungsklage erheben.[7] Solange der Unterhaltsschuldner aber den Unterhaltstitel nicht materiell-rechtlich beseitigt hat, kann er die eingetretene Volljährigkeit einer Zwangsvollstreckung daraus nicht entgegenhalten. So wird vermieden, dass das volljährig gewordene Kind aus dem vorhandenen Titel nicht mehr vollstrecken kann und sofort erneut klagen muss, um nicht ohne den jedenfalls bei noch in der allgemeinen Schulausbildung befindlichen privilegierten Volljährigen gem. § 1603 Abs. 2 S. 2 BGB dringend benötigten Unterhalt dazustehen.

§ 245 Bezifferung dynamisierter Unterhaltstitel zur Zwangsvollstreckung im Ausland

(1) Soll ein Unterhaltstitel, der den Unterhalt nach § 1612a des Bürgerlichen Gesetzbuchs als Prozentsatz des Mindestunterhalts festsetzt, im Ausland vollstreckt werden, ist auf Antrag der geschuldete Unterhalt auf dem Titel zu beziffern.

(2) Für die Bezifferung sind die Gerichte, Behörden oder Notare zuständig, denen die Erteilung einer vollstreckbaren Ausfertigung des Titels obliegt.

(3) Auf die Anfechtung der Entscheidung über die Bezifferung sind die Vorschriften über die Anfechtung der Entscheidung über die Erteilung einer Vollstreckungsklausel entsprechend anzuwenden.

I. Allgemeines

1. Entstehungsgeschichte. Die Vorschrift ersetzt den bisherigen § 790 ZPO. Vor der Neubekanntmachung der ZPO von 1950 befand sich an der Stelle des § 790 ZPO eine Vorschrift, die sich mit der Vollstreckung gegen Soldaten befasste und die nicht in die Neufassung übernommen wurde.[1] Der jetzt von § 245 ersetzte § 790 ZPO beruhte auf Art. 1 Nr. 6 des EG-Vollstreckungstitel-Durchführungsgesetzes, mit dem die Verordnung (EG) Nr. 805/2004 über einen Europäischen Vollstreckungstitel für unbestrittene Forderungen vom 18. 5. 2005[2] ausgeführt wird. § 245 ist eine Spezialregelung für dynamisierte deutsche Unterhaltstitel, die im Ausland vollstreckbar sein sollen. Damit wird die Verordnung (EG) Nr. 805/2004 für diesen speziellen Fall umgesetzt. Die allgemeine Umsetzung der Regelung zum europäischen Vollstreckungstitel findet sich in §§ 1079 ff. ZPO.[3]

2. Normzweck. Ein dynamisierter Unterhaltstitel gem. § 1612a BGB kann mit einem Prozentsatz des Mindestunterhalts für die jeweilige Altersstufe beziffert sein. Damit ist der Titel ausreichend konkret für das deutsche Vollstreckungsrecht, der genaue zu vollstreckende monatliche Betrag ergibt sich jedoch nicht bereits aus dem Titel. Es kann nicht erwartet werden, dass die Zahlen, die zur Ermittlung des vollstreckbaren Betrags erforderlich sind, dem ausländischen Organ der Zwangsvollstreckung bekannt sind oder problemlos beschafft werden können. Der Titel erfüllt die Voraussetzungen eines Vollstreckungstitels für unbestrittene Forderungen iSd. Verordnung (EG) Nr. 805/2004 nicht, denn eine solche Forderung kann gem. Art. 4 Nr. 2 der Verordnung (EG) Nr. 805/2004 nur eine Forderung sein, die auf Zahlung einer bestimmten Geldsumme gerichtet ist. Aus dem Titel muss sich also der Zahlbetrag des monatlichen Unterhalts ergeben, damit ein europäischer Vollstreckungstitel vorliegt und das Kind auch gegen den im Europäischen Ausland lebenden Unterhaltsschuldner die Zwangsvollstreckung betreiben kann, ohne dass weitere Anerkennungsmaßnahmen erforderlich sind. Gleichzeitig hat das Kind ein Interesse daran, einen dynamisierten Unterhaltstitel zu bekommen und nicht bei einer Änderung des Mindestbedarfs, des Kindergelds oder bei einem Wechsel in die nächste Altersstufe die Abänderung beantragen zu müssen. Diese Diskrepanz wird durch § 245 überwunden. Das Kind muss dann nur noch, wenn sich der Zahlbetrag geändert hat, einen neuen Vollstreckungstitel beantragen.

3. Anwendungsbereich. § 245 ist sachlich anwendbar, wenn ein dynamisierter Unterhaltstitel gem. § 1612a BGB vorliegt. Die Vollstreckung im Ausland muss erforderlich sein, wobei der Anwendungsbereich des § 245 nur eröffnet ist, wenn der Titel in einem Mitgliedstaat der Europäischen Union zu vollstrecken ist. Dänemark ist gem. Art. 2 Abs. 3 der Verordnung ausgenommen.[4]

Jedenfalls solange die bereits in Kraft getretene EG-Unterhaltsverordnung noch nicht anwendbar ist, erstreckt sich der räumliche Anwendungsbereich des § 245 auch auf die EU-Mitgliedstaaten.[5]

---

[7] BGH NJW 2006, 57.
[1] Oben § 790 ZPO Rn. 1.
[2] Abgedruckt in Schönfelder Deutsche Gesetze, Ergänzungsband, Nr. 103 f.
[3] Vgl. dazu oben vor §§ 1079 ff. ZPO.
[4] S. o. § 99 Rn. 54.
[5] Die EG-Unterhaltsverordnung (Abl EU 2009 L 7/1) ist gem. Art. 76 der Verordnung ab 18. 6. 2011 anwendbar; siehe oben § 97 Rn. 59.

II. Verfahren

4 **1. Zuständigkeit (Abs. 2).** Die für die Bezifferung zuständigen Stellen werden in Abs. 2 festgelegt, indem auf die für die Erteilung einer vollstreckbaren Ausfertigung zuständigen Stellen verwiesen wird. Gem. § 724 ZPO ist dies für **Urteile** das Gericht, das das Urteil erlassen hat. Maßgeblich ist allein, von welchem Gericht das Urteil tatsächlich stammt, unerheblich ist, ob es örtlich und sachlich zuständig war. Solange das Verfahren noch an einem höheren Gericht anhängig ist, ist dieses Gericht zuständig.[6] Funktional zuständig ist nicht mehr wie bisher der Urkundsbeamte der Geschäftsstelle sondern es wird ein neuer § 25 RPflG eingeführt, der in Nr. 2 lit. b die Zuständigkeit auf den **Rechtspfleger** überträgt. Wenn die Beteiligten zustimmen kann die vollstreckbare Ausfertigung gem. § 796c ZPO auch von einem Notar erteilt werden, der seinen Amtssitz in dem Bezirk eines für die Erteilung zuständigen Gerichts hat. Die zuständige Stelle für die Bezifferung von **Anwaltsvergleichen** ergibt sich entsprechend aus §§ 796a und 796b ZPO. Örtlich zuständig ist das Amtsgericht, in dessen Bezirk einer der Beteiligten bei Vergleichsschluss seinen allgemeinen Gerichtsstand hatte. Die vollstreckbare Ausfertigung einer **Notarurkunde** wird vom Notar erteilt, der die Urkunde verwahrt, 797 Abs. 2 S. 1 ZPO. Für **Jugendamtsurkunden** gilt § 797 Abs. 2 S. 2 ZPO, wonach diese Behörde die vollstreckbare Ausfertigung erteilt und damit auch die Bezifferung gem. § 245 vorzunehmen hat.

5 **2. Antrag (Abs. 1).** Der Unterhaltstitel wird nur auf Antrag des Unterhaltsgläubigers beziffert. Der Schuldner ist **antragsbefugt,** wenn insoweit ein Rechtsschutzinteresse besteht. Dieses kann vorliegen, wenn ein bereits bezifferter Titel geändert werden muss, beispielsweise wegen einer Kindergelderhöhung oder einer, wohl in Zukunft eher unwahrscheinlichen Senkung des Mindestbedarfs.

6 Der Antrag muss die **materiellen Voraussetzungen** für eine Bezifferung gem. § 245 enthalten. Diese sind das Vorliegen eines dynamisierten Titels und das Erfordernis der Vollstreckung im Ausland, weil der Schuldner dort seinen gewöhnlichen Aufenthalt oder Vermögen hat. Die Bezifferung erfolgt dann von Amts wegen, sie muss nicht im Antrag genannt werden.[7]

7 **3. Entscheidung.** Das zuständige Gericht entscheidet durch Beschluss, die Behörde erlässt einen Verwaltungsakt und der Notar nimmt eine Amtshandlung vor.[8]

8 **4. Rechtsmittel (Abs. 3).** Für die gegen die Entscheidung über die Bezifferung zur Verfügung stehenden Rechtsmittel verweist Abs. 3 auf die Vorschriften für die Anfechtung der Entscheidung über die Erteilung einer Vollstreckungsklausel. Wurde die Bezifferung verweigert oder ein zu niedriger Betrag beziffert, kann der Gläubiger bei dem für die Bezifferung zuständigen Gericht Klage auf Bezifferung entsprechend § 731 ZPO erheben. Die Klage ist auch statthaft, wenn der Notar die Bezifferung verweigert.

Unterabschnitt 2. Einstweilige Anordnung

§ 246 Besondere Vorschriften für die einstweilige Anordnung

(1) Das Gericht kann durch einstweilige Anordnung abweichend von § 49 auf Antrag die Verpflichtung zur Zahlung von Unterhalt oder zur Zahlung eines Kostenvorschusses für ein gerichtliches Verfahren regeln.

(2) Die Entscheidung ergeht auf Grund mündlicher Verhandlung, wenn dies zur Aufklärung des Sachverhalts oder für eine gütliche Beilegung des Verfahrens geboten erscheint.

I. Allgemeines

1 **1. Normzweck.** Die Vorschrift **modifiziert § 49** im Hinblick auf die Voraussetzungen für den Erlass einer einstweiligen Anordnung und die Rechtsfolge.[1] Die Sonderregelung bezieht sich auf Unterhalt und Prozesskostenvorschuss. Die Vorschriften der §§ 127a, 620 ff. und 644 ZPO sind jetzt

---

[6] Oben § 724 ZPO Rn. 13.
[7] Oben § 790 ZPO Rn. 6; *Thomas/Putzo/Hüßtege* § 790 ZPO Rn. 3.
[8] *Thomas/Putzo/Hüßtege* § 790 ZPO Rn. 5.
[1] BT-Drucks. 16/6308, S. 259.

für beide Ansprüche einheitlich zusammengefasst. Die Besonderheiten gegenüber dem Verfahren der einstweiligen Anordnung im Allgemeinen, das in den §§ 49 ff. geregelt ist, regelt jetzt § 246 für Unterhaltsansprüche und Prozesskostenvorschuss bei Anhängigkeit einer Ehesache und für isolierte Unterhaltsverfahren. Damit wird die Rechtsanwendung vereinfacht, denn insbesondere hinsichtlich des Prozesskostenvorschusses muss die Konkurrenz zwischen §§ 127a und 620 ff. ZPO nicht mehr berücksichtigt werden.

2. Verhältnis zur Hauptsache. Die praktisch bedeutendste Änderung gegenüber der bisherigen Rechtslage ist, dass das FamFG nicht mehr verlangt, dass ein Hauptsacheverfahren oder ein Antrag auf Prozesskostenhilfe für ein Hauptsacheverfahren anhängig ist, wenn der Erlass einer einstweiligen Anordnung begehrt wird. Auf die Kommentierung der §§ 49 ff wird verwiesen. Die Durchführung eines Hauptsacheverfahrens ist damit grundsätzlich **nicht mehr erforderlich**. Der Gesetzgeber wollte damit eine vereinfachte Erledigung von Unterhaltsverfahren erreichen und die Gerichte entlasten.[2] Ein Hauptsacheverfahren ist aber auf Antrag eines Beteiligten gem. § 52 einzuleiten, so dass abzuwarten bleibt, ob eine Entlastung der Gerichte tatsächlich eintritt. Denn wenn einer der Beteiligten mit der Entscheidung unzufrieden ist, wird er stets darauf bestehen, die im summarischen Verfahren aus seiner Sicht unzureichend ermittelten Tatsachen im Hauptsacheverfahren beweisen zu können.

II. Zulässigkeitsvoraussetzungen

1. Regelungsumfang beim Unterhalt. Hinsichtlich des Umfangs, in dem der Unterhaltsanspruch geltend gemacht werden kann, soll sich gegenüber dem geltenden Recht nichts ändern.[3] Im Wege der einstweiligen Anordnung kann weiterhin der **volle Unterhalt in ungekürzter Höhe** und ohne zeitliche Begrenzung geltend gemacht werden, wenn die Voraussetzungen dafür glaubhaft gemacht werden.[4] Es findet, anders als in § 49 vorgesehen, **keine Begrenzung auf vorläufige Maßnahmen** zur Sicherung oder Regelung eines Rechtsverhältnisses statt, sondern es kann insbesondere auch die Zahlung von Unterhalt ohne Befristung angeordnet werden.[5] Unterhaltshöhe wird auf der Grundlage der Angaben des Antragstellers ermittelt, wenngleich die Tatsachen nur glaubhaft gemacht und nicht bewiesen werden müssen. Dies gilt jedoch auch für Einwendungen des Antragsgegners, der in der Regel die Möglichkeit zur Stellungnahme bekommt. Da zukünftig ein Hauptsacheverfahren nicht mehr zwingend geführt werden muss, sondern dadurch vermieden werden kann, dass das Gericht schon im Verfahren der einstweiligen Anordnung versucht, eine Entscheidung zu treffen, mit der der Streit dauerhaft beigelegt werden kann, ist davon auszugehen, dass die Gerichte versuchen werden, möglichst beide Seiten zu berücksichtigen.

Neben dem Elementarunterhalt können im Wege der einstweiligen Anordnung auch weiterhin **Sonderbedarf und Mehrbedarf** geltend gemacht werden. Allerdings wird auch zukünftig im Wege der einstweiligen Anordnung nicht über **Unterhaltsrückstände** entschieden, sondern nur eine Entscheidung für die Zeit ab Antragstellung getroffen. Lässt sich, auch wenn beide Seiten die einstweilige Anordnung akzeptieren wollen, keine außergerichtliche Lösung für die bis dahin aufgelaufenen Rückstände finden, muss der Antragsteller auf das Hauptsacheverfahren verwiesen werden. Die einstweilige Anordnung hat lediglich den Zweck, den zukünftigen Unterhalt zu sichern.

2. Eilbedürftigkeit. Für Unterhaltsverfahren regelt § 246 abweichend von § 49, dass eine Regelung auch getroffen werden kann, wenn kein dringendes Bedürfnis für ein sofortiges Tätigwerden besteht. Unterhaltszahlungen sichern in der Regel den laufenden Lebensunterhalt, so dass dem Anspruch die Eilbedürftigkeit immanent ist. Die Rechte des Unterhaltsschuldners werden dadurch ausreichend gesichert, dass er nach § 52 ein Hauptsacheverfahren erzwingen kann und gem. § 54 die Aufhebung oder Abänderung der Anordnung beantragen kann.[6]

3. Regelungsbedürfnis. Zu unterscheiden von der Eilbedürftigkeit ist das Regelungsbedürfnis, das nach hM zum bisherigen Recht erforderlich war, obwohl es im Gesetz nicht ausdrücklich geregelt war. Eine einstweilige Anordnung auf Unterhalt setzt danach ein Regelungsbedürfnis voraus, das sich nicht in den üblichen Anforderungen an ein Rechtsschutzbedürfnis erschöpft, sondern als **spezifisches Bedürfnis** nach einer Eilentscheidung zu verstehen ist.[7] Das Erfordernis eines Regelungsbedürfnisses wurde im Wortlaut des § 620 ZPO am Wort „kann" festgemacht, das in diesem

---

[2] *Schürmann* FuR 2009, 130, 139.
[3] BT-Drucks. 16/6308, S. 259.
[4] Oben § 620 ZPO Rn. 37; *Zöller/Philippi* § 620 ZPO Rn. 59; *Schwab/Maurer* I Rn. 878.
[5] BT-Drucks. 16/6308, S. 259.
[6] BT Drucks. 16/6308, S. 259.
[7] *Wendl/Staudigl/Schmitz* § 10 Rn. 229.

§ 246 7–11   Buch 2. Abschnitt 9. Einstweilige Anordnung

Fall dem Gericht kein freies Handlungsermessen einräumt, sondern den unbestimmten Rechtsbegriff des Regelungsbedürfnisses betrifft.[8] Das Regelungsbedürfnis fehlt in Unterhaltsverfahren, wenn feststeht, dass der Schuldner nicht zahlen wird und keine Vollstreckungsmöglichkeit gegeben ist,[9] oder wenn die Beteiligten eine Unterhaltsvereinbarung getroffen haben und nicht ersichtlich ist, dass der Schuldner die Zahlung nicht leisten wird.[10] Wenn der Unterhalt durch ausreichendes Einkommen des Ehegatten des Berechtigten oder durch dessen eigenes Einkommen gesichert ist besteht kein Regelungsbedürfnis,[11] ebenso wenig für Unterhaltsrückstände. Der Unterhaltsgläubiger kann dann auf das Hauptsacheverfahren verwiesen werden. Daran ändert auch nichts, dass ein solches nach dem FamFG nicht mehr zwingend anhängig gemacht werden muss. Das Hauptsacheverfahren ist dann der richtige Rechtsbehelf und der einstweiligen Anordnung fehlt, nicht zuletzt im Hinblick auf die Interessen des Unterhaltsschuldners, das Regelungsbedürfnis. Auch für ein Auskunftsverlangen fehlt das Regelungsbedürfnis, denn der Unterhaltsschuldner muss seine mangelnde Leistungsfähigkeit ggf. glaubhaft machen.[12]

7   **4. Verfahren.** Das Verfahren regelt im Einzelnen § 51. Eine einstweilige Anordnung wird nur auf Antrag erlassen. § 51 Abs. 2 nimmt ergänzend Bezug auf die Vorschriften für das Verfahren in der Hauptsache, dies gilt insbesondere für die Zuständigkeit. Auf die Ausführungen zu § 51 wird verwiesen.

8   **a) Glaubhaftmachung.** Der Antragsteller muss seinen Anspruch schlüssig begründen und die anspruchsbegründenden Tatsachen glaubhaft machen. Damit unterscheidet sich das Beweismaß der einstweiligen Anordnung vom Hauptsacheverfahren, in dem die Tatsachen von dem Beteiligten, dem die Beweislast obliegt, nachgewiesen werden müssen und, wenn er den Beweis schuldig bleibt, zu seinen Lasten bewertet werden. Für die Glaubhaftmachung genügt eine **überwiegende Wahrscheinlichkeit**.[13] Die eidesstattliche Versicherung des Beteiligten ist gem. § 294 Abs. 1 ZPO ein geeignetes Mittel zur Glaubhaftmachung, während sie zur Beweisführung im Hauptsacheverfahren nicht geeignet ist. Zeugen kann das Gericht zwar grundsätzlich zur mündlichen Verhandlung laden, § 294 Abs. 2 ZPO steht dem nicht entgegen. Allerdings ist dies in der Praxis selten und im Verfahren der einstweiligen Anordnung nur sinnvoll, wenn eine einfache Beweisaufnahme zu erwarten ist. Lassen sich Tatsachen durch die Vorlage von Urkunden beweisen, ist dies ein geeignetes Mittel zur Glaubhaftmachung.

9   **b) Keine Amtsermittlung.** Das Gericht ist an den Antrag gebunden, es ist ein bezifferter Unterhalt zu fordern. Der **Beibringungsgrundsatz** gilt auch im Verfahren der einstweiligen Anordnung uneingeschränkt.[14] Von seinen eigenen Auskunftsrechten gem. §§ 235, 236 kann das Gericht auch im Verfahren zur einstweiligen Anordnung Gebrauch machen und insbesondere die Beteiligten zur Vorlage von Gehaltsabrechnungen auffordern.

10 **c) Mündliche Verhandlung (Abs. 2).** Eine mündliche Verhandlung muss im Verfahren der einstweiligen Anordnung nicht zwingend durchgeführt werden. In einfach gelagerten Fällen oder bei besonderer Eilbedürftigkeit kann die Entscheidung ohne mündliche Verhandlung erfolgen. Gem. Abs. 2 ist die Durchführung einer mündlichen Verhandlung jedoch geboten, wenn dies für die Aufklärung des Sachverhalts erforderlich ist oder sie der gütlichen Streitbeilegung dient. Damit wird die **Bedeutung der mündlichen Verhandlung** im Unterhaltsverfahren gegenüber dem allgemeinen Verfahren der einstweiligen Anordnung gem. §§ 49 ff. hervorgehoben. Im Unterhaltsverfahren ist steht das Ziel einer Verfahrensbeschleunigung nicht in gleicher Weise im Vordergrund, wie in anderen Bereichen des einstweiligen Rechtsschutzes.[15] Gem. § 54 Abs. 2 kann die Durchführung einer mündlichen Verhandlung und erneute Entscheidung beantragt werden, wenn das Gericht ohne mündlich Verhandlung entschieden hat, dies entspricht dem bisherigen § 620b Abs. 2 ZPO.

11 **5. Außerkrafttreten.** Wie bisher § 620f ZPO regelt § 56 das Außerkrafttreten einer einstweiligen Anordnung durch Wirksamwerden einer **anderweitigen Regelung,** wobei grundsätzlich die Rechtskraft entscheidend ist, vgl. Kommentierung zu § 56. Das Gericht, das die Entscheidung erlassen hat, kann diese gem. § 54 Abs. 1 auf Antrag eines Beteiligten selbst aufheben oder ändern, vgl. Kommentierung zu § 54.

---

[8] OLG Stuttgart FamRZ 2000, 965; *Zöller/Philippi* § 620 ZPO Rn. 4; *Musielak/Borth* § 620 ZPO Rn. 5.
[9] *Zöller/Philippi* § 620 ZPO Rn. 56.
[10] *Wendl/Staudigl/Schmitz* § 10 Rn. 229.
[11] OLG Zweibrücken FamRZ 1981, 65.
[12] Oben § 620 ZPO Rn. 39.
[13] Oben § 620 ZPO Rn. 42.
[14] Oben § 620 ZPO Rn. 41; *Zöller/Philippi* § 620a ZPO Rn. 27.
[15] BT-Drucks. 16/6308, S. 260.

III. Rechtsmittel

Die Entscheidung ergeht durch Beschluss, der gem. § 57 grundsätzlich nicht anfechtbar ist. **12** Unterhaltssachen sind im Ausnahmenkatalog des § 57 S. 2 nicht enthalten. Damit ergibt sich keine Änderung gegenüber der bisherigen Rechtslage, nach der sich die Unanfechtbarkeit aus § 620c ZPO ergab. Dem lag zugrunde, dass eine einstweilige Anordnung während der Dauer einer Ehesache **Rechtsfrieden** verschaffen sollte.[16] Dem ist eine wiederholte Befassung der Instanzgerichte mit der Angelegenheit nicht dienlich. § 57 gilt nicht nur für einstweilige Anordnungen während der Anhängigkeit einer Ehesache, der Gedanke des dauerhaften Rechtsfriedens ist jedoch übertragbar. Die Beteiligten können in Unterhaltssachen versuchen, durch das summarische Verfahren der einstweiligen Anordnung eine für beide Seiten akzeptable Lösung zu finden, ohne sich ein umfangreiches Hauptsacheverfahren antun zu müssen. Gelingt das nicht durch die Entscheidung des Erstgerichts, kann das Hauptsacheverfahren auf Antrag durchgeführt werden, den Beteiligten stehen dann auch die weiteren Instanzen zur Verfügung. Eine Beschwerdemöglichkeit im Verfahren der einstweiligen Anordnung ist nicht erforderlich, denn wenn die Beteiligten nach der Erstentscheidung weiter streiten möchten, können sie das im Hauptsacheverfahren tun.

§ 247 Einstweilige Anordnung vor Geburt eines Kindes

(1) Im Wege der einstweiligen Anordnung kann bereits vor der Geburt des Kindes die Verpflichtung zur Zahlung des für die ersten drei Monate dem Kind zu gewährenden Unterhalts sowie des der Mutter nach § 1615l Abs. 1 des Bürgerlichen Gesetzbuchs zustehenden Betrags geregelt werden.

(2) [1] Hinsichtlich des Unterhalts für das Kind kann der Antrag auch durch die Mutter gestellt werden. [2] § 1600d Abs. 2 und 3 des Bürgerlichen Gesetzbuchs gilt entsprechend. [3] In den Fällen des Absatzes 1 kann auch angeordnet werden, dass der Betrag zu einem bestimmten Zeitpunkt vor der Geburt des Kindes zu hinterlegen ist.

I. Normzweck

In der besonderen Situation kurz vor und nach der Geburt ist es im Interesse der Mutter und des **1** Kindes von besonderer Bedeutung, den Unterhalt in einem beschleunigten und einfach zu betreibenden Verfahren sicherzustellen.[1] Dies soll mit § 247 erreicht werden, indem der verfahrensrechtliche Gehalt des bisherigen § 1615o BGB nun auch systematisch ins Verfahrensrecht übernommen wird. Bisher war die Möglichkeit einer einstweiligen Verfügung in § 1615o BGB geregelt, weil diese auch **ohne Anhängigkeit einer Hauptsacheklage** oder eines Prozesskostenhilfegesuchs geltend gemacht werden konnte.[2] Grundsätzlich war die einstweilige Anordnung vorrangig vor der einstweiligen Verfügung im Unterhaltsrecht, so dass es der speziellen Regelung bedurfte. Dies ist im FamFG nicht mehr erforderlich. Der Anspruch kann im Wege der einstweiligen Anordnung durchgesetzt werden, die kein Hauptsacheverfahren mehr erfordert und damit den Zweck des früheren § 1615o BGB erfüllen kann.

Materiell-rechtliche Anspruchsgrundlage bleibt für den Kindesunterhalt § 1601 BGB und für **2** den Unterhalt der Mutter § 1615l BGB. § 247 nimmt lediglich eine Modifizierung in Bezug auf die Anspruchsvoraussetzung der bestehenden Vaterschaft vor und gibt der Mutter und dem Kind schon vor deren Feststehen einen Anspruch.

II. Anwendungsbereich

1. Abgrenzung zu anderen Rechtsbehelfen. Die einstweilige Anordnung nach § 247 kann **3** schon vor Feststellung der Vaterschaft und ohne das Erfordernis der Anhängigkeit eines Vaterschaftsfeststellungsverfahrens, anders als die **einstweilige Anordnung nach § 248** schon vor der Geburt des Kindes erlassen werden. Für die **einstweilige Anordnung nach § 246** müssen die Anspruchsvoraussetzungen gem. § 1601 BGB für Kindesunterhalt und gem. § 1615l BGB für den Unterhaltsanspruch der Mutter glaubhaft gemacht werden. Hinsichtlich der bestehenden Vaterschaft ist dies erst nach Abschluss des Feststellungsverfahrens oder der Anerkennung möglich. Außerdem entstehen die

---

[16] *Wendl/Staudigl/Schmitz* § 10 Rn. 232.
[1] BT-Drucks. 16/6308, S. 260.
[2] MünchKommBGB/*Born* § 1615o Rn. 2 (m. weit. Nachw.).

Ansprüche erst mit der Geburt des Kindes und können auch vorher nicht im Wege der einstweiligen Anordnung gem. § 246 gesichert werden, hierfür ist allein die Anordnung nach § 247 statthaft.

4 **2. Zeitliche Begrenzung.** § 247 stellt lediglich für die Geltendmachung von **Kindesunterhalt bis zu drei Monaten nach der Geburt** einen vorläufigen Rechtsbehelf zur Verfügung. Der Antrag kann schon vor der Geburt gestellt werden, damit Mutter und Kind in der besonderen Situation kurz nach der Geburt nicht mit der gerichtlichen Geltendmachung von Unterhaltsansprüchen belastet werden. Eine Antragstellung ist auch innerhalb der drei Monate möglich, wie sich aus dem Wortlaut des Abs. 1 S. 1 ergibt („kann bereits vor der Geburt"). Nach Ablauf von drei Monaten ist eine einstweilige Anordnung gem. § 247 jedoch nicht mehr statthaft, ebenso wenig für die Geltendmachung von Unterhaltsrückständen.[3] Es soll nur der aktuelle Bedarf gesichert werden. Für einen längeren Zeitraum besteht die Möglichkeit einer einstweiligen Anordnung gem. § 248 in Betracht, die gegebenenfalls gerichtliche Verfolgung der Vaterschaftsfeststellung ist dafür parallel erforderlich aber dann nach Ansicht des Gesetzgebers auch zumutbar.

5 Für den Unterhalt der Mutter wird auf **§ 1615l Abs. 1 BGB** verwiesen, der einen Unterhaltsanspruch für insgesamt **14 Wochen,** sechs Wochen vor und acht Wochen nach der Geburt gewährt. Dies war bisher in § 1615o Abs. 2 BGB geregelt.

6 **3. Regelungsumfang. a) Kindesunterhalt.** Es kann der **volle Bedarf** im Wege der einstweiligen Anordnung geltend gemacht werden, der Antragsteller muss ihn der Höhe nach glaubhaft machen. Unproblematisch ist dies hinsichtlich des Mindestbedarfs nach der Düsseldorfer Tabelle für den Kindesunterhalt, denn insoweit wird die Leistungsfähigkeit vermutet. Der Kindesunterhalt umfasst auch voraussichtlich entstehenden **Sonder- oder Mehrbedarf.** Dazu zählt die Säuglingserstausstattung,[4] aber auch Mehrbedarf wegen beispielsweise bereits festgestellte Embryonalschäden,[5] wenn die Voraussetzungen glaubhaft gemacht werden.

7 **b) Anspruch der Mutter.** Für den Anspruch der Mutter gem. § 1615l BGB muss diese die Höhe ihres Bedarfs glaubhaft machen, der Antragsgegner ggf. seine fehlende Leistungsfähigkeit. Verwiesen wird nur auf § 1615l Abs. 1 BGB, der somit den zeitlichen Rahmen vorgibt. Mit dem Verfahren nach § 247 können auch die Schwangerschafts- und Entbindungskosten gem. § 1615l Abs. 1 S. 2 BGB geltend gemacht werden. Hier sieht das Gesetz für den materiell-rechtlichen Anspruch zwar keine zeitliche Grenze vor,[6] für die Geltendmachung nach § 247 ist allerdings der zeitliche Rahmen für die Antragstellung zu beachten und nach Ablauf ggf. ein anderer Rechtsbehelf zu wählen.

III. Zulässigkeitsvoraussetzungen

8 **1. Antragsbefugnis. a) Kindesunterhalt.** Abs. 2 S. 1 regelt, dass der Antrag auf Kindesunterhalt auch durch die Mutter gestellt werden kann. Dies ausdrücklich klarzustellen war erforderlich, da die elterliche Sorge erst mit der Geburt des Kindes beginnt und damit für einen Antrag vor der Geburt ohne diese Regelung ein Pfleger bestellt werden müsste.

9 **b) Unterhalt der Mutter.** Antragsbefugt ist die Mutter, sofern sie noch minderjährig ist, ihr gesetzlicher Vertreter. Eine Antragsberechtigung des Vaters besteht im Verfahren nach § 247 nicht. Zwar kann auch der Vater gegen die Mutter Unterhaltsansprüche gem. § 1615l BGB geltend machen, allerdings verweist § 247 nur auf § 1615l Abs. 1 BGB, der sich allein auf schwangerschafts- und entbindungsbedingte Ansprüche bezieht.[7]

10 **2. Passivlegitimation.** Zur Ermittlung des richtigen Antragsgegners verweist Abs. 2 S. 2 auf § 1600d Abs. 2 und Abs. 3 BGB. Passivlegitimiert ist danach der Mann, dessen Vaterschaft gem. § 1600d Abs. 2 BGB vermutet wird. Die Tatsachen, die eine Vaterschaftsvermutung begründen, sind vom Anspruchsteller glaubhaft zu machen, sie muss also jedenfalls eidesstattlich versichern, mit dem Antragsgegner während der Empfängniszeit Geschlechtsverkehr gehabt zu haben. Die Empfängniszeit definiert § 1600d Abs. 3 BGB. Wurde die Vaterschaft bereits anerkannt, was gem. § 1594 Abs. 4 BGB auch schon vor der Geburt des Kindes möglich ist, ist der damit rechtlich feststehende Vater passivlegitimiert.

---

[3] Zur einstweiligen Verfügung gem. § 1615o BGB: *Palandt/Diedrichsen* § 1615o BGB Rn. 1.
[4] *Palandt/Diedrichsen* § 1613 BGB Rn. 20.
[5] *Palandt/Diedrichsen* § 1615o BGB Rn. 2.
[6] *Palandt/Diedrichsen* § 1615l BGB Rn. 6.
[7] MünchKommBGB/*Born* § 1615o Rn. 19.

IV. Hinterlegung

Gem. Abs. 2 S. 3 kann das Gericht anordnen, dass der gesamte Betrag zu einem bestimmten Zeitpunkt vor der Geburt des Kindes zu hinterlegen ist. Diese Möglichkeit war bereits in § 1615o Abs. 1 S. 2 HS. 2 und Abs. 2 HS. 2 BGB vorgesehen. Der Regelfall ist jedoch die Anordnung der Zahlung, jeweils monatlich im Voraus, die Hinterlegung soll nur im Ausnahmefall angeordnet werden.[8]

11

§ 248 Einstweilige Anordnung bei Feststellung der Vaterschaft

(1) Ein Antrags auf Erlass einer einstweiligen Anordnung, durch den ein Mann auf Zahlung von Unterhalt für ein Kind oder dessen Mutter in Anspruch genommen wird, ist, wenn die Vaterschaft des Mannes nach § 1592 Nr. 1 und 2 oder § 1593 des Bürgerlichen Gesetzbuchs nicht besteht, nur zulässig, wenn ein Verfahren auf Feststellung der Vaterschaft nach § 1600d des Bürgerlichen Gesetzbuchs anhängig ist.

(2) Im Fall des Absatzes 1 ist das Gericht zuständig, bei dem das Verfahren auf Feststellung der Vaterschaft im ersten Rechtszug anhängig ist; während der Anhängigkeit beim Beschwerdegericht ist dieses zuständig.

(3) § 1600 d Abs. 2 und 3 des Bürgerlichen Gesetzbuchs gilt entsprechend.

(4) Das Gericht kann auch anordnen, dass der Mann für den Unterhalt Sicherheit in bestimmter Höhe zu leisten hat.

(5) [1] Die einstweilige Anordnung tritt auch außer Kraft, wenn der Antrag auf Feststellung der Vaterschaft zurückgenommen oder rechtskräftig zurückgewiesen worden ist. [2] In diesem Fall hat derjenige, der die einstweilige Anordnung erwirkt hat, dem Mann den Schaden zu ersetzen, der ihm aus der Vollziehung der einstweiligen Anordnung entstanden ist.

I. Normzweck

§ 248 ergänzt § 246 und führt zusätzliche Zulässigkeitsvoraussetzungen für die einstweilige Anordnung auf Unterhalt gegen den Mann, dessen Vaterschaft noch nicht rechtlich geklärt ist, ein. Wie das entsprechende Hauptsacheverfahren ist auch das Verfahren gem. § 248 selbständig und nicht Teil des Vaterschaftsfeststellungsverfahrens. Bisher war die einstweilige Anordnung auf Unterhalt während Anhängigkeit des Feststellungsverfahrens in § 641d ZPO geregelt, der wie auch der bisherige § 653 ZPO ein Annexverfahren regelt. Die entscheidende Änderung des FamFG ist, dass sowohl Hauptsacheverfahren als auch einstweilige Anordnung auf Unterhalt jetzt selbständige Verfahren sind.

1

Gem. § 1600d Abs. 4 BGB kann Unterhalt erst geltend gemacht werden, wenn die Vaterschaft festgestellt wurde. Diesen Grundsatz durchbricht § 248 ebenso wie § 237 (siehe dort Rn. 3).[1]

2

II. Verfahren

1. Antrag. Antragsberechtigt ist das Kind, vertreten durch die Mutter, und die Mutter selbst für ihren eigenen Unterhaltsanspruch. Das Gesetz spricht ausdrücklich von einem Antrag, durch den ein Mann zur Zahlung von Unterhalt verurteilt wird. Eine Antragsbefugnis des betreuenden und die Feststellung seiner Vaterschaft gerichtlich betreibenden Vaters ist also ausdrücklich nicht vorgesehen.

3

2. Regelungsgegenstand. Der Antrag kann auf **Unterhaltszahlung** oder auf **Sicherheitsleistung** gerichtet sein. Die Sicherheitsleistung als Regelungsgegenstand sieht Abs. 4 ausdrücklich vor, auch nach alter Rechtslage bestand diese Möglichkeit gem. § 641d Abs. 1 S. 2 ZPO. Eine Beschränkung auf den Mindestunterhalt, wie sie § 237 ausdrücklich vorschreibt, gibt es für das Verfahren der einstweiligen Anordnung nach § 248 nicht. Es kann also der Unterhalt in voller Höhe geltend gemacht werden. Erfasst ist auch Mehrbedarf und Sonderbedarf und der Anspruch auf Prozesskostenvorschuss, da dies Teile des Unterhalts sind und grundsätzlich im Wege der einstweiligen Anordnung geltend gemacht werden können.

4

3. Regelungsbedürfnis. Hinsichtlich der Erforderlichkeit eines Regelungsbedürfnisses wird auf die Ausführungen zur einstweiligen Anordnung für Unterhaltssachen im Allgemeinen verwiesen.[2] Eine ausdrückliche Regelung wie bisher § 641d Abs. 2 S. 3 ZPO enthält § 248 nicht.

5

---

[8] BT-Drucks. 16/6308, S. 260.
[1] BT-Drucks. 16/6308, S. 260.
[2] S. o. § 246 Rn. 6.

6 **4. Anhängigkeit eines Verfahrens gem. § 1600d BGB.** Zulässigkeitsvoraussetzung für eine einstweilige Anordnung gem. § 248 ist die Anhängigkeit eines Verfahrens auf Feststellung der Vaterschaft gem. § 1600d BGB. Dabei ist nicht von Bedeutung ob das Kind oder der Vater die Feststellung der Vaterschaft beantragt hat, auch ist bei einem negativen Feststellungsantrag die Voraussetzung erfüllt. § 248 ist nicht analog anwendbar bei Anhängigkeit einer Anfechtungsklage, denn in diesem Fall hat das Kind einen rechtlichen Vater, von dem es Unterhalt verlangen kann und die Mutter hat ebenfalls einen Schuldner für ihre Unterhaltsansprüche nach § 1615l BGB. Voraussetzung ist also, wie Abs. 1 klarstellt, dass die Vaterschaft eines Mannes nicht nach § 1592 Nr. 1 und 2 oder § 1593 BGB besteht. In diesem Fall wäre eine Feststellungsklage gem. § 1600d BGB ohnehin nicht statthaft, so dass es der Klarstellung eigentlich nicht bedurft hätte.

7 **5. Zuständigkeit (Abs. 2).** Abs. 2 verweist ebenso wie § 237 Abs. 2 auf das Gericht, bei dem die Vaterschaftsfeststellungsklage anhängig ist. Obwohl es sich um ein selbständiges Verfahren und eine Unterhaltssache, also nicht mehr wie bisher um ein Annexverfahren zum Statusverfahren handelt, soll eine **Annexzuständigkeit** beim Gericht des Statusverfahrens begründet werden.[3]

8 **6. Vaterschaftsvermutung (Abs. 3).** Die Bezugnahme auf § 1600d Abs. 2 und 3 BGB ist erforderlich, da es sich bei dem Verfahren nach § 248 gerade nicht um eine Statussache sondern um eine Unterhaltssache handelt. Die Vaterschaftsvermutung zugunsten des Mannes, mit dem die Mutter während der Empfängniszeit Geschlechtsverkehr hatte, ist aber nur für das Statusverfahren normiert und ohne ausdrückliche Verweisung nicht auf das Unterhaltsverfahren übertragbar. Dies gilt für das Verfahren nach § 248 ebenso wie für die einstweilige Anordnung gem. § 247, der ebenfalls auf § 1600d Abs. 2 und 3 BGB verweist. Die bisherigen Voraussetzungen des § 641d ZPO sollten aufrecht erhalten bleiben.[4]

III. Außerkrafttreten (Abs. 5 S. 1)

9 Abs. 5 S. 1 ergänzt die allgemeine Vorschrift zum Außerkrafttreten einer einstweiligen Anordnung gem. § 56. Es werden zwei zusätzliche Gründe für das Außerkrafttreten der einstweiligen Anordnung, die ihren Grund in **der Koppelung an das Abstammungsverfahren** haben. Das Außerkrafttreten der einstweiligen Anordnung bei Klagerücknahme oder rechtskräftiger Zurückweisung war bisher in § 641f ZPO geregelt. Eingefügt wurde das Erfordernis der Rechtskraft des abweisenden Urteils. Nach hM war nach bisherigem Recht der Urteilserlass der maßgebliche Zeitpunkt, auf die Rechtskraft der Entscheidung kam es nicht an.[5] Der Gesetzgeber hat dies jetzt anders geregelt.

10 Die Formulierung bezieht sich nur auf die Klage auf positive Feststellung der Vaterschaft, die zurückgenommen oder abgewiesen wird, nicht erfasst ist vom Wortlaut die **negative Feststellungsklage** des potentiellen Vaters, der stattgegeben wird. Auch diese stellt aber ein Feststellungsverfahren gem. § 1600d BGB dar und ermöglicht damit die einstweilige Anordnung gem. § 248 und muss damit auch, wenn ihr stattgegeben wird, die Wirkung des Abs. 5 entfalten.[6] Da sich dies aus dem Wortlaut jedoch nicht ergibt,[7] ist insoweit von einer analogen Anwendung des Abs. 5 auszugehen.

IV. Schadensersatz (Abs. 5 S. 2)

11 Abs. 5 S. 2 führt eine **materiellrechtliche Anspruchsgrundlage** für einen Schadensersatzanspruch des Mannes, dessen Vaterschaft sich als nicht bestehend erwiesen hat, der aber auf Grund der einstweiligen Anordnung Unterhaltsleistungen erbracht hat.[8] Schadensersatzpflichtig ist danach derjenige, der die einstweilige Anordnung erwirkt hat, also das Kind oder die Mutter für ihren eigenen Unterhaltsanspruch nach § 1615l BGB. Die Vorschrift entspricht dem bisherigen § 641g ZPO. Der Anspruch ist nach dem Vorbild der §§ 717 Abs. 2, 945 ZPO geschaffen.

12 Zwar hat der Scheinvater grundsätzlich die Möglichkeit, den zu viel gezahlten Kindesunterhalt gem. § 1607 Abs. 3 S. 2 BGB vom tatsächlichen Vater zurück zu verlangen, sobald dieser festgestellt ist. So lange muss er aber nicht warten, sondern kann den Schaden sofort vom Kind verlangen. Der Anspruch gegen den tatsächlichen Vater ist jedoch **schadensmindernd** zu berücksichtigen, soweit er realisierbar ist. Das Kind kann außerdem die **Rückabtretung** der nach § 1607 Abs. 3 S. 2

---

[3] S. o. § 237 Rn. 8.
[4] BT-Drucks. 16/6308, S. 260.
[5] *Zöller/Philippi* § 641f ZPO Rn. 1; oben § 641f ZPO Rn. 2.
[6] So zur bisherigen Rechtslage: oben § 641f ZPO Rn. 1.
[7] *Zöller/Philippi* § 641f ZPO Rn. 1.
[8] *Baumbach/Lauterbach/Hartmann* § 248 Rn. 1.

BGB übergegangenen Ansprüche verlangen.[9] Für den an die Mutter gem. § 1615l BGB zu unrecht gezahlten Unterhalt fehlt eine dem § 1607 Abs. 3 S. 2 BGB entsprechende Regelung des Forderungsübergangs, so dass dem Scheinvater nur Abs. 5 S. 2 zur Verfügung steht.

Auch wenn der vom Scheinvater erhobenen negativen Feststellungsklage stattgegeben wird, steht ihm der Schadensersatzanspruch zu. Ebenso wie hinsichtlich des Außerkrafttretens der einstweiligen Anordnung ist dann von einer **analogen Anwendbarkeit** des Abs. 5 S. 2 auszugehen.[10] Dagegen ist eine analoge Anwendbarkeit abzulehnen, wenn die Vaterschaft bestätigt wird, der im Wege der einstweiligen Anordnung festgesetzte Unterhalt aber zu hoch war. Der Vater ist dann auf die allgemeinen Möglichkeiten der Rückforderung zu viel gezahlten Unterhalts zu verweisen, also auf das Bereicherungsrecht.

V. Abänderung, Rechtsmittel

Nach bisheriger Rechtslage fand gem. § 641d Abs. 3 ZPO die sofortige Beschwerde gegen den Beschluss statt. Eine solche Regelung enthält § 248 nicht. Die Vorschriften über die einstweilige Anordnung in Unterhaltssachen ergänzen lediglich die allgemeinen Regelungen der einstweiligen Anordnung. Gem. § 57 S. 1 ist die einstweilige Anordnung nicht anfechtbar, eine Ausnahme gem. S. 2 liegt hier nicht vor. Es findet damit gegen die einstweilige Anordnung gem. § 248 kein Rechtsmittel mehr statt. Für die Möglichkeit der Abänderung der Entscheidung ist ebenfalls auf die allgemeinen Vorschriften zu verweisen, mithin auf § 54.

Unterabschnitt 3. Vereinfachtes Verfahren über den Unterhalt Minderjähriger

Vorbemerkung zu den §§ 249 ff.

Schrifttum: *van Els,* Neuerungen und Änderungen durch die ZPO-Reform, FÜR 2002, 587; *ders.,* Überraschende Nachbesserungen zum Vereinfachten Verfahren, Rpfleger 2002, 247; *Finke,* Die Wiederkehr des gesetzlich definierten Mindesbedarfs und die Abschaffung der Regelbetrags-VO – ein Fortschritt?, FPR 2005, 477; *P. Gerhardt,* Das neue Kindesunterhaltsgesetz – verfahrensrechtliche Änderungen, FuR 1998, 145; *Klüsener,* Das neue Kindschaftsrecht und der Rechtspfleger, Rpfleger 1998, 221; *Knittel,* Das neue Kindesunterhaltsrecht, DAVorm. 1998, 177; *Philippi,* Gebühren im vereinfachten Verfahren über den Unterhalt Minderjähriger, FÜR 2005, 387; *Schael,* Die Statthaftigkeit von Beschwerde und sofortiger Beschwerde nach dem neuen FamFG, FPR 2009, 11; *Schumacher/Grün,* Das neue Unterhaltsrecht minderjähriger Kinder, FamRZ 1998, 778; *Strauß,* Probleme des Kindesunterhaltsgesetzes in der gerichtlichen Praxis, FamRZ 1998, 993; *Vogel,* Aktuelle Rechtsfragen zu den (einstufigen) vereinfachten Verfahren über den Unterhalt Minderjähriger, FÜR 2002, 628; *Weber,* Das Gesetz zur Vereinheitlichung des Unterhaltsrechts minderjähriger Kinder, NJW 1998, 1992.

1. Entstehungsgeschichte. Das **KindUG** vom 6. 4. 1998[1] hat in Art. 3 Nr. 9 ab 1. 7. 1998 **dynamisierte** Unterhaltsansprüche minderjähriger ehelicher wie nichtehelicher Kinder und deren Titulierung im vereinfachten Verfahren eingeführt. Seither kann das minderjährige Kind von dem Elternteil, mit dem es nicht in einem Haushalt lebt, seinen Unterhalt nach §§ 1601 ff. BGB wahlweise[2] als **statischen** (konkret bezifferten Fest-) Betrag verlangen (§ 1612 Abs. 1 BGB) oder nach § 1612a BGB als **Prozentsatz** einer variablen Größe, die ursprünglich durch die altersabhängigen **Regelbeträge** der **RegelBetrVO**[3] definiert und mit Inkrafttreten des **UÄndG**[4] am 1. 1. 2008 durch den **Mindestunterhalt** ersetzt worden ist.

Letzterer richtet sich gemäß § 1612a Abs. 1 S. 2 BGB nach dem einkommensteuerrechtlichen **Kinderfreibetrag** (§ 32 Abs. 6 S. 1 EStG), der in der Summe für beide Elternteile das steuerfrei zu stellende sächliche Existenzminimum eines Kindes ausdrückt. Die Staffelung in drei **Altersstufen**

---

[9] Oben § 641g ZPO Rn. 1; *Stein/Jonas/Schlosser* § 641g ZPO Rn. 3.
[10] Oben § 641g ZPO Rn. 2.
[1] BGBl. 1998 I S. 666.
[2] OLGR Naumburg 2000, 451 = FamRZ 2001, 513; BT-Drucks. 13/7338, S. 37.
[3] §§ 1, 2 der RegelBetrVO vom 6. 4. 1998, BGBl. I 1998, 666, zuletzt in der Fassung der 5. ÄnderungsVO vom 5. 6. 2007, BGBl. I S. 1044.
[4] BGBl. I 2007 S. 3189.

beruht auf der statistisch untermauerten Erfahrung, dass der Barbedarf eines Kindes mit zunehmendem Lebensalter wächst.[5] Mit der erstmaligen Anknüpfung des Unterhaltsanspruchs an eine feste Rechengröße und dessen dynamischer Ausformung hatte der Gesetzgeber, inspiriert durch rechtsvergleichende Erkenntnisse, im Blick, dass sich der angemessene Kindesunterhalt am Einkommen des Barunterhaltspflichtigen orientiert und dadurch denselben wirtschaftlichen und sozialpolitischen Veränderungen unterworfen ist.[6] Zusätzlich diente das **KindUG** vom 6. 4. 1998 neben einer verfassungsrechtlich gebotenen Vereinheitlichung des Unterhaltsrechts für eheliche und nichteheliche Kinder[7] der Verfahrensvereinfachung- und Beschleunigung, insbesondere sollte den Beteiligten eine künftige Anpassung des geschaffenen Unterhaltstitels durch Inanspruchnahme von Gerichten und Behörden erspart werden.[8] Das **EuroEGRpfl**[9] hat das vereinfachte Verfahren im Interesse einer besseren Übersichtlichkeit überarbeitet.[10]

Durch das **UÄndG** vom 21. 12. 2007[11] wurden die RegelBetrVO aufgehoben und als Rechengröße für die Dynamisierung in § 1612a BGB der **Mindestunterhalt** eingeführt. Damit entfiel zugleich die mit der RegelBetrVO noch fortgeschriebene Differenzierung danach, ob das unterhaltsberechtigte Kind in den alten oder neuen Bundesländern lebt. Für das vereinfachte Verfahren ergab sich mit der Umstellung auf den Mindestunterhalt die Notwendigkeit, die in § 645 ZPO aF enthaltene Begrenzung auf das Eineinhalbfache der jeweils maßgebenden Regelbeträge an das neue System anzupassen. Die gewählte Größe, das **1,2fache des Mindestunterhalts,** soll gewährleisten, dass das vereinfachte Verfahren künftig etwa in gleichem Umfang eröffnet bleibt.[12] Wie zuvor beim Regelbetrag ist das Kind bei Geltendmachung des Mindestunterhalts von der **Darlegungs- und Beweislast** für seinen **Bedarf** sowie für die **Leistungsfähigkeit** des Unterhaltsverpflichteten befreit (§ 1612a Abs. 1 S. 1 BGB).[13] Angeknüpft wird nunmehr an das Steuerrecht und dessen Bezugnahme auf den existenznotwendigen Bedarf von Kindern, der von Verfassungs wegen von der Einkommensteuer verschont bleiben muss.[14] Dieser wird von der Bundesregierung alle zwei Jahre in einem **Existenzminimumbericht** auf der Grundlage der durchschnittlichen sozialhilferechtlichen Regelsätze der Bundesländer und statistischer Berechnungen durchschnittlicher Aufwendungen für Wohn- und Heizkosten in den alten Bundesländern ermittelt.[15] Während die Regelbeträge nach § 1612a Abs. 4 BGB aF alle zwei Jahre an die Entwicklung des durchschnittlichen Arbeitsentgelts gekoppelt werden mussten, bietet der nunmehr gewählte Verweis auf das Einkommensteuerrecht nach der Intention des Gesetzgebers den Vorteil, dass der **Kinderfreibetrag nach § 32 Abs. 6 S. 1 EStG** konkret beziffert ist und – anders als etwa die sozialhilferechtlichen Regelsätze – bundeseinheitlich gilt.[16] Nachdem das **UÄndG** die bisherige Anrechnung von **Kindergeld** auf den Barunterhalt durch einen bedarfsmindernder Vorwegabzug ersetzt hat, war eine sprachliche Anpassung der §§ 645 ff. ZPO aF erforderlich. Durch die **KindUVV** vom 28. 12. 2007[17] hat das Bundesministerium der Justiz auch die vorgeschriebenen **Formulare**[18] geändert (vgl. § 250 Rn. 1 ff.).

4 Das **FamFG**[19] hat das vereinfachte Verfahren in §§ 249–260 beibehalten, die den §§ 645 ff. ZPO aF inhaltlich entsprechen und deren Formulierungen lediglich zur Vereinheitlichung des Sprachgebrauchs geringfügig überarbeitet wurden.[20] Nur § 653 ZPO aF (Unterhalt bei Feststellung der Vaterschaft) und 654 ZPO aF (Abänderungsklage) wurden modifiziert und in einen neuen Zusammenhang gestellt (§ 237 und § 240).[21] Darüber hinaus wurden die Regelungen in §§ 655 und 656 ZPO aF wegen ihrer geringen praktischen Bedeutung gestrichen.[22]

---

[5] BT-Drucks. 16/1830, S. 28 und BT-Drucks. 7/4791, S. 12.
[6] BT-Drucks. 13/7338, S. 18 und BT-Drucks. 16/1830, S. 28.
[7] BVerfGE 85, 80 = NJW 1992, 1747 = FamRZ 1992, 157.
[8] BT-Drucks. 13/7338, S. 18.
[9] Gesetz zur Einführung des Euro in Rechtspflegegesetzen und in Gesetzen des Straf- und Ordnungswidrigkeitenrechts, zur Änderung der Mahnvordruckverordnungen sowie zur Änderung weiterer Gesetze v. 13. 12. 2001, BGBl. I S. 3574.
[10] van Els Rpfleger 2002, 247; Knittel JAmt 2001, 568.
[11] BGBl. I 2007 S. 3189.
[12] BT-Drucks. 16/1830, S. 35.
[13] BT-Drucks. 16/1830, S. 26/27; zum Regelbetrag vgl. BT-Drucks. 13/7338, S. 19.
[14] BVerfGE 99, 216 = NJW 1999, 557 = FamRZ 1999, 285.
[15] Zuletzt fünfter Existenzminimumsbericht der Bundesregierung, BT-Drucks. 15/2462.
[16] BT-Drucks. 16/1830, S. 27.
[17] BGBl. I 2007 S. 3283.
[18] BGBl. I 2007 S. 3283.
[19] BGBl. I 2008 S. 2586.
[20] BT-Drucks. 16/6308, S. 261.
[21] BT-Drucks. 16/6308, S. 257–259.
[22] BT-Drucks. 16/6308, S. 261.

2. Übergangsbestimmungen. Für eine Übergangszeit soll § 36 Nr. 4 EGZPO sicher stellen, 5
dass im Zuge der Umstellung des Systems der **Regelbeträge** auf die neue Bezugsgröße des
Mindestunterhalts das erreichte Unterhaltsniveau erhalten bleibt und dass die gewünschte Harmonisierung mit dem Steuerrecht erreicht wird.[23] Zu diesem Zweck bleiben die um das hälftige Kindergeld erhöhten Regelbeträge nach § 1 RegelBetrVO vom 6. 4. 1998[24] in der Fassung der Fünften Verordnung zur Änderung der RegelBetrVO vom 5. 6. 2007[25] in gleicher Weise für Ost- und Westdeutschland solange maßgebend, bis der Mindestunterhalt nach § 1612a Abs. 1 BGB die ursprünglichen Beträge übersteigt.

Statische Alttitel können nicht mehr in dynamische Titel nach § 1612a Abs. 1 BGB umge- 6
wandelt werden, da Art. 5 §§ 2 und 3 KindUG am 1. 7. 2003 außer Kraft getreten sind (Art. 8
Abs. 2 KindUG). Die bis zum 31. 12. 2007 errichteten **dynamischen Alttitel,** die noch auf dem
Regelbetrag nach der RegelBetrVO als Bezugsgröße basieren, gelten nach § 36 Nr. 3 S. 1 EGZPO
fort und werden ohne gesondertes Verfahren durch Umrechnung in das neue Recht überführt (§ 36
Nr. 3 lit. a–d EGZPO). Genannt werden vier Alternativen, die der jeweiligen Rolle des **Kindergeldes** oder vergleichbarer Leistungen bei der Unterhaltsbemessung Rechnung tragen. Durch die
Beschränkung auf einen Austausch des Anknüpfungspunktes wird sichergestellt, dass die bisherige
Dynamisierung der Titel erhalten bleibt und der Unterhaltsberechtigte weiterhin an künftigen
Steigerungen des **Mindestunterhalts** teilnimmt. Für den Unterhaltszeitraum ab dem 1. 1. 2008
bedarf es weder eines Abänderungs- noch Titelumschreibungsverfahrens. Vielmehr kann die erforderliche Berechnung unmittelbar durch das Vollstreckungsorgan vorgenommen werden.[26]

Unterhaltsrelevanten Veränderungen als Folge des **UÄndG** sind bei rechtskräftigen Festsetzungen 7
vorrangig mit der Korrekturklage nach § 240 (§ 654 ZPO aF) Rechnung zu tragen, die den
Schranken des § 36 Nr. 1 EGZPO nicht unterliegt.

3. Abgrenzung zu anderen Verfahren. Als raschere Alternative zur Unterhaltstitulierung steht 8
das vereinfachte Verfahren wahlweise neben der **Unterhaltsklage** zur Verfügung.[27] Da es nur für
Unterhaltsansprüche bis zum Grenzbetrag von 120% des Mindestunterhalts vor Berücksichtigung
des Kindergeldes oder vergleichbarer Leistungen eröffnet ist, kann ein darüber hinaus gehender Unterhalt
zusätzlich auf dem allgemeinen Klageweg oder mit der **Abänderungs- bzw. Korrekturklage nach
§ 240** (§ 654 ZPO aF) geltend gemacht werden. Letztere ist weder an die Voraussetzungen des § 238
(früher § 323 ZPO) noch an die des § 767 ZPO, insbesondere nicht an eine wesentliche Veränderung der Verhältnisse geknüpft.[28] Wird eine solche ins Feld geführt, ist im Gegenzug allein die
Abänderungsklage nach § 238 gegeben.[29] Denn das vereinfachte Verfahren erlaubt nur eine **Erstfestsetzung** von Unterhalt und ist wegen seiner schematischen Ausrichtung für die Prüfung ungeeignet, ob veränderte Verhältnisse eine abweichende Unterhaltsfestsetzung rechtfertigen.[30] Der
Antragsteller hat zusätzlich die Möglichkeit, eine **einstweilige Anordnung nach § 246** zu erwirken. Im Gegensatz zum bisherigen Recht wird die Anhängigkeit einer Hauptsache oder eines
diesbezüglichen Prozesskostenhilfegesuchs nicht mehr vorausgesetzt. Umgekehrt lässt die Anhängigkeit eines vereinfachten Verfahrens im Hinblick auf dessen unwägbare Bearbeitungsdauer das Rechtsschutzbedürfnis nicht entfallen, zumal die einstweilige Anordnung lediglich eine vorläufige Vollstreckungsmöglichkeit bietet und damit ihr Streitgegenstand mit einer Unterhaltsfestsetzung nach
§§ 249 ff. nicht identisch ist. Das **Mahnverfahren** nach §§ 688 ff. ZPO ist nur für **rückständigen
Unterhalt** möglich, der bis zum Ablauf der Widerspruchsfrist fällig geworden ist (§ 113 Abs. 2 iVm.
§§ 688 Abs. 1, 692 Abs. 1 Nr. 3 ZPO). Der im vereinfachten Verfahren geltend gemachte Unterhalt
wird nicht in den **Scheidungsverbund** einbezogen (§ 137 Abs. 2 Nr. 2). Die Titulierung eines
höheren Kindesunterhaltes als 120% ist auf Grund vertraglicher Regelung beider Parteien möglich.

§ 249 Statthaftigkeit des vereinfachten Verfahrens

(1) Auf Antrag wird der Unterhalt eines minderjährigen Kindes, das mit dem in Anspruch genommenen Elternteil nicht in einem Haushalt lebt, im vereinfachten Verfahren

---

[23] Beschlussempfehlung und Bericht des Rechtsausschusses zum Gesetzesentwurf der Bundesregierung (BT-Drucks. 16/1830); BT-Drucks. 16/6980, S. 10/11.
[24] BGBl. 1998 I S. 666.
[25] BGBl. 2007 I S. 1044.
[26] BT-Drucks. 16/1830, S. 34.
[27] BT-Drucks. 13/7338, S. 37.
[28] Motive in BT-Drucks. 13/7338, S. 43; *Schulz* FuR 1998, 385.
[29] BT-Drucks. 7/4791, S. 10.
[30] Motive in BT-Drucks. 13/7338, S. 38.

§ 249 1–3   Buch 2. Abschnitt 9. Verfahren in Unterhaltssachen

festgesetzt, soweit der Unterhalt vor Berücksichtigung der Leistungen nach § 1612b oder § 1612c des Bürgerlichen Gesetzbuchs das 1,2fache des Mindestunterhalts nach § 1612a Abs. 1 des Bürgerlichen Gesetzbuchs nicht übersteigt.

(2) Das vereinfachte Verfahren ist nicht statthaft, wenn zum Zeitpunkt, in dem der Antrag oder eine Mitteilung über seinen Inhalt dem Antragsgegner zugestellt wird, über den Unterhaltsanspruch des Kindes entweder ein Gericht entschieden hat, ein gerichtliches Verfahren anhängig ist oder ein zur Zwangsvollstreckung geeigneter Schuldtitel errichtet worden ist.

I. Normzweck

1   Das vereinfachte Verfahren ist als schriftliches Verfahren konzipiert.[1] Eine **mündliche Verhandlung** ist aber nicht ausgeschlossen (§ 32).[2] Die §§ 249 ff. zielen durch Limitierung der Angriffs- und Verteidigungsmöglichkeiten darauf ab, dem Gläubiger einen einfachen und schnellen Weg zur Erlangung eines Vollstreckungstitels ohne vorherige Sachverhandlung und Sachentscheidung durch den – nach § 25 Nr. 2 lit. c RPflG[3] zuständigen – **Rechtspfleger** zu eröffnen. Das Verfahren ist auf größtmögliche Vereinfachung und Beschleunigung ausgerichtet und in weitem Umfang schematisiert. Es soll den Rechtspfleger davon entheben, im Rahmen der Schlüssigkeitsprüfung wertende Beurteilungen abgeben zu müssen,[4] wobei der in § 250 für einen ordnungsgemäßen **Antrag** geregelte Mindestinhalt den Maßstab für die sachliche Prüfung setzt.[5] Dabei hat der Gesetzgeber von einer dem Mahnverfahren nach §§ 688 ff. ZPO entlehnten Ausgestaltung der §§ 249 ff. mit der Begründung abgesehen, eine Titulierung bei unterbleibendem Widerspruch ohne Schlüssigkeitsprüfung sei für die Festsetzung von Unterhalt, der die monatliche Belastung über einen längeren Zeitraum regeln solle, nicht geeignet.[6] Der Rechtspfleger soll sich indessen bei der materiellen Prüfung grundsätzlich auf die Frage beschränken können, ob die geforderten Angaben – ihre Richtigkeit unterstellt – den geltend gemachten Anspruch nach Grund und Höhe rechtfertigen.[7] **Einwendungen** des Unterhaltsverpflichteten sind lediglich unter den engen Voraussetzungen des § 252 zulässig. Ein bloßes Bestreiten des Anspruchs oder die allgemeine Behauptung von Einwendungen reicht nicht aus. Auch rechtlich irrelevante, unsinnige oder offensichtlich unbegründete Einwendungen vermögen den Festsetzungsbeschluss nicht abzuwenden. Diese insoweit vom Rechtsbehelf des Widerspruchs im Mahnverfahren abweichende Ausgestaltung hat der Gesetzgeber im Interesse des betreibenden Kindes gewählt und für vertretbar gehalten, weil der formell rechtskräftige Festsetzungsbeschluss – anders als der Vollstreckungsbescheid – nicht in Rechtskraft erwächst[8] (§ 240). Das vereinfachte Verfahren steht nur für die **Erstfestsetzung von Unterhalt** zur Verfügung. Auch im vereinfachten Unterhaltsverfahren besteht auf Grund des Gebotes eines fairen Verfahrens grundsätzlich eine gerichtliche **Hinweispflicht nach** § 113 Abs. 1 S. 2 iVm. § 139 ZPO.[9] Der Rechtspfleger hat dem Antragsteller vor Zurückweisung seines Antrags Gelegenheit zu geben, Beanstandungen zu beheben (§ 250 Abs. 2).[10]

II. Anwendungsbereich

2   Das vereinfachte Unterhaltsfestsetzungsverfahren kann in der Hauptsache nur Unterhaltsansprüche eines minderjährigen Kindes zum Gegenstand haben. Es regelt den **Barunterhalt** – verheirateter oder nicht verheirateter – Eltern/Elternteile. Sonstiger Verwandtenunterhalt sowie Ehegattenunterhalt wird nicht erfasst. Das Kind darf mit dem in Anspruch genommenen Elternteil nicht in einem Haushalt leben.

3   **1. Höhe des Unterhalts.** Das vereinfachte Verfahren ist bis zur Grenze des **1,2fachen Mindestunterhalts** nach § 1612a Abs. 1 BGB vor Anrechnung der in §§ 1612b, 1612c BGB bestimmten Leistungen eröffnet. Ein darüber hinaus gehender Anspruch ist mit der **Abänderungs- bzw.**

---

[1] Motive zu §§ 641l bis 644 ZPO aF in Drucks. 7/4791, S. 23.
[2] § 645 Abs. 2 iF vom 1. 1. 2001 (BGBl. I S. 1887) enthielt noch eine ausdrückliche Regelung.
[3] § 20 Nr. 10 RPflG wurde durch Art. 23 des FGG-RG vom 22. 12. 2008 (BGBl. I S. 2586, 2699) geändert.
[4] DIJuF-Rechtsgutachten vom 30. 4. 2002, JAmt 2002, 251.
[5] BGH NJW 2008, 2710 = FamRZ 2008, 1428.
[6] Zu den gleichlautenden §§ 645 ff. ZPO aF BT-Drucks. 13/7338, S. 37.
[7] BGH NJW 2008, 2710 = FamRZ 2008, 1428.
[8] BT-Drucks. 13/7338, S. 41.
[9] OLGR Karlsruhe 2006, 745 = FamRZ 2006, 1548.
[10] Motive zu §§ 641l bis 644 ZPO aF in Drucks. 7/4791, S. 16.

Korrekturklage gemäß § 240 oder wahlweise (zusätzlich) im Wege der Unterhaltsklage geltend zu machen. Für **Sonderbedarf** steht das vereinfachte Verfahren wegen der eingeschränkten materiellen Prüfungsmöglichkeiten ebenfalls nicht zur Verfügung. Um einer verminderten Leistungsfähigkeit des Unterhaltspflichtigen bei den häufig anzutreffenden **Mangelfällen** oder einer geringeren Bedürftigkeit des Kindes Rechnung zu tragen und das Kostenrisiko für den Unterhaltsberechtigten – wegen drohender Überleitung in das streitige Verfahren nach § 255 – zu reduzieren, kann der Höchstbetrag auch unterschritten werden.[11] Da bereits die Regelbeträge nach der RegelBetrVO nicht ausreichten, das **Existenzminimum** von Kindern zu sichern, wurde im Zuge des **KindUG** vom 6. 4. 1998[12] der Zugang zum vereinfachten Verfahren auf Vorschlag des Rechtsausschusses[13] bis zum eineinhalbfachen Regelbetrag erweitert.[14] Mit Einführung des Mindestunterhalts durch das **UÄndG** vom 21. 12. 2007[15] wurde der Multiplikator auf 1,2 herabgesetzt, um die bisherige Größenordnung beizubehalten.[16] Deshalb ist das Kind in Höhe von **120% des Mindestunterhalts** von der **Darlegungs- und Beweislast** seines individuellen **Bedarfs** befreit.[17] Hingegen begründet ein vorausgegangenes vereinfachtes Verfahren weder Wirkungen für den materiellen Unterhaltsbedarf und -anspruch noch für die Darlegungs- und Beweislast im streitigen Prozess,[18] so dass diese Erleichterung bei der Unterhaltsklage und bei Überleitung in das streitige Verfahren nach § 255 nur bis zur Grenze des Mindestunterhalts gewährt wird.[19] Deshalb sollte zur Vermeidung nachteiliger Kostenfolgen der Grenzbetrag von 120% des Mindestunterhalt nur für den Fall seiner materiellen Berechtigung ausgeschöpft werden.

Der Unterhalt kann wahlweise als **gleich bleibender Monatsbetrag** oder als Prozentsatz des jeweiligen Mindestunterhalts nach § 1612a Abs. 1 BGB gefordert werden mit der Folge, dass der Unterhalt auch für Zeiten festgelegt wird, in denen das Kind in einer höhere Altersgruppe hineinwächst.[20] Eine solche **Dynamisierung**, die neben dem **Grundbetrag** und den **Altersstufen**[21] auch den anzurechnenden Teils des – im Tenor gesondert auszuweisenden – **Kindergeldes**[22] erfassen kann, bietet den Vorteil, dass der Titel automatisch an Veränderungen der genannten Parameter angepasst wird. Sie muss bereits bei der Erstfestsetzung verlangt werden.[23] Das Wahlrecht steht auch dem Sozialhilfeträger und der Unterhaltsvorschusskasse[24] zu.

Der Mindestunterhalt richtet sich gemäß § 1612a Abs. 1 S. 2 BGB nach dem doppelten Freibetrag für das **sächliche Existenzminimum** eines Kindes nach § 32 Abs. 6 S. 1 EStG, über das die Bundesregierung nach dem Beschluss des Deutschen Bundestages vom 2. 6. 1995[25] alle zwei Jahre prognostisch in Form einer Ex-ante-Berechnung zu berichten hat und das auf den durchschnittlichen sozialhilferechtlichen Regelsätzen der Bundesländer und den statistischen Berechnungen der durchschnittlichen Aufwendungen für Wohn- und Heizkosten in den alten Bundesländern beruht (**Existenzminimumbericht**).[26] Durch Ankopplung an den jeweils im Einkommensteuerrecht geltenden Kinderfreibetrag ist eine fortlaufende dynamische Anpassung an sozialpolitische und wirtschaftliche Veränderungen gesichert (vgl. Vor § 249 Rn. 2 ff.). Ausgangspunkt ist die verfassungsmäßige Vorgabe, dass dem Steuerpflichtigen nach Erfüllung seiner Einkommensteuerschuld von seinem Erworbenen soviel verbleiben muss, wie er zur Bestreitung seines notwendigen Lebensunterhalts und – unter Berücksichtigung von Art. 6 Abs. 1 GG – desjenigen seiner Familie bedarf.[27] Soweit der Gesetzgeber im Sozialhilferecht einen Mindestbedarf bestimmt hat, darf das von der Einkommensteuer zu verschonende Existenzminimum diesen Betrag nicht unterschreiten.[28] Demnach ist der im

---

[11] BT-Drucks. 13/7338, S. 19 und S. 37.
[12] BGBl. 1998 I S. 666.
[13] BT-Drucks. 13/9596, S. 31.
[14] Bericht des Rechtsausschusses vom 13. 1. 1998, BT-Drucks. 13/9596, S. 31.
[15] BGBl. I 2007 S. 3189.
[16] BT-Drucks. 16/1830, S. 35.
[17] BT-Drucks. 16/6308, S. 262 iVm. BT-Drucks. 13/7338, S. 19.
[18] BGHZ 150, 12 = NJW 2002, 1269 = FamRZ 2002, 536.
[19] BGHZ 150, 12 = NJW 2002, 1269 = FamRZ 2002, 536; OLG Karlsruhe FamRZ 2000, 1432; OLGR Zweibrücken = NJW-RR 2000, 956 = FamRZ 2000, 765; aA *Graba* NJW 2001, 249; *Johannsen/Henrich/Graba* § 1610 BGB Rn. 17.
[20] BT-Drucks. 13/7338, S. 23.
[21] BT-Drucks. 13/7338, S. 23.
[22] BT-Drucks. 14/7349, S. 25.
[23] BT-Drucks. 13/7338, S. 25.
[24] OLG Celle OLGR Celle 2009, 470.
[25] BT-Drucks. 13/1558.
[26] Zuletzt siebter Existenzminimumbericht vom 21. 11. 2008, BT-Drucks. 16/11065.
[27] BVerfGE 87, 153 = NJW 1992, 3153 = FamRZ 1993, 285; vgl. siebter Existenzminimumbericht vom 21. 11. 2008, BT-Drucks. 16/11065.
[28] BVerfGE 120, 125 = NJW 2008, 1868.

§ 249   6–10   Buch 2. Abschnitt 9. Verfahren in Unterhaltssachen

Sozialhilferecht anerkannte Mindestbedarf die Maßgröße für das einkommensteuerrechtliche Existenzminimum.[29] Soweit das sächliche Existenzminimum von Kindern betroffen ist, das denselben Komponenten wie dem von Erwachsenen unterliegt, wird dem Gesetzgeber zugestanden, dessen Höhe für alle **Altersstufen** und im ganzen Bundesgebiet einheitlich festzulegen.[30] Unterhaltsrechtlich wird der Varianz indessen in § 1612a Abs. 1 S. 3 BGB durch einen altersabhängigen prozentualen Zu- oder Abschlag vom Mindestunterhalt in der Weise Rechnung getragen, dass der Mindestunterhalt in der Zeit bis zur Vollendung des 6. Lebensjahrs 87% beträgt, für 7- bis 12jährige 100% und ab dem 13. Lebensjahr 117%.

6   **2. Unterhaltszeitraum.** Da die Regelung in § 1612a Abs. 2 Nr. 3 BGB durch die Formulierung „vom 13. Lebensjahr an..." eine unbefristete Tenorierung erlaubt, kann das Kind entscheiden, ob es Unterhalt nur für die Zeit der **Minderjährigkeit** oder über die **Vollendung des 18. Lebensjahres** hinaus begehrt, wobei in diesem Kontext die Gleichstellung privilegierter volljähriger und minderjähriger Kinder sowohl hinsichtlich ihres Rangs (§ 1609 BGB), als auch der verschärften Haftung der Eltern (§ 1603 Abs. 2 BGB) und des geringeren Selbstbehalts zu sehen ist.[31] Zusätzlich stellt § 244 sicher, dass ein auf Grund von § 1612a BGB erworbener Titel nicht mit dem bloßen Einwand der Volljährigkeit bekämpft werden kann, mag sich auch die Berechnungsweise – insbesondere die mit Eintritt des 18. Lebensjahres bestehende beiderseitige Barunterhaltsverpflichtung der Eltern – verändern.

7   Im vereinfachten Verfahren kann auch Unterhalt für die **Vergangenheit** verlangt werden (§ 250 Nr. 5). Eine Einschränkung dahin, eine Festsetzung von Unterhaltsrückständen könne nur in Kombination mit künftig fälligen Ansprüchen beantragt werden,[32] lässt sich weder aus dem Wortlaut noch aus der Zielsetzung der §§ 249 ff. entnehmen. Im Gegenteil hat der Wunsch des Gesetzgebers, dem Anspruchsinhaber wegen rückständigen Unterhalts eine Individualklage zu ersparen,[33] auch bei einer isolierten Antragstellung Gewicht, was im Übrigen dadurch deutlich wird, dass das vereinfachte Verfahren nach dem klaren Wortlaut des § 249 Abs. 1 selbst bei einem Anspruchsübergang nach § 1607 Abs. 2, 3 BGB eröffnet ist,[34] der sich von vornherein nur auf vergangene Zeiträume beziehen kann. Dass § 249 lediglich der Erstfestsetzung dient, darf wegen der Abgeschlossenheit des Sachverhalts eine Geltendmachung von Unterhaltsrückständen ebenfalls nicht hindern.[35]

8   Zusätzlich kann eine **Verzinsung** der Unterhaltsrückstände verlangt werden. Dies gilt nicht für künftige Verzugszinsen auf noch nicht fällige Unterhaltsraten, weil diese vom weiteren Zahlungsverhalten des Gläubigers abhängen und deshalb in ihrer Entstehung ungewiss sind. Soweit deren Geltendmachung unter den Voraussetzungen des § 259 ZPO bei Besorgnis der Leistungsverweigerung in Rede steht, ist für eine Klärung der damit zusammenhängenden Fragen im vereinfachten Verfahren kein Raum.[36] Aus denselben Erwägungen ist für den Beginn der Verzinsung von Unterhaltsrückständen nicht auf eine vom Antragsteller besonders darzulegende Mahnung (§ 286 Abs. 1 BGB), sondern auf die gleichgestellte gerichtliche Geltendmachung (§ 286 Abs. 1 S. 2 BGB) bereits fällig gewordener Unterhaltsraten abzustellen. Maßgebend ist die Zustellung des Festsetzungsantrages.[37]

9   **3. Unterhaltsstatut.** Das vereinfachte Verfahren über den Unterhalt Minderjähriger kann, sofern der Unterhalt als statischer Betrag verlangt wird, auch durchgeführt werden, um einen auf **ausländischem Sachrecht** beruhenden Unterhaltsanspruch durchzusetzen.[38] Darauf, dass § 1612a Abs. 1 BGB nur bei Geltung deutschen Sachrechts zur Anwendung gelangt,[39] kommt es nicht an, da diese Regelung in § 249 nur als Bezugsgröße, nicht aber als materielle Anspruchsgrundlage genannt wird. Zur internationalen Zuständigkeit vgl. § 105 Rn. 10 ff.

10   **4. Unterhaltsberechtigter.** Das vereinfachte Verfahren steht nur für den Barunterhalt eines **minderjährigen Kindes** getrennt lebender – verheirateter oder nicht verheirateter – Eltern/Elternteile zur Verfügung. Andere Unterhaltsrechtsverhältnisse werden nicht erfasst, auch nicht das nach §§ 1603 Abs. 2 S. 3, 1609 Nr. 1 BGB **privilegierte volljährige Kind.** Nach dem Wortlaut sind

---

[29] BVerfGE 87, 153 = NJW 1992, 3153 = FamRZ 1993, 285.
[30] BVerfGE 91, 93 = NJW 1994, 2817.
[31] BT-Drucks. 13/7338, S. 23/24.
[32] OLGR Naumburg 2002, 340 = FamRZ 2002, 1045; *Vogel* FPR 2002, 628; *Georg* Rpfleger 2004, 329.
[33] BT-Drucks. 13/7338, S. 38.
[34] In den Motiven wird der Anspruchsübergang nach § 91 BSHG oder § 7 UVG nur beispielhaft erwähnt, vgl. BT-Drucks. 13/7338, S. 38.
[35] OLGR Naumburg 2002, 340 = FamRZ 2002, 1045; *Vogel* FPR 2002, 628; *Georg* Rpfleger 2004, 329.
[36] BGH NJW 2008, 2710 = FamRZ 2008, 1428.
[37] BGH NJW 2008, 2710 = FamRZ 2008, 1428.
[38] OLG Karlsruhe NJW-RR 2006, 1587 = FamRZ 2006, 1393; aA *Bischoff* IPrax 2002, 511; *Johannsen/Henrich/Vosskuhle* § 645 ZPO Rn. 16; *Wendl/Schmitz* Rn. 323.
[39] Motive zu §§ 6411 bis 644 ZPO aF in Drucks. 7/4791, S. 12.

hingegen minderjährige verheiratete Kinder in den Kreis der Unterhaltsberechtigten einbezogen. Die Minderjährigkeit muss lediglich bei Antragstellung bestehen.[40] Der **Eintritt der Volljährigkeit** während des Verfahrens ist unschädlich, wie auch der einmal erzielte Titel in die Volljährigkeit hineinreicht (§ 244, vgl. Rn. 1 ff.). Da § 1612a Abs. 3 BGB hinsichtlich der dritten Altersstufe keine Begrenzung bis zur Volljährigkeit des Kindes enthält, ist das vereinfachte Verfahren in diesem Fall nicht nur auf rückständigen Unterhalt für die Zeit der Minderjährigkeit beschränkt, sondern steht darüber hinaus auch für den laufenden Bedarf zur Verfügung.[41] Einer anteiligen Haftung des bislang betreuenden Elternteils für den Barunterhalt des volljährigen Kindes nach § 1606 Abs. 3 S. 1 BGB ist bereits im Antrag Rechnung zu tragen, um Einwendungen des Antragsgegners und einer – mit Kostenrisiken behafteten – Überleitung in das streitige Verfahren vorzubeugen.

5. Antragsteller. Antragsberechtigt sind außer dem minderjährigen Kind auch **Dritte**, auf die 11
der Unterhaltsanspruch **übergegangen** ist.[42] Für eine verbleibende Differenz zum Individualunterhalt ist aber weiterhin das Kind aktivlegitimiert.[43] Das vereinfachte Verfahren steht somit auch den **Sozialhilfeträgern** (§ 94 SGB XII), den **Unterhaltsvorschusskassen** (§ 7 UVG) und den nach **§ 1607 Abs. 2, 3 BGB** Regressberechtigten zu. Dass Letztere in den Regelungsbereich der §§ 249 ff. einbezogen sind, folgt zunächst aus dem Wortlaut von 250 Abs. 1 Nr. 11, der bei übergegangenen Ansprüchen keine Einschränkung hinsichtlich des antragsbefugten Personenkreises enthält. Aus der Gesetzesbegründung ergibt sich wegen der nur beispielhaften Erwähnung von §§ 91 BSHG und § 7 UVG nichts anderes.[44] Letztendlich stehen Sinn und Zweck von §§ 249 ff. einer Einbeziehung **sonstiger Dritter** nicht entgegen, da gerade bei schwer erreichbaren Schuldnern, wie sie von § 1607 BGB vorausgesetzt werden, ein Bedürfnis für eine einfache und schnelle Titulierung besteht.

Aus der Bezugnahme in § 250 Abs. 1 Nr. 12 auf §§ 94 Abs. 4 S. 2 SGB XII, 33 Abs. 2 S. 4 SGB 12
II und § 7 Abs. 4 S. 1 UVG folgt, dass Unterhalt aus **übergegangenem Recht** auch für die **Zukunft** verlangt werden kann,[45] wobei der Anspruchsübergang materiell-rechtlich unter der aufschiebenden Bedingung der künftigen Leistungsgewährung besteht.[46] Von der Aufnahme dieser **Bedingung** im Tenor sollte abgesehen werden, auch von einer zeitlichen Beschränkung auf längstens 72 Monate.[47] Da sich wegen der unwägbaren Zahlungsbereitschaft des Unterhaltsverpflichteten nicht beurteilen lässt, wann die Höchstdauer des Leistungszeitraums ablaufen wird,[48] widerspräche es der prozessökonomischen Zielrichtung des vereinfachten Verfahrens, den Antragsteller nach Verbrauch des Titels durch Zeitablauf auf einen neuen Antrag zu verweisen.[49] Auch kann ein auf diese Weise errichteter Titel nach **§ 727 ZPO analog** auf das unterhaltsberechtigte Kind umgeschrieben werden, wenn die öffentlichen Leistungen eingestellt werden.[50]

Kinder werden im Verfahren von dem Elternteil vertreten, dem die **Personensorge** zusteht 13
(§ 1629 Abs. 1 BGB). Bei gemeinsamer elterlicher Sorge kann der Elternteil, in dessen Obhut[51] sich das Kind befindet, Ansprüche im Namen des Kindes geltend machen (§ 1629 Abs. 2 S. 2 BGB). Sind die Eltern des Kindes miteinander verheiratet und schwebt zwischen ihnen eine Ehesache oder leben sie getrennt, so handelt der betreuende Elternteil im eigenen Namen als **Prozessstandschafter** (§ 1629 Abs. 3 S. 1 BGB). Dessen Prozessführungsbefugnis endet, wenn das Kind volljährig wird und selbst in den Rechtsstreit eintritt.[52] Hat nur der Antragsgegner die elterliche Sorge, ist der Antrag unzulässig, weil es sowohl an den Voraussetzungen für die Vertretung als auch für die Prozessstandschaft fehlt.[53] Dies gilt in gleicher Weise für rückständigen Unterhalt.[54]

---

[40] BGH NJW-RR 2006, 582 = FamRZ 2006, 402.
[41] OLGR Koblenz 2006, 632; aA OLG Naumburg FamRZ 2002, 1048; *Johannsen/Henrich/Vosskuhle* § 645 ZPO Rn. 3; *Wendl/Schmitz* Rn. 331.
[42] BT-Drucks. 13/9596, S. 38.
[43] OLGR München 2002, 154 = FamRZ 2002, 547.
[44] BT-Drucks. 13/7338, S. 38.
[45] OLG Zweibrücken FamRZ 2004, 1796.
[46] BGH NJW 2008, 2708 = FamRZ 2008, 1433.
[47] OLGR Karlsruhe 2004 = FamRZ 2004, 1796; für eine Verpflichtung zur Aufnahme in den Tenor: OLGR Stuttgart 2006, 874 = FamRZ 2006, 1769; OLGR Köln 2002, 272 = FamRZ 2003, 107.
[48] BGH NJWE-FER 1998, 64 = FamRZ 1998, 357.
[49] So aber OLGR Zweibrücken 2007, 940 = FamRZ 2008, 289.
[50] OLGR Koblenz 2006, 893 = FamRZ 2006, 1689; OLGR Karlsruhe 2004, 303 = FamRZ 2004, 1796; OLG Hamm FamRZ 2000, 1590; OLG Frankfurt FamRZ 1983, 1268; *Göppinger/Wax/van Els* Rn. 2022; aA OLGR Schleswig 2008, 193 = FamRZ 2008, 1092; OLGR Köln 2002, 272 = FamRZ 2003, 107.
[51] BGH NJW 2006, 2258 = FamRZ 2006, 1015.
[52] BGH, NJW 1983, 2084 = FamRZ 1983, 474.
[53] OLG Karlsruhe FamRZ 2001, 767.
[54] OLGR Celle 2004, 15 = FamRZ 2003, 1475; aA *Wendl/Schmitz* Rn. 322.

14 Wurde **Beistandschaft** des Jugendamtes beantragt (§§ 1712, 1713 BGB), ist eine Vertretung durch den sorgeberechtigten Elternteil nach § 234 ausgeschlossen (§ 173 Rn. 1 ff.), obwohl grundsätzlich die elterliche Sorge durch die Beistandschaft nicht eingeschränkt wird (§ 1716 S. 1 BGB).[55]

15 **6. Antragsgegner.** Antragsgegner können nur barunterhaltspflichtige Elternteile sein. Das geforderte **Eltern-Kind-Verhältnis** besteht zur Mutter (§ 1591 BGB) und zum Vater, wenn die Voraussetzungen nach § 1592 BGB dargelegt sind. Erfasst wird auch die Adoption, die nach § 1754 Abs. 1 und 2 BGB zur rechtlichen Gleichstellung mit leiblichen Kindern führt. Ist ein Verfahren auf Feststellung der Vaterschaft nach § 1600d BGB anhängig, ist § 237 maßgebend (vgl. § 237 Rn. 2 ff.). Sind beide Elternteile barunterhaltspflichtig, etwa weil das Kind sich bei Dritten aufhält, können sie entsprechend ihrer Haftungsquote nach § 1606 Abs. 3 BGB in Anspruch genommen werden. Die weitere Beschränkung auf denjenigen Elternteil, mit dem das Kind **nicht in einem Haushalt lebt**, knüpft an die unterhaltsrechtliche Bestimmung an, wonach der betreuende Elternteil in der Regel nicht barunterhaltspflichtig ist (§ 1606 Abs. 3 S. 2 BGB), ferner trägt sie der schematischen Ausrichtung des vereinfachten Verfahrens Rechnung, die inhaltliche Überprüfungen nicht erlaubt. Es handelt sich um eine Zulässigkeitsvoraussetzung, deren Angabe gemäß § 250 Abs. 1 Nr. 9 im Antrag vorgeschrieben ist und die im Zeitpunkt der Unterhaltsfestsetzung noch vorliegen muss. Das vereinfachte Verfahren scheidet selbst dann aus, wenn die Eltern innerhalb einer gemeinsamen Wohnung getrennt leben. Denn die Feststellung, ob und in welchem Umfang die Barunterhaltspflicht des in Anspruch genommenen Elternteils gemindert ist, weil er Unterhaltsleistungen in Form von Wohnungsgewährung und sonstigen Naturalleistungen erbringt, kann im vereinfachten Verfahren nicht getroffen werden.[56] Es soll von schwierigen Rechts- und Tatsachenfragen verschont bleiben. Gleiches gilt im Rahmen des sogenannten **Wechselmodells**[57] für die Beurteilung, ob sich die Eltern die Betreuung eines Kindes in einem Umfang teilen, dass jeder von ihnen etwa die Hälfte der Versorgungs- und Erziehungsaufgaben wahrnimmt.

16 **7. Erstmalige Festsetzung.** Nach Abs. 2 findet das vereinfachte Verfahren nicht statt, wenn zum Zeitpunkt der Zustellung des Festsetzungsantrags oder der gemäß § 251 Abs. 1 S. 1 alternativ möglichen Mitteilung über seinen Inhalt an den Antragsgegner ein Gericht über den Unterhalt entschieden hat, ein gerichtliches Verfahren anhängig oder auf andere Weise ein zur Zwangsvollstreckung geeigneter Unterhaltstitel errichtet worden ist (Prozessvergleich nach § 794 Abs. 1 Nr. 1 ZPO; notarielle Urkunde iSd. § 794 Abs. 1 Nr. 5 ZPO, Jugendamtsurkunde nach § 59 Abs. 1 Nr. 3 SGB VIII). Dass die genannten Schranken nur bis zur Zustellung des Festsetzungsantrags aufgestellt werden, hat Art. 30 **EuroEGRpfl**[58] klargestellt, um zu verhindern, dass ein durch den Festsetzungsantrag alarmierter Unterhaltspflichtiger nachträglich noch einen Jugendamtstitel beurkunden lässt, der einen geringeren als den beantragten Unterhalt beinhaltet.[59] Da das vereinfachte Verfahren nur für die **Erstfestsetzung** von Unterhalt eröffnet ist, kommt es nicht in Betracht, wenn zuvor schon irgendein Titel, gleich in welcher Höhe, geschaffen wurde, was durch den Gebrauch des Wortes „wenn" (statt des früheren „soweit") deutlich wird.[60] Das schematisierte und auf schnellen Abschluss gerichtete Verfahren ist nicht für die Prüfung geeignet, ob sich eine Veränderung der unterhaltsrechtlich maßgebenden Verhältnisse ergeben hat, die eine anderweitige Unterhaltsbemessung rechtfertigen würde. In einem solchen Fall ist die Abänderungs- bzw. Korrekturklage (§ 238) zu erheben.[61] Ein erst **während des Verfahrens** freiwillig errichteter Schuldtitel steht der Durchführung des vereinfachten Verfahrens indessen nicht entgegen, führt aber wegen Wegfalls des Rechtsschutzbedürfnisses zur **Erledigung der Hauptsache**, soweit die Verpflichtung reicht.[62] Der veränderten Prozesslage ist durch Umstellung des Antrags Rechnung zu tragen. Wegen einer verbleibenden Restforderung kann – wie auch sonst bei einer Unterhaltszusatzklage – das vereinfachte Verfahren weiterbetrieben werden.[63] Bei der Festsetzung ist im Tenor im Interesse seiner Bestimmtheit auf eine im Zuge des Verfahrens erfolgte Teiltitulierung (beispielsweise eines Sockelbetrags) hinzuweisen.[64]

---

[55] OLG Stuttgart JAmt 2007, 40.
[56] OLGR KG 2006, 189 = FuR 2006, 132.
[57] BGH NJW 2006, 2258 = FamRZ 2006, 1015.
[58] BGBl. I 2001 S. 3574.
[59] BT-Drucks. 14/7349 S. 24.
[60] BT-Drucks. 14/7349 S. 24.
[61] BT-Drucks. 13/7338, S. 38.
[62] OLG Zweibrücken FamRZ 2000, 1160; aA OLG Naumburg FamRZ 2002, 1045 (Erledigung insgesamt); OLG München FamRZ 2001, 1076 (keine Auswirkungen).
[63] OLGR Zweibrücken 2000, 535 = NJWE-FER 2000, 216 = FamRZ 2000, 1160; *Gerhardt* FuR 1998, 145; *Schulz* FuR 1998, 385.
[64] OLGR Zweibrücken 2000, 535 = NJWE-FER 2000, 216 = FamRZ 2000, 1160.

Für eine Festsetzung steht das vereinfachte Verfahren auch dann nicht zur Verfügung, wenn zuvor **17** eine Unterhaltsklage als unbegründet **abgewiesen** worden ist. Denn in einem solchen Fall liegt ebenfalls eine Entscheidung zum Unterhalt vor.[65] Gleiches gilt für eine (negative) Feststellung, dass der Unterhaltsanspruch nicht besteht. Hingegen kann der Unterhaltsberechtigte erneut ein Verfahren einleiten, wenn der Antrag lediglich nach § 250 Abs. 2 als unzulässig zurückgewiesen worden ist (vgl. § 250 Rn. 10).[66] Auch ein **Prozessurteil** über eine Unterhaltsklage hindert das vereinfachte Verfahren nicht. Gleiches gilt, wenn eine **Auskunftsklage** anhängig ist oder war,[67] oder wenn Unterhaltsansprüche zwischen anderen Personen und somit unterschiedliche Streitgegenstände betroffen sind. Der Ausschluss gilt grundsätzlich auch für **ausländische Verfahren und Titel**. Es kann nicht dem Rechtspfleger im vereinfachten Verfahren überlassen werden, über deren Anerkennungsfähigkeit und Tragweite zu entscheiden. Etwas anderes gilt nur, wenn eine rechtskräftige Entscheidung über die Nichtanerkennung des ausländischen Titels vorliegt.

Beschlüsse, die im Wege des **einstweiligen Rechtsschutzes** nach § 248 ergangen sind, können **18** das vereinfachte Verfahren nicht hindern, da andernfalls die Möglichkeit einer schnellen und kostengünstigen Titelbeschaffung gerade in den Fällen besonderer Bedürftigkeit nicht zur Verfügung stünde. Das vereinfachte Verfahren bietet trotz seines summarischen Charakters und der Möglichkeit einer Abänderungsklage nach § 240 nicht nur einstweiligen Rechtsschutz (Vor § 249 Rn. 8).

III. Zuständigkeit

Sachlich zuständig ist das Amtsgericht (§ 23a Abs. 1 Nr. 1 GVG), innerhalb des Amtsgerichts das **19** Familiengericht (§ 23b Abs. 1 Nr. 5 GVG), dort wiederum funktionell nach § 25 Nr. 2 lit. c RpflG der **Rechtspfleger**.[68] Die örtliche Zuständigkeit folgt aus § 232 Abs. 1 Nr. 2. Die Anhängigkeit einer Ehesache bleibt ohne Auswirkungen auf das vereinfachte Verfahren (§ 232 Abs. 1 Nr. 2). Zuständig ist das Gericht, in dessen Bezirk das Kind oder der zuständige Elternteil seinen **gewöhnlichen Aufenthalt** hat. Dadurch, dass allgemein auf die Handlungsbefugnis in der Unterhaltsangelegenheit und nicht mehr auf die gesetzliche Vertretung abgestellt wird, werden auch die Fälle der **Prozessstandschaft** nach § 1629 Abs. 3 S. 1 BGB mit umfasst[69] (vgl. § 232 Rn. 11). Die Zuständigkeit ist **ausschließlich** mit der Folge, dass eine Gerichtsstandsbegründung durch rügeloses Verhandeln zur Hauptsache (§ 39 ZPO) wegen § 40 Abs. 2 ZPO in Unterhaltsverfahren minderjähriger Kinder ausscheidet. Werden beide Elternteile in Anspruch genommen oder hat der Antragsgegner im Inland keinen Gerichtsstand, sind die Wahlmöglichkeiten nach § 232 Abs. 3 Nr. 2 und 3 eröffnet (weiterführend § 232 Rn. 19 ff.; zur internationalen Zuständigkeit vgl. § 105 Rn. 10 ff.).

IV. Gebühren, Kosten, Streitwert, Prozesskostenhilfe

Gerichtskosten. Für die **Entscheidung** über den Festsetzungsantrag fällt eine halbe Gebühr an **20** (FamGKG-KV Nr. 1210); das Verfahren selbst ist kostenfrei, auch bei Rücknahme des Antrags oder Abschluss eines Vergleichs. Gemeint sind nur die Kosten des vereinfachten Verfahrens selbst, nicht jene, die erst danach entstehen, wie Kosten eines Erinnerungs- oder Beschwerdeverfahrens. Für diese bleibt es bei der dort getroffenen Kostenentscheidung.[70] Durch die Herausnahme einer **Teilfestsetzung** nach § 254 S. 2 wird klargestellt, dass die Gebühr für die Entscheidung über den verfahrenseinleitenden Antrag nicht entsteht, wenn im Falle zulässiger Einwendungen nach § 252 auf den dann erforderlichen zusätzlichen Antrag der Berechtigten der Unterhalt in der Höhe festgesetzt wird, in der sich der Antragsgegner zur Erfüllung verpflichtet hat.[71] Da nach FamGKG-KV Nr. 1210 nur für die Entscheidung über den Festsetzungsantrag eine halbe Gerichtsgebühr erhoben wird, ist für deren **Berechnung** derjenige Antrag maßgebend, über den tatsächlich befunden wird; ursprünglich gestellte weitergehende Anträge, die nicht Entscheidungsgegenstand geworden sind, berühren die Höhe der Gerichtsgebühren nicht.[72] Schließt sich das **streitige Verfahren** an, sieht § 255 Abs. 4 zur Erleichterung der Zwangsvollstreckung vor, dass ein einheitli-

---

[65] BT-Drucks. 13/7338, S. 38.
[66] BT-Drucks. 13/7338, S. 38.
[67] BT-Drucks. 13/7338, S. 38.
[68] Geändert durch Art. 23 des FGG-RG vom 22. 12. 2008 mit Wirkung zum 1. 9. 2009, BGBl. 2008 I S. 2586 (2699).
[69] BR-Drucks. 309/07 S. 569.
[70] Motive zu § 641q Abs. 4 S. 2, BT-Drucks. 7/4791, S. 18.
[71] BT-Drucks. 13/9596, S. 38.
[72] OLGR Brandenburg 2000, 337 = FUR 2001, 45.

§ 249   21, 22   Buch 2. Abschnitt 9. Verfahren in Unterhaltssachen

cher Unterhaltstitel über wiederkehrende Leistungen geschaffen wird, wenn ein Festsetzungsbeschluss nach § 254 S. 2 vorausgegangen ist. Es gelten FamGKG-KV Nr. 1220 ff. (dreifache Verfahrensgebühr). Darauf ist nach § 255 Abs. 5 die halbe Gebühr FamGKG-KV Nr. 1210 anzurechnen. An die Stelle der Kostenentscheidung des Festsetzungsbeschlusses tritt der Kostenausspruch im Urteil. Wird der Festsetzungsbeschluss aufgehoben, so bleibt der Antragsgegner nicht mit den Kosten des vereinfachten Verfahrens belastet, die ihm durch den Festsetzungsbeschluss auferlegt worden sind.

21   Für die Ermittlung des **Streitwerts** gilt § 51 FamGKG. Maßgebend ist gemäß § 51 Abs. 1 S. 1 FamGKG der Jahresbetrag der Unterhaltsforderung nach Einreichung des Antrags. Bei nachträglichen Änderungen des Mindestunterhalts (etwa wegen Erreichens einer neuen Altersstufe oder einer Änderung des steuerlichen Kinderfreibetrages nach § 32 Abs. 6 EStG) ist die bei Verfahrenseinleitung geltende Bezugsgröße anzusetzen. Die gemäß § 1612b BGB oder nach § 1612c BGB zu berücksichtigenden Kindergeldbeträge oder sonstigen Leistungen sind vom Gericht zu ermitteln und in Abzug zu bringen. Für die **Kostenentscheidung** sind § 254 Abs. 1 S. 2 iVm. § 93 ZPO zu beachten. Der **Anwalt** erhält 1,3 Verfahrensgebühren (RVG VV 3100), bei Terminswahrnehmung außerdem 1,3 Terminsgebühren (RVG VV 3140). Das **streitige Verfahren** nach § 255 ist eine eigene Angelegenheit (§ 17 Nr. 3 RVG); die Verfahrensgebühren des vereinfachten Verfahrens werden aber auf diejenigen des streitigen Verfahrens angerechnet (Nr. 3100 Abs. 1 VV RVG). Die Auslagepauschale mit MWSt. wird davon nicht erfasst.

22   Über die **Prozesskostenhilfe** ist nach den allgemeinen Grundsätzen zu entscheiden. Dadurch, dass im Kostenverzeichnis des FamGKG nach Nr. 1210 eine halbe Gerichtsgebühr nur für die Entscheidung anfällt, besteht keine **Vorauszahlungspflicht** mit der Folge, dass selbst bei Mittellosigkeit des Antragstellers das Verfahren sogleich betrieben werden kann, ohne dass es einer vorgeschalteten Bewilligung von Prozesskostenhilfe bedarf.[73] Im Übrigen wird die Gerichtsgebühr für den Fall der Festsetzung nur dann vom Antragsteller eingezogen, wenn der entsprechend anwendbare § 93 ZPO eingreift (§ 254 Abs. 1 S. 2). Da im vereinfachten Verfahren eine Vertretung durch Anwälte nicht vorgeschrieben ist (§§ 114 Abs. 4 Nr. 6, 257 iVm. § 78 Abs. 3 ZPO) darf die Erforderlichkeit einer **Beiordnung nach § 78 Abs. 2** nicht ohne Prüfung des Einzelfalls, insbesondere nicht im Wege einer verkürzenden Regel-Ausnahme-Betrachtung versagt werden.[74] Soweit für die Beurteilung neben den persönlichen Fähigkeiten und Kenntnissen des Antragstellers und dem Gebot der Waffengleichheit[75] auch die **Schwierigkeiten** der zu bewältigenden **Rechtsmaterie** und der Sachlage maßgebend sind,[76] lassen sich die zuletzt genannten Kriterien wegen der existentiellen Bedeutung des Kindesunterhalts und seiner Einbettung in ein komplexes Normengefüge nicht von der Hand weisen.[77] Dabei ist für den Antragsgegner wegen des Risikos, bei unvollständiger Erklärung oder verspätetem Vorbringen mit sachlich berechtigten Einwendungen ausgeschlossen und auf die Korrekturklage nach § 240 verwiesen zu sein, eine andere Wertung nicht geboten.[78] Da sich der Kindesunterhalt nach der individuellen (ggf. fiktiven) Leistungsfähigkeit des Barunterhaltspflichtigen bemisst (§ 1603 BGB), setzt seine Berechnung eine zutreffende Einkommensermittlung unter Berücksichtigung sonstiger Verpflichtungen und des Selbstbehalts voraus, wenn einer Überleitung in das streitige Verfahren mit nachteiligen Kostenfolgen begegnet werden soll. Dies kann ohne rechtliche Vorbildung nicht geleistet werden. Gleiches gilt für die Beurteilung, ab wann unter den Voraussetzungen nach § 1613 BGB Unterhalt für die Vergangenheit geltend gemacht werden kann. Blieben diese besonderen, das Unterhaltsrecht kennzeichnenden Erschwernisse außer Betracht, bestünde ein Widerspruch zu dem erklärten Willen des Gesetzgebers, dem minderjährigen Kind zu einem schnellen Unterhaltstitel zu verhelfen und das Kosten- und Prozessrisiko gering zu halten.[79] Um dieses Ziel zu erreichen, muss gewährleistet sein, dass der Beratungsbedarf, der den Beteiligten in den Merkblättern zu den amtlichen Formularen für den Antrag und die Einwendungen ausdrücklich vor Augen geführt wird, durch Beiordnung eines Rechtsanwalts aufgefangen wird. Auf eine **Beistandschaft des Jugendamtes** nach § 1713 BGB braucht sich das Kind ohnehin nicht verweisen zu

---

[73] Motive in BT-Drucks. 7/4791, S. 10.
[74] BGH FamRZ 2004, 789.
[75] OLG Nürnberg FamRZ 2002, 891; OLG Hamm FamRZ 2002, 403; OLG Dresden FamRZ 2001, 634.
[76] BGH NJW 2006, 1204 = FamRZ 2006, 481; BGH FamRZ 2003, 1921.
[77] Für Einzelfallprüfung: OLG Dresden NJOZ 2001, 1629; OLGR Bamberg 2000, 212 = OLG Bamberg NJWE-FER 2000, 216; 12. Senat des OLG München, OLGR München 1999, 105 = FamRZ 1999, 792; für grundsätzlich gebotene Beiordnung: OLG Braunschweig FuR 1999, 149; *Zöller/Philippi* § 121 ZPO Rn. 4; keine Beiordnung erforderlich: 16. Senat des OLG München FamRZ 1999, 1355 mit kritischer Anm. *van Els*; KG FamRZ 1999, 762 mit kritischer Anm. *Kuhnig*.
[78] OLGR Schleswig 2007, 197 = NJW-RR 2007, 774.
[79] BT-Drucks. 13/7338, S. 17; BT-Drucks. 13/9596, S. 41.

lassen, weil dies dem gesetzgeberisch gewollten wesentlichen Kriterium der Freiwilligkeit, das gegenüber fiskalischen Interessen Vorrang hat, widersprechen würde.[80]

Umgekehrt darf Prozesskostenhilfe für eine Unterhaltsklage nicht mit der Begründung versagt werden, das vereinfachte Verfahren sei vorher zu beschreiten.[81] Andernfalls würde die Entscheidung des Gesetzgebers unterlaufen, dem Antragsteller die Wahl des Verfahrens überlassen.[82] Maßgebend sind die persönlichen und wirtschaftlichen Verhältnisse der **jeweiligen Prozesspartei**. Wird das minderjährige Kind von dem betreuenden Elternteil gesetzlich vertreten, ist die Bedürftigkeit des vertretenen Kindes maßgebend. Bei der **Prozessstandschaft** gemäß § 1629 Abs. 3 BGB ist die Einkommenslage des **klagenden Elternteils** zu Grunde zu legen.[83] Bei Rückabtretung kraft Gesetzes übergegangener Unterhaltsansprüche hat der Leistungsberechtigte seinen Anspruch auf **Prozesskostenvorschuss** gegen den Sozialhilfeträger nach § 94 Abs. 5 S. 2 SGB XII als Vermögenswert einzusetzen (zum Prozesskostenvorschuss gegen den unterhaltspflichtigen Elternteil in entsprechender Anwendung von § 1360a BGB vgl. § 76 Rn. 22).[84] 23

§ 250 Antrag

(1) Der Antrag muss enthalten:
1. die Bezeichnung der Beteiligten, ihrer gesetzlichen Vertreter und der Verfahrensbevollmächtigten;
2. die Bezeichnung des Gerichts, bei dem der Antrag gestellt wird;
3. die Angabe des Geburtsdatums des Kindes;
4. die Angabe, ab welchem Zeitpunkt Unterhalt verlangt wird;
5. für den Fall, dass Unterhalt für die Vergangenheit verlangt wird, die Angabe, wann die Voraussetzungen des § 1613 Abs. 1 oder Abs. 2 Nr. 2 des Bürgerlichen Gesetzbuchs eingetreten sind;
6. die Angabe der Höhe des verlangten Unterhalts;
7. die Angaben über Kindergeld und andere zu berücksichtigende Leistungen (§ 1612b oder § 1612c des Bürgerlichen Gesetzbuchs);
8. die Erklärung, dass zwischen dem Kind und dem Antragsgegner ein Eltern-Kind-Verhältnis nach den §§ 1591 bis 1593 des Bürgerlichen Gesetzbuchs besteht;
9. die Erklärung, dass das Kind nicht mit dem Antragsgegner in einem Haushalt lebt;
10. die Angabe der Höhe des Kindeseinkommens;
11. eine Erklärung darüber, ob der Anspruch aus eigenem, aus übergegangenem oder rückabgetretenem Recht geltend gemacht wird;
12. die Erklärung, dass Unterhalt nicht für Zeiträume verlangt wird, für die das Kind Hilfe nach dem Zwölften Buch Sozialgesetzbuch, Sozialgeld nach dem Zweiten Buch Sozialgesetzbuch, Hilfe zur Erziehung oder Eingliederungshilfe nach dem Achten Buch Sozialgesetzbuch, Leistungen nach dem Unterhaltsvorschussgesetz oder Unterhalt nach § 1607 Abs. 2 oder Abs. 3 des Bürgerlichen Gesetzbuchs erhalten hat, oder, soweit Unterhalt aus übergegangenem Recht oder nach § 94 Abs. 4 Satz 2 des Zwölften Buches Sozialgesetzbuch, § 33 Abs. 2 Satz 4 des Zweiten Buches Sozialgesetzbuch oder § 7 Abs. 4 Satz 1 des Unterhaltsvorschussgesetzes verlangt wird, die Erklärung, dass der beantragte Unterhalt die Leistung an oder für das Kind nicht übersteigt;
13. die Erklärung, dass die Festsetzung im vereinfachten Verfahren nicht nach § 249 Abs. 2 ausgeschlossen ist.

(2) ¹Entspricht der Antrag nicht den in Absatz 1 und den in § 249 bezeichneten Voraussetzungen, ist er zurückzuweisen. ²Vor der Zurückweisung ist der Antragsteller zu hören. ³Die Zurückweisung ist nicht anfechtbar.

---

[80] BT-Drucks. 13/892, S. 28; BGH, NJW 2006, 1204 = FamRZ 2006, 481 (für die Vollstreckung von Unterhalt).
[81] OLGR Naumburg 2000, 451; OLG Naumburg FamRZ 1999, 1670; OLG Köln vom 5. 11. 2001, 21 WF 208/01; *van Els* Rpfleger 1999, 297; *Gerhardt* FuR 1998, 145; ablehnend: OLG Hamm vom 9. 2. 1999, 2 WF 17/99; differenzierend für den Fall, dass bereits im Vorfeld mit einem streitigen Verfahren zu rechnen ist: OLG Rostock FamRZ 2006, 1394; OLG Hamm Rpfleger 2000, 339.
[82] BT-Drucks. 13/7338, S. 37.
[83] BGH FamRZ 2006, 32; BGH NJW-RR 2005, 1237 = FamRZ 2005, 1164.
[84] BGH NJW 2008, 1950 = FamRZ 2008, 1159.

(3) Sind vereinfachte Verfahren anderer Kinder des Antragsgegners bei dem Gericht anhängig, hat es die Verfahren zum Zweck gleichzeitiger Entscheidung zu verbinden.

I. Allgemeines

1 Die Vorschrift regelt die Einzelheiten der Antragstellung und deren Prüfung durch das Gericht. Das vereinfachte Verfahren soll für die Parteien mit möglichst wenig Aufwand verbunden sein. Es werden nur die unumgänglichen Erfordernisse aufgestellt.[1] Es herrscht kein **Anwaltszwang** (§§ 114 Abs. 4 Nr. 6, 257 iVm. § 78 Abs. 3 ZPO). Für den Antrag hat der Gesetzgeber auf der Grundlage von § 659 ZPO aF (jetzt § 259) Formulare eingeführt,[2] deren Verwendung zwingend ist (§ 259 Abs. 2). Durch Ausfüllhinweise in einem beigefügten Merkblatt wird die Antragstellung erleichtert.

II. Erforderliche Angaben

2 Die Aufzählung der erforderlichen Angaben in § 250 Abs. 1 Nr. 1–13 ist nicht abschließend; auch die Verordnung über die Formulare[3] lässt den Gerichten Raum für eine begrenzte Erweiterung der Ausfüllfelder. Der Antrag muss unterschrieben werden.[4]

3 **Nr. 1** lehnt sich an § 313 Abs. 1 Nr. 1 ZPO an und soll sicherstellen, dass die **Parteibezeichnung** so erfolgt, dass die Zustellung und Vollstreckung von Entscheidungen ohne Schwierigkeiten möglich sind.[5] Nach § 60 ZPO, der über § 113 Abs. 1 anwendbar bleibt, ist bei Unterhaltsansprüchen mehrerer Kinder wegen der gegebenen Gleichartigkeit[6] eine **Streitgenossenschaft** möglich, solange jeder dieser Ansprüche für sich genommen die Voraussetzungen des vereinfachten Verfahrens erfüllt. Darüber hinaus hat der Gesetzgeber bei getrennter Antragstellung nach § 250 Abs. 3 im Interesse der Prozessökonomie, insbesondere zur Geringhaltung der Kosten, eine Verbindung der Verfahren ausdrücklich angeordnet.[7] Dementsprechend sieht das Formular Ergänzungsblätter für weitere unterhaltsberechtigte Kinder vor. **Nr. 2** enthält die Vorgabe, dass der Antrag (wie im Mahnverfahren nach § 690 Abs. 1 Nr. 2 ZPO und in der Klageschrift nach § 253 ZPO) das **Gericht** bezeichnen muss, bei dem er gestellt wird, dh. das Gericht, das den Unterhalt festsetzen soll. Dies gilt auch für den Fall, dass der Antrag gemäß § 257 S. 1, § 129a Abs. 1 ZPO vor der Geschäftsstelle eines anderen Amtsgerichts zu Protokoll erklärt wird, für das Amtsgericht, an das der Antrag weitergeleitet werden soll. **Nr. 3** sieht wegen der Beschränkung auf minderjährige Kinder die Angabe des **Geburtsdatums** des unterhaltsberechtigten Kindes vor. Auch soll dem Gericht die Festsetzung entsprechend den Altersstufen nach § 1612a Abs. 2 BGB ermöglicht werden.[8]

4 **Nr. 4** verlangt die Angabe des **Unterhaltszeitpunkts.** Maßgebend für die Festsetzung des laufenden Unterhalts ist der Eingang des Antrags (nicht seine Zustellung).[9] Um zu vermeiden, dass wegen rückständiger Unterhaltsbeträge eine (zusätzliche) Leistungsklage notwendig wird, kann im vereinfachten Verfahren Unterhalt auch oder sogar ausschließlich für die Vergangenheit unter den Voraussetzungen des § 1613 BGB begehrt werden (§ 249 Rn. 7). Nach **Nr. 5** ist für den Fall, dass Unterhalt für die **Vergangenheit** geltend gemacht wird, anzugeben, dass die Voraussetzungen des § 1613 Abs. 1, 2 BGB vorgelegen haben. Hierdurch soll dem Antragsgegner, der im Gegenzug nach § 252 Abs. 1 Nr. 2 Einwendungen erheben kann, die Prüfung ermöglicht werden, ob der Anspruch zu Recht erhoben ist.[10] Einer Vorlage von Belegen, etwa des Mahnschreibens, bedarf es nicht.

5 Gemäß **Nr. 6** sind Angaben zur **Höhe des Unterhalts** stets erforderlich, weil das vereinfachte Verfahren nach § 249 Abs. 1 bis zur Grenze von 120% des Mindestunterhalts zur Verfügung steht[11] und der Mindestunterhalt auch unterschritten werden kann. Weiter ist mitzuteilen, ob der Unterhalt als Festbetrag oder dynamisch in Form eines Prozentsatzes des Mindestunterhalts nach § 1612a BGB tituliert werden soll (vgl. Vor § 249 Rn. 1 und § 249 Rn. 4).[12] Nach **Nr. 7** sind die nach §§ 1612b,

---

[1] Motive zu §§ 641l bis 644 ZPO aF in Drucks. 7/4791, S. 9.
[2] Verordnung zur Einführung und Änderung von Vordrucken für gerichtliche Verfahren v. 19. 6. 1998 (KindUVV), BGBl. I S. 1364, zuletzt geändert am 28. 12. 2007 mit Wirkung vom 1. 1. 2008, BGBl. I S. 3283.
[3] BGBl. 2008 I S. 3283.
[4] OLG Düsseldorf FamRZ 2002, 547 (eigenhändiger Namenszug im Kopf nicht ausreichend).
[5] BT-Drucks. 7/4791, S. 15.
[6] OLG Frankfurt/M. FamRZ 1988, 521.
[7] BT-Drucks. 13/7338, S. 39.
[8] BT-Drucks. 13/7338, S. 38.
[9] Motive zu § 641p Abs. 2 ZPO aF in Drucks. 7/4791, S. 23.
[10] BT-Drucks. 13/7338, S. 38.
[11] BT-Drucks. 13/9596, S. 36.
[12] BT-Drucks. 13/9596, S. 36.

1612c BGB zu berücksichtigenden Leistungen (das staatliche **Kindergeld** oder andere **kindbezogene Leistungen,** zB Kinderzuschüsse aus den gesetzlichen Rentenversicherungen,[13] im Ausland gezahlte, dem Kindergeld vergleichbare Leistungen; nicht: Familienzuschlag der Beamtenbesoldung) im Antrag zu benennen, um dem Gericht eine Festsetzung des Unterhalts nach Maßgabe der entsprechenden materiell-rechtlichen Regelungen zu ermöglichen.[14] Durch die Streichung der Worte „mit dem anzurechnenden Betrag" im Zuge des **EuroEGRpfl**[15] hat der Gesetzgeber klargestellt, dass der Festsetzungsbeschluss die Berücksichtigung der kindbezogenen Leistungen auch **dynamisch** tenorieren kann, so dass bei künftigen Erhöhungen des Kindergeldes eine Abänderung des Titels nicht notwendig wird.[16] Der Antragsteller kann sich im vereinfachten Verfahren nicht auf eine außergerichtliche Vereinbarung berufen, wonach der Antragsgegner auf die Anrechnung des hälftigen Kindergelds verzichtet habe, da dies eine erweiterte Sachprüfung erfordern würde, die weder dem Gericht, noch dem Antragsgegner angesichts der beschränkten Einwendungsmöglichkeiten (§ 252) zuzumuten ist.[17]

Nr. 8 fordert die Erklärung, dass zwischen dem Kind und dem Antragsgegner ein **Eltern-Kind-Verhältnis** nach den §§ 1591 bis 1593 BGB besteht. Bei einem nicht in einer Ehe geborenen Kind hat dies zur Folge, dass es bei Inanspruchnahme des Vaters dessen Vaterschaftsanerkenntnis oder die gerichtliche Vaterschaftsfeststellung darlegen muss[18] (zur Adoption vgl. § 249 Rn. 15). **Nr. 9** verlangt zusätzlich eine Mitteilung, dass das Kind mit dem Antragsgegner **nicht in einem Haushalt lebt,** da nur für diesen Fall der Mindestunterhalt nach § 1612a Abs. 1 BGB im vereinfachten Verfahren festgesetzt werden kann (vgl. § 249 Rn. 15).

Die im Zuge des **EuroEGRpfl** mit Wirkung vom 1. 1. 2002[19] ergänzend gewünschte Angabe zur Höhe des **Kindeseinkommens** nach **Nr. 10** betrifft die Frage der **Bedürftigkeit** des Kindes (§ 1602 BGB), die im vereinfachten Verfahren zwar nicht geprüft wird[20] mit der Folge, dass eine konkrete Berechnung des Unterhaltsanspruchs unter Berücksichtigung von Einkünften des Kindes durch den Rechtspfleger unterbleibt. Da der Unterhaltsberechtigte bei Geltendmachung seines Anspruchs aber gehalten ist, diesen entsprechend dem materiellen Rechts zu bemessen, sollen ihn die geforderten Einkommensangaben auf deren unterhaltsrechtliche Relevanz hinweisen.[21] Zusätzlich entspricht es dem Bedürfnis nach materieller Gerechtigkeit, den Unterhaltsschuldner, der selbst zu umfassender Auskunft herangezogen wird, auch über die wirtschaftliche Situation des Unterhaltsberechtigten zu unterrichten. Schließlich wird ihm so auch die Einwendung erleichtert, dass Unterhalt in der beantragten Höhe (wegen Minderung der Bedürftigkeit) nicht geschuldet ist.[22]

Die Regelung in **Nr. 11** dient der Vervollständigung und soll Einwendungen des Schuldners zur Aktivlegitimation vorbeugen, die darin wurzeln, dass auch **gesetzlich übergegangene Ansprüche** im vereinfachten Verfahren festgesetzt werden können.[23] Deshalb ist zu erklären, ob der Anspruch aus eigenem, aus übergegangenem oder rückabgetretenem Recht geltend gemacht wird. Wegen des möglichen **Anspruchsübergangs** verlangt **Nr. 12**[24] zusätzlich für den Fall, dass Unterhalt für das **Kind** begehrt wird, eine Erklärung, dass im zu Grunde liegenden Zeitraum weder von der öffentlichen Hand noch von dritten Personen im Sinn von § 1607 Abs. 2 oder 3 BGB Leistungen erbracht worden sind. Soll der Anspruch aus **übergegangenem** (§ 7 Abs. 1 S. 1 UVG, § 94 Abs. 1 SGB XII, § 33 Abs. 1 SGB II, § 1607 Abs. 2, 3 BGB) oder **rückabgetretenem** Recht (§ 7 Abs. 4 S. 2 UVG, § 94 Abs. 5 S. 1 SGB XII, § 33 Abs. 4 S. 1 SGB II) geltend gemacht werden, weil Unterhalt von dritter Seite gewährt worden ist, ist zusätzlich mitzuteilen, dass der beantragte Unterhalt die Leistung an das Kind nicht übersteigt. Gleiches gilt, wenn der Unterhalt nach § 7 Abs. 4 S. 1 UVG, § 94 Abs. 4 S. 2 SGB XII und § 33 Abs. 3 S. 2 SGB II für die **Zukunft** tituliert werden soll. Schließlich

---

[13] BT-Drucks. 13/7338, S. 28.
[14] BT-Drucks. 13/7338, S. 38.
[15] BGBl. I 2001 S. 3574.
[16] BT-Drucks. 14/7349.
[17] OLG München Rpfleger 2001, 346.
[18] BT-Drucks. 13/7338, S. 38.
[19] Gesetz zur Einführung des Euro in Rechtspflegegesetzen und in Gesetzen des Straf- und Ordnungswidrigkeitenrechts, zur Änderung der Mahnvordruckverordnungen sowie zur Änderung weiterer Gesetze v. 13. 12. 2001, BGBl. I, S. 3574.
[20] BT-Drucks. 13/7338, S. 28.
[21] BT-Drucks. 14/7349, S. 25.
[22] BT-Drucks. 14/7349, S. 25.
[23] BT-Drucks. 14/7349, S. 25.
[24] Durch Gesetz vom 24. 12. 2003 (BGBl. I S. 2954) und vom 27. 12. 2003 (BGBl. I S. 3022) wurde Nr. 12 mit Wirkung vom 1. 1. 2005 im Hinblick auf weitere subsidiäre Unterstützungsleistungen und Anspruchsübergänge erweitert und deutlicher gefasst.

III. Behandlung fehlerhafter Anträge

9 Der Antrag ist von Amts wegen auf seine **Ordnungsmäßigkeit** und **Zulässigkeit** zu prüfen. Nach § 250 Abs. 2 S. 1 ist er zurückzuweisen, wenn notwendige Angaben fehlen, sich bereits ohne Beteiligung des Antragsgegners feststellen lässt, dass die Voraussetzungen für das Verfahren nicht gegeben sind und der Antragsteller dem Mangel nicht abhilft. Das Gericht hat den Antragsteller zu hören, um ihm Gelegenheit zu geben, die Beanstandungen zu beheben und eine Zurückweisung seines Antrags zu vermeiden (§ 250 Abs. 2 S. 2). Der offensichtlich unzulässige Antrag soll dem Antragsgegner nicht zugestellt werden. Hierdurch werden dem Gericht Mehrarbeit und dem Gegner unnötige Einlassungen erspart.[26] Enthält der Antrag die nach § 250 Abs. 1 erforderlichen Angaben und ist er insoweit ordnungsgemäß gestellt, so hat das Gericht nicht zu überprüfen, ob die zu Grunde liegenden Voraussetzungen tatsächlich vorliegen. Entsprechende Rügen sind nach § 252 allein dem Antragsgegner überlassen, es sei denn, die Angaben sind in sich widersprüchlich oder offensichtlich unzutreffend.

10 Wird ein vom Rechtspfleger beanstandeter Mangel nicht behoben, ist der Antrag zurückzuweisen. Der Beschluss ist nach allgemeinen verfahrensrechtlichen Grundsätzen nach Maßgabe des § 313 Abs. 3 ZPO zu begründen. Zwar schließt § 250 Abs. 2 S. 3 bei vollständiger Zurückweisung des Antrags eine **Anfechtung** aus (zur statthaften Beschwerde bei Teilzurückweisung vgl. § 256 Rn. 2). Der Antragsteller kann sich aber mit der befristeten Erinnerung nach § 11 Abs. 2 RpflG zur Wehr setzen und hat dadurch die Möglichkeit, noch in derselben Instanz Abhilfe zu erhalten. Durch die Zurückweisung wird die Stellung eines neuen Antrags nicht gehindert,[27] da keine Sachentscheidung über den geltend gemachten Unterhaltsanspruch getroffen wurde (vgl. § 249 Rn. 17).

IV. Verbindung mehrerer Anträge (§ 250 Abs. 3)

11 Nach Abs. 3 sind vereinfachte Verfahren anderer Kinder des Antragsgegners zum Zweck einer gleichzeitigen Entscheidung zu verbinden. Die Verbindung steht – im Gegensatz zu § 147 – nicht im pflichtgemäßen Ermessen des Gerichts, sondern ist nach dem eindeutigen Wortlaut („hat zu") zwingend.[28] Da die Regelung nicht nur der Kostenersparnis,[29] sondern allgemein der Prozesswirtschaftlichkeit dient und der Gefahr unvereinbarer Entscheidungen begegnen soll, genügt nach der *ratio legis* ein rechtlicher Zusammenhang. Dass ein oder mehrere Ansprüche in Prozessstandschaft oder aus übergegangenem Recht geltend gemacht werden, schadet nicht. Unerheblich ist auch, wenn Unterhalt für verschiedene Zeiträume in Rede steht. Sind bei mehreren Gerichten Anträge auf vereinfachte Verfahren anhängig, was auf Grund unterschiedlicher Gerichtsstände mehrerer Kinder der Fall sein kann (§ 232), so scheidet eine Verbindung aus. Die Regelung in § 36 Nr. 3 ZPO hilft nicht weiter.

§ 251 Maßnahmen des Gerichts

(1) ¹Erscheint nach dem Vorbringen des Antragstellers das vereinfachte Verfahren zulässig, verfügt das Gericht die Zustellung des Antrags oder einer Mitteilung über seinen Inhalt an den Antragsgegner. ²Zugleich weist es ihn darauf hin,

1. ab welchem Zeitpunkt und in welcher Höhe der Unterhalt festgesetzt werden kann; hierbei sind zu bezeichnen:
    a) die Zeiträume nach dem Alter des Kindes, für das die Festsetzung des Unterhalts nach dem Mindestunterhalt der ersten, zweiten und dritten Altersstufe in Betracht kommt;
    b) im Fall des § 1612a des Bürgerlichen Gesetzbuchs auch der Prozentsatz des jeweiligen Mindestunterhalts;
    c) die nach § 1612b oder § 1612c des Bürgerlichen Gesetzbuchs zu berücksichtigenden Leistungen;

---

[25] Motive zu § 641m ZPO aF in Drucks. 7/4791, S. 15.
[26] BT-Drucks. 13/7338, S. 39.
[27] BT-Drucks. 13/7338, S. 39.
[28] AA *Schumacher/Grün* FamRZ 1998, 792.
[29] BT-Drucks. 13/7338, S. 39.

Maßnahmen des Gerichts 1–5 § 251

2. dass das Gericht nicht geprüft hat, ob der verlangte Unterhalt das im Antrag angegebene Kindeseinkommen berücksichtigt;
3. dass über den Unterhalt ein Festsetzungsbeschluss ergehen kann, aus dem der Antragsteller die Zwangsvollstreckung betreiben kann, wenn er nicht innerhalb eines Monats Einwendungen in der vorgeschriebenen Form erhebt;
4. welche Einwendungen nach § 252 Abs. 1 und 2 erhoben werden können, insbesondere, dass der Einwand eingeschränkter oder fehlender Leistungsfähigkeit nur erhoben werden kann, wenn die Auskunft nach § 252 Abs. 2 Satz 3 in Form eines vollständig ausgefüllten Formulars erteilt wird und Belege über die Einkünfte beigefügt werden;
5. dass die Einwendungen, wenn Formulare eingeführt sind, mit einem Formular der beigefügten Art erhoben werden müssen, das auch bei jedem Amtsgericht erhältlich ist.

³ Ist der Antrag im Ausland zuzustellen, bestimmt das Gericht die Frist nach Satz 2 Nr. 3.
(2) § 167 der Zivilprozessordnung gilt entsprechend.

§ 251 regelt die Form der Beteiligung des Antragsgegners, wenn das Gericht die Zulässigkeit des Antrags bejaht. **1**

1. Zustellung. Gemäß **Abs. 1 S. 1** sind der Antrag oder eine Mitteilung über dessen Inhalt, die **2** wegen der Möglichkeit eines maschinellen Ausdrucks bei automatischer Bearbeitung rationeller sein kann,¹ förmlich zuzustellen, um dem Antragsgegner rechtliches Gehör (Art. 103 GG) zu gewähren und die Einwendungsfrist nach Abs. 1 Nr. 3 (von einem Monat) bzw. nach Abs. 1 S. 3 für den Fall der Auslandszustellung (nach gerichtlicher Bestimmung) in Lauf zu setzen. Wird eine ordnungsgemäße Zustellung versäumt, können die in § 256 S. 2 bezeichneten Einwendungen noch im Beschwerdeverfahren nachgeholt werden (vgl. § 256 Rn. 3).

2. Hinweise. Abs. 1 S. 2 sieht eine umfassende Belehrung des Antragsgegners durch das Gericht **3** vor. Ihm soll vor Augen geführt werden, in welcher Höhe er mit der Festsetzung des Unterhalts zu rechnen hat, sofern er zum Antrag schweigt. Gleichzeitig werden ihm die möglichen Einwendungen und die hierfür aufgestellten gesetzlichen Vorgaben mitgeteilt.

Aus der in **Nr. 1** vorgeschriebenen **Bezeichnung der Unterhaltsleistungen** muss der Antrags- **4** gegner entnehmen können, von wann an und in welcher Höhe nach dem Antrag die Unterhaltszahlungen festgesetzt werden sollen.² Dabei sind gemäß lit. a die nach dem Alter des Kindes zu berechnenden **Zeiträume** anzugeben, die für eine Festsetzung nach dem Mindestunterhalt der ersten, zweiten und dritten Altersstufe in Betracht kommen. Zusätzlich sind die **Geldbeträge** zu beziffern. Laut Nr. 1 lit. b muss außerdem ersichtlich sein, welcher **Prozentsatz** des Mindestunterhalts in Rede steht. Nr. 1c verlangt eine Bezeichnung der gemäß §§ 1612b BGB oder § 1612c BGB zu berücksichtigen Leistungen. Der Hinweis nach **Nr. 2**, dass das Gericht den Antrag nicht daraufhin überprüft habe, ob das angegebene **Kindeseinkommen** im verlangten Unterhalt berücksichtigt ist, soll eventuellen Missverständnissen vorbeugen, die mitgeteilten Mindestunterhaltsbeträge stellten den abschließend geprüften Unterhaltsanspruch dar. Nur von einem auf diese Weise unterrichteten Unterhaltsschuldner kann erwartet werden, dass er sich für den Fall, dass bedarfsdeckende Einkünfte vorhanden sind, mit Einwendungen zur Wehr setzt.³ Gemäß **Nr. 3** hat das Gericht weiter aufzuzeigen, dass ein zur **Vollstreckung** geeigneter Festsetzungsbeschluss ergehen kann, wenn nicht innerhalb eines Monats, im Fall einer Auslandszustellung innerhalb der vom Gericht bestimmten Frist (S. 3), Einwendungen in der vorgeschriebenen Form erhoben werden. **Nr. 4** verlangt eine Information des Antragsgegners darüber, welche **Einwendungen** ihm nach § 252 Abs. 1 und 2 zur Verfügung stehen, insbesondere dass der Einwand fehlender oder eingeschränkter Leistungsfähigkeit nur erhoben werden kann, wenn nach § 252 Abs. 2 S. 3 Auskunft über die Einkünfte, das Vermögen und die persönlichen und wirtschaftlichen Verhältnisse in Form eines vollständig ausgefüllten Formulars erteilt wird und Belege über die Einkünfte beigefügt werden. Die nach § 257 zwingend vorgeschriebene Verwendung eingeführter **Formulare** wird in **Nr. 5** nochmals ausdrücklich erwähnt, auch die Information, dass diese bei jedem Amtsgericht erhältlich sind.

3. Sonstige Regelungen. § 251 Abs. 1 S. 3 gibt dem Gericht bei **Auslandszustellungen**, die **5** abweichend vom Mahnverfahren zulässig sind, die Möglichkeit, die Frist nach Abs. 1 S. 2 Nr. 2 entsprechend den jeweiligen Gegebenheiten zu bestimmen. Es gelten die §§ 183 ZPO ff., insbesondere auch die Zustellungserleichterungen nach § 184 Abs. 1 ZPO iVm. § 183 Abs. 1 Nr. 2, 3 ZPO,

---
¹ Motive zu § 641n ZPO aF in Drucks. 7/4791, S. 16.
² BT-Drucks. 13/7338, S. 39.
³ BT-Drucks. 14/7349, S. 26.

§ 252 1, 2   Buch 2. Abschnitt 9. Verfahren in Unterhaltssachen

soweit ohnehin nicht die EG-ZustellVO eingreift.⁴ Gemäß § 250 Abs. 2 gilt die Bestimmung des § 167 ZPO entsprechend. Danach wird die **Verjährung** bereits durch Einreichung des Festsetzungsantrags unterbrochen, wenn seine Zustellung demnächst erfolgt. Diese Voraussetzung fehlt, wenn eine Nachbesserung des Antrags notwendig war.

§ 252 Einwendungen des Antragsgegners

(1) ¹ **Der Antragsgegner kann Einwendungen geltend machen gegen**
1. die Zulässigkeit des vereinfachten Verfahrens;
2. den Zeitpunkt, von dem an Unterhalt gezahlt werden soll;
3. die Höhe des Unterhalts, soweit er geltend macht, dass
   a) die nach dem Alter des Kindes zu bestimmenden Zeiträume, für die der Unterhalt nach dem Mindestunterhalt der ersten, zweiten und dritten Altersstufe festgesetzt werden soll, oder der angegebene Mindestunterhalt nicht richtig berechnet sind,
   b) der Unterhalt nicht höher als beantragt festgesetzt werden darf,
   c) Leistungen der in § 1612b oder § 1612c des Bürgerlichen Gesetzbuchs bezeichneten Art nicht oder nicht richtig berücksichtigt sind.

² Ferner kann er, wenn er sich sofort zur Erfüllung des Unterhaltsanspruchs verpflichtet, hinsichtlich der Verfahrenskosten geltend machen, dass er keinen Anlass zur Stellung des Antrags gegeben hat. ³ Nicht begründete Einwendungen nach Satz 1 Nr. 1 und 3 weist das Gericht mit dem Festsetzungsbeschluss zurück, ebenso eine Einwendung nach Satz 1 Nr. 2, wenn ihm diese nicht begründet erscheint.

(2) ¹ Andere Einwendungen kann der Antragsgegner nur erheben, wenn er zugleich erklärt, inwieweit er zur Unterhaltsleistung bereit ist und dass er sich insoweit zur Erfüllung des Unterhaltsanspruchs verpflichtet. ² Den Einwand der Erfüllung kann der Antragsgegner nur erheben, wenn er zugleich erklärt, inwieweit er geleistet hat und dass er sich verpflichtet, einen darüber hinausgehenden Unterhaltsrückstand zu begleichen. ³ Den Einwand eingeschränkter oder fehlender Leistungsfähigkeit kann der Antragsgegner nur erheben, wenn er zugleich unter Verwendung des eingeführten Formulars Auskunft über
1. seine Einkünfte,
2. sein Vermögen und
3. seine persönlichen und wirtschaftlichen Verhältnisse im Übrigen

erteilt und über seine Einkünfte Belege vorlegt.

(3) Die Einwendungen sind nur zu berücksichtigen, solange der Festsetzungsbeschluss nicht verfügt ist.

I. Normzweck und Überblick

1   Die Vorschrift unterscheidet die möglichen Einwendungen des Antragsgegners danach, ob im vereinfachten Verfahren über ihre **Begründetheit** (Abs. 1) oder ihre **Zulässigkeit** (Abs. 2) zu befinden ist. Sie stellt zusätzliche Formerfordernisse auf und bestimmt schließlich den Zeitpunkt, bis zu dem Einwendungen zu berücksichtigen sind. Mit der Verweisung in § 255 Abs. 1 S. 1 auf § 254 wird klargestellt, dass das streitige Verfahren nur eröffnet sein soll, wenn und soweit zulässige Einwendungen zunächst vorgebracht wurden und diesbezüglich eine Festsetzung unterbleibt. Das streitige Verfahren soll vom Antragsgegner nicht dazu benutzt werden, die Einwendungen im Sinn von § 252 zu umgehen, in dem er sofort, quasi als Alternative hierzu, einen Antrag auf Durchführung des streitigen Verfahrens stellt.

2   Zwar werden in § 252 die Verteidigungsmöglichkeiten des Antragsgegners im Interesse einer Vereinfachung und Beschleunigung des Verfahrens beschränkt.² Andererseits soll ein Festsetzungsbeschluss nur ergehen, wenn der Unterhaltsanspruch nach materiellem Recht unter Berücksichtigung des **angemessenen Bedarfs** des Berechtigten und der **Leistungsfähigkeit** des Verpflichteten tatsächlich besteht. Deshalb soll der Antragsgegner seine **Einwendungen** bereits im Festsetzungsverfahren vorbringen dürfen, wenn er dabei die in Abs. 2 für die Zulässigkeit ihrer Erhebung

---

⁴ Zur EG-ZustellVO: oben §§ 1067 ff. ZPO; zum Völkervertaglichen Zustellungsrecht oben Bd. 3, I ZPR C.4; zum vertragslosen Zustand: oben §§ 183, 184, 185 ZPO.
¹ BT-Drucks. 14/7349, S. 26.
² Motive zu § 641o, BT-Drucks. 7/4791, S. 16.

vorgeschriebene **Form** einhält.³ Auf der anderen Seite wird die prozessuale Situation des Kindes gestärkt.⁴ Werden Einwendungen erhoben, muss der Antragsgegner zugleich erklären, inwieweit er zur Unterhaltsleistung bereit sei und dass er sich insoweit zur Erfüllung des Unterhaltsanspruchs verpflichte (§ 252 Abs. 2 S. 1). Hierdurch soll der Antragsgegner angehalten werden, sich über die Berechtigung des Unterhaltsanspruchs Klarheit zu verschaffen und sich dazu gegebenenfalls rechtlich beraten zu lassen.⁵ Soweit der Antragsgegner beim Einwand fehlender oder eingeschränkter Leistungsfähigkeit zusätzlich **Auskunft** über seine Einkünfte, sein Vermögen und seine persönlichen und wirtschaftlichen Verhältnisse erteilen muss (§ 252 Abs. 2 S. 3), ließ sich der Gesetzgeber von der Vorstellung leiten, dass die Angaben im Regelfall der Wahrheit entsprächen, weil der Verpflichtete damit rechnen müsse, dass in einem nachfolgenden Unterhaltsprozess die notwendigen Informationen von Arbeitgebern, Sozialversicherungsträgern und Finanzämtern beschafft würden.⁶ Auf diesem Hintergrund sind die aufgestellten Formerfordernisse darauf ausgerichtet, ein streitiges Verfahren (§ 255) zu vermeiden oder doch wenigstens, soweit dies nicht gelingt, in der Frage der Leistungsfähigkeit des Verpflichteten den Streitstoff vorzuklären.⁷ Einwendungen des Antragsgegners sind nach Abs. 3 zu beachten, solange der Festsetzungsbeschluss noch nicht **verfügt** ist (Rn. 21) und können, sofern die Vorgaben in § 256 eingehalten wurden, mit der Beschwerde weiterverfolgt werden.

Dem Rechtspfleger ist nach allgemeinen Grundsätzen eine **mündliche Verhandlung** freigestellt **3** (§ 113 Abs. 1 iVm. § 128 Abs. 4 ZPO),⁸ etwa wenn eine vergleichsweise Regelung oder Klärung strittiger Fragen zu erwarten ist.⁹ Einwendungen nach Abs. 1 Nr. 1 bis 3 sind vom Rechtspfleger in tatsächlicher und rechtlicher Hinsicht zu würdigen. Sind sie – bei Beachtung des jeweiligen **Prüfungsmaßstabs** nach § 252 Abs. 1 S. 3 – unbegründet, so können sie den Festsetzungsbeschluss nicht hindern. Gleiches gilt für unzulässige Einwendungen nach Abs. 2 oder für den Fall, dass der Antragsteller auf eine zutreffende Einlassung seinen Antrag berichtigt.¹⁰ Hingegen ist eine Festsetzung abzulehnen und der Antrag zurückzuweisen, wenn dieser sich auf Grund einer Rüge nach § 252 Abs. 1 Nr. 1 als unzulässig erweist (§ 250 Abs. 2). Sind Einwendungen nach § 252 Abs. 1 Nr. 2 und 3 begründet oder nach Abs. 2 in zulässiger Weise erhoben, führt dies zur Mitteilung nach § 254 S. 1 und zu einer Teilfestsetzung, soweit sich der Antragsgegner zur Zahlung von Unterhalt verpflichtet hat. Über die (restliche) Unterhaltsverpflichtung kann nur im streitigen Verfahren nach § 255 entschieden werden.

II. Einwendungen nach § 252 Abs. 1

1. Regelungsbereich. § 252 Abs. 1 beschränkt – wie bereits § 641o Abs. 1 ZPO aF – im **4** Interesse eines möglichst einfachen und beschleunigten Verfahrens die Einwendungen des Antragsgegners auf verfahrenstypische Fehler.¹¹ Er kann sich etwa gegen die Zulässigkeit des Verfahrens wenden oder rasch aufzuklärende Unstimmigkeiten wie fehlerhafte Antragsdaten, falsche Berechnungen und dergleichen rügen.¹²

2. Formerfordernisse. Nach § 259 Abs. 2 muss der Antragsgegner die nach Abs. 1 eingeführten **5** **Formulare** verwenden. Bei Ausfüllungsfehlern trifft das Gericht die Hinweispflicht nach § 139 ZPO.¹³ Der Antragsgegner kann aber auch nach § 257 beim Urkundsbeamten der Geschäftsstelle (eines jeden Amtsgerichts gemäß § 129a ZPO) vorsprechen und diesen mit der Ausfüllung des Formulars betrauen (§ 257 Rn. 1). Wird der Vordruck als Anlage zu einem Schriftsatz des Verfahrensbevollmächtigten eingereicht, in dem hierauf Bezug genommen wird, ist eine eigenhändige Unterzeichnung des Vordrucks durch den Antragsgegner in der Regel entbehrlich.¹⁴ Ein Vortrag in sonstiger Weise kann nicht verwertet werden, da er nicht der zwingend vorgeschrieben Form genügt.¹⁵

---

³ BT-Drucks. 13/7338, S. 40.
⁴ BT-Drucks. 13/9596, S. 32.
⁵ BT-Drucks. 13/7338, S. 41.
⁶ BT-Drucks. 13/9596, S. 32.
⁷ BT-Drucks. 13/7338, S. 40.
⁸ § 649 Abs. 2 ZPO in der Fassung vom 1. 1. 2001 (BGBl. I S. 1887) enthielt noch eine ausdrückliche Regelung.
⁹ Ebenso *Johannsen/Henrich/Vosskuhle* Vor § 649 ZPO Rn. 5 u. 6.
¹⁰ BT-Drucks. 13/7338, S. 41.
¹¹ Motive zu § 641o, BT-Drucks. 7/4791, S. 16.
¹² BT-Drucks. 13/7338, S. 37.
¹³ OLGR Karlsruhe 2006, 745 = FamRZ 2006, 1548.
¹⁴ OLGR Hamm 2005, 604 = FamRZ 2006, 211.
¹⁵ OLGR Karlsruhe 2000, 340 = FamRZ 2001, 107.

§ 252 6–8 Buch 2. Abschnitt 9. Verfahren in Unterhaltssachen

6   **3. Einwendung nach S. 1 Nr. 1** (gegen die Zulässigkeit des vereinfachten Verfahrens):

a) Gegenstand der Einwendungen. Der Antragsgegner kann sowohl das Fehlen von allgemeinen und besonderen (in § 249 vorgegebenen) **Prozessvoraussetzungen** aufzeigen (vgl. § 249 Rn. 2ff.), als auch auf **Mängel** der Antragstellung (§ 250) hinweisen (§ 250 Rn. 1ff.), beispielsweise das Nichtbestehen einer Eltern-Kindbeziehung[16] oder die Volljährigkeit des Kindes bereits zu Beginn des Verfahrens einwenden, ferner das Vorhandensein eines Unterhaltstitels, eine erforderliche Prozessstandschaft gemäß § 1629 Abs. 3 BGB bei Anhängigkeit einer Ehesache oder dass die Parteien während des Unterhaltszeitraums in einem Haushalt gelebt haben.[17] Dabei gilt zu beachten, dass der Rechtspfleger die Vorgaben für die Antragstellung (§§ 249, 250) und die Partei- und Prozessfähigkeit, zusätzlich die gesetzliche Vertretung oder Ermächtigung zur Prozessführung ohnehin **von Amts wegen** prüfen muss (§ 113 Abs. 1 iVm. § 56 ZPO) und den Antragsteller auf bestehende Zweifel hinweisen muss. Das in § 250 Abs. 2 angesprochene Verfassungsgebot des rechtlichen Gehörs nach § 103 Abs. 1 GG (vgl. § 250 Rn. 9) erfordert es stets, dem Antragsteller im Bereich der Zulässigkeit Gelegenheit zu geben, Nachweise zu erbringen oder aufgezeigte Bedenken zu entkräften.[18] Gleiches gilt, wenn erst auf Rüge des Antragsgegners Zweifel an der Zulässigkeit des Verfahrens geweckt werden. Im Rahmen dieser Amtsprüfung muss das Gericht die volle Überzeugung erlangen. Prozessvoraussetzungen sind der Parteiverfügung (§ 295 ZPO) entzogen, können also nicht zugestanden werden.

6a   **b) Entscheidung des Gerichts.** Erweist sich eine gemäß § 252 Abs. 1 Nr. 1 erhobene Einwendung zur Zulässigkeit des vereinfachten Verfahrens als begründet, wird der Antrag zurückgewiesen, sofern keine Abhilfe erfolgt (§ 250 Abs. 2). Andernfalls wird der Festsetzungsbeschluss antragsgemäß erlassen.

7   **4. Einwendung nach S. 1 Nr. 2** (gegen den Zeitpunkt, von dem an Unterhalt gezahlt werden soll): **a) Gegenstand der Einwendungen.** Zu den Einwendungen, über die im vereinfachten Verfahren zu entscheiden ist, gehören auch diejenigen, die den Zeitpunkt des **Beginns** der Unterhaltszahlung betreffen. In S. 1 Nr. 2 ist insbesondere der Fall angesprochen, dass die Festsetzung von Unterhalt für die **Vergangenheit** beantragt wird. Die Regelung lässt den Einwand zu, dass die Voraussetzungen, unter denen nach § 1613 Abs. 1 und 2 Nr. 2 BGB Unterhalt für die Vergangenheit verlangt werden kann, erst zu einem späteren Zeitpunkt vorgelegen haben, etwa weil der Unterhalt nicht oder nicht rechtzeitig angemahnt worden ist oder noch keine Barunterhaltspflicht des Antragsgegners bestanden hat.

8   **b) Entscheidung des Gerichts.** Nach § 254 S. 1 sind dem Antragsteller **begründete** Einwendungen mitzuteilen. Werden zutreffend gerügte Mängel nicht behoben, was grundsätzlich möglich ist,[19] kann der Festsetzungsbeschluss nicht bzw. auf Antrag nur im zugestandenen Umfang erlassen werden (§ 254 S. 2). Hingegen weist das Gericht nach § 252 Abs. 1 S. 3 eine Einwendung nach S. 1 Nr. 2 zurück, wenn ihm diese **nicht begründet** erscheint. Ein Vollbeweis nach § 286 ZPO ist nicht erforderlich. Vielmehr steht die Entscheidung nach der gewählten Formulierung („nicht begründet erscheint") im **pflichtgemäßen Ermessen** des Gerichts mit der Folge, dass nach dem Sach- und Streitstand befunden werden kann, wie sich nach dem Vorbringen des Antragstellers, der Verpflichteten und etwaigen präsenten Beweismitteln (zB Kopie der Mahnung oder des Aufforderungsschreibens, eidesstattliche Versicherung, Posteinlieferungsschein) darstellt. Mit dieser – im Verhältnis zu den Einwendungen nach S. 1 Nr. 1 und 3 deutlich abgeschwächten – Anforderung an die Überzeugungsbildung soll dem Gericht die Entscheidung über materiell-rechtliche Einwendungen gegen den **Zahlungsbeginn** erleichtert werden, insbesondere wenn der Verpflichtete behauptet, er habe eine Mahnung oder eine Aufforderung des Kindes zur Auskunftserteilung nach § 1613 Abs. 1 BGB nicht erhalten. Da der Gesetzgeber das Risiko, dass ein ordnungsgemäß zur Post aufgegebener Brief den Adressaten nicht erreicht, auf der Grundlage statistischer Erhebungen der deutschen Post AG als außerordentlich gering eingestuft hat, hielt er in diesem Zusammenhang eine volle Überzeugung des Gerichts nicht für erforderlich. Er wollte verhindern, dass bei Leugnung des Zugangs, für das das Kind beweispflichtig ist (§ 130 BGB), zur Aufklärung eine mündliche Verhandlung anberaumt und Beweis in der Form des Strengbeweises erhoben werden muss. Dies hätte sich mit dem Zweck des vereinfachten Verfahrens, dem Kind rasch einen Unterhaltstitel zu verschaffen und etwaige Korrekturen in das Abänderungsverfahren (nach § 240) zu verlagern, nicht vereinbaren lassen.[20]

---

[16] Brandenburgisches OLG FamRZ 2002, 545.
[17] KG Berlin FuR 2006, 132.
[18] BVerfG NJW 1992, 361.
[19] BT-Drucks. 13/7338, S. 41.
[20] Gegenäußerung der Bundesregierung zum Vorschlag des Bundesrats, BT-Drucks. 13/7338, S. 58.

5. Einwendungen nach S. 1 Nr. 3 (gegen die Höhe des Unterhalts):

a) Gegenstand der Einwendungen. Zu den die **Höhe des Unterhalts** betreffenden Einwendungen, über die im vereinfachten Verfahren zu entscheiden ist, gehören nach S. 1 Nr. 3 nur die unter den lit. a, b und c genannten Alternativen. Die Aufzählung ist **enumerativ**.[21] Das materielle Recht enthält in § 1612a BGB mit dem Mindestunterhalt eine Festlegung des Betrags. den das Kind vom Unterhaltspflichtigen verlangen kann, wobei das vereinfachte Verfahren bis zur Grenze von 120% des Mindestunterhalts eröffnet ist (vgl. § 249 Rn. 3). Auf diesem Hintergrund erfasst lit. a **falsche Berechnungen,** insbesondere des angegebenen **Mindestunterhalts** oder der nach dem Alter des Kindes zu bestimmenden **Zeiträume,** für die Unterhalt nach dem Mindestunterhalt der Ersten, zweiten und dritten Altersstufe festgesetzt werden soll, zB weil ein falsches Alter des Kindes angegeben oder eine unzutreffende Bezugsgröße für den Mindestunterhalt herangezogen worden ist. Lit. b regelt den allgemeinen Grundsatz der ne ultra petita und betrifft alle übrigen, nicht unter lit. a oder c fallenden **Berechnungs- oder Übertragungsfehler,** die unberichtigt zu einer höheren Festsetzung des Unterhalts als beantragt führen würden. Wurde während des Verfahrens freiwillig ein Schuldtitel errichtet, was die Zulässigkeit des vereinfachten Verfahrens nicht hindert (vgl. § 249 Rn. 16), kann der Antragsgegner eine unterbliebene Erledigungserklärung oder eine versäumte Reduzierung des Antrags auf den im Streit verbliebenen Spitzenbetrag rügen. Auf eine abweichende außergerichtliche Vereinbarung kann er sich hingegen nicht berufen.[22] Schließlich sind nach lit. c Einwendungen gegen die Berücksichtigung der in § 1612b oder § 1612c BGB bezeichneten Leistungen (Kindergeld oder kindergeldersetzende Leistungen) möglich.

b) Entscheidung des Gerichts. Nach S. 3 soll das Gericht **unbegründete** Einwendungen im Sinn des S. 1 Nr. 3 mit dem Festsetzungsbeschluss zurückweisen, falls die Voraussetzungen für dessen Erlass im Übrigen vorliegen (§ 253). Sind Einwendungen nach § 252 Abs. 1 Nr. 3 **begründet,** führt dies zum Verfahren nach § 254 und zu einem etwaigen Teilbeschluss nach § 254 S. 2. Ein Ermessens- oder Beurteilungsspielraum steht dem Gericht nicht zu, weil die Entscheidung selbst in Ansehung der Abänderungsmöglichkeit in § 240 abschließend, also weder auf eine summarische Prüfung noch auf eine Prognose beschränkt ist (wie etwa in § 114 ZPO).[23] Vielmehr soll sich das Gericht bei Einwendungen zur Höhe – wie im Rahmen der Zulässigkeit (Rn. 6) – die volle Überzeugung über die Unbegründetheit oder Begründetheit der Einwendungen bilden müssen.[24] Dies bedeutet, dass die streitigen Punkte mit den Mitteln des **Strengbeweises** (§ 286 ZPO) zu klären sind, zumal der Gesetzgeber die Einwendungen nach Abs. 1 im Interesse einer Verfahrensbeschleunigung ohnehin auf verfahrenstypische Fehler bzw. rasch zu erhellende Unstimmigkeiten beschränkt hat.[25]

6. Einwendungen nach S. 2 (Kostentragung):

a) Gegenstand der Einwendungen. Die Regelung behält dem Antragsgegner den Einwand vor, dass er keinen Anlass zur Antragstellung gegeben habe. Für die Beurteilung gelten die Maßstäbe des § 93 ZPO, wobei dem Anerkenntnis die Verpflichtung zur Erfüllung der beantragten Unterhaltsfestsetzung (§ 252 Abs. 1 S. 2) entspricht. Zu dem Merkmal der **sofortigen** Verpflichtung muss hinzu treten, dass der Antragsgegner nicht durch sein Verhalten zur Einleitung des Verfahrens **Anlass** gegeben hat. Liegen beide Voraussetzungen vor, so fallen die Verfahrenskosten dem Antragsteller zur Last. Wenn sich der Antragsgegner bis zu der in § 251 Abs. 1 Nr. 3 bezeichneten Monatsfrist nicht geäußert hat, ist eine später abgegebene Erklärung regelmäßig verspätet.[26] Von einer **sofortigen** Verpflichtung kann auch dann nicht mehr gesprochen werden, wenn zunächst Einwendungen gegen die beantragte Unterhaltsfestsetzung erhoben worden waren. **Anlass** zur Antragstellung besteht, wenn der Unterhaltsschuldner nur Teilleistungen erbringt oder einer Aufforderung, den Unterhalt kostenfrei beim Jugendamt titulieren zu lassen, nicht nachkommt.[27] Denn auch für den Fall, dass der Antragsgegner in der Vergangenheit den geschuldeten Unterhalt stets pünktlich gezahlt hat, hat der Antragsteller ein berechtigtes Interesse an der Errichtung eines vollstreckbaren Titels.[28] Hingegen fehlt es in der Regel an einem Anlass, wenn der Antragsteller den Antragsgegner nicht zuvor angeschrieben hat.[29]

---

[21] BT-Drucks. 13/7338, S. 40.
[22] OLGR Naumburg 1999, 382 = FamRZ 2000, 360.
[23] Stellungnahme des Bundesrats zu § 648 Abs. 1 S. 3 ZPO aF, BT-Drucks. 956/96, S. 8.
[24] BT-Drucks. 13/9596, S. 37.
[25] BT-Drucks. 13/7338, S. 37.
[26] Stellungnahme des Bundesrates zum Entwurf von § 641o, BT-Drucks. 7/4791, S. 24.
[27] KGR Berlin 2001, 361 = FamRZ 2002, 546.
[28] Brandenburgisches Oberlandesgericht FuR 2001, 45.
[29] Motive zu § 641p Abs. 2, BT-Drucks. 7/4791, S. 17.

§ 252 12–15   Buch 2. Abschnitt 9. Verfahren in Unterhaltssachen

12   b) **Entscheidung des Gerichts.** Erweist sich der Kosteneinwand als unbegründet, erfolgt keine Zurückweisung (§ 252 Abs. 1 S. 3); vielmehr entscheidet der Rechtspfleger im Rahmen der Unterhaltsfestsetzung, ob dem Antragsgegner – in der Regel – die Verfahrenskosten gemäß § 113 Abs. 1 iVm. § 91 Abs. 1 S. 1 ZPO aufzuerlegen oder ob sie – ausnahmsweise – nach § 93 ZPO vom Antragsteller zu tragen sind. Auch hier muss die Entscheidung auf einer vollen Überzeugung beruhen. Ein Ermessensspielraum besteht nicht.[30] Die Kostenentscheidung unterliegt der Beschwerde nach § 256.[31]

III. Einwendungen nach § 252 Abs. 2

13   1. **Gegenstand der Einwendungen.** Die Vorschrift behandelt die Einwendungen, die nicht unter Abs. 1 fallen und umfasst mit dieser Einschränkung **alle Einwendungen,** die nach **materiellem Recht** gegen den Anspruch bestehen können.[32] Dem Unterhaltsschuldner wird damit die Möglichkeit eingeräumt, den Festsetzungsbeschluss – ähnlich wie den Vollstreckungsbescheid im Mahnverfahren durch Widerspruch – ganz oder teilweise abzuwenden, wenn er dabei die in Abs. 2 aufgestellten Formerfordernisse beachtet. Neben den ausdrücklich erwähnten Einwendungen der **Erfüllung** und der **eingeschränkten oder fehlenden Leistungsfähigkeit** kann sich der Antragsgegner auch mit anderen Einlassungen zur Wehr setzen, etwa auf eine fehlende **Bedürftigkeit** des Kindes auf Grund eigener Einkünfte hinweisen,[33] im Rahmen der Aktivlegitimation bestreiten, dass der Antragsteller materiell nicht berechtigt sei, Unterhaltsansprüche im eigenen Namen geltend zu machen[34] oder die Voraussetzungen eines Anspruchsübergangs in Abrede stellen,[35] ferner kann er den Einwand der **Verwirkung** erheben.[36] Die Einwendung, dass ein anderer vorrangig haftender Unterhaltsschuldner vorhanden sei – nämlich der Ehegatte oder frühere Ehegatte des minderjährigen verheirateten Kindes –, ist dem Antragsgegner ebenfalls nicht abgeschnitten.

14   2. **Substantiierung der Einwendungen.** Soweit Abs. 2 Angaben zur Substantiierung nicht vorschreibt, muss der Einlassung des Antragsgegners zu entnehmen sein, ob er überhaupt einen rechtlich relevanten Einwand geltend macht. Unsinnige, erkennbar unbegründete oder offensichtlich nicht begründete Einwendungen sollen den Festsetzungsbeschluss ebenso wenig abwenden können wie eine nicht als Einwendung anzusehende Erwiderung, die lediglich allgemein, ohne jeden Hinweis auf den Rechtsgrund den geltend gemachten Anspruch bestreitet oder das Bestehen von Einwendungen behauptet.[37] Deshalb muss der Antragsgegner seine Einwendungen mit konkreten, nachprüfbaren Tatsachen untermauern.

15   3. **Formelle Anforderungen an die Einwendungen.** Der Antragsgegner muss sich – ebenso wie der Antragsteller – des amtlichen Formulars bedienen (§ 259 Abs. 2, vgl. Rn. 1). Er hat zunächst anzugeben, inwieweit er zur Unterhaltszahlung bereit sei und dass er sich insoweit zur Erfüllung verpflichte (§ 252 Abs. 1 S. 1 Halbs. 1). Dieses Zulässigkeitskriterium gilt für **alle** unter Abs. 2 fallenden Einwendungen des Antragsgegners.[38] Eine im Formular enthaltene Mitteilung des Antragsgegners, dass er in der unterhaltsrelevanten Zeit bereits regelmäßig laufende Zahlungen in gleich bleibender Höhe erbringe, genügt den Anforderungen.[39] Der Antragsgegner kann auch die Erklärung abgeben, keinen Unterhalt zahlen zu wollen, da er insgesamt leistungsunfähig sei.[40] Die nach Abs. 1 S. 1 Halbs. 1 geforderte Erklärung über die Zahlungsbereitschaft und die Leistungszusage kann sich in diesem Fall auf den Betrag Null reduzieren.[41] Ein entsprechender Hinweis ist in dem – mit Wirkung vom 1. 1. 2008 – eingeführten Formular[42] enthalten, das neben der Mitteilung unter „G", den verlangten Unterhalt wegen Gefährdung des eigenen Unterhalts nicht oder nicht in voller Höhe zahlen zu können, zusätzlich eine ausdrückliche Erklärung dazu verlangt, in welcher Höhe der

---

[30] BT-Drucks. 13/9596, S. 37.
[31] BT-Drucks. 14/7349, S. 27.
[32] BT-Drucks. 13/7338, S. 40.
[33] BT-Drucks. 13/7338, S. 28.
[34] BGH NJW 2008, 2708 = FamRZ 2008, 1433; OLGR Köln 2006, 155 = FamRZ 2006, 431.
[35] OLG Karlsruhe v. 29. 3. 2005 – 16 WF 119/04.
[36] Anders im Annexverfahren nach § 653 Abs. 1 ZPO aF, OLG Karlsruhe FamRZ 2002, 1262; OLG Bremen FamRZ 2000, 1164.
[37] BT-Drucks. 13/7338, S. 40.
[38] BT-Drucks. 13/7338, S. 41.
[39] OLGR Naumburg 2007, 276 = FamRZ 2007, 1027.
[40] OLG Brandenburg FamRZ 2004, 475.
[41] OLGR Brandenburg 2003, 527 = FamRZ 2004, 475; OLG Frankfurt FamRZ 2002, 835; OLG Hamm FamRZ 2000, 360.
[42] BGBl. I S. 3283.

Antragsgegner zur Unterhaltszahlung bereit sei (ggf. „0"). Soweit selbst bei einer behaupteten vollständig fehlenden Leistungsfähigkeit eine ausdrückliche Erklärung gefordert wird,[43] ist das Gericht bei Ausfüllungsfehlern nach § 139 ZPO gehalten, auf eine Klarstellung hinwirken.[44]

Den Einwand der **Erfüllung** (§ 252 Abs. 2 S. 2) kann der Antragsgegner nur erheben, wenn er zugleich erklärt, inwieweit er geleistet hat und dass er sich verpflichtet, einen darüber hinausgehenden Unterhaltsrückstand zu begleichen. Diesen Betrag kann sich der Unterhaltsberechtigte durch Beschluss festsetzen lassen (§ 254 S. 2). Der Einwand **fehlender oder eingeschränkter Leistungsfähigkeit** ist nur dann beachtlich, wenn der Unterhaltsverpflichtete auf dem eingeführten Formular zugleich **Auskunft** über seine Einkünfte, sein Vermögen und seine persönlichen und wirtschaftlichen Verhältnisse im Übrigen erteilt (weitere Unterhaltspflichten, Verbindlichkeiten) und über seine Einkünfte **Belege** vorlegt (§ 252 Abs. 2 S. 3). Hierdurch soll der Antragsteller eine Grundlage für außergerichtliche Verhandlungen mit dem Antragsgegner und die Prüfung erhalten, wie die Aussichten einer weiteren Rechtsverfolgung einzuschätzen sind. Stellt der Antragsgegner den Antrag auf Durchführung des streitigen Verfahrens, hat das Gericht bereits Angaben für das Klageverfahren vorliegen. Außerdem soll verhindert werden, dass sich der unterhaltsverpflichtete Antragsgegner der Festsetzung im vereinfachten Verfahren mit einem pauschalen Hinweis auf seine unvermeidbare oder fehlende Leistungsfähigkeit entzieht.[45] Die einzureichenden **Belege** sollen dem Antragsteller eine Überprüfung der Auskunft ermöglichen. Der Umfang der im Rahmen von § 252 Abs. 2 S. 3 ZPO geforderten Angaben deckt sich einerseits mit dem Auskunftsanspruch aus § 1605 BGB, zum anderen aber auch mit der Darlegungs- und Beweislast des Unterhaltspflichtigen für seine fehlende oder eingeschränkte Leistungsfähigkeit. **16**

a) Form der Erklärungen. Einwendungen nach § 252 Abs. 2 kann der Unterhaltspflichtige nur dann wirksam vorbringen, wenn er das eingeführte **Formular** ausgefüllt vorgelegt. Eine Darstellung der Einkünfte in einem Schriftsatz unter Beifügung von Belegen kann diese Vorgabe nicht ersetzen.[46] Ebenso wenig genügt der Hinweis auf die Eröffnung eines Verbraucherinsolvenzverfahrens.[47] Schwärzt der Unterhaltsschuldner wesentliche Unterlagen, etwa einzelne Positionen auf Kontoauszügen, die Aufschluss über Vermögenswerte in Form von Bankguthaben geben könnten, ist die Erklärung unvollständig und daher unzulässig.[48] Jedoch muss es den Anforderungen an die Erklärung der Leistungsbereitschaft (§ 252 Abs. 2 S. 1) genügen, wenn der in Anspruch Genommene seine Einkommens- und Vermögensverhältnisse im vereinfachten Verfahren umfassend offen legt und schon hierdurch seinen Einwand fehlender Leistungsfähigkeit nachvollziehbar begründet.[49] **17**

b) Belegvorlage. Nach dem Gesetzeswortlaut besteht eine **Belegpflicht** nur hinsichtlich des **Einkommens**, nicht auch hinsichtlich berücksichtigungsfähiger **Abzugsposten** wie berufsbedingte Aufwendungen, Schulden, Vorsorgeaufwendungen, unvermeidbar überhöhte Mietkosten.[50] Lebt der Antragsgegner im Ausland, können die Belege, sofern sie dort erstellt sind, auch in der entsprechenden Landessprache eingereicht werden.[51] Dies gilt nicht, wenn der Unterhaltsschuldner einer gerichtlichen Anordnung zur Vorlage von Übersetzungen nicht nachgekommen ist.[52] Sind keine den inländischen Belegen und Nachweisen vergleichbare Dokumente verfügbar, hat der Antragsgegner dies im Rahmen seiner Obliegenheiten aus § 252 Abs. 2 S. 3 dem Amtsgericht mitzuteilen, will er mit dem Einwand fehlender Leistungsfähigkeit nicht ausgeschlossen werden.[53] **18**

4. Entscheidung des Gerichts, weiteres Verfahren. Erhebt der Unterhaltsverpflichtete **keine** oder **unzulässige** Einwendungen, setzt das Gericht den Unterhalt durch Beschluss fest (§ 253 Abs. 1). Da über die Begründetheit der unter Abs. 2 fallenden Einwendungen im Festsetzungsverfahren nicht zu entscheiden ist sondern nur darüber, ob diese in der vorgeschriebenen Form erhoben, dh. zulässig sind,[54] ist unerheblich, ob der Antragsteller die Behauptungen des Antragsgegners zugesteht. Dem Antragsteller bleibt es aber unbenommen, seinen Antrag auf Grund der Einlassung des Antragsgegners zu berichtigen,[55] etwa den geltend gemachten Betrag zu ermäßigen oder den **19**

---

[43] OLG Hamm FamRZ 2000, 360; OLG Dresden FamRZ, 1031; aA OLG Rostock FamRZ 2002, 836.
[44] OLG Karlsruhe FamRZ 2006, 1548.
[45] BT-Drucks. 13/7338, S. 41.
[46] OLGR Nürnberg 2004, 32 = FamRZ 2004, 475.
[47] OLG Koblenz 2005, 251 = FamRZ 2005, 915.
[48] OLGR Brandenburg 2004, 248 = FamRZ 2004, 1587.
[49] OLGR Hamm 2005, 604 = OLG Hamm FamRZ 2006, 211.
[50] *Gerhardt* FuR 1998,145.
[51] OLG München FamRZ 2005, 381.
[52] Brandenburgisches OLG FamRZ 2005, 1842.
[53] OLGR München 2004, 352 = FamRZ 2005, 381.
[54] BT-Drucks. 13/7338, S. 40.
[55] BT-Drucks. 13/7338, S. 41.

§ 253   Buch 2. Abschnitt 9. Verfahren in Unterhaltssachen

Anspruch zeitlich einzuschränken. Die Unzulässigkeit der Einwendungen wird **konkludent** mit dem **Erlass des Festsetzungsbeschlusses** (§ 253) festgestellt.[56]

20   Erhebt der Unterhaltsverpflichtete im materiell-rechtliche Einwendungen in der vorgeschriebenen Form, kommt eine Festsetzung im vereinfachten Verfahren nicht in Betracht. **Zulässig** erhobene Einwendungen führen vielmehr zum Verfahren nach § 254 und damit unter Umständen zu einer Teilfestsetzung. In diesem Fall haben die Parteien die Möglichkeit, die **Durchführung des streitigen Verfahrens** zu beantragen (§ 255 Abs. 1). Ein automatischer Übergang in das streitige Verfahren ist nicht vorgesehen, um den Parteien Gelegenheit zu einer außergerichtlichen Einigung zu geben, aber auch, um dem Berechtigten, der etwa unter Berücksichtigung der Auskunft des Unterhaltsverpflichteten den Unterhaltsanspruch ganz oder teilweise nicht weiter verfolgen will, zusätzliche Kosten zu ersparen.[57]

IV. Einwendungsfrist nach § 252 Abs. 3

21   Die Einwendungen sind über die **Monatsfrist** nach § 251 Abs. 1 S. 2 Nr. 3 (oder nach Abs. 1 S. 3 bei Auslandszustellung) hinaus zu berücksichtigen, solange der Festsetzungsbeschluss nicht **verfügt** ist (§ 252 Abs. 3), was insbesondere für Einwendungen nach § 252 Abs. 2 im Kontext mit der Präklusion nach § 256 S. 2 von Bedeutung ist. In diesem Sinn **verfügt** ist der Beschluss nicht bereits mit seiner Unterzeichnung,[58] sondern – wie im Rahmen von § 694 Abs. 1 ZPO – erst dann, wenn er zur Kenntnisgabe an die Parteien (Zustellung) in den Geschäftsgang gegeben bzw. aus dem inneren Geschäftsbetrieb herausgegeben worden ist.[59] Auch wenn dem Antragsteller durch das vereinfachte Verfahren möglichst schnell ein Unterhaltstitel verschafft werden soll, so ist doch zu berücksichtigen, dass die Frist des § 251 Abs. 1 S. 2 Nr. 3 nicht zu einer **Ausschlussfrist** ausgestaltet worden ist. Vielmehr hatte der Gesetzgeber bereits mit dem gleichlautenden Passus in § 641o Abs. 1 S. 3 ZPO aF den Gerichten angetragen, eingehende Einwendungen zu berücksichtigen, solange dies ohne zumutbare Schwierigkeiten noch möglich sei, was erst dann nicht mehr der Fall sei, wenn der Rechtspfleger die letzte zur Entscheidung erforderliche Maßnahme getroffen habe und diese aus seinem Bereich hinausgelangt sei.[60] Zusätzlich wurde die Formulierung bewusst der im Mahnverfahren geltenden Regelung des § 694 Abs. 1 ZPO entlehnt.[61] Schließlich sollte dem Antragsgegner eine Abänderungsklage möglichst erspart werden.[62] Auf diesem Hintergrund besteht weder nach dem Wortlaut von § 252 Abs. 3 noch nach seiner Zielsetzung ein Anlass, von der gefestigten Rechtsprechung im Zusammenhang mit § 694 Abs. 1 ZPO abzuweichen, wonach eine Entscheidung entsprechend den allgemeinen Grundsätzen für deren Wirksamkeit erst dann **verfügt** ist, wenn sie zur Kenntnis von Personen außerhalb des Gerichts hinausgegeben wird.[63] Lässt sich eine Fristversäumnis mangels Zustellung des Festsetzungsantrags oder des nach § 251 gebotenen Hinweises nicht feststellen, sind die Einwendungen im Beschwerdeverfahren nicht präkludiert.

§ 253 Festsetzungsbeschluss

(1) ¹Werden keine oder lediglich nach § 252 Abs. 1 Satz 3 zurückzuweisende oder nach § 252 Abs. 2 unzulässige Einwendungen erhoben, wird der Unterhalt nach Ablauf der in § 251 Abs. 1 Satz 2 Nr. 3 bezeichneten Frist durch Beschluss festgesetzt. ²In dem Beschluss ist auszusprechen, dass der Antragsgegner den festgesetzten Unterhalt an den Unterhaltsberechtigten zu zahlen hat. ³In dem Beschluss sind auch die bis dahin entstandenen erstattungsfähigen Kosten des Verfahrens festzusetzen, soweit sie ohne weiteres ermittelt werden können; es genügt, wenn der Antragsteller die zu ihrer Berechnung notwendigen Angaben dem Gericht mitteilt.

(2) In dem Beschluss ist darauf hinzuweisen, welche Einwendungen mit der Beschwerde geltend gemacht werden können und unter welchen Voraussetzungen eine Abänderung verlangt werden kann.

---

[56] BT-Drucks. 13/7338, S. 40.
[57] BT-Drucks. 13/7338, S. 37.
[58] So aber OLG Hamm NJWE-FER 2000, 97 = FamRZ 2000, 901; OLG Brandenburg FamRZ 2001, 1078.
[59] OLGR Hamm 2007, 359 = OLG Hamm FamRZ 2007, 836 und OLGR Hamm 2005, 84 = FamRZ 2006, 45; *Baumbach/Lauterbach/Hartmann* § 648 ZPO Rn. 11; *Zöller/Philippi* § 648 ZPO Rn. 12.
[60] Motive zu § 641o Abs. 1 S. 3 ZPO aF BT-Drucks. 7/4791, S. 16.
[61] Motive zu § 641o Abs. 1 S. 3 ZPO aF BT-Drucks. 7/4791, S. 25.
[62] BT-Drucks. 13/7338, S. 41.
[63] BGHZ 85, 361 = NJW 1983, 633.

I. Fehlen berechtigter Einwendungen

Sind bis zum Fristablauf **keine Einwendungen** erhoben worden, so kann der Rechtspfleger den Unterhalt antragsgemäß festsetzen. Einwendungen, die bis zur **Verfügung** des Festsetzungsbeschlusses (vgl. § 252 Rn. 21) eingehen, sind noch zu berücksichtigen, auch wenn die Frist bereits verstrichen ist (§ 252 Abs. 3). Wird lediglich eine **Kostenregelung** nach § 93 ZPO begehrt (fehlender Anlass bei Erfüllungsbereitschaft), so ergeht der Festsetzungsbeschluss bezüglich des Unterhalts ebenfalls antragsgemäß. Die Einwendung ist nur bei der Kostenentscheidung zu beachten (§ 93 ZPO); vgl. § 252 Rn. 11.

Einwendungen nach § 252 Abs. 1 S. 1 sind vom Rechtspfleger auf ihre Zulässigkeit und Begründetheit zu prüfen (zu den Einzelheiten § 252 Rn. 6). Ergeben sich Zweifel an der Begründung der Einwendung nach § 252 Abs. 1 S. 1 Nr. 2 zum **Zahlungsbeginn,** so kann der Rechtspfleger diese zurückweisen und den Festsetzungsbeschluss antragsgemäß erlassen (§ 252 Rn. 8). Bei Einwendungen nach § 252 Abs. 1 Nr. 1 (Zulässigkeit) und 3 (Rechenfehler uÄ) hat eine volle Sach- und Rechtsprüfung zu erfolgen (§ 252 Rn. 6). Eine mündliche Verhandlung kann, muss aber nicht stattfinden (§ 113 Abs. 1 iVm. § 128 Abs. 4 ZPO). Sind die Einwendungen **nicht begründet,** so weist sie der Rechtspfleger im Festsetzungsbeschluss zurück (§ 252 Abs. 1 S. 3) und setzt gleichzeitig den Unterhalt antragsgemäß fest. Sind die Einwendungen hingegen **begründet,** so teilt der Rechtspfleger sie dem Antragsteller mit. Das Gleiche gilt, wenn Einwendungen nach § 252 Abs. 2, die in sich schlüssig sind, in der vorgeschriebenen Form erhoben wurden (§ 252 Rn. 15). Das weitere Verfahren richtet sich dann nach § 254. Handelt es sich hingegen um nach § 252 Abs. 2 **unzulässige** Einwendungen, beispielsweise um eine Behauptung der Leistungsunfähigkeit ohne Angabe der Einkommens- und Vermögensverhältnisse oder um ein nach materiellem Recht irrelevantes Argument gegen die Unterhaltspflicht, so müssen diese Einwendungen nicht ausdrücklich zurückgewiesen werden, ihre Unbeachtlichkeit ergibt sich aus der antragsgemäßen Festsetzung des Unterhalts und der Belehrung, die in dem Beschluss enthalten ist (zu den Einzelheiten § 252 Rn. 19).

II. Der Beschluss

Die Entscheidung des Rechtspflegers ergeht durch Beschluss, der den Parteien im Hinblick auf § 256 zuzustellen ist (§ 113 Abs. 1 iVm. § 329 Abs. 3 ZPO). Er kann in „maschineller" Form nach § 258 erstellt werden und bedarf dann keiner Unterschrift. Die Verwendung von Formularen ist dem Gericht nicht zwingend vorgeschrieben, ergibt sich in der Praxis aber durch den Formularsatz, der den Parteien vorgegeben ist und auch das Formblatt für einen Festsetzungsbeschluss enthält. Der Beschluss ist Vollstreckungstitel nach § 794 Abs. 1 Nr. 3 ZPO und behält diese Wirkung auch nach Volljährigkeit des Kindes (§ 244).

Inhaltlich hat der Beschluss außer den nach § 329 Abs. 1 ZPO erforderlichen Angaben die genaue **Höhe** und die **Zeiträume** der Unterhaltsverpflichtung anzugeben, wobei die Höhe in einem Prozentsatz des Mindestunterhalts ausgedrückt werden kann, soweit dies beantragt wurde (oben § 249 Rn. 4). Im Beschluss zu bezeichnen ist ferner der „**Unterhaltsberechtigte,** an den der Unterhaltsverpflichtete zu zahlen hat". Damit ist das materiellrechtlich berechtigte Kind gemeint, nicht also der Elternteil, der das Verfahren in Prozessstandschaft führt.[1] Soweit der Antragsteller aus übergegangenem Recht tätig geworden ist, muss zur Individualisierung des übergegangenen Anspruchs auch das originär unterhaltsberechtigte Kind näher bezeichnet sein.

Neben der Kostenentscheidung, die durch die Einwendung nach § 252 Abs. 1 S. 2 iVm. § 93 ZPO bestimmt sein kann, ist zusätzlich **Kostenfestsetzung** möglich, wenn sich die erstattungsfähigen Auslagen ohne größeren Aufwand ermitteln lassen, wie Portokosten des Antragstellers oder Rechtsanwaltsgebühren. Da sie ohnehin nachgereicht werden müssen, genügt es, dass der Antragsteller die zu ihrer Berechnung notwendigen Angaben dem Gericht mitteilt und sie glaubhaft macht. Hierdurch soll ein zusätzliches Kostenfestsetzungsverfahren möglichst vermieden werden, für das vielfach das Rechtsschutzbedürfnis fehlen wird. Es bleibt aber, damit die Festsetzung nicht verzögert wird, zulässig, wenn sich die erstattungsfähigen Kosten nicht ohne weitere Ermittlungen festsetzen lassen.[2]

Im vereinfachten Verfahren können gesetzliche **Verzugszinsen** ab dem Zeitpunkt der Zustellung des Antrages (§ 251 Abs. 1 S. 1) auf den zu dieser Zeit rückständigen Unterhalt festgesetzt werden; die Festsetzung künftiger Verzugszinsen ist hingegen ausgeschlossen (vgl. § 249 Rn. 8).[3] Auch insoweit ist der Beschluss Vollstreckungstitel (§ 794 Abs. 2 Nr. 3 ZPO).

---

[1] Zöller/Philippi § 649 ZPO Rn. 4.
[2] Motive zu § 641p Abs. 4 S. 4, BT-Drucks. 7/4791, S. 17.
[3] BGH NJW 2008, 2710 = FamRZ 2008, 1428.

§ 254 1, 2 Buch 2. Abschnitt 9. Verfahren in Unterhaltssachen

7   Schließlich hat der Beschluss eine **Belehrung** darüber zu enthalten, wie die Parteien gegen den Beschluss vorgehen können (§ 255 Abs. 2). § 256 eröffnet die (befristete) Beschwerde (des § 58) gegen den Festsetzungsbeschluss.[4]

8   Soweit der **Antragsteller** eine antragsgemäße Festsetzung des Unterhalts erreicht hat, kommt für ihn die Beschwerde nach § 256 nur wegen der Kosten in Betracht, also insbesondere bei einer Verpflichtungserklärung des Antragsgegners nach § 252 Abs. 1 S. 2 und einer darauf gestützten Kostenentscheidung nach § 93 ZPO. Wird ein Antrag auf Unterhaltsfestsetzung im vereinfachten Verfahren **teilweise zurückgewiesen,** weil die Voraussetzungen der §§ 249, 250 insoweit fehlen, kann der Antragsteller bei Beachtung der besonderen Vorgaben in § 256 Abs. 2 gegen den Festsetzungsbeschluss Beschwerde einlegen (s. § 256 Rn. 2).[5] Im Übrigen kann sich der Antragsteller gegen den Festsetzungsbeschluss mit der Abänderungsklage (§ 240) wenden.

9   Dem **Antragsgegner** steht die Beschwerde zu, wenn er sich gegen eine Zurückweisung seiner Einwendungen nach § 252 Abs. 1 S. 2, 3, die Nichtbeachtung der aus seiner Sicht zulässigen Einwendungen nach Abs. 2 und die Kostenentscheidung (entgegen § 252 Abs. 1 S. 2) zu Wehr setzen will. Zusätzlich steht ihm die **Abänderungs- bzw. Korrekturklage nach § 240** gegen den (formell) rechtskräftigen Festsetzungsbeschluss zur Verfügung, innerhalb der Frist des § 240 Abs. 2 auch rückwirkend.

10 **Kosten.** Für den Festsetzungsbeschluss wird eine halbe Gebühr erhoben (FamGKG-KV Nr. 1210); das Verfahren selbst ist kostenfrei (zu den Einzelheiten der Gerichtsgebühren, auch zum Streitwert und den Anwaltskosten vgl. § 249 Rn. 20 ff.).

§ 254 Mitteilungen über Einwendungen

¹ Sind Einwendungen erhoben werden, die nach § 252 Abs. 1 Satz 3 nicht zurückzuweisen oder die nach § 252 Abs. 2 zulässig sind, teilt das Gericht dem Antragsteller dies mit. ² Es setzt auf seinen Antrag den Unterhalt durch Beschluss fest, soweit sich der Antragsgegner nach § 252 Abs. 2 Satz 1 und 2 zur Zahlung von Unterhalt verpflichtet hat. ³ In der Mitteilung nach S. 1 ist darauf hinzuweisen.

1   Die Vorschrift regelt das Vorgehen des Gerichts nach Prüfung der Einwendungen, die der Antragsgegner nach § 252 Abs. 1 S. 1 und Abs. 2 erheben konnte (zu den Reaktionen des Gerichts nach Erhebung von Einwendungen vgl. § 252 Rn. 6 ff.). Die Einwendung nach § 252 Abs. 1 S. 2 (kein Anlass zur Antragstellung) steht dem Erlass eines Festsetzungsbeschlusses nicht entgegen (vgl. § 252 Rn. 11). Ist das Gericht zu dem Schluss gekommen, dass die Einwendungen nach § 252 Abs. 1 begründet sind (dazu § 252 Rn. 6 ff.) und hat der Antragsteller seinen Antrag nicht berichtigt, wodurch er den Erlass eines Festsetzungsbeschlusses nach § 249 ermöglicht hätte,[1] so kann ein Festsetzungsbeschluss über den beantragten Unterhalt **nicht** ergehen. Der Antrag wird in diesem Fall aber auch nicht zurückgewiesen. Vielmehr wird dem Antragsteller dies mitgeteilt. Beiden Parteien bleibt die Möglichkeit, die Durchführung des Verfahrens als **streitiges** zu beantragen (§ 255 Abs. 1). Wird ein solcher Antrag nicht gestellt, so kommt es – ähnlich wie beim Mahnbescheid, gegen den Widerspruch erhoben, ein Klageantrag aber nicht gestellt wird – zu einem Stillstand des Verfahrens mit den in § 255 Abs. 6 geregelten Folgen (§ 255 Rn. 6) und die Akte wird nach einer gewissen Zeit weggelegt. Das Gleiche gilt grundsätzlich, wenn Einwendungen nach § 252 Abs. 2 zulässig sind (dazu § 252 Rn. 20).

2   Hat der Antragsgegner nach § 252 Abs. 2 S. 1, 2 eine **Verpflichtungserklärung** bzgl. eines Teils des beantragten Unterhalts abgegeben, ist das vereinfachte Verfahren insoweit entscheidungsreif; das Gericht hat – allerdings nur auf **Antrag** des Antragstellers – insoweit einen **Teilfestsetzungsbeschluss** zu erlassen, auf den § 253 entsprechend anwendbar ist. Hierdurch kann der Antragsteller zumindest für einen Teil seines geltend gemachten Anspruchs einen **Vollstreckungstitel** erhalten; seinen darüber hinaus gehenden Antrag kann er im streitigen Verfahren weiterverfolgen.[2] Der Teilfestsetzungsbeschluss enthält keine **Kostenentscheidung,** diese ist dem streitigen Verfahren vorbehalten.[3] Findet kein streitiges Verfahren statt, wird über die Kosten auf Antrag einer Partei nach §§ 92, 91a oder § 98 ZPO – je nach Beendigungssituation – befunden. Eine **Gerichtsgebühr** wird nicht erhoben (§ 249 Rn. 20; zu den **Anwaltsgebühren** s. § 249 Rn. 21). Der Teilfestsetzungs-

---

[4] *Schael* FPR 2009, 11.
[5] BGH NJW 2008, 2708 = FamRZ 2008, 1433; BGH NJW 2008, 2710 = FamRZ 2008, 1428.
[1] BT-Drucks. 13/7338, S. 41.
[2] BT-Drucks. 13/7338, S. 41.
[3] OLG Naumburg v. 30. 8. 2001 – 14 WF 106/01.

beschluss bedarf im Hinblick auf § 256 der **Zustellung.** Unterlässt es der Antragsteller, eine Teilfestsetzung zu beantragen, so bleibt beiden Parteien wiederum die Möglichkeit, das streitige Verfahren nach § 255 durchzuführen. Wird auch ein solcher Antrag nicht gestellt, so ruht das Verfahren, die Akten sind wegzulegen (§ 255 Rn. 6).

Die **Verpflichtungserklärung** nach § 252 Abs. 2 S. 1, 2, die eine Teilfestsetzung nach § 254 S. 2 **3** ermöglicht, ist kein Anerkenntnis im Sinn des § 307 ZPO. Die Unterhaltsfestsetzung erfolgt vielmehr durch Festsetzungsbeschluss nach § 253, den auch der Antragsgegner trotz Verpflichtungserklärung mit der Beschwerde nach § 256 oder mit der Abänderungsklage nach § 240 angreifen kann. Es bleibt den Parteien aber auch unbenommen, nach dieser Einwendung des Antragsgegners eine gütliche Einigung zu treffen. Welchen Charakter die Verpflichtungserklärungen nach Abs. 2 S. 1 und S. 2 haben, ergibt sich nicht aus § 252 Abs. 2. Daraus, dass diese Erklärungen nach § 254 S. 2 zur Grundlage des Festsetzungsbeschlusses erhoben werden, wenn der Antragsteller dies beantragt, ist zu schließen, dass es sich nicht um Verpflichtungserklärungen iS des § 59 SGB VIII handeln muss, die bereits (nach § 60 SGB VIII) einen eigenen Vollstreckungstitel schaffen und eine gerichtliche Festsetzung überflüssig machen würden. Demnach sind sie als (unwiderrufliche) **Prozesshandlungen sui generis** einzuordnen, die zwar für das Verfahren, nicht aber für die materielle Unterhaltsverpflichtung entscheidende Bedeutung haben. Ist die Erklärung missverständlich, muss das Gericht auf eine Klarstellung hinwirken.[4]

Die **Mitteilungen nach § 254** erfolgen nur an den Antragsteller, nicht an den Antragsgegner. **4** Nach S. 1 und 3 ist darauf hinzuweisen, dass der Unterhalt im vereinfachten Verfahren wegen erhobener Einwendungen nicht wie beantragt festgesetzt und allenfalls ein Teilfestsetzungsbeschluss beantragt werden kann, soweit eine Verpflichtungserklärung des Antragsgegners nach § 252 Abs. 2 S. 1, 2 vorliegt, ferner dass der Antragsteller die Möglichkeit hat, innerhalb von sechs Monaten nach Zugang der Mitteilung den Antrag auf eine Überleitung ins streitige Verfahren zu stellen (§ 255 Abs. 1 S. 2). Die Mitteilung nach Abs. 1 kann **formlos** ergehen. Soweit § 255 Abs. 6 den Lauf der Ausschlussfrist von sechs Monaten mit Zugang der Mitteilung beginnen lässt, handelt es sich um eine uneigentliche Frist im Sinn von § 329 Abs. 2 S. 2 ZPO, die etwa derjenigen des § 701 ZPO vergleichbar ist. Gegen die Mitteilung ist ein Rechtsmittel nicht gegeben.[5]

§ 255 Streitiges Verfahren

(1) ¹Im Fall des § 254 wird auf Antrag eines Beteiligten das streitige Verfahren durchgeführt. ²Darauf ist in der Mitteilung nach § 254 Satz 1 hinzuweisen.

(2) ¹Beantragt ein Beteiligter die Durchführung des streitigen Verfahrens, ist wie nach Eingang eines Antrags in einer Unterhaltssache weiter zu verfahren. ²Einwendungen nach § 252 gelten als Erwiderung.

(3) Das Verfahren gilt als mit der Zustellung des Festsetzungsantrags (§ 251 Abs. 1 S. 1) rechtshängig geworden.

(4) Ist ein Festsetzungsbeschluss nach § 254 S. 2 vorausgegangen, soll für zukünftige wiederkehrende Leistungen der Unterhalt in einem Gesamtbetrag bestimmt und der Festsetzungsbeschluss insoweit aufgehoben werden.

(5) Die Kosten des vereinfachten Verfahrens werden als Teil der Kosten des streitigen Verfahrens behandelt.

(6) Wird der Antrag auf Durchführung des streitigen Verfahrens nicht vor Ablauf von sechs Monaten nach Zugang der Mitteilung nach § 254 S. 1 gestellt, gilt der über den Festsetzungsbeschluss nach § 254 S. 2 oder die Verpflichtungserklärung des Antragsgegners gemäß § 252 Abs. 2 S. 1 und 2 hinausgehende Festsetzungsantrag als zurückgenommen.

Die Vorschrift knüpft daran an, dass nicht zurückzuweisende oder zulässige **Einwendungen** nach **1** § 252 vorliegen (§ 252 Rn. 4 ff.) und regelt für diesen Fall die Überleitung in das **streitige Verfahren.**[1] Nur wenn der grundsätzlich in zulässiger Form eingereichte, also nicht bereits nach § 250 Abs. 2 S. 2 zurückgewiesene Antrag auf Durchführung des vereinfachten Verfahrens wegen der Einwendungen des Antragsgegners nicht zu einem Festsetzungsbeschluss in der beantragten Form führt, kann – wie beim Mahnverfahren (§ 696 Abs. 1 ZPO) – auf Antrag ein streitiges

---

[4] OLGR Naumburg 2007, 276 = FamRZ 2007, 1027.
[5] OLG Naumburg v. 23. 5. 2000 – 3 WF 53/00.
[1] BT-Drucks. 13/7338, S. 42.

§ 255 2–6   Buch 2. Abschnitt 9. Verfahren in Unterhaltssachen

Verfahren stattfinden. Ein Beschluss nach § 254 S. 2 hindert ein solches streitiges Verfahren nicht, weil dieser nur einen Teil des Anspruchs erfasst. Anstelle der Erhebung von Einwendungen nach § 252 kann aber ein streitiges Verfahren nicht beantragt werden. Mit der **Verweisung auf § 254** wird klargestellt, dass das streitige Verfahren nur eröffnet werden soll, wenn und soweit zulässige Einwendungen zunächst vorgebracht wurden und diesbezüglich eine Festsetzung unterbleibt[2] (§ 252 Rn. 1).

2   Der Übergang in das streitige Verfahren erfolgt **nicht von Amts wegen,** sondern nur, wenn die Durchführung des streitigen Verfahrens von einer Partei **beantragt** wird **(Abs. 1 S. 1)**. Dadurch haben die Parteien Gelegenheit, im Hinblick auf das Unterhaltsbegehren und die hiergegen von dem Antragsgegner vorgebrachten Einwendungen (nochmals) den Versuch einer außergerichtlichen Einigung zu unternehmen.[3] Der **Antrag** kann von beiden Parteien gestellt werden, allerdings wird vom Antragsgegner idR ein solcher nicht ausgehen, weil er an der Festsetzung kein Interesse hat. Rechtsnachfolger des Antragstellers (zB auf Grund eines Anspruchsübergangs nach § 1607 Abs. 2, 3 BGB oder § 94 SGB XII, § 7 UVG) müssen im Hinblick auf den für die Geltendmachung rückständigen Unterhalt wichtigen Zeitpunkt der Rechtshängigkeit in dieser Phase des Verfahrens „einsteigen" können, wenn der gesetzliche Vertreter oder Prozessstandschafter des unterhaltsberechtigten Kindes zwar das vereinfachte Verfahren beantragt, die Angelegenheit dann aber nicht weiter verfolgt hat. Der Antrag auf Durchführung des streitigen Verfahrens ist nicht fristgebunden. Jedoch treten die Wirkungen der **Rechtshängigkeit** nur dann mit Zustellung des Festsetzungsantrags ein, wenn der Antrag auf Durchführung des streitigen Verfahrens vor Ablauf von sechs Monaten nach Zugang der Mitteilung nach § 254 S. 1 gestellt wird **(Abs. 3)**. Die Frist wurde vom Gesetzgeber großzügig bemessen, damit der Antragsteller im Hinblick auf eine mögliche außergerichtliche Einigung nicht zu einem Übergang in das streitige Verfahren gedrängt wird.[4] Ein nach Ablauf von sechs Monaten eingereichter Antrag auf Durchführung des streitigen Verfahrens löst die Wirkungen der Rechtshängigkeit hingegen erst mit Zustellung dieses Antrages aus.

3   Der Antrag ist **schriftlich** zu stellen, der Formularsatz sieht auch hierfür einen entsprechenden Teil vor, dessen Benutzung nach § 259 Abs. 2 vorgeschrieben ist. **Anwaltszwang** besteht nicht (§§ 114 Abs. 4 Nr. 6, 257 iVm. § 78 Abs. 3 ZPO, § 13 RPflG). Der Antrag auf ein streitiges Verfahren stellt keine Klageschrift dar, ist daher auch nicht zuzustellen, sondern **formlos mitzuteilen.** Der Antrag kann bis zur ersten mündlichen Verhandlung ohne Einwilligung des Antragsgegners zurückgenommen werden (§ 113 Abs. 1 iVm. § 269 Abs. 1 ZPO). Der Prozess gilt dann als nicht anhängig geworden (§ 113 Abs. 1 iVm. § 269 Abs. 3 S. 1 ZPO).

4   Mit Eingang des Antrags auf ein streitiges Verfahren ist die Sache vom Rechtspfleger an den Familienrichter abzugeben. Der Antrag auf Unterhaltsfeststellung im vereinfachten Verfahren gilt für dieses streitige Verfahren als **Klageschrift,** die Einwendungen des Antragsgegners gelten als **Klageerwiderung** (Abs. 2 S. 2). Nach Erhalt der Akten verfährt das Gericht wie nach **Eingang einer Klage** und veranlasst die notwendigen Maßnahmen nach § 113 Abs. 1 iVm. § 273 ff. ZPO. Eine alsbaldige mündliche Verhandlung wird dann sinnvoll sein, wenn die Einwendungen – etwa beim Einwand der fehlenden oder eingeschränkten Leistungsfähigkeit – mit der Auskunft hinreichend substantiiert erscheinen. Andernfalls ist darauf hinwirken, dass sich die Parteien vollständig erklären und sachdienliche Anträge stellen (§ 139 ZPO). Eine Bindung an vorherige Anträge und die Begrenzung in § 249 Abs. 1 auf das 1,2fache des Mindestunterhalts besteht nach allgemeinen Grundsätzen nicht (§ 113 Abs. 1 iVm. §§ 263 ff. ZPO).

5   Nach Abs. 3 wird die **Rechtshängigkeit** auf den Zeitpunkt der Zustellung des Festsetzungsantrags zurückbezogen, um den Antragsteller vor Nachteilen zu schützen, wenn er die Frist von sechs Monaten nach Abs. 6 nutzen will, um eine Einigung zu erzielen.[5] Da die **Ausschlussfrist** des Abs. 6 nur bei einer Verpflichtungserklärung des Antragsgegners gemäß § 252 Abs. 2 S. 1 und 2 und bei einem Festsetzungsbeschluss nach § 254 S. 2 eingreift, durchaus aber Einwendungsfälle denkbar sind, in denen weder das eine noch das andere erfolgt ist, kann die Rückwirkung der Rechtshängigkeit durchaus beträchtlich sein, was insbesondere im Hinblick auf Unterhalt für die Vergangenheit bedeutsam ist (§ 1613 BGB). Soweit im streitigen Verfahren ein höherer Unterhalt geltend gemacht wird, treten die Wirkungen der Rechtshängigkeit hinsichtlich des erweiterten Teils erst mit Zustellung des Schriftsatzes ein.

6   Die Ausgestaltung der Sechsmonatsfrist in Abs. 6 als **Ausschlussfrist** soll Rechtssicherheit darüber schaffen, dass es zu einem streitigen Verfahren über den Rest nicht mehr kommen kann. Weiter

---

[2] BT-Drucks. 14/7349, S. 26.
[3] BT-Drucks. 13/7338, S. 42.
[4] BT-Drucks. 13/7338, S. 42.
[5] BT-Drucks. 14/7349, S. 26 und BT-Drucks. 13/7338, S. 42.

sollen eine Kostenentscheidung ermöglicht und Kollisionen mit Abänderungsklagen hinsichtlich des gemäß § 254 S. 2 festgesetzten Unterhaltsteils vermieden werden.[6] Deshalb wird nach Fristablauf eine **Zurücknahme des weitergehenden Antrags** fingiert. Dies gilt auch für den Fall, dass ein Antrag nach § 254 S. 2 auf Teilfestsetzung erst gar nicht gestellt wird.[7] Ist weder ein Festsetzungsbeschluss ergangen noch eine Verpflichtungserklärung nach § 252 Abs. 2 S. 1 oder 2 abgegeben worden, so greift die Sechsmonatsfrist nach dem eindeutigen Wortlaut nicht ein, der Antrag auf ein streitiges Verfahren kann deshalb auch später gestellt werden. Weder vom Wortlaut noch von der ratio legis und der Gesetzesbegründung passt die Ausschlussfrist für einen vom Antragsgegner gestellten Antrag auf ein streitiges Verfahren. Auch dieser hat zwar die Möglichkeit eines solchen Antrags, in der Praxis aber wohl kaum Interesse. Das Nichteingreifen einer Ausschlussfrist wird demnach praktisch keine Folgen haben. Im Übrigen kann für ihn die Ausschlussfrist auch nicht an den Zugang der Mitteilung nach § 254 S. 1 geknüpft werden, denn diese Mitteilung geht nicht ihm, sondern nur dem Antragsteller zu. Er hätte also von dem Fristbeginn keine Kenntnis.

Abs. 4 regelt zur Erleichterung der Zwangsvollstreckung, dass ein **einheitlicher Unterhaltstitel** 7 geschaffen, also ein nach § 254 S. 2 ergangener Teilfestsetzungsbeschluss in die abschließende Entscheidung einbezogen werden soll. Dies betrifft nur **künftig wiederkehrende** Leistungen. Für Beschlüsse nach § 254 S. 2 über **rückständigen Unterhalt** hielt der Gesetzgeber eine einheitliche Titulierung nicht für notwendig.[8] Um zu vermeiden, dass mehrere Vollstreckungstitel über dieselben Unterhaltsansprüche existieren, muss ein vorausgegangener Teilfestsetzungsbeschluss aufgehoben werden.

Die in dem streitigen Unterhaltsverfahren ergehende Entscheidung ist nach § 58 mit der Be- 8 schwerde anfechtbar (vgl. § 58 Rn. 1). Die Kostenregelung in Abs. 5 entspricht derjenigen in §§ 696 Abs. 1 S. 5, 281 Abs. 3 S. 1 ZPO. Für die Kostenentscheidung gelten die allgemeinen Regelungen, wobei § 243 zu beachten ist.

§ 256 Beschwerde

[1] **Mit der Beschwerde können nur die in § 252 Abs. 1 bezeichneten Einwendungen, die Zulässigkeit von Einwendungen nach § 252 Abs. 2 sowie die Unrichtigkeit der Kostenentscheidung oder Kostenfestsetzung, sofern sie nach allgemeinen Grundsätzen anfechtbar sind, geltend gemacht werden.** [2] **Auf Einwendungen nach § 252 Abs. 2, die nicht erhoben waren, bevor der Festsetzungsbeschluss verfügt war, kann die Beschwerde nicht gestützt werden.**

I. Statthaftigkeit, Form, Frist

Durch das FamFG wurde in § 256 das Rechtsmittel der sofortigen Beschwerde (§ 652 Abs. 1 1 ZPO iVm. §§ 567 ff. ZPO aF) durch die Beschwerde nach § 58 Abs. 1 ersetzt (vgl. dazu § 58 Rn. 1 ff.). Sie ist binnen einer Frist von einem Monat (§ 63 Abs. 1) beim Familiengericht einzulegen (§ 64 Abs. 1). Da die Beschwerde zu Protokoll der Geschäftsstelle erklärt werden kann (§ 257 S. 1), besteht nach §§ 114 Abs. 4 Nr. 6, 257 S. 1 iVm. § 78 Abs. 3 ZPO kein **Anwaltszwang**.[1]

Die Regelung in § 256 gibt **beiden Parteien** begrenzte Möglichkeiten, einen Festsetzungs- 2 beschluss im vereinfachten Verfahren anzugreifen. Die Beschwerde ist nach § 256 S. 1 sowohl gegen einen **Festsetzungsbeschluss** nach § 253 als auch gegen eine **Teilfestsetzung** nach § 254 S. 2 statthaft, etwa wenn die Höhe der erklärten Unterhaltsverpflichtung des Antragsgegners falsch wiedergegeben ist oder der Antragsgegner geltend macht, eine Verpflichtungserklärung läge in Wahrheit nicht vor.[2] Hat der Rechtspfleger die Voraussetzungen nach §§ 249, 250 verneint und demzufolge den Festsetzungsantrag nach § 250 Abs. 2 S. 1 **vollständig** zurückgewiesen, ist dem **Antragsteller** wegen § 250 Abs. 1 S. 1 die **befristete Erinnerung** nach § 11 Abs. 2 S. 1 RPflG eröffnet (vgl. § 250 Rn. 10), über die der Familienrichter im Falle der Nichtabhilfe durch den Rechtspfleger abschließend entscheidet. Will sich der **Antragsteller** gegen eine **Teilzurückweisung** seines Antrags zur Wehr setzen, steht der Anfechtungsausschluss nach § 250 Abs. 2 S. 1 der Statthaftigkeit seiner Beschwerde nicht entgegen. Vielmehr ist eine Zusammenführung der Entscheidungskom-

---

[6] BT-Drucks. 14/7349, S. 26.
[7] BT-Drucks. 14/7349, S. 26.
[8] BT-Drucks. 13/7338, S. 42.
[1] BT-Drucks. 16/6308, S. 244.
[2] OLGR Stuttgart 2001, 367 = FamRZ 2002, 329.

§ 257 1 Buch 2. Abschnitt 9. Verfahren in Unterhaltssachen

petenzen beim Beschwerdegericht geboten, weil andernfalls die Gefahr bestünde, dass die Überprüfung des Festsetzungsbeschlusses durch den Familienrichter (auf eine Erinnerung des Antragstellers) und durch das Oberlandesgericht (auf eine Beschwerde des Antragsgegners) zu widersprechenden Entscheidungen führt. Dabei gelten die besonderen Zulässigkeitsvoraussetzungen des § 256 auch für die Beschwerde des Antragstellers (Rn. 3).[3]

II. Beschwerdegründe

3   Nach § 256 sind die Beschwerdegründe für beide Seiten begrenzt. Der **Antragsgegner** kann nur die in § 252 Abs. 1 bezeichneten Einwendungen, die Zulässigkeit von Einwendungen nach § 252 Abs. 2 sowie die Unrichtigkeit der Kostenfestsetzung geltend machen. Weiter stellt § 252 Abs. 2 klar, dass nur solche Einwendungen Gegenstand der Beschwerde sein sollen, die auch schon in der **ersten Instanz** vorgebracht wurden, was bis zur Klarstellung des § 652 Abs. 2 ZPO aF im Zuge des **EuroEGRpfl**[4] in Rechtsprechung und Literatur unterschiedlich beurteilt worden war.[5] Damit soll dem Verfahrenszweck, der vornehmlich einer beschleunigten Erwirkung eines Unterhaltstitels dient, Rechnung getragen und verhindert werden, dass der Schuldner seine Auskunftspflicht auf dem hierfür eingeführten Formular zu umgehen versucht.[6] Hat es der Antragsgegner in erster Instanz versäumt, Einwendungen nach § 252 Abs. 2 formgerecht vorzubringen, ist eine Nachholung im Beschwerdeverfahren ausgeschlossen. In diesem Fall ist er auf die Abänderungs- bzw. Korrekturklage nach § 240 zu verweisen.[7] Wurden der Antrag oder die in § 251 vorgeschriebenen Hinweise dem Antragsgegner nicht zugestellt, kommt eine Präklusion erstmalig vorgebrachter Einwendungen hingegen nicht in Betracht.[8] Der **Antragsteller** kann seine Beschwerde ebenfalls auf Einwendungen zum **Kostenpunkt** und auf solche Anfechtungsgründe stützen, die den Einwendungen des Antragsgegners nach § 252 entsprechen, etwa dass der Unterhalt nach Zeitraum oder Höhe zu seinen Lasten unrichtig festgesetzt worden sei.[9]

III. Kosten, Streitwert, weitere Rechtsbehelfe

4   Die Kostenentscheidung ergeht nach §§ 91 ff. ZPO unter Beachtung der Sonderregelungen in § 243 (vgl. § 243 Rn. 1 ff.). Für das Beschwerdeverfahren fällt nach FamGKG-KV Nr. 1211 eine Gerichtsgebühr an, die sich bei Zurücknahme der Beschwerde auf die Hälfte ermäßigt. Für die Berechnung des **Streitwerts** gelten §§ 40, 51 FamGKG. Die Gebühren des **Anwalts** richten sich nach RVG VV 3200 ff., weil es sich sowohl bei der Festsetzung nach § 253 als auch bei der Teilfestsetzung nach § 254 S. 2 um Entscheidungen handelt, die den Rechtszug beenden. Bei Zulassung durch das OLG ist die **Rechtsbeschwerde** nach § 70 Abs. 1, 2 statthaft (vgl. § 70 Rn. 1 ff.).

§ 257 Besondere Verfahrensvorschriften

¹In vereinfachten Verfahren können die Anträge und Erklärungen vor dem Urkundsbeamten der Geschäftsstelle abgegeben werden. ²Soweit Formulare eingeführt sind, werden diese ausgefüllt; der Urkundsbeamte vermerkt unter Angabe des Gerichts und des Datums, dass er den Antrag oder die Erklärung aufgenommen hat.

1   Die §§ 257 bis 260 schaffen die Voraussetzungen für einen schnellen Ablauf und eine Vereinfachung des Verfahrens. § 257 S. 1 stellt klar, dass alle Anträge und Erklärungen vor dem **Urkundsbeamten der Geschäftsstelle** abgegeben werden können. S. 2 trifft eine Regelung für das Ausfüllen der vorgeschriebenen Formulare. Damit kenntlich ist, dass ein Urkundsbeamter das Formular aus-

---

[3] BGH NJW 2008, 2708 = FamRZ 2008, 1433; BGH NJW 2008, 2710 = FamRZ 2008, 1428.
[4] Gesetz zur Einführung des Euro in Rechtspflegegesetzen und in Gesetzen des Straf- und Ordnungswidrigkeitenrechts, zur Änderung der Mahnvordruckverordnungen sowie zur Änderung weiterer Gesetze v. 13. 12. 2001, BGBl. I S. 3574 ff.
[5] Gesetz v. 13. 12. 2001 (BGBl. I S. 3574).
[6] BT-Drucks. 14/7349, S. 26.
[7] OLG Koblenz JAmt 2005, 100.
[8] Brandenburgisches OLG FamRZ 2001, 766.
[9] BGH NJW 2008, 2710 = FamRZ 2008, 1428; BGH NJW 2008, 2708 = FamRZ 2008,1433 (eine dem Unterhaltsfestsetzungsbeschluss beigegebene Bestimmung zur Bedingung und Befristung begründet keinen zulässiger Einwand zum Unterhaltszeitraum); BGH NJW 2008, 2710 = FamRZ 2008, 1428.

Sonderregelungen; Formulare; Bestimmung des AG §§ 258–260

gefüllt hat, muss ein entsprechender Vermerk mit Datum aufgebracht werden, für den ein Stempel verwendet werden kann.[1]

§ 258 Sonderregelungen für maschinelle Bearbeitung

(1) [1] In vereinfachten Verfahren ist eine maschinelle Bearbeitung zulässig. [2] § 690 Abs. 3 der Zivilprozessordnung gilt entsprechend.

(2) Bei maschineller Bearbeitung werden Beschlüsse, Verfügungen und Ausfertigungen mit dem Gerichtssiegel versehen; einer Unterschrift bedarf es nicht.

§ 259 Formulare

(1) [1] Das Bundesministerium der Justiz wird ermächtigt, zur Vereinfachung und Vereinheitlichung der Verfahren durch Rechtsverordnung mit Zustimmung des Bundesrates Formulare für das vereinfachte Verfahren einzuführen. [2] Für Gerichte, die die Verfahren maschinell bearbeiten, und für Gerichte, die die Verfahren nicht maschinell bearbeiten, können unterschiedliche Formulare eingeführt werden.

(2) Soweit nach Absatz 1 Formulare für Anträge und Erklärungen der Parteien eingeführt sind, müssen sich die Parteien ihrer bedienen.

Durch einheitliche Formulare (früher Vordrucke) für die Anträge und für die Auskunft nach § 252 Abs. 2 soll eine einfache Überprüfung der Zulässigkeit der Anträge und der Vollständigkeit der Angaben möglich sein. Das Formular für die Auskunftserteilung soll sicherstellen, dass alle für die Unterhaltsbemessung wesentlichen Umstände angegeben werden. Weiter soll es zu einer einheitlichen Verfahrenspraxis beitragen.[1] Der Bundesminister der Justiz hat von der Ermächtigung in § 259 Abs. 1 Gebrauch gemacht und bundeseinheitlich Formulare für den Antrag im vereinfachten Verfahren, die Einwendungen des Antragsgegners und den Festsetzungsbeschluss eingeführt. Sie wurden zuletzt mit Wirkung vom 1. 1. 2008 überarbeitet.[2] Soweit außer für den Antrag Formulare für Erklärungen eingeführt wurden, hat das Gericht den Parteien die benötigten Exemplare zu übersenden. Außerdem müssen die Formulare bei allen Amtsgerichten vorrätig gehalten werden.[3] Die Gerichte haben in gewissem Rahmen einen Spielraum zur Abänderung der Formulare, insbesondere in Bezug auf die maschinelle Verarbeitung. 1

Für den Sozialhilfeträger oder das Land, das Unterhaltsvorschuss gewährt hat, ist die Benutzung der Formulare nicht vorgesehen, wohl aber ist sie für die anderen Parteien nach § 259 Abs. 2 im vereinfachten Verfahren nach § 249 Pflicht. Die Formulare sind für die herkömmliche Bearbeitung als Durchschreibesatz ausgestattet und können damit zugleich zur Mitteilung an den Antragsgegner und den Festsetzungsbeschluss benutzt werden. Sie enthalten die nach § 251 notwendigen Hinweise und die Rechtsbehelfsbelehrung nach § 253 Abs. 2. Der Benutzungszwang für die Formulare hindert nicht, dass der Antragsteller seinen Antrag mündlich gegenüber dem Urkundsbeamten der Geschäftsstelle des zuständigen Amtsgerichts oder des nach § 260 Abs. 2 vorgesehenen Amtsgerichts erklären kann und dieser sodann das Formular ausfüllt (§ 257). Die mit dem 2. Justizmodernisierungsgesetz zum 1. 12. 2008 eingeführte Pflicht für Rechtsanwälte, Anträge im Mahnverfahren in maschinell lesbarer Form einzureichen (§ 690 Abs. 3 S. 2 ZPO), soll im vereinfachten Unterhaltsverfahren nicht gelten, da dafür ohnehin kein Automationsprogramm zur Verfügung steht. 2

§ 260 Bestimmung des Amtsgerichts

(1) [1] Die Landesregierungen werden ermächtigt, die vereinfachten Verfahren über den Unterhalt Minderjähriger durch Rechtsverordnung einem Amtsgericht für die Bezirke mehrerer Amtsgerichte zuzuweisen, wenn dies ihrer schnelleren und kostengünstigeren Erledigung dient. [2] Die Landesregierungen können die Ermächtigung durch Rechtsverordnung auf die Landesjustizverwaltungen übertragen.

---

[1] Motive zu § 641r ZPO aF, BT-Drucks. 7/4791, S. 18.
[1] BT-Drucks. 13/7338, S. 44.
[2] BGBl. I S. 3283.
[3] Motive zu § 641t Abs. 2, BT-Drucks. 7/4791, S. 19.

§ 260   1   Buch 2. Abschnitt 9. Verfahren in Unterhaltssachen

(2) Bei dem Amtsgericht, das zuständig wäre, wenn die Landesregierung oder die Landesjustizverwaltung das Verfahren nach Absatz 1 nicht einem anderen Amtsgericht zugewiesen hätte, kann das Kind Anträge und Erklärungen mit der gleichen Wirkung einreichen oder anbringen wie bei dem anderen Amtsgericht.

1   Da die vereinfachten Verfahren im Wesentlichen ohne mündliche Verhandlung ablaufen und damit die Frage der Ortsnähe weniger im Mittelpunkt steht, erlaubt Abs. 1 eine Bündelung der örtlichen Zuständigkeit. Von der Möglichkeit einer Zuständigkeitskonzentration haben Baden-Würtemberg, Nordrhein-Westfalen, Rheinland-Pfalz und Schleswig-Holstein lediglich im Rahmen von § 23c GVG Gebrauch gemacht.[1] In Sachsen-Anhalt ist das Amtsgericht Halle für die Bezirke aller Amtsgerichte zuständig.[2] Die Regelung des Abs. 2 soll für Erklärungen und Anträge des Kindes (besser wohl: im Namen des Kindes) eine besondere Fristwahrung ermöglichen: Abweichend von § 129a Abs. 1 S. 2 ZPO tritt die Wirkung der Prozesshandlung, die bei dem ohne Zuständigkeitskonzentration „an sich zuständigen" Gericht vorgenommen wird, sofort ein und nicht erst, wenn das entsprechende Protokoll beim zuständigen Gericht eingeht. Die durch die Zuständigkeitskonzentration beeinträchtigte Ortsnähe soll auf diese Weise in den Wirkungen wiederhergestellt werden. Dem Kind sollen im Fall der Ausübung der Konzentrationsermächtigung keine Nachteile entstehen.[3]

---

[1] Fundstellen siehe Fußnote zu § 23c GVG bei Schönfelder, Deutsche Gesetze, Loseblatt.
[2] Verordnung über die gerichtliche Zuständigkeit hat für vereinfachte Verfahren über den Unterhalt Minderjähriger vom 8. März 2006 (GVBl. LSA 2006, 76).
[3] BT-Drucks. 13/9596, S. 37.

Abschnitt 10. Verfahren in Güterrechtssachen

§ 261 Güterrechtssachen

(1) Güterrechtssachen sind Verfahren, die Ansprüche aus dem ehelichen Güterrecht betreffen, auch wenn Dritte an dem Verfahren beteiligt sind.

(2) Güterrechtssachen sind auch Verfahren nach § 1365 Abs. 2, § 1369 Abs. 2 und den §§ 1382, 1383, 1426, 1430 und 1452 des Bürgerlichen Gesetzbuchs.

Übersicht

	Rn.		Rn.
I. Allgemeines	1–4	d) Ansprüche aus § 1371 BGB	15
1. Systematik	1–3	e) Sonstige Ansprüche	16
2. Begriff der Güterrechtssachen	4	**III. Güterrechtssachen der freiwilligen Gerichtsbarkeit**	17–23
II. Familienstreitsachen	5–16	1. Allgemeines	17
1. Anwendbare Vorschriften	5	2. Verfügungsbeschränkungen	18–20
2. Gesetzlicher Güterstand	6, 7	a) Zustimmung	19
3. Gütergemeinschaft	8	b) Verfahren gegen Dritte	20
4. Vertragliche Ansprüche	9	3. Verfahren nach §§ 1382, 1383 BGB	21
5. Verfahren mit Beteiligung Dritter	10	4. Gütergemeinschaft	22
6. Keine Güterrechtssachen	11–16	5. Keine Güterrechtssachen der freiwilligen Gerichtsbarkeit	23
a) Gütertrennung	12		
b) Steuerrechtliche Ansprüche	13		
c) Gesamtschuldnerausgleich	14		

I. Allgemeines

1. Systematik. Zu den **Familiensachen** gehören gem. § 111 Nr. 9 auch die Güterrechtssachen. 1
§ 111 ersetzt den bisher in § 23b Abs. 1 S. 2 GVG und § 621 Abs. 1 ZPO enthaltenen Katalog. Den Begriff der Güterrechtssachen definiert § 261, die verfahrensrechtlichen Besonderheiten sind im 10. Abschnitt geregelt.

Bei den Güterrechtssachen wird unterschieden zwischen **Familienstreitsachen** und Güterrechts- 2
sachen der freiwilligen Gerichtsbarkeit. Auf die Familienstreitsachen, die in Abs. 1 beschrieben sind, sind gem. § 113 Abs. 1 und Abs. 2 die wesentlichen Vorschriften der ZPO anwendbar. Bei den Familienstreitsachen handelt es sich um Angelegenheiten, die mit den bisherigen ZPO-Familiensachen weitgehend identisch sind. Der Begriff wird mit dem FamFG neu eingeführt.

Die Güterrechtssachen der **freiwilligen Gerichtsbarkeit** sind in Abs. 2 aufgezählt. Es handelt 3
sich dabei ebenfalls um Familiensachen, die in die Zuständigkeit des Familiengerichts fallen.

2. Begriff der Güterrechtssachen. Der Begriff der Güterrechtssachen wird mit dem FamFG 4
neu ins Gesetz eingeführt.[1] Er umfasst Verfahren, die Ansprüche aus dem ehelichen Güterrecht betreffen, auch wenn Dritten an dem Verfahren beteiligt sind. Die Formulierung des § 621 Abs. 1 Nr. 8 ZPO wird damit ins FamFG übernommen. Damit beseitigt der Gesetzgeber die Abgrenzungsschwierigkeiten nicht, die sich daraus ergeben, dass das eheliche Güterrecht, das in den §§ 1363 bis 1563 BGB geregelt ist, zwar eine Vielzahl aber nicht alle Arten vermögensrechtlicher Ansprüche zwischen den Ehegatten regelt.

II. Familienstreitsachen

1. Anwendbare Vorschriften. Bei den Güterrechtssachen gem. Abs. 1 handelt es sich um 5
Familienstreitsachen. Dies stellt § 112 Nr. 2 klar. Gem. § 113 Abs. 1 S. 1 sind auf diese Angelegenheiten die §§ 2 bis 37, 40 bis 48 und 76 bis 96 nicht anwendbar. Stattdessen gelten gem. § 113 Abs. 1

---

[1] BT-Drucks. 16/6308, S. 261.

§ 261 6–10 Buch 2. Abschnitt 10. Verfahren in Güterrechtssachen

S. 2 die allgemeinen **Vorschriften der ZPO** und die Vorschriften der ZPO über das Verfahren vor den Landgerichten entsprechend, ebenso wie Vorschriften über den Urkunden- und Wechselprozess und über das Mahnverfahren. § 227 Abs. 3 ZPO ist auf Familienstreitsachen nicht anzuwenden, wie sich sowohl aus § 113 Abs. 3 als auch aus § 227 Abs. 3 Nr. 3 ZPO ergibt.

6   **2. Gesetzlicher Güterstand.** Die wohl häufigsten Verfahren in Güterrechtssachen betreffen die Geltendmachung von **Zugewinnausgleichsansprüchen** gem. § 1378 Abs. 1 BGB. Damit hängt der Auskunftsanspruch über das Endvermögen gem. § 1379 BGB eng zusammen, ebenso der Anspruch auf Auskunft über Vermögensminderungen, die gem. § 1375 Abs. 2 BGB zum Endvermögen hinzuzurechnen sind.[2] Klagen auf Zugewinnausgleich, ob als Stufenklage oder beziffertem Leistungsantrag, werden häufig als Scheidungsfolgesache erhoben. Vor Anhängigkeit des Scheidungsverfahrens sind sie selten, da erst mit der Rechtshängigkeit der Scheidung der Stichtag für die Auskunft zum Endvermögen gem. § 1384 BGB vorliegt. Der Zugewinnausgleich kann aber auch nach Abschluss des Scheidungsverfahrens isoliert durchgeführt werden. Denkbar ist grundsätzlich auch ein Verfahren während bestehender Ehe, wenn der Güterstand der Zugewinngemeinschaft durch Abschluss eines Ehevertrags beendet wurde, in dem aber die Art und Weise des Ausgleichs nicht geregelt wurde; praktisch ist dies eher selten.

7   Güterrechtssache ist auch die Geltendmachung des **vorzeitigen Zugewinnausgleichs** gem. §§ 1385, 1386 BGB.

8   **3. Gütergemeinschaft.** Leben die Ehegatten im Güterstand der Gütergemeinschaft, können nicht erst bei der Auseinandersetzung sondern in allen Phasen des Güterstandes güterrechtliche Ansprüche entstehen. Zum Beispiel besteht ein Anspruch auf Berichtigung des Grundbuchs bei in das Gesamtgut eingebrachten Grundstücken gem. § 1416 Abs. 3 BGB, sowie Ansprüche auf Einräumung des Besitzes am Gesamtgut durch den verwaltenden Ehegatten gem. § 1422 BGB oder Auskunftsansprüche gem. § 1435 BGB. Im Zusammenhang mit der Auseinandersetzung der Gütergemeinschaft handelt es sich um Güterrechtssachen, insbesondere fallen hierunter der Anspruch auf Befriedigung von Ansprüchen Dritter zur Vermeidung einer persönlichen Haftung gem. § 1475 BGB, die Aufteilung des nicht verschuldeten Gesamtguts gem. § 1476 ff. BGB und die Zurückerstattung eingebrachter Güter gem. § 1478 BGB, ebenso der Nutzungsersatz für eine in das Gesamtgut eingebrachte Wohnung.[3] Diese Angelegenheiten fielen schon nach bisherigem Recht unter die Güterrechtssachen gem. § 621 Abs. 1 Nr. 8 ZPO.[4]

9   **4. Vertragliche Ansprüche.** Auch Ansprüche aus Verträgen zwischen den Ehegatten können Güterrechtssachen sein. Darunter fallen einerseits **Eheverträge,** also Vereinbarungen, durch die die Ehegatten ihre güterrechtlichen Beziehungen abweichend vom gesetzlichen Güterstand der Zugewinngemeinschaft regeln. Insoweit herrscht gem. § 1408 Abs. 1 BGB grundsätzlich Vertragsfreiheit. Die Ehegatten sind nicht auf die im Gesetz geregelten Güterstände festgelegt, sondern können auch diese modifizierende Vereinbarungen treffen. Verfahren über ehevertragliche Vereinbarungen sind Güterrechtssachen.[5] Hierunter fallen aber andererseits auch Verträge der Ehegatten, durch die **bestehende güterrechtliche Ansprüche nachträglich geändert werden.** Nach der Rechtsprechung zum bisherigen § 621 Abs. 1 Nr. 8 ZPO sind dies zB Verträge, durch den der Zugewinnausgleichsberechtigte anstelle Ausgleichs in Geld ein Grundstück erhält,[6] ein Vertrag, der zur Regelung güterrechtlicher Beziehung begründet wurde, aber auch andere Ansprüche enthält,[7] oder ein Vertrag über die Gegenleistungen für einen Verzicht auf Zugewinnausgleich und Versorgungsausgleich.[8] Enthält ein Vertrag neben güterrechtlichen Regelungen auch sonstige Ansprüche, ist einheitlich von einer Familiensache auszugehen, wenn sich die Regelungen nicht trennen lassen.[9]

10 **5. Verfahren mit Beteiligung Dritter.** Wie schon § 621 Abs. 1 Nr. 8 ZPO regelt auch § 261 Abs. 1, dass es sich auch bei Verfahren mit Beteiligung Dritter um Güterrechtssachen handeln kann. Eine Güterrechtssache liegt vor, wenn ein Ehegatte gegenüber einem Dritten den Anspruch aus §§ 1368, 1369 Abs. 3 BGB wegen **Unwirksamkeit einer Verfügung** des anderen Ehegatten geltend macht. Dies gilt außerdem für den Ausgleichsanspruch gem. § 1390 BGB gegen den beschenkten Dritten, sowie beim **Anspruch des Abkömmlings** gem. § 1371 Abs. 4 BGB oder

---

[2] *Zöller/Philippi* § 621 ZPO Rn. 59; BGH FamRZ 1982, 27.
[3] OLG Köln NJW-RR 1993, 904 = FamRZ 1993, 713.
[4] Oben § 621 ZPO Rn. 105.
[5] *Zöller/Philippi* § 621 ZPO Rn. 62.
[6] BGH NJW 1980, 193.
[7] BGH NJW 1982, 941.
[8] *Zöller/Philippi* § 621 ZPO Rn. 63.
[9] Oben § 621 ZPO Rn. 109 (mit weiteren Nachweisen).

Güterrechtssachen 11–16 § 261

§ 1495 BGB bei fortgesetzter Gütergemeinschaft.[10] Im Rahmen der Gütergemeinschaft fallen darunter auch Verfahren betreffend die Ansprüche gem. §§ 1437, 1460, 1480 BGB.[11]

6. Keine Güterrechtssachen. Mit der Einführung des FamFG sollte dem schon mit verschiedenen Reformen im Familienrecht verfolgten Zweck der Schaffung eines sog. „großen Familiengerichts" wieder ein Schritt näher gekommen werden. Es wurden deshalb die in Abschnitt 11 geregelten Verfahren in sonstigen Familiensachen eingeführt. § 266 Abs. 1 Nr. 2 erklärt aus der Ehe herrührende Ansprüche und in Nr. 3 Ansprüche miteinander verheirateter oder ehemals verheirateter Personen im Zusammenhang mit der Trennung oder Scheidung jetzt ausdrücklich zu Familiensachen.[12] Damit sind einige in engem Zusammenhang mit den vermögensrechtlichen Auseinandersetzungen der Ehegatten stehende Angelegenheiten jetzt der Zuständigkeit des sachnäheren Familiengerichts zugeführt worden. Um Güterrechtssachen iSd. § 261 handelt es sich dennoch bei den im Folgenden dargestellten Angelegenheiten nicht. 11

a) Gütertrennung. Vereinbaren die Ehegatten Gütertrennung, bestehen gerade **keine güterrechtlichen Ansprüche** zwischen ihnen. Insbesondere die Durchführung eines Zugewinnausgleichs ist dann ausgeschlossen. Es bestehen auch keine Verfügungsbeschränkungen, wie beispielsweise diejenigen nach §§ 1365 Abs. 2 oder 1369 Abs. 2 BGB bei der Zugewinngemeinschaft. Ansprüche zwischen den Ehegatten können bei Auflösung der Ehe dennoch problematisch werden. Haben die Ehegatten voneinander oder von Dritten Zuwendungen erhalten können Ausgleichsansprüche entstehen, zum Beispiel aus Ehegatteninnengesellschaft, Wegfall der Geschäftsgrundlage, Auftrag, Geschäftsführung ohne Auftrag, Bereicherungsrecht, etc. Diese sind dann jedoch nicht güterrechtlicher Natur sondern es handelt sich um anlässlich der Ehe entstandene Ansprüche. Vor Einführung des FamFG fielen diese nicht in die Zuständigkeit der Familiengerichte. 12

b) Steuerrechtliche Ansprüche. Während der Anspruch auf Zustimmung zum Realsplitting bereits nach der Rechtsprechung zum alten Recht in die Zuständigkeit der Familiengerichte fiel, wurde dem Anspruch auf Mitwirkung bei der Zusammenveranlagung der Charakter einer Familiensache bislang abgesprochen. Dies ändert sich mit der Einführung des FamFG, jedoch handelt es sich bei derartigen Ansprüchen auch weiterhin nicht um Güterrechtssachen. Dies gilt ebenso für die Aufteilung von Steuerrückerstattungen, die zwar jetzt unter § 266 Nr. 3 fallen, aber weiterhin eine schuldrechtliche Ansprüche ohne Einfluss auf den Güterstand, deren Bestehen oder Nichtbestehen **vom Güterstand unabhängig** ist. 13

c) Gesamtschuldnerausgleich. Schulden, für die Ehegatten als Gesamtschuldner haften, sind zwar bei der Ermittlung der Höhe des Zugewinns zu berücksichtigen, Verfahren betreffend die Aufteilung der Schuldenlast im Innenverhältnis oder Ausgleichsansprüche gem. § 426 BGB sind jedoch keine Güterrechtssachen. Es handelt sich auch dabei um schuldrechtliche Streitigkeiten, die keine Auswirkungen auf den Güterstand haben. Besteht ein Zusammenhang mit der Trennung oder der Scheidung, handelt es sich um Familiensachen gem. § 266 Abs. 1 Nr. 3. 14

d) Ansprüche aus § 1371 BGB. Die Ansprüche des überlebenden Ehegatten bei Beendigung der Zugewinngemeinschaft durch den Tod des anderen gem. § 1371 BGB sind erbrechtlich zu qualifizieren, die Geltendmachung ist also keine Güterrechtssache. Dies gilt sowohl für den als pauschalierten Zugewinnausgleich bezeichneten erhöhten Erbteil des Ehegatten gem. § 1371 Abs. 1 BGB, als auch für Pflichtteilsansprüche gem. § 1371 Abs. 2 und 3 BGB.[13] 15

e) Sonstige Ansprüche. Verschiedene weitere Verfahren zwischen Ehegatten wurden von der Rechtsprechung zur alten Rechtslage nicht als Güterrechtssachen angesehen. Da sie die Formulierung des Gesetzes gegenüber dem bisherigen § 621 Abs. 1 Nr. 8 ZPO nicht geändert hat, kann diese Rechtsprechung auch für § 261 übernommen werden. So liegt keine Güterrechtssache vor, wenn ein Ehegatte gegen den anderen Zahlungsansprüche aus einem gemeinsam abgeschlossenen Versicherungsvertrag geltend macht, mit der Begründung, im Innenverhältnis stehe ihm die ganze oder ein Teil der Versicherungsleistung zu.[14] Dies gilt auch für Klagen betreffend Zuwendungen zwischen Ehegatten, auch nicht wenn sie gem. § 1380 Abs. 1 BGB auf den Zugewinnausgleich angerechnet werden, oder für Klagen wegen Forderungen gegen den anderen Ehegatten, wenn die Forderung dem Endvermögen hinzuzurechnen ist.[15] Zuwendungen oder Forderungen zwischen den Ehegatten bekommen nicht schon dadurch güterrechtlichen Charakter, dass sich ihre Berücksichtigung im 16

---

[10] Zöller/Philippi § 621 ZPO Rn. 61.
[11] BGH NJW 1980, 1626.
[12] Büte FuR 2009, 121, 122 f.; s. a. unten § 266 Rn. 74 ff.
[13] Zöller/Philippi § 621 ZPO Rn. 59.
[14] OLG Bamberg FamRZ 1984, 1117.
[15] Zöller/Philippi § 621 ZPO Rn. 59.

Endvermögen oder ihre Anrechnung gem. § 1380 Abs. 1 BGB auf die Höhe des Zugewinns auswirkt. Entstehen die Forderungen jedoch im Zusammenhang mit der Trennung oder Scheidung kann das Familiengericht gem. § 266 Nr. 3 zuständig sein.

III. Güterrechtssachen der freiwilligen Gerichtsbarkeit

17   **1. Allgemeines.** Die in Abs. 2 aufgezählten Güterrechtssachen sind Angelegenheiten der freiwilligen Gerichtsbarkeit.[16] Dies ergibt sich aus dem Umkehrschluss zu § 112 Nr. 2. Während für Familienstreitsachen gem. § 113 Abs. 1 zum Teil die allgemeinen Vorschriften der ZPO gelten, richten sich die Güterrechtssachen der freiwilligen Gerichtsbarkeit vollständig nach den Vorschriften des FamFG, sofern nicht konkret auf andere Gesetze verwiesen wird. Güterrechtssachen der freiwilligen Gerichtsbarkeit gab es auch nach bisheriger Rechtslage, sie waren in § 621 Abs. 1 Nr. 9 ZPO geregelt. Diesen Katalog erweitert das FamFG.

18   **2. Verfügungsbeschränkungen.** Im gesetzlichen Güterstand der Zugewinngemeinschaft sieht das Gesetz Verfügungsbeschränkungen für die Ehegatten vor. Daraus können Streitigkeiten zwischen den Ehegatten oder zwischen dem nicht verfügenden Ehegatten und dem Erwerber eines Gegenstands auf Grund unberechtigter Verfügung erwachsen.

19   **a) Zustimmung.** Die Verfahren, mit denen der verfügende Ehegatte die Zustimmung des anderen zu einer Verfügung über sein Vermögen im Ganzen oder über Haushaltsgegenstände einklagt waren bisher nach ausdrücklicher gesetzlicher Bestimmung in §§ 1365 Abs. 2 und 1369 Abs. 2 BGB aF dem Vormundschaftsgericht zugewiesen. Hier nimmt das FamFG eine Änderung vor, es handelt sich zukünftig um Güterrechtssachen der freiwilligen Gerichtsbarkeit, die in die Zuständigkeit des Familiengerichts fallen.

20   **b) Verfahren gegen Dritte.** Abs. 2 nimmt nicht auf die §§ 1368, 1369 Abs. 3 BGB Bezug. Diese sind wie schon nach alter Rechtslage unter die Familienstreitsachen gem. Abs. 1 bzw. § 621 Abs. 1 Nr. 8 ZPO zu subsumieren.[17]

21   **3. Verfahren nach §§ 1382, 1383 BGB.** Die Verfahren nach §§ 1382, 1383 BGB betreffen die Durchführung des Zugewinnausgleichs. Der Antrag auf **Stundung** der Zugewinnausgleichsforderung gem. § 1382 BGB und der Antrag auf **Übertragung von Vermögensgegenständen** unter Anrechnung auf die Ausgleichsforderung gem. § 1383 BGB waren bisher von § 621 Abs. 1 Nr. 9 ZPO erfasst und der Zuständigkeit des Familiengerichts als Angelegenheiten der freiwilligen Gerichtsbarkeit zugeordnet. Abs. 2 übernimmt diese Regelung, das Familiengericht ist weiterhin zuständig. Funktionell werden diese Verfahren dem **Rechtspfleger** zugewiesen. Mit der Reform wird § 25 RPflG eingeführt, nach dessen Nr. 3 lit. b werden die Verfahren gem. §§ 1382, 1383 BGB dem Rechtspfleger zugewiesen, sofern §§ 1382 Abs. 5 oder 1383 Abs. 3 BGB nicht einschlägig sind, also solange kein Rechtsstreit über die Höhe der Ausgleichsforderung anhängig ist.

22   **4. Gütergemeinschaft.** Leben die Ehegatten in Gütergemeinschaft, kann die **Zustimmung** des anderen Ehegatten zu bestimmten Rechtsgeschäften gerichtlich herbeigeführt werden. Das Verfahren ist Güterrechtssache der freiwilligen Gerichtsbarkeit, wenn der verwaltende Ehegatte die Zustimmung gem. § 1426 BGB zur Verfügung über das Gesamtgut oder zum Gesamtgut gehörende Grundstücke, Schiffe oder Schiffsbauwerke vom anderen Ehegatten verlangt. Ebenso fällt darunter die vom anderen Ehegatten verlangte Zustimmung des das Gesamtgut verwaltenden Ehegatten zu einem Rechtsgeschäft gem. § 1430 BGB oder bei gemeinschaftlicher Verwaltung die von einem Ehegatten beantragte Ersetzung der Zustimmung des anderen gem. § 1452 BGB. Nur hinsichtlich des Verfahrens gem. § 1452 BGB sieht der mit Reform neu eingeführte § 25 Nr. 3 lit. a RPflG die Zuständigkeit des Rechtspflegers vor.

23   **5. Keine Güterrechtssachen der freiwilligen Gerichtsbarkeit.** Die Aufzählung in Abs. 2 ist abschließend. Der Gesetzgeber wollte Verfahren betreffend die Reichweite der Befugnisse des Sorgeberechtigten, Betreuers oder Vormunds nicht den Güterrechtssachen sondern den Kindschaftssachen bzw. Betreuungssachen zuordnen. Insbesondere gilt dies für die Verfahren gem. §§ 1411, 1491 Abs. 3, 1492 Abs. 3 und 1493 Abs. 2 BGB nicht zu den Güterrechtsverfahren der freiwilligen Gerichtsbarkeit hinzufügen. Es handelt sich dabei um Verfahren, bei denen nicht die güterrechtliche Regelung sondern das Wohl des Minderjährigen bzw. Betreuten im Vordergrund steht.[18]

---

[16] BT-Drucks. 16/6308, S. 262.
[17] S. o. Rn. 10, oben § 621 ZPO Rn. 102.
[18] BT-Drucks. 16/6308, S. 261.

§ 262 Örtliche Zuständigkeit

(1) ¹Während der Anhängigkeit einer Ehesache ist das Gericht ausschließlich zuständig, bei dem die Ehesache im ersten Rechtszug anhängig ist oder war. ²Diese Zuständigkeit geht der ausschließlichen Zuständigkeit eines anderen Gerichts vor.

(2) Im Übrigen bestimmt sich die Zuständigkeit nach der Zivilprozessordnung mit der Maßgabe, dass in den Vorschriften über den allgemeinen Gerichtsstand an die Stelle des Wohnsitzes der gewöhnliche Aufenthalt tritt.

I. Normzweck

§ 262 regelt die **örtliche Zuständigkeit** für alle Güterrechtssachen des § 261, sowohl die Streitsachen als auch die Angelegenheiten der freiwilligen Gerichtsbarkeit. Die Vorschrift ersetzt damit den bisherigen § 621 Abs. 2 Halbs. 1 ZPO und § 45 FGG, der die Zuständigkeit der bisher dem Vormundschaftsgericht zugewiesenen Sachen regelte. Da die örtliche Zuständigkeit jetzt für alle Güterrechtssachen beim Familiengericht begründet und **einheitlich geregelt** ist, kann sich für die Verfahren gem. §§ 1365 Abs. 2, 1369 Abs. 2 BGB eine Abweichung von der bisherigen Zuständigkeit gem. § 45 FGG ergeben kann. Die Regelung des § 262 verwirklicht die gewünschte **Zuständigkeitskonzentration** beim Gericht der Ehesache.[1] 1

II. Örtliche Zuständigkeit bei Anhängigkeit einer Ehesache

Abs. 1 begründet eine ausschließliche Zuständigkeit für Güterrechtssachen während der Anhängigkeit einer Ehesache. S. 1 entspricht inhaltlich dem bisherigen § 621 Abs. 2 S. 1 ZPO, der die Zuständigkeit für alle Familiensachen des § 621 Abs. 1 Nr. 5 bis 9 ZPO regelte. § 262 Abs. 1 gilt nur für Güterrechtssachen und ist damit übersichtlicher und in seiner Formulierung besser zu verstehen. Die örtliche Zuständigkeit wird nicht mehr für alle Familiensachen in einem Paragraphen geregelt, sondern jeweils im entsprechenden Abschnitt. Dies dient zum Einen der Übersichtlichkeit, ermöglicht es aber auch, besser auf die Besonderheiten der einzelnen Verfahren einzugehen. 2

1. Anwendungsbereich. Der ausschließliche Gerichtsstand am Gericht der Ehesache wird für alle Güterrechtssachen angeordnet, sowohl für die Familienstreitsachen gem. § 261 Abs. 1 als auch für die Angelegenheiten der freiwilligen Gerichtsbarkeit gem. § 261 Abs. 2. Damit wird, nachdem auch die vorher dem Vormundschaftsgericht zugewiesenen Verfahren gem. §§ 1365 Abs. 2 und 1369 Abs. 2 BGB mit § 261 ebenfalls den Familiengerichten übertragen wurden, mit § 262 auch die örtliche Zuständigkeit für alle Güterrechtssachen einheitlich geregelt. Eine Sonderregelung für die Angelegenheiten der freiwilligen Gerichtsbarkeit, wie früher § 45 FGG, gibt es nicht mehr. 3

2. Verfahrenskonzentration. Mit der Vereinheitlichung der Regelung der örtlichen Zuständigkeit wird der Gesetzeszweck der Zuständigkeitskonzentration beim Gericht der Ehesache gefördert. Dieses Gericht ist in der Regel das sachnächste und damit am besten geeignet, eine interessengerechte Lösung für Familienstreitigkeiten zu finden. Gerade im Familienrecht ist die Streitbeilegung und die dauerhafte Befriedung von hervorgehobener Bedeutung. Die Konzentration aller mit einer Ehesache zusammenhängenden Verfahren entspricht deshalb in diesem Rechtsgebiet den Parteiinteressen. 4

3. Anhängigkeit einer Ehesache. Die ausschließliche Zuständigkeit des Abs. 1 wird begründet, bei dem Gericht, bei dem eine Ehesache anhängig ist oder war. Rechtshängigkeit ist nach dem Wortlaut des Gesetzes ausdrücklich nicht erforderlich. Eine Ehesache wird gem. § 124 mit der Einreichung einer Antragsschrift bei Gericht anhängig. Ehesachen sind dabei neben der Scheidung auch die sonstigen Ehesache iSd. § 121. Die Anhängigkeit endet mit dem Abschluss des Verfahrens, also mit einem rechtskräftigen Beschluss, der Rücknahme des Antrags oder einer übereinstimmenden Erledigterklärung der Parteien.[2] 5

Die ausschließliche Zuständigkeit des Gerichts der Ehesache gem. § 262 Abs. 1 dauert auch nach Ende der Anhängigkeit der Ehesache fort **(perpetuatio fori)**. Erforderlich ist bei Familienstreitsachen, also Güterrechtssachen gem. § 261 Abs. 1, dass diese vor Beendigung der Anhängigkeit der Ehesache rechtshängig geworden sind. Der Eintritt der Rechtshängigkeit richtet sich nach §§ 253 Abs. 1, 261 Abs. 1 ZPO. Die Antragsschrift muss der Gegenseite zugestellt worden sein, bloße Anhängigkeit reicht nicht aus.[3] Bei den Güterrechtssachen der freiwilligen Gerichtsbarkeit (§ 261 6

---

[1] BT-Drucks. 16/6308, S. 262.
[2] Oben § 261 ZPO Rn. 36 f.
[3] BGH FamRZ 1981, 23, 24.

Abs. 2) ist die Einreichung des Antrags während der Anhängigkeit der Ehesache ausreichend, um die perpetuatio fori zu begründen.

7 **4. Zusammentreffen mit anderer ausschließlicher Zuständigkeit (Abs. 1 S. 2).** Abs. 1 S. 2 führt eine ausdrückliche gesetzliche Regelung für das Zusammentreffen mehrerer ausschließlicher Zuständigkeiten ein. Von praktischer Bedeutung, wenn auch nicht im gleichen Umfang wie bei Unterhaltssachen, ist die Kollision mit der ausschließlichen Zuständigkeit für die **Vollstreckungsgegenklage gem. § 767 ZPO.** Ausschließlich zuständig für eine Vollstreckungsgegenklage ist das Gericht des ersten Rechtszugs gem. §§ 767 Abs. 1, 802 ZPO.

8 Nach bisheriger Rechtslage wurde in Rechtsprechung und Literatur einhellig vom Vorrang der Zuständigkeit nach §§ 767 Abs. 1, 802 ZPO ausgegangen, weil es als wichtiger angesehen wurde, die Sachkunde des Vorprozesses zu nutzen, als einen Zusammenhang mit einer anhängigen Ehesache und anderen Familiensachen derselben Familie herzustellen.[4] Der Gesetzgeber räumt nun aber wie bei den Unterhaltssachen auch in Güterrechtsverfahren gerade der ausschließlichen Zuständigkeit am Gericht der Ehesache den Vorrang gegenüber anderen ausschließlichen Zuständigkeiten ein und gibt diesen damit ein deutlich höheres Gewicht, insbesondere gegenüber der Fallkenntnis des Gerichts des Vorprozesses, die nach Ablauf einer längeren Zeitspanne oder im Falle eines Richterwechsels nicht mehr von ausschlaggebender Bedeutung sein kann. Entscheidend ist insoweit viel mehr der Inhalt der Akten des Vorprozesses, die von dem nach Abs. 1 zuständigen Gericht ohne weiteres beigezogen werden können.[5]

III. Örtliche Zuständigkeit bei isolierter Güterrechtssache

9 **1. Anwendungsbereich.** Abs. 2 regelt die örtliche Zuständigkeit für Güterrechtssachen, die gerichtlich geltend gemacht werden, während keine Ehesache anhängig ist. Es handelt sich dabei um isolierte Güterrechtssachen, die nicht als Folgesache im Scheidungsverfahren geltend gemacht werden. Wird eine Güterrechtssache isoliert anhängig gemacht, während eine Ehesache anhängig ist, gilt für die Zuständigkeit Abs. 1, allerdings wird das Verfahren dann in aller Regel zum Scheidungsverfahren hinzuverbunden werden. Dass eine Güterrechtssache isoliert geltend gemacht wird, kann zum einen dadurch bedingt sein, dass ein **Scheidungsverfahren noch nicht anhängig** ist, und vorab die Klärung der Güterrechtssache erforderlich ist. Dies kann zB bei der Geltendmachung des vorzeitigen Zugewinnausgleichs gem. §§ 1385, 1386 BGB der Fall sein, ebenso bei den Verfahren über die für bestimmte Verfügungen im gesetzlichen Güterstand oder bei Gütergemeinschaft erforderliche Zustimmung eines Ehegatten. Zum anderen werden insbesondere Zugewinnausgleichsforderungen zum Teil erst **nach Abschluss des Scheidungsverfahrens** eingeklagt. Zwar ist dies im Hinblick auf die Kostenfolge nicht unbedingt von Vorteil, aber so kann eine Verzögerung des Scheidungsverfahrens durch ein langwieriges Verfahren zum Zugewinnausgleich vermieden werden. Dies kann nicht zuletzt im Interesse des Gläubigers der Ausgleichsforderung sein, wenn er die Begrenzung der Forderung gem. § 1378 Abs. 2 BGB vermeiden möchte und mit einer erheblichen Vermögensreduzierung beim Schuldner zu rechnen ist.

10 Verwiesen wird nicht mehr wie bisher in § 621 Abs. 2 S. 2 ZPO auf die „allgemeinen Vorschriften". Abs. 2 verweist konkret auf die Zuständigkeit nach der Zivilprozessordnung. Diese Verweisung gilt für **alle Güterrechtssachen,** sowohl für die Familienstreitsachen als auch für die Angelegenheiten der freiwilligen Gerichtsbarkeit. Nach alter Rechtslage musste zwischen den ZPO-Familiensachen und den Angelegenheiten der freiwilligen Gerichtsbarkeit unterschieden werden und mit der Verweisung auf die allgemeinen Vorschriften waren einmal die Zuständigkeitsvorschriften der ZPO und einmal diejenigen des FGG gemeint.[6]

11 **2. Zuständigkeit nach der ZPO.** Abs. 2 verweist auf die Zuständigkeitsvorschriften der ZPO, also auf die §§ 12 ff. ZPO. Anknüpfungspunkt für den allgemeinen Gerichtsstand ist jedoch nicht der Wohnsitz einer Person, sondern ihr persönlicher Aufenthalt. Damit wird die Regelung mit Abs. 1 in Einklang gebracht, denn auch beim Gerichtsstand der Ehesache wird nicht an den Wohnsitz sondern an den gewöhnlichen Aufenthalt angeknüpft, § 122.

12 Ein Gerichtsstand für Güterrechtssachen kann neben dem **allgemeinen Gerichtsstand** des gewöhnlichen Aufenthalts des Antragsgegners gem. § 12 ZPO auch an verschiedenen **besonderen Gerichtsständen** begründet werden. In Frage kommt insbesondere eine Klage gegen einen nicht im Inland lebenden Ehegatten gem. § 23 ZPO am inländischen Gericht, in dessen Bezirk sich das

---

[4] BGH NJW 1980, 1393, *Zöller/Philippi* § 621 ZPO Rn. 88; oben § 621 ZPO Rn. 167; *Musielak/Borth* § 621 ZPO Rn. 14.
[5] Zur strukturgleichen Bestimmung des § 232: BT-Drucks. 16/6308, S. 255.
[6] Zur alten Rechtslage: oben § 621 ZPO Rn. 159 f.

Vermögen befindet. Zu berücksichtigen ist dabei, dass auf Güterrechtsverfahren mit Auslandsbezug weder die Brüssel I-Verordnung noch die Brüssel IIa-Verordnung sachlich anwendbar ist. Bei Güterrechtssachen, die die Verwaltung des Gesamtguts bei Gütergemeinschaft betreffen, kann der besondere Gerichtsstand der Vermögensverwaltung gem. § 31 ZPO einschlägig sein.[7]

§ 263 Abgabe an das Gericht der Ehesache

[1] Wird eine Ehesache rechtshängig, während eine Güterrechtssache bei einem anderen Gericht im ersten Rechtszug anhängig ist, ist diese von Amts wegen an das Gericht der Ehesache abzugeben. [2] § 281 Abs. 2 und 3 Satz 1 der Zivilprozessordnung gilt entsprechend.

I. Normzweck

Die Vorschrift entspricht dem bisherigen § 621 Abs. 3 ZPO. Sie verfolgt wie § 262 Abs. 1 den Zweck, mehrere Verfahren in Familiensachen bei einem Gericht zu konzentrieren, indem diese Vorschrift praktisch umgekehrt wird. Ist eine Ehesache bereits anhängig, begründet § 262 Abs. 1 eine ausschließliche Zuständigkeit am Gericht der Ehesache für Güterrechtssachen. Auch wenn eine Güterrechtssache vor der Ehesache anhängig wird, sollen die Verfahren bei einem Gericht konzentriert werden, wobei auch wenn das Scheidungsverfahren zeitlich später eingeleitet wird, dem Gericht der Ehesache Vorrang eingeräumt wird. **1**

II. Voraussetzungen für die Abgabe an das Gericht der Ehesache

1. Anhängigkeit einer Güterrechtssache im ersten Rechtszug. Eine **Güterrechtssache gem. § 261** muss anhängig sein, dies sind Streitigkeiten, die die güterrechtlichen Beziehungen der Ehegatten betreffen. § 263 bezieht sich auf alle Güterrechtssachen, also auf Familienstreitsachen ebenso wie auf Angelegenheiten der freiwilligen Gerichtsbarkeit. Während zum bisherigen § 621 Abs. 3 ZPO noch zum Teil die Auffassung vertreten wurde, die Verweisung nach § 281 ZPO gelte nur für ZPO-Familiensachen,[1] ist diese Unterscheidung jetzt nicht mehr erforderlich. § 263 nimmt gerade keine Unterscheidung zwischen den Güterrechtssachen gem. § 261 Abs. 1 und Abs. 2 vor. Auch die örtliche Zuständigkeit gem. § 262 wird jetzt einheitlich geregelt und auch in Abs. 2 für alle Verfahren auf die allgemeinen Vorschriften der ZPO verwiesen, so dass kein Argument ersichtlich ist, weshalb die Verweisung auf § 281 ZPO in § 263 einer Anwendbarkeit auf die Angelegenheiten der freiwilligen Gerichtsbarkeit entgegen stehen sollte. **2**

Anhängigkeit der Güterrechtssache ist ausreichend, Rechtshängigkeit ist nach dem Wortlaut des Gesetzes gerade nicht erforderlich. Gem. § 124 wird die Anhängigkeit durch Einreichung des Antrags begründet. Sie endet mit dem Abschluss des Verfahrens, also mit einem Beschluss, der Rücknahme des Antrags, einem das Verfahren beendenden Vergleich oder der übereinstimmenden Erledigterklärung. **3**

Eine Verweisung nach § 263 ist nur möglich, solange die Güterrechtssache **im ersten Rechtszug** anhängig ist. Sobald eine endgültige Entscheidung in erster Instanz erlassen wurde, ist die Verweisung grundsätzlich nicht mehr möglich. Ist das Güterrechtsverfahren bei Rechtshängigkeit der Ehesache schon in der Rechtsmittelinstanz anhängig, greift die Verfahrenskonzentration nur dann wieder ein, wenn es zu einer Zurückverweisung an das erstinstanzliche Familiengericht kommt. Die Zuständigkeit des Gerichts der Ehesache tritt dann an die Stelle der örtlichen Zuständigkeit des Ausgangsgerichts.[2] **4**

2. Rechtshängigkeit einer Ehesache. Die Verfahrenskonzentration am Gericht der Ehesache tritt nur ein, wenn während der Anhängigkeit der Güterrechtssache im ersten Rechtszug eine Ehesache rechtshängig wird, also die Antragsschrift der Gegenseite zugestellt wird. Die Rechtshängigkeitsvoraussetzungen richten sich nach §§ 253 Abs. 1, 261 Abs. 1 ZPO. Die Übersendung eines Entwurfs im PKH-Prüfverfahren begründet die Rechtshängigkeit nicht. Dies ist damit auch nicht ausreichend, um die Verweisung an das Gericht der Ehesache zu begründen, was nicht nur mit dem eindeutigen Wortlaut des Gesetzes begründet werden kann, sondern auch mit dem Fehlen einer **5**

---

[7] HM; oben § 31 ZPO Rn. 2; *Zöller/Vollkommer* § 31 ZPO Rn. 1; *Baumbach/Lauterbach/Hartmann* § 31 ZPO Rn. 3; *Stein/Jonas/Roth* § 31 ZPO Rn. 5.
[1] *Baumbach/Lauterbach/Hartmann* § 621 ZPO Rn. 39.
[2] BGH NJW 1980, 1392.

§ 620a Abs. 2 S. 1 ZPO für einstweilige Anordnungen vergleichbaren ausdrücklichen Regelung. Nach bisherigem Recht war die Rechtshängigkeit eines Hauptsacheverfahrens erforderlich, um den Erlass einer einstweiligen Anordnung zu beantragen, wobei die Einreichung eines PKH-Gesuchs ausreichend war, § 620a Abs. 2 S. 1 ZPO. Nach neuem Recht kann eine einstweilige Anordnung unabhängig vom Hauptsacheverfahren beantragt werden. Da eine dem § 620a Abs. 2 S. 1 ZPO entsprechende ausdrückliche Regelung fehlt, ist die vom Gesetzeswortlaut verlangte Rechtshängigkeit einer Ehesache erforderlich und die Übersendung eines PKH-Gesuchs an die Gegenseite kann die Zustellung der Antragsschrift nicht ersetzen.

6   **3. Zusammentreffen mit anderen ausschließlichen Zuständigkeiten.** Im Fall einer Vollstreckungsklage ist eine **ausschließliche Zuständigkeit gem. §§ 767 Abs. 1, 802 ZPO** gegeben. Die Rechtsprechung zum alten Recht sah diese ausschließliche Zuständigkeit als vorrangig gegenüber der ausschließlichen Zuständigkeit beim Gericht der Ehesache gem. § 621 Abs. 2 ZPO an (vgl. § 262 Rn. 7 f.). In Konsequenz dazu wurde auch die Abgabe an das Gericht der Ehesache gem. § 621 Abs. 3 bei Anhängigkeit einer Vollstreckungsgegenklage gem. § 767 ZPO abgelehnt.[3] Dies kann nach der aktuellen Rechtslage nicht mehr gelten. Gem. § 262 Abs. 1 S. 2 geht die ausschließliche Zuständigkeit gem. § 262 Abs. 1 S. 1 anderen ausschließlichen Zuständigkeiten ausdrücklich vor. Der Gesetzgeber hat damit der Verfahrenskonzentration gegenüber der Sachkunde des Gerichts des Ausgangsverfahrens die höhere Bedeutung zugemessen. Diesem Willen des Gesetzgebers muss Rechnung getragen werden, indem auch der Abgabe an das Gericht der später rechtshängig gewordenen Ehesache der Vorrang vor der ausschließlichen Zuständigkeit gem. §§ 767 Abs. 1, 802 ZPO gegeben wird.

III. Rechtsfolge: Abgabe an das Gericht der Ehesache

7   Liegen die Voraussetzungen vor, hat das Familiengericht die Güterrechtssache **von Amts wegen** an das Gericht der Ehesache abzugeben. Dies gilt sowohl für Familienstreitsachen als auch für Unterhaltssachen der freiwilligen Gerichtsbarkeit. § 263 S. 2 verweist auf § 281 Abs. 2 ZPO, woraus sich die **Unanfechtbarkeit** der Entscheidung (§ 281 Abs. 2 S. 2 ZPO) und die **Bindungswirkung** für das Gericht der Ehesache (§ 281 Abs. 2 S. 4 ZPO) ergibt. Ein Antrag ist nicht erforderlich. Die Parteien müssen jedoch vor der Abgabe gehört werden, da nach der Rechtsprechung des BGH bei Nichtgewähr des rechtlichen Gehörs die Bindungswirkung der Abgabe verneint wird.[4]

IV. Kosten

8   § 263 S. 2 verweist außerdem auf § 281 Abs. 3 S. 1 ZPO. Danach sind die beim verweisenden Gericht entstandenen Kosten als Kosten des Gerichts der Ehesache anzusehen. Die Mehrkosten, die durch die Verweisung entstehen, können nicht dem Antragsteller auferlegt werden, da auf § 281 Abs. 3 S. 2 ZPO gerade nicht verwiesen wird.

§ 264 Verfahren nach den §§ 1382 und 1383 des Bürgerlichen Gesetzbuchs

(1) ¹In den Verfahren nach den §§ 1382 und 1383 des Bürgerlichen Gesetzbuchs wird die Entscheidung des Gerichts erst mit der Rechtskraft wirksam. ²Eine Abänderung oder Wiederaufnahme ist ausgeschlossen.

(2) In dem Beschluss, in dem über den Antrag auf Stundung der Ausgleichsforderung entschieden wird, kann das Gericht auf Antrag des Gläubigers auch die Verpflichtung des Schuldners zur Zahlung der Ausgleichsforderung aussprechen.

I. Normzweck

1   Wie bisher § 53a FGG enthält die Vorschrift Regelungen für die Verfahren nach §§ 1382 und 1383 BGB. Die Regelung beschränkt sich auf das **Wirksamwerden der Entscheidung** und den **Ausschluss von Wiederaufnahme und Abänderung.** Abs. 2 gibt dem Gläubiger die Möglichkeit, in dem Beschluss über die Stundung auch die Verpflichtung des Schuldners zur Zahlung der Ausgleichsforderung aussprechen zu lassen und entspricht damit dem bisherigen § 53a Abs. 2 S. 2 FGG. Auf die allgemeinen Regelungen zur Durchführung einer mündlichen Verhandlung und zum

---

[3] Oben § 621 ZPO Rn. 171; Zöller/Philippi § 621 ZPO Rn. 95, 88.
[4] BGH NJW 1979, 551.

Vergleichsschluss in § 53a Abs. 1 FGG verzichtet § 264. Dies ergibt sich im FamFG aus den allgemeinen Verfahrensvorschriften, insbesondere §§ 32 und 36.

II. Verfahren

1. Zuständigkeit. Für die Entscheidung über einen Antrag auf Stundung der Ausgleichsforderung gem. § 1382 BGB oder auf Übertragung von Vermögensgegenständen gem. § 1383 BGB ist nach dem neu eingeführten § 25 Nr. 3 lit. b RechtspflG der **Rechtspfleger** zuständig. Ausgenommen sind danach die Fälle der §§ 1382 Abs. 5 und 1383 Abs. 3 BGB, wenn also bereits ein Rechtsstreit über die Ausgleichsforderung anhängig ist. Die Anträge nach §§ 1382 und 1383 BGB müssen dann in diesem Verfahren gestellt werden und vom zuständigen Richter entschieden werden. Der Rechtspfleger ist damit nur zuständig, wenn die Ausgleichsforderung unstreitig ist, wenn sie streitig ist oder bereits ein Verfahren anhängig ist, entscheidet der Richter.[1]

2. Inhalt der Entscheidung. a) § 1382 BGB. Das Gericht oder der Rechtspfleger prüft, ob die Voraussetzungen für eine Stundung der Ausgleichsforderung vorliegen, also ob die sofortige Auszahlung der Zugewinnausgleichsforderung zur Unzeit erfolgen würde. Die Entscheidung ergeht durch einheitlichen Beschluss, § 265. Das Gericht kann für die gestundete Forderung auf Antrag eine Sicherheitsleistung anordnen, wobei es nicht an die in §§ 232 ff. BGB aufgeführten Sicherheitsleistungen beschränkt ist, sondern beispielsweise auch eine Sicherungsübereignung angeordnet werden kann.[2]

b) § 1383 BGB. Der Gläubiger der Ausgleichsforderung kann gem. § 1383 BGB verlangen, dass ihm ein Vermögensgegenstand übertragen wird und damit die Ausgleichsforderung ganz oder teilweise erfüllt wird. Das Gericht oder der Rechtspfleger prüft die Voraussetzung für die Übertragung eines Vermögensgegenstands, den der Gläubiger konkret benennen muss und dessen Wert die Höhe der Ausgleichsforderung einschließlich aufgelaufener Zinsen nicht übersteigen darf. Vorraussetzung ist außerdem eine enge Bindung des Gläubigers an den Gegenstand.[3]

3. Einstweilige Anordnung. § 53a FGG enthielt in Abs. 3 eine ausdrückliche Regelung für den Erlass einer einstweiligen Anordnung. § 264 übernimmt dies nicht. Die Möglichkeit einer einstweiligen Anordnung ergibt sich aus den allgemeinen Vorschriften des FamFG. Da es sich bei den Verfahren gem. §§ 1382, 1383 BGB um Angelegenheiten der freiwilligen Gerichtsbarkeit handelt ist nicht § 119 sondern die §§ 49 ff. anzuwenden.[4]

4. Wirksamwerden der Entscheidung. Die Entscheidung wird gem. Abs. 1 S. 1 erst mit Rechtskraft wirksam. Wenn über die Ausgleichsforderung im streitigen Verfahren entschieden wird, und in diesem Verfahren auch die Stundung oder Ratenzahlung angeordnet wird, kann die sofortige Vollstreckbarkeit gem. § 116 Abs. 3 nicht angeordnet werden.[5] Wenn das Gericht die Stundung für angemessen hält, würde dem die gleichzeitige Anordnung der vorläufigen Vollstreckbarkeit widersprechen.

5. Abänderung und Wiederaufnahme (Abs. 1 S. 2). Das Gesetz sieht ausdrücklich vor, dass die Entscheidung über die Stundung oder die Übertragung von Vermögensgegenständen nicht abgeändert werden kann und das Verfahren nicht wiederaufgenommen werden kann. Die Spezialregelung des § 1382 Abs. 6 BGB bleibt davon unberührt.[6] Bei einer wesentlichen Änderung der Verhältnisse nach Erlass der Entscheidung ist diese abänderbar. In allen anderen Fällen bleibt es bei der Unabänderbarkeit.

6. Rechtsmittel. Statthaftes Rechtsmittel sowohl gegen die Entscheidung des Richters als auch des Rechtspflegers ist die **Beschwerde gem. §§ 58 ff.** Die nach alter Rechtslage erforderliche Unterscheidung zwischen im Verbund ergangenen Urteilen und Entscheidungen des Rechtspflegers[7] ist nach dem FamFG nicht mehr erforderlich.[8]

7. Konkurrenzen. Verfahren nach § 1383 BGB und nach der **HausratsVO** können sich gegenseitig ausschließen, jedenfalls, soweit es sich bei dem Gegenstand, dessen Übertragung der Gläubiger begehrt, um einen Hausratsgegenstand handelt. Wird die Entscheidung nach § 1383 BGB vor der

---

[1] *Palandt/Brudermüller* § 1382 BGB Rn. 6.
[2] *Bumiller/Winkler* § 53a FGG Rn. 7.
[3] *Palandt/Brudermüller* § 1383 BGB Rn. 4, 5.
[4] *Musielak/Borth* § 264 ZPO Rn. 4.
[5] *Musielak/Borth* § 264 ZPO Rn. 5.
[6] BT-Drucks. 16/6308, S. 262.
[7] *Bumiller/Winkler* § 53a FGG Rn. 10.
[8] So auch *Musielak/Borth* § 264 ZPO Rn. 3.

Scheidung getroffen, kann dadurch einem Verfahren gem. § 1361a BGB, § 18 HausratsVO, mit dem Gegenstände nur zur einstweiligen Nutzung einem Ehegatten zugewiesen werden, das Rechtsschutzbedürfnis entzogen werden.[9]

III. Verpflichtung zur Zahlung einer Ausgleichsforderung (Abs. 2)

10 Abs. 2 entspricht der bisherigen Regelung des § 53a Abs. 2 S. 2 FGG. Ist die Ausgleichsforderung dem Grunde und der Höhe nach unstreitig, kann im Verfahren nach §§ 1382 und 1383 BGB auf Antrag des Gläubigers die Verpflichtung des Schuldners zur Zahlung einer Ausgleichsforderung ausgesprochen werden. So erhält der Gläubiger einen vollstreckbaren Titel über die unstreitige Forderung, ohne ein neues Verfahren anstrengen zu müssen oder Notarkosten auf sich zu nehmen. Dies ist auch möglich, wenn die Stundung abgelehnt wurde. Die Regelung dient der Prozessökonomie.

IV. Kosten

11 Für die Kosten gibt es keine § 243 vergleichbare Spezialregelung. Sie richten sich nach den allgemeinen Vorschriften und damit für Angelegenheiten der freiwilligen Gerichtsbarkeit nach §§ 80 ff. Ergeht die Entscheidung gem. § 1382 Abs. 5 oder § 1383 Abs. 3 BGB einheitlich mit einer Familienstreitsache (§ 265), sind gem. § 113 Abs. 1 S. 1 die §§ 80 ff. nicht anwendbar und die Kosten richten sich nach den allgemeinen Vorschriften der ZPO.

§ 265 Einheitliche Entscheidung

Wird in einem Verfahren über eine güterrechtliche Ausgleichsforderung ein Antrag nach § 1382 Abs. 5 oder § 1383 Abs. 3 des Bürgerlichen Gesetzbuchs gestellt, ergeht eine Entscheidung durch einheitlichen Beschluss.

1 Das FamFG hat die Unterscheidung zwischen Familienstreitsachen und Angelegenheiten der freiwilligen Gerichtsbarkeit beibehalten. Damit ist nicht zwingend auf beim gleichen Familiengericht anhängige Familiensachen auch ein **einheitliches Verfahrensrecht** anzuwenden. Für Familienstreitsachen verweist das FamFG weiterhin in großem Umfang auf die ZPO, während die Angelegenheiten der freiwilligen Gerichtsbarkeit im FamFG selbst geregelt werden. § 265 ersetzt den bisherigen § 621a Abs. 2 S. 1 ZPO und regelt, dass eine Entscheidung über die Stundung oder die Übertragung von Vermögensgegenständen zur Erfüllung der Zugewinnausgleichsforderung, die im streitigen Verfahren über die Ausgleichsforderung getroffen wird, durch einheitlichen Beschluss ergeht. Gegenüber der bisherigen Regelung wurde eine Anpassung an die Terminologie des FamFG vorgenommen.

2 Der einheitlich ergangene Beschluss über die Zugewinnausgleichsforderung und die Stundung bzw. Übertragung von Vermögensgegenständen kann **einzeln angefochten** werden. Statthaft ist jeweils die Beschwerde gem. §§ 58 ff., eine Unterscheidung zwischen Beschwerde und Berufung ist nach der Einführung des FamFG nicht mehr erforderlich.

---

[9] *Bumiller/Winkler* § 53a FGG Rn. 12.

Abschnitt 11. Verfahren in sonstigen Familiensachen

§ 266 Sonstige Familiensachen

(1) Sonstige Familiensachen sind Verfahren, die
1. Ansprüche zwischen miteinander verlobten oder ehemals verlobten Personen im Zusammenhang mit der Beendigung des Verlöbnisses sowie in den Fällen der §§ 1298 und 1299 des Bürgerlichen Gesetzbuchs zwischen einer solchen und einer dritten Person,
2. aus der Ehe herrührende Ansprüche,
3. Ansprüche zwischen miteinander verheirateten oder ehemals miteinander verheirateten Personen oder zwischen einer solchen und einem Elternteil im Zusammenhang mit Trennung oder Scheidung oder Aufhebung der Ehe,
4. aus dem Eltern-Kind-Verhältnis herrührende Ansprüche oder
5. aus dem Umgangsrecht herrührende Ansprüche

betreffen, sofern nicht die Zuständigkeit der Arbeitsgerichte gegeben ist oder das Verfahren eines der in § 348 Abs. 1 Satz 2 Nr. 2 Buchstabe a bis k der Zivilprozessordnung genannten Sachgebiete, das Wohnungseigentumsrecht oder das Erbrecht betrifft und sofern es sich nicht bereits nach anderen Vorschriften um eine Familiensache handelt.

(2) Sonstige Familiensachen sind auch Verfahren über einen Antrag nach § 1357 Abs. 2 Satz 1 des Bürgerlichen Gesetzbuchs.

Schrifttum: *Borth,* die Reform des Verfahrens in Familiensachen, FamRZ 2007, 1925; *ders.,* Einführung in das Gesetz zur Reform des Verfahrens in Familiensachen und in Angelegenheiten der freiwilligen Gerichtsbarkeit vom 17. 12. 2008 (FGG-ReformG); *Burger,* Die sonstigen Familiensachen nach dem FamFG, FamRZ 2009, 1017; *Büte,* Verfahrenskostenhilfe, Anwaltszwang und Ausnahmen, FPR 2009, 14; *Giers,* Die Vollstreckung nach dem FamFG – Ausblick, FPR 2008, 441; *Götz/Brudermüller,* Wohnungszuweisung und Hausratsteilung, NJW 2008, 3025; *dies,* Wohnungszuweisungs- und Hausratssachen, FPR 2009, 38; *Hartmann,* Neues Familienverfahren und ZPO, NJW 2009, 321; *Hütter/Kodal,* Die Grundlinien des Familienstreitverfahrens, insbesondere des Unterhaltsverfahrens, FamRZ 2009, 917; *Maurer,* Die Rechtsmittel in Familiensachen nach dem FamFG, FamRZ 2009, 465; *Meyer-Seitz/Kröger/Heiter,* Auf dem Weg zu einem modernen Familienverfahrensrecht – Die familienverfahrensrechtlichen Regelungen im Entwurf eines FamFG, FamRZ 2005, 1430; *Roth,* Die Zuweisung von Hausrat und Ehewohnung nach dem Entwurf eines Gesetzes zur Änderung des Zugewinnausgleichs- und Vormundschaftsrechts, FamRZ 2008, 1388; *Röthel,* Plädoyer für eine echte Zugewinngemeinschaft, FPR 2009, 273 ff.; *Schael,* Die Statthaftigkeit von Beschwerde und sofortiger Beschwerde nach dem neuen FamFG, FPR 2009, 11; *ders.,* Die Terminologie in Familienstreitsachen nach der bevorstehenden Reform des Familienverfahrensrechts; *Schwab,* Neues Familienrecht. Ein Zwischenbericht, FamRZ 2009, 1; *Zimmermann,* Die Beteiligten im neuen FamFG, FPR 2009, 5; *ders.,* Die Kostenentscheidung im FamFG, FamRZ 2009, 377.

Übersicht

	Rn.		Rn.
A. Normzweck	1–3	e) Familiensachen nach anderen Vorschriften des FamFG (Abs. 1 Halbs. 6)	25
B. Regelungsbereich	4, 5	2. Zuständigkeit des FamG	26–140
I. Sonstige Familiensachen in Form der Familienstreitsachen nach Abs. 1	6–140	a) Sonstige Familiensachen nach Abs. 1 Halbs. 1 Nr. 1	26–46
1. Vorrangige Zuständigkeit nach Abs. 1 Halbs. 2 bis 6	6–25	b) Sonstige Familiensachen nach Abs. 1 Halbs. 1 Nr. 2	47–73
a) Zuständigkeit der Arbeitsgerichte, Abs. 1 Halbs. 2.	7, 8	c) Sonstige Familiensachen nach Abs. 1 Halbs. 1 Nr. 3	74–126
b) Zuständigkeit der allgemeinen Zivilgerichte für Sachgebiete des § 348 Abs. 1 S. 2 Nr. 2 lit. a bis k ZPO, Abs. 1 Halbs. 3.	9–22	d) Sonstige Familiensachen nach Abs. 1 Halbs. 1 Nr. 4	127–133
c) Verfahren, die das Wohnungseigentumsrecht betreffen (Abs. 1 Halbs. 4)	23	e) Sonstige Familiensachen nach Abs. 1 Halbs. 1 Nr. 5	134–140
d) Streitigkeiten mit erbrechtlichem Bezug (Abs. 1 Halbs. 5)	24	**II. Sonstige Familiensachen nach Abs. 2**	141–149

§ 266 1–5 Buch 2. Abschnitt 11. Verfahren in sonstigen Familiensachen

	Rn.		Rn.
1. Zuständigkeit und Verfahren bei einem Antrag nach § 1357 Abs. 2 S. 1 Halbs. 2 BGB	141–143	3. Wirkung der Beschränkung oder Ausschließung	147
2. Voraussetzungen der Aufhebung der Beschränkung oder Ausschließung der Berechtigung nach § 1357 Abs. 1 S. 1 BGB durch das FamG nach § 1357 Abs. 2 S. 1 Halbs. 2 BGB	144–146	4. Aufhebung der Beschränkung oder Ausschließung	148, 149
		C. Verfahrenswerte	150, 151

A. Normzweck

1 Die Vorschrift zählt die „sonstigen Familiensachen" iSd. §§ 111 Nr. 10 abschließend auf. §§ 111 Nr. 10, 266 **konkretisieren** die in § 23a Abs. 1 Nr. 1 GVG festgelegte **sachliche Zuständigkeit** der Amtsgerichte für Familiensachen. § 266 hat keinen Vorgänger, sondern erweitert die Familiensachen insbesondere auf vermögensrechtliche Streitigkeiten, für die bisher die Zivilgerichte zuständig waren, obschon sie aus einem familienrechtlichen Rechtsverhältnis hervorgehen oder zumindest ein enger Zusammenhang mit einem solchen besteht. Eine derartige Erweiterung der Zuständigkeit des FamG wurde schon im Gesetzgebungsverfahren zum 1. EheRG diskutiert[1] und von *Diederichsen*[2] schon unmittelbar nach Inkrafttreten des Gesetzes gefordert. Die Diskussion über eine Erweiterung der familiengerichtlichen Zuständigkeit ist seit dem nicht mehr erloschen.[3] Der häufig benutzte Ausdruck „Großes Familiengericht" sollte nicht gebraucht werden. Weder existiert der Ausdruck im Gesetz, noch ist er sachlich zutreffend – worauf *Hartmann*[4] dezidiert aufmerksam gemacht hat. Das FamG ist nämlich nach wie vor nicht für alle Streitigkeiten mit Familienbezug zuständig, zB nicht für solche mit erbrechtlichem Hintergrund und auch nicht für die betreuungsrechtlichen Verfahren.[5]

2 **Abs. 1** benennt die Verfahren, für die bisher streitwertabhängig die Zivilabteilungen der Amts- oder die Zivilkammern der Landgerichte zuständig waren. Deshalb gehören sämtliche von der Vorschrift erfasste Verfahren gem. § 112 Nr. 3 Alt. 1 zu den **Familienstreitsachen** mit der Folge, dass gem. § 113 Abs. 1 statt der §§ 2 bis 37, 40 bis 48 sowie 76 bis 96 die Vorschriften der ZPO entsprechend gelten.

3 **Abs. 2** erfasst das Verfahren über einen Antrag nach § 1357 Abs. 2 S. 1 BGB. Es handelt sich um Gegensatz zu den Verfahren nach Abs. 1 **nicht** um eine **Familienstreitsache,** sondern um eine **gewöhnliche Familiensache** nach den Regeln der freiwilligen Gerichtsbarkeit. Abs. 2 iVm. § 111 Nr. 10 begründen also die Zuständigkeit des FamG, statt der bisher gem. § 1357 Abs. 2 S. 1 Halbs. 2 BGB aF bestehenden Zuständigkeit des nicht mehr existierenden Vormundschaftsgerichts.

B. Regelungsbereich

4 § 266 trifft in seinen beiden Absätzen die grundlegende Unterscheidung zwischen sonstigen Familiensachen, die zur Kategorie der **Familienstreitsachen** gehören (**Abs. 1,** § 112 Nr. 3 Halbs. 1) und sonstigen Familiensachen, die **nicht** zur Kategorie der **Familienstreitsachen gehören (Abs. 2),** sondern zu den **Familiensachen der freiwilligen Gerichtsbarkeit.** Diese beiden Kategorien existierten auch bisher bei Unterhaltssachen (§ 231 Abs. 1 und Abs. 2) und bei Güterrechtssachen (§ 261 Abs. 1 und Abs. 2) sowie jeweils bei Lebenspartnerschaftssachen.

5 Die **Familienstreitsachen des Abs. 1** stellen eine **Unterart des Zivilprozesses** dar, da sie weitgehend nach den Vorschriften der ZPO erledigt werden, **§ 113 Abs. 1, Abs. 2.** Demgegenüber handelt es sich bei den Verfahren nach **Abs. 2** um eine **privatrechtliche Streitigkeit der freiwilligen Gerichtsbarkeit,** auf der **allgemeine Teil des FamFG anzuwenden ist.**[6] Die Angelegenheiten der Freiwilligen Gerichtsbarkeit sind wie bisher in drei Arten einzuteilen: Die klassischen

---

[1] BT-Drucks. 7/650, S. 78 f., 188; BT-Drucks. 7/4361, S. 59.
[2] ZZP 91 (1978), 397, 408 ff.
[3] Vgl. zusammenfassend auch hinsichtlich der materiell-rechtlichen Probleme *Wever* Rn. 977 ff.
[4] In: *Baumbach/Lauterbach* § 111 Rn. 1, § 266 Rn. 1; NJW 2009, 321.
[5] So auch *Zimmermann* FamFG Rn. 299.
[6] *Brehm* § 2 Rn. 6; *Keidel/Sternal* § 1 FGG Rn. 34; offen gelassen dagegen von *Keidel/Giers* § 266 FGG Rn. 1, 5, 21; ähnlich auch *Bumiller/Harders* § 266 Rn. 9, anders allerdings in § 1 Rn. 8 bis 13, in denen die Unterscheidung zwischen privatrechtlichen Streitsachen der Freiwilligen Gerichtsbarkeit und anderen Verfahren der Freiwilligen Gerichtsbarkeit abgelehnt wird.

Fürsorgeverfahren, die öffentlich-rechtlichen Streitsachen und eben die privatrechtlichen Streitsachen.[7] Der Begriff der privatrechtlichen Streitsache ist den Verfahren vorbehalten, auf die das Verfahren der freiwilligen Gerichtsbarkeit uneingeschränkt Anwendung findet, obwohl der Verfahrensgegenstand auf Streitentscheidung gerichtet ist, wie eben die Verfahren nach § 1357 Abs. 2 BGB iVm. § 266 Abs. 2. Nicht zu den privatrechtlichen Streitsachen gehören die durch das FamFG geschaffenen Familiensachen und die Ehesachen, da sie als Unterarten des Zivilprozesses weitgehend dessen Regeln folgen, § 113 Abs. 1, Abs. 2. Die von *Jacoby*[8] vorgeschlagenen Begriffe „echte FamFG-Sache" und „ZPO-Sache" führen in der Sache nicht weiter.[9] Das Gesetz selbst verwendet diese Begriffe nicht, sondern bezeichnet die von *Jacoby* so genannten ZPO-Sachen eben als „Familienstreitsachen".

I. Sonstige Familiensachen in Form der Familienstreitsachen nach Abs. 1

1. Vorrangige Zuständigkeit nach Abs. 1 Halbs. 2 bis 6. Diese Halbsätze von Abs. 1 lassen 6
die dort genannten Zuständigkeiten und Verfahrensarten vorrangig bestehen.[10] Greifen sie ein, **besteht keine Zuständigkeit des Familiengerichts**, auch wenn Abs. 1 Halbs. 1 Nr. 1 bis 5 gegeben sind.[11] Die Regelung erfolgte, um die Zuständigkeit der Familiengerichte für solche Rechtsgebiete auszuschließen, für deren Bearbeitung spezielle Kenntnisse erforderlich sind.[12]

a) Zuständigkeit der Arbeitsgerichte, Abs. 1 Halbs. 2. Die Zuständigkeit der Arbeitsgerichte 7
richtet sich nach §§ 2, 2 lit. a, 3 ArbGG mit ihren zahlreichen Aufzählungen. Die Vorschriften erfassen die klassischen und typischen arbeitsgerichtlichen Verfahren. Ist der Ehegatte **Arbeitgeber** des anderen Ehegatten, ist nicht das FamG, sondern das **Arbeitsgericht** zuständig. Die Hauptbedeutung kommt dem in der Praxis des Individualarbeitsrechts wichtigsten Fall der sachlichen Zuständigkeit des **§ 2 Abs. 1 Nr. 3 ArbGG** zu. Dabei erfasst **Nr. 3 lit. a** sämtliche Ansprüche aus dem Arbeitsverhältnis, ganz gleich, ob es um Haupt- oder Nebenleistungspflichten, vertragliche Nebenpflichten geht (Erfüllungsansprüche, Schadenersatz und Unterlassung). Von größter Bedeutung sind die Lohnansprüche aller Art. **Nr. 3 lit. b** erfasst alle arbeitsrechtlichen Feststellungsklagen (Unwirksamkeit einer Kündigung, Fortbestehen des Arbeitsverhältnisses, Weiterbeschäftigungspflicht, Wirksamkeit der Befristung eines Arbeitsvertrags). Zu den Ansprüchen aus Vertragsverhandlungen nach **Nr. 3 lit. c** zählen vor allem solche auf Ersatz von Vorstellungskosten, Schadensersatzansprüche aus schuldhaftem Verhalten bei Vertragsschluss und ähnliche Fälle; ob es später zu einem Vertragsabschluss gekommen ist oder dies nicht der Fall war, ist unerheblich. Zu dem sogen. **Nachwirkungsanspruch** aus einem Arbeitsverhältnis gehören alle Streitigkeiten, bei denen es um Ansprüche geht, die nach der Beendigung des Arbeitsverhältnisses noch bestehen, so zB Wettbewerbsunterlassungen, Zahlung von Karrenzschädigungen, Herausgabe von Arbeitsmitteln, Zeugniserteilung. **Nr. 3 lit. d** kommt nur dann zur Anwendung, wenn der geltend gemachte Anspruch auf eine unerlaubte Handlung gestützt wird. Der wichtigste Fall hierbei sind die Schadensersatzansprüche; es kann aber auch um Unterlassung, Widerruf oder Beseitigung gehen. Stets ist erforderlich, dass die unerlaubte Handlung in einem direkten Zusammenhang mit dem Arbeitsverhältnis steht. **Nr. 3 lit. e** erfasst die Rechtsstreite über Arbeitspapiere. Hierzu gehören Lohnsteuerkarte, Versicherungsnachweisheft, Versicherungskarte, Arbeitsbescheinigung usw. Unter alle Ziffern der Nr. 3 fallen auch Streitigkeiten aus einem **Berufsausbildungsverhältnis;** die Auszubildenden werden in diesem Zusammenhang als Arbeitnehmer behandelt.

Abgrenzungsschwierigkeiten können in den Fällen der sog. **Mitarbeit im Beruf oder** 8
Geschäft des Ehegatten auftreten. Erfolgt eine solche Mitarbeit auf Grund eines Dienst- oder Arbeitsvertrags, ist das Arbeitsgericht zuständig.[13] Der Vertragsschluss kann auch konkludent erfolgen.[14] Allerdings darf der Rechtsbindungswille beim Vertragsschluss zwischen Ehegatten nicht fingiert werden, er ist unverzichtbar.[15] Ist kein Vertrag zustande gekommen, hat *Hübner* den richtigen

---

[7] Vgl. oben § 200 Rn. 4.
[8] FamRZ 2007, 1708.
[9] Zweifelnd auch *Baumbach/Lauterbach/Hartmann* § 112 Rn. 1.
[10] *Baumbach/Lauterbach/Hartmann* Rn. 2.
[11] *Zimmermann* FamFG Rn. 432; *Bumiller/Harders* Rn. 7.
[12] BT-Drucks. 6308, S. 263.
[13] *Keidel/Giers* Rn. 20.
[14] BGHZ 7, 197, 200 ff.; 8, 249, 251 ff.; BGH FamRZ 1975, 35, 36; *Soergel/Lange* § 1356 BGB Rn. 32; *Bamberger/Roth/Hahn* § 1356 BGB Rn. 23; *MünchKommBGB/Wacke* § 1356 Rn. 25; krit. zur Rspr. des BGH *Hepting* S. 122 ff.
[15] *Lieb* S. 14 ff.; *Hepting* S. 230 ff.; *Henrich* FamRZ 1975, 533, 534; *Gernhuber* FamRZ 1979, 193, 202; vgl. zum Meinungsstand, ob Erklärungsbewusstsein für die Annahme einer Willenserklärung erforderlich sei, *Haas* FamRZ 2002, 205, 206.

§ 266   9–11   Buch 2. Abschnitt 11. Verfahren in sonstigen Familiensachen

Weg gewiesen, die Mitarbeit eines Ehegatten im Geschäft oder Beruf des anderen Ehegatten angemessen zu berücksichtigen.[16] Er führt über den familienrechtlichen Ausgleichsanspruch aus § 1353 Abs. 1 S. 2 Halbs. 1 BGB zu einer „Erfolgsvergütung" des mitarbeitenden Ehegatten. Demgemäß ist aus der Pflicht zur ehelichen Lebensgemeinschaft zu schließen, dass der Ehegatte, dem die Mitarbeit zuteil wird, auch ohne Annahme einer konkludenten Vereinbarung die Verpflichtung hat, den mitarbeitenden Ehegatten an den Früchten seiner Arbeit zu beteiligen. Die Beteiligung des anderen Ehegatten an dem gemeinsam erzielten Arbeitsergebnis kann nur den Charakter einer „Erfolgsvergütung" haben; sie wird grundsätzlich nicht in einem fest bemessenen Entgelt bestehen. Vielmehr wird der Ausgleich der Leistungen von den besonderen Verhältnissen bestimmt.[17] Es handelt sich um eine **Familiensache** iSv. § 266 Abs. 1 Halbs. 1 Nr. 2 oder Nr. 3, je nachdem, ob die Ehegatten getrennt leben oder nicht.

9   **b) Zuständigkeit der allgemeinen Zivilgerichte für Sachgebiete des § 348 Abs. 1 S. 2 Nr. 2 lit. a bis k ZPO, Abs. 1 Halbs. 3.** Auch ein Streit in einem dieser zahlreichen Spezialgebiete lässt den Charakter einer Familiensache und damit zugleich die Zuständigkeit des FamG entfallen. Im Gegensatz zu den Fällen, in denen die Arbeitsgerichte zuständig sind, reicht es nach dem Wortlaut hier nicht aus, dass das Verfahren eines der Sachgebiete des § 348 Abs. 1 S. 2 Nr. 2a bis k ZPO **„betrifft".** *Hartmann*[18] hat treffend festgestellt, dass nicht klar ist, „wann schon und noch ein solcher Betreff oder gar nur Mitbetreff vorliegt". Richtig ist auch, dass der „zivilrechtliche Betreff" einerseits nicht völlig untergeordnet sein darf, andererseits aber auch nicht der Schwerpunkt des ganzen Verfahrens dort liegen muss.[19] Es ist grundsätzlich danach zu differenzieren, ob – wie bei den Ansprüchen nach Abs. 1 Halbs. 1 Nr. 1 bis 5 – die **typische Nähe zu einem familienrechtlichen Rechtsverhältnis besteht**, oder, ob sich die Beteiligten wie Dritte auf Grund eines von § 348 Abs. 1 S. 2 Nr. 2a bis k ZPO erfassten Rechtsverhältnisses gegenüberstehen. Dies entspricht der Regelungsabsicht des Gesetzesverfasser spezielle Bearbeitung Rechtskenntnisse erfordern dem hierfür regelmäßig zuständigen Gericht zuzuweisen und der Zuständigkeit der Familiengerichte zu entziehen.[20] Im Zweifel ist der Betreff und damit die Zuständigkeit der allgemeinen Zivilgerichte zu verneinen. Die negative Formulierung von § 266 Abs. 1 Halbs. 2 bis 6 „sofern nicht" zeigt, dass es sich um Ausnahmen handelt.[21] Daraus folgt zugleich, dass sich derjenige, der sich auf eine dieser Ausnahmen beruft die Darlegungs- und Beweislast für die Zuständigkeit der allgemeinen Zivilgerichte trägt.[22]

10   **aa) Ansprüche aus Veröffentlichungen (§ 348 S. 2 Nr. 2 lit. a ZPO).** Die Vorschrift erfasst alle Streitigkeiten, in denen der Kläger seinen Anspruch aus Veröffentlichungen durch Druckerzeugnisse, Bild- und Tonträger jeder Art herleitet, insbesondere Verletzungen des Persönlichkeitsrechts oder des Gewerbebetriebs durch Medien, presserechtliche Gegendarstellungsansprüche, nach Wortlaut und Regelungsabsicht der Gesetzesverfasser[23] aber auch Ansprüche aus Vereinbarungen. Es kann sich also um gesetzliche Ansprüche wie auch um vertragliche Ansprüche handeln. Erfasst werden über die genannten Publikationsformen Presse, Rundfunk, Film und Fernsehen hinaus auch andere, zB das Internet.[24]

11   Bei solchen Streitigkeiten stehen sich die unter § 266 Abs. 1 Halbs. 1 fallenden Beteiligten regelmäßig wie Dritte gegenüber, ein typischer Bezug zu dem familienrechtlichen Rechtsverhältnis besteht meist nicht. Geht es bei einem solchen Streit zwischen Ehegatten um den sog. „räumlich-gegenständlichen Bereich der Ehe",[25] dh. besteht ein unmittelbarer Bezug zu diesem, handelt es sich um eine Familiensache iSv. § 266 Abs. 1 Halbs. 1 Nr. 2. Liegt der Veröffentlichungsstreit zugleich auch ein möglicher Verstoß gegen das aus § 1353 Abs. 1 S. 2 Halbs. 1 BGB folgende allgemeine Schädigungsverbot vor, führt dies ebenso wenig zur Zuständigkeit der Familiengerichte wie bei einem Veröffentlichungsrechtsstreit zwischen Eltern und Kinder ein Verstoß gegen § 1618a BGB.

---

[16] *Staudinger/Hübner*, 10./11. Aufl., § 1356 BGB Rn. 45 ff. und jetzt ausführlich *Staudinger/Voppel* § 1356 BGB Rn. 64 ff. jeweils m. weit. Nachw.
[17] Vgl. im Einzelnen: *Staudinger/Voppel* § 1356 BGB Rn. 64 ff., 69 ff.
[18] In: *Baumbach/Lauterbach* Rn. 4.
[19] *Baumbach/Lauterbach/Hartmann* Rn. 4.
[20] BT-Drucks. 16/6308, S. 263; so auch *Bumiller/Harders* Rn. 1.
[21] So auch *Baumbach/Lauterbach/Hartmann* Rn. 5; *Burger* FamRZ 2009, 1017, 1020; *Keidel/Giers* Rn. aE.
[22] *Baumbach/Lauterbach/Hartmann* Rn. 5.
[23] BT-Drucks. 14/4722, S. 88.
[24] *Baumbach/Lauterbach/Hartmann* § 348 ZPO Rn. 14; vgl. § 348 Rn. 48.
[25] Vgl. dazu BGHZ 6, 360 ff., *Staudinger/Voppel* § 1353 BGB Rn. 111 ff. m. weit. Nachw.

bb) Bank- und Finanzgeschäfte (§ 348 Abs. 1 S. 2 Nr. 2 lit. b). Hierunter fallen die in § 1 **12** Abs. 1, 1a und 3 KWG genannten Betätigungen.[26] Nach dem Wortlaut werden auch Streitigkeiten zwischen Bank und Bürgen oder anderen Sicherungsgebern erfasst.[27] Zwar setzen Bank- und Finanzgeschäfte begrifflich eine Beteiligung der in § 1 KWG genannten Unternehmen nicht voraus. Diese sind aber typischerweise mit ihnen beschäftigt, weshalb ihre Beteiligung an den Geschäften zur Qualifikation als Bank- oder Finanzgeschäft vorliegen muss.[28] Ein von einem **Privatmann gewährtes Darlehen** oder eine von ihm übernommene Bürgschaft scheiden daher aus.[29] Darlehen oder Bürgschaften unter den Beteiligten des § 266 Abs. 1 Halbs. 1 Nr. 1 bis 5 sind gleichwohl regelmäßig keine Familiensachen; die Ansprüche rühren in der Regel weder aus der Ehe noch aus dem Eltern-Kind-Verhältnis her (§ 266 Abs. 1 Halbs. 1 Nr. 2, 4). Demgegenüber ist nicht das allgemeine Zivilgericht, sondern gem. **§ 266 Abs. 1 Halbs. 1 Nr. 3** das FamG zuständig, wenn Ehegatten im Zusammenhang mit Trennung, Scheidung oder Aufhebung der Ehe hinsichtlich einer Bürgschaftsverpflichtung streiten, die ein Ehegatte während des ehelichen Zusammenlebens gegenüber einem Gläubiger des anderen Ehegatten eingegangen ist. Solche Streitigkeiten sollen nach der Regelungsabsicht der Gesetzesverfasser Familiensachen sein. Es soll nämlich die vermögensrechtliche Auseinandersetzung zwischen Ehegatten außerhalb des Güterrechts, das sog. „Nebengüterrecht", den Familiengerichten zugewiesen werden. Hierzu zählen auch Streitigkeiten im Zusammenhang mit Bürgschaftsverpflichtungen, denn es ist häufig Zufall, ob eine Bürgschaftsverpflichtung oder eine gesamtschuldnerische Verpflichtung, die jedenfalls unter § 266 Abs. 1 Halbs. 1 Nr. 3 fällt, gewählt wird.

cc) Bau-, Architekten- und baubezogene Ingenieurverträge (§ 348 Abs. 1 S. 2 Nr. 2 lit. c **13** **ZPO).** Nach der Begründung der Gesetzesverfasser[30] zählen hierzu auch Baubetreuungsverträge sowie Kaufanwärterverträge und Träger- Bewerber-Verträge, soweit darin die Verpflichtung zur Durchführung oder Überwachung von Bauarbeiten übernommen wurde. Bauverträge sind Verträge, in denen die eine Partei sich verpflichtet, Leistungen zu erbringen, die der Herstellung oder Wiederherstellung eines Bauwerks dienen; zur Bestimmung des Begriffs Bauwerk ist auf die Rechtsprechung zu § 634a Abs. 1 Nr. 2 BGB zurückzugreifen. Architektenverträge sind alle Verträge, in denen die Verpflichtung übernommen wird, die berufstypischen Leistungen eines Architekten zu erbringen. Ingenieurverträge stehen im Zusammenhang mit Bauleistungen, wenn sie die Verpflichtung enthalten, durch Planung, Leitung oder Überwachung von Leistungen zur Herstellung oder Wiederherstellung eines Bauwerks beizutragen.[31]

Sind Ehegatten, Eltern und Kinder oder Schwiegerkinder und Schwiegereltern Parteien eines **14** solchen Vertrags, handelt es sich regelmäßig nicht um eine Familiensache. Dies gilt auch dann, wenn **Gegenstand des Vertrags** die Errichtung des **Familienheims** oder der **Ehewohnung** ist. § 266 Abs. 1 Halbs. 1 Nr. 3 greift wegen fehlenden Trennungs- oder Scheidungszusammenhangs nicht ein, die Ansprüche rühren in der Regel weder aus der Ehe noch aus dem Eltern-Kind-Verhältnis her, weshalb § 266 Abs. 1 Halbs. 1 Nr. 2, 4 tatbestandlich nicht gegeben sind.

dd) Streitigkeiten aus der Berufstätigkeit der Rechtsanwälte usw. (§ 348 Abs. 1 S. 2 Nr. 2 **15** **lit. d ZPO).** Erfasst werden alle Streitigkeiten aus entsprechender Berufstätigkeit, Vergütungs- ebenso wie Schadensersatzansprüche. Lediglich Vertragsbeziehungen, die bloß die Berufstätigkeit ermöglichen oder erleichtern, gehören nicht hierher. Sie sind zwar durch die Berufstätigkeit veranlasst. Die durch sie verursachten Streitigkeiten stammen aber nicht aus der Berufstätigkeit. Auch bei solchen Verträgen und Streitigkeiten zwischen dem von § 266 Abs. 1 Halbs. 1 erfassten Personenkreis handelt es sich regelmäßig nicht um Familiensachen, weil die typische Nähe zu einem familienrechtlichen Rechtsverhältnis fehlt.

ee) Heilbehandlung (§ 348 Abs. 1 S. 2 Nr. 2 lit. e ZPO). Hierunter fallen vertragliche und **16** gesetzliche Ansprüche im Zusammenhang mit der Berufstätigkeit von Ärzten, Zahnärzten, Heilpraktikern, Psychologen, Psychotherapeuten, Physiotherapeuten u. Ä. Maßgeblich ist die Qualifikation der den Anspruch auslösenden Tätigkeit. Auf bestimmte Qualifikationen der sie ausübenden Personen kommt es nicht an. Die anspruchsbegründende Tätigkeit muss auch nicht als Beruf ausgeübt werden.[32] Auch hier liegt grundsätzlich keine Familiensache vor und zwar auch dann, wenn

---

[26] Vgl. § 348 ZPO Rn. 49; *Zöller/Greger* § 348 ZPO Rn. 10.
[27] *Zöller/Greger* ebenda.
[28] Vgl. § 348 ZPO Rn. 49.
[29] Vgl. § 348 ZPO Rn. 49.
[30] BT-Drucks. 14/4722, S. 88.
[31] Vgl. § 348 ZPO Rn. 50.
[32] Vgl. § 348 ZPO Rn. 54.

die Ehegatten getrennt leben. Es fehlt die typische Nähe zu einem familienrechtlichen Rechtsverhältnis.

17 **ff) Handelssachen (§ 348 Abs. 1 S. 2 Nr. 2 lit. f ZPO).** Die Vorschrift betrifft Handelssachen iSd. § 95 GVG; der Kreis der genannten Handelssachen ist durch Rechtsprechung und Lehre geklärt.[33] Eine Familiensache liegt regelmäßig nicht vor, es gilt das unter ee) Gesagte.

18 **gg) Fracht-, Speditions- und Lagergeschäfte (§ 348 Abs. 1 S. 2 Nr. 2 lit. g ZPO).** Hieraus folgende Rechtsstreitigkeiten sind nur Handelssachen, wenn sie aus Geschäften folgen, die für beide Teile Handelsgeschäfte sind, § 95 Abs. 1 Nr. 1 GVG. Sie werden daher nicht in jedem Fall von § 348 Abs. 1 S. 2 Nr. 2 lit. f ZPO erfasst. Eine Familiensache liegt in der Regel nicht vor.

19 **hh) Versicherungsverträge (§ 348 Abs. 1 S. 2 Nr. 2 lit. h ZPO).** Es werden Streitigkeiten zwischen dem Versicherer einerseits, dem Versicherungsnehmer, Versicherten oder Bezugsberechtigten andererseits erfasst. Nicht unter die Vorschrift fallen die Rechtsansprüche des Geschädigten gegen den Versicherer.[34] Auch hier dürfte kaum je eine Familiensache vorliegen.

20 **ii) Urheber- und Verlagsrecht (§ 348 Abs. 1 S. 2 Nr. 2 lit. i ZPO).** Die Vorschrift erfasst Streitigkeiten nach dem UrhG, WahrnG, KunstUrhG und dem VerlagsG. Die Art des Anspruchs, über den zu entscheiden ist, ist unerheblich. Nicht hierher gehören diejenigen Gebiete des gewerblichen Rechtsschutzes, die nicht gerade zum Urheber- und Verlagsrecht zählen.[35] Eine Familiensache liegt regelmäßig nicht vor, auch dann nicht, wenn Ehegatten getrennt leben. Es fehlt wiederum die besondere Nähe zu dem familienrechtlichen Rechtsverhältnis.

21 **jj) Kommunikations- und Informationstechnologie (§ 348 Abs. 1 S. 2 Nr. 2 lit. j ZPO).** Dieser wenig konkrete Sammelbegriff soll nach der Regelungsabsicht der Gesetzesverfasser[36] die Ansprüche aus dem Bereich des telekommunikativen Geschäftsverkehrs erfassen. Das gilt unabhängig davon, ob es sich um vertragliche oder gesetzliche Ansprüche handelt. Auch Produkthaftung kann hierher zählen. Eine Familiensache scheidet auch hier grundsätzlich aus, vgl. soeben ii).

22 **kk) Dem LG streitwertunabhängig zugewiesene Materien (§ 348 Abs. 1 S. 2 Nr. 2 lit. k ZPO).** Es handelt sich um die von § 71 Abs. 2, Abs. 3 GVG erfassten Ansprüche und Verfahren, wie zB Amtshaftungsstreitigkeiten, spezialgesetzliche Bundes- oder landesrechtliche Zuweisungen sowie spezielle gesellschaftsrechtliche, insbesondere kapitalgesellschaftsrechtliche, und wertpapierrechtliche Streitigkeiten. Dass hier eine Familiensache vorliegt, dürfte ausgeschlossen sein.

23 **c) Verfahren, die das Wohnungseigentumsrecht betreffen (Abs. 1 Halbs. 4).** Keine sonstige Familiensache liegt vor, wenn das Verfahren ein Wohnungseigentumsrecht betrifft oder nicht ganz unerheblich mitbetrifft.[37] Das ist zB vorstellbar, wenn Ehegatten, Eltern und Kinder oder Schwiegereltern und Schwiegerkinder Eigentümer mehrerer, unterschiedlicher Eigentumswohnungen in selben Objekt sind.[38] Diese Personen können sich dann zB bei Geltendmachung einer Wohngeldforderung als Parteien im Prozess gegenüberstehen. Dagegen liegt eine Familiensache in Form einer **Ehewohnungssache nach §§ 111 Nr. 5, 200 Abs. 1 Nr. 1, Nr. 2** vor, wenn die Ehewohnung im Wohnungseigentum beider Ehegatten steht und einer die Überlassung der Ehewohnung für die Zeit des Getrenntlebens oder anlässlich der Scheidung verlangt. Soweit § 200 Abs. 1 eingreift, ist die Auffangvorschrift des § 266 Abs. 1 nach dessen Halbs. 6 schon nicht anwendbar. Eine sonstige Familiensache iSv. **Abs. 1 Halbs. 1 Nr. 3** liegt zB vor, wenn Ehegatten anlässlich von Trennung oder Scheidung über ihre Eigentumswohnung im Rahmen der Rückabwicklung einer ehebezogenen Zuwendung streiten.

24 **d) Streitigkeiten mit erbrechtlichem Bezug.** Betrifft das Verfahren ein Erbrecht, liegt gleichfalls keine sonstige Familiensache vor; es reicht auch hier aus, dass das Verfahren das Erbrecht nicht ganz unerheblich mitbetrifft.[39] Das ist häufig der Fall. Sämtliche Streitigkeiten über Pflichtteilsansprüche, testamentarische Ansprüche, Ansprüche aus Erbverträgen, Erbschaftskäufen, Nachlassforderungen usw. zwischen Personen des von § 266 Abs. 1 Halbs. 1 erfassten Personenkreises betreffen das Erbrecht und scheiden daher als sonstige Familiensachen aus; es ist streitwertabhängig die Zivilabteilung des Amtsgerichts oder die Zivilkammer des Landgerichts zuständig.

---

[33] Vgl. § 71 GVG Rn. 12–27.
[34] *Zöller/Greger* § 348 ZPO Rn. 16.
[35] *Schneider* MDR 2003, 555.
[36] BT-Drucks. 14/4722, S. 89.
[37] So *Baumbach/Lauterbach/Hartmann* Rn. 6.
[38] Beispiel nach *Zimmermann* FamFG Rn. 432.
[39] *Baumbach/Lauterbach/Hartmann* Rn. 7.

Sonstige Familiensachen 25–27 § 266

e) Familiensachen nach anderen Vorschriften des FamFG (Abs. 1 Halbs. 6). Eine sonstige 25 Familiensache ist auch dann nicht gegeben, wenn es sich bei dem Verfahren bereits nach anderen Vorschriften des FamFG um eine Familiensache handelt. Hierdurch kommt zum Ausdruck, dass **§ 266 Abs. 1 subsidiär gegenüber den Familiensachen nach § 111 Nr. 1 bis 9, 11 ist.** Die Vorschrift greift nur ein, wenn nicht bereits nach anderen Vorschriften eine Familiensache vorliegt.[40]

2. Zuständigkeit des FamG. a) Sonstige Familiensachen nach Abs. 1 Halbs. 1 Nr. 1. 26 Diese Fallgruppe umfasst Ansprüche zwischen miteinander verlobten oder ehemals verlobten Personen im Zusammenhang mit der Beendigung des Verlöbnisses sowie in den Fällen der §§ 1298, 1299 BGB auch zwischen einem Verlobten bzw. ehemals Verlobten und dritten Personen. Stets muss ein **Zusammenhang mit der Beendigung des Verlöbnisses** bestehen, weil die erfassten Streitigkeiten in erster Linie durch einen persönlichen Grundkonflikt der beteiligten Personen geprägt sind.[41] Eine Vorgängervorschrift gibt es nicht. Der **unbestimmte Rechtsbegriff „des Zusammenhangs",** lässt sich als solcher **nicht in der einfachen Form einer Worterklärung oder Definition** erschöpfend bestimmen, sondern nur aber immerhin durch Herausarbeitung des ihm zugrunde liegenden Rechtsgedankens und Verdeutlichung an Beispielen konkretisieren.[42] Die Gesetzesverfasser[43] führen aus, der Begriff des Zusammenhangs habe sowohl eine inhaltliche wie eine zeitliche Komponente. Die zeitliche Komponente hat jedoch im Gegensatz zur inhaltlichen im Wortlaut keinen Niederschlag gefunden. Es ist deshalb und weil das Kriterium „zeitlich" nicht bestimmbar ist,[44] kein zeitlicher Zusammenhang erforderlich.[45] Anderenfalls wäre die Zuständigkeit des FamG gemäß § 266 Abs. 1 Nr. 1, Nr. 3 hochgradig unsicher und provozierte von den Gesetzesverfassern gerade nicht gewollte Auseinandersetzungen der Parteien über die Zuständigkeit des FamG. Die zeitliche Komponente richtet sich nach den Vorschriften über die Verjährung; d. h. für die unter § 266 Abs. 1 Nr. 1 fallenden Ansprüche nach § 1302 BGB, der für alle Ansprüche wegen Auflösung des Verlöbnisses aus den §§ 1298 bis 1301 BGB die kurze Verjährungsfrist von zwei Jahren und nach der am 2. 7. 2009 beschlossenen Neufassung die Regelverjährung von drei Jahren ab Auflösung des Verlöbnisses[46] bestimmt, um den Familienfrieden nicht zu sehr zu belasten[47] und für die unter § 266 Abs. 1 Nr. 3 fallenden Ansprüche bisher nach §§ 194 Abs. 2, 197 Abs. 1 Nr. 2 BGB ggf. in 30 Jahren und zukünftig nach der regelmäßigen Verjährungsfrist des § 195 BGB von drei Jahren. Eine weitere Konkretisierung des Zusammenhangs ergibt sich aus einem **Vergleich mit dem „Herrühren" iSv. § 266 Abs. 1 Nr. 2 Nr. 4, Nr. 5.** Die Gesetzesverfasser führen nämlich aus, dass ein Anspruch nur dann aus dem familienrechtlichen Rechtsverhältnis Ehe bzw. demjenigen zwischen Eltern und Kindern herrührt, wenn der **Anspruch selbst seine Grundlage in dem familienrechtlichen Rechtsverhältnis hat,** ein bloßer Zusammenhang genügt nicht.[48] Daraus folgt, dass der **„Zusammenhang" iSv. § 266 Abs. 1 Nr. 1, Nr. 3 weiter zu beurteilen ist als das „Herrühren" iSv. § 266 Abs. 1 Nr. 2, Nr. 4 und Nr. 5.** Insgesamt ist im Zweifel ein weiter Sinn zu Grunde zu legen.[49]

Bisher waren für sämtliche Ansprüche Verlobter, insbesondere auch im Zusammenhang mit der 27 Beendigung des Verlöbnisses, streitwertabhängig die Zivilabteilungen der Amtsgerichte oder die Zivilkammern der Landgerichte zuständig.[50] Den bestehenden Streit, ob das Gericht des allgemeinen Gerichtsstandes des Beklagten gem. §§ 12 ff. ZPO[51] oder dasjenige des Orts der beabsichtigten Eheschließung[52] örtlich zuständig ist, hat auch das FamFG nicht geklärt. § 267 Abs. 2 bestimmt nur

---

[40] So auch *Bumiller/Harders* Rn. 8.
[41] BT-Drucks. 16/6308, S. 262.
[42] Vgl. *Larenz/Canaris*, Methodenlehre der Rechtswissenschaft, 3. Aufl. 1995, S. 112 f.
[43] BT-Drucks. 16/6308, S. 262.
[44] Paradigmatisch hierfür sind die Ausführungen von *Burger* FamRZ 2009, 1017, 1019.
[45] So zutreffend *Keidel/Giers* § 266 Rn. 16, gegenteilig allerdings in § 266 Rn. 3; *Wever* FF 2009, 13, 15; tendenziell auch *Bumiller/Harders* § 266 Rn. 1 „dieser Zusammenhang kann sowohl aus inhaltlicher als auch aus zeitlicher Hinsicht begründet sein."; aA *Meyer/Seitz/Kröger/Heiter* FamRZ 2005, 1430, 1437; *Burger* FamRZ 2009, 1017, 1018, 1019.
[46] Vgl. BT-Drucks. 16/13543 und 16/8954.
[47] *Staudinger/Strätz* § 1302 Rn. 1.
[48] BT-Drucks. 16/6308, S. 263; zustimmend *Burger* FamRZ 2009, 1017, 1018; aA *Baumbach/Lauterbach/Hartmann* § 266 Rn. 11, der es ausreichend lässt, dass sich die Ansprüche nur mittelbar aus der Ehe ergeben.
[49] So auch *Burger* FamRZ 2009, 1017, 1018, 1019.
[50] MünchKommBGB/*Wacke* § 1298 Rn. 15; *Soergel/Lange* § 1298 BGB Rn. 16; *Staudinger/Strätz* §§ 1298 f. BGB Rn. 57.
[51] So BGH NJW-RR 2005, 1089; BGHZ 132, 105, 109 f.; *Staudinger/Strätz* § 1298 f. BGB Rn. 57; *Bamberger/Roth/Hahn* § 1298 BGB Rn. 26.
[52] So die frühere Rechtsprechung und hM, vgl. RGZ 23, 172, 175; MünchKommBGB/*Wacke* § 1298 Rn. 15; *Soergel/Lange* § 1298 BGB Rn. 16 aktuell noch *Baumbach/Lauterbach/Hartmann* § 29 ZPO Rn. 3, 12.

dass sich die örtliche Zuständigkeit – sofern keine Ehesache anhängig ist – nach den Vorschriften der Zivilprozessordnung richtet, allein mit der Maßgabe, dass in den Vorschriften über den allgemeinen Gerichtsstand an Stelle des Wohnsitzes der gewöhnliche Aufenthalt tritt. Die örtliche Zuständigkeit richtet sich mit der im Vordringen befindlichen Ansicht nach dem allgemeinen Gerichtsstand des Antragsgegners, dh. nach §§ 12 ff. ZPO, 267 Abs. 2 nach dem allgemeinen Gerichtsstand des Antragsgegners, dh. meist nach dessen gewöhnlichem Aufenthalt. Familienrechtliche Verträge, wie das Verlöbnis sowie Ansprüche aus solchen Verträgen, fallen nicht unter § 29 ZPO.[53] Die Vorschrift ist auf schuldrechtliche Verhältnisse zugeschnitten und bezweckt bei solchen die Erleichterung die Rechtsverfolgung durch eine Verknüpfung des Gerichtsorts mit dem Ort, an dem die streitige Verpflichtung zu erfüllen ist.[54] Dieser Normzweck entfällt bei familienrechtlichen Verträgen.

28 **aa) Verlobte oder ehemals verlobte Personen.** Sämtliche Ansprüche setzen voraus, dass ein **wirksames Verlöbnis** besteht oder bestanden hat. Das FamFG wie das BGB definieren das Verlöbnis nicht, sondern setzten den Begriff voraus. Unter Verlöbnis versteht man sowohl das formlose gegenseitige Versprechen zwischen einem Mann und einer Frau (die „Verlobung"), als auch das durch dieses Versprechen begründete Rechtsverhältnis (den „Brautstand"). Die Wirksamkeit des Verlöbnisses hängt hinsichtlich so wichtiger Fragen wie der Bedeutung von Willensmängeln und, ob und unter welchen Voraussetzungen ein Verlöbnis Minderjähriger wirksam ist, von der Beurteilung der **Rechtsnatur des Verlöbnisses** ab. Diese ist umstritten; die Gesetzgeber des BGB haben die Rechtsnatur des Verlöbnisses ausdrücklich offen gelassen.[55] Nach der zutreffenden **hM**[56] ist das **Verlöbnis ein Vertrag,** der durch die aufeinander bezogenen, sinngemäß übereinstimmenden Willenserklärungen beider Partner zustande kommt, die Ehe miteinander schließen zu wollen, nicht im Sinne einer Erklärung, sich verloben zu wollen.[57] Das kann ausdrücklich erfolgen oder sich konkludent ergeben.[58] Die Willenserklärungen der Parteien sind formfrei gültig. Es entsteht durch das Eheversprechen eine wechselseitige Pflicht zur Eheschließung, weil sie von den Vertragschließenden gewollt ist. Die §§ 1298 ff. BGB sind somit Rechtsfolgen eines wirksamen Vertrags. Die §§ 104 ff., 116 ff., 134, 138 BGB finden grundsätzlich Anwendung.[59] Es handelt sich freilich nicht um einen schuldrechtlichen, sondern um einen Vertrag familienrechtlicher Natur.[60] Familienrechtlicher Natur sind nicht nur alle Rechtsverhältnisse, zu deren Entstehungstatbestand Abstammung oder Ehe gehören, sondern auch alle Rechtsverhältnisse, die Vorstufe (so Verlöbnis), Ersatz (so Adoption) oder Funktionsersatz (so Vormundschaft) eines durch Abstammung oder Ehe begründeten Rechtsverhältnisses sein sollen.[61] Dass die **Verlobten in nichtehelicher Lebensgemeinschaft** leben, steht einem wirksamen Verlöbnis und damit der Anwendbarkeit von Abs. 1 Halbs. 1 Nr. 1 nicht entgegen.[62]

29 **bb) Ansprüche zwischen Verlobten oder ehemals Verlobten. α) Verpflichtung zur Eheschließung.** Das Verlöbnis (iSd. aus dem Versprechen der Ehe hervorgehenden Rechtsverhältnisses) begründet die rechtliche, nicht nur moralische Verpflichtung zur Eheschließung. Es handelt sich jedoch gem. **§ 1297 Abs. 1 BGB** um einen sog. **klaglosen Anspruch.**[63] Eine entsprechende **Klage** stünde zwar „im Zusammenhang mit der Beendigung des Verlöbnisses", ist jedoch wegen der Unklagbarkeit des familienrechtlichen Anspruchs **unzulässig.** Deshalb ist gem. § 1297 Abs. 2 BGB auch die **Vereinbarung einer Vertragsstrafe** für den Fall, dass die Eingehung der Ehe unterbleibt, nichtig. Diese Rechtsfolge ergibt sich freilich ohne die Norm bereits aus § 344 BGB.[64] Eine

---

[53] Vgl. § 29 ZPO Rn. 12.
[54] Vgl. § 29 ZPO Rn. 1.
[55] Protokolle IV, 2; vgl. dazu schon RGZ 61, 267, 270 ff.
[56] RGZ 59, 103; 61, 267, 270; 80, 88, 89 f.; 98, 13, 14; 141, 360; BGHZ 28, 376, 377; *Gernhuber/Coester-Waltjen* § 8 I 4. Rn. 5 ff.; *Dölle* I § 6 III, S. 62 ff.; *Jauernig/Berger* Vor § 1297 BGB Rn. 2; *Muscheler,* Familienrecht 2006, Rn. 226 ff.; *Beitzke,* FS Ficker, 1967, S. 78 ff.; aA *Rauscher* Rn. 107.
[57] Vgl. dazu *Staudinger/Strätz* Vorbem. zu §§ 1297 ff. BGB Rn. 70 ff. mit vielen Besonderheiten; *Thönnissen,* Grundfragen des Verlöbnisrechts, 1964, S. 140 ff.
[58] *Gernhuber/Coester-Waltjen* § 8 Rn. 16; *Rauscher* Rn. 108; *Staudinger/Strätz* Vorbem. zu §§ 1297 ff. BGB Rn. 73 jeweils m. weit. Nachw.
[59] Vgl. zu den Gegenansichten *Gernhuber/Coester-Waltjen* § 8 I Rn. 3 f.; *Muscheler,* Familienrecht, Rn. 226 ff.; *Rauscher* Rn. 104 ff.; *Staudinger/Strätz* Vorbem. zu §§ 1297 ff. BGB Rn. 17 ff.
[60] Vgl. dazu *Staudinger/Strätz* Vorbem. zu §§ 1297 ff. BGB Rn. 70 ff. mit vielen Besonderheiten; *Thönnissen,* Grundfragen des Verlöbnisrechts, 1964, S. 140 ff.
[61] *Gernhuber/Coester-Waltjen* § 3 Rn. 1.
[62] So auch *Burger* FamRZ 2009, 1017, 1018.
[63] MünchKommBGB/*Wacke* § 1297 Rn. 14; vgl. allgemein zu klaglosen Ansprüchen *Gernhuber,* Das Schuldverhältnis, 1989, S. 24 f., 77 ff. sowie *Larenz,* Lehrbuch des Schuldrechts I, 14. Aufl. 1987, S. 19 f.
[64] Hierauf weist *Staudinger/Strätz* § 1297 Rn. 1 zu Recht hin.

entsprechende Klage ist hier allerdings nicht schon unzulässig, sondern **unbegründet. Ausländische Verurteilungen** zur Eingehung der Ehe sind wegen des deutschen ordre public (Art. 6 EGBGB) nicht anerkennungsfähig, **§ 109 Abs. 1 Nr. 4**. Eine **Vollstreckung** scheitert an § 120 Abs. 3 Alt. 1 iVm. §§ 110 Abs. 1, 109 Abs. 1 Nr. 4 (die § 120 Abs. 1 iVm. § 722 Abs. 1 ZPO bei der Anerkennung und Vollstreckung ausländischer Entscheidung vorgehen).

β) Antrag auf Feststellung des Bestehen oder Nichtbestehen eines Verlöbnisses, § 256 ZPO entsprechend iVm. § 113 Abs. 1 S. 1, S. 2. § 1297 Abs. 1 BGB schloss bisher die Möglichkeit einer selbstständigen Feststellungsklage nach § 256 ZPO und schließt jetzt einen Feststellungsantrag nicht aus, ob das Verlöbnis besteht oder nicht besteht. Solche Verfahren haben bislang keine praktische Bedeutung erlangt und werden dies auch zukünftig nicht. 30

γ) Schadensersatz in Form des Ersatzes spezieller vergeblicher Aufwendungen (§ 1298 Abs. 1 S. 1 Alt. 1 BGB). Die Vorschrift gewährt einen Schadensersatzanspruch auf Ersatz eines **begrenzten negativen Interesses**[65] nämlich spezieller vergeblicher Aufwendungen.[66] Es erfolgt kein Ausgleich aller Nachteile, die das Vertrauen auf die Wirksamkeit des Verlöbnisses mit sich brachte, sondern es wird nur das Vertrauen auf den Fortbestand des Verlöbnisses und seinen Übergang in eine Ehe geschützt. Die ersatzfähigen Aufwendungen müssen nämlich in Erwartung der Ehe gemacht worden sein; ebendies gilt für eingegangene Verbindlichkeiten. Aufwendungen sind im Gegensatz zu Schäden freiwillige Vermögensopfer.[67] Hierunter fallen Anschaffungen für den künftigen gemeinsamen Haushalt,[68] Anmietung[69] oder Anschaffung einer Wohnung oder Erwerb von Grundeigentum zu Wohnzwecken, Druck und Versendung von Anzeigen und andere Verbindlichkeiten aus der Vorbereitung der Hochzeitsfeier wie Raummiete, Restaurant, Musik etc. Da nur das Vertrauen auf die Erfüllung des Eheversprechens geschützt wird, fallen zB Kosten einer Verlobungsfeier nicht unter die ersatzfähigen Kosten.[70] Die Aufwendungen und die Eingehung der Verbindlichkeiten sind zudem nach § 1298 Abs. 2 BGB nur dann ersatzfähig, wenn sie den Umständen nach angemessen waren. Die Unangemessenheit kann sich aus der Art und Höhe der Aufwendungen ergeben, es kommt hierbei auf die Vermögensverhältnisse an.[71] Die Unangemessenheit kann auch auf Grund des Zeitpunkts der Aufwendungen bejaht werden, wobei auch die Ferne oder Nähe des in Aussicht genommenen Hochzeitstermins eine Rolle spielt.[72] Einverständlich eingegangene, objektiv unangemessene Aufwendungen bleiben ersatzfähig.[73] 31

Die **Voraussetzungen des Anspruchs** sind umstritten es sollte das Modell von *Rauscher*[74] zu Grunde gelegt werden. 32

δ) Schadensersatzanspruch gem. § 1298 S. 2 BGB. Die Vorschrift gewährt „**dem anderen Verlobten", nicht dritten Personen,** einen über § 1298 Abs. 1 S. 1 BGB hinaus gehenden Schadensersatzanspruch für **Schäden,** die er dadurch erleidet, dass er **in Erwartung der Ehe** sonstige **sein Vermögen** oder seine **Erwerbsstellung** berührende Maßnahmen getroffen hat. Der Anspruch entspricht hinsichtlich seiner Voraussetzungen denjenigen des § 1298 Abs. 1 S. 1 BGB, er geht auf Ersatz des begrenzten negativen Interesses.[75] Die Erwerbsstellung berühren zB das Abbrechen der Ausbildung, das Verlassen der bisherigen Stellung, das Aufgeben des Berufs,[76] das Ausschlagen einer günstigen Arbeitsstelle. Das Vermögen berühren zB der Ankauf eines Geschäfts, das der Verlobte nicht allein halten kann,[77] unentgeltliche Dienstleistungen zu Gunsten des Verlobten, sofern sie den eigenen Erwerb gemindert haben,[78] sowie die Aufgabe der bisherigen Wohnung. Keine Maßnahme in Erwartung der geplanten Ehe ist das Ausschlagen eines anderen Heiratsantrags,[79] die durch Schwangerschaft und Geburt eines Kindes verursachten Aufwendun- 33

---

[65] KG JW 1925, 2110; *Palandt/Diederichsen*, 58. Aufl. 1999, § 1298 BGB Rn. 2.
[66] *Gernhuber/Coester-Waltjen* § 8 Rn. 46.
[67] BGH FamRZ 1961, 424, 426; RGZ 122, 298, 303; *Bamberger/Roth/Hahn* § 1298 BGB Rn. 20; *Rauscher* Rn. 126.
[68] OLG Hamburg OLGR 14, 243; OLG Naumburg Recht 1922 Nr. 608.
[69] RGZ 58, 248, 255; AG Neumünster FamRZ 2000, 817, 818.
[70] *Rauscher* Rn. 127; *Staudinger/Strätz* §§ 1298 f.. BGB Rn. 53; aA OLG Hamburg OLE 14, 243; *Gernhuber/Coester-Waltjen* § 8 Rn. 46.
[71] MünchKommBGB/*Wacke* § 1298 Rn. 9; *Rauscher* Rn. 129.
[72] RG WarnR 1918, Nr. 76; OLG München HRR 1938, 1595; OLG Stuttgart FamRZ 1977, 545 f.
[73] *Rauscher* Rn. 129; aA *Muscheler,* Familienrecht 2006, Rn. 225.
[74] Rn. 117 ff.
[75] KG JW 1925, 2110; *Palandt/Diederichsen*, 58. Aufl. 1999, § 1298 BGB Rn. 2.
[76] RG WarnR 1935 Nr. 69.
[77] RG JW 1903 Beil 144.
[78] BGH FamRZ 1961, 424.
[79] RG JW 1902 Beil 259.

gen[80] bzw. Maßnahmen zu deren Vermeidung wie die Sterilisation,[81] und auch nicht Gesundheitsschäden auf Grund des seelischen Leids wegen des Verlöbnisbruchs.[82]

34 ε) **Schadensersatzanspruch gem. § 1299 BGB.** Nach dieser Vorschrift steht dem vom Verlöbnis zurücktretenden Verlobten gegen den anderen Verlobten ein Schadensersatzanspruch nach § 1298 Abs. 1, Abs. 2 BGB zu, wenn der andere Verlobte den Rücktritt durch ein Verschulden veranlasst hat, das einen wichtigen Grund für den Rücktritt bildet. Zu den Anspruchsvoraussetzungen und den Umfang des zu ersetzenden Schadens wird auf die Ausführungen zu § 1298 S. 1, S. 2 BGB Bezug genommen.

35 ζ) **Schadensersatzansprüche gem. § 823 Abs. 1, Abs. 2, 826 BGB.** §§ 1298, 1299 BGB enthalten keine erschöpfende Sonderregelung, sie verdrängen die deliktischen Ansprüche nach §§ 823 ff. BGB nicht.[83] Für **Gesundheitsschäden** gilt also ggf. § 823 Abs. 1 BGB, auch wenn sie durch psychischen Einfluss entstanden sind.[84] Allerdings besteht **kein Schmerzensgeldanspruch** wegen Verletzung des allgemeinen Persönlichkeitsrechts, wenn eine Frau über einige Jahre hinweg mit einem verheirateten Mann Geschlechtsbeziehungen unterhält, der ihr wahrheitswidrig die Scheidung seiner Ehe in Aussicht stellt und verspricht, sie anschließend zu heiraten.[85] Es fehlt schon ein wirksames Verlöbnis. Einen der Ehestörungsklage entsprechenden Schutz des Verlöbnisses gibt es nicht; das Verlöbnis begründet keine absoluten Rechtspositionen.[86]

36 Bei **Heiratsschwindel** können sich Schadensersatzansprüche aus § 823 Abs. 2 BGB iVm. § 263 StGB und aus § 826 BGB ergeben.[87] Ebendies gilt, wenn die Eheberreitschaft nur noch scheinbar aufrecht erhalten wird, gerade zu dem Zweck, den anderen und Dritte zu besonderen Aufwendungen zu veranlassen.

37 Bedeutung erlangen könnten deliktische Schadensersatzansprüche wegen der Zunahme sog. „**Zwangsverlobungen**". Gemeint sind Heiratsabreden allein zwischen den Sorgeberechtigten oder mit den Sorgeberechtigten der minderjährigen Frau, die in gesellschaftlichen Gruppen mit Migrationshintergrund nicht nur vereinzelt vorkommen.[88] Derartige Vereinbarungen begründen schon deshalb keine wirksame Verlobung iSd. BGB, weil dem Sorgeberechtigten insoweit die Vertretungsmacht fehlt. Ansprüche nach §§ 1298 ff. BGB bestehen deshalb nicht. Hat die Zwangsverlobte selbst Maßnahmen ergriffen, die für sie einen Vermögensschaden insbesondere iSv. § 1298 S. 2 BGB darstellen, steht ihr ein Schadensersatzanspruch sowohl nach § 823 Abs. 1 BGB wegen Verletzung ihres allgemeinen Persönlichkeitsrechts und nach § 823 Abs. 2 BGB iVm. den freiheitsschützenden Vorschriften des StGB, als auch nach § 826 BGB zu.

38 η) **Schadensersatzanspruch gem. § 825 BGB.** Die Vorschrift gewährt demjenigen, der durch Hinterlist, Drohung oder Missbrauch eines Abhängigkeitsverhältnisses zur Vornahme oder Duldung sexueller Handlungen bestimmt worden ist, gegen den in dieser Weise Handelnden einen Schadensersatzanspruch. Der Schadensersatzanspruch **umfasst nach § 253 Abs. 2 BGB den immateriellen Schaden** auf Grund einer solchen Handlung. Der bloße Rücktritt vom Verlöbnis begründet den Anspruch selbstverständlich nicht. Er ist auch dann nicht gegeben, wenn die Verlobte den Geschlechtsverkehr von dem vorherigen Eheversprechen abhängig gemacht hat und das Risiko der Schwangerschaft im Vertrauen auf das Eheversprechen eingegangen ist. Hier fehlt es regelmäßig an Hinterlist, die ein vorbedachtes, die wahre Absicht verdeckendes Handeln des Täters zu dem Zweck, dem unvorbereiteten Zustand des Opfers zur Verwirklichung seines Vorhabens zu benutzen,[89]

---

[80] OLG Hamm FamRZ 1995, 296; *Rauscher* Rn. 128; *Staudinger/Strätz* §§ 198 f.. BGB Rn. 55, 56; aA MünchKommBGB/*Wacke* § 1298 Rn. 6; *Bosch* FamRZ 1995, 483.

[81] OLG Düsseldorf FamRZ 1981, 355; *Soergel/Lange* § 1298 BGB Rn. 12; *Staudinger/Strätz* §§ 1298 f. BGB Rn. 55.

[82] Vgl. OLG Düsseldorf FamRZ 1962, 429 f.; RG Recht 1907 Nr. 1447, 1911, Nr. 259; WarnJB 1924 Nr. 181; *Staudinger/Strätz* §§ 1298 f.. BGB Rn. 46.

[83] *Gernhuber/Coester-Waltjen* § 8 Rn. 52–54; *Rauscher* Rn. 134; *Staudinger/Strätz* §§ 1298 f.. BGB Rn. 61; *Soergel/Lange* § 1298 Rn. 15; RGZ 163, 280, 286.

[84] OLG Düsseldorf FamRZ 1962, 429 f. allerdings mit der abzulehnenden Einschränkung Ansprüche aus §§ 823 ff. BGB bestünden nur, wenn „sich der Sachverhalt nicht mit dem speziell beim Verlöbnis geregelten Anspruch deckt, sondern über den Bruch der Verlöbnistreue hinaus eine unerlaubte Handlung ergibt"; dieser Einschränkung zustimmend *Staudinger/Strätz* §§ 1298 f.. BGB Rn. 61; *Gernhuber/Coester-Waltjen* § 8 Rn. 52–54; MünchKommBGB/*Wacke* § 1298 Rn. 18; aA *Kipp-Wolff* § 6 III 2b, der Gesundheitsschäden unter § 1298 BGB fasst.

[85] So aber OLG Hamm NJW 1983, 1436; zutreffend hart ablehnend *Pawlowski* NJW 1983, 2809.

[86] *Rauscher* Rn. 112.

[87] BGH FamRZ 1960, 192; RG JW 1909, 415.

[88] Hierauf hat *Staudinger/Strätz* Vorbem zu §§ 1297 ff. BGB aufmerksam gemacht.

[89] *Palandt/Sprau* § 825 BGB Rn. 4.

begründet. Gleichfalls nicht ausreichend ist das Versprechen der Eheschließung durch einen verheirateten Mann unter Verschweigen der eigenen Ehe oder Vorspiegelung von Scheidungsabsicht, um eine Frau zum Geschlechtsverkehr zu gewinnen.[90] Gerade im letzten Fall handelte es sich um eine Zahlung an die Ehestörerin.[91] Ein Anspruch der ehemaligen Verlobten auf Ersatz des Nichtvermögensschadens wird danach zukünftig **nur in besonders schwerwiegenden Einzelfällen** gegeben sein, zu denken ist hier an die Fälle der sog. Zwangsverlöbnissen.[92]

η) Rückgabeanspruch gem. § 1301 S. 1 BGB. Der gegenüber § 530 BGB erleichterte Rückforderungsanspruch setzt voraus, dass die betreffenden Gegenstände **im Zusammenhang mit einem wirksamen Verlöbnis** gegeben wurden. Es genügt, wenn das Verlöbnis bei der Annahme des Geschenkes bestand[93] oder das Angebot während des Verlöbnisses erfolgte.[94] Für **Geschenke vor und nach dem Verlöbnis** gelten die allgemeinen Regeln der §§ 516 ff. BGB, das gilt auch für Geschenke zwischen Partnern nichtehelicher Lebensgemeinschaften. Diese Ansprüche sind vor den allgemeinen Zivilgerichten zu verfolgen, es handelt sich nicht um sonstige Familiensachen in Form von Familienstreitsachen. Ebenso verhält es sich grundsätzlich bei **nichtigem Verlöbnis,** bei dem § 1301 S. 1 BGB nicht gilt. Kannte aber der Schenker die Nichtigkeitsursachen nicht, ist zu seinen Gunsten § 1301 S. 1 BGB anzuwenden.[95] Weitere Voraussetzung des Anspruchs ist allein das **Unterbleiben der Eheschließung.**

ι) Rückforderungsanspruch gem. § 313 Abs. 1 BGB. Haben Verlobte einander in der Zeit vor der Eheschließung Zuwendungen gemacht, können nach der Rechtsprechung des BGH[96] Ausgleichsansprüche nach den für ehebezogene Zuwendungen entwickelten Grundsätzen in Betracht kommen. Dienten solche Zuwendungen dazu, die Voraussetzungen für die später tatsächlich zu Stande gekommene, dann aber gescheiterte Ehe zu schaffen, ohne dass besondere Abreden getroffen worden sind, und kommt es beim Scheitern der Ehe nicht zu einem gesetzlichen Ausgleich dieser Leistungen, so ist die Interessenlage derjenigen bei ehebezogenen Zuwendungen unter Ehegatten im Güterstand der Gütertrennung vergleichbar.[97] Der BGH gewährt dem Zuwendenden einen Ausgleichsanspruch über § 313 BGB, der allerdings **der Höhe nach begrenzt** ist auf den Betrag, den er im Zugewinnausgleich erhalten hätte, wäre die Zuwendung erst nach der Eheschließung erfolgt.[98] Der Anspruch ist auch gegeben, wenn die Ehe später nicht geschlossen wird.[99]

κ) Herausgabe eines Geschenks gem. §§ 812 ff., 531 Abs. 2, 530 Abs. 1 BGB. Ein Verlobter kann auch wegen groben Undanks eine Schenkung an den anderen widerrufen und nach Bereicherungsrecht zurückfordern. § 531 Abs. 2 BGB enthält eine **Rechtsgrundverweisung auf § 812 Abs. 1 S. 2 Alt. 1 BGB.**[100] Die Vorschriften über den Schenkungswiderruf werden durch § 1301 BGB nicht ausgeschlossen.[101] Groben Undank begeht allerdings nicht, wer sein Recht, das Verlöbnis zu beenden, wahrnimmt.

λ) Bereicherungsrechtliche Ansprüche nach §§ 812 ff. BGB. Sie sind grundsätzlich neben den §§ 1298 Abs. 1, 1299, 1301 S. 1 BGB anwendbar.[102]

cc) Ansprüche zwischen einem Verlobten oder ehemals Verlobten und Dritten.
α) Schadensersatzansprüche gem. § 1298 S. 1 BGB und gem. § 1298 S. 1 BGB iVm. § 1299 BGB. Den Eltern eines Verlobten wie dritten Personen, die anstelle der Eltern gehandelt haben, steht im Falle des Rücktritts eines Verlobten vom Verlöbnis nach §§ 1298 Abs. 1 S. 1, 1299 BGB unter den gleichen Voraussetzungen wie den Verlobten selbst ein Schadensanspruch auf Ersatz spezieller vergeblicher Aufwendungen und Schäden aus eingegangenen Verbindlichkeiten zu, sofern sie nur „in Erwartung der Ehe" getätigt wurden. Zu den **anspruchsberechtigten Eltern** zählen nicht nur die leiblichen Eltern, sondern auch Stiefeltern, ohne dass es auf eine Einbenennung nach § 1618 BGB ankäme, sowie Adoptiveltern. **Dritte** sind Personen, die die Eltern repräsentieren, die

---

[90] So OLG Hamm NJW 1983, 1436; wie hier OLG Saarbrücken NJW 1987, 2241; *Karakatsanes* MDR 1989, 1041; differenzierend *Kilian* JR 2004, 309, 311.
[91] Vgl. *Pawlowski* NJW 1983, 2809.
[92] Vgl. dazu die vorhergehende Rn 39.
[93] Fenn FamRZ 1975, 42.
[94] BGHZ 45, 260.
[95] BGH FamRZ 1969, 474; *Staudinger/Strätz* § 1301 BGB Rn. 3.
[96] BGHZ 115, 261 ff.
[97] BGHZ 115, 261 ff..
[98] BGHZ 115, 261 ff.
[99] LG Gießen FamRZ 1994, 1522.
[100] Mot. II, 305; Prot. II, 41.
[101] *Gernhuber/Coester-Waltjen* § 8 Rn. 55; *Staudinger/Strätz* § 1301 BGB Rn. 28.
[102] *Staudinger/Strätz* §§ 1298 f.. BGB Rn. 63, § 1301 Rn. 29.

also aus einer sittlichen Verantwortung, wie sie Eltern empfinden, Aufwendungen im Blick auf die künftige Ehe gemacht haben; sie können auch zusätzlich zu den Eltern gehandelt haben.[103]

44 Die Anspruchsvoraussetzungen sowie Umfang und Höhe der Ansprüche entsprechen denjenigen, die vorliegen müssen, wenn die Ansprüche zwischen den Verlobten selbst erhoben werden, vgl. dort.

45 β) **Weitergehende Ansprüche.** Auch Eltern und dritte Personen können durch den Rücktritt eines Verlobten vom Verlöbnis von §§ 1298 Abs. 1 S. 1, 1299 BGB nicht umfasste Schäden und sonstige Vermögenseinbußen erleiden; ihnen können dann ggf. **Ansprüche gem. §§ 823 ff. BGB** und **§§ 812 ff. BGB** zustehen. Überdies können sie ggf. auch die Herausgabe eines Geschenks von den Verlobten nach **§§ 527 f. BGB** oder die Herausgabe des Geschenks nach einem **Widerruf der Schenkung** wegen groben Undanks nach §§ 812 Abs. 1 S. 2 Alt 1, 531 Abs. 2, 530 Abs. 1 BGB fordern. Auch bei diesen Ansprüchen handelt es sich um sonstige Familiensachen iSv. § 266 Abs. 1 Halbs. 1 Nr. 1, wenn ein Zusammenhang mit der Beendigung des Verlöbnisses besteht. Hiergegen spricht nicht, dass die Gesetzesverfasser ausführen, dritte Personen seien nur beteiligt, sofern Ansprüche aus §§ 1298 und 1299 BGB geltend gemacht werden.[104] Sie betonen nämlich zugleich, dass sämtliche Verfahren auf Rückgabe von Geschenken oder sonstiger Zuwendungen erfasst sein sollen, eben weil solche Streitigkeiten, wie bei Ehegatten, in erster Linie durch einen persönlichen Grundkonflikt der beteiligten Personen geprägt seien. Dadurch kommt zum Ausdruck, dass solche Streitigkeiten **unabhängig von der Anspruchsgrundlage Familienstreitsachen** sein sollen.[105]

46 ee) **Internationale Zuständigkeit.** Der BGH[106] hat für die internationale Zuständigkeit die Anwendbarkeit von Art. 5 Nr. 1 EuGVÜ verneint; das gilt jetzt auch für Art. 5 Nr. 1 Brüssel I-VO/EuGVVO.[107]

47 b) **Sonstige Familiensachen nach Abs. 1 Halbs. 1 Nr. 2.** Die Vorschrift erfasst „**aus der Ehe herrührende Ansprüche**". Der Wortlaut ist für eine Konkretisierung nicht ergiebig. Der Anwendungsbereich ist auf Grund der **Subsidiarität** (Abs. 1 S. 1 Halbs. 6) von § 266 Abs. 1 gegenüber anderweitig geregelten Familiensachen dahin einzugrenzen, dass es sich nicht um einen solchen Anspruch aus der Ehe handeln darf, den schon §§ 111 bis 265 erfassen.[108] Insbesondere werden also als Ehesachen gem. **§ 121 Nr. 2, Nr. 3** die Aufhebung der Ehe (§§ 1313 ff. BGB) und die Feststellung des Bestehens oder Nichtbestehens einer Ehe, die Ehewohnungssachen nach **§ 200 Abs. 1 Nr. 1** (§ 1361b BGB), **Nr. 2** (§ 1568a BGB), Gewaltschutzsachen nach **§ 210** (§ 1 GewSchG), Versorgungsausgleichssachen nach **§ 217**, Unterhaltssachen nach **§ 231 Abs. 1 Nr. 2** (§§ 1570 ff. BGB), und Güterrechtssachen nach **§ 261 Abs. 1, Abs. 2 nicht erfasst**. Demgegenüber gehören die früher von § 606 Abs. 1 S. 1 ZPO aF direkt bzw. entsprechend erfassten Klagen auf Herstellung des ehelichen Lebens und ihr Gegenstück, die Klage auf Feststellung des Rechts zum Getrenntleben (§ 1353 Abs. 2 BGB), häufig auch als negative Herstellungsklage bezeichnet, nunmehr hierher; sie werden von § 121 ausdrücklich nicht mehr erfasst.[109] **Nicht** unter Abs. 1 Halbs. 1 Nr. 2 fallen **Ansprüche, die erst nach formellem Ende der Ehe entstanden** oder durchsetzbar geworden sind, obwohl sie vom Wortlaut erfasst werden. In solchen Fällen hat nämlich **Abs. 1 Halbs. 1 Nr. 3 Vorrang**, weil diese Vorschrift eine spezielle Regelung für Ansprüche im Zusammenhang mit Trennung oder Scheidung sowie für ehemals miteinander verheiratete Ehegatten trifft.[110] Darüber hinaus muss der Anspruch seine Grundlage in dem familienrechtlichen Rechtsverhältnis haben, ein bloßer Zusammenhang genügt im Gegensatz zu Abs. 1 Halbs. 1 Nr. 1, Nr. 3 für das „Herrühren" nach Abs. 1 Halbs. 1 Nr. 2, Nr. 4, Nr. 5 nicht.[111] Der Zusammenhang eines Anspruchs mit § 1362 BGB reicht daher allein für Abs. 1 Halbs. 1 Nr. 2 nicht aus.[112]

48 Abs. 1 Halbs. 1 Nr. 2 erfasst daher vor allem **aus § 1353 Abs. 1 S. 2 Halbs. 1, Abs. 2 BGB folgende Ansprüche noch nicht geschiedener** und **auch nicht getrennt lebender Ehegatten**.[113] Dies entspricht der Regelungsabsicht der Gesetzesverfasser, die die Ansprüche auf Mitwir-

---

[103] *Staudinger/Strätz* §§ 1298 f. BGB Rn. 44.
[104] BT-Drucks. 16/6308; so auch *Keidel/Giers* § 266 FamFG Rn. 7 und *Bumiller/Harders* § 266 FamFG Rn. 2.
[105] Das übersieht *Keidel/Giers* § 266 Rn. 7, wenn hinsichtlich der Regelungsabsicht der Gesetzesverfasser auf die erstgenannten Ausführungen abgestellt wird.
[106] BGH FamRZ 1996, 601.
[107] So *Staudinger/Strätz* Vorbem zu §§ 1297 ff. BGB Rn. 124.
[108] So zutreffend *Baumbach/Lauterbach/Hartmann* Rn. 11.
[109] Vgl. BT-Drucks. 16/6308, S. 226, 262; vgl. oben § 121 Rn. 19, 20 sowie unten Rn. 50 ff. und Rn. 67.
[110] *Baumbach/Lauterbach/Hartmann* Rn. 11, 12.
[111] Vgl. oben Rn. 25.
[112] So auch *Burger* FamRZ 2009, 1017, 1019.
[113] So zutreffend *Baumbach/Lauterbach/Hartmann* Rn. 11 aE.

Sonstige Familiensachen   49–53 § 266

kung bei der gemeinsamen steuerlichen Veranlagung, Abwehr- und Unterlassungsansprüche gegen Störungen des räumlich-gegenständlichen Bereichs der Ehe gegenüber dem anderen Ehegatten oder Dritten und diesbezügliche Schadensersatzansprüche nennen.[114] Voraussetzung von Abs. 1 Halbs. 1 Nr. 2 ist also in jedem Falle eine **wirksame Ehe,** vgl. dazu § 200 Rn. 8 ff.

Die Vorschrift erfasst eine Reihe von Ansprüchen für die bisher nicht das FamG sachlich zuständig **49** war, sondern streitwertabhängig die Zivilabteilung des Amtsgerichts oder die Zivilkammern der Landgerichte. Nach § 267 Abs. 2 gelten für die **örtliche Zuständigkeit,** wenn keine Ehesache anhängig ist, die Vorschriften der ZPO mit der Maßgabe, dass in den Vorschriften über den allgemeinen Gerichtsstand anstelle des Wohnsitzes der gewöhnliche Aufenthalt tritt. In den meisten Fällen ist daher gem. §§ 12 ff. ZPO, 267 Abs. 2 das Gericht örtlich zuständig, in dessen Bezirk der Antragsgegner seinen gewöhnlichen Aufenthalt hat.

aa) Rechte und Ansprüche. α) Recht auf Herstellung der ehelichen Lebensgemeinschaft. 50
§ 1353 Abs. 1 S. 2 Halbs. 1 BGB begründet das Recht und die Pflicht der Ehegatten zur ehelichen Lebensgemeinschaft.[115] Die eheliche Lebensgemeinschaft **umfasst alle Rechte und Pflichten,** die sich aus **dem Rechtsbegriff der Ehe** und aus den persönlichen Beziehungen der Ehegatten zueinander ergeben. Eine rechtliche Pflicht ist es, in diesem Sinne alles zu unternehmen, um die Herstellung der vollen Lebensgemeinschaft zu gewährleisten, und alles zu unterlassen, was die Erreichung dieses Zieles verhindern könnte. Diese Pflicht wird auch durch das Verständnis der Lebensgemeinschaft Ehe als Verantwortungsgemeinschaft unterstrichen.[116]

β) Recht zum Getrenntleben. Dem umfassenden Recht und der umfassenden Pflicht zur **51** Herstellung der ehelichen Lebensgemeinschaft aus § 1353 Abs. 1 S. 2 Halbs. 1 BGB steht als Ausnahme § 1353 Abs. 2 BGB gegenüber, der unter den dort genannten Voraussetzungen diese Verpflichtung ausschließt und damit zugleich ein **Recht zum Getrenntleben gewährt.**

Nach **§ 1353 Abs. 2 Alt. 1 BGB** ist ein Ehegatte nicht verpflichtet, dem Herstellungsverlangen **52** des anderen Ehegatten nach Herstellung der Gemeinschaft zu entsprechen, wenn das **Verlangen rechtsmissbräuchlich** ist. Das ist dann der Fall, wenn es mit der ehelichen Gesinnung unvereinbar und deshalb für den anderen Ehegatten unzumutbar ist.[117] Danach liegt ein Missbrauch des Herstellungsverlangens zB dann vor, wenn der Anspruchsteller selbst eine eheliche Pflicht verletzt. Es reicht insoweit allerdings nicht die Verletzung irgendeiner Pflicht, vielmehr muss eine gewisse Wechselbezüglichkeit zwischen verletzter und eingeforderter Pflicht bestehen.[118] Die Herstellungspflicht entfällt gem. **§ 1353 Abs. 2 Alt. 2 BGB** auch bei **gescheiterter Ehe.** Das Scheitern bestimmt sich nach §§ 1565 ff. BGB.[119] Liegen die Voraussetzungen des § 1565 Abs. 2 BGB vor, kann der Ehegatte, für den die Fortführung der Ehe unzumutbar ist, die Lebensgemeinschaft verweigern,[120] und zwar auch schon vor Ablauf des einjährigen Getrenntlebens. Demgegenüber fehlt es am Scheitern der Ehe, wenn nach einjährigem und vor dreijährigem Getrenntleben ein Ehegatte den Antrag auf Herstellung der Ehe stellt, weil der antragstellende Ehegatte an der Ehe festhalten will und daher die Voraussetzungen des § 1566 Abs. 1 BGB nicht vorliegen.[121] Die Ehe ist wiederum auch dann gescheitert, wenn die Scheidung allein auf Grund der Härteklausel des § 1568 BGB zu versagen ist.[122]

γ) Das Recht zur Mitbenutzung von Ehewohnung und Haushaltsgegenständen. Aus den **53** Recht und der Pflicht zur ehelichen Lebensgemeinschaft nach § 1353 Abs. 1 S. 2 Halbs. 1 BGB folgen das Recht und die Pflicht der Ehegatten zur häuslichen Gemeinschaft auf dem wiederum das

---

[114] BT-Drucks. 16/6308, S. 262 f.
[115] *Staudinger/Voppel* § 1353 BGB Rn. 17, dort wird ausdrücklich betont, dass über den Wortlaut hinaus auch ein entsprechendes Recht besteht. In § 1353 Abs. 1 S. 2 Halbs. 1 BGB kommt nämlich die rechtliche Verfasstheit der Ehe überhaupt zum Ausdruck, also, dass es sich bei der Ehe um ein Rechtsverhältnis handelt. Das wiederum bedeutet nun, dass die Ehe mindestens ein subjektives Recht enthält, dem eine Pflicht des anderen am Rechtsverhältnis Beteiligten entspricht, vgl. dazu *Larenz*, Allgemeiner Teil des deutschen bürgerlichen Rechts, 7. Aufl. 1989, § 12 I, S. 94, § 2 I, S. 34 f. sowie speziell aus familienrechtlicher Sicht, *Muscheler,* Familienrecht, 2006, Rn. 282.
[116] *Staudinger/Voppel* § 1353 BGB Rn. 17.
[117] RGZ 46, 382, 384; RG-JW 1914, 41; 1935, 1403 ff.; MünchKommBGB/*Wacke* § 1353 Rn. 34; *Soergel/Lange* § 1353 BGB Rn. 42.
[118] Zur Kasuistik vgl. MünchKommBGB/*Wacke* § 1353 Rn. 34 ff.; *Soergel/Lange* § 1353 BGB Rn. 42; *Staudinger/Voppel* § 1353 BGB Rn. 151 f.
[119] MünchKommBGB/*Wacke* § 1353 Rn. 37; *Soergel/Lange* § 1353 BGB Rn. 49; *Staudinger/Voppel* § 1353 BGB Rn. 49.
[120] MünchKommBGB/*Wacke* § 1353 Rn. 37; *Staudinger/Rauscher* § 1565 BGB Rn. 22.
[121] *Palandt/Brudermüller* § 1353 BGB Rn. 47.
[122] *Staudinger/Voppel* § 1353 BGB Rn. 153.

Recht auf Mitbenutzung von Ehewohnung und Haushaltsgegenständen basiert.[123] Das Recht ist **klagbar** und **vollstreckbar**.[124] Die bisher umstrittene Frage, ob die allgemeinen Prozessgerichte oder die Familiengerichte zuständig sind,[125] hat sich durch Abs. 1 S. 1 Halbs. 1 Nr. 2 erledigt.

54 δ) **Der Anspruch gem. § 861 Abs. 1 BGB.** Sperrt ein Ehegatte den anderen aus der Ehewohnung aus und verlangt der ausgesperrte Ehegatte **ohne Trennungsabsicht** gem. § 861 Abs. 1 BGB die Wiedereinräumung des Mitbesitzes, liegt keine Ehewohnungssache iSv. § 200 Abs. 1 Nr. 1 vor. § 1361b Abs. 1 S. 1 BGB greift zu Gunsten des ausgesperrten Ehegatten nicht ein, weil die Ehegatten nicht getrennt leben und auch kein Ehegatte getrennt leben will. Hier greift Abs. 1 Halbs. 1 Nr. 2 ein, nicht Abs. 1 S. 1 Halbs. 1 Nr. 3, weil die Ehegatten nicht getrennt leben.[126]

55 ε) **Ansprüche im Zusammenhang der Mitarbeit im Beruf oder Geschäft des Gatten. αα) Recht zur Mitarbeit.** Ein Recht zur Mitarbeit im Beruf oder Geschäft des anderen Gatten lässt sich **aus § 1353 Abs. 1 S. 2 Halbs. 1 BGB nicht generell herleiten**.[127] Im Einzelfall kann aber die Pflicht zur Rücksichtnahme auf den Partner und zur Achtung seiner Persönlichkeit eine Pflicht begründen, ihm eine solche Mitarbeit zu gewähren.[128] Eine solche Pflicht kann zB dann bestehen, wenn der Ehegatte arbeitslos ist und im Unternehmen des Ehepartners eine entsprechende Arbeitsstelle vorhanden ist.[129]

56 ββ) **Pflicht zur Mitarbeit.** Seit dem § 1356 Abs. 2 BGB aF, der den Ehegatten verpflichtete, im Beruf oder Geschäft des Partners mitzuarbeiten, durch das 1. EheRG aufgehoben wurde, kann sich eine Mitarbeitspflicht nur noch aus § 1353 Abs. 1 S. 2 Halbs. 1 BGB ergeben.[130] Sie ist nur noch **in Notsituationen** zu bejahen.[131] Anderenfalls unterliefe man die durch Aufhebung von § 1356 Abs. 2 BGB aF von den Gesetzgebern gewollte Abschaffung der Mitarbeitspflicht.[132] Eine **unentgeltliche Mitarbeitspflicht** eines Ehegatten besteht daher nur noch in Fällen, in denen der andere Ehegatte seine berufliche Existenz aufbaut sowie, wenn kurzfristig eine nicht ersetzbare Arbeitskraft ausfällt.[133]

57 γγ) **Mitarbeit als Unterhaltsleistung iSv. § 1360 S. 1 BGB.** Der Beitrag zum Familienunterhalt kann auch durch unentgeltliche Mitarbeit im Beruf oder Geschäft des anderen Ehegatten geleistet werden; der dadurch erzielte Ertrag kommt dem anderen Ehegatten und damit der Familie zugute.[134] Entstehen diesbezüglich Streitigkeiten zwischen den Ehegatten, geht es um unterhaltsrechtliche Ansprüche. Es handelt sich dann um eine **Unterhaltssache iSv. § 231 Abs. 1 Nr. 2** und daher gem. Abs. 1 Halbs. 6 nicht um eine sonstige Familiensache.

58 δδ) **Vergütung der Mitarbeit.** Steht dem mitarbeitenden Ehegatten auf Grund eines familienrechtlichen **Ausgleichsanspruchs nach § 1353 Abs. 1 S. 2 Halbs. 1 BGB** eine „Erfolgsvergütung" zu, handelt es sich um eine Familiensache iSv. Abs. 1 Halbs. 1 Nr. 2 BGB.[135] Erfolgt die Vergütung auf Grund eines **Dienst- oder Arbeitsvertrags,** sind die Arbeitsgerichte zuständig, Abs. 1 Halbs. 2.

59 ζ) **Ansprüche aus der Pflicht zur Rücksichtnahme. αα) Immaterielle Duldungspflichten.** Jeder Ehegatte ist zur Duldung der Aufnahme von Verwandten des Anderen, insbesondere von Kindern aus einer früheren Ehe oder Beziehung, zur Rücksichtnahme auf religiöse Anschauungen,

---

[123] Vgl. ausführlich *Staudinger/Voppel* § 1353 BGB Rn. 69 ff., 79 ff.
[124] BGHZ 12, 380; BGH NJW 1977, 43; OLG Bremen FamRZ 1965, 77; *Gernhuber/Coester-Waltjen* § 19 Rn. 24, § 23 Rn. 2; *Soergel/Lange* § 1353 BGB Rn. 9, 36; MünchKommBGB/*Wacke* § 1353 Rn. 26; *Bamberger/Roth/Hahn* § 1353 BGB Rn. 7; *Rauscher* Rn. 247.
[125] Vgl. dazu *Staudinger/Voppel* § 1353 BGB Rn. 81.
[126] Vgl. § 200 Rn. 27.
[127] *Bamberger/Roth/Hahn* § 1353 BGB Rn. 31; *Gernhuber/Coester-Waltjen* § 20 Rn. 21; *Soergel/Lange* § 1353 BGB Rn. 23.
[128] *Soergel/Lange* § 1353 BGB Rn. 23; *Staudinger/Voppel* § 1353 BGB Rn. 85.
[129] MünchKommBGB/*Wacke* § 1356 Rn. 22; *Soergel/Lange* § 1353 BGB Rn. 23; *Staudinger/Voppel* § 1353 BGB Rn. 85; enger dagegen *Gernhuber/Coester-Waltjen* § 20 Rn. 21.
[130] BGH FamRZ 1980, 776, 777; *Gernhuber/Coester-Waltjen* § 20 Rn. 19; MünchKommBGB/*Wacke* § 1353 Rn. 12; *Soergel/Lange* § 1353 BGB Rn. 23; *Staudinger/Voppel* § 1353 BGB Rn. 84, 86.
[131] *Gernhuber/Coester-Waltjen* § 20 Rn. 19; MünchKommBGB/*Wacke* § 1356 Rn. 20; *Palandt/Brudermüller* § 1356 Rn. 6; *Soergel/Lange* § 1353 BGB Rn. 23; *Staudinger/Vopppel* § 1353 BGB Rn. 86.
[132] *Gernhuber/Coester-Waltjen* § 20 Rn. 19; aA *Giesen* JR 1983, 89, 93 und wohl auch *Weinreich/Klein/Weinreich* § 1353 BGB Rn. 36.
[133] MünchKommBGB/*Wacke* § 1356 Rn. 21; *Soergel/Lange* § 1353 Rn. 23; *Staudinger/Voppel* § 1353 BGB Rn. 86.
[134] BGH FamRZ 1980, 776, 777; MünchKommBGB/*Wacke* § 1360 Rn. 14; *Soergel/Lange* § 1360 BGB Rn. 16.
[135] Vgl. oben Rn. 8.

zum Unterlassen abfälliger Meinungsäußerungen sowohl über den Ehegatten als auch über dessen Verwandten und zum Unterlassen von Strafanzeigen verpflichtet.[136] Erst Recht besteht die Verpflichtung, die Privat- und Intimsphäre des jeweils Anderen zu achten, das Briefgeheimnis nicht zu verletzen, denn Kontrolle und Bespitzelung sind grundsätzlich auch nicht durch berechtigte Interessen zu rechtfertigen.[137] Die Ehe nimmt dem einzelnen Ehegatten nicht seine Persönlichkeitsrechte. Solchen Pflichtverstößen kann nicht nur mit dem Herstellungsantrag, sondern auch durch vollstreckbare Schadens- und Unterlassungsansprüche nach §§ 823, 826, 1004 BGB analog begegnet werden.[138] Solange die Ehegatten **nicht getrennt leben, greift Abs. 1 Halbs. 1 Nr. 2 ein; leben sie getrennt, geht Nr. 3 vor.**

ββ) Vermögensrechtliche Ansprüche, insbesondere die Pflichten bei der steuerlichen Veranlagung. Aus § 1353 Abs. 1 S. 2 Halbs. 1 BGB folgt auch die Pflicht, den anderen Ehegatten **vor finanziellen Lasten zu bewahren,** soweit das ohne Verletzung eigener Interessen möglich ist.[139] Dazu gehört insbesondere die Verpflichtung, Erklärungen abzugeben, die zur Herbeiführung einer den tatsächlichen Verhältnissen entsprechenden Rechtslage erforderlich sind.[140] So besteht ein Anspruch auf Ermöglichung der Inanspruchnahme einer für beide Partner abgeschlossenen Rechtsschutzversicherung[141] sowie ggf. auf Übertragung eines Schadensfreiheitsrabatts.[142] 60

Insbesondere bestehen Pflichten beider Ehegatten bei der **steuerlichen Veranlagung.** Bei gemeinsamer Veranlagung besteht die Pflicht, bei der Steuererklärung mitzuwirken, da sich beide Ehegatten für die gemeinsame Veranlagung entschieden haben.[143] Die Pflicht zur gemeinsamen steuerlichen Veranlagung besteht dann, wenn hierdurch die gesamte steuerliche Belastung auch nur eines Ehegatten gesenkt wird.[144] Der Anspruch zur gemeinsamen steuerlichen Veranlagung besteht **auch nach der Trennung** sowie **nach der Scheidung** für den Veranlagungszeitraum während des Zusammenlebens bzw. während der Ehe[145] sowie für das Jahr nach der Trennung.[146] Die Ansprüche fallen **dann nicht unter Abs. 1 S. 1 Halbs. 1 Nr. 2**, sondern **unter Nr. 3.** Unter den Voraussetzungen, unter denen ein Anspruch auf Zustimmung zur gemeinsamen steuerlichen Veranlagung besteht, ist ggf. ein Anspruch auf Zustimmung zum **begrenzten Realsplitting** gem. §§ 10 Abs. 1 Nr. 1, 22 Nr. 1 a EStG gegeben. Der bisher bestehende Streit, ob und ggf. in welchem Umfang das allgemeine Prozessgericht oder das FamG zuständig sind, hat sich durch Abs. 1 S. 1 Halb. 1 Nr. 2 erledigt.[147] 61

η) Auskunftsansprüche. Jedem Ehegatten steht gegen den anderen ein Anspruch zur **Auskunft über sein Vermögen** einschließlich des **laufenden Einkommens** zu; er ist allerdings – soweit nicht spezielle Auskunftsansprüche bestehen – nur in groben Zügen darlegungspflichtig.[148] Das gilt im Grundsatz auch hinsichtlich der Mittelverwendung durch den wirtschaftsführenden Ehegatten. Des Weiteren besteht ein Anspruch auf Auskunft über eigene, vom anderen Ehegatten begründete **Versorgungsanrechte.** Der Anspruch besteht nur bei bestehender Ehe, nicht mehr nach deren Auflösung, argumentum e § 1580 BGB. In der **Zeit des Getrenntlebens** besteht er nur insoweit, als nicht ein Auskunftsanspruch nach §§ 1605, 1361 Abs. 4 S. 4 BGB besteht und fällt dann unter Abs. 1 Halbs 1 Nr. 3. 62

---

[136] *Bamberger/Roth/Hahn* § 1353 BGB Rn. 17; MünchKommBGB/*Wacke* § 1353 Rn. 24; *Soergel/Lange* § 1353 BGB Rn. 14; *Staudinger/Voppel* § 1353 BGB Rn. 60; *Weinreich/Klein/Weinreich* § 1353 BGB Rn. 23.

[137] BGH FamRZ 1970, 589; *Rauscher* Rn. 244.

[138] *Rauscher* Rn. 244 aE.

[139] BGH FamRZ 2005, 182.

[140] OLG Oldenburg FamRZ 2007, 147, 148, Bestätigung der „Weiterleitung an den Berechtigten, das Kindergeld betreffend".

[141] AG Nordenham FamRZ 1994, 894 allerdings bei Getrenntleben der Ehegatten.

[142] LG Freiburg FamRZ 1991, 1447; LG Flensburg FamRZ 2007, 146; AG Euskirchen FamRZ 1999, 380; MünchKommBGB/*Wacke* § 1353 Rn. 28; *Wever* FamRZ 2003, 760, 761.

[143] *Staudinger/Voppel* § 1353 Rn. 93.

[144] BGH FamRZ 2005, 182, 183; 2003, 1454, 1455; 2002, 1024; 1988, 820; NJW 1983, 1545; FamRZ 1977, 3841 = NJW 1977, 378; OLG Köln FamRZ 1993, 806, 807 f.; 1989, 1174; OLG Hamburg MDR 1977, 581; MünchKommBGB/*Wacke* § 1353 Rn. 29; *Bamberger/Roth/Hahn* § 1353 BGB Rn. 22; *Palandt/Brudermüller* § 1353 BGB Rn. 12; *Weinreich/Klein/Weinreich* § 1353 BGB Rn. 30.

[145] OLG Köln JMBl. NW 1996, 257, 258.

[146] BGH FamRZ 2002, 1024, 1025.

[147] Vgl. zum bisherigen Streit *Staudinger/Voppel* § 1353 BGB Rn. 95.

[148] BGH FamRZ 1976, 516 f.; 1978, 677; OLG Hamburg FamRZ 1967, 100, 101 f.; OLG Hamm FamRZ 2000, 228; OLG Karlsruhe FamRZ 1990, 161, 162; *Bamberger/Roth/Hahn* § 1353 BGB Rn. 21; MünchKommBGB/*Wacke* § 1353 Rn. 28; *Palandt/Brudermüller* § 1353 BGB Rn. 13; *Weinreich/Klein/Weinreich* § 1353 BGB Rn. 34.

63 v) **Ansprüche bei Störung des „räumlich-gegenständlichen Bereichs" der Ehe.** Die Rechtsprechung gewährt seit BGHZ 6, 360 ff.[149] bei Störung des sog. „räumlich-gegenständlichen Bereichs der Ehe" dem betroffenen Ehegatten gegen den anderen einen vollstreckbaren **Unterlassungs- und Beseitigungsanspruch.**[150] Die Literatur folgt ihr weitgehend.[151] Der **Anspruch** wird unabhängig davon, auf welche Rechtsgrundlage man ihn stützt von **Abs. 1 S. 1 Halbs. 1 Nr. 2 BGB erfasst** und nach dem Wortlaut von **§ 120 Abs. 3 2. Alt.** unterliegt die Verpflichtung zur Herstellung des ehelichen Lebens **nicht der Vollstreckung.** Wie schon das Vollstreckungsverbot des § 888 Abs. 3 ZPO aF verfolgt auch dasjenige des § 120 Abs. 3 den Schutz der Entschließungsfreiheit im persönlich-sittlichen Bereich. Dieser verlangt aber **nur ein Verbot der Vollstreckung höchstpersönlicher Ansprüche.**[152] Daher ist § 120 Abs. 3 Alt. 2 wie schon § 888 Abs. 3 Alt. 2 ZPO aF **teleologisch** auf ein Vollstreckungsverbot höchstpersönlicher Ansprüche **zu reduzieren.** Zu diesen zählen die vermögensrechtlichen Ansprüche **nicht** – und damit auch nicht die Unterlassungs-, Beseitigungs- und ggf. Schadensersatzansprüche bei Störung des „räumlich-gegenständlichen Bereichs der Ehe".[153] Diese Ansprüche folgen aus § 1353 Abs. 1 S. 2 Halbs. 1 BGB. Es war und ist daher nicht erforderlich, die Ansprüche als negativische anzusehen und auf ein außerhalb der Ehe liegendes Rechtsgut zu stützen.[154] Das geschah nämlich nur, um den Anspruch der Herstellungsklage des bisherigen § 606 Abs. 1 S. 1 Alt. 5 ZPO aF und insbesondere dem Verbot der Zwangsvollstreckung durch Zwangsgeld oder Zwangshaft nach § 888 Abs. 3 ZPO aF zu entziehen. Das war bereits nach alter Rechtslage nicht erforderlich und ist es nunmehr nach neuer Rechtslage gleichfalls nicht.

64 Der Schutzbereich des „räumlich-gegenständlichen Bereichs der Ehe" umfasst die **Ehewohnung** in dem Bestand, in dem sie die Eheleute zuletzt gemeinsam genutzt haben, umfasst aber auch **gewerblich genutzte Räume.**[155] Aufgrund des Unterlassungs- und Beseitigungsanspruchs kann der betroffene Ehegatte von dem anderen verlangen, dass dieser die **Geliebte bzw. den Geliebten** aus der Wohnung entfernt sowie das Betreten der Wohnung untersagt.

73 Diese Ansprüche bestehen auch **gegen die Geliebten selbst.**[156] Anspruchsgrundlage sind §§ 1004 Abs. 1 entsprechend, 823 BGB iVm. § 1353 Abs. 1 S. 2 Halbs. 1 BGB.

66 Der **BGH**[157] **verneint Schadensersatzansprüche** bei Ehestörungen und zwar auch hinsichtlich des sog. Abwicklungsinteresses sowohl gegen den anderen Ehegatten wie gegen Dritte, insbesondere gegen Liebhaber. Erkennt man Schadensersatzansprüche mit erheblichen Teilen der Literatur[158] an, rühren diese gleichfalls aus der Ehe her und fallen unter Abs. 1 S. 1 Halbs. 1 Nr. 2.

67 bb) **Verfahrensarten. α) Der Antrag auf Herstellung des ehelichen Lebens, die frühere Herstellungsklage.** Die Durchsetzung sämtlicher Rechte und Ansprüche aus § 1353 Abs. 1 S. 2 Halbs. 1 BGB erfolgt – wie bisher mit der sog. Herstellungsklage nach § 606 Abs. 1 S. 1 Alt. 5 ZPO aF – im Verfahren zur Herstellung des ehelichen Lebens. Es handelt sich entsprechend der früheren Herstellungsklage, die Leistungsklage war, um **Leistungsanträge** (§ 113 Abs. 5 Nr. 2), nicht um Feststellungsanträge. Aufgrund des erheblichen Umfangs der Herstellungsanträge ist es verwunderlich, dass die Gesetzesverfasser sie im Anschluss an einen Teil der Literatur[159] als „Anachronismus" bezeichnen und behaupten, die zahlenmäßige und praktische Bedeutung dieser Verfahren sei gering.[160] Die Herstellungsanträge werden im Gesetz nur noch im Zusammenhang mit ihrer Nichtvollstreckbarkeit in § 120 Abs. 3 Alt. 2 ausdrücklich benannt.

---

[149] = NJW 1952, 975 f.
[150] BGH FamRZ 1956, 50; 1963, 553; BGHZ 34, 80.
[151] *Gernhuber/Coester-Waltjen* § 17 Rn. 16; *MünchKommBGB/Wacke* § 1353 Rn. 43; *Palandt/Brudermüller* Vor § 1353 BGB Rn. 5; *Rauscher* Rn. 253 f.; *Soergel/Lange* § 1353 BGB Rn. 38; *Staudinger/Voppel* § 1353 BGB Rn. 111 ff.
[152] *Soergel/Lange* § 1353 BGB Rn. 26; *Staudinger/Strätz* § 1353 BGB Rn. 148.
[153] So *Soergel/Lange* § 1353 BGB Rn. 36, der zutreffend auf die Parallele zu den Unterhaltsansprüchen und güterrechtlichen Ansprüchen hinweist; *Rauscher* Rn. 239 aE *Staudinger/Voppel* § 1353 BGB Rn. 148; so auch *Bumiller/Harders* § 120 Rn. 5.
[154] BGHZ 6, 360, 365 ff.
[155] Vgl. BGH FamRZ 1961, 432, 434; OLG Celle FamRZ 1963, 295, 296 hier: Anspruch auf Beendigung der Beschäftigung der Geliebten; OLG Köln FamRZ 1984, 267.
[156] BGHZ 6, 360, 365 ff.; OLG Stuttgart 1980, 49 f.; *MünchKommBGB/Wacke* § 1353 Rn. 43; *Soergel/Lange* § 1353 BGB Rn. 38; *Gernhuber/Coester-Waltjen* § 17 Rn. 16.
[157] Seit BGHZ 6, 360 ff.
[158] Vgl. nur *Staudinger/Voppel* § 1353 BGB Rn. 127, 135 muwN.
[159] *MünchKommBGB/Wacke* § 1353 Rn. 44, der aber jedenfalls eine Appellwirkung anerkennt; wohl auch Stake JA 1994, 115, 122.
[160] BT-Drucks. 16/6308, S. 226.

Sonstige Familiensachen 68–71 § 266

Der Herstellungsantrag hat einen sinnvollen Anwendungsbereich in Fällen der Durchsetzung einzel- 68
ner Pflichten, dient jedoch zunehmend und vor allem der Verfolgung von Rechtsansprüchen in
Vermögensangelegenheiten, die in § 1353 Abs. 1 S. 2 Halbs. 1 BGB ihre Anspruchsgrundlage haben.[161] Gerade die Gegner der Herstellungsklage[162] gehen von deren Klagbarkeit und Vollstreckbarkeit
aus, ohne allerdings Klagegrund und Gerichtsstand zu nennen. Da nun Anspruchsgrundlage dieser
Ansprüche allein § 1353 Abs. 1 S. 2 Halbs. 1 BGB ist, liegt in ihrer Geltendmachung ein Verlangen auf
Herstellung der ehelichen Lebensgemeinschaft und damit zugleich ein Herstellungsantrag. Auch ist
keine restriktive Auslegung des Antrags auf Herstellung des ehelichen Lebens in dem Sinne geboten,
dass dieser nur bei umfassender Infragestellung der ehelichen Lebensgemeinschaft zulässig wäre.[163]
Nicht erfasst werden allerdings die nicht justiziablen Rechte und Ansprüche. Hierzu zählen insbesondere das eheliche Recht und die Pflicht zur Geschlechtsgemeinschaft, aber auch die Informationspflicht
über Einnahme und Absetzen von Empfängnisverhütungsmitteln.[164] Justizialbel sind hingegen die
meisten weiteren höchstpersönlichen ehelichen Rechte und Pflichten.[165] Justiziabel und vollstreckbar
sind insbesondere die vermögensbezogenen Rechte und Pflichten aus § 1353 Abs. 1 S. 2 Halbs. 1 BGB.

Das Vollstreckungsverbot des § 120 Abs. 3 Alt. 2 verfolgt den Schutz der Entschließungsfreiheit 69
im persönlich-sittlichen Bereich. Dieser erfordert allein ein Verbot der Vollstreckung höchstpersönlicher Ansprüche.[166] Die Vorschrift ist daher teleologisch auf ein Vollstreckungsverbot höchstpersönlicher Ansprüche zu reduzieren. Hierzu zählen sämtlich nicht die aus § 1353 Abs. 1 S. 2 Halbs. 1
BGB folgenden vermögensrechtlichen Ansprüche.[167] Nur soweit es sich um Ansprüche auf Abgabe
einer Willenserklärung handelt, wie bei den Ansprüchen auf Zustimmung zur gemeinsamen steuerlichen Veranlagung, Zustimmung zum begrenzten Realsplitting und Auskunftsansprüche, erfolgt die
Vollstreckung sowohl nach der Verweisung des § 113 Abs. 1 S. 2 als auch nach derjenigen des § 95
Abs. 1 Nr. 5 entsprechend § 894 Abs. 1 S. 1 ZPO.

β) Antrag auf Feststellung des Rechts zum Getrenntleben, die frühere Klage auf Fest- 70
stellung des Rechts zum Getrenntleben. Die Klage auf Feststellung des Rechts zum Getrenntleben oder negative Herstellungsklage war bis zum 1. EheRG von erheblicher Bedeutung. Nach
§ 1361 BGB aF stand nämlich die Regelung des Trennungsunterhalts in engem Zusammenhang mit
den Trennungsgründen und dem Trennungsverschulden. Der Ehegatte, der gegen den Willen des
anderen Gatten die Herstellung des ehelichen Lebens verweigerte, ohne dazu berechtigt zu sein, hatte
keinen Unterhaltsanspruch, § 1361 Abs. 3 BGB aF. Einen solchen Anspruchsausschluss gibt es im
heutigen Unterhaltsrecht nicht mehr, weshalb die Klage bzw. nunmehr (§ 113 Abs. 5 Nr. 2) der
Antrag auf Feststellung des Rechts zum Getrenntleben **an Bedeutung verloren** hat.

Gleichwohl besteht weiterhin die Möglichkeit, unter den Voraussetzungen des **§ 1353 Abs. 2** 71
BGB einen Antrag auf Feststellung des Rechts zum Getrenntleben zu erheben. Der Antrag ist
Gegenstück zum Herstellungsantrag.[168] Als Feststellungsantrag setzt der Antrag auf Feststellung
des Rechts zum Getrenntleben, wie alle Feststellungsklagen bzw. Anträge – ein **Feststellungsinteresse** des antragstellenden Ehegatten iSv. §§ 256 Abs. 1 ZPO iVm. 113 Abs. 1 S. 2 voraus. Ein
solches dürfte kaum je gegeben sein. Es fehlt jedenfalls, wenn der andere Ehegatte das Recht zum
Getrenntleben bestreitet oder sich auf das Recht auf häusliche Gemeinschaft beruft, da es nach
geltendem Recht auf ein Recht zum Getrenntleben iSv. § 1353 Abs. 2 BGB nicht mehr ankommt.[169] Insbesondere setzt das Getrenntleben iSv. § 1567 Abs. 1 S. 1 BGB kein Recht zum
Getrenntleben voraus.[170]

---

[161] So deutlich *Soergel/Lange* § 1353 BGB Rn. 26 f., 36; *Rauscher* Rn. 239 sub bb; *Staudinger/Voppel* § 1353 BGB Rn. 141.
[162] Insbesondere MünchKommBGB/*Wacke* § 1353 Rn. 50.
[163] *Gernhuber/Coester-Waltjen* § 23 Rn. 1; *Rauscher* Rn. 239 sub bb; *Staudinger/Voppel* § 1353 BGB Rn. 143; aA MünchKommBGB/*Wacke* § 1353 Rn. 44.
[164] *Staudinger/Voppel* § 1353 BGB Rn. 41, 144; *Weinreich/Klein/Weinreich* § 1353 BGB Rn. 12; aA *Rauscher* Rn. 237 Fn. 28; Abweichend *Grziwotz* FamRZ 2002, 1154, 1156, der Vollstreckbarkeit verneint. Es gibt aber keine 100%ig sicheren Verhütungsmethoden. Dieser höchstpersönliche Bereich ist ebenso wie die Pflicht zur Geschlechtsgemeinschaft nicht justiziabel.
[165] Vgl. *Staudinger/Voppel* § 1353 S. 145 und oben Rn. 63.
[166] Vgl. *Soergel/Lange* § 1353 BGB Rn. 36.
[167] Vgl. oben Rn. 63.
[168] So bisher zur Herstellungsklage OLG Hamm FamRZ 1970, 83; MünchKommBGB/*Wacke* § 1353 Rn. 48.
[169] KG FamRZ 1988, 81; OLG München FamRZ 1986, 807; OLG Bamberg FamRZ 1979, 804; OLG Saarbrücken FamRZ 2007, 402; Palandt/*Brudermüller* Vor § 1353 BGB Rn. 14; Palandt/*Diederichsen* 50. Aufl. 1991 § 1353 BGB Rn. 17 bis 22; *Staudinger/Voppel* § 1353 BGB Rn. 155; aA *Gernhuber/Coester-Waltjen* § 23 Rn. 3; MünchKommBGB/*Wacke* § 1353 Rn. 48.
[170] Ausführlich *Staudinger/Rauscher* § 1567 Rn. 2, 24 ff.

72 Die Möglichkeit einer **das Getrenntleben regelnden einstweiligen Anordnung** schließt das Feststellungsinteresse hingegen nicht aus. Diese Anordnung setzt nämlich wie bisher ein Recht zum Getrenntleben nicht voraus.[171] Das **FamFG enthält keine § 620 Nr. 5 ZPO aF entsprechende Regelung,** eine das Getrenntleben regelnde einstweilige Anordnung ist jedoch nach **§§ 49 ff.** nach wie vor möglich. Rechtsgrundlage kann nun aber nicht ein dem Gericht zuerkanntes Gestaltungsrecht sein,[172] weil § 49 Abs. 1 für den Erlass einer einstweiligen Anordnung u. a. voraussetzt, dass die Maßnahme „nach den für das Rechtsverhältnis maßgebenden Vorschriften gerechtfertigt ist" und damit wie bei dem Verfügungsanspruch der einstweiligen Verfügung nach der ZPO auf das **Bestehen eines materiell-rechtlichen Anspruchs abgestellt** wird.[173] Materielle Rechtsgrundlage kann freilich nicht „§ 1353 BGB"[174] sein, denn weder aus dem Recht zur ehelichen Lebensgemeinschaft gem. § 1353 Abs. 1 S. 2 Halbs. 1 BGB folgt eine Befugnis der Ehegatten zum tatsächlichen Getrenntleben, noch lässt sich diese aus § 1353 Abs. 2 BGB herleiten, da die Vorschrift allein regelt, wann das Recht und die Pflicht zur ehelichen Lebensgemeinschaft nach § 1353 Abs. 1 S. 2 Halbs. 1 BGB enden und demzufolge einem Ehegatten ein Recht zum Getrenntleben zusteht. Die **materiell-rechtliche Grundlage** der Befugnis zum **tatsächlichen Getrenntleben** folgt vielmehr aus der **Wertung der §§ 1565 ff. BGB**, nach der das Recht und die Pflicht zur häuslichen Gemeinschaft iSd. § 1567 BGB als Teilaspekt der Pflichten aus § 1353 Abs. 1 S. 2 Halbs. 1 BGB bereits dann entfallen, wenn ein Ehegatte **getrennt leben will, um den Zustand seiner Ehe unter Meidung von Spannung zu prüfen.**[175] Es reicht aus, dass das Recht und die Pflicht zur häuslichen Gemeinschaft als Teilaspekt der Pflichten aus § 1353 Abs. 1 S. 2 Halbs. 1 BGB entfallen, um auch den Widerspruch zwischen §§ 1353 Abs. 2 BGB und 1565 Abs. 2 BGB aufzulösen. Ein umfassendes Recht zum Getrenntleben iSv. § 1353 Abs. 2 Alt. 2 BGB besteht eben erst dann, wenn die Ehe iSv. § 1565 Abs. 1 BGB gescheitert ist, also – sofern nicht die Voraussetzungen des § 1565 Abs. 2 BGB vorliegen – frühestens mit Ablauf des ersten Trennungsjahres. Bereits zuvor, mit dem tatsächlichen Getrenntleben, entfällt die Pflicht zur häuslichen Gemeinschaft aus § 1353 Abs. 1 S. 2 Halbs. 1 BGB.

73 γ) **Leistungsanträge.** In allerdings geringer Anzahl erfasst Abs. 1 S. 1 Halbs. 1 Nr. 2 auch allgemeine Leistungsanträge wie Schadensersatzansprüche, auch solche gegen Dritte und den Anspruch gem. § 861 Abs. 1 BGB.

74 c) **Sonstige Familiensachen nach Abs. 1 Halbs. 1 Nr. 3.** Es handelt sich um die **praktisch bedeutsamste und zahlenmäßig umfangreichste Fallgruppe.** Nach ihrem Wortlaut umfasst die Vorschrift Ansprüche zwischen miteinander verheirateten oder ehemals miteinander verheirateten Personen oder zwischen einer solchen und einem Elternteil im Zusammenhang mit Trennung oder Scheidung oder Aufhebung der Ehe. In jedem Fall muss also ein **Zusammenhang**[176] **mit Trennung, Scheidung oder Aufhebung der Ehe** bestehen. Die Gesetzesverfasser wollten auf diese Weise insbesondere die gesamten vermögensrechtlichen Auseinandersetzungen zwischen den Ehegatten außerhalb des Güterrechts, das sog. **„Nebengüterrecht"** erfassen und die Zuständigkeit der FamG begründen.[177] Ausdrücklich genannt werden die Auseinandersetzung einer Miteigentümergemeinschaft, die Auflösung einer Ehegatteninnengesellschaft, Streitigkeiten wegen Gesamtschuldnerausgleichs, die Rückgewähr von Zuwendungen und die Aufteilung von Steuerguthaben. Ausdrücklich betont wird zudem, dass auch die Auseinandersetzungen zwischen einem Ehegatten und dessen Eltern oder den Eltern des anderen Ehegatten aus Anlass der Trennung, Scheidung und der Aufhebung der Ehe erfasst werden.[178]

75 Die Existenz dieser Ansprüche und damit zugleich die große Anzahl solcher Verfahren (früher: Prozess oder Rechtsstreit, § 113 Abs. 5 Nr. 1) beruht im Wesentlichen darauf, dass im gesetzlichen Güterstand der Zugewinn „gemeinschaft" **nach § 1363 Abs. 2 S. 1 BGB kein gemeinschaftliches Vermögen** der Ehegatten allein auf Grund der Ehe entsteht. Es handelt sich bei dem

---

[171] So zu § 620 Nr. 5 ZPO MünchKommBGB/*Wacke* § 1353 Rn. 48; *Soergel/Lange* § 1353 BGB Rn. 52, *Staudinger/Voppel* § 1353 BGB Rn. 155 aE, 156.
[172] So bisher *Leipold,* Grundlagen des einstweiligen Rechtsschutzes, 1971, S. 150 ff.; *Stein/Jonas/Schlosser* § 620 ZPO Rn. 7; *Johannsen/Henrich/Sedemund-Treiber* § 620 ZPO Rn. 19; RGZ 46, 382, 385 f.
[173] BT-Drucks. 16/6308, S. 199; vgl. oben § 49 Rn. 4; so auch *Keidel/Giers* § 49 Rn. 10 f.
[174] So: *Finger* § 620 Rn. 69.
[175] So zutreffend *Staudinger/Rauscher* § 1565 BGB Rn. 24, leicht abweichend wohl in: *Rauscher* Rn. 239, denn dort wird die Pflicht zur häuslichen Gemeinschaft dann verneint, „sobald ein Ehegatte sie ablehnt, weil er getrennt leben will, also für § 1353 Abs. 2 bereits die fehlende Einigung als Scheitern genügen lässt."
[176] Vgl. zu diesem unbestimmten Rechtsbegriff näher oben Rn. 25.
[177] BT-Drucks. 16/6308, S. 263.
[178] BT-Drucks. 16/6308, S. 263.

gesetzlichen Güterstand der Zugewinn"gemeinschaft", trotz des Gegenteiges suggerierenden Begriffs,[179] um eine Erscheinungsform der Gütertrennung,[180] weshalb der Begriff **„Gütertrennung mit Ausgleich des Zugewinns"**[181] die Rechtslage klarer zum Ausdruck bringt. Es bleibt den Ehegatten selbstverständlich unbenommen, rechtsgeschäftlich nach den allgemeinen Regeln (§§ 873, 925, 929 ff. BGB) Miteigentum zu erwerben. Dies geschieht tatsächlich häufig, das wiederum besonders hochwertige Familienheim stellt den Hauptfall dar. Darüber hinaus schließen die Ehegatten aber weitere Rechtsgeschäfte ab, auch mit Dritten, so zB Darlehensverträge oder Gesellschaftsverträge. Bestehendes Miteigentum und andere Vermögensverflechtungen der Ehegatten werden mit der Durchführung des Zugewinnausgleichs nicht aufgehoben bzw. entflochten.

Haben die Ehegatten den **Güterstand der Gütertrennung** vereinbart (§ 1414 BGB) und damit **76** bewusst zum Ausdruck gebracht, dass kein gemeinschaftliches Vermögen zwischen ihnen entstehen soll, erwerben sie nicht selten rechtsgeschäftlich Miteigentum an der Ehewohnung. Auch gesamtschuldnerische Darlehensverpflichtungen u. Ä. sind nicht unbeliebt.

Lediglich wenn die Ehegatten im **Güterstand der Gütergemeinschaft** gelebt haben, wird das **77** beiderseitige Vermögen der Ehegatten allein durch die Vereinbarung der Gütergemeinschaft Gesamtgut, also zu gemeinschaftlichem Vermögen beider Ehegatten (§ 1416 Abs. 1 BGB).[182] Die Auseinandersetzung des gemeinschaftlichen Vermögens ist in §§ 1471 ff. BGB umfassend geregelt. Für einen zusätzlichen Ausgleich und für die Klärung schuldrechtlicher Beziehungen der Ehegatten untereinander besteht – im Gegensatz zu der Lage bei Zugewinngemeinschaft und Gütertrennung – in Einzelfällen hinsichtlich des Vorbehaltsguts ein Bedarf.

Dies zeigt, dass die von Abs. 1 Halbs. 1 Nr. 3 erfasste **„neben dem Güterrecht herlaufende,** **78** **zunehmend breiter werdende zweite Spur des Vermögensausgleichs",**[183] die sich zu einem **„Rechtsgebiet eigener Art"**[184] entwickelt hat durch einen gesetzlichen Güterstand, der sog. **Errungenschaftsgemeinschaft ganz erheblich reduzieren** und **vereinfachen** ließe.[185] Die Errungenschaftsgemeinschaft stellt nämlich eine Form der Gütergemeinschaft dar mit der Einschränkung, dass gemeinschaftliches Vermögen erst nach der Eheschließung entsteht. Sie ist als gesetzlicher Güterstand gerade in den europäischen Ländern weit verbreitet[186] Bei einer Vereinheitlichung des Güterrechts der Länder Europas kann dies nicht außer Betracht bleiben.

Abs. 1 Halbs. 1 Nr. 3 erfasst alle Ansprüche im Zusammenhang mit Trennung und Scheidung **79** bzw. Aufhebung der Ehe und **geht daher in solchen Fällen Abs. 1 Halbs. 1 Nr. 2 vor,** der nur bei intakter Ehe der Beteiligten eingreift, insbesondere, wenn die Ehegatten nicht getrennt leben.[187] Demgegenüber hat **Abs. 1 Halbs. 1 Nr. 4 grundsätzlich Vorrang gegenüber Nr. 3.**[188] Die Gesetzesverfasser wollten mit Nr. 4 die sachliche Zuständigkeit des FamG für zivilrechtliche Ansprüche aus dem Eltern-Kind-Verhältnis begründen, freilich als Ergänzung der Zuständigkeit des FamG für Kindschaftssachen.[189] Als Beispiele werden Streitigkeiten wegen der Verwaltung des Kindesvermögens genannt, auch diesbezügliche Schadensersatzansprüche sollen erfasst sein. Ausdrücklich betonen sie, der Anspruch müsse im Eltern-Kind-Verhältnis selbst seine Grundlage haben, ein bloßer Zusammenhang genüge nicht.[190] Bereits deshalb fallen **Ansprüche, die die Rückgewähr von Zuwendungen zwischen Eltern und Kindern** im Zusammenhang mit Trennung und Scheidung usw. betreffen **nicht unter Nr. 4 sondern unter Nr. 3.** Zwar kommt es bei Nr. 4 weder auf die Minderjährigkeit beim Elternteil noch beim Kind an, die Vorschrift soll aber nur unmittelbar aus dem familienrechtlichen Rechtsverhältnis zwischen Eltern und Kind resultierende Ansprüche erfas-

---

[179] So auch *Lipp* FamRZ 1996, 1117, 1119: „Etikettenschwindel" und jüngst *Röthel* FRR 2009, 273: „terminologische Camouflage".
[180] Vgl. noch genauer *Rauscher* Rn. 373: Zugewinngemeinschaft keine Form der dinglichen Mitbeteiligung an Sachen und anderen Vermögenswerten, sondern ein System des schuldrechtlichen Ausgleichs auf Grundlage einer dinglichen Gütertrennung.
[181] *Soergel/Lange* § 1363 BGB Rn. 3.
[182] *Henrich* § 13 II 1, S. 128: „Vermögensverschmelzung"; *Giesen* Rn. 343.
[183] So *Schwab*, Brühler Schriften zum Familienrecht, 11. DFGT, S. 50.
[184] So treffend *Wever* Rn. 7.
[185] Für einen Güterstand, der eine dingliche Mitberechtigung gewährleistet, hat jüngst *Röthel* (FPR 2009, 273 ff.) überzeugend plädiert, wenn auch unter dem anderen Gesichtspunkt der Gleichwertigkeit der Ehebeiträge.
[186] Vgl. *Gernhuber/Coester-Waltjen* § 38 Rn. 1 bis 3 bei Fn. 5; *Henrich* FamRZ 2000, 6 ff.; *ders.* FamRZ 2002, 1521; *ders.*, Ist eine Neuordnung des Güterrechts angezeigt?, Bitburger Gespräche 2001, 57, 58; *Pintens* FamRZ 2003, 329, 333 f.
[187] Vgl. oben Rn. 47.
[188] *Baumbach/Lauterbach/Hartmann* Rn. 12, 13 geht von einem uneingeschränkten Vorrang aus.
[189] BT-Drucks. 16/6308, S. 263.
[190] BT-Drucks. 16/6308, S. 263.

§ 266 80–82   Buch 2. Abschnitt 11. Verfahren in sonstigen Familiensachen

sen. Soweit Ansprüche im Zusammenhang mit Trennung oder Scheidung entstehen, geht Nr. 3 vor, regelmäßig fehlt bei diesen auch der unmittelbare Bezug zum Eltern-Kind-Verhältnis.

80   **aa) Ansprüche zwischen miteinander verheirateten oder ehemals verheirateten Personen. α) Ehegatten als Gesamtschuldner.** Im Rahmen der Vermögensauseinandersetzung nach Trennung und Scheidung streiten Ehegatten mindestens genau so häufig um die Aufteilung des Aktivvermögens, um den Ausgleich gemeinsamer Schulden. Dies ist Folge davon, dass die **Ehegatten unabhängig vom Güterstand in großer Anzahl gemeinsame Verbindlichkeiten eingehen.** Solche Verbindlichkeiten können sich aus § 1357 Abs. 1 BGB ergeben, aus gemeinsamen Käufen, Kreditaufnahmen oder dem Schuldbeitritt eines Ehegatten zu Verbindlichkeiten des anderen Ehegatten. Gerade Kreditinstitute verlangen seit dem Inkrafttreten des GleichberG von 1957 bei dem Abschluss von Darlehensverträgen mit einem im gesetzlichen Güterstand lebenden Ehegatten in zunehmendem Maße die Mitverpflichtung des anderen Ehegatten.[191] Sind solche Mitverpflichtungen nicht sittenwidrig,[192] entsteht hierdurch regelmäßig Gesamtschuldnerschaft zwischen den Ehegatten, § 427 BGB. Trennen sich die Ehegatten oder wird die Ehe geschieden oder aufgehoben, bleibt die gesamtschuldnerische Verpflichtung gegenüber dem Gläubiger unverändert bestehen; er kann nach wie vor gem. § 421 Abs. 1 S. 1 BGB den einen wie den anderen Ehegatten ganz oder teilweise in Anspruch nehmen. Es stellt sich dann die Frage, welcher Teil im Innenverhältnis verpflichtet ist und ob ein Ehegatte für bereits geleistete Zahlungen von dem anderen Ausgleich verlangen kann.

81   Der **Zugewinnausgleich schließt den Gesamtschuldnerausgleich nicht aus.**[193] Bei **Gütergemeinschaft** findet regelmäßig **kein selbständiger Gesamtschuldnerausgleich** statt; die Ausgleichsansprüche sind als unselbständige Rechnungsposten bei der Auseinandersetzung über das Gesamtgut zu berücksichtigen.[194] Demgegenüber bestehen Zugewinnausgleich und Gesamtschuldnerausgleich nebeneinander, sie haben unterschiedliche Funktionen.[195] Der Gesamtschuldnerausgleich findet auch unabhängig von einem eventuellen Zugewinnausgleich statt. Ist er noch nicht erfolgt, steht das der Durchführung des Gesamtschuldnerausgleichs nicht entgegen, und zwar nicht nur, soweit es sich um Leistungen auf die Gesamtschuld nach, sondern auch soweit es um Leistungen vor dem für die Berechnung maßgebenden Stichtag (§§ 1384, 1387 BGB) geht.[196] Sind das Zugewinnausgleichsverfahren und das Gesamtschuldausgleichsverfahren zur gleichen Zeit rechtshängig, so ist das Ergebnis des Gesamtschuldnerausgleichs für Zeiträume vor Bestimmung des Endvermögens (Anspruch gem. § 426 Abs. 2 BGB) im Endvermögen jedes Ehegatten zu berücksichtigen. Ist die Verbindlichkeit gegenüber dem Dritten noch nicht vollständig getilgt, so ist sie mit den sich nach § 426 Abs. 1 BGB ergebenden Haftungsquoten bei beiden Ehegatten zu berücksichtigen.[197]

82   Ein **Gesamtschuldnerausgleich scheidet dann aus,** wenn ein Ehegatte dem anderen **Unterhalt** schuldet und die Gesamtschuld bereits bei der Unterhaltsberechnung berücksichtigt worden ist. Der von dem unterhaltspflichtigen Ehegatten getragene Anteil der Schuld in der Zeit des Zusammenlebens, ist bei der Unterhaltsberechnung in der Regel als eheprägend einkommensmindernd zu berücksichtigen. Das führt zu einer Kürzung des Unterhalts und deshalb zu einer mittelbaren Beteiligung des Unterhaltsberechtigten an der Tilgung der Schuld. Ist es zu einer Unterhaltsberechnung unter Berücksichtigung des Schuldenabtrags gekommen, liegt darin im Zweifel eine anderweitige Bestimmung iSv. § 426 Abs. 1 S. 1 Halbs. 2 BGB, die Ausgleichsansprüche ausschließt.[198] Dies gilt auch, wenn es sich um im alleinigen Interesse eines Ehegatten eingegangene Verbindlichkeiten

---

[191] Vgl. *Gernhuber* JZ 1996, 696; *Johannsen/Henrich/Jaeger* Vor § 1372 BGB Rn. 11; *Wever* Rn. 265 ff.
[192] Vgl. dazu BGH FamRZ 2002, 1694, 1695; 2002, 1253, 1254; 2002, 314, 315; bei früheren Entscheidungen ist zu beachten, ob es sich um eine Entscheidung des IX. Zivilsenats oder um eine des XI. Zivilsenats handelt, da die Rechtsprechung beider Senate divergierte. Seit 1. 1. 2001 ist nunmehr der XI. Zivilsenat insgesamt zuständig, nämlich nicht nur für die Mitschuldnerschaft, sondern auch für das Bürgschaftsrecht. Vgl. zur Sittenwidrigkeit und Nichtigkeit nach § 138 BGB *Haußleiter/Schulz* Kap. 6 Rn. 4 bis 8 d sowie *Wever* Rn. 269 bis 274 sowie *Palandt/Ellenberger* § 138 BGB Rn. 37 bis 38 g.
[193] BGH FamRZ 1987, 1239 = NJW 1988, 133; FamRZ 1989, 835, 836 = NJW 1989, 1920; FamRZ 1988, 920; *Gernhuber/Coester-Waltjen* § 19 Rn. 97 f.; *Rauscher* Rn. 477; *Wever* Rn. 345.
[194] OLG Zweibrücken FamRZ 1992, 821; *Mehdorn, Der Gesamtschuldnerausgleich unter Ehegatten*, 2004, S. 110 ff., 210 ff., 249 ff. zur Gesamtschuld bei Gütergemeinschaft; MünchKommBGB/*Kanzleiter* § 1437 Rn. 6; *Rauscher* Rn. 477; *Staudinger/Noack* § 426 BGB Rn. 5.
[195] Vgl. dazu ausführlich *Gernhuber* JZ 1996, 696, 697: Gesamtschuldnerausgleich als Einzelausgleich mit sofort fälligen Ansprüchen hingegen Zugewinnausgleich als umfassende Abrechnung des Vermögenszuwachses bei Beendigung des Güterstandes.
[196] BGH FamRZ 1987, 1239, 1240.
[197] BGH NJW 1988, 133; BGH FamRZ 1995, 216.
[198] *Wever* Rn. 331.

handelt.¹⁹⁹ **Nicht ausgeschlossen** ist ein Anspruch nach § 426 BGB dagegen dann, wenn der Schuldenabtrag bei der Unterhaltsbemessung nicht berücksichtigt wurde, weil wegen Leistungsunfähigkeit ein Unterhaltsanspruch nicht bestand. Das gilt auch, wenn in einem Unterhaltsvergleich vereinbart wurde, dass die Frage von Ausgleichsansprüchen ausgeklammert und offen gehalten werden soll.²⁰⁰

αα) **Anspruch gem. § 426 Abs. 1 S. 1 Halbs. 1 BGB und andere Bestimmungen iSd.** 83
§ 426 Abs. 1 S. 1 Halbs. 2 BGB. Der Gesamtschuldner, der an den Gläubiger mehr gezahlt hat, als seinem Anteil im Innenverhältnis entspricht, kann neben dem Anspruch aus **§ 426 Abs. 1 S. 1 BGB** auf Grund der gem. **§ 426 Abs. 2 S. 1 BGB** auf ihn übergegangenen Gläubigerforderung gegen den anderen vorgehen. **Beide Ansprüche können gerichtlich nur einmal geltend gemacht werden;**²⁰¹ das Gericht muss über sie, weil sie dasselbe Verlangen betreffen, zusammen entscheiden.

Der BGH unterscheidet beim Gesamtschuldnerausgleich zwischen Ehegatten zwischen dem Aus- 84 gleich für Schuldtilgungen **während des Bestehens der ehelichen Lebensgemeinschaft** und **nach Trennung** der Ehegatten. Solange die **eheliche Lebensgemeinschaft besteht,** hängt es von der konkreten Gestaltung der Schuldtilgung durch die Ehegatten ab, welcher Ehegatte in welcher Höhe für die Schuld aufkommen muss.

Kommt es **zur Trennung** der Ehegatten, ändern sich die Verhältnisse, die der BGH der Annahme 85 einer anderweitigen Bestimmung zu Grunde legt. Die auf Grund der konkreten Verhältnisse gegebene konkludente Vereinbarung besteht ab diesem Zeitpunkt nicht mehr und schließt deshalb für die Zukunft einen Ausgleichsanspruch nach § 426 Abs. 1 S. 1 Halbs. 1 BGB nicht mehr aus. Der BGH spricht nicht direkt von „Trennung", sondern vom „Scheitern der Ehe", ohne sich jedoch auf einen bestimmten Zeitpunkt festzulegen.²⁰² Die Literatur²⁰³ legt den Zeitpunkt der „endgültigen Trennung" zu Grunde, der als solcher mangels Bestimmtheit unergiebig ist. Allerdings wird dieser Zeitpunkt zutreffend dahin konkretisiert, dass **der Auszug eines Ehegatten mit seinen persönlichen Sachen aus der Ehewohnung** gegeben sein muss. Auf diesen Zeitpunkt ist abzustellen, er ist gemeint, wenn nach folgend von „Trennung" gesprochen wird. Ab dem Zeitpunkt der Trennung muss also untersucht werden, ob neue Gesichtspunkte für eine von der Grundregel des § 426 Abs. 1 S. 1 Halbs. 1 BGB abweichende Bestimmung sprechen.²⁰⁴ Maßgeblich ist dabei, **wem** nach der Trennung die **Tilgung der Verbindlichkeiten wirtschaftlich zu Gute kommt**.²⁰⁵ Eine **rückwirkende Änderung der konkludenten Vereinbarung für die Zeit vor der Trennung scheidet hingegen aus**.²⁰⁶

Die Kriterien, die nach Trennung oder Scheidung der Ehegatten zu einer Abweichung von dem 86 Grundsatz des § 426 Abs. 1 S. 1 Halbs. 1 BGB führen, bestimmt die Rechtsprechung **einzelfallbezogen.** Folgende Fallgruppen sind in der Praxis besonders bedeutsam:

– Bei **Aufwendungen für Miteigentum** – insbesondere für Immobilien – richtet sich der 87 Haftungsanteil nach §§ 748, 755 BGB im Zweifel nach dem Miteigentumsanteil; die Vorschriften stellen eine andere gesetzliche Bestimmung iSv. § 426 Abs. 1 S. 1 Halbs. 2 BGB dar.²⁰⁷ Da Ehegatten überwiegend hälftige Miteigentümer der Immobilie sind, führt das im Ergebnis meist zur hälftigen Haftung. § 748 BGB ist als selbstständige Anspruchsgrundlage neben § 426 Abs. 1 BGB bei **Zinsansprüchen** von Bedeutung, weil der Aufwendungsersatzanspruch nach § 748 BGB im Gegensatz zu § 426 Abs. 1 BGB keinen Verzug voraussetzt, sondern der Betrag nach § 256 S. 1 BGB vom Zeitpunkt der Aufwendung an zu verzinsen ist.²⁰⁸ Trägt derjenige Ehegatte die gemeinsamen Hausschulden, der nach der Trennung mit Duldung des anderen Ehegatten in der im Miteigentum beider Ehegatten stehenden Immobilie wohnen bleibt, kann er grundsätzlich die hälftige Beteiligung des anderen Ehegatten verlangen, §§ 748, 755 BGB; das alleinige Wohnen in der Immobilie lässt nicht bereits die Verpflichtung des ausgezogenen Ehegatten zur anteiligen Beteiligung entfallen.²⁰⁹ Doch steht dem ausgezogenen Ehegatten ggf. im Ergebnis ein Anspruch

---

¹⁹⁹ *Wever* Rn. 330 aE.
²⁰⁰ BGH FamRZ 1995, 216, 218.
²⁰¹ *Denck* JZ 1976, 669; *Larenz*, Lehrbuch des Schuldrechts I, 14. Aufl. 1987, S. 649.
²⁰² Vgl. BGH FamRZ 1983, 797, 799; FamRZ 1987, 1239, 1240; FamRZ 1988, 920; FamRZ 1995, 216, 218.
²⁰³ Vgl. nur *Wever* Rn. 368 und *Haußleiter/Schulz* Kap. 6 Rn. 38.
²⁰⁴ BGH FPR 2003, 246, 247; *Koch* FamRZ 1994, 537, 538 f.; *Kleinle* FamRZ 1997, 8, 10; im Ergebnis auch *Gernhuber* JZ 1996, 765, 772.
²⁰⁵ OLG Frankfurt/M. NJW-RR 2004, 1586; *Wever* FamRZ 2006, 365, 368.
²⁰⁶ BGH FamRZ 1990, 855, 857; OLG Oldenburg FamRZ 2005, 1837.
²⁰⁷ BGH FamRZ 1983, 795, 796; FamRZ 2001, 1442.
²⁰⁸ BGH FamRZ 1993, 676.
²⁰⁹ OLG Koblenz MDR 2002, 1070; OLG Bremen OLG-Report 2005, 315.

auf Entrichtung einer Nutzungsvergütung gegen den in der Immobilie verbliebenen Ehegatten gem. § 745 Abs. 2 BGB zu.

88 – **Verbindlichkeiten,** die **ausschließlich im Interesse eines Ehegatten eingegangen** wurden, fallen diesem im Innenverhältnis alleine zur Last.[210]

89 – Bei **Anschaffungsdarlehen** für die frühere gemeinsame Lebensführung verbleibt es bei der hälftigen Haftungsquote.[211]

90 – Die **Miete für die (ehemalige) Ehewohnung** hat ab **Rechtskraft der Scheidung** und zuvor **nach Ablauf des ersten Trennungsjahres** im Innenverhältnis grundsätzlich der Ehegatte alleine zu tragen, der die Wohnung alleine nutzt.[212] Etwas anderes gilt bei **befristeten Mietverhältnissen,** weil der in der Wohnung verbleibende Ehegatte bzw. beide Ehegatten zusammen den Mietvertrag nicht kündigen können.[213] Darüber hinaus ist das interne alleinige Einstehenmüssen des in der Wohnung verbliebenen Ehegatten für die Miete in der Regel dann zu bejahen, wenn es sich um eine von **ihm gewählte Wohnungssituation handelt.** Das ist regelmäßig dann der Fall, wenn die Ehegatten sich über den Auszug des einen und den Verbleib des anderen Ehegatten einig waren. Von einer solchen gewählten Wohnsituation ist darüber hinaus dann auszugehen, wenn zwar der Auszug des die Wohnung verlassenden Ehegatten ohne Einverständnis des anderen erfolgt ist, dieser sich aber, nach einer ihm einzuräumenden Überlegungsfrist, entschieden hat, die Wohnung zu behalten.[214] Entscheidet sich der in der Wohnung verbliebene Ehegatte dagegen innerhalb der Überlegungsfrist für die Aufgabe der Wohnung, ist seine alleinige interne Haftung für die Mietschuld bis zum Ablauf des Mietverhältnisses regelmäßig nicht gerechtfertigt. Der ausgezogene Ehegatte hat sich dann an der Miete zu beteiligen, wenn auch nicht hälftig.[215]

91 – Bei **gemeinsamer Veranlagung** entsteht **für Steuerschulden** der Ehegatten gem. § 44 Abs. 1 AO eine gesamtschuldnerische Haftung gegenüber dem Finanzamt. Solche Steuerschulden sind entsprechend § 270 AO im Innenverhältnis nach dem Verhältnis der bei Alleinveranlagung hypothetisch entstehenden Steuerschuld zu tragen.[216] Hierdurch wird eine vom Zufall von Vorauszahlungen und Lohnsteuerklassen unabhängige gleichmäßige Verteilung des Splittingvorteils erreicht.[217]

Sämtliche Verfahren, in denen danach ein Ehegatte gegen den anderen ab der Trennung oder Aufhebung der Ehe einen Anspruch gem. § 426 Abs. 1 S. 1 Halbs. 1 BGB erhebt, ob und in welcher Höhe der Ausgleichsanspruch besteht bzw. die Forderung gem. § 426 Abs. 2 S. 1 BGB übergegangen ist, **fallen unter Abs. 1 Halbs. 1 Nr. 3.**

92 ββ) **Befreiungsanspruch gem. § 426 Abs. 1 S. 1 Halbs. 1 BGB.** Der Anspruch **fällt unter Abs. 1 Halbs 1 Nr. 3.** Das gesetzliche Schuldverhältnis unter den Ehegatten-Gesamtschuldnern entsteht bereits in dem Augenblick, in dem das Gesamtschuldverhältnis – also die Verpflichtung mehrerer gegenüber dem Gläubiger – begründet wird.[218] Es verpflichtet zunächst jeden der Beteiligten, den auf ihn endgültig entfallenden Anteil an den Gläubiger zu leisten, umso die anderen vor einer weitergehenden Inanspruchnahme durch den Gläubiger zu bewahren. Jeder Gesamtschuldner hat danach gegenüber dem anderen einen im Klagewege verfolgbaren **Anspruch auf Befreiung seiner Verbindlichkeit** in Höhe des auf den anderen entfallenden Anteils.[219] Jeder Ehegatte kann daher **vor seiner eigenen Leistung** an den Gläubiger von dem anderen Ehegatten anteilige Mitwirkung dahin verlangen, dass an den Gläubiger – nicht an den Gesamtschuldner[220] – bei Fälligkeit entsprechend dem jeweiligen Anteil geleistet werde.[221]

93 β) **Befreiungsanspruch „unter Heranziehung des Auftragsrechts".** Der Anspruch wird von Abs. 1 Halbs. 1 Nr. 3 erfasst. Einen solchen Anspruch hat die Rechtsprechung des BGH[222] für Fälle

---

[210] BGH FamRZ 1989, 835, BGH FamRZ 2005, 2052; OLG Bamberg FamRZ 2001, 1074; vgl. weiter ausführlich und mit umfangreicher Kasuistik *Wever* Rn. 313 bis 316.
[211] BGH FamRZ 1988, 920, 921; OLG Bremen FamRZ 2002, 292; vgl. ausführlich und mit umfangreicher Kasuistik *Wever* Rn. 317 bis 322.
[212] OLG Köln FamRZ 2003, 1664.
[213] Vgl. OLG Frankfurt/M. FamRZ 2002, 27.
[214] Vgl. OLG München FamRZ 1996, 291.
[215] *Schröder/Bergschneider/Wever* Rn. 5.252, S. 546; von einer hälftigen Beteiligung geht dagegen das OLG Dresden FamRZ 2003, 158 aus.
[216] BGH NJW 2006, 2623.
[217] *Rauscher* Rn. 479 a aE.
[218] RGZ 61, 60, 160, 151; BGHZ 35, 317, 325; *Larenz,* Lehrbuch des Schuldrechts I, 14. Aufl. 1987, S. 648.
[219] BGH NJW 1958, 497; WM 1986, 170; *Palandt/Grüneberg* § 426 BGB Rn. 5; *Jauernig/Stürner* § 426 Rn. 14.
[220] OLG Frankfurt NJW RR 1990, 712.
[221] BGH WM 1986, 961.
[222] BGH FamRZ 1989, 835 ff.

entwickelt, in denen ein Ehegatte Verbindlichkeiten ausschließlich im Interesse des anderen Ehegatten eingegangen ist, dieser zwar im Innenverhältnis allein haftet, ein Anspruch des **anderen Ehegatten gem. § 426 Abs. 1 S. 1 Halbs. 1 BGB** jedoch gleichwohl **nicht besteht,** weil die Forderung des Gläubigers gegen die Gesamtschuldner noch nicht fällig ist oder keine Gesamtschuld besteht.[223] Dem Ehegatten der eine Verbindlichkeit ausschließlich im Interesse des anderen Gatten eingegangen ist, soll sich vor diesem Hintergrund nach dem Scheitern der Ehe des Risikos einer Inanspruchnahme durch den Gläubiger entledigen und wirtschaftliche Handlungsfreiheit zurück gewinnen. Der BGH hat das Rechtsverhältnis bei solchen Konstellationen als ein familienrechtlich begründetes besonderes Rechtsverhältnis qualifiziert und eigenen Regeln unterstellt, zu denen auch ein Anspruch auf Befreiung „unter Heranziehung des Auftagsrechts, namentlich des § 257 BGB iVm. § 670 BGB, gehört.[224]

γ) **Anspruch gem. § 430 BGB.** Auch dieser Anspruch fällt unter Abs. 1 Halbs. 1 Nr. 3. Sind die Ehegatten **Gesamtgläubiger iSv. § 428 S. 1 BGB,** kommt ein Gesamtschuldnerausgleich nach § 430 BGB in Betracht, wenn der Schuldner insgesamt an einen Ehegatten-Gläubiger leistet. Der Gesamtgläubigerausgleich wird – wie der Gesamtschuldnerausgleich – **nicht durch die Vorschriften über den Zugewinnausgleich verdrängt.** Ist der Ausgleich noch nicht durchgeführt, sind der Zahlungsanspruch auf der einen und die Verbindlichkeiten auf der anderen Seite in die Zugewinnausgleichsbilanz einzustellen. In der Praxis bedeutsam sind Forderungen aus Gemeinschaftskonten. **94**

δ) **Streitigkeiten bei Miteigentum.** Das Gesetz versteht unter Miteigentum, wie sich aus § 1008 BGB ergibt, den Fall, dass „das Eigentum an einer Sache mehreren nach Bruchteilen zusteht. Der einzelne Miteigentumsanteil ist kein Recht an einem Rechte, keine Belastung des Eigentums; er hat vielmehr die gleiche Rechtsnatur wie das Eigentum selbst.[225] Miteigentum entsteht auf Grund der **gesetzlichen Entstehungstatbestände** sowie **infolge Rechtsgeschäfts.** Erwerb und Verlust des Miteigentums richten sich nach den allgemeinen Vorschriften über das Eigentum. Die Übertragung von Anteilen an einem Grundstück bedarf daher der Auflassung und Eintragung nach §§ 873, 925 BGB. Ehegatten können rechtsgeschäftlich nach den allgemeinen Regeln (§§ 873, 925; 929 ff. BGB) ebenfalls Miteigentum erwerben, sofern sie im gesetzlichen Güterstand der Zugewinngemeinschaft leben oder Gütertrennung (§ 1414 BGB) besteht.[226] Weder der **gesetzliche Güterstand** noch **Gütertrennung** schließen aus, dass die Ehegatten durch Rechtsgeschäft gemeinsames Vermögen bilden, sei es nun Gesamthandsvermögen, sei es auch Vermögen, das ihnen in Form der Gemeinschaft nach Bruchteilen zusteht.[227] Haben die Ehegatten durch Ehevertrag (§§ 1415, 1408 ff. BGB) **Gütergemeinschaft** vereinbart, wird das beiderseitige Vermögen der Ehegatten grundsätzlich allein durch die Vereinbarung der Gütergemeinschaft zu Gesamtgut, also zu gemeinschaftlichem Vermögen beider Ehegatten (§§ 1416, 1410 f. BGB), sog. Vermögensverschmelzung.[228] Daher entsteht, auch wenn zB ein Grundstück an die Ehegatten als Miteigentümer zu je 1/2 aufgelassen ist, Gesamthandseigentum beider Teile.[229] Gesonderte Anteile als Bruchteilseigentümer können die Eheleute nur haben, wenn sie insoweit **ehevertraglich Vorbehaltsgut vereinbaren**[230] (§ 1418 Abs. 2 Nr. 1 BGB); denn das Vorbehaltsgut ist vom Gesamtgut ausgeschlossen (§ 1418 Abs. 1 BGB). Die Lastentragung, die Bestimmung der Quoten und die Möglichkeiten und Folgen einer Aufhebung werden **meist erst mit Trennung oder Scheidung zwischen den Ehegatten streitträchtig.** **95**

αα) **Anspruch auf Einwilligung in eine Regelung zum Abschluss einer Benutzungs- und Vergütungsvereinbarung gem. § 745 Abs. 2 BGB.** Die Vorschrift gewährt dem berechtigten Teilhaber-Ehegatten keinen Anspruch auf Entrichtung einer Benutzungsvergütung, sondern einen **verhaltenen Anspruch**[231] **gegen die anderen Gemeinschafter (hier: den anderen Ehegatten) auf Einwilligung in eine interessengerechte Regelung,** also einen Anspruch auf Abgabe einer Willenserklärung.[232] Daher ist die Klage aus § 745 Abs. 2 BGB ein Leistungsantrag und kein **96**

---

[223] Vgl. umfassend zu diesem Anspruch *Gerhards* FamRZ 2006, 1793 ff. sowie *Wever* Rn. 377 ff.
[224] BGH FamRZ 1989, 835, 837. Vgl. umfassend zu den Anspruchsvoraussetzungen *Gerhards* FamRZ 2006, 1793, 1794 ff.; *Wever* Rn. 379 ff.
[225] *Staudinger/Gursky* § 1008 Rn. 2.
[226] Unter welchen Umständen Gütertrennung eintritt vgl. *Giesen* Rn. 357.
[227] *Giesen* Rn. 261.
[228] *Henrich* § 12 III 1, S. 128.
[229] *Soergel/Gaul* § 1416 BGB Rn. 10.
[230] BayOLG FamRZ 1982, 285; *Soergel/Gaul* § 1416 BGB Rn. 10.
[231] *Erbarth* FamRZ 1998, 1007, 1008.
[232] *Mugdan*, Motive II, 496 Anm. 8; MünchKommBGB/*Karsten Schmidt* § 741 Rn. 17; *Oertmann*, BGB, 2. Buch (Recht der Schuldverhältnisse), 5. Aufl. 1929, Abt. 2 ff., § 745 BGB Anm. 4; *Staudinger/Langhein* § 745 BGB Rn. 57.

Gestaltungsantrag.²³³ Ein Anspruch auf Entrichtung einer Benutzungsvergütung kann lediglich seine Grundlage in der von den Gemeinschaftern getroffenen Regelung (§ 745 Abs. 2 BGB) oder in einem eine entsprechende Regelung herbeiführenden Urteil (§ 745 Abs. 2 BGB, § 894 Abs. 1 S. 1 ZPO iVm. § 113 Abs. 1 S. 2, 95 Abs. 1 Nr. 5) wie auch in einem Beschluss (§ 745 Abs. 1 BGB) haben. Die so zu Stande gekommene Benutzungsregelung gewährt jedoch keinen Vergütungsanspruch, auch wenn sie die Benutzung der gemeinschaftlichen Sache durch einen Teilhaber gegen Entrichtung einer Benutzungsvergütung vorsieht. Der **Vergütungsanspruch** selbst folgt vielmehr **aus der auf Grund der Benutzungsregelung getroffenen Vereinbarung der Gemeinschafter.**²³⁴

97   Leben die **Ehegatten getrennt** und bewohnt ein Ehegatte allein die im Miteigentum beider Ehegatten stehende Ehewohnung, steht dem ausgezogenen gegen den in der Ehewohnung verbliebenen Ehegatten **kein Anspruch gem. § 745 Abs. 2 BGB** zu.²³⁵ Macht ein Ehegatte den Anspruch geltend, handelt es sich um eine **sonstige Familiensache iSv. Abs. 1 Halbs. 1 Nr. 3,** nicht um eine Ehewohnungssache nach § 200 Abs. 1 Nr. 1.

98   **Ab Rechtskraft der Scheidung verdrängen § 1568a Abs. 1, Abs. 5 S. 1 BGB die Vorschrift des § 745 Abs. 2 BGB** zwar **nicht als leges speciales** aber **auf Grund ihres Sinn und Zwecks.** § 1568a Abs. 1, Abs. 5 S. 1 BGB sind nicht leges speciales im Verhältnis zu § 745 Abs. 2, denn § 1568a Abs. 1, Abs. 5 S. 1 BGB erfassen nicht nur im Miteigentum stehende Ehewohnungen, sondern auch solche, die im Gesamthandseigentum der Ehegatten oder im Alleineigentum des überlassungsberechtigten Ehegatten und darüber hinaus noch weitere nicht von § 745 Abs. 2 BGB erfasste Fallkonstellationen. Der Tatbestand von § 1568a Abs. 1, Abs. 5 S. 1 BGB enthält also weder alle Merkmale von § 745 Abs. 2 BGB noch ein zusätzliches weiteres Merkmal. Liegen die Voraussetzungen von § 1568a Abs. 1, Abs. 5 S. 1 BGB aber vor, so fordert ihr Zweck, Benutzungs- und Vergütungsregelungen hinsichtlich der Ehewohnung nur nach diesen Vorschriften zu beurteilen. Das Gesetz hat insoweit im Miteigentum stehende Ehewohnungen einer einheitlichen und abschließenden Regelung unterworfen; es handelt sich um einen Fall der **Subsidiarität in Folge erschöpfender Regelung.**²³⁶ Aufgrund des weiten Anwendungsbereichs von § 1568a Abs. 1 BGB dürften sich keine Fälle ergeben, in denen die Vorschrift nicht eingreift.²³⁷

99   Bei im Miteigentum beider Ehegatten stehenden **Haushaltsgegenständen** verdrängen § 1361a Abs. 2, Abs. 3 BGB wiederum § 745 Abs. 2 BGB nicht als leges speciales, sondern auf Grund ihres Sinn und Zwecks. Auch § 1361a Abs. 2, Abs. 3 BGB ist kein Unterfall von § 745 Abs. 2 BGB, weil nicht nur die Fälle des Miteigentums, sondern auch diejenigen des Gesamthandseigentums im Rahmen der Gütergemeinschaft nach §§ 1416, 1419 BGB erfasst werden.²³⁸ Das Gesetz hat aber im Miteigentum stehende Haushaltsgegenstände in § 1361a BGB einer einheitlichen und abschließenden Regelung unterworfen, weshalb auch hier **ein Fall der Subsidiarität in Folge erschöpfender Regelung** gegeben ist. Das Verhältnis von § 745 Abs. 2 BGB zu § 1568b BGB ist ebenso zu beurteilen. Macht ein Ehegatte den Anspruch des § 745 Abs. 2 BGB gerichtlich geltend, greift Abs. 1 Halbs. 1 Nr. 3 ein, nicht § 200.

100 **ββ) Der Anspruch auf Aufhebung der Gemeinschaft gem. § 749 Abs. 1 BGB.** Der Anspruch **fällt unter Abs. 1 Halbs. 1 Nr. 3.** Die Vorschriften der §§ 749 ff. BGB gelten für Immobilien wie für bewegliche Sachen und auch für die Gemeinschaft nach Bruchteilen von Ehegatten. Grundsätzlich kann nach § 749 Abs. 1 BGB jeder Teilhaber einer Gemeinschaft nach Bruchteilen jederzeit deren Aufhebung verlangen. Das gilt in Bezug auf Ehegatten auch, wenn die Gemeinschaft in **zeitlichem Zusammenhang mit dem Zugewinnausgleich** aufgehoben wird; dieser steht der Auseinandersetzung einer Gemeinschaft nach Bruchteilen nicht entgegen. Vielmehr ist das Ergebnis der Auseinandersetzung (§§ 752 ff. BGB) in das Endvermögen einzustellen, wenn die Auseinandersetzung schon vor dem Stichtag stattgefunden hat.²⁴⁰ Da bei im Miteigentum der Ehegatten stehender Haushaltsgegenstände und Ehewohnungen eine Teilung in Natur (§ 752 BGB) ausscheidet, erfolgt die Teilung durch Verkauf im Wege der Teilungsversteigerung, §§ 180 ff. ZVG. Eine

---

²³³ *Mugdan*, Motive II, 497; RG Gruschot 49, 837, 839; BGHZ 34, 367, 371 = NJW 1961, 1299; MünchKommBGB/*Karsten Schmidt* §§ 744, 745 Rn. 32; *Staudinger/Langhein* § 745 BGB Rn. 57; aA allein *Schlosser*, Gestaltungsklagen und Gestaltungsurteile, 1966, S. 74.
²³⁴ *Erbarth* NJW 2000, 1379, 1381 ff.; *ders.* NZM 1998, 740, 741, 743.
²³⁵ Vgl. oben § 200 Rn. 34 ff.
²³⁶ Vgl. *Larenz/Canaris*, Methodenlehre, S. 89 Fn. 30; *Dietz*, Anspruchskonkurrenz bei Vertragsverletzung und Delikt, 1934, S. 62.
²³⁷ Vgl. oben § 200 Rn. 44 f.
²³⁸ Vgl. oben § 200 Rn. 71.
²³⁹ BGH FamRZ 1989, 147.
²⁴⁰ *Rauscher* Rn. 483.

solche Vorgehensweise führt freilich häufig nicht zu einem bei freihändiger Veräußerung erzielbarem Erlös. Darüber hinaus entzieht er dem Ehegatten, der an dem Eigenheim festhalten will, sein Miteigentum und verweist ihn auf die unsichere Möglichkeit des Mitbietens in der Versteigerung. In der Praxis wird dieser Weg häufig von dem ausgezogenen Ehegatten genutzt, um dem die (vormalige) Ehewohnung nutzenden Ehegatten gerade diese Nutzung zu entziehen.

Das **Verlangen nach Aufhebung der Gemeinschaft** durch Teilungsversteigerung kann daher **101 ggf. gegen § 242 BGB verstoßen**.[241] Das ist dann zu bejahen, wenn der andere Ehegatte die Übernahme des Alleineigentums gegen Zahlung eines angemessenen Ausgleichsbetrags anbietet. Leben die Ehegatten im gesetzlichen Güterstand, so kann sich der Ehegatte mit einer auf **§ 1365 BGB gestützten Drittwiderspruchsklageantrag** oder **Drittwiderspruchsantrag**[242] gegen die Teilungsversteigerung zum Zwecke der Aufhebung der Gemeinschaft wehren.[243] Den Schutz des § 1365 BGB genießt ein Ehegatte während der Dauer der Ehe, insbesondere auch während der Trennungszeit, jedoch nur bis zum Eintritt der Rechtskraft der Scheidung, sofern nicht der Güterstand zuvor auf andere Weise beendet wird.[244] Das Verfahren wird von Abs. 1 Halbs. 1 Nr. 3 erfasst; ob das FamG zuständig ist, bestimmt sich bei § 771 ZPO nicht nach der Art des Vollstreckungstitels, sondern nach dem vom Antragsteller geltend gemachten Recht.[245]

ε) **Streitigkeiten im Zusammenhang mit Ehegatten-Innengesellschaften.** Rechtsgeschäfte **102** der Ehegatten untereinander sind grundsätzlich ebenso zulässig wie Verträge jedes Einzelnen mit Dritten und zwar unabhängig vom Güterstand.[246] Sie können daher auch einen **Gesellschaftsvertrag iSv. § 705 BGB** schließen.[247] Dies gilt auch für eine sog. **Innengesellschaft**, die als solche nicht nach außen hervortritt, so dass von einem der Ehegatten nach außen allein und in eigenem Namen geführte Geschäfte nur im Innenverhältnis auf gemeinsame Rechnung gehen.[248] Bei Ehegatten hat diese Figur Bedeutung, wenn ein Ehegatte in der ehelichen Lebensgemeinschaft durch eigene Beiträge Vermögen mehrt, das formal dem anderen zugeordnet ist, und diese Beiträge weder nach § 1353 Abs. 1 S. 2 Halbs. 1 BGB oder unterhaltsrechtlich geschuldet sind, noch auf Grund ausdrücklicher Vereinbarungen ein Vergütungsanspruch besteht. In seiner **Entscheidung vom 30. 6. 1999**[249] hat der **BGH** die bereits **tot geglaubte Ehegatteninnengesellschaft überraschend wiederbelebt**.[250] Zugleich nimmt der Senat die seither in der Praxis maßgebliche **Abgrenzung** zwischen **Ehegatteninnengesellschaft** und **ehebezogenen Zuwendungen** vor. Zunächst wird die frühere Trennung zwischen Geld- und Sachleistungen als ehebezogene Zuwendungen und Mitarbeit als Gesellschaftsbeitrag aufgegeben. Die **Art der geleisteten Beiträge,** also Mitarbeit, Geldzuwendungen oder Sachzuwendungen, **ist nicht mehr ausschlaggebend.** Entscheidend soll viel mehr sein, dass ein Ehegatte für die Gesellschaft „einen nennenswerten und für den erstrebten Erfolg bedeutsamen Beitrag geleistet hat".[251] Auch dürfe das Erfordernis der „gleichgeordneten Mitarbeit" nicht „überbetont" werden. Die **Abgrenzung** zwischen ehebezogener Zuwendung und Ehegatteninnengesellschaft soll sich danach richten, ob „ein Ehegatte dem anderen einen Vermögenswert um der Ehe Willen und als Beitrag zur Verwirklichung und Ausgestaltung, Erhaltung oder Sicherung der ehelichen Lebensgemeinschaft zukommen lässt"[252] **(dann ehebezogene Zuwendung)** oder, ob die Ehegatten einen über die Verwirklichung der ehelichen Lebensgemeinschaft hinaus gehenden Zweck verfolgen und zwar nicht mit dem Ziel der Verwirklichung der ehelichen Lebensgemeinschaft, sondern zum Zwecke der Vermögensbildung **(dann Ehegatteninnengesellschaft)**. Danach sind

---

[241] *Rauscher* Rn. 483.
[242] *Schael* FamRZ 2009, 7, 8 empfiehlt wegen der Begriffswahl in §§ 38, 39 FamGKG den Ausdruck Vollstreckungsabwehrklageantrag, Abänderungsklageantrag usw. Es sollte aber § 113 Abs. 5 Nr. 2 entsprechend die Terminologie Abänderungsantrag, Vollstreckungsabwehrantrag usw. verwendet werden. Nur in Fällen, in denen sprachliche oder Verständnisprobleme auftreten, sollte von der in § 113 Abs. 5 bestimmten Terminologie abgewichen werden, so könnte von Widerklageantrag statt von Widerantrag gesprochen werden.
[243] OLG Köln FamRZ 2000, 1167; OLG Bamberg FamRZ 2000, 1167; OLG Frankfurt/M. NJW-RR 1986, 1332; ausf. *Wever* Rn. 220 ff.; dort auch zu den Voraussetzungen des § 1365 Abs. 1 BGB m. weit. Nachw.
[244] OLG Bamberg FamRZ 2000, 1167, vgl. auch Brudermüller FamRZ 1996, 1516 ff.
[245] Vgl. § 771 ZPO Rn. 54 mit Nachweisen auch zur Gegenansicht.
[246] *Hepting* S. 6, 9 ff.; vgl. auch *Max Weber,* Wirtschaft und Gesellschaft, 5. Aufl. 1972, S. 401 ff.
[247] Formulierungsvorschläge bei Münch FamRZ 2004, 233, 237 ff.; *ders.,* Ehebezogene Rechtsgeschäfte, 2004, Rn. 1100 ff.
[248] BGH FamRZ 1960, 59; Zum Zustandekommen einer Innengesellschaft zwischen Ehegatten auf Grund ausdrücklicher Willenserklärungen vgl. BGH FamRZ 2001, 1290.
[249] BGHZ 142, 137 ff. = NJW 1999, 2962 ff. = FamRZ 1990, 1580 ff.
[250] Ausf. zur Entwicklung *Wever* Rn. 598 ff.
[251] BGH FamRZ 1999, 1580, 1584.
[252] BGH FamRZ 1999, 1580, 1583.

Zuwendungen, die das Familienheim betreffen als ehebezogene Zuwendung einzuordnen, demgegenüber die Zuwendung von Immobilienvermögen, das allein der Vermögensbildung oder zur Altersversorgung dient als Ehegatteninnengesellschaft.

103 Der Güterstand ist bei der Beurteilung, ob eine Erklärung durch schlüssiges Verhalten vorliegt, zu berücksichtigen. Der BGH misst dem Güterstand dagegen entscheidende Bedeutung zu, ob ein konkludent geschlossener Gesellschaftsvertrag zu Stande gekommen ist.[253] Das verwundert nicht, ist doch die Rechtsprechung des BGH stark ergebnisorientiert.

104 Leben die Ehegatten im **Güterstand der Zugewinngemeinschaft,** schließt das die Möglichkeit der konkludenten Vereinbarung einer Innengesellschaft nicht grundsätzlich aus.[254] Doch gewährleistet der gesetzliche Güterstand für den Regelfall eine güterrechtliche Beteiligung des mitwirkenden Ehegatten an den Ergebnissen der gemeinsamen Arbeit oder Vermögensbildung. Das Wissen der Ehegatten um die Teilhabe an dem gemeinsam Erarbeiteten über den Zugewinnausgleich wird in aller Regel dagegen sprechen, ihnen hinsichtlich ihrer gemeinsamen Arbeit bzw. Wertschöpfung einen Willen zum Abschluss eines Gesellschaftsvertrags zu unterstellen. Der Umstand, dass die Ehegatten im Güterstand der Zugewinngemeinschaft gelebt haben, ist daher als ein **gewichtiges Indiz gegen das Zustandekommen einer Innengesellschaft** durch schlüssiges Verhalten anzusehen.[255] Liegt ausnahmsweise eine Ehegatteninnengesellschaft bei gesetzlichem Güterstand vor, so müssen die aus der Auflösung der Gesellschaft resultierenden Ausgleichsansprüche bzw. Verpflichtungen ggf. beim Zugewinnausgleich im Endvermögen berücksichtigt werden. Anders als im Fall der unbenannten Zuwendung kommt ein gesellschaftsrechtlicher Anspruch aber nicht erst dann in Betracht, wenn der Zugewinnausgleich zu einem unangemessenen oder gar schlechthin unträglichen Ergebnis führt, sondern besteht neben bzw. zeitlich vor Durchführung des Zugewinnausgleichs.[256]

105 Leben die Ehegatten im **Güterstand der Gütertrennung,** lässt die Vereinbarung dieses Güterstandes nicht generell darauf schließen, dass die Ehegatten eine Teilhabe am gemeinsam erwirtschafteten Vermögen von vornherein ablehnen. Dies spricht daher nicht gegen die konkludente Zustandekommen eines Gesellschaftsvertrags,[257] allerdings auch nicht dafür.[258] Einerseits ist nämlich zu beachten, dass mit der Annahme eines Ausgleichsanspruchs nach Gesellschaftsrecht **im wirtschaftlichen Ergebnis das Gegenteil dessen erreicht werden kann,** was die **Ehegatten mit Vereinbarung der Gütertrennung erreichen wollten:** Das nicht nur kein gemeinsames Vermögen Kraft Güterstands entsteht, sondern dass bei Scheidung der Ehe auch kein Vermögensausgleich erfolgt. Der Rückgriff auf die Rechtsfigur der Ehegatteninnengesellschaft ist daher – entgegen der Ansicht von *Wever*[259] – bei Gütertrennung nicht pauschal in Fällen drohender krasser Benachteiligung eines Ehegatten zu befürworten.[260] Vielmehr ist gerade bei Gütertrennung besonders sorgfältig zu prüfen, ob **ausreichende Anhaltspunkte für eine konkludente Vereinbarung der Ehegatten** vorhanden sind. Die krasse Benachteiligung eines Ehegatten allein – welche Anforderungen man auch an eine solche stellt – erfüllt diese Voraussetzungen nicht; vielmehr ist sie in der Regel von den Parteien durch die Wahl des Güterstandes der Gütertrennung **bewusst in Kauf genommene Folge.**

106 αα) **Voraussetzungen der Ehegatteninnengesellschaft.** Eine solche Gesellschaft setzt voraus, dass mit der Leistung des Ausgleich begehrenden Ehegatten **ein über den typischen Rahmen der ehelichen Lebensgemeinschaft hinaus gehender Zweck** verfolgt wurde, die zB im Aufbau oder Erhalt eines Unternehmens liegen kann.[261] Der Annahme eines solchen Zwecks steht nicht entgegen, dass die Ehegatten damit nur die Sicherung des Familienunterhalts angestrebt haben.[262] Weiter ist erforderlich, dass die Mitwirkung nicht nur untergeordnete Bedeutung hat. Die Annahme einer gesellschaftsrechtlichen Beteiligung setzt nämlich eine beiderseitige Möglichkeit zur Teilhabe an Gewinn

---

[253] Vgl. BGH FamRZ 1999, 1580 ff.; FamRZ 2003, 1454 ff.; FamRZ 2006, 607, 608; vgl. auch *Rauscher* Rn. 485 a.
[254] BGH FamRZ 2006, 607, 608 m. krit. Anm. *Hoppenz;* anders *Münch* FamRZ 2004, 233, 235.
[255] BGH FamRZ 2006, 607, 608.
[256] BGHZ 155, 249, 255; BGH FamRZ 2006, 607, 608.
[257] BGH FamRZ 1999, 1580, 1582.
[258] Dies betont *Wever* Rn. 626 zu Recht; weitergehend *Gernhuber* FamRZ 1979, 201, der betont, Ehegatten pflegten nicht in Willenserklärungen miteinander zu verkehren; demgegenüber betont *Rauscher* Rn. 484, die Tatsache, dass zwei Rechtssubjekte miteinander Tisch und Bett teilten, müsse ihnen keineswegs die Rationalität im Umgang mit ihrem Vermögen rauben, weshalb Rechtsgeschäfte zwischen Ehegatten ohne weiteres möglich und üblich seien; vgl. zudem eingehend zur Problematik *Haas* FamRZ 2002, 205 ff.
[259] Rn. 626 aE.
[260] *Wever* Rn. 626 aE weist freilich zutreffend darauf hin, dass die Rechtsprechung des BGH selbst diesen Gesichtspunkt häufig nicht hinreichend Rechnung trägt.
[261] BGH FamRZ 1989, 147; FamRZ 1990, 1219.
[262] BGH FamRZ 1990, 973.

und Verlust des Unternehmens voraus.[263] Die Begründung der Ehegatteninnengesellschaft setzt einen **zumindest konkludent zu Stande gekommenen Gesellschaftsvertrag** iSv. § 705 BGB voraus.[264]

ββ) Rechtsfolge: Anspruch auf Zahlung des Auseinandersetzungsguthabens gem. §§ 738 ff. BGB.[265] Der Anspruch **fällt unter Abs. 1 Halbs. 1 Nr. 3.** Die Annahme einer Ehegatteninnengesellschaft führt zu gesellschaftsrechtlichen Ausgleichsansprüchen. Geschuldet ist nicht eine Auseinandersetzung in Natur, weil kein Gesamthandsvermögen besteht.[266] Es ist vielmehr ein **Anspruch auf Zahlung des Auseinandersetzungsguthabens** gegeben, der erst bei Beendigung und Auflösung der Gesellschaft entsteht und eine Gesamtabrechnung in Saldierung der beiderseitigen bezogenen Vor- und Nachteile erfordert.[267] Der Anspruch orientiert sich mithin nicht an einer Vergütung für die Mitarbeit, sondern an dem **erwirtschafteten Wertzuwachs**, der regelmäßig hälftig zu teilen ist, § 722 BGB. Maßgeblicher **Stichtag für die Auflösung** der Innengesellschaft ist der Zeitpunkt, zu dem die Ehegatten ihre Zusammenarbeit bzw. gemeinsame Vermögensbildung beendet haben und der Geschäftsinhaber das Unternehmen allein weitergeführt hat.[268] Dieser Zeitpunkt kann, muss aber nicht, mit der Trennung zusammen fallen,[269] wird dies aber häufig.

ζ) Rückgewähr unbenannter oder ehebezogener Zuwendungen. Zuwendungen unter Ehegatten, die nicht in Erfüllung einer Rechtspflicht und nicht in rechtlicher Abhängigkeit von einer Gegenleistung erbracht wurden, sind in der rechtlichen Praxis lange Zeit als Schenkungen iSd. §§ 1516 ff. BGB beurteilt worden. Die Rechtsprechung hat in Anlehnung an *Lieb*[270] die sog. „unbenannte", vielfach auch bezeichnet als „ehebedingte" oder „ehebezogene", Zuwendung entwickelt, insbesondere zu dem Zweck, um die **Anwendung** des bei Zuwendungen unter Ehegatten als unangemessen angesehenen **§ 530 BGB zu vermeiden.**[271] Die ehebezogene Zuwendung ist **gegenüber ausdrücklich abgeschlossenen Vereinbarungen abzugrenzen,** wobei die Abgrenzung zur durch stillschweigenden Vertragsschluss zu Stande gekommenen Ehegatteninnengesellschaft[272] und zur Schenkung vorzunehmen ist.[273] Nach der Rechtsprechung des **BGH** liegt eine **Schenkung** unter Ehegatten (nur noch) dann vor, wenn die Zuwendung nach deren Willen, also subjektiv, unentgeltlich i. S. e. echten Freigiebigkeit, einer reinen Uneigennützigkeit des Schenkers ist, wenn sie nicht an die Erwartung des Fortbestandes der Ehe geknüpft, sondern zur freien Verfügbarkeit des Empfängers geleistet wird. Von einer **ehebezogenen Zuwendung** ist demgegenüber auszugehen, wenn ein Ehegatte dem anderen einen Vermögenswert um der Ehe Willen und als Beitrag zur Verwirklichung und Ausgestaltung, Erhaltung oder Sicherung der ehelichen Lebensgemeinschaft zukommen lässt, wobei er die Vorstellung oder Erwartung hegt, dass die eheliche Lebensgemeinschaft Bestand haben und er innerhalb dieser Gemeinschaft am Vermögenswert und dessen Früchten weiterhin teilhaben werde.[274] Eine solche **Zuwendung wird vom BGH im Verhältnis der Ehegatten nicht als unentgeltlich angesehen.** Sie sei zwar nicht objektiv entgeltlich, also nicht Gegenleistung für Haushaltsführung oder andere Leistungen; sie habe aber rechtlich die Geschäftsgrundlage, dass dafür eine Verpflichtung eingegangen oder eine Leistung bewirkt wird, die nicht geldwerter oder vermögensrechtlicher Art sei, sondern auch in der Zuwendung unter Ehegatten und der Vorstellung oder Erwartung liegen könne, dass die eheliche Lebensgemeinschaft Bestand habe.[275] Es soll also das subjektive Tatbestandsmerkmal des § 516 Abs. 1 BGB, das „Einigsein" über die Unentgeltlichkeit der Zuwendung fehlen. Die Zuwendungen sollen auf einem familienrechtlichen Rechtsgeschäft beruhen, einem familienrechtlichen Vertrag eigener Art, der

---

[263] BGH FamRZ 1986, 568.
[264] BGH FamRZ 2006, 607; BGHZ 142, 137, 153; BGH FamRZ 1989, 147, 148; BGH FamRZ 1990, 973; BGH FamRZ 1990, 1219, 1220; BGH NJW 1997, 371.
[265] BGH FamRZ 2006, 207, 208.
[266] BGH FamRZ 2003, 1648.
[267] BGH FamRZ 2003, 1648.
[268] BGH FamRZ 2006, 607, 609.
[269] Vgl. BGH FamRZ 2006, 607.
[270] Die Ehegattenmitarbeit im Spannungsfeld zwischen Rechtsgeschäft, Bereicherungsausgleich und gesetzlichem Güterstand, 1970.
[271] Erstmals BGH FamRZ 1972, 201 = NJW 1972, 580; der Begriff „unbenannte Zuwendung" wurde soweit ersichtlich zuerst in BGHZ 82, 227, 230 = FamRZ 1982, 246 = NJW 1982, 1093 verwandt. Vgl. zur Entwicklung der Rechtsprechung BGHZ 116, 167 = FamRZ 1992, 300 = NJW 1992, 564; BGHZ 142, 137 = FamRZ 1992, 1580, 1582 f. = NJW 1992, 2962.
[272] Vgl. dazu oben Rn. 102 ff.
[273] Vgl. zur Abgrenzung von weiteren Vertragstypen *Wever* Rn. 407 ff.
[274] BGH FamRZ 1997, 933 = NJW 1997, 2747; FamRZ 1990, 600 = NJW-RR 1990, 386; FamRZ 1999, 1580, 1582.
[275] BGH FamRZ 1990, 600, 601.

Grundlage des in der Regel gleichzeitig vorgenommenen dinglichen Zuwendungsaktes ist.[276] Dieser Vertrag wird zu dem Zweck konstruiert, die Grundsätze über den Wegfall der Geschäftsgrundlage anwenden und ggf. das Ergebnis des Zugewinnausgleichs relativieren zu können. Diese **Konstruktion des BGH überzeugt nicht** und hat zu Recht heftige Kritik erfahren;[277] insbesondere die Rechtsprechung,[278] aber auch große Teile der Literatur[279] erkennen die Konstruktion der ehebezogenen Zuwendung uneingeschränkt an.

109 Scheitert die Ehe, so **entfällt die Geschäftsgrundlage der ehebezogenen Zuwendung.** Bereits vor der Kodifikation der Störungen der Geschäftsgrundlage in § 313 BGB zum 1. 1. 2002 leitete der BGH aus § 242 BGB in diesen Fällen einen **Anspruch des Zuwendenden auf Anpassung oder Rückgewähr** her, allerdings nur, wenn das **güterrechtliche Ergebnis ohne schuldrechtliche Korrektur schlechthin unangemessen** oder **untragbar** ist.[280] Ob die Rückgewähr einer ehebezogenen Zuwendung oder eine Anpassung durch Gewährung eines finanziellen Ausgleichsanspruchs erfolgt, hängt daher davon ab, ob die Beibehaltung der gegenwärtigen Vermögenssituation für den Ehegatten, der die Zuwendung gemacht hat, unzumutbar ist. **Die Zumutbarkeit** beurteilt der BGH entscheidend danach, in welchem **Güterstand** die Ehegatten leben.

110 Besteht **Zugewinngemeinschaft,** sieht der BGH für die Anwendung der Regeln über den Wegfall der Geschäftsgrundlage **nur ausnahmsweise Raum,** wenn dem Zuwendenden das **Festhalten** an der Zuwendung „**schlechthin unzumutbar**" ist.[281] Eine Rückabwicklung kommt in aller Regel nicht in Betracht, und zwar weder in Form eines Anspruchs auf dingliche Rückübertragung, noch in Form eines Anspruchs auf Zahlung eines Ausgleichsbetrages. Der Wertausgleich findet hier grundsätzlich über den vorrangigen Zugewinnausgleich statt.

111 Besteht **Gütertrennung**[282] kommt eine Rückforderung oder ein Ausgleichsanspruch wegen Wegfalls der Geschäftsgrundlage eher in Betracht, denn der grundsätzliche Vorrang eines vorhandenen güterrechtlichen Ausgleichsmechanismus steht nicht entgegen. Es gilt ein gegenüber dem Güterstand der Zugewinngemeinschaft **abgemilderter Maßstab.** Auch bei Gütertrennung ist aber ein korrigierender Eingriff nur gerechtfertigt, wenn dem zuwendendem Ehegatten die Beibehaltung der durch die Zuwendung geschaffenen Vermögensverhältnisse unzumutbar ist.[283]

112 Haben die Ehegatten im Güterstand der **Gütergemeinschaft** gelebt und ist die Zuwendung in das Gesamtgut gefallen, so ist die güterrechtliche Abwicklung im Fall der Ehescheidung über das Übernahmerecht (§ 1477 BGB) und den Wertersatz für eingebrachtes Gut (§ 1478 BGB) vorrangig. **Ansprüche aus Wegfall der Geschäftsgrundlage** kommen nur bei **Zuwendungen in das Vorbehaltsgut** in Betracht.

113 *Löhnig*[284] und *Rauscher*[285] haben zutreffend darauf hingewiesen, dass das Inkrafttreten von **§ 313 BGB** auf die **dargestellte Rechtsprechung Auswirkungen haben muss.** Zunächst verlangt § 313 BGB eine Gestaltungserklärung des Zuwendenden und die Rückabwicklung erfolgt nicht mehr nach §§ 812 ff. BGB, sondern gem. §§ 313 Abs. 3 S. 1, 346 ff. BGB. Entscheidend ist, dass § 313 Abs. 1 BGB **primär an die erhebliche Störung der Geschäftsgrundlage anknüpft** und daher für die in Anwendung von § 242 BGB angestellten Erwägungen zur Zumutbarkeit mit Rücksicht auf einen stattfindenden Zugewinnausgleich nur dann Raum lässt, wenn man den Zugewinnausgleich aus Kriterium ansieht, dass das Festhalten iSd. § 313 Abs. 1 BGB zumutbar macht. Überdies ist es bei Bestehen eines Rückabwicklungsanspruchs inkonsequent, einen Vorrang des Zugewinnausgleichsanspruchs gerade hier anzunehmen, nicht aber gegenüber gesamtschuldnerischen oder gesellschaftsrechtlichen Ansprüchen.[286]

---

[276] Vgl. BGH FamRZ 1990, 855; FamRZ 1987, 43, 45; 1982, 910.
[277] *Seif* FamRZ 2000, 1193 ff.; *Koch* FamRZ 1995, 321 ff.; *Holzhauer* FuR 1995, 270 ff.; *Kollhosser* NJW 1994, 2313 ff.; *Schotten* NJW 1990, 2841; *Hepting* FS Henrich, S. 267 ff.
[278] Vgl. oben Fn. 324.
[279] *Waas* FamRZ 2000, 453 ff.; *Palandt/Brudermüller* § 1372 BGB Rn. 4; *Palandt/Grüneberg* § 313 BGB Rn. 50 ff.; *Staudinger/Thiele* § 1363 BGB Rn. 14, Vor § 1414 BGB Rn. 19 ff. jeweils m. weit. Nachw.
[280] BGH FamRZ 1997, 933 = NJW 1997, 2747; BGHZ 15, 132 ff. = FamRZ 1991, 1169, 1170; = NJW 1991, 2553; BGHZ 119, 392 = FamRZ 1993, 289, 291 = NJW 1993, 385.
[281] Ebenda.
[282] Ausf. *Winklmayr* FamRZ 2006, 1650 ff.
[283] Vgl. BGH FamRZ 1997, 933 = NJW 1997, 2747; BGHZ 127, 48 = FamRZ 1994, 1167, 1168 = NJW 1994, 2545; BGH FamRZ 1990, 855, 856 = NJW-RR 1990, 834; OLG Düsseldorf NJW-RR 2003, 1513; OLG Karlsruhe FamRZ 2001, 1075; OLG München FamRZ 2004, 1874; vgl. ausführlich *Wever* Rn. 486 ff. mit reichhaltiger Kasuistik.
[284] FamRZ 2003, 1521, 1522; im Ergebnis auch *Gernhuber/Coester-Waltjen* § 19 Rn. 91.
[285] Rn. 491 a.
[286] *Löhnig* FamRZ 2003, 1521, 1522; *Rauscher* Rn. 491 a.

Sonstige Familiensachen   114–118 § 266

Der **Anspruch** des Zuwendenden auf **Anpassung** oder **Rückgewähr** wird von **Abs. 1 Halbs. 1 Nr. 3** erfasst.

η) Herausgabe eines Geschenks wegen Widerruf der Schenkung gem. §§ 812 Abs. 1 S. 2 114
Alt. 1, 531 Abs. 1, Abs. 2, 530 Abs. 1 BGB. Schenkungen zwischen Ehegatten gibt es nach der Rechtsprechung des BGH zu den ehebezogenen Zuwendungen und zur Ehegatteninnengesellschaft nur noch selten. Es bleiben allein die Fälle der sog. **Alltagsgeschenke,** wobei die Vermögensverhältnisse der Ehegatten zu berücksichtigen sind. Zudem ist auch unter Ehegatten ein Schenkungswiderruf nach § 530 Abs. 1 BGB nur möglich, wenn sich der Beschenkte durch eine Verfehlung gegen den Schenker oder dessen nahen Angehörigen **groben Undanks** schuldig gemacht hat. Hier stellt die Rechtsprechung hohe Anforderungen.[287] So reichen verbale Entgleisungen gegenüber dem anderen Ehegatten als Folge der Zerrüttung der Ehe selbst dann nicht aus, wenn sie in grober Art erfolgten.[288] Eine schwere Verfehlung liegt auch dann nicht vor, wenn sich der Beschenkte vom Schenker getrennt hat. Selbst die Verletzung der ehelichen Treuepflicht allein begründet keine schwere Verfehlung, sie indiziert nicht bereits den groben Undank, denn es ist eine Bewertung des gesamten Verhaltens beider Ehegatten erforderlich.[289] Der Anspruch **fällt unter Abs. 1 Halbs. 1 Nr. 3,** wenn ein Zusammenhang mit Trennung, Scheidung oder Aufhebung der Ehe besteht, andernfalls ggf. unter Abs. 1 Halbs. 1 Nr. 2.

υ) Ansprüche bei Mitarbeit im Beruf oder Geschäft des Ehegatten. Erfolgt eine solche 115
Mitarbeit auf Grund eines ausdrücklich oder konkludent geschlossenen **Dienst- oder Arbeitsvertrags,** ist das **Arbeitsgericht** zuständig.[290] Ist dies nicht der Fall, besteht nach der zutreffenden von *Hübner* begründeten und nunmehr von *Voppel* vertretenen Ansicht, ein **Ausgleichsanspruch aus § 1353 Abs. 1 S. 2 Halbs. 1 BGB** des mitarbeitenden Ehegatten auf eine spezielle „Erfolgsvergütung".[291] Die **Rechtsprechung** wählt hier nach wie vor die Konstruktion eines sog. **familienrechtlichen Vertrags sui generis.**[292] Mit der Rückführung auf ein in der ehelichen Lebensgemeinschaft wurzelndes Vertragsverhältnis ist der Weg frei für die Konstruktion, dass mit dem Scheitern der Ehe die Geschäftsgrundlage des Vertrags entfällt.[293] Die Neuregelung des Instituts der Störung der Geschäftsgrundlage in § 313 BGB führt hier zu demselben Problem wie im Rahmen der ehebezogenen Zuwendung.[294]

Unabhängig von der Konstruktion fällt der Ausgleichs- bzw. Vergütungsanspruch unter **Abs. 1** 116
Halbs. 1 Nr. 3 ab dem Zeitpunkt des Getrenntlebens der Ehegatten, vorher unter **Nr. 2**.

ι) Streitigkeiten über Steuerfragen. Nach der Trennung der Ehegatten kommt es auch häufiger 117
zu Streitigkeiten um steuerliche Fragen.[295] So geht es insbesondere um die Fragen, wem Steuererstattungen aus der Zeit der Zusammenveranlagung zustehen, wer für Steuernachforderungen aufkommen muss, ob ein Ehegatte vom anderen auch nach der Trennung die Mitwirkung an der Zusammenveranlagung verlangen kann, unter welchen Voraussetzungen der unterhaltspflichtige Ehegatte von dem anderen die Zustimmung zum begrenzten Realsplitting verlangen kann und welche Folgen eine etwaige Verweigerung der Zustimmung hat. Leben die **Ehegatten getrennt,** fallen sämtliche diesbezüglichen Ansprüche und Streitigkeiten unter **Abs. 1 Halbs. 1 Nr. 3**.[296]

ϰ) Der familienrechtliche Ausgleichsanspruch. Der Ausdruck „familienrechtlicher Ausgleichs- 118
anspruch" wird hier für die Fälle gebraucht, in denen es um den Ausgleich von Unterhaltsleistungen geht, die ein Elternteil anstelle des anderen erbracht und durch die er dessen Unterhaltspflicht gegenüber dem Kind erfüllt hat. Zudem in den Fällen, in denen es um den Ausgleich von staatlichen Leistungen geht, die für beide Eltern zur Erleichterung des Kindesunterhalts bestimmt, aber nur einem Elternteil zugeflossen sind, obwohl sie auch dem anderen zu Gute kommen sollen.[297]

---

[287] BGH FamRZ 1993, 1297; BGH FamRZ 2000, 1490.
[288] Vgl. BGH FamRZ 1999, 705.
[289] BGH FamRZ 1985, 351; BGH FamRZ 1982, 1066; OLG Düsseldorf FamRZ 2005, 1089: hier verneint der Senat die schwere Verfehlung, obzwar die eheliche Untreue der beschenkten Ehefrau zu deren Schwangerschaft geführt hatte.
[290] Vgl. oben Rn. 8.
[291] *Staudinger/Hübner* 10./11. Aufl. 1965 ff., § 1356 BGB Rn. 45 und jetzt ausführlich *Staudinger/Voppel* § 1356 BGB Rn. 64 ff.
[292] BGHZ 127, 48, 50 ff.
[293] BGHZ 84, 361, 368; BGHZ 127, 48, 53.
[294] Vgl. oben Rn. 113.
[295] Vgl. zu den steuerlichen Auswirkungen von Trennung und Scheidung *Linderer* FPR 2003, 390.
[296] Vgl. zu den Ansprüchen die ausführliche Darstellung von *Wever* Rn. 756 bis 816 sowie oben Rn. 60, 61.
[297] Der Gebrauch des Ausdrucks folgt demjenigen von *Wendl/Scholz* § 2 Rn. 531 sowie *Wever* Rn. 898.

119 Die Notwendigkeit, für diese Fälle des Unterhaltsregresses ein **neues Rechtsinstitut** zu entwickeln, ergab sich daraus, dass für den zB den gesamten Bar- und Betreuungs- wie Naturalunterhalt leistenden **Elternteil, keine Anspruchsgrundlage zur Rückforderung des zu viel geleisteten Unterhalts** gegen den anderen Ehegatten gesehen wurde.[298] Eine Gesetzeslücke wird bejaht, weil eine cessio legis nach § 1607 Abs. 2 S. 2 und Abs. 3 BGB ausscheidet. Auch ein Gesamtschuldnerausgleich nach § 426 BGB, ein Aufwendungsersatzanspruch aus Geschäftsführung ohne Auftrag nach §§ 670, 683 S. 1, 677 BGB sowie bereicherungsrechtliche Ansprüche werden von der herrschenden Rechtsprechung und Literatur verneint.[299] Deshalb wird eine Gesetzeslücke bejaht, die durch die Rechtsfigur des familienrechtlichen Ausgleichsanspruchs geschlossen worden ist.[300]

120 Zu den Voraussetzungen des familienrechtlichen Ausgleichsanspruchs vgl. *Wever* Rn. 901 bis 906. Der Anspruch fällt unter Abs. 1 Halbs. 1 Nr. 3, wenn ein Zusammenhang mit Trennung und Scheidung besteht; sonst fällt er unter Abs. 1 Halbs. 1 Nr. 4.

121 λ) **Schadensersatzansprüche.** Sie können zwischen Ehegatten unabhängig davon entstehen, in welchem Güterstand die Ehegatten leben. Eine deliktische Haftung kann sich ergeben aus körperlichen oder sexuellen Misshandlungen, aus Verkehrsunfällen, bei denen der Partner verletzt wird oder bei denen ihm ein Sachschaden entsteht. Sie kann sich ergeben aus sonstigen Verletzungen des Eigentums des Partners, wie etwa der Beschädigung und dem Beiseiteschaffen von Haushaltsgegenständen oder auch aus einem Prozessbetrug im Rahmen einer Unterhaltsstreitigkeit. Aber auch Verletzungen des Rechts zur elterlichen Sorge über ein gemeinsames Kind oder des Umgangsrechts sowie Verstöße gegen das Recht zur ehelichen Lebensgemeinschaft aus § 1353 Abs. 1 S. 2 Halbs. 1 BGB, können uU zu einer deliktischen Haftung führen. Aus der Verletzung vertraglicher Pflichten können sich Schadensersatzansprüche dann ergeben, wenn die Ehegatten ein Vertragsverhältnis eingegangen sind.

122 Schadensersatzansprüche **fallen nur dann unter Abs. 1 Halbs. 1 Nr. 3, wenn sie im Zusammenhang mit Trennung, Scheidung oder Aufhebung der Ehe stehen,** ist dies nicht der Fall, kann Abs. 1 S. 1 Halbs. 1 Nr. 2 eingreifen. Dabei tritt in der Praxis die Besonderheit auf, dass Schadensersatzansprüche unter Ehegatten nicht selten schon während intakter Ehe bestehen. Solange die Ehegatten zusammen leben, verlangt allerdings tatsächlich selten einer vom anderen Schadensersatz. Das geschieht dann erst nach Trennung oder Scheidung der Ehe. **Schadensersatzansprüche, die bereits während intakter Ehe entstanden sind, aber erst nach Trennung oder Scheidung geltend gemacht werden,** fallen unter **Abs. 1 Halbs. 1 Nr. 2.** Schadensersatzansprüche im **Zusammenhang mit elterlicher Sorge** und **Umgangsrecht** fallen unter Abs. 1 Halbs. 1 Nr. 4 und 5, die insoweit vorgehen.

123 Ein Ehegatte, der einen **Vermögensgegenstand,** der dem Partner oder beiden gemeinsam gehört, schuldhaft beschädigt, beiseite schafft, verliert oder wirksam an einen Dritten veräußert, kann sich gleichfalls nach § 823 Abs. 1 BGB schadensersatzpflichtig machen. Das gilt auch dann, wenn es sich um einen **Haushaltsgegenstand** handelt. Eine Haushaltssache nach § 200 Abs. 1 Nr. 2, Abs. 2 Nr. 2 liegt nicht vor, weil die Vorschrift nur Ansprüche nach §§ 1361a, 1568b BGB erfasst, nicht jedoch Schadensersatzansprüche. Typische Fälle sind die, in denen ein Ehegatte zwischen Trennung und gerichtlicher Entscheidung über den Verbleib der Haushaltsgegenstände dem anderen oder beiden gehörende Haushaltsgegenstände verkauft – häufig geht es wieder um einen PKW[301] – oder vernichtet. Im Zeitpunkt der gerichtlichen Entscheidung nicht mehr vorhandene Gegenstände werden von §§ 1361a, 1568b BGB nicht erfasst, weshalb dem dadurch getroffenen Ehegatten ein Schaden entsteht und ein Schadensersatzanspruch möglich ist.

124 bb) **Ansprüche zwischen miteinander verheirateten oder ehemals miteinander verheirateten Personen und einem Elternteil.** In der gerichtlichen Praxis nehmen die Fälle zu, in denen Schwiegereltern die **Rückgewähr von Zuwendungen** von ihrem **Schwiegerkind** nach dem Scheitern bzw. der Scheidung der Ehe verlangen. Es handelt sich um Zuwendungen während der intakten Ehe zwischen Kind und Schwiegerkind, die ohne Vereinbarung einer Gegenleistung[302] erfolgt sind. Im Vordergrund stehen finanzielle Zuschüsse zum Bau oder Erwerb eines Familien-

---

[298] Zuerst BGHZ 31, 329, = FamRZ 1960, 1994 f = NJW 1960, 957; dann folgend BGHZ 50, 266 = FamRZ 1968, 450 = NJW 1968, 1780; BGH FamRZ 1981, 761 = NJW 1981, 2348; BGH FamRZ 1984, 775 = NJW 1984, 2158; BGH FamRZ 1989, 850 = NJW 1989, 2816; BGH FamRZ 1994, 1102 = NJW 1994, 2234.

[299] Vgl. *Wever* Rn. 889 m. weit. Nachw.

[300] AA *Roth* FamRZ 1994, 793 ff., der die zur Verfügung stehenden Anspruchsgrundlagen als ausreichend ansieht.

[301] OLG Köln FamRZ 2002, 322; vgl. auch OLG Frankfurt/M. FamRZ 2004, 1105.

[302] Für Zuwendungen, die auf Grundlage eines Kaufvertrags erfolgt sind, gelten diese Grundsätze nicht, vgl. BGH FamRZ 2003, 223, = NJW 2003, 510.

heims oder um die Übertragung eines Grundstücks je zur Hälfte an beide Ehegatten. Ihre Ursache haben solche Zuwendungen an das Schwiegerkind immer in der Ehe, da die Zuwendung größerer Vermögenswerte unter Fremden nicht stattgefunden hätte und ihren Grund nur in der Ehe des eigenen Kindes mit dem Schwiegerkind hat.[303] Der BGH[304] wendet in diesen Fällen die zu **ehebezogenen Zuwendungen unter Ehegatten entwickelten Grundsätze** entsprechend an und eröffnet so die Möglichkeit einer **Rückabwicklung über die Störung der Geschäftsgrundlage**.[305] Abs. 1 Halbs. 1 Nr. 3 erfasst auch **Rückforderungsansprüche** zwischen Eltern und Kindern im Zusammenhang mit Trennung, Scheidung oder Aufhebung der Ehe, **insoweit hat Nr. 3 Vorrang vor Nr. 4**. Es kann allerdings an der Ehebezogenheit fehlen, wenn Zweck der Zuwendung an Kind und Schwiegerkind die Vermögensbildung war[306] oder wenn die Zuwendung entgeltlich erfolgte.[307]

125 Abs. 1 Halbs. 1 Nr. 3 ist über den Wortlaut hinaus **entsprechend anzuwenden,** wenn nicht die Eltern, sondern die **Großeltern** eines Ehegatten die Zuwendung erbringen.[308] Ist in solchen Fällen die Ehebezogenheit gegeben, verlangt der Normzweck die Vorschrift entsprechend anzuwenden, es handelt sich um eine Streitigkeit mit der für § 266 insgesamt **typischen Nähe zu einem familienrechtlichen Rechtsverhältnis**.

126 Handelt es sich ausnahmsweise bei der Zuwendung der Schwiegereltern an das Schwiegerkind um eine Schenkung,[309] folgen Rückforderungsansprüche aus §§ 527 bis 530 BGB.

127 **d) Sonstige Familiensachen nach Abs. 1 Halbs. 1 Nr. 4.** Die Vorschrift erfasst aus dem **Eltern-Kind-Verhältnis herrührende Ansprüche**. Die Gesetzesverfasser[310] betonen, dass als Ergänzung zur Zuständigkeit für Kindschaftssagen das FamG auch für sonstige zivilrechtliche Ansprüche aus dem Eltern-Kind-Verhältnis zuständig sein soll. Genannt werden Streitigkeiten wegen der Verwaltung des Kindesvermögens, auch soweit es sich um Schadenersatzansprüche handelt. Weiter heben sie hervor, der Anspruch müsse in dem Eltern-Kind-Verhältnis selbst seine Grundlage haben, ein bloßer Zusammenhang mit diesem genüge nicht.[311] Auf die Minderjährigkeit kommt es weder beim Elternteil noch beim Kind an, erst Recht nicht auf die Ehelichkeit des Kindes.[312]

128 Nicht nur die Regelungsabsicht der Gesetzesverfasser, sondern bereits **Abs. 1 Halbs. 6** bringt zum Ausdruck, dass **Kindschaftssachen nach § 151 Abs. 1 Nr. 1 und Nr. 3 Vorrang** haben, dem gegenüber hat **Abs. 1 Halbs. 1 Nr. 4 Vorrang vor Nr. 3**.[313] § 151 Nr. 1 erfasst nicht nur die bisher unter § 621 Abs. 1 Nr. 1 ZPO aF fallenden Verfahren, sondern darüber hinaus die bisher unter § 640 Abs. 2 Nr. 3 ZPO aF fallenden Verfahren auf Feststellung des Bestehens oder Nichtbestehens der elterlichen Sorge, die bislang vom Vormundschaftsgericht zu treffenden Entscheidungen nach § 112 BGB, § 2 Abs. 3, § 3 Abs. 2 und § 7 RelKErzG, § 2 Abs. 1 NamÄndG, § 16 Abs. 3 VerschG, sämtliche spezialgesetzliche Vorschriften, die unter den Minderjährige unter elterlicher Sorge steht und auch Verfahrensgegenstände, die mit der elterlichen Sorge aus sachlichen oder verfahrensrechtlichen Gründen im Zusammenhang stehen.[314] **Unter § 151 Nr. 1** und damit **nicht unter Abs. 1 Halbs. 1 Nr. 4 fallen** § 1628 S. 1, § 1631b BGB, §§ 1632, 1640, 1643, 1666, 1666 a, 1667, 1671, 1672, 1673, 1674, 1678, 1680, 1681, 1682, 1687, 1687 a, 1688, 1696.[315] **§ 151 Nr. 1 erfasst weitergehend** das Recht der Eltern zur Bestimmung des Namens, weil dieses Ausfluss der elterlichen Sorge ist.[316] Das gilt zB für § 1617 Abs. 2 S. 1 BGB. Außerdem gehört die familiengerichtliche Zuständigkeit nach § 1618 S. 4 BGB gleichfalls hierher.[317]

---

[303] Vgl. BGH FamRZ 1995, 1562; BGH FamRZ 1998, 669; BGH FamRZ 2003, 292.
[304] BGHZ 129, 259 = FamRZ 1959, 1060 = NJW 1995, 1889; BGH FamRZ 1998, 669; BGH FamRZ 1999, 365 = NJW 1999, 353.
[305] Zur Problematik durch die Schaffung des § 313 Abs. 1 BGB oben Rn. 113.
[306] OLG Koblenz FuR 2006, 226.
[307] BGH FamRZ 2003, 223 in einem Fall, in dem ein Grundstücksverkauf an Sohn und Schwiegertochter erfolgte.
[308] Vgl. zu einem solchen Fall BGH FamRZ 2006, 394 = NJW-RR 2006, 664.
[309] Vgl. OLG Koblenz FamRZ 2006, 412.
[310] BT-Drucks. 16/6308, S. 263.
[311] AA *Baumbach/Lauterbach/Hartmann* Rn. 13, 11: „Herrühren" könne auch ein mittelbarer Anspruch vgl. dazu oben Rn. 26.
[312] *Baumbach/Lauterbach/Hartmann* Rn. 13.
[313] *Baumbach/Lauterbach/Hartmann* Rn. 13.
[314] BT-Drucks. 16/6308, S. 233, 234.
[315] Vgl. *Baumbach/Lauterbach/Hartmann* § 151 Rn. 2; § 621 ZPO Rn. 28 bis 38.
[316] BGH FamRZ 1999, 1648; BT-Drucks. 13/8511, S. 71.
[317] Siehe § 621 ZPO Rn. 33.

129 **Abs. 1 Halbs. 1 Nr. 4 erfasst** daher im Wesentlichen folgende Ansprüche: **aa) Ansprüche aus § 1618a BGB.**[318] Die Norm ist zwar nach der Begründung der Gesetzesverfasser als bloße Leitlinie ohne Sanktion angesehen worden,[319] sie kann aber gleichwohl **Ansprüche nicht nur begrenzen,** sondern sogar **begründen.**[320] So kann ein Kind im Einzelfall verpflichtet sein, einen Elternteil in seinen Haustand aufzunehmen und zu pflegen, wobei jedoch kollidierende Pflichten gegenüber der eigenen Kernfamilie zu berücksichtigen sind.[321] § 1618a BGB kann einen Anspruch des Kindes, dessen Abstammung zum Vater nach dem System des Abstammungsrechts nicht bereits bestimmt ist, gegen die Mutter begründen, ihm **Auskunft** über den Namen des ihr bekannten Vaters oder über die ihr bekannten Namen möglicher Väter zu geben.[322]

130 **bb) Anspruch gem. § 1648 BGB.** Die Vorschrift regelt den Anspruch der Eltern gegen das Kind auf Ersatz **von Aufwendungen,** die bei Ausübung ihrer Personen- oder Vermögenssorge anfallen und ihnen nicht selbst zur Last fallen. Ersatzfähig sind nur Aufwendungen, die die Eltern bei Ausübung der Personen- oder Vermögenssorge getätigt haben. Im Unterschied zum Aufwendungsersatzanspruch eines Vormunds (§§ 1835 Abs. 3, Abs. 1, 669 f. BGB) können die **Eltern keinen Vorschuss verlangen**[323] und auch keinen Ersatz für die Dienste, die zu ihrem Gewerbe oder Beruf gehören sowie für die aufgewendete Zeit.[324] Die Aufwendungen müssen zudem bei der Ausübung der Personen- und/oder Vermögenssorge angefallen sein. Neben § 1648 BGB sind die §§ 677 ff., 812 ff. BGB nicht anwendbar.[325] Die allgemeinen Regeln greifen dagegen bei Aufwendungen eines Elternteils dem die elterliche Sorge, zumindest die tatsächliche, nicht mehr zusteht;[326] diese Ansprüche werden von Abs. 1 Halbs. 1 Nr. 4 **nicht erfasst,** sie rühren nicht aus dem Eltern-Kind-Verhältnis her. Ersatzfähig sind nur solche Aufwendungen, die die Eltern nach den Umständen für erforderlich halten durften. Nicht notwendig ist dagegen, dass die Aufwendungen objektiv erforderlich waren.[327]

131 **cc) Anspruch gem. § 1664 BGB.** Die Vorschrift enthält zum einen nach dem Wortlaut lediglich einen Haftungsmaßstab für die Haftung der Eltern wegen einer Schädigung des Kindes bei Ausübung der elterlichen Sorge; zum Anderen aber außerdem eine **Anspruchsgrundlage für einen selbstständigen Schadensersatzanspruch** des Kindes gegenüber seinen Eltern, wie sich § 1664 Abs. 2 BGB entnehmen lässt.[328]

132 **dd) Anspruch gem. § 1698 Abs. 1 BGB.**[329] Die Vorschrift gewährt bei Ende oder Ruhen der elterlichen Sorge bzw. Vermögenssorge sowohl einen **Herausgabeanspruch** als auch einen **Auskunfts- und Rechnungslegensanspruch** des neuen Sorgeberechtigten oder bei Volljährigkeit des Kindes gegenüber den vormals sorgeberechtigten Elternteilen. Die Eltern sind Gesamtschuldner, wenn nicht ein Teil dartut, dass der andere allein besessen hat.[330]

133 **ee) Anspruch gem. § 823 Abs. 1 BGB bei Aufwendungen zur Rückerlangung eines entzogenen Kindes.** Entzieht der nicht sorgeberechtigte Elternteil dem alleinigen Inhaber der elterlichen Sorge das Kind, so können dem Sorgerechtsinhaber Aufwendungen, die der Rückerlangung des Kindes dienen gem. § 823 Abs. 1 zu ersetzen sein. Das **Recht der elterlichen Sorge ist ein absolutes Recht iSd. § 823 BGB.**[331] So können als Schaden erstattungsfähig sein Detektivkosten zur Ermittlung des Aufenthalts der entzogenen Kinder[332] und zudem auch Telefon- und Reisekosten. Schadensersatzansprüche gem. **§ 845 BGB** gehören **nicht** hierher, da Abs. 1 Halbs. 1

---

[318] So auch *Bamberger/Roth/Enders* § 1618a BGB Rn. 6.1.
[319] BT-Drucks. 8/2788, S. 43.
[320] *Erman/Michalski* § 1618a BGB Rn. 2; *Lüderitz*, FS Gaul, 1997, S. 420; *Soergel/Strätz* § 1618a BGB Rn. 3; *Staudinger/Coester* § 1618a Rn. 16; *Palandt/Diederichsen* § 1618a Rn. 1.
[321] *Erman/Michalski* § 1618a BGB Rn. 10; *Staudinger/Coester* § 1618a BGB Rn. 39; vgl. näher *Bamberger/Roth/Enders* § 1618a Rn. 4, 5.
[322] LG Münster NJW 1999, 726, 727; *Bamberger/Roth/Enders* § 1618a BGB Rn. 5; *Rauscher* Rn. 757.
[323] *Staudinger/Engler* § 1648 BGB Rn. 11; *Bamberger/Roth/Veit* § 1648 BGB Rn. 2.
[324] Protokolle IV S. 562; *Staudinger/Engler* § 1648 BGB Rn. 12; *MünchKommBGB/Huber* § 1648 BGB Rn. 5; *Palandt/Diederichsen* § 1648 Rn. 1; anders *Gernhuber/Coester-Waltjen* § 57 Rn. 31.
[325] *Bamberger/Roth/Veit* § 1648 BGB Rn. 2.
[326] *Bamberger/Roth/Veit* § 1648 BGB Rn. 2; *MünchKommBGB/Huber* § 1648 BGB Rn. 2; *Staudinger/Engler* § 1648 BGB Rn. 16.
[327] *MünchKommBGB/Huber* § 1648 Rn. 4; *Soergel/Strätz* § 1648 BGB Rn. 2.
[328] OLG Köln FamRZ 1998, 1351; AG Nordhorn FamRZ 2002, 341 f.; *Bamberger/Roth/Veit* § 1664 BGB Rn. 1; *Palandt/Diederichsen* § 1664 BGB Rn. 1; aA *Gernhuber/Coester-Waltjen* § 57 Rn. 37; *Rauscher* Rn. 969.
[329] Vgl. zur früheren Einordnung als allgemeine Zivilsache, *Schael* FamRZ 2007, 10 f.
[330] OLG Oldenburg MDR 1962, 481.
[331] *Bamberger/Roth/Veit* § 1626 BGB Rn. 3; *Palandt/Diederichsen* § 1626 BGB Rn. 2.
[332] BGHZ 111, 168 = FamRZ 1990, 966.

Nr. 4 nur Ansprüche zwischen Eltern und Kind sowie zwischen den Eltern erfasst, argumentum e Abs. 1 Halbs. 1 Nr. 1, Nr. 3; für diese Ansprüche sind die allgemeinen Zivilgerichte zuständig.

e) Sonstige Familiensachen nach Abs. 1 Halbs. 1 Nr. 5. Die Vorschrift erfasst aus dem **Umgangsrecht herrührende Ansprüche. Nicht** hierunter fallen nach Abs. 1 Halbs. 6 und der Regelungsabsicht der Gesetzesverfasser[333] die von **§ 151 Nr. 2. erfassten Verfahren,** also Verfahren die das Umgangsrecht „betreffen". Diese Vorschrift erfasst die bisher unter § 621 Abs. 1 Nr. 2 ZPO aF gefallenen Verfahren. Die Gesetzesverfasser wollten mit Abs. 1 Halbs. 1 Nr. 5 insbesondere die sachliche Zuständigkeit für Schadensersatzansprüche wegen Nichteinhaltens der Umgangsregelung begründen für die bisher die allgemeinen Zivilgerichte zuständig waren. Aufgrund des weiten Anwendungsbereichs von § 151 Nr. 2 und weil die gewöhnlichen Kosten der Ausübung des Umgangsrechts regelmäßig unterhaltsrechtlich ausgeglichen werden,[334] bleiben für Abs. 1 Halbs. 1 Nr. 5 tatsächlich nur Schadensersatzansprüche. 134

aa) Schadensersatzansprüche des umgangsberechtigten Elternteils gegen den anderen Elternteil. α) Anspruch gem. § 823 Abs. 1 BGB. Das **Umgangsrecht des Kindes** nach § 1684 Abs. 1 Halbs. 1 BGB wie dasjenige des jeweiligen **Elternteils** nach § 1684 Abs. 1 Halbs. 2 Alt. 2 BGB sind **absolute Rechte,** die als sonstige Rechte iSv. § 823 Abs. 1 und § 1004 BGB absoluten Schutz genießen.[335] Dieser Schutz gilt nicht nur gegenüber Dritten, sondern auch im Verhältnis der Eltern zueinander, so dass infolge der Verletzung des Rechts entstandene Vermögenseinbußen nach § 823 Abs. 1 BGB schadensersatzfähig sein können.[336] 135

Zu den Schäden, die erstattungspflichtig sein können, gehören insbesondere **fehlgeschlagene Aufwendungen zur Ausgestaltung des Umgangsrechts,** also etwa vergebliche Fahrtkosten und Stornierungskosten für eine Ferienwohnung[337] oder Mehrkosten infolge Nichteinhaltens der gerichtlich geregelten Transportart.[338] Ggf. ist ein Mitverschulden des umgangsberechtigten Elternteils zu berücksichtigen.[339] 136

β) Anspruch entsprechend § 280 Abs. 1 S. 1 BGB. Der BGH[340] lässt offen, ob es sich bei dem Umgangsrechten um absolute Rechte handelt und damit zugleich, ob § 823 Abs. 1 BGB einen Schadensersatzanspruch begründet.[341] Der Senat bejaht zwischen dem umgangsberechtigten Elternteil und dem anderen Elternteil ein „**gesetzliches Rechtsverhältnis familienrechtlicher Art,** das durch § 1684 Abs. 2 S. 1 BGB näher ausgestaltet werde und an dem das Kind als Begünstigter teilhabe". Aus diesem folge die Pflicht, bei der Gewährung des Umgangs auf die Vermögensbelange des Umgangsberechtigten Rücksicht zu nehmen. Eine Verletzung dieser Verpflichtung könne „unter Heranziehung der zur positiven Forderungsverletzung entwickelten Grundsätze" (und damit wohl analog § 280 Abs. 1 S. 1 BGB),[342] Schadensersatzpflichten des Verletzers gegenüber dem umgangsberechtigten Elternteil entstehen. *Rauscher* stellt völlig zu Recht die Frage, ob der dogmatische Aufwand dieser Konstruktion irgendeinen Vorteil gegenüber der deliktischen Herleitung bringe.[343] Das ist für das vorliegende Problem des Schadensersatzes zu verneinen. 137

Bejaht man die Anwendung von § 280 Abs. 1 S. 1 BGB und liegen die Anspruchsvoraussetzungen vor, steht dem umgangsberechtigten Elternteil ein Schadensersatzanspruch zu; der Umfang des ersatzfähigen Schadens entspricht demjenigen, der auch bei Anwendung von § 823 Abs. 1 BGB 138

---

[333] BT-Drucks. 16/6308, S. 263.
[334] BGH RamRZ 2005, 706; *Palandt/Diederichsen* § 1684 BGB Rn. 38 f.
[335] OLG Frankfurt/M. NJW-RR 2005, 1339; OLG Karlsruhe FamRZ 2005, 1056; BGH FamRZ 1999, 651, 652 (4. Strafsenat); dem zuneigend auch BGHZ 151, 155 ff. = FamRZ 2002, 1099, 1100 = NJW 2002, 2566, 2567; *Bamberger/Roth/Veit* § 1684 BGB Rn. 4; *Gernhuber/Coester-Waltjen* § 66 Rn. 3; *Henrich* JZ 2003, 49; *Hohloch* FF 2004, 202, 205; *Palandt/Diederichsen* § 1684 BGB Rn. 3; *Rauscher* Rn. 1098; *Soergel/Strätz* § 1634 BGB Rn. 5; *Soergel/Spickhoff* § 823 BGB Rn. 109; *Staudinger/Rauscher* § 1684 BGB Rn. 25; *Wever* Rn. 842.
[336] OLG Frankfurt/M. NJW-RR 2005, 1339; nur für Ersatz in Falle von § 826 BGB: *Johannsen/Henrich/Jaeger* § 1684 BGB Rn. 30 a aE; ablehnend *Heiderhoff* FamRZ 2004, 324 ff.
[337] OLG Karlsruhe FamRZ 2002, 1056; OLG Frankfurt/M. NJW-RR 2005, 1339.
[338] Vgl. BGH FamRZ 2002, 1099, 1100: Mehrkosten für Autofahrten und nutzlose Flugtickets, weil die Mutter sich weigerte, das Kind zum Flughafen zu bringen; vgl. zur Schadenshöhe im Einzelnen nach Zurückverweisung durch den BGH, OLG Frankfurt/M. FF 2003, 222.
[339] Vgl. AG Essen FamRZ 2004, 52 = NJW 2003, 2247; OLG Frankfurt/M. NJW-RR 2005, 1339.
[340] BGHZ 151, 155 = FamRZ 2002, 1099 ff. = NJW 2002, 2566 ff.
[341] Vgl. zu der Frage, ob die Eltern an eine Vereinbarung über das Umgangsrecht unabhängig davon gebunden sind, ob die Vereinbarung vom Gericht bestätigt worden ist, *Staudinger/Rauscher* § 1684 BGB Rn. 128 (die Frage zu Recht bejahend); MünchKommBGB/*Finger* § 1684 Rn. 14.
[342] So *Rauscher* Rn. 14 m. weit. Nachw.
[343] *Rauscher* Rn. 1098.

ersatzfähig ist, jedes Mal sind die §§ 249 ff. BGB anwendbar; der Anspruch wird von **Abs. 1 Halbs. 1 Nr. 5 erfasst.**

139 bb) **Schadensersatzansprüche des anderen Elternteil gegen den umgangberechtigten Elternteil.** Die Entscheidung des BGH[344] hat die Frage aufgeworfen, ob nicht auch dem anderen Elternteil gegen den Umgangsberechtigten ein Schadensersatzanspruch zusteht, wenn dieser sein **Umgangsrecht nicht wahrnimmt.** Es können dem anderen Elternteil Schäden zB dadurch entstehen, dass er eine geplante und gebuchte Kurzreise nicht antreten kann, ein Konzertbesuch nicht stattfinden kann, obwohl die Konzertkarte bereits erworben wurde usw.

140 Ein Schadensersatzanspruch kann hier **nicht auf eine Verletzung des Umgangsrechts gestützt** werden, gleich welche Anspruchsgrundlage man heranzieht. Die Umgangspflicht des Elternteils besteht gem. § 1684 Abs. 1 Halbs. 2 Alt. 1 BGB allein gegenüber dem Kind, nicht aber gegenüber dem anderen Elternteil. Das Umgangsrecht ist nur insoweit zugleich eine Pflicht, als es die persönliche Beziehung des Kindes zum umgangsberechtigten Elternteil zu erhalten und zu festigen geeignet ist. Es wurde nicht deswegen geschaffen, um den sorgeberechtigten Elternteil von seiner Betreuungspflicht zu entlasten.[345] Auch eine **Verletzung der Loyalitätspflicht aus § 1684 Abs. 2 S. 1 BGB** liegt nicht vor. Die Loyalitätspflicht aus § 1684 Abs. 2 S. 1 BGB ist rein kindeswohlorientiert.[346] Nimmt der Umgangsberechtigte sein Umgangsrecht nicht wahr, verletzt er nur seine dem Kind gegenüber bestehende Verpflichtung, nicht jedoch seine Loyalitätspflicht gegenüber dem anderen Elternteil. Zudem umfassen die Loyalitätspflichten nicht die Vermögensinteressen des anderen Elternteils.[347] Hier stellt sich die Frage der Rechtsnatur des Rechtsverhältnisses zwischen Eltern. Sie ist bislang nicht geklärt und ebendies gilt demzufolge für die Frage, ob in solchen Fällen ein Schadensersatzanspruch analog § 280 Abs. 1 BGB besteht.[348]

II. Sonstige Familiensachen nach Abs. 2

141 **1. Zuständigkeit und Verfahren bei einem Antrag nach § 1357 Abs. 2 S. 1 Halbs. 2 BGB.** Bisher war für Anträge nach § 1357 Abs. 2 S. 1 Halbs. 2 BGB aF das nicht mehr existierende Vormundschaftsgericht zuständig. **Abs. 2 begründet** nunmehr iVm. §§ 11 Nr. 10, 23a Abs. 1 Nr. 1 GKG die **sachliche Zuständigkeit des FamG.**

142 Es handelt sich im Gegensatz zu den Verfahren nach Abs. 1 **nicht um eine Familienstreitsache,** sondern um eine privatrechtliche Streitigkeit der freiwilligen Gerichtsbarkeit, auf die das Verfahren der freiwilligen Gerichtsbarkeit, d. h. insbesondere der allgemeine Teil des FamFG, uneingeschränkt anzuwenden ist.[349] Diese gesetzgeberische Entscheidung ist zu befürworten, weil es sich um ein Verfahren handelt, für das wie schon bisher die Regeln der freiwilligen Gerichtsbarkeit angemessen sind. Es handelt sich nämlich um einen Tatbestand mit einem unbestimmten Rechtsbegriff („kein ausreichender Grund"), weshalb die Parteien ihren Aufklärungsbeitrag nach den abstrakten Regeln der Darlegungslast kaum je leisten können und daher der Zivilprozess für diesen sensiblen Bereich nicht die angemessene Verfahrensart ist.[350]

Die Vorschrift des § 1357 BGB behandelt insgesamt eine allgemeine Ehewirkung und ist bereits auf Grund seiner systematischen Stellung güterstandsunabhängig, dh. die Vorschrift gilt für alle Güterstände. Es handelt sich bei dem Verfahren daher nicht um eine Güterrechtssache iSv. § 261. Der **familiengerichtliche Beschluss,** durch den die Beschränkung oder die Ausschließung aufgehoben wird, wird gem. § 40 Abs. 3 S. 1 **grundsätzlich erst mit Rechtskraft (§ 45) wirksam,** wenn die **Beschränkung** oder Ausschließung der Berechtigung des Ehegatten **aufgehoben wird.** Allerdings kann bei Gefahr im Verzug gem. § 40 Abs. 3 S. 2 die sofortige Wirksamkeit des Beschlusses angeordnet werden mit der Folge, dass dieser dann mit der Bekanntgabe an den Antragsteller wirksam wird (§ 40 Abs. 3 S. 2). Der den Antrag zurückweisende Beschluss wird dagegen gem. § 40 Abs. 1 mit Bekanntgabe an den Antragsgegner wirksam.

143 Zuständig bleibt wie nach § 14 Abs. 1 Nr. 1 RPflG aF gem. §§ 3 Nr. 2, Nr. 3 lit. g, 25 RPflG der Richter.

144 **2. Voraussetzungen der Aufhebung der Beschränkung oder Ausschließung der Berechtigung nach § 1357 Abs. 1 S. 1 BGB durch das FamG nach § 1357 Abs. 2 S. 1 Halbs. 2 BGB.**

---

[344] BGHZ 151, 155 = FamRZ 2002, 1099 f = NJW 2002, 2566 ff.
[345] *Henrich* JZ 2003, 49, 50; aA *Schwab* FamRZ 2002, 1297, 1299 ff.
[346] Vgl. *Rauscher* Rn. 1104; *Bamberger/Roth/Veit* § 1684 BGB Rn. 14 ff.
[347] So jedenfalls im Ergebnis *Schwab* FamRZ 2002, 1297, 1299 f.
[348] Bejahend *Wever* Rn. 846; *Miesen*, FS Groß, 2004, S. 171 f.
[349] Vgl. oben Rn. 5 und § 200 Rn. 4, 5; *Brehm* § 2 Rn. 6.
[350] Vgl. oben § 200 Rn. 4; *Brehm* § 2 Rn. 4.

Die Berechtigung nach § 1357 Abs. 1 S. 1 BGB kann ausgeschlossen oder beschränkt werden. Ausschluss und Beschränkung der Befugnis stehen jedoch unter dem Vorbehalt familiengerichtlicher Überprüfung.

Gem. § 1357 Abs. 2 S. 1 Halbs. 1 BGB kann jeder Ehegatte die Berechtigung des anderen **145** beschränken oder ausschließen, Bedarfsdeckungsgeschäfte auch mit Wirkung für ihn zu tätigen. Dieses Recht ist **unverzichtbar.**[351] Für die Beschränkung oder Ausschließung genügt eine **formlose Erklärung.** Sie kann daher gegenüber dem Ehegatten, dem Vertragspartner oder der Öffentlichkeit gegenüber oder durch einen Antrag auf Eintragung in das Güterrechtsregister erfolgen.

Die Berechtigung zum Ausschluss oder der Beschränkung der Befugnis des Gatten aus § 1357 **146** Abs. 1 S. 1 BGB ist **an keine Voraussetzungen gebunden,** allerdings ergeben sich Grenzen aus der Verpflichtung zur ehelichen Lebensgemeinschaft, § 1353 Abs. 1 S. 2 Halbs. 1 BGB.[352]

3. Wirkung der Beschränkung oder Ausschließung. Mit der Abgabe der Erklärung verliert **147** der andere Ehegatte die Berechtigung aus § 1357 Abs. 1 S. 1 BGB ex nunc[353] in dem Umfang, der sich aus der Erklärung des anderen Ehegatten ergibt.

4. Aufhebung der Beschränkung oder Ausschließung. Die Ausschließung oder Beschrän- **148** kung ist vom FamG aufzuheben, wenn für sie **kein ausreichender Grund vorliegt,** § 1357 Abs. 2 S. 1 Halbs. 2 BGB. Abzustellen ist hierfür auf den **Zeitpunkt der Entscheidung,** so dass die Ausschließung oder Beschränkung aufgehoben werden muss, wenn zwar früher ein rechtfertigender Grund vorlag, dieser aber weggefallen ist. Umgekehrt wird der Antrag abgewiesen, wenn zwar zunächst kein Grund vorlag, ein solcher aber zum Zeitpunkt der Entscheidung gegeben ist.[354] Ausreichend ist ein Grund dann, wenn er auf einem Verhalten beruht, das gegen eine der Pflichten aus §§ 1353 Abs. 1 S. 2 Halbs. 1 BGB verstößt.[355] Als **Ausschlussgründe** kommen zB die auf mangelnder Befähigung oder mangelndem guten Willen beruhende unzureichende Versorgung der Familie infolge pflichtwidrigen Wirtschaftens, Verschwendung und „Abzweigen" von Mitteln in Betracht.[356]

Bei dem Begriff **„ausreichender Grund"** handelt es sich um einen **unbestimmten Rechts-** **149** **begriff,** weshalb dem FamG kein Ermessen eingeräumt ist und die Feststellung des Vorliegens der tatbestandlichen Voraussetzungen in vollem Umfang revisibel ist.[357]

C. Verfahrenswerte

Der Verfahrenswert in den Familienstreitsachen von Abs. 1 richtet sich, wenn es sich um eine **150** bezifferte Geldforderung handelt, nach deren Höhe, § 35 FamGKG. Ist dies nicht der Fall, so greift der sog. Auffangwert nach § 42 FamGKG. § 42 Abs. 1 FamGKG bestimmt für vermögensrechtliche Angelegenheiten, dass der Verfahrenswert nach billigem Ermessen zu bestimmen ist. Handelt es sich um eine nicht vermögensrechtliche Angelegenheit, ist der Verfahrenswert unter Berücksichtigung aller Umstände des Einzelfalls, insbesondere des Umfangs und der Bedeutung der Sache und der Vermögens- und Einkommensverhältnisse der Beteiligten, nach billigem Ermessen zu bestimmen, jedoch nicht über 500 000,– EUR. § 42 Abs. 3 FamGKG bestimmt, dass mangels genügender Anhaltspunkte in beiden Fällen von einem Wert von 3000,– EUR auszugehen ist.

Für sonstige Familiensachen nach Abs. 2 gilt § 42 Abs. 2, Abs. 3 FamGKG. **151**

§ 267 Örtliche Zuständigkeit

(1) ¹Während der Anhängigkeit einer Ehesache ist das Gericht ausschließlich zuständig, bei dem die Ehesache im ersten Rechtszug anhängig ist oder war. ²Diese Zuständigkeit geht der ausschließlichen Zuständigkeit eines anderen Gerichts vor.

---

[351] OLG Hamm OLGE 26, 216; *Soergel/Lange* § 1357 Rn. 27; *Bamberger/Roth/Hahn* § 1357 BGB Rn. 37; MünchKommBGB/*Wacke* § 1357 Rn. 39; *Gernhuber/Coester-Waltjen* § 19 Rn. 72 Fn. 139.
[352] MünchKommBGB/*Wacke* § 1357 Rn. 39, 40; *Staudinger/Voppel* § 1357 BGB Rn. 112, 113.
[353] Sorgel/Lange § 1357 BGB Rn. 29; *Staudinger/Voppel* § 1357 BGB Rn. 114; MünchKommBGB/*Wacke* § 1357 Rn. 42.
[354] BayObLG FamRZ 1959, 504, 505; OLG Hamm FamRZ 1958, 465, 466; *Soergel/Lange* § 1357 BGB Rn. 32; *Bamberger/Roth/Hahn* § 1357 BGB Rn. 41.
[355] OLG Hamm FamRZ 1958, 465; MünchKommBGB/*Wacke* § 1357 Rn. 42.
[356] Vgl. *Palandt/Brudermüller* § 1357 BGB Rn. 24.
[357] MünchKommBGB/*Wacke* § 1357 Rn. 42.

§ 267 1–9 Buch 2. Abschnitt 11. Verfahren in sonstigen Familiensachen

(2) Im Übrigen bestimmt sich die Zuständigkeit nach der Zivilprozessordnung mit der Maßgabe, dass in den Vorschriften über den allgemeinen Gerichtsstand an die Stelle des Wohnsitzes der gewöhnliche Aufenthalt tritt.

I. Normzweck

1   **Abs. 1 S. 1** regelt die ausschließliche örtliche Zuständigkeit für sonstige Familiensachen und zwar unabhängig davon, ob es sich um Familienstreitsachen (§ 266 Abs. 1) oder um eine gewöhnliche Familiensache nach den Regeln der freiwilligen Gerichtsbarkeit (§ 266 Abs. 2) handelt. Die Vorschrift bezweckt eine **Zuständigkeitskonzentration** beim Gericht der Ehesache, wie sie bisher für Familiensachen § 621 Abs. 2 S. 1 ZPO aF vorsieht und wie sie nunmehr §§ 152 Abs. 1, 201 Nr. 1, 218 Nr. 1, 232 Abs. 1 Nr. 1 und § 262 Abs. 1 S. 1 vorsehen.

2   **Abs. 1 S. 2** bestimmt, dass die nach Abs. 1 S. 1 bestehende ausschließliche Zuständigkeit jeder Zuständigkeit eines anderen Gerichts vorgeht und macht sie damit zur erstrangigen Zuständigkeit.

3   **Abs. 2** bestimmt für die Fälle, in denen keine Ehesache anhängig ist, dass sich die örtliche Zuständigkeit nach der ZPO richtet mit der Maßgabe, dass in den Vorschriften über den allgemeinen Gerichtsstand an die Stelle des Wohnsitzes der gewöhnliche Aufenthalt tritt.

II. Regelungsbereich

4   § 267 bestimmt die ausschließlich und daher nicht anders zu vereinbarende örtliche Zuständigkeit in sämtlichen sonstigen Familiensachen. Abs. 1 geht Abs. 2 vor, beide haben Vorrang vor § 2 Abs. 1. Es gilt allerdings auch hier der in § 2 Abs. 2 normierte allgemeine Grundsatz der *perpetuatio fori*.

5   **1. Erstrangige örtliche Zuständigkeit nach Abs. 1.** Ist eine Ehesache iSd. §§ 111 Nr. 1, 121 – insbesondere also ein Verfahren auf Scheidung der Ehe – anhängig, so ist örtlich ausschließlich das Gericht zuständig, bei dem die Ehesache im ersten Rechtszug anhängig ist oder war. Das Wort „war" stellt klar, dass es unerheblich ist, in welcher Instanz die Ehesache schwebt.

6   Anhängigkeit tritt mit der Einreichung der Antragsschrift (§§ 124 FamFG, 250 Abs. 2 ZPO)[1] und endet erst mit Eintritt der formellen Rechtskraft des Beschlusses in der Ehesache (§ 45). Endet die Anhängigkeit der Ehesache etwa mit der Rechtskraft des in der Sache ergangenen Beschlusses oder aus sonstigen Gründen, so bleibt die Zuständigkeit für eine bis dahin angängig gewordene sonstige Familiensache bestehen.[2]

7   Abs. 1 S. 2 bestimmt, dass die ausschließliche Zuständigkeit nach Abs. 1 S. 1 anderen ausschließlichen Gerichtsständen vorgeht und räumt dieser so den ersten Zuständigkeitsrang ein. Die Gesetzesverfasser haben hierbei insbesondere an die ausschließliche Zuständigkeit des Prozessgerichts des ersten Rechtszugs für die **Vollstreckungsabwehrklage** – jetzt Vollstreckungsabwehrantrag, § 113 Abs. 5 Nr. 2 – **nach §§ 767 Abs. 1, 802 ZPO** und deren bisher umstrittenes Verhältnis zur ausschließlichen familiengerichtlichen Zuständigkeit[2a] gedacht. Wäre bei Anhängigkeit einer Ehesache für die Vollstreckungsabwehrklage in einer sonstigen Familiensache des Prozessgerichts des ersten Rechtszugs örtlich zuständig, verhinderte das die von Abs. 1 S. 1 beabsichtigte Zuständigkeitskonzentration beim Gericht der Ehesache. Ist der Titel aus einer Familiensache hervorgegangen, so ist der Vollstreckungsabwehrantrag nämlich gleichfalls eine Familiensache.[3]

8   **2. Zweitrangige örtliche Zuständigkeit nach Abs. 2.** Ist eine Ehesache nicht oder nicht mehr anhängig, so bestimmt sich die örtliche Zuständigkeit nach den Vorschriften der ZPO über den allgemeinen Gerichtsstand, dh. nach §§ 12 ff. ZPO, mit der Maßgabe, dass an die Stelle des Wohnsitzes der gewöhnliche Aufenthalt tritt.

9   Der Begriff des gewöhnlichen Aufenthalts knüpft an die tatsächlichen Verhältnisse an und unterscheidet sich dadurch vom Wohnsitz iSv. § 7 BGB, zu dessen Begründung ein rechtsgeschäftlicher Wille erforderlich ist.[4] Er ist ein **rein tatsächliches Verhältnis.** Erforderlich aber auch ausreichend ist ein **Verweilen von gewisser Dauer oder Regelmäßigkeit.** Ein gewöhnlicher Aufenthalt setzt daher eine gewisse Eingliederung in die soziale Umwelt für eine gewisse Dauer voraus, als Faustregel sind sechs Monate erforderlich und ausreichend,[5] dagegen sind drei Monate zu kurz.[6] Eine Person

---

[1] *Hartmann*, in *Baumbach/Lauterbach* § 124 Rn. 1 weist zutreffend darauf hin, dass die Verweisung in § 124 S. 2 überflüssig ist, weil sie bereits durch die in § 113 Abs. 1 S. 2 erfolgte Verweisung erfasst wird.
[2] BGH NJW 1986, 3141.
[2a] Vgl. einerseits BGH NJW 1981, 346, 347 sowie andererseits BGH NJW 1980, 1393.
[3] BGH NJW 1978, 1811; BGH NJW 1980, 1393. BGH FamRZ 1992, 538; vgl. oben § 767 ZPO Rn. 50.
[4] BGHZ 7, 109; *Palandt/Heinrichs* § 7 BGB Rn. 7; vgl. ausführlich oben § 122 Rn. 8 ff.
[5] OLG Hamm NJW 1990, 651.
[6] BGH FamRZ 1995, 728.

hat mithin ihren gewöhnlichen Aufenthalt dort, wo sich der **Schwerpunkt ihrer sozialen und beruflichen Bindungen** befindet.[7] Bei einem noch sehr kurzen oder auch kürzeren Aufenthalt kann der Aufenthaltswille Bedeutung erlangen. Unerheblich ist eine vorübergehende Abwesenheit zB aus beruflichen,[8] gesundheitlichen[9] oder ausbildungsbedingten[10] Gründen, sofern nur die Möglichkeit und Absicht der Rückkehr besteht. Die Anmeldung beim Einwohnermeldeamt ist lediglich Indiz, reicht aber zur Begründung des gewöhnlichen Aufenthalts nicht aus,[11] wie umgekehrt aus der unterlassenen Anmeldung nicht auf das Fehlen des gewöhnlichen Aufenthalts geschlossen werden kann.[12]

Ein **unfreiwilliger Aufenthaltswechsel** begründet zunächst keinen neuen gewöhnlichen Aufenthalt.[13] Ein gewöhnlicher Aufenthalt kann aber nach längerer Aufenthaltsdauer auch wider Willen entstehen, insbesondere in einer **Strafanstalt**.[14] Nach diesen Kriterien ist auch der Aufenthalt in einem **Frauenhaus** zu beurteilen.[15]

Asylbewerber, die noch nicht jahrelang in Deutschland leben und noch nicht sozial eingegliedert sind,[16] haben grundsätzlich weder vor Abschluss des Asylverfahrens[17] noch nach Ablehnung ihres Asylantrags[18] einen gewöhnlichen Aufenthalt am Ort ihres Asylbewerberheims. Etwas anderes gilt dann, wenn feststeht, dass der Asylbewerber asylberechtigt ist[19] oder dass er unabhängig vom Ausgang des Asylverfahrens nicht abgeschoben wird[20] und auch dann, wenn die Behörden den Aufenthalt mehrere Jahre lang geduldet haben.[21]

§ 268 Abgabe an das Gericht der Ehesache

[1] Wird eine Ehesache rechtshängig, während eine sonstige Familiensache bei einem anderen Gericht im ersten Rechtszug anhängig ist, ist diese von Amts wegen an das Gericht der Ehesache abzugeben. [2] § 281 Abs. 2 und 3 Satz 1 der Zivilprozessordnung gilt entsprechend.

I. Normzweck

Die Vorschrift regelt den Übergang eines Verfahrens von einem „anderen Gericht" auf das FamG einer Ehesache. Sie stimmt mit §§ 123, 153, 203, 233, 263 bis auf den jeweiligen Geltungsbereich praktisch wörtlich überein. § 268 verwirklicht die **Zuständigkeitskonzentration** beim Gericht der Ehesache für den Fall der nachträglichen Rechtshängigkeit einer Ehesache bei einem anderen Gericht, als dem mit der sonstigen Familiensache zunächst befassten.[1] In einem solchen Falle ist das **Verfahren von Amts wegen** an das **Gericht der Ehesache abzugeben.** Für alle sonstigen Familiensachen nach § 266 wird mit dieser Vorschrift eine dem § 621 Abs. 3 ZPO aF entsprechende Regelung geschaffen.

---

[7] BGH FamRZ 1975, 272; 1981, 135; 1993, 798, 800; BayObLG FamRZ 1992, 585; 1983, 89; *Johannsen/Henrich/Sedemund-Treiber* § 606 ZPO Rn. 18.
[8] *Johannsen/Henrich/Sedemund-Treiber* § 606 ZPO Rn. 18.
[9] BGH NJW 1983, 2772; *Baumbach/Lauterbach/Hartmann* § 122 Rn. 10.
[10] BGH NJW 1975, 1068; *Baumbach/Lauterbach/Hartmann* § 122 Rn. 10; *Zöller/Philippi* § 606 ZPO Rn. 25.
[11] BGH FamRZ 1995, 1135; 1976, 171 f.; *Stein/Jonas/Schlosser* § 606 ZPO Rn. 8.
[12] OLG Zweibrücken FamRZ 1985, 81 f.; KG FamRZ 1987, 603, 605.
[13] *Johannsen/Henrich/Sedemund-Treiber* § 606, Rn. 18; *Zöller/Philippi* § 606 ZPO Rn. 26; *Baumbach/Lauterbach/Hartmann* oben § 122 Rn. 10.
[14] OLG Stuttgart MDR 1964, 768; OLG Düsseldorf MDR 1969, 143; LG Koblenz DAVorm 1994, 211; *Baumbach/Lauterbach/Hartmann* § 122, Rn. 10; *Johannsen/Henrich/Sedemund-Treiber* § 606 ZPO Rn. 18; vgl. oben § 606 ZPO Rn. 16.
[15] OLG Saarbrücken FamRZ 1990 1119 mwN; OLG Karlsruhe FamRZ 1995, 1210; OLG Hamm FamRZ 1997 1294; anderer Ansicht OLG Köln FamRZ 1992, 796 und OLG Nürnberg FamRZ 1994, 1011 f. u. 1997, 1400, jedenfalls bei Vorliegen zusätzlicher besonderer Umstände, wie einer polizeilichen Anmeldung.
[16] Vgl. zu diesen Fällen OLG Koblenz FamRZ 1990, 536; OLG Karlsruhe FamRZ 1990, 1351.
[17] *Baumbach/Lauterbach/Hartmann* § 122 Rn. 11; *Johannsen/Henrich/Sedemund-Treiber* § 606 ZPO Rn. 18; vgl. § 606 ZPO Rn. 25.
[18] OLG Bremen FamRZ 1992, 962.
[19] BSG InFAuslR 1993, 99.
[20] BSG MDR 1990, 780 OLG Koblenz FER 1998, 207; OLG Köln FamRZ 1996, 316.
[21] BVerwG FamRZ 2000, 286, OLG Hamm NJW 1990, 651; *Gottwald* FamRZ 2002, 1343; *ders.* FS Nakamura, 1996, 190, allerdings weitergehend.
[1] BT-Drucks. 16/6308, S. 263.

II. Regelungsbereich

2 **1. Spezialregelung gegenüber § 4.** § 268 geht als speziellere Regelung § 4 vor. § 4 S. 1 enthält eine auch für ein Verfahren von Amts wegen typische weitere und weitergehende Möglichkeit neben der förmlichen Verweisung nach § 3 zur Veränderung des erkennenden Gerichts. Sie tritt hinter die speziellere Sachverhalte regelnden §§ 123, 153, 154, 263 zurück.

3 **2. Abgabe von Amts wegen, nicht Verweisung.** Die Vorschrift sieht keine Verweisung vor, sondern eine Abgabe. Diese beiden Möglichkeiten sind zu unterscheiden wie § 3 und § 4 zeigen. Die Gesetzesverfasser betonen, mit § 3 die bisherige diesbezügliche Lücke des FGG aF zu schließen und erstmals die Verweisung bei Unzuständigkeit zu regeln. § 4 S. 1 knüpft demgegenüber an den bisherigen § 46 Abs. 1 S. 1 FGG aF an und regelt die **nicht bindende Abgabe** einer Sache an ein anderes Gericht trotz bestehender Zuständigkeit des angerufenen Gerichts und unterscheidet sich damit von § 3, der die förmliche und bindende Verweisung einer Sache bei sachlicher oder örtlicher Unzuständigkeit des angerufenen Gerichts an ein anderes Gericht vorsieht. § 268 ist ein spezieller Fall der Abgabe.

4 **3. Nachträgliche Rechtshängigkeit einer Ehesache.** Wird eine Ehesache iSv. § 121 erst rechtshängig, nachdem eine sonstige Familiensache bei einem anderen Familiengericht anhängig gemacht worden ist, so ist die sonstige Familiensache gem. § 268 **an das Gericht der Ehesache abzugeben** und zwar auch dann, wenn es sich um einen Vollstreckungsabwehrantrag handelt, da die ausschließliche Zuständigkeit nach § 267 Abs. 1 derjenigen nach §§ 767 Abs. 1, 802 ZPO vorgeht.[2] Damit soll die Konzentration der Verfahren beim Familiengericht erreicht werden, wobei insbesondere die Scheidungssache (§ 121 Nr. 1) als bedeutendere führend ist. Das abgegebene Verfahren bleibt aber ein selbstständiges Verfahren. Erfolgt die **Abgabe vor Rechtshängigkeit der Ehesache**, also bevor die Antragsschrift in der Ehesache dem Antragsgegner zugegangen ist (§ 261 Abs. 1 ZPO iVm. § 113 Abs. 1 S. 2), so stellt die Abgabe noch keine rechtlich wirksame Entscheidung über die Zuständigkeit dar.[3] Die Abgabe ist dann **nicht** gem. § 281 Abs. 2 S. 4 ZPO iVm. § 268 S. 2 **bindend.**

5 **Nach Erlass der erstinstanzlichen Entscheidung** in der sonstigen Familiensache scheidet eine Abgabe nach § 268 FamFG gleichfalls aus; die Entscheidungskonzentration beim erstinstanzlichen Gericht der Ehesache kann nie mehr erreicht werden.[4] Dass die Instanz formell noch nicht beendet ist, genügt daher nicht. Ist also in der ersten Instanz beim Amtsgericht eine abschließende Entscheidung ergangen und befindet sich das Verfahren beim Beschwerdegericht, so bleibt die Zuständigkeit des Beschwerdegerichts unberührt. Sollte dieses allerdings die erstinstanzliche Entscheidung aufheben oder die Sache zurücküberweisen (§ 69 Abs. 1), so erfolgt die Abgabe an das jetzt zuständige Gericht der Ehesache.[5]

6 Die **Verweisung in S. 2 auf § 281 Abs. 2 ZPO** hat zur Folge, dass der **Abgabebeschluss unanfechtbar** und für das in ihm bezeichnete Familiengericht **bindend** ist.

7 Die Verweisung in S. 2 auf § 281 Abs. 3 S. 1 ZPO und nicht auch auf § 281 Abs. 3 S. 2 ZPO hat zur Folge, dass die beim abgebenden Gericht entstandenen Kosten zwar als Kosten der sonstigen Familiensache anzusehen sind, aber nicht zwingend dem Antragsteller aufzuerlegen sind, es gilt § 81.

---

[2] Vgl. zur bisher umstrittenen Rechtslage § 621 ZPO Rn. 171.
[3] BGH NJW-RR 1994, 645.
[4] So sämtlich zu § 11 Abs. 3 HausratsVO aF BGH NHW 1986, 2058; MünchKommBGB/*Müller-Gindullis* § 11 HausratsV § 11 Rn. 7; *Staudinger/Weinreich* § 11 HausratsVO Rn. 14.
[5] *Soergel/Heintzmann* § 11 HausratsVO Rn. 4.

Abschnitt 12. Verfahren in Lebenspartnerschaftssachen

§ 269 Lebenspartnerschaftssachen

(1) Lebenspartnerschaftssachen sind Verfahren, welche zum Gegenstand haben:
1. die Aufhebung der Lebenspartnerschaft auf Grund des Lebenspartnerschaftsgesetzes,
2. die Feststellung des Bestehens oder Nichtbestehens einer Lebenspartnerschaft,
3. die elterliche Sorge, das Umgangsrecht oder die Herausgabe in Bezug auf ein gemeinschaftliches Kind,
4. die Annahme als Kind und die Ersetzung der Einwilligung zur Annahme als Kind,
5. Wohnungszuweisungssachen nach § 14 oder § 17 des Lebenspartnerschaftsgesetzes,
6. Haushaltssachen nach § 13 oder § 17 des Lebenspartnerschaftsgesetzes,
7. den Versorgungsausgleich der Lebenspartner,
8. die gesetzliche Unterhaltspflicht für ein gemeinschaftliches minderjähriges Kind der Lebenspartner,
9. die durch die Lebenspartnerschaft begründete gesetzliche Unterhaltspflicht,
10. Ansprüche aus dem lebenspartnerschaftlichen Güterrecht, auch wenn Dritte an dem Verfahren beteiligt sind,
11. Entscheidungen nach § 6 des Lebenspartnerschaftsgesetzes in Verbindung mit § 1365 Abs. 2, § 1369 Abs. 2 und den §§ 1382 und 1383 des Bürgerlichen Gesetzbuchs,
12. Entscheidungen nach § 7 des Lebenspartnerschaftsgesetzes in Verbindung mit den §§ 1426, 1430 und 1452 des Bürgerlichen Gesetzbuchs.

(2) Sonstige Lebenspartnerschaftssachen sind Verfahren, welche zum Gegenstand haben:
1. Ansprüche nach § 1 Abs. 4 Satz 2 des Lebenspartnerschaftsgesetzes in Verbindung mit den §§ 1298 bis 1301 des Bürgerlichen Gesetzbuchs,
2. Ansprüche aus der Lebenspartnerschaft,
3. Ansprüche zwischen Personen, die miteinander eine Lebenspartnerschaft führen oder geführt haben, oder zwischen einer solchen Person und einem Elternteil im Zusammenhang mit der Trennung oder Aufhebung der Lebenspartnerschaft,

sofern nicht die Zuständigkeit der Arbeitsgerichte gegeben ist oder das Verfahren eines der in § 348 Abs. 1 Satz 2 Nr. 2 Buchstabe a bis k der Zivilprozessordnung genannten Sachgebiete, das Wohnungseigentumsrecht oder das Erbrecht betrifft und sofern es sich nicht bereits nach anderen Vorschriften um eine Lebenspartnerschaftssache handelt.

(3) Sonstige Lebenspartnerschaftssachen sind auch Verfahren über einen Antrag nach § 8 Abs. 2 des Lebenspartnerschaftsgesetzes in Verbindung mit § 1357 Abs. 2 Satz 1 des Bürgerlichen Gesetzbuchs.

Schrifttum: *Büttner,* Unterhaltsrecht der eingetragenen Lebenspartnerschaft, FamRZ 2001, 1105; *Dethloff,* Die Eingetragene Lebenspartnerschaft – Ein neues familienrechtliches Institut, NJW 2001, 2598; *Finger,* „Registrierte Lebenspartnerschaften" – Die aktuellen Änderungen des Lebenspartnerschaftsgesetzes, MDR 2005, 121; *Kaiser,* „Entpartnerung" – Aufhebung der eingetragenen Lebenspartnerschaft gleichgeschlechtlicher Partner, FamRZ 2002, 866; *Muscheler,* Das Recht der Eingetragenen Lebenspartnerschaft, 2. Aufl. 2004; *Schwab,* Die Eingetragene Lebenspartnerschaft – ein Überblick, FamRZ 2001, 385; *Stüber,* Gesetz zur Überarbeitung des Lebenspartnerschaftsrechts, FamRZ 2005, 574; *Wellenhofer,* Das neue Recht für eingetragene Lebenspartnerschaften, NJW 2005, 705.

Übersicht

	Rn.		Rn.
I. Normzweck und -geschichte	1–7	a) Definition der Lebenspartnerschaftssachen, Anlehnung an den Fall der Ehe (Abs. 1)	3–5
1. Übernahme der §§ 269, 270 aus § 661 ZPO aF	1, 2	b) Annahme als Kind (Abs. 1 Nr. 4)	6
2. Normzweck	3	c) Sonstige Lebenspartnerschaftssachen (Abs. 2)	7

	Rn.		Rn.
II. Lebenspartnerschaftssachen (Abs. 1)	8–35	d) Durch die Lebenspartnerschaft begründete gesetzliche Unterhaltspflicht (Abs. 1 Nr. 9)	28, 29
1. Anwendungsbereich	8, 9	e) Ansprüche aus lebenspartnerschaftlichem Güterrecht (Abs. 1 Nr. 10)	30, 31
a) Abschließender Katalog	8		
b) ELP ausländischen Rechts	9	f) Entscheidungen in Zugewinngemeinschaft nach § 6 LPartG (Abs. 1 Nr. 11)	32, 33
2. Statusverfahren zwischen den Lebenspartnern	10–13		
a) Aufhebung (Abs. 1 Nr. 1)	10	g) Entscheidungen in Gütergemeinschaft nach § 7 S. 2 LPartG (Abs. 1 Nr. 12)	34, 35
b) Feststellung (Abs. 1 Nr. 2)	11		
c) ELP ausländischen Rechts	12	**III. Sonstige Lebenspartnerschaftssachen (Abs. 2, 3)**	36–41
d) Anerkennungsfeststellung bei ausländischer Entscheidung	13	1. Begriff	36
3. Lebenspartnerschaftssachen mit Bezug zu gemeinschaftlichen Kindern	14–21	2. Erfasste Angelegenheiten	37–41
a) Gemeinschaftliche Kinder, Begriff	14, 15	a) Lebenspartnerschaftsversprechensansprüche (Abs. 2 Nr. 1)	37
b) Elterliche Sorge, Umgangsrecht, Herausgabe (Abs. 1 Nr. 3)	16, 17	b) Ansprüche aus der Lebenspartnerschaft (Abs. 2 Nr. 2)	38
c) Annahme als Kind (Abs. 1 Nr. 4)	18, 19		
d) Gesetzliche Unterhaltspflicht gegenüber Kindern (Abs. 1 Nr. 8)	20, 21	c) Ansprüche zwischen Lebenspartnern, ehemaligen Lebenspartnern, Elternteilen (Abs. 2 Nr. 3)	39
4. Lebenspartnerschaftssachen im Verhältnis der Lebenspartner	22–35		
a) Wohnungszuweisungssachen (Abs. 1 Nr. 5)	22, 23	d) Aufhebung von Beschränkungen nach § 8 Abs. 2 LPartG, § 1357 Abs. 2 S. 1 BGB (Abs. 3)	40
b) Haushaltssachen (Abs. 1 Nr. 6)	24, 25		
c) Versorgungsausgleich (Abs. 1 Nr. 7)	26, 27	e) Verfahren	41

I. Normzweck und -geschichte

1 **1. Übernahme der §§ 269, 270 aus § 661 ZPO aF.** Art. 3 des Gesetzes zur Beendigung der Diskriminierung gleichgeschlechtlicher Lebensgemeinschaft: Lebenspartnerschaften vom 16. 2. 2001 (BGBl. I S. 266) fügte aus Anlass der Schaffung der Eingetragenen Lebenspartnerschaft (ELP) als einen neuen familienrechtlichen Status einen neuen Abschnitt 7 in das 6. Buch der ZPO (§ 661 ZPO) ein, der durch das Gesetz zur Überarbeitung des Lebenspartnerschaftsrechts vom 15. 12. 2004 (BGBl. I S. 3396) Anpassung erfuhr. Die Bestimmungen setzten die Zuweisung der Lebenspartnerschaftssachen (§ 23a Nr. 6, § 23b Nr. 15 GVG) an die Familiengerichte um.

2 **Abs. 1 Nr. 1–3, 5–12** übernehmen in teilweise abweichender Anordnung, die sich an der Systematik der entsprechenden Sachen im Fall der Ehe orientiert,[1] den bisherigen **§ 661 Abs. 1 ZPO aF** mit Ausnahme von § 661 Abs. 1 Nr. 3 ZPO aF; Klagen, die die Verpflichtung zur Fürsorge und Unterstützung in der partnerschaftlichen Lebensgemeinschaft zum Gegenstand haben, werden künftig als sonstige Lebenspartnerschaftssachen nach Abs. 2 S. 2 behandelt (Rn. 7). **§ 661 Abs. 2 ZPO aF** ist weitgehend in § 270 FamFG übernommen; die internationale Zuständigkeit (bisher **§ 661 Abs. 3 ZPO aF**) ist nun in § 103 FamFG geregelt.

3 **2. Normzweck. a) Definition der Lebenspartnerschaftssachen, Anlehnung an den Fall der Ehe (Abs. 1). aa)** Wie bereits § 661 ZPO aF verfolgen §§ 269, 270 FamFG den Zweck, die angesichts der weitgehenden Angleichung der ELP an die Ehe überwiegend konstruktiv parallelen und interessenähnlichen Verfahren, welche die ELP betreffen, denselben verfahrensrechtlichen Bestimmungen zuzuweisen, welche für das jeweilige Pendant im Fall der Ehe gelten.

4 **bb) § 269** definiert die **Lebenspartnerschaftssachen.** Hierbei sind **begriffliche und systematische Unterschiede** zur Begrifflichkeit im Fall der Ehe hervorzuheben, die verwirren und gelegentlich auch den Gesetzgeber des FamFG verwirrt haben dürften. Während (anschließend an §§ 606 ff. ZPO aF) im Fall der Ehe die **Ehesachen** (§§ 111 Nr. 1, 121 ff.) begrifflich einheitlich als Sonderfall der Familiensachen (§§ 111 ff. behandelt werden, unterscheiden §§ 269, 270 (wie schon § 661 ZPO aF) mit dem Begriff **Lebenspartnerschaftssachen** nicht begrifflich zwischen den die ELP betreffenden Statusverfahren und den die ELP betreffenden anderen (§ 269 Abs. 1 Nr. 2–12) und sonstigen (§ 269 Abs. 2, 3) Lebenspartnerschaftssachen. Gleichwohl wird diese Unterscheidung systematisch in § 270 getroffen. Der sprachlich nahe liegende Gebrauch des Begriffs „Lebenspartnerschaftssachen" als Pendant zu „Ehesachen" (der auch dem Gesetzgeber des FamFG unterläuft, vgl. § 109 Rn. 21) stimmt daher nicht mit der Legaldefinition in § 269 überein. Klarer könnte von den

---

[1] Gesetzentwurf BT-Drucks. 16/6308, zu § 269 FamFG.

Lebenspartnerschaftssachen 5–10 § 269

Verfahren nach Abs. 1, 2 als „ELP-Statussachen" sowie von „anderen Lebenspartnerschaftssachen" bzw. „sonstigen Lebenspartnerschaftssachen" gesprochen werden.

Hinzu kommt, dass Lebenspartnerschaftssachen nach Abs. 1 Nr. 3 bis 12 nicht dem gesamten Katalog der **Familiensachen** nach § 111 entsprechen. Nur Familiensachen, welche Bezug zu beiden Partnern einer ELP haben, wurden hier aufgenommen. Dies erscheint besonders merkwürdig, soweit es um Verfahren mit Bezug zu Kindern geht, weil im Fall heterosexueller Partner unabhängig vom Bestehen einer Ehe ein Verfahren nach § 151 Kindschaftssache (und nicht etwa Ehesache oder „Ehekindschaftssache") ist, während bei Hinzutreten einer ELP aus derselben Kategorie eine Lebenspartnerschaftssache wird, Kindschaftssachen, die ein nicht gemeinschaftliches Kind eines Partners betreffen, hingegen Kindschaftssachen iSd. § 151 bleiben. Auch sind Verfahren welche die in § 169 genannten Materien betreffen, als Abstammungssachen im Katalog der Familiensachen enthalten (§ 111 Nr. 3) und werden nicht zu Lebenspartnerschaftssachen, wenn der betroffene Elternteil in einer ELP lebt, auch wenn es um die Frage geht, welcher von zwei Lebenspartnern Vater des Kindes ist. 5

b) Annahme als Kind (Abs. 1 Nr. 4). Der dem Entwurf erst im Rechtsausschuss angefügte **Abs. 1 Nr. 4** beruht auf der Änderung der materiell-rechtlichen Regelungen zur Adoption in § 9 Abs. 6 LPartG in der ab 1. 1. 2009 geltenden Fassung.[2] Die dadurch bedingte Verschiebung der Nummerierung der folgenden Lebenspartnerschaftssachen wurde redaktionell im FamFG nicht vollständig umgesetzt, so dass es zu Missverständnissen kommen kann (vgl. § 112 Nr. 1, 2, dazu § 109 Rn. 55). 6

c) Sonstige Lebenspartnerschaftssachen (Abs. 2). Abs. 2, 3 regeln enumerativ die sonstigen Lebenspartnerschaftssachen, also bisher überwiegend der allgemeinen streitigen Gerichtsbarkeit zugewiesene Verfahren, die nach dem Vorbild der sonstigen Familiensachen (§ 266) entsprechend dem Konzept des „Großen Familiengerichts" nunmehr den Familiengerichten zugewiesen werden. Aus dem Katalog des § 661 Abs. 1 ZPO aF hierhin übernommen wurden die bisher dort in Nr. 3 geregelten Fürsorge- und Unterstützungsklagen aus § 2 S. 1 LPartG. 7

II. Lebenspartnerschaftssachen (Abs. 1)

1. Anwendungsbereich. a) Abschließender Katalog. Wie die Begriffe der „Ehesache" und der „Familiensache" wird auch der Begriff der **„Lebenspartnerschaftssache" abschließend** durch § 269 definiert,[3] wobei Abs. 1 eine Ergänzung um die, ebenfalls abschließend definierten, „sonstigen Lebenspartnerschaftssachen" in Abs. 2 findet. 8

b) ELP ausländischen Rechts. Dies schließt es freilich nicht aus, Verfahren, welche einen als ELP zu qualifizierenden **Status ausländischen Rechts** betreffen, in ähnlicher Weise wie dem deutschen Recht nicht bekannte, eine Ehe betreffende Verfahren ausländischen Rechts[4] den Verfahrensregeln der §§ 269, 270 zu unterstellen. Die dabei auftretenden Qualifikationsprobleme sind freilich vielschichtiger als im Fall der Ehe, denn schon die Qualifikation eines ausländischen Rechtsinstituts als ELP wirft Fragen auf, nicht erst die Qualifikation eines ausländischen Entscheidungstyps (zB Ehetrennung), der diesen Status betrifft. Soweit es um diese den Status der Partner betreffende Grundfrage geht, ist der Anwendungsbereich der §§ 269, 270 FamFG an die Art. 17b EGBGB zugrunde liegende Qualifikation anzulehnen.[5] Steht hingegen fest, dass es sich um eine eine ELP betreffende „Familiensache" handelt, so ist für die Qualifikation des Typus unter Abs. 1 Nr. 3 bis 12, Abs. 2 die funktionale Entsprechung zu den dort geregelten Materien entscheidend.[6] 9

2. Statusverfahren zwischen den Lebenspartnern. a) Aufhebung (Abs. 1 Nr. 1). Abs. 1 Nr. 1 (bisher § 661 Abs. 1 Nr. 1 ZPO aF) betrifft Verfahren nach **§ 15 LPartG**, die sowohl die ehescheidungsfunktionale Aufhebung (§ 15 Abs. 2 S. 1 LPartG) als auch die eheaufhebungsfunktionale Aufhebung (§ 15 Abs. 2 S. 2 LPartG) umfassen.[7] Die Aufhebung wegen Eingehungsmängeln 10

---

[2] Rechtsausschuss BT-Drucks. 16/9733 zu § 269 FamFG.
[3] *Baumbach/Lauterbach/Hartmann* Rn. 4.
[4] *Baumbach/Lauterbach/Hartmann* Rn. 3; *Wagner* IPRax 2001, 292; dazu oben § 98 Rn. 13 ff.
[5] Im Einzelnen oben § 103 Rn. 5 ff.
[6] Streiten zwei miteinander nach niederländischem Recht verheiratete marokkanische Männer um die Wirkungen eines Vaterschaftsbekenntnisses *(iqrar)* des einen gegenüber dem Kind des anderen, so ist zunächst die niederländische gleichgeschlechtliche Ehe funktional als ELP zu qualifizieren, so dass §§ 269, 270 anwendbar werden. Sodann ist das ausländische familienrechtliche Institut *(iqrar)* wie im Fall der Familiensache zu qualifizieren: Qualifiziert man den *iqrar* als Adoption, so liegt eine Lebenspartnerschaftssache nach Abs. 1 Nr. 4 vor. Qualifiziert man ihn als Abstammungssache, so liegt keine Lebenspartnerschaftssache vor, da Abstammungssachen keine Lebenspartnerschaftssachen sind (Rn. 4).
[7] *Baumbach/Lauterbach/Hartmann* Rn. 4.

ist im Vergleich zu § 1314 BGB beschränkt auf das Vorliegen von Willensmängeln (§ 15 Abs. 2 S. 2 LPartG); eine der Eheaufhebung entsprechende Aufhebung wegen sonstigen Eingehungsmängeln (vgl. § 1314 Abs. 1, Abs. 2 Nr. 5 BGB) sieht das LPartG nicht vor. Die materiellen Voraussetzungen der Aufhebung ergeben sich im Übrigen aus § 15 LPartG. Das **Verfahren** regelt § 270 Abs. 1 S. 1. Die internationale Zuständigkeit deutscher Gerichte bestimmt sich nach § 103 Abs. 1.

11 **b) Feststellung (Abs. 1 Nr. 2).** Abs. 1 Nr. 2 (bisher § 661 Abs. 1 Nr. 2 ZPO aF) betrifft Anträge auf Feststellung des Bestehens oder Nichtbestehens der ELP auf Grund des LPartG. Dies umfasst Streitigkeiten darüber, ob die Voraussetzungen einer wirksamen ELP nach **§ 1 LPartG** bei Registrierung erfüllt waren. Soweit das LPartG im Gegensatz zu § 1314 Abs. 1, Abs. 2 Nr. 5 eine Aufhebung (Rn. 9) wegen solcher Mängel nicht vorsieht, dient das Verfahren nach Abs. 1 Nr. 2 auch dem Ziel der Feststellung der rechtsgeschäftlichen Folgen solcher Mängel, die nach §§ 116 ff. BGB zu beurteilen sind,[8] einschließlich der hier in weiterem Umfang als bei einer Ehe in Betracht kommenden Nichtigkeit (zB. § 1 Abs. 2 LPartG iVm. § 1314 BGB). Auch die Frage, ob eine ELP durch eine Eheschließung vor Inkrafttreten des Ehehindernisses der bestehenden ELP (§ 1306 BGB idF. des LPartÜG) aufgelöst wurde,[9] fällt unter Abs. 1 Nr. 2. Die materiellen Grundlagen der Feststellung ergeben sich aus § 1 LPartG. Das **Verfahren** regelt § 270 Abs. 1 S. 1. Die internationale Zuständigkeit deutscher Gerichte bestimmt sich nach § 103 Abs. 1.

12 **c) ELP ausländischen Rechts.** Nicht zweifelsfrei erscheint, ob Abs. 1 Nr. 1, 2 auch Statusverfahren betreffend eines als ELP zu qualifizierenden Rechtsinstituts einer ausländischen Rechtsordnung erfasst. Hiergegen ließe sich einwenden, dass Nr. 1 ausdrücklich auf die „Lebenspartnerschaft auf Grund des Lebenspartnerschaftsgesetzes" anspricht. Dies dürfte freilich nicht in Abgrenzung zu Lebenspartnerschaften nach anderen Rechtsordnungen gemeint sein, sondern als bloß beschreibende Floskel für den sich nicht ohne weiteres selbst erklärenden Begriff der Lebenspartnerschaft, insbesondere in Abgrenzung gegen nicht eingetragene, also formlos-faktische Lebensgemeinschaften. Hätte der Gesetzgeber korrekt die Bezeichnung „Eingetragene Lebenspartnerschaft" verwendet, so bedürfte es dieses klarstellenden Hinweises nicht. IE. sind auch funktional äquivalente Verfahren, die eine ELP ausländischen Rechts betreffen, als Lebenspartnerschaftssachen zu verhandeln.[10]

13 **d) Anerkennungsfeststellung bei ausländischer Entscheidung.** Die Feststellung der Anerkennungsfähigkeit einer im Ausland erfolgten Aufhebung einer ELP bzw. statusrechtlichen Feststellung, die eine ELP betrifft, fällt hingegen nicht in den Anwendungsbereich des Abs. 1 Nr. 2. Da, wie unter § 661 ZPO aF, solche Entscheidungen zur ELP nicht dem Feststellungsmonopol der LJV nach § 107 FamFG unterfallen (§ 107 Rn. 4),[11] ist insoweit das Verfahren nach § 108 Abs. 2, 3 statthaft.

14 **3. Lebenspartnerschaftssachen mit Bezug zu gemeinschaftlichen Kindern. a) Gemeinschaftliche Kinder, Begriff. aa)** § 9 Abs. 7 LPartG eröffnet die Stiefkindadoption und schafft damit die sich avantgardistisch von der Biologie lösende Möglichkeit „gemeinschaftlicher Kinder" der Lebenspartner im Sinn eines zu beiden Lebenspartnern bestehenden statusrechtlichen Kindschaftsverhältnisses gemäß § 9 Abs. 7 S. 2 LPartG, § 1754 Abs. 1 BGB.[12] Eine gemeinschaftliche Adoption durch Lebenspartner scheidet weiterhin aus.[13]

15 **bb)** Hingegen sind **nicht gemeinschaftliche Kinder** die Kinder eines Lebenspartners, auch wenn insoweit Befugnisse nach § 9 Abs. 1 LPartG (sog. „kleines Sorgerecht") und/oder Umgangsrechte nach § 1685 Abs. 2 BGB bestehen. Diese Rechtsstellung betreffende Angelegenheiten sind keine Lebenspartnerschaftssachen, sondern Kindschaftssachen nach § 151 Nr. 1, 2 FamFG.

16 **b) Elterliche Sorge, Umgangsrecht, Herausgabe (Abs. 1 Nr. 3). aa)** Streitigkeiten um die elterliche Sorge, das Umgangsrecht und die Kindesherausgabe in Bezug auf gemeinschaftliche Kinder sind Lebenspartnerschaftssachen nach Abs. 1 Nr. 3 (bisher § 661 Abs. 1 Nr. 3a, 3b, 3c ZPO aF). Die nach § 661 Abs. 1 Nr. 3a, 3b ZPO aF bestehende Beschränkung auf den Familiengerichten zugewiesene Angelegenheiten ist entfallen, da eine Zuweisung sorgerechtlicher Angelegenheiten an andere Abteilungen mit dem Wegfall des Vormundschaftsgerichts nicht mehr in Betracht kommt.

---

[8] *Finger* MDR 2005, 121; *Kemper* FF 2005, 88; *Wellenhofer* NJW 2005, 705; ebenso vor der Einführung der Aufhebungsgründe nach § 15 Abs. 2 S. 2 LPartG: *Schwab* FamRZ 2001, 385, 390.
[9] Zweifelnd: *Schwab* FamRZ 2001, 385, 389.
[10] So schon oben § 661 ZPO Rn. 11.
[11] Oben § 661 ZPO Rn. 12.
[12] *Baumbach/Lauterbach/Hartmann* Rn. 6.
[13] *Stüber* FamRZ 2005, 577.

Sorge- und Umgangsrechtsstreitigkeiten betreffend Kinder (nur) eines Lebenspartners sind keine Lebenspartnerschaftssachen (Rn. 15).

bb) Das **Verfahren** regelt § 270 Abs. 1 S. 2; die internationale Zuständigkeit deutscher Gerichte bestimmt sich außerhalb des Verbunds (dort § 103 Abs. 2) vorbehaltlich völkervertraglicher Regelungen nach §§ 103 Abs. 3, 99 (§ 103 Rn 26). 17

c) Annahme als Kind (Abs. 1 Nr. 4). aa) Lebenspartnerschaftssachen nach Abs. 1 Nr. 4 (der in § 661 Abs. 1 ZPO aF keine Entsprechung hat) sind die Annahme als Kind und die Ersetzung der Einwilligung zur Annahme als Kind. Die im Rechtsausschuss unzulänglich redigierte Bestimmung beschreibt nicht, welchen **Bezug zu einer ELP** eine Annahme als Kind haben muss, um als Lebenspartnerschaftssache eingeordnet zu werden. Anlass zu dieser Regelung gab ausweislich der Materialien § 9 Abs. 6 LPartG,[14] was es nahelegen dürfte, die Regelung auf die Adoption durch einen Lebenspartner allein nach **§ 9 Abs. 6 LPartG** zu beschränken;[15] eine Regelung, die als rechtspolitischer Schachzug verstanden werden muss, die gemeinschaftliche Annahme in zwei Schritten (Einzeladoption plus Stiefkindadoption) zu vermitteln und damit wohl nach der Vorstellung mancher MdB eine verkappte gemeinschaftliche Annahme bedeutet. Dies führt allerdings zu dem Ergebnis, dass die **Stiefkindadoption** (§ 9 Abs. 7 LPartG) keine Lebenspartnerschaftssache ist; die Behandlung als Adoptionssache (§ 186 FamFG) ist zwar gerechtfertigt, wenn im Zeitpunkt der Stiefkindadoption ein Kindschaftsverhältnis auch zu dem anderen (leiblichen) Elternteil besteht, weil dieser schwerlich Beteiligter einer Lebenspartnerschaftssache sein kann. Für die Stiefkindadoption des nach § 9 Abs. 6 LPartG allein adoptierten Kindes ist hingegen diese Einordnung unverständlich. Der Gesetzgeber sollte insoweit wohl materiellrechtlich entscheiden, ob die durch Annahme eines Kindes in einer ELP entstehende merkwürdige Familiensituation gewollt ist und ggf. eine systematisch widerspruchsfreie Regelung treffen. 18

bb) Das **Verfahren** regelt § 270 Abs. 1 S. 2; die internationale Zuständigkeit deutscher Gerichte bestimmt sich vorbehaltlich völkervertraglicher Regelungen nach §§ 103 Abs. 3, 101 (§ 103 Rn. 26). 19

d) Gesetzliche Unterhaltspflicht gegenüber Kindern (Abs. 1 Nr. 8). aa) Lebenspartnerschaftssachen nach Abs. 1 Nr. 8 (bisher § 661 Abs. 1 Nr. 3 d ZPO aF) sind Streitigkeiten um die gesetzliche Unterhaltspflicht für ein gemeinschaftliches minderjähriges Kind der Lebenspartner. Auch insoweit bleiben – nach ausländischen Rechtsordnungen mögliche – Ansprüche wegen Unterhalt für ein Kind (nur) eines Lebenspartners (Stiefkindunterhalt) Unterhaltssachen nach § 231. Ansprüche aus vertraglicher Unterhaltsverpflichtung bleiben auch zwischen Lebenspartnern allgemeine Zivilsachen, da solche Streitigkeiten auch in Abs. 2, 3 nicht erfasst sind. 20

bb) Das **Verfahren** regelt § 270 Abs. 1 S. 2; die internationale Zuständigkeit deutscher Gerichte bestimmt sich außerhalb des Verbunds (dort § 103 Abs. 2) vorbehaltlich völkervertraglicher Regelungen nach §§ 103 Abs. 3, 105, 232 (§ 105 Rn. 14). 21

4. Lebenspartnerschaftssachen im Verhältnis der Lebenspartner. a) Wohnungszuweisungssachen (Abs. 1 Nr. 5). aa) Wohnungszuweisungssachen (bisher § 661 Abs. 1 Nr. 5 ZPO aF) sind die Angelegenheiten nach §§ 14, 17 LPartG.[16] Die Wohnungszuweisung nach §§ 1, 2 GewSchG ist keine Lebenspartnerschaftssache, sondern auch zwischen den Partnern einer ELP Gewaltschutzsache nach §§ 210 ff. 22

bb) Das **Verfahren** regelt § 270 Abs. 1 S. 2; die internationale Zuständigkeit deutscher Gerichte bestimmt sich außerhalb des Verbunds (dort § 103 Abs. 2) vorbehaltlich völkervertraglicher Regelungen nach §§ 103 Abs. 3, 105, 201 (§ 103 Rn. 26; § 105 Rn. 6). 23

b) Haushaltssachen (Abs. 1 Nr. 6). aa) Haushaltssachen (bisher § 661 Abs. 1 Nr. 5 ZPO aF) sind die Angelegenheiten nach §§ 13, 17 LPartG.[17] 24

bb) Das **Verfahren** regelt § 270 Abs. 1 S. 2; die internationale Zuständigkeit deutscher Gerichte bestimmt sich außerhalb des Verbunds (dort § 103 Abs. 2) vorbehaltlich völkervertraglicher Regelungen nach §§ 103 Abs. 3, 105, 201 (§ 103 Rn 26; § 105 Rn. 6). 25

c) Versorgungsausgleich (Abs. 1 Nr. 7). aa) Den Versorgungsausgleich der Lebenspartner betreffende Verfahren sind nach Abs. 1 Nr. 7 Lebenspartnerschaftssachen (bisher § 661 Abs. 1 Nr. 4a ZPO aF); erfasst sind alle Angelegenheiten, die sich aus § 20 LPartG einschließlich der verwiesenen Bestimmungen des Versorgungsausgleichsgesetzes ergeben. 26

---

[14] Rechtsausschuss BT-Drucks. 16/9733 zu § 269.
[15] So *Baumbach/Lauterbach/Hartmann* Rn. 7.
[16] *Baumbach/Lauterbach/Hartmann* Rn. 8.
[17] *Baumbach/Lauterbach/Hartmann* Rn. 8.

27 **bb)** Das **Verfahren** regelt § 270 Abs. 1 S. 2; die internationale Zuständigkeit deutscher Gerichte bestimmt sich außerhalb des Verbunds (dort § 103 Abs. 2) vorbehaltlich völkervertraglicher Regelungen nach §§ 103 Abs. 3, 102 (§ 103 Rn. 26).

28 **d) Durch die Lebenspartnerschaft begründete gesetzliche Unterhaltspflicht (Abs. 1 Nr. 9). aa)** Die nach Abs. 1 Nr. 9 (bisher § 661 Abs. 1 Nr. 4 ZPO aF) als Lebenspartnerschaftssachen eingeordneten Angelegenheiten betreffen die durch die ELP begründete gesetzliche Unterhaltspflicht und umfassen sowohl die Unterhaltsansprüche während bestehender ELP (§ 5 LPartG) und während Getrenntlebens (§ 12 LPartG) als auch den nachpartnerschaftlichen Unterhalt (§ 16 LPartG).[18]

29 **bb)** Das **Verfahren** regelt § 270 Abs. 1 S. 2; die internationale Zuständigkeit deutscher Gerichte bestimmt sich außerhalb des Verbunds (dort § 103 Abs. 2) vorbehaltlich völkervertraglicher Regelungen nach §§ 103 Abs. 3, 105, 232 (§ 103 Rn. 26; § 105 Rn. 14).

30 **e) Ansprüche aus lebenspartnerschaftlichem Güterrecht (Abs. 1 Nr. 10). aa)** Lebenspartnerschaftssachen iSd. Abs. 1 Nr. 10 (bisher § 661 Abs. 1 Nr. 6 ZPO aF) sind alle Verfahren, die sich aus der § 6 S. 1 LPartG angeordneten Geltung der Zugewinngemeinschaft als gesetzlichem Güterstand sowie der in § 7 S. 1 LPartG entsprechend der Ehevertragsfreiheit geregelten Möglichkeit, einen Lebenspartnerschaftsvertrag zu schließen, ergeben. Ausdrücklich durch Abs. 1 Nr. 11 und Nr. 12 einbezogen sind die dort genannten Ansprüche (Rn. 31 ff.). Lebenspartnerschaftssache iSd. Abs. 1 Nr. 10 ist insbesondere die Geltendmachung des Zugewinnausgleichsanspruchs samt Auskunftsansprüchen. Die Geltendmachung der Erbteilserhöhung nach § 6 S. 1 LPartG iVm. § 1371 Abs. 1 BGB ist hingegen nicht Lebenspartnerschaftssache, sondern Nachlasssache, wenn sie im Erbscheinsverfahren erfolgt. Wird zwischen Erbprätendenten um die Voraussetzungen der Erbteilserhöhung gestritten, so ist dieses Verfahren weiterhin nicht Lebenspartnerschaftssache, sondern, wie bisher,[19] allgemeine Zivilsache; insbesondere handelt es sich auch nicht um eine sonstige Lebenspartnerschaftssache nach Abs. 2, 3.

31 **bb)** Das **Verfahren** regelt § 270 Abs. 1 S. 2; die internationale Zuständigkeit deutscher Gerichte bestimmt sich außerhalb des Verbunds (dort § 103 Abs. 2) vorbehaltlich völkervertraglicher Regelungen nach §§ 103 Abs. 3, 105, 262 (§ 103 Rn. 26; § 105 Rn. 16).

32 **f) Entscheidungen in Zugewinngemeinschaft nach § 6 LPartG (Abs. 1 Nr. 11). aa)** Ausdrücklich in den Katalog der Lebenspartnerschaftssachen einbezogen sind nach Abs. 1 Nr. 11 (bisher teilweise[20] § 661 Abs. 1 Nr. 6 und 7 ZPO aF) Ansprüche aus der nach § 6 S. 1 LPartG bestehenden Zugewinngemeinschaft iVm. §§ 1365 Abs. 2, 1369 Abs. 2 BGB (jeweils Ersetzung der Zustimmung), sowie 1382 BGB (Stundung der Ausgleichsforderung) und 1383 BGB (Übertragung von Vermögensgegenständen in Anrechnung auf die Ausgleichsforderung).

33 **bb)** Das **Verfahren** regelt § 270 Abs. 1 S. 2; die internationale Zuständigkeit deutscher Gerichte bestimmt sich außerhalb des Verbunds (dort § 103 Abs. 2) vorbehaltlich völkervertraglicher Regelungen nach §§ 103 Abs. 3, 105, 262, da es sich bei den entsprechenden von § 103 Abs. 3 und § 270 Abs. 1 S. 2 verwiesenen Familiensachen um Güterrechtssachen nach § 261 Abs. 2 handelt (§ 103 Rn. 26; § 105 Rn. 16).

34 **g) Entscheidungen in Gütergemeinschaft nach § 7 S. 2 LPartG (Abs. 1 Nr. 12). aa)** Neu in den Katalog der Lebenspartnerschaftssachen aufgenommen (Abs. 1 Nr. 12)[21] sind die im Güterstand der Gütergemeinschaft in Betracht kommenden Ersetzungen der Zustimmung nach §§ 1426, 1430, 1452 BGB.

35 **bb)** Das **Verfahren** samt der internationalen Zuständigkeit bestimmt sich wie zu Abs. 1 Nr. 11.

III. Sonstige Lebenspartnerschaftssachen (Abs. 2, 3)

36 **1. Begriff.** Der Begriff der **sonstigen Lebenspartnerschaftssache** ist an den Begriff der „sonstigen Familiensache" iSd. § 266 angelehnt. Erfasst werden enumerativ einige bisher dem allgemeinen Zivilprozess zugewiesene Streitigkeiten, die wegen des engen Bezuges zur ELP nun in die Zuständigkeit der Familiengerichte fallen. Es handelt sich bei den in Abs. 2 aufgeführten sonstigen Lebenspartnerschaftssachen um Verfahren, die den Familienstreitsachen nach § 112 Nr. 3 entsprechen.[22] Abs. 3

---

[18] *Baumbach/Lauterbach/Hartmann* Rn. 11; oben § 661 ZPO Rn. 17.
[19] *Zöller/Philippi* § 661 ZPO Rn. 8, § 621 ZPO Rn. 59.
[20] Die Entscheidungen nach §§ 1365 Abs. 2, 1369 Abs. 2 BGB waren vor Inkrafttreten des FamFG dem Vormundschaftsgericht zugewiesen.
[21] Gesetzentwurf BT-Drucks. 16/6308 zu § 269 Abs. 1 Nr. 9 bis 11 FamFG (der Entwurfsfassung); diese Entscheidungen waren vor Inkrafttreten des FamFG dem Vormundschaftsgericht zugewiesen.
[22] Gesetzentwurf BT-Drucks. 16/6308 zu § 269 Abs. 2 FamFG.

2. Erfasste Angelegenheiten. a) Lebenspartnerschaftsversprechensansprüche (Abs. 2 37
Nr. 1). Nach Abs. 2 Nr. 1 sind Ansprüche nach Beendigung eines Lebenspartnerschaftsversprechens
(§ 1 Abs. 4[23] S. 2 LPartG iVm. §§ 1298 bis 1301 BGB) als sonstige Lebenspartnerschaftssachen
einbezogen. Dies entspricht § 266 Abs. 1 Nr. 1, wobei im Wortlaut des Abs. 2 Nr. 1 der ausdrückliche Hinweis auf Ansprüche nach §§ 1298, 1299 BGB unter Beteiligung Dritter fehlt. Hieraus ist kein Umkehrschluss dahingehend zu ziehen, dass Ansprüche nach Beendigung eines Lebenspartnerschaftsversprechens zwischen einem Lebenspartnerschaftsversprechenden und Angehörigen weiterhin der allgemeinen Zivilabteilung zugewiesen bleiben. Es handelt sich wohl eher um eine Flüchtigkeit der Gesetzesformulierung, da nach dem Sinn und Zweck der Regelung auch insoweit die Kompetenz des FamG zu nutzen ist.

b) Ansprüche aus der Lebenspartnerschaft (Abs. 2 Nr. 2). Die in Abs. 2 Nr. 2 einbezogenen 38
Ansprüche aus der ELP umfassen, wie das in § 266 Abs. 1 Nr. 2 geregelte Pendant im Fall der Ehe
insbesondere die auf **§ 2 S. 1 LPartG** gestützten Ansprüche aus der Verpflichtung zu Fürsorge,
Unterstützung und gemeinsamer Lebensgestaltung. Die bisher umstrittene Frage, ob Ansprüche auf
Herstellung der partnerschaftlichen Lebensgemeinschaft als Familiensachen iSd. § 661 Abs. 1 Nr. 3
ZPO aF einzuordnen waren,[24] hat sich damit erledigt; der Gesetzgeber intendiert zweifelsfrei eine
vollständige Parallelisierung zu den in § 266 Abs. 1 Nr. 2 erfassten, auf § 1353 BGB beruhenden
Ansprüchen einschließlich flankierender deliktischer Abwehr-, Unterlassungs- und Schadensersatzansprüche (§ 823 Abs. 1 BGB, räumlich-gegenständlicher Bereich der Ehe bzw. Lebenspartnerschaft).[25]

c) Ansprüche zwischen Lebenspartnern, ehemaligen Lebenspartnern, Elternteilen 39
(Abs. 2 Nr. 3). Abs. 2 Nr. 3 entspricht in seiner Reichweite vollständig § 266 Abs. 1 Nr. 3,[26]
umfasst also die aus Anlass der Trennung der Lebenspartner oder der Aufhebung der ELP bestehenden vermögensrechtlichen Auseinandersetzungsansprüche zwischen den Lebenspartnern außerhalb des Güterrechts nach §§ 6, 7 LPartG. Hierzu rechnen Ansprüche wegen Wegfall oder Anpassung der Geschäftsgrundlage (§ 313 BGB), bereicherungsrechtliche Ansprüche, sowie Ansprüche aus Miteigentum, Gesamtschuldnerausgleich und Auflösung einer Innengesellschaft.[27] Im Gegensatz zu § 266 Abs. 1 Nr. 3 FamFG kommen derzeit Ansprüche wegen Aufteilung eines Lohn- oder Einkommensteuererstattungsanspruchs zwischen Lebenspartnern mangels Anwendbarkeit von § 26 EStG auf die ELP nicht in Betracht.

d) Aufhebung von Beschränkungen nach § 8 Abs. 2 LPartG, § 1357 Abs. 2 S. 1 BGB 40
(Abs. 3). Ebenfalls vollständig parallel zum Fall der Ehe (§ 266 Abs. 2) ist die Einordnung der
Entscheidung nach § 1357 Abs. 2 S. 1 BGB, auf den § 8 Abs. 2 LPartG in der ELP verweist.[28]

e) Verfahren. Das Verfahren in sonstigen Lebenspartnerschaftssachen bestimmt sich nach § 270 41
Abs. 2. Die internationale Zuständigkeit deutscher Gerichte ist vorbehaltlich völkervertraglicher und
europarechtlicher Zuständigkeiten geregelt in §§ 103 Abs. 3, 105, 267 FamFG, 12 ff. ZPO (§ 103
Rn. 27; § 105 Rn. 22).

§ 270 Anwendbare Vorschriften

(1) ¹In Lebenspartnerschaftssachen nach § 269 Abs. 1 Nr. 1 sind die für Verfahren auf Scheidung geltenden Vorschriften, in Lebenspartnerschaftssachen nach § 269 Abs. 1 Nr. 2 die für Verfahren auf Feststellung des Bestehens oder Nichtbestehens einer Ehe zwischen den Beteiligten geltenden Vorschriften entsprechend anzuwenden. ²In den Lebenspartnerschaftssachen nach § 269 Abs. 1 Nr. 3 bis 12 sind die in Familiensachen nach § 111 Nr. 2, 4, 5 und 7 bis 9 jeweils geltenden Vorschriften entsprechend anzuwenden.

---

[23] Ursprüngliche Fassung richtiggestellt durch Art. 8 Nr. 1 lit. v Gstz zur Modernisierung von Verfahren im anwaltlichen und notariellen Berufsrecht usw.
[24] Dazu oben § 661 ZPO Rn. 5.
[25] Gesetzentwurf BT-Drucks. 16/6308 zu § 266 Abs. 1 Nr. 2 FamFG.
[26] Dazu oben § 266 Rn. 82 ff.
[27] Gesetzentwurf BT-Drucks. 16/6308 zu § 266 Abs. 1 Nr. 3 FamFG.
[28] Dazu oben § 266 Rn. 152 ff.

(2) In sonstigen Lebenspartnerschaftssachen nach § 269 Abs. 2 und 3 sind die in sonstigen Familiensachen nach § 111 Nr. 10 geltenden Vorschriften entsprechend anzuwenden.

Schrifttum: vgl. das Schrifttum zu § 269 FamFG.

I. Normzweck

1 Die Bestimmung übernimmt den Regelungsinhalt von § 661 Abs. 2 ZPO aF; sie regelt für die in § 269 definierten Lebenspartnerschaftssachen durch Verweisung auf das Ehe- und Familienverfahrensrecht die anwendbaren verfahrensrechtlichen Bestimmungen mit Ausnahme der in § 103 geregelten internationalen Zuständigkeit deutscher Gerichte. Zur Normgeschichte vgl. § 269 Rn. 1 f.

II. Verfahrensrecht in Lebenspartnerschaftssachen

2 **1. Verweisung, Umfang.** Das Verfahren in den in § 269 definierten Lebenspartnerschaftssachen wird nicht eigenständig geregelt, sondern durch umfassende Verweisung auf die Verfahrensregeln in den jeweils entsprechenden Ehe- bzw. Familiensachen. Diese Verweisung bezieht sich nicht nur auf die Bestimmungen von Buch 1 des FamFG, sondern auch auf Verfahrensrecht in anderen Gesetzen[1] unter Einschluss des Kostenrechts.

3 **2. Lebenspartnerschaftssachen, die den Status der ELP betreffen (Abs. 1 S. 1). a) Aufhebung der ELP. aa)** In Verfahren nach § 269 Abs. 1 Nr. 1 (Aufhebung der ELP) sind die für das Verfahren auf Scheidung geltenden Vorschriften anwendbar. Dies sind §§ 122 bis 132; für die Aufhebung nach § 15 Abs. 2 S. 1 LPartG gelten insbesondere die Sonderregelungen für Scheidungs- und Folgesachen in §§ 133 bis 150.

4 **bb)** Übersehen wurde bei dieser Verweisung wohl, dass die Aufhebung der ELP nicht mehr homogen scheidungsfunktional ist, sondern die **Aufhebung wegen Willensmängeln** bei der Eingehung nach § 15 Abs. 2 S. 2 LPartG der Aufhebung der Ehe nach § 1314 Abs. 2 Nr. 1 bis 4 BGB entspricht. Für diese Verfahren sind nur die §§ 122 bis 132 anzuwenden.

5 **b) Feststellung des Bestehens oder Nichtbestehens einer ELP.** In Verfahren nach § 269 Abs. 1 Nr. 2 (Feststellung des Bestehens oder Nichtbestehens einer ELP) gelten die für das Verfahren auf Feststellung des Bestehens oder Nichtbestehens einer Ehe zwischen den Beteiligten geltenden Vorschriften entsprechend. Es handelt sich um die Bestimmungen für Ehesachen (§ 121 Nr. 3), die nicht Scheidungssachen sind, somit §§ 122 bis 132.

6 **c) Fürsorge und Unterstützung, Herstellungsklage.** Die Auslegungsfragen um die auf die Klagen nach § 2 S. 1 LPartG anwendbaren Verfahrensbestimmungen sowie um die Reichweite dieser Klagen[2] haben sich erledigt, da diese bisher in § 661 Abs. 1 Nr. 3 ZPO aF als Lebenspartnerschaftssachen erfassten Klagen nunmehr sonstige Lebenspartnerschaftssachen iSd. Abs. 2 iVm. § 269 Abs. 2 sind.

7 **3. Lebenspartnerschaftssachen nach § 269 Abs. 1 Nr. 3–12 (Abs. 1 S. 2). a) Grundprinzip.** Lebenspartnerschaftssachen nach § 269 Abs. 1 Nr. 3–12 unterliegen den Verfahrensvorschriften, die für das jeweilige **Pendant aus den Familiensachen** nach § 111 Nr. 2, 4, 5 und 7, 8, 9 gelten (Abs. 1 S. 2).[3]

8 **b) Einzelne Lebenspartnerschaftssachen.** Im Einzelnen entsprechen Lebenspartnerschaftssachen nach:
– § 269 Abs. 1 Nr. 3 **(elterliche Sorge etc.)** den Kindschaftssachen, §§ 152 bis 168 a;
– § 269 Abs. 1 Nr. 4 **(Annahme als Kind)** den Adoptionssachen, §§ 187 bis 199;
– § 269 Abs. 1 Nr. 5, 6 **(§§ 13, 14, 17 LPartG)** den Wohnungszuweisungs- und Haushaltssachen, §§ 201 bis 209 FamFG;
– § 269 Abs. 1 Nr. 7 **(Versorgungsausgleich)** den Versorgungsausgleichssachen, §§ 218 bis 230;
– § 269 Abs. 1 Nr. 8 **(Kindesunterhalt)** den Unterhaltssachen, §§ 232 bis 260 unter Einschluss des vereinfachten Verfahrens nach §§ 249 ff.; diese Verfahren sind Familienstreitsachen (§ 112 Nr. 1), unterliegen also auch §§ 113 bis 120.

---

[1] Gesetzentwurf BT-Drucks. 16/6308 zu § 270.
[2] Dazu oben § 661 ZPO Rn. 5, 15.
[3] Redaktionsversehen in der ursprünglichen Fassung richtig gestellt durch Art. 8 Nr. 1 lit. w siehe § 269 Fn. 23.

Anwendbare Vorschriften 9, 10 § 270

- § 269 Abs. 1 Nr. 9 (**durch die ELP begründete Unterhaltspflicht**) den Ehegatten-Unterhaltssachen, §§ 232 bis 246; diese Verfahren sind Familienstreitsachen (§ 112 Nr. 1), unterliegen also auch §§ 113 bis 120.
- § 269 Abs. 1 Nr. 10, 11, 12 (**ELP-Güterrecht**) den Güterrechtssachen (zum Pendant der Nr. 11, 12 vgl § 261 Abs. 2), §§ 262 bis 265. Verfahren nach § 269 Abs. 1 Nr. 10 sind nach § 112 Nr. 2 Familienstreitsachen, unterliegen also auch §§ 113 bis 120; dies gilt nicht für Verfahren nach § 269 Abs. 1 Nr. 11 und 12.

4. Sonstige Lebenspartnerschaftssachen nach § 269 Abs. 2, 3 FamFG (Abs. 2). In sonstigen Lebenspartnerschaftssachen nach § 269 Abs. 2, 3 gelten die in sonstigen Familiensachen nach § 111 Nr. 10 anwendbaren Bestimmungen entsprechend. Dies sind §§ 267, 268. § 268 ist in der Weise entsprechend anzuwenden, dass bei Anhängigkeit einer Lebenspartnerschaftssache nach § 269 Abs. 1 Nr. 1, 2 („ELP-Statussachen" als Pendant zur Ehesache), eine Abgabe der sonstigen Lebenspartnerschaftssache an das Gericht der ELP-Statussache erfolgt. Sonstige Lebenspartnerschaftssachen nach § 269 Abs. 2 sind Familienstreitsachen (§ 112 Nr. 3), unterliegen also auch §§ 113 bis 120. Dies gilt nicht für Lebenspartnerschaftssachen nach § 269 Abs. 3.

5. Kosten. Es gelten für sämtliche Lebenspartnerschaftssachen die für entsprechende Ehe- und Familiensachen geltenden Bestimmungen des FamGKG, insbesondere §§ 43 bis 52 FamFGKG sowie die entsprechenden Gebührenansätze im Kostenverzeichnis zum FamGKG (Nr. 1110 ff. für Lebenspartnerschaftssachen nach § 269 Abs. 1 Nr. 1, 2; Nr. 1210 ff. für selbständige Familienstreitsachen; Nr. 1310 ff. in selbständigen Kindschaftssachen; Nr. 1320 ff. in den übrigen (vgl. Vorbemerkung 1.3.2. vor Nr. 1320 Kostenverzeichnis FamGKG) selbstständigen Lebenspartnerschaftssachen der FG; Nr. 1410 ff. für Verfahren des Einstweiligen Rechtsschutzes, Nr. 1600 ff. für Vollstreckungsverfahren).

Buch 3. Verfahren in Betreuungs- und Unterbringungssachen

Abschnitt 1. Verfahren in Betreuungssachen

Vorbemerkungen zu den §§ 271 ff.

Schrifttum, Monographien und Aufsätze: *Aschpurwis,* Der Verfahrenspfleger nach § 70b FGG im Verfahren zur geschlossenen Unterbringung Minderjähriger nach § 1631b BGB, 2009; *Beermann,* Die Änderungen in Betreuungs- und Unterbringungssachen durch das FamFG, ZFE 2008, 453–456; *Bienwald,* Verfahrenspflegschaftsrecht. Ein Handbuch, 2002; *Böhm,* Betreuungsrecht, Betreuungspraxis Ausgabe 2008. Rechtsgrundlagen, Musterbriefe, Formulare, 2. Aufl. 2008; *Deinert,* Die Vergütung des Betreuers, 5. Aufl. 2008; *Dehtweg,* Verfahrenspflegschaft im Betreuungsverfahren: gravierende Unterschiede machen die Lage unübersichtlich, BtPrax 2006, 17; *Dodegge,* Das Betreuungsrechtsänderungsgesetz, NJW 1998, 3073; *Harm,* Verfahrenspflegschaft in Betreuungs- und Unterbringungssachen, 2. Aufl. 2005; *Honds,* Die Zwangsbehandlung im Betreuungsrecht, 2008; *Lübbemeyer,* Das Verfahren der Bestellung eines Betreuers, 1991; *Krüger,* Die Berufsbetreuung, 2. Aufl. 2006; *Pardey,* Ein neues Kleid für die rechtliche Betreuung, Rpfleger 2004, 257; *Probst,* Betreuungs- und Unterbringungsverfahren für die Praxis der Gerichte, Anwälte, Behörden und Betreuer, 2005; *Schmidt/Bayerlein/Mattern/Ostermann,* Betreuungspraxis und psychiatrische Grundlagen, 2007; *Sonnenfeld,* Das 2. BtÄndG – Überblick über die wesentlichen zum 1. 7. 2005 in Kraft tretenden Änderungen, FamRZ 2005, 941; *Zimmermann,* Die Betreuer- und Verfahrenspflegervergütung ab 1. 7. 2005, FamRZ 2005, 950; *ders.,* Das neue FamFG, München 2009.

Kommentare zum Betreuungsverfahrensrecht: *Bassenge/Roth,* Gesetz über die Angelegenheiten der freiwilligen Gerichtsbarkeit; Rechtspflegergesetz. Kommentar, 11. Aufl. 2007 (*Bassenge/Roth*); *Bauer/Klie,* Heidelberger Kommentar zum Betreuungs- und Unterbringungsrecht, 2. Teil, 4. Aufl. 2007 (HK-BUR/*Bearb.*); *Bienwald/Sonnenfeld/Hoffmann,* Betreuungsrecht. Kommentar, 4. Aufl. 2005 (*Bienwald*); *Bumiller/Winkler,* Freiwillige Gerichtsbarkeit. Gesetz über die Angelegenheiten der freiwilligen Gerichtsbarkeit, 8. Aufl. 2006 (*Bumiller/Winkler,* FG); *Damrau/Zimmermann,* Betreuungsrecht. Kommentar, 3. Aufl. 2001 (*Damrau/Zimmermann*); *Fröschle* (Hrsg.), Praxiskommentar Betreuungs- und Unterbringungsverfahren, 2007 (PK-BUV/*Bearb.*); *Jansen/v. Schuckmann/Sonnenfeld,* Gesetz über die Angelegenheiten der freiwilligen Gerichtsbarkeit. Großkommentar, 2. Bd., 2005 (*Jansen/Bearb.*); *Jurgeleit,* Betreuungsrecht. Handkommentar, 2006 (*Jurgeleit/Bearb.*); *Jürgens,* Betreuungsrecht. Kommentar zum materiellen Betreuungsrecht, zum Verfahrensrecht und zum Vormünder- und Betreuervergütungsgesetz, 3. Aufl. 2005 (*Jürgens/Bearb.*); *Keidel/Kuntze/Winkler,* Freiwillige Gerichtsbarkeit. Kommentar zum FGG, 15. Aufl. 2003 (*Keidel/Kuntze/Winkler/Bearb.*) *Keidel,* Freiwillige Gerichtsbarkeit. Kommentar zum FamFG, 16. Aufl. 2009 (*Keidel/Bearb.* 2009).

Übersichten und Berichte über die gerichtliche Praxis zuletzt (noch unter Geltung des FGG aF) bei *Dodegge* NJW 2008, 2689; *Jurgeleit* FGPrax 2008, 139; *Sonnenfeld* FamRZ 2008, 1803; *dies.* FamRZ 2009, 1027 (jew. mit Verweis auf die vorangegangen Berichtszeiträume).

Zur Diskussion um die gesetzliche Vertretungsmacht für nahe Angehörige vgl. die Literatur bei *Jansen/Sonnenfeld,* Vor §§ 65–69o FGG; *Paino-Staber,* Gesetzliche Stellvertretung naher Angehöriger im Bereich der Gesundheitssorge, 2007; *Pohlenz,* Gesetzliche Vertretungsmacht für nahe Angehörige, 2007.

I. Allgemeines

Die Betreuungssachen sind seit der Einführung des Rechtsinstituts der Betreuung durch das am 1. 1. 1992 in Kraft getretene Betreuungsgesetz im Jahre 1992 (BtG) klassische Aufgaben der freiwilligen Gerichtsbarkeit. Vor dem Inkrafttreten des FamFG waren die Betreuungssachen in §§ 65–69o FGG aF geregelt. Diese verfahrensrechtlichen Ergänzungen zu den materiellrechtlichen Vorschriften der §§ 1896–1908i BGB, deren Rolle die §§ 271–311 nun übernommen haben, hatten in Betreuungssachen bereits ein **einheitliches Verfahrensrecht** im Rahmen der freiwilligen Gerichtsbarkeit geschaffen. Damit war die bis dahin bestehende, gespaltene Zuständigkeit zwischen Prozessgericht und Vormundschaftsgericht aufgehoben worden.[1] Außerdem führte das BtG neben einem einheitli- 1

---

[1] *Bienwald* Vor §§ 65 ff. FGG Rn. 1.

chen Verfahrensrecht den Grundsatz der **Einheitsentscheidung** ein,[2] demzufolge einer betreuungsbedürftigen (im Folgenden: betroffenen) Person ein Betreuer bestellt werden kann, ohne dass zuvor in einem gesonderten Verfahren oder abgetrennten Verfahrensabschnitt durch Beschluss die Betreuungsbedürftigkeit festgestellt werden muss.

2 Die §§ 271–311 verselbstständigen die Betreuung nun gegenüber der Vormundschaft noch weiter. Gleiches gilt für die Unterbringungssachen (§§ 312–339) und die betreuungsrechtlichen Zuweisungssachen (§§ 340 f.). Auch das Gesetz spricht jetzt vom **Betreuungsgericht**.[3] In Betreuungssachen entscheidet nun also nicht mehr wie bisher das Vormundschaftsgericht, sondern das insoweit an seine Stelle getretene Betreuungsgericht.[4] Zugleich ist das „Vormundschaftsgericht" als Institution durch das FamFG insgesamt aufgehoben worden: Die Minderjährige betreffenden Verfahren unterfallen der Zuständigkeit des Großen Familiengerichts, diejenigen sonstigen Aufgaben der bisherigen Vormundschaftsgerichte, die nicht zu den Familiensachen zählen (also etwa die Betreuungs- und Unterbringungssachen), sind auf das Betreuungsgericht übergegangen.

3 Die Vorschriften der §§ 271–311 lehnen sich überwiegend an die §§ 65–69o FGG aF an. Sie wurden zwar sprachlich und redaktionell überarbeitet, **inhaltliche Änderungen** zur bisherigen, Betreuungssachen betreffenden Rechtslage sind aber vor allem in den Regelungen des Allgemeinen Teils des FamFG vorgenommen worden. Änderungen gegenüber der bisherigen Rechtslage beziehen sich im Wesentlichen auf die Personen, die in Betreuungssachen zu beteiligen sind (der allgemeine Beteiligtenbegriff des § 8 wird durch einen betreuungsrechtlichen Beteiligtenkatalog in § 274 ergänzt), auf den Verfahrenspfleger für die betreute Person (der nach § 276 Abs. 5 nicht mehr wie bisher nach § 67 Abs. 2 FGG aF für jeden Rechtszug gesondert bestellt werden muss), und auf das Rechtsmittel gegen Entscheidungen des Betreuungsgerichts, das der Systematik des FamFG folgend kein spezielles betreuungsverfahrensrechtliches Rechtsmittel mehr ist (wie noch nach § 69g FGG aF).

4 Das Verfahrensrecht wird geprägt durch die Grundprinzipien des materiellen Betreuungsrechts. So ergreift die Betreuung ausschließlich die **rechtliche Besorgung** der Angelegenheiten der betreuten Person. Das bedeutet, dass alle diejenigen Maßnahmen, die keinen Bezug zur Rechtsfürsorge haben und sich etwa als tatsächliche Hilfeleistung darstellen, nicht zu den Aufgaben des Betreuers gehören und demzufolge auch keine Betreuungssache iSd § 271 auslösen. Das materielle Betreuungsrecht ist weiter gekennzeichnet dadurch, dass Betreuung (als Rechtsfürsorge) wegen der mit ihr verbundenen teils schweren Eingriffe in Grundrechte der betroffenen Personen nur dort stattfinden kann und darf, wo ein **tatsächlicher Betreuungsbedarf** besteht, dem nicht auf andere Art und Weise abgeholfen werden kann. Die Betreuung ist demzufolge grundsätzlich subsidiär – etwa gegenüber der privatautonomen Vorsorge für Zustände der Entscheidungsunfähigkeit mittels Vorsorgevollmacht. An diesem Erforderlichkeitskriterium ist denn auch die Ausgestaltung des Verfahrensrechts zu messen. Schließlich ist das Rechtsinstitut der Betreuung im Jahre 1989 unter ausdrücklicher Abkehr vom bis dahin geltenden Vormundschaftsrecht konzipiert worden,[5] was sich vor allem darin niederschlägt, dass das **Selbstbestimmungsrecht** der betreuten Person grundsätzlich Vorrang genießt. Das zeigt sich besonders deutlich daran, dass ein Betreuer gegen den „freien Willen" der betroffenen Person nicht bestellt werden darf, § 1896 Abs. 2 BGB, und daran, dass der Betreuer bei der Ausübung seiner Rechtsfürsorge den Wünschen der betreuten Person grundsätzlich zu entsprechen hat, § 1901 Abs. 3 BGB. Der verfahrensrechtlichen Absicherung dieses Grundsatzes dienen die Beteiligtenbefugnisse und die Anhörungsrechte des Betroffenen bzw. seines Verfahrenspflegers.

5 Für das Betreuungsverfahrensrecht ergibt sich hieraus die Grundmaxime, wonach sämtliche Verfahrensregeln und Verfahrenshandlungen dem **Betreutenwohl** zu dienen haben.

6 Das Betreuungsverfahrensrecht ist sowohl durch das am 1. 7. 2005 in Kraft getretene 2. BtÄndG als auch durch das am 1. 9. 2009 in Kraft getretene FamFG idF des FGG-RG erheblich verschlankt und vereinfacht worden. Das zeigt sich an vielen einzelnen Stellen, etwa am jetzt noch deutlicher ausgeprägten Grundsatz der **Entscheidungskonzentration,** an der Vereinfachung der **Verfahrensabgabe** und an den **Rechtsmittelbeschränkungen.** Dem Betreuungsrichter obliegt deshalb heute wesentlich mehr als noch vor zehn oder zwanzig Jahren eine erhebliche Verantwortung dafür, die Rechtsgüter vor allem der betroffenen Personen (weniger der Betreuer und der Verfahrenspfleger) schonend zu behandeln. Die Einflussnahmemöglichkeiten insbesondere des Betreuers auf das Verfahren sind vielfach zugunsten eines noch stärker von der Offizialmaxime geprägten Verfahrens

---

[2] Dieser ist durch § 19 Abs. 1 S. 1 RPflG teilweise (in ganz anderer Richtung freilich) wieder durchbrochen. Kritik hieran etwa bei *Probst,* Betreuungs- und Unterbringungsverfahren, S. 80.
[3] Vgl. § 340. S. a. § 23c Abs. 1 GVG.
[4] *In praxi* werden freilich nur die Türschilder ausgetauscht; *Zimmermann* FamFG Rn. 439.
[5] Vgl. BT-Drucks. 11/4528, S. 52.

immer stärker eingeschränkt worden. Ob das Betreuungsverfahrensrecht dadurch seinen Charakter als Bestandteil der freiwilligen Gerichtsbarkeit langsam verliert und sich dem öffentlichen Recht annähert, muss unter der Geltung des FamFG kritisch begleitet werden.

II. Prozessualer Überblick

1. Gang des Regelverfahrens. Die Entscheidung des Betreuungsgerichts in einer Betreuungssache erfolgt regelmäßig auf Grund eines **Antrags** der betroffenen Person selbst oder **von Amts wegen** (vgl. § 1896 Abs. 1 BGB zur Betreuerbestellung). Spezielle Regeln über den Beginn des Verfahrens enthält weder das BGB noch auch das FamFG über §§ 23–26 hinaus, welche eine Antwort auf die Frage geben könnten, wann genau Ermittlungen von Amts wegen etwa anzustellen seien.[6]

a) Gericht, Tatsachenbeschaffung. Sachlich zuständige Betreuungsgerichte sind die Amtsgerichte, § 23 a Abs. 2 GVG. Die örtliche Zuständigkeit richtet sich nach § 272. Die Rechtshilfe in Betreuungssachen ist eingeschränkt durch spezielle Anordnungen, mit denen sichergestellt werden soll, dass sich das entscheidende Gericht selbst von den Tatsachen überzeugt, aus denen sich eine eventuelle Betreuungsbedürftigkeit ergibt, §§ 278 Abs. 3, 297 Abs. 4. Ein Regel-Ausnahme-Verhältnis in Bezug auf den befassten und den ersuchten Richter lässt sich dem FamFG ebenso wenig wie schon dem FGG aF[7] entnehmen. Schwere Eingriffe in die Rechte der betroffenen Person (etwa die Bestellung eines Betreuers oder die Anordnung von Einwilligungsvorbehalten) dürfen erst vorgenommen werden, wenn das Gericht sich auf nachprüfbare Art und Weise – durch sachverständige Begutachtung, § 280 – **Kenntnis über die Notwendigkeit** eines solchen Eingriffs verschafft hat und die betroffene Person angehört, § 278, und sich einen persönlichen Eindruck von der betroffenen Person verschafft hat. **Die betroffene Person ist** über den möglichen Verlauf des Verfahrens und über seinen Ausgang **zu unterrichten**. Kommen mildere, die Privatautonomie schonendere Alternativen (etwa eine Vorsorgevollmacht anstelle einer Betreuung) in Betracht, hat das Gericht die betroffene Person darauf hinzuweisen.

b) Die betroffene Person. In allen Stadien des Verfahrens ist die betroffene Person – unabhängig von ihrer bürgerlich-rechtlichen Geschäftsfähigkeit – **verfahrensfähig**, § 275. Kann sie ihre rechtlichen Interessen selbst nicht wahrnehmen, dann erhält sie ungeachtet ihrer eigenen Beteiligung am Verfahren einen **Pfleger für das Verfahren,** der das Verfahren so zu kontrollieren hat, dass die objektiven Interessen der betroffenen Person gewahrt bleiben, § 276. Am Verfahren müssen bzw. können **weitere Personen bzw. Institutionen beteiligt** werden, § 274. Darüber hinaus hat das Gericht die zur Feststellung der für eine Betreuungsbedürftigkeit relevanten Tatsachen durch die erforderlichen Ermittlungen selbst zu erheben und die dazu geeigneten Beweise aufzunehmen.

c) Anwendung unmittelbaren Zwangs. Zwang darf gegen die betroffene Person im Verfahren zur Beschaffung von Tatsachenmaterial nur ganz **ausnahmsweise** angewendet werden und ist nur zulässig zur Durchführung des Verfahrens und stets nur nach Anhörung der betroffenen Person. Ausnahmsweise zulässig ist es, die betroffene Person zur persönlichen Anhörung bzw. zur Verschaffung des persönlichen Eindrucks vorführen zu lassen, § 278 Abs. 5, die betroffene Person zur Untersuchung durch einen Sachverständigen vorführen zu lassen, § 283, oder die betroffene Person zur Beobachtung in einer Anstalt unterbringen zu lassen, § 284.

d) Ablieferungspflicht. Der Vorbereitung der Entscheidung des Gerichts dient auch die verfahrensrechtliche Absicherung der in § 1901a BGB statuierten Pflicht, Betreuungsverfügungen oder Vorsorgevollmachten bei Gericht abzuliefern, § 285.

e) Schlussgespräch, Bekanntgabe. Ist die **Entscheidung des Gerichts,** mit der ein Betreuer bestellt werden soll, vorbereitet, muss das Gericht die Auswahl des Betreuers und die diesem zuzuweisenden Aufgabenbereiche mit der betroffenen Person erörtern, § 278 Abs. 2 S. 3. Jede Entscheidung des Gerichts muss einen **bestimmten Inhalt** haben und insbesondere den Zeitpunkt festlegen, zu welchem das Gericht erneut zu entscheiden hat – etwa über Aufhebung oder Verlängerung der angeordneten Maßnahme, § 286. Die Entscheidung des Gerichts ist zu begründen; die Begründung ist der betroffenen Person bekannt zu geben. Von der **Bekanntgabe der Entscheidungsgründe** kann nur abgesehen werden, wenn dies nach ärztlichem Zeugnis erforderlich ist, um erhebliche Nachteile für die Gesundheit der betroffenen Person abzuwenden, § 288 Abs. 1. Die Entscheidung des Gerichts ist mit der **Beschwerde** anfechtbar, § 58. **Ergänzungen zur Rechtsmittelberechtigung** enthalten §§ 303–305.

f) Betreuerverpflichtung. Wird ein **Betreuer bestellt,** so ist er besonders zu verpflichten, § 289. Er erhält einen Betreuerausweis (eine Bestellungsurkunde), § 290, welcher die betroffene

---

[6] Zum Umgang damit, insbesondere zu „Vorermittlungen", *Bienwald* Vor §§ 65 ff. FGG Rn. 15–18.
[7] Dazu *Bienwald* Vor §§ 65 ff. FGG Rn. 22.

§ 271   1   Buch 3. Abschnitt 1. Verfahren in Betreuungssachen

Person, den Betreuer und dessen Aufgabenkreis genau bezeichnet, ansonsten aber keine Rechtswirkungen entfaltet. Die betreute Person hat nach § 291 ein ihrem materiellrechtlichen Vorschlagsrecht korrespondierendes Antragsrecht, die Auswahl eines Betreuungsvereins oder der Betreuungsbehörde (§ 1900 BGB) gerichtlich überprüfen zu lassen, § 291. Für die Geltendmachung seines Anspruchs auf Aufwendungsersatz bzw. Vergütung ist der Berufsbetreuer verpflichtet, einheitliche Formulare zu verwenden, wenn sie durch die jeweils dazu ermächtigte Landesjustizverwaltung eingeführt sind, § 292.

14   **2. Regeln für besondere Verfahren. a) Genehmigungsverfahren.** Neben diesem Regelverfahren, das vor allem der Betreuerbestellung und der Anordnung von Einwilligungsvorbehalten dient, existieren Betreuungssachen (s. zum Begriff § 271), in denen von Amts wegen oder auf Antrag über eine **betreuungsgerichtliche Genehmigung** einer vom Betreuer beabsichtigten Entscheidung in Vermögens- oder Personensorgeangelegenheiten entschieden werden muss. Hier nehmen Verfahren über die Genehmigung einer Einwilligung in eine ärztliche Untersuchung, eine Heilbehandlung oder einen ärztlichen Eingriff, die mit besonderen Gefahren für Leib und Leben der betroffenen Person verbunden sind, §§ 1904 BGB, 298 FamFG, und Verfahren über die Genehmigung einer Einwilligung in die Unfruchtbarmachung der betreuten Person, §§ 1905 BGB, 297 FamFG, eine Sonderstellung ein. Daneben existieren die vielen Genehmigungsverfahren nach Vormundschaftsrecht, die in § 1908i Abs. 1 BGB auch für das Verhältnis zwischen Betreuer und betreuter Person gelten. Für diese Verfahren ordnet § 299 an, dass die betroffene Person grundsätzlich anzuhören ist.

15   **b) Einstweilige Anordnung.** In dringlichen Fällen kann das Betreuungsgericht im Wege der **einstweiligen Anordnung** einen **vorläufigen Betreuer** bestellen bzw. einen **vorläufigen Einwilligungsvorbehalt** anordnen, §§ 300 f. Bei den einstweiligen Anordnungen wird je nach Dringlichkeitsgrad unterschieden zwischen der gewöhnlichen einstweiligen Anordnung, § 300, und der eiligen einstweiligen Anordnung, § 301. Letztere ist der praktische Regelfall bei Gefahr im Verzug. Sie erlaubt ein schnelles Handeln des Betreuungsgerichts: Die Anhörung der betroffenen Person insbesondere kann zunächst unterbleiben. Auch kann das Betreuungsgericht schnell einen Vereins- oder Behördenbetreuer bestellen. Im Hauptsacheverfahren sind dann, nachdem die erste Not behoben ist, die unterbliebenen Verfahrenshandlungen nachzuholen und getroffene vorläufige Entscheidungen durch endgültige zu ersetzen.

16   **3. Rechtsmittel.** Die Rechtsmittel in Betreuungssachen unterscheiden sich nicht (mehr) von denen in anderen Angelegenheiten der freiwilligen Gerichtsbarkeit. Auch die **Endentscheidungen** des Betreuungsgerichts sind grundsätzlich mit der **befristeten Beschwerde** der §§ 58 ff. anzufechten. §§ 303 f. beschränken sich im Wesentlichen darauf, spezielle und (§ 59 Abs. 1) ergänzende Beschwerdebefugnisse für die Beteiligten im Betreuungsverfahren einzuräumen. Die bisherige Rechtsprechung der Oberlandesgerichte in Betreuungssachen ist durch die Umstellung auf den BGH als Rechtsbeschwerdegericht seit dem 1. 9. 2009 Rechtsgeschichte. § 306 regelt ein materiell-rechtliches Annexproblem der Beschwerde, nämlich die Frage, ob Rechtsgeschäfte, welche die betroffene Person nach der Anordnung eines Einwilligungsvorbehaltes vorgenommen hat, wirksam bleiben, wenn der Einwilligungsvorbehalt auf die Beschwerde der betroffene Person als ungerechtfertigt aufgehoben wird.

17   **4. Weitere Bestimmungen.** Die Betreuungssachen werden abgeschlossen durch Vorschriften, die anordnen, in welchen Fällen das Betreuungsgericht anderen staatlichen Institutionen Mitteilungen über das Ergebnis eines Betreuungsverfahrens oder die in einem solchen gewonnenen Erkenntnisse machen darf oder muss.

§ 271 Betreuungssachen

Betreuungssachen sind
1. Verfahren zur Bestellung eines Betreuers und zur Aufhebung der Betreuung,
2. Verfahren zur Anordnung eines Einwilligungsvorbehalts sowie
3. sonstige Verfahren, die die rechtliche Betreuung eines Volljährigen (§§ 1896 bis 1908i des Bürgerlichen Gesetzbuchs) betreffen, soweit es sich nicht um eine Unterbringungssache handelt.

I. Normzweck

1   § 271 bestimmt, für welche Verfahren die Vorschriften des ersten Abschnitts des dritten Buches angewendet werden. Er definiert die **Betreuungssachen** und grenzt diese zugleich von den Unter-

bringungssachen ab. Eine Abgrenzung zu den sonstigen dem Betreuungsgericht zugewiesenen betreuungsrechtlichen Zuweisungssachen erfolgt nicht hier, sondern erst in § 340.

II. Anwendungsbereich

§ 271 ist als Definitionsnorm konzipiert. Sie hat keinen eigenen Anwendungsbereich, sondern dient lediglich der Begriffsbestimmung. **2**

III. Der Begriff der Betreuungssache

Der Begriff der Betreuungssache wird in § 271, wie die Vollverweisung in Nr. 3 der Vorschrift ergibt, im Wesentlichen mit einem Verweis in das materielle Recht der Betreuung, §§ 1896 ff. BGB, bestimmt. Eine selbstständige prozessrechtliche Definition nimmt die Norm nicht vor. Betreuungssachen sind demzufolge neben der erstmaligen Bestellung eines Betreuers, § 1896 Abs. 1 BGB, und ihrem Gegenteil, der Aufhebung der Betreuung, vor allem die Anordnung von Einwilligungsvorbehalten, § 1903 BGB. Da diese beiden Maßnahmen die Hauptmenge der gerichtlichen Entscheidungen zu §§ 1896 ff. BGB sind, stellt § 271 diese beiden Maßnahmen auch an den Anfang.[1] Weiter sind Betreuungssachen die Betreuungsanordnung für Minderjährige, die das 17. Lebensjahr vollendet haben, § 1908a BGB, die Entlassung von bisherigen und die Neubestellung von neuen Betreuern, §§ 1908b und 1908c BGB, und Beschränkungen und Erweiterungen bestehender Betreuungen oder bestehender Einwilligungsvorbehalte, § 1908d BGB. Zu den Betreuungssachen gehören auch Verfahren, mit denen bereits angeordnete Maßnahmen der Betreuung aufgehoben, abgeändert oder verlängert werden, § 1908d BGB, alle Genehmigungen, die das Betreuungsgericht nach §§ 1812, 1821, 1822 iVm § 1908i Abs. 1, 1904, 1905, 1907 und 1908 BGB erteilt und mit denen Entscheidungen getroffen werden, die im Zusammenhang mit der Führung der Betreuung zu treffen sind (gemeint sind hier etwa Vergütungsentscheidungen, die Teil des Verfahrens vor dem Betreuungsgericht sind).[2] **3**

Wird dagegen gegen einen Betreuten eine Maßnahme notwendig, die mit Freiheitsentziehung verbunden ist, liegt eine spezielle Unterbringungssache vor, die sich nach §§ 312 ff. richtet. **4**

1. Betreuerbestellung. Für volljährige Personen, die infolge körperlicher, geistiger[3] oder seelischer Krankheit außerstande sind, ihre rechtlichen Angelegenheiten selbstständig zu besorgen, sieht das bürgerliche Recht seit dem 1. 1. 1992[4] die Einrichtung einer Betreuung vor. Diese löste die Vormund- und die Pflegschaft für Volljährige ab. Dabei geht § 1896 BGB nicht davon aus, dass die Person, zu deren Gunsten eine Betreuung angeordnet werden soll, geschäftsunfähig nach § 104 BGB sein müsste. Auch tritt durch die Betreuung keine Geschäftsunfähigkeit ein. Die Tatsache, dass § 1896 Abs. 1 BGB auf den aktuellen Betreuungsbedarf abstellt, führt etwa dazu, dass auch bei unheilbar psychisch Kranken eine Betreuerbestellung gleichsam „auf Vorrat" nicht möglich ist, wenn ein aktueller Betreuungsbedarf (noch) nicht gegeben ist.[5] **5**

Die Betreuungssache „Betreuerbestellung" entsteht entweder von Amts wegen durch Mitteilung oder durch eigene Kenntnis des Gerichts oder auf Antrag, § 1896 Abs. 1 S. 1 BGB. Antragsberechtigt ist auch ein Geschäftsunfähiger, § 1896 Abs. 1 S. 2 BGB. **6**

2. Aufhebung der Betreuung. Da die Betreuung nach § 1908d Abs. 1 BGB aufzuheben ist, wenn ihre Voraussetzungen wegfallen, gehört auch die diese Aufhebung anordnende Entscheidung des Betreuungsgerichts zu den Betreuungssachen. Die Betreuungssache „Aufhebung der Betreuung" entsteht ebenso wie die Betreuerbestellung entweder von Amts wegen oder durch Antrag. **7**

3. Anordnung von Einwilligungsvorbehalten. Weil die Betreuung sich auf die rechtliche Handlungsfähigkeit des Betreuten grundsätzlich nicht einschränkend auswirkt, solche Einschränkungen im Einzelfall aber zum Schutz sowohl des Rechtsverkehrs als auch des Betreuten geboten sein können, lässt sich die Betreuung nach § 1903 BGB kombinieren mit der Anordnung von konkreten, bestimmten oder mehrere oder alle Arten von Rechtsgeschäften, die der Betreute abzuschließen geneigt sein könnte, erfassenden Einwilligungserfordernissen. Die Anordnung von Einwilligungsvorbehalten ist das zweite wichtige rechtliche Standbein der Betreuung, sie nähert (wenn der Einwilligungsvorbehalt umfassend ist) die Betreuung der Vormundschaft an. **8**

---

[1] BT-Drucks. 16/6308, S. 264.
[2] BayObLG BtPrax 1997, 114.
[3] Zur geistigen Krankheit BayObLG FamRZ 1994, 318.
[4] Zur Rechtslage bis zum Inkrafttreten des Betreuungsgesetzes s. *Jansen/Sonnenfeld* Vor §§ 65–69o FGG Rn. 1 f.
[5] OLG Köln NJWE-FER 1999, 324.

9 **4. Sonstige Verfahren.** Betreuungssachen sind nach Nr. 3 auch alle sonstigen Verfahren der freiwilligen Gerichtsbarkeit, welche die rechtliche Betreuung einer volljährigen Person zum Gegenstand haben. Das können sein:
- die Bestellung eines Betreuers und die Anordnung eines Einwilligungsvorbehaltes für einen Minderjährigen, der das 17. Lebensjahr vollendet hat, wenn anzunehmen ist, dass solche Maßnahmen erforderlich werden, wenn der Betreffende volljährig wird, § 1908a BGB iVm §§ 1896, 1903 BGB;
- die Entlassung einer natürlichen Person als Betreuer[6] infolge Ungeeignetheit der Person oder eines anderen wichtigen Entlassungsgrundes, § 1908b Abs. 1 BGB;
- die Entlassung eines Vereinsbetreuers auf Antrag des mit der Betreuung beauftragten Vereins, § 1908b Abs. 4 BGB;
- die Entlassung einer Behörde oder eines Vereins und die Bestellung einer oder mehrerer natürlichen Person/en als Betreuer, sobald die betreute Person durch eine oder mehrere natürliche Person/en hinreichend betreut werden kann, § 1908d Abs. 5 BGB;
- die Einschränkung des Aufgabenkreises des Betreuers bei teilweisem Wegfall der Betreuungsvoraussetzungen, § 1908d Abs. 1 S. 2 BGB und im Gegenzug die Erweiterung des Aufgabenkreises des Betreuers, wenn dies erforderlich wird, § 1908d Abs. 3 BGB;
- die Genehmigung des Betreuungsgerichts betreffend die Einwilligungen des Betreuers in eine Untersuchung des Gesundheitszustandes, eine Heilbehandlung oder einen ärztlichen Eingriff, wenn die begründete Gefahr besteht, dass die betreute Person auf Grund der Maßnahme sterben oder schwer und länger andauernd geschädigt würde, § 1904 S. 1 BGB;
- die Genehmigung des Betreuungsgerichts betreffend die Einwilligung des Betreuers in den Abbruch einer lebensverlängernden Behandlung, wenn die Krankheit einen irreversibel tödlichen Verlauf genommen und der Betreuer den Abbruch der Behandlung verlangt hat, der Arzt die Behandlung aber weiter anbietet;[7]
- die Genehmigung der Einwilligung des Betreuers in eine Sterilisation der betreuten Person, § 1905 Abs. 1 S. 1 BGB;
- die Genehmigung zur Kündigung oder Aufhebung eines Mietverhältnisses über Wohnraum, den die betreute Person gemietet hat, § 1907 Abs. 1 BGB;
- die Genehmigung zum Abschluss eines Miet- oder Pachtvertrages oder eines anderen Vertrages, durch den die betreute Person zur Erbringung wiederkehrender Leistungen verpflichtet wird, wenn das Vertragsverhältnis länger als vier Jahre dauern oder von der betreuten Person Wohnraum vermietet werden soll, § 1907 Abs. 3 BGB und
- die Genehmigung zum Versprechen oder Gewähren einer Ausstattung aus dem Vermögen der betreuten Person, § 1908 BGB.

10 Ausgenommen vom Begriff der Betreuungssachen sind die auf § 1906 BGB beruhenden Unterbringungssachen, die in §§ 312–339 speziell geregelt sind.

§ 272 Örtliche Zuständigkeit

(1) Ausschließlich zuständig ist in dieser Rangfolge:
1. das Gericht, bei dem die Betreuung anhängig ist, wenn bereits ein Betreuer bestellt ist;
2. das Gericht, in dessen Bezirk der Betroffene seinen gewöhnlichen Aufenthalt hat;
3. das Gericht, in dessen Bezirk das Bedürfnis der Fürsorge hervortritt;
4. das Amtsgericht Schöneberg in Berlin, wenn der Betroffene Deutscher ist.

(2) ¹Für einstweilige Anordnungen nach § 300 oder vorläufige Maßregeln ist auch das Gericht zuständig, in dessen Bezirk das Bedürfnis der Fürsorge bekannt wird. ²Es soll die angeordneten Maßregeln dem nach Absatz 1 Nr. 1, 2 oder Nr. 4 zuständigen Gericht mitteilen.

I. Bedeutung und Struktur der Vorschrift

1 Die durch § 272 herbeigeführten Änderungen gegenüber der bisherigen Rechtslage in § 65 Abs. 1–4 FGG aF sind, wie der Gesetzgeber des FGG-RG hervorhebt, lediglich redaktioneller und sprachlicher Art.[1] Systematisch umgestellt wurden die Regelungen zum Einheitsentscheidungsgrund-

---

[6] S. dazu BayObLG Rpfleger 1994, 252.
[7] BGH NJW 2003, 1588 (Begründung einer betreuungsgerichtlichen Genehmigungszuständigkeit im Wege richterlicher Rechtsfortbildung).
[1] BT-Drucks. 16/6308, S. 264.

Örtliche Zuständigkeit   2–6 § 272

satz (bisher § 69 Abs. 4 FGG aF, jetzt § 272 Abs. 1 Nr. 1) zur Eilzuständigkeit (bisher § 65 Abs. 5 FGG aF, jetzt § 272 Abs. 2) und die Regelung zum Ausschluss von auf Probe beschäftigten Richtern, der bisher in § 65 Abs. 6 FGG aF geregelt war und nunmehr in § 23c Abs. 2 S. 2 GVG enthalten ist.[2] Mit dieser Vorschrift sollte und soll ein Mindestmaß an richterlicher Erfahrung[3] im sensiblen Bereich der Fürsorge für körperlich und/oder geistig behinderte Menschen gesichert werden.[4] Die bisherige Beschränkung des Proberichterausschlusses, der wegen der systematischen Stellung in § 65 Abs. 6 FGG aF nur für Betreuungssachen, nicht aber (auch) für Unterbringungssachen galt, ist nunmehr weggefallen.

§ 272 ordnet jetzt ausdrücklich eine **abgestufte Rangfolge** bei der Bestimmung des örtlich 2 zuständigen Betreuungsgerichts an. Eine solche Rangfolge enthielt das bisher geltende Recht in § 65 FGG aF zwar inhaltlich auch – ausformuliert war sie aber nicht und sofort sichtbar ebenfalls nicht. Abs. 1 geht von einer allgemeinen und ausschließlichen örtlichen Zuständigkeit desjenigen Betreuungsgerichts für alle Betreuungssachen aus, das erstmals über eine Betreuung einer nach § 1896 Abs. 1 S. 1 BGB betreuungsbedürftigen Person entscheidet (Nr. 1). Ist diese Voraussetzung nicht gegeben, muss also erstmals über eine Betreuungssache entschieden werden, ist dasjenige Betreuungsgericht ausschließlich zuständig, in dessen Bezirk die betreuungsbedürftige Person ihren gewöhnlichen Aufenthalt in der Bundesrepublik Deutschland hat (Nr. 2). Ist nicht festzustellen, wo die betreuungsbedürftige Person ihren gewöhnlichen Aufenthalt hat und muss erstmals über eine Betreuungssache entschieden werden, ist dasjenige Betreuungsgericht ausschließlich zuständig, in dessen Bezirk offenbar wird, dass die betroffene Person betreuungsbedürftig ist (Nr. 3). Fehlt es an allen drei Voraussetzungen und ist die betreuungsbedürftige Person deutscher Staatsangehörigkeit, ist das Amtsgericht Schöneberg – Betreuungsgericht – in Berlin-Schöneberg ausschließlich zuständig (Nr. 4). Abs. 2 dagegen eröffnet eine Sonderzuständigkeit (nur) für Eilmaßnahmen, bei denen nicht zugewartet werden kann, bis das nach Abs. 1 ausschließlich zuständige Betreuungsgericht entschieden hat. Eine ausschließliche Zuständigkeit wird durch Abs. 2 aber nicht begründet.

II. Sachlicher und personaler Anwendungsbereich

§ 272 bestimmt die örtliche Zuständigkeit der **Amtsgerichte** (Betreuungsgerichte) in allen 3 Betreuungssachen nach § 271 (siehe dort). Von der in § 272 allein gegenständlichen örtlichen Zuständigkeit zu unterscheiden ist die sachliche (sie ist geregelt in § 23a Abs. 2 GVG), die internationale (geregelt in § 104) und die (die Aufgabenteilung zwischen Richter und Rechtspfleger betreffende) funktionelle Zuständigkeit (geregelt in §§ 3 Nr. 2a, 14 Abs. 1 Nr. 4 RPflG).

§ 272 Abs. 1 Nrn. 1 bis 3 und Abs. 2 gelten, wenn die betroffene Person die deutsche oder eine 4 beliebige andere Staatsangehörigkeit besitzt. Die Auffangzuständigkeit in Abs. 1 Nr. 4 gilt dagegen nur für Personen mit deutscher Staatsangehörigkeit. Entsteht eine Betreuungssache nach § 1908a BGB, dann gelten beide Absätze auch für minderjährige betroffene Personen, die das 17. Lebensjahr bereits vollendet haben.

III. Allgemeine, ausschließliche Zuständigkeit (Abs. 1)

Für die Zuständigkeit des Betreuungsgerichts relevant sind vor allem die realen Umstände 5 (gewöhnlicher Aufenthalt der betroffenen Person, Hervortreten des Fürsorgebedürfnisses), die eine Betreuungssache hervorbringen. Anders als noch § 65 Abs. 1 FGG aF knüpft die Vorschrift nicht mehr grundsätzlich an den Ort der Erstbefassung eines Betreuungsgerichts an, weil diese bereits in § 2 Abs. 1 geregelt ist.[5] Insbesondere ist für die örtliche Zuständigkeit nicht der Wohnsitz der betroffenen Person entscheidend. Da die Wohnsitzbegründung einen rechtsgeschäftlichen Willen voraussetzt, der beim betroffenen Personenkreis oft nicht gegeben ist, werden so infolge fehlender oder ungeklärter Geschäftsfähigkeit eventuell bestehende Schwierigkeiten vermieden.[6]

1. Einheitsentscheidungsgrundsatz (Nr. 1). Statt dessen ist bei bereits angeordneter Betreuung 6 dasjenige Betreuungsgericht ausschließlich zuständig, bei dem die Betreuung anhängig ist – die einmal begründete Zuständigkeit wird also durch eine eventuelle nachträglich eintretende Änderung

---

[2] BT-Drucks. 16/6308, S. 319.
[3] BT-Drucks. 15/4874, S. 28.
[4] Kritisch zum Proberichterausschluss *Keidel/Kuntze/Winkler/Budde,* Nachtrag zur 15. Aufl., § 65 FGG: Aus der Vorschrift spreche das Misstrauen des Gesetzgebers gegenüber den Präsidien der Amtsgerichte, die beruflichen Aufgaben zu verteilen. Außerdem könne der Proberichterausschluss bei kleinen Amtsgerichten beim Eildienst und bei den Vertretungsregeln zu Schwierigkeiten führen.
[5] BT-Drucks. 16/6308, S. 264.
[6] *Jansen/Sonnenfeld* § 65 FGG Rn. 4.

der realen Gegebenheiten nicht wieder aufgehoben – sog. *perpetuatio fori*. Diese bisher in § 65 Abs. 4 FGG aF enthaltene, und danach „weitere Angelegenheiten" betreffende Regel stellt § 272 Abs. 1 nun an den Anfang und erhebt die Sonder- zur Grundregel. Dieses Vorgehen ist durchaus sinnvoll, dient es doch der **Konzentrierung** von Betreuungssachen und folgt es der auch im bisherigen Recht beachteten Systematik, wonach die Zuständigkeit nach § 65 Abs. 4 FGG aF die Zuständigkeiten nach § 65 Abs. 1 bis 3 FGG aF ausschloss. Insofern ist § 272 eine systematisch besser gelungene Vorschrift als § 65 FGG aF.

7   Nr. 1 stellt sicher, dass diejenigen Erkenntnisse, die das Betreuungsgericht über die betroffene Person gewonnen hat, auch in weiteren Betreuungssachen verwertet werden können[7] und nicht jedes Mal wieder von vorn begonnen werden muss (**Kenntnisakkumulation**).[8] Zur Einheitszuständigkeit nach Nr. 1 reicht es freilich nicht aus, dass ein Betreuungsgericht in irgendeiner Weise schon tätig geworden ist. Vielmehr muss bereits ein Betreuer bestellt worden sein, eine Betreuungssache also zu einem vorläufigen Abschluss gebracht worden sein. Allerdings reicht es aus, wenn das erstbefasste Betreuungsgericht einen Beschluss über die Bestellung eines Betreuers erlassen hat; dieser Beschluss braucht noch nicht (durch Bekanntgabe gegenüber dem bestellten Betreuer) gemäß § 287 Abs. 1 wirksam geworden zu sein.[9] Das folgt aus dem Wortlaut der Vorschrift („Betreuer bestellt ist"), an der das Gesetz angesichts einer zeitweise abweichenden Ansicht[10] festgehalten hat.

8   **2. Gewöhnlicher Aufenthalt (Nr. 2).** Nr. 2 erklärt das Betreuungsgericht, in dessen Bezirk der Betroffene seinen gewöhnlichen Aufenthalt hat, für örtlich zuständig. Dabei ist es nach der Formulierung des Gesetzes irrelevant, ob der Betroffene an seinem gewöhnlichen Aufenthaltsort einen ständigen Wohnsitz begründet hat. Irrelevant ist es auch, welche Staatsangehörigkeit die betroffene Person besitzt. Die ausschließliche Zuständigkeit des Aufenthaltsgerichts soll dem **persönlichen Kontakt** zwischen der betroffenen Person, dem Betreuer und dem Gericht dienen und dafür sorgen, dass das entscheidende Gericht ortsnah zur betroffenen Person ist.[11] Auf diese Weise werden unnötige lange Wege vermieden und sichergestellt, dass das Gericht die Einrichtungen, in denen betreuungsbedürftige Personen sich regelmäßig aufhalten, und die Personen, die als Betreuer in Frage kommen, nach Möglichkeit kennt oder kennen lernen kann.

9   Der gewöhnliche Aufenthaltsort einer Person ist derjenige Ort, an welchem die betroffene Person für längere Zeit den tatsächlichen **Mittelpunkt ihrer Lebensführung** hat[12] oder diesen bei einem erst seit kurzem bestehenden Aufenthalt haben will.[13] Das ergibt sich auch aus § 30 Abs. 3 S. 2 SGB I, wonach jemand seinen gewöhnlichen Aufenthalt dort hat, wo er sich unter Umständen aufhält, die erkennen lassen, dass er an diesem Ort oder in diesem Gebiet nicht nur vorübergehend verweilt. Zwar muss es sich dabei um einen dauerhaften Aufenthalt handeln, zur Abgrenzung von kurzen und vorübergehenden Aufenthalten etwa auf Reisen reicht es aus, wenn der Betreffende sich an dem Ort „bis auf Weiteres" aufhält und dort den Mittelpunkt seiner Lebensbeziehungen hat.[14] Der Umstand, dass die betroffene Person sich nicht nur vorübergehend an einem bestimmten Ort aufhalten muss, um sich gewöhnlich dort aufzuhalten,[15] bedeutet freilich nicht, dass dann, wenn die Person den Aufenthaltsort wechselt, ein neuer gewöhnlicher Aufenthalt immer erst nach Ablauf gewisser Zeit begründet werden könnte und bis dahin der frühere gewöhnliche Aufenthalt fortbestehen würde. Der gewöhnliche Aufenthalt an einem Ort wird vielmehr dann begründet, wenn sich aus den Umständen ergibt, dass der Aufenthalt dort auf eine längere Zeit angelegt ist und der neue Aufenthaltsort anstelle des bisherigen der Lebensmittelpunkt sein soll.[16] Das gilt auch für obdachlose Personen, die sich innerhalb des Gebietes einer Gemeinde an verschiedenen Orten aufhalten.[17]

---

[7] BT-Drucks. 11/4528, S. 170.
[8] Sinn der Vorschrift sei, so HK-BUR/*Bauer* § 65 FGG Rn. 17, die bis zur Betreuerbestellung gewonnenen Erkenntnisse für weitere betreuungsrechtliche Verrichtungen (Betreuungssachen iSd. § 271) zu nutzen. S. a. *Keidel/Budde* Rn. 2.
[9] *Damrau/Zimmermann* § 65 FGG Rn. 18; *Keidel/Kuntze/Winkler/Kayser* § 65 FGG Rn. 7; *Bassenge/Roth* § 65 FGG Rn. 7.
[10] S. etwa *Bassenge/Herbst*-FGG/RPflG, 6. Aufl. 1992, § 65 FGG Rn. 3 a.
[11] HK-BUR/*Bauer* § 65 FGG Rn. 12.
[12] OLG Hamm FGPrax 2007, 81; *Keidel/Budde* Rn. 3.
[13] *Bassenge/Roth* § 65 FGG Rn. 10.
[14] BVerwG NVwZ 2006, 97; BGH FamRZ 1997, 1070 = NJW 1997, 3024; FamRZ 1993, 798; FamRZ 1975, 272 = NJW 1981, 135. *Bassenge/Roth* § 65 FGG Rn. 10.
[15] OLG Köln FGPrax 2006, 162.
[16] BGH FamRZ 1981, 135.
[17] OLG Köln FGPrax 2006, 163.

Dabei kommt es insbesondere nicht darauf an, ob die betroffene Person hinsichtlich der Bestimmung ihres Aufenthaltsortes als geschäftsfähig anzusehen ist. Wäre das gewollt gewesen, dann hätte bereits § 65 Abs. 1 FGG aF und nun § 272 Abs. 1 Nr. 2 auf den Wohnsitz abstellen können. Das ist indessen nicht geschehen. Gewöhnlicher Aufenthalt und Wohnsitz können auseinander fallen – die örtliche Zuständigkeit des Betreuungsgerichts, in dessen Bezirk die betroffene Person sich tatsächlich aufhält, wird dadurch nicht aufgehoben. Es ist deswegen auch nicht entscheidend für die Beurteilung des gewöhnlichen Aufenthaltsortes, ob sich die betroffene Person in einer bestimmten Gemeinde ordnungsbehördlich an- oder abgemeldet hat.[18] Vom Wohnsitz unterscheidet sich der gewöhnliche Aufenthalt dadurch, dass der Wille, den Aufenthaltsort zum Mittelpunkt oder Schwerpunkt der Lebensverhältnisse zu machen, nicht erforderlich ist. Es handelt sich um einen „faktischen" Wohnsitz, der ebenso wie der gewillkürte Wohnsitz Daseinsmittelpunkt sein muss.

Konsequenz aus dieser Nichtanknüpfung an die an den Willen der Person gebundene Wohnsitzbegründung ist, dass ein gewöhnlicher Aufenthalt auch dort besteht, wo die betroffene Person offensichtlich nicht verweilen will, tatsächlich aber verweilt. So begründet ein nicht nur vorübergehender unfreiwilliger Aufenthalt in einer Straf- oder Maßregelvollzugsanstalt (jedenfalls dann, wenn die Anstalt für die betroffene Person zum tatsächlichen Mittelpunkt der Lebensführung geworden ist und die Person über keinen weiteren Schwerpunkt ihrer Lebensbeziehungen verfügt),[19] eine dauerhafte Anstaltsunterbringung[20] oder auch ein längerer Klinikaufenthalt, dessen Ende nicht absehbar ist,[21] als gewöhnlicher Aufenthalt der betroffenen Person die örtliche Zuständigkeit des jeweiligen Betreuungsgerichts.[22] Immer dann jedoch, wenn die (auch mehrmonatige) Abwesenheit etwa in einer Klinik nicht dazu führt, dass sich der Lebensmittelpunkt der betroffenen Person verändert, bleibt die Abwesenheit unschädlich.[23] Hält sich die betroffene Person an mehreren Orten gleichzeitig gewöhnlich auf[24] und liegen diese Orte im Bezirk verschiedener Betreuungsgerichte, ist nach § 2 bzw. § 5 zu entscheiden.

Der maßgebliche Zeitpunkt für das Entstehen der örtlichen Zuständigkeit nach Nr. 2 folgt unproblematisch dem Ort des gewöhnlichen Aufenthalts. Entscheidend ist der Ort des gewöhnlichen Aufenthalts zu dem Zeitpunkt, an dem bei Gericht ein Antrag eingeht oder – wenn das Gericht von Amts wegen tätig wird – der Zeitpunkt, zu dem das Gericht Kenntnis von Umständen erlangt, die sein Tätigwerden nötig machen.[25]

3. Fürsorgebedürfnis (Nr. 3). Tritt das Bedürfnis der Fürsorge für eine betreuungsbedürftige volljährige Person hervor, ohne dass etwa wegen Obdachlosigkeit oder wechselnder Aufenthaltsorte entschieden werden kann, welches Betreuungsgericht örtlich zuständig ist, sieht Nr. 3 eine weitere allgemeine und ausschließliche Zuständigkeit vor. Demnach ist dasjenige Betreuungsgericht örtlich zuständig, in dessen Bezirk die Tatsachen sich zeigen, aus denen sich das Fürsorgebedürfnis ergibt. Es soll also mithin nicht der mehr oder weniger zufällige Ort des (vielleicht kurzen) tatsächlichen Aufenthalts entscheiden, sondern der Ort, an dem das Fürsorgebedürfnis deutlich hervortritt.[26] Das betrifft ohne weiteres alle Fälle, in denen geprüft werden muss, ob ein Betreuer zu bestellen ist.[27] Auch dann, wenn nicht festgestellt werden kann, ob die betroffene Person im Inland einen gewöhnlichen Aufenthaltsort oder welchen gewöhnlichen Aufenthalt sie hat, greift der Ersatzzuständigkeit wegen Fürsorgebedürfnisses ein. Unproblematisch sind die Fälle, in denen umher ziehende Personen den Bezirk eines Betreuungsgerichts bereits wieder verlassen, bevor eine Betreuungssache eingeleitet wurde. Hier ist das Fürsorgebedürfnis wegen des Fortziehens bereits wieder entfallen. Wird später festgestellt, dass die betreuungsbedürftige Person an einem anderen Ort als dem, an dem das Fürsorgebedürfnis hervorgetreten ist, ihren gewöhnlichen Aufenthalt hat und ist durch das nach

---

[18] BayObLG Rpfleger 1996, 343; OLG Köln FGPrax 2006, 162.
[19] OLG Düsseldorf MDR 1969, 143; OLG Schleswig SchlHA 1980, 73; BayObLG BtPrax 2003, 132; OLG München FamRZ 2006, 1562; OLG Hamm FGPrax 2007, 80.
[20] OLG Stuttgart BWNotZ 1993, 15.
[21] BayObLG OLGRep 1996, 62. Anders richtig OLG Hamm NJW-RR 2007, 158 bei einem nur vorübergehenden Klinikaufenthalt. Dazu auch OLG Karlsruhe BtPrax 1996, 72; OLG Stuttgart BtPrax 1997, 161; BayObLG FamRZ 2000, 1442.
[22] Zur Untersuchungshaft OLG München FGPrax 2007, 224; zur Unterbringung in einem psychiatrischen Krankenhaus OLG Köln FGPrax 2007, 23; in einem Hospiz OLG Köln FGPrax 2007, 84; zur Strafhaft weiter OLG München FGPrax 2006, 214 und OLG Rostock FGPrax 2007, 230.
[23] *Keidel/Kuntze/Winkler/Kayser* § 65 FGG Rn. 3 m. weit. Nachw.
[24] Vgl. dazu KG FamRZ 1983, 603 und LG Tübingen BWNotZ 1993, 145.
[25] *Keidel/Kuntze/Winkler/Kayser* § 65 FGG Rn. 4.
[26] Etwa der Belegenheitsort eines Grundstücks, wenn die Betreuung in Grundstücksangelegenheiten notwendig wird; HK-BUR/*Bauer* § 65 FGG Rn. 15.
[27] BayObLGZ 1996, 18.

Nr. 2 zuständige Betreuungsgericht ein Betreuer bestellt worden, dann bleibt dieses Betreuungsgericht nach Nr. 1 auch in Zukunft zuständig – es kann sich nicht darauf berufen, dass seine Fürsorgezuständigkeit mit der Betreuerbestellung beendet sei.[28] Es steht diesem Gericht dann jedoch frei, das Verfahren aus Gründen der Zweckmäßigkeit nach § 273 mit entsprechender Begründung an ein anderes örtlich zuständiges Betreuungsgericht (etwa nach Abs. 1 Nr. 2) zuständiges Betreuungsgericht abzugeben.[29]

14 **4. Auffangzuständigkeit für Deutsche im Ausland (Nr. 4).** Die Auffangzuständigkeit in Nr. 4 gilt nur für betreuungsbedürftige Personen mit deutscher Staatsangehörigkeit. Da immer dann, wenn sich solche Personen im Inland aufhalten, eine Zuständigkeit nach Nrn. 1 bis 3 notwendigerweise gegeben ist, gilt Nr. 4 nur für Deutsche, die im Ausland leben oder sich nicht nur vorübergehend im Ausland aufhalten. Ist die betreuungsbedürftige Person ein deutsch-ausländischer Doppelstaater, so ist ihre deutsche Staatsangehörigkeit für die Auffangzuständigkeit des deutschen Betreuungsgerichts nach Nr. 4 maßgeblich, Art. 5 Abs. 1 S. 2 EGBGB.

IV. Ersatzzuständigkeit für Eilmaßnahmen (Abs. 2)

15 Abs. 2 ordnet an, dass neben der örtlichen Zuständigkeit des (zuständig gebliebenen)[30] Betreuungsgerichts eine **zusätzliche** örtliche **Zuständigkeit** dort entsteht, wo das Bedürfnis für eine betreuungsgerichtliche Eilmaßnahme hervortritt. Dabei kann es sich um Eilmaßnahmen nach Art. 24 Abs. 3 EGBGB (wenn die betroffene Person nicht die deutsche Staatsangehörigkeit besitzt), um einstweilige Maßregeln des nach § 1908i Abs. 1 S. 1 BGB in Betreuungssachen sinngemäß anzuwendenden § 1846 BGB und um einstweilige Anordnungen wie die Bestellung eines vorläufigen Betreuers und/oder die Anordnung eines vorläufigen Einwilligungsvorbehaltes nach § 300 (bisher § 69f FGG aF) handeln. Der im Wortlaut der Norm, der die Eilsachen nunmehr abstrakt beschreiben soll,[31] nicht mehr wie bisher in § 65 Abs. 5 FGG aF ausdrücklich enthaltene,[32] gleichwohl im Begriff „einstweilige Maßregel" ausgedrückte[33] Verweis auf Art. 24 Abs. 3 EGBGB bezweckt die Klarstellung, dass für das Verfahrensrecht immer die *lex fori* gilt.[34]

16 Für das auf Grund der Eilzuständigkeitsregel zuständig gewordene Betreuungsgericht ordnet S. 2 (wie bisher § 65 Abs. 5 S. 2 FGG aF) eine Mitteilungspflicht gegenüber den nach Abs. 1 zuständigen Gerichten an. Das eilzuständige Betreuungsgericht hat daher die Betreuungsakte an das nach Abs. 1 örtlich zuständige Betreuungsgericht zur Übernahme zu senden.

17 Das eilzuständige Betreuungsgericht ist im Umfang seiner Tätigkeit beschränkt. Um der Entscheidung des nach Abs. 1 örtlich zuständigen Betreuungsgerichts nicht vorzugreifen, darf das eilzuständige Betreuungsgericht nur im Wege der **einstweiligen Anordnung**, § 49, die in Betreuungssachen nach § 302 die Dauer von sechs Monaten grundsätzlich nicht überschreiten und durch weitere einstweilige Verfügungen auf maximal ein Jahr verlängert werden darf, handeln und nur **einstweilige Maßnahmen** treffen, lediglich einen vorläufigen Betreuer bestellen und lediglich vorläufige Einwilligungsvorbehalte anordnen. Alle diese Maßnahmen stehen unter dem Vorbehalt der endgültigen Entscheidung des nach Abs. 1 örtlich zuständigen Betreuungsgerichts. Es obliegt dem nach Abs. 1 örtlich zuständigen Betreuungsgericht, Maßnahmen des eilzuständigen Betreuungsgerichts im Wege des § 48 abzuändern oder aufzuheben, wenn die Voraussetzungen dafür vorliegen.

18 Problematisch kann bei der Eilzuständigkeit werden, welches Beschwerdegericht für die Entscheidung über die Beschwerde gegen Eilentscheidungen des nach Abs. 2 zuständigen Gerichts zuständig ist. Jedenfalls dann, wenn die Betreuungssache vom nach Abs. 1 zuständigen Betreuungsgericht übernommen worden ist, ist das diesem übergeordnete Beschwerdegericht zuständig.[35]

V. Spezialgesetzlich geregelte örtliche Zuständigkeiten

19 Nach § 16 Abs. 1 Nr. 4 VwVfG kann, der allgemeinen, ausschließlichen örtlichen Zuständigkeit des Betreuungsgerichts in § 272 Abs. 1 Nr. 2 folgend, einer am Verwaltungsverfahren beteiligten Person, die infolge einer psychischen Krankheit oder einer körperlichen, geistigen oder seelischen

---

[28] OLG München BeckRS 2007, 12211.
[29] OLG München BeckRS 2007, 12211.
[30] Allgemeine Ansicht; vgl. nur *Keidel/Kuntze/Winkler/Kayser* § 65 FGG Rn. 8 und BayObLG FamRZ 1995, 485; vgl. *Keidel/Budde* Rn. 7: „subsidiäre Zuständigkeit".
[31] BT-Drucks. 16/6308, S. 264.
[32] Dieser ausdrückliche Verweis hatte im bisherigen Recht nur deklaratorische Funktion; BT-Drucks. 11/4528, S. 170.
[33] BT-Drucks. 16/6308, S. 264.
[34] *Keidel/Kuntze/Winkler/Kayser* § 65 FGG Rn. 8.
[35] *Keidel/Kuntze/Winkler/Kayser* § 65 FGG Rn. 8.

Behinderung nicht in der Lage ist, selbst im Verwaltungsverfahren tätig zu werden, ein geeigneter Vertreter bestellt werden. Diese Regelung ist auch in den zum VwVfG ergangenen Verwaltungsverfahrensgesetzen der Länder enthalten. Nach Abs. 2 dieser Vorschrift idF von Art. 10 FGG-RG ist für diese Verfahrenshandlung dasjenige Betreuungsgericht auf Ersuchen der Verwaltungsbehörde örtlich zuständig, in dessen Bezirk der Beteiligte seinen gewöhnlichen Aufenthalt hat. Ähnliches gilt für das Verfahren der Finanzbehörde nach § 81 Abs. 1 Nr. 4 und Abs. 2 AO idF von Art. 89 FGG-RG (auf Ersuchen der Finanzbehörde) und für das Verfahren vor der Sozialbehörde nach § 15 Abs. 1 Nr. 4 und Abs. 2 SGB X idF von Art. 106 Nr. 1 FGG-RG (auf Ersuchen der Sozialbehörde).

Das baden-württembergische Landesgesetz über die freiwillige Gerichtsbarkeit (LFGG-BaWü) v. 12. Februar 1975, zuletzt geändert durch Art. 2 LJKG- und LFGG-ÄndG vom 28. Juli 2005 weist für den **württembergischen Landesteil** des Landes Baden-Württemberg die Betreuungssachen in seinem § 36 abweichend von § 272 grundsätzlich dem württembergischen Notariat zu. Damit wird jedoch das System der örtlichen Zuständigkeit nicht verlassen. Den Amtsgerichten sind – die Betreuungssachen betreffend – auch in Württemberg aber nach § 37 Abs. 1 Nrn. 5 bis 7 LFGG-BaWü die Genehmigung einer Freiheitsentziehung nach § 1906 BGB, die Anordnung einer Freiheitsentziehung auf Grund von §§ 1846, 1908i Abs. 1 S. 1 BGB oder § 284 FamFG, die Anordnung einer Vorführung nach § 283 FamFG sowie alle Entscheidungen in Unterbringungssachen (dies gilt jeweils auch bei Unterbringung durch einen Bevollmächtigten), die Anordnung, Erweiterung oder Aufhebung eines Einwilligungsvorbehalts (§ 1903 BGB) sowie die Bestellung eines Betreuers oder Pflegers auf Grund dienstrechtlicher Vorschriften, sowie die nach §§ 1904, 1905 BGB erforderlichen Genehmigungen sowie die Anordnung einer Pflegschaft und die Bestellung eines Pflegers für Betreute zur Entscheidung über die Ausübung des Zeugnisverweigerungsrechtes eines Betreuten bei Verhinderung des gesetzlichen Vertreters zugewiesen. Damit wird in besonders stark in die Rechtsgüter der betroffenen Person eingreifenden Betreuungsmaßnahmen bundeseinheitlich das Amtsgericht befasst.

§ 273 Abgabe bei Änderung des gewöhnlichen Aufenthalts

¹ Als wichtiger Grund für eine Abgabe im Sinne des § 4 Satz 1 ist es in der Regel anzusehen, wenn sich der gewöhnliche Aufenthalt des Betroffenen geändert hat und die Aufgaben des Betreuers im Wesentlichen am neuen Aufenthaltsort des Betroffenen zu erfüllen sind. ² Der Änderung des gewöhnlichen Aufenthalts steht ein tatsächlicher Aufenthalt von mehr als einem Jahr an einem anderen Ort gleich.

I. Normzweck

§ 273 übernimmt aus dem bisherigen Recht nur die Vorschrift des § 65 Abs. 1 S. 2 FGG aF.[1] Diese Vereinfachung ist möglich, weil nunmehr § 4 allgemein geltende Anordnungen über die Abgabe einer Angelegenheit der freiwilligen Gerichtsbarkeit an ein anderes Gericht beinhaltet.[2] Nach § 4 S. 1 kann das örtlich zuständige Gericht die Sache aus wichtigem Grund an ein anderes Gericht abgeben, wenn sich dieses zur Übernahme der Sache bereit erklärt hat. Dies kann notwendig werden, weil die einmal begründete Zuständigkeit durch eine spätere Änderung der Umstände, aus denen sich die Zuständigkeit ergeben hat, nicht tangiert wird. § 273 regelt jetzt nur noch die Frage, was ein „wichtiger Grund" iSd. § 4 S. 1 ist, soweit Betreuungssachen betroffen sind und normiert damit einen **speziellen Abgabegrund für Betreuungssachen** (II. 2.). Obwohl ein spezielles Abgaberecht für Betreuungssachen damit streng genommen nicht mehr existiert, soll auf einige fortdauernde Besonderheiten hingewiesen werden (III.).

II. Voraussetzungen der Abgabe

1. **Anhängigkeit einer Betreuungssache.** Für die Abgabe an ein anderes Betreuungsgericht nach S. 1 muss eine Betreuungssache (s. dazu § 271) lediglich anhängig sein. Einen Abschluss, etwa in der Bestellung eines Betreuers, muss die Sache noch nicht gefunden haben.[3] Die Abgabe ist auch

---

[1] Damit ist etwa auch die Frage, ob der Betreuer der Abgabe zustimmen muss oder ihr widersprechen kann, die Gegenstand der letzten Reform des § 65a FGG aF durch das zum 1. 7. 2005 in Kraft getretene Zweite Betreuungsrechtsänderungsgesetz (BGBl. I S. 1073) gewesen ist, bei § 273 nicht mehr relevant; s. dazu *Sonnenfeld* FamRZ 2005, 945.
[2] BT-Drucks. 16/6308, S. 264.
[3] *Keidel/Kuntze/Winkler/Kayser* § 65a FGG Rn. 2.

während der Anhängigkeit lediglich einer Einzelverrichtung zulässig.[4] Abgegeben werden können also nicht nur Verfahren, die auf die Bestellung eines Betreuers oder auf die Anordnung eines Einwilligungsvorbehaltes gerichtet sind, sondern sämtliche Verfahren, die mit einer Betreuungssache zusammenhängen.

3 **2. Abgabegrund Aufenthaltswechsel.** Im Anschluss an § 272 nennt S. 1 – ohne damit ein Regelbeispiel für wichtige Gründe in § 4 S. 1 zu geben[5] – als Abgabegrund die Änderung des gewöhnlichen Aufenthalts (s. dazu § 272 Rn. 8 ff.) der betroffenen Person. **Kumulativ**[6] hierzu müssen die Aufgaben des Betreuers im Wesentlichen am neuen Aufenthaltsort der betroffenen Person zu erfüllen sein. Der Aufenthaltswechsel allein reicht daher zur Abgabe nicht aus.[7] Das ist in der Regel gegeben, wenn der Betreuer die Personensorge, insbesondere die Aufgabenbereiche Aufenthaltsbestimmung, Gesundheitsfürsorge und Vertretung gegenüber Ärzten, Krankenhäusern und Pflegeeinrichtungen, übertragen bekommen hat. Diese Aufgaben setzen regelmäßig eine persönliche Betreuung in örtlicher Nähe zum Betreuten voraus. Die Vorschrift ist daher Ausdruck des Gedankens, dass das Betreuungsgericht soweit möglich ortsnah zum Betreuten lokalisiert sein soll.[8] Mit der die Abgabe ermöglichenden Regelung wird eine zweckmäßigere, leichtere und sachdienlichere Führung der Betreuung ermöglicht.[9] Vordergründig entscheidend ist daher das **Wohl der betroffenen Person.**[10] Diesem kann aber in Ausnahmefällen auch dann gedient sein, wenn die dem Betreuer übertragenen Aufgaben am zweckmäßigsten am Wohnsitz des Betreuers erledigt werden können.[11] Daneben ist aber auch das Interesse des Betreuers an einer möglichst einfachen Gestaltung seiner Amtsführung zu berücksichtigen, allerdings nur, soweit dadurch die Belange des Betreuten nicht beeinträchtigt werden.[12] Das Gesetz geht im Fall der Änderung des gewöhnlichen Aufenthaltsorts davon aus, dass diesen Interessen grundsätzlich am ehesten gedient ist, wenn das dem Betreuten nächste Betreuungsgericht die Betreuungssache führt. Fälle, in denen das nicht der Fall ist, werden dadurch aufgefangen, dass die Abgabe nicht zwingend ist, § 4 S. 1. Die Interessen der beteiligten Gerichte (etwa lange Anfahrtwege des Betreuungsrichters bei Anhörungsterminen und Ermittlungshandlungen) sind, auch das folgt aus der grundsätzlichen Orientierung am Betreutenwohl, nur insoweit relevant, als fraglich ist, ob das betreffende Betreuungsgericht bei seiner Entscheidung mit den örtlichen Verhältnissen bekannt sein muss und in welchem Umfang persönlicher Verkehr mit dem Betreuten erforderlich ist.[13]

4 Maßgeblicher Zeitpunkt für die Beurteilung, wo die betroffene Person ihren maßgeblichen Aufenthalt habe, ist der Zeitpunkt der Abgabe der Betreuungssache. Künftig zu erwartende Entwicklungen spielen keine Rolle.[14]

5 S. 2 beinhaltet eine weitere, über § 272 hinausgehende Zweifelsfallregel. Danach ist immer dann, wenn sich die betroffene Person länger als ein Jahr lang an einem anderen Ort als dem bisherigen gewöhnlichen Aufenthaltsort aufgehalten hat, die Abgabe nach § 4 S. 1 möglich. Eine Kollision mit § 272 kann deswegen nicht eintreten, weil durch S. 2 keine neue ausschließliche Zuständigkeit begründet, sondern lediglich eine Zweckmäßigkeitsüberlegungen folgende Abgabemöglichkeit eröffnet wird.

6 **3. Weitere Abgabegründe.** Ein weiterer, von § 273 nicht erfasster, in der bisherigen Rechtsprechung aber akzeptierter und jetzt nach § 4 S. 1 „wichtiger" Abgabegrund ist etwa die Gewährleistung der persönlichen richterlichen Anhörung der betroffenen Person vor einer wesentlichen Erweiterung der Betreuung, eines Einwilligungsvorbehaltes, der Verlängerung der Betreuung und/oder eines Einwilligungsvorbehaltes.[15]

---

[4] BayObLG FamRZ 1997, 439.
[5] Zu weiteren wichtigen Gründen, die dazu führen, dass die Betreuungssache an ein Gericht abgegeben werden kann, in dessen Bezirk der Betreute seinen gewöhnlichen Aufenthalt *nicht* hat vgl. OLG Celle FamRZ 1993, 220; BayObLG FGPrax 1998, 56; BT-Drucks. 11/4528, S. 170.
[6] OLG Schleswig NJW-RR 2006, 371.
[7] *Bienwald* § 65a FGG Rn. 9; *Keidel/Kuntze/Winkler/Kayser* § 65a FGG Rn. 4.
[8] BayObLG FamRZ 1999, 1594.
[9] *Bienwald* § 65a FGG Rn. 10; OLG Schleswig FGPrax 2006, 23; BayObLG BeckRS 2005, 01594.
[10] BayObLG BeckRS 2005, 01594.
[11] Zu einem solchen Fall OLG Schleswig NJW-RR 2006, 371 f.: Der Betreute lebte in einem Heim in Ratzeburg, besuchte aber den Betreuer, seinen mittlerweile 70-jährigen Vater, regelmäßig für etwa 60 Tage im Jahr in Berlin-Charlottenburg und bezog dort für diese Zeiten sein altes Kinderzimmer – zuständig blieb das AG Charlottenburg.
[12] BayObLG BeckRS 2005, 01594; BayObLGZ 1998, 2; BayObLGZ 1996, 276.
[13] *Keidel/Kuntze/Winkler/Kayser* § 65a FGG Rn. 3.
[14] HK-BUR/*Bauer* § 65a FGG Rn. 19.
[15] BayObLG FamRZ 1993, 223; OLG Brandenburg FamRZ 1998, 109; OLG Stuttgart BtPrax 1996, 192.

III. Abgabeentscheidung

1. Anhörung. Zur Abgabe notwendig ist nach § 4 S. 2 die (nicht formgebundene) **Anhörung**[16] des Betroffenen und der sonstigen Beteiligten nach § 274 sowie die **Bereiterklärung** des übernehmenden Betreuungsgerichts, die stillschweigend möglich und bis zum Vollzug der Abgabe widerruflich ist.[17] Das Recht auf Anhörung der betroffenen Person besteht auch dann, wenn diese geschäftsunfähig ist, § 275. Deswegen darf nach zutreffender Ansicht die Anhörung der betroffenen Person auch dann nicht unterbleiben, wenn ihr geistiger Zustand es nicht erlaubt, hinsichtlich der Abgabefrage zu einer Verständigung zu gelangen.[18] Ein Widerspruchsrecht der betroffenen Person gegen die Abgabe besteht nicht (mehr).[19] Deswegen ist § 65a Abs. 2 FGG aF in der zuletzt geltenden Fassung durch § 4 S. 2 obsolet geworden.

Den berechtigten Interessen des Betreuers an einer möglichst einfachen Führung der Betreuung wird durch das in § 4 S. 2 gewährleistete Anhörungsverfahren (und nur noch dadurch) Rechnung getragen.[20] Das abgebende Gericht muss sich daher im Rahmen der Anhörung des Betreuers nach § 4 S. 2 mit den von dem Betreuer gegen die Abgabe vorgebrachten Bedenken auseinandersetzen,[21] ein **Zustimmungs- oder Widerspruchsrecht** des Betreuers gibt es nicht (mehr).[22] Das gilt ebenso für den nach § 276 bestellten Verfahrenspfleger. Damit ist die Konfliktlage bei Abgabe- und Übernahmeentscheidungen wesentlich und einschneidend[23] vereinfacht worden. Lehnt das um Übernahme angegangene Betreuungsgericht die Übernahme einer Betreuungssache ab, kann allein das abgabewillige Gericht eine andere Entscheidung durch Anrufung des gemeinschaftlichen oberen Gerichts erwirken. Eine Beschwerde eines Verfahrensbeteiligten gegen die Ablehnung der Übernahme durch das um Übernahme angerufene Gericht ist nicht statthaft.[24]

2. Entscheidungskonzentration. Vom bisherigen Recht weicht die Vorschrift dadurch ab, dass die den schon bisher beachteten Grundsatz der **Entscheidungskonzentration**[25] durchbrechende Regel des § 65a Abs. 1 S. 3 FGG aF durch das FGG-RG nicht übernommen wurde. Danach war es bislang möglich, in Fällen, in denen mehrere Betreuer für unterschiedliche Aufgabenkreise bestellt worden waren, durch Abgabe des nur einen Betreuer betreffenden Verfahrens die Zuständigkeit für die Betreuung örtlich aufzuteilen. Diese Lösung ist bewusst fallen gelassen worden. Zwar ist denkbar, dass eine Aufspaltung des Verfahrens im Einzelfall vertretbar erscheint, wenn etwa im Fall eines Umzugs des Betroffenen seine vermögensrechtlichen Angelegenheiten weiterhin an seinem bisherigen Aufenthaltsort geregelt werden können. Die Gefahr widerstreitender Entscheidungen gebietet jedoch nach der Ansicht des Gesetzgebers auch hier eine Konzentration des Betreuungsverfahrens bei einem einzigen Gericht.[26] Demnach kann jetzt nur noch die gesamte anhängige Betreuungssache in toto abgegeben werden. Es ist daher nicht mehr möglich, in Fällen, in denen der Betreute seinen Aufenthalt wechselt, am alten Aufenthaltsort aber weiterhin wichtige vermögensrechtliche Angelegenheiten für ihn geregelt werden müssen, die dort auch besser als am neuen Aufenthaltsort geregelt werden können, durch Aufteilung der Aufgabenkreise auf mehrere Betreuer auseinander fallende Zuständigkeiten zu begründen. Ob die Gefahr widerstreitender Entscheidungen wirklich so groß ist, wie der Gesetzgeber offenbar meint, mag insbesondere dann bezweifelt werden, wenn die Aufgabenkreise der verschiedenen Betreuer hinreichend klar voneinander abgegrenzt sind.

---

[16] Die Anhörung kann etwa auch schriftlich erfolgen, indem den Beteiligten die Abgabeabsicht mitgeteilt und eine Äußerungsfrist gesetzt wird. HK-BUR/*Bauer* § 65a FGG Rn. 34 weist darauf hin, dass dann, wenn die betroffene Person krankheitsbedingt außerstande ist, die schriftliche Abgabeanfrage zu verstehen, dem Gebot der Gewährung rechtlichen Gehörs anderweit Rechnung zu tragen ist.
[17] BayObLG FGPrax 1998, 145.
[18] So *Keidel/Kuntze/Winkler/Kayser* § 65a FGG Rn. 8.
[19] § 65a Abs. 2 S. 2 FGG aF, der ein Widerspruchsrecht vorsah, ist durch das zum 1. 7. 2005 in Kraft getretene Zweite Betreuungsrechtsänderungsgesetz (BGBl. I S. 1073) aufgehoben worden. *Sonnenfeld* FamRZ 2009, 1030.
[20] BT-Drucks. 15/2494, S. 40 (zum 2. Betreuungsrechtsänderungsgesetz); LG Berlin NJOZ 2007, 4175; OLG Köln BeckRS 2006, 02137. *Zimmermann* FamFG Rn. 16, bezweifelt, ob die „konturenlose Fassung" des § 4 den verfassungsrechtlichen Anforderungen an den gesetzlichen Richter genüge.
[21] LG Berlin NJOZ 2007, 4176.
[22] Aus diesem Grunde gibt es seit dem 1. 7. 2005 in diesen Fällen keine Möglichkeit mehr, nach Widerspruch des Betreuers eine Zuständigkeitsbestimmung durch das übergeordnete Gericht vornehmen zu lassen; OLG Naumburg BeckRS 2008, 08293. S. zur Rechtslage bis zum 1. 7. 2005 *Keidel/Kuntze/Winkler/Kayser* § 65a FGG Rn. 7.
[23] So das OLG Naumburg BeckRS 2008, 08293.
[24] OLG München BeckRS 2007, 04683.
[25] HK-BUR/*Bauer* § 65a FGG Rn. 5.
[26] BT-Drucks. 16/6308, S. 264.

10 Um die Entscheidungen weiter zu bündeln, können die Länder Betreuungssachen bei einzelnen Amtsgerichten konzentrieren, § 23d GVG.

11 **3. Funktionale Zuständigkeit.** Betreffend die funktionale Zuständigkeit bei der Abgabe ist darauf hinzuweisen, dass nach überwiegender Ansicht der **Richter** und nicht der Rechtspfleger **für die Abgabeentscheidung zuständig** ist.[27] Gleiches gilt für die Übernahmeentscheidung beim angegangenen Betreuungsgericht und auch für die Entscheidung des abgebenden Betreuungsgerichts, die Zuständigkeitsbestimmung dem gemeinschaftlichen übergeordneten Gericht vorzulegen, wenn das um Übernahme angegangene Betreuungsgericht die Übernahme ablehnt. Abgabe-, Übernahme- und Vorlageentscheidungen des Rechtspflegers sind daher ohne weiteres unwirksam. Diese Frage ist bei § 65a FGG aF Gegenstand kontroverser Entscheidungen der Obergerichte gewesen und wird das wohl auch bei § 273 iVm § 4 bleiben.

12 Mit den mit diesem Problem zuletzt befassten OLG'en Frankfurt/M., München und Zweibrücken ist davon auszugehen, dass aus der gesetzlichen Aufgabenzuweisung[28] in § 14 Abs. 1 Nr. 4 RPflG, wonach in Betreuungsverfahren trotz der Übertragung einzelner Rechtsgeschäfte auf den Rechtspfleger in der Hauptsache die Entscheidung über die Einrichtung, Verlängerung und Erweiterung der Betreuung dem Richter vorbehalten ist, dem im laufenden Verfahren ständig weitere Prüfungs- und Überwachungspflichten[29] obliegen, gefolgert werden muss, dass Abgabe-, Übernahme- und Vorlageentscheidung in Bezug auf die funktionale Zuständigkeit Entscheidungen sind, die der Einrichtung, Verlängerung und Erweiterung der Betreuung gleichzuachten sind,[30] auch wenn diese drei Entscheidungsformen im Katalog des § 14 Abs. 1 Nr. 4 RPflG nicht ausdrücklich erwähnt sind. Die generelle Zuweisung der Abgabe-, Übernahme- und Vorlageentscheidung an den Richter folgt schon daraus, dass die enumerative Aufgabenzuweisung an den Rechtspfleger als Ausnahmeregelung nicht dazu führen kann, die grundsätzlich gegebene Richterzuständigkeit zu verdrängen. Eine solche Annahme kehrte das Regel-Ausnahme-Verhältnis ohne tragfähige Begründung um. Dieses Ergebnis lässt sich ferner damit begründen, dass Richtervorbehalte für bestimmte in den Regelungen des FGG aF vorgesehene Verrichtungen deshalb nicht ausdrücklich in den Katalog des § 14 Abs. 1 Nr. 4 RPflG aufgenommen worden sind, weil der Gesetzgeber des BtG es als selbstverständlich erachtet hat, dass der nach materiellem Recht für die Hauptsacheentscheidung zuständige Funktionsträger auch die verfahrensrechtlichen Nebenentscheidungen zu treffen hat.[31] Anderenfalls könnte der Rechtspfleger (wenn auch unbewusst) eine alsbald oder unmittelbar anstehende Aufhebungs- oder Verlängerungsentscheidung dem hierfür unzweifelhaft zuständigen Richter durch Abgabeverfügung entziehen.[32] Diese Überlegung spricht auch gegen eine Differenzierung je nach der anstehenden Verrichtung.[33]

13 **4. Abgabevorbereitung.** Bevor das abgebende Betreuungsgericht den Abgabebeschluss fasst, muss es die Sachlage so weit aufgeklärt haben, dass sowohl das übernehmende als auch das einen eventuellen Zuständigkeitsstreit zwischen den Gerichten entscheidende gemeinschaftliche Obergericht abschließend entscheiden können, ob ein wichtiger Abgabegrund vorliegt.[34] Die **Sachverhaltsfeststellung** dahingehend, ob die betroffene Person ihren gewöhnlichen Aufenthalt dauerhaft verlegt hat, obliegt demnach dem abgebenden Gericht. Ferner hat es vor der Abgabe alle Anträge und Anregungen der Beteiligten durch Beschluss einer Entscheidung zuzuführen und diejenigen Verfügungen zu treffen, die zum Abgabezeitpunkt von Amts wegen oder auf Antrag ergehen müssen.[35] Dies gilt nur dann nicht, wenn die noch ausstehende Tätigkeit vom Übernahmegericht wesentlich leichter verrichtet werden kann.[36] Auch hier setzt sich also wieder der Grundsatz des Betreutenwohls durch.[37]

---

[27] *Probst*, Betreuungs- und Unterbringungsverfahren, S. 28; *Dodegge* NJW 2008, 2689.
[28] Siehe die Auflistung der dem Richter vorbehaltenen inhaltlichen Entscheidungen bei *Zimmermann* FamFG Rn. 447.
[29] Zu diesen Pflichten OLG Zweibrücken FGPrax 2005, 216.
[30] OLG Frankfurt FGPrax 2007, 119; OLG München FGPrax 2008, 67; KG Rpfleger 1996, 400; BayObLG MDR 1993, 382; OLG Frankfurt NJW 1993, 669; *Zimmermann* FamFG Rn. 447; *Keidel/Kuntze/Winkler/Kayser* § 65a FGG Rn. 9; *Damrau/Zimmermann* § 65a FGG Rn. 1; aA die nordrhein-westfälischen OLG'e; vgl. OLG Köln BeckRS 2006, 02137; OLG Köln FamRZ 2001, 939; OLG Hamm OLGZ 1994, 343; OLG Düsseldorf Rpfleger 1994, 244; *Jansen/Sonnenfeld* § 65a FGG Rn. 25.
[31] So zutreffend das OLG Zweibrücken FGPrax 2005, 216 und FGPrax 2008, 211 unter Bezug auf BT-Drucks. 11/4528, S. 165.
[32] Darauf weist das OLG Zweibrücken FGPrax 2005, 216 und FGPrax 2008, 211 richtig hin.
[33] So HK-BUR/*Bauer* § 65a FGG Rn. 2 f.; *Klüsener* FamRZ 1993, 987.
[34] HK-BUR/*Bauer* § 65a FGG Rn. 6; zur sog. „Abgabereife" auch *Keidel/Budde* Rn. 5.
[35] BayObLG FamRZ 1994, 1189; Beispiele aus der älteren Rspr. bei *Keidel/Budde* Rn. 5.
[36] OLG Brandenburg BtPrax 2000, 92.
[37] Vgl. dazu auch BayObLG FamRZ 1993, 223.

5. Zuständigkeitsbestimmung durch das Obergericht. Für die einen Abgabestreit zwischen zwei Betreuungsgerichten schlichtende Entscheidung des Obergerichts gilt § 5. Ein solcher Streit kann nicht mehr dadurch herbeigeführt werden, dass einer der Beteiligten der Abgabe widerspricht. Vor der Anrufung des gemeinschaftlichen Obergerichts muss das anrufende Gericht eine Äußerung des anderen Gerichts zur Übernahme herbeigeführt haben und müssen die Beteiligten die Gelegenheit der Stellungnahme gehabt haben, *arg. e* § 4. Die Entscheidung, mit der das gemeinschaftliche Obergericht die örtliche Zuständigkeit begründet, ist nicht anfechtbar, § 5 Abs. 3. Dies gilt auch dann, wenn das gemeinschaftliche Obergericht ein Landgericht ist. Als richterliche (s. o.) Zwischenentscheidung muss aber sowohl die Abgabe- als auch die Übernahmeentscheidung mit der Beschwerde nach § 58 Abs. 2 anfechtbar sein,[38] nicht aber die Ablehnungsentscheidung des um Übernahme angegangenen Gerichts, denn diese Entscheidung hat keine Außenwirkung der betroffenen Person gegenüber. Die Beschwerde eröffnet aber nicht den Weg zum gemeinschaftlichen Obergericht,[39] sondern zu dem Landgericht, das demjenigen Betreuungsgericht übergeordnet ist, dessen Beschluss angegriffen wird, § 119 Abs. 1 Nr. 1 b GVG.

6. Zuständigkeitsbestimmung bei Auffangzuständigkeit nach § 272 Abs. 1 Nr. 4. In Fällen der Auffangzuständigkeit des § 272 Abs. 1 Nr. 4 ist durch die Nichtübernahme des § 65a Abs. 1 S. 1 FGG aF durch das FGG-RG auch die (für das Übernahmegericht bindende, vgl. § 36 Abs. 2 S. 2 2. HS FGG aF) Abgabemöglichkeit des AG Schöneberg in Berlin-Schöneberg entfallen. Anders als §§ 187 Abs. 4 S. 2 und 343 Abs. 2 S. 2 sieht § 273 eine solche Abgabemöglichkeit nicht vor. Betreuungssachen für Deutsche, die im Ausland leben, werden, wenn das AG Schöneberg bei Erstanhängigkeit der Betreuungssache nach § 272 Abs. 1 Nr. 4 das ausschließlich örtlich zuständige Betreuungsgericht war, daher solange vor dem AG Schöneberg geführt, bis die betroffene Person ihren gewöhnlichen Aufenthalt in die Bundesrepublik Deutschland verlegt und die Aufgaben des Betreuers im Wesentlichen an diesem inländischen Aufenthaltsort des Betroffenen zu erfüllen sind.

7. Abgabe und Amtshilfeersuchen. Keine Abgabe ist das bloße Amtshilfeersuchen, etwa um Anhörung vor Ort durch einen ersuchten Richter. Ein solches, die Abgabe an das Gericht vor Ort vermeidendes Vorgehen ist freilich nur dann zulässig, wenn der ersuchte Richter dem entscheidenden Gericht seinen persönlichen Eindruck vom Zustand der betroffenen Person zweifelsfrei übermitteln kann.[40]

§ 274 Beteiligte

(1) Zu beteiligen sind
1. der Betroffene,
2. der Betreuer, sofern sein Aufgabenkreis betroffen ist,
3. der Bevollmächtigte im Sinne des § 1896 Abs. 2 Satz 2 des Bürgerlichen Gesetzbuchs, sofern sein Aufgabenkreis betroffen ist.

(2) Der Verfahrenspfleger wird durch seine Bestellung als Beteiligter zum Verfahren hinzugezogen.

(3) Die zuständige Behörde ist auf ihren Antrag als Beteiligte in Verfahren über
1. die Bestellung eines Betreuers oder die Anordnung eines Einwilligungsvorbehalts,
2. Umfang, Inhalt oder Bestand von Entscheidungen der in Nummer 1 genannten Art
hinzuzuziehen.

(4) Beteiligt werden können
1. in den in Absatz 3 genannten Verfahren im Interesse des Betroffenen dessen Ehegatte oder Lebenspartner, wenn die Ehegatten oder Lebenspartner nicht dauernd getrennt leben, sowie dessen Eltern, Pflegeeltern, Großeltern, Abkömmlinge, Geschwister und eine Person seines Vertrauens,
2. der Vertreter der Staatskasse, soweit das Interesse der Staatskasse durch den Ausgang des Verfahrens betroffen sein kann.

---

[38] *Zimmermann* FamFG Rn. 16: „allenfalls" mittelbar anfechtbar. BT-Drucks. 16/6308, S. 176 spricht jedenfalls von einer „Überprüfung der Abgabeentscheidung im Beschwerdeweg".
[39] *Keidel/Kuntze/Winkler/Kayser* § 65a FGG Rn. 10.
[40] S. dazu BT-Drucks. 11/4528, S. 172.

I. Normzweck

1   Wer an Verfahren der freiwilligen Gerichtsbarkeit zu beteiligen ist, regelt § 7. Ergänzend zu dieser Vorschrift sieht § 274 für die Betreuungssachen weitere Beteiligte vor. Diese explizite Beschreibung der am Verfahren Beteiligten stellt eine Neuerung gegenüber dem bisherigen Betreuungsverfahrensrecht dar.[1] Das FGG aF enthielt keine entsprechende Vorschrift. Der ihr zugrunde liegende Rechtsgedanke war aber schon in den Anhörungsvorschriften der bisher geltenden §§ 68a S. 3, 70d Abs. 1 FGG aF verkörpert. An diese lehnen sich nun §§ 274 und 315 an. § 274 knüpft dabei an den **Beteiligtenbegriff** des **Allgemeinen Teils** an.[2] Formell Beteiligter wird, wer sich zur Wahrung tatsächlicher oder vermeintlicher Rechte am Verfahren beteiligt; formell Beteiligter wird auch, wer vom Gericht nach pflichtgemäßem Ermessen zur Wahrung tatsächlicher oder vermeintlicher Rechte beigezogen wird.[3] § 274 beschreibt ergänzend die Fälle, in denen bestimmte Personen nach § 7 Abs. 2 Nr. 2 zu beteiligen sind oder gemäß § 7 Abs. 3 S. 1 beteiligt werden können. Dessen ungeachtet kann sich die Notwendigkeit einer Beteiligung aus der Betroffenheit in eigenen Rechten nach § 7 Abs. 2 Nr. 1 selbst ergeben. Das Gesetz unterscheidet dabei zwischen Personen bzw. Institutionen, die grundsätzlich und immer an einer Betreuungssache zu beteiligen sind, Abs. 1 bis 3 **(notwendig Beteiligte)** und Personen bzw. Institutionen, die an einer Betreuungssache beteiligt werden können, Abs. 4 **(fakultativ Beteiligte)**.

II. Die Beteiligten im Betreuungsverfahren

2   **1. Notwendig Beteiligte („Muss-Beteiligte")**. Abs. 1 enthält im Sinne des § 7 Abs. 2 Nr. 2 eine Aufzählung der Muss-Beteiligten, also derjenigen, die in jedem Fall von Amts wegen als Beteiligte zum Verfahren hinzuzuziehen sind. Die ebenso obligatorische Beteiligung nach § 7 Abs. 2 Nr. 1 bleibt von den Regelungen in Abs. 1 unberührt. Da die in Abs. 1 aufgeführten Personen in einem Betreuungsverfahren in ihren Rechten betroffen sein können, kann sich die Notwendigkeit ihrer Hinzuziehung daher zugleich aus § 7 Abs. 2 Nr. 1 ergeben[4] **(notwendige Beteiligung aus doppeltem Grund)**.

3   **a) Die betroffene Person (Nr. 1).** Dass die **betroffene Person** in Betreuungssachen beteiligungsfähig ist, ist eine blanke Selbstverständlichkeit. Hieraus ergibt sich das jederzeitige Antragsrecht der betroffenen Person im Betreuungsverfahren. Andere Personen, die gemäß § 1896 Abs. 1 BGB einen Antrag auf Einrichtung einer Betreuung einer dritten Person gestellt haben, sind nicht „betroffen" und nicht nach § 7 Abs. 1 zu beteiligen, weil es sich in Betreuungssachen grundsätzlich um Amtsverfahren handelt und nur die betroffene Person selbst im einmal eingeleiteten Verfahren ein echtes Antragsrecht hat.[5]

4   **b) Der Betreuer (Nr. 2).** Der **Betreuer** ist ebenfalls notwendigerweise zu beteiligen. Für ihn gilt freilich, dass er nur dann und nur insoweit am Verfahren zu beteiligen ist, als sein Aufgabenkreis durch die anstehende Verfahrenshandlung betroffen ist. Das kann bei mehreren Betreuern mit verschiedenen Aufgabenkreisen relevant werden.[6] Wenn ein Betreuer zu bestellen oder abzuberufen ist, die Betreuung zu verlängern, zu erweitern oder aufzuheben ist, dann ist der Betreuer immer zu beteiligen. Gleiches gilt, wenn der Aufgabenkreis des Betreuers ausgeweitet oder eingeschränkt werden soll.[7]

5   **c) Der aus einer Vorsorgevollmacht Bevollmächtigte (Nr. 3).** Hat die betroffene Person durch Bestellung eines **Vorsorgebevollmächtigten** nach § 1896 Abs. 2 S. 2 BGB für den Zustand, der eine Fürsorge notwendig macht, vorgesorgt, geht diese privatautonome Vorsorge der gesetzlichen Betreuung vor. Der Vorsorgebevollmächtigte nimmt, seine Eignung vorausgesetzt, die gleiche Stellung ein wie ein Betreuer. Deswegen ist seine Beteiligung am Verfahren eine notwendige. Auch für ihn gilt freilich, dass er nur dann zu beteiligen ist, wenn sein Aufgabenkreis betroffen ist. Insoweit unterscheidet sich seine verfahrensrechtliche Stellung nicht von der eines Betreuers. Die bisherige Rechtsprechung,[8] die annahm, dass der Vorsorgebevollmächtigte als „nicht in seinen Rechten" betroffen galt, ist damit durch das FGG-RG gegenstandslos geworden. Darauf, dass der Vorsorgebe-

---

[1] BT-Drucks. 16/6308, S. 264.
[2] Auf die Kommentierung zu § 7 wird verwiesen.
[3] OLG Karlsruhe FamRZ 2007, 746.
[4] BT-Drucks. 16/6308, S. 264.
[5] BT-Drucks. 16/6308, S. 265; *Zimmermann* FamFG Rn. 452.
[6] So *Zimmermann* FamFG Rn. 453.
[7] BT-Drucks. 16/6308, S. 265.
[8] Zuletzt etwa BayObLG FGPrax 2003, 171; aA aber schon OLG Zweibrücken FGPrax 2002, 260.

vollmächtigte im Betreuungsverfahren, insofern sein Aufgabenkreis erfasst ist, nicht unerheblich in seinen Rechten betroffen sein wird, sei es, dass der Widerruf seiner Bevollmächtigung droht, sei es, dass Gegenstand des Verfahrens die Bestellung eines Kontrollbetreuers nach § 1896 Abs. 3 BGB ist, weist auch die Begründung zum FGG-RG hin.[9]

d) Sonstige unmittelbar betroffene Personen, § 7 Abs. 2 Nr. 1. Neben der betroffenen 6 Person, dem Betreuer und dem Vorsorgebevollmächtigten sind nach § 7 Abs. 2 Nr. 1 auch alle Personen, deren Recht durch das Verfahren **unmittelbar betroffen** wird, notwendig zu beteiligen. Das betrifft v. a. die zum Betreuer zu bestellende Person[10] bzw. den Vertreter eines Vereins- oder Behördenbetreuers. Daneben dürfte es, abgesehen vom Ehegatten, kaum Personen geben, deren Rechte durch eine Verfahrenshandlung des Betreuungsgerichts unmittelbar in ihren Rechten betroffen werden.[11] Der Ehegatte freilich wird möglicherweise unmittelbar betroffen sein können – etwa durch eine Aufenthaltsbestimmungsentscheidung oder die Anordnung, die betroffene Person zur Vorbereitung eines Sachverständigengutachtens zur Untersuchung vorzuführen, § 283. Solche Anordnungen greifen in die unter dem Schutz von Art. 6 GG stehende eheliche Gemeinschaft ein und betreffen den Ehegatten daher unmittelbar. Das gilt freilich nicht für den dauernd getrennt lebenden Ehegatten, wie sich auch schon aus § 274 Abs. 4 Nr. 1 ergibt, der den dauernd getrennt lebenden Ehegatten aus dem Kreis der fakultativ zu beteiligenden Personen ausschließt. Im Ergebnis bedeutet das freilich auch, dass die betroffene Person der Beteiligung des Ehegatten, mit dem sie zusammenlebt, nicht widersprechen kann.[12]

e) Der Verfahrenspfleger (Abs. 2). Mit seiner Bestellung wird der **Verfahrenspfleger** der 7 betroffenen Person als notwendig Beteiligter zum Verfahren hinzugezogen. Es bedarf hierfür keines besonderen Hinzuziehungsbeschlusses.[13] Der Verfahrenspfleger erhält durch seine Bestellung alle Rechte und Pflichten eines Beteiligten, etwa das Akteneinsichtsrecht des § 13 oder die Mitwirkungspflicht iSd. § 27. Ausgenommen ist nach § 276 Abs. 7 jedoch eine Pflicht zur Kostentragung. Dieses Modell entspricht, wie der Gesetzgeber hervorhebt,[14] dem des Verfahrenspflegers nach dem bisherigen FGG aF, wie es 1992 vom BtG geschaffen worden war. Schon nach dem FGG aF war es notwendig, den Verfahrenspfleger an allen Verfahrenshandlungen zu beteiligen.[15] Aus dieser notwendigen Beteiligung des Verfahrenspflegers in erster Instanz folgt nach § 303 Abs. 3 wie bislang im Interesse des Betroffenen ein Beschwerderecht des Pflegers.[16]

f) Die zuständige Behörde (Abs. 3). Auf ihren Antrag (also nicht von Amts wegen) ist auch die 8 zuständige **Betreuungsbehörde** (des Landkreises bzw. der kreisfreien Stadt) notwendigerweise[17] zu bestimmten Betreuungssachen hinzuzuziehen. Damit die Behörde entscheiden kann, ob sie einen Antrag auf Beteiligung stellen soll, ordnet § 7 Abs. 4 eine Informationspflicht bezüglich derjenigen Verfahren an, an denen die Behörde auf Antrag beteiligt werden muss. Mit der Antragslösung sollen unnötige Beteiligungen und dadurch bedingte Zustellungen, Anhörungen oder sonstige Verfahrenshandlungen vermieden werden.[18]

Nach Nr. 1 ist die Behörde in Verfahren über die Bestellung eines Betreuers oder die Anordnung 9 eines Einwilligungsvorbehalts auf Antrag zu beteiligen;[19] nach Nr. 2 gilt das auch für Verfahren über Umfang, Inhalt oder Bestand von Entscheidungen der in Nr. 1 genannten Art. Diese **Generalklausel**[20] erfasst die Aufhebung der Betreuung, die Einschränkung des Aufgabenkreises des Betreuten, die Aufhebung eines Einwilligungsvorbehaltes oder des Kreises der einwilligungsbedürftigen Willenserklärungen, die Bestellung eines neuen Betreuers nach § 1908b BGB, sowie im Falle der Erweite-

---

[9] BT-Drucks. 16/6308, S. 265; kritisch *Keidel/Budde* Rn. 4.
[10] BT-Drucks. 16/6308, S. 265; *Zimmermann* FamFG Rn. 452. Seine Beteiligung kann erforderlich sein, wenn die Notwendigkeit einer Betreuerbestellung bereits feststeht und sich die Betreuerauswahl auf eine bestimmte Person konzentriert; BT-Drucks. 16/6308, S. 265.
[11] *Zimmermann* FamFG Rn. 452. OLG Zweibrücken NJW-RR 2003, 870: die als Vertragserbin eingesetzte Stieftochter ist nicht betroffen, wenn der Betreuer eine zugunsten der Stieftochter abgeschlossene Lebensversicherung kündigt; OLG München FGPrax 2007, 228: auch nahe Angehörige sind nicht befugt, Einblick in die Vermögensverhältnisse der betreuten Person zu nehmen.
[12] *Zimmermann* FamFG Rn. 455.
[13] BT-Drucks. 16/6308, S. 265.
[14] BT-Drucks. 16/6308, S. 265.
[15] BT-Drucks. 11/4528, S. 171; *Bienwald*, Verfahrenspflegschaftsrecht, Rn. 436 ff.
[16] *Bienwald*, Verfahrenspflegschaftsrecht, Rn. 436; *Damrau/Zimmermann* § 67 FGG Rn. 30.
[17] Dies hilft der Kritik von *Probst*, Betreuungs- und Unterbringungsverfahren, S. 86 f. ab.
[18] BT-Drucks. 16/6308, S. 265.
[19] Es handelt sich um Gegenstände, in denen die Behörde nach den bisherigen Regelungen in §§ 69g Abs. 1, 69i Abs. 3, 5 und 8 FGG aF zur Beschwerde befugt war.
[20] *Zimmermann* FamFG Rn. 453.

rung des Aufgabenkreises die Bestellung eines weiteren Betreuers nach § 1899 BGB. Als Entscheidung über den Bestand der Betreuerbestellung ist schließlich die Entlassung des Betreuers im Sinne des § 1908b BGB anzusehen. Auch die Verlängerung der Betreuung oder eines Einwilligungsvorbehaltes ist eine Entscheidung über den Bestand einer solchen Maßnahme. Die vorstehende Aufzählung ist nach der Ansicht des Gesetzgebers zudem nicht abschließend. Als Entscheidung über Umfang, Inhalt und Bestand der Bestellung eines Betreuers oder der Anordnung eines Einwilligungsvorbehaltes sollen deshalb grundsätzlich weitere Verfahrensgegenstände in Betracht kommen.[21] Welche das sein könnten, teilt die Begründung zum FGG-RG nicht mit. Träfe das zu, dann wäre eine uferlose Ausweitung des Beteiligungsrechts der Behörde die Folge. Dann aber bestünde kein Grund dafür, dass das Gesetz in Nr. 2 Beteiligungssituationen überhaupt enumerativ aufzählte. **Kein Beteiligungsrecht** der Betreuungsbehörde besteht grundsätzlich in **Genehmigungsverfahren,** wenn nicht – wie in § 297 Abs. 2 ein in das pflichtgemäße Ermessen des Gerichts gestelltes oder in die Hand der betroffenen Person gelegtes – Beteiligungsrecht speziell angeordnet ist, in den (viele Gegenstände betreffenden) **Verfahren nach § 299** und ferner in **Verfahren über die Vergütung** des Betreuers und/oder Verfahrenspflegers.[22]

10   **2. Fakultativ Beteiligte („Kann-Beteiligte").** Die Anordnungen in Abs. 4 konkretisieren § 7 Abs. 3 S. 1. Nach Nr. 1 können zusätzlich zu den notwendig Beteiligten weitere Personen an Betreuungssachen, an denen die Betreuungsbehörde nach Abs. 3 auf Antrag beteiligt werden muss, beteiligt werden, wenn das im Interesse der betroffenen Person liegt. Nr. 2 sichert die mögliche Beteiligung der Staatskasse, wenn durch die Betreuungssache fiskalische Interessen betroffen werden.

11   **a) Angehörige (Abs. 4 Nr. 1).** Bestimmte Angehörige der betroffenen Person – der **Ehegatte** oder (gleichgeschlechtliche) **Lebenspartner,** wenn die Ehegatten oder Lebenspartner nicht dauernd getrennt leben, die **Eltern, Pflegeeltern,**[23] **Großeltern, Abkömmlinge**[24] und eine **Vertrauensperson**[25] – können in denjenigen Betreuungssachen, an denen die Betreuungsbehörde auf Antrag beteiligt werden muss (Rn. 9), am Verfahren beteiligt werden. Der Kreis der beteiligungsfähigen Personen ist teils kleiner als der der bisher nach § 69g Abs. 1 FGG aF beschwerdeberechtigten Angehörigen,[26] teils größer – insofern auch die Pflegeeltern[27] beteiligt werden können. Der relevante Zeitpunkt der Bestimmung des Getrenntlebens von Ehegatten/Lebenspartnern ist der Moment der Entscheidung des Gerichts. So können auch Ehegatten/Lebenspartner beteiligt werden, deren Getrenntleben von der betroffenen Person während des Betreuungsverfahrens wieder endet.[28] Partner aus heterosexuellen nichtehelichen oder homosexuellen nichtpartnerschaftlichen Lebensgemeinschaften haben kein Beteiligungsrecht, wie sie auch bisher keine Beschwerdebefugnis nach § 69g FGG aF[29] hatten. Sie können aber als Vertrauenspersonen beteiligt werden. Die Begründung zum FGG-RG stellt hinsichtlich der Begründung der Beteiligung der so privilegierten Personen, die nicht oder nicht zwingend in ihren Rechten betroffen werden, darauf ab, dass ihre Hinzuziehung geboten sein kann, weil sie etwa als Angehörige ein **schützenswertes ideelles Interesse** haben.[30] Dieser Hinweis ist nicht überzeugend, denn das Gericht kann den Antrag auf Hinzuziehung der genannten Angehörigen nach pflichtgemäßem Ermessen ablehnen *(„können beteiligt werden").* Worin angesichts dieser fehlenden prozessualen Absicherung des Interesses der

---

[21] BT-Drucks. 16/6308, S. 265.
[22] *Zimmermann* FamFG Rn. 453.
[23] Vgl. dazu auch *Zimmermann* FamRZ 1991, 274 und *Bienwald* § 68a FGG Rn. 21.
[24] Kinder und weitere Abkömmlinge zu beteiligen, kann sich erübrigen, wenn diese selbst noch nicht genügend geistige und sittliche Reife besitzen, um einschätzen zu können, worum es bei der gegenständlichen Betreuungssache geht.
[25] BT-Drucks. 16/6308, S. 266: „Im Interesse des Betroffenen kann auch eine Person seines Vertrauens am Verfahren beteiligt werden. Diese Regelung ermöglicht es dem Gericht, im Einzelfall auch entferntere Angehörige, einen getrennt lebenden Ehegatten oder Lebenspartner sowie sonstige Personen hinzuzuziehen, wenn sie mit dem Betroffenen eng verbunden sind." Der Verweis auf den getrennt lebenden Ehegatten folgt wohl der bisher bei § 69g Abs. 1 S. 1 FGG aF beachteten Linie, auch den getrennt lebenden Ehegatten zum Kreis der beschwerdeberechtigten Personen zu rechnen; s. *Keidel/Kuntze/Winkler/Kayser* § 69g FGG Rn. 10.
[26] Verschwägerte und mit der betroffenen Person in der Seitenlinie im dritten Grad verwandte Personen (Neffen und Nichten) können nicht beteiligt werden. Auch Urgroßeltern scheiden aus.
[27] Zur Anhörung der Pflegeeltern nach FGG aF vgl. etwa *Bienwald* § 68a FGG Rn. 21.
[28] S. zum Problem a. § 315 Rn. 9.
[29] OLG Karlsruhe NJOZ 2007, 5684 f. m. weit. Nachw. mit dem Argument, es gebe keine allgemein gültigen und nachvollziehbaren Kriterien dafür, wann jemand als Lebensgefährtin oder Lebensgefährte zu gelten habe.
[30] BT-Drucks. 16/6308, S. 265. Zum konturenlosen „ideellen Interesse" s. a. BT-Drucks. 11/4528, S. 174.

Angehörigen die Schutzbedürftigkeit und das ideelle Interesse der Angehörigen bestehen sollen, bleibt unklar.[31]

Für eine Beschränkung der Beteiligung von Angehörigen sorgt der Umstand, dass die Beteiligung **12** im Interesse der betroffenen Person liegen muss. Diese **Interessenübereinstimmung** muss **positiv festgestellt** werden, es genügt nicht, wenn die Beteiligung dem Interesse der betroffenen Person nicht widerspricht. Da es sich bei der Angehörigenbeteiligung um eine altruistischen Motiven dienende Berechtigung handelt, soll durch dieses Abstellen auf das Interesse der betroffenen Person vermieden werden, dass Verwandte ohne ein Betroffensein in eigenen Rechten auch dann Einfluss auf das Verfahren nehmen können, wenn dies den Interessen des Betroffenen zuwiderläuft.[32] Problematisch hieran ist nicht die grundsätzliche Beteiligung von Angehörigen – diese mag sinnvoll sein und dem Gericht Erkenntnisse darüber vermitteln, in welchem Ausmaß eine eventuelle Betreuung angeordnet werden soll. Problematisch ist die Angehörigenbeteiligung dann, wenn bei der betroffenen Person der Eindruck entsteht, sie werde von allen (auch den nahen Angehörigen) hintergangen und gegen ihren Willen unter Tutel und Kuratel (oder in Unterbringungssachen in die Anstalt) gebracht und die Beziehungen zu den Angehörigen deswegen Schaden nehmen. Rechtlich schwierig wird es in Zukunft sein, dieses und weiteres mögliches Konfliktpotential, das sich aus der Beteiligung von Angehörigen möglicherweise ergibt, zu beherrschen. Die Lösung des Gesetzes erscheint nicht geeignet, hier von vornherein für Klarheit zu sorgen: Um klären zu können, ob die Beteiligung von Angehörigen im Interesse der betroffenen Person liegt, muss das Betreuungsgericht die Wünsche und Belange der betroffenen Person schon geklärt haben, bevor es über die Beteiligung von Angehörigen entscheiden kann.[33] Das bedeutet zB, dass die Beteiligung von Angehörigen logisch immer dann ausscheiden muss, wenn das Interesse der betroffenen Person nicht erhoben werden kann, etwa weil sie sich nicht artikulieren kann.[34] Das Gesetz gibt den Angehörigen mit ihrem Beteiligungsrecht in solchen Fällen Steine statt Brot. Dies hätte durch eine Formulierung vermieden werden können, die festlegt, dass ein Beteiligungsrecht der Angehörigen ausscheidet, wenn diese Beteiligung dem Interesse der betroffenen Person zuwiderläuft.

Unklar sind auch die **Kriterien für die Interessenbeurteilung.** Fraglich ist bei der gewählten **13** Formulierung, ob objektive oder subjektive Kriterien im Vordergrund stehen. Der Gesetzgeber meint, das Interesse sei aus der Sicht der betroffenen Person – also nach **subjektiven** Kriterien – zu beurteilen. Dies findet aber im Wortlaut des Gesetzes keine hinreichende Stütze. Auch der Gesetzgeber will die Beteiligung von Angehörigen auch gegen den Willen der betroffenen Person zulassen: „Läuft der subjektive Wille des Betroffenen seinen objektiven Interessen jedoch zuwider und liegen keine erheblichen Gründe vor, die gegen eine Hinzuziehung der Verwandten sprechen, kommt deren Beteiligung ausnahmsweise gegen den Willen des Betroffenen in Betracht."[35] Mit § 683 S. 1 BGB (der ebenfalls eine Situation betrifft, in der Interessen bei Dritthandeln beurteilt werden müssen) lässt sich diese vom Gesetzgeber bezweckte Ausnahmeregel ebenfalls begründen. Dort wird „Interesse" als „wohlverstandenes Interesse" aus der Sicht eines objektiven Beurteilers verstanden. Da aber das Verfahrensrecht in Betreuungssachen grundsätzlich vom Gedanken des Betreutenwohls beherrscht wird, welches gerade nicht in „generelle Fremdbestimmung" umgedeutet werden darf, und da die Gefahr nicht von der Hand zu weisen ist, dass die vom Gesetzgeber als Ausnahme angedeutete Beteiligungsmöglichkeit zur Regel werden wird, wird hier dafür plädiert, Angehörigenbeteiligung nur dann zuzulassen, wenn die betroffene Person das ausdrücklich wünscht. Ansonsten geriete das Betreuungsrecht über das Betreuungsverfahrensrecht insgesamt in Schieflage: Anders als das alte Vormundschaftsrecht soll das Betreuungsrecht der betroffenen Person so viel Freiheit vor Heteronomie lassen wie möglich und die Autonomie nur so weit wie nötig einschränken.

Der Gesetzgeber weist darauf hin, eine Einschränkung der Angehörigenbeteiligung folge aus dem **14** Verweis auf Abs. 3, welcher dafür sorge, dass die Hinzuziehung der Angehörigen des Betroffenen unabhängig von ihrem Betroffensein in eigenen Rechten nur in Verfahren über Gegenstände möglich sei, in denen auch die zuständige Behörde auf ihren Antrag zu beteiligen ist.[36] Eine Einschränkung kann in dem Verweis auf die uferlose Generalklausel des Abs. 3 (s. o. Rn. 9) mit-

---

[31] Erberwartungen jedenfalls scheiden aus. Unentschieden auch BT-Drucks. 11/4528, S. 174: Ausgestaltung der Angehörigenanhörung als Regel-Ausnahme-Verhältnis, das es erlaubt, die „Rechte" der Angehörigen so weit zurückzudrängen, als es zum Schutz der betroffenen Person erforderlich sei. Das („Zurückdrängung") überzeugt nicht: Entweder es gibt beachtenswerte Beteiligungsrechte oder nicht.
[32] BT-Drucks. 16/6308, S. 265.
[33] BT-Drucks. 16/6308, S. 265: Berücksichtigung zum Zeitpunkt der Beteiligung der Angehörigen.
[34] Darauf weist *Zimmermann* FamFG Rn. 455 hin.
[35] BT-Drucks. 16/6308, S. 266; für ein weites Verständnis der Formulierung des Gesetzes plädiert auch *Keidel/Budde* Rn. 10.
[36] BT-Drucks. 16/6308, S. 266.

nichten gesehen werden. Der Gesetzgeber widerspricht sich hier selbst, wenn er zu Abs. 3 festhält, über die genannten Entscheidungen hinaus kämen auch andere Verfahrensgegenstände in Betracht (s. o.) und zu Abs. 4 mitteilt, hierin verkörpere sich eine Einschränkung. Auch ist es verfehlt, auf das bisherige Beschwerderecht der Angehörigen nach §§ 69g Abs. 1, 69i Abs. 3, 5 und 8 FGG aF hinzuweisen und in der jetzt geschaffenen schwer begrenzbaren Angehörigenbeteiligung die Herstellung von Kongruenzen zwischen erster und zweiter Instanz zu sehen.[37] So ist schon das Ziel der Kongruenz von erster und zweiter Instanz ein fraglicher Regelungszweck. Außerdem ist es ein erheblicher Unterschied, Personen, die nicht behaupten müssen, in ihren eigenen Rechten betroffen zu sein (wie etwa Enkel – sogar Urenkel –, Geschwister und Großeltern), in erster Instanz auch gegen das subjektive Interesse der betroffenen Person von vornherein zu beteiligen oder ihnen ein nachgelagertes Beschwerderecht einzuräumen, wie das FGG aF es bisher tat.[38] Schließlich war der Kreis der mit der Beschwerde anfechtbaren Entscheidungen in § 69g Abs. 1 S. 1 FGG aF enger als der des Abs. 3, bei dem Nr. 2 für eine weitgehende Öffnung sorgt. Gleiches gilt für die Gegenstände, die nach § 69 Abs. 4 FGG aF der sofortigen Beschwerde unterlagen. Offensichtlich ist die bisherige Lösung die liberalistischere als die vom Gesetzgeber des FGG-RG intendierte. Auch deshalb ist es geboten, **Angehörigenbeteiligung** außerhalb von § 7 Abs. 2 Nr. 1 nur dann zuzulassen, **wenn die betroffene Person sie wünscht.** Natürlich kann die betroffene Person dann auch auswählen.[39]

15   Konfliktpotential besteht ferner, weil es für die betroffene Person bzw. ihren Betreuer und/oder Verfahrenspfleger keine prozessuale Möglichkeit gibt, der ferneren Beteiligung von Angehörigen zu widersprechen, wenn die Angehörigen einmal beteiligt worden sind. Es ist daher in solchen Fällen auf Antrag eine erneute Interessenbeurteilung notwendig, bei der wieder das Risiko einer Entscheidung nach objektiven Kriterien besteht. Auch deswegen muss das Interesse in Abs. 4 Nr. 1 rein subjektiv verstanden werden.

16   **b) Der Fiskal (Abs. 4 Nr. 2).** Sofern das Interesse der Staatskasse vom Ausgang des Verfahrens betroffen sein kann, kann auch ein Vertreter (der Bezirksrevisor) derselben auf Antrag an der Betreuungssache beteiligt werden. Mit den Interessen der Staatskasse gemeint sind lediglich **fiskalische Interessen** – meist wird es sich um die Vergütung und den Auslagenersatz handeln, die Betreuer und/oder Verfahrenspfleger gegen die Staatskasse für ihn Bemühungen geltend machen können.[40]

17   **c) Informationspflichten.** Die Personen, die nach Abs. 4 beteiligt werden können, sind darüber zu informieren, dass ein Betreuungssachen betreffendes Verfahren eingeleitet worden ist, wenn sie dem Gericht bekannt sind, § 7 Abs. 4 S. 1. Hiermit wird sichergestellt, dass das Gericht die Angehörigen nicht von Amts wegen ermittelt. Die dem Betreuungsgericht bekannten Personen sind darauf hinzuweisen, dass sie auf Antrag am Verfahren beteiligt werden können, was keine Bindung des Betreuungsgerichts erzeugt, sondern diesem ein Ermessen belässt.[41] Das Gericht kann den Antrag zurückweisen – nach hier vertretener Ansicht wird es das tun, wenn die betroffene Person nicht zustimmt. Gegen die Zurückweisung des Beteiligungsantrages ist die Beschwerde nach §§ 567–572 ZPO zulässig, § 7 Abs. 5 S. 2. Legt ein Kann-Beteiligter eine Beschwerde ein, läuft das Verfahren gleichwohl weiter – sollte sie erfolgreich sein (etwa weil das Betreuungsgericht das Interesse der betroffenen Person falsch eingeschätzt hat), müssen zwischenzeitliche Verfahrensschritte unter Beteiligung wiederholt werden.[42] Auch dieses Ergebnis zeigt, dass die bisherige Lösung die auch rechtstechnisch bessere war.

§ 275 Verfahrensfähigkeit

In Betreuungssachen ist der Betroffene ohne Rücksicht auf seine Geschäftsfähigkeit verfahrensfähig.

Schrifttum: *Harm,* Die Verfahrensfähigkeit betreuter Personen gem. § 66 FGG, Rpfleger 2006, 8–9.

---

[37] So aber BT-Drucks. 16/6308, S. 266.
[38] Entscheidungen wie die des OLG München FGPrax 2008, 157, mit der ein Beschwerderecht privilegierter Angehöriger verneint wurde, wenn etwa die Betreuung auf Antrag der betroffenen Person eingerichtet worden ist, des KG FGPrax 2008, 19 und des OLG München FGPrax 2006, 267, in denen ein Beschwerderecht des Ehegatten gegen die vormundschaftsgerichtliche Genehmigung des Scheidungsantrages einer betreuten Person verneint wurde, sind nicht mehr möglich, wenn es nicht bei der hier vorgeschlagenen subjektiven Interpretation des Interesses bliebe.
[39] *Zimmermann* FamFG Rn. 477: „brave Tochter beteiligen, bösen Sohn nicht".
[40] *Zimmermann* FamFG Rn. 456; *Keidel/Budde* Rn. 14.
[41] *Zimmermann* FamFG Rn. 457.
[42] *Zimmermann* FamFG Rn. 457.

I. Bedeutung der Vorschrift

§ 275 ist eine der essentiellen Grundnormen des Betreuungsverfahrensrechts. Er übernimmt fast wortgleich die Regelung des bisherigen § 66 FGG aF.[1] Die redaktionelle Änderung von „In Verfahren, die die Betreuung betreffen" zu „In Betreuungssachen" ist inhaltlich ohne Belang und bezieht sich nur auf die Definitionsnorm für Betreuungssachen (§ 271). Während § 9 die Verfahrensfähigkeit in Angelegenheiten der freiwilligen Gerichtsbarkeit allgemein regelt, handelt es sich bei § 275 um eine Spezialvorschrift, die, der Sonderlage bei Betreuung entsprechend, die Verfahrensfähigkeit speziell derjenigen Personen herstellt, die nicht oder eingeschränkt geschäftsfähig sind.

§ 275 ordnet für das Betreuungsverfahrensrecht eine vollständige Durchbrechung des Zivil- und Zivilprozessrechts an. Maßgebend für die Verfahrensfähigkeit sind grundsätzlich die allgemeinen Regelungen über die Geschäftsfähigkeit: Soweit keine Sonderregeln eingreifen, ist ein Geschäftsunfähiger im FG-Verfahren verfahrensunfähig[2] und muss durch gesetzliche Vertreter vertreten werden.[3] Schon früh hat aber die Rechtsprechung Ausnahmen von diesem Grundsatz zugelassen, wenn das konkrete Verfahren zu **tiefen Eingriffen in die Rechtsgüter** der betroffenen Person führt. Zunächst wurde deshalb die Verfahrensfähigkeit für geschäftsunfähige betroffene Personen im Entmündigungsverfahren und in Verfahren, die zur Anordnung einer Gebrechlichkeitspflegschaft führten, zugelassen.[4] Gleichwohl blieb es bis zum Inkrafttreten des § 66 FGG aF durch das BtG 1992 dabei, dass die Verfahrensfähigkeit für Mündel und geschäftsunfähige Pfleglinge in der Mehrheit der Fälle überwiegend verneint worden ist.[5] Hiervon wandte sich das BtG ausdrücklich ab und statuierte eine in vollem Umfang gewährleistete Verfahrensfähigkeit, die von der Geschäftsfähigkeit ebenso wie von der Einwilligungsfähigkeit und auch der Figur des „natürlichen" Willens gelöst wurde.[6] Dieser natürliche Wille taucht zwar in der jüngeren Rechtsprechung auch andernorts[7] auf, ihn zu definieren ist aber kaum möglich.[8] Verfahrensfähig sind daher zwar nicht bewusstlose, gleichwohl aber alle betroffenen Personen, die als Urheber einer ihnen zuzurechnenden Willenserklärung angesehen werden können,[9] auch wenn sie unfähig sind, Bedeutung und Tragweite ihrer Erklärungen zu erfassen.[10] Zweck dieser einschränkungslosen Entscheidung ist es, die Subjektivität jeder Person anzuerkennen und die betroffene Person auch im Betreuungsverfahrensrecht nicht lediglich als Verfahrensobjekt zu behandeln,[11] über das auch ohne Beisein und ohne persönlichen Eindruck entschieden werden kann, sondern die Gestaltung des Verfahrens zu ermöglichen, ohne dazu auf einen gesetzlichen Vertreter angewiesen zu sein.[12]

Die Verfahrensfähigkeit freilich wirkt nicht zurück in das materielle Recht. So sind verfahrensfähige geschäftsunfähige Personen zwar in der Lage, einen Antrag auf Betreuerbestellung zu stellen, einen wirksamen Vorschlag zur Auswahl des Betreuers zu machen und einen Prozessbevollmächtigten, nicht aber einen Vorsorgebevollmächtigten zu bestellen.[13] Hieraus folgt etwa auch, dass sich das Rechtsverhältnis zwischen dem als Prozessbevollmächtigten wirksam bestellten Rechtsanwalt und der betroffenen Person nach dem Recht der Geschäftsführung ohne Auftrag beurteilt.[14]

II. Reichweite der Verfahrensfähigkeit

1. Anwendungsbereich. Mit dem Abstellen auf „Betreuungssachen" ist nunmehr ohne Zweifelsmöglichkeit klargestellt, dass die Verfahrensfähigkeit in allen Angelegenheiten gewährleistet ist, die

---

[1] BT-Drucks. 16/6308, S. 266: „Die Vorschrift entspricht § 66 FGG."
[2] AG Luckenwalde FamRZ 2006, 1496.
[3] HK-BUR/*Bauer* § 66 FGG Rn. 2.
[4] S. BVerfGE 10, 306; BGHZ 35, 9.
[5] *Keidel/Kuntze/Winkler/Kayser* § 66 FGG Rn. 1 m. weit. Nachw.
[6] OLG Schleswig NJOZ 2007, 2446; aA HK-BUR/*Bauer* § 66 FGG Rn. 7 a: „natürlicher" Wille als ungeschriebene Voraussetzung der Verfahrensfähigkeit.
[7] Zuletzt BVerfG NJW 2005, 1561.
[8] So beschränkt sich HK-BUR/*Bauer* § 66 FGG Rn. 7 a auch auf eine Negativabgrenzung. Natürlicher Wille soll fehlen, wenn die betroffene Person unfähig sei, sich verständlich zu artikulieren, Sinn und Folge ihrer Erklärungen auch nur ansatzweise zu erkennen oder sich eine wenigstens ungefähre Vorstellung von ihrer Lage zu machen. Dieser Definitionsversuch („ansatzweise", „ungefähr") ist nach allen Seiten offen.
[9] BayObLG BeckRS 2005, 05046.
[10] OLG Schleswig NJOZ 2007, 2446; BayObLG FamRZ 1999, 1619; *Keidel/Kuntze/Winkler/Kayser* § 66 FGG Rn. 2; *Bassenge/Roth* § 66 FGG Rn. 3; aA OLG Saarbrücken FGPrax 1999, 109, dazu *Schmidt* FGPrax 1999, 178.
[11] BT-Drucks. 11/4528, S. 89.
[12] OLG München NJOZ 2007, 3158; *Jansen/Sonnenfeld* § 66 FGG Rn. 4.
[13] OLG Zweibrücken BeckRS 2006, 05192; *Keidel/Budde* Rn. 5.
[14] AA HK-BUR/*Bauer* § 66 FGG Rn. 7: Teilgeschäftsfähigkeit nach §§ 112, 113 BGB.

§ 275 5–7   Buch 3. Abschnitt 1. Verfahren in Betreuungssachen

nach § 271 zu den Betreuungssachen gehören (s. dort). § 275 gilt in Betreuungssachen wegen § 1908a BGB auch für minderjährige betroffene Personen, die das 17. Lebensjahr bereits vollendet haben. Für die Unterbringungssachen gilt die weitere Spezialregel des § 316.

5   **2. Einzelne Verfahrenshandlungen.** Aus dieser Grundentscheidung folgt, dass die betroffene Person sämtliche Verfahrenshandlungen vornehmen kann, die auch geschäftsfähige Personen vornehmen können. Sie kann alle Angriffs- und Verteidigungsmittel selbst vorbringen,[15] Anträge (auch auf Gewährung von Prozesskostenhilfe) stellen und zurücknehmen, Verfahrensbevollmächtigte bestellen,[16] das rechtliche Gehör wahrnehmen,[17] Bekanntmachungen entgegennehmen,[18] Ablehnungsanträge stellen (und zwar sowohl den Richter,[19] als auch den Sachverständigen[20] betreffend) und Rechtsmittel einlegen,[21] ohne dabei die Hilfe Dritter in Anspruch nehmen zu müssen. Zustellungen im Betreuungsverfahren müssen an die betroffene Person selbst bewirkt werden.[22]

6   Sowohl in der Rechtsprechung als auch in der bisherigen Kommentarliteratur ist streitig,[23] ob die Anerkennung umfassender Verfahrensfähigkeit auch dazu führt, möglicherweise **nachteilige Rechtshandlungen** für wirksam zu halten – etwa einen Rechtsmittelverzicht oder die Rücknahme eines Rechtsmittels. Dahinter steht die Besorgnis der Praxis, die betroffene Person könne, ohne verstanden zu haben, worum es geht, ihre eingeeilte Unterschrift unter ein vorgefertigtes, ihrer Rechtsposition nachteiliges Schriftstück gesetzt haben. So ließe sich vertreten, nachteilige Rechtshandlungen oder Rechtsmittelverzichte nur dann für wirksam zu halten, wenn sie von einem „natürlichen" Willen der betroffenen Person getragen sind. Es spricht jedoch nichts dagegen, mit der neueren Rechtsprechung des OLG Schleswig uneingeschränkt alle Rechtshandlungen der verfahrensfähigen betroffenen Person ungeachtet ihrer geistigen Verfassung für **wirksam** zu halten[24] und auf den „natürlichen" Willen der betroffenen Person zu verzichten. Eventuelle Nachteile für die betroffene Person nimmt das Gesetz bewusst in Kauf.[25] Dieses Argument ist mit dem FamFG noch stärker geworden – der Gesetzgeber hat sich in Kenntnis des Streitstandes nicht zu einer inhaltlichen Änderung des bisherigen § 66 FGG aF entschlossen. Effektiver Schutz der betroffenen Person vor nachteiligen Rechtshandlungen lässt sich erreichen, indem das Gericht (auch dann, wenn die betroffene Person durch einen Bevollmächtigten vertreten wird) einen Verfahrenspfleger nach § 276 bestellt, dem es obliegt, dafür zu sorgen, dass Rechtsmittel nicht verloren gehen. Durch die in allen Betreuungssachen mögliche Bestellung eines Verfahrenspflegers wird die Verfahrensfähigkeit der betroffenen Person nicht berührt. Der Verfahrenspfleger einerseits und die betroffene Person oder ihr Bevollmächtigter andererseits können unabhängig voneinander und jeweils dem Willen des anderen widersprechende Rechtsmittel einlegen, die als Rechtsmittel verschiedener Einzelberechtigter anzusehen sind und beschieden werden müssen. Es ist Aufgabe des Gerichts, das Vorbringen der betroffenen Person, ihres Bevollmächtigten und des Verfahrenspflegers im Rahmen der Amtsermittlungspflicht zu prüfen und bei seiner Entscheidung zu berücksichtigen.[26] *Bauer* weist zutreffend darauf hin, dass dem Betreuungsgericht eine **gesteigerte Pflicht zur Aufmerksamkeit** für die Verfahrensinteressen der betroffenen Person obliegt.[27] Es widerspräche der Grundentscheidung des Gesetzes für die schrankenlose Verfahrensfähigkeit, nur solche Verfahrenshandlungen für wirksam zu halten, die eine vorherige „Richtigkeitskontrolle" durch das Betreuungsgericht passiert haben.

7   § 275 erfordert es, dass die Post- und Kommunikationsmittelkontrolle (§ 1896 Abs. 4 BGB) durch einen Betreuer den Austausch zwischen der betroffenen Person und dem Betreuungsgericht nicht

---

[15] Vgl. *Keidel/Kuntze/Winkler/Kayser* § 66 FGG Rn. 4; *Bassenge/Roth* § 66 FGG Rn. 2.
[16] OLG Schleswig NJOZ 2007, 2446; BayObLG BeckRS 2005, 05046; BayObLG BeckRS 2005, 05047; BayObLG RNotZ 2003, 127.
[17] BayObLG Rpfleger 1979, 422.
[18] BayObLGZ 1999, 374.
[19] BayObLG FamRZ 1988, 743.
[20] BayObLGZ 1986, 186.
[21] BayObLG BeckRS 2005, 05047.
[22] OLG München NJOZ 2007, 3157; *Dodegge* NJW 2008, 2689. § 171 Abs. 1 ZPO wird insoweit durch die lex specialis des § 275 verdrängt.
[23] *Jurgeleit* FGPrax 2008, 142; vgl. ausführlicher *Bienwald* § 66 FGG Rn. 9.
[24] OLG Schleswig NJOZ 2007, 2447; *Keidel/Kuntze/Winkler/Kayser* § 66 FGG Rn. 3; HK-BUR/*Bauer* § 66 FGG Rn. 8; aA aber OLG Saarbrücken FGPrax 1999, 109; OLG Hamm Rpfleger 1990, 510; *Bassenge/Roth* § 66 FGG Rn. 3; *Damrau/Zimmermann* § 66 FGG Rn. 4.
[25] OLG Schleswig NJOZ 2007, 2447.
[26] Eingehend OLG Schleswig NJOZ 2007, 2447.
[27] HK-BUR/*Bauer* § 66 FGG Rn. 9 mit weiteren Konkretisierungen dieser Pflicht: kein kurzer Prozess in scheinbar klaren Fällen, Fortbildung der Betreuungsrichter, interdisziplinär betriebene Anhörung.

erfassen darf – anderenfalls könnte sich die betroffene Person nicht unkontrolliert (wie das Gesetz will) am Betreuungsverfahren beteiligen.[28]

§ 276 Verfahrenspfleger

(1) ¹Das Gericht hat dem Betroffenen einen Verfahrenspfleger zu bestellen, wenn dies zur Wahrnehmung der Interessen des Betroffenen erforderlich ist. ²Die Bestellung ist in der Regel erforderlich, wenn

1. von der persönlichen Anhörung des Betroffenen nach § 278 Abs. 4 in Verbindung mit § 34 Abs. 2 abgesehen werden soll oder
2. Gegenstand des Verfahrens die Bestellung eines Betreuers zur Besorgung aller Angelegenheiten des Betroffenen oder die Erweiterung des Aufgabenkreises hierauf ist; dies gilt auch, wenn der Gegenstand des Verfahrens die in § 1896 Abs. 4 und § 1905 des Bürgerlichen Gesetzbuchs bezeichneten Angelegenheiten nicht erfasst.

(2) ¹Von der Bestellung kann in den Fällen des Absatzes 1 Satz 2 abgesehen werden, wenn ein Interesse des Betroffenen an der Bestellung des Verfahrenspflegers offensichtlich nicht besteht. ²Die Nichtbestellung ist zu begründen.

(3) Wer Verfahrenspflegschaften im Rahmen seiner Berufsausübung führt, soll nur dann zum Verfahrenspfleger bestellt werden, wenn keine andere geeignete Person zur Verfügung steht, die zur ehrenamtlichen Führung der Verfahrenspflegschaft bereit ist.

(4) Die Bestellung eines Verfahrenspflegers soll unterbleiben oder aufgehoben werden, wenn die Interessen des Betroffenen von einem Rechtsanwalt oder einem anderen geeigneten Verfahrensbevollmächtigten vertreten werden.

(5) Die Bestellung endet, sofern sie nicht vorher aufgehoben wird, mit der Rechtskraft der Endentscheidung oder mit dem sonstigen Abschluss des Verfahrens.

(6) Die Bestellung eines Verfahrenspflegers oder deren Aufhebung sowie die Ablehnung einer derartigen Maßnahme sind nicht selbständig anfechtbar.

(7) Dem Verfahrenspfleger sind keine Kosten aufzuerlegen.

Schrifttum: *Aschpurwis,* Der Verfahrenspfleger nach § 70b FGG im Verfahren zur geschlossenen Unterbringung Minderjähriger nach § 1631b BGB, 2009; *Bienwald,* Verfahrenspflegschaftsrecht, 2002; *Dehtweg,* Verfahrenspflegschaft im Betreuungsverfahren. Gravierende Unterschiede machen die Lage unübersichtlich, BtPrax 2006, 17–21; *Harm,* Verfahrenspflegschaft in Betreuungs- und Unterbringungssachen. Ein Leitfaden, 2. Aufl. 2005; *Heistermann,* Verfahrenspflegschaft im Betreuungsrecht – Ein Fall für den Rechtsanwalt?, DAVorm 1998, 287–290; *Pohl,* Verfahrenspflegschaft, BtPrax 1992, 19–26, 56–60; *Sonnenfeld,* Betreuungs- und Pflegschaftsrecht, 2. Aufl. 2001.

Übersicht

	Rn.		Rn.
I. Bedeutung der Vorschrift, Anwendungsbereich	1	3. Bestellungsverfahren	12–19
II. Die Verfahrenspflegschaft als Rechtsinstitut	2–4	a) Entscheidung	13
1. Allgemeines	2, 3	b) Zeitpunkt der Pflegerbestellung	14
a) Entwicklung	2	c) Auswahl	15–18
b) Rechtsstellung	3	d) Wirksamkeit der Pflegerbestellung	19
2. Neuerungen im FamFG	4	IV. Nichtbestellung (Abs. 2)	20, 21
III. Voraussetzungen der Verfahrenspflegerbestellung und Bestellungsverfahren	5–19	V. Unterbleiben der Bestellung (Abs. 4)	22
1. Erforderlichkeit (Abs. 1 S. 1)	5–7	VI. Beruflicher und ehrenamtlicher Verfahrenspfleger (Abs. 3)	23, 24
2. Regelbestellung (Abs. 1 S. 2)	8–11	VII. Ende der Verfahrenspflegschaft (Abs. 5)	25
a) Absehen von der persönlichen Anhörung	9	VIII. Rechtsmittel gegen die Bestellung (Abs. 6)	26
b) Umfang der Betreuung	10	IX. Kostenfreiheit (Abs. 7)	27
c) Unfruchtbarmachung	11		

---

[28] HK-BUR/*Bauer* § 66 FGG Rn. 5.

I. Bedeutung der Vorschrift, Anwendungsbereich

1 § 276 knüpft logisch an die Grundnorm des § 275 an. Da die betroffene Person ohne Rücksicht auf ihre Geschäftsfähigkeit in Betreuungsverfahren verfahrensfähig ist, ist es geboten, geschäfts- und einwilligungsunfähige betroffene Personen vor rechtlichen Nachteilen aus einem Betreuungsverfahren zu schützen – und zwar unabhängig von ihrer eigenen Einschätzung, eines Schutzes zu bedürfen. Das Risiko einer rechtlichen Einbuße besteht in allen Betreuungssachen, § 271. Deswegen ist der Verfahrenspfleger grundsätzlich in allen Betreuungssachen (also zB auch in Vergütungsfestsetzungsverfahren, die sich gegen das Vermögen des Betreuten richten[1]) zu bestellen, wenn dies zur Wahrung der Interessen der betroffenen Person notwendig ist. Ausgenommen hiervon ist das Abgabeverfahren nach § 273, weil es in ihm nicht um eine Sachentscheidung geht.[2] Damit ist gleichzeitig gesagt, dass die Bestellung eines Verfahrenspflegers dort endet, wo die betroffene Person genügenden Schutz im Verfahren genießt, etwa dann, wenn sie anwaltlich vertreten ist, Abs. 4. Die Verfahrenspflegerbestellung ist freilich noch keine Betreuungsmaßnahme.

II. Die Verfahrenspflegschaft als Rechtsinstitut

2 **1. Allgemeines. a) Entwicklung.** Die Verfahrenspflegschaft ist als Institut mit dem BtG 1990 als *novum* in das FGG aF eingeführt worden. Sie soll den Schutz der betroffenen Person stärken und absichern, dass ihre Belange im Betreuungsverfahren gewahrt werden.[3] Einen Vorläufer hatte die Verfahrenspflegschaft seit 1980 in dem durch das BtG 1992 aufgehobenen § 64b FGG aF, der für zivilrechtliche Unterbringungsverfahren eine ähnliche Regelung vorsah und seinerseits in den Unterbringungsgesetzen einzelner Länder sein Vorbild hatte. Modifizierungen erfuhr die Verfahrenspflegschaft durch das BtÄndG, das von zwingenden Bestellungsgründen zu den Regelbeispielen des § 67 Abs. 1 S. 2 FGG aF überging, und durch das 2. BtÄndG, das in § 67a FGG aF (jetzt § 277) die Entschädigung des Verfahrenspflegers regelte. Die Verfahrenspflegschaft als Rechtsinstitut kommt in verschiedenen Fürsorgesituationen vor. Prominent ist insbesondere die Verfahrenspflegschaft nach dem bisherigen § 50 FGG aF, jetzt „Verfahrensbeistandschaft" nach § 158. Hat die Verfahrenspflegschaft nach § 50 FGG aF eine auch öffentlich rezipierte Entwicklung hin zum „Sprachrohr" oder „Anwalt des Kindes" genommen, so gilt das für die Verfahrenspflegschaft in Betreuungssachen nicht.

3 **b) Rechtsstellung.** Die Rechtsstellung des Verfahrenspflegers im Betreuungsverfahren ist bislang nicht ausreichend monographisch untersucht.[4] Die Stellung des Verfahrenspflegers im Betreuungsverfahren nach dem FamFG, so die Begründung zum FGG-RG,[5] entspricht der bisher im Rahmen des FGG aF geltenden:[6] Er soll die Belange des Betroffenen im Verfahren wahren und hat seinen Willen zu beachten, ist aber nicht an seine Weisungen gebunden, sondern hat die **objektiven Interessen** des Betroffenen wahrzunehmen.[7] Anliegen, die die betroffene Person vorbringt, wird der Verfahrenspfleger aber berücksichtigen müssen, da es, wie der Grundsatz gilt, dass solches Vorbringen den Interessen der betroffenen Person entspricht.[8] Seine durch das Gesetz definierte (durch das Gericht nicht beeinflussbare) Aufgabe lautet: „Wahrnehmung der Interessen der betroffenen Person im anhängigen Betreuungsverfahren".[9] Damit ist der Pfleger für das Verfahren ein neutraler Interessenvertreter, der die Ordnungsmäßigkeit des Betreuungsverfahrens kontrolliert.[10] Der Verfahrenspfleger sorgt in diesem Rahmen dafür, dass der betroffenen Person „Gehör" verschafft wird. Er muss ihr den Verfahrensgegenstand und den aktuellen Verfahrensstand so weit verständlich machen, als das nach dem Zustand der betroffenen Person möglich ist.[11] Darüber hinaus ist er, so eine meist verwendete sibyllinische Formulierung, ein **Pfleger eigener Art**. Was darunter zu verstehen ist, ist

---

[1] OLG Frankfurt FGPrax 1997, 109; OLG Karlsruhe Rpfleger 1996, 27.
[2] BayObLGZ 1998, 39; *Keidel/Kuntze/Winkler/Kayser* § 67 FGG Rn. 1.
[3] BT-Drucks. 11/4528, S. 89 und S. 171.
[4] S. aber neu *Aschpurvis*, Der Verfahrenspfleger nach § 70b FGG im Verfahren zur geschlossenen Unterbringung Minderjähriger nach § 1631b BGB, 2009.
[5] BT-Drucks. 16/6308, S. 265.
[6] S. dazu *Pohl* BtPrax 1994, 24 ff.
[7] *Keidel/Kuntze/Winkler/Kayser* § 67 FGG Rn. 15; *Jurgeleit/Meier* § 67 FGG Rn. 2; HK-BUR/*Bauer* § 67 FGG Rn. 100; aA PK-BUV/*Fröschle* § 67 FGG Rn. 36.
[8] HK-BUR/*Bauer* § 67 FGG Rn. 100.
[9] Ausführlicher Aufgabenkatalog bei HK-BUR/*Bauer* § 67 FGG Rn. 105.
[10] Diese Einordnung hat Konsequenzen insbesondere hinsichtlich der Anforderungen an den Pfleger im Betreuungsverfahren.
[11] PK-BUV/*Fröschle* § 67 FGG Rn. 39.

indessen fast vollständig ungeklärt.[12] Über die Rechtsstellung des Verfahrenspflegers herrschen nur sehr vage und mitunter sehr widersprüchliche Vorstellungen.[13] Folgendes scheint hinsichtlich des Verfahrenspflegers in Betreuungssachen überwiegende Ansicht zu sein. Die Vorschriften der §§ 1909 ff. BGB über die Pflegschaft können auf die Verfahrenspflegschaft grundsätzlich nicht angewendet werden.[14] Der Verfahrenspfleger ist deswegen auch **nicht gesetzlicher Vertreter** der betroffenen Person.[15] Die Sonderstellung des Verfahrenspflegers manifestiert sich etwa darin, dass er in keiner Weise der Aufsicht des Betreuungsgerichts untersteht.[16] Der Verfahrenspfleger kann unabhängig von der betroffenen Person als Verfahrensbeteiligter eigene Rechtsmittel einlegen.[17] Tut er das, dann nimmt er damit nicht etwa das Rechtsmittelrecht der betroffenen Person wahr,[18] sondern ein eigenes. Die Bestellung eines Pflegers für das Verfahren führt mithin zu einer **Verdoppelung der Verfahrensrechte.**[19] Es ist insbesondere diese Ausstattung des Verfahrenspflegers mit eigenen prozessualen Rechten, die ihn nach hier vertretener Ansicht zum **neutralen Wächter über die Ordnungsmäßigkeit des Betreuungsverfahrens** macht – eine Aufgabe, für die an sich Rechtsanwälte die geborenen Kandidaten sind. Strikt (und zwar in jedem Stadium des Verfahrens) zu trennen ist daher zwischen dem Betreuer und dem Verfahrenspfleger. Es handelt sich um verschiedenartige Rechtsinstitute mit jeweils verschiedenen Aufgabenzuweisungen. Bei beiden muss es sich daher in der Praxis auch um **verschiedene Personen** handeln, um Interessenkollisionen zu vermeiden.[20] Das zeigt sich auch an Einzelfragen: Richtig hat der Verfahrenspfleger kein Vorschlagsrecht nach § 1897 Abs. 4 BGB.[21]

2. Neuerungen im FamFG. Die Absätze 1 und 2 entsprechen dem bisherigen § 67 Abs. 1 S. 1 bis 4 FGG aF. Änderungen sollen sprachlicher und redaktioneller Art sein.[22] Hinter dieser harmlosen Formulierung verbirgt sich eine bemerkenswerte Ignoranz des Gesetzgebers gegenüber der kompletten Kommentarliteratur, die § 67 Abs. 1 S. 3 und 4 FGG aF (welche zu § 276 Abs. 2 verselbstständigt wurden), für verfassungsrechtlich bedenklich hielt[23] (s. dazu IV.). Die Absätze 3 und 4 entsprechen im Wesentlichen den bisherigen Sätzen 6 und 7 des § 67 Abs. 1 FGG idF des 2. BtÄndG. § 67 Abs. 1 S. 5 FGG aF dagegen (Verfahrenspflegerbestellung in Sterilisationsverfahren) ist aus § 276 herausgelöst und in § 297 Abs. 5 übernommen worden. Ob das der Übersichtlichkeit des FamFG dient, mag bezweifelt werden. Abs. 5 ist inhaltlich neu (s. dazu VIII.). 4

III. Voraussetzungen der Verfahrenspflegerbestellung und Bestellungsverfahren

1. Erforderlichkeit (Abs. 1 S. 1). Die Bestellung eines Verfahrenspflegers setzt nach Abs. 1 S. 1 voraus, dass die Interessen der betroffenen Person im Verfahren nicht anders gewahrt werden können (Erforderlichkeit). Das ist immer dann gegeben, wenn die betroffene Person wegen der **Schwere und des Grades ihrer Krankheit oder Beeinträchtigung** und wegen der **Bedeutung bzw. Schwierigkeit des Gegenstandes des Verfahrens** ihre verfassungsmäßig garantierten (Art. 103 Abs. 1 GG) Rechte nicht ausreichend wahrnehmen kann.[24] Das ist jedenfalls immer gegeben, wenn die betroffene Person schwer ansprechbar ist.[25] Gleiches gilt, wenn die betroffene Person auf Grund einer psychischen Erkrankung zwar vordergründig dazu in der Lage ist, Verfahrensrechte wahrzunehmen, Einwendungen aber nicht artikulieren und dem Betreuungsgericht auch nicht mit differenzierter Begründung nahe bringen kann.[26] Das Gericht kann nur dann von der Bestellung 5

---

[12] MünchKommBGB/*Wagenitz* § 1835 Rn. 46: „vielleicht gut gemeintes, aber letztlich völlig unausgegorenes Rechtsinstitut".
[13] Das mag damit zusammenhängen, dass die Verfahrenspflegschaft in Kindschaftssachen, § 158, sich gegenüber sonstigen Pflegschaften verselbstständigt hat.
[14] *Keidel/Kuntze/Winkler/Kayser* § 67 FGG Rn. 11.
[15] HK-BUR/*Bauer* § 67 FGG Rn. 97; *Bienwald*, Verfahrenspflegschaftsrecht, Rn. 611; aA *Bassenge/Roth* § 67 FGG Rn. 15 und § 70b FGG Rn. 7; *Jurgeleit/Meier* § 67 FGG Rn. 13; *Pohl* BtPrax 1992, 20.
[16] HK-BUR/*Bauer* § 67 FGG Rn. 97 a; *Pohl* BtPrax 1992, 56.
[17] OLG Frankfurt BtPrax 2000, 21; OLG Hamm FamRZ 2000, 494.
[18] OLG Hamm BeckRS 2006, 06416; aA *Bassenge/Roth* § 70b FGG Rn. 7.
[19] PK-BUV/*Fröschle* § 67 FGG Rn. 30; vgl. auch *Keidel/Budde* Rn. 13.
[20] Zur Frage, ob eine Betreuungsbehörde, die nicht Betreuerin ist, zur Verfahrenspflegerin bestellt werden kann, s. LG Ingolstadt BeckRS 2007, 13639.
[21] OLG Hamm NJW-RR 1997, 70.
[22] BT-Drucks. 16/6308, S. 266.
[23] FamRefK/*Bienwald* § 67 FGG Rn. 6; *Jansen/Sonnenfeld* § 67 FGG Rn. 27; *Keidel/Kuntze/Winkler/Kayser* § 67 FGG Rn. 10; *Bassenge/Roth* § 67 FGG Rn. 7.
[24] *Bassenge/Roth* § 67 FGG Rn. 1.
[25] KG FamRZ 2009, 641; BayObLG Rpfleger 1993, 283; BayObLG BtPrax 1997, 37; BayObLG FamRZ 1999, 873.
[26] OLG Hamm DAV 1997, 135; OLG Zweibrücken FGPrax 1998, 57.

absehen, wenn es feststellen kann, dass die betroffene Person fähig ist, ihre Einwendungen ohne weiteres verständlich vorzutragen.[27] Fraglich ist, ob von der Bestellung eines Verfahrenspflegers abgesehen werden kann, wenn das Gericht den Antrag eines Betreuers oder einer betroffenen Person auf Genehmigung von vornherein für nicht genehmigungsfähig hält und ohne weiteres Verfahren zurückweisen müsste. Das KG hat hier die Bestellung eines Pflegers für das Verfahren für entbehrlich gehalten.[28] Grundsätzlich sollen die Betreuungsgerichte nicht „engherzig" mit der Möglichkeit der Verfahrenspflegerbestellung umgehen, sondern in Anbetracht der Tatsache, dass die Gewährung rechtlichen Gehörs zu den Grundsäulen des freiheitlich verfassten Rechtsstaates gehört, auch in Verfahren mit zwingend feststehendem Ergebnis einen Verfahrenspfleger bestellen.[29] Nicht erforderlich dagegen ist die Bestellung eines Verfahrenspflegers etwa dann, wenn eine lediglich körperlich beeinträchtigte Person etwa selbst die Bestellung eines Betreuers beantragt hat[30] oder wenn sie selbst in der Lage ist, einen Verfahrensbevollmächtigten zu bestellen. Dieses Idealbild kann vorsichtig auch auf Fälle nur leichter (geistiger oder seelischer) Beeinträchtigung übertragen werden,[31] wobei fraglich ist, wo die Grenzlinie zwischen leichter und mittlerer Beeinträchtigung verläuft. Deshalb ist die Verfahrenspflegerbestellung immer dann geboten, wenn das Gericht Zweifel an der Fähigkeit der betroffenen Person zur Wahrnehmung ihrer Verfahrensrechte hat.

6   Die Grundnorm des Satzes 1 ist auch anzuwenden, wenn im Verfahren zwar von der Anhörung der betroffenen Person abgesehen werden soll, dieses Unterbleiben der Anhörung aber nicht auf § 278 Abs. 4 (erhebliche Nachteile für die Gesundheit der betroffenen Person) gestützt werden kann. Das kann etwa das Vergütungsfestsetzungsverfahren betreffen.[32]

7   Die bisherige Rechtsprechung zur Entbehrlichkeit einer Verfahrenspflegerbestellung im dritten Rechtszug (weitere Beschwerde)[33] ist wegen Abs. 5, der auf die Rechtskraft der Endentscheidung abstellt, obsolet.

8   **2. Regelbestellung (Abs. 1 S. 2).** Ein Verfahrenspfleger muss nach S. 2 in bestimmten Fällen zum verfahrensrechtlichen Schutz der betroffenen Person zwingend bestellt werden (Regelbeispiele). Die Verpflichtung zur Bestellung folgt unmittelbar aus dem Verfassungsrecht (Art. 103 Abs. 1 GG); sie steht nicht in der Verfügungsmacht des Gesetzgebers, sofern er einfaches Recht, das nicht Verfassungsrang hat, setzt.[34] Hieran hat sich der Gesetzgeber des FGG-RG gehalten, beide Regelbeispiele wurden unverändert übernommen.

9   **a) Absehen von der persönlichen Anhörung.** Das Betreuungsgericht muss einen Verfahrenspfleger erstens immer dann bestellen (Nr. 1), wenn nach § 278 Abs. 4 iVm. § 34 Abs. 2 von der **persönlichen Anhörung** der betroffenen Person **abgesehen** werden soll, weil von dieser Anhörung erhebliche Nachteile für die Gesundheit der betroffenen Person zu befürchten wären (s. dazu die Kommentierung bei § 278). Nur durch die Bestellung eines Verfahrenspflegers kann in solchen Situationen (ersatzweise) sichergestellt werden, dass der betroffenen Person rechtliches Gehör gewährt wird. Unklar war unter der Geltung des bisherigen § 67 Abs. 1 FGG aF,[35] ob ein Verfahrenspfleger auch dann zwingend zu bestellen ist, wenn davon abgesehen werden soll, der betroffenen Person die Entscheidungsgründe für die getroffene Entscheidung des Gerichts bekannt zu machen, jetzt § 288 Abs. 1. Die Frage stellt sich auch jetzt, das FGG-RG hat insoweit keine Klärung herbeigeführt. Beide Fälle sind, da es um den gleichen Verfassungssatz geht und die Gewährung rechtlichen Gehörs sich nicht nur in der Bekanntgabe einer Entscheidung erschöpfen kann, sondern auch erfordert, dass das Gericht die Gründe seiner Entscheidung mitteilt, gleich zu behandeln – auch im Fall des § 288 Abs. 1 ist daher nach Abs. 1 S. 2 Nr. 1 zu verfahren.[36] Es darf auch nicht danach differenziert werden, ob die Gewährung rechtlichen Gehörs in beiden Fällen (unterbleibende Anhörung und unterbleibende Entscheidungsbegründung) „konstruktiv" ist oder nicht,[37] ob also die betroffene Person die Anhörung bzw. die Entscheidungsbegründung verwerten könnte oder nicht. Eine solche Differenzierung führte gerade in den Fällen, in denen die betroffene Person ganz besonders auf den

---

[27] KG FGPrax 2007, 221 (kein Verfahrenspfleger trotz paranoider Psychose mit systematischem Wahn); BayObLG FamRZ 1993, 348; OLG Oldenburg FamRZ 1996, 757.
[28] KG FGPrax NJOZ 2007, 447.
[29] *Bassenge/Roth* § 67 FGG Rn. 2 gegen BayObLG FamRZ 2003, 786.
[30] So schon BT-Drucks. 11/4528, S. 171.
[31] *Keidel/Kuntze/Winkler/Kayser* § 67 FGG Rn. 4.
[32] OLG Frankfurt FGPrax 1997, 109.
[33] BayObLG OLGRep 2000, 6; BayObLG BtPrax 1994, 61; BayObLG FamRZ 1994, 780 und 1189.
[34] *Keidel/Kuntze/Winkler/Kayser* § 67 FGG Rn. 5.
[35] Vgl. *Keidel/Kuntze/Winkler/Kayser* § 67 FGG Rn. 5.
[36] *Schwab* FamRZ 1990, 689; *Bassenge/Roth* § 67 FGG Rn. 2; *Keidel/Kuntze/Winkler/Kayser* § 67 FGG Rn. 5.
[37] So aber BT-Drucks. 13/7158, S. 36.

Schutz der Rechtsgemeinschaft angewiesen ist (bewusstlose, komatöse, terminal demente Patienten) dazu, die betroffene Person unter Verstoß gegen § 275 eben doch zum Objekt des Verfahrens zu machen (s. dazu noch unten IV.).

b) Umfang der Betreuung. Das Betreuungsgericht muss einen Verfahrenspfleger zweitens immer dann bestellen (Nr. 2), wenn das Betreuungsverfahren darauf gerichtet ist, der betroffenen Person einen Betreuer zu bestellen und diesem Betreuer die **Besorgung aller Angelegenheiten**[38] zu übertragen oder dessen **Aufgabenkreis entsprechend zu erweitern.** Auch dann, wenn lediglich die Aufgabenkreise Kommunikationskontrolle (§ 1896 Abs. 4 BGB) und/oder Einwilligung in eine Sterilisation (§ 1905 BGB) nicht dem Betreuer übertragen werden sollen, ist die Bestellung eines Verfahrenspflegers zwingend erforderlich. Die Komplettbetreuung ist ein so schwerwiegender Eingriff in die Rechte der betroffenen Person, dass nur die Bestellung eines Verfahrenspflegers genügende Gewähr dafür bietet, dass die betroffene Person nicht ihrer Rechtssubjektivität beraubt wird.

c) Unfruchtbarmachung. Ein Verfahrenspfleger muss schließlich nach § 297 Abs. 5 zwingend bestellt werden, wenn Gegenstand des Betreuungsverfahrens die vom Betreuer zu erteilende Einwilligung in eine Sterilisation der betroffenen Person ist. Diese ärztliche Maßnahme greift so tief in die Rechte der betroffenen Person ein, dass die Kontrolle des Verfahrens durch einen Verfahrenspfleger geboten ist. Das FGG-RG hat diese Pflicht zur Bestellung eines Verfahrenspflegers einheitlich bei der Vorschrift über das bei beabsichtigten Sterilisationen zu beachtende Verfahren untergebracht.

3. Bestellungsverfahren. Für die Bestellung des Verfahrenspflegers zuständig ist das nach § 272 zuständige Betreuungsgericht. Grundsätzlich funktionell zuständig ist der Richter (nicht aber der ersuchte Richter), in seinem Zuständigkeitsbereich (Vorbehaltskatalog des § 14 Abs. 1 Nr. 4 RPflG) der Rechtspfleger[39] – verfahrensrechtliche Nebenentscheidungen wie die Verfahrenspflegerbestellung sind von demjenigen zu treffen, der für die Hauptsacheentscheidung funktionell zuständig ist. Die bisherige Bestellung im Beschwerdeverfahren durch das Beschwerdegericht entfällt wegen Abs. 5.

a) Entscheidung. Die Entscheidung über die Bestellung des Verfahrenspflegers ergeht durch Beschluss, der eine **verfahrensleitende Zwischenentscheidung**[40] darstellt. Einen besonderen Bestellungsakt kennt das Gesetz anders als beim Betreuer, § 289, nicht. Dem Beschluss muss die Anhörung der betroffenen Person vorangehen. Dem Verfahrenspfleger braucht im Beschluss kein Aufgabenkreis zugewiesen zu werden, er ergibt sich aus dem Gesetz, Abs. 1, selbst. Da das Gesetz in Abs. 3 von der Nachrangigkeit der beruflich geführten Verfahrenspflegschaft ausgeht, ist im Beschluss festzustellen, dass die Verfahrenspflegschaft beruflich geführt wird;[41] diese Feststellung ist auch nachholbar,[42] jedoch nicht rückwirkend aufhebbar.[43] Die Entscheidung des Gerichts ist eine gebundene Entscheidung, **es besteht kein Ermessen:**[44] Entweder ist die Bestellung eines Verfahrenspflegers erforderlich oder sie ist es nicht. Bestellt das Gericht keinen Verfahrenspfleger, so hat es nach allgemeiner Ansicht die dafür maßgeblichen Gründe für eine Überprüfung dieser Entscheidung im eventuellen Beschwerdeverfahren im Anschluss an die Endentscheidung aktenkundig zu machen.[45] Nach Abs. 2 S. 2 ist die Nichtbestellung eines Verfahrenspflegers in den Fällen des Abs. 2 S. 1 zu begründen – wohl weil eigentlich ein Regelbeispiel des Abs. 1 S. 2 erfüllt wäre. Da Abs. 2 S. 1 aber nach richtiger Ansicht keinen Anwendungsbereich hat, geht diese Anordnung ebenfalls ins Leere.

b) Zeitpunkt der Pflegerbestellung.[46] Das Gesetz lässt es offen, zu welchem Zeitpunkt ein Verfahrenspfleger zu bestellen ist. Aus diesem Schweigen des Gesetzes wird allgemein geschlossen, dass dem Gericht Raum und Zeit für Anfangsermittlungen gegeben werden soll, mit denen sich überflüssige Verfahrenspflegerbestellungen vermeiden lassen sollen. Laufen diese Anfangsermittlungen aber darauf hinaus, dass das Verfahren fortzuführen ist, dann muss – um die betroffene Person nicht rechtsschutzlos zu lassen – möglichst bald darüber entschieden werden, ob ein Verfahrenspfleger zu

---

[38] „Allen Angelegenheiten" steht es gleich, wenn die Summe der Einzelaufgaben bis auf unwesentliche Ausnahmen alle Angelegenheiten erschöpft; OLG München Rpfleger 2005, 429.
[39] *Keidel/Kuntze/Winkler/Kayser* § 67 FGG Rn. 12; *Bassenge/Roth* § 67 FGG Rn. 8.
[40] Als Zwischenentscheidung ist die Bestellung des Verfahrenspflegers mit der Beschwerde nicht selbständig angreifbar; vgl. BGH FamRZ 2003, 1275; OLG Frankfurt BeckRS 2005, 08553; KG FGPrax 2006, 261; LG Ingolstadt BeckRS 2007, 13639; OLG Frankfurt BeckRS 2008, 11447.
[41] *Bassenge/Roth* § 67 FGG Rn. 9.
[42] LG Koblenz FamRZ 2006, 801.
[43] BayObLG FamRZ 2000, 1450.
[44] *Bienwald* § 67 FGG Rn. 33; *Keidel/Kuntze/Winkler/Kayser* § 67 FGG Rn. 12.
[45] HK-BUR/*Bauer* § 67 FGG Rn. 10; *Bienwald* § 67 FGG Rn. 33; *Keidel/Kuntze/Winkler/Kayser* § 67 FGG Rn. 12.
[46] Einzelfälle bei *Bienwald*, Verfahrenspflegschaftsrecht, S. 66–68.

bestellen ist.⁴⁷ Auf jeden Fall muss der Verfahrenspfleger **so rechtzeitig bestellt werden, dass er vor der Entscheidung noch gehört** werden kann.⁴⁸ Das bedeutet, dass der Verfahrenspfleger regelmäßig zur Anhörung der betroffenen Person (§ 278) bestellt sein muss. Der Verfahrenspfleger kann aber auch noch in der Endentscheidung bestellt werden – etwa durch Aufnahme in das Rubrum⁴⁹ – in diesem Falle wirkt sie sich noch für die Einlegung der Beschwerde und ihre Begründung aus.⁵⁰ Sobald das Gericht erkennt, dass eines der Regelbeispiele des Abs. 1 S. 2 einschlägig ist, muss der Verfahrenspfleger bestellt werden.⁵¹

15 c) **Auswahl.** Welche Person das Gericht zum Verfahrenspfleger bestellt, steht in seinem **pflichtgemäßen Ermessen.** Einen Rechtsanspruch auf die Bestellung zum Verfahrenspfleger gibt es nicht.⁵² Grundsätzlich kommt **jede geeignete**⁵³ **natürliche Person** in Betracht,⁵⁴ die kein eigenes Interesse am Verfahrensausgang hat.⁵⁵ Juristische Personen sind grundsätzlich von der Verfahrenspflegschaft ausgeschlossen.⁵⁶ Aus § 277 Abs. 1 S. 3 soll aber nunmehr indirekt folgen,⁵⁷ dass auch Betreuungsbehörden und Betreuungsvereine zu Verfahrenspflegern bestellt werden können, ebenso indirekt soll aus § 277 Abs. 4 geschlossen werden können, dass auch Mitarbeiter bzw. Bedienstete von Betreuungsbehörden bzw. Betreuungsvereinen zu Verfahrenspflegern bestellt werden können. Dieser indirekte Schluss verstößt gegen den Grundsatz der Vermeidung von Interessenkollisionen (s. dazu unten). Es muss sich nach überwiegender Ansicht von Gesetzes wegen nicht um einen Rechtsanwalt handeln, denn die von § 276 vorgegebenen Aufgaben der Verfahrenspflegschaft seien jedenfalls nicht typisch anwaltliche Tätigkeiten.⁵⁸ Überwiegend wird es für die Eignung zum Verfahrenspfleger für ausreichend gehalten, wenn die betreffende Person im Umgang mit psychisch Kranken besonders erfahren ist, die Lebensverhältnisse der betroffenen Personen kennt oder deren Vertrauen genießt.⁵⁹ Diese Überlegung wird auch noch dadurch gestützt, dass durch das 2. BtÄndG von 2005 in § 67 Abs. 1 FGG aF ein S. 7 eingefügt wurde, der durch einen Verweis auf § 1897 Abs. 6 S. 1 BGB verdeutlichte, dass bei der Auswahl des Verfahrenspflegers die ehrenamtliche Amtsführung Vorrang vor der berufsmäßigen haben solle. Diese jetzt in Abs. 3 enthaltene Regelung deutet darauf hin, dass der Gesetzgeber weiter davon ausgeht, dass die Verfahrenspflegschaft, die, soweit sie von Rechtsanwälten versorgt wird, meist zu deren Berufsausübung gehört, keine typisch anwaltliche Tätigkeit sei. Solche Überlegungen dienen m. E. nichts anderem als der **Bemäntelung fiskalischer Interessen.** Im vor dem Betreuungsgericht ablaufenden Betreuungsverfahren soll die betroffene Person durch den Verfahrenspfleger rechtliches Gehör erhalten und als Subjekt im Verfahren tätig sein können. Es kommt (anders als bei der tatsächlichen und täglichen Führung einer Betreuung) im gerichtlichen Verfahren keineswegs darauf an, ob der Verfahrenspfleger Erfahrung im Umgang mit psychisch Kranken hat, das ist (später) die Aufgabe des Betreuers – es kommt vielmehr darauf an, dass der Verfahrenspfleger die Verfahrensnormen, die Abläufe und sämtliche rechtlichen Gestaltungsmöglichkeiten im Verfahren der freiwilligen Gerichtsbarkeit kennt. Noch deutlicher wird das in Unterbringungssachen.⁶⁰

16 Deshalb empfiehlt sich die Bestellung eines **geeigneten Rechtsanwalts**⁶¹ zum Verfahrenspfleger, denn die Stellung des Verfahrenspflegers als eines der Wahrung der Rechte der betroffenen Person verpflichteten Kontrolleurs des Betreuungsverfahrens erfordert meistens besondere Rechtskunde. Außerdem übersieht die bislang überwiegende Ansicht das Verhältnis zwischen Abs. 1 S. 1 und Abs. 4.⁶² Wenn das Gesetz die Bestellung eines Verfahrenspflegers dann für entbehrlich hält, wenn

---

⁴⁷ HK-BUR/*Bauer* § 67 FGG Rn. 15; *Bienwald* § 67 FGG Rn. 16; *Keidel/Kuntze/Winkler/Kayser* § 67 FGG Rn. 13.
⁴⁸ BayObLG NJW-RR 1988, 72 (betr. das BayUnterbrG).
⁴⁹ BGH FGPrax 2000, 233.
⁵⁰ *Bassenge/Roth* § 67 FGG Rn. 10.
⁵¹ HK-BUR/*Bauer* § 67 FGG Rn. 18.
⁵² *Bienwald*, Verfahrenspflegschaftsrecht, S. 85.
⁵³ Eingehende Empfehlungen dazu bei *Bienwald*, Verfahrenspflegschaftsrecht, S. 75–108.
⁵⁴ BVerfG FamRZ 2000, 1281.
⁵⁵ PK-BUV/*Fröschle* § 67 FGG Rn. 46 – mitunter problematisch bei Angehörigen der betroffenen Person.
⁵⁶ PK-BUV/*Fröschle* § 67 FGG Rn. 44.
⁵⁷ PK-BUV/*Fröschle* § 67 FGG Rn. 44.
⁵⁸ BVerfG FamRZ 2000, 1281; *Bassenge/Roth* § 67 FGG Rn. 11; *Bienwald*, Verfahrenspflegschaftsrecht, S. 80 f.; *Keidel/Kuntze/Winkler/Kayser* § 67 FGG Rn. 14; aA mit beachtlichen Gründen OLG Celle BtPrax 1994, 175; OLG Köln Rpfleger 1997, 65.
⁵⁹ BT-Drucks. 11/4528, S. 171; *Keidel/Bude* Rn. 9.
⁶⁰ S. dazu unten § 317 Rn. 8.
⁶¹ So HK-BUR/*Bauer* § 67 FGG Rn. 22; *Heistermann* DAVorm 1998, 290.
⁶² HK-BUR/*Bauer* § 67 FGG Rn. 22–24.

die betroffene Person im Verfahren durch einen Rechtsanwalt (oder einen anderen geeigneten Verfahrensbevollmächtigten – dessen Eignung an der des Anwalts gemessen wird) vertreten wird, dann muss aus Gründen der Widerspruchsfreiheit der Norm auch bei Abs. 1 S. 1 davon ausgegangen werden, dass der Verfahrenspfleger diejenige Rechtskunde aufbieten können muss, über die Anwälte verfügen.[63] Das bedeutet im Gegenzug nicht, dass jeder Anwalt zur Führung von Verfahrenspflegschaften geeignet wäre, im Gegenteil wird erst Fortbildung im Betreuungs- und Unterbringungsrecht und Erfahrung im Umgang mit geistig Behinderten und psychisch Kranken auch den Rechtsanwalt zur Übernahme von Verfahrenspflegschaften empfehlen.[64]

17 Sinngemäß entsprechendes gilt im Grundsatz auch für die Übertragung von Verfahrenspflegschaften an **Betreuungsvereine und Betreuungsbehörden.** Sie ist zwar vom Gesetz nicht ausgeschlossen – im Gegenteil: § 277 Abs. 1 S. 3 trifft eine Aussage über die Entschädigung von Betreuungsvereinen/Betreuungsbehörden als Verfahrenspfleger und § 277 Abs. 4 regelt auch die Entschädigung von Mitarbeitern/Bediensteten der entsprechenden Institutionen. Die Bestellung dieser Institutionen begegnet aber noch gründlicheren Bedenken als die Übertragung von Verfahrenspflegschaften etwa an Sozialarbeiter. Nach noch immer überzeugender Ansicht besteht hier wegen möglicher Interessenkollisionen grundsätzliche Unvereinbarkeit der Aufgabenbereiche. Sie **dürfen daher grundsätzlich nicht als Verfahrenspfleger bestellt werden,** weil ihre eventuell anderweite Beteiligung als Betreuer am Verfahren mit den Aufgaben des Verfahrenspflegers als neutraler Berater von vornherein nicht vereinbar ist.[65] Es ist auch entgegen der Annexregelung zur Vergütung daran festzuhalten, dass die Rechtsstellung von Betreuer und Verfahrenspfleger miteinander nicht vereinbar sind. So muss etwa der Betreuer den Vollzug von gerichtlichen Verfügungen nach § 280 Abs. 2 oder § 284 Abs. 1 gewährleisten, eine Aufgabe, die dem Verfahrenspfleger keinesfalls zugemutet werden kann. Deswegen hat auch diejenige betroffene Person, deren Betreuer zum Verfahrenspfleger bestellt worden ist, einen zwar formell ordnungsgemäß bestellten, indessen völlig ungeeigneten Verfahrenspfleger,[66] dessen Bestellung mit der Beschwerde, die sich gegen die Endentscheidung des Betreuungsgerichts richten muss, angegriffen werden kann. Einen gangbaren Mittelweg schlägt das LG Ingolstadt vor, das darauf abstellt, ob ein konkreter Interessenkonflikt besteht.[67] Nur dann, wenn ein solcher Interessenkonflikt von vornherein nicht eintreten kann, etwa weil schon eine natürliche Person zum Betreuer bestellt worden ist oder weil das Betreuungsverfahren lediglich die Betreuervergütung zum Gegenstand hat, kann **ausnahmsweise auch ein Betreuungsverein oder eine Betreuungsbehörde** als Verfahrenspfleger in Betracht kommen. Schließlich muss es in denjenigen Fällen, in denen keine natürliche Person zur Übernahme der Verfahrenspflegschaft bereit ist,[68] ausnahmsweise möglich sein, einen Betreuungsverein/eine Betreuungsbehörde zum Verfahrenspfleger zu bestellen. Sinnvollerweise sollte dann darauf geachtet werden, eine Institution zu wählen, die aus räumlichen Gründen nicht als eventueller Betreuer in Betracht kommt.

18 Demgegenüber ist es nicht verfehlt, hinsichtlich der Eignung zum Verfahrenspfleger auf § 1897 Abs. 3 BGB abzustellen, der bestimmte Personen von der Betreuerbestellung ausschließt. Die dortigen Ausschlussgründe (Abhängigkeitsverhältnis oder sonstige enge Beziehung zu einer Einrichtung, in der die betroffene Person untergebracht ist oder wohnt) gelten auch für den Verfahrenspfleger.[69] Krankenhaus- oder Heimpersonal kann deshalb grundsätzlich nicht zum Verfahrenspfleger bestellt werden.

19 **d) Wirksamkeit der Pflegerbestellung.** Die Bestellung zum Verfahrenspfleger wird **wirksam,** § 40 Abs. 1, wenn die Bestellung dem bestellten Pfleger **bekannt gemacht** wird. § 287 Abs. 1 gilt nicht.[70] Die Bestellung kann ebenso wie die Ablehnung der Bestellung oder deren Aufhebung **nicht angefochten** werden, Abs. 6 (s. dazu noch unten VIII.). Diese harte Anordnung des Gesetzes (vermögende betroffene Personen müssen ihren Verfahrenspfleger selbst bezahlen, können sich aber nicht dagegen wehren)[71] steht in Übereinstimmung mit der bisherigen Rechtsprechung des BGH.[72]

---

[63] *Pohl* BtPrax 1992, 23.
[64] HK-BUR/*Bauer* § 67 FGG Rn. 23 f.; *Bienwald* § 67 FGG Rn. 40–42.
[65] LG Stuttgart BWNotZ 1996, 14; HK-BUR/*Bauer* § 67 FGG Rn. 28; *Keidel/Kuntze/Winkler/Kayser* § 67 FGG Rn. 14; *Jurgeleit/Meier* § 67 FGG Rn. 9; *Walther* BtPrax 2004, 225; aA PK-BUV/*Fröschle* § 67 FGG Rn. 44.
[66] BayObLG FamRZ 1994, 780.
[67] LG Ingolstadt BeckRS 2007, 13639.
[68] S. dazu *Bienwald* FamRZ 2003, 304.
[69] HK-BUR/*Bauer* § 67 FGG Rn. 27.
[70] *Jansen/Sonnenfeld* § 67 FGG Rn. 52 zum bisherigen § 69a Abs. 3 S. 1 FGG aF; aA HK-BUR/*Bauer* § 67 FGG Rn. 35: Bekanntgabe gegenüber dem Betreuer notwendig.
[71] *Zimmermann* FamFG Rn. 464, Fn. 207.
[72] BGH NJW-RR 2003, 1369.

IV. Nichtbestellung (Abs. 2)

20 In unmittelbarem Zusammenhang mit den Regelbeispielen des Abs. 1 S. 2 steht Abs. 2, der den bisherigen S. 3 des § 67 Abs. 1 FGG aF zu einem eigenen Absatz verselbstständigt. Dieser gesetzgeberische Schritt vertieft das bisher mit dieser Vorschrift verbundene Problem noch, weil jetzt der Schluss nahe liegt, bei Abs. 2 handele es sich um einen selbstständigen Regelungsgegenstand. Das jedoch ist mitnichten der Fall. Die Regelbeispiele des Abs. 1 führen unmittelbar hinüber zu den Problemfällen des Abs. 2. Nach Abs. 2 kann das Gericht davon absehen, einen Verfahrenspfleger zu bestellen, wenn ein Interesse der betroffenen Person hieran offensichtlich nicht besteht. Die Regelung wurde durch das BtÄndG 1997 in das FGG aF eingeführt. Die hierzu mitgeteilte Begründung gibt an, dass die Vorschrift für Fälle gedacht sei, in denen die betroffene Person nach dem **unmittelbaren Eindruck des Gerichts offensichtlich nicht in der Lage ist, ihren Willen kundzutun.** In Betracht kommen alle Betreuungssachen, die Personen betreffen, die bewusstlos, komatös, terminal dement oder sonst unansprechbar sind. Die Verfahrenspflegerbestellung, so die Begründung zum BtÄndG, wahre in diesen Fällen die Rechte der betroffenen Person nur fiktiv, habe also nur formalen Charakter, weil zur Betreuerbestellung keine Alternative bestehe, die betroffene Person sich auch gegenüber einem Verfahrenspfleger nicht äußern könne und die Betreuungsbehörde zur Auswahl des Betreuers berichten könne.[73]

21 Die Kommentarliteratur lehnt die Vorschrift zu Recht unisono ab.[74] Zwar wird eingeräumt, dass dann, wenn die betroffene Person keine sinnvollen Äußerungen mehr von sich geben kann, das Gericht sich schon einen unmittelbaren Eindruck verschafft hat und das Sachverständigengutachten auch nichts anderes als die völlige Unfähigkeit der betroffenen Person, sinnvoll zu agieren, ergeben hat, der Verfahrenspfleger bei praktischer Betrachtung auch keine neuen Argumente mehr bringen könne, seine Bestellung die Sache nur verzögert und außerdem Geld kostet.[75] Hierauf aber kann und darf es nicht ankommen: Die Ablehnung lässt sich darauf stützen, dass Art. 103 Abs. 1 GG als die Quellnorm, aus der § 276 folgt, eine solche Differenzierung nach Adressatenkreisen überhaupt nicht vorsieht. Gerade denjenigen Personen gegenüber, die so schwer fürsorgebedürftig sind, dass ein Betreuer die volle Fürsorge übernehmen muss, muss das Betreuungsverfahren den weitestgehenden Schutz bieten. Gerade weil die bewusstlose Person überhaupt keine Möglichkeit hat, die Maßnahmen des Betreuers bzw. der Betreuungsbehörde und des Betreuungsgerichts zu kontrollieren bzw. ihnen ihren Willen entgegenzusetzen, kann hier am allerwenigsten auf den Verfahrenspfleger verzichtet werden.[76] Der Verfahrenspfleger muss hier wegen des Totalausfalls der betroffenen Person auch ohne Verständigung mit derselben umso intensiver deren (objektive) Interessen wahrnehmen. Das wird auch daran deutlich, dass der Verfahrenspfleger wie ein Verfahrensbevollmächtigter, aber anders als der Betreuer nicht der Kontrolle des Betreuungsgerichts unterliegt. Folgt die Praxis der Begründung des BtÄndG, dann besteht ganz akut die Gefahr des kurzen Prozesses ohne Kontrollmöglichkeit.[77] **Ist die betroffene Person unansprechbar, muss ein Verfahrenspfleger daher zwingend bestellt werden.** Es ist unverständlich und nicht zu rechtfertigen, dass das FGG-RG über dieses Problem mit Stillschweigen hinweggegangen ist. Abs. 2 hat daher ebenso wenig einen eigenen Anwendungsbereich wie § 67 Abs. 1 S. 3 FGG aF einen solchen hatte.

V. Unterbleiben der Bestellung (Abs. 4)

22 Abs. 4 übernimmt den bisherigen § 67 Abs. 1 S. 7 FGG aF. Die Bestellung eines Verfahrenspflegers soll unterbleiben bzw. aufgehoben werden, wenn durch die Vertretung der betroffenen Person durch einen Rechtsanwalt oder einen anderen geeigneten Verfahrensbevollmächtigten der Rechtsschutz der betroffenen Person im Verfahren gewährleistet ist. Das Gesetz geht also davon aus, dass dann kein Bedürfnis für eine Verfahrenspflegschaft besteht.[78] Es untermauert damit die Grundüberlegung zur Rechtsstellung des Verfahrenspflegers, wonach es sich bei diesem um eine mit verfahrensrechtlichen Kontrollbefugnissen ausgestattete Person handelt, die anders als der Betreuer

---

[73] BT-Drucks. 13/7158, S. 36.
[74] FamRefK/*Bienwald* § 67 FGG Rn. 6 u. ö.; *Jansen/Sonnenfeld* § 67 FGG Rn. 27; *Keidel/Kuntze/Winkler/Kayser* § 67 FGG Rn. 9 f.; HK-BUR/*Bauer* Vor § 67 FGG Rn. 20; *Bassenge/Roth* § 67 FGG Rn. 7; *Probst*, Betreuungs- und Unterbringungsverfahren, S. 64.
[75] *Damrau/Zimmermann* § 70b FGG Rn. 2.
[76] *Bienwald* § 67 FGG Rn. 8. Deswegen ist mit dem OLG Karlsruhe FamRZ 2004, 1319 ein Verfahrenspfleger immer zu bestellen, wenn das Betreuungsgericht die Einwilligung des Betreuers in den Abbruch lebensverlängernder Maßnahmen zu genehmigen hat.
[77] HK-BUR/*Bauer* Vor § 67 FGG Rn. 20.
[78] BT-Drucks. 11/4528, S. 171, 214, 231; BT-Drucks. 11/6949, S. 78.

und das Betreuungsgericht eigene Aufgaben wahrnimmt. Abs. 4 ist deswegen als Sollvorschrift ausgestaltet, damit in atypischen Fällen (so beim ständigen Wechsel des Aufenthaltsorts durch unstete und umherziehende betroffene Personen) die Bestellung eines Verfahrenspflegers nicht übergebührlich erschwert wird.[79]

VI. Beruflicher und ehrenamtlicher Verfahrenspfleger (Abs. 3)

Nach Abs. 3, der inhaltlich dem durch das 2. BtÄndG eingefügten § 67 Abs. 1 S. 7 FGG aF entspricht und die dort enthaltene Verweisung auf welche die Betreuerauswahl betreffende Vorschrift des § 1897 Abs. 6 S. 1 BGB im Volltext enthält (welchem Interesse dieses Vollzitat dient, bleibt dunkel), geht die ehrenamtliche Führung der Verfahrenspflegschaft der berufsmäßigen vor. Ein berufsmäßiger Verfahrenspfleger darf erst dann bestellt werden, wenn kein ehrenamtlicher bereit ist, die Verfahrenspflegschaft zu übernehmen. Aus diesem **Vorrang des Ehrenamtes** wird mitunter geschlussfolgert, dass der Verfahrenspfleger im Betreuungsverfahren ebenso wie der Verfahrenspfleger in Kindschaftssachen das „Sprachrohr des Kindes", ein Vertreter subjektiver Interessen der betroffenen Person sei.[80] Zwingend ist dieser Schluss nicht. Es gibt auch keinen Anhaltspunkt dafür, dass ehrenamtliche Verfahrenspfleger grundsätzlich besser geeignet seien, die Interessen von in Betreuungsverfahren betroffenen Personen wahrzunehmen als berufsmäßige.

Gründe dafür, dass diese die Betreuerauswahl steuernde Regel des materiellen bürgerlichen Rechts auf das besondere Institut der Verfahrenspflegschaft überhaupt sinnvoll übertragbar ist, macht der Gesetzgeber nicht namhaft. Ob damit dem trennenden Verständnis von Verfahrenspflegschaft und Betreuung gedient ist, ist doch eher zweifelhaft. Nach der hier vertretenen Ansicht, wonach zum Verfahrenspfleger zur angemessenen Interessenwahrung grundsätzlich geeignete Rechtsanwälte zu bestellen sind (s. o. III 3 c) sind Gründe dafür, dass die ehrenamtliche der berufsmäßigen Besorgung der Verfahrenspflegschaft vorzugehen habe, nicht ersichtlich. Wenn hinter Abs. 3 das Interesse steht, **fremdnützige Tätigkeiten,** die wegen der Fürsorgebedürftigkeit einer betroffenen Person zu verrichten sind, möglichst **nicht zu kommerzialisieren,** dann stellt sich die Frage, ob diese Überlegung nicht, wie es § 1897 Abs. 6 S. 1 BGB ja auch vorsieht, auf die Stellung des Betreuers beschränkt bleiben sollte. Die Wahrung der objektiven Interessen der betroffenen Person durch eine der Aufsicht des Betreuungsgerichts gerade nicht unterstehende, nicht mit Vertretungsmacht ausgestattete, weisungsunabhängige Person erfordert es nämlich gerade nicht, dass diese Person idealiter ehrenamtlich (und damit ohne Vergütungsanspruch) tätig wird, weil die Gefahr, dass kommerzielle Interessen die altruistische Fürsorge überlagern könnten, beim Verfahrenspfleger anders als beim Betreuer nicht besteht und weil der Verfahrenspfleger anders als der Betreuer seine wesentlich beschränktere Rechtsstellung nicht in dem Ausmaß wie dieser dazu ausnutzen kann, der betroffenen Person persönlichen und wirtschaftlichen Schaden zuzufügen. Vielmehr dürfte sich im Ehrenamtsvorrang wohl eher die Furcht vor einer Verrechtlichung und Professionalisierung der Verfahrenspflegschaft manifestieren – eine Befürchtung, die nach hier vertretener Ansicht unbegründet ist.

VII. Ende der Verfahrenspflegschaft (Abs. 5)

Abs. 5 enthält eine inhaltliche Neuerung: Nach dem bisher geltenden § 67 Abs. 2 FGG aF war der Verfahrenspfleger für jeden Rechtszug gesondert zu bestellen, so dass die Bestellung mit der das jeweilige Verfahren abschließenden Entscheidung endete.[81] Die zeitliche Begrenzung war nach dem FGG aF auch erforderlich, denn das Rechtsmittel der (einfachen) Beschwerde war grundsätzlich nicht befristet. Das Ende der Bestellung zum Verfahrenspfleger musste bereits deshalb feststehen, um dem Verfahrenspfleger die Geltendmachung einer etwaigen Vergütung oder eines Aufwendungsersatzes ab einem bestimmten Zeitpunkt zu ermöglichen. Da das Rechtsmittel der Beschwerde gemäß §§ 58, 63 grundsätzlich befristet ist, bedarf es keiner zeitlichen Begrenzung der Bestellung zum Verfahrenspfleger mehr. Im Beschwerdeverfahren vor dem LG ist es fortan nicht notwendig, einen Verfahrenspfleger in einem gesonderten Beschluss erneut zu bestellen.[82] Abs. 5 entspricht dem bisherigen § 70b Abs. 4 FGG aF. Der Verfahrenspfleger kann daher gegen die Entscheidung des Betreuungsgerichts Beschwerde und Rechtsbeschwerde einlegen und bleibt im Beschwerdeverfahren beteiligt.

---

[79] So *Keidel/Kuntze/Winkler/Kayser* § 67 FGG Rn. 16.
[80] PK-BUV/*Fröschle* § 67 FGG Rn. 38.
[81] Das galt aber nur für die Beschwerde, nicht auch für die weitere Beschwerde; vgl. OLG Brandenburg FamRZ 2007, 1127: die vom Beschwerdegericht vorgenommene Bestellung des Verfahrenspflegers wirkt in der Rechtsbeschwerdeinstanz fort.
[82] BT-Drucks. 16/6308, S. 266.

VIII. Rechtsmittel gegen die Bestellung (Abs. 6)

26 Unter Geltung des FGG aF hat es die Rechtsprechung oft beschäftigt, ob die Bestellung bzw. die Abberufung von Verfahrenspflegern selbstständig mit der Beschwerde angegriffen werden konnte. Ein einheitliches Bild hatte sich bis 2003 nicht hergestellt. Die in der Rechtsprechung wohl überwiegende Ansicht sah sowohl in der Bestellung als auch in der Abberufung von Verfahrenspflegern Zwischenentscheidungen, die selbstständig nicht anfechtbar waren.[83] Die Kommentarliteratur war eher geneigt, die Bestellung als anfechtbare Entscheidung anzusehen.[84] Der BGH hat den Streit 2003 dahingehend entschieden, dass es sich bei der Verfahrenspflegerbestellung um eine selbstständig nicht anfechtbare Zwischenentscheidung handele, die Instanzgerichte haben sich dem angeschlossen.[85] Der Widerstand gegen diese Entscheidung war bis zum Inkrafttreten des FGG-RG noch nicht ganz erloschen: Vorgetragen wird, die Lösung des BGH sei zweifelhaft, wenn die betroffene Person die Vergütung des Verfahrenspflegers schulde.[86] Abs. 6 bringt nun als Achtung heischendes positives Recht die Kritiker zum Schweigen und entspricht, so der Gesetzgeber ausdrücklich,[87] der vom BGH vorgegebenen Lösung. Auch die Aufhebung oder die Ablehnung einer Verfahrenspflegerbestellung stellen danach den Rechtszug nicht abschließende Zwischenentscheidungen dar. Sie greifen wie auch die Bestellung des Verfahrenspflegers nicht in einem Maße in die Rechtssphäre des Betroffenen ein, die ihre selbstständige Anfechtbarkeit notwendig macht.[88] Angefochten werden können daher die Bestellung eines Verfahrenspflegers, die Aufhebung der Verfahrenspflegschaft, die Ablehnung der Bestellung eines Verfahrenspflegers und die Feststellung, dass ein Rechtsanwalt als berufsmäßiger Verfahrenspfleger bestellt wird,[89] als Verfahrensfehler mit dem Rechtsmittel, das gegen die Endentscheidung des Betreuungsgerichts gegeben ist.

IX. Kostenfreiheit (Abs. 7)

27 Abs. 7 verbietet es, dem Verfahrenspfleger Kosten für seine Beteiligung am Betreuungsverfahren aufzuerlegen. Das verhindert es insbesondere, dem Verfahrenspfleger die Kosten für eine selbst eingelegte und erfolglose Beschwerde aufzuerlegen – was ein probates Mittel zur Disziplinierung von unliebsamen Verfahrenspflegern wäre. Der Gesetzgeber meint, dass das Gericht dann, wenn ein Verfahrenspfleger wider Erwarten nicht gerechtfertigte Kosten (welche das sein können, bleibt unklar) verursache, durch Entlassung reagieren könne.[90]

§ 277 Vergütung und Aufwendungsersatz des Verfahrenspflegers

(1) ¹Der Verfahrenspfleger erhält Ersatz seiner Aufwendungen nach § 1835 Abs. 1 bis 2 des Bürgerlichen Gesetzbuchs. ²Vorschuss kann nicht verlangt werden. ³Eine Behörde oder ein Verein erhält als Verfahrenspfleger keinen Aufwendungsersatz.

(2) ¹§ 1836 Abs. 1 und 3 des Bürgerlichen Gesetzbuchs gilt entsprechend. ²Wird die Verfahrenspflegschaft ausnahmsweise berufsmäßig geführt, erhält der Verfahrenspfleger neben den Aufwendungen nach Absatz 1 eine Vergütung in entsprechender Anwendung der §§ 1, 2 und 3 Abs. 1 und 2 des Vormünder- und Betreuervergütungsgesetzes.

(3) ¹Anstelle des Aufwendungsersatzes und der Vergütung nach den Absätzen 1 und 2 kann das Gericht dem Verfahrenspfleger einen festen Geldbetrag zubilligen, wenn die für die Führung der Pflegschaftsgeschäfte erforderliche Zeit vorhersehbar und ihre Ausschöpfung durch den Verfahrenspfleger gewährleistet ist. ²Bei der Bemessung des Geldbetrags ist die voraussichtlich erforderliche Zeit mit den in § 3 Abs. 1 des Vormünder- und Betreuervergütungsgesetzes bestimmten Stundensätzen zuzüglich einer Aufwandspauschale von drei Euro je veranschlagter Stunde zu vergüten. ³In diesem Fall braucht der Verfahrenspfleger die von ihm aufgewandte Zeit und eingesetzten Mittel nicht nachzuweisen; weitergehende Aufwendungsersatz- und Vergütungsansprüche stehen ihm nicht zu.

---

[83] Vgl. die Rspr.-Nachweise bei *Keidel/Kuntze/Winkler/Kayser* § 67 FGG Rn. 18.
[84] *Bassenge/Roth* § 67 FGG Rn. 13; HK-BUR/*Bauer* § 67 FGG Rn. 46; *Damrau/Zimmermann* § 67 FGG Rn. 39; *Jansen/Sonnenfeld* § 67 FGG Rn. 63; *Zimmermann* FamRZ 1994, 286; *ders.* BtPrax 1995, 155; aA *Jurgeleit/Meier* § 67 FGG Rn. 12.
[85] BGH NJW-RR 2003, 1369; OLG Frankfurt BeckRS 2005, 08553; KG FGPrax 2006, 261; LG Ingolstadt BeckRS 2007, 13639; OLG Frankfurt BeckRS 2008, 11447.
[86] *Zimmermann* FamFG Rn. 464, Fn. 207; *Bassenge/Roth* § 67 FGG Rn. 13.
[87] BT-Drucks. 16/6308, S. 266.
[88] BT-Drucks. 16/6308, S. 266.
[89] Diese Feststellung ist entscheidend für einen Vergütungs- bzw. Aufwandsersatzanspruch nach § 277.
[90] BT-Drucks. 16/6308, S. 266.

Vergütung und Aufwendungsersatz des Verfahrenspflegers 1, 2 § 277

(4) ¹Ist ein Mitarbeiter eines anerkannten Betreuungsvereins als Verfahrenspfleger bestellt, stehen der Aufwendungsersatz und die Vergütung nach den Absätzen 1 bis 3 dem Verein zu. ²§ 7 Abs. 1 Satz 2 und Abs. 3 des Vormünder- und Betreuervergütungsgesetzes sowie § 1835 Abs. 5 Satz 2 des Bürgerlichen Gesetzbuchs gelten entsprechend. ³Ist ein Bediensteter der Betreuungsbehörde als Verfahrenspfleger für das Verfahren bestellt, erhält die Betreuungsbehörde keinen Aufwendungsersatz und keine Vergütung.

(5) ¹Der Aufwendungsersatz und die Vergütung des Verfahrenspflegers sind stets aus der Staatskasse zu zahlen. ²Im Übrigen gilt § 168 Abs. 1 entsprechend.

Schrifttum: S. die Literaturliste bei *Soergel/Zimmermann* § 1835 BGB; zur historischen Entwicklung bis 1997 *Küsgens,* Die Vergütungsregelungen nach den Entwürfen zu einem Betreuungsrechtsänderungsgesetz (BtÄndG) vom 7. 2. und 4. 10. 1996 unter besonderer Berücksichtigung des Verfahrenspflegers, 1998.

Übersicht

	Rn.		Rn.
I. Normzweck	1, 2	b) Feststellung	13
II. Aufwendungsersatz (Abs. 1)	3–10	3. Vergütung nach Aufwand	14
1. Allgemeines	3	4. Ausschlussfrist	15
2. Inhalt des Aufwendungsersatzanspruchs	4–7	**IV. Fester Geldbetrag, Pauschalentschädigung (Abs. 3)**	16–18
a) Ersatzfähige Aufwendungen	5	1. Voraussetzungen	16
b) Versicherungskosten	6	2. Berechnung	17
c) Nicht ersatzfähige Aufwendungen	7	3. Fälligkeit, Verjährung	18
3. Rechtsanwälte	8	**V. Verein und Behörde**	19, 20
4. Vorschuss	9	**VI. Verfahren**	21, 22
5. Ausschlussfrist	10	**VII. Schuldner**	23, 24
III. Vergütung (Abs. 2)	11–15	1. Schuldner des Verfahrenspflegers	23
1. Allgemeines	11	2. Regress des Fiskus	24
2. Feststellung der Berufsmäßigkeit	12, 13		
a) Berufsverfahrenspfleger?	12		

I. Normzweck

§ 277 entspricht dem seit Inkrafttreten des 2. BtÄndG[1] geltenden § 67a FGG aF und regelt die Vergütung und den Aufwendungsersatz des Verfahrenspflegers.[2] Der Gesetzgeber des BtG hatte das Vergütungswesen für den Verfahrenspfleger noch bewusst der Klärung durch die Rechtsprechung überlassen.[3] Das führte zu erheblichen Streitigkeiten in den Einzelheiten. Zwischenzeitlich war mit dem BtÄndG 1997 versucht worden, mit § 67 Abs. 3 und § 56g FGG aF für Einheitlichkeit zu sorgen. § 277 kann als Zwischenschritt auf dem Weg zu einem eigenständigen Gebührenrecht für Verfahrenspflegschaften verstanden werden. 1

Die Norm geht von folgenden Grundgedanken aus: Der **ehrenamtliche Verfahrenspfleger** erhält **keine Vergütung,** gleiches gilt für Betreuungsvereine bzw. -behörden. **Personen, welche die Verfahrenspflegschaft berufsmäßig führen,** erhalten dagegen ausnahmsweise dann **eine Vergütung,** wenn das Betreuungsgericht die Berufsmäßigkeit ihrer Tätigkeit durch Beschluss festgestellt hat. **Aufwendungsersatz** kann jeder Verfahrenspfleger mit Ausnahme von Betreuungsvereinen bzw. -behörden verlangen. Anstelle des Aufwendungsersatz- und eines eventuellen Vergütungsanspruches kann das Gericht dem Verfahrenspfleger vorab einen festen Geldbetrag (Pauschalentschädigung) zuerkennen. **Schuldner** gegenüber sämtlichen Ansprüchen von Verfahrenspflegern ist der **Fiskus.** Maßgebliche **Grundlage** für die Vergütung und für den Aufwendungsersatz **sind die Bestimmungen des Betreuungsrechts** – nicht etwa die Gebührenordnungen freier Berufe für deren Tätigkeit. Hiervon besteht freilich für Rechtsanwälte eine Ausnahme. Der Vergütungsanspruch ist materiell-rechtlich limitiert durch die festen Stundensätze des VBVG. Rechtsmittel gegen den Vergütungsbeschluss (bei berufsmäßig geführter Verfahrenspflegschaft) ist – abhängig vom Wert der Beschwer – die Beschwerde bzw. die Rechtspflegererinnerung. 2

---

[1] BGBl. I S. 1073.
[2] Das FamFG enthält keine Bestimmungen über die Vergütung bzw. den Aufwendungsersatz des Betreuers. Diese richten sich allein nach §§ 1835, 1836 BGB.
[3] BT-Drucks. 11/4528, S. 88; 13/7158, S. 37.

§ 277 3–6　　　　　　　　　　Buch 3. Abschnitt 1. Verfahren in Betreuungssachen

II. Aufwendungsersatz (Abs. 1)

3　**1. Allgemeines.** Der Verfahrenspfleger, der die Verfahrenspflegschaft ehrenamtlich führt, erhält seine Aufwendungen nach Abs. 1 S. 1 nach Maßgabe des § 1835 Abs. 1 und 2 BGB erstattet. Nach dieser Vorschrift kann der Vormund vom Mündel nach vom **Grundsatz der Unentgeltlichkeit** beherrschtem Auftragsrecht, §§ 669, 670 BGB, seine Aufwendungen erstattet verlangen. Der Aufwendungsersatzanspruch ist kein Vergütungsanspruch und gegenüber den in Bezug genommenen Regeln des allgemeinen bürgerlichen Rechts wesentlich eingeschränkt.

4　**2. Inhalt des Aufwendungsersatzanspruchs.** Nach § 670 BGB kann der Beauftragte diejenigen Aufwendungen ersetzt verlangen, die er den Umständen nach für erforderlich halten darf. Maßgeblich für das „für erforderlich Halten" ist ein objektiver Maßstab mit subjektivem Einschlag: Der Beauftragte muss die Aufwendungen nach verständigem Ermessen, bei dem er die Umstände des Einzelfalls sorgfältig berücksichtigt und sich am Interesse des Auftraggebers ausrichtet, für erforderlich halten können. Nicht für erforderlich halten darf ein Beauftragter Aufwendungen, denen ein Verbot des Auftraggebers oder die Missbilligung der Rechtsordnung (Bestechungsgelder) entgegensteht. Die jüngere Rechtsprechung des BGH konkretisiert dies noch dahin, dass der Verfahrenspfleger nur Ersatz solcher Aufwendungen verlangen kann, deren Vornahme zur Führung der konkreten Verfahrenspflegschaft erforderlich ist; deshalb sind nur Ausgaben erstattungsfähig, die individualisierbar, das heißt auf die Verfahrenspflegschaft bezogen sind. Aus diesem Grund können allgemeine Kosten, wie sie etwa für Aus- oder Weiterbildungsveranstaltungen anfallen mögen, auch dann nicht der Staatskasse als Aufwendungen für die konkrete Verfahrenspflegschaft in Rechnung gestellt werden, wenn sie letztlich auch der betroffenen Person zugute kommen.[4]

5　**a) Ersatzfähige Aufwendungen.** Der Verfahrenspfleger kann daher mit dem Aufwendungsersatzanspruch (nur) die folgenden Auslagen ersetzt verlangen:[5] **Fahrtkosten** für Fahrten zu Behörden, Gerichten und zur betroffenen Person inklusive der **Parkgebühren** und **Übernachtungskosten**,[6] **Porto, Telefon-, Telefax-, Schreibpapier-** und **Kopierkosten**,[7] Kosten durch Inanspruchnahme von **Dolmetscher-**[8] und **(Rechts-) Beratungsleistungen** bei Einholung eines konkreten Rates,[9] wenn – was der Verfahrenspfleger darzulegen hat – die Inanspruchnahme eines solchen Beraters für die Durchführung der konkreten Verfahrenspflegschaft notwendig war,[10] Auslagen für **Schreibkräfte** und für **Vertretungen** bei Abwesenheit.[11] Diese Auslagen müssen konkret und soweit möglich mit Belegen nachgewiesen werden. Die in solchen Auslagen enthaltene Mehrwert- bzw. Umsatzsteuer[12] wird ersetzt. Für Fahrtkosten gilt nach § 1835 Abs. 1 S. 1 1. HS BGB die Vorschrift des § 9 ZSEG. Der Verfahrenspfleger darf für Fahrten mit dem eigenen Kraftfahrzeug 0,30 Euro pro gefahrenen Kilometer pauschal ansetzen.[13] Fahrten mit öffentlichen Verkehrsmitteln müssen tatsächlich nachgewiesen werden.

6　**b) Versicherungskosten.** Ersatzfähig sind neben den direkten Auslagen nach § 1835 Abs. 2 BGB auch **Versicherungskosten,** die der Verfahrenspfleger aufwendet, um Ansprüche der betroffenen Person wegen Schäden zu versichern, die er der betroffenen Person durch die Verfahrenspflegschaft zufügt.[14] Ersatzfähig sind Haftpflichtversicherungskosten, welche die Amtsführung erfassen und Versicherungskosten gegen bestimmte Eigenschäden, die der Verfahrenspfleger im Zusammenhang mit der Führung der Pflegschaft erleidet. Bei letzteren darf es sich aber nur um Versicherungen gegen Schäden handeln, die den Verfahrenspfleger treffen, weil er seinerseits Dritten ersatzpflichtig wird (Delikt, Gefährdung, c. i. c.).[15]

---

[4] BGH NJW-RR 2007, 1374 (keine Erstattung von Supervisionskosten). S. dazu auch schon OLG Brandenburg FamRZ 2003, 256; OLG Frankfurt FamRZ 2004, 1751.
[5] S. zum Ganzen MünchKommBGB/*Wagenitz* § 1835 Rn. 11–19; vgl. auch die thematischen Listen von *Knittel*, BtG, § 1835 BGB Rn. 3 ff. und *Deinert/Lütgens,* Die Vergütung des Betreuers, Rn. 193 ff.
[6] Für den Verpflegungsmehraufwand s. § 10 ZSEG.
[7] Vgl. § 11 Abs. 2 ZSEG und Nr. 9000 GKG-KV. Zu Fotokopien OLG Dresden Rpfleger 2001, 492.
[8] *Bassenge/Roth* § 67a FGG Rn. 3.
[9] Grenzen bei AG Völklingen FamRZ 1996, 229.
[10] BGH NJW-RR 2007, 1374.
[11] Babysitter für die eigenen Kinder des Verfahrenspflegers, *Soergel/Zimmermann* § 1835 BGB Rn. 8.
[12] OLG Düsseldorf FamRZ 2001, 447.
[13] Hat ein Betreuungsverein mit seinen Mitarbeitern einen höheren km-Pauschalsatz vereinbart, kann dieser nicht angesetzt werden, weil es sich um versteckte Vergütungen handelt; *Soergel/Zimmermann* § 1835 BGB Rn. 8; die Anschaffung von Winterreifen ist nicht ersatzfähig; LG Koblenz BtPrax 1997, 247.
[14] S. dazu MünchKommBGB/*Wagenitz* § 1835 Rn. 32–38.
[15] MünchKommBGB/*Wagenitz* § 1835 Rn. 34.

c) **Nicht ersatzfähige Aufwendungen.** Das Auftragsrecht kennt **keinen Ersatz für die eigene Arbeitsleistung** des Beauftragten, da beim Auftrag grundsätzlich Unentgeltlichkeit vereinbart ist. Mit § 277 Abs. 1 S. 1 schreibt das Gesetz dem Verfahrenspfleger diesen Vertragsinhalt unabhängig von seinem Willen (und dem der betroffenen Person) zwingend vor. Das weicht durchaus ab vom Aufwendungsersatz für den Vormund bzw. den Betreuer, welcher nach § 1835 Abs. 3 BGB Ersatz auch der Dienste des Vormunds, die zu seinem Beruf oder Gewerbe gehören, erfasst. Auf § 1835 Abs. 3 BGB ist aber in § 277 Abs. 1 S. 1 gerade nicht verwiesen. Deswegen sind vom Aufwendungsersatzanspruch alle diejenigen Kosten nicht erfasst, die in untrennbarem Zusammenhang mit dem Erhalt oder der Herstellung der Arbeitskraft des Verfahrenspflegers stehen (Allgemeinkosten),[16] wie:[17] **allgemeine Bürounkosten** (Miete, Personal, Erschließung, Anschaffung von Büroausstattung wie Telefon, Telefax, Kopierer, Computer, Papier),[18] **Fachliteratur-** und **Fortbildungskosten,**[19] **Heilbehandlungskosten,** die für eine Heilbehandlung des Verfahrenspflegers anfallen, weil er bei Gericht auf der Treppe stürzt und **Vermögenseinbußen,**[20] die der Verfahrenspfleger erleidet, weil er auf der Fahrt zur betroffenen Person oder zu Gericht einen Verkehrsunfall hat oder seine Kleider in der verwahrlosten Wohnung der betroffenen Person beschmutzt,[21] **Schäden,** die der Verfahrenspfleger aufwendet, weil die betroffene Person ihm einen Schaden zugefügt hat, **Mehrwertsteuer,** die der Verfahrenspfleger nicht auf Aufwendungen zahlt (sondern etwa als Berufsverfahrenspfleger auf eine Vergütung zu zahlen hat), **Zeitaufwand.** Auch Aufwendungen für den **Lebensunterhalt** der betroffenen Person sind keine nach § 277 Abs. 1 S. 1 FamFG und § 1835 Abs. 1 BGB zu erstattenden Aufwendungen.[22] Der Verfahrenspfleger, der solche Aufwendungen tätigt, obwohl das nicht zu seinem Aufgabenkreis gehört, kann allenfalls nach §§ 683 S. 1, 677 Abs. 1, 670 BGB Aufwendungsersatz verlangen. Nicht ersatzfähig sind wegen ausdrücklicher Anordnung in § 1835 Abs. 2 S. 1 2. HS BGB die für **Kfz-Haftpflichtversicherungen** aufgewendeten Kosten.

3. Rechtsanwälte. Obwohl Abs. 1 S. 1 (wie schon dessen Vorgänger § 67a Abs. 1. S. 1 FGG aF) gerade nicht auf § 1835 Abs. 3 verweist,[23] besteht für Rechtsanwälte als Verfahrenspfleger die durch § 1 Abs. 2 S. 2 RVG („§ 1835 Abs. 3 BGB bleibt unberührt") eröffnete Möglichkeit, diejenigen Aufwendungen, die zu ihrem Beruf als Rechtsanwälte gehören, ersetzt zu verlangen, „sprich: nach dem RVG zu liquidieren".[24] Das BVerfG hat diese Möglichkeit für § 67 Abs. 3 FGG aF ausdrücklich bestätigt[25] und weder der Gesetzgeber des 2. BtÄndG, der den § 67a FGG aF verfasste, noch der des FGG-RG haben hierauf in irgendeiner Weise einschränkend reagiert. Der Aufwendungsersatzanspruch nach § 1835 Abs. 3 BGB iVm § 1 Abs. 2 S. 2 RVG erfasst freilich nach der Rechtsprechung des BVerfG[26] nur notwendige und erbrachte **rechtsanwaltsspezifische**[27] Tätigkeiten, was beinhaltet, dass auch ein Laie zur Verrichtung der Tätigkeit anwaltlichen Rat hätte einholen müssen[28] (so dass bezüglich solch zusätzlicher,[29] nach dem RVG liquidierbarer Leistungen letztlich doch wieder Gleichklang mit dem regulären Aufwendungsersatzanspruch und damit Systemkonformität besteht). Durfte der anwaltliche Verfahrenspfleger bei der Übernahme seines Amtes auf Grund der ihm mitgeteilten, nachvollziehbaren Tatsachen auf eine Honorierung nach § 1 Abs. 2 S. 2 RVG vertrau-

---

[16] Zum Begriff BGH FamRZ 2000, 1568.
[17] Vgl. die Zusammenstellung bei *Soergel/Zimmermann* § 1835 BGB Rn. 8.
[18] OLG Zweibrücken FamRZ 2003, 477.
[19] BGH NJW-RR 2007, 1374; OLG Frankfurt FamRZ 2004, 1751; OLG Brandenburg FamRZ 2003, 256.
[20] LG Bückeburg NJW-RR 2002, 506.
[21] Auch dieses Beispiel bei *Soergel/Zimmermann* § 1835 BGB Rn. 8.
[22] Für den Betreuer: MünchKommBGB/*Wagenitz* § 1835 Rn. 14.
[23] MünchKommBGB/*Wagenitz* § 1835 BGB Rn. 45: „Ein ängstlicher § 67a Abs. 1 S. 1 FGG lässt § 1835 Abs. 3 BGB für den Verfahrenspfleger – so scheint es – erst gar nicht gelten."
[24] BayObLG Rpfleger 2005, 252; MünchKommBGB/*Wagenitz* § 1835 Rn. 45; *Bassenge/Roth* § 67a FGG Rn. 4; noch zur BRAGO *Keidel/Kuntze/Winkler/Kayser* § 67 FGG Rn. 21; aA *Jurgeleit/Maier* § 67a FGG Rn. 8.
[25] BVerfG FamRZ 2000, 1280.
[26] BVerfG FamRZ 2000, 1282.
[27] Die instanzgerichtliche Rechtsprechung zur „Anwaltsspezifik" in der Verfahrenspflegschaft ist (für Unterbringungs- und Betreuungssachen) nachgewiesen bei MünchKommBGB/*Wagenitz* § 1835 Rn. 46 Fn. 55. Sehr „hilfreich" OLG Köln FamRZ 2001, 1643: abhängig vom Einzelfall. S. a. LSG Berlin-Brandenburg FamRZ 2009, 809 m. Anm. *Bienwald*. Die Überprüfung der Vergütungsabrechnung des Betreuers soll, so BayObLG FamRZ 2003, 1046, nicht schon für sich anwaltsspezifisch sein, sondern dieses Prädikat erst erlangen, wenn die Abrechnung komplexe Rechtsfragen aufwerfe. Für anwaltsspezifisch hält das LG Limburg FamRZ 2009, 1006 die Prüfung einer Scheidungsfolgenvereinbarung. Dazu die abl. Anm. von *Bienwald* FamRZ 2009, 1006 f. S. a. OLG Düsseldorf FamRZ 2008, 76.
[28] BVerfG FamRZ 2000, 1281; BayObLG Rpfleger 2005, 252; OLG Düsseldorf FamRZ 2003, 706.
[29] So MünchKommBGB/*Wagenitz* § 1835 Rn. 45.

§ 277 9–12   Buch 3. Abschnitt 1. Verfahren in Betreuungssachen

en, dann genießt dieses Vertrauen Schutz.[30] Wird der Anwalt in mehreren Verfahren (Verfahren über einstweilige Anordnung und Hauptsacheverfahren) anwaltstypisch als Verfahrenspfleger tätig, kann er jeweils eine Verfahrensgebühr nach dem RVG abrechnen.[31] Liegt das nicht vor, bleibt es beim regulären Aufwendungsersatz. Weiter besteht das Problem der Abgrenzung zwischen Aufwendungsersatz und Vergütung: Stellt das Betreuungsgericht fest, dass ein zum Verfahrenspfleger bestellter Rechtsanwalt die Verfahrenspflegschaft im Rahmen seiner Berufsausübung führt, dann ist der Weg zum Vergütungsanspruch nach Abs. 2 iVm §§ 1–3 VBVG eröffnet und der zur Honorierung nach § 1 Abs. 2 S. 2 RVG verstellt. Die schlichte Bestellung von „Rechtsanwalt X zum Verfahrenspfleger" enthält eine solche Feststellung freilich nicht[32] und ermöglicht deswegen den Aufwendungsersatzanspruch in der geschilderten Weise.

9   **4. Vorschuss.** Anders als §§ 1835 Abs. 1 S. 1 und 669 BGB vorsehen, kann der Verfahrenspfleger auch keinen Vorschuss verlangen; Abs. 1 S. 2. Die allgemeinen Vorschriften werden hier durch eine spezielle Regel des Verfahrenspflegschaftsrechts verdrängt.

10 **5. Ausschlussfrist.** Der Aufwendungsersatzanspruch erlischt, wenn er nicht innerhalb von 15 Monaten nach seiner Entstehung gerichtlich – und zwar beziffert – geltend gemacht wird, § 1835 Abs. 1 S. 3 BGB.[33] Wiedereinsetzung wegen Fristversäumnis ist nicht möglich.[34] Das Betreuungsgericht kann eine von dieser Normalfrist abweichende Frist zur Geltendmachung von mindestens zwei Monaten bestimmen und auf Antrag Fristverlängerung nach § 1835 Abs. 1a BGB gewähren. Zur Fristverlängerung muss aber der Verlängerungsantrag vor Fristablauf eingegangen sein.[35] Die Frist beginnt für jeden einzelnen vom Verfahrenspfleger getätigten Aufwand und läuft auch einzeln ab. Die Ausschlussfrist gilt auch für die Honorierung nach § 1 Abs. 2 S. 2 RVG iVm § 1835 Abs. 3 BGB.[36]

III. Vergütung (Abs. 2)

11 **1. Allgemeines.** Grundsätzlich soll die Verfahrenspflegschaft wie die Betreuung und die Vormundschaft (Vorrang des Ehrenamtes) nicht berufsmäßig geführt werden.[37] Hieraus folgt logisch der Grundsatz der Unentgeltlichkeit. Dieser Grundsatz wird in Abs. 2 S. 1 durch den Verweis auf § 1836 Abs. 1 und 3 BGB noch ausdrücklich hervorgehoben. Vergütung kann daher nur dann verlangt werden, wenn die Verfahrenspflegschaft ausnahmsweise berufsmäßig und damit entgeltlich geführt wird. Letzteres muss freilich (als die Ausnahme) ausdrücklich festgestellt werden. Auf § 1836 Abs. 2 BGB verweist Abs. 2 nicht. Hinsichtlich der Einzelheiten zur Vergütung des berufsmäßigen Verfahrenspflegers verweist Abs. 2 auf die §§ 1 bis 3 VBVG. Daraus lässt sich schlussfolgern, dass Betreuungen, Vormundschaften, Pflegschaften und Verfahrenspflegschaften vergütungsrechtlich gleichwertige Tätigkeiten darstellen.[38] § 1 VBVG legt fest, wann im Regelfall (§ 1 Abs. 1 S. 2 VBVG) von berufsmäßiger Führung von Vormundschaften auszugehen ist (**mehr als zehn Vormundschaften oder Zeitaufwand von nicht weniger als zwanzig Stunden pro Woche**). Daneben liegt Berufsmäßigkeit vor, wenn die Verfahrenspflegschaft **wegen der beruflichen Qualifikation** des Pflegers übertragen wird.[39] Liegt Berufsmäßigkeit vor, dann hat das Betreuungsgericht auch dem Verfahrenspfleger eine Vergütung zuzusprechen. In § 3 Abs. 1 VBVG wird der **Stundensatz** für die Führung der Vormundschaft festgelegt.

12 **2. Feststellung der Berufsmäßigkeit. a) Berufsverfahrenspfleger?** Problematisch für die Verfahrenspflegschaft[40] ist dabei, dass die Regelbeispiele des § 1 Abs. 1 S. 2 VBVG eher selten erfüllt sind. Reine Berufsverfahrenspfleger sind in Betreuungs- und Unterbringungssachen eher selten,[41] weil Verfahrenspflegschaften eher punktuell auf konkreten Anlass wahrgenommen werden. Wegen der vergütungsrechtlichen Gleichwertigkeit von Betreuung, Vormundschaft, Pflegschaft und Verfahrenspflegschaft erfüllt aber auch derjenige die Regelbeispiele des § 1 Abs. 1 S. 2 VBVG, der solche

---

[30] BayObLG FamRZ 2002, 1201 (ein nicht begründeter, formularmäßiger Hinweis genügt nicht); OLG Stuttgart NJW-RR 2004, 424.
[31] OLG München BtPrax 2006, 79.
[32] BayObLG Rpfleger 2005, 252.
[33] HK-BUR/*Bauer* § 67a FGG Rn. 82; PK-BUV/*Fröschle* § 67a FGG Rn. 2.
[34] OLG Frankfurt BtPrax 2001, 257.
[35] OLG Koblenz FamRZ 2003, 168.
[36] BayObLG FamRZ 2003, 1413.
[37] Zur Unsinnigkeit dieses Vorrangs s. die Kommentierung zu § 276.
[38] PK-BUV/*Fröschle* § 67a FGG Rn. 4.
[39] OLG Frankfurt FamRZ 2001, 791 (für einen Betreuer).
[40] „Vielleicht gut gemeintes, aber vollkommen unausgegorenes Rechtsinstitut"!; so MünchKommBGB/*Wagenitz*, § 1835 Rn. 46.
[41] PK-BUV/*Fröschle* § 67a FGG Rn. 4; *Jurgeleit/Maier* § 67a FGG Rn. 14.

Tätigkeiten in einem **Gesamtumfang** ausübt, die den dortigen Regelungen entsprechen („Berufsverfahrenspfleger" ist daher auch, wer zeitgleich sieben Vormundschaften, zwei Betreuungen, eine Pflegschaft und eine Verfahrenspflegschaft führt). Ist ein Regelbeispiel nicht erfüllt, dann führt Verfahrenspflegschaften aber auch derjenige berufsmäßig, dem sie gerade **mit Rücksicht auf seinen** von ihm ausgeübten, selbstständigen **Beruf** übertragen werden, was regelmäßig für Rechtsanwälte gilt.[42]

b) Feststellung. Das Betreuungsgericht muss die berufsmäßige Führung der Verfahrenspflegschaft durch Beschluss ausdrücklich feststellen. Diese Feststellung hat bei der Bestellung zu erfolgen, sie kann aber auch später im Vergütungsfestsetzungsverfahren noch nachgeholt werden.[43] Die Feststellung muss auch beinhalten, ob der Verfahrenspfleger entweder Aufwendungsersatz nach Abs. 1 und Vergütung nach Abs. 2 oder ob er eine Pauschalentschädigung nach Abs. 3 erhalten soll. Diese Vorabfeststellung[44] ist notwendig, damit der Verfahrenspfleger im ersteren Fall seine Aufwendungen und seinen Aufwand dokumentieren kann.[45] **13**

3. Vergütung nach Aufwand. Die Vergütung des berufsmäßigen Verfahrenspflegers bemisst sich nach den **festen Stundensätzen** des § 3 Abs. 1 VBVG. Der Aufwand ist daher tatsächlich und minutengenau zu dokumentieren. Der Stundensatz beträgt (jeweils zzgl. gesetzlicher Mehrwertsteuer) derzeit im Grundfall (§ 3 Abs. 1 S. 1 VBVG) 19,50 Euro und erhöht sich (§ 3 Abs. 1 S. 2 Nr. 1 VBVG), wenn der Verfahrenspfleger über besondere Kenntnisse verfügt, die für die Führung der Verfahrenspflegschaft nutzbar sind, auf 25 Euro, wenn die Kenntnisse durch eine Lehre oder vergleichbare abgeschlossene Ausbildung erworben wurden, und (§ 3 Abs. 1 S. 2 Nr. 2 VBVG) auf 33,50 Euro, wenn die Kenntnisse durch eine Hochschul- oder vergleichbare abgeschlossene Ausbildung erworben wurden. Es handelt sich um feste Sätze, die keiner Erhöhung zugänglich sind – § 277 Abs. 2 S. 2 verweist nicht auf § 3 Abs. 3 VBVG. Dies folgt daraus, dass § 3 Abs. 3 VBVG nur für bemittelte betroffene Personen gilt, die für ihre Betreuungs- oder Verfahrenspflegschaftskosten im Ergebnis selbst aufkommen. Auch Ansprüche auf Abschlagszahlungen nach § 3 Abs. 4 VBVG bestehen nicht.[46] Ersatzfähig ist aber nur der zeitliche Aufwand für Tätigkeiten, die der Verfahrenspfleger tatsächlich vorgenommen hat und die er für erforderlich halten durfte, § 3 Abs. 1 S. 1 VBVG. Um das nach pflichtgemäßem Ermessen überprüfen zu können, hat der Verfahrenspfleger dem Gericht den Anlass seiner Tätigkeit im Einzelnen klar zu bezeichnen.[47] Hat aber das Gericht den Verfahrenspfleger ausdrücklich mit einer Tätigkeit beauftragt, obwohl diese für die Führung der Verfahrenspflegschaft eigentlich nicht erforderlich war, versteht es sich von selbst, dass für diese Tätigkeit Vergütung verlangt werden kann.[48] **14**

4. Ausschlussfrist. § 2 VBVG beinhaltet wie § 1835 Abs. 1 S. 3 BGB eine 15-monatige **Ausschlussfrist** für die Geltendmachung von Vergütungsansprüchen. **15**

IV. Fester Geldbetrag, Pauschalentschädigung (Abs. 3)

1. Voraussetzungen. Nach Abs. 3 kann das Betreuungsgericht dem Verfahrenspfleger anstelle des Aufwendungsersatz- und des Vergütungsanspruches eine Pauschalentschädigung, einen festen Geldbetrag auf Antrag oder von Amts wegen „zubilligen". Voraussetzung dafür ist, dass die Zeit, in der die Pflegschaftsgeschäfte geführt werden, vorhersehbar ist und gewährleistet ist, dass der Verfahrenspfleger diese Zeit ausschöpft. Pauschalentschädigung kommt daher in den allermeisten, unkomplizierten Fällen in Betracht, in denen der Verfahrenspfleger lediglich Aktenstudium betreiben, den Anhörungstermin wahrnehmen und seine Stellungnahme verfassen muss.[49] Wird weiterer Aufwand nötig, scheidet die Pauschalentschädigung regelmäßig aus. Weil die **Pauschalentschädigung** an die Stelle von Vergütung und[50] Aufwendungsersatz tritt, kommt sie nur in Betracht, **wenn die Verfahrenspflegschaft berufsmäßig** geführt wird, weil Vergütung nur bei Berufsmäßigkeit möglich ist. Billigt das Gericht eine Pauschalentschädigung zu, dann ist damit konkludent festgestellt, dass die Verfahrenspflegschaft berufsmäßig geführt wird. Aus der Verknüpfung von Aufwendungs- **16**

---

[42] OLG Hamm BtPrax 2006, 187.
[43] OLG Brandenburg FamRZ 2004, 1403.
[44] LG Mönchengladbach Rpfleger 2003, 365.
[45] PK-BUV/*Fröschle* § 67a FGG Rn. 6.
[46] *Jurgeleit/Maier* § 67a FGG Rn. 16 f.
[47] OLG Brandenburg FamRZ 2004, 1982.
[48] OLG Stuttgart FamRZ 2004, 1126.
[49] *Jurgeleit/Maier* § 67a FGG Rn. 19.
[50] Nach § 67 Abs. 3 FGG aF war Pauschalierung nur hinsichtlich der Vergütung möglich.

ersatz und Vergütung in Abs. 3 folgt weiter, dass der Aufwendungsersatzanspruch des ehrenamtlichen Verfahrenspflegers nie pauschaliert werden kann.

17 **2. Berechnung.** Zur Berechnung der Pauschale multipliziert das Gericht die Zeit, die der Verfahrenspfleger voraussichtlich benötigen wird, mit einem der Stundensätze aus § 3 Abs. 1 VBVG, wobei dem jeweiligen Stundensatz vorab 3 Euro pauschalierte Aufwendungen pro Stunde hinzugerechnet werden, Abs. 3 S. 2. Den Nachweis, dass der Verfahrenspfleger den geschätzten Aufwand tatsächlich hatte, schuldet er nicht, Abs. 3 S. 3. Wählt der Verfahrenspfleger die Pauschalentschädigung, dann kann er keine weiteren Aufwendungen geltend machen und auch keine weiteren Vergütungsansprüche erheben, Abs. 3 S. 3 2. HS.

18 **3. Fälligkeit, Verjährung.** Fälligkeitsvorschriften enthält § 277 nicht. Deswegen sollte die Pauschalentschädigung mit der Beendigung der Zuziehung des Verfahrenspflegers, also mit der Endentscheidung des Betreuungsgerichts fällig werden.[51] Der Anspruch auf die Pauschalentschädigung unterliegt keiner speziellen Ausschlussfrist, sondern der normalen Verjährung.

V. Verein und Behörde

19 Gläubiger des Aufwendungsersatz-, des Vergütungsanspruchs und des Anspruchs auf Pauschalentschädigung ist grundsätzlich nur der einzelne Verfahrenspfleger. Handelt es sich beim Verfahrenspfleger um einen Mitarbeiter eines nach § 1908f BGB anerkannten Betreuungsvereins, so stehen alle Ansprüche dem Betreuungsverein und nicht dem einzelnen Verfahrenspfleger zu, Abs. 4 S. 1. § 7 Abs. 1 S. 2 und Abs. 3 VBVG und § 1835 Abs. 5 S. 2 BGB gelten demnach entsprechend.

20 Ist der Verfahrenspfleger ein Bediensteter einer Betreuungsbehörde, scheiden Aufwendungsersatz und Vergütung ganz aus, Abs. 4 S. 3. Die Staatskasse erstattet sich grundsätzlich nichts selbst – das gilt sogar bei leistungsfähigen betroffenen Personen.

VI. Verfahren

21 Für das Festsetzungsverfahren gilt § 168, der den bisherigen § 56g FGG aF ersetzt. Der Verfahrenspfleger kann demnach wählen, ob er den Aufwandsersatz- oder den Vergütungsanspruch durch Beschluss feststellen lässt, § 168 Abs. 1 S. 1 (dann entscheidet der Rechtspfleger) oder ob er ihn im Verwaltungsweg geltend macht, § 168 Abs. 1 S. 4 (dann entscheidet der Kostenbeamte). Sachlich zuständig ist das Gericht, das den Verfahrenspfleger bestellt hat. Da der Verfahrenspfleger nicht mehr für jede Instanz gesondert zu bestellen ist, ist er auch nicht mehr für jede Instanz gesondert zu vergüten.

22 Rechtsmittel gegen den Festsetzungsbeschluss des Gerichts ist die Beschwerde, § 58. Sie ist nach § 61 Abs. 1 zulässig bei einem Beschwerdewert von mehr als 600 Euro bzw. dann, wenn die Beschwerde vom Betreuungsgericht nach § 61 Abs. 2 zugelassen wurde. Bleibt der Wert der Beschwer unter 600 Euro, dann bleibt als Rechtsmittel die befristete Erinnerung gegen die Rechtspflegerentscheidung, § 11 RPflG. Gegen Verfügungen des Kostenbeamten ist kein Rechtsbehelf gegeben.

VII. Schuldner

23 **1. Schuldner des Verfahrenspflegers.** Alle Aufwendungsersatz- und Vergütungsansprüche richten sich nach Abs. 5 unabhängig von den Vermögensverhältnissen der betroffenen Person gegen die Staatskasse. Das gilt für den Verfahrenspfleger ausnahmslos und unabhängig davon, ob die betroffene Person mittellos oder vermögend ist.[52]

24 **2. Regress des Fiskus.** Der Betrag, den die Staatskasse als Aufwendungsersatz an den Verfahrenspfleger zahlt, wird freilich von der betroffenen Person als **zu ersetzende Gerichtskosten** zurückverlangt.[53] Dabei ist zwar die Bestellung des Verfahrenspflegers gerichtsgebührenfrei, § 93a Abs. 1 KostO, das gilt aber nicht für die Auslagen des Gerichts – und dazu gehören die von der Staatskasse an den Verfahrenspfleger gezahlten Beträge, also Aufwendungsersatz und Vergütung, § 137 Nr. 17 KostO. Die Geltendmachung gegenüber der betroffenen Person setzt aber voraus, dass diese iSd § 1836c BGB leistungsfähig, also **nicht mittellos** ist, § 93a Abs. 2 KostO. Den Aufwendungsersatz bzw. die Vergütung für die Verfahrenspflegschaft mitteloser Personen trägt mithin im Ergebnis die Staatskasse. Für die Festsetzung gilt § 168 Abs. 1.

---

[51] PK-BUV/*Fröschle* § 67a FGG Rn. 15 plädiert für eine Heranziehung des Rechtsgedankens aus § 2 Abs. 1 S. 2 Nr. 2 JVEG.
[52] *Soergel/Zimmermann* § 1835 BGB Rn. 39; *Zimmermann* FamFG Rn. 469.
[53] *Soergel/Zimmermann* § 1835 BGB Rn. 39.

§ 278 Anhörung des Betroffenen

(1) ¹Das Gericht hat den Betroffenen vor der Bestellung eines Betreuers oder der Anordnung eines Einwilligungsvorbehalts persönlich anzuhören. ²Es hat sich einen persönlichen Eindruck von dem Betroffenen zu verschaffen. ³Diesen persönlichen Eindruck soll sich das Gericht in dessen üblicher Umgebung verschaffen, wenn es der Betroffene verlangt oder wenn es der Sachaufklärung dient und der Betroffene nicht widerspricht.

(2) ¹Das Gericht unterrichtet den Betroffenen über den möglichen Verlauf des Verfahrens. ²In geeigneten Fällen hat es den Betroffenen auf die Möglichkeit der Vorsorgevollmacht, deren Inhalt sowie auf die Möglichkeit ihrer Registrierung bei dem zentralen Vorsorgeregister nach § 78a Abs. 1 der Bundesnotarordnung hinzuweisen. ³Das Gericht hat den Umfang des Aufgabenkreises und die Frage, welche Person oder Stelle als Betreuer in Betracht kommt, mit dem Betroffenen zu erörtern.

(3) Verfahrenshandlungen nach Absatz 1 dürfen nur dann im Wege der Rechtshilfe erfolgen, wenn anzunehmen ist, dass die Entscheidung ohne eigenen Eindruck von dem Betroffenen getroffen werden kann.

(4) Soll eine persönliche Anhörung nach § 34 Abs. 2 unterbleiben, weil hiervon erhebliche Nachteile für die Gesundheit des Betroffenen zu besorgen sind, darf diese Entscheidung nur auf Grundlage eines ärztlichen Gutachtens getroffen werden.

(5) Das Gericht kann den Betroffenen durch die zuständige Behörde vorführen lassen, wenn er sich weigert, an Verfahrenshandlungen nach Absatz 1 mitzuwirken.

Übersicht

	Rn.
I. Normzweck	1, 2
1. Allgemeines	1
2. Neuerungen im FamFG	2
II. Geltungsbereich	3–6
1. Betreuerbestellung (§ 1896 BGB)	4
2. Anordnung eines Einwilligungsvorbehaltes (§ 1903 BGB)	5
3. Weitere Anhörungssituationen	6
III. Anhörung	7–21
1. Allgemeines	7
2. Persönliche Anhörung	8–11
a) Unmittelbarkeit	8, 9
b) Ort	10
c) Inhalt	11
3. Verschaffen eines persönlichen Eindrucks	12–17
a) Persönlicher Eindruck	12
b) Übliche Umgebung	13, 14
c) Sachaufklärung und Widerspruchsrecht	15, 16
d) Nichtmitwirkung der betroffenen Person	17
4. Anwesenheit Dritter	18–21
a) Sachverständige	19
b) Vertrauensperson	20
c) Weitere Personen	21
IV. Unterrichtung der betroffenen Person	22–29
1. Verfahrensablauf	22–24
a) Formerfordernisse	23
b) Umfang	24
2. Entscheidungsalternativen	25
3. Schlussgespräch?	26–29
a) Fortfall des Schlussgesprächs	26
b) Verfahrensrechtliche Notwendigkeit	27
c) Erörterungsbedürftige Gegenstände	28, 29
V. Rechtshilfe	30–34
1. Allgemeines	30
2. Neuerungen im FamFG	31
3. Zulässigkeit der Rechtshilfe	32–34
VI. Absehen von der Anhörung	35–42
1. Allgemeines	35, 36
2. Neuerungen im FamFG	37
3. Voraussetzungen	38–41
a) Erhebliche Gesundheitsnachteile	39
b) Ärztliches Gutachten	40, 41
4. Verfahrensrechtliche Folgen	42
VII. Erzwingung der Anhörung (Vorführung der betroffenen Person)	43–49
1. Allgemeines	43
2. Voraussetzungen	44
3. Ausführung	45, 46
4. Rechtsfolgen, Anfechtbarkeit	47–49

I. Normzweck

1. Allgemeines. §§ 278–284 regeln die Art und Weise, wie sich das Gericht in besonders **1** gravierend in die Rechte der betroffenen Person einschneidenden Betreuungssachen das Wissen um die Notwendigkeit dieser Eingriffe verschafft. Die **Vorschriften über Anhörung und Begutachtung** sind der **Mittelpunkt des Betreuungsverfahrensrechts.** Neben den betreuungsverfahrensrechtlichen Spezialregelungen sind Zeugenvernehmung, Augenschein und Urkundsbeweis zulässig.[1] Das Gericht soll dazu nicht nur wissenschaftliche Expertise heranziehen, sondern auch und vor allem die betroffene Person selbst kennen und einschätzen lernen. Letzterem Zweck dient § 278 und damit einem der wichtigsten Ziele des gesamten Betreuungsrechts. § 278 schreibt bindend eine bestimmte Form der Sachaufklärung vor, schränkt damit das Ermessen des Gerichts, Form und Umfang der Ermittlungen zu bestimmen, ein[2] und konkretisiert so § 26. Die Vorschrift soll einen starken persönlichen Kontakt zwischen der betroffenen Person und dem Gericht vermitteln sowie die bestmögliche Ermittlung aller entscheidungserheblichen Umstände ermöglichen.[3] Der persönliche Kontakt zwischen betroffener Person und Gericht ist unerlässlich, um über so weit reichende Eingriffe in die Rechte der Person wie die Anordnung einer Betreuung und/oder eines Einwilligungsvorbehaltes entscheiden zu können; schriftliche oder sonstige Verfahren scheiden aus. Die Anhörung ist auch nicht deswegen entbehrlich, weil die betroffene Person schon vor der Bestellung eines Verfahrenspflegers persönlich angehört worden ist.[4]

2 **2. Neuerungen im FamFG.** § 278 Abs. 1 enthält die bisherigen Regelungen der § 68 Abs. 1 S. 1 und 2 FGG aF. Abs. 2 entspricht in seinen Sätzen 1 und 2 inhaltlich dem bisherigen § 68 Abs. 1 S. 3 FGG aF. § 278 Abs. 2 S. 3 ist aus der bisherigen Regelung in § 68 Abs. 5 FGG aF hervorgegangen, der das „Schlussgespräch" regelte. Die Neuregelung verzichtet auf eine gesonderte Bestimmung über das Schlussgespräch. Abs. 3 enthält mit sprachlichen Änderungen die Vorschrift des bisherigen § 68 Abs. 1 S. 4 FGG aF. Abs. 4 entspricht dem bisherigen § 68 Abs. 2 FGG aF. Für das danach einzuholende Gutachten gilt § 29. Abs. 5 der Vorschrift schließlich entspricht dem bisherigen § 68 Abs. 3 FGG aF. Keinen Eingang in die Neuregelung hat § 68 Abs. 4 FGG aF gefunden.

II. Geltungsbereich

3 § 278 gilt in den in Abs. 1 S. 1 genannten Betreuungsverfahren vor der gerichtlichen Anordnung der Maßnahmen, dh. nicht notwendig dann, wenn diese Maßnahmen nicht vorgenommen werden sollen oder dann, wenn nach Erledigung der Hauptsache noch über die Rechtmäßigkeit der wegen Erledigung unterbliebenen Anordnung entschieden werden muss.[5]

4 **1. Betreuerbestellung (§ 1896 BGB).** Vor der Bestellung eines Betreuers ist die betroffene Person zwingend persönlich anzuhören. Der Bestellung steht die Auswechslung eines Betreuers gleich, § 296 Abs. 2.[6] Gleiches gilt dann, wenn der Aufgabenkreis eines bereits bestellten Betreuers ausgeweitet, § 293 Abs. 1, oder wenn die Betreuung verlängert werden soll, § 295 Abs. 1. In Verfahren zur Bestellung eines Gegenbetreuers muss die betroffene Person nicht persönlich hierzu angehört werden, wenn dabei der Aufgabenkreis des Betreuers nicht ausgeweitet werden soll.[7]

5 **2. Anordnung eines Einwilligungsvorbehalts (§ 1903 BGB).** Die betroffene Person ist ferner stets dann persönlich anzuhören, wenn das Gericht einen Einwilligungsvorbehalt nach § 1903 BGB anzuordnen hat. Dies gilt nach den §§ 293 Abs. 1 und 295 Abs. 1 auch bei der Erweiterung oder Verlängerung von Einwilligungsvorbehalten.

6 **3. Weitere Anhörungssituationen.** Die betroffene Person ist ferner stets dann anzuhören, wenn sie der Entlassung eines Betreuers widerspricht, § 296, wenn sie sterilisiert werden soll, § 297, oder wenn die Einwilligung des Betreuers in eine Untersuchung des Gesundheitszustandes, eine Heilbehandlung oder einen ärztlichen Eingriff nach § 1904 BGB genehmigt werden soll, § 298. Weitere Verfahrenssituationen, in denen Anhörungen stattfinden sollen oder müssen, sind in § 299 Abs. 1 geregelt.

III. Anhörung

7 **1. Allgemeines.** Die neue Vorschrift unterscheidet wie § 68 FGG aF zwischen der Anhörung einerseits und der Verschaffung eines persönlichen Eindruckes andererseits (nach bisherigem § 68 Abs. 1 S. 1 FGG aF: unmittelbarer Eindruck): Auch wer nichts mehr sagen kann oder will, hinterlässt trotzdem einen Eindruck.[8] Die vorgenommenen Änderungen sind nur sprachlicher Art. Die Anhö-

---

[1] *Damrau/Zimmermann* § 68 FGG Rn. 2.
[2] *Keidel/Kuntze/Winkler/Kayser* § 68 FGG Rn. 2.
[3] BT-Drucks. 11/4528, S. 172.
[4] *Damrau/Zimmermann* § 68 FGG Rn. 4.
[5] OLG Schleswig FamRZ 2001, 938; *Bassenge/Roth* § 68 FGG Rn. 1.
[6] BayObLG FamRZ 1995, 1082; *Damrau/Zimmermann* § 68 FGG Rn. 4.
[7] BayObLG FamRZ 1994, 325.
[8] *Zimmermann* FamFG Rn. 472.

rung und Verschaffung eines persönlichen Eindruckes durch das Gericht konkretisieren die Amtsermittlungspflicht des Gerichts nach § 26, bilden eigene Erkenntnisquellen und gehen damit über die Pflicht zur Gewährung rechtlichen Gehörs nach Art. 103 GG hinaus.[9] Sie stellt eine bindend vorgeschriebene Form der Sachaufklärung dar.

2. Persönliche Anhörung. a) Unmittelbarkeit. Die persönliche Anhörung der betroffenen Person stellt den Idealfall dar, in dem sich das Gericht durch direkte mündliche Rede und Gegenrede[10] mit der betroffenen Person darüber vergewissern kann, ob Betreuungsbedürftigkeit besteht. Rede und Antwort zwischen Gericht und betroffener Person ermöglicht dem Gericht auch einen persönlichen Eindruck. Die Anhörung hat grundsätzlich derjenige **unmittelbar** vorzunehmen, der über die Bestellung eines Betreuers und/oder über die Anordnung eines Einwilligungsvorbehalts zu entscheiden hat – also das nach § 272 örtlich zuständige Betreuungsgericht. Die Anhörung hat in **nicht öffentlicher Sitzung** stattzufinden, § 170 GVG.[11] Bei der deutschen Sprache nicht mächtigen betroffenen Personen ist ein Dolmetscher zuzuziehen. Die persönliche Anhörung soll in einem **Protokoll** festgehalten werden;[12] ob dieses Protokoll als Wort- oder Inhaltsprotokoll geführt wird, hängt vom Einzelfall ab.[13]

Die Anhörung nimmt der **Betreuungsrichter** vor. Es reicht für Abs. 1 nicht aus, wenn der entscheidende Betreuungsrichter die Anhörung in einer Betreuungssache mit dem Hinweis darauf unterlässt, dass er zuvor als Familienrichter in einem anderen Verfahren einen persönlichen Eindruck von der (jetzt) betroffenen Person erhalten habe.[14]

b) Ort. Spezielle Regelungen darüber, an welchem Ort die persönliche Anhörung stattzufinden hat, enthält Abs. 1 nicht.[15] Zwar finden Gerichtstermine seit alters an der von den Parteien „ungestabt und ungehalten" aufgesuchten Gerichtsstätte und damit grundsätzlich im Gerichtsgebäude statt, § 219 ZPO.[16] Die Anhörung kann aber nach heute allgemeiner Ansicht in Betreuungssachen sowohl im Gerichtsgebäude, als auch in der üblichen Umgebung der betroffenen Person stattfinden. Übliche Umgebung der betroffenen Person kann die Wohnung, aber auch die Intensivstation eines Krankenhauses oder die Anstalt sein, in der sich die betroffene Person mit oder ohne ihren Willen aufhält. Da sich in der üblichen Umgebung der betroffenen Person bessere Kenntnisse vom sozialen Umfeld derselben erlangen lassen als bei einem förmlichen Anhörungstermin im Amtsgerichtsgebäude, empfiehlt sich dieses Vorgehen.[17] Zweckmäßig und geboten ist dieses Vorgehen schon immer dann, wenn die betroffene Person bettlägerig, krank oder so gebrechlich ist, dass es für sie oder ihre Angehörigen einen großen Aufwand darstellte, sie ins Gerichtsgebäude zu befördern. Geboten ist die Anhörung in üblicher Umgebung auch dann, wenn nur so zu klären ist, wieweit die betroffene Person ihre Angelegenheiten noch selbst wahrnehmen kann und welche Hilfen in der üblichen Umgebung vorhanden sind. Auf diese Weise lassen sich die Aufgabenkreise eines Betreuers konkret bestimmen. Auch dann, wenn die betroffene Person die Anhörung in ihrer üblichen Umgebung wünscht, soll das Gericht dem nachkommen.[18] Wo die Anhörung letztlich durchgeführt wird, entscheidet das Gericht nach **pflichtgemäßem Ermessen;**[19] es hat die Gründe seiner Entscheidung mitzuteilen.[20] Hierbei ist Fingerspitzengefühl angezeigt. Es kann für die betroffene Person auch unangenehm sein, wenn das Gericht „in großer Besetzung mit Richter, Protokollant, Rechtsanwalt, Sachverständigem" in der Wohnung der betroffenen Person erscheint.[21] Ein Widerspruch der betroffenen Person ist deshalb unbedingt relevant.

---

[9] BT-Drucks. 16/6308, S. 267.
[10] PK-BUV/*Locher* § 68 FGG Rn. 5. Ist im Anhörungsprotokoll nur angekreuzt, dass eine sinnvolle Verständigung mit der Betroffenen teilweise möglich sei, ist nicht erkennbar, dass eine den Anforderungen des Abs. 1 genügende Anhörung durchgeführt worden ist: LG Duisburg FamRZ 2006, 146.
[11] *Damrau/Zimmermann* § 68 FGG Rn. 16. Findet sie im Krankenhaus oder Pflegeheim statt, sind die Mitbewohner auszuschließen.
[12] Die Vorschriften der §§ 159 ff. ZPO gelten aber nicht; vgl. PK-BUV/*Locher* § 68 FGG Rn. 7.
[13] *Damrau/Zimmermann* § 68 FGG Rn. 18 m. weit. Nachw.
[14] OLG Köln OLGR Köln 2007, 594.
[15] Vor Inkrafttreten des BtG wurde darüber gestritten, ob die Anhörung grundsätzlich in der Wohnung der betroffenen Person stattzufinden habe; s. dazu noch BT-Drucks. 11/4528, S. 214, 231.
[16] *Damrau/Zimmermann* § 68 FGG Rn. 6.
[17] Darauf weist mit Recht *Bienwald* § 68 FGG Rn. 16 hin.
[18] Bindend ist das Verlangen der betroffenen Person nicht; OLG Düsseldorf FamRZ 1996, 1373; *Damrau/Zimmermann* § 68 FGG Rn. 9.
[19] *Keidel/Kuntze/Winkler/Kayser* § 68 FGG Rn. 7.
[20] OLG Düsseldorf FamRZ 1996, 1373 für das Absehen von Anhörung in üblicher Umgebung.
[21] *Damrau/Zimmermann* § 68 FGG Rn. 11.

11 **c) Inhalt.** Zum Inhalt der persönlichen Anhörung macht Abs. 1 S. 1 ebenfalls keine näheren Angaben. Als Gegenstand der Anhörung kommen alle Umstände in Betracht, die für und gegen die Bestellung eines Betreuers und für und gegen die Anordnung eines Einwilligungsvorbehalts sprechen. Zunächst hat das Gericht Augenschein von der betroffenen Person und ihrer Umgebung zu nehmen, ihre Personalien, ihren Beruf und Lebenslauf, Namen und Anschriften von Verwandten und sonstigen Angehörigen festzustellen und die Lebens- und finanziellen Verhältnisse der betroffenen Person mit dieser zu besprechen. Sodann muss das Gericht in der Anhörung Feststellungen zur Betreuungsbedürftigkeit treffen (Wer kauft ein, wer kocht, wer putzt? Wie wirkt sich eine eventuelle Krankheit im Alltag aus? Auf welche Hilfen von Nachbarn, Verwandten oder Sozialdiensten kann die betroffene Person zurückgreifen?)[22] und zu klären, ob die betroffene Person anderen Personen bereits Vollmachten erteilt hat.[23] Schließlich hat es bei der Anhörung auch und vor allem um die Frage zu gehen, wer gegebenenfalls Betreuer werden soll.[24] Das Gericht hat zu erfragen, wen die betroffene Person zum Betreuer vorschlägt[25] – und wen nicht – und welche Gesichtspunkte bei der Betreuerauswahl zu berücksichtigen sind[26] (etwa verwandtschaftliche oder sonstige persönliche Bindungen der betroffenen Person). Gleiches gilt für die Frage, wer zum Verfahrenspfleger zu bestellen ist.[27] Auch ist der betroffenen Person Gelegenheit zur Äußerung dazu zu geben, welche der fakultativ beteiligungsberechtigten Personen beteiligt werden sollen[28] und ob die betroffene Person der Anhörung ihrer Angehörigen oder der Betreuungsbehörde (§ 279) widerspricht.[29]

12 **3. Verschaffen eines persönlichen Eindrucks. a) Persönlicher Eindruck.** Abs. 1 S. 2 fordert neben der persönlichen Anhörung auch, dass das Gericht sich einen persönlichen Eindruck von der betroffenen Person verschafft. Offensichtlich sollen damit einerseits die Fälle erfasst werden, in denen eine Befragung unmöglich ist. Andererseits wird aus dieser Trennung deutlich, dass das Gericht sich nicht auf eine formelle mündliche Befragung allein stützen darf. Während auf die persönliche Anhörung der betroffenen Person nämlich unter bestimmten Voraussetzungen verzichtet werden kann (s. unten IV.), ist es unter keinen Umständen zulässig, dass das Gericht über die Bestellung eines Betreuers oder die Anordnung eines Einwilligungsvorbehaltes entscheidet, ohne die betroffene Person realiter vor sich gehabt zu haben. Offensichtlich geht die Vorschrift davon aus, dass das Gericht so einen besseren Eindruck von der Persönlichkeit der betroffenen Person, ihres sozialen Umfeldes und den Angelegenheiten, mit denen sie konfrontiert ist, gewinnen kann.[30]

13 **b) Übliche Umgebung.** Den persönlichen Eindruck soll sich das Gericht nach Abs. 1 S. 2 **in der üblichen Umgebung** der betroffenen Person verschaffen. Voraussetzung dafür ist, dass die betroffene Person das entweder verlangt oder aber dass das der Sachaufklärung dient und die betroffene Person nicht widerspricht. Die übliche Umgebung ist in aller Regel der ständige Aufenthaltsort der betroffenen Person (auch Klinik oder Anstalt bei dauerndem Aufenthalt dort) – das bedeutet, dass eine obdachlose betroffene Person auf der Straße oder in der Region, in der sie sich täglich oder nächtlich regelmäßig aufhält, aufgesucht werden soll.[31] Voranmeldungen schreibt das Gesetz nicht vor.

14 Das **Verlangen der betroffenen Person** muss nicht begründet werden – das Gericht muss also dem bloßen Wunsch nachkommen; zu Missbräuchen (s. schon oben Rn. 10).

15 **c) Sachaufklärung und Widerspruchsrecht.** Verlangt die betroffene Person die Verschaffung des persönlichen Eindrucks in ihrer üblichen Umgebung nicht, muss sie der **Sachaufklärung** dienen. Die Inaugenscheinnahme der Lebensverhältnisse muss also notwendig sein, um zu klären, ob die Voraussetzungen für eine Maßnahme nach §§ 1896, 1903 BGB gegeben sind. Zu ermitteln ist dann, wie die Wohnverhältnisse der betroffenen Person sind, ob und wenn ja in welchem Grade bereits Verwahrlosung eingetreten ist, welchen Angelegenheiten sich die betroffene Person gegenübersieht und welche Hilfen in ihrem Umfeld vorhanden sind.

---

[22] *Damrau/Zimmermann* § 68 FGG Rn. 21.
[23] *Bienwald* § 68 FGG Rn. 20.
[24] LG Duisburg BeckRS 2007, 18769; BayObLG FamRZ 1995, 1442.
[25] *Bienwald* § 68 FGG Rn. 17; *Damrau/Zimmermann* § 68 FGG Rn. 22; *Keidel/Kuntze/Winkler/Kayser* § 68 FGG Rn. 9.
[26] KG FamRZ 1995, 1442.
[27] *Keidel/Kuntze/Winkler/Kayser* § 68 FGG Rn. 9.
[28] Ebenso *Keidel/Kuntze/Winkler/Kayser* § 68 FGG Rn. 9.
[29] *Damrau/Zimmermann* § 68 FGG Rn. 23.
[30] BT-Drucks. 11/4528, S. 172.
[31] *Bienwald* § 68 FGG Rn. 8.

16 Eine Belehrung über das in Abs. 1 S. 2, 2. Alt. normierte, auf Art. 13 Abs. 1 GG rückführbare **Widerspruchsrecht** der betroffenen Person bei nicht gewünschtem Besuch durch das Gericht ist nicht vorgesehen und daher auch nicht notwendig,[32] auch über etwaige Widerspruchsfristen schweigt sich das Gesetz aus. Gleichwohl gebietet es schon der Anstand, der betroffenen Person mitzuteilen, dass sie widersprechen darf.[33] Auch soll der Widerruf des ursprünglich geäußerten Besuchswunsches respektiert werden. Der Widerspruch muss ebenso wenig wie der Besuchswunsch begründet werden, er braucht auch keine „vernünftige Grundlage" zu haben.[34] Solche Widersprüche sind wegen § 275 auch dann beachtlich, wenn die betroffene Person nicht geschäftsfähig ist. Als Widerspruch kommt jede Äußerung oder Handlung in Betracht, aus der sich schließen lässt, dass die betroffene Person das Gericht nicht in ihre Wohnung/ihr Zimmer lassen will. Den Widerspruch äußern kann auch ein Vertreter der betroffenen Person, also der Verfahrensbevollmächtigte oder der aus einer Vorsorgevollmacht bevollmächtigte Vertreter, nicht aber der Verfahrenspfleger, weil dieser (s. die Kommentierung zu § 276) kein gesetzlicher Vertreter der betroffenen Person ist.[35]

17 **d) Nichtmitwirkung der betroffenen Person.** Wirkt die betroffene Person an der Sachaufklärung nicht mit, indem sie die Umgebungsanhörung verweigert und dem Gerichtsbesuch widerspricht, dann darf dieses Verhalten im Betreuungsverfahren wegen des in § 26 normierten Amtsermittlungsgrundsatzes nicht zu ihrem Nachteil verwendet werden. Das Betreuungsgericht muss daher ohne die durch Umgebungsanhörung erzielbaren Erkenntnisse entscheiden, was dazu führt, dass in Einzelfällen eine Betreuungsbedürftigkeit mangels Mitwirkung der betroffenen Person nicht positiv festgestellt werden kann. Dann scheidet die Betreuerbestellung oder die Anordnung eines Einwilligungsvorbehaltes aus.[36]

18 **4. Anwesenheit Dritter.** § 278 enthält keine mit § 68 Abs. 4 FGG aF vergleichbare Regelung. Im Ergebnis ist das Anhörungsverfahren damit deutlich gestrafft worden. Im Einzelnen:

19 **a) Sachverständige.** Zu § 68 Abs. 4 FGG aF war unklar, in welchem Verhältnis er zu Abs. 1 stand.[37] Die Möglichkeit der Hinzuziehung eines Sachverständigen zum Anhörungstermin gemäß dem bisherigen § 68 Abs. 4 S. 1 FGG aF ist nun, so die Begründung zum FGG-RG,[38] entbehrlich, denn da der Sachverständige die betroffene Person nach § 280 Abs. 2 persönlich zu untersuchen und zu befragen hat und außerdem für die Einholung eines Sachverständigengutachtens nach dieser Vorschrift das Strengbeweisverfahren gilt, kann das Gericht den Sachverständigen schon zum Anhörungstermin bestellen. Mit dieser Argumentation **beschränkt** das Gesetz **den Sachverständigen in seinen Funktionen** auf diejenige der Aufklärung des Sachverhalts und billigt ihm bei der Anhörung keine eigene Funktion (etwa zur Gewährung rechtlichen Gehörs die Erleichterung der verbalen Kommunikation zwischen Gericht und betroffener Person, wenn diese dazu noch in der Lage ist)[39] zu. Außerdem verhindert sie, dass das Gericht bei der Anhörung einen anderen Sachverständigen beauftragt als den, der das Gutachten nach § 280 erstatten soll. Damit ist eine Einbuße an Erkenntnismöglichkeiten verbunden, und offen ist, ob es durch diese Verkürzung nicht eventuell zu den schon 1990 befürchteten falschen Weichenstellungen im Verfahren kommt,[40] wenn das Gericht bei der ohne Sachverständigen vorgenommenen Anhörung die Erkrankung der betroffenen Person falsch einschätzt.

20 **b) Vertrauensperson.** Auch der bisherige § 68 Abs. 4 S. 2 FGG aF, der die Möglichkeit der Anwesenheit einer Vertrauensperson des Betroffenen regelte, konnte nach Ansicht des Gesetzgebers entfallen, denn der Betroffene kann nach § 12 jederzeit mit einer ihm vertrauten Person als Beistand erscheinen.[41] Damit verbunden freilich ist eine Einschränkung gegenüber dem bisherigen Rechtszustand: Während nach § 68 Abs. 4 S. 2 FGG aF jede in ihren Eigenschaften nicht näher definierte Person des Vertrauens zur Anhörung erscheinen durfte, kann Beistand nach § 12 nur sein, wer in Verfahren, in denen die Beteiligten das Verfahren selbst betreiben können, als Bevollmächtigter zur Vertretung befugt ist. Das aber sind nur die in § 10 Abs. 2 genannten Personen: **Rechtsanwälte** und **Notare, Beschäftigte** und **volljährige Familienangehörige** der betroffenen Person. Personen, die

---

[32] *Bienwald* § 68 FGG Rn. 9; *Damrau/Zimmermann* § 68 FGG aF Rn. 14; *Keidel/Kuntze/Winkler/Kayser* § 68 Rn. 7.
[33] So auch *Bienwald* § 68 FGG Rn. 9.
[34] *Damrau/Zimmermann* § 68 FGG Rn. 12; *Keidel/Kuntze/Winkler/Kayser* § 68 FGG Rn. 7.
[35] So auch *Damrau/Zimmermann* § 68 FGG Rn. 12.
[36] *Damrau/Zimmermann* § 68 FGG Rn. 13.
[37] S. dazu *Bienwald* § 68 FGG Rn. 25.
[38] BT-Drucks. 16/6308, S. 267.
[39] So aber *Bienwald* § 68 FGG Rn. 26 (Doppelfunktion).
[40] BT-Drucks. 11/4528, S. 173.
[41] BT-Drucks. 16/6308, S. 267.

keine Familienangehörigen sind, können daher nicht mehr als Vertrauenspersonen zur Anhörung zugelassen werden. Damit ist aber das bisherige Recht der betroffenen Person auf eine weitere Vertrauensperson als den bestellten Rechtsanwalt nicht „aufgezehrt", denn § 12 erlaubt die Anwesenheit von (mehreren) „Beiständen".

21 **c) Weitere Personen.** Die bisherige Regelung des § 68 Abs. 4 S. 3 FGG aF (Anwesenheit weiterer Personen) ist jetzt in § 170 GVG zu finden, was sich gesetzessystematisch begründen lässt. Hier geht es um die Gegenwart etwa von Rechtsreferendaren, Rechtsstudenten, Rechtspflegeranwärtern, Pflegepersonal etc. Der Widerspruch der betroffenen Person gegen deren Gegenwart ist immer beachtlich, auch sollte der Richter darauf achten, dass wenigstens Teile der Anhörung ohne die Gegenwart Dritter stattfinden. Auch die als Betreuer eventuell schon in Aussicht genommene Person darf nur mit Einwilligung der betroffenen Person anwesend sein.[42] Eine Belehrungspflicht über ein Widerspruchsrecht ist nicht explizit geregelt; der aufmerksame Richter wird mit der betroffenen Person zu Beginn der Anhörung besprechen, ob man sich allein unterhalten wolle. Die unerbetene Zulassung Dritter wird zutreffend für beschwerdefähig gehalten.[43] Der Verfahrenspfleger bzw. der Prozessbevollmächtigte darf stets anwesend sein und ist deswegen auch zum Anhörungstermin zu laden. Fehlt der Verfahrenspfleger oder der Prozessbevollmächtigte unfreiwillig, hat das Gericht die Anhörung entweder zu vertragen oder auf Verlangen zu wiederholen.[44]

IV. Unterrichtung der betroffenen Person

22 **1. Verfahrensablauf.** Nach Abs. 2 S. 1 hat das Gericht die betroffene Person über den möglichen Verlauf des Verfahrens zu unterrichten. Obwohl ein **Zeitpunkt** hierfür nicht vorgesehen ist, kann damit nur gemeint sein, dass das Gericht die betroffene Person möglichst am Anfang des Verfahrens darüber in Kenntnis setzen soll, was auf sie zukommt und mit welchen Entscheidungen das Verfahren enden könnte. Nur so kann ihr das Verfahren verständlich gemacht werden und sie befähigt werden, diejenigen Tatsachen vorzubringen oder auf diejenigen Umstände hinzuweisen, die entscheidungserheblich sein könnten.

23 **a) Formerfordernisse** kennt Abs. 2 S. 1 nicht. Daher ist eine Unterrichtung mittels Formblattes zulässig. Die Unterrichtung mittels Formulars wird aber zur Farce, wenn das Gericht generell und ohne Ansehen der betroffenen Person durch Formblatt unterrichtet. Zweckmäßig ist daher die **mündliche Unterrichtung.**[45]

24 **b) Umfang.** Die geschuldete Information ist in ihrem Umfang und ihrer Verständlichkeit auf den Verständnishorizont der betroffenen Person abzustimmen. Alles kommt hierbei auf den Einzelfall an. Mindestens aber soll die betroffene Person wissen, dass sie von einem Sachverständigen untersucht und vom Gericht angehört werden wird, dass ein Gericht entscheiden wird, ob ein Betreuer bestellt oder ein Einwilligungsvorbehalt angeordnet werden wird und dass sie sich gegen die Entscheidung mit Rechtsmitteln wehren kann.[46] Ist die betroffene Person anwaltlich vertreten oder ist ein Verfahrenspfleger bestellt, so genügt eine kurze Unterrichtung durch das Gericht.

25 **2. Entscheidungsalternativen.** Nach Abs. 2 S. 2 soll das Gericht die betroffene Person auf Alternativen zu einer Betreuerbestellung bzw. zur Anordnung von Einwilligungsvorbehalten hinweisen. Das läuft darauf hinaus, die betroffene Person darüber zu informieren, dass sie auch selbst durch Errichtung einer **Vorsorgevollmacht** dafür Sorge tragen könne, dass ihre Angelegenheiten auch dann weiter besorgt werden können, wenn sie selbst dazu nicht mehr in der Lage ist. Dieser Hinweis soll **in geeigneten Fällen** gegeben werden – er scheidet also immer dann aus, wenn die betroffene Person nicht geschäftsfähig ist, da die Errichtung der Vorsorgevollmacht die Geschäftsfähigkeit voraussetzt. Das Gericht hat in solchen Fällen mit der betroffenen Person auch zu besprechen, was inhaltlich in einer Vorsorgevollmacht angeordnet werden kann, welchen Umfang diese Vollmacht also haben könnte (Heilbehandlung, Wohnungsangelegenheiten, Vermögensbetreuung etc.). Der Hinweis ist zu komplettieren durch den Verweis darauf, dass Vorsorgevollmachten beim zentralen Vorsorgeregister nach § 78a Abs. 1 BNotO registriert werden können. Abs. 2 S. 2 wird als gesetzgeberischer Hinweis auf die Subsidiarität der Betreuung verstanden werden dürfen.

---

[42] *Damrau/Zimmermann* § 68 FGG Rn. 54.
[43] *Damrau/Zimmermann* § 68 FGG Rn. 54.
[44] BayObLG Rpfleger 2002, 24.
[45] *Bassenge/Roth* § 68 FGG Rn. 7; *Bienwald* § 68 FGG Rn. 23; *Damrau/Zimmermann* § 68 FGG Rn. 24; *Keidel/Kuntze/Winkler/Kayser* § 68 FGG Rn. 8.
[46] *Damrau/Zimmermann* § 68 FGG Rn. 25.

3. Schlussgespräch? a) Fortfall des Schlussgesprächs. Eine augenfällige Neuerung des FGG- 26
RG besteht darin, dass der bisherige § 68 Abs. 5 FGG aF, in dem das so genannte Schlussgespräch[47]
geregelt war, entfallen ist. Abs. 2 S. 3 als Teil der Unterrichtungspflicht des Gerichts soll nach der
Ansicht des Gesetzgebers dessen Rolle teilweise übernehmen: Soweit das Schlussgespräch nach
bisherigem § 68 Abs. 5 FGG aF der Gewährung rechtlichen Gehörs gedient habe und habe sicherstellen sollen, dass das Ergebnis der Beweisaufnahme vor Erlass einer Entscheidung dem Betroffenen
mitgeteilt wird, ergäben sich diese Anforderungen nun bereits aus § 37 Abs. 2 und § 34 Abs. 1. § 37
Abs. 2 bestimme, dass das Gericht seine Entscheidung nur auf Feststellungen stützen darf, zu
sich die Beteiligten äußern konnten. Der in dem bisherigen § 68 Abs. 5 S. 1 FGG aF enthaltenen
Anordnung, das Ergebnis der Anhörung mit dem Betroffenen persönlich zu erörtern, trage der
Allgemeine Teil des FamFG Rechnung: Aus § 34 Abs. 1 folge, dass die Gewährung rechtlichen
Gehörs, sofern geboten, in einem persönlichen Gespräch mit dem Betroffenen zu erfolgen habe.
Soweit das Schlussgespräch nach bisherigem § 68 Abs. 5 S. 1 FGG aF darüber hinaus der Sachverhaltsaufklärung gedient habe, werde dieser Zweck bereits durch die allgemeine Amtsermittlungspflicht des Gerichts aus § 26 erreicht.[48] Im Einzelfall könne sie einen gesonderten Termin zur
Erörterung der gewonnenen Erkenntnisse erforderlich machen. Die Regelung eines Schlussgespräches in einem eigenen Verfahrensabschnitt sei verzichtbar, denn dieses habe auch nach bisherigem
§ 68 Abs. 5 S. 2 FGG aF in einem Termin mit der Anhörung und Verschaffung eines unmittelbaren
Eindruckes erfolgen können, was der weit überwiegenden Handhabung in der Praxis entspreche.[49]
Praktiker weisen denn auch darauf hin, dass auch bisher regelmäßig nur ein Termin durchgeführt
worden sei.[50] Die letztere Überlegung dürfte freilich die wahrlich relevante sein, die dem Schlussgespräch als eigenständigem Verfahrensabschnitt den Todesstoß des Gesetzgebers versetzt hat.[51]

b) Verfahrensrechtliche Notwendigkeit. Die Ansichten über die verfahrensrechtliche Notwen- 27
digkeit des Schlussgesprächs gingen nämlich schon anlässlich des BtG auseinander. Seine Funktion
wurde vor allem darin gesehen, rechtliches Gehör und Sachaufklärung zu ermöglichen[52] – darauf wies
schon der Wortlaut des § 68 Abs. 5 FGG aF hin. Andererseits wurde das Schlussgespräch schon 1991
für „nur selten erforderlich" gehalten,[53] weil sämtliche Gegenstände, die im Schlussgespräch zu
erörtern seien (Ergebnis der Anhörung, Gutachten des Sachverständigen, Umfang des Aufgabenkreises, Person des Betreuers), schon im ersten Anhörungstermin besprochen werden könnten. Ganz
kritisch wurde schließlich angemerkt, die Lösung des § 68 Abs. 5 FGG aF sei inhaltslos, sie folge
schon aus § 12 FGG aF (jetzt § 26).[54] Die Einwände, dass das rechtliche Gehör stets zu gewähren sei
und dass im Rahmen der Sachaufklärung der Strengbeweis gelte, sprechen auch aus der Abneigung
des Gesetzgebers des FamFG gegen das Schlussgespräch. Insofern schließt der geltende § 278 Abs. 2
S. 3 eine Debatte ab. Darüber hinaus war die Regelung zu den im Schlussgespräch zu erörternden
Gegenständen eher unvollständig und ganz auf die Betreuerbestellung zentriert. Nicht erörtert werden
musste dagegen, in welchen Rechtsgebieten ein Einwilligungsvorbehalt angeordnet werden soll.

c) Erörterungsbedürftige Gegenstände. Nach Abs. 2 S. 3 hat das Gericht mit der betroffenen 28
Person zu erörtern, also **mündlich zu besprechen,** welche **Person oder Institution als Betreuer**
in Betracht kommt und welchen **Umfang der Aufgabenkreis** hat, den der Betreuer übertragen
bekommt. Die Erörterung mit dem Prozessbevollmächtigten und/oder dem Verfahrenspfleger reicht
nicht aus, das Gericht muss sich mit der betroffenen Person selbst unterhalten. Angesichts dieses nur
mehr kümmerlichen Rests eines Schlussgesprächs fragt sich, wieso nicht auch dieser Rest noch getilgt
worden ist – beide „Erörterungsgegenstände" sind ohnehin Gegenstand der Anhörung nach Abs. 1.
Deswegen überzeugt auch die systematische Stellung der Vorschrift (in Abs. 2) wenig.

Sehr problematisch ist nach hier vertretener Ansicht der Wegfall der Erörterungspflicht das 29
Gutachten des Sachverständigen betreffend. Hier zeigt die Praxis, dass in der Tat die Gefahr kurzen
Prozesses droht, wenn die betroffene Person in einem einzigen, ohne weiteren Hinweis anberaumten

---

[47] Dazu ausführlich *Bienwald* § 68 FGG Rn. 42–55. *Bienwald* stand dem Schlussgespräch optimistischer gegenüber und ging, Rn. 52, bisher von der Notwendigkeit zweier Termine aus.
[48] Zu den in der Praxis beobachtbaren Gestaltungen *Probst,* Betreuungs- und Unterbringungsverfahren, S. 78: Das Spektrum habe von den schnellen Umgebungserstanhörungen bis zu differenziert vorbereiteten späten Anhörungen gereicht.
[49] BT-Drucks. 16/6308, S. 267.
[50] PK-BUV/*Locher* § 68 FGG Rn. 19; HK-BUR/*Bauer* § 68 FGG Rn. 190 ff.
[51] Gewissermaßen triumphierend *Zimmermann* FamFG Rn. 475: Das Schlussgespräch spielte in der Praxis sowieso keine Rolle.
[52] *Keidel/Kuntze/Winkler/Kayser* § 68 FGG Rn. 18; *Bassenge/Roth* § 68 FGG Rn. 17.
[53] *Zimmermann* FamRZ 1990, 1311; *ders.* FamRZ 1991, 275.
[54] *Damrau/Zimmermann* § 68 FGG Rn. 55.

Anhörungstermin mit dem Gutachten konfrontiert und überfordert ist.[55] Es kommt deshalb in Zukunft ganz entscheidend darauf an, darauf zu achten, dass durch Verfahrensvereinfachungen nicht das rechtliche Gehör verweigert wird.

V. Rechtshilfe

30   **1. Allgemeines.** Abs. 3 enthält mit sprachlichen Änderungen die Vorschrift des bisherigen § 68 Abs. 1 S. 4 FGG aF und regelt die Anhörung des Betroffenen und die Verschaffung eines persönlichen Eindruckes im Wege der Rechtshilfe. Grundsätzlich ist **Rechtshilfe** durch den ersuchten Richter demnach **ausgeschlossen** – die betroffene Person anhören bzw. sich einen persönlichen Eindruck von ihr verschaffen muss daher der entscheidende Richter.[56] Das bedeutet, dass der entscheidende Richter die betroffene Person selbst aufsuchen muss, wenn diese bei Gericht nicht erscheinen kann oder die Umgebungsanhörung verlangt. Dass das in der Praxis einen hohen Aufwand erfordert, dass die Ergebnisse in vielen Fällen den Aufwand nicht rechtfertigen und dass das generelle Rechtshilfeverbot die Fähigkeiten des ersuchten Richters unterschätzt, wird immer wieder kritisch angemerkt.[57] Nur ausnahmsweise, nämlich dann, wenn Gründe dafür vorliegen, dass die beabsichtigte Entscheidung auch ohne eigenen Eindruck des entscheidenden Gerichts von der betroffenen Person getroffen werden kann, ist Rechtshilfe zulässig.

31   **2. Neuerungen im FamFG.** Das Gesetz hat sich aber auch in seiner Neufassung durch das FGG-RG nicht zur Aufgabe des generellen Rechtshilfeausschlusses entschließen können. Immerhin hat es den Ausnahmetatbestand charakteristisch „entschärft", wozu sich die Begründung zum FGG-RG aber ausschweigt. Hieß es in § 68 Abs. 1 S. 4 FGG aF noch, dass Anhörungen durch den ersuchten Richter nur dann erfolgen dürften, wenn „von vornherein anzunehmen" war, dass das entscheidende Gericht das Anhörungsergebnis auch ohne eigenen Eindruck von der betroffenen Person zu würdigen vermochte, heißt es jetzt schlicht, dass „anzunehmen" sein müsse, dass die Entscheidung ohne eigenen Eindruck getroffen werden könne. Eine bloße sprachliche Variante ist das nicht: „von vornherein" in § 68 Abs. 1 S. 4 FGG aF sollte dahin verstanden werden[58] (und wurde auch so verstanden),[59] dass nur in offensichtlich eindeutigen Fällen die Anhörung durch den ersuchten Richter möglich war. Eine zeitliche Komponente hatte dieses „von vornherein" nicht[60] – als offensichtlich eindeutiger Fall war etwa anerkannt, dass ein bewusstloser Patient in einer weit entfernten Klinik nicht vom entscheidenden Richter angehört werden muss.[61] Die jetzt geltende Fassung ist ersichtlich weiter und geeignet, mehr Fälle zu erfassen als § 68 Abs. 1 S. 4 FGG aF.

32   **3. Zulässigkeit der Rechtshilfe.** Auch für § 278 Abs. 3 wird demgegenüber hier vorgeschlagen, die Anhörung durch den ersuchten Richter nur dann für zulässig zu halten, wenn ein offensichtlich eindeutiger Fall vorliegt, in dem es keine Rolle spielt, welcher Richter die betroffene Person anhört oder in Augenschein nimmt. Das wird in der Regel nicht anzunehmen sein. Bequemlichkeiten der Praxis dürfen dann keine Rolle spielen, wenn so schwerwiegende Eingriffe in die Rechte einer Person vorgenommen werden sollen, wie es die Bestellung eines Betreuers, die Anordnung eines Einwilligungsvorbehaltes oder die Unterbringung einer Person darstellen.

33   Abs. 3 gilt schließlich auch im Beschwerdeverfahren.[62] Hier begegnet es keinen rechtlichen Bedenken, wenn der Berichterstatter die betroffene Person (allein) anhört, in Betreuungssachen erfahren ist und den übrigen Kammermitgliedern die Eindrücke der Anhörung in so ausreichendem Maße schildern kann, dass diese Schilderung als Grundlage einer Kammerentscheidung dienen kann.[63]

34   Der in solchen Fällen ersuchte Richter seinerseits hat keine rechtliche Möglichkeit, die Zulässigkeit des Rechtshilfeersuchens zu überprüfen.[64] Im Einzelfall ist entschieden worden, dass das Ersu-

---

[55] S. dazu KG FamRZ 2008, 816.
[56] S. zu den Positionen in den Beratungen zum BtG *Dodegge* NJW 1987, 1913.
[57] *Damrau/Zimmermann* § 68 FGG Rn. 31.
[58] BT-Drucks. 11/4528, S. 172, 214, 231; BT-Drucks. 11/6949, S. 79.
[59] *Keidel/Kuntze/Winkler/Kayser* § 68 FGG Rn. 10.
[60] Zutreffend *Damrau/Zimmermann* § 68 FGG Rn. 32; *Bassenge/Roth* § 68 FGG Rn. 6: „von vornherein = offensichtlich".
[61] OLG Hamm NJW-RR 1997, 71 (kein offensichtlich eindeutiger Fall bei Aphasie, die dazu führt, dass die betroffene Person Gesprochenes allenfalls in einfachsten Zusammenhängen verstehen und Sinn und Zweck einer Betreuung nicht erfassen kann); *Keidel/Kuntze/Winkler/Kayser* § 68 FGG Rn. 10. Kritisch *Damrau/Zimmermann* § 68 FGG Rn. 33 u. ö.
[62] *Damrau/Zimmermann* § 68 FGG Rn. 34.
[63] OLG Rostock OLGR Rostock 2006, 729.
[64] *Bassenge/Roth* § 68 FGG Rn. 6. S. a. OLG München BtPrax 2005, 199.

chen um Rechtshilfe als offensichtlicher Rechtsmissbrauch anzusehen sein kann, wenn die Anhörung durch den ersuchten Richter eklatant unrichtig ist und wenn der ersuchende Richter die Rechtshilfe zur Regel in ähnlichen Fällen machen will.[65]

VI. Absehen von der Anhörung

1. Allgemeines. Nach Abs. 4 kann das Gericht davon absehen, die betroffene Person persönlich anzuhören, wenn von dieser Anhörung erhebliche Gesundheitsnachteile für die betroffene Person drohen. Der Wortlaut ist hier abschließend, insofern von der **Anhörung** des Abs. 1 S. 1 abgesehen werden darf. Das Gericht darf dagegen niemals von der Verschaffung des persönlichen Eindrucks nach Abs. 1 S. 2 absehen.[66] Außerdem ist weder angeordnet, dass die Anhörung im Falle des Abs. 4 unterbleiben müsse,[67] noch ist dieses Absehen von der Anhörung in das freie Ermessen des Gerichts gestellt. Entscheidend ist, was nach § 26 erforderlich ist, um den Sachverhalt aufzuklären.[68]

Problematisch (und durch das FGG-RG nicht geklärt) sind die Fälle, in denen schon das Auftauchen des Gerichts bei der betroffenen Person dieselbe so sehr aufregt wie eine durchzuführende Anhörung.[69] In diesen Ausnahmefällen muss mit den etwa behandelnden Ärzten oder Fürsorgepersonen nach schonenden Alternativen der Eindrucksverschaffung gesucht werden,[70] die freilich wieder nicht den Grundsatz der Parteiöffentlichkeit verletzen dürfen – ein heimliches Beobachten der betroffenen Person durch den Richter verbietet sich.[71] Die generelle Aussage, dass die Eindrucksverschaffung dann unterbleiben dürfe,[72] widerspricht jedenfalls der Intention des Gesetzes. Auch die Schwere des möglichen Grundrechtseingriffs erfordert es, das Verfahren so zu gestalten, dass effektiver Grundrechtsschutz gewährleistet ist.[73]

2. Neuerungen im FamFG. Abs. 4 unterscheidet sich insofern von § 68 Abs. 2 FGG aF, als die Nr. 2 dieser bisher geltenden Vorschrift ersatzlos weggefallen ist. Die Begründung zum FGG-RG meint, die Vorschrift habe eine redaktionelle Anpassung an den Allgemeinen Teil erfahren; eine inhaltliche Neuausrichtung sei damit nicht verbunden.[74] Der **Fortfall der Fallgruppe der Verständnisunfähigkeit**[75] aus dem Text des § 278 vereinfacht die Vorschrift und schadet nichts, denn der, der nichts mehr sagen oder tun kann, kann selbstverständlich nicht angehört werden.[76] In § 34 Abs. 2, auf den § 278 Abs. 4 verweist, ist diese Fallgruppe freilich für Betreuungssachen unsinnigerweise wieder enthalten. Der Verweis hätte deshalb unterbleiben sollen.

3. Voraussetzungen. Das Absehen von der Anhörung ist nur möglich, wenn ärztlich festgestellt ist, dass von der Anhörung erhebliche Nachteile für die Gesundheit der betroffenen Person zu besorgen sind. Diese Gründe muss das Gericht in nachprüfbarer Weise darlegen.[77]

a) Erhebliche Gesundheitsnachteile. Erhebliche Gesundheitsnachteile liegen dann vor, wenn der betroffenen Person **unumkehrbare oder lebensgefährliche Schäden** drohen.[78] Vorübergehende Beeinträchtigungen, kurz andauernde Erregungszustände sind ebenso wenig als erhebliche Gesundheitsbeeinträchtigung akzeptabel wie Beeinträchtigungen, denen mit ärztlicher Hilfe begegnet werden kann[79] (was freilich nicht heißt, dass die betroffene Person bedenkenlos tranquilliert werden darf). Was das im Einzelfall bedeuten kann, entzieht sich juristischer Definierbarkeit – es

---

[65] OLG Schleswig BtPrax 1995, 146.
[66] HK-BUR/*Bauer* § 68 FGG Rn. 105; *Bienwald* § 68 FGG Rn. 39; *Damrau/Zimmermann* § 68 FGG Rn. 37; *Keidel/Kuntze/Winkler/Kayser* § 68 FGG Rn. 13.
[67] So aber HK-BUR/*Bauer* § 68 FGG Rn. 112.
[68] *Damrau/Zimmermann* § 68 FGG Rn. 37; aA HK-BUR/*Bauer* § 68 FGG Rn. 112.
[69] Einen Fall (schwere Konversionsneurose) nennt HK-BUR/*Bauer* § 68 FGG Rn. 113.
[70] Das Gericht dürfe schließlich nicht über Leichen gehen: HK-BUR/*Bauer* § 68 FGG Rn. 114.
[71] HK-BUR/*Bauer* § 68 FGG Rn. 114.
[72] So *Damrau/Zimmermann* § 68 FGG Rn. 41.
[73] OLG Karlsruhe FamRZ 1999, 670.
[74] BT-Drucks. 16/6308, S. 267.
[75] S. dazu *Damrau/Zimmermann* § 68 FGG Rn. 43 mit Verweis auf ältere Literatur.
[76] *Damrau/Zimmermann* § 68 FGG Rn. 43.
[77] OLG Hamm FamRZ 1993, 989.
[78] *Bienwald* § 68 FGG Rn. 40; *Damrau/Zimmermann* § 68 FGG Rn. 38; *Keidel/Kuntze/Winkler/Kayser* § 68 FGG Rn. 13; PK-BUV/*Locher* § 68 FGG Rn. 9 mit dem zutreffenden Hinweis darauf, dass in der Praxis nicht so sehr die Anhörung, wohl aber die zwangsweise Vorführung zur Anhörung (jetzt Abs. 5) die Gesundheitsbeeinträchtigung hervorruft.
[79] *Bienwald* § 68 FGG Rn. 40.

existiert hierzu wenig veröffentlichte Rechtsprechung.⁸⁰ Auf jeden Fall reicht die Einschätzung des behandelnden Arztes oder der Fürsorgeeinrichtung, es werde in der Zukunft vermehrt zu Konflikten mit der betroffenen Person kommen, nicht aus, um auf die Anhörung zu verzichten.⁸¹

40 **b) Ärztliches Gutachten.** Die drohende Gesundheitsbeeinträchtigung muss durch ein ärztliches Gutachten belegt sein, um von der Anhörung absehen zu können. Für das nach Absatz 4 einzuholende Gutachten gilt § 29.⁸² Weitere Konkretisierungen hinsichtlich der Anforderungen an das Gutachten gibt das Gesetz nicht. Damit ist zunächst nicht erforderlich, dass das ärztliche Gutachten ein fachärztliches Gutachten (etwa eines Facharztes für Psychiatrie und Psychotherapie) sein müsse. Voraussetzung ist nur, dass der **Gutachter als Arzt nach §§ 2 Abs. 1, 3 BÄO approbiert** ist. Wegen der Einführung einer Approbationsordnung für den Beruf des Psychologischen Psychotherapeuten und des Kinder- und Jugendlichenpsychotherapeuten durch das PsychThG vom 16 Juni 1998⁸³ und der damit verbundenen berufsrechtlichen Gleichstellung zwischen Ärzten und psychologischen Psychotherapeuten kommen auch nach **§ 2 PsychThG approbierte psychologische Psychotherapeuten** als Gutachter in Betracht.

41 Auch eine bestimmte Form des Gutachtens ist nicht gefordert – es kann mithin sowohl mündlich als auch schriftlich erstattet worden sein. Ein mündlich erstattetes Gutachten ist aber zwecks Überprüfung in der Beschwerdeinstanz in den Gründen der Endentscheidung wiederzugeben.⁸⁴ Für nicht ausreichend gehalten wird überwiegend ein ärztliches Zeugnis.⁸⁵ Die **Abgrenzung zwischen Gutachten und Zeugnis/Attest** wird dabei meist unklar gelassen. Beide unterscheiden sich in ihrem medizinischen oder psychologischen Aussagewert überhaupt nicht.⁸⁶ Bienwald favorisiert deshalb eine beweisrechtliche Differenzierung: Die Einholung eines Sachverständigengutachtens geschehe innerhalb eines förmlichen Beweisverfahrens, während das Zeugnis/Attest (wie umfangreich es auch sein möge) nicht den Regeln des Beweisrechts nach § 402 ff. ZPO unterliege. Das bedeutet, dass das Gericht das Zeugnis/Attest frei würdigen dürfe.⁸⁷ Dem liegt offensichtlich die Vorstellung zugrunde, dass das vom Gericht eingeholte Gutachten den Richter stärker binde⁸⁸ als das nicht auf Grund richterlicher Anordnung angefertigte Zeugnis/Attest. Dem ist im Ergebnis beizutreten. Der Betreuungsrichter muss, bevor er die Anhörung unterlässt, daher einen Arzt oder einen psychologischen Psychotherapeuten ersucht haben, festzustellen, ob von der Anhörung eine schwere Gesundheitsbeeinträchtigung zu besorgen ist.

42 **4. Verfahrensrechtliche Folgen.** Das Absehen von der Anhörung erfordert nach allgemeiner Meinung zwingend die Bestellung eines Verfahrenspflegers, wenn das bisher noch nicht geschehen sein sollte und wenn die betroffene Person nicht durch einen Verfahrensbevollmächtigten vertreten ist. Das folgt direkt aus Art. 103 Abs. 1 GG.⁸⁹

VII. Erzwingung der Anhörung (Vorführung der betroffenen Person)

43 **1. Allgemeines.** Verweigert sich die betroffene Person der Anhörung bzw. der Verschaffung eines persönlichen Eindrucks durch das Betreuungsgericht, ermöglicht Abs. 5 ihre Vorführung durch die zuständige Behörde. Vorgeführt wird zum Gericht, nicht in die übliche Umgebung der betroffenen Person.⁹⁰ Abs. 5 entspricht unverändert dem früheren § 68 Abs. 3 FGG aF. Das Zwangsmittel unter-

---

⁸⁰ Zu einem Fall „einer infolge einer Anhörung aufgetretenen lang anhaltenden dysphorisch-gereizten Verstimmung mit der Notwendigkeit, die Medikamente zu erhöhen" vgl. OLG Karlsruhe FamRZ 1999, 670. Das KG bejahte die Voraussetzungen von § 68 Abs. 2 FGG aF in einem Fall, in dem die Gefahr bestand, dass die betroffene Person die Anhörung verstärkt paranoid verarbeiten könne und dass daraufhin der Kontakt zur letzten verbliebenen Vertrauensperson verloren gehen könne, die dann nicht mehr zum Schutz der betroffenen Person intervenieren könne; KG Rpfleger 2006, 467.
⁸¹ OLG Karlsruhe FamRZ 1999, 671.
⁸² BT-Drucks. 16/6308, S. 267.
⁸³ BGBl. I S. 1311.
⁸⁴ *Damrau/Zimmermann* § 68 FGG Rn. 39.
⁸⁵ *Bienwald* § 68 FGG Rn. 36 und § 68b FGG Rn. 19; *Damrau/Zimmermann* § 68 FGG Rn. 39; PK-BUV/*Locher* § 68 FGG Rn. 11.
⁸⁶ Zutreffend *Bienwald* § 68b FGG Rn. 17.
⁸⁷ *Bienwald* § 68b FGG Rn. 20.
⁸⁸ Obwohl es eine vollständige Bindung des Richters an seinen Gehilfen weder geben kann noch darf, denn auch das Sachverständigengutachten unterliegt der freien Beweiswürdigung; BVerfG FamRZ 1997, 152; BGH MDR 2007, 1445.
⁸⁹ HK-BUR/*Bauer* § 68 FGG Rn. 115; *Bienwald* § 68 FGG Rn. 38; *Damrau/Zimmermann* § 68 FGG Rn. 46; *Keidel/Kuntze/Winkler/Kayser* § 68 FGG Rn. 13.
⁹⁰ *Zimmermann* FamFG Rn. 476.

streicht, wie wichtig die Anhörung als Verfahrensbestandteil vor schweren Eingriffen in die Rechte der betroffenen Person ist.

2. Voraussetzungen. Soll die betroffene Person zwangsweise vorgeführt werden, dann muss sie **44** entweder auf Vorladung zum Gericht dort nicht erschienen sein, bei Umgebungsanhörung in ihrer Wohnung zum Termin nicht angetroffen worden sein, den Zutritt verweigert haben oder sonst ein Verhalten gezeigt haben, das (nur) den Schluss zulässt, sie werde sich einer Anhörung nicht freiwillig unterziehen.[91] Dazu muss die betroffene Person aber die Möglichkeit gehabt haben, von der Vorführungsanordnung tatsächlich Kenntnis zu nehmen, was bei psychisch kranken, behinderten oder etwa dementen Personen nicht ohne weiteres angenommen werden kann. Vor einer zwangsweisen Vorführung zur Anhörung muss geprüft sein, ob eine zwanglose Umgebungsanhörung Erfolg versprechender ist oder ob die betroffene Person durch die Einschaltung von Vertrauenspersonen nicht doch dazu bewegt werden kann, den Anhörungstermin wahrzunehmen.[92] Das **mildere Mittel hat** immer **Vorrang;**[93] viel, wenn nicht alles hängt hier von einer verständigen Ausschöpfung der gegebenen Alternativen, mit denen Zwang vermieden werden kann, ab. Gefordert wird auch ein **einmaliger erfolgloser Versuch**[94] oder die vorherige **Androhung.**[95] Dient die Betreuungssache ohnehin nur einem begrenzten Zweck, kann die Anordnung von Zwangsmitteln von vornherein ausscheiden. Ein solcher Fall ist etwa gegeben, wenn für einen Rechtsanwalt ein Betreuer bestellt werden soll, damit ein anwaltsgerichtliches Verfahren gegen die betroffene Person durchgeführt werden kann.[96] Problematisch ist, ob der Richter bei einer Umgebungsanhörung verpflichtet ist, eine untertägig abwesende Person am späten Abend oder nachts in ihrer Wohnung aufzusuchen, die betroffene Person im Stadtpark oder unter der Rheinbrücke zu suchen oder sie auf dem Flur der Sozialbehörde abzupassen.[97] Nach einer Entscheidung des LG Berlin ist der Richter verpflichtet, bei der gewaltsamen Türöffnung in der Wohnung der betroffenen Person anwesend zu sein, um dann in der aufgebrochenen Wohnung die Anhörung durchzuführen.[98]

3. Ausführung. Die Vorführungsanordnung ergeht als richterliche[99] Verfügung. Streitig ist, wann **45** die Verfügung wirksam wird. Nach überwiegender Ansicht gilt der aus § 69a FGG aF hervorgegangene § 287 Abs. 1.[100] Abweichend hiervon wird vertreten, dass Wirksamkeit mit der Bekanntgabe gegenüber der betroffenen Person eintritt, § 15 Abs. 1,[101] mit dem Argument, die Verfügung betreffe sie (allein) und nicht ihren Betreuer. Letzterer Ansicht ist der Vorzug zu geben, da weder Wortlaut noch Systematik noch auch *telos* von § 287 Abs. 1 ergeben, dass die Norm auch auf andere Beschlüsse als die dort genannten ausgedehnt werden könne.

Die Ausführung obliegt der zuständigen Fachbehörde (Betreuungsbehörde), § 1 BtBG, und nicht **46** dem Gerichtsvollzieher, weil der Umgang mit der betroffenen Person in solch schwierigen Situationen eine spezielle Ausbildung im Umgang mit psychisch kranken oder behinderten Personen erfordert.[102] Das Gericht wird diese Fachbehörde nach § 35 zur Anwendung unmittelbarer Gewalt, die genau umschrieben werden muss,[103] ermächtigen. Die jeweiligen Fachbehörden bedienen sich nach den PsychKG'en der Länder bei der Ausübung unmittelbaren Zwangs des allgemeinen Polizeivollzugsdienstes.[104] Das Betreuungsgericht selbst darf den Polizeivollzugsdienst nicht einschalten.[105]

---

[91] *Damrau/Zimmermann* § 68 FGG Rn. 48.
[92] HK-BUR/*Bauer* § 68 FGG Rn. 138.
[93] BGH NJW 1982, 756; HK-BUR/*Bauer* § 68 FGG Rn. 138.
[94] HK-BUR/*Bauer* § 68 FGG Rn. 138.
[95] *Dodegge/Roth*-Betreuungsrecht/*Roth,* Teil A Rn. 147.
[96] Dazu OLG Stuttgart FGPrax 2007, 47: Die Zwangsvorführung sei unmöglich, weil ein Rechtsanwalt zur Durchführung eines anwaltsgerichtlichen Verfahrens nach § 117 BRAO weder vorläufig festgenommen noch verhaftet oder vorgeführt werden dürfe und auch nicht zur Vorbereitung eines Gutachtens über seinen psychischen Zustand in ein psychiatrisches Krankenhaus verbracht werden dürfe.
[97] Verneinend *Damrau/Zimmermann* § 68 FGG Rn. 48.
[98] LG Berlin BtPrax 1999, 112; aA *Damrau/Zimmermann* § 68 FGG Rn. 48.
[99] Zur funktionalen Zuständigkeit des Richters vgl. HK-BUR/*Bauer* § 68 FGG Rn. 129; PK-BUV/*Locher* § 68 FGG Rn. 14. Richtervorbehalt gilt auch für die Androhung der Zwangsvorführung; PK-BUV/*Locher* § 68 FGG Rn. 14.
[100] HK-BUR/*Bauer* § 68 FGG Rn. 155; *Bassenge/Roth* § 68 FGG Rn. 11; PK-BUV/*Locher* § 68 FGG Rn. 14.
[101] *Damrau/Zimmermann* § 68 FGG Rn. 48.
[102] BT-Drucks. 11/4528, S. 172; *Keidel/Kuntze/Winkler/Kayser* § 68 FGG Rn. 14.
[103] So ist die gewaltsame Öffnung der Wohnung, deren Betreten und deren Durchsuchen nach der betroffenen Person im Beschluss zu tenorieren.
[104] Zur behördlichen Praxis vgl. HK-BUR/*Bauer* § 68 FGG Rn. 165 f.
[105] *Damrau/Zimmermann* § 68 FGG Rn. 51.

Die für die Vorführung verauslagten Kosten erstattet die Staatskasse der Betreuungsbehörde als Verfahrenskosten.[106] Für die Schadloshaltung des Fiskus gelten §§ 91–98 KostO.

47 **4. Rechtsfolgen, Anfechtbarkeit.** Fraglich ist, ob die Vorführungsverfügung, weil sie durch die Vorbereitung einer Freiheitsentziehung die Rechte der betroffenen Person erheblich beeinträchtigt, als selbstständige Entscheidung mit der Beschwerde nach § 58 anfechtbar ist.[107] Die Anfechtbarkeit der Vorführungsanordnung wurde bisher überwiegend mit einem Umkehrschluss aus § 68b Abs. 3 S. 2 FGG aF begründet – da § 68 Abs. 3 FGG aF keine spezielle Anordnung enthielt, die eine Anfechtbarkeit ausschloss. Mit dem FGG-RG ist aber das spezielle Anfechtungsverbot aus § 68 Abs. 3 S. 2 FGG aF nicht in die Nachfolgenorm § 283 übernommen worden. Deshalb ist die Grundlage für ein solches *argumentum e contrario* entfallen. Nach der nun einschlägigen Grundnorm (§ 58 Abs. 1) ist indessen die Beschwerde nur gegen Endentscheidungen statthaft.[108] An der Möglichkeit der Beschwerde wird gleichwohl auch nach FamFG zum Teil festgehalten.[109] Die Zulässigkeit der Beschwerde soll sich dann daraus ergeben, dass die Vorführung zur Anhörung ein Ordnungsmittel sei. Es ergebe sich also eine (sofortige) Beschwerdemöglichkeit aus § 33 Abs. 3 S. 5 iVm. §§ 567–572 ZPO.[110] Das überzeugt freilich nicht. Denn die Anhörung nach § 278 ist kein Spezialfall des persönlichen Erscheinens der Beteiligten nach § 33. Das folgt schon daraus, dass das Gesetz in § 278 dem Gericht kein Ermessen dahingehend einräumt, das Erscheinen der Beteiligten zur Sachverhaltsaufklärung anzuordnen. Die Anhörung der betroffenen Person ist vielmehr ein fundamental wichtiger Verfahrensschritt, dessen Vornahme der Gewinnung von Tatsachenstoff ebenso wie der Gewährung rechtlichen Gehörs dient. Anderenfalls hätte keine Notwendigkeit bestanden, im Allgemeinen Teil zwischen Erscheinen und Anhörung zu unterscheiden, wie §§ 33 und 34 das tun. Außerdem räumt das Gesetz dem Gericht in §§ 34 und 278 keine Möglichkeit ein, ein Ordnungsgeld zu verhängen. Auch hier zeigt sich der gravierende Unterschied zwischen Erscheinen und Anhörung. Ein Rechtsmittel aber, das, wie die sofortige Beschwerde nach § 33 Abs. 3 S. 5 gegen ein Ordnungsmittel (Festsetzung eines Ordnungsgeldes) gerichtet ist, ist nicht gleichzeitig ein adäquates Rechtsmittel gegen ein Tatsachenbeschaffungs- und Gehörgewährungsmittel.

48 Die **Gesamtlösung des FamFG** ergibt sich aus dem Vergleich der Rechtsmittel in Betreuungs- und Unterbringungssachen bei Anhörungen (§§ 278, 319), Begutachtungen, die eine einmalige Untersuchung/Exploration erfordern (§§ 283, 321) und bei Begutachtungen, die eine längere stationäre Beobachtung nötig machen (§§ 284, 322) und den zu ihrer Vornahme vorgesehenen Zwangsmitteln. Danach sind alle diejenigen mittels Zwang durchsetzbaren **Verfahrenshandlungen, die eine einmalige Mitwirkung der betroffenen Person** erfordern (Anhörungen und einmalige Untersuchung zur Begutachtung), **nicht anfechtbar.** Nur die **längerfristige Unterbringung zur Begutachtung** dagegen ist mit der sofortigen Beschwerde nach §§ 567–572 ZPO **anfechtbar.** Offensichtlich geht das Gesetz davon aus, dass die einmalige zwangsweise durchgesetzte Mitwirkung an einer Verfahrenshandlung kein so schwerer Eingriff in die Rechte der betroffenen Person sei, als dass sie sich nicht mit einer Anfechtung erst der Endentscheidung begnügen könnte. Das einmalige Brechen des Willens der betroffenen Person muss nach dieser Konzeption hingenommen werden. Dass hiergegen verfassungsrechtliche Bedenken geltend gemacht werden können, hat der Gesetzgeber offensichtlich sehenden Auges in Kauf genommen. Die zuletzt zur Vorführungsanordnung nach § 68b Abs. 3 S. 2 FGG aF ergangene Rspr. des BGH[111] widerspricht der dem 3. Buch des FamFG zugrunde liegenden Konzeption.[112]

49 Was ferner bleibt, ist der **Widerspruch** zwischen §§ 278, 283 und 319 einer- und § 33 Abs. 3 S. 5 andererseits. Es ist widersprüchlich, dass die betroffene Person sich mit der sofortigen Beschwerde nach § 33 Abs. 3 S. 5 gegen ein Ordnungsmittel wehren kann, das ihr im Ermessen des Gericht stehendes Erscheinen vor Gericht erzwingen soll, gegen die Vorführungsanordnung nach §§ 278 Abs. 5, 283 und 319 Abs. 5 aber keine Anfechtungsmöglichkeit hat, weil es sich hier nicht um eine Endentscheidung handelt. Methodologisch ließe sich nach dem FamFG nicht mehr wie nach FGG aF mit einem Umkehr-, sondern einem „Erst Recht"-Schluss mindestens die sofortige Beschwerde auch gegen die einmaligen Mitwirkungspflichten der betroffenen Person begründen.

---

[106] OLG Köln OLGR Köln 2004, 425 (zu § 68b Abs. 3 FGG); HK-BUR/*Bauer* § 68 FGG Rn. 162; PK-BUV/*Locher* § 68 FGG Rn. 14.
[107] Dafür nach bisherigem Recht BayObLG NJW-RR 1998, 437; *Bienwald* § 68 FGG Rn. 57; *Damrau/Zimmermann* § 68 FGG Rn. 50.
[108] Das gleiche Problem besteht bei der Vorführung zur psychiatrischen Untersuchung; vgl. § 283 Rn. 11.
[109] *Zimmermann* FamFG Rn. 476.
[110] *Zimmermann* FamFG Rn. 476.
[111] BGH NJW 2007, 3575.
[112] Vgl. dazu unten § 280 Rn. 27 und § 283 Rn. 11.

§ 279 Anhörung der sonstigen Beteiligten, der Betreuungsbehörde und des gesetzlichen Vertreters

(1) Das Gericht hat die sonstigen Beteiligten vor der Bestellung eines Betreuers oder der Anordnung eines Einwilligungsvorbehalts anzuhören.

(2) Das Gericht hat die zuständige Behörde vor der Bestellung eines Betreuers oder der Anordnung eines Einwilligungsvorbehalts anzuhören, wenn es der Betroffene verlangt oder es der Sachaufklärung dient.

(3) Auf Verlangen des Betroffenen hat das Gericht eine ihm nahestehende Person anzuhören, wenn dies ohne erhebliche Verzögerung möglich ist.

(4) Das Gericht hat im Falle einer Betreuerbestellung oder der Anordnung eines Einwilligungsvorbehalts für einen Minderjährigen (§ 1908a des Bürgerlichen Gesetzbuchs) den gesetzlichen Vertreter des Betroffenen anzuhören.

I. Allgemeines

1. Grundlagen. Die in § 279 geregelte Anhörung der Beteiligten, der Betreuungsbehörde, einer Vertrauensperson und der gesetzliche Vertreter eines Minderjährigen ist aus dem bisherigen § 68a FGG aF hervorgegangen; es wurden einige Anpassungen an den Allgemeinen Teil und redaktionelle Änderungen vorgenommen, der Regelungsgehalt des bisherigen § 68a FGG aF wurde weitgehend übernommen.[1] Die angeordneten **Gelegenheiten zur Äußerung dienen der Sachaufklärung**, nicht der Gewährung rechtlichen Gehörs[2] (mit Ausnahme des Abs. 4) und begründen kein eigenes Beteiligungsrecht.[3] Es handelt sich bei der Anhörung der sonstigen Beteiligten, der Betreuungsbehörde und des gesetzlichen Vertreters grundsätzlich nicht um eine förmliche Beweisaufnahme, sondern um ein Auskunftsmittel. Wenn sich das Gericht in der Endentscheidung auf die Ergebnisse dieser Anhörungen stützen will, dann müssen sie der betroffenen Person bzw. deren Verfahrenspfleger oder ihrem Prozessbevollmächtigten bekannt gemacht werden.[4]

Die Vorschrift schreibt **keine besondere Form** für die Anhörung weiterer Beteiligter vor. Die Wahl der Form steht daher im pflichtgemäßen, an § 26 orientierten Ermessen des Gerichts. Oft wird sich (jedenfalls bei den sonstigen Beteiligten und beim gesetzlichen Vertreter einer minderjährigen betroffenen Person) die mündliche Anhörung empfehlen; die schriftliche[5] oder fernmündliche Anhörung ist aber grundsätzlich ebenso möglich. Auch der **Zeitpunkt,** zu dem das Gericht den genannten Personen und Einrichtungen die Anhörung gestatten solle, wird **nicht konkretisiert.** Jedenfalls aber muss die Anhörungsmöglichkeit vor der Endentscheidung gewährt werden und dürfen Äußerungsfristen nicht unrealistisch kurz sein.[6] Obwohl § 279 kein Recht auf Akteneinsicht begründet, setzt die Gelegenheit zur Äußerung ein Minimum an Information über den Sachverhalt, zu dem die Äußerung abgegeben werden soll, voraus.[7] Eine Pflicht, der Anhörung nachzukommen, besteht nicht.[8] Scheitert die Anhörung zunächst (etwa weil die Anschriften der sonstigen Beteiligten oder von Vertrauenspersonen nicht ermittelbar sind), hebt sich der Hinderungsgrund aber im Verlauf des Verfahrens, so erscheint es geboten, die Anhörung zu einem späteren Zeitpunkt **nachzuholen.**[9]

Der Beschluss, die genannten Personen bzw. Institutionen anzuhören, ist nach allgemeiner Meinung als Zwischenentscheidung selbstständig nicht anfechtbar.[10]

2. Neuerungen im FamFG. Keine eigenständige Regelung in § 279 hat die Anhörung von Ehegatten, Lebenspartnern, Eltern, Pflegeeltern und Abkömmlingen (Angehörige) und das aus § 68a Abs. 1 S. 3 FGG aF bekannte Widerspruchsrecht der betroffenen Person hiergegen gefunden.[11] Das Gesetz erstrebt die Lösung der hier relevanten Konflikte jetzt über den Beteiligtenbegriff des § 274, speziell des § 274 Abs. 4.[12] Da die genannten Personen keine obligatorisch, sondern lediglich fakultativ zu beteiligenden Personen sind, kann die betroffene Person sich mit dem Argument, deren

---

[1] BT-Drucks. 16/6308, S. 267.
[2] *Keidel/Kuntze/Winkler/Kayser* § 68a FGG Rn. 1; aA *Bienwald* § 68a FGG Rn. 2.
[3] BayObLGZ 1998, 82; *Bassenge/Roth* § 68 FGG Rn. 4.
[4] PK-BUV/*Locher* 682. S. dazu noch Rn. 11.
[5] KG BtPrax 1995, 106.
[6] HK-BUR/*Bauer* § 68a FGG Rn. 4.
[7] So PK-BUV/*Locher* § 68a FGG Rn. 3.
[8] PK-BUV/*Locher* § 68a FGG Rn. 3.
[9] So HK-BUR/*Bauer* § 68a FGG Rn. 33, aA *Damrau/Zimmermann* § 68a FGG Rn. 22.
[10] HK-BUR/*Bauer* § 68a FGG Rn. 7; *Bienwald* § 68a FGG Rn. 9; *Damrau/Zimmermann* § 68a FGG Rn. 23.
[11] S. dazu BT-Drucks. 16/6308, S. 267.
[12] BT-Drucks. 16/6308, S. 267.

Beteiligung liege nicht in ihrem Interesse, schon dagegen wenden, dass sie überhaupt beteiligt[13] und demzufolge auch nicht angehört werden. Es kommt hier, wie bei § 274 Abs. 4 bemerkt, auf den Willen der betroffenen Person an.

II. Anwendungsbereich

5 Das Gericht muss die **sonstigen Beteiligten** (§ 274) nach Abs. 1 dann anhören, wenn ein **Betreuer bestellt** oder ein **Einwilligungsvorbehalt angeordnet** werden soll. Die zuständige **Betreuungsbehörde** ist **in diesen Fällen** nur dann anzuhören, wenn die betroffene Person diese Anhörung **verlangt**[14] oder wenn diese Anhörung der **Sachaufklärung** zu dienen geeignet ist. Nach Abs. 3 ist auf das Verlangen der betroffenen Person auch eine dieser nahe stehende Person anzuhören, ohne dass das Gesetz klärt, ob das auch nur für die beiden Fälle des Abs. 1 gilt.[15] Für den bisherigen § 68a FGG aF wurde das überwiegend angenommen.[16] Die Voraussetzung „Bestellung eines Betreuers" ist auch erfüllt, wenn ein Kontrollbetreuer nach § 1896 Abs. 3 BGB bestellt werden soll.[17] Der Bestellung eines Betreuers stehen verfahrensrechtlich gleich die Erweiterung des Aufgabenkreises des Betreuers, § 293, die Bestellung eines weiteren Betreuers für einen weiteren Aufgabenkreis, die Verlängerung der Betreuerbestellung, die Bestellung eines neuen Betreuers, § 296 Abs. 2 S. 2, und die Aufhebung bzw. Einschränkung der Betreuung, § 294 Abs. 1.[18] Gleiches gilt nach den genannten Vorschriften auch für die Anordnung, Verlängerung, Erweiterung, Beschränkung oder Aufhebung eines Einwilligungsvorbehaltes.[19] Wenn das Gericht die Einwilligung des Betreuers in eine Sterilisation der betroffenen Person nach § 1905 BGB genehmigt, hat das Gericht die Betreuungsbehörde und eine der betroffenen nahe stehende Person nach der Grundregel des § 279 Abs. 2 und 3 anzuhören, § 297 Abs. 2 und 3. Der **gesetzliche Vertreter** einer minderjährigen betroffenen Person ist in den beiden Fällen des Abs. 1 **stets** zwingend anzuhören.

6 Die **Anhörung** der Betreuungsbehörde oder einer der betroffenen nahe stehenden Person **unterbleibt** dagegen, wenn die betroffene Person sie nicht verlangt und/oder sie zur Sachverhaltsaufklärung nicht erforderlich ist, ferner dann, wenn ein vorläufiger Betreuer bestellt bzw. ein vorläufiger Einwilligungsvorbehalt angeordnet werden soll (§ 300 verweist nicht auf § 279) oder wenn das Gericht die Einwilligung des Betreuers in eine Heilbehandlung, Untersuchung oder einen ärztlichen Eingriff nach § 1904 BGB genehmigt (§ 298 ordnet nur an, dass die sonstigen Beteiligten angehört werden sollen).

III. Anhörung der sonstigen Beteiligten

7 Sonstige Beteiligte iSd. Abs. 1, die stets anzuhören sind, wenn ein Betreuer bestellt und/oder ein Einwilligungsvorbehalt angeordnet werden soll, sind die obligatorisch zu beteiligenden Personen: der bereits bestellte **Betreuer** bzw. ein **Vorsorgebevollmächtigter,** sofern sein Aufgabenkreis betroffen ist, § 274 Abs. 1 Nr. 1 und 2, der **Verfahrenspfleger** der betroffenen Person, § 274 Abs. 2. Sonstige Beteiligte sind aber auch die fakultativ zu beteiligenden Personen, wenn deren Beteiligung im Interesse der betroffenen Person liegt: **Ehegatte** und **Lebenspartner** (wenn sie nicht dauernd getrennt von der betroffenen Person leben), **Eltern, Großeltern, Pflegeeltern,**[20] **Abkömmlinge** und **Geschwister** der betroffenen Person, § 274 Abs. 4 Nr. 1. Zum Widerspruchsrecht der betroffenen Person gegen die Anhörung dieser Person s. o. Rn. 3. Sonstiger Beteiligter ist auch der Vertreter der Staatskasse, soweit das Interesse der Staatskasse durch den Ausgang des Verfahrens betroffen sein kann, § 274 Abs. 4 Nr. 2.

8 Praktisch ist die Anhörung dieser Personen auch ohne das Verlangen der betroffenen Person der Regelfall.[21] Meist ist gerade die Anhörung der sonstigen Beteiligten ein, wenn nicht das wichtigste Mittel der Sachaufklärung. Darüber hinaus ist die Anhörung der Angehörigen schon allein deswegen wichtig, damit diese überhaupt vom Betreuungsverfahren Kenntnis erlangen können (wenn sie es nicht selbst durch Antrag eingeleitet haben) und eventuell selbst die Betreuung übernehmen können.[22] Für die Anhörung der Angehörigen unerheblich ist es (das gilt auch schon für die

---

[13] S. dazu die Kommentierung zu § 274, insbesondere Rn. 11 ff.
[14] Das wird praktisch nur sehr selten der Fall sein; *Zimmermann* FamFG Rn. 477: „Das kommt nicht vor."
[15] In diesem Sinne *Zimmermann* FamFG Rn. 477.
[16] *Bienwald* § 68a FGG Rn. 3.
[17] *Bienwald* § 68a FGG Rn. 3.
[18] Anders für den letztgenannten Fall OLG Rostock BeckRS 2006, 06041.
[19] Übersichtlicher Katalog bei *Damrau/Zimmermann* § 68a FGG Rn. 2.
[20] Zur Problematik der Pflegeeltern unter Geltung des § 68a FGG vgl. *Bienwald* § 68a FGG Rn. 21.
[21] PK-BUV/*Locher* § 68a FGG Rn. 8.
[22] *Damrau/Zimmermann* § 68a FGG Rn. 16.

Beteiligung), ob diese mit der betroffenen Person in häuslicher Gemeinschaft leben;[23] die Tatsache, dass ein Kind der betroffenen Person räumlich weit entfernt von dieser lebt, ist kein Grund, die Anhörung dieses Kindes zu unterlassen.[24] Abkömmlinge sollten aber nur angehört werden, wenn sie die zur Erfassung der Betreuungsproblematik erforderliche geistige und sittliche Reife haben. Angehörige müssen nicht darauf hingewiesen werden, dass sie die Anhörung verweigern können, weil sie keine Zeugen sind.

IV. Anhörung der Betreuungsbehörde

1. Voraussetzungen. Die Anhörung der zuständigen[25] Betreuungsbehörde ist einerseits dann zwingend geboten, wenn die **betroffene Person diese Anhörung verlangt.** Dieses Verlangen wird meist nicht bestehen – wird doch die betroffene Person regelmäßig nicht wissen, dass eine solche Behörde existiert und welchen Auftrag sie hat. Eine Form für dieses Verlangen kennt Abs. 2 nicht, das Gericht ist nicht verpflichtet, die betroffene Person darauf hinzuweisen, dass sie die Anhörung der Behörde verlangen kann.[26] Die betroffene Person kann die Anhörung der Behörde zu jedem Zeitpunkt des Verfahrens verlangen. Der Behörde ist ferner dann zwingend Gelegenheit zur Anhörung zu geben, wenn diese Anhörung der **Sachaufklärung** dient, was dann gegeben ist, wenn von der Anhörung der Betreuungsbehörde weitere Erkenntnisse zum sozialen Umfeld und den konkreten Lebensumständen der betroffenen Person zu erwarten sind, denn Zweck der Behördenanhörung ist es, alle relevanten Umstände zu Gunsten der betroffenen Person zu ermitteln.[27] Insbesondere dann, wenn zeitgleich mit dem Betreuungsgericht Mitarbeiter der Betreuungsbehörde mit der betroffenen Person befasst sind, ist eine Anhörung der Betreuungsbehörde zur Ermittlung des Sachverhalts geboten.[28] Die Behörde muss diesem Äußerungsersuchen nach Abs. 2 aber nicht nachkommen,[29] eine Pflicht zur Mitwirkung an der Anhörung besteht nicht.[30] Kann das Gericht den Sachverhalt im Wege anderer eigener Ermittlungen[31] nach § 26 erforschen und benötigt es die Unterstützung durch die Behörde bei der Ermittlung des Sachverhaltes (s. dazu sogleich) nicht, dann kann sich das Gericht nach Abs. 2 darauf beschränken, der Behörde im Wege der Herstellung des Einvernehmens lediglich Gelegenheit zur Äußerung zu geben.[32] Einen festen **Zeitpunkt** für die Anhörung gibt das Gesetz nicht vor.

Nach § 8 BtBG hat aber darüber hinaus die Betreuungsbehörde ihrerseits das Gericht insbesondere bei der Feststellung des Sachverhalts zu unterstützen. Hierbei bestimmt jedoch das Gericht, welche Gesichtspunkte es wegen der Beschränktheit seiner Ermittlungsmethoden für aufklärungsbedürftig durch die spezielle Sachkunde der Betreuungsbehörde hält.[33] Diese **spezialgesetzlich geregelte Mitwirkungspflicht** ist von der schlichten Anhörungsmöglichkeit nach Abs. 2 zu unterscheiden:[34] Hier hat die Behörde keine Möglichkeit, frei zu entscheiden, ob sie tätig werden soll oder nicht.[35] Teilweise wird gefordert, dass das Gericht in jedem Falle einen „Sozialbericht" von der Behörde einfordern solle,[36] der als schriftliche Äußerung im Wege der Anhörung angesehen werden kann. Immer dann, wenn das Gericht auf die Unterstützung der Behörde bei der Feststellung der Betreuungsbedürftigkeit der betroffenen Person angewiesen ist, muss es sich bei seinem Unterstützungsbegehren auf § 8 S. 2, 3 BtBG stützen und der Behörde das mitteilen.[37] Außerdem hat die Betreuungsbehörde bei dieser Mitwirkung auf Aufforderung durch das Gericht eine **geeignete Person als Betreuer vorzuschlagen,** § 8 S. 3 BtBG.

---

[23] *Damrau/Zimmermann* § 68a FGG Rn. 16.
[24] KG FamRZ 1995, 1444: Die betroffene Person lebte in Berlin, das anzuhörende Kind in Frankfurt/M.
[25] Die Zuständigkeit bestimmt das jeweilige Landesrecht. Regelmäßig handelt es sich dabei um die (Land-)Kreise und die kreisfreien Städte in den Flächenländern, um die Bezirksämter in Berlin und um die Sozialbehörde in den sonstigen Stadtstaaten.
[26] *Damrau/Zimmermann* § 68a FGG Rn. 5; aA *Bienwald* § 68a FGG Rn. 11.
[27] BT-Drucks. 11/4528, S. 184.
[28] OLG Köln BeckRS 2008, 01326.
[29] PK-BUV/*Locher* § 68a FGG Rn. 4.
[30] BT-Drucks. 11/4528, S. 173 begründete das damit, Behörde und Gericht nicht mit Routinearbeit zu belasten.
[31] Etwa durch Beauftragung von Mitgliedern anerkannter Betreuungsvereine, durch Anforderung von Sozialberichten bei den Sozialdiensten der Pflegeheime und Krankenhäuser.
[32] HK-BUR/*Bauer* § 68a FGG Rn. 15–17.
[33] BT-Drucks. 11/4528, S. 174; *Bienwald* § 68a FGG Rn. 13; *Damrau/Zimmermann* § 68a FGG Rn. 8.
[34] Ausführlich zum Verhältnis zwischen beiden HK-BUR/*Bauer* § 68a FGG Rn. 13–19.
[35] Hierauf gestützt LG Hamburg FamRZ 1997, 119.
[36] *Bienwald* § 68a FGG Rn. 12.
[37] HK-BUR/*Bauer* § 68a FGG Rn. 18.

§ 280	Buch 3. Abschnitt 1. Verfahren in Betreuungssachen

11 **2. Verwertbarkeit.** Probleme entstehen dann, wenn die Behörde sich im Anhörungswege äußert und die betroffene Person bzw. ihr Verfahrensbevollmächtigter diese Äußerungen bestreitet. Fraglich ist dann nämlich, ob die Äußerung in einer Anhörung durch die strengen zivilprozessualen Beweismittel überprüft werden muss. Das wird für den Fall des Bestreitens bejaht werden müssen, so dass bei wesentlichen bestrittenen Tatsachenbehauptungen der Behörde deren Sachbearbeiter und Informanten (die Sozialarbeiter) als Zeugen vernommen werden müssen. Nur dann, wenn die Äußerungen der Behörde unbestritten bleiben und wenn sie der betroffenen Person, ihrem Verfahrenspfleger und/oder ihrem Verfahrensbevollmächtigten bekannt gemacht worden sind, kann von einer formalen Überprüfung abgesehen werden.[38]

12 **3. Form.** Auch zur Form der Behördenanhörung schweigt das Gesetz. Schriftform ist sowohl für die Anfrage des Gerichts als auch für die Äußerung der Behörde zweckmäßig.

V. Anhörung einer Vertrauensperson

13 Das Gesetz erlaubt es der betroffenen Person (wegen § 275 wieder unabhängig von ihrer Geschäftsfähigkeit), den Kreis der anzuhörenden Person noch um eine weitere Person zu erweitern, die der betroffenen nahe stehen muss, Abs. 3. Benannt werden können auch mehrere Personen, obwohl das Gesetz nur von „einer" Person spricht. Das war zum insofern wortgleichen § 68a S. 4 FGG aF überwiegende Ansicht,[39] die sich der Gesetzgeber ausweislich der Begründung zum FGG-RG offenbar zu Eigen gemacht hat, da auch er dort im Plural spricht.[40] Es wäre hilfreich gewesen, das in Abs. 3 zu klären.

14 Voraussetzung hierfür ist, dass die Anhörung dieser Vertrauensperson möglich ist, ohne dass sich das Verfahren zeitlich erheblich verzögert.[41] Benennt die betroffene Person eine Vertrauensperson mit Phantasienamen oder ohne ihre Anschrift anzugeben oder ohne ausreichende Anhaltspunkte anzugeben, wie die Anschrift ermittelt werden kann, dann träte erhebliche Verzögerung ein und das Gericht kann die Anhörung unterlassen. Erhebliche Verzögerung soll schon dann eintreten, wenn allein wegen der Erfüllung dieses Verlangens ein weiterer Termin anberaumt werden muss[42] oder wenn die Entscheidung um „einige Wochen" hinausgeschoben werden muss.[43] Die betroffene Person kann die Vertrauensperson in jedem Stadium des Verfahrens benennen.

VI. Anhörung des gesetzlichen Vertreters eines Minderjährigen

15 Nach Abs. 4 hat das Gericht für den Fall der nach § 1908a BGB erfolgenden vorsorglichen Bestellung eines Betreuers für eine minderjährige betroffene Person, die das 17. Lebensjahr vollendet hat, stets den gesetzlichen Vertreter[44] anzuhören. Gleiches gilt für die Anordnung eines Einwilligungsvorbehaltes in solchen Fällen. Diese Anhörungspflicht dient nicht nur der Sachaufklärung, sondern gleichzeitig der Gewährung des rechtlichen Gehörs in den Fällen, in denen die minderjährige Person das rechtliche Gehör nicht selbst wahrnehmen kann. Es versteht sich, dass der gesetzliche Vertreter einer minderjährigen betroffenen Person durch diese Anhörung kein eigenständig Beteiligter am Betreuungsverfahren wird. Die minderjährige Person selbst kommt in den Genuss voller Verfahrensfähigkeit nach § 275. Auch hier verzichtet das Gesetz auf Vorschriften über Form und Zeitpunkt der Anhörung. Ein Widerspruch der minderjährigen betroffenen Person ist ebenso wie ein Anhörungsverzicht derselben unbeachtlich.[45]

§ 280 Einholung eines Gutachtens

(1) ¹ Vor der Bestellung eines Betreuers oder der Anordnung eines Einwilligungsvorbehalts hat eine förmliche Beweisaufnahme durch Einholung eines Gutachtens über die Notwendigkeit der Maßnahme stattzufinden. ² Der Sachverständige soll Arzt für Psychiatrie oder Arzt mit Erfahrung auf dem Gebiet der Psychiatrie sein.

---

[38] Vgl. *Damrau/Zimmermann* § 68a FGG Rn. 10 f.; HK-BUR/*Bauer* § 68a FGG Rn. 23 f.
[39] HK-BUR/*Bauer* § 68a FGG Rn. 62; *Damrau/Zimmermann* § 68a FGG Rn. 21; aA *Bassenge/Roth* § 68a FGG Rn. 8.
[40] BT-Drucks. 16/6308, S. 268.
[41] Schönes Beispiel bei *Zimmermann* FamFG Rn. 477: Die Anhörung des Dalai Lama kann entfallen.
[42] *Bienwald* § 68a FGG Rn. 25.
[43] *Damrau/Zimmermann* § 68a Rn. 22.
[44] Wer das ist, richtet sich nach den Vorschriften des Familienrechts.
[45] HK-BUR/*Bauer* § 68a FGG Rn. 44; PK-BUV/*Locher* § 68a FGG Rn. 6.

(2) Der Sachverständige hat den Betroffenen vor der Erstattung des Gutachtens persönlich zu untersuchen oder zu befragen.

(3) Das Gutachten hat sich auf folgende Bereiche zu erstrecken:
1. das Krankheitsbild einschließlich der Krankheitsentwicklung,
2. die durchgeführten Untersuchungen und die diesen zugrunde gelegten Forschungserkenntnisse,
3. den körperlichen und psychiatrischen Zustand des Betroffenen,
4. den Umfang des Aufgabenkreises und
5. die voraussichtliche Dauer der Maßnahme.

Schrifttum: Zur älteren Literatur (aus den 1990er Jahren) zu § 68b FGG aF vgl. die Literaturlisten bei *Bienwald*, Betreuungsrecht, § 68b FGG und bei *Damrau/Zimmermann*, Betreuungsrecht, § 68b FGG; vgl. zur psychiatrischen Begutachtung die folgende Handbuchliteratur (jew. mwN): *Kröber/Dölling/Leygraf/Saß* (Hrsg.), Handbuch der forensischen Psychiatrie, Bd. 5: Forensische Psychiatrie im Privatrecht und Öffentlichen Recht, 2008; *Müller/Hajak* (Hrsg.), Willensbestimmung zwischen Recht und Psychiatrie. Krankheit, Behinderung, Berentung und Betreuung, 2005; *Nedopil*, Forensische Psychiatrie. Klinik, Begutachtung und Behandlung zwischen Psychiatrie und Recht, 3. Aufl. 2007; *Schmidt/Bayerlein/Mattern/Ostermann*, Betreuungspraxis und psychiatrische Grundlagen, 2007; *Rasch/Konrad*, Forensische Psychiatrie, 3. Aufl. 2004; **noch immer relevant** *Venzlaff/Foerster*, Psychiatrische Begutachtung, 2. Aufl. 1994 **und** *Heinz*, Fehlerquellen forensisch-psychiatrischer Gutachten, 1982; zur Rolle des Sachverständigen: *Diederichsen*, Betreuung und Psychiatrie – Aufgabenteilung zwischen Juristen und Psychiatern, in: *Schnitzler/Rakete-Dombek*, FS Ingrid Groß, 2004, S. 61.

Zeitschriften: Der Nervenarzt; Recht und Psychiatrie; Forensische Psychiatrie, Psychologie, Kriminologie.

Übersicht

	Rn.		Rn.
I. Bedeutung der Vorschrift	1–3	d) Sachverständigenpflicht und Verweigerungsgründe	15
1. Allgemeines, Anwendungsbereich	1, 2	6. Gutachtengrundlage	16, 17
2. Neuerungen im FamFG	3	7. Gutachteninhalt	18–22
II. Ärztliches Gutachten	4–23	a) Befunde und Diagnose	19
1. Gutachten	4	b) Befunde und Beweisthema	20
2. Stellung des Gutachters, Bindung an das Gutachten	5, 6	c) Methodentransparenz und Evidenzbasierung	21
3. Beweisthema	7	d) Umfang des Aufgabenkreises	22
4. Gutachterqualifikation	8–11	8. Gutachtenform	23
a) Approbation	8	**III. Bekanntgabe**	24–26
b) Fachärzte	9	1. Bekanntgabe gegenüber der betroffenen Person	24, 25
c) Andere Ärzte	10		
d) Nichtärzte	11	2. Bekanntgabe gegenüber Dritten	26
5. Auswahl des Gutachters	12–15	**IV. Rechtsmittel**	27, 28
a) Überprüfung der Eignung	12	1. Beschwerderecht	27
b) Bestellung einer natürlichen Person	13	2. Ablehnung des Sachverständigen	28
c) Delegation	14		

I. Bedeutung der Vorschrift

1. Allgemeines, Anwendungsbereich. Bevor das Betreuungsgericht einen Betreuer bestellt bzw. einen Einwilligungsvorbehalt anordnet, muss über die Notwendigkeit dieser schwer in die Rechte der betroffenen Person eingreifenden Maßnahme eine förmliche Beweisaufnahme (nach § 30), die sich an § 355 ZPO (Strengbeweis) orientiert, stattfinden. Die sachverständige Begutachtung des Zustandes der betroffenen Person ist das **Herzstück des Betreuungsverfahrens.** Das Gesetz schreibt vor, dass dieser Beweis, der die volle Überzeugung des Gerichts herstellen soll, dadurch erbracht werden muss, dass ein **ärztliches Gutachten** über die, wie Abs. 1 formuliert, **Notwendigkeit der Maßnahme** gegenüber der betroffenen Person eingeholt wird. Die Einholung eines ärztlichen Gutachtens ist auch dann nötig, wenn der Betreuungsrichter auch ohnedies (etwa in Folge der Anhörung der betroffenen Person) davon überzeugt ist, dass Betreuungsbedürftigkeit besteht.[1] Kein Richter, und sei er noch so erfahren oder habe er noch so viele medizinische und psychiatrische Vorlesungen besucht, wird vom Gesetz für befähigt gehalten, die Frage zu beant-

1

---

[1] OLG Stuttgart FamRZ 1993, 1365; OLG Düsseldorf FamRZ 1993, 1224.

worten, ob die betroffene Person psychisch krank oder körperlich, geistig oder seelisch behindert sei. Will das Gericht dagegen von der Bestellung eines Betreuers oder der Anordnung eines Einwilligungsvorbehaltes absehen, braucht kein ärztliches Gutachten eingeholt zu werden; gleiches gilt, wenn die Betreuung aufgehoben oder der Aufgabenkreis des Betreuers eingeschränkt werden soll.[2]

2 Die Vorschrift gilt nur für Verfahren, welche die **Betreuerbestellung** oder die **Anordnung eines Einwilligungsvorbehaltes** zum Gegenstand haben. Sonderregelungen betreffen die Betreuungssache „Genehmigung der Einwilligung in eine Heilmaßnahme nach § 1904 BGB", hier gilt § 298 und die Betreuungssache „Genehmigung der Einwilligung in eine Sterilisation nach § 1905 BGB", hierfür gilt § 297. Modifiziert gilt § 280 für die Betreuungssachen „Erweiterung des Aufgabenkreises des Betreuers", „Erweiterung des Kreises der einwilligungsbedürftigen Willenserklärungen" und für die Betreuungssachen „Verlängerung angeordneter Maßnahmen", wie sich im Einzelnen aus §§ 293–295 ergibt.

3 **2. Neuerungen im FamFG.** Insgesamt ist der bisher geltende § 68b FGG aF wesentlich überarbeitet worden. Das Ergebnis ist mit der Aufgliederung auf insgesamt fünf Vorschriften (§§ 280, 281, 282, 283 und 284) übersichtlicher und einfacher verständlich. Außerdem sorgt das Gesetz nun in Abs. 1 S. 2 für die gebotene Klarheit hinsichtlich der fachlichen Qualifizierung des ärztlichen Gutachters. Die Begründung zu § 280 gibt an, dass § 280 dem bisherigen § 68b Abs. 1 S. 1, 4 und 5 FGG aF entspreche. Absatz 1 stelle klar, dass die Einholung eines Sachverständigengutachtens durch förmliche Beweisaufnahme erfolge (§ 30). Danach gälten die Vorschriften der ZPO über den Beweis durch Sachverständige entsprechend. Eine entsprechende Anwendung der ZPO erfordere aber keine schematische Übertragung aller Beweisregelungen und -grundsätze, sondern es verbleibe Spielraum im Einzelfall. So dürfte beispielsweise eine im Zivilprozess übliche mündliche Erörterung des Sachverständigengutachtens auf das Betreuungsverfahren nicht ohne weiteres übertragbar sein. Änderungen zu dem bisherigen § 68b Abs. 1 S. 1, 4 und 5 FGG aF seien im Übrigen sprachlicher Art.[3]

II. Ärztliches Gutachten

4 **1. Gutachten.** Als Gutachten bezeichnet wird die vom Gericht im Wege der förmlichen Beweisaufnahme veranlasste Äußerung bzw. Stellungnahme eines Sachverständigen (Gutachters) zu bestimmten, vom Gericht formulierten Fragen oder Fragenkomplexen („Beweisthema"), deren Beantwortung für die gerichtliche Entscheidung bedeutsam ist.

5 **2. Stellung des Gutachters, Bindung an das Gutachten.** Der Sachverständige (insbesondere der ärztliche) nimmt im Prozessrecht eine schillernde Stellung ein. Er ist kein Zeuge,[4] sondern ein überdurchschnittlich Fachkundiger, der dieses Fachwissen dem mit der Entscheidung betrauten Richter als dessen Helfer und Berater **(Richtergehilfe)** zur Verfügung stellt, damit der Richter in die Lage versetzt wird, die ihm mangels eigener Sachkunde nicht möglichen, aber notwendigerweise zu ziehenden (normativen) Wertungen und Schlüsse vorzunehmen.[5] Er ist kein Angehöriger der staatlichen Rechtspflege und kann nie „Richter in Weiß" werden, ist doch die Rechtspflege eine der Justiz und nicht der Gesundheitsvorsorge übertragene staatliche Aufgabe. Hinter diesen wenigen Aussagen verbergen sich nicht nur seit dem beginnenden 19. Jahrhundert angehäufte Berge an wissenschaftlicher Literatur, sondern auch die alltäglichen Probleme der Praxis, die, wie oft beklagt wird,[6] vielfach nur zu geneigt ist, dem Sachverständigen de facto die Entscheidung zu überlassen. Das liegt zu einem erheblichen Teil daran, dass der Richter anhand des Gesetzeswortlautes den Eindruck gewinnen kann, er brauche in seinem Beweisbeschluss an den ärztlichen Sachverständigen „nur" die Frage zu stellen, ob „Betreuungsbedürftigkeit vorliege" oder ob die „Betreuung notwendig" sei. Damit begibt sich das Gericht von vornherein von selbst der Möglichkeit, kritisch und selbstbewusst mit den Äußerungen des Sachverständigen umzugehen. Es richtet nämlich bei solchem Vorgehen an den Sachverständigen die aus § 1896 Abs. 1 S. 1 BGB und § 280 Abs. 1 S. 1 zusammengesetzte normative Frage, die es an sich selbst richten muss. Unterhalb dieser normativen Ebene (der abstraktgenerellen Fassung des Tatbestandes) dagegen ist genügend Raum für die Fragen an den Sachverständigen, wie sich auch aus Abs. 3 ergibt.

6 Es ist eine in juristischen Stellungnahmen immer wieder beschwöre, der Selbstvergewisserung dienende Formel, dass das **Gericht an die Aussagen des Sachverständigen nicht gebunden** sei.

---

[2] BayObLG BtPrax 1994, 59; *Bassenge/Roth* § 68b FGG Rn. 1; *Damrau/Zimmermann* § 68b FGG Rn. 2; *Keidel/Budde* Rn. 2 f.
[3] BT-Drucks. 16/6308, S. 268.
[4] *Baumbach/Lauterbach/Hartmann* Übers § 402 ZPO Rn. 4.
[5] BGH NJW 1994, 802.
[6] S. nur *Bienwald* § 68b FGG Rn. 2.

Nicht der Gutachter stelle fest, ob die Voraussetzungen von § 1896 BGB vorlägen,[7] die Subsumtion des Lebenssachverhaltes unter den Tatbestand und die hieran anschließende Feststellung der Rechtsfolge sei vielmehr eine originär richterliche Aufgabe, zu deren Lösung nur der Richter auf Grund seiner Ausbildung und der Verantwortung, die er als Teil der staatlichen Gewalt trage, befähigt sei. An der Richtigkeit dieser Formel kann und darf nicht gezweifelt werden. Sie fordert vom **Richter, dass er das Gutachten des Sachverständigen eingehend daraufhin überprüft, ob es überzeugt.** Er darf das Gutachten nicht kritiklos übernehmen und abdiktieren, sondern er muss das Gutachten und sein Ergebnis kritisch würdigen.[8] Abweichungen vom Gutachten müssen sorgfältig und sachkundig begründet sein.[9] Sofern er Zweifel an der Überzeugungskraft des Gutachtens hat, muss er das Gutachten selbst einer Begutachtung unterziehen, die ebenfalls wieder nicht ohne sachverständige Beratung möglich ist. Erhebt die betroffene Person gegen das Gutachten konkrete Einwendungen, dann ist das Gericht verpflichtet, diesen nachzugehen, erforderlichenfalls auch durch eine neue Beweisaufnahme.[10] Stellt sich heraus, dass der Sachverständige etwa erforderliche Tatsachen nicht erhoben oder von falschen Tatsachen ausgegangen ist, so ist ein Ergänzungsgutachten einzuholen.[11] Die Überprüfungspflicht fordert vom Richter aber auch, dass er schon das Beweisthema richtig formuliert.

3. Beweisthema. Die **Hauptfragen,** die das Betreuungsgericht an den Sachverständigen zu richten hat, lauten daher: Ist die betroffene Person aus ärztlicher Sicht (psychisch) krank oder behindert? An welcher Krankheit oder Behinderung leidet die betroffene Person genau? Welche beim Nichtkranken oder Nichtbehinderten normalerweise vorhandenen psychischen, seelischen oder geistigen Fähigkeiten und Strukturen sind bei der betroffenen Person vorhanden, nicht vorhanden oder beeinträchtigt? Welche funktionalen Einschränkungen bestehen deswegen bei der betroffenen Person und welches Ausmaß erreichen diese Einschränkungen? Bei diesen Hauptfragen, die sich schlicht auf die beobachtbaren klinischen und psychologischen Befunde beziehen, muss keine Einmischung des Sachverständigen in das Geschäft des Richters befürchtet werden. Dabei decken sich **medizinischer und juristischer Krankheitsbegriff** keineswegs. So sind etwa Depressionen, Neurosen und Persönlichkeitsstörungen, auch wenn sie keine klar beschreibbare endogen-somatische oder exogene Ursache haben und deswegen mitunter von der medizinischen Wissenschaft nicht als Krankheiten sondern lediglich als Variationen menschlicher Artung beschrieben wurden und werden und die Psychose (zu Recht) die „Höhenmarke" oder das „Urmeter" der psychiatrischen Krankheitsdefinition darstellt, für den Richter „Krankheiten" iSd. § 1896 Abs. 1 S. 1 BGB. Neben diesen Hauptfragen muss das Gericht **Nebenfragen** an den Sachverständigen richten: Wie wird sich der erhobene Befund in der Zukunft entwickeln? Wie wirkt sich der erhobene Befund auf die individuelle und soziale Lebenstüchtigkeit der betroffenen Person aus? Welche medizinischen, rehabilitatorischen oder pflegerischen Lösungsmöglichkeiten bestehen, um Einschränkungen im sozialen Umfeld der betroffenen Person abzuhelfen? Ist es aus ärztlicher Sicht notwendig, zur Regelung der Angelegenheiten der betroffenen Person einen Betreuer zu bestellen oder einen Einwilligungsvorbehalt anzuordnen? Welchen Umfang wird eine betreuungsgerichtliche Maßnahme haben müssen, um die beobachteten Einschränkungen auszugleichen? Wie lange wird die betreuungsgerichtliche Maßnahme in Kraft bleiben müssen? Kann der erhobene Befund der betroffenen Person mitgeteilt werden, ohne dass sie weiteren Schaden nimmt?[12] Hat die betroffene Person die geistige und sittliche Reife, die Bedeutung und Tragweite eines ärztlichen Eingriffs zu verstehen und zu bewerten?

4. Gutachterqualifikation. a) Approbation. Nachdem zu § 68b Abs. 1 FGG aF noch gefordert werden musste, dass der Sachverständige zwar abhängig vom Krankheits- oder Behinderungsbild der betroffenen Person qualifiziert sein müsse, er aber dann, wenn es um eine psychische Krankheit oder eine geistige oder seelische Behinderung ginge, zumindest ein in der Psychiatrie erfahrener Arzt sein müsse,[13] schreibt Abs. 1 S. 2 nun explizit vor, dass der Sachverständige entweder **„Arzt für Psychiatrie"** oder aber ein **„Arzt mit Erfahrung auf dem Gebiet der Psychiatrie"** sein soll. Damit kann nur gemeint sein, dass der Gutacher nach §§ 1, 2 BÄO als **Arzt approbiert** sein muss.

---

[7] *Damrau/Zimmermann* § 68b FGG Rn. 2.
[8] BayObLG FamRZ 2001, 1404.
[9] HK-BUR/*Rink* § 68b FGG Rn. 117; *Keidel/Budde* Rn. 11.
[10] HK-BUR/*Rink* § 68b FGG Rn. 116.
[11] BayObLG BtPrax 1994, 29.
[12] Zu Vorsicht im Umgang mit dieser Frage rät PK-BUV/*Locher* § 68b FGG Rn. 5, da Ärzte erfahrungsgemäß vorschnell dazu neigten, von einer Bekanntgabe des Gutachtens abzuraten.
[13] OLG Schleswig BtPrax 2007, 227; *Bienwald* § 68b FGG Rn. 47 ff.; *Damrau/Zimmermann* § 68b FGG Rn. 8; *Keidel/Kuntze/Winkler/Kayser* § 68b FGG Rn. 7; PK-BUV/*Locher* § 68b FGG Rn. 3.

Ob er sich in der Weiterbildung etwa zum Facharzt befindet, spielt daher keine Rolle – entscheidend ist seine individuelle Befähigung.[14]

9 b) Fachärzte. Damit ist erstens **keine** in den Weiterbildungsordnungen der Landesärztekammern anzutreffende **Facharztbezeichnung** (etwa der „Facharzt für Psychiatrie und Psychotherapie", der Facharzt für „Psychiatrie und Neurologie" oder der „Nervenarzt") gewählt worden. Offenbar ist der Gesetzgeber des FGG-RG davor zurückgeschreckt, zwingend den Facharztstandard für die Begutachtung in Betreuungssachen vorzuschreiben. Damit öffnet das Gesetz das Sachverständigenwesen auf dem Gebiet des Betreuungsrechts auch für Ärzte, die keine Fachärzte für Psychiatrie sind. Mindestens aber muss der sachverständige Arzt dann, wenn es darum geht zu erforschen, ob die betroffene Person an einer psychischen Krankheit oder einer geistigen oder seelischen Behinderung leidet, Erfahrung auf dem Gebiet der Psychiatrie haben.[15] Der Hausarzt der betroffenen Person oder der niedergelassene praktische Arzt, der diese Kenntnis nicht hat, scheidet in diesen Fällen damit als Gutachter aus.

10 c) Andere Ärzte. Zweitens erlaubt die Formulierung „soll", dass das Gericht dann, wenn es nicht um ein psychiatrisches Krankheitsbild, sondern etwa um körperliche Krankheiten oder Gebrechen geht, auch **andere Ärzte** als psychiatrisch erfahrene Ärzte (etwa Amtsärzte) zu Gutachtern bestellt.[16] Das betrifft in der Praxis zwar nicht viele, aber doch einige Fälle. Wegen der berufsrechtlichen Gleichstellung der psychologischen Psychotherapeuten mit Ärzten kann das Gericht in geeigneten Fällen neben einem approbierten Arzt auch einen nach § 2 PsychThG **approbierten psychologischen Psychotherapeuten** zum Gutachter bestellen.[17] Ob das nötig ist, entscheidet das Gericht aber nach § 26.[18] Es müssen sich dann Anhaltspunkte dafür finden, dass es im konkreten Fall nicht auf psychiatrisch-medizinische Kenntnisse ankommt.

11 d) Nichtärzte. Nicht approbierte „Ärzte" dagegen (etwa ehemalige Ärzte, denen die Approbation entzogen worden ist oder deren Approbation ruht; vgl. §§ 5, 6 BÄO) und nicht approbierte sonstige Psychotherapeuten scheiden als Gutachter ebenso wie Sozialarbeiter von vornherein aus.[19] Sie erfüllen nicht die zur Beantwortung der Frage, ob die betroffene Person körperlich oder psychisch krank ist oder an einer körperlichen, geistigen oder seelischen Behinderung leidet, notwendigen Qualifikationsvoraussetzungen.

12 5. Auswahl des Gutachters. a) Überprüfung der Eignung. Welchen Sachverständigen oder wie viele Sachverständige das Gericht auswählt und welcher Sachverständige sich zu welcher Teilfrage des Beweisthemas äußern soll, steht in seinem **Ermessen**, § 30 Abs. 1 FamFG, § 404 Abs. 1, 2 ZPO. Das Gericht[20] hat den Gutachter auszuwählen und ihn der betroffenen Person und ihrem Verfahrenspfleger bzw. ihrem Verfahrensbevollmächtigten vor der Begutachtung bekannt zu geben.[21] Vor eingeschliffenen Gutachter-Richter-Beziehungen ist zu warnen, zu leicht besteht das Risiko einer für den Richter nur schwer kontrollierbaren Ausrichtung des Gutachters an einer bestimmten medizinischen oder psychiatrischen Leitmeinung. Das Gericht muss die **Eignung des Sachverständigen** selbst **beurteilen.** Dazu wird es danach fragen, seit wann der Sachverständige in welcher Funktion wo tätig ist und welche Erfahrungen er bisher als Gutachter gemacht hat. Diese Auswahlentscheidung muss im Bestellungsbeschluss nachvollziehbar dargelegt werden.[22] Stellt das Gericht die individuelle Eignung des Arztes fest, dann kann es auch einen Assistenzarzt in einer psychiatrischen Klinik zum Sachverständigen bestellen.[23] Der langjährig behandelnde Arzt sollte nicht zum Sachverständigen bestellt werden,[24] ein Facharzt für Allgemeinmedizin scheidet als psychiatrischer Sachverständiger ebenfalls aus.[25]

---

[14] Streng PK-BUV/*Locher* § 68b FGG Rn. 3: Tätigkeit als Assistenzarzt oder Arzt in der Facharztausbildung reicht nicht aus. *Bassenge/Roth* § 68b FGG Rn. 6 fordern vom Assistenzarzt mindestens einjährige Tätigkeit in psychiatrischer Klinik.

[15] Einzelfälle: OLG Naumburg FamRZ 2008, 186; BayObLG FamRZ 1997, 901; FamRZ 1993, 852; FamRZ 1995, 1519; FamRZ 1997, 1565.

[16] *Bassenge/Roth* § 68b FGG Rn. 6.

[17] HK-BUR/*Rink* § 68b FGG Rn. 97.

[18] PK-BUV/*Locher* § 68b FGG Rn. 2.

[19] Zu den Sozialarbeitern vgl. *Damrau/Zimmermann* § 68b FGG Rn. 8; *Keidel/Kuntze/Winkler/Kayser* § 68b FGG Rn. 7; aA *Oberloskamp* BtPrax 1998, 18.

[20] Funktional zuständig ist der Richter, HK-BUR/*Rink* § 68b FGG Rn. 14.

[21] KG FamRZ 1995, 1379.

[22] BayObLG FamRZ 1997, 901.

[23] Fälle, in denen diese Eignung bei Assistenzärzten verneint wurde: BayObLG FamRZ 1993, 852; BayObLG BtPrax 2002, 38; KG FamRZ 1995, 1379; OLG Zweibrücken OLGR Zweibrücken 2005, 437.

[24] OLG München FGPrax 2008, 110.

[25] OLG Schleswig BeckRS 2007, 15899.

b) Bestellung einer natürlichen Person. Immer muss das Gericht eine bestimmte **natürliche** 13
Person als Sachverständigen berufen.[26] Die Benennung der „Psychiatrischen Klinik des Bezirkskrankenhauses A" genügt dieser Anforderung nicht. Anderenfalls würde der betroffenen Person das Recht, den Sachverständigen abzulehnen (s. dazu unten Rn. 28), beschnitten.[27] Damit ist verbunden, dass derjenige *in personam* individualisierte **Sachverständige**, der mit dem **Gutachten** beauftragt worden ist, dieses auch **selbst anfertigen** muss.[28] Weil die Auswahl des Sachverständigen alleinige Aufgabe des Gerichts ist, ist der benannte Sachverständige nicht berechtigt, den Gutachtenauftrag von sich aus auf einen anderen Sachverständigen zu übertragen (etwa der Chefarzt auf einen Oberarzt und dieser auf den Assistenzarzt, „der ohnehin immer alle Gutachten schreibt"). Will der beauftragte Sachverständige so vorgehen, dann muss er bei Gericht hierum nachsuchen und erklären, warum ein anderer Sachverständiger ebenso geeignet ist, das Gutachten zu erstatten wie er selbst. Unterbleibt diese Mitteilung und stellt sich später heraus, dass das Gutachten an einen anderen Arzt delegiert worden ist, der es angefertigt hat, dann kann und sollte das Gericht nachträglich den echten Gutachtenverfasser zum Sachverständigen bestellen und den Beteiligten die Möglichkeit der Stellungnahme hierzu geben.[29] Unschädlich ist es, wenn der nach § 280 Abs. 1 bestellte Gutachter und der nach § 278 Abs. 4 mit der Frage des Unterbleibens der Anhörung wegen Gesundheitsbeeinträchtigungen befasste Arzt dieselbe Person sind.

c) Delegation. Zum Problem der Delegation ist noch folgendes zu bemerken. Es ist eine prakti- 14
sche Binsenweisheit, dass der Leiter einer psychiatrischen Klinik eines größeren Krankenhauses oder einer Universitätsklinik, der (auch) mit Gutachten nach § 280 Abs. 1 beauftragt wird, diese im Regelfall nicht selbst anfertigt, sondern die Anfertigung des Gutachtens (in unterschiedlich starkem Umfang) delegiert. Es ist bis in die jüngste Vergangenheit hinein üblich, dass in großen Einrichtungen der bestellte Gutachter mit dem Gutachten nicht viel mehr zu tun hat, als den Vermerk „einverstanden, Prof. Dr. X, Chefarzt der Klinik für Y des Z" auf der ersten oder letzten Seite des Gutachtens anzubringen.[30] Die Rechtsprechung hat hierfür lange die Codierung „Einsatz von Hilfskräften bei Vorbereitung und Abfassung" des schriftlichen Gutachtens verwendet[31] und unter diesem Deckmantel lieber weg- als deutlich genug hingesehen. Demgegenüber muss betont werden, dass nur derjenige Sachverständige ein Gutachten „selbst erstattet" (und dafür auch die Vergütung nach dem ZSEG erhält), der in **jeder Phase der Erstellung des Gutachtens** die volle **Organisationsgewalt** eigenverantwortlich **innehat und** sie auch tatsächlich **ausübt**. Der benannte Sachverständige muss daher die betroffene Person selbst untersuchen und im Gutachten detailliert kenntlich machen, welche Vorarbeiten von welcher Hilfskraft mit welcher Qualifikation und Sachkunde ausgeführt worden sind.

d) Sachverständigenpflicht und Verweigerungsgründe. Der beauftragte Sachverständige ist, 15
wenn die Voraussetzungen des § 407 ZPO vorliegen, verpflichtet, das Gutachten zu erstellen. Er kann die Gutachtenerstattung **verweigern** nach § 383 Abs. 1 Nr. 1–3, 6 und §§ 384, 402 ZPO.

6. Gutachtengrundlage. Abs. 2 der Vorschrift regelt hinreichend detailliert, welches Verfahren 16
der Gutachter mindestens anzuwenden hat, um eine sachverständige Äußerung abgeben zu können. Er muss die betroffene Person vor der Erstattung des Gutachtens **persönlich untersuchen oder persönlich befragen**. Damit ist einmal dem Delegationsunwesen (Rn. 14) wenigstens etwas gesteuert. Andererseits ist damit gesetzlich geklärt, dass keine **Begutachtung nach Aktenlage** stattfinden darf.[32] Es muss also ein regelrechter und direkter persönlicher Untersuchungskontakt zwischen betroffener Person und Sachverständigem stattfinden, für dessen Ablauf die anerkannten Regeln der medizinischen Wissenschaft gelten. Diesen Anforderungen wird nach einer Entscheidung des OLG Köln nicht genügt, wenn der Gutachter lediglich den Eindruck wiedergibt, den er aus einem Gespräch mit der betroffenen Person aus einem anderen Anlass (hier einem Besuch der betroffenen Person im Gesundheitsamt, welcher der Einholung von Rat in einer anderen Angelegenheit diente) gewonnen hat.[33] Hier fand nämlich gerade keine auf das Beweisthema zugeschnittene Exploration der betroffenen Person statt. Auch eine „Kurzexploration am Fenster" genügt nicht.[34] Auch die telefonische Befragung oder Email-, blog- oder chatroom-Kontakt zwischen betroffener Person und Arzt erfüllen nicht die Anforderungen von Abs. 2. Außerdem muss die Untersuchung geeignet sein,

---

[26] *Bienwald* § 68b FGG Rn. 47; PK-BUV/*Locher* § 68b FGG Rn. 4.
[27] HK-BUR/*Rink* § 68b FGG Rn. 22.
[28] Vgl. allgemein *Laufs/Uhlenbruck*-Arztrecht/*Schlund*, Rn. 1044.
[29] PK-BUV/*Locher* § 68b FGG Rn. 4 m. weit. Nachw.
[30] *Laufs/Uhlenbruck*-Arztrecht/*Schlund* Rn. 1045. Auch *Keidel/Budde* Rn. 6 will das genügen lassen.
[31] Etwa BVerwG NJW 1984, 2645; NVwZ 1987, 48; BSozG NJW 1985, 1422.
[32] OLG Brandenburg FamRZ 2001, 40; OLG Hamm FamRZ 2009, 812.
[33] OLG Köln FamRZ 1999, 873.
[34] OLG Köln FamRZ 2001, 310.

die Fragen des Beweisthemas mit den erhobenen Befunden beantworten zu können und auf die jeweilige Krankheit und die vom Betreuungsgericht beabsichtigte Maßnahme bezogen sein. Problematisch sind diejenigen Fälle, in denen die betroffene Person jegliches Gespräch mit dem Sachverständigen verweigert und Untersuchungstermine nicht wahrnimmt. Dann kann es genügen, wenn der Sachverständige die betroffene Person etwa während der richterlichen Anhörung längere Zeit beobachtet und sich ansonsten auf bereits angefertigte Vorgutachten, den Akteninhalt und auf die Angaben des Betreuers stützt.[35]

17 Das Gutachten muss ferner zeitnah zur Exploration angefertigt werden.[36] Während der Untersuchung/des Gesprächs darf die betroffene Person auf der Anwesenheit eines Beistandes oder ihres Verfahrensbevollmächtigten bestehen.[37]

18 **7. Gutachteninhalt.** Da das Gutachten dazu dient, dem Richter die nötige Fachkenntnis zur Beantwortung der Frage nach der Notwendigkeit einer Betreuung zu verschaffen, muss sein Inhalt bestimmten Anforderungen genügen, die das Gesetz in Abs. 3 einzeln nennt, wenngleich die einzelnen Nrn. keine wissenschaftlichen Lorbeeren verdienen. Die Erörterungen des Sachverständigen müssen es zudem ermöglichen, dass das Gericht seiner Pflicht, das Gutachten auf seine wissenschaftliche Begründung, seine innere Logik und seine Schlüssigkeit hin zu überprüfen,[38] nachkommen kann. Über den Umfang des Gutachtens trifft § 280 verständlicherweise keine Aussage. Problematisch sind aber „Kurzgutachten", in denen lediglich eine Diagnose gestellt und daran anschließend trocken festgestellt wird, dass die betroffene Person zur Besorgung ihrer Angelegenheiten ganz oder teilweise außerstande sei.[39]

19 a) **Befunde und Diagnose.** Also muss der Sachverständige zunächst die **Befunde,** aus denen er seine **Diagnose** ableitet, mitteilen[40] und die **Folgerungen,** die er aus diesen Befunden **hinsichtlich der Diagnose** gezogen hat, **nachvollziehbar darstellen.**[41] Er muss nach Nr. 1 das vorgefundene Krankheitsbild einschließlich der Entwicklung der Krankheit schildern und nach Nr. 3 den körperlichen und den psychiatrischen Zustand der betroffenen Person thematisieren. Das gilt entsprechend, wenn es nicht um eine Krankheit, sondern um eine Behinderung (etwa um die angeborene Demenz) geht. Diese Schilderung muss in sich logisch und widerspruchsfrei sein. Sie muss erkennen lassen, dass der Sachverständige die sich ihm bietenden wissenschaftlichen Erkenntnisquellen benutzt und ausgeschöpft und dass er sich mit relevanten wissenschaftlichen Meinungen (auch abweichenden) auseinandergesetzt hat.[42] Leider missraten (und sicher bald Zielscheibe medizinischer Kritik) ist etwa Nr. 3, denn einen „psychiatrischen Zustand" der betroffenen Person gibt es nicht, gemeint ist in Abgrenzung zum körperlichen wohl der psychische Zustand – auch eine solche Formulierung im Gesetz dürfte aber medizinischen Widerspruch hervorrufen, ist doch die Trennung von *soma* und *psyche* keineswegs immer durchführbar.

20 b) **Befunde und Beweisthema.** Sodann muss der Sachverständige die **Folgerungen,** die er aus den erhobenen Befunden **für die weiteren** vom Gericht **im Beweisthema gestellten Fragen** ableitet, nachvollziehbar darstellen. Dafür gibt es in Abs. 3 keine eigene Gliederungsnummer. Nach völlig richtiger Ansicht muss aber ein Sachverständiger, der Denkstörungen diagnostiziert hat, darlegen, wie diese Störungen sich auf den Willensbildungsprozess bei der betroffenen Person auswirken;[43] ebenso wie ein Sachverständiger, der Alkoholabusus diagnostiziert hat, darlegen soll, ob die infolge dieses Missbrauchs eingetretene Persönlichkeitszerstörung bereits so weit fortgeschritten ist, dass sie zu einem Psychosyndrom, welches es der betroffenen Person unmöglich macht, die besorgungsbedürftigen Angelegenheiten noch selbst zu erledigen, geführt hat.[44] Ein Gutachten, das sich in der Aufzählung der von der betroffenen Person begangenen fremdaggressiven Handlungen und einem Hinweis auf seine Impulsdurchbrüche erschöpft, genügt den inhaltlichen Anforderungen an ein Sachverständigengutachten nach § 280 nicht.[45] Dem Richter sollte bei diesen Folgerungen

---

[35] So OLG München BtPrax 2005, 154.
[36] OLG Brandenburg FamRZ 2001, 40; BayObLG BtPrax 1999, 195.
[37] OLG Zweibrücken FGPrax 2000, 109; PK-BUV/*Locher* § 68b FGG Rn. 8.
[38] BayObLG FamRZ 2001, 1404; KG NJW-RR 1988, 1031. *Keidel/Budde* Rn. 10.
[39] *Bienwald* § 68b FGG Rn. 35.
[40] Hierzu gehört es auch, dass der Sachverständige mitteilt, wann er welche Befunde erhoben hat und wann die Exploration der betroffenen Person abgeschlossen war.
[41] St. Rspr.; vgl. OLG Hamm FamRZ 2009, 813; BayObLG FamRZ 2001, 1403; KG FamRZ 1993, 1379; OLG Düsseldorf FamRZ 1993, 1224.
[42] KG NJW-RR 1988, 1031.
[43] BayObLG BtPrax 1992, 36; *Damrau/Zimmermann* § 68b FGG Rn. 13.
[44] BayObLG NJW 1990, 775; *Bienwald* § 68b FGG Rn. 35.
[45] OLG Schleswig BeckRS 2008, 08371.

des Sachverständigen immer klar sein, dass diese Fragen letztlich normative Wertungsfragen sind und dass der Sachverständige hierzu eine Meinung haben kann und soll, dass die Antwort auf diese Fragen aber Aufgabe des Richters ist. Akademischer Streit ist möglich über die hiermit verbundene Frage, ob der Gutachter sich dahingehend äußern solle, ob die betroffene Person auf Grund einer psychischen Erkrankung ihren **Willen** (noch oder nicht mehr) **frei bestimmen** könne.[46] In der Praxis müssen diese hochgradig theoretischen Fragen nicht thematisiert werden, nachdem weder § 1896 noch § 1903 BGB die Fähigkeit zur freien Willensbestimmung als Abgrenzungsgröße enthalten.[47]

c) Methodentransparenz und Evidenzbasierung. Zur Qualitätssicherung von Gutachten fordert Abs. 3 Nr. 2, dass der Sachverständige die durchgeführten Untersuchungen und die diesen zugrunde gelegten Forschungserkenntnisse benennt. Der Sachverständige schuldet also **Methodentransparenz** hinsichtlich der eingesetzten Befragungen, Untersuchungen und Tests. Dem Gesetzgeber schwebte mit dem Abstellen auf die „zugrunde gelegten Forschungserkenntnisse" wohl so etwas wie **Evidenzbasierung** vor. Die eingesetzten Methoden müssen demnach auf anerkannten und gesicherten Erkenntnissen der medizinischen und/oder psychologischen Wissenschaft beruhen.

d) Umfang des Aufgabenkreises. Schließlich schreiben Nr. 4 und Nr. 5 explizit vor, dass der Sachverständige sich zum **Umfang des Aufgabenkreises** (eines zu bestellenden Betreuers) und zur voraussichtlichen Dauer der Maßnahme (Betreuerbestellung, Einwilligungsvorbehalt) äußere. Das Gesetz folgt auch damit der Rechtsprechung, die diese Forderungen an den Sachverständigen entwickelt hat.[48] Diese Forderung ist eng verknüpft mit der dem Sachverständigen nach Nr. 1 obliegenden Pflicht zur prognostischen Abschätzung.[49]

8. Gutachtenform. Das Gutachten ist, obwohl § 280 dazu nichts aussagt, normalerweise in **Schriftform** zu erstatten. Schriftform wird schon wegen der Überprüfungspflicht des Gerichts geschuldet. Nur in Ausnahmefällen kann vom Schriftformerfordernis abgewichen werden und kann ein mündliches Gutachten ausreichen. Ein **mündliches Gutachten** muss **zu Protokoll** abgegeben werden; in geeigneten Fällen mag es sogar ausreichen, wenn der bei der Anhörung nach § 278 anwesende Sachverständige die betroffene Person in der Anhörung befragt und anschließend mündlich sein Gutachten zu Protokoll gibt.[50] Hiermit ist aber große Vorsicht geboten, gründliche Exploration liegt in solchen Fällen mit Sicherheit nicht vor.[51] Wird tatsächlich nur mündlich gegutachtet, dann muss das hierüber angefertigte Protokoll zudem so klar und vollständig abgefasst sein, dass das Rechtsmittelgericht nachprüfen kann, ob der Tatrichter den Sachverständigen richtig verstanden hat.[52] Der Sachverständige sollte bei der Abfassung des schriftlichen Gutachtens aber der Versuchung widerstehen, umfänglich aus den ihm übersandten Akten zu zitieren. Das ist zur Erfüllung des Gutachtenauftrages nicht erforderlich.[53] Überhaupt muss nicht die vollständige Akte übersandt werden – denn schließlich soll der Gutachter auf Grund der Untersuchung und Befragung der betroffenen Person und nicht auf Grund des Akteninhalts zu einer sachverständigen Aussage gelangen.[54]

III. Bekanntgabe

1. Bekanntgabe gegenüber der betroffenen Person. Eine ausdrückliche Anordnung zur Bekanntgabe enthält § 280 nicht. Das Gutachten ist gleichwohl nach seiner Übersendung an das Gericht der betroffenen Person und ihrem Verfahrensbevollmächtigten oder Verfahrenspfleger bekannt zu geben, um ihr rechtliches Gehör zu gewähren. Die Übersendung an den Verfahrensbevollmächtigten bzw. Verfahrenspfleger allein reicht nicht aus.[55] Die Bekanntgabe geschieht durch die **Zurverfügungstellung einer vollständigen Kopie oder Abschrift des Gutachtens**[56] und zwar rechtzeitig vor der Entscheidung des Gerichts.[57] Die betroffene Person und ihr Verfahrensbevoll-

---

[46] Bejahend wohl BayObLG FamRZ 1993, 851 und *Damrau/Zimmermann* § 68b FGG Rn. 13.
[47] AA BayObLG BtPrax 1994, 59; (zutreffende) Kritik hieran bei HK-BUR/*Rink* § 68b FGG Rn. 100.
[48] KG FamRZ 1995, 1379; OLG Düsseldorf FamRZ 1993, 1225.
[49] Vgl. OLG Hamm FamRZ 2009, 813. Kritisch zu dieser Anforderung *Bienwald* § 68b FGG Rn. 32.
[50] OLG Brandenburg FamRZ 2001, 40; zustimmend *Damrau/Zimmermann* § 68b FGG Rn. 11.
[51] Kritisch deshalb *Bienwald* § 68b FGG Rn. 45.
[52] BGH NJW 1995, 779.
[53] OLG München FamRZ 1995, 1598; *Bienwald* § 68b FGG Rn. 42.
[54] *Bienwald* BtPrax 2002, 59. Juristen müssen sich nicht wundern, wenn Ärzte wie Juristen antworten, wenn sie ihnen Fragen wie ihresgleichen stellen.
[55] *Bienwald* § 68b FGG Rn. 90; *Keidel/Budde* Rn. 11.
[56] OLG Düsseldorf FamRZ 1997, 1362; *Damrau/Zimmermann* § 68b FGG Rn. 14.
[57] OLG Frankfurt FamRZ 2008, 1477; OLG München BtPrax 2005, 231; LG München I FamRZ 1998, 1183; PK-BUV/*Locher* § 68b FGG Rn. 10.

mächtigter bzw. Verfahrenspfleger muss die Möglichkeit haben, zum Gutachten und seinem Ergebnis Stellung zu nehmen und sich dazu mit dem Gutachten zu befassen. Darüber hinaus war das Gutachten unter Geltung von § 68 Abs. 5 FGG aF im Rahmen des Schlussgesprächs mit der betroffenen Person **mündlich zu erörtern,** sofern das zur Gewährung rechtlichen Gehörs oder zur Sachaufklärung erforderlich ist. Hieran ist auch trotz weggefallenem Schlussgespräch festzuhalten, denn das FamFG will nicht das rechtliche Gehör verkürzen. Obwohl die bisherige Rechtsprechung und die Literatur von diesem Grundsatz **Ausnahmen** in entsprechender Anwendung von § 68 Abs. 2 FGG aF zuließen,[58] enthält § 280 keine diese Ausnahme regelnde Formulierung. Das ist ein eindeutiges Versäumnis, das leicht hätte vermieden werden können. Also ist auch unter Geltung des FamFG an der bisherigen Analogielösung festzuhalten: Von der Bekanntgabe des Gutachtens gegenüber der betroffenen Person kann abgesehen werden, wenn die Voraussetzungen von § 278 Abs. 4[59] vorliegen.[60] Die drohenden erheblichen Gesundheitsnachteile müssen wiederum durch sachverständige Stellungnahme bestätigt sein. Bevor jedoch eine völlige Verweigerung der Bekanntgabe stattfinden kann, muss das Gericht prüfen, ob das Gutachten der betroffenen Person nicht wenigstens teilweise bekannt gemacht werden kann oder ob es Möglichkeiten gibt, mit denen die befürchteten Nachteile anderweit und ohne Gehörsverkürzung abgewendet werden können.[61] Immer muss dann, wenn die Bekanntgabe eingeschränkt oder ganz unterlassen werden soll, ein Verfahrenspfleger bestellt werden, dem das Gutachten bekannt gemacht werden muss.[62]

25   Für die Zusendung des Gutachtens darf das Gericht von der betroffenen Person und von deren Verfahrenspfleger keinen Gerichtskostenvorschuss verlangen.[63] Der Sachverständige kann, ohne dass die Voraussetzungen von § 278 Abs. 4 vorliegen, nicht verlangen, dass das Gutachten nur mit seiner Zustimmung weitergegeben werden dürfe.[64]

26   **2. Bekanntgabe gegenüber Dritten.** Einsicht in das Gutachten fordern können der bereits bestellte Betreuer, der Verfahrensbevollmächtigte und der Verfahrenspfleger der betroffenen Person. Sonstige Dritte (das ist auch die zum Betreuer in Aussicht genommene Person, weil sie weder gesetzlicher Vertreter der betroffenen Person noch Beteiligter am Verfahren ist)[65] haben grundsätzlich kein Einsichtsrecht in das Gutachten des Sachverständigen. Kein Einsichtsrecht hat auch derjenige bestellte Betreuer, zu dessen Aufgabenkreis es nicht gehört, die betroffene Person vor Gerichten und Behörden zu vertreten. Nur die betroffene Person kann eine solche Einsicht bewilligen. Weder Sachverständiger noch Gericht dürfen das Gutachten daher an Angehörige (auch nicht dann, wenn sie Beteiligte nach § 274 sind), andere Ärzte oder sonstige Dritte weitergeben, wenn die betroffene Person nicht eingewilligt hat. Angehörigen, die Einsicht in das Gutachten zur Begründung einer Beschwerde verlangen, ist diese Einsicht nach Maßgabe von § 13 zu gewähren.[66]

IV. Rechtsmittel

27   **1. Beschwerderecht.** Die betroffene Person hat gegen die Anordnung der Begutachtung durch einen Sachverständigen **grundsätzlich kein Rechtsmittel.**[67] Die Anordnung der Begutachtung als förmlicher Beweisbeschluss stellt keine die Instanz abschließende Entscheidung, sondern lediglich eine die Endentscheidung vorbereitende Zwischenentscheidung dar **(str.)**.[68] Die grundsätzliche

---

[58] Vgl. PK-BUV/*Locher* § 68b FGG Rn. 10.
[59] Vgl. die Kommentierung dort, § 278 Rn. 39.
[60] Einzelfälle: KG Rpfleger 2006, 467 (Kontaktverlust zur letzten verbliebenen Vertrauensperson); OLG München BtPrax 2005, 231 (Besorgnis der Belastung des Arzt-Patienten-Verhältnisses genügt nicht); OLG Frankfurt BtPrax 2003, 222 (Vertrauensverlust zum sozialpsychiatrischen Dienst).
[61] OLG Frankfurt BtPrax 2003, 222 (Bestellung eines anderen Sachverständigen zur Vermeidung des Vertrauensverlusts).
[62] OLG München BtPrax 2006, 35; *Bienwald* § 68b FGG Rn. 90; *Bassenge/Roth* § 68b FGG Rn. 17; PK-BUV/*Locher* § 68b FGG Rn. 11.
[63] OLG Düsseldorf FamRZ 1997, 1361; *Bienwald* § 68b FGG Rn. 90.
[64] *Damrau/Zimmermann* § 68b FGG Rn. 14.
[65] AA *Bienwald* § 68b FGG Rn. 87, der dem Betreuer designatus dann ein berechtigtes Interesse an der Einsicht zubilligt, wenn er sich zur Übernahme der Betreuung bereit erklärt hat, auf Grund seiner Ausbildung in der Lage ist, die erhaltenen Informationen in kritischer Würdigung als Arbeitsgrundlage zu verwenden und sich zur Verschwiegenheit verpflichtet hat.
[66] Vgl. die Kommentierung dort.
[67] Vgl. oben § 278 Rn. 47 f. Zum FGG aF noch *Bienwald* § 68b FGG aF Rn. 65; PK-BUV/*Locher* § 68b FGG Rn. 6.
[68] OLG München FamRZ 2006, 557; BayObLG FGPrax 2001, 78; OLG Hamm FamRZ 1989, 543; OLG Brandenburg FamRZ 1997, 1019; aA KG FamRZ 2002, 970, FamRZ 2001, 311; *Jurgeleit* FGPrax 2005, 1. Gleiches gilt für einen entsprechenden Beweisbeschluss des Beschwerdegerichts, BayObLG FamRZ 2000, 249.

Nichtanfechtbarkeit mit der Beschwerde folgt auch daraus, dass die Frage, ob ein Sachverständigengutachten eingeholt werden soll, nicht in das Ermessen des Gerichts gestellt ist, sondern zwingend erfolgen muss, wenn über die Bestellung eines Betreuers oder die Anordnung eines Einwilligungsvorbehalts entschieden werden muss: Die Einholung des Gutachtens beruht unmittelbar auf dem Befehl des Gesetzes.[69] Dieser Grundsatz ist freilich nach einer Entscheidung des BGH aus dem Jahre 2007 dann durchbrochen und die **Beschwerde gegeben, wenn die** gerichtliche **Anordnung** einer psychiatrischen Untersuchung (eine solche ist ja stets mit der Beauftragung eines Psychiaters verbunden) **objektiv willkürlich,** dh. in einem solchen Maße willkürlich und krass rechtsfehlerhaft ist, dass sie unter Beachtung des Schutzzweckes von Art. 3 Abs. 1 und Art. 103 Abs. 1 GG nicht mehr verständlich erscheine.[70] Das sei gegeben, wenn die Anordnung einer psychiatrischen Untersuchung ohne Anhaltspunkte für eine Betreuungsbedürftigkeit durchgeführt werden solle: Wenn nämlich ein Gericht die psychiatrische Untersuchung einer Person anordne, ohne diese vor der Entscheidung persönlich gehört oder sonstige Feststellungen, welche die Annahme einer Betreuungsbedürftigkeit der betroffenen Person rechtfertigen könnten, getroffen zu haben, dann liege ein solch krasser Ausnahmefall vor, dass es der betroffenen Person nicht zuzumuten sei, sich einer etwa auch zwangsweise durchgeführten psychiatrischen Untersuchung zu unterziehen, die mit deren Anordnung und Durchführung möglicherweise einhergehenden gravierenden Auswirkungen in ihrem sozialen Umfeld hinzunehmen und mit einer rechtlichen Klärung der Notwendigkeit einer solchen Begutachtung bis zur endgültigen Entscheidung des Gerichts über eine Betreuerbestellung zuzuwarten.[71] Im Jahre 2008 hat der BGH dagegen den **Grundsatz der Unanfechtbarkeit** des Beschlusses über die Einholung eines psychiatrischen Sachverständigengutachtens bekräftigt.[72] Hier war lediglich angeordnet worden, ein Gutachten einzuholen, aber nicht die zwangsweise Vorführung zur Untersuchung angeordnet worden. Abzugrenzen ist also danach, ob die richterliche Anordnung unmittelbar und in erheblichem Maße in die Rechte von Beteiligten eingreift. Das verneint der BGH zutreffend dann, wenn die betroffene Person die Möglichkeit hat, sich der Untersuchung zu verweigern. In diesen Fällen verliert die betroffene Person keine Rechtsposition, wenn sie erst die Endentscheidung mit der Beschwerde angreifen kann. Liegen dagegen Anhaltspunkte für die Betreuungsbedürftigkeit vor, dann bleibt es ebenfalls beim Grundsatz der Unanfechtbarkeit.[73] Diese differenzierte Lösung verdient Zustimmung.

2. Ablehnung des Sachverständigen. Die Möglichkeiten der betroffenen Person, den ausgewählten Sachverständigen abzulehnen, richten sich nach § 406 Abs. 1 S. 1 ZPO.[74] Ein Arzt kann etwa als Sachverständiger abgelehnt werden, wenn er sich zu einer anderen Frage als der Beweisfrage äußert[75] oder wenn er den Patienten grob beleidigt.[76] Solche Fälle sollten im Betreuungsverfahren nicht vorkommen. Kein Ablehnungsgrund dagegen ist der Vortrag der betroffenen Person, sie habe im Bezirkskrankenhaus Zwangsmaßnahmen der Ärzte (auch des Sachverständigen) gegenüber anderen Personen mit angesehen und miterlitten.[77]

28

§ 281 Ärztliches Zeugnis; Entbehrlichkeit eines Gutachtens

(1) Anstelle der Einholung eines Sachverständigengutachtens nach § 280 genügt ein ärztliches Zeugnis, wenn

---

[69] *Bienwald* § 68b FGG Rn. 66.
[70] BGH NJW 2007, 3575. Im Fall hatte die Betreuungsbehörde geäußert, dass sie einer „Betreuungsnotwendigkeitsüberprüfung mit Skepsis entgegen sehe": Vater (Auszügler auf dem Altenteil) und Sohn (Hoferbe) waren zerstritten. Der Sohn behauptete, der 84-jährige Vater gefährde insbesondere mit der Art, wie er auf dem Hof Auto fahre, die Familie. Dem folgend ordnete das AG Dannenberg die psychiatrische Untersuchung des weder angehörten noch sonst in Erscheinung getretenen Vaters, die Vorführung des Betr. zur Untersuchung – auch gegen seinen Willen – an und erklärte die Betreuungsbehörde zum Zwecke der Ausführung dieses Beschlusses für befugt, verschlossene Türen zwangsweise öffnen zu lassen und bei Widerstand des Betroffenen Gewalt anzuwenden. Die Vorlageentscheidung des OLG Celle bei BeckRS 2006, 12828.
[71] BGH NJW 2007, 3577. S. dazu die Anm. von *Bienwald* FamRZ 2007, 1005.
[72] BGH NJW-RR 2008, 738 f. = BGHZ 171, 326; die Vorlageentscheidung des OLG Hamm BeckRS 2008, 09830.
[73] OLG Hamm BeckRS 2008, 00229. So auch *Zimmermann* FamFG Rn. 480.
[74] Katalog mit Ablehnungsgründen etwa bei *Baumbach/Lauterbach/Hartmann* § 406 ZPO Rn. 6–22.
[75] OLG Oldenburg MDR 2008, 101.
[76] BGH NJW 1981, 2010.
[77] OLG München BeckRS 2006, 00544.

1. der Betroffene die Bestellung eines Betreuers beantragt und auf die Begutachtung verzichtet hat und die Einholung des Gutachtens insbesondere im Hinblick auf den Umfang des Aufgabenkreises des Betreuers unverhältnismäßig wäre oder
2. ein Betreuer nur zur Geltendmachung von Rechten des Betroffenen gegenüber seinem Bevollmächtigten bestellt wird.

(2) § 280 Abs. 2 gilt entsprechend.

I. Normzweck, Neuerungen durch das FamFG

1 § 281 entspricht, so die Begründung zum FGG-RG, dem bisherigen § 68b Abs. 1 S. 2 und 3 FGG aF. Als Ausnahme von der (durch die Verselbstständigung des § 280 noch unterstrichenen) Notwendigkeit der Durchführung einer förmlichen Beweisaufnahme durch Einholung eines Sachverständigengutachtens nach § 280 benennt § 281 diejenigen Fälle, in denen ein **ärztliches Zeugnis** zur Freibeweisführung[1] **ausreichend** ist. Änderungen zu dem bisherigen § 68b Abs. 1 S. 2 und 3 FGG aF seien sprachlicher Art.[2] Das trifft zu.

II. Ärztliches Zeugnis

2 Ein ärztliches Zeugnis/Attest ist eine urkundliche Bescheinigung (regelmäßig) schriftlicher Art, durch die der Arzt dem Patienten bestimmte Krankheitszustände, Vorgänge oder Behandlungssituationen bescheinigt: Es ist eine **Privaturkunde** und Gesundheitszeugnis iSd § 278 StGB,[3] hinsichtlich deren Inhalts und deren äußerer Gestaltung der Arzt grundsätzlich frei ist. Ärztliche Zeugnisse/Atteste unterscheiden sich von Gutachten nur dadurch, dass sie nicht wie diese, die dadurch den Charakter einer Privaturkunde verlieren, vom Gericht veranlasst werden. Es handelt sich also lediglich um eine sekundäre, eine beweisrechtliche Unterscheidung.[4] Im Aussagegehalt dagegen unterscheiden sich Gutachten und Zeugnis/Attest nicht. Es ist also keineswegs so, dass ein ärztliches Zeugnis/Attest lediglich ein kurzes Gutachten sei[5] – tatsächlich können Zeugnisse/Atteste auch (wesentlich) länger sein als Gutachten. Jedoch unterliegt das Zeugnis/Attest nicht den strengen Beweisregeln der §§ 402 ff. ZPO, weshalb das Gericht Schlüsse aus dem Zeugnis/Attest in freier Beweiswürdigung im Rahmen der Ermittlungen von Amts wegen zieht.[6]

3 Zeugnisse/Atteste müssen daher, um in Betreuungssachen verwertet werden zu können, wie Gutachten erhobene **Befunde**, daraus erstellte **Diagnosen, Beurteilungen** und **Aussagen zu den Einschränkungen der Handlungsfähigkeit** der betroffenen Person enthalten.[7] Inhaltlich charakterisiert wird das ärztliche Zeugnis noch dadurch, dass jedes Zeugnis, das ein Arzt über den Gesundheitszustand eines Patienten erteilt, immanent ausdrückt, der Arzt habe den Patienten vor der Ausstellung untersucht.[8] Diese inhaltliche Zuschreibung wird dadurch deutlich, dass ein Zeugnis nach der Rechtsprechung zu § 278 StGB schon dadurch unrichtig wird, dass der Arzt ein Zeugnis/Attest ausstellt, ohne den Patienten vorher untersucht zu haben – mag die Beschreibung der Krankheit im Zeugnis/Attest auch zutreffen.[9] Es ist daher folgerichtig, wenn Abs. 2 den **§ 280 Abs. 2** für **entsprechend anwendbar** erklärt, obwohl es sich dabei lediglich um einen Appell handelt. Methodentransparenz schuldet der attestierende Arzt aber nicht (auf § 280 Abs. 3 Nr. 2 wird nicht verwiesen).[10] Spezielle Anforderungen an die fachliche Qualifikation des ausstellenden Arztes (etwa als eines auf dem Gebiete der Psychiatrie erfahrenen Arztes) sind nicht erforderlich. Bei dem im Rahmen des Freibeweises verwertbaren Zeugnis kann es sich also auch um ein Zeugnis/Attest des Facharztes für Allgemeinmedizin oder des Hausarztes handeln.[11]

4 Das Zeugnis kann von der betroffenen Person selbst beschafft werden, die deshalb in der Wahl des Ausstellers frei ist.[12] Wird das Zeugnis von einem anderen Beteiligten, häufig etwa der Betreuungs-

---

[1] Zum Begriff Freibeweis im Gegensatz zum Strengbeweis BGH NJW 2008, 1533.
[2] BT-Drucks. 16/6308, S. 268.
[3] So die Definition von *Laufs/Uhlenbruck*-Arztrecht/*Uhlenbruck/Laufs* Rn. 460.
[4] *Bienwald* § 68b FGG Rn. 20.
[5] So BT-Drucks. 11/4528, S. 174; *Damrau/Zimmermann* § 68b FGG Rn. 21.
[6] *Bienwald* § 68b FGG Rn. 20.
[7] PK-BUV/*Locher* § 68b FGG Rn. 23.
[8] Dem folgt für Betreuungssachen etwa OLG Hamm BtPrax 1999, 239. S. a. PK-BUV/*Locher* § 68b FGG Rn. 23.
[9] BGH NJW 1975, 718 und *Laufs/Uhlenbruck*-Arztrecht/*Uhlenbruck/Laufs* Rn. 462 m. weit. Nachw.
[10] So auch PK-BUV/*Locher* § 68b FGG Rn. 23.
[11] *Bassenge/Roth* § 68b FGG Rn. 14; aA *Keidel/Budde* Rn. 1.
[12] PK-BUV/*Locher* § 68b FGG Rn. 24.

behörde, veranlasst und in das Betreuungsverfahren eingebracht, verliert es den Charakter einer Privaturkunde. Der Regelungsbereich von § 281 ist dann verlassen.[13] Fordert das Gericht seinerseits ein Zeugnis/Attest an, dann ist die Grenze zur Begutachtung überschritten und es handelt sich nicht mehr um Freibeweis, sondern um die Durchführung eines förmlichen Beweisverfahrens.[14]

III. Ausreichen eines Zeugnisses im Betreuungsverfahren

1. Eigenantrag der betroffenen Person. Nach Abs. 1 Nr. 1 müssen mehrere Voraussetzungen 5 **kumulativ** erfüllt sein, um auf ein Gutachten nach § 280 verzichten zu können.

a) Eigenantrag. Stellt die betroffene Person selbst[15] oder ihr Verfahrensbevollmächtigter[16] den 6 Antrag auf Einrichtung einer Betreuung, dann genügen nach Abs. 1 Nr. 1 ärztliche Zeugnisse und das Gericht kann auf ein förmliches Beweisverfahren verzichten. Wichtig ist dabei, dass das Gericht wie beantragt entscheiden kann: Ergibt sich im Verfahren, dass dem zu bestellenden Betreuer ein anderer oder mehr Aufgabenkreis/e zugewiesen werden müssen, als die betroffene Person beantragt hat, dann kann nicht mehr im Freibeweisverfahren entschieden werden. Es ist dann notwendig, nach § 280 ein ärztliches Gutachten einzuholen.[17] Zur Stellung des Antrages muss die betroffene Person wegen § 275 nicht geschäftsfähig gewesen sein. Hiergegen wird zu Recht eingewandt, die nach § 281 Abs. 1 mögliche Senkung der Eingriffsschwelle sei nur dann gerechtfertigt, wenn sie (vollständig) vom Willen der betroffenen Person getragen sei.[18] Es kann unmöglich richtig sein, ein (möglicherweise hausärztliches) Zeugnis/Attest ausreichen zu lassen, wenn ein schlichter Antrag einer altersdementen betroffenen Person vorgelegt wird, den die Pflegeheimverwaltung vorbereitet hat und den die betroffene Person in Unkenntnis dessen, was sie da unterschreibt, unterschrieben hat.[19] Das Gericht hat demnach bei allen von der betroffenen Person selbst gestellten Anträgen auf Anordnung einer Betreuung in geeigneter Weise zu ermitteln, § 26, ob Zweifel an der Geschäftsfähigkeit des Antragstellers bestehen. Ein Antrag der betroffenen Person muss nicht die Initiative zur Durchführung des Betreuungsverfahrens sein, er kann auch später und sogar konkludent gestellt werden.[20]

b) Begutachtungsverzicht. Darüber hinaus muss die betroffene Person auf die Begutachtung 7 verzichtet haben, Abs. 1 Nr. 2. Es gilt hinsichtlich der Verzichtserklärung dasselbe wie beim Antrag auf Einrichtung einer Betreuung. Das Gericht freilich ist weder an den Selbstantrag noch an die Verzichtserklärung gebunden.[21] Es entscheidet auf Grund pflichtgemäßen Ermessens, ob gleichwohl ein Gutachten nach § 280 einzuholen ist.

c) Unverhältnismäßigkeit der Begutachtung. Schließlich muss die Einholung eines Gutach- 8 tens nach § 280 im Hinblick auf den Aufgabenkreis des zu bestellenden Betreuers unverhältnismäßig sein. Nur dann, wenn der Aufgabenkreis des Betreuers eng ist oder nur konkrete Einzelpunkte betrifft, kann von dieser Unverhältnismäßigkeit ausgegangen werden.[22] Das kann aber regelmäßig dann nicht bejaht werden, wenn sich ergibt, dass die selbst die Betreuungsanordnung beantragende Person nicht (mehr) geschäftsfähig ist.[23] Die Prüfung der Unverhältnismäßigkeit als kumulative Voraussetzung neben dem Eigenantrag der betroffenen Person soll die oben sub **a)** geäußerten Bedenken gegen die Stellung von Anträgen durch geschäftsunfähige Personen ausräumen: Bei einem vom Umfang her unwesentlichen Aufgabenkreis sei kaum ein Fall denkbar, in dem die betroffene Person gegen ihren Willen vor der Bestellung eines Betreuers geschützt werden müsste, zumal in Zweifelsfällen das Gericht eine Begutachtung anzuordnen habe.[24] Praktisch unterscheiden sich die beiden Ansichten also nicht. In die Beurteilung, ob die Begutachtung nach § 280 unverhältnismäßig ist, fließt auch die gerichtliche Einschätzung ein, inwieweit der Sachverhalt durch die Ermittlungen schon geklärt ist.[25]

---

[13] AA PK-BUV/*Locher* § 68b FGG Rn. 24.
[14] Wie hier *Bienwald* § 68b FGG Rn. 23; aA *Bassenge/Roth* § 68b FGG Rn. 13; PK-BUV/*Locher* § 68b FGG Rn. 24; HK-BUR/*Rink* § 68b FGG Rn. 60.
[15] Nicht der Verfahrenspfleger!; PK-BUV/*Locher* § 68b FGG Rn. 20.
[16] HK-BUR/*Rink* § 68b FGG Rn. 53.
[17] OLG Hamm BtPrax 1999, 238; *Keidel/Kuntze/Winkler/Kayser* § 68b FGG Rn. 11.
[18] *Damrau/Zimmermann* § 68b FGG Rn. 17; ähnlich *Bienwald* § 68b FGG Rn. 55.
[19] Beispiel bei *Damrau/Zimmermann* § 68b FGG Rn. 17.
[20] PK-BUV/*Locher* § 68b FGG Rn. 20: wenn die betroffene Person die Betreuung aktiv wünscht und nicht nur duldend hinnimmt; HK-BUR/*Rink* § 68b FGG Rn. 55; Fälle bei OLG Hamm BtPrax 2001, 213; KG BtPrax 2006, 192 (nur Leitsatz).
[21] OLG München OLGR München 2006, 259.
[22] *Keidel/Kuntze/Winkler/Kayser* § 68b FGG Rn. 11.
[23] *Bienwald* § 68b FGG Rn. 57.
[24] HK-BUR/*Rink* § 68b FGG Rn. 58.
[25] PK-BUV/*Locher* § 68b FGG Rn. 21.

§ 282   1   Buch 3. Abschnitt 1. Verfahren in Betreuungssachen

9   **2. Bestellung eines Betreuers nur zur Geltendmachung von Rechten der betroffenen Person gegenüber ihrem Bevollmächtigten.** Nach Abs. 1 Nr. 2 reicht ein ärztliches Zeugnis/Attest auch dann aus, wenn ein Betreuer nach § 1896 Abs. 3 BGB nur zu dem Zweck bestellt wird, die von der betroffenen Person im Wege einer Vorsorgevollmacht mit der Wahrnehmung ihrer Rechte beauftragte Person zu kontrollieren, weil die betroffene Person dazu nicht mehr in der Lage ist (**Kontrollbetreuer**). Weil die Anordnung einer Kontrollbetreuung nicht in die Rechte der betroffenen Person eingreift, ist hier die „Senkung der Eingriffsschwelle"[26] gerechtfertigt. Ein Selbstantrag und eine Verzichtserklärung der betroffenen Person sind in diesen Fällen nicht erforderlich.[27]

10   **3. Verfahren bei Anordnung eines Einwilligungsvorbehalts.** Da § 281 sich in den beiden Varianten von Abs. 1 nur zur Entbehrlichkeit eines Gutachtens nach § 280 bei der Bestellung eines Betreuers oder eines Kontrollbetreuers äußert, kann in Verfahren, in denen nach § 1903 BGB ein Einwilligungsvorbehalt angeordnet werden soll, unter keinen Umständen auf die Einholung eines Sachverständigengutachtens verzichtet werden. In der Praxis spielen solche Selbstanträge auf Anordnung von Einwilligungsvorbehalten bei spielsüchtigen Personen eine Rolle.[28] Auch hier bleibt es aber bei der Begutachtungspflicht.

§ 282 Vorhandene Gutachten des Medizinischen Dienstes der Krankenversicherung

(1) Das Gericht kann im Verfahren zur Bestellung eines Betreuers von der Einholung eines Gutachtens nach § 280 Abs. 1 absehen, soweit durch die Verwendung eines bestehenden ärztlichen Gutachtens des Medizinischen Dienstes der Krankenversicherung nach § 18 des Elften Buches Sozialgesetzbuch festgestellt werden kann, inwieweit bei dem Betroffenen infolge einer psychischen Krankheit oder einer geistigen oder seelischen Behinderung die Voraussetzungen für die Bestellung eines Betreuers vorliegen.

(2) ¹Das Gericht darf dieses Gutachten einschließlich dazu vorhandener Befunde zur Vermeidung weiterer Gutachten bei der Pflegekasse anfordern. ²Das Gericht hat in seiner Anforderung anzugeben, für welchen Zweck das Gutachten und die Befunde verwendet werden sollen. ³Das Gericht hat übermittelte Daten unverzüglich zu löschen, wenn es feststellt, dass diese für den Verwendungszweck nicht geeignet sind.

(3) ¹Kommt das Gericht zu der Überzeugung, dass das eingeholte Gutachten und die Befunde im Verfahren zur Bestellung eines Betreuers geeignet sind, eine weitere Begutachtung ganz oder teilweise zu ersetzen, hat es vor einer weiteren Verwendung die Einwilligung des Betroffenen oder des Pflegers für das Verfahren einzuholen. ²Wird die Einwilligung nicht erteilt, hat das Gericht die übermittelten Daten unverzüglich zu löschen.

(4) Das Gericht kann unter den Voraussetzungen der Absätze 1 bis 3 von der Einholung eines Gutachtens nach § 280 insgesamt absehen, wenn die sonstigen Voraussetzungen für die Bestellung eines Betreuers zur Überzeugung des Gerichts feststehen.

1   **1. Allgemeines, Anwendungsbereich.** Die Vorschrift entspricht dem bisherigen § 68b Abs. 1 a FGG aF, der seinerseits dem 2. BtÄndG entsprossen ist. Neu ist nur die Bildung von Absätzen. Absatz 4 enthält sprachliche Änderungen.[1] § 282 erlaubt es in Verfahren, welche die **Bestellung eines Betreuers** zum Gegenstand haben, vorhandene ärztliche Gutachten des bei Ärzten und Patienten gleichermaßen unbeliebten Medizinischen Dienstes der Krankenkassen (MDK), die von den Pflegekassen nach § 18 SGB XI[2] als so genannte **Pflegegutachten** zur Feststellung psychischer

---

[26] *Damrau/Zimmermann* § 68b FGG Rn. 17, 22.
[27] So auch PK-BUV/*Locher* § 68b FGG Rn. 2.
[28] HK-BUR/*Rink* § 68b FGG Rn. 63.
[1] BT-Drucks. 16/6308, S. 268.
[2] § 18 Abs. 1 SGB XI: Die Pflegekassen haben durch den Medizinischen Dienst der Krankenversicherung prüfen zu lassen, ob die Voraussetzungen der Pflegebedürftigkeit erfüllt sind und welche Stufe der Pflegebedürftigkeit vorliegt. Im Rahmen dieser Prüfungen hat der Medizinische Dienst durch Untersuchung des Antragstellers die Einschränkungen bei den Verrichtungen im Sinne des § 14 Abs. 4 festzustellen sowie Art, Umfang und voraussichtliche Dauer der Hilfebedürftigkeit und das Vorliegen einer erheblich eingeschränkten Alltagskompetenz nach § 45a zu ermitteln. Darüber hinaus sind auch Feststellungen darüber zu treffen, ob und in welchem Umfang Maßnahmen zur Beseitigung, Minderung oder Verhütung einer Verschlimmerung der Pflegebedürftigkeit einschließlich der Leistungen zur medizinischen Rehabilitation geeignet, notwendig und zumutbar sind; insoweit haben Versicherte einen Anspruch gegen den zuständigen Träger auf Leistungen zur medizinischen Rehabilitation.

Erkrankungen oder geistiger oder seelischer Behinderungen bei pflegebedürftigen Personen angefordert werden, auch im Betreuungsverfahren zu verwenden. In Verfahren, die auf den weitergehenden Eingriff der Anordnung eines Einwilligungsvorbehalts gerichtet sind, ist § 282 nicht anwendbar.[3] Im Gesetzgebungsverfahren wurde davon ausgegangen, dass sich Pflege- und Betreuungsbedürftigkeit in ihren Voraussetzungen entsprächen.[4] Dem wird zu Recht widersprochen.[5] Die Regelung soll der Kostenersparnis dienen und der betroffenen Person die wiederholte Begutachtung ersparen.[6] Gedacht ist auch an eine völlige Freistellung der Gerichte von der Begutachtung durch Sachverständige nach § 280, wie § 282 Abs. 4 zeigt. Noch herrscht Kritik an der Regelung: Die Vorschrift sei zu kompliziert, als dass die Praxis von ihr Gebrauch machen werde.[7] Diese berechtigte Kritik (im Einzelnen Rdnrn. 5, 7, 8) führt dazu, § 282 für insgesamt missraten zu halten. Außerdem gefährdet er die Verfahrensrechte betroffener Personen.

§ 282 geht von folgender **Abfolge** aus: Anforderung des Pflegegutachtens bei der Pflegekasse (Abs. 2) – Prüfung der Eignung für das Betreuungsverfahren (Abs. 3 S. 1, 1. Halbs.) – Einholung der Einwilligung der betroffenen Person (Abs. 3 S. 1, 2. Halbs.). Zwingend ist diese Abfolge nicht, die Einwilligung lässt sich auch schon vor der Anforderung des Gutachtens einholen.[8] Der **Zweck** der Einholung eines Pflegegutachtens kann darin liegen, die **Begutachtung** nach § 280 entweder **ganz** oder **teilweise** zu unterlassen. 2

2. Anforderbare Gutachten (Abs. 1). Das Gericht darf **nur Pflegegutachten** nach § 18 SGB XI anfordern, keine sonstigen in anderen Zweigen der Sozialversicherung angefertigten Gutachten. Angefordert werden dürfen ausweislich des Wortlautes von Abs. 1 auch nur Gutachten, die sich zu psychischen Erkrankungen und/oder geistigen und seelischen Behinderungen äußern, also keine Gutachten, die sich mit körperlichen Krankheiten oder Gebrechen befassen.[9] Damit scheiden auch Gutachten nach § 81 StPO oder nach § 69 Abs. 1 SGB XI aus.[10] 3

3. Anforderung (Abs. 2). Das Gericht richtet eine Anforderung an die Pflegekasse. Es hat darin anzugeben, zu welchem Zweck (Komplett- oder Teilersetzung der Regelbegutachtung nach § 280) das Gutachten und die zugehörigen Befunde verwendet werden sollen, Abs. 2 S. 2. Dieser Anforderungspflicht korrespondiert die Übermittlungspflicht der Pflegekasse nach §§ 94 Abs. 2 SGB XI, 76 Abs. 2 Nr. 3 SGB X. 4

4. Prüfung der Eignung. a) Prüfmaßstäbe. Nach Abs. 3 S. 1 hat das Gericht eine Prüfung anzustellen, ob das übermittelte Pflegegutachten ein Regelgutachten nach § 280 ganz oder teilweise ersetzen kann. Wie bei der Regelbegutachtung kann sich dabei ergeben, dass die Betreuungsvoraussetzungen entweder vorliegen oder nicht vorliegen. Hinsichtlich der Prüfmaßstäbe, die das Gericht anzulegen hat, hüllt sich das Gesetz in Schweigen. Auch die Literatur vermag hier noch nicht viel beizusteuern.[11] Nach hier vertretener Ansicht entpuppt sich § 282 an dieser Stelle als ein zu Verfahrensvereinfachung vollständig unsinniges Instrument. Dem Gericht obliegt nämlich eine in der Beschwerdeinstanz voll überprüfbare Pflicht, das Pflegegutachten **inhaltlich** daraufhin zu überprüfen, ob auf die Begutachtung verzichtet werden kann, weil die medizinischen Voraussetzungen des § 1896 Abs. 1 BGB erfüllt sind.[12] Diese Pflicht macht das Gericht aber streng genommen zum Sachverständigen über den Sachverständigen und erhebt die Verfügung des Richters, auf die Begutachtung nach § 280 zu verzichten, in den Rang eines Ergänzungs- oder Obergutachtens. Es handelt sich hier keineswegs darum, das Sachverständigengutachten wie stets auf seine innere Logik, Widerspruchsfreiheit und Überzeugungskraft hin zu überprüfen, sondern wenn das Gericht entscheiden 5

---

§ 18 Abs. 2 SGB XI: Der Medizinische Dienst hat den Versicherten in seinem Wohnbereich zu untersuchen. Erteilt der Versicherte dazu nicht sein Einverständnis, kann die Pflegekasse die beantragten Leistungen verweigern. Die §§ 65, 66 des Ersten Buches bleiben unberührt. Die Untersuchung im Wohnbereich des Pflegebedürftigen kann ausnahmsweise unterbleiben, wenn auf Grund einer eindeutigen Aktenlage das Ergebnis der medizinischen Untersuchung bereits feststeht. Die Untersuchung ist in angemessenen Zeitabständen zu wiederholen.

[3] *Bienwald* § 68b FGG Rn. 60.
[4] BT-Drucks. 15/2494, S. 42.
[5] *Bienwald* § 68b FGG Rn. 60. Kritisch wegen unterschiedlicher Funktionalität der Gutachtentypen auch *Probst*, Betreuungs- und Unterbringungsverfahren, S. 86.
[6] PK-BUV/*Locher* § 68b FGG Rn. 13.
[7] *Keidel/Budde* Rn. 1; kritisch auch *Schmidt*, in: *Schmidt/Bayerlein/Mattern/Ostermann*, Betreuungspraxis, Rn. 97.
[8] PK-BUV/*Locher* § 68b FGG Rn. 13.
[9] *Bassenge/Roth* § 68b FGG Rn. 19.
[10] BT-Drucks. 15/4874, S. 29; PK-BUV/*Locher* § 68b FGG Rn. 13.
[11] *Keidel/Kuntze/Winkler/Budde*, Nachtrag zur 15. Aufl., § 68b FGG Rn. 4; PK-BUV/*Locher* § 68b FGG Rn. 19; *Bassenge/Roth* § 68b FGG Rn. 22.
[12] PK-BUV/*Locher* § 68b FGG Rn. 17.

soll, ob das Pflegegutachten ausreicht, dann muss es beurteilen, ob die Befunderhebung richtig und vollständig ist, die Diagnose zutrifft und die Folgerungen aus der Diagnose hinsichtlich der Betreuungsbedürftigkeit richtig gezogen sind. Das ist nach bisheriger Systematik des Beweisrechts Aufgabe eines Ergänzungs- oder Obergutachters. Das Gericht muss sich also bei der Eignungsprüfung **sachverständiger Hilfe** bedienen, was das ganze Procedere entwertet. Es bleibt zu hoffen, dass die Beschwerdegerichte (Landgerichte) diesem beweisrechtlichen Unsinn, der übrigens auch mit § 281 nicht zu vereinbaren ist, bald einen Riegel vorschieben. Es wäre besser gewesen, das Pflegegutachten als ein von der betroffenen Person nach § 281 in das Verfahren einzubringendes ärztliches Zeugnis/ Attest zu behandeln.

6   **b) Mangelnde Eignung, Datenlöschungspflicht.** Stellt das Gericht mangelnde Eignung fest (was es nach hier vertretener Ansicht nicht ohne sachverständige Beratung tun kann), dann muss es die übermittelten Daten unverzüglich löschen,[13] Abs. 2 S. 3. Keine mangelnde Eignung (und damit keine Löschungspflicht) liegt dagegen vor, wenn das Gericht auf das Pflegegutachten gestützt zu dem Ergebnis kommt, dass ein Betreuer nicht bestellt werden kann.

7   **5. Einwilligung des Patienten.** Bei festgestellter Eignung (s. o.) muss das Gericht, bevor es das Pflegegutachten im weiteren Verfahren verwendet, die Einwilligung der betroffenen Person oder ihres (vorher zu bestellenden) Verfahrenspflegers einholen, Abs. 3 S. 1. Die Einwilligung kann auch vom Verfahrensbevollmächtigten erklärt werden. Hinsichtlich der vom Gesetz zugelassenen Einwilligung des Verfahrenspflegers wird auf ein weiteres Problem der Vorschrift hingewiesen:[14] Weil der Verfahrenspfleger nicht über die Rechte der betroffenen Person verfügen könne, und seine Beteiligung die Verfahrensfähigkeit der betroffenen Person nicht berühre, könne es auf seine Einwilligung nur dann ankommen, wenn die betroffene Person der Verwendung des Pflegegutachtens zwar nicht widerspreche, aber auch nicht in der Lage sei, eine Einwilligung zu erklären. Dem ist zwar zuzustimmen, deutlich wird aber auch hier, wie missraten die gesamte Vorschrift ist, denn die Beurteilung der Einwilligungsfähigkeit setzt ihrerseits wieder eine ärztliche Begutachtung voraus, die mit dem Pflegegutachten ja gerade vermieden werden soll.[15] Vertreten wird aber auch, dass die Einwilligung des Verfahrenspflegers in jedem Falle die der betroffenen Person ersetze[16] – ein m. E. nur schwer erträglicher Vorschlag, der die betroffene Person vollends zum Objekt eines sich weitgehend intransparent vollziehenden Verfahrens zu machen geeignet ist, weil der betroffenen Person bei der Bestellung eines Betreuers so verborgen bleibt, dass ein zu anderen Zwecken erstelltes Pflegegutachten dazu verwendet wird, sie ihrer rechtlichen Handlungsfähigkeit zu berauben. Verfahrenspfleger sollten hierzu nicht ihre Hand reichen.[17]

8   **6. Gutachtenqualität.** Ein weiteres Problem der Verwendung von Pflegegutachten ist die Art ihres Zustandekommens und die sich darin niederschlagende Qualität dieser Gutachten. Pflegegutachten nach § 18 SGB XI erstellt der MDK. Die Aufgaben des MDK erfüllen nach § 18 Abs. 7 SGB XI[18] Ärzte in Zusammenarbeit mit Pflegefachkräften und anderen geeigneten Fachkräften. § 282 könnte, strikt angewendet, die Anforderungen des § 280 Abs. 1 S. 2 in zweierlei Hinsicht unterwandern: Erstens ermöglicht er das Hausarztgutachten und zweitens verhindert er nicht das Gemeindeschwesterngutachten.[19] Das ist nicht hinnehmbar. Das Betreuungsgericht darf deshalb **nur Pflegegutachten, die vollständig von Ärzten angefertigt** sind, welche die Voraussetzungen von § 280 Abs. 1 S. 2 erfüllen, verwenden. Außerdem ermöglicht § 18 Abs. 2 S. 4 SGB XI die Erstellung von Pflegegutachten allein nach Aktenlage. Solche Pflegegutachten dürfen wegen § 280 Abs. 2 nicht verwendet werden. Da auch ärztliche Zeugnisse/Atteste nach § 281 Abs. 2, sofern sie in Verfahren zur Bestellung eines Betreuers verwendet werden sollen, auf der persönlichen Untersuchung eines

---

[13] „Löschung" geschieht durch das Löschen von elektronisch gespeicherten Dateien, durch das Vernichten übermittelter Abschriften oder das Zurücksenden überlassener Originale.
[14] PK-BUV/*Locher* § 68b FGG Rn. 15.
[15] Kritisch deshalb *Keidel/Budde* Rn. 3.
[16] *Jansen/Sonnenfeld* § 68b FGG Rn. 42.
[17] In diesem Sinne auch *Keidel/Budde* Rn. 3.
[18] § 18 Abs. 7 SGB XI: Die Aufgaben des Medizinischen Dienstes werden durch Ärzte in enger Zusammenarbeit mit Pflegefachkräften und anderen geeigneten Fachkräften wahrgenommen. Die Prüfung der Pflegebedürftigkeit von Kindern ist in der Regel durch besonders geschulte Gutachter mit einer Qualifikation als Gesundheits- und Kinderkrankenpflegerin oder Gesundheits- und Kinderkrankenpfleger oder als Kinderärztin oder Kinderarzt vorzunehmen. Der Medizinische Dienst ist befugt, den Pflegefachkräften oder sonstigen geeigneten Fachkräften, die nicht dem Medizinischen Dienst angehören, die für deren jeweilige Beteiligung erforderlichen personenbezogenen Daten zu übermitteln.
[19] Kritisch auch PK-BUV/*Locher* § 68b FGG Rn. 18.

Arztes beruhen müssen, ist gleiches von den verwertbaren Pflegegutachten des MDK nach § 282 zu fordern.[20]

§ 283 Vorführung zur Untersuchung

(1) ¹ Das Gericht kann anordnen, dass der Betroffene zur Vorbereitung eines Gutachtens untersucht und durch die zuständige Behörde zu einer Untersuchung vorgeführt wird. ² Der Betroffene soll vorher persönlich angehört werden.

(2) ¹ Gewalt darf die Behörde nur anwenden, wenn das Gericht dies auf Grund einer ausdrücklichen Entscheidung angeordnet hat. ² Die zuständige Behörde ist befugt, erforderlichenfalls die Unterstützung der polizeilichen Vollzugsorgane nachzusuchen.

(3) ¹ Die Wohnung des Betroffenen darf ohne dessen Einwilligung nur betreten werden, wenn das Gericht dies auf Grund einer ausdrücklichen Entscheidung angeordnet hat. ² Bei Gefahr im Verzug findet Satz 1 keine Anwendung.

1. Allgemeines; Neuerungen im FamFG. Bestehen für das Betreuungsgericht von vornherein auf Grund bereits angestellter Ermittlungen Zweifel an der Mitwirkung der betroffenen Person, oder erscheint die betroffene Person nicht zu dem von dem nach § 280 beauftragten Sachverständigen angeordneten Termin zur Untersuchung bzw. Befragung, dann kann das Gericht entweder gleichzeitig mit dem Beschluss über die Einholung eines Sachverständigengutachtens nach § 280 oder zu einem späteren Zeitpunkt, zur Vorbereitung eines ärztlichen Gutachtens eine **Untersuchungs-** und eine **Vorführungsanordnung** gegenüber der betroffenen Person erlassen, auf Grund derer die betroffene Person durch die Betreuungsbehörde zur Untersuchung vorgeführt werden kann. Das Gericht kann demnach (nur) erzwingen, dass die betroffene Person vor dem Sachverständigen erscheint, ein bestimmtes Verhalten dort (die Beantwortung von Fragen oder das Mitwirken an Tests des Sachverständigen) bleibt unerzwingbar.[1] Auch körperliche Eingriffe bei der betroffenen Person sind nach § 283 nicht erzwingbar.[2]

§ 283 ist aus dem bisherigen § 68b Abs. 3 FGG aF hervorgegangen. Das FGG-RG hat dabei folgende auch bisher schon beachtete Ergänzungen im Gesetzestext selbst vorgenommen: Vor Erlass der Untersuchungs- und Vorführanordnung **soll** eine **Anhörung** der betroffenen Person stattfinden. **Gewalt** darf die Betreuungsbehörde gegen die betroffene Person nur auf Grund weiterer ausdrücklicher Anordnung des Gerichts anwenden. Grundsätzlich muss die Betreuungsbehörde die betroffene Person zur Schonung derselben[3] durch **eigene geschulte Mitarbeiter** selbst vorführen. Nur im äußersten Fall, wenn die betroffene Person gar nicht zu bewegen ist, der Untersuchungs- und Vorführanordnung Folge zu leisten, darf die Betreuungsbehörde den allgemeinen **Polizeivollzugsdienst** um Unterstützung ersuchen. Ist es notwendig, die betroffene Person aus ihrer Wohnung, zu der sie der Betreuungsbehörde und dem Polizeivollzugsdienst den Zutritt verweigert, zur Untersuchung vorzuführen, dann ist das **Betreten der Wohnung** wegen Art. 13 GG wieder nur auf Grund ausdrücklicher Anordnung des Gerichts erlaubt. Der Beschluss des Gerichts (§ 38) enthält zweckmäßigerweise alle vier Anordnungen in einem: (1) Untersuchungs- und (2) Vorführungsanordnung, (3) Gestattung der Gewaltanwendung nebst erlaubter Hinzuziehung des Polizeivollzugsdienstes und (4) Ermächtigung zum Betreten der Wohnung. Aus der Schwere des Eingriffs, der mit einem solchen Gerichtsbeschluss möglich ist, folgt, dass der betroffenen Person vor seinem Erlass **rechtliches Gehör** gewährt werden muss, Abs. 1 S. 2.

2. Untersuchungs- und Vorführungsanordnung (Abs. 1 S. 1). Die beiden Anordnungen stehen in einem Stufenverhältnis und richten sich an verschiedene Adressaten: Die Untersuchungsanordnung an die betroffene Person, die Vorführungsanordnung an die zuständige Betreuungsbehörde und den Sachverständigen. Sie sollten deshalb gedanklich getrennt und auch getrennt entschieden werden,[4] auch wenn sie (weil die bloße Untersuchungsanordnung nicht anfechtbar ist) aus Gründen des fairen Verfahrens[5] üblicherweise miteinander verbunden werden. Aus dem Beschluss, ein Sachverständigengutachten nach § 280 einzuholen, ergibt sich noch keine Mitwirkungsverpflichtung der betroffenen Person. Sie braucht also Termine, die der Sachverständige anberaumt und ihr mitteilt,

---

[20] PK-BUV/*Locher* § 68b FGG Rn. 18.
[1] HK-BUR/*Rink* § 68b FGG Rn. 67; PK-BUV/*Locher* § 68b FGG Rn. 27; *Zimmermann* FamFG Rn. 481.
[2] BayObLG FGPrax 2001, 78; *Bassenge/Roth* § 68b FGG Rn. 10.
[3] BT-Drucks. 16/6308, S. 268.
[4] *Bienwald* § 68b FGG Rn. 70; HK-BUR/*Rink* § 68b FGG Rn. 65.
[5] HK-BUR/*Rink* § 68b FGG Rn. 66.

§ 283 4–6 Buch 3. Abschnitt 1. Verfahren in Betreuungssachen

nur auf Grund des Begutachtungsbeschlusses nicht wahrzunehmen. Erst die **Untersuchungsanordnung** nach Abs. 1 erzeugt eine **Duldungspflicht**. Die **Vorführungsanordnung** sichert die **Befolgung** dieser Duldungspflicht.

4 a) **Grundsatz der Verhältnismäßigkeit.** Die Voraussetzungen für den Erlass der Untersuchungs- und der Vorführungsanordnung regelt Abs. 1 S. 1 nicht explizit. Beherrscht wird Abs. 1 aber vom allgemeinen Grundsatz der Verhältnismäßigkeit. Die Anordnungen sind aber nur dann zulässig, wenn die Begutachtung anders nicht möglich wäre.[6] Der Grundsatz der Verhältnismäßigkeit ist in diesem Zusammenhang grundsätzlich nur dann gewahrt, wenn die Begutachtung zunächst freiwillig versucht wurde und gescheitert ist.[7] Etwas weitergehend wird sich sagen lassen, dass ein Versuch nicht unternommen werden muss, wenn das Scheitern von vornherein feststeht. Das Gericht muss auf Grund der Ermittlungen zu dem Ergebnis kommen, dass die betroffene Person an der Untersuchung beim Sachverständigen nicht freiwillig mitwirkt oder mitwirken wird. Die Nichtmitwirkung wird sich entweder aus dem Verstreichenlassen von Terminen[8] oder aus einer unmissverständlichen und vorab schriftlich oder mündlich erklärten oder sonst zum Ausdruck gebrachten und zu erwartenden Weigerung ergeben.[9] Immer dann freilich, wenn das Gericht auf Grund der Tatsachen zu dem Ergebnis kommt, dass die durch die Untersuchungsanordnung erzeugten Duldungspflicht durch ein milderes Mittel als die Vorführung durch die Betreuungsbehörde durchgesetzt werden kann, muss dieses mildere Mittel eingesetzt werden. Möglich ist etwa auch die Anordnung des persönlichen Erscheinens der betroffenen Person beim Sachverständigen oder die Anordnung, dem Sachverständigen die Untersuchung in der üblichen Umgebung zu gestatten.[10] Zu prüfen ist auch, ob es ausreicht, wenn der Sachverständige bei der richterlichen Anhörung der betroffenen Person anwesend ist und diese bei diesem Anlass befragt.[11] Das Betreuungsgericht muss auf auch unbegründete Ängste und Befürchtungen der betroffenen Person Rücksicht nehmen.[12]

5 b) **Notwendigkeit der Begutachtung.** Weil die zwangsweise Vorführung zur Untersuchung und Befragung der betroffenen Person schwer in deren Rechte eingreift, muss die Weigerung der betroffenen Person immer Anlass sein, die Notwendigkeit der Begutachtung kritisch zu überprüfen:[13] Notwendig ist die Begutachtung nach § 280 Abs. 1 S. 1 nur, wenn das Gericht einen Betreuer bestellt oder einen Einwilligungsvorbehalt anordnet. Ohne Begutachtung dagegen kann das Gericht beide Maßnahmen ablehnen. Hieraus folgt, dass das Gericht, wenn es eine Begutachtung anordnen und gegen die betroffene Person Untersuchungs- und Vorführungsanordnungen erlassen will, ausreichende Anhaltspunkte dafür haben muss, dass die betreuungsgerichtliche Maßnahme mit überwiegender Wahrscheinlichkeit in Betracht kommt, wenn also **Anhaltspunkte für die Betreuungsbedürftigkeit** sprechen.[14] In allen anderen Fällen wäre es unzumutbar, die betroffene Person einer Zwangsuntersuchung zu unterziehen. Es ist wichtig, auf diesen Grundsatz der Verhältnismäßigkeit hinzuweisen, der, wenn er strikt beachtet wird, eine Lösung für diejenigen Fälle darstellt, in denen der Antrag auf Bestellung eines Betreuers durch missgünstige Angehörige oder Nachbarn benutzt wird, um Konflikte mit der betroffenen Person auszutragen.[15] Das Betreuungsgericht sollte also nicht nach der Maxime „sicher ist sicher" Begutachtungen anordnen und diese dann erzwingen, sondern zu diesem einschneidenden Mittel erst greifen, wenn anderweit ermittelbare und bereits ermittelte Tatsachen die Maßnahme nach § 1896 Abs. 1 und/oder § 1903 BGB wahrscheinlich machen. Begutachtungsbeschluss und Untersuchungs- und Vorführungsanordnung dürfen also nicht das ausschließliche Ermittlungsinstrumentarium des Gerichts sein. Das gilt umso mehr, wenn die betroffene Person geschäftsfähig ist.[16]

6 c) **Vorführender.** Die Vorführung erfolgt durch die **zuständige Betreuungsbehörde**, die dazu eigene Mitarbeiter einsetzt. Bei der Vorführung handelt es sich (noch) nicht um eine Freiheitsentziehung, sondern lediglich um eine Freiheitsbeschränkung.[17]

---

[6] BT-Drucks. 11/4528, S. 175; *Keidel/Kuntze/Winkler/Kayser* § 68b FGG Rn. 13.
[7] *Jansen/Sonnenfeld* § 68b FGG Rn. 48.
[8] BT-Drucks. 16/6308, S. 268.
[9] Da es kein Recht auf Nichtmitwirkung gibt, muss die betroffene Person auch nicht über die Duldungspflicht belehrt werden.
[10] *Bienwald* § 68b FGG Rn. 72.
[11] BayObLG FGPrax 2001, 78; PK-BUV/*Locher* § 68b FGG Rn. 26.
[12] HK-BUR/*Rink* § 68b FGG Rn. 72.
[13] Vgl. zum Ganzen *Bienwald* § 68b FGG Rn. 74.
[14] BGH NJW-RR 2008, 737.
[15] Vgl. die Fallgestaltung von BGH NJW 2007, 3575.
[16] *Bienwald* § 68b FGG Rn. 75.
[17] BayObLG FamRZ 1994, 1190; HK-BUR/*Rink* § 68b FGG Rn. 68.

d) Richterzuständigkeit. Funktionell zuständig für den Erlass der Untersuchungs- und der Vorführungsanordnung ist der **Richter,** § 14 Nr. 4 RPflG, auch wenn im Übrigen der Rechtspfleger das Verfahren führt.[18] Eine bestimmte Form muss nicht eingehalten werden; daher können Untersuchungs- und Vorführungsanordnung auch mündlich oder fernmündlich erfolgen[19] – regelmäßig erfolgt die Anordnung jedoch schriftlich. Die Untersuchungsanordnung wird wirksam mit der Bekanntgabe gegenüber der betroffenen Person, § 15, während die Vorführungsanordnung der betroffenen Person nicht bekannt gegeben werden muss (sie erhielte bei der Bekanntgabe nur die Möglichkeit, sich ihrer Duldungspflicht zu entziehen und muss auf Grund der Untersuchungsanordnung ohnehin mit ihr rechnen).[20]

3. Anhörung der betroffenen Person (Abs. 1 S. 2). Die vorgeschriebene Anhörung der betroffenen Person erweitert den Text des bisherigen § 68b Abs. 3 FGG aF, wurde aber auch früher schon zur Gewährung des rechtlichen Gehörs für erforderlich gehalten.[21] Sie soll erfolgen, um die Verfahrensrechte der betroffenen Person zu sichern.[22] Dieses jetzt anerkannte Anhörungserfordernis widerspricht der sonstigen das FGG-RG kennzeichnenden Tendenz, das Verfahren zu vereinfachen (vgl. etwa den Fortfall des Schlussgesprächs, § 278 Abs. 2 S. 3). Die Anhörung vor der Entscheidung über eine Untersuchungs- und Vorführungsanordnung wird, da sie ohnehin in das pflichtgemäße Ermessen des Gerichts gestellt ist, daher mit der regulären Anhörung nach § 278 Abs. 1 verbunden werden können. Die ausdrückliche Erwähnung einer Anhörung in Abs. 1 S. 2 stellt sicher, dass jedenfalls (mindestens) eine Anhörung stattfindet, bevor die betroffene Person zur Duldung einer Untersuchung oder Befragung verpflichtet wird.

4. Gestattung der Gewaltanwendung (Abs. 2). Abs. 2 stellt klar, dass die Anwendung von Gewalt gegenüber der betroffenen Person nur zulässig ist, wenn (auch) ihre Vornahme auf einer ausdrücklichen, **eigenen richterlichen Anordnung** beruht. Die Vorführungsanordnung ist nach § 283 Abs. 2 stets entsprechend zu tenorieren. Abs. 2 entspricht § 326 Abs. 2 (dem bisherigen § 70g Abs. 5 S. 2 FGG aF), der für die Zuführung zur Unterbringung unter Gewaltanwendung ebenfalls eine eigene richterliche Entscheidung verlangt. Bislang war nicht erklärlich, wieso bei einer Zuführung zur Unterbringung die Anwendung von Gewalt nur im Fall richterlicher Anordnung zulässig war, während die Vorführung zur Untersuchung und die Unterbringung zur Begutachtung im Betreuungsverfahren bereits ohne richterliche Prüfung mittels Gewalt vollzogen werden konnten. Dieser Widerspruch wird, so die Begründung zum FGG-RG,[23] nun beseitigt und Gleichklang hergestellt. Das Gesetz geht darüber hinaus davon aus, dass die Vorführung durch die Betreuungsbehörde, die für solche Fälle geeignete und geschulte Mitarbeiter einsetzt, der Regelfall ist.[24] Eine solche Vorführung soll schonender sein als eine durch den allgemeinen Polizeivollzugsdienst vorgenommene, welche nur *ultima ratio* sein soll.[25] Die **Entscheidung über den Einsatz des Polizeivollzugsdienstes** steht dabei nach dem Wortlaut von Abs. 2 S. 2 der **Betreuungsbehörde** zu. Eine entsprechende Ermächtigung im Gerichtsbeschluss hat demnach nur deklaratorische Funktion.

5. Ermächtigung zum Betreten der Wohnung (Abs. 3). Entsprechendes wie für Abs. 2 gilt auch für Abs. 3. Da die Vorführung zur Untersuchung und Befragung es in vielen Fällen voraussetzt, dass die mit der Vorführung betroffene Person ohne deren Willen unter der Anwendung von körperlicher Gewalt aus ihrer Wohnung herausgeholt wird, benötigt die damit beauftragte Betreuungsbehörde wegen Art. 13 GG eine richterliche Anordnung zum (auch gewaltsamen) Betreten der Wohnung. Hiervon abweichen darf die Betreuungsbehörde nur bei Gefahr im Verzug. Wenn der Begutachtungsbeschluss von vornherein umfassend gestaltet wird (s. o. Rn. 2), muss an dieser Stelle keine Rechtsunsicherheit aufkommen.

6. Rechtsmittel. Über die Frage der Anfechtbarkeit der Vorführungsanordnung zur Untersuchung nach FGG aF wurde bis zur Entscheidung des BGH v. 14. 3. 2007[26] kontrovers diskutiert.[27]

---

[18] PK-BUV/*Locher* § 68b FGG Rn. 29.
[19] HK-BUR/*Rink* § 68b FGG Rn. 70.
[20] HK-BUR/*Rink* § 68b FGG Rn. 71.
[21] *Bassenge*/*Roth* § 68b FGG Rn. 10.
[22] BT-Drucks. 16/6308, S. 268.
[23] BT-Drucks. 16/6308, S. 268.
[24] BT-Drucks. 16/6308, S. 268: Es wird davon ausgegangen, dass die Betreuungsbehörde über hinreichend geschultes Personal verfügt.
[25] BT-Drucks. 16/6308, S. 268.
[26] BGH NJW 2007, 3575. S. dazu auch § 280 Rn. 27.
[27] Vgl. HK-BUR/*Rink* § 68b FGG Rn. 74–77; *Bienwald* § 68b FGG Rn. 55; *Damrau*/*Zimmermann* § 68b FGG Rn. 28; *Jansen*/*Sonnenfeld* § 68b FGG Rn. 50–53; *Keidel*/*Kuntze*/*Winkler*/*Kayser* § 68b FGG Rn. 14; PK-BUV/*Locher* § 68b FGG Rn. 29; *Bassenge*/*Roth* § 68b FGG Rn. 10.

Dasselbe Problem besteht bei der Vorführungsanordnung zur Anhörung nach § 278 Abs. 5.[28] Obwohl beide Probleme sich strukturell gleichen, weil es sich in beiden Fällen um eine Beschränkung der Freiheit der betroffenen Person handelt, wurde der Streit nicht schon bei § 68 Abs. 3, sondern erst bei § 68b Abs. 3 S. 2 FGG aF[29] offenbar. Im Streit um letzteren wurden gegen diesen verfassungsrechtliche Bedenken erhoben.[30] Die Rechtsprechung[31] ging überwiegend[32] davon aus, sowohl die Untersuchungs- als auch die Vorführungsanordnung ebenso wie die daran angeknüpften Nebenentscheidungen (Ermächtigung zur Zwangsanwendung und zum Betreten der Wohnung) als Zwischenentscheidungen, die ein einmaliges Mitwirken der betroffenen Person an einer Verfahrenshandlung erzwingen, für **unanfechtbar** zu halten. Das gilt auch nach FamFG.[33] Diese Einordnung folgt dem Grundsatz, wonach Rechtsbehelfe (stets) in der geschriebenen Rechtsordnung geregelt sein müssen[34] und soll der „allgemeinen Tendenz zur Beschränkung von Rechtsmitteln in Nebenverfahren" Rechnung tragen.[35] Zwischen- und Nebenentscheidungen sollen daher grundsätzlich unanfechtbar sein, sie können aber anfechtbar ausgestaltet sein.[36] Eine solche Einzelbeschwerdeberechtigung ist aber nur in § 284 Abs. 3 (und gerade nicht in § 283) enthalten und betrifft nur die über eine Einzeluntersuchung/-befragung hinausgehende Unterbringung zur Begutachtung.[37] Hieraus folgt im Umkehrschluss,[38] dass die Vorführungsanordnung zur Untersuchung wie schon nach § 68b Abs. 3 S. 2 FGG aF unanfechtbar sei. Der BGH war 2007 geneigt, diesen Grundsatz für verfassungsrechtlich bedenklich zu halten.[39] Der Gesetzgeber hat die klare Positionierung von § 68b Abs. 3 S. 2 FGG aF aufgegeben und die Entscheidung auf § 58 Abs. 1 verschoben, der nur Endentscheidungen für anfechtbar erklärt. Damit besteht nun freilich auch die Möglichkeit des „erst Recht"-Schlusses aus § 33 Abs. 3 S. 5.[40] Der BGH seinerseits hat die Streitfrage 2007 nicht entschieden, sondern dahin stehen lassen und nur dann, wenn die Anordnung **objektiv willkürlich** und krass rechtsfehlerhaft ist, eine **Durchbrechung des Grundsatzes der Nichtanfechtbarkeit** zugelassen.[41] Darüber hinaus hielt er auch in der neuesten Rechtsprechung zum FGG aF am Grundsatz der Nichtanfechtbarkeit von Nebenentscheidungen in Betreuungssachen fest.[42]

12 Anfechtbar dagegen sind Entscheidungen, die im gegenständlichen Verfahren nicht hätten ergehen dürfen – etwa eine Untersuchungsanordnung mit der Androhung einer zwangsweisen Vorführung in einem Verfahren, das nur die Aufhebung einer Betreuung oder einen Betreuerwechsel zum Gegenstand hat.[43] In solchen Verfahren scheidet schon die Begutachtung nach § 280 Abs. 1 aus.

---

[28] S. o. § 278 Rn. 47.
[29] Er geht zurück auf einen Vorschlag des Bundesrates bei den Beratungen zum BtG; BT-Drucks. 11/6949, S. 80.
[30] Insbesondere von *Bienwald* § 68b FGG Rn. 55; *Jansen/Sonnenfeld* § 68b FGG Rn. 50.
[31] Vor der BGH-Entscheidung etwa BayObLG FamRZ 2002, 419 und FamRZ 2001, 1559; BayObLG FamRZ 2003, 60; OLG Hamm FamRZ 1997, 440; OLG München FGPrax 2006, 212.
[32] Abweichende Entscheidungen: BayVerfGH BtPrax 1995, 179; KG BtPrax 2001, 42.
[33] *Zimmermann* FamFG Rn. 148; *Keidel/Budde* Rn. 4; s. o. § 278 Rn. 48.
[34] BVerfGE 107, 395 = NJW 2003, 1924.
[35] BT-Drucks. 11/6949, S. 80 und BT-Drucks. 11/4528, S. 215.
[36] Anfechtbar sind aber „falsche Entscheidungen", wie etwa die, dass die betroffene Person zur Untersuchung ohne rechtlichen Beistand erscheinen müsse; OLG Zweibrücken FGPrax 2000, 109.
[37] Hier sah *Damrau/Zimmermann* § 68b FGG Rn. 28 eine „neue Schwelle" in der Eingriffsintensität erreicht.
[38] Mangels eines diesbezüglichen Anhaltspunktes in der Begründung zum FGG-RG ist davon auszugehen, dass das Schweigen des Gesetzgebers an dieser Stelle „beredt" ist. Die jüngsten Entscheidungen des BGH wären Gelegenheit gewesen, hierzu Stellung zu nehmen. Da das nicht geschehen ist, ist davon auszugehen, dass an den Wertungen des § 68b Abs. 3 FGG aF nichts geändert werden sollte.
[39] BGH NJW 2007, 3577: „Der generelle Ausschluss der Anfechtbarkeit erscheint schon deswegen verfassungsrechtlich bedenklich, weil er dem Betr. die Möglichkeit nimmt, sich rechtzeitig und nicht erst nach der abschließenden Entscheidung über die Einrichtung einer Betreuung gegen die Zwangsmaßnahme zu wenden, und dadurch ein effektiver Grundrechtsschutz gefährdet erscheint. Zwar ist es grundsätzlich Sache des Gesetzgebers, zu entscheiden, ob und inwieweit Rechtsmittel gegen gerichtliche Entscheidungen statthaft sein sollen. Art. 19 IV GG gewährleistet den Schutz durch den Richter, aber nicht vor dem Richter (BVerfGE 87, 41 [67] = NJW 1993, 1123 = NVwZ 1992, 1182); deshalb begründet die Verfassung grundsätzlich keinen Anspruch auf Überprüfung jeder richterlichen Entscheidung durch eine höhere Instanz. Zweifelhaft ist indes, ob dies auch bei dem generellen Ausschluss eines – an sich gegebenen – Rechtsmittels in Fällen rechtfertigt, in denen – wie bei der Anordnung, sich psychiatrisch untersuchen zu lassen – in einen höchstpersönlichen und den Betr. existenziell berührenden und grundrechtlich geschützten Bereich eingegriffen wird und eine auf Fälle der Gefahrenabwehr begrenzte Unanfechtbarkeit ebenso ausreichend wie sachgerecht wäre."
[40] S. o. § 278 Rn. 49.
[41] BGH NJW 2007, 3578.
[42] BGH NJW-RR 2008, 737.
[43] BayObLGZ 1995, 222.

§ 284 Unterbringung zur Begutachtung

(1) ¹Das Gericht kann nach Anhörung eines Sachverständigen beschließen, dass der Betroffene auf bestimmte Dauer untergebracht und beobachtet wird, soweit dies zur Vorbereitung des Gutachtens erforderlich ist. ²Der Betroffene ist vorher persönlich anzuhören.

(2) ¹Die Unterbringung darf die Dauer von sechs Wochen nicht überschreiten. ²Reicht dieser Zeitraum nicht aus, um die erforderlichen Erkenntnisse für das Gutachten zu erlangen, kann die Unterbringung durch gerichtlichen Beschluss bis zu einer Gesamtdauer von drei Monaten verlängert werden.

(3) ¹§ 283 Abs. 2 und 3 gilt entsprechend. ²Gegen Beschlüsse nach den Absätzen 1 und 2 findet die sofortige Beschwerde nach den §§ 567 bis 572 der Zivilprozessordnung statt.

1. Zweck der Regelung, Neuerungen im FamFG. Kann das Gutachten nicht anders vorbereitet werden als durch eine längere Beobachtung der betroffenen Person beim Sachverständigen (meist ist damit gemeint: in der Anstalt), dann ermöglicht die Vorschrift die befristete Unterbringung. Die Unterbringung entzieht der betroffenen Person temporär ihre Freiheit.[1] Schwerere, nämlich dauerhaft die Freiheit entziehende Eingriffe kennt die Rechtsordnung nur zur Gefahrenabwehr und zur Strafvollstreckung. Vor der Anordnung einer befristeten Unterbringung ist ihre Notwendigkeit besonders kritisch zu prüfen. Dabei ist der Grundsatz der **Verhältnismäßigkeit** strikt zu beachten.[2] Die Regelung entspricht – inhaltlich unverändert – der des bisherigen § 68b Abs. 4 FGG aF.

2. Voraussetzungen. Nach Abs. 1 müssen zur befristeten Unterbringung mehrere Voraussetzungen gemeinsam erfüllt sein: Die befristete Unterbringung muss gerade zur erfolgreichen Begutachtung[3] nach § 280 erforderlich sein, wozu ein Sachverständiger angehört werden muss. Daneben muss auch die betroffene Person vor der befristeten Unterbringung angehört werden.

a) Erforderlichkeit. Die Anordnung der befristeten Unterbringung ist nur dann zulässig, wenn konkrete Anhaltspunkte für eine Betreuungsbedürftigkeit gegeben sind[4] und mildere Mittel die (letztlich ja im Interesse der betroffenen Person durchzuführende) Begutachtung nicht ermöglicht, gescheitert sind[5] oder mit an Sicherheit grenzender Wahrscheinlichkeit scheitern würden.[6] Lässt sich die betroffene Person freiwillig untersuchen und beobachten, dann muss die Unterbringungsanordnung unterbleiben.[7] Für jede Freiheitsentziehung ist die andernfalls (also bei Unterbleiben der mit der Begutachtung vorzubereitenden betreuungsrechtlichen Maßnahme) drohende **Gefahr einer schwerwiegenden Gesundheitsbeeinträchtigung** erforderlich.[8] Steht bereits nach der Anhörung des Sachverständigen fest, dass bei der betroffenen Person eine psychische Krankheit zum Verlust der Fähigkeit, die eigenen Angelegenheiten zu regeln, geführt hat und ist nur unklar, welche Krankheit das genau ist, dann ist eine Beobachtungsunterbringung nicht notwendig[9] und muss unterbleiben – das Betreuungsgericht ist nicht der Arzt des Patienten.

b) Sachverständigenanhörung. Die Anhörung des Sachverständigen muss klären, **ob** und **wie lange** eine **Unterbringung** aus medizinischer Sicht[10] erforderlich ist. Der Sachverständige muss die betroffene Person vor dieser Anhörung nicht notwendigerweise untersucht haben, er kann sich in der Anhörung also auf den Akteninhalt stützen[11] und seine Anhörungsempfehlung schriftlich oder mündlich abgeben. Das Gesetz fordert nicht, dass der zur Notwendigkeit der befristeten Unterbrin-

---

[1] HK-BUR/*Rink* § 68b FGG Rn. 78: „Freiheitsentziehung".
[2] BayObLG FGPrax 2004, 250; PK-BUV/*Locher* § 68b FGG Rn. 30.
[3] *Bienwald* § 68b FGG Rn. 81: anderenfalls handelte es sich um unzulässige Verwahrung.
[4] BayObLG FGPrax 2004, 250 und FamRZ 2006, 289; PK-BUV/*Locher* § 68b FGG Rn. 30.
[5] BayObLG FGPrax 2004, 250 und FamRZ 2006, 289; *Keidel/Budde* Rn. 4.
[6] *Bienwald* § 68b FGG Rn. 81.
[7] *Damrau/Zimmermann* § 68b FGG Rn. 32. Weitergehend HK-BUR/*Rink* § 68b FGG Rn. 80: Unterbleiben muss die Beobachtungsunterbringung nach § 284 auch dann, wenn die betroffene Person zwar stört, aber keine Krankheitseinsicht hat und außerdem keine gesundheitliche Gefahrdung für sich selbst darstellt.
[8] HK-BUR/*Rink* § 68b FGG Rn. 83 unter Bezug auf BVerfG BtPrax 1998, 145.
[9] So HK-BUR/*Rink* § 68b FGG Rn. 85: die Beobachtungsunterbringung diene nicht der differentialdiagnostischen Abklärung. AG Obernburg FamRZ 2008, 1559: die Nachteile, die ohne Untersuchung in Unterbringung entstehen würden, müssen die Schwere der Freiheitsentziehung überwiegen.
[10] Soziale Gründe rechtfertigen eine Beobachtungsunterbringung nicht: HK-BUR/*Rink* § 68b FGG Rn. 83.
[11] *Damrau/Zimmermann* § 68b FGG Rn. 30; PK-BUV/*Locher* § 68b FGG Rn. 30; aA HK-BUR/*Rink* § 68b FGG Rn. 84. Praktisch lösen lässt sich der Streit, wenn das Gericht den anzuhörenden Sachverständigen zur Anhörung der betroffenen Person hinzuzieht.

gung angehörte Sachverständige und der mit der Begutachtung nach § 280 beauftragte Sachverständige verschiedene Personen seien.[12] § 284 schweigt zur Qualifikation des anzuhörenden Sachverständigen. Gleichwohl sind an ihn nach zutreffender Ansicht dieselben Qualifikationsanforderungen zu stellen wie an den Sachverständigen nach § 280 Abs. 1.[13]

5   c) **Anhörung der betroffenen Person.** Die betroffene Person ist nach Abs. 1 S. 2 unbedingt vor der Anordnung der befristeten Unterbringung zu hören. Diese Anhörung dient nicht nur der Sachaufklärung, sondern gleichzeitig der Gewährung rechtlichen Gehörs. Abs. 1 S. 2 verweist nicht auf § 278 Abs. 4. Hieraus ist zu schließen, dass eine Anhörung der betroffenen Person wegen der Schwere des beabsichtigten Eingriffs **nicht unterbleiben** darf.[14] Zur Sicherung der Verfahrensrechte hat das Gericht der nicht anwaltlich vertretenen betroffenen Person, sofern das noch nicht geschehen ist, vor der Anordnung einer Beobachtungsunterbringung einen **Verfahrenspfleger** zu bestellen.[15]

6   d) **Androhung.** Wegen der Schwere des in der Unterbringung nach § 284 liegenden Eingriffs hat das Gericht die Unterbringung vor deren Anordnung anzudrohen.[16]

7   **3. Entscheidung, Vollzug.** Das Gericht entscheidet durch **Beschluss,** Abs. 1 S. 1. Funktional zuständig ist der Richter. Für den Inhalt des Unterbringungsbeschlusses nach § 284 gilt § 286 nicht. Deswegen reicht es aus, wenn dieser die Anordnung der Unterbringung, die Art der Anstalt, in der die betroffene Person untersucht und beobachtet werden soll, eine Angabe zum Zweck der Beobachtung, die Befristung (mit genauem Datum des Fristablaufs) und eine Begründung (aus der sich ergeben muss, dass die Unterbringung nur zur Vorbereitung eines Gutachtens nach § 280 und nicht etwa zur Behandlung erfolgt)[17] enthält.[18] Die Erforderlichkeit einer Rechtsmittelbelehrung ergibt sich (weil das Gericht hier durch Beschluss entscheidet) aus § 39. Wirksamkeit tritt ein mit der Bekanntgabe der Entscheidung gegenüber der betroffenen Person, § 40. Für den **Vollzug** des Unterbringungsbeschlusses (Gewaltanwendung, zuständige Behörde, Betreten der Wohnung) gelten § 283 Abs. 2 und 3. Auf die dortige Kommentierung wird verwiesen.

8   **4. Dauer und Verlängerung.** Die Unterbringung darf die Dauer von **sechs Wochen** nicht überschreiten. Dies wird in den meisten Fällen für eine gründliche Exploration bei der betroffenen Person ausreichen.[19] Ergibt sich die Möglichkeit einer kürzeren Beobachtung, dürfen die sechs Wochen nicht ausgeschöpft werden. Sollte eine längere befristete Unterbringung erforderlich sein, dann kommt eine **Verlängerung** in Betracht, welche durch erneuten Beschluss anzuordnen ist. Vor diesem Verlängerungsbeschluss sind (es gilt Abs. 1) wieder der Sachverständige und die betroffene Person anzuhören, anderenfalls ist die Verlängerungsanordnung rechtswidrig.[20] Die Anhörung des Sachverständigen wird aber schon darin zu sehen sein, dass dieser dem Gericht mitteilt, die sechs Wochen Beobachtungsfrist reichen nicht aus. Die Unterbringung darf aber insgesamt **nicht mehr als drei Monate** andauern.

9   **5. Rechtsmittel.** Der Beschluss, mit dem das Gericht eine befristete Unterbringung nach § 284 ausspricht, ist mit der **sofortigen Beschwerde** nach §§ 567 bis 572 ZPO, also nur binnen der Zweiwochenfrist des § 569 ZPO anfechtbar.[21] Nicht selbstständig anfechtbar ist eine mit dem Unterbringungsbeschluss verbundene Vorführungsanordnung. Das ist aber wegen der Anfechtungsmöglichkeit des Grundbeschlusses auch unschädlich und stellt keine Rechtsverkürzung für die betroffene Person dar. Beschwerdeberechtigt sind die betroffene Person und ihr Verfahrenspfleger. Bejaht wird auch eine Beschwerdeberechtigung eines bereits bestellten Betreuers und des von der betroffenen Person nicht dauernd getrennt lebenden Ehegatten/[22]Lebenspartners.

---

[12] *Bienwald* § 68b FGG Rn. 81; HK-BUR/*Rink* § 68b FGG Rn. 81; *Damrau/Zimmermann* § 68b FGG Rn. 30.
[13] HK-BUR/*Rink* § 68b FGG Rn. 82; *Damrau/Zimmermann* § 68b FGG Rn. 30.
[14] AA *Damrau/Zimmermann* § 68b FGG Rn. 31.
[15] HK-BUR/*Rink* § 68b FGG Rn. 87.
[16] HK-BUR/*Rink* § 68b FGG Rn. 78.
[17] HK-BUR/*Rink* § 68b FGG Rn. 88.
[18] Vgl. *Damrau/Zimmermann* § 68b FGG Rn. 33.
[19] HK-BUR/*Rink* § 68b FGG Rn. 89 beobachtet, dass in der Praxis meist zwei Wochen ausreichen.
[20] *Bienwald* § 68b FGG Rn. 83; HK-BUR/*Rink* § 68b FGG Rn. 90; aA *Damrau/Zimmermann* § 68b FGG Rn. 35. Auch *Zimmermann* hält aber die Gewährung rechtlichen Gehörs vor der Verlängerung für geboten.
[21] Nach bisherigem Recht war unbefristete Beschwerde nach § 19 Abs. 1 FGG aF gegeben; vgl. BayObLG FamRZ 1994, 1190; *Bienwald* § 68b FGG Rn. 84; HK-BUR/*Rink* § 68b FGG Rn. 93; *Damrau/Zimmermann* § 68b FGG Rn. 37.
[22] HK-BUR/*Rink* § 68b FGG Rn. 93.

§ 285 Herausgabe einer Betreuungsverfügung oder der Abschrift einer Vorsorgevollmacht

In den Fällen des § 1901a des Bürgerlichen Gesetzbuchs erfolgt die Anordnung der Ablieferung oder Vorlage der dort genannten Schriftstücke durch Beschluss.

Schrifttum: *Bienwald,* Vorsorgeverfügung und ihre Bedeutung für das Vormundschaftsgericht, BtPrax 2002, 227; *ders.,* Die Notwendigkeit der Schaffung einer Zentrale für Vorsorgeverfügungen, BtPrax 2002, 244; *Winkler,* Vorsorgeverfügungen, 3. Aufl. 2007.

1. Allgemeines, Neuerungen im FamFG. Die Vorschrift ist aus dem bisherigen § 69e Abs. 1 S. 2 und 3 FGG aF hervorgegangen. Nach § 1901a BGB sind von der betroffenen Person errichtete Betreuungsverfügungen und Abschriften von Vorsorgevollmachten,[1] welche die Auswahl des Betreuers erleichtern und weitgehend binden,[2] beim Betreuungsgericht abzuliefern.[3] Betreuungsverfügungen können anders als Vorsorgevollmachten[4] nicht zentral bei einem einheitlichen Register gemeldet werden. Geschieht die Ablieferung nicht von selbst und freiwillig, ist ein Beschluss des Gerichts nötig, der die Herausgabe anordnet. Dabei handelt es sich um eine die **Betreuerbestellung vorbereitende Maßnahme,**[5] die der Ermittlung der Wünsche der betroffenen Person dient.[6] Auf die Ablieferung oder Vorlage der Schriftstücke, die in § 1901a BGB in seiner mit Inkrafttreten des 2. BtÄndG geltenden Fassung aufgeführt werden, findet die allgemeine Vollstreckungsvorschrift des § 35 Anwendung.[7] Auf § 358 wird nicht verwiesen (anders § 68e Abs. 1 S. 2 FGG aF mit seiner Verweisung auf § 83 Abs. 2 FGG aF); ein Verfahren, das auf die Abgabe einer eidesstattlichen Versicherung gegenüber einer Person, bei der Grund zur Annahme besteht, sie befinde sich im Besitz einer Betreuungsverfügung oder einer Vorsorgevollmacht, gerichtet ist,[8] ist demnach nicht (mehr) gegeben.

2. Ablieferungspflicht. Wer sich im Besitz von Betreuungsverfügungen oder Vorsorgevollmachten[9] befindet, hat diese unverzüglich an das Betreuungsgericht abzuliefern, nachdem er von der Einleitung eines Verfahrens zur Bestellung eines Betreuers Kenntnis erlangt hat. Diese Pflicht wird konkretisiert durch den Beschluss des Betreuungsgerichts. Befindet sich ein Notar, ein anderer öffentlich-rechtlicher Funktionsträger oder eine Behörde im Besitz eines solchen Schriftstücks nach § 1901a BGB, dann kommt ihr gegenüber nicht die Festsetzung eines Zwangsgeldes, sondern die Dienstaufsichtsbeschwerde in Betracht.[10]

3. Verfahren. § 285 kann erst angewendet werden, wenn zur Überzeugung des Gerichts feststeht, dass eine bestimmte Person im Besitz einer Betreuungsverfügung oder einer Vorsorgevollmacht ist.[11] Ob das der Fall ist, hat das Gericht von Amts wegen zu ermitteln, § 26. Die Beteiligten im Verfahren sollen an dieser Feststellung mitwirken, § 27. Im Verfahren hat das Gericht hat folgende Möglichkeiten: Androhung und Verhängung eines **Zwangsgeldes** nach § 35 Abs. 1 S. 1 iVm Abs. 2[12] oder Anordnung von **Zwangshaft** für den Fall der Nichtbeitreibbarkeit, § 35 Abs. 1 S. 2. Örtlich zuständig ist das Gericht, bei dem die Betreuungssache anhängig ist.[13] Funktional zuständig ist mangels ausdrücklichen Richtervorbehalts der Rechtspfleger, §§ 3 Nr. 2a, 14 Nr. 4 RPflG. Soll Zwangshaft angeordnet werden, hat der Rechtspfleger die Sache dem Richter vorzulegen, § 4 Abs. 2 S. 2 Nr. 2 RPflG.

4. Rechtsmittel. Der Ablieferungsbeschluss wird mit der einfachen Beschwerde, § 58 angefochten, der Zwangsmittelfestsetzungsbeschluss mit der sofortigen Beschwerde nach §§ 567–572 ZPO.

---

[1] Gegenüberstellung bei *Jansen/Sonnenfeld* § 69e FGG Rn. 9–12; Inhalte und Formulare bei *Winkler,* Vorsorgeverfügungen, S. 39–62.
[2] Ausnahmen in § 1901 Abs. 2 S. 2 BGB.
[3] Vgl. die Kommentierung dort.
[4] Hierzu führt die Bundesnotarkammer das Zentrale Vorsorgeregister, aus dem auf Ersuchen des Betreuungsgerichts Auskunft zu erteilen ist, § 78 BNotO. S. zu dem Register *Görk* FPR 2007, 82.
[5] Hieraus erklärt sich wohl die systematische Stellung der Vorschrift – vor § 286.
[6] *Bienwald/Sonnenfeld* § 69e FGG Rn. 35.
[7] BT-Drucks. 16/6308, S. 268.
[8] S. dazu bisher *Bienwald/Sonnenfeld* § 69e FGG Rn. 38–44.
[9] Zum Begriff vgl. die Kommentierung bei § 1901a BGB.
[10] HK-BUR/*Bauer* § 68e FGG Rn. 18; *Bassenge/Roth* § 83 FGG Rn. 2; PK-BUV/*Locher* § 68e FGG Rn. 6.
[11] PK-BUV/*Locher* § 68e FGG Rn. 3.
[12] Das Zwangsgeld muss zuvor angedroht werden, darf den Betrag von 25 000 Euro nicht überschreiten und kann mehrfach hintereinander festgesetzt werden, bis das Schriftstück abgeliefert wird; *Bienwald/Sonnenfeld* § 69e FGG Rn. 35.
[13] *Bassenge/Roth* § 68e FGG Rn. 8; PK-BUV/*Locher* § 68e FGG Rn. 5.

§ 286 Inhalt der Beschlussformel

(1) Die Beschlussformel enthält im Fall der Bestellung eines Betreuers auch
1. die Bezeichnung des Aufgabenkreises des Betreuers;
2. bei Bestellung eines Vereinsbetreuers die Bezeichnung als Vereinsbetreuer und die des Vereins;
3. bei Bestellung eines Behördenbetreuers die Bezeichnung als Behördenbetreuer und die der Behörde;
4. bei Bestellung eines Berufsbetreuers die Bezeichnung als Berufsbetreuer.

(2) Die Beschlussformel enthält im Fall der Anordnung eines Einwilligungsvorbehalts die Bezeichnung des Kreises der einwilligungsbedürftigen Willenserklärungen.

(3) Der Zeitpunkt, bis zu dem das Gericht über die Aufhebung oder Verlängerung einer Maßnahme nach Absatz 1 oder Absatz 2 zu entscheiden hat, ist in der Beschlussformel zu bezeichnen.

I. Bedeutung der Vorschrift

1 **1. Normzweck.** Die Vorschrift ergänzt § 38. Daraus ergibt sich, dass das Betreuungsgericht seine Endentscheidung immer durch **Beschluss** trifft. Der Beschluss enthält danach immer die Bezeichnung der betroffenen Person und der Beteiligten und die des entscheidenden Gerichts und der an der Entscheidung beteiligten Gerichtspersonen. Jeder Beschluss ist nach § 38 Abs. 3 zu begründen,[1] nach § 39 mit einer Rechtsbehelfsbelehrung zu versehen (bei deren Fehlen § 17 Abs. 2 gilt) und nach Abs. 38 Abs. 3 zu unterschreiben. § 286 ordnet in Betreuungssachen einen **zusätzlich** zu den dort genannten Gegenständen im Beschluss über die Bestellung eines Betreuers oder die Anordnung eines Einwilligungsvorbehaltes aufzunehmenden **Pflichtinhalt** an.[2] Die aus dem Urteil geläufige Gliederung in Tenor, Tatbestand und Entscheidungsgründe ist durch § 38 Abs. 2 Nr. 3 auch auf die freiwillige Gerichtsbarkeit übertragen worden, welcher die **Beschlussformel** als Entsprechung zum Urteilstenor eingeführt hat.[3] § 286 bestimmt, dass der betreuungsverfahrensrechtliche Pflichtinhalt in die Beschlussformel aufgenommen werden muss. Er hat demnach keinen Platz in den Entscheidungsgründen wie bisher. Der Inhalt von Beschlüssen mit anderem Gegenstand (Genehmigung eines Rechtsgeschäfts oder Ablehnung der Bestellung eines Betreuers) ergibt sich allein aus §§ 38, 39. **Schriftform** ist die nach § 38 reguläre Form des Beschlusses. Wird dem Betreuer aber bereits vorab der Inhalt des Beschlusses telefonisch mitgeteilt, so ist dieser Zeitpunkt für das Wirksamwerden relevant.[4]

2 **2. Neuerungen im FamFG.** § 286 entspricht dem bisherigen § 69 FGG aF und enthält redaktionelle Änderungen auf Grund der Anpassung an den Allgemeinen Teil:[5] Abs. 1 knüpft an die in § 38 Abs. 2 Nr. 3 genannte Beschlussformel an und enthält entsprechend dem bisherigen § 69 FGG aF eine Aufzählung ihres Inhaltes, soweit er sich nicht aus den Vorschriften des Allgemeinen Teils ergibt – die Nennung der betroffenen Person entsprechend § 69 Abs. 1 Nr. 1 FGG aF entfiel, da sie bereits als Beteiligte gemäß § 38 Abs. 2 Nr. 1 aufzuführen ist; die Pflicht zur Erteilung einer Rechtsmittelbelehrung nach dem bislang geltenden § 69 Abs. 1 Nr. 6 FGG aF folgt aus § 39; die Pflicht zur Begründung der Entscheidung ergibt sich aus § 38. Abs. 1 entspricht mit sprachlichen und systematischen Änderungen in Nr. 1 dem § 69 Abs. 1 Nr. 2 FGG aF, in seinen Nrn. 2 und 3 dem bisherigen § 69 Abs. 1 Nr. 3 FGG aF. Neu ist die in Nr. 4 genannte Verpflichtung, den Berufsbetreuer als solchen in der Beschlussformel zu bezeichnen, denn die Feststellung der berufsmäßigen Betreuung, die Voraussetzung für eine Vergütung des Betreuers ist, muss das Gericht nach § 1836 Abs. 1 S. 2 BGB in Verbindung mit § 1 S. 1 VBVG bei der Bestellung des Betreuers treffen. Nr. 4 dient außerdem der Klarstellung des Vorliegens dieser Voraussetzung für einen etwaigen Vergütungsanspruch. Abs. 2 entspricht § 69 Abs. 1 Nr. 4 FGG aF. Abs. 3 entspricht § 69 Abs. 1 Nr. 5 1. Halbs. FGG aF. § 69 Abs. 1 Nr. 5 2. Halbs. FGG aF dagegen ist nun in § 294 Abs. 3 und § 295 Abs. 2 geregelt, da er dort systematisch anzusiedeln ist.

3 **3. Geltungsbereich.** § 286 gilt unmittelbar für den **Betreuerbestellungsbeschluss,** den Beschluss zur **Anordnung eines Einwilligungsvorbehaltes** und unmittelbar auch für Beschlüsse über einen **Betreuerwechsel** bzw. über die Bestellung eines **weiteren Betreuers.** Er gilt ferner unmittel-

---
[1] Ausnahmen in § 38 Abs. 4; vgl. die Kommentierung dort.
[2] Muster bei *Probst,* Betreuungs- und Unterbringungsverfahren, S. 90–92.
[3] BT-Drucks. 16/6308, 195; *Zimmermann* FamFG Rn. 100.
[4] OLG München FGPrax 2008, 249.
[5] S. BT-Drucks. 16/6308, S. 268 f.

bar für die Bestellung eines vorläufigen Betreuers bzw. die Anordnung eines vorläufigen Einwilligungsvorbehaltes im Wege der **einstweiligen Anordnung** nach § 300. Im **Beschwerdeverfahren** gilt § 286 entsprechend, § 69 Abs. 3. § 286 gilt ferner entsprechend bei der **Erweiterung** der Betreuung/des Einwilligungsvorbehaltes, § 293 Abs. 1 und bei der **Verlängerung** der Betreuung/des Einwilligungsvorbehaltes, § 295 Abs. 1 S. 1.[6]

II. Pflichtinhalt

1. Bezeichnung der betroffenen Person. Dass die betroffene Person zu bezeichnen ist, ergibt sich wie erwähnt aus § 38 Abs. 2 Nr. 1. Die Person ist dabei so genau zu bezeichnen, dass ihre Identität dem Beschluss sofort und ohne weitere Zuhilfenahme der Akten entnommen werden kann. **Voller Name** (Vor- und Familienname) und **Wohnsitz** der betroffenen Person sind daher unbedingt anzugeben, sicherer ist auch die Nennung des Geburtsnamens, des Geburtsorts und des Geburtstages. Bei umherziehenden betroffenen Personen oder sonstigen betroffenen Personen ohne festen Wohnsitz muss zur Identifizierbarkeit derselben der letzte bekannte Wohnsitz oder der **derzeitige Aufenthaltsort** angegeben werden. Ist der Name der betroffenen Person nicht bekannt, dann muss der Beschluss die Person auf andere genügende und geeignete Weise bezeichnen.[7] Der Beschluss ist unwirksam, wenn ihm die Identität der betroffenen Person nicht entnommen werden kann (etwa in Fällen der Namensgleichheit).[8] Wirksam ist der Beschluss, wenn die Bezeichnung der Person zwar ungenau ist, die Identität auf Grund der Angaben aber dennoch feststeht.[9] Dann kann der Beschluss nach § 319 ZPO berichtigt werden.

2. Bezeichnung des Betreuers und seines Aufgabenkreises. Dass der bestellte **Betreuer** (sofern er eine natürliche Person ist) im Beschluss **mit vollem Namen, Wohnsitz** oder **Büroanschrift**[10] genannt werden muss, ergibt sich ebenfalls aus § 38 Abs. 2 Nr. 1 – denn mit Wirksamkeit des Beschlusses ist der Betreuer **gesetzlicher Vertreter** der betroffenen Person. Auch sein **Aufgabenkreis** ist zu nennen, Abs. 1 Nr. 1, denn einen Betreuer ohne Aufgabenkreis kann das Gericht nicht bestellen (keine abstrakte Anordnung einer Betreuung)[11] – **Grundsatz der Einheitsentscheidung.**[12] Abs. 1 Nr. 1 gilt für jeden zusätzlich bestellten Betreuer und seinen Aufgabenkreis, nicht aber für den Gegenbetreuer nach § 1792 iVm. § 1908i Abs. 1 S. 1 BGB, denn sein Aufgabenkreis ist nicht besonders definierbar, sondern steht bei Bestellung fest.[13] Gleiches gilt für den Kontrollbetreuer nach § 1896 Abs. 3 BGB. Bei mehreren Betreuern ist der Aufgabenkreis des jeweiligen Betreuers genau zu nennen, wenn geteilte Mitbetreuung vorliegt, § 1899 Abs. 1 S. 2 BGB. Da bestimmte Personen, wenn sie zum Betreuer bestellt werden, auf Grund der Privilegierung des § 1908i Abs. 2 S. 2 BGB als nach §§ 1857a iVm. §§ 1852 Abs. 2, 1853, 1854 befreite Betreuer anzusehen sind, wenn das Betreuungsgericht nicht etwas anderes anordnet, muss bei der Fassung der Beschlussformel auch hierauf geachtet werden.

Unzulässig ist es, aus der fehlenden Angabe über den Aufgabenkreis auf eine allumfassende Übertragung von Aufgaben zu schließen,[14] weil dieser schwere Eingriff nach der Systematik des Betreuungsrechts eben die absolute Ausnahme sein soll, auf die nicht hilfsweise zurückgegriffen werden darf.[15] Fehlt die konkrete Betreuerbezeichnung (oder ist sie so ungenau, dass die Identität des Betreuers aus dem Beschluss nicht entnommen werden kann) oder des Aufgabenkreises, ist der Beschluss unwirksam.[16] Deshalb ist auch der Aufgabenkreis so konkret und detailliert zu bezeichnen, dass sein Umfang aus dem Beschluss selbst und ohne Auslegung desselben abgelesen werden kann.[17] Soll die Betreuung tatsächlich für alle Angelegenheiten gelten, die für die betroffene Person über-

---

[6] *Bassenge/Roth* § 69 FGG Rn. 2; *Bienwald/Sonnenfeld* § 69 FGG Rn. 4; aA PK-BUV/*Locher* § 69 FGG Rn. 9.

[7] Beispiel bei PK-BUV/*Locher* § 69 FGG Rn. 5: „die männliche, ca. 50-jährige Person, die am 14. 12. 2008 am Bahnhof in X bewusstlos aufgefunden wurde und sich derzeit im Kreiskrankenhaus X, Station 91 Zimmer 3.11" befindet.

[8] Berichtigung scheidet aus; das Gericht muss den Beschluss neu erlassen.

[9] *Bassenge/Roth* § 69 FGG Rn. 5; PB-BUV/*Locher* § 69 FGG Rn. 6; HK-BUR/*Rink* § 69 FGG Rn. 8 f.

[10] PK-BUV/*Locher* § 69 FGG Rn. 7.

[11] *Keidel/Kuntze/Winkler/Kayser* § 69 FGG Rn. 3.

[12] Zum Rechtszustand bis zum Inkrafttreten des BtG *Keidel/Kuntze/Winkler/Kayser* § 69 FGG Rn. 3.

[13] PK-BUV/*Locher* § 69 FGG Rn. 8.

[14] *Bassenge/Roth* § 69 FGG Rn. 6 (Widerspruch zur Zielsetzung des § 1896 Abs. 2 S. 1 BGB); PK-BUV/*Locher* § 69 FGG Rn. 15.

[15] HK-BUR/*Rink* § 69 FGG Rn. 17.

[16] *Bassenge/Roth* § 69 FGG Rn. 6; HK-BUR/*Rink* § 69 FGG Rn. 12.

[17] *Keidel/Kuntze/Winkler/Kayser* § 69 FGG Rn. 3.

haupt zu erledigen sind, so muss auch das dem Beschluss wegen § 309 Abs. 1 zweifelsfrei entnommen werden können.[18]

7 Übliche, vom Gesetz selbst vorgesehene und ansonsten **anerkannte Aufgabenkreise** sind etwa (die Aufzählung ist nicht abschließend): die Sorge für alle Angelegenheiten,[19] die Personensorge, die Aufenthaltsbestimmung, die Gesundheitsfürsorge,[20] die Einwilligung in eine Heilbehandlung, die Sterilisation, die Unterbringung, die Vermögenssorge (auch der Sorge für das unbewegliche Vermögen), die Unterhaltsbestimmung, die Vertretung gegenüber Gerichten, Behörden[21] und Versicherungen, die Vertretung gegenüber Klinik-, Anstalts- und Heimleitungen, die Vertretung in Wohnungs- und Mietangelegenheiten, die Post- und Telekommunikationsüberwachung, die Geltendmachung von Rechten gegenüber einem Bevollmächtigten, die Beantragung von Personalpapieren. Bei einzelnen Aufgaben lässt sich beinahe jede Verrichtung des täglichen Lebens als Aufgabenkreis beschreiben: die periodische Wohnungssäuberung[22] ebenso wie das Einkaufen oder die Wohnungsentrümpelung.[23] Das entscheidende Gericht hat bei der Formulierung der Aufgabenkreise zu berücksichtigen, dass diese in den Betreuerausweis aufgenommen werden und damit bei Präsentation desselben Dritten zugänglich werden.[24]

8 **3. Konkretisierung bei Vereins-, Behörden- und Berufsbetreuung.** Bestellt das Betreuungsgericht nach § 1900 Abs. 1 BGB einen Betreuungsverein als Betreuer, dann muss die Beschlussformel die genaue, die Identifizierung ermöglichende Bezeichnung des Vereins und den Zusatz „als Vereinsbetreuer" enthalten, Abs. 1 Nr. 2. Gleiches gilt nach Nr. 3 für die Bestellung einer Behörde als Betreuer nach § 1900 Abs. 4 BGB (Zusatz: „als Behördenbetreuer") und nach Nr. 4 für die Bestellung eines Betreuers, der Betreuungen von Berufs wegen führt (Zusatz: „als Berufsbetreuer"). Der konkrete Vereins- oder Behördenmitarbeiter, den der Verein oder die Behörde dann mit der Übernahme der konkreten Betreuung beauftragt, wird nicht in die Beschlussformel aufgenommen, weil diese Aufgabenübertragung nach § 1900 Abs. 2 S. 1 BGB dem Verein bzw. der Behörde zusteht und die Auswahlentscheidung dem Betreuungsgericht nur mitgeteilt werden muss, § 1900 Abs. 2 S. 3 BGB. Das Betreuungsgericht hat hierauf keinen Einfluss. Ist die Bezeichnung als Vereins-, Behörden- oder Berufsbetreuer getroffen, treten insbesondere die vergütungsrechtlichen Rechtsfolgen des § 277 Abs. 2 bis 4 ein, auch wenn die Bezeichnung nicht hätte erfolgen dürfen – zB weil der Verein als Betreuungsverein nicht anerkannt war.[25]

9 **4. Umfang des Einwilligungsvorbehaltes.** Der Beschluss, mit dem zusätzlich zur Bestellung eines Betreuers ein Einwilligungsvorbehalt angeordnet wird, muss dessen Umfang in der Beschlussformel genau bezeichnen, Abs. 2. Wegen § 1903 Abs. 3 S. 2 BGB, der anordnet, dass eine Willenserklärung der betroffenen Person auch ohne Einwilligung des Betreuers wirksam wird, wenn sie eine geringfügige Angelegenheit des täglichen Lebens betrifft (etwa den Erwerb von alkoholhaltigen Getränken!) und das Betreuungsgericht nichts anderes angeordnet hat, muss das Gericht das Gegenteil konkret angeben. Das Gericht kann auch einen festen Betrag angeben, bis zu dem die betroffene Person sich wirksam verpflichten kann.[26] § 1896 Abs. 4 BGB gilt auch beim „alle Angelegenheiten" erfassenden Einwilligungsvorbehalt, so dass die Entscheidung des Betreuers über den Telekommunikationsverkehr und über die Entgegennahme, das Anhalten und das Öffnen der Post der betroffenen Person nur dann darunter fällt, wenn das Gericht dies ausdrücklich anordnet.

10 **5. Überprüfungszeitpunkt.** In dem Beschluss, mit dem das Gericht einen Betreuer bestellt oder einen Einwilligungsvorbehalt anordnet, muss es den Zeitpunkt bezeichnen, bis zu welchem es entweder über die Aufhebung oder über die Verlängerung dieser Maßnahmen entschieden haben wird, Abs. 3. Dabei ist ein **bestimmtes Datum** anzugeben oder eine feste Frist ab einem genau bestimmbaren Anknüpfungszeitpunkt niederzulegen.[27] Aus § 295 Abs. 2 ergibt sich, dass das **spätestens sieben Jahre** nach der Anordnung der Maßnahme zu erfolgen hat. Dabei ist diese Höchstfrist nur dann auszuschöpfen, wenn der Zustand der betroffenen Person von vornherein keine Aussicht

---

[18] PK-BUV/*Locher* § 69 FGG Rn. 12.
[19] Die Sorge für alle Angelegenheiten erfasst nicht auch die Überwachung des Post- und Telekommunikationsverkehrs der betroffenen Person, § 1896 Abs. 4 BGB, und auch nicht die Einwilligung in eine Sterilisation, § 1905 BGB. Das ist zur Klarstellung im Beschluss hervorzuheben; *Bienwald/Sonnenfeld* § 69 FGG Rn. 8.
[20] Dazu speziell BayObLG FamRZ 1994, 1059.
[21] Dazu *Bienwald* BtPrax 2003, 71.
[22] HK-BUR/*Rink* § 69 FGG Rn. 15.
[23] Beim sog. „Vermüllungssyndrom"; dazu BayObLG NJW-RR 2001, 1513.
[24] *Bienwald/Sonnenfeld* § 69 FGG Rn. 8.
[25] KG BtPrax 2006, 118.
[26] BayObLG FamRZ 1994, 1135.
[27] *Bassenge/Roth* § 69 FGG Rn. 9; HK-BUR/*Rink* § 69 FGG Rn. 23.

auf Besserung erwarten lässt.[28] Hieraus folgt, dass bei der Bestimmung der Dauer der Maßnahme normalerweise eine **am Einzelfall ausgerichtete Frist** zu setzen ist, welche für einzelne Aufgabenkreise[29] eines oder mehrerer Betreuer und für verschiedene Einwilligungsvorbehalte unterschiedlich bemessen sein kann.[30] Für die Länge der Frist ist in der Praxis wohl meist die Stellungnahme des Sachverständigen hierzu (§ 280 Abs. 3 Nr. 5) entscheidend.[31] Fehlt eine genaue Zeitangabe (oder ordnet das Gericht unrichtig etwa eine zehn Jahre dauernde Betreuung an), gilt § 295 Abs. 2.[32] Trifft das Gericht von vornherein eine zeitlich begrenzte Entscheidung, muss die Beschlussformel das Datum oder die Bedingung der Beendigung dieser Maßnahme enthalten.[33] Der Einwilligungsvorbehalt als der schwerere Eingriff soll regelmäßig früher überprüft werden als die Betreuerbestellung.[34]

11 Ein im Zusammenhang mit der Überprüfungsfrist diskutiertes Problem ist die Frage, ob die Maßnahme automatisch endet, wenn die Frist ohne Überprüfung verstreicht.[35] Das ist zu verneinen. Über ein automatisches Ende der Maßnahme gab es im Gesetzgebungsverfahren zum BtG zwar Beratungen;[36] diese haben aber keinen Niederschlag im Gesetz gefunden. Auch das FamFG enthält keine entsprechende Vorschrift. In diesem Fall bleiben nur die im FG-Verfahren umstrittene Untätigkeitsbeschwerde[37] bzw. Dienstaufsichtsbeschwerde gegen den Richter oder Rechtspfleger oder der Antrag auf Aufhebung der Betreuung. Bei **deutlicher Überschreitung** des Überprüfungszeitpunktes ohne Überprüfung tritt **Rechtswidrigkeit** der getroffenen Maßnahme ein. Sie kann dann nicht (im Nachhinein) verlängert werden. Sie muss vielmehr aufgehoben und notfalls neu eingerichtet werden.[38]

12 **6. Kostenentscheidung.** Beschlüsse zur Betreuerbestellung enthalten nicht zwingend eine Kostenentscheidung. Für die Gebühren und die Auslagen des Betreuungsgerichts gelten §§ 2 ff. und 91 ff. KostO. Es ergeht also im Regelfall eine eigenständige Kostennote. In zwei Varianten kann das Gericht hiervon abweichen und eine Kostenentscheidung in die Endentscheidung aufnehmen: Nach § 81 kann das Gericht hiervon abweichen und die Kosten den Beteiligten nach billigem Ermessen ganz oder teilweise auferlegen. Außerdem kann das Gericht diejenigen Auslagen, welche die betroffene Person, gegen die ein Betreuungsverfahren betrieben worden ist, zur zweckentsprechenden Rechtsverfolgung notwendigerweise aufwenden musste (etwa die Kosten eines Anwalts) nach § 307 dann dem Fiskus auferlegen, wenn eine Betreuungsmaßnahme (§§ 1896 bis 1908i BGB) abgelehnt, als unberechtigt aufgehoben oder eingeschränkt wurde oder wenn das Verfahren beendet wurde, ohne dass eine Entscheidung über eine Betreuungsmaßnahme getroffen worden wäre. Solche fakultativen, auf Antrag ergehenden Kostenentscheidungen des Gerichts sind mit der sofortigen Beschwerde nach §§ 567 bis 572 ZPO angreifbar. Dazu muss aber der Beschwerdegegenstand einen Wert von mehr als 600 Euro haben, § 61 Abs. 1.

§ 287 Wirksamwerden von Beschlüssen

(1) Beschlüsse über Umfang, Inhalt oder Bestand der Bestellung eines Betreuers, über die Anordnung eines Einwilligungsvorbehalts oder über den Erlass einer einstweiligen Anordnung nach § 300 werden mit der Bekanntgabe an den Betreuer wirksam.

(2) ¹Ist die Bekanntgabe an den Betreuer nicht möglich oder ist Gefahr im Verzug, kann das Gericht die sofortige Wirksamkeit des Beschlusses anordnen. ²In diesem Fall wird er wirksam, wenn der Beschluss und die Anordnung seiner sofortigen Wirksamkeit

1. dem Betroffenen oder dem Verfahrenspfleger bekannt gegeben werden oder

---

[28] BT-Drucks. 11/6949, S. 80; HK-BUR/*Rink* § 69 FGG Rn. 20.
[29] Zum Sterilisationsbetreuer LG Berlin BtPrax 1993, 34 (ein Jahr). Hier und beim Aufgabenkreis „Einwilligung in eine ärztliche Heilbehandlung" sind naturgemäß kürzere Fristen festzulegen; *Damrau/Zimmermann* § 69 FGG Rn. 19. Zur Fristbemessung bei schubförmig ablaufenden psychischen Krankheiten BayObLG FamRZ 1995, 510 (Anpassung an den aktuellen Verlauf). S. a. BayObLG FamRZ 1995, 1517 (Einwilligungsvorbehalt, der sich auf die Verwaltung und Sanierung eines Hauses bezog).
[30] HK-BUR/*Rink* § 69 FGG Rn. 21; *Damrau/Zimmermann* § 69 FGG Rn. 19.
[31] *Damrau/Zimmermann* § 69 FGG Rn. 19.
[32] *Bassenge/Roth* § 69 FGG Rn. 9; *Damrau/Zimmermann* § 69 FGG Rn. 21.
[33] *Bienwald/Sonnenfeld* § 69 FGG Rn. 12.
[34] PK-BUV/*Fröschle* § 69 FGG Rn. 21.
[35] Ausf. *Bienwald/Sonnenfeld* § 69 FGG Rn. 12–25; s.a. HK-BUR/*Rink* § 69 FGG Rn. 24 f.; *Damrau/Zimmermann* § 69 FGG Rn. 20.
[36] Vgl. *Bienwald/Sonnenfeld* § 69 FGG Rn. 13.
[37] Dafür HK-BUR/*Rink* § 69 FGG Rn. 25.
[38] LG Frankfurt/M. FamRZ 2003, 185.

2. der Geschäftsstelle zum Zweck der Bekanntgabe nach Nummer 1 übergeben werden.
³ Der Zeitpunkt der sofortigen Wirksamkeit ist auf dem Beschluss zu vermerken.

Schrifttum: *Rink,* Die Wirksamkeit von Entscheidungen in Betreuungs- und Unterbringungssachen, FamRZ 1992, 1011.

1   **1. Normzweck.** Entscheidet das Gericht durch Beschluss, dann wird diese Entscheidung (anders als das Urteil) regelmäßig nicht in einem speziellen Verkündungstermin verkündet. Um wirksam werden zu können, muss die Entscheidung den Beteiligten des Verfahrens bekannt gegeben werden. § 287 Abs. 1 spricht das für einige Entscheidungen des Betreuungsgerichts (Umfang, Inhalt, Bestand der Betreuerbestellung, Anordnung eines Einwilligungsvorbehalts, einstweilige Anordnung) aus und stellt klar, dass es auf die **Bekanntgabe gegenüber dem Betreuer** ankommt. Einzelheiten dieser Bekanntgabe regelt § 288. Die Wirksamkeit anderer Entscheidungen[1] hängt von der Bekanntgabe gegenüber dem Beteiligten, für den sie ihrem wesentlichen Inhalt nach bestimmt sind, ab, § 40 Abs. 1. § 287 regelt nicht, dass Beschlüsse nach Abs. 1 nur dem Betreuer bekannt gemacht werden müssen. Für die notwendige Bekanntgabe von Beschlüssen nach Abs. 1 gegenüber der betroffenen Person, ihrem Verfahrenspfleger und den sonstigen Beteiligten nach § 274 gilt § 41. Der Sinn der Regel besteht darin, mit der Bekanntgabe gegenüber dem Betreuer einen festen Wirksamkeitszeitpunkt unabhängig von der Kenntnisnahme durch die betroffene Person zu erhalten – die Bekanntgabe gegenüber der betroffenen Person kann wegen deren Zustandes scheitern oder erfolglos bleiben.[2] Für Fälle, in denen das Gericht Beschlüsse nach Abs. 1 wegen Unmöglichkeit oder Gefahr im Verzug nicht bekannt geben kann, hat es die Möglichkeit, die **sofortige Wirksamkeit** der Entscheidung anzuordnen, Abs. 2.

2   **2. Neuerungen im FamFG.** Die Vorschriften der §§ 287, 288 entsprechen weitgehend denen des bisher geltenden § 69a Abs. 3 FGG aF. § 287 Abs. 1 ist aus § 69a Abs. 3 S. 1 FGG aF hervorgegangen.[3] Abs. 2 entspricht mit lediglich sprachlichen Änderungen den bisherigen § 69a Abs. 3 S. 2 und 3 FGG aF.[4]

3   **3. Anwendungsbereich.** § 287 gilt nur für Beschlüsse, die sich auf den Umfang, den Inhalt oder den Bestand der **Bestellung eines Betreuers** beziehen, die einen **Einwilligungsvorbehalt** des Betreuers anordnen oder mit denen eine **einstweilige Anordnung** nach § 300 (mit der ebenfalls nur ein vorläufiger Betreuer bestellt oder ein vorläufiger Einwilligungsvorbehalt angeordnet werden kann) getroffen wird. Alle anderen Entscheidungen des Betreuungsgerichts werden nach der Grundregel des § 40 Abs. 1 dann wirksam, wenn sie derjenigen beteiligten Person, für die sie ihrem wesentlichen Inhalt nach bestimmt sind,[5] bekannt gegeben werden.

4   **4. Wirksamwerden bei Bekanntgabe gegenüber dem Betreuer (Abs. 1).** Beschlüsse nach Abs. 1 werden wirksam (dh. die rechtlichen Wirkungen, die sie herbeiführen sollen, treten ein),[6] wenn sie dem Betreuer der betroffenen Person bekannt gegeben werden. Damit soll sichergestellt werden, dass unabhängig vom Zustand der betroffenen Person ein fester Zeitpunkt gewonnen wird, zu dem die Rechtswirkungen des Beschlusses eintreten.[7] Angesichts von § 275 werden an dieser Begründung Zweifel geäußert,[8] die nicht begründet sind, denn mit der Bekanntgabe gegenüber dem Betreuer wird auch im Interesse der betroffenen Person ein jederzeit feststellbarer Zeitpunkt gewählt. Der Betreuer, dem gegenüber die Entscheidung bekannt gegeben werden muss, ist der im **Hauptsacheverfahren bestellte Betreuer.** Hat das Gericht zunächst im Wege der einstweiligen Anordnung nach § 300 einen vorläufigen Betreuer und dann in der Hauptsache eine andere Person zum Betreuer bestellt, so muss die Entscheidung diesem, und nicht dem vorläufigen Betreuer bekannt gegeben werden.[9]

---

[1] Etwa Vorführungsanordnungen nach § 283, Genehmigungen ärztlicher Maßnahmen nach § 1904 BGB. Hierbei hat sich BT-Drucks. 16/6308, S. 269 wenn auch unausgesprochen so doch eindeutig erkennbar an der Ansicht von *Damrau/Zimmermann* § 69a FGG Rn. 16 orientiert.
[2] *Zimmermann* FamFG Rn. 489.
[3] BT-Drucks. 16/6308, S. 269.
[4] BT-Drucks. 16/6308, S. 269.
[5] Nach *Damrau/Zimmermann* § 69a FGG Rn. 15 ein „sibyllinischer Satz".
[6] *Damrau/Zimmermann* § 69a FGG Rn. 15.
[7] BT-Drucks. 11/4528, S. 175; BT-Drucks. 16/6308, S. 269; *Bienwald/Sonnenfeld* § 69a FGG Rn. 23; *Damrau/Zimmermann* § 69a FGG Rn. 16.
[8] *Bienwald/Sonnenfeld* § 69a FGG Rn. 23.
[9] HK-BUR/*Hoffmann* § 69a FGG Rn. 28.

5. Wirksamwerden bei Unmöglichkeit oder Gefahr im Verzuge (Abs. 2). a) Unmöglichkeit. Es kann sein, dass die Bekanntgabe gegenüber dem Betreuer jedenfalls zeitweise unmöglich[10] ist, weil die zum Betreuer bestellte Person verreist,[11] verstorben, nach unbekannt verzogen, bereits wieder entlassen oder sonst nicht greifbar ist.[12] Dann kann das Gericht anordnen, dass die Rechtswirkungen des Beschlusses sofort, also vor der eventuell schließlich doch noch erfolgenden Bekanntgabe eintreten. Sichtbar wird die Notwendigkeit einer solchen Regelung, wenn das Gericht die Bestellung eines Betreuers nach § 1908d BGB wegen Fortfalls ihrer Voraussetzungen aufhebt, der bestellte Betreuer aber inzwischen verstorben ist. Wäre dann keine Anordnung der sofortigen Wirksamkeit möglich, dann könnte die Betreuung nicht aufgehoben werden, weil kein Betreuer vorhanden ist, dem der Beschluss zugestellt werden könnte.[13] Die Vorschrift erfasst zwar nach ihrem Wortlaut auch Beschlüsse, mit denen das Gericht die Bestellung eines Betreuers oder die Anordnung eines Einwilligungsvorbehalts ablehnt – die Anordnung sofortiger Wirksamkeit ist in diesen Fällen aber sinnlos.[14] Solche Beschlüsse werden nach § 41 wirksam. Zu beachten ist bei dieser Fallgruppe noch die Möglichkeit der **Durchbrechung des Grundsatzes der Einheitsentscheidung** auf Grund landesrechtlicher Ausnutzung der Ermächtigung in § 19 Abs. 1 Nr. 1 RPflG. Es kann hiernach dem Richter allein die Anordnung über die Bestellung eines Betreuers und die Aufgabenkreisbestimmung zugewiesen, die Auswahl und die schließliche Bestellung aber dem Rechtspfleger übertragen sein.[15] Da in solchen Fällen ein konkreter Betreuer, dem die Entscheidung bekannt gemacht werden könnte, noch nicht bestellt ist, wenn die Betreuung angeordnet wird[16] und rückwirkende Betreuerbestellungen allgemein abgelehnt werden,[17] muss wegen Unmöglichkeit der Bekanntgabe an den Betreuer die sofortige Wirksamkeit des richterlichen Beschlusses angeordnet werden.[18]

b) Gefahr im Verzug. Praxisrelevanter als die Fälle der Unmöglichkeit der Bekanntgabe gegenüber dem Betreuer sind die Fälle, in denen Gefahr im Verzuge ist. Es handelt sich um die Fälle, in denen eine Bekanntgabe gegenüber dem Betreuer zwar möglich, aber untunlich[19] ist, weil der Richter etwa im Bereitschaftsdienst für bewusstlose oder schwer verwirrt aufgefundene Personen einen (Vereins- oder Behörden-) Betreuer bestellt und die Wirksamkeit dieser Bestellung keinen Aufschub duldet. Gefahr im Verzuge bedeutet immer **unmittelbar bevorstehende Gefährdung des Wohls/der Interessen** der betroffenen Person.[20]

c) Ermessensreduzierung. Das Gericht entscheidet in beiden Fällen von Amts wegen. Das nach dem Wortlaut der Vorschrift eingeräumte **Ermessen** („das Gericht kann anordnen") **ist reduziert**[21] – liegt Unmöglichkeit vor oder ist Gefahr im Verzuge, dann muss das Gericht die sofortige Wirksamkeit anordnen, weil es dafür zu sorgen hat, dass zwischen dem Erlass und der Bekanntgabe des Beschlusses Rechtsnachteile für die betroffene Person nicht eintreten. Die Anordnung geschieht durch Beschluss, bei Gefahr im Verzuge erhält dieser Beschluss nur eine besondere Ziffer in der Beschlussformel des Bestellungs- oder Anordnungsbeschlusses. In der Begründung des Beschlusses, mit dem die sofortige Wirksamkeit angeordnet wird, ist darzulegen, auf Grund welcher Tatsachen ein späteres Wirksamwerden der Entscheidung das Wohl des Betreuten gefährden würde.[22]

d) Zeitpunkt des Wirksamwerdens. Die Wirksamkeit tritt in beiden Fällen des Abs. 2 S. 1 zu dem Zeitpunkt ein, zu dem beide Entscheidungen, der Beschluss nach Abs. 1 und der Beschluss nach Abs. 2 (Anordnung der sofortigen Wirksamkeit), entweder **der betroffenen Person** oder ihrem **Verfahrenspfleger** bekannt gegeben oder aber der **Geschäftsstelle des Gerichts** zum Zwecke der Bekanntgabe gegenüber der betroffenen Person oder ihrem Verfahrenspfleger übergeben werden.

---

[10] Bloße praktische Schwierigkeiten, die überwunden werden können, genügen aber nicht; BT-Drucks. 11/4528, S. 175; *Jurgeleit/Bucic* § 69a FGG Rn. 10.
[11] *Bienwald/Sonnenfeld* § 69a FGG Rn. 28 fordert hier zusätzlich Gefahr im Verzug.
[12] *Damrau/Zimmermann* § 69a FGG Rn. 17; *Bienwald/Sonnenfeld* § 69a FGG Rn. 28.
[13] Vgl. dieses Beispiel bei BT-Drucks. 11/4528, S. 175.
[14] *Damrau/Zimmermann* § 69a FGG Rn. 17.
[15] Kritisch dazu etwa *Probst,* Betreuungs- und Unterbringungsverfahren, S. 80.
[16] Warum der Gedanke des § 287 Abs. 2 hier nicht passen soll, so *Bienwald/Sonnenfeld* § 69a FGG Rn. 24, leuchtet freilich nicht ein.
[17] BayObLG FamRZ 2001, 575; OLG Schleswig FamRZ 1998, 1536; LG Cottbus FamRZ 2004, 401; LG Duisburg Rpfleger 1996, 288; *Bienwald/Sonnenfeld* § 69a FGG Rn. 25; HK-BUR/*Hoffmann* § 69a FGG Rn. 27.
[18] Bei Gefahr im Verzug bleibt das Verfahren nach Abs. 2 S. 2 Nrn. 1 und 2.
[19] *Damrau/Zimmermann* § 69a FGG Rn. 18.
[20] BayObLG NJW 1975, 2148 (ergangen unter dem früheren § 55a FGG aF); PK-BUV/*Fröschle* § 69a FGG Rn. 15.
[21] *Damrau/Zimmermann* § 69a FGG Rn. 19: kein Ermessen.
[22] BayObLG NJW 1975, 2148; HK-BUR/*Hoffmann* § 69a FGG Rn. 35; *Bassenge/Roth* § 69a FGG Rn. 10; *Keidel/Kuntze/Winkler/Kayser* § 69a FGG Rn. 10.

§ 288   1   Buch 3. Abschnitt 1. Verfahren in Betreuungssachen

Das Gericht hält hiermit ein flexibles Instrumentarium in der Hand,[23] um die Rechtswirkungen seiner Entscheidung nach Abs. 1 eintreten zu lassen. Es kann den Beschluss der betroffenen Person, wenn sie erkennen kann,[24] worum es geht, bzw. ihrem Verfahrenspfleger, wenn sie das nicht kann, tatsächlich und *in persona* bekannt geben (zB in der Klinik oder im Pflegeheim oder jedenfalls nicht im Gerichtsgebäude) oder die abgesetzte und unterschriebene[25] Beschlussurkunde mit der Verfügung, sie bekanntzumachen, zur Geschäftsstelle geben.[26] Dabei ging die Begründung zum BtÄndG, mit dem die Bekanntgabe gegenüber der betroffenen Person bzw. ihrem Verfahrenspfleger ermöglicht worden ist, davon aus, dass zunächst die Bekanntgabe gegenüber der betroffenen Person versucht, erst dann die gegenüber ihrem Verfahrenspfleger und zuletzt die Übergabe an die Geschäftsstelle zur Bekanntmachung vorgenommen werden soll.[27] Weder Text noch Systematik ergeben freilich ein solches Stufenverhältnis.[28] Auf der Urkunde (auf der Urschrift und jeder Ausfertigung)[29] ist jeweils ein **Vermerk** darüber anzubringen, wann bei Anwendung welcher Methode die Wirksamkeit eingetreten ist,[30] Abs. 2 S. 3. Diesen Vermerk kann entweder der Richter selbst oder die Geschäftsstelle anbringen.[31] Der Wirksamkeitszeitpunkt wird im Interesse des Rechtsverkehrs[32] und der betroffenen Person also möglichst weit nach vorn verlegt, damit der genaue Zeitpunkt jederzeit zweifelsfrei festgestellt werden kann – was insbesondere bei Einwilligungsvorbehalt notwendig ist.

9   **e) Begründung, Anfechtbarkeit.** Eine Begründung muss der Beschluss, mit dem das Gericht die sofortige Wirksamkeit des Beschlusses nach Abs. 1 anordnet, nicht enthalten,[33] separat anfechtbar ist er nicht.[34] Mit der Entscheidung wird, auch wenn sie als Beschluss ergeht, nur der Zeitpunkt des Eintritts der Rechtswirkungen der Hauptentscheidung festgelegt. Im Beschwerdeverfahren kann er mit der Hauptsache aufgehoben werden.

§ 288 Bekanntgabe

(1) Von der Bekanntgabe der Gründe eines Beschlusses an den Betroffenen kann abgesehen werden, wenn dies nach ärztlichem Zeugnis erforderlich ist, um erhebliche Nachteile für seine Gesundheit zu vermeiden.

(2) ¹Das Gericht hat der zuständigen Behörde den Beschluss über die Bestellung eines Betreuers oder die Anordnung eines Einwilligungsvorbehalts oder Beschlüsse über Umfang, Inhalt oder Bestand einer solchen Maßnahme stets bekannt zu geben. ²Andere Beschlüsse sind der zuständigen Behörde bekannt zu geben, wenn sie vor deren Erlass angehört wurde.

1   **1. Normzweck, Anwendungsbereich.** Da sämtliche Beschlüsse der betroffenen Person nach § 41 Abs. 1 bekannt zu machen sind und diese Bekanntmachungspflicht auch die Entscheidungsgründe erfasst, ist speziell für Betreuungssachen eine Regelung zu treffen, wann die Entscheidungsgründe der betroffenen Person wegen ihres Zustands und zum Zwecke ihres Wohls vorenthalten werden dürfen. Abs. 1, der diese Situation regelt, gilt für alle Beschlüsse, die das Betreuungsgericht in Betreuungssachen erlässt.

---

[23] Zur Normgeschichte *Bienwald/Sonnenfeld* § 69a FGG Rn. 31; Kritik bei *Keidel/Kuntze/Winkler/Kayser* § 69a FGG Rn. 13: Beschlüsse, die begründet werden müssen (hier § 38 Abs. 1 S. 1), könnten nicht bekannt gemacht werden, solange die in Aussicht genommene Begründung noch nicht abgefasst sei. Der Richter muss also auch bei der Bekanntgabe in der Klinik oder im Pflegeheim auf dem verwendeten Formblatt eine tragfähige Begründung abgeben.
[24] Verständnisfähigkeit muss gegeben sein; *Bauer/Rink* BtPrax 1996, 158; *Bienwald/Sonnenfeld* § 69a FGG Rn. 31; PK-BUV/*Fröschle* § 69a FGG Rn. 17; aA *Jurgeleit/Bucic* § 69a FGG Rn. 11; *Jürgens/Mertens* § 69a FGG Rn. 11.
[25] HK-BUR/*Hoffmann* § 69a FGG Rn. 41; *Keidel/Kuntze/Winkler/Kayser* § 69a FGG Rn. 12.
[26] Zur Frage, wann Übergabe an die Geschäftsstelle vorliegt vgl. *Jurgeleit/Bucic* § 69a FGG Rn. 12.
[27] BT-Drucks. 13/7158, S. 38; HK-BUR/*Hoffmann* § 69a FGG Rn. 40.
[28] PK-BUV/*Fröschle* § 69a FGG Rn. 17.
[29] *Bienwald/Sonnenfeld* § 69a FGG Rn. 33.
[30] „Dem/der Betroffenen ... bekannt gegeben am ... um ... Uhr"; „dem Pfleger für das Verfahren ... bekannt gegeben am ... um ... Uhr"; „der Geschäftsstelle zur Bekanntmachung übergeben am ... um ... Uhr". Bei Bekanntgabe gegenüber der betroffenen Person selbst muss hinzugefügt werden, dass diese die Bekanntgabe verstanden habe.
[31] *Jürgens/Mertens* § 69a FGG Rn. 10.
[32] *Damrau/Zimmermann* § 69a FGG Rn. 20.
[33] *Bienwald/Sonnenfeld* § 69a FGG Rn. 32.
[34] BayObLG NJW-RR 1987, 1227; *Damrau/Zimmermann* § 69a FGG Rn. 23; *Keidel/Kuntze/Winkler/Kayser* § 69a FGG Rn. 11.

2. Neuerungen durch das FamFG. Änderungen gegenüber § 69a Abs. 1 S. 2 FGG aF, aus **2** welchem Abs. 1 und gegenüber § 69a Abs. 2 FGG aF, aus welchem Abs. 2 hervorgegangen ist, liegen vor allem darin, dass der zuständigen Betreuungsbehörde sämtliche Beschlüsse, mit denen ein Betreuer bestellt oder ein Einwilligungsvorbehalt angeordnet wird oder die Umfang, Inhalt oder Bestand einer solchen Maßnahme betreffen, stets bekannt gegeben werden müssen, unabhängig davon, ob die Behörde am Verfahren bereits beteiligt war. Die Behörde hat nämlich nach § 303 Abs. 1 in solchen Fällen unabhängig von ihrer Beteiligung am Verfahren das Recht zur Beschwerde.[1] Die Erweiterung der Bekanntgabepflicht soll sicherstellen, dass die Frist zur Einlegung der Beschwerde der zuständigen Behörde gegenüber auch dann zu laufen beginnt, wenn sie in erster Instanz mangels dahingehenden Antrags nicht beteiligt wurde.[2]

3. Nichtbekanntmachung der Entscheidungsgründe gegenüber der betroffenen Person **3** **(Abs. 1).** Die Entscheidungsgründe dürfen der betroffenen Person unter der Voraussetzung vorenthalten werden, dass auf Grund eines ärztlichen Zeugnisses feststeht,[3] dass die betroffene Person **infolge der Bekanntgabe der Entscheidungsgründe erhebliche Gesundheitsnachteile** erleiden würde. Es handelt sich bei § 288 Abs. 1 um eine Vorschrift, deren Anwendung erheblich in die Rechte der verfahrensfähigen (§ 275!) Person eingreift und der verfassungsrechtlich verbürgten Pflicht auf Gewährung des rechtlichen Gehörs entscheidenden Abbruch tut. Immer dann, wenn das Gericht die Gründe für eine Entscheidung nicht bekannt machen will, „entmündigt" es den Adressaten noch weiter als durch die Betreuerbestellung ohnehin und macht ihn zum schlichten Befehlsempfänger in einem Geheimverfahren, der nicht einmal wissen darf, wieso er gehorchen soll. Es ist also stets (**Verhältnismäßigkeit!**) zu prüfen, ob mildere Mittel (etwa die Bekanntgabe einfühlsam formulierter Gründe[4] im Beisein geeigneter dritter Personen oder ganz und gar die Bekanntgabe durch eine andere Person als den Richter/Rechtspfleger, wenn die Gründe schriftlich zur Verfügung stehen[5]) zur Verfügung stehen oder erkennbar sind[6] und sorgfältig abzuwägen, ob das Recht der betroffenen Person, die Gründe für einen Eingriff zu erfahren oder die Rücksichtnahme auf ihre Gesundheit überwiegt.[7] Es gibt in der Praxis vielfältige Möglichkeiten, diese Haltelinie nicht zu überschreiten.

a) Erhebliche Gesundheitsnachteile. Insbesondere die Entscheidungsgründe und nicht die **4** Entscheidung müssen selbst geeignet sein, erhebliche Gesundheitsnachteile hervorzurufen. Die Voraussetzungen sollen eng sein, so dass nur wirkliche und **ganz seltene**[8] **Ausnahmefälle** in Betracht kommen.[9] Vorübergehende Nachteile sind nicht erheblich.[10] Nicht ausreichen soll es ferner, wenn lediglich die Erwartung bloßer Schwierigkeiten im ferneren Umgang mit der betroffenen Person besteht.[11] Erheblich sind Nachteile dann, wenn sie über die allgemein mit der Bekanntmachung nachteiliger Entscheidungen verbundenen und anders nicht abwendbaren Folgen hinausgehen.[12] Schweißausbrüche, Ärger, Aufregung, Zittern und erhöhter Blutdruck[13] können es jedenfalls nicht rechtfertigen, der betroffenen Person die Begründung für eine in ihre rechtliche Handlungsfähigkeit eingreifende gerichtliche Entscheidung vorzuenthalten. Unzureichend ist auch die Annahme, die betroffene Person könne ihr bisheriges Vertrauen in den sozialpsychiatrischen Dienst verlieren[14] oder bei der Bekanntgabe Schwierigkeiten im Gerichtsgebäude machen. Umgekehrt kann es sein, dass gerade das Vorenthalten der Entscheidungsgründe das Misstrauen der betroffenen Person hervorruft oder verstärkt.[15]

b) Ärztliches Zeugnis. Die Frage, ob solche erheblichen Nachteile unmittelbar drohen, kann **5** schon im Gutachten nach § 280 bei entsprechender Fragestellung beantwortet werden.[16] Die sach-

---

[1] *Zimmermann* FamFG Rn. 490.
[2] BT-Drucks. 16/6308, S. 269.
[3] Die bloße Befürchtung reicht nicht aus – das Gericht muss sicher sein, dass die Nachteile eintreten würden; *Bienwald/Sonnenfeld* § 69a FGG Rn. 8.
[4] *Damrau/Zimmermann* § 69a FGG Rn. 7.
[5] *Bienwald/Sonnenfeld* § 69a FGG Rn. 13.
[6] BayObLG FGPrax 1999, 181.
[7] BayObLG FGPrax 1999, 181; *Keidel/Kuntze/Winkler/Kayser* § 69a FGG Rn. 3.
[8] BT-Drucks. 11/4528, S. 232; *Jurgeleit/Bucic* § 69a FGG Rn. 7.
[9] *Keidel/Budde* Rn. 5.
[10] *Damrau/Zimmermann* § 69a FGG Rn. 7.
[11] BT-Drucks. 11/4528, S. 175; BayObLG FGPrax 1999, 181.
[12] OLG Frankfurt FGPrax 2003, 221; BayObLG NJW-RR 2001, 583; *Jurgeleit/Bucic* § 69a FGG Rn. 7.
[13] *Keidel/Kuntze/Winkler/Kayser* § 69a FGG Rn. 3.
[14] OLG Frankfurt FGPrax 2003, 221.
[15] *Bienwald/Sonnenfeld* § 69a FGG Rn. 10 mit Hinweis auf die Sachverständigenanhörung bei den Beratungen zum BtG.
[16] *Bienwald/Sonnenfeld* § 69a FGG Rn. 14.

§ 289 1–3 Buch 3. Abschnitt 1. Verfahren in Betreuungssachen

verständige Aussage muss sich dann aber genau hierauf beziehen. Ein ärztliches Zeugnis (§ 281) reicht aber aus, gegebenenfalls ist ein neuerliches Gutachten angebracht.[17]

6   c) **Bekanntgabe, Anfechtbarkeit.** Auf die Bekanntgabe der **Beschlussformel** kann **nicht verzichtet** werden. Sie muss immer (in geeigneter Form) mitgeteilt werden.[18] Die **Entscheidung,** von der Bekanntgabe der Entscheidungsgründe abzusehen, erfolgt entweder in der Hauptsacheentscheidung oder durch gesonderten **Beschluss.** Sie ist **zu begründen** und mit der einfachen Beschwerde, § 58 **anfechtbar.**[19]

7   **4. Bekanntgabe gegenüber der Betreuungsbehörde (Abs. 2).** Zur Bekanntgabe gegenüber der Behörde siehe schon oben Rn. 2. Die Behörde hat auch einen Anspruch darauf, über andere Beschlüsse als die dort genannten informiert zu werden, wenn sie vor deren Erlass angehört wurde. Sie soll dadurch in die Lage versetzt werden, etwa zugunsten der betroffenen Person erforderlich werdende Maßnahmen besser beurteilen und einleiten zu können und die ihr gestellten Aufgaben[20] erfüllen zu können.[21] Der Behörde ist die Entscheidung vollständig bekannt zu machen.

8   Abs. 2 gilt auch bei Erweiterungen und bei Aufhebungen/Einschränkungen einer Betreuung bzw. eines Einwilligungsvorbehalts, §§ 293 Abs. 1, 294 Abs. 1.

§ 289 Verpflichtung des Betreuers

(1) ¹Der Betreuer wird mündlich verpflichtet und über seine Aufgaben unterrichtet. ²Das gilt nicht für Vereinsbetreuer, Behördenbetreuer, Vereine, die zuständige Behörde und Personen, die die Betreuung im Rahmen ihrer Berufsausübung führen, sowie nicht für ehrenamtliche Betreuer, die mehr als eine Betreuung führen oder in den letzten zwei Jahren geführt haben.

(2) In geeigneten Fällen führt das Gericht mit dem Betreuer und dem Betroffenen ein Einführungsgespräch.

1   **1. Normzweck, Geltungsbereich.** Die Verpflichtung des Betreuers, die das Gericht selbst vorzunehmen hat – womit eine förmliche Übereinstimmung und ein förmlich-direkter Kontakt zwischen Gericht und Betreuer hergestellt werden soll – hat keine rechtliche Bedeutung. Es handelt sich nicht wie bei § 1789 BGB[1] um einen öffentlich-rechtlichen Bestellungsakt, der erst die mit dem Betreueramt verbundenen Rechte und Pflichten begründet,[2] sondern um einen **Formalakt ohne konstitutive Wirkung.**[3] Das ergibt sich schon aus § 287. Ein traditioneller Handschlag (vgl. § 1789 BGB, „Ein Mann – ein Wort") ist nicht vorgeschrieben.

2   § 289 gilt bei der erstmaligen Bestellung eines Betreuers (§ 1896 BGB), bei der Bestellung eines weiteren Betreuers (mit oder ohne eigenen Aufgabenkreis, § 1899 BGB) und für die Bestellung eines neuen Betreuers (§ 1908c BGB); er gilt nicht bei der Verlängerung der Betreuerbestellung oder eines Einwilligungsvorbehalts.[4] Bei der Erweiterung des Aufgabenkreises oder des Einwilligungsvorbehalts geht § 293 Abs. 1 offenbar davon aus, dass auch § 289 gelte. Hier reicht es aber aus, wenn die nach § 291 auszustellende Bestellungsurkunde ohne erneute Verpflichtung ergänzt wird.[5]

3   **2. Neuerungen im FamFG.** § 289 entspricht den bisherigen § 69b Abs. 1 und 3 FGG aF. § 69b Abs. 2 FGG aF wurde zu § 290 verselbstständigt und ergänzt. Neu in den Text des § 289 aufgenommen wurde die bisherige Gepflogenheit der Praxis,[6] die mündliche Verpflichtung und Unterrichtung bei ehrenamtlichen Betreuern, die mehr als eine Betreuung führen, zu unterlassen.

---

[17] *Keidel/Kuntze/Winkler/Kayser* § 69a FGG Rn. 3.
[18] *Damrau/Zimmermann* § 69a FGG Rn. 6; *Bienwald/Sonnenfeld* § 69a FGG Rn. 15.
[19] BayObLG FamRZ 2000, 250 und NJW-RR 2001, 583; *Bienwald/Sonnenfeld* § 69a FGG Rn. 12 m. weit. Nachw.
[20] Einzelne Aufgaben: §§ 4–9 BtBG. Vor allem kann die Betreuungsbehörde bei Information durch das Gericht dem bestellten Betreuer Beratung und Fortbildung anbieten, die Zahl der von einzelnen Betreuern geführten Betreuungen kontrollieren.
[21] BT-Drucks. 11/4528, S. 175; *Keidel/Kuntze/Winkler/Kayser* § 69a FGG Rn. 6.
[1] S. Hk-BGB/*Kemper* § 1789 Rn. 3.
[2] *Damrau/Zimmermann* § 69b FGG Rn. 2.
[3] HK-BUR/*Bauer* § 69b FGG Rn. 3; *Keidel/Budde* Rn. 1; *Bienwald/Sonnenfeld* § 69b FGG Rn. 4.
[4] *Bassenge/Roth* § 69b FGG Rn. 1; HK-BUR/*Bauer* § 69b FGG Rn. 19.
[5] *Bassenge/Roth* § 69b FGG Rn. 1; *Jurgeleit/Bucic* § 69b FGG Rn. 2; HK-BUR/*Bauer* § 69b FGG: nur bei lediglich unwesentlicher Erweiterung.
[6] *Zimmermann* FamFG Rn. 492.

3. Verpflichtung, Unterrichtung (Abs. 1). a) Mündliche Verpflichtung. Das Betreuungsgericht muss den Betreuer nach Abs. 1 S. 1 mündlich verpflichten, die schriftliche Verpflichtung zur Erleichterung ist auf jeden Fall unzulässig.[7] Das Gesetz hält mit dieser Formulierung am Grundsatz der Mündlichkeit fest, stellt aber ansonsten keine weiteren Formerfordernisse auf. Die mündliche Verpflichtung setzt die gleichzeitige persönliche Anwesenheit von Betreuer und Gerichtsperson voraus,[8] was zunächst nicht mehr bedeutet, als dass der Betreuer sich nicht vertreten lassen kann.[9] Nicht zulässig ist grundsätzlich ferner die fernmündliche Verpflichtung von solchen Betreuern, für die S. 2 nicht gilt,[10] also etwa von Angehörigen der betroffenen Person, die keine weitere Betreuung führen. Die Kontroverse um die **Zulässigkeit der telefonischen Verpflichtung** des Betreuers[11] spielt wegen der Aufnahme der Berufsbetreuer in S. 2 jetzt nur noch eine Rolle bei Personen, welche die Betreuung nicht im Rahmen ihrer Berufsausübung führen, gleichwohl aber über die entsprechenden Rechtskenntnisse verfügen (etwa der pensionierte ehemalige Vormundschaftsrichter, der Rechtsanwalt oder der Mitarbeiter eines Betreuungsvereins/einer Betreuungsbehörde im Ruhestand). Da die Verpflichtung rechtlich ohnehin bedeutungslos ist, sollte hier nicht zu viel Formalismus obwalten;[12] bei bloßer Erweiterung des Aufgabenkreises spricht in solchen Fällen nichts gegen die Zulässigkeit einer fernmündlichen Verpflichtung. Immerhin muss das Gericht bei telefonischer Verpflichtung Sorge für die Identitätsfeststellung des Gesprächspartners tragen. **Rechtshilfe** bei der Verpflichtung ist zulässig.[13]

Der Betreuer wird inhaltlich zu **treuer und gewissenhafter Führung der Betreuung** verpflichtet (entsprechend noch § 1789 BGB).[14] Fehlt die Verpflichtung nach Abs. 1, wirkt sich das auf die Wirksamkeit der Betreuerbestellung nicht aus. Das **Amt** des Betreuers mit allen hieraus resultierenden Rechten und Pflichten **beginnt** nach § 287 Abs. 1 **mit der Bekanntgabe der Bestellung** gegenüber dem Betreuer.[15]

b) Aufgabenunterrichtung. Neben der Verpflichtungshandlung unterrichtet das Gericht nach Abs. 1 S. 1 den Betreuer ebenfalls grundsätzlich **mündlich** über seine Aufgaben. Personen, die Betreuungen nicht berufsmäßig führen, sollen gleich zu Beginn ihrer Tätigkeit möglichst umfassend darüber informiert sein, worin diese Tätigkeit besteht. Außerdem ermöglicht die Unterrichtung das Entstehen eines persönlichen Verhältnisses zwischen Betreuer und Gerichtsperson, eventuelle „Hemmschwellen sollen abgebaut" werden.[16] In der Unterrichtung wird das Gericht etwa darüber informieren, dass „Betreuung" nicht (nur) „Pflege" bedeutet, was insbesondere Geschäftsfähigkeit und Vertretungsmacht ist (und welche Grenzen sie hat), welche Rechtsstellung der Betreuer gegenüber der betreuten Person und dem Rechtsverkehr innehat und dass er stets dem Wohl der betreuten Person verpflichtet ist. Es erläutert den Aufgabenkreis, den der Betreuer übertragen bekommt und die daraus resultierenden Pflichten[17] und belehrt über Erklärungen, zu deren Vornahme der Betreuer die Genehmigung des Betreuungsgerichts benötigt. Außerdem ist über die entstehenden Kosten, den Vergütungs- und Aufwendungsersatzanspruch, Haftung und Versicherungsschutz zu informieren.[18] Für wichtig wird auch der Hinweis auf Beratungs- und Unterstützungsmöglichkeiten gehalten.[19] Da beispielsweise der nach vorläufiger zivilrechtlicher Unterbringung unverzüglich bestellte vorläufige Betreuer[20] Gelegenheit haben muss, die Interessen des Betroffenen wahrzunehmen und die Entscheidung über die Fortdauer der Unterbringung in eigener Verantwortung zu treffen, muss – infolge Unterrichtung – gewährleistet sein, dass dem Betreuer

---

[7] Bienwald/Sonnenfeld § 69b FGG Rn. 5.
[8] HK-BUR/Bauer § 69b FGG Rn. 7.
[9] Bienwald/Sonnenfeld § 69b FGG Rn. 6.
[10] Zimmermann FamFG Rn. 492. Keidel/Budde Rn. 3
[11] KG FamRZ 1994, 1600; Bassenge/Roth § 69b FGG Rn. 2; Keidel/Kuntze/Winkler/Kayser § 69b FGG Rn. 3; Damrau/Zimmermann § 69b FGG Rn. 3; Bienwald/Sonnenfeld § 69b FGG Rn. 5.
[12] Das ist auch das Anliegen aller Autoren, die sich gegen die Gleichsetzung von Mündlichkeit und Persönlichkeit wenden; Bienwald/Sonnenfeld § 69B FGG Rn. 5; Jürgens/Mertens § 69b FGG Rn. 1; Damrau/Zimmermann § 69b FGG Rn. 3.
[13] HK-BUR/Bauer § 69b FGG Rn. 11.
[14] HK-BUR/Bauer § 69b FGG Rn. 25.
[15] So auch schon BayObLG FamRZ 1993, 602; Damrau/Zimmermann § 69b FGG Rn. 4; Keidel/Kuntze/Winkler/Kayser § 69b FGG Rn. 4.
[16] BT-Drucks. 11/4528, S. 176.
[17] ZB §§ 1802, 1806–1811, 1814–1816, 1819–1823, 1840f. BGB (jeweils iVm. § 1908i Abs. 1 S. 1 BGB).
[18] Damrau/Zimmermann § 69b FGG Rn. 5.
[19] Bienwald/Sonnenfeld § 69b FGG Rn. 8f. Nach § 1837 Abs. 1 S. 1 iVm. § 1908i Abs. 1 S. 1 BGB ist das Betreuungsgericht, dem Betreuer in jeder denkbaren Betreuungssituation zur Beratung verpflichtet. Unterstützungspflichten der Betreuungsbehörde folgen aus §§ 4, 5 BtBG.
[20] BGH NJW 2002, 1803.

diese Aufgabe auch bekannt ist.[21] Die Unterrichtung soll auch unter Zuhilfenahme von Merkblättern erfolgen können.[22] Zu beachten ist dabei, dass die Mündlichkeit dadurch nicht zur Farce wird.

7 c) **Funktionelle Zuständigkeit.** Funktionell zuständig für Verpflichtung und Unterrichtung ist der Rechtspfleger, §§ 3 Nr. 2a, 14 Nr. 4 RPflG, im württembergischen Landesteil von Baden-Württemberg der Notar.

8 d) **Ausnahmen (Abs. 1 S. 2). Vereins-, Behörden- und Berufsbetreuer werden** ebenso wie der Verein bzw. die Behörde **nicht mündlich verpflichtet und unterrichtet.** Ihnen wird, wie Vereins- und Amtsvormündern, die Betreuerbestellung durch Aushändigung der Bestellungsurkunde nach § 290[23] oder mit einer zusätzlichen schriftlichen Bescheinigung mitgeteilt.[24] Ergänzt wurde Absatz 1 S. 2 um den Berufsbetreuer gegenüber den erfahrenen ehrenamtlichen Betreuer, denn sie bedürfen auf Grund ihrer Tätigkeit keiner mündlichen Verpflichtung oder Unterrichtung über ihre Aufgaben. Rechtsanwälte werden von dieser Regelung erfasst, soweit sie die Betreuung berufsmäßig führen.[25] Bei Berufsbetreuern ist freilich die Notwendigkeit der Erstellung eines **Betreuungsplans** in geeigneten Fällen nach § 1901 Abs. 4 S. 2 und 3 BGB zu beachten.

9 4. **Einführungsgespräch (Abs. 2).** Im Einführungsgespräch zwischen funktional zuständigem Rechtspfleger, §§ 3 Nr. 2a, 14 Nr. 4 RPflG, dem Betreuer und der betroffenen Person soll, so die (etwas pathetisch vorgetragene) Vorstellung des Gesetzgebers des BtG, die Grundlage einer vertrauensvollen Zusammenarbeit zwischen Betreuer, Gericht und betroffener Person gelegt werden. Das Gericht soll in diesem Gespräch die durch die Entscheidung des Gerichts geänderte rechtliche Situation der betroffenen Person besprechen, zu erwartende Schwierigkeiten erörtern und auf die Möglichkeit hinweisen, künftig entstehende Fragen mit dem Gericht zu besprechen.[26] Die Meinungen zu Sinn und Erfolg dieser Einführungsgespräche sind geteilt.[27] Das Gesetz selbst hält die Möglichkeit, auf das Einführungsgespräch zu verzichten, bereit, indem es seine Vornahme auf **geeignete Fälle** beschränkt. Verlässliche Kriterien für „Geeignetheit" gibt es nicht, kann es nicht geben. Hier kommt alles auf den Einzelfall, die psychische und die soziale Situation der betroffenen Person, die Kenntnis, die Erfahrung des Betreuers und seine persönliche Beziehung zur betroffenen Person und ein etwaiges Fingerspitzengefühl des Rechtspflegers an. Sinnvoll können Einführungsgespräche vielleicht dann sein, wenn der Betreuer erstmalig das Amt übernimmt und bislang keine Erfahrungen hat. Es kann auch nicht darauf ankommen, ob die Betreuung vielleicht schwierig wird, weil komplizierte und umfangreiche Vermögensverwaltungsgeschäfte zu führen sind[28] – hier wird der Betreuer besser mit einem spezialisierten Rechtsanwalt als mit dem Rechtspfleger sprechen. Gleiches dürfte für Einwilligungsvorbehalte gelten. So liegt der eigentliche Sinn des Einführungsgesprächs meist darin, dem mit der Betreuungssache eventuell bislang nicht befassten **Rechtspfleger** diejenigen **tatsächlichen Informationen** zu verschaffen, der der Richter seiner Entscheidung zu Grunde gelegt hat.

10 Unklar ist ferner, wie es sich auswirkt, dass das Einführungsgespräch vom Rechtspfleger nach dem eindeutigen Wortlaut der Vorschrift mit dem Betreuer **und** der betreuten Person zu führen ist. So wird vertreten, der Betreuer sei verpflichtet, an einem vom Rechtspfleger angeordneten Einführungsgespräch teilzunehmen, die betreute Person dagegen nicht.[29] Die Teilnahme des Betreuers könne notfalls auch mit Zwangsmitteln erzwungen werden.[30] Dem liegt offensichtlich der Gedanke zugrunde, dass es Einführungsgespräche allein zwischen Rechtspfleger und Betreuer geben kann. Auf welche gesetzliche Ermächtigung sich diese Pflicht des Betreuers stützen ließe und woraus das Verweigerungsrecht der betreuten Person folgen solle,[31] ist nicht ersichtlich.[32] Offensichtlich wird es

---

[21] BayObLG FamRZ 2003, 783.
[22] PK-BUV/*Fröschle* § 69b FGG Rn. 4; *Jurgeleit/Bucic* § 69b FGG Rn. 6.
[23] HK-BUR/*Bauer* § 69b FGG Rn. 21.
[24] *Keidel/Kuntze/Winkler/Kayser* § 69b FGG Rn. 3.
[25] BT-Drucks. 16/6308, S. 269.
[26] BT-Drucks. 11/4528, S. 176.
[27] PK-BUV/*Fröschle* § 69b FGG Rn. 8; ablehnend *Damrau/Zimmermann* § 69b FGG Rn. 11 (mwN); kritisch auch *Keidel/Budde* Rn. 5; seinerzeit befürwortend *Klüsener* Rpfleger 1991, 230. Ausführlich HK-BUR/*Bauer* § 69b FGG Rn. 62 ff.
[28] So *Keidel/Kuntze/Winkler/Kayser* § 69b FGG Rn. 9.
[29] PK-BUV/*Fröschle* § 69b FGG Rn. 9; *Jurgeleit/Bucic* § 69b FGG Rn. 9.
[30] HK-BUR/*Bauer* § 69b FGG Rn. 66.
[31] Hier hilft vielleicht ein Hinweis auf die gesetzlich angeordneten Duldungspflichten der betroffenen Person, die abschließend sind: §§ 278 Abs. 5, 283, 284.
[32] HK-BUR/*Bauer* § 69b FGG Rn. 13 meint, das folge unmittelbar aus § 69b FGG aF selbst. Dem kann nicht beigetreten werden.

für ausreichend gehalten, wenn der Rechtspfleger diese Pflicht durch Anordnung erzeugt. Immer dann aber, wenn die betreute Person sich weigert, an einem Einführungsgespräch teilzunehmen oder immer dann, wenn sie das gar nicht kann, ist kein geeigneter Fall für ein Gespräch gegeben und demzufolge kann es auch nicht zwischen Rechtspfleger und Betreuer allein geführt werden.[33] Absurd ist schließlich, dass Abs. 1 S. 2 für Abs. 2 nicht gilt. Mithin kann auch der Vereins- oder der Behördenbetreuer zum Einführungsgespräch verpflichtet werden.[34]

Insgesamt wird sich zum Einführungsgespräch wie zum (dem FGG-RG weitgehend zum Opfer gefallenen) Schlussgespräch nach § 278 Abs. 2 S. 2 sagen lassen, dass das Betreuungsverfahrensrecht (wie das gesamte Betreuungsrecht) nach der Phase einer vom sozialen Zuwendungsgedanken getragenen Hochstimmung in den saturierten Zeiten der 80er Jahre, die zum BtG geführt hat, auf dem Boden der Realitäten angekommen ist. Die Vielzahl der vom Gesetz vorgesehenen Rückkopplungen zwischen Gericht, Betreuer, Verfahrenspfleger und betroffener Person ist rechtlich nicht notwendig: Für Berufsbetreuer bringt das Einführungsgespräch nichts Neues. **Die rechtliche Situation der betroffenen Person wird durch das Einführungsgespräch nicht verändert.**[35] Das allein aber wäre ein Grund, das Einführungsgespräch zwingend für erforderlich zu halten.

§ 290 Bestellungsurkunde

¹ **Der Betreuer erhält eine Urkunde über seine Bestellung.** ² **Die Urkunde soll enthalten:**
1. **die Bezeichnung des Betroffenen und des Betreuers;**
2. **bei Bestellung eines Vereinsbetreuers oder Behördenbetreuers diese Bezeichnung und die Bezeichnung des Vereins oder der Behörde;**
3. **den Aufgabenkreis des Betreuers;**
4. **bei Anordnung eines Einwilligungsvorbehalts die Bezeichnung des Kreises der einwilligungsbedürftigen Willenserklärungen;**
5. **bei der Bestellung eines vorläufigen Betreuers durch einstweilige Anordnung das Ende der einstweiligen Maßnahme.**

1. Allgemeines. Über seine Bestellung erhält der Betreuer eine Urkunde, einen Ausweis (kein Zeugnis!). Mit diesem Ausweis kann sich der Betreuer im Rechtsverkehr ausweisen.[1] Wie die Bestellung selbst, knüpfen sich an die Ausstellung und die Übergabe dieses Ausweises aber **keine Rechtsfolgen,**[2] insbesondere begründet die Urkunde **keinen Rechtsschein** und **keinen öffentlichen Glauben** (wie etwa ein Erbschein):[3] Der wirksam bestellte Betreuer ist gesetzlicher Vertreter der betreuten Person, auch wenn er sich nicht durch die Urkunde ausweisen kann. Der Ausweis schützt umgekehrt nicht den Rechtsverkehr davor, dass jemand, der nicht, nicht mehr oder in einem anderen Umfang als in dem Ausweis ausgewiesen, zur Vertretung der betreuten Person berechtigt ist.[4] Wird dem Betreuer ein Ausweis nicht übergeben, wirkt sich das nicht auf die Wirksamkeit der Betreuerbestellung aus. Aus diesem Grunde reicht der Ausweis nach § 290 im Rechtsverkehr auch vielfach nicht aus, oft wird die Vorlage des Bestellungsbeschlusses verlangt. Der Ausweis ist keine Vollmachtsurkunde iSd § 172 BGB, § 174 BGB ist deshalb nicht anwendbar.[5] Auch ist er kein Wertpapier, bei Verlust erfolgt kein öffentliches Aufgebot.[6] In der Praxis kommen unterschiedliche Gestaltungen der Urkunde vor – sie reichen von kleinen, extra gestalteten faltbaren Ausweispapieren bis hin zur lediglich verkürzten Ausfertigung des Bestellungsbeschlusses.[7]

Mehrere Betreuer (die Nebenbetreuer nach § 1899 Abs. 1 BGB, der Gegenbetreuer nach § 1792 iVm § 1908i Abs. 1 S. 1 BGB, der Kontrollbetreuer nach § 1896 Abs. 3 BGB, der Ergänzungs-

---

[33] So wohl auch *Damrau/Zimmermann* § 69b FGG Rn. 12 („gleichzeitig", „ein Gespräch").
[34] PK-BUV/*Fröschle* § 69b FGG Rn. 10.
[35] Zutreffend *Damrau/Zimmermann* § 69b FGG Rn. 11.
[1] *Damrau/Zimmermann* § 69b FGG Rn. 7.
[2] BayObLG FamRZ 1994, 1059; *Bassenge/Roth* § 69b FGG Rn. 3; *Keidel/Kuntze/Winkler/Kayser* § 69b FGG Rn. 7; HK-BUR/*Bauer* § 69b FGG Rn. 54.
[3] BayObLG FamRZ 1994, 1059; *Damrau/Zimmermann* § 69b FGG Rn. 7; *Bienwald/Sonnenfeld* § 69b FGG Rn. 12; PK-BUV/*Fröschle* § 69b FGG Rn. 16; *Keidel/Budde* Rn. 1; HK-BUR/*Bauer* § 69b FGG Rn. 55.
[4] *Bienwald/Sonnenfeld* § 69b FGG Rn. 12.
[5] *Bassenge/Roth* § 69b FGG Rn. 3.
[6] *Zimmermann* FamFG Rn. 492.
[7] PK-BUV/*Fröschle* § 69b FGG Rn. 11.

betreuer nach § 1899 Abs. 4 und der Sterilisationsbetreuer nach § 1899 Abs. 2 BGB) erhalten regelmäßig jeder für sich einen eigenen Ausweis, in den Fällen der Mitbetreuung § 1899 Abs. 3 BGB können die Betreuer aber auch einen gemeinschaftlichen Ausweis in mehreren Ausfertigungen ausgestellt bekommen.[8] Auch Vereins-, Behörden- und Berufsbetreuer erhalten einen Ausweis (das ergibt sich schon aus Nr. 2).

3 **2. Neuerungen im FamFG.** § 290 entspricht weitgehend dem bisherigen § 69b Abs. 2 FGG aF. Neu gegenüber der bisherigen Inhalt der Urkunde ist Nr. 5, wonach im Ausweis auch das Ende einer einstweiligen Maßnahme anzugeben ist, wenn das Gericht durch einstweilige Anordnung, § 300, einen vorläufigen Betreuer bestellt hat.

4 **3. Inhalt der Urkunde. a) Pflichtinhalt.** Weil der Betreuerausweis vom Gericht ausgestellt wird, enthält er zunächst die Bezeichnung dieses Gerichts und das Aktenzeichen der bei diesem Gericht anhängigen Betreuungssache. Werden **mehrere Betreuer** nach § 1899 BGB bestellt, ist es unerlässlich, dass das Verhältnis der Betreuer untereinander und die jeweiligen Aufgabenkreise im Ausweis inhaltlich genau angegeben werden. So muss deutlich werden, ob es sich um Neben- oder Mitbetreuung nach § 1899 Abs. 1 S. 2 bzw. Abs. 3 BGB handelt. Bestellt das Gericht einen **Ergänzungs- oder Ersatzbetreuer** nach § 1899 Abs. 4 BGB, dann sollte der Betreuerausweis des Hauptbetreuers inhaltlich entsprechend ergänzt werden.[9] Das ist insbesondere dann wichtig, wenn die Ergänzungsbetreuung über einen längeren Zeitraum notwendig wird und dem Ergänzungsbetreuer nicht nur ein eng begrenzter Aufgabenbereich übertragen ist.[10]

5 **b) Weiterer Inhalt.** Der weitere Inhalt des Betreuerausweises ist durch die selbsterklärenden Nrn. 1–5 vorgegeben. Die Urkunde muss so viel Information über die betreute Person enthalten, dass der Rechtsverkehr erkennen kann, für wen der Betreuer zu handeln berechtigt ist.[11] Zu Nr. 3 (Bezeichnung des Aufgabenkreises des Betreuers) ist darauf hinzuweisen, dass das Gesetz nicht regelt, wie viele Betreuerausweise ein Betreuer erhalten darf, was die Möglichkeit eröffnet, einem Betreuer mehrere Ausweise mit je einem Aufgabenkreis auszustellen. Das wird für sinnvoll gehalten immer dann, wenn die betreute Person ein Interesse daran hat, dass nicht jeder potentielle Partner im Rechtsverkehr erfährt, welche Angelegenheiten ein Betreuer noch zu erledigen hat,[12] sondern nur erfährt, dass für die Angelegenheit, in der er mit der betreuten Person rechtlich in Kontakt tritt, ein Betreuer bestellt ist. Neu ist Nr. 5, der einer bisher an § 69b Abs. 2 FGG aF geübten Kritik[13] nachkommt. Nach wie vor nicht angegeben werden muss der Überprüfungszeitpunkt nach § 295 Abs. 2.[14]

6 **c) Fehlerhafte Urkunde.** Fehler in der Betreuerurkunde sind rechtlich irrelevant: Ist in der Urkunde ein anderer Aufgabenkreis angegeben als in dem Bestellungsbeschluss, dann ist der Bestellungsbeschluss entscheidend. Das gilt auch für alle anderen Differenzen.[15]

7 **d) Neuausstellung.** Ändert das Gericht den Aufgabenkreis des Betreuers nach § 293 oder § 294, dann ist der Betreuerausweis zu berichtigen oder geändert neu auszustellen; endet die Betreuung oder wird sie vom Gericht aufgehoben, muss der Betreuer den Betreuerausweis an das Gericht zurückgeben, § 1893 Abs. 2 S. 1 iVm § 1908i Abs. 1 S. 1 BGB. Diese Rückgabeverpflichtung des Betreuers ist auch erzwingbar, § 1837 Abs. 3 S. 1 iVm § 1908i Abs. 1. S. 1 BGB.

8 **4. Aussteller.** Den Betreuerausweis stellt der Rechtspfleger aus, §§ 3 Nr. 2a, 14 Nr. 4 RPflG. Wird die Betreuungssache nach § 273 an ein anderes Betreuungsgericht abgegeben, dann ist dem Betreuer durch dieses ein neuer Ausweis auszustellen, der das (jetzt) zuständige Gericht und dessen Aktenzeichen nennt.[16]

---

[8] Für den Gegenbetreuer mag es auch ausreichen, seine Person im Ausweis des Betreuers zu bezeichnen, weil der Gegenbetreuer die betreute Person nicht im Rechtsverkehr vertritt; PK-BUV/*Fröschle* § 69b FGG Rn. 14.
[9] Zu praktischen Problemen LG Stuttgart BtPrax 1999, 201; PK-BUV/*Fröschle* § 69b FGG Rn. 15; HK-BUR/*Bauer* § 69b FGG Rn. 52: Ausstellung eines gemeinsamen Ausweises für Betreuer und Ergänzungsbetreuer mit der Maßgabe der Weitergabe vom Betreuer an den Ergänzungsbetreuer im Verhinderungsfall.
[10] *Bienwald/Sonnenfeld* § 69b FGG Rn. 15.
[11] *Bienwald/Sonnenfeld* § 69b FGG Rn. 18.
[12] *Bienwald/Sonnenfeld* § 69b FGG Rn. 17. Warum sollte beispielsweise der Bankberater der betreuten Person erfahren müssen oder dürfen, dass der Betreuer neben dem Aufgabenkreis „Vermögensangelegenheiten" etwa noch den Aufgabenkreis „Sicherstellung der Therapie im Psychiatrischen Landeskrankenhaus X" zu erfüllen hat.
[13] S. *Bienwald/Sonnenfeld* § 69b FGG Rn. 20 f.
[14] *Jurgeleit/Bucic* § 69b FGG Rn. 2.
[15] *Damrau/Zimmermann* § 69b FGG Rn. 10.
[16] *Bienwald/Sonnenfeld* § 69b FGG Rn. 23.

§ 291 Überprüfung der Betreuerauswahl

¹ Der Betroffene kann verlangen, dass die Auswahl der Person, der ein Verein oder eine Behörde die Wahrnehmung der Betreuung übertragen hat, durch gerichtliche Entscheidung überprüft wird. ² Das Gericht kann dem Verein oder der Behörde aufgeben, eine andere Person auszuwählen, wenn einem Vorschlag des Betroffenen, dem keine wichtigen Gründe entgegenstehen, nicht entsprochen wurde oder die bisherige Auswahl dem Wohl des Betroffenen zuwiderläuft. ³ § 35 ist nicht anzuwenden.

1. Allgemeines. Die Vorschrift entspricht inhaltlich voll dem bisher geltenden § 69c FGG aF. 1 Abs. 2 dieser Vorschrift wurde durch die Formulierung „ein Verein oder eine Behörde" entbehrlich. Im Text der Vorschrift ist inzwischen nicht mehr sichtbar, dass das Betreuungsverfahrensrecht dem materiell-rechtlichen Grundsatz folgt, wonach die Bestellung einer natürlichen Person – so sie vorhanden und zur Übernahme der Betreuung bereit ist – Vorrang vor der Bestellung eines Vereins oder einer Behörde hat, § 1897 BGB. Mit dem BtÄndG ist die vom BtG noch vorgesehene turnusmäßige Überprüfung der institutionellen Betreuung beseitigt worden.[1] Diese Pflicht besteht gleichwohl auch ohnehin, § 26,[2] wenn auch nicht übersehen werden kann, dass mit der Beseitigung der Turnusüberprüfung deren auf die tunliche Vermeidung von Sammelbetreuungen gerichteter Appellcharakter verloren gegangen ist. Kann die Betreuung durch eine natürliche Person[3] aus dem Umfeld der betroffenen nicht erreicht werden, so räumt § 291 der betreuten Person wenigstens das den § 1900 Abs. 2 und 4 BGB entsprechende Verfahrensrecht[4] auf Überprüfung der Auswahlentscheidung ein, mit der ein zum Betreuer bestellter, anerkannter Betreuungsverein (oder die Betreuungsbehörde) einen seiner (ihrer) Mitarbeiter (im Juristendeutsch: „Wahrnehmungsperson" oder „Betreuungswahrnehmer") nach § 1900 Abs. 1 BGB mit der Übernahme der konkreten Betreuung beauftragt. Dabei haben Verein oder Behörde nach § 1900 Abs. 2 und 4 BGB den Vorschlägen der betreuten Person regelmäßig zu folgen.

2. Antragsrecht auf gerichtliche Entscheidung (S. 1). Immer dann, wenn die betreute Person 2 mit der vom Verein oder Behörde bereits beauftragten Wahrnehmungsperson nicht einverstanden ist, kann sie nach S. 1 jederzeit[5] und beliebig oft eine gerichtliche Entscheidung verlangen: Niemand soll seine Angelegenheiten von einer Person führen lassen, mit der er aus welchen Gründen auch immer nicht einverstanden ist oder nicht zurecht kommt. Den Antrag stellen kann die betroffene Person selbst, § 275, oder ihr Verfahrenspfleger. Fristen oder Formen für den Antrag kennt die Vorschrift nicht, ebenso wenig spezielle Antragsbefugnisse (etwa die Behauptung einer Rechtsverletzung). Die betreute Person oder ihr Verfahrenspfleger muss freilich die Auswahlentscheidung abwarten, ein gleichsam vorbeugender Überprüfungsantrag gegen eine Vorankündigung durch Verein oder Behörde ist nicht zulässig.[6] Das ist aber auch nicht nötig, weil die betroffene Person ja in jedem Stadium des Verfahrens ihre Wünsche äußern kann. Der weder frist- noch formgebundene Antrag hat im Gegenzug keine aufschiebende Wirkung (er ist kein Rechtsmittel);[7] die Wahrnehmungsperson bleibt also so lange beauftragt, bis Verein oder Behörde nach Entscheidung des Gerichts eine andere Person mit der Wahrnehmung der Betreuung beauftragt haben. Inhaltlich muss der Antrag nur den Wunsch enthalten, eine andere „Wahrnehmungsperson" zu erhalten.[8]

3. Verfahren. Zum Verfahren äußert sich § 291 nicht weiter. Das Betreuungsgericht ermittelt 3 von Amts wegen, § 26. Um aber entscheiden zu können, und um den Beteiligten vor einer gerichtlichen Entscheidung rechtliches Gehör zu gewähren, muss das Gericht die betroffene Person, den Verein bzw. die Behörde und auch die ausgewählte „Wahrnehmungsperson" anhören, auch wenn letztere keine Beteiligte des Verfahrens ist.[9] Diese Anhörung erfordert freilich wieder keine bestimmte Form, eine persönliche Anhörung muss daher nicht stattfinden,[10] ist aber zweckmäßig.[11]

---

[1] Zur Normgeschichte *Bienwald/Sonnenfeld* § 69c FGG Rn. 1; kritisch HK-BUR/*Hoffmann* § 69c FGG Rn. 6.
[2] *Keidel/Kuntze/Winkler/Kayser* § 69c FGG Rn. 1.
[3] Hieran (und damit an der frühestmöglichen Abgabe der institutionellen Betreuung) haben auch Vereine und Behörden ein „ureigenes" institutionelles Interesse; BT-Drucks. 13/7158, S. 38.
[4] S.a. BT-Drucks. 11/4528, S. 176 und *Bienwald/Sonnenfeld* § 69c FGG Rn. 2; HK-BUR/*Hoffmann* § 69c FGG Rn. 3.
[5] *Bassenge/Roth* § 69c FGG Rn. 3.
[6] *Damrau/Zimmermann* § 69c FGG Rn. 5; HK-BUR/*Hoffmann* § 69c FGG Rn. 4.
[7] *Bienwald/Sonnenfeld* § 69c FGG Rn. 2; *Damrau/Zimmermann* § 69c FGG Rn. 5.
[8] *Keidel/Budde* Rn. 2.
[9] HK-BUR/*Hoffmann* § 69c FGG Rn. 4; *Bienwald/Sonnenfeld* § 69c FGG Rn. 6.
[10] *Damrau/Zimmermann* § 69c FGG Rn. 5.
[11] *Bienwald/Sonnenfeld* § 69c FGG Rn. 6.

4. Entscheidung, Rechtsmittel. Das Gericht entscheidet nach auf Antrag erfolgter Überprüfung, indem es den Antrag entweder als unbegründet zurückweist oder aber dem Verein oder der Behörde aufgibt, eine andere Person als die ausgewählte mit der Wahrnehmung der Betreuung zu beauftragen. Zur Zurückweisung muss das Gericht entweder feststellen, dass dem Auswahlvorschlag der betroffenen Person, dem der Verein oder die Behörde nicht entsprochen hat, **wichtige Gründe**[12] entgegenstehen oder aber feststellen, dass die getroffene Auswahlentscheidung des Vereins oder der Behörde dem **Betreutenwohl** nicht zuwiderläuft.[13] Für eine stattgebende Entscheidung muss festgestellt werden, dass dem Auswahlvorschlag der betroffenen Person ohne dass wichtige Gründe dem entgegengestanden hätten nicht entsprochen worden ist oder dass die Auswahlentscheidung des Vereins oder der Behörde dem Wohl der betroffenen Person zuwiderläuft.[14] Grundsätzlich wird sich sagen lassen, dass schon immer dann eine andere Person zu beauftragen ist, wenn die betreute Person das wünscht und der Verein/die Behörde diesem Wunsch ohne weiteres nachkommen kann.[15] Die Tatsache, dass **Rechtsprechung** zum bisherigen § 69c FGG aF **nicht veröffentlicht** ist, spricht dafür, dass in der Praxis meist eine einvernehmliche Lösung gefunden wird. Das Gericht kann dagegen nicht eine einzelne „Wahrnehmungsperson" entlassen, weil keine Institution zum Betreuer bestellt worden ist. Zuständig für die Entscheidung ist der Richter,[16] soweit die Betreuerauswahl (also die Auswahl der Institution) nicht nach Landesrecht ausnahmsweise dem Rechtspfleger überlassen ist, § 14 Nr. 4, 19 Abs. 1 Nr. 1 RPflG.[17] Das Gericht entscheidet durch Beschluss.[18] Hiergegen ist das Rechtsmittel der Beschwerde, § 58, gegeben. Beschwerdeberechtigt sind die betroffene Person, ihr Verfahrenspfleger und der Verein/die Behörde.[19] Die Wahrnehmungsperson hat kein eigenes Beschwerderecht.[20]

5. Vollstreckung (S. 3). § 291 ordnet in S. 3 die Nichtgeltung von § 35 an. Damit stellt das Gesetz klar, dass das Gericht keine Möglichkeit hat, gegen den Verein oder die Behörde zur Vollstreckung der die Auswahlentscheidung aufhebenden Entscheidung des Gerichts ein Zwangsgeld festzusetzen. Die Auswahl eines anderen Mitarbeiters kann also letztlich gegen den Willen des Vereins oder der Behörde nicht erzwungen werden.[21] Einzige Möglichkeit der betroffenen Person, die abgelehnte Wahrnehmungsperson „loszuwerden" ist daher der Antrag, den Verein nach § 1908b Abs. 1 und 5 BGB als Betreuer zu entlassen,[22] weil er nicht in der Lage ist, die betroffene Person „hinreichend" zu betreuen. Bei Behörden scheidet auch diese Variante aus,[23] weil die Behörde genügend geeignete Mitarbeiter zur Wahrnehmung der ihr obliegenden öffentlich-rechtlichen Aufgabe der Daseinsvorsorge vorzuhalten hat.

§ 292 Zahlungen an den Betreuer

(1) In Betreuungsverfahren gilt § 168 entsprechend.

(2) ¹Die Landesregierungen werden ermächtigt, durch Rechtsverordnung für Anträge und Erklärungen auf Ersatz von Aufwendungen und Bewilligung von Vergütung Formulare einzuführen. ²Soweit Formulare eingeführt sind, müssen sich Personen, die die Betreuung im Rahmen der Berufsausübung führen, ihrer bedienen und sie als elektronisches Dokument einreichen, wenn dieses für die automatische Bearbeitung durch das Gericht geeignet ist. ³Andernfalls liegt keine ordnungsgemäße Geltendmachung im Sinne von

---

[12] Etwa die Überlastung des gewünschten Mitarbeiters oder Zuordnung der betroffenen Personen zu Mitarbeitern nach Krankheitsbildern oder Aufenthaltsorten; PK-BUV/*Locher* § 69c FGG Rn. 3.
[13] Das ist immer der Fall bei persönlichen Differenzen zwischen betroffener Person und der „Wahrnehmungsperson"; HK-BUR/*Hoffmann* § 69c FGG Rn. 10.
[14] S. zur Begründetheit PK-BUV/*Locher* § 69c FGG Rn. 3.
[15] HK-BUR/*Hoffmann* § 69c FGG Rn. 10.
[16] *Keidel/Kuntze/Winkler/Kayser* § 69c FGG Rn. 3.
[17] AA HK-BUR/*Hoffmann* § 69c FGG Rn. 2: es entscheidet immer der Richter.
[18] Entweder: „Der Antrag des/der ... wird zurückgewiesen. Die Entscheidung des Vereines ..., die/den ... mit der Wahrnehmung der Betreuung des ... zu beauftragen, wird bestätigt." Oder: „Auf den Antrag des ... wird dem Verein ... aufgegeben, mit der Wahrnehmung der Betreuung des ... eine andere Person als ... zu beauftragen." Das Gericht kann den Verein/die Behörde nicht verpflichten, eine konkrete andere Wahrnehmungsperson zu beauftragen; *Bassenge/Roth* § 69c FGG Rn. 2.
[19] BT-Drucks. 11/4528, S. 132; *Damrau/Zimmermann* § 69c FGG Rn. 10.
[20] *Bienwald/Sonnenfeld* § 69c FGG Rn. 8.
[21] Deswegen wird der Vorschrift attestiert, sie führe nicht zu einem Erfolg, der nicht auch gesprächsweise durchgesetzt werden könne; *Bienwald/Sonnenfeld* § 69c FGG Rn. 2.
[22] *Bassenge/Roth* § 69c FGG Rn. 4; *Keidel/Kuntze/Winkler/Kayser* § 69c FGG Rn. 2.
[23] *Bienwald/Sonnenfeld* § 69c FGG Rn. 5.

§ 1836 Abs. 1 Satz 2 des Bürgerlichen Gesetzbuchs in Verbindung mit § 1 des Vormünder- und Betreuungsvergütungsgesetzes vor. ⁴Die Landesregierungen können die Ermächtigung nach Satz 1 durch Rechtsverordnung auf die Landesjustizverwaltungen übertragen.

1. Allgemeines, Neuerungen im FamFG.[1] Abs. 1 entspricht in seinem Regelungsgehalt dem bisherigen § 69e Abs. 1 FGG aF. Einziger durch die komplette Neugestaltung des Allgemeinen Teils verbliebener Regelungsgegenstand ist die Bezugnahme auf den bisherigen § 56g FGG aF, die durch die Verweisung auf die mit § 56g FGG aF wortgleiche Vorschrift des § 168.[2] Diese Norm gilt für Vergütungs- und Aufwendungsersatz (nun auch) des Betreuers und des Gegenbetreuers. Die Regelungsgegenstände der übrigen Verweise des bisherigen § 69e Abs. 1 S. 1 FGG aF wurden im Allgemeinen Teil berücksichtigt. Die Regelung des bisherigen § 69e Abs. 1 S. 2 und 3 FGG aF geht in §§ 35 und 285[3] auf. Abs. 2 entspricht dem bisherigen § 69e Abs. 2 FGG aF.

2. Vordruck- bzw. Formularpflicht. Abs. 2 soll die Bearbeitung der Anträge auf Festsetzung von Aufwendungsersatz und Vergütung vereinheitlichen und beschleunigen. Zur Ausnutzung dieser Ermächtigung der Landesregierungen, ihrerseits wieder die Landesjustizverwaltungen zu ermächtigen, liegt nur wenig Information vor.[5] Dem Gesetz schwebt offensichtlich das Ziel der Ersetzung der bisherigen Antragsvielfalt durch einheitliche elektronisch zu übermittelnde Dokumente vor. Deren Form ist wieder nicht vorgeschrieben, auch die elektronische Signatur wird nicht zur Pflicht gemacht.[6] Sind Formulare eingeführt, trifft die Pflicht zur Benutzung derselben nach Abs. 1 S. 2 die Berufsbetreuer iSd § 1 Abs. 1 VBVG.[7] Das Gesetz zwingt diese Personen damit, die entsprechende technische Ausstattung vorzuhalten. Berufsbetreuer ohne Internetzugang wird es danach nicht mehr geben (können).

§ 293 Erweiterung der Betreuung oder des Einwilligungsvorbehalts

(1) Für die Erweiterung des Aufgabenkreises des Betreuers und die Erweiterung des Kreises der einwilligungsbedürftigen Willenserklärungen gelten die Vorschriften über die Anordnung dieser Maßnahmen entsprechend.

(2) ¹Einer persönlichen Anhörung nach § 278 Abs. 1 sowie der Einholung eines Gutachtens oder ärztlichen Zeugnisses (§§ 280 und 281) bedarf es nicht,
1. wenn diese Verfahrenshandlungen nicht länger als sechs Monate zurückliegen oder
2. die beabsichtigte Erweiterung nach Absatz 1 nicht wesentlich ist.
²Eine wesentliche Erweiterung des Aufgabenkreises des Betreuers liegt insbesondere vor, wenn erstmals ganz oder teilweise die Personensorge oder eine der in § 1896 Abs. 4 oder den §§ 1904 bis 1906 des Bürgerlichen Gesetzbuchs genannten Aufgaben einbezogen wird.

(3) Ist mit der Bestellung eines weiteren Betreuers nach § 1899 des Bürgerlichen Gesetzbuchs eine Erweiterung des Aufgabenkreises verbunden, gelten die Absätze 1 und 2 entsprechend.

1. Normzweck, Neuerungen im FamFG. Die Verweisungsnormen der §§ 293, 294, 295 und 296 ersetzen den bisher geltenden (etwas unübersichtlichen) § 69i FGG aF.[1*] Systematisch überzeugender als bisher ist es, dass die das erstinstanzliche Verfahren betreffenden Regelungen damit alle vor der einstweiligen Anordnung und den betreuungsrechtlichen Sonderregeln zur Beschwerde zu finden sind.

§ 293 enthält die bisherigen Regelungen des § 69i Abs. 1, 2 und 5 FGG aF. Die Systematik orientiert sich an der Frage, ob es bei der Bestellung des bisherigen Betreuers (oder der bisherigen Betreuer) bleibt (§ 293 Abs. 1 und 2) oder ob ein neuer Betreuer mit einem zusätzlichen Aufgabenkreis beauftragt wird (§ 293 Abs. 3). § 293 Abs. 1 entspricht mit sprachlichen Änderungen dem bisherigen § 69i Abs. 1 S. 1 und Abs. 2 FGG aF (§ 69i Abs. 2 FGG aF wurde entbehrlich, weil die

---

[1] BT-Drucks. 16/6308, S. 269.
[2] S. die Kommentierung dort. Anstelle von Mündel ist „die betroffene Person", anstelle von Vormund „der Betreuer" zu lesen.
[3] S. die Kommentierung dort.
[4] BT-Drucks. 15/2492, S. 10; PK-BUV/*Locher* § 69e FGG Rn. 1.
[5] Bzgl. Nordrhein-Westfalen und Sachsen vgl. die Nachweise zu den hier ergangenen Ermächtigungsgesetzen bei PK-BUV/*Locher* § 69e Rn. 2 und bei *Keidel/Budde* Rn. 3 Fn. 2.
[6] PK-BUV/*Locher* § 69e FGG Rn. 9.
[7] PK-BUV/*Locher* § 69e FGG Rn. 10.
[1*] Vgl. zu dessen Normgeschichte *Bienwald/Sonnenfeld* § 69i FGG Rn. 2.

Erweiterung des Kreises der einwilligungsbedürftigen Willenserklärungen der Aufgabenkreiserweiterung bereits in Abs. 1 gleichgestellt wurde). Abs. 2 entspricht dem bisherigen § 69i Abs. 1 S. 2 FGG aF. Die Änderungen sind hier lediglich sprachlicher und redaktioneller Art. Die Anordnung der Gewährung rechtlichen Gehörs nach § 69i Abs. 1 S. 2, 2. HS FGG aF ist unterblieben, da diese im Allgemeinen Teil in § 34 Abs. 1 Nr. 1 statuiert ist.[2] Abs. 3 entspricht mit sprachlichen und redaktionellen Änderungen dem bisherigen § 69i Abs. 5 FGG aF. Hier geht es darum, einen neuen Betreuer (nicht den bisherigen) mit einem zusätzlichen Aufgabenkreis zu beauftragen. Einer dem Verweis auf die bisherige Regelung des § 69g Abs. 1 FGG aF entsprechenden Bestimmung bedurfte es nicht, da die Beschwerdebefugnis in § 303 systematisch neu geregelt ist.[3] Damit verbunden ist die Auflösung der beiden Alternativen des bisherigen § 69i Abs. 5 FGG aF.[4]

3 **2. Erweiterung des Aufgabenkreises/Einwilligungsvorbehaltes (Abs. 1).** Verschlechtert sich der körperliche, der geistige oder der seelische Zustand der betreuten Person, dann wird es meist notwendig, dem Betreuer mehr Aufgabenkreise als bisher zu übertragen oder den Kreis der Willenserklärungen, zu deren wirksamer Abgabe die betreute Person der Einwilligung des Betreuers bedarf, nach § 1908d Abs. 3 BGB zu erweitern. Da dieser in S. 2 an die Voraussetzungen von § 1896 BGB anknüpft, ist es nur folgerichtig, dass das Verfahrensrecht dem insofern folgt, als es für sämtliche Erweiterungsfälle grundsätzlich davon ausgeht, dass sämtliche Verfahrensschritte erneut wie bei der erstmaligen Bestellung eines Betreuers bzw. der Anordnung eines Einwilligungsvorbehaltes vorzunehmen sind. Anwendbar sind demnach alle Vorschriften der §§ 271 ff., die sich auf die Bestellung eines Betreuers bzw. die Anordnung eines Einwilligungsvorbehaltes beziehen, auch diejenigen über die einstweilige Anordnung[5] und diejenigen über die Bestellung eines Verfahrenspflegers.[6]

4 **3. Absehen von der persönlichen Anhörung und der Einholung eines Gutachtens (Abs. 2).** Das Gesetz geht jedoch bei der Erweiterung der Betreuung/des Einwilligungsvorbehaltes davon aus, dass bestimmte Verfahrenshandlungen, die bei der erstmaligen Anordnung einer betreuungsrechtlichen Maßnahme vorgenommen worden sind, bei Erweiterungen nicht in vollem Umfang wiederholt werden müssen. Das ist recht und billig und dient nicht nur der Arbeitserleichterung bei Gericht, sondern auch der Schonung der betroffenen Person vor wiederholten Prozeduren, die mit teilweise erheblichen Beeinträchtigungen ihrer Lebensführung einhergehen. So sollen insbesondere die richterliche Anhörung der betroffenen Person, § 278 Abs. 1, und die Einholung eines Sachverständigengutachtens oder ärztlichen Zeugnisses, §§ 280, 281, unterbleiben können, wenn das Ergebnis dieser Verfahrenshandlungen den Beteiligten des Betreuungsverfahrens noch hinreichend präsent ist und sich seitdem keine wesentlichen Veränderungen ergeben haben oder (es besteht also ein echtes Alternativitätsverhältnis[7]) wenn die Erweiterung der betreuungsrechtlichen Maßnahme nur unwesentlich ist. Zu beachten ist dabei freilich, dass die Vereinfachungsmöglichkeiten des § 293 Abs. 2 das Herzstück des Betreuungsverfahrens betreffen, aus dem das Gericht im Regelfall die meisten Tatsachen für die Einschätzung gewinnt, ob die betroffene Person im relevanten Umfang betreuungsbedürftig ist. Im Einzelnen:

5 **a) Sechsmonatsfrist.** Sowohl die richterliche Anhörung nach § 278 Abs. 1 als auch die Einholung eines Sachverständigengutachtens bzw. eines ärztlichen Zeugnisses nach §§ 280, 281 können dann unterbleiben, wenn sie bei der Erstanordnung der Maßnahme vorgenommen worden sind und seitdem **nicht länger als sechs Monate** zurück liegen, Abs. 2 S. 1 Nr. 1. Dabei ist auf jede einzelne dieser Verfahrenshandlungen gesondert abzustellen.[8] Diese Erleichterung dient der Verringerung des personellen und sächlichen Verfahrensaufwandes[9] (der bei diesem Herzstück des Betreuungsverfahrens erheblich ist). Sie setzt freilich voraus, dass der Zustand der betroffenen Person in der Zwischenzeit unverändert geblieben ist – was sich aus eigener Kenntnis des Gerichts oder aus zwischenzeitlich erhobenen ärztlichen Feststellungen ergeben kann.[10] Ob solche ärztlichen Feststellungen abgefragt

---

[2] BT-Drucks. 16/6308, S. 269.
[3] BT-Drucks. 16/6308, S. 269.
[4] Vgl. hierzu etwa noch *Bienwald/Sonnenfeld* § 69i FGG Rn. 30 f.
[5] *Keidel/Budde* Rn. 2; PK-BUV/*Locher* § 69i FGG Rn. 5.
[6] Die schon bestehende Betreuung entbindet daher nicht von der Prüfung, ob die Voraussetzungen von § 276 vorliegen. Das wird aber meist nur dann zu bejahen sein, wenn zum schon übertragenen Aufgabenkreis der Vermögenssorge auch noch die Personensorge hinzukommen soll; vgl. *Bienwald/Sonnenfeld* § 69i FGG Rn. 8.
[7] *Bassenge/Roth* § 69i FGG Rn. 3: „oder, nicht: und". Kritisch hierzu *Keidel/Kuntze/Winkler/Kayser* § 69i FGG Rn. 4.
[8] *Bassenge/Roth* § 69i FGG Rn. 3.
[9] *Damrau/Zimmermann* § 69i FGG Rn. 6.
[10] BT-Drucks. 13/7158, S. 40; *Bienwald/Sonnenfeld* § 69i FGG Rn. 14.

werden müssen, steht im pflichtgemäßen (§ 26) Ermessen des Gerichts.[11] Problematisch an dieser Anordnung ist die **Festlegung des Fristbeginns:**[12] In Betracht kommt entweder der Tag der Erteilung des Gutachtenauftrags im Beweisbeschluss, der Tag der Verarbeitung des Gutachtens bei der die Instanz abschließenden Beschlussfassung oder schließlich der Tag des Wirksamwerdens des Beschlusses nach § 287 Abs. 1.[13] Für letzteres scheint § 16 Abs. 1 zu sprechen. Unklar ist auch, wann das Gutachten „erstattet" ist: mit Abschluss der Exploration der betroffenen Person, mit schriftlicher Absetzung des Gutachtens durch den Sachverständigen oder mit Eingang des Gutachtens bei Gericht? Die Frage ist mit einem Rückgriff auf den offensichtlichen Zweck der Regelung zu lösen. Das Absehen von erneuter Begutachtung kann nur dann im Interesse der betroffenen Person liegen (und dem dient das gesamte Betreuungsverfahrensrecht), wenn zwischen der Entscheidung und der Erhebung der für diese Entscheidung erheblichen Tatsachen ein so bemessener Zeitraum liegt, dass davon ausgegangen werden kann, dass die entscheidungserheblichen Tatsachen sich seit ihrer Erhebung nicht verändert haben. Deswegen kann es nur auf den **Abschluss der Exploration** der betroffenen Person durch den Sachverständigen ankommen, alle späteren Termine haben mit den entscheidungserheblichen Tatsachen und ihrer möglichen Veränderung nichts mehr zu tun.

Nicht entbehrlich (und nur scheinbar weggefallen) ist dagegen die bisher aus § 69i Abs. 1 S. 2, 2. HS FGG aF bekannte Pflicht,[14] die betroffene Person anzuhören, wenn die Einholung eines Sachverständigengutachtens unterbleiben soll. Diese Pflicht sei, so die Begründung des FGG-RG, nunmehr im Allgemeinen Teil in § 34 Abs. 1 Nr. 1 statuiert.[15] Dem wird man zustimmen können.[16] Nicht entbehrlich sind ferner auch die Information der betroffenen Person über den Verlauf des Verfahrens, § 278 Abs. 2 S. 1 und das rudimentäre Schlussgespräch nach § 278 Abs. 2 S. 3,[17] denn § 293 Abs. 2 S. 1 verweist nur auf § 278 Abs. 1. Notwendig bleibt die Anhörung der Betreuungsbehörde und Dritter nach § 274.[18]

b) Unwesentliche Erweiterung des Aufgabenkreises. Die Anhörung der betroffenen Person bzw. die Einholung eines neuen Sachverständigengutachtens bzw. ärztlichen Zeugnisses kann ferner unterbleiben bei lediglich unwesentlicher Erweiterung des Aufgabenkreises des bereits bestellten Betreuers. Was unter einer nicht wesentlichen Erweiterung zu verstehen sei, klärt das Gesetz nicht ausdrücklich. Für die Unterscheidung zwischen wesentlichen und nicht wesentlichen Erweiterungen des Aufgabenkreises des Betreuers ist zunächst, aber nicht ausschließlich die **Methode der Negativabgrenzung** zu verwenden. In Abs. 2 S. 2 nennt das Gesetz Regelbeispiele für wesentliche Erweiterungen. Alle diejenigen betreuungsrechtlichen Maßnahmen, die dort nicht genannt sind, können daher unwesentlich sein.[19] Das kann etwa die Erstreckung des Aufgabenkreises auf bisher nicht erfasste vermögensrechtliche Angelegenheiten der betreuten Person sein. Ein in jedem Fall taugliches Instrumentarium ist das freilich nicht. So kann es keinesfalls als unwesentlich angesehen werden, die gesamte Vermögenssorge in den Aufgabenkreis des Betreuers einzubeziehen, wenn nicht vorher schon Teile derselben zu seinen Aufgaben gehörten.[20] Auch können mehrere an sich unwesentliche Erweiterungen, wenn sie gemeinsam in einem Verfahren angeordnet werden sollen, in der Summe eine wesentliche Erweiterung darstellen.[21] Unterbleiben in einem solchen Fall die entscheidenden Verfahrensabschnitte, dann stellt sich das als ein nicht tolerierbarer Verlust an Verfahrensgarantien dar. Es ist also jeweils im Einzelfall[22] abzuwägen, wie schwer der neuerliche Eingriff in die Rechte der betroffenen Person wiegt und ob angesichts dessen ein vereinfachtes Verfahren gegen die Ermitt-

---

[11] *Damrau/Zimmermann* § 69i FGG Rn. 5; *Bienwald/Sonnenfeld* § 69i FGG Rn. 16; PK-BUV/*Locher* § 69i FGG Rn. 2.
[12] Das FGG-RG hat hier bedauerlicherweise nichts geklärt.
[13] *Bienwald/Sonnenfeld* § 69i FGG Rn. 15; *Damrau/Zimmermann* § 69i FGG Rn. 6.
[14] *Damrau/Zimmermann* § 69i FGG Rn. 7; *Keidel/Kuntze/Winkler/Kayser* § 69i FGG Rn. 3.
[15] BT-Drucks. 16/6308, S. 269; vgl. die Kommentierung dort.
[16] Die Anhörung nach § 34 ist „persönliche" Anhörung; lediglich schriftliche Gewährung rechtlichen Gehörs scheidet grundsätzlich aus.
[17] So zum früheren, m. E. durch § 293 Abs. 2 bekräftigten („beredtes Schweigen") Recht des § 69i Abs. 1 S. 2 FGG aF *Damrau/Zimmermann* § 69i FGG Rn. 5 und PK-BUV/*Locher* § 69i FGG Rn. 3; aA *Bassenge/Roth* § 69i FGG Rn. 3; *Jürgens/Mertens* § 69i FGG Rn. 4; HK-BUR/*Hoffmann* § 69i FGG Rn. 11; *Bienwald/Sonnenfeld* § 69i FGG Rn. 16; *Jurgeleit/Bucic* § 69i FGG Rn. 5.
[18] PK-BUV/*Locher* § 69i FGG Rn. 3.
[19] Strenger *Damrau/Zimmermann* § 69i FGG Rn. 4: „sind unwesentlich".
[20] So *Bienwald/Sonnenfeld* § 69i FGG Rn. 10. Ähnlich HK-BUR/*Hoffmann* § 69i FGG Rn. 6 und *Jürgens/Mertens* § 69i FGG Rn. 3.
[21] *Bienwald/Sonnenfeld* § 69i FGG Rn. 10; HK-BUR/*Hoffmann* § 69i FGG Rn. 4; *Jürgens/Mertens* § 69i FGG Rn. 3.
[22] *Bassenge/Roth* § 69i FGG Rn. 3; HK-BUR/*Hoffmann* § 69i FGG Rn. 3.

lungspflicht des Gerichts, § 26, verstieße. Hieraus ergibt sich, dass dann, wenn die Erweiterung keinen Rechtsverlust für die betroffene Person darstellt, von vornherein nur eine nicht wesentliche Erweiterung gegeben ist.[23] Auch dann, wenn der Betreuer einen Aufgabenkreis bereits übertragen bekommen hat, sich im Nachhinein aber herausstellt, dass er zu dessen korrekter Erfüllung noch einen weiteren Auftrag benötigt, liegt keine Rechtsminderung der betroffenen Person und damit Unwesentlichkeit vor.

8 Die gegenüber § 69i Abs. 1 S. 3 FGG aF unveränderten **Regelbeispiele** für auf jeden Fall wesentliche Erweiterungen sind die **gänzliche oder teilweise Einbeziehung der Personensorge**,[24] die **Einbeziehung der Überwachung des Post- und Fernmeldeverkehrs**, die **Einbeziehung der Einwilligung in ärztliche Eingriffe** oder **in die Sterilisation** der betreuten Person[25] **oder die Einbeziehung der Entscheidung über die freiheitsentziehende Unterbringung bzw. die Anwendung unterbringungsähnlicher Maßnahmen** der bzw. gegenüber der betreuten Person in den Aufgabenkreis des bestellten Betreuers.

9 Kritisch im Hinblick auf die von der Vereinfachung des Verfahrens tangierten Verfahrensgarantien für die betroffene Person ist zu bewerten, dass das Gesetz zwischen Nr. 1 und Nr. 2 des Abs. 2 S. 1 ein Alternativitätsverhältnis errichtet hat („oder"). Das bedeutet, dass auch dann, wenn eine nach Abs. 2 S. 1 Nr. 2 wesentliche Erweiterung des Aufgabenkreises des Betreuers oder eines angeordneten Einwilligungsvorbehalts vorgenommen werden soll, die persönliche Anhörung und die Einholung eines Gutachtens unterbleiben kann, wenn die Voraussetzungen der Nr. 1 erfüllt sind.[26] Damit kann im Ergebnis jede Veränderung des Zustands der betroffenen Person innerhalb von sechs Monaten seit Abschluss der Exploration auch bei wesentlichen Erweiterungen irrelevant werden und die ursprünglich begrenzte Betreuung nach und nach zu einer umfassenderen[27] werden. Hierin läge nach zutreffender Ansicht[28] ein Verstoß nicht nur gegen Art. 103 Abs. 1 GG, sondern auch gegen die dem Gericht obliegende Sachaufklärungspflicht, denn nach § 1908d Abs. 3 BGB („Erforderlichkeit") setzt die Erweiterung des Aufgabenkreises des Betreuers eine Veränderung der Verhältnisse voraus, die bei der früheren Entscheidung noch nicht berücksichtigt werden konnten[29] und zu deren Auswirkung im Hinblick auf eine erweiterte Betreuungsbedürftigkeit die betroffene Person noch nicht gehört werden konnte. Zu § 293 Abs. 2 ist daher eine **systematische und verfassungsrechtliche Reduktion** dergestalt geboten, dass bei wesentlichen Erweiterungen nach Abs. 2 S. 2 weder auf die persönliche Anhörung noch auf die Einholung eines Gutachtens/Zeugnisses verzichtet werden kann.

10 Erweiterungen eines bereits angeordneten Einwilligungsvorbehalts nach § 1903 BGB sind nach denselben Kriterien zu beurteilen. Hier liegt regelmäßig eine wesentliche Erweiterung vor, wenn zusätzliche Arten von Rechtsgeschäften betroffen sind. Nur selten nämlich werden Einwilligungsvorbehalte für konkrete Willenserklärungen angeordnet – häufiger ist es, bestimmte Arten von Geschäften der Einwilligung des Betreuers zu unterwerfen (etwa „Kreditgeschäfte", „Versicherungsgeschäfte", „Geschäfte, die eine Verbindlichkeit von mehr als 600 Euro begründen"). Sollen nun neue Kreise von Rechtsgeschäften in den Einwilligungsvorbehalt einbezogen werden, liegt regelmäßig eine erhebliche, weitere Einschränkung der rechtlichen Handlungsfähigkeit der betroffenen Person und damit ein Rechtsverlust vor. Unwesentlichkeit dürfte hier nur in Betracht kommen, wenn der bestehende Einwilligungsvorbehalt sich schon auf sämtliche Willenserklärungen mit Ausnahme der in § 1903 Abs. 3 S. 1 BGB geregelten bezieht und im neuen Verfahren nun auch diese einbezogen werden sollen.[30]

11 c) **Entscheidung durch Beschluss, Anfechtbarkeit.** Die Entscheidung des Gerichts ergeht auch im vereinfachten Verfahren durch Beschluss. Für dessen Inhalt gelten §§ 38 f., 286; für seine

---

[23] Bsp. nach *Bienwald/Sonnenfeld* § 69i FGG Rn. 11: nachträgliche Übertragung der Geltendmachung von Sozialleistungsansprüchen, eines einzelnen weiteren Anspruchs oder einer Art von Ansprüchen. Ebenso *Jurgeleit/Bucic* § 69i FGG Rn. 6 und PK-BUV/*Locher* § 69i FGG Rn. 7.

[24] Nach BayObLG FamRZ 2003, 402 zählt hierzu auch die Einbeziehung der Regelung des Umgangs mit Familienangehörigen.

[25] Die Erwähnung des § 1905 BGB in § 293 Abs. 2 S. 2 ist überflüssig. Nach § 1899 Abs. 2 BGB ist für die Entscheidung über die Einwilligung in die Sterilisation des Betreuten stets ein besonderer Betreuer zu bestellen. Die Bestellung eines weiteren Betreuers ist aber nie eine Erweiterung des Aufgabenkreises eines schon bestellten Betreuers. Nach PK-BUV/*Locher* § 69i FGG Rn. 6 soll Abs. 2 S. 2 beim Sterilisationsbetreuer nur insoweit von Bedeutung sein, als Abs. 3 auf Abs. 1 verweise. So lässt sich „überflüssig" auch umschreiben.

[26] Vgl. *Keidel/Budde* Rn. 4 und zur Vorgängervorschrift *Keidel/Kuntze/Winkler/Kayser* § 69i FGG Rn. 4.

[27] Hiervor warnt auch Hk-BGB/*Kemper* § 1908d Rn. 7.

[28] *Bauer/Rink* BtPrax 1996, 160; *Keidel/Kuntze/Winkler/Kayser* § 69i FGG Rn. 4; HK-BUR/*Hoffmann* § 69i FGG Rn. 14; PK-BUV/*Locher* § 69i FGG Rn. 8; *Jurgeleit/Bucic* § 69i FGG Rn. 9.

[29] Ebenso kritisch HK-BUR/*Hoffmann* § 69i FGG Rn. 14.

[30] So *Bienwald/Sonnenfeld* § 69i FGG Rn. 13.

Wirksamkeit gilt § 287. Eine erneute Verpflichtung des Betreuers, § 288, findet nicht statt. **Anfechtbar** ist die Entscheidung mit der Beschwerde, § 58. Für die Beschwerdeberechtigung gelten §§ 59, 303.

4. Bestellung eines weiteren Betreuers (Abs. 3). Die Vorschrift regelt den Fall der Bestellung 12 eines weiteren Betreuers, die mit einer Erweiterung des Aufgabenkreises einhergeht.[31] Dieser Fall unterscheidet sich von den Fällen des Abs. 1 nur dadurch, dass mit der Erweiterung ein anderer als der bereits bestellte Betreuer beauftragt wird und es kommt daher auch hier darauf an, ob es sich um eine wesentliche Erweiterung des Aufgabenkreises handelt oder nicht, oder ob (im Falle einer unwesentlichen Erweiterung, s. o. Rn. 9) die relevanten Verfahrenshandlungen noch nicht mehr als sechs Monate zurückliegen. Abs. 3 gilt nicht für die Bestellung eines Sterilisationsbetreuers nach § 297 iVm § 1905 BGB, denn hierfür ist stets ein besonderer Betreuer zu bestellen, § 1899 Abs. 2 BGB. Hier ist wegen der Schwere des in Rede stehenden Eingriffs immer und ohne Ausnahme das Verfahren der Erstbestellung durchzuführen.

Nach wie vor im Gesetz ungeklärt ist, ob Abs. 3 auch für den **Gegenbetreuer** gilt.[32] Der 13 Gegenbetreuer nimmt anders als der Betreuer keine Angelegenheiten der betreuten Person wahr und wird auch nicht zu deren gesetzlichen Vertreter. Er überwacht vielmehr die Führung der Betreuung durch den bestellten Betreuer und entlastet damit das Gericht meist in Fällen, in denen es um die Verwaltung umfangreicher Vermögen geht, von buchhalterischen Tätigkeiten. Es erscheint zweckfrei, zur Erreichung dieses Zieles die betroffene Person einem nicht vereinfachten Bestellungsverfahren zu unterziehen. Es wird deswegen entweder für eine entsprechende Anwendung des Abs. 3[33] oder aber für die modifizierte Anwendung der Vorschriften über die Erstbestellung plädiert.[34] Die Modifikation bei letztgenannter Ansicht besteht darin, die §§ 278, 280 bei der Bestellung des Gegenbetreuers nicht anzuwenden. Der Streit hat demnach keine praktische Relevanz.

Für die Entscheidung des Gerichts gilt das oben Rn. 11 Gesagte mit dem Unterschied, dass die 14 Bekanntgabe gegenüber dem weiteren Betreuer erfolgen muss und dass er nach § 289 verpflichtet wird.

§ 294 Aufhebung und Einschränkung der Betreuung oder des Einwilligungsvorbehalts

(1) Für die Aufhebung der Betreuung oder der Anordnung eines Einwilligungsvorbehalts und für die Einschränkung des Aufgabenkreises des Betreuers oder des Kreises der einwilligungsbedürftigen Willenserklärungen gelten die §§ 279 und 288 Abs. 2 Satz 1 entsprechend.

(2) Hat das Gericht nach § 281 Abs. 1 Nr. 1 von der Einholung eines Gutachtens abgesehen, ist dies nachzuholen, wenn ein Antrag des Betroffenen auf Aufhebung der Betreuung oder Einschränkung des Aufgabenkreises erstmals abgelehnt werden soll.

(3) Über die Aufhebung der Betreuung oder des Einwilligungsvorbehalts hat das Gericht spätestens sieben Jahre nach der Anordnung dieser Maßnahmen zu entscheiden.

1. Normzweck, Neuerungen im FamFG. § 294 Abs. 1 entspricht mit sprachlichen Änderun- 1 gen dem bisherigen § 69i Abs. 3 FGG aF und sieht entsprechend dieser Regelung Verfahrenserleichterungen für die Aufhebung und die Einschränkung der Betreuung oder des Einwilligungsvorbehalts vor: Insbesondere bedarf es in diesen Fällen grundsätzlich keiner erneuten Anhörung der betroffenen Person nach § 278. Aus der Amtsermittlungspflicht des Gerichts nach § 26 kann jedoch auch bei diesen Verfahrensgegenständen die Notwendigkeit einer persönlichen Anhörung des Betroffenen resultieren. Des Verweises auf den bisherigen § 69g Abs. 1 FGG aF bedarf es aus den gleichen Gründen wie im Fall des § 293 Abs. 3 nicht. Abs. 2, der das verfahrensrechtliche Pendant zu § 1908d Abs. 2 S. 1 BGB ist, entspricht dem bisherigen § 69i Abs. 4 FGG aF. Änderungen sind sprachlicher und redaktioneller Art. Abs. 3 entspricht dem bisherigen § 69 Abs. 1 Nr. 5 2. HS FGG idF des 2. BtÄndG in Bezug auf die Aufhebung der Betreuung oder eines Einwilligungsvorbehalts.[1]

---

[31] Konstellationen bei *Damrau/Zimmermann* § 69i FGG Rn. 14.
[32] S. zum Problem *Damrau/Zimmermann* § 69i FGG Rn. 16; *Bienwald/Sonnenfeld* § 69i FGG Rn. 32; *Keidel/Budde* Rn. 6; *Jürgens/Mertens* § 69i FGG Rn. 15 f.
[33] So etwa *Bassenge/Roth* § 69i FGG Rn. 17; *Damrau/Zimmermann* § 69i FGG Rn. 17; HK-BUR/*Hoffmann* § 69i FGG Rn. 65; *Keidel/Kuntze/Winkler/Kayser* § 69i FGG Rn. 12; PK-BUV/*Locher* § 69i FGG Rn. 17.
[34] So *Bienwald/Sonnenfeld* § 69i FGG Rn. 32; *Jürgens/Mertens* § 69i FGG Rn. 15 f.
[1] BT-Drucks. 16/6308, S. 269 f.

§ 294 2–5   Buch 3. Abschnitt 1. Verfahren in Betreuungssachen

2 **2. Anwendungsbereich.** Die Vorschrift gilt nur für Betreuungsverfahren, in denen wegen verminderter oder fortgefallener Betreuungsbedürftigkeit der betroffenen Person über die **Aufhebung oder Einschränkung** einer **Betreuung** oder einer **Anordnung eines Einwilligungsvorbehalts** zu entscheiden ist (Positiventscheidung). In diesen vier Fällen gelten §§ 279 und 288 Abs. 2 S. 1 entsprechend. § 294 kann nach allgM nicht angewendet werden, wenn einem Antrag auf Aufhebung oder einer Anregung auf Aufhebung/Einschränkung der Betreuung nicht entsprochen werden kann (Negativentscheidung; hier bestehen keine verfahrensrechtlichen Sonderregeln).[2] Im Einzelnen:

3 **3. Aufhebung betreuungsrechtlicher Maßnahmen.** Vor der Aufhebung/Einschränkung[3] einer solchen betreuungsrechtlichen Maßnahme hat das Gericht den **sonstigen Beteiligten** nach § 274 die **Gelegenheit zur Äußerung** zu geben. Das sind der Betreuer bzw. Vorsorgebevollmächtigte, der Verfahrenspfleger, die Betreuungsbehörde und (der nicht dauernd von der betroffenen Person getrennt lebende) Ehegatte/Lebenspartner, bestimmte Verwandte und eine Vertrauensperson, wenn die betroffene Person eine solche benannt hat. Diese Pflicht zur Anhörung der sonstigen Beteiligten steht nicht im Ermessen des Gerichts. Sie dient der Sachverhaltsaufklärung. Die Anhörung der betroffenen Person dagegen richtet sich nach § 26.[4] Sie wird oft geboten sein. Die betroffene Person kann eventuell ein Interesse am Fortbestand der Betreuung haben, wenn deren Aufhebung durch Dritte angeregt wird.[5] Auch die Einholung eines Gutachtens nach § 280 steht im pflichtgemäßen Ermessen des Gerichts.[6] Hierauf wird nicht verzichtet werden können, wenn kein aktuelles Gutachten zur Verfügung steht oder eine erhebliche Veränderung der Tatsachen nahe liegt. Es versteht sich daneben, dass die betroffene Person in solchen Verfahren allein wegen der Aufhebung/Einschränkung einer betreuungsrechtlichen Maßnahme nicht nach § 278 Abs. 5 zwangsweise vorgeführt werden darf.[7]

4 Die (positive) Entscheidung der Aufhebung/Einschränkung einer betreuungsrechtlichen Maßnahme ist der Betreuungsbehörde nach § 288 Abs. 2 S. 1 bekannt zu machen. Das dient deren korrekter Aufgabenerfüllung. Die Entscheidung kann nicht im Wege der einstweiligen Anordnung ergehen, auf § 300 ist nicht verwiesen.[8] Sie wird wirksam nach § 287. Die Aufhebung/Einschränkung ist mit der Beschwerde nach § 58 anfechtbar, für die Beschwerdeberechtigung gilt § 303.[9] Der Betreuer ist bei der Aufhebung nicht beschwerdebefugt,[10] wohl aber bei der Einschränkung.[11]

5 **4. Nachholung von Verfahrenshandlungen.** In bestimmten Betreuungssachen kann es notwendig werden, Verfahrenshandlungen, die bei der Erstanordnung der betreuungsrechtlichen Maßnahme unterblieben sind, nachzuholen. Für die betroffene Person hat das durchaus einen Bumerangeffekt:[12] Wurde nach § 1908d Abs. 2 BGB die Bestellung eines Betreuers allein auf Antrag der betroffenen Person vorgenommen (oder hat die betroffene Person einem Antrag zugestimmt[13]) und im dazu durchgeführten Verfahren auf die Einholung eines Sachverständigengutachtens gem. § 281 Abs. 1 Nr. 1 verzichtet und statt dessen lediglich ein ärztliches Zeugnis zur Grundlage der Entscheidung gemacht, dann ist zu entscheiden, wie zu verfahren ist, wenn die betroffene Person später selbst die Aufhebung/Einschränkung der Betreuung beantragt (diesen Antrag kann die betroffene Person auch ohne Rücksicht auf ihre Geschäftsfähigkeit stellen, §§ 1908d Abs. 2 S. 2 BGB, 275). Nach der „es sei denn"-Regel des § 1908d Abs. 2 S. 1 2. HS BGB hat das Gericht dann von Amts wegen zu prüfen, ob Betreuungsbedürftigkeit tatsächlich nicht mehr besteht. § 294 Abs. 2 ordnet folgerichtig

---

[2] BayObLG FGPrax 1995, 52; OLG Hamm NJWE-FER 2001, 326; *Bassenge/Roth* § 69i FGG Rn. 8; *Keidel/Budde* Rn. 1; PK-BUV/*Locher* § 69i FGG Rn. 10; HK-BUR/*Hoffmann* § 69i FGG Rn. 27; *Bienwald/Sonnenfeld* § 69i FGG Rn. 22.

[3] Die Aufhebung der Betreuung ist keine Entlassung des Betreuers. Hierfür gilt § 296.

[4] *Bassenge/Roth* § 69i FGG Rn. 9; *Keidel/Budde* Rn. 3; HK-BUR/*Hoffmann* § 69i FGG Rn. 33.

[5] PK-BUV/*Locher* § 69i FGG Rn. 12.

[6] OLG München NJW-RR 2006, 512; BayObLG FamRZ 2003, 115; OLG Hamm DAVorm 1997, 135. Früher schon OLG Karlsruhe FamRZ 1994, 449; OLG Frankfurt NJW 1992, 1395: zweites Gutachten erforderlich, wenn ein zeitnahes Gutachten nicht vorliegt.

[7] BayObLGZ 1996, 499; BayObLGZ 1995, 222; HK-BUR/*Hoffmann* § 69i FGG Rn. 33.

[8] *Bassenge/Roth* § 69i FGG Rn. 9; *Bienwald/Sonnenfeld* § 69i FGG Rn. 22.

[9] Zur Beschwerdebefugnis der betroffenen Person s. aber BayObLG MDR 2001, 94.

[10] OLG Köln NJW-RR 1997, 708; *Bassenge/Roth* § 69i FGG Rn. 11; HK-BUR/*Hoffmann* § 69i FGG Rn. 39.

[11] OLG Frankfurt FGPrax 2004, 75; *Bassenge/Roth* § 69i FGG Rn. 11; aA HK-BUR/*Hoffmann* § 69i FGG Rn. 39 (gar keine Beschwerdebefugnis).

[12] Nach BT-Drucks. 11/4528, S. 180 handelt es sich um eine zusätzliche Verfahrensgarantie; ebenso *Bienwald/Sonnenfeld* § 69i FGG Rn. 28.

[13] Dazu KG FGPrax 2006, 260.

an, dass das Gericht jetzt ein Gutachten nach § 280 einzuholen verpflichtet ist.[14] Damit ist pauschal auf die Regelungen zur Einholung von Gutachten verwiesen,[15] es gelten also insbesondere auch §§ 283, 284. Abs. 2 ordnet darüber hinaus an, dass dies nur dann notwendig ist, wenn ein solcher Antrag der betroffenen Person erstmalig abgelehnt werden soll. Damit sollen ständig neue unnötige Begutachtungen vermieden werden,[16] wenn die betroffene Person einen Aufhebungs-/Einschränkungsantrag nach dem anderen stellt.[17] Es gelten im Übrigen die allgemeinen Regeln des Verfahrens ohne Besonderheit.[18]

5. Befristung betreuungsrechtlicher Maßnahmen.[19] Abs. 3 löst die Regelung des § 69 Abs. 1 Nr. 5 2. HS FGG aF aus dem Regelungszusammenhang über den Inhalt von Beschlüssen, mit denen Betreuer bestellt und Einwilligungsvorbehalte angeordnet werden heraus und verselbstständigt sie etwas mehr als bisher. Ein völliges Eigenleben in einem eigenen Paragraphen führt sie gleichwohl noch immer nicht. Nach der Vorschrift hat das Gericht nach jedem Beschluss, mit dem es über die Bestellung eines Betreuers oder die Anordnung eines Einwilligungsvorbehaltes entscheidet, nach Ablauf von sieben Jahren seit der Anordnung dieser Maßnahmen zu entscheiden, ob die Maßnahme aufgehoben werden kann. Diese Befristung betreuungsrechtlicher Maßnahmen folgt dem das gesamte Betreuungsverfahren prägenden **Erforderlichkeitsgrundsatz**.[20] Art, Umfang und Dauer einer betreuungsrechtlichen Maßnahme dürfen nur so weit gehen, als es die Betreuungsbedürftigkeit der betroffenen Person erfordert. Die Befristung hat daher den Zweck, spätestens nach Ablauf von sieben Jahren ohne neuen Antrag von Amts wegen zu überprüfen, ob die betreuungsrechtliche Maßnahme noch erforderlich ist, auch wenn das Gericht in der Zwischenzeit nichts darüber erfahren hat, ob sich der Zustand der betroffenen Person gebessert oder verschlechtert hat oder konstant geblieben ist. Die sieben Jahres-Frist gilt unterschiedslos für die Betreuerbestellung ebenso wie für die Anordnung eines Einwilligungsvorbehalts. Sie unterscheidet ferner nicht zwischen Fällen freiwilliger oder unfreiwilliger Betreuungsmaßnahmen.[21] Da die Überprüfung spätestens nach sieben Jahren stattzufinden hat, muss das Gericht nach pflichtgemäßem Ermessen prüfen, ob von vornherein eine kürzere Frist zu setzen ist.[22] Versäumt das Gericht nach Ablauf der Frist des Abs. 3 die Überprüfung, so endet die betreuungsrechtliche Maßnahme nicht automatisch.[23] Eine unterbliebene Verlängerung vor Fristablauf ist daher unschädlich: Die Betreuung verlängert sich von selbst bis zur Überprüfung. Die betreute Person, deren Zustand sich gebessert hat und die deswegen ein Ende der Betreuung erstrebt, kann, da die Beschwerdefrist fast immer versäumt sein wird, (nur) einen Antrag auf Aufhebung der Betreuung stellen.[24]

§ 295 Verlängerung der Betreuung oder des Einwilligungsvorbehalts

(1) ¹Für die Verlängerung der Bestellung eines Betreuers oder der Anordnung eines Einwilligungsvorbehalts gelten die Vorschriften über die erstmalige Anordnung dieser Maßnahmen entsprechend. ²Von der erneuten Einholung eines Gutachtens kann abgesehen werden, wenn sich aus der persönlichen Anhörung des Betroffenen und einem ärztlichen Zeugnis ergibt, dass sich der Umfang der Betreuungsbedürftigkeit offensichtlich nicht verringert hat.

(2) Über die Verlängerung der Betreuung oder des Einwilligungsvorbehalts hat das Gericht spätestens sieben Jahre nach der Anordnung dieser Maßnahmen zu entscheiden.

1. Normzweck, Neuerungen im FamFG, Anwendungsbereich. Die Vorschrift ersetzt den bisher geltenden, wortgleichen § 69i Abs. 6 FGG aF. Die am Erforderlichkeitsgrundsatz des Betreuungsrechts orientierte Regelung verfolgt den Zweck, in periodischen Abständen zu überprüfen, ob

---

[14] Das gilt aber nur für die Negativentscheidung – für die Positiventscheidung gilt auch hier Abs. 1; PK-BUV/*Locher* § 69i FGG Rn. 14.
[15] HK-BUR/*Hoffmann* § 69i FGG Rn. 47.
[16] BT-Drucks. 11/4528, S. 180; *Damrau/Zimmermann* § 69i FGG Rn. 13; *Keidel/Kuntze/Winkler/Kayser* § 69i FGG Rn. 8.
[17] S. zu sinnlosen, querulatorischen Anträgen auch OLG Karlsruhe FamRZ 1994, 449; OLG Zweibrücken BtPrax 1998, 150 und OLG Hamm NJWE-FER 2001, 326.
[18] *Bassenge/Roth* § 69i FGG Rn. 13.
[19] S. dazu schon oben § 286 Rn. 10 f.
[20] *Bienwald/Sonnenfeld* § 69 FGG Rn. 14.
[21] Kritisch dazu *Bienwald/Sonnenfeld* § 69 FGG Rn. 18 f.
[22] S. oben § 286 Rn. 10 f.
[23] S. zur Diskussion hierüber BT-Drucks. 11/6949, S. 80.
[24] *Zimmermann* FamFG Rn. 526.

§ 296   Buch 3. Abschnitt 1. Verfahren in Betreuungssachen

sich der Zustand der betroffenen Person verbessert hat. Ziel dieser Überprüfung ist die Reduzierung der Zahl der Betreuungen auf ein den tatsächlichen Verhältnissen angemessenes Maß.[1] Die Vorschrift sieht vor, dass vor einer Verlängerung einer der genannten betreuungsrechtlichen Maßnahmen das Regelverfahren mit seinen vollen im Interesse der betroffenen Person bestehenden Verfahrensgarantien (erneut wie bei der Erstanordnung) durchzuführen ist.[2] Die Aussage erfasst auch die Regelungen über die Beschwerdebefugnis,[3] jetzt § 303. § 295 gilt nur in Verfahren, in denen über die **Verlängerung** einer **Betreuerbestellung** bzw. einer **Anordnung eines Einwilligungsvorbehalts** entschieden wird. Er gilt auch dann, wenn zeitgleich mit der Verlängerung über eine Erweiterung des Aufgabenkreises des schon bestellten Betreuers zu entscheiden ist.[4] Er gilt nicht, wenn nicht über die Verlängerung, sondern allein über die Aufhebung der Betreuung entschieden wird.[5] In solchen Fällen gelten die allgemeinen Grundsätze, insbesondere § 26.[6]

2   **2. Verfahrenserleichterungen.** Um die betroffene Person gleichwohl vor unnötigen Begutachtungen und das Gericht vor unnötigem personellem und sächlichem Aufwand zu bewahren, sieht die Vorschrift vor, dass dann, wenn sich aus der persönlichen Anhörung der betroffenen Person (§ 278) und einem ärztlichen Zeugnis ergibt, dass der Umfang der Betreuungsbedürftigkeit sich offensichtlich nicht verändert hat, auf die Einholung eines neuen Sachverständigengutachtens nach § 280 verzichtet werden kann. Die Entscheidung über den Verzicht auf ein neues Gutachten liegt demnach im pflichtgemäßen Ermessen des Gerichts. Dieses Ermessen ist aber („offensichtlich"[7]) dadurch beschränkt, dass kein Zweifelsfall[8] ohne erneute Begutachtung entschieden werden darf. Das Gericht darf nicht auf die Anhörung der betroffenen Person verzichten und es muss ein ärztliches Zeugnis über den Zustand der betroffenen Person vorliegen, aus dem sich ebenfalls kein Zweifel am Fortbestand der Betreuungsbedürftigkeit ergeben darf. § 295 verzichtet freilich auf eine nähere Konkretisierung des erforderlichen ärztlichen Zeugnisses. Dieses kann sich daher darauf beschränken auszusprechen, dass die Betreuungsbedürftigkeit auf Grund unveränderter (aber mitgeteilter!) Befundlage fortbestehe.[9] Das Gesetz schweigt ferner zu der Frage, von wem das Zeugnis stammen solle. Das Gericht kann daher nach seinem Ermessen entscheiden, ob es zweckmäßig sei, das Zeugnis bei dem Gutachter im Verfahren zur Erstanordnung der Betreuung einzuholen. Keinesfalls dürfen aber an das Zeugnis und an die Qualifikation seines Ausstellers niedrigere Anforderungen gestellt werden als nach § 281.[10] Bündig lässt sich formulieren, dass § 295 lediglich Schreibarbeit des Sachverständigen einspart.[11]

3   Ordnet das Gericht die Einholung eines förmlichen Gutachtens nach § 280 an, gelten hinsichtlich der Anfechtbarkeit dieser (Zwischen-) Entscheidung die zu § 280 aufgestellten Grundsätze.[12] Bekanntgabe und Wirksamkeit der als Beschluss ergehenden Verlängerungsentscheidung (Endentscheidung) richten sich nach §§ 287, 288; der Betreuer wird bei Verlängerung nicht erneut verpflichtet. Die Entscheidung ist mit der Beschwerde anfechtbar, § 58; die Beschwerdebefugnis ergibt sich auch aus § 303.

4   **3. Befristung betreuungsrechtlicher Maßnahmen.** Abs. 2 entspricht § 294 Abs. 3.[13] Das Gericht nimmt die Überprüfung der Verlängerung von Amts wegen vor.[14]

§ 296 Entlassung des Betreuers und Bestellung eines neuen Betreuers
(1) Das Gericht hat den Betroffenen und den Betreuer persönlich anzuhören, wenn der Betroffene einer Entlassung des Betreuers (§ 1908b des Bürgerlichen Gesetzbuchs) widerspricht.

---

[1] *Bienwald/Sonnenfeld* § 69i FGG Rn. 33.
[2] BayObLG FamRZ 1999, 873; *Damrau/Zimmermann* § 69i FGG Rn. 18; *Bienwald/Sonnenfeld* § 69i FGG Rn. 33; HK-BUR/*Hoffmann* § 69i FGG Rn. 74; *Keidel/Budde* Rn. 1.
[3] OLG München FGPrax 2008, 157.
[4] HK-BUR/*Hoffmann* § 69i FGG Rn. 73.
[5] OLG München FGPrax 2008, 206; HK-BUR/*Hoffmann* § 69i FGG Rn. 72.
[6] OLG München FGPrax 2008, 206.
[7] Vgl. dazu BayObLG BtPrax 2004, 148.
[8] So auch HK-BUR/*Hoffmann* § 69i FGG Rn. 78; *Jürgens/Mertens* § 69i FGG Rn. 17.
[9] Sachverhalt, Anamnese, Befundung, Diagnose und Beurteilung müssen enthalten sein; OLG Hamm FamRZ 2000, 496. S. a. *Damrau/Zimmermann* § 69i FGG Rn. 19.
[10] S. oben § 281 Rn. 2–4. Die persönliche Untersuchung der betroffenen Person ist unverzichtbar; OLG Hamm FamRZ 2000, 494; *Bienwald/Sonnenfeld* § 69i FGG Rn. 34; HK-BUR/*Hoffmann* § 69i FGG Rn. 79; *Keidel/Budde* Rn. 2; PK-BUV/*Locher* § 69i FGG Rn. 18.
[11] *Damrau/Zimmermann* § 69i FGG Rn. 19.
[12] S. oben § 280 Rn. 27.
[13] S. daher oben § 294 Rn. 6 und § 286 Rn. 10 f.
[14] OLG München FGPrax 2008, 158.

(2) ¹ Vor der Bestellung eines neuen Betreuers (§ 1908c des Bürgerlichen Gesetzbuchs) hat das Gericht den Betroffenen persönlich anzuhören. ² Das gilt nicht, wenn der Betroffene sein Einverständnis mit dem Betreuerwechsel erklärt hat. ³ § 279 gilt entsprechend.

1. Normzweck, Neuerungen im FamFG. Zur Entlassung des bestellten Betreuers nach § 1908b BGB und zur Bestellung eines neuen Betreuers nach § 1908c BGB stellt § 296 das verfahrensrechtliche Instrumentarium bereit. In der Praxis werden für einen Entlassungsantrag durch den Betreuer keine besonderen Gründe verlangt.[1] Die Vorschrift ersetzt die bisher geltenden § 69i Abs. 7 und 8 FGG aF. Sie kreiert eine besondere, eigenständige Form der Anhörung, für die § 278 grundsätzlich nicht gilt.

2. Anwendungsbereich. Die Vorschrift gilt unmittelbar in den Fällen der §§ 1908b und 1908c BGB. Sie gilt entsprechend bei der Entziehung einzelner Aufgabenkreise. Sie gilt nicht bei der Aufhebung der Betreuung. Sie gilt ferner nicht, wenn unter Beibehaltung der Person die Art des Betreuers gewechselt wird.[2]

3. Anhörung bei Betreuerentlassung (Abs. 1). Die Vorschrift trifft nur eine Regelung für den Fall, dass die betreute Person der Entlassung des bisherigen Betreuers wegen mangelnder Eignung, eines anderen wichtigen Grundes, Unzumutbarkeit der Fortführung der Betreuung oder eines gesetzlich vorgesehenen Entlassungsgrundes (§ 1908b BGB)[3] in ihrer hierzu notwendigen Anhörung[4] widerspricht, mithin **keine Entlassung im Einvernehmen** mit der betroffenen Person erfolgen kann.[5] Das erfordert die Information der betreuten Person vor der beabsichtigten Entlassung, damit ein Widerspruch überhaupt formuliert werden kann.[6] § 296 anerkennt mit der Möglichkeit des Widerspruchs ein solches Informationsrecht der betroffenen Person. Der Widerspruch der betroffenen Person hindert die Entlassung bei Vorliegen der Voraussetzungen des § 1908b BGB freilich nicht. Erfolgt ein Widerspruch der betreuten Person, dann sind **Betreuer und Betreuter persönlich anzuhören**. Die Entlassung des Betreuers trägt dem Verhältnis zwischen Betreuer und Betreutem Rechnung, die Anhörung beider Beteiligter soll Kommunikationsschwierigkeiten feststellen und beheben und die Vertrauensbasis zwischen betreuter Person und Gericht (und damit wohl das Einvernehmen zwischen diesen beiden) erhalten.[7] Die getroffene Regelung erscheint angesichts dieses Ziels nicht sehr verständlich formuliert – deswegen wird auch darauf abgestellt, dass eine Entscheidung gegen den Betreuer nicht ohne die Gewährung rechtlichen Gehörs erfolgen kann.[8]

Das Gericht entscheidet nach § 26 darüber, wo angehört wird und ob die Anhörung auch im Wege der Rechtshilfe erfolgen kann.[9] Rechtshilfe ist grundsätzlich auch im Beschwerdeverfahren möglich.[10] Das setzt aber voraus, dass von vornherein angenommen werden kann, dass die Kammer (im Beschwerdeverfahren) das Ergebnis der Anhörung auch ohne eigenen Eindruck von der betroffenen Person abschließend würdigen kann.[11] Das Gesetz lässt offen, ob Betreuer und Betreuter gleichzeitig persönlich anzuhören sind. Das Gericht hat diese Frage nach pflichtgemäßem Ermessen zu beantworten. Ist der (Vereins-) Betreuer nach § 1908b Abs. 4 S. 1 BGB zwingend zu entlassen, dann kann die Anhörung der betreuten Person auch unterbleiben,[12] weil auch nach Anhörung keine andere Entscheidung getroffen werden kann. § 278 gilt nicht (die Anhörung des § 296 ist eine betreuungsverfahrensrechtliche Anhörung eigener Art);[13] die **zwangsweise Vorführung** der betroffenen Person zur Anhörung nach § 278 Abs. 5 ist im Rahmen des § 296 deshalb **nicht zulässig**.[14] Das Gericht könnte die Anhörung daher allenfalls mittels § 35 erzwingen. Das wird sich aber in den meisten Fällen verbieten: ein Einvernehmen mit der betroffenen Person wird sich so nie herstellen

---

[1] *Zimmermann* FamFG Rn. 528.
[2] *Bassenge/Roth* § 69i FGG Rn. 26.
[3] Katalog bei *Bienwald/Sonnenfeld* § 69i FGG Rn. 40.
[4] *Damrau/Zimmermann* § 69i FGG Rn. 20.
[5] Auf das Einvernehmen mit dem Betreuer kommt es nicht an, wenn die Tatbestandsvoraussetzungen des § 1908b BGB vorliegen, weil dann grundsätzlich von einer Gefährdung des Betreutenwohls auszugehen ist.
[6] *Bienwald/Sonnenfeld* § 69i FGG Rn. 37.
[7] BT-Drucks. 11/4528, S. 180.
[8] *Bienwald/Sonnenfeld* § 69i FGG Rn. 36. Ähnlich PK-BUV/*Locher* § 69i FGG Rn. 20.
[9] BayObLG FamRZ 1997, 1360; *Bassenge/Roth* § 69i FGG Rn. 27; *Keidel/Kuntze/Winkler/Kayser* § 69i FGG Rn. 14.
[10] BayObLG Rpfleger 1994, 110; *Damrau/Zimmermann* § 69i FGG Rn. 20; *Bienwald/Sonnenfeld* § 69i FGG Rn. 42.
[11] BayObLG NJWE-FER 1997, 204; *Bienwald/Sonnenfeld* § 69i FGG Rn. 42.
[12] *Bassenge/Roth* § 69i FGG Rn. 27; aA HK-BUR/*Hoffmann* § 69i FGG Rn. 88.
[13] *Jürgens/Mertens* § 69i FGG Rn. 19; *Bienwald/Sonnenfeld* § 69i FGG Rn. 42.
[14] *Bassenge/Roth* § 69i FGG Rn. 27.

§ 296 5–7   Buch 3. Abschnitt 1. Verfahren in Betreuungssachen

lassen. Außerdem lässt sich die in § 296 deutlich werdende Abkehr des Gesetzes vom Modell des § 278 auch als Verbot der Umgehung dieser Wertung durch § 35 deuten. Die Erzwingung der Anhörung nach § 296 hat deshalb zu unterbleiben. Verweigert die betroffene Person die Anhörung, dann kann hierin die Zurücknahme des Widerspruchs zu sehen sein,[15] so dass eine einvernehmliche Entlassung ohne Anhörung möglich ist. Legt die betreute Person dagegen gegen die Entlassung Beschwerde, § 58, ein, dann ist das als ein Widerspruch gegen die Entlassung des Betreuers anzusehen und zur Anhörung ist nun das Beschwerdegericht zuständig.[16] Die Anhörung Dritter richtet sich ganz nach § 26.[17]

5   Das FGG-RG hat § 69i Abs. 7 S. 2 FGG aF nicht übernommen.[18] Gleichwohl kann von der Anhörung der betroffenen Person auch fürderhin Abstand genommen werden, wenn hiervon erhebliche Nachteile für ihre Gesundheit zu besorgen sind oder die Person offensichtlich nicht in der Lage ist, ihren Willen kundzutun, § 34 Abs. 2. Auf § 278 Abs. 4 (der im Rahmen von § 296 nicht gilt) ist nicht verwiesen, deswegen setzt die Entscheidung, die betroffene Person nach § 34 Abs. 2 nicht anzuhören, kein ärztliches Gutachten voraus. Die an sich notwendige Bestellung eines Verfahrenspflegers für Situationen, in denen die betroffene Person nicht in der Lage ist, ihren Willen kundzutun, ist jedenfalls dann entbehrlich, wenn die Entlassung des Betreuers wegen aufgetretener Ungereimtheiten im Aufgabenbereich Vermögenssorge „unumgänglich" ist.[19] Hieran zeigt sich, dass die Anhörung zur Herstellung guten Einvernehmens zwischen Gericht und betroffener Person zu keinem anderen Ergebnis als nach § 1908b BGB führen kann. Im Übrigen ist der Verweis auf § 34 Abs. 2 (wie der bisherige § 69i Abs. 7 S. 2 FGG aF) wohl eher dem Streben nach Vollständigkeit geschuldet: Wie soll es möglich sein, dass jemand, der der Entlassung seines Betreuers widersprechen kann, durch ein Gespräch hierüber Schaden an seiner Gesundheit nimmt?[20]

6   Die Entscheidung über die Entlassung ergeht durch **Beschluss**, der nach § 287 wirksam wird. § 288 ist anzuwenden; § 286 gilt nicht. Die Entlassung[21] gegen den Willen des Betreuers ist ebenso (infolge Fortfalls des § 69g Abs. 4 S. 1 Nr. 3 FGG aF) wie mit Willen des Betreuers erfolgende Entlassung mit der **Beschwerde**, § 58, anfechtbar. Beschwerdebefugt sind der Betreuer und die betroffene Person. Hat die Beschwerde Erfolg, ist der Betreuer rückwirkend wieder im Amt und ein zwischenzeitlich etwa bestellter neuer Betreuer seinerseits zu entlassen.[22] Dieser seinerseits hat ein Beschwerderecht gegen seine Entlassung, nicht gegen die Aufhebung der Entlassung des alten (und neuen) Betreuers.[23]

7   **4. Anhörung bei Bestellung eines neuen Betreuers (Abs. 2).** Immer dann, wenn der bestellte Betreuer stirbt oder nach § 1908b BGB entlassen wird, ist nach § 1908c BGB ein neuer zu bestellen. § 296 Abs. 2 ordnet an, dass die betreute Person vorher zur Person des neuen Betreuers[24] stets persönlich anzuhören ist, sofern sie nicht ausdrücklich erklärt hat, mit ihr einverstanden zu sein, Abs. 2 S. 2.[25] Daneben kann die persönliche Anhörung nach § 34 Abs. 2 unterbleiben. Schweigen ist (wie immer so auch hier) keine solche Erklärung,[26] die im Übrigen voraussetzt, dass die betroffene Person erstens versteht, worum es dabei geht, wenn auch Geschäftsfähigkeit nicht vorliegen muss, § 275, und dass die betroffene Person zweitens vorab über die Person des neuen Betreuers informiert worden ist: Ein nachträgliches Hinnehmen des Betreuerwechsels ist keine Einverständniserklärung.[27] Aus der Erklärung muss eindeutig hervorgehen, dass die betroffene Person sowohl mit dem Wechsel des Betreuers als auch mit der Person des neuen Betreuers einverstanden ist.[28] Auf den Wortlaut kommt es dabei nicht an, auch Schriftform ist nicht geboten.[29] Das Gericht soll jedoch solche Einverständniserklärungen, die auch von Dritten (etwa dem bisherigen Betreuer) überbracht werden können,[30] kritisch (§ 26!) überprüfen, denn es kann nicht gänzlich ausgeschlossen werden, dass der

---

[15] HK-BUR/*Hoffmann* § 69i FGG Rn. 84; PK-BUV/*Locher* § 69i FGG Rn. 20.
[16] PK-BUV/*Locher* § 69i FGG Rn. 20.
[17] PK-BUV/*Locher* § 69i FGG Rn. 22.
[18] BT-Drucks. 16/6308, S. 270.
[19] BayObLG FamRZ 2003, 787.
[20] So fragt zutreffend *Bienwald/Sonnenfeld* § 69i FGG Rn. 44.
[21] Anfechtbar ist auch die Entziehung einzelner Aufgabenbereiche; BayObLG FamRZ 2004, 734.
[22] BayObLG FGPrax 1995, 197; OLG Stuttgart Rpfleger 1996, 67; *Bassenge/Roth* § 69i FGG Rn. 29.
[23] OLG Zweibrücken FGPrax 2002, 25.
[24] BayObLG FamRZ 1995, 1082.
[25] Diese Möglichkeit entstammt dem BtÄndG.
[26] *Bassenge/Roth* § 69i FGG Rn. 32.
[27] *Bienwald/Sonnenfeld* § 69i FGG Rn. 46.
[28] *Jurgeleit/Bucic* § 69i FGG Rn. 38; PK-BUV/*Locher* § 69i FGG Rn. 26.
[29] *Bienwald/Sonnenfeld* § 69i FGG Rn. 46.
[30] BT-Drucks. 13/7158, S. 40; PK-BUV/*Locher* § 69i FGG Rn. 26.

bisherige Betreuer auf die betroffene Person dahingehend einwirkt, sich mit der Bestellung eines neuen Betreuers einverstanden zu erklären, ohne dass dies im Interesse der betreuten Person nötig wäre.[31] Die betroffene Person ist auch dann anzuhören, wenn sie durch einen Verfahrensbevollmächtigten vertreten ist – die anwaltliche Vertretung ersetzt die Anhörung nicht.[32] Für den Fall, dass sie ihren Willen nicht kundtun kann, erhält sie nach § 276 einen Verfahrenspfleger.[33]

Die Anhörung nach § 296 Abs. 2 ist ebenso wenig wie die nach Abs. 1 eine Anhörung, für die § 278 gälte.[34] Eine zwangsweise Vorführung der betroffenen Person zur Anhörung über die Person des Betreuers scheidet deshalb aus (im Übrigen ist sie auch bei der Betreuerbestellung „nur" Gegenstand des rudimentären Schlussgesprächs, das ebenfalls nicht erzwungen werden kann).[35] Durch die Anwendung des § 35 darf diese Wertung auch hier nicht umgangen werden.[36] Auch hier ist § 26 dafür maßgeblich, wo angehört wird und ob die Anhörung im Wege der Rechtshilfe erfolgen kann.[37] 8

Nach Abs. 2 S. 3 ist § 279 entsprechend anzuwenden. Das führt zur Anhörung der sonstigen Beteiligten nach § 274, der zuständigen Betreuungsbehörde, einer der betroffenen nahe stehenden Person und des gesetzlichen Vertreters bei minderjährigen betroffenen Personen, die das 17. Lebensjahr vollendet haben. 9

Die Entscheidung ergeht auch hier durch **Beschluss**, für dessen Inhalt § 286 gilt und der nach § 287 wirksam wird. Der neue Betreuer ist zu verpflichten, § 289. Ein neuer Betreuer kann auch im Wege der einstweiligen Anordnung, § 300, bestellt werden. Das ist immer dann nötig, wenn Einwilligungsvorbehalte angeordnet sind und infolge Wegfalls des bisherigen Betreuers kein gesetzlicher Vertreter der betroffenen Person vorhanden ist, welcher die Einwilligung erteilen kann.[38] Rechtsmittel dagegen ist wie immer die **Beschwerde** nach § 58. Beschwerdeberechtigt sind die betroffene Person, der neue Betreuer und die in § 303 genannten weiteren Personen.[39] Bestellt das Beschwerdegericht auf die Beschwerde der betroffenen Person einen neuen Betreuer, dann gilt Abs. 2 auch im Beschwerdeverfahren. 10

§ 297 Sterilisation

(1) ¹Das Gericht hat den Betroffenen vor der Genehmigung einer Einwilligung des Betreuers in eine Sterilisation (§ 1905 Abs. 2 des Bürgerlichen Gesetzbuchs) persönlich anzuhören und sich einen persönlichen Eindruck von ihm zu verschaffen. ²Es hat den Betroffenen über den möglichen Verlauf des Verfahrens zu unterrichten.

(2) Das Gericht hat die zuständige Behörde anzuhören, wenn es der Betroffene verlangt oder es der Sachaufklärung dient.

(3) Das Gericht hat die sonstigen Beteiligten anzuhören. Auf Verlangen des Betroffenen hat das Gericht eine ihm nahestehende Person anzuhören, wenn dies ohne erhebliche Verzögerung möglich ist.

(4) Verfahrenshandlungen nach den Absätzen 1 bis 3 können nicht durch den ersuchten Richter vorgenommen werden.

(5) Die Bestellung eines Verfahrenspflegers ist stets erforderlich, sofern sich der Betroffene nicht von einem Rechtsanwalt oder einem anderen geeigneten Verfahrensbevollmächtigten vertreten lässt.

(6) ¹Die Genehmigung darf erst erteilt werden, nachdem durch förmliche Beweisaufnahme Gutachten von Sachverständigen eingeholt sind, die sich auf die medizinischen, psychologischen, sozialen, sonderpädagogischen und sexualpädagogischen Gesichtspunk-

---

[31] *Keidel/Kuntze/Winkler/Kayser* § 69i FGG Rn. 17.
[32] BayObLG FamRZ 1994, 1203; *Damrau/Zimmermann* § 69i FGG Rn. 22; PK-BUV/*Locher* § 69i FGG Rn. 24; *Bienwald/Sonnenfeld* § 69i FGG Rn. 45.
[33] *Damrau/Zimmermann* § 69i FGG Rn. 22.
[34] *Bassenge/Roth* § 69i FGG Rn. 32; HK-BUR/*Hoffmann* § 69i FGG Rn. 100; *Keidel/Kuntze/Winkler/Kayser* § 69i FGG Rn. 16.
[35] *Bassenge/Roth* § 69i FGG Rn. 32; *Jürgens/Mertens* § 69i FGG Rn. 21; aA noch BayObLG FamRZ 1994, 1203.
[36] S. o. Rn. 4; *Bassenge/Roth* § 69i FGG Rn. 21; aA *Jurgeleit/Bucic* § 69i FGG Rn. 39.
[37] *Bassenge/Roth* § 69i FGG Rn. 32; HK-BUR/*Hoffmann* § 69i FGG Rn. 100; *Jürgens/Mertens* § 69i FGG Rn. 21.
[38] BT-Drucks. 11/4528, S. 155.
[39] S. *Bienwald/Sonnenfeld* § 69i FGG Rn. 49.

§ 297 1 Buch 3. Abschnitt 1. Verfahren in Betreuungssachen

te erstrecken. ²Die Sachverständigen haben den Betroffenen vor Erstattung des Gutachtens persönlich zu untersuchen oder zu befragen. Sachverständiger und ausführender Arzt dürfen nicht personengleich sein.

(7) Die Genehmigung wird wirksam mit der Bekanntgabe an den für die Entscheidung über die Einwilligung in die Sterilisation bestellten Betreuer und

1. an den Verfahrenspfleger oder
2. den Verfahrensbevollmächtigten, wenn ein Verfahrenspfleger nicht bestellt wurde.

(8) ¹Die Entscheidung über die Genehmigung ist dem Betroffenen stets selbst bekannt zu machen. ²Von der Bekanntgabe der Gründe an den Betroffenen kann nicht abgesehen werden. ³Der zuständigen Behörde ist die Entscheidung stets bekannt zu geben.

Übersicht

	Rn.		Rn.
I. Normzweck, Neuerungen im FamFG	1–4	c) Gutachtenthemen	10
1. Normzweck	1	d) Persönliche Untersuchung	11
2. Neuerungen im FamFG	2	e) Zwangsmittel	12
3. Anwendungsbereich	3, 4	4. Anhörungen	13–18
a) Genehmigungsverfahren	3	a) Anhörung der betroffenen Person; Unterrichtung	14–16
b) Verhältnis von Bestellungs- und Genehmigungsverfahren	4	b) Anhörung der Betreuungsbehörde	17
II. Verfahren	5–23	c) Anhörung der sonstigen Beteiligten; einer Vertrauensperson	18
1. Gegenstand, Strengbeweisverfahren	5	5. Rechtshilfeverbot	19
2. Verfahrenspflegerbestellung (Abs. 5)	6	6. Entscheidung des Gerichts	20
3. Gutachten	7–12	7. Wirksamkeit der Genehmigung	21
a) Qualifikation der Sachverständigen	8	8. Bekanntgabe	22
b) Verbot der Personenidentität	9	9. Rechtsmittel	23

I. Normzweck, Neuerungen im FamFG

1 **1. Normzweck.** Die §§ 297, 298 und 299 ersetzen den bisher geltenden § 69d FGG aF. Die Betreuungssache „Erteilung der Genehmigung zur Einwilligung in eine Sterilisation[1] der betroffenen Person" stellt den **schwersten Eingriff** dar, den das materielle Betreuungsrecht vorsieht. Sein Vollzug vernichtet anders als die Bestellung eines Betreuers bzw. die Anordnung von Einwilligungsvorbehalten nicht die rechtliche Handlungsfähigkeit der betroffenen Person, sondern er schafft die rechtlichen Voraussetzungen für einen unmittelbaren Eingriff in die körperliche Unversehrtheit und in die künftige Lebensführung der betroffenen Person (sei sie männlichen oder weiblichen Geschlechts).² Die Voraussetzungen für eine solche Einwilligung in die Sterilisation enthält § 1905 BGB. Obwohl nach dessen Abs. 2 S. 3 bei der Durchführung des Eingriffs derjenigen Methode, die eine Refertilisierung zulässt, der Vorzug zu geben ist, ist die Wahrscheinlichkeit, dass der Eingriff rückgängig gemacht werden könnte, nicht so hoch, als dass davon ausgegangen werden könnte, die Sterilisation würde bei gewöhnlichem Verlauf der Dinge nicht zu dauernder Infertilität führen.³ Der (durchaus gewollte) Normalfall ist also die **dauernde Zeugungs- oder Gebärunfähigkeit** der betroffenen Person. Die aus den historischen Erfahrungen mit dem (Unrecht in einen Rechtsmantel kleidenden) Gesetz über die Verhütung erbkranken Nachwuchses vom 14. Juli 1933[4] sind der Grund dafür, dass das die Unfruchtbarmachung betreffende Verfahren die **strengsten Verfahrensbestimmungen** aufweist, die das Betreuungsverfahrensrecht kennt. So soll sichergestellt werden, dass die Unfruchtbarmachung wirklich nur dann vorgenommen werden kann, wenn sie unabdingbar ist, um schwere Gefahren von der betroffenen Person abzuwenden. Die besondere Verfahrensart „Genehmi-

---

[1] Sterilisation ist Unfruchtbarmachung, nicht Kastration.
[2] Mitunter wird vertreten, § 1905 BGB erlaube lediglich die Sterilisation von Frauen. So *Jurgeleit/Meier* § 1905 BGB Rn. 16; *Dodegge/Roth* Teil E Rn. 31. Dem kann nicht gefolgt werden. Wie hier *Soergel/Zimmermann* § 1905 BGB Rn. 7 und *Keidel/Budde* Rn. 1.
[3] BT-Drucks. 11/4528, S. 177.
[4] Aufgrund dieses Gesetzes wurden in Deutschland ca. 350 000 Personen zwangssterilisiert, so BT-Drucks. 13/10708, S. 1. Es wurde vollständig erst 1974 aufgehoben, nachdem bereits 1969 mit dem KastrG eine Teilneuregelung geschaffen worden war. Die auf Grund des Erbgesundheitsgesetzes durchgeführten Zwangssterilisationen wurden am 24. Mai 2007 vom Deutschen Bundestag als Unrecht geächtet; vgl. BT-Drucks. 16/3811. Eine rückwirkende Nichtigerklärung des Gesetzes fand keine parlamentarische Mehrheit.

gung der Einwilligung" kehrt auch in § 298 wieder. Dieser Verfahrensart liegt die Wertung zugrunde, dass nur derjenige, der einwilligungsunfähig ist, auch einer Einwilligung bedarf, welche bei schweren Eingriffen nicht allein der gesetzliche Vertreter erteilen darf, sondern sie durch das Gericht genehmigen lassen muss. Ein der Unfruchtbarmachung entgegenstehender Wille muss im Übrigen immer beachtet werden[5] – **Sterilisationen gegen den irgendwie erklärten oder zum Ausdruck gebrachten Willen der betroffenen Person sind unzulässig** und haben zu unterbleiben.[6]

2. Neuerungen im FamFG. Die Vorschriften über die Verfahren, die eine Sterilisation nach § 1905 Abs. 2 BGB zum Gegenstand haben, waren im FGG aF an unterschiedlichen Stellen geregelt. § 297 führt sie (nur) zusammen. Das Genehmigungsverfahren für Sterilisationen entstammt dem BtG. Bis zum Jahre 1990 gab es in der Bundesrepublik Deutschland weder ein materielles noch ein formelles Recht zur Durchführung von dauernden Unfruchtbarmachungen. Für die Genehmigung einer Einwilligung eines Betreuers in eine Sterilisation gelten auch nach dem FamFG wie schon nach bisherigem FGG aF die strengsten Verfahrensgarantien,[7] die das Betreuungsverfahrensrecht kennt.[8]

3. Anwendungsbereich. a) Genehmigungsverfahren. Die Vorschrift enthält nur Regelungen, die zu beachten sind, wenn es darum geht, die Einwilligung eines Betreuers in die Sterilisation der betroffenen Person betreuungsgerichtlich zu genehmigen (Genehmigungsverfahren). § 297 regelt nicht das Verfahren zur Bestellung eines (Sterilisations-) Betreuers, der als ein besonderer Betreuer gem. § 1899 Abs. 2 BGB nur mit dem Aufgabenkreis „Einwilligung in die Sterilisation" zu bestellen ist. Die Notwendigkeit des (weiteren) Betreuers „Sterilisationsbetreuer" folgt der Überlegung, dass die Einwilligung in den unfruchtbar machenden Eingriff nicht von eigenen Interessen eines im Übrigen personensorgeberechtigten Betreuers getrübt werden dürfe.[9] Auch verlangt die für die Einwilligung in den Eingriff anzustellende Beurteilung, ob eine Unfruchtbarmachung verantwortet werden kann, nach Ansicht des Gesetzgebers des BtG besondere Fachkenntnis.[10] Wegen § 1900 Abs. 5 BGB darf zudem einem Verein oder einer Behörde die Sterilisationsbetreuung nicht übertragen werden.[11] Möglich ist aber die Führung der Sterilisationsbetreuung etwa durch einen Behördenbetreuer. So wird gesichert, dass auf jeden Fall das Betreuungsgericht über die Person des Sterilisationsbetreuers entscheidet.

b) Verhältnis von Bestellungs- und Genehmigungsverfahren. Für das Bestellungsverfahren gelten die Vorschriften für das Regelverfahren zur Betreuerbestellung.[12] Das Bestellungs- und das Genehmigungsverfahren sind **voneinander getrennte Verfahren**.[13] Beide Verfahren lassen sich zwar nicht parallel durchführen, weil das Genehmigungsverfahren erst durch den Antrag des bestellten Sterilisationsbetreuers eingeleitet wird. Es ist freilich nicht notwendig, Verfahrensabschnitte, die mit identischem Inhalt im jeweils anderen durchgeführt werden, doppelt vorzunehmen.[14] Es ist jedoch darauf zu achten, dass nicht etwa die gesteigerten Anforderungen an die Begutachtung und die Anhörung, die das Genehmigungsverfahren kennzeichnen, dadurch unterlaufen werden, dass die weniger gründlichen des Bestellungsverfahrens der Genehmigungsentscheidung zu Grunde gelegt werden. Da die Anwendung unmittelbaren Zwangs gegen die betroffene Person im Bestellungsverfahren in größerem Umfang möglich ist als im Genehmigungsverfahren,[15] dürfen die für das Genehmigungsverfahren geltenden, strengeren Verfahrensgarantien nicht mit Hilfe des Bestellungsverfahrens unterlaufen werden.

II. Verfahren

1. Gegenstand, Strengbeweisverfahren. Gegenstand des Verfahrens ist die Frage, ob das Gericht eine bereits erteilte oder noch zu erteilende Einwilligung des Sterilisationsbetreuers in eine

---

[5] Vgl. dazu OLG Hamm NJW 2001, 1800.
[6] MünchKommBGB/*Schwab* § 1905 Rn. 17; *Soergel/Zimmermann* § 1905 BGB Rn. 17 f.; *Erman/Holzhauer* § 1905 BGB Rn. 13.
[7] BT-Drucks. 16/6308, S. 270.
[8] *Keidel/Kuntze/Winkler/Kayser* § 69d FGG Rn. 9.
[9] *Damrau/Zimmermann* § 69d FGG Rn. 16.
[10] BT-Drucks. 11/4528, S. 131.
[11] PK-BUV/*Locher* § 69d FGG Rn. 15.
[12] *Bienwald/Sonnenfeld* § 69d FGG Rn. 30.
[13] MünchKommBGB/*Schwab* § 1905 Rn. 30. Bei *Soergel/Zimmermann* § 1905 BGB Rn. 42 f. werden sie sowohl als zwei „Verfahrensabschnitte" als auch als „zwei nacheinander ablaufende Verfahren" bezeichnet. Letzteres trifft zu.
[14] OLG Hamm NJW 2001, 1800; *Keidel/Budde* Rn. 1; PK-BUV/*Locher* § 69d FGG Rn. 15; aA *Hoffmann* BtPrax 2000, 236.
[15] Unten Rn. 12, 15.

ärztlich durchgeführte Unfruchtbarmachung der betroffenen Person genehmigt. Initiator des Verfahrens zur Genehmigungserteilung ist daher der Sterilisationsbetreuer, der einen entsprechenden Genehmigungsantrag stellt, nicht das Gericht. Eine Möglichkeit zur Einleitung eines Genehmigungsverfahrens von Amts wegen besteht nicht. Gleichwohl ordnet § 297 ein Strengbeweisverfahren an, dessen Durchführung in Form der Beweiserhebung dem Betreuungsgericht obliegt. Funktional zuständig für das gesamte Genehmigungsverfahren ist der Richter, § 14 Nr. 4 RPflG.[16] Folgende, dem praktischen Ablauf und nicht der Absatzfolge im Gesetz nach geordnete Verfahrensschritte sieht § 297 vor:

6   **2. Verfahrenspflegerbestellung (Abs. 5).** Zunächst ist nach Eingang des Antrages des Sterilisationsbetreuers auf Genehmigung der Einwilligung für die betroffene Person ein **Verfahrenspfleger** zu bestellen, Abs. 5. Die Bestellung des Pflegers für das Verfahren richtet sich nicht nach § 276 Abs. 1. Das Gesetz geht davon aus, dass bei einem solch schweren Eingriff wie der dauernden Unfruchtbarmachung ein Kontrollorgan für das Verfahren **stets und ohne Ausnahme** zu bestellen ist. Es kommt also nicht darauf an, ob die Bestellung eines Verfahrenspflegers im konkreten Fall zur Wahrung der Interessen der betroffenen Person erforderlich erscheint, das Gericht hat hier kein Ermessen. Von der Bestellung eines Verfahrenspflegers kann nur dann abgesehen werden, wenn die betroffene Person im Genehmigungsverfahren nach § 297 bereits von einem Rechtsanwalt oder einem anderen geeigneten Verfahrensbevollmächtigten vertreten wird. Welche fachliche Qualifikation „andere geeignete Verfahrensbevollmächtigte" erfüllen müssen, teilt das Gesetz nicht mit. Wegen der Gleichstellung mit dem Rechtsanwalt ist daher zu fordern, dass der sonstige Verfahrensbevollmächtigte die festgestellte **Befähigung zum Richteramt** haben muss. Das wirkt hier im Übrigen auch auf den Verfahrenspfleger zurück. Zum Verfahrenspfleger in Sterilisationsgenehmigungsverfahren können daher stets nur Rechtsanwälte bzw. Personen mit Befähigung zum Richteramt bestellt werden. Die Stellung dieser im Vergleich zum sonstigen Verfahrenspflegschaftsrecht hohen Anforderungen an den Verfahrenspfleger lassen sich damit rechtfertigen,[17] dass auch an die Person des Sterilisationsbetreuers spezielle Anforderungen gestellt werden, die Betreuer regelmäßig nicht erfüllen müssen – nämlich die vom Gesetzgeber geforderten besonderen Fachkenntnisse.[18] Gleiches muss auch für den Verfahrenspfleger gelten. Es muss hier Waffengleichheit zwischen dem das Verfahren einleitenden Sterilisationsbetreuer, dem genehmigenden Richter und dem für die betroffene Person tätigen Kontrollorgan herrschen. Darüber hinaus zu fordern, dass ebenso wie auf der Betreuerseite auf der Verfahrenspflegerseite keine Personenidentitäten bestehen dürfen, der Verfahrenspfleger im Verfahren zur Bestellung des Sterilisationsbetreuers also nicht personenidentisch mit dem Verfahrenspfleger im anschließenden Genehmigungsverfahren sein dürfe, hieße aber den Bogen zu überspannen. Weil der Verfahrenspfleger nicht gesetzlicher Vertreter der betroffenen Person ist, kann eine Beeinflussung mit eigenen Interessen im Verfahren nicht eintreten.

7   **3. Gutachten.** Nach Abs. 6 S. 1 sind, nachdem die postulationsfähigen Beteiligten im Genehmigungsverfahren bestellt sind, im Wege der **förmlichen Beweisaufnahme** mehrere **Sachverständigengutachten** einzuholen. Das Gesetz spricht von „Gutachten" im Plural, sieht also **mindestens zwei** Gutachten vor. Da die für eine dauerhafte Unfruchtbarmachung zu untersuchenden Aspekte von einem einzigen Sachverständigen nicht abgedeckt werden können,[19] sind mehrere Gutachten einzuholen. Allein in dieser Mehrfachbegutachtung liegt eine der effektivsten und besten Sicherungen gegen Missbräuche und vorschnelle, anderen als den Zwecken des § 1905 BGB dienende Unfruchtbarmachungen.[20]

8   **a) Qualifikation der Sachverständigen.** Zur Qualifikation der Sachverständigen äußert sich Abs. 6 nicht. Die Auswahl der Sachverständigen obliegt dem Gericht.[21] Nach den Vorstellungen des Gesetzgebers des BtG muss es dem Gericht überlassen bleiben, welche unterschiedlichen Sachverständigen es in den Entscheidungsprozess einbeziehen wolle und einzubeziehen habe.[22] Das richtet sich nach den Anforderungen des jeweiligen Gutachtenauftrages.[23] Es gelten folgende Faustregeln: Zu rein medizinischen Fragestellungen sind nur approbierte Fachärzte der Fachrichtungen Gynäkologie/Geburtshilfe, Urologie zu befragen. Für psychologische Fragestellungen sind approbierte Fach-

---

[16] PK-BUV/*Locher* § 69d FGG Rn. 16.
[17] Vgl. auch *Bienwald*, Verfahrenspflegschaftsrecht, Rn. 226.
[18] BT-Drucks. 11/4528, S. 131.
[19] BT-Drucks. 11/4528, S. 177.
[20] Nach § 4 S. 2 des Erbgesundheitsgesetzes v. 14. Juli 1933 genügte ein ärztliches Gutachten oder Glaubhaftmachung auf andere Weise.
[21] *Damrau/Zimmermann* § 69d FGG Rn. 21; *Bienwald/Sonnenfeld* § 69d FGG Rn. 33.
[22] BT-Drucks. 11/4528, S. 177.
[23] *Jurgeleit/Bucic* § 69d FGG Rn. 41; PK-BUV/*Locher* § 69d FGG Rn. 20.

ärzte der Fachrichtungen Psychiatrie und Neurologie, Nervenheilkunde, Psychotherapie sowie approbierte psychologische Psychotherapeuten als sachverständig anzusehen. Sowohl für Ärzte als auch für Psychologen existieren Weiterbildungsmöglichkeiten mit der ankündigungsfähigen Berufsbezeichnung Sexualmediziner/Sexualtherapeut. Solche Ärzte/Psychologen kommen ebenfalls als Sachverständige in Betracht. Sonder- und sexualpädagogische Fragestellungen können sowohl von den bisher Genannten als auch von Erziehungswissenschaftlern und insbesondere Sonderpädagogen beantwortet werden. Für die sozialen Fragestellungen kommen die bisher Genannten und die mit der betroffenen Person befassten Angehörigen von Pflegeberufen und Mitarbeiter von Betreuungsvereinen bzw. -behörden in Betracht.

b) Verbot der Personenidentität. Abs. 6 S. 3 statuiert das Verbot der Personengleichheit zwischen Gutachter und unfruchtbar machendem Arzt. Dieses Verbot soll Interessenkonflikte, hauptsächlich finanzieller Art ausschalten.[24] Nach hier vertretener Ansicht spielen solche Interessenkonflikte bei der Sterilisation eine eher untergeordnete Rolle. Das Verbot der Personenidentität sichert vielmehr, dass sich eventuelle eugenische Absichten der ausführenden Ärzte (im Regelfall operativ tätige Gynäkologen) nicht durchsetzen können. 9

c) Gutachtenthemen. Die einzuholenden Gutachten müssen sich zu insgesamt fünf Themenblöcken[25] äußern. Nicht zu jedem Themenblock freilich muss ein Gutachter bestellt werden. Zwei müssen es aber wenigstens sein. Es empfehlen sich drei Gutachten – das eines Arztes, das eines Psychologen und das eines Pädagogen. **Medizinische Gesichtspunkte** der Unfruchtbarmachung sind: Einwilligungsfähigkeit oder dauernde/vorübergehende Einwilligungsunfähigkeit der betroffenen Person, medizinische Notlage bei eventueller Herbeiführung einer Schwangerschaft, Methoden, Risiken und Auswirkungen der Unfruchtbarmachung im Einzelfall, Sicherheit, Verlässlichkeit und Nebenwirkungen anderer Verhütungsmethoden (Dreimonatspräparate, IUP bei weiblichen betroffenen Personen),[26] Refertilisierungschance. **Psychologische Gesichtspunkte** betreffen ebenfalls die Frage der gegebenen oder aufgehobenen Einwilligungsfähigkeit, die zu befürchtende Notlage bei eventueller Herbeiführung einer Schwangerschaft und die psychischen Folgen einer Unfruchtbarmachung. Unter **sozialen Gesichtspunkten** ist sachverständig zu begutachten, in welcher Gesamtsituation die betroffene Person lebt, wie ihre wirtschaftlichen Verhältnisse bestellt sind, wie ihre Wohnsituation ist, auf welche Hilfen im Umfeld sie zurückgreifen kann und inwieweit sie in der Lage ist, einer (welcher?) Beschäftigung nachzugehen. Ganz entscheidend für die Überzeugungsbildung des Gerichts sind schließlich die **sonderpädagogischen** und **sexualpädagogischen Kriterien.** Der hierzu zu befragende Gutachter muss sich ebenfalls zur gegebenen oder aufgehobenen Einwilligungsfähigkeit und zur Frage äußern, ob durch eine eventuelle Schwangerschaft eine Notlage iSd § 1905 Abs. 1 BGB einträte, daneben aber vor allem eine Diagnose und eine Prognose hinsichtlich der Entwicklungsmöglichkeiten und der Lebensperspektive der betroffenen Person abgeben. Darüber hinaus muss hier geklärt werden, ob die betroffene Person nicht durch die Anwendung anderer Verhütungsmethoden vor einer Gefahr iSd § 1905 Abs. 1 S. 1 Nr. 4 bzw. S. 2 BGB bewahrt werden kann, weil die Unfruchtbarmachung nach § 1905 Abs. 1 S. 1 Nr. 5 BGB nur *ultima ratio* sein darf. Kann die betroffene Person (oder ihr Partner) daran gewöhnt werden, durch andere Verhütungsmethoden eine Schwangerschaft zu vermeiden? Kann ihr der Gebrauch von Verhütungsmitteln zuverlässig beigebracht werden? Der vom Gesetz vorgegebene Katalog ist lediglich ein **Minimalkatalog.**[27] Die korrekte Bestimmung der zu begutachtenden Themen hängt vom Einzelfall und insbesondere vom konkreten Krankheits- oder Behinderungsbild ab. 10

d) Persönliche Untersuchung. Die Sachverständigen müssen die betroffene Person vor der Erstattung ihres Gutachtens persönlich untersuchen bzw. befragen, Abs. 6 S. 2. Insoweit herrscht Gleichklang zu § 280 Abs. 2. Gutachten nach Aktenlage scheiden in allen Fällen und zwingend aus. Es gibt keine Möglichkeit des Dispenses. Die Gutachten müssen zeitnah erstellt werden.[28] Das Gericht sollte Fristen setzen – immerhin geht es bei § 1905 BGB darum, von der betroffenen Person möglichen Schaden abzuwenden. 11

e) Zwangsmittel. Offen ist nach dem Wortlaut von § 297, ob die betroffene Person zwangsweise zur Untersuchung vorgeführt oder eventuell untergebracht werden kann. § 297 verweist weder auf § 283 noch auf § 284. Für eine eventuelle **Unterbringung zur Begutachtung** ist damit alles gesagt 12

---

[24] BT-Drucks. 11/4528, S. 177; *Bienwald/Sonnenfeld* § 69d FGG Rn. 38; *Damrau/Zimmermann* § 69d FGG Rn. 21.
[25] S. zum Folgenden *Damrau/Zimmermann* § 69d FGG Rn. 19 f.
[26] Vgl. dazu die Fallgestaltung bei BayObLG NJW 1997, 578.
[27] *Bienwald/Sonnenfeld* § 69d FGG Rn. 36.
[28] *Bienwald/Sonnenfeld* § 69d FGG Rn. 37.

– sie **scheidet** im Genehmigungsverfahren nach § 297 vollständig **aus,**[29] weil auch der Allgemeine Teil keine entsprechende Eingriffsbefugnis enthält. Die Zwangsvorführung zur Untersuchung dagegen wird bisher teilweise unter analoger Anwendung des bisher geltenden § 68b Abs. 3 FGG aF und damit nun des § 283 für möglich gehalten.[30] Das Gesetz enthält diesbezüglich aber keine planwidrige Regelungslücke. Vielmehr ist davon auszugehen, dass die besonders hohen verfahrensrechtlichen Hürden vor einer Unfruchtbarmachung jeden Zwang bei der Vorbereitung der Genehmigung gerade ausschließen. Eine Analogie zu Lasten der betroffenen Person muss daher ausscheiden und die Entscheidung dem dazu legitimierten Gesetzgeber überlassen werden, der sich bei § 297 gerade nicht für die Anwendbarkeit von Zwang entschieden hat. Vertreten wird auch, dass das Gericht nach § 33 Abs. 3 vorgehen könne und so einem im Termin anwesenden Sachverständigen eine Begutachtung ermöglichen könne.[31] Eine Begutachtung, die den Anforderungen des Abs. 6 genügen könnte, kann so freilich nicht ermöglicht werden. Ein untaugliches Mittel darf aber erst recht nicht zwangsweise eingesetzt werden. So ist auch die **zwangsweise Vorführung zur Untersuchung** im Ergebnis **nicht möglich.** Das Verfahrensrecht führt so dazu, dass Sterilisationen nur an Personen vorgenommen werden können die sich jedenfalls insoweit am Verfahren beteiligen, als sie sich freiwillig anhören und begutachten lassen.

13 **4. Anhörungen.** Abs. 1 bis 3 sieht eine Reihe von Anhörungen vor, die das Betreuungsgericht durchzuführen hat.

14 **a) Anhörung der betroffenen Person, Unterrichtung.** Nach Abs. 1 S. 1 hat das Betreuungsgericht die **betroffene Person** persönlich anzuhören und sich einen persönlichen Eindruck von ihr zu verschaffen. Diese Anhörungspflicht besteht ausnahmslos – die Anhörung darf in keinem Fall unterlassen werden, gleich welche Erwartungen das Gericht der Anhörung gegenüber hat. § 278 Abs. 4 gilt nicht. Der Eindruck, den das Betreuungsgericht von der betroffenen Person zu verschaffen hat, muss ein unmittelbarer Eindruck sein. Ob die Anhörung scheitert, weil es keine Verständigungsmöglichkeit zwischen Richter und betroffener Person gibt und dann streng genommen nicht mehr von einer An-„hörung", sondern von einer An-„schauung" gesprochen werden muss, spielt keine Rolle. Wo die Anhörung stattzufinden habe, regelt Abs. 1 nicht. Sie kann daher sowohl bei Gericht als auch in der üblichen Umgebung der betroffenen Person stattfinden. Eine Pflicht zur Anhörung in der üblichen Umgebung kann sich demnach aus dem Amtsermittlungsgrundsatz ergeben.[32]

15 Die betroffene Person kann nicht gem. § 278 Abs. 5 zwangsweise zur Anhörung vorgeführt werden. § 297 verweist nicht auf diese einen weiteren schweren Eingriff rechtfertigende Gestattungsnorm. Genehmigungs- und Bestellungsverfahren weichen hier deutlich voneinander ab.[33] Das Gericht hat bei der Verweigerung der Anhörung nur die nach dem Allgemeinen Teil gegebenen Möglichkeiten. Erstens kann es nach § 33 Abs. 1 das persönliche Erscheinen der betroffenen Person anordnen und für den Fall des unentschuldigten Fernbleibens im Termin nach § 33 Abs. 3 zunächst ein Ordnungsgeld, später auch die Vorführung der betroffenen Person anordnen.[34] Solche erzwungenen Anhörungen sind freilich meist von vornherein zum Scheitern verurteilt. Zweitens kann es gegen die sich verweigernde betroffene Person nach § 34 Abs. 1 ein Zwangsgeld festsetzen, bei Nichtbeitreibbarkeit auch Zwangshaft anordnen. Erfolg verspricht das meist nicht. Außerdem spricht aus der Weigerung der betroffenen Person, zur Anhörung zu erscheinen, regelmäßig auch der Widerwille, sich nicht nur der Anhörung, sondern auch der geplanten Behandlung zu unterziehen. Ein solcher Widerwille führt aber immer dazu, dass der Eingriff nicht gerechtfertigt werden kann, denn niemand kann gezwungen werden, gegen seinen Willen vernünftig zu sein. Daher kann auch das Gericht, wenn der Eingriff am Willen der betroffenen Person scheitert, diesen Eingriff nicht durch eine mit Zwangsmitteln herbeigeführte Genehmigung ermöglichen. Die **zwangsweise Vorführung zur Anhörung scheidet daher** nach allen Gesichtspunkten **aus.** Das Gericht muss dafür Sorge tragen, dass die Anhörung tunlichst in gewohnter Umgebung unter Anwesenheit geeigneten Beistands stattfinden kann, ohne dass das Gericht freilich inkognito auftritt.

---

[29] *Jurgeleit/Bucic* § 69d FGG Rn. 26; *Bassenge/Roth* § 69d FGG Rn. 8, 11; HK-BUR/*Hoffmann* § 69d FGG Rn. 44.
[30] HK-BUR/*Hoffmann* § 69d FGG Rn. 44.
[31] HK-BUR/*Hoffmann* § 69d FGG Rn. 44.
[32] HK-BUR/*Hoffmann* § 69d FGG Rn. 35; wohl auch PK-BUV/*Locher* § 69d FGG Rn. 17.
[33] So auch *Bassenge/Roth* § 69d FGG Rn. 9, 13; HK-BUR/*Hoffmann* § 69d FGG Rn. 44. Für regelmäßige Anhörung in der üblichen Umgebung *Probst*, Betreuungs- und Unterbringungsverfahren, Rn. 97.
[34] *Bassenge/Roth* § 69d FGG Rn. 8, 11; HK-BUR/*Hoffmann* § 69d FGG Rn. 44; *Jansen/Sonnenfeld* § 69d FGG Rn. 27.

Das Gericht hat die betroffene Person darüber hinaus über den möglichen Verlauf des Verfahrens **16** zu informieren. Auf § 278 Abs. 2 ist nicht verwiesen, die dortigen Erfordernisse gelten aber auch hier.[35] Ein echtes Schlussgespräch schuldet das Gericht auch nach § 297 nicht. Das mag insbesondere im hier gegenständlichen Verfahren mit Recht und mit Nachdruck beklagt werden,[36] mangels eines Verweises auf § 278 kann es aber nach der *lex lata* nicht (einmal mehr rudimentär) geführt werden. Hier zeigt sich, wie die vermeintlich „strengsten Verfahrensgarantien, die das Betreuungsrecht kennt" durch die das FGG-RG charakterisierenden Vereinfachungsbestrebungen und Rechtsmittelbeschränkungstendenzen zu Unrecht aufgeweicht werden. Dem Richter obliegt es deshalb, schon die Anhörung und die anschließende Unterrichtung über den Verfahrensablauf so zu gestalten, dass die betroffene Person nicht den Eindruck erhält, sie werde einem Geheimverfahren ohne Alternative unterzogen. Da ein Schlussgespräch nicht mehr stattfinden muss, sollte die ausführliche Anhörung nicht am Anfang des Verfahrens, sondern an dessen Ende stattfinden, damit möglichst lange und eingriffsnah der aktuelle Wille der betroffenen Person ermittelt werden kann.[37]

b) Anhörung der Betreuungsbehörde. Die Betreuungsbehörde ist auf Verlangen der betroffe- **17** nen Person oder dann anzuhören, wenn diese Anhörung der Sachaufklärung dient, Abs. 2. Ob letzteres der Fall ist, entscheidet das Gericht nach pflichtgemäßem Ermessen.

c) Anhörung der sonstigen Beteiligten; einer Vertrauensperson. Nach Abs. 3 sind auch die **18** sonstigen Beteiligten, § 274, zwingend anzuhören. Das betrifft zunächst den Sterilisationsbetreuer und den Verfahrenspfleger der betroffenen Person. Ob neben dem Sterilisationsbetreuer auch der weitere Betreuer, dem etwa die Personensorge übertragen ist, gehört werden muss, entscheidet das Gericht nach pflichtgemäßem Ermessen.[38] Die Anhörung der Betreuungsbehörde ist schon in Abs. 2 geregelt. § 297 weicht darüber hinaus nur scheinbar vom bisher geltenden § 69d FGG aF ab. Aufgrund der Verweisung in dessen Abs. 3 S. 1 auf § 68a S. 3 und 4 FGG aF war dem Ehegatten/Lebenspartner, den Eltern/Pflegeeltern und den Kindern der betroffenen Person „in der Regel" Gelegenheit zur Äußerung zu geben. Das wurde zwar regelmäßig so verstanden, als dass das Gericht diesen Personen Gelegenheit zur Äußerung geben musste,[39] zwingend war das aber nicht. Das ist jetzt nicht anders, das Gericht kann von der Anhörung der sonstigen Beteiligten zwar nicht absehen. Da die in § 68a S. 3 und 4 FGG aF genannten Personen nach § 274 Abs. 4 aber lediglich „Kann-Beteiligte" sind, bleibt es bei der bisherigen Rechtslage. Insbesondere die Anhörung der Eltern der betroffenen Person wird aber der Sachaufklärung dienen und deswegen geboten sein.

5. Rechtshilfeverbot. Abs. 4 schließt es vollständig und ohne Ausnahmemöglichkeit aus, dass **19** Anhörungshandlungen nach den Abs. 1 bis 3 durch ersuchte Richter vorgenommen werden. Das gilt auch, wenn ein persönlicher Eindruck von der betroffenen Person entbehrlich erscheint (§ 278 Abs. 3), ferner in allen Fällen, in denen ersuchte Richter ansonsten tätig werden dürfen.[40] Es darf im Sterilisationsgenehmigungsverfahren keine Entscheidung ergehen, bei der das entscheidende Gericht nicht alle Tatsachen selbst erhoben hat; der entscheidende Richter braucht als Entscheidungsgrundlage eigene Erkenntnisse, um seiner Verantwortung bei diesem besonders schweren Eingriff gerecht zu werden.[41] Sollte gleichwohl bei einem Betreuungsgericht ein Rechtshilfeersuchen in einem auf die Genehmigung einer Sterilisation gerichteten Verfahren eingehen, kann und muss dieses Gericht das Rechtshilfeersuchen nach § 158 Abs. 2 GVG ablehnen.[42] Sofern bislang davon ausgegangen wurde, dass als Ausnahme vom Rechtshilfeverbot wenigstens die Anhörung der sonstigen Beteiligten (Verwandten, Vertrauensperson, Behörde) durch den ersuchten Richter möglich sei,[43] hat Abs. 4 auch dieser Überlegung den Boden entzogen. **Sämtliche Anhörungen sämtlicher Beteiligter hat der entscheidende Richter durchzuführen.**

6. Entscheidung des Gerichts. Die Entscheidung, mit der das Gericht die Einwilligung des **20** Sterilisationsbetreuers genehmigt, ergeht durch **Beschluss.** Er lautet unter Beachtung von § 1905

---

[35] S. dazu oben § 278 Rn. 22–25.
[36] *Keidel/Kuntze/Winkler/Kayser* § 69d FGG Rn. 11: es sei kaum denkbar, von einem Schlussgespräch abzusehen.
[37] HK-BUR/*Hoffmann* § 69d FGG Rn. 36; BT-Drucks. 11/4528, S. 177. Dafür plädiert auch *Keidel/Kuntze/Winkler/Kayser* § 69d FGG Rn. 11 (noch zum Schlussgespräch).
[38] MünchKommBGB/*Schwab* § 1905 Rn. 33.
[39] *Damrau/Zimmermann* § 69d FGG Rn. 27.
[40] *Damrau/Zimmermann* § 69d FGG Rn. 23; wohl auch *Keidel/Kuntze/Winkler/Kayser* § 69d FGG Rn. 12 und *Bienwald/Sonnenfeld* § 69d FGG Rn. 42.
[41] So *Keidel/Kuntze/Winkler/Kayser* § 69d FGG Rn. 13.
[42] OLG Karlsruhe FamRZ 1994, 639; *Bienwald/Sonnenfeld* § 69d FGG Rn. 43.
[43] HK-BUR/*Hoffmann* § 69d FGG Rn. 39; *Bassenge/Roth* § 69d FGG Rn. 14; *Keidel/Kuntze/Winkler/Kayser* § 69d FGG Rn. 13.

Abs. 2 BGB etwa: „Die Einwilligung des Betreuers ... des/der ... in die ärztlich durchzuführende Unfruchtbarmachung des/der ... wird genehmigt. Der unfruchtbar machende Arzt hat bei dem Eingriff die Methode des/der ... anzuwenden." Für den Inhalt des aus Formel und Gründen bestehenden Beschlusses gelten §§ 38, 39 in vollem Umfang. Zusätzlich ist wegen § 1905 Abs. 2 S. 3 BGB (§ 297 fordert das freilich nicht) in die Beschlussformel aufzunehmen, dass der unfruchtbar machende Arzt diejenige Methode zu wählen hat, die eine spätere Refertilisierung zulässt.[44] Welche das im konkreten Einzelfall ist, ist in der Begutachtung nach Abs. 6 zu klären. Entsprechend ist die Beschlussformel zu fassen.

21   **7. Wirksamkeit der Genehmigung.** Nach Abs. 7, welcher § 40 verdrängt, wird die Genehmigung wirksam, wenn der Genehmigungsbeschluss dem Sterilisationsbetreuer und dem Verfahrenspfleger der betroffenen Person bzw. deren Verfahrensbevollmächtigtem, wenn ein Verfahrenspfleger nicht bestellt werden musste, nach § 287 Abs. 1 bekannt gegeben wird. Fallen die Zeitpunkte der Bekanntgabe gegenüber dem Sterilisationsbetreuer und dem Verfahrenspfleger/Verfahrensbevollmächtigten auseinander, so ist der spätere Zeitpunkt relevant („und").[45] Weil nach § 1905 Abs. 2 S. 2 BGB der Eingriff frühestens zwei Wochen nach dem mit vollständiger Bekanntgabe eintretendem Wirksamwerden der Genehmigung durch das Betreuungsgericht vorgenommen werden darf, ist der Zeitpunkt der Bekanntgabe gegenüber diesen Beteiligten des Verfahrens sorgfältig zu dokumentieren. Die zweiwöchige Wartefrist ermöglicht es der betroffenen Person nicht nur, die Entscheidung zu überdenken, sondern auch **ein Rechtsmittel** einzulegen. Freilich hat keine Fristenharmonisierung stattgefunden, so dass die Einlegung eines Rechtsmittels auch dann noch möglich ist, wenn die Wartefrist verstrichen und der Eingriff durchgeführt worden ist.

22   **8. Bekanntgabe.** Eine klare Positionierung nimmt das Gesetz auch in Abs. 8 vor. Danach muss der Genehmigungsbeschluss der betroffenen Person vollständig bekannt gemacht werden. Von der Bekanntgabe der Entscheidungsgründe kann auch nicht nach § 288 Abs. 1 abgesehen werden. Das ist in S. 2 ausdrücklich klargestellt worden, war aber auch bisher schon allgemeine Ansicht. Der betroffenen Person wird daher im Genehmigungsverfahren wesentlich mehr „zugemutet" als im Bestellungsverfahren.[46] Das ist auch geboten wegen der besonderen Schwere des geplanten Eingriffs. Darüber hinaus muss die Entscheidung der zuständigen Betreuungsbehörde auch unabhängig davon, ob sie vor ihrem Erlass angehört worden ist, stets bekannt gegeben werden.

23   **9. Rechtsmittel.** Gegen die Entscheidung – und zwar sowohl gegen die Erteilung als auch gegen die Versagung der Genehmigung – ist das Rechtsmittel der Beschwerde, §§ 58 ff., gegeben. Beschwerdebefugt ist die betroffene Person. § 303 gilt nicht. Ein Beschwerderecht des Sterilisationsbetreuers besteht bei Erteilung der Genehmigung nicht, weil er von der erteilten Genehmigung keinen Gebrauch machen muss.[47] Verweigert das Gericht die Genehmigung, ist der Sterilisationsbetreuer beschwerdebefugt.[48] Da mit der Durchführung des unfruchtbar machenden Eingriffs die Hauptsache erledigt ist, könnte daher nach dem Eingriff nicht mehr in der Sache entschieden werden. Das aber widerspräche eklatant dem Schutzbedürfnis und dem auf Reparation oder Kompensation gerichteten Interesse der betroffenen Person, weil so einer uU rechtswidrigen Sterilisation der Schein der Rechtmäßigkeit gegeben würde und die (nicht existierende) „normative Kraft des Faktischen" den Sieg über den Rechtsgüterschutz davontrüge. Eine von der betroffenen Person eingelegte Beschwerde ist daher auch dann noch zulässig und zu bescheiden, wenn der Eingriff bereits durchgeführt worden ist.[49]

§ 298 Verfahren in Fällen des § 1904 des Bürgerlichen Gesetzbuchs

(1) ¹**Das Gericht darf die Einwilligung eines Betreuers oder eines Bevollmächtigten in eine Untersuchung des Gesundheitszustandes, eine Heilbehandlung oder einen ärztlichen**

---

[44] So auch *Damrau/Zimmermann* § 69d FGG Rn. 28 und *Gaidzik/Hiersche* MedR 1999, 62; zweifelnd *Erman/Holzhauer* § 1905 BGB Rn. 23 und MünchKommBGB/*Schwab* § 1905 Rn. 34. Einschränkend *Keidel/Budde* Rn. 9: keine Festlegung auf eine bestimmte Sterilisationsmethode geboten.

[45] OLG Düsseldorf FamRZ 1996, 375; HK-BUR/*Hoffmann* § 69d FGG Rn. 47; *Soergel/Zimmermann* § 1905 BGB Rn. 52.

[46] Um es klar auszusprechen: Die betroffene Person kann demnach eventuell im Beschluss lesen, dass sie zu dumm sei, regelmäßig Verhütungsmittel anzuwenden. Natürlich wird jeder Richter das Wort „dumm" vermeiden, in der Sache läuft es aber darauf hinaus.

[47] *Soergel/Zimmermann* § 1905 BGB Rn. 54.

[48] *Soergel/Zimmermann* § 1905 BGB Rn. 54.

[49] OLG Düsseldorf FamRZ 1996, 375; MünchKommBGB/*Schwab* § 1905 Rn. 37; aA *Soergel/Zimmermann* § 1905 BGB Rn. 54.

Eingriff (§ 1904 des Bürgerlichen Gesetzbuchs) nur genehmigen, wenn es den Betroffenen zuvor persönlich angehört hat. ²Das Gericht soll die sonstigen Beteiligten anhören. ³Auf Verlangen des Betroffenen hat das Gericht eine ihm nahestehende Person anzuhören, wenn dies ohne erhebliche Verzögerung möglich ist.

(2) ¹Vor der Genehmigung ist ein Sachverständigengutachten einzuholen. ²Der Sachverständige soll nicht auch der ausführende Arzt sein.

1. Normzweck. Der ärztliche Heileingriff und die ärztliche Untersuchung bedürfen zu ihrer Rechtfertigung neben der Indikation zu ihrer Vornahme und der Durchführung nach dem anerkannten Stand der medizinischen Wissenschaft der Einwilligung. Ist die betroffene Person nicht einwilligungsfähig, also nach ihrer geistigen und sittlichen Reife nicht in der Lage, die Bedeutung und Tragweite des Eingriffs oder der Untersuchung für sich und ihre weitere Entwicklung abzuschätzen, dann muss die Einwilligung durch den gesetzlichen Vertreter erklärt werden. Das ist bei betreuten, einwilligungsunfähigen Personen[1] der Betreuer, dem der Aufgabenkreis „Vorsorge für die Gesundheit" der betroffenen Person übertragen ist. Bei einwilligungsunfähigen Personen, die durch einen Vorsorgebevollmächtigten vertreten werden, gilt gleiches für diesen Vertreter. § 1904 BGB erklärt zusätzlich, dass dann, wenn mit dem ärztlichen Eingriff, der Heilbehandlung[2] oder einer Untersuchung des Gesundheitszustandes der betroffenen Person eine derartige Gefährdung einhergeht, dass die betroffene Person auf Grund der Maßnahme sterben oder einen schweren und länger dauernden gesundheitlichen Schaden erleiden könnte,[3] die Einwilligung des Betreuers/Vorsorgebevollmächtigten in die Vornahme dieses Eingriffs nicht ausreicht. Das Betreuungsgericht hat in diesen Fällen die Einwilligung des Betreuers zu genehmigen. 1

Das hierzu nach § 298 durchzuführende betreuungsgerichtliche Verfahren ähnelt dem Verfahren nach § 297, ist ihm gegenüber aber durch weniger hohe Hürden gekennzeichnet. Ein spezieller Betreuer ist nicht zu bestellen. Zu beachten ist auch hier, dass die zusätzlichen Verfahrenserfordernisse zum Schutz der betroffenen Person bestehen. Das wirkt sich insbesondere auf die Frage der Zulässigkeit von Zwang aus. Wie bei der Unfruchtbarmachung ist auch hier zu beachten, dass ein erkennbarer und geäußerter Widerwille der betroffenen Person stets relevant ist: **Zwangsbehandlungen sind unzulässig.** 2

2. Neuerungen im FamFG. Die Vorschriften über die Genehmigung der Einwilligung eines Betreuers oder eines Bevollmächtigten in eine Untersuchung des Gesundheitszustands, eine Heilbehandlung oder einen ärztlichen Eingriff nach § 1904 BGB waren im FGG aF an verschiedenen Stellen, vor allem in § 69d FGG aF geregelt – § 298 führt sie nun zusammen.[4] Für die Sachverhaltsaufklärung soll der Grundsatz des § 30 Abs. 1 gelten: Das Gericht entscheide nach pflichtgemäßem Ermessen, ob es die persönliche Anhörung des Betroffenen oder die Einholung des Sachverständigengutachtens im Strengbeweisverfahren durchführt.[5] Der Wortlaut der Vorschrift steht dem freilich entgegen. Das Gesetz enthält keine verfahrensrechtliche Sonderregelung für die von der Rechtsprechung des BGH[6] erfundene und seit dem 1. 9. 2009 nach Abs. 2 BGB vorgeschriebene betreuungsgerichtliche Genehmigungspflicht beim **Behandlungsabbruch.**[7] Seit der Reform des § 1904 BGB durch das 3. BtÄndG vom 29. 7. 2009 ist § 298 für die entsprechenden Genehmigungsverfahren[8] anzuwenden. 3

3. Anwendungsbereich, Zuständigkeit. § 298 gilt nur für das Genehmigungsverfahren nach § 1904 BGB. Es ist vom Bestellungsverfahren unabhängig. Funktional zuständig für das Genehmigungsverfahren ist der Richter.[9] 4

4. Gutachten (Abs. 2). a) Abs. 2 entspricht mit sprachlichen Änderungen dem bisherigen § 69d Abs. 2 S. 1 und 2 FGG aF.[10] Vor der Genehmigung muss[11] das Gericht ein **Sachverständi-** 5

---

[1] Betreute, einwilligungsfähige Personen erklären ihre Einwilligung selbst. Ob Einwilligungsfähigkeit vorliegt, beurteilt der Arzt (allein).
[2] Damit ist die aus mehreren Eingriffen bestehende, länger dauernde Therapie gemeint. Ein rechtlicher Unterschied besteht nicht.
[3] *Zimmermann* meint, in der Praxis gehe es meist um die Amputation von Gliedern; *Zimmermann* FamFG Rn. 550.
[4] BT-Drucks. 16/6308, S. 270.
[5] BT-Drucks. 16/6308, S. 270.
[6] Grundlegend BGH NJW 2003, 1588. Modifizierungen (Genehmigungspflicht nur in sog. Konfliktfällen) durch BGH NJW 2005, 2385.
[7] Kritisch zu dieser Genehmigungspflichtigkeit *Schmidt-Recla* MedR 2008, 184. S. dazu zuletzt auch *Müller* MedR 2009, 313.
[8] S. a. *Coeppicus* FPR 2007, 63. Zu den Rechtstatsachen *Janes/Schick* NStZ 2006, 484.
[9] PK-BUV/*Locher* § 69d FGG Rn. 10.
[10] BT-Drucks. 16/6308, S. 270.
[11] *Damrau/Zimmermann* § 69d FGG Rn. 10.

gengutachten einholen („ist einzuholen"). Hierin eine Einräumung eines (wenn auch pflichtgebundenen) Ermessens zu erblicken wie die Begründung zum FGG-RG, geht nicht an. Das Gericht kann auf die Einholung eines Gutachtens nach dem eindeutigen Wortlaut der Norm nicht verzichten. Das entspricht auch der Rechtslage nach § 69d Abs. 2 FGG („hat einzuholen"). Genehmigt das Gericht die Einwilligung des Betreuers, ohne ein Gutachten eingeholt zu haben, ist die Entscheidung rechtsfehlerhaft ergangen[12] und in der Beschwerdeinstanz aufzuheben. Hat sich bereits im Bestellungsverfahren das hier eingeholte Gutachten zu Maßnahmen nach § 1904 BGB geäußert, dann kann die Einholung eines weiteren Gutachtens dann unterbleiben, wenn das erste Gutachten zeitnah zum Genehmigungsverfahren erstellt[13] ist und keine Anhaltspunkte dafür vorliegen, dass sich die Tatsachengrundlage mittlerweile verändert habe. Zu den formellen und inhaltlichen Anforderungen an das Gutachten schweigt das Gesetz. Auf § 280 Abs. 2 ist ebenso wenig verwiesen wie auf § 297 Abs. 6 S. 2. Das ermöglicht eine Gutachtenerstellung ohne persönliche Untersuchung/Befragung der betroffenen Person.[14] Das widerspricht zwar den Wertungen etwa des § 278 StGB und es fragt sich, ob bei der Äußerung eines Arztes, der keine persönliche Untersuchung voraussetzt, überhaupt von einem „Gutachten" bzw. einem „Zeugnis/Attest" gesprochen werden darf. Gleichwohl wird dieses Ergebnis hingenommen werden können, denn vorstellbar ist, dass ein Arzt allein aus Kenntnis des geplanten Eingriffs erklären kann, ob mit diesem Eingriff nach dem Stand der medizinischen Wissenschaft regelmäßig, dh. unabhängig vom Einzelfall eine so schwere Gefahr verbunden ist, wie § 1904 Abs. 1 BGB sie beschreibt.[15] Kommt das Gericht dagegen nach pflichtgemäßer Prüfung zu dem Ergebnis, dass der Sachverständige die betroffene Person persönlich untersuchen bzw. befragen müsse, dann sollte es das dem Sachverständigen im Beschluss zur Pflicht machen.[16]

6 **b)** Inhaltlich muss sich das Gutachten also zur **Erforderlichkeit,** zu den **Risiken des** geplanten **Eingriffs** und zu **Alternativen** zum Eingriff äußern.[17] Eine Stellungnahme zur Einwilligungsfähigkeit ist dagegen nicht abzugeben.[18] Das ist eine von § 1904 BGB unabhängige Vorfrage für das Verfahren, die das Gericht selbst, erforderlichenfalls (§ 26!) unter Zuhilfenahme des behandelnden Arztes zu klären hat. Ist der Patient einwilligungsfähig, dann ist das gesamte Genehmigungsverfahren unnötig. Die (freilich nachprüfbare) Beurteilung der Einwilligungsfähigkeit obliegt wie stets im Medizinrecht so auch hier dem behandelnden Arzt. Deswegen findet sich im Wortlaut von § 298 auch kein entsprechender Hinweis.

7 **c)** Die Auswahl des Sachverständigen wird von Abs. 2 dagegen nicht speziell gelenkt. Sie steht im pflichtgemäßen Ermessen des Gerichts.[19] Dieses wird einen Arzt beauftragen, welcher derjenigen Fachrichtung angehört, zu deren Tätigkeitsfeld der geplante Eingriff gehört.[20] Abs. 2 S. 2 ordnet freilich an, dass der **Sachverständige nicht auch der ausführende Arzt** sein soll. Hiermit weicht die Norm charakteristisch von § 297 Abs. Abs. 6 S. 3 ab, welcher zwingend vorschreibt, dass keine Personenidentität vorliegen dürfe. Die Sollvorschrift entstammt dem BtÄndG. Sie wurde damit begründet, dass angeblich in der Praxis bei eilbedürftigen Maßnahmen das Gutachten eines anderen Mediziners nicht eingeholt werden kann.[21] Diese Begründung geht an der Sache völlig vorbei.[22] Bei eilbedürftigen Maßnahmen, die keinen Aufschub dulden, kann der Arzt immer sofort und ohne Einschaltung des Betreuers und des Betreuungsgerichts handeln („Not kennt kein Gebot"), wenn nicht der ausdrücklich erklärte und erkennbare Wille des Patienten seinem Handeln Grenzen zieht. Ist dagegen ein Aufschub möglich, der die Einschaltung des Betreuers und des Betreuungsgerichts erlaubt, dann ist nicht einzusehen, weshalb vom Verbot der Personenidentität zwischen Gutachter und ausführendem Arzt abgewichen werden sollte. Die Vorschrift ist daher dahingehend zu reduzieren, dass bei aufschiebbaren Eingriffen Gutachter und ausführender Arzt **verschiedene Personen**

---

[12] HK-BUR/*Hoffmann* § 69d FGG Rn. 6; *Bienwald/Sonnenfeld* § 69d FGG Rn. 23.
[13] *Bassenge/Roth* § 69d FGG Rn. 8.
[14] So zum bisherigen Recht auch ausdrücklich *Damrau/Zimmermann* § 69d FGG Rn. 10.
[15] AA *Bienwald/Sonnenfeld* § 69d FGG Rn. 23.
[16] *Jürgens/Mertens* § 69d FGG Rn. 8; HK-BUR/*Hoffmann* § 69d FGG Rn. 25.
[17] *Bienwald/Sonnenfeld* § 69d FGG Rn. 23.
[18] So auch *Damrau/Zimmermann* § 69d FGG Rn. 11; AA BT-Drucks. 11/4528, S. 176; *Bienwald/Sonnenfeld* § 69d FGG Rn. 23; HK-BUR/*Hoffmann* § 69d FGG Rn. 24; *Keidel/Budde* Rn. 3.
[19] *Keidel/Kuntze/Winkler/Kayser* § 69d FGG Rn. 6; *Bienwald/Sonnenfeld* § 69d FGG Rn. 22.
[20] So auch *Keidel/Kuntze/Winkler/Kayser* § 69d FGG Rn. 6; PK-BUV/*Locher* § 69d FGG Rn. 12; *Jurgeleit/Bucic* § 69d FGG Rn. 21.
[21] BT-Drucks. 13/7158, S. 37.
[22] Kritisch auch *Bauer/Rink* BtPrax 1996, 160; *Bienwald/Sonnenfeld* § 69d FGG Rn. 20; *Damrau/Zimmermann* § 69d FGG Rn. 12; HK-BUR/*Hoffmann* § 69d FGG Rn. 31; *Keidel/Kuntze/Winkler/Kayser* § 69d FGG Rn. 7.

sein müssen. Das Verbot der Personenidentität bedeutet im Übrigen nicht, dass Gutachter und ausführender Arzt etwa aus unterschiedlichen medizinischen Einrichtungen kommen sollten. Personendifferenz ist auch bei Klinikidentität möglich.

5. Anhörungen (Abs. 1). Abs. 1 S. 1 entspricht dem bisher geltenden § 69d Abs. 1 S. 2 FGG aF. S. 2 und 3 sind aus dem Verweis des § 69d Abs. 2 S. 3 FGG aF auf § 68a S. 3 und 4 FGG aF hervorgegangen. Die Anhörung der Angehörigen des Betroffenen und ihm nahe stehender Personen nach dem bisherigen § 68a S. 3 und 4 FGG aF ist in § 298 neu geregelt. S. 2 und 3 sind diesen Änderungen redaktionell angepasst.[23]

a) Anhörung der betroffenen Person. Danach ist die betroffene Person **zwingend** und persönlich anzuhören. Hiervon kann nicht abgesehen werden.[24] Auf § 278 Abs. 4 ist nicht verwiesen. Die Gewährung einer schriftlichen Äußerungsmöglichkeit genügt nicht. Gegenstand der Anhörung der betroffenen Person ist in Verfahren über die Genehmigung der Einwilligung in einen Behandlungsabbruch eine eventuell vom Patienten verfasste **Patientenverfügung.** Diese ist nach den für den Urkundsbeweis geltenden Vorschriften förmlich in das Genehmigungsverfahren einzuführen.[25] Dem Gericht obliegt es, zu ermitteln, ob eine solche Patientenverfügung verfasst worden ist.

b) Anhörung der sonstigen Beteiligten. Die sonstigen Beteiligten nach § 274 (Muss- und Kann-Beteiligte) sollen angehört werden. Das Gericht hat zu entscheiden, ob diese Anhörung der Sachaufklärung dient. Widerspricht die betroffene Person der Anhörung der sonstigen Beteiligten, dann soll sie unterbleiben.[26] Gründe hierzu muss die betroffene Person nicht mitteilen[27] – niemand muss begründen, warum er die Durchführung eines ärztlichen Eingriffes vor anderen verbergen will. Die betroffene Person kann verlangen, dass eine Vertrauensperson angehört wird. Voraussetzung dieser Anhörung ist, dass die Anhörung die Entscheidung nicht erheblich verzögert. Persönliche Anhörung ist nicht gefordert, die Gelegenheit zur schriftlichen Äußerung genügt daher.[28]

6. Verfahrenspfleger. Die eventuell erforderliche Bestellung eines Verfahrenspflegers richtet sich nach § 276. Er ist in Verfahren über die Genehmigung der Einwilligung in einen Behandlungsabbruch immer zu bestellen.[29]

7. Zwangsmittel. Für die Anwendung von Zwang gegen die betroffene Person zur Erzwingung der Anhörung und der Begutachtung gilt das zu § 297 Gesagte.[30]

8. Entscheidung, Bekanntmachung, Wirksamwerden, Rechtsmittel. Die Genehmigungsentscheidung des Gerichts ergeht durch **Beschluss.** Er wird wirksam mit der Bekanntgabe gegenüber dem Betreuer bzw. dem Vorsorgebevollmächtigten, § 287 Abs. 1. Für den Inhalt des Beschlusses gelten §§ 38, 39. Er ist auch der betroffenen Person bekannt zu machen. Von der Bekanntgabe der Entscheidungsgründe gegenüber der betroffenen Person kann nach § 288 Abs. 1 abgesehen werden,[31] weil § 298 anders als § 297 die Geltung dieser Norm nicht ausschließt. Die Entscheidung ist bei erteilter Genehmigung mit der **Beschwerde,** §§ 58 ff., anfechtbar durch die betroffene Person. Der Betreuer hat keine Beschwerdebefugnis, denn er muss die Genehmigung nicht nutzen. Bei verweigerter Genehmigung ist die Entscheidung auch durch den Betreuer anfechtbar. § 303 Abs. 1 gilt nicht, weil es im Genehmigungsverfahren nicht um Umfang, Inhalt oder Bestand der Bestellung eines Betreuers oder der Anordnung eines Einwilligungsvorbehaltes geht.

In Verfahren zur Genehmigung der Einwilligung in einen Behandlungsabbruch müsse, so wird vorgetragen,[32] sichergestellt sein, dass nach erteilter Genehmigung genügend Zeit zur Anfechtung der Entscheidung bleibe. Hierfür wird u. a. eine analoge Anwendung der Wartefristenregelung aus § 1905 Abs. 2 S. 2 BGB vorgeschlagen.[33] Das LG Hamburg anerkennt eine Beschwerdebefugnis der Betreuungsbehörde.[34] Diese allerdings könnte nur auf den freilich nicht anwendbaren § 303 gestützt

---

[23] BT-Drucks. 16/6308, S. 270.
[24] *Bassenge/Roth* § 69d FGG Rn. 7.
[25] PK-BUV/*Locher* § 69d FGG Rn. 23.
[26] *Damrau/Zimmermann* § 69d FGG Rn. 14.
[27] AA wohl *Bienwald/Sonnenfeld* § 69d FGG Rn. 25; HK-BUR/*Hoffmann* § 69d FGG Rn. 32; PK-BUV/*Locher* § 69d FGG Rn. 11.
[28] HK-BUR/*Hoffmann* § 69d FGG Rn. 32.
[29] PK-BUV/*Locher* § 69d FGG Rn. 23.
[30] Vgl. § 297 Rn. 12, 15.
[31] *Bienwald/Sonnenfeld* § 69d FGG Rn. 26.
[32] PK-BUV/*Locher* § 69d FGG Rn. 24.
[33] *Bienwald/Hoffmann* § 1904 BGB Rn. 211; *Keidel/Budde* Rn. 5.
[34] LG Hamburg FamRZ 2006, 145 (LS).

§ 299   1–4   Buch 3. Abschnitt 1. Verfahren in Betreuungssachen

werden. Es fragt sich, wer außer der Betreuungsbehörde solche Genehmigungsentscheidungen wirklich anfechten will.[35] Die Initiative zum Behandlungsabbruch geht immer vom Betreuer aus. Die betroffene Person ist in allen relevanten Fällen, in denen der BGH überhaupt einen Behandlungsabbruch zulässt, bewusstlos.

§ 299 Verfahren in anderen Entscheidungen

[1] **Das Gericht soll den Betroffenen vor einer Entscheidung nach § 1908i Abs. 1 Satz 1 in Verbindung mit den §§ 1821, 1822 Nr. 1 bis 4, 6 bis 13 sowie den §§ 1823 und 1825 des Bürgerlichen Gesetzbuchs persönlich anhören.** [2] **Vor einer Entscheidung nach § 1907 Abs. 1 und 3 des Bürgerlichen Gesetzbuchs hat das Gericht den Betroffenen persönlich anzuhören.**

1   **1. Normzweck, Neuerungen im FamFG.** Das materielle Betreuungsrecht enthält weitere Fälle, in denen das Handeln des Betreuers der Genehmigung des Betreuungsgerichts bedarf. Für diese gilt § 299. Die Regelung entspricht dem bisherigen § 69d Abs. 1 S. 1 und 2 FGG aF und bestimmt, dass der Betroffene vor wichtigen Entscheidungen des Betreuungsgerichts persönlich anzuhören ist oder persönlich angehört werden soll. Der Katalog ist wie bereits nach FGG aF nicht abschließend.[1] S. 1 dieser Regelung entspricht dem bisherigen § 69d Abs. 1 S. 1 FGG aF. S. 2 entspricht dem bisherigen § 69d Abs. 1 S. 2 FGG aF. Eine Einbeziehung von § 1904 BGB ist unterblieben, da das entsprechende Verfahren bereits in § 298 geregelt ist.[2]

2   **2. Soll-Anhörungen (S. 1).** § 299 S. 1 gilt zunächst für die vermögensrechtlichen Vorgänge der §§ 1821, 1822 BGB. Nach S. 1 soll das Betreuungsgericht die betroffene Person persönlich anhören, bevor es Maßnahmen des Betreuers nach § 1822 Nr. 1 bis 4 und 6 bis 13 genehmigt. Das betrifft Verfügungen über das Betreuungsvermögen im Ganzen, Grundstücksgeschäfte, Verfügungen über Erb- oder Pflichtteile, den Erbteilungsvertrag, den Erbverzicht, die Ausschlagung der Erbschaft oder eines Vermächtnisses, den Erwerb oder die Veräußerung eines Erwerbsgeschäfts und Pachtverträge über Landgüter oder gewerbliche Betriebe etc., die der Betreuer als gesetzlicher Vertreter der betroffenen Person für diese vornimmt. Eine Anhörung der betroffenen Person soll ferner stattfinden, bevor das Gericht den Erwerb eines neuen oder die Auflösung eines bestehenden Erwerbsgeschäfts des Betreuten und Vermögensverwaltungsgeschäfte nach §§ 1823 und 1835 BGB, die der Betreuer als gesetzlicher Vertreter der betroffenen Person vornimmt, genehmigt. In allen diesen Fällen entscheidet das Gericht nach pflichtgemäßem Ermessen, ob eine persönliche Anhörung stattfinden muss oder ob sie entbehrlich ist.

3   Fraglich (war[3] und) ist, was mit „soll" eigentlich gemeint ist und worin der Unterschied zu den Pflichtanhörungen in S. 2 eigentlich besteht. So wurde bislang etwa vorgetragen, dass die Anhörung immer dann unterbleiben könne, wenn sie zur Sachaufklärung nichts beitragen könne.[4] Da die Anhörung aber in allen Fällen auch immer der Gewährung rechtlichen Gehörs dient,[5] kann dieser Ansicht nicht zugestimmt werden. Ferner lässt sich argumentieren, dass Anhörungen nach S. 1 nicht unbedingt persönlich stattfinden müssen (so dass auch die Gelegenheit zur schriftlichen Äußerung genügt), während die Pflichtanhörungen nach S. 2 das direkte Gespräch zwischen Gericht und betroffenen Person erfordern.[6] Die Betonung liegt also hier auf dem Wort „persönlich". Dem wird zu folgen sein: Von der „persönlichen" Anhörung kann abgesehen werden, wenn es auf das direkte Gespräch zwischen Gericht du betroffener Person nicht ankommt, weil diese in anderer Form hinreichend Stellung nehmen kann.[7] Das ist praktikabel und vorzugswürdig; es passt freilich nicht zu den Fallgruppen, die das Gesetz bildet.

4   **3. Pflichtanhörungen (S. 2).** Bevor das Gericht eine Maßnahme des (mit diesem Aufgabenkreis betrauten) Betreuers nach § 1907 Abs. 1 oder 3 BGB (Kündigung oder sonstige Beendigung eines

---

[35] Das zeigt auch der Verfahrensverlauf im vom BGH 2003 entschiedenen Fall; vgl. BGH NJW 2003, 1588.
[1] BT-Drucks. 11/4528, S. 176; BT-Drucks. 16/6308, S. 270; *Zimmermann* FamFG Rn. 531.
[2] BT-Drucks. 16/6308, S. 270.
[3] S. HK-BUR/*Hoffmann* § 69d FGG Rn. 11; *Damrau/Zimmermann* § 69d FGG Rn. 2; *Bienwald/Sonnenfeld* § 69d FGG Rn. 8.
[4] *Bassenge/Roth* § 69d FGG Rn. 3; *Jürgens/Mertens* § 69d FGG Rn. 4; HK-BUR/*Hoffmann* § 69d FGG Rn. 12.
[5] *Keidel/Kuntze/Winkler/Kayser* § 69d FGG Rn. 4; PK-BUV/*Locher* § 69d FGG Rn. 2.
[6] *Damrau/Zimmermann* § 69d FGG Rn. 2.
[7] PK-BUV/*Locher* § 69 FGG Rn. 2; *Bienwald/Sonnenfeld* § 69d FGG Rn. 8: etwa dann, wenn das Gericht die betroffene Person aus einer zeitnahen früheren Anhörung kennt.

Mietverhältnisses der betroffenen Person bzw. Abschluss bestimmter Dauerschuldverhältnisse durch den Betreuer) genehmigt, hat es die betroffene Person zwingend persönlich anzuhören. Diese gegenüber S. 1 geschärfte Pflicht (kein Ermessen des Gerichts möglich) lässt sich nur damit begründen, dass die Entscheidung über den Wohnraum, den die betroffene Person bewohnt oder die Entscheidung über einen Miet- oder Pachtvertrag, aus dem die betroffene Person zu regelmäßig wiederkehrenden Leistungen verpflichtet wird, elementarer in deren tägliches Leben einzugreifen in der Lage ist, als die Entscheidung über die Veräußerung oder den Erwerb eines Grundstücks, welches die betroffene Person nicht notwendigerweise zum Leben bzw. Wohnen benötigt. Sollte das aber doch der Fall sein, wäre auch eine persönliche Sollanhörung nach S. 1 zwingend geboten.

S. 2 ist entsprechend anzuwenden bei Entscheidungen über die Herausgabe der betreuten Person 5 nach §§ 1908i Abs. 1 S. 1, 1632 BGB.[8]

4. Absehen von der Anhörung. Von der Anhörung kann abgesehen werden, wenn von ihr 6 erhebliche Nachteile für die Gesundheit der betroffenen Person zu befürchten wären oder wenn die betroffene Person offensichtlich nicht in der Lage ist, ihren Willen kundzutun. Diese Möglichkeit folgt aus § 34 Abs. 2, nicht aus § 278 Abs. 4.[9] Das Gericht braucht also kein ärztliches Gutachten einzuholen (kann das aber natürlich tun), sondern kann die hierzu nötigen Feststellungen nach pflichtgemäßem Ermessen treffen.[10] Es kann sich dabei auf zeitnahe frühere Anhörungen[11] und auch auf den Inhalt der Akte stützen.[12] Die Entscheidung, von der Anhörung abzusehen, ist als Zwischenentscheidung isoliert nicht anfechtbar.[13] Um dem Beschwerdegericht später eine Nachprüfung zu ermöglichen, müssen die Gründe für das Absehen von der Anhörung in einem Aktenvermerk niedergelegt werden.[14]

5. Durchführung der Anhörung, Zuständigkeit, Rechtshilfe. Das Gericht entscheidet nach 7 § 26, ob es zur Anhörung einen **Sachverständigen** hinzuzieht. Unterbleibt die persönliche Anhörung, dann ist ein **Verfahrenspfleger** nicht (wie bei § 1905 BGB) notwendigerweise, sondern nach § 276 zu bestellen. Die Wahl des **Ortes,** an dem die Anhörung stattfindet, liegt im Ermessen des Gerichts. **Protokollierung** der Anhörung ist nicht speziell vorgeschrieben; ein Aktenvermerk genügt.[15] Zur Durchführung der Anhörung kann gegen die betroffene Person nur im Wege des § 33 Abs. 3 **Zwang** angewendet werden; auf § 278 Abs. 5 ist nicht verwiesen. Das Gericht muss das persönliche Erscheinen anordnen und kann Vorführung erst bei Verstoß hiergegen anordnen. Die Vorführung nach § 33 Abs. 3 hat aber – insoweit gilt der Rechtsgedanke von § 278 Abs. 5 – durch die zuständige Betreuungsbehörde[16] zu erfolgen. Funktional zuständig für die Anhörungen nach § 299 ist der **Rechtspfleger,** da kein Richtervorbehalt angeordnet ist. Die Anhörungen nach § 299 können anders als diejenigen nach § 295 auch im Wege der **Rechtshilfe** vorgenommen werden.

§ 300 Einstweilige Anordnung

(1) ¹Das Gericht kann durch einstweilige Anordnung einen vorläufigen Betreuer bestellen oder einen vorläufigen Einwilligungsvorbehalt anordnen, wenn
1. dringende Gründe für die Annahme bestehen, dass die Voraussetzungen für die Bestellung eines Betreuers oder die Anordnung eines Einwilligungsvorbehalts gegeben sind und ein dringendes Bedürfnis für ein sofortiges Tätigwerden besteht,
2. ein ärztliches Zeugnis über den Zustand des Betroffenen vorliegt,
3. im Fall des § 276 ein Verfahrenspfleger bestellt und angehört worden ist und
4. der Betroffene persönlich angehört worden ist.

²Eine Anhörung des Betroffenen im Wege der Rechtshilfe ist abweichend von § 278 Abs. 3 zulässig.

---

[8] OLG Frankfurt FamRZ 2003, 964; *Bienwald/Sonnenfeld* § 69d FGG Rn. 7.
[9] Vgl. dazu oben § 278 Rn. 39–41.
[10] S. *Keidel/Kuntze/Winkler/Kayser* § 69d FGG Rn. 5; PK-BUV/*Locher* § 69d FGG Rn. 3.
[11] *Jurgeleit/Bucic* § 69d FGG Rn. 5; *Jürgens/Mertens* § 69d FGG Rn. 6; PK-BUV/*Locher* § 69d FGG Rn. 3: wenn sie nicht älter als sechs Monate sind.
[12] BT-Drucks. 11/4528, S. 176; *Damrau/Zimmermann* § 69d FGG Rn. 5 f.; *Bienwald/Sonnenfeld* § 69d FGG Rn. 9.
[13] *Damrau/Zimmermann* § 69d FGG Rn. 8; *Bienwald/Sonnenfeld* § 69d FGG Rn. 17.
[14] *Damrau/Zimmermann* § 69d FGG Rn. 8; PK-BUV/*Locher* § 69d FGG Rn. 4.
[15] HK-BUR/*Hoffmann* § 69d FGG Rn. 15; *Bienwald/Sonnenfeld* § 69d FGG Rn. 13.
[16] BayObLG FamRZ 1994, 1202; *Bassenge/Roth* § 69d FGG Rn. 3; *Keidel/Kuntze/Winkler/Kayser* § 69d FGG Rn. 4; *Jurgeleit/Bucic* § 69d FGG Rn. 9; PK-BUV/*Locher* § 69d FGG Rn. 6; *Bienwald/Sonnenfeld* § 69d FGG Rn. 14.

§ 300 1–3   Buch 3. Abschnitt 1. Verfahren in Betreuungssachen

(2) Das Gericht kann durch einstweilige Anordnung einen Betreuer entlassen, wenn dringende Gründe für die Annahme bestehen, dass die Voraussetzungen für die Entlassung vorliegen und ein dringendes Bedürfnis für ein sofortiges Tätigwerden besteht.

Übersicht

	Rn.		Rn.
I. Normzweck, Allgemeines	1–4	2. Voraussetzungen	7–14
1. Normzweck	1, 2	a) Eilbedürftigkeit	8–10
2. Neuerungen im FamFG	3	b) Ärztliches Zeugnis	11
3. Anwendungsbereich	4	c) Anhörung des Verfahrenspflegers	12
II. Verfahren	5–18	d) Anhörung der betroffenen Person	13
1. Anordnungen	5, 6	e) Anhörung der sonstigen Beteiligten	14
a) Vorläufiger Betreuer/Einwilligungsvorbehalt	5	3. Verfahren, Entscheidung	15, 16
b) Betreuerentlassung	6	4. Wirksamwerden, Bekanntgabe	17
		5. Rechtsmittel	18

I. Normzweck, Allgemeines

1 **1. Normzweck.** Das Verfahren, mit dem einer betreuungsbedürftigen Person ein Betreuer bestellt und zu ihrem Schutz Einwilligungsvorbehalte angeordnet sind, nimmt wegen der Vielzahl der durchzuführenden Verfahrensschritte (Bestellungen, Beteiligungen, Anhörungen, Begutachtungen) einen langen Zeitraum, meist mehrere Monate in Anspruch. In der Praxis muss aber meist viel schneller, oft (bei akuten Krankheitsentwicklungen oder bei plötzlichem Wegfall aller Hilfesysteme[1]) sogar sofort gehandelt werden. Aus diesem Grund sehen die §§ 300–302 zwei Varianten der Entscheidung im Wege der **einstweiligen Anordnung**[2] vor. § 300 regelt die vom Gesetz nur als „einstweilige Anordnung" bezeichnete gewöhnliche einstweilige Anordnung. § 301 betrifft die „einstweilige Anordnung bei gesteigerter Dringlichkeit", die meist als eilige einstweilige Anordnung bezeichnet wird. Beide unterscheiden sich dadurch, dass die eilige einstweilige Anordnung wie die gewöhnliche einstweilige Anordnung ein **dringliches Bedürfnis für ein sofortiges Tätigwerden,**[3] darüber hinaus aber zusätzlich und anders als jene **Gefahr im Verzug** voraussetzt. Für beide einstweilige Anordnungen gilt die Vorschrift des § 302 über die maximale Dauer der getroffenen Anordnungen.

2 **Praktische Relevanz** hat die gewöhnliche einstweilige Anordnung kaum. Der Zeitgewinn, der auf diesem Wege gegenüber dem Regelverfahren zu erzielen ist, ist nicht groß.[4] Das liegt daran, dass auch die gewöhnliche einstweilige Anordnung eine Reihe von Verfahrensschritten vorsieht, die in Eilfällen meist nicht durchgeführt werden können. Die einzige echte Erleichterung ist der Verzicht auf das Sachverständigengutachten nach § 280. Außerdem ist das Gericht bei der gewöhnlichen einstweiligen Anordnung hinsichtlich der Auswahl des zu bestellenden vorläufigen Betreuers an die Auswahlkriterien des § 1897 BGB und hier insbesondere an Abs. 4 und 5 gebunden (Umkehrschluss aus § 301 Abs. 2), die sicherstellen sollen, dass ehrenamtliche Betreuung durch natürliche Personen und speziell die durch Verwandte der Sammelbetreuung durch Vereine und Behörden vorgehen. Die hierzu anzustellenden Ermittlungen des Betreuungsgerichts erfordern Zeit, die in Eilfällen eben gerade nicht gegeben ist. Deswegen ist die **eilige einstweilige Anordnung** nach § 301 der praktische **Regelfall.**

3 **2. Neuerungen im FamFG.** §§ 300–302 ersetzen den bisher geltenden § 69f FGG aF. Dieser ermöglichte die einstweilige Anordnung als Zwischenentscheidung in einem anhängigen Betreuungsverfahren (Hauptsacheverfahren), das auf die Bestellung eines Betreuers bzw. die Anordnung eines Einwilligungsvorbehaltes gerichtet ist.[5] Das bedeutete bisher, dass dann, wenn eine Eilentscheidung des Betreuungsgerichts zu treffen war, gleichzeitig von Amts wegen ein Hauptsacheverfahren einzuleiten war.[6] Dieses konnte auf zweierlei Arten enden: entweder erledigte sich die Hauptsache, wenn im Hauptsacheverfahren Betreuungsbedürftigkeit verneint wurde oder wenn die durch einstweilige Anordnung getroffene Anordnung durch eine endgültige Maßnahme ersetzt

---

[1] PK-BUV/*Locher* § 69f FGG Rn. 1.
[2] Die einstweilige Anordnung ist keine einstweilige Verfügung iSd. § 935 ZPO; *Damrau/Zimmermann* § 69f FGG Rn. 2.
[3] Dieses dringliche Bedürfnis für ein Tätigwerden ersetzt die bisherige Formulierung, mit einem Aufschub sei Gefahr verbunden; nach BT-Drucks. 16/6308, S. 271 liegt darin keine inhaltliche Differenz.
[4] *Zimmermann* FamFG Rn. 500.
[5] *Bassenge/Roth* § 69f FGG Rn. 1.
[6] *Zimmermann* FamFG Rn. 495; *Damrau/Zimmermann* § 69f FGG Rn. 2.

wurde.⁷ § 51 Abs. 3 ordnet demgegenüber nun an, dass über die einstweilige Anordnung in einem **selbstständigen Verfahren** entschieden wird, auch wenn zusätzlich noch ein Hauptsacheverfahren anhängig ist.⁸ Das bedeutet nunmehr, dass das Gericht ein Hauptsacheverfahren nicht einleiten muss, sondern kann. Das wird es im Regelfall immer dann tun, wenn abzusehen ist, dass die schon im Verfahren der einstweiligen Anordnung festzustellende Betreuungsbedürftigkeit wahrscheinlich für einen längeren Zeitraum bestehen wird, als er mit einer Maßnahme durch einstweilige Anordnung überbrückt werden könnte. Unterlässt das Gericht diese Einleitung eines Hauptsacheverfahrens, kann die betroffene Person nach § 52 Abs. 1 mit Antrag die Durchführung eines Hauptsacheverfahrens erzwingen.

3. Anwendungsbereich. § 300 gestattet folgende Entscheidungen: die Bestellung eines vorläufigen Betreuers,⁹ die Anordnung eines vorläufigen Einwilligungsvorbehaltes, die Erweiterung des Aufgabenkreises eines (durch einstweilige Anordnung oder im Regelverfahren) bestellten Betreuers, die Erweiterung des Kreises der einwilligungsbedürftigen Willenserklärungen bei schon angeordnetem Einwilligungsvorbehalt (Abs. 1), die Entlassung eines (vorläufigen oder endgültigen) Betreuers (Abs. 2), die Entlassung bezüglich einzelner Aufgabenkreise bei Fortbestand der Betreuung im Übrigen (Abs. 2). Auch Erweiterungen einer ursprünglichen einstweiligen Anordnung, können auf § 300 gestützt werden, wenn und solange sie wiederum einstweilig sind. Keine Anwendung findet § 300 bei der Aufhebung und der Einschränkung der Betreuung oder des Einwilligungsvorbehaltes; ebenso wenig bei der Bestellung eines vorläufigen weiteren Betreuers ohne neuen Aufgabenkreis und bei der Bestellung eines neuen Betreuers nach §§ 1908c BGB, 296 Abs. 2,¹⁰ weil in diesen Fällen am Umfang der Betreuung nichts geändert wird. In diesen und anderen Betreuungssachen als den genannten¹¹ kann eine einstweilige Anordnung aber nach den Regeln des Allgemeinen Teils, §§ 49 ff., ergehen.¹² Nicht möglich ist es, eine Aufhebung der Betreuerbestellung im Wege der einstweiligen Anordnung zu erlangen.¹³ Das gilt auch für die Anordnung eines Einwilligungsvorbehaltes.

II. Verfahren

1. Anordnungen. a) Vorläufiger Betreuer/Einwilligungsvorbehalt. Durch einstweilige Anordnung kann nach Abs. 1 ein „vorläufiger" Betreuer bestellt bzw. ein „vorläufiger" Einwilligungsvorbehalt angeordnet werden. Der vorläufige Betreuer unterscheidet sich vom endgültigen Betreuer nur dadurch, dass seine Rechtsmacht eine von vornherein zeitlich beschränkte ist. Der Umfang der Rechtsmacht wird dadurch nicht berührt; der vorläufige Betreuer wird gesetzlicher Vertreter der betroffenen Person und übt sie mit denselben Folgen aus wie dieser. Gleiches gilt für den Einwilligungsvorbehalt.

b) Betreuerentlassung. Durch einstweilige Anordnung kann nach Abs. 2 auch ein bereits bestellter **Betreuer entlassen** werden. Die Voraussetzungen für die Betreuerentlassung sind geregelt in § 1908b Abs. 1 BGB. Die verfahrensrechtliche Ausgestaltung orientiert sich an der Betreuerbestellung.

2. Voraussetzungen. § 300 Abs. 1 S. 1 nennt vier **Voraussetzungen,** die **kumulativ** erfüllt sein müssen, damit das Gericht eine der genannten Anordnungen treffen kann. Das Gericht entscheidet nach pflichtgemäßem Ermessen, § 26, ob weitere Tatsachenfeststellungen getroffen werden müssen. Soll der Betreuer nach Abs. 2 durch einstweilige Anordnung entlassen werden, müssen Nr. 2, 3 und 4 geprüft werden. Im Einzelnen:

a) Eilbedürftigkeit. Zunächst muss Eilbedürftigkeit bestehen. Diese setzt sich aus zwei Elementen zusammen: aus der erheblichen Wahrscheinlichkeit der Betreuungsbedürftigkeit und dem dringenden Bedürfnis für das sofortige Tätigwerden. Aufgrund konkreter, bereits ermittelter Tatsachen,

---

⁷ Vgl. etwa BayObLG FamRZ 1994, 1270.
⁸ BT-Drucks. 16/6308, S. 271; *Zimmermann* FamFG Rn. 495. Zu Komplikationen *Keidel/Budde* Rn. 8.
⁹ Hierzu zählt auch die Bestellung eines vorläufigen Kontrollbetreuers nach § 1896 Abs. 3 BGB; *Bienwald/Sonnenfeld* § 69f FGG Rn. 8. Gegen die Bestellung eines vorläufigen Sterilisationsbetreuers nach § 300 (so aber *Bienwald/Sonnenfeld* § 69f FGG Rn. 9) bestehen dagegen schwerwiegende Bedenken. Da das Genehmigungsverfahren nach § 297 auf keinen Fall nach § 300 betrieben werden kann, ist im Übrigen Eilbedürftigkeit im Bestellungsverfahren kaum je begründbar.
¹⁰ *Bassenge/Roth* § 69f FGG Rn. 2; aA *Bienwald/Sonnenfeld* § 69f FGG Rn. 12.
¹¹ Etwa auch in den Fällen des § 1846 iVm. § 1908i Abs. 1 S. 1 BGB; dazu *Keidel/Budde* Rn. 11.
¹² Vgl. OLG Frankfurt FGPrax 2003, 81 (Herausgabe der betreuten Person); BayObLG NJW-RR 2002, 1446 (Einwilligung des Gerichts in eine Heilbehandlung).
¹³ *Bassenge/Roth* § 69f FGG Rn. 2.

die dem Gericht entweder von Amts wegen oder auf Anregung bekannt werden, muss nach Abs. 1 S. 1 Nr. 1 erstens eine **erhebliche Wahrscheinlichkeit** (dringende Gründe!) dafür bestehen, dass die betroffene Person nach § 1896 Abs. 1 BGB betreuungsbedürftig ist, dass also ein Betreuer bestellt werden oder die Anordnung eines Einwilligungsvorbehalts erfolgen wird. Die Voraussetzung der erheblichen Wahrscheinlichkeit der Betreuungsbedürftigkeit erfordert es etwa, dass dann, wenn die betroffene Person die Bestellung eines Betreuers oder die Anordnung eines Einwilligungsvorbehaltes erkennbar ablehnt, diese Ablehnung nicht Ausdruck der privatautonomen Gestaltungsmacht der betroffenen Person ist, sondern dass diese Ablehnung krankheits- oder störungsbedingt ist und die betroffene Person deshalb zB die Notwendigkeit fachärztlicher Behandlung nicht erkennen kann.[14] Es ist hier sorgfältig darauf zu achten, dass nicht mit einer einstweiligen Anordnung Tatsachen geschaffen werden, die schwer in die Rechte der betroffenen Person eingreifen, ohne dass Betreuungsbedürftigkeit wirklich vorliegt.[15] Gleiches gilt für das schlichte Nichthandeln der betroffenen Person, das für den Außenstehenden als Vernachlässigung eigener Angelegenheiten erscheint. Auch hier muss das Nichthandeln krankheits- oder störungsbedingt sein. Die Rechtsprechung umschreibt das regelmäßig mit dem **Fehlen der Fähigkeit zur freien Willensbestimmung.**[16]

9 Zweitens muss ein **dringendes Bedürfnis** für das sofortige Tätigwerden des Gerichts bestehen. Mit der betreuungsrechtlichen Maßnahme darf also nicht zugewartet werden können, ohne dass Gefahr für die Rechte der betroffenen Person entstünde. Das Wohl der betroffenen Person muss das sofortige Einschreiten gebieten. Wiederum muss auf Grund konkreter Umstände nahe liegen, dass das **Abwarten** für die betroffene Person **erhebliche Nachteile** zur Folge hätte.[17] Die drohenden Nachteile können gleich welcher Art sein: Vermögensnachteile, Gesundheitsgefahren, etc.

10 Geht es um die Betreuerentlassung nach Abs. 2, dann muss eine **erhebliche Wahrscheinlichkeit** (dringende Gründe!) dafür gegeben sein, dass die in § 1908b Abs. 1 BGB genannten Entlassungsvoraussetzungen vorliegen. Dazu gehört es auch, dass ein milderer Eingriff nicht ausreicht und dass der betroffenen Person infolge der Betreuerentlassung kein größerer Schaden entsteht als bei seinem Verbleiben.[18] Auch hier muss ein **dringendes Bedürfnis** für das sofortige Tätigwerden bestehen. Das kann dann gegeben sein, wenn das Verhalten des Betreuers eine Gefahr für die Person oder das Vermögen der betreuten Person darstellt und der Betreuer anders als durch die Entlassung (etwa durch Aufsichtsmaßnahmen) nicht von seinem Vorhaben abgehalten werden kann.[19] Relevant ist das bei Interessenkollisionen, unsauberer Vermögensverwaltung oder auch bei der Nichteinholung von Genehmigungen des Betreuungsgerichts.[20]

11 **b) Ärztliches Zeugnis.** Abs. 1 S. 1 Nr. 2 fordert die Existenz eines ärztlichen Zeugnisses[21] über den Zustand der betroffenen Person. Aus diesem Zeugnis (ein vom Gericht veranlasstes Sachverständigengutachten in der Form des § 280 ist nicht erforderlich) müssen sich Anknüpfungstatsachen (Befunde und Diagnosen) für etwa vorliegende Betreuungsbedürftigkeit und eine begründete[22] Stellungnahme des Arztes zur Notwendigkeit der Betreuung[23] ergeben. Auch ist zu fordern, dass das ärztliche Zeugnis sich dazu äußert, ob die zur Betreuungsbedürftigkeit führenden Befunde andauern werden und wie lange das sein wird. Das heißt, dass Verdachtsdiagnosen und Vermutungen grundsätzlich nicht geeignet sind,[24] eine einstweilige Anordnung zu rechtfertigen. Schließlich muss das Zeugnis Angaben zur mit einem eventuellen Aufschub einer Maßnahme verbundenen Gefahr enthalten.[25] Wie in anderen Bereichen des Betreuungsverfahrensrechts (§ 281, § 297 und § 298) so

---

[14] BayObLG FamRZ 1996, 898; *Damrau/Zimmermann* § 69f FGG Rn. 6.
[15] Vgl. etwa den Sachverhalt des OLG Köln FamRZ 1995, 1083: Weil die betroffene Person der Anordnung zur Untersuchung durch einen Sachverständigen keine Folge geleistet hatte, wurde auf das Vorliegen dringender Gründe für die Notwendigkeit einer vorläufigen Betreuung geschlossen (nach dem Motto: mangelnde Krankheitseinsicht ist psychisch abnorm).
[16] BayObLG BtPrax 2001, 37; OLG Köln FamRZ 2000, 908.
[17] OLG Schleswig OLGR 2005, 471; BayObLG FamRZ 2001, 935; FamRZ 1999, 1612; *Damrau/Zimmermann* § 69f FGG Rn. 7.
[18] BayObLG FamRZ 1994, 325.
[19] BT-Drucks. 11/4528, S. 178.
[20] *Damrau/Zimmermann* § 69f FGG Rn. 21.
[21] S. zu den Einzelheiten die Kommentierung zu § 281.
[22] Dies zur Absicherung gegen die berüchtigten „Fünf Zeilen-Atteste"; s. dazu auch *Bienwald/Sonnenfeld* § 69f FGG Rn. 18.
[23] OLG Frankfurt FGPrax 2005, 23; *Damrau/Zimmermann* § 69f FGG Rn. 8; MünchKomm/*Schwab* § 1896 BGB Rn. 120; *Bassenge/Roth* § 69f FGG Rn. 5; *Keidel/Budde* Rn. 4; *Bienwald/Sonnenfeld* § 69f FGG Rn. 18.
[24] KG RuP 1996, 86.
[25] Lehrbuchartig OLG Köln FGPrax 2006, 233: „In dem vorliegenden Arztzeugnis fehlt indes eine – wenn auch kurze – Darstellung des zu erwartenden Behandlungserfolges sowie derjenigen Nachteile, die die Betr. zu

stellt sich auch hier die Frage, ob die **persönliche Untersuchung** bzw. Befragung der betroffenen Person durch den Arzt, der das Zeugnis ausstellt, notwendig ist. § 300 Abs. 1 S. 1 äußert sich dazu nicht. Die Frage ist zu bejahen.[26] Es liegt nach allgemeinen medizinrechtlichen Überlegungen meist schon kein „ärztliches Zeugnis" im strengen Sinne vor, wenn ein Arzt eine Stellungnahme abgibt, ohne den Patienten gesehen und untersucht zu haben. Außerdem kommt es wegen der in § 1896 Abs. 1 BGB vorgenommenen Verknüpfung zwischen Befund und Bewertung, welche die Aussage zur Betreuungsbedürftigkeit überhaupt möglich macht, entscheidend darauf an, dass Befunde zum körperlichen und psychischen Zustand der betroffenen Person erhoben werden. Anders ist nur im Falle des § 298 zu entscheiden – aber dort kann es ausreichen, wenn der Gutachter sich über die generellen Risiken des geplanten Eingriffs unabhängig von der konkreten Person äußert. Demnach müssen bei § 300 Abs. 1 S. 1 dieselben Anforderungen an das ärztliche Zeugnis gestellt werden wie nach §§ 280, 281 Abs. 2. Gleiches, also die Forderung des § 280 Abs. 1 S. 2, gilt im Übrigen für die **Qualifikation** des Arztes, der das Zeugnis ausstellt.[27]

c) Anhörung des Verfahrenspflegers. Abs. 1 S. 1 Nr. 3 ordnet die Anhörung eines nach § 276[28] zu bestellenden Verfahrenspflegers an. Immer dann, wenn von der persönlichen Anhörung der betroffenen Person abgesehen werden soll, ist die Bestellung eines Verfahrenspflegers notwendig.[29] Diese Anhörung muss keine persönliche Anhörung sein,[30] es genügt, wenn das Gericht dem Verfahrenspfleger Gelegenheit zur (schriftlichen) Äußerung gibt. Auch ein Telefonat zwischen dem Gericht und dem Verfahrenspfleger genügt.[31] **12**

d) Anhörung der betroffenen Person. Schließlich muss die betroffene Person persönlich angehört werden. Für die Anhörung gilt § 278 Abs. 1, 2, und 5.[32] Das Gericht muss sich demnach von der betroffenen Person einen unmittelbaren Eindruck verschaffen, es hat sie über den Verlauf des Verfahrens zu unterrichten. Das Gericht kann die betroffene Person durch die zuständige Betreuungsbehörde nach § 278 Abs. 5 vorführen lassen.[33] Es kann zur Anhörung nach § 26 einen Sachverständigen hinzuziehen. Nicht in § 300 Abs. 1 S. 1 Nr. 4 aufgenommen wurde des Verweis des bisherigen § 69f Abs. 1 S. 3 FGG aF auf den bisherigen § 69d Abs. 1 S. 3 FGG aF, denn dieser ist auf Grund der Regelung in § 34 Abs. 2 obsolet.[34] Danach kann von der Anhörung abgesehen werden, wenn die Anhörung erhebliche Nachteile für die Gesundheit der betroffenen Person verursachen oder die betroffene Person ihren Willen nicht kundtun kann.[35] Die Gefahr erheblicher Gesundheitsnachteile muss nicht durch ein Sachverständigengutachten belegt sein. Die Anwendung von § 278 Abs. 4 kommt wegen des Eilcharakters der Entscheidung nicht in Betracht. Nach Abs. 1 S. 2 kann die Anhörung der betroffenen Person ferner auch durch einen ersuchten Richter im Wege der **Rechtshilfe** erfolgen.[36] Dies dient der Vorbeugung gegen Zeitverlust. Die Anwendung von § 278 Abs. 3 ist hier ausdrücklich ausgeschlossen. **13**

e) Anhörung der sonstigen Beteiligten. Die sonstigen Beteiligten nach § 274 müssen nicht, können aber nach § 26 angehört werden. **14**

---

erlieden hat, wenn die Behandlung nicht durchgeführt wird. Diese wesentlichen Punkte müssen ... Inhalt eines ärztlichen Zeugnisses anlässlich einer Eilmaßnahme nach ... § 69f FGG sein". S.a. *Bassenge/Roth* § 69f FGG Rn. 5.

[26] So auch OLG Frankfurt FGPrax 2005, 23 (das Telefonat zwischen Richter und Sachverständigem ohne zeitnahe Untersuchung der betroffenen Person durch diesen reicht nicht aus); *Keidel/Kuntze/Winkler/Kayser* § 69f FGG Rn. 6; *Bienwald/Sonnenfeld* § 69f FGG Rn. 19; *Jürgens/Mertens* § 69f FGG Rn. 4; aA *Bassenge/Roth* § 69f FGG Rn. 5.

[27] OLG Schleswig OLGR 2005, 471; OLG Zweibrücken BtPrax 2003, 80; BayObLG FamRZ 1999, 1612; *Keidel/Budde* Rn. 4; *Damrau/Zimmermann* § 69f FGG Rn. 8; *Bienwald/Sonnenfeld* § 69f FGG Rn. 19.

[28] S. zu den Voraussetzungen die Kommentierung dort.

[29] PK-BUV/*Locher* § 69f FGG Rn. 8.

[30] Bis zum Inkrafttreten des BtÄndG am 1. 1. 1999 war der Verfahrenspfleger persönlich anzuhören.

[31] *Bienwald/Sonnenfeld* § 69f FGG Rn. 20; karikierend *Damrau/Zimmermann* § 69f FGG Rn. 11: Es komme auf den psychischen Zustand der betroffenen Person an, nicht auf den des Verfahrenspflegers. Das schon 1991 gerügte Redaktionsversehen des Gesetzgebers, *Zimmermann* FamRZ 1991, 270 Fn. 55, das sich aus der Zusammenschau von (jetzt) Abs. 1 S. 1 Nr. 3 und Nr. 4 und Abs. 1 S. 2 ergibt (der Verfahrenspfleger muss streng genommen anders als die betroffene Person immer durch den erkennenden Richter angehört werden), hat sich auch durch das FGG-RG hindurch gerettet.

[32] So im Grundsatz *Keidel/Kuntze/Winkler/Kayser* § 69f FGG Rn. 14; aA PK-BUV/*Locher* § 69f FGG Rn. 7.

[33] S. im Einzelnen die Kommentierung zu § 278. Wie hier HK-BUR/*Rink* § 69f FGG Rn. 32.

[34] BT-Drucks. 16/6308, S. 271.

[35] *Bassenge/Roth* § 69f FGG Rn. 7.

[36] BayObLG Rpfleger 1998, 244. Das Ersuchen hierzu darf das ersuchte Gericht nicht ablehnen; OLG Frankfurt FamRZ 2004, 137.

15 **3. Verfahren, Entscheidung.** Örtlich zuständig für die Entscheidung im Wege der einstweiligen Anordnung ist nach § 271 meist das **Aufenthalts-** oder das **Fürsorgebedürfnisgericht.** Nach § 271 Abs. 2 ist das Gericht des Fürsorgebedürfnisses auch dann örtlich zuständig, wenn das Hauptsacheverfahren bei einem anderen Betreuungsgericht geführt wird. Das Gericht, in dessen Bezirk das Bedürfnis zur Fürsorge im Wege der einstweiligen Anordnung zu Tage tritt, soll dem nach § 271 Abs. 1 zuständigen Gericht die getroffenen Maßnahmen mitteilen.[37] Funktional zuständig ist der **Richter,** §§ 3, 14 Nr. 4 RPflG. Ausnahme hiervon sind Betreuungsanordnungen nach § 1896 Abs. 3 BGB. Die festzustellenden Tatsachen werden grundsätzlich im Freibeweisverfahren erhoben (das zeigt sich schon daran, dass das ärztliche Zeugnis/Attest ausreicht); das erforderliche Beweismaß hängt von den Umständen des Einzelfalles ab, meist dürfte Glaubhaftmachung ausreichen.[38] Das gilt auch, wenn die betroffene Person bestimmte Tatsachen bestreitet.[39] Das Gericht sollte besonderes Augenmerk darauf lenken, welche Entwicklung zu der jetzt eingetretenen Eilbedürftigkeit geführt hat.[40] Liegen die Voraussetzungen vor, dann hat das Gericht die gebotenen Entscheidungen durch einstweilige Anordnung zu treffen.

16 Die Entscheidung ergeht **von Amts wegen** als **Beschluss.** Ein Antrag auf Erlass einer einstweiligen Anordnung muss nicht gestellt werden. Für den Inhalt des Beschlusses gelten § 38, 39; daneben (weil ein Betreuer bestellt oder ein Einwilligungsvorbehalt angeordnet wird) auch § 286.[41] In der Beschlussformel ist die Dauer (§ 302) der angeordneten Maßnahme zu bezeichnen.[42] Abweichend von § 286 Abs. 3 ist bei der einstweiligen Anordnung **kein Überprüfungszeitpunkt** in der Beschlussformel anzugeben, weil es diesen Zeitpunkt bei der einstweiligen Anordnung nicht gibt: Wird sie nicht verlängert, dann wird sie unwirksam, § 302 S. 1. Mitunter wird gefordert, den Zeitpunkt des Außerkrafttretens nach § 302 in die Beschlussformel aufzunehmen.[43] Hieran ist soviel richtig, dass dann, wenn das Gericht absehen kann, dass für die Durchführung des Hauptsacheverfahrens ein kürzerer Zeitraum als sechs Monate nach Erlass der einstweiligen Anordnung ausreichen wird, diese **kürzere Zeitspanne** als Befristung im Beschluss anzugeben ist. Praktisch tunlich ist das nicht, weil sich das Gericht auf diese Art und Weise unnötige Verlängerungsentscheidungen nach § 302 S. 2 aufhalst. Die Anordnung der sofortigen Wirksamkeit ist unnötig. Für die Kosten gelten die allgemeinen Vorschriften, § 51 Abs. 4.

17 **4. Wirksamwerden, Bekanntgabe.** Die einstweilige Anordnung wird mit der Bekanntgabe an den (vorläufigen) Betreuer wirksam, § 287. Regelmäßig ist hier die **Beschleunigungsvorschrift** des § 287 Abs. 2 S. 2 (Bekanntgabe gegenüber der betroffenen Person oder ihrem Verfahrenspfleger oder Übergabe an die Geschäftsstelle zum Zwecke der Bekanntgabe) anzuwenden,[44] ohne dass es auf eine gesonderte Anordnung der sofortigen Wirksamkeit ankäme. Der Beschluss ist jedenfalls der betroffenen Person und ihrem Verfahrenspfleger bzw. ihrem Verfahrensbevollmächtigten und den sonstigen Beteiligten bekannt zu machen, § 41 Abs. 1. Wird der Betreuer nach Abs. 2 entlassen, ist die einstweilige Anordnung diesem bekannt zu machen, § 41 Abs. 1.

18 **5. Rechtsmittel.** Gegen den Beschluss, mit dem eine einstweilige Anordnung getroffen wird, ist das Rechtsmittel der **Beschwerde** gegeben. Für diese Beschwerde gilt die kurze Einlegungsfrist des § 63 Abs. 2 Nr. 1 (zwei Wochen). Die Rechtsbeschwerde ist ausgeschlossen, § 70 Abs. 4. Hat das Gericht parallel ein Hauptsacheverfahren begonnen, ist hinsichtlich der Rechtsmittel zu differenzieren. Wenn die betroffene Person gegen die einstweilige Anordnung Beschwerde innerhalb der Frist des § 63 Abs. 2 Nr. 1 eingelegt hat, das Hauptsacheverfahren aber während des Beschwerdeverfahrens mit der Bestellung eines endgültigen Betreuers oder der endgültigen Anordnung eines Einwilligungsvorbehaltes beendet, hat sich die Hauptsache des Verfahrens über die einstweilige Anordnung erledigt. Beschwerde muss nun (in der Frist des § 63 Abs. 1 – ein Monat) gegen den Beschluss, der die endgültige Maßnahme anordnet, erhoben werden.[45] Die früher eingelegte Beschwerde suspendiert also die Entscheidung im Hauptsacheverfahren nicht. Das ist Konsequenz der Anerkennung des Verfahrens über eine einstweilige Anordnung als selbstständiges Verfahren.

---

[37] Um eine Abgabe des Verfahrens handelt es sich dabei nicht; BayObLG BtPrax 2002, 270; PK-BUV/*Locher* § 69f FGG Rn. 3.
[38] *Bassenge/Roth* § 69f FGG Rn. 4; *Keidel/Kuntze/Winkler/Kayser* § 69f FGG Rn. 9; *Bienwald/Sonnenfeld* § 69f FGG Rn. 17.
[39] BayObLG BtPrax 2004, 159 (nur LS).
[40] *Damrau/Zimmermann* § 69f FGG Rn. 26.
[41] Vgl. im Einzelnen die Kommentierung dort.
[42] *Damrau/Zimmermann* § 69f FGG Rn. 29.
[43] HK-BUR/*Rink* § 69f FGG Rn. 42; aA *Damrau/Zimmermann* § 69f FGG Rn. 23.
[44] S. a. PK-BUV/*Locher* § 69f FGG Rn. 14.
[45] *Zimmermann* FamFG Rn. 503.

§ 301 Einstweilige Anordnung bei gesteigerter Dringlichkeit

(1) ¹Bei Gefahr im Verzug kann das Gericht eine einstweilige Anordnung nach § 300 bereits vor Anhörung des Betroffenen sowie vor Anhörung und Bestellung des Verfahrenspflegers erlassen. ²Diese Verfahrenshandlungen sind unverzüglich nachzuholen.

(2) Das Gericht ist bei Gefahr im Verzug bei der Auswahl des Betreuers nicht an § 1897 Abs. 4 und 5 des Bürgerlichen Gesetzbuchs gebunden.

1. Normzweck. Wie zu § 300 festgehalten,[1] regelt die Norm die einstweilige Anordnung bei gesteigerter Dringlichkeit, die so genannte **eilige einstweilige Anordnung**. Sie ist das regelmäßig in Eilfällen angewandte Mittel zum Schutz von wahrscheinlich betreuungsbedürftigen Personen. Rechtlich unterscheidet sie sich nur dadurch von der gewöhnlichen einstweilige Anordnung,[2] dass die Anhörung der betroffenen Person und des Verfahrenspflegers derselben unterbleiben können. Auch ermöglicht sie die wirklich schnelle Bestellung eines vorläufigen Betreuers durch Vereinfachungen bei der Betreuerauswahl.

2. Verfahrenserleichterungen. Das Gericht kann eine einstweilige Anordnung auch erlassen, obwohl es weder die betroffene Person angehört noch für diese einen Verfahrenspfleger bestellt und ihn angehört hat, wenn **Gefahr im Verzug** ist. Als Voraussetzungen für den Erlass einer eiligen einstweiligen Anordnung verbleiben neben der Gefahr im Verzug also die Tatsachen, aus denen sich die erhebliche Wahrscheinlichkeit einer Betreuungsbedürftigkeit ergibt, und ein ärztliches Zeugnis hierüber. Dabei ist zu beachten, dass § 301 dem Gericht nicht freies Ermessen darüber einräumt, welche Verfahrenshandlungen durchzuführen und welche zu unterlassen sind.[3] Es hat die gewöhnlichen Verfahrensgarantien zu beachten und bei der eiligen einstweiligen Anordnung immer davon auszugehen, dass die Verfahrenserleichterungen bei Hebung der Gefahr sofort entfallen und die aufgeschobenen Verfahrenshandlungen nachzuholen.

a) Gefahr im Verzug. Gefahr ist im Verzug, wenn das Handeln des Gerichts so dringend notwendig ist, dass eine Anhörung nicht mehr möglich ist. Es handelt sich also gegenüber § 300 Abs. 1 S. 1 Nr. 1 um eine **Steigerung der zeitlichen Dringlichkeit**.[4] Allein der zeitliche Aufschub, der durch die Anhörung entstünde, muss (glaubhaft!) erhebliche Nachteile für die betroffene Person hervorrufen.[5] Die Voraussetzungen der Gefahr im Verzug, bei deren Vorliegen von der vorherigen persönlichen Anhörung des Betroffenen abgesehen werden kann, müssen im Beschluss durch auf den konkreten Sachverhalt bezogene Tatsachen belegt werden. (Allgemeine) Formulierungen der Art, die Anhörung sei wegen Eilbedürftigkeit vor Erlass der Entscheidung nicht möglich gewesen, genügen diesen Anforderungen nicht.[6]

b) Unverzügliche Nachholung. Das Gericht hat die Anhörung der betroffenen Person, die Bestellung eines Verfahrenspflegers für diese und dessen Anhörung unverzüglich nachzuholen – sie werden also lediglich aufgeschoben.[7] Das sichert die Einhaltung grundlegender Verfahrensgarantien und ermöglicht die Anpassung der lediglich vorläufigen Maßnahme an die tatsächlichen Umstände und Wünsche vor allem der betroffenen Person. Unverzüglichkeit bedeutet hier wie bei § 121 BGB **ohne schuldhaftes Zögern** und meint, dass keine Verzögerung eintreten darf, die sich sachlich rechtfertigen lässt.[8] Die Nachholung hat auch ohne Rücksicht auf gerichtsorganisatorische Schwierigkeiten zu erfolgen. Ist ein Eilrichterdienst eingerichtet, kann keine Verweisung in den werktäglichen Geschäftsgang erfolgen.[9] Das Gericht hat auch weniger dringliche Dienstgeschäfte zurückzustellen.[10] Es darf sich nicht etwa bis zum nächsten routinemäßigen Anhörungstag in einer Pflegeeinrichtung oder Klinik Zeit lassen, sondern es muss die Anhörungen so bald als objektiv möglich nachholen.[11] Unterbleibt die Anhörung auch später, so ist die einstweilige Anordnung rechtsfehlerhaft ergangen und (mit der Beschwerde) anfechtbar, nicht aber von vornherein unwirksam.[12] Die Anhörung ist bei Einlegung einer Beschwerde nachzuholen, bevor die Vorlage an das Beschwerdegericht erfolgt.[13]

---

[1] S. o. § 300 Rn. 1–4.
[2] S. daher zu den Voraussetzungen und zum Verfahren bis zur Entscheidung die Kommentierung zu § 300.
[3] HK-BUR/*Rink* § 69f FGG Rn. 36.
[4] *Damrau/Zimmermann* § 69f FGG Rn. 13; *Bienwald/Sonnenfeld* § 69f FGG Rn. 23.
[5] *Jurgeleit/Bucic* § 69f FGG Rn. 11; PK-BUV/*Locher* § 69f FGG Rn. 9.
[6] OLG München BeckRS 2005, 12822.
[7] *Keidel/Kuntze/Winkler/Kayser* § 69f FGG Rn. 13; PK-BUV/*Locher* § 69f FGG Rn. 9.
[8] *Damrau/Zimmermann* § 69f FGG Rn. 14; *Bienwald/Sonnenfeld* § 69f FGG Rn. 24.
[9] So HK-BUR/*Rink* § 69f FGG Rn. 39.
[10] PK-BUV/*Locher* § 69f FGG Rn. 9.
[11] S. etwa KG FGPrax 2008, 178 (sechs Tage bis zur Anhörung in der Abschiebehaft sind nicht unverzüglich).
[12] *Keidel/Kuntze/Winkler/Kayser* § 69f FGG Rn. 13.
[13] OLG Frankfurt FGPrax 2003, 81.

5   **3. Auswahlerleichterungen.** Bei der eiligen einstweiligen Anordnung ist das Gericht nach Abs. 2 nicht an die Beschränkungen des § 1897 Abs. 4 und 5 BGB gebunden. Das steht natürlich in Zusammenhang mit der Steigerung der zeitlichen Dringlichkeit: Wenn eine Anhörung nicht mehr möglich ist, dann kann die betroffene Person auch nicht nach ihren Vorschlägen für einen Betreuer (§ 1897 Abs. 4 BGB) befragt werden. Zeitliche Dringlichkeit wirkt sich auch dahingehend aus, dass das Gericht die Angehörigen der betroffenen Person (§ 1897 Abs. 5 BGB) nicht in seine Auswahlentscheidung einbeziehen kann, weil es sie gar nicht erreicht, bevor die Entscheidung getroffen werden muss. Anstelle einer abgewogenen Auswahlentscheidung bleibt hier im Regelfall nur die Bestellung eines anerkannten Betreuungsvereins oder der zuständigen Betreuungsbehörde zum vorläufigen Betreuer. Die Auswahl des endgültigen Betreuers erfolgt dann im Hauptsacheverfahren.[14] Sind freilich zeitaufwändige Ermittlungen nicht nötig, weil die Umstände offenkundig sind (ein volljähriges, geschäftsfähiges Kind ist am Krankenbett der hilflos, verwirrt und dement aufgefundenen und in der Klinik behandelten betroffenen Person anwesend und zur Übernahme der vorläufigen Betreuung bereit), dann sind die Auswahlkriterien von § 1897 Abs. 4 und 5 BGB auch bei der eiligen einstweiligen Anordnung zu berücksichtigen. Das Gericht bleibt aber auch in den Eilfällen an den grundsätzlichen Primat der ehrenamtlich geführten Betreuung vor der berufsmäßig geführten (§ 1897 Abs. 6 BGB) gebunden. Hilfreich in der Praxis ist das nicht, denn in besonders eiligen Fällen wird meist schneller ein Berufsbetreuer zur Hand sein als ein ehrenamtlicher gefunden ist.[15]

§ 302 Dauer der einstweiligen Anordnung

[1] Eine einstweilige Anordnung tritt, sofern das Gericht keinen früheren Zeitpunkt bestimmt, nach sechs Monaten außer Kraft. [2] Sie kann jeweils nach Anhörung eines Sachverständigen durch weitere einstweilige Anordnungen bis zu einer Gesamtdauer von einem Jahr verlängert werden.

1   **1. Normzweck.** Die Vorschrift errichtet eine zeitliche Höchstgrenze für die Wirksamkeit von Entscheidungen, die im Wege der einstweiligen Anordnung nach §§ 300, 301 getroffen worden sind. Sie dient der **Sicherung der Verfahrensrechte** der betroffenen Person, indem sie anordnet, dass Maßnahmen, bei deren Erlass nicht alle Verfahrensgarantien des Regelverfahrens eingehalten werden konnten, nach Ablauf einer festen Frist erlöschen. § 302 entspricht mit sprachlichen Änderungen dem bisherigen § 69f Abs. 2 FGG aF. Die begrenzte Geltungsdauer der einstweiligen Anordnung in Betreuungsverfahren ist beibehalten worden; diese ausdrückliche Bestimmung ist erforderlich, denn eine einstweilige Anordnung würde in diesen Verfahren sonst gemäß § 56 Abs. 1 bis zum Wirksamwerden einer anderen Regelung gelten. Da der Erlass einer einstweiligen Anordnung in Betreuungsverfahren jedoch unter erleichterten Voraussetzungen möglich ist, soll das Gericht nach einer bestimmten Zeit auf Grund erneuter Prüfung gezwungen sein, eine neue Entscheidung zu erlassen.[1]

2   **2. Außerkrafttreten (S. 1).** Bestimmt das Gericht keinen früheren Zeitpunkt für das Außerkrafttreten der vorläufigen Maßnahme, dann tritt die einstweilige Anordnung **nach sechs Monaten** kraft Gesetzes von selbst außer Kraft, ohne dass es einer Aufhebung bedürfte. Der Zeitraum von sechs Monaten wird allgemein aus ausreichend zur Durchführung des Hauptsacheverfahrens angesehen.[2] Setzt das Gericht (sich selbst) eine kürzere Frist, gilt zu diesem Zeitpunkt dasselbe. Die Sechsmonatsfrist beginnt mit dem Wirksamwerden der einstweiligen Anordnung zu laufen und berechnet sich nach §§ 187 Abs. 1, 188 Abs. 2 BGB. Die Anordnung einer routinemäßigen Höchstdauer kann hierin freilich nicht gesehen werden,[3] benötigt das Gericht im Einzelfall für seine Ermittlungen mehr Zeit, so ist das nicht pflichtwidrig. Die einstweilige Anordnung tritt auch schon vor Ablauf der sechs Monate außer Kraft durch Wirksamwerden der Hauptsacheentscheidung oder durch Aufhebung der einstweiligen Anordnung.[4]

---

[14] Das Gericht ist also nicht verpflichtet, bei Fortfall der Gefahr im Verzug erneut eine einstweilige Anordnung zu erlassen, welche § 1897 Abs. 4 und 5 BGB Genüge tut; PK-BUV/*Locher* § 69f FGG Rn. 10. Im Hauptsacheverfahren ist das Gericht dann jedoch an die Auswahlregeln des materiellen Rechts gebunden; vgl dazu auch *Keidel/Budde* Rn. 3.
[15] *Bienwald/Sonnenfeld* § 69f FGG Rn. 25; *Damrau/Zimmermann* § 69f FGG Rn. 27.
[1] BT-Drucks. 16/6308, S. 271.
[2] BT-Drucks. 11/4528, S. 178; *Keidel/Kuntze/Winkler/Kayser* § 69f FGG Rn. 16; HK-BUR/*Rink* § 69f FGG Rn. 42; *Bienwald/Sonnenfeld* § 69f FGG Rn. 28.
[3] *Bassenge/Roth* § 69f FGG Rn. 13.
[4] *Bassenge/Roth* § 69f FGG Rn. 13; *Damrau/Zimmermann* § 69f FGG Rn. 19.

3. Verlängerung (S. 2). Die einstweilige Anordnung kann durch den Erlass weiterer einstweiliger 3
Anordnungen, für welche die Vorschriften über die Erstanordnung entsprechend gelten[5] (möglich
sind also auch hier eilige einstweilige Anordnungen),[6] bis zu einer **Gesamtdauer von einem Jahr**
verlängert werden, wenn die bisherige Dauer für die notwendigen Ermittlungen zum Erlass einer
endgültigen Entscheidung nicht ausreicht.[7] Möglich, aber nicht sinnvoll sind mehrere kurzfristige
Entscheidungen. Mit Ablauf der Gesamtfrist von einem Jahr endet die angeordnete Maßnahme
ebenfalls von selbst.

Entscheidend ist aber hier, dass für die Verlängerung ein ärztliches Zeugnis/Attest anders als bei 4
der Erstanordnung allein nicht ausreicht. Vielmehr ist (statt des ärztlichen Zeugnisses/Attestes) die
Anhörung eines Sachverständigen, der vom Gericht zu bestellen ist, erforderlich. Dessen Anhörung muss sich auf den Gesundheitszustand der betroffenen Person, die Betreuungsbedürftigkeit und
die Verlängerungsnotwendigkeit erstrecken.[8] Über die Qualifikation des Sachverständigen äußert sich
§ 302 nicht. Er kann personengleich mit dem Arzt sein, dessen Zeugnis der Erstanordnung zu
Grunde gelegen hat.[9] Er muss den Anforderungen des § 280 Abs. 1 S. 2 genügen. Dass er die
betroffene Person vor seiner Anhörung untersuchen bzw. befragen muss, ist gleichfalls nicht ausdrücklich angeordnet. Auch hier gelten aber §§ 281 Abs. 2, 280 Abs. 2.[10]

§ 303 Ergänzende Vorschriften über die Beschwerde

(1) Das Recht der Beschwerde steht der zuständigen Behörde gegen Entscheidungen über
1. die Bestellung eines Betreuers oder die Anordnung eines Einwilligungsvorbehalts,
2. Umfang, Inhalt oder Bestand einer in Nummer 1 genannten Maßnahme
zu.

(2) Das Recht der Beschwerde gegen eine von Amts wegen ergangene Entscheidung
steht im Interesse des Betroffenen
1. dessen Ehegatten oder Lebenspartner, wenn die Ehegatten oder Lebenspartner nicht
   dauernd getrennt leben, sowie den Eltern, Großeltern, Pflegeeltern, Abkömmlingen
   und Geschwistern des Betroffenen sowie
2. einer Person seines Vertrauens
zu, wenn sie im ersten Rechtszug beteiligt worden sind.

(3) Das Recht der Beschwerde steht dem Verfahrenspfleger zu.

(4) [1] Der Betreuer oder der Vorsorgebevollmächtigte kann gegen eine Entscheidung, die
seinen Aufgabenkreis betrifft, auch im Namen des Betroffenen Beschwerde einlegen.
[2] Führen mehrere Betreuer oder Vorsorgebevollmächtigte ihr Amt gemeinschaftlich, kann
jeder von ihnen für den Betroffenen selbständig Beschwerde einlegen.

Übersicht

	Rn.		Rn.
I. Normzweck, Allgemeines	1, 2	2. Die Angehörigen der betroffenen Person	4–10
1. Normzweck, Neuerungen im FamFG	1	a) Beteiligung in erster Instanz	5
2. Anwendungsbereich	2	b) Von Amts wegen ergangene Entscheidung	6–8
II. Beschwerdeberechtigung	3–21	c) Beschwerde im Interesse der betroffenen Person	9
1. Die betroffene Person	3	d) Einzelfälle	10

---

[5] HK-BUR/*Rink* § 69f FGG Rn. 45; *Bassenge/Roth* § 69f FGG Rn. 14; *Damrau/Zimmermann* § 69f FGG Rn. 17; *Bienwald/Sonnenfeld* § 69f FGG Rn. 30.
[6] *Damrau/Zimmermann* § 69f FGG Rn. 17; aA HK-BUR/*Rink* § 69f FGG Rn. 45. Solche Situationen können eintreten, wenn sich kurz vor Fristablauf herausstellt, dass eine Verlängerung erforderlich ist und für die Anhörung keine Zeit mehr bleibt. Auch aus diesem Grunde sollte das Gericht von mehreren kurzfristigen Entscheidungen absehen.
[7] HK-BUR/*Rink* § 69f FGG Rn. 45.
[8] HK-BUR/*Rink* § 69f FGG Rn. 46.
[9] *Damrau/Zimmermann* § 69f FGG Rn. 17.
[10] S. o. § 300 Rn. 11. Unsicher *Damrau/Zimmermann* § 69f FGG Rn. 17: ohne Untersuchung wird das Gutachten aber kaum überzeugen können.

§ 303 1–3   Buch 3. Abschnitt 1. Verfahren in Betreuungssachen

	Rn.		Rn.
3. Die Betreuungsbehörde	11–13	6. Mehrere Betreuer/Vorsorgebevollmäch-	
4. Der Verfahrenspfleger	14	tigte	20
5. Der Betreuer/Vorsorgebevollmächtigte	15–19	7. Dritte	21
a) Im eigenen Namen	16, 17	**III. Beschwerdeverfahren**	22
b) Im Namen der betroffenen Person	18		
c) Trennung der Rechtsmittel	19		

I. Normzweck, Allgemeines

1   **1. Normzweck, Neuerungen im FamFG.** An § 303 (und § 335) wird die durch das FGG-RG herbeigeführte Umwälzung des Rechts der freiwilligen Gerichtsbarkeit so deutlich wie an keiner anderen Stelle des 3. Buches. Enthielt § 69g FGG aF eigenständige, auf das Betreuungsverfahren zugeschnittene Rechtsmittel,[1] so beschränkt sich § 303 darauf, ergänzend zu den §§ 58 ff., insbesondere zu § 59, **spezielle Beschwerdeberechtigungen in Betreuungssachen** zuzusprechen.[2] Diese Befugnisse betreffen immer nur das Recht, im eigenen Namen Beschwerde einzulegen.[3] Die Beschwerdebefugnis ist eine Zulässigkeitsvoraussetzung für die Beschwerde, die in der Person des Beschwerdeführers vorliegen muss.[4] Die Vorschrift konkretisiert damit die Regelungen des Allgemeinen Teils. Die Rechtsmittelverkürzung,[5] die das insoweit antiliberale FamFG insgesamt herbeigeführt hat, steht hier nicht zur Diskussion.

2   **2. Anwendungsbereich.** Voraussetzung dafür, dass bestimmte Beteiligte am Betreuungsverfahren beschwerdebefugt sein könnten, ist immer das Vorliegen einer anfechtbaren Entscheidung nach § 58 Abs. 1. Danach sind in Betreuungssachen **nur Endentscheidungen** der Betreuungsgerichte anfechtbar, Zwischenentscheidungen[6] sind mit der vom BGH zugelassenen Ausnahme bei Zwangsmaßnahmen[7] wie schon nach bisherigem Recht[8] grundsätzlich nicht anfechtbar. Endentscheidungen sind auch Entscheidungen, die im Wege der **einstweiligen Anordnung** nach § 300 erlassen werden. Die Beschwerde kann gegenständlich beschränkt werden – etwa auf die Auswahl der zum Betreuer zu bestellenden Person oder auf die Bestellung für bestimmte Aufgabenkreise.[9] „Vorbescheide" wie sie etwa in Nachlassangelegenheiten vorkommen, sind in Betreuungssachen nach allgM nicht zulässig,[10] sollte ein solcher Vorbescheid ergehen, wäre er anfechtbar. Der gegenständliche Anwendungsbereich der Vorschrift ist je nach Beschwerdebefugnis, die sie zuspricht, unterschiedlich weit gezogen.

II. Beschwerdeberechtigung

3   **1. Die betroffene Person.** Die selbstverständliche Beschwerdeberechtigung der betroffenen Person ergibt sich aus § 59 Abs. 1. Jeder, der durch den Beschluss **in seinen Rechten beeinträchtigt** ist, ist beschwerdebefugt. Weil betreuungsrechtliche Maßnahmen immer[11] in die Rechte

---

[1] Zu den zum 1. 9. 2009 noch anhängigen Altfällen vgl. etwa die einleitende Kommentierung bei *Damrau/Zimmermann* § 69g FGG Rn. 1–7.
[2] BT-Drucks. 16/6308, S. 271.
[3] PK-BUV/*Guckes* § 69g FGG Rn. 2.
[4] *Keidel/Kuntze/Winkler/Kayser* § 69g FGG Rn. 8.
[5] Abschaffung der einfachen (unbefristeten) Beschwerde; weit gehende Unanfechtbarkeit von Zwischenentscheidungen; Fortfall der oberlandesgerichtlichen Zuständigkeit; weit gehende Übertragbarkeit der Beschwerdeentscheidung auf den Einzelrichter.
[6] Etwa die Ablehnung der Einstellung eines auf die Überprüfung der Betreuungsbedürftigkeit gerichteten Verfahrens vor Abschluss der vom Betreuungsgericht für erforderlich erachteten Ermittlungen (OLG Frankfurt FamRZ 2008, 1477), die Einleitung des Betreuungsverfahrens (OLG Stuttgart FGPrax 2003, 72), die Bestellung des Verfahrenspflegers (BGH FamRZ 2003, 1275), die einzelnen Ermittlungshandlungen (BayObLG FamRZ 1998, 1183), die Ablehnung von Beweisanträgen (OLG Zweibrücken FamRZ 1998, 1243), die (bloße) Anordnung der medizinischen Untersuchung zur Vorbereitung des Gutachtens (s. o. § 280 Rn. 27), das Gutachten selbst, Auskünfte über Zuständigkeiten, Mitteilungen von Rechtsansichten ohne Außenwirkung (OLG Karlsruhe FamRZ 1998, 1244); s. a. *Sonnenfeld* FamRZ 2009, 1031; *Damrau/Zimmermann* § 69g FGG Rn. 6 und *Bienwald/Sonnenfeld* § 69g FGG Rn. 9 jeweils m. weit. Nachw. Endentscheidung ist aber die Ablehnung eines Negativattestes, wenn das Betreuungsgericht das Rechtsgeschäft als genehmigungsbedürftig ansieht (LG Meiningen FamRZ 2008, 1375).
[7] Vgl. dazu oben § 280 Rn. 27.
[8] Vgl. nur *Keidel/Kuntze/Winkler/Kayser* § 69g FGG Rn. 6.
[9] *Bassenge/Roth* § 69g FGG Rn. 1.
[10] *Damrau/Zimmermann* § 69g FGG Rn. 5.
[11] Auch bei der Aufhebung der Betreuung; vgl. OLG München BtPrax 2007, 81, und bei der Aufhebung eines Einwilligungsvorbehalts; dazu BayObLG FamRZ 2000, 567.

der betroffenen Person eingreifen, ist sie immer beschwerdebefugt. Das gilt sogar dann, wenn die betroffene Person die betreuungsrechtliche Maßnahme selbst beantragt hatte.[12] Die betroffene Person ist auch beschwerdebefugt, insoweit das Gericht feststellt, dass die Betreuung berufsmäßig geführt wird, weil der Berufsbetreuer durch diese Feststellung einen Vergütungsanspruch erwirbt, für den die betroffene Person bei Leistungsfähigkeit einstehen muss.[13] Das gilt selbst dann, wenn die betroffene Person mittellos ist, weil die Möglichkeit besteht, dass sie im Verlauf der Betreuung Vermögen erwirbt.[14] Anders ist es, wenn gegen die Staatskasse eine Betreuervergütung festgesetzt wird[15] oder wenn der Betreuer seinen Status wechselt, der Vereinsbetreuer etwa künftig als Privatperson tätig wird.[16] Hier wird die betroffene Person nicht in ihren Rechten tangiert.

2. Die Angehörigen der betroffenen Person. Auch für die Angehörigen der betroffenen Person gilt zunächst ebenfalls das **allgemeine Beschwerderecht** nach § 59 Abs. 1. Eine Beeinträchtigung in eigenen Rechten[17] kommt hier freilich höchstens für den von der betroffenen Person nicht dauernd getrennt lebenden Ehegatten/Lebenspartner in Betracht:[18] Es gibt abgesehen von der Verwirklichung der ehelichen Gemeinschaft mit der betroffenen Person kein Recht darauf, dass ein Angehöriger nicht unter Betreuung gestellt wird, weil ein solches Recht in vielen Fällen dem Wohl der betroffenen Person widerspräche. Ebenso wenig existiert ein Anspruch darauf, zum Betreuer bestellt zu werden.[19] Auch § 1897 Abs. 5 BGB ist letztlich Ausdruck dieses Gedankens, der nur eines verwirklichen soll: das Betreutenwohl.[20] Das so genannte Angehörigenprivileg nach § 1897 Abs. 5 BGB begründet kein selbstständiges Beschwerderecht der übergangenen Verwandten.[21] Die Angehörigen sind für das Betreuungsgericht auch keineswegs die Primärinterpreten des Betreutenwohls. Lehnt daher das Betreuungsgericht den Antrag eines Angehörigen der betroffenen Person, den bisherigen Betreuer zu entlassen und den Antragsteller zum Betreuer zu bestellen, ab, besteht mangels Beeinträchtigung in eigenen Rechten kein Beschwerderecht des Angehörigen.[22] Aus diesem Grunde erhalten **bestimmte Angehörige**[23] nach § 303 Abs. 2 über § 59[24] hinaus zwar eine **spezielle Beschwerdebefugnis zur Einlegung der Beschwerde im eigenen Namen,** die unabhängig davon besteht, ob der Beschwerdeführer selbst beschwert ist.[25] Diese Befugnis besteht aber inhaltlich nur **eingeschränkt** (nämlich nur im Interesse der betroffenen Person) und ist zudem nur auf bestimmte Verfahrensgegenstände begrenzt. Die Befugnis der Angehörigen zur Einlegung von Rechtsmitteln ist beschränkt – auch um zu verhindern, dass nach Bestandskraft der Betreuerbestellung dem Wohl der betroffenen Person zuwider laufende gerichtliche Auseinandersetzungen über die Betreuerauswahl durch die Instanzen geführt werden.[26] Das Gesetz zieht mit dieser speziellen Beschwerdebefugnis die verfahrensrechtlichen Konsequenzen[27] aus § 1897 Abs. 5 BGB, der den Angehörigen bei der Auswahl des konkreten Betreuers eine Vorrangstellung einräumt.[28] Der Kreis der Angehörigen, die zur Beschwerde befugt sind,[29] ist enger als der noch von § 69g FGG aF gezogene, weil erstens die Personen, die in der Seitenlinie bis

---

[12] OLG Hamm FamRZ 1995, 1519; PK-BUV/*Guckes* § 69g FGG Rn. 8; *Bienwald/Sonnenfeld* § 69g FGG Rn. 12 f.
[13] BayObLG FamRZ 2002, 767; *Bienwald/Sonnenfeld* § 69g FGG Rn. 13; PK-BUV/*Guckes* § 69g FGG Rn. 8.
[14] BayObLG FamRZ 2002, 767; PK-BUV/*Guckes* § 69g FGG Rn. 8.
[15] BayObLG FamRZ 2004, 138.
[16] BayObLG FamRZ 2002, 767; PK-BUV/*Guckes* § 69g FGG Rn. 8.
[17] Ein eigenes Recht kann auch ein Verfahrensrecht sein.
[18] So auch *Keidel/Kuntze/Winkler/Kayser* § 69g FGG Rn. 23. Aber: Gegen die Genehmigung eines vom Betreuer des anderen (geschäftsunfähigen) Ehegatten eingereichten Scheidungsantrages durch das Betreuungsgericht hat der Ehegatte kein Beschwerderecht; OLG München FGPrax 2006, 266; KG FGPrax 2006, 18.
[19] Dies wird auch durch das Ergebnis der Diskussion über das gesetzliche Vertretungsrecht für nahe Angehörige unterstrichen. S. aber OLG Hamm FamRZ 2009, 810 zum Eingriff in den Kontakt zwischen Elternteil und Kind.
[20] So auch OLG Köln BeckRS 2007, 00435.
[21] BayObLG BeckRS 2004, 03806.
[22] BGH FamRZ 1996, 607; OLG München FGPrax 2008, 157; OLG Köln BeckRS 2007, 00435; BayObLG BeckRS 2004, 03806; OLG München BeckRS 2005, 10401; BayObLG FamRZ 1998, 1186; BayObLG FamRZ 1999, 874 (Bruder); aA noch OLG Köln FamRZ 1996, 1024 (unter Rückgriff auf Art. 6 GG).
[23] Die Angehörigen des § 274 Abs. 4 Nr. 1.
[24] *Keidel/Kuntze/Winkler/Kayser* § 69g FGG Rn. 9.
[25] BayObLG BeckRS 2005, 03099; OLG Zweibrücken FGPrax 1999, 182; *Keidel/Kuntze/Winkler/Kayser* § 69g FGG Rn. 9.
[26] OLG Köln BeckRS 2007, 00435.
[27] *Bienwald/Sonnenfeld* § 69g FGG Rn. 2.
[28] BGHZ 132, 157.
[29] S. dazu die Kommentierung zu § 274.

§ 303 5–7   Buch 3. Abschnitt 1. Verfahren in Betreuungssachen

zum dritten Grad mit der betroffenen Person verwandt sind, nicht nach § 303 privilegiert sind und zweitens von Ehegatten/Lebenspartnern gefordert wird, dass diese nicht von der betroffenen Person getrennt leben.[30] An der Nichtzulassung der/s heterosexuellen nichtehelichen Lebensgefährtin/en zur Beschwerde[31] hat das FGG-RG nichts geändert.

5 **a) Beteiligung in erster Instanz.** Hinsichtlich der beschwerdefähigen Verfahrensgegenstände gilt folgende Beschränkung: Angehörige sind nur beschwerdebefugt, wenn sie bereits in erster Instanz beteiligt worden sind. Die erstinstanzliche Beteiligung ist aber nur in den Fällen des § 274 Abs. 4 iVm § 274 Abs. 3 möglich, dh. nur in Verfahren, die auf die Bestellung eines Betreuers[32] oder die Anordnung eines Einwilligungsvorbehaltes gerichtet waren oder die sich auf Umfang, Inhalt oder Bestand solcher Entscheidungen bezogen.[33] Das sind in der Praxis zwar die allermeisten Verfahren, gleichwohl handelt es sich nicht um eine unbeschränkte Beschwerdemöglichkeit. Ausgeschlossen ist die Beschwerde der Angehörigen zB in den zahlreiche vermögensrechtliche Gegenstände betreffenden Genehmigungsverfahren nach § 299. In Genehmigungsverfahren nach § 297 ist die Angehörigenbeschwerde dagegen wegen § 303 Abs. 2 Nr. 1 iVm § 297 Abs. 3 S. 1 ohne weiteres möglich, weil die Angehörigen vor der Unfruchtbarmachung der betroffenen Person zwingend angehört werden müssen. Wenn das Gericht dagegen die Anhörung der Angehörigen nach § 298 Abs. 1 S. 2 unterlassen hat und die Angehörigen gerade dieses Unterlassen und damit mangelnde Sachaufklärung durch das Gericht rügen, dann liegt eine Beeinträchtigung in einem eigenen Verfahrensrecht und damit Beschwerdebefugnis nach § 59 Abs. 1 vor. Dagegen findet die Angehörigenbeschwerde nicht statt in Vergütungsfestsetzungsverfahren.[34] Will ein Angehöriger, der Kenntnis von einem Betreuungsverfahren erlangt, daher unbedingt daran beteiligt werden und sich alle Rechtsmittel wahren, dann muss er in der ersten Instanz gegenüber dem Betreuungsgericht den Antrag stellen, beteiligt zu werden. Dass das möglich ist, ergibt sich aus § 7 Abs. 3. Lehnt das Gericht diesen Antrag ab, besteht die Möglichkeit der sofortigen Beschwerde nach § 7 Abs. 5 S. 2 iVm §§ 567–572 ZPO. Das praktische Hauptproblem dabei stellt § 7 Abs. 4 dar, welcher vorschreibt, dass Angehörige über die Einleitung eines Betreuungsverfahrens zu benachrichtigen sind, jedoch dem Gericht keine Ermittlungspflicht auferlegt. Sind auswärts wohnende Angehörige weder dem Gericht noch der Betreuungsbehörde bekannt oder verschweigt die betroffene Person ihre Existenz, dann kann sich das Verfahren gänzlich ohne Angehörigenbeteiligung abspielen, mit der Folge, dass auch keine Beschwerdemöglichkeit gegeben ist.[35]

6 **b) Von Amts wegen ergangene Entscheidung.** Eine weitere Einschränkung des speziellen Beschwerderechts der Angehörigen liegt darin, dass das Gesetz in Abs. 2 vorschreibt, dass die Beschwerde der Angehörigen nur dann möglich ist, wenn die Entscheidung von Amts wegen ergangen ist. Das gilt auch für durch einstweilige Anordnung ergangene Entscheidungen.[36] Ist eine Betreuungssache auf Antrag der betroffenen Person durchgeführt worden, so unterliegt sie demnach grundsätzlich nicht der Beschwerde durch die Angehörigen.[37] Mit dem bisher geltenden § 69g Abs. 1 FGG aF stimmt das insofern überein, als auch danach nur die Bestellung eines Betreuers von Amts wegen der Beschwerde der Angehörigen unterlag. Diese Regelung soll dem **Selbstbestimmungsrecht** der betroffenen Person Rechnung tragen und Beschwerden Dritter weitgehend ausschließen.[38] Beantragt also ein verwirrter Vater die Bestellung seiner Tochter zur Betreuerin, dann hat der Sohn nach § 303 Abs. 2 kein Beschwerderecht, weil Antragsbetreuung vorliegt und der Sohn nicht nach § 59 in einem eigenen Recht verletzt ist.[39]

7 Problematisch hierbei sind erstens die Fälle, in denen eine geschäftsunfähige, gleichwohl nach § 275 verfahrensfähige betroffene Person einen Antrag gestellt hat, obwohl die Voraussetzungen einer Betreuerbestellung von Amts wegen vorlagen und zweitens die Fälle, in denen die betroffene Person in der Anhörung nach § 278 Einverständnis mit der Betreuerbestellung geäußert hat. Dieses Einver-

---

[30] Das Beschwerderecht entfällt auch dann, wenn die Ehe vor Erlass der Beschwerdeentscheidung endet; LG München BtPrax 2000, 135; *Bassenge/Roth* § 69g FGG Rn. 5.
[31] S. dazu zB OLG Karlsruhe NJOZ 2007, 5684; OLG Schleswig FGPrax 2002, 114.
[32] § 303 Abs. 2 gilt (entsprechend) auch für den Gegenbetreuer, BayObLG FamRZ 1994, 325.
[33] Vgl. oben § 274 Rn. 9.
[34] S. auch *Zimmermann* FamFG Rn. 509.
[35] Beispiel bei *Zimmermann* FamFG Rn. 512: Der Vermieter regt die Betreuung einer alten und kranken Mieterin an, weil er sie für verwirrt hält. S. a. *Keidel/Budde* Rn. 16.
[36] *Keidel/Kuntze/Winkler/Kayser* § 69g FGG Rn. 12; *Bienwald/Sonnenfeld* § 69g FGG Rn. 24.
[37] S. dazu etwa BayObLG FamRZ 1998, 1057.
[38] *Bienwald/Sonnenfeld* § 69g FGG Rn. 36.
[39] OLG München FGPrax 2008, 157; OLG Düsseldorf FamRZ 1998, 510; s. a. *Keidel/Kuntze/Winkler/Kayser* § 69g FGG Rn. 13.

ständnis lässt sich nämlich in einen Antrag umdeuten.⁴⁰ In beiden Fällen ließe sich durch eine geschickte Verfahrensstrategie ein Beschwerderecht der Angehörigen von vornherein verhindern: in der ersten Fallgruppe dadurch, dass das Pflegeheim, in dem das Betreuungsbedürfnis offenbar wird, die betroffene Person ein vorgefertigtes Antragsschreiben unterzeichnen lässt, in der zweiten dadurch, dass die Anhörung suggestiv erfolgt. Um solche höchst bedenklichen Verfahrensgestaltungen⁴¹ zu vermeiden, muss das Amtserfordernis des § 303 Abs. 2 seinem Sinn nach so ausgelegt werden, dass ein die Beschwerde der Angehörigen sperrender Antrag der betroffenen Person nur dann vorliegt, wenn die betroffene Person den Sinn eines Antrags auf Betreuerbestellung erfassen konnte, als sie ihn stellte.⁴² Es kann also nicht in jedem Falle formell danach entschieden werden, ob ein Antrag der betroffenen Person vorgelegen hat, denn das Gericht kann Betreuung auch bei Vorliegen eines Antrages von Amts wegen anordnen. Konstitutiv für das Beschwerderecht der Angehörigen ist der (evtl. auslegungsbedürftige) Inhalt der Entscheidung. Durfte die Entscheidung von Amts wegen ergehen, so ist im Hinblick auf das Beschwerderecht idR davon auszugehen, dass sie auch von Amts wegen ergangen ist.⁴³

Den Angehörigen steht es daneben jedoch offen, die betroffene Person zu veranlassen, ihnen **8** Vollmacht zur Geltendmachung von Rechtsmitteln zu erteilen. Dann können sie im Namen der betroffenen Person Beschwerde einlegen. Das freilich ist dann keine eigene Angehörigenbeschwerde mehr.

c) Beschwerde im Interesse der betroffenen Person. Die Angehörigen können ihre spezielle **9** und eingeschränkte Beschwerdebefugnis aus § 303 Abs. 2 ferner nur im Interesse der betroffenen Person ausüben. Wie dieses Interesse zu bestimmen ist, richtet sich nach denselben Kriterien, die auch bei § 274 Abs. 4 relevant sind.⁴⁴

d) Einzelfälle. Die Formulierung „**Bestellung eines Betreuers**" in § 274 Abs. 3, 4, die zur **10** Beschwerdebefugnis der Angehörigen führt, umfasst auch die **Auswahl der konkreten Person**. Die Angehörigen können daher bei bestehender spezieller Beschwerdebefugnis ihr Rechtsmittel auf diese Frage beschränken und nur die Auswahl der Person angreifen (**isolierte Anfechtung** oder **zulässige Teilanfechtung**).⁴⁵ Immer zu beachten aber ist, dass die betreuungsrechtliche Maßnahme von Amts wegen angeordnet wurde. Die **Verlängerung** einer Betreuung ist wie die Erstbestellung eines Betreuers zu behandeln, die Angehörigen sind daher bei einer Verlängerungsentscheidung beschwerdebefugt, wenn sie es auch bei der Erstbestellung des Betreuers gewesen wären.⁴⁶ Die Verlängerungsentscheidung kann aber nicht mit dem Ziel des Betreuerwechsels angegriffen werden (s. o. Rn. 4).⁴⁷ Erfasst ist auch die Bestellung eines **neuen Betreuers** nach § 1908c BGB, eines **weiteren Betreuers** (wegen der Verweisung in § 293 Abs. 3), eines **Ergänzungsbetreuers** und eines **Gegenbetreuers**.⁴⁸ Beschwerdebefugnis der Angehörigen besteht ferner bei einer von Amts wegen vorgenommenen **Erweiterung des Aufgabenkreises** des Betreuers und bei der **Ablehnung** der Bestellung eines Betreuers (sei es im Antrags- oder im Amtsverfahren). Für **weitere Fälle** gelten die Verweisungen in §§ 293–296, die den bisherigen § 69i FGG aF ersetzen.⁴⁹ In allen anderen Fällen bedarf es zur Beschwerdebefugnis der Angehörigen einer Beeinträchtigung in eigenen Rechten. Die Formulierung „**Anordnung eines Einwilligungsvorbehaltes**" schließt diejenige eines vorläufigen Einwilligungsvorbehaltes ein. Beschwerdebefugnis besteht auch bei der Ablehnung und der Ablehnung einer Erweiterung eines Einwilligungsvorbehaltes, der Verlängerung, der Erweiterung, Aufhebung und Einschränkung.

3. Die Betreuungsbehörde. Nach Abs. 1 hat die zuständige Behörde (§ 1 BtBG) eine von einer **11** eventuellen Beschwer unabhängige⁵⁰ Beschwerdebefugnis **in den Fällen, in denen sie in erster**

---

⁴⁰ So OLG Hamm FamRZ 2002, 194; ebenso OLG München FGPrax 2008, 157 f.
⁴¹ *Damrau/Zimmermann* § 69g FGG Rn. 16.
⁴² So ausdrücklich OLG München FGPrax 2008, 158 und schon BayObLG FamRZ 1998, 1057; *Bienwald/Sonnenfeld* § 69g FGG Rn. 36; *Damrau/Zimmermann* § 69g FGG Rn. 16. Streng dagegen HK-BUR/*Bauer* § 69g FGG Rn. 36 a: keine Angehörigenbeschwerde bei Bestellung auf Antrag des Betroffenen, selbst wenn die Betreuung auch von Amts wegen hätte eingerichtet werden dürfen, weil der Betroffene geschäftsunfähig war! Ebenso *Bassenge/Roth* § 69g FGG Rn. 5.
⁴³ OLG München FGPrax 2008, 158; BayObLG FamRZ 2003, 1872; *Bienwald/Sonnenfeld* § 69g FGG Rn. 36.
⁴⁴ Vgl. oben § 274 Rn. 13–15.
⁴⁵ S. dazu BayObLG FamRZ 2001, 252; weitere Rspr.-Nachweise aus den 90er Jahren bei *Bienwald/Sonnenfeld* § 69g FGG Rn. 25. Vgl. auch *Keidel/Kuntze/Winkler/Kayser* § 69g FGG Rn. 13.
⁴⁶ OLG Schleswig FamRZ 1998, 963; *Damrau/Zimmermann* § 69g FGG Rn. 17.
⁴⁷ OLG München FGPrax 2008, 158.
⁴⁸ Zum Ergänzungsbetreuer vgl. OLG Köln FamRZ 2008, 2063; *Damrau/Zimmermann* § 69g FGG Rn. 18 f.
⁴⁹ Vgl. die Kommentierungen dort.
⁵⁰ *Bienwald/Sonnenfeld* § 69g FGG Rn. 21; *Damrau/Zimmermann* § 69g FGG Rn. 27.

§ 303   12–14   Buch 3. Abschnitt 1. Verfahren in Betreuungssachen

Instanz auf ihren Antrag zu beteiligen ist. Ist diese Beteiligung unterblieben, kann die Behörde, nachdem sie nach § 288 Abs. 3 Kenntnis von der Bestellung eines Betreuers oder der Anordnung eines Einwilligungsvorbehaltes erlangt hat, sich erstmals mit der Beschwerde am Verfahren beteiligen. Die Regelung erfasst die Verfahrensgegenstände, in denen die zuständige Behörde nach den bisherigen § 69g Abs. 1 FGG aF und § 69i Abs. 3, 5 und 8 FGG aF ein Beschwerderecht hatte. Der Betreuungsbehörde steht also etwa auch ein Recht zur Beschwerde gegen die Auswahlentscheidung des Betreuungsgerichts zu, mit der eine bestimmte Person zum Betreuer bestellt worden ist; dies auch dann, wenn die Behörde mit der Beschwerde nur das Ziel verfolgt, die Tätigkeit der ausgewählten Person als beruflicher Betreuer zu verhindern.[51] Kein Beschwerderecht besteht dagegen gegen die bloße Feststellung der Berufsmäßigkeit der Betreuung.[52]

12   Im Gegensatz zur bisherigen Rechtslage nach § 69g Abs. 1 FGG aF kann die zuständige Behörde nach Abs. 1 auch Beschwerde einlegen, wenn die Entscheidung nicht von Amts wegen, sondern auf Antrag des Betroffenen ergangen ist.[53] Ihr steht ein **Beschwerderecht** damit nun **auch gegen den Willen der betroffenen Person** zu. Das sei, so die Begründung zum FGG-RG, sachgerecht, um kostenintensive Betreuungsverfahren einzudämmen, in denen der Betroffene zur Regelung seiner Angelegenheiten entgegen seines eigenen Antrages tatsächlich in der Lage sei – die Neuregelung gebe der zuständigen Behörde die Möglichkeit, eine Überprüfung solcher Betreuungen zu veranlassen.[54] Diese weitgehende **Neuregelung ist abzulehnen.** Es handelt sich um eine Art staatliche Gedankenpolizei, die unterstellt, es gebe Personen, die leichtfertig und unbegründet die Besorgung ihrer Angelegenheiten unter Inanspruchnahme eines Gerichts (!) auf andere Personen übertrügen.[55] Außerdem spricht aus dieser Begründung der Verdacht, es gebe Betreuungsgerichte, die solchen Anträgen bereitwillig und ohne gründliche Prüfung der Betreuungsbedürftigkeit des Antragstellers stattgäben und damit die Betreuungsbehörde mit Sammelbetreuungen überhäuften. Abgesehen davon, dass die betroffene Person bei selbst initiiertem Verfahren praktisch meist auch einen Betreuervorschlag macht, der gerade keine Berufs-, Vereins- oder Behördenbetreuung beinhaltet, ist dieser Generalverdacht gegenüber den Betreuungsgerichten unangebracht. Die Betreuungsbehörde ist vielmehr gehalten, im Rahmen ihrer Beteiligung in der ersten Instanz an der Klärung der Frage der Betreuungsbedürftigkeit mitzuwirken.

13   Vereinzelt wird der Betreuungsbehörde auch ein weder auf § 59 noch auf § 303 Abs. 1 beruhendes **Beschwerderecht gegen** Entscheidungen des Betreuungsgerichts eingeräumt, mit denen das Gericht die vom Betreuer gewünschte **Einstellung der künstlichen Ernährung** einer betroffenen Person auf der Grundlage der aus dem Jahr 2003 stammenden Rechtsprechung des BGH[56] genehmigt.[57] Auf Nr. 2 des § 303 Abs. 1 lässt sich ein solches Beschwerderecht nicht stützen,[58] ebenso wenig auf § 59 Abs. 1. Deswegen wird geltend gemacht, das Fehlen einer gesetzlichen Regelung über die behördliche Beschwerdebefugnis beruhe darauf, dass das betreuungsgerichtliche Genehmigungserfordernis selbst nicht gesetzlich geregelt worden sei. Im Fall einer solchen gesetzlichen Regelung wäre es im Hinblick darauf, dass das Gesetz bei erheblich weniger bedeutenden vormundschaftsgerichtlichen Maßnahmen für die Behörde ein Beschwerderecht vorsehe, konsequent, auch im Fall der Erteilung oder Versagung der betreuungsgerichtlichen Genehmigung zur Beendigung lebenserhaltender Maßnahmen eine Beschwerdebefugnis der Behörde zu bejahen. Sie sei im Übrigen auch im zurückgezogenen Entwurf eines 3. Gesetzes zur Änderung des Betreuungsrechts vom 1. 11. 1994 in Abänderung von § 69g Abs. 1 S. 1 FGG aF vorgesehen gewesen.[59] Diese Argumentation hat durch den seit dem 1. 9. 2009 geltenden § 1904 Abs. 2 BGB an Überzeugungskraft gewonnen. Gleichwohl ist davon auszugehen, dass das Regelungsprogramm des § 303 nur enumerative Beschwerdeberechtigungen vorsieht. Solange der Gesetzgeber das FamFG hier nicht nachbessert, verbleibt es bei der Aussage dass die Betreuungsbehörde in diesen Fällen keine Beschwerdebefugnis hat.

14   **4. Der Verfahrenspfleger.** Abs. 3 nennt weiter den Verfahrenspfleger. Da er – wenn das notwendig ist – gemäß § 276 zur Wahrnehmung der Interessen des Betroffenen bestellt wird, muss ihm eine

---

[51] PK-BUV/*Guckes* § 69g FGG Rn. 5.
[52] OLG Hamm BtPrax 2006, 187.
[53] Anders zum bisherigen Recht BayObLG FamRZ 1998, 1057; *Damrau/Zimmermann* § 69g FGG Rn. 27.
[54] BT-Drucks. 16/6308, S. 271.
[55] Wer das will, der wird meist gerade kein Gericht einschalten und eine Vorsorgevollmacht errichten. Niemand kann im Übrigen daran gehindert werden, eine solche Vollmacht auch bei völliger geistiger und körperlicher Gesundheit zu erteilen.
[56] BGH NJW 2003, 1588.
[57] So LG Hamburg NJOZ 2007, 448.
[58] S. dazu oben § 274 Rn. 9.
[59] LG Hamburg NJOZ 2007, 449.

Beschwerdebefugnis zustehen, um diesen Interessen auch angemessen Geltung zu verschaffen. Es handelt sich dann um eine Beschwerde, die der Verfahrenspfleger nicht im eigenen Interesse einlegt[60] – obwohl er nicht gesetzlicher Vertreter der betroffenen Person ist. Unabhängig davon kann er als Beteiligter in eigenen Rechten verletzt sein und gemäß § 59 Abs. 1 ein eigenes Recht zur Beschwerde haben,[61] etwa in Vergütungsfragen. Weist das Beschwerdegericht seine Beschwerde zurück, dürfen ihm keine Kosten auferlegt werden, § 276 Abs. 7.

5. Der Betreuer/Vorsorgebevollmächtigte. Abs. 4 S. 1 räumt dem Betreuer oder dem Vorsorgebevollmächtigten[62] ein Beschwerderecht „auch im Namen der betroffenen Person" dann ein, wenn die gerichtliche Entscheidung seinen Aufgabenkreis betrifft. Damit ist zunächst gesagt, dass der Betreuer im eigenen Namen beschwerdebefugt sein kann. Der **Aufgabenkreis** des Betreuers ist bei Erweiterungen und Beschränkungen betroffen, ferner dann, wenn das Betreuungsgericht eine Genehmigung zu einer Einwilligung des Betreuers in eine bestimmte Handlung nicht erteilt.[63] Durch eine Entscheidung des Betreuungsgerichts kann der Betreuer in seinen Rechten betroffen sein. Seine Beschwerdebefugnis ergibt sich dann sowohl aus § 303 Abs. 4 S. 1, als auch aus § 59 Abs. 1. Daneben ist die Beschwerde auch im Namen der betroffenen Person möglich, wenn der Betreuer nicht in eigenen Rechten betroffen ist. Die in S. 1 genannte Beschwerdebefugnis des Betreuers im Namen des Betreuten folgt bereits aus seiner umfassenden Vertretungsbefugnis nach § 1902 BGB; S. 1 ist daher deklaratorischer Natur.[64] Im Einzelnen: 15

a) Im eigenen Namen. Nur eigene Rechte des Betreuers sind betroffen und damit eine Beschwerde im eigenen Namen möglich, wenn das Betreuungsgericht etwa die Berufsmäßigkeit der Führung der Betreuung verneint oder wenn der Betreuer entlassen wird. Dann wird seine **Rechtsstellung nachteilig verändert**[65] und eine Beschwer liegt vor. Das gilt auch, wenn der Vorsorgebevollmächtigte sich mit der Beschwerde gegen die Bestellung eines Betreuers wendet.[66] Wird dagegen eine bestehende Betreuung wegen Fortfalls der Betreuungsbedürftigkeit nach § 294 Abs. 1 aufgehoben, scheidet eine Beschwerde des Betreuers im eigenen Namen logisch aus – er hat weder einen Anspruch darauf, als Betreuer bestellt zu werden[67] noch darauf, dass eine einmal angeordnete Betreuung Bestand habe.[68] Kein Beschwerderecht des Betreuers besteht ferner gegen die Ablehnung der Entlassung eines (weiteren) Betreuers, der einen anderen Aufgabenkreis als der Beschwerdeführer hatte.[69] Der Betreuer ist auch nicht beschwerdeberechtigt, wenn ein anderer Betreuer für einen Aufgabenkreis bestellt wird, für den bislang noch kein Betreuer bestellt war.[70] Anders ist es freilich, wenn der Betreuer vor der Aufhebung entgegen § 294 Abs. 1 iVm §§ 279 Abs. 1, 274 Abs. 1 Nr. 2 nicht angehört worden ist. Dann ist er in einem eigenen (Verfahrens-)Recht beeinträchtigt und schon nach § 59 Abs. 1 beschwerdebefugt, die Zusatzbefugnis nach Abs. 4 spielt demnach an sich keine relevante Rolle. Gleiches gilt bei der Entlassung, auch hier gilt neben § 303 Abs. 4 die Grundregel des § 59 Abs. 1, und bei der Verneinung der Berufsmäßigkeit der Betreuung.[71] Die Beschwerde gegen die Entlassung hat freilich keine aufschiebende Wirkung; der entlassene Betreuer ist also im schwebenden Beschwerdeverfahren nicht mehr berechtigt, für die betreute Person zu handeln und etwa noch in deren Namen Beschwerde einzulegen.[72] Für den Fall der Ablehnung der Entlassung des bisherigen Betreuers kommt es dagegen allein darauf an, ob der bisherige Betreuer vortragen kann, 16

---

[60] LG Lübeck FamRZ 1995, 1597; *Bassenge/Roth* § 69g FGG Rn. 3.
[61] BT-Drucks. 16/6308, S. 272. Die Beschwerdebefugnis des Verfahrenspflegers ist deswegen auf den Umfang der Beschwer für die betroffene Person beschränkt; vgl. *Keidel/Budde* Rn. 3.
[62] Diese verfahrensrechtliche Gleichstellung des Vorsorgebevollmächtigten mit dem Betreuer ist neu; *Zimmermann* FamFG Rn. 516. S. dazu etwa KG FamRZ 2009, 908.
[63] *Bassenge/Roth* § 69g FGG Rn. 10; *Keidel/Kuntze/Winkler/Kayser* § 69g FGG Rn. 18. S. dazu etwa OLG Köln FamRZ 2009, 1005.
[64] BT-Drucks. 16/6308, S. 272.
[65] BGH NJW 1996, 1825; *Keidel/Kuntze/Winkler/Kayser* § 69g FGG Rn. 21; PK-BUV/*Guckes* § 69g FGG Rn. 17.
[66] BayObLG FGPrax 2003, 171; *Bassenge/Roth* § 69g FGG Rn. 3; *Jurgeleit/Klier* § 69g FGG Rn. 70; aA OLG Zweibrücken FGPrax 2002, 260. Vgl. zum Problem auch *Keidel/Budde* Rn. 8.
[67] OLG Düsseldorf FamRZ 1998, 1244; OLG Köln FamRZ 1997, 1293; *Damrau/Zimmermann* § 69g FGG Rn. 11.
[68] KG FGPrax 2006, 18; PK-BUV/*Guckes* § 69g FGG Rn. 17.
[69] OLG Schleswig FGPrax 2005, 214.
[70] BayObLG FamRZ 2002, 1590.
[71] *Bassenge/Roth* § 69g FGG Rn. 13.
[72] BayObLG FamRZ 1996, 58; OLG Köln NJW-RR 1997, 708; *Damrau/Zimmermann* § 69g FGG Rn. 30; *Keidel/Kuntze/Winkler/Kayser* § 69g FGG Rn. 20; *Bassenge/Roth* § 69g FGG Rn. 9.

§ 303 17–21   Buch 3. Abschnitt 1. Verfahren in Betreuungssachen

durch die Ablehnung in einem eigenen Recht beeinträchtigt zu sein.[73] Hier gilt also lediglich § 59 Abs. 1.

17   Beschwerdebefugnis im eigenen Namen besteht ferner in Verfahren zur Festsetzung der Vergütung,[74] bei der Einschränkung/Erweiterung des Aufgabenkreises, Aufsichtsmaßnahmen nach § 1837 iVm. § 1908i Abs. 1 S. 1 BGB[75] und bei Entscheidungen zu einem angeordneten Einwilligungsvorbehalt.[76] Der als Betreuer bestellte anerkannte Betreuungsverein ist befugt, Beschwerde gegen die Entscheidung einzulegen, mit der ein Vereinsbetreuer durch einen anderen Betreuer ausgewechselt wird oder mit der das Gericht feststellt, dass ein Vereinsbetreuer die Betreuung künftig als Privatperson führt, weil dem Betreuungsverein damit der Vergütungs- und Aufwendungsersatzanspruch aus § 7 VBVB entzogen wird.[77] Das gilt freilich nur, wenn nicht ein Mitglied des Vereins persönlich zum Betreuer bestellt worden ist, sondern dem Verein die Übertragung der Führung der Betreuung auf eine bestimmte Person überlassen ist.[78]

18   **b) Im Namen der betroffenen Person.** Im Namen der betroffenen Person kann der bestellte Betreuer immer Beschwerde erheben – das folgt aus seiner Stellung als gesetzlicher Vertreter der betroffenen Person,[79] welche durch Entscheidungen des Betreuungsgerichts immer betroffen und damit beschwerdebefugt ist. Nur die betreute Person und nicht der Betreuer ist zB bei der Verweigerung einer Genehmigung des Betreuungsgerichts in seinen Rechten betroffen. Dann kann der Betreuer nur in deren Namen anfechten[80] und es gilt hinsichtlich der Beschwerdebefugnis allein § 303 Abs. 4.

19   **c) Trennung der Rechtsmittel.** Die Beschwerde des Betreuers im eigenen und die in fremdem Namen müssen hinsichtlich ihrer Zulässigkeit und Begründetheit auseinander gehalten und (wenn auch in einem Beschluss zusammen) getrennt verbeschieden werden.[81] Wird aus der Beschwerdeschrift nicht deutlich, in wessen Namen die Beschwerde eingelegt wird, soll das Gericht durch Rückfrage beim Betreuer Klarheit verlangen. Im Zweifel ist davon auszugehen, dass die Beschwerde im Namen der betroffenen Person eingelegt ist.[82]

20   **6. Mehrere Betreuer/Vorsorgebevollmächtigte.** Gemäß Abs. 4 S. 2 kann dann, wenn mehrere Betreuer bzw. Vorsorgebevollmächtigte ihr Amt gemeinsam führen, jeder von ihnen im Namen der betroffenen Person selbstständig Beschwerde einlegen. Gemeinsame Amtsführung liegt aber nur bei der **gemeinsamen Mitbetreuung** iSd. § 1899 Abs. 3 BGB vor, dh die Betreuer/Vorsorgebevollmächtigten müssen denselben/dieselben Aufgabenkreis/e gemeinsam versehen. Die Vorschrift des Abs. 4 S. 2 verhindert, dass dann, wenn die Betreuer/Vorsorgebevollmächtigten nicht gemeinsam handeln, eine Beschwerde eines einzelnen von ihnen als unzulässig verworfen werden kann. Auch kann nicht ein Mitbetreuer die Beschwerde des anderen zurücknehmen.[83] Der Rechtsschutz der betroffenen Person wird dadurch ausgeweitet. Bei der getrennten Mitbetreuung nach § 1899 Abs. 1 und 2 BGB und beim Ergänzungsbetreuer nach § 1899 Abs. 4 BGB liegt keine gemeinsame Amtsführung vor, so dass diese Fälle nicht unter Abs. 4 S. 2 fallen.

21   **7. Dritte.** § 303 spricht anderen, dritten Personen **kein** von § 59 Abs. 1 unabhängiges **Beschwerderecht** zu. Hier hat es mit der Grundregel des § 59 Abs. 1 sein Bewenden. Gläubiger der betreuten Person haben daher kein Beschwerderecht gegen die Festsetzung einer Betreuervergütung aus dem Vermögen der betroffenen Person, auch wenn dadurch ihre Befriedigung gefährdet wird.[84] Kein Dritter kann im Wege der Beschwerde Aufsichtsmaßnahmen erzwingen, die das Betreuungsgericht erstinstanzlich verweigert hat.[85] Auch ein Erbprätendent ist nicht befugt, die vom Betreuungsgericht erteilte Genehmigung zu einem Grundstücksverkauf durch den Betreuer mit der Beschwerde anzufechten.[86] Ausnahmsweise soll einem Gläubiger aber ein Beschwerderecht zustehen,

---

[73] *Damrau/Zimmermann* § 69g FGG Rn. 12.
[74] *Bassenge/Roth* § 69g FGG Rn. 13.
[75] OLG Karlsruhe FGPrax 2005, 155.
[76] *Bassenge/Roth* § 69g FGG Rn. 13.
[77] OLG Hamm BtPrax 2001, 218; PK-BUV/*Guckes* § 69g FGG Rn. 10.
[78] PK-BUV/*Guckes* § 69g FGG Rn. 10.
[79] BayObLG FamRZ 2004, 734; *Bassenge/Roth* § 69g FGG Rn. 9; *Keidel/Kuntze/Winkler/Kayser* § 69g FGG Rn. 17.
[80] *Damrau/Zimmermann* § 69g FGG Rn. 29.
[81] Vgl. *Keidel/Kuntze/Winkler/Kayser* § 69g FGG Rn. 17.
[82] BayObLG FamRZ 1999, 47.
[83] *Damrau/Zimmermann* § 69g FGG Rn. 31.
[84] PK-BUV/*Guckes* § 69g FGG Rn. 12.
[85] OLG Zweibrücken Rpfleger 2003, 426.
[86] OLG Köln ZMR 2004, 267.

wenn das Betreuungsgericht die Bestellung eines Betreuers abgelehnt hat, der Gläubiger aber wegen partieller Geschäftsunfähigkeit der betroffenen Person ohne die Betreuerbestellung an der Geltendmachung seiner Rechte gehindert wäre.[87] Nach einer Entscheidung des OLG Rostock ist der Erwerber eines Grundstückes dann (nach § 59 Abs. 1) beschwerdebefugt, wenn die den Kaufvertrag genehmigende Entscheidung des Betreuungsgerichts unmittelbar in seine Rechte eingreift.[88]

III. Beschwerdeverfahren

Für das Verfahren gelten ausschließlich die **allgemeinen Regeln**. § 69g Abs. 5 FGG aF ist vollständig gestrichen worden. Die bisher aus § 69g Abs. 5 S. 2 bis 4 FGG aF bekannten Modifizierungen der in der ersten Instanz anzuwendenden Verfahrensvorschriften für das Beschwerdeverfahren gelten daher grundsätzlich nicht mehr. Das Verfahren muss daher in der Beschwerdeinstanz grundsätzlich in gesamtem Umfang wiederholt werden. Das Beschwerdegericht tritt vollständig an die Stelle der ersten Instanz[89] – sog. **Grundsatz der zweiten Erstinstanz**.[90] Das Beschwerdegericht prüft, ob von einzelnen Verfahrensschritten abgesehen werden kann, wenn von ihrer Wiederholung keine weitere Sachaufklärung zu erwarten ist, § 68 Abs. 3.[91] Das Beschwerdegericht muss vorab wie das erstinstanzliche Gericht in vollem Umfang prüfen, ob die betreffende Verfahrenshandlung nach den Voraussetzungen der die konkrete Verfahrenshandlung regelnden Norm vorzunehmen ist oder nicht. Das betrifft vor allem die durchzuführenden Anhörungen, die Begutachtungen und die Rechtshilfemöglichkeiten.[92] Anhörungen und Begutachtungen werden grundsätzlich immer dann zu wiederholen sein, wenn nicht ausgeschlossen werden kann, dass sich der Zustand der betroffenen Person in der Zwischenzeit verändert hat oder wenn neue Tatsachen vorgetragen werden, die für die Frage der Betreuungsbedürftigkeit erheblich sind.[93] Das Absehen von einem vorgeschriebenen Verfahrensschritt muss freilich immer begründet werden.[94] Soll die Beschwerde aber bereits als unzulässig verworfen werden, können alle Verfahrenshandlungen unterbleiben.[95] Hebt das Beschwerdegericht eine Betreuungsmaßnahme als ungerechtfertigt auf, ist eine Rechtsbeschwerde mit dem Ziel der Feststellung der Rechtswidrigkeit der Betreuungsmaßnahme nicht zulässig.[96] Liegt in einer solchen Entscheidung aber die Verweigerung effektiven Rechtsschutzes, dann ist nach der Ansicht des BVerfG die Fortsetzungsfeststellungsbeschwerde zulässig.[97] Auch die Bestellung eines Betreuers stelle einen tiefgreifenden Grundrechtsbegriff in das Selbstbestimmungsrecht der betroffenen Person dar, der dann, wenn er unberechtigt erfolge, die Feststellung der Rechtswidrigkeit erfordert.[98]

§ 304 Beschwerde der Staatskasse

(1) ¹Das Recht der Beschwerde steht dem Vertreter der Staatskasse zu, soweit die Interessen der Staatskasse durch den Beschluss betroffen sind. ²Hat der Vertreter der Staatskasse geltend gemacht, der Betreuer habe eine Abrechnung falsch erteilt oder der Betreute könne anstelle eines nach § 1897 Abs. 6 des Bürgerlichen Gesetzbuchs bestellten Betreuers durch eine oder mehrere andere geeignete Personen außerhalb einer Berufsausübung betreut werden, steht ihm gegen einen die Entlassung des Betreuers ablehnenden Beschluss die Beschwerde zu.

(2) Die Frist zur Einlegung der Beschwerde durch den Vertreter der Staatskasse beträgt drei Monate und beginnt mit der formlosen Mitteilung (§ 15 Abs. 3) an ihn.

---

[87] BayObLG FamRZ 1998, 922; PK-BUV/*Guckes* § 69g FGG Rn. 12.
[88] OLG Rostock NJW-RR 2006, 1229.
[89] *Keidel/Kuntze/Winkler/Kayser* § 69g FGG Rn. 25.
[90] *Bassenge/Roth* § 69g FGG Rn. 24.
[91] PK-BUV/*Guckes* § 69g FGG Rn. 24. Weitere Sachaufklärung ist etwa nicht zu erwarten, wenn die betroffene Person in der Anhörung in der ersten Instanz beharrlich geschwiegen hat und nichts dafür spricht, dass sie sich in der Beschwerdeinstanz äußern werde; OLG München BtPrax 2005, 154.
[92] Zur Rechtshilfe s. zuletzt OLG Dresden OLG-NL 2000, 95; OLG Karlsruhe FGPrax 2000, 165. Zur Anhörung der betroffenen Person in Abwesenheit des entlassenen, beschwerdeführenden Betreuers vgl. OLG München FamRZ 2009, 642.
[93] OLG Köln FamRZ 2009, 814; OLG Hamm FamRZ 2009, 813; BayObLG FGPrax 2003, 184; PK-BUV/*Guckes* § 69g FGG Rn. 24.
[94] BayObLG BtPrax 2001, 218 (für die Anhörung).
[95] *Bassenge/Roth* § 69g FGG Rn. 24; *Keidel/Kuntze/Winkler/Kayser* § 69g FGG Rn. 25.
[96] OLG München FamRZ 2008, 2216.
[97] BVerfG FamRZ 2008, 2260 (bei Widerruf erteilter Vollmachten durch einen Kontrollbetreuer).
[98] BVerfG FamRZ 2008, 2260. Kritisch dazu *Bienwald* FamRZ 2008, 2262.

§ 305

1. Normzweck. Die ursprünglich dem 2. BtÄndG entstammende Regelung hat vor allem im Auge, dem Fiskus eine Überprüfung einer betreuungsgerichtlichen Maßnahme durch das Beschwerdegericht zu ermöglichen, wenn der Fiskus selbst beantragt hat, einen Berufsbetreuer (der die Staatskasse mit Vergütungs- und Aufwendungsersatzansprüchen belastet) gegen einen ehrenamtlichen Betreuer zu ersetzen und dieser Antrag durch das Betreuungsgericht abgelehnt worden ist. Die Norm setzt die materiell-rechtlichen Regelungen der §§ 1897 Abs. 6, 1908b Abs. 1 S. 2, 3 BGB im Verfahrensrecht um.[1]

2. Neuerungen im FamFG. § 304 beinhaltet in Abs. 1 S. 2 die Regelung des bisher geltenden § 69g Abs. 1 S. 2 FGG aF. Ergänzt wurde Abs. 1 S. 1, der das Gegenstück zum Beteiligungsrecht der Staatskasse aus § 274 Abs. 4 Nr. 2 darstellt.[2] Inhaltlich ist damit keine Neuerung verbunden, denn die Beteiligung der Staatskasse nach dieser Vorschrift ist nur dann möglich, wenn fiskalische Interessen betroffen sind – und das können in Betreuungssachen nur die Vergütungs- und Aufwendungsersatzansprüche des Berufsbetreuers sein.[3] Abs. 2 ist eine Neuerung.

3. Beschwerdebefugnis (Abs. 1). Die Staatskasse (als Fiskal in Gestalt des Bezirksrevisors) ist beschwerdebefugt, wenn das Betreuungsgericht ihren Antrag, einen Berufsbetreuer, § 1897 Abs. 6 BGB, durch einen – ihr nicht auf der Tasche liegenden – ehrenamtlichen Betreuer zu ersetzen, abgelehnt hat. Voraussetzung[4] dafür ist, dass der Bezirksrevisor entweder geltend macht, der Betreuer habe eine **Abrechnung falsch** erstellt[5] oder aber vorträgt, die Betreuung könne anstelle eines Berufsbetreuers durch eine oder mehrere **ehrenamtlich** tätige Personen geführt werden. Das Gericht soll durch diese Beschwerdemöglichkeit gezwungen werden, den gesetzlichen Voraussetzungen einer Anregung zu einem Betreuerwechsel nachzukommen.[6] Letzterer Vortrag ist nur dann hinreichend substantiiert, wenn der Fiskal Namen geeigneter Personen nennt, die als ehrenamtliche Betreuer hätten bestellt werden können.[7] Das setzt voraus, dass die Betreuungsbehörde bzw. ein Betreuungsverein mit dem Bezirksrevisor kooperieren.[8] Außerdem muss geklärt sein, dass die betroffene Person mit dem vom Revisor avisierten Betreuerwechsel einverstanden ist, anderenfalls geht das Beschwerdeverfahren ins Leere.[9] In Fällen freilich, in denen ein Berufsbetreuer erstmalig an Stelle eines ehrenamtlichen Betreuers bestellt worden ist, besteht keine Beschwerdebefugnis der Staatskasse;[10] der Fiskal muss vielmehr erst die Ablehnung eines Auswechslungsantrages abwarten. Ein Beschwerderecht aus § 304 Abs. 1 besteht auch nicht gegen die Feststellung (§ 1836 Abs. 1 BGB), dass der bestellte Betreuer sein Amt beruflich führe, weil sich diese Feststellung allenfalls mittelbar auswirkt und nur bei Mittellosigkeit der betroffenen Person endgültig zur Belastung der Staatskasse führt. Daneben ist Beschwerdebefugnis nach § 59 Abs. 1 gegen die Festsetzung der von der Staatskasse an den Betreuer zu zahlenden Vergütung mit dem Ziel der Herabsetzung dieser Vergütung gegeben.[11]

4. Beschwerdefrist (Abs. 2). Die Vorschrift stellt sicher, dass die Bezirksrevisoren ihre bisherige Praxis beibehalten und in regelmäßigen Abständen Revisionen vornehmen können. Der Lauf der Beschwerdefrist beginnt ihnen gegenüber daher in Abweichung zu § 63 Abs. 3 mit ihrer tatsächlichen Kenntnisnahme von der Entscheidung. Die Frist beträgt drei Monate. Nach dieser Zeitspanne soll Rechtskraft eintreten.[12]

§ 305 Beschwerde des Untergebrachten

Ist der Betroffene untergebracht, kann er Beschwerde auch bei dem Amtsgericht einlegen, in dessen Bezirk er untergebracht ist.

---

[1] PK-BUV/*Guckes* § 69g FGG Rn. 6; *Bienwald/Sonnenfeld* § 69g FGG Rn. 41. Insgesamt kritisch zur Revisorenbeschwerde *Bienwald/Sonnenfeld* § 69g FGG Rn. 47.

[2] BT-Drucks. 16/6308, S. 272 zitiert falsch § 286 Abs. 4 Nr. 2. Der Fehler ist auch in BR-Drucks 309/07, S. 609 zu finden.

[3] S. o. § 274 Rn. 16.

[4] Nach PK-BUV/*Guckes* § 69g FGG Rn. 6 handelt es sich um eine Zulässigkeitsvoraussetzung.

[5] BT-Drucks. 15/2494, S. 30 fordert vorsätzliche Falschabrechnung. Jedenfalls aber muss die Staatskasse durch die Falschabrechnung beschwert sein; *Bienwald/Sonnenfeld* § 69g FGG Rn. 41.

[6] S. a. LG Koblenz FamRZ 2002, 1509.

[7] BT-Drucks. 13/7158, S. 57 (konkreter Vorschlag).

[8] *Bienwald/Sonnenfeld* § 69g FGG Rn. 43.

[9] *Bienwald/Sonnenfeld* § 69g FGG Rn. 44.

[10] OLG Schleswig FamRZ 2000, 1444; PK-BUV/*Guckes* § 69g FGG Rn. 6; *Damrau/Zimmermann* § 69g FGG Rn. 28; *Jürgens/Mertens* § 69g FGG Rn. 11; *Keidel/Kuntze/Winkler/Kayser* § 69g FGG Rn. 15; aA *Bassenge/Roth* § 69g FGG Rn. 8.

[11] PK-BUV/*Guckes* § 69g FGG Rn. 6.

[12] BT-Drucks. 16/6308, S. 272.

Die Vorschrift entspricht dem bisher geltenden § 69g Abs. 3 FGG aF und schafft einen **speziellen** **Beschwerdeort** für untergebrachte Personen. Sie können die ihnen nach § 59 Abs. 1 gegen betreuungsrechtliche Maßnahmen immer zustehende Beschwerde auch bei dem Amtsgericht (nicht aber bei dem Landgericht[1]) einlegen, in dessen Bezirk sie untergebracht sind. Das soll erleichterter Rechtsverfolgung dienen.[2] § 305 gilt auch für die Rechtsbeschwerde[3] und befreit die untergebrachte Person davon, die Rechtsbeschwerdeschrift beim BGH anzubringen. **Untergebrachte Personen** sind nur solche, die auf Grund einer Unterbringungsmaßnahme der §§ 312 ff. in ihrer Freiheit beschränkt sind, nicht Personen, die sich in Strafhaft oder im Maßregelvollzug befinden und auch nicht Personen, deren Inhaftierung auf dem FEVG beruht.[4] Der Verfahrenspfleger der untergebrachten Person genießt diese Erleichterung nicht; ebenso wenig der Betreuer.[5]

§ 306 Aufhebung des Einwilligungsvorbehalts

Wird ein Beschluss, durch den ein Einwilligungsvorbehalt angeordnet worden ist, als ungerechtfertigt aufgehoben, bleibt die Wirksamkeit der von oder gegenüber dem Betroffenen vorgenommenen Rechtsgeschäfte unberührt.

1. Normzweck, Neuerungen im FamFG. § 306 entspricht dem bisher geltenden § 69h FGG aF. Es handelt sich nicht um eine Verfahrensvorschrift, sondern um eine Regelung des materiellen Rechts.[1*] Sie sorgt dafür, dass Rechtsgeschäfte, welche die geschäftsfähige betroffene Person abgeschlossen hat, obwohl zu Unrecht ein Einwilligungsvorbehalt, § 1903 BGB, angeordnet war, wirksam bleiben, auch wenn der Betreuer seine Einwilligung nicht erklärt hat. § 306 ordnet damit an, dass das **materielle Recht** Vorrang vor dem prozessualen hat und stellt sicher, dass aus einer sachlich falschen Entscheidung des Gerichts keine Nachteile für die betroffene Person entstehen.[2*] Die Vorschrift ersetzt den bisher geltenden § 69h FGG aF mit lediglich sprachlichen Änderungen.[3*]

2. Anwendungsbereich. § 306 erfasst alle Fälle, in denen ein Einwilligungsvorbehalt angeordnet worden ist, sei es im **Regelverfahren** oder im Wege einer **einstweiligen Anordnung**.[4*] Schutzbedürftigkeit der betroffenen Person besteht in beiden Fällen gleichermaßen. Für die Betreuerbestellung besteht kein Regelungsbedarf, denn diese wirkt sich nicht auf die Teilnahme der betroffenen Person am Rechtsverkehr aus.[5*] § 306 gilt nur bei der **Aufhebung des Beschlusses**, mit dem der Einwilligungsvorbehalt angeordnet worden ist. Den Beschluss als ungerechtfertigt, also unbegründet aufheben wird idR das Rechtsmittelgericht[6] (das LG oder der BGH) – es handelt sich also bei § 306 um ein Annexproblem der Beschwerde in Betreuungssachen, was die systematische Stellung der Norm erklärt.[7] **Neu ist,** dass infolge der grundsätzlichen Reform des Beschwerderechts und der Abschaffung der unbefristeten Beschwerde das Gericht, dessen Beschluss angefochten wird, nur noch bei Endentscheidungen in Familiensachen zur Abhilfe nicht befugt ist, § 68 Abs. 1 S. 2. Demnach kann das Betreuungsgericht den Beschluss, mit dem ein Einwilligungsvorbehalt abgeordnet wurde, auch selbst aufheben, wenn es die Beschwerde für zulässig und begründet hält.[8] Erfasst wird auch die Beschränkung des Kreises der einwilligungsbedürftigen Willenserklärungen (**Teilaufhebung**).[9]

---

[1] *Bienwald/Sonnenfeld* § 69g FGG Rn. 58; *PK-BUV/Guckes* § 69g FGG Rn. 19.
[2] BT-Drucks. 11/4528, S. 179.
[3] AllgM zu § 69g Abs. 3 FGG aF; vgl. nur *Bassenge/Roth* § 69g FGG Rn. 14; aA jetzt *Keidel/Budde* Rn. 2. Dem kann nicht gefolgt werden, weil das FGG-RG keine inhaltliche Änderung des § 69g Abs. 3 FGG aF anstrebt; vgl. BT-Drucks. 16/6308, S. 272.
[4] *PK-BUV/Guckes* § 69g FGG Rn. 19.
[5] BayObLGZ 1971, 325; *Damrau/Zimmermann* § 69g FGG Rn. 32; *Bienwald/Sonnenfeld* § 69g FGG Rn. 59; *PK-BUV/Guckes* § 69g FGG Rn. 19; *Jurgeleit/Klier* § 69g FGG Rn. 93; aA *Bassenge/Roth* § 69g FGG Rn. 14.
[1*] *Keidel/Kuntze/Winkler/Kayser* § 69h FGG Rn. 1; *PK-BUV/Guckes* § 69h FGG Rn. 1.
[2*] *Keidel/Kuntze/Winkler/Kayser* § 69h FGG Rn. 1.
[3*] BT-Drucks. 16/6308, S. 272.
[4*] *Keidel/Kuntze/Winkler/Kayser* § 69h FGG Rn. 4; *HK-BUR/Hoffmann* § 69h FGG Rn. 7; *Damrau/Zimmermann* § 69h FGG Rn. 3.
[5*] *Keidel/Kuntze/Winkler/Kayser* § 69h FGG Rn. 2.
[6] So die allgM zum bisherigen Recht; vgl. statt aller nur *PK-BUV/Guckes* § 69h FGG Rn. 2.
[7] *Bienwald/Sonnenfeld* § 69h FGG Rn. 1: Die Vorschrift habe einen falschen Standort und gehöre in das BGB. ME überwiegt der Annexcharakter zum Beschwerdeverfahren.
[8] Anders nach dem Recht des FGG. Hier unterlag die Anordnung eines Einwilligungsvorbehaltes der sofortigen Beschwerde, bei welcher das Gericht, dessen Beschluss angefochten wurde, nicht selbst Abhilfe schaffen konnte, § 18 Abs. 2 FGG.
[9] *Keidel/Kuntze/Winkler/Kayser* § 69h FGG Rn. 5; *HK-BUR/Hoffmann* § 69h FGG Rn. 8; *PK-BUV/Guckes* § 69h FGG Rn. 2.

3. Voraussetzungen. Voraussetzung dafür, dass die materiell bestehende Rechtslage unbehindert durch das Verfahrensrecht eintreten kann, ist zunächst die **rückwirkende Aufhebung** des Beschlusses, der einen Einwilligungsvorbehalt angeordnet hat, **als ungerechtfertigt.** Die Aufhebung durch das Rechtsmittelgericht muss also gerade deswegen erfolgen, weil die materiellen, tatsächlichen oder rechtlichen Voraussetzungen für die Anordnung eines Einwilligungsvorbehalt nicht vorlagen,[10] die betroffene Person also nicht (in dem Maße) betreuungsbedürftig war, dass sie und der Rechtsverkehr vor den Folgen von ohne Einwilligung eines gesetzlichen Vertreters abgegebenen Willenserklärungen geschützt werden musste. Keine Aufhebung als (materiell) ungerechtfertigt liegt vor, wenn der Beschluss aufgehoben wird, weil er verfahrensfehlerhaft zustande gekommen ist[11] (Erlass durch den Rechtspfleger statt durch den funktional zuständigen Richter, Nichtangabe des Kreises der einwilligungsbedürftigen Willenserklärungen). Ein Beschluss, der in der Beschwerdeinstanz (zweite Erstinstanz!) aufgehoben wird, weil die Voraussetzungen jetzt nicht mehr vorliegen (weil sich der Zustand der betroffenen Person in der Zwischenzeit gebessert hat), wird nicht rückwirkend aufgehoben.[12]

4. Rechtsfolge. a) Vorrang des materiellen Rechts. Liegen die Voraussetzungen dagegen vor, dann steht in materieller Hinsicht erstens fest, dass die betroffene Person zur Vornahme des betreffenden Rechtsgeschäfts nicht der Einwilligung des Betreuers bedurfte. Dann muss die verfahrensrechtliche der materiell-rechtlichen Lage weichen. Die Wirksamkeit der von der betroffenen Person abgegebenen Willenserklärung beurteilt sich dann allein nach den allgemeinen Regeln (§§ 104–113 BGB). Geschäftsfähigkeit muss gegeben sein. Liegt das vor, sind die Rechtsgeschäfte, welche die betroffene Person zwischen Anordnung und der Aufhebung des Einwilligungsvorbehalts vorgenommen hat, wirksam.[13] Zweitens bleiben aber auch die Rechtsgeschäfte, die der Betreuer in der Zwischenzeit vorgenommen hat, wirksam, denn § 306 tangiert die Vertretungsmacht des Betreuers nicht.[14]

b) Einander widersprechende Geschäfte. Widersprechen sich die von der betroffenen Person und vom Betreuer zwischen Anordnung und Aufhebung des Einwilligungsvorbehalts vorgenommenen Rechtsgeschäfte, ist zu entscheiden, welches Geschäft Vorrang haben soll. Ein genereller Vorrang des Betreuergeschäfts lässt sich nicht begründen. Einfach ist es bei Verfügungsgeschäften, hier gilt das Prioritätsprinzip: Die **frühere Verfügung** hat Vorrang.[15] Bei Verpflichtungsgeschäften wird fingiert, dass ein- und dieselbe Person sich **zweimal verpflichtet** hat. Kann eine der eingegangenen Verpflichtungen nicht erfüllt werden, tritt eine Schadensersatzverpflichtung an die Stelle der Leistungspflicht. Muss die betroffene Person demnach gegenüber einem Gläubiger Schadensersatz leisten, kommt bei einer Amtspflichtverletzung des Gerichts, die zur Anordnung des Einwilligungsvorbehaltes geführt hat, ein Regress aus § 839 Abs. 1 und 3 BGB[16] in Betracht.

c) Hauptsacheerledigung. In prozessualer Hinsicht ist festzuhalten, dass bei (jetzt stets befristeter) Beschwerde gegen einen vorläufigen Einwilligungsvorbehalt bei Fristablauf (§ 302) keine Hauptsacheerledigung eintritt,[17] weil es ein fortdauerndes Feststellungsinteresse an der Wirksamkeit der von der betroffenen Person abgeschlossenen Rechtsgeschäfte gibt. Dieses Interesse ergibt sich daraus, dass mit der Aufhebung des Einwilligungsvorbehalts die damit verbundenen Beschränkungen rückwirkend entfallen und folglich Zweifel an der Wirksamkeit von oder gegenüber der betroffenen Person vorgenommener Rechtsgeschäfte endgültig beseitigt werden.[18] Deswegen kann die einstweilige Anordnung auch dann noch mit der Beschwerde angegriffen werden, wenn in der Zwischenzeit eine endgültige Anordnung eines Einwilligungsvorbehaltes ergangen ist.[19] Auch der Tod der betroffenen Person erledigt bei der Beschwerde gegen die Anordnung eines Einwilligungsvorbehalts die Hauptsache nicht.[20] Der Umstand, dass die Beschwerde nach dem FamFG nur noch als befristete Be-

---

[10] *Bassenge/Roth* § 69h FGG Rn. 1; *Keidel/Kuntze/Winkler/Kayser* § 69h FGG Rn. 3; *Damrau/Zimmermann* § 69h FGG Rn. 2; HK-BUR/*Hoffmann* § 69h FGG Rn. 5.
[11] *Bienwald/Sonnenfeld* § 69h FGG Rn. 5.
[12] PK-BUV/*Guckes* § 69h FGG Rn. 2; *Jürgens/Mertens* § 69h FGG Rn. 2.
[13] BayObLG FamRZ 1999, 1692; *Bassenge/Roth* § 69h FGG Rn. 2; *Jurgeleit/Bucic* § 69h FGG Rn. 5; *Bienwald/Sonnenfeld* § 69h FGG Rn. 8.
[14] *Bassenge/Roth* § 69h FGG Rn. 2; *Damrau/Zimmermann* § 69h FGG Rn. 4. *Keidel/Budde* Rn. 6.
[15] *Keidel/Kuntze/Winkler/Kayser* § 69h FGG Rn. 7; HK-BUR/*Hoffmann* § 69h FGG Rn. 11; *Damrau/Zimmermann* § 69h FGG Rn. 5.
[16] § 839 Abs. 2 BGB gilt nicht, weil dem Beschluss in Betreuungssachen kein Urteilscharakter zukommt; *Damrau/Zimmermann* § 69h FGG Rn. 5.
[17] BayObLG BeckRS 2004, 07253; BayObLG BtPrax 1997, 198; *Damrau/Zimmermann* § 69h FGG Rn. 5.
[18] BayObLG FamRZ 2004, 1814; *Bienwald/Sonnenfeld* § 69h FGG Rn. 3.
[19] OLG Hamm FamRZ 1993, 722; *Keidel/Kuntze/Winkler/Kayser* § 69h FGG Rn. 4; HK-BUR/*Hoffmann* § 69h FGG Rn. 7.
[20] BayObLG NJWE-FER 2000, 266; *Keidel/Budde* Rn. 4.

schwerde möglich ist, erledigt Bedenken, der Rechtsverkehr sei nicht hinreichend geschützt, wenn die betroffene Person mit der unbefristeten Beschwerde noch lange Zeit nach der Anordnung eines Einwilligungsvorbehaltes denselben zu Fall bringen könne. Aber auch § 69g Abs. 4 Nr. 1 FGG aF sah deswegen nur die sofortige Beschwerde als zulässiges Rechtsmittel bei der Anordnung eines Einwilligungsvorbehaltes vor. Was bleibt, ist die Möglichkeit der **halbjährigen Ungewissheit** bei Unmöglichkeit der Bekanntgabe des Anordnungsbeschlusses gegenüber dem Betreuer, weil § 63 Abs. 3 die Beschwerdefrist in solchen Fällen erst fünf Monate nach Erlass des Anordnungsbeschlusses beginnen lässt und noch vier Wochen Einlegungsfrist nach § 63 Abs. 1 hinzukommen.[21]

§ 307 Kosten in Betreuungssachen

In Betreuungssachen kann das Gericht die Auslagen des Betroffenen, soweit sie zur zweckentsprechenden Rechtsverfolgung notwendig waren, ganz oder teilweise der Staatskasse auferlegen, wenn eine Betreuungsmaßnahme nach den §§ 1896 bis 1908 i des Bürgerlichen Gesetzbuchs abgelehnt, als ungerechtfertigt aufgehoben, eingeschränkt oder das Verfahren ohne Entscheidung über eine solche Maßnahme beendet wird.

1. Normzweck. Die Vorschrift regelt die Entscheidung über Auslagen des Betroffenen in Betreuungssachen. Sie entspricht insoweit dem bisher geltenden § 13a Abs. 2 S. 1 FGG aF.[1] Sie regelt die Frage, wann die **Auslagen der betroffenen Person** von der Staatskasse erstattet werden müssen. Der Rechtsgedanke, der § 307 zu Grunde liegt, ist derselbe wie in §§ 91 ZPO und 467 StPO: Der Staat ist der faktische Gegner der betroffenen Person – obsiegt sie, muss ihr die Staatskasse die zur Rechtsverfolgung notwendigen Kosten ersetzen.[2]

2. Anwendungsbereich. § 307 betrifft alle Betreuungssachen, gleich ob sie im Regelverfahren oder im Wege der einstweiligen Anordnung behandelt worden sind. Kostenschuldner nach § 307 wird die Staatskasse freilich allein gegenüber der betroffenen Person. Die Frage der Erstattung von Auslagen der **sonstigen Beteiligten oder Dritter** regeln §§ 80 und 81. Für die Auslagenerstattung in zivilrechtlichen Unterbringungssachen, die bis zum Inkrafttreten des FGG-RG ebenfalls in § 13a Abs. 2 S. 1 geregelt war, gilt jetzt die Spezialvorschrift des § 337 Abs. 1; für die Auslagenerstattung in öffentlich-rechtlichen Unterbringungssachen gilt nunmehr § 337 Abs. 2. Dem **Verfahrenspfleger** können keine Kosten auferlegt werden, § 276 Abs. 7, ebenso wenig einem Verfahrensbevollmächtigten der betroffenen Person;[3] dies gilt auch dann, wenn der Verfahrenspfleger (letztlich erfolglos) Beschwerde erhebt. Auch dann kann allenfalls die betroffene Person kostenpflichtig werden – etwas anderes gilt nur, wenn eine solche Person als *falsus procurator* handelte.[4]

3. Voraussetzungen. Voraussetzung für die Erstattung von Kosten aus der Staatskasse ist, dass ein Verfahren über eine Betreuungsmaßnahme auf eine bestimmte Art und Weise beendet worden ist – nämlich durch „Obsiegen der betroffenen Person". Im Einzelnen:

a) Betreuungsmaßnahmen nach §§ 1896 bis 1908i BGB schließen die dort genannten Genehmigungen und den Einwilligungsvorbehalt ein. Ob die Bestellung eines Ergänzungsbetreuers nach § 1899 Abs. 4 BGB hierzu zählt, ist strittig.[5] Da der Ergänzungsbetreuer ein Mitbetreuer ist, gehört seine Bestellung (nicht die Genehmigung des von ihm geschlossenen Geschäfts!) wie anderer Mitbetreuer auch zu den Betreuungsmaßnahmen iSd § 307. Auch die isolierte Anfechtung der Auswahl des Betreuers im Beschwerdeweg zählt zu den Verfahren über eine Betreuungsmaßnahme nach §§ 1896–1908i BGB. Dagegen gehört die betreuungsgerichtliche Genehmigung etwa eines Grundstückskaufvertrages nicht zu den Betreuungsmaßnahmen nach §§ 1896–1908i BGB.[6]

b) Beendigung des Betreuungsverfahrens. Für die Beendigung des Betreuungsverfahrens kennt § 307 vier Varianten, die zur Kostenerstattung führen: Ablehnung, Aufhebung, Einschränkung und Beendigung ohne Entscheidung. Das Betreuungsverfahren kann erstens so enden, dass keine Betreuung, kein Einwilligungsvorbehalt angeordnet oder eine beantragte Genehmigung mangels Betreuungsbedürftigkeit nicht erteilt wird **(Ablehnung)**. Die Gründe für die Ablehnung sind irrelevant: Ablehnungen wegen Verfahrensfehlern stehen Ablehnungen aus mangelnder Begründet-

---

[21] S. dazu nach altem Recht *Damrau/Zimmermann* § 69h FGG Rn. 6.
[1] BT-Drucks. 16/6308, S. 272.
[2] So *Damrau/Zimmermann* § 13a FGG Rn. 16.
[3] *Damrau/Zimmermann* § 13a FGG Rn. 15.
[4] OLG Karlsruhe FamRZ 1997, 1547.
[5] Verneinend OLG Karlsruhe FamRZ 1997, 1547; bejahend *Damrau/Zimmermann* § 13a FGG Rn. 18.
[6] OLG Schleswig SchlHA 1994, 206; *Damrau/Zimmermann* § 13a FGG Rn. 18.

heit gleich. Auch hier stehen vorläufige und endgültige Maßnahmen einander gleich. Neben der Ablehnung führt zweitens auch die **volle Aufhebung** einer ungerechtfertigten Betreuungsmaßnahme zur Kostenerstattung. Ungerechtfertigt ist eine Betreuungsmaßnahme dann, wenn sie nicht hätte ergehen dürfen, wenn also die materiell-rechtlichen Voraussetzungen für ihre Anordnung nicht vorgelegen haben. Das schließt im Gegenzug Aufhebungen wegen geänderter Umstände (Besserung des Gesundheitszustandes) aus. Volle Aufhebung meint Aufhebung von Anfang an.[7] Drittens führt auch die **Einschränkung** einer angeordneten Betreuungsmaßnahme zur Kostenerstattung. Eine Einschränkung liegt etwa vor, wenn einem für die Aufgabenkreise „Vertretung vor Gerichten/Behörden" und „Bestimmung des Aufenthaltsorts" bestellten Betreuer das Aufenthaltsbestimmungsrecht entzogen und nicht auf einen weiteren Betreuer übertragen wird. Auch für die Einschränkung gilt das Attribut „ungerechtfertigt".[8] Beide Gruppen lassen sich wegen der identischen Anknüpfung an die Voraussetzungen zur Anordnung der Maßnahme streng logisch nicht scheiden. Bei der Einschränkung ist immer danach zu fragen, ob der aus der Betreuungsmaßnahme ausgeschiedene Teil der betroffenen Person Kosten verursacht hat. Nur diese sind erstattungsfähig. Keine ungerechtfertigte Einschränkung liegt vor, wenn die Einschränkung auf geänderten Umständen beruht. Viertens kann das Betreuungsverfahren enden, **ohne** dass das Gericht eine **Entscheidung** erlassen hat oder erlassen konnte, etwa weil die betroffene Person während des Verfahrens verstorben ist. Die Antragsrücknahme durch die betroffene Person spielt im Amtsverfahren keine Rolle.

6 **4. Ermessen.** Fraglich ist, ob das Gericht hinsichtlich der Kostenerstattung aus der Staatskasse ein Ermessen hat. Der Wortlaut „kann auferlegen" spricht dafür. Jedoch ist hier nach den vier Beendigungsformen zu differenzieren:

7 **a) Gebundene Entscheidung bei Ablehnung/Aufhebung.** Von einem Ermessen kann bei der Ablehnung bzw. Aufhebung einer Betreuungsmaßnahme nicht ausgegangen werden. Es ist anhand der Vorschrift nicht erkennbar, nach welchen Kriterien einer betroffenen Person ihre Auslagen bei Vorliegen der Voraussetzungen erstattet werden können und einer anderen nicht. Auf die Vermögensverhältnisse der betroffenen Person abzustellen verbietet sich; darauf stellen auch andere Erstattungsvorschriften (§ 91 ZPO, § 467 StPO) nicht ab. Auch stellt § 307 nicht (wie schon § 13a Abs. 2 S. 1 FGG aF) auf die „Billigkeit" ab wie § 81 Abs. 1 (und der bisher geltende § 13a Abs. 1 FGG aF).

8 **b) Ermessen bei Einschränkung/entscheidungsloser Beendigung.** Anders liegt es bei der Einschränkung einer Betreuungsmaßnahme bzw. bei der entscheidungslosen Beendigung des Verfahrens. Insbesondere bei letzterer kann eine Kostenerstattung dann nicht in Frage kommen, wenn etwa allein der Tod der betroffenen Person dazu führte, dass eine Betreuungsmaßnahme, die anzuordnen gewesen wäre, wenn die betroffene Person nicht verstorben wäre, nicht angeordnet worden ist. Bei der Einschränkung wird danach unterschieden werden können, ob derjenige Teil der Betreuungsmaßnahme, der fortgefallen ist, gegenüber dem fortbestehenden wesentlich ins Gewicht fällt. Nur wenn das der Fall ist und der fortgefallene Teil überhaupt Kosten verursacht hat, können die Auslagen der betroffenen Person erstattet werden.

9 **5. Umfang der Erstattung.** Erstattungsfähig sind die außergerichtlichen **Auslagen,** nicht die Kosten,[9] der betroffenen Person, idR die Anwaltskosten, die Auslagen für einen Verfahrenspfleger und auch Reisekosten, die der betroffenen Person durch Reisen zu Anhörungen und Begutachtungen entstanden sind.[10] Die Formulierung „sofern sie zur zweckentsprechenden Rechtsverfolgung notwendig waren" ist § 91 ZPO entlehnt. Ihr kann schon in der Auslagenerstattungsentscheidung entsprochen werden, sie wirkt sich aber in der Kostengrundentscheidung nicht aus, sondern wird im Kostenfestsetzungsverfahren beachtet.[11] § 307 entspricht hinsichtlich der **notwendigen Kosten** § 91 Abs. 1 S. 1, 2. Halbs. ZPO. Auf § 91 Abs. 2 ZPO wird dagegen kein Bezug genommen. Hieraus wird der Schluss gezogen, dass Anwaltskosten nicht zwingend und von vornherein zu erstatten sind, sondern nur dann, wenn aus objektiver Sicht mit rechtlichen oder tatsächlichen Schwierigkeiten zu rechnen war.[12] Das vermag nicht zu überzeugen, denn die Bedeutung einer Betreuungssache, die im Regelfall schwer in die rechtliche Handlungsfähigkeit der betroffenen Person eingreift, wird meist die Zuziehung eines Anwalts erforderlich machen. Dieser Wertung folgt

---

[7] BT-Drucks. 11/4528, S. 95; BayObLG FamRZ 2000, 1523.
[8] *Damrau/Zimmermann* § 13a FGG Rn. 21.
[9] Gerichtskosten (Gebühren und Auslagen) fallen nicht unter § 307. Sie werden nach Berichtigung des Kostenansatzes (§ 14 Abs. 1 KostO) erstattet, wenn sie zu Unrecht erhoben worden sind.
[10] BT-Drucks. 11/4528, S. 181.
[11] *Damrau/Zimmermann* § 13a FGG Rn. 25.
[12] So LG Koblenz BtPrax 1998, 156.

übrigens schon das Gesetz selbst, indem es in § 276 das Rechtsinstitut der Verfahrenspflegschaft anerkennt und damit zum Ausdruck bringt, dass Betreuungssachen regelmäßig mit rechtlichen und tatsächlichen Schwierigkeiten verbunden sind. Nicht notwendig dagegen dürften die Mandatierung mehrerer Anwälte, ein Anwaltswechsel oder das Mandat, die Eignung eines Betreuers zu überprüfen, sein. Das Gericht kann die Auslagen der Staatskasse entweder zu **Bruchteilen** („die Hälfte der außergerichtlichen Auslagen") oder nach **Kostenarten** („Fahrt- und Übernachtungskosten, Anwaltskosten") auferlegen. Letzteres empfiehlt sich,[13] weil Betreuungssachen keinen Streitwert haben und sich feste Unterliegens- und Obsiegensquoten nur im Ausnahmefall bilden lassen.

6. Rechtsmittel. Die Möglichkeit der Anfechtung dieser Entscheidung folgt aus dem Allgemeinen Teil. Die Kostenentscheidung ist eine eigenständige Entscheidung, weil es im pflichtgemäßen Ermessen des Gerichts liegt zu entscheiden, ob und gegebenenfalls in welchem Umfang eine Kostenentscheidung sachgerecht ist.[14] Danach ist die **isolierte Anfechtung** einer Kostenentscheidung möglich; einer dem bisherigen § 20a Abs. 1 S. 2 FGG aF entsprechenden Regelung bedurfte es daher nicht.[15]

§ 308 Mitteilung von Entscheidungen

(1) Entscheidungen teilt das Gericht anderen Gerichten, Behörden oder sonstigen öffentlichen Stellen mit, soweit dies unter Beachtung berechtigter Interessen des Betroffenen erforderlich ist, um eine erhebliche Gefahr für das Wohl des Betroffenen, für Dritte oder für die öffentliche Sicherheit abzuwenden.

(2) Ergeben sich im Verlauf eines gerichtlichen Verfahrens Erkenntnisse, die eine Mitteilung nach Absatz 1 vor Abschluss des Verfahrens erfordern, hat diese Mitteilung über die bereits gewonnenen Erkenntnisse unverzüglich zu erfolgen.

(3) ¹Das Gericht unterrichtet zugleich mit der Mitteilung den Betroffenen, seinen Verfahrenspfleger und seinen Betreuer über Inhalt und Empfänger der Mitteilung. ²Die Unterrichtung des Betroffenen unterbleibt, wenn

1. der Zweck des Verfahrens oder der Zweck der Mitteilung durch die Unterrichtung gefährdet würde,
2. nach ärztlichem Zeugnis hiervon erhebliche Nachteile für die Gesundheit des Betroffenen zu besorgen sind oder
3. der Betroffene nach dem unmittelbaren Eindruck des Gerichts offensichtlich nicht in der Lage ist, den Inhalt der Unterrichtung zu verstehen.

³Sobald die Gründe nach Satz 2 entfallen, ist die Unterrichtung nachzuholen.

(4) Der Inhalt der Mitteilung, die Art und Weise ihrer Übermittlung, ihr Empfänger, die Unterrichtung des Betroffenen oder im Fall ihres Unterbleibens deren Gründe sowie die Unterrichtung des Verfahrenspflegers und des Betreuers sind aktenkundig zu machen.

1. Normzweck. §§ 308–311 stellen die gesetzliche Grundlage für Mitteilungen des Betreuungsgerichts an andere Gerichte und Behörden in Betreuungssachen bereit. Sie entstammen überwiegend dem Justizmitteilungsgesetz (JuMiG), das am 1. 6. 1998 in Kraft getreten ist und die §§ 12–22 EGGVG hervorgebracht hat. Diese Vorschriften gelten auch in Betreuungssachen. Das **informationelle Selbstbestimmungsrecht** des Einzelnen fordert,[1] dass personenbezogene Daten nur auf Grund gesetzlicher Ermächtigung weitergegeben werden dürfen und fordert darüber hinaus, dass die Ermächtigungsgrundlage den Schutz der Person, deren Daten weitergegeben werden sollen, hinreichend beachtet. Diesen Anforderungen soll § 308 genügen. § 308, der den bisher geltenden § 69k FGG aF ersetzt, regelt die allgemeine Mitteilungspflicht über Umstände, die in Betreuungssachen bekannt werden. Die Vorgängervorschrift wurde vor allem wegen ihrer Unbestimmtheit folgenlos (wie das FGG-RG zeigt) kritisiert.[2]

2. Gegenstand der Mitteilung. Nach § 308 Abs. 1 unterrichtet das entscheidende Gericht andere Gerichte, Behörden oder sonstige öffentliche Stellen über die von ihm getroffenen, wirksam gewordenen **Entscheidungen** jeglicher Art (also etwa auch Änderungsentscheidungen nach

---

[13] *Damrau/Zimmermann* § 13a FGG Rn. 28.
[14] BT-Drucks. 16/6308, S. 215.
[15] BT-Drucks. 16/6308, S. 272.
[1] BVerfGE 65, 1 ff.
[2] *Bienwald/Sonnenfeld* § 69k FGG Rn. 3–7.

§§ 293–295 und Genehmigungsentscheidungen nach §§ 297, 298) in einer Betreuungssache.³ Es spielt keine Rolle, ob die Entscheidung im Regelverfahren oder im Wege der einstweiligen Anordnung ergangen ist.⁴ Auch der Inhalt der Entscheidung ist für das Ob der Mitteilung nicht relevant. Nach Abs. 2 hat das Gericht auch die der Entscheidung vorangehenden **Ermittlungsergebnisse,** gleichfalls jeglicher Art (also etwa das im Verfahren eingeholte Sachverständigengutachten) mitzuteilen und zwar ebenso wie bei den Entscheidungen in dem **Umfang,** der zur Erreichung des mit der Mitteilung verfolgten Zwecks⁵ erforderlich ist.⁶ Das heißt konkret, dass dann, wenn die Mitteilung der Beschlussformel genügt, die Gründe der Entscheidung nicht mitgeteilt werden dürfen.⁷ Über die Mitteilungsform äußert sich das Gesetz nicht, idR empfiehlt sich eine schriftliche Information.

3   **3. Voraussetzungen der Mitteilung.** Abs. 1 regelt drei Voraussetzungen, unter denen eine Mitteilung geboten ist. Diese Voraussetzungen sind unter Beachtung des informationellen Selbstbestimmungsrechts eng gefasst. Gemeinsam ist ihnen, dass eine **erhebliche Gefahr für bedeutende Rechtsgüter** drohen muss, wenn die Information unterbleibt.

4   **a) Gefahr für das Betreutenwohl.** Die Mitteilung ist dann geboten, wenn eine erhebliche Gefahr für das Wohl der betroffenen Person selbst bestünde, wenn andere Träger öffentlicher Gewalt von der Entscheidung des Betreuungsgerichts nichts wüssten. Das liegt dann vor, wenn der Adressat der Mitteilung ohne Kenntnis von einer betreuungsgerichtlichen Entscheidung gegen die betroffene Person Maßnahmen zu ergreifen berechtigt ist, die der betroffenen Person nachteilig sind (zB die Anordnung von Strafhaft,⁸ das Erleiden prozessualer Nachteile infolge unerkannter Geschäfts- oder Prozessunfähigkeit, die Einberufung zum Wehrdienst oder etwa auch die Eintragung des Erwerbers eines Grundstücks in das Grundbuch allein auf Grund Bewilligung der betroffenen Person).⁹ Eine Gefahr besteht auch dann, wenn ein Träger öffentlicher Gewalt erforderliche Fürsorgemaßnahmen nicht ergreift, weil er von der Entscheidung des Betreuungsgerichts keine Kenntnis hat.

5   **b) Gefahr für Dritte.** Eine Gefahr für Dritte besteht etwa dann, wenn, wie das Betreuungsgericht im Verfahren herausfindet, die betroffene Person infolge ihres die Betreuungsbedürftigkeit auslösenden Zustandes zu Gewalt neigt und dritte Personen dadurch gefährdet. Dritte können aber auch durch die pflichtvergessene Ausübung eines bestimmten Berufes (Arzt, Krankenpfleger, Architekt, Apotheker, Rechtsanwalt, Notar,¹⁰ Sachverständiger, Polizeibeamter, Soldat, Feuerwehrmann oder auch Bademeister etc.) oder der elterlichen Sorge für minderjährige Kinder¹¹ durch die betroffene Person gefährdet werden.¹² In letzterem Falle kann die Mitteilung behördliche Hilfsangebote oder familiengerichtliche Interventionen ermöglichen.¹³ Eine Gefahr für Dritte besteht auch für den heiratswilligen Partner einer geschäftsunfähigen und damit eheunfähigen Person, wenn die Schließung einer nach § 1304 BGB aufhebbaren Ehe droht.¹⁴

6   **c) Gefahr für die öffentliche Sicherheit.** Schließlich rechtfertigt auch eine erhebliche Gefahr für die öffentliche Sicherheit die Mitteilung durch das Betreuungsgericht. Dass diese Fallgruppe sich inhaltlich oft mit der Gefährdung Dritter überschneidet,¹⁵ liegt auf der Hand. Die Begründung zum BtG listet hier auf, dass die betroffene Person Inhaber eines Führerscheines, eines Waffen- oder Jagdscheines sei und die Gefahr bestehe, dass sie andere Personen durch den Gebrauch des Fahrzeuges oder der Waffe, zu deren Führung sie berechtigt sei, schädigen könnte.¹⁶ Solche Situationen dürften

---

³ *Bassenge/Roth* § 69k FGG Rn. 1.
⁴ *Keidel/Kuntze/Winkler/Kayser* § 69k FGG Rn. 4.
⁵ S. dazu Rn. 4–6.
⁶ *Keidel/Kuntze/Winkler/Kayser* § 69k FGG Rn. 6; *Jurgeleit/Bucic* § 69k FGG Rn. 11; PK-BUV/*Locher* § 69k FGG Rn. 4; HK-BUR/*Hoffmann* § 69k FGG Rn. 13.
⁷ PK-BUV/*Locher* § 69k FGG Rn. 4; *Keidel/Budde* Rn. 3; *Damrau/Zimmermann* § 69k FGG Rn. 9.
⁸ BT-Drucks. 11/4528, S. 182; HK-BUR/*Hoffmann* § 69k FGG Rn. 8. Dieses Beispiel wird immer wieder genannt: Im Strafverfahren wird eventuell die Schuldunfähigkeit des Täters nicht erkannt und deswegen droht eine Verurteilung, wenn das Betreuungsgericht nicht mitteilt, dass der Täter unter Betreuung steht. Das kann im Bereich leichterer und mittelschwerer Kriminalität relevant werden. *Bienwald/Sonnenfeld* § 69k FGG Rn. 5 meint, dass eine Mitteilungspflicht nur dann gerechtfertigt sei, wenn ein konkretes Strafverfahren anhängig sei.
⁹ *Bassenge/Roth* § 69k FGG Rn. 3.
¹⁰ BT-Drucks. 11/4528, S. 182.
¹¹ OLG Rostock BtPrax 2003, 233.
¹² *Bassenge/Roth* § 69k FGG Rn. 4; PK-BUV/*Locher* § 69k FGG Rn. 4.
¹³ *Bienwald/Sonnenfeld* § 69k FGG Rn. 15.
¹⁴ Nach BT-Drucks. 11/4528, S. 65 darf diese Gefahrenlage quantitativ aber nicht überschätzt werden. S. a. *Keidel/Kuntze/Winkler/Kayser* § 69k FGG Rn. 8. Außerdem ist die partielle Geschäftsfähigkeit für die Eheschließung, BVerfG FamRZ 2003, 359, zu beachten.
¹⁵ HK-BUR/*Hoffmann* § 69k FGG Rn. 9.
¹⁶ BT-Drucks. 11/4528, S. 182.

eher selten sein oder zufällig eintreten,[17] weil die Betreuungsbedürftigkeit ja schon Krankheit oder Behinderung voraussetzt.

d) Interessenabwägung. Das mitteilungspflichtige Gericht hat zwar kein Ermessen. Sind die Voraussetzungen für die Mitteilung (Rn. 4–6) gegeben, dann muss die Information weitergegeben werden. Jedoch ist zur Erforderlichkeit der Mitteilung stets eine Interessenabwägung geboten: Das öffentliche Interesse des Adressaten an der Erfüllung der ihm obliegenden Aufgaben muss – nach dem Grundsatz der Verhältnismäßigkeit – das Geheimhaltungsinteresse der betroffenen Person überwiegen.[18] Je größer die Gefahr für die genannten Rechtsgüter ist, umso eher muss dabei das private Geheimhaltungsinteresse zurücktreten.[19] Bei den mitteilungspflichtigen Ermittlungsergebnissen nach Abs. 2 ist bei der Interessenabwägung dem Umstand Rechnung zu tragen, dass es sich um noch nicht abschließend bewertete Erkenntnisse handelt. **7**

4. Adressat der Mitteilung. Adressaten der Mitteilung sind andere **Gerichte, Behörden** oder sonstige **Wahrnehmer öffentlicher Aufgaben.** Eine weitergehende Konkretisierung wird bei § 308 vermisst.[20] Privatpersonen oder privatrechtlich organisierte Einrichtungen (etwa Banken,[21] auch die anerkannten Betreuungsvereine) können nicht Adressaten von Mitteilungen nach § 308 sein.[22] Das Betreuungsgericht entscheidet, welcher Adressat zur Abwehr der konkret drohenden Gefahr befugt ist, so ist eine Mitteilung über die im Betreuungsverfahren bekannt gewordene Gefährlichkeit des Führens eines Kfz an die Führerscheinstelle des jeweiligen Landkreises zu richten. Ausgeschlossen ist die Mitteilung an ausländische Einrichtungen[23] – unter Gerichten, Behörden und anderen öffentlichen Stellen sind ausschließlich inländische Träger öffentlicher Gewalt zu verstehen. **8**

5. Unterrichtungspflicht; Absehen von der Unterrichtung. Nach Abs. 3 hat das Gericht die betroffene Person, den für sie bestellten Verfahrenspfleger und einen bereits bestellten Betreuer über die konkret vorgenommene Mitteilung zu unterrichten. Diese **Unterrichtung** darf nicht erst nach, sondern muss **zeitgleich** („zugleich") mit der Mitteilung erfolgen. Die betroffene Person, ihr Verfahrenspfleger und ihr Betreuer werden dadurch in die Lage versetzt, ihre Interessen beim Adressaten der Mitteilung geltend zu machen, bevor dieser seinerseits Maßnahmen ergreift. Die Unterrichtung vor der Mitteilung ist im Gesetzgebungsverfahren zum BtG erwogen worden, sie schien dem Gesetzgeber damals aber nicht angemessen zu sein.[24] Unter bestimmten Voraussetzungen, die in Abs. 3 S. 2 Nrn. 1–3[25] aufgeführt sind,[26] unterbleibt die Unterrichtung der betroffenen Person; sie ist jedoch unverzüglich nachzuholen, wenn die Gründe für ihr Unterbleiben fortgefallen sind. Betreuer und Verfahrenspfleger sind immer zu unterrichten.[27] **9**

6. Verfahren; Vollzug; Rechtsmittel. Sachlich zuständig ist das erstinstanzlich tätige Betreuungsgericht. Das gilt auch dann, wenn erst die Beschwerdeentscheidung mitteilungspflichtig ist.[28] Die funktionelle Zuständigkeit für die Mitteilungsanordnung folgt der Zuständigkeit für die Anordnung der konkreten betreuungsrechtlichen Maßnahme.[29] Die Mitteilungsanordnung ist durch Aktenvermerk zu dokumentieren, Abs. 4 (zu dokumentieren sind Inhalt und Empfänger der Mitteilung, die Art und Weise der Übermittlung und der Unterrichtung bzw. die Gründe für das Unterbleiben der Unterrichtung der betroffenen Person). Für den Vollzug angeordneter bzw. zugelassener Mitteilungen gilt eine Verwaltungsvorschrift v. 29. April 1998.[30] Gegen die Mitteilungsanordnung steht der betroffenen Person das Rechtsmittel der Beschwerde, § 58, zu. Voraussetzung ist, dass der Beschwer- **10**

---

[17] So *Bienwald/Sonnenfeld* § 69k FGG Rn. 17.
[18] BT-Drucks. 11/4528, S. 181; HK-BUR/*Hoffmann* § 69k FGG Rn. 11; *Bassenge/Roth* § 69k FGG Rn. 2; *Keidel/Kuntze/Winkler/Kayser* § 69k FGG Rn. 10; *Damrau/Zimmermann* § 69k FGG Rn. 8; PK-BUV/*Locher* § 69k FGG Rn. 4.
[19] HK-BUR/*Hoffmann* § 69k FGG Rn. 11.
[20] Sehr kritisch deswegen *Bienwald/Sonnenfeld* § 69k FGG Rn. 6.
[21] Das gilt auch für öffentlich-rechtlich organisierte Sparkassen, da sie sich wie privatrechtlich verfasste Kreditinstitute am Rechtsverkehr beteiligen; *Jürgens/Mertens* § 69k FGG Rn. 2; HK-BUR/*Hoffmann* § 69k FGG Rn. 12.
[22] AllgM; vgl. nur *Bassenge/Roth* § 69k FGG Rn. 6.
[23] HK-BUR/*Hoffmann* § 69k FGG Rn. 12.
[24] BT-Drucks. 11/4528, S. 182.
[25] Zum ärztlichen Zeugnis s. die Kommentierung zu § 281.
[26] Sehr kritisch zu Nr. 3 *Bienwald/Sonnenfeld* § 69k FGG Rn. 24.
[27] *Keidel/Kuntze/Winkler/Kayser* § 69k FGG Rn. 13.
[28] HK-BUR/*Hoffmann* § 69k FGG Rn. 3; *Damrau/Zimmermann* § 69k FGG Rn. 16; *Bienwald/Sonnenfeld* § 69k FGG Rn. 28.
[29] *Bassenge/Roth* § 69k FGG Rn. 8; HK-BUR/*Hoffmann* § 69k FGG Rn. 2; *Keidel/Kuntze/Winkler/Kayser* § 69k FGG Rn. 2; *Bienwald/Sonnenfeld* § 69k FGG Rn. 28.
[30] NJW Beilage zu Heft 38/1998.

deführer rügt, die Mitteilungsanordnung sei rechtsfehlerhaft ergangen, weil die Voraussetzungen für ihren Erlass nicht vorgelegen hätten.[31] Nach bereits vollzogener Mitteilung ist die Beschwerde mit dem Ziel, die Rechtswidrigkeit der Übermittlung festzustellen, um ein Verwendungsverbot zu begründen, zulässig.

§ 309 Besondere Mitteilungen

(1) [1] Wird beschlossen, einem Betroffenen zur Besorgung aller seiner Angelegenheiten einen Betreuer zu bestellen oder den Aufgabenkreis hierauf zu erweitern, so hat das Gericht dies der für die Führung des Wählerverzeichnisses zuständigen Behörde mitzuteilen. [2] Das gilt auch, wenn die Entscheidung die in § 1896 Abs. 4 und § 1905 des Bürgerlichen Gesetzbuchs bezeichneten Angelegenheiten nicht erfasst. [3] Eine Mitteilung hat auch dann zu erfolgen, wenn eine Betreuung nach den Sätzen 1 und 2 auf andere Weise als durch den Tod des Betroffenen endet oder wenn sie eingeschränkt wird.

(2) [1] Wird ein Einwilligungsvorbehalt angeordnet, der sich auf die Aufenthaltsbestimmung des Betroffenen erstreckt, so hat das Gericht dies der Meldebehörde unter Angabe des Betreuers mitzuteilen. [2] Eine Mitteilung hat auch zu erfolgen, wenn der Einwilligungsvorbehalt nach Satz 1 aufgehoben wird oder ein Wechsel in der Person des Betreuers eintritt.

1 1. **Normzweck.** § 309 betrifft spezielle Mitteilungssituationen. Abs. 1 erfordert wegen §§ 13 Nr. 3 und 15 Abs. 2 Nr. 1 BWahlG, dass das Gericht, das für die betroffene Person einen Betreuer zur Besorgung aller Angelegenheiten bestellt oder den Aufgabenkreis eines bereits bestellten Betreuers hierauf erweitert, der für die Führung des Wählerverzeichnisses zuständigen Behörde (Wahlamt)[1] diesen Umstand, der von Gesetzes wegen zum **Verlust des aktiven und passiven Wahlrechts** führt, mitteilt. Dieser Verlust war in den Beratungen zum BtG durchaus umstritten,[2] wird aber seitdem nicht mehr diskutiert. Die Vorschrift ersetzt den bisher geltenden § 69l FGG aF ohne inhaltliche Änderung.[3] Abs. 2 statuiert eine Mitteilungspflicht an die Meldebehörde, wenn das Betreuungsgericht einen Einwilligungsvorbehalt anordnet, der das **Aufenthaltsbestimmungsrecht** der betroffenen Person einschränkt.

2 2. **Mitteilung bei Wahlrechtsverlust. a) Gegenstand der Mitteilung.** Mitgeteilt wird nicht die gesamte Entscheidung. Zur Aufgabenerfüllung der für die Führung des Wählerverzeichnisses zuständigen Behörde (das Wahlamt veranlasst dann, dass der betroffenen Person keine Wahlunterlagen zugesendet werden) bzw. der Meldebehörde reicht es aus, wenn ihr lediglich mitgeteilt wird, dass eine der in Abs. 1 oder 2 genannten Anordnungen getroffen worden ist.[4] Diese Behörde muss nicht erfahren, welche Gründe für den Verlust des Wahlrechts bzw. die Einschränkung des Aufenthaltsbestimmungsrechts entscheidend sind. Mitgeteilt werden ferner nicht die Bestellung eines vorläufigen Betreuers im Wege der einstweiligen Anordnung, weil diese nach § 13 Nr. 2 BWahlG nicht zum Verlust des Wahlrechts führt.[5]

3 b) **Sonderfälle.** Die Mitteilungspflicht (ohne Ermessensspielraum) entsteht mit der Anordnung der genannten Betreuungsmaßnahmen. Abs. 1 S. 2 konkretisiert die Betreuerbestellung für **alle Angelegenheiten** noch weiter. Das Wahlrecht erlischt auch dann, wenn der Aufgabenkreis des bestellten Betreuers nicht die Entscheidung über den Fernmeldeverkehr und nicht die Entgegennahme, das Öffnen und das Anhalten der Post der betroffenen Person und auch nicht die Unfruchtbarmachung der betroffenen Person umfasst. Auch dann besteht Mitteilungspflicht.

4 c) **Generalklausel oder Enumeration?** Streitig ist,[6] wie Betreuerbestellungen zu bewerten sind, bei denen das Gericht in der Beschlussformel nicht die Formulierung „alle Angelegenheiten" verwendet, sondern einzelne Aufgabenkreise benennt (die so weit reichen können, dass es sich der Sache nach um alle Angelegenheiten handelt). Nach dem Wortlaut von § 309 Abs. 1 S. 1 unterfallen

---

[31] LG Zweibrücken BtPrax 1999, 244; *Bienwald/Sonnenfeld* § 69k FGG Rn. 29. *Keidel/Budde* Rn. 14 weist darauf hin, dass die Beschwerde nicht ohne weiteres auf § 58 Abs. 1 gestützt werden kann, weil die Mitteilung nicht als instanzabschließende Endentscheidung bewertet werden könne. Da § 22 Abs. 1 EGGVG aber eine streng subsidiäre Regelung sei, müsse die Rechtsmittelregelung im FamFG zu suchen sein.
[1] In den Flächenstaaten sind dies die Gemeinden, in den Stadtstaaten die Bezirksämter oder Stadtämter.
[2] Vgl. BT-Drucks. 11/4528, S. 188; *Bienwald/Sonnenfeld* § 69l FGG Rn. 3 f., 7.
[3] BT-Drucks. 16/6308, S. 272.
[4] *Bassenge/Roth* § 69l FGG Rn. 1.
[5] *Jurgeleit/Bucic* § 69l FGG Rn. 3; PK-BUV/*Locher* § 69l FGG Rn. 2.
[6] Vgl. die Nachweise bei *Bassenge/Roth* § 69l FGG Rn. 2.

nur solche Anordnungen der Mitteilungspflicht, die explizit die Formel „alle Angelegenheiten" verwenden. Das Festhalten am Wortlaut wird etwa damit begründet, dass der Verlust des Wahlrechts als Rechtsfolge nur dann verfassungsrechtlich geboten sei, wenn der Betreuer eben ausdrücklich für alle Angelegenheiten bestellt sei, weil nur dann der Schluss gerechtfertigt sei, der betroffenen Person fehle es an der Einsicht in das Wesen und die Bedeutung von Wahlen.[7] Die Weite des einzelnen Aufgabenkreises ermögliche außerdem keinen zuverlässigen Rückschluss auf die „Wahlfähigkeit" der betroffenen Person.[8] Außerdem entstünden in der Praxis Unsicherheiten, ob die Entscheidung denn nun tatsächlich zum Verlust des Wahlrechts führe.[9] Dem wird entgegen gehalten, dass es ausreichen müsse, wenn bei der bloßen Aufzählung der Aufgabenkreise faktisch alle Angelegenheiten der betroffenen Person erfasst werden.[10] Außerdem müsse es zur Vermeidung von Ungleichbehandlungen unerheblich sein, ob die Generalklausel oder eine Enumeration verwendet werde.[11] Es komme außerdem letztlich auf die subjektive Betreuungsbedürftigkeit an.[12] Letztere Ansicht verdient den Vorzug. Es kann nicht von regionalen Zufälligkeiten abhängen, ob betroffene Personen vom Wahlrecht ausgeschlossen sein sollen oder nicht. Auch geht es nicht an, wenn Richter die Enumeration bewusst wählen und die Generalklausel vermeiden, um auf diese Weise das Wahlrecht der betroffenen Person zu erhalten.[13] In der Praxis sollte zur Vermeidung der befürchteten Unsicherheiten bei **Enumerationen eine klarstellende Bemerkung** in die Beschlussformel aufgenommen werden, dass es sich um alle Angelegenheiten handele, um Nachfragen beim anordnenden Richter, ob er die betroffene Person denn nun unter Totalbetreuung habe stellen wollen, zu vermeiden.[14]

d) **Nachberichtspflichten.** Abs. 1 S. 3 stellt klar, dass das Wahlrecht wieder auflebt – was eine erneute Mitteilung (Nachberichtspflicht) hierüber nach sich zieht – wenn die Betreuung nicht mehr total ist, weil der Aufgabenkreis des Betreuers beschränkt oder die Betreuung nach § 1908d BGB insgesamt aufgehoben worden ist. Dann hat das Wahlamt die betroffene Person wieder in das Wählerverzeichnis einzutragen.

3. Mitteilung bei der Aufenthaltsbestimmungsrechtsbeschränkung. Diese Mitteilung an die Meldebehörde ermöglicht es dieser, An- und Abmeldungen auf ihre Rechtmäßigkeit zu überprüfen.[15] Die Wortwahl war schon in § 69l Abs. 2 FGG aF missglückt und ist in § 309 Abs. 2 nicht besser geworden:[16] Die Bestimmung des Aufenthalts ist anders als die Wohnsitzbegründung gerade keine einen Begründungswillen voraussetzende Willenserklärung und kann daher auch von betreuungsbedürftigen und/oder geschäftsunfähigen Personen vorgenommen werden. Da der Meldebehörde aber nur **Wohnsitzänderungen** mitzuteilen sind, nicht aber Aufenthaltsänderungen (das wäre ein Rückfall ins frühe 19. Jahrhundert), muss das Gesetz so gelesen werden, dass immer dann, wenn das Betreuungsgericht einen Einwilligungsvorbehalt für Willenserklärungen anordnet, mit denen die betroffene Person ihren Wohnsitz verändert,[17] eine Mitteilungspflicht nach Abs. 2 besteht. Der Meldebehörde sind auch der **volle Name und die Anschrift des Betreuers**[18] (oder aller Betreuer mit diesem Aufgabenkreis) mitzuteilen. Auch hier besteht nach S. 2 eine **Nachberichtspflicht.**

4. Adressat der Mitteilung. Mitgeteilt werden dürfen die Anordnungen nach Abs. 1 nur den dort genannten Behörden (Wahlämter, Meldebehörden nach jeweiligem Landesrecht). Weitere Unterrichtungen finden nicht statt.

5. Unterrichtungspflicht; Absehen von der Unterrichtung. Eine Unterrichtung der betroffenen Person, ihres Verfahrenspflegers und Betreuers findet nicht statt. Es empfiehlt sich, die Mitteilung zu dokumentieren.

---

[7] *Bienwald/Sonnenfeld* § 69l FGG Rn. 6; *Hellmann* BtPrax 1999, 229; *Passmann* BtPrax 1998, 6.
[8] *Keidel/Budde* Rn. 2; *Bienwald* Anm. zu BVerfG FamRZ 1999, 1417.
[9] PK-BUV/*Locher* § 69l FGG Rn. 2.
[10] *Zimmermann* FamRZ 1996, 80.
[11] HK-BUR/*Hoffmann* § 69l FGG Rn. 8.
[12] BayObLG BtPrax 1997, 73; LG Zweibrücken BtPrax 1999, 244; so auch *Jürgens/Mertens* § 69l FGG Rn. 1.
[13] *Damrau/Zimmermann* § 69l FGG Rn. 2.
[14] Dafür plädiert auch HK-BUR/*Hoffmann* § 69l FGG Rn. 8, der dann, wenn eine solche Klarstellung nicht erfolgt, die Mitteilungspflicht verneint.
[15] HK-BUR/*Hoffmann* § 69l FGG Rn. 12.
[16] S. ausf. *Bienwald/Sonnenfeld* § 69l FGG Rn. 12; *Damrau/Zimmermann* § 69l FGG Rn. 6; PK-BUV/*Locher* § 69l FGG Rn. 5. Es ist ein Armutszeugnis, dass der Gesetzgeber des FGG-RG diesen leicht behebbaren und seit langem bekannten Mangel im Text nicht bereinigt hat.
[17] Ein Einwilligungsvorbehalt für Willenserklärungen, mit denen die betroffene Person ihre Aufenthalt verändert, ist nicht möglich; OLG Hamm FamRZ 1995, 433; MünchKommBGB/*Schwab* § 1903 Rn. 19; *Bienwald/Sonnenfeld* § 69l FGG Rn. 12.
[18] Vgl. näher § 2 Abs. 1 Nr. 9 Melderechtsrahmengesetz (BGBl. III 210-4).

9   **6. Verfahren; Rechtsmittel.** Die Mitteilung ist vom Richter zu veranlassen.[19] Sie ist als solche nicht nach § 58 anfechtbar, es sei denn, sie ist inhaltlich fehlerhaft vorgenommen worden.[20]

§ 310 Mitteilungen während einer Unterbringung

Während der Dauer einer Unterbringungsmaßnahme hat das Gericht dem Leiter der Einrichtung, in der der Betroffene untergebracht ist, die Bestellung eines Betreuers, die sich auf die Aufenthaltsbestimmung des Betroffenen erstreckt, die Aufhebung einer solchen Betreuung und jeden Wechsel in der Person des Betreuers mitzuteilen.

1   **1. Normzweck.** § 310 verpflichtet das Gericht, den Leiter der Einrichtung, in der die betroffene Person zivilrechtlich (nach § 1906 BGB) oder öffentlich-rechtlich (nach den PsychKG'en der Länder) untergebracht ist, über Betreuungsmaßnahmen, die für die Aufenthaltsbestimmung relevant sind, zu unterrichten. Das Gericht hat hierbei keinen Ermessensspielraum. Die Anstaltsleitung der Unterbringungseinrichtung muss wissen, wer befugt ist, Entscheidungen über den Aufenthaltsort der betroffenen Person zu treffen und muss daher die Person des Betreuers kennen,[1] insbesondere dann, wenn die Unterbringung gegen den Willen der betroffenen Person geschieht. Die Vorschrift ersetzt § 69m FGG aF.

2   **2. Gegenstand der Mitteilung.** Mitgeteilt wird nicht die gesamte Entscheidung, sondern nur die Person des jeweils bestellten Betreuers, der Umfang seiner Aufgaben und die Aufhebung einer solchen Betreuung. Gründe für die Zuweisung des Aufenthaltsbestimmungsrechts sind ebenso irrelevant wie die Gründe, die zum Betreuerwechsel geführt haben.

3   **3. Voraussetzungen der Mitteilung.** Voraussetzung der Mitteilungspflicht ist erstens, dass der bestellte Betreuer durch Anordnung des Gerichts den umfassenden Aufgabenkreis „Aufenthaltsbestimmung" oder spezieller die „Unterbringung der betroffenen Person in der Anstalt XY" übertragen bekommen hat. Es kommt dabei nicht darauf an, ob diese Anordnung im Regelverfahren oder durch einstweilige Anordnung ergangen ist. Auch die nachträgliche Erweiterung des Aufgabenkreises auf die genannten Gegenstände ist mitzuteilen. Zweitens muss die betroffene Person tatsächlich in dieser Einrichtung untergebracht sein; die Mitteilungspflicht besteht so lange die Unterbringung andauert.

4   Eine **Unterrichtung** der betroffenen Person **erfolgt nicht**.

§ 311 Mitteilungen zur Strafverfolgung

[1] Außer in den sonst in diesem Gesetz, in § 16 des Einführungsgesetzes zum Gerichtsverfassungsgesetz sowie in § 70 Satz 2 und 3 des Jugendgerichtsgesetzes genannten Fällen, darf das Gericht Entscheidungen oder Erkenntnisse aus dem Verfahren, aus denen die Person des Betroffenen erkennbar ist, von Amts wegen nur zur Verfolgung von Straftaten oder Ordnungswidrigkeiten anderen Gerichten oder Behörden mitteilen, soweit nicht schutzwürdige Interessen des Betroffenen an dem Ausschluss der Übermittlung überwiegen. [2] § 308 Abs. 3 und 4 gilt entsprechend.

1   **1. Normzweck.** Mit § 311, der den bisher geltenden § 69n FGG aF ohne inhaltliche Änderung ersetzt, wird der Kreis der in §§ 308 und 309 erfassten Mitteilungspflichten um Mitteilungen erweitert, die der Strafverfolgung bzw. der Verfolgung von Ordnungswidrigkeiten dienen.[1*] Dabei liegt der Zweck der Vorschrift auch darin festzulegen, dass außer den vom FamFG selbst vorgesehenen oder genannten Mitteilungen weitere personenbezogene Mitteilungen unzulässig seien.[2] Außerdem wird dem informationellen Selbstbestimmungsrecht der betroffenen Person durch eine vom Gesetz angeordnete Interessenabwägung Rechnung getragen. Letztlich dient die Vorschrift damit dem **Betreutenwohl**.

---

[19] *Bienwald/Sonnenfeld* § 69l FGG Rn. 15; *Damrau/Zimmermann* § 69l FGG Rn. 2; PK-BUV/*Locher* § 69l FGG Rn. 3. S. Kap. XV Nr. 4 Abs. 3 der Mitteilungen in Zivilsachen (MiZi).
[20] LG Zweibrücken BtPrax 1999, 244; *Bienwald/Sonnenfeld* § 69l FGG Rn. 16; *Damrau/Zimmermann* § 69l FGG Rn. 2.
[1] Vgl. BT-Drucks. 11/4528, S. 220.
[1*] BT-Drucks. 13/4709, S. 31.
[2] BT-Drucks. 13/4709, S. 31.

2. Gegenstand der Mitteilung; Verfahren. Mitgeteilt werden gerichtliche **Entscheidungen** gleich welcher Art (also auch die Ablehnung einer Betreuungsmaßnahme) in Betreuungssachen. Unerheblich ist, ob die Anordnung im Regelverfahren oder im Wege der einstweiligen Anordnung ergangen ist. Neben den Entscheidungen erfasst § 311 auch die im Verfahren gewonnenen **Ermittlungserkenntnisse** aller Art. Das können zB auch Straftaten sein, die gegenüber der betroffenen Person begangen wurden und aus Anlass der Durchführung eines Betreuungsverfahrens offenbar werden.[3] § 311 ermöglicht auch Mitteilungen mit Auslandsberührung über das Bundesministerium der Justiz nach § 16 EGGVG und Mitteilungen für das jugendgerichtliche Verfahren. Von § 311 erfasst werden aber nur solche Entscheidung bzw. Erkenntnisse, aus denen die Person des Betroffenen direkt oder mittelbar erkennbar ist. Für insoweit anonymisierte, nicht personenbezogene Mitteilungen gilt § 311 nicht.[4]

Die Mitteilung steht (im Unterschied zu §§ 308–310)[5] im **Ermessen** des Gerichts. Sie muss der **Verfolgung von Straftaten oder Ordnungswidrigkeiten** dienen, die von der betroffenen Person oder von Dritten begangen worden sind. Der Mitteilung dürfen keine schutzwürdigen Interessen der betroffenen Person widersprechen. Schutzwürdige Belange der betroffenen Person sind im Betreuungsverfahren typischerweise deren **gesundheitliche Interessen.** Solche Interessen dürfen das Interesse an der Mitteilung nach dem Erkenntnisstand des Betreuungsgerichts erkennbar nicht übersteigen. Anderenfalls muss die Mitteilung unterbleiben.

Funktional zuständig für die Mitteilung ist wegen der Abwägung der Interessen, bei der auf der Seite der Mitteilungspflicht die Schwere des Delikts und auf der Betroffenenseite die Auswirkungen der Mitteilung zu berücksichtigen sein können, der Richter.[6] Die Mitteilung ist mit der Beschwerde, § 58, anfechtbar, wenn der Beschwerdeführer rügt, die Voraussetzungen der Mitteilung hätten nicht vorgelegen.[7]

3. Adressat der Mitteilung; Unterrichtungspflicht; Dokumentation. Als zulässiger Mitteilungsempfänger kommen nur die zur Strafverfolgung bzw. zur Verfolgung von Ordnungswidrigkeiten befugten Behörden in Betracht (Gerichte, Staatsanwaltschaften, Bußgeldbehörden). Es gelten § 308 Abs. 3 und 4.[8]

---

[3] *Bassenge/Roth* § 69n FGG Rn. 1; etwa solche des Betreuers oder des Pflegepersonals: *Damrau/Zimmermann* § 69n FGG Rn. 3; *Bienwald/Sonnenfeld* § 69n FGG Rn. 1.
[4] *Bassenge/Roth* § 69n FGG Rn. 1; *Jurgeleit/Bucić* § 69n FGG Rn. 2; PK-BUV/*Locher* § 69n FGG Rn. 1.
[5] PK-BUV/*Locher* § 69n FGG Rn. 2.
[6] *Damrau/Zimmermann* § 69n FGG Rn. 3; aA *Bienwald/Sonnenfeld* § 69n FGG Rn. 4.
[7] *Bienwald/Sonnenfeld* § 69n FGG Rn. 5; HK-BUR/*Hoffmann* § 69n FGG Rn. 4.
[8] S. dort.

Abschnitt 2. Verfahren in Unterbringungssachen

Vorbemerkung zu den §§ 312 ff.

Schrifttum: *Almer,* Zwangsweise Unterbringung und medizinische Forschung, 2005; *Baumann,* Unterbringungsrecht und systematischer und synoptischer Kommentar zu den Unterbringungsgesetzen der Länder, 2003; *Bohnert,* Unterbringungsrecht, 2000; *Coeppicus,* Sachfragen des Betreuungs- und Unterbringungsrechts, 2000; *Cording,* Zwischen Zwang und Fürsorge: die Psychiatriegesetze der deutschen Länder, 2003; *Crefeld,* Gesundheitsberichterstattung zur Anwendungspraxis des Unterbringungsrechts nach dem PsychKG NRW und dem Betreuungsrecht des Bundes, 2005; *Dodegge,* Gestaltung der Einweisungspraxis aus der Sicht eines Unterbringungsrichters, BtPrax 1998, 43; *Dodegge/Zimmermann,* PsychKG NRW, 2. Aufl. 2003; *Dressing,* Zwangsunterbringung und Zwangsbehandlung psychisch Kranker: Gesetzgebung und Praxis in den Mitgliedsländern der Europäischen Union, 2004; *Fehn,* Die sofortige Unterbringung psychisch Kranker: eine juristisch-medizinische Themeneinführung, 2003; *Grund,* Die Unterbringung von Obdachlosen, 2008; *Henke,* Fixierungen in der Pflege, 2006; *Hentschel,* Geschlossene Unterbringung: Genese, gesetzliche Normierung, Praxis in der Jugendhilfe, 2006; *Hoffmann,* Freiheitsentziehende Maßnahmen: Unterbringung und unterbringungsähnliche Maßnahmen in Betreuungsrecht und -praxis, 2004; *Horn,* Unterbringung im öffentlichen Recht und im Zivilrecht: Recht, Praxis, Psychiatrie, 2007; *Huttner,* Die Unterbringung Obdachloser durch die Polizei- und Ordnungsbehörden, 2002; *Juchardt/Warmbrunn/Stolz,* Praxiskommentar zum Unterbringungsgesetz Baden-Württemberg, 3. Aufl. 2003; *Kopetzki,* Grundriss des Unterbringungsrechts, 2. Aufl. 2005; *Marschner/Volckart,* Freiheitsentziehung und Unterbringung: materielles Recht und Verfahrensrecht, 4. Aufl. 2001; *Kröber/Dölling/Leygraf/Sass,* Handbuch der Forensischen Psychiatrie im Privatrecht und Öffentlichen Recht, 2009; *Oldenburg,* Die Rolle einstweiliger Unterbringungsanordnungen im Recht der gefahrenabwehrenden Freiheitsentziehungen, 2002; *Pardey,* Betreuungs- und Unterbringungsrecht in der Praxis, 3. Aufl. 2005; *Pommer,* Unterbringung im Rechtsvergleich, 2003; *Reinhardt,* Zwangsmaßnahmen in der stationären psychiatrischen Behandlung der Bundesrepublik Deutschland, 2008; *Probst,* Betreuungs- und Unterbringungsverfahren: für die Praxis der Gerichte, Anwälte, Behörden und Betreuer, 2005; *Rehbein,* Einflussfaktoren auf die Qualität medizinischer Gutachten bei Zwangseinweisungen vom Spannungsfeld zwischen PsychKG und Handlungspraxis, 2006; *Scheurich,* Praxis der öffentlich-rechtlichen und zivilrechtlichen Unterbringung an der Psychiatrischen Klinik der Humboldt-Universität zu Berlin, Standort Mitte vom 1. 1. 1995–31. 12. 1997, 2004; *Schmidt,* Betreuungspraxis und psychiatrische Grundlagen, 2007; *v. Storch,* Der „fürsorgliche" Entzug von Grundrechten – Zulässigkeit und Grenzen der Einschränkung der Patientenautonomie von psychisch Kranken während einer fürsorglichen Unterbringung, 2006; *Zimmermann,* Bayerisches Unterbringungsgesetz, 2. Aufl. 2005; *ders.,* ThürPsychKG. Praxiskommentar, 1994; *ders.,* Unterbringungsgesetz Baden-Württemberg (UBG). Praxiskommentar, 2003.

Zur Literatur der 90er Jahre vgl. die Literaturliste bei *Bienwald* Vor §§ 70 ff., FGG Rn. 24; *Damrau/Zimmermann* § 70 FGG; *Soergel/Zimmermann* § 1906 BGB.

I. Allgemeines

1 **1. Geschichte.** Das bisher geltende Unterbringungsverfahrensrecht der §§ 70–70n FGG aF[1] wurde mit dem Inkrafttreten des FGG-RG zum 1. 9. 2009 durch die §§ 312–339 FamFG neu geregelt. Wesentliche inhaltliche Änderungen des bestehenden Rechtszustandes hat das FGG-RG abgesehen von den durch den Allgemeinen Teil herbeigeführten Änderungen im Rechtsmittelrecht freilich nicht gebracht. Die §§ 312–339 regeln das seit 1992 bundeseinheitlich geltende[2] Verfahrensrecht für die **zivilrechtliche** und die **öffentlichrechtliche Unterbringung volljähriger Personen.**[3]

---

[1] Zur Gesetzgebungsgeschichte der bisher geltenden §§ 70 ff. FGG aF vgl. *Keidel/Kuntze/Winkler/Kayser* Vor §§ 70–70n FGG Rn. 1; *Bienwald* Vor §§ 70 ff. FGG Rn. 1; *Jansen/Sonnenfeld* § 70 FGG Rn. 1; *Damrau/Zimmermann* § 70 FGG Rn. 1.
[2] *Bienwald* Vor §§ 70 FGG Rn. 1. Zu den Gründen für die Vereinheitlichung des Verfahrensrechts für die zivilrechtliche und die öffentlichrechtliche Unterbringung s. BT-Drucks. 11/4528, S. 92. S. a. *Damrau/Zimmermann* § 70 FGG Rn. 5 f. Im Gebiet der zum 3. 10. 1990 dem Bundesgebiet beigetretenen Länder galt das einheitliche Verfahrensrecht auf Grund des Einigungsvertrages vom 31. 8. 1990 bereits seit dem 3. 10. 1990.
[3] BT-Drucks. 16/6308, S. 272.

2. Terminologie. Unterbringung ist eine Form der **Freiheitsentziehung.** Sie kann in verschiedenen Formen angeordnet und vorgenommen werden. Es handelt sich bei den Maßnahmen, für welche die §§ 312 ff. gelten, aber nicht um Freiheitsentziehung wegen Begehung einer Straftat oder um eine Form der Maßregelung, die vom Strafgericht angeordnet und von der Strafvollstreckungsbehörde vollzogen werden. Der Vollzug einer freiheitsentziehenden Maßregel nach §§ 63, 64 StGB (psychiatrisches KH oder Entziehungsanstalt) ist keine „Unterbringung" iSd. §§ 312 ff., auch wenn der Vollzug dieser Maßregeln sich zumeist nach den PsychKG'en der Länder richtet. Daher gelten die §§ 312–339 nicht für alle Freiheitsentziehungen nach StGB, StPO und/oder JGG. Auch für Freiheitsentziehungen nach den Polizeigesetzen der Länder gelten die §§ 312–339 nicht.

Eine Unterbringung iSd. §§ 312 ff. liegt vielmehr schlicht dann vor, wenn eine **Person gegen ihren Willen oder im Zustand der Willenlosigkeit in den abgeschlossenen Teil eines geeigneten Krankenhauses eingewiesen wird oder dort verbleiben soll.**[4] Bei solchen Unterbringungen wird die betroffene Person in geschlossenen Abteilungen etwa der psychiatrischen Landeskrankenhäuser oder auf geschlossenen Stationen von Kliniken dauerhaft eingeschlossen. Unterschieden wird primär danach, wer der Auslöser der Unterbringung ist: eine Privatperson (Betreuer) oder eine Behörde. Bei der Unterbringung handelt es sich um einen **schweren Eingriff** in die Freiheit der Person, auch in die körperliche Unversehrtheit (bei vorbereitenden Untersuchungen und Untersuchungen und Behandlungen in der Unterbringung), das Recht auf informationelle Selbstbestimmung, das Brief-, Post- und Fernmeldegeheimnis, das Freizügigkeitsrecht und das Recht auf Unverletzlichkeit der Wohnung. Das Unterbringungsverfahrensrecht hat deshalb besonders gründlich auf die subjektiven Verfahrensrechte der betroffenen Person zu achten: Jede Genehmigung einer Unterbringung greift in schwerwiegender Weise in das Freiheitsrecht ein. Wird eine Unterbringung genehmigt, hat deshalb das gerichtliche Verfahren in jeder Hinsicht diese besondere Intensität des Grundrechtseingriffs zu beachten.[5] Gemäß Art. 104 Abs. 1 S. 1 GG darf in die Freiheit der Person, Art. 2 Abs. 2 S. 2 GG, nur auf Grund eines förmlichen Gesetzes und unter Beachtung der darin vorgeschriebenen Formen eingegriffen werden. Dadurch wird die **Pflicht,** diese **Formvorschriften zu beachten,** zum **Verfassungsgebot** erhoben.[6]

Neben der Unterbringung im eben genannten Sinne sind **unterbringungsähnliche Maßnahmen** zu nennen. Deren materiell-rechtliche Berechtigung folgt aus § 1906 Abs. 4 BGB. Bei ihnen handelt es sich um einen **Freiheitsentzug durch mechanische Vorrichtungen** (Schließvorrichtungen an der Zimmertür und den Fenstern, Bettgitter, Fesselungen, Fixierungen an Bett und/oder Stuhl) und/oder **Medikamente** (Sedativa, Dormativa, Tranquilizer), der nicht in einem abgeschlossenen Teil eines geeigneten Krankenhauses stattfindet, sondern etwa in Pflegeheimen oder offenen Krankenhausstationen vorgenommen wird.

3. Unterbringungsformen. Rechtsgrundlagen. Volljährige[7] Personen können auf Grund verschiedener Rechtsgrundlagen untergebracht werden. Die Ermächtigungsgrundlagen für die Unterbringung entstammen entweder dem Bundes- oder dem Landesrecht. Bundesrechtliche Unterbringungsermächtigungen kennen das BGB und das FEVG.[8] Landesrechtliche Unterbringungsermächtigungen kommen in den Landesgesetzen über die Unterbringung psychisch Kranker (PsychKG oder UnterbringungsG) vor. Zu unterscheiden ist demnach zwischen der zivilrechtlichen und der öffentlich-rechtlichen Unterbringung:

a) Zivilrechtliche Unterbringung. Eine **zivilrechtliche Unterbringung** liegt vor, wenn die betroffene Person **durch ihren Betreuer,** § 1906 Abs. 1–3 BGB oder **durch ihren Vorsorgebevollmächtigten,** § 1906 Abs. 5 BGB in einer geschlossenen Einrichtung eines geeigneten Krankenhauses verwahrt, untergebracht wird. Die Rolle des Gerichts beschränkt sich hier darauf, die Entscheidung des Betreuers/Vorsorgebevollmächtigten in die Unterbringung zu genehmigen. **Ziel** der zivilrechtlichen Unterbringung ist es in aller Regel, die betroffene Person zur Vermeidung der Gefahr, dass sie sich gesundheitlichen Schaden zufügt, und damit zu ihrem eigenen Wohl (dem der Betreuer verpflichtet ist), einer gründlichen Diagnostik und einer adäquaten Heilbehandlung zuzu-

---

[4] So die meisten PsychKG'e oder UnterbringungsG'e der Bundesländer in ihren einleitenden Bestimmungen.
[5] BayObLG NJW-RR 2005, 1314.
[6] KG FamRZ 2008, 813 unter Bezug auf BVerfG NJW 1982, 692.
[7] Die Unterbringung minderjähriger Personen ist in § 151 Nr. 6 f., § 167 geregelt. Das gilt sowohl für die zivilrechtliche als auch für die öffentlichrechtliche Unterbringung Minderjähriger – beides sind Kindschaftssachen und begründen die Zuständigkeit des Familiengerichts.
[8] Letzteres (das Gesetz über das gerichtliche Verfahren bei Freiheitsentziehungen v. 29. 6. 1956) betrifft v. a. das Verfahren der Abschiebehaft (auf Grund des AuslG) und der Seuchenhaft/Quarantäne (auf Grund des BSeuchG, des InfSchG und des GeschlKrG). Für diese Verfahren gelten §§ 312–339 nicht. Die Unterbringung nach dem FEVG ist subsidiär, § 1 Abs. 2 FEVG.

Vor §§ 312 ff. 7–10   Buch 3. Abschnitt 2. Verfahren in Unterbringungssachen

führen, wenn die betroffene Person die Notwendigkeit der Maßnahme nicht erkennen beziehungsweise nicht einsichtsgemäß handeln kann. **Voraussetzung** einer zivilrechtlichen Unterbringung ist daher zunächst die Bestellung eines Betreuers oder die Vollmachterteilung. Dem Betreuer müssen im Rahmen des § 1906 Abs. 1 Nr. 2 BGB mindestens die Aufgabenkreise „Aufenthaltsbestimmungsrecht" und „Gesundheitsfürsorge" übertragen sein, damit er eine Unterbringungsentscheidung treffen kann.[9] **Unterbringungsähnliche Maßnahmen** (s. o. Rn. 4) nach § 1906 Abs. 4 BGB gehören sinngemäß zur zivilrechtlichen Unterbringung. Auch hier genehmigt das Gericht die Entscheidung des Betreuers/Vorsorgebevollmächtigten. Die Genehmigungsbedürftigkeit solcher unterbringungsähnlicher Maßnahmen war lange Zeit umstritten und wurde bis 1992 überwiegend abgelehnt.[10] Erst das BtG brachte hier eine dichtere vormundschaftsgerichtliche Kontrollbefugnis.

7   b) **Öffentlichrechtliche Unterbringung.** Ist dagegen noch kein Betreuer bestellt oder keine andere Person mit der Vorsorge beauftragt, dann sieht das öffentliche Gefahrenabwehrrecht der Länder Unterbringungsermächtigungen vor, die stets daran anknüpfen, dass die betroffene Person psychisch erkrankt ist und infolgedessen eine erhebliche Gefährdung für sich selbst oder für die öffentliche Sicherheit und Ordnung darstellt – **öffentlichrechtliche Unterbringung.** Das meist in den 1990er Jahren reformierte Landesrecht regelt dabei entweder die Unterbringung speziell in einem eigenen UnterbrG oder UBG (so in Bayern, Baden-Württemberg und im Saarland) oder zusammen mit Hilfen für psychisch Kranke in einem Gesetz über psychisch kranke Personen oder psychische Krankheiten (PsychKG; so in den meisten Ländern). In Hessen gilt noch immer das HFEG von 1952.

8   In den einzelnen Ländern[11] gelten folgende Landesgesetze: *Baden-Württemberg:* Gesetz über die Unterbringung psychisch Kranker v. 11. 4. 1983/2. 12. 1991 (GBl. 1983, 133; 1991, 794); *Bayern:* Gesetz über die Unterbringung psychisch Kranker und deren Betreuung v. 20. 4. 1982/5. 4. 1992 (GVBl. 1992, 61); *Berlin:* Gesetz über psychisch Kranke v. 8. 3. 1985 (GVBl. 1985, 586); *Brandenburg:* Gesetz über Hilfen und Schutzmaßnahmen (PsychKG) v. 8. 2. 1996 (GVBl. 1996, 25); *Bremen:* Gesetz über Hilfen und Schutzmaßnahmen bei psychischen Krankheiten v. 9. 4. 1979/18. 2. 1992 (GBl. 1979, 123; 1992, 31); *Hamburg:* Hamburgisches Gesetz über Hilfen und Schutzmaßnahmen bei psychischen Krankheiten v. 27. 9. 1995 (GVBl. 1995, 235); *Hessen:* Hessisches Gesetz über die Entziehung der Freiheit geisteskranker, geistesschwacher, rauschgift- oder alkoholsüchtiger Personen v. 19. 5. 1952/5. 2. 1992 (GVBl. 1952, 111; 1992, 66); *Mecklenburg-Vorpommern:* Gesetz über Hilfen und Schutzmaßnahmen für psychisch Kranke v. 1. 6. 1993 (GVBl. 1993, 528); *Niedersachsen:* PsychKG v. 16. 6. 1997 (GVBl. 1997, 272); *Nordrhein-Westfalen:* PsychKG v. 17. 12. 1999 (GVBl. 1999, 662); *Rheinland-Pfalz:* PsychKG v. 17. 11. 1995 (GVBl. 1995, 473); *Saarland:* UnterbrG v. 11. 11. 1992 (ABl. 1992, 1021); *Sachsen:* Gesetz über die Hilfen und die Unterbringung bei psychischen Krankheiten v. 16. 6. 1994 (GVBl. 1994, 1097); *Sachsen-Anhalt:* Gesetz über Hilfen für psychisch Kranke und Schutzmaßnahmen v. 30. 1. 1992 (GVBl. 1992, 88); *Schleswig-Holstein:* PsychKG v. 26. 3. 1979/17. 12. 1991 (GVBl. 1979, 251; 1991, 693); *Thüringen:* Gesetz zur Hilfe und Unterbringung psychisch Kranker v. 2. 2. 1994 (GVBl. 1994, 81).

9   In allen diesen Landesgesetzen sind Ermächtigungsgrundlagen für die Unterbringung psychisch kranker Personen enthalten. Sie alle knüpfen an eine **psychische Erkrankung** und an eine **daraus resultierende Gefährdungslage** an; vgl. etwa § 10 SächsPsychKG, der fordert, dass der psychisch Kranke infolge seiner Krankheit sein Leben oder seine Gesundheit erheblich und gegenwärtig gefährdet oder dass er eine erhebliche und gegenwärtige Gefahr für bedeutende Rechtsgüter Anderer darstellt. Außerdem ist nach dieser Vorschrift erforderlich, dass diese Gefahr nicht auf andere Weise als durch Unterbringung abwendbar ist. Das Verfahrensrecht bei diesen öffentlichrechtlichen Unterbringungen sieht regelmäßig ein den §§ 312–339 FamFG ähnelndes Verfahren vor, wobei die Gesetze der einzelnen Länder durchaus voneinander abweichen. Insoweit aber diese PsychKG'e der Länder von den Vorschriften der §§ 312–339 abweichen, sind diese Abweichungen unbeachtlich,[12] da Bundesrecht Landesrecht bricht, Art. 31 GG. Der Unterbringungsrichter hat also bundeseinheitliches Verfahrensrecht, aber landesspezifisches materielles Recht anzuwenden. Oftmals jedoch beinhalten die PsychKG'e der Länder das Verfahren betreffende Verweisungsvorschrift auf (bisher) §§ 70 ff. FGG aF, nunmehr §§ 312 ff. FamFG.[13]

10   Anders als bei der zivilrechtlichen Unterbringung entscheidet der Richter aber bei der öffentlichrechtlichen Unterbringung über dieselbe, er genehmigt nicht die Entscheidung eines Dritten.

---

[9] OLG Brandenburg BtPrax 2007, 223.
[10] Vgl. die Nachweise bei *Damrau/Zimmermann* § 70 FGG Rn. 13.
[11] S. hierzu *Marschner/Volckart* Anhang: Unterbringungsgesetze der Länder.
[12] *Keidel/Kuntze/Winkler/Kayser* Vor §§ 70–70n FGG Rn. 3, 9; *Damrau/Zimmermann* § 70 FGG Rn. 5.
[13] Vgl. etwa § 13 Abs. 1 NWPsychKG; § 11 SächsPsychKG.

c) In Deutschland werden jährlich etwa 120 000 Personen zivil- oder öffentlichrechtlich untergebracht.[14] Das Zahlenverhältnis zwischen zivil- und öffentlichrechtlicher Unterbringung schwankt – außerdem ist die regionale Unterbringungspraxis verschieden – ein durchaus beklagenswerter Umstand. **11**

II. Prozessualer Überblick

1. Ähnlichkeit mit dem Betreuungsverfahrensrecht. Das Verfahren in Unterbringungssachen ähnelt dem in Betreuungssachen. Die §§ 312 ff. lehnen sich eng an die §§ 271 ff. an. Es handelt sich bei den zivilrechtlichen Unterbringungen um ein **von Amts wegen betriebenes Genehmigungsverfahren,** das keinen Antrag voraussetzt, sondern regelmäßig durch die Anregung eines Beteiligten zustande kommt. Die betroffene Person ist auch hier ohne Rücksicht auf ihre Geschäftsfähigkeit **verfahrensfähig,** § 316. Der betroffenen Person ist ein Verfahrenspfleger zu bestellen, wenn das zur Wahrung ihrer Interessen notwendig ist, § 317. Den Tatsachenstoff zur Anordnung von Unterbringungsmaßnahmen beschafft das entscheidende Gericht primär durch eigene **Anhörung** der betroffenen Person, § 319 (wichtig ist der persönliche Eindruck des entscheidenden Richters), und durch **Begutachtung,** § 321. Für die Begutachtung gilt auch in Unterbringungssachen das Strengbeweisverfahren, § 321 Abs. 1. Wie in Betreuungssachen gibt es auch in Unterbringungssachen typische Beteiligte am Verfahren, die regelmäßig anzuhören oder angehört werden können, § 315. Die Beteiligung Dritter soll sicherstellen, dass niemand „unbemerkt in einer Anstalt verschwinden kann".[15] Unterbringungsmaßnahmen sind grundsätzlich zeitlich zu befristen, § 329. Das Gericht entscheidet entweder im **Regelverfahren** oder im Wege **einstweiliger Anordnung.** Letztere ist wie die einstweilige Anordnung in Betreuungssachen entweder eine gewöhnliche oder eine eilige einstweilige Anordnung, § 331 f. Hinsichtlich der **Rechtsmittel** gilt dasselbe wie bei Betreuungssachen – nach der Abschaffung der unbefristeten Beschwerde durch das FGG-RG gelten die Vorschriften des Allgemeinen Teils, ergänzt um spezielle Beschwerdebefugnisse in Unterbringungssachen, § 335. **12**

2. Besonderheiten. Das Verfahren in öffentlichrechtlichen Unterbringungen dagegen ist (mit Ausnahme der einstweiligen/vorläufigen Unterbringungsentscheidungen) ein echtes **Antragsverfahren,** in dem die zuständige Gesundheits- oder Gefahrenabwehrbehörde als Antragsteller das gerichtliche Verfahren in Gang bringt. Die nähere Ausgestaltung der Antragserfordernisse regelt jedoch das Landesrecht.[16] §§ 312–339 berühren diese landesspezifischen Antragserfordernisse nicht.[17] Der Schutz der Rechtsposition der betroffenen Person wird bei langfristigen Unterbringungen spezifisch dadurch verstärkt, dass das Gericht bei der Verlängerung einer Unterbringungsmaßnahme immer dann einen **Gutachterwechsel** vorzunehmen hat, wenn die Unterbringungsmaßnahme eine Gesamtdauer von vier Jahren überschreitet, § 329 Abs. 2 S. 2. Auch das soll sicherstellen, dass die Anstaltstore sich nicht zwangsläufig und für immer hinter der betroffenen Person schließen. **13**

§ 312 Unterbringungssachen

Unterbringungssachen sind Verfahren, die
1. die Genehmigung einer freiheitsentziehenden Unterbringung eines Betreuten (§ 1906 Abs. 1 bis 3 des Bürgerlichen Gesetzbuchs) oder einer Person, die einen Dritten zu ihrer freiheitsentziehenden Unterbringung bevollmächtigt hat (§ 1906 Abs. 5 des Bürgerlichen Gesetzbuchs),
2. die Genehmigung einer freiheitsentziehenden Maßnahme nach § 1906 Abs. 4 des Bürgerlichen Gesetzbuchs oder
3. eine freiheitsentziehende Unterbringung eines Volljährigen nach den Landesgesetzen über die Unterbringung psychisch Kranker

betreffen.

---

[14] Angaben bei *Soergel/Zimmermann* § 1906 BGB Rn. 9.
[15] *Keidel/Kuntze/Winkler/Kayser* Vor §§ 70–70n FGG Rn. 9.
[16] BT-Drucks. 11/4528, S. 183; BayObLG NJW 1992, 2709; *Keidel/Kuntze/Winkler/Kayser* Vor §§ 70–70n FGG Rn. 7. Vgl. etwa § 13 Abs. 6 SächsPsychKG: Nachdem die zuständige Wohnsitzbehörde Ermittlungen zur Unterbringungsbedürftigkeit angestellt hat, beantragt sie die Unterbringung bei Gericht. Ähnlich § 17 Abs. 1 NPsychKG.
[17] BT-Drucks. 11/4528, S. 183; OLG Frankfurt NJW-RR 1993, 579; *Keidel/Kuntze/Winkler/Kayser* Vor §§ 70–70n FGG Rn. 7.

I. Normzweck; Anwendungsbereich

1. Normzweck, Neuerungen im FamFG. § 312 bestimmt, für welche Verfahren die Vorschriften des zweiten Abschnitts des dritten Buches angewendet werden. Er definiert die **Unterbringungssachen** und grenzt diese zugleich von den Betreuungssachen ab. Eine Abgrenzung zu den sonstigen dem Betreuungsgericht zugewiesenen betreuungsrechtlichen Zuweisungssachen erfolgt in § 340. Die Vorschrift hat ihren Vorläufer in § 70 Abs. 1 FGG aF, den sie verselbstständigt. § 70 Abs. 1 Nr. 1 a) FGG aF ist auf Grund der nun gegebenen Zuständigkeit des Familiengerichts bei der Unterbringung Minderjähriger entfallen.

2. Anwendungsbereich. § 312 ist wie § 271 als Definitionsnorm konzipiert. Er hat keinen eigenen Anwendungsbereich, sondern dient lediglich der Begriffsbestimmung.

II. Der Begriff der Unterbringungssache

1. Freiheitsentziehungen. Der Begriff der Unterbringungssache wird in § 312 mit einem Verweis in das materielle Recht bestimmt. Die Norm stellt durch Umkehrschluss klar, dass insbesondere der **Freiheitsentzug** nach StGB/JGG/StPO nicht zu den Unterbringungssachen gehört. Außerdem ist der Vorschrift im Unterschied zum bisher geltenden § 70 FGG aF zu entnehmen, dass die zivilrechtliche **Unterbringung eines Kindes** nach den §§ 1631b, 1800, 1915 BGB *per definitionem* nicht (mehr von vornherein) zu den Unterbringungssachen der §§ 312–339 gehört. Diese ist seit dem Inkrafttreten des FGG-RG in §§ 151 Nr. 6, 167 Abs. 1 als **Kindschaftssache** Angelegenheit des Familiengerichts. Gleiches gilt für die öffentlichrechtliche Unterbringung eines Kindes nach §§ 151 Nr. 7, 167 Abs. 1. Das Familiengericht wendet gleichwohl die Verfahrensregeln der §§ 312–339 an, § 167 Abs. 1; an die Stelle des Verfahrenspflegers tritt der Verfahrensbeistand. Keine Unterbringungssachen iSd. § 312 sind ferner die **Unterbringung zur Begutachtung** nach § 284 und die **Freiheitsentziehungen** gem. §§ 415 ff. Nach dem Wortlaut des § 312 sind auch diejenigen Entscheidungen, mit denen Unterbringungsmaßnahmen aufgehoben werden oder mit denen die gerichtliche Genehmigung einer Unterbringung zurückgenommen wird, keine Unterbringungsmaßnahmen.[1] Das freilich ist missverständlich, es gibt keinen Grund anzunehmen, dass das kontradiktorische Gegenteil der Genehmigung einer zivilrechtlichen Unterbringung keine Unterbringungssache sein solle.[2] Gleiches gilt für die Aussetzung des Vollzuges einer Unterbringungsmaßnahme nach § 328. Auch hierbei handelt es sich um eine Unterbringungssache. Keine Unterbringungssache dagegen ist das Verfahren auf Überprüfung einer Vollzugsmaßnahme nach § 327.[3]

2. Zivilrechtliche Unterbringung (Nr. 1). Das Leitmodell der Unterbringungssache bildet die zivilrechtliche Unterbringung durch den Betreuer/Vorsorgebevollmächtigten[4] der betroffenen Person in einer geschlossenen Einrichtung. Unterbringung mit Freiheitsentziehung liegt vor, wenn der Betroffene gegen oder ohne seinen Willen in seiner gesamten Lebensführung **auf einen bestimmten räumlichen Bereich begrenzt** und seine Möglichkeit zur Fortbewegung auf diesen Bereich beschränkt wird.[5] Geschlossen ist eine Einrichtung auch dann, wenn sie nur einen hohen Zaun oder geschlossene Tore hat;[6] entscheidend ist, dass die betroffene Person die Einrichtung nicht ungehindert und frei verlassen kann.[7] Ob der Telekommunikationsverkehr der betroffenen Person eingeschränkt ist, spielt für den Umstand der Unterbringung keine Rolle. Die materiell-rechtlichen Voraussetzungen der Unterbringung richten sich nach § 1906 Abs. 1–3 BGB. Dieser ordnet an, dass eine Unterbringung der betroffenen Person durch den Betreuer, welche mit Freiheitsentziehung verbunden ist, nur dann zulässig ist, wenn sie zum Wohl der betroffenen Person erforderlich ist, weil auf Grund einer psychischen Krankheit oder geistigen oder seelischen Behinderung der betroffenen Person die Gefahr besteht, dass diese sich selbst tötet oder sich erheblichen gesundheitlichen Schaden zufügt **(pathologische Suizida-**

---

[1] So *Bienwald* § 70 FGG Rn. 4.
[2] So auch *Damrau/Zimmermann* § 70 FGG Rn. 10.
[3] Vgl. im Einzelnen die Kommentierung dort.
[4] Die Vollmacht durch die betroffene Person zugunsten des Vorsorgebevollmächtigten muss sich ausdrücklich auf die Unterbringung erstrecken. Diese Variante ermöglicht es auch Personen, die nicht unter Betreuung stehen, verfahrensrechtlich denselben Schutz wie eine betreute Person in Anspruch zu nehmen; vgl. *Keidel/Kuntze/Winkler/Kayser* § 70 FGG Rn. 5.
[5] MünchKommBGB/*Schwab* § 1906 Rn. 7; vgl. a. BGH FamRZ 2001, 150.
[6] AG Stuttgart-Cannstatt FamRZ 1997, 704; s. a. AG Marburg BtPrax 1994, 107.
[7] MünchKommBGB/*Schwab* § 1906 Rn. 7; *Soergel/Zimmermann* § 1906 BGB Rn. 15.

lität).⁸ Eine Unterbringung ist ferner dann zulässig, wenn eine Untersuchung des Gesundheitszustandes, eine Heilbehandlung der betroffenen Person oder ein ärztlicher Eingriff an dieser notwendig ist, ohne die Unterbringung aber nicht durchgeführt werden kann und wenn der betroffenen Person auf Grund einer psychischen Krankheit oder einer geistigen oder seelischen Behinderung die Fähigkeit fehlt, die Notwendigkeit der Unterbringung zu erkennen oder nach dieser Einsicht zu handeln.

Das Verfahren ist in diesen Fällen ein **echtes Genehmigungsverfahren**, das zum Ziel hat, die 5 Entscheidung des Betreuers/Vorsorgebevollmächtigten, die betroffene Person in einer geschlossenen Anstalt⁹ unterzubringen, gerichtlich zu genehmigen. Herr des Verfahrens ist streng genommen und bei historischer Betrachtung der Betreuer, nicht der Richter. Ein Antrag des Betreuers ist für die Einleitung des Verfahrens aber nicht erforderlich, das Gericht wird auf Anregung **von Amts wegen** tätig.¹⁰ Stellt der Betreuer jedoch einen Unterbringungsantrag, dann muss über ihn entschieden werden.¹¹ Erhält das Gericht Kenntnis davon, dass der Betreuer die Unterbringung veranlassen will oder schon veranlasst hat, ist das Genehmigungsverfahren **anhängig**.¹² Dabei ist das Verfahren so strukturiert, dass die Genehmigung erfolgen soll, bevor die Unterbringung vollzogen wird. Bereits nach § 1906 Abs. 2 S. 2 BGB ist es aber möglich, die Unterbringung durchzuführen, bevor die Genehmigung erteilt wird, wenn mit dem Aufschub Gefahr verbunden ist. In diesen Fällen wird der Betreuer eine eilige einstweilige Anordnung, § 332, beantragen, die freilich (Vorrang des materiellen Rechts) auch nachträglich ergehen kann.¹³

Zivilrechtliche Unterbringungen durch das Gericht selbst dagegen werden in § 312 nicht genannt. 6 § 334 freilich ordnet an, dass die §§ 331–333 (einstweilige Anordnung) dann gelten, wenn das auf Grund materiell-rechtlich angeordneter **Notzuständigkeit** zuständige Gericht eine zivilrechtliche Unterbringungsmaßnahme nach § 1846 iVm. § 1908i Abs. 1 S. 1 BGB oder eine öffentlich-rechtliche nach dem jeweiligen Landesrecht zu treffen hat. Solche Maßnahmen sind daher gleichfalls Unterbringungsmaßnahmen iSd. § 312.¹⁴

3. Unterbringungsähnliche zivilrechtliche Maßnahmen (Nr. 2). Unterbringungssachen sind 7 auch Verfahren, in denen das Gericht darüber entscheidet, ob der betreuten Person¹⁵ über einen längeren Zeitraum die persönliche Freiheit entzogen werden soll, ohne dass die betroffene Person regulär in einer geschlossenen Anstalt untergebracht wird, sie sich aber in einer Pflegeeinrichtung oder einem Krankenhaus aufhält und der **partielle** oder **temporäre**¹⁶ **Freiheitsentzug** durch mechanische Vorrichtungen (Bettgitter, Fesselungen, Fixierungen durch Leibgurte, spezielle Fixierdecken oder „Pflegehemden" – ein verniedlichender Begriff für Zwangsjacken, „Therapeutische" vor Stuhl oder Rollstuhl, versteckt angebrachte Türöffner oder Zahlenkombinationsschlösser) oder Medikamente (Neuroleptika, Tranquilizer, Dormativa, die gezielt eingesetzt werden, um die nicht untergebrachte betroffene Person daran zu hindern, ihren Aufenthaltsort zu verändern¹⁷) vorgenommen wird. Unterbringungsähnliche Maßnahmen sind auch das Arretieren des Rollstuhls, ohne das sich die betroffene Person nicht bewegen kann, die Wegnahme der Kleider, ohne welche die betroffene Person nicht auf die Straße geht (Schlafanzug ganztägig!)¹⁸ oder das Eingreifen eines Pförtners, der die betroffene Person handgreiflich am Verlassen des Heimes hindert.¹⁹ Der Begriff der unterbringungsähnlichen Maßnahme entstammt dem BtG. Bis zu dessen Inkrafttreten war die Abgrenzung der Eingitterung im Krankenbett vom Einschluss auf einer geschlossenen Station rechtlich ungeklärt. Deswegen wurden zur Genehmigungsfähigkeit von Eingitterungen und Fixierungen auf offenen Stationen in Krankenhäusern und Pflegeeinrichtungen bis 1992 auch unterschiedliche Meinungen vertreten.²⁰ § 1906 Abs. 4 BGB soll

---

[8] S. im Einzelnen *Soergel/Zimmermann* § 1906 BGB Rn. 31 ff. Vgl. OLG Brandenburg FamRZ 2007, 1127.
[9] Die Bezeichnung der „Anstalt" spielt keine Rolle.
[10] *Bassenge/Roth* § 70 FGG Rn. 4; *Keidel/Kuntze/Winkler/Kayser* § 70 FGG Rn. 6; PK-BUV/*Fröschle* § 70 FGG Rn. 7.
[11] PK-BUV/*Fröschle* § 70 FGG Rn. 7.
[12] *Keidel/Kuntze/Winkler/Kayser* § 70 FGG Rn. 6; PK-BUV/*Fröschle* § 70 FGG Rn. 7.
[13] So wohl *Keidel/Kuntze/Winkler/Kayser* § 70 FGG Rn. 6.
[14] *Bienwald* § 70 FGG Rn. 5; *Keidel/Kuntze/Winkler/Kayser* § 70 FGG Rn. 4; sinngemäß ähnlich *Damrau/Zimmermann* § 70 FGG Rn. 9 und *Soergel/Zimmermann* § 1846 BGB Rn. 6.
[15] § 1906 Abs. 4 BGB gilt nur, wenn die betroffene Person volljährig ist und unter Betreuung steht.
[16] Relevant ist die Eingitterung oder Fixierung desorientierter alter Menschen bei Nacht zur Verhinderung von Stürzen und zur Absicherung der Sondenernährung.
[17] BT-Drucks. 11/4528, S. 82 u. 148 f.; OLG Hamm FGPrax 1997, 64; *Damrau/Zimmermann* § 70 FGG Rn. 13; *Keidel/Kuntze/Winkler/Kayser* § 70 FGG Rn. 8.
[18] Beispiele bei *Soergel/Zimmermann* § 1906 BGB Rn. 79.
[19] BT-Drucks. 11/4528, S. 148.
[20] MünchKommBGB/*Wagenitz* § 1906 Rn. 8; *Soergel/Zimmermann* § 1906 BGB Rn. 68–70 (kritisch zur „entsprechenden" Geltung von § 1906 Abs. 1–3 BGB); *Damrau/Zimmermann* § 70 FGG Rn. 13.

der unkontrollierten Gewalt gegen ältere Menschen in Pflegeheimen und Krankenhäusern einen Riegel vorschieben. Um Nr. 2 von Nr. 1 unterscheiden zu können, kommt es letztlich allein darauf an, ob eine echte Unterbringung angeordnet und vom Gericht genehmigt ist.

8   Problematisch geblieben ist das Verhältnis zwischen den beiden zivilrechtlichen Freiheitsentziehungsformen insofern, als nach wie vor ungeklärt ist, ob **zusätzliche Sicherungen,** die bei nicht untergebrachten Personen als unterbringungsähnliche Maßnahmen zu bezeichnen sind, **bei bereits untergebrachten Personen** einer weiteren gerichtlichen Genehmigung bedürfen (also die Anwendung der Zwangsjacke in der geschlossenen Psychiatrie).[21] Die **verfassungskonforme Auslegung** von § 1906 Abs. 1 Nr. 4 BGB gebietet es, die Norm auch auf bereits untergebrachte Personen anzuwenden, da der Eingriff in die Freiheitsrechte insoweit deutlich über die mit der Unterbringung selbst regelmäßig verbundenen Einschränkungen hinausgeht.[22] Es lässt sich freilich danach differenzieren, ob die Maßnahme regelmäßig mit dem Betreiben einer geschlossenen Einrichtung an sich einhergeht oder nicht. Ersteres ist der Fall beim Einbau und der Verwendung mechanischer Sicherungen des Hauses gegen das Verlassen (Fenstergitter, Schließeinrichtungen, abnehmbare Fensterknäufe). Diese Maßnahmen richten sich nicht konkret gegen die Einzelne untergebrachte Person und sind daher von der Genehmigung der Unterbringung derselben in einer solchen Einrichtung gedeckt. Die zielgerichtete und personenbezogene, weitere Freiheitsbeschränkung in der geschlossenen Einrichtung jedoch (Fesselung, Eingittering, Ruhigstellung) bedarf einer weiteren gerichtlichen Genehmigung.[23]

9   Unterbringungsähnliche Maßnahmen bei Kindern sind dagegen überhaupt nicht genehmigungsfähig, weil § 1906 Abs. 4 BGB nur für betreute, also volljährige Personen gilt – Eltern können ihren Säugling/ihr Kleinkind auch ohne Einschaltung des Betreuungsgerichts ins Gitterbett oder Laufställchen setzen oder legen[24] und in enge Windeln wickeln, ohne dass es hierfür Altersgrenzen gäbe (Grenze: §§ 1666, 1631 Abs. 2 BGB).

10 **4. Öffentlichrechtliche Unterbringung.** Das Verfahren in öffentlichrechtlichen Unterbringungssachen unterscheidet sich von dem in zivilrechtlichen Unterbringungssachen dadurch, dass es sich hierbei nicht um ein Genehmigungsverfahren, sondern (mit einer unwesentlichen Ausnahme)[25] um ein echtes **Antragsverfahren** handelt, das regelmäßig von der Verwaltungsbehörde initiiert wird. Auch anerkannte Unterbringungseinrichtungen[26] oder der sozialpsychiatrische Dienst[27] sind mitunter antragsberechtigt. Das Antragserfordernis gilt in einigen Ländern nicht, wenn eine vorläufige Unterbringungsentscheidung zu treffen ist. Hierfür sehen die PsychKG'e der betreffenden Länder regelmäßig eine das Gericht treffende Unterrichtungspflicht gegenüber der Verwaltungsbehörde vor.[28] Mitunter sieht das Landesrecht auch eine rein verwaltungsrechtliche sofortige Unterbringung vor, wenn Gefahr im Verzug ist und eine vorläufige gerichtliche Entscheidung nicht rechtzeitig ergehen kann. Dann dürfen betroffene Personen regelmäßig bis zum Ablauf des folgenden Tages vorläufig verwaltungsrechtlich untergebracht werden. Spätestens am Folgetag aber hat das Gericht im Wege der eiligen einstweiligen Anordnung zu entscheiden.[29]

11 **5. Sachliche und funktionelle Zuständigkeit. a) Sachliche Zuständigkeit.** Sachlich zuständig für alle (um die Kindschaftssache Unterbringung einer minderjährigen Person bereinigte) Unterbringungssachen sind die Amtsgerichte, § 23a Abs. 1 Nr. 2, Abs. 2 Nr. 1 GVG. Die im Amtsgericht für die Unterbringungssachen zuständige Abteilung trägt nicht die Bezeichnung Unterbringungsgericht, sondern **Betreuungsgericht,** § 23c Abs. 1 GVG. Bei den Unterbringungssachen weicht auch der württembergische Landesteil von Baden-Württemberg nicht von dieser Regel ab, auch hier sind die Amtsgerichte, und nicht die staatlichen Notariate zuständig; vgl. dazu §§ 36, 37a BWLFGG.

12 **b) Funktionelle Zuständigkeit.** Funktionell zuständig in Unterbringungssachen ist (in allen Ländern und Landesteilen) ausschließlich der **Richter.** Das ergibt sich ohne weiteres schon aus Art. 104 Abs. 2 S. 1 GG. Unterbringungssachen können, da hier über Freiheitsentziehung zu entscheiden ist, keinesfalls auf den Rechtspfleger übertragen werden.[30] Ein entsprechender Richter-

---

[21] Vgl. dazu zB OLG Frankfurt NJW-RR 2007, 1019.
[22] Vgl. OLG Frankfurt NJW-RR 2007, 1019; BayObLG BtPrax 1993, 139; OLG Düsseldorf FamRZ 1995, 118; HK-BUR/*Rink* § 1906 BGB Rn. 46; MünchKommBGB/*Schwab* § 1906 Rn. 29; *Damrau/Zimmermann* § 1906 BGB Rn. 73.
[23] So auch *Damrau/Zimmermann* § 70 FGG Rn. 14; *Keidel/Budde* Rn. 3.
[24] *Damrau/Zimmermann* § 70 FGG Rn. 11; *Bienwald* § 70 FGG Rn. 6.
[25] Vgl. 10 Abs. 1 S. 2 HambPsychKG (die Verlängerungsentscheidung kann ohne Antrag ergehen).
[26] § 3 Abs. 1 S. 2, 2. HS BWUBG.
[27] Brandenburg, Hamburg, Thüringen.
[28] Vgl. nur § 17 Abs. 1 SächsPsychKG; Art. 9 Abs. 1 BayUnterbrG. Vgl. auch § 2 Abs. 1 2. HS HessFEG.
[29] Das konkretisiert Art. 104 Abs. 2 GG; vgl. etwa § 14 NWPsychKG.
[30] *Keidel/Kuntze/Winkler/Kayser* § 70 FGG Rn. 30; *Bienwald* § 70 FGG Rn. 33.

Örtliche Zuständigkeit 1, 2 § 313

vorbehalt im RPflG ist deshalb nicht vorhanden[31] und auch nicht erforderlich. Proberichter dürfen im ersten Jahr nach ihrer Ernennung (auch) keine Unterbringungssachen wahrnehmen, weil sie von Geschäften des Betreuungsrichters ausgeschlossen sind, § 23c Abs. 2 S. 2 GVG. Die funktionelle Alleinzuständigkeit des Richters in Unterbringungssachen wirkt sich auch auf die Bestellung eines Verfahrenspflegers, die Festsetzung seiner Vergütung und die Durchführung von vorbereitenden Tätigkeiten (vorbereitende Ermittlungshandlungen) aus.[32] Auch hier besteht keine Möglichkeit, den Rechtspfleger zu beteiligen.

§ 313 Örtliche Zuständigkeit

(1) Ausschließlich zuständig für Unterbringungssachen nach § 312 Nr. 1 und 2 ist in dieser Rangfolge:
1. das Gericht, bei dem ein Verfahren zur Bestellung eines Betreuers eingeleitet oder das Betreuungsverfahren anhängig ist;
2. das Gericht, in dessen Bezirk der Betroffene seinen gewöhnlichen Aufenthalt hat;
3. das Gericht, in dessen Bezirk das Bedürfnis für die Unterbringungsmaßnahme hervortritt;
4. das Amtsgericht Schöneberg in Berlin, wenn der Betroffene Deutscher ist.

(2) [1]Für einstweilige Anordnungen oder einstweilige Maßregeln ist auch das Gericht zuständig, in dessen Bezirk das Bedürfnis für die Unterbringungsmaßnahme bekannt wird. [2]In den Fällen einer einstweiligen Anordnung oder einstweiligen Maßregel soll es dem nach Absatz 1 Nr. 1 oder Nr. 2 zuständigen Gericht davon Mitteilung machen.

(3) [1]Ausschließlich zuständig für Unterbringungen nach § 312 Nr. 3 ist das Gericht, in dessen Bezirk das Bedürfnis für die Unterbringungsmaßnahme hervortritt. [2]Befindet sich der Betroffene bereits in einer Einrichtung zur freiheitsentziehenden Unterbringung, ist das Gericht ausschließlich zuständig, in dessen Bezirk die Einrichtung liegt.

(4) [1]Ist für die Unterbringungssache ein anderes Gericht zuständig als dasjenige, bei dem ein die Unterbringung erfassendes Verfahren zur Bestellung eines Betreuers eingeleitet ist, teilt dieses Gericht dem für die Unterbringungssache zuständigen Gericht die Aufhebung der Betreuung, den Wegfall des Aufgabenbereiches Unterbringung und einen Wechsel in der Person des Betreuers mit. [2]Das für die Unterbringungssache zuständige Gericht teilt dem anderen Gericht die Unterbringungsmaßnahme, ihre Änderung, Verlängerung und Aufhebung mit.

I. Normzweck; Anwendungsbereich

1. Normzweck, Neuerungen im FamFG. Die durch § 313 herbeigeführten Änderungen 1 gegenüber der bisherigen Rechtslage in § 70 Abs. 2 FGG aF sind, wie der Gesetzgeber des FGG-RG hervorhebt,[1] nicht wesentlich. Die Absätze 1 und 2 entsprechen § 272 Abs. 1 und 2.[2] Die Absätze 3 und 4 beinhalten Sonderregeln für Unterbringungssachen. Die Regelung zum Ausschluss von auf Probe beschäftigten Richtern, der bisher nur in § 65 Abs. 6, nicht aber auch in § 70 FGG aF geregelt war, ist nunmehr in § 23c Abs. 2 S. 2 GVG enthalten[3] und gilt damit auch für Unterbringungssachen. Mit dieser Vorschrift sollte und soll ein Mindestmaß an richterlicher Erfahrung[4] im sensiblen Bereich der Fürsorge für körperlich und/oder geistig behinderte Menschen gesichert werden. Die bisher in § 70 Abs. 6 FGG aF geregelte Ermächtigung der Landesregierungen, die Unterbringungssachen bei einem Amtsgericht zu konzentrieren, ist nunmehr in § 23d GVG geregelt.[5]

§ 313 ordnet eine **abgestufte Rangfolge** bei der Bestimmung des örtlich zuständigen Betreu- 2 ungsgerichts an. Abs. 1 geht von einer allgemeinen und ausschließlichen örtlichen Zuständigkeit desjenigen Betreuungsgerichts für alle Unterbringungssachen aus, das erstmals über eine Betreuung einer nach § 1896 Abs. 1 S. 1 BGB betreuungsbedürftigen Person entscheidet (Nr. 1). Ist diese

---
[31] BT-Drucks. 16/6308, S. 322; *Zimmermann* FamFG Rn. 543.
[32] *Zimmermann* FamFG Rn. 543.
[1] BT-Drucks. 16/6308, S. 272.
[2] Zu den Abweichungen dieser Vorschrift von § 65 FGG aF vgl. § 272 Rn. 1 f.
[3] BT-Drucks. 16/6308, S. 319.
[4] BT-Drucks. 15/4874, S. 28.
[5] BT-Drucks. 16/6308, S. 273.

Voraussetzung nicht gegeben, muss also erstmals über eine Unterbringungssache entschieden werden, ist dasjenige Betreuungsgericht ausschließlich zuständig, in dessen Bezirk die betroffene Person ihren gewöhnlichen Aufenthalt in der Bundesrepublik Deutschland hat (Nr. 2). Ist nicht festzustellen, wo die betreuungsbedürftige Person ihren gewöhnlichen Aufenthalt hat und muss erstmals über eine Unterbringungssache entschieden werden, ist dasjenige Betreuungsgericht ausschließlich zuständig, in dessen Bezirk offenbar wird, dass die betroffene Person unterzubringen ist (Nr. 3). Fehlt es an allen drei Voraussetzungen und ist die betroffene Person deutscher Staatsangehörigkeit, ist das Amtsgericht Schöneberg – Betreuungsgericht – in Berlin-Schöneberg ausschließlich zuständig (Nr. 4). Abs. 2 dagegen eröffnet eine Sonderzuständigkeit (nur) für Eilmaßnahmen, bei denen nicht zugewartet werden kann, bis das nach Abs. 1 ausschließlich zuständige Betreuungsgericht entschieden hat. Eine ausschließliche Zuständigkeit wird durch Abs. 2 aber nicht begründet.

3   **2. Anwendungsbereich.** § 313 bestimmt die örtliche Zuständigkeit der **Amtsgerichte** (Betreuungsgerichte) in allen Unterbringungssachen nach § 312 (siehe dort). Von der in § 313 allein gegenständlichen örtlichen Zuständigkeit zu unterscheiden ist die sachliche (sie ist geregelt in § 23a Abs. 2 GVG), die internationale (geregelt in § 104)[6] und die (die Aufgabenteilung zwischen Richter und Rechtspfleger betreffende) funktionelle Zuständigkeit. Bei der örtlichen Zuständigkeit ist angesichts der verschiedenen Unterbringungsarten zu unterscheiden: § 313 Abs. 1 Nrn. 1 bis 3 und Abs. 2 gelten, wenn die betroffene Person die deutsche oder eine beliebige andere Staatsangehörigkeit besitzt und wenn es sich um eine **zivilrechtliche Unterbringung** handelt. Die Auffangzuständigkeit in Abs. 1 Nr. 4 gilt nur für Personen mit deutscher Staatsangehörigkeit ebenfalls bei zivilrechtlicher Unterbringung. § 313 Abs. 2 gilt für eilbedürftige zivilrechtliche Unterbringungssachen nach §§ 333 ff. Er eröffnet eine Ersatzzuständigkeit. Für die **öffentlichrechtlichen Unterbringungssachen** dagegen gilt Abs. 3.

II. Örtliche Zuständigkeit bei zivilrechtlicher Unterbringung (Abs. 1)

4   Für die Zuständigkeit des Betreuungsgerichts relevant sind vor allem die realen Umstände (gewöhnlicher Aufenthalt der betroffenen Person, Hervortreten des Unterbringungsbedürfnisses), die eine Unterbringungssache hervorbringen. Anders als noch § 65 Abs. 1 iVm. § 70 Abs. 2 FGG aF knüpft die Vorschrift nicht grundsätzlich an den Ort der Erstbefassung eines Betreuungsgerichts an, weil diese bereits in § 2 Abs. 1 geregelt ist.[7] Insbesondere ist für die örtliche Zuständigkeit nicht der Wohnsitz der betroffenen Person entscheidend, was infolge fehlender oder ungeklärter Geschäftsfähigkeit entstehende Schwierigkeiten bei der Bestimmung des maßgeblichen Wohnsitzes vermeidet.[8]

5   **1. Einheitsentscheidungsgrundsatz (Nr. 1).** Stattdessen ist bei bereits angeordneter Betreuung dasjenige Betreuungsgericht ausschließlich zuständig, bei dem diese **Betreuungssache anhängig** ist. Es handelt sich um eine sog. **akzessorische Zuständigkeit**.[9] Nr. 1 stellt sicher, dass diejenigen Erkenntnisse, die das Betreuungsgericht in einem Betreuungsverfahren über die betroffene Person gewonnen hat, auch in Unterbringungssachen verwertet werden können und dass nicht jedes Mal wieder von vorn begonnen werden muss.[10] Es muss dazu ein Betreuungsverfahren insgesamt anhängig (dh. ein – vorläufiger – Betreuer bestellt) sein. Diese Wertung folgt der Struktur des Unterbringungsverfahrens als eines Genehmigungsverfahrens. Logisch setzt die Genehmigung durch das Gericht voraus, dass ein (vorläufiger) Betreuer mit dem Aufgabenkreis „Unterbringung" diese Unterbringung veranlasst oder betreibt.

6   Die Vorschrift stellt darüber hinaus klar, dass die örtliche Zuständigkeit eines Gerichts bereits begründet ist, sobald bei diesem Gericht ein **Verfahren zur Bestellung eines Betreuers eingeleitet** ist. Zu § 70 Abs. 2 FGG aF war streitig, ob es genüge, dass ein Betreuungsverfahren eingeleitet sei[11] oder ob bereits ein (vorläufiger) Betreuer bestellt sein müsse – so die bisher wohl

---

[6] Für zivilrechtliche Unterbringungen ordnet § 104 Abs. 1 die Zuständigkeit der deutschen Gerichte an, wenn die unterzubringende Person entweder Deutscher ist, ihren gewöhnlichen Aufenthalt im Inland hat oder der Fürsorge durch ein deutsches Gericht bedarf. In den beiden letztgenannten Fällen sind die deutschen Gerichte also auch zuständig, wenn die betroffene Person Ausländer ist. Sie wenden deutsches Recht an. Für öffentlichrechtliche Unterbringungen gilt § 104 nicht, die Zuständigkeit ergibt sich aus § 105 – ein in Deutschland lebender Ausländer kann demnach von deutschen Betreuungsgerichten nach Landesrecht untergebracht werden.
[7] BT-Drucks. 16/6308, S. 264.
[8] *Jansen/Sonnenfeld* § 65 FGG Rn. 4.
[9] PK-BUV/*Fröschle* § 70 FGG Rn. 12.
[10] BT-Drucks. 11/4528, S. 183; *Bienwald* § 70 FGG Rn. 8; *Keidel/Kuntze/Winkler/Kayser* § 70 FGG Rn. 12.
[11] *Damrau/Zimmermann* § 70 FGG Rn. 17.

Örtliche Zuständigkeit 7–10 § 313

hM.,¹² die insoweit richtig der Struktur des Genehmigungsverfahrens den Vorzug gab. Der Gesetzgeber des FGG-RG meint nun, die örtliche Zuständigkeit des Gerichts, bei dem ein Betreuungsverfahren eingeleitet ist, diene der möglichst effizienten Behandlung dieser Betreuungs- und Unterbringungsverfahren; die Ermittlungen im Zusammenhang mit der Einrichtung der Betreuung würden regelmäßig jedenfalls teilweise auch für die Ermittlungen im Zusammenhang mit dem Unterbringungsverfahren verwertbare Erkenntnisse erbringen.¹³ Das überzeugt zwar nicht und entkräftet auch nicht den Einwand, dass das Verfahren zur Bestellung eines Betreuers nicht zuverlässig darüber Auskunft gebe, ob ein Betreuer tatsächlich bestellt werde und welchen Aufgabenkreis er erhalte.¹⁴ Außerdem wird auf diese Weise die vorläufige Unterbringungsmaßnahme zum Modellfall erklärt. Eine einschränkende Auslegung gegen den klaren Wortlaut und gegen den ausdrücklich erklärten Gesetzgeberwillen kommt gleichwohl nicht in Betracht.

2. Gewöhnlicher Aufenthalt (Nr. 2). Nr. 2 erklärt das Betreuungsgericht, in dessen Bezirk die betroffene Person ihren gewöhnlichen Aufenthalt¹⁵ hat, für örtlich zuständig, wenn eine Betreuungssache nicht anhängig ist. Dabei ist es nach der Formulierung des Gesetzes irrelevant, ob der Betroffene an seinem gewöhnlichen Aufenthaltsort einen ständigen Wohnsitz begründet hat. Irrelevant ist auch, welche Staatsangehörigkeit die betroffene Person besitzt. Die ausschließliche Zuständigkeit des Aufenthaltsgerichts soll dem **persönlichen Kontakt** zwischen der betroffenen Person, dem Betreuer und dem Gericht dienen und dafür sorgen, dass das entscheidende Gericht ortsnah zur betroffenen Person ist.¹⁶ 7

3. Unterbringungsbedürfnis (Nr. 3). Tritt das Bedürfnis der Unterbringung für eine betreuungsbedürftige volljährige Person hervor, ohne dass entschieden werden kann, welches Betreuungsgericht örtlich zuständig ist, sieht Nr. 3 eine weitere allgemeine und ausschließliche Zuständigkeit vor. Demnach ist dasjenige Betreuungsgericht örtlich zuständig, in dessen Bezirk die Tatsachen sich zeigen, aus denen sich das Unterbringungsbedürfnis ergibt.¹⁷ Gemeint ist damit derjenige Ort, an dem die durch das Verhalten der betroffenen Person bedingte Gefahrensituation auftritt, deren Abwendung die beantragte Unterbringungsmaßnahme dient.¹⁸ Befindet sich die betroffene Person bereits in einer Klinik, so begründet deren Sitz die örtliche Zuständigkeit.¹⁹ 8

4. Auffangzuständigkeit für Deutsche (Nr. 4). Die Auffangzuständigkeit in Nr. 4 gilt nur für unterbringungsbedürftige Personen mit deutscher Staatsangehörigkeit. Sie verdrängt nicht die internationale Zuständigkeit der deutschen Gerichte nach § 104. Da immer dann, wenn sich solche Personen im Ausland aufhalten, eine Unterbringung im Ausland nicht angeordnet werden kann und ferner dann, wenn sie sich im Inland aufhalten, eine Zuständigkeit nach Nrn. 1 bis 3 notwendigerweise gegeben ist, kann Nr. 4 nicht einmal für Deutsche gelten, die von den Behörden ihres Aufenthaltsstaates nach Deutschland abgeschoben und dann direkt²⁰ (noch auf dem Flughafenterminal) untergebracht oder unterbringungsähnlich behandelt werden sollen – eine ersichtlich praktisch unsinnige Regel,²¹ weil auch in einem solchen Fall eine Zuständigkeit nach Nr. 3 gegeben ist. Ist die betreuungsbedürftige Person im Besitz mehrerer Staatsbürgerschaften, so ist die darunter befindliche deutsche für die Auffangzuständigkeit nach Nr. 4 maßgeblich, Art. 5 Abs. 1 S. 2 EGBGB. 9

5. Ersatzzuständigkeit für Eilmaßnahmen. Abs. 2 ordnet in Entsprechung zu § 272 Abs. 2 an, dass neben der örtlichen Zuständigkeit des (zuständig bleibenden) Betreuungsgerichts eine **zusätzliche** örtliche **Zuständigkeit** dort entsteht, wo das Bedürfnis für eine Unterbringungsmaßnahme hervortritt. Für das auf Grund der Eilzuständigkeitsregel zuständig gewordene Betreuungsgericht ordnet S. 2 eine Mitteilungspflicht gegenüber den nach Abs. 1 zuständigen Gerichten an. Das eilzuständige Betreuungsgericht hat daher die Betreuungsakte an das nach Abs. 1 örtlich zuständige Betreuungsgericht zur Übernahme zu senden. 10

---

¹² *Bienwald* § 70 FGG Rn. 9; *Keidel/Kuntze/Winkler/Kayser* § 70 FGG Rn. 12; *Knittel* § 70 FGG Rn. 19; PK-BUV/*Fröschle* § 70 FGG Rn. 12.
¹³ BT-Drucks. 16/6308, S. 273.
¹⁴ *Bienwald* § 70 FGG Rn. 9. Kritisch auch *Keidel/Budde* Rn. 3.
¹⁵ Zum gewöhnlichen Aufenthalt s. oben § 272 Rn. 9–12. Zum gewöhnlichen Aufenthalt eines untergebrachten Kindes vgl. OLG München NJW-RR 2006, 1376 f.
¹⁶ S. oben § 272 Rn. 8.
¹⁷ S. oben § 272 Rn. 13.
¹⁸ OLG Hamm BtPrax 2009, 40 f.
¹⁹ BayObLG FamRZ 1995, 36 (LS).
²⁰ PK-BUV/*Fröschle* § 70 FGG Rn. 14.
²¹ Hier hätten die Redaktoren des FGG-RG beim Abschreiben (in BT-Drucks. 16/6308, S. 273 heißt es „Harmonisierung") von § 272 besser aufpassen sollen. Bei § 70 Abs. 2 FGG aF fiel das Problem nicht weiter auf, weil dieser nur erklärte, dass § 65 Abs. 1–3 „entsprechende" Anwendung finden sollten.

11 Das eilzuständige Betreuungsgericht ist im Umfang seiner Tätigkeit beschränkt. Um der Entscheidung des nach Abs. 1 örtlich zuständigen Betreuungsgerichts nicht vorzugreifen, darf das eilzuständige Betreuungsgericht nur im Wege der **einstweiligen Anordnung**, § 49, die in Unterbringungssachen nach § 333 die Dauer von sechs Wochen nicht überschreiten und durch weitere einstweilige Verfügungen auf maximal drei Monate verlängert werden darf, handeln und nur **einstweilige Unterbringungsmaßnahmen** treffen. Diese Maßnahmen stehen unter dem Vorbehalt der endgültigen Entscheidung des nach Abs. 1 örtlich zuständigen Betreuungsgerichts. Es obliegt dem nach Abs. 1 örtlich zuständigen Betreuungsgericht, Maßnahmen des eilzuständigen Betreuungsgerichts im Wege des § 48 abzuändern oder aufzuheben, wenn die Voraussetzungen dafür vorliegen.

III. Örtliche Zuständigkeit bei öffentlichrechtlicher Unterbringung (Abs. 3)

12 **1. Bedürfnisgericht (S. 1).** Ausschließlich[22] örtlich zuständig für öffentlichrechtliche Unterbringungen ist nach Abs. 3 S. 1 das Betreuungsgericht, in dessen Bezirk das Unterbringungsbedürfnis hervortritt. Das ist nicht notwendigerweise der Ort, an dem die betroffene Person ihren gewöhnlichen Aufenthalt hat – sondern vielmehr auch der Ort, an dem sie auffällig, gefährlich oder irgendwie störend tätig geworden ist.[23] Das bedeutet in der Konsequenz, dass das örtlich zuständige Betreuungsgericht das **materielle** öffentliche **Unterbringungsrecht seines Landes** anwendet:[24] Droht eine Person aus Eckernförde, in Rosenheim vom Dach eines Hauses zu springen, dann ist für die vorläufige Unterbringung nach der Rettung vom Dach das AG – Betreuungsgericht – Rosenheim zuständig und wendet das BayUnterbrG an. Das gilt auch dann, wenn beim AG Eckernförde eine Betreuungssache anhängig ist und ein Betreuer bestellt ist.[25] Die Regelung ist auch deswegen zweckmäßig, weil es sich bei der öffentlichrechtlichen Unterbringung idR. um Eilfälle handelt, bei denen an Ort und Stelle entschieden werden muss.[26]

13 **2. „Anstaltsgericht" (S. 2).** Eine weitere ausschließliche[27] örtliche Zuständigkeit, die sicherstellt, dass an Wochenenden notwendig werdende Eilmaßnahmen schnell getroffen werden können,[28] enthält Abs. 3 S. 2. Danach ist dasjenige Gericht zuständig, in dessen Bezirk die Einrichtung liegt, in welche die unterzubringende Person durch die zuständige Behörde gebracht wurde, um sie öffentlichrechtlich unterzubringen („Anstaltsgericht"). Es kommt dabei nicht darauf an, ob die betroffene Person sich selbst in die Anstalt begeben hat, ohne Gerichtsbeschluss dorthin gebracht wurde oder von einem anderen Betreuungsgericht durch einstweilige Anordnung dort vorläufig untergebracht wurde. Das Gleiche gilt, wenn das Bedürfnis für die Unterbringung als allgemeiner Anknüpfungspunkt für die örtliche Zuständigkeit zunächst an einem anderen Ort aufgetreten ist.[29] Ausschlaggebend für die Bestimmung der örtlichen Zuständigkeit ist der Zeitpunkt der Sachentscheidung des Gerichts.[30] § 313 Abs. 3 S. 2 ist darauf gerichtet, den Rechtsschutz des Betroffenen im Fall einer richterlichen Eilentscheidung über eine Freiheitsentziehungsmaßnahme zu stärken, die am schnellsten und unter Berücksichtigung der regelmäßig durchzuführenden persönlichen Anhörung des Betroffenen sachgerecht an dem Ort zu treffen ist, an dem sich der Betroffene zum Zeitpunkt der gerichtlichen Befassung unter den Bedingungen fortbestehender Freiheitsentziehung aufhält; sie kann deshalb nur so verstanden werden, dass die so begründete örtliche Zuständigkeit eine ausschließliche ist, die der allgemeinen Regelung in § 313 Abs. 3 S. 1 vorgeht und deshalb die frühere (durch das 1. BtÄndG beseitigte) Abgabemöglichkeit hat überflüssig werden lassen.[31] Der Richter des ortsnahen Amtsgerichts soll möglichst kurzfristig über die Rechtmäßigkeit der Fortdauer der Freiheitsentziehung entscheiden – die Entscheidung der Ordnungsbehörde, eine sofortige Unterbringung nach PsychKG/UnterbrG ohne vorherige richterliche Entscheidung vorzunehmen, stellt damit die entscheidende Weiche zur Begründung der örtlichen Zuständigkeit nach § 313 Abs. 3 S. 2.[32]

---

[22] BT-Drucks. 16/6308, S. 273.
[23] OLG Hamm BtPrax 2009, 40; BayObLG FamRZ 1992, 722; *Damrau/Zimmermann* § 70 FGG Rn. 26.
[24] Die Anwendung eigenen Landesrechts durch das jeweilige Gericht war der Grund für die Regelung in § 65 Abs. 5 S. 1 FGG aF; BT-Drucks. 11/4528, S. 218 u. 233; *Keidel/Kuntze/Winkler/Kayser* § 70 FGG Rn. 14.
[25] *Damrau/Zimmermann* § 70 FGG Rn. 26.
[26] *Keidel/Kuntze/Winkler/Kayser* § 70 FGG Rn. 14.
[27] BT-Drucks. 16/6308, S. 273.
[28] BT-Drucks. 13/7158, S. 39. Zum Auslegungsstreit zur Vorgängernorm vgl. noch *Keidel/Kuntze/Winkler/Kayser* § 70 FGG Rn. 14; *Jansen/Sonnenfeld* § 70 FGG Rn. 53.
[29] OLG Hamm NJW 2006, 2708.
[30] BayObLG FamRZ 2001, 778.
[31] OLG Hamm BtPrax 2009, 41.
[32] OLG Hamm BtPrax 2009, 41. Vgl. dazu auch *Keidel/Budde* Rn. 10.

IV. Mitteilungspflichten (Abs. 4)

Abs. 4 soll die gegenseitige Unterrichtung zwischen verschiedenen Gerichten sicherstellen, von denen das eine eine Betreuungs- und das andere eine Unterbringungssache führt.[33] Das Gericht, bei dem die Betreuungssache geführt wird, teilt dem Gericht, das die Unterbringungssache führt, die Aufhebung der Betreuung, den Wegfall des Aufgabenkreises „Unterbringung" und eventuelle Betreuerwechsel mit. Umgekehrt informiert das „Unterbringungsgericht" die Anordnung der Unterbringungsmaßnahme, ihre Änderung, Verlängerung und Aufhebung mit. Näheres enthält die Verwaltungsanweisung MiZi.

§ 314 Abgabe der Unterbringungssache

Das Gericht kann die Unterbringungssache abgeben, wenn der Betroffene sich im Bezirk des anderen Gerichts aufhält und die Unterbringungsmaßnahme dort vollzogen werden soll, sofern sich dieses zur Übernahme des Verfahrens bereit erklärt hat.

1. Normzweck, Neuerungen im FamFG. Die Vorschrift entspricht dem Regelungsinhalt des bisher geltenden § 70 Abs. 3 S. 1 1. HS FGG aF. Sie ist eine Sonderregelung zu § 4,[1] normiert (nur noch) einen speziellen Abgabegrund bei Unterbringungssachen und vereinfacht das Abgabeverfahren erheblich. Der Zweck der Vorschrift besteht darin, eine umständliche „Reiserichtertätigkeit" zu vermeiden.[2] Sie stellt eine Durchbrechung des Grundsatzes der Entscheidungskonzentration bei einem Betreuungsgericht dar und ist daher nur dann gerechtfertigt, wenn dem Wohl der betreuten/untergebrachten Person anders als durch die **isolierte Abgabe der Unterbringungssache** nicht gedient werden kann.[3] Es müssen daher erhebliche Gründe dafür sprechen, die einheitliche Zuständigkeit in Betreuungs- und Unterbringungssachen aufzuspalten[4] und die betroffene Person und ihren Betreuer mit zwei Richtern zu konfrontieren. Das FamFG trägt dem anders als der bisherige § 70 Abs. 3 FGG aF dann Rechnung, wenn die Abgabevorschriften der §§ 4 und 314 zusammen angewendet werden. Sinnvoller jedoch als die von § 314 allein geregelte Aufspaltung der Verfahren (Verbleiben der Betreuungssache beim bisherigen Betreuungsgericht und Abgabe der Unterbringungssache an das „Anstaltsgericht") ist die Gesamtabgabe[5] auch der Betreuungssache nach § 273 an das „Anstaltsgericht", wenn die Unterbringung länger dauert, die Anstalt zum gewöhnlichen Aufenthaltsort der untergebrachten Person wird und so Folgeentscheidungen des „Anstaltsgerichts" notwendig werden.

2. Gegenstand und Voraussetzungen der Abgabe. Die Teilabgabe der Unterbringungssache an das „Anstaltsgericht" nach §§ 4, 314 lässt zunächst die Möglichkeit der Gesamtabgabe unberührt. Abgegeben werden können Verfahren auf Genehmigung einer Unterbringung nach §§ 1906 Abs. 1–3 BGB, 312 Nr. 1, Verfahren auf Genehmigung einer unterbringungsähnlichen Maßnahme nach §§ 1906 Abs. 4 BGB, 312 Nr. 2 und Unterbringungsverfahren nach § 312 Nr. 3 iVm. dem jeweiligen Landesrecht (PsychKG/UnterbrG). Letzteres folgt aus der Abschaffung des Zustimmungserfordernisses des Betreuers (s. Rn. 4). Das öffnet die Norm auch für die öffentlichrechtlichen Unterbringungssachen.[6] Es ist der Begründung zum FGG-RG nicht zu entnehmen, ob das erkannt wurde und gewollt war. Auch vorläufige Unterbringungsverfahren können isoliert abgegeben werden; dazu wird freilich wegen der ausnahmsweisen Möglichkeit der Rechtshilfe in § 331 S. 2 nur selten Veranlassung gegeben sein.[7] Die isolierte Abgabe setzt folgendes voraus:

a) Wichtiger Grund. Ein wichtiger Grund iSd. § 4 liegt nach dem Plan des Gesetzes schon dann vor, wenn die betroffene Person in einem anderen Amtsgerichtsbezirk untergebracht ist oder unterzubringen ist als im Bezirk des die Betreuungssache führenden Gerichts.[8] Das ist nicht selten, weil insbesondere im ländlichen Bereich der „Einzugsbereich" psychiatrischer Kliniken/Landeskrankenhäuser mehrere Amtsgerichtsbezirke umfassen dürfte.[9] Gleichwohl sind hier die eventuell wider-

---

[33] BT-Drucks. 10/2888, S. 34; *Keidel/Kuntze/Winkler/Kayser* § 70 FGG Rn. 28.
[1] BT-Drucks. 16/6308, S. 273.
[2] *Bienwald* § 70 FGG Rn. 14.
[3] So auch PK-BUV/*Fröschle* § 70 FGG Rn. 24.
[4] OLG Brandenburg FamRZ 2000, 1445; *Bienwald* § 70 FGG Rn. 14.
[5] So auch *Damrau/Zimmermann* § 70 FGG Rn. 20.
[6] Die entsprechende Anwendung der Abgaberegeln auch für die öffentlichrechtliche Unterbringung forderte etwa *Jansen/Sonnenfeld* § 70 FGG Rn. 55.
[7] *Keidel/Kuntze/Winkler/Kayser* § 70 FGG Rn. 16.
[8] OLG Brandenburg FamRZ 1998, 109; *Damrau/Zimmermann* § 70 FGG Rn. 20.
[9] Vgl. Fallgestaltung bei OLG München FamRZ 2008, 1117 (Amtsgerichte Meldorf und Sonthofen; Bezirkskrankenhaus Kempten).

streitenden Interessen abzuwägen: Der Gedanke der Entscheidungskonzentration bei einem Gericht (regelmäßig das die Betreuungssache führende Gericht) hat Vorrang.[10] Das bloße Interesse der Justizverwaltung, dem einheitlich zuständigen Betreuungsrichter die Reisekosten zur Anstalt nicht zu ersetzen, reicht zur Abgabe nicht aus.[11] Ein wichtiger Grund für die Teilabgabe liegt aber etwa dann vor, wenn die Unterbringung in einem Bezirks- oder Landeskrankenhaus erfolgt, für die betroffene Person aber andernorts das Betreuungsverfahren wegen der dem Betreuer übertragenen Aufgaben besser dort weitergeführt wird (etwa bei der Verwaltung von andernorts belegenem Vermögen)[12] und andererseits gesichert ist, dass der Betreuer den notwendigen Kontakt zur untergebrachten betreuten Person halten kann und wird.[13] Richtschnur sollte sein, ob die Teilabgabe der betroffenen Person (nicht dem Richter!) etwa die persönliche Anhörung im Unterbringungsverfahren erleichtert.[14] Die Teilabgabe scheidet aus, wenn noch nicht geklärt ist, ob die Unterbringung von Dauer sein wird oder ob sie überhaupt notwendig ist;[15] ferner dann, wenn lediglich an ein benachbartes oder nicht weit entferntes Gericht abgegeben werden soll.[16]

4   **b) Anhörung der Beteiligten.** Nach § 4 S. 2 sollen die Beteiligten (§ 315) angehört werden. Die Anhörung dient der Ermittlung der Gründe, die für eine Teilabgabe maßgebend sind. Diese Anhörung muss nicht mündlich erfolgen. Eine Zustimmung eines oder mehrerer Beteiligter ist wie schon bei § 273 nicht (mehr) vorgesehen.[17] Den berechtigten Interessen des Betreuers an einer möglichst einfachen Führung der Betreuung wird durch das in § 4 S. 2 gewährleistete Anhörungsverfahren (und nur noch dadurch) Rechnung getragen. Das abgebende Gericht muss sich daher im Rahmen der Anhörung des Betreuers nach § 4 S. 2 mit den von dem Betreuer gegen die Abgabe vorgebrachten Bedenken auseinandersetzen, ein **Zustimmungs- oder Widerspruchsrecht** des Betreuers, wie es in § 46 Abs. 2 FGG aF noch vorhanden war,[18] gibt es seit Inkrafttreten des FGG-RG nicht (mehr). Das gilt ebenso für den Verfahrenspfleger. Damit ist die Konfliktlage bei Abgabe- und Übernahmeentscheidungen wesentlich und einschneidend[19] vereinfacht worden – freilich auf Kosten der klaren Strukturen des Unterbringungsverfahrens, denn eigentlich ist der Betreuer der Herr des Genehmigungsverfahrens.[20] Dem Betreuer, der mit der Abgabe nicht einverstanden ist, bleibt nur die Anfechtung der Abgabeentscheidung im Beschwerdeweg.[21] Lehnt das um Übernahme angegangene Betreuungsgericht die Übernahme einer Betreuungssache ab, kann allein das abgabewillige Gericht eine andere Entscheidung durch Anrufung des gemeinschaftlichen oberen Gerichts erwirken. Eine Beschwerde eines Verfahrensbeteiligten gegen die Ablehnung der Übernahme durch das um Übernahme angerufene Gericht ist dagegen nicht statthaft.[22]

5   **c) Zustimmung des übernehmenden Gerichts.** Nach § 4 S. 1 hat das übernehmende Gericht die Möglichkeit, seine Bereitschaft zur Übernahme zu erklären. Gleiches folgt aus § 314. Die Erklärung, eine Unterbringungssache zu übernehmen, steht freilich nicht im freien Belieben des Übernahmegerichts. Sie hängt von dessen nach **pflichtgemäßem Ermessen** gebildeter Anschauung darüber ab, ob ein wichtiger Abgabegrund vorliegt.[23] Verweigert das um die Übernahme angegangene Gericht dieselbe, liegt die Situation des § 5 Abs. 1 Nr. 5 vor. In diesem Fall entscheidet das nächst höhere gemeinsame Gericht über die Zuständigkeit.[24] Ist das nächst höhere gemeinsame Gericht der Bundesgerichtshof, entscheidet das dem abgebenden Gericht übergeordnete Oberlandesgericht. Die

---

[10] OLG Brandenburg FamRZ 2000, 1445; *Damrau/Zimmermann* § 70 FGG Rn. 20; *Knittel* § 70 FGG Rn. 23; *Keidel/Kuntze/Winkler/Kayser* § 70 FGG Rn. 17.
[11] *Bienwald* § 70 FGG Rn. 14.
[12] So die Sachverhaltsgestaltung bei OLG München FamRZ 2008, 1117; zust. *Damrau/Zimmermann* § 70 FGG Rn. 20; *Keidel/Kuntze/Winkler/Kayser* § 70 FGG Rn. 17.
[13] *Bienwald* § 70 FGG Rn. 14.
[14] *Keidel/Kuntze/Winkler/Kayser* § 70 FGG Rn. 17.
[15] So auch OLG München FamRZ 2008, 1117 (Betreuer plant erst die Unterbringung, das Betreuungsgericht will schon in diesem Stadium an das Gericht des späteren Unterbringungsortes abgeben, obwohl noch keineswegs feststeht, dass die betroffene Person tatsächlich dort untergebracht werden wird); OLG Schleswig Rpfleger 1983, 352; PK-BUV/*Fröschle* § 70 FGG Rn. 22.
[16] OLG Stuttgart FamRZ 1986, 821; *Keidel/Kuntze/Winkler/Kayser* § 70 FGG Rn. 17.
[17] S. oben § 273 Rn. 8.
[18] S. dazu noch *Bienwald* § 70 FGG Rn. 14.
[19] So das OLG Naumburg BeckRS 2008, 08293.
[20] Über solche „Feinheiten" legt der Gesetzgeber freilich keine Rechenschaft ab; vgl. BT-Drucks. 16/6308, S. 176. Dort heißt es nur, dass die Abgabe möglichst wenig förmlich geschehen solle.
[21] BT-Drucks. 16/6308, S. 176.
[22] OLG München BeckRS 2007, 04683 (zur Abgabe einer Betreuungssache).
[23] *Keidel/Kuntze/Winkler/Kayser* § 70 FGG Rn. 18; PK-BUV/*Fröschle* § 70 FGG Rn. 25.
[24] Zu Einzelheiten vgl. die Kommentierung dort.

Entscheidung des nächst höheren gemeinsamen Gerichts ist bindend und kann von den Beteiligten nicht angefochten werden.

Die Regel des § 70 Abs. 3 S. 2 FGG aF ist nicht übernommen worden. Eine Entsprechung findet sich auch nicht an anderer Stelle. Das ist aber auch nicht notwendig, denn befindet sich die betroffene Person bereits in einer Anstalt, dann ist dasjenige Gericht, zu dessen Gerichtsbezirk die Anstalt gehört, nach § 312 Abs. 3 S. 2 örtlich zuständig und kann vorläufige Unterbringungsmaßnahmen anordnen (s. § 312 Rn. 13). 6

3. Funktionelle Zuständigkeit. Für die Abgabeentscheidung und auch für die Entscheidung über die Übernahme einer Unterbringungssache ist der **Richter** funktionell zuständig. Der zu § 273 geschilderte Streit um die Zuständigkeit des Rechtspflegers erübrigt sich in Unterbringungssachen, die wegen Art. 104 Abs. 2 S. 1 GG generell dem Richter vorbehalten sind. 7

4. Beschluss. Die Abgabeentscheidung ergeht durch Beschluss, der mit der einfachen Beschwerde anfechtbar ist. Ist das Verfahren in der **Hauptsache erledigt,** ist eine Vorlage an das nächst höhere gemeinsame Gericht zur Bestimmung des zuständigen Gerichts nicht mehr zulässig.[25] 8

§ 315 Beteiligte

(1) Zu beteiligen sind
1. der Betroffene,
2. der Betreuer,
3. der Bevollmächtigte im Sinne des § 1896 Abs. 2 Satz 2 des Bürgerlichen Gesetzbuchs.

(2) Der Verfahrenspfleger wird durch seine Bestellung als Beteiligter zum Verfahren hinzugezogen.

(3) Die zuständige Behörde ist auf ihren Antrag als Beteiligte hinzuzuziehen.

(4) ¹Beteiligt werden können im Interesse des Betroffenen
1. dessen Ehegatte oder Lebenspartner, wenn die Ehegatten oder Lebenspartner nicht dauernd getrennt leben, sowie dessen Eltern und Kinder, wenn der Betroffene bei diesen lebt oder bei Einleitung des Verfahrens gelebt hat, sowie die Pflegeeltern,
2. eine von ihm benannte Person seines Vertrauens,
3. der Leiter der Einrichtung, in der der Betroffene lebt.

²Das Landesrecht kann vorsehen, dass weitere Personen und Stellen beteiligt werden können.

1. Normzweck, Neuerungen im FamFG. Die Vorschrift regelt, welche Personen am Unterbringungsverfahren zu beteiligen sind und welche Personen daneben beteiligt werden können. Sie knüpft an die Regelung des Beteiligtenbegriffs in § 7 an.[1] Die Norm ist insgesamt neu und lehnt sich an die bisher geltenden §§ 70d und 70m FGG aF an. Sie ist darüber hinaus § 274 nachgebildet, dem sie weitgehend mit kleineren Abweichungen entspricht. 1

2. Obligatorisch Beteiligte an Unterbringungsverfahren. Auch § 315 unterscheidet wie § 274 bei den Beteiligten am Unterbringungsverfahren zwischen den immer und obligatorisch zu beteiligenden Personen und Institutionen (Muss-Beteiligte) und den fakultativ zu beteiligenden Personen (Kann-Beteiligte). Abs. 1 enthält eine exemplarische Nennung der Personen, die stets von Amts wegen am Unterbringungsverfahren zu beteiligen sind. Sie entspricht im Wesentlichen dem im Betreuungsverfahren gemäß § 274 Abs. 1 zu beteiligenden Personenkreis.[2] Zu den Muss-Beteiligten zählen unbeschadet derjenigen, die nach § 7 Abs. 2 Nr. 1 zu beteiligen sind, weil ihre Rechte durch das Verfahren beeinträchtigt werden: 2

a) Die betroffene Person (Abs. 1 Nr. 1). Dass die betroffene Person im Unterbringungsverfahren Beteiligte ist, ist selbstverständlich[3] und Ausdruck der das gesamte Verfahrensrecht bestimmenden Maxime, dass auch die unterzubringende Person nicht Objekt eines ohne ihre Mitwirkung ablaufenden Verfahrens sein darf. 3

b) Der Betreuer (Abs. 1 Nr. 2). Abweichend von § 274 Abs. 1 ist die Beteiligung des Betreuers und des Bevollmächtigten im Sinne des § 1896 Abs. 2 S. 2 BGB nicht auf die Fälle beschränkt, in 4

---

[25] OLG Hamm BtPrax 2009, 40.
[1] BT-Drucks. 16/6308, S. 273.
[2] Vgl. die Kommentierung zu § 274.
[3] *Zimmermann* FamFG Rn. 545.

denen ihr Aufgabenkreis durch das Verfahren betroffen ist. Bereits auf der Grundlage des bisherigen Rechts wurde davon ausgegangen, dass der Betreuer und der Vorsorgebevollmächtigte durch eine Unterbringungsmaßnahme auch dann in ihren eigenen Rechten betroffen sind, wenn ihr Aufgabenkreis die Unterbringung nicht umfasst, weil sie als gesetzliche Vertreter durch eine Unterbringungsmaßnahme stets in ihrer Tätigkeit beschränkt werden, unabhängig davon, welchen Aufgabenkreis sie haben.[4] Diese Erweiterung ist bedeutsam va. bei der öffentlichrechtlichen Unterbringung.[5] Von einer § 274 Abs. 1 entsprechenden Einschränkung der Beteiligung des Betreuers und des Vorsorgebevollmächtigten wurde abgesehen, weil die Erfassung derjenigen Aufgabenkreise, die von einer Unterbringungsmaßnahme betroffen sein können, von vornherein nur schwer möglich ist.[6] Gleichwohl scheidet der Gegenbetreuer als zu beteiligender Betreuer aus. Betreuer iSd. Nr. 2 ist auch der vorläufige Betreuer, der Mitbetreuer und der Ergänzungsbetreuer.

5 c) Der Vorsorgebevollmächtigte (Abs. 1 Nr. 3). Für den Vorsorgebevollmächtigten gilt dasselbe wie für den Betreuer. Auch hier kommt es nicht darauf an, ob die Vollmacht die Unterbringung umfasst (Rn. 4).

6 d) Der Verfahrenspfleger (Abs. 2). Die Muss-Beteiligung des Verfahrenspflegers ergibt sich aus seiner Bestellung im Verfahren. Zu § 274 bestehen keine Unterschiede.

7 e) Die Betreuungsbehörde (Abs. 3). Auch die obligatorische Beteiligung der Behörde entspricht im Grunde der Anordnung in § 274. Sie ist auf ihren **Antrag** hinzuzuziehen und bestimmt somit selbst über ihre Beteiligung an Unterbringungsverfahren. Solche Hinzuziehungsanträge können nicht zurückgewiesen werden.[7] **Zuständige Behörde** in zivilrechtlichen Unterbringungssachen (Unterbringung und unterbringungsähnliche Maßnahmen nach § 1906 BGB) ist die Betreuungsbehörde, bei der die Betreuungssache geführt wird. Bei der öffentlichrechtlichen Unterbringung entscheidet das jeweilige Landesrecht (PsychKG/UnterbrG) darüber, welche Behörde zuständig für die Unterbringung der betroffenen Person ist.[8] Das wird in § 315 Abs. 4 S. 2 auch noch ausdrücklich hervorgehoben. § 7 Abs. 4 erlegt dem Betreuungsgericht die **Pflicht** auf, die jeweils zuständige Behörde darüber **zu informieren,** dass eine Unterbringungssache bei ihm anhängig sei, damit die Behörde von ihrem Beteiligungsrecht Gebrauch machen kann. Das spielt praktisch nur bei der zivilrechtlichen Unterbringung eine Rolle, da die Behörde bei der öffentlichrechtlichen Unterbringung ohnehin der Initiator des Verfahrens ist. Das Unterbleiben der gebotenen Behördenbeteiligung führt auf die Rechtsbeschwerde der betroffenen Person zur Aufhebung des Unterbringungsbeschlusses als verfahrensfehlerhaft; eine Nachholung in der Rechtsbeschwerdeinstanz ist nicht möglich.[9]

8 **3. Fakultativ Beteiligte an Unterbringungsverfahren.** Neben den obligatorisch zu beteiligenden Personen/Institutionen können **im Interesse** der betroffenen Person auch bestimmte Angehörige, eine Vertrauensperson und der Anstaltsleiter der Anstalt, in der die betroffene Person untergebracht ist, am Unterbringungsverfahren beteiligt werden. Zur Auslegung des (im FamFG neuen) Merkmals Interesse der betroffenen Person gelten die Ausführungen in Rn. 12–15 zu § 274. Auch hinsichtlich der Kann-Beteiligten ordnet § 7 Abs. 4 an, dass das Betreuungsgericht sie von der Einleitung eines Unterbringungsverfahrens zu unterrichten und über ihr Antragsrecht zu belehren hat. Diese **Informations- und Belehrungspflicht** ist in § 7 Abs. 4 S. 1 dadurch eingeschränkt, dass das Betreuungsgericht nur die Personen zu informieren hat, die ihm bekannt sind. Das ist eine Einschränkung, mit der die Beteiligung völlig unterlaufen werden kann – deswegen hat das Gericht nach pflichtgemäßem Ermessen zu entscheiden, ob etwa Angehörige vorhanden und ob deren Anschriften mit wenig Aufwand zu ermitteln sind. Stellt ein Kann-Beteiligter einen Hinzuziehungsantrag, prüft das Gericht, ob die Hinzuziehung dem subjektiven Interesse der betroffenen Person entspricht (§ 274 Rn. 12–15). Ein gesonderter Beschluss (Inhalt: §§ 38, 39) ist nur nötig, wenn die Hinzuziehung abgelehnt wird. Dieser **Ablehnungsbeschluss** ist mit der sofortigen Beschwerde (2 Wochen-Frist) anfechtbar, § 7 Abs. 5 iVm. §§ 567–572 ZPO. Zu beachten ist, dass ein in der ersten Instanz am Unterbringungsverfahren mangels Hinzuziehungsantrages nicht beteiligter Kann-Beteiligter **kein Beschwerderecht** gegen die Endentscheidung (Endentscheidungen sind auch einst-

---

[4] *Bassenge/Roth* § 70d FGG Rn. 5; *Bienwald* § 70d FGG Rn. 5; *Damrau/Zimmermann* § 70m FGG Rn. 18, PK-BUV/*Fröschle* § 70d FGG Rn. 2.
[5] *Zimmermann* FamFG Rn. 545.
[6] BT-Drucks. 16/6308, S. 273.
[7] *Zimmermann* FamFG Rn. 546.
[8] In einigen Ländern besteht die Pflicht, den sozialpsychiatrischen Dienst der Landkreise oder kreisfreien Städte zu beteiligen (Bremen, MV, NRW).
[9] OLG Brandenburg FamRZ 2007, 1127; BayObLG FamRZ 1994, 721 (beide zur Anhörung des bisher geltenden § 70d FGG aF). S. dazu a. *Keidel/Kuntze/Winkler/Kayser* § 70d FGG Rn. 12; *Bienwald* § 70d FGG Rn. 15; *Damrau/Zimmermann* § 70d FGG Rn. 16 f.

a) Bestimmte Angehörige (Abs. 4 Nr. 1).
Das Gesetz nennt in Nr. 1 den von der betroffenen **9** Person nicht dauernd getrennt lebenden Ehegatten/Lebenspartner,[10] die Eltern[11] und die (volljährigen) Kinder[12] der betroffenen Person, wenn sie bei diesen lebt oder zum Zeitpunkt der Einleitung des Unterbringungsverfahrens gelebt hat, und die Pflegeeltern der betroffenen Person. **Ehegatten/Lebenspartner** können darüber hinaus durch die Unterbringungsmaßnahme auch in ihren eigenen Rechten (eheliche Lebensgemeinschaft) verletzt sein. Sie sind deshalb schon nach § 7 Abs. 2 Nr. 1 obligatorisch zu beteiligen, wenn die betroffene Person zivil- oder öffentlichrechtlich in einer geschlossenen Anstalt untergebracht werden soll. Bei unterbringungsähnlichen Maßnahmen nach § 1906 Abs. 4 BGB im Krankenhaus oder Pflegeheim entfällt diese Beeinträchtigung in einem eigenen Recht dagegen, deswegen hat Abs. 4 Nr. 1 in Bezug auf Ehegatten/Lebenspartner einen eigenen Anwendungsbereich. Streit herrscht über den maßgeblichen **Zeitpunkt für das Getrenntleben.** Abstellen lässt sich auf die Verfahrenseinleitung,[13] auf den Moment der Entscheidung über die Beteiligung[14] oder auf den Zeitpunkt des Erlasses der **Entscheidung** des Gerichts.[15] Für letztere Ansicht spricht entscheidend, dass nach ihr eine Beteiligung auch noch möglich wird, wenn das Getrenntleben während des Verfahrens wieder endet.[16] Das sollte in der Tat möglich sein. Für die meisten eiligen Unterbringungsentscheidungen in der Praxis spielt der Streit eine untergeordnete Rolle. Im Hauptsacheverfahren ist er jedoch relevant. Nach allen Ansichten bewirkt die Unterbringung kein dauerndes Getrenntleben,[17] denn hierfür kommt es auf den Willen eines Ehegatten/Lebenspartners an, die eheliche Gemeinschaft nicht wiederherzustellen.

Für die Beteiligung der **Eltern** und **Kinder** ist entscheidend, ob die betroffene Person in **10** häuslicher Gemeinschaft[18] mit ihnen lebt oder bei Einleitung des Unterbringungsverfahrens gelebt hat. Selbstverständlich ist, dass der psychisch kranke Vater nicht bei seinen minderjährigen Kindern lebt, sondern umgekehrt;[19] minderjährige Kinder sind daher nicht zu beteiligen. Lebt die betroffene Person nicht bei ihren volljährigen Kindern, stehen diese aber in Kontakt mit ihr, dann entscheidet das Gericht nach pflichtgemäßem Ermessen (§ 26) über ihre Beteiligung.[20] Der **Angehörigenkreis** wurde darüber hinaus gegenüber dem bisher geltenden § 70d FGG aF **um die Pflegeeltern erweitert.** Damit will der Gesetzgeber des FGG aF deren (nicht weiter konkretisiertes) „ideelles Interesse"[21] am Verfahren besonders gesetzlich schützen.[22] Das mag sinnvoll sein.

b) Eine Vertrauensperson (Abs. 4 Nr. 2).
Als Vertrauenspersonen kommen nur natürliche **11** Personen in Betracht, etwa der/die nichteheliche Lebensgefährte/in, eine vertraute Pflegeperson im Heim oder Krankenhaus oder der Pfarrer. Vereine und Organisationen können auf diesem Wege

---

[10] „Lebenspartner" sind nur homosexuelle eingetragene Lebenspartner, nicht aber heterosexuelle Lebensgefährten/Geliebte/Freunde. Eine Beteiligung nichtehelicher heterosexueller Lebensgefährten ist daher nicht möglich, wohl aber ihre Anhörung nach § 26.

[11] Auch der nichteheliche Vater ist selbstverständlich Elternteil.

[12] Nach LG Oldenburg FamRZ 1996, 500 sollen (bei bestehender häuslicher Gemeinschaft) auch die Stiefkinder der betroffenen Person „Kinder" sein. Zustimmend *Damrau/Zimmermann* § 70d FGG Rn. 9 und PK-BUV/*Fröschle* § 70d FGG Rn. 2; ablehnend HK-BUR/*Bauer* § 70d FGG Rn. 24; *Jurgeleit/Diekmann* § 70d FGG Rn. 4; *Keidel/Kuntze/Winkler/Kayser* § 70d FGG Rn. 4. Ungeklärt bleibt dabei, was ein „Stiefkind" im Rechtssinne ist. Angesichts der Tatsache, dass blutsverwandte Enkel als Kann-Beteiligte nach § 315 ausscheiden, sollten die nicht gemeinsamen Kinder zweier Ehegatten/Lebenspartner nur dann am Unterbringungsverfahren beteiligt werden, wenn die betroffene Person durch erbrechtliche Gleichstellung der Stief- und der eigenen Kinder (Einkindschaft) zum Ausdruck gebracht hat, dass er die Stiefkinder als eigene betrachte.

[13] *Keidel/Kuntze/Winkler/Kayser* § 70d FGG Rn. 3; *Damrau/Zimmermann* § 70d FGG Rn. 8.

[14] So für die Anhörung *Bienwald* § 70d FGG Rn. 3; *Jansen/Sonnenfeld* § 70d FGG Rn. 4; PK-BUV/*Fröschle* § 70d FGG Rn. 4.

[15] So *Bassenge/Roth* § 70d FGG Rn. 3; HK-BUR/*Bauer* § 70d FGG Rn. 22; *Jurgeleit/Diekmann* § 70d FGG Rn. 4.

[16] *Bassenge/Roth* § 70d FGG Rn. 3.

[17] *Bassenge/Roth* § 70d FGG Rn. 3.

[18] Häusliche Gemeinschaft besteht auch, wenn das (volljährige) Kind in einer Einliegerwohnung im Elternhaus wohnt: *Bassenge/Roth* § 70d FGG Rn. 4.

[19] *Bassenge/Roth* § 70d FGG Rn. 4; HK-BUR/*Bauer* § 70d FGG Rn. 24; *Damrau/Zimmermann* § 70d FGG Rn. 9; *Bienwald* § 70d FGG Rn. 4; *Keidel/Kuntze/Winkler/Kayser* § 70d FGG Rn. 4.

[20] *Bassenge/Roth* § 70d FGG Rn. 4. Die Mitwirkung nicht formell beteiligter Personen bleibt in der Anhörung immer noch möglich.

[21] Kritisch dazu § 274 Rn. 11.

[22] BT-Drucks. 16/6308, S. 273.

§ 316 1, 2   Buch 3. Abschnitt 2. Verfahren in Unterbringungssachen

nicht beteiligt werden.[23] Eigentümlicherweise fordert Abs. 4 Nr. 2, dass die Vertrauensperson von der betroffenen Person benannt werden muss. Damit weicht die Vorschrift ohne nähere Begründung von § 274 Abs. 4 Nr. 1 ab. Auch mehrere Personen können als Vertrauenspersonen beteiligt werden.[24] Dem Gericht obliegt es, die betroffene Person in geeigneter Weise (also insbesondere nicht schriftlich durch Formularschreiben) danach zu befragen, ob eine solche Vertrauensperson hinzugezogen werden soll.[25] Die betroffene Person kann eine Vertrauensperson auch konkludent benennen, etwa dadurch, dass sie darum bittet, der betreffenden Person den Unterbringungsbeschluss zu übersenden.[26] Offensichtlich unsinnigen Vorschlägen (Papst, Anakin Skywalker, Fidel Castro) braucht das Gericht nicht zu folgen.

12   c) Der Anstaltsleiter (Abs. 4 Nr. 3). Eine unterbringungsverfahrensrechtliche Spezialität ist die Beteiligung des Leiters der Anstalt oder Einrichtung (nicht der Träger der Anstalt!),[27] in der die betroffene Person untergebracht ist. Das ist insbesondere bei den Verlängerungsentscheidungen nach § 329 relevant. Mit dem Abstellen darauf, dass die betroffene Person **in der Einrichtung lebt,** macht das Gesetz klar, dass der Leiter der Anstalt, in der die betroffene Person lediglich vorläufig untergebracht ist, nicht zu beteiligen ist.[28] Der Zeitpunkt, zu dem zu beurteilen ist, ob die betroffene Person in der Anstalt lebt, ist der des Erlasses der Entscheidung des Gerichts.[29] Der Hinweis des Gesetzgebers des FGG-RG darauf, dass Nr. 3 gegenüber dem bisher geltenden § 70d Abs. 1 Nr. 5 redaktionell überarbeitet worden sei,[30] ist nicht nachvollziehbar, weil beide Vorschriften sich genau entsprechen. Anstaltsleiter ist aber nicht der Leiter einer eventuell selbstständigen Unterbringungsabteilung etwa des psychiatrischen Landeskrankenhauses, sondern der Leiter der gesamten Einrichtung (Ärztlicher Direktor, Leiter der JVA).[31] Der Anstaltsleiter kann die Beteiligungsbefugnis aber in üblicher Weise auf andere Bedienstete der Anstalt delegieren.[32]

13   **4. Ermächtigung des Landesgesetzgebers (Abs. 4 S. 2).** Die Vorschrift stellt klar, dass das Landesrecht (PsychKG/UnterbrG) weitere Personen zu Kann-Beteiligten erklären kann (etwa behandelnde Ärzte).[33]

§ 316 Verfahrensfähigkeit

In Unterbringungssachen ist der Betroffene ohne Rücksicht auf seine Geschäftsfähigkeit verfahrensfähig.

1   **1. Normzweck.** In allen Unterbringungssachen ist die betroffene Person wie in Betreuungssachen[1] ungeachtet einer gegebenen oder nicht gegebenen Geschäftsfähigkeit verfahrensfähig. Die betroffene Person soll als eigenständig Beteiligter und nicht als bloßes Objekt des Verfahrens behandelt werden.[2] Infolge der Ausgliederung der Unterbringung Minderjähriger aus den Unterbringungssachen erübrigte sich bei § 316 die Angabe eines Mindestalters wie noch in § 70a FGG aF.

2   **2. Umfang der Verfahrensfähigkeit.** Die betroffene Person hat als verfahrensfähiger Beteiligter die Möglichkeit, selbstständig und ohne Zustimmung Dritter in vollem Umfang Anträge (auch Prozesskostenhilfe-, Ablehnungs- und Wiedereinsetzungsanträge) zu stellen und zurückzunehmen, Angriffs- und Verteidigungsmittel vorzubringen und Rechtsmittel einzulegen; sie kann Verfahrensbevollmächtigte beauftragen und ihnen das Mandat wieder entziehen; ihr können schließlich Beschlüsse wirksam zugestellt werden.[3] Die Wirksamkeit eines von der betroffenen Person erklärten

---

[23] *Damrau/Zimmermann* § 70d FGG Rn. 11.
[24] *Damrau/Zimmermann* § 70f FGG Rn. 11; *Bienwald* § 70d FGG Rn. 6.
[25] *Bienwald* § 70d FGG Rn. 8; aA *Bassenge/Roth* § 70d FGG Rn. 6.
[26] *Bassenge/Roth* § 70d FGG Rn. 6; PK-BUV/*Fröschle* § 70d FGG Rn. 2.
[27] *Bienwald* § 70d FGG Rn. 9.
[28] HK-BUR/*Bauer* § 70d FGG Rn. 27; *Bassenge/Roth* § 70d FGG Rn. 7.
[29] *Bassenge/Roth* § 70d FGG Rn. 7.
[30] BT-Drucks. 16/6308, S. 273.
[31] BT-Drucks. 16/6308, S. 273.
[32] BT-Drucks. 11/4528, S. 184; *Damrau/Zimmermann* § 70d FGG Rn. 12; *Bienwald* § 70d FGG Rn. 9; *Keidel/Kuntze/Winkler/Kayser* § 70d FGG Rn. 7; PK-BUV/*Fröschle* § 70d FGG Rn. 2; *Jansen/Sonnenfeld* § 70d FGG Rn. 9.
[33] Vgl. etwa § 16 MVPsychKG.
[1] Vgl. die Kommentierung zu § 275.
[2] *Keidel/Kuntze/Winkler/Kayser* § 70a FGG Rn. 1.
[3] *Bassenge/Roth* § 70a FGG Rn. 2; *Bienwald* § 70a FGG Rn. 3; *Damrau/Zimmermann* § 70a FGG Rn. 1; *Keidel/Kuntze/Winkler/Kayser* § 70a FGG Rn. 4. Zur Zustellung BayObLG FamRZ 2000, 1445; zur Entgegennahme von Bekanntmachungen BayObLG NJW-RR 2001, 724.

Rechtsmittelverzichts hängt allerdings davon ab, ob diese in der Lage war, die Bedeutung dieser Prozesshandlung zu erkennen.[4] Hätte ein Verfahrenspfleger (§ 317) bestellt werden müssen, dann sind Rechtsmittelverzichtserklärungen durch die nicht bepflegte Person unwirksam,[5] denn die Verfahrensfähigkeit berührt nicht die Frage, ob ein Verfahrenspfleger zu bestellen ist.[6] Einander widersprechende Verfahrenshandlungen von Verfahrenspfleger und betroffener Person sind wie Handlungen von Einzelbeteiligten zu behandeln – ein von der betroffenen Person eingelegtes Rechtsmittel kann der Verfahrenspfleger daher nicht ohne deren Zustimmung zurücknehmen.[7]

§ 317 Verfahrenspfleger

(1) ¹Das Gericht hat dem Betroffenen einen Verfahrenspfleger zu bestellen, wenn dies zur Wahrnehmung der Interessen des Betroffenen erforderlich ist. ²Die Bestellung ist insbesondere erforderlich, wenn von einer Anhörung des Betroffenen abgesehen werden soll.

(2) Bestellt das Gericht dem Betroffenen keinen Verfahrenspfleger, ist dies in der Entscheidung, durch die eine Unterbringungsmaßnahme genehmigt oder angeordnet wird, zu begründen.

(3) Wer Verfahrenspflegschaften im Rahmen seiner Berufsausübung führt, soll nur dann zum Verfahrenspfleger bestellt werden, wenn keine andere geeignete Person zur Verfügung steht, die zur ehrenamtlichen Führung der Verfahrenspflegschaft bereit ist.

(4) Die Bestellung eines Verfahrenspflegers soll unterbleiben oder aufgehoben werden, wenn die Interessen des Betroffenen von einem Rechtsanwalt oder einem anderen geeigneten Verfahrensbevollmächtigten vertreten werden.

(5) Die Bestellung endet, sofern sie nicht vorher aufgehoben wird, mit der Rechtskraft der Endentscheidung oder mit dem sonstigen Abschluss des Verfahrens.

(6) Die Bestellung eines Verfahrenspflegers oder deren Aufhebung sowie die Ablehnung einer derartigen Maßnahme sind nicht selbständig anfechtbar.

(7) Dem Verfahrenspfleger sind keine Kosten aufzuerlegen.

I. Allgemeines

1. Normzweck, Neuerungen im FamFG. Die Vorschrift entspricht fast vollständig § 276.[1] Sie ersetzt den bisher geltenden § 70b FGG aF.[2] Alle Probleme des Rechtsinstituts Verfahrenspfleger (Rechtsstellung, Auswahl, Vergütung) zeigen sich auch in Unterbringungssachen. Hinzu kommen aber einige Zusatzprobleme, die dem Unterbringungsverfahren geschuldet sind (vgl. insbesondere Rn. 4).

2. Anwendungsbereich. § 317 gilt sowohl für die zivilrechtliche Unterbringung nach § 1906 Abs. 1–3 BGB als auch für die Anordnung unterbringungsähnlicher Maßnahmen nach § 1906 Abs. 4 BGB und für die öffentlichrechtliche Unterbringung nach PsychKG/UnterbrG. Er findet auch Anwendung bei der Anordnung einer vorläufigen Unterbringungsmaßnahme; vgl. § 331 S. 1 Nr. 3.[3]

II. Voraussetzungen und Bestellung des Verfahrenspflegers

1. Erforderlichkeit der Bestellung (Abs. 1). Wie § 276 Abs. 1, so enthält auch § 317 Abs. 1 eine allgemeine Formulierung der Voraussetzungen für die Bestellung eines Verfahrenspflegers, die mit einem Regelbeispiel kombiniert wird. Ein Pfleger ist demnach immer dann zu bestellen, wenn das zur Wahrung der Interessen der betroffenen Person erforderlich ist (Rn. 4). Das Regelbeispiel für die Verfahrenspflegerbestellung ist das Absehen von der persönlichen Anhörung (Rn. 5). Zu beachten sind daneben Besonderheiten bei den unterbringungsähnlichen Maßnahmen (Rn. 6).

---

[4] *Bienwald* § 70a FGG Rn. 3.
[5] OLG Hamm FamRZ 1992, 1262.
[6] *Bassenge/Roth* § 70a FGG Rn. 1.
[7] *Keidel/Kuntze/Winkler/Kayser* § 70a FGG Rn. 5.
[1] Vgl. deshalb die Kommentierung dort.
[2] Vgl. zur Normgeschichte *Bienwald* § 70b FGG Rn. 1–3.
[3] *Bassenge/Roth* § 70b FGG Rn. 1; PK-BUV/*Fröschle* § 70b FGG Rn. 4.

4 **a) Grundregel.** Entscheidend für die Frage, ob die Verfahrenspflegerbestellung zur Interessenwahrung der betroffenen Person erforderlich ist, soll nach allgM. die **konkrete Verfahrenssituation im Einzelfall**[4] sein, die den Beistand von dritter Seite nötig macht. Das soll dann gegeben sein, wenn die betroffene Person nach dem Grad ihrer Erkrankung/Behinderung ihre Rechte aus Art. 103 Abs. 1 GG im Unterbringungsverfahren nicht ausreichend selbst wahrnehmen kann.[5] Das soll dann vorliegen, wenn die geistigen Fähigkeiten der betroffenen Person nicht (mehr) ausreichen, um auf das Sachverständigengutachten oder auf die Ergebnisse der Anhörung von Beteiligten ausreichend zu reagieren; ferner dann, wenn der Betreuer die Unterbringung gegen den (natürlichen) Willen der betroffenen Person betreibt[6] oder ein eigenes Interesse an der Unterbringung hat.[7] Dieser Definitionsversuch und die gegebenen Beispiele, die den Gedanken zulassen, es gebe Unterbringungsverfahren, in denen die betroffene Person ihre Rechte ausreichend selbst wahrnehmen könne und keines Beistandes bedürfe, ist der Problematik des Unterbringungsverfahrens nicht angemessen. Selbst wenn das der Fall sein sollte – etwa wenn offensichtlich ist, dass eine für ihr Umfeld unbequeme, gleichwohl geschäftsfähige und ungefährliche Person willkürlich „aus der Welt" in die Anstalt geschafft werden soll – braucht diese Person einen Verfahrensbeistand, der solchen Versuchen schon in frühen Verfahrensstadien entgegentreten kann. Die Praxis sieht viel hemdsärmeliger aus. So gibt es Betreuungsgerichte, die vor der Einweisung in eine Anstalt nicht einmal prüfen, ob ein Verfahrenspfleger zu bestellen war,[8] oder Gerichte, die sich mit der formelhaften Wendung begnügen, dass die betroffene Person nach dem bei der persönlichen Anhörung gewonnenen Eindruck des Gerichts zur Wahrnehmung ihrer Interessen im vorliegenden Verfahren selbst in der Lage sei.[9] Der Eingriff, welcher der betroffenen Person im Unterbringungsverfahren droht, der Freiheitsentzug, ist der schwerste, den die geltende Rechtsordnung überhaupt erlaubt. Obendrein ist die Unterbringung anders als die Strafhaft gegenüber einsichts- und steuerungsfähigen Straftätern nicht zeitlich befristet, sondern kann bei andauerndem Unterbringungsgrund lebenslang bestehen bleiben. Der **Freiheitsentzug** gegenüber einer Person, die psychisch auffällig geworden ist, kann und darf daher nach hier vertretener Ansicht **nie ohne Verfahrensbeistand** angeordnet werden.[10] Nur so lässt sich das Unterbringungsverfahren übrigens mit den Anordnungen in § 140 Abs. 1 Nr. 6 und 7 StPO (Notwendigkeit der Bestellung eines Pflichtverteidigers bei Unterbringung zur Begutachtung des psychischen Zustandes oder bei isolierter Maßregelanordnung wegen Gefährlichkeit) in Einklang bringen. Die Grundregel ist daher nach hier vertretener Ansicht im Unterbringungsverfahren immer erfüllt.[11] Eine Differenzierung zwischen zivilrechtlicher und öffentlichrechtlicher Unterbringung leuchtet nicht ein; ebenso wenig eine solche zwischen zivilrechtlicher Unterbringung und zivilrechtlichen unterbringungsähnlichen Maßnahmen.[12] § 317 Abs. 1 sollte daher lauten: „**Das Gericht hat der betroffenen Person in Unterbringungssachen einen Verfahrenspfleger zu bestellen.**" Solange das nicht der Fall ist, sollten die Betreuungsgerichte Verfahrenspfleger nur dann nicht bestellen, wenn die betroffene Person anwaltlich vertreten ist.

5 **b) Absehen von der Anhörung.** Die Bestellung eines Verfahrenspflegers ist nach § 317 Abs. 1 S. 2 insbesondere dann erforderlich, wenn das Gericht von der auch in Unterbringungssachen notwendigen Anhörung der betroffenen Person (§ 319), absehen will. Das ist zwar unter den strengen Voraussetzungen von § 319 Abs. 3, die denen von § 278 Abs. 4 gleichen,[13] möglich.[14] Nach hier vertretener Ansicht ist dieses Regelbeispiel aber verzichtbar, da in Unterbringungssachen

---

[4] OLG Schleswig SchlHA 1994, 65.
[5] BayObLG FamRZ 1993, 348; *Bassenge/Roth* § 70b FGG Rn. 2; *Keidel/Kuntze/Winkler/Kayser* § 70b FGG Rn. 2; PK-BUV/*Fröschle* § 70b FGG Rn. 5.
[6] BayObLG NJW 1990, 774.
[7] *Damrau/Zimmermann* § 70b FGG Rn. 3.
[8] Im Jahre 2008 etwa das AG Leverkusen; vgl. OLG Köln FGPrax 2008, 136.
[9] So – ebenfalls 2008 – das AG Charlottenburg in Berlin; vgl. KG FamRZ 2008, 1116.
[10] Ausnahmen können nur die dringenden Eilfälle bei Gefahr im Verzug (§ 332) sein.
[11] Vorsichtiger OLG Schleswig FamRZ 1994, 781: „in der Regel" bei der öffentlichrechtlichen Unterbringung. Ebenso KG FamRZ 2008, 1116: Bei öffentlich-rechtlichen Unterbringungsmaßnahmen ist die Bestellung eines Verfahrenspflegers schon wegen der Schwere des Eingriffs in der Regel erforderlich. Das KG bezieht sich hierbei auch auf EuGHMR NJW 1992, 2945 und NJW-RR 2006, 308. Ähnlich wie hier HK-BUR/*Bauer* § 70b FGG Rn. 44; *Bienwald* § 70b FGG Rn. 2; *Keidel/Kuntze/Winkler/Kayser* § 70b FGG Rn. 2; *Schumacher* FamRZ 1991, 283; *Pohl* BtPrax 1992, 22.
[12] So aber etwa *Probst*, Betreuungs- und Unterbringungsverfahren, S. 218.
[13] Vgl. deshalb die Kommentierung dort.
[14] Auch hier wirft die Entscheidung des KG FamRZ 2008, 1116 ein Schlaglicht auf die Praxis. Das AG Charlottenburg in Berlin hatte die betroffene Person vor der Anhörung des Sachverständigen aufgefordert, den Sitzungssaal zu verlassen – ohne jede Prüfung der Frage, ob die Mitteilung der Befunde und die daraus gezogenen Folgerungen eine erhebliche Gesundheitsgefährdung für die betroffene Person darstellen.

ohnehin nicht ohne Verfahrenspfleger oder Verfahrensbevollmächtigten verhandelt und entschieden werden darf (s. o. Rn. 4). Gegen die Pflicht, einen Verfahrenspfleger (mindestens dann) zu bestellen, wenn von der persönlichen Anhörung der betroffenen Person abgesehen werden soll, lässt sich nicht einwenden, die Beteiligung eines Verfahrenspfleger bringe dann nichts, wenn das Gericht wegen § 319 Abs. 3 iVm. § 34 Abs. 2 die betroffene Person deswegen nicht anhören wolle, weil diese ohnehin nichts Verständliches (mehr) von sich geben könne, das Gericht sich schon einen unmittelbaren Eindruck von der betroffenen Person verschafft habe und der Sachverständige ebenfalls erklärt habe, die betroffene Person könne sich nicht sinnvoll äußern. Es mag sein, dass in solchen Situationen auch ein Verfahrenspfleger keine neuen Argumente bringen könne und seine Beteiligung nur Zeit und Geld koste.[15] Die Beteiligung des Verfahrenspflegers auch – und gerade – in solchen Fällen ist aber ein **Verfassungsgebot,** Art. 103 Abs. 1 GG.[16] Je weniger die betroffene Person dem Verfahren folgen kann, umso mehr kommt es darauf an, die Verfahrensgarantien zu überwachen, umso wichtiger ist die Bestellung eines Verfahrenspflegers.[17]

c) Unterbringungsähnliche Maßnahmen. Problematisch ist, ob die generelle Pflicht zur Bestellung eines Verfahrenspflegers bei der zivilrechtlichen und der öffentlichrechtlichen Unterbringung (Rn. 4) auch lückenlos bei der Anordnung unterbringungsähnlicher Maßnahmen besteht. Da hier vordergründig kein völliger Freiheitsentzug gegeben ist, scheint es sich anzubieten, auf die Art und die Schwere der angeordneten Maßnahme abzustellen: Wird lediglich abends das Altenheim abgeschlossen (um umherirrende orientierungslose Heimbewohner vor den Gefahren des Straßenverkehrs zu schützen) soll die Bestellung eines Verfahrenspflegers nicht erforderlich sein, wird dagegen der „Leibgurt längere Zeit angelegt", soll die Bestellung wichtig sein, weil der Verfahrenspfleger eventuell Alternativen aufzeigen könne.[18] Auch diesbezüglich wird hier dafür plädiert, grundsätzlich einen Verfahrenspfleger (jedenfalls bei der Anbringung von verdeckten Schließmechanismen, Fixierungen, Medikation) zu bestellen und nur bei unerheblichen Beschränkungen mit eingehender Begründung davon abzusehen. **6**

d) Begründungspflicht bei Absehen von der Bestellung (Abs. 2). Das Gesetz erlegt dem Gericht in Abs. 2 die Pflicht auf, das Unterlassen der Bestellung eines Verfahrenspflegers mangels Erforderlichkeit im Einzelfall nach Abs. 1 zu begründen. Diese Begründung hat das Gericht in der Entscheidung zu geben, in der es über eine Unterbringungsmaßnahme entscheidet, also nicht in der Verfügung, mit der es die Bestellung eines Verfahrenspflegers ablehnt.[19] Diese Begründungspflicht dient ersichtlich der Überprüfung der Nichtbestellung in der Beschwerdeinstanz. Nach hier vertretener Ansicht kann diese Begründungspflicht nur selten relevant werden, weil ein Verfahrenspfleger in Unterbringungsverfahren (mit der Ausnahme leichter unterbringungsähnlicher Maßnahmen) immer zu bestellen ist. **7**

2. Auswahl der Person; Berufsverfahrenspfleger (Abs. 3). In Unterbringungssachen kann grundsätzlich jede geeignete Person zum Verfahrenspfleger bestellt werden. Das entspricht der Regelung bei den Betreuungssachen, § 276. Wie schon dort bemerkt,[20] muss die Prüfung der Eignung anderer Personen als examinierter Rechtsanwälte ergeben, dass die als Verfahrenspfleger in Aussicht genommene Person die gleichen Rechts- und Verfahrenskenntnisse aufweisen muss wie ein Rechtsanwalt. Stärker noch als in Betreuungssachen wird hier sichtbar, dass das gebetsmühlenartige Festhalten daran, Verfahrenspfleger könnten auch andere Personen als Rechtsanwälte sein, nicht in allen Bereichen der freiwilligen Gerichtsbarkeit überzeugt und letztlich nur dazu dient, die Rechtsanwaltshonorierung aus der Staatskasse zu vermeiden.[21] *Zimmermann* weist zu Recht darauf hin, dass im Strafprozessrecht niemand auf die Idee käme, Taxifahrer nach § 140 StPO zu Pflichtverteidigern zu bestellen.[22] In Unterbringungssachen ist es aber wegen der Anlehnung von § 317 an § 276[23] möglich, über Freiheitsentzug zu entscheiden, ohne dass der unterzubringenden Person im Verfahren von Gesetzes wegen ein Beistand zur Seite stünde, der über die gleiche juristische Befähigung wie der entscheidende Richter verfügt. Die Bestellung von Personen zu Verfahrenspflegern, die nicht **8**

---

[15] So die praktische Skizze bei *Damrau/Zimmermann* § 70b FGG Rn. 2.
[16] BVerfG NJWE-FER 2000, 282.
[17] *Bienwald* § 70b FGG Rn. 10.
[18] *Damrau/Zimmermann* § 70b FGG Rn. 8.
[19] *Bassenge/Roth* § 70b FGG Rn. 4.
[20] S. o. § 276 Rn. 16.
[21] Zugespitzt ließe sich formulieren: Rechtsschutz zweiter Klasse zu bieten. Es ist demgegenüber ein rechtsstaatliches Grundgebot, Personen, in deren Rechte mittels eines gerichtlichen Verfahrens eingegriffen werden soll, mit gleichen Waffen auszustatten.
[22] *Zimmermann* FamFG Rn. 555.
[23] Mehrfach betont von BT-Drucks. 16/6308, S. 274.

über die Befähigung zum Richteramt verfügen, wird daher hier für rechtsfehlerhaft gehalten.[24] Je mehr der Verfahrenspfleger sich aus Unkenntnis der Rechtslage für Verfahrensvereinfachung und -beschleunigung einsetzt, umso mehr verfehlt er seine Aufgabe.[25] Das heißt nicht, dass jeder Rechtsanwalt auch ein geeigneter Verfahrenspfleger wäre. Medizinische, psychiatrische oder psychologische Grund- und Zusatzkenntnisse und Kenntnisse der sozialen Infrastruktur[26] können sinnvolle Auswahlkriterien unter Rechtsanwälten sein. Auch in Unterbringungssachen gilt schließlich daneben nach Abs. 3 der **Vorrang des Ehrenamtes.** Zur Sinnhaftigkeit dieses Prinzips vgl. oben § 276 Rn. 23, 24.

9 **3. Unterbleiben der Bestellung bei hinreichender Vertretung (Abs. 4).** Ausdruck der grundsätzlichen Pflicht, der betroffenen Person einen Verfahrenspfleger zu bestellen, ist Abs. 4. Das Gericht kann, obwohl die Voraussetzungen von Abs. 1 vorliegen, von der Bestellung eines Verfahrenspflegers absehen, wenn die betroffene Person im Unterbringungsverfahren durch einen Rechtsanwalt oder einen anderen geeigneten Verfahrensbevollmächtigten vertreten wird. Zur Mandatierung eines Anwalts oder eines anderen geeigneten Verfahrensbevollmächtigten ist die betroffene Person wegen § 316 auch in Unterbringungssachen ungeachtet ihrer Geschäftsfähigkeit fähig. Die Ausgestaltung der Vorschrift als Ermessensnorm („soll unterbleiben")[27] ermöglicht es, in Fällen, in denen die betroffene Person den Anwalt häufig wechselt oder ihm unsinnige Weisungen erteilt oder der Bevollmächtigte untätig bleibt,[28] neben diesem Verfahrensbevollmächtigten noch einen Verfahrenspfleger zu bestellen.[29] Ist für die betroffene Person ein Verfahrenspfleger bestellt, benötigt sie grundsätzlich nicht noch einen zweiten.[30]

10 **4. Bestellung; Rechtsmittel (Abs. 5, 6).** Das Bestellungsverfahren ist dasselbe wie bei § 276. Zuständig ist wie stets in Unterbringungssachen der Richter. Zum Zeitpunkt der Verfahrenspflegerbestellung schweigt das Gesetz auch hier. Auch in Unterbringungssachen ist der Verfahrenspfleger so früh wie möglich zu bestellen.[31] Wird er erst mit oder erst nach Erlass des Einweisungsbeschlusses bestellt, ist der Anspruch auf rechtliches Gehör verletzt und die Anordnung auf die Beschwerde der betroffenen Person aufzuheben.[32] Die Bestellung wird wirksam mit dem Zugang des Beschlusses beim Verfahrenspfleger.[33] Das gilt auch für das Ende der Bestellung (Rechtskraft der Endentscheidung – also keine neue Bestellung in der Beschwerdeinstanz; sonstiger Abschluss des Verfahrens). Die Entscheidung über die (Nicht-) Bestellung eines Verfahrenspflegers oder deren Aufhebung ist nach dem Gesetz und der jüngeren Rechtsprechung **selbstständig nicht anfechtbar** (Grundsatz der Rechtsmittelbeschränkung), § 317 Abs. 6.[34] Das war bisher umstritten.[35] Die Ansicht, die Verfahrenspflegerbestellung sei wegen der Bedeutung derselben für die betroffene Person selbstständig anfechtbar,[36] lässt sich wegen des eindeutigen Wortlautes des Gesetzes nicht mehr vertreten, allenfalls lässt sich die Verfassungswidrigkeit der Norm rügen.

11 **5. Wirkung; Kostenfreiheit.** Zur Rechtsstellung des Verfahrenspflegers vgl. § 276 Rn. 3.[37] Auch in Unterbringungssachen wird der Verfahrenspfleger durch seine Bestellung **kein gesetzlicher**

---

[24] Ähnlich schon LG Frankfurt/M. FamRZ 1994, 526; LG Oldenburg FamRZ 1993, 460; AG Bad Homburg BtPrax 1993, 55; *Klüsener* FamRZ 1994, 487. Gewunden OLG München FamRZ 2006, 578: „Die Begründung, es bedürfe eines Rechtsanwalts als Verfahrenspfleger, mag im Unterbringungsverfahren für den Regelfall eine gewisse Berechtigung haben."; aA PK-BUV/*Fröschle* § 70b FGG Rn. 18; *Jansen/Sonnenfeld* § 70b FGG Rn. 21; *Pohl* BtPrax 1992, 23.
[25] *Bienwald* § 70b FGG Rn. 10 mit Hinweisen auf die Mängel in der Praxis.
[26] Darauf weist *Probst*, Betreuungs- und Unterbringungsverfahren, S. 219 hin.
[27] *Bassenge/Roth* § 70b FGG Rn. 4.
[28] LG Bremen FamRZ 2005, 222.
[29] *Damrau/Zimmermann* § 70b FGG Rn. 14.
[30] OLG München FamRZ 2006, 578.
[31] *Keidel/Budde* Rn. 7.
[32] OLG München OLGR München 2006, 784 (Verfahrenspfleger mit vorläufigem Unterbringungsbeschluss bestellt); OLG Naumburg FamRZ 2008, 186 (Verfahrenspfleger drei Tage nach vorläufigem Unterbringungsbeschluss bestellt) und weiter: ist die vorläufige Unterbringung in der Zwischenzeit wieder aufgehoben worden, besteht auch in der Beschwerdeinstanz ein berechtigtes Interesse an der Feststellung der Rechtswidrigkeit der Eilentscheidung.
[33] *Zimmermann* FamFG Rn. 556.
[34] So bisher schon BGH NJW-RR 2003, 1369; OLG Brandenburg FGPrax 2004, 53; OLG Frankfurt BeckRS 2005, 08553; KG FGPrax 2006, 261; LG Ingolstadt BeckRS 2007, 13639; OLG Frankfurt BeckRS 2008, 11447; OLG Schleswig FamRZ 2003, 1499. S. o. § 276 Rn. 26.
[35] Für selbstständige Anfechtbarkeit bisher *Damrau/Zimmermann* § 70b FGG Rn. 19; wohl auch *Bienwald* § 70b FGG Rn. 16 f.; *Jansen/Sonnenfeld* § 67 FGG Rn. 68.
[36] Aus der bisherigen Rspr. für selbstständige Anfechtbarkeit OLG Köln FamRZ 2000, 492 f.
[37] S. a. OLG Hamm FamRZ 2007, 227: Der Verfahrenspfleger ist nicht Verfahrensbevollmächtigter des Betroffenen. Er hat eine eigenständige Stellung im Verfahren, die die Verfahrensfähigkeit des Betroffenen und seine Beteiligtenstellung unberührt lässt.

Vertreter der betroffenen Person. Hiergegen wird eingewandt, dass der Verfahrenspfleger im (volljährige Personen betreffenden) Unterbringungsverfahren die Rechtsstellung eines gesetzlichen Vertreters benötige, um für die betroffene Person gegenüber dem Gericht verbindlich handeln zu können.[38] Eine tragfähige Begründung hierfür ist nicht in Sicht – die Verfahrensrechte der betroffenen Person lassen sich wie in Betreuungssachen auch in Unterbringungssachen ohne die Rechtsstellung als gesetzlicher Vertreter verfolgen. Der Verfahrenspfleger ist wie die betroffene Person am Verfahren zu beteiligen, zu Ermittlungsergebnissen und Beweismitteln anzuhören, zu Anhörungen zu laden; ihm ist Akteneinsicht zu gewähren.[39] Da er die objektiven Interessen der betroffenen Person zu wahren hat, kann er nicht Beschwerde gegen eine die Unterbringung ablehnende Entscheidung und auch nicht Beschwerde gegen die Aufhebung einer Unterbringungsmaßnahme erheben.[40] Zur **Kostenfreiheit** nach Abs. 7 vgl. § 276 Rn. 27.

§ 318 Vergütung und Aufwendungsersatz des Verfahrenspflegers

Für die Vergütung und den Aufwendungsersatz des Verfahrenspflegers gilt § 277 entsprechend.

Die Vorschrift verweist wie schon der bisher geltende § 70b Abs. 1 S. 3 FGG aF auf die Vergütung **1** des Verfahrenspflegers in Betreuungssachen. Auf die Kommentierung zu § 277 wird verwiesen. Auf folgende Unterschiede ist hinzuweisen:

Die Vergütung des Verfahrenspflegers ist in Unterbringungssachen wie das gesamte Verfahren **2** Richterangelegenheit, wenn die Vergütung des Verfahrenspflegers auf den diesbezüglichen Antrag des Verfahrenspflegers gerichtlich festzusetzen ist.[1] Die Festsetzung kann daneben auch im Wege des Verwaltungsverfahrens durch den Kostenbeamten erfolgen (mit der Konsequenz, dass Rechtsmittel hiergegen die Kostenerinnerung ist). Für die Abrechnung nach § 1 Abs. 2 S. 2 RVG[2] gilt auch in Unterbringungssachen die Grundwertung, dass der zum Verfahrenspfleger bestellte Anwalt als Verfahrenspfleger nicht schon deshalb eine anwaltsspezifische Tätigkeit ausübt. Entscheidend ist also auch in Unterbringungssachen, ob ein verständiger Laie in der Lage des Verfahrenspflegers anwaltlichen Rat eingeholt hätte.

Eine festgesetzte Pauschalentschädigung vergütet den Verfahrenspfleger für seine Tätigkeit in der **3** ersten Instanz. In der Beschwerdeinstanz ist erneut über einen Vergütungsanspruch zu entscheiden.[3]

§ 319 Anhörung des Betroffenen

(1) ¹Das Gericht hat den Betroffenen vor einer Unterbringungsmaßnahme persönlich anzuhören und sich einen persönlichen Eindruck von ihm zu verschaffen. ²Den persönlichen Eindruck verschafft sich das Gericht, soweit dies erforderlich ist, in der üblichen Umgebung des Betroffenen.

(2) Das Gericht unterrichtet den Betroffenen über den möglichen Verlauf des Verfahrens.

(3) Soll eine persönliche Anhörung nach § 34 Abs. 2 unterbleiben, weil hiervon erhebliche Nachteile für die Gesundheit des Betroffenen zu besorgen sind, darf diese Entscheidung nur auf Grundlage eines ärztlichen Gutachtens getroffen werden.

(4) Verfahrenshandlungen nach Absatz 1 sollen nicht im Wege der Rechtshilfe erfolgen.

(5) Das Gericht kann den Betroffenen durch die zuständige Behörde vorführen lassen, wenn er sich weigert, an Verfahrenshandlungen nach Absatz 1 mitzuwirken.

Schrifttum: Ältere Literatur bei *Damrau/Zimmermann* § 70c FGG; *Koch,* Der klinische Anhörungstermin im Unterbringungsverfahren, 1995.

---

[38] *Bienwald,* Verfahrenspflegschaftsrecht, Rn. 443; dem folgend *Keidel/Kuntze/Winkler/Kayser* § 70b FGG Rn. 9. Ähnlich *Probst,* Betreuungs- und Unterbringungsverfahren, S. 220: gleiche Befugnisse wie ein gesetzlicher Vertreter.
[39] *Probst,* Betreuungs- und Unterbringungsverfahren, S. 220.
[40] OLG Frankfurt FamRZ 2000, 1446; BayObLG FamRZ 2002, 1145.
[1] *Damrau/Zimmermann* § 70b FGG Rn. 7.
[2] S. dazu oben § 276 Rn. 8.
[3] PK-BUV/*Fröschle* § 70b FGG Rn. 20.

I. Allgemeines

1 **1. Normzweck; Änderungen im FamFG; Anwendungsbereich.** Die Anhörung der betroffenen Person ist wie in Betreuungssachen so auch in (zivilrechtlichen und öffentlich-rechtlichen) Unterbringungssachen neben der Begutachtung das Kernstück des Verfahrens. Die Vorschrift ordnet an, dass ein schriftliches Verfahren ausscheidet.[1] Die Anhörung dient erstens der Gewährung **rechtlichen Gehörs**. In der Anhörung werden zweitens die **wesentlichen Erkenntnisse** über die unterzubringende oder untergebrachte Person gewonnen, die den Richter erst in die Lage versetzen, eine Entscheidung über den Freiheitsentzug zu treffen. Die Anhörung im zivilrechtlichen Genehmigungsverfahren hat darüber hinaus drittens noch einen weiteren Zweck: Erst in der Anhörung der betroffenen Person kann der Richter erfahren, ob der Betreiber der Unterbringung (Betreuer, Vorsorgebevollmächtigter) dieselbe berechtigterweise betreibt oder ob die betroffene Person nicht vielmehr aus Bequemlichkeits- oder Missliebigkeitsgründen in einer geschlossenen Einrichtung untergebracht werden soll. Das Gericht nimmt mit der Anhörung der betroffenen Person eine entscheidende **Kontrollfunktion** (auch gegenüber dem Sachverständigen![2]) wahr und garantiert damit deren Verfahrensrechte. Die Nichtbeachtung von § 317 ist ein Verfahrensfehler, der insbesondere das Rechtsbeschwerdegericht zur Aufhebung der Tatsachenentscheidung zwingt.[3]

2 § 319 ersetzt den bisher geltenden § 70c FGG aF. Die im FGG-RG vorgenommenen Änderungen (Absatzbildungen, Formulierungsvarianten) sind marginal und laufen auf eine Harmonisierung der Vorschrift mit § 278 hinaus.[4] Gleichwohl bestehen Unterschiede zur Anhörung in Betreuungssachen.

3 **2. Anwendungsbereich.** Die Anhörung nach § 319 findet statt in **allen Unterbringungssachen**.[5] Sie ist auch bei der **vorläufigen Unterbringung** im Wege der einstweiligen Anordnung erforderlich, wie sich aus § 331 S. 1 Nr. 4 ergibt. Sie ist auch hier ein durch § 104 Abs. 1 GG zum **Verfassungsgebot** erhobener Verfahrensgrundsatz.[6] Unterbleiben kann die Anhörung der betroffenen Person nur bei Gefahr im Verzug; sie ist aber auch in diesen Fällen unverzüglich nachzuholen – vgl. § 332. Da das **Beschwerdeverfahren** eine zweite Tatsacheninstanz darstellt, gilt § 319 auch hier vollumfänglich.[7] Vor der **Ablehnung** einer Unterbringungsmaßnahme dagegen ist die Anhörung nicht notwendig. Gleiches gilt dann, wenn nach der Erledigung der Hauptsache über die Rechtmäßigkeit der Genehmigung oder der Anordnung zu entscheiden ist.[8]

II. Die persönliche Anhörung der betroffenen Person

4 **1. Persönliche Anhörung (Abs. 1). a) Anhörung und Anschauung.** Zunächst unterscheidet das Gesetz offensichtlich zwischen Anhörung und Verschaffung des persönlichen Eindrucks. Damit wird aber lediglich garantiert, dass das Gericht auch dann, wenn die betroffene Person tatsächlich nicht angehört werden kann, weil eine verbale Kommunikation mit ihr nicht möglich ist, die erforderlichen Tatsachen durch Anschauung erhebt. Ansonsten verschafft sich das Gericht den unmittelbaren Eindruck in der Anhörung. Der Richter muss mit der unterzubringenden Person von Angesicht zu Angesicht gesprochen oder sie (wenn Sprechen unmöglich ist) gesehen haben, bevor er sie einweist. Die (formularmäßige) Gewährung einer Möglichkeit zur schriftlichen Stellungnahme scheidet demnach von vornherein aus. Anhörung und Eindruckverschaffung verfolgen (s. o.) einen dreifachen Zweck: Sie dienen der Gewährung des **rechtlichen Gehörs** für die betroffene Person und der Einbringung der für die Unterbringung entscheidenden **Tatsachen**. Darüber hinaus sollen sie das Gericht auch in die Lage versetzen, seine **Kontrollfunktion** gegenüber Gutachter und Beteiligten wahrzunehmen und sich einen persönlichen Eindruck vom Betroffenen zu verschaffen, der gerade bei Entscheidungen über die Genehmigung einer Unterbringung von Gewicht ist.[9]

---

[1] *Damrau/Zimmermann* § 70c FGG Rn. 1.
[2] *Bassenge/Roth* § 70c FGG Rn. 2; OLG Brandenburg FamRZ 2007, 1768.
[3] *Keidel/Kuntze/Winkler/Kayser* § 70c FGG Rn. 2.
[4] BT-Drucks. 16/6308, S. 274.
[5] *Bassenge/Roth* § 70c FGG Rn. 1; *Keidel/Kuntze/Winkler/Kayser* § 70c FGG Rn. 2; PK-BUV/*Locher* § 70c FGG Rn. 1.
[6] BayObLG FamRZ 2000, 566; *Bienwald* § 70c FGG Rn. 2.
[7] OLG Hamm FamRZ 2007, 227; OLG Hamm FamRZ 2007, 763; BayObLG NJW-RR 2005, 1314; BayObLG FamRZ 2001, 1646; FamRZ 2003, 1854; OLG Hamm BtPrax 2001, 212; *Keidel/Kuntze/Winkler/Kayser* § 70m Rn. 17; *Damrau/Zimmermann* § 70m FGG Rn. 28.
[8] OLG Schleswig FamRZ 2001, 938; *Bassenge/Roth* § 70c FGG Rn. 1; *Damrau/Zimmermann* § 70c FGG Rn. 1.
[9] OLG Hamm FamRZ 2007, 227; BayObLG NJW-RR 2005, 1314.

Anhörung und Eindruckverschaffung haben daher vor der Entscheidung zu erfolgen. Das scheint eine blanke Selbstverständlichkeit zu sein. Welche Probleme aber gleichwohl in der Praxis bestehen, wird daran deutlich, dass Obergerichte etwa feststellen müssen, dass die Anhörung der betroffenen Person nicht durch die Bestellung eines Verfahrenspflegers entbehrlich werde.[10] Auch im **Beschwerdeverfahren** darf die Anhörung der betroffenen Person nicht unterbleiben; auch dann nicht, wenn im erstinstanzlichen Verfahren eine Anhörung stattgefunden hat.[11] Die Anhörung muss auch vor der Verlängerung einer Unterbringungsmaßnahme erfolgen, damit sich das Gericht einen persönlichen Eindruck von dem Betroffenen verschafft. Von einer erneuten mündlichen Anhörung kann im Beschwerdeverfahren allenfalls dann abgesehen werden, wenn diese zur Sachaufklärung erkennbar nichts beitragen kann, was freilich eingehend begründet werden muss.[12]

b) Ort und Zeitpunkt der Anhörung. Grundsätzlich erfolgen Anhörungen **bei Gericht**. 5
Insbesondere in eilbedürftigen öffentlichrechtlichen Unterbringungssachen würde das Festhalten hieran eine untunliche Zeitverzögerung darstellen. Deswegen kann die Anhörung ohne weiteres auch **in der Unterbringungseinrichtung** vorgenommen werden, in welcher sich die betroffene Person bei öffentlichrechtlichen Unterbringungen zumeist bereits befindet. Die Anhörung kann aber auch in der üblichen Umgebung der betroffenen Person stattfinden. Das wird dann geboten sein, wenn die betroffene Person selbst das verlangt. Ein Treffpunkt im Freien wird für ungeeignet gehalten.[13] Nach der Grundregel des § 319 hat die Anhörung **vor der Entscheidung** des Gerichts stattzufinden. Wird gegen das Gebot vorhergehender Anhörung verstoßen, so drückt dieses Unterlassen der Unterbringung den Makel rechtswidriger Freiheitsentziehung auf, der auch durch Nachholung der Maßnahme nicht mehr zu tilgen ist.[14] Wegen der Abschaffung des Schlussgesprächs (s. dazu unten Rn. 10) ist aber darauf zu achten, dass die Anhörung so terminiert wird, dass die betroffene Person und ihr Verfahrenspfleger sich zum Inhalt eines eingeholten Sachverständigengutachtens äußern können. §§ 331 ff. gestatten vom Grundsatz der Anhörung vor der Entscheidung in Eilfällen Ausnahmen, nicht ohne anzuordnen, dass die ausnahmsweise aufschiebbaren Verfahrenshandlungen unverzüglich nachzuholen sind.

c) Unmittelbarer Eindruck. Zum Kernstück des auf Amtsermittlung beruhenden Unterbringungsverfahrens gehört der persönliche Eindruck von dem Betroffenen, den sich der entscheidende Richter durch die Anhörung verschafft. Den persönlichen Eindruck verschafft sich das Gericht **erforderlichenfalls** in der **üblichen Umgebung** der betroffenen Person. Hieraus soll das Gericht Erkenntnisse über die betroffene Person, ihr soziales Umfeld und ihre momentane Situation gewinnen.[15] Übliche Umgebung kann auch das Heim oder die Anstalt sein, in der die betroffene Person sich aufhält. Die Formulierung „erforderlichenfalls" stellt klar, dass der Richter die übliche Umgebung der betroffenen Person nicht in jedem Falle aufsuchen muss, sondern nur dann, wenn die betroffene Person das entweder begründet verlangt[16] (etwa um zu demonstrieren, dass eine Unterbringung nicht gerechtfertigt ist) oder wenn die Verschaffung des unmittelbaren Eindruckes zur Sachverhaltsfeststellung erforderlich ist, was das Gericht nach pflichtgemäßem Ermessen prüft, § 26. In vielen Fällen können sich aber aus der Art der anzuordnenden Maßnahme eine Ermessensreduzierung und eine **Pflicht zur Umgebungsanhörung** ergeben. Das spielt insbesondere bei der Genehmigung unterbringungsähnlicher Maßnahmen, § 1906 Abs. 4 BGB, eine Rolle. Hier wird sich der Richter regelmäßig in der Umgebung der betroffenen Person ein tatsächliches Bild davon machen müssen, welcher Eingriff bevorsteht (Absperrvorrichtungen, Schließmechanismen, „Pflegehemden und -tische"), wie er die betroffene Person belastet und welche Gefahren er möglicherweise mit sich bringt (Verrenkungen und Strangulierungen am Bettgitter). Die Umgebungsanhörung ist insbesondere auch bei der vorläufigen Anordnung einer Unterbringungsmaßnahme möglich und sinnvoll.[17] Ein **Widerspruchsrecht** der betroffenen Person gegen die Umgebungsanhörung **besteht** nach dem Gesetz **nicht**[18] – anders als in Betreuungssachen, vgl. dort § 278 Abs. 1 S. 3. Sollte die betroffene Person der Umgebungsanhörung gleichwohl widersprechen, trifft das Gericht eine gesteigerte Pflicht zur Prüfung, ob der Sachverhalt anders nicht hinreichend aufgeklärt werden kann.

---

[10] OLG Hamm FamRZ 2007, 227.
[11] KG FamRZ 2008, 813; OLG Hamm FamRZ 2007, 763.
[12] OLG Hamm FamRZ 2007, 763.
[13] *Bassenge/Roth* § 70c FGG Rn. 3.
[14] KG FamRZ 2008, 813 unter Bezug auf BVerfG NJW 1990, 2310; PK-BUV/*Locher* § 70c FGG Rn. 2.
[15] BT-Drucks. 11/4528, S. 90, 172, 184.
[16] *Bienwald* § 70c FGG Rn. 1.
[17] *Bassenge/Roth* § 70c FGG Rn. 3; aA BT-Drucks. 11/4528, S. 219.
[18] *Bassenge/Roth* § 70c FGG Rn. 3; *Jansen/Sonnenfeld* § 70c FGG Rn. 21; aA HK-BUR/*Bauer* § 70c FGG Rn. 36 b.

7 d) **Öffentlichkeit.** Die Anhörung/Anschauung ist grundsätzlich nicht öffentlich, § 170 GVG.

8 **2. Inhalt der Anhörung.** Die Anhörung muss sich primär auf die Frage richten, ob die Unterbringung erforderlich ist. Dazu muss das Gericht in der Anhörung, nachdem es die Personalien der betroffenen Person festgestellt hat, einen Eindruck von der betroffenen Person erheben, Angaben zu ihrer Erkrankung oder Behinderung und die Umstände, die zum Verfahren geführt haben, erfragen. Das ist wichtig, damit der Richter ein Bild von der gesamten Persönlichkeit gewinnt und dem ärztlichen Gutachten gegenüber seine eigene richterliche Kontrolle ausüben kann.[19] Erfahrungsgemäß vermitteln psychiatrische oder psychologische Gutachten dem psychowissenschaftlich nicht geschulten Juristen mitunter schwer dechiffrierbare und daher bei bloßem Aktenstudium gravierend imponierende Störungsbilder, die sich im persönlichen Umgang mit der betroffenen Person relativieren, so dass das richtige Urteil sich nur anhand beider Seiten derselben Medaille finden lässt. Außerdem muss das Gericht die betroffene Person dazu hören, welche Hilfen ihr in ihrem Umfeld zur Verfügung stehen und welche Angehörigen die betroffene Person hat. Dabei hat das Gericht zu erforschen, ob die Beteiligung von Angehörigen im Interesse der betroffenen Person liegt und deshalb zu erfolgen hat. Außerdem soll die Anhörung erbringen, ob die betroffene Person eine Vertrauensperson benennen will, die am Verfahren zu beteiligen wäre. Schließlich soll das Gericht erforschen, ob die betroffene Person sich besser von einem Verfahrensbevollmächtigten ihrer Wahl vertreten lassen will oder ob sie mit der Bestellung des vom Gericht vorgesehenen Verfahrenspflegers einverstanden ist.

9 Geboten ist die möglichst wortgetreue Protokollierung[20] der Anhörung; das Protokoll soll auch auf die Umgebung, die Sprechweise, die Gestik und die Mimik der betroffenen Person und ihre eventuelle Medikation (die den Eindruck verfälschen kann) eingehen.[21]

10 **3. Unterrichtungspflicht (Abs. 2).** Abs. 2, der anordnet, dass das Gericht die betroffene Person über den möglichen Verlauf des Verfahrens zu unterrichten habe, entspricht § 278 Abs. 2 S. 1.[22] Die Unterrichtung dient auch hier dazu, der betroffenen Person das Verfahren verständlich zu machen und sie zu befähigen, alle Umstände vorzutragen, die für die Regelung ihrer Probleme erheblich sein können[23] und insbesondere gegen die Unterbringung sprechen.[24] Das dort (vgl. § 278 Abs. 2 S. 3) noch (rudimentär vorhandene) **Schlussgespräch** ist hier jedoch **vollständig getilgt.** Der Gesetzgeber des FGG-RG befand das keiner Erwähnung wert.[25] Die jetzige Fassung des Gesetzes scheint zu beinhalten, dass anders bisher als nach §§ 70c S. 4 iVm. § 68 Abs. 5 FGG aF das Gutachten des Sachverständigen, ein ärztliches Zeugnis oder die Art des Eingriffs mit der betroffenen Person nicht besprochen werden müssen, ja ihr ausdrücklich nicht einmal (weder vor noch nach ihrer Anhörung) zur Verfügung gestellt werden muss. Ein solches Vorgehen wäre indessen ein schwerer Verstoß gegen die Gewährung des rechtlichen Gehörs. Auf diese Weise würde die Verfahrensposition der betroffenen Person schwer beeinträchtigt. Der Gesetzgeber ist mit der Abschaffung des Schlussgespräches und der „Harmonisierung" der Unterbringungssachen mit den Betreuungssachen hier fehlgetreten. Es entsprach bisher der Rspr., dass rechtliches Gehör nur dann ausreichend gewahrt sei, wenn die betroffene Person ein sie betreffendes **Gutachten vollständig, schriftlich** und **rechtzeitig vor ihrer persönlichen Anhörung** erhalte.[26] Hieran ist auch zukünftig festzuhalten. Anderenfalls wären der betroffenen Person oder ihrem Verfahrenspfleger Einwendungen gegen das Gutachten bei einer frühen Anhörung vor der Erstattung des Gutachtens völlig abgeschnitten und sie zum Verfahrensobjekt degradiert.

11 **4. Rechtshilfeverbot (Abs. 4).** Die Schwere des Eingriffs erfordert es, dass die Anhörung/Anschauung vom entscheidenden Richter vorgenommen wird.[27] Abs. 4 ordnet deshalb an, dass die Anhörung nicht im Wege der Rechtshilfe erfolgen soll.[28] Die durch die Ausgestaltung als Sollensvorschrift ausgedrückte Möglichkeit der ausnahmsweisen Zulässigkeit der Rechtshilfe ist kritisch zu bewerten.[29] Nach hier vertretener Ansicht ist die **Anhörung/Anschauung durch den entscheiden-**

---

[19] BVerfG NJW 1990, 2310; *Damrau/Zimmermann* § 70c FGG Rn. 14; *Bienwald* § 70c FGG Rn. 8.
[20] *Damrau/Zimmermann* § 70c FGG Rn. 11.
[21] PK-BUV/*Locher* § 70c FGG Rn. 5.
[22] Vgl. die Kommentierung dort.
[23] BT-Drucks. 11/4528, S. 172, 184.
[24] *Keidel/Kuntze/Winkler/Kayser* § 70c FGG Rn. 5.
[25] BT-Drucks. 16/6308, S. 274.
[26] BayObLG BtPrax 1993, 208 und FamRZ 1995, 695; zustimmend *Bienwald* § 70c FGG Rn. 10.
[27] BT-Drucks. 11/6949, S. 91.
[28] S. OLG Naumburg FamRZ 2008, 1635; KG FamRZ 2008, 1976.
[29] *Keidel/Kuntze/Winkler/Kayser* § 70c FGG Rn. 7 meint, die Sollvorschrift habe verbindlichen Charakter; aA jetzt *Keidel/Budde* Rn. 5: Rechtshilfe zulässig bei kommunikationsunfähigen betroffenen Personen.

den Richter unverzichtbar[30] und die Vorschrift entsprechend teleologisch zu reduzieren. Anderenfalls kann das Gericht seiner durch die Anhörung zu erfüllenden Kontrollpflicht gegenüber den sonstigen Beteiligten eines Unterbringungsverfahrens nicht genügen. Das trifft insbesondere für die zivilrechtliche Unterbringung zu. So kann die scheinbar unzweifelhafte Aktenlage durch einen schlichten Hausbesuch vollständig auf den Kopf gestellt werden.[31] „Seltene Ausnahmefälle"[32] sind nicht anzuerkennen. Selbst der am ehesten die Tätigkeit des ersuchten Richters zulassende Fall einer bewusstlosen betroffenen Person, die weit entfernt von ihrem gewöhnlichen Aufenthalt und dem dortigen (örtlich deshalb zuständigen) Betreuungsgericht in einer Klinik liegt und untergebracht werden soll, bedarf der Tätigkeit des entscheidenden Richters, denn gerade in diesem Fall fragt sich, warum eine Unterbringung gerade dort zu erfolgen habe. Hierbei wird nicht verkannt, dass der Richter reisen muss, denn ein Transport der betroffenen Person zum örtlich zuständigen Gericht dürfte meist ausscheiden.[33] Wegen der örtlichen Zuständigkeit auch des Anstaltsgerichts, § 313 Abs. 3, welche die meisten Eilfälle in öffentlichrechtlichen Unterbringungen auffängt, kann es sich nur um Fälle handeln, in denen eine Betreuungssache bereits geführt wird. Gerade hier zeigt sich aber die Notwendigkeit, den entfernten zuständigen Richter anhören und entscheiden zu lassen. Weil kein grundsätzliches Verbot der Rechtshilfe normiert ist, darf freilich der ersuchte Richter die Zulässigkeit derselben nicht prüfen.[34]

5. Anwesenheit dritter Personen. Zur Frage, ob und welche anderen Personen an der Anhörung teilnehmen können, vgl. o. § 278 Rn. 18–21. „Andere Person" ist nicht der Verfahrenspfleger, er hat ein eigenes Anwesenheitsrecht.[35] 12

III. Sondersituationen

1. Absehen von der Anhörung bei Gesundheitsgefährdung (Abs. 3). a) Erhebliche Gesundheitsgefährdung. Zur Möglichkeit, von der Anhörung nach § 319 Abs. 3 iVm. § 34 Abs. 2 abzusehen, ist zunächst auf § 278 Abs. 4 und die dortige Kommentierung (auch zur Frage der erheblichen Gesundheitsnachteile) zu verweisen (§ 278 Rn. 39). Fraglich erscheint, ob „Anhörung" in Abs. 3 gleichbedeutend mit „anhören" in Abs. 1 S. 1 ist[36] oder das Verschaffen des unmittelbaren Eindrucks mit erfasst. Der Verweis auf die allgemeine Regel des § 34 spricht für letzteres. Auch die Verwendung der Konjunktion „und" in Abs. 1 S. 1 legt dies nahe. Richtiger dürfte es sein, davon auszugehen, dass zwar auf eine förmliche Anhörung im Gerichtsgebäude wegen Gesundheitsgefährdung[37] verzichtet werden kann, niemals aber darauf, dass der Richter sich einen unmittelbaren Eindruck von der betroffenen Person verschafft. Der Verweis auf die zweite Alternative von § 34 Abs. 2 (mangelnde Fähigkeit der betroffenen Person, ihren Willen kundzutun) ist unsinnig, denn aus Abs. 1 folgt logisch, dass sich die unmögliche Anhörung in solchen Fällen von selbst in eine Anschauung verwandelt. Gründlich gearbeitet wurde hier auch im FGG-RG demnach nicht. Erhebliche Gesundheitsgefährdungen sind irreversible und lebensgefährliche Schäden. Der Umstand, dass die betroffene Person selbst von der Notwendigkeit der Unterbringung („Lieber in die Anstalt als auf die Straße") ausgeht, rechtfertigt schließlich den Verzicht auf die Anhörung nicht.[38] 13

b) Ärztliches Gutachten. Dass der betroffenen Person durch die richterliche Anhörung erhebliche Gesundheitsgefahren drohen, muss durch ein ärztliches Gutachten nachgewiesen sein. Ärztliche Zeugnisse (zum Begriff und zum Unterschied zwischen Gutachten und Zeugnis vgl. § 278 Rn. 41 und die Kommentierung zu § 281) sollen nach dem Wortlaut der Vorschrift nicht ausreichen. Es wird im Einzelfall für notwendig gehalten, die behauptete Gesundheitsgefahr durch einen nicht in der Anstalt/Einrichtung tätigen Sachverständigen klären zu lassen.[39] Das Gutachten wird zwar im Freibeweisverfahren gem. § 29 eingeholt.[40] Für seine Grundlagen und seine Form gelten insbeson- 14

---

[30] Überzeugend *Coeppicus* FamRZ 1992, 23; ebenso *Bienwald* § 70c FGG Rn. 3; aA *Damrau/Zimmermann* § 70c FGG Rn. 4 (mit dem Hinweis darauf, dass die Bedeutung des eigenen Eindrucks überschätzt werde); HK-BUR/*Bauer* § 70c FGG Rn. 27 f.; PK-BUV/*Locher* § 70c FGG Rn. 6.
[31] Vgl. *Coeppicus* FamRZ 1992, 17.
[32] Dafür *Keidel/Kuntze/Winkler/Kayser* § 70c FGG Rn. 7.
[33] *Damrau/Zimmermann* § 70c FGG Rn. 3.
[34] OLG Frankfurt FamRZ 2004, 137; BayObLG Rpfleger 1998, 244; *Bassenge/Roth* § 70c FGG Rn. 4; *Bienwald* § 70c FGG Rn. 3.
[35] *Jürgens/Mertens* § 70c FGG Rn. 12; PK-BUV/*Locher* § 70c FGG Rn. 11; *Bienwald* § 70c FGG Rn. 5.
[36] In diesem Sinne *Probst*, Betreuungs- und Unterbringungsverfahren, S. 210: niemals könne auf die Verschaffung des unmittelbaren Eindrucks verzichtet werden.
[37] Die sich etwa als Gefährdung auf einem Transport schwer Kranker ins Gericht darstellen kann.
[38] BayObLG FamRZ 1995, 695; PK-BUV/*Locher* § 70c FGG Rn. 9.
[39] OLG Karlsruhe FamRZ 1999, 670.
[40] BT-Drucks. 16/6308, S. 274; *Zimmermann* FamFG Rn. 560.

§ 320 1   Buch 3. Abschnitt 2. Verfahren in Unterbringungssachen

re § 280 Abs. 2 und 3 (notwendig ist demnach die körperliche Untersuchung oder die persönliche Befragung durch den Sachverständigen).[41]

15   Das tiefer liegende Problem besteht auch hier darin, dass die Schwere des Eingriffs es unabdingbar erscheinen lässt, dass ein Richter die betroffene Person im (am besten zeugenlosen) Zweiergespräch befragen kann. Immer ist zu berücksichtigen, dass insbesondere bei der zivilrechtlichen Unterbringung und bei den unterbringungsähnlichen Maßnahmen ein Unterbringungsinteresse der Initiatoren des Verfahrens gegeben sein kann, das den Interessen der betroffenen Person zuwiderläuft. *Zimmermann* weist außerdem zu Recht darauf hin,[42] dass Fälle einer erheblichen Gesundheitsbeeinträchtigung infolge einer Anhörung durch den Richter in Wirklichkeit nicht vorkämen: Dass ein Kranker einen Herzanfall nur deshalb erleiden könne, weil er von einem Richter wegen eines Bettgitters angehört werde, sei absurd und empirisch kaum nachvollziehbar begründbar. Ohnehin wird der Richter nicht mit vollem Gefolge aus Protokollant, Referendar und Pedell, in Robe und Barett im Krankenhaus, Pflegeheim oder auf der geschlossenen Station der psychiatrischen Klinik erscheinen. Auch ist es verfahrensrechtlich nicht zu rechtfertigen, dass die betroffene Person einerseits stets und ständig vom Sachverständigen befragt werden darf und dass Verfahrenspfleger und Betreuer rechtlich unkontrollierten (dh. vom Gesundheitszustand unabhängigen) Zugang zu der betroffenen Person haben, während andererseits der Richter, in dessen Hand die Entscheidung liegt, bei nur genügend abgesprochenem Zusammenwirken zwischen Arzt, Betreuer und Angehörigen letztlich ohne effektives Kontrollmittel daran gehindert werden soll können, sich einen unmittelbaren Eindruck von der betroffenen Person zu verschaffen. Dem kann zwar schon durch die in Rn. 13 geschilderte Auslegung des Begriffs Anhörung in Abs. 3 begegnet werden. Deswegen sollte der Richter dem unverlangten ärztlichen Gutachten kritisch begegnen, um in so viel Fällen wie möglich zu einer echten Anhörung mit Frage und Antwort zu gelangen.

16   **2. Zwangsweise Vorführung zur Anhörung (Abs. 5). a) Voraussetzungen.** Das Gericht kann die betroffene Person durch die zuständige Behörde vorführen lassen, wenn sie sich der Anhörung verweigert, also Termine unentschuldigt verstreichen lässt oder dem Gericht bei der angekündigten Umgebungsanhörung den Zutritt zur Wohnung verweigert. Eine Pflicht, auf Fragen in der Anhörung zu antworten, besteht nicht und ist auch nicht mit Zwangsmitteln durchsetzbar. Bei der zivilrechtlichen Unterbringung ist die Betreuungsbehörde, bei der öffentlichrechtlichen Unterbringung die vom Landesrecht (PsychKG/UnterbrG) bestimmte Gefahrenabwehrbehörde zuständig. Nicht zuständig ist der Gerichtsvollzieher.

17   **b) Anfechtbarkeit.** Zur Anfechtbarkeit der Vorführungsanordnung zur Anhörung gilt dasselbe wie bei § 278 Abs. 5 (s. o. § 278 Rn. 47 f.). Eine Beschwerdemöglichkeit besteht demnach nicht.

§ 320 Anhörung der sonstigen Beteiligten und der zuständigen Behörde

[1] **Das Gericht hat die sonstigen Beteiligten anzuhören.** [2] **Es soll die zuständige Behörde anhören.**

1   **1. Normzweck; Neuerungen im FamFG.** Die Vorschrift knüpft an den bisherigen § 70d FGG aF an. § 320 ist redaktionell neu gefasst und mit der Vorschrift über die Anhörung der sonstigen Beteiligten (§ 315), der Betreuungsbehörde und des gesetzlichen Vertreters in Betreuungssachen gemäß § 279 Abs. 1 und Abs. 2 „weitgehend harmonisiert".[1] Die Norm soll sicherstellen, dass niemand vom Umfeld unbemerkt in einer Anstalt verschwinden kann[2] und dass alle relevanten Gesichtspunkte (auch zugunsten der betroffenen Person) ermittelt und der Entscheidung zu Grunde gelegt werden können.[3] Sie dient der **Sachaufklärung,** nicht der Gewährung rechtlichen Gehörs,[4] obwohl sie (indirekt) den Rechtsschutz für die betroffene Person verstärkt.[5] Es handelt sich bei der Anhörung der sonstigen Beteiligten nicht um ein förmliches Beweisverfahren; die anzuhörenden Personen sind auch keine Zeugen und zur Äußerung nicht verpflichtet.[6] Wegen der Schwere des

---

[41] So auch *Bienwald* § 70c FGG Rn. 6.
[42] *Damrau/Zimmermann* § 70c FGG Rn. 16. Dem schließt sich zB. *Probst,* Betreuungs- und Unterbringungsverfahren, S. 210, an.
[1] BT-Drucks. 16/6308, S. 274.
[2] BT-Drucks. 11/4528, S. 93; *Keidel/Kuntze/Winkler/Kayser* § 70d FGG Rn. 1.
[3] BT-Drucks. 11/4528, S. 184.
[4] *Keidel/Kuntze/Winkler/Kayser* § 70d FGG Rn. 1.
[5] *Damrau/Zimmermann* § 70d FGG Rn. 1.
[6] *Damrau/Zimmermann* § 70d FGG Rn. 2; *Bienwald* § 70d FGG Rn. 2; *Keidel/Kuntze/Winkler/Kayser* § 70d FGG Rn. 1.

drohenden Eingriffs wird freilich bei wesentlichen und streitigen Tatsachen die Durchführung eines Strengbeweisverfahrens befürwortet.[7] Die Verletzung der zwingend ausgestalteten Anhörungspflicht ist ein Verfahrensfehler, der zur Aufhebung der fehlerhaften Entscheidung nötigt. Dazu ist zu entscheiden, ob die Unterbringungsmaßnahme auf der unterbliebenen Anhörung beruhen kann.[8] Ein **Unterschied zur bisherigen Rechtslage** besteht darin, dass die zuständige Behörde nach S. 2 lediglich angehört werden soll, während sie nach § 70d Abs. 1 Nr. 7 FGG aF anzuhören war.[9]

2. Anwendungsbereich. § 320 gilt für **alle Unterbringungssachen,** auch für die Anordnung vorläufiger Unterbringungsmaßnahmen im Wege einstweiliger Anordnung, sofern nicht Gefahr im Verzug ist, und für die Verlängerung von Unterbringungsmaßnahmen.

3. Anzuhörende Personen und Stellen. Zu den Einzelheiten s. § 315 Rn. 9 ff. Zuständige Behörde ist bei der Genehmigung zivilrechtlicher Unterbringungsmaßnahmen die Betreuungsbehörde nach §§ 1 ff. BtBG iVm. den jeweiligen Landesausführungsgesetzen. Bei öffentlichrechtlichen Unterbringungsmaßnahmen bestimmt sich die zuständige Behörde nach dem jeweiligen PsychKG/UnterbrG. S. 2 stellt die Anhörung der zuständigen Behörde in das pflichtgemäße Ermessen des Gerichts. Es hat zu entscheiden, ob von der Anhörung der Behörde Beiträge zur Sachverhaltsaufklärung zu erwarten sind. Die Sollanhörung der Behörde führt dazu, dass das Gericht seine schließliche Entscheidung der Behörde bekannt zu geben hat, § 325 Abs. 2 S. 2.

4. Form der Anhörung; Bekanntgabe. Das Gesetz schweigt zur Frage, in welcher Form die Anhörung stattzufinden hat. Es steht daher im **pflichtgemäßen Ermessen** des Gerichts,[10] ob es die Anhörungen mündlich in einem Termin durchführt oder ob es Gelegenheit zur schriftlichen Stellungnahme gibt.[11] Akteneinsicht ist nicht zu gewähren. Möglich ist auch die telefonische Rückfrage, wenn gesichert ist, dass Zweck und Ziel der Anhörung dem nicht entgegenstehen.[12] Richtschnur dabei ist, ob von der mündlichen Anhörung Sachverhaltsaufklärung zu erwarten ist. So wird das Telefonat mit dem Behördenvertreter eher ausreichen als das mit dem Ehegatten oder einem Kind der betroffenen Person. Fairness im Verfahren gebietet es, der betroffenen Person das Ergebnis der Anhörung bekannt zu geben, damit sie die Möglichkeit hat, vor der Entscheidung des Gerichts dazu noch einmal Stellung zu nehmen.[13] Diese Auskunft erfasst auch die Namen der Auskunftspersonen – es gibt keinen Anspruch darauf, als angehörter Beteiligter von der betroffenen Person nicht belästigt zu werden.[14]

Problematisch ist die Bekanntgabe des Anhörungsergebnisses, wenn zu befürchten ist, dass selbiges negative Auswirkungen auf die Gesundheit der betroffenen Person hat oder die Beziehungen der betroffenen Person zu ihren Angehörigen schwer belastet, wenn sie erfährt, wer sie wie „angeschwärzt" hat. § 320 enthält anders als §§ 288, 325 keine ausdrückliche Möglichkeit, eine solche kontraindizierte Bekanntgabe zu unterlassen und verweist auch nicht auf § 319. So bleibt nur eine analoge Anwendung von §§ 288, 325 unter gleichzeitiger Weiterleitung des Ergebnisses an den bestellten Verfahrenspfleger, die schon bisher teilweise befürwortet wird.[15]

§ 321 Einholung eines Gutachtens

(1) ¹**Vor einer Unterbringungsmaßnahme hat eine förmliche Beweisaufnahme durch Einholung eines Gutachtens über die Notwendigkeit der Maßnahme stattzufinden.** ²**Der Sachverständige hat den Betroffenen vor der Erstattung des Gutachtens persönlich zu untersuchen oder zu befragen.** ³**Das Gutachten soll sich auch auf die voraussichtliche Dauer der Unterbringung erstrecken.** ⁴**Der Sachverständige soll Arzt für Psychiatrie sein; er muss Arzt mit Erfahrung auf dem Gebiet der Psychiatrie sein.**

(2) **Für eine Maßnahme nach § 312 Nr. 2 genügt ein ärztliches Zeugnis.**

---

[7] *Bienwald* § 70d FGG Rn. 15; *Damrau/Zimmermann* § 70d FGG Rn. 3.
[8] *Damrau/Zimmermann* § 70d FGG Rn. 16.
[9] S. OLG Brandenburg FamRZ 2007, 1127.
[10] BT-Drucks. 11/4528, S. 184.
[11] Anschreiben mit Mitteilung über den Verfahrensgegenstand, Einräumung der Möglichkeit zur Stellungnahme unter Setzung einer angemessenen Frist; *Damrau/Zimmermann* § 70d FGG Rn. 5.
[12] *Bienwald* § 70d FGG Rn. 13.
[13] *Keidel/Kuntze/Winkler/Kayser* § 70d FGG Rn. 11; *Bienwald* § 70d FGG Rn. 14.
[14] *Damrau/Zimmermann* § 70d FGG Rn. 6.
[15] *Damrau/Zimmermann* § 70d FGG Rn. 7 m. weit. Nachw.

I. Allgemeines

1. Normzweck. Die Begutachtung der betroffenen Person durch einen Sachverständigen ist wie in Betreuungssachen (§ 280) neben der Anhörung der betroffenen Person das zentrale Mittel zur Beschaffung der für die Unterbringungsbedürftigkeit relevanten Tatsachenbasis. Das Gesetz fordert eine **förmliche Beweisaufnahme** (Strengbeweis iSd. § 30 mit der Folge der Anwendbarkeit von §§ 402 ff. ZPO)[1] über die Frage, ob die Unterbringungsmaßnahme notwendig ist. Die zwingende Begutachtung folgt dem Umstand, dass Richter mangels eigener psychiatrischer Fachausbildung nicht in der Lage sind, die tatsächlichen Voraussetzungen der Entscheidung ausreichend beurteilen, einschätzen und darlegen zu können.[2] Das unterstellt das Gesetz immer – auch ein Richter, der zugleich Facharzt für Psychiatrie sein sollte, darf nicht ohne eine Begutachtung durch einen anderen Sachverständigen entscheiden. Auch ein Richter, der durch die Anhörung oder den unmittelbaren Eindruck von der betroffenen Person zu der Überzeugung gelangt ist, dass die Voraussetzungen für die Anordnung einer Unterbringungsmaßnahme vorliegen, darf auf die beweisförmliche Begutachtung nicht verzichten – zu schwer ist der drohende Eingriff, als dass ohne wissenschaftliche Grundierung entschieden werden dürfte.[3] Das Unterlassen der Begutachtung zwingt das Rechtsbeschwerdegericht zur Aufhebung der auf dem Unterlassen beruhenden Entscheidung, auch wenn dieselbe inhaltlich richtig sein sollte.[4] Gleichwohl besteht eine zwangsläufige Bindung des Richters an das eingeholte Gutachten nicht. In der Beschlussbegründung darf der Richter im Gegenteil nicht in allgemeiner Form auf ärztliche Gutachten und Stellungnahmen Bezug nehmen, oder sich – ohne eigene konkrete Beurteilung – auf deren bloße Wiedergabe beschränken.[5] Eine vom Gutachten abweichende Beurteilung durch den Richter ist möglich, sie erfordert aber eine eingehende und nachprüfbare Darlegung der eigenen (evtl. aus dem Gutachten gewonnenen) Sachkunde.[6]

Ein Gutachten, das in einer zeitgleich oder zeitnah von dem gleichen Gericht zu entscheidenden Betreuungssache nach § 280 eingeholt wurde, kann freilich ausreichen, wenn es den Anforderungen des § 321 genügt.[7]

2. Neuerungen im FamFG. Die Vorschrift knüpft an den bisherigen § 70e Abs. 1 S. 1 FGG aF an und ist dem Allgemeinen Teil angepasst. Abs. 1 S. 1 und 2 entsprechen der neu gefassten Vorschrift über die Einholung eines Gutachtens in Betreuungssachen gemäß § 280. Neu dabei ist, dass sich das Gutachten auch auf die voraussichtliche Dauer der Unterbringung zu erstrecken hat. Dies bildet eine Entscheidungshilfe für das Gericht, welches nach § 323 Nr. 2 in dem Beschluss das Ende der Unterbringungsmaßnahme bezeichnen muss. S. 3 entspricht inhaltlich dem bisherigen § 70e Abs. 1 S. 2 FGG aF und ist lediglich redaktionell überarbeitet. Abs. 2 entspricht inhaltlich dem bisherigen § 70e Abs. 1 S. 3 FGG aF und ist lediglich redaktionell überarbeitet.[8]

3. Anwendungsbereich. § 321 gilt für **alle Unterbringungsverfahren** (zivilrechtliche und öffentlichrechtliche Unterbringung; Verlängerungsentscheidung).[9] Nur bei dringendem Bedürfnis für ein sofortiges Tätigwerden des Gerichts kann das im Wege der (gewöhnlichen) einstweiligen Anordnung (§ 331) entscheidende Gericht vom Strengbeweisverfahren ab- und zum Freibeweis übergehen und ein nicht vom Gericht in Auftrag gegebenes ärztliches Zeugnis genügen lassen. Die förmliche Begutachtung ist dann im Hauptsacheverfahren nachzuholen. Abs. 1 gilt für Unterbringungsmaßnahmen nach § 312 Nr. 1 und 3, also für die zivilrechtliche Unterbringung gem. § 1906 Abs. 1 bis 3 und 5 BGB und für die öffentlichrechtliche Unterbringung nach Landesrecht (PsychKG/UnterbrG). Abs. 2, der anstelle des förmlich eingeholten Gutachtens ein ärztliches Zeugnis genügen lässt, gilt für die Anordnung unterbringungsähnlicher Maßnahmen nach § 312 Nr. 2 iVm. § 1906 Abs. 4 BGB.

---

[1] HK-BUR/*Rink* § 70e FGG Rn. 19; PK-BUV/*Locher* § 70e FGG Rn. 3.
[2] Vgl. BayObLG BtPrax 1994, 59.
[3] S. Keidel/Kuntze/Winkler/*Kayser* § 70e FGG Rn. 1 f.
[4] *Bassenge*/*Roth* § 70e FGG Rn. 2. Ein Verstoß ist rückwirkend nicht heilbar; PK-BUV/*Locher* § 70e FGG Rn. 1.
[5] OLG Brandenburg FamRZ 2007, 1768.
[6] Vgl. BayObLG BtPrax 1994, 59.
[7] OLG Rostock FamRZ 2008, 1767; OLG Hamm FamRZ 2007, 764; OLG Hamm FamRZ 2001, 314; *Bassenge*/*Roth* § 70e FGG Rn. 2; Keidel/Kuntze/Winkler/*Kayser* § 70e FGG Rn. 2.
[8] BT-Drucks. 16/6308, S. 274.
[9] *Bassenge*/*Roth* § 70e FGG Rn. 1.

II. Sachverständigengutachten/ärztliches Zeugnis

1. Auswahl des Gutachters (Abs. 1 S. 4). Die Auswahl des Gutachters steht im pflichtgemäßen Ermessen des Gerichts. Dieses Ermessen ist aber in zweierlei Hinsicht eingeschränkt: § 321 Abs. 1 fordert bestimmte in der Person des Gutachters liegende Qualifikationsvoraussetzungen. Sodann geht das Gesetz davon aus, dass der Gutachter individualisiert sein muss.

a) Qualifikation. Hinsichtlich der fachlichen Qualifikation weicht § 321 Abs. 1 S. 4 offensichtlich von § 280 Abs. 1 S. 2 ab. Während der Gutachter in Betreuungssachen Arzt für Psychiatrie oder ein Arzt mit Erfahrungen auf dem Gebiet der Psychiatrie sein soll, ist die Qualifikation des Gutachters in Unterbringungssachen enger gefasst. Der Sachverständige soll Arzt für Psychiatrie sein, ist er es nicht, muss er Erfahrung auf dem Gebiet der Psychiatrie haben. Facharztstandard ist damit zwar ebenso wenig gefordert wie in § 280 Abs. 1 S. 2;[10] die **Approbation als Arzt** reicht aus. Fachärzte für Psychiatrie[11] erfüllen die Voraussetzungen des § 312 Abs. 1 S. 4 immer. Allerdings schließt § 321 Abs. 1 S. 4 es aus, dass approbierte Ärzte ohne psychiatrische Erfahrung als Gutachter in Unterbringungssachen tätig werden. Außerdem verhindert die Muss-Bestimmung das Tätigwerden von Nichtärzten (etwa von psychologischen Psychotherapeuten) von vornherein – approbierter Arzt muss der Gutachter auf jeden Fall sein. Die Erfahrung auf dem Gebiet der Psychiatrie muss das Gericht im Bestellungsbeschluss darlegen. Das betrifft alle Ärzte, die, ohne Facharzt für Psychiatrie und Neurologie/Psychotherapie oder Nervenarzt zu sein, mit Gutachten in Unterbringungssachen beauftragt werden sollen. Insbesondere bei Amtsärzten und Ärzten, die eine andere Facharztbezeichnung zu führen berechtigt sind, sowie bei Ärzten, die sich nach ihrer Approbation in der Facharztausbildung befinden, muss erklärt werden, welche psychiatrischen Facherfahrungen sie (bereits) aufzuweisen haben.[12] Die betreffende Feststellung muss den Akten entnommen werden können.[13] Wird ein anderer Arzt mit dem Gutachten beauftragt, liegt ein zur Aufhebung der Entscheidung nötigender Verfahrensfehler vor.[14]

b) Einzelperson/Delegation. Das Gericht beauftragt **einen bestimmten sachverständigen Arzt** mit dem Gutachten. Wird eine Institution beauftragt (etwa das Psychiatrische Landeskrankenhaus A), dann ist der Chefarzt derselben Empfänger des Gutachtenauftrages. Solche Institutsaufträge kommen zwar vor, sie sollten aber tunlichst unterbleiben, denn bei ihnen kann das Gericht idR nicht sicher sein, dass das Gutachten tatsächlich vom Institutsleiter erstellt wurde. Regelmäßig werden Gutachtenaufträge an subordinierte Mitarbeiter delegiert (auch dann, wenn das Gericht den Chefarzt Prof. Dr. X im Begutachtungsbeschluss namentlich nennt), obwohl das Gesetz ein Delegationsrecht nicht vorsieht,[15] es vielmehr in § 407a Abs. 2 S. 1 ZPO gerade ausschließt. Vgl. zu diesem Problem § 280 Rn. 13 f. Dem (letztendlich dem chefärztlichen Liquidationsinteresse dienenden) verdeckten Delegationsunwesen kann das Gericht einfach entgegenwirken, indem es von vornherein einen bestimmten Facharzt beauftragt. Keinesfalls sollte sich das Gericht mit Stempeln („Gesehen und einverstanden") oder Floskeln begnügen, weil es bei so schwerwiegenden Grundrechtseingriffen wie dem Freiheitsentzug durch Unterbringung eindeutig sein muss, wer genau das Gutachten erstattet hat.[16] Bei psychiatrischen Gutachten zumal kommt es idR auf die persönliche Exploration an.[17] Hilfskräfte darf der Gutachter nur in den Grenzen des § 407a Abs. 2 S. 2 ZPO einsetzen – er muss also für ihre Tätigkeit (zB Durchführung von psychologischen Testverfahren) die volle fachliche Verantwortung übernehmen[18] und im Gutachten detailliert bezeichnen, in welchem Umfang er Hilfskräfte eingesetzt hat.[19]

---

[10] Vgl. dazu oben § 280 Rn. 8–11.
[11] Die Bezeichnungen variierten bisher nach der Weiterbildungsordnung der jeweiligen Landesärztekammer. Häufig verwendete Facharztbezeichnungen sind der „Facharzt für Psychiatrie und Psychotherapie", der „Facharzt für Psychiatrie und Neurologie", der „Nervenarzt". Seit einigen Jahren nähern sich die Ordnungen immer weiter an. Aktuell wird fast überall zum Facharzt für Psychiatrie und Psychotherapie ausgebildet. Auch sehen die meisten Weiterbildungsordnungen zusätzlich den Schwerpunkt „Forensische Psychiatrie" vor.
[12] Zum Assistenzarzt KG FGPrax 2007, 82; BayObLG BtPrax 2002, 38; OLG Zweibrücken OLGR Zweibrücken 2005, 437.
[13] OLG Naumburg FamRZ 2008, 186.
[14] OLG Düsseldorf FamRZ 1995, 118; KG FamRZ 1995, 1379; *Bienwald* § 70e FGG Rn. 14; *Keidel/Kuntze/Winkler/Kayser* § 70e FGG Rn. 6.
[15] S. a. *Damrau/Zimmermann* § 70e FGG Rn. 7.
[16] S. zur Delegation a. KG FGPrax 2007, 82.
[17] BSG NZS 2004, 560.
[18] BGH NJW 1985, 1399; BVerwG NVwZ 1993, 771; BayObLG NJW 2003, 219.
[19] Vgl. weiter OLG Frankfurt VersR 2004, 1122; KG VersR 2005, 1412.

§ 321 8, 9   Buch 3. Abschnitt 2. Verfahren in Unterbringungssachen

8 c) **Ausgeschlossene Ärzte.** Ärzte, welche die betroffene Person oder ihr Verfahrenspfleger zulässigerweise wegen der Besorgnis der Befangenheit **ablehnt** (§ 30 Abs. 1 FamFG iVm. §§ 42 Abs. 1, 406 Abs. 1 S. 1 ZPO), sind vom Gutachten ausgeschlossen. Die Besorgnis der Befangenheit besteht, wenn der Arzt die betroffene Person als Hausarzt oder sonstiger Arzt behandelt hat.[20] In öffentlichrechtlichen Unterbringungssachen besteht das Spezialproblem, dass Ärzte, die bei der zuständigen Gefahrenabwehrbehörde oder direkt bei Gericht das Unterbringungsverfahren angeregt oder beantragt haben, als Gutachter ausgeschlossen sind,[21] weil in solchen Fällen von vornherein Zweifel an der Unbefangenheit und Unparteilichkeit des Arztes bestehen.[22] Außerdem scheiden Ärzte, welche die betroffene Person früher behandelt haben oder derzeit behandeln, schon deshalb als Gutachter aus,[23] weil sie der aus dem Behandlungsvertrag, dem allgemeinen Strafrecht (§ 203 Abs. 1 Nr. 1 StGB) und dem ärztlichen Standesrecht (§ 9 MBO-Ä) folgenden ärztlichen **Schweigepflicht** unterliegen.[24] Ferner scheiden auch Ärzte, die in dem Krankenhaus beschäftigt sind, in dem die betroffene Person behandelt wird, als Gutachter aus.[25] Differenzierungen zwischen dem Behandler früher anvertrautem und jetzt von derselben Person als Gutachter erhobenem Wissen[26] sind fehl am Platze, denn (strafbewehrter) Geheimnisverrat liegt wegen des weiten Geheimnisbegriffes der Rspr. schon dann vor, wenn der Arzt erklären muss, die betroffene Person sei früher sein Patient gewesen oder sei es noch.[27] Die Bestellung des behandelnden Arztes zum Sachverständigen ist daher nur mit Einwilligung der betroffenen Person möglich[28] und scheidet demzufolge immer aus, wenn dieselbe einwilligungsunfähig ist. Bestellt das Gericht den behandelnden Arzt in Unkenntnis dieses Umstandes zum Gutachter und lehnt die betroffene Person oder ihr Verfahrenspfleger den Arzt gleichwohl nicht ab, dann hat der Sachverständige darauf hinzuweisen und die **Tätigkeit als Gutachter abzulehnen,** §§ 402, 408 Abs. 1 S. 1 iVm. § 383 Abs. 1 Nr. 6 ZPO.[29] Weil die Schweigepflicht zeitgleich mit dem Behandlungsverhältnis (das entweder auf Vertrag oder auf Geschäftsführung ohne Auftrag beruht) entsteht, gilt sie nicht nur bei der zivilrechtlichen, sondern auch bei der öffentlichrechtlichen Unterbringung. Auch hier scheidet derjenige Arzt als Gutachter aus, der die notfallmäßige Behandlung übernommen hat.[30]

9 Ein weiteres Zusatzproblem besteht ebenfalls bei der öffentlichrechtlichen Unterbringung. Nach den PsychKG/UnterbrG'en der Länder ist dem Unterbringungsantrag der zuständigen Behörde meist ein Gutachten eines Arztes beizufügen. Darüber hinaus sehen PsychKG/UnterbrG'e regelmäßig eine Ermittlungspflicht der Behörde vor, der durch Einholung eines ärztlichen Gutachtens zu genügen ist.[31] Da solche Gutachten aber von der antragstellenden Behörde in Auftrag gegeben werden und nicht vom Betreuungsgericht, können sie nicht als Gutachten iSd. § 321 Abs. 1 S. 1 anerkannt werden.[32] Teilweise wird vertreten, dass das Betreuungsgericht seinerseits denjenigen Arzt, der schon das Behördengutachten erstellt hat, zum Sachverständigen bestellen kann, wenn keiner der genannten Ausschlussgründe (s. o.) vorliegt.[33] Das ist indessen abzulehnen,[34] denn es ist in solchen Fällen davon auszugehen, dass der Gutachter sein bisheriges Gutachten wiederholen wird und die Begutachtung für das Gericht keinen eigenen Sinn hat. Ein solcher liegt aber gerade darin, dass das Gesetz in § 321 nicht zwischen der zivilrechtlichen und der öffentlichrechtlichen Unterbringung differenziert. In Ländern, in denen der sozialpsychiatrische Dienst der Landkreise oder kreisfreien Städte ermächtigt ist, die öffentlichrechtliche Unterbringung zu beantragen,[35] scheiden dessen Ärzte

---

[20] OLG Köln NJW 1992, 762.
[21] LG Tübingen FamRZ 1996, 1344; *Damrau/Zimmermann* § 70e FGG Rn. 7; *Keidel/Kuntze/Winkler/Kayser* § 70e FGG Rn. 4; PK-BUV/*Locher* § 70e FGG Rn. 2.
[22] *Keidel/Kuntze/Winkler/Kayser* § 70e FGG Rn. 4.
[23] KG FamRZ 2008, 813.
[24] *Jürgens/Marschner* § 70e FGG Rn. 3; *Marschner/Volckart,* Freiheitsentziehung und Unterbringung, § 70e FGG Rn. 12 ff.; aA *Damrau/Zimmermann* § 70e FGG Rn. 7; PK-BUV/*Locher* § 70e FGG Rn. 2.
[25] OLG Celle NJW-RR 2008, 230.
[26] So aber *Damrau/Zimmermann* § 70e FGG Rn. 7.
[27] Vgl. BGH NJW 2000, 1426.
[28] KG FamRZ 2007, 1043.
[29] § 383 Abs. 1 Nr. 6 ZPO hebt die allgemeine Zeugnispflicht auf. Deshalb besteht gegenüber Gerichten und Behörden keine Offenbarungspflicht des Arztes.
[30] AA *Damrau/Zimmermann* § 70e FGG Rn. 7.
[31] Vgl. etwa § 13 Abs. 1 SächsPsychKG, der ein amtsärztliches Gutachten fordert, an dessen Erstellung ein Facharzt für Psychiatrie oder ein Arzt mit Erfahrung auf dem Gebiet der Psychiatrie zu beteiligen ist. § 3 Abs. 2 BWUnterbrG, § 17 Abs. 1 NPsychKG, § 12 Abs. 1 S. 2 PsychKG NW und § 14 PsychKG M-V beispielsweise fordern dagegen lediglich ein ärztliches Zeugnis.
[32] *Damrau/Zimmermann* § 70e FGG Rn. 8.
[33] *Jürgens/Marschner* § 70e FGG Rn. 3; *Damrau/Zimmermann* § 70e FGG Rn. 8.
[34] *Bienwald* § 70e FGG Rn. 7.
[35] § 7 Abs. 1 ThürPsychKG.

als Gerichtsgutachter aus.[36] Das folgt der allgemeinen zivilprozessualen Wertung, wonach der Angestellte/Beamte einer Partei wegen des Besorgnisses der Befangenheit nach §§ 42 Abs. 1, 406 Abs. 1 S. 1 ZPO abgelehnt werden kann.[37]

2. Verfahren des Gutachters (Abs. 1 S. 2). Der bestellte Sachverständige muss die betroffene Person **vor der Erstattung** des Gutachtens **persönlich untersuchen** oder (der besonderen Spezifik der Befunderhebung in der psychiatrischen Wissenschaft folgend) **befragen.** Insofern gleicht § 321 Abs. 1 S. 2 inhaltlich § 280 Abs. 2 (s. o. § 280 Rn. 16). Eine Begutachtung nach Aktenlage ist ungenügend und stellt einen Verfahrensfehler dar. Eine telefonische Befragung genügt nicht dem von der psychiatrischen Wissenschaft vorgegebenen Standard der Befunderhebung: Der explorierende Arzt muss seine Befunderhebung im direkten persönlichen Kontakt mit der betroffenen Person durchführen.[38] Außerdem muss die Befunderhebung im Begutachtungsverfahren erfolgen; der Arzt darf sein Gutachten also nicht auf Tatsachen stützen, die er aus anderem Anlass erlangt hat.[39] Der betroffenen Person bzw. ihrem Verfahrenspfleger muss klar sein, dass der konkrete Arzt als Richtergehilfe und nicht etwa als Behandler fungiert.[40] Die persönliche Untersuchung/Befragung **(Exploration)** muss ferner zeitnah zur Erstattung des Gutachtens erfolgen – die Befunde, auf die der Sachverständige seine Stellungnahme zur Unterbringungsbedürftigkeit stützt, müssen aktuell sein.[41]

3. Inhalt und Form des Gutachtens. Für den Inhalt des Gutachtens gelten zunächst dieselben Grundsätze wie für das Gutachten nach § 280.[42] Methodentransparenz und Evidenzbasierung sind auch für das Unterbringungsgutachten ein selbstverständliches Gebot wissenschaftlicher Ehrlichkeit,[43] auch wenn § 321 anders als § 280 Abs. 3 Nr. 2 sie nicht ausdrücklich fordert. Sie ermöglichen es dem Richter, seiner Kontrollpflicht gegenüber seinem Richtergehilfen nachzukommen.[44] Das bedeutet für das Unterbringungsgutachten:

a) Inhalt bei zivilrechtlicher Unterbringung.[45] Für Gutachten, die als Grundlage einer Genehmigung der Unterbringung durch den Betreuer oder einer Genehmigung unterbringungsähnlicher Maßnahmen dienen, sind diejenigen **Befunde** und **Diagnosen** darzulegen und zu erläutern, aus denen sich die Notwendigkeit der Maßnahme ergibt. Es ist eine lebensgeschichtliche und krankheitsbezogene Anamnese anzustellen, das soziale Umfeld der betroffenen Person zu schildern und anzugeben, welche psychische Erkrankung oder geistige/seelische Behinderung vorliegt und welche Ausprägung dieselbe hat. Der Gutachter hat sich dazu zu äußern, ob die Krankheit/Behinderung therapiert und gebessert werden kann und mit welchen Mitteln das möglich ist. Ferner ist anzugeben, ob anhand dieser Diagnose die **Gefahr einer Selbsttötung oder der Selbstschädigung** zu bejahen ist oder ob die Freiheitsentziehung zur Durchführung einer ärztlichen Untersuchung, einer Heilbehandlung oder eines ärztlichen Eingriffs notwendig ist, weil die betroffene Person hinsichtlich der Notwendigkeit der Durchführung der Maßnahme unter Entzug der Freiheit auf Grund der festgestellten psychischen Krankheit oder geistigen/seelischen Behinderung **einsichts- und/oder steuerungsunfähig** ist. Wichtig ist bei der Frage nach der Selbstschädigungsgefahr, dass darauf geachtet wird zu klären, ob die drohende Selbstschädigung wirklich krankheits- bzw. behinderungsbedingt und nicht vielmehr Ausdruck der ungestörten Eigenverantwortung der betroffenen Person ist.[46] Weiter hat der Sachverständige darauf zu achten, dass die Beantwortung der Frage nach der Einsichts- und Steuerungsfähigkeit eine normative Wertung voraussetzt, welche in die Kompetenz

---

[36] *Damrau/Zimmermann* § 70e FGG Rn. 8.
[37] *Baumbach/Hartmann* § 406 ZPO Rn. 6, 8.
[38] Zu Gutachterfehlern vgl. *Heinz*, Fehlerquellen forensisch-psychiatrischer Gutachten und *Kröber/Dölling/Leygraf/Saß*, Handbuch der forensischen Psychiatrie, Bd. 5: Forensische Psychiatrie im Privatrecht und Öffentlichen Recht; *Müller/Hajak*, Willensbestimmung zwischen Recht und Psychiatrie; ferner *Nedopil*, Forensische Psychiatrie. Klinik, Begutachtung und Behandlung zwischen Psychiatrie und Recht. Ein Beispiel für eine aus persönlichem Kontakt und telefonischer Befragung zusammengesetzte Exploration bei OLG Hamm 15 Wx 283/08 (juris).
[39] OLG Köln FamRZ 1999, 873.
[40] KG FamRZ 2008, 813; LG Berlin – 83 T 42/09 (juris). S. zu diesem Problem auch *Schmidt-Recla* NJW 1998, 800.
[41] *Damrau/Zimmermann* § 70e FGG Rn. 17; *Keidel/Kuntze/Winkler/Kayser* § 70e FGG Rn. 3.
[42] S. o. § 280 Rn. 18–21.
[43] Anders die Praxis; vgl. die Entscheidung des OLG Naumburg FamRZ 2008, 2060, die schwere Mängel sowohl des Gutachtens, als auch des amtsgerichtlichen Unterbringungsbeschlusses und der landgerichtlichen Beschwerdeentscheidung rügt.
[44] S. a. *Keidel/Kuntze/Winkler/Kayser* § 70e FGG Rn. 5.
[45] Lehrbuchartig OLG Naumburg FamRZ 2008, 2060.
[46] OLG Naumburg FamRZ 2008, 2060 (Recht auf eigene Krankheit); BayObLG FamRZ 1993, 600; 1993, 998.

und Verantwortung des Richters fällt. Die gutachterliche Äußerung hat sich nach Abs. 1 S. 3 auch auf die **voraussichtliche Dauer** der Unterbringung zu erstrecken, was voraussetzt, dass der Gutachter Aussagen darüber macht, ob der befundmäßig erhobene Zustand andauern und wie lange er voraussichtlich andauern wird. Bei einer Unterbringung nach § 1906 Abs. 1 Nr. 2 BGB ist Stellung dazu zu nehmen, welcher Art, welchen Inhaltes und welcher Dauer die in Aussicht genommene Heilbehandlung sein wird, damit der Richter über die Verhältnismäßigkeit der Unterbringung entscheiden kann.[47] Das ist insbesondere deswegen notwendig, weil die Unterbringung nach § 1906 Abs. 1 Nr. 2 BGB regelmäßig mit einer Zwangsbehandlung einhergeht. Einem so schweren Eingriff muss eine eingehende Prüfung der Unterbringungsnotwendigkeit vorausgehen. Schließlich besteht in allen Fällen die Pflicht, sich zu **Alternativen** zur Unterbringung zu äußern.[48]

13 b) **Inhalt bei öffentlichrechtlicher Unterbringung.** Über den unter a) skizzierten Gutachteninhalt hinaus sind bei öffentlichrechtlichen Unterbringungen nach Landesrecht (PsychKG/UnterbrG) die der sachverständigen Beurteilung zugänglichen Voraussetzungen des jeweiligen Landesgesetzes zu thematisieren[49] – also diejenigen psychiatrischen Befunde, welche die Selbstgefährdung der betroffenen Person oder die Gefährdung der öffentlichen Sicherheit und Ordnung durch die betroffene Person begründen.

14 c) **Form des Gutachtens.** Das Gutachten ist in **Schriftform** zu erstatten, weil der betroffenen Person nur so ausreichend Gelegenheit zur Wahrnehmung des rechtlichen Gehörs gegeben ist. Soll hiervon abgewichen und das Gutachten mündlich zu Protokoll erklärt werden,[50] dann darf nicht im unmittelbaren Anschluss daran entschieden werden. Vielmehr ist der betroffenen Person und ihrem Verfahrenspfleger das Protokoll zur Stellungnahme zuzustellen.[51] Im Protokoll muss der Untersuchungsbefund, aus dem der Sachverständige seine Diagnosen ableitet, festgehalten werden; ferner müssen die Folgerungen aus den einzelnen Befundtatsachen auf die Diagnose oder die sonst gestellte Beweisfrage nachvollziehbar dargestellt werden.[52] Ist das Gutachten in einem Anhörungstermin mündlich zu erläutern, kann diese **Erläuterung nur durch den Autor des Gutachtens** selbst erfolgen.[53] Das ist der Zeitpunkt, zu dem spätestens die unerlaubte Delegation zum Vorschein kommt. Hierauf sollte der Verfahrenspfleger unbedingt achten.

15 d) **Weitere Angaben.** Das Gericht sollte den Beweisbeschluss, mit dem das Gutachten in Auftrag gegeben wird, insofern komplettieren, als der Gutachter aufgefordert wird, sich dazu zu äußern, ob die richterliche Anhörung der betroffenen Person und/oder die spätere Bekanntgabe der Entscheidungsgründe (§ 325 Abs. 1) eine erhebliche Gesundheitsgefahr für dieselbe darstellen würde.

16 4. **Abweichungen nach Abs. 2 (ärztliches Zeugnis).** Die tatsächlichen Befunde zur Anordnung einer **unterbringungsähnlichen Maßnahme** können nach Abs. 2 auch durch ein **ärztliches Zeugnis** (im Freibeweisverfahren) erbracht werden. Für dieses gelten insbesondere nicht die Qualifikationsanforderungen des Abs. 1 S. 4. Eine unterbringungsähnliche Maßnahme kann daher nach dem Wortlaut der Norm auch auf Attest des Facharztes für Allgemeinmedizin, der das Pflegeheim betreut, in dem die betroffene Person wohnt, angeordnet werden.[54] Hiergegen sind jedoch Vorbehalte angebracht.[55] Erstens besteht bei Zeugnissen beliebiger Ärzte die Gefahr, dass Angehörige, Betreuer und attestierender Arzt zusammenwirken, um die betroffene Person einer unkontrollierten Freiheitsentziehung zu unterwerfen. Außerdem fordert Abs. 2 nicht, dass der attestierende Arzt die betroffene Person vor der Ausstellung des Zeugnisses persönlich zu untersuchen oder zu befragen hat. Das fordert zwar das ärztliche Standesrecht und auch das diesem folgende Strafrecht in § 278 StGB. Für das Gericht bleibt es freilich nicht nachvollziehbar, ob dem gefolgt wurde oder nicht. Handelt es sich bei der in Rede stehenden unterbringungsähnlichen Maßnahme darüber hinaus um einen **Eingriff hoher Intensität** (regelmäßiges oder dauerhaftes Festbinden auf dem Stuhl oder im Bett, Permanenteinsatz des Bettgitters, Einsatz von „Pflegehemden" oder „Pflegetischen", Einsatz verdeckter und komplizierter Schließmechanismen), dann ist nach hier vertretener Ansicht die Schwelle

---

[47] OLG Hamm FamRZ 2007, 764.
[48] OLG Naumburg FamRZ 2008, 2060; OLG Hamm FGPrax 2006, 230; PK-BUV/*Locher* § 70e FGG Rn. 4.
[49] OLG Naumburg FamRZ 2008, 2060.
[50] OLG Brandenburg FamRZ 2001, 38.
[51] *Damrau/Zimmermann* § 70e FGG Rn. 10.
[52] KG NJW-RR 2007, 1089.
[53] OLG Naumburg FamRZ 2008, 186.
[54] S. das Beispiel in BT-Drucks. 11/6949, S. 84: Dass ein altersverwirrter Patient nach einer OP gefesselt werden müsse, damit er sich nicht den Verband abreiße, könne auch der Allgemeinmediziner bestätigen.
[55] S. a. PK-BUV/*Locher* § 70e FGG Rn. 7. Kritisch auch schon *Schumacher* FamRZ 1991, 284. Die Vorschrift wurde schon anlässlich der Beratungen zum BtG im Rechtsausschuss kritisch diskutiert; vgl. die Angaben bei *Bienwald* § 70e FGG Rn. 3 und BT-Drucks. 11/6949, S. 91.

überschritten, jenseits derer das Gericht zur Anordnung der Maßnahme eines in förmlicher Beweisaufnahme eingeholten **ärztlichen Gutachtens** bedarf.

5. Rechtliches Gehör. Das Gericht muss die betroffene Person darüber in Kenntnis setzen, dass 17 eine Begutachtung angeordnet worden ist. Aus dem Grundsatz des rechtlichen Gehörs, Art. 103 Abs. 1 GG, folgt das Recht der Beteiligten, an einer Beweisaufnahme teilzunehmen. Dieses Recht kann nur dann wahrgenommen werden, wenn die Beteiligten davon Kenntnis haben; das muss umso mehr gelten, wenn das Gericht ein ärztliches Gutachten über einen Beteiligten einholt, denn seine Rechtsstellung als Verfahrenssubjekt erfordert es zwingend, dass ihm vor der Begutachtung der Zweck der ärztlichen Untersuchung durch das Gericht eröffnet wird.[56] Auch das Gutachten/Zeugnis ist der betroffenen Person und ihrem Verfahrenspfleger grundsätzlich in vollem Umfang bekannt zu geben.[57] Ausnahmen bestehen nur bei erheblichen Gesundheitsgefährdungen.

§ 322 Vorführung zur Untersuchung; Unterbringung zur Begutachtung

Für die Vorführung zur Untersuchung und die Unterbringung zur Begutachtung gelten die §§ 283 und 284 entsprechend.

Generalverweisung. Die Vorschrift entspricht voll dem bisher geltenden § 70e Abs. 2 FGG aF. Vgl. die Kommentierung zu §§ 283, 284. Zur Anfechtbarkeit s. darüber hinaus auch § 278 Rn. 47 f. Gegen die Anordnung der Unterbringung zur Begutachtung ist die sofortige Beschwerde nach § 284 Abs. 3 S. 2 iVm. §§ 567–572 ZPO statthaft.

§ 323 Inhalt der Beschlussformel

Die Beschlussformel enthält im Fall der Genehmigung oder Anordnung einer Unterbringungsmaßnahme auch
1. die nähere Bezeichnung der Unterbringungsmaßnahme sowie
2. den Zeitpunkt, zu dem die Unterbringungsmaßnahme endet.

1. Normzweck; Neuerungen im FamFG. Das Gericht entscheidet in allen Unterbringungs- 1 sachen durch den aus Rubrum, Formel und Gründen bestehenden Beschluss. § 323 konkretisiert die Vorschriften der für den Inhalt des Beschlusses ohnehin geltenden §§ 38, 39[1] für die Unterbringungssachen, indem er bestimmte Angaben, die nur in Unterbringungssachen vorkommen, zu **zusätzlichem Pflichtinhalt der Beschlussformel** (anders im streitigen Urteil: Tenor) erklärt. Er ähnelt damit systematisch § 286, enthält aber weniger dem Verfahren geschuldete Besonderheiten. Die Norm ersetzt teilweise den bisher geltenden § 70f FGG aF.[2] § 323 Nr. 1 entspricht dem bisher geltenden § 70f Abs. 1 Nr. 2 FGG aF; Nr. 2 dagegen entspricht dem bisher geltenden § 70f Abs. 1 Nr. 3 1. HS FGG aF. Die Vorschrift des § 70f Abs. 1 Nr. 3 2. HS FGG aF ist aus systematischen Erwägungen nunmehr in § 329 Abs. 1 geregelt.[3]

2. Anwendungsbereich. § 323 gilt für Entscheidungen, mit denen das Gericht eine zivilrecht- 2 liche Unterbringungsmaßnahme des Betreuers oder die Anordnung unterbringungsähnlicher Maßnahmen genehmigt oder eine öffentlichrechtliche Unterbringung nach Landesrecht (PsychKG/UnterbrG) anordnet. Er gilt auch für einstweilige Anordnungen. Die ablehnende Entscheidung muss logischerweise keine Unterbringungsmaßnahme bezeichnen und auch keinen Endzeitpunkt benennen. Sie besteht daher aus dem Rubrum, der Ablehnung der Maßnahme und eventuell einer Kostenentscheidung nach § 337 in der Formel und den Gründen. Eine Rechtsbehelfsbelehrung fordert § 39 (nun) in jedem Falle.

3. Inhalt der Formel. a) Bezeichnung der Unterbringungsmaßnahme (Nr. 1). Die Formel 3 des Beschlusses genehmigt entweder eine Unterbringung durch den Betreuer (§ 312 Nr. 1), eine unterbringungsähnliche Maßnahme durch den Betreuer (§ 312 Nr. 2) oder ordnet eine Unterbrin-

---

[56] KG FamRZ 2007, 1043 f.
[57] BayObLG FamRZ 1994, 1489; Rpfleger 2002, 24; *Bassenge/Roth* § 70e FGG Rn. 15; *Bienwald* § 70e FGG Rn. 14.
[1] Vgl. die Kommentierung dort.
[2] Zur Geschichte der Vorläufernorm vgl. *Bienwald* § 70f FGG Rn. 1.
[3] BT-Drucks. 16/6308, S. 275.

gung nach Landesrecht an (§ 312 Nr. 3). Hierauf muss die Formel abgestimmt sein. Sie muss den Vollzug der Maßnahme auf Grund der Angaben im Beschluss ohne Kenntnis der sonstigen Akten möglich machen.[4] Die einzelne Unterbringungsmaßnahme muss näher bezeichnet werden. Gemeint ist die Bezeichnung der Unterbringungeinrichtung, wobei zu beachten ist, dass das Gericht **keine konkrete Anstalt/Einrichtung** zu benennen hat.[5] Das ist bei der zivilrechtlichen Unterbringung Aufgabe des Betreuers (das Gericht genehmigt nur), bei der öffentlichrechtlichen Unterbringung der zuständigen Behörde.[6] Das Gericht beschreibt die einzelne Anstalt lediglich ihrer Art nach – dies freilich hinreichend genau (Rehabilitationsklinik, Altenheim, psychiatrische Anstalt oder Klinik für Suchtkranke, Heim für gerontopsychiatrisch veränderte Bewohner).[7] Benennt das Gericht eine bestimmte Anstalt, ist das unbeachtlich.[8] Die Genehmigung einer Unterbringung nach § 1906 Abs. 1 BGB erfasst ferner nur die Unterbringung und die damit typischerweise verbundenen Einschränkungen der Bewegungsfreiheit (Umzäunung, Vergitterung, Wachdienst), nicht jedoch zusätzliche unterbringungsähnliche Maßnahmen, wenn sie gegen die betroffene Person in der Unterbringungseinrichtung angewendet werden müssen (Fesselung, Pflegehemd, Pflegetisch).[9] Sind solche Maßnahmen nötig, dann muss die Genehmigung sich genau hierauf erstrecken und dann muss die Beschlussformel auch diese einzelnen Maßnahmen enthalten.[10] Anderenfalls dürfen sie nicht angewendet werden – die untergebrachte Person ist auch in der Unterbringung Grundrechtsträger.[11] Bei öffentlichrechtlicher Unterbringung ist hinsichtlich des Zwanges gegen die untergebrachte Person in der Unterbringung das jeweilige Landesrecht zu beachten.[12]

4   Wichtig ist weiter bei den **unterbringungsähnlichen Maßnahmen,** dass die einzelne Maßnahme (und auch die Zeiträume ihrer Anwendung: zeitweise oder regelmäßige Anbringung von Bettgittern, zeitweises oder regelmäßiges Anbinden auf dem Stuhl) **genau beschrieben** wird,[13] wobei darauf zu achten ist, dass die Formulierung wiederum nicht zu eng ist, um nicht ständig neue Genehmigungsverfahren zu produzieren, wenn etwa der Handelsname eines genehmigten Dormativums oder Tranquilizers sich ändert oder ein Produkt auf dem Markt ersetzt wird.[14] Fehlt die genaue Bezeichnung der unterbringungsähnlichen Maßnahme, ist die Entscheidung unwirksam[15] und Zwang ist nicht möglich. Außerdem kann das Gericht in der Formel mit der Wendung „nur nach ausdrücklicher Anordnung des behandelnden Arztes" dafür sorgen, dass keine unterbringungsähnliche Maßnahme (Pflegehemd, Pflegetisch, Fesselung) ohne ärztliche Kontrolle durchgeführt wird.[16] Das bindet den Betreuer möglichst eng an den Arzt.

5   Zu beachten ist ferner, dass die **Genehmigung einer** zivilrechtlichen Unterbringung nach § 312 Nr. 1 iVm. § 1906 Abs. 1 Nr. 2 BGB eben nur die Unterbringung rechtfertigt, und **nicht** etwa auch **die Einwilligung des Betreuers in die medizinischen Maßnahmen,** die in der Einrichtung durchgeführt werden sollen, **erfasst.**[17] Hierfür ist der Betreuer allein zuständig, er darf daher vom Arzt nicht übergangen werden; erreicht die geplante medizinische Maßnahme die Gefährdungsschwelle des § 1904 BGB, dann gelten § 298 iVm. § 1904 BGB. Beide Sachen (die Betreuungssache

---

[4] PK-BUV/*Fröschle* § 70f FGG Rn. 5.
[5] BT-Drucks. 11/4528, S. 184.
[6] *Bienwald* § 70f FGG Rn. 6; *Bassenge/Roth* § 70f FGG Rn. 4; *Keidel/Kuntze/Winkler/Kayser* § 70f FGG Rn. 3. Das Landesrecht sieht teilweise vor, dass die öffentlichrechtliche Unterbringung nur in bestimmten, dazu besonders ermächtigten Kliniken zulässig sei. Dann kann die Bezeichnung im Beschluss unterbleiben; *Jansen/Sonnenfeld* § 70f FGG Rn. 3.
[7] OLG Köln OLGR Köln 2007, 148 f.; OLG Brandenburg FamRZ 2004, 815; *Damrau/Zimmermann* § 70f FGG Rn. 3; *Bienwald* § 70f FGG Rn. 6; PK-BUV/*Fröschle* § 70f FGG Rn. 6; *Jansen/Sonnenfeld* § 70f FGG Rn. 3.
[8] *Bienwald* § 70f FGG Rn. 6; *Keidel/Budde* Rn. 2.
[9] PK-BUV/*Fröschle* § 70f FGG Rn. 6.
[10] BayObLG FamRZ 1994, 722; PK-BUV/*Fröschle* § 70f FGG Rn. 8.
[11] In diesem Sinne auch *Bienwald* § 70f FGG Rn. 8; aA PK-BUV/*Fröschle* § 70f FGG Rn. 8: In Notsituationen für einen begrenzten Zeitraum zulässig.
[12] S. a. PK-BUV/*Fröschle* § 70f FGG Rn. 11.
[13] *Jansen/Sonnenfeld* § 70f FGG Rn. 5; *Jürgens/Marschner* § 70f FGG Rn. 2. Hierfür existieren Vordrucke und Formulare; vgl. Musterstücke bei *Probst,* Betreuungs- und Unterbringungsverfahren, S. 232 ff. Bei zeitlich regelmäßig wiederkehrenden Maßnahmen ist der Zeitraum möglichst exakt zu umschreiben: „Festbinden auf dem Stuhl während der Fütterung dreimal täglich zwischen 7 und 8, 12 und 13 und 18 und 19 Uhr" oder „Anbringen von Bettgittern zwischen 22 und 6 Uhr"; aA PK-BUV/*Fröschle* § 70f FGG Rn. 9: Angabe exakter Uhrzeiten nicht erforderlich.
[14] *Damrau/Zimmermann* § 70f FGG Rn. 3.
[15] *Bassenge/Roth* § 70f FGG Rn. 4; aA *Keidel/Kuntze/Winkler/Kayser* § 70f FGG Rn. 6.
[16] BayObLG FamRZ 1994, 721; *Damrau/Zimmermann* § 70f FGG Rn. 3.
[17] Vgl. etwa OLG Celle BtPrax 2006, 78 f. m. Anm. *Lipp* BtPrax 2006, 62–65.

nach § 298) und die Unterbringungssache (nach § 312) können in solchen Fällen aber miteinander verbunden werden. Unterbringungen nach § 1906 Abs. 1 Nr. 2 BGB sind zudem nur möglich, wenn in der vom Beschluss beschriebenen Unterbringungseinrichtung auch eine entsprechende Therapiemöglichkeit besteht. Hierauf ist bei der Abfassung der Formel genau zu achten.

b) Befristung (Nr. 2). Nach Nr. 2 enthält die Formel auch die Angabe, zu welchem Zeitpunkt die Unterbringungsmaßnahme endet („Die Unterbringungsmaßnahme endet am ..., wenn sie nicht vorher verlängert wird."). Der Hinweis auf die Verlängerungsmöglichkeit ist nicht erforderlich; er wird aber für wichtig gehalten, um bei der betroffenen Person keine falschen Hoffnungen zu wecken.[18] Nach § 329 Abs. 1 endet jede (zivil- und öffentlichrechtliche[19]) Unterbringungsmaßnahme mit **Ablauf eines Jahres** nach ihrer Anordnung. Diese Jahresfrist kann ausnahmsweise auf insgesamt **zwei Jahre** erweitert werden, wenn in der Person der/des Betroffenen **offensichtlich lange Unterbringungsbedürftigkeit** besteht (das muss sich aus den Gründen der Anordnung ergeben). Für die Länge der Frist im zu entscheidenden Fall ist das Sachverständigengutachten (nicht etwa die Ansicht des Betreuers[20] und auch nicht das Gesetz – § 329 Abs. 1 nennt keine Regelfrist[21]) ausschlaggebend, das sich hierzu äußern soll (§ 321 Abs. 1 S. 3). Die Schwere des Eingriffs, für dessen Vornahme die betroffene Person infolge Krankheit keine Verantwortung trifft, verlangt es, dass das Gericht sorgfältig mit der Dauer der Unterbringung umgeht. Akute Kriseninterventionen bei Selbst- und/oder Fremdgefährdung machen oft keine länger andauernde Unterbringung nötig. Die betroffene Person soll nicht länger als unbedingt nötig ihrer Freiheit beraubt werden, das Maß des Verhältnismäßigen darf nicht überschritten werden.[22] Die Entscheidung über die Dauer der Unterbringung ist keine Ermessensentscheidung. Der Sachverhalt ist so weit aufzuklären, dass eine prognostische Aussage und daran anknüpfend eine Entscheidung über die Dauer getroffen und begründet werden kann.[23] Greift das Gericht zur Höchstdauer (ein Jahr; ausnahmsweise zwei Jahre), dann muss dieser Entscheid eigens begründet werden.[24] Es kommt dabei auf eine ausreichend personenbezogene Tatsachenfeststellung zur vom Gesetz ausdrücklich geforderten offensichtlich langen Unterbringungsbedürftigkeit an.[25] Die Verletzung des Verhältnismäßigkeitsgrundsatzes wird mit der Beschwerde gerügt. Ergeht der Beschluss im Wege einstweiliger Anordnung, dann gelten die Fristen des § 333.

Für den **Beginn der Frist** kommt es – anders als nach § 70f FGG aF (der Wortlaut dieser Vorschrift stellte auf den Erlass ab[26]) – nach § 323 auf den Zeitpunkt des Wirksamwerdens des Beschlusses (§ 324) an. Das ist nach der Vorstellung des Gesetzes die Rechtskraft, der praktische Regelfall ist, da die meisten Unterbringungsentscheidungen auf konkrete Gefahrensituationen reagieren, die sofortige Wirksamkeit auf Grund richterlicher Anordnung – § 324 Abs. 2. Es empfiehlt sich nach allgM.,[27] einen konkreten Kalendertag anzugeben, damit die Adressaten des Beschlusses nicht selbst die Fristen berechnen müssen und damit Probleme haben. Verstreicht der letzte Tag der Frist ohne Verlängerung, endet die Unterbringungsmaßnahme automatisch.

Gibt der Beschluss **keine Frist** an, ist er zwar **fehlerhaft,** aber nicht nichtig.[28] Er kann daher um die fehlende Angabe ergänzt werden,[29] was für den Lauf der Frist insofern wichtig ist, als der Fristlauf ab dem Wirksamwerden des (ursprünglich fehlerhaften) Beschlusses beginnt. Die Ergänzung setzt also keine neue Frist in Gang. Eine Unterbringungsmaßnahme aus einem Beschluss ohne Fristangabe endet daher mit Ablauf der Jahresfrist in § 329.[30]

---

[18] BT-Drucks. 11/4528, S. 184; BT-Drucks. 11/6949, S. 91; *Keidel/Kuntze/Winkler/Kayser* § 70f FGG Rn. 4.
[19] Bundesrecht bricht eventuell abweichendes Landesrecht.
[20] OLG Schleswig FamRZ 2003, 1499.
[21] *Bienwald* § 70f FGG Rn. 9.
[22] *Bienwald* § 70f FGG Rn. 9; PK-BUV/*Fröschle* § 70f FGG Rn. 13.
[23] *Bienwald* § 70f FGG Rn. 10.
[24] OLG Schleswig FGPrax 2006, 138; BayObLG NJW-RR 2005, 1314; FamRZ 2002, 629; FamRZ 1995, 695; OLG München BtPrax 2005, 114 f.
[25] OLG München BtPrax 2005, 114 f. So wohl auch PK-BUV/*Fröschle* § 70f FGG Rn. 15.
[26] PK-BUV/*Fröschle* § 70f FGG Rn. 16; *Damrau/Zimmermann* § 70f FGG Rn. 4; *Bienwald* § 70f FGG Rn. 11.
[27] *Damrau/Zimmermann* § 70f FGG Rn. 4; *Bassenge/Roth* § 70f FGG Rn. 5; *Keidel/Kuntze/Winkler/Kayser* § 70f FGG Rn. 4; PK-BUV/*Fröschle* § 70f FGG Rn. 16; *Jürgens/Marschner* § 70f FGG Rn. 2; *Jansen/Sonnenfeld* § 70f FGG Rn. 11; *Jurgeleit/Diekmann* § 70f FGG Rn. 4.
[28] *Damrau/Zimmermann* § 70f FGG Rn. 6.
[29] *Bassenge/Roth* § 70f FGG Rn. 5; *Keidel/Kuntze/Winkler/Kayser* § 70 FGG Rn. 6; PK-BUV/*Fröschle* § 70f FGG Rn. 18; aA *Bienwald* § 70f FGG Rn. 12, der Ergänzung nur für zulässig hält, wenn sich aus den Gründen der Entscheidung zweifelsfrei erkennen lässt, wie lange die Unterbringungsmaßnahme andauern soll.
[30] *Damrau/Zimmermann* § 70f FGG Rn. 6.

§ 324 Wirksamwerden von Beschlüssen

(1) Beschlüsse über die Genehmigung oder die Anordnung einer Unterbringungsmaßnahme werden mit Rechtskraft wirksam.

(2) ¹Das Gericht kann die sofortige Wirksamkeit des Beschlusses anordnen. ²In diesem Fall wird er wirksam, wenn der Beschluss und die Anordnung seiner sofortigen Wirksamkeit
1. dem Betroffenen, dem Verfahrenspfleger, dem Betreuer oder dem Bevollmächtigten im Sinne des § 1896 Abs. 2 Satz 2 des Bürgerlichen Gesetzbuchs bekannt gegeben werden,
2. einem Dritten zum Zweck des Vollzugs des Beschlusses mitgeteilt werden oder
3. der Geschäftsstelle des Gerichts zum Zweck der Bekanntgabe übergeben werden.

³Der Zeitpunkt der sofortigen Wirksamkeit ist auf dem Beschluss zu vermerken.

1 **1. Normzweck; Anwendungsbereich; Neuerungen im FamFG.** Die §§ 324, 325 und 326 sind an die Stelle des bisher geltenden § 70g FGG aF getreten. § 324 ersetzt den bisher geltenden § 70g Abs. 3 FGG aF. Er ergänzt die allgemeine Regel des § 40 und ist ebenso aufgebaut wie § 287.[1] Auf eine Regelung der Bekanntgabe gegenüber der betroffenen Person konnte wegen der diesbezüglichen Regelung in § 40 Abs. 1 verzichtet werden. § 324 gilt in **allen Unterbringungssachen**,[2] also auch bei einstweiligen Anordnungen, Verlängerungs- und Beschwerdeentscheidungen,[3] jedoch nur dann, wenn mit der Entscheidung eine **Unterbringungsmaßnahme genehmigt** oder **angeordnet** wird. In allen anderen Fällen gelten die allgemeinen Regeln, wonach die Wirksamkeit der Entscheidung mit der Bekanntgabe an denjenigen Beteiligten, für den sie ihrem Inhalt nach bestimmt ist, eintritt,[4] § 40 Abs. 1. Ein Beschluss über die Genehmigung oder Anordnung einer Unterbringungsmaßnahme liegt freilich erst mit der **Endentscheidung** vor; § 324 gilt daher nicht für Zwischenentscheidungen nach § 322 iVm. §§ 283, 284. Abs. 1 entspricht inhaltlich dem bisherigen § 70g Abs. 3 S. 1 FGG aF und ist lediglich redaktionell neu gefasst. Abs. 2 entspricht inhaltlich weitgehend den bisherigen § 70g Abs. 3 S. 2 und 3 FGG aF. Klarstellend ergänzt wurde die Vorschrift um die Bekanntgabe gegenüber dem Vorsorgebevollmächtigten iSd. § 1896 Abs. 2 S. 2 BGB.[5]

2 **2. Grundregel (Abs. 1).** In Unterbringungssachen gilt der Grundsatz, dass eine genehmigende oder anordnende Entscheidung über einen Freiheitsentzug erst wirksam wird, wenn für **alle Beschwerdeberechtigten alle Rechtsmittelfristen abgelaufen** sind,[6] alle Beschwerdeberechtigten auf die Geltendmachung von Rechtsmitteln verzichtet haben,[7] bzw. eine nicht mehr anfechtbare Rechtsbeschwerdeentscheidung ergangen ist.

3 **3. Sofortiges Wirksamwerden (Abs. 2).** Die Anordnung der sofortigen Wirksamkeit einer Entscheidung über eine Unterbringungsmaßnahme (wegen des Umstandes, dass Unterbringungsmaßnahmen meist anlassbezogen und zur Abwehr konkreter Gefahren genehmigt oder angeordnet werden, ist das der **praktische Regelfall**[8]) kann entweder in der Entscheidung selbst oder durch einen gesonderten Beschluss getroffen werden.[9] Auf diese Weise kann die Entscheidung in dringenden Fällen sogleich vollzogen werden, wobei Uneinigkeit darüber herrscht, wie dringend die Gefahr sein muss. Plädiert wird einerseits für Eilbedürfnis im Interesse der betroffenen Person,[10] andererseits für Gefahr im Verzug.[11] Nur letzteres macht Sinn, wie sich aus der Gegenüberstellung von §§ 331 und 332 ergibt: Eine Entscheidung, die bis zur Anhörung der betroffenen Person aufgeschoben werden kann, kann nicht so eilbedürftig sein, als dass das Gericht der betroffenen Person mittels sofortiger Wirksamkeit die Freiheit entziehen dürfte. Das Gericht kann die sofortige Wirksamkeit von Amts wegen anordnen; die Beteiligten können entsprechende Anträge stellen.[12] Weil Unterbringungsmaßnahmen naturgemäß eilige Entscheidungen sind, muss das Gericht in allen Fällen

---

[1] Vgl. die Kommentierung dort.
[2] *Bassenge/Roth* § 70g FGG Rn. 1.
[3] PK-BUV/*Fröschle/Locher* § 70g FGG Rn. 7.
[4] *Bassenge/Roth* § 70g FGG Rn. 8.
[5] BT-Drucks. 16/6308, S. 275.
[6] HK-BUR/*Hoffmann* § 70g FGG Rn. 27.
[7] PK-BUV/*Fröschle/Locher* § 70g FGG Rn. 7.
[8] *Damrau/Zimmermann* § 70g FGG Rn. 14; *Keidel/Kuntze/Winkler/Kayser* § 70g FGG Rn. 11.
[9] HK-BUR/*Hoffmann* § 70g FGG Rn. 30.
[10] *Keidel/Kuntze/Winkler/Kayser* § 70g FGG Rn. 11; HK-BUR/*Hoffmann* § 70g FGG Rn. 29.
[11] So *Jansen/Sonnenfeld* § 70g FGG Rn. 16; *Jürgens/Mertens* § 70g FGG Rn. 6; unentschieden PK-BUV/*Fröschle/Locher* § 70g FGG Rn. 8 („jedenfalls" Eilbedürftigkeit im Interesse der betroffenen Person).
[12] *Keidel/Kuntze/Winkler/Kayser* § 70g FGG Rn. 11.

prüfen, ob die sofortige Wirksamkeit anzuordnen ist.[13] Das ist immer dann geboten, wenn ein Aufschub der Wirksamkeit bis zur Rechtskraft der Entscheidung die (objektiven) Interessen der betroffenen Person gefährdet.[14] Insbesondere bei der öffentlichrechtlichen Unterbringung ist das notwendig, weil das Landesrecht (PsychKG/UnterbrG) bei Gefahr im Verzug oft eine vollziehbare Entscheidung binnen Tagesfrist fordert. Das Ergebnis dieser Prüfung muss den Gründen der Entscheidung unmittelbar entnommen werden können, es herrscht **Begründungszwang**.[15] Im Einzelfall soll sogar eine stillschweigende Anordnung der sofortigen Wirksamkeit genügen.[16] Die sofortige Wirksamkeit bei entsprechender Anordnung tritt ein mit:[17]

a) Bekanntgabe gegenüber der betroffenen Person, ihrem Verfahrenspfleger, Betreuer oder Vorsorgebevollmächtigten. Die Regelung unterscheidet sich nur dadurch von § 287 Abs. 2 S. 2 Nr. 1, dass Betreuer und Vorsorgebevollmächtigter ergänzt sind, die als Betreiber der Unterbringung Beteiligte des Verfahrens in zivilrechtlichen Unterbringungen sind. Die Anordnung der sofortigen Wirksamkeit wird gegenüber einer betroffenen Person, die nicht in der Lage ist, den Inhalt der Anordnung zu verstehen, nur wirksam, wenn sie ihrem in diesen Fällen immer zu bestellenden Verfahrenspfleger bekannt gemacht wird.[18]   4

b) Bekanntgabe gegenüber einem Dritten zum Zwecke des Vollzuges. „Dritter" iSd. Nr. 2 soll nach der Vorstellung des Gesetzgebers des 2. BtÄndG, auf dem die Vorschrift beruht, etwa der Leiter einer Unterbringungseinrichtung sein.[19] Diese Regelung ist erkennbar auf diejenigen Fälle zugeschnitten, in denen der Richter in Abwesenheit des Betreuers, Verfahrenspflegers oder Vorsorgebevollmächtigten entweder im Gerichtsgebäude zu einem Zeitpunkt, zu dem die Geschäftsstelle nicht besetzt ist oder außerhalb des Gerichtsgebäudes (in der Anstalt) entscheiden muss und den Anordnungsbeschluss nicht der Geschäftsstelle zum Zwecke der Bekanntgabe übergeben kann, ohne dass Zeitverlust einträte. Nr. 2 ist jedoch konturenlos und wird deswegen kritisiert.[20] Das Gesetz ist so zu verstehen, dass Dritte nur solche Personen sein können, denen der Vollzug der Entscheidung obliegt, also neben dem Leiter der Unterbringungseinrichtung, in der die betroffene Person untergebracht werden soll, auch der Leiter der (nach Landesrecht) für die Unterbringung zuständigen Behörde.[21]   5

c) Übergabe des Anordnungsbeschlusses an die Geschäftsstelle zum Zwecke der Bekanntgabe. Die Vorschrift unterscheidet sich nicht von § 287 Abs. 2 S. 2 Nr. 2 (s. deshalb die Kommentierung dort).   6

d) Für alle Bekanntmachungsvarianten gilt, dass die Gründe nicht mitgeteilt werden müssen, dass der Beschluss aber einen gesonderten schriftlichen Vermerk über die Anordnung der sofortigen Wirksamkeit enthalten muss. Übergibt der Richter die Anordnung der Geschäftsstelle, dann vermerkt diese den Übergabezeitpunkt auf der Entscheidung. In den anderen Fällen bringt der Richter den Vermerk selbst an.   7

4. Anfechtbarkeit. Ordnet das Gericht die sofortige Wirksamkeit der Unterbringungsentscheidung an, so ist diese als bloße Nebenentscheidung **allein nicht anfechtbar,** sondern nur zusammen mit der Hauptsacheentscheidung.[22]   8

§ 325 Bekanntgabe

(1) Von der Bekanntgabe der Gründe eines Beschlusses an den Betroffenen kann abgesehen werden, wenn dies nach ärztlichem Zeugnis erforderlich ist, um erhebliche Nachteile für seine Gesundheit zu vermeiden.

(2) ¹Der Beschluss, durch den eine Unterbringungsmaßnahme genehmigt oder angeordnet wird, ist auch dem Leiter der Einrichtung, in der der Betroffene untergebracht

---

[13] *Keidel/Kuntze/Winkler/Kayser* § 70g FGG Rn. 11; *Damrau/Zimmermann* § 70g FGG Rn. 14.
[14] S. a. *Bienwald* § 70g FGG Rn. 25.
[15] *Keidel/Kuntze/Winkler/Kayser* § 70g FGG Rn. 11; *Bassenge/Roth* § 70g FGG Rn. 9.
[16] BayObLG BtPrax 2002, 39: wenn die Absicht erkennbar ist, die bereits begonnene Freiheitsentziehung lückenlos andauern zu lassen; zust. PK-BUV/*Fröschle/Locher* § 70g FGG Rn. 8.
[17] S. o. § 287 Rn. 8.
[18] *Jansen/Sonnenfeld* § 70g FGG Rn. 18; aA PK-BUV/*Fröschle/Locher* § 70g FGG Rn. 8.
[19] BT-Drucks. 13/7158, S. 40.
[20] *Keidel/Kuntze/Winkler/Kayser* § 70g FGG Rn. 12.
[21] *Keidel/Kuntze/Winkler/Kayser* § 70g FGG Rn. 12.
[22] OLG München NJW-RR 2008, 810; *Damrau/Zimmermann* § 70g FGG Rn. 17; *Keidel/Kuntze/Winkler/Kayser* § 70g FGG Rn. 13; HK-BUR/*Hoffmann* § 70g FGG Rn. 34.

§ 326 1, 2 Buch 3. Abschnitt 2. Verfahren in Unterbringungssachen

werden soll, bekannt zu geben. ² Das Gericht hat der zuständigen Behörde die Entscheidung, durch die eine Unterbringungsmaßnahme genehmigt, angeordnet oder aufgehoben wird, bekannt zu geben.

1   **1. Normzweck; Neuerungen im FamFG.** Die Vorschrift ersetzt den bisher geltenden § 70g Abs. 1 und 2 FGG aF ohne inhaltliche Änderung. Da nach § 41 Abs. 1 der Beschluss den Beteiligten an Unterbringungsverfahren (§ 315) bekannt zu machen ist, konnte in § 325 auf den bisher geltenden § 70g Abs. 1 S. 1 FGG aF verzichtet werden. Bekanntgabe ist nicht gleich Mitteilung (iSd. § 338).

2   **2. Absehen von der Bekanntgabe der Gründe bei Gesundheitsgefährdung (Abs. 1).** Die Vorschrift ist wortgleich mit § 288 Abs. 1. Auf die Kommentierung dort wird verwiesen.

3   **3. Bekanntgabe gegenüber dem Anstaltsleiter, der Behörde (Abs. 2).** S. 1 der Vorschrift knüpft an den bisherigen Regelungsgehalt des § 70g Abs. 2 S. 1 FGG aF an. Eine ausdrückliche Fortschreibung der Bekanntgabe des Beschlusses an den bisher in § 70d FGG aF genannten Personenkreis ist im Hinblick auf die Regelungen zum Beteiligtenbegriff in § 315 nunmehr entbehrlich. S. 2 entspricht inhaltlich dem bisherigen § 70g Abs. 2 S. 2 FGG aF und ist nur redaktionell neu gefasst. Die Neufassung stellt klar, dass der zuständigen Behörde der Beschluss stets bekannt zu geben ist, nachdem sie in Unterbringungssachen gemäß § 320 S. 2 angehört werden soll.¹

§ 326 Zuführung zur Unterbringung

(1) Die zuständige Behörde hat den Betreuer oder den Bevollmächtigten im Sinne des § 1896 Abs. 2 Satz 2 des Bürgerlichen Gesetzbuchs auf deren Wunsch bei der Zuführung zur Unterbringung nach § 312 Nr. 1 zu unterstützen.

(2) ¹ Gewalt darf die zuständige Behörde nur anwenden, wenn das Gericht dies auf Grund einer ausdrücklichen Entscheidung angeordnet hat. ² Die zuständige Behörde ist befugt, erforderlichenfalls die Unterstützung der polizeilichen Vollzugsorgane nachzusuchen.

(3) ¹ Die Wohnung des Betroffenen darf ohne dessen Einwilligung nur betreten werden, wenn das Gericht dies aufgrund einer ausdrücklichen Entscheidung angeordnet hat. ² Bei Gefahr im Verzug findet Satz 1 keine Anwendung.

1   **1. Normzweck; Anwendungsbereich.** Die Vorschrift ersetzt den bisher geltenden § 70g Abs. 5 FGG aF. Auf § 70g Abs. 4 FGG aF wurde verzichtet, weil er ohnehin nur aussprach, was das Landesrecht in öffentlichrechtlichen Unterbringungen den zuständigen Behörden zur Aufgabe macht. Wichtig ist § 326 dagegen bei der zivilrechtlichen Unterbringung, nur hier gilt die Vorschrift.¹ § 326 gilt ferner nur für Unterbringungen in geschlossenen Einrichtungen – niemand darf auf diesem Wege einer ambulanten Behandlung zugeführt² oder in ein offenes Altenpflegeheim gebracht³ werden. § 326 gilt schließlich nicht bei unterbringungsähnlichen Maßnahmen, der Vollzug einer entsprechenden Genehmigung ist Sache des Anstaltspersonals.⁴ Die Unterbringung wird durch den Betreuer oder den Vorsorgebevollmächtigten⁵ vollzogen,⁶ das Gericht erteilt in den Fällen des § 312 Nr. 1 „nur" eine Genehmigung. Widersetzt sich die betroffene Person der Unterbringung durch den Betreuer oder den Vorsorgebevollmächtigten, dann benötigt dieser eine Anlaufstelle,⁷ die es ihm ermöglicht, die betroffene Person in der Anstalt unterzubringen. Bis zum Inkrafttreten des BtG stellte das Gericht dafür den Gerichtsvollzieher bereit, seitdem ist die zuständige Betreuungsbehörde mit dieser Hilfeleistung beauftragt.

2   **2. Hilfeleistung bei der Zuführung zur Unterbringung (Abs. 1).** Mit der Formulierung „Zuführung zur Unterbringung" verdeutlicht das Gesetz, dass die Behörde den Unterbringenden

---

¹ BT-Drucks. 16/6308, S. 275.
¹ PK-BUV/*Fröschle*/*Locher* § 70g FGG Rn. 15.
² BGH NJW 2001, 888; Beispiel auch bei AG Garmisch-Partenkirchen XVII 42/02 (juris); PK-BUV/*Fröschle*/*Locher* § 70g FGG Rn. 16.
³ OLG Hamm BtPrax 2003, 42; PK-BUV/*Fröschle*/*Locher* § 70g FGG Rn. 16.
⁴ *Zimmermann* FamFG Rn. 577.
⁵ Mit der Aufnahme des Vorsorgebevollmächtigten in den Text der Vorschrift wurde ein hinderliches Problem beseitigt, das darin bestand, dass der Vorsorgebevollmächtigte nach früherem Recht bei Scheitern seines Unterbringungsversuches ein Betreuungsverfahren einleiten musste; vgl. dazu Damrau/*Zimmermann* § 70g FGG Rn. 22.
⁶ *Bassenge*/*Roth* § 70g FGG Rn. 13; HK-BUR/*Hoffmann* § 70g FGG Rn. 39.
⁷ BT-Drucks. 11/4528, S. 185.

Zuführung zur Unterbringung   3   § 326

nicht in der Ausübung der Unterbringung unterstützen soll – das obliegt der vom Unterbringenden ausgewählten Anstalt.[8] Die Behörde unterstützt den Unterbringenden nur darin, die betroffene Person mit geeignetem Personal und Transportfahrzeugen[9] in die Unterbringungseinrichtung zu befördern. Die Tätigkeit der Behörde endet damit an der Anstaltstür.[10] Das Gesetz geht davon aus, dass die Behörde hinreichend geschultes Personal und ausreichende Ausstattung vorhält. Unterstützung leistet die Behörde auch, wenn die betroffene Person untergetaucht ist, indem sie nach ihr mit den geeigneten Mitteln sucht. Die Unterstützung setzt lediglich den **Wunsch des Betreuers oder des Vorsorgebevollmächtigten** voraus, den dieser gegenüber der Behörde oder gegenüber dem Gericht äußern kann. Die Behörde kann die Unterstützung nicht verweigern, wenn das Gericht die Unterbringung genehmigt hat.[11] Problematisch wird es, wenn die Behörde der Ansicht ist, die Unterbringungsvoraussetzungen lägen nicht (mehr) vor, der Betreuer oder Vorsorgebevollmächtigte aber gleichwohl auf der Unterbringung besteht. Richtigerweise wird die Behörde in diesem Fall bei Gericht die Aufhebung der Unterbringungsanordnung anregen.[12] Akademisch diskutieren lässt sich auch über ein Weigerungsrecht der Behörde bei zivilrechtlicher Unterbringung nach § 1906 Abs. 2 S. 2 BGB (dem ohne Genehmigung anwendbaren, Gefahr im Verzug voraussetzenden zivilrechtlichen Gegenstück zur öffentlichrechtlichen Unterbringung).[13] Praktisch ist diese Diskussion nicht, denn die meisten Unterbringungen erfolgen ohnehin nach dem Gefahrenabwehrrecht der Länder ohne gerichtliche Genehmigung einer Betreuerentscheidung auf Grund gerichtlicher Anordnung. Hierbei ein Weigerungsrecht der Behörde zu erwägen verbietet sich.

3. Ermächtigung zur Gewaltanwendung (Abs. 2, 3). a) Auf Beschluss des Gerichts. Die   3
Anwendung unmittelbarer Gewalt gegen die betroffene Person bei der Zuführung zur Unterbringung, die gegebenenfalls die Einschaltung des Polizeivollzugsdienstes und das gewaltsame Betreten der Wohnung der betroffenen Person notwendig macht, ist dem Betreuer bzw. dem Vorsorgebevollmächtigten, der sich dazu von der zuständigen Behörde unterstützen lässt, nur erlaubt, wenn das Gericht die Anwendung von Gewalt ausdrücklich angeordnet hat. Diese **Ermächtigung** ergeht **durch** separaten **Beschluss in einem selbstständigen Verfahren,**[14] für das die allgemeinen Regeln (insbesondere § 35) gelten – auch im Hinblick auf die Anfechtung der Entscheidung, die, weil es sich um eine Entscheidung handelt, mit der die Vornahme einer Handlung durchgesetzt wird, nach § 35 Abs. 5 (nur) mit der sofortigen Beschwerde nach §§ 567–572 ZPO angefochten werden kann.[15] Der Anordnungsbeschluss muss auf den konkreten Einzelfall bezogen sein.[16] Die Anwendung unmittelbarer Gewalt ist wegen § 35 Abs. 2 vorab stets anzudrohen,[17] wobei die Androhung bereits mit der Unterbringungsgenehmigung verbunden werden kann.[18] Die Gewaltermächtigung kann auch einheitlich, verbunden mit der Hauptsacheentscheidung ergehen.[19] Von der Androhung der Gewaltanwendung kann auch in diesem Fall nicht abgesehen werden. Der Unterbringungsbeschluss sollte von vornherein entsprechend formuliert sein und die vom Gericht erlaubten Arten der Gewaltanwendung nennen[20] und androhen.[21] Die Anforderung des Polizeivollzugsdienstes erfolgt durch die Behörde, nicht den Betreuer oder Vorsorgebevollmächtigten.[22] Es ist für den Erlass der Ermächtigungsentscheidung nicht Voraussetzung, dass bereits ein oder mehrere Unterbringungsversuche

---

[8] BT-Drucks. 11/6949, S. 84; *Keidel/Budde* Rn. 1.
[9] BT-Drucks. 11/4528, S. 185.
[10] *Damrau/Zimmermann* § 70g FGG Rn. 22.
[11] *Bienwald* § 70g FGG Rn. 36; *Damrau/Zimmermann* § 70g FGG Rn. 22; HK-BUR/*Hoffmann* § 70g FGG Rn. 39; PK-BUV/*Fröschle/Locher* § 70g FGG Rn. 18.
[12] So PK-BUV/*Fröschle/Locher* § 70g FGG Rn. 18; HK-BUR/*Hoffmann* § 70g FGG Rn. 39. Weiter geht *Bienwald* § 70g FGG Rn. 36, der annimmt, dass die Behörde dann ein Weigerungsrecht habe, wenn die Gründe für die Unterbringung offensichtlich entfallen sind.
[13] Vgl. HK-BUR/*Hoffmann* § 70g FGG Rn. 40.
[14] *Bienwald* § 70g FGG Rn. 40; *Keidel/Budde* Rn. 3.
[15] Anders das bisherige Recht des FGG aF; vgl. *Bassenge/Roth* § 70g FGG Rn. 13; PK-BUV/*Fröschle/Locher* § 70g FGG Rn. 21; *Jansen/Sonnenfeld* § 70g FGG Rn. 35.
[16] *Bienwald* § 70g FGG Rn. 41; *Jansen/Sonnenfeld* § 70g FGG Rn. 35; PK-BUV/*Fröschle/Locher* § 70g FGG Rn. 20.
[17] PK-BUV/*Fröschle/Locher* § 70g FGG Rn. 21.
[18] *Bassenge/Roth* § 70g FGG Rn. 28; HK-BUR/*Hoffmann* § 70g FGG Rn. 42; *Jansen/Sonnenfeld* § 70g FGG Rn. 35; PK-BUV/*Fröschle/Locher* § 70g FGG Rn. 21.
[19] PK-BUV/*Fröschle/Locher* § 70g FGG Rn. 21 (m. weit. Nachw. zur älteren Rspr.).
[20] *Zimmermann* FamFG Rn. 576.
[21] Wird die kurze Anfechtungsfrist der sofortigen Beschwerde versäumt, so erfasst die reguläre Beschwerde nach § 58 die Ermächtigungsanordnung nicht mehr.
[22] *Damrau/Zimmermann* § 70g FGG Rn. 25.

gescheitert sind.[23] Vielmehr hat das Gericht zu prüfen, ob die Gewaltanwendung in diesem Fall erforderlich und verhältnismäßig ist.[24]

4   **b) Bei Gefahr im Verzug.** Abs. 3 S. 2 ordnet an, dass die Wohnung der betroffenen Person auch ohne Ermächtigung des Gerichts gewaltsam betreten werden darf, wenn Gefahr im Verzug ist, die betroffene Person also unmittelbar dabei ist, sich selbst oder andere schwer zu schädigen oder zu töten.

5   **4. Kosten.** Die Kosten der Behörde für die Zuführung zur Unterbringung trägt diese selbst. Es handelt sich nicht um Verfahrenskosten.[25]

§ 327 Vollzugsangelegenheiten

(1) ¹ Gegen eine Maßnahme zur Regelung einzelner Angelegenheiten im Vollzug der Unterbringung nach § 312 Nr. 3 kann der Betroffene eine Entscheidung des Gerichts beantragen. ² Mit dem Antrag kann auch die Verpflichtung zum Erlass einer abgelehnten oder unterlassenen Maßnahme begehrt werden.

(2) Der Antrag ist nur zulässig, wenn der Betroffene geltend macht, durch die Maßnahme, ihre Ablehnung oder Unterlassung in seinen Rechten verletzt zu sein.

(3) ¹ Der Antrag hat keine aufschiebende Wirkung. ² Das Gericht kann die aufschiebende Wirkung anordnen.

(4) Der Beschluss ist nicht anfechtbar.

1   **1. Normzweck.** Während des Vollzuges kommt es regelmäßig zu Meinungsverschiedenheiten zwischen der betroffenen Person, ihrem Betreuer oder Vorsorgebevollmächtigten und dem Anstaltspersonal über einzelne Vollzugsmaßnahmen. Unzufriedenheiten können sich auf allen Seiten zeigen. § 327 stellt der betroffenen Person (und nur dieser) ein Verfahren zur Überprüfung einzelner Vollzugsmaßnahmen zur Verfügung. § 327 trägt dem Grundsatz Rechnung, dass die betroffene Person auch in der Unterbringung Grundrechtsträger bleibt und nicht widerspruchslos und kontrollfrei einem rechtsfreien Regiment in der Anstalt (etwa im Sinne eines früher so genannten besonderen Gewaltverhältnisses) unterworfen werden darf. Sie ist – positiv gewertet – Ausdruck der **Rechtsweggarantie** des Art. 19 Abs. 4 GG und den Regelungen der §§ 23 ff. EGGVG und §§ 109 ff. StVollzG nachgebildet.[1] Das Verfahren nach § 327 ist jedoch – kritisch betrachtet – ein rudimentär geregeltes Verfahren minderer Rechtsqualität, das ein förmliches Verwaltungsstreitverfahren nicht ansatzweise ersetzen kann. Die Vorschrift ersetzt den bisher geltenden § 70l FGG aF. Inhaltliche Änderungen sind mit der Neufassung nicht verbunden.[2] Die systematische Stellung der Vorschrift noch vor den Regelungen zur Verlängerung von Unterbringungsmaßnahmen, zur einstweiligen Anordnung und zur Beschwerde erschließt sich nicht.

2   **2. Anwendungsbereich. a) Verfahrensart.** § 327 findet **nur** Anwendung bei Vollzugsmaßnahmen **im Rahmen öffentlichrechtlicher Unterbringungen** (§ 312 Nr. 3). Die Überprüfung von Vollzugsmaßnahmen im Rahmen zivilrechtlicher Unterbringungen ist mit § 327 nicht möglich. Die betroffene Person ist hier auf Schadensersatz- oder Unterlassungsansprüche (entweder aus Geschäftsführung ohne Auftrag, aus dem Unterbringungsvertrag bzw. aus unerlaubter Handlung) gegen den Betreuer, den Vorsorgebevollmächtigten oder das Personal der Einrichtung und deren Träger verwiesen. Bei Gefährdung des Betreutenwohls schreitet das Betreuungsgericht auf Anregung von Amts wegen ein, § 1837 Abs. 2 S. 1 iVm. § 1908i Abs. 1 S. 1 BGB. Der Betreuer oder der Vorsorgebevollmächtigte kann bei Meinungsverschiedenheiten mit der Einrichtung aus dem Unterbringungsvertrag vorgehen und die Einrichtung nötigenfalls wechseln.

3   **b) Einzelne Maßnahmen.** Maßnahme iSd. § 327 ist jedes Handeln eines Hoheitsträgers zur Regelung eines Einzelfalles, das unmittelbare Rechtswirkungen (nach außen) hat,[3] also regelmäßig Verwaltungsakte.[4] **Vollzugsmaßnahmen,** hinsichtlich derer die betroffene Person um gerichtliche Entscheidung nachsuchen kann, sind (direkt oder abgeleitet auf dem jeweiligen Landesrecht beru-

---

[23] PK-BUV/*Fröschle/Locher* § 70g FGG Rn. 17.
[24] PK-BUV/*Fröschle/Locher* § 70g FGG Rn. 20.
[25] OLG Koblenz FamRZ 2004, 566; *Bassenge/Roth* § 70g FGG Rn. 15; aA HK-BUR/*Hoffmann* § 70g FGG Rn. 37.
[1] HK-BUR/*Hoffmann* § 70l FGG Rn. 2; *Keidel/Budde* Rn. 4.
[2] BT-Drucks. 16/6308, S. 275.
[3] HK-BUR/*Hoffmann* § 70l FGG Rn. 3.
[4] *Bassenge/Roth* § 70l FGG Rn. 2.

hende⁵) die untergebrachte Person individuell betreffende **Entscheidungen zur Strukturierung des alltäglichen Lebens,** die das kasernierte Leben unangenehm machen, wie Besuchszeiten, Haustierhaltung, Mahlzeiten- und Fernsehzeiten, Durchsuchung der persönlichen Gegenstände und des Zimmers, Post- und Paketempfang, Hygiene- und Körperertüchtigungsanordnungen, Beleuchtung der Räume, (Nicht-)Zulassung von Rundfunk- und Telekommunikationsgeräten, Einsicht in Behandlungs- und Personalunterlagen und dergleichen. Es spielt keine Rolle, ob solche Maßnahmen mündlich oder schriftlich angeordnet oder schlicht ergriffen werden. Maßnahmen iSd. § 327 sind auch rein tatsächliche Handlungen (wie etwa das Duzen der untergebrachten Person).⁶ Der „Maßnahmebegriff" des § 327 setzt auch nicht voraus, dass es sich bei der konkret angegriffenen oder unterlassenen Handlung um eine Anordnung des Behörden- oder des Anstaltsleiters handelt. Angreif- bzw. herbeiführbar sind daher auch Maßnahmen des nachgeordneten Personals der Einrichtung. Keine Maßnahmen iSd. § 327 dagegen sind Belehrungen, Meinungsäußerungen, Ratschläge des Personals an die betroffene Person.⁷ Gleichfalls mit dem Überprüfungsantrag nach § 327 nicht angreifbar sind allgemeine Regelungen wie das jeweilige PsychKG/UnterbrG oder die auf dieser Grundlage ergangenen Verwaltungsanordnungen und Anstaltsordnungen, weil ihnen der individuelle Bezug fehlt.

3. Verfahrensgrundsätze; Antrag; Beteiligte; Zuständigkeit. Ein gesetzlich geregeltes Verfahrensrecht für den Antrag auf Überprüfung von Vollzugsmaßnahmen existiert nicht. § 327 beschränkt sich auf wenige rudimentäre Aussagen. Insbesondere handelt es sich **nicht um eine Unterbringungssache** iSd. § 312 oder ein Verfahren darüber.⁸ Auch deswegen ist die systematische Stellung der Vorschrift an dieser Stelle des dritten Buches des FamFG unverständlich. **Die Regeln des Allgemeinen Teils können daher nicht angewendet werden.** Insgesamt ist das Überprüfungsverfahren nach § 327 ein prozessrechtliches Chamäleon: Es ermöglicht in öffentlichrechtlichen Unterbringungen den Angriff gegen Verwaltungsakte bzw. gegen das Unterlassen von Verwaltungsakten – dieser Angriff wird aber nicht, wie aus diesem Faktum normalerweise gefolgert wird, vor dem Verwaltungsgericht, sondern vor dem nicht streitig verhandelnden Zivilgericht geführt. Letztlich handelt es sich um eine nur unvollkommene Abkehr von der Dogmatik des „besonderen Gewaltverhältnisses". Das zeigt sich nicht zuletzt darin, dass die Entscheidung des Gerichts unanfechtbar ist, ein Umstand, der sowohl im Zivil- als auch im Verwaltungsprozess unvorstellbar wäre.

a) Antragsarten. Die betroffene Person kann mit dem Antrag auf gerichtliche Entscheidung eine belastende Maßnahme anfechten (Anfechtungsantrag) oder eine begünstigende Maßnahme beantragen (Verpflichtungsantrag). Letzteres setzt voraus, dass die begehrte Maßnahme zuvor abgelehnt oder unterlassen wurde.⁹ Ferner wird es über den Wortlaut der Vorschrift hinaus für zulässig gehalten, auch bereits vollzogene Maßnahmen mit einem Feststellungsantrag bzw. angekündigte Maßnahmen mittels eines vorbeugenden Unterlassungsantrages auf ihre Rechtmäßigkeit überprüfen zu lassen.¹⁰ Dem ist zuzustimmen, weil anderenfalls die Garantie eines Rechtsweges gegen Verwaltungshandeln nur unvollständig verwirklicht wäre.

b) Antragsberechtigung. Der Antragsteller muss in seinem Antrag behaupten, er sei entweder durch die Maßnahme oder aber durch deren Ablehnung bzw. Unterlassung in seinen Rechten verletzt, verletzt worden oder drohe verletzt zu werden. Das trifft für die untergebrachte Person immer zu.¹¹ Ob daneben Dritte als Antragsberechtigte in Betracht kommen, ist streitig.¹² Ob Dritte durch eine Vollzugsmaßnahme etwa in einem ihnen zustehenden Recht auf Besuch oder Briefwechsel mit der untergebrachten Person verletzt werden können, ist eher zweifelhaft. Inwieweit der Schutz der untergebrachten Person die Antragsberechtigung Dritter fordere,¹³ ist nicht zu erkennen.

c) Antragsgegner. Der Antrag auf Überprüfung richtet sich gegen die für den Vollzug der Maßnahme zuständige Behörde bzw. die Anstalt. Entscheidend dabei ist, wer für die gerügte oder

---

⁵ *Keidel/Kuntze/Winkler/Kayser* § 70l FGG Rn. 2.
⁶ Beispiel nach *Damrau/Zimmermann* § 70l FGG Rn. 2.
⁷ *Damrau/Zimmermann* § 70l FGG Rn. 5.
⁸ *Bassenge/Roth* § 70l FGG Rn. 5.
⁹ *Damrau/Zimmermann* § 70l FGG Rn. 23; HK-BUR/*Hoffmann* § 70l FGG Rn. 9.
¹⁰ HK-BUR/*Hoffmann* § 70l FGG Rn. 9; *Damrau/Zimmermann* § 70l FGG Rn. 17; *Keidel/Kuntze/Winkler/Kayser* § 70l FGG Rn. 2.
¹¹ *Bassenge/Roth* § 70l FGG Rn. 6; HK-BUR/*Hoffmann* § 70l FGG Rn. 10.
¹² Grundsätzlich gegen die Antragsberechtigung Dritter votieren *Bassenge/Roth* § 70l FGG Rn. 6; *Bienwald* § 70l FGG Rn. 12; *Jansen/Sonnenfeld* § 70l FGG Rn. 6. Die Antragsberechtigung Dritter erkennen an *Damrau/Zimmermann* § 70l FGG Rn. 13; HK-BUR/*Hoffmann* § 70l FGG Rn. 10; *Jurgeleit/Diekmann* § 70l FGG Rn. 3; *Keidel/Kuntze/Winkler/Kayser* § 70l FGG Rn. 3.
¹³ So *Damrau/Zimmermann* § 70l FGG Rn. 13.

begehrte Vollzugsmaßnahme allein zuständig ist. Das richtet sich in allen Fällen nach dem jeweiligen Landesrecht (PsychKG/UnterbrG).[14] Behauptet der Antragsteller etwa, dass die Anstalt, in der er untergebracht ist, nicht geeignet sei, auf seine Krankheit/Behinderung reagieren zu können und verlangt er deshalb, in eine andere Anstalt verlegt zu werden oder wendet er sich gegen eine Rechtsgutsverletzung bei der Einlieferung in die Anstalt, dann ist der Aufgabenkreis der Behörde betroffen – sie ist Antragsgegnerin.[15] Wendet sich der Antrag dagegen gegen eine Vollzugsmaßnahme innerhalb der Anstalt (der Anstaltsleiter gewährt oder versagt Urlaub; der Anstaltsarzt ordnet eine Zwangsbehandlung an), und obliegt der Anstalt die Ausführung dieser Maßnahme ohne dass die Behörde der Anstalt gegenüber ein auf die konkrete Maßnahme bezogenes Weisungsrecht hätte,[16] dann ist die Anstalt bzw. der Anstaltsträger der Gegner des Antrages.[17]

8 **d) Zuständiges Gericht.** Sachlich zuständig ist wegen der systematischen Stellung der Norm im zweiten Abschnitt des dritten Buches (aber auch nur deswegen) nach allgM das Betreuungsgericht.[18] Eine gesetzliche Regelung fehlt. Unklar ist, welches Gericht örtlich zuständig ist. Ob § 313 angewendet werden kann, ist nicht ausgemacht – es handelt sich ja schließlich nicht um eine Unterbringungssache. Unsicher wird auf allgemeine Grundsätze (Natur der Sache) abgestellt und entweder in mehr oder weniger deutlich ausgesprochener Analogie zu § 313 Abs. 3 S. 2 eine Zuständigkeit des Anstaltsgerichts[19] oder desjenigen Gerichts, das die Unterbringungsmaßnahme angeordnet hat, bejaht.[20] Überzeugende Gründe sprechen für keine der beiden Annahmen – richtiger wäre es, das gesamte Verfahren nach § 327 zugunsten eines echten Verwaltungsprozesses nach VwGO aufzugeben. Unklar ist auch, wer funktionell zuständig ist. Meist wird Richterzuständigkeit angenommen.[21] Dem soll nicht widersprochen werden.

9 **4. Verfahrensablauf und Entscheidung.** Der Antrag kann schriftlich (in einfacher Schriftform) oder mündlich gestellt werden. Erforderlich ist (wie bei allen Willenserklärungen) nur, dass das angerufene Gericht aus der Erklärung die antragstellende Person erkennen und der Erklärung den Inhalt des Begehrs entnehmen kann.[22] Ein Unterschriftserfordernis ist nicht gegeben. Mündlich (auch fernmündlich) erhobene Anträge sind durch einen Vermerk des Gerichts zu dokumentieren. Fristen existieren ebenso wenig wie Vertretungserfordernisse. Inhaltlich prüft das Gericht, ob der Antrag zulässig und begründet ist.

10 **a) Aufschiebende Wirkung.** Der Antrag selbst hat noch keine aufschiebende Wirkung. Eine solche entsteht nur, wenn das Gericht sie ausdrücklich anordnet. Warum das Gericht zu einer solchen Anordnung verpflichtet sein sollte, klärt das Gesetz nicht; meist wird auf das pflichtgemäße Ermessen des Gerichts abgestellt.[23] Die Anordnung kommt freilich immer dann in Betracht, wenn eine Maßnahme später nicht mehr rückgängig gemacht werden könnte und das Interesse am sofortigen Vollzug nicht höher zu bewerten ist als das Interesse der untergebrachten Person am Aufschub.[24] Begründet werden muss die Entscheidung nicht.

11 **b) Sachverhaltsermittlung.** Ist der Antrag zulässig, ermittelt das Gericht den Sachverhalt; im Verfahren der freiwilligen Gerichtsbarkeit von Amts wegen. Regelmäßig wird es – obwohl nicht vorgeschrieben – nötig sein, die untergebrachte Person persönlich anzuhören und einen mündlichen Erörterungstermin abzuhalten.[25] Vereinzelt wird vertreten, dass die Anhörung verfassungsrechtlich zwingend geboten sei.[26] Vertreten wird auch, dass Sachverständigengutachten vielfach erforderlich

---

[14] Auch hier zeigt sich, dass das Überprüfungsverfahren eigentlich ein Verwaltungsverfahren ist, das vor der nicht streitigen Zivilgerichtsbarkeit nichts zu suchen hat.
[15] *Bassenge/Roth* § 70l FGG Rn. 6; *Damrau/Zimmermann* § 70l FGG Rn. 14; HK-BUR/*Hoffmann* § 70l FGG Rn. 17.
[16] HK-BUR/*Hoffmann* § 70l FGG Rn. 18 spricht vom „weisungsfreien Bereich".
[17] HK-BUR/*Hoffmann* § 70l FGG Rn. 18; *Damrau/Zimmermann* § 70l FGG Rn. 14; aA *Bienwald* § 70l FGG Rn. 12: Antragsgegner ist die Behörde; *Keidel/Kuntze/Winkler/Kayser* § 70l FGG Rn. 3: Antragsgegner ist die Anstalt.
[18] *Bienwald* § 70l FGG Rn. 5.
[19] *Bassenge/Roth* § 70l FGG Rn. 5; *Damrau/Zimmermann* § 70l FGG Rn. 22; *Jansen/Sonnenfeld* § 70l FGG Rn. 11; *Keidel/Budde* Rn. 5.
[20] HK-BUR/*Hoffmann* § 70l FGG Rn. 19; *Keidel/Kuntze/Winkler/Kayser* § 70l FGG Rn. 5.
[21] *Damrau/Zimmermann* § 70l FGG Rn. 22; HK-BUR/*Hoffmann* § 70l FGG Rn. 19.
[22] *Damrau/Zimmermann* § 70l FGG Rn. 11.
[23] *Bienwald* § 70l FGG Rn. 9; *Damrau/Zimmermann* § 70l FGG Rn. 19; HK-BUR/*Hoffmann* § 70l FGG Rn. 22.
[24] *Damrau/Zimmermann* § 70l FGG Rn. 19.
[25] *Keidel/Kuntze/Winkler/Kayser* § 70l FGG Rn. 6.
[26] *Bienwald* § 70l FGG Rn. 13.

seien,²⁷ wobei wieder unklar bleibt, ob das im Wege des Frei- oder des Strengbeweisverfahrens geschehen soll.

c) **Zulässigkeit und Begründetheit des Antrages (Abs. 2).** Die **Zulässigkeit** des Antrages ist gegeben, wenn sich aus dem Antrag schlüssig die **Behauptung einer auf einer Vollzugsmaßnahme beruhenden Rechtsgutsverletzung** (insbesondere die Verletzung eines Grundrechts) ergibt. Mit der Formulierung von Abs. 2 soll die „Popularklage" ausgeschlossen werden²⁸ (also verhindert werden, dass psychiatriekritische Organisationen die Amtsgerichte mit Überprüfungsanträgen lahm legen). Außerdem lässt sich mit der Frage nach der Rechtsgutsverletzung verhindern, dass offensichtlich unsinnige Begehren („Das Anstaltsessen schmeckt nicht"; „Mir wird der Kontakt zu Kaiser Barbarossa vorenthalten") die nächste Prüfstufe erreichen und Sachverhaltsermittlung und Begründetheitsprüfung auslösen. Jedoch ist darauf zu achten, dass die Zulässigkeitsschwelle andererseits nicht zu hoch gelegt wird. Ausreichend ist daher der Vortrag eines Sachverhalts, der, wenn er gegeben ist, die Verletzung eines materiellen Rechts (Leben, Gesundheit, Gleichheit, Religionsfreiheit etc.) der betroffenen Person möglich erscheinen lässt, dh. die Rechtsgutsverletzung darf nicht von vornherein ausgeschlossen sein. 12

Begründet ist der Antrag dann, wenn die gerügte Maßnahme gegen das (was zu prüfen ist, verfassungskonforme) Landesrecht verstieß bzw. wenn die begehrte Maßnahme nach diesem vorzunehmen war oder ist. Das **Betreuungsgericht wendet** mithin **das öffentliche Gefahrenabwehrrecht des jeweiligen Landes** (PsychKG/UnterbrG) **an** und entscheidet, ob die Vollzugsmaßnahme diesem genügt oder nicht.²⁹ Hieran zeigt sich, dass das Verfahren nach § 327 keinen anderen Zweck hat, als ein volles Verwaltungsstreitverfahren zu ersetzen, was nach hier vertretener Ansicht keinesfalls genügt. 13

d) **Entscheidung.** Die Entscheidung des Gerichts ergeht durch **Beschluss.** Dieser ist zu begründen³⁰ (obwohl auch das nicht geregelt ist) und (weil er unanfechtbar ist) formlos mitzuteilen,³¹ nicht zuzustellen. Das Gericht kann eine getroffene Vollzugsmaßnahme entweder aufheben oder bestätigen, es kann feststellen, dass die Vollzugsanstalt zur Vornahme der begehrten, aber verweigerten oder unterlassenen Maßnahme verpflichtet sei oder feststellen, dass eine schon vollzogene Maßnahme rechtswidrig gewesen ist. 14

5. Unanfechtbarkeit (Abs. 4); Kritik. Das gesamte Verfahren (minderen Rechts) nach § 327 wird schließlich entwertet dadurch, dass § 327 Abs. 4 anordnet, dass die **gerichtliche Entscheidung unanfechtbar** sei. Der Gesetzgeber hielt das für angemessen.³² Ein gerichtliches Verfahren ohne Überprüfung der Entscheidung durch einen anderen Richter genügt nach hier vertretener Ansicht nicht der Rechtswegverbürgungsvorschrift des Art. 19 Abs. 4 GG.³³ Wie unbefriedigend das ist, verdeutlicht der Hinweis bei *Bassenge/Roth,* dass der betroffenen Person die Verfassungsbeschwerde bliebe.³⁴ Damit werden der untergebrachten Person prozessual Steine statt Brot gegeben. *Zimmermann* vertritt die Ansicht, dass bei schweren Verfahrensverstößen und darauf beruhenden Fehlentscheidungen entgegen Abs. 4 eine Anfechtbarkeit mittels einfacher Beschwerde (jetzt § 58) möglich sei, weil die obergerichtliche Rspr. die Unanfechtbarkeit von Entscheidungen zB durch die Figur der „greifbaren Gesetzwidrigkeit von Beschlüssen" relativiert habe.³⁵ 15

Hier wird demgegenüber vorgeschlagen, der untergebrachten Person die prozessualen Mittel sowohl der Anfechtungs-, der Verpflichtungs- und der Fortsetzungsfeststellungsklage nach VwGO zuzubilligen. Das setzt lediglich voraus, die **Vollzugsmaßnahmen** im Unterbringungsrecht **voll als Verwaltungsakte anzuerkennen** (wozu die Kommentarliteratur auch teilweise bereit ist),³⁶ wogegen nur traditionell die besondere Gewaltunterworfenheit der untergebrachten Person (übrigens analog zur Gewaltunterworfenheit des Soldaten, des Strafgefangenen und des Kindes) spricht. § 327 dagegen ist keine Sperre für die Eröffnung des Verwaltungsrechtsweges.³⁷ 16

---

²⁷ *Bassenge/Roth* § 70l FGG Rn. 7; HK-BUR/*Hoffmann* § 70l FGG Rn. 21.
²⁸ *Damrau/Zimmermann* § 70l FGG Rn. 15.
²⁹ S. als Beispiel OLG Hamm NJW 2008, 2861 (Kontrolle des Schriftverkehrs der untergebrachten Person nach § 21 Abs. 3 NWPsychKG).
³⁰ *Damrau/Zimmermann* § 70l FGG Rn. 21.
³¹ HK-BUR/*Hoffmann* § 70l FGG Rn. 27.
³² BT-Drucks. 11/4528, S. 187.
³³ AA BVerfGE 11, 233; 54, 291; 65, 90: Das GG fordert keinen Instanzenzug.
³⁴ *Bassenge/Roth* § 70l FGG Rn. 8.
³⁵ *Damrau/Zimmermann* § 70l FGG Rn. 26.
³⁶ S. etwa *Bassenge/Roth* § 70l FGG Rn. 2; PK-BUV/*Locher/Fröschle* § 70l FGG Rn. 3.
³⁷ AA PK-BUV/*Locher/Fröschle* § 70l FGG Rn. 3.

§ 328 Aussetzung des Vollzugs

(1) ¹Das Gericht kann die Vollziehung einer Unterbringung nach § 312 Nr. 3 aussetzen. ²Die Aussetzung kann mit Auflagen versehen werden. ³Die Aussetzung soll sechs Monate nicht überschreiten; sie kann bis zu einem Jahr verlängert werden.

(2) Das Gericht kann die Aussetzung widerrufen, wenn der Betroffene eine Auflage nicht erfüllt oder sein Zustand dies erfordert.

1. Normzweck; Anwendungsbereich. Die Vorschrift ermöglicht es, den **Vollzug** einer angeordneten öffentlichrechtlichen Unterbringungsmaßnahme **auszusetzen** und die öffentlichrechtliche Unterbringung flexibel zu handhaben, insbesondere die **probeweise Entlassung** einzusetzen und die endgültige Entlassung der betroffenen Person vorzubereiten. Die Aussetzung einer einzelnen Unterbringungsmaßnahme führt aber nicht zu einer Aussetzung des Unterbringungsverfahrens insgesamt.[1] Eine solche Aussetzung des gesamten Verfahrens kennt das Gesetz nicht.[2] § 328 ersetzt den früheren § 70k FGG aF. Inhaltliche Änderungen sind mit der Neuregelung nicht verbunden. § 328 gilt nur für öffentlichrechtliche, hier aber auch für vorläufig im Wege der einstweiligen Anordnung angeordnete Unterbringungsmaßnahmen.[3] Für zivilrechtliche Unterbringungsmaßnahmen ist eine entsprechende Regelung nicht notwendig, weil diese vom Betreuer bzw. Vorsorgebevollmächtigten als dem Herrn des Verfahrens[4] vollzogen werden und von diesem auch (durch Erklärung gegenüber der Unterbringungseinrichtung) beendet oder ausgesetzt werden können.[5] Eine analoge Anwendung auf die zivilrechtliche Unterbringung kommt nicht in Betracht.[6] Von der Aussetzung des Vollzuges nach § 328 zu unterscheiden ist die Beurlaubung nach Landesrecht (PsychKG/UnterbrG), die je eigene Voraussetzungen hat und unterschiedlich lang ausfallen kann.

2. Aussetzung des Vollzugs einer öffentlichrechtlichen Unterbringungsmaßnahme. a) Voraussetzungen. Die Voraussetzungen der Aussetzung der Vollziehung lässt das Gesetz undeutlich. Allgemein wird davon ausgegangen, dass die Unterbringungsmaßnahme rechtskräftig angeordnet und die betroffene Person auf Grund dieser Anordnung untergebracht sein muss. Es muss ferner trotz **Vorliegen der Unterbringungsvoraussetzungen** vertretbar erscheinen, die betroffene Person aus der stationären Behandlung zu entlassen.[7] Ist dagegen zweifelhaft, ob die Unterbringungsvoraussetzungen vorliegen, darf das Gericht nicht nach der Maxime „Im Zweifel für die Unterbringung" dieselbe anordnen und dann die Maßnahme aussetzen. Hier muss schon die Unterbringung unterbleiben. Die Entscheidung über die Aussetzung liegt im pflichtgemäßen Ermessen des Gerichts („kann"), ebenso wie es nach pflichtgemäßem Ermessen die Aussetzung mit der Einhaltung bestimmter Auflagen verknüpfen kann. Die korrekte Ausübung des Ermessens setzt voraus, dass das Gericht auf Grund sachverständiger Beratung eine **Prognose** hinsichtlich des **Fortbestehens der Gefahren,** die zur Anordnung der Unterbringung geführt haben, trifft. Ist die Prognose günstig, dann reduziert sich das Ermessen des Gerichts wegen der Schwere des freiheitsentziehenden Eingriffs auf Null, es hat dann den Vollzug auszusetzen.[8] Teilweise wird vertreten, dass es hinreichend wahrscheinlich sein müsse, dass die abzuwendende Gefahr durch die betroffene Person „unter dem Druck" der widerrufbaren Aussetzung wegfalle.[9] Dem liegt ein nach hier vertretener Ansicht unzutreffendes Verständnis der öffentlichrechtlichen Unterbringung zugrunde. Diese soll nicht Druck auf die (kranke/behinderte!) betroffene Person erzeugen, sondern in Fällen krankheitsbeding-

---

[1] *Keidel/Kuntze/Winkler/Kayser* § 70k FGG Rn. 1; *Bassenge/Roth* § 70k FGG Rn. 1; *Damrau/Zimmermann* § 70k FGG Rn. 2; gleiches gilt für die Beurlaubung nach Landesrecht (PsychKG/UnterbrG), HK-BUR/*Hoffmann* § 70k FGG Rn. 5.

[2] BT-Drucks. 11/4528, S. 186; *Bassenge/Roth* § 70k FGG Rn. 1; *Damrau/Zimmermann* § 70k FGG Rn. 2; HK-BUR/*Hoffmann* § 70k FGG Rn. 4.

[3] *Bassenge/Roth* § 70k FGG Rn. 1.

[4] *Bienwald* § 70k FGG Rn. 2.

[5] *Keidel/Kuntze/Winkler/Kayser* § 70k FGG Rn. 1.

[6] OLG Hamm NJW-RR 2000, 669: Verlegt der Betreuer die betroffene Person probeweise von der geschlossenen auf die offene Station und verweilt die betroffene Person hier sechs Wochen ohne Rückverlegung, dann ist ein Verbrauch der Genehmigung eingetreten und der Betreuer benötigt zur Rückverlegung die erneute Genehmigung des Betreuungsgerichts. Nach einer Entscheidung des KG führt eine einwöchige probeweise Verlegung auf die offene Station nicht zum Verbrauch der Genehmigung; vgl. KG KGR 2006, 359. S. dazu auch PK-BUV/*Locher* § 70k FGG Rn. 3f.

[7] *Keidel/Kuntze/Winkler/Kayser* § 70k FGG Rn. 2; *Damrau/Zimmermann* § 70k FGG Rn. 2f.; HK-BUR/*Hoffmann* § 70k FGG Rn. 8.

[8] *Damrau/Zimmermann* § 70k FGG Rn. 5; HK-BUR/*Hoffmann* § 70k FGG Rn. 9; s. a. *Keidel/Budde* Rn. 2; aA *Bienwald* § 70k FGG Rn. 9.

[9] *Bassenge/Roth* § 70k FGG Rn. 3.

ter Gefährdungsneigung der betroffenen Person lediglich in den Arm fallen. Voraussetzung der Aussetzung ist mithin **nicht die Einlegung eines Rechtsmittels** gegen die Anordnung der Unterbringung.[10]

b) Auflagen. Die Verknüpfung der probeweisen Entlassung mit begleitenden bzw. unterstützenden Maßnahmen muss die Regel sein, wäre sie es nicht, dann bestünden schon Zweifel am Vorliegen der Unterbringungsvoraussetzungen und es muss grundsätzlicher geprüft werden, ob die Unterbringungsmaßnahme insgesamt aufzuheben ist. Auflagen sind solche Handlungen, welche die Fortführung der in der Unterbringung begonnenen Heilbehandlung außerhalb der Anstalt sichern (Weisung, den Arzt/Psychiater nach dessen Terminierung aufzusuchen, bestimmte Medikamente regelmäßig nach ärztlicher Anordnung einzunehmen, diese Weisungen durch das Gesundheitsamt oder den sozialpsychiatrischen Dienst kontrollieren zu lassen, bestimmte Aufenthaltsorte und/oder Personen zu meiden). Hingewiesen wird darauf, dass die Auflagen verfassungsrechtlich zulässig sein müssen[11] – also nicht schikanös sein dürfen. Das Gericht kann diese Auflagen entweder selbst kontrollieren oder eine bestimmte Behörde mit der Kontrolle beauftragen.[12] Die Auflage, sich in ärztliche Behandlung zu begeben, setzt die Einwilligungsfähigkeit der betroffenen Person voraus. Fehlt sie, muss der Betreuer einwilligen, ohne dessen Beteiligung daher die Aussetzung der Vollziehung in diesen Fällen nicht vorgenommen werden kann. Auflagen können jederzeit durch neuen, den Aussetzungsbeschluss abändernden Beschluss neu hinzugefügt, inhaltlich geändert oder aufgehoben werden. Nicht mehr erforderliche Auflagen sind aufzuheben.[13] Für das Verfahren zur Auflagenänderung gilt nichts anderes als für das Aussetzungsverfahren insgesamt, es handelt sich um ein reguläres Unterbringungsverfahren.

c) Dauer. Die Aussetzung des Vollzugs soll nach Abs. 1 S. 2 **sechs Monate** nicht überschreiten. Das Gesetz geht davon aus, dass eine längere als halbjährige Aussetzung Zweifel am Vorliegen der Unterbringungsvoraussetzungen insgesamt nährt und bei so langer Aussetzung eher die gänzliche Aufhebung der Unterbringungsmaßnahme in Betracht kommt. Die Aussetzung kann gleichwohl bis zu einem Jahr verlängert werden, danach muss das Gericht aber spätestens über die endgültige Aufhebung der Unterbringungsmaßnahme entscheiden.[14] Mit der Fristbindung sollen belastende Schwebezustände nicht unnötig ausgedehnt werden. Ergibt sich während der probeweisen Entlassung, dass die Unterbringungsvoraussetzungen nicht mehr vorliegen, so ist die Unterbringungsmaßnahme unverzüglich aufzuheben. Die Verlängerung der Aussetzung ist nur unter den gleichen Voraussetzungen wie die Erstaussetzung möglich.[15] Das bedeutet, dass nach wie vor die Unterbringungsvoraussetzungen und eine günstige Prognose für den Erfolg der probeweisen Entlassung gegeben sein müssen. Das Verlängerungsverfahren ist wie das Erstaussetzungsverfahren durchzuführen.

3. Widerruf der Aussetzung. Das Gericht kann die Aussetzung widerrufen, wenn der Zustand der betroffenen Person den Vollzug der angeordneten Unterbringungsmaßnahme erfordert, weil die Gefahr, die durch die Unterbringungsmaßnahme abgewendet werden soll, anders nicht abgewendet werden kann – mithin dann, wenn die probeweise Entlassung scheitert. Eine **Verletzung von angeordneten Auflagen ist** dafür **nicht ausreichend,** obwohl der Wortlaut von § 327 das nahe legt („oder").[16] Verletzt die betroffene Person eine Auflage, rechtfertigt ihr Zustand aber gleichwohl nicht die Vollziehung, dann ist nicht die Aussetzung zu widerrufen, sondern vielmehr die Auflage aufzuheben, denn der Widerruf der Aussetzung ist keine Strafe[17] bzw. dient nicht der Sanktionierung von Verstößen gegen gerichtliche Maßnahmen.[18] Vielmehr dient er lediglich dem Schutz der betroffenen Person und der Gefahrenabwehr. Das Gericht hat dann, wenn die betroffene Person die angeordneten Auflagen nicht einhält, vielmehr besonders kritisch zu prüfen, ob die Unterbringungsvoraussetzungen noch bestehen und ob die günstige Prognose noch bestätigt werden kann. Schonendes Mittel in solchen Situationen ist die Anpassung der Auflagen.[19] Für den Widerruf gilt das gleiche Verfahren wie für die Anordnung der Aussetzung, dh. der Widerruf und die Ablehnung des Widerrufs sind beschwerdefähige Entscheidungen.

---

[10] *Bienwald* § 70k FGG Rn. 3. Freilich schadet das auch nicht.
[11] *Bienwald* § 70k FGG Rn. 4.
[12] Vgl. etwa § 34 Abs. 2 SächsPsychKG.
[13] HK-BUR/*Hoffmann* § 70k FGG Rn. 15.
[14] BT-Drucks. 11/4528, S. 186.
[15] HK-BUR/*Hoffmann* § 70k FGG Rn. 16.
[16] *Bassenge/Roth* § 70k FGG Rn. 10; HK-BUR/*Hoffmann* § 70k FGG Rn. 17; aA *Bienwald* § 70k FGG Rn. 9, der zwischen geringfügigen und schwerwiegenden Auflagenverletzungen unterscheidet.
[17] Zutreffend *Bassenge/Roth* § 70k FGG Rn. 10.
[18] Zutreffend HK-BUR/*Hoffmann* § 70k FGG Rn. 17; *Keidel/Budde* Rn. 3.
[19] *Damrau/Zimmermann* § 70k FGG Rn. 6; HK-BUR/*Hoffmann* § 70k FGG Rn. 17.

§ 329 1 Buch 3. Abschnitt 2. Verfahren in Unterbringungssachen

6   **4. Verfahren.** Zuständig ist das Betreuungsgericht. Örtlich zuständig ist das die Unterbringungssache führende Gericht, bei der öffentlichrechtlichen Unterbringung ist das regelmäßig das Fürsorgebedürfnisgericht nach § 313 Abs. 3. Funktionell zuständig ist wie in allen Unterbringungssachen allein der Richter. Das Gericht wird auf Anregung (eines beliebigen Beteiligten am Verfahren) **von Amts wegen** tätig; es gelten die Verfahrensregeln für Unterbringungssachen. Eine Nachfolgevorschrift des bisherigen § 70k Abs. 3 FGG aF, der die Anhörung der bisher in § 70d FGG aF bezeichneten Personen im Fall der Aussetzung der Vollziehung der Unterbringung sowie deren Widerruf regelte, hielt der Gesetzgeber des FGG-RG im Hinblick auf den weiter gefassten Begriff der Unterbringungssachen gemäß § 312 sowie die Regelung zum Beteiligtenbegriff nach § 315 für entbehrlich; eine inhaltliche Änderung des Aussetzungsverfahrens oder dessen Widerruf ist hiermit nicht verbunden.[20] Hieraus ergibt sich, dass der Gesetzgeber offensichtlich davon ausging, dass es sich bei dem Aussetzungsverfahren um ein reguläres Unterbringungsverfahren handelt, in dem die Verfahrensregeln der §§ 312 ff. anzuwenden seien. Dem ist zuzustimmen; sichert diese Ausgangslage doch die Anhörung und Begutachtung der betroffenen Person.

7   Fraglich ist jedoch wie schon nach bisherigem Recht, ob das Gericht die Aussetzung des Vollzuges gleichzeitig und zusammen mit der Anordnung der Unterbringung aussprechen kann. Das wird teils für möglich gehalten,[21] teils verneint.[22] Letzterer Ansicht ist zu folgen, weil dem Unterbringungsrecht der „Bewährungsgedanke" grundsätzlich fremd ist. Die betroffene Person wird ja krankheits- oder behinderungshalber untergebracht und nicht deswegen, weil sie es selbstbestimmt in der Hand hätte, die Selbst- oder Fremdgefährdung künftig zu unterlassen. Die Entscheidung über die Aussetzung ergeht durch **Beschluss,** der in seiner Formel die Aussetzung, die Aussetzungsfrist und gegebenenfalls die erforderlichen Auflagen zu enthalten hat. Dieser Beschluss ist eine **Endentscheidung** in der Unterbringungssache „Aussetzung" und daher mit der **Beschwerde** nach §§ 58 ff. anfechtbar, und zwar durch die Behörde dann, wenn die Aussetzung angeordnet wird und durch die betroffene Person dann, wenn eine beantragte Aussetzung abgelehnt wird.[23]

8   **5. Wirkung.** Die Aussetzungsentscheidung bewirkt lediglich, dass die fernere Vollziehung der Unterbringungsmaßnahme unzulässig wird. Die angeordnete Maßnahme bleibt dagegen voll wirksam. Auch auf die Frist nach § 323 Nr. 2 hat die Aussetzung keine Auswirkungen.

§ 329 Dauer und Verlängerung der Unterbringung

(1) Die Unterbringung endet spätestens mit Ablauf eines Jahres, bei offensichtlich langer Unterbringungsbedürftigkeit spätestens mit Ablauf von zwei Jahren, wenn sie nicht vorher verlängert wird.

(2) ¹Für die Verlängerung der Genehmigung oder Anordnung einer Unterbringungsmaßnahme gelten die Vorschriften für die erstmalige Anordnung oder Genehmigung entsprechend. ²Bei Unterbringungen mit einer Gesamtdauer von mehr als vier Jahren soll das Gericht keinen Sachverständigen bestellen, der den Betroffenen bisher behandelt oder begutachtet hat oder in der Einrichtung tätig ist, in der der Betroffene untergebracht ist.

I. Allgemeines

1   **1. Normzweck; Neuerungen im FamFG.** Die Vorschrift fasst wesentlich besser als das bisher geltende FGG aF die Beendigungs- und Verlängerungsgründe für Unterbringungsmaßnahmen zusammen. Zu den Fristen des Abs. 1 vgl. schon oben § 323 Rn. 6–8. Die Vorschrift ist Ausdruck des Verhältnismäßigkeitsgrundsatzes, der fordert, dass Unterbringungsmaßnahmen als schwer in die Rechte der untergebrachten Person eingreifende Maßnahmen regelmäßig daraufhin überprüft werden, ob ihre Voraussetzungen noch vorliegen. Findet eine solche Überprüfung nicht statt, wäre es unzulässig, die betroffene Person weiter der Freiheit zu berauben. Abs. 1 entspricht inhaltlich dem

---

[20] BT-Drucks. 16/6308, S. 275.
[21] *Bassenge/Roth* § 70k FGG Rn. 2; *Jürgens/Mertens* § 70k FGG Rn. 1; HK-BUR/*Hoffmann* § 70k FGG Rn. 6; *Jansen/Sonnenfeld* § 70k FGG Rn. 2; *Jurgeleit/Diekmann* § 70k FGG Rn. 2.
[22] *Damrau/Zimmermann* § 70k FGG Rn. 3; *Keidel/Kuntze/Winkler/Kayser* § 70k FGG Rn. 2 (die betroffene Person muss untergebracht sein).
[23] Die Diskussion darüber, ob bei der Ablehnung der Aussetzung die einfache oder die sofortige Beschwerde gegeben sei, hat sich durch die Reform des Beschwerderechts erledigt. Vgl. für Altfälle *Bassenge/Roth* § 70k FGG Rn. 6; *Bienwald* § 70k FGG Rn. 12; HK-BUR/*Hoffmann* § 70k FGG Rn. 14; *Jürgens/Mertens* § 70k FGG Rn. 5; *Keidel/Kuntze/Winkler/Kayser* § 70k FGG Rn. 5: einfache Beschwerde möglich. Dagegen *Damrau/Zimmermann* § 70k FGG Rn. 12: nur sofortige Beschwerde möglich.

bisherigen § 70f Abs. 1 Nr. 3 2. HS. FGG aF. Abs. 2 entspricht inhaltlich dem bisherigen § 70i Abs. 2 FGG aF und ist leicht redaktionell überarbeitet.[1]

2. Anwendungsbereich. § 329 gilt grundsätzlich für **alle Unterbringungssachen** (zivilrechtliche Unterbringung, unterbringungsähnliche Maßnahmen, öffentlichrechtliche Unterbringung), die **im Regelverfahren** verhandelt werden. § 329 gilt nicht für die im Wege der einstweiligen Anordnung angeordneten Unterbringungsmaßnahmen. Sie unterliegen nach § 333 kürzeren Verfallsfristen. § 329 Abs. 2 S. 2 gilt nicht für unterbringungsähnliche Maßnahmen, denn es wird auf die Einrichtung, in der die betroffene Person untergebracht ist, und damit auf spezielle Unterbringungsanstalten abgestellt.

II. Beendigung der Unterbringung

1. Beendigung durch Zeitablauf. a) Keine Regelfrist. Unterbringungsmaßnahmen enden grundsätzlich zu dem Zeitpunkt, den das anordnende Gericht vorgegeben hat. Dabei hat das Gericht zu entscheiden, ob es den Höchstzeitraum von einem Jahr oder einen kürzeren Zeitraum anordnet. Die Entscheidung steht dabei nicht im Ermessen des Gerichts; vielmehr hat das Gericht den Sachverhalt so weit aufzuklären, dass eine Prognose gestellt und hieran anknüpfend eine Entscheidung getroffen werden kann.[2] Die Jahresfrist stellt eine **Höchstgrenze** dar, die nicht als Regelfrist verstanden werden darf[3] – die Frist hängt vom Einzelfall und letztlich vom Zustand der betroffenen Person und davon ab, welchen Zweck die Unterbringung (reine Gefahrenabwehr wie meist bei der öffentlichrechtlichen Unterbringung oder auch Behandlung wie regelmäßig bei der zivilrechtlichen Unterbringung) verfolgt. Der Richter muss sachverständig beraten sein, um die **im Einzelfall angemessene Frist** festlegen zu können. Der Richter muss das Gutachten, das sich zur Länge der Unterbringungsmaßnahme äußern soll, § 321 Abs. 1 S. 3, auch in dieser Hinsicht kontrollieren. Die Frist darf einerseits nicht zu kurz sein, weil bei zu kurzer Unterbringung der Zweck der Unterbringung idR. nicht erreicht werden würde. Andererseits darf sie nicht zu lang bemessen werden, damit die Unterbringung beendet werden kann, bevor sie unzulässig geworden ist.[4] Greift das Gericht zur Höchstfrist (ein Jahr), dann muss es begründen, warum keine kürzere Dauer gewählt werden konnte. Die Begründung darf sich nicht darauf beschränken, der festgesetzte Zeitraum entspreche der gesetzlich vorgesehenen Jahresfrist.[5] Beantragt der Betreuer oder der Vorsorgebevollmächtigte die Unterbringung für sechs Monate und genehmigt das Gericht eine solche für acht, dann muss die (im Amtsverfahren zulässigerweise)[6] vom Antrag abweichende Entscheidung begründet werden.[7] In der öffentlichrechtlichen Unterbringung ist die Dauer dem voraussichtlichen Wegfall der von der unterzubringenden Person ausgehenden Gefahr anzupassen.

b) Lange Unterbringung in Ausnahmefällen. In Ausnahmefällen kann dann, wenn der Sachverständige begründet, warum eine einjährige Unterbringung nicht ausreicht, um der vom Zustand der betroffenen Person heraufbeschworenen Gefahr zu begegnen, und es keine Zweifel an der wissenschaftlichen Vertretbarkeit dieser Annahme gibt, der Richter wegen **offensichtlich langer Unterbringungsbedürftigkeit** schon bei der Erstanordnung eine zweijährige Unterbringungsdauer anordnen. Die Gründe dafür müssen aber nach außen deutlich und erkennbar hervorgetreten sein („Offensichtlichkeit") und dürfen nicht nur mit den überlegenen Methoden des Sachverständigen erkennbar sein.

c) Fristbeginn. Da § 329 anders als § 70f Abs. 1 Nr. 3 FGG aF nicht (mehr) auf den Erlass der Unterbringungsanordnung abstellt, kann die Frist erst mit dem Wirksamwerden des Beschlusses, der die Unterbringung anordnet, zu laufen beginnen. Das Wirksamwerden von Beschlüssen in Unterbringungssachen richtet sich nach § 324 (vgl. dort). Ob der Gesetzgeber des FGG-RG das Problem erkannt hat, dass mit dem Fortfall der Worte „nach Erlass" verbunden ist, lässt sich der Begründung zum FGG-RG nicht entnehmen. Bei Anordnungen, die nicht im Wege der einstweiligen Anordnung getroffen werden, beginnt der Fristlauf daher erst mit Rechtskraft des Beschlusses, § 324 Abs. 1.

2. Weitere Beendigungsgründe. Zivilrechtliche Unterbringungen enden auch dann, wenn der **Betreuer die betroffene Person** aus der Unterbringung **entlässt** oder die Absicht, die betroffene Person unterzubringen, aufgibt;[8] ferner dann, wenn das Betreuungsgericht die Genehmigung der

---

[1] BT-Drucks. 16/6308, S. 275.
[2] *Bienwald* § 70f FGG Rn. 10.
[3] *Bienwald* § 70f FGG Rn. 9.
[4] *Damrau/Zimmermann* § 70f FGG Rn. 5.
[5] BayObLG FamRZ 1995, 696.
[6] BayObLG FamRZ 1994, 1417.
[7] *Bienwald* § 70f FGG Rn. 9.
[8] *Keidel/Kuntze/Winkler/Kayser* § 70g FGG Rn. 14.

Unterbringung aufhebt. Gleiches gilt, wenn der Betreuer die betroffene Person endgültig von einer geschlossenen auf eine offene Station einer psychiatrischen Klinik verlegt – soll die betroffene Person von dort wieder auf die geschlossene Station verlegt werden, muss der Betreuer erneut die Genehmigung beantragen.[9] Vollzieht der Betreuer die genehmigte Unterbringungsmaßnahme nicht, endet die Genehmigung nicht,[10] denn der Betreuer hat die Möglichkeit, von der Genehmigung in den Grenzen ihrer Wirksamkeit unter Beachtung des Betreutenwohls Gebrauch zu machen.[11] Fraglich ist, ob **probeweise**, kurzfristige **Entlassungen** durch den Betreuer sich auf die Wirksamkeit der Genehmigungsentscheidung auswirken. Das wurde bisher teils verneint[12] und teils bejaht.[13] Letzterer Ansicht ist zu folgen, weil die probeweise Entlassung keinem anderen Ziel dient als der Beachtung des Verhältnismäßigkeitsgrundsatzes: Liegen Zweifel am Fortbestehen der Unterbringungsmaßnahme vor (hat sich der Zustand der betroffenen Person gebessert oder stabilisiert), dann besteht kein Grund, ihr weiter die Freiheit zu entziehen. Das Scheitern der probeweisen Entlassung ist dann Anlass für die erneute Anordnung einer Unterbringungsmaßnahme. Die Wirksamkeit der Unterbringungsentscheidung endet auch mit dem dauerhaften **Entweichen** der untergebrachten Person aus der Anstalt, jedenfalls dann, wenn eine Rückkehr und der Zeitpunkt derselben ungewiss sind,[14] weil bloßer Zeitablauf dazu führen kann, dass der Zustand der betroffenen Person sich verändert und bei zeitlich ungewissem Ergreifen derselben nicht mehr davon ausgegangen werden kann, dass die Unterbringungsvoraussetzungen noch vorliegen. Es ist daher eine erneute Prüfung geboten.

7 **3. Wirkung der Beendigung.** Die Beendigung macht die Genehmigung/Anordnung der Unterbringungsmaßnahme gegenstandslos, das Hauptsacheverfahren erledigt sich.[15] Tritt die Erledigung (etwa durch endgültige, nicht probeweise!, Entlassung) ein, bevor die für die Genehmigung/Anordnung gesetzte Frist abgelaufen ist, hat das Gericht die Entscheidung aufzuheben, um den von der Entscheidung ausgehenden (negativen) Rechtsschein aus der Welt zu schaffen.[16]

III. Verlängerung der Unterbringung

8 **1. Voraussetzungen.** Unterbringungsmaßnahmen können verlängert werden, wenn nach Ablauf ihrer Geltungsfrist die Voraussetzungen für die Unterbringung weiter bestehen.

9 **2. Verfahren (Abs. 2 S. 1).** § 329 Abs. 2 S. 1 ordnet an, dass für die Verlängerung die Vorschriften für die erstmalige Anordnung gelten. Die Vorschrift soll verhindern, dass die nachfolgenden erneuten Anordnungen zur Routine werden[17] und Anhörungen und Begutachtungen als lästige Formalismen betrachtet werden. Es ist mithin bei jeder Verlängerung ein erneutes und vollständiges Regelverfahren mit den nötigen Anhörungen der Beteiligten und mit vollständiger Begutachtung durchzuführen. Streit herrschte bislang hinsichtlich der Frage, welches Betreuungsgericht örtlich zuständig ist. Teilweise wird angenommen, dass das Gericht, das die Erstunterbringung angeordnet hat, auch für die Verlängerung örtlich zuständig sei.[18] Dafür scheint nun auch § 2 Abs. 2 zu sprechen. Dem wird zu Recht entgegen gehalten, dass es sich bei der Verweisung in Abs. 2 S. 1 um eine ausnahmslose Verweisung auf alle Verfahrensvorschriften der §§ 312 ff. handle und dass damit alle Varianten des § 313 möglich seien.[19] Dem FGG-RG kann der Wille hieran etwas zu ändern, nicht entnommen werden. Einzige verfahrensrechtliche Besonderheit des Verlängerungsverfahrens ist S. 2, der das Ermessen des Gerichts hinsichtlich des zu bestellenden Sachverständigen verengt.

10 **3. Neuer Sachverständiger.** Mit Abs. 2 S. 2 soll verhindert werden, dass bei längerfristigen Unterbringungen eine diagnostische Verfestigung eintritt und der Sachverständige, der sich schon

---

[9] OLG Hamm Rpfleger 2000, 14.
[10] BayObLG FamRZ 2004, 1323; *Bassenge/Roth* § 70g FGG Rn. 11; aA HK-BUR/*Hoffmann* § 70g FGG Rn. 35.
[11] *Keidel/Kuntze/Winkler/Kayser* § 70g FGG Rn. 18. Gefährdet der Betreuer das Betreutenwohl, indem er von der Genehmigung keinen Gebrauch macht, dann besteht die Möglichkeit, gegen ihn nach §§ 1901 Abs. 2, 1837 Abs. 1–3, 1908i Abs. 1 S. 1 BGB vorzugehen.
[12] BayObLG FamRZ 1995, 1296; ebenso *Bassenge/Roth* § 70g FGG Rn. 11.
[13] OLG Hamm Rpfleger 2000, 14; ebenso *Keidel/Kuntze/Winkler/Kayser* § 70g FGG Rn. 14.
[14] *Keidel/Kuntze/Winkler/Kayser* § 70g FGG Rn. 14 (m. weit. Nachw. aus der älteren Rspr.); aA *Damrau/Zimmermann* § 70g FGG Rn. 12; HK-BUR/*Hoffmann* § 70g FGG Rn. 9.
[15] *Keidel/Kuntze/Winkler/Kayser* § 70g FGG Rn. 14; aA *Bassenge/Roth* § 70g FGG Rn. 11; HK-BUR/*Hoffmann* § 70g FGG Rn. 35; *Jürgens/Mertens* § 70g FGG Rn. 8.
[16] BayObLG FamRZ 1995, 1296.
[17] BT-Drucks. 11/4528, S. 186; *Damrau/Zimmermann* § 70i FGG Rn. 8.
[18] LG Tübingen FamRZ 1995, 485; *Keidel/Budde* Rn. 5.
[19] *Bassenge/Roth* § 70i FGG Rn. 8; HK-BUR/*Hoffmann* § 70i FGG Rn. 22; *Jurgeleit/Diekmann* § 70i FGG Rn. 8.

einmal zur Frage des Vorliegens der Unterbringungsvoraussetzungen geäußert oder die betroffene Person behandelt hat, deren Fortbestehen nicht so kritisch prüft, als hätte er die betroffene Person noch nicht vorher gesehen. Das kann einem eventuellen Verdacht der betroffenen Person, der Gutachter sei ihr gegenüber voreingenommen, entgegenwirken[20] und so die Rechtsposition der untergebrachten Person stärken.[21] **Ausschlussgründe** für einen Sachverständigen sind **vorherige Begutachtung, vorherige Behandlung** und/oder **Beschäftigung in der Unterbringungseinrichtung,** in der die betroffene Person untergebracht ist. Keine Bedenken bestehen dagegen, dass der neue Sachverständige Einsicht in das Gutachten eines früheren Sachverständigen nimmt.[22] Die Gesamtdauer von mehr als vier Jahren, welche eine Beauftragung eines neuen Sachverständigen erzwingt, berechnet sich aus der Zeit, die zwischen dem Wirksamwerden der ersten Anordnung bis zum Endtermin der vorgesehenen Verlängerung bei ununterbrochener Unterbringung verstrichen sein wird.[23] Das bedeutet, dass dann, wenn immer die Höchstdauer nach Abs. 1 ausgeschöpft wird, ab der zweiten Verlängerung ein neuer Sachverständiger beauftragt werden muss. Lediglich kurze Unterbrechungen der Unterbringung (Entweichen, Heileingriff außerhalb der Anstalt) werden bei der Berechnung nicht mitgezählt. Das gilt auch für die Aussetzung des Vollzuges nach § 328, weil diese sich nicht auf das Bestehen der Unterbringung auswirkt.

Das Gesetz stellt die Bestellung eines neuen Sachverständigen in das pflichtgemäße Ermessen des Gerichts („soll bestellt werden"), wobei Ausnahmen hiervon eingehend zu begründen sind und nur dann möglich sind, wenn eine spezifische, geforderte Sachkunde nicht bei einem anderen Sachverständigen gefunden werden kann oder wenn ein anderer als ein nach S. 2 ausgeschlossener Arzt nach § 321 Abs. 1 S. 4 nicht oder nur schwer erreichbar ist.[24] Der neue Sachverständige muss die Qualifikationsvoraussetzungen des § 321 Abs. 1 S. 4 erfüllen. Unschädlich soll es trotz eindeutigem Gesetzeswortlaut sein, wenn der neue Sachverständige die untergebrachte Person viele Jahre vor Beginn der jetzt bestehenden Unterbringung an anderer Stelle behandelt hat, denn sichergestellt sein soll nur, dass eine Unterbringung mit einer Gesamtdauer von mehr als vier Jahren nicht auf Grund einer fest gefügten Meinung eines Sachverständigen länger als erforderlich aufrechterhalten wird. Diese Gefahr besteht bei lange zurückliegenden, mit der jetzigen lang dauernden Unterbringung in keinem Zusammenhang stehenden Behandlungen nicht.[25]

Problematisch ist, dass § 329 Abs. 2 S. 2 mit dem Ausschlussgrund „Beschäftigung in der Unterbringungseinrichtung" zu verstehen gibt, dass er **für unterbringungsähnliche Maßnahmen nicht gilt.**[26] Theoretisch könnte so bei den unterbringungsähnlichen Maßnahmen immer wieder derselbe Arzt eingeschaltet werden. Das aber würde dem Schutzgedanken des § 329 Abs. 2 widersprechen. Auch hier ist also bei so lange andauernden unterbringungsähnlichen Maßnahmen der Arzt zu wechseln, weil anderenfalls ein Aufklärungsmangel vorliegen dürfte.[27]

§ 330 Aufhebung der Unterbringung

¹ Die Genehmigung oder Anordnung der Unterbringungsmaßnahme ist aufzuheben, wenn ihre Voraussetzungen wegfallen. ² Vor der Aufhebung einer Unterbringungsmaßnahme nach § 312 Nr. 3 soll das Gericht die zuständige Behörde anhören, es sei denn, dass dies zu einer nicht nur geringen Verzögerung des Verfahrens führen würde.

1. Normzweck; Anwendungsbereich. Ungeachtet der Tatsache, für welche Dauer eine Unterbringungsmaßnahme angeordnet oder genehmigt wurde und wie viel Zeit seitdem verstrichen ist, erhebt § 330 den **Erforderlichkeitsgrundsatz,** wonach eine Freiheitsentziehung nach § 312 sofort **von Amts wegen** beendet werden muss, wenn die materiellen Voraussetzungen nicht mehr gegeben sind, die zu ihrer Anordnung/Genehmigung geführt haben, zur prozessualen Grundregel, wobei es

---

[20] *Damrau/Zimmermann* § 70i FGG Rn. 9.
[21] *Bienwald* § 70i FGG Rn. 16.
[22] *Damrau/Zimmermann* § 70i FGG Rn. 9.
[23] *Bassenge/Roth* § 70i FGG Rn. 10; weitergehend *Damrau/Zimmermann* § 70i FGG Rn. 9: Beginn der bestehenden Unterbringung bis zum Erlass der Letzten tatrichterlichen Entscheidung (gemeint ist wohl: der Letzten tatrichterlichen Entscheidung über die Verlängerung); vgl. a. *Keidel/Budde* Rn. 5.
[24] BT-Drucks. 11/4528, S. 186.
[25] BayObLG FamRZ 1994, 320 (acht Jahre vor Beginn der bestehenden Unterbringung).
[26] So auch *Bienwald* § 70i FGG Rn. 19; *Damrau/Zimmermann* § 70i FGG Rn. 10; *Keidel/Kuntze/Winkler/Kayser* § 70i FGG Rn. 9.
[27] So *Bienwald* § 70i FGG Rn. 19. Dass unterbringungsähnliche Maßnahmen von so langer Dauer ausgeschlossen sein sollen, wie *Bienwald* an gleicher Stelle überlegt, lässt sich dem Gesetz an keiner (anderen) Stelle entnehmen. Praktisch kann das durchaus vorkommen.

§ 330 2–4   Buch 3. Abschnitt 2. Verfahren in Unterbringungssachen

nicht darauf ankommt, ob neue tatsächliche Umstände eingetreten sind. Immer dann, wenn sich herausstellt, dass eine Inhaftierung zu Unrecht besteht, muss sie sofort beendet werden. Ist die betroffene Person zivilrechtlich untergebracht, dann hat der Betreuer die Unterbringung nach § 1906 Abs. 3 BGB bei Wegfall der Voraussetzungen zu beenden, § 330 ergänzt diese Betreuerpflicht. Kommt der Betreuer dieser Pflicht nicht nach, dann hat das Gericht, sobald es vom Fortfall der Unterbringungsvoraussetzungen Kenntnis erlangt, allein und von sich aus für die Beendigung der Unterbringungsmaßnahme zu sorgen[1] und den Betreuer hierzu nach §§ 1837, 1908i Abs. 1 S. 1 BGB anzuhalten.[2] Das ist auch dann nötig, wenn die betroffene Person bei Fortbestand der Unterbringungsmaßnahme probeweise nach § 328 entlassen worden ist, damit nicht erneut ohne gerichtliche Prüfung von der fortbestehenden Genehmigung Gebrauch gemacht wird.[3] Auch dann, wenn der Betreuer die untergebrachte Person vorzeitig endgültig entlassen hat und dadurch der Unterbringungsbeschluss inhaltlich verbraucht ist, ist die Genehmigung zur Beseitigung des von ihr ausgehenden Rechtsscheins aufzuheben.[4] § 330 gilt für **alle Unterbringungsmaßnahmen** nach § 312 und gilt **für einstweilige Anordnungen** und **Hauptsacheentscheidungen**.[5] § 330 ersetzt den bisher geltenden § 70i Abs. 1 FGG aF – ohne inhaltliche Abweichungen zu bieten.[6]

2 **2. Verfahren. a) Allgemeines.** Die Aufhebung nach § 330 ist keine eigene Unterbringungssache nach § 312: Die Aufhebung ist das Gegenteil einer Unterbringungsmaßnahme.[7] Deswegen existieren für die Aufhebung der Unterbringung keine eigenen Verfahrensregelungen.[8] Die analoge Anwendung der Verfahrensregeln nach §§ 313 ff. würde aber für das Aufhebungsverfahren mehr regeln als in diesem notwendig erscheint.[9] Deswegen wurde bisher davon ausgegangen, dass nur einige für die Aufhebung wichtige prozessuale Regeln gelten müssen,[10] um Verzögerungen zu vermeiden, damit die untergebrachte Person nicht länger als erforderlich untergebracht bleibt.[11] Das sind etwa §§ 313, 315, 325.

3 **b) Ermittlungen.** Ob eine Anhörung der untergebrachten Person durchzuführen und/oder ein erneutes Gutachten nach § 321 einzuholen ist, entscheidet das Gericht von Amts wegen nach pflichtgemäßem Ermessen, § 26,[12] unter Beachtung des Erforderlichkeitsgrundsatzes. Kann das Gericht auch anderweit feststellen, ob die Voraussetzungen der Unterbringung noch bestehen, darf die betroffene Person nicht einem zeitraubenden Anhörungs- und Begutachtungsprocedere unterworfen werden. Bei eindeutiger Sachlage muss das Gericht eine Unterbringungsmaßnahme unverzüglich aufheben. Ist die Sachlage weniger eindeutig, dann folgt aus einem mit Gründen versehenen Antrag der betroffenen Person aus dem Amtsermittlungsgrundsatz des § 26 die Pflicht, die betroffene Person persönlich anzuhören und ein Sachverständigengutachten einzuholen.[13]

4 **c) Zuständigkeit.** Die sachliche und die örtliche Zuständigkeit richten sich nach der Zuständigkeit für das Anordnungsverfahren.[14] Örtlich zuständig ist daher das Gericht, das die Anordnung erlassen hat oder das, das über eine eventuelle Verlängerung zu entscheiden hätte – das anordnende Gericht ist daher nicht a priori örtlich für die Aufhebung zuständig.[15] Funktionell zuständig ist der Richter,[16] weil es sich bei der Aufhebung einer Unterbringungsmaßnahme obschon nicht um eine Unterbringungssache, so doch über eine Verrichtung auf Grund des § 1906 BGB handelt.[17]

---

[1] BT-Drucks. 11/4528, S. 148.
[2] *Keidel/Kuntze/Winkler/Kayser* § 70i FGG Rn. 2; HK-BUR/*Hoffmann* § 70i FGG Rn. 5; *Jansen/Sonnenfeld* § 70i FGG Rn. 3; PK-BUV/*Locher* § 70i FGG Rn. 2.
[3] BT-Drucks. 11/4528, S. 148.
[4] OLG Hamm NJW-RR 2000, 669; BayObLG BtPrax 1995, 144; PK-BUV/*Locher* § 70i FGG Rn. 2.
[5] PK-BUV/*Locher* § 70i FGG Rn. 1.
[6] BT-Drucks. 16/6308, S. 275.
[7] BT-Drucks. 11/4528, S. 220 (Stellungnahme des Bundesrates zum RegE des BtG).
[8] *Bienwald* § 70i FGG Rn. 4.
[9] OLG Frankfurt BtPrax 2002, 43: Die speziellen unterbringungsrechtlichen Verfahrensregeln gelten nicht.
[10] *Bassenge/Roth* § 70i FGG Rn. 2; *Bienwald* § 70i FGG Rn. 5.
[11] *Keidel/Kuntze/Winkler/Kayser* § 70i FGG Rn. 3.
[12] OLG Frankfurt BtPrax 2002, 43; *Bassenge/Roth* § 70i FGG Rn. 4; HK-BUR/*Hoffmann* § 70i FGG Rn. 8; PK-BUV/*Locher* § 70i FGG Rn. 3; *Keidel/Budde* Rn. 3.
[13] *Bassenge/Roth* § 70i FGG Rn. 4; HK-BUR/*Hoffmann* § 70i FGG Rn. 8; *Damrau/Zimmermann* § 70i FGG Rn. 2.
[14] *Bienwald* § 70i FGG Rn. 6; *Keidel/Kuntze/Winkler/Kayser* § 70i FGG Rn. 3.
[15] HK-BUR/*Hoffmann* § 70i FGG Rn. 7; *Bassenge/Roth* § 70i FGG Rn. 3; *Jürgens/Mertens* § 70i FGG Rn. 3.
[16] HK-BUR/*Hoffmann* § 70i FGG Rn. 7.
[17] *Bienwald* § 70i FGG Rn. 6.

Einstweilige Anordnung 1 § 331

d) Aufhebung bei öffentlichrechtlicher Unterbringung. Für wichtig wird von § 330 selbst 5
aber bei öffentlichrechtlicher Unterbringung die **Anhörung der Behörde** erachtet. Das soll der Behörde die Möglichkeit geben, Bedenken im Interesse der öffentlichen Sicherheit und Ordnung vorzutragen und für den Fall der Aufhebung der Unterbringungsmaßnahme erforderliche Vorkehrungen treffen zu können.[18] Diese soll in diesen Fällen nur dann nicht angehört werden, wenn diese Anhörung zu einer nicht nur geringen Verzögerung des Verfahrens führen würde. Die untergebrachte Person hat demnach geringfügige Verzögerungen zu dulden. Eine nur geringfügige Verzögerung liegt vor, wenn **Aufschub von einigen Stunden** entsteht.[19] Längere Verzögerungen sind allenfalls an Wochenenden bzw. Feiertagen hinzunehmen, wenn bei der Behörde per Telefon, Telefax und Email niemand erreicht werden kann.[20] An der Behördenprivilegierung wird zu Recht kritisiert, dass die Freiheit der Person auch bei der öffentlichrechtlichen Unterbringung Vorrang vor behördlichen Beteiligungsrechten haben müsse. Eine Verzögerung infolge Behördenanhörung ist demnach nur in dem Ausmaß hinzunehmen, wie ansonsten noch durchzuführende Ermittlungen es setzen.[21] Das dem Gericht eingeräumte Ermessen beschränkt sich darauf zu entscheiden, ob die Anhörung der Behörde zur Sachverhaltsfeststellung nichts beitragen kann.

e) Entscheidung; Bekanntmachung; Wirksamwerden. Die Entscheidung ergeht durch **Be-** 6
schluss. In ihm wird entweder die Genehmigung zur Unterbringung, die Genehmigung zur Anwendung unterbringungsähnlicher Maßnahmen oder die angeordnete Unterbringung aufgehoben oder die Aufhebung abgelehnt. Der Aufhebungsbeschluss ist nach § 41 der **betroffenen Person**, ihrem **Verfahrensbevollmächtigten** oder **Verfahrenspfleger** und demjenigen bekanntzumachen, dem die Unterbringung obliegt (**Betreuer** oder Vorsorgebevollmächtigter).[22] Die Aufhebung einer öffentlichrechtlichen Unterbringungsmaßnahme ist zusätzlich auch der **Behörde** bekanntzumachen. Das folgt jetzt nicht mehr aus § 330 selbst, sondern aus der allgemeinen Bekanntmachungsvorschrift des § 325 Abs. 2 S. 2.[23] Auf diese Weise wurde erreicht, dass die Betreuungsbehörde auch über die Aufhebung zivilrechtlicher Unterbringungen informiert wird,[24] denn §§ 325 Abs. 2 S. 2 und 320 S. 2 gelten für alle Unterbringungssachen. Das Wirksamwerden richtet sich nach § 40. Gleiches gilt für die Ablehnung der Aufhebung.

f) Anfechtung. Die Anfechtung sowohl des Aufhebungs-, als auch des Aufhebungsablehnungs- 7
beschlusses mit der **Beschwerde** richtet sich nach § 58.

§ 331 Einstweilige Anordnung

¹ Das Gericht kann durch einstweilige Anordnung eine vorläufige Unterbringungsmaßnahme anordnen oder genehmigen, wenn
1. dringende Gründe für die Annahme bestehen, dass die Voraussetzungen für die Genehmigung oder Anordnung einer Unterbringungsmaßnahme gegeben sind und ein dringendes Bedürfnis für ein sofortiges Tätigwerden besteht,
2. ein ärztliches Zeugnis über den Zustand des Betroffenen vorliegt,
3. im Fall des § 317 ein Verfahrenspfleger bestellt und angehört worden ist und
4. der Betroffene persönlich angehört worden ist.

² Eine Anhörung des Betroffenen im Wege der Rechtshilfe ist abweichend von § 319 Abs. 4 zulässig.

I. Allgemeines

1. Normzweck. Da das Verfahren zur Anordnung einer endgültigen Unterbringungsmaßnahme 1
(**Hauptsacheverfahren**) wegen der Anhörungs- und Begutachtungserfordernisse oft längere Zeit in Anspruch nimmt, die Gefahrenabwehr oder die Sicherung des Wohls der betroffenen Person aber

---
[18] BT-Drucks. 11/4528, 220, S. 234.
[19] *Damrau/Zimmermann* § 70i FGG Rn. 6.
[20] So richtig *Damrau/Zimmermann* § 70i FGG Rn. 6; *Jürgens/Mertens* § 70i FGG Rn. 4; HK-BUR/*Hoffmann* § 70i FGG Rn. 9.
[21] Vgl. *Bienwald* § 70i FGG Rn. 11.
[22] *Bassenge/Roth* § 70i FGG Rn. 5; *Keidel/Kuntze/Winkler/Kayser* § 70i FGG Rn. 6; HK-BUR/*Hoffmann* § 70i FGG Rn. 11.
[23] BT-Drucks. 16/6308, S. 275.
[24] Hiergegen noch *Damrau/Zimmermann* § 70i FGG Rn. 7.

schnelles oder sofortiges Eingreifen verlangt,[1] braucht es das **Verfahren der einstweiligen Anordnung,** in dem (nur) **vorläufige Unterbringungsmaßnahmen** angeordnet oder genehmigt werden können. Dieses Verfahren ist auch kostenrechtlich ein **selbstständiges Verfahren,**[2] § 51 Abs. 3. Es wird in den §§ 331 bis 334 den besonderen Verhältnissen bei Unterbringungen angepasst. Neben dem selbstständigen Verfahren der einstweiligen Anordnung kann das Gericht ein Hauptsacheverfahren von Amts wegen einleiten. Das ist immer dann geboten, wenn der Sachverhalt Anlass zu der Vermutung gibt, dass die Frist, für welche vorläufige Unterbringungsmaßnahmen angeordnet werden dürfen (§ 333) nicht ausreichen wird, um den Zweck der Unterbringung zu erreichen. Unterlässt das Gericht die Einleitung eines solchen Hauptsacheverfahrens, eröffnet § 51 Abs. 2 der betroffenen Person die Erzwingung eines solchen durch Antrag. Das bedeutet, dass nach dem FamFG Unterbringungsverfahren möglich sind, die nie in ein Hauptsacheverfahren einmünden.[3]

2   § 331 als Grundnorm für die **gewöhnliche einstweilige Anordnung** in Unterbringungssachen entspricht in ihrer Struktur und in ihrem Wortlaut passgenau § 300 Abs. 1 in Betreuungssachen.[4] Die praktische Bedeutung der Grundnorm ist gering, denn das Zeitersparnispotential gegenüber dem Hauptsacheverfahren ist marginal – letztlich besteht die zeitliche Erleichterung darin, statt eines Gutachtens nach § 321 im Wege des **Freibeweises,** § 29, auf ein ärztliches Zeugnis zurückgreifen zu können. Deswegen sieht § 332 die Möglichkeit der **eiligen einstweiligen Anordnung** vor, die es erlaubt, zusätzlich auf die Anhörung der unterzubringenden Person und auf die Bestellung und Anhörung eines Verfahrenspflegers zu verzichten. Damit ist die Sofortentscheidung des Betreuungsrichters am Stationsbett möglich. Die Masse der vorläufigen Unterbringungsmaßnahmen wird daher mittels eiliger einstweiliger Anordnung erlassen. § 333 regelt die Dauer einstweiliger Anordnungen. § 334 schließlich komplettiert das Verfahrensrecht der Eilentscheidungen für diejenigen Situationen zivilrechtlicher Unterbringungen, in denen das Betreuungsgericht mangels vorheriger Bestellung eines Betreuers keine Unterbringungsentscheidung des Betreuers genehmigen kann.

3   **2. Anwendungsbereich.** § 331 gilt für **alle Unterbringungssachen.** Jede Unterbringungsmaßnahme des § 312 kann in den zeitlichen Grenzen des § 333 als vorläufige Maßnahme mittels einstweiliger Anordnung ergehen.[5] Von § 331 unberührt bleiben die im jeweiligen Landesrecht (PsychKG/UnterbrG) vorgehaltenen behördlichen Eingriffsbefugnisse, die auch vorläufige oder sofortige Unterbringungen ermöglichen.[6] Insoweit § 331 keine abweichenden Regelungen trifft, gelten die §§ 313 ff. (also die Zuständigkeitsregeln, die Regeln über den Inhalt, die Bekanntgabe, das Wirksamwerden und die Anfechtung von Beschlüssen). §§ 331–334 ersetzen und entzerren den bisherigen § 70h FGG aF;[7] § 331 den bisherigen § 70h Abs. 1 S. 1 iVm. § 69f Abs. 1 FGG aF.

4   **3. Neuerungen im FamFG.** Einer dem Verweis des bisherigen § 70h Abs. 1 S. 2 FGG aF auf § 70d FGG aF entsprechenden Vorschrift bedurfte es nicht. Rechtliches Gehör ist den in dem bisherigen § 70d FGG aF Genannten dann zu gewähren, wenn sie als Beteiligte zum Verfahren hinzugezogen wurden. Die Vorschrift berührt diese Notwendigkeit der Gehörgewährung nicht. Nachfolgevorschriften für § 70h Abs. 1 S. 2 und S. 3 1. HS. FGG waren im Hinblick auf § 51 Abs. 2, der bestimmt, dass das Verfahren sich im Grundsatz nach den Vorschriften eines entsprechenden Hauptsacheverfahrens richtet, entbehrlich.[8]

II. Einstweilige Anordnung

5   **1. Voraussetzungen.** Die gesetzliche Formulierung der einzelnen Voraussetzungen entspricht genau dem auch in § 300 gewählten Muster. Auf die Kommentierung dort[9] wird daher verwiesen. Vorliegen müssen in Unterbringungssachen die Voraussetzungen von § 1906 BGB. Das bedeutet für die zivilrechtliche Unterbringung, dass schon ein (vorläufiger) Betreuer mit dem Aufgabenkreis „Unterbringung" bestellt sein muss und dieser die Genehmigung der Unterbringung beantragt hat

---

[1] Beispiel nach *Damrau/Zimmermann* § 70h FGG Rn. 1: Die betroffene Person hielt sich bislang freiwillig in einer Unterbringungsanstalt auf, verlangt aber nun plötzlich ihre Entlassung und soll zurückgehalten werden.
[2] *Keidel/Budde* Rn. 1; im Unterschied zum bisherigen Recht, in dem die einstweilige Anordnung als Zwischenentscheidung im Hauptsacheverfahren erging; vgl. *Bassenge/Roth* § 70h FGG Rn. 1; PK-BUV/*Locher* § 70h FGG Rn. 1; *Keidel/Kuntze/Winkler/Kayser* § 70h FGG Rn. 13.
[3] *Zimmermann* FamFG Rn. 585. Das hat durchaus praktische Konsequenzen, wie sich an der Frage der Angehörigenanhörung zeigt; vgl. unten Rn. 11.
[4] Auf die dortige Kommentierung wird daher verwiesen.
[5] *Bassenge/Roth* § 70h FGG Rn. 3.
[6] *Keidel/Kuntze/Winkler/Kayser* § 70h FGG Rn. 1.
[7] Zur Geschichte der Vorgängernorm vgl. *Bienwald* § 70h FGG Rn. 1.
[8] BT-Drucks. 16/6308, S. 275.
[9] Oben § 300 Rn. 7 ff.

oder zeitgleich beantragt.[10] Bei der öffentlichrechtlichen Unterbringung muss ein entsprechender Antrag der zuständigen Behörde gestellt sein. Das Gericht hat bei seiner Entscheidung **kein Ermessen,** auch wenn der Wortlaut[11] das vermuten lässt. Die einstweilige Anordnung ist zu erlassen, wenn die Voraussetzungen dafür vorliegen.

a) Eilbedürftigkeit. Mit dem Abstellen auf **dringende Gründe** für die Annahme, dass die Voraussetzungen einer Unterbringungsmaßnahme nach § 312 vorliegen, fordert das Gesetz einerseits eine **erhebliche Wahrscheinlichkeit** eines solchen Vorliegens und andererseits **erhebliche Nachteile** für die Rechtsgüter der betroffenen Person[12] oder (durch die betroffene Person gefährdeter) Dritter **bei Aufschub.**[13] Beide müssen sich aus den konkreten Tatsachen ergeben[14] und glaubhaft sein.[15] Insbesondere müssen die Tatsachen, die, obzwar kein Strengbeweisverfahren durchgeführt wird, sorgfältig zu ermitteln sind,[16] ergeben, warum mit der Unterbringung oder der unterbringungsähnlichen Maßnahme nicht bis zum Abschluss eines Hauptsacheverfahrens zugewartet werden kann.[17] Bei **einer ernsthaften, einer konkreten Person geltenden Todesdrohung** der betroffenen Person ist das gegeben; es darf dann regelmäßig nicht abgewartet werden, bis sich die Gefahr für das betroffene Rechtsgut verdichtet hat und uU. nicht mehr kontrollierbar ist.[18] Die **Behandlungsbedürftigkeit** der betroffenen Person **allein** ist nur dann geeignet, vorläufige Maßnahmen zu rechtfertigen, wenn der mit der Durchführung eines Hauptsacheverfahrens verbundene Aufschub eine akute Verschlechterung des Gesundheitszustandes befürchten lässt.[19] Auch eine **ungeklärte Wohnsituation** der betroffenen Person vermag eine sofortige Unterbringung nach § 1906 BGB jedenfalls nicht zu rechtfertigen.[20] Bejaht das Gericht eine Fremdgefährdung, müssen die bedrohten Rechtsgüter benannt werden; nicht ausreichend ist es, wenn die betroffene Person damit **droht, sie könne boxen.**[21] Nicht ausreichend ist es ferner, wenn das Gericht lediglich feststellt, die betroffene Person komme **derzeit mit dem Leben nicht klar.**[22] Schließlich sind die Voraussetzungen von § 331 nicht dargelegt, wenn die ärztliche Stellungnahme lediglich die Diagnose einer psychischen Erkrankung, nämlich einer paranoid-halluzinatorischen Psychose enthält und sich die Ausführungen des Arztes und des Gerichts auf eine **Wiedergabe der gesetzlich geregelten** und von der Rspr. entwickelten **Voraussetzungen** der vorläufigen Unterbringung beschränken.[23] Keinesfalls genügt es, wenn eine Heilbehandlung nur wünschenswert oder indiziert ist.[24] Zu beachten ist, dass das Gericht alle zur Verfügung stehenden Auskunftsmöglichkeiten ausschöpft, soweit es die Dringlichkeit der Sache zulässt.[25] Darüber hinaus muss der Sachverhalt nicht vollständig aufgeklärt werden, es genügt Glaubhaftmachung.[26] Das Gericht kann sich deshalb mit den Unterlagen bescheiden, die ihm der Antragsteller (Betreuer, Vorsorgebevollmächtigter) oder die zuständige Behörde vorlegen.[27]

b) Ärztliches Zeugnis. Im Unterschied zum Hauptsacheverfahren genügt bei der gewöhnlichen einstweiligen Anordnung ein ärztliches Zeugnis, welches das Vorliegen der Unterbringungsvoraus-

---

[10] *Damrau/Zimmermann* § 70h FGG Rn. 3; *Bienwald* § 70h FGG Rn. 3.
[11] *Damrau/Zimmermann* § 70h FGG Rn. 10: „kann" beschreibe nur die „Rechtsmacht" des Gerichts.
[12] Kein Nachteil bei psychiatrischer Behandlungsbedürftigkeit, die weder die betroffene Person noch Dritte tangiert; vgl. die Entscheidung des BVerfG FamRZ 1998, 895.
[13] S. a. *Bienwald* § 70h FGG Rn. 4.
[14] OLG Bremen BtPrax 2007, 87; BayObLG FamRZ 2005, 477; BayObLG NJW-RR 2001, 654.
[15] OLG Schleswig FamRZ 1994, 781.
[16] *Bassenge/Roth* § 70h FGG Rn. 4.
[17] OLG Karlsruhe FGPrax 2000, 156.
[18] OLG Schleswig SchlHA 2006, 139: unklar war nach den Feststellungen, ob die betroffene Person ernsthaft gedroht habe, den Amtstierarzt, der die Rinder der betroffenen Person mit Ohrmarken habe kennzeichnen wollen, umzubringen.
[19] OLG Köln FGPrax 2006, 232; BayObLG FamRZ 2000, 566; s. a. BVerfG FamRZ 1995, 895. Zur „Gefahr einer Chronifizierung des Krankheitsbildes, wenn Behandlungs- und Medikamentencompliance nicht gegeben ist" vgl. OLG Brandenburg BtPrax 2007, 223.
[20] OLG Bremen BtPrax 2007, 87.
[21] OLG Köln OLGR Köln 2006, 164.
[22] OLG München OLGR München 2006, 26.
[23] OLG München RuP 2007, 195: Sachverhalt: Ein Jurastudent behauptete nach nicht bestandenem Examen, die Ergebnisse müssten manipuliert worden sein, er habe nach den Klausuren ein gutes Gefühl gehabt und auch im Probeexamen immer alles gewusst. Kommilitonen brachten ihn ins Krankenhaus, dort diagnostizierte ein Arzt eine paranoid-halluzinatorische Psychose. Der Amtsrichter ordnete die vorläufige Unterbringung an.
[24] OLG München RuP 2007, 195.
[25] BVerfG FamRZ 2002, 1021; PK-BUV/*Locher* § 70h FGG Rn. 2.
[26] OLG Hamm FamRZ 2008, 1116; OLG Zweibrücken FGPrax 2006, 235; *Keidel/Budde* Rn. 2: „summarische Prüfung".
[27] OLG Schleswig FamRZ 1994, 781.

setzungen glaubhaft machen muss.[28] Es muss sich also inhaltlich zum psychischen und geistigen oder seelischen Zustand[29] der unterzubringenden Person (**Krankheit, Schwere** derselben, **Auswirkungen** derselben) und zur Notwendigkeit einer Unterbringung oder unterbringungsähnlichen Maßnahme[30] äußern. Außerdem muss das Zeugnis erklären, warum die Unterbringungsmaßnahme nicht aufgeschoben werden darf und welche weiteren psychischen und geistigen oder seelischen Schäden oder sonstigen Gefahren für die betroffene Person oder Dritte anderenfalls drohen.[31] Damit dient das Zeugnis/Attest entscheidend der Glaubhaftmachung der Unterbringungsvoraussetzungen. Wie § 300 auch schreibt § 331 eine bestimmte **Qualifikation des** das Zeugnis/Attest abgebenden **Arztes** nicht vor. Teilweise wird daher vertreten, dass deswegen die einstweilige Entscheidung des Gerichts auf das Zeugnis/Attest jedes approbierten Arztes gestützt werden kann und dass das Gericht den Beweiswert des Zeugnisses/Attestes nach § 26 bewerten müsse. So sei das Zeugnis eines Orthopäden oder Augenarztes als zwar möglich, aber idR. unzureichend anzusehen.[32] Diese Ansicht überzeugt nicht. Da der entscheidende Richter in jedem Falle allerhöchstens ein guter Dilettant ist, muss angesichts der Schwere des der betroffenen Person drohenden Eingriffs sichergestellt sein, dass auch bei der nur der Gefahrenabwehr dienenden Unterbringung ein auf psychiatrischem und psychologischem Gebiet erfahrener Arzt attestiert.[33] Diese Gewähr bietet ein Facharzt für Orthopädie oder Haut- und Geschlechtskrankheiten von vornherein nicht. Immer dann, wenn die Qualifikation des attestierenden Arztes sich nicht schon aus seiner Berechtigung, eine bestimmte Facharztbezeichnung zu führen, ergibt, hat das Gericht die Qualifikation gerade dieses Arztes in der Entscheidung besonders zu begründen.[34] Der behandelnde Arzt scheidet als Attestator nach einer Entscheidung des LG Tübingen nicht von vornherein aus.[35]

8   Nicht vorgeschrieben ist ferner, dass der attestierende **Arzt die unterzubringende Person** vor der Erteilung des Zeugnisses/Attestes **persönlich zu untersuchen oder zu befragen** hätte. Eine ärztliche Stellungnahme ohne eine solche Untersuchung ist jedoch kein ärztliches Zeugnis.[36] Auch die jüngere Rspr. fordert, dass dem Zeugnis eine zeitnahe persönliche Untersuchung vorauszugehen habe.[37] Das ergibt sich auch aus einem Blick auf das Gefahrenabwehrrecht einzelner Länder. So fordern einige PsychKG'e, dass dem ein Verfahren nach § 312 Nr. 3 einleitenden Antrag der Behörde ein ärztliches Zeugnis beizufügen sei, dem eine Untersuchung der betroffenen Person vorausgegangen sein muss und setzen teilweise enge Fristen, die zwischen Untersuchung und Zeugniserteilung verstreichen dürfen.[38] Schließlich sieht das Gesetz die Beachtung einer bestimmten Form nicht vor. Das Zeugnis/Attest kann daher vor dem Gericht mündlich erteilt werden. Hierüber ist dann ein Vermerk anzufertigen.

9   **c) Bestellung/Anhörung des Verfahrenspflegers.** Die Bestellung und die Anhörung[39] eines Verfahrenspflegers für die betroffene Person richtet sich in Unterbringungssachen nach § 317.[40] Bei der gewöhnlichen einstweiligen Anordnung hat das Gericht den Verfahrenspfleger vor der Entscheidung zu bestellen, nur die eilige einstweilige Anordnung bei Gefahr im Verzug erlaubt eine Entscheidung ohne vorherige Verfahrenspflegerbestellung.[41]

---

[28] *Bassenge/Roth* § 70h FGG Rn. 5.
[29] *Keidel/Kuntze/Winkler/Kayser* § 70h FGG Rn. 6.
[30] OLG Hamm FGPrax 2006, 232; BayObLG FamRZ 1999, 1612.
[31] OLG Köln FGPrax 2006, 232.
[32] *Bassenge/Roth* § 70h FGG Rn. 5. Zum Zeugnis eines Orthopäden in Unterbringungssachen OLG Zweibrücken BtPrax 2003, 80.
[33] OLG Zweibrücken FGPrax 2006, 235 und BtPrax 2003, 80; *Keidel/Budde* Rn. 4; *Damrau/Zimmermann* § 70h FGG Rn. 5; *Jansen/Sonnenfeld* § 70h FGG Rn. 12; PK-BUV/*Locher* § 70h FGG Rn. 4; *Jurgeleit/Diekmann* § 70h FGG Rn. 4.
[34] OLG Zweibrücken BtPrax 2003, 80; BayObLG FamRZ 1999, 1611; PK-BUV/*Locher* § 70h FGG Rn. 4.
[35] LG Tübingen FamRZ 1996, 1344; *Damrau/Zimmermann* § 70h FGG Rn. 5.
[36] Oben § 300 Rn. 11; aA *Bassenge/Roth* § 70h FGG Rn. 5: Zeugnis ohne Untersuchung möglich, wenn auch kritisch zu prüfen.
[37] OLG Köln FGPrax 2006, 232.
[38] Vgl. § 7 Abs. 2 S. 3 ThürPsychKG; § 2 Abs. 1 S. 2 SchlHPsychKGVO.
[39] Dass auch die Anhörung des Verfahrenspflegers erforderlich ist, stellt § 331 S. 1 Nr. 3 erneut eindeutig klar. Damit ist die These *Zimmermanns*, die Anhörung des Verfahrenspflegers nach früherem Recht beruhe auf einem Redaktionsversehen (*Damrau/Zimmermann* § 70 FGG Rn. 6), widerlegt. Ob der Gesetzgeber damit einen zweiten Redaktionsfehler begangen hat, wäre eine interessante methodologische Fragen aufwerfende Vermutung. Der Begründung zum FGG-RG ist insoweit nichts zu entnehmen, so dass das Beibehalten einer Regelung gegen literarischen Widerspruch als Bekräftigung zu verstehen ist. S. a. *Keidel/Budde* Rn. 5.
[40] Vgl. die Kommentierung dort; insbesondere § 317 Rn. 4–6.
[41] PK-BUV/*Locher* § 70h FGG Rn. 6.

d) Persönliche Anhörung der betroffenen Person. Entscheidet das Gericht durch gewöhnliche einstweilige Anordnung, dann hat es die betroffene Person **vor der Entscheidung** persönlich anzuhören. Für die Anhörung gilt § 319 vollumfänglich.[42] Auch in Eilverfahren dient die Anhörung der betroffenen Person nicht nur der Gewährung des rechtlichen Gehörs; sie soll dem Gericht einen unmittelbaren Eindruck von der betroffenen Person und ihrer Erkrankung verschaffen und es in die Lage versetzen, seine Kontrollfunktion gegenüber Gutachtern und Zeugen wahrzunehmen.[43] Das Gericht muss sich demnach von der betroffenen Person (nach hier vertretener Ansicht)[44] immer einen unmittelbaren Eindruck verschaffen, es sei denn über den Verlauf des Verfahrens zu unterrichten. Das verfahrensrechtliche Gebot der vorherigen persönlichen Anhörung des Betroffenen wird (schwer) verletzt, wenn das Wohnsitzgericht im schriftlichen Verfahren eine vorläufige geschlossene Unterbringung genehmigt und sich darauf beschränkt, das Anstaltsgericht um die nachträgliche Anhörung des Betroffenen zu ersuchen, die erst nach neun Tagen durchgeführt wird.[45] Das Gericht kann die betroffene Person durch die zuständige Betreuungsbehörde nach § 319 Abs. 5 vorführen lassen.[46] Es kann zur Anhörung nach § 26 einen Sachverständigen hinzuziehen. Nach Abs. 1 S. 2 kann die Anhörung der betroffenen Person ferner auch durch einen ersuchten Richter im Wege der **Rechtshilfe** erfolgen. Dies dient der Vorbeugung gegen Zeitverlust. Unterbleibt die vorherige Anhörung zu Unrecht (weil keine Gefahr im Verzuge war), dann heilt die spätere Anhörung den ungerechtfertigten Grundrechtseingriff nicht.[47]

e) Anhörung der sonstigen Beteiligten. Auch bei der gewöhnlichen einstweiligen Anordnung ist wie im Hauptsacheverfahren die Anhörung der sonstigen Beteiligten grundsätzlich nötig. Dies ergibt sich jedoch nicht (mehr) aus § 331 selbst. Rechtliches Gehör ist den in dem bisherigen § 70d FGG aF Genannten dann zu gewähren, wenn sie als Beteiligte zum Verfahren hinzugezogen wurden; § 331 soll diese Notwendigkeit der Gehörgewährung nicht berühren.[48] Hieraus darf aber nicht entnommen werden, dass es zulässig wäre, durch Nichtbestellung bekannter Angehöriger und sonstiger in § 315 genannter Personen und Stellen deren Anhörung vor Erlass einer gewöhnlichen einstweiligen Anordnung zu unterlaufen. Da die gewöhnliche einstweilige Anordnung ohnehin in der Praxis keine besondere Bedeutung hat, ist dieses Problem etwas abgemildert. Die sonstigen Beteiligten nach § 315 werden, nachdem eine eilige einstweilige Anordnung ergangen ist, im Hauptsacheverfahren gehört. Gleichwohl kann es nun infolge der Verselbstständigung des Eilverfahrens vorkommen, dass unterbringungsbedürftige Personen ohne jede Beteiligtenanhörung für die Dauer des § 333 untergebracht werden.

2. Weitere Verfahrensregeln; Entscheidung. a) Allgemeines. Neben diesen spezifischen Eilverfahrensregeln gelten die Regeln des Hauptsacheverfahrens. Das bedeutet, dass das Verfahren keinen Antrag voraussetzt. Entschieden werden kann **von Amts wegen**.[49] Für die örtliche **Zuständigkeit** gilt nichts anderes als in § 313 angeordnet. Funktionell zuständig ist auch im Eilverfahren allein der Richter. Das Gericht entscheidet durch **Beschluss**. Dieser Beschluss ist (nunmehr keine Zwischenentscheidung mehr, sondern) eine **Endentscheidung**. Für den **Inhalt** des Beschlusses gelten §§ 38, 39, 323;[50] für das **Wirksamwerden** § 324;[51] für die Bekanntgabe § 325.[52] Regelmäßig ist die Anordnung der sofortigen Wirksamkeit nach § 324 Abs. 2 geboten.

b) Anfechtbarkeit. Der Beschluss ist mit der **Beschwerde**, § 58, anfechtbar. Für diese gilt die **kurze Einlegungsfrist** des § 63 Abs. 2 Nr. 1 (zwei Wochen). Die **Beschwerdebefugnis** richtet sich nach §§ 59, 335. Hat das Gericht parallel ein Hauptsacheverfahren begonnen, ist hinsichtlich der Rechtsmittel zu differenzieren. Wenn die betroffene Person gegen die einstweilige Anordnung Beschwerde innerhalb der Frist des § 63 Abs. 2 Nr. 1 eingelegt hat, das Hauptsacheverfahren aber während des Beschwerdeverfahrens mit der Bestellung eines endgültigen Betreuers oder der endgültigen Anordnung eines Einwilligungsvorbehaltes endet, dann hat sich die Hauptsache des Verfahrens über die einstweilige Anordnung erledigt. Beschwerde muss nun (in der Frist des § 63 Abs. 1 – ein Monat) gegen den Beschluss, der die endgültige Maßnahme anordnet, erhoben werden. Die früher

---

[42] Oben § 319 Rn. 13–15.
[43] OLG Hamm FamRZ 2008, 1116.
[44] S. oben § 319 Rn. 13.
[45] OLG Hamm FamRZ 2008, 1116.
[46] S. oben § 319 Rn. 16.
[47] BayObLG FamRZ 2000, 566; BVerfG NJW 1990, 2309; PK-BUV/*Locher* § 70h FGG Rn. 8.
[48] BT-Drucks. 16/6308, S. 275.
[49] BT-Drucks. 11/4528, S. 185; *Damrau/Zimmermann* § 70h FGG Rn. 12.
[50] Vgl. dort.
[51] Vgl. dort.
[52] Vgl. dort.

eingelegte Beschwerde suspendiert also die Entscheidung im Hauptsacheverfahren nicht. Das ist Konsequenz der Anerkennung des Eilverfahrens als selbstständiges Verfahren. Die **Beschwerde hat,** es sei denn, das Gericht hat die sofortige Wirksamkeit angeordnet, **aufschiebende Wirkung,**[53] weil die Entscheidung nach § 324 Abs. 1 mit Rechtskraft wirksam wird.

14   Eine fristgerecht eingelegte Beschwerde gegen eine Eilentscheidung erledigt sich nicht dadurch, dass die Unterbringungsmaßnahme nach Ablauf der Anordnungsfrist des § 333 endet oder die betroffene Person entlassen wird, wenn sie dahingehend ausgelegt werden kann, dass der Beschwerdeführer nunmehr die Feststellung der Rechtswidrigkeit der Unterbringungsmaßnahme begehrt.[54] § 62 folgt dieser von der Rspr. entwickelten Lehre nun ausdrücklich.[55] Das **Rechtsschutzinteresse** der betroffenen Person **entfällt** auch **nicht durch die zwischenzeitliche Entlassung;** auch die nachträgliche Feststellung der Rechtswidrigkeit einer Unterbringungsmaßnahme ist möglich, denn Art. 19 Abs. 4 GG gebietet die Annahme eines Rechtsschutzinteresses in Fällen tief greifender Grundrechtseingriffe (wie einer Unterbringungsmaßnahme), in denen sich eine direkte Belastung durch den angegriffenen Hoheitsakt nach dem typischen Verfahrensablauf auf eine Zeitspanne beschränkt, in welcher der Betroffene die gerichtliche Entscheidung in der von der Prozessordnung gegebenen Instanz kaum erlangen kann.[56] Die Auslegung, der Beschwerdeführer begehre die Feststellung der Rechtswidrigkeit der beendeten Unterbringungsmaßnahme, ist dann geboten, wenn der Beschwerdeführer sein Rechtsmittel auf die Kosten beschränkt.[57]

15   Gleiches muss für die Rechtsbeschwerde gelten, wenn die Unterbringung beendet wird, nachdem das Beschwerdegericht die Beschwerde zurückgewiesen hat.[58] Die Feststellung des Vorliegens der Voraussetzungen für eine vorläufige Unterbringungsmaßnahme erfordert vorwiegend die Würdigung tatsächlicher Verhältnisse und kann im Rechtsbeschwerdeverfahren nur darauf überprüft werden, ob sie von irrigen rechtlichen Grundlagen ausging, gegen Denkgesetze oder Verfahrensvorschriften verstieß oder ob Schlüsse gezogen wurden, die mit feststehenden Beweisregeln oder mit der allgemeinen Lebenserfahrung unvereinbar sind, oder ob solche Anforderungen an eine Überzeugungsbildung sonst überspannt oder vernachlässigt wurden.[59]

§ 332 Einstweilige Anordnung bei gesteigerter Dringlichkeit

¹ Bei Gefahr im Verzug kann das Gericht eine einstweilige Anordnung nach § 331 bereits vor Anhörung des Betroffenen sowie vor Anhörung und Bestellung des Verfahrenspflegers erlassen. ² Diese Verfahrenshandlungen sind unverzüglich nachzuholen.

1   **1. Allgemeines.** § 332 stellt in Ergänzung zu § 331 die **eilige einstweilige Anordnung** bereit, mit der sofort und ohne weitere Verfahrensverzögerungen über eine Unterbringungsmaßnahme entschieden werden kann, wenn **Gefahr im Verzug** ist. Das in § 331 vorgesehene Verfahren wird zusätzlich um die Anhörung der betroffenen Person und um die Bestellung und Anhörung eines Verfahrenspflegers entlastet. § 331 ist § 301 Abs. 1 nachgebildet.¹ Für den Erlass einer Genehmigung einer zivilrechtlichen Unterbringung durch eilige einstweilige Anordnung ist wie bei der gewöhnlichen einstweiligen Anordnung erforderlich, dass ein Betreuer mit dem Aufgabenkreis „Unterbringung" bereits bestellt ist.

2   **2. Verfahrenserleichterungen.** Das Gericht kann eine einstweilige Anordnung erlassen, obwohl es weder die betroffene Person angehört noch für diese einen Verfahrenspfleger bestellt und ihn angehört hat, wenn **Gefahr im Verzug** ist. Als Voraussetzungen für den Erlass einer eiligen einstweiligen Anordnung verbleiben neben der Gefahr im Verzug die Tatsachen, aus denen sich die erhebliche Wahrscheinlichkeit des Vorliegens der Unterbringungsvoraussetzungen ergibt, und ein **ärztliches Zeugnis** hierüber. Dabei ist zu beachten, dass § 332 dem Gericht ebenso wenig wie

---

[53] Damrau/Zimmermann § 70h FGG Rn. 29; Bienwald § 70h FGG Rn. 14.
[54] S. zum Problem KG FamRZ 2008, 813; weiter OLG Hamm FamRZ 2008, 1116; OLG München NJW-RR 2008, 1032; OLG Bremen BtPrax 2007, 87; OLG Frankfurt NJW-RR 2007, 1019; OLG Hamm FamRZ 2007, 934; OLG München OLGR München 2006, 784; OLG Zweibrücken FGPrax 2006, 235; OLG Karlsruhe FamRZ 2003, 1777; BayObLG FamRZ 2001, 578; BayObLG FamRZ 2000, 1537; BayObLG FamRZ 1999, 794.
[55] Vgl. auch die Kommentierung dort.
[56] KG FamRZ 2008, 813 unter Bezug auf BVerfG NJW 1998, 2432.
[57] OLG Hamm FamRZ 2007, 934; Bienwald § 70h FGG Rn. 18 m. weit. Nachw. aus der älteren Rspr.
[58] BayObLG FamRZ 2004, 220 und BayObLG FamRZ 2004, 486.
[59] KG FamRZ 2008, 813.
¹ Auf die Kommentierung dort wird deshalb verwiesen.

§ 301 freies Ermessen darüber einräumt, welche Verfahrenshandlungen durchzuführen und welche zu unterlassen sind. Es hat die normalen Verfahrensgarantien zu beachten und bei der eiligen einstweiligen Anordnung immer davon auszugehen, dass die Verfahrenserleichterungen bei Hebung der Gefahr sofort entfallen, und die aufgeschobenen Verfahrenshandlungen nachzuholen.

a) Gefahr im Verzug. Gefahr ist im Verzug,[2] wenn das Handeln des Gerichts so dringend **3** notwendig ist, dass eine Anhörung nicht mehr möglich ist. Es handelt sich also gegenüber § 331 S. 1 Nr. 1 um eine **Steigerung der zeitlichen Dringlichkeit.** Da für eine einstweilige Unterbringungsanordnung in jedem Fall Voraussetzung ist, dass mit dem Aufschub bis zu einer Entscheidung in der Hauptsache Gefahr verbunden ist, muss die Gefahr bei „Gefahr im Verzug" einen besonderen Ausprägungsgrad haben.[3] Allein der zeitliche Aufschub, der durch die Anhörung entstünde, muss (glaubhaft!) erhebliche Nachteile für die Rechtsgüter der betroffenen Person oder (durch die betroffene Person gefährdeter) Dritter hervorrufen.[4] Die Voraussetzungen der Gefahr im Verzug, bei deren Vorliegen von der vorherigen persönlichen Anhörung des Betroffenen abgesehen werden kann, müssen im Beschluss durch auf den konkreten Sachverhalt bezogene Tatsachen belegt werden. Aus dem Umstand allein, dass die betroffene Person **von der Polizei und der Feuerwehr gefesselt** in die Klinik gebracht wird, kann eine Gefahr im Verzug nicht hergeleitet werden.[5] Gefahr ist ferner nicht im Verzug, wenn nach der Äußerung der betroffenen Person, sie werde „Amok laufen oder sich etwas antun" zwei Wochen verstreichen, ohne dass sich eine Gefahr der Selbstgefährdung in irgendeiner Weise verwirklicht und die für den Wohnort zuständige Polizeiinspektion keine Anzeichen für eine Fremd- oder Selbstgefährdung feststellen kann.[6] Auch (allgemeine) Formulierungen der Art, die Anhörung sei wegen Eilbedürftigkeit vor Erlass der Entscheidung nicht möglich gewesen, genügen diesen Anforderungen nicht.[7] Gefahr kann im Verzuge sein, wenn bei öffentlichrechtlicher Unterbringung das Landesrecht (PsychKG/UnterbrG)[8] eine Entscheidung über den Antrag der Behörde bis zum Ablauf des auf die Einlieferung folgenden Tages fordert und bis dahin keine Anhörung mehr stattfinden kann,[9] was regelmäßig nicht gegeben sein wird.

b) Unverzügliche Nachholung. Das Gericht hat die Anhörung der betroffenen Person, die **4** Bestellung eines Verfahrenspflegers für diese und dessen Anhörung unverzüglich nachzuholen – sie werden also lediglich aufgeschoben. Das sichert die Einhaltung grundlegender Verfahrensgarantien und ermöglicht die Anpassung der lediglich vorläufigen Maßnahme an die tatsächlichen Umstände und Wünsche vor allem der betroffenen Person; die Nachholung dient der Kontrolle der einstweiligen Anordnung durch das Gericht.[10] Unverzüglichkeit bedeutet hier wie bei § 121 BGB **ohne schuldhaftes Zögern** und meint, dass keine Verzögerung eintreten darf, die sich sachlich nicht rechtfertigen ließe. Die Nachholung hat auch ohne Rücksicht auf gerichtsorganisatorische Schwierigkeiten zu erfolgen. Ist ein Eilrichterdienst eingerichtet, dann darf keine Verweisung in den werktäglichen Geschäftsgang erfolgen. Richtwert ist, dass die Anhörung am nächsten Tag stattzufinden habe.[11] Das Gericht hat auch weniger dringliche Dienstgeschäfte zurückzustellen.[12] Es darf sich nicht etwa bis zum nächsten routinemäßigen Anhörungstag in einer Pflegeeinrichtung oder Klinik Zeit lassen, sondern es muss die Anhörungen **so bald als objektiv möglich** nachholen.[13] Unterbleibt die Anhörung auch später, so ist die einstweilige Anordnung rechtsfehlerhaft ergangen und (mit der Beschwerde) anfechtbar, nicht aber von vornherein unwirksam. Die Anhörung ist bei Einlegung einer Beschwerde nachzuholen, bevor die Vorlage an das Beschwerdegericht erfolgt.[14]

---

[2] Die Definitionen sind holperig: Gefahr im Verzug iSd. § 332 sei eine über die Gefahr als Anordnungsvoraussetzung nach § 331 S. 1 Nr. 1 hinausgehende Notwendigkeit einer Entscheidung; so zum bisherigen § 70h FGG aF *Bassenge/Roth* § 70h FGG aF Rn. 6.
[3] KG FamRZ 2008, 813.
[4] PK-BUV/*Locher* § 70h FGG Rn. 8; *Jansen/Sonnenfeld* § 70h FGG Rn. 22; aA KG FamRZ 2008, 813.
[5] KG FamRZ 2008, 813.
[6] OLG München OLGR München 2006, 784.
[7] OLG München BeckRS 2005, 12822 (zur einstweiligen Anordnung in Betreuungssachen).
[8] Etwa § 26 Abs. 1 BerlPsychKG.
[9] KG FamRZ 2008, 813.
[10] *Bassenge/Roth* § 70h FGG Rn. 7.
[11] BayObLG NJW-RR 2001, 654; OLG Schleswig FamRZ 1994, 781; *Keidel/Budde* Rn. 2; *Damrau/Zimmermann* § 70h FGG Rn. 7; PK-BUV/*Locher* § 70h FGG Rn. 8.
[12] BayObLG NJW-RR 2001, 654.
[13] BVerfG FamRZ 2007, 1628 f.; KG FamRZ 2008, 813: Befand sich die betroffene Person fünf Tage in der Unterbringungsanstalt und stand während dieser Tage ein voller Werktag zur Verfügung, dann kann die während dieses Zeitraums nicht nachgeholte Anhörung nicht mit der allgemeinen Arbeitsüberlastung der Richter erklärt werden.
[14] OLG Frankfurt FGPrax 2003, 81 (zur einstweiligen Anordnung in Betreuungssachen).

5 Nicht unverzüglich nachgeholt werden muss die **Anhörung der sonstigen Beteiligten**.[15] Sie kann im Hauptsacheverfahren vorgenommen werden. Das war jedenfalls nach dem Recht des FGG aF nicht weiter problematisch.[16] Ob das Problem, dass auf diese Weise nach dem FamFG vorläufige Unterbringungen ganz ohne Anhörung der sonstigen Beteiligten vorgenommen und bei Nichteinleitung eines Hauptsacheverfahrens nach Verstreichen der Fristen des § 333 ebenso wieder enden können, gesehen wurde, lässt sich der Begründung zum FGG-RG nicht entnehmen. Nach hier vertretener Ansicht ist das ein die Verfahrensrechte der betroffenen Person gefährdender Zustand, der nicht hingenommen werden kann. Das Gericht, das bei vorläufiger Unterbringung die Anhörung der sonstigen Beteiligten nach Erlass einer eiligen einstweiligen Anordnung nicht durchführt, obwohl das während der Dauer der Unterbringung möglich wäre und auch kein Hauptsacheverfahren einleitet, dürfte daher wegen der Schwere des Eingriffs gegen den Amtsermittlungsgrundsatz zur Aufklärung des Sachverhalts verstoßen.

§ 333 Dauer der einstweiligen Anordnung

[1] **Die einstweilige Anordnung darf die Dauer von sechs Wochen nicht überschreiten.** [2] **Reicht dieser Zeitraum nicht aus, kann sie nach Anhörung eines Sachverständigen durch eine weitere einstweilige Anordnung verlängert werden.** [3] **Die mehrfache Verlängerung ist unter den Voraussetzungen der Sätze 1 und 2 zulässig.** [4] **Sie darf die Gesamtdauer von drei Monaten nicht überschreiten.** [5] **Eine Unterbringung zur Vorbereitung eines Gutachtens (§ 322) ist in diese Gesamtdauer einzubeziehen.**

1 **1. Normzweck; Anwendungsbereich; bisheriges Recht.** Eilentscheidungen sind stets vorläufige Entscheidungen und zielen darauf ab, entweder von einer endgültigen Entscheidung im Hauptsacheverfahren ersetzt zu werden oder aber folgenlos zu enden. § 333 gilt für die **gewöhnliche** und die **eilige einstweilige Anordnung**. S. 1 entspricht dem bisherigen § 70h Abs. 2 S. 1 FGG aF; S. 2 und 4 entsprechen inhaltlich dem bisherigen § 70h Abs. 2 S. 2 FGG aF. Mit S. 3 wird klargestellt, dass auch eine mehrfache Verlängerung der einstweiligen Anordnung bis zum Erreichen der Gesamtdauer von drei Monaten gem. S. 4 zulässig ist; S. 5 schließlich entspricht inhaltlich dem bisherigen § 70h Abs. 2 S. 3 FGG aF.[1]

2 **2. Dauer (S. 1).** Die einstweilige Anordnung darf nach S. 1 die Dauer von **sechs Wochen** nicht überschreiten. Diese Frist ist jedoch **keine Regelfrist,** die immer zulässig wäre, sondern eine Höchstfrist, die nur ausgeschöpft werden darf, wenn sich das Hauptsacheverfahren nicht schneller durchführen[2] und eine endgültige Entscheidung über den Freiheitsentzug nach § 1906 BGB nicht schneller treffen lässt.[3] Sechs Wochen sollen für die Hauptsacheentscheidung idR ausreichen.[4] Wegen der durch das FamFG herbeigeführten Selbstständigkeit des Verfahrens der einstweiligen Anordnung besteht hier aber kein verknüpfender Automatismus mehr. Das führt zu einer Aufwertung der Sachverständigenanhörung im Verfahren zum Erlass einer einstweiligen Anordnung. Das Gericht hat einen kalendermäßig definierten Zeitpunkt zu bestimmen, zu dem die vorläufige Unterbringungsmaßnahme ohne Aufhebung endet. Fehlt eine Anordnung, gilt die sechswöchige Höchstfrist als angeordnet.[5] Die festgesetzte Frist beginnt mit dem **Wirksamwerden** der einstweiligen Anordnung zu laufen – deswegen hat das Gericht im Regelfall nach § 324 Abs. 2 die sofortige Wirksamkeit anzuordnen. Bei erstmalig einstweiliger Anordnung findet kein Einbezug einer bereits zur Vorbereitung eines Gutachtens in Unterbringung verbrachter Zeit statt.[6] Die Wirksamkeit der einstweiligen Anordnung endet vor Fristablauf, wenn sie aufgehoben wird[7] oder durch eine endgültige Entscheidung im Hauptsacheverfahren ersetzt wird;[8] einer aufhebenden Entschei-

---

[15] S. a. oben § 331 Rn. 11.
[16] *Keidel/Kuntze/Winkler/Kayser* § 70h FGG Rn. 9; *Bassenge/Roth* § 70h FGG Rn. 9; PK-BUV/*Locher* § 70h FGG Rn. 8; aA *Jurgeleit/Diekmann* § 70h FGG Rn. 7.
[1] BT-Drucks. 16/6308, S. 275 f.
[2] *Bassenge/Roth* § 70h FGG Rn. 11.
[3] *Zimmermann* weist darauf hin, dass in der Praxis freilich idR. vorläufige Unterbringungsmaßnahmen für die Dauer von sechs Wochen ausgesprochen werden, weil endgültige Entscheidungen in kürzerer Frist in aller Regel nicht möglich sein dürften; *Damrau/Zimmermann* § 70h FGG Rn. 15.
[4] BT-Drucks. 11/4528, S. 186.
[5] *Damrau/Zimmermann* § 70h FGG Rn. 15.
[6] *Bassenge/Roth* § 70h FGG Rn. 11.
[7] Etwa dann, wenn die nach eiliger einstweiliger Anordnung nachgeholte Anhörung der betroffenen Person ergibt, dass die Unterbringungsvoraussetzungen nicht vorliegen.
[8] KG FamRZ 1993, 84.

dung bedarf es dann nicht.[9] Mit Fristablauf endet die Unterbringungsmaßnahme ohne weiteres,[10] die betroffene Person darf also ferner nicht in ihrer Freiheit beschränkt werden.

3. Verlängerung (S. 2). Bestehen die Unterbringungsvoraussetzungen fort und reicht die in der Erstanordnung gesetzte Frist aus besonderen Gründen,[11] in Ausnahmefällen[12] also und nicht etwa infolge von Umständen, die in anderen Verfahren auch bestehen, nicht aus, um das Hauptsacheverfahren zu beenden, dann kann die Unterbringungsmaßnahme durch eine weitere einstweilige Anordnung verlängert werden. Das ist auch mehrfach nacheinander möglich, wie sich aus S. 3 ergibt. Dazu muss das gesamte Verfahren, das zur Erstanordnung führte, wiederholt werden.[13] Sämtliche Verfahrensregeln für die Erstanordnung gelten also auch für die Verlängerung. Insgesamt darf die Grenzdauer von **drei Monaten** nicht überschritten werden. Die Verlängerung ist nur möglich, wenn das Gericht zuvor einen **Sachverständigen anhört.** Ein schriftliches Zeugnis/Attest reicht also nicht aus.[14] Der Sachverständige muss die Qualifikationsvoraussetzungen des § 321 Abs. 1 S. 4 aufweisen;[15] derjenige Arzt, der die Unterbringung angeregt hat, scheidet als Sachverständiger bei § 333 aus.[16] Der Sachverständige muss die betroffene Person persönlich untersuchen bzw. befragen.[17] Zum Inhalt der Sachverständigenäußerung vgl. oben § 331 Rn. 7. 3

Die Gesamtdauer bei Verlängerung rechnet ab dem Zeitpunkt des Wirksamwerdens der Erstanordnung. Ist die Dreimonatsfrist ausgeschöpft, kann das Gericht die Unterbringung in derselben Angelegenheit nicht mehr durch einstweilige Anordnung anordnen.[18] Um dieselbe Angelegenheit handelt es sich, wenn das Krankheitsbild der betroffenen Person im Wesentlichen unverändert geblieben ist.[19] 4

4. Einbezug der Gutachtenvorbereitungsunterbringung (S. 3). In die Gesamtdauer bei Verlängerung einzurechnen ist diejenige Zeit, welche die betroffene Person nach §§ 322, 284 zur Vorbereitung eines Gutachtens bereits in einer Unterbringungsanstalt verbracht hat. Entscheidend ist also die **insgesamt in einer Unterbringungsanstalt verbrachte Zeit,**[20] ohne dass Zäsuren zwischen öffentlichrechtlicher und zivilrechtlicher Unterbringung gemacht werden dürften. 5

§ 334 Einstweilige Maßregeln

Die §§ 331, 332 und 333 gelten entsprechend, wenn nach § 1846 des Bürgerlichen Gesetzbuchs eine Unterbringungsmaßnahme getroffen werden soll.

1. Normzweck; Anwendungsbereich. Nach § 1846 iVm. § 1908i Abs. 1 S. 1 BGB hat das Betreuungsgericht die Aufgabe, im Wege der einstweiligen Anordnung im Interesse der betroffenen Person die erforderlichen Maßnahmen zu treffen, also bei Vorliegen der Unterbringungsvoraussetzungen auch vorläufige Unterbringungsmaßnahmen nach § 1906 BGB anzuordnen, wenn ein **Betreuer** (oder ein Vorsorgebevollmächtigter) mit dem Aufgabenkreis „Unterbringung" **noch nicht bestellt** ist oder dieser an der **Erfüllung seiner Aufgaben verhindert** ist.[1] Das kommt immer dann vor, wenn an Feiertagen, dienstfreien Wochenenden oder in der Nacht ein geeigneter Betreuer nicht gefunden werden kann und das Gericht auch nicht zufällig anwesende Sanitäter oder Polizeibeamte zu vorläufigen Betreuern bestellen kann.[2] Auch kann es vorkommen, dass ein schon bestellter Betreuer nicht auffindbar ist oder dass diesem der Aufgabenkreis „Unterbringung" noch nicht übertragen ist. Diese materiell-rechtliche Pflicht wird von § 334 prozessual aufgefangen. Damit geht § 334 über § 331 hinaus, der bei den Unterbringungssachen des § 312 Nr. 1 und 2 lediglich die Genehmigung einer vom Betreuer/Vorsorgebevollmächtigten angeordneten Unterbringungsmaßnahme ermöglicht.[3] Der Anwendungsbereich von § 334 wird freilich dadurch eingeengt, dass in allen Fällen mit Selbst- 1

---

[9] *Bienwald* § 70h FGG Rn. 16.
[10] PK-BUV/*Locher* § 70h FGG Rn. 10.
[11] OLG Karlsruhe NJW-RR 2002, 725.
[12] *Keidel/Kuntze/Winkler/Kayser* § 70h FGG Rn. 12.
[13] BayObLGZ 1990, 350; *Keidel/Kuntze/Winkler/Kayser* § 70h FGG Rn. 12.
[14] BT-Drucks. 11/4528, S. 186; *Keidel/Budde* Rn. 3.
[15] *Damrau/Zimmermann* § 70h FGG Rn. 25; PK-BUV/*Locher* § 70h FGG Rn. 12.
[16] So auch PK-BUV/*Locher* § 70h FGG Rn. 12.
[17] *Damrau/Zimmermann* § 70h FGG Rn. 25; PK-BUV/*Locher* § 70h FGG Rn. 12.
[18] BayObLGZ 1990, 350.
[19] OLG München NJW-RR 2008, 1032; BayObLGZ 1990, 350; PK-BUV/*Locher* § 70h FGG Rn. 11.
[20] PK-BUV/*Locher* § 70h FGG Rn. 11.
[1] BT-Drucks. 11/4528, S. 160, 185 u. ö.; *Keidel/Kuntze/Winkler/Kayser* § 70h FGG Rn. 16.
[2] Beispiel bei *Damrau/Zimmermann* § 70h FGG Rn. 33.
[3] BGH NJW 2002, 1801; BayObLG NJW-RR 2000, 524; *Bassenge/Roth* § 70h FGG Rn. 14; *Damrau/Zimmermann* § 70h FGG Rn. 37; seinerzeit aA OLG Frankfurt FamRZ 1993, 137.

§ 334 2, 3   Buch 3. Abschnitt 2. Verfahren in Unterbringungssachen

und/oder Fremdgefährdung eine öffentlichrechtliche Unterbringung möglich ist. § 334 ersetzt den bisher geltenden § 70h Abs. 3 FGG aF.

2 **2. Voraussetzungen; Verfahren.** Die eigenständige Anordnung und Vollziehung einer zivilrechtlichen Unterbringungsmaßnahme durch das Betreuungsgericht als **Notbetreuer**[4] setzt neben der Nichtbestellung bzw. Verhinderung eines Betreuers/Vorsorgebevollmächtigten voraus, dass erstens dringende Gründe für die Annahme bestehen, dass ein Betreuer bestellt, dieser die Genehmigung einer endgültigen Unterbringungsmaßnahme beantragen und das Gericht dieselbe genehmigen wird, weil die Voraussetzungen des § 1906 BGB wahrscheinlich vorliegen[5] und dass zweitens ein Aufschub der Unterbringungsmaßnahme bis zu dem Zeitpunkt, zu welchem der Betreuer/Vorsorgebevollmächtigte eine Genehmigung des Betreuungsgerichts zur Vollziehung einer Unterbringungsmaßnahme verwenden kann, für die betroffene Person mit Gefahr verbunden ist.[6] Das Gericht hat der Frage der Betreuerbestellung nach dem **Amtsermittlungsgrundsatz** gründlich nachzugehen. Wenn dem Betreuungsrichter nämlich mangels Einholung der gebotenen Auskünfte unbekannt bleibt, dass bereits ein Betreuer mit den Aufgabenkreisen der Aufenthaltsbestimmung und Gesundheitsfürsorge bestellt ist, dann kommt die Anordnung der Fixierung einer untergebrachten Person als einstweilige Maßregel nach § 1846 BGB nicht in Betracht.[7]

3 Ferner ist es nach überwiegender[8] und auf Vorlage des BayObLG[9] vom BGH anerkannter Ansicht notwendig, dass das anordnende Betreuungsgericht durch **geeignete Maßnahmen** sicherstellt, dass **unverzüglich**, dh. **am nächsten regulären Arbeitstag**[10] oder jedenfalls **binnen weniger Tage**[11] ein zumindest **vorläufiger Betreuer bestellt** wird.[12] Das Gericht kann dieser Pflicht dadurch genügen, dass ein unverzügliches Ersuchen des Gerichts an die Betreuungsbehörde ergeht, eine geeignete Person als Betreuer zu benennen.[13] Unzureichend ist die Bestellung eines Verfahrenspflegers.[14] Nicht ausreichend ist es ferner, wenn das Gericht lediglich dem Verfahrenspfleger aufgibt, sich mit einer von der betroffenen Person in deren Anhörung benannten Person in Verbindung zu setzen; vielmehr muss es sich selbst um die Herstellung eines Kontakts zu einer solchen benannten Person bemühen.[15] Unterbleibt das, ist die Unterbringungsanordnung von Anfang an unwirksam.[16] Die Entscheidung nach § 334 ergeht nur im Wege der einstweiligen Anordnung – das ist der Sinn der Erklärung, die §§ 331, 332 gälten entsprechend. Es gelten aber die gleichen Verfahrensregeln (**Eilbedürftigkeit, Gefahr im Verzug, ärztliches Zeugnis**)[17] und -garantien.[18] Das Verfahren ist unzulässig, wenn ein Betreuer mit entsprechendem Aufgabenkreis tatsächlich bestellt und nicht verhindert ist[19] und (nur) pflichtwidrig die Unterbringung unterlässt[20] oder hintertreibt. Hieraus folgt, dass das Verfahren nach § 334 ein **subsidiäres Verfahren**[21] ist, das nur in **Ausnahmefällen**[22] und dann auch nur **restriktiv**[23] angewendet werden darf. Die Gründe der Anordnung müssen

---

[4] PK-BUV/*Locher* § 70h FGG Rn. 13.
[5] BayObLG FamRZ 2001, 191.
[6] PK-BUV/*Locher* § 70h FGG Rn. 13.
[7] OLG Frankfurt NJW-RR 2007, 1019: Anhaltspunkte für die Betreuerbestellung können sich aus ärztlichen Attesten, aus mitgeteilten Diagnosen und Hinweisen auf frühere stationäre Vorbehandlungen ergeben. Findet die Anhörung der betroffenen Person zudem an einem Werktag statt, muss vor der Entscheidung die nahe liegende und telefonisch während der üblichen Dienstzeiten kurzfristig mögliche Anfrage bei dem Wohnsitzamtsgericht nach dem Bestehen einer Betreuung erfolgen. Mindestens muss die betroffene Person danach gefragt werden, ob ihr bereits ein Betreuer zur Seite gestellt wurde.
[8] Zur Diskussion bis 2001 vgl. *Damrau/Zimmermann* § 70h FGG Rn. 37.
[9] BayObLG FamRZ 2001, 191.
[10] BayObLG FamRZ 2003, 1322.
[11] OLG München NJOZ 2006, 1126 (elf Tage sind zu lang).
[12] BGH NJW 2002, 1801 = BGHZ 150, 45; OLG München NJW-RR 2008, 810; OLG Brandenburg BtPrax 2007, 223; OLG München OLGR München 2006, 26 und OLGR München 2006, 784; BayObLG NJW-RR 2002, 1446; BayObLG FGPrax 2003, 145.
[13] BayObLG FamRZ 2003, 1322. In diesem Sinne auch OLGR München 2006, 784.
[14] OLG München OLGR München 2006, 784.
[15] OLG München NJW-RR 2008, 810.
[16] BGH NJW 2002, 1801; *Bienwald* § 70h FGG Rn. 28.
[17] *Bienwald* § 70h FGG Rn. 26.
[18] *Keidel/Kuntze/Winkler/Kayser* § 70h FGG Rn. 17.
[19] BayObLG FGPrax 2001, 44.
[20] OLG Schleswig NJW-RR 2001, 1370; *Bassenge/Roth* § 70h FGG Rn. 14. Anschaulich auch OLG Hamm FamRZ 2007, 934, das darauf hinweist, dass bei akuter Eigen- oder Fremdgefährdung die öffentlichrechtliche Unterbringung in Betracht komme.
[21] *Keidel/Kuntze/Winkler/Kayser* § 70h FGG Rn. 18.
[22] BGH NJW 2002, 1801.
[23] OLG Frankfurt NJW-RR 2007, 1019.

erkennen lassen, warum noch kein Betreuer bestellt werden konnte.[24] Keinesfalls darf auf diese Weise der Betreuer als grundsätzlicher Herr des Verfahrens in zivilrechtlichen Unterbringungen verdrängt werden.[25] Ist ein Betreuer bestellt oder ist die Verhinderung des bestellten Betreuers behoben, hat das Gericht die einstweilige Anordnung nach § 334 daher aufzuheben[26] und den Betreuer aufzufordern, alsbald zu entscheiden, ob die Genehmigung einer endgültigen Unterbringungsmaßnahme beantragt wird.

Mit der (End-)Entscheidung[27] darf lediglich eine auf sechs Wochen begrenzte[28] Anordnung **4** ergehen. Sie ist mit der **Beschwerde, § 58,** anfechtbar.

§ 335 Ergänzende Vorschriften über die Beschwerde
(1) Das Recht der Beschwerde steht im Interesse des Betroffenen
1. dessen Ehegatten oder Lebenspartner, wenn die Ehegatten oder Lebenspartner nicht dauernd getrennt leben, sowie dessen Eltern und Kindern, wenn der Betroffene bei diesen lebt oder bei Einleitung des Verfahrens gelebt hat, den Pflegeeltern,
2. einer von dem Betroffenen benannten Person seines Vertrauens sowie
3. dem Leiter der Einrichtung, in der der Betroffene lebt,

zu, wenn sie im ersten Rechtszug beteiligt worden sind.

(2) Das Recht der Beschwerde steht dem Verfahrenspfleger zu.

(3) Der Betreuer oder der Vorsorgebevollmächtigte kann gegen eine Entscheidung, die seinen Aufgabenkreis betrifft, auch im Namen des Betroffenen Beschwerde einlegen.

(4) Das Recht der Beschwerde steht der zuständigen Behörde zu.

I. Allgemeines

1. Normzweck; Neuerungen im FamFG. § 335 Abs. 1 entspricht mit den nötigen Anpassun- **1** gen für die Unterbringungssachen weitgehend dem für Betreuungssachen geltenden § 303 Abs. 2.[1] Über die dort geregelten Beschwerdeberechtigungen hinaus ergänzt wurde in Nr. 3 das im Interesse der betroffenen Person dem Anstaltsleiter zustehende Beschwerderecht. § 335 ersetzt den bisher geltenden § 70m FGG aF und ist infolge der durch das FGG-RG herbeigeführten Änderungen im Rechtsmittelrecht neu formuliert.[2] Die Vorschrift enthält nun keine eigenständigen Regelungen über spezifische Rechtsmittel im Unterbringungsverfahren mehr,[3] sondern beschränkt sich darauf, die Beschwerdeberechtigung von Personen und Institutionen gegenüber dem Allgemeinen Teil zu erweitern.

2. Anwendungsbereich. Allgemeine Voraussetzung dafür, dass bestimmte Personen oder Institu- **2** tionen in Unterbringungsverfahren beschwerdebefugt sein können, ist wie in Betreuungssachen, dass eine anfechtbare Entscheidung vorliegt. Anfechtbar sind nach § 58 Abs. 1 aber **nur Endentscheidungen** der Betreuungsgerichte, also **Anordnung, Genehmigung, Ablehnung, Aufhebung, Ablehnung der Aufhebung** und **Verlängerung** von Unterbringungsmaßnahmen. Für Zwischenentscheidungen gilt mit der vom BGH zugelassenen Ausnahme bei Zwangsmaßnahmen,[4] dass sie generell nicht anfechtbar sind.[5] Endentscheidungen sind aber auch Entscheidungen, die im Wege der **einstweiligen Anordnung** nach § 331 erlassen worden sind. § 335 gilt sowohl für die zivilrechtliche als auch für die öffentlichrechtliche Unterbringung und erfasst auch Entscheidungen nach § 1846 BGB. Er betrifft ferner die **Beschwerde** nach § 58 ebenso wie die **Rechtsbeschwerde** nach § 70.

---

[24] *Damrau/Zimmermann* § 70h FGG Rn. 39.
[25] *Damrau/Zimmermann* § 70h FGG Rn. 38; *Keidel/Kuntze/Winkler/Kayser* § 70h FGG Rn. 18.
[26] *Keidel/Kuntze/Winkler/Kayser* § 70h FGG Rn. 18.
[27] Auch hier gilt, dass das Eilverfahren ein selbstständiges Verfahren ist.
[28] *Bienwald* § 70h FGG Rn. 26.
[1] Auf die Kommentierung dort wird verwiesen.
[2] Vgl. dazu oben § 303 Rn. 1.
[3] Vgl. zum bisherigen Recht die Zusammenstellung bei *Keidel/Kuntze/Winkler/Kayser* § 70m FGG Rn. 3–5 und bei *Damrau/Zimmermann* § 70m FGG Rn. 2–5, 9.
[4] Vgl. dazu oben § 303 Rn. 2 und § 280 Rn. 27.
[5] Die Unterbringung zur Begutachtung ist keine Endentscheidung.

II. Beschwerdebefugnis

3 **1. Die betroffene Person.** Dass die von einer Unterbringungsmaßnahme betroffene Person beschwerdebefugt sein muss, ist selbstverständlich und ergibt sich nicht aus § 335 Abs. 1, sondern aus § 59 Abs. 1. Unterbringungsmaßnahmen greifen regelmäßig in die Rechte der betroffenen Person ein; das gilt freilich nicht für die Ablehnung einer Unterbringungsmaßnahme bzw. für die Aufhebung einer Unterbringungsmaßnahme, weswegen in diesen Fällen die Beschwerdebefugnis der betroffenen Person zu verneinen ist.[6]

4 **2. Kann-Beteiligte. a) Die Angehörigen der betroffenen Person (Abs. 1 Nr. 1).** Da die Angehörigen der betroffenen Person nur selten in eigenen Rechten betroffen sein werden,[7] wie § 59 Abs. 1 fordert, kommt es für sie meist auf die Beteiligtenstellung aus § 315 Abs. 4 folgende spezielle Beschwerdebefugnis aus § 335 Abs. 1 Nr. 1 an – es existiert kein allgemeines Recht darauf, dass ein Angehöriger nicht untergebracht werde. In Unterbringungsverfahren beschwerdebefugt sind nach dem Gesetz der von der untergebrachten Person **nicht dauernd getrennt lebende Ehegatte**[8] oder **Lebenspartner**,[9] die **Eltern** und die **Kinder**[10] der betroffenen Person, wenn diese bei Einleitung des Unterbringungsverfahrens[11] bei diesen (Eltern oder Kindern) gelebt hat[12] und die **Pflegeeltern**. Die Zubilligung einer Beschwerdebefugnis für die Pflegeeltern geht über § 70m iVm. § 70d FGG aF hinaus. Sind die Kinder der betroffenen Person minderjährig, so sind sie wegen einer drohenden Beeinträchtigung der in ihrem Interesse bestehenden elterlichen Sorge nach § 1626 BGB in eigenen Rechten betroffen und nach § 59 Abs. 1 beschwerdebefugt.[13] Anders als in Betreuungssachen haben Großeltern, fernere Deszendenten als Kinder und Geschwister der betroffenen Person im Unterbringungsverfahren keine Beschwerdebefugnis.[14]

5 **b) Vertrauensperson (Abs. 1 Nr. 2).** Ferner gehört zum Kreis der möglichen Beteiligten eine Vertrauensperson der untergebrachten Person – das wird etwa die oder der Lebensgefährtin/Lebensgefährte ohne Bestehen einer Ehe oder eingetragenen Lebenspartnerschaft sein können, aber auch jede andere von der betroffenen Person benannte Person, deren Beteiligung der Sachverhaltsaufklärung dient.[15]

6 **c) Anstaltsleiter (Abs. 1 Nr. 3).** Gleiches gilt für den Anstaltsleiter der Einrichtung, in der die betroffene Person untergebracht ist. Das Recht zur Einlegung der Beschwerde kann auf Mitarbeiter delegiert werden.[16]

7 **d) Beteiligung in erster Instanz.** Sowohl für die Angehörigen, als auch für die Vertrauensperson und den Anstaltsleiter gilt jedoch, dass sie nur dann beschwerdebefugt sind, wenn sie bereits in der ersten Instanz am Unterbringungsverfahren beteiligt worden sind. Da die Angehörigen, eine Vertrauensperson und der Anstaltsleiter am Unterbringungsverfahren aber idR nicht nach § 7 Abs. 2 Nr. 1 (wegen einer Betroffenheit in eigenen Rechten) zwingend beteiligt werden müssen, sie vielmehr nach § 315 Abs. 4 sog. „Kann-Beteiligte" sind, hat das Betreuungsgericht die theoretische Möglichkeit, mittels einschränkender Handhabung der Beteiligung der Kann-Beteiligten deren

---

[6] BayObLG FamRZ 2005, 834; OLG Frankfurt NJW-RR 2001, 75 (Ablehnung einer Unterbringungsmaßnahme); BayObLG BtPrax 2002, 165 (Aufhebung einer Unterbringungsmaßnahme); *Keidel/Budde* Rn. 2; *Bassenge/Roth* § 70m FGG Rn. 7, 9; PK-BUV/*Guckes* § 70m FGG Rn. 4; *Jürgens/Marschner* § 70m FGG Rn. 5. Das gilt freilich dann nicht, wenn das Betreuungsgericht die Anordnung/Genehmigung einer Maßnahme ablehnt mit der Begründung, diese entzöge der betroffenen Person nicht ihre Freiheit; OLG Hamm OLGZ 1994, 193.
[7] Vgl. oben § 303 Rn. 4.
[8] Maßgeblicher Zeitpunkt für das Getrenntleben ist der Erlass der Entscheidung, nicht die Einleitung des Verfahrens; vgl. oben § 315 Rn. 9; s. a. *Keidel/Kuntze/Winkler/Kayser* § 70m FGG Rn. 10; *Damrau/Zimmermann* § 70m FGG Rn. 13.
[9] Nicht die oder der Lebensgefährtin oder Lebensgefährte; *Damrau/Zimmermann* § 70m FGG Rn. 14.
[10] Auch Stiefkinder; vgl. LG Oldenburg FamRZ 1996, 500; *Bienwald* § 70m FGG Rn. 6.
[11] Nicht bei Erlass der Entscheidung; so für das bisherige Recht HK-BUR/*Bauer* § 70m FGG Rn. 50; *Bassenge/Roth* § 70m FGG Rn. 6.
[12] Ist das nicht gegeben, benötigen Kinder oder Eltern eine eigene Betroffenheit nach § 59 Abs. 1; vgl. *Damrau/Zimmermann* § 70m FGG Rn. 17.
[13] *Keidel/Kuntze/Winkler/Kayser* § 70m FGG Rn. 12. Abweichend *Bienwald* § 70m FGG Rn. 9, der auf die reale persönliche Beziehung abstellt.
[14] S. a. *Damrau/Zimmermann* § 70m FGG Rn. 14. BT-Drucks. 11/4528, 187 begründete das damit, dass es sich bei Unterbringungsmaßnahmen meist nur um vorübergehende Einschränkungen handele und die betroffene Person nach ihrer Entlassung möglichst unbeschwert weiterleben solle – also nicht im gesamten Großfamilienkreis mit dem Makel eines Aufenthaltes in der geschlossenen Psychiatrie belastet sein solle.
[15] S. dazu oben § 315 Rn. 11.
[16] *Damrau/Zimmermann* § 70m FGG Rn. 20.

Beschwerdebefugnis von vornherein zu vereiteln[17] und so das Risiko zu verringern, dass die getroffene Unterbringungsanordnung angefochten wird. Es ist daher bei der Ausübung des von § 315 Abs. 4 eingeräumten Ermessens darauf zu achten, dass nicht Personen vom Unterbringungsverfahren ausgeschlossen werden, deren Beteiligung einfach möglich und der Sachverhaltsaufklärung dienlich wäre. Das wird bei Ehegatten, Kindern und Eltern regelmäßig der Fall sein.[18] Ein nicht beteiligter Angehöriger muss sich, um sich ein Beschwerderecht zu wahren, in der ersten Instanz bereits gegen seine Nichtbeteiligung wenden.[19]

e) Beschwerde im Interesse der betroffenen Person. Problematisch ist ferner, dass die Kann-Beteiligten nach § 315 Abs. 4 ihre aus § 335 Abs. 1 folgende Beschwerdebefugnis nur im Interesse der betroffenen Person ausüben können. Auch das ist schon in § 315 Abs. 4 angelegt. Für die Kriterien der Beurteilung des Interesses der betroffenen Person gilt das zu §§ 303, 315 Abs. 4 und 274 Abs. 4 Ausgeführte.[20] Das Beschwerdegericht hat also (neuerdings[21]) die Möglichkeit, die Einlegung der Beschwerde im Interesse der betroffenen Person zu verneinen.

3. Muss-Beteiligte. a) Verfahrenspfleger (Abs. 2). Dem Verfahrenspfleger steht eine Beschwerdebefugnis folgerichtig schon deswegen zu, weil er, wenn das notwendig ist, zur **Wahrnehmung der Interessen der betroffenen Person** bestellt wird, § 317 Abs. 1 S. 1. Hinsichtlich seiner Beschwerde geht das Gesetz offensichtlich (und zutreffend) davon aus, dass sie stets im Interesse der betroffenen Person eingelegt wird. Der Verfahrenspfleger erhebt Beschwerde daher idR nicht im eigenen Interesse, sondern – obwohl er nicht gesetzlicher Vertreter der betroffenen Person ist – in deren Interesse.[22] Deswegen fehlt die Beschwerdebefugnis des Verfahrenspflegers (wie die der betroffenen Person) dann, wenn das Betreuungsgericht eine Unterbringungsmaßnahme ablehnt bzw. aufhebt.[23] An Weisungen der betroffenen Person ist der Verfahrenspfleger nicht gebunden, er kann daher auch gegen den erklärten Willen der betroffenen Person (aber in deren Interesse) Beschwerde erheben.[24] In Vergütungsfragen kann der Verfahrenspfleger in eigenen Rechten verletzt sein und dann nach § 59 Abs. 1 beschwerdebefugt sein. Weist das Beschwerdegericht die Beschwerde des Verfahrenspflegers zurück, dann dürfen ihm keine Kosten auferlegt werden, § 317 Abs. 7.

b) Betreuer oder Vorsorgebevollmächtigter (Abs. 3). Für den Betreuer (auch den vorläufigen) und den Vorsorgebevollmächtigten[25] besteht wie in Betreuungssachen[26] auch in Unterbringungssachen eine doppelte Beschwerdebefugnis. Er kann sowohl im eigenen Namen Beschwerde einlegen, als auch (als deren gesetzlicher Vertreter) im Namen der betroffenen Person, soweit die vom Betreuungsgericht getroffene Anordnung seinen **Aufgabenkreis** betrifft. Dem Betreuer muss nicht zwingend der Aufgabenkreis „Unterbringung" zugewiesen sein, als gesetzlicher Vertreter in einem beliebigen Aufgabenkreis wird er, wenn seinem Schutzbefohlenen die Freiheit entzogen wird, in seiner Tätigkeit beschränkt, so dass er beschwerdebefugt ist.[27] Das Beschwerdegericht prüft nicht, ob die im Namen der betroffenen Person von Betreuer oder Vorsorgebevollmächtigtem erhobene Beschwerde im Interesse der betroffenen Person eingelegt worden ist. Die Beschwerde des Betreuers/Vorsorgebevollmächtigten im eigenen und die im Namen der betroffenen Person müssen prozessual freilich auseinander gehalten werden.[28] Erteilt das Betreuungsgericht dem Betreuer oder dem Vorsorgebevollmächtigten die beantragte Genehmigung zur Unterbringung der betroffenen Person, dann fehlt diesem für eine Anfechtung der Genehmigung das Rechtsschutzinteresse, weil es ihm freisteht, von der Genehmigung Gebrauch zu machen oder nicht.[29] Von der Regelung einer selbstständigen

---

[17] S. dazu oben § 303 Rn. 5.
[18] Bezüglich solcher nahen Angehörigen besteht nach hier vertretener Ansicht die Pflicht des Gerichts, sie zu ermitteln, vom Unterbringungsverfahren in Kenntnis zu setzen und auf eine Beteiligungsmöglichkeit hinzuweisen. Kritisch auch *Zimmermann* FamFG Rn. 595.
[19] S. dazu oben § 303 Rn. 5 (sofortige Beschwerde).
[20] Vgl. oben § 274 Rn. 13–15.
[21] *Zimmermann* FamFG Rn. 594.
[22] Vgl. oben § 303 Rn. 14.
[23] BayObLG BtPrax 2005, 70 und BtPrax 2002, 165; OLG Frankfurt FGPrax 2000, 21; PK-BUV/*Guckes* § 70m FGG Rn. 4; *Keidel/Budde* Rn. 3: die Beschwerdebefugnis des Verfahrenspflegers ist auf den Umfang der Beschwer der betroffenen Person beschränkt.
[24] S. dazu *Damrau/Zimmermann* § 70m FGG Rn. 11.
[25] Die verfahrensrechtliche Gleichstellung des Vorsorgebevollmächtigten mit dem Betreuer ist durch das FGG-RG erfolgt.
[26] Vgl. oben § 303 Rn. 15.
[27] *Damrau/Zimmermann* § 70m FGG Rn. 18.
[28] Vgl. oben § 303 Rn. 19.
[29] OLG Schleswig FamRZ 2003, 1499; PK-BUV/*Guckes* § 70m FGG Rn. 4; *Damrau/Zimmermann* § 70m FGG Rn. 18.

Beschwerdeberechtigung im Falle einer **gemeinschaftlichen Mitbetreuung** durch mehrere Betreuer entsprechend § 303 Abs. 4 S. 2 wurde abgesehen. In Unterbringungssachen soll der Betroffene nach einer Entscheidung des Gerichts, insbesondere nach seiner Entlassung, unbelastet weiterleben können. Eine mehrfache Beschwerde unterschiedlicher Betreuer war daher zu vermeiden.[30]

11 c) **Behörde (Abs. 4).** Die zuständige Behörde (bei der öffentlichrechtlichen Unterbringung die nach PsychKG/UnterbrG zuständige Gefahrenabwehrbehörde; bei der zivilrechtlichen Unterbringung die Betreuungsbehörde) ist stets (auch ohne eigene Beschwer[31]) beschwerdebefugt; auf eine Beteiligung in der ersten Instanz kommt es ebenso wenig an wie auf die Frage, ob die Beschwerde im Interesse der betroffenen Person eingelegt wird.

III. Beschwerdeverfahren

12 1. **Einlegung der Beschwerde.** Die Beschwerde ist nach § 64 Abs. 1 beim Betreuungsgericht **schriftlich** oder **zur Niederschrift des Urkundsbeamten der Geschäftsstelle** einzulegen. Der Beschwerdeführer muss dazu persönlich im Betreuungsgericht anwesend sein.[32] Der Beschwerdeführer muss sich nicht anwaltlich vertreten lassen. Anders als in Betreuungssachen kommt in Unterbringungssachen eine Beschränkung der Beschwerde auf einzelne Punkte der getroffenen Anordnung nicht in Frage. Es handelt sich hier nicht wie bei der Betreuerbestellung und der Betreuerauswahl um trennbare Verfahrensgegenstände.[33]

13 Da § 335 verschiedenen Personen bzw. Institutionen ein Beschwerderecht einräumt, kann es vorkommen, dass **mehrere Beteiligte** gegen die Entscheidung Beschwerde einlegen. Für jeden Beschwerdeführer ist dann gesondert zu entscheiden, ob fristgerecht Beschwerde eingelegt wurde, weil die Frist für jeden Beteiligten gesondert ab Zustellung an diesen läuft, § 63 Abs. 3 S. 1. Das Beschwerdegericht ist freilich nicht verpflichtet, vor der eigenen Entscheidung zu prüfen, ob die angefochtene Entscheidung auch weiteren Beteiligten bekannt gegeben worden ist und ob diese eventuell ebenfalls Beschwerde erheben.[34] Eine **unselbstständige Anschlussbeschwerde** scheidet in Unterbringungssachen aus, weil sich hier die Beteiligten nicht als Gegner gegenüberstehen.[35]

14 2. **Beschwerdegericht.** Über die Beschwerde entscheidet das Landgericht, §§ 72 Abs. 1, 119 Abs. 1 Nr. 1 b GVG.

15 3. **„Feststellungsbeschwerde".** Der Rechtsprechung des BVerfG aus dem Jahre 1998[36] folgend anerkannten die Oberlandesgerichte in der Vergangenheit ein **Fortsetzungsfeststellungsinteresse,** wenn die Unterbringung schon nach kurzer Zeit wieder aufgehoben wurde, so dass eine Beschwerde noch gar nicht eingelegt werden konnte oder eine Beschwerdeentscheidung noch nicht ergangen war. Das Problem taucht regelmäßig bei vorläufigen Unterbringungsmaßnahmen durch die Erstinstanz auf. Die dazu ergangene neuere Rspr.[37] ist bei § 331 Rn. 14 nachgewiesen; vgl. dort. Daher ist auch ein nach Ablauf der Unterbringungsdauer eingelegtes Rechtsmittel in den Fällen der §§ 1906, 1846 BGB und des jeweiligen Landesrechts (PsychKG/UnterbrG) grundsätzlich zulässig; ein vorher eingelegtes Rechtsmittel wird nicht durch die Entlassung oder den Fristablauf unzulässig. Die betroffene Person muss die Beschwerde jedoch auf die Feststellung der Rechtswidrigkeit der Erstanordnung umstellen. Hierzu muss dem Beschwerdeführer jedoch Gelegenheit gegeben werden – eine „Blitzentscheidung" des Beschwerdegerichts nach der Entlassung scheidet daher aus.[38] Das Fortsetzungsfeststellungsinteresse streitet freilich nur für die betroffene Person, nicht für Angehörige, weil die von einer Unterbringungsmaßnahme berührten Grundrechte höchstpersönliche Individualrechte des Betroffenen sind.[39]

16 4. **Verfahrensregeln.** Anders als nach dem Recht des FGG aF enthält § 335 keine Regelung über die entsprechende Anwendbarkeit von Verfahrensregeln. Da die Beschwerdeinstanz aber eine volle Tatsacheninstanz ist, sind sämtliche Regeln der §§ 313 ff. auch vom Beschwerdegericht anzuwenden.

---

[30] BT-Drucks. 16/6308, S. 276 unter Bezug auf BT-Drucks. 11/4528, S. 187.
[31] *Damrau/Zimmermann* § 70m FGG Rn. 21.
[32] OLG Frankfurt FGPrax 2001, 46; aA *Damrau/Zimmermann* § 70m FGG Rn. 26: die telefonische Einlegung genüge, wenn das Betreuungsgericht ein Protokoll darüber fertigt, dieses am Telefon vorliest und den Beschwerdeführer selbiges telefonisch bestätigen lässt.
[33] *Keidel/Kuntze/Winkler/Kayser* § 70m FGG Rn. 7.
[34] *Damrau/Zimmermann* § 70m FGG Rn. 50.
[35] *Keidel/Kuntze/Winkler/Kayser* § 70m FGG Rn. 8; *Damrau/Zimmermann* § 70m FGG Rn. 51.
[36] BVerfG NJW 1998, 2432. Zum Streit hierüber bis 1998 vgl. *Damrau/Zimmermann* § 70m FGG Rn. 43–45.
[37] *Dodegge* spricht zutreffend von „gefestigter Rspr."; *ders.* NJW 2008, 2690.
[38] *Damrau/Zimmermann* § 70m FGG Rn. 45; BayObLG FamRZ 2000, 248.
[39] OLG München NJOZ 2007, 3154; OLG Frankfurt FamRZ 2005, 1505.

Einlegung der Beschwerde durch den Betroffenen   1 § 336

Auf die Kommentierung zu § 303[40] wird verwiesen. Das **Verfahren** ist also **vollständig** (inklusive Anhörung und Begutachtung) zu **wiederholen**. Das Beschwerdegericht hat freilich die Möglichkeit, nach § 68 Abs. 3 S. 2 von einzelnen Verfahrenshandlungen abzusehen, wenn diese bereits im ersten Rechtszug vorgenommen worden sind und von einer erneuten Vornahme keine zusätzlichen Erkenntnisse zu erwarten sind. Wegen der Schwere des der betroffenen Person drohenden Eingriffs ist diese Möglichkeit in Unterbringungssachen nur **restriktiv** anzuwenden. Das **Absehen von der Anhörung** im Beschwerdeverfahren kommt daher **nur in ganz seltenen Ausnahmefällen** in Betracht.[41] Wenn die Unterbringung eines Betroffenen für die gesetzlich maximal zulässige Dauer von zwei Jahren genehmigt werden soll, hat das Beschwerdegericht grundsätzlich den Betroffenen persönlich anzuhören und sich einen persönlichen Eindruck von ihm zu verschaffen; das gilt jedenfalls dann, wenn das Erstgericht die Anhörung nicht verfahrensfehlerfrei durchgeführt hat.[42]

Zu berücksichtigen ist immer, dass die Behandlung der betroffenen Person in der Unterbringung 17 innerhalb kurzer Zeit zur Veränderung ihres psychischen Zustandes führen kann[43] und eine Anhörung im Beschwerdeverfahren deswegen mitunter mehr Sinn hat als im Erstanordnungsverfahren. Im Übrigen gilt für die Wiederholung von Verfahrenshandlungen der pflichtgemäß gehandhabte **Amtsermittlungsgrundsatz**, § 26. Bei der Anhörung in der Beschwerdeinstanz ist dann, wenn die Entscheidung nicht (wie wohl freilich oft nach § 68 Abs. 4)[44] auf den Einzelrichter übertragen ist,[45] die Anhörung durch die voll besetzte Kammer durchzuführen.

Ist die angefochtene Entscheidung im Wege der **einstweiligen Anordnung** ergangen, kann das 18 Beschwerdegericht auch nur hierüber entscheiden, und nicht schon selbst eine endgültige Hauptsacheanordnung treffen.[46] Das Beschwerdegericht kann freilich selbst im Wege der einstweiligen Anordnung entscheiden.

5. Rechtsbeschwerde. Die Entscheidung des Beschwerdegerichts kann von den beschwerdebefugten 19 Personen mit der Rechtsbeschwerde zum BGH angefochten werden, wenn die Voraussetzungen der §§ 70, 72 vorliegen. In Unterbringungssachen ist die Rechtsbeschwerde **ohne Zulassung** durch das Beschwerdegericht statthaft, § 70 Abs. 3 Nr. 2.

§ 336 Einlegung der Beschwerde durch den Betroffenen

Der Betroffene kann die Beschwerde auch bei dem Amtsgericht einlegen, in dessen Bezirk er untergebracht ist.

Normzweck; Neuerungen im FamFG. § 336 ersetzt den bisher geltenden § 69g Abs. 3 FGG 1 aF und erlaubt der untergebrachten Person eine Erleichterung des Zugangs zu einem nahe gelegenen Amtsgericht – dem „Anstaltsgericht" – zum Zwecke der Einlegung der Beschwerde. Er entspricht § 305. Auf die Kommentierung dort wird verwiesen. Der Sinn der Vorschrift soll darin liegen, dass das Anstaltsgericht für die schreibungewandte betroffene Person, die eine Beschwerde zu Protokoll erklären will, leichter erreichbar sei.[1]

---

[40] Oben § 303 Rn. 22.
[41] Vgl. etwa OLG München BtPrax 2005, 154: die betroffene Person hatte in der erstinstanzlichen Anhörung beharrlich geschwiegen. S. a. OLG Hamm FamRZ 2007, 227; BayObLG FamRZ 2003, 1854; ebenso PK-BUV/ *Guckes* § 70m FGG Rn. 7.
[42] BayObLG NJW-RR 2005, 1314.
[43] Hierauf weist *Bienwald* § 70m FGG Rn. 13 hin. In gleichem Sinne *Damrau/Zimmermann* § 70m FGG Rn. 28: Die Anhörung ist bei Unterbringungen im Regelfall zu wiederholen. Dort (Rn. 29 f.) auch Verweise auf die ältere Rspr. (der 80er und 90er Jahre des 20. Jh.).
[44] Diese Möglichkeit beseitigt die Diskussion um die Zulässigkeit der Anhörung durch den von der Kammer beauftragten Richter (dazu *Damrau/Zimmermann* § 70m FGG Rn. 31) in durchaus effektiver, gleichwohl kritikwürdiger Weise. Nach hier vertretener Auffassung entwertet die Einzelrichterentscheidung das Beschwerdeverfahren – es besteht kein Unterschied zum Verfahren vor dem Amtsgericht. Dem Verfahrenspfleger und sonstigen Verfahrensbevollmächtigten kommt daher die Aufgabe zu, dafür zu sorgen, dass die zweite Instanz eine echte zweite Instanz bleibt, indem der Übertragung auf den Einzelrichter widersprochen wird.
[45] Auch nach FGG aF freilich war die Einzelrichterentscheidung in der Beschwerdeinstanz möglich; vgl. BGH NJW-RR 2008, 1241 (nach Vorlage des OLG Dresden) und KG FGPrax 2008, 149. Das OLG Rostock hatte noch 2007 die Übertragung der Anhörung auf den Einzelrichter für grundsätzlich ausgeschlossen gehalten; vgl. OLG Rostock FGPrax 2007, 269. Das OLG Dresden beabsichtigte, hiervon abzuweichen und führte so die Entscheidung des BGH herbei. S. dazu auch OLG Naumburg FamRZ 2008, 1635.
[46] *Keidel/Kuntze/Winkler/Kayser* § 70m FGG Rn. 29.
[1] *Damrau/Zimmermann* § 70m FGG Rn. 26.

§§ 337–339   Buch 3. Abschnitt 2. Verfahren in Unterbringungssachen

§ 337 Kosten in Unterbringungssachen

(1) In Unterbringungssachen kann das Gericht die Auslagen des Betroffenen, soweit sie zur zweckentsprechenden Rechtsverfolgung notwendig waren, ganz oder teilweise der Staatskasse auferlegen, wenn eine Unterbringungsmaßnahme nach § 312 Nrn. 1 und 2 abgelehnt, als ungerechtfertigt aufgehoben, eingeschränkt oder das Verfahren ohne Entscheidung über eine Maßnahme beendet wird.

(2) Wird ein Antrag auf eine Unterbringungsmaßnahme nach den Landesgesetzen über die Unterbringung psychisch Kranker nach § 312 Nr. 3 abgelehnt oder zurückgenommen und hat das Verfahren ergeben, dass für die zuständige Verwaltungsbehörde ein begründeter Anlass, den Unterbringungsantrag zu stellen, nicht vorgelegen hat, hat das Gericht die Auslagen des Betroffenen der Körperschaft aufzuerlegen, der die Verwaltungsbehörde angehört.

1   **1. Kostentragungspflicht des Fiskus.** § 337 Abs. 1 entspricht inhaltlich dem bisherigen § 13a Abs. 2 S. 1 FGG aF, der bis zum Inkrafttreten des FGG-RG die Kostenverteilung in Betreuungs- und Unterbringungssachen regelte. Die Kostenverteilung in Betreuungssachen regelt jetzt § 307. § 337 Abs. 1 ist dieser Vorschrift nachgebildet. Auf die dortige Kommentierung wird daher verwiesen. Die Kostenfestsetzung nach § 337 Abs. 1 ist ebenso wie die nach § 307 eine Endentscheidung, weil es im pflichtgemäßen Ermessen des Gerichts liegt zu entscheiden, ob und gegebenenfalls in welchem Umfang eine Kostenentscheidung sachgerecht ist.[1] Deshalb ist auch die **isolierte Anfechtung** einer Kostenentscheidung möglich, §§ 58 Abs. 1, 82. Einer dem bisherigen § 20a Abs. 1 S. 2 FGG aF entsprechenden Regelung bedurfte es nicht.[2]

2   **2. Kostentragungspflicht der Gefahrenabwehrbehörde.** Abs. 2 entspricht dem bisherigen § 13a Abs. 2 S. 3 FGG aF. Das Verfahren muss ergeben, dass die Behörde keinen begründeten Anlass hatte, einen Unterbringungsantrag beim Betreuungsgericht zu stellen. Das wird etwa dann der Fall sein, wenn die Behörde ohne vorher ein ärztliches Gutachten einzuholen die Unterbringung betrieben hat.

§ 338 Mitteilung von Entscheidungen

[1] Für Mitteilungen gelten die §§ 308 und 311 entsprechend. [2] Die Aufhebung einer Unterbringungsmaßnahme nach § 330 Satz 1 und die Aussetzung der Unterbringung nach § 328 Abs. 1 Satz 1 sind dem Leiter der Einrichtung, in der der Betroffene lebt, mitzuteilen.

1   Die Notwendigkeit, Entscheidungen des Betreuungsgerichts oder im Unterbringungsverfahren gewonnene Kenntnisse an Behörden, Gerichte oder andere öffentliche Stellen mitzuteilen und das hierbei zu beachtende Verfahren regeln auf Grund der Verweisung in § 338 die §§ 308 und 311. Auf die Kommentierung dort wird verwiesen. Die tatsächliche Handhabung der Mitteilungen (Mitteilung ist nicht Bekanntmachung!) durch das Betreuungsgericht regelt Nr. II 1–5 MiZi. § 338 ersetzt den bisher geltenden § 70n FGG aF. Aus S. 2 folgt nicht, dass der Anstaltsleiter Beteiligter im Aufhebungsverfahren würde. Ihm steht daher auch kein Beschwerderecht gegen die Aufhebung/Aussetzung zu.[1*] Funktionell zuständig für die Mitteilung ist wie stets in Unterbringungssachen der Richter.

§ 339 Benachrichtigung von Angehörigen

Von der Anordnung oder Genehmigung der Unterbringung und deren Verlängerung hat das Gericht einen Angehörigen des Betroffenen oder eine Person seines Vertrauens unverzüglich zu benachrichtigen.

1   Die Vorschrift übernimmt die Vorgabe des Art. 104 Abs. 4 GG, wonach von jeder richterlichen Entscheidung über die Anordnung oder Fortdauer der Freiheitsentziehung unverzüglich ein Angehöriger des Festgehaltenen oder eine Person seines Vertrauens zu benachrichtigen ist. Werden bereits nach § 315 Abs. 4 ein Angehöriger des Betroffenen oder eine Person seines Vertrauens am Verfahren beteiligt, so wird der Benachrichtigungspflicht damit in der Regel Genüge getan sein.[1**]

---

[1] BT-Drucks. 16/6308, S. 215.
[2] BT-Drucks. 16/6308, S. 276.
[1*] *Bassenge/Roth* § 70n FGG Rn. 1; HK-BUR/*Hoffmann* § 70n FGG Rn. 7.
[1**] BT-Drucks. 16/6308, S. 276.

Abschnitt 3. Verfahren in betreuungsgerichtlichen Zuweisungssachen

Der dritte Abschnitt des dritten Buches ist eine Folge der **Abschaffung des Vormundschafts-** 1
gerichts und der **Aufteilung seiner bisherigen Aufgaben** auf die Familien- und die Betreuungsgerichte. Verfahren über (einige) Pflegschaften und die Bestellung von Vertretern, die keine Pfleger für Volljährige sind, werden mit § 340 zu Aufgaben des Betreuungsgerichts erklärt. Dafür verwendet das FGG-RG den direkt dem prozessrechtlichen Begriffshimmel entstiegenen, vollständig inhaltsleeren Begriff der **„Zuweisungssache"**. Die Bezeichnung ist nur ein Sammelbegriff für weitere Zuständigkeiten des Betreuungsgerichts außerhalb der Betreuungs- und Unterbringungssachen. Es handelt sich dabei um Verfahren, für die bislang das Vormundschaftsgericht zuständig war und die nach dessen Auflösung nicht dem Familiengericht, sondern dem Betreuungsgericht übertragen werden sollen.[1]

§ 340 Betreuungsgerichtliche Zuweisungssachen
Betreuungsgerichtliche Zuweisungssachen sind
1. Verfahren, die die Pflegschaft mit Ausnahme der Pflegschaft für Minderjährige oder für eine Leibesfrucht betreffen,
2. Verfahren, die die gerichtliche Bestellung eines sonstigen Vertreters für einen Volljährigen betreffen sowie
3. sonstige dem Betreuungsgericht zugewiesene Verfahren,

soweit es sich nicht um Betreuungssachen oder Unterbringungssachen handelt.

1. Normzweck. Der allgemeinen Neigung des Gesetzgebers des FGG-RG, an den Anfang eines 1
jeden Abschnittes möglichst eine Definitionsnorm ohne eigenen Anwendungsbereich zu stellen, geschuldet ist auch § 340. Er nennt lediglich diejenigen Verfahren, in denen das Betreuungsgericht anstelle des Familiengerichts zuständig ist. Für die örtliche Zuständigkeit konkret gilt dann § 341, der sich selbst erklärt.

2. Betreuungsgerichtliche Zuweisungssachen. a) Pflegschaften (Nr. 1). Die Vorschrift 2
nennt Verfahren, welche die **Pflegschaft mit Ausnahme der Pflegschaft für Minderjährige oder für eine Leibesfrucht** betreffen. Unter Nr. 1 fallen die Pflegschaften nach §§ 1911, 1914 BGB, sowie nach § 1913 BGB oder § 17 SachenRBerG.

Steht jedoch positiv fest, dass der Beteiligte minderjährig oder noch nicht geboren ist, ist nach 3
§ 151 Nr. 5 das Familiengericht zuständig.[1*] Die Nachlasspflegschaft gehört auch dann nicht zu den betreuungsgerichtlichen Zuweisungssachen, wenn der Erbe minderjährig ist. Das Familiengericht ist hierfür ebenfalls nicht zuständig, sondern das Nachlassgericht, § 342 Abs. 1 Nr. 2.

b) Bestellung eines Vertreters, der kein Pfleger ist, für Volljährige (Nr. 2). Verfahren, 4
welche die gerichtliche Bestellung eines Vertreters, der kein Pfleger ist, für einen Volljährigen betreffen, sind zB. Vertreterbestellungen nach § 16 VwVfG, § 207 BauGB, § 119 FlurbG oder § 15 SGB X. Auch weitere Entscheidungen, die das Vertreterverhältnis betreffen, sollen, vorbehaltlich anderweitiger spezialgesetzlicher Regelungen, als Verfahren kraft Sachzusammenhangs von Nr. 2 mit erfasst sein. Es gilt insoweit im Ergebnis dasselbe wie bei der Pflegschaft. Durch die Formulierung „gerichtliche Bestellung" wird vorsorglich klargestellt, dass die rechtsgeschäftliche Erteilung von Vertretungsmacht durch den Vertretenen selbst oder durch dessen Organe nicht unter Nr. 2 fällt.[2] Die Bestellung eines Verfahrenspflegers in Betreuungs- und Unterbringungssachen (§§ 278, 317) ist ebenfalls keine betreuungsgerichtliche Zuweisungssache, sondern eine dem Betreuungsgericht von vornherein obliegende Aufgabe, wie *Zimmermann* der guten Klarheit halber hervorhebt.[3]

---
[1] BT-Drucks. 16/6308, S. 276.
[1*] BT-Drucks. 16/6308, S. 276; *Zimmermann* FamFG Rn. 605.
[2] BT-Drucks. 16/6308, S. 276.
[3] *Zimmermann* FamFG Rn. 606.

§ 341 1   Buch 3. Abschnitt 3. Verfahren in betreuungsgerichtlichen Zuweisungssachen

5   **c) Sonstige Zuweisungssachen (Nr. 3).** Es handelt sich schlicht um eine Auffangvorschrift, die es ermöglichen soll, in Zukunft dem Betreuungsgericht an anderer Stelle weitere Aufgaben zuzuweisen.[4]

§ 341 Örtliche Zuständigkeit

Die Zuständigkeit des Gerichts bestimmt sich in betreuungsgerichtlichen Zuweisungssachen nach § 272.

1   § 23a Nr. 2 GVG ergibt, dass die Amtsgerichte für die betreuungsgerichtlichen Zuweisungssachen zuständig sind. Innerhalb des Amtsgerichts ist das Betreuungsgericht zuständig. Für die örtliche Zuständigkeit gilt § 272 in vollem Umfang. Für die funktionelle Zuständigkeit verbleibt es auch hier bei den Regelungen des RPflG. Bei Verfahren mit Auslandsbezug ist § 104 zu beachten.

---

[4] BT-Drucks. 16/6308, S. 277; *Zimmermann* FamFG Rn. 607.

Buch 4. Verfahren in Nachlass- und Teilungssachen

Abschnitt 1. Begriffsbestimmung; örtliche Zuständigkeit

Schrifttum: *Bracker,* Die amtliche Vermittlung der Nachlassauseinandersetzung, MittBayNot 1984, 114; *Fröhler,* Das Verfahren in Nachlass- und Teilungssachen nach dem neu geschaffenen FamFG – Eine Bestandsaufnahme unter ergänzender Berücksichtigung des Personenstandsreformgesetzes, BWNotZ 2008, 183; *Heinemann,* Erbschaftsausschlagung: neue Zuständigkeiten durch das FamFG, ZErb 2008, 293; *ders.,* Das neue Nachlassverfahrensrecht nach dem FamFG, ZFE 2009, 8; *Kroiß,* Das neue Nachlassverfahrensrecht, ZErb 2008, 300; *ders.,* Das neue Nachlassverfahrensrecht, 2009 (zit. Kroiß, Nachlassverfahren); *ders.,* Neue Vorschriften für das Verfahren in Nachlass- und Teilungssachen – eine Synopse, ZErb 2009, 103; *Kuntze,* Referentenentwurf eines FGG-Reformgesetzes, FGPrax 2005, 185; *Zimmermann, W.,* Die Nachlasssachen in der FGG-Reform, FGPrax 2006, 189; *ders.,* Das neue Nachlassverfahren nach dem FamFG, ZEV 2009, 53; *ders.,* Die Testamentsvollstreckung im FamFG, ZErb 2009, 86.

§ 342 Begriffsbestimmung

(1) Nachlasssachen sind Verfahren, die
1. die besondere amtliche Verwahrung von Verfügungen von Todes wegen,
2. die Sicherung des Nachlasses einschließlich Nachlasspflegschaften,
3. die Eröffnung von Verfügungen von Todes wegen,
4. die Ermittlung der Erben,
5. die Entgegennahme von Erklärungen, die nach gesetzlicher Vorschrift dem Nachlassgericht gegenüber abzugeben sind,
6. Erbscheine, Testamentsvollstreckerzeugnisse und sonstige vom Nachlassgericht zu erteilende Zeugnisse,
7. die Testamentsvollstreckung,
8. die Nachlassverwaltung sowie
9. sonstige den Nachlassgerichten durch Gesetz zugewiesene Aufgaben

betreffen.

(2) Teilungssachen sind
1. die Aufgaben, die Gerichte nach diesem Buch bei der Auseinandersetzung eines Nachlasses und des Gesamtguts zu erledigen haben, nachdem eine eheliche, lebenspartnerschaftliche oder fortgesetzte Gütergemeinschaft beendet wurde, und
2. Verfahren betreffend Zeugnisse über die Auseinandersetzung des Gesamtguts einer ehelichen, lebenspartnerschaftlichen oder fortgesetzten Gütergemeinschaft nach den §§ 36 und 37 der Grundbuchordnung sowie nach den §§ 42 und 74 der Schiffsregisterordnung.

I. Normzweck

Anders als das FGG enthält das FamFG nunmehr eine ausdrückliche Regelung, für welche **Verfahren** im Einzelnen die Vorschriften des 4. Buches gelten.[1] Aus systematischen Gründen wird oftmals zwischen solchen Tätigkeiten des Nachlassgerichts unterschieden, die von Amts wegen oder auf Antrag vorzunehmen sind und solchen, bei denen nur Erklärungen der Beteiligten entgegengenommen werden.[2] Demgegenüber differenziert § 342 zwischen den Nachlasssachen im eigentlichen Sinn nach Abs. 1 und den Teilungssachen nach Abs. 2. **1**

---

[1] BT-Drucks. 16/6308, S. 277.
[2] *Zimmermann* FamFG Rn. 610.

II. Die Nachlasssachen im Einzelnen (Abs. 1)

2   Abs. 1 enthält in den **Nr. 1 bis 8** eine **explizite Aufzählungen** der wichtigsten Verfahrensgegenstände in Nachlasssachen. Zu diesen gehören aber auch noch eine Vielzahl von weiteren Einzelaufgaben, die durch besondere gesetzliche Bestimmung den Nachlassgerichten zugewiesen werden (Nr. 9). Insoweit ist die in Abs. 1 enthaltene Aufzählung der Nachlasssachen **nicht abschließend.**[3]

3   Nach Abs. 1 sind **Nachlasssachen** Verfahren, die betreffen
– die **besondere amtliche Verwahrung** von Verfügungen von Todes wegen **(Nr. 1),** vgl. dazu §§ 346f. Bei dieser Verwahrung wird das Amtsgericht an sich nicht als Nachlassgericht tätig, weil der Erblasser zum Zeitpunkt der Hinterlegung der Verfügung noch lebt. Daher bezeichnet die Nr. 1 die Verwahrung klarstellend als Nachlasssache, wodurch grundsätzlich die sachliche Zuständigkeit der Abteilung „Nachlassgericht" des Amtsgerichts begründet wird;[4]
– die **Sicherung des Nachlasses** (§§ 1960 bis 1962 BGB) einschließlich der **Nachlasspflegschaft (Nr. 2).** Dabei ist zu beachten, dass die Nachlasspflegschaft als „betreuungsgerichtliche Zuweisungssache" gilt (§ 340 Nr. 1),[5] so dass auch die Bestimmungen des Buchs 3, und damit die §§ 271 bis 341 darauf anzuwenden sind,[6] während eine eigenständige Verfahrensregelung unterblieb, weil § 75 FGG ersatzlos entfallen ist.[7] Nach wie vor ist hierfür auch das Nachlassgericht (§ 1962 BGB) sachlich zuständig, nicht das Betreuungsgericht (früher Vormundschaftsgericht). Für die örtliche Zuständigkeit gelten die §§ 343, 344.
– die **Eröffnung von Verfügungen von Todes wegen** nach den §§ 348 bis 351 **(Nr. 3).**
– die **Ermittlung der Erben (Nr. 4).** Hierzu besteht eine Ermittlungspflicht nur auf Grund besonderer landesrechtlicher Bestimmungen, so etwa in *Bayern* nach Art. 37 BayAGBGB und in *Baden-Württemberg* nach § 41 BWLFGG.
– die **Entgegennahme** von **Erklärungen,** die nach gesetzlicher Vorschrift dem Nachlassgericht gegenüber abzugeben sind **(Nr. 5).** Hierzu gehören insbesondere die Entgegennahme der Ausschlagung der Erbschaft (§ 1945 BGB), der Anfechtung einer Erbschaftsannahme oder Ausschlagung (§ 1955 BGB), die Erklärung der Anfechtung eines Testaments oder Erbvertrags (§§ 2081, 2281 BGB) oder der Annahme eines Testamentsvollstreckers (§ 2202 BGB).
– **Erbscheine (§§ 2353 ff. BGB), Testamentsvollstreckerzeugnisse** (§ 2368 BGB) und **sonstige** vom Nachlassgericht zu erteilende **Zeugnisse** (§ 354) sowie deren Einziehung und Kraftloserklärung (§ 2361 BGB) **(Nr. 6).**
– Die **Testamentsvollstreckung (Nr. 7).** Hierunter fallen verschiedene ausdrücklich dem Nachlassgericht zugewiesene Tätigkeiten, welche dieses in diesem Zusammenhang vorzunehmen hat, insbesondere die Fristbestimmung zur Ernennung eines Testamentsvollstreckers sowie zur Annahme des Amtes nach den §§ 2198, 2199, 2202 Abs. 3 BGB, die Auswahl des Testamentsvollstreckers nach § 2200 BGB, die Außerkraftsetzung von Anordnungen des Erblassers nach § 2216 Abs. 2 S. 2 BGB, Entscheidungen über Meinungsverschiedenheiten zwischen mehreren Testamentsvollstreckern nach § 2224 Abs. 1 S. 1 BGB sowie die Entlassung des Testamentsvollstreckers nach § 2227 BGB.
– Die **Nachlassverwaltung** (§§ 1981 ff. BGB iVm. § 359), einschließlich der Festsetzung der Vergütung des Nachlassverwalters (§ 1987 BGB) gem. **Nr. 8.**
– Sonstige den **Nachlassgerichten** durch Gesetz zugewiesene Aufgaben **(Nr. 9).** Dies muss durch **förmliches Gesetz** oder zumindest auf Grund einer entsprechenden Ermächtigung geschehen. Soweit eine entsprechende Gesetzgebungskompetenz besteht, kann dies auch durch Landesgesetz oder auf Grund eines solchen geschehen. Es muss sich jedoch um eine ausdrückliche Aufgabenübertragung handeln. Hierbei kann sich der Gesetzgeber weitgehend auch von Zweckmäßigkeitserwägungen leiten lassen, soweit nur von einem Zusammenhang mit Nachlassangelegenheiten im weitesten Sinne gesprochen werden kann. Insoweit kann von einer umfassenden „Öffnungsklausel" zur Begründung weiterer Nachlasssachen gesprochen werden. Auch in zeitlicher Hinsicht bestehen keine Bedenken: Der Norm ist keine Beschränkung dahingehend zu entnehmen, dass nur die bei Erlass des FamFG bereits bestehenden gesetzlichen Vorschriften gemeint sind und es daher zu einer „Versteinerung" des Begriffs der Nachlasssachen käme. Bislang gehören hierzu insbesondere Bestimmungen des BGB, etwa die Fristbestimmungen bei Vermächtnissen und Auflagen (§§ 2151, 2153 bis 2155 BGB, 2192, 2193 BGB), Aufgaben im Zusammenhang mit der

---

[3] BT-Drucks. 16/6308, S. 277; *Heinemann* ZFE 2009, 8, 9.
[4] *Heinemann* ZFE 2009, 8, 9; *Zimmermann* FamFG Rn. 623.
[5] *Zimmermann* FamFG Rn. 611.
[6] *W. Zimmermann* ZEV 2009, 53, 57.
[7] Krit. dazu *Heinemann* ZFE 2009, 8, 13; dazu auch § 359 Rn. 2.

Inventarerrichtung (§§ 1993 ff. BGB), die Stundung des Pflichtteilsanspruchs (§§ 2331a BGB, 362), die Feststellung des Erbrechts des Fiskus (§§ 1964, 1965 BGB), die Anzeige über den Eintritt der Nacherbschaft (§ 2146 BGB) und die Anzeige des Erbschaftskaufs (§§ 2384, 2385 BGB).

III. Teilungssachen (Abs. 2)

Abs. 2 bestimmt, was unter dem Begriff der Teilungssachen zu verstehen ist. Diese Aufzählung ist – anders als bei den Nachlasssachen – abschließend.[8] Das sind zum einen nach **Nr. 1** die Verfahren zur **Auseinandersetzung** des **Nachlasses** oder des **Gesamtguts** nach Beendigung einer ehelichen (§§ 1416 ff. BGB), lebenspartnerschaftlichen (§ 7 LPartG iVm. §§ 1416 ff. BGB) oder fortgesetzten Gütergemeinschaft (§§ 1483 ff. BGB). Dabei handelt es sich um die nach den §§ 363 bis 373 (früher §§ 86 ff. FGG) vorzunehmenden Verfahren. 4

Weiter gehören zu den Teilungssachen nach **Nr. 2** die Verfahren betreffend **Zeugnisse** über die Auseinandersetzung des Gesamtguts einer ehelichen, lebenspartnerschaftlichen oder fortgesetzten Gütergemeinschaft nach den §§ 36 und 37 der Grundbuchordnung sowie nach den §§ 42 und 74 der Schiffsregisterordnung (SchiffRegO). Die Aufzählung der Teilungssachen ist abschließend[9]; es fehlt an einer mit Abs. 1 Nr. 9 vergleichbaren Öffnungsklausel. 5

IV. Rechtsfolgen

Auf die Nachlass- und Teilungssachen iSd. § 343 finden nicht nur die **besonderen verfahrensrechtlichen Vorschriften** der **§§ 343 ff.** Anwendung. Dadurch wird bezüglich der Nachlasssachen auch die **Zuständigkeit** der Abteilung „Nachlassgericht" des Amtsgerichts begründet. In Baden-Württemberg ist anstelle des Amtsgerichts das Notariat zuständig (§§ 1 Abs. 2, 3, 38, 46 Abs. 3 BaWüLFGG), vgl. dazu auch § 343 Rn. 30. 6

§ 343 Örtliche Zuständigkeit

(1) **Die örtliche Zuständigkeit bestimmt sich nach dem Wohnsitz, den der Erblasser zur Zeit des Erbfalls hatte; fehlt ein inländischer Wohnsitz, ist das Gericht zuständig, in dessen Bezirk der Erblasser zur Zeit des Erbfalls seinen Aufenthalt hatte.**

(2) **[1] Ist der Erblasser Deutscher und hatte er zur Zeit des Erbfalls im Inland weder Wohnsitz noch Aufenthalt, ist das Amtsgericht Schöneberg in Berlin zuständig. [2] Es kann die Sache aus wichtigen Gründen an ein anderes Gericht verweisen.**

(3) **Ist der Erblasser ein Ausländer und hatte er zur Zeit des Erbfalls im Inland weder Wohnsitz noch Aufenthalt, ist jedes Gericht, in dessen Bezirk sich Nachlassgegenstände befinden, für alle Nachlassgegenstände zuständig.**

Übersicht

	Rn.		Rn.
I. Die verschiedenen Zuständigkeiten	1, 2	b) Verweisungsbefugnis (Abs. 2 S. 2)	20–24
II. Die örtliche Zuständigkeit im Einzelnen	3–26	3. Belegenheitszuständigkeit (Abs. 3)	25, 26
		III. Besondere Zuständigkeiten	27–33
1. Die Wohnsitz- oder Aufenthaltszuständigkeit (Abs. 1)	3–17	1. Internationale Zuständigkeit	27–29
a) Wohnsitz	3–11	a) Frühere Rechtslage	27
b) Aufenthalt	12	b) Geänderte internationale Zuständigkeit	28, 29
c) Zeitpunkt	13, 14	2. Landesrechtlicher Vorbehalt	30
d) Persönlicher Anwendungsbereich, Auslandsbezüge	15	3. Zuständigkeit des Landwirtschaftsgerichts	31
e) Gebietsveränderungen	16, 17	4. Funktionelle Zuständigkeit	32, 33
2. Zuständigkeit für Deutsche ohne Wohnsitz und Aufenthalt im Inland (Abs. 2)	18–24	IV. Verfahrensfragen, Rechtsfolge von Verstößen	34–36
a) Zuständigkeit des AG Berlin-Schöneberg (Abs. 2 S. 1)	18, 19		

---

[8] *Heinemann* ZFE 2009, 8, 9.
[9] *Bumiller/Harders* Rn. 12.

I. Die verschiedenen Zuständigkeiten

1 In den §§ 343 und 344 sind die verschiedenen Regelungen zur **örtlichen Zuständigkeit** in Nachlass- und Teilungssachen enthalten. Demgegenüber ist die **sachliche Zuständigkeit** auf Grund der Einbeziehung der FamFG-Verfahren in den sachlichen Geltungsbereich des GVG nunmehr zentral in § 23a Abs. 2 Nr. 2 GVG geregelt. Zuständig ist hierfür nach wie vor das Amtsgericht. Eine Nachfolgebestimmung für den bisherigen § 72 FGG wurde daher entbehrlich.[1] Die **funktionelle Zuständigkeit** in diesen Verfahren richtet sich nach wie vor nach den Bestimmungen des Rechtspflegergesetzes (RPflG), das allerdings durch das FGG-RG auch gewisse Änderungen erfahren hat. Die früher nicht allgemein gesetzlich geregelte **internationale Zuständigkeit** deutscher Gerichte für den Bereich der Nachlasssachen[2] bestimmt sich nunmehr gem. § 105 entsprechend der *Theorie der Doppelfunktionalität* allein nach der örtlichen Zuständigkeit. Soweit diese für ein deutsches Gericht gegeben ist, ist dieses auch international zuständig. Damit wurde der früher von der gerichtlichen Praxis angewandten *Gleichlauftheorie* eine Absage erteilt; eingehender s. unten, Rn. 27 f.

2 Die Vorschrift des § 343 zur allgemeinen örtlichen Zuständigkeit in Nachlass- und Teilungssachen **entspricht** weitgehend dem **bisherigen § 73** Abs. 1 bis 3 **FGG**, so dass die hierzu entwickelten Grundsätze im Wesentlichen anwendbar bleiben. Es handelt sich um eine ausschließliche Zuständigkeit; sie kann nicht anderweitig vereinbart werden.[3]

II. Die örtliche Zuständigkeit im Einzelnen

3 **1. Die Wohnsitz- oder Aufenthaltszuständigkeit (Abs. 1). a) Wohnsitz.** Für die örtliche Zuständigkeit in Nachlass- und Teilungssachen ist nach wie vor in erster Linie der **Wohnsitz** des Erblassers maßgebend, den dieser zurzeit des Erbfalls (§ 1922 BGB) hatte.[4] Der Wohnsitz des Erben oder seine Staatsangehörigkeit sind völlig belanglos.

4 **aa) Der Wohnsitzbegriff.** Der Begriff, die Begründung und die Aufhebung des Wohnsitzes bestimmen sich nach den §§ 7 bis 9, 11 BGB.[5] Daher ist zwischen dem gewählten (§ 7 BGB) und dem gesetzlichen Wohnsitz (§§ 9, 11) zu unterscheiden. Auch wenn das BGB den Begriff des Wohnsitzes nicht bestimmt versteht man hierunter den Ort, an dem sich der räumliche Mittelpunkt (Schwerpunkt) der gesamten Lebensverhältnisse der betreffenden Person befindet.[6] Dabei ist Wohnsitz nicht die Wohnung als solches, sondern die kleinste politische Einheit, als idR die Gemeinde, in der die Wohnung liegt. Dies ergibt sich aus der Verwendung des Wortes „Ort" in § 7 Abs. 1 BGB.

5 **bb) Begründung.** Begründet wird der Wohnsitz durch die tatsächliche Niederlassung an einem Ort mit dem Willen, diesen zum ständigen Schwerpunkt der Lebensverhältnisse zu machen.[7] Dies erfordert keine eigene Wohnung,[8] vielmehr genügt das Bewohnen eines Hotelzimmers,[9] eines möblierten Zimmers oder einer behelfsmäßigen Unterkunft bei Verwandten oder Bekannten.[10] Eine Niederlassung an einem neuen Ort kann bereits zu bejahen sein, wenn sich der größere Teil der Habe noch in der früheren Wohnung befindet.[11]

6 **cc) Domizilwille.** In subjektiver Hinsicht musste der Erblasser den rechtsgeschäftlichen Willen haben, den Ort ständig **zum Schwerpunkt seiner Lebensverhältnisse zu machen.** Der demnach erforderliche sog. „Domizilwille" braucht nicht ausdrücklich erklärt zu werden. Er kann sich vielmehr aus den gesamten Lebensumständen und dem Verhalten des Betreffenden ergeben.[12] Daher können Arbeitnehmer bei Fehlen eines anderen Lebensschwerpunkts ihren Wohnsitz auch an ihrem

---

[1] BT-Drucks. 16/6308, S. 277.
[2] Vgl. zur früheren Rechtslage ausf. *Keidel/Kuntze/Winkler* Rn. 18 ff.; *Jansen/Müller-Lukoschek* § 73 FGG Rn. 49 ff.
[3] *Zimmermann* FamFG Rn. 616.
[4] *Schulte-Bunert* Rn. 1079; *Zimmermann* FamFG Rn. 615; unter der Geltung des FGG vgl. etwa *Jansen/Müller-Lukoschek* § 73 FGG Rn. 3.
[5] *Jansen/Müller-Lukoschek* § 73 FGG Rn. 4; *Keidel/Kuntze/Winkler* § 73 FGG Rn. 6; *Keidel/Zimmermann* Rn. 40.
[6] BGH LM § 7 BGB Nr. 3; BayObLGZ 1984, 289; 1993, 88; *Jansen/Müller-Lukoschek* § 73 FGG Rn. 4; MünchKommBGB/*Schmitt* § 7 Rn. 8; *Palandt/Ellenberger* § 7 BGB Rn. 1.
[7] BayObLGZ 1985, 161; *Jansen/Müller-Lukoschek* § 73 FGG Rn. 4; *Palandt/Ellenberger* § 7 BGB Rn. 6.
[8] MünchKommBGB/*J. Schmitt* § 7 Rn. 20.
[9] BVerfG RzW 1959, 94.
[10] BGH NJW 1984, 971; BVerwG NJW 1986, 674; *Palandt/Ellenberger* § 7 BGB Rn. 6.
[11] BVerwG NJW 1986, 674; *Palandt/Ellenberger* § 7 BGB Rn. 6.
[12] BGHZ 7, 104, 109; BGH NJW 2006, 1808; *Palandt/Ellenberger* § 7 BGB Rn. 7.

reinen Arbeitsort haben, uU auch an Bord eines Schiffes.[13] Demgegenüber wird durch einen Aufenthalt zu einem nur vorübergehenden Zweck kein Wohnsitz begründet. Dies gilt etwa für den Aufenthalt am Studienort,[14] die Erfüllung der Wehrpflicht und für den Aufenthalt in einem Erziehungsheim und Internat,[15] die Flucht in ein Frauenhaus,[16] den Wechsel des Frauenhauses,[17] doch kann dieses auch der räumliche Schwerpunkt sein.[18] Ob Hausangestellte und ähnliche Arbeitnehmer den Arbeitsort zum Lebensschwerpunkt machen, ist eine Frage des Einzelfalls.[19] Demgegenüber steht die Absicht, die Niederlassung später wieder aufzugeben, einer Wohnsitzbegründung nicht entgegen.[20] Ebenso wenig gilt das für das Fehlen einer behördlichen (ausländerrechtlichen) Genehmigung.[21] Die melderechtlich erforderliche Anmeldung ist für die Begründung des Wohnsitzes weder erforderlich noch ausreichend, kann aber ein wichtiges Indiz sein.[22] Jedoch begründet die Unterbringung in einer Strafanstalt keinen Wohnsitz, weil sie unabhängig vom Willen des Betroffenen erfolgt.[23]

dd) Doppelter Wohnsitz. Hatte der Erblasser im Erbfall mehrere Wohnsitze, so ist von den mehreren in Betracht kommenden Amtsgerichten dasjenige örtlich zuständig, das zuerst mit der Angelegenheit befasst ist (§ 2 Abs. 1). Zuständigkeitsstreitigkeiten sind nach § 5 zu entscheiden.[24] Bei Doppelwohnsitz im In- und Ausland ist der inländische maßgebend.[25]

ee) Sonderfälle. Die Begründung des Wohnsitzes geschieht bei **Geschäftsunfähigen** oder beschränkt Geschäftsfähigen durch den gesetzlichen Vertreter (§§ 8, 11 BGB). Trennen sich die gemeinsam sorgeberechtigten Eltern später, so wird ein Doppelwohnsitz begründet.[26] Die Begründung eines Wohnsitzes durch einen rechtsgeschäftlichen Vertreter ist möglich.[27] Demgegenüber steht ein **gesetzliches Verbot,** den Wohnsitz zu wechseln, der Wirksamkeit der Wohnsitzbegründung nicht entgegen.[28] **Ordensangehörige** begründen den Wohnsitz wie auch andere Person. Ordenssatzungen über den Wohnsitz sind für die staatlichen Rechte bedeutungslos.[29] **Exterritoriale** sind in entsprechender Anwendung des § 15 ZPO so zu behandeln, wie wenn sie ihren letzten Wohnsitz im Inland behalten hätten.[30]

Stirbt der Erblasser im **Krankenhaus,** so ist regelmäßig noch seine Wohnung als Schwerpunkt seiner Lebensverhältnisse anzusehen, da im Krankenhaus die zeitlich beschränkte medizinische Versorgung im Vordergrund steht und die baldige Rückkehr des Patienten beabsichtigt ist.[31] Hält sich dagegen der Erblasser zurzeit des Erbfalles in einem **Hospiz** auf und hat sein Betreuer um gerichtliche Genehmigung der Wohnungsauflösung nachgesucht, weil eine Rückkehr des Erblassers in die zuletzt von ihm bewohnte, an einem anderen Ort befindliche Wohnung nicht mehr in Betracht zu ziehen ist, so ist der für die örtliche Zuständigkeit maßgebliche letzte Wohnsitz des Erblassers am Ort des Hospizes.[32]

Bei einer **Verschollenheit** gilt der Letzte bekannte Wohnsitz als fortbestehend, solange nicht der Wille ihn aufzugeben, bewiesen ist.[33] Im Fall der Todesvermutung (§ 9 VerschG) ist der Todeszeitpunkt in der die Vermutung allein begründenden Todeserklärung anzugeben (§ 23 VerschG). Das ist der Zeitpunkt, zu dem der Tod am wahrscheinlichsten eingetreten ist, hilfsweise aber ein an Hand

---

[13] LG Hamburg NJW-RR 1995, 183.
[14] BVerwG NJW 1990, 2193.
[15] LG Duisburg FamRZ 1968, 85; VGH München NJW 1991, 2229.
[16] BGH NJW 1995, 1224.
[17] BGH NJW-RR 1997, 514, 1025; OLG Hamm NJW-RR 1997, 1165.
[18] OLG Karlsruhe NJW-RR 1995, 1220; OLG Nürnberg NJW-RR 1997, 514, 1025; OLG Hamm NJW-RR 1997, 1165.
[19] OLG Köln JMBlNRW 1960, 188.
[20] OLG Köln NJW 1972, 394.
[21] BVerwG NJW 1989, 2904.
[22] BGH NJW-RR 1990, 506; BayObLG NJW-RR 1989, 262.
[23] BGH NJW-RR 1996, 1217.
[24] *Zimmermann* FamFG Rn. 616.
[25] *Jansen/Müller-Lukoschek* § 73 FGG Rn. 22.
[26] *Jansen/Müller-Lukoschek* § 73 FGG Rn. 7.
[27] *Palandt/Ellenberg* § 7 BGB Rn. 8.
[28] *Palandt/Ellenberg* § 7 BGB Rn. 8.
[29] BayObLGZ 1960, 455.
[30] *Palandt/Ellenberg* § 7 BGB Rn. 8; *Jansen/Müller-Lukoschek* § 73 FGG Rn. 3 m. weit. Nachw.; aA *Keidel/Zimmermann* Rn. 41: nach § 343 Abs. 2.
[31] *Keidel/Kuntze/Winkler* § 73 FGG Rn. 6 a.
[32] OLG Düsseldorf FamRZ 2002, 1128.
[33] KG DFG 1943, 27.

des Gesetzes zu bestimmender Zeitpunkt, je nach Art der konkreten Verschollenheit (§ 9 Abs. 3 VerschG).[34]

11 **ff) Aufhebung des Wohnsitzes.** Diese setzt voraus, dass die Niederlassung tatsächlich mit dem Willen aufgegeben wird, den Schwerpunkt der Lebensverhältnisse nicht am bisherigen Wohnsitz zu belassen. Erforderlich sind daher ein entsprechender **Aufgabewille** und die **objektiven Auflassung** der Niederlassung. Wenn letzteres durch einen Aufenthaltsortwechsel bereits vollzogen ist, genügt ein entsprechender Wille.[35] Dieser bedarf ebenfalls keiner ausdrücklichen Erklärung, muss aber für einen objektiven Beobachter nach den Umständen des Einzelfalls erkennbar sein. Dagegen genügt eine vorübergehende, auch längere Abwesenheit nicht, ebenso wenig die bloße polizeiliche Abmeldung oder die Aufgabe der Wohnung, wenn die Beziehungen zum bisherigen Aufenthaltsort aufrechterhalten bleiben. Andererseits genügt der Aufhebungswille, wenn die tatsächliche Niederlassung am bisherigen Wohnsitz fortbesteht. Demgegenüber führt es nicht zum Verlust des Wohnsitzes, wenn dieser aus Furcht vor Verfolgung verlassen wird, wenn der Betroffene mit der Rückkehr in absehbarer Zeit rechnet. Gibt er später die Rückkehrabsicht auf, so verliert er den Wohnsitz mit Wirkung ex nunc. Der Antritt einer dauerhaften Strafhaft führt noch nicht zur Aufhebung des Wohnsitzes, da ein freier Aufhebungswille fehlt.[36] Demgegenüber ersetzen Ausweisung oder Abschiebung den Willen zur Wohnsitzaufgabe.[37] Mit dieser braucht nicht notwendig die Begründung eines neuen Wohnsitzes verbunden sein. Denn möglicherweise ist der Betroffene jetzt wohnsitzlos.[38]

12 **b) Aufenthalt.** Hatte der Erblasser keinen inländischen Wohnsitz, so ist das Gericht zuständig, in dessen Bezirk er zurzeit des Erbfalls seinen Aufenthalt hatte (Abs. 1 Halbs. 2). Maßgebend ist dabei der „schlichte Aufenthalt", für den es weder auf die Dauer noch den Grund hierfür ankommt, so dass dieser auch bei einer Durchreise, einem gewollten oder ungewollten, bei bewussten oder unbewussten Verweilen gegeben ist.[39] Eine **Aufenthaltszuständigkeit** ist auch gegeben, wenn ein inländischer Wohnsitz mit den nach Lage der Dinge vernünftigerweise anzustellenden Nachforschungen nicht zu ermitteln ist;[40] sie ist auch dann nicht ausgeschlossen, wenn im Ausland ein Aufenthalt des Erblassers festgestellt wird.[41] Zum Nachweis des Aufenthalts genügt regelmäßig die Vorlage der Sterbeurkunde.[42]

13 **c) Zeitpunkt.** Maßgeblich für das Vorhandensein eines inländischen Wohnsitzes oder Aufenthalts sind die Verhältnisse zurzeit des **Erbfalls.**[43] Auch bei der Anordnung einer Vor- und Nacherbschaft ist dies der eigentliche, erste Erbfall, nicht aber der Nacherbfall, da der Nacherbe nicht den Vorerben, sondern den Erblasser beerbt.[44] **Nachgewiesen** wird der Todeszeitpunkt durch die Sterbeurkunde, die die Beweiskraft nach § 60 iVm. § 54 PStG besitzt. Die **Todesvermutung,** die durch Todeserklärung oder Todeszeitfeststellung begründet wird (§§ 9 Abs. 1, 44 Abs. 2 VerschG), gilt auch in den nachlassgerichtlichen Verfahren. Sie geht der Beweiskraft einer vorangegangenen Sterbebucheintragung (jetzt Eintragung im Sterberegister) vor (§§ 9 Abs. 1 S. 2, 44 Abs. 2 S. 2 VerschG). Im Fall einer **Todeserklärung** wird in dieser der Zeitpunkt des Todes festgestellt; dadurch kann in solchen Fällen eine Doppelzuständigkeit vermieden werden, in denen sich eine solche deshalb ergeben könnte, weil der genaue Todeszeitpunkt nicht feststünde.[45]

14 Eine **ausländische Todeserklärung** eines Deutschen ist grundsätzlich nicht anzuerkennen (zum Verfahren §§ 108, 109 FamFG). Ist dies im Einzelfall dennoch möglich, so geht sie einer später in Deutschland erfolgten vor.[46]

15 **d) Persönlicher Anwendungsbereich, Auslandsbezüge.** Für die Wohnsitz- und Aufenthaltszuständigkeit nach Abs. 1 ist die Staatsangehörigkeit unerheblich, so dass diese für Deutsche, Staatenlose und Ausländer gleichermaßen gilt. Stirbt ein Ausländer mit letztem Wohnsitz im Ausland

---

[34] *Jansen/Müller-Lukoschek* § 73 FGG Rn. 6.
[35] BayObLGZ 1984, 95.
[36] BayObLGZ 1, 762; *Palandt/Ellenberg* § 7 BGB Rn. 12.
[37] RGZ 152, 56.
[38] *Palandt/Ellenberg* § 7 BGB Rn. 12.
[39] *Keidel/Zimmermann* Rn. 45.
[40] *Jansen/Müller-Lukoschek* Rn. 8.
[41] *Hermann* ZEV 2002, 260; *Jansen/Müller-Lukoschek* § 73 FGG Rn. 8; *Keidel/Kuntze/Winkler* § 73 FGG Rn. 9; vgl. auch KG OLGZ 1968, 462.
[42] *Hermann* ZEV 2002, 260; *Jansen/Müller-Lukoschek* § 73 FGG Rn. 8; *Keidel/Kuntze/Winkler* § 73 FGG Rn. 9.
[43] AllgM, *Jansen/Müller-Lukoschek* § 73 FGG Rn. 9.
[44] *Jansen/Müller-Lukoschek* § 73 FGG Rn. 9.
[45] *Jansen/Müller-Lukoschek* § 73 FGG Rn. 10; jetzt wohl auch *Keidel/Kuntze/Winkler* § 73 FGG Rn. 8.
[46] BGHZ 43, 80; *Jansen/Müller-Lukoschek* § 73 FGG Rn. 10.

während eines auch nur vorübergehenden Aufenthalts in Deutschland, so geht die Aufenthaltszuständigkeit nach Abs. 1 der Belegenheitszuständigkeit nach Abs. 3 vor. Der Wohnsitzbegriff des Abs. 1 ist ein rein verfahrensrechtlicher und daher auch bei einem Ausländer nicht nach dessen Personal- oder Erbstatut zu bestimmen, sondern nach der lex fori, also nach deutschem Recht.[47]

e) Gebietsveränderungen. Bei Veränderungen des **staatlichen Hoheitsgebiets** kommt es nicht auf die staatsrechtlichen Verhältnisse im Erbfall an, sondern in dem Zeitpunkt, in dem das Nachlassgericht mit der Sache befasst war.[48]

Bei einer Veränderung des **Gerichtsbezirks** auf Grund einer entsprechenden Neuregelung kommt es für die örtliche Zuständigkeit demgegenüber auf den Zeitpunkt des Erbfalls an.[49]

2. Zuständigkeit für Deutsche ohne Wohnsitz und Aufenthalt im Inland (Abs. 2). a) Zuständigkeit des AG Berlin-Schöneberg (Abs. 2 S. 1). War der Erblasser **Deutscher** und hatte er zurzeit des Erbfalls im Inland weder Wohnsitz noch Aufenthalt iSd. Abs. 1, so ist das Amtsgericht Schöneberg in Berlin zuständig. Dadurch wird für Nachlassangelegenheiten die örtliche Zuständigkeit eines deutschen Nachlassgerichts für deutsche Erblasser auch dann gewährleistet, wenn diese weder Wohnsitz noch Aufenthalt in Deutschland hatten.[50] Dies gilt auch dann, wenn der Erblasser daneben noch eine fremde Staatsangehörigkeit besaß.[51] War der Erblasser Deutscher, so ist das solange anzunehmen, als nicht seine spätere ausländische Staatsangehörigkeit erwiesen ist.[52] Jedoch ist die Staatsangehörigkeit des Erblassers von Amts wegen zu prüfen.[53] Hatte ein Erblasser ohne Wohnsitz und Aufenthalt in Deutschland zurzeit des Erbfalls die deutsche Staatsangehörigkeit verloren, ohne eine andere erworben zu haben, so greift nicht Abs. 2 ein, sondern Abs. 3.[54]

Abs. 2 ist **entsprechend** anwendbar, wenn am Sitz eines an sich zuständigen Nachlassgerichts die **deutsche Gerichtsbarkeit nicht mehr ausgeübt** wird, wie etwa im Sudetenland.[55] Das Zuständigkeitsergänzungsgesetz, das früher die entsprechende Zuständigkeiten regelte, ist zwischenzeitlich aufgehoben.[56]

b) Verweisungsbefugnis (Abs. 2 S. 2). Das Amtsgericht Schöneberg kann aus wichtigem Grund die Sache in jeder Lage des Verfahrens an ein anderes Gericht **verweisen** (Abs. 2 S. 2). Die Verweisungsbefugnis setzt allerdings voraus, dass das Amtsgericht Schöneberg selbst nach Abs. 2 örtlich zuständig ist. Ist es örtlich unzuständig oder beruht seine örtliche Zuständigkeit auf Abs. 3, so ist es zur Verweisung nicht berechtigt.[57]

Die **Verweisungsbefugnis entfällt** nicht deshalb, weil das Amtsgericht Schöneberg in der Sache selbst bereits tätig geworden ist.[58] So kann auch nach Erteilung eines Erbscheins die Verweisung an ein anderes Gericht zu dessen Einziehung (§ 2361 BGB) erfolgen.[59] Der Umfang der Verweisung ergibt sich aus dem Inhalt der Verweisungsverfügung. Diese erfasst nur die Einzelnen, dort genannten nachlass- oder teilungsgerichtlichen Verrichtungen, die abgegeben werden, nicht aber sämtliche künftig anfallenden selbstständigen Verrichtungen im Zusammenhang mit dem gleichen Erblasser.[60]

Diese Abgabeverfügung ist für dieses Gericht **bindend,** wie durch die Verwendung des in § 3 geregelten Begriffs der Verweisung zum Ausdruck kommt, der diese Bindung in § 3 Abs. 3 S. 2 ausdrücklich anordnet.[61] Zu dieser Bestimmung wird davon ausgegangen, dass die Bindungswirkung auch eintritt, wenn die Verweisung inhaltlich falsch ist. Davon wird – wie in den ähnlichen Vorschriften der §§ 17a GVG, 281 ZPO – nur dann eine Ausnahme gemacht, wenn die Schwelle zur

---

[47] *Jansen/Müller-Lukoschek* § 73 FGG Rn. 11.
[48] *Jansen/Müller-Lukoschek* § 73 FGG Rn. 12 m. Beisp. aus der jüngeren deutschen Geschichte.
[49] OLG Dresden Rpfleger 2001, 352 m. weit. Nachw., auch zur Gegenauffassung; *Jansen/Müller-Lukoschek* § 73 FGG Rn. 12.
[50] *Jansen/Müller-Lukoschek* § 73 FGG Rn. 22.
[51] KG OLGZ 1969, 285, 287; Hermann ZEV 2002, 261; *Keidel/Kuntze/Winkler* § 73 FGG Rn. 34; *Jansen/Müller-Lukoschek* § 73 FGG Rn. 24.
[52] BayObLG Rpfleger 1983, 315; *Jansen/Müller-Lukoschek* § 73 FGG Rn. 23.
[53] BayObLGZ 1965, 457, 459; *Keidel/Kuntze/Winkler* § 73 FGG Rn. 34; *Jansen/Müller-Lukoschek* § 73 FGG Rn. 23.
[54] Hermann ZEV 2002, 261; *Keidel/Kuntze/Winkler* § 73 FGG Rn. 34; *Jansen/Müller-Lukoschek* § 73 FGG Rn. 23.
[55] *Zimmermann* FamFG Rn. 615.
[56] Art. 48 des G. v. 19. 4. 2006 BGBl. I S. 866.
[57] *Jansen/Müller-Lukoschek* § 73 FGG Rn. 26.
[58] Vgl. bei Erteilung eines Teilerbscheins KG BWNotZ 1977, 44; *Jansen/Müller-Lukoschek* § 73 FGG Rn. 27.
[59] KG OLGZ 1966, 127.
[60] *Jansen/Müller-Lukoschek* § 73 FGG Rn. 28.
[61] BT-Drucks. 16/6308, S. 277.

§ 343 23–26   Buch 4. Abschnitt 1. Begriffsbestimmung; örtliche Zuständigkeit

Willkürlichkeit überschritten ist.[62] Demgegenüber war zu § 73 Abs. 2 S. 2 Halbs. 1 FGG die ganz überwiegende Auffassung, dass die Bindungswirkung nur dann eintrat, wenn das Amtsgericht Schöneberg seine örtliche Zuständigkeit zu Recht angenommen hatte.[63] Auch wenn die amtliche Begründung zu § 343 zu diesem Problem keine ausdrückliche Aussage enthält, sollen doch auch hier bei Fehlen einer expliziten Sonderregelung die zu § 3 entwickelten Grundsätze gelten. Außerhalb der Willkürfälle ist daher auch eine inhaltlich falsche Verweisung nicht mehr anfechtbar. Die Bindungswirkung bedeutet, dass nicht nur eine Rück-, sondern auch eine Weiterverweisung ausgeschlossen ist. Davon wird dann eine Ausnahme gemacht, wenn das verweisende Gericht **keinen Bindungswillen** hatte. Dies sei etwa dann anzunehmen, wenn es meinte, der Sterbeort des Erblassers gehöre zum Bezirk des Amtsgerichts A und deshalb dorthin verweist, während der Sterbeort im Bezirk des Amtsgerichts B liegt.[64]

23 Über die Regelung des § 3 hinausgehend bestimmt Abs. 2 S. 2, dass die Verweisung in Nachlass- und Teilungssachen auch bei Vorliegen eines **wichtigen Grundes** erfolgen kann. Dabei entspricht dieser Begriff dem ansonsten bei der Abgabe iSd. § 4 anzuwendenden Maßstab.[65] Ein wichtiger Grund kann dabei vorliegen, wenn der den Erbschein beantragende Notar seinen Sitz in einen anderen Amtsgerichtsbezirk verlegt hat.[66] Aufgrund der Bindungswirkung der Verweisungsverfügung findet daher auch insoweit bei einem Zuständigkeitsstreit nach § 5 keine Nachprüfung statt, ob ein wichtiger Grund vorliegt,[67] die Willkürfälle ausgenommen.[68]

24 Soweit Abs. 2 keine Spezialregelungen enthält, bleibt auch hier die allgemeine Bestimmung des § 3 anwendbar.[69] Danach ist der **Verweisungsbeschluss unanfechtbar** (§ 3 Abs. 3 S. 1). Auch die **Ablehnung** der Verweisung dürfte nicht anfechtbar sein, da es sich um keine Endentscheidung iSv. § 38 handelt.[70] Soweit dies unter der Geltung des FGG anders gesehen wurde, ist dies mit der Systematik des FamFG nicht mehr vereinbar.

25 **3. Belegenheitszuständigkeit (Abs. 3).** Ist der Erblasser ein Ausländer und hatte er zurzeit des Erbfalls im Inland weder Wohnsitz noch Aufenthalt iSd. Abs. 1, so ist jedes Gericht, in dessen Bezirk sich Nachlassgegenstände befinden, für alle Nachlassgegenstände örtlich zuständig. Die Belegenheitszuständigkeit ist also zu der Wohnsitz- und Aufenthaltszuständigkeit **subsidiär**. Sie greift andererseits bereits dann ein, wenn nicht zu ermitteln ist, ob der Erblasser zurzeit seines Todes im Inland Wohnsitz oder Aufenthalt besaß.[71] Dabei steht ein staatenloser einem ausländischen Erblasser gleich.[72]

26 Dabei knüpft Abs. 3 an den bisherigen § 73 Abs. 3 FGG an. Jedoch wurde die Vorschrift im Hinblick auf den Wegfall der Beschränkung der nachlassgerichtlichen Tätigkeiten auf die im Inland belegenen Nachlassgegenstände neu gefasst:[73] Durch die Anknüpfung der internationalen an die örtliche Zuständigkeit in § 105 und die damit verbundene Absage an die Gleichlauftheorie konnte die früher in § 73 Abs. 3 FGG aF erfolgende Beschränkung der örtlichen Zuständigkeit auf die im Inland befindlichen Nachlassgegenstände entfallen. Ergibt sich wegen der Belegenheit eines Nachlassgegenstandes im Inland daher nunmehr die örtliche Zuständigkeit eines deutschen Nachlassgerichts, so ist dieses auch international für den **gesamten Nachlass** des ausländischen Erblassers zuständig.[74] Praktisch bedeutsam wird dies insbesondere für den allgemeinen Erbschein nach § 2353, der auch bei Anwendung ausländischen Erbrechts nunmehr Weltgeltung beansprucht.[75] Daher wurde auch der früher in § 73 Abs. 2 S. 2 FGG aF enthaltene Verweis auf den Wortlaut des § 2369 Abs. 2

---

[62] Eingehend oben, § 3 Rn. 20; s. auch *Schulte-Bunert* Rn. 69; *Zimmermann* FamFG Rn. 15; ausdrücklich zu § 343 Abs. 2 S. 2 *Keidel/Zimmermann* Rn. 67; *Bumiller/Harders* Rn. 9; vgl. zu § 281 ZPO auch *Zöller/Greger* § 281 ZPO Rn. 17, 17 a.
[63] OLG Frankfurt NJW-RR 1998, 367 = Rpfleger 1998, 26; OLG Hamm OLGZ 1975, 413; BayObLG Rpfleger 1975, 304; 1979, 104; BayObLG FamRZ 1992, 464; *Bassenge/Herbst* § 73 FGG Rn. 4; *Keidel/Kuntze/Winkler* § 73 FGG Rn. 35; aM inzident *Jansen/Müller-Lukoschek* § 73 FGG Rn. 27.
[64] *Zimmermann* FamFG Rn. 15.
[65] BT-Drucks. 16/6308, S. 277.
[66] AG Menden Rpfleger 2001, 33.
[67] KG OLGZ 1966, 127, 129; *Jansen/Müller-Lukoschek* § 73 FGG Rn. 27.
[68] Für Ermessensmissbrauch anders KG NJW 1955, 108.
[69] BT-Drucks. 16/6308, S. 277.
[70] Vgl. KG DFG 1938, 245; *Keidel/Kuntze/Winkler* § 73 FGG Rn. 35; *Jansen/Müller-Lukoschek* § 73 FGG Rn. 28; aA *Keidel/Zimmermann* Rn. 68.
[71] *Jansen/Müller-Lukoschek* § 73 FGG Rn. 30.
[72] BGH IPrax 1985, 292; OLG Bamberg JZ 1951, 510; *Jansen/Müller-Lukoschek* § 73 FGG Rn. 29; *Keidel/Kuntze/Winkler* § 73 FGG Rn. 37.
[73] BT-Drucks. 16/6308, S. 277.
[74] *Schulte-Bunert* Rn. 1081; *Keidel/Zimmermann* Rn. 74.
[75] *Schulte-Bunert* Rn. 406; *Zimmermann* FGPrax 2006, 189, 191; eingehender dazu auch MünchKommBGB/*J. Mayer* § 2353 Rn. 8 und § 2369 BGB Rn. 6 f.

BGB entbehrlich. Diese Bestimmung enthält eine Definition der im Inland befindlichen Nachlassgegenstände in besonderen Fällen, die künftig nur noch für die gegenständliche Beschränkung des Erbscheins nach § 2369 Abs. 1 BGB nF Bedeutung hat, aber nicht mehr für die Bestimmung der örtlichen Zuständigkeit.[76]

III. Besondere Zuständigkeiten

1. Internationale Zuständigkeit. a) Frühere Rechtslage. Mit Ausnahme der Regelung zur Erteilung eines Fremdrechtserbscheins nach § 2369 fand sich bis zum Inkrafttreten des FamFG im autonomen deutschen Verfahrensrecht keine gesetzliche Regelung der internationalen Zuständigkeit der deutschen Nachlassgerichte. Auch das IPR-Gesetz vom 25. 7. 1986[77] hatte auf eine Normierung bewusst verzichtet. Fehlte es daher an einer besonderen staatsvertraglichen Zuständigkeitsregelung hing nach dem in der Praxis angewandten sog. **Gleichlaufgrundsatz** die **internationale Zuständigkeit** des deutschen Nachlassgerichts grundsätzlich davon ab, ob das Gericht deutsches **materielles Erbrecht** anzuwenden hatte. Damit bestimmte der Herrschaftsbereich des deutschen materiellen Rechts auch die internationale Zuständigkeit der deutschen Nachlassgerichte, mochte dies unmittelbar oder auf Grund Rück- oder Weiterverweisung oder auf Grund einer Rechtswahl (Art. 25 Abs. 2 EGBGB) zur Anwendung kommen, gegebenenfalls auch nur in Folge einer Nachlassspaltung für einen Nachlassteil. Begründet wurde der Gleichlauf mit dem engen Zusammenhang von materiellem Erbrecht und Verfahrensrecht, aber auch mit der Überlegung, dass Entscheidungswidersprüche im Verhältnis zu ausländischen Gerichten vermieden werden müssten, die zunächst zur Beurteilung der lex causae berufen sind („internationaler Entscheidungseinklang"). Nur ausnahmsweise wurde eine Durchbrechung des Gleichlaufprinzips aus Gründen des Fürsorgebedürfnisses anerkannt, wenn der Erbe oder sonstige Beteiligte kein für sie zuständiges Gericht fand und deshalb eine an Rechtsverweigerung grenzende Notlage vorlag.[78] Den Gleichlaufgrundsatz wandte zwar bisher die ständige Rechtsprechung an,[79] in der **Literatur** wurde er aber ganz überwiegend abgelehnt.[80]

b) Geänderte internationale Zuständigkeit. Demgegenüber enthält § 105 FamFG nunmehr eine **Absage an die Gleichlauftheorie**.[81] Vielmehr ergibt sich aus dieser Bestimmung, dass nunmehr die **internationale Zuständigkeit** der Nachlassgerichte **aus der örtlichen Zuständigkeit** folgt.[82] Dadurch werden die deutschen Nachlassgerichte nunmehr mit einer Vielzahl von Fällen befasst, in denen ausländisches Erbrecht anzuwenden ist. Ein nach § 343 örtlich zuständiges Nachlassgericht ist damit auch immer international zuständig.[83] Dafür genügt nach § 343 Abs. 3 wenn ein ausländischer Erblasser über in Deutschland befindliche Nachlassgegenstände verfügte, selbst wenn er weder Wohnsitz noch Aufenthalt dort hatte. Dadurch wird die „Theorie der Doppelfunktionalität", wonach die örtliche Zuständigkeit nicht nur die Funktion hat, das örtlich zuständige Gericht zu bestimmen, sondern auch die internationale, Gesetz.[84] Allerdings muss wenigstens ein inländischer Nachlassgegenstand vorhanden sein, denn ansonsten fehlt es an der örtlichen, und damit auch an der dadurch begründeten internationalen Zuständigkeit.[85] Ist dies aber der Fall, so erstreckt sich die Zuständigkeit des deutschen Nachlassgerichts auf den **gesamten Nachlass,** mag sich dieser auch im

---

[76] BT-Drucks. 16/6308, S. 277.
[77] BGBl. I S. 1142.
[78] Übersicht hierzu bei *Staudinger/Dörner*, 2007, Art. 25 EGBGB Rn. 830 ff.; MünchKommBGB/*Birk* Art. 25 EGBGB Rn. 316 ff.
[79] Vgl. etwa BayObLGZ 1986, 466, 469 f. = NJW 1987, 1148 (Bestätigung des Grundsatzes nach In-Kraft-Treten des IPR-Gesetzes); BayObLG Rpfleger 1994, 25 = DNotZ 1994, 393; BayObLGZ 1995, 47, 49 = DNotZ 1996, 106 m. Anm. *Riering* = ZEV 1995, 416 m. Anm. *v. Oertzen*; BayObLGZ 1999, 296, 303 = NJW-RR 2000, 298; BayObLG ZEV 2001, 487, 488 = NJW-RR 2001, 297; FamRZ 2003, 1594; OLG Brandenburg FamRZ 1998, 985; KG FamRZ 2001, 794 = DNotZ 2001, 760; OLG Zweibrücken NJW-RR 2002, 154 = MittBayNot 2002, 204 m. Anm. *Riering*; Keidel/Winkler § 73 FGG Rn. 18 f.
[80] Vgl. etwa *Kegel/Schurig* IPR § 21 IV 2; *Rehm* MittBayNot 1994, 275; *Ultsch* MittBayNot 1995, 6; Staudinger/*Dörner* (2007) Art. 25 EGBGB Rn. 848 ff. m. weit. Nachw.; MünchKommBGB/*Birk* Art. 25 EGBGB Rn. 317; anders aber *von Bar* Internationales Privatrecht, 2. Bd., 1991, Rn. 389; *Leipold*, Erbrecht, 15. Aufl. 2004, Rn. 649; Erman/Hohloch Art. 25 EGBGB Rn. 45.
[81] BT-Drucks. RegE 16/6308 S. 221; *Heinemann* ZFE 2009, 8, 10; *Schaal* BWNotZ 2007, 154, 155; *Kroiß* ZErb 2008, 300, 301; *Kroiß/Seiler* § 6 Rn. 24 iVm. Rn. 32 ff.; Palandt/*Edenhofer* § 2369 BGB Rn. 9; Schulte-Bunert Rn. 406; *Zimmermann* FGPrax 2006, 189, 190; *Zimmermann* FamFG Rn. 286, 621; ausf. oben § 105 Rn. 2, 24 ff.
[82] *Heinemann* ZFE 2009, 8, 10; *Zimmermann* FGPrax 2006, 190; *Kroiß/Seiler* § 6 Rn. 32.
[83] Palandt/*Edenhofer* Rn. 14; *Zimmermann* FamFG Rn. 621; Keidel/*Zimmermann* Rn. 51.
[84] *Schulte-Bunert* Rn. 406.
[85] *Firsching/Graf* Nachlassrecht Rn. 4.150.

§ 343 29–32   Buch 4. Abschnitt 1. Begriffsbestimmung; örtliche Zuständigkeit

Ausland befinden. Das deutsche Nachlassgericht ist dann auch bei der Anwendung ausländischen Erbrechts **weltweit zuständig**
– Für die Entgegennahme von rechtsgestaltenden Erklärungen, wie **Erbschaftsausschlagungen**,[86]
– Anordnung von **Maßnahmen zur Sicherung des Nachlasses**, zB einer Nachlasspflegschaft (§ 1960 BGB),
– Zur **Entlassung** eines Testamentsvollstreckers,[87]
– Zur Erteilung und Einziehung von **Erbscheinen**. Andererseits kann der Erbscheinsantrag auch auf den inländischen Nachlass beschränkt werden.[88]

29   Ob die durch die Maßnahmen des deutschen Nachlassgerichts tangierten ausländischen Rechtsordnungen diese auch **anerkennen**, ist aus der Sicht des deutschen Rechts für die Begründung der internationalen Zuständigkeit unerheblich.[89] Jedoch wird dies vielfach nicht der Fall sein, so dass man den Beteiligten einerseits durch die Ausdehnung der internationalen Zuständigkeit eher „Steine statt Brot" gibt, andererseits aber die deutschen Nachlassgerichte mit einer Vielzahl von schwierigen ausländischen Rechtsproblemen konfrontiert, ohne dass hierfür ausreichend personelle und sachliche Mittel zur Verfügung gestellt würden. Demgegenüber hatte sich die bisherige Praxis durchaus bewährt. Deshalb wird zu Recht eine teleologische Reduktion des Abs. 3 dahingehend gefordert, dass eine umfassende internationale Zuständigkeit nur dann anzunehmen ist, wenn diese gerade wegen eines in Deutschland belegenen Nachlassgegenstandes zweckentsprechend ist (s. o., § 105 Rn. 31).

30   **2. Landesrechtlicher Vorbehalt.** Nach **Art. 147 EGBGB** bleiben die besonderen landesgesetzlichen Vorschriften, nach denen für die Aufgaben des Nachlassgerichts andere Stellen als die Gerichte zuständig sind, unberührt.[90] Hierzu enthalten die §§ 486, 487 auch einen entsprechenden verfahrensrechtlichen Vorbehalt. Daher können andere Behörden, nicht aber Gerichte, mit solchen Aufgaben betraut werden. In *Baden-Württemberg* ist demnach das Staatliche Notariat das Nachlassgericht (§ 1 Abs. 1 und 2, §§ 36, 38 ff. LFGG), in Baden der Amtsnotar, in Württemberg der Bezirksnotar (§ 17 Abs. 1 BaWüLFGG).[91] In anderen Bundesländern ist das Amtsgericht Nachlassgericht und nur einzelne Verrichtungen sind anderen Stellen übertragen oder an diese zumindest übertragbar, so etwa die Nachlasssicherung und die Auseinandersetzung.[92]

31   **3. Zuständigkeit des Landwirtschaftsgerichts.** Besondere Zuständigkeiten in Nachlasssachen können sich durch das besondere Landwirtschaftserbrecht ergeben. Daher ist gegebenenfalls zu prüfen, ob ein landwirtschaftlicher Hof vorliegt. Dann ergibt sich folgendes Prüfungsschema: **(1)** Liegt dieser in den Bundesländern *Hamburg, Niedersachsen, Nordrhein-Westfalen* oder *Schleswig-Holstein* kann es sich um einen Hof iSd. § 1 HöfeO handeln. Dann ist das Landwirtschaftsgericht als besondere Abteilung des Amtsgerichts anstelle des Nachlassgerichts für die Entscheidungen über alle Anträge und Streitigkeiten, die sich bei Anwendung der HöfeO ergeben, zuständig (§ 18 Abs. 1 HöfeO, § 2 LwVG).[93] **(2)** In den Ländern *Baden-Württemberg*,[94] *Bremen, Hessen* und *Rheinland-Pfalz* gelten ebenfalls besondere **anerbenrechtliche Vorschriften**.[95] **(3)** In besonderen Altfällen vor dem 24. 4. 1947 kann sogar noch das **Reichserbhofgesetz** Anwendung finden. **(4)** Ansonsten gilt allein das **Landwirtschaftsrecht des BGB** mit den allgemeinen Zuständigkeitsregelungen nach dem FamFG, insbesondere in *Bayern, Berlin,* dem *Saarland* und den *neuen Bundesländern.*

32   **4. Funktionelle Zuständigkeit.** Funktionell zuständig ist für Nachlass- und Teilungssachen auch nach dem FGG-RG grundsätzlich der Rechtspfleger (§ 3 Nr. 2 lit. c RPflG). Demgegenüber sind die dem Richter vorbehaltenen Geschäfte in § 16 RPflG ausdrücklich genannt. Wegen dieses Grundsatzes der Vorbehaltsübertragung spricht im Zweifelsfall die Vermutung für die Zuständigkeit des Rechtspflegers. Allerdings wurde der Richtervorbehalt des § 16 Nr. 6 RPflG auf alle Verfahren zur Erteilung eines Erbscheins oder sonstiger nachlassgerichtlicher Zeugnisse erstreckt, in denen die

---

[86] Dazu *Heinemann* ZErb 2008, 293, 298 f.
[87] *Zimmermann* FGPrax 2006, 189, 190 f.
[88] Vgl. § 2369 Abs. 1 nF sowie Erl. dazu in MünchKommBGB/*J. Mayer*.
[89] *Heinemann* ZFE 2009, 8, 10; zu Recht weist *Zimmermann* FGPrax 2006, 189, 191 auf die sich daraus ergebenden praktischen Probleme hin.
[90] Eingehend zum Inhalt des landesrechtlichen Vorbehalts *Staudinger/J. Mayer*, 2005, Art. 147 EGBGB Rn. 2 ff.
[91] Vgl. dazu *Richter/Hammel*, Baden-Württembergisches Landesgesetz über die freiwillige Gerichtsbarkeit, 4. Aufl. 1995.
[92] Vgl. dazu die Übersicht bei *Jansen/v. König*, FGG, Band 3, S. 645 ff.; *Keidel/Zimmermann* Rn. 6 ff.
[93] Eingehend dazu *Wöhrmann*, Das Landwirtschaftserbrecht, 8. Aufl. 2008, § 18 HöfeO Rn. 6 ff.
[94] Hier nur noch für den Gebietsteil (Süd-)Baden, s. dazu *Staudinger/J. Mayer*, 2005, Art. 64 EGBGB Rn. 111 f.
[95] Vgl. dazu die Übersicht bei *Staudinger/J. Mayer*, 2005, Art. 64 EGBGB Rn. 103 ff.; *Palandt/Edenhofer* Art. 64 EGBGB Rn. 2.

Anwendung ausländischen Rechts in Betracht kommt. Dahinter steht die zutreffende Überlegung, dass allenfalls ein Richter in der Lage sein wird die schwierigen Fragen, die sich durch die Anwendung ausländischen Rechts ergeben, zu beantworten. Durch die Ausweitung der internationalen Zuständigkeit in Nachlasssachen (s. Rn. 28) ergeben sich aber auch für den Rechtspfleger vielfältige Fallgestaltungen mit der Anwendung ausländischen Rechts, etwa bei der Nachlasssicherung. Es bleibt abzuwarten, ob die zu Recht vorhandenen Erwartungen der rechtssuchenden Bevölkerung an die Kompetenz der Nachlassgerichte auch diesbezüglich erfüllt werden können.[96]

Durch **Landesrecht** können auf Grund der Öffnungsklausel die Zuständigkeiten des Rechtspflegers erweitert werden (§ 19 RPflG). 33

IV. Verfahrensfragen, Rechtsfolge von Verstößen

Die örtliche Zuständigkeit nach § 343 ist eine **ausschließliche.** Dementsprechend hat das Gericht seine Zuständigkeit von Amts wegen zu prüfen und nötigenfalls über die entsprechenden Tatsachen, welche die Zuständigkeit begründen, die erforderlichen Ermittlungen von Amts wegen anzustellen.[97] Das zuständige Gericht kann die Sache aus wichtigem Grund an ein anderes Gericht abgeben, wenn sich dieses zur Übernahme der Sache bereit erklärt hat (§ 4). Dies kann etwa dann sinnvoll sein, wenn die zusammenfassende Behandlung der Nachlässe mehrerer Personen, etwa von Eheleuten mit verschiedenen Wohnsitzen, wegen eines sachlichen Zusammenhangs sinnvoll erscheint.[98] 34

Ist das angerufene Gericht örtlich unzuständig, so hat es sich, sofern das zuständige Gericht bestimmt werden kann, durch Beschluss für unzuständig zu erklären und die Sache an das zuständige Gericht zu **verweisen** (§ 3 Abs. 1). Der Verweisungsbeschluss ist nicht anfechtbar und für das als zuständig bezeichnete Gericht bindend (§ 3 Abs. 3 S. 2). 35

Ein **Verstoß** gegen die örtliche Zuständigkeit führt nicht dazu, dass die vorgenommene gerichtliche Handlung unwirksam ist (§ 2 Abs. 3 FamFG). Daher ist ein vom örtlich unzuständigen Nachlassgericht erteilter Erbschein nicht nichtig; nach der ganz hM ist er jedoch nach § 2361 Abs. 1 BGB einzuziehen, auch wenn er inhaltlich richtig ist.[99] 36

§ 344 Besondere örtliche Zuständigkeit

(1) ¹ Für die besondere amtliche Verwahrung von Testamenten ist zuständig:
1. wenn das Testament vor einem Notar errichtet ist, das Gericht, in dessen Bezirk der Notar seinen Amtssitz hat;
2. wenn das Testament vor dem Bürgermeister einer Gemeinde errichtet ist, das Gericht, zu dessen Bezirk die Gemeinde gehört;
3. wenn das Testament nach § 2247 des Bürgerlichen Gesetzbuchs errichtet ist, jedes Gericht.

² Der Erblasser kann jederzeit die Verwahrung bei einem nach Satz 1 örtlich nicht zuständigen Gericht verlangen.

(2) Die erneute besondere amtliche Verwahrung eines gemeinschaftlichen Testaments nach § 349 Abs. 2 Satz 2 erfolgt bei dem für den Nachlass des Erstverstorbenen zuständigen Gericht, es sei denn, dass der überlebende Ehegatte oder Lebenspartner die Verwahrung bei einem anderen Amtsgericht verlangt.

(3) Die Absätze 1 und 2 gelten entsprechend für die besondere amtliche Verwahrung von Erbverträgen.

(4) Für die Sicherung des Nachlasses ist jedes Gericht zuständig, in dessen Bezirk das Bedürfnis für die Sicherung besteht.

(5) ¹ Für die Auseinandersetzung des Gesamtguts einer Gütergemeinschaft ist, falls ein Anteil an dem Gesamtgut zu einem Nachlass gehört, das Gericht zuständig, das für die Auseinandersetzung über den Nachlass zuständig ist. ² Im Übrigen bestimmt sich die Zuständigkeit nach § 122.

---

[96] Eher zweifelnd *Heinemann* ZFE 2009, 8, 9.
[97] BayObLG Rpfleger 1975, 304; *Schulte-Bunert/Weinreich/Tschichoflos* Rn. 1. Zur internationalen Zuständigkeit s. OLG Zweibrücken MittBayNot 2002, 203; *Zimmermann* FamFG Rn. 616.
[98] Nach dem FGG war dies nicht möglich, vgl. dazu *Keidel/Kuntze/Winkler* § 73 FGG Rn. 53.
[99] *Zimmermann* FamFG Rn. 617; eingehend dazu MünchKommBGB/*J. Mayer* § 2361 Rn. 14 m. weit. Nachw.

(6) Hat ein anderes Gericht als das nach § 343 zuständige Gericht eine Verfügung von Todes wegen in amtlicher Verwahrung, ist dieses Gericht für die Eröffnung der Verfügung zuständig.

(7) ¹Für die Entgegennahme einer Erklärung, mit der die Erbschaft ausgeschlagen (§ 1945 Abs. 1 des Bürgerlichen Gesetzbuchs) oder die Ausschlagung angefochten (§ 1955 des Bürgerlichen Gesetzbuchs) wird, ist auch das Nachlassgericht zuständig, in dessen Bezirk der Ausschlagende oder Anfechtende seinen Wohnsitz hat. ²Die Niederschrift über die Erklärung ist von diesem Gericht an das zuständige Nachlassgericht zu übersenden.

Übersicht

	Rn.		Rn.
I. Normzweck, Entstehungsgeschichte	1, 2	7. Zuständigkeit zur Entgegennahme einer Ausschlagungserklärung oder der Anfechtung einer solchen (Abs. 7)	12–21
II. Die Einzelnen besonderen Zuständigkeitsregelungen	3–21	a) Art der betroffenen Erklärungen	13, 14
1. Besondere amtliche Verwahrung von Testamenten	3, 4	b) Entgegennahme der Ausschlagungserklärung und deren Anfechtung	15
2. Erneute besondere amtliche Verwahrung eines gemeinschaftlichen Testaments (Abs. 2)	5	c) Wohnsitzgericht des Erklärenden	16
3. Amtliche Verwahrung von Erbverträgen (Abs. 3)	6	d) Verhältnis zu § 343, Zuständigkeitsfragen	17
4. Sicherung des Nachlasses (Abs. 4)	7–9	e) Übersendung an das zuständige Nachlassgericht	18
5. Auseinandersetzung des Gesamtguts der Gütergemeinschaft (Abs. 5)	10	f) Rechtshilfeersuchen	19
6. Zuständigkeit für die Eröffnung von letztwilligen Verfügungen (Abs. 6)	11	g) Entgegennahme durch ein unzuständiges Gericht	20
		h) Besondere internationale Zuständigkeit durch Abs. 7?	21

I. Normzweck, Entstehungsgeschichte

1 Die Vorschrift regelt die **besondere örtliche Zuständigkeit** des Gerichts in bestimmten Fällen, und zwar für die besondere amtliche Verwahrung von Testamenten (Abs. 1), gemeinschaftlichen Testamenten (Abs. 2) und Erbverträgen (Abs. 3), die Sicherung des Nachlasses (Abs. 4), die Auseinandersetzung des Gesamtguts der Gütergemeinschaft (Abs. 5), die Eröffnung von Verfügungen von Todes wegen (Abs. 6) und die Entgegennahme von Erklärungen, durch welche die Erbschaft ausgeschlagen oder die Ausschlagung einer Erbschaft angefochten wird (Abs. 7). Hiervon bleibt die allgemeine örtliche Zuständigkeit nach § 343 unberührt.

2 Durch das **Personenstandsreformgesetz** vom 19. 2. 2007 (BGBl. I 122) wurden mit Wirkung zum 31. 12. 2008 die bisherigen Bestimmungen zur örtlichen Zuständigkeit bei der besonderen amtlichen Verwahrung von Testamenten (bisher § 2258a Abs. 2 und 3 BGB) und Erbverträgen (§ 2300 BGB) aufgehoben und in §§ 73 Abs. 4 und 5, 82b Abs. 1 S. 1 FGG eingefügt. Wegen des verfahrensrechtlichen Charakters dieser Vorschriften wurden sie nunmehr in das FamFG übernommen. Durch die Einbeziehung der FamFG-Verfahren in das GVG konnten die Bezugnahmen auf die **funktionelle Zuständigkeit** des Gerichts entfallen.[1]

II. Die Einzelnen besonderen Zuständigkeitsregelungen

3 **1. Besondere amtliche Verwahrung von Testamenten.** Abs. 1 regelt die örtliche Zuständigkeit für die besondere amtliche Verwahrung von Testamenten, bei denen nach den §§ 346f. verfahren wird, und bei denen die Aufbewahrung nach hohen Sicherheitsstandards erfolgt. Dabei ist nach Abs. 1 S. 1 zu unterscheiden:

– Wurde das Testament von einem **Notar** errichtet (§§ 2231 Nr. 1, 2232 BGB) ist für die besondere amtliche Verwahrung das Gericht zuständig, in dessen Bezirk der Notar seinen Amtssitz hat. Dabei ist der Notar kraft öffentlichen Rechts verpflichtet, das von ihm beurkundete Testament bei diesem abzuliefern.[2] Die örtliche Zuständigkeit des Amtsgerichts, in dessen Bezirk er seinen Amtssitz hat, besteht aber lediglich solange, wie der Testator von seiner Wahlmöglichkeit nach

---

[1] BT-Drucks. 16/6308, S. 277.
[2] *Bamberger/Roth/Litzenburger* § 34 BeurkG Rn. 2.

Abs. 1 S. 2 keinen Gebrauch gemacht hat. Dann bestimmt sein Wille die örtliche Zuständigkeit. Dem hat der Notar bei der Ablieferung Rechnung zu tragen, wie es auch gängige Praxis ist.[3] Begehrt aber der Notar nur die zügige Weiterleitung des Testaments an ein anderes Amtsgericht zur dortigen Hinterlegung, ist es nicht zur Entgegennahme verpflichtet, weil es lediglich als Art „Poststelle" fungieren soll.[4]

– Wurde das (Not-)Testament vor dem **Bürgermeister** einer Gemeinde errichtet (§ 2249 BGB), so ist das Gericht zuständig, zu dessen Bezirk die Gemeinde gehört.
– Wurde ein **eigenhändiges Testament** des Erblassers errichtet (§ 2247 BGB), kann es bei jedem Amtsgericht in die besondere amtliche Verwahrung gegeben werden. Dies gilt auch für ein gemeinschaftliches Testament (§ 2265 BGB).

Nach Abs. 1 S. 2 hat jedoch der Testator das **Wahlrecht,** jederzeit, jedoch der Natur der Sache nach nur so lange, bis die Verwahrung erfolgt ist,[5] die Verwahrung bei einem nach S. 1 örtlich nicht zuständigen Gericht zu verlangen.

2. Erneute besondere amtliche Verwahrung eines gemeinschaftlichen Testaments (Abs. 2). Nach § 2273 ist ein gemeinschaftliches Testament, das sich bisher in der besonderen amtlichen Verwahrung befunden hat und das nach dem Tod des Erstverstorbenen eröffnet wurde, wieder in die besondere amtliche Verwahrung zu bringen, wenn es Bestimmungen auf den Tod des Längerlebenden der Ehegatten enthält, die durch den Tod des Erstversterbenden nicht gegenstandslos wurden. Die örtliche Zuständigkeit für diese amtliche Weiterverwahrung war bislang gesetzlich nicht geregelt und in der Praxis und Literatur umstritten.[6] Das FamFG entscheidet die Streitfrage zugunsten der Zuständigkeit des nach dem Tod des **Erstversterbenden zuständigen Nachlassgerichts:** Soweit der überlebende Ehegatte oder gleichgeschlechtliche Lebenspartner nicht die Verwahrung bei einem anderen Amtsgericht verlangt ist das gemeinschaftliche Testament nach dem Abschluss des Nachlassverfahrens nach dem Erstversterbenden nicht an das bisherige Verwahrungsgericht zurückzugeben, sondern in die besondere amtliche Verwahrung desjenigen Gerichts zu geben, das für die Durchführung des Nachlassverfahrens nach dem Erstversterbenden gem. § 343 zuständig war. Dadurch wird die mit einer Rücksendung an das frühere Verwahrungsgericht verbundene Verlustgefahr vermieden. Auch wird mitunter zu diesem Nachlassgericht ein engerer Bezug zum familiären Umfeld des Längerlebenden bestehen, andernfalls kann dieser die Verwahrung bei einem anderen Gericht verlangen. Nachteilig ist allerdings an der gesetzlichen Neuregelung, dass bei dem Nachlassgericht nach dem Erstversterbenden durch die dortige Weiterverwahrung ein erneutes Verfahren nach § 346 sowie die damit verbundene Mitteilung an das Geburtsstandesamt und die dortige Korrektur der Testamentsdatei erforderlich.[7] Der überlebende Ehegatte/Lebenspartner kann zudem die Verwahrung bei einem anderen Nachlassgericht verlangen (Abs. 2, letzter Halbsatz), aber nur bis zur Wiederverschließung des gemeinschaftlichen Testaments oder Erbvertrags.[8]

3. Amtliche Verwahrung von Erbverträgen (Abs. 3). Für die besondere amtliche Verwahrung von Erbverträgen gelten die Abs. 1 und 2 entsprechend. Gegenüber dem bisherigen Recht trat keine sachliche Änderung ein. In der Praxis findet sich allerdings häufig, dass die Erbverträge in der **Urkundensammlung** des Notars verwahrt werden, um die Kosten der besonderen amtlichen Verwahrung beim Nachlassgericht zu vermeiden. Diese einfache Verwahrung des Notars bestimmt sich nach den § 347 Abs. 3.

4. Sicherung des Nachlasses (Abs. 4). Abs. 4 entspricht inhaltlich der bisher in § 74 S. 1 FGG enthaltenen Sonderregelung über die örtliche Zuständigkeit für Nachlasssicherungsmaßnahmen.[9] Die Pflicht des Nachlassgerichts von Amts wegen für die erforderliche Sicherung des Nachlasses zu sorgen ergibt sich aus den **§§ 1960, 1962 BGB.** Dabei enthält § 1960 Abs. 2 BGB eine beispielhafte Aufzählung der möglichen Sicherungsmittel. Hierzu gehört auch die Anordnung einer Nachlasspflegschaft in der Form der Sicherungspflegschaft nach § 1960 Abs. 2 BGB. Umstritten ist, ob die außerordentliche Zuständigkeit auch für die sog. **„Klagpflegschaft"** nach **§ 1961 BGB** gilt, die auf Antrag eines Gläubigers angeordnet wird. Die Frage ist durch das FamFG nicht geklärt worden. Da die Klagpflegschaft aber primär der Sicherung der Gläubigerinteressen und nicht des Nachlasses

---

[3] BayObLG NJW-RR 1989, 712; MünchKommBGB/*Hagena* § 2258b Rn. 26.
[4] OLG Brandenburg NJW-RR 2008, 390.
[5] AA *Bumiller/Harders* Rn. 6.
[6] Vgl. dazu etwa die Nachw. bei *Palandt/Edenhofer* § 2273 BGB Rn. 5; aus der jüngsten Rspr. s. etwa OLG Zweibrücken FGPrax 2008, 118.
[7] Zu den Abwägungskriterien des Gesetzgebers BT-Drucks. 16/6308, S. 278.
[8] *Bumiller/Harders* Rn. 9.
[9] BT-Drucks. 16/6308, S. 278.

§ 344 8–12   Buch 4. Abschnitt 1. Begriffsbestimmung; örtliche Zuständigkeit

dient, wie dies für die Pflegschaft nach § 1960 erforderlich ist, und ohne jedes Fürsorgebedürfnis angeordnet werden kann, ist dies zu verneinen.[10]

8   Über die allgemeine örtliche Zuständigkeit nach § 343 hinaus gewährt Abs. 4 eine **besondere Zuständigkeit** für jedes Amtsgericht, in dessen Bezirk das für diese Sicherungsmaßnahmen grds. erforderliche Sicherungsbedürfnis besteht, etwa zur Verhinderung von Schäden an einem Wochenendhaus des Erblassers.[11] Von der Anordnung derartiger Sicherungsmaßnahme ist das gemäß § 343 örtlich zuständige Nachlassgericht zu verständigen (§ 356 Abs. 2).

9   Auf Grund der **landesrechtlichen Vorbehalte** nach Art. 140 EGBG können die Länder die Sicherungspflicht der Nachlassgerichte erweitern[12] und nach Art. 147 EGBGB für Nachlasssachen die Zuständigkeit anderer gerichtlicher Behörden vorsehen.[13]

10   **5. Auseinandersetzung des Gesamtguts der Gütergemeinschaft (Abs. 5).** Diese Bestimmung übernimmt den Regelungsgehalt des früheren § 99 Abs. 2 FGG aF über die örtliche Zuständigkeit für Verfahren zur Auseinandersetzung der Gütergemeinschaft.[14] Diese erfolgt nach den §§ 1471 bis 1481 BGB. Bei dieser ist hinsichtlich der Zuständigkeit zu differenzieren: **(1)** Gehört ein Anteil an dem Gesamtgut zu einem **Nachlass,** so ist im Wege einer Annexzuständigkeit das Amtsgericht zuständig, das auch für die Auseinandersetzung des Nachlasses zuständig ist (Abs. 5 S. 1). Eine solche Nachlasszugehörigkeit eines Gesamtgutsanteils kann sich ergeben, wenn die eheliche Gütergemeinschaft durch den Tod eines Ehegatten endet und keine fortgesetzte Gütergemeinschaft eintritt (§§ 1482, 1483 BGB) oder die zunächst eingetretene fortgesetzte Gütergemeinschaft durch den Tod des überlebenden Ehegatten oder seine Todeserklärung beendet wird (§ 1494 BGB). **(2)** In den **anderen Fällen** bestimmt sich die örtliche Zuständigkeit gemäß § 344 Abs. 5 S. 2 nach § 122.

11   **6. Zuständigkeit für die Eröffnung von letztwilligen Verfügungen (Abs. 6).** Für die Durchführung des Nachlassverfahrens ist an sich das nach § 343 zu bestimmende Nachlassgericht örtlich zuständig. Hierzu gehört auch die Eröffnung der Verfügungen von Todes wegen (§ 342 Abs. 1 Nr. 3). Oftmals wird bei diesem auch die entsprechende Verfügung von Todes wegen verwahrt oder aber abgegeben werden, so dass dort auch die Eröffnung erfolgt (§ 348). Dies muss aber so nicht sein, etwa wenn der Erblasser früher wo anders wohnte oder bewusst von seinem Wahlrecht nach § 344 Abs. 1 S. 2 Gebrauch gemacht hat und dies andernorts verwahren ließ. Daher ist nach Abs. 6 in solchen Fällen für die **Eröffnung,** nicht aber für das oftmals anschließende Erbscheinsverfahren, das verwahrende Gericht zuständig. Damit wird der Regelungsgehalt des bisherigen § 2261 Abs. 1 BGB aF übernommen, der über § 2300 BGB aF auch für Erbverträge galt. Durch die Verwendung des Begriffs „amtliche" Verwahrung hat der Gesetzgeber klargestellt, dass sich die Eröffnungszuständigkeit nicht nur auf solche Verfügungen von Todes wegen bezieht, die sich in der besonderen amtlichen Verwahrung befinden, sondern auch auf solche, die sich in einer einfachen Aktenverwahrung befinden. Dies kann etwa bei einem Erbvertrag der Fall sein, der sich nicht in der besonderen amtlichen Verwahrung befunden hat und nach dem Tod des einen der Vertragsteile zu den Nachlassakten genommen wurde. Auch werden eigenhändige Testament erfasst, die bei einem ortnahen Amtsgericht ohne Rücksicht auf die örtliche Zuständigkeit abgeliefert wurden.[15]

12   **7. Zuständigkeit zur Entgegennahme einer Ausschlagungserklärung oder der Anfechtung einer solchen (Abs. 7).** Diese erst auf Betreiben des Bundesrats[16] eingeführte Bestimmung stellt gegenüber dem bisherigen Recht eine Neuregelung da. Nunmehr ist für die Entgegennahme der Ausschlagungserklärung und der Anfechtung einer solchen auch das Nachlassgericht örtlich zuständig, in dessen Bezirk der Ausschlagende oder Anfechtende seinen Wohnsitz hat. Dieses hat dann die Niederschrift über die Erklärung an das iSv. § 343 zuständige Nachlassgericht zu übersenden. Bis zum 1. 9. 2009 war demgegenüber die Abgabe einer solchen Erklärung nur gegenüber dem zuständigen Nachlassgericht möglich. Ausnahmsweise konnte ein anderes Gericht im Wege des Rechtshilfeersuchens diese Erklärungen aufnehmen. Wurden diese jedoch vor einem anderen Ge-

---

[10] Zimmermann FamFG Rn. 626; zu § 74 FGG ebenso Firsching/Graf Nachlassrecht Rn. 4.685; Jansen/Müller-Lukoschek § 74 FGG Rn. 4; Keidel/Kuntze/Winkler § 74 FGG Rn. 2; dem zuneigend OLG Hamm ZErb 2008, 209; aM OLG Düsseldorf JMBlNRW 1954, 83; MünchKommBGB/Leipold § 1961 Rn. 2; differenzierend Zimmermann, Nachlasspflegschaft Rn. 102; Keidel/Zimmermann Rn. 15: bei Eilbedürftigkeit sei außerordentliche Zuständigkeit nach § 74 FGG (jetzt § 344 Abs. 4) gegeben.
[11] Zimmermann FamFG Rn. 626.
[12] Vgl. dazu die Erl. bei Staudinger/J. Mayer, 2005, Art. 140 EGBGB Rn. 9 zu den danach ergangenen landesrechtlichen Bestimmungen.
[13] S. hierzu die Erl. bei Staudinger/J. Mayer, 2005, Art. 147 EGBGB Rn. 31 ff.
[14] BT-Drucks. 16/6308, S. 278.
[15] BT-Drucks. 16/6308, S. 278.
[16] BT-Drucks. 16/6308, S. 389 f.

richt ohne ein solches Rechtshilfeersuchen erklärt, so stellte sich die Frage, ob in entsprechender Anwendung von § 7 FGG auch die Entgegennahme durch das unzuständige Gericht als fristwahrend angesehen werden konnte. Je nach der einzelnen Fallkonstellation und des Verhaltens, dass das angegangene Gericht an den Tag legte, wurde dies unterschiedlich gesehen.[17] Dies konnte dazu führen, dass die Ausschlagungs- oder Anfechtungsfrist (§§ 1944, 1945 BGB) abgelaufen war. Diese Unsicherheiten sollen durch das gesetzliche Neuregelung beseitigt werden.

a) Art der betroffenen Erklärungen. Nach seinem ausdrücklichen Wortlaut eröffnet Abs. 7 die Möglichkeit der Entgegennahme fristwahrender Erklärungen durch das Wohnsitzgericht nur für Erbschaftsausschlagungen (§ 1945 Abs. 1 BGB) und deren Anfechtung (§ 1955 S. 1, 2. Alt. BGB). Zu letzterer gehört auch die Anfechtung des Pflichtteilsberechtigten nach § 2308 BGB, da es hier nur um die Benennung eines besonderen Anfechtungsgrundes geht.[18] **13**

Demgegenüber wird nach dem ausdrücklichen Wortlaut der Norm die in der Praxis nicht seltene **Anfechtung einer Erbschaftsannahme** nicht erfasst (§§ 1955 S. 1, 1. Alt., 1956 BGB). Es handelt sich dabei offensichtlich um ein Redaktionsversehen, denn nach der Begründung des Bundesrates sollte auch für die Anfechtung einer irrtümlichen Erbschaftsannahme diese besondere Zuständigkeit eröffnet werden. Da sowohl die Ausschlagung der Erbschaft wie die Anfechtung der Erbschaftsannahme zum Verlust der Erbschaft führen, besteht wertungsmäßig im Ergebnis kein Unterschied, weshalb diese Bestimmung **analog** auch auf die **Anfechtung der Erbschaftsannahme** anzuwenden ist.[19] **14**

b) Entgegennahme der Ausschlagungserklärung und deren Anfechtung. Die besondere Zuständigkeit des Wohnsitzgerichts begründet Abs. 7 nach seinem ausdrücklichen Wortlaut nur für die „**Entgegennahme**" der Ausschlagungserklärung und von deren Anfechtung. Das BGB verwendet diesen Begriff nicht. Entsprechend dem Zweck der Bestimmung, dem Erben die fristgerechte Ausschlagung der Erbschaft beziehungsweise deren Anfechtung erleichtern, wird man hierunter nicht nur die bloße tatsächliche Entgegennahme zu verstehen haben, sondern auch die fristwahrende Befugnis zur **Protokollierung** der eigentlichen Ausschlagungserklärung. Zudem verpflichtet Abs. 7 S. 2 das Wohnsitzgericht zur Übersendung der „Niederschrift" an das zuständige Nachlassgericht. Da aber eine Ausschlagung vor einem Notar regelmäßig nicht zur Niederschrift (§ 128 BGB) erklärt wird, sondern nur in öffentlich beglaubigter Form (§ 129 BGB), kann damit nur die von dem Wohnsitzgericht auch aufgenommene Niederschrift über die entsprechende Erklärung gemeint sein.[20] Andererseits darf hieraus nicht abgeleitet werden, dass die Verpflichtung zur Übersendung der Ausschlagungserklärung oder deren Anfechtung sich nicht auf eine von einem **Notar** lediglich **öffentlich beglaubigte Erklärung** erstreckt. Denn da eine Ausschlagung trotz der Sonderzuständigkeit nach Abs. 7 oftmals immer noch schneller vor einem Notar erklärt werden kann, besteht ein berechtigtes Interesse dafür, dass auch in dieser Form abgegebene Erklärungen beim Wohnsitzgericht fristwahrend eingereicht werden können.[21] **15**

c) Wohnsitzgericht des Erklärenden. Die besondere Zuständigkeit nach Abs. 7 besteht für das Nachlassgericht, in dessen Bezirk der Ausschlagende oder der diese Erklärung Anfechtende seinen Wohnsitz hat. Die Bestimmung des entsprechenden **Wohnsitzes** richtet sich allein nach den §§ 7 bis 11 BGB. Dabei ist es allein auf den Wohnsitz, den der Erklärende im Zeitpunkt der Abgabe der Ausschlagungserklärung oder von deren Anfechtung innehat, abzustellen. Demgegenüber ist der Zeitpunkt, in dem der Erblasser verstorben ist, unbeachtlich, weil sonst der vom Gesetzgeber gewollte Vereinfachungszweck nicht erreicht würde.[22] Zudem besteht die besondere Zuständigkeit nur dann, wenn ein inländischer Wohnsitz vorliegt. Eine hilfsweise Anknüpfung an den Aufenthaltsort des Erklärenden, wie in § 343 Abs. 1 vorgesehen, besteht ausdrücklich nicht.[23] **16**

d) Verhältnis zu § 343, Zuständigkeitsfragen. Das Verhältnis der besonderen örtlichen Zuständigkeit nach § 344 zu der allgemeinen Regelzuständigkeit nach § 343 ist im Gesetz nicht ausdrücklich geregelt. Entsprechend der Überschrift von § 344 handelt es sich nur um eine besondere, aber keine ausschließliche Zuständigkeit, so dass eine „Vermehrung" der Zuständigkeiten ein- **17**

---

[17] Palandt/Edenhofer § 1945 BGB Rn. 7; eingehend dazu etwa Heinemann ZErb 2008, 293, 294 sowie unten, Rn. 20; Keidel/Zimmermann Rn. 45.
[18] Dies übersieht Heinemann ZErb 2008, 293, 295, der hierauf Abs. 7 analog anwenden will; gegen jede Anwendung von Abs. 7 Keidel/Zimmermann Rn. 52.
[19] Heinemann ZErb 2008, 293, 295; ders., ZFE 2009, 8, 10; aA Keidel/Zimmermann Rn. 52.
[20] Heinemann ZErb 2008, 293, 295.
[21] Heinemann ZErb 2008, 293, 295; zust. Zimmermann FamFG Rn. 629; Keidel/Zimmermann Rn. 48; Bumiller/Harders Rn. 16.
[22] Heinemann ZErb 2008, 293, 295.
[23] Heinemann ZErb 2008, 293, 295; Keidel/Zimmermann Rn. 46.

tritt.²⁴ Hierfür spricht auch die Verwendung des Wortes „auch" in Abs. 7 und die Absicht des Gesetzgebers, dem Erklärenden den form- und fristgerechten Zugang seiner Erklärung zu erleichtern. Demgegenüber wird durch die Entgegennahme der Ausschlagungserklärung oder von deren Anfechtung eine **Vorgriffzuständigkeit** iSd. § 2 Abs. 1 für andere Ausschlagungserklärungen oder gar sonstige Verrichtungen im Nachlassverfahren nicht begründet. Denn Abs. 7 S. 2 beschränkt die Aufgabe dieses Wohnsitzgerichts gerade nur auf die entsprechende Weiterleitung an das eigentlich nach § 343 zuständige Nachlassgericht. Dieses bleibt daher als idR auch sach- und ortsnäheres Nachlassgericht für das eigentliche sonstige Nachlassverfahren zuständig.²⁵ Daneben sind durch das Wohnsitzgericht auch die §§ 3 und 4 zu beachten. Werden also **weitergehende Anträge** im Rahmen einer Erklärung nach Abs. 7 an das Wohnsitzgericht gerichtet, wie zum Beispiel ein Erbscheinsantrag, so unterfällt dies nicht seiner Zuständigkeit und es hat diesbezüglich die Sache nach § 3 an das zuständige Nachlassgericht zu verweisen. Anderseits kann das zunächst allgemein nach § 343 zuständige Nachlassgericht das gesamte Nachlassverfahren unter Beachtung des § 4 an das nach Abs. 7 zuständige Wohnsitzgericht abgeben.²⁶

18 e) **Übersendung an das zuständige Nachlassgericht.** Abs. 7 S. 2 verpflichtet das Wohnsitzgericht, die Niederschrift über die Ausschlagung der Erbschaft oder die Anfechtung derselben an das nach § 343 allgemein zuständige Nachlassgericht zu übersenden. Diese Verpflichtung besteht dabei auch hinsichtlich solcher Erklärungen dieser Art, die vom Notar lediglich öffentlich beglaubigt wurden (s. bereits Rn. 15). An **welches Nachlassgericht** dabei diese Erklärungen **weiterzuleiten** sind, hat dabei das Wohnsitzgericht von Amts wegen und eigenständig zu prüfen (§ 26). Hält sich das Nachlassgericht, an das diese Erklärung übersandt wurde, für nicht zuständig, so hat es nach § 3 vorzugehen. Wird die Weiterleitung ungebührlich **verzögert** oder unterbleibt sie ganz, so hat dies nach dem Zweck des Abs. 7 gerade nicht die Konsequenz, dass diese Erklärungen nicht fristgerecht abgegeben wurden. Denn diese wurden bereits mit der Entgegennahme durch das nach Abs. 7 zuständige Wohnsitzgericht wirksam.²⁷ Vielmehr handelt es sich bei Abs. 7 S. 2 um eine **reine Ordnungsvorschrift,** deren Nichtbeachtung aber bei einer schuldhaften Verletzung gegebenenfalls Amtshaftungsansprüche nach Art. 34 GG in Verbindung mit § 839 BGB auslösen kann, etwa wenn infolge der Unkenntnis des an sich zuständigen Nachlassgerichts nun ein falscher Erbschein erteilt wird.²⁸

19 f) **Rechtshilfeersuchen.** Ob angesichts der Neuregelung nach Abs. 7 noch eine Notwendigkeit besteht, entsprechend der früheren Praxis im Wege der Rechtshilfe (§§ 156 ff. GVG) ein anderes Nachlassgericht zur Entgegennahme entsprechender Ausschlagungs- bzw. Anfechtungserklärung zu ersuchen, erscheint mehr als fraglich. Bei Vorliegen eines wichtigen Grundes kann im Einzelfall eine Abgabe des gesamten Nachlassverfahrens an ein anderes Nachlassgericht angezeigt sein.²⁹

20 g) **Entgegennahme durch ein unzuständiges Gericht.** Auch nach neuem Recht kann es vorkommen, dass die Erbschaftsausschlagung oder die Anfechtung derselben von einem unzuständigen Gericht entgegengenommen wird. Es stellt sich daher die Frage, ob dann in entsprechender Anwendung des **§ 2 Abs. 3** eine solche Erklärung als wirksam und fristwahrend angesehen werden soll. Zu **§ 7 FGG** als Vorgängermodell zu § 2 Abs. 3 wurde von der Rechtsprechung betont, dass das Gericht verpflichtet ist, seine Zuständigkeit selbst zu überprüfen und daher der Bürger darauf Vertrauen darf, dass er gegenüber dem richtigen Gericht seine Erklärung abgegeben hat, wenn dieses ihm gegenüber den Anschein erweckte, hierfür zuständig zu sein.³⁰ Es handelt sich um einen besonderen Anwendungsfall des Grundsatzes der prozessualen Billigkeit in Ausprägung des „venire contra factum proprium".³¹ Dieses Argument hat durch das FamFG nichts an seiner Bedeutung verloren, so dass auch nach neuem Recht die von einem unzuständigen Nachlassgericht entgegengenommene Erklärung als wirksam und fristwahrend anzusehen ist. Anderes gilt nur, wenn das Gericht die Niederschrift von vornherein verweigert, die formgerechte Ausschlagungserklärung sofort nach Eingang an den Ausschlagenden zurücksendet oder ohne den Anschein eigener Zuständigkeit erweckt zu haben diese an das zuständige Nachlassgericht weiterleitet. In diesen Fällen ist die Ausschlagung bzw. die Anfechtung derselben erst mit Eingang beim zuständigen Gericht wirksam zugegangen.³²

---

²⁴ *Kroiß/Seiler* § 6 Rn. 27; *Heinemann* ZErb 2008, 293, 295.
²⁵ *Heinemann* ZErb 2008, 293, 296.
²⁶ *Heinemann* ZErb 2008, 293, 296.
²⁷ *Heinemann* ZErb 2008, 293, 296; *Keidel/Zimmermann* Rn. 50.
²⁸ *Heinemann* ZErb 2008, 293, 296.
²⁹ *Heinemann* ZErb 2008, 293, 296.
³⁰ Vgl. dazu BGHZ 36, 197, 200 = NJW 1962, 491; BGH Rpfleger 1977, 406; RGZ 71, 380, 382.
³¹ Dazu *Zöller/Vollkommen*, ZPO, Einleitung Rn. 99 m. weit. Nachw.
³² *Heinemann* ZErb 2008, 293, 297; *Jansen/Müther* § 7 FGG Rn. 7 m. weit. Nachw. zur früheren Rechtslage.

Besondere örtliche Zuständigkeit 21 § 344

h) Besondere internationale Zuständigkeit durch Abs. 7? Nach der Aufgabe der sog. **21 Gleichlauftheorie** durch das FamFG bestimmt sich nunmehr die internationale Zuständigkeit des Nachlassgerichts nach der örtlichen (s. § 343 Rn. 1, 28). Das hat zur Folge, dass das Wohnsitzgericht eines Ausschlagenden, der seinen Wohnsitz in Deutschland hat, selbst dann zur Entgegennahme einer Ausschlagungserklärung international zuständig ist, wenn der Erbfall keinerlei Bezug zum Inland aufweist, also weder deutsches Erbrecht anwendbar ist noch sich Nachlassgegenstände im Inland befinden. Dies ist aber die zwingende Folge der sich aus § 105 ergebenden internationalen Zuständigkeit. Eine Einschränkung dahingehend, dass die Anwendbarkeit des Abs. 7 auf solche Fälle zu begrenzen ist, in denen sich wenigstens ein Teil der Nachlassgegenständen Inland befindet,[33] wäre eine teleologische Reduktion, die der neuen Gesetzessystematik gerade widersprechen würde, und ist daher als Systembruch abzulehnen. Da in solchen Fällen ohnehin die allgemeine örtliche Zuständigkeit des Nachlassgerichts nach § 343 Abs. 3 besteht, ist auch kein Grund ersichtlich, die bürgerfreundliche besondere örtliche Zuständigkeit nach § 344 Abs. 7 zu verneinen.

---

[33] So offenbar *Heinemann* ZErb 2008, 293, 299; wie hier jedoch *Keidel/Zimmermann* Rn. 47.

Abschnitt 2. Verfahren in Nachlasssachen

Unterabschnitt 1. Allgemeine Bestimmungen

§ 345 Beteiligte

(1) ¹ In Verfahren auf Erteilung eines Erbscheins ist Beteiligter der Antragsteller. ² Ferner können als Beteiligte hinzugezogen werden:
1. die gesetzlichen Erben,
2. diejenigen, die nach dem Inhalt einer vorliegenden Verfügung von Todes wegen als Erben in Betracht kommen,
3. die Gegner des Antragstellers, wenn ein Rechtsstreit über das Erbrecht anhängig ist,
4. diejenigen, die im Fall der Unwirksamkeit der Verfügung von Todes wegen Erbe sein würden, sowie
5. alle Übrigen, deren Recht am Nachlass durch das Verfahren unmittelbar betroffen wird.

³ Auf ihren Antrag sind sie hinzuzuziehen.

(2) Absatz 1 gilt entsprechend für die Erteilung eines Zeugnisses nach § 507 des Bürgerlichen Gesetzbuchs oder nach den §§ 36 und 37 der Grundbuchordnung sowie den §§ 42 und 74 der Schiffsregisterordnung.

(3) ¹ Im Verfahren zur Ernennung eines Testamentsvollstreckers und zur Erteilung eines Testamentsvollstreckerzeugnisses ist Beteiligter der Testamentsvollstrecker. ² Das Gericht kann als Beteiligte hinzuziehen:
1. die Erben,
2. den Mitvollstrecker.

³ Auf ihren Antrag sind sie hinzuzuziehen.

(4) ¹ In den sonstigen auf Antrag durchzuführenden Nachlassverfahren sind als Beteiligte hinzuzuziehen in Verfahren betreffend
1. eine Nachlasspflegschaft oder eine Nachlassverwaltung der Nachlasspfleger oder Nachlassverwalter;
2. die Entlassung eines Testamentsvollstreckers der Testamentsvollstrecker;
3. die Bestimmung erbrechtlicher Fristen derjenige, dem die Frist bestimmt wird;
4. die Bestimmung oder Verlängerung einer Inventarfrist der Erbe, dem die Frist bestimmt wird, sowie im Fall des § 2008 des Bürgerlichen Gesetzbuchs dessen Ehegatte oder Lebenspartner;
5. die Abnahme einer eidesstattlichen Versicherung derjenige, der die eidesstattliche Versicherung abzugeben hat, sowie im Fall des § 2008 des Bürgerlichen Gesetzbuchs dessen Ehegatte oder Lebenspartner.

² Das Gericht kann alle Übrigen, deren Recht durch das Verfahren unmittelbar betroffen wird, als Beteiligte hinzuziehen. ³ Auf ihren Antrag sind sie hinzuzuziehen.

I. Normzweck, Verhältnis zu § 7

1 **Beteiligte** eines Verfahrens der freiwilligen Gerichtsbarkeit haben eine besondere Verfahrensstellung. Das FamFG weist ihnen dabei besondere **Rechte** und **Pflichten** zu, so in § 3 Abs. 1, § 4 (Anhörung der Beteiligten vor einer Verweisung oder Abgabe), § 9 Abs. 4 (Zurechnung des Verschuldens eines Beteiligten), § 10 Abs. 1 (Verfahrensbetrieb durch die Beteiligten, § 10 Abs. 2 (Vertretung der Beteiligten durch Anwälte u. a.), § 12 (Beistand des Beteiligten), § 13 (Akteneinsicht für die Beteiligten), § 14 Abs. 2 (Übermittlung der Anträge der Beteiligten), § 15 (Bekanntgabe von Dokumenten an Beteiligte), § 22 (Antragsrücknahme und Ähnliches durch Beteiligte) § 23 (Angabe der Beteiligten u. a.), § 25 (Anträge der Beteiligten), § 28 (Erklärung der Beteiligten), § 30 (Stellungnahme der Beteiligten zur Beweisaufnahme), § 32 (Erörterung der Sache mit den Beteiligten), § 33 (Persönliches Erscheinen der Beteiligten), § 34 (Persönliche Anhörung des Beteiligten), § 36 (Vergleich der Beteiligten), § 37 (Äußerungsrechte der Beteiligten), § 81 (Kostenauferlegung).[1]

---

[1] *Zimmermann* FamFG Rn. 20.

Wer ein solcher Beteiligter ist, bestimmt sich zunächst nach § 7. Für **Nachlassverfahren** (§ 342 **2** Abs. 1), die nur auf **Antrag** eingeleitet werden, enthält § 345 besondere Regelungen zum Beteiligtenbegriff. Diese Vorschrift ergänzt als Sondervorschrift die Bestimmungen des Allgemeinen Teils in § 7.[2] Abweichend von § 7 Abs. 2 werden insbesondere die Voraussetzungen für die Hinzuziehung von Personen, die durch das Verfahren in ihren Rechten betroffen sind, geregelt. Soweit sich für den Antragsteller eines nachlassgerichtlichen Verfahrens die Beteiligteneigenschaft nicht aus § 345 ergibt, wird man auf § 7 Abs. 1 zurückgreifen können.

Demgegenüber bestimmt sich in den **von Amts wegen** durchzuführenden Verfahren vor dem **3** Nachlassgericht der Kreis der Beteiligten ausschließlich nach der Definition des Beteiligtenbegriffs des Allgemeinen Teils in § 7. Eine Spezialvorschrift ist insoweit nicht erforderlich, da die Beteiligten stets von Amts wegen zum Verfahren hinzuzuziehen sind und somit die Wahrnehmung ihrer Rechte und Pflichten gewährleistet ist. Dies ist beispielsweise in dem Verfahren zur **Einziehung** eines **Erbscheins** nach § 7 Abs. 2 Nr. 1 derjenige, der im Erbschein als Erbe ausgewiesen ist, sowie derjenige, der anstelle des Erben die Erteilung eines Erbscheins beantragt hat.[3]

II. Zur Systematik des § 345, das Hinzuziehungsverfahren

§ 345 beruht auf folgender Systematik: Eine bestimmte Person ist zwingend Beteiligter (sog. „**Muss-** **4** **Beteiligter**"[4] oder „geborener Beteiligter"). Dies ist etwa in Erbscheinsverfahren der Antragsteller (Abs. 1 S. 1) oder in Verfahren zur Erteilung eines Testamentsvollstreckerzeugnisses der Testamentsvollstrecker (Abs. 3 S. 1). Andere näher bestimmte Personen können nach dem Ermessen des Gerichts als Beteiligte hinzugezogen werden, sog. „**Kann-Beteiligte**", „Optionsbeteiligte",[5] „potentiell Beteiligte"[6] oder „gekorene Beteiligte". Solche nennt etwa für das Erbscheinsverfahren Abs. 1 S. 2.

III. Das Beziehungsverfahren

1. Beiziehung von Amts wegen. Abweichend von § 7 Abs. 2 Nr. 1 sind die potenziell Beteiligten (s. Rn. 4) aus Gründen der Verfahrensökonomie nicht zwingend von Amts wegen hinzuziehen. Jedoch kann das Gericht die im Einzelnen in § 345 genannten Beteiligten an einem Antragsverfahren nach seinem **Ermessen** unabhängig von einem entsprechenden Antrag beteiligen.[7] Für das Erbscheinsverfahren führt etwa die amtliche Begründung aus, dass die Zuziehung der in Abs. 1 S. 2 genannten Personen wegen der im öffentlichen Interesse bestehenden Richtigkeitsgewähr des Erbscheins und aus Gründen der Fürsorge sowie zum Zwecke der Sachverhaltsaufklärung im Einzelfall geboten sein kann.[8] Wird eine solche Person vom Gericht nicht hinzugezogen, ist dies **nicht gesondert anfechtbar**, weil sie einen eigenen Beziehungsantrag stellen kann, dem zu entsprechen ist.[9] Dies setzt allerdings voraus, dass sie vom Verfahren Kenntnis hat. Daher schreibt § 23 Abs. 1 S. 2 vor, dass in dem verfahrenseinleitenden Antrag die Personen benannt werden sollen, die als Beteiligte iSd. § 345 in Betracht kommen.

2. Beiziehung auf Antrag. Die potentiell Beteiligten (s. Rn. 4) sind auf ihren Antrag hin als **6** Beteiligte hinzuzuziehen. Insoweit sind die Bestimmungen des Abs. 1 S. 3, Abs. 2, Abs. 3 S. 3 und Abs. 4 S. 3 Vorschriften im Sinne des § 7 Abs. 2 Nr. 2,[10] die ein subjektiv öffentliches **Verfahrensrecht auf Beiziehung** begründen. Damit eröffnet die Möglichkeit der Hinzuziehung auf Antrag eine flexible gerichtliche Verfahrensführung. Das Nachlassgericht kann das entsprechende Nachlassverfahren straff führen und schnell abschließen, wenn es von der Hinzuziehung derjenigen Personen absieht, die selbst keine Teilnahme am Verfahren wünschen. Andererseits wird die hinreichende Möglichkeit der Wahrnehmung der Verfahrensrechte dieser Personen durch den Anspruch auf Hinzuziehung bei entsprechender Antragstellung gewährleistet.[11]

Der **Beziehungsantrag** (vgl. etwa Abs. 1 S. 3) des potenziell Beteiligten (s. Rn. 4) kann jederzeit gestellt werden, auch noch im Beschwerdeverfahren.[12] Es gibt hierfür keine Frist. Gegebenenfalls

---

[2] *Bumiller/Harders* Rn. 1.
[3] BT-Drucks. 16/6308, S. 278; *Schulte-Bunert* Rn. 1091; *Keidel/Zimmermann* Rn. 148.
[4] *Zimmermann* FamFG Rn. 631; ausf. oben § 7 Rn. 7 ff.
[5] BT-Drucks. 16/6308, S. 373; ausf. oben § 7 Rn. 14 ff.
[6] *Zimmermann* FamFG Rn. 633.
[7] Eingehend zur Ermessensentscheidung *Keidel/Zimmermann* Rn. 7 f.
[8] BT-Drucks. 16/6308, S. 278.
[9] *Zimmermann* FamFG Rn. 634.
[10] BT-Drucks. 16/6308, S. 278.
[11] BT-Drucks. 16/6308, S. 278.
[12] *Zimmermann* FamFG Rn. 636.

müssen Verfahrenshandlungen des Gerichts, wie eine Zeugenvernehmung, wiederholt werden. Der Antragsteller muss jedoch verfahrensfähig sein (§ 9). Der Antrag kann jederzeit bis zum Abschluss des Verfahrens zurückgenommen werden. Das Gericht hat dem Beiziehungsantrag des Berechtigten zu entsprechen. Hierzu bedarf es keines gesonderten Beschlusses. Wird jedoch der Beiziehungsantrag einer hierfür berechtigten Person abgelehnt, so ist eine Entscheidung durch Beschluss erforderlich (§ 7 Abs. 5 S. 1) und. Der **Ablehnungsbeschluss** ist mit der sofortigen Beschwerde in analoger Anwendung der §§ 567 bis 572 ZPO innerhalb einer Frist von zwei Wochen **anfechtbar** (§ 7 Abs. 5 S. 2).

3. Die Vornahme der Beziehung. Die Beziehung geschieht formlos. Diese Personen sind von der Einleitung des Verfahrens zu benachrichtigen, soweit sie dem Gericht bekannt sind (§ 7 Abs. 4). Das Gericht muss sie dabei nicht aufwändig ermitteln. Es soll diesen Beteiligten eine Abschrift des verfahrenseinleitenden Antrags übermitteln (§ 23 Abs. 2); auf Verlangen eines Beteiligten muss dies geschehen. Die Benachrichtigungs- und Belehrungspflicht dient der Verwirklichung des Anspruchs auf Gewährung des rechtlichen Gehörs (Art. 103 GG).[13]

IV. Die einzelnen Nachlassbeteiligten

1. Erbscheinserteilung (Abs. 1). Abs. 1 regelt als Spezialvorschrift zu § 7 den Kreis der Beteiligten im Erbscheinsverfahren.[14] Da der Erbschein nur auf Antrag erteilt wird (§ 2353 BGB) stellt S. 1 klar, dass der **Antragsteller** immer als Beteiligter zu beteiligen ist (sog. „Muss-Beteiligter"). Abs. 1 S. 2 nennt die **potentiell** möglichen **weiteren Beteiligten** im Erbscheinsverfahren. Die dort genannten Personen werden in ihrem Recht am Nachlass durch das Erbscheinsverfahren **unmittelbar** betroffen.[15] Nach § 7 Abs. 2 Nr. 1 müssten diese eigentlich von Amts wegen hinzugezogen werden. Demgegenüber entscheidet über ihre Beziehung das Gericht gemäß der Sonderbestimmung des Abs. 1 nach **seinem Ermessen** (s. Rn. 5). So muss in einfachen oder unstrittigen Erbscheinsverfahren nur der Antragsteller hinzugezogen werden. Als potentiell mögliche weitere Beteiligte, über deren Beteiligung nach dem pflichtgemäßen Ermessen das Nachlassgericht entscheidet, werden genannt:
– die **gesetzlichen Erben** (Abs. 1 S. 2 Nr. 1 iVm., §§ 1924 ff. BGB). Beantragt ein gesetzlicher Miterbe einen Erbschein, so sind die anderen Miterben zu beteiligen. Dies dürfte allerdings nur bei einem **gemeinschaftlichen Erbschein** gelten, nicht aber beim **Teilerbschein,** der verfahrensmäßig unabhängig von den anderen Erbscheinsanträgen behandelt wird.[16]
– die **gewillkürten Erben** (Abs. 1 S. 2 Nr. 2). Hat der Erblasser mehrere Verfügungen von Todes wegen mit verschiedenen Erben hinterlassen, ist jeder von ihnen ein potenziell Beteiligter;[17]
– die **Gegner des Antragstellers** (Abs. 1 S. 2 Nr. 3), jedoch nur, wenn schon ein **Rechtsstreit** über das Erbrecht anhängig ist (vergleiche dazu auch § 2354 Abs. 1 Nr. 5 BGB);
– Diejenigen, die im Fall der **Unwirksamkeit der Verfügung von Todes wegen Erbe** sein würden (Abs. 1 S. 2 Nr. 4). Diese Bestimmung wäre an sich entbehrlich gewesen. Denn ist eine Verfügung von Todes wegen unwirksam, so kommen zum einen als Erben die gesetzlichen Erben in Betracht, die bereits nach Nr. 1 zu beteiligen sind. Kommen andere gewillkürte Erben in Betracht, sei es auf Grund der gleichen oder einer anderen Verfügung von Todes wegen, so sind sie bereits nach Nr. 2 potenzielle Beteiligte;
– Alle übrigen Personen, deren Recht am Nachlass durch das Verfahren **unmittelbar** betroffen wird (Abs. 1 S. 2 Nr. 5). Erforderlich ist hierfür eine materielle Betroffenheit, die sich unmittelbar aus der Durchführung des Erbscheinsverfahrens ergibt.[18] Pflichtteilsberechtigte sind bereits nach Nr. 1 beizuziehen.[19]

2. Beteiligte bei der Erteilung sonstiger nachlassgerichtlicher Zeugnisse (Abs. 2). Für die in der Praxis wenig bedeutsame Erteilung eines Zeugnisses nach § 1507 BGB über die fortgesetzte Gütergemeinschaft oder nach den §§ 36 und 37 GBO sowie den §§ 42 und 74 SchiffsregisterO gilt Abs. 1 entsprechend, für das Testamentsvollstreckerzeugnis jedoch Abs. 3.

3. Verfahren zur Ernennung eines Testamentsvollstreckers und zur Erteilung eines Testamentsvollstreckerzeugnisses (Abs. 3). a) Ernennung eines Testamentsvollstreckers durch das Nachlassgericht (§ 2200 BGB). Während der Erblasser die Testamentsvollstreckung als solches

---

[13] BT-Drucks. 16/6308, S. 179; eingehend hierzu *Keidel/Zimmermann* Rn. 10 f.
[14] BT-Drucks. 16/6308, S. 278.
[15] BT-Drucks. 16/6308, S. 278.
[16] *Zimmermann* FamFG Rn. 637.
[17] *Zimmermann* FamFG Rn. 638.
[18] Ausf. Auflistung der Betroffenen bei *Keidel/Zimmermann* Rn. 23 ff.
[19] AM *Zimmermann* FamFG Rn. 641 der hier fordert, dass diese zudem einen Titel nach §§ 792, 896 ZPO hat.

(im abstrakt-funktionellen Sinn) in einer Verfügung von Todes wegen anordnen muss (§ 2197 BGB), kann er die Erennung einer Person zum Testamentsvollstrecker einem Dritten überlassen (§§ 2198, 2199 BGB) oder auch das **Nachlassgericht ersuchen,** einen Testamentsvollstrecker zu ernennen (§ 2200 BGB). Hier liegt an sich kein Antrag eines Beteiligten in dem Sinne vor, der sonst für die Anwendung des § 345 erforderlich ist, sondern es ist **von Amts wegen** bei Vorliegen eines solchen Ersuchens des Erblassers in einer Verfügung von Todes wegen ein entsprechendes Ernennungsverfahren einzuleiten.[20] Trotz dieses **Redaktionsversehens**[21] ist die vom Nachlassgericht als Testamentsvollstrecker avisierte Person „Muss-Beteiligter" (Abs. 3 S. 1). Daneben **kann** das Nachlassgericht in einem solchen Verfahren die in § 345 Abs. 3 S. 2 genannten **Personen hinzuziehen.** Dies sind die Erben (Nr. 1), jedoch nur die, die mit der Testamentsvollstreckung belastet sind,[22] und Mitvollstrecker (Nr. 2), und zwar auch solche, die erst in diesem Verfahren ebenfalls ernannt werden sollen. Diese Regelung steht im Gegensatz zu § 7 Abs. 2:[23] Denn sowohl der Erbe wie auch ein Miterbe werden durch die Ernennung eines Testamentsvollstreckers in ihrer Rechtsstellung unmittelbar betroffen, so dass sie an sich als „Muss-Beteiligte" hinzuziehen wären. Stattdessen stellt Abs. 3 dies in das Ermessen des Nachlassgerichts. Nur auf ihren Antrag hin sind sie hinzuziehen (Abs. 3 S. 3) und werden dann zu „Muss-Beteiligten". Neben § 345 Abs. 3 ist auch noch § 2200 Abs. 2 BGB zu beachten, wonach das Nachlassgericht vor der Ernennung die Beteiligten anhören soll, wenn dies ohne erhebliche Verzögerung und ohne unverhältnismäßige Kosten geschehen kann.

b) Erteilung eines Testamentsvollstreckerzeugnisses (§ 2368 BGB). Auf entsprechenden **12** Antrag hin hat das Nachlassgericht einem Testamentsvollstrecker ein Zeugnis über sein Amt und seine Befugnisse zu erteilen (§ 2368 Abs. 1 S. 1 BGB). Antragsberechtigt für die Erteilung dieses Zeugnisses ist der Testamentsvollstrecker. Daher spricht Abs. 3 S. 1 eine reine Platitude aus wenn es dort heißt, dass der Testamentsvollstrecker als „Muss-Beteiligter" hinzuziehen ist. Daneben kann auch in diesem Verfahren das Nachlassgericht den Erben und einen Mitvollstrecker hinzuziehen, jedoch sind diese nur „Kann-Beteiligte". Billigt man entgegen der wohl hM auch dem **Erben** ein Antragsrecht für die Erteilung des Testamentsvollstreckerzeugnisses zu,[24] so ergibt sich dessen Beteiligteneigenschaft entweder dadurch, dass man den Antragsteller auch im Anwendungsbereich des § 345 die allgemeine Vorschrift des § 7 Abs. 1 für einschlägig hält oder in dem Antrag auf Erteilung des Zeugnisses in diesen Fällen auch immer einen konkludenten Antrag nach Abs. 3 S. 3 auf Zuziehung als Beteiligter sieht.

Wenn ein **Nachlassgläubiger** die Erteilung eines Testamentsvollstreckerzeugnisses beantragt **13** (§§ 792, 896 ZPO), ergibt sich dessen Beteiligteneigenschaft ebenfalls aus § 7 Abs. 1.[25] Nicht geregelt ist die Beteiligteneigenschaft für **andere Zeugnisse,** die im Zusammenhang mit einer **Testamentsvollstreckung** erteilt werden, etwa das Zeugnis über die Annahme des Amtes. Auf das Erteilungsverfahren für derartige Zeugnisse ist § 345 Abs. 3 analog anzuwenden.[26] Aus dem Umstand, dass diese zwar in § 342 Abs. 1 Nr. 6 genannt sind, nicht aber in § 345 darf nicht der Gegenschluss gezogen werden, dass der Gesetzgeber die Anwendbarkeit der zuletzt genannten Bestimmung ausschließen wollte. Zumindest aber muss man auf diese Zeugnisse dann § 7 anwenden, weil § 345 mangels seiner Anwendbarkeit als speziellere Vorschrift gerade keine Sperrwirkung mehr entfalten kann.

4. Sonstige nachlassrechtliche Antragsverfahren (Abs. 4). § 345 Abs. 4 S. 1 sieht die zwin- **14** gende Hinzuziehung der dort genannten Personen vor. Neben dem Antragsteller, dessen Beteiligteneigenschaft sich bereits aus § 7 Abs. 1 ergibt, ist nur ein kleiner Kreis von Betroffenen ohne Ermessensspielraum des Gerichts stets an den entsprechenden Verfahren zu beteiligen.[27] Es handelt sich dabei um „Muss-Beteiligte" iSv. § 7 Abs. 2 und zwar sind dies
– Der auf Antrag gem. § 1961 BGB zu bestellende **Nachlasspfleger (Abs. 4 S. 1 Nr. 1).** Die Beteiligteneigenschaft des Nachlassgläubigers, der die Pflegschaft beantragt, ergibt sich aus § 7

---

[20] *Keidel/Kuntze/Winkler* Vorb §§ 72–99 FGG Rn. 3.
[21] Auf den Fehler des Gesetzgebers weist zu Recht *Heinemann* ZFE 2009, 8, 10 hin.
[22] *Keidel/Zimmermann* Rn. 31.
[23] Zutr. *Zimmermann* FamFG Rn. 644.
[24] Für das Antragsrecht *Haegele/Winkler* TV Rn. 687; *v. Lübtow* II 976; *Lange/Kuchinke* § 39 VIII 2 Fn. 272; MünchKommBGB/*J. Mayer* § 2368 BGB Rn. 6; *Soergel/Zimmermann* § 2368 BGB Rn. 7 Fn. 27; *Zimmermann,* Die Testamentsvollstreckung, Rn. 253; aA OLG Hamm NJW 1974, 505 (unter Leugnung der Beteiligtenstellung des Erben); OLG Hamm FamRZ 2000, 487, 488; BayObLG FamRZ 1995, 124 = ZEV 1995, 22, 23 m. abl. Anm. *Klumpp* ZEV 1995, 24; BayObLG MDR 1978, 142 (LS); AnwK-BGB/*Kroiß* § 2368 BGB Rn. 2; *Bamberger/Roth/Seidl* § 2368 BGB Rn. 4; *Firsching/Graf* Nachlassrecht Rn. 4.453; *Bengel/Reimann/Reimann* Kap. 2 Rn. 281; *Erman/Schlüter* § 2368 BGB Rn. 1; *PWW/Deppenkemper* § 2368 BGB Rn. 2; *Staudinger/Schilken* § 2368 BGB Rn. 4; *Palandt/Edenhofer* § 2368 BGB Rn. 5.
[25] BT-Drucks. 16/6308, S. 278; *Schulte-Bunert* Rn. 1093.
[26] *Zimmermann* FamFG Rn. 662; ausf. *Keidel/Zimmermann* Rn. 60 ff. zu den verschiedenen Zeugnissen.
[27] BT-Drucks. 16/6308, S. 278.

Abs. 1.[28] Nicht hierher gehört die von Amts wegen nach § 1960 BGB anzuordnende Nachlasspflegschaft, denn Abs. 4 betrifft nur die auf Antrag durchzuführenden Nachlassverfahren. Die Hinzuziehung des von Amts wegen zu bestellenden Nachlasspflegers bestimmt sich nach § 7 Abs. 2 Nr. 1.[29]

– Der in Aussicht genommene bzw. schon ernannte **Nachlassverwalter** bei einer auf Antrag des Erben (§ 1981 Abs. 1 BGB) oder eines Nachlassgläubigers (§ 1981 Abs. 2 BGB) durchzuführenden Nachlassverwaltung (**Abs. 4 S. 1 Nr. 1**).
– Der **Testamentsvollstrecker** bei einem Verfahren nach § 2227 BGB, durch das er aus seinem Amt entlassen werden soll (**Abs. 4 S. 1 Nr. 2**).
– Bei der Bestimmung **erbrechtlicher Fristen** derjenige, dem die Frist bestimmt wird (**Abs. 4 S. 1 Nr. 3**). Dies ist etwa der, welcher ein entsprechendes Bestimmungsrecht hat, zB bezüglich eines Vermächtnisses nach den §§ 2151 Abs. 3 S. 2, 2154 Abs. 2 S. 2 BGB oder bei einer Auflage nach § 2193 Abs. 3 S. 3 BGB.[30]
– Bei der Bestimmung oder Verlängerung einer **Inventarfrist** (§§ 1994, 1995 Abs. 3 BGB) der Erbe, dem die Frist bestimmt wird, sowie im Fall des § 2008 BGB dessen Ehegatte oder eingetragener Lebenspartner (**Abs. 4 S. 1 Nr. 4**). Der Nachlassgläubiger, auf dessen Antrag hin die Inventarfrist bestimmt wird, ist nach § 7 Abs. 1 formell Beteiligter.
– Bei der Abnahme einer **eidesstattlichen Versicherung** derjenige, der die eidesstattliche Versicherung abzugeben hat und im Fall des § 2008 BGB dessen Ehegatte oder eingetragener Lebenspartner (**Abs. 4 S. 1 Nr. 5**). Dies sind etwa die Fälle der §§ 259, 260, 2006, 2028, 2057 BGB.

15 Nach Abs. 4 S. 2 **kann** das Nachlassgericht alle Übrigen, deren Recht durch das beantragte Verfahren unmittelbar betroffen wird, als Beteiligte hinzuziehen. Es handelt sich dabei um materiell Beteiligte, wie sich aus der Wendung „unmittelbar betroffen" ergibt. Diese sind – im Gegensatz zu § 7 Abs. 2 – nur „Kann-Beteiligte", über deren Zuziehung das Gericht nach seinem pflichtgemäßen Ermessen entscheidet. Von einer genauen Aufzählung der in den einzelnen Antragsverfahren in ihren Rechten Betroffenen, wie dies in den Absätzen 1 und 3 für das Erbscheinsverfahren, für das Verfahren zur Ernennung des Testamentsvollstreckers und für die Erteilung eines Testamentsvollstreckerzeugnisses geschehen ist, wurde durch den Gesetzgeber im Hinblick auf die Vielzahl der unterschiedlichen Verfahrensarten in Nachlasssachen sowie die Vielgestaltigkeit der einzelnen Verfahren abgesehen. Die Bestimmung des Personenkreises, der potenziell zu beteiligen ist, kann vielmehr nach Auffassung des Gesetzgebers der Praxis überlassen werden.[31]

16 Auf ihren **Antrag** hin sind sie zum Verfahren hinzuzuziehen (Abs. 4 S. 3). Sie sind dann „Muss-Beteiligte".[32]

17 Zu diesen **potenziell Beteiligten** gehören etwa bei dem auf Antrag nach § 1961 BGB zu bestellenden Nachlasspfleger die schon ermittelten Miterben, bei der auf Antrag des Erben anzuordnenden Nachlassverwaltung ein Testamentsvollstrecker, bei der auf Antrag des Gläubigers anzuordnenden Nachlassverwaltung der Erbe, in dem Verfahren auf Entlassung eines Testamentsvollstreckers diejenigen, welche nach § 2227 Abs. 1 BGB ebenfalls antragsberechtigt wären.

Unterabschnitt 2. Verwahrung von Verfügungen von Todes wegen

§ 346 Verfahren bei besonderer amtlicher Verwahrung[1]

(1) **Die Annahme einer Verfügung von Todes wegen in besondere amtliche Verwahrung sowie deren Herausgabe ist von dem Richter anzuordnen und von ihm und dem Urkundsbeamten der Geschäftsstelle gemeinschaftlich zu bewirken.**

(2) **Die Verwahrung erfolgt unter gemeinschaftlichem Verschluss des Richters und des Urkundsbeamten der Geschäftsstelle.**

---

[28] *Zimmermann* FamFG Rn. 664; eingehend mit vielen Einzelfragen *Keidel/Zimmermann* Rn. 67 ff.
[29] *Zimmermann* FamFG Rn. 664.
[30] Ausf. zu den verschiedenen Fristbestimmungsmöglichkeiten *Keidel/Zimmermann* Rn. 115 ff.
[31] BT-Drucks. 16/6308, S. 279.
[32] *Schulte-Bunert* Rn. 1094.
[1] In Baden-Württemberg sind für die Verwahrung der Verfügungen von Todes wegen anstelle der Gerichte die Notariate zuständig; s. § 346 Rn. 5.

(3) Dem Erblasser soll über die in Verwahrung genommene Verfügung von Todes wegen ein Hinterlegungsschein erteilt werden; bei einem gemeinschaftlichen Testament erhält jeder Erblasser einen eigenen Hinterlegungsschein, bei einem Erbvertrag jeder Vertragschließende.

I. Normzweck und Anwendungsbereich

Durch die Wiederholung der bislang nur in der amtlichen Überschrift vorzufindenden Wendung **„besondere amtliche Verwahrung"** unmittelbar im Gesetzeswortlaut bringt das Gesetz zum Ausdruck, dass sich die Verwahrung einer Verfügung von Todes wegen unter Beachtung besonders qualifizierter und strenger Sicherheitsmaßnahmen[2] anders als eine gewöhnliche Urkundenverwahrung und abgesondert von dieser vollzieht. Dieses Verfahren bezweckt die sichere Aufbewahrung einer Verfügung von Todes wegen unter Geheimhaltung ihres Inhalts bis zum Tod des Erblassers und ihre Sicherung vor Unterdrückung, Verfälschung, Beschädigung und Verlust. Die Vorschrift dient damit sowohl den Interessen des Erblassers als auch den öffentlichen Interessen der Rechtspflege an einem geordneten Verwahrungsverfahren.[3]

§ 346 regelt das Verfahren der Verwahrung für alle Arten von **Verfügungen von Todes wegen** einschließlich der in die besondere amtliche Verwahrung aufzunehmenden Konsulartestamente und -erbverträge (s. dazu näher MünchKommBGB/*Hagena* § 2258a Rn. 11), unabhängig davon, ob – wie etwa beim öffentlichen Testament – eine Ablieferungspflicht besteht, oder ob die Verfügung auf Grund des Erblasserverlangens in die besondere amtliche Verwahrung zu nehmen ist. Der Regelungsinhalt entspricht weitgehend den §§ 82a Abs. 1 bis 3, 82b Abs. 1 S. 1 FGG idF des Personenstandsrechtsreformgesetzes vom 19. 2. 2007,[4] durch das bereits die vormals in § 2258b bzw. § 2300 Abs. 1, HS 1 (aF) BGB angesiedelten Regelungen zur Verwahrung von Testamenten und Erbverträgen mit Wirkung zum 1. 1. 2009 in das durch das FamFG abgelöste FGG überführt worden waren.

Nicht anwendbar ist § 346 auf Verfügungen von Todes wegen, die **nach dem Tod** des Erblassers zum Zweck der Eröffnung an das Nachlassgericht abgeliefert worden sind (zB nach § 2259 BGB für privatschriftliche Testamente, für die eine Pflicht zur Inverwahrunggabe nicht besteht und die nur auf Verlangen des Erblassers in besondere amtliche Verwahrung zu nehmen sind, oder für Erbverträge, bei denen die besondere amtliche Verwahrung gem. § 34 Abs. 2 u. 3 BeurkG ausgeschlossen wurde und die in der Verwahrung des Notars verblieben sind) oder dem Amtsgericht nach § 51 Abs. 1 BNotO in (einfache) Verwahrung gegeben worden sind.[5] Solche Verfügungen werden nicht zur besonderen amtlichen Verwahrung gebracht, sondern bis zu ihrer Eröffnung von der Geschäftsstelle des Nachlassgerichts bei den anzulegenden Akten[6] oder aber in einem sicheren Raum[7] aufbewahrt, wofür keine besonderen Gebühren anfallen.

II. Annahme zur besonderen amtlichen Verwahrung

1. Allgemeines. Zu den **Gegenständen** der besonderen amtlichen Verwahrung s. Rn. 2. Die **Zuständigkeit** für die besondere amtliche Verwahrung ergibt sich aus § 344,[8] §§ 3 Nr. 2c, 36b Abs. 1 S. 1 Nr. 1, S. 2 RPflG und § 11 Abs. 2 KonsG. Bei ablieferungspflichtigen öffentlichen Testamenten und Erbverträgen ist § 34 BeurkG zu beachten; bei auf Verlangen vorzunehmender besonderer amtlicher Verwahrung gilt § 2248 BGB.

Verwahrungsbeamte sind der Richter und der Urkundsbeamte der Geschäftsstelle. Die Aufgaben des Richters sind dem Rechtspfleger übertragen (§ 3 Nr. 2c RPflG). Für das Gebiet des Landes **Baden-Württemberg** besteht eine Sonderzuständigkeit für die Verwahrung bei den Notariaten (§§ 1 Abs. 1, 2, 38, 46 Abs. 3, 48 Abs. 3 LFGG).

Eingeleitet wird die besondere amtliche Verwahrung durch die **Annahmeanordnung** des Rechtspflegers (§ 3 Nr. 2c RPflG) oder des Urkundsbeamten der Geschäftsstelle, dem die Aufgabe auf der Grundlage des § 36b Abs. 1 Nr. 1 RPflG übertragen sein kann, in Baden-Württemberg durch Annahmeanordnung des Notars (s. Rn. 5). Zweifelhaft ist, ob die Annahmeanordnung die

---

[2] Mot. V S. 296.
[3] *Staudinger/Baumann* § 2260 BGB Rn. 3.
[4] PStRG, BGBl. 2007 I S. 122.
[5] *Reimann/Bengel/J. Mayer/Voit* § 2258a BGB Rn. 5.
[6] Vgl. dazu § 27 Nr. 11 AktO.
[7] Vgl. zB AV v. 3. 12. 1938, DJ 1932 – in Bayern ersetzt durch Bek. v. 28. 10. 1980 (JMBl S. 227) s. *Firsching/Graf* Rn. 4.46 Fn. 40.
[8] Die sachliche Zuständigkeit des Amtsgerichts ergibt sich aus § 344 Abs. 2 iVm. § 72 FGG aF bzw. § 23a Abs. 2 Nr. 2 GVG.

rechtliche Qualität einer (durch Beschluss vorzunehmenden und damit grundsätzlich auch beschwerdefähigen) Endentscheidung iSv. § 38 aufweist oder eine bloße Verfügung darstellt, für die § 38 keine Anwendung findet. Für Letzteres spricht zum einen die Vergleichbarkeit mit einer Anweisung an die Geschäftsstelle, mit der die Weglage von Akten ins Archiv „verfügt" wird, zum anderen der Umstand, dass der Einreicher gem. § 346 Abs. 3 nur einen Hinterlegungsschein bekommt und nicht etwa die Ausfertigung von Beschlüssen.[9] Bewirkt wird die besondere amtliche Verwahrung gemeinschaftlich vom Rechtspfleger und dem Urkundsbeamten der Geschäftsstelle (Abs. 1).

7 Vor der Anordnung der Annahme hat das Gericht lediglich die **sachliche** und **örtliche** Zuständigkeit zu prüfen und die Frage, ob die vom Notar, Konsul oder Bürgermeister zu beachtenden **Förmlichkeiten** (Beschriftung des Verwahrumschlags, Verschluss mit Prägesiegel, Unterschrift, s. dazu § 34 BeurkG[10] eingehalten sind.[11] Urkundspersonen hat das Gericht auf etwaige Beanstandungen an Umschlag und Verschließung hinzuweisen und zur Abhilfe aufzufordern. Kommt die Urkundsperson dem Verlangen nicht nach, ist die Verfügung von Todes wegen dennoch in besondere amtliche Verwahrung zu nehmen.[12] Die Gültigkeit eines zur besonderen amtlichen Verwahrung offen vorgelegten privatschriftlichen Testaments hat das Gericht nicht zu prüfen. Erkennt das Gericht einen formellen Mangel, ist der Hinweis hierauf lediglich „nobile officium".[13] Die Erteilung einer unrichtigen Auskunft kann – obwohl keine Hinweis- oder Belehrungspflicht über etwaige Formungültigkeit besteht – Amtshaftungsansprüche auslösen.[14]

8 Abzuliefern ist die Verfügung von Todes wegen in **Urschrift**; Ausfertigungen und Abschriften genügen nicht. Ist diese Voraussetzung nicht beachtet, kann das Gericht eine Annahme ablehnen.[15] Zur **Prüfungspflicht** s. Rn. 7.

9 **2. Durchführung der besonderen amtlichen Verwahrung.** Detaillierte **Ausführungsvorschriften** für die besondere amtliche Verwahrung enthält § 27 AktO[16] (Aktenordnung), bei der es sich um eine Verwaltungsanweisung handelt. Im Wesentlichen ist hiernach beim Amtsgericht ein Verwahrungsbuch über alle zur Verwahrung gebrachten Verfügungen zu führen und sind die Verfügungen in der Nummernfolge des Verwahrungsbuches unter gemeinschaftlichem Verschluss der Verwahrungsbeamten an einem feuerfesten Ort aufzubewahren.[17] Im Interesse der erleichterten Wiederauffindung der Verfügung von Todes wegen wird zu dem Verwahrungsbuch ein Namensverzeichnis geführt oder es ist in dem alphabetischen Namensverzeichnis zum Erbrechtsregister auch die Nummer des Verwahrungsbuches für Verfügungen von Todes wegen anzugeben.

10 Über eine in besondere amtliche Verwahrung genommene Verfügung von Todes wegen soll dem Erblasser ein **Hinterlegungsschein** erteilt werden. Beim gemeinschaftlichen Testament erhält jeder Erblasser einen Hinterlegungsschein, beim Erbvertrag jeder Vertragsschließende. Beim Hinterlegungsschein handelt es sich um eine bloße Empfangsquittung,[18] die ausschließlich den Interessen des Erblassers bzw. der Vertragspartei dient. Ein Verzicht auf den Hinterlegungsschein ist daher möglich. Zwar verlangt § 27 AktO die Aufforderung zur Rückgabe des Hinterlegungsscheins vor Rückgabe einer Verfügung von Todes wegen[19] oder gar die Einziehung des Hinterlegungsscheins bei anderweitiger besonderer amtlicher Verwahrung,[20] doch kann die Rückgabe einer Verfügung von Todes wegen bei berechtigtem Rückgabeverlangen[21] nicht von der Rückgabe des Hinterlegungsscheins abhängig gemacht werden, wenn die Identität zwischen Erblasser und Antragsteller feststeht.[22]

11 Die bloße **Einsichtnahme** in die Verfügung von Todes wegen, die (jeder) Erblasser während der besonderen amtlichen Verwahrung ebenso wie die Anfertigung von Abschriften ohne Zustimmung

---

[9] *Keidel/Zimmermann* Rn. 6; aM *Bumiller/Harders* Rn. 9, nach dem zwar ein Beschluss vorliegen, aber eine analoge Anwendung von § 352 Abs. 1 S. 2 und 3 angezeigt sein soll.
[10] *Winkler*, Beurkundungsgesetz, 16. Aufl. 2008, § 34 Rn. 3, 7.
[11] *Reimann/Bengel/J. Mayer/Voit* 2258b BGB Rn. 6; *Staudinger/Baumann* § 2258b BGB Rn. 11.
[12] KG RJA 8, 257, 262; *Reimann/Bengel/J. Mayer/Voit* § 2258b BGB Rn. 6; *Staudinger/Baumann* § 2258b BGB Rn. 9.
[13] *Staudinger/Baumann* § 2258b BGB Rn. 11.
[14] BGH NJW 1993, 3204, 3205; *Reimann/Bengel/J. Mayer/Voit* § 2258b BGB Rn. 6.
[15] *Bamberger/Roth/Litzenburger* § 2258b BGB Rn. 2.
[16] Die Vorschrift hat in den Bundesländern verschiedene Fassungen, vgl. Fn. 19.
[17] Einzelheiten zum Verfahren *Firsching/Graf* Rn. 4.1 ff.
[18] *Reimann/Bengel/J. Mayer/Voit* 2248 BGB Rn. 7; *Keidel/Zimmermann* Rn. 12.
[19] § 27 Abs. 6 S. 4 AktO in der für Niedersachsen geltenden Fassung vom 16. 6. 2004 bzw. § 27 Abs. 6 S. 4 AktO in der für Bayern geltenden Fassung vom 16. 12. 1999 zuletzt geändert durch Bekanntmachung vom 14. 12. 2006 (auszugsweise abgedruckt bei *Firsching/Graf* Anh. 4).
[20] § 27 Abs. 7 S. 3 AktO, vgl. Fn. 22.
[21] Vgl. zB § 2256 Abs. 2 S. 1 und § 2272 BGB.
[22] § 2249 BGB Rn. 25; *RGRK/Kregel* 2256 BGB Rn. 9; aA *Palandt/Edenhofer*, § 2258b BGB Rn. 2.

etwaig vorhandener weiterer Personen²³ verlangen kann, stellt **keine Rücknahme iSv. § 2256 BGB** dar und hat deshalb keine Widerrufs-/Aufhebungswirkung.²⁴

III. Herausgabe aus der besonderen amtlichen Verwahrung

Die Herausgabe der Verfügung von Todes wegen aus der besonderen amtlichen Verwahrung erfolgt außer zum Zwecke der Eröffnung gem. §§ 348 ff. lediglich auf formlosen **Antrag des Erblassers** (§ 2256 Abs. 2, 3 BGB). Beim gemeinschaftlichen Testament muss das Rückgabeverlangen von beiden Erblassern geäußert werden (§ 2272 BGB); nach dem Tod eines Ehegatten ist die Herausgabe eines gemeinschaftlichen Testamentes an den Überlebenden ausgeschlossen. Wenngleich das FamFG für den Erbvertrag keine dem § 2300 BGB aF entsprechende Vorschrift vorsieht, sind auch Erbverträge, die nur Verfügungen von Todes wegen enthalten, aus der amtlichen Verwahrung zurückzugeben, wenn sämtliche Vertragsschließenden dies begehren. Die Rückgabe ist daher nur bei Erbverträgen ausgeschlossen, die zusätzlich Rechtsgeschäfte unter Lebenden beinhalten; sie können allerdings aus der amtlichen Verwahrung in die des Urkundsnotars zurückgeleitet werden.²⁵ Wird ein Rechtsgeschäft unter Lebenden übersehen und der verbundene Erbvertrag versehentlich an eine Vertragspartei zurückgegeben, bleibt er wirksam.²⁶ 12

Das Rückgabeverlangen stellt nicht lediglich eine verfahrensrechtliche, sondern vielmehr auch eine materiell-rechtliche Erklärung dar. Streitig ist, ob es sich hierbei um eine letztwillige Verfügung²⁷ handelt oder um ein Rechtsgeschäft unter Lebenden mit Wirkung einer letztwilligen Verfügung.²⁸ 13

Die Herausgabe hat an den bzw. die Erblasser **höchstpersönlich** zu erfolgen, sodass jede Stellvertretung ausgeschlossen ist. Das Verwahrungsgericht kann sich dabei der Rechtshilfe eines anderen Amtsgerichts bedienen (§ 27 Abs. 8 AktO). Übersendung durch die Post ist unzulässig; hier würde die Folge des § 2256 Abs. 1 BGB entfallen.²⁹ Wohnt der Erblasser im Ausland, hat die Rückgabe der Verfügung von Todes wegen durch Vermittlung eines Konsuls zu erfolgen. Sofern der Erblasser nicht bei Gericht erscheinen kann, muss die verwahrende Stelle die Urkunde überbringen.³⁰ 14

Wie bei der Annahme einer letztwilligen Verfügung in die besondere amtliche Verwahrung ist auch bei deren Herausgabe zwischen der vom Rechtspfleger (nicht dem Richter, § 3 Abs. 1 Nr. 2 c RPflG) vorzunehmenden Anordnung der Herausgabe und der von ihm gemeinschaftlich mit dem Urkundsbeamten der Geschäftsstelle zu bewirkenden Herausgabe zu differenzieren; Einzelheiten ergeben sich aus § 27 AktO. Die **Herausgabeanordnung** stellt ebenso wie die Annahmeanordnung (s. Rn. 6) lediglich eine Verfügung dar, denn mangels bestehender Entscheidungskompetenz des Gerichts im Falle eines Herausgabeverlangens von Seiten des Berechtigten kann von einer (beschwerdefähigen) Endentscheidung iSv. § 38 keine Rede sein.³¹ Daher ergeht auch kein Beschluss mit Bekanntgabe und Rechtsmittelbelehrung. 15

Die Rückgabe aus der besonderen amtlichen Verwahrung entfaltet gem. § 2256 Abs. 1 BGB beim notariellen Testament, beim Nottestament sowie beim Erbvertrag (iVm. § 2300 Abs. 2 S. 3 BGB) materiell-rechtliche Wirkungen; bei ihnen wird – unabhängig vom Willen des Erblassers³² – ein **Widerruf** fingiert. Dagegen ist die Rücknahme von eigenhändigen (§ 2247 BGB) und 3-Zeugen-Testamenten (§ 2250 BGB) ohne Einfluss auf die Wirksamkeit (§ 2256 Abs. 3 BGB). 16

IV. Kosten

Für die besondere amtliche Verwahrung fällt eine Viertelgebühr gemäß § 101 KostO an, und zwar gemäß §§ 103 Abs. 1, 46 Abs. 4 KostO. Für die bloße Einsichtnahme oder Rücknahme aus der besonderen amtlichen Verwahrung entsteht keine Gebühr. Für die Versendung zur Verwahrung bei einem anderen Gericht wird ebenfalls keine Gebühr erhoben, allerdings sind anfallende Versendungskosten zu tragen.³³ 17

---

²³ *Staudinger/Baumann* § 2256 BGB Rn. 20.
²⁴ OLG Dresden OLGE 16, 264; *Zenger* BayNotZ 21, 19; *Bamberger/Roth/Litzenburger* § 2256 BGB Rn. 3; *Reimann/Bengel/J. Mayer/Voit* Rn. 7.
²⁵ *Palandt/Edenhofer* § 2300a BGB Rn. 4.
²⁶ *Keim* ZEV 2003, 55.
²⁷ BGHZ 23, 207, 211; BayObLG MittBayNot 2005, 510.
²⁸ MünchKommBGB/*Hagena* § 2256 Rn. 6.
²⁹ KG JW 1935, 3559, Nr. 36.
³⁰ *Firsching/Graf* Rn. 4.25.
³¹ *Keidel/Zimmermann* Rn. 16; aM *Bumiller/Harders* Rn. 15.
³² BayObLG FGPrax 2004, 72.
³³ *Firsching/Graf* Rn. 4.22.

V. Rechtsmittel

18 Gegen die Ablehnung der Annahme zur besonderen amtlichen Verwahrung oder die Einsichtnahme in die verwahrte Verfügung von Todes wegen durch den Rechtspfleger steht dem Erblasser das Rechtsmittel der Beschwerde zu (§ 11 Abs. 1 RPflG, §§ 58 ff.). Bei einer Ablehnung des Urkundsbeamten der Geschäftsstelle auf Grund einer Übertragung von Rechtspflegeraufgaben gemäß §§ 36b Abs. 1 S. 1 Nr. 1, S. 2 RPflG ist die Erinnerung statthaft (§ 573 Abs. 1 ZPO). Ist die Verfügung von Todes wegen von einer Urkundsperson in die besondere amtliche Verwahrung gegeben worden, steht ihr zwar auch das Recht zur Geltendmachung der genannten Rechtsbehelfe zu,[34] allerdings nicht bei Verweigerung der Herausgabe.[35]

§ 347 Mitteilung über die Verwahrung

(1) ¹Über jede in besondere amtliche Verwahrung genommene Verfügung von Todes wegen ist das für den Geburtsort des Erblassers zuständige Standesamt schriftlich zu unterrichten. ²Hat der Erblasser keinen inländischen Geburtsort, ist die Mitteilung an das Amtsgericht Schöneberg in Berlin zu richten. ³Bei den Standesämtern und beim Amtsgericht Schöneberg in Berlin werden Verzeichnisse über die in amtlicher Verwahrung befindlichen Verfügungen von Todes wegen geführt. ⁴Erhält die das Testamentsverzeichnis führende Stelle Nachricht vom Tod des Erblassers, teilt sie dies dem Gericht schriftlich mit, von dem die Mitteilung nach Satz 1 stammt. ⁵Die Mitteilungspflichten der Standesämter bestimmen sich nach dem Personenstandsgesetz.

(2) Absatz 1 gilt entsprechend für ein gemeinschaftliches Testament, das nicht in besondere amtliche Verwahrung genommen ist, wenn es nach dem Tod des Erstverstorbenen eröffnet worden ist und nicht ausschließlich Anordnungen enthält, die sich auf den mit dem Tod des verstorbenen Ehegatten oder des verstorbenen Lebenspartners eingetretenen Erbfall beziehen.

(3) Für Erbverträge, die nicht in besondere amtliche Verwahrung genommen worden sind, sowie für gerichtliche oder notariell beurkundete Erklärungen, nach denen die Erbfolge geändert worden ist, gilt Absatz 1 entsprechend; in diesen Fällen obliegt die Mitteilungspflicht der Stelle, die die Erklärungen beurkundet hat.

(4) ¹Die Landesregierungen erlassen durch Rechtsverordnung Vorschriften über Art und Umfang der Mitteilungen nach den Absätzen 1 bis 3 sowie § 34a des Beurkundungsgesetzes, über den Inhalt der Testamentsverzeichnisse sowie die Löschung der in den Testamentsverzeichnissen gespeicherten Daten. ²Die Erhebung und Verwendung der Daten ist auf das für die Wiederauffindung der Verfügung von Todes wegen unumgänglich Notwendige zu beschränken. ³Der das Testamentsverzeichnis führenden Stelle dürfen nur die Identifizierungsdaten des Erblassers, die Art der Verfügung von Todes wegen sowie das Datum der Inverwahrnahme mitgeteilt werden. ⁴Die Fristen für die Löschung der Daten dürfen die Dauer von fünf Jahren seit dem Tod des Erblassers nicht überschreiten; ist der Erblasser für tot erklärt oder der Todeszeitpunkt gerichtlich festgelegt worden, sind die Daten spätestens nach 30 Jahren zu löschen.

(5) ¹Die Mitteilungen nach den Absätzen 1 bis 3 sowie § 34a des Beurkundungsgesetzes können elektronisch erfolgen. ²Die Landesregierungen bestimmen durch Rechtsverordnung den Zeitpunkt, von dem an Mitteilungen in ihrem Bereich elektronisch erteilt und eingereicht werden können, sowie die für die Bearbeitung der Dokumente geeignete Form.

(6) Die Landesregierungen können die Ermächtigungen nach Absatz 4 Satz 1 und Absatz 5 Satz 2 durch Rechtsverordnung auf die Landesjustizverwaltungen übertragen.

1 Der Anwendungsbereich der Vorschrift umfasst alle Arten von **Verfügungen von Todes wegen,** die in besondere amtliche Verwahrung gegeben werden, mithin Testamente ebenso wie Erbverträge. Die Absätze 1 und 2 entsprechen § 82a Abs. 4 und 5 idF des Personenstandsrechtsreformgesetzes vom 19. 2. 2007 und bilden die **gesetzliche Grundlage** für die von Seiten der Landesjustizverwaltungen (bis in die jüngste Vergangenheit ausschließlich kraft Verwaltungsvorschrift) bundeseinheitlich geregelte Allgemeine Verfügung **AV** über die Benachrichtigung in Nach-

---

[34] KG OLGE 16, 53; *Reimann/Bengel/J. Mayer/Voit* § 2258b BGB Rn. 6.
[35] AA *Staudinger/Baumann* § 2258b BGB Rn. 22.

lasssachen,¹ die inzwischen von einigen Bundesländern kraft Rechtsverordnung (ebenfalls mit einheitlichem Wortlaut) im Hinblick auf die Mitteilungen an die die Testamentsverzeichnisse führenden Stellen und den Inhalt der Testamentsverzeichnisse an die neue Rechtslage angepasst und ergänzt worden ist.²

Abs. 1 regelt das **dezentrale Benachrichtigungssystem.** S. 3 ist Rechtsgrundlage für das Führen von **Testamentsverzeichnissen** – ein im Hinblick auf die Erfassung aller Arten von Verfügungen von Todes wegen unzutreffender Begriff – bei den Standesämtern und beim Amtsgericht Schöneberg in Berlin. Ist der Erblasser im Inland geboren, ist das für den Geburtsort des Erblassers zuständige Standesamt vom Nachlassgericht³ schriftlich darüber zu informieren, wenn eine Verfügung von Todes wegen in besondere amtliche Verwahrung genommen wird. In Ermangelung eines inländischen Geburtsortes besteht die Pflicht zur Mitteilung beim Amtsgericht Schöneberg in Berlin (Auffangzuständigkeit).

Die das Testamentsverzeichnis führende Stelle hat dem Nachlassgericht, von dem sie über die Verwahrung der letztwilligen Verfügung benachrichtigt worden ist, von Amts wegen schriftlich Mitteilung zu machen, wenn sie vom Tod des Erblassers Kenntnis (vgl. § 348 Rn. 6) erlangt. Diese Verpflichtung leitet sich unmittelbar aus Abs. 1 S. 3 ab. Der Verweis auf das Personenstandsgesetz in S. 4 betrifft daher nur sonstige, darüber hinausgehende Mitteilungspflichten.

Abs. 2 erklärt Abs. 1 für entsprechend anwendbar bei **gemeinschaftlichen Testamenten**, die nach dem Tod des Erstversterbenden eröffnet werden, Bestimmungen auf den Tod des überlebenden Ehegatten oder eingetragenen Lebenspartners enthalten und nicht in die besondere amtliche Verwahrung gebracht waren. Die Mitteilungspflicht des Nachlassgerichts wird also auf gemeinschaftliche Testamente ausgedehnt, die sich nicht in besonderer amtlicher Verwahrung befanden. Durch diesen Sicherungsmechanismus wird gewährleistet, dass die Verfügungen im zweiten Erbfall auch dann aufgefunden und eröffnet werden können, wenn das Original des gemeinschaftlichen Testaments nicht in besondere amtliche Verwahrung gebracht wurde, sondern in den Nachlassakten des Erstverstorbenen verblieben ist.⁴

Abs. 3 bildet die gesetzliche Grundlage für die Mitteilungspflicht der beurkundenden Notare und Gerichte über **nicht amtlich verwahrte Erbverträge.** Im Hinblick auf die für den Notar bereits in § 34a BeurkG angeordnete Benachrichtigungspflicht besteht die besondere Bedeutung des Abs. 3 bei gerichtlichen Urkunden mit erbrechtlichen Auswirkungen, wenn also die notarielle Form durch den gerichtlichen Vergleich ersetzt wird.⁵

Abs. 4 ermächtigt und verpflichtet die Landesregierungen zum Erlass von Vorschriften über **Art und Umfang der Mitteilungspflichten,** den erforderlichen **Inhalt** der Testamentsdateien sowie die **Löschung** der in den Testamentsverzeichnissen gespeicherten **Daten** durch Rechtsverordnung und begrenzt Inhalt und Ausmaß der Mitteilungen an die das Testamentsverzeichnis führenden Stellen. Die Ermächtigung der Landesregierungen kann gem. Abs. 6 durch Rechtsverordnung auf die Landesjustizverwaltung übertragen werden. Die Entscheidung für eine Verordnungsermächtigung zugunsten der Landesregierungen versus dem Bundesministerium der Justiz hatte der Gesetzgeber bereits bei der Reform des Personenstandsrechts im Hinblick auf die bereits vorhandene, zwischen den Ländern vereinbarte Verwaltungsvorschrift der AV über die Benachrichtigung von Nachlasssachen getroffen (s. Fn. 1), da eine Beteiligung des Bundes im Interesse der Kompatibilität des Verfahrens zur Verwahrung von letztwilligen Verfügungen lediglich in den Grundzügen als ausreichend erschien.

---

¹ Abgedruckt bei *Schmitz/Bornhofen/Bockstette*, Gesetzsammlung für die Standesbeamten und ihre Aufsichtsbehörden, unter Nr. 12 lit a. Vgl. exemplarisch für: Nordrhein-Westfalen (federführend): JMBl. 2001, S. 17, zuletzt geändert am 10. 8. 2007 (JMBl. 2007 S. 206); Bayern: AllMBl. 2001, S. 55, zuletzt geändert am 9. 10. 2007, JMBl. 2007 S. 145 (abgedruckt bei *Firsching/Graf* Anh. 3); Niedersachsen: MBl. 2001, S. 254), zuletzt geändert am 24. 9. 2007, MBl. 2007 S. 1196); Thüringen: JMBl. 2001, S. 37, zuletzt geändert am 6. 12. 2005 (JMBl. 2006 S. 3).

² Baden-Württemberg: NachlBenV BW vom 5. 12. 2008 (GBl. 2008, S. 493); Bayern: TestVV v. 12. 12. 2008 (GVBl. S. 981); Berlin: NachlMittVO v. 3. 2. 2009 (GVBl. S. 50); Brandenburg: NachlassSBV BB v. 22. 12. 2008 (GVBl. II 2008, 510); Bremen: TTVerzVO v. 15. 12. 2008 (GBl. S. 415); Hamburg: BenVONachlass v. 17. 12. 2008 (GVBl. S. 442); Mecklenburg-Vorpommern: NachlMittVO v. 15. 12. 2008 (GVBl. S. 529); Nordrhein-Westfalen: BenachNachlassV NW v. 28. 11. 2008 (GV S. 767); Saarland: NachlBenV SL v. 3. 12. 2008 (ABl. 2106); Sachsen: NachlMittVO v. 15. 12. 2008 (GVBl. S. 457); Sachsen-Anhalt: BenVONachlass v. 12. 12. 2008 (GVBl. S. 457); Thüringen: TestVerzV v. 8. 12. 2008 (GVBl. S. 442).

³ In Baden-Württemberg sind nach Art. 147 Abs. 1 EGBGB in Verbindung mit § 1 Abs. 2 LandesG über die freiwillige Gerichtsbarkeit anstelle der Gerichte die Notariate für die besondere amtliche Verwahrung der Verfügungen von Todes wegen ausschließlich zuständig.

⁴ BT-Drucks. 16/6308, S. 279.

⁵ *Bumiller/Harders* Rn. 7.

§ 348 1   Buch 4. Abschnitt 2. Verfahren in Nachlasssachen

7   Den strengen Kriterien des Bundesverfassungsgerichts für die Einschränkung des Rechts auf informationelle Selbstbestimmung[6] wird die Vorschrift gerecht. Legitimes Ziel der Datenverarbeitung ist die Auffindbarkeit einer vor dem Notar errichteten oder in amtliche Verwahrung gegebenen letztwilligen Verfügung nach dem Tod des Erblassers. Die hierzu eingerichteten Registrierungssysteme und angeordneten Mitteilungspflichten erscheinen als das zur Zweckerreichung geeignete, relativ mildeste und damit erforderliche Mittel. Auch die Verhältnismäßigkeit im engeren Sinne ist angesichts des klaren Wortlauts, der schon die Datenerhebung und -verwendung auf das „unumgänglich Notwendige" beschränkt, gewahrt.

8   Gem. **Abs. 5** können die Übermittlungen der Nachrichten auch auf elektronischem Wege erfolgen. Auf eine Vorgabe an die Qualität der Signatur ist bewusst verzichtet worden.[7] Den Zeitpunkt, ab dem Mitteilungen elektronisch versandt und entgegengenommen werden, sowie die für die Bearbeitung der Dokumente geeignete Form, haben die Landesregierungen durch Rechtsverordnung zu bestimmen. Gem. **Abs. 6** kann die Ermächtigung auf die Landesjustizverwaltungen übertragen werden. Da der Gesetzgeber die Möglichkeit der elektronischen Übermittlung vorsieht, steht den Landesregierungen insoweit kein eigener Ermessensspielraum zur Frage des Ob zu, sodass ein Tätigwerden in angemessenem Zeitraum erwartet werden darf.

Unterabschnitt 3. Eröffnung von Verfügungen von Todes wegen

§ 348 Eröffnung von Verfügungen von Todes wegen durch das Nachlassgericht

(1) ¹Sobald das Gericht vom Tod des Erblassers Kenntnis erlangt hat, hat es eine in seiner Verwahrung befindliche Verfügung von Todes wegen zu eröffnen. ²Über die Eröffnung ist eine Niederschrift aufzunehmen. ³War die Verfügung von Todes wegen verschlossen, ist in der Niederschrift festzustellen, ob der Verschluss unversehrt war.

(2) ¹Das Gericht kann zur Eröffnung der Verfügung von Todes wegen einen Termin bestimmen und die gesetzlichen Erben sowie die sonstigen Beteiligten zum Termin laden. ²Den Erschienenen ist der Inhalt der Verfügung von Todes wegen mündlich bekannt zu geben. ³Sie kann den Erschienenen auch vorgelegt werden; auf Verlangen ist sie ihnen vorzulegen.

(3) ¹Das Gericht hat den Beteiligten den sie betreffenden Inhalt der Verfügung von Todes wegen schriftlich bekannt zu geben. ²Dies gilt nicht für Beteiligte, die in einem Termin nach Absatz 2 anwesend waren.

Übersicht

	Rn.		Rn.
I. Normzweck und Anwendungsbereich	1	5. Aufnahme einer Niederschrift	17–19
II. Eröffnung von Verfügungen von Todes wegen durch das Nachlassgericht	2–38	6. Stille Eröffnung versus Eröffnungstermin	20–26
1. Allgemeines zum Eröffnungsverfahren	2, 3	7. Schriftliche Bekanntgabe (Abs. 3)	27–34
2. Gericht	4, 5	8. Rechtsbehelfe im Eröffnungsverfahren	35, 36
3. Kenntnis vom Tod des Erblassers	6, 7	9. Folgen der Eröffnung	37
4. Eröffnung	8–16	10. Kosten	38

I. Normzweck und Anwendungsbereich

1   § 348 ist an die Stelle der bisherigen §§ 2260 und 2262 BGB getreten, die in Übereinstimmung mit den früheren Rechten ins materielle Recht übernommen worden waren, obgleich sie rechtssystematisch zu den Verfahrensgesetzen gehörten. Im Interesse des Rechtsfriedens und der Rechtssicherheit soll die Vorschrift durch zeitnahe amtliche Feststellung und Bekanntgabe der vorhandenen **Verfügungen von Todes wegen** ganz **gleich welcher Art** eine geordnete Nachlassabwicklung

---

[6] BVerfGE 65, 1, 44.
[7] BT-Drucks. 16/1831, S. 56.

sicherstellen; sie dient damit dem **öffentlichen Interesse**.[1] Aus diesem Grund sind ein Verzicht der Beteiligten[2] und ein vom Erblasser ausgesprochenes Eröffnungsverbot (§ 2263 BGB)[3] unbeachtlich.[4] Weiterhin soll im **privaten Interesse** den Beteiligten zeitnah Gelegenheit gegeben werden, die Verfügung auf ihre Rechtswirksamkeit und ihren Inhalt hin zu überprüfen sowie ihre wirklichen und vermeintlichen Rechte am Nachlass wahrzunehmen.[5]

II. Eröffnung von Verfügungen von Todes wegen durch das Nachlassgericht

1. Allgemeines zum Eröffnungsverfahren. Für das Eröffnungsverfahren gelten die Amtsmaxime (§ 348 Abs. 1 S. 1) und der Untersuchungsgrundsatz (§ 26). Bis zum Inkrafttreten des FamFG sollten die gesetzlichen Erben des Erblassers und die sonstigen Beteiligten, jedenfalls soweit tunlich, geladen werden, doch trotz dieses Grundsatzes der Mündlichkeit in einer nichtöffentlichen Verhandlung war schon seinerzeit die „stille" Eröffnung de facto zum praktischen Regelfall geworden. Nunmehr stehen die Durchführung eines Eröffnungstermins (Abs. 2) einerseits und die schriftliche Bekanntgabe (Abs. 3) andererseits als gleichrangige Alternativen nebeneinander.[6] Die Eröffnung der Verfügung von Todes wegen ist eine von Amts wegen vorzunehmende Amtshandlung, sodass sie nicht beantragt, sondern nur angeregt werden kann (§ 24). 2

Das zeitnah durchzuführende Eröffnungsverfahren gewährleistet eine zügige Feststellung der Erben und sonstiger erbrechtlicher Verhältnisse. An die Eröffnung sind die Ausschlagungsfrist (§§ 1944 Abs. 2 S. 2, 2306 Abs. 1 S. 2 BGB) und der Beginn der Verjährungsfrist für Pflichtteilsansprüche (§ 2332 Abs. 1 BGB) geknüpft. Bedeutsam ist sie außerdem für die Pflicht zur Bekanntgabe (Abs. 3), Akteneinsicht und Abschriftenerteilung (§ 13), die Erteilung des Erbscheins (§ 352), der erst nach der Eröffnung erteilt werden darf,[7] den Grundbuchverkehr (§ 35 Abs. 1 GBO), den Schiffsregisterverkehr (§ 41 Schiffsregisterordnung)[8] sowie zur Erfüllung diverser Pflichten des Nachlassgerichts. 3

2. Gericht. Zuständig für die Eröffnung der Verfügung von Todes wegen ist das verwahrende Nachlassgericht, in Baden-Württemberg das verwahrende Notariat (vgl. § 346 Rn. 4 f.). Hat ein anderes Gericht als das nach § 343 zuständige Gericht eine Verfügung von Todes wegen in amtlicher oder einfacher Urkundenverwahrung, hat das Verwahrungsgericht zu eröffnen (§ 344 Abs. 6) und entsprechend § 350 zu verfahren. Auf diese Weise soll vermieden werden, dass die Originalverfügung auf dem Weg zum Nachlassgericht uneröffnet verloren geht und dadurch der letzte Wille des Erblassers nicht mehr zuverlässig festgestellt werden kann.[9] Zu beachten ist, dass außerhalb Baden-Württembergs nicht durch das Notariat eröffnet werden darf, wenn sich eine Verfügung von Todes wegen noch beim Notar befindet, sei es deshalb, weil ein Testament entgegen § 34 Abs. 1 S. 3 BeurkG noch nicht in die besondere amtliche Verwahrung gebracht wurde oder die Beteiligten eines Erbvertrages (diese Möglichkeit gilt nicht analog für ein gemeinschaftliches Testament mit wechselbezüglichen Verfügungen) die besondere amtliche Verwahrung ausgeschlossen haben (§ 34 Abs. 3, Abs. 2 BeurkG). In diesen Fällen muss der verwahrende Notar die Urkunde an das Nachlassgericht übermitteln. 4

Zur Eröffnung eines **Ausländertestamentes** Rn. 15. Für die Verwahrung aller **konsularischen Verfügungen** von Todes wegen ist das Amtsgericht Schöneberg in Berlin zuständig; der Erblasser kann jedoch jederzeit die Verwahrung bei einem anderen Amtsgericht verlangen (§ 11 Abs. 2 KonsG). Stirbt der Erblasser, bevor das Testament oder der Erbvertrag an das Amtsgericht abgesandt ist, oder wird eine solche Verfügung nach dem Tod des Erblassers beim Konsularbeamten abgeliefert, so kann dieser die Eröffnung vornehmen. 5

3. Kenntnis vom Tod des Erblassers. Die Eröffnung einer Verfügung von Todes wegen muss erfolgen, wenn das Nachlassgericht **zuverlässig** Kenntnis[10] vom Tod des Erblassers erlangt hat. Die Kenntniserlangung erfolgt in der Regel qua Benachrichtigung durch das Standesamt am Geburtsort des Erblassers bzw. das Amtsgericht Schöneberg als Testamentsverzeichnis führende Stellen (vgl. Anmerkungen zu § 347). Es genügt aber auch, wenn dem Nachlassgericht das Original einer 6

---

[1] LG München I NJW-RR 2000, 1319; *Westphal* Rpfleger 1983, 204 ff.
[2] BayObLGZ 1951, 383, 391; *Palandt/Edenhofer* § 2260 BGB Rn. 4.
[3] *Reimann/Bengel/J. Mayer/Voit* § 2263 BGB Rn. 3.
[4] OLG Colmar Recht 1909 Nr. 291; *Reimann/Bengel/J. Mayer/Voit* § 2260 BGB Rn. 3; *Staudinger/Baumann* § 2260 BGB Rn. 5; *Lange/Kuchinke* § 38 III 3 d. AA OLG Colmar OLGE 4, 425; *Haldy* DJZ 1907, 822.
[5] Vgl. MünchKommBGB/*Hagena* 2260 Rn. 1.
[6] BT-Drucks. 16/6308, S. 280.
[7] *Keidel/Zimmermann* § 352 Rn. 19.
[8] Schiffsregisterordnung v. 26. 5. 1951, BGBl. I S. 359.
[9] *Lange/Kuchinke* § 38 III 3 b.
[10] OLG Hamburg RJA 14, 141; *Reimann/Bengel/J. Mayer/Voit* § 2260 BGB Rn. 5.

standesamtlichen Sterbeurkunde oder eine Ausfertigung einer Todeserklärung auf Grund des VerschG vorgelegt wird.[11] Das Nachlassgericht hat sich jedoch auch dann, wenn es auf sonstige Weise vom Tod des Erblassers erfährt, von Amts wegen gemäß § 26 Gewissheit zu verschaffen.

7   Eine **Ausnahme** von dem Grundsatz, dass eine Eröffnung nur bei Kenntnis vom Tod des Erblassers erfolgen darf, postuliert § 351 S. 2 für den Fall, dass sich eine Verfügung von Todes wegen seit mehr als 30 Jahren in amtlicher Verwahrung befindet und die verwahrende Stelle, die von Amts wegen zu ermitteln hat, ob der Erblasser noch lebt, dies nicht ermitteln kann. Die Frist gilt einheitlich für sämtliche Arten von Verfügungen von Todes wegen; die vormals für Erbverträge geltende längere Frist von 50 Jahren ist damit angeglichen worden, weil die den bisher für die unterschiedlichen Fristen zugrunde liegende Annahme, dass Erbverträge im Vergleich zu gemeinschaftlichen Testamenten vielfach in jüngeren Jahren abgeschlossen werden, nicht belegt und die Entscheidung zwischen beiden Möglichkeiten damit nicht signifikant vom Lebensalter bei Errichtung der Verfügungen abhängig sei.[12]

8   **4. Eröffnung.** Im Gegensatz zur Rechtslage vor der Reform kennzeichnet der **Begriff der Eröffnung**[13] keinen **einheitlichen,** aus mehreren Teilakten[14] bestehenden Vorgang mehr. Seine Bedeutung hängt nach geltendem Recht davon ab, ob das Gericht einen Eröffnungstermin durchführt oder eine stille Eröffnung vornimmt. In jedem Fall gehören das Öffnen einer Verfügung von Todes wegen (unabhängig davon, ob sie verschlossen oder unverschlossen ist) und deren Kenntnisnahme zur Eröffnung. Während im Rahmen eines Eröffnungstermins die Bekanntgabe der Verfügung von Todes wegen nach Abs. 2 S. 2 u. 3 ebenfalls noch hierzu zählt,[15] kann die Benachrichtigung nach Abs. 3 nicht mehr als Eröffnung angesehen werden. Bedeutsam ist diese Unterscheidung für die Frage der Rechtsbehelfe im Eröffnungsverfahren (Rn. 35), insbesondere auch bei Meinungsverschiedenheiten zwischen Verwahrungs- und Nachlassgericht bei einer Eröffnung nach § 350.

9   Zu eröffnen ist grundsätzlich jede Urkunde, die **nach Form oder Inhalt** als Verfügung von Todes wegen **erscheint,** und zwar unabhängig von etwaigen Bedenken an ihrer Wirksamkeit.[16] Hintergrund dafür ist, dass das Eröffnungsverfahren frei von materiell-rechtlichen Fragen gehalten werden muss, die dem Erbscheins- oder Prozessverfahren vorbehalten sind.[17] Von der Eröffnungspflicht erfasst sind alle Schriftstücke, die in die **amtliche Verwahrung** gekommen sind. Dies folgt aus dem vom Gesetzgeber bewusst aus § 2263a BGB aF in § 344 Abs. 6 und § 351 übernommenen Begriff der amtlichen Verwahrung, der klarstellen soll, dass sich die Eröffnungszuständigkeit nicht nur auf Verfügungen von Todes wegen erstreckt, die sich in besonderer amtlicher Verwahrung befinden, sondern zB auch auf Erbverträge, die notariell verwahrt oder nach dem Tod eines Vertragschließenden zu dessen Nachlassakten genommen wurden und Bestimmungen für den Tod des zweitversterbenden Vertragschließenden enthalten.[18] Die Eröffnungspflicht besteht mithin unabhängig davon, ob die Ablieferung zu Lebzeiten des Erblassers oder nach dessen Tod erfolgt ist; im Einzelnen: Testamente und Erbverträge, die gem. § 34 Abs. 1 S. 3 BeurkG (ggf. iVm. Abs. 2) in die besondere amtliche Verwahrung verbracht wurden, Testamente, die gem. § 2259 BGB (ggf. iVm. § 358) in die einfache Urkundenverwahrung gelangt (§ 28 AktO), sowie Erbverträge, die vom nur verwahrenden Notariat (vgl. Rn. 4) nach Eintritt des Erbfalls gem. § 34a Abs. 2 S. 1 BeurkG an das Nachlassgericht abgeliefert worden sind.

10   Wegen der gebotenen beschleunigten Sachbehandlung hat das zur Eröffnung zuständige Gericht (Rn. 4) ein in seiner Verwahrung befindliches Schriftstück vor Eröffnung nur in einem **summarischen Plausibilitätsverfahren** dahingehend zu überprüfen, ob es sich nach Form oder Inhalt als Verfügung von Todes wegen darstellen kann und das Schriftstück daher zu eröffnen ist. Dabei ist unbeachtlich, ob es als Verfügung von Todes wegen bezeichnet ist, offen oder verschlossen, sachlich und formell gültig oder mit förmlichen Mängeln behaftet ist. Gleichgültig ist insbesondere auch, ob ein Testament widerrufen,[19] ein Erbvertrag aufgehoben oder die Verfügung von Todes wegen gegenstandslos[20] geworden ist. Selbst wenn die Qualität als Verfügung von Todes wegen nach Inhalt oder Form fraglich ist, hat im Interesse der Beteiligten **im Zweifel** stets die **Eröffnung** zu erfolgen.[21]

---

[11] *Bamberger/Roth/Litzenburger* § 2260 BGB Rn. 3.
[12] BT-Drucks. 16/6308, S. 280.
[13] *Staudinger/Baumann* § 2260 BGB Rn. 7: „Gesamtheit der Vorgänge im Eröffnungstermin".
[14] Umfassend OLG Köln NJW-RR 2004, 1014 f. = Rpfleger 2003, 501 f. m. weit. Nachw.
[15] Abw. wohl *Keidel/Zimmermann* Rn. 2: nur amtliche Kenntnis des Nachlassgerichts.
[16] KG JW 1936, 3485, 3486; BayObLG NJW 1990, 128; LG Köln Rpfleger 1992, 436.
[17] OLG Hamburg JFG 1, 174, 175; *Palandt/Edenhofer* § 2260 BGB Rn. 2.
[18] BT-Drucks. 16/6308, S. 280, 278.
[19] AA *Lange/Kuchinke* § 38 III 3 a (für den Fall der offensichtlichen Unwirksamkeit); *Erman/Schmidt* § 2260 BGB Rn. 2 (für den Fall, dass ein Wiederaufleben wie in den Fällen des § 2255 BGB ausgeschlossen ist).
[20] BGHZ 91, 105, 107 = NJW 1984, 2098; BayObLG NJW-RR 1990, 135; BayObLG FamRZ 1997, 644.
[21] OLG Frankfurt Rpfleger 1970, 392; OLG Hamm Rpfleger 1983, 253, 254.

Denn die Beteiligten haben einen Anspruch darauf, zu prüfen und gegebenenfalls gerichtlich klären zu lassen, ob eine für die erbrechtliche Lage möglicherweise bedeutsame Urkunde rechtsgültig ist.[22] Ob ein Schriftstück den Anforderungen an eine wirksame Verfügung von Todes wegen genügt, ist im Eröffnungsverfahren nicht zu entscheiden.[23] Dies liegt einerseits im Interesse des Normzwecks (Rn. 1), bringt andererseits aber keine unnötige und damit zu vermeidende[24] Belastung des Nachlassgerichts mit sich, sondern bedeutet für dieses nach nunmehr geltendem Recht – im Gegenteil – eine Entscheidungserleichterung und Sicherheit. Von daher darf die Eröffnung allenfalls dann abgelehnt werden, wenn zweifelsfrei ein fehlender Testierwille festgestellt[25] und die Bedeutsamkeit des Schriftstücks trotz seines Charakters als bloße Ankündigung oder Entwurf für eine künftige Verfügung von Todes wegen zweifelsfrei ausgeschlossen werden kann, zB bei einer reinen Bestattungsanordnung. Gelangt das Gericht zur Entscheidung, dass die Eröffnung nicht zu erfolgen hat, ist dies in der Nachlassakte zu vermerken und die Eröffnung zu unterlassen; die Urkunde kann unter Zurückbehaltung einer beglaubigten Abschrift zurückgegeben werden.[26]

11 Formell **unwirksame,** aufgehobene bzw. widerrufene sowie auf sonstige Weise möglicherweise gegenstandslos gewordene Verfügungen von Todes wegen sind zu eröffnen, da nur auf diese Weise gewährleistet wird, dass die Beteiligten den Erblasserwillen zuverlässig ermitteln und die Wirksamkeit seiner Äußerung überprüfen können.[27] So kann beispielsweise der Widerruf eines Testamentes (zB wegen fehlenden Aufhebungswillens bei einem Widerruf in Form des § 2255 BGB) unwirksam oder seinerseits widerrufen sein;[28] bei einer Rücknahme aus der besonderen amtlichen Verwahrung kann die Anfechtung des von § 2256 Abs. 1 S. 1 BGB gesetzlich fingierten Widerrufs in Betracht kommen.[29]

12 Zu eröffnen ist stets die **Urschrift,** bei mehreren Urschriften sämtliche Urschriften.[30] Eine **Ausfertigung** oder **öffentlich beglaubigte Abschrift** ist ebenfalls zu eröffnen,[31] jedenfalls dann, wenn eine Urschrift zweifellos nicht mehr vorhanden ist, sich die Originalurkunde im Ausland befindet und nach ausländischem Recht dort verbleiben muss oder der Beschaffung nicht behebbare tatsächliche Schwierigkeiten entgegen stehen. Eine einfache Abschrift oder Kopie wird nicht eröffnet.[32]

13 Bei **gemeinschaftlichen Testamenten und Erbverträgen** darf nach § 349 die Verfügung des **überlebenden** Ehegatten und Lebenspartners nicht bekanntgegeben werden, soweit sie sich von der Verfügung des Vorverstorbenen trennen lässt (§ 349 Rn. 2 ff.). Dies dient dem Geheimhaltungsinteresse des Überlebenden, das als Ausfluss des Persönlichkeitsrechts angemessen zu berücksichtigen ist.[33] **Vermächtnis- oder Auflagenanordnungen** des Überlebenden sind auch dann nicht zu verkünden, wenn sie sich nicht absondern lassen.[34]

14 Bei einem gemeinschaftlichen Testament, bei dem sich die Ehegatten oder Lebenspartner wechselseitig zu Alleinerben eingesetzt und weiterhin eine **Schlusserbenbestimmung** getroffen haben, ist jede Verfügung des **Vorversterbenden** nach dessen Tod zu eröffnen,[35] und zwar auch dann, wenn sie für den Fall des Überlebens getroffen ist. Dies gilt zweifelsfrei bei einem privatschriftlichen Testament, bei dem den Begünstigten die Überprüfung ermöglicht werden muss, ob sie als Schluss- oder als Nacherben eingesetzt sind.[36] Ist dagegen in einem notariellen Testament von Seiten des überlebenden Ehegatten oder Lebenspartners eindeutig eine Schlusserbeneinsetzung vorgesehen, ist – mangels Auslegungsmöglichkeit als Nacherbeneinsetzung – im Interesse des überlebenden Ehegatten eine trennbare Verfügung anzunehmen, sodass die Eröffnung zu unterbleiben hat.[37] **Vermächtnis- oder Auflagenanordnungen** durch den vorverstorbenen Erblasser für den Fall seines Nach-

---

[22] *Staudinger/Baumann* § 2260 BGB Rn. 9.
[23] OLG Frankfurt OLGZ 1971, 205; BayObLGZ 1983, 176, 181; BayObLG NJW-RR 1989, 1284.
[24] *Soergel/Mayer* § 2260 BGB Rn. 8.
[25] OLG Frankfurt OLGZ 1971, 205 = DNotZ 1970, 698; KG OLGZ 1977, 397 = FamRZ 1977, 483; OLG Hamm DNotZ 1983, 670; vgl. § 2260 BGB Rn. 11; *Reimann/Bengel/J. Mayer/Voit* § 2260 BGB Rn. 8.
[26] *Bamberger/Roth/Litzenburger* § 2260 BGB Rn. 5.
[27] *Staudinger/Baumann* § 2260 BGB Rn. 9 ff.
[28] Vgl. BayObLGZ 1989, 323, 325 ff.; *Soergel/Mayer* § 2260 BGB Rn. 12; *Staudinger/Baumann* § 2260 BGB Rn. 13.
[29] *Reimann/Bengel/J. Mayer/Voit* § 2260 BGB Rn. 9.
[30] KG JW 1934, 2563; BayObLG NJWE-FER 2000, 165.
[31] OLG Hamburg OLGE 32, 67 = Recht 1916, Nr. 1925.
[32] *Firsching/Graf* Rn. 4.3; *Reimann/Bengel/J. Mayer/Voit* § 2260 BGB Rn. 7.
[33] *Lützeler* NJW 1966, 58; *Bühler* BWNotZ 1989, 83; *Langenfeld* NJW 1987, 1577, 1582.
[34] BGH DNotZ 1978, 302; *Bühler* BWNotZ 1989, 83; *Staudinger/Baumann* § 2260 BGB Rn. 34.
[35] BGHZ 91, 105 = NJW 1984, 2098.
[36] OLG Hamm Rpfleger 1981, 486; OLG Hamm OLGZ 1982, 136 = NJW 1982, 57; *Staudinger/Baumann* § 2260 BGB Rn. 35.
[37] LG Aachen MittRhNotK 1997, 197, 198 für den Erbvertrag.

versterbens sind mitzueröffnen, weil auch die bedingte Anordnung für die Frage der Testierfähigkeit oder Anfechtbarkeit von Bedeutung sein kann.[38]

15 In welchen Fällen ein deutsches Gericht zur Eröffnung eines **Ausländertestaments** berechtigt und verpflichtet ist, war in der Vergangenheit heftig umstritten.[39] Ausgangspunkt für alle Fälle, in denen keine staatsvertraglichen Regelungen bestanden, war nach ständiger Rechtsprechung der sog. Gleichlaufgrundsatz, wonach die Zuständigkeit deutscher Gerichte in Nachlasssachen grundsätzlich nur dann gegeben war, wenn auch auf die Rechtsnachfolge deutsches Erbrecht Anwendung fand. Ausnahmen bestanden (1) bei Beantragung eines gegenständlich beschränkten Erbscheins nach § 2369 BGB, (2) bei einem Sicherungsbedürfnis für den Nachlass und (3) wenn die Erben anderenfalls rechtsschutzlos blieben (Notzuständigkeit).[40] Der Gesetzgeber des FamFG hat der ungeschriebenen Gleichlauftheorie eine Absage erteilt und mit § 105 den Grundsatz kodifiziert, dass die internationale Zuständigkeit in den gesetzlich nicht geregelten Fällen aus der örtlichen Zuständigkeit abgeleitet wird (vgl. § 105 Rn. 2 f., 24 ff.).

16 **Wirkung:** Die Eröffnung ist ein formaler Akt, also materiell-rechtlich weder Wirksamkeitsvoraussetzung für die in der Urkunde enthaltenen letztwilligen Verfügungen noch Nachweis für die Erbfolge.[41] Führt das Gericht einen Eröffnungstermin nach Abs. 2 durch, wird damit in der Regel die Ausschlagungsfrist in Lauf gesetzt (vgl. § 1944 Abs. 2 S. 2 BGB). Erfolgt eine stille Eröffnung nach Abs. 1, knüpft sich daran die Bekanntgabepflicht nach Abs. 3. In diesem Fall beginnt die Ausschlagungsfrist ebenfalls mit der amtlichen Unterrichtung. Maßgeblich ist daher nicht die unterschiedlich gestaltbare Art der Eröffnung, sondern das Erreichen des Zwecks, den Beteiligten den Inhalt der Verfügung von Todes wegen kundzutun.[42] Zu beachten ist, dass in der Bekanntgabe einer untrennbaren Verfügung iSd. § 349 bzw. in deren Vorfeld **keine Eröffnung im Rechtssinne** liegt.[43]

17 **5. Aufnahme einer Niederschrift.** Über die Eröffnung ist zwingend eine Niederschrift zu fertigen (Abs. 1 S. 2), und zwar auch dann, wenn sie in einem hierfür bestimmten Eröffnungstermin gem. Abs. 2 S. 1 erfolgt. Ausdrücklich macht das Gesetz nur die **inhaltliche Vorgabe,** dass eine Angabe zur Unversehrtheit des Verschlusses im Falle einer verschlossenen Verfügung von Todes wegen enthalten sein muss (S. 3). Da die Niederschrift jedoch „über" die Eröffnung aufzunehmen ist, hat sie darüber hinaus alle die Eröffnung betreffenden wesentlichen Tatsachen zu enthalten wie etwa Tag und Ort der Eröffnung, die Entscheidung des Gerichts für oder gegen eine Terminsbestimmung und Ladung der gesetzlichen Erben und sonstigen Beteiligten zum Termin, Namen der Erschienenen, etwaige Vertretungsverhältnisse, Tod des Erblassers bzw. erfolglose Ermittlung seines Fortlebens nach Ablauf der Verwahrungsfrist (§ 351), Tatsache der Öffnung und Umfang der Eröffnung, Belehrungen des Gerichts, evtl. Erklärungen erschienener Beteiligten und ihre Unterschriften (§ 13 Abs. 1 S. 1 BeurkG analog) sowie die Unterschrift des Rechtspflegers (§ 13 Abs. 1 S. 1 BeurkG analog).[44]

18 Zweifelhaft ist, ob bei Eröffnung einer Verfügung von Todes wegen in einem Termin mit den Beteiligten in der Niederschrift **Angaben über die Bekanntgabe** der Verfügung von Todes wegen unangebracht sind, weil auch die Bekanntgabe nach stiller Eröffnung gem. Abs. 3 S. 1 ebenfalls nicht in der Niederschrift verzeichnet wird. Letztere erfolgt jedoch – anders als die Bekanntgabe im Termin – ohnehin schriftlich und wird damit höchsten Dokumentationsansprüchen gerecht. Von daher sind für die Niederschrift über den Eröffnungstermin im Interesse der Rechtssicherheit umfassende Angaben zu fordern. Die Einhaltung der Form des § 13 BeurkG (Vorlesung, Genehmigung und Unterschrift) ist jedoch keine Notwendigkeit, sondern wird lediglich empfohlen.[45]

19 Für die **Form** der Niederschrift kann Landesrecht zu beachten sein.[46] In der Vergangenheit hatte sich in der Praxis das Setzen eines Stempels auf die Urschrift oder das Original als Niederschrift verbreitet. Dass dies als Mindestanforderung ausreicht, ist zweifelhaft, auch wenn ein Eröffnungsvermerk auf der Urschrift der eröffneten Verfügung ansonsten zweckmäßig sein[47] mag. Dagegen spricht nicht nur der Wortlaut des Abs. 1 S. 3, in dem von einer Feststellung in der Niederschrift die

---

[38] § 2260 BGB Rn. 19; *Reimann/Bengel/J. Mayer/Voit* § 2260 BGB Rn. 10.
[39] Umfassend zum Streitstand *Staudinger/Dörner* Art. 25 EGBGB Rn. 835 ff., 840.
[40] *Staudinger/Dörner* Art. 25 EGBGB Rn. 835 ff., 840.
[41] BayObLGZ 1983, 176, 181; BayObLG Rpfleger 1986, 303, 305.
[42] Vgl. *Palandt/Edenhofer* § 1944 BGB Rn. 4.
[43] OLG Hamm OLGZ 1987, 283, 286.
[44] Vgl. MünchKommBGB/*Hagena* § 2260 Rn. 35 m. weit. Nachw.
[45] *Firsching/Graf* Rn. 4.65; *Reimann/Bengel/J. Mayer/Voit* § 2260 BGB Rn. 17.
[46] S. zB Art. 53 f pr FGG (zit. nach *Firsching/Graf* Rn. 4.65 Fn. 59).
[47] MünchKommBGB/*Hagena* § 2260 Rn. 36; *Erman/Schmidt* § 2260 BGB Rn. 5; *Firsching/Graf* Rn. 4.65.

Rede ist, sondern vor allem § 350 macht deutlich, dass eine separate Urkunde zu fordern ist. Diese stellt als Tatsachenbeurkundung (§ 37 BeurkG analog)[48] eine öffentliche Urkunde (§ 415 ZPO) dar und beweist die in ihr bezeugten Tatsachen zum Eröffnungsvorgang, nicht jedoch die Erbfolge.[49]

6. Stille Eröffnung versus Eröffnungstermin. Wie bereits unter Rn. 2 ausgeführt, sieht § 348 die Durchführung des Eröffnungstermins nicht mehr als Regelfall an, sondern soll dem Eröffnungstermin nach dem Willen des Gesetzgebers die stille Eröffnung als gleichrangige Alternative an die Seite stellen. Nicht zuletzt im Hinblick auf die gesetzliche Reihenfolge, die die stille Eröffnung an die Spitze der Regelung stellt, liegt es nahe, dass sich das nach altem Recht zumindest in der Theorie bisher bestehende Regel-Ausnahme-Verhältnis zu Gunsten der in der Praxis schon bislang vorherrschenden stillen Eröffnung umkehren wird,[50] denn zur Durchführung eines Termins ist das Gericht nicht mehr grundsätzlich verpflichtet, vielmehr sind Terminsbestimmung und Ladung von vornherein ins Ermessen des Gerichts gestellt. 20

Ob das Gericht die Verfügung von Todes wegen gem. § 348 Abs. 1 S. 1 „still" eröffnet, mithin ohne Terminsbestimmung und Ladung der gesetzlichen Erben sowie der sonstigen Beteiligten (§ 348 Abs. 2 S. 1), kann es nach seinem **freien,** nicht nachprüfbaren **Ermessen** entscheiden. Mangels gesetzlicher Vorgaben, an die eine etwaige Ermessensausübung anzulehnen wäre (wie etwa bei der Beweiserhebung gem. §§ 29, 30), ist anzunehmen, dass das Gericht zumeist – entsprechend der bisherigen Praxis nach altem Recht – die „stille" Eröffnung durchführen wird. Dies gilt umso mehr, als diese Verfahrensweise – abgesehen von dem Fall, dass das Gericht das beabsichtigte Vorgehen angesichts einer zweifelhaften Rechtslage zuvor ankündigt und vor Durchführung der Entscheidung Gelegenheit zur Erhebung von Rechtsbehelfen einräumt – an sich regelmäßig kein Rechtsbehelfsrisiko in sich trägt. Denn jedenfalls mit der Durchführung der Eröffnung entfällt mangels Rechtsschutzbedürfnisses die Beschwerdemöglichkeit (zu den Rechtsbehelfen im Eröffnungsverfahren s. Rn. 35). Wenngleich eine generelle und unflexible Handhabung schwerlich immer zur bestmöglichen Vorgehensweise führen dürfte und maßgeblicher Gesichtspunkt für die Auswahl der Verfahrensweise sein sollte, auf welche Weise die vorhandenen Verfügungen von Todes wegen im konkreten Einzelfall am besten zeitnah festgestellt und bekanntgegeben werden können, wird in den allermeisten Fällen aus Zweckmäßigkeitsgründen der stillen Eröffnung der Vorzug zu geben sein, etwa dann, wenn die Ladung in öffentlicher Form oder im Ausland zugestellt werden müsste oder der Kreis der Beteiligten voraussichtlich langwieriger Ermittlungen bedürfte. Zur Begründung einer gegenteiligen Auffassung wird sich ein etwaiges Misstrauen der möglichen Begünstigten gegen das gerichtliche Vorgehen ebenso wenig anführen lassen wie der Anspruch der Beteiligten auf rechtliches Gehör,[51] da diesem Anspruch durch die Benachrichtigungspflicht nach Abs. 3 in hinreichendem Maße Rechnung getragen wird. 21

a) Stille Eröffnung. Entscheidet sich das Gericht für die Durchführung einer stillen Eröffnung, zu der kein besonderer Termin bestimmt und keine Ladungen vorzunehmen sind, gelten keine Besonderheiten. Das Gericht geht bei der Eröffnung nach Abs. 1 vor, insbesondere fertigt es auch eine Niederschrift. Die Beteiligten sind gem. Abs. 3 S. 1 zwingend zu benachrichtigen (s. hierzu Rn. 27). 22

b) Eröffnungstermin. Entscheidet sich das Gericht für die Durchführung eines **Eröffnungstermins,** ist es nicht nur berechtigt, sondern auch verpflichtet, die **gesetzlichen Erben** und sonstigen Beteiligten zu laden. Wenngleich unter dem Begriff der gesetzlichen Erben an sich alle Verwandten (§ 1589 BGB), die an Kindes Statt Angenommenen (§ 1754 BGB) und der Ehegatte (§ 1931 BGB) sowie der Staat (§ 1936 BGB) zu verstehen sind, bezieht sich die Verpflichtung zur Ladung nur auf diejenigen, die bei gesetzlicher Erbfolge im konkreten Fall zur Erbfolge berufen wären. Wer etwa durch § 1930 BGB ausgeschlossen wäre, braucht also nicht geladen zu werden. Dagegen sind die bei Bestehen des gesetzlichen Erbrechts zur Erbfolge berufenen Personen auch dann zu laden, wenn sie auf irgendeine Weise doch nicht zum Zuge kommen könnten, mithin die Enterbten, die Pflichtteilsberechtigten, diejenigen, die auf den Pflichtteil verzichtet hatten oder denen er entzogen wurde, sowie Erbunwürdige. Als **sonstige Beteiligte** sind diejenigen zu laden, deren Rechtsposition durch die Verfügung von Todes wegen unmittelbar beeinflusst wird, insbesondere diejenigen, denen Rechte (auch aufschiebend bedingte oder befristete) zugewendet oder genommen werden, mithin Erben, Vor- und Nacherben, Ersatzerben, Vermächtnisnehmer, Testamentsvollstre- 23

---

[48] *Soergel/Mayer* § 2260 BGB Rn. 21.
[49] BayObLGZ 1983, 176, 183; BayObLG Rpfleger 1986, 303, 305; *Erman/Schmidt* § 2260 BGB Rn. 6; *Staudinger/Baumann* § 2260 BGB Rn. 37.
[50] *Keidel/Zimmermann* Rn. 23.
[51] AA *Westphal* Rpfleger 1980, 460; *Eickmann* Rpfleger 1982, 449, 455; *Soergel/Mayer* § 2260 BGB Rn. 18.

cker, durch Auflagen Begünstigte und Behörden, soweit sie die Vollziehung einer Auflage verlangen können, nicht jedoch Nachlassgläubiger.[52]

24 Der durch gemeinschaftliches Testament begünstigte **Schlusserbe**, dem der Nachlass des zuletzt versterbenden Ehegatten oder Lebenspartners zufallen soll, ist kein sonstiger Beteiligter und zum Eröffnungstermin nur zu laden, wenn er gesetzlicher Erbe des zuerst Verstorbenen ist.[53] Hat der zuerst Verstorbene in einem gemeinschaftlichen Testament ein **Vermächtnis** unter der **Bedingung** seines Längerlebens verfügt, so ist der Vermächtnisnehmer ebenfalls nicht Beteiligter.[54]

25 Der Personenkreis der zu Ladenden wird **von Amts wegen** festgestellt. Die Eröffnung kann deshalb nicht davon abhängen, dass eine Person, die die Eröffnung anregt, Namen oder Aufenthalt der gesetzlichen Erben mitteilt.[55] Ist die Verfügung von Todes wegen unverschlossen, darf das Gericht durch Einsichtnahme in die Urkunde die Erbbeteiligten feststellen,[56] anderenfalls ist das Gericht auf die Informationen angewiesen, die ohne Öffnung der Urkunde zur Verfügung stehen.[57] Eine bestimmte **Form** ist für die Ladung nicht vorgeschrieben.[58] Dies gilt auch im Hinblick auf die **Frist**, doch ist zur Vermeidung von Amtshaftungsansprüchen im Interesse des Verfahrenszwecks der beschleunigten Klärung erbrechtlicher Verhältnisse ein unverzügliches Vorgehen zu fordern.[59]

26 Der Eröffnungstermin ist **nicht öffentlich**. Die Teilnahme Dritter kann daher nur mit Zustimmung sämtlicher Beteiligten gestattet werden.[60] Die **Vertretung** durch Bevollmächtigte im Eröffnungstermin ist zulässig. Der Eröffnungstermin beginnt regelmäßig mit der Feststellung des Todestages und des Umstandes, ob ein etwaiger Verschluss der Verfügung von Todes wegen unversehrt war. Die **Art** der anschließenden Eröffnung steht im Ermessen des Gerichts: Es kann den anwesenden Beteiligten den Inhalt der Verfügung von Todes wegen gemäß Satz 2 wörtlich vorlesen, deren wesentlichen Inhalt genau schildern oder die Verfügung gem. Satz 3, 1. Hs. den Erschienenen zur Durchsicht vorlegen.[61] Dem Verlangen eines Beteiligten nach Vorlage der Verfügung von Todes wegen hat das Gericht zu entsprechen (2. Hs.).

27 **7. Schriftliche Bekanntgabe (Abs. 3). Zweck** der Bekanntgabe ist es, die Beteiligten – auch diejenigen, die von der Erbfolge ausgeschlossen wurden – (zumindest, s. Rn. 28, 13 f. u. 33) über den sie betreffenden Part der Verfügung von Todes wegen zeitnah zu informieren, da sie nur bei Kenntnis dazu imstande sind, ihre Rechte einschließlich der aus der möglichen Unwirksamkeit der Verfügung folgenden geltend zu machen.[62] Darüber hinaus dient die Bekanntgabe dem öffentlichen Interesse an Rechtssicherheit, da die Fristen zur Ausschlagung erst mit Kenntnis zu laufen beginnen (§ 1944 Abs. 2 S. 1 BGB).

28 Das FamFG ersetzt den **Begriff** der Benachrichtigung in § 2262 BGB aF, die an keine besondere Form gebunden war, durch den der schriftlichen **Bekanntgabe**. Der Gesetzgeber wollte hiermit begrifflich an § 15 anknüpfen,[63] dessen Abs. 2 die möglichen Arten der Bekanntgabe durch Zustellung nach den §§ 166 bis 195 der Zivilprozessordnung oder per Post regelt. Obgleich abgesehen vom neu eingeführten Schriftformerfordernis eine Änderung in der Sache nicht beabsichtigt war, wird für die Bekanntgabe die in der Vergangenheit zur Benachrichtigung in der Praxis übliche Übersendung einer (auszugsweisen) Abschrift nicht mehr ausreichen. Zwar ist die aus den Vorgängervorschriften §§ 2260, 2262 BGB herrührende Begrenzung der Benachrichtigungspflicht im schriftlichen Verfahren auf den Beteiligten „betreffenden Inhalt" im Gegensatz zur vollumfänglichen Bekanntgabe im Eröffnungstermin nach Abs. 2 beibehalten worden, doch dürfte es sich hierbei um ein gesetzliches Versehen handeln. Wegen der gesetzlich angeordneten Gleichrangigkeit der Vorgehensweisen wäre eine solche Differenzierung jedenfalls nicht sachgerecht.[64] Vielmehr hat das Gericht nach durchgeführter stiller Eröffnung die Beteiligten gewissermaßen im vorauseilenden Gehorsam genauso zu behandeln, als wenn ein im Eröffnungstermin Erschienener die Vorlage der Verfügung von Todes

---

[52] *Soergel/Mayer* § 2260 BGB Rn. 17; *Reimann/Bengel/J. Mayer/Voit* § 2260 BGB Rn. 13; *Firsching/Graf* Rn. 4.60.
[53] *Firsching/Graf* Rn. 4.61.
[54] *Reimann/Bengel/J. Mayer/Voit* § 2260 BGB Rn. 13.
[55] *Reimann/Bengel/J. Mayer/Voit* § 2260 BGB Rn. 14.
[56] *Lange/Kuchinke* § 38 III c.
[57] *Reimann/Bengel/J. Mayer/Voit* § 2260 BGB Rn. 14.
[58] *Soergel/Mayer* § 2260 BGB Rn. 17 (Schriftform aber üblich).
[59] So wohl auch *Soergel/Mayer* § 2260 BGB Rn. 16.
[60] *Reimann/Bengel/J. Mayer/Voit* § 2260 BGB Rn. 16.
[61] BT-Drucks. 16/6308, S. 280.
[62] BGHZ 117, 287, 295 = BGH NJW 1992, 1884; BGH NJW 1978, 633 f.; OLG Hamm Rpfleger 1974, 155, 156; BayObLGZ 1989, 323, 326.
[63] BT-Drucks. 16/6308, S. 280.
[64] *Bumiller/Harders* § 348 Rn. 20.

wegen im Sinne des Abs. 2 S. 3, 2. Hs. verlangt hätte, da für den Beteiligten nur auf diese Weise eine Grundlage geschaffen wird, die Wirksamkeit der Verfügung von Todes wegen hinreichend zu beurteilen. Grundsätzlich ist daher die **Übersendung der vollständigen Kopien** aller eröffneten letztwilligen Verfügungen erforderlich[65] (Einschränkungen Rn. 33 u. 13). Nicht erforderlich, aber empfehlenswert ist die Übersendung einer beglaubigten Ablichtung ggf. zusammen mit einer beglaubigten Ablichtung des Eröffnungsprotokolls, da die Unterlagen in gewissem Umfang als Erbnachweis verwendbar sind.[66] Die einfache kurze inhaltliche Mitteilung oder Inhaltsangabe genügt keinesfalls.

Die **Bekanntgabepflicht,** deren Verletzung Amtshaftungsansprüche begründen kann,[67] besteht unabhängig davon, ob das eröffnete Schriftstück als Verfügung von Todes wegen rechtswirksam ist oder nicht, da diese Frage nicht Gegenstand des Eröffnungsverfahrens ist. Die Pflicht besteht nur, wenn sicher feststeht, dass die zu informierende Person vom Inhalt der eröffneten Verfügung von Todes wegen betroffen ist und nicht bereits in einem etwa durchgeführten Eröffnungstermin anwesend war (S. 2). Eine **Frist** für die Bekanntgabe sieht das Gesetz nicht vor, doch hat in Ansehung des Zwecks der Bekanntgabe (Rn. 27) eine unverzügliche bzw. alsbaldige Bekanntgabe zu erfolgen, dh. so zeitig, wie es dem ordnungsgemäßen Geschäftsgang entspricht.[68] 29

Die Ermittlung der zu benachrichtigenden Beteiligten ist **Amtspflicht** (§ 26). Im Rahmen seiner Ermittlungen kann das Gericht im Wege der Rechts- und Amtshilfe (Art. 35 Abs. 1 GG) von anderen Gerichten und Behörden Auskunft über Angehörige des Erblassers verlangen.[69] Bleiben die Ermittlungen erfolglos oder wären sie mit unverhältnismäßig hohem Aufwand verbunden, so ist ein Nachlasspfleger (§ 1960 BGB) oder Pfleger für unbekannte Beteiligte (§ 1913 BGB) zu bestellen. Einige Landesgesetze sehen jedoch ausdrücklich die Ermittlung der Erben durch das Nachlassgericht in einem eigenständigen Verfahren vor (Bayern: Art. 37 BayAGGVG, Baden-Württemberg: § 41 Abs. 1 bad.württ.LFGG).[70] Die Erbenermittlung durch Privatpersonen ist nach Art 1 § 1 S. 1 RBerG erlaubnispflichtig. 30

Zur Erfüllung der Bekanntgabepflicht hat das Nachlassgericht die **Beteiligten** zu ermitteln. Erfasst sind durch den Begriff alle diejenigen, die das Gericht, wenn es sich zu Lasten einer stillen Eröffnung für die Durchführung eines Eröffnungstermins entschieden hätte, von vornherein zu laden gehabt hätte, mithin sämtliche Personen, die von einer Verfügung von Todes wegen betroffen werden, sei es, weil ihnen etwas zugewendet wird, oder sie von einer ohne die Verfügung zustehenden Teilhabe ausgeschlossen werden **(materiellrechtlicher Beteiligtenbegriff).** Zu benachrichtigen sind daher **gewillkürte Erben,** auch wenn ihre Einsetzung aufschiebend oder auflösend bedingt ist, Vorerben, Nacherben und Ersatzerben.[71] Ist der Nacherbfall vom Versterben des Vorerben unabhängig, sind die Erben des Vorerben nur zu informieren, wenn das Nachlassgericht sichere Kenntnis vom Tod des Vorerben hat; eine Nachforschungspflicht besteht insoweit jedoch nicht.[72] Auch die **gesetzlichen Erben** sind zu benachrichtigen, soweit sie von der Erbfolge ausgeschlossen oder in ihrem gesetzlichen Erbrecht beschränkt wurden. Zum Kreis der zu informierenden Personen zählen weiter die **Vermächtnisnehmer,** die Personen, die aus einer **Auflage** begünstigt sind oder deren Vollziehung verlangen können, sowie die in einem gemeinschaftlichen Testament als **Schlusserben** Begünstigten. Erfolgt durch gemeinschaftliches Testament der Widerruf eines Testamentes, das eine Vermächtnisanordnung des Erblassers enthielt, ist der ursprünglich als Vermächtnisnehmer Bedachte wegen der Aufhebung Beteiligter. 31

Ist dem Gericht gegenüber ein Vertreter benannt worden, kann (nicht muss) dieser anstelle des Beteiligten informiert werden.[73] Bei minderjährigen Beteiligten, die keinen gesetzlichen Vertreter haben, wird das Nachlassgericht die Bestellung eines Pflegers anregen und diesen informieren.[74] 32

Obgleich Abs. 3 nur dazu verpflichtet, die Beteiligten **von dem sie betreffenden Inhalt** der Verfügung von Todes wegen in Kenntnis zu setzen, muss bei jeder Beeinträchtigung der erbrechtlichen Stellung dem Beeinträchtigten grundsätzlich die gesamte Verfügung von Todes wegen bekanntgegeben werden, da er nur dann zu beurteilen vermag, ob der Erblasser möglicherweise nicht testierfähig war und ob ein Anfechtungsgrund gegeben ist, s. auch Rn. 28.[75] Im Interesse des Gleichlaufs für 33

---

[65] *Keidel/Kuntze/Winkler* § 348 Rn. 54.
[66] MünchKommBGB/*Hagena* § 2260 Rn. 47.
[67] BGHZ 117, 287, 295 = BGH NJW 1992, 1884.
[68] *Staudinger/Baumann* § 2262 BGB Rn. 22.
[69] MünchKommBGB/*Hagena* § 2262 Rn. 9 m. weit. Nachw.
[70] MünchKommBGB/*Hagena* § 2262 Rn. 9 m. weit. Nachw.
[71] OLG Hamm NJW-RR 1994, 75 (Ersatzerbe).
[72] *Reimann/Bengel/J. Mayer/Voit* § 2262 BGB Rn. 4; *Kipp/Coing* § 123 III 1 Fn. 21.
[73] MünchKommBGB/*Hagena* § 2262 Rn. 15 m. weit. Nachw.
[74] *Reimann/Bengel/J. Mayer/Voit* § 2262 BGB Rn. 10.
[75] OLG Hamm FamRZ 1974, 387, 389; OLG Frankfurt/Main Rpfleger 1977, 206, 207; KG OLGZ 1979, 269, 274 = DNotZ 1979, 556, 559.

alle Verfügungen von Todes wegen gilt dies auch dann, wenn die Verfügung von Todes wegen – wie ein Erbvertrag – lediglich zur Niederschrift eines Notars geschlossen werden kann (§ 2276 Abs. 1 S. 1 BGB). Ein **Vermächtnisnehmer** muss grundsätzlich auch erfahren, wer Erbe ist, sodass ihm die Verfügung von Todes wegen auch insoweit bekanntzugeben ist,[76] wohingegen bei Anordnung einer Testamentsvollstreckung neben der Einsetzungsmitteilung Informationen über die Anordnung ausreichen werden.[77] Zum Umfang der Bekanntgabe bei gemeinschaftlichen Testamenten Rn. 13 f.

34 Im Hinblick auf den Zweck der Bekanntgabe (Rn. 27) kann der Erblasser nicht wirksam anordnen, dass eine Bekanntgabe zu **unterbleiben** hat (analog § 2263 BGB) oder **hinauszuschieben** ist.[78] Auch andere Beteiligte haben keinen Einfluss auf die Bekanntgabepflicht des Gerichts.[79] Ein **Verzicht** auf die Bekanntgabe ist allerdings wirksam.[80] Ist beim Nachlassgericht aktenkundig, dass ein Beteiligter schon auf andere Weise, etwa durch Ablieferung der offenen Verfügung von Todes wegen, Kenntnis von ihrem Inhalt hat, sollte im Interesse der Rechtssicherheit (s. Rn. 37) gleichwohl nicht von der Bekanntgabe abgesehen werden, da von Bekanntgeben nur bei einem aktiven Tätigwerden des Gerichts, nicht aber bei zufälliger Kenntnisnahme auf andere Weise gesprochen werden kann.

35 **8. Rechtsbehelfe im Eröffnungsverfahren.** Gegen die Ablehnung der Eröffnung einer Verfügung von Todes wegen ist die Beschwerde ebenso statthaft (§ 58 iVm. § 11 RpflG) wie für die die gegenteilige Entscheidung, eine Verfügung von Todes wegen zu eröffnen.[81] Die bereits erfolgte Eröffnung einer Verfügung von Todes wegen wurde bisher allgemein nicht als anfechtbare Verfügung angesehen, da mit der Eröffnung der tatsächliche und rechtliche Erfolg endgültig herbeigeführt sei und damit kein Rechtsschutzbedürfnis bestehe.[82] Dem kann nach geltendem Recht in dieser Allgemeinheit nicht gefolgt werden. Da die Eröffnung aus mehreren Teilakten besteht (Rn. 8), ist vielmehr bei jedem einzelnen Teilakt zu prüfen, ob er lediglich eine interne, ausschließlich verfahrensleitende Verfügung darstellt oder eine angreifbare Endentscheidung. So wird etwa die Anfertigung einer Niederschrift – sofern diese Maßnahme in Ansehung des Wortlauts des § 348 Abs. 1 S. 2 („über") überhaupt noch dem Eröffnungsverfahren zugeordnet werden kann – als rein beurkundende Tätigkeit in der Regel jedenfalls keine Entscheidung beinhalten und daher nicht beschwerdefähig sein.[83]

36 Im Hinblick auf die angeordnete „Bekanntgabe" der Verfügung von Todes wegen gegenüber den Beteiligten ist zu differenzieren: Hat das Gericht nach Durchführung einer stillen Eröffnung eine Bekanntgabe nach § 348 Abs. 3 vorzunehmen, kann von einem infolge der Eröffnung nicht mehr bestehenden Rechtsschutzbedürfnis keine Rede sein. Nach altem Recht hätte in solchen Fällen jedenfalls unter Heranziehung der Grundsätze des Vorbescheids[84] eine Beschwerdeberechtigung bestanden, wenn das Gericht durch vorherige Ankündigung der beabsichtigten Verfahrensweise eine Außenwirkung setzte, indem es im Vorfeld zB mitteilte, die eröffnete Verfügung von Todes wegen einer Person bekannt geben zu wollen, die nach Auffassung eines der Beteiligten nicht zu dem zu informierenden Personenkreis gehörte. Da nach geltendem Recht nur noch Endentscheidungen anfechtbar sind (§ 58 Abs. 1 iVm. § 38 Abs. 1) und damit **keine Möglichkeit des Vorbescheids** mehr bestehen soll, gibt es derzeit keine sichere Lösung für die Frage nach dem richtigen Vorgehen in solchen Fällen. Die unter Beachtung der gesetzgeberischen Entscheidung ausgesprochene Empfehlung, in schwierigen Fällen von vornherein die Eröffnung abzulehnen und jedenfalls auf diese Weise eine Beschwerdemöglichkeit zu schaffen,[85] hilft bei einem vor stiller Eröffnung unerkannten Zweifelsfall nicht weiter, zumal zum Schutz der Geheimsphäre ausnahmsweise auch bei gemeinschaftlichen Testamenten und Erbverträgen eine Beschwerdeberechtigung zugebilligt[86] wird. Überzeugender ist es dann, die Qualität einer Absichtsmitteilung des Nachlassgerichts im Einzelfall zu

---

[76] *Reimann/Bengel/J. Mayer/Voit* § 2262 BGB Rn. 6.
[77] Umfassend noch MünchKommBGB/*Burkart* § 2262 Rn. 4, 2. Aufl. 1989; ebenso MünchKommBGB/*Hagena* § 2262 Rn. 19.
[78] Vgl. OLG Düsseldorf OLGZ 1966, 64.
[79] BayObLGZ 1904, 147, 149 (zum Fall der Benachrichtigung trotz Unwirksamkeit der Verfügung).
[80] Mot. V S. 308; § 2262 BGB Rn. 26; *Firsching/Graf* Rn. 4.73; *Palandt/Edenhofer* § 2262 BGB Rn. 2; *Reimann/Bengel/J. Mayer/Voit* § 2262 BGB Rn. 11.
[81] OLG Hamm Rpfleger 1983, 252, 253; OLG Köln NJW-RR 2004, 1014 f. = Rpfleger 2003, 503 f.
[82] BayObLG NJW-RR 1994, 1162 (nach Abschluss des Nachlassverfahrens seit vielen Jahren); OLG Köln NJW-RR 2004, 1014 f. = Rpfleger 2003, 503 f.; *Reimann/Bengel/J. Mayer/Voit* § 2260 BGB Rn. 19; juris PK-BGB/*Bauermeister* § 2260 BGB Rn. 10. Bei der gelegentlich angeführten Entscheidung LG Köln Rpfleger 1992, 436 handelt es sich um ein Fehlzitat.
[83] OLG Köln NJW-RR 2004, 1014 f. = Rpfleger 2003, 503 f.
[84] OLG Hamm OLGZ 1984, 282, 285 f.; *Reimann/Bengel/J. Mayer/Voit* § 2260 BGB Rn. 19.
[85] *Bumiller/Harders* § 348 Rn. 23.
[86] *Bumiller/Harders* § 348 Rn. 11.

überprüfen und sie ggf. nicht nur als unanfechtbare Zwischenentscheidung, sondern als beschwerdefähige Endentscheidung anzusehen.[87]

9. Folgen der Eröffnung. Nach der Eröffnung wird der Inhalt der Verfügung von Todes wegen gem. § 34 Abs. 2 Nr. 3 ErbStG dem **Finanzamt** mitgeteilt. Weiterhin bildet die Eröffnung den frühestmöglichen Zeitpunkt des Beginns der **Ausschlagungsfrist** (§ 1944 Abs. 2 S. 2 BGB); entscheidend für die exakte Festlegung ist die Kenntnis des Erben von der Eröffnung der Verfügung von Todes wegen.[88] Die über die Eröffnung anzufertigende Niederschrift ist vorzulegen, wenn auf der Grundlage einer Verfügung von Todes wegen nach § 35 Abs. 1 GBO die **Grundbuchberichtigung** beantragt wird. Sofern Anlass besteht, benachrichtigt das Nachlassgericht das Grundbuchamt (§ 83 GBO). 37

10. Kosten. Für die Eröffnung einer Verfügung von Todes wegen wird gem. §§ 102, 103 KostO die Hälfte der vollen Gebühr erhoben. Dies gilt auch, wenn die Verfügung wegen Vorversterbens des Bedachten gegenstandslos geworden ist oder sich (nachträglich) als unwirksam herausstellt. Die Gebühren gehören als Eröffnungskosten zu den von den Erben geschuldeten Nachlassverbindlichkeiten (§ 1967 BGB). Der Wert bemisst sich nach § 46 Abs. 4 KostO. Die bei der Bekanntgabe nach Abs. 3 anfallenden Kosten gehören als Teil der Eröffnungskosten ebenfalls zu den Nachlassverbindlichkeiten, sodass die zu benachrichtigenden Personen nicht kostenpflichtig sind. Für die Ermittlung der Erben werden nach § 105 KostO keine Gebühren erhoben. 38

Gem. § 103 Abs. 2 Alt. 1 KostO ist nur eine Gebühr nach dem zusammengerechneten Wert zu erheben, wenn mehrere Verfügungen von Todes wegen **gleichzeitig** eröffnet werden;[89] mehrfache Verfügungen über denselben Nachlass oder einen Bruchteil desselben führen dagegen nicht zur Addition der Werte. Zu einem mehrfachen Anfallen der Gebühren kommt es, wenn mehrere letztwillige Verfügungen entweder bei verschiedenen Gerichten oder beim selben Gericht zeitlich gestreckt eröffnet werden. Hierdurch kann es zu unbilligen Gebührenmehrungen kommen.[90] 39

Verfahrenskostenhilfe für das Amtsverfahren kann noch nachträglich bewilligt werden, da erst nach Eröffnung der Verfügung von Todes wegen festgestellt werden kann, wer Kostenschuldner ist und in welcher Höhe.[91] 40

§ 349 Besonderheiten bei der Eröffnung von gemeinschaftlichen Testamenten und Erbverträgen

(1) Bei der Eröffnung eines gemeinschaftlichen Testaments sind die Verfügungen des überlebenden Ehegatten oder Lebenspartners, soweit sie sich trennen lassen, den Beteiligten nicht bekannt zu geben.

(2) [1] Hat sich ein gemeinschaftliches Testament in besonderer amtlicher Verwahrung befunden, ist von den Verfügungen des verstorbenen Ehegatten oder Lebenspartners eine beglaubigte Abschrift anzufertigen. [2] Das Testament ist wieder zu verschließen und bei dem nach § 344 Abs. 2 zuständigen Gericht erneut in besondere amtliche Verwahrung zurückzubringen.

(3) Absatz 2 gilt nicht, wenn das Testament nur Anordnungen enthält, die sich auf den Erbfall des erstversterbenden Ehegatten oder Lebenspartners beziehen, insbesondere wenn das Testament sich auf die Erklärung beschränkt, dass die Ehegatten oder Lebenspartner sich gegenseitig zu Erben einsetzen.

(4) Die Absätze 1 bis 3 sind auf Erbverträge entsprechend anzuwenden.

I. Normzweck und Anwendungsbereich

Die Vorschrift regelt die (einschränkenden) Besonderheiten, die bei Eröffnung der in besonderer amtlicher Verwahrung befindlichen gemeinschaftlichen Testamente und Erbverträge zu beachten sind. Abs. 1 stellt das Ergebnis eines dem Familienfrieden dienenden[1] **Interessenausgleichs** dar: In den Fällen, in denen das Interesse des überlebenden Ehegatten oder Lebenspartners an der Geheim- 1

---

[87] *Keidel/Kuntze/Winkler* § 348 Rn. 79.
[88] BGHZ 112, 229.
[89] BayObLG NJWE-FER 2000, 165.
[90] *Keidel/Kuntze/Winkler* § 348 Rn. 83 f. m. w. Nachw.
[91] *Erman/Schmidt* § 2260 BGB Rn. 7.
[1] *Reimann/Bengel/J. Mayer/J. Mayer* § 2273 BGB Rn. 1.

haltung seiner Verfügung bei einem gemeinschaftlichen Testament bzw. das Geheimhaltungsinteresse des überlebenden Vertragsteils bei einem Erbvertrag (Abs. 4) mit dem Unterrichtungsbedürfnis der Beteiligten in einem Eröffnungsverfahren kollidiert, wird das Geheimhaltungsinteresse des Überlebenden nur insoweit geschützt, als sich seine Verfügungen von denjenigen des Vorverstorbenen trennen lassen. Die damit verbundene Entscheidung für den Vorrang des Unterrichtungsbedürfnisses ist sachgerecht, da die Verfügenden bzw. Vertragsschließenden die Schwierigkeit der Trennbarkeit im Zeitpunkt ihrer Verfügungen hätten erkennen und durch eine entsprechende Formulierung hätten vermeiden können.[2] Auf Grund dieser Gestaltungsmöglichkeit ist § 349 verfassungsmäßig und greift weder unzulässig in die Erbrechtsgarantie des Art. 14 Abs. 1 S. 1 GG noch in das allgemeine Persönlichkeitsrecht des Art. 1 Abs. 1 iVm. Art. 2 Abs. 1 GG ein.[3] Absatz 2 enthält Besonderheiten für das Eröffnungsverfahren, insbesondere die Anordnung einer Verschluss- und Rückgabepflicht in die besondere amtliche Verwahrung. Absatz 3 enthält eine Ausnahme für bloße wechselseitige Erbeinsetzungen. Abs. 4 ordnet die entsprechende Anwendung der Abs. 1 bis 3 auf Erbverträge an.

II. Trennbarkeit der Verfügungen (Abs. 1)

2   Verfügungen des überlebenden Ehegatten oder Lebenspartners bzw. Vertragsteils sind bei der Eröffnung eines gemeinschaftlichen Testamentes bzw. Erbvertrages den Beteiligten nicht bekanntzugeben, soweit sie sich trennen lassen. Der Begriff „trennen" unterscheidet sich in der Sache nicht von dem in § 2273 Abs. 1 BGB aF verwendeten „sondern" und wurde vom Gesetzgeber nur aus redaktionellen Gründen ausgetauscht.[4]

3   Trennen lassen sich Verfügungen des Längerlebenden nur, wenn sie in selbständigen, auch äußerlich auseinander gehaltenen Sätzen getroffen und sprachlich so gefasst sind, dass die Verfügungen des Vorverstorbenen ihrem Inhalt nach auch ohne die Verfügungen des Längerlebenden verständlich bleiben.[5] **Untrennbar** sind damit sprachlich zusammengefasste Verfügungen in Wir-Form oder im selben Satz sowie Verfügungen, die Bezug aufeinander nehmen.[6] Maßgeblich ist allein die sprachliche Abfassung. Eine etwaige Wechselbezüglichkeit der Verfügungen allein (§ 2270 BGB) begründet keine Untrennbarkeit,[7] vielmehr ist bei inhaltlicher Verknüpfung der Verfügungen zu entscheiden, ob ein Beteiligter nur durch Eröffnung beider Verfügungen für seine Rechtsposition zuverlässig Kenntnis von der Tragweite der Verfügungen des Erstverstorbenen erhält.[8] Die Rechtsprechung nimmt dies auch bei Wendungen an, bei denen gleichgerichtete Verfügungen an den Umstand des Längerlebens geknüpft sind[9] („Nach dem Tod des Längerlebenden von uns..."), da die Verfügenden im Zeitpunkt der Verfügung nicht wissen konnten, wer von ihnen der Längerlebende sei. Mit dem Tod des Vorverstorbenen seien die von ihm für den Fall seines Längerlebens vorsorglich getroffenen Verfügungen zwar gegenstandslos geworden, blieben aber immer noch ihm zuzurechnende Verfügungen und seien daher nicht trennbar.[10]

4   Über die Frage der Trennbarkeit von Verfügungen hat allein das eröffnende Gericht im Zeitpunkt der Eröffnung zu entscheiden, nicht der Überlebende oder gar (antizipiert) der Vorverstorbene.[11] Wegen des Geheimhaltungsinteresses des Überlebenden an seinen für den Fall seines Todes getroffenen Verfügungen ist ihm vor Benachrichtigung der Beteiligten rechtliches Gehör (Art. 103 GG) zu gewähren. Ein Verzicht auf die Geheimhaltung ist möglich, sodass der Überlebende gestatten kann, seine Verfügung einem bestimmten Beteiligten bekannt zu geben.[12] Bei Trennbarkeit sind die Verfügungen des Überlebenden geheim zu halten. Im Eröffnungsprotokoll wird dann ein entsprechender Vermerk getroffen: „Eröffnet mit Ausnahme des eingeklammerten Teils".[13] Bei Einsichtnahme von Beteiligten ist der Inhalt insoweit zu verdecken. Abschriftenerteilung und Benachrichtigung der Beteiligten ist nur auszugsweise zulässig. Nicht überwindbare **Zweifel** an der Trennbarkeit gehen zu Lasten des Überlebenden (vgl. Rn. 1), sodass die Bekanntgabe zu erfolgen hat. In Bezug

---

[2] BGHZ 91, 105, 109 = NJW 1984, 2098 m. Anm. *Bökelmann* JR 1984, 501.
[3] Vgl. BVerfG NJW 1994, 2535 (zu § 2273 BGB Abs. 1 aF).
[4] BT-Drucks. 16/6308, S. 280.
[5] OLG Zweibrücken NJW-RR 2002, 1662; *Palandt/Edenhofer* § 2273 BGB Rn. 2.
[6] *Palandt/Edenhofer* § 2273 BGB Rn. 2; *Soergel/Wolf* § 2273 BGB Rn. 3.
[7] KGJ 31, A 365, 366; AnwK-BGB/*Seiler* § 2273 BGB Rn. 4; *Bamberger/Roth/Litzenburger* § 2273 BGB Rn. 6; *Reimann/Bengel/J. Mayer/J. Mayer* § 2273 BGB Rn. 8.
[8] BGHZ 91, 105, 108 ff.; *Palandt/Edenhofer* § 2273 BGB Rn. 2.
[9] BayObLG NJW-RR 1990, 135.
[10] OLG Hamm OLGZ 1982, 136 = NJW 1982, 57; OLG Zweibrücken NJW-RR 2002, 1662.
[11] *Reimann/Bengel/J. Mayer/J. Mayer* § 2273 BGB Rn. 14.
[12] AA KGJ 35, A 103, 104; *Firsching/Graf* Rn. 4.81.
[13] *Firsching/Graf* Rn. 4.81.

auf den Verfügungsteil des Überlebenden handelt es sich dabei freilich **nicht** um eine **Eröffnung im Rechtssinne** mit den sich daraus ergebenden Konsequenzen[14] (vgl. § 348 Rn. 37); vielmehr sind auf den zweiten Erbfall getroffene Anordnungen erst nach dem Tod des Überlebenden zu eröffnen.

III. Wiederverwahrung (Abs. 2 und 3)

Enthält das gemeinschaftliche Testament oder der Erbvertrag (Abs. 4) Bestimmungen, die sich nur auf den ersten Erbfall beziehen, wird die Urkunde nur in gewöhnliche Verwahrung genommen und beim zweiten Erbfall mangels Relevanz nicht nochmals eröffnet: Ein Testament verbleibt bis zum zweiten Erbfall offen in der Akte des Nachlassgerichts; ein Erbvertrag verbleibt offen beim Eröffnungsakt des Nachlassgerichts, selbst wenn er mit einer anderen Verfügung (Ehevertrag) verbunden ist.[15] Nur von Urkunden, die beim zweiten Erbfall Bedeutung entfalten (können), ist eine beglaubigte Abschrift des eröffneten Teils anzufertigen. Im Beglaubigungsvermerk ist zu bezeugen, dass die Urkunde keine weiteren Verfügungen des Vorverstorbenen enthält. Die beglaubigte Abschrift tritt im Rechtsverkehr – soweit möglich – (zB im Falle des § 35 GBO) an die Stelle der Urschrift,[16] die ihrerseits – im Falle ihres vorherigen Verschlusses – von Amts wegen erneut zu verschließen und in die besondere amtliche Verwahrung zu verbringen ist.

Zuständig für die Wiederverwahrung ist das nach § 344 Abs. 2 zuständige Gericht, mithin grundsätzlich das für den Nachlass des Erstverstorbenen zuständige Gericht, es sei denn, der überlebende Ehegatte, Lebenspartner oder Vertragsteil (§ 344 Abs. 3) verlangt die erneute besondere amtliche Verwahrung bei einem anderen Amtsgericht. Damit hat der Gesetzgeber die Streitfrage[17] um die Zuständigkeit für die Wiederverwahrung zu Lasten des (bisher nach § 2258a BGB aF) zuständigen Verwahrungsgerichts aus praktischen Gründen zu Gunsten des im ersten Erbfall befassten Nachlassgerichts entschieden. Damit werden zwar bei diesem Gericht ein erneutes Verfahren nach § 346, die damit verbundene Mitteilung an das Standesamt und dortige Korrektur der Testamentsdatei erforderlich, jedoch wird damit nach Auffassung des Gesetzgebers nicht nur die Gefahr eines Transportverlustes vermieden, sondern es besteht außerdem beim Nachlassgericht des Vorverstorbenen regelmäßig auch ein engerer Bezug zum familiären Umfeld des Zweitverstorbenen als beim ursprünglichen Verwahrungsgericht.[18] Immerhin wird dem Umstand, dass das für den ersten Erbfall zuständige Gericht im Falle eines Wohnsitzwechsels nicht zwingend für den zweiten Erbfall zuständig sein muss, mit der Möglichkeit des Verlangens nach Verwahrung bei einem anderen Amtsgericht Rechnung getragen.

§ 350 Eröffnung der Verfügung von Todes wegen durch ein anderes Gericht

Hat ein nach § 344 Abs. 6 zuständiges Gericht die Verfügung von Todes wegen eröffnet, hat es diese und eine beglaubigte Abschrift der Eröffnungsniederschrift dem Nachlassgericht zu übersenden; eine beglaubigte Abschrift der Verfügung von Todes wegen ist zurückzubehalten.

Die Norm trägt dem Umstand Rechnung, dass das Verwahrungsgericht ein anderes sein kann als das nach § 343 zu bestimmende Nachlassgericht. Im Interesse einer zeitnahen Eröffnung einer Verfügung von Todes wegen sowie der Konzentration der Zuständigkeit beim Nachlassgericht,[1] hat das Verwahrungsgericht, das ein anderes als das nach § 343 zuständige Gericht ist, eine in amtlicher oder einfacher Urkundenverwahrung befindliche Verfügung von Todes wegen gem. § 344 Abs. 6 zu eröffnen und sodann entsprechend § 350 zu verfahren. Auf diese Weise soll vermieden werden, dass die Originalverfügung auf dem Weg zum Nachlassgericht uneröffnet verloren geht und dadurch der letzte Wille des Erblassers nicht mehr zuverlässig festgestellt werden kann.[2] Bei Verlust der Originalverfügung kann ihr Inhalt anhand der zurückbehaltenen beglaubigten Abschrift festgestellt werden.

Die Vorschrift regelt das Vorgehen umfassend für sämtliche Arten der Verfügungen von Todes wegen. Das Verwahrungsgericht muss die von ihm verwahrte Verfügung von Todes wegen auf Grund der Verlustgefahr eröffnen und hat erst die eröffnete Verfügung nebst einer beglaubigten Abschrift an

---

[14] RGZ 139, 222, 228; OLG Hamm OLGZ 1987, 283, 286; *Reimann/Bengel/J. Mayer/J. Mayer*, § 2273 BGB Rn. 31; AnwK-BGB/*Seiler* § 2273 BGB Rn. 14; *Kipp/Coing* § 123 III 2; aM KGJ 53, A 82.
[15] *Firsching/Graf* Rn. 4.84.
[16] *Palandt/Edenhofer* § 2273 BGB Rn. 5.
[17] Nachweise bei *Palandt/Edenhofer*, BGB, 66. Aufl. 2007, § 2273 BGB Rn. 5.
[18] BT-Drucks. 16/6308, S. 278.
[1] BayObLGZ 1989, 327, 330 f.; BayObLG FamRZ 1992, 226, 227.
[2] *Lange/Kuchinke* § 38 III 3 b.

das Nachlassgericht zu übermitteln. Dies gilt ausweislich des Wortlauts von § 344 Abs. 6 für **jede Verfügung in amtlicher Verwahrung;** eine besondere amtliche Verwahrung ist nicht vorausgesetzt.

3   Die Zuständigkeit für die Eröffnung einer Verfügung von Todes wegen für ein anderes als das nach § 343 zuständige Gericht ergibt sich nicht aus § 350, sondern aus § 344 Abs. 6. Trotz umfassender Anordnung der Gerichtszuständigkeit muss es sich bei dem Gericht um ein solches handeln, das **zur Eröffnung befugt** ist. Ausgeschlossen ist dies zum Beispiel bei einem (funktionell unzuständigen[3]) Landgericht, und es war (zu § 2261 BGB aF) noch streitig bei einer in der Strafabteilung eines Amtsgerichts verwahrten Urkunde,[4] bei der unklar war, ob sie an das Nachlassgericht desselben Amtsgerichts oder an das richtige Nachlassgericht abgeliefert werden musste. Der Gesetzgeber des FamFG hatte bei § 344 Abs. 6 zB einen nicht in besonderer amtlicher Verwahrung befindlichen Erbvertrag vor Augen, der nach dem Tod eines Vertragsschließenden zu den Nachlassakten genommen wurde (§ 34a Abs. 2 S. 1 BeurkG) und Bestimmungen für den Tod des Zweitversterbenden enthält, sowie privatschriftliche Testamente, die bei einem ortsnahen Amtsgericht ohne Rücksicht auf die örtliche Zuständigkeit abgegeben wurden.[5] In solchen Fällen besteht mithin eine Eröffnungszuständigkeit nach § 344 Abs. 6. Gleichwohl kann in sehr seltenen Fällen zweifelhaft sein, wie verfahren werden soll, wenn ein Gericht erst nach Eröffnung feststellt, dass es seine Zuständigkeit fälschlicherweise angenommen hat. Im Hinblick auf die nach § 350 zu vermeidende Verlustgefahr bei Übersendung einer Verfügung von Todes wegen hat auch ein an sich unzuständiges Gericht nach § 350 vorzugehen, wenn es zuvor eine Verfügung von Todes wegen eröffnet hat.

4   Das Verwahrungsgericht tritt, wenn es eine Verfügung von Todes wegen in amtlicher Verwahrung hat, hinsichtlich der Eröffnung an die Stelle des Nachlassgerichts und hat die Eröffnung in gleicher Weise wie dieses vorzunehmen, doch nimmt es mit der Eröffnung eine eigenständige Aufgabe wahr und leitet seine Funktion nicht von der des Nachlassgerichts ab.[6] Im Einzelnen bedeutet dies, dass das Verwahrungsgericht die Pflichten und Rechte des § 348 Abs. 1 und 2 eigenständig wahrnimmt, mithin auch das **Wahlrecht** zwischen einer stillen Eröffnung und einem Eröffnungstermin hat (§ 348 Rn. 22 ff.) Die Pflicht zur Bekanntgabe (§ 348 Abs. 3) gehört nicht mehr zum eigentlichen Eröffnungsvorgang, sodass die Bekanntgabe nach erfolgter Übersendung von Urschrift und beglaubigter Abschrift der Verfügung von Todes wegen an das Nachlassgericht von diesem vorzunehmen ist.[7] Dies folgt unmittelbar aus dem Wortlaut des § 350 Halbs. 1 sowie der aktuellen Fassung des § 1944 Abs. 2 S. 2 BGB. Die Zuständigkeit des Nachlassgerichts für die Bekanntgabe nach § 348 Abs. 3 ist im Hinblick auf etwaige Rückfragen der Empfänger auch sinnvoll, da das Verwahrungsgericht beispielsweise für Auslegungsfragen zur jeweiligen Verfügung und ein ggf. anschließendes Erbscheinsverfahren nicht zuständig ist.[8] Die Verletzung dieser Pflicht kann Schadensersatzansprüche begründen.[9]

5   Das Nachlassgericht ist nicht befugt, eine für fehlerhaft gehaltene Eröffnung des Verwahrungsgerichts aufzuheben oder abzuändern,[10] auch kann es nicht Beschwerde gegen die erfolgte Eröffnung mit dem Ziel einer Berichtigung und Ergänzung einlegen.[11] In der Vergangenheit war die Beschwerde dagegen nach bislang hM statthaft, wenn sich das Verwahrungsgericht weigerte, die Urschrift des Testaments oder die Errichtungsniederschrift an das Nachlassgericht zu senden.[12] Unabhängig von der Frage einer möglichen Betroffenheit in eigenen Rechten ist dies angesichts der Regelung des § 59 Abs. 3 nicht mehr vertretbar.[13] Erforderlich wäre insoweit eine Klärung über die Dienstaufsicht.

6   Vom Nachlassgericht ist die eröffnete Verfügung von Todes wegen weiter zu verwahren; etwaige Besonderheiten des § 349 für gemeinschaftliche Testamente und Erbverträge sind zu beachten. Die nach der KostO angefallene Gebühr ist zu erheben (§ 102 KostO).

---

[3] § 72 FGG aF bzw. § 23a Abs. 2 Nr. 2 GVG.
[4] *Reimann/Bengel/J. Mayer/Voit* § 2261 BGB Rn. 4; *Staudinger/Baumann* § 2259 BGB Rn. 19 und § 2261 BGB Rn. 6; *Soergel/Mayer* § 2261 BGB Rn. 2 (keine Ablieferung an das Nachlassgericht).
[5] BT-Drucks. 16/6308, S. 278.
[6] OLG Hamburg Rpfleger 1985, 194.
[7] BayObLGZ 1986, 118, 125 u. LG Köln Rpfleger 1992, 436 (für die Benachrichtigung nach § 2262 BGB aF); *Soergel/Mayer* § 2261 BGB Rn. 6; *Staudinger/Baumann* § 2261 BGB Rn. 8. IE ebenso *Keidel/Zimmermann* Rn. 10; aA *Bumiller/Harders* Rn. 3.
[8] *Keidel/Kuntze/Winkler* § 350 Rn. 10.
[9] BGHZ 117, 287 = BGH NJW 1992, 1884.
[10] OLG Hamburg Rpfleger 1985, 194.
[11] BayObLGZ 1986, 118.
[12] KG JFG 14, 168, 170 f.; *Staudinger/Baumann* § 2253a BGB Rn. 13.
[13] *Keidel/Kuntze/Winkler* § 350 Rn. 12; *Bumiller/Harders* § 350 Rn. 7.

§ 351 Eröffnungsfrist für Verfügungen von Todes wegen

¹ **Befindet sich ein Testament, ein gemeinschaftliches Testament oder ein Erbvertrag seit mehr als 30 Jahren in amtlicher Verwahrung, soll die verwahrende Stelle von Amts wegen ermitteln, ob der Erblasser noch lebt.** ² **Kann die verwahrende Stelle nicht ermitteln, dass der Erblasser noch lebt, ist die Verfügung von Todes wegen zu eröffnen.** ³ **Die §§ 348 bis 350 gelten entsprechend.**

Die Vorschrift gilt für **alle Arten von Verfügungen von Todes wegen,** selbst für solche, die vor dem Inkrafttreten des BGB am 1. 1. 1900 errichtet wurden.[1] Erfasst sind außerdem die nach dem Recht der ehemaligen DDR verfassten Testamente sowie Erbverträge, die sich in der Verwahrung der Nachlassgerichte befinden; in der Verwahrung des Notars befindliche Erbverträge sind nach Fristablauf abzuliefern.[2] Auf Erb- und Pflichtteilsverzichtsverträge ist § 351 nicht anwendbar.[3] 1

Den Begriff der **amtlichen Verwahrung** hat der Gesetzgeber aus § 2263a BGB aF übernommen und damit klargestellt, dass eine besondere amtliche Verwahrung nicht vorausgesetzt wird. Erfasst sind damit auch notariell verwahrte Erbverträge[4] sowie jede Verfügung von Todes wegen in einfacher oder Aktenverwahrung. Auf diese Weise soll verhindert werden, dass die Eröffnung einer Verfügung von Todes wegen nur deshalb unterbleibt, weil der Tod des Erblassers dem Nachlass- bzw. Verwahrungsgericht nicht bekannt geworden ist. 2

Nach Ablauf von **30 Jahren** hält es der Gesetzgeber für an der Zeit, die Frage nach dem zwischenzeitlichen Ableben des Erblassers zu klären, wobei nach Satz 2 im Zweifel von seinem Ableben auszugehen ist.[5] Mit der Vorschrift wurde erstmals eine **einheitliche Frist für alle Arten von Verfügungen von Todes wegen** geschaffen. Bis zum Inkrafttreten des FamFG traf die Frist von mehr als 30 Jahren nur auf Testamente zu (§ 2263a BGB aF); für Erbverträge galt eine verlängerte Frist von mehr als 50 Jahren (§ 2300a BGB aF). Diese Differenzierung ist nunmehr aufgegeben, da sich die Annahme, Erbverträge würden im Vergleich zu gemeinschaftlichen Testamenten vielfach in jüngeren Jahren abgeschlossen, als unzutreffend herausgestellt hat.[6] 3

Zuständig ist das Verwahrungsgericht (s. hierzu § 348 Rn. 4 und § 350 Rn. 3). Die **Frist** beginnt grundsätzlich mit der Inverwahrungnahme. Lässt sich dieser Zeitpunkt nicht feststellen, kann erforderlichenfalls der Errichtungszeitpunkt zugrunde gelegt werden. Gelangt eine Verfügung von Todes wegen erst nach längerer Zeit von einer unzuständigen Stelle zu einer zur Eröffnung befugten Stelle, wird bei der Berechnung der Frist der frühere Zeitraum mitberechnet. Die Modalitäten der Fristüberwachung sind in § 27 Abs. 10 AktO[7] geregelt. Erbverträge in der Verwahrung des Notars sind von diesem in Ansehung der Frist zu überwachen und – außer in Baden-Württemberg[8] – zur Eröffnung an das nach § 343 zuständige Nachlassgericht oder das Gericht, in dessen Bezirk der Notar seinen Amtssitz hat und das für die besondere amtliche Verwahrung eines Erbvertrages zuständig gewesen wäre (§§ 344 Abs. 1 Nr. 1 iVm. Abs. 3, 351 S. 3), abzuliefern. Lehnt das Gericht die Übernahme des Erbvertrages ab, steht dem Notar das Rechtsmittel der Beschwerde zu.[9] 4

Ausdrücklich postuliert die Vorschrift nur ein **Gebot**[10] **zur Ermittlung von Amts wegen,** ob der Erblasser noch lebt, und – (erst) für den Fall der Feststellung seines Todes bzw. einer unklaren Sachlage – die **Pflicht** zur anschließenden Eröffnung der Verfügung von Todes wegen. Gleichwohl darf das Gericht nicht untätig bleiben, sondern hat in einem angemessenen Zeitraum tätig zu werden. Der Umfang der Ermittlungen bestimmt sich nach pflichtgemäßem Ermessen.[11] Ergeben die Ermittlungen, dass der Erblasser noch lebt, besteht kein Anlass, die Verfügung von Todes wegen zu eröffnen. Nur wenn feststeht, dass der Erblasser zwischenzeitlich gestorben ist oder wenn die Ermittlungen zu keinem Ergebnis führen, ist die Verfügung von Todes wegen nach den §§ 348 bis 351 zu eröffnen. 5

Ist die **Eröffnung** der Verfügung von Todes wegen **zu Lebzeiten** des Erblassers erfolgt, sei es versehentlich oder nach ergebnislosen oder unzutreffenden Ermittlungen, hat dies keinen Einfluss auf ihre Wirksamkeit. Die Verfügung von Todes wegen ist, sofern sie verschlossen war, wieder zu 6

---

[1] Vgl. BGH DNotZ 1973, 379.
[2] *Reimann/Bengel/J. Mayer/Voit* § 2263 BGB Rn. 2.
[3] BayObLGZ 1983, 149 = FamRZ 1983, 1282 (LS).
[4] BT-Drucks. 16/6308, S. 280.
[5] *Reimann/Bengel/J. Mayer/Voit* § 2263 BGB Rn. 3.
[6] BT-Drucks. 16/6308, S. 280.
[7] S. o. § 346 Fn. 10.
[8] § 346 Fn. 1.
[9] *Staudinger/Baumann* § 2263a BGB Rn. 13.
[10] Anders noch §§ 2263a Abs. 1, 2300a BGB aF (Pflicht, soweit tunlich).
[11] *Palandt/Edenhofer* § 2263a BGB Rn. 1.

verschließen und auf Wunsch des Erblassers, der über den Umstand in jedem Fall zu informieren ist,[12] wieder in Verwahrung zu nehmen.[13] Soweit er berechtigten Anlass hat, wegen der Eröffnung eines Testamentes neu zu testieren und ihm daraus Kosten entstehen, kann bei ungenügender Durchführung der Ermittlungen ein Schadensersatzanspruch wegen Amtspflichtverletzung in Betracht kommen.[14] Gegenteiliges lässt sich nicht daraus herleiten, dass die Ermittlung – anders als nach altem Recht – nicht mehr ausdrücklich als Pflicht, sondern als Gebot ausgestaltet ist. Ein Schadensersatzanspruch ist weiterhin denkbar bei unberechtigter Eröffnung eines Erbvertrages, soweit dieser aus Rechtsgründen neu geschlossen werden muss.

Unterabschnitt 4. Erbscheinsverfahren; Testamentsvollstreckung

§ 352 Entscheidung über Erbscheinsanträge

(1) ¹Die Entscheidung, dass die zur Erteilung eines Erbscheins erforderlichen Tatsachen für festgestellt erachtet werden, ergeht durch Beschluss. ²Der Beschluss wird mit Erlass wirksam. ³Einer Bekanntgabe des Beschlusses bedarf es nicht.

(2) ¹Widerspricht der Beschluss dem erklärten Willen eines Beteiligten, ist der Beschluss den Beteiligten bekannt zu geben. ²Das Gericht hat in diesem Fall die sofortige Wirksamkeit des Beschlusses auszusetzen und die Erteilung des Erbscheins bis zur Rechtskraft des Beschlusses zurückzustellen.

(3) Ist der Erbschein bereits erteilt, ist die Beschwerde gegen den Beschluss nur noch insoweit zulässig, als die Einziehung des Erbscheins beantragt wird.

Übersicht

	Rn.		Rn.
I. Normzweck	1	aa) Feststellungsbeschluss	8–16
II. Das Erteilungsverfahren	2–21	bb) Vollzug des Feststellungsbeschlusses	17–19
1. Erbscheinsantrag	2	c) Zwischenverfügung	20
2. Entscheidungsformen des Nachlassgerichts	3	d) Antragszurückweisung	21
3. Erteilung des Erbscheins	4–21	III. Einschränkung der Beschwerdemöglichkeit ab Erteilung des Erbscheins (Abs. 3)	22, 23
a) Prüfung von Zulässigkeit und Begründetheit	4–6		
b) Feststellungsbeschluss und Erteilung des Erbscheins	7–19		

I. Normzweck

1   Während die sachlichen wie aber auch die formellen Voraussetzungen für die Erteilung eines Erbscheins nach wie vor in den §§ 2353 ff. BGB geregelt sind, betrifft § 352 das Entscheidungsverfahren als solches. Nach Abs. 1 S. 1 ergeht die Entscheidung, dass die zur Erteilung des Erbscheins erforderlichen Tatsachen für festgestellt erachtet werden, durch Beschluss (sog. „Feststellungsbeschluss"). Dies war zwar auch unter der Geltung des FGG an sich erforderlich,[1] aber in der Praxis nicht unbedingt üblich.[2]

II. Das Erteilungsverfahren

2   **1. Erbscheinsantrag.** Das Erbscheinsverfahren ist ein **Antragsverfahren der freiwilligen Gerichtsbarkeit.** Es ist in seinen speziellen Erfordernissen im BGB, im Übrigen im FamFG geregelt. Da es sich beim Erbscheinsantrag um einen verfahrenseinleitenden Antrag handelt, ist nunmehr **§ 23** zu beachten.[3] Dieser bestimmt insb., dass in dem Antrag die zur **Begründung** dienenden Tatsachen

---

[12] Gegen eine konsequente Informationspflicht wohl *Palandt/Edenhofer* § 2263a BGB Rn. 2.
[13] *Reimann/Bengel/J. Mayer/Voit* § 2263 BGB Rn. 8.
[14] *Staudinger/Baumann* § 2263a BGB Rn. 12; *Soergel/Mayer* § 2263 BGB Rn. 7, § 2263 BGB Rn. 8.
[1] *Zimmermann* FGPrax 2006, 189, 192.
[2] *Schulte-Bunert* Rn. 1114.
[3] *Kroiß/Seiler* § 6 Rn. 51.

und Beweismittel **angegeben** sowie die Personen benannt werden sollen, die als Beteiligte in Betracht kommen.[4] Für das Erbscheinserteilungsverfahren gilt an sich der Amtsermittlungsgrundsatz des § 26. Jedoch trifft den Antragsteller eine besondere Verfahrensförderungslast, in dem er die in §§ 2354 bis 2357 BGB genannten Erklärungen abzugeben und geforderten Unterlagen beizubringen hat.

2. Entscheidungsformen des Nachlassgerichts.[5] Nach § 2359 BGB ist der Erbschein zu erteilen, wenn das Nachlassgericht die zur Begründung des Antrags erforderlichen Tatsachen für festgestellt erachtet. Dabei trifft das Nachlassgericht die Verpflichtung, über den gestellten Antrag zu entscheiden.[6] Auf Grund der Prüfung kommen als Entscheidungen des Gerichts in Betracht:
– Erlass eines Feststellungsbeschlusses, dass ein bestimmter Erbschein zu erteilen ist (s. Rn. 7 ff.);
– Zwischenverfügung zur Behebung von Mängeln (s. Rn. 20);
– Zurückweisung des Antrags (s. Rn. 21).

3. Erteilung des Erbscheins. a) Prüfung von Zulässigkeit und Begründetheit. Vor der Entscheidung über den Erbscheinsantrag prüft das Nachlassgericht dessen Zulässigkeit und Begründetheit. Nicht **zulässig** ist der Antrag auf einen Erbschein, den das Gesetz nicht vorsieht, zB für den Erbteilserwerber oder einen Vermächtnisnehmer oder für einen Erbfall vor Inkrafttreten des BGB.[7]

Zur **Zulässigkeit** des Antrags gehören auch:[8]
– die sachliche, internationale, – früher – interlokale und örtliche Zuständigkeit des Nachlassgerichts,
– die Art des beantragten Erbscheins, wenn er nur in einer bestimmten Form zulässig ist, also zB als allgemeiner Erbschein oder als gegenständlich beschränkter Erbschein (§ 2369 BGB),
– das Vorliegen eines bestimmten Erbscheinsantrags, das Antragsrecht des Antragstellers, die Angaben und Nachweise gem. den §§ 2354 bis 2357 BGB.

Zur **Begründetheit** des Antrags gehört alles, woraus sich die Überzeugung des Gerichts ergibt, dass das Erbrecht so besteht, wie es nach dem Antrag bezeugt werden soll, also auch die **Schlüssigkeit**.[9] Zu Einzelheiten der Begründetheitsprüfung und der materiellen Beweislast s. MünchKommBGB/*J. Mayer* § 2359 Rn. 6 ff.

b) Feststellungsbeschluss und Erteilung des Erbscheins. Ergibt die Prüfung, dass der Erbscheinsantrag zulässig und begründet ist, so wird der Erbschein erteilt. Dies ist in doppelter Hinsicht wichtig: Zum einen schließt die Erteilung des Erbscheins das Erbscheinsverfahren ab und verschafft dem Antragsteller den Erbschein als Zeugnis über sein Erbrecht. Damit treten die Publizitätswirkungen der §§ 2365 ff. ein. Zum anderen kann wegen dieser Wirkungen ein erteilter Erbschein, der sich als fehlerhaft erweist, nur noch durch Einziehung oder Kraftloserklärung beseitigt werden (Abs. 3).[10] Aus diesem Grund ist die **Feststellung, ab wann** der Erbschein als erteilt anzusehen ist, von wesentlicher Bedeutung. Dabei ist zwischen dem Feststellungsbeschluss, dass die zur Erteilung des Erbscheins erforderlichen Tatsachen für festgestellt erachtet werden, und der eigentlichen Erbscheinserteilung zu unterscheiden.[11]

aa) Feststellungsbeschluss. Über die antragsgemäße Erteilung des Erbscheins entscheidet das Nachlassgericht durch **Beschluss** (§ 352 Abs. 1 S. 1).[12] Das Gesetz spricht davon, dass die zur Erteilung des Erbscheins erforderlichen Tatsachen für festgestellt erachtet werden.[13] Der Erbscheinsinhalt muss dabei nicht im **Tenor** des Beschlusses angegeben werden. Nach der amtlichen Begründung soll damit verhindert werden, dass ein Anordnungsbeschluss im Rechtsverkehr missverständlich als Erbschein verstanden oder sogar missbräuchlich verwendet wird.[14] Diesen Bedenken kann jedoch durch eine entsprechende Formulierung des Feststellungsbeschlusses begegnet werden.[15] Vielmehr ist es für die anschließende Erteilung des Erbscheins zweckmäßig, wenn bereits der Tenor des Beschlus-

---

[4] Zu den Einzelheiten MünchKommBGB/*J. Mayer* § 2353 BGB Rn. 60 ff.
[5] Hierzu etwa *Firsching/Graf* Nachlassrecht Rn. 4.257 ff.; *Gregor*, Erbscheinsverfahren, 2. Aufl. 2000, Rn. 151 ff.; *Krug* JA 2000, 584 ff.
[6] Eingehend dazu MünchKommBGB/*J. Mayer* § 2359 BGB Rn. 2.
[7] BayObLG FamRZ 1990, 101, 102 = Rpfleger 1990, 166, 167.
[8] Vgl. *Deubner* JuS 1961, 66, 67; *Gregor* (Fn. 5) Rn. 90 f.; *Firsching/Graf* Nachlassrecht Rn. 4.175.
[9] AA *Deubner* JuS 1961, 66, 67 Fn. 8, der einen nicht schlüssigen Erbscheinsantrag als unzulässig ansieht.
[10] MünchKommBGB/*J. Mayer* § 2353 BGB Rn. 121.
[11] Anschaulich dazu *Gregor* (Fn. 5) Rn. 159 ff.
[12] Nach der Rechtslage bis zum 30. 8. 2009 konnte sowohl durch Verfügung wie Beschluss der Erbschein bewilligt werden, vgl. hierzu *Firsching/Graf* Nachlassrecht Rn. 4.261 a Fn. 398; *Zimmermann* FGPrax 2006, 192.
[13] *Zimmermann* FamFG Rn. 708; *Firsching/Graf* Nachlassrecht Rn. 4.261 a mit Formulierungsvorschlag.
[14] RegE BT-Drucks. 16/6308, S. 280; *Firsching/Graf* Nachlassrecht Rn. 4.261 a.
[15] So könnte im Tenor unter Nr. 1 die entsprechende Feststellung ausgesprochen, in Nr. 2 erklärt werden, dass es beabsichtigt ist, den folgenden Erbschein zu erteilen.

ses den beabsichtigten Erbscheinsinhalt enthält.[16] Bezüglich des zu erteilenden Erbscheins ergibt sich der Inhalt des Beschlusses aus dem zugrunde liegenden Antrag. Denn Antrag und Erbscheinsinhalt müssen grundsätzlich deckungsgleich sein.

9 Im Übrigen bestimmt sich der **Beschlussinhalt** nach § 38 Abs. 2. Er enthält keine Kostenentscheidung, da sich die Kostentragung nach der KostO bestimmt,[17] jedoch eine **Rechtsbehelfsbelehrung** (§ 39). Im Übrigen ist zu unterscheiden:

10 α) **Unstreitige Erbscheinsangelegenheit.** Liegt eine „**unstreitige Erbscheinsangelegenheit**" vor, weil keiner der Beteiligten (§ 345) dem beantragten Erbschein widersprochen hat (s. Rn. 12), bedarf der **stattgebende Beschluss** nach § 38 Abs. 4 Nr. 2 FamFG keiner Begründung[18] und ist in Abweichung von § 40 Abs. 1 FamFG mit seinem Erlass wirksam. Daher erfolgt keine förmliche Bekanntgabe nach § 41 Abs. 1 S. 3 FamFG (§ 352 Abs. 1 S. 2 und 3 FamFG).[19] Er verbleibt daher in der Nachlassakte[20] und ist ein reines Internum.[21]

11 Sachlogisch muss allerdings die Beschlussfassung der Erteilung des Erbscheins vorausgehen.[22] Das Gericht kann die im Erbscheinsverfahren nicht förmlich beteiligten Personen iS des § 345 FamFG vom Ausgang des Verfahrens durch formlose Mitteilung unterrichten. Dem Feststellungsbeschluss folgt in diesen Fällen gleich der „Vollzug", also die eigentliche Erteilung des Erbscheins (eingehend dazu Rn. 17 ff.).

12 β) **Streitige Erbscheinsangelegenheit. (1) Grundsätzliches zum Verfahrensgang.** Widerspricht der Feststellungsbeschluss jedoch dem erklärten Willen eines Beteiligten (§ 345 FamFG), so muss in einer solchermaßen **streitigen Angelegenheit** das Nachlassgericht die sofortige Wirksamkeit des Beschlusses aussetzen und die Erteilung des Erbscheins bis zur Rechtskraft des Beschlusses zurückstellen (§ 352 Abs. 2 S. 2 FamFG).[23] In diesem Fall ist der **Beschluss zu begründen** (§ 38 Abs. 3 S. 1 FamFG), mit Rechtsbehelfsbelehrung zu versehen (§ 39) und den Beteiligten bekannt zu geben (§ 352 Abs. 2 S. 1 FamFG). Demjenigen, der widersprochen hat, ist der Beschluss zuzustellen (§ 41 Abs. 1 S. 2 FamFG). Eine **Kostenentscheidung** ist nach § 81 ff. FamFG möglich.[24] Für einen Widerspruch zu dem erklärten Willen muss mehr als ein geheimer Vorbehalt vorliegen, nicht aber ein förmlicher anderer Erbscheinsantrag; es genügt auch eine entsprechende mündliche Erklärung im Termin nach § 33 oder im Anhörungstermin gem. § 34.[25]

13 Die Aussetzung der sofortigen Wirksamkeit hat nach dem ausdrücklichen Wortlaut der Norm schon immer dann zu erfolgen, wenn nur ein **Widerspruch** zwischen dem beantragten Erbschein und dem erklärten Willen eines Beteiligten vorliegt. Dass die Sach- und Rechtslage schwierig ist, ist nicht erforderlich. Demnach hindert auch ein grundloser Widerspruch das sofortige Wirksamwerden des Feststellungsbeschlusses. Das Nachlassgericht hat keinerlei Ermessen, den „Widerspruch" zurückzuweisen.[26] Theoretisch setzt das Schikaneverbot einer willkürlichen Blockade Grenzen, jedoch ist dies wohl mehr eine Fragestellung, die kaum praktisch werden dürfte. Möglich wäre immerhin eine Kostenauferlegung (§ 81).[27]

14 Erfolgt ein Widerspruch, so stellt sich der **weitere Ablauf** wie folgt dar: Nach der Zustellung des Beschlusses, der die Aussetzung der sofortigen Wirksamkeit des Feststellungsbeschlusses enthält, hat das Nachlassgericht den Ablauf der einmonatigen Beschwerdefrist (§ 63 FamFG) abzuwarten. Wird keine fristgerechte Beschwerde eingelegt, so ist der Feststellungsbeschluss rechtskräftig und kann vollzogen werden. Auch in diesem Fall bedarf es der (körperlichen) Erteilung des Erbscheins (eingehend dazu Rn. 17 ff.). Denn aus dem Feststellungsbeschluss wird nicht automatisch ein Erbschein.[28] Wird demgegenüber fristgerecht eine Beschwerde eingelegt, so wird das Verfahren dem OLG (§ 119 Abs. 1 Nr. 1 lit. b GVG) als Beschwerdegericht vorgelegt. Dessen Entscheidung (§ 69 FamFG) ist dann abzuwarten. Allerdings kann das Nachlassgericht auch selbst der **Beschwerde abhelfen** (§ 68 Abs. 1 S. 1 FamFG). Ein unter Verletzung von Abs. 2 erteilter Erbschein ist dennoch wirksam.[29]

---

[16] Zutr. Zimmermann FamFG Rn. 709.
[17] Zimmermann FamFG Rn. 710; ausf. dazu Keidel/Zimmermann Rn. 159.
[18] Schulte-Bunert Rn. 1114; RegE BT-Drucks. 16/6308, S. 280.
[19] Kroiß/Seiler § 6 Rn. 64 unter Zitierung der BT-Drucks.; Schulte-Bunert Rn. 1114.
[20] Zimmermann FamFG Rn. 710.
[21] Heinemann DNotZ 2009, 6, 28.
[22] Schulte-Bunert Rn. 1114; Zimmermann FamFG Rn. 710; insofern nicht klar RegE BT-Drucks. 16/6308, S. 280.
[23] Schulte-Bunert Rn. 1114; Zimmermann FamFG Rn. 711 mit Formulierungsvorschlag.
[24] Zimmermann FamFG Rn. 711.
[25] Bumiller/Harders Rn. 27; Keidel/Zimmermann Rn. 120.
[26] Zimmermann FamFG Rn. 711.
[27] Keidel/Zimmermann Rn. 122.
[28] Zimmermann FamFG Rn. 712.
[29] Keidel/Zimmermann Rn. 128; dort auch zur möglichen Amtshaftung.

(2) Kein Vorbescheid mehr. Durch die Aussetzung der sofortigen Wirksamkeit des Feststellungsbeschlusses soll den Beteiligten ermöglicht werden, die Entscheidung des Nachlassgerichts durch die Beschwerdeinstanz prüfen zu lassen, bevor der Erbschein erteilt wird und uU ein durch einen unrichtigen Erbschein legitimierter Scheinerbe Rechtsgeschäfte getätigt hat, die dem wahren Erben gegenüber auf Grund der weitreichenden Publizitätswirkungen der §§ 2366, 2367 BGB gegenüber wirksam sind. Um diese Gefahren zu vermeiden wurde in der nachlassgerichtlichen Praxis unter der Geltung des FGG, wenn auch ohne gesetzliche Grundlage, ein **Vorbescheid** erteilt, der vor der eigentlichen Erteilung des Erbscheins mit seinen Publizitätswirkungen eine Klärung der Rechtslage im Instanzenzug ermöglichte. Anstelle des Erlasses eines Vorbescheids soll nunmehr das Verfahren über die Aussetzung der sofortigen Wirksamkeit treten,[30] der **Vorbescheid ist abgeschafft.** Daher wird ganz überwiegend davon ausgegangen, dass der Erlass eines solchen Vorbescheids nicht mehr möglich ist.[31] *Graf*[32] weist zu Recht darauf hin, dass die Voraussetzungen für beide Verfahren nicht deckungsgleich sind. Denn ein Vorbescheid durfte nach der bisherigen Praxis und Rspr nur ergehen, wenn bei zweifelhafter Sach- oder Rechtslage (zB schwierige Testamentsauslegung, Zweifel an der Testierfähigkeit[33]) mehrere sich inhaltlich widersprechende Erbscheinsanträge gestellt sind[34] oder ein widersprechender Erbscheinsantrag zwar noch nicht gestellt ist, aber nach dem Vortrag eines weiteren Beteiligten zu erwarten ist.[35] Demgegenüber ist unter der Geltung des FamFG auch in den Fällen einer unklaren Sach- und Rechtslage eine Aussetzung der sofortigen Wirksamkeit nicht möglich, wenn kein Widerspruch zum erklärten Willen zumindest eines Beteiligten vorliegt. Daher wird vereinzelt vertreten, dass in solchen Fällen nach wie vor die Erteilung eines Vorbescheids zulässig ist.[36] Dem widerspricht allerdings der ausdrücklich erklärte Wille des Gesetzgebers, der mit dem FamFG gerade bewusst ein anderes Verfahren wollte. In den meisten Fällen besteht auch kein praktisches Bedürfnis dafür, das alte Verfahren des Vorbescheids zu beschreiten. Auch wenn der Erbschein wegen seiner weitreichenden Gutglaubenswirkung gleichsam Wirkung „inter omnes" entfaltet, so ist andererseits der Kreis der Personen, die nachteilig von seinen Wirkungen betroffen sein können, durch den Beteiligtenbegriff des § 345 FamFG erfasst und damit ihrem Rechtsschutzinteresse Genüge getan, da sie vom Verfahren zu verständigen und auf ihren Antrag beizuziehen sind. Im Interesse der erforderlichen Verfahrensbeschleunigung bestehen daher gegen den Paradigmenwechsel im Erbscheinsverfahren keine durchgreifenden Bedenken.

Eine Erteilung eines Erbscheins im Wege einer **einstweiligen Anordnung** ist **nicht** möglich, da es sich um keine „vorläufige Maßnahme" iSv. § 49 handelt.[37]

bb) Vollzug des Feststellungsbeschlusses. Da der Erbschein als Zeugnis über die Erbfolge im Rechtsverkehr dienen soll, muss er für diesen in Umlauf gesetzt werden. Dabei wird von den Nachlassgerichten **regional** sehr **verschieden** verfahren: Enthält die Anordnung nur die aktenmäßige Bestimmung, mit welchem Inhalt der Erbschein zu erteilen ist, so wird der Erbschein als solcher in einer oder mehreren **Urschriften** angefertigt und in dieser Form hinausgegeben.[38] Das Nachlassgericht kann aber auch die Urschrift des Erbscheins in den Nachlassakten lassen, dann werden **Ausfertigungen** erteilt.[39] Beide Wege der Aushändigung sind zulässig und bewirken die körperliche Erteilung des Zeugnisses.[40] Dagegen genügt die Erteilung beglaubigter Abschriften dem

---

[30] BT-Drucks. 16/6308, S. 280 jedoch ohne Begründung.
[31] *Heinemann* ZFE 2009, 8, 12; *ders.* DNotZ 2009, 6, 28; *Zimmermann* FamFG Rn. 708; *ders.* FGPrax 2006, 189, 193; *Kroiß/Seiler* § 6 Rn. 65; *Schulte-Bunert/Weinreich/Tschichoflos* Rn. 11; *Bumiller/Harders* Rn. 29; *Keidel/Zimmermann* Rn. 111; wohl auch *Schulte-Bunert* Rn. 1115; eingehend oben Vor § 38 Rn. 9.
[32] *Firsching/Graf* Nachlassrecht Rn. 4.259.
[33] BayObLGR 1993, 68 = FamRZ 1994, 593; *Zimmermann* ZEV 1995, 275, 280; hiergegen *Lukoschek* ZEV 1999, 1, 3, weil der Sachverhalt nach § 12 FGG vor der Entscheidungsreife hinreichend aufzuklären und notfalls entsprechend der Feststellungslast zu entscheiden wäre.
[34] BayObLGZ 1963, 19, 24; 1994, 73, 76; 1995, 79, 87; LG Offenburg Rpfleger 1998, 345; *Sprau* ZAP 1997, 1089, 1102; *Groll/Kahl* C X Rn. 157; *Lange/Kuchinke* § 39 II 7 a; *Palandt/Edenhofer* § 2359 BGB Rn. 23; *Gerd Schmidt,* Handbuch FG, Rn. 1457.
[35] BayObLGZ 1963, 19, 24; 1980, 42, 45 f. = Rpfleger 1980, 140 und BayObLGZ 1980, 276, 280; BayObLGR 1993, 68 = FamRZ 1994, 593; ZEV 1994, 47, 49 = FamRZ 1994, 723; LG Offenburg Rpfleger 1998, 345; *Bamberger/Roth/Seidl* Rn. 23; *Firsching/Graf* Nachlassrecht Rn. 4.259; *Keidel/Kahl* § 19 FGG Rn. 15 a; *Lange/Kuchinke* § 39 II 7 a; *Soergel/Zimmermann* § 2353 BGB Rn. 36; *Staudinger/Schilken* § 2353 BGB Rn. 83; aA *Pentz* MDR 1990, 586, 587.
[36] *Firsching/Graf* Nachlassrecht Rn. 4.259.
[37] BT-Drucks. 16/6308, S. 349; *Zimmermann* FamFG Rn. 712.
[38] Dazu *Staudinger/Schilken* § 2353 BGB Rn. 63.
[39] *Firsching/Graf* Nachlassrecht Rn. 4.262 m. weit. Nachw.; *Zimmermann* FamFG Rn. 710.
[40] Zu den Folgen, wenn der Inhalt der Ausfertigung von der Urschrift abweicht, s. MünchKommBGB/*J. Mayer* § 2365 Rn. 4.

§ 352   18, 19   Buch 4. Abschnitt 2. Verfahren in Nachlasssachen

Erfordernis der Aushändigung nicht, da nur die Ausfertigung die Urschrift im Rechtsverkehr ersetzt und beglaubigte Abschriften nicht der Einziehung nach § 2361 unterliegen und auch in den Händen des „Scheinerben" verbleiben, wenn die Ausfertigung eingezogen ist.[41]

18 α) **Erteilungszeitpunkt.** Insbesondere vor dem Inkrafttreten des FamFG war umstritten, **ab wann** der **Erbschein erteilt** ist: Gerade nach der Neuregelung des Erbscheinsverfahrens durch das FamFG ist mehr denn je zwischen dem Feststellungsbeschluss nach § 352 Abs. 1 S. 1 FamFG und dessen Vollzug zu unterscheiden. Gerade in streitigen Erbscheinsverfahren vergeht bei ordnungsgemäßem Verfahrensgang diesbezüglich eine ganz erhebliche Zeit, weil die sofortige Wirksamkeit des Beschlusses auszusetzen (§ 352 Abs. 2 S. 2) und die Einlegung einer Beschwerde abzuwarten ist. Andererseits ist zu beachten, dass die Publizitätswirkungen der §§ 2365 ff. BGB allein davon abhängen, dass der Erbschein in der erforderlichen Form körperlich ausgehändigt ist.[42] Daher ist der Erbschein als **erteilt** anzusehen, wenn er in **Urschrift oder Ausfertigung** dem Antragsteller,[43] aber auch nur einem von **mehreren Antragstellern**[44] oder auf deren Antrag einem **Dritten**, insbesondere einem Bevollmächtigten, oder auch einer **Behörde**, etwa dem **Grundbuchamt**[45] ausgehändigt, zugesandt oder zugestellt wird. Werden in einem solchen Fall die Nachlassakten mit der darin enthaltenen Erbscheinsurkunde übersandt, ist dies wie ein Ausfertigungsvorgang zu beurteilen (vgl. auch § 107a Abs. 2 S. 1 KostO).[46] Werden dagegen Behörden auf Grund gesetzlicher Bestimmungen über den Inhalt des Erbscheins benachrichtigt, so ist das noch keine Aushändigung eines Erbscheins, so zB bei einer Benachrichtigung des Grundbuchamts gem. § 83 GBO[47] oder des Finanzamts gem. § 34 Abs. 2 Nr. 2 ErbStG, § 7 Abs. 1 S. Nr. 2 ErbStDV.[48]

19 β) **Einzelheiten zu den Ausfertigungen.** Wie viele Exemplare der Ausfertigungen der Antragsteller zu erhalten hat, richtet sich nach dessen Antrag.[49] Wegen der mit allzu vielen Urschriften oder Ausfertigungen verbundenen Gefahren sollte man das Rechtsschutzbedürfnis auf die wirklich benötigten Stücke oder eine überschaubare Zahl beschränken.[50] Ist der Erbschein erteilt, können auch Dritte bei Bestehen eines rechtlichen Interesses eine Ausfertigung erlangen, § 357 Abs. 2 FamFG (vgl. dazu Erl. dort). Weiter ist zu beachten, dass die Ausfertigung erkennen lassen muss, dass das Original unterschrieben ist. Dabei wird die **Unterschrift** durch die abschriftliche Wiedergabe des Namens des Richters oder Rechtspflegers, der den Erbschein bewilligt hat, unter die Anordnung kenntlich gemacht.[51] Allein die Angabe „gez. Unterschrift" genügt jedoch nicht, selbst wenn der Name des Entscheidenden im Rubrum genannt ist,[52] ebenso wenig, wenn der Name nur in Klammern gesetzt wird und die Ausfertigung keinen Hinweis enthält, dass tatsächlich eine Unterschrift erfolgte.[53] Jedoch ist ausreichend, wenn die Unterschrift oder der Name maschinenschriftlich wiedergegeben wird mit dem Zusatz „gez.",[54] oder auch ohne diesen weiteren Zusatz, aber ohne dass der Name in Klammern gesetzt wird,[55] oder wenn der Name des Richters oder Rechtspflegers zwischen Binde- oder Trennstriche gesetzt wird.[56]

---

[41] BGH NJW 1982, 170 = FamRZ 1982, 141; *Soergel/Zimmermann* § 2353 BGB Rn. 35.
[42] Zust. *Firsching/Graf* Nachlassrecht Rn. 4.263; eingehend zum Meinungsstreit, der sich durch das FamFG entschieden haben dürfte, MünchKommBGB/*J. Mayer*, 4. Aufl. § 2353 BGB Rn. 105.
[43] So *Erman/Schlüter* § 2353 BGB Rn. 12; *Groll/Kahl* C X Rn. 20; RGRK*/Kregel* § 2353 BGB Rn. 21; *Soergel/Zimmermann* Rn. 35; AnwK-BGB/*Kroiß* § 2353 BGB Rn. 107 Fn. 188.
[44] *Keidel/Zimmermann* Rn. 130; *Scheer* Erbschein, 1988, S. 69 f.; *Habscheid* FG § 55 III 4; *Staudinger/Schilken* § 2353 BGB Rn. 62; RGRK/*Kregel* § 2353 BGB Rn. 21; auch *Palandt/Edenhofer* § 2359 BGB Rn. 21; *Soergel/Zimmermann* § 2353 BGB Rn. 35; abweichend *Lange/Kuchinke* § 39 II 7 b und VII 4.
[45] BayObLGZ 1960, 501, 504; KG Rpfleger 1981, 497; *Erman/Schlüter* § 2353 BGB Rn. 12; *Staudinger/Schilken* § 2353 BGB Rn. 62; RGRK/*Kregel* § 2353 BGB Rn. 21; *Palandt/Edenhofer* § 2359 BGB Rn. 21.
[46] BayObLGZ 1960, 501, 504; OLG Hamm OLGZ 1994, 257, 258 = NJW-RR 271; OLG Stuttgart OLGZ 1993, 383; *Staudinger/Schilken* § 2353 BGB Rn. 62; *Soergel/Zimmermann* § 2353 BGB Rn. 35; *Keidel/Schmidt* § 16 FGG Rn. 2. In der Praxis erfolgt es auf Grund einer entsprechenden Verfügung des Nachlassgerichts.
[47] *Firsching/Graf* Nachlassrecht Rn. 4.262; RGRK/*Kregel* § 2353 BGB Rn. 21; *Palandt/Edenhofer* § 2359 BGB Rn. 21; *Soergel/Zimmermann* § 2353 BGB Rn. 35.
[48] BayObLGZ 1960, 267, 270; *Firsching/Graf* Rn. 4262; RGRK/*Kregel* § 2353 BGB Rn. 21; *Palandt/Edenhofer* § 2359 BGB Rn. 21; *Soergel/Zimmermann* § 2353 BGB Rn. 35.
[49] LG Köln Rpfleger 1969, 350; *Keidel/Zimmermann* Rn. 132; *Erman/Schlüter* § 2353 BGB Rn. 6.
[50] Zust. *Firsching/Graf* Nachlassrecht Rn. 4.265.
[51] Vgl. dazu die Grundsätze, die zur Ausfertigung eines Urteils entwickelt wurden und hier entsprechend gelten: BGH FamRZ 1990, 1227; VersR 1973, 965; *Zöller/Stöber* § 169 ZPO Rn. 14 m. weit. Nachw.
[52] RGZ 159, 25, 26.
[53] BGH FamRZ 1990, 1227; NJW 1975, 781; NJW 1987, 377; aA *Vollkommer* ZZP 88 (1975), 334 ff.
[54] BGH VersR 1965, 1075.
[55] BGH NJW 1975, 781, 782; VersR 1994, 1495; *Zöller/Stöber* § 169 ZPO Rn. 14.
[56] BGH FamRZ 1990, 1227; *Zöller/Stöber* § 169 ZPO Rn. 14.

c) Zwischenverfügung. Wenn der Antrag unter behebbaren Mängeln leidet, insbesondere 20
wegen fehlender Deckungsgleichheit zwischen ihm und dem vom Nachlassgericht festgestellten
Erbrecht, oder wenn die dazu gemachten Darlegungen oder die vorgelegten Beweismittel unvollständig sind, muss entsprechend dem Rechtsgedanken des § 18 GBO und analog § 139 Abs. 1 S. 2
ZPO sowie auf Grund der Fürsorgepflicht des Gerichts, aber auch in Umsetzung des Amtsermittlungsgrundsatzes muss wegen § 28 Abs. 2 zunächst eine **Zwischenverfügung** mit Angabe des
Entscheidungshindernisses, der Beseitigungsmöglichkeiten und einer Fristsetzung zur Beseitigung des
Mangels ergehen, bevor der Antrag durch Beschluss zurück gewiesen werden kann.[57] Auch wenn das
FamFG nunmehr nur in § 382 Abs. 4 die Möglichkeit des Erlasses einer solchen Zwischenverfügung
in Handels-, Genossenschafts-, Partnerschafts- und Vereinsregistersachen vorsieht darf daraus nicht
der Gegenschluss gezogen werden, dass in anderen Verfahren der freiwilligen Gerichtsbarkeit eine
Zwischenverfügung unzulässig wäre.

d) Antragszurückweisung. Führt die Prüfung des Erbscheinsantrags endgültig zu einem **nega-** 21
tiven Ergebnis, so ist dieser durch Beschluss **„zurückzuweisen",**[58] der stets zu **begründen** ist
(§ 38 Abs. 3 iVm. Abs. 4).[59] Die Zurückweisung kann darauf beruhen, dass der Antrag nicht zulässig
oder nicht begründet ist. Zu letzterem zählt ein Antrag, der als solcher nicht schlüssig ist oder bei
dem das Gericht nicht zu der nach § 2359 BGB erforderlichen Überzeugung vom Bestehen des
behaupteten Erbrechts gelangt.[60]

III. Einschränkung der Beschwerdemöglichkeit ab Erteilung des Erbscheins (Abs. 3)

Ist der Erbschein bereits erteilt (dazu Rn. 17) ist nach Abs. 3 die Beschwerde gegen den Fest- 22
stellungsbeschluss (s. oben Rn. 8 ff.) nur noch dahingehend zulässig, dass die Einziehung des Erbscheins beantragt werden kann. Gemeint ist damit das Verfahren nach § 2361 BGB, so dass neben der
Einziehung auch die **Kraftloserklärung** in Betracht kommt.[61] Der Grund für die Beschränkung der
Beschwerdemöglichkeit liegt darin, dass mit der Erteilung des Erbscheins seine weitreichenden
Publizitätswirkungen eingetreten sind. Zulässiger Inhalt der Beschwerde ist ab diesem Zeitpunkt
daher nur mehr, dass das OLG das Nachlassgericht zur Einziehung des Erbscheins anweist.[62]
Gegebenenfalls ist die bereits eingelegte Beschwerde mit dieser Zielrichtung umzudeuten. Dabei ist
es unschädlich, dass es an sich an einer **erstinstanzlichen Entscheidung** über die Einziehung des
Erbscheins fehlt, denn das Nachlassgericht könnte der Beschwerde nach § 68 Abs. 1 abhelfen.[63] Die
Beschwerde bleibt aber auch in diesem Fall fristgebunden (§ 63). Da der Erbschein aber nicht in
materielle Rechtskraft erwächst, kann jederzeit auch die Erteilung eines abweichenden Erbscheins
beantragt werden, gegebenenfalls nach entsprechender Rücknahme der Beschwerde. Wird dieser
Antrag abgelehnt, so kann dagegen die Beschwerde (§§ 58 ff.) eingelegt werden. Wird jedoch der
Erbschein antragsgemäß erteilt, so ist der abweichende frühere Erbschein einzuziehen.[64] Stattdessen
kann der Erbprätendent auch nur die Einziehung des Erbscheins nach § 2361 anregen,[65] vgl. dazu
auch § 353 Rn. 6.

Bei **ordnungsgemäßer Verfahrensbehandlung** dürfte es im Übrigen gar nicht zur Anwendung 23
von Abs. 3 kommen, da bereits bei einem erkennbaren Widerspruch eines Beteiligten gegen den
Feststellungsbeschluss dessen sofortige Wirksamkeit auszusetzen und die Erteilung des Erbscheins bis
zur Rechtskraft des Beschlusses zurückzustellen ist (Abs. 2 S. 2).

---

[57] Zur Rechtslage nach dem FamFG *Keidel/Zimmermann* Rn. 134; zum früheren Recht BayObLGZ 2002, 359, 365 = NJW-RR 2003, 297 (unter Bezug auf § 139 Abs. 1 ZPO); BayObLG Rpfleger 1990, 166; KG DNotZ 1955, 408, 410; *Brehm* FG Rn. 582; *Deubner* JuS 1961, 34, 35; *Erman/Schlüter* Rn. 9; *Gregor* (Fn. 5) Rn. 94 ff. (mit ausführlichen Hinweisen); RGRK/*Kregel* § 2353 BGB Rn. 6; *Staudinger/Schilken* § 2353 BGB Rn. 55; zur Pflicht des Nachlassgerichts zum Erlass einer Zwischenverfügung s. MünchKommBGB/*J. Mayer* § 2353 BGB Rn. 73.

[58] *Keidel/Zimmermann* Rn. 133; *Deubner* JuS 1961, 66, 69; *Gregor* (Fn. 5) Rn. 179 (mit Muster); *Staudinger/Schilken* § 2353 BGB Rn. 82; *Zimmermann* ZEV 1995, 275, 280.

[59] Ausdrücklich Art. 4 Nds. FGG; auch ohne solche Regelung ist dies aus rechtsstaatlichen Gründen erforderlich, vgl. BVerfG NJW 1957, 297; *Deubner* JuS 1961, 66, 69; *Bartholomeyczik* Erbeinsetzung S. 299; *Firsching/Graf* Nachlassrecht Rn. 4.257; *Gregor* (Fn. 5) Rn. 179; *Lange/Kuchinke* § 39 II 5 c; *Palandt/Edenhofer* § 2359 BGB Rn. 14; *Staudinger/Schilken* § 2353 BGB Rn. 82.

[60] Dazu MünchKommBGB/*J. Mayer* § 2353 Rn. 101 sowie § 2359 Rn. 6 ff.

[61] *Schulte-Bunert* Rn. 1116.

[62] BT-Drucks. 16/6308, S. 281; *Zimmermann* FamFG Rn. 716.

[63] *Heinemann* ZFE 2009, 8, 12.

[64] *Schulte-Bunert* Rn. 1116.

[65] BT-Drucks. 16/6308, S. 281; *Heinemann* ZFE 2009, 8, 13; *Palandt/Edenhofer* § 2359 BGB Rn. 27.

§ 353 Einziehung oder Kraftloserklärung von Erbscheinen

(1) ¹In Verfahren über die Einziehung oder Kraftloserklärung eines Erbscheins hat das Gericht über die Kosten des Verfahrens zu entscheiden. ²Die Kostenentscheidung soll zugleich mit der Endentscheidung ergehen.

(2) ¹Ist der Erbschein bereits eingezogen, ist die Beschwerde gegen den Einziehungsbeschluss nur insoweit zulässig, als die Erteilung eines neuen gleichlautenden Erbscheins beantragt wird. ²Die Beschwerde gilt im Zweifel als Antrag auf Erteilung eines neuen gleichlautenden Erbscheins.

(3) Ein Beschluss, durch den ein Erbschein für kraftlos erklärt wird, ist nicht mehr anfechtbar, nachdem der Beschluss öffentlich bekannt gemacht ist (§ 2361 Abs. 2 Satz 2 des Bürgerlichen Gesetzbuchs).

I. Normzweck

1 Die maßgeblichen Vorschriften zur Einziehung und Kraftloserklärung eines Erbscheins sind nach wie vor noch im Wesentlichen im BGB geregelt. Das FGG enthielt nur in § 84 FGG eine Vorschrift, welche generell die Anfechtung des Beschlusses über die Kraftloserklärung des Erbscheins und ähnlicher Zeugnisse ausschloss. § 353 geht hierüber nun hinaus. Er greift die hierzu entwickelte Rspr. auf und regelt nunmehr ausdrücklich die Voraussetzungen, unter denen der Beschluss des Nachlassgerichts zur Einziehung oder Kraftloserklärung eines Erbscheins (§ 2361 BGB) angefochten werden kann.[1] Soweit der Beschluss zur Einziehung oder Kraftloserklärung bereits vollzogen ist, kann seine Aufhebung nicht mehr im Beschwerdeweg verlangt werden, weil der Erbschein damit bereits unwirksam ist und damit seine Publizitätswirkung zerstört wurde.[2]

II. Obligatorische Kostenentscheidung (Abs. 1)

2 In dem Verfahren über die Einziehung oder Kraftloserklärung eines Erbscheins hat das Nachlassgericht zugleich über die Kosten des Verfahrens zu entscheiden (Abs. 1 S. 1). Die Regelung der KostO zur Kostentragungspflicht in Amtsverfahren (§ 2 Abs. 2 KostO) bietet nach Auffassung des Gesetzgebers für diese Verfahren nicht in jedem Fall eine angemessene Lösung.[3] Daher sah er sich zur Schaffung dieser **Sonderregelung** veranlasst, die den § 81 entsprechend ergänzt. Dabei soll die Kostenentscheidung grundsätzlich zugleich mit der Endentscheidung (§ 38) ergehen (Abs. 1 S. 2). Von dem Grundsatz der Zeitgleichheit von Sach- und Kostenentscheidung, die nur eine „Sollbestimmung" ist,[4] kann abgewichen werden, wenn im Zeitpunkt der Entscheidung über die Einziehung oder Kraftloserklärung noch nicht geklärt werden kann, wer die Kosten zu tragen hat.[5] In diesem Fall ist die Kostenentscheidung so bald wie möglich nachzuholen.

III. Rechtsmittel bei der Einziehung und Kraftloserklärung

3 **1. Grundsätzliches.** Ergibt sich, dass ein erteilter Erbschein unrichtig ist, so hat ihn das Nachlassgericht einzuziehen (§ 2361 Abs. 1 S. 1 BGB). Mit der Einziehung wird der Erbschein kraftlos (§ 2361 Abs. 1 S. 2 BGB). Die Einziehung ist bewirkt, wenn die Urschrift, soweit diese einem Beteiligten ausgehändigt wurde, und die letzte der Ausfertigungen des Erbscheins dem Nachlassgericht zurückgegeben wurde.[6]

4 Wird die Rückgabe der Urschrift oder Ausfertigung verweigert, stehen dem Nachlassgericht die **Zwangsmittel** des § 35 FamFG (Zwangsgeld, Zwangshaft) zur Verfügung.[7] Daneben hat das Nachlassgericht die Möglichkeit der Vollstreckung der Herausgabe der Urschrift oder der Ausfertigung des

---

[1] BT-Drucks. 16/6308, S. 281.
[2] MünchKommBGB/*J. Mayer* § 2361 Rn. 40, 43.
[3] BT-Drucks. 16/6308, S. 281.
[4] AA *Keidel/Zimmermann* Rn. 14: es „muss" immer entschieden werden, was aber nicht dem Gesetzeswortlaut entspricht. Vielmehr wurde von der ursprünglich im RegE vorgesehenen zwingenden Kostenentscheidung abgesehen, vgl. BT-Drs. 16/6308, S. 391.
[5] *Schulte-Bunert* Rn. 1117.
[6] MünchKommBGB/*J. Mayer* § 2369 Rn. 38.
[7] Vgl. etwa *Firsching/Graf* Nachlassrecht Rn. 4.504.

Erbscheins nach § 883 ZPO neben oder anstelle des Zwangsgelds oder der Zwangshaft (§ 35 Abs. 4 FamFG).[8] Der entsprechende Beschluss kann mit der Anordnung der Einziehung verbunden werden.[9]

Durch die Einziehung soll den Gefahren vorgebeugt werden, die von der Publizitätswirkung **5** unrichtiger Erbscheine ausgehen (§ 2365 BGB), da sie einen gutgläubigen Erwerb ermöglichen können (§§ 2366, 2367 BGB). Für die Einziehung oder Kraftloserklärung besteht **keine zeitliche Grenze.**[10]

Entsprechend diesem öffentlichen Interesse an der Einziehung ist das Einziehungsverfahren als **6** echtes **Amtsverfahren** ausgestaltet,[11] und zwar sowohl hinsichtlich der Einleitung wie Durchführung (vgl. § 2361 Abs. 3 BGB iVm. § 26). Es bedarf daher für die Einleitung des Einziehungsverfahrens keines Antrags. Vielmehr haben Anträge nur die Bedeutung von Anregungen. Diese sind jedoch insofern bedeutsam, als dem Nachlassgericht der Natur der Sache nach eine allumfassende **Überwachung** und Gewährleistung der Richtigkeit des Erbrechtszeugnisses nicht möglich ist.[12] Jedoch hat es die Richtigkeit des erteilten Erbscheins von Amts wegen zu prüfen, sobald sich irgend ein **Anlass** ergibt, der auf seine Unrichtigkeit hindeutet.[13] Und insoweit sind auch die „Anträge" in der Praxis sehr wichtig.

Kann der Erbschein vom Nachlassgericht nicht sofort erlangt werden, so hat es ihn durch Beschluss **7** für **kraftlos** zu erklären (§ 2361 Abs. 2 S. 1 BGB). Dieser Beschluss ist vom Nachlassgericht nach den für die öffentliche Zustellung einer Ladung geltenden Vorschriften des § 186 ZPO bekannt zu machen, also im elektronischen Bundesanzeiger. Dann wird abweichend von § 40 die Kraftloserklärung mit dem Ablauf eines Monats nach der letzten Einrückung des Beschlusses in die öffentlichen Blätter wirksam (§ 2361 Abs. 2 S. 3 BGB).

Eine Einziehung oder Kraftloserklärung durch **einstweilige Anordnung** des Nachlassgerichts **8** (§ 49) ist nicht möglich, weil diese nicht mehr rückgängig gemacht werden kann.[14]

2. Verfahren. a) Zuständigkeit. Zuständig zur Einziehung oder Kraftloserklärung eines fehler- **9** haften Erbscheins ist in **sachlicher Hinsicht** das **Amtsgericht** (§ 23a GVG), in Baden-Württemberg das Notariat (§§ 1 Abs. 2, 38 BaWüLFGG), **örtlich** das **Nachlassgericht,** das ihn erteilt hat, selbst wenn es bei der Erteilung international, örtlich oder sachlich nicht zuständig war und der Erbschein nun wegen dieses oder eines anderen Fehlers eingezogen werden soll;[15] die internationale Zuständigkeit zur Einziehung besteht dabei jedenfalls.[16] Das **Beschwerdegericht** kann den Erbschein nie einziehen; es weist vielmehr das Nachlassgericht dazu an.[17] Hinsichtlich der **funktionellen Zuständigkeit** gilt: Die Anordnung der Einziehung ist dem Richter vorbehalten, wenn der Erbschein von ihm erteilt oder er wegen einer Verfügung von Todes wegen einzuziehen ist (§ 16 Abs. 1 Nr. 7 RPflG); ansonsten ist der Rechtspfleger zuständig. Zur landesrechtlich möglichen Aufhebung dieses Richtervorbehalts s. § 19 Abs. 1 Nr. 5 RPflG.

b) Einziehungsverfahren. Dieses besteht aus **zwei Einziehungsphasen.**[18] (1) Zunächst wird **10** die Einziehung durch **Beschluss** des Nachlassgerichts (§ 38) mit Rechtsbehelfsbelehrung (§ 39) angeordnet,[19] der mit Gründen zu versehen (§ 38 Abs. 3)[20] und den Beteiligten bekannt zu geben ist

---

[8] Vgl. zu dieser gegenüber dem FGG neuen Regelung *Schulte-Bunert* Rn. 179.
[9] Vgl. dazu den Formulierungsvorschlag von *Zimmermann* FamFG Rn. 722.
[10] BGHZ 47, 58 = LM Nr. 5 mit Anm. *Johannsen;* BayObLG NJW 1966, 1680; BayObLGZ 1967, 197; BayObLG FamRZ 1989, 99, 102; BayObLGZ 1997, 59, 63 = NJW-RR 1997, 836 (Einziehung nach 50 Jahren); OLG Frankfurt/M. ZErb 2003, 191; OLG Köln Rpfleger 2003, 193 (nach 27 Jahren); KG OLGE 21, 352; *v. Lübtow* II 1034; *Habscheid* FG § 55 IV 1; *Palandt/Edenhofer* § 2361 BGB Rn. 1; *Zimmermann* FamFG Rn. 719; aA OLG Schleswig SchlHA 1964, 259.
[11] *Brehm* FG Rn. 594; *Bamberger/Siegmann/Höger* § 2361 BGB Rn. 8.
[12] *Lange/Kuchinke* § 39 VI 1 weisen darauf hin, dass dies nur theoretisch sein kann.
[13] Vgl. etwa KG KGJ 36, 114; *Staudinger/Schilken* § 2361 BGB Rn. 10.
[14] BGHZ 40, 54, 59 f.; MünchKommBGB/*J. Mayer* § 2369 Rn. 44.
[15] AllgM, zB BayObLGZ 1964, 292; 1977, 59; OLG Hamm OLGZ 1972, 352, 353; KG Rpfleger 1966, 209; OLG Frankfurt Rpfleger 1981, 21 (Gebietsreform); *Habscheid* FG § 55 IV 1; *Planck/Greiff* § 2361 BGB Anm. 2; *Staudinger/Schilken* § 2361 BGB Rn. 8 m. weit. Nachw.; *Erman/Schlüter* § 2361 BGB Rn. 6; *Palandt/Edenhofer* § 2361 BGB Rn. 14; *Soergel/Zimmermann* § 2361 BGB Rn. 19; aA für die HöfeO *Wöhrmann* § 18 HöfeO Rn. 69, wenn irriger Weise der Erbschein vom allg. Nachlassgericht und nicht vom Landwirtschaftsgericht erteilt wurde; ebenso anscheinend auch *Lange/Wulff/Lüdtke-Handjery* § 19 HöfeO Rn. 8.
[16] BayObLGZ 1981, 145, 147; OLG Hamm NJW 1964, 553, 554; *Soergel/Zimmermann* § 2361 BGB Rn. 19.
[17] BayObLGZ 1951, 412, 414; 1954, 71, 74; 2000, 279, 290 = FamRZ 2001, 873; OLG Celle NdsRpfl 1955, 189; OLG Frankfurt Rpfleger 1973, 95; *Palandt/Edenhofer* § 2361 BGB Rn. 14; *Staudinger/Schilken* § 2361 BGB Rn. 9; *Soergel/Zimmermann* § 2361 BGB Rn. 19 m. weit. Nachw.
[18] BayObLG ZEV 2001, 489, 490 = NJW-RR 2001, 950; *Keidel* DNotZ 1958, 265, 266.
[19] Muster hierfür *Zimmermann* FamFG Rn. 722.
[20] Vgl. *Firsching/Graf* Nachlassrecht Rn. 4.502.

(§ 41 Abs. 1 S. 1); dem Erbscheinsinhaber ist er idR zuzustellen (§ 41 Abs. 1 S. 2).²¹ Zugleich kann auch durch Beschluss die Vollstreckung der Herausgabe der Urschrift oder Ausfertigung des Erbscheins an das Nachlassgericht angeordnet werden (§ 35 Abs. 4). Wurde gleichzeitig der Erlass eines neuen Erbscheins beantragt, so kann hierüber im gleichen Beschluss entschieden werden.

11 (2) Die Einziehungsanordnung muss sodann **vollzogen** werden. Die Anordnung enthält dabei die Aufforderung zur **körperlichen Rückgabe** des Erbscheins, und zwar der diesbezüglich erteilten Urschrift und der entsprechenden Ausfertigungen.²² Sie erfasst aber nicht die beglaubigten Abschriften, weil diese die Urschrift nicht im Rechtsverkehr vertreten (§§ 317 Abs. 3 ZPO, 47 BeurkG).²³ Die **Einziehung ist bewirkt,** wenn sich die Urschrift und alle hinausgegebenen Ausfertigungen des Erbscheins körperlich wieder in der Verfügungsgewalt des Nachlassgerichts befinden.²⁴ Die Ablieferung bei einem anderen Nachlassgericht zur Rechtshilfe muss genügen, nicht aber die Aushändigung an eine andere Stelle. Die Unerreichbarkeit einzelner Stücke macht die Einziehung unmöglich und die Kraftloserklärung erforderlich.²⁵

12 Die **Ablehnung** der Einziehung erfolgt ebenfalls durch zu begründenden Beschluss (§ 38), wenn sie von einem Beteiligten (§ 345) „beantragt" wurde.²⁶ Ansonsten wird nur ein Aktenvermerk gefertigt. Der ablehnende Beschluss ist dem Antragsteller **zuzustellen** (§ 41 Abs. 1 S. 2).

13 3. Rechtsmittel bei der Einziehung (Abs. 2). a) Grundsätzliches. Das richtige Rechtsmittel ist die **befristete Beschwerde** (§§ 58 ff.), die binnen eines Monats (§ 63) beim Nachlassgericht (§ 64) einzulegen ist. Der Beschwerdewert muss 600 Euro übersteigen oder es muss das Nachlassgericht die Beschwerde ausdrücklich zulassen (§ 61). Eine Abhilfe der Beschwerde durch das Nachlassgericht ist möglich (§ 68). Beschwerdegericht ist das Oberlandesgericht (§ 119 Abs. 1 Nr. 1 lit. b GVG nF). Eine Rechtsbeschwerde zum BGH ist möglich (§§ 70 ff.), setzt aber eine entsprechende Zulassung durch das Beschwerdegericht voraus.

14 b) Beschwerde gegen die Einziehung. Richtet sich die sofortige Beschwerde gegen die Einziehung des Erbscheins, so ist entsprechend den zeitlichen Phasen des Einziehungsverfahrens (s. Rn. 10 ff.) zu differenzieren:

15 aa) Beschwerde vor der Vollziehung der Einziehungsanordnung. (1) Gegen die **Anordnung der Einziehung** sind **vor deren Durchführung** Beschwerde und gegebenenfalls die Rechtsbeschwerde mit dem Ziel der Aufhebung statthaft.²⁷ Sie haben keine aufschiebende Wirkung.²⁸ Jedoch kann ab Eingang der Beschwerde das Beschwerdegericht die Vollziehung des Einziehungsbeschlusses aussetzen (§ 64 Abs. 3).

16 bb) **Beschwerde nach der Vollziehung der Einziehungsanordnung.** Ist dagegen die Einziehung bereits **vollzogen** (s. Rn. 11) so kann dies wegen § 2361 Abs. 1 S. 2 BGB und der bereits eingetretenen Zerstörung der Publizitätswirkung nicht mehr rückgängig gemacht werden. Die sofortige Beschwerde ist dann nur noch mit dem Antrag und Ziel zulässig, dass das OLG das Nachlassgericht zur Erteilung eines neuen, gleichlautenden Erbscheins anweist (§ 353 Abs. 2 S. 1).²⁹ Eine ohne diesen Antrag eingelegte Beschwerde gilt auf Grund der Auslegungsregel des § 353 Abs. 2 S. 2 FamFG im Zweifel als Antrag auf Erteilung eines entsprechenden neuen Erb-

---

²¹ *Zimmermann* FamFG Rn. 722; *Erman/Schlüter* § 2361 BGB Rn. 6.
²² *Staudinger/Schilken* § 2361 BGB Rn. 25; *Zimmermann* FamFG Rn. 722.
²³ OLG München DFG 1937, 21; *Firsching/Graf* Nachlassrecht Rn. 4.503; *Soergel/Zimmermann* § 2361 BGB Rn. 22.
²⁴ BayObLGZ 1966, 233, 235; 1980, 72, 73; OLG Oldenburg DNotZ 1958, 263 mit Anm. *Keidel*; AnwK-BGB/ *Kroiß* § 2361 BGB Rn. 24; *Firsching/Graf* Nachlassrecht Rn. 4.503; *Lange/Kuchinke* § 39 VI 2 c; v. *Lübtow* II 1034; *Habscheid* FG § 55 IV 3; *Staudinger/Schilken* § 2361 BGB Rn. 24, 26; *Palandt/Edenhofer* § 2361 BGB Rn. 9.
²⁵ MünchKommBGB/*J. Mayer* § 2369 Rn. 38.
²⁶ *Zimmermann* FamFG Rn. 722.
²⁷ RGZ 61, 273, 276 f.; BayObLG FamRZ 1997, 1370 = Rpfleger 1997, 370; AnwK-BGB/*Kroiß* § 2361 BGB Rn. 40; *Habscheid* FG § 55 V 4 b; *Soergel/Zimmermann* § 2361 BGB Rn. 24; *Keidel/Zimmermann* Rn. 18; *Staudinger/Schilken* § 2361 BGB Rn. 28; *Zimmermann* FamFG Rn. 724; § 353 Abs. 2 (früher § 84 FGG) betrifft nur die Kraftloserklärung, vgl. etwa KG KJG 46, 141, 142 f., so dass hieraus ein entsprechender Umkehrschluss gezogen werden kann, zutr. *Schulte-Bunert* Rn. 1118.
²⁸ *Planck/Greiff* § 2361 BGB Anm. 8.
²⁹ BGH RdL 1963, 247 (HöfeO); BGHZ 40, 54, 56; BGH WM 1972, 804; BayObLGZ 1980, 72, 73; BayObLG FamRZ 1989, 550; BayObLG 1996, 165, 166 = NJW-RR 1997, 201; BayObLG ZEV 2001, 489, 490 = NJW-RR 2001, 950; OLG Köln Rpfleger 1986, 261; OLG Köln NJW-RR 1994, 1421 = ZEV 1994, 376 (jedoch ungenau, da es nicht zwischen erst angeordneter und bereits durchgeführter Einziehung unterscheidet) mit Anm. *W. Zimmermann*; *Habscheid* FG § 55 V 4 b; *Soergel/Zimmermann* § 2361 BGB Rn. 24; *Palandt/Edenhofer* § 2361 BGB Rn. 12; *Planck/Greiff* § 2361 BGB Anm. 8; *Jansen/Müller-Lukoschek* § 84 FGG Rn. 35; *Keidel/ Winkler* § 84 FGG Rn. 20.

scheins.³⁰ Aus Gründen der Verfahrensökonomie bedarf es aber keiner vorherigen Befassung des Nachlassgerichts mit diesem Antrag, da dieses bereits durch die Nichtabhilfe der Beschwerde (§ 68 Abs. 1 S. 1) zu verstehen gegeben hat, keinen entsprechenden Erbschein erteilen zu wollen.³¹ Diese Grundsätze gelten auch, wenn erst während des Beschwerdeverfahrens die angegriffene Einziehungsanordnung vollzogen wird.³² Gibt es einen inzwischen erteilten abweichenden Erbschein wird teilweise gefordert, dass die Beschwerde gegen die Einziehung mit der gegen den neuerteilten Erbschein verbunden werden müsse, da sonst zwei sich widersprechende Erbscheine vorhanden wären.³³ Dabei wird jedoch übersehen, dass die Einziehung eines unrichtigen Erbscheins von Amts wegen zu erfolgen hat, so dass ein „Einziehungsantrag" schon gar nicht zur Zulässigkeitsvoraussetzung für die Beschwerde gegen die Einziehung des ersten Erbscheins gemacht werden kann.³⁴

c) Beschwerde gegen die Ablehnung der Einziehung. Gegen die **Ablehnung der Einziehung** des Erbscheins ist die befristete Beschwerde nach den §§ 58 ff. FamFG statthaft,³⁵ wobei das Ziel der Beschwerde nur sein kann, das Nachlassgericht zur Einziehung anzuweisen, da das Beschwerdegericht selbst die Einziehung nicht anordnen darf.³⁶ 17

4. Rechtsmittel bei der Kraftloserklärung (Abs. 3). Der Normzweck, der die Beschwerde gegen die vollzogene Einziehungsverfügung ausschließt (s. Rn. 16), liegt auch § 353 Abs. 3 (früher § 84 S. 1 FGG) zu Grunde, der die Beschwerde gegen den **Kraftloserklärungsbeschluss** für unstatthaft erklärt: Solange der Kraftloserklärungsbeschluss erst gefasst, aber **noch nicht öffentlich bekannt gemacht** und daher noch rückwirkend beseitigt werden könnte, ist deshalb dagegen die sofortige Beschwerde statthaft.³⁷ Hat der Rechtspfleger entschieden, so ist die befristete Erinnerung nach § 11 Abs. 2 RPflG der richtige Rechtsbehelf. **Nach** der öffentlichen Bekanntmachung des Kraftloserklärungsbeschlusses iS von § 2361 Abs. 2 S. 2 BGB ist dieser unanfechtbar (§ 353 Abs. 3). 18

Eine danach unzulässige sofortige **Beschwerde** ist idR in einen **Antrag** auf Erteilung eines neuen Erbscheins, der inhaltlich dem für kraftlos erklärten entspricht, umzudeuten oder in eine Beschwerde, mit der eine Anweisung des Beschwerdegerichts an das Nachlassgericht erreicht werden soll, dass ein solcher neuer Erbschein erteilt wird.³⁸ Eine solche Umdeutung ist idR vorzunehmen, auch wenn es im Zusammenhang mit dem Kraftloserklärungsbeschluss nach Abs. 3 an einer derartigen „geltungserhaltenden Reduktion" fehlt, wie dies Abs. 2 S. 2 ausdrücklich für die Einziehung vorsieht. Liegt dem Kraftloserklärungsbeschluss bereits eine **Einziehungsanordnung zu Grunde,** kann sich die Beschwerde mit dem Ziel der Neuerteilung auch hiergegen richten.³⁹ Nach dem ausdrücklichen Wortlaut des § 353 Abs. 3 ist allein die öffentliche Bekanntmachung, nicht aber die nach § 2361 Abs. 2 S. 3 erst später eintretende Wirksamkeit derselben, die maßgebliche Zäsur für die Frage, wie lange der Kraftloserklärungsbeschluss noch angefochten werden kann. 19

5. Beschwerdebefugnis. a) Beschwerdebefugnis gegen die Einziehung oder Kraftloserklärung. Diese setzt materielle Beschwer (§ 59 Abs. 1) voraus.⁴⁰ Das Beschwerderecht gegen die 20

---

³⁰ Dies wurde bereits vor der ausdrücklichen Regelung des FamFG ebenso gesehen, vgl. bereits BayObLGZ 1959, 199, 203; 1988, 170, 173 (obiter dictum); RGRK/*Kregel* § 2359 BGB Rn. 11, § 2361 BGB Rn. 11.
³¹ *Heinemann* ZFE 2009, 8, 13.
³² *Keidel/Zimmermann* Rn. 19.
³³ So OLG Köln ZEV 1994, 376 = NJW-RR 1994, 1421; und dem folgend *Bamberger/Roth/Seidl* § 2361 BGB Rn. 16; *Palandt/Edenhofer* § 2361 BGB Rn. 12.
³⁴ Zutr. *W. Zimmermann* ZEV 1994, 377.
³⁵ BayObLGZ 2001, 347, 350 = NJW-RR 2002, 726; OLG Frankfurt/M. ZEV 1997, 454, 455 = FamRZ 1998, 57; *Zimmermann* FamFG Rn. 725; *Keidel/Winkler* § 84 FGG Rn. 21.
³⁶ BayObLGZ 2000, 279, 290 = FamRZ 2001, 873; BayObLG NJW-RR 2005, 1245; *Palandt/Edenhofer* § 2361 BGB Rn. 14; *Soergel/Zimmermann* § 2361 BGB Rn. 25.
³⁷ So die zum FGG hM, vgl. BayObLGZ 1958, 364, 365 f.; *v. Lübtow* II 1034; AnwK-BGB/*Kroiß* § 2361 BGB Rn. 44; *Keidel/Winkler* § 84 FGG Rn. 18; *Staudinger/Schilken* § 2361 BGB Rn. 40; *Soergel/Zimmermann* § 2361 BGB Rn. 32; aA *Habscheid* FG § 54 III 2, § 55 V 5; *Jansen/Müller-Lukoschek* § 84 FGG Rn. 35; die Neuregelung des § 353 Abs. 3 FamFG folgt dieser hM, vgl. etwa *Keidel/Zimmermann* Rn. 33; *Schulte-Bunert,* Das neue FamFG, Rn. 1119; *Heinemann* ZFE 2009, 8, 13; *Zimmermann* FamFG Rn. 727.
³⁸ KG JFG 10, 79; OLG Halle NJ 1949, 21; *Keidel/Zimmermann* Rn. 34; *Heinemann* ZFE 2009, 8, 13; *Zimmermann* FamFG Rn. 727; *Staudinger/Schilken* § 2361 BGB Rn. 41; *Erman/Schlüter* § 2361 BGB Rn. 8; *Palandt/Edenhofer* § 2361 BGB Rn. 12; *Jauernig/Stürner* Rn. 10 f.; *Lange/Kuchinke* § 39 VI Fn. 218 m. weit. Nachw.; *Keidel* DNotZ 1958, 166 f.; aA zB OLG Oldenburg DNotZ 1955, 158.
³⁹ *Staudinger/Schilken* § 2361 BGB Rn. 41; *Keidel/Winkler* § 84 FGG Rn. 17.
⁴⁰ *Zimmermann* FamFG Rn. 724.

§ 353 21, 22   Buch 4. Abschnitt 2. Verfahren in Nachlasssachen

Einziehung oder Kraftloserklärung des Erbscheins steht dabei nicht nur dem ursprünglichen Antragsteller,[41] sondern **jedem potenziell für den Erbschein Antragsberechtigten** zu.[42]

21 § 59 Abs. 2 ist somit nicht entspr. anzuwenden.[43] Deshalb können zB auch der Erbserbe oder der Miterbe eine zulässige Beschwerde erheben, die den eingezogenen Erbschein nicht selbst beantragt hatten,[44] ebenso der **Testamentsvollstrecker,**[45] bei mehreren aber grds. nur alle gemeinsam (§ 2224 Abs. 1 S. 1 BGB).[46] Dagegen kann sich der **Nacherbe nicht gegen die Einziehung oder Kraftloserklärung** des Erbscheins des Vorerben wenden, wenn der Nacherbenvermerk richtig angegeben war, denn er könnte diesen Erbschein nicht selbst beantragen;[47] er kann **nur gegen die Erteilung** eines Erbscheins an den Vorerben vorgehen, der seine Rechtsstellung nicht zutreffend berücksichtigt.[48] **Dritte,** die uU den Erbschein benötigen, haben keine Beschwerdebefugnis gegen seine Einziehung, zB Erwerber von Erbschaftsgegenständen,[49] der Vermächtnisnehmer[50] und andere Nachlassgläubiger, die keinen Vollstreckungstitel besitzen (§ 792 ZPO), wohl aber der Steuerfiskus wegen eines vollstreckbaren Steuerbescheids, es sei denn, dass die Einziehung während eines Nachlassinsolvenzverfahrens erfolgt und ungewiss ist, ob nach Beendigung desselben es noch zur Vollstreckung in den Nachlass kommen kann.[51] Die Beschwerde kann sich nur gegen die Einziehung selbst, nicht gegen die Entscheidungsgründe richten.[52]

22 b) **Beschwerdeberechtigung gegen Ablehnung der Einziehung oder Kraftloserklärung.** Während die Anregung zur Einziehung jedermann zusteht, ist nur derjenige **gegen die Ablehnung der Einziehung** oder **Kraftloserklärung beschwerdeberechtigt,** dessen **Rechte** infolge des öffentlichen Glaubens des Erbscheins durch dessen Unrichtigkeit oder Unvollständigkeit **beeinträchtigt** werden (§ 59 Abs. 1).[53] Das ist grundsätzlich jeder, der für den richtigen Erbschein antragsberechtigt ist, zB der nach seiner Behauptung wirkliche Erbe,[54] nach dem Nacherbfall der **Nacherbe** hinsichtlich des nun nicht mehr richtigen Vorerbenerbscheins,[55] der Erbserbe, der Testamentsvollstrecker,[56] ein Gläubiger, zB auch ein Vermächtnisnehmer, aber nur als Inhaber eines vollstreckbaren Titels (§§ 792, 896 ZPO).[57] Beschwerdeberechtigt ist außerdem jeder, für den in dem Erbschein eine nicht bestehende erbrechtliche Stellung bezeugt oder dessen vorhandene Rechts-

---

[41] Vgl. etwa BayObLG FamRZ 1996, 1577.
[42] BGHZ 30, 220, 222 f. = NJW 1959, 1729; BayObLG ZEV 2001, 408, 409 = FamRZ 2001, 1736; OLG Frankfurt/M. ZEV 1997, 454, 455 = FamRZ 1998, 57; KG DNotZ 1955, 156; AnwK-BGB/*Kroiß* Rn. 42; *v. Lübtow* II 1034; *Habscheid* FG § 55 V 4 b; *Jansen/Müller-Lukoschek* § 84 FGG Rn. 34; *Keidel/Kahl* § 20 FGG Rn. 73 m. weit. Nachw.; *Keidel/Winkler* § 84 FGG Rn. 23; *PWW/Deppenkemper* § 2361 BGB Rn. 11; *Staudinger/Schilken* § 2361 BGB Rn. 31; *Erman/Schlüter* § 2361 BGB Rn. 7; *Palandt/Edenhofer* § 2361 BGB Rn. 13; *Soergel/Zimmermann* § 2361 BGB Rn. 30; ausdrücklich zum FamFG *Keidel/Zimmermann* Rn. 23; Schulte-Bunert/Weinreich/Tschichoflos Rn. 28 f.; aA noch OLG Bremen Rpfleger 1956, 195 und die frühere Rspr.
[43] *Keidel/Zimmermann* Rn. 23; ebenso zu § 20 Abs. 2 FGG BGHZ 30, 220, 222 f.; *Habscheid* FG § 55 V 4 b; *Staudinger/Schilken* § 2361 BGB Rn. 30.
[44] BGHZ 30, 220, 222 f.; *Staudinger/Schilken* § 2361 BGB Rn. 30.
[45] BayObLG FamRZ 2002, 911, 912 = NJW-RR 2002, 367; OLG Oldenburg Rpfleger 1965, 305, 306 und zwar auch nach Durchführung der Erbauseinandersetzung, OLG Hamm NJW-RR 1993, 461.
[46] OLG Düsseldorf FamRZ 2001, 123, 124 = FGPrax 2000, 205.
[47] BayObLGZ 1961, 200; BayObLGZ 1996, 69, 73 = NJW-RR 1997, 389; OLG Oldenburg DNotZ 1958, 263 mit Anm. *Keidel*; *Erman/Schlüter* § 2361 BGB Rn. 7; *Staudinger/Schilken* § 2361 BGB Rn. 31; *Palandt/Edenhofer* § 2361 BGB Rn. 13, § 2363 Rn. 8; *Soergel/Zimmermann* § 2361 BGB Rn. 31 m. weit. Nachw.
[48] BayObLG FamRZ 1996, 1577: Erbschein ohne Nacherbenvermerk.
[49] BayObLGZ 1966, 49; *Soergel/Zimmermann* § 2361 BGB Rn. 31.
[50] BayObLG NJWE-FER 2001, 183; ihm fehlt ja auch das Antragsrecht für die Erbscheinserteilung, s. MünchKommBGB/*J. Mayer* § 2353 BGB Rn. 91.
[51] BayObLG ZEV 2001, 408, 409 f. = FamRZ 2001, 1736; unzutr. *Soergel/Zimmermann* § 2361 BGB Rn. 31 bezüglich der Erbschaftsteuerbehörde, denn auch diese erlässt vollstreckbare Steuerbescheide (zu deren Vollstreckung s. §§ 249 ff. AO).
[52] KG OLGZ 1966, 74.
[53] BGH LM LVO § 23 Nr. 7; BayObLG NJWE-FER 2000, 93; AnwK-BGB/*Kroiß* Rn. 42; *Habscheid* FG § 55 V 4 a; *Soergel/Zimmermann* § 2361 BGB Rn. 28; *Staudinger/Schilken* § 2361 BGB Rn. 24. Ist zur Beschwerdeberechtigung erst noch eine Vaterschaftsfeststellung (§ 1592 Nr. 3) erforderlich, genügt es, dass sie bis zur Beschwerdeentscheidung ergeht, BayObLGZ 2003, 68 = FamRZ 2003, 1595, 1597; eingehend zur Beschwerdeberechtigung in diesem Zusammenhang MünchKommBGB/*J. Mayer* § 2361 BGB Rn. 49.
[54] BayObLGZ 1991, 1, 5 = NJW-RR 1991, 587 (falsche Quotenangabe); OLG Hamm Rpfleger 1986, 138, 139; OLG Köln FamRZ 1993, 1124, 1126 (wg. Testamentsvollstreckervermerk).
[55] OLG Jena FamRZ 1994, 1208 = OLG-NL 1994, 38, 39.
[56] OLG Oldenburg Rpfleger 1965, 305; *Soergel/Zimmermann* § 2361 BGB Rn. 29 m. weit. Nachw.
[57] OLG Hamm Rpfleger 1977, 306; OLG Köln FamRZ 1991, 1481, 1482 f.; *Soergel/Zimmermann* § 2361 BGB Rn. 29 m. weit. Nachw.

stellung nicht zutreffend berücksichtigt ist, also insbes. wer im Ganzen[58] oder zu einem unzutreffenden Anteil dort als Erbe ausgewiesen ist[59] und der Nacherbe einschließlich des Ersatznacherben.[60] Dieses Beschwerderecht gilt entsprechend, wenn das Nachlassgericht einer Anregung zu Ermittlungen über die Unrichtigkeit des Erbscheins nicht nachgeht und **untätig** bleibt.

§ 354 Sonstige Zeugnisse

Die §§ 352 und 353 gelten entsprechend für die Erteilung von Zeugnissen nach den §§ 1507 und 2368 des Bürgerlichen Gesetzbuchs, den §§ 36 und 37 der Grundbuchordnung sowie den §§ 42 und 74 der Schiffsregisterordnung.

I. Regelungsinhalt

Die Vorschrift bestimmt, dass das Verfahren zur Erteilung eines Erbscheins sowie die Bestimmungen über die Rechtsmittel gegen seine Einziehung und Kraftloserklärung (§§ 352, 353) entsprechend anwendbar sind auf die ebenfalls vom Nachlassgericht zu erteilenden Zeugnisse über die Fortsetzung der Gütergemeinschaft (§ 1507 BGB), die Testamentsvollstreckerzeugnisse (§ 2368 BGB) und Überweisungszeugnisse nach den §§ 36, 37 GBO[1] sowie den §§ 42, 74 SchiffRegO.[2] Von diesen Zeugnissen hat heute im Wesentlichen nur noch das **Testamentsvollstreckerzeugnis** eine große praktische Bedeutung. Diesbezüglich ist zu beachten, dass dieses bereits mit der Beendigung des Amtes automatisch unwirksam wird (§ 2369 Abs. 2, 2. Halbs. BGB).[3]

1

§ 355 Testamentsvollstreckung

(1) **Ein Beschluss, durch den das Nachlassgericht einem Dritten eine Frist zur Erklärung nach § 2198 Abs. 2 des Bürgerlichen Gesetzbuchs oder einer zum Testamentsvollstrecker ernannten Person eine Frist zur Annahme des Amtes bestimmt, ist mit der sofortigen Beschwerde in entsprechender Anwendung der §§ 567 bis 572 der Zivilprozessordnung anfechtbar.**

(2) **Auf einen Beschluss, durch den das Gericht bei einer Meinungsverschiedenheit zwischen mehreren Testamentsvollstreckern über die Vornahme eines Rechtsgeschäfts entscheidet, ist § 40 Abs. 3 entsprechend anzuwenden; die Beschwerde ist binnen einer Frist von zwei Wochen einzulegen.**

(3) **Führen mehrere Testamentsvollstrecker das Amt gemeinschaftlich, steht die Beschwerde gegen einen Beschluss, durch den das Gericht Anordnungen des Erblassers für die Verwaltung des Nachlasses außer Kraft setzt, sowie gegen einen Beschluss, durch den das Gericht über Meinungsverschiedenheiten zwischen den Testamentsvollstreckern entscheidet, jedem Testamentsvollstrecker selbständig zu.**

I. Normzweck

Die Vorschrift befasst sich mit einigen **Verfahrensfragen** des Rechts der **Testamentsvollstreckung,** das ansonsten in den §§ 2197 bis 2228 BGB geregelt ist. § 355 übernimmt dabei die früher in den §§ 80 bis 82 FGG enthaltenen Regelungen. **Abs. 2** betrifft das Wirksamwerden und die Anfechtbarkeit von Entscheidungen des Nachlassgerichts, mit denen dieses über **Meinungsverschiedenheiten** zwischen mehreren Testamentsvollstreckern gem. § 2224 Abs. 1 S. 1 BGB entscheidet und ersetzt den früheren § 82 Abs. 2 FGG. Die dem früheren § 53 FGG entsprechende Regelung findet sich nunmehr in § 40 Abs. 3, so dass die Verweisung entsprechend angepasst wurde. **Abs. 3** steht im Zusammenhang mit dem Außerkraftsetzen von **Verwaltungsanordnungen** des

1

---

[58] BGHZ 30, 261 = NJW 1959, 1730 m. Anm. *Bärmann* (NJW 1960, 142) = Rpfleger 1959, 376 m. Anm. *Haegele*; OLG Hamm Rpfleger 1984, 273; *Soergel/Zimmermann* § 2361 BGB Rn. 29.
[59] BayObLG NJW-RR 2005, 1245.
[60] BayObLGZ 1960, 407; FamRZ 1996, 1577.
[1] Eingehend dazu, insbes. zu der dadurch eröffneten Möglichkeit der Kostenersparnis *Kersten* ZNotP 2004, 93.
[2] IdF der Bekanntmachung vom 26. 5. 1994 (BGBl. I S. 1133), zuletzt geändert durch Art. 92 der VO vom 31. 10. 2006 (BGBl. I S. 2407).
[3] Ausf. zum Testamentsvollstreckerzeugnis *Keidel/Zimmermann* Rn. 5 ff.; *ders.* ZErb 2009, 86, 87 f.; Münch-KommBGB/*J. Mayer* § 2368 Rn. 3 ff.

Erblassers nach § 2216 Abs. 2 S. 2 BGB und übernimmt den Regelungsinhalt des bisherigen § 82 Abs. 1 FGG.[1]

II. Fristsetzungen im Zusammenhang mit der Ernennung und Annahme des Testamentsvollstrecker-Amtes (Abs. 1)

2 **1. Fristsetzung zur Bestimmung eines Testamentsvollstreckers.** Der Erblasser kann in einer Verfügung von Todes wegen einem **Dritten** das Bestimmungsrecht einräumen, einen Testamentsvollstrecker zu ernennen (§ 2198 Abs. 1 Satz 2 BGB). Wird von diesem Bestimmungsrecht kein Gebrauch gemacht, so hat das Nachlassgericht diesbezüglich nichts weiter zu veranlassen. Jedoch kann ein **Beteiligter** einen **Antrag** stellen (§ 23), dass das Gericht dem Dritten eine Frist zur Ausübung seines Bestimmungsrechts setzt (§ 2198 Abs. 2 BGB). **Antragsberechtigt** ist jeder, der ein rechtliches Interesse an der Klärung der Frage hat, ob die Testamentsvollstreckung zum Tragen kommt.[2] Daher sind antragsberechtigt[3] jeder Erbe, Miterbe, Pflichtteilsberechtigte,[4] Vermächtnisnehmer, Auflageberechtigte (§ 2194 BGB), Nachlasspfleger (§§ 1960, 1961 BGB) und Nachlassgläubiger (§§ 2213 BGB, 748 ZPO),[5] nach wohl hM jedoch nicht der durch die Auflage Begünstigte.[6]

3 **Funktionell** zuständig für die Fristbestimmung ist der Rechtspfleger (§ 3 Nr. 2 lit. c RPflG), der durch **Beschluss** entscheidet[7] und dabei die §§ 38 ff. zu beachten hat; insbesondere ist eine Rechtsbehelfsbelehrung erforderlich (§ 39). Die **Gebühr** bestimmt sich nach § 113 KostO. Das Bestimmungsrecht des dazu Benannten Dritten ist höchstpersönlich, so dass eine **zwangsweise** Durchsetzung, etwa durch Zwangsgeld (§ 35) ausscheidet. Vielmehr wird nach fruchtlosem Fristablauf die Testamentsvollstreckung gegenstandslos, sofern kein Ersatztestamentsvollstrecker oder zumindest Ersatzbenennungsberechtigter vorgesehen und auch kein Ersuchen an das Nachlassgericht nach § 2200 BGB anzunehmen ist.[8]

4 **2. Fristsetzung zur Amtsannahme.** Hat der Erblasser selbst einen Testamentsvollstrecker ernannt, so wird die hierfür vorgesehene Person nach der Eröffnung der entsprechenden Verfügung von Todes wegen vom Nachlassgericht verständigt (§ 348 Abs. 3). Soweit daraufhin beim Nachlassgericht keine Erklärung dieser Person über die Annahme oder Ablehnung des Amtes eintrifft, so hat das Nachlassgericht diesbezüglich nichts zu veranlassen. Jedoch kann ein Beteiligter beim Nachlassgericht den Antrag stellen, dass das Nachlassgericht dem Ernannten eine Frist zur Erklärung über die Annahme des Amtes bestimmt (§ 2202 Abs. 3 S. 1 BGB). Die **Antragsberechtigung** entspricht der bei § 2198 Abs. 2 BGB (dazu Rn. 2).[9] **Funktionell** zuständig für die Fristsetzung ist auch hier der Rechtspfleger (§ 3 Nr. 2 lit. c RPflG), der durch Beschluss entscheidet.[10] Die **Gebühr** bestimmt sich nach § 115 KostO. Der Fristsetzungsbeschluss ist den in diesem Verfahren nach § 345 Abs. 3 Beteiligten nach § 41 bekannt zu geben. Erst dann wird er wirksam (§ 40 Abs. 1). Mit fruchtlosem Ablauf der Erklärungsfrist gilt das Amt als abgelehnt (§ 2202 Abs. 3 S. 2 BGB).

5 **3. Rechtsmittel in den Fällen des Abs. 1.** Abs. 1 regelt die Statthaftigkeit der sofortigen Beschwerde **gegen Beschlüsse** des Nachlassgerichts, durch die einem Dritten eine **Erklärungsfrist** zur Bestimmung eines Testamentsvollstreckers sowie einem zum Testamentsvollstrecker Ernannten eine Frist zur Annahme seines Amtes **bestimmt** wird. Bereits nach dem FGG waren diese Beschlüsse nur mit der sofortigen Beschwerde anfechtbar (§§ 80 und 81 Abs. 1 FGG). Nach der Gesetzesbegründung erschien es daher auch nach dem FGG-RG sachgerecht, für das Rechtsmittelverfahren gegen die Fristbestimmungsbeschlüsse als „Zwischenentscheidungen" im Verfahren nach §§ 2198 Abs. 2 BGB und § 2200 Abs. 3 BGB das für Zwischen- und Nebenentscheidungen besser geeignete, weitgehend entformalisierte Verfahren der sofortigen Beschwerde nach den Vorschriften der ZPO für anwendbar zu erklären.[11] Es gelten daher nicht die §§ 38 ff., sondern die §§ 567 bis 572 ZPO,

---

[1] BT-Drucks. 16/6308, S. 282.
[2] BGHZ 35, 296, 299 = NJW 1961, 1717; *Bamberger/Roth/J. Mayer* § 2198 BGB Rn. 8; MünchKommBGB/ *Zimmermann* § 2198 BGB Rn. 12; *Staudinger/Reimann* § 2198 BGB Rn. 23.
[3] Vgl. etwa *Bamberger/Roth/J. Mayer* § 2198 BGB Rn. 8; *Palandt/Edenhofer* § 2198 BGB Rn. 3.
[4] KG NJW 1963, 1553.
[5] BGHZ 35, 296, 299 = NJW 1961, 1717; OLG Düsseldorf ZEV 2004, 67 m. Anm. *Damrau*.
[6] LG Verden MDR 1955, 231; aM *Staudinger/Reimann* § 2198 BGB Rn. 24; *Bamberger/Roth/J. Mayer* § 2198 BGB Rn. 8.
[7] Muster bei *Firsching/Graf* Nachlassrecht Rn. 4.437.
[8] *Bamberger/Roth/J. Mayer* § 2198 BGB Rn. 8; *Palandt/Edenhofer* § 2198 BGB Rn. 3.
[9] *Bamberger/Roth/J. Mayer* § 2202 BGB Rn. 6.
[10] Muster bei *Firsching/Graf* Nachlassrecht Rn. 4.447.
[11] BT-Drucks. 16/6308, S. 282.

weshalb die Beschwerdefrist hier nur zwei Wochen beträgt. Diese Begründung ist allerdings eindeutig falsch, da diese Fristbestimmungen gerade keine Zwischenentscheidungen sind, sondern Endentscheidungen in den selbstständigen Fristbestimmungsverfahren.[12]

Die übrigen **bisher in § 80 FGG** genannten nachlassgerichtlichen Fristbestimmungen und die bisher in **§ 81 FGG** genannten **Entscheidungen** sind als Endentscheidungen iSv. § 38 anzusehen und demnach mit der befristeten Beschwerde nach den §§ 58 ff. anfechtbar.[13] **6**

Gegen die **Ablehnung** einer entsprechenden Fristsetzung ist nur für den Antragsteller die befristete Beschwerde nach den §§ 58 ff. statthaft.[14] **7**

III. Entscheidung über Meinungsverschiedenheiten mehrerer Testamentsvollstrecker (Abs. 2)

Gemäß § 2224 Abs. 1 S. 1, 2. Halbs. BGB entscheidet das Nachlassgericht bei Meinungsverschiedenheiten zwischen mehreren Testamentsvollstreckern. Hierzu bedarf es eines entsprechenden Antrags (§ 23). **Antragsberechtigt** ist jeder Mitvollstrecker allein, aber auch alle sonst am Nachlass im materiellen Sinn Beteiligten,[15] also Erbe, Vermächtnisnehmer, nicht aber ein Dritter, mit dem ein Rechtsgeschäft geschlossen wurde.[16] Es entscheidet der Richter (§ 16 Abs. 1 Nr. 4 RPflG). **8**

Jedoch kann das Nachlassgericht nur über solche Meinungsverschiedenheiten über die Amtsführung entscheiden, die der Erblasser nicht einem der Testamentsvollstrecker oder gar Dritten zur alleinigen Entscheidung übertragen oder Einstimmigkeit vorgeschrieben hat.[17] Zulässiger **Prüfungsgegenstand** ist auch ein **tatsächliches Verhalten**, das in Ausführung der Verwaltungsaufgabe vorgenommen wird, also die **sachlich- und zweckmäßige Amtsführung.**[18] Entschieden wird zB über die Notwendigkeit und Zweckmäßigkeit eines Rechtsgeschäfts (§ 2216 Abs. 1 BGB), über die Anlegung von Nachlassgeldern oder über einen Auseinandersetzungsplan.[19] Der ordentliche Rechtsweg ist dann ausgeschlossen. Dagegen ist allein das **Prozessgericht** zuständig, wenn es sich um eine persönliche Aufgabe handelt, etwa die Ernennung eines Testamentsvollstreckers durch einen allein (§ 2199 Abs. 2 BGB),[20] um die Frage, ob die betreffende Handlung überhaupt zum Verwaltungskreis der Testamentsvollstreckung gehört,[21] wenn es um eigene Rechte und Pflichten des Testamentsvollstreckers geht, weil er etwa selbst Schuldner oder Gläubiger des Nachlasses ist (sog Drittbeziehungen),[22] wenn sich die Testamentsvollstrecker **ausschließlich** um eine **Rechtsfrage** streiten, etwa eine Auslegung des Testaments[23] oder die Berechtigung eines Testamentsvollstreckers zur Geldentnahme aus dem Nachlass oder ob für eine Handlung alle Testamentsvollstrecker mitwirken müssen.[24] Sinnvoll erscheint es aber, dass bei Meinungsverschiedenheit das Nachlassgericht auch über solche Rechtsfragen mitentscheidet, die sich als Vorfrage der späteren Verwaltungsmaßnahme darstellen.[25] **9**

Hinsichtlich des **Wirksamwerdens** des Beschlusses des Nachlassgerichts, mit dem über die Meinungsverschiedenheit entschieden wird, ist zu differenzieren: **(1)** Entscheidet das Nachlassgericht durch den Beschluss über die **Vornahme eines Rechtsgeschäfts,** sei es zustimmend oder ablehnend,[26] ist auf Grund der ausdrücklichen Verweisung des Abs. 2 die Bestimmung des § 40 Abs. 3 **10**

---

[12] Zutr. *Heinemann* ZFE 2009, 8, 13.
[13] BT-Drucks. 16/6308, S. 282.
[14] *Zimmermann* FamFG Rn. 732.
[15] KG OLGE 30, 209; AnwK-BGB/*Weidlich* § 2224 Rn. 7; KK-Erbrecht/*Rott* § 2224 BGB Rn. 17; MünchKommBGB/*Zimmermann* § 2224 Rn. 13; Staudinger/*Reimann* § 2224 BGB Rn. 25; aA *Damrau/Bonefeld* § 2224 BGB Rn. 6; *Soergel/Damrau* § 2224 BGB Rn. 13: Klage vor dem Prozessgericht zu erheben.
[16] MünchKommBGB/*Zimmermann* § 2224 Rn. 13.
[17] *Palandt/Edenhofer* § 2224 BGB Rn. 3.
[18] BGHZ 20, 264, 266; BayObLG MDR 1978, 142; AnwK-BGB/*Weidlich* § 2224 Rn. 5; jurisPK/*Heilmann* § 2224 Rn. 13; MünchKommBGB/*Zimmermann* § 2224 Rn. 10.
[19] KG Recht 1914 Nr. 1117; AnwK-BGB/*Weidlich* § 2224 Rn. 5 m. weit. Nachw.
[20] Staudinger/*Reimann* § 2224 BGB Rn. 23; MünchKommBGB/*Zimmermann* § 2224 Rn. 11.
[21] BGHZ 20, 264, 268.
[22] KG OLGE 30, 209; Staudinger/*Reimann* § 2224 BGB Rn. 24.
[23] BGHZ 20, 264, 268; AnwK-BGB/*Weidlich* § 2224 Rn. 5; Staudinger/*Reimann* § 2224 BGB Rn. 22; MünchKommBGB/*Zimmermann* § 2224 Rn. 11; aA *Keidel/Zimmermann* Rn. 29, weil sonst unlösbare Abgrenzungsprobleme entstehen.
[24] MünchKommBGB/*Zimmermann* § 2224 Rn. 11; Staudinger/*Reimann* § 2224 BGB Rn. 22.
[25] *Bamberger/Roth/J. Mayer* § 2224 BGB Rn. 6; MünchKommBGB/*Zimmermann* § 2224 Rn. 12; *Palandt/Edenhofer* § 2224 BGB Rn. 3.
[26] *Heinemann* ZFE 2009, 8, 13.

anzuwenden. Demnach wird der Beschluss erst mit der formellen Rechtskraft (§ 45) wirksam (§ 40 Abs. 3 S. 1); bei Gefahr im Verzuge kann jedoch das Gericht die sofortige Wirksamkeit des Beschlusses anordnen (§ 40 Abs. 3 S. 2). **(2)** Die anderen streitentscheidenden Beschlüsse des Nachlassgerichts werden demgegenüber mit der Bekanntgabe wirksam (§ 40 Abs. 1), die Sondervorschrift des § 40 Abs. 3 ist hier gerade nicht anwendbar.[27]

11   Hinsichtlich der **Anfechtbarkeit** der Entscheidung des Nachlassgerichts über die Meinungsverschiedenheiten mehrerer Testamentsvollstrecker ist zu beachten, dass die **Beschwerdefrist** in den Fällen, dass über die Vornahme eines Rechtsgeschäfts entschieden wird, abweichend von § 63 Abs. 1 auf **zwei Wochen** verkürzt ist (Abs. 2 aE). Dennoch handelt sich auch dann um eine allgemeine befristete Beschwerde nach dem FamFG gem. §§ 58 ff., nicht um eine sofortige Beschwerde, für welche die §§ 567 ff. ZPO gelten.[28] Weiter besitzt trotz der grundsätzlich nur gemeinschaftlich bestehenden Verwaltungsbefugnis der Testamentsvollstrecker jeder von ihnen gegen derartige Streitentscheidungen ein selbstständiges Beschwerderecht (Abs. 3, 2. Halbs.).

IV. Außerkraftsetzen von Verwaltungsanordnungen (Abs. 3)

12   Nach § 2216 Abs. 2 S. 2 BGB kann das Nachlassgericht auf Antrag des Testamentsvollstreckers oder eines anderen Beteiligten vom Erblasser getroffene Anordnungen, die dieser für die Verwaltung des Nachlasses getroffen hat, außer Kraft setzen. Es entscheidet der **Richter** (§ 16 Abs. 1 Nr. 3 RPflG) durch entsprechenden Beschluss. Dieser wird dem Antragsteller und den sonstigen Beteiligten (§ 345 Abs. 4) bekannt gegeben (§ 41 Abs. 1) und damit wirksam (§ 40 Abs. 1).

13   Wird die **Erblasseranordnung** durch das Nachlassgericht ganz oder teilweise **außer Kraft gesetzt,** kann jeder Beteiligte die allgemeine, befristete **Beschwerde** nach den §§ 58 ff. einlegen. Bei mehreren Testamentsvollstreckern hat jeder von ihnen ein selbstständiges Beschwerderecht, wie Abs. 3 ausdrücklich klarstellt.

14   Wird dagegen die **Außerkraftsetzung abgelehnt,** so kann dagegen nur der Antragsteller Beschwerde erheben (§ 59 Abs. 2). Das FamFG hat leider nicht die Streitfrage geklärt, ob bei mehreren Testamentsvollstreckern jeder von ihnen ein selbstständiges Beschwerderecht besitzt, was auf eine Analogie zu Abs. 3 gestützt werden könnte, oder diese nur gemeinsam zur Beschwerde berechtigt sind.[29] Angesichts dessen, dass dem Gesetzgeber bei der Abfassung des FGG-RG dieses Problem wohl bekannt war, ist wegen Fehlens einer planwidrigen Regelungslücke eine Analogie zu verneinen.

V. Weitere nachlassgerichtliche Entscheidungen bei der Testamentsvollstreckung

15   Auf folgende Bestimmungen sei in diesem Zusammenhang hingewiesen:[30]
1. Die **Erteilung eines Testamentsvollstreckerzeugnisses** bestimmt sich zum einen nach § 2368 BGB, der im Wesentlichen auf die Vorschriften über die Erteilung eines Erbscheins verweist (§ 2368 Abs. 2 BGB), und nach § 354 iVm. § 352 bezüglich weiterer verfahrensrechtlicher Besonderheiten;
2. Die **Einziehung eines Testamentsvollstreckerzeugnisses** richtet sich nach §§ 2368 Abs. 2, 2361 BGB und nach § 354 iVm. § 353;
3. Die **Entlassung** des Testamentsvollstreckers ist in § 2227 BGB geregelt; der Beteiligtenbegriff bestimmt sich im Entlassungsverfahren nach § 345 Abs. 4;
4. Die **Kündigung** durch den Testamentsvollstrecker richtet sich nach § 2226 BGB;
5. Die **Vergütung** des Testamentsvollstreckers regelt § 2221 BGB nur rudimentär; die Festsetzung erfolgt nicht durch das Nachlassgericht, sondern ist im Streitfall vor dem Prozessgericht zu klären;[31]
6. Der **Beteiligtenbegriff** im Verfahren zur Ernennung eines Testamentsvollstreckers und zur Erteilung eines Testamentsvollstreckerzeugnisses bestimmt sich nach § 345 Abs. 3.

---

[27] *Zimmermann* FamFG Rn. 733.
[28] *Zimmermann* FamFG Rn. 734.
[29] So OLG München JFG 20, 121; *Keidel/Zimmermann* Rn. 40; aM *Jansen/Müller-Lukoschek* § 82 FGG Rn. 5; *Heinemann* ZFE 2009, 8, 13 (ohne Problemdiskussion): jeder allein; wohl auch *Bumiller/Harders* Rn. 8; offen lassend *Zimmermann* FamFG Rn. 736.
[30] Vgl. *Zimmermann* FamFG Rn. 737.
[31] BGH NJW 1957, 947; OLG Bremen MDR 1963, 314; *Bamberger/Roth/J. Mayer* § 2221 BGB Rn. 29; *Firsching/Graf* Nachlassrecht Rn. 4.423.

Unterabschnitt 5. Sonstige verfahrensrechtliche Regelungen

§ 356 Mitteilungspflichten

(1) Erhält das Gericht Kenntnis davon, dass ein Kind Vermögen von Todes wegen erworben hat, das nach § 1640 Abs. 1 Satz 1 und Abs. 2 des Bürgerlichen Gesetzbuchs zu verzeichnen ist, teilt es dem Familiengericht den Vermögenserwerb mit.

(2) Hat ein Gericht nach § 344 Abs. 4 Maßnahmen zur Sicherung des Nachlasses angeordnet, soll es das nach § 343 zuständige Gericht hiervon unterrichten.

I. Normzweck

Die Vorschrift fasst die bereits bisher im FGG enthaltenen gesetzlichen Mitteilungspflichten zusammen.[1] Dabei übernimmt Abs. 1 den Regelungsinhalt des früheren § 74a FGG aF, der das von den Eltern nach § 1640 BGB zu errichtende Vermögensverzeichnis betrifft. Abs. 2 entspricht dem bisherigen § 74 S. 2 FGG über die Mitteilung von nachlasssichernden Maßnahmen.

II. Vermögensverzeichnis (Abs. 1)

Nach § 1640 BGB haben Eltern das ihrer Verwaltung unterliegende Vermögen, welches eines ihrer Kind **von Todes wegen** erwirbt, sei es als Erbe, als Vermächtnisnehmer oder auf Grund eines Pflichtteilsanspruches,[2] zu verzeichnen, die Richtigkeit und Vollständigkeit zu versichern und dem **Familiengericht** einzureichen (§ 1640 Abs. 1 S. 1 BGB). Gleiches gilt für Vermögen, welches das Kind sonst **anlässlich eines Sterbefalls** erwirbt, etwa auf Grund eines Vertrags zu Gunsten Dritter auf den Todesfall oder durch eine Lebensversicherung, sowie für Abfindungen, die anstelle von Unterhalt gewährt werden, und unentgeltlichen Zuwendungen (§ 1640 Abs. 1 S. 2 BGB). Jedoch besteht diese Verpflichtung nur bei einem Vermögenserwerb von mehr als 15 000 € (§ 1640 Abs. 2 Nr. 1 BGB) und überhaupt nicht, wenn der Erblasser eine abweichende Anordnung getroffen hat (§ 1640 Abs. 2 Nr. 2 BGB). Diese Verpflichtungen sind in der Praxis weit gehend unbekannt. Als flankierende Maßnahme bestimmt daher Abs. 1, dass wenn das Nachlassgericht Kenntnis davon erhält, dass ein Kind **Vermögen von Todes wegen erworben** hat, welches nach § 1640 Abs. 1 Satz 1 und Abs. 2 BGB zu verzeichnen ist, es den Vermögenserwerb dem **Familiengericht** mitzuteilen hat. In Betracht kommt insbesondere im Rahmen eines Erbscheinsverfahrens.

Nach dem eindeutigen Wortlaut der Norm betrifft diese Mitteilungspflicht hinsichtlich des verzeichnungspflichtigen Vermögens nur das, was von Todes wegen erworben wird, nicht aber das Vermögen, welches das Kind sonst anlässlich eines Sterbefalls erwirbt (§ 1640 Abs. 1 S. 2 BGB). Teilweise wird allerdings eine entsprechende Anwendung der Mitteilungspflichten auch für diese Vermögenserwerbe bejaht.[3] Auch wenn eine **analoge Anwendung** für solche Erwerbe mangels einer planwidrigen Regelungslücke zu **verneinen** ist, weil der Gesetzgeber des FamFG trotz der bereits unter der Geltung des FGG diskutierten Streitfrage eine Ausdehnung der Mitteilspflicht ausdrücklich unterließ, so ergibt sich andererseits aus Abs. 1 keine Sperrwirkung dahingehend, dass eine solche Mitteilung zu unterlassen ist. Daher kann das Nachlassgericht, wenn es von einem solchen Erwerb anlässlich eines Sterbefalls erfährt, eine entsprechende Mitteilung an das Familiengericht machen.[4]

III. Anzeigepflicht bei Sicherungsmaßnahmen

Das Nachlassgericht, das auf Grund der **besonderen** örtlichen **Zuständigkeit** nach § 344 Abs. 4 Sicherungsmaßnahmen angeordnet hat, soll nach Abs. 2 dem nach § 343 **allgemein zuständigen Nachlassgericht** hiervon Nachricht geben, damit dieses von der Sachlage Kenntnis erlangt und erforderlichenfalls weitere Sicherungsmaßnahmen trifft oder die Sache an sich zieht.[5]

---
[1] BT-Drucks. 16/6308, S. 282.
[2] MünchKommBGB/*Huber* § 1640 Rn. 4.
[3] *Keidel/Zimmermann* Rn. 2; aM zu Recht *Jansen/Müller-Lukoschek* § 74a FGG Rn. 7; *Bassenge/Herbst/Roth* § 74a Rn. 1; *Zimmermann* FamFG Rn. 738.
[4] *Jansen/Müller-Lukoschek* § 74a FGG Rn. 7; *Bassenge/Herbst/Roth* § 74a FGG Rn. 1.
[5] *Jansen/Müller-Lukoschek* § 74 FGG Rn. 5; *Keidel/Zimmermann* Rn. 9.

§ 357 Einsicht in eine eröffnete Verfügung von Todes wegen; Ausfertigung eines Erbscheins oder anderen Zeugnisses

(1) Wer ein rechtliches Interesse glaubhaft macht, ist berechtigt, eine eröffnete Verfügung von Todes wegen einzusehen.

(2) ¹Wer ein rechtliches Interesse glaubhaft macht, kann verlangen, dass ihm von dem Gericht eine Ausfertigung des Erbscheins erteilt wird. ²Das Gleiche gilt für die nach § 354 erteilten gerichtlichen Zeugnisse sowie für die Beschlüsse, die sich auf die Ernennung oder die Entlassung eines Testamentsvollstreckers beziehen.

I. Normzweck

1 **Abs. 1** macht das Einsichtsrecht in eine eröffnete Verfügung von Todes wegen im Interesse des Datenschutzes und der Rechts auf informationelle Selbstbestimmung vom Vorliegen eines rechtlichen Interesses abhängig. Dies entspricht der bisherigen Regelung des § 2264 BGB zum Einsichtsrecht in eröffnete Testamente, die durch das FGG-RG aufgehoben wird.[1] **Absatz 2** gewährt zur Erleichterung des Rechtsverkehrs, insbesondere zum Nachweis der Erbfolge gegenüber dem Grundbuchamt, ein Recht auf Erteilung von Ausfertigungen.[2] Er entspricht inhaltlich dem bisherigen § 85 FGG zur Erteilung von Ausfertigungen von Erbscheinen und anderen Zeugnissen und stellt gegenüber § 13 Abs. 3 eine Sonderregelung dar.

II. Einsichtsrecht in eröffnete Verfügungen von Todes wegen

2 **1. Gegenstand des Einsichtsrechts.** Gegenstand des Einsichtsrechts sind **eröffnete Verfügungen von Todes** wegen. Dies ist in sachlicher Hinsicht eine Erweiterung gegenüber § 2264 BGB,[3] der nur von Testamenten sprach, da nunmehr **alle Arten** von **Verfügungen von Todes wegen** erfasst werden, also auch Erbverträge. Unerheblich ist, ob die eröffnete Verfügung von Todes wegen wirksam ist.[4] Das Einsichtsrecht umfasst entsprechend seinem umfassenden Informationszweck auch **Anlagen** und tatsächliche Feststellungen des Notars, etwa zur Testierfähigkeit, die er beigefügt und im Verwahrungsumschlag mit verschlossen hat.[5] Dabei kann auch Einsicht in das Eröffnungsprotokoll des Nachlassgerichts (§ 348 Abs. 1 S. 2) verlangt werden, weil nur beides zusammen den Nachweis des Erbrechts, insbes. gegenüber einem auswärtigen Grundbuchamt gemäß § 35 GBO, ermöglicht.[6]

3 Weiter ist erforderlich, dass die Verfügung von Todes wegen **bereits nach § 348 oder § 349** durch das Nachlassgericht **förmlich eröffnet** wurde.[7] **Zu Lebzeiten** des **Erblassers** kann nur dieser in seine amtlich verwahrte Verfügung von Todes wegen Einsicht nehmen. Wurde ein gemeinschaftliches Testament oder ein (Ehegatten-)Erbvertrag nach dem Tod des einen Ehegatten teilweise eröffnet, weil sich die Verfügungen des Erstversterbenden von denen des Längerlebenden trennen lassen (§ 349 Abs. 1 iVm. Abs. 4), so unterliegt dasjenige nicht dem Einsichtsrecht, was den Beteiligten nicht mündlich bzw. schriftlich bekannt gegeben wurden durfte.[8] Hiervon ist nur für den **überlebenden Ehegatten** eines gemeinschaftlichen Testaments oder Erbvertrags eine Ausnahme zu machen, der auch in die an sich geheim zu haltenden Verfügungen Einsicht nehmen will, denn es handelt sich ja insoweit um die von ihm getroffenen eigenen Verfügungen. Insoweit hat er ein berechtigtes Interesse daran, dass er von diesen nochmals Kenntnis erlangen und gegebenenfalls nochmals ändern kann.[9]

4 **2. Rechtliches Interesse.** Voraussetzung für das Einsichtsrecht ist ein **rechtliches Interesse**. Dieses liegt vor, wenn die erstrebte Kenntnis der eröffneten Verfügung von Todes wegen zur Verfolgung von Rechten oder zum Abwehr von Ansprüchen erforderlich ist,[10] diese also auf die

---

[1] Art. 50 Nr. 62.
[2] *Jansen/Müller-Luboschek* § 85 FGG Rn. 1.
[3] BT-Drucks. 16/6308, S. 282; für den Erbvertrag galt nach ganz hM § 2264 BGB nicht, so dass nur das allgemeine Einsichtsrecht nach § 34 FGG bestand, vgl. *Bamberger/Roth/Litzenburger* § 2264 BGB Rn. 3.
[4] *Keidel/Zimmermann* Rn. 15.
[5] MünchKommBGB/*Hagena* § 2264 BGB Rn. 11.
[6] OLG Düsseldorf OLG DNotZ 1966, 112; *Bamberger/Roth/Litzenburger* § 2264 BGB Rn. 7; aA MünchKommBGB/*Hagena* § 2264 BGB Rn. 15; *Staudinger/Baumann* § 2264 BGB Rn. 8; *Reimann/Bengel/J. Mayer/Voit* § 2264 BGB Rn. 7, die allerdings das Recht aus § 34 FGG, künftig § 13, ableiten.
[7] OLG Hamm FamRZ 1974, 387, 389.
[8] *Zimmermann* FamFG Rn. 742.
[9] OLG Jena Rpfleger 1998, 249; *Keidel/Zimmermann* Rn. 21.
[10] *Palandt/Edenhofer* § 2264 BGB Rn. 2; *Soergel/J. Mayer* § 2264 BGB Rn. 3; vgl. auch BayObLG NJW-RR 1999, 661 zum Personenstandsrecht.

rechtlichen Beziehungen des Einsichtnehmers einwirkt[11] und eigene Rechte des Antragstellers unmittelbar verändert oder zumindest verändern kann.[12] Dabei muss es nicht um erbrechtliche Rechte des Antragstellers gehen.[13] Das rechtliche Interesse ist enger als das berechtigte Interesse iSv. § 13 Abs. 2, das auch ein wirtschaftliches oder wissenschaftliches sein kann.[14] Ein solches rechtliches Interesse haben[15] etwa die enterbten gesetzlichen Erben,[16] der Betreuer der Erben und im Einzelfall auch Nachlassgläubiger.[17]

Behörden können im Wege der **Amtshilfe** und entsprechend ihrem Aufgabenkreis **Akteneinsicht** erhalten, so etwa das Finanzamt nach §§ 111 ff. AO. Der beurkundende **Notar** hat dagegen ein eigenes Einsichtsrecht nur, wenn er die Einsicht in die Urschrift benötigt, um als Zeuge auszusagen oder sich gegen den Vorwurf der Amtspflichtverletzung zu wehren.[18] Wird er als Bevollmächtigter tätig, so wird bisweilen trotz § 24 BNotO zu Unrecht eine ausdrückliche Bevollmächtigung verlangt.[19]

Das rechtliche Interesse ist **glaubhaft** zu machen, gegebenenfalls durch eidesstattliche Versicherung, jedoch sind auch alle anderen Beweismittel zulässig (§ 31). Obgleich die besondere Vertraulichkeit einer Verfügung von Todes wegen gewahrt werden muss, kann das Einsichtsrecht auch durch einen dazu Bevollmächtigten ausgeübt werden (§ 10).[20]

3. Inhalt und Umfang des Einsichtsrechts. Es kann nur die Einsicht in die Urschrift der Verfügung von Todes wegen verlangt werden, **nicht** die **Herausgabe,** auch nicht zur Untersuchung durch einen Sachverständigen[21] und auch dann nicht, wenn die Familie des Erblassers ein ethisches oder künstlerisches Interesse am Besitz des Originals hat.[22]

Die Befugnis zur Einsichtnahme besteht nur **in dem Umfang** und an den Teilen der eröffneten Verfügung, an denen der Antragsteller auch ein **rechtliches Interesse** hat. Dies ergibt sich aus einer **restriktiven Interpretation** entsprechend dem Normzweck. Eine weitergehende Informationsmöglichkeit ist mit dem berechtigten Geheimhaltungsinteresse der anderen Beteiligten und auch des Erblassers und damit letztlich auch dem Datenschutz unvereinbar.[23] Daher gebietet schon der Verhältnismäßigkeitgrundsatz die Beschränkung des Einsichtsrechts auf das unbedingt Erforderliche. Und wenn das Gericht schon das grundsätzliche Bestehen eines rechtlichen Interesses an der Einsicht zu prüfen hat, bürdet man ihm keine weitere unlösbare Aufgabe auf, wenn es auch über den Umfang des Rechts zusätzlich entscheiden muss.

4. Zuständigkeit, Kosten. Sachlich zuständig für die Gewährung der Einsicht ist das Nachlassgericht. Solange sich jedoch die Urschrift bzw. das Original des Testaments beim Verwahrungsgericht befindet, richten sich die Ansprüche gegen dieses Gericht. **Funktionell** zuständig ist für die Entscheidung über das Einsichtsrecht der Rechtspfleger (§ 3 Nr 2 c RPflG). Für die Gewährung der Einsicht dürfen Kosten nicht erhoben werden.

5. Rechtsmittel. Gegen die **Verweigerung** der Einsichtnahme hat der Antragsteller die Möglichkeit der befristeten **Beschwerde** gem. §§ 58 ff. innerhalb der Beschwerdefrist des § 63. Problematisch wird in vielen Fällen sein, ob der **Beschwerdewert** die Grenze von 600 Euro übersteigt

---

[11] *Staudinger*/Baumann § 2264 BGB Rn. 6.
[12] RGZ 151, 57, 63; *Bamberger/Roth/Litzenburger* § 2264 BGB Rn. 4; *Reimann/Bengel/J. Mayer/Voit* § 2264 BGB Rn. 4.
[13] *Damrau/Deininger* § 2264 BGB Rn. 4.
[14] *Keidel/Zimmermann* Rn. 11.
[15] Vgl. auch den Katalog bei *Damrau/Deininger* § 2264 BGB Rn. 5.
[16] BayObLGZ 1954, 312.
[17] BayObLG Rpfleger 1997, 162; *Soergel/J. Mayer* § 2264 BGB Rn. 3; aM *Reimann/Bengel/J. Mayer/Voit* § 2264 BGB Rn. 5.
[18] *Bamberger/Roth/Litzenburger* § 2264 BGB Rn. 2; MünchKommBGB/*Hagena* § 2264 Rn. 8; *Staudinger/Baumann* § 2264 BGB Rn. 6.
[19] OLG Jena Rpfleger 1998, 249.
[20] *Erman/Schmidt* § 2264 BGB Rn. 1; *Palandt/Edenhofer* § 2264 BGB Rn. 1; *Keidel/Zimmermann* Rn. 24; zu dem Sonderfall der Einsicht durch den überlebenden Ehegatten bei einem gemeinschaftlichen Testament s. OLG Jena Rpfleger 1998, 249.
[21] Vgl BGH NJW 1978, 1484; OLG Köln Rpfleger 1983, 325; *Reimann/Bengel/J. Mayer/Voit* § 2264 BGB Rn. 7; teilweise aA MünchKommBGB/*Hagena* § 2264 Rn. 16.
[22] Dazu ausführlich *Soergel/Mayer* § 2264 BGB Rn. 8.
[23] *Damrau/Deininger* § 2264 BGB Rn. 7; *Reimann/Bengel/J. Mayer/Voit* § 2264 BGB Rn. 6; *Soergel/J. Mayer* § 2264 BGB Rn. 5 m. weit. Nachw.; *Staudinger/Baumann* § 2264 BGB Rn. 12; *Zimmermann* FamFG Rn. 741; aA OLG Hamm FamRZ 1974, 387, 389; *Bamberger/Roth/Litzenburger* § 2264 BGB Rn. 7 (mit Hinw. auf den gegenüber § 357 engeren Wortlaut des § 348 Abs. 3, bei dem eine solche Einschränkung anerkannt ist); *Bumiller/Harders* Rn. 5; MünchKommBGB/*Hagena* § 2264 Rn. 12.

(§ 61 Abs. 1). Geht es um die Frage der **Art und Weise** der Einsichtsgewährung oder Abschriftenherstellung besteht lediglich die Möglichkeit einer **Dienstaufsichtsbeschwerde**.[24] Gleiches gilt, wenn die Versendung der Verfügung von Todes wegen an ein anderes Gericht im **Wege der Rechtshilfe** verweigert wird.[25]

11   **Gegen** die **Gewährung der Einsicht** steht den Personen, deren Geheimhaltungsinteresse dadurch verletzt wird, die **befristete Beschwerde** nach den §§ 58 ff. zu.[26] Wurde jedoch die Einsicht bereits gewährt, hat sich die Beschwerde erledigt. Eine Entscheidung findet nur noch statt, wenn der Beschwerdeführer ein berechtigtes Interesse an der Feststellung hat, dass er durch die Gewährung der Einsicht in seinen Rechten verletzt wurde (§ 62 Abs. 1),[27] was insbesondere wegen eines Grundrechtseingriffs in diesen Fällen möglich sein könnte (§ 62 Abs. 2 Nr. 1).

12   **6. Weitere Einsichtsrechte.** Neben § 357 Abs. 1 gewährt auch § 13 (früher § 34 FGG) ein Recht auf Einsichtnahme. Nach § 13 Abs. 1 können dabei die Beteiligten (§§ 7, 345) die Gerichtsakten in der Geschäftsstelle einsehen, sofern nicht schwerwiegende Interessen eines Beteiligten oder Dritter entgegenstehen. Dabei ist das Einsichtsrecht nach § 357 Abs. 1 in **persönlicher Hinsicht weiter** als das nach § 13 Abs. 1, weil demnach auch Nicht-Beteiligte das Einsichtsrecht haben. Allerdings ermöglicht § 13 Abs. 2 auch Nicht-Beteiligten ein Einsichtsrecht, wenn sie ein berechtigtes Interesse glaubhaft machen und schutzwürdige Interessen eines Beteiligten oder eines Dritten nicht entgegenstehen. In **sachlicher Hinsicht** ist § 13 Abs. 1 umfassender, weil danach der gesamte Inhalt der Nachlassakte eingesehen werden kann, also auch der darin befindlichen Gutachten und Protokolle.[28] Weitergehend ist § 357 Abs. 1 auch insoweit, als diese Vorschrift einen unmittelbaren Anspruch auf Einsicht und nicht nur auf eine pflichtgemäße Ermessensentscheidung des Gerichts gewährt, wie dies zu § 34 FGG anerkannt war.[29] Letzteres bedeutet, dass das Nachlassgericht die Interessen des Antragstellers an der Einsicht gegen die Gründe, die für eine Geheimhaltung sprechen, umfassend abzuwägen hat.[30] Für § 13 FamFG, der anstelle von § 34 FGG tritt, gilt nichts anderes.[31]

13   Weitere **spezielle Einsichtsrechte** ergeben sich[32] aus § 1953 Abs. 3 S. 2 BGB (Einsicht in die Ausschlagungserklärung), § 1957 Abs. 2 S. 2 BGB (Einsicht in die Anfechtung einer Ausschlagungserklärung), § 2010 BGB (Einsicht in das Inventar), § 2081 Abs. 2 S. 2 BGB (Einsicht in eine Anfechtungserklärung), § 2146 Abs. 2 BGB (Einsicht in die Anzeige über den Eintritt des Nacherbfalls), § 2228 (Einsicht in die Nachlassakten bei einer Testamentsvollstreckung), § 2384 Abs. 2 BGB (Einsicht in die Anzeige über den Verkauf einer Erbschaft). Behörden können sich im Rahmen ihres Aufgabenkreises auf die Grundsätze der Rechts- und Amtshilfe (Art. 35 GG) berufen, Finanzämter auf § 395 AO, § 7 ErbStDV. Die Einsichtsbefugnis in notarielle Urkunden bestimmt sich nach § 51 BeurkG.

III. Ausfertigung eines Erbscheins oder anderer Zeugnisse (Abs. 2)

14   **1. Sachlicher Anwendungsbereich.** Derjenige, der ein **rechtliches Interesse** hieran glaubhaft macht, kann verlangen, dass ihm von dem Gericht eine Ausfertigung des Erbscheins erteilt wird. Ein **entsprechendes Recht** auf Erteilung einer Ausfertigung besteht hinsichtlich der in § 354 genannten **sonstigen Zeugnisse,** also bezüglich
– des Testamentsvollstreckerzeugnisses (§ 2368 BGB),
– des Zeugnisses über die Fortsetzung der Gütergemeinschaft (§ 1507 BGB),
– der Überweisungszeugnisse nach §§ 36, 37 GBO und §§ 42, 74 SchiffsRegO,
– der Beschlüsse, die sich auf die Ernennung (§ 2200 BGB) oder die Entlassung (§ 2227 BGB) eines **Testamentsvollstreckers** beziehen;
sowie auf Grund einer Analogie für folgende Zeugnisse und Bescheinigungen:[33]

---

[24] *Damrau/Deininger* § 2264 BGB Rn. 13; *Staudinger/Baumann* § 2264 BGB Rn. 18; *Soergel/Mayer* § 2264 BGB Rn. 10; *MünchKommBGB/Hagena* § 2264 BGB Rn. 7; aA *Dittmann/Reimann/Bengel/Voit* § 2264 BGB Rn. 9, der die befristete Erinnerung nach § 11 Abs. 2 S. 1 RPflG für zulässig erachtet.
[25] *Damrau/Deininger* § 2264 BGB Rn. 13.
[26] *Zimmermann* FamFG Rn. 744; *Keidel/Zimmermann* Rn. 43; *Schulte-Bunert/Weinreich/Tschichoflos* Rn. 6; früher war die allgemeine Beschwerde nach § 19 FGG gegeben, vgl. etwa BayObLGZ 1967, 349; KG KJ 53, 64; *Damrau/Deininger* § 2264 BGB Rn. 13; *Bamberger/Roth/Litzenburger* § 2264 BGB Rn. 8.
[27] Die Regelung des § 62 übersieht *Zimmermann* FamFG Rn. 744, der dann jedes Rechtsmittel für ausgeschlossen hält.
[28] *Zimmermann* FamFG Rn. 739.
[29] *Bumiller/Winkler* § 34 FGG Rn. 4.
[30] *Bamberger/Roth/Litzenburger* § 2264 BGB Rn. 2.
[31] S. oben § 13 Rn. 6 f.
[32] Vgl. *Zimmermann* FamFG Rn. 740.
[33] Vgl. *Jansen/Müller-Lukoschek* § 85 FGG Rn. 1; *Keidel/Zimmermann* Rn. 29.

– dem **Hoffolgezeugnis** nach der HöfeO und anderen landesrechtlichen Anerbenbestimmungen, die ebenfalls die Sondererbfolge in landwirtschaftliche Anwesen nachweisen,
– dem Negativzeugnis darüber, dass keine fortgesetzte Gütergemeinschaft eingetreten ist,
– dem Zeugnis über die Annahme des Amtes des Testamentsvollstreckers,
– der gerichtlichen Fristbestimmungen im Zusammenhang mit der Ernennung zum Testamentsvollstrecker, also §§ 2198 Abs. 2, 2202 Abs. 3 BGB.

Dagegen bezieht sich das Recht **nicht** auf die sonstigen bei der Testamentsvollstreckung ergehenden gerichtlichen Verfügungen und Beschlüsse, etwa im Zusammenhang mit §§ 2216 Abs. 2 S. 2, 2224 Abs. 1 S. 1 BGB,[34] und auch nicht auf die den genannten Zeugnissen zu Grunde liegenden Verhandlungen und Urkunden.[35]

2. Voraussetzungen zur Erteilung der Ausfertigungen. Zum einen müssen die vorstehend genannten Zeugnisse und Bescheinigungen **bereits erteilt** worden sein. Abs. 2 regelt nicht die Form, in der diese zu erteilen sind, sondern erweitert den Kreis derjenigen Personen, die eine Ausfertigung verlangen können.[36] Umgekehrt sind diese nicht in jedem Fall befugt, die erstmalige Erteilung des entsprechenden Zeugnisses zu verlangen, etwa des Erbscheins; vielmehr bestimmt sich dies nach den jeweiligen besonderen Vorschriften hierzu, etwa nach § 2353 BGB.[37]

Es muss ein **rechtliches Interesse** vorhanden sein (dazu bereits Rn. 4), ein bloß berechtigtes Interesse nach § 13 Abs. 2 S. 1 genügt nicht,[38] jedoch ist bei dessen Vorliegen uU dem Beteiligten mit der nach dieser Vorschrift möglichen Erteilung einer Abschrift bereits genügt. Die besonderen Anforderungen an die Erteilung einer Ausfertigung resultieren daraus, dass durch die Erteilung mehrerer Ausfertigungen deren spätere Einziehung wieder erschwert wird, da dann alle zurückgegeben werden müssen.[39]

Das **rechtliche Interesse** hat etwa der Erbe, der Testamentsvollstrecker, der Erwerber eines Nachlassgrundstücks, der für seine Eintragung im Grundbuch den entsprechenden Nachweis benötigt,[40] ein Gläubiger, der einen Anspruch gegen den Erben geltend machen will und im Besitz eines Vollstreckungstitels ist (§ 792 ZPO),[41] nicht aber ein Nachlassschuldner,[42] weil er kein Recht hat, die Leistung bis zur Vorlage eines Erbscheins zu verweigern, wenn ihm das Erbrecht sonst ausreichend nachgewiesen ist.[43] Das rechtliche Interesse ist **glaubhaft** zu machen, notfalls durch Versicherung an Eides statt (§ 31). Soweit ein Notar eine Ausfertigung benötigt muss er auf Grund seiner Amtsstellung (§ 1 BNotO) lediglich amtlich versichern, mit einer Beurkundung beauftragt zu sein, die mit einer Erbschaftssache zusammenhängt.[44]

Zudem muss sich das rechtliche Interesse gerade **auf die Erteilung der Ausfertigung** beziehen; erforderlich ist also, dass die Erteilung einer beglaubigten Abschrift gerade nicht genügt.[45] Diesbezüglich ist allerdings zu berücksichtigen, dass nur die Ausfertigung, nicht aber die beglaubigte Abschrift, die Urschrift im Rechtsverkehr vertritt (vgl. etwa § 47 BeurkG für notarielle Urkunden, § 317 Abs. 3 ZPO für Urteile und Beschlüsse).[46] Daher wird dies häufiger als oftmals angenommen vorhanden sein[47] und zwar nicht nur gegenüber dem Grundbuchamt und dem Handelsregister.[48]

3. Die Erteilung der Ausfertigung. Liegen die Voraussetzungen des Abs. 2 vor, so **muss** das Gericht die Ausfertigung erteilen, es hat keinen Ermessensspielraum.[49] Demgegenüber steht es im

---

[34] *Jansen/Müller-Lukoschek* § 85 FGG Rn. 2.
[35] *Jansen/Müller-Lukoschek* § 85 FGG Rn. 3.
[36] *Jansen/Müller-Lukoschek* § 85 FGG Rn. 4.
[37] *Keidel/Kuntze/Winkler* § 85 FGG Rn. 4.
[38] BT-Drucks. 16/6308, S. 282; *Schulte-Bunert* Rn. 1127.
[39] *Jansen/Müller-Lukoschek* § 85 FGG Rn. 10.
[40] LG München DNotZ 1950, 33; *Schulte-Bunert* Rn. 1127.
[41] Für Gläubiger ohne Vollstreckungstitel idR ablehnend *Jansen/Müller-Lukoschek* § 85 FGG Rn. 7.
[42] Tendenziell ebenso wohl auch *Jansen/Müller-Lukoschek* § 85 FGG Rn. 8, wenn auch im Einzelnen unklar.
[43] MünchKommBGB/*J. Mayer* § 2365 Rn. 32; *Palandt/Edenhofer* § 2367 Rn. 1.
[44] *Keidel/Kuntze/Winkler* § 85 FGG Rn. 2; *Zimmermann* FamFG Rn. 746; aM *Bassenge/Herbst/Roth* § 85 FGG Rn. 2; *Jansen/Müller-Lukoschek* § 85 FGG Rn. 9: Glaubhaftmachung des konkreten rechtlichen Interesses erforderlich.
[45] *Jansen/Müller-Lukoschek* § 85 FGG Rn. 7.
[46] Vgl. etwa BGH NJW 181, 2345, 2346; FamRZ 1990, 1227; *Fischer* JuS 1994, 416 f.; *Zöller/Stöber* § 169 ZPO Rn. 13.
[47] Die Bedeutung der Ausfertigung spielt etwa *Zimmermann* FamFG Rn. 747 etwas herunter.
[48] Unzutr. *Jansen/Müller-Lukoschek* § 85 FGG Rn. 9, wonach gegenüber dem Grundbuchamt idR das Vorliegen einer beglaubigten Abschrift des Erbscheins für den Nachweis der Erbfolge genügt, vgl. demgegenüber *Schöner/Stöber*, Grundbuchrecht, 14. Aufl. 2008, Rn. 782 m. weit. Nachw.
[49] *Jansen/Müller-Lukoschek* § 85 FGG Rn. 4.

Ermessen des Gerichts, wie **viele Ausfertigungen** es dem Antragsteller erteilt. Es kann daher verlangen, dass dieser ein entsprechendes Bedürfnis darlegt, wenn er mehrere Ausfertigungen verlangt.[50]

21 **Funktionell zuständig** ist der Rechtspfleger (§ 3 Nr. 2 c RPflG).

22 **Kosten** entstehen grundsätzlich nur in Höhe der Dokumentenpauschale (§§ 132, 136 Abs. 1 S. 1 Nr. 1 KostO). Soweit jedoch das betreffende Zeugnis, etwa der Erbschein, auf Grund besonderer Vorschriften bisher gebührenfrei oder gebührenermäßigt erteilt wurde (§§ 107 Abs. 3 und 4, 109, 111 KostO) und nun eine weitere Ausfertigung für nicht gebührenermäßigte Zwecke beantragt wird, so sind die bisher nicht in Ansatz gebrachten Gebühren nach zu erheben (§ 107a Abs. 1 KostO).[51]

§ 358 Zwang zur Ablieferung von Testamenten

In den Fällen des § 2259 Abs. 1 des Bürgerlichen Gesetzbuchs erfolgt die Anordnung der Ablieferung des Testaments durch Beschluss.

I. Normzweck

1 Damit ein Testament nach Eintritt des Erbfalls vom Nachlassgericht eröffnet werden kann bestimmt § 2259 Abs. 1 BGB, dass Testamente beim Nachlassgericht abzuliefern sind, sobald der Besitzer vom Tod des Erblassers Kenntnis erlangt hat. Hierzu enthielt der bisherige § 83 FGG umfassende Regelungen. § 358 tritt an dessen Stelle. Nach dem bisherigen § 83 FGG konnte die sich aus § 2259 Abs. 1 BGB ergebende Verpflichtung zur Ablieferung eines Testaments durch Festsetzung eines Zwangsgelds nach § 33 Abs. 1 FGG oder gegebenenfalls auch mit Gewalt nach § 33 Abs. 2 FGG vollstreckt werden. Daneben konnte nach § 83 Abs. 2 FGG derjenige, bei dem Grund zur Annahme bestand, dass er ein Testament in Besitz hat, zur Abgabe einer eidesstattlichen Versicherung über den Verbleib der Verfügung von Todes wegen angehalten werden.

II. Die Ablieferungsanordnung

2 § 358 bestimmt, dass die Anordnung zur Ablieferung des Testaments nunmehr durch **Beschluss** erfolgt (§ 38 Abs. 1). Reagiert der Besitzer eines Testaments auf die formlose Aufforderung des Nachlassgerichts zur Ablieferung nicht, wird er durch entsprechenden förmlichen Beschluss hierzu angehalten, der zu begründen (§ 38 Abs. 3), mit einer Rechtsmittelbelehrung zu versehen (§ 39) und zuzustellen (§ 41 Abs. 1 S. 2) ist.

3 Eine Übernahme der weiteren, früher in § 83 FGG enthaltenen Bestimmungen bedurfte es nicht, da sich die Vollstreckung nunmehr ganz allgemein nach § 35 richtet.[1] Denn diese Vorschrift regelt die zwangsweise Durchsetzung von verfahrensleitenden gerichtlichen Anordnungen, während § 86 die Vollstreckung verfahrensabschließender Entscheidung betrifft.[2] Danach kann das Gericht, wie bisher nach dem FGG, ein **Zwangsgeld** festsetzen (§ 35 Abs. 1). Neu ist die zusätzliche Möglichkeit, die **Zwangshaft** ersatzweise für den Fall anzuordnen, dass das Zwangsgeld nicht beigetrieben werden kann oder bereits von vornherein (originär), sofern die Zwangsgeldfestsetzung keinen Erfolg verspricht, etwa wegen mangelnder Leistungsfähigkeit.[3] Neben diesen Zwangsmitteln ermöglicht § 35 Abs. 4 iVm. § 883 ZPO auch die **Herausgabevollstreckung** des Testaments durch den Gerichtsvollzieher.[4] Auch nach neuem Recht kann eine Person, die den Besitz eines Testaments bestreitet, angehalten werden an Eides statt zu versichern, dass sie das Testament nicht besitzt und auch nicht weiß, wo es sich befindet (§ 35 Abs. 4 iVm. § 883 Abs. 2 ZPO).[5] Allerdings kann eine Abgabe einer eidesstattlichen Versicherung demnach nur erfolgen, wenn eine Vollstreckung auf Herausgabe des Testaments erfolglos geblieben ist[6] und nicht mehr durch Haftandrohung erzwungen werden, denn § 35 Abs. 4 verweist nicht auf die §§ 899 ff. ZPO.[7]

---

[50] *Jansen/Müller-Lukoschek* § 85 FGG Rn. 12; *Keidel/Kuntze/Winkler* § 85 FGG Rn. 5; aA *Keidel/Zimmermann* Rn. 40: Antragsteller bestimmt die Zahl bis zur Grenze des Missbrauchs.
[51] *Jansen/Müller-Lukoschek* § 85 FGG Rn. 14.
[1] BT-Drucks. 16/6308, S. 282; *Schulte-Bunert* Rn. 1128.
[2] S. oben § 35 Rn. 1 f.
[3] BT-Drucks. 16/6308, S. 282.
[4] *Zimmermann* FamFG Rn. 748.
[5] BT-Drucks. 16/6308, S. 282.
[6] *Bumiller/Harders* Rn. 5.
[7] *Heinemann* ZFE 2009, 8, 12; übersehen bei *Keidel/Zimmermann* Rn. 21.

III. Weitere Hinweise

1. Kosten. Zu den Gerichtsgebühren für die Erzwingung der Ablieferung durch Zwangsgeld s. 4
§ 119 Abs. 5 KostO; zur Anwendung von Gewalt vgl. § 134 KostO; zur Abgabe der eidesstattlichen Versicherung s. § 124 KostO.

2. Rechtsmittel. Der Beschluss nach § 358, durch den die Ablieferung des Testaments angeord- 5
net wird, ist mit der Beschwerde nach § 58 anfechtbar. Demgegenüber ist der Beschluss, durch den **Zwangsmaßnahmen** angeordnet werden, mit der sofortigen Beschwerde binnen der kurzen Zweiwochenfrist in entsprechender Anwendung der §§ 567 bis 572 ZPO anfechtbar (§ 35 Abs. 6).

3. Erbvertrag. § 358 gilt nur für Testamente. Bei einem Erbvertrag hat der Notar zu veranlassen, 6
dass dieser unverzüglich nach der Beurkundung in die besondere amtliche Verwahrung des Amtsgerichts gebracht wird (§ 34 Abs. 2 in Verbindung mit Abs. 1 Satz 4 BeurkG). Die Vertragsteile können jedoch die besondere amtliche Verwahrung ausschließen (§ 34 Abs. 2 BeurkG). Dann verbleibt der Erbvertrag in der einfachen Urkundenverwahrung des Notars und dieser hat ihn nach § 34a Abs. 2 S. 1 BeurkG, der insoweit § 2259 Abs. 1 BGB entspricht, beim Nachlassgericht abzuliefern, sobald er Kenntnis vom Tod einer Vertragspartei erhält.[8]

§ 359 Nachlassverwaltung

(1) Der Beschluss, durch den dem Antrag des Erben, die Nachlassverwaltung anzuordnen, stattgegeben wird, ist nicht anfechtbar.

(2) Gegen den Beschluss, durch den dem Antrag eines Nachlassgläubigers, die Nachlassverwaltung anzuordnen, stattgegeben wird, steht die Beschwerde nur dem Erben, bei Miterben jedem Erben, sowie dem Testamentsvollstrecker zu, der zur Verwaltung des Nachlasses berechtigt ist.

I. Normzweck

Die Vorschrift enthält Regelungen zu den **Rechtsmitteln** im Rahmen der Anordnung einer 1
Nachlassverwaltung (§§ 1975 ff. BGB) und ist daher eine anderweitige Bestimmung iSv. § 58 Abs. 1, 2. Halbs. Dabei entspricht **Abs. 1** dem bisherigen § 76 Abs. 1 FGG, **Abs. 2** übernimmt die Regelung des bisherigen § 76 Abs. 2 S. 2 FGG. Eine dem bisherigen Abs. 2 S. 1 entsprechende Regelung ist künftig entbehrlich, da der Beschluss, durch den dem Antrag eines Nachlassgläubigers, die Nachlassverwaltung anzuordnen, stattgegeben wird, bereits nach § 58 Abs. 1 mit der Beschwerde anfechtbar ist. Dies gilt auch für die abgelehnten Anträge auf Anordnung der Nachlassverwaltung.[1]

Demgegenüber finden sich keine besonderen verfahrensrechtlichen Vorschriften über die **Nach-** 2
lasspflegschaft (§§ 1960 f. BGB) im FamFG. Nach Ansicht des Gesetzgebers war dies entbehrlich, weil sich vielmehr die diesbezüglich früher in § 75 FGG enthaltenen Regelungen auf Grund der neuen Systematik unmittelbar aus den allgemeinen Bestimmungen des FamFG ergeben.[2] Dabei handelt es sich um eine betreuungsrechtliche Zuweisungssache (§ 340 Nr. 1), so dass dafür die Bestimmungen des betreuungsrechtlichen Verfahrens nach dem Buch 3 des FamFG (§§ 271–341) entsprechend gelten;[3] demnach bestimmt sich die Vergütung des Nachlasspflegers nach § 168 (vgl. die Verweisung in § 292 Abs. 1).[4] Jedoch hat das FGG-RG wohl zu leichtfertig auf eine Ersatzregelung für § 75 FGG verzichtet. Denn im Buch 3 des FamFG finden sich kaum Verfahrensvorschriften, die für die Nachlasspflegschaft passend erscheinen.[5]

II. Rechtsmittel im Kontext mit der Nachlassverwaltung

1. Allgemeines. Die amtlich angeordnete Nachlassverwaltung bestimmt sich nach den §§ 1975 ff. 3
BGB. Sie dient insbesondere der **Haftungsbeschränkung.** Denn nach § 1975 BGB beschränkt sich dann die Haftung des Erben für die Nachlassverbindlichkeiten auf den Nachlass. Sie wird
– entweder auf **Antrag des Erben** (§ 1981 Abs. 1 BGB) angeordnet, wofür keine Frist besteht, oder

---

[8] Einzelheiten hierzu etwa *Winkler* BeurkG § 34 Rn. 17 ff.
[1] BT-Drucks. 16/6308, S. 283.
[2] BT-Drucks. 16/6308, S. 283.
[3] *W. Zimmermann* ZEV 2009, 53, 57.
[4] *W. Zimmermann* FGPrax 2006, 189, 192.
[5] Krit. *Heinemann* ZFE 2009, 8, 13.

§ 359 4–9   Buch 4. Abschnitt 2. Verfahren in Nachlasssachen

— auf Antrag eines **Nachlassgläubigers** (§ 1981 Abs. 2 BGB), wenn Grund zu der Annahme besteht, dass die Befriedigung der Nachlassgläubiger aus dem Nachlass durch das Verhalten oder die Vermögenslage des Erben gefährdet wird.[6] Dabei kann dieser Antrag nicht mehr gestellt werden, wenn seit der Annahme der Erbschaft 2 Jahre verstrichen sind (§ 1981 Abs. 2 S. 2 BGB).

4 In beiden Fällen ist erforderlich, dass eine **kostendeckende Masse** vorhanden ist (§ 1982 BGB). Der Antrag ist in den Fällen der §§ 2013, 2062 BGB ebenfalls abzulehnen. Die Anordnung erfolgt durch Beschluss (§ 38), mit Begründung und Rechtsmittelbelehrung (§ 38 Abs. 3, § 39), der zuzustellen ist (§ 41). Eine **Kostenentscheidung** (§ 80) ist idR nicht veranlasst.

5 **2. Anordnung der Nachlassverwaltung auf Antrag des Erben (Abs. 1).** Erfolgt die Anordnung der Nachlassverwaltung auf Antrag eines Erben, ist die Beschwerde hiergegen **ausgeschlossen** (Abs. 1). Denn er ist durch die Anordnung, die gerade auf sein Betreiben hin erfolgte, nicht beschwert. **Ausnahmsweise** ist jedoch entsprechend der ratio dieser Vorschrift die befristete Beschwerde nach den §§ 58 ff. zulässig, wenn[7]
— die Nachlassverwaltung zu Unrecht angeordnet wurde, zB etwa von Amts wegen oder auf Antrag eines Nichtberechtigten,
— der Erbe bei Antragstellung sein Antragsrecht bereits verloren hatte (§ 2013 BGB),
— die Nachlassverwaltung bei Vorhandensein von Miterben wegen schon erfolgter Nachlassteilung unzulässig war (§ 2062 Halbsatz 2 BGB),
— sie bei Vorhandensein mehrerer Erben nicht von allen gemeinschaftlich beantragt worden war (§ 2062 Halbs. 1 BGB); in diesem Fall steht die Beschwerde nicht nur den übrigen Erben, sondern auch den Nachlassgläubigern zu,[8]
— es für die Anordnung an der **internationalen Zuständigkeit** fehlte.[9] Dieser früher häufig diskutierte Fall wird in Zukunft angesichts der Ausweitung der internationalen Zuständigkeit der deutschen Nachlassgerichte durch § 105 ganz erheblich an Bedeutung verlieren. Denn nunmehr bestimmt sich die internationale nach der örtlichen Zuständigkeit.

6 Im Übrigen ist zwischen der Auswahl des Verwalters und der Anordnung der Verwaltung zu unterscheiden. Ersteres ist durch den Erben anfechtbar.[10]

7 **3. Zurückweisung des Antrags des Erben.** Hiergegen ist die befristete allgemeine Beschwerde nach den §§ 58 ff. statthaft, die Beschwerdeberechtigung ergibt sich aus § 59 Abs. 2. **Mehrere Erben,** die den Antrag gemeinschaftlich gestellt haben, können aber ihr Beschwerderecht gegen die Ablehnung ihres Antrags nur gemeinschaftlich ausüben.[11]

8 **4. Beschwerden des Verwalters.** Gegen die **Aufhebung** der Nachlassverwaltung hat der Nachlassverwalter keine Beschwerdeberechtigung, da er kein eigenes Recht auf Durchführung dieses Verfahrens besitzt.[12] Jedoch kann er gegen seine **Entlassung** aus dem Amt, etwa wegen mangelnder Eignung, bei Fortbestand der Verwaltung als solcher ein eigenes Beschwerderecht geltend machen, da er in einer eigenen Rechtsstellung betroffen wird.[13]

9 **5. Anordnung der Nachlassverwaltung auf Antrag eines Nachlassgläubigers (Abs. 2).** Hiergegen ist die allgemeine, befristete Beschwerde nach § 58 Abs. 1 gegeben. Eine Beschwerdeberechtigung steht nach Abs. 2 aber in Abweichung von § 59 Abs. 2[14] nur dem Erben zu, bei mehreren jedoch jedem einzelnen Miterben, und dem Testamentsvollstrecker, der zur Verwaltung des Nachlasses berechtigt ist, was nach § 2205 BGB die Regel ist, nicht aber bei einem eingeschränkten Verwaltungsrecht nach § 2208 Abs. 2 BGB. Als gesetzlicher Vertreter des Erben ist auch ein Nachlasspfleger (§ 1960 BGB) beschwerdeberechtigt.[15] All diese können jedoch ihre Beschwerde nur darauf stützen, dass zurzeit der Anordnung der Nachlassverwaltung die Voraussetzungen des § 1981

---

[5] Zur Streitfrage, ob sich hierauf die Amtsprüfung des Nachlassgerichts erstreckt, oder aber der Antragsteller dies glaubhaft zu machen hat, s. *Jansen/Müller-Lukoschek* § 76 FGG Rn. 9 (letzteres verneinend).
[7] *Zimmermann* FamFG Rn. 750; *Keidel/Kuntze/Winkler* § 76 FGG Rn. 2; *Jansen/Müller-Lukoschek* § 76 FGG Rn. 7.
[8] *Jansen/Müller-Lukoschek* § 76 FGG Rn. 7 m. weit. Nachw.; zum Streitstand *Staudinger/Marotzke* § 1981 BGB Rn. 36.
[9] BayObLGZ 1976, 151 = FamRZ 1977, 490; KG OLGZ 1977, 309; *Jansen/Müller-Lukoschek* § 76 FGG Rn. 7; eingehend dazu *Keidel/Kuntze/Winkler* § 76 FGG Rn. 2 a.
[10] *Zimmermann* FamFG Rn. 750.
[11] MünchKommBGB/*Siegmann* § 1988 Rn. 4; *Keidel/Zimmermann* Rn. 15.
[12] RGZ 151, 57, 62; MünchKommBGB/*Siegmann* § 1981 Rn. 9.
[13] KGJ 40, 42; *Staudinger/Marotzke* § 1981 BGB Rn. 39; MünchKommBGB/*Siegmann* § 1981 Rn. 9 Fn. 39.
[14] Früher in Abweichung von § 20 Abs. 2 FGG, *Jansen/Müller-Lukoschek* § 76 FGG Rn. 13.
[15] *Staudinger/Marotzke* § 1981 BGB Rn. 37.

Abs. 2 BGB nicht vorlagen.[16] Kein Beschwerderecht besitzen dagegen die übrigen Gläubiger und auch keine sonstigen Beteiligten (§ 345) oder wirtschaftlich interessierten Personen.[17]

Gegen die **Ablehnung** des Antrags auf Anordnung der Nachlassverwaltung hat der antragstellende Gläubiger ein Beschwerderecht (§§ 58, 59 Abs. 2),[18] was sich aus einem Umkehrschluss aus Abs. 2 ergibt,[19] nicht jedoch der Erbe oder ein anderer Gläubiger.[20] Lehnt das Nachlassgericht den Antrag eines Nachlassgläubigers auf Entlassung des amtierenden Nachlassverwalters ab, steht dem Nachlassgläubiger hiergegen kein Beschwerderecht zu.[21] 10

6. Fristbeginn. Die Beschwerdefrist nach § 63 beginnt mit der Zustellung (§ 41 Abs. 1 S. 2) des entsprechenden Beschlusses an den Beschwerdeführer oder der Bekanntgabe an ihn, wenn er anwesend ist (§ 41 Abs. 2 S. 1), nicht aber bereits mit der öffentlichen Bekanntmachung nach § 1983 BGB, die keine Wirksamkeitsvoraussetzung für die Anordnung der Nachlassverwaltung ist.[22] 11

III. Kosten

Die **Gerichtsgebühren** bei der Nachlassverwaltung bestimmen sich nach § 106 KostO. 12

§ 360 Bestimmung einer Inventarfrist

(1) Die Frist zur Einlegung einer Beschwerde gegen den Beschluss, durch den dem Erben eine Inventarfrist bestimmt wird, beginnt für jeden Nachlassgläubiger mit dem Zeitpunkt, in dem der Beschluss dem Nachlassgläubiger bekannt gemacht wird, der den Antrag auf die Bestimmung der Inventarfrist gestellt hat.

(2) Absatz 1 gilt entsprechend für die Beschwerde gegen einen Beschluss, durch den über die Bestimmung einer neuen Inventarfrist oder über den Antrag des Erben, die Inventarfrist zu verlängern, entschieden wird.

I. Normzweck

Auf Antrag eines Nachlassgläubigers, der seine Forderung glaubhaft macht, hat das Nachlassgericht dem Erben eine Frist zur Errichtung eines Inventars zu setzen (§ 1994 Abs. 1 S. 1 BGB). Nach fruchtlosem Ablauf der Frist haftet der Erbe für die Nachlassverbindlichkeiten unbeschränkt (§ 1994 Abs. 1 S. 2 BGB). Die Verlängerung der Inventarfrist geschieht auf Antrag des Erben (§ 1995 Abs. 3 BGB), die Bestimmung einer neuen Inventarfrist nach § 1996 BGB unter den dort genannten Voraussetzungen auf Antrag des Erben und nach § 2005 Abs. 2 BGB zur Ergänzung des Inventars auf Antrag eines Nachlassgläubigers, nicht aber des Erben.[1] Für diese Entscheidungen ist **funktionell** der Rechtspfleger zuständig (§ 3 Nr. 1 lit. c RPflG). Dieser entscheidet durch Beschluss (§§ 38 ff.). 1

§ 360 enthält die bisher in § 77 Abs. 3 FGG normierten Spezialvorschriften zum Lauf der Rechtsmittelfrist für die Nachlassgläubiger. Eine Übernahme der Regelungen des bisherigen § 77 Abs. 1 und 2 FGG war nicht erforderlich, da die dort genannten Entscheidungen bereits nach der allgemeinen Bestimmung des § 58 Abs. 1 mit der Beschwerde anfechtbar sind.[2] 2

II. Beginn der Beschwerdefrist

Die **Beschwerdefrist** beträgt einen Monat ab Bekanntgabe des Beschlusses (§ 63). In teilweiser Abweichung vom § 63 Abs. 3 ist diese wie folgt geregelt: 3
- für **jeden Erben** beginnt die Frist für die Beschwerde mit der jeweiligen Bekanntgabe des Beschlusses an ihn (§ 63 Abs. 3);

---

[16] BayObLGZ 1966, 75, 76; *Staudinger/Marotzke* § 1981 BGB Rn. 37; MünchKommBGB/*Siegmann* § 1981 Rn. 9.
[17] *Zimmermann* FamFG Rn. 753.
[18] *Keidel/Zimmermann* Rn. 21.
[19] *Schulte-Bunert* Rn. 1130.
[20] MünchKommBGB/*Siegmann* § 1981 Rn. 9.
[21] OLG Frankfurt ZEV 1998, 263; MünchKommBGB/*Siegmann* § 1981 Rn. 9.
[22] *Keidel/Kuntze/Winkler* § 76 FGG Rn. 6; MünchKommBGB/*Siegmann* § 1983 Rn. 1; abweichend hiervon will *Jansen/Müller-Lukoschek* § 76 FGG Rn. 11 für den Fall der Anordnung der Nachlassverwaltung auf die Zustellung an den Nachlassverwalter abstellen, weil dieser bereits damit verfügungsbefugt wird; für den Fall der unbekannten Erben stellt auch BayObLGZ 1966, 775, 167, 172 hierauf ab.
[1] *Staudinger/Marotzke* § 2005 BGB Rn. 14; *Soergel/Stein* § 2005 Rn. 6.
[2] BT-Drucks. 16/6308, S. 283.

§ 361 1–5   Buch 4. Abschnitt 2. Verfahren in Nachlasssachen

– für **alle Nachlassgläubiger** beginnt die Beschwerdefrist mit der Bekanntmachung (§ 40 Abs. 1) des Beschlusses an denjenigen Nachlassgläubiger, auf dessen Antrag die Frist gesetzt oder verlängert wurde. Im Fall des § 2005 Abs. 2 BGB (Ergänzung des Inventars) ist die Bekanntmachung an den Nachlassgläubiger maßgebend, der Antrag auf Bestimmung einer neuen Inventarfrist gestellt hat.[3] Es gibt also insoweit einen einheitlichen Fristbeginn. Der Grund liegt darin, dass dem Nachlassgericht selten alle Nachlassgläubiger bekannt sind und deshalb eine allgemeine Unanfechtbarkeit des Beschlusses ohne diese Vorschrift nicht erreicht werden könnte.[4]

III. Praktische Hinweise

4   Die **Gebühren** bestimmen sich nach §§ 114 Nr. 1, 115 KostO. Die Bestimmung der Inventarfrist ist dem **Vormundschaftsgericht** mitzuteilen, wenn der Erbe unter elterlicher Sorge oder Vormundschaft steht (§ 1999 S. 1 BGB). Gleiches gilt, wenn die Nachlassangelegenheit unter den Aufgabenkreis eines Betreuers des Erben fällt (§ 1999 S. 2 BGB). Bezüglich der im Rahmen der Inventarerrichtung nach den §§ 2002, 2003 BGB zuständigen Stellen s. eingehend *Jansen/Müller-Lukoschek* § 77 FGG Rn. 13 ff.

§ 361 Eidesstattliche Versicherung

¹ Verlangt ein Nachlassgläubiger von dem Erben die Abgabe der in § 2006 des Bürgerlichen Gesetzbuchs vorgesehenen eidesstattlichen Versicherung, kann die Bestimmung des Termins zur Abgabe der eidesstattlichen Versicherung sowohl von dem Nachlassgläubiger als auch von dem Erben beantragt werden. ² Zu dem Termin sind beide Teile zu laden. ³ Die Anwesenheit des Gläubigers ist nicht erforderlich. ⁴ Die §§ 478 bis 480 und 483 der Zivilprozessordnung gelten entsprechend.

I. Normzweck

1   Die Vorschrift entspricht dem bisherigen § 79 FGG. Nach § 2006 BGB kann ein Nachlassgläubiger von dem Erben, der ein Inventar errichtet hat, die Abgabe einer eidesstattlichen Versicherung dahingehend verlangen, „dass er nach bestem Wissen die Nachlassgegenstände so vollständig angegeben habe, als er hierzu imstande sei". Die Verweigerung der eidesstattlichen Versicherung hat erhebliche haftungsrechtliche Auswirkungen (s. Rn. 10).

II. Durchführung der eidesstattlichen Versicherung

2   **1. Sachlicher Anwendungsbereich.** § 361 betrifft nach seinem ausdrücklichen Wortlaut nach nur die Abgabe der eidesstattlichen Versicherung im Fall des **§ 2006 BGB,** die eine Nachlasssache iSv. § 342 ist. Demgegenüber werden die eidesstattlichen Versicherungen in den Fällen der §§ 259, 260, 2028 und § 2057 BGB vom FamFG nicht als Nachlasssachen angesehen, obwohl sie sachlich mit dem Erbrecht zu tun haben; es handelt sich bei jenen vielmehr um weitere Angelegenheiten der freiwilligen Gerichtsbarkeit, die in den § 410 bis 414 geregelt sind.[1]

3   **2. Terminsbestimmung (S. 1).** Die **Terminsbestimmung** zur Abgabe der eidesstattlichen Versicherung erfolgt nur auf Antrag
– entweder des **Nachlassgläubigers,** der die Abgabe der eidesstattlichen Versicherung verlangt, vorausgesetzt, dass er seine Forderung glaubhaft gemacht hat (§ 1994 Abs. 2 BGB), oder
– des **Erben,** von dem die Abgabe der eidesstattlichen Versicherung verlangt wurde.

4   **Voraussetzung** für die Terminsbestimmung ist das Vorliegen eines vom Erben, nicht etwa eines vom Nachlassverwalter errichteten Inventars. Sie ist **unzulässig,**
– gegen den Erben, der die Erbschaft ausgeschlagen hat,[2]
– während der Dauer der Nachlassverwaltung[3] oder eines Nachlassinsolvenzverfahrens.

5   Auf Antrag jedes der beiden Teile ist eine **wiederholte Terminsbestimmung** zulässig. Jedoch hat nur die Versäumung des auf Antrag des Nachlassgläubigers anberaumten weiteren Termins die Rechtsfolge des Eintritts der unbeschränkten Haftung nach § 2006 Abs. 3 S. 2 BGB.[4] Auch die

---

[3] *Keidel/Kuntze/Winkler* § 77 FGG Rn. 10; *Zimmermann* FamFG Rn. 757.
[4] *Jansen/Müller-Lukoschek* § 77 FGG Rn. 9; *Keidel/Zimmermann* Rn. 11.
[1] *Zimmermann* FamFG Rn. 759.
[2] KGJ 20 A 256; *Jansen/Müller-Lukoschek* § 79 FGG Rn. 3.
[3] KGJ 28 A 27; *Jansen/Müller-Lukoschek* § 79 FGG Rn. 3; *Keidel/Zimmermann* Rn. 7.
[4] *Keidel/Kuntze/Winkler* § 79 FGG Rn. 4.

Bestimmung eines dritten Termins ist zulässig.[5] Dabei prüft der Rechtspfleger in eigener Verantwortung, ob eine ausreichende Entschuldigung für das frühere Ausbleiben vorlag. Ob seine diesbezügliche Feststellung auch für das Prozessgericht in einem späteren Haftungsprozess bindend ist, ist umstritten,[6] aber abzulehnen, weil der Rechtspfleger in diesem Verfahren nur eine kursorische Prüfung dieser Frage vornehmen kann.

Eine **wiederholte Abgabe** der eidesstattlichen Versicherung kann derselbe Gläubiger oder ein anderer Gläubiger nur verlangen, wenn Grund zu der Annahme besteht, dass dem Erben nach der Abgabe der eidesstattlichen Versicherung weitere Nachlassgegenstände bekannt geworden sind (§ 2006 Abs. 4 BGB). 6

3. Ladung zum Termin (S. 2). Die Ladung zum Termin erfolgt von Amts wegen, zweckmäßigerweise gegen Zustellungsurkunde oder Empfangsbescheinigung. Zu dem Termin sind beide Teile zu laden. 7

4. Verfahren (S. 3 und 4). Für das Verfahren gelten nach S. 4 die §§ 478 bis 480 und 483 ZPO entsprechend. Danach muss die eidesstattliche Versicherung von dem Betroffenen in **eigener Person** geleistet werden. Die Anwesenheit des Gläubigers ist nicht erforderlich (S. 3). Die Abgabe der eidesstattlichen Versicherung erfolgt zu Protokoll des Nachlassgerichts. 8

Das **Nachlassgericht prüft** dabei nur, ob ein vom Erben errichtetes wirksames Inventar vorliegt, ob das Verlangen zur eidesstattlichen Versicherung von einem Nachlassgläubiger gestellt und ob der Gegner der Erbe ist. Im Übrigen nimmt das Nachlassgericht keine sachliche Prüfung vor.[7] Im Falle des § 2006 Abs. 3 S. 2 BGB hat es daher vor der Anberaumung eines beantragten, dritten Termins nicht zu prüfen, ob das Ausbleiben im zweiten Termin genügend entschuldigt war, und im Fall des § 2006 Abs. 4 BGB über die Berechtigung des Verlangens der wiederholten Aufforderung nicht zu befinden, zumal auch in diesem Fall der Antrag von dem zur Abgabe der eidesstattlichen Versicherung bereiten Erben ausgehen kann. Über das Vorliegen dieser sachlichen Umstände hat vielmehr allein das Prozessgericht zu entscheiden wenn es um die Frage geht, ob die unbeschränkte Haftung eingetreten ist.[8] 9

Verweigert der Erbe die eidesstattliche Versicherung oder erscheint er nicht zum bestimmten Termin kann das Nachlassgericht keinen Zwang ausüben;[9] auch eine Klage zur Durchführung der eidesstattlichen Versicherung ist ausgeschlossen.[10] Stattdessen haftet als Folge der Verweigerung der Erbe dem Gläubiger gegenüber, der den Antrag gestellt hat, nunmehr **unbeschränkt** (§ 2006 Abs. 3 S. 1 BGB). Gleiches gilt, wenn der Erbe weder in dem Termin noch in einem auf Antrag des Gläubigers anberaumten neuen Termin erscheint, sofern nicht ein Grund vorliegt, durch den das Nichterscheinen genügend entschuldigt ist (§ 2006 Abs. 3 S. 2 BGB). 10

5. Beschwerde. Gegen die **Terminsbestimmung** und die Ladung ist keine Beschwerde möglich, denn der Erbe ist nicht zum Erscheinen verpflichtet.[11] Demgegenüber findet gegen die Entscheidung, die eine **Terminsbestimmung** oder die Abnahme der eidesstattlichen Versicherung **ablehnt**, die allgemeine Beschwerde nach §§ 58 ff. statt.[12] 11

III. Weitere Verfahrensfragen

Sachlich zuständig für die Abnahme der eidesstattlichen Versicherung ist das Nachlassgericht, **funktionell** der Rechtspfleger (§ 3 Nr. 2 lit. c RPflG). Die **Gebühren** bestimmen sich nach § 124 KostO, zahlungspflichtig ist der **Antragsteller** (§ 2 Nr. 1 KostO). 12

---

[5] OLG Hamm Rpfleger 1995, 161; *Firsching/Graf* Nachlassrecht Rn. 4.763; *Keidel/Kuntze/Winkler* § 79 FGG Rn. 4.
[6] Bejahend MünchKommBGB/*Siegmann* § 2006 Rn. 6; *Palandt/Edenhofer* § 2006 BGB Rn. 4; *Schulte-Bunert/Weinreich/Tschichoflos* Rn. 8; *Keidel/Kuntze/Winkler* § 79 FGG Rn. 4; *Jansen/Müller-Lukoschek* § 79 FGG Rn. 6; verneinend: *Staudinger/Marotzke* § 2006 BGB Rn. 21; *Soergel/Stein* § 2006 BGB Rn. 7; *Zimmermann* FamFG Rn. 762; *Keidel/Zimmermann* Rn. 19; offen lassend OLG Hamm Rpfleger 1995, 161.
[7] *Jansen/Müller-Lukoschek* § 79 FGG Rn. 4.
[8] OLG Hamm Rpfleger 1995, 161.
[9] BayObLGZ 13, 371; *Jansen/Müller-Lukoschek* § 79 FGG Rn. 5; *Keidel/Zimmermann* Rn. 16.
[10] RG WarnR 12 Nr. 116; *Jansen/Müller-Lukoschek* § 79 FGG Rn. 5.
[11] BayObLGZ 4, 229; *Jansen/Müller-Lukoschek* § 79 FGG Rn. 7; *Zimmermann* FamFG Rn. 760.
[12] OLG München JFG 15, 120; *Jansen/Müller-Lukoschek* § 79 FGG Rn. 7; *Keidel/Zimmermann* Rn. 11; *Zimmermann* FamFG Rn. 760.

§ 362 Stundung des Pflichtteilsanspruchs

Für das Verfahren über die Stundung eines Pflichtteilsanspruchs (§ 2331a in Verbindung mit § 1382 des Bürgerlichen Gesetzbuchs) gilt § 264 entsprechend.

I. Normzweck

1 Der Pflichtteilsanspruch entsteht sofort mit dem Erbfall (§ 2317 Abs. 1 BGB) und ist dann sofort zur Zahlung fällig. Durch § 2331a BGB soll der Erbe geschützt werden. Denn er kann verlangen, dass ein anderer Pflichtteilsberechtigter, der diesen Anspruch gegen ihn geltend macht, ihm eine Stundung gewährt, wenn die in § 2331a Abs. 1 BGB näher bezeichneten Voraussetzungen gegeben sind.[1] Für das Stundungsverfahren gelten die § 1382 Abs. 2 bis 6 BGB entsprechend (§ 2331a Abs. 2 S. 2 BGB). Verfahrensrechtliche Ergänzungen ergeben sich aus § 362, der dem bisherigen § 83a FGG entspricht,[2] und durch den nun auf § 264 (bisher § 53a FGG) verwiesen wird, so dass die Entscheidung erst mit der formellen Rechtskraft wirksam wird.[3]

II. Stundungsverfahren im Einzelnen

2 Hinsichtlich des Stundungsverfahrens ist zu unterscheiden: Ist der Pflichtteilsanspruch dem Grunde und der Höhe nach **unstreitig**, so entscheidet das Nachlassgericht (§ 2331a Abs. 2 S. 1 BGB). Ist der Anspruch dem Grund oder der Höhe nach umstritten und über ihn ein Rechtsstreit **anhängig**, so entscheidet allein das Prozessgericht (§§ 2331a Abs. 2 S 2, 1382 Abs. 5 BGB).

3 **1. Isoliertes Stundungsverfahren vor dem Nachlassgericht.** Die örtliche Zuständigkeit ergibt sich aus § 343; funktionell zuständig ist grds der Rechtspfleger (§ 3 Nr. 2 lit. c RPflG). Erforderlich ist ein entsprechender **Antrag**.[4] Stundungsberechtigter war bisher nur der **pflichtteilsberechtigte Erbe** (§ 2303, § 10 Abs. 6 S. 2 LPartG), durch die Erbrechtsreform ist jedoch diese Beschränkung für die Erbfälle weggefallen, die seit dem 1. 1. 2010 eintreten.[5] Die **sachlichen Stundungsvoraussetzungen** ergeben sich aus § 2331a Abs. 1 BGB,[6] die Einzelheiten für das Verfahren vor dem Nachlassgericht auf Grund der Verweisung des § 362 aus § 264 (Verfahren nach den §§ 1382 und 1383 BGB). Das Nachlassgericht hat mit den Beteiligten mündlich zu verhandeln und auf eine gütliche Einigung hinwirken.[7] Kommt es nicht zu einem zu protokollierenden Vergleich (§ 36 Abs. 2), so ist von Amts wegen zu ermitteln und Beweis zu erheben (§ 26). Einstweilige Anordnungen sind möglich (§§ 49 ff.).

4 Die **Entscheidung** ergeht durch Beschluss, die erst mit der Rechtskraft wirksam wird (§ 362 iVm. § 264 Abs. 1 S. 1).[8] Soweit dem Stundungsantrag stattgegeben wird, ist ein Zahlungszeitpunkt und ein Zahlungsmodus (eventuell bei Ratenzahlung auch Verfallklausel) zu bestimmen. Des Weiteren ist eine Verzinsung festzulegen (§§ 2331a, 1382 Abs. 4 BGB),[9] sowie über eine etwa vom Pflichtteilsberechtigten beantragte Sicherheitsleistung zu entscheiden. Auf Antrag des Pflichtteilsberechtigten kann das Nachlassgericht zugleich die Verpflichtung des Erben zur Zahlung des Pflichtteilsanspruchs aussprechen (§§ 362, 264 Abs. 2), was einen **Vollstreckungstitel** schafft (§ 86 Abs. 1 Nr. 1). Gegen die Entscheidung ist das **Rechtsmittel** der Beschwerde (§§ 58 ff.) innerhalb der Frist des § 63 Abs. 1 gegeben.

5 Eine **Beschwerde** gegen die Ablehnung des Stundungsantrags des Erben wird wegen des Fehlens des erforderlichen Rechtsschutzinteresses unzulässig, wenn der Pflichtteilsberechtigte **Zahlungsklage** erhebt, weil dann die Stundung nach den §§ 2331a Abs. 2 S. 2, 1382 Abs. 5 BGB nur noch im Klageverfahren vor dem Prozessgericht geltend gemacht werden kann.[10] **Gerichtsgebühren:** 10/10 nach § 106a Abs. 1 KostO, Bestimmung des Geschäftswerts nach § 30 KostO.

---

[1] Zu den geplanten Änderungen im Rahmen der beabsichtigten Erbrechtsreform s. etwa *Muscheler* ZEV 2008, 105, 106.

[2] BT-Drucks. 16/6308, S. 283.

[3] Vgl. etwa *Heinemann* ZFE 2009, 8, 14.

[4] *Keidel/Kuntze/Winkler* § 83a FGG Rn. 6; KK-Erbrecht/*Tschichoflos* § 83a FGG Rn. 4.

[5] Gesetzesänderung durch Art. 1 Nr. 20 des Gesetzes zur Änderung des Erb- und Verjährungsrechts vom 24. 9. 2009 (BGBl. I S. 3142).

[6] Dazu etwa *Bamberger/Roth/J. Mayer* § 2331a BGB Rn. 4; *Staudinger/Olshausen* § 2331a BGB Rn. 13 ff.

[7] Einzelheiten zum Verfahren etwa bei *Schulte-Bunert/Weinreich/Tschichoflos* Rn. 10 ff.; AnwK-BGB/*Bock* § 2331a Rn. 12 ff.; *Staudinger/Olshausen* § 2331a BGB Rn. 24 ff.

[8] Muster bei *Firsching/Graf* Nachlassrecht Rn. 4.974.

[9] BayObLGZ 1980, 421 = FamRZ 1981, 392 zum Erbersatzanspruch: Keine Bindung an den gesetzlichen Zinssatz; s eingehender *Bamberger/Roth/J. Mayer* § 1382 Rn. 11.

[10] OLG Karlsruhe FamRZ 2004, 661.

2. Entscheidung im streitigen Verfahren. Bei rechtshängigem Pflichtteilsanspruch entscheidet 6
das Prozessgericht durch Urteil (§ 2331a Abs. 2 S. 2, § 1382 Abs. 5 BGB), und zwar nach den
gleichen Grundsätzen wie das Nachlassgericht,[11] jedoch mit der Abweichung, dass der Amtsermittlungsgrundsatz (§ 26) nicht gilt.[12] Wurde bei der rechtskräftigen Entscheidung über den Pflichtteilsanspruch **kein Stundungsantrag** gestellt, so kann ein solcher nur dann vor dem Nachlassgericht beantragt werden, wenn nach der Entscheidung sich die Verhältnisse wesentlich geändert haben (§ 1382 Abs. 6 BGB).[13]

3. Nachträgliche Aufhebung oder Änderung (§§ 2331a Abs. 2 S. 2, 1382 Abs. 6 BGB). 7
Grundsätzlich ist nach § 362 iVm. § 264 Abs. 1 S. 2 eine Abänderung oder Wiederaufnahme
ausgeschlossen; insoweit handelt es sich um eine Sonderregelung zu der allgemeinen Vorschrift des
§ 18 über die Abänderung und Wiederaufnahme.[14]

Jedoch kann nach §§ 2331 Abs. 2 S. 2, 1382 Abs. 6 das Nachlassgericht eine rechtskräftige 8
Entscheidung auf Antrag des Erben oder Pflichtteilsberechtigten aufheben oder abändern, wenn sich
die Verhältnisse nach der Entscheidung wesentlich geändert haben. Hierfür ist allein das **Nachlassgericht** zuständig, auch wenn zunächst das Prozessgericht die Stundungsentscheidung traf. Auch
möglich bei gerichtlichen Vergleichen.[15]

---

[11] *Soergel/Dieckmann* § 2331a BGB Rn. 14; *Staudinger/Olshausen* § 2331a BGB Rn. 31.
[12] AnwK-BGB/*Bock* § 2331a Rn. 17; jurisPK/*Birkenheier* § 2331a BGB Rn. 38.
[13] MünchKommBGB/*Lange* § 2331a Rn. 12; *Staudinger/Olshausen* § 2331a BGB Rn. 31; *Palandt/Edenhofer* § 2331a BGB Rn. 6, 8.
[14] *Heinemann* ZFE 2009, 8, 14.
[15] *Palandt/Edenhofer* § 2331a BGB Rn. 8; *Soergel/Dieckmann* § 2331a BGB Rn. 15; *Staudinger/Olshausen* § 2331a BGB Rn. 32; aA *Keidel/Zimmermann* Rn. 18.

Abschnitt 3. Verfahren in Teilungssachen

§ 363 Antrag

(1) Bei mehreren Erben hat das Gericht auf Antrag die Auseinandersetzung des Nachlasses zwischen den Beteiligten zu vermitteln; das gilt nicht, wenn ein zur Auseinandersetzung berechtigter Testamentsvollstrecker vorhanden ist.

(2) Antragsberechtigt ist jeder Miterbe, der Erwerber eines Erbteils sowie derjenige, welchem ein Pfandrecht oder ein Nießbrauch an einem Erbteil zusteht.

(3) In dem Antrag sollen die Beteiligten und die Teilungsmasse bezeichnet werden.

Übersicht

	Rn.		Rn.
I. Normzweck	1–3	a) Mehrheit von Erben	8
II. Zuständigkeit, Funktion des Nachlassgerichts, ähnliche Verfahren	4–7	b) Kein Ausschluss der Auseinandersetzung	9–18
1. Zuständigkeit	4, 5	2. Antragsberechtigte (Abs. 2)	19–24
2. Stellung des Nachlassgerichts	6	3. Der Antrag	25–30
3. Zuweisung eines landwirtschaftlichen Betriebs nach §§ 13 ff. GrdstVG	7	a) Form	25
		b) Inhalt des Antrags	26
		c) Formelle Prüfung	27–29
III. Verfahrensvoraussetzung	8–34	d) Rücknahme des Antrags	30
1. Sachliche Verfahrensvoraussetzungen	8–18	4. Beteiligte	31–34

I. Normzweck

1   Hinterlässt ein Erblasser mehrere Erben, so entsteht eine **Erbengemeinschaft**. Der Nachlass wird gemeinschaftliches Vermögen dieser Erben (§ 2032 BGB). Soweit nicht einer der Ausnahmefälle der § 2042 Abs. 1 iVm. mit §§ 749 Abs. 2, 2043 bis 2045 BGB eingreift, kann jeder Miterbe dann jederzeit die Auseinandersetzung der Erbengemeinschaft verlangen (§ 2042 Abs. 1 BGB). Diese erfolgt idR durch eine Vereinbarung der Miterben untereinander ohne Mitwirkung des Gerichts. Der entsprechende Auseinandersetzungsvertrag ist grundsätzlich formlos möglich. Nur wenn Gegenstände zum Nachlass gehören, zu deren Übertragung es einer bestimmten Form bedarf, ist diese einzuhalten, so etwa bei Grundstücken (§ 311b BGB) oder Geschäftsanteilen an einer GmbH (§ 15 Abs. 4 GmbHG).

2   Da Erbauseinandersetzungen oftmals erhebliche **praktische Schwierigkeiten** hervorrufen stellt das FamFG ein Vermittlungsverfahren zur Verfügung. Danach hat das Gericht bei mehreren Erben auf Antrag die Auseinandersetzung des Nachlasses zwischen den Beteiligten zu vermitteln (Abs. 1). Die bisher für solche Verfahren bereits in den §§ 86 bis 99 FGG enthaltenen Vorschriften wurden dabei im Wesentlichen in die §§ 363 bis 373 übernommen. Dieses Verfahren hatte bisher kaum praktische Bedeutung,[1] was im Wesentlichen an § 95 S. 1 FGG lag.[2] Danach ist das Verfahren auszusetzen, wenn sich „Streitpunkte ergeben". Da diese Regelung in den § 370 übernommen wurde, wird sich durch das FamFG an der praktischen Bedeutungslosigkeit des Verfahrens nichts ändern.[3] Demgegenüber erlangen auch im erbrechtlichen Bereich Vorhaben mit einer außergerichtlichen Streitbeilegung oder Mediationsverfahren zunehmend Bedeutung.[4]

3   Die **Absätze 1** und **2** entsprechen inhaltlich dem bisherigen § 86 FGG. **Abs. 3** übernimmt die Regelung des bisherigen § 87 Abs. 1 FGG. Der weitere Regelungsinhalt von § 87 FGG ist künftig im Hinblick auf die Vorschriften des Allgemeinen Teils, insbesondere die §§ 27 bis 29 entbehrlich.[5]

---

[1] *Bonefeld/Kroiß/Tanck*, Erbprozess, S. 207, Rn. 404; *Rißmann*, in: *Bonefeld/Daragan/Wachter*, Der Fachanwalt für Erbrecht, 2006, 9. Kap. Rn. 269 (S. 356); *Jansen/Müller-Lukoschek* § 86 FGG Rn. 4.
[2] *Rißmann*, in: *Bonefeld/Daragan/Wachter*, Der Fachanwalt für Erbrecht, 2006, 9. Kap. Rn. 269 (S. 356).
[3] Zutr. *Zimmermann* FamFG Rn. 765.
[4] Vgl. etwa *Mähler/Mähler* NJW 1997, 1262; *Risse* ZEV 1999, 206.
[5] BT-Drucks. 16/6308, S. 283.

II. Zuständigkeit, Funktion des Nachlassgerichts, ähnliche Verfahren

1. Zuständigkeit. Die Vermittlung der Auseinandersetzung ist eine **Teilungssache** (§ 342 Abs. 2 Nr. 1). **Sachlich zuständig** sind daher grundsätzlich die Amtsgerichte (§ 23a Abs. 1 Nr. 2, Abs. 2 Nr. 2 GVG); in *Baden-Württemberg* die Notariate.[6] Das Nachlassgericht, und nicht das Landwirtschaftsgericht, ist sachlich auch zuständig, wenn ein landwirtschaftlicher Betrieb oder im Hof im Sinne der HöfeO zum Nachlass gehört.[7] Die **örtliche Zuständigkeit** richtet sich nach § 343. **Funktionell zuständig** ist grundsätzlich der Rechtspfleger (§ 3 Nr. 2 lit. c RPflG); nur für die Genehmigung nach § 368 Abs. 3 ist der Richter zuständig (§ 16 Abs. 1 Nr. 8 RPflG).

Die **internationale Zuständigkeit** war nach dem FGG grundsätzlich nur dann gegeben, wenn sich bei Beteiligung ausländischer Erblasser die Beerbung ausnahmsweise nach deutschem Recht richtete.[8] **Nunmehr** ergibt sich nach § 105 aus der **örtlichen Zuständigkeit** des Nachlassgerichts (§ 343) auch die internationale (s. § 343 Rn. 1, 29).

2. Stellung des Nachlassgerichts. Das Nachlassgericht hat in diesem Auseinandersetzungsverfahren nur eine **vermittelnde und beurkundende Funktion.**[9] Es darf Streitpunkte, die sich bei der Vermittlung der Auseinandersetzung ergeben, nicht selbst entscheiden (§ 370). Kann keine einvernehmliche Regelung herbeigeführt werden, so muss es das Verfahren aussetzen, bis der Streit im Prozessweg geklärt ist. Die Verwaltung des Nachlasses steht dem Nachlassgericht nicht zu. Ebenso ist der Vollzug der getroffenen Vereinbarungen nicht Aufgabe des Nachlassgerichtes, sondern der Beteiligten.[10] Andererseits beschränkt sich die Vermittlung **nicht nur** auf die **Begründung** von Verbindlichkeiten zur Bewirkung von Rechtsänderungen, durch welche die Auseinandersetzung herbeigeführt werden soll. Vielmehr erstreckt sich das Verfahren auch auf die **Bewirkung der Auseinandersetzung**, soweit hierzu entsprechende Erklärung erforderlich sind, die vor dem Gericht rechtswirksam abgegeben werden können. Insbesondere können entsprechende Forderungen abgetreten und andere Rechte übertragen sowie die dingliche Einigung (§ 873 Abs. 2 BGB) erklärt werden. Auf alle diese Erklärungen erstreckt sich die **Versäumniswirkung** (§§ 366 Abs. 3 S. 2, 368 Abs. 2).

3. Zuweisung eines landwirtschaftlichen Betriebs nach §§ 13 ff. GrdstVG. Nach diesen Bestimmungen ist ein gerichtliches Verfahren zur Zuweisung eines **landwirtschaftlichen Betriebs** möglich, der auf Grund einer gesetzlichen Erbfolge entstandenen Erbengemeinschaft gehört. Da dieses Verfahren nach § 14 Abs. 2 GrdstVG voraussetzt, dass die Miterben sich über die Auseinandersetzung nicht einigen oder eine vereinbarte Auseinandersetzung nicht vollzogen werden kann, hat das Vermittlungsverfahren nach den §§ 363 ff. gegenüber dem Verfahren nach dem Grundstücksverkehrsgesetz den Vorzug.[11] Wird daher durch einen Miterben der Zuweisungsantrag nach dem Grundstücksverkehrsgesetz gestellt, durch einen anderen aber der Antrag nach § 343, so ist zunächst das Vermittlungsverfahren vor dem Nachlassgericht durchzuführen und das Zuweisungsverfahren auszusetzen.[12] Andererseits setzt das Zuweisungsverfahren nach dem GrdstVG jedoch nicht voraus, dass ein Vermittlungsverfahren nach § 343 erfolglos versucht wurde.[13]

III. Verfahrensvoraussetzung

1. Sachliche Verfahrensvoraussetzungen. a) Mehrheit von Erben. In sachlicher Hinsicht ist Voraussetzung zur Einleitung des amtlichen Auseinandersetzungsverfahrens eine Mehrheit von Erben (§ 2032 BGB). Eine solche liegt nur vor, wenn mehrere Erben **nebeneinander** als **Miterben** vorhanden sind. Dies ist nicht der Fall, wenn es um die Rechtsbeziehungen zwischen dem Vor- und dem Nacherben geht, denn Letzterer ist der Erbe nach dem Erben. Ebenso wenig findet das Verfahren im Verhältnis zwischen Pflichtteilsberechtigtem und Erben und Vermächtnisnehmer und Erben statt.[14] Für das Verfahren ist auch dann kein Raum, wenn von zwei Miterben der eine dem anderen seinen Erbanteil abtritt.[15]

---

[6] §§ 1 Abs. 1, 38, 43 LFGG vom 12. 2. 1975 (GBl. S. 116).
[7] *Haegele* Rpfleger 1961, 276, 281; *Jansen/Müller-Lukoschek* § 86 FGG Rn. 25; *Keidel/Kuntze/Winkler* § 86 FGG Rn. 23/24.
[8] Vgl. etwa *Keidel/Kuntze/Winkler* § 86 FGG Rn. 26 mit weiteren Ausnahmefällen zur internationalen Zuständigkeit der deutschen Nachlassgerichte.
[9] KG KGJ 45, 159, 162 f.; *Keidel/Zimmermann* Rn. 17; *Zimmermann* FamFG Rn. 767.
[10] *Zimmermann* FamFG Rn. 768.
[11] *Jansen/Müller-Lukoschek* § 86 FGG Rn. 55; *Keidel/Zimmermann* Rn. 89.
[12] *Haegele* Rpfleger 1961, 281; *Keidel/Zimmermann* Rn. 89.
[13] *Jansen/Müller-Lukoschek* § 86 FGG Rn. 55.
[14] *Jansen/Müller-Lukoschek* § 86 FGG Rn. 6; *Keidel/Zimmermann* Rn. 24.
[15] BayObLGZ 5, 659.

9 **b) Kein Ausschluss der Auseinandersetzung.** Weiter ist Voraussetzung zur Durchführung der Vermittlung, dass die Auseinandersetzung nicht ausgeschlossen sein darf. Demnach ist dieses Verfahren nicht mehr möglich, wenn einer der folgenden Fälle vorliegt.

10 **aa) Auseinandergesetzte Erbengemeinschaft.** Ist die Erbengemeinschaft bereits aufgehoben und der Nachlass zwischen den Miterben auseinander gesetzt, so kann das Verfahren nicht mehr stattfinden. Die **Aufhebung der Erbengemeinschaft** kann dadurch eintreten, dass alle Erbanteile durch Übertragung nach § 2033 BGB auf einen Miterben oder einen Dritten in einer Hand vereinigt werden. Sie tritt auch ein durch Abschluss eines auf den gesamten Nachlass sich beziehenden **Erbauseinandersetzungsvertrags** oder durch rechtskräftige Verurteilung zur Einwilligung in einen vom Kläger vorgelegten **Teilungsplan** (§ 894 ZPO) und dessen dinglichen Vollzug. Auch wenn sich die Miterben in der Weise auseinandergesetzt haben, dass die Gesamthandsgemeinschaft in eine Bruchteilsgemeinschaft (§§ 741 ff. BGB) umgewandelt wurde, so kann diese nicht wiederum in einem Verfahren nach § 363 auseinandergesetzt werden.[16]

11 Die Aufhebung der Erbengemeinschaft kann auch eintreten, wenn im Wege der sog. **Abschichtung**[17] der gesamten Nachlass auf einen Erben übergeht. Auch wenn nur einzelne zum Nachlass gehörige Gegenstände unverteilt bleiben, die von ihrer Menge und Wert unbedeutend sind, scheidet dieses Verfahren aus.[18] Andererseits kann es auch zur Verteilung des Erlöses aus einer Teilungsversteigerung eines erbengemeinschaftlichen Grundstücks durchgeführt werden.[19]

12 **bb) Auftreten von Streitpunkten, Erbteilungsklage.** Ist dies der Fall, so kann das Verfahren ebenfalls nicht durchgeführt werden. Ist bei **Einleitung** des Verfahrens bereits ein Zivilprozess wegen einer Erbteilungsklage anhängig, so kann das Verfahren nach § 363 nicht eröffnet werden.[20] Nach einer sehr weitreichenden Meinung führt auch bereits das Bestehen von **Streitpunkten** bei Einleitung des Verfahrens dazu, dass dieses als unzulässig abzulehnen ist.[21] Da das Verfahren der Vermittlung der Auseinandersetzung aber gerade zur Überwindung von Streitigkeiten dient, sollte in solchen Fällen keine voreilige Zurückweisung des Antrags erfolgen. Vielmehr hat das Nachlassgericht dann das Verfahren wenigstens insoweit aufzunehmen, als das für die Überprüfung der Behauptungen über Streitpunkte erforderlich ist. Erst wenn deren Bestehen tatsächlich feststeht und trotz der Bemühungen des Gerichts diese nicht beseitigt werden können, hat es die Einleitung des Ermittlungsverfahrens als unzulässig ablehnen.[22] Ergeben sich erst später solche Streitpunkte, die nicht behoben werden können, so ist das Verfahren nach § 370 auszusetzen.[23]

13 **cc) Testamentsvollstrecker.** Ebenso ist das Verfahren nicht möglich, wenn ein zur Auseinandersetzung des Nachlasses berechtigter Testamentsvollstrecker vorhanden ist (Abs. 1, Halbs. 2). Wie auch sonst im Recht der Testamentsvollstreckung ist dabei die konkrete Aufgabenstellung des Testamentsvollstreckers zu prüfen. Hatte er etwa lediglich eine beaufsichtigende Funktion (§ 2208 Abs. 2 BGB), ist das Auseinandersetzungsverfahren nicht ausgeschlossen. Der erforderlichen Feststellungen hierzu hat das Gericht nötigenfalls von Amts wegen vorzunehmen.[24] Ist ein Testamentsvollstrecker weggefallen, ohne dass die Testamentsvollstreckung als solches beendet ist, ist dafür zu sorgen, dass ein entsprechender Nachfolger bestimmt wird, notfalls durch das Nachlassgericht nach § 2200 BGB. Auch solange dies noch nicht geschehen ist, ist ein Auseinandersetzungsverfahren nicht zulässig, da es insoweit an dem erforderlichen allgemeinen Rechtsschutzinteresse fehlt.[25] Vielmehr ist dann durch Zwischenverfügung des Nachlassgerichtes dem Antragsteller aufzugeben, durch einen entsprechenden Antrag auf Ernennung eines Nachfolgers für Klarheit zu sorgen (§ 2198 Abs. 2 BGB). Gleiches

---

[16] *Jansen/Müller-Lukoschek* § 86 FGG Rn. 8.
[17] Dazu BGHZ 138, 8 = NJW 1998, 1557; BGH NJW 2005, 284; vgl. dazu auch *Keller* ZEV 1998, 281; *Reimann* ZEV 1998, 213.
[18] *Keidel/Kuntze/Winkler* § 86 FGG Rn. 30.
[19] BGHZ 4, 84, 86 = NJW 1952, 263.
[20] *Habscheid* FGG § 41 V 1; *Keidel/Kuntze/Winkler* § 86 FGG Rn. 5; *Lange/Kuchinke* § 44 III 7a mit Fn. 187; MünchKommBGB/*Heldrich* § 2042 Rn. 47; aM *Jansen/Müller-Lukoschek* § 86 FGG Rn. 22 und § 87 FGG Rn. 7 f.; *Beck* DNotZ 1966, 259, 265.
[21] OLG Düsseldorf NJW-RR 2003, 5; *Keidel/Kuntze/Winkler* § 86 FGG Rn. 33, abschwächend § 86 Rn. 5, wenn sich die Gründe, auf die der Widerspruch gegen das Verfahren gestützt werden, beseitigen lassen.
[22] *Jansen/Müller-Lukoschek* § 87 FGG Rn. 7 f.; für Versuche zur Überwindung des Widerspruchs auch *Keidel/Kuntze/Winkler* § 86 FGG Rn. 5; weitergehend *Heinemann* ZFE 2009, 8, 14: Aussetzung nach § 21, was aber nach dem Wortlaut der Norm nur möglich ist, wenn das strittige Rechtsverhältnis bereits in einem anderen Verfahren anhängig ist; die ältere Rspr. hat bei Auftreten von Streitpunkten vor der Verhandlung teilweise § 95 FGG (jetzt § 370) analog angewandt, vgl. OLG Jena KGJ 21, D 10; KG KGJ 45, 159, 162 f.
[23] BayObLG NJW-RR 1997, 1368 (obiter dictum); OLG Düsseldorf NJW-RR 2003, 5.
[24] LG Koblenz JZ 1959, 316, 317; *Jansen/Müller-Lukoschek* § 86 FGG Rn. 15; *Keidel/Zimmermann* Rn. 27.
[25] Anders BGH RdL 1956, 280; *Keidel/Zimmermann* Rn. 27, die den Wortlaut der Norm zu eng auslegen.

gilt, wenn der Testamentsvollstrecker sich noch nicht über die Annahme seines Amtes erklärt hat (§ 2202 Abs. 3 BGB).[26]

dd) Erbauseinandersetzung durch einen Dritten. Das Auseinandersetzungsverfahren ist ebenfalls ausgeschlossen, wenn ein Dritter die Auseinandersetzung entsprechend der Bestimmung des Erblassers nach billigem Ermessen vornehmen soll (§ 2048 S. 2 BGB). Kann oder will er aber die Bestimmung nicht vornehmen oder sind sich sämtliche Beteiligte über die Unbilligkeit einer Bestimmung einig, kann das Vermittlungsverfahren durchgeführt werden.[27]

ee) Ausschluss der Aufhebung der Erbengemeinschaft durch Vereinbarung der Erben. Das Verfahren zur Vermittlung der Auseinandersetzung ist auch ausgeschlossen, wenn die Erben das Recht, die Aufhebung der Erbengemeinschaft zu verlangen, durch Vereinbarung für immer oder auf Zeit ausgeschlossen haben (§§ 2042 Abs. 2, 749 Abs. 2 und 3 BGB). Allerdings kann auch dann nach § 749 Abs. 2 BGB eine Auseinandersetzung verlangt werden, wenn ein wichtiger Grund hierfür vorliegt. Dies kann jedoch nicht das Nachlassgericht in dem Auseinandersetzungsverfahren beurteilen, sondern nur das Prozessgericht. Daher kann in einem solchen Fall der Erbe, der einen wichtigen Grund für die Auseinandersetzung für gegeben hält, den Antrag auf Auseinandersetzung zwar stellen, der auch nicht abgelehnt werden darf. Jedoch hindert ein Widerspruch anderer Beteiligter dann die Durchführung des Verfahrens und zwingt zu dessen Einstellung.[28]

ff) Ausschluss der Auseinandersetzung aus anderen Gründen. Ist die Auseinandersetzung nach den §§ 2043 bis 2045 BGB wegen der Unbestimmtheit der Erbteile, einer Anordnung des Erblassers, des gerichtlichen Aufgebotsverfahrens oder der von einem Erben erlassenen Aufforderung der Nachlassgläubiger ausgeschlossen oder aufgeschoben, so ist ebenfalls das Vermittlungsverfahren ausgeschlossen. Allerdings hindert auch hier das Verbot des Erblassers die Auseinandersetzung nicht, wenn hierfür ein wichtiger Grund vorliegt oder sämtliche Beteiligte die Auseinandersetzung wollen.[29] Besteht hierüber Streit zwischen den Miterben, ob ein wichtiger Grund für die Auseinandersetzung vorliegt, so kann das Nachlassgericht die Einleitung des Auseinandersetzungsverfahrens bis zur Entscheidung des Prozessgerichts ablehnen.[30]

gg) Nachlassverwaltung oder Nachlassinsolvenzverfahren. Diese Verfahren hindern die Vermittlung der amtlichen Auseinandersetzung, weil durch diese der Erbe das Verwaltungs- und Verfügungsrecht verliert.[31] Zur Rechtslage bei Insolvenz eines Miterben s. Rn. 22.

hh) Anderweitiges Auseinandersetzungsverfahren. Ist ein anderweitiges Verfahren zur Vermittlung der Erbauseinandersetzung anhängig, kann ein neues Verfahren auch nicht auf Antrag einer Person, die an dem ersten Verfahren nicht beteiligt ist, eröffnet werden.[32]

2. Antragsberechtigte (Abs. 2). Antragsberechtigt ist jeder **Miterbe**, eine Mitwirkung und Zustimmung der anderen ist nicht erforderlich. Unerheblich ist auch, ob sein Erbteil gepfändet, verpfändet oder mit einem Nießbrauch belastet ist.[33] Dadurch verliert er sein Antragsrecht nicht. Andererseits haben der Pfandgläubiger und der Nießbraucher eines Erbteils neben ihm ein eigenes Antragsrecht.[34] Der Erbe verliert sein Antragsrecht aber wenn er, zB durch Veräußerung seines Erbteils (§ 2033 Abs. 1 BGB), aus der Erbengemeinschaft ausscheidet.[35] Im zuletzt genannten Fall hat aber der Erbteilserwerber ein eigenes Antragsrecht.[36]

Lebt ein Miterbe im Güterstand der **Gütergemeinschaft** so ist zu differenzieren:[37] Fällt die Erbschaft in sein Vorbehaltsgut, weil der Erblasser dies in der Verfügung von Todes wegen entsprechend bestimmt hat (§ 1418 Abs. 1 Nr. 2 BGB), so ist nur der Erbe selbst antragsberechtigt, weil der Erbteil seinem alleinigen Verwaltungs- und Verfügungsrecht unterliegt. Gehört demgegenüber der Erbteil zum Gesamtgut der Gütergemeinschaft so ist antragsberechtigt der Ehegatte, der das Gesamtgut verwaltet, bei gemeinschaftlicher Verwaltung beide nur gemeinsam (§§ 1422, 1429, 1450, 1454 BGB). Soweit der verwaltende Ehegatte der Einwilligung des anderen bedarf (vgl. §§ 1423 bis 1425 BGB), ist

---

[26] Zutr. *Jansen/Müller-Lukoschek* § 86 FGG Rn. 15.
[27] *Keidel/Zimmermann* Rn. 28.
[28] KG Recht 1930 Nr. 904; *Keidel/Zimmermann* Rn. 31.
[29] *Jansen/Müller-Lukoschek* § 86 FGG Rn. 19; *Keidel/Zimmermann* Rn. 32.
[30] *Keidel/Zimmermann* Rn. 32 m. weit. Nachw.
[31] *Jansen/Müller-Lukoschek* § 86 FGG Rn. 17; *Keidel/Zimmermann* Rn. 34.
[32] *Keidel/Zimmermann* Rn. 36.
[33] *Jansen/Müller-Lukoschek* § 86 FGG Rn. 28.
[34] *Jansen/Müller-Lukoschek* § 86 FGG Rn. 34, 39 mit zahlreichen Einzelheiten.
[35] KG OLGE 14, 154; *Keidel/Zimmermann* Rn. 45.
[36] *Jansen/Müller-Lukoschek* § 86 FGG Rn. 33 mit weiteren Details, wenn Bruchteile eines Erbteils veräußert oder erworben werden.
[37] Vgl. dazu *Jansen/Müller-Lukoschek* § 86 FGG Rn. 30 f.; *Keidel/Zimmermann* Rn. 47.

dieser als Beteiligter hinzuzuziehen. Dabei ist allerdings umstritten, ob § 1424 BGB auch hier anwendbar ist, wenn zum Nachlass ein Grundstück gehört, da einerseits bei rein dogmatischer Betrachtung eine Verfügung über den Erbteil keine unmittelbare Verfügung über das Grundstück darstellt, andererseits aber das wirtschaftliche Ergebnis ein ähnliches ist, da das Gesamtgut die Beteiligung am Grundstück verliert.[38] Wie im eigentlichen Anwendungsbereich des § 1424 BGB[39] sollte jedoch im Interesse der Rechtssicherheit an dem rein dogmatisch orientierten Verfügungsbegriff festgehalten werden.

21 Ein **Minderjähriger** wird grundsätzlich durch seine Eltern vertreten. Ist ein Elternteil nach § 1629 Abs. 2 BGB an der Vertretung gehindert, so ist es grundsätzlich auch der andere.[40] In diesem Fall ist ein entsprechender Ergänzungspfleger zu bestellen. Gleiches gilt, wenn die Eltern durch Anordnung des Erblassers von der Vermögensverwaltung für die Erbschaft ausgeschlossen sind (**§ 1638 Abs. 1 BGB**). Ist jedoch durch eine solche Bestimmung **nur einer der Eltern** von der Vermögensverwaltung ausgeschlossen, so ist ausnahmsweise der andere allein vertretungs- und damit antragsberechtigt (§ 1638 Abs. 3 BGB). Ein Vormund, Betreuer oder Pfleger bedarf für die Antragstellung nicht der Genehmigung durch das Familien- oder Betreuungsgericht.[41]

22 Bei einer **Insolvenz** eines Miterben erfolgt die Auseinandersetzung außerhalb des allgemeinen Insolvenzverfahrens (§ 84 Abs. 1 InsO). Will der Insolvenzverwalter die Auseinandersetzung bewirken, so kann er das Recht des insolventen Erben auf Auseinandersetzung des Nachlasses nach § 2042 BGB auszuüben.[42] Daher ist er, nicht aber der insolvente Miterbe antragsberechtigt.[43] Nach § 84 Abs. 2 InsO ist dabei der Insolvenzverwalter nicht an einen Auseinandersetzungsausschluss oder Beschränkungen gebunden, die sich aus einer Vereinbarung der Miterben untereinander ergeben oder aus einer Anordnung des Erblassers in einer Verfügung von Todes wegen.

23 **Nicht antragsberechtigt** sind dagegen Vermächtnisnehmer,[44] Pflichtteilsberechtigte und sonstige Nachlassgläubiger, Nachlasspfleger und Nachlassverwalter.[45]

24 Für das **Antragsrecht** des Miterben ist nicht erforderlich, dass sein Erbrecht unbestritten ist.[46] Daher ist die Vorlage des Erbscheins nicht Voraussetzung für die Ausübung des Antragsrechts.[47] Da das Nachlassgericht aber das Antragsrecht zu prüfen und darüber zu entscheiden hat, wird es in der Regel auf die Beibringung eines Erbscheins hinwirken, insbesondere wenn kein öffentliches Testament vorliegt, kann sich aber auch mit den im Erbscheinsverfahren gebräuchlichen eidesstattlichen Versicherungen begnügen oder davon ganz Abstand nehmen.[48] Es kann aber auch nach § 370 verfahren.

25 **3. Der Antrag. a) Form.** Für die Form des Antrags gelten die allgemeinen Bestimmungen.[49] Er kann daher entweder schriftlich oder zur Niederschrift der Geschäftsstelle erklärt werden (§ 25).

26 **b) Inhalt des Antrags.**[50] Für den Inhalt des Antrags gilt zum einen **Abs. 3** und zum anderen, da es sich um einen verfahrenseinleitenden Antrag handelt, ergänzend § 23. Zur Abgrenzung des Verfahrensgegenstandes hat der Antrag den Namen des Erblassers und die zur Prüfung der örtlichen Zuständigkeit (§ 343) erforderlichen Angaben zu enthalten. Weiter bestimmt die Ordnungsvorschrift des Abs. 3, dass die Beteiligten sowie die Teilungsmasse anzugeben sind. Dabei sind die Beteiligten so genau zu bezeichnen, dass sie geladen werden können. Ferner ist zur Prüfung ihrer Beteiligung die Angabe ihrer Beziehung zum Nachlass (Miterbe, Pfändungspfandgläubiger und Ähnliches) erforderlich. Die Teilungsmasse ist so vollständig zu bezeichnen, dass der Verfahrensgegenstand genau ermittelt werden kann. Jedoch kann die Vorlage eines genauen Nachlassinventars nicht verlangt werden[51] und schon gar nicht die eines Teilungsplans, weil dieser erst im Laufe des beantragten Verfahrens erstellt werden soll.[52]

---

[38] Für Zustimmungspflicht daher *Jansen/Müller-Lukoschek* § 86 FGG Rn. 30.
[39] Die Anwendung des § 1424 BGB hier ablehnend BayObLGZ 4, 22; *Bamberger/Roth/J. Mayer* § 1424 BGB Rn. 5; *Soergel/Gaul* § 1424 Rn. 6; *Gernhuber/Coester-Waltjen* § 38 Rn. 80 Fn. 109; aA MünchKommBGB/*Kanzleiter* § 1424 Rn. 4; *Staudinger/Thiele* § 1424 BGB Rn. 8; *Schöner/Stöber* Grundbuchrecht Rn. 3377; *Palandt/Brudermüller* § 1424 BGB Rn. 2, die eine teleologisch orientierte, weite Auslegung vornehmen müssen.
[40] *Palandt/Diederichsen* § 1629 BGB Rn. 10.
[41] *Keidel/Zimmermann* Rn. 57.
[42] HK-InsO/*Eickmann* § 84 InsO Rn. 7.
[43] *Jansen/Müller-Lukoschek* § 86 FGG Rn. 29.
[44] BayObLGZ 4, 493; KGJ 44, 120, 122.
[45] *Jansen/Müller-Lukoschek* § 86 FGG Rn. 42.
[46] OLG München JFG 15, 161, 165.
[47] *Keidel/Zimmermann* Rn. 46.
[48] *Firsching/Graf* Nachlassrecht Rn. 4.907.
[49] *Keidel/Zimmermann* Rn. 37.
[50] Formulierungsvorschlag dafür *Firsching/Graf* Nachlassrecht Rn. 4.910.
[51] *Jansen/Müller-Lukoschek* § 87 FGG Rn. 2; *Keidel/Zimmermann* Rn. 41.
[52] *Firsching/Graf* Nachlassrecht Rn. 4.909.

c) **Formelle Prüfung.** Das Nachlassgericht hat zunächst die Zulässigkeit des Antrags von Amts 27 wegen zu prüfen. Hierzu gehört[53]
- die **örtliche Zuständigkeit** des Gerichts (§ 343),
- das Vorliegen eines wirksamen Antrags eines **Antragsberechtigten** (s. Rn. 19 ff.),
- das Vorhandensein einer noch **ungeteilten Erbengemeinschaft** (s. Rn. 8),
- die Feststellung, dass ein **Vermittlungsverfahren** über den gleichen Nachlass **nicht** bereits **anhängig** ist (s. Rn. 18),
- das **Fehlen von Umständen,** die zu Unzulässigkeit des Verfahrens führen (s. Rn. 8 ff.).

Nach § 28 Abs. 2 hat das Gericht darauf hinzuwirken, dass hinsichtlich des Antrags Formfehler 28 beseitigt und **sachdienliche Anträge** gestellt werden. Es hat daher den Antragsteller zu einer uU erforderlichen Ergänzung zu veranlassen.[54] Dabei kann es dem Antragsteller auch die Beschaffung der notwendigen Unterlagen, etwa Testamente, Erbverträge, Kontoauszüge auferlegen.[55] Vorhandene Nachlass- und Testamentsakten wird es aber von Amts wegen hinzuziehen (§ 26).[56] Die Unterlagen sollen dazu dienen, dass im ersten Termin ein Teilungsplan aufgestellt werden kann.

Ist der Antrag **unvollständig,** so wird er durch Beschluss (§ 38) zurückgewiesen, wenn der 29 Antragsteller trotz Hinweis die nötigen Unterlagen nicht beigebracht oder die erforderliche Aufklärung nicht gegeben hat und das Gericht andererseits eine weitere Amtsermittlung nicht für notwendig erachtet. Ebenso wird der Antrag als unzulässig zurückgewiesen, wenn er an **nicht behebbaren Mängeln** leidet.[57] Gegen den **Zurückweisungsbeschluss** steht dem ursprünglichen Antragsteller die befristete Beschwerde (§§ 58 ff.) zu.

d) **Rücknahme des Antrags.** Der Antrag kann bis zur Rechtskraft des Bestätigungsbeschlusses 30 zurück genommen werden (§ 22 Abs. 1).[58] Die Gegenansicht, die eine Rücknahme nur solange zuließ, wie die anderen Beteiligten sich noch nicht auf das Verfahren eingelassen haben,[59] dürfte durch das FamFG überholt sein.

4. Beteiligte. Wer in dem Vermittlungsverfahren zu beteiligen ist bestimmt sich nicht nach § 345, 31 weil diese Vorschrift nach Wortlaut und Gesetzessystematik nur die Verfahren in Nachlasssachen iSv. § 343 Abs. 1 betrifft. Vielmehr richtet sich die Beteiligteneigenschaft nach der allgemeinen Bestimmung des § 7. Neben dem Antragsteller, also idR dem entsprechenden Miterben, sind dies insbesondere diejenigen, deren Rechte durch das Verfahren betroffen werden (§ 7 Abs. 1 Nr. 1). Zu diesen materiell Beteiligten, die hinzugezogen werden müssen („Muss-Beteiligten") gehören alle Personen, von deren Mitwirkung nach dem allgemeinen Zivilrecht die Wirksamkeit der zu vermittelnden Auseinandersetzung abhängt,[60]
- Die **übrigen Miterben,** soweit sie noch der Erbengemeinschaft angehören,
- der **Nacherbe,** soweit seine Zustimmung zivilrechtlich erforderlich ist (insbes. wegen § 2113 BGB),
- der **Rechtsnachfolger** eines Miterben, also insbesondere der Erwerber eines Erbteils, aber auch der Erbeserbe als Rechtsnachfolger von Todes wegen, aber auch Testamentsvollstrecker, ein Nachlass- oder Insolvenzverwalter, soweit sich deren Verwaltungsrecht hierauf bezieht,
- ein **Testamentsvollstrecker,** dem nur die Verwaltung eines Miterbenanteils oder aber die beschränkten Rechte nach den §§ 2222, 2223 BGB übertragen sind,[61]
- neben dem Miterben derjenige, dem ein **Pfandrecht,** ein Pfändungspfandrecht oder der **Nießbrauch** an einem Erbteil zusteht; anstelle des Miterben der Testamentsvollstrecker, dem die Verwaltung seines Erbteils übertragen,
- soweit ein Beteiligter eines **gesetzlichen Vertreters** bedarf muss an seiner Stelle dieser handeln, also die Eltern als gesetzliche Vertreter des Minderjährigen an dessen Stelle, bei einem Betreuten der **Betreuer** mit einem entsprechenden Wirkungskreis; der Betreuer (§ 1908i Abs. 1 BGB) bedarf ebenso wie der Vormund der Genehmigung durch das Betreuungsgericht (§ 1822 Nr. 2),

---

[53] Jansen/Müller-Lukoschek § 87 FGG Rn. 3; Firsching/Graf Nachlassrecht Rn. 4.911.
[54] BayObLGZ 1983, 101, 107; Keidel/Zimmermann Rn. 43.
[55] Keidel/Zimmermann Rn. 43; ausführlich dazu Jansen/Müller-Lukoschek § 87 FGG Rn. 9.
[56] Firsching/Graf Nachlassrecht Rn. 4.911.
[57] Firsching/Graf Nachlassrecht Rn. 4.916.
[58] Jansen/Müller-Lukoschek § 86 FGG Rn. 52; Keidel/Zimmermann Rn. 44; Firsching/Graf Nachlassrecht Rn. 4.915.
[59] Keidel/Kuntze/Winkler § 86 FGG Rn. 71.
[60] BayObLGZ 1983, 101, 103; vgl. i. e. hierzu Jansen/Müller-Lukoschek § 86 FGG Rn. 43 ff. m. weit. Nachw.; Keidel/Zimmermann Rn. 61 ff.
[61] KGJ 28 A 19.

– bei einem verheirateten Miterben dessen Ehegatte, wenn zu der entsprechenden Verfügung nach den güterrechtlichen Vorschriften dessen Zustimmung zur Wirksamkeit der vorzunehmenden Rechtsgeschäfte erforderlich ist, etwa nach §§ 1365, 1422 ff., 1450 ff. BGB.

32 **Keine** Beteiligten sind sonstige **Nachlassgläubiger**, insbesondere auch nicht Vermächtnisnehmer oder ein Pflichtteilsberechtigter, wenn er nicht ausnahmsweise (vgl. § 2305 BGB) Erbe ist.[62]

33 Soweit eine solchermaßen zu beteiligende Person **abwesend** ist, hat das Nachlassgericht für die Bestellung eines Pflegers zur Wahrnehmung der Rechte des Abwesenden zu sorgen. Dazu kann es beim Betreuungsgericht die Bestellung eines allgemeinen Abwesenheitspflegers nach **§ 1911 BGB** anregen oder selbst nach **§ 364** lediglich für die Durchführung des Auseinandersetzungsverfahrens einen besonderen Pfleger bestellen.[63]

34 Gegen seinen Willen kann **niemand** in das **Verfahren** als Beteiligter **hineingezogen** werden, der geltend macht, dass er nicht Beteiligter sei. Unter der Geltung des FGG billigte man diesem ein Beschwerderecht gegen die Ladung zum ersten Termin zu.[64] Da nach dem FamFG grundsätzlich nur noch Endentscheidungen (§ 38) mit der Beschwerde angegriffen werden können (§§ 58 ff.), erscheint dies nunmehr fraglich. Vielmehr wird der erforderliche Rechtsschutz dadurch gewährleistet, dass er im Termin durch einen entsprechenden Widerspruch die Aussetzung des Verfahrens herbeiführen kann (vgl. dazu § 366 Rn. 10).[65]

§ 364 Pflegschaft für abwesende Beteiligte

¹ Das Nachlassgericht kann einem abwesenden Beteiligten für das Auseinandersetzungsverfahren einen Pfleger bestellen, wenn die Voraussetzungen der Abwesenheitspflegschaft vorliegen. ² Für die Pflegschaft tritt an die Stelle des Betreuungsgerichts das Nachlassgericht.

I. Normzweck

1 Die Vorschrift ermöglicht, das Verfahren zur Vermittlung der Auseinandersetzung auch dann durchzuführen, wenn ein Beteiligter abwesend ist und für ihn keine Abwesenheitspflegschaft vorliegt. Dann kann speziell für dieses Auseinandersetzungsverfahren ein Pfleger bestellt werden, der die Rechte und Pflichten des betreffenden Beteiligten wahrnimmt, so dass ihm insbesondere rechtliches Gehör (Art. 103 Abs. 1 GG) gewährt werden kann.

2 Die Vorschrift **entspricht** im Wesentlichen dem Regelungsgehalt des früheren **§ 88 FGG**. Nur entsprechend der nunmehr vorgesehenen Zuständigkeit für Pflegschaften wurde der Begriff „Vormundschaftsgericht" durch den Begriff „Betreuungsgericht" ersetzt. Auch wurde die bisherige Bestimmung entbehrlich, wonach das Nachlassgericht keinen besonderen Abwesenheitspfleger bestellt, sofern bereits eine generelle Abwesenheitspflegschaft nach § 1911 BGB anhängig ist. Denn bereits nach allgemeinen Grundsätzen bedarf es dann keiner Bestimmung eines besonderen Abwesenheitspflegers mehr.[1]

II. Voraussetzungen für die Anordnung der Pflegschaft

3 **1. Abwesenheit eines Beteiligten.** Für die Bestellung des Pflegers nach § 364 müssen die allgemeinen Voraussetzungen einer Abwesenheitspflegschaft nach § 1911 BGB vorliegen. Hierfür ist zum einen erforderlich, dass ein Beteiligter **abwesend** iS des § 1911 BGB ist. Dies ist der Fall, wenn jemand von seinem Wohnsitz, oder falls er einen solchen nicht hatte, von seinem Aufenthaltsort ohne Nachrichten über seinen neuen Aufenthaltsort zu hinterlassen abgereist ist und solche trotz Nachforschungen auch nicht zu erlangen sind.[2] Nicht entscheidend ist die Abwesenheit von dem Ort, in dem die das Auseinandersetzungsverfahren betreffenden Handlungen vorgenommen werden sollen.[3]

4 **2. Vorliegen der allgemeinen Voraussetzungen der Abwesenheitspflegschaft.** Erforderlich ist nach § 1911 BGB neben der Volljährigkeit des Abwesenden entweder die Unbekanntheit seines

---

[62] *Keidel/Kuntze/Winkler* § 86 FGG Rn. 53.
[63] *Keidel/Kuntze/Winkler* § 86 FGG Rn. 54; *Jansen/Müller-Lukoschek* § 86 FGG Rn. 51.
[64] KG RJA 6, 35 = OLGE 12, 216; *Keidel/Kuntze/Winkler* § 86 FGG Rn. 54.
[65] So wohl auch *Keidel/Zimmermann* Rn. 61.
[1] BT-Drucks. 16/6308, S. 283.
[2] *Palandt/Diederichsen* § 1911 BGB Rn. 4.
[3] *Keidel/Zimmermann* Rn. 3.

Aufenthalts und ein entsprechendes Fürsorgebedürfnis (§ 1911 Abs. 1 S. 1 BGB) oder bei bekanntem Aufenthalt die Verhinderung an der Rückkehr und Besorgung seiner Vermögensangelegenheiten (§ 1911 Abs. 2 BGB).[4] Dabei ist eine Verhinderung an der Rückkehr schon dann anzunehmen, wenn diese wegen der weiten Entfernung nicht rechtzeitig und ohne **unverhältnismäßige Verzögerung** des Auseinandersetzungsverfahrens erfolgen könnte. Weiter ist dies der Fall, wenn nach den Umständen, insbesondere mit Rücksicht auf die Entfernung seines Aufenthaltsortes und das Maß seiner Beteiligung seine **Rückkehr** und die Bestellung eines Vertreters voraussichtlich **nicht zu erwarten** ist.[5]

3. Fürsorgebedürfnis. Das weiter erforderliche Fürsorgebedürfnis bestimmt sich nach dem **Interesse des Abwesenden** und ist nach dessen Sicht zu beurteilen.[6] Es fehlt bei Bestehen einer Vormundschaft oder rechtlichen Betreuung[7] für den Abwesenden oder wenn bereits eine allgemeine Abwesenheitspflegschaft vorliegt, in den beiden zuletzt genannten Fällen aber nur dann, wenn der entsprechende Wirkungskreis auch die Befugnis umfasst, die Rechte des Abwesenden im Auseinandersetzungsverfahren wahrzunehmen.[8] Eine im **Ausland** bestehende Pflegschaft hindert dagegen die Bestellung des besonderen Abwesenheitspflegers idR nicht, es sei denn, die Vertretung des Abwesenden wird auch in dem inländischen Auseinandersetzungsverfahren gewährleistet.[9]

III. Das Anordnungsverfahren

1. Zuständigkeit. Sachlich zuständig ist für die Anordnung das Nachlassgericht, **funktionell** der Rechtspfleger (§ 3c Nr. 2 lit. c RPflG), weil der früher bestehende Richtervorbehalt durch das Betreuungsgesetz entfallen ist. Demgegenüber ist der **Notar,** dem nach landesrechtlicher Vorschrift die Auseinandersetzung übertragen worden ist (vgl. hierzu § 487 Abs. 1 Nr. 3, s. Erl. dort) weder zur Anordnung noch zur Führung der Pflegschaft zuständig.[10] Die **örtliche Zuständigkeit** bestimmt sich nach § 343.

2. Die Art der Gerichtsentscheidung, Verhältnis zum Betreuungsgericht. Die **Abwesenheitspflegschaft** ist eine **Personenpflegschaft,** die der Fürsorge in Vermögensangelegenheiten eines abwesenden Volljährigen dient. Demgegenüber werden minderjährige Abwesende durch ihre gesetzlichen Vertreter (Eltern oder Vormund) vertreten; sind diese verhindert, so erhält der Minderjährige nach § 1909 BGB einen Pfleger.

Ob eine entsprechende Pflegschaft angeordnet wird, steht allein im Ermessen des Nachlassgerichtes, wie sich aus der Verwendung des Begriffes „**kann**" ergibt. Es kann daher von der Anordnung einer eigenen Pflegschaft absehen und statt dessen bei dem allgemein zuständigen Betreuungsgericht die Anordnung einer Pflegschaft anregen, weil dieses neben dem Nachlassgericht für entsprechende Pflegschaften zuständig bleibt.[11]

Demgegenüber hat das **Betreuungsgericht** bei Vorliegen der Voraussetzungen des § 1911 BGB kein Ermessen, sondern es hat die Pflegschaft von Amts wegen einzuleiten. Es ist daher nicht befugt, die Anordnung deswegen abzulehnen, weil es das Nachlassgericht für besser geeignet hält.[12] Andererseits kann solange die Pflegschaft nach § 364 besteht das zuständige **Betreuungsgericht** keine allgemeine Abwesenheitspflegschaft anordnen, sofern das Fürsorgebedürfnis nur die Beteiligung an dem Auseinandersetzungsverfahren betrifft.[13] Die Anordnung der Pflegschaft kann aber andererseits schon **vor** der Annahme der Erbschaft durch den Abwesenden[14] und vor Einleitung der Vermittlung der Auseinandersetzung nach den §§ 363 ff. erfolgen, aber nur für ein solches und **nicht** für eine formlose Auseinandersetzung der Beteiligten, die sich nicht nach den §§ 363 ff. vollzieht.[15]

3. Wirkungskreis. Der Wirkungskreis des Pflegers umfasst nur die Vertretung des Abwesenden in dem Auseinandersetzungsverfahren nach den §§ 363 ff. Hierzu gehört aber auch das Recht, die Erbschaft für den Abwesenden anzunehmen, einen Erbschein zu beantragen[16] und alle zur Fest-

---

[4] *Keidel/Zimmermann* Rn. 5.
[5] *Keidel/Zimmermann* Rn. 5.
[6] *Jansen/Müller-Lukoschek* § 88 FGG Rn. 3.
[7] *Keidel/Zimmermann* Rn. 6.
[8] *Jansen/Müller-Lukoschek* § 88 FGG Rn. 5.
[9] *Jansen/Müller-Lukoschek* § 88 FGG Rn. 5.
[10] *Keidel/Zimmermann* Rn. 11.
[11] KG OLGZ 1979, 131; *Jansen/Müller-Lukoschek* § 88 FGG Rn. 7.
[12] OLG Frankfurt OLGZ 1979, 131 = Rpfleger 1979, 105; *Jansen/Müller-Lukoschek* § 88 FGG Rn. 7.
[13] *Keidel/Zimmermann* Rn. 10.
[14] OLG Colmar KGJ 53, 250 = RJA 16, 63.
[15] *Keidel/Zimmermann* Rn. 10.
[16] OLG Colmar KGJ 53, 250 = RJA 16, 63; *Jansen/Müller-Lukoschek* § 88 FGG Rn. 8; *Keidel/Zimmermann* Rn. 15.

stellung der Aktiva und Passiva des Nachlasses erforderlichen Maßnahmen vorzunehmen, nicht aber die Verwaltung des Erbteils und auch nicht das Betreiben der Zwangsvollstreckung aus der bestätigten Auseinandersetzungsvereinbarung nach § 371 Abs. 2, weil in diesem Stadium das Auseinandersetzungsverfahren bereits beendet ist.[17]

11 **4. Stellung des Nachlassgerichts.** Für die Pflegschaft iS von S. 1 tritt an die Stelle des allgemeinen Betreuungsgerichts das Nachlassgericht **(S. 2)**. Daher finden also nicht nur die lediglich die Zuständigkeit betreffenden Vorschriften des FamFG neben denen des BGB über die Pflegschaft Anwendung.[18] Dem Nachlassgericht obliegt vielmehr auch die Führung der Aufsicht über den Pfleger und die Erteilung der zu den Rechtshandlungen des Pflegers erforderlichen Genehmigungen (§§ 1915, 1822 Nr. 2, 1837 BGB) und die Bewilligung seiner Vergütung (§§ 1915, 1836 BGB).[19]

12 **5. Ende der Pflegschaft.** Die vom Nachlassgericht angeordnete Pflegschaft endet
– **Während des Auseinandersetzungsverfahrens** mit der Rechtskraft des den Tod (§ 29 VerschG) des Abwesenden aussprechenden Beschlusses (§ 1921 Abs. 3 BGB); weiter ist die Pflegschaft durch das Betreuungsgericht **aufzuheben,** wenn der Abwesende nicht mehr an der Wahrnehmung seiner Angelegenheit verhindert ist (§ 1921 Abs. 1 BGB) oder dem Gericht sein **Tod** bekannt wird (§ 1921 Abs. 1 BGB);
– mit **der Beendigung des Auseinandersetzungsverfahrens kraft Gesetzes** (§ 1918 Abs. 3 BGB). Stellt sich später heraus, dass für den Abwesenden noch ein Fürsorgebedürfnis besteht, so hat das Nachlassgericht das zuständige Betreuungsgericht nach § 22a zu verständigen, damit dieses bei Vorliegen der allgemeinen Voraussetzungen des § 1911 BGB eine allgemeine Abwesenheitspflegschaft einleitet.[20]

13 **6. Pflegschaftskosten.** Die **Gebühren** des Gerichts für die Pflegerbestellung bestimmen sich nach **§ 106 KostO.** Die Kosten der Pflegschaft sind keine Kosten des allgemeinen Auseinandersetzungsverfahrens; sie trägt daher allein der Abwesende (§ 2 Nr. 2 KostO).

§ 365 Ladung

(1) ¹Das Gericht hat den Antragsteller und die übrigen Beteiligten zu einem Verhandlungstermin zu laden. ²Die Ladung durch öffentliche Zustellung ist unzulässig.

(2) ¹Die Ladung soll den Hinweis darauf enthalten, dass ungeachtet des Ausbleibens eines Beteiligten über die Auseinandersetzung verhandelt wird und dass die Ladung zu dem neuen Termin unterbleiben kann, falls der Termin vertagt oder ein neuer Termin zur Fortsetzung der Verhandlung anberaumt werden sollte. ²Sind Unterlagen für die Auseinandersetzung vorhanden, ist in der Ladung darauf hinzuweisen, dass die Unterlagen auf der Geschäftsstelle eingesehen werden können.

I. Normzweck

1 Die Vorschrift betrifft die im Rahmen der Vermittlung der Auseinandersetzung nach den §§ 363 ff. zur Wahrung der Rechte der Beteiligten besonders wichtige Ladung. Hierzu sind Form und Inhalt in § 365 selbst geregelt, die Frist bestimmt sich nach § 32. Dabei entspricht § 365 Abs. 1 dem früheren § 89 S. 1 und 2 FGG. § 365 Abs. 2 entspricht dem bisherigen § 89 Satz 3 und 4 FGG. Diese Bestimmungen wurden sprachlich überarbeitet und übersichtlicher gestaltet.[1]

II. Die Ladung der Beteiligten

2 Das Verfahren zur Vermittlung der Auseinandersetzung nach den §§ 363 ff. beginnt mit der Bestimmung des Termins und der Ladung der Beteiligten.

3 **1. Die Ladung. a) Form.** Da durch die Ladung eine Frist beginnt, ist sie den Beteiligten bekannt zu geben (§ 15 Abs. 1). Dabei kann die Bekanntgabe durch Zustellung nach den §§ 166 bis 195 ZPO oder dadurch bewirkt werden, dass das Schriftstück unter der Anschrift des Adressaten zur Post gegeben wird (§ 15 Abs. 2). Die Ladung durch **öffentliche Zustellung** zu dem anzuberaumenden Verhandlungstermin ist unzulässig (Abs. 1 S. 2). Bei abwesenden Volljährigen ist vielmehr ein ent-

---

[17] *Jansen/Müller-Lukoschek* § 88 FGG Rn. 10.
[18] *Keidel/Zimmermann* Rn. 14.
[19] *Jansen/Müller-Lukoschek* § 88 FGG Rn. 9.
[20] *Keidel/Zimmermann* Rn. 18.
[1] BT-Drucks. 16/6308, S. 283.

b) Zu ladende Personen. Zu laden sind der Antragsteller und die übrigen Beteiligten (s. § 363 **4** Rn. 31), so weit für diese ein gesetzlicher oder bevollmächtigte Vertreter vorhanden ist, dieser. Jedoch kann kein Beteiligter gezwungen werden, der Ladung zu folgen.[2]

c) Inhalt der Ladung. Die Ladung hat als **Mussvorschrift** zu enthalten **5**
– **Mitteilung** des wesentlichen Inhalts des Antrags und seiner etwaigen Ergänzungen (Abs. 1 S. 1),
– wenn **Unterlagen** für die Auseinandersetzung vorhanden sind, den Vermerk, dass diese auf der Geschäftsstelle eingesehen werden können (Abs. 2 S. 2).

Soweit diese Erfordernisse nicht eingehalten werden, ist die **Ladung unwirksam** und für den **6** nicht ordnungsgemäß Geladenen damit unverbindlich. Der Mangel kann auch noch durch Anfechtung des Bestätigungsbeschlusses geltend gemacht werden und wird erst durch dessen Rechtskraft geheilt.[3]

Weiter **soll** die Ladung ein Hinweis darauf enthalten, dass ungeachtet des Ausbleibens eines **7** Beteiligten **über** die **Auseinandersetzung verhandelt** wird und dass die Ladung zu dem neuen Termin unterbleiben kann, falls der Termin vertagt oder ein neuer Termin zur Fortsetzung der Verhandlung anberaumt werden sollte (Abs. 2 S. 1). Ein Verstoß gegen diese Sollvorschrift beeinflusst die Wirksamkeit der Ladung jedoch nicht.[4]

d) Ladungsfrist. Eine dem früheren § 90 FGG entsprechende Vorschrift über die **Ladungsfrist** **8** von grundsätzlich zwei Wochen wurde in das FamFG nicht übernommen, so dass die allgemeine Vorschrift des § 32 Abs. 2 zur Anwendung kommt, wonach zwischen Ladung und Termin eine angemessene Frist liegen soll. Daher kann die Frist im Einzelfall kürzer oder auch – zB bei Miterben im Ausland – länger sein.[5]

2. Säumnisfolgen. Auch wenn ein ordnungsgemäß geladener Beteiligter nicht zum Termin **9** erscheint, so kann das Gericht dennoch mit den übrigen Beteiligten verhandeln. Die Beachtung der Vorschriften über die Ladung ist nur Voraussetzung für die Anwendung des Versäumnisverfahrens nach § 366 Abs. 3 S. 2, nicht aber für die Zulässigkeit der Verhandlung mit dem Erschienenen.[6] Kann jedoch die Verhandlung mit den Erschienenen nicht in diesem Termin zu Ende geführt und muss daher zur Fortsetzung ein neuer Termin bestimmt werden, braucht der nicht erschienene, aber ordnungsgemäß geladene Beteiligte zu dem neuen Termin nicht mehr geladen zu werden.[7] Empfehlenswert ist dessen Ladung jedoch.[8]

3. Anfechtbarkeit. Nach dem FGG war die der Ladung zum Termin zugrunde liegende Ver- **10** fügung mit der Beschwerde anfechtbar (§ 19 FGG). Nach dem FamFG findet dagegen die Beschwerde (§§ 58 ff.) grundsätzlich nur noch gegen Endentscheidungen (§ 38 Abs. 1) statt. Eine solche liegt hier aber nicht vor, so dass die Ladung zum Termin als solche nicht angefochten werden kann,[9] wohl aber ein darauf ergehender Fristbestimmungsbeschluss nach § 366 Abs. 3 (§ 372) oder ein Bestätigungsbeschluss (§ 371).

§ 366 Außergerichtliche Vereinbarung

(1) [1]Treffen die erschienenen Beteiligten vor der Auseinandersetzung eine Vereinbarung, insbesondere über die Art der Teilung, hat das Gericht die Vereinbarung zu beurkunden. [2]Das Gleiche gilt für Vorschläge eines Beteiligten, wenn nur dieser erschienen ist.

(2) [1]Sind alle Beteiligten erschienen, hat das Gericht die von ihnen getroffene Vereinbarung zu bestätigen. [2]Dasselbe gilt, wenn die nicht erschienenen Beteiligten ihre Zustimmung zu einer gerichtlichen Niederschrift oder in einer öffentlich beglaubigten Urkunde erteilen.

---

[2] *Keidel/Zimmermann* Rn. 15.
[3] *Jansen/Müller-Lukoschek* § 89 FGG Rn. 5; *Schulte-Bunert/Weinreich/Tschichoflos* Rn. 5; *Bumiller/Harders* Rn. 4; anders offenbar *Keidel/Zimmermann* Rn. 12, wonach es sich nur um Sollvorschriften handelt, deren Verletzung keine Anfechtbarkeit begründet.
[4] *Bumiller/Harders* Rn. 4; *Jansen/Müller-Lukoschek* § 89 FGG Rn. 5; *Keidel/Kuntze/Winkler* § 89 FGG Rn. 5.
[5] AA *Keidel/Zimmermann* Rn. 3: zwei Wochen als Mindestfrist.
[6] *Jansen/Müller-Lukoschek* § 89 FGG Rn. 6.
[7] *Jansen/Müller-Lukoschek* § 89 FGG Rn. 7; *Keidel/Zimmermann* Rn. 17.
[8] Eingehend *Jansen/Müller-Lukoschek* § 89 FGG Rn. 7.
[9] *Keidel/Zimmermann* Rn. 20.

§ 366 1–3 Buch 4. Abschnitt 3. Verfahren in Teilungssachen

(3) ¹Ist ein Beteiligter nicht erschienen, hat das Gericht, wenn er nicht nach Absatz 2 Satz 2 zugestimmt hat, ihm den ihn betreffenden Inhalt der Urkunde bekannt zu geben und ihn gleichzeitig zu benachrichtigen, dass er die Urkunde auf der Geschäftsstelle einsehen und eine Abschrift der Urkunde fordern kann. ²Die Bekanntgabe muss den Hinweis enthalten, dass sein Einverständnis mit dem Inhalt der Urkunde angenommen wird, wenn er nicht innerhalb einer von dem Gericht zu bestimmenden Frist die Anberaumung eines neuen Termins beantragt oder wenn er in dem neuen Termin nicht erscheint.

(4) Beantragt der Beteiligte rechtzeitig die Anberaumung eines neuen Termins und erscheint er in diesem Termin, ist die Verhandlung fortzusetzen; anderenfalls hat das Gericht die Vereinbarung zu bestätigen.

I. Normzweck

1 Gängigerweise wird betont, dass im Gesetz zwischen den **rein vorbereitenden Maßnahmen** iS des § 366 und der **Auseinandersetzung** entsprechend dem Auseinandersetzungsplan (§ 368) differenziert wird.[1] Jedoch sind in der Praxis die Übergänge fließend.[2] So kann über die vorbereitenden Maßregeln und über den anschließenden Auseinandersetzungsplan in dem gleichen Termin verhandelt werden, es können aber auch die Beteiligten im ersten Termin mit der Vereinbarung über die Art der Teilung die endgültige Auseinandersetzung verbinden.

2 In **Abs. 1** wurde der Regelungsgehalt des bisherigen § 91 Abs. 1 FGG übernommen. Eine sachliche Änderung wurde dabei nicht angestrebt. Allerdings führt die **amtliche Überschrift** uU zu dem Missverständnis, § 366 betreffe nur die außergerichtliche Einigung der Beteiligten, also ohne eine Mitwirkung des die Auseinandersetzung vermittelnden Gerichts oder Notars. Demgegenüber soll dadurch allein klargestellt werden, dass die Beteiligten, ebenso wie nach dem FGG, auch solche Vereinbarungen verbindlich treffen und beurkunden lassen können, die nur der Vorbereitung der Auseinandersetzung dienen.[3] **Abs. 3** entspricht dem bisherigen § 91 Abs. 3 S. 1 FGG, der **Abs. 4** dem bisherigen § 91 Abs. S. 3 und 4 FGG.

II. Vorbereitende Maßnahmen

3 Wenn die Auseinandersetzung vorbereitende Maßnahmen erfordert, muss mit den Beteiligten hierüber zunächst verhandelt werden. Auch wenn Abs. 1 nicht mehr allgemein von vorbereitenden Maßnahmen spricht, sondern nur noch von der **„zeitlichen Phase"** „vor der Auseinandersetzung", und diesbezüglich beispielhaft Vereinbarungen zur Art der Teilung nennt, hat sich gegenüber der Rechtslage nach dem FGG nichts geändert (s. Rn. 2). **Beispiele** für solche vorbereitenden Maßnahmen sind:[4]

– Vereinbarungen über die **Wertermittlung** des Nachlasses sowie über die Art der Aufteilung einzelner Nachlassgegenstände, etwa in Natur oder durch Verkauf oder Übernahme seitens eines Miterben, über die Art des Verkaufs (freihändig und öffentliche Versteigerung) und über die Zahlung (§§ 752 ff., 2042, 2048 ff. BGB, §§ 180 ff. ZVG). Betreibt ein Miterbe die Teilungsversteigerung zur Aufhebung der Gemeinschaft hinsichtlich des zum Nachlass gehörenden Grundbesitzes und kann dies im gütlichen Weg nicht verhindert werden, so ist das Vermittlungsverfahren bis zu Beendigung der Zwangsversteigerung auszusetzen,[5]

– die Feststellung und Bewertung der unter den Abkömmlingen zur Ausgleichung zubringenden **Vorempfänge** (§§ 2050 ff. BGB),

– die Bezeichnung der **einzelnen Nachlassgegenstände,** aus denen zunächst die Nachlassverbindlichkeiten zu berichtigen oder die zur Berichtigung derselben erforderlichen Mittel zurückzubehalten sind (§ 2046 BGB), die Übernahme von Nachlassverbindlichkeiten durch einzelne Miterben und die Feststellung der gegenseitigen Ansprüche der Nachlassmaße und der einzelnen Miterben,

– Vereinbarung über die **Teilung selbst,** also insbesondere das, was jeder Miterbe erhalten soll, gehören nicht zu den vorbereitenden Maßnahmen, sondern bereits zur eigentlichen Auseinandersetzung.[6]

---

[1] *Jansen/Müller-Lukoschek* § 91 FGG Rn. 1; *Firsching/Graf* Nachlassrecht Rn. 4.927.
[2] *Keidel/Kuntze/Winkler* § 91 FGG Rn. 1.
[3] *Heinemann* ZFE 2009, 8, 14.
[4] Vgl. *Keidel/Zimmermann* Rn. 5 ff.; *Bumiller/Harders* Rn. 3.
[5] *Firsching/Graf* Nachlassrecht Rn. 4.926; *Keidel/Kuntze/Winkler* § 91 FGG Rn. 3.
[6] *Keidel/Zimmermann* Rn. 9.

III. Verfahren

1. Grundzüge. a) Verhandlung. Die Verhandlung muss das Nachlassgericht auch dann durchführen, wenn nur ein einziger Beteiligter, der nicht der Antragsteller sein muss, erscheint. Dabei können folgende Situationen auftreten:[7]
– Erscheinen **sämtliche Beteiligten** und kommt es zu einer Einigung (Abs. 1), so ist diese zu beurkunden (s. unten Rn. 11).
– Entstehen jedoch bei der Verhandlung Streitpunkte, so ist darüber ein Protokoll aufzunehmen und das **Verfahren** bis zur Erledigung der Streitigkeiten im Rechtsweg **auszusetzen** (§ 370). Eine Frist zur Klageerhebung kann nicht gesetzt werden.[8]
– Nur ein **Teil der Beteiligten** oder nur einer erscheint; diese einigen sich unter Umständen oder der Letztere macht Vorschläge.
– **Beurkundung** der von den Erschienenen getroffenen Vereinbarungen und Vorschläge sowie Mitteilung an die nicht Erschienenen mit einer Fristbestimmung zur Durchführung eines neuen Termins mit der Folge, dass das Versäumnis der Frist als Zustimmung gilt,[9]
– Erscheint **niemand** im ersten Verhandlungstermin, so **ruht** das Verfahren.

b) Bestätigung der Vereinbarung (§ 368 Abs. 1 S. 3). Zu einer solchen kommt es in folgenden Fällen:
– bei der Einigung sämtlicher erschienenen Beteiligten
– wenn die nicht erschienenen Beteiligten zu der von den Erschienenen getroffenen Vereinbarung nachträglich ihre Zustimmung in der erforderlichen Form geben (s. Rn. 16),
– wenn die Zustimmung der nicht Erschienenen wegen **Versäumnis** der festgesetzten Frist unterstellt werden kann (s. Rn. 23),
– wenn diese in dem auf ihren Antrag angesetzten Termin nicht erscheinen (s. Rn. 27).

c) Neuerliche Verhandlung. Erscheint der zuerst nicht Erschienene, so erfolgt eine neuerliche Verhandlung bis zur möglichen Bestätigung oder Verweisung auf den Rechtsweg (§ 370).

2. Einzelheiten. a) Beteiligte. Eingehend zu den am Verfahren zu beteiligten Personen s. § 363 Rn. 31. Wenn im Laufe des Verfahrens **neue Beteiligte** ermittelt werden, so ist ein Versäumnisverfahren gegen diese nur möglich, wenn alle Beteiligten zu einem neuen Termin geladen werden und das Verfahren somit wiederholt wird.[10] Die Bestätigung ist auch zu versagen, wenn sich aus einem später aufgefundenen **Testament** ergibt, dass die zugezogenen Beteiligten nicht Erben sind.[11]

b) Widerspruch. Auch wenn **nur** einer der erschienenen Beteiligten widerspricht, hindert dies die Vereinbarung über eine vorbereitende Maßregel und über eine Auseinandersetzung. Da die Beurkundung der Unterschrift jedes Beteiligten unbedingt erforderlich ist (§§ 13 Abs. 1 S. 1, 1 Abs. 2 BeurkG) muss auch die **Verweigerung der Unterschrift** unter die aufgenommene Urkunde als Widerspruch angesehen werden.[12] Ein Widerspruch muss mündlich vor dem Nachlassgericht oder vor einem von diesem ersuchten Gericht erklärt werden. Ein schriftlicher oder sonst außerhalb des Verhandlungstermins erklärter Widerspruch eines Nichterschienenen ist rechtlich wirkungslos, hindert daher die Fortsetzung des Verfahrens nicht und verpflichtet das Nachlassgericht nicht zur Einstellung des Verfahrens.[13]

Der Widerspruch eines **Dritten** hindert die Beurkundung der Vereinbarung nicht, und zwar auch dann, wenn er behauptet, ihm stünde ein Pfandrecht an einem Erbteil zu, mag dies letztlich auch zur Aussetzung des Verfahrens bis zu Beseitigung des Pfandrechts führen (dazu § 370 Rn. 9).[14]

Entsprechend den Umständen des Einzelfalls hat das Nachlassgericht nach pflichtgemäßem Ermessen zu prüfen, ob der Widerspruch dazu nötigt, die Beteiligten auf den Rechtsweg zu verweisen (§ 370) und das Verfahren dementsprechend auszusetzen, oder ob trotz des Scheiterns einer Vereinbarung über die vorbereitenden Maßregeln zur Verhandlung über die eigentliche Auseinandersetzung übergegangen werden kann.[15]

---

[7] Vgl. etwa *Firsching/Graf* Nachlassrecht Rn. 9.924 ff.; *Bracker* MittBayNot 1984, 114.
[8] *Firsching/Graf* Nachlassrecht Rn. 4.926.
[9] *Keidel/Kuntze/Winkler* § 91 FGG Rn. 6.
[10] *Keidel/Kuntze/Winkler* § 91 FGG Rn. 10.
[11] KG OLGE 40, 22.
[12] AG Stuttgart BWNotZ 1970, 46; *Bumiller/Winkler* § 91 FGG Rn. 4; *Keidel/Kuntze/Winkler* § 91 FGG Rn. 11; aA *Keidel/Zimmermann* Rn. 36 f., wonach sich Protokollierung nach den §§ 160 ff. ZPO richtet und daher von den Beteiligten nicht zu unterschreiben ist.
[13] *Keidel/Kuntze/Winkler* § 91 FGG Rn. 11; *Firsching* DNotZ 1952, 117, 119; aM OLG Köln DNotZ 1951, 524.
[14] KG RJA 5, 230 = ZBlFG 6, 128.
[15] *Keidel/Zimmermann* Rn. 33.

11 **c) Beurkundung der Vereinbarung. aa) Verfahren.** Treffen die erschienenen Beteiligten vor der Auseinandersetzung eine Vereinbarung, insbesondere über die Art der Teilung, hat das Gericht diese Vereinbarung zu beurkunden (Abs. 1 S. 1). Dies hat gemäß § 1 Abs. 2 BeurkG nach den Vorschriften für die Beurkundung von Willenserklärungen zu erfolgen, so dass die §§ 6 bis 16, 22 bis 26 BeurkG zu beachten sind.[16] Funktionell zuständig ist der Rechtspfleger (§ 3 Nr. 2 lit. c, vgl. auch § 3 Nr. 1 lit. f RPflG).

12 **bb) Ausschließung, Ablehnung.** Hinsichtlich der **Ausschließung** und **Ablehnung** der Gerichtsperson ist zu beachten, dass sich das Teilungsverfahren nicht nur auf die Beurkundung von Willenserklärungen beschränkt, sondern daneben noch eine Anzahl anderer Verfahrenshandlungen mit sich bringt, die keine Beurkundungen sind, und die deshalb nicht vom BeurkG geregelt werden. Daher finden für das Teilungsverfahren auch die allgemeinen Bestimmungen des FamFG und des Rechtspflegergesetzes Anwendung. Daher gelten neben den §§ 6 und 7 BeurkG auch § 6 FamFG iVm. §§ 41 bis 49 ZPO und § 10 RPflG. Dabei sind auch die unterschiedlichen Rechtsfolgen der verschiedenen Bestimmungen zu beachten.[17] Ist der **Notar** auf Grund des landesrechtlichen Vorbehalts des § 486 für die Vermittlung der Auseinandersetzung zuständig, so gelten für ihn die §§ 3, 6 und 7 BeurkG unmittelbar, in *Baden-Württemberg* zudem § 64 BeurkG.

13 **cc) Inhalt der Beurkundung.** Zu beurkunden ist:
– wenn **nur ein Beteiligter** erschienen ist dessen **Vorschlag** für die vorbereitende Maßregel (Abs. 1 S. 2),
– die **Vereinbarung,** die die erschienenen Beteiligten übereinstimmend treffen, (Abs. 1 S. 1). Hierzu ist entsprechende Willensübereinstimmung aller Erschienenen erforderlich, da ein Mehrheitsbeschluss nicht möglich ist.[18] Sind nicht alle Beteiligten erschienen, so ist entsprechend Rn. 20 zu verfahren.

14 Dabei hat das Gericht auch Vereinbarung zu beurkunden, die ihm unbillig erscheinen oder die den Interessen der Nichterschienenen, den gesetzlichen Teilungsvorschriften oder dem Willen des Erblassers widersprechen. Es kann nur die Beurkundung von solchen Vorschlägen und Vereinbarungen verweigern, die gegen ein gesetzliches Verbot oder gegen die guten Sitten verstoßen oder wenn ein sonstiger Fall des § 4 BeurkG vorliegt, wobei diese Bestimmung über § 1 Abs. 2 BeurkG hier entsprechend gilt.[19]

15 Treten Streitpunkte auf, so sind diese klar herauszuarbeiten und ins Protokoll aufzunehmen; können sie nicht behoben werden, so ist das Verfahren auszusetzen. (§ 370). An die protokollierte Vereinbarung sind die Erschienenen gebunden, solange gegen andere Beteiligte ein Versäumnisverfahren schwebt (s. Rn. 22 ff.). Die Bindung erlischt, wenn ein früher Nichterschienener in dem auf seinen Antrag anberaumten neuen Termin (Abs. 3) widerspricht oder neue Vorschläge macht.[20]

16 **d) Nachträgliche Zustimmung.** Eine nachträgliche Zustimmung eines im Termin nicht Erschienenen ist möglich. Sie kann jedoch nicht zu Protokoll des Urkundsbeamten der Geschäftsstelle erklärt werden, sondern nur entweder zu Protokoll des zuständigen Nachlassgerichtes, und zwar des Rechtspflegers, eines von diesem um die Ladung des Beteiligten ersuchten Gerichts oder in einer öffentlich beglaubigten Urkunde iSv. § 129 BGB (Abs. 2 Satz 2).[21] Dabei ist nicht erforderlich, dass die Zustimmung ausdrücklich gegenüber den anderen Beteiligten erklärt wird.[22] Weshalb die Zustimmung erteilt wird, ist unerheblich. Sie kann daher aus eigenem Antrieb des Beteiligten erfolgen oder auf eine nach Abs. 3 erfolgt Aufforderung hin. Sie ist auch dann für die spätere gerichtliche Bestätigung (§ 371 Abs. 1 S. 1) ausreichend, wenn von den Beteiligten abgegeben wird, der zum ersten Termin zu Unrecht nicht geladen war und dessen Vorhandensein erst später bekannt wurde.[23] Die **Zustimmung** kann bereits **vor** dem Termin in der gleichen Form erklärt werden.[24] Mit der Erteilung der Zustimmung kann die **Bestätigung** der Vereinbarung erfolgen.

---

[16] *Bracker* MittBayNot 1984, 114, 116; *Jansen/Müller-Lukoschek* § 91 FGG Rn. 3; *Keidel/Kuntze/Winkler* § 91 FGG Rn. 12; Muster hierfür *Firsching/Graf* Nachlassrecht Rn. 4.936; aA *Keidel/Zimmermann* Rn. 36 ff.: es gelten die §§ 160 ff. ZPO.
[17] Eingehend dazu *Jansen/Müller-Lukoschek* § 91 FGG Rn. 6.
[18] *Jansen/Müller-Lukoschek* § 91 FGG Rn. 3.
[19] Enger *Keidel/Zimmermann* Rn. 43: Nur Beachtung von §§ 134, 138 BGB.
[20] KG RJA 7, 170; *Keidel/Kuntze/Winkler* § 91 FGG Rn. 14.
[21] *Jansen/Müller-Lukoschek* § 91 FGG Rn. 16.
[22] RG DNotZ 1912, 33; *Jansen/Müller-Lukoschek* § 91 FGG Rn. 18.
[23] *Keidel/Kuntze/Winkler* § 91 FGG Rn. 15.
[24] KGJ 49, 88; *Jansen/Müller-Lukoschek* § 91 FGG Rn. 18.

Wird die Zustimmung nach Abs. 2 Satz 2 nicht oder nicht formgerecht erteilt, so ist gegen den 17
betreffenden, nicht erschienenen Beteiligten das **Versäumnisverfahren** nach Abs. 3 einzuleiten
(s. Rn. 22 ff.).

e) **Nichterscheinen (Abs. 3 S. 1).** Ein Beteiligter ist **nicht nur dann nicht erschienen,** wenn 18
er nicht körperlich anwesend ist und auch keinen Bevollmächtigten (§ 10) zum Termin entsandt hat.
Als nicht erschienen gilt auch, wer sich durch einen Vertreter ohne Vertretungsmacht vertreten lässt,[25]
vor Abschluss der Verhandlungen und der Beurkundung freiwillig entfernt ohne eine widersprechende Erklärung abzugeben,[26] ferner auch der, der vom Rechtspfleger in Ausübung ordnungsrechtlicher Maßnahmen wegen Ungebühr aus dem Sitzungszimmer gewiesen wird (§ 177 GVG),[27] ja selbst wer
sein Nichterscheinen genügend entschuldigt hat, jedoch sollte in diesem Fall das Gericht den Termin
verlegen und neu laden.[28] Tut es dies nicht, zu berührt die Entschuldigung weder die Zulässigkeit des
Verfahrens noch hindert sie den Eintritt der Säumnisfolgen.[29]

Demgegenüber darf **nicht** als **nichterschienen** behandelt werden, wer die Abgabe einer Er- 19
klärung verweigert, weil von ihm anzunehmen ist, dass er der Durchführung des Verfahrens
widersprechen wird, oder wer sich durch einen Bevollmächtigten vertreten lässt und einer Verfügung
des Gerichts, durch das sein zusätzliches persönliches Erscheinen angeordnet wird, nicht Folge
leistet.[30]

f) **Benachrichtigung (Abs. 3).** Ist ein Beteiligter nicht erschienen und hat er auch nicht nach 20
Abs. 2 S. 2 zugestimmt, so ist er vom Inhalt der über die außergerichtliche Vereinbarung errichteten
Urkunde zu unterrichten. Die danach erforderliche Benachrichtigung hat folgenden notwendigen
Inhalt zu enthalten:
– den **Inhalt der Urkunde;** dabei braucht sie nur insoweit mitgeteilt werden, als sie ihn als
  Empfänger betrifft. Allerdings ist ihm eine vollständig Abschrift auf Verlangen zu erteilen;[31]
– den Hinweis, dass er die **Urkunde** auf der **Geschäftsstelle einsehen** und eine **Abschrift**
  verlangen kann,
– die Belehrung über die **Versäumnisfolgen** (Abs. 4, Halbs. 2) und die Bestimmung einer angemessenen Frist zur Abwendung von deren Eintritt (Abs. 3 S. 2).

Diese **Frist** nach Abs. 3 S. 2 setzt das Nachlassgericht nach seinem billigen Ermessen und kann sie 21
auch nachträglich verlängern. Gegen diese Anordnung steht demjenigen, demgegenüber die Frist
gesetzt wird, aber auch den übrigen Beteiligten die **Beschwerde** (§§ 58 ff.) zu. Die Bekanntmachung dieser Benachrichtigung erfolgt wegen des dadurch in Gang gesetzten Fristablaufes nach
§ 15. **Inhaltliche Mängel** der Bekanntmachung, die darauf beruhen, dass Abs. 3 nicht eingehalten
wurde, hindern den Eintritt der Versäumnisfolgen.[32]

g) **Versäumnis (Abs. 3).** Die **Versäumnis** eines Beteiligten kann auf Grund verschiedener 22
Umstände eintreten:

aa) **Keine fristgerechte Abgabe einer Erklärung – Säumnisfolgen.** Gibt der Ausgebliebene 23
innerhalb der gesetzten Frist **keine Erklärung** ab, dann wird sein Einverständnis hinsichtlich der
Vereinbarung oder den Vorschlägen angenommen und nach Fristablauf die entsprechende gerichtliche Bestätigung erteilt (s. Rn. 29 ff.). Damit wird die Rechtslage so angesehen, als ob der Säumige
der beurkundeten Vereinbarung ausdrücklich zugestimmt hätte.[33] Damit können materiellrechtliche
Einwendungen gegen den danach erfolgenden Bestätigungsbeschluss nicht mehr geltend gemacht
werden, vielmehr ist dieser nur noch aus formellen Gründen anfechtbar (§ 372 Abs. 2).[34]

Soweit der Ausgebliebene innerhalb der Frist nur **mitteilt,** dass er mit der protokollierten 24
Vereinbarung **nicht einverstanden** ist, so ist dies nicht geeignet, den Eintritt der Versäumnisfolgen
abzuwenden.[35] Denn das Verfahren nach Abs. 3 und 4 ist rein formalisiert. Inhaltliche Einwendungen
sind daher nicht relevant. Allerdings hat das Nachlassgericht darauf hinzuwirken, dass der Beteiligte
die Anberaumung eines neuen Termins beantragt (Abs. 4).

---
[25] *Jansen/Müller-Lukoschek* § 91 FGG Rn. 16.
[26] *Jansen/Müller-Lukoschek* § 91 FGG Rn. 16; *Keidel/Kuntze/Winkler* § 91 FGG Rn. 17.
[27] *Keidel/Zimmermann* Rn. 52.
[28] *Keidel/Zimmermann* Rn. 53.
[29] *Jansen/Müller-Lukoschek* § 91 FGG Rn. 16.
[30] *Keidel/Kuntze/Winkler* § 91 FGG Rn. 19.
[31] *Keidel/Zimmermann* Rn. 55 unter Bezug auf OLG Stuttgart WürttZ 22, 65.
[32] BayObLGZ 25, 126; *Keidel/Kuntze/Winkler* § 91 FGG Rn. 26.
[33] BayObLGZ 11, 720; *Keidel/Kuntze/Winkler* § 91 FGG Rn. 28.
[34] *Keidel/Zimmermann* Rn. 64.
[35] *Keidel/Zimmermann* Rn. 65.

§ 367

25 **bb) Antrag auf Anberaumung eines neuen Termins (Abs. 4).** Beantragt der zunächst ausgebliebene Beteiligte die Anberaumung eines neuen Termins, erscheint aber darin nicht, so verbleibt es bei den Versäumnisfolgen, wie vorstehend in Rn. 23 f. dargestellt.

26 **cc) Sonstige Versäumnisgründe.** Gegenüber den **Geschäftsunfähigen** oder in der Geschäftsfähigkeit beschränkten Personen treten die Versäumnisfolgen nur bei Säumnis des gesetzlichen Vertreters ein.[36] Bedarf die entsprechende Vereinbarung einer familien- oder betreuungsgerichtlichen Genehmigung, so ist auch diese zu erholen. Ist **kein gesetzlicher Vertreter** vorhanden, etwa weil kein entsprechender Betreuer für einen Geschäftsunfähigen bestellt ist, können die Versäumnisfolgen nicht eintreten.[37]

27 **h) Ansetzung eines neuen Termins (Abs. 4).** Hier ist ebenfalls zu differenzieren: Beantragt der zunächst nicht erschienene Beteiligte fristgemäß die Anberaumung eines neuen Termins und erscheint er darin, so ist die Verhandlung fortzusetzen. Zu dem neuen Termin sind auch die anderen Beteiligten wieder zu laden, jedoch sind die Hinweise nach § 365 S. 2 nicht erforderlich.[38] Für die Ladungsfrist gilt § 32 Abs. 2. Wenn der früher Nichterschienene sein **Einverständnis** in die außergerichtliche Vereinbarung erklärt, so kann die gerichtliche Bestätigung erklärt werden. Werden jedoch von ihm **abweichende Vorschläge** gemacht, so hat das Nachlassgericht hierüber mit den anderen Beteiligten zu verhandeln, die an ihre früheren Erklärungen nicht mehr gebunden sind, und eine entsprechende Einigung nach den neuen Vorschlägen anzustreben.

28 Erscheint der Antragsteller in dem neuen Termin nicht, so treten die **Versäumnisfolgen** ein, und das Nachlassgericht hat die Vereinbarung zu bestätigen (Abs. 4, Halbs. 2).

IV. Bestätigungsbeschluss

29 Der Bestätigungsbeschluss ist ein hoheitlicher Akt der freiwilligen Gerichtsbarkeit, der den von den Beteiligten getroffenen rechtsgeschäftlichen Abmachungen unbedingte Wirksamkeit (§ 371 Abs. 1) und Vollstreckbarkeit (§ 371 Abs. 2) verleiht.

30 **1. Prüfungsvoraussetzungen.** Vor Erlass des Bestätigungsbeschlusses hat das Nachlassgericht nur die **formellen Verfahrensvoraussetzungen** zu prüfen. Demgegenüber sind Gründe für die Zweckmäßigkeit der getroffenen Vereinbarung nicht Gegenstand des Prüfungsrechts. Aus **sachlichen Gründen** kann dagegen die Bestätigung nur dann versagt werden, wenn Gründe vorliegen, die auch einen Notar nach § 4 BeurkG berechtigen würden, die Beurkundung abzulehnen, weil diese Bestimmung auf Grund des § 1 Abs. 2 BeurkG entsprechend anwendbar ist.[39] Daneben sind Genehmigungserfordernisse zu prüfen, etwa nach § 368 Abs. 3.

31 **2. Entbehrlichkeit des Bestätigungsbeschlusses.** Der Bestätigungsbeschluss ist dann nicht erforderlich, wenn es sich um **einfach gelagerte Fälle** handelt, deren sofortige Durchführung erfolgen kann, und sich daher daran die förmliche Auseinandersetzung nahtlos anschließt.[40] Auf den Bestätigungsbeschluss können die Beteiligten auch verzichten. Da es sich hierbei jedoch um eine hoheitliche Maßnahme handelt, ist die Zustimmung aller Beteiligten erforderlich.[41] Sie kann bis zum Eintritt der formellen Rechtskraft des Bestätigungsbeschlusses erklärt werden.[42] Er hat die Wirkung, dass der Antrag auf Vornahme der amtlichen Vermittlung der Auseinandersetzung zurückgenommen wird. Demgegenüber ist ein Verzicht **unzulässig,** wonach die Bestätigung als erfolgt anzusehen ist.[43]

32 **3. Bekanntmachung.** Der Bestätigungsbeschluss ist den Beteiligten nach § 15 bekannt zu machen. Hierauf kann nicht verzichtet werden.[44]

§ 367 Wiedereinsetzung

War im Fall des § 366 der Beteiligte ohne sein Verschulden verhindert, die Anberaumung eines neuen Termins rechtzeitig zu beantragen oder in dem neuen Termin zu

---

[36] *Keidel/Zimmermann* Rn. 62.
[37] *Keidel/Zimmermann* Rn. 62.
[38] *Keidel/Kuntze/Winkler* § 91 FGG Rn. 32.
[39] IE *Keidel/Zimmermann* Rn. 72.
[40] *Keidel/Zimmermann* Rn. 69.
[41] *Keidel/Zimmermann* Rn. 70.
[42] *Josef* WürttZ 1916, 311.
[43] *Keidel/Zimmermann* Rn. 70; *Seeger* AcP 126 (1926), 253.
[44] *Keidel/Zimmermann* Rn. 76; *Seeger* AcP 126, 254.

erscheinen, gelten die Vorschriften über die Wiedereinsetzung in den vorigen Stand (§§ 17, 18 und 19 Abs. 1) entsprechend.

I. Normzweck

Durch die Wiedereinsetzung wird es einem unverschuldeten, säumigen Beteiligten ermöglicht, das Verfahren in die Lage zurück zu versetzen, in das sich dieses vor der Säumnis befand. Die Vorschrift ersetzt den bisherigen § 92 FGG.[1] Das Verfahren auf Wiedereinsetzung in den vorigen Stand ergibt sich nun mehr aus den allgemein hierfür geltenden Bestimmungen der §§ 17, 18 und 19 Abs. 1. 1

II. Einzelheiten

1. Wiedereinsetzungsgrund. Wiedereinsetzungsgrund ist die unverschuldete Verhinderung eines in einem Termin nicht Erschienenen 2
– rechtzeitig die Anberaumung eines neuen Termins nach §§ 366 Abs. 4, 368 Abs. 2 zu beantragen
oder
– in dem neuen Termin zu erscheinen.

Dabei findet die Wiedereinsetzung sowohl bei einer vorangehenden Vereinbarung über vorbereitende Maßnahmen nach § 366 wie auch einer endgültigen Auseinandersetzung nach § 368 statt.[2] 3

2. Unverschuldete Verhinderung. Eine solche liegt nicht vor, wenn der Beteiligte sich durch einen Bevollmächtigten hätte vertreten lassen können.[3] Dagegen wird das Fehlen des Verschuldens vermutet, wenn eine Rechtsbehelfsbelehrung (§ 39) unterblieben oder fehlerhaft ist (§ 17 Abs. 2). Im Übrigen wird auf die Erläuterungen zu § 17 verwiesen. 4

3. Antrag. Der Antrag auf Wiedereinsetzung ist binnen zwei Wochen nach Wegfall des Hindernisses zu stellen (§ 18 Abs. 1). Im Übrigen wird wegen der Einzelheiten auf die Erläuterungen zu § 18 verwiesen. 5

4. Entscheidung. Über den Antrag entscheidet das Nachlassgericht (§ 19 Abs. 1), wobei funktionell zuständig hierfür der Rechtspfleger ist.[4] 6

5. Rechtsmittel. Der Beschluss, durch den über die Wiedereinsetzung in den vorigen Stand entschieden wird, ist nach § 372 Abs. 1 mit der sofortigen Beschwerde entsprechend § 567 ZPO anfechtbar.[5] 7

6. Wirkung.[6] Durch die Wiedereinsetzung wird das Verfahren in die Lage zurückversetzt, in der es sich vor der Versäumung des Antragstellers befand. Damit werden sowohl Vereinbarungen über vorbereitende Maßnahmen nach § 366 wie auch die Auseinandersetzung nach § 368 wirkungslos.[7] Somit sind die Verhandlungen wieder aufzunehmen und nach § 366 Abs. 4 in gleicher Weise fortzusetzen als ob der Antragsteller auf die nach § 366 Abs. 2 S. 1 hin erfolgte Mitteilung rechtzeitig erschienen wäre. Da es um eine reine Fortsetzung des Verfahrens geht, findet § 365 über die förmliche Ladung keine Anwendung. War bereits ein Bestätigungsbeschluss nach § 368 Abs. 1 S. 3 erlassen, so ist dieser förmlich aufzuheben.[8] 8

§ 368 Auseinandersetzungsplan; Bestätigung

(1) ¹Sobald nach Lage der Sache die Auseinandersetzung stattfinden kann, hat das Gericht einen Auseinandersetzungsplan anzufertigen. ²Sind die erschienenen Beteiligten mit dem Inhalt des Plans einverstanden, hat das Gericht die Auseinandersetzung zu beurkunden. ³Sind alle Beteiligten erschienen, hat das Gericht die Auseinandersetzung zu bestätigen; dasselbe gilt, wenn die nicht erschienenen Beteiligten ihre Zustimmung zu gerichtlichem Protokoll oder in einer öffentlich beglaubigten Urkunde erteilen.

---

[1] BT-Drucks. 16/6308, S. 283.
[2] *Bumiller/Harders* Rn. 1; *Keidel/Zimmermann* Rn. 2 f.
[3] *Keidel/Zimmermann* Rn. 3.
[4] *Jansen/Müller-Lukoschek* § 92 FGG Rn. 2.
[5] *Keidel/Zimmermann* Rn. 11.
[6] Dazu auch oben § 19 Rn. 11 f.
[7] *Bumiller/Winkler* § 92 Rn. 5; *Keidel/Kuntze/Winkler* § 92 FGG Rn. 6.
[8] *Bumiller/Winkler* § 92 Rn. 5; *Keidel/Kuntze/Winkler* § 92 FGG Rn. 6; aM *Jansen/Müller-Lukoschek* § 92 FGG Rn. 6; *Keidel/Zimmermann* Rn. 14; sowie oben § 19 Rn. 11: automatisches Eintreten der Wirkungslosigkeit und nur deklaratorischer Feststellungsbeschluss hierzu.

(2) ¹Ist ein Beteiligter nicht erschienen, hat das Gericht nach § 366 Abs. 3 und 4 zu verfahren. ² § 367 ist entsprechend anzuwenden.

(3) Bedarf ein Beteiligter zur Vereinbarung nach § 366 Abs. 1 oder zur Auseinandersetzung der Genehmigung des Familien- oder Betreuungsgerichts, ist, wenn er im Inland keinen Vormund, Betreuer oder Pfleger hat, für die Erteilung oder die Verweigerung der Genehmigung anstelle des Familien- oder des Betreuungsgerichts das Nachlassgericht zuständig.

I. Normzweck

1 Im Anschluss an § 366, der die Verhandlung über vorbereitende Maßnahmen betrifft, regelt § 368 den zweiten Verfahrensabschnitt, nämlich die konkrete Auseinandersetzung zur Teilung des Nachlasses unter den Miterben. Dabei entsprechen die Absätze 1 und 2 inhaltlich dem bisherigen § 93 FGG, sie wurden nur redaktionell überarbeitet. Abs. 3 übernimmt weitgehend den Regelungsinhalt des früheren § 97 Abs. 2 FGG.

II. Auseinandersetzungsplan

2 **1. Grundsätzliches.** Sobald es der Stand der Dinge zulässt, hat das Nachlassgericht die Auseinandersetzung zwischen den Miterben vorzunehmen. Ob die Auseinandersetzungsreife vorliegt, entscheidet das Nachlassgericht nach seinem Ermessen.¹ Die Rechtskraft der Bestätigung etwa getroffener vorbereitender Vereinbarungen nach § 366 braucht nur abgewartet werden, wenn mit der Möglichkeit der Anfechtung zu rechnen ist, zB wenn das Versäumnisverfahren gegen Nichterschienene stattgefunden hat.² Daher kann über **vorbereitende Maßnahmen** und über die **Auseinandersetzung** selbst grundsätzlich auch **im selben Termin** verhandelt werden. Kann die Auseinandersetzung nicht im ersten Termin stattfinden, hat das Nachlassgericht den **Termin zu Auseinandersetzung** von Amts wegen zu bestimmen und dazu die Beteiligten zu laden. Bei einem solchen Anschlusstermin bedarf es abweichend von § 32 Abs. 2 keiner förmlichen Ladung mehr (§ 365 Abs. 2 S. 1).³

3 Aus § 368 darf nicht geschlossen werden, dass in jedem Fall neben dem Verhandlungsprotokoll ein besonderer Auseinandersetzungsplan zu erstellen ist. Vielmehr kann sich dies bei einfachen Angelegenheiten erübrigen. Der Plan ergibt sich dann unmittelbar aus der beurkundeten Auseinandersetzung, deren Grundlage er ist.⁴

4 **2. Einzelheiten zum Auseinandersetzungsplan. a) Aufstellung des Plans.** Die Aufstellung des Plans erfolgt grundsätzlich durch das Nachlassgericht, funktionell ist hierfür der Rechtspfleger zuständig. Dabei können Rechnungs- oder andere Sachverständige hinzugezogen werden. Das Nachlassgericht kann sich aber auch einen von den Beteiligten vorgelegten Plan nach entsprechender Überprüfung zu eigen machen.⁵ Bei der Planaufstellung ist das Nachlassgericht nur an die nach § 366 getroffenen Vereinbarungen über die vorbereitenden Maßregeln gebunden, nicht aber die Beteiligten, da diese ja auf ihren Vereinbarungen beruhen und daher von ihnen einvernehmlich abgeändert oder aufgehoben werden können.⁶ Ein einseitiges Widerrufsrecht einzelner Beteiligter ist jedoch nicht möglich. An die Vorschläge der Beteiligten ist das Gericht insoweit gebunden, als alle Beteiligten sich einig sind. Ansonsten besteht für das Gericht keine weitergehende Bindung. Es wird jedoch sachgemäße Wünsche der Beteiligten zur Vermeidung von Streitigkeiten berücksichtigen und den Plan so abfassen, dass er möglichst die Zustimmung aller findet.

5 **b) Inhalt.**⁷ Nähere rechtliche Vorgaben über den Inhalt des Planes bestehen nicht. Jedoch sind in dem Plan darzustellen
– zunächst die **erbrechtlichen Verhältnisse,**
– der Stand der **Nachlassmaße** mit Angabe der Aktiva und Passiva
– etwa bestehende **Ausgleichspflichten** (§§ 2050 ff. BGB)

---

¹ *Jansen/Müller-Lukoschek* § 93 FGG Rn. 1.
² *Keidel/Kuntze/Winkler* § 93 FGG Rn. 1; *Jansen/Müller-Lukoschek* § 93 FGG Rn. 1.
³ AM *Keidel/Kuntze/Winkler* § 93 FGG Rn. 1; *Jansen/Müller-Lukoschek* § 93 FGG Rn. 13.
⁴ KG OLGE 41, 17; *Jansen/Müller-Lukoschek* § 93 FGG Rn. 2.
⁵ OLG Dresden OLGE 40, 24; *Jansen/Müller-Lukoschek* § 93 FGG Rn. 3.
⁶ *Keidel/Kuntze/Winkler* § 93 FGG Rn. 2.
⁷ Vgl. dazu etwa *Keidel/Zimmermann* Rn. 8 ff.; *Firsching/Graf* Nachlassrecht Rn. 4.930 ff. im Anschluss an den aufgehobenen § 48 württ NachlVO mit Formulierungsvorschlag.

– wie sich die Sachlage nach der erforderlich werdenden **Verwertung** oder Übernahme der **Nachlassgegenstände** und Berichtigung oder Übernahme der Nachlassverbindlichkeiten entwickelt
– die Berechnung der **Ansprüche** der einzelnen Beteiligten und
– die Bezeichnung der **Nachlassgegenstände,** welche die einzelnen Beteiligten erhalten.

Der Auseinandersetzungsplan kann auch eine **Auflassungsvollmacht** enthalten, nicht aber eine Vertretungsvollmacht für das eigentliche Verfahren, die sich auf einen Säumigen zu dessen Nachteil erstrecken würde. **6**

Demgegenüber hat sich das Nachlassgericht **nicht** mit der unmittelbaren Verwaltung, Verwahrung oder Auszahlung des Nachlassvermögens zu befassen. **7**

c) Form. Der Auseinandersetzungsplan kann zu Protokoll oder auch in einem besonderen Schriftstück niedergelegt werden. Soweit in der Niederschrift über die Auseinandersetzung auf den Auseinandersetzungsplan **verwiesen** wird, muss auch dieser mitbeurkundet werden, weil nur so das Beurkundungserfordernis des § 368 Abs. 1 S. 2 gewahrt wird; dies kann dadurch geschehen, dass der Plan als Anlage der Niederschrift über die Auseinandersetzung gemäß § 9 Abs. 1 S. 2 BeurkG beigefügt und mitverlesen wird. In einfachen Fällen ist die Aufstellung eines förmlichen, schriftlichen Plans nicht erforderlich (s. Rn. 3). **8**

3. Verhandlung, zusätzliche Erklärungen. Das Verfahren bei der Beurkundung der Auseinandersetzung,[8] der gerichtlichen Bestätigung und der Vorgehensweise bei der Versäumnis einzelner Beteiligter entspricht völlig dem bei der Verhandlung über lediglich vorbereitende Vereinbarungen nach § 366;[9] die hierzu oben gemachten Erläuterungen gelten daher entsprechend. **9**

Gegenstand der Auseinandersetzung können nicht nur die Vereinbarungen sein, die sich unmittelbar auf die Nachlassgegenstände beziehen, sondern auch **andere Abmachungen,** wie[10] **10**
– solche, die zum Zwecke der **Aufhebung** und Abwicklung der Gemeinschaft getroffen werden, etwa durch Begründung von gegenseitigen Ansprüchen, auch wenn dadurch das Eigenvermögen der Erben betroffen wird,
– die **schuldrechtliche Verpflichtung** zum Vollzug der vereinbarten Nachlassteilung, insbesondere hinsichtlich der zu übertragenden oder zugewiesenen Nachlassgegenstände,
– die **dinglichen Erfüllungsgeschäfte** hierzu,[11] wie die Beurkundung der Auflassung bei Grundstücken, Abtretung von Geschäftsanteilen an einer GmbH, Abtretung von Forderungen (§ 398 BGB) und Erbanteilen (§ 2033 BGB). Hinsichtlich der Erklärung der Auflassung ist allerdings zu beachten, dass die mit dem Verfahren befasste Behörde auch zur Entgegennahme der Auflassung (§ 925 BGB) zuständig sein muss. Dies ist dann der Fall, wenn das Landesrecht die Zuständigkeit des **Notars** für das Vermittlungsverfahren vorsieht, denn dieser ist nach § 925 Abs. 1 Satz 2 BGB zur Entgegennahme der Auflassung immer befugt.[12] Demgegenüber ist das Amtsgericht (Nachlassgericht) zur Entgegennahme der Auflassung nur berechtigt, wenn es im Teilungsverfahren zu einer dem gerichtlichen Vergleich kommt (§ 925 Abs. 1 S. 3 BGB).[13]

Diese zusätzlichen Vereinbarungen und Erklärungen müssen allerdings **ausdrücklich** von den **Beteiligten abgegeben** werden; da sie nicht Teil des „Muss-Programms" des Teilungsverfahrens sind, können sie nicht über das Säumnisverfahren nach Abs. 2 iVm. § 366 Abs. 3 und 4 herbeigeführt werden. **11**

Die **freiwillige Versteigerung** von Grundstücken durch das Nachlassgericht kann in den Teilungsversteigerungsverfahren nach §§ 363 ff. nicht mehr durchgeführt werden.[14] **12**

III. Genehmigung des Nachlassgerichts (Abs. 3)

Abs. 3 übernimmt weit gehend den Regelungsgehalt des bisherigen § 97 Abs. 2 FGG. Danach ist ausnahmsweise das Nachlassgericht anstelle des Familien- oder Betreuungsgerichts unter folgenden Voraussetzungen zur Erteilung oder Verweigerung einer Genehmigung zuständig:[15] **13**
– ein Beteiligter bedarf zu einer Vereinbarung nach § 366 Abs. 1 oder zur Auseinandersetzung nach dem inländischen Recht der Genehmigung des Familien- und Betreuungsgerichts und

---

[8] Formulierungsvorschlag bei *Firsching/Graf* Nachlassrecht Rn. 4.936.
[9] *Keidel/Kuntze/Winkler* § 93 FGG Rn. 8; *Jansen/Müller-Lukoschek* § 93 FGG Rn. 13.
[10] Vgl. *Jansen/Müller-Lukoschek* § 93 FGG Rn. 6 ff.
[11] Eingehend dazu *Keidel/Zimmermann* Rn. 52.
[12] Eingehend *Jansen/Müller-Lukoschek* § 93 FGG Rn. 9.
[13] *Jansen/Müller-Lukoschek* § 93 FGG Rn. 10 f.; *Keidel/Zimmermann* Rn. 52 meint, jeder Auseinandersetzungsvertrag sei ein Vergleich, weshalb der Rechtspfleger immer zuständig sei.
[14] *Keidel/Kuntze/Winkler* § 98 FGG Rn. 21.
[15] Eingehend dazu *Keidel/Zimmermann* Rn. 55.

§ 369 1–6   Buch 4. Abschnitt 3. Verfahren in Teilungssachen

— er hat im Inland keinen Vormund, Betreuer oder Pfleger. Dabei ist die Staatsangehörigkeit des Betroffenen unerheblich.

14 Diese besondere sachliche Zuständigkeit ist nur innerhalb eines vor dem Nachlassgericht oder dem Notar anhängigen Teilungsverfahrens nach den §§ 363 ff. gegeben, nicht wenn der Notar eine private Auseinandersetzung beurkundet.[16] **Funktionell zuständig** ist der Rechtspfleger (§ 3 Nr. 2 lit. c, § 16 Abs, 1 Nr. 8 RPflG). Die Aufführung der sog. Beistandschaft bedurfte es in Abs 3 nicht mehr, da diese nach § 1712 BGB nur noch hinsichtlich der Feststellung der Vaterschaft und der Geltendmachung von Unterhaltsansprüchen in Betracht kommt.[17]

§ 369 Verteilung durch das Los

Ist eine Verteilung durch das Los vereinbart, wird das Los, wenn nicht ein anderes bestimmt ist, für die nicht erschienenen Beteiligten von einem durch das Gericht zu bestellenden Vertreter gezogen.

I. Normzweck

1 Die Losziehung kann zur Ausführung einer **bestätigten Vereinbarung** über die Auseinandersetzung oder **vor Aufstellung des Teilungsplans** für die Bestimmung der in diesem auszuweisenden Teile erfolgen. Erforderlich ist aber immer, dass es sich nur noch um die Losziehung **zur Bestimmung der Empfänger** der einzelnen Teile handelt, nicht mehr um die Bildung der Teile selbst.[1]

2 Die Vorschrift entspricht inhaltlich dem bisherigen § 94 FGG.[2] Die Losverteilung nach § 369, mit welcher der Erwerber von bestimmten Nachlassgegenständen festgelegt wird, ist zu trennen von der Verteilung gleicher Anteile bei der Teilung des **Bruchteilseigentums** in Natur durch Los nach §§ 2042 Abs. 2, 752 S. 2 BGB, die im Klagewege durchgesetzt und nach § 887 ZPO vollstreckt werden kann.

II. Regelungen

3 **1. Voraussetzungen.** Voraussetzung für die Verteilung durch Los ist, dass eine entsprechende **Vereinbarung** der Beteiligten vorliegt. Dies kann dadurch geschehen, dass sich entweder alle Beteiligten über eine vorzunehmende Verlosung verständigt haben, oder dass die im Termin vor dem Nachlassgericht erschienenen Beteiligten die Verlosung als vorbereitende Maßnahme vereinbaren und diese Vereinbarung dann nach § 366 Abs. 3 im Säumnisverfahren verbindlich wurde.[3]

4 **Ob** und **wie** die Losziehung durchzuführen ist, bestimmt sich daher allein nach der Vereinbarung der Beteiligten. Dabei kann ganz oder teilweise von der Bestimmung des § 369 abgewichen werden;[4] so kann die Losziehung auch einem Dritten übertragen werden.[5]

5 Soweit eine Vereinbarung zur Losziehung vorliegt (s. Rn. 3 f.), und in ihr nichts anderes bestimmt ist, **zieht** für den im Termin **nicht erschienenen Beteiligten** ein vom Gericht zu bestellender Vertreter das Los. Unerheblich ist es, aus welchem Grund die betreffende Person nicht erschienen ist. Erforderlich ist nur, dass zu dem Termin, in dem die Losziehung stattfindet, ordnungsgemäß geladen wurde oder anlässlich einer bereits früher erfolgten Ladung ein Hinweis nach § 365 Abs. 2 erfolgte. Die Bestellung geschieht für den nicht erschienenen Beteiligten, der entsprechend der Vereinbarung ein Los zu ziehen hätte. Sie kann nicht erfolgen, wenn ein erschienener Beteiligter die Losziehung verweigert. In diesem Fall kann die Losziehung nur im Klagewege durchgesetzt werden oder, wenn schon eine bestätigte Vereinbarung vorliegt (§ 371 Abs. 1), die durch die Losziehung vollzogen werden soll, im Wege der Zwangsvollstreckung nach § 371 Abs. 2.[6]

6 **2. Bestellung eines Vertreters.** Die Bestellung erfolgt durch das **Nachlassgericht,** funktionell zuständig ist der Rechtspfleger. Sie steht nicht im Ermessen des Gerichts und kann nötigenfalls im Beschwerdeweg herbeigeführt werden.[7] Sie wird wirksam mit der Bekanntmachung gegenüber dem

---

[16] *Keidel/Kuntze/Winkler* § 97 FGG Rn. 17.
[17] Eingehend dazu BT-Drucks. 16/6308, S. 283.
[1] *Keidel/Kuntze/Winkler* § 94 FGG Rn. 3.
[2] BT-Drucks. 16/6308, S. 284.
[3] *Jansen/Müller-Lukoschek* § 94 FGG Rn. 1.
[4] *Keidel/Kuntze/Winkler* § 94 FGG Rn. 2; *Jansen/Müller-Lukoschek* § 94 FGG Rn. 2.
[5] *Keidel/Kuntze/Winkler* § 94 FGG Rn. 2.
[6] *Keidel/Kuntze/Winkler* § 94 FGG Rn. 5; *Jansen/Müller-Lukoschek* § 94 FGG Rn. 4.
[7] *Bumiller/Winkler* § 94 Rn. 2.

bestellten Vertreter (§ 40 Abs. 1). Nach durchgeführter Losziehung kann sie nicht mitgeändert werden. Gegen die Bestellung des Vertreters ist die **Beschwerde** nur dahingehend zulässig, dass diese nach Lage der Dinge nicht erfolgen sollte. Im Falle einer abändernden Entscheidung findet § 47 Anwendung.[8]

Die **Befugnis** des **Vertreters** beschränkt sich allein auf die Losziehung.[9] Sie erfasst daher **nicht** anlässlich der Losziehung abgegebene Erklärungen, mögen sich diese auch darauf beziehen, wie etwa die bisher nicht geregelte Festlegung der Reihenfolge der Losziehung.[10] Die vom Gericht bestellte Person ist **Vertreter** des Nichterschienenen kraft Gesetzes.[11] Daher kann der Nichterschienene weder aus der Person des Vertreters noch aus dessen Verhalten bei der Losziehung Einwendungen herleiten.[12]

§ 370 Aussetzung bei Streit

¹Ergeben sich bei den Verhandlungen Streitpunkte, ist darüber eine Niederschrift aufzunehmen und das Verfahren bis zur Erledigung der Streitpunkte auszusetzen. ²Soweit unstreitige Punkte beurkundet werden können, hat das Gericht nach den §§ 366 und 368 Abs. 1 und 2 zu verfahren.

I. Normzweck

Die Bestimmung trägt dem Umstand Rechnung, dass das Nachlassgericht im Teilungsverfahren zwischen den Beteiligten nur vermitteln und keine schwierigen Rechtsstreitigkeiten klären kann.[1] Sie ermöglicht daher eine Aussetzung des Verfahrens, wenn Streitpunkte auftreten. Sie entspricht inhaltlich dem früheren § 95 FGG, ist eine Ergänzung zu § 21 und eine Spezialvorschrift zu § 28 Abs. 4.[2]

II. Das Aussetzungsverfahren

1. Anwendungsbereich. Die Vorschrift gilt sowohl für das vorbereitende Verfahren nach § 366 als auch für das eigentliche Auseinandersetzungsverfahren nach § 368. Bestehen dagegen bereits im Zeitpunkt des Antrags auf Einleitung des Teilungsverfahren streitige Rechtsfragen, ist von vornherein die Einleitung desselben als unzulässig abzulehnen.[3]

2. Aussetzungsvoraussetzung. Bei den nach § 370 beachtlichen Streitpunkten muss es sich um für die Auseinandersetzung relevante Tatsachen handeln, nicht um sonstige Ansprüche zwischen den Beteiligten. Strittig kann etwa das Antrags- oder Erbrecht sein, der Umfang der Teilungsmasse einschließlich der Zugehörigkeit bestimmter Gegenstände zum Nachlass oder eine Ausgleichungspflicht nach § 2050 BGB zwischen Abkömmlingen.[4] Für die Aussetzung des Verfahrens genügt es nicht, wenn sich nur allgemeine Meinungsverschiedenheiten über die Auseinandersetzung ergeben haben, ohne dass im Einzelnen festgestellt ist, worüber die Beteiligten sich einig sind und worüber sie rechtlich streiten.[5] Stellen sich bestimmte Streitpunkte heraus, so darf nicht einfach die Verhandlung mit der entsprechenden Feststellung abgebrochen werden, sondern es ist in der Verhandlung fortzufahren und zu klären, in welchen weiteren Punkten die Beteiligten einig sind und wo noch ein Streit besteht.

Festzustellen sind daher sowohl in **sachlicher Hinsicht alle** für die **Auseinandersetzung relevanten** Streitpunkte, aber auch in **persönlicher** Hinsicht, zwischen welchen Erben Streit besteht. Dabei hat das Gericht auf eine Begrenzung der Streitpunkte hinzuwirken, damit ein Scheitern der Vermittlung nur in dem Umfang eintritt, der durch den Streit bedingt ist. Das Nachlassgericht kann aber auch Ermittlungen über die streitigen Verhältnisse anstellen, um den Sachverhalt im Interesse einer Einigung möglichst aufzuklären (§ 26).[6] Es soll daher auch auf eine

---

[8] *Keidel/Kuntze/Winkler* § 94 FGG Rn. 6.
[9] *Jansen/Müller-Lukoschek* § 94 FGG Rn. 3.
[10] *Keidel/Kuntze/Winkler* § 94 FGG Rn. 7.
[11] *Bumiller/Winkler* § 94 Rn. 2; *Keidel/Zimmermann* Rn. 10.
[12] *Keidel/Kuntze/Winkler* § 94 FGG Rn. 8 mit weiteren Einzelheiten.
[1] *Jansen/Müller-Lukoschek* § 95 FGG Rn. 1.
[2] BT-Drucks. 16/6308, S. 284.
[3] *Jansen/Müller-Lukoschek* § 95 FGG Rn. 1; *Keidel/Kuntze/Winkler* § 95 FGG Rn. 1; s. auch § 363 Rn. 12.
[4] *Jansen/Müller-Lukoschek* § 95 FGG Rn. 2.
[5] BayObLGZ 4, 500 = RJA 4, 14; *Jansen/Müller-Lukoschek* § 95 FGG Rn. 2.
[6] *Keidel/Zimmermann* Rn. 3.

Einigung soweit wie möglich hinwirken. Andererseits bleibt ein im Termin erhobener Widerspruch so lange wirksam, bisher er im Wege der gütlichen Verständigung zurückgenommen oder durch rechtskräftiges Urteil beseitigt ist. Unzulässig ist es dagegen, beim Ausbleiben des Widersprechenden in einem späteren Termin einfach sein Einverständnis mit dem Vorschlag zu unterstellen, dem er ursprünglich widersprochen hatte.[7]

5 **3. Zeitpunkt und Art des Widerspruchs.** Nur ein im Termin erhobener Widerspruch nötigt zur Aussetzung des Verfahrens. Unerheblich ist ein vor der Einleitung des Auseinandersetzungsplans erhobener Widerspruch, ein später außerhalb des Verfahrens erklärter oder ein nur schriftlich geäußerter. Für das Vorliegen eines Streitpunkts iS des § 370 ist ein konkretes Streitverhältnis erforderlich, das auch Gegenstand eines Rechtsstreits sein kann. Nur allgemeine Meinungsverschiedenheiten der Beteiligten, die sich durch die Verhandlung beseitigen lassen, rechtfertigen daher eine Aussetzung nicht.

6 **4. Feststellung der strittigen Punkte.** Sämtliche sich bei der Verhandlung ergebenden Streitpunkte sind in einer Niederschrift aufzunehmen, s. dazu bereits Rn. 3. Hinsichtlich der zu beachtenden Form gelten hier nicht die Bestimmungen des Beurkundungsgesetzes,[8] jedoch kann deren Beachtung zweckmäßig sein.

7 **5. Beteiligte.** Außer den unmittelbar betroffenen Miterben zählt zu den Beteiligten, deren Widerspruch zu einer Aussetzung nach § 370 nötig, auch ein Dritter, der geltend macht, dass ihm an einem Erbteil ein Pfändungspfandrecht zusteht.[9]

8 **6. Zwang zur Aussetzung.** Lässt sich auch durch Vermittlung des Nachlassgerichtes keine Einigung erzielen, so hat die Aussetzung des Verfahrens zu erfolgen. Dabei darf keine Frist zur Erledigung der Streitpunkte gesetzt werden. Es ist allein Sache der Beteiligten, ob und wann sie die Klärung ihrer Meinungsverschiedenheiten herbeiführen.[10] Allerdings kann das Nachlassgericht nach angemessener Frist die Weglegung der Akten verfügen, worin allerdings keine förmliche Verfahrensbeendigung zu sehen ist. Insbesondere ergibt sich hieraus kein Hindernis für eine Fortführung desselben nach Beilegung der Streitpunkte. Wenn der Streit durch Einigung oder rechtskräftiges Urteil beendet ist, so wird das Vermittlungsverfahren auf Antrag eines Beteiligten wieder aufgenommen.[11] Dabei ist das **Urteil** des Prozessgerichts für das Nachlassgericht hinsichtlich der entschiedenen Punkte **bindend.** Wird daher ein rechtskräftig als unbegründet erklärter Widerspruch in dem neuen Verfahren wiederholt, ist er unbeachtlich.[12]

III. Teilauseinandersetzung (S. 2)

9 Soweit unstreitige Punkte beurkundet werden können, hat das Gericht nach den §§ 366 und 368 Abs. 1 und 2 zu verfahren. Bezüglich der unstrittigen Verhältnisse können also **vorbereitende Maßnahmen** und Vereinbarungen getroffen und gegebenenfalls auch **Teilauseinandersetzungen** vorgenommen, beurkundet, bestätigt und gegebenenfalls auch vollstreckt (§ 371 Abs. 2) werden, soweit eine Teilauseinandersetzung auch nach den allgemeinen Regeln zulässig ist.[13] In Betracht kommt etwa ein Ausscheiden einzelner Miterben durch eine subjektiv beschränkte Erbauseinandersetzung mittels Erbteilsübertragung, die Auszahlung von Geldbeträgen bis auf einen wegen der Ausgleichungspflicht noch ungeklärten Teilbetrag und die Beurkundung, aber noch nicht die Bestätigung einer zwischen den Erben unstrittigen Erbauseinandersetzung, wenn ein Pfändungspfandgläubiger, dessen Pfändungsrecht bezüglich eines Erbteils bestritten ist, Widerspruch erhoben hat.[14]

§ 371 Wirkung der bestätigten Vereinbarung und Auseinandersetzung; Vollstreckung

(1) Vereinbarungen nach § 366 Abs. 1 sowie Auseinandersetzungen nach § 368 werden mit Rechtskraft des Bestätigungsbeschlusses wirksam und für alle Beteiligten in gleicher Weise verbindlich wie eine vertragliche Vereinbarung oder Auseinandersetzung.

---

[7] BayObLGZ 4, 500 = RJA 4, 14.
[8] *Jansen/Müller-Lukoschek* § 95 FGG Rn. 3; *Keidel/Kuntze/Winkler* § 95 FGG Rn. 3.
[9] KG RJA 5, 230 = ZBlFG 6, 128.
[10] *Keidel/Kuntze/Winkler* § 95 FGG Rn. 7.
[11] *Jansen/Müller-Lukoschek* § 95 FGG Rn. 5.
[12] *Jansen/Müller-Lukoschek* § 95 FGG Rn. 5; *Keidel/Kuntze/Winkler* § 95 FGG Rn. 9.
[13] Vgl. etwa *Palandt/Edenhofer* § 2042 Rn. 6 ff.; *MünchKommBGB/Heldrich* § 2042 Rn. 19.
[14] *Jansen/Müller-Lukoschek* § 95 FGG Rn. 7.

(2) ¹ Aus der Vereinbarung nach § 366 Abs. 1 sowie aus der Auseinandersetzung findet nach deren Wirksamwerden die Vollstreckung statt. ² Die §§ 795 und 797 der Zivilprozessordnung sind anzuwenden.

I. Normzweck

Abs. 1 entspricht inhaltlich § 97 Abs. 1 FGG. In Abweichung von § 40 Abs. 1 sieht die Bestimmung unter Beibehaltung des Inhalts des bisherigen § 97 Abs. 1 FGG vor, dass die Wirksamkeit einer Vereinbarung nach § 366 Abs. 1 und einer Auseinandersetzung (§ 368) erst mit Rechtskraft des Bestätigungsbeschlusses eintritt.[1]

Abs. 2 übernimmt die Regelung des bisherigen § 98 FGG und bestimmt in Ergänzung zu den Titeln des § 86, dass auch die bestätigte Vereinbarung und Auseinandersetzung einen Vollstreckungstitel darstellt.[2]

II. Wirkung des Bestätigungsbeschlusses

1. Formelle Rechtskraft. Die Rechtskraft des Bestätigungsbeschlusses tritt ein, wenn entweder die gegen diesen zulässigen Rechtsmittel rechtskräftig abgewiesen oder erschöpft sind oder wenn die Frist zur Einlegung der Beschwerde (§ 63) für alle am Verfahren Beteiligte abgelaufen ist (§ 45).[3]

2. Rechtliche Wirkung des Bestätigungsbeschlusses. Der Bestätigungsbeschluss ist ein hoheitlicher Akt der freiwilligen Gerichtsbarkeit, der den von den Beteiligten getroffenen rechtsgeschäftlichen Abmachungen **unbedingte Wirksamkeit (Abs. 1)** und **Vollstreckbarkeit (Abs. 2)** verleiht.[4] Bis zur Bestätigung sind die Beteiligten an die Vereinbarungen gebunden und können sie nicht einseitig widerrufen.[5] Diese Bindung wird für alle ordnungsgemäß hinzugezogenen Beteiligten, mögen es Erschienene oder Nichterschienene sein, mit der Bestätigung endgültig.[6] Wird jedoch die Bestätigung versagt und ist der Versagungsbeschluss wirksam geworden, so entfällt zwar die Bindung, die Erklärungen der Beteiligten bleiben aber bis zu einem förmlichen Widerruf in Kraft.[7]

Inhaltlich besteht die Wirkung des Bestätigungsbeschlusses darin, dass die Beteiligten so gebunden sind, als hätten sie die Vereinbarung bzw. Auseinandersetzung vertragsmäßig getroffen.[8]

a) Verfahrensmängel. Nach der Rechtskraft des Bestätigungsbeschlusses können Verfahrensmängel des Teilungsverfahrens grundsätzlich **nicht mehr gerügt** werden. Denn der Bestätigungsbeschluss hat die formelle Bedeutung der Feststellung, dass die Verfahrensvorschriften beachtet und deshalb insbesondere die Säumnisfolgen des §§ 366 Abs. 3, 368 Abs. 2 eingetreten sind. Nach Eintritt der formellen Rechtskraft des Bestätigungsbeschlusses wird daher unterstellt, dass die Nichterschienen im Zeitpunkt der Vornahme der Vereinbarung oder Auseinandersetzung dieser zugestimmt hätten.[9] Dies gilt auch dann, wenn die Vorschriften über das Versäumnisverfahren verletzt worden sind.[10] Durch die damit eintretende Heilung unterliegen diese Verfahrensmängel nicht mehr der Nachprüfung in einem anderen Verfahren der freiwilligen oder streitigen Gerichtsbarkeit, insbesondere auch nicht mehr durch das Grundbuchamt.[11]

Vor Eintritt der formellen Rechtskraft des Bestätigungsbeschlusses kann die Verletzung dieser Verfahrensvorschriften **nicht selbstständig,** sondern nur mit der befristeten Beschwerde gegen den Bestätigungsbeschluss geltend gemacht werden (§§ 58, 38 Abs. 1 S. 1). Die Beschwerde kann nur darauf gestützt werden, dass die Vorschriften über das Verfahren nicht beachtet wurden (§ 372 Abs. 2).

b) Materiellrechtliche Mängel. Demgegenüber werden materiellrechtliche Mängel in dem Bestätigungsverfahren – mit Ausnahme der Gründe, die nach § 4 BeurkG zur Verweigerung der Beurkundung berechtigen – nicht geprüft und können deshalb auch durch den Bestätigungsbeschluss nicht geheilt werden.[12] Keine Heilung tritt daher ein bezüglich der allgemeinen **Nichtigkeits-**

---

[1] BT-Drucks. 16/6308, S. 284.
[2] BT-Drucks. 16/6308, S. 284.
[3] *Keidel/Kuntze/Winkler* § 97 FGG Rn. 1.
[4] *Keidel/Zimmermann* Rn. 9.
[5] KG JFG 1, 362 = OLGE 42, 190.
[6] *Keidel/Kuntze/Winkler* § 97 FGG Rn. 3.
[7] *Jansen/Müller-Lukoschek* § 97 FGG Rn. 1.
[8] *Jansen/Müller-Lukoschek* § 97 FGG Rn. 2.
[9] *Keidel/Kuntze/Winkler* § 97 FGG Rn. 4; vgl. auch BayObLGZ 11, 720.
[10] *Jansen/Müller-Lukoschek* § 97 FGG Rn. 4.
[11] *Jansen/Müller-Lukoschek* § 97 FGG Rn. 2.
[12] *Jansen/Müller-Lukoschek* § 97 FGG Rn. 4; *Keidel/Zimmermann* Rn. 12 f.

gründe (§§ 105, 117, 125, 134, 138 BGB) und der Anfechtbarkeit wegen eines Willensmangels (§ 142 BGB). Betrifft der Mangel nur einen Teil der Vereinbarung oder Auseinandersetzung, so ist § 139 BGB zu beachten. Auch zwingende Mängel des **Beurkundungsverfahrens** werden durch die Bestätigung nicht geheilt.[13] Über diese materiellrechtlichen Mängel der Vereinbarung oder Auseinandersetzung entscheidet nicht das Nachlassgericht, sondern das Prozessgericht. Diese können mit einer Feststellungs- oder Vollstreckungsgegenklage geltend gemacht werden (§§ 767, 794 Abs. 1 Nr. 5, 795, 797 Abs. 4 ZPO).

9 **3. Keine materielle Rechtskraft.** Auch der formell rechtskräftige Bestätigungsbeschluss erlangt keine materielle Rechtskraft. Daraus ergibt sich:[14]
– da die Verbindlichkeit der getroffenen Vereinbarung bzw. vereinbarten Auseinandersetzung auf der von den Beteiligten getroffenen Einigung beruht, können alle Beteiligte diese auch durch **übereinstimmende Vereinbarung wieder aufheben** oder abändern.[15]
– da die Verbindlichkeit der getroffenen Vereinbarung, insbesondere die Versäumniswirkung, auf der Möglichkeit der Beteiligten beruht, ihre Rechte in dem förmlichen Verfahren geltend zu machen, tritt die Wirkung des Bestätigungsbeschlusses **nicht** gegenüber solchen **Beteiligten** ein, die **nicht** oder nicht ordnungsgemäß **hinzugezogen** wurden.[16] Ein solcher Beteiligter, der nicht ordnungsgemäß hinzugezogen wurde, kann im **Prozesswege** eine neue Teilung unter Berücksichtigung seines Anteilsrechts verlangen.[17]

10 Entfällt die Bindungswirkung des Bestätigungsbeschlusses, weil die Unwirksamkeit der Vereinbarung durch rechtskräftiges Urteil festgestellt oder von allen Beteiligten anerkannt wurde, dann kann auf Antrag eines Beteiligten das **Vermittlungsverfahren** wieder **erneut** eingeleitet werden.[18]

III. Zwangsvollstreckung (Abs. 2)

11 **1. Vollstreckbarer Titel.** Sowohl die rechtskräftig bestätigte Vereinbarung über eine vorbereitende Maßnahme nach § 366 Abs. 1 als auch die rechtskräftig bestätigte Auseinandersetzung nach § 368 sind hinsichtlich der darin von den Beteiligten übernommenen Verpflichtungen ein zur **Zwangsvollstreckung geeigneter Titel** (§ 371 Abs. 2 S. 1). Dabei ist nicht erforderlich, dass sich die Beteiligten deswegen ausdrücklich der sofortigen Zwangsvollstreckung nach § 794 Abs. 1 Nr. 5 ZPO unterwerfen.

12 **2. Zwangsvollstreckungsverfahren.** Die Vollstreckung des formell rechtskräftigen Bestätigungsbeschlusses ist kein Akt der freiwilligen Gerichtsbarkeit, sondern geschieht im Auftrag der Parteien nach der ZPO. Maßgeblich sind daher diesbezüglich die Bestimmungen der ZPO. Hierzu verweist Abs. 2 S. 2 ausdrücklich auf die §§ 795 bis 797 ZPO. Diese Verweisung ist deshalb erforderlich, weil die in § 371 Abs. 2 S. 1 aufgeführten Vollstreckungstitel nicht ausdrücklich im Katalog des § 794 ZPO enthalten sind.[19] Daher finden auf die Vollstreckung die §§ 724 bis 793 ZPO Anwendung, soweit nicht in den §§ 795a bis § 800 ZPO abweichende Vorschrift enthalten sind (§ 795 ZPO), ferner § 797. Außerdem gelten die Vorschriften der §§ 803 ff. ZPO für die Ausführung der Zwangsvollstreckung. Bei einer Zwangsvollstreckung gegen Ehegatten und eingetragene Lebenspartner sind die §§ 739, 740 ZPO zu beachten.

13 **3. Zuständigkeit.** Voraussetzung für die Zwangsvollstreckung ist eine vollstreckbare Ausfertigung der bestätigenden Urkunde (§ 724 ZPO). Für die Erteilung derselben ist zuständig
– wenn die betreffende Vereinbarung oder Auseinandersetzung vom **Nachlassgericht** beurkundet wurde, der Urkundsbeamten der Geschäftsstelle dieses Gerichts (§ 797 Abs. 1 ZPO),
– wenn die Beurkundung durch einen **Notar** erfolgte dieser, sofern er den Bestätigungsbeschluss verwahrt (§ 797 Abs. 2 S. 1 ZPO), ansonsten, also bei Abwesenheit oder Verhinderung des Notars oder bei Erlöschen seines Amtes oder einer Amtssitzverlegung, die verwahrende Behörde (§ 797 Abs. 2 S. 2 ZPO).[20]

14 Die Erteilung einer **weiteren vollstreckbaren Ausfertigung** (§ 733 ZPO) sowie die Erteilung einer vollstreckbaren Ausfertigung in den Fällen der § 726 Abs. 1, §§ 727, 729 ZPO erfolgen durch

---

[13] Keidel/Zimmermann Rn. 13.
[14] Vgl. Keidel/Kuntze/Winkler § 91 FGG Rn. 8 ff.
[15] BayObLGZ 5, 472; Jansen/Müller-Lukoschek § 97 FGG Rn. 6.
[16] KG ZBlFG 15, 561; Jansen/Müller-Lukoschek § 97 FGG Rn. 5; Keidel/Zimmermann Rn. 20.
[17] Keidel/Zimmermann Rn. 20.
[18] Keidel/Kuntze/Winkler § 97 FGG Rn. 11; Jansen/Müller-Lukoschek § 97 FGG Rn. 7.
[19] Schulte-Bunert Rn. 1154.
[20] Jansen/Müller-Lukoschek § 98 FGG Rn. 5.

4. Rechtsbehelfe. a) Für den Gläubiger. Soweit die Erteilung einer vollstreckbaren Ausfertigung verweigert wird, sind dagegen die Rechtsbehelfe der freiwilligen Gerichtsbarkeit gegeben, nicht aber die der ZPO,[21] soweit nicht ausdrücklich auf die §§ 795 bis 797 ZPO verwiesen wird. 15

Ist für die Erteilung der vollstreckbaren Ausfertigung der **Urkundsbeamte der Geschäftsstelle** des Nachlassgerichtes zuständig, so entscheidet das Nachlassgericht über Einwendungen, welche die Zulässigkeit der Vollstreckungsklausel betreffen (§ 797 Abs. 3 ZPO). 16

Die **Beschwerde** bestimmt sich nach § 54 BeurkG, denn die Vorschriften des Beurkundungsgesetzes finden nach § 1 Abs. 2 BeurkG auch auf öffentliche Beurkundungen sonstiger Stellen Anwendung.[22] 17

Ist der **Notar** zu Erteilung der Vollstreckungsklausel zuständig und verweigert er die Erteilung,[23] so gilt dieses Verfahren entsprechend. Es entscheidet zunächst das Amtsgericht, in dessen Bezirk der Notar seinen Amtssitz hat (§ 797 Abs. 3 ZPO), zuständig ist hier der Richter. 18

Neben den **Rechtsbehelfen** der freiwilligen Gerichtsbarkeit besteht noch die Möglichkeit der Erhebung der **Klage auf Erteilung der Vollstreckungsklausel** nach § 731 ZPO, wobei sich die Zuständigkeit nach § 797 Abs. 5 ZPO bestimmt. Ausschließlich örtlich zuständig (§ 802 ZPO) ist das Gericht, bei dem der Schuldner seinen allgemeinen Gerichtsstand hat, hilfsweise greift der Gerichtsstand des Vermögens ein (§ 23 ZPO).[24] 19

b) Für den Schuldner. Gegen die Erteilung einer vollstreckbaren Ausfertigung stehen dem Schuldner nicht die Rechtsbehelfe des Verfahrens der freiwilligen Gerichtsbarkeit zur Verfügung, sondern allein die der ZPO (§§ 795, 797 Abs. 3 ZPO).[25] 20

Einwendungen **gegen** die Erteilung der **vollstreckbaren Ausfertigung** sind daher ausschließlich im Wege der **Klauselerinnerung** nach § 732 ZPO geltend zu machen, wobei sich die Zuständigkeit nach § 797 Abs. 3 ZPO bestimmt. Dies gilt auch, wenn eine weitere vollstreckbare Ausfertigung erteilt wurde, denn die Erinnerung nach § 732 ZPO verdrängt die Rechtsbehelfe des § 11 Abs. 1 RPflG.[26] Funktionell zuständig ist für die Entscheidungen nach § 732 ZPO jeweils der Richter. 21

Neben dem Klauselerteilungsverfahren besteht die Möglichkeit der Erhebung der **Vollstreckungsgegenklage** (§§ 767, 768 ZPO), wobei Beklagter der Gläubiger, nicht der Notar oder die die Urkunde verwahrende Behörde ist. Die Zuständigkeit bestimmt sich auch hier nach § 797 Abs. 5 ZPO. 22

§ 372 Rechtsmittel

(1) Ein Beschluss, durch den eine Frist nach § 366 Abs. 3 bestimmt wird, und ein Beschluss, durch den über die Wiedereinsetzung entschieden wird, ist mit der sofortigen Beschwerde in entsprechender Anwendung der §§ 567 bis 572 der Zivilprozessordnung anfechtbar.

(2) Die Beschwerde gegen den Bestätigungsbeschluss kann nur darauf gegründet werden, dass die Vorschriften über das Verfahren nicht beachtet wurden.

I. Normzweck

Die Vorschrift regelt die Anfechtbarkeit der Entscheidungen im Auseinandersetzungsverfahren und ersetzt den bisherigen § 96 FGG. Dabei wurde durch das FamFG das Rechtsmittelrecht mit den Vorschriften des Allgemeinen Teils harmonisiert. 1

---

[21] *Jansen/Müller-Lukoschek* § 98 FGG Rn. 7; *Keidel/Kuntze/Winkler* § 98 FGG Rn. 12; allgemein hierzu *Zöller/Stöber* § 797 ZPO Rn. 8; aA *Keidel/Zimmermann* Rn. 39, der eine „Einbettung in ein gerichtliches Verfahren" annimmt und daher auch eine „Totalverweisung" auf die Vollstreckungsvorschriften der ZPO.
[22] AA *Keidel/Zimmermann* Rn. 39 f.: Erinnerung nach § 573 ZPO.
[23] Vgl. dazu BayObLG FGPrax 2000, 41.
[24] *Jansen/Müller-Lukoschek* § 98 FGG Rn. 7.
[25] *Musielak/Lackmann* § 797 ZPO Rn. 9; *Zöller/Stöber* ZPO § 797 Rn. 9.
[26] *Jansen/Müller-Lukoschek* § 98 FGG Rn. 13 m. weit. Nachw.

II. Einzelheiten

2 **1. Zwischenentscheidungen im Teilungsverfahren (Abs. 1).** Abs. 1 regelt die Anfechtung von Zwischenentscheidungen im Teilungsverfahren. Dies ist zum einen der Beschluss, durch den das Nachlassgericht eine Frist bestimmt, innerhalb derer ein Beteiligter die Anberaumung eines neuen Termins beantragen muss (§ 366 Abs. 3 S. 2). Unter dem FGG war die Fristbestimmung mit der einfachen Beschwerde anfechtbar. Demgegenüber hat es das FamFG als sachgerecht angesehen, für das Rechtsmittelverfahren gegen diesen **Fristbestimmungsbeschluss** als typische Entscheidung das weit gehend entformalisierte Verfahren der sofortigen Beschwerde nach den Vorschriften der ZPO für anwendbar zu erklären.[1] Gleiches gilt für das Rechtsmittel gegen den Beschluss, durch den über die **Wiedereinsetzung** nach § 367 entschieden wird. Abweichend von den Bestimmungen des Allgemeinen Teils (§ 19 Abs. 2) ist der Beschluss über die Wiedereinsetzung auch anfechtbar, wenn die Wiedereinsetzung gewährt wurde.

3 **2. Anfechtbarkeit des Bestätigungsbeschlusses (Abs. 2).** Abs. 2 entspricht dem Regelungsinhalt des bisherigen § 96 S. 2 FGG. Die Beschwerde gegen den Bestätigungsbeschluss (§§ 366 Abs. 2 S. 1, 368 Abs. 1 S. 3) kann nur auf eine Verletzung der Vorschriften über das Verfahren gestützt werden. Diese gegenüber dem allgemeinen Beschwerderecht (§§ 58 ff.) bestehende Beschränkung der Anfechtbarkeit beruht auf der nur förmlichen Bedeutung der Bestätigungsentscheidung (dazu § 366 Rn. 30).[2] Die Beschwerde kann auf die Unzulässigkeit des ganzen Verfahrens oder aber auch nur auf die Fehlerhaftigkeit einzelner Verfahrenshandlungen gestützt werden. Insbesondere kommen insoweit in Betracht die Vorschriften der §§ 365, 366 Abs. 3 und 368, aber auch ein Verstoß gegen das Gesetz durch unzulässige Einleitung des Teilungsverfahrens, Fortsetzung des Verfahrens, obgleich dieses nach § 370 auszusetzen wäre, die Verletzung allgemeiner Verfahrensvorschriften, zB über die Zuständigkeit, über die Vertretung der Beteiligten oder der Mangel der Genehmigung des Betreuungsgerichts zur Erklärung eines Beteiligten. Auch die Nichtbeachtung zwingender Beurkundungsvorschriften nach dem BeurkG kann eine Beschwerde begründen.[3]

4 **3. Wirkung der Aufhebung des Bestätigungsbeschlusses.** Mit Eintritt der formellen Rechtskraft wird die Beschwerdeentscheidung wirksam und der Bestätigungsbeschluss des Nachlassgerichts aufgehoben. Diese Wirkung tritt gegenüber allen Beteiligten ein, nicht nur gegenüber dem Beschwerdeführer.[4] Damit wird der Zustand wiederhergestellt, der vor Erlass des Bestätigungsbeschlusses bestand.[5]

5 Inwieweit das Verfahren **zu wiederholen** oder in einzelnen Punkten zu ergänzen ist, hängt von der Art des Mangels ab, der zur Aufhebung führte.[6] So ist das gesamte Verfahren zu wiederholen, wenn der Mangel dieses insgesamt betrifft, etwa weil ein Beteiligter nicht zugezogen wurde.[7] Betrifft der Mangel dagegen nur einzelne Verfahrensabschnitte, wie etwa das Fehlen einer erforderlichen Genehmigung, so ist nur dieser zu wiederholen.[8]

6 **4. Auseinandersetzungsvertrag.** Keine Anfechtung mit einer Beschwerde ist möglich, wenn ein **Notar** nur als Urkundsperson mit der Auseinandersetzung betraut war, ohne dass ein Antrag auf Durchführung einer amtlichen Vermittlung gestellt wurde.[9]

§ 373 Auseinandersetzung einer Gütergemeinschaft

(1) Auf die Auseinandersetzung des Gesamtguts nach der Beendigung der ehelichen, lebenspartnerschaftlichen oder der fortgesetzten Gütergemeinschaft sind die Vorschriften dieses Abschnitts entsprechend anzuwenden.

(2) Für das Verfahren zur Erteilung, Einziehung oder Kraftloserklärung von Zeugnissen über die Auseinandersetzung des Gesamtguts einer ehelichen, lebenspartnerschaftlichen oder fortgesetzten Gütergemeinschaft nach den §§ 36 und 37 der Grundbuchordnung

---

[1] BT-Drucks. 16/6308, S. 284.
[2] *Jansen/Müller-Lukoschek* § 96 FGG Rn. 6.
[3] *Jansen/Müller-Lukoschek* § 96 FGG Rn. 6; *Keidel/Zimmermann* Rn. 15.
[4] KGJ 46, 151, 155.
[5] *Jansen/Müller-Lukoschek* § 96 FGG Rn. 9.
[6] *Jansen/Müller-Lukoschek* § 96 FGG Rn. 9; *Keidel/Zimmermann* Rn. 24.
[7] *Jansen/Müller-Lukoschek* § 96 FGG Rn. 10.
[8] KGJ 46, 151, 155; *Keidel/Zimmermann* Rn. 24.
[9] BayObLG JFG 7, 54.

sowie den §§ 42 und 74 der Schiffsregisterordnung gelten § 345 Abs. 1 sowie die §§ 352, 353 und 357 entsprechend.

I. Normzweck

Ähnliche Schwierigkeiten wie die Auseinandersetzung zwischen mehreren Miterben bereitet die Auseinandersetzung eines Gesamtguts, das auf Grund einer ehelichen (§§ 1415 ff. BGB), lebenspartnerschaftlichen (§ 7 LPartG) oder fortgesetzten Gütergemeinschaft (§§ 1483 ff. BGB) besteht. Daher sieht das Gesetz auch diesbezüglich die amtliche Vermittlung der Auseinandersetzung vor (Abs. 1). Für die Zeugnisse, die im Zusammenhang mit einer solchen Auseinandersetzung zu erteilen sind, gelten die in Abs. 2 genannten Vorschriften des nachlassgerichtlichen Verfahrens entsprechend. Diese Verweisung ist deswegen notwendig, weil ansonsten das FamFG streng zwischen den Nachlass- und Teilungssachen unterscheidet.

II. Gesamtgutsauseinandersetzung

1. Sachliche und örtliche Zuständigkeit. Abs. 1 übernimmt den Regelungsinhalt des bisherigen § 99 Abs. 1 FGG. Die früher in § 99 Abs. 2 enthaltene Regelung zur Zuständigkeit für Verfahren zur Auseinandersetzung einer Gütergemeinschaft findet sich bezüglich der **örtlichen Zuständigkeit** nunmehr in § 344 Abs. 5 und hinsichtlich der sachlichen Zuständigkeit in § 23a Abs. 2 Nr. 2 GVG.[1]

2. Beendigung der Gütergemeinschaft. Die Gütergemeinschaft endet mit Rechtskraft eines Aufhebungsurteils (§§ 1447–1449, 1469, 1470 BGB), durch Ehevertrag (§ 1408 BGB), mit der Auflösung der Ehe durch Scheidung (§§ 1564 ff. BGB) oder Aufhebung (§ 1313 ff. BGB) oder bei Tod eines Ehegatten, wenn nicht ihre Fortsetzung (§ 1483 BGB) vereinbart wurde.

3. Auseinandersetzung des Gesamtguts. Die Auseinandersetzung des ehelichen Gesamtguts erfolgt nach den §§ 1471 bis 1481 BGB. Wird zur Vorbereitung dieser Auseinandersetzung die Teilungsversteigerung (§§ 180 ff. ZVG) beantragt, so setzt die Einleitung derselben keineswegs die Durchführung des Teilungsverfahrens nach § 373 Abs. 1 voraus. Beide Verfahren schließen sich vielmehr nicht aus.[2]

4. Teilungsverfahren. Für die amtliche Vermittlung der Auseinandersetzung des Gesamtguts nach Abs. 1 gelten die **§§ 363 bis 372** entsprechend. Die Auseinandersetzung erfolgt nur hinsichtlich des gesamthänderisch beiden Ehegatten zustehenden Gesamtguts und nicht bezüglich des jeweils einem Ehegatten allein gehörenden Vorbehalts- und Sonderguts.

Das Verfahren wird nur **auf Antrag** durchgeführt (§ 363). Andererseits muss es durchgeführt werden, wenn ein Antragsberechtigter einen solchen Antrag gestellt hat.[3]

Antragsberechtigt ist[4]
– wenn eine eheliche Gütergemeinschaft durch **Scheidung** oder während bestehender Ehe endet, jeder **Ehegatte**,
– wenn eine eheliche Gütergemeinschaft durch den **Tod** oder die Todeserklärung eines der Ehegatten endet, ohne dass eine Fortsetzung stattfindet, der überlebende Ehegatte und jeder der **Erben** des Verstorbenen,
– wenn eine **fortgesetzte Gütergemeinschaft** bei Lebzeiten des überlebenden Ehegatten endet, der überlebende **Ehegatte** und die **anteilsberechtigten Abkömmlinge,** soweit sie nicht auf ihren Anteil verzichtet haben (§ 1491 BGB); soweit ein anteilsberechtigter Abkömmling bereits verstorben ist, an dessen Stelle seine Abkömmlinge, die anteilsberechtigten wären, wenn er den verstorbenen Ehegatten nicht überlebt hätte, nicht aber seine Erben, und zwar auch dann nicht, wenn er Abkömmlinge nicht hinterlässt (§ 1490 mit § 1483 BGB),
– wenn eine **fortgesetzte Gütergemeinschaft** durch **Tod** oder Todeserklärung des **überlebenden Ehegatten** endet, dessen Erben und jeder der Abkömmlinge, wie vorstehend bezeichnet
– in allen Fällen der **Pfändungsgläubiger,** der nach der Beendigung der Gütergemeinschaft den Anteil am Gesamtgut gepfändet hat (§ 860 Abs. 2 ZPO), sowie der Insolvenzverwalter, wenn nach Beendigung der Gemeinschaft das Insolvenzverfahren über das Vermögen eines Ehegatten oder eines Abkömmlings eröffnet wird (§ 860 Abs. 2 ZPO, §§ 37, 318, 321 InsO).

---

[1] BT-Drucks. 16/6308, S. 284.
[2] BayObLGZ 1971, 293, 297; *Keidel/Zimmermann* Rn. 3.
[3] BayObLGZ 21, 18.
[4] *Jansen/Müller-Lukoschek* § 99 FGG Rn. 7; *Keidel/Zimmermann* Rn. 12 ff.

III. Zeugnisse im Zusammenhang mit der Auseinandersetzung des Gesamtguts (Abs. 2)

8   Für die Zeugnisse, die im Zusammenhang mit einer solchen Auseinandersetzung zu erteilen sind,[5] gelten gemäß Abs. 2
   – Der **Beteiligtenbegriff** nach § 345 Abs. 1,
   – Für das Verfahren zur Erteilung dieser Zeugnisse § 352 entsprechend,
   – Für Verfahren zur **Einziehung** solcher Zeugnisse die Bestimmungen des § 353,
   – Für die Erteilung von **Ausfertigungen** § 357 Abs. 2.

IV. Gebühren

9   Die Gerichtsgebühren für die gerichtliche Vermittlung der Auseinandersetzung bestimmen sich nach **§ 116 KostO.** Bei Ablehnung oder Zurücknahme des Antrags gilt § 130 KostO.

---

[5] Zu denen nach §§ 36, 37 GBO s. etwa *Kersten* ZNotP 2004, 93.

Buch 5. Verfahren in Registersachen, unternehmensrechtliche Verfahren

Abschnitt 1. Begriffsbestimmung

§ 374 Registersachen

Registersachen sind
1. Handelsregistersachen;
2. Genossenschaftsregistersachen;
3. Partnerschaftsregistersachen;
4. Vereinsregistersachen;
5. Güterrechtsregistersachen.

Schrifttum: *Böttcher/Ries,* Formularpraxis des Handelsregisterrechts, 2003; *Fleischhauer/Preuß,* Handelsregisterrecht, 2006; *Holzborn/Israel,* Internationale Handelsregisterpraxis, NJW 2003, 3014; *Krafka,* Registerrechtliche Neuerungen durch das FamFG, NZG 2009, 650; *ders.,* Die gesellschafts- und registerrechtliche Bedeutung des geplanten FamFG, FGPrax 2007, 51; *ders.,* Einführung in das Registerrecht, 2. Aufl. 2008; *ders./Willer,* Registerrecht, 7. Aufl. 2007; *Merkt,* Unternehmenspublizität, 2001; *Müther,* Das Handelsregister in der Praxis, 2. Aufl. 2007; *Noack,* Das EHUG ist beschlossen – elektronische Handels- und Unternehmensregister ab 2007, NZG 2006, 801; *Pöhlmann/Fandrich/Bloehs,* Genossenschaftsgesetz, 3. Aufl. 2007; *Scholz,* Die Einführung elektronischer Handelsregister im Europarecht, EuZW 2004, 172.

I. Registersachen

1. Begriff und Normenkomplex. Die Vorschrift definiert den Begriff der Registersachen und 1 weist sie – wie vor der Reform der freiwilligen Gerichtsbarkeit im Jahr 2008 die Bestimmungen der §§ 125 ff. FGG aF – als klassische Materie der freiwilligen Gerichtsbarkeit aus. Zu den Registersachen zählt hierbei vor allem die Behandlung **der vier in Deutschland vorhandenen Rechtsträgerregister** (Handels-, Genossenschafts-, Partnerschafts- und Vereinsregister). Allerdings befinden sich die registerrechtlichen Vorschriften nur zum Teil in der Zentralkodifikation des FamFG. Eine Vielzahl weiterer einschlägiger Regelungen befindet sich in den entsprechenden, vorwiegend materiell-rechtlich ausgerichteten gesellschaftsrechtlichen Spezialgesetzen, für das Handelsregister zum Beispiel in §§ 8 ff. HGB und für das Vereinsregister in §§ 55 ff. BGB, ferner auch in GmbHG, AktG, UmwG oder im VAG. Wesentliche Vorschriften für die technische Handhabung des Registerverfahrens wurden im Übrigen in Registerverordnungen[1] (HRV, GenRegV, PRV und VRV) ausgelagert.

2. Grundlagen des Registerwesens. Das moderne Registerwesen geht in historischer Perspek- 2 tive auf neuzeitliche Firmenverzeichnisse sowie Gesellschafts- und Vollmachtssammlungen zurück.[2] Nach der Übernahme wesentlicher Grundpfeiler der bis dahin bereits praktizierten Ordnung im ADHGB und daran anschließend im HGB findet das Handelsregister nunmehr für bestimmte Rechtsformen seine Grundlage im europäischen Sekundärrecht der **Publizitätsrichtlinie**.[3] Die Führung der Justizregister war vor allem in den 1990er teils schwerer Kritik ausgesetzt, sodass eine probeweise Übertragung der Registerführung an außerstaatliche Träger, wie insbesondere auf die Industrie- und Handelskammern und die Handwerkskammern näher diskutiert, letztendlich aber durch eine grundlegende und abschließende Reformierung der staatlichen Registerführung zum 1. 1. 2007 mit der Bemerkung abgelehnt wurde, diese habe sich „insgesamt bewährt".[4]

---

[1] Abgedruckt in *Krafka/Willer,* Registerrecht, Anhang 1 bis 4.
[2] MünchKommHGB/*Krafka,* 2. Aufl. 2008, § 8 Rn. 1 m. weit. Nachw.; s. a. *Ebenroth/Boujong/Joost/Strohn/Schaub,* HGB, 2. Aufl. 2008, § 8 Rn. 2.
[3] Richtlinie 68/151/EWG vom 9. 3. 1968, zuletzt umfangreich novelliert durch Richtlinie 2003/58/EG (ABl. Nr. L 221 vom 4. 9. 2003, S. 13); s. dazu *Fleischhauer/Preuß/Schemmann,* Handelsregisterrecht, Teil C Rn. 11 ff.; *Scholz* EuZW 2004, 172.
[4] BT-Drucks. 16/960, S. 38.

§ 374 3–6   Buch 5. Abschnitt 1. Begriffsbestimmung

3 **3. Rechtsträgerregister und Güterrechtsregister.** Das Grundmodell der Registersachen ist nicht nur historisch gesehen das Handelsregister, sondern auch nach der gesetzmäßigen Ausgestaltung und seiner praktischen Handhabung. Die anderen Rechtsträgerregister nehmen in der Regel die Handelsregisterführung als Ausgangspunkt und sehen auf Gesetzes- und Verordnungsebene (vgl. die Ermächtigung in § 387 Abs. 2) regelmäßig eine auffangartige Verweisung auf die handelsrechtlichen Bestimmungen vor (s. § 156 GenG, § 5 Abs. 2 PartGG) oder enthalten – wie beispielsweise die VRV – mit den entsprechenden Bestimmungen zum Handelsregister, hier also der HRV, weitgehend inhaltsgleiche Vorschriften. Daher lässt sich auch am Regelungskomplex von Buch 5 die **Grundausrichtung am Handelsregister als bedeutendstem Rechtsträgerregister** erkennen. Hingegen hat das Güterrechtsregister in der Praxis eine so untergeordnete Bedeutung, dass sein Fortbestand nach der Reform der freiwilligen Gerichtsbarkeit überrascht (vgl. Rn. 16). Ob eine derartige Einrichtung unter den heutigen Verhältnissen eine weitere Berechtigung hat, wurde allerdings im Gesetzgebungsverfahren keiner eingehenden Prüfung unterzogen.

4 **4. Abgrenzung.** Keine Registersachen im Sinne des FamFG sind die Regelungsgegenstände der Personenstandsregister und des Unternehmensregisters. Ersteres erfasst die einzelnen natürlichen Personen und hat daher – anders als die in Nr. 1 bis 4 in Bezug genommenen Register – nicht die Funktion, privatautonom erstellte Rechtssubjekte oder entsprechend gebildete Firmen transparent zu machen. Zudem behandelt das Buch 5 nur die **Justizregister**, also solche, die von den ordentlichen Gerichten geführt werden. Das Unternehmensregister (vgl. § 8b HGB) erlaubt zwar unter anderem den Zugriff auf den Datenbestand des Handels-, Genossenschafts- und Partnerschaftsregister, enthält aber grundsätzlich keine eigenen Eintragungen und ist daher allenfalls als „Metaregister",[5] besser wohl als reines Informationsportal, einzuordnen. Da es von Beginn seiner Einrichtung an durch die „Bundesanzeiger Verlagsgesellschaft mit beschränkter Haftung" mit Sitz in Köln geführt wird,[6] ist das Unternehmensregister daher zu Recht nicht im Rahmen der §§ 374 ff. mit geregelt.

5 **5. Rechtspolitische Erwägungen. a) Nationale Entwicklungen.** Nachdem, nicht zuletzt im Rahmen der Reform der freiwilligen Gerichtsbarkeit mit Inkrafttreten des FamFG zum 1. 9. 2009, verschiedene tief greifende legislative Änderungen im Registerwesen vorgenommen wurden,[7] steht es nunmehr auf einem erkennbar stabilen und für die nähere Zukunft gesicherten Fundament. Hinsichtlich der geführten Rechtsträgerregister ist allerdings zu hoffen, dass der Gesetzgeber mit der zunehmenden Vereinheitlichung ihrer äußeren Gestaltung am Ende auch eine einheitliche Registerführung in den Blick nimmt und im Sinne etwa des österreichischen Firmenbuchs ein **einheitliches Gesellschaftsverzeichnis** vorsieht. Die Genossenschafts-, Partnerschafts- und Vereinsregister sind dabei in technischer Hinsicht ohne weiteres in das bisher geführte Handelsregister integrierbar, ebenso ist die bisherige Unterteilung des Handelsregisters in Abteilung A und B (s. Rn. 12) nicht mehr zeitgemäß. Im Sinne einer umfassenden Rechtsträgerpublizität sollten in diesem einheitlichen Register dann auch Stiftungen und optional Gesellschaften bürgerlichen Rechts zu finden sein, um eine vollständige Publizität aller gesellschaftsrechtlichen Rechtsträger zu gewährleisten.

6 **b) Europäische Entwicklungen.** Auf internationaler Ebene hat sich die Novellierung der europäischen Publizitätsrichtlinie im Jahr 2003 (s. Rn. 2) und der damit verbundene Wechsel zur umfassend elektronischen Registerführung positiv auf die faktische Registerpublizität ausgewirkt, da alle Registerdaten nunmehr über moderne Kommunikationswege abrufbar (s. § 9a Abs. 1 HGB) und damit nahezu ohne Zeitverlust erhältlich sind. Gleichwohl bestehen hinsichtlich der Einzelnen nationalen Register erhebliche Unterschiede in Bezug auf die einzutragenden und bekanntzumachenden Tatsachen und der gegebenenfalls lediglich zu hinterlegenden Dokumente, so dass auf europäischer Ebene die verschiedenen Handelsregister nach wie vor **kein einheitliches Bild** abgeben.[8] Eine erste Bewährungsprobe stellen hierbei in Umsetzung europarechtlicher Vorgaben[9] grenzüberschreitende Verschmelzungen nach §§ 122a ff. UmwG dar, eine weitere kündigt sich gemäß den Planungen der Kommission für eine Richtlinie hinsichtlich grenzüberschreitender Sitzverlegungen von Kapitalgesellschaften an. Auch wenn damit zweifellos eine erhöhte Bedeutung des Europarechts für das Registerrecht verbunden ist, insbesondere also etwaige Vorlagepflichten nach Art. 234 EG

---

[5] *Noack* NZG 2006, 801 (802).
[6] S. § 9a HGB und § 1 VO vom 15. 12. 2006 (BGBl. I S. 3202).
[7] Zum Beispiel durch das Gesetz über elektronische Handelsregister und Genossenschaftsregister sowie das Unternehmensregister (EHUG) vom 10. 11. 2006 (BGBl. I S. 2553), in Kraft seit 1. 1. 2007 und durch das Gesetz zur Modernisierung des GmbH-Rechts und zur Bekämpfung von Missbräuchen (MoMiG) von 23. 10. 2008 (BGBl. I S. 2026), in Kraft seit 1. 11. 2008.
[8] Vgl. *Holzborn/Israel* NJW 2003, 3014.
[9] Richtlinie 2005/56/EG vom 26. 10. 2005 (ABl. EU Nr. L 310, S. 1).

(künftig Art. 267 AEUV) stärker zu beachten sind, lässt sich heute noch nicht abschätzen, ob am Ende dieser Entwicklung ein für ganz Europa einheitlich geführtes Register stehen mag.

II. Rechtsträgerregister

1. Allgemeines. a) Regelungszusammenhang. Die von der Justiz geführten Rechtsträgerregister (Handels-, Genossenschafts-, Vereins- und Partnerschaftsregister) folgen weitgehend dem **einheitlichen Verfahrensschema des Handelsregisters.** Sondervorschriften enthält das FamFG nur für das Vereinsregister in Abschnitt 3 Unterabschnitt 4 (§§ 400, 401). Zu beachten ist, dass das Gericht **nur die Eintragungen** im Register vornehmen darf, **die gesetzlich vorgesehen sind,** da es andernfalls seine einheitliche und allgemeine Informationsfunktion nicht erfüllen könnte. Eine möglichst bundesweite **Standardisierung** des jeweiligen Eintragungstextes ist daher der Erfüllung dieser Aufgabe nicht abträglich, sondern im Gegenteil bei zunehmenden internationalen Geschäftskontakten nahezu deren Voraussetzung. Im Übrigen herrscht auch hier – wie gemäß § 23 allgemein im Bereich der freiwilligen Gerichtsbarkeit – der **Antragsgrundsatz**, sodass Registereintragungen grundsätzlich nur auf Antrag erfolgen, der nach der Terminologie des § 12 Abs. 1 HGB als „Anmeldung zur Eintragung" bezeichnet wird. Lediglich in den ausdrücklich im Gesetz vorgesehenen Fällen dürfen Eintragungen oder Löschungen im Register von Amts wegen vorgenommen werden (vgl. zum Beispiel § 384 Abs. 2, §§ 393 ff. sowie § 32 HGB).

b) Aufgaben des Registergerichts. Die Rechtsträgerregister haben im Wesentlichen **Publizitäts- und Informationsfunktion** und dienen damit dem Schutz des Rechtsverkehrs.[10] Darüber hinaus ist ein wesentliches Merkmal des deutschen Registerrechts der Umstand, dass es sich bei den Justizregistern nicht nur um reine Datensammlungen und Verwahrstellen für publizitätspflichtige Dokumente handelt, sondern die einzureichenden Unterlagen zudem einer **formellen und materiellen Kontrolle** unterzogen werden. Allerdings ist es hierbei gemäß § 7 HGB nicht Aufgabe der das Register führenden Stellen, die Einhaltung der Vorschriften des öffentlichen Rechts zu überwachen, so dass das Registergericht im Regelfall nicht als „Sicherheitsbehörde" für die Einhaltung beispielsweise ausländer- oder gewerberechtlicher Vorschriften zu sorgen hat. Dorthin weisende Tendenzen zur Ausübung einer solchen an sich funktionsfremden Aufgabe finden sich allerdings in der Rechtsprechung des *Bundesgerichtshofs* in Bezug auf die Kontrolle von inländischen Zweigniederlassungen hinsichtlich etwaiger Scheinauslandsgesellschaften[11] und wurden mit der Neufassung der §§ 13d ff. HGB im Jahr 2008 gesetzlich verankert,[12] auch wenn mit derselben gesetzlichen Maßnahme die bis dahin bestehenden Kontrollbefugnisse der Registergerichte hinsichtlich staatlicher Genehmigungspflichten für die Tätigkeit von Kapitalgesellschaften abgeschafft wurden.

c) Kontrollfunktion. Die **formelle Kontrolle** des Registergerichts beschränkt sich auf die Prüfung der verfahrensmäßigen Voraussetzungen der beantragten Eintragung. Hierzu zählt neben der formgerechten Antragstellung – die regelmäßig eine öffentlich beglaubigte Erklärung erfordert (s. § 12 Abs. 1 HGB, § 77 BGB) – und der örtlichen Zuständigkeit vor allem die Antragsbefugnis etwaiger Vertreter und die Prüfung, ob die angemeldete Tatsache überhaupt, also abstrakt gesehen, eintragungsfähig ist; ferner ist in diesem Rahmen zu prüfen, ob alle für das Eintragungsverfahren beizubringenden Erklärungen und Dokumente vorliegen. Die **materielle Kontrolle** betrifft sodann das wirkliche Vorliegen des angemeldeten Umstands, also etwa die Prüfung, ob die Bestellung des zur Eintragung angemeldeten Geschäftsführers im konkret vorliegenden Fall wirksam erfolgt ist. In diesem Rahmen gilt als Verfahrenserleichterung ein inzwischen gewohnheitsrechtlich anerkannter **Plausibilitätsgrundsatz,** wonach sich die Prüfung der das Register führenden Stelle darauf beschränkt, ob die gewünschte Eintragung anhand der beigebrachten Unterlagen schlüssig dargelegt und nach der Lebens- und Geschäftserfahrung des Gerichts glaubwürdig ist.[13] Nur bei einem **sachlich berechtigten Anlass zu Zweifeln** hieran ist gegebenenfalls eine detaillierte Prüfung zu eröffnen und sind dann entsprechende Ermittlungen von Amts wegen (§ 26) anzustellen. Der Prüfungsumfang und die Prüfungsintensität sind hierbei für deklaratorisch und konstitutiv wirkende Eintragungen gleich.[14]

d) Funktionsmechanismen des Registerrechts. Seine beschriebenen Aufgaben kann das Registerwesen nur dann effektiv erfüllen, wenn gesichert ist, dass der Registerinhalt die jeweilige Sach- und Rechtslage zutreffend abbildet. Da nur ausnahmsweise in den gesetzlich vorgeschriebenen Fällen

---

[10] MünchKommHGB/*Krafka* § 8 Rn. 3 ff.; *Keidel/Heinemann* Rn. 3; *Merkt*, Unternehmenspublizität, S. 84 ff.
[11] BGHZ 172, 200 = NJW 2007, 2328.
[12] Art. 3 Nr. 3 Gesetz zur Modernisierung des GmbH-Rechts und zur Bekämpfung von Missbräuchen (MoMiG) vom 23. 10. 2008 (BGBl. I S. 2026).
[13] S. MünchKommHGB/*Krafka* § 8 Rn. 62 m. weit. Nachw.; *Keidel/Heinemann* Rn. 56.
[14] OLG Hamm DNotZ 2001, 959; KG FGPrax 1997, 154.

§ 374   11–16   Buch 5. Abschnitt 1. Begriffsbestimmung

von Amts wegen Eintragungen im jeweiligen Register vorzunehmen sind (s. Rn. 7), haben sich drei Funktionsmechanismen herausgebildet, mit denen dieses Ziel angestrebt wird:[15] Einerseits besteht die Möglichkeit, die Anmeldepflichtigen mittels **Zwangsgeld** (vgl. § 14 HGB iVm. §§ 388 ff.) zur Herbeiführung der Eintragung anzuhalten. Da aber nicht alle Eintragungen erzwingbar ausgestaltet wurden – nicht etwa die Errichtung und Satzungsänderungen von Kapitalgesellschaften (s. zum Beispiel § 79 GmbHG) – wirken manche Registereintragungen **konstitutiv,** so dass Register- und Rechtslage zwingend übereinstimmen. Zudem wird mit Haftungsfolgen der Beteiligten in Folge der **negativen Registerpublizität** (s. § 15 Abs. 1 HGB) ein mittelbarer Zwang zur Bewirkung zutreffender Registereintragungen ausgeübt.

11   e) **Beweismittel.** Als Verfahren der freiwilligen Gerichtsbarkeit ist in Registersachen durch den Registerführenden nach pflichtgemäßem Ermessen festzulegen, ob formlose Ermittlungen genügen oder eine förmliche Beweisaufnahme anzuordnen ist. Eine strenge Bindung an eine bestimmte Art oder Form beizubringender Dokumente ist daher auch dem Registerverfahren fremd. Allerdings sieht für das Handelsregister etwa § 12 Abs. 1 S. 3 HGB hinsichtlich vorzulegender Erbnachweise vor, dass diese in Ausfertigung einzureichen sind, somit gemäß § 12 Abs. 2 S. 2 Halbs. 2 HGB samt notarieller Signatur im Sinne des § 39a BeurkG.

12   **2. Handelsregistersachen.** Für die Ausgestaltung des Registerverfahrens sind neben den Bestimmungen der §§ 374 ff. die Regelungen der §§ 8 ff. HGB und die Ausführungsvorschriften der Handelsregisterverordnung (HRV) maßgeblich. Danach besteht das Handelsregister aus den Abteilungen A und B. Während in der Abteilung A (HRA) die Eintragungen der Einzelkaufleute, der Personengesellschaften (oHG, KG, EWIV) und der juristischen Personen nach § 33 HGB erfolgen, werden in der Abteilung B (HRB) Kapitalgesellschaften (GmbH, AG, KGaA, VVaG, SE) registriert. Die Registerführung erfolgt nach § 8 Abs. 1 HGB elektronisch. Auch die Aktenführung erfolgt hinsichtlich der einzureichenden Dokumente im Registerordner teils obligatorisch (vgl. § 12 HGB, § 9 HRV), hinsichtlich der übrigen Registerakten (§ 8 HRV) fakultativ auf elektronische Weise, um auch die Auskunftserteilung und Einsichtnahme europarechtskonform auf elektronischem Weg gewährleisten zu können (vgl. § 9 Abs. 1 und Abs. 6 S. 1 HGB).

13   **3. Genossenschaftsregistersachen.** Das Genossenschaftsregister orientiert sich am Handelsregister, wird jedoch nach wie vor als eigenständiges Register geführt. Es finden sich dort neben den eingetragenen Genossenschaften gegebenenfalls auch Europäische Genossenschaften (SCE). Für die Registerführung enthält die GenRegV nur noch vereinzelt Sonderbestimmungen und verweist im Übrigen in § 1 GenRegV generell auf die für das Handelsregister geltenden Vorschriften.[16]

14   **4. Partnerschaftsregistersachen.** Das Partnerschaftsregister wurde mit Schaffung der Rechtsform der Partnerschaftsgesellschaft als spezielle Personengesellschaft der Freiberufler im Jahr 1995 neu eingerichtet. Obwohl die Rechtsform selbst der oHG nachgebildet ist, soll bis heute den freiberuflichen Zusammenschlüssen die Eintragung in dem grundsätzlich für gewerblich tätige Rechtsträger gedachten Handelsregister erspart bleiben. Besonderheiten bei der Registerführung ergeben sich vor allem aus etwaigen berufsrechtlichen Beschränkungen (vgl. § 3 Abs. 2 PRV) und der Kontrolle der Berufszugehörigkeit (§ 3 Abs. 3 PRV). Ferner sind gegebenenfalls die eingerichteten Berufskammern in zweifelhaften Fällen an Eintragungsverfahren zu beteiligen (§ 4 PRV).

15   **5. Vereinsregistersachen.** Seit Inkrafttreten des BGB Anfang des letzten Jahrhunderts wird das Vereinsregister deutschlandweit als eigenständiges Rechtsträgerregister geführt. War es ursprünglich als verwaltungsmäßiges Kontroll- sowie gegebenenfalls Herrschafts- und Unterdrückungsinstrument für der politischen Führung unliebsame Zusammenschlüsse gedacht, so hat es im Lauf der Zeit angesichts der zersplitterten örtlichen Zuständigkeit und unterschiedlichen Verfahrensvorschriften zunehmend an Bedeutung verloren. Erst seit Ende der 1990er Jahre erlebt es aus registerlicher Sicht einen gewissen Aufschwung, nachdem es einerseits mit der VRV eine einheitliche Verfahrensordnung und andererseits durch weitgehende örtliche Zuständigkeitskonzentrationen auch kompetente Registergerichte erhalten hat. Besondere Vorschriften für das Vereinsregister befinden sich im FamFG (§§ 400 f.) und ferner im BGB (§§ 55 ff. BGB).

III. Güterrechtsregister

16   **1. Allgemeines.** Das Güterrechtsregister ist neben den vier Rechtsträgerregistern ein weiteres, von der Justiz geführtes Register. Seine verfahrensrechtlichen Grundlagen finden sich im Wesentli-

---

[15] Eingehend hierzu *Krafka,* Einführung in das Registerrecht, Rn. 54 ff.
[16] S. hierzu *Pöhlmann/Fandrich/Bloehs/Fandrich* § 10 GenG Rn. 1 ff. und eingehend *Krafka/Willer,* Registerrecht, Rn. 1857 ff.

chen in den §§ 1558 ff. BGB. Da die Bedeutung dieses Registers außerhalb des Art. 16 EGBGB in der Praxis denkbar gering ist, wird bereits seit langer Zeit zu Recht seine Abschaffung gefordert.[17] Gleichwohl wurde im Rahmen der Reform der freiwilligen Gerichtsbarkeit im Jahr 2008 an dieser Einrichtung weiterhin festgehalten und die bisherige örtliche Zuständigkeitsbestimmung des § 1558 Abs. 1 BGB aF in das FamFG integriert (s. § 377 Abs. 3).

2. Einzelheiten. Eintragungen im Güterrechtsregister erfolgen wie auch sonst im Registerwesen nur auf entsprechenden Antrag und sind nur dann möglich, wenn abstrakt eine eintragungsfähige Tatsache vorliegt. Das Gesetz beschreibt also die eintragbaren Umstände grundsätzlich abschließend. Einzutragen sind daher zum Beispiel der Ausschluss oder die Aufhebung des gesetzlichen Güterstands (§ 1414 BGB), die Beseitigung von Verfügungsbeschränkungen im gesetzlichen Güterstand (§§ 1365, 1369 BGB), ferner nach zutreffender Auffassung[18] auch sonstige Änderungen des Zugewinnausgleichs oder des Güterstands (§§ 1408, 1409 BGB), die Eintragung eines ausländischen Güterstands (Art. 16 EGBGB) und vor allem die Beschränkung oder der Ausschluss der Berechtigung des Ehegatten zur Vornahme von Geschäften zur Deckung des Lebensbedarfs mit Wirkung für und gegen den Ehegatten gemäß § 1357 BGB.

§ 375 Unternehmensrechtliche Verfahren

Unternehmensrechtliche Verfahren sind die nach

1. § 146 Abs. 1, den §§ 147, 157 Abs. 2, § 166 Abs. 3, § 233 Abs. 3 und § 318 Abs. 3 bis 5 des Handelsgesetzbuchs,
2. den §§ 522, 590 und 729 Abs. 1 des Handelsgesetzbuchs und § 11 des Binnenschifffahrtsgesetzes sowie in Ansehung der nach dem Handelsgesetzbuch oder dem Binnenschifffahrtsgesetz aufzumachenden Dispache geltenden Vorschriften,
3. § 33 Abs. 3, den §§ 35 und 73 Abs. 1, den §§ 85 und 103 Abs. 3, den §§ 104 und 122 Abs. 3, § 147 Abs. 2, § 265 Abs. 3 und 4, § 270 Abs. 3 sowie § 273 Abs. 2 bis 4 des Aktiengesetzes,
4. Artikel 55 Abs. 3 der Verordnung (EG) Nr. 2157/2001 des Rates vom 8. Oktober 2001 über das Statut der Europäischen Gesellschaft (SE) (ABl. EG Nr. L 294 Satz 1) sowie § 29 Abs. 3, § 30 Abs. 1, 2 und 4, § 45 des SE-Ausführungsgesetzes,
5. § 26 Abs. 1 und 4 sowie § 206 Satz 2 und 3 des Umwandlungsgesetzes,
6. § 66 Abs. 2, 3 und 5, § 71 Abs. 3 sowie § 74 Abs. 2 und 3 des Gesetzes betreffend die Gesellschaften mit beschränkter Haftung,
7. § 45 Abs. 3, den §§ 64b, 83 Abs. 3, 4 und 5 sowie § 93 des Genossenschaftsgesetzes,
8. Artikel 54 Abs. 2 der Verordnung (EG) Nr. 1435/2003 des Rates vom 22. Juli 2003 über das Statut der Europäischen Genossenschaft (SCE) (ABl. EU Nr. L 207 Satz 1),
9. § 2 Abs. 3 und § 12 Abs. 3 des Publizitätsgesetzes,
10. § 11 Abs. 3 des Gesetzes über die Mitbestimmung der Arbeitnehmer in den Aufsichtsräten und Vorständen der Unternehmen des Bergbaus und der Eisen und Stahl erzeugenden Industrie,
11. § 2 c Abs. 2 Satz 2 bis 7, den §§ 22o, 38 Abs. 2 Satz 2, § 45a Abs. 2 Satz 1, 3, 4 und 6 sowie § 46a Abs. 2 Satz 1, Abs. 4 und 5 des Kreditwesengesetzes,
12. § 2 Abs. 4, § 30 Abs. 2 Satz 1 und Abs. 5 Satz 1 sowie § 31 Abs. 1, 2 und 4 des Pfandbriefgesetzes,
13. § 104 Abs. 2 Satz 3 bis 8 und § 104u Abs. 2 Satz 1 bis 6 des Versicherungsaufsichtsgesetzes,
14. § 6 Abs. 4 Satz 4 bis 7 des Börsengesetzes,
15. § 10 des Partnerschaftsgesellschaftsgesetzes in Verbindung mit § 146 Abs. 2 und den §§ 147 und 157 Abs. 2 des Handelsgesetzbuchs,
16. § 9 Abs. 2 und 3 Satz 2 des Schuldverschreibungsgesetzes

vom Gericht zu erledigenden Angelegenheiten.

Schrifttum: *Beuthien,* Genossenschaftsgesetz, 14. Aufl. 2004; *Fahr/Kaulbach/Bähr,* VAG, 4. Aufl. 2007; *Heidel,* Aktienrecht und Kapitalmarktrecht, 2. Aufl. 2007; *Hüffer,* Aktiengesetz, 8. Aufl 2008; *Müller-Glöge/Preis/Schmidt,* Erfurter Kommentar zum Arbeitsrecht, 8. Aufl. 2008; *Pöhlmann/Fandrich/Bloehs,* Genossenschaftsgesetz, 3. Aufl. 2007; *Schmitt/Hörtnagl/Stratz,* Umwandlungsgesetz, 4. Aufl. 2006; *Semler/Stengel,* UmwG, 2. Aufl. 2007; *Spindler/Stilz,* Aktiengesetz, 2007.

---

[17] Vgl. *Krafka,* Einführung in das Registerrecht, Rn. 2 m. weit. Nachw.; dagegen *Keidel/Heinemann* Rn. 11.
[18] OLG Schleswig FamRZ 1995, 1586; OLG Köln FamRZ 1994, 1256 = NJW-RR 1995, 390; LG Köln RNotZ 2001, 588; *Keidel/Heinemann* Rn. 33; *Bumiller/Harders* Rn. 16; aA etwa Jansen/*Ries* § 161 FGG Rn. 20.

§ 375 Buch 5. Abschnitt 1. Begriffsbestimmung

Übersicht

	Rn.
I. Vorbemerkungen	1–3
1. Allgemeines	1
2. Angelegenheiten der freiwilligen Gerichtsbarkeit	2
3. Funktionelle Zuständigkeit	3
II. Einzelfälle	4–63
1. § 146 Abs. 2, §§ 147, 157 Abs. 2, § 166 Abs. 3, § 233 Abs. 3 und § 318 Abs. 3 bis 5 HGB	4–10
a) Bestellung von Liquidatoren (§ 146 Abs. 2 HGB)	4
b) Abberufung von Liquidatoren (§ 147 HGB)	5
c) Verwahrung von Büchern und Schriften (§ 157 Abs. 2 HGB)	6
d) Mitteilung und Vorlage von Dokumenten an Kommanditisten (§ 166 Abs. 3 HGB)	7
e) Mitteilung und Vorlage von Dokumenten an stille Gesellschafter (§ 233 Abs. 3 HGB)	8
f) Bestellung eines Abschlussprüfers (§ 318 Abs. 3 bis 5 HGB)	9, 10
2. §§ 522, 590 und 729 Abs. 1, HGB, § 11 BinSchG und Dispache	11–22
a) Das Verklarungsverfahren (§ 522 HGB und § 11 BinSchG)	12–17
b) Die gerichtliche Bestellung eines Dispacheurs, § 729 HGB	18–20
c) Das gerichtliche Verfahren im Rahmen einer aufzumachenden Dispache, § 728 HGB und § 87 BinSchG	21
d) Die gerichtliche Festsetzung des spätesten Abreisetermins bei der Stückgutfracht (§ 590 HGB)	22
3. § 33 Abs. 3, §§ 35 und 73 Abs. 1, §§ 85 und 103 Abs. 3, §§ 104 und 122 Abs. 3, § 147 Abs. 2, § 265 Abs. 3 und 4, § 270 Abs. 3 sowie § 273 Abs. 2 bis 4 AktG	23–39
a) Bestellung von Gründungsprüfern (§ 33 Abs. 3 AktG)	23
b) Meinungsverschiedenheiten mit Gründungsprüfern (§ 35 Abs. 2 AktG)	24
c) Auslagen und Vergütung der Gründungsprüfer (§ 35 Abs. 3 AktG)	25
d) Kraftloserklärung von Aktien (§ 73 Abs. 1 AktG)	26
e) Bestellung von Vorstandsmitgliedern (§ 85 AktG)	27–29
f) Abberufung von Aufsichtsratsmitgliedern (§ 103 Abs. 3 AktG)	30
g) Ergänzung des Aufsichtsrats (§ 104 AktG)	31–33
h) Ermächtigung zur Hauptversammlungseinberufung (§ 122 Abs. 3 AktG)	34
i) Bestellung besonderer Vertreter (§ 147 Abs. 2 AktG)	35

	Rn.
j) Bestellung und Abberufung von Abwicklern (§ 265 Abs. 3 und 4 AktG)	36
k) Befreiung von der Abschlussprüfung (§ 270 Abs. 3 AktG)	37
l) Verwahrung von Büchern und Schriften; Nachtragsabwickler (§ 273 Abs. 2 bis 4 AktG)	38, 39
4. Art. 55 Abs. 3 SE-VO sowie § 29 Abs. 3, § 30 Abs. 1, 2 und 4, § 45 SE-AG	40–43
a) Einberufung einer Hauptversammlung (Art. 55 Abs. 3 SE-VO)	40
b) Abberufung eines Verwaltungsratsmitglieds (§ 29 Abs. 3 SEAG)	41
c) Ergänzung des Verwaltungsrats (§ 30 Abs. 1, 2 und 4 SEAG)	42
d) Bestellung eines geschäftsführenden Direktors (§ 45 SEAG)	43
5. § 26 Abs. 1 und 4 sowie § 206 S. 2 und 3 UmwG	44
6. § 66 Abs. 2, 3 und 5, § 71 Abs. 3 sowie § 74 Abs. 2 und 3 GmbHG	45–47
a) Bestellung und Abberufung von Liquidatoren (§ 66 Abs. 2, 3 und 5 GmbHG)	45
b) Befreiung von der Abschlussprüfung (§ 71 Abs. 3 GmbHG)	46
c) Verwahrung von Büchern und Schriften und Einsichtnahme (§ 74 Abs. 2 und 3 GmbHG)	47
7. § 45 Abs. 3, §§ 64b, 83 Abs. 3, 4 und 5 sowie § 93 GenG	48–50
a) Ermächtigung zur Einberufung einer Generalversammlung (§ 45 Abs. 3 GenG)	48
b) Bestellung eines Prüfverbandes (§ 64b GenG)	49
c) Bestellung und Abberufung von Liquidatoren (§ 83 Abs. 3, 4 und 5 GenG)	50
8. Art. 54 Abs. 2 SCE-VO	51
9. § 2 Abs. 3 und § 12 Abs. 3 PublG	52
10. § 11 Abs. 3 Montan-MitbestG	53
11. § 2c Abs. 2 S. 4 bis 7, §§ 22o, 38 Abs. S. 2, § 45a Abs. 2 S. 1, 3, 4 und 6 sowie § 46a Abs. 2 S. 1, Abs. 4 und 5 KWG	54–58
a) Treuhänderbestellung bei bedeutenden Beteiligungen (§ 2c Abs. 2 KWG)	54
b) Sachwalterbestellung (§ 22o KWG)	55
c) Abwicklerbestellung (§ 38 Abs. 2 S. 2 KWG)	56
d) Treuhänderbestellung bei Finanz-Holdinggesellschaften (§ 45a Abs. 2 KWG)	57
e) Bestellung von Geschäftsführungs- und Vertretungspersonen (§ 46a Abs. 2 KWG)	58

	Rn.		Rn.
12. § 2 Abs. 4, § 30 Abs. 2 S. 1 und Abs. 5 S. 1 sowie § 31 Abs. 1, 2 und 4 PfandBG.................................	59, 60	13. § 104 Abs. 2 S. 6 bis 9 und § 104u Abs. 2 S. 1 bis 6 VAG	61
a) Sachwalterbestellung bei Abwicklung (§ 2 Abs. 4 PfandBG)...........	59	14. § 6 Abs. 4 S. 4 bis 7 BörsenG............	62
b) Sachwalterbestellung bei Insolvenz und Insolvenzgefährdung (§ 30 Abs. 2 S. 1 und Abs. 5 S. 1 sowie § 31 Abs. 1, 2 und 4 PfandBG)......	60	15. § 10 PartGG iVm. § 146 Abs. 2, §§ 147 und 157 Abs. 2 HGB	63
		16. § 9 Abs. 2 und Abs. 3 S. 2 Schuldverschreibungsgesetz (SchVG)..............	64

I. Vorbemerkungen

1. Allgemeines. § 375 definiert aus gesetzgebungstechnischen Gründen die „unternehmens- **1** rechtlichen Verfahren". Der Begriff wird vor allem bei der **sachlichen Zuständigkeitszuweisung** an das Amtsgericht in § 23a Abs. 2 Nr. 4 iVm. Abs. 1 Nr. 2 GVG wieder aufgegriffen, in dem diese dort als Angelegenheiten der freiwilligen Gerichtsbarkeit eingeordnet werden. Die Zuständigkeit des Prozessgerichts ist also ausgeschlossen; dies gilt auch für Maßnahmen des einstweiligen Rechtsschutzes.[1] Ebenso verwendet § 17 RPflG diese Bezeichnung und behält deren Abwicklung zu einem großen Anteil dem Richter vor. Bis zur Reform der freiwilligen Gerichtsbarkeit im Jahr 2008 war hierfür die Bezeichnung der Handelssachen (vgl. § 145 FGG aF) gebräuchlich, wobei die erfolgte Neuregelung ausdrücklich keine grundlegenden Änderungen mit sich bringen soll.[2] Die **örtliche Zuständigkeit** ist übergreifend in § 377 Abs. 1 geregelt, sofern nicht in den jeweils einschlägigen Sondervorschriften, auf die in § 375 verwiesen ist, besondere Bestimmungen enthalten sind. Zudem gibt es weitere Verfahren nach den gesellschaftsrechtlichen und öffentlich-rechtlichen Spezialgesetzen, für die bezüglich der Durchführung des Verfahrens auf die Bestimmungen des FamFG verwiesen ist, die aber nicht in den Kreis der unternehmensrechtlichen Verfahren aufgenommen wurden und für die gemäß § 71 Nr. 4 GVG das Landgericht zuständig ist. Hierzu zählt zum Beispiel gemäß § 99 Abs. 1 AktG die gerichtliche Bestimmung der Zusammensetzung des Aufsichtsrats einer Aktiengesellschaft (§ 98 AktG), gleichfalls bei Aktiengesellschaften die Bestellung von Sonderprüfern (s. § 142 Abs. 8 AktG und § 315 S. 5 AktG) und im Umwandlungsrecht die Bestellung von Verschmelzungsprüfern (s. § 10 Abs. 3 UmwG).

2. Angelegenheiten der freiwilligen Gerichtsbarkeit. Wie die Legaldefinition des § 374 **2** deutlich macht, handelt es sich bei unternehmensrechtlichen Verfahren nicht um Registersachen. Daher wird in diesen Fällen das Amtsgericht **nicht als Registergericht** tätig[3] und die Bestimmungen des Abschnitts 3 von Buch 5 (§§ 378 bis 401) finden keine Anwendung. Der speziell für unternehmensrechtliche Streitigkeiten eingeführte Abschnitt 4 von Buch 5 (§§ 402 bis 414) betrifft im Übrigen zu großen Teilen seerechtliche Streitigkeiten, so dass zur Ausgestaltung des Verfahrens besondere Vorschriften nahezu vollständig fehlen. Auch soweit es sich – wie zum Beispiel bei Auskunftsverfahren (§§ 166 Abs. 3, 233 Abs. 3 HGB) – um echte kontradiktorische Verfahren handelt, verbleibt es somit bei der Anwendung des **Amtsermittlungsgrundsatzes** (§ 26). Das Gericht hat also von sich aus etwaige Beweise zu erheben. Zudem gelten naturgemäß die Vorschriften des Allgemeinen Teils. Zum Beispiel sind erforderliche Anträge (§ 23 Abs. 1) schriftlich oder zur Niederschrift der Geschäftsstelle einzureichen. Eine den Verfahrensgegenstand erledigende Entscheidung ist vom Gericht durch Beschluss (§ 38 Abs. 1) zu erlassen, der den Beteiligten nach § 15 Abs. 1 und 2 förmlich bekannt zu geben ist und der mit einer befristeten Beschwerde nach §§ 58 ff. anfechtbar ist.

3. Funktionelle Zuständigkeit. Für die Abgrenzung der funktionellen Zuständigkeit bezieht **3** sich § 17 Nr. 2 lit. a RPflG ausdrücklich auf § 375 und behält hierbei die Verfahren nach Nr. 1 bis 6 und 9 bis 15 dem Richter vor, mit Ausnahme aber folgender Angelegenheiten, die damit anstelle des Richters der Rechtspfleger auszuführen hat: § 146 Abs. 2 HGB, § 147 HGB, § 157 Abs. 2 HGB, jeweils auch in Verbindung mit § 10 PartGG, § 166 Abs. 3 HGB, § 233 Abs. 3 HGB, § 66 Abs. 2 und 3 GmbHG, § 74 Abs. 2 und 3 GmbHG und § 11 BinSchG.

II. Einzelfälle

1. § 146 Abs. 2, §§ 147, 157 Abs. 2, § 166 Abs. 3, § 233 Abs. 3 und § 318 Abs. 3 bis 5 **4** **HGB. a) Bestellung von Liquidatoren. (§ 146 Abs. 2 HGB).** Aus wichtigen Gründen hat auf

---

[1] OLG Frankfurt NJW-RR 1989, 98; *Jansen/Ries* § 145 FGG Rn. 2.
[2] BT-Drucks. 16/6308, S. 171.
[3] OLG Frankfurt OLGZ 1993, 412 = GmbHR 1993, 230; *Keidel/Heinemann* Rn. 2, der die Bezeichnung „Unternehmensgericht" vorschlägt; *Jansen/Ries* § 145 FGG Rn. 2.

Antrag eines Beteiligten das Amtsgericht durch den zuständigen Rechtspfleger (vgl. § 3 Nr. 2 lit. d und § 17 Nr. 2 lit. a RPflG) die Ernennung von Liquidatoren bei offenen Handelsgesellschaften und bei Kommanditgesellschaften (§ 161 Abs. 2 HGB) vorzunehmen. Als **antragsberechtigter Beteiligter** kommt jeder Gesellschafter in Betracht sowie jeder Erbe eines Gesellschafters oder dessen Insolvenzverwalter, außer im Fall des § 135 HGB aber nicht ein Gläubiger der Gesellschaft oder ein etwaiger bisheriger Liquidator. Der Antrag setzt lediglich das Bestehen der Gesellschaft als Personenhandelsgesellschaft voraus, bei Betreiben eines Handelsgewerbes also nicht die Eintragung im Handelsregister. Der Antrag kann gegebenenfalls auch bereits vor der Auflösung aufschiebend befristet für den Zeitpunkt des Beginns der bereits beschlossenen Auflösung und grundsätzlich später bis zur Beendigung der Liquidation gestellt werden. Bei der Bestellung hat das Gericht von Amts wegen nach § 26 zu ermitteln und ist bei der Bestellung der Liquidatoren nicht an Vorschläge der Beteiligten gebunden, zumal als Liquidatoren auch juristische Personen und Nichtgesellschafter denkbar sind (vgl. § 146 Abs. 1 S. 1 HGB). Die **Bestellung durch das Gericht** erfolgt nur, wenn dies aus wichtigen Gründen erforderlich ist, also vor allem dann, wenn ohne gerichtliche Mitwirkung die Abwicklung der Gesellschaft gefährdet ist, weil ein allgemein feindliches Verhältnis unter den Gesellschaftern herrscht,[4] wobei ein Verschulden nicht vorliegen muss.[5] Hinsichtlich der Person des zu bestellenden Liquidators kann das Gericht seine Entscheidung über den Antrag davon abhängig machen, ob eine annahmebereite Person vorgeschlagen wird und dessen Vergütung sichergestellt ist.[6] Das Amtsgericht ist nach der Bestellung für die weitere Tätigkeit des Liquidators nicht verantwortlich (vgl. § 152 HGB). Über eine Vergütung des gerichtlich bestellten Liquidators entscheidet in einem etwaigen Rechtsstreit zwischen diesem und der Gesellschaft das Prozessgericht.

5 **b) Abberufung von Liquidatoren (§ 147 HGB).** Gemäß § 147 Halbs. 2 HGB kann auf Antrag eines Beteiligten aus wichtigen Gründen bei einer offenen Handelsgesellschaft oder einer Kommanditgesellschaft (§ 161 Abs. 2 HGB) durch das Amtsgericht die Abberufung von Liquidatoren erfolgen. Funktionell zuständig ist der **Rechtspfleger** (vgl. § 3 Nr. 2 lit. d und § 17 Nr. 2 lit. a RPflG). **Antragsberechtigt** ist jeder Gesellschafter, hingegen der Liquidator selbst nur, wenn er Gesellschafter ist.[7] Anstelle der Abberufung kann das Gericht auch die Befugnisse des Liquidators einschränken, zum Beispiel statt Einzel- eine Gesamtvertretungsmacht anordnen.[8] Erforderlich ist das Vorliegen eines **wichtigen Grundes** – der nicht verschuldet sein muss – für die gerichtliche Abberufung, der jedenfalls dann zu bejahen ist, wenn die ordnungsgemäße Liquidation durch das Tätigwerden der abzuberufenden Person erkennbar in Frage gestellt ist, wie etwa bei Parteilichkeit, Ungeeignetheit oder einer den Liquidationszweck gefährdenden Zerstrittenheit,[9] und der sonst erforderliche einstimmige Beschluss der Gesellschafter gemäß § 147 Halbs. 1 HGB nicht erreichbar war. Die abzuberufende Person ist im Verfahren als **Beteiligter** hinzuzuziehen (§ 7 Abs. 2 Nr. 1) und gegebenenfalls persönlich anzuhören (§ 34 Abs. 1 Nr. 1). Ebenso ist jedenfalls den übrigen Gesellschaftern dann Gelegenheit zur Stellungnahme zu geben, wenn sie bei der Bestellung des abzuberufenden Liquidators mitgewirkt haben.[10] Zu beachten ist, dass Maßnahmen des einstweiligen Rechtsschutzes bei unternehmensrechtlichen Verfahren nach § 375 HGB allgemein ausscheiden, also auch im Rahmen des § 147 Halbs. 2 HGB nicht möglich sind.[11]

6 **c) Verwahrung von Büchern und Schriften (§ 157 Abs. 2 HGB).** Können sich die Gesellschafter einer offenen Handelsgesellschaft oder einer Kommanditgesellschaft (§ 161 Abs. 2 HGB) nach Beendigung der Gesellschaftsliquidation nicht darauf verständigen, wem insbesondere zur Einhaltung der Aufbewahrungsfrist des § 257 HGB die Bücher und Papiere der Gesellschaft in Verwahrung gegeben werden, so bestimmt nach § 157 Abs. 2 S. 2 HGB das Amtsgericht diese Person. Funktionell zuständig ist der **Rechtspfleger** (vgl. § 3 Nr. 2 lit. d und § 17 Nr. 2 lit. a RPflG). **Antragsberechtigt** ist jeder Gesellschafter, im Fall einer eingetretenen Erbfolge jeder in die Gesellschaft eingetretene Miterbe des ursprünglichen Gesellschafters, und unter Umständen nach § 146 Abs. 3 HGB der Insolvenzverwalter eines Gesellschafters beziehungsweise der Insolvenzver-

---

[4] Vgl. KG NJW-RR 1999, 831 = NZG 1999, 437 für § 147 Halbs. 2 HGB.
[5] BayObLG NJW-RR 1998, 470; *Jansen/Ries* § 145 FGG Rn. 4.
[6] BayObLGZ 1955, 288 (293 f.).
[7] MünchKommHGB/*Schmidt* § 147 Rn. 23.
[8] MünchKommHGB/*Schmidt* § 147 Rn. 7.
[9] KG NJW-RR 1999, 831 = NZG 1999, 437.
[10] *Staub/Habersack* § 147 HGB Rn. 13; MünchKommHGB/*Schmidt* § 147 Rn. 24; weitergehend *Keidel/Heinemann* Rn. 14.
[11] OLG Frankfurt NJW-RR 1989, 98; *Staub/Habersack* § 146 HGB Rn. 38; *Koller/Roth/Morck* § 147 HGB Rn. 2; aA *Keidel/Heinemann* Rn. 14.

walter der Gesellschaft selbst.[12] Gläubiger der Gesellschaft sind dagegen weder antragsberechtigt, noch verfahrensbeteiligt. Im Antrag auf Bestellung des Verwahrers muss keine bestimmte Person vorgeschlagen werden. Im Übrigen ist das Gericht an einen solchen Vorschlag der Beteiligten auch nicht gebunden,[13] hat aber die Beteiligten zu dem Vorschlag und der beabsichtigten Auswahl anzuhören. Durch das Gericht kann vielmehr jeder Gesellschafter oder jede beliebige dritte natürliche oder juristische Person zum Verwahrer bestellt werden, sofern diese mit der Übernahme der Aufgabe einverstanden ist und ausreichend zuverlässig erscheint.[14]

d) Mitteilung und Vorlage von Dokumenten an Kommanditisten (§ 166 Abs. 3 HGB). 7
Für Kommanditisten sieht § 166 Abs. 3 HGB bei Vorliegen eines wichtigen Grundes ein besonderes Informationsrecht vor. Funktionell zuständig ist der **Rechtspfleger** (§ 3 Nr. 2 lit. d und § 17 Nr. 2 lit. a RPflG). Es ist stets dann gegeben, wenn die Erfüllung der ordentlichen Informationspflicht nach § 166 Abs. 1 und 2 HGB zur sachgemäßen Ausübung der eigenen Mitgliedschaftsrechte nicht ausreicht und außerdem ein besonderer Gefährdungstatbestand gegeben ist.[15] Dafür genügt ein auf Tatsachen basierender **Verdacht,** dass der Gesellschaft oder dem Kommanditisten ein Schaden droht, zum Beispiel durch ein eingetretenes besonderes Ereignis, etwa durch eine Steuerprüfung.[16] Das ordentliche Informationsrecht nach § 166 Abs. 1 und 2 HGB und seine Durchsetzung vor dem Prozessgericht schließt ein Verfahren nach § 166 Abs. 3 HGB nicht von vornherein aus.[17] Vielmehr wird zum Teil das amtsgerichtliche Verfahren als Sonderregelung des einstweiligen Rechtsschutzes angesehen.[18] Allerdings überzeugt die Auffassung nicht, dass allein die Verweigerung der Auskünfte im ordentlichen Verfahren schon einen wichtigen Grund für das gerichtliche Auskunftsverfahren darstellt,[19] denn das Verfahren der freiwilligen Gerichtsbarkeit unterliegt von vornherein anderen Grundsätzen, wird nicht nur im Privatinteresse zur Verfügung gestellt und hat unterschiedliche Rechtsfolgen, da es auch die Erteilung „sonstiger Auskünfte" umfasst.[20] Gegenstand einer möglichen Anordnung nach § 166 Abs. 3 HGB kann nur eine einmalige Auskunftsmaßnahme sein, deren genaue Beschreibung unter Berücksichtigung des geltend gemachten wichtigen Grundes erfolgt. Richtiger Antragsgegner ist nach zutreffender Auffassung die Gesellschaft selbst, im Verfahren handelnd durch ihre organschaftlichen Vertreter.[21] Die Erfüllung der Vorlegungspflicht richtet sich nach § 35.

e) Mitteilung und Vorlage von Dokumenten an stille Gesellschafter (§ 233 Abs. 3 HGB). 8
Wie dem Kommanditisten (hierzu Rn. 7) steht nach § 233 Abs. 3 HGB auch dem stillen Gesellschafter ein im Verfahren der freiwilligen Gerichtsbarkeit durchsetzbares **außerordentliches Informationsrecht** zu. Die funktionelle Zuständigkeit des **Rechtspflegers** ergibt sich aus § 3 Nr. 2 lit. d und § 17 Nr. 2 lit. a RPflG. Wie im Fall des § 166 Abs. 3 HGB ist ein wichtiger Grund erforderlich, der nicht schon in einer Verweigerung der Auskunft nach § 233 Abs. 1 HGB zu sehen ist. Gefordert wird vielmehr, dass die Interessen des stillen Gesellschafters allein durch die Auskunft im Rahmen des § 233 Abs. 1 HGB nicht ausreichend gewahrt werden und darüber hinaus eine Gefahr der Schädigung von Gesellschaft oder Stillem besteht, zum Beispiel durch Zeitablauf oder durch den Verdacht von Manipulationen.[22] Das außerordentliche Auskunftsrecht nach § 233 Abs. 3 HGB geht sodann aber über dasjenige nach § 233 Abs. 1 HGB hinaus und erlaubt die Anordnung von Auskunft, Vorlage und Einsichtnahme von Dokumenten jeder bestimmten Art, soweit dies der vorliegende wichtige Grund gebietet. Wie im Fall des § 166 Abs. 3 HGB (s. hierzu Rn. 7) ist auch hier richtiger Antragsgegner nach zutreffender Auffassung die Gesellschaft selbst, die im Verfahren durch ihre organschaftlichen Vertreter handelt, nicht aber ein persönlich haftender Gesellschafter selbst.[23]

f) Bestellung eines Abschlussprüfers (§ 318 Abs. 3 bis 5 HGB). aa) Bestellung eines 9 **anderen Prüfers (§ 318 Abs. 3 HGB).** Gemäß § 318 Abs. 3 S. 1 HGB kann das Amtsgericht bei Kapitalgesellschaften, die nicht kleine im Sinne des § 267 Abs. 1 HGB sind (vgl. § 316 Abs. 1 S. 1

---

[12] *Staub/Habersack* § 157 HGB Rn. 19.
[13] *Staub/Habersack* § 157 HGB Rn. 19; *Keidel/Heinemann* Rn. 16.
[14] Vgl. MünchKommHGB/*Schmidt* § 157 Rn. 25.
[15] Vgl. BGH NJW 1984, 2740 zur Vorgängervorschrift des § 233 Abs. 3 HGB aF; *Ebenroth/Boujong/Joost/ Strohn/Weipert* § 166 HGB Rn. 42.
[16] S. OLG Hamburg MDR 1965, 666; *Staub/Schilling* § 166 HGB Rn. 11.
[17] *Staub/Schilling* § 166 HGB Rn. 13;
[18] Vgl. MünchKommHGB/*Schmidt* § 233 Rn. 29.
[19] So *Staub/Schilling* § 166 HGB Rn. 11.
[20] MünchKommHGB/*Grunewald* § 166 Rn. 32 m. weit. Nachw. zur Gegenauffassung.
[21] *Ebenroth/Boujong/Joost/Strohn/Weipert* § 166 HGB Rn. 43.
[22] Vgl. BGH NJW 1984, 2470; *Ebenroth/Boujong/Joost/Strohn/Gehrlein* 233 HGB Rn. 15.
[23] *Ebenroth/Boujong/Joost/Strohn/Weipert* § 166 HGB Rn. 43; *Keidel/Heinemann* Rn. 21.

HGB) einen anderen Abschlussprüfer des Jahresabschlusses bestellen, allerdings nur, wenn dies aus einem in der Person des gemäß § 318 Abs. 1 S. 1 HGB von den Gesellschaftern gewählten Prüfers liegenden Grund geboten ist. Das Gesetz benennt als ausreichenden Grund stets das Vorliegen eines Ausschlussgrundes gemäß § 319 Abs. 2 bis 5 HGB oder § 319a HGB. Denkbare weitere Beispiele sind fehlende Qualifikation, mangelnde Ausstattung oder ein schwerer Vertrauensbruch. Ziel des Verfahrens ist der Schutz der Institution Abschlussprüfung.[24] Der Antrag kann von einer etwaigen Aufsichtsbehörde (§ 318 Abs. 3 S. 6 HGB) – wie zum Beispiel der Bundesanstalt für Finanzdienstleistungsaufsicht bei Kreditinstituten –, vom gesetzlichen Vertreter oder vom Aufsichtsrat der Gesellschaft und von jedem Gesellschafter gestellt werden, bei Aktionären jedoch nur, wenn sie das gebotene Quorum erreichen (§ 318 Abs. 3 S. 1 HGB) und sie seit mindestens drei Monaten vor der Wahl des zu ersetzenden Abschlussprüfers bereits Inhaber der Aktien waren (§ 318 Abs. 3 S. 4 HGB). **Zulässigkeitsvoraussetzung** ist, dass der Antrag innerhalb von zwei Wochen nach der Wahl gestellt wird – soweit nicht § 318 Abs. 3 S. 3 HGB einschlägig ist – und bei Aktionären, dass sie gegen die Wahl des Abschlussprüfers in der Hauptversammlung Widerspruch erklärt haben (§ 318 Abs. 3 S. 2 HGB). Nach Erteilung des Bestätigungsvermerks (§ 322 HGB) kann der Antrag nicht mehr gestellt werden (§ 318 Abs. 3 S. 7 HGB). Über ihn entscheidet das zuständige Amtsgericht durch den **Richter** (vgl. § 17 Nr. 2 lit. a RPflG). **Beteiligt** sind im Verfahren neben dem Antragsteller auch die Gesellschaft und der gewählte, bereits beauftragte Prüfer, nicht allerdings automatisch der Aufsichtsrat und andere Gesellschafter. Hinsichtlich der Auslagen und Vergütung des gerichtlich bestellten Prüfers kann das Amtsgericht nach § 318 Abs. 5 S. 2 HGB Festsetzungen vornehmen, wenn dies von einem der Beteiligten beantragt wird.[25]

10 **bb) Bestellung des Abschlussprüfers (§ 318 Abs. 4 HGB).** Hat die Gesellschaft keinen Abschlussprüfer, weil ein solcher nicht gewählt wurde (§ 318 Abs. 4 S. 1 HGB), dieser die Annahme des Auftrags abgelehnt hat, zum Beispiel durch seinen Tod weggefallen oder an einer rechtzeitigen Prüfung gehindert ist, hat das Amtsgericht durch den zuständigen **Richter** (§ 17 Nr. 2 lit. a RPflG) einen Abschlussprüfer auf Antrag der gesetzlichen Vertreter, des Aufsichtsrats oder – uneingeschränkt ohne Quorum – jedes Gesellschafters der Gesellschaft zu bestellen. Hierbei sind die gesetzlichen Vertreter der Gesellschaft gemäß § 318 Abs. 4 S. 3 HGB zur entsprechenden **Antragstellung** verpflichtet. Ziel der Regelung ist es, zu gewährleisten, dass die ordnungsgemäße Prüfung des Jahresabschlusses durchgeführt wird. Bei fehlender Wahl eines Abschlussprüfers besteht dieses Bedürfnis allerdings erst nach Ablauf des in Frage stehenden Geschäftsjahres (s. § 318 Abs. 4 S. 1 HGB). Für die Festsetzung von Auslagen und Vergütung des gerichtlich bestellten Prüfers gelten die Ausführungen zum Verfahren nach § 318 Abs. 3 HGB (s. Rn. 9) entsprechend.

11 **2. §§ 522, 590 und 729 Abs. 1 HGB, § 11 BinSchG und Dispache.** Der § 375 Nr. 2 definiert bestimmte Themen aus dem Bereich der **See- und die Binnenschifffahrt** als unternehmensrechtliche Verfahren, die im Wesentlichen **besondere Formen der Schadensermittlung und Schadensberechnung bei Unfällen** betreffen. Es sind dies:

12 **a) Das Verklarungsverfahren (§ 522 HGB und § 11 BinSchG).** Die Verklarung ist die **schifffahrtsrechtliche Beweissicherung** nach einem Unfall, der Schiff und/oder Ladung betrifft oder einen sonstigen Vermögensnachteil zur Folge haben kann. Es spielt in der Binnenschifffahrt eine wesentlich bedeutendere Rolle als in der Seeschifffahrt. Der **Sinn und Zweck** des Verklarungsverfahrens ist, zeitnah Untersuchungen anzustellen und Feststellungen zu treffen über einen Unfall, bei dem ein Schiff und/oder seine Ladung beteiligt sind. Vor allem gilt es Zeugen zu vernehmen, die später als Seeleute oder Binnenschiffer nur schwer erreichbar sind.

13 Der Begriff **Unfall ist hier weit zu verstehen.** Es sind alle vom Normalverlauf abweichende Ereignisse, die ein Schiff oder seine Ladung (mit)betreffen, einerlei ob das Schiff sich in Fahrt befindet oder still liegt, aus denen ein Dritter gegen den Kapitän/Schiffsführer, sonstige Personen der Schiffsbesatzung, den Schiffseigentümer oder den Verfrachter einen Anspruch herleiten kann.[26]

14 Das **Verklarungsverfahren ist in §§ 522 bis 525 HGB und §§ 11 bis 14 BinSchG** geregelt.[27] Es ist ein **Antragsverfahren,** das **nur** der **Kapitän oder Schiffsführer** einleiten kann oder muss (§ 522 Abs. 1 HGB und 11 Abs. 1 BinSchG). Die in **§ 522 Abs. 1 S. 2 HGB und § 11 Abs. 1 BinSchG genannten Personen** (Reeder, Besatzung, Ladungsbeteiligte u. a.)[28] haben **kein eigenes Antragsrecht.** Sie können aber vom Kapitän/Schiffer verlangen, dass er eine Verklarung beantragt.

---

[24] Vgl. BGHZ 153, 32 = NJW 2003, 970; *Baumbach/Hopt/Merkt* § 318 HGB Rn. 6.
[25] *Ebenroth/Boujong/Joost/Strohn/Wiedmann* § 318 HGB Rn. 25; MünchKommHGB/*Ebke* § 318 Rn. 80.
[26] Zum Begriff Unfall, *v. Waldstein/Holland* § 11 BinSchG Rn. 11, 12.
[27] *Rabe* §§ 522 bis 525 HGB und *v. Waldstein/Holland* §§ 11 bis 14 BinSchG.
[28] Zum Personenkreis des § 522 Abs. 1 S. 2 HGB s. *Rabe* § 522 HGB Rn. 3.

In diesem Fall muss der Kapitän/Schiffer eine Verklarung beantragen (§ 522 Abs. 1 S. 3 HGB, § 11 Abs. 1 u. 2 BinSchG).[29]

Für die **Verklarung in der Seeschifffahrt** ist im Geltungsbereich des Grundgesetzes das **Amtsgericht zuständig** (§ 522 Abs. 2 HGB), in dessen Bezirk der Hafen liegt, den das Schiff nach dem Unfall zuerst erreicht oder der Hafen, der auf Verlangen der an der Verklarung rechtlich Interessierten zuerst erreicht wird. Außerhalb des Geltungsbereiches des Grundgesetzes sind durch Rechtsverordnung bestimmte Auslandsvertretungen für die Durchführung des Verklarungsverfahrens zuständig.[30] **15**

Für die **Binnenschifffahrt** ist das **Amtsgericht als Schifffahrtsgericht**[31] für die Verklarung zuständig, in dessen Bezirk die unfallgegenständliche die Strom- oder Kanalstrecke liegt (§ 11 Abs. 2 BinSchG). Theoretisch ist es auch möglich, das Verklarungsverfahren am Ort des Endes der Reise zu beantragen oder, wenn das Schiff vorher an einem anderen Ort längere Zeit liegen bleiben muss, an diesem Ort zu beantragen (§ 11 Abs. 1 BinSchG). Der zeitliche Verzug, der dadurch entstehen würde, würde dem Sinn des Verklarungsverfahrens aber nicht gerecht. Deshalb ist heute nur noch die Zuständigkeit nach § 11 Abs. 2 BinSchG von Bedeutung.[32] **16**

Beim Amtsgericht ist in **Seeschifffahrtssachen funktional** der **Richter zuständig** (§ 17 Nr. 2 a RPflG – Richtervorbehalt). Die Verklarungssachen in der **Binnenschifffahrt** sind ausdrücklich vom Richtervorbehalt ausgenommen, so dass der **Rechtspfleger zuständig** ist (§ 17 Nr. 2 lit. a RPflG letzter Teilsatz). Ein sachlicher Grund für die unterschiedliche Behandlung der Seeschifffahrt und der Binnenschifffahrt in dieser Frage ist nicht ersichtlich. Für beide Rechtsmaterien gilt aber einheitlich: Ein zurückweisender Gerichtsbeschluss kann mit der **Beschwerde** angefochten werden, nicht aber ein stattgebender **(§ 402 Abs. 2)**. Für die Pflicht die **Gerichtskosten** zu tragen und zur Frage der **Kostenerstattung** der Beteiligten finden sich in § 525 Abs. 2 HGB und § 14 BinSchG besondere Kostenerstattungspflichten. Im Übrigen gelten die üblichen Regeln der §§ 80 ff und der KostO. Der **Geschäftswert** des Verfahrens (§ 30 KostO) wird durch das Gericht festgesetzt (§ 31 KostO). Die Höhe der **Gebühren** ist in § 50 Abs. 2 KostO geregelt. **17**

b) Die gerichtliche Bestellung eines Dispacheurs, § 729 HGB. Im Fall der großen Haverei, § 700 HGB und § 78 BinSchG (§ 403 Rn. 3) ist unverzüglich vom Kapitän/Schiffsführer oder im Falle der Verzögerung von einem anderen Beteiligten eine Dispache aufzumachen, § 728 HGB und § 87 BinSchG (§ 403 Rn. 5). Mit der Erstellung der Dispache wird ein Dispacheur beauftragt (§ 403 Rn. 7). Er ist ein amtlich „ein für allemal" bestellter Sachverständiger. Kann ein solcher nicht gefunden werden, können die Personen, die zur Aufmachung einer Dispache berechtigt sind, beim Amtsgericht den **Antrag stellen, eine geeignete Person für den konkreten Fall als Dispacheur zu bestellen (729 Abs. 1 HGB).** **18**

Der Gesetzestext bezeichnet die gerichtliche Bestellung eines Dispacheurs nur **in Seeschifffahrtssachen als unternehmensrechtliches Verfahren,** weil er allein auf § 729 Abs. 1 HGB verweist, jedoch über die gleichartige **binnenschifffahrtsrechtliche** Vorschrift, den **§ 87 Abs. 2 BinSchG schweigt.** Das FGG behandelte das Verfahren zur gerichtlichen Bestellung eines Dispacheurs für den Bereich der Binnenschifffahrt in § 148 FGG aF. Es gehörte damit systematisch zu den Handelssachen. Es ist nicht ersichtlich, dass der Gesetzgeber die gerichtlichen Verfahren nach § 87 Abs. 2 BinSchG unter der Geltung des FamFG anders behandelt wissen will, als vorher unter der Geltung des FGG.[33] Es gibt auch keinen sachlichen Grund dafür. Außerdem ist der § 87 Abs. 2 BinSchG in der Vorschrift des § 402 Abs. 2 dahin gehend genannt, dass gegen stattgebende Gerichtsbeschlüsse eine Beschwerde ausgeschlossen ist. Es ist also davon auszugehen, dass der § 87 Abs. 2 BinSchG in § 375 Nr. 2 übersehen wurde. Das gerichtliche Verfahren zur Bestellung eines Dispacheurs nach **§ 87 Abs. 2 BinSchG ist ebenfalls ein unternehmensrechtliches Verfahren.** **19**

Für das **Verfahren** kennt das Gesetz keine speziellen Vorschriften, deshalb kommen die allgemeinen **Regeln des FamFG** zur Anwendung. Da der Vorgang ein Teil des Dispacheverfahrens ist, bestimmt sich die **örtliche Zuständigkeit** nach **§ 377 Abs. 2.** Die Entscheidung trifft **der Richter** (§ 17 Nr. 2 lit. a RPflG). Ein zurückweisender Gerichtsbeschluss kann mit der **Beschwerde** angefochten werden, nicht aber ein stattgebender **(§ 402 Abs. 2).** Für die Pflicht die **Gerichtskosten** zu tragen und zur Frage der **Kostenerstattung** der Beteiligten gelten die üblichen Regeln der KostO **20**

---

[29] AA *v. Keidel/Heinemann* Rn. 30 spricht den Personen des § 522 Abs. 1 S. 2 HGB ein selbstständiges Antragsrecht zu. Dem steht der Wortlaut des § 528 Abs. 1 entgegen.
[30] Verordnung über die Bestimmung der zur Aufnahme von Verklarungen berechtigten Auslandsvertretungen der Bundesrepublik Deutschland (VerklV) vom 28. 5. 2007, BGBl. I S. 1003.
[31] §§ 3 und 4 des Gesetzes über das gerichtliche Verfahren in Binnenschifffahrtssachen (BinSchVerfG).
[32] *v. Waldstein/Holland* § 11 BinSchG Rn. 8.
[33] BT-Drucks. 16/6308, S. 284.

und der §§ 80 ff. Der **Geschäftswert** des Verfahrens wird durch das Gericht festgesetzt (§ 31 KostO). Diesen und die Höhe der **Gebühr** bestimmt **§ 123 Abs. 1 KostO**.

21 c) **Das gerichtliche Verfahren im Rahmen einer aufzumachenden Dispache, § 728 HGB und 87 BinSchG.** Die Dispache ist eine **rechnerische Aufstellung und ein Verteilungsplan,** der die Ansprüche und Verbindlichkeiten der an der großen Haverei (§ 403 Rn. 3) Beteiligten auflistet und die Beiträge und Vergütungen festsetzt. Eine Dispache können in Auftrag geben der Kapitän / Schiffsführer oder andere Beteiligte an der großen Haverei (§ 403 Rn. 12). Die Vorschriften für **das gerichtliche Verfahren** im Rahmen der Aufmachung einer Dispache finden sich unter **§§ 403 bis 409**. Die **örtliche Zuständigkeit** für dieses Verfahren regelt der **§ 377 Abs. 2**. Funktional zuständig ist **der Richter** (§ 17 Nr. 2 lit. a RPflG). **Beschwerden** gegen gerichtliche Entscheidungen sehen **§§ 403 und 408** vor.

22 d) **Die gerichtliche Festsetzung des spätesten Abreisetermins bei der Stückgutfracht (§ 590 HGB).** Hat ein Verfrachter[34] der Allgemeinheit gegenüber erklärt, er werde Stückgüter für eine bestimmte Reise annehmen und hat er für die Abreise keinen Zeitpunkt festgelegt, dann hat der Richter auf Antrag des Befrachters[35] einen Zeitpunkt zu bestimmen, zu dem spätestens die Abreise zu erfolgen hat. Die Abreise selbst kann das Gericht nicht anordnen. Der § 590 HGB ist in der Praxis nahezu obsolet geworden, da Stückgüter heute ganz überwiegend im Linienverkehr befördert werden, bei dem feste Termin gelten.[36] Das **Binnenschifffahrtsrecht** kennt keine dem § 590 HGB vergleichbare Vorschrift. **Örtlich zuständig** ist das Amtsgericht, in dessen Bezirk das Schiff liegt. Die Entscheidung fällt der **Richter** (§ 17 Nr. 2 lit. a RPflG). Die **Beschwerde** gegen einen Gerichtsbeschluss ist nach **§ 402 Abs. 1** zulässig.

23 3. **§ 33 Abs. 3, §§ 35 und 73 Abs. 1, §§ 85 und 103 Abs. 3, §§ 104 und 122 Abs. 3, § 147 Abs. 2, § 265 Abs. 3 und 4, § 270 Abs. 3 sowie § 273 Abs. 2 bis 4 AktG. a) Bestellung von Gründungsprüfern (§ 33 Abs. 3 AktG).** Sofern nicht der die Gründung beurkundende Notar die Gründungsprüfung durchführt, erfolgt die Bestellung von Gründungsprüfern nach § 33 Abs. 3 AktG bei der Errichtung einer Aktiengesellschaft oder einer Kommanditgesellschaft auf Aktien durch das Amtsgericht. Zuständig ist nach § 17 Nr. 2 lit. a RPflG der **Richter,** der aber nur auf **Antrag** hin tätig wird, den nicht nur sämtliche Gründer, sondern auch der Vorstand in zur Vertretung berechtigender Zahl durch seine Mitglieder stellen kann.[37] Zwar ist es möglich, dem Gericht einen bestimmten Prüfer vorzuschlagen. Das Gericht ist jedoch in seinem Ermessen hierdurch in keiner Weise eingeschränkt. Die Durchführung einer Anhörung der Industrie- und Handelskammer steht gleichfalls im Ermessen des Amtsgerichts und wird regelmäßig nur dann angezeigt sein, wenn der zu bestellende Prüfer dem Gericht nicht bekannt ist. Der Kreis der bestellbaren Prüfer ist im Übrigen nicht auf Wirtschaftsprüfer beschränkt, so dass auch Steuerberater bestellt werden können, sofern das Gericht von deren Eignung im Sinne des § 33 Abs. 4 AktG überzeugt ist.[38] Vor der gerichtlichen Bestellung hat der in Aussicht genommene Prüfer zu erklären, dass er das Amt annehmen wird und in seiner Person keine Bestellungshindernisse bestehen.

24 b) **Meinungsverschiedenheiten mit Gründungsprüfern (§ 35 Abs. 2 AktG).** Das Amtsgericht entscheidet durch den gemäß § 17 Nr. 2 lit. a RPflG zuständigen **Richter** nach § 35 Abs. 2 S. 1 AktG über Meinungsverschiedenheiten zwischen den Gründern und den Gründungsprüfern über den Umfang der Aufklärungen und Nachweise, die von den Gründern zu gewähren sind, allerdings nur auf Antrag, den jeder Prüfer, wie auch jeder Gründer stellen kann. Sollte die Entscheidung die Pflicht der Gründer zur Erteilung der gewünschten Auskunft feststellen, ist gleichwohl eine zwangsweise Durchsetzung der Erfüllung nach § 35 ausgeschlossen.[39] Allerdings hat dies zur Konsequenz, dass nach § 35 Abs. 2 S. 3 AktG gegebenenfalls der Prüfungsbericht von den Prüfern nicht erstellt wird und damit die Eintragung der Gesellschaft im Handelsregister nicht erfolgen kann.

25 c) **Auslagen und Vergütung der Gründungsprüfer (§ 35 Abs. 3 AktG).** Der Auslagenersatz und die Vergütung der Gründungsprüfer richten sich ausschließlich nach den Festsetzungen des Amtsgerichts gemäß § 35 Abs. 3 AktG. Einen Zivilprozess auf Zahlung gegen die Gesellschaft können die Prüfer hingegen nicht anstrengen. Den für diese gerichtliche Entscheidung erforderlichen **Antrag** kann der Prüfer oder die Gesellschaft, vertreten durch ihren Vorstand, stellen. Das Gericht

---

[34] Zum Begriff Verfrachter, *Rabe* Vor § 556 HGB Rn. 9.
[35] Zum Begriff Befrachter, *Rabe* Vor § 556 HGB Rn. 11.
[36] *Rabe* § 590 HGB Rn. 1.
[37] MünchKommAktG/*Pentz* § 33 Rn. 30; *Spindler/Stilz/Gerber* § 33 AktG Rn. 16.
[38] *Spindler/Stilz/Gerber* § 33 AktG Rn. 18.
[39] *Spindler/Stilz/Gerber* § 35 AktG Rn. 8; *Keidel/Heinemann* Rn. 41.

entscheidet sodann durch den funktionell zuständigen **Richter** (§ 17 Nr. 2 lit. a RPflG) nach Ermessen, ohne an einen betragsmäßigen Vorschlag der Beteiligten gebunden zu sein.[40] Entscheidend für die Bestimmung der Vergütung ist die Schwierigkeit der vorgenommenen Prüfung, wobei die jeweilige Gebührenordnung der Berufsgruppe des Prüfers als Anhaltspunkt heranzuziehen ist. Ein Vergütungsanspruch besteht sogar dann, wenn sich der Prüfer nach § 35 Abs. 2 S. 3 AktG zu Recht weigert, einen Prüfungsbericht zu erstatten, nicht aber, wenn er abberufen wird.[41] Nach der ausdrücklichen Bestimmung in § 35 Abs. 3 S. 3 AktG kann die Entscheidung des Gerichts mit der Beschwerde angefochten werden. Die Rechtsbeschwerde ist dagegen ausgeschlossen.

d) Kraftloserklärung von Aktien (§ 73 Abs. 1 AktG). Die Kraftloserklärung von Aktien- 26 urkunden oder ebenso entsprechend von etwaigen Zwischenscheinen,[42] deren Inhalt durch eine Veränderung der rechtlichen Verhältnisse unrichtig geworden ist, bedarf der Genehmigung des Amtsgerichts. Funktionell zuständig ist der **Richter** (§ 17 Nr. 2 lit. a RPflG). Die Genehmigung wird im Rahmen eines unternehmensrechtlichen Verfahrens nach den Grundsätzen der freiwilligen Gerichtsbarkeit erteilt. **Antragsteller** ist die Gesellschaft selbst, vertreten durch ihre Vorstandsmitglieder. Die betroffenen Aktionäre sind entgegen der bisher herrschenden Meinung zur Vorgängervorschrift des § 145 FGG aF[43] am Verfahren gemäß § 7 Abs. 2 Nr. 1 als Beteiligte hinzuzuziehen, da durch die der etwaigen Genehmigung folgende Kraftloserklärung die Rechte der betroffenen Aktionäre beeinträchtigt werden können. Das Gericht hat die Voraussetzungen der Einziehung von Amts wegen zu prüfen (§ 26) und hierbei insbesondere die fehlerfreie Ermessensausübung des Vorstands zu kontrollieren.[44]

e) Bestellung von Vorstandsmitgliedern (§ 85 AktG). aa) Allgemeines. Gemäß § 85 Abs. 1 27 AktG hat das Amtsgericht in dringenden Fällen ein erforderliches Vorstandsmitglied einer Aktiengesellschaft zu bestellen. Entsprechend gilt dies für fehlende Abwickler nach der Auflösung der Gesellschaft (§ 264 Abs. 2 AktG, gemäß § 290 Abs. 2 AktG auch für Kommanditgesellschaften auf Aktien). Zuständig ist der **Richter** (§ 17 Nr. 2 lit. a RPflG), stets am Verfahren **beteiligt** ist die Gesellschaft selbst. Den Antrag kann jeder stellen, der ein schutzwürdiges Interesse hat,[45] wie zum Beispiel vorhandene oder ehemalige Organmitglieder, Aktionäre sowie Arbeitnehmer,[46] Schuldner oder Gläubiger der betroffenen Gesellschaft, wobei bei letzteren ihre Stellung allenfalls auf Plausibilität hin zu überprüfen ist. Es besteht zwar keine Notwendigkeit, eine als Vorstandsmitglied zu bestellende Person im Antrag vorzuschlagen. Allerdings trägt dies sicherlich zur Beschleunigung des Verfahrens erheblich bei, wie ebenso eine Erklärung der fraglichen Person, mit der möglichen Bestellung einverstanden und als Vorstandsmitglied unter Berücksichtigung der gesetzlichen Anforderungen geeignet zu sein.

bb) Anforderungen. Bestellt werden darf nur ein „erforderliches Vorstandsmitglied". Dies setzt 28 voraus, dass auf Grund gesetzlicher oder satzungsmäßiger **Mindesterfordernisse** die **zur Vertretung** oder für bestimmte Geschäftsführungsmaßnahmen berechtigende Anzahl von Vorstandsmitgliedern **nicht mehr vorhanden** ist, etwa durch Amtsniederlegung, Tod oder Ausscheiden bisheriger Amtsinhaber. Die nur zwischenzeitliche und naturgemäß vorübergehende Verhinderung an der Vertretung eines grundsätzlich aber weiter amtierenden Vorstandsmitgliedes ist kein Fall für § 85 Abs. 1 AktG, wie die unterschiedliche Formulierung des § 105 Abs. 2 AktG zeigt. Zudem muss es im Rahmen des Verfahrens nach § 85 AktG **dringlich** sein, diese Situation **zu beheben.** Davon ist dann auszugehen, wenn der Gesellschaft, ihren Aktionären, Arbeitnehmern, Schuldnern oder Gläubigern andernfalls ein erheblicher Schaden droht, und der Aufsichtsrat nicht dazu beiträgt, rechtzeitig zur Behebung des Vertretungsmangels Abhilfe zu schaffen.[47] Für mitbestimmte Gesellschaften ist das Fehlen eines Arbeitsdirektors (§ 33 MitbestG, § 13 Montan-MitbestG) stets ein dringlicher Fall für dessen gerichtliche Bestellung, die auch der Betriebsrat beantragen kann.[48]

cc) Bestellung. Die Bestellung erfolgt durch das Gericht (s. Rn. 19) mittels **Beschluss** (§ 38 29 Abs. 1). Zuvor ist – sofern nicht bereits von ihr der Antrag auf Bestellung mit eingereicht wird und die entsprechenden Erklärungen und Angaben damit vorliegen – die zu bestellende Person anzuhö-

---

[40] *Spindler/Stilz/Gerber* § 33 AktG Rn. 11.
[41] *Hüffer* § 35 AktG Rn. 6.
[42] *Hüffer* § 73 AktG Rn. 2; MünchKommAktG/*Oechsler* § 73 Rn. 3.
[43] S. *Jansen/Ries* § 145 FGG Rn. 17; *Keidel/Heinemann* Rn. 43 übernimmt diese Ansicht für die neue Rechtslage.
[44] *Hüffer* § 73 AktG Rn. 4.
[45] BayObLGZ 1988, 61 (64); MünchKommAktG/*Spindler* § 85 Rn. 9; *Jansen/Ries* § 145 FGG Rn. 18.
[46] So zu Recht MünchKommAktG/*Spindler* § 85 Rn. 9 m. Nachw. zur Gegenansicht.
[47] *Hüffer* § 85 AktG Rn. 3; MünchKommAktG/*Spindler* § 85 Rn. 7; *Spindler/Stilz/Fleischer* § 85 AktG Rn. 7.
[48] *Spindler/Stilz/Fleischer* § 85 AktG Rn. 7 und 8.

ren und festzustellen, ob sie mit der Übernahme des Amtes einverstanden ist und die Voraussetzungen des § 76 Abs. 3 AktG erfüllt sind. Die deklaratorische **Eintragung** der gerichtlichen Bestellung des neuen Vorstandsmitglieds im Handelsregister erfolgt mangels entsprechender gesetzlicher Anordnung **nicht von Amts wegen,** sondern ist gegebenenfalls unter Mitwirkung des gerichtlichen bestellten Mitglieds durch den Vorstand selbst vorzunehmen; die Anmeldung und Eintragung kann allerdings nach allgemeiner Ansicht ausnahmsweise unterbleiben, wenn die Bestellung nur für ganz bestimmte Maßnahmen erfolgt.[49] Das **Amt des gerichtlich bestellten Vorstandsmitglieds erlischt** im Übrigen ohne weiteres mit der Bestellung eines an dessen Stelle tretenden ordentlichen Vorstandsmitglieds, ansonsten spätestens mit Ablauf der unter Umständen angeordneten Befristung, nicht aber bereits mit Erledigung der Maßnahme, die Anlass der gerichtlichen Bestellung war. Zudem ist auch das Amtsgericht berechtigt, das von ihm bestellte Mitglied wieder **abzuberufen, wenn ein wichtiger Grund vorliegt,** der dies im Gesellschaftsinteresse geboten erscheinen lässt.[50] Da mit der gerichtlichen Bestellung nur der Erwerb der Organstellung, aber kein dienstrechtlicher Anstellungsvertrag verbunden ist, besteht nach § 85 Abs. 3 AktG ein Verfahren zur Festsetzung der Auslagen und Vergütung, falls die Beteiligten untereinander keine Einigung erzielen; die insoweit ergehende Entscheidung unterliegt der Beschwerde, nach der ausdrücklichen Regelung des § 85 Abs. 3 S. 3 AktG aber nicht der Rechtsbeschwerde.

30 f) **Abberufung von Aufsichtsratsmitgliedern (§ 103 Abs. 3 AktG).** Nach § 103 Abs. 3 AktG hat das Amtsgericht auf **Antrag** des Aufsichtsrats – und im Rahmen des § 103 Abs. 3 S. 3 AktG auch auf Antrag von Aktionären mit dem dort beschriebenen Quorum – ein Aufsichtsratsmitglied einer Aktiengesellschaft, Kommanditgesellschaft auf Aktien oder eines Versicherungsvereins auf Gegenseitigkeit (§ 35 Abs. 3 VAG) durch Beschluss (§ 38 Abs. 1) abzuberufen, wenn in dessen Person ein **wichtiger Grund** hierfür vorliegt. Zuständig ist das Amtsgericht, das durch den **Richter** (§ 17 Nr. 2 lit. a RPflG) zu entscheiden hat. Antragsgegner ist das abzuberufende Mitglied des Aufsichtsrats.[51] Die Gesellschaft selbst und damit auch deren Vorstand ist an dem Verfahren nicht beteiligt.[52] Für Aufsichtsratsmitglieder der Arbeitnehmer sind zudem die einschlägigen mitbestimmungsrechtlichen Vorschriften zu beachten (§ 23 MitbestG, § 11 Montan-MitbestG, § 10m Montan-MitbestErgG, § 12 DrittelbG). Im Rahmen des § 103 Abs. 3 AktG kann das Gericht allerdings nur das fragliche Mitglied des Aufsichtsrats abberufen, nicht aber zugleich ein Ersatzmitglied bestellen, da hierfür das besondere Verfahren nach § 104 AktG (hierzu Rn. 31) vorgesehen ist. Für die Abberufung eines Aufsichtsratsmitglieds erforderlich ist zunächst ein dahin gehender Beschluss des Aufsichtsrats, der mit einfacher Mehrheit gefasst wird (§ 103 Abs. 3 S. 2 AktG). Das betroffene Mitglied darf an der Abstimmung hierüber nicht teilnehmen, so dass gegebenenfalls zur Einhaltung der erforderlichen Mindestbesetzung (§ 108 Abs. 2 S. 3 AktG) zunächst bereits zur Herbeiführung dieses Beschlusses der Aufsichtsrat nach § 104 AktG zu ergänzen ist.[53] Weder Voraussetzung noch Hindernis für das Verfahren nach § 103 Abs. 3 AktG ist, dass bereits das für die Bestellung oder Abberufung von Aufsichtsratsmitgliedern zuständige Organ mit der Sache befasst war, weil das gerichtliche Verfahren nach § 103 Abs. 3 AktG auch dem öffentlichen Interesse an der ordnungsgemäßen Besetzung der Aufsichtsräte dient. Die Abberufung erfolgt, wenn auf Grund der Ermittlungen des Gerichts (§ 26) ein wichtiger Grund vorliegt. Entscheidend ist hierbei, ob nach Abwägung aller Umstände die Fortsetzung der Tätigkeit der fraglichen Person zumutbar ist, wobei maßgebliche Gesichtspunkte das Gewicht der Pflichtverletzung, die etwaige Häufigkeit des Verstoßes und das Maß des Verschuldens sowie der Umfang des eingetretenen Schadens oder der dahingehenden Gefährdung der Gesellschaft sind.[54] Ein **Hauptanwendungsfall** eines solchen wichtigen Grundes ist hierbei die Verletzung von Verschwiegenheitspflichten.

31 g) **Ergänzung des Aufsichtsrats (§ 104 AktG). aa) Allgemeines.** Für die Beschlussunfähigkeit oder Unterbesetzung des Aufsichtsrats einer Aktiengesellschaft, Kommanditgesellschaft auf Aktien oder eines Versicherungsvereins auf Gegenseitigkeit (§ 35 Abs. 2 VAG) sieht § 104 AktG ein Verfahren bei dem **Richter** des zuständigen Amtsgerichts (§ 17 Nr. 2 lit. a RPflG) vor, nach dem auf Antrag insbesondere des Vorstands der betroffenen Gesellschaft (vgl. näher § 104 Abs. 1 S. 1, bei Arbeitnehmermitgliedern ferner S. 3 und 4 AktG) die zur Ergänzung auf die nötige Zahl erforderlichen Mitglieder zu bestellen sind. Ziel der Regelung ist es, die **Funktionsfähigkeit des Aufsichts-**

---

[49] *Jansen/Ries* § 145 FGG Rn. 20; *Heidel/Oltmanns* § 85 AktG Rn. 4; *Keidel/Heinemann* Rn. 45.
[50] *Jansen/Ries* § 145 FGG Rn. 21.
[51] MünchKommAktG/*Habersack* § 103 Rn. 44.
[52] MünchKommAktG/*Habersack* § 103 Rn. 44; aA *Keidel/Heinemann* Rn. 49.
[53] BayObLGZ 2003, 89 = NZG 2003, 691 mit Anm. *Keusch/Rotter* NZG 2003, 671; *Hüffer* § 103 AktG Rn. 12.
[54] *Spindler/Stilz/Spindler* § 103 AktG Rn. 32 ff.

rats zu gewährleisten. Der Vorstand ist zur Stellung des Antrags verpflichtet (§ 104 Abs. 1 S. 2 AktG) und hierzu vom Registergericht durch Zwangsgeld anzuhalten (§ 407 Abs. 1 S. 1 AktG iVm. §§ 388 ff.). Über die Auswahl der neuen zusätzlichen Mitglieder des Aufsichtsrats bestimmt das Gericht ohne an etwaige Vorschläge des Antragstellers gebunden zu sein unter Berücksichtigung der Fähigkeiten und Eignung der Person.[55] Hierbei ist ihre Stellung als Mitglied des Organs eines Wettbewerbers gegebenenfalls zu beachten; ein generelles Bestellungsverbot besteht insoweit jedoch nicht.[56] Vor der Bestellung ist die zu ernennende Person dahin gehend anzuhören, ob sie das etwaige Amt übernehmen möchte und anhand ihrer Erklärung festzustellen, dass keine Bestellungshindernisse bestehen. Für die Möglichkeit, den gerichtlich bestellten Mitgliedern Auslagenersatz und unter Umständen eine Vergütung zu gewähren, sieht § 104 Abs. 6 AktG ein Verfahren vor, das den Bestimmungen der § 35 Abs. 3 AktG und § 85 Abs. 3 AktG nachgebildet ist (s. Rn. 17 und 21). Die Entscheidung ergeht durch **Beschluss,** der den Beteiligten nach § 15 Abs. 1 und 2 förmlich bekannt zu machen ist. Das Amt der gerichtlich bestellten Mitglieder erlischt ohne weiteres mit der Behebung des bisherigen Mangels durch die Wahl neuer Aufsichtsratsmitglieder beziehungsweise durch Entsendung und Annahme des Amts (s. § 104 Abs. 5 AktG). Sofern sie nicht Antragsteller sind, werden Aktionäre und Arbeitnehmer der Gesellschaft nicht am Verfahren beteiligt.

bb) Herstellung der Beschlussfähigkeit. Für die Nachbesetzung des Aufsichtsrats nach § 104 Abs. 1 S. 1 AktG ist es erforderlich, dass die gesetzlichen oder satzungsmäßigen Anforderungen an die **Beschlussfähigkeit des Aufsichtsrats** durch die momentane Unterbesetzung dieses Organs nicht mehr erfüllt sind. Sollten in der Satzung hierzu keine weitergehenden Regelungen getroffen sein, liegt dies jedenfalls dann vor, wenn entweder weniger als die Hälfte der vorgesehenen Mitglieder vorhanden sind oder nicht mindestens drei Mitglieder teilnahmeberechtigt sind (§ 108 Abs. 2 S. 2 und 3 AktG). Dagegen steht die fehlende Vollbesetzung des Aufsichtsrats der Beschlussfähigkeit nicht entgegen (§ 108 Abs. 2 S. 4 AktG), so dass hierfür das Verfahren nach § 104 Abs. 2 und 3 AktG (hierzu Rn. 33) einschlägig ist. Für mitbestimmte Gesellschaften sind zudem die einschlägigen Sondervorschriften in § 28 MitbestG, § 10 Montan-MitbestG und § 11 Montan-MitbestErgG zu beachten.

cc) Ergänzung auf die volle Mitgliederzahl. Auch wenn keine Beschlussunfähigkeit des Aufsichtsrats vorliegt, hat das Amtsgericht nach § 104 Abs. 2 und 3 AktG die Besetzung dieses Organs auf die volle gesetzliche oder satzungsmäßig Anzahl auf Antrag hin (s. Rn. 31) zu ergänzen. Dies gilt aber erst dann, wenn die Unterbesetzung seit **länger als drei Monaten** bestand oder schon vor Ablauf dieser Frist ein dringender Fall vorliegt. Ein solcher liegt nach § 104 Abs. 3 Nr. 2 AktG bei Gesellschaften, die dem MitbestG, Montan-MitbestG oder Montan-MitbestErG unterliegen, stets vor; ausgeschlossen ist allerdings im Verfahren nach § 104 Abs. 2 AktG die gerichtliche Bestellung des neutralen Aufsichtsratsmitglieds (§ 104 Abs. 3 Nr. 1 AktG). In anderen Fällen setzt ein dringender Bedarf für die gerichtliche Bestellung voraus, dass Entscheidungen anstehen, die für den Bestand oder die Struktur der Gesellschaft von wesentlicher Bedeutung sind, wie beispielsweise umwandlungsrechtliche Maßnahmen oder der Erwerb beziehungsweise die Veräußerung von Unternehmensteilen.[57] Auch interne Maßnahmen, wie etwa die anstehende Neubesetzung der Vorstandsämter der Gesellschaft, genügen als dringender Grund.

h) Ermächtigung zur Hauptversammlungseinberufung (§ 122 Abs. 3 AktG). Nach § 122 Abs. 3 AktG kann das Amtsgericht durch den funktionell zuständigen **Richter** (§ 17 Nr. 2 lit. a RPflG) die Aktionäre, die ein Verlangen nach § 122 Abs. 1 AktG gestellt haben, dem der Vorstand nicht entsprochen hat, dazu ermächtigen, die Hauptversammlung der Gesellschaft einzuberufen oder den gewünschten Gegenstand der Tagesordnung bekanntzumachen. Als **Beteiligte** sind neben dem Antragsteller die Gesellschaft, vertreten durch den Vorstand und der Aufsichtsrat hinzuzuziehen[58] (§ 7 Abs. 2 Nr. 1). Bei dieser Entscheidung hat das Gericht trotz der missverständlichen Formulierung des Gesetzes kein Ermessen, sondern muss die Aktionäre ermächtigen, wenn der von ihnen gestellte Antrag zulässig und begründet ist, also das Verlangen vom Vorstand zu Unrecht abgelehnt wurde, obwohl alle gesetzlichen Voraussetzungen nach § 122 Abs. 1 oder 2 AktG erfüllt waren. Der Nachweis für den von den Antragstellern angeführten Aktienbesitz kann auf jede beliebige Weise geführt werden, wie zum Beispiel durch die Eintragung im Aktienregister oder eine Bankbestätigung. Zu überprüfen ist vom Gericht in sachlicher Hinsicht nur, ob mit der einberufenen Versammlung

---

[55] BayObLGZ 1997, 262 = ZIP 1997, 1883; MünchKommAktG/*Habersack* § 104 Rn. 31; *Hüffer* § 104 AktG Rn. 5; *Jansen/Ries* § 145 FGG Rn. 30.
[56] OLG Schleswig FGPrax 2004, 244 = NZG 2004, 669; *Hüffer* § 104 AktG Rn. 5.
[57] *Spindler/Stilz/Spindler* § 104 AktG Rn. 30; *Hüffer* § 104 AktG Rn. 7.
[58] *Jansen/Ries* § 145 FGG Rn. 33; *Keidel/Heinemann* Rn. 53.

oder dem Gegenstand der Tagesordnung **rechtsmissbräuchliche Zwecke** verfolgt werden. In einem stattgebenden Beschluss kann das Gericht nach § 122 Abs. 3 S. 2 AktG von Amts wegen zugleich den Vorsitzenden der Versammlung bestimmen, ohne dass es darauf ankommt, ob ein diesbezüglicher Antrag gestellt wurde. Von dieser Möglichkeit wird das Gericht aber in der Regel nur Gebrauch machen, wenn andernfalls die ordnungs- und sachgemäße Durchführung der Versammlung oder Behandlung des Gegenstands unsicher erscheint.[59] Wie aus § 122 Abs. 3 S. 3 AktG ersichtlich ist, nimmt das Gericht im Übrigen die Einberufung oder Bekanntmachung nicht selbst vor. Vielmehr ist dies den ermächtigten Aktionären überlassen, die bei der Ausführung auf die gerichtliche Ermächtigung hinweisen müssen.

35 **i) Bestellung besonderer Vertreter (§ 147 Abs. 2 AktG).** Zur Geltendmachung von Ansprüchen einer Aktiengesellschaft bezüglich der Gründung oder Nachgründung der Gesellschaft gegen die Gründer sowie gegen Vorstands- und Aufsichtsratsmitglieder (§§ 46 bis 48 und § 53 AktG) sowie aus der Geschäftsführung gegen die Mitglieder des Vorstands und des Aufsichtsrats (§§ 93, 94, 116 AktG) kann die Hauptversammlung nach § 147 Abs. 2 S. 1 AktG besondere Vertreter bestellen. Macht sie von dieser Möglichkeit keinen Gebrauch, hat das Amtsgericht durch den **Richter** (§ 17 Nr. 2 lit. a RPflG) gemäß § 147 Abs. 2 S. 2 AktG auf Antrag von Aktionären mit dem dort bezeichneten Quorum besondere Vertreter zur Geltendmachung dieser genau zu bezeichnenden Ansprüche zu bestellen. Dies gilt ebenso für Kommanditgesellschaften auf Aktien oder für Versicherungsvereine auf Gegenseitigkeit (§ 36 VAG). Voraussetzung hierfür ist allerdings, dass die Bestellung der besonderen Vertreter für die gehörige Geltendmachung der Forderungen **zweckmäßig erscheint** (§ 147 Abs. 2 S. 1 AktG). Die Erfolgsaussicht der Geltendmachung, also das Bestehen des Anspruchs, ist vom Amtsgericht im Rahmen dieses Verfahrens aber nicht zu prüfen. Da die Kosten im Fall einer stattgebenden Entscheidung gemäß § 147 Abs. 2 S. 3 AktG die Gesellschaft zu tragen hat, ist diese auch zu dem Verfahren als Beteiligte hinzuzuziehen (§ 7 Abs. 2 Nr. 1); dagegen ist der Anspruchsgegner allein von der Vertreterbestellung noch nicht in seinen Rechten betroffen und daher weder Beteiligter, noch beschwerdeberechtigt. Die den Antrag stellenden Aktionäre können gemeinsam gegen einen die Bestellung ablehnenden Beschluss und die Gesellschaft gegen einen die Bestellung der Vertreter vornehmenden Beschluss Beschwerde einlegen. Gemäß § 147 Abs. 2 S. 6 AktG setzt das Gericht die Auslagen und die Vergütung der Vertreter fest.

36 **j) Bestellung und Abberufung von Abwicklern (§ 265 Abs. 3 und 4 AktG).** Bei der Auflösung einer Aktiengesellschaft, einer Kommanditgesellschaft auf Aktien oder eines Versicherungsvereins auf Gegenseitigkeit (§ 47 Abs. 2 VAG) erfolgt die Abwicklung durch die Vorstandsmitglieder oder durch die Personen, die in der Satzung oder durch Beschluss der Hauptversammlung dafür vorgesehen sind (§ 265 Abs. 1 und 2 AktG). Allerdings hat das Amtsgericht durch den nach § 17 Nr. 2 lit. a RPflG zuständigen **Richter** auf Antrag des Aufsichtsrats oder eines näher bestimmten Aktionärsquorums bei Vorliegen eines wichtigen Grundes die Abwickler zu bestellen und abzuberufen. Den Gläubigern der Gesellschaft steht diesbezüglich **kein Antragsrecht** zu; da das Gericht insoweit auch nicht von Amts wegen tätig werden kann, ist eine dahin gehende Anregung der Gläubiger somit durch den Richter nicht weiter zu verfolgen.[60] Für die bei Antragstellung durch Aktionäre erforderliche Glaubhaftmachung bezüglich der Beteiligung an der Gesellschaft genügt nach § 265 Abs. 3 S. 2 und 3 AktG eine eidesstattliche Versicherung vor einem Gericht oder Notar. Ferner ist bei Kreditinstituten nach § 38 Abs. 2 KWG die Bundesanstalt für Finanzdienstleistungsaufsicht berechtigt, den Antrag zu stellen, wenn die sonst zur Abwicklung zuständigen Personen keine Gewähr für eine ordnungsgemäße Abwicklung bieten (vgl. zu diesen Anforderungen Rn. 4).[61] Der notwendige wichtige Grund für die gerichtliche Abwicklerbestellung oder -abberufung und dessen Feststellung im Rahmen der amtswegigen Ermittlungen nach § 26 ist ähnlich zu verstehen, wie bei der Behandlung der Liquidatoren im Personenhandelsgesellschaft im Rahmen der §§ 146 Abs. 2 HGB und § 147 HGB (s. hierzu daher Rn. 4 f.); in Frage kommt einerseits das Fehlen von Abwicklern für einen unabsehbaren Zeitraum und andererseits der Nachweis der Ungeeignetheit vorhandener Abwickler, deren weiteres Wirken den Abwicklungszweck gefährden würde.[62] Das Gericht ist auch bei diesem Verfahren nicht an einen Vorschlag der Antragsteller gebunden, wird aber sinnvollerweise vor der Beschlussfassung eine Erklärung der ins Auge gefassten Personen einholen, der zu Folge sie bereit ist, das Amt zu übernehmen und keine Bestellungshindernisse bestehen. Für die Festsetzung des Auslagenersatzes und der Vergütung für die Abwicklung sieht § 265 Abs. 5 AktG

---

[59] *Hüffer* § 122 AktG Rn. 11.
[60] MünchKommAktG/*Hüffer* § 265 Rn. 16.
[61] Vgl. OLG Frankfurt NJW-RR 1996, 290; *Jansen/Ries* § 14 FGG Rn. 49.
[62] S. näher MünchKommAktG/*Hüffer* § 265 Rn. 18.

ein Verfahren vor, das den Bestimmungen der § 35 Abs. 3 S. 3 AktG und § 85 Abs. 3 AktG entspricht (s. hierzu Rn. 26 und 30).

k) Befreiung von der Abschlussprüfung (§ 270 Abs. 3 AktG). Für das Abwicklungsstadium 37 von Aktiengesellschaften und Kommanditgesellschaften auf Aktien – sowie nach § 47 Abs. 3 S. 2 VAG auch für Versicherungsvereine auf Gegenseitigkeit – gelten die gesetzlichen Vorschriften für die Prüfung des Jahresabschlusses und des Lageberichts ebenso wie für werbende Gesellschaften. Allerdings besteht nach § 270 Abs. 3 AktG die Möglichkeit, durch amtsgerichtliche Entscheidung – funktionell zuständig ist der **Richter** (§ 17 Nr. 2 lit. a RPflG) – von dieser Prüfungspflicht befreit zu werden, wenn die Verhältnisse der Gesellschaft so überschaubar sind, dass eine Prüfung im Interesse der Gläubiger und Aktionäre nicht geboten erscheint. Dies gilt nach § 270 Abs. 2 S. 2 AktG auch bereits für die Eröffnungsbilanz und den Erläuterungsbericht.[63] Allerdings liegen derart überschaubare Verhältnisse jedenfalls dann nicht vor, wenn im Abwicklungsstadium noch wesentliche Geschäftstätigkeiten entfaltet werden, wenn auf Grund der bekannten Unzuverlässigkeit der für die Abwicklung Verantwortlichen Unsicherheiten bei deren Durchführung nicht auszuschließen sind, oder wenn allgemein auf Grund atypischer Verhältnisse Zweifel an der Ordentlichkeit der Abwicklungsdurchführung bestehen. Den Antrag auf Befreiung von der Abschlussprüfung hat die Gesellschaft, vertreten durch die Abwickler, zu stellen.

l) Verwahrung von Büchern und Schriften; Nachtragsabwickler (§ 273 Abs. 2 bis 4 38 **AktG). aa) Bücher und Schriften (§ 273 Abs. 2 und 3 AktG).** Nach dem Schluss der Abwicklung einer Aktiengesellschaft, Kommanditgesellschaft auf Aktien oder eines Versicherungsvereins auf Gegenseitigkeit (§ 47 Abs. 3 S. 1 VAG) bestimmt gemäß § 273 Abs. 2 AktG das Gericht von Amts wegen durch den funktionell zuständigen **Richter** (§ 17 Nr. 2 lit. a RPflG) einen sicheren Ort, an dem für zehn Jahre die Bücher und Schriften der Gesellschaft zur Aufbewahrung hinterlegt werden. Dies gilt für alle Unterlagen nach § 257 HGB und betrifft ferner etwa das Aktienregister nach § 67 AktG, die Abwicklungsunterlagen und die Schlussrechnung. Üblicherweise schlagen die Abwickler einen Ort mit der Anmeldung des Erlöschens der Firma vor, den das Gericht übernehmen kann, wenn keine ersichtlichen Gründe gegen die Sicherheit der Verwahrung sprechen. Außerdem sieht § 273 Abs. 3 AktG vor, dass das Amtsgericht den Aktionären und den Gläubigern die **Einsicht** der Bücher und Schriften gestatten kann. Voraussetzung hierfür ist nach allgemeiner Auffassung die Glaubhaftmachung eines berechtigten Interesses.[64] Das Recht umfasst die Einsichtnahme, zudem aber auch die Anfertigung von Kopien und gegebenenfalls die Zuziehung eines Sachverständigen. Ein Anspruch auf Aushändigung von Dokumenten kann dagegen auf diese Vorschrift nicht gestützt werden. Zur Durchsetzung der angeordneten Einsicht können nach richtiger Ansicht[65] Zwangsmittel verhängt werden.

bb) Bestellung von Nachtragsabwicklern (§ 273 Abs. 4 AktG). Ergibt sich nach dem ver- 39 meintlichen Abschluss der Gesellschaftsabwicklung die Notwendigkeit weiterer Abwicklungsmaßnahmen, steht mit § 273 Abs. 4 AktG ein – auf Gesellschaften mit beschränkter Haftung (s. hierzu auch § 66 Abs. 5 GmbHG) und Publikums-Kommanditgesellschaften entsprechend anwendbares[66] – Verfahren zur Verfügung, damit die Gesellschaft wieder handlungsfähig wird (zur Nachtragsliquidation s. ferner § 394 Rn. 23 ff.). Ein **Grund für die Bestellung** kann jeder noch so geringwertige Vermögensgegenstand sein, beispielsweise bloße Grundbuchpositionen, da erreicht werden soll, dass auch solche Rechte noch liquidiert werden können. In diesem Sinne genügt es sogar, dass ohne noch zu verteilendes Vermögen auf Grund von Tatsachen Bedarf dafür besteht, dass der Rechtsträger gesetzlich vertreten werden kann.[67] Antragsberechtigt sind Aktionäre, Gläubiger und Schuldner der Gesellschaft, wobei der Abwicklungsbedarf näher zu begründen und glaubhaft zu machen ist. Sofern für die Gesellschaft noch ein Prozessbevollmächtigter vorhanden ist, wird zu Recht die Notwendigkeit einer Nachtragsabwicklerbestellung abgelehnt.[68] Wie stets hat das Gericht – zuständig ist der **Richter** gemäß § 17 Nr. 2 lit. a RPflG – vor der Bestellung das Einverständnis der zu bestellenden Person einzuholen und von Amts wegen (§ 26) zu prüfen, ob etwaige Bestellungshindernisse bestehen. Eine **Eintragung** der Nachtragsliquidatorenbestellung **im Handelsregister** samt Wieder-

---

[63] MünchKommAktG/*Hüffer* § 270 Rn. 47.
[64] Vgl. *Hüffer* § 273 AktG Rn. 11; MünchKommAktG/*Hüffer* § 270 Rn. 22 m. weit. Nachw.; *Keidel/Heinemann* Rn. 61.
[65] OLG Oldenburg BB 1983, 1434; KG JW 1937, 2289; *Bumiller/Harders* Rn. 23; *Hüffer* § 273 AktG Rn. 12; MünchKommAktG/*Hüffer* § 270 Rn. 28; aA *Keidel/Heinemann* Rn. 61, der auf die Möglichkeit einer Klage vor dem Prozessgericht verweist.
[66] BGH NJW 2003, 2676; *Jansen/Ries* § 145 FGG Rn. 80.
[67] OLG München FGPrax 2008, 171 = NZG 2008, 555.
[68] BayObLG BB 2004, 2097.

§ 375 40–43   Buch 5. Abschnitt 1. Begriffsbestimmung

eintragung der Gesellschaft selbst[69] kann im Übrigen unterbleiben, wenn eine Vertretung der Gesellschaft nur für einzelne, im Voraus bestimmbare Handlungen benötigt wird und die Nachtragsliquidation daher auf bestimmte Maßnahmen beschränkt wird.[70] In diesem Fall genügt als Vertretungsnachweis die Vorlage einer – nach Abschluss der Nachtragsabwicklung an das Gericht zurück zu reichenden – Ausfertigung des Bestellungsbeschlusses.[71] Denkbar ist im Übrigen auch die gerichtliche Abberufung eines Nachtragsliquidators aus wichtigem Grund.[72]

40   **4. Art. 55 Abs. 3 SE-VO sowie § 29 Abs. 3, § 30 Abs. 1, 2 und 4, § 45 SEAG. a) Einberufung einer Hauptversammlung (Art. 55 Abs. 3 SE-VO).** Wie bei Aktiengesellschaften ist es auch bei einer Europäischen Aktiengesellschaft (Societas Europaea – SE) den Aktionären mit einem bestimmten Quorum (s. hierzu § 50 SEAG) möglich, die Einberufung einer Hauptversammlung und die Aufstellung einer Tagesordnung zu verlangen (Art. 55 Abs. 1 SE-VO). Kommt dem das Geschäftsführungsorgan nicht rechtzeitig nach beziehungsweise findet die Versammlung nicht innerhalb von zwei Monaten nach dem Verlangen statt, so kann nach der unmittelbar anwendbaren Vorschrift des Art. 55 Abs. 3 SE-VO das Amtsgericht als zuständige „Verwaltungsbehörde" anordnen, dass die Versammlung innerhalb einer bestimmten Frist einzuberufen ist oder die den Antrag stellenden Aktionäre dazu ermächtigen. Zuständig ist das Amtsgericht, zur Entscheidung berufen ist der Richter (§ 17 Nr. 2 lit. a RPflG). Voraussetzung für eine stattgebende Entscheidung ist neben der Zulässigkeit des – wegen der Gefahr einer Verwirkung[73] möglichst umgehend nach dem Verlangen zu stellenden – Antrags ein ordnungsgemäßes Verlangen der Antragsteller nach Art. 55 Abs. 1 SE-VO. Im Verfahren gilt hierzu gemäß § 26 der Amtsermittlungsgrundsatz. Liegen diese Voraussetzungen vor, so muss der Richter dem Antrag stattgeben. Ein Ermessen des Gerichts besteht insoweit nur bezüglich der Wahl zwischen beiden Entscheidungsalternativen (Anordnung der Einberufung oder Ermächtigung der Aktionäre zur Einberufung). Bezüglich der Ermächtigung gelten dann die Ausführungen zu § 122 Abs. 3 AktG (s. Rn. 34) entsprechend.

41   **b) Abberufung eines Verwaltungsratsmitglieds (§ 29 Abs. 3 SEAG).** Nach § 29 Abs. 3 SEAG hat das Amtsgericht durch den gemäß § 17 Nr. 2 lit. a RPflG zuständigen Richter auf Antrag des Verwaltungsrats einer Europäischen Aktiengesellschaft (Societas Europaea – SE) eines seiner Mitglieder abzuberufen, wenn ein wichtiger Grund hierfür vorliegt, wobei zuvor der Verwaltungsrat mit einfacher Mehrheit einen entsprechenden Beschluss hierüber zu fassen hat. Sofern es sich um ein von Aktionären auf der Grundlage eines Entsendungsrechts bestelltes Mitglied handelt, haben auch Aktionäre mit dem in § 29 Abs. 3 S. 3 SEAG bestimmten Quorum ein Antragsrecht. Im Übrigen ist das Verfahren der für Aktiengesellschaften vorgesehenen Vorschrift des § 103 Abs. 3 AktG nachgebildet, so dass auf die hierzu gemachten Ausführungen zu verweisen ist (Rn. 30).

42   **c) Ergänzung des Verwaltungsrats (§ 30 Abs. 1, 2 und 4 SEAG).** Wie bei Aktiengesellschaften nach § 104 AktG sieht für Europäische Aktiengesellschaften (Societas Europaea – SE) § 30 SEAG ein Verfahren vor, mit dessen Hilfe der Verwaltungsrat bei seiner Beschlussunfähigkeit oder Unterbesetzung ergänzt werden kann. Den Antrag kann ein Mitglied des Verwaltungsrats oder jeder Aktionär stellen (§ 30 Abs. 1 S. 1 SEAG), bei Arbeitnehmervertretern gilt ferner § 30 Abs. 1 S. 3 SEAG. Wie bei § 104 AktG auch, hat das Amtsgericht – durch den zuständigen Richter (§ 17 Nr. 2 lit. a RPflG) – in den Fällen der Beschlussunfähigkeit nach § 30 Abs. 1 SEAG ohne weiteres und in den Fällen der Unterbesetzung nach § 30 Abs. 2 SEAG erst nach drei Monaten und nur in dringenden Fällen bereits zuvor durch Beschluss (§ 38 Abs. 1) zu entscheiden. Die Auswahl der neuen Verwaltungsratsmitglieder obliegt dem Ermessen des Gerichts, das zuvor zu prüfen hat, ob diese bereit sind, das Amt jeweils anzunehmen und ob keine Bestellungshindernisse vorliegen. Das Amt erlischt nach § 30 Abs. 3 SEAG jeweils, sobald der Mangel behoben ist, also die fehlenden Mitglieder des Verwaltungsrats durch das zuständige Organ regulär nachbesetzt wurden. Den Auslagenersatz und die Vergütung der gerichtlich bestellten Verwaltungsratsmitglieder hat das Gericht auf deren Antrag nach § 30 Abs. 4 SEAG festzusetzen (s. ferner Rn. 31 ff.).

43   **d) Bestellung eines geschäftsführenden Direktors (§ 45 SEAG).** Nach § 45 SEAG hat das Gericht – zuständig ist beim Amtsgericht der Richter (§ 17 Nr. 2 lit. a RPflG) – in dringenden Fällen bei Fehlen eines erforderlichen geschäftsführenden Direktors das Mitglied zu bestellen. Die

---

[69] Wie es die hM – zu Recht nur im Rahmen des § 66 Abs. 5 GmbHG – fordert, aA MünchKommAktG/*Hüffer* § 273 Rn. 42 mit Nachweisen für beide Auffassungen.
[70] OLG München FGPrax 2008, 171 = NZG 2008, 555; aA OLG Koblenz NZG 2007, 431 = RNotZ 2007, 290.
[71] MünchKommAktG/*Hüffer* § 273 Rn. 40.
[72] OLG Köln GmbHR 2003, 360; *Keidel/Heinemann* Rn. 62.
[73] *Spindler/Stilz/Casper/Eberspächer*, AktG, Art. 55, 56 SE-VO Rn. 9.

5. § 26 Abs. 1 und 4 sowie § 206 S. 2 und 3 UmwG. Im Rahmen von umwandlungsrecht- **44** lichen Verschmelzungs- und Spaltungsvorgängen (§ 26 Abs. 1 und 4 UmwG iVm. § 125 S. 1 UmwG) wie auch bei einem Formwechsel (§ 206 S. 2 und 3 UmwG) ist das Amtsgericht – durch den **Richter** gemäß § 17 Nr. 2 lit. a RPflG – in einem unternehmensrechtlichen Verfahren zuständig für die Vertreterbestellung bezüglich etwaiger Schadensersatzansprüche gegen die Verwaltungsträger des übertragenden beziehungsweise formwechselnden Rechtsträgers (§§ 25, 205 UmwG). Der gerichtlich bestellte Vertreter handelt für den als fingiert fortbestehenden Rechtsträger sowie auch für dessen Anteilsinhaber und Gläubiger zur Gewährleistung eines ordnungsgemäßen Verfahrens zur Verteilung des Erlöses.[74] Gestellt werden kann der Antrag von einem Anteilsinhaber oder einem Gläubiger, der vom übernehmenden oder neuen Rechtsträger keine volle Befriedigung hat erlangen können, wobei erfolglose Maßnahmen der Zwangsvollstreckung nicht nachgewiesen werden müssen.[75] Dagegen kann im Fall der Verschmelzung der **übernehmende Rechtsträger** nach § 25 UmwG keine Ansprüche haben und ist daher im Rahmen des § 26 UmwG nicht antragsberechtigt; die Auffassung, dass dies zum Beispiel für die Anfechtung eines Verschmelzungsvertrags erforderlich sein könne, geht in die Irre, da diese auf Grund der Regelung des § 20 Abs. 2 UmwG nicht zur Beseitigung des Vertrags führen kann.[76] Wie auch in sonstigen Bestellungsverfahren ist das Gericht in der Auswahl der zu bestellenden Personen frei und daher nicht an den Vorschlag des Antragstellers gebunden, hat aber vor der Entscheidung zu klären, ob der zu Berufende mit der Bestellung einverstanden ist. Den Auslagenersatz und die Vergütung der Vertreter setzt nach § 26 Abs. 4 UmwG das Gericht fest, das dabei nach freiem Ermessen auch zu bestimmen hat, in welchem Umfang die Vergütung von beteiligten Anteilsinhabern und Gläubigern zu tragen ist (§ 26 Abs. 4 S. 3 UmwG); hierbei können auch die überschlägig eingeschätzten Erfolgsaussichten der beabsichtigen Anspruchsverfolgung Berücksichtigung finden.

6. § 66 Abs. 2, 3 und 5, § 71 Abs. 3 sowie § 74 Abs. 2 und 3 GmbHG. a) Bestellung und **45** **Abberufung von Liquidatoren (§ 66 Abs. 2, 3 und 5 GmbHG).** Die bis zur Reform der freiwilligen Gerichtsbarkeit im Jahr 2008 den Registergerichten zugeteilte Aufgabe der Bestellung und Abberufung (hierzu Rn. 46) von Liquidatoren ist nunmehr systemgerecht als unternehmensrechtliches Verfahren eingeordnet.[77] Zuständig ist daher das Amtsgericht, das im Fall des § 71 Abs. 3 durch den Richter, ansonsten durch den **Rechtspfleger** (§ 17 Nr. 2 lit. a RPflG) entscheidet. Den Antrag auf Liquidatorenbestellung (§ 66 Abs. 2 und Abs. 5 S. 2 GmbHG) können Gesellschafter mit dem gesetzlich bestimmten Quorum stellen. Ihm ist stattzugeben, wenn wichtige Gründe für die Bestellung vorliegen, wie zum Beispiel Streitigkeiten unter den Gesellschaftern oder Liquidatoren sowie Unfähigkeit und begründetes Misstrauen.[78] Allein das Fehlen eines Liquidators genügt nicht, da hierfür das Verfahren zur Bestellung eines Notliquidators entsprechend §§ 29, 48 Abs. 1 BGB einschlägig ist. Verfahrensbeteiligt ist neben dem Antragsteller stets auch die Gesellschaft. Die Auswahl des Liquidators unterliegt dem Ermessen des Gerichts, das zuvor das Einverständnis der betroffenen Person und das Fehlen von Bestellungshindernissen zu prüfen hat. Unter denselben Bedingungen ist die Abberufung von Liquidatoren durch das Gericht nach § 66 Abs. 3 GmbHG möglich. Beteiligt ist an diesem Verfahren neben dem Antragsteller und der Gesellschaft auch der betroffene Liquidator selbst (§ 7 Abs. 2 Nr. 1).

b) Befreiung von der Abschlussprüfung (§ 71 Abs. 3 GmbHG). Das Amtsgericht kann nach **46** § 71 Abs. 3 GmbHG durch den zuständigen Richter (§ 17 Nr. 2 lit. a RPflG) die in Liquidation befindliche Gesellschaft mit beschränkter Haftung von dem Erfordernis der Prüfung des Jahresabschlusses und des Lageberichts durch einen Abschlussprüfer befreien. Voraussetzung dafür ist, dass die Verhältnisse der Gesellschaft so überschaubar sind, dass eine Prüfung im Interesse der Gläubiger und der Gesellschafter nicht erforderlich scheint. Insoweit gilt dasselbe wie bei § 270 Abs. 3 AktG (s. Rn. 37). Den Antrag auf Befreiung kann nur die Gesellschaft, vertreten durch ihre Liquidatoren oder ggf. ihren Insolvenzverwalter stellen.[79]

---

[74] *Semler/Stengel/Kübler* § 26 UmwG Rn. 1.
[75] *Schmitt/Hörtnagl/Stratz* § 26 UmwG Rn. 13; *Semler/Stengel/Kübler* § 26 UmwG Rn. 6.
[76] *Semler/Stengel/Kübler* § 26 UmwG Rn. 7; *Keidel/Heinemann* Rn. 70; aA ohne Berücksichtigung des § 20 UmwG *Schmitt/Hörtnagl/Stratz* § 26 UmwG Rn. 14.
[77] Vgl. BT-Drucks. 16/6308, S. 284.
[78] BayObLG GmbHR 1996, 129; *Baumbach/Hueck/Schulze-Osterloh/Noack* § 66 GmbHG Rn. 20.
[79] Vgl. *Jansen/Ries* § 145 FGG Rn. 60; *Keidel/Heinemann* Rn. 73; aA OLG München DB 2005, 2013.

47 c) **Verwahrung von Büchern und Schriften und Einsichtnahme (§ 74 Abs. 2 und 3 GmbHG).** Wie bei der Aktiengesellschaft (s. Rn. 30) sind gemäß § 74 Abs. 2 GmbHG auch bei Gesellschaften mit beschränkter Haftung die Bücher und Schriften der Gesellschaft für die Dauer von zehn Jahren aufzubewahren. Allerdings ist es nach dieser Vorschrift Sache des Gesellschaftsvertrags oder eines Beschlusses der Gesellschafter, die Person des Verwahrers vorzusehen, sodass das Amtsgericht – durch den nach § 17 Nr. 2 lit. a RPflG zuständigen Rechtspfleger – nur auf Antrag eines Gesellschafters, Liquidators oder Gläubigers tätig wird,[80] wenn sich die Beteiligten nicht einig werden oder untätig bleiben. Für etwaige Entscheidungen über das Einsichtsrecht in die verwahrten Unterlagen der Gesellschaft gilt dasselbe wie zu § 273 Abs. 3 AktG (s. Rn. 38).

48 **7. § 45 Abs. 3, §§ 64b, 83 Abs. 3, 4 und 5 sowie § 93 GenG. a) Ermächtigung zur Einberufung der Generalversammlung (§ 45 Abs. 3 GenG).** Ähnlich wie im Rahmen des § 122 Abs. 3 AktG bei Aktiengesellschaften (s. Rn. 34) sieht § 45 Abs. 3 GenG auch für eingetragene Genossenschaften die Möglichkeit vor, die Mitglieder der Genossenschaft, deren Verlangen auf Einberufung einer Generalversammlung oder auf Ergänzung der Tagesordnung nicht entsprochen wird, zur Vornahme der entsprechenden Handlungen durch amtsgerichtlichen Beschluss zu ermächtigen. Funktionell zuständig ist hierfür gemäß § 17 Nr. 2 lit. a RPflG der Rechtspfleger. Erforderlich ist stets der Nachweis des Verlangens nach § 45 Abs. 1 GenG samt dessen Ablehnung und die Einhaltung des gesetzlich bezeichneten Quorums. Beteiligt ist neben den Antragstellern als Antragsgegner die Genossenschaft selbst.[81]

49 b) **Bestellung eines Prüfverbandes (§ 64b GenG).** Für den Fall, dass eine Genossenschaft – zum Beispiel infolge des Ausschlusses oder der Kündigung[82] – keinem Prüfungsverband angehört, sieht § 54a GenG ein Amtsauflösungsverfahren vor und für die Zwischenzeit bis zur vollständigen Abwicklung der Genossenschaft nach § 64b GenG die gerichtliche Bestellung eines Prüfungsverbands für die betroffene Genossenschaft. Ferner kann das Verfahren nach § 64b GenG einschlägig sein, wenn der bisher zuständige Prüfungsverband das Prüfungsrecht verliert (§ 64a GenG). Das Gericht entscheidet dies durch den zuständigen Rechtspfleger (vgl. § 17 Nr. 2 lit. a RPflG) nach Auswahl eines möglichst räumlich und sachlich passenden Prüfungsverbands. Die Zustimmung der Genossenschaft oder des Prüfungsverbands ist für die Bestellung nicht erforderlich, jedoch sind beide zuvor zur Gewährung rechtlichen Gehörs zu befragen.[83] Sofern später die Genossenschaft freiwillig einem (anderen) Prüfungsverband beitritt, ist die Anordnung nach § 64b GenG von Amts wegen aufzuheben. Gegen die Bestellung steht im Übrigen der Genossenschaft und dem betroffenen Prüfungsverband ein Beschwerderecht zu.

50 c) **Bestellung und Abberufung von Liquidatoren (§ 83 Abs. 3, 4 und 5 GenG).** Gemäß § 83 Abs. 3 GenG kann im Fall der Auflösung der Genossenschaft auf Antrag des Aufsichtsrats oder mindestens des zehnten Teils der Mitglieder der Genossenschaft die Ernennung und Abberufung von Liquidatoren durch das Gericht erfolgen. Zuständig ist das Amtsgericht, das durch den Rechtspfleger zu entscheiden hat (§ 17 Nr. 2 lit. a RPflG). Für die Bestellung und Abberufung gilt, dass es – wie in den Parallelfällen des § 265 Abs. 3 AktG und § 66 Abs. 2 GmbHG – eines wichtigen Grundes bedarf[84] (s. hierzu Rn. 36 und 45). Das Gericht ist an Vorschläge der Antragsteller nicht gebunden, sondern sucht die zu bestellenden Personen nach eigenem Ermessen aus, nachdem es deren Bereitschaft zur Amtsübernahme und Eignung geprüft hat. Entsprechend § 265 Abs. 4 AktG hat das Gericht gegebenenfalls über den Auslagenersatz und die Vergütung der von ihm bestellten Liquidatoren zu entscheiden. Hinsichtlich § 93 GenG wird auf die Ausführungen zu § 273 Abs. 2 und 3 AktG (Rn. 38) verwiesen.

51 **8. Art. 54 Abs. 2 SCE-VO.** Nach Art. 54 Abs. 2 SCE-VO kann die Generalversammlung einer Europäischen Genossenschaft (SCE) jederzeit von der zuständigen Behörde nach den einschlägigen nationalen genossenschaftsrechtlichen Vorschriften einberufen werden. Damit ist mittelbar auf § 45 Abs. 3 GenG Bezug genommen, nach dem unter bestimmten Voraussetzungen eine Minderheit der Mitglieder zur Einberufung der Versammlung ermächtigt werden kann (s. Rn. 48). Zuständig ist das Amtsgericht, das durch den Rechtspfleger (§ 17 Nr. 2 lit. a RPflG) entscheidet.

52 **9. § 2 Abs. 3 und § 12 Abs. 3 PublG.** Gemäß § 2 Abs. 3 PublG hat das Amtsgericht, durch den funktionell zuständigen Richter (§ 17 Nr. 2 lit. a RPflG) zur Prüfung der Frage, ob ein Unternehmen nach §§ 1 bis 10 PublG Rechnung zu legen hat, von Amts wegen einen Prüfer zu

---
[80] *Baumbach/Hueck/Schulze-Osterloh/Noack* § 74 GmbHG Rn. 9.
[81] KG NJW-RR 1999, 1488; *Pöhlmann/Fandrich/Bloehs* § 45 GenG Rn. 10; *Keidel/Heinemann* Rn. 77.
[82] Vgl. *Pöhlmann/Fandrich/Bloehs* § 64b GenG Rn. 1.
[83] *Beuthien* § 64b GenG Rn. 2.
[84] *Pöhlmann/Fandrich/Bloehs* § 83 GenG Rn. 7 und 10 m. weit. Nachw.

Unternehmensrechtliche Verfahren   53–56 § 375

bestellen. Geschehen darf dies nur, wenn Anlass für die Annahme besteht, dass das Unternehmen zur entsprechenden Rechnungslegung verpflichtet ist (§ 2 Abs. 3 S. 1 PublG). Hierzu sind ansatzweise Erkenntnisse über die Bilanzsumme, Umsatz oder Zahl der beschäftigen Arbeitnehmer erforderlich (vgl. § 1 Abs. 1 PublG). Im Verfahren sind hierzu die gesetzlichen Vertreter des Unternehmens sowie gegebenenfalls dessen Aufsichtsrat anzuhören (§ 2 Abs. 3 S. 2 PublG). Die Auswahl des Prüfers obliegt dem Gericht, das möglichst vor der Bestellung dessen Einverständnis einholen sollte; die nähere Eignung der Prüfer unterliegt den Voraussetzungen des § 143 AktG (vgl. § 2 Abs. 3 S. 4 PublG). Der Auslagenersatz und eine Vergütung ist vom Gericht nach § 142 Abs. 6 AktG iVm.§ 2 Abs. 3 S. 4 PublG festzusetzen. Die Gerichtskosten für die Prüferbestellung und dessen Kosten trägt nach § 146 AktG iVm.§ 2 Abs. 3 S. 4 PublG das betroffene Unternehmen, sofern nicht die Durchführung der Prüfung ergibt, dass eine Rechungslegungspflicht nach §§ 1 bis 10 PublG nicht besteht (§ 2 Abs. 3 S. 4 PublG), da in diesem Fall die Staatskasse die Kosten zu tragen hat. Aufgrund des § 12 Abs. 3 PublG gilt das soeben beschriebene Verfahren entsprechend im Rahmen der Prüfung, ob ein Mutterunternehmen nach §§ 11 bis 15 PublG zur Konzernrechnungslegung verpflichtet ist.

10. § 11 Abs. 3 Montan-MitbestG. Für Unternehmen nach § 1 Montan-MitbestG wird durch 53 das Wahlorgan (§ 5 Montan-MitbestG) auf Vorschlag der übrigen Aufsichtsratsmitglieder das gemäß § 4 Abs. 1 S. 1 lit. c iVm.§ 8 Montan-MitbestG erforderliche neutrale Aufsichtsratsmitglied gewählt, ohne dass hieran das Amtsgericht beteiligt werden kann. Allerdings ist nach § 11 Abs. 3 Montan-MitbestG für die Abberufung dieses Mitglieds nicht das gesellschaftsrechtlich zuständige Wahlorgan, sondern ausschließlich das Amtsgericht zuständig, das durch den funktionell zuständigen Richter (§ 17 Nr. 2 lit. a RPflG) zu entscheiden hat. Nach der Zuweisung in § 375 Nr. 10 handelt es sich um ein unternehmensrechtliches Verfahren, für das die Verfahrensordnung des FamFG gilt. Erforderlich und ausreichend ist ein Antrag durch drei Aufsichtsratsmitglieder, ein Beschluss des Aufsichtsrats ist somit auch bei einem nach § 9 Montan-MitbestG gebildeten größeren Aufsichtsrat nicht nötig.[85]

11. § 2c Abs. 2 S. 4 bis 7, §§ 22o, 38 Abs. 2 S. 2, § 45a Abs. 2 S. 1, 3, 4 und 6 sowie § 46a 54 **Abs. 2 S. 1, Abs. 4 und 5 KWG. a) Treuhänderbestellung bei bedeutenden Beteiligungen (§ 2c Abs. 2 KWG).** Dem Inhaber einer bedeutenden Beteiligung an einem Kreditinstitut kann in den Fällen des § 2c Abs. 2 S. 1 KWG, also vor allem wenn die Voraussetzungen für eine Untersagungsverfügung nach § 2c Abs. 1a S. 1 KWG vorliegen, ein gerichtlich bestellter Treuhänder auferlegt werden, dem die Stimmrechte an dieser Beteiligung zur Ausübung übertragen werden. Zuständig ist das Amtsgericht, das durch den Richter entscheidet (§ 17 Nr. 2 lit. a RPflG). Den erforderlichen Antrag kann das Institut, jeder an ihm Beteiligte oder die Bundesanstalt für Finanzdienstleistungsaufsicht stellen (§ 2c Abs. 2 S. 4 KWG). Fallen die Gründe für seine Bestellung weg, so ist sie auf Antrag der Bundesanstalt zu widerrufen (§ 2c Abs. 4 S. 5 KWG). Über die Festsetzung des Auslagenersatzes und der Vergütung des Treuhänders entscheidet auf Antrag des Treuhänders das Gericht (§ 2c Abs. 4 S. 7 KWG), wobei gegen dessen Entscheidung nur die Möglichkeit der Beschwerde besteht; die Rechtsbeschwerde ist ausdrücklich ausgeschlossen.

b) Sachwalterbestellung (§ 22o KWG). Sollte ein Unternehmen, das ein Refinanzierungs- 55 register im Sinne der §§ 22a ff. KWG führt, in Insolvenzgefahr (§ 46a KWG) geraten, so hat das örtlich zuständige Amtsgericht durch den Richter (§ 17 Nr. 2 lit. a RPflG) eine oder zwei Personen als Sachwalter zu bestellen (§ 22o Abs. 1 KWG). Den Antrag hierzu stellt die Bundesanstalt für Finanzdienstleistungsaufsicht, wenn dies zur ordnungsgemäßen Verwaltung der in diesem Register eingetragenen Gegenstände erforderlich erscheint (§ 22o Abs. 1 S. 2 KWG). Geboten ist zuvor die Anhörung der Übertragungsberechtigten durch die Bundesanstalt, worauf nur bei Gefahr im Verzug verzichtet werden kann (§ 22o Abs. 1 S. 2 bis 4 KWG). Die Bestellung der Sachwalter richtet sich sodann nach §§ 22l bis 22n KWG, sodass das Registergericht die Eintragung der Sachwalter im Handelsregister von Amts wegen vorzunehmen hat (§ 22m Abs. 1 S. 2 KWG).

c) Abwicklerbestellung (§ 38 Abs. 2 S. 2 KWG). Wird die Erlaubnis der Bundesanstalt für 56 Finanzdienstleistungsaufsicht zum Betrieb von Bankgeschäften oder Finanzdienstleistungen (§ 32 KWG) aufgehoben oder erlischt sie, so kann die Bundesanstalt nach § 38 Abs. 1 KWG bestimmen, dass das Institut abzuwickeln ist. Die Bestellung der erforderlichen Abwickler ist allerdings gemäß § 32 Abs. 2 S. 2 KWG Sache des Amtsgerichts, das hierüber durch den Richter (§ 17 Nr. 2 lit. a RPflG) auf Antrag der Bundesanstalt zu entscheiden hat. Voraussetzung der Bestellung ist, dass die sonst kraft Gesetzes oder Beschluss der gesellschaftsrechtlichen Organe zur Abwicklung berufenen Personen keine Gewähr für eine ordnungsgemäße Abwicklung bieten (s. hierzu Rn. 27), insbesondere weil sie sich als unzuverlässig oder ungeeignet erwiesen haben. Am Verfahren ist das betroffene Unternehmen beteiligt, ebenso etwaige bereits vorhandene Abwickler (§ 7 Abs. 2 Nr. 1), die gegen

---

[85] Erfurter Kommentar zum Arbeitsrecht/*Oetker* § 11 Montan-MitbestG Rn. 2.

die gerichtliche Bestellungsentscheidung Beschwerde einlegen können. Vor ihrer Ernennung sind die zu bestellenden Abwickler auf ihre Bereitschaft, das Amt zu übernehmen, zu befragen und ist vom Gericht zu prüfen, ob sie für die zu erledigende Aufgabe geeignet sind.

57 **d) Treuhänderbestellung bei Finanz-Holdinggesellschaften (§ 45a Abs. 2 KWG).** Übermittelt eine Finanzholding-Gesellschaft an der Spitze einer Finanzholding-Gruppe nicht die vorgeschriebenen Angaben an das übergeordnete Kreditinstitut, kann die Bundesanstalt für Finanzdienstleistungsaufsicht unter Berücksichtigung der gesetzlichen Vorgaben die Ausübung des Stimmrechts bezüglich der Beteiligungen an dem übergeordneten Unternehmen und den anderen nachgeordneten Unternehmen untersagen und beim Amtsgericht, das durch den Richter entscheidet (§ 17 Nr. 2 lit. a RPflG), den Antrag auf Bestellung eines Treuhänders stellen, auf den es die Ausübung der Stimmrechte überträgt (§ 45a Abs. 2 S. 1 KWG). Das Gericht setzt hierbei zugleich den Auslagenersatz und die Vergütung für den Treuhänder auf dessen Antrag hin fest (§ 45a Abs. 2 S. 6 KWG), wogegen zwar die Beschwerde, nicht aber die Rechtsbeschwerde möglich ist. Aus wichtigem Grund kann die Bundesanstalt im Übrigen auch die Bestellung eines anderen Treuhänders herbeiführen und muss den Widerruf seiner Bestellung beantragen, wenn die Gründe für seine Bestellung weggefallen sind (§ 45a Abs. 3 und 4 KWG). Beteiligte des Verfahrens ist außer der den Antrag stellenden Bundesanstalt die Gesellschaft selbst. Mit dem zu bestellenden Treuhänder ist vorweg zu klären, ob er bereit ist, das Amt zu übernehmen und ob gegebenenfalls Bestellungshindernisse bestehen.

58 **e) Bestellung von Geschäftsführungs- und Vertretungspersonen (§ 46a Abs. 2 KWG).** Bei Insolvenzgefahr eines Kreditinstituts, das in anderer Rechtsform als der eines Einzelkaufmannes geführt wird, kann die Bundesanstalt für Finanzdienstleistungsaufsicht neben den sonstigen in § 46a Abs. 1 KWG beschriebenen Maßnahmen den Geschäftsleitern die Ausübung ihrer Tätigkeit untersagen. Um gleichwohl die Handlungsfähigkeit des Unternehmens nicht einzuschränken muss das zuständige Amtsgericht – durch den Richter (§ 17 Nr. 2 lit. a RPflG) – die unter Umständen erforderlichen geschäftsführungs- und vertretungsberechtigten Personen bestellen (§ 46a Abs. 2 S. 1 KWG). Diese sind vom Amtsgericht auszuwählen, auf ihre Bereitschaft das Amt zu übernehmen zu befragen und hinsichtlich ihrer Eignung zu überprüfen. Nach ihrer Bestellung sind sie vom Registergericht von Amts wegen im Register einzutragen (§ 46a Abs. 2 S. 2 KWG). Das Amtsgericht setzt auf Antrag der Bestellten nach § 46a Abs. 2 S. 3 und 4 KWG den Auslagenersatz und die Vergütung der Bestellten fest, wobei zwar die Beschwerde, nicht aber eine Rechtsbeschwerde möglich ist. Eine Abberufung dieser Personen kann nur durch das Gericht auf Antrag der Bundesanstalt oder des für die Abberufung zuständigen Organs des Kreditinstituts erfolgen, wenn ein wichtiger Grund vorliegt (§ 46a Abs. 5 KWG).

59 **12. § 2 Abs. 4, § 30 Abs. 2 S. 1 und Abs. 5 S. 1 sowie § 31 Abs. 1, 2 und 4 PfandBG.**
a) Sachwalterbestellung bei Abwicklung (§ 2 Abs. 4 PfandBG). Hebt die Bundesanstalt für Finanzdienstleistungsaufsicht die Erlaubnis für das Pfandbriefgeschäft auf oder erlischt diese, so sind die Deckungsmassen des Rechtsträgers der Pfandbriefbank abzuwickeln (§ 2 Abs. 3 PfandBG). Auf Antrag der Bundesanstalt bestellt das Amtsgericht durch den zuständigen Richter (§ 17 Nr. 2 lit. a RPflG) eine oder zwei geeignete natürliche Personen als Sachwalter, soweit dies für die sachgerechte Abwicklung erforderlich ist. Die Auswahl der Personen obliegt dem Gericht, das zuvor die Erforderlichkeit der Bestellung und die Eignung der Personen zu prüfen hat. Gemäß § 2 Abs. 4 S. 2 PfandBG gelten im Übrigen für die Stellung des Sachwalters die Bestimmungen der §§ 30 bis 36 PfandBG.

60 **b) Sachwalterbestellung bei Insolvenz oder Insolvenzgefährdung (§ 30 Abs. 2 S. 1 und Abs. 5 S. 1 sowie § 31 Abs. 1, 2 und 4 PfandBG).** Im Fall der Eröffnung des Insolvenzverfahrens (§ 30 Abs. 2 PfandBG) und bei Insolvenzgefährdung im Sinne des § 46a KWG (§ 30 Abs. 5 PfandBG) ernennt für den Rechtsträger einer Pfandbriefbank das Amtsgericht durch den Richter (§ 17 Nr. 2 lit. a RPflG) auf Antrag der Bundesanstalt für Finanzdienstleistungsaufsicht eine oder im Fall des Insolvenzverwalters gegebenenfalls zwei natürliche geeignete Personen als Sachwalter (§ 30 Abs. 2 S. 1 PfandBG), auf die damit die Verfügungsbefugnis bezüglich des Vermögens der Pfandbriefbank übergeht. Das Unternehmen und ein vorhandener Insolvenzverwalter sind nach § 7 Abs. 2 Nr. 1 an diesem Verfahren als Beteiligte hinzuzuziehen. Im Übrigen ist der Sachwalter durch gerichtlichen Beschluss zu bestellen, die Bestellung dem Registergericht mitzuteilen und im Bundesanzeiger bekanntzumachen und durch das Registergericht von Amts wegen im Register – ohne Veröffentlichung nach § 10 HGB – einzutragen (§ 31 Abs. 2 S. 2 und 3 PfandBG). Das Amtsgericht kann während der Tätigkeit des Sachwalters von diesem nach § 31 Abs. 1 PfandBG jederzeit einzelne Auskünfte oder einen Bericht über den Sachstand und die Geschäftsführung verlangen und hat auf Antrag des Sachwalters nach § 31 Abs. 5 PfandBG den Auslagenersatz und die Vergütung des Sachwalters nach den dort näher beschriebenen Kriterien festzusetzen. Insoweit wird in § 31 Abs. 5 S. 4 PfandBG auf die Bestimmung des § 46a Abs. 4 S. 3 und 4 KWG verwiesen (s. hierzu Rn. 58).

13. § 104 Abs. 2 S. 6 bis 9 und § 104u Abs. 2 S. 1 bis 6 VAG. Gegen den Inhaber einer **61** bedeutenden Beteiligung an einem Versicherungsunternehmen kann die Bundesanstalt für Finanzdienstleistungsaufsicht Maßnahmen ergreifen und bei dem Amtsgericht beantragen, einen Treuhänder zu bestellen, wenn Tatsachen vorliegen, die darauf schließen lassen, dass der Beteiligungsinhaber seinen gesetzlich beschriebenen Pflichten nicht nachkommt oder er nicht den gesetzlich beschriebenen Anforderungen genügt (§ 104 Abs. 4 S. 6 VAG). Zuständig ist der Richter (§ 17 Nr. 2 lit. a RPflG). Antragsberechtigt ist das Versicherungsunternehmen, ein an ihm Beteiligter und die Bundesanstalt für Finanzdienstleistungsaufsicht (§ 104 Abs. 2 S. 6 VAG); eine entsprechende vorangehende Entscheidung der Aufsichtsbehörde des Versicherungsunternehmens ist nicht erforderlich.[86] Das Gericht – das mit der Bestellung zugleich den Auslagenersatz und die Vergütung des Treuhänders festsetzt (§ 104 Abs. 2 S. 9 VAG) – wählt den Treuhänder aus und verschafft sich Gewissheit, dass dieser das Amt übernehmen will und zu dessen Ausübung geeignet ist. Es zieht als Beteiligten stets das Unternehmen zu dem Verfahren hinzu (§ 7 Abs. 2 Nr. 1), sofern dieses nicht selbst den Antrag gestellt hat. Im Verfahren hat das Gericht zu prüfen, ob unter Berücksichtigung des § 104 Abs. 2 VAG plausible Gründe für ein Bedürfnis der Treuhänderbestellung sprechen. Fallen die Voraussetzungen für seine Bestellung später weg, so ist sie nach § 104 Abs. 3 S. 7 auf Antrag der Bundesanstalt zu widerrufen. Ein ähnliches und im Übrigen dem Verfahren nach § 45a Abs. 2 KWG (s. hierzu Rn. 57) nachgestaltetes Verfahren sieht § 104u Abs. 2 VAG für die Bestellung eines Treuhänders bei einer gemischten Finanzholding-Gesellschaft an der Spitze eines Finanzkonglomerats vor, auf den die Ausübung der Stimmrechte an dem übergeordneten Finanzkonglomeratsunternehmen übertragen werden.

14. § 6 Abs. 4 S. 4 bis 7 BörsenG. Für den Inhaber einer bedeutenden Beteiligung an dem **62** Träger einer Börse (vgl. § 6 Abs. 1 BörsenG) kann in den Fällen des § 6 Abs. 4 S. 1 BörsenG, also vor allem bei der Vorliegen der Voraussetzungen für eine Untersagungsverfügung nach § 6 Abs. 2 BörsenG, ein Treuhänder vom Amtsgericht durch den zuständigen Richter (§ 17 Nr. 2 lit. a RPflG) bestellt werden, auf den durch die Börsenaufsichtsbehörde die Ausübung der Stimmrechte übertragen wird. Den Antrag hierfür kann der Träger der Börse, jeder an ihm Beteiligte oder die Börsenaufsichtsbehörde stellen (§ 6 Abs. 4 S. 4 BörsenG). Sobald die Gründe für seine Bestellung entfallen sind, ist diese auf Antrag der Börsenaufsichtsbehörde zu widerrufen (§ 6 Abs. 4 S. 5 BörsenG). Über die Festsetzung des Auslagenersatzes und der Vergütung des Treuhänders entscheidet auf Antrag des Treuhänders gleichfalls das Gericht (§ 6 Abs. 4 S. 7 BörsenG), wobei gegen die Entscheidung des Gerichts insoweit nur die Möglichkeit der Beschwerde besteht; die Rechtsbeschwerde ist ausdrücklich ausgeschlossen.

15. § 10 PartGG iVm.§ 146 Abs. 2, §§ 147 und 157 Abs. 2 HGB. Für die Bestellung und **63** Abberufung von Liquidatoren einer Partnerschaftsgesellschaft verweist § 10 Abs. 1 PartGG auf die einschlägigen Vorschriften zur offenen Handelsgesellschaft (§ 146 Abs. 2, § 147 Halbs. 2 und § 157 Abs. 2 HGB). Die Ausführungen zu diesen Bestimmungen (s. Rn. 4 f.) gelten daher entsprechend für die Liquidation von Partnerschaftsgesellschaften. Auch in diesen Fällen ist ausnahmsweise der Rechtspfleger funktionell zuständig (§ 17 Nr. 2 lit. a RPflG).

16. § 9 Abs. 2 und Abs. 3 S. 2 Schuldverschreibungsgesetz (SchVG). Bei nach deutschem **63** Recht begebenen inhaltsgleichen Schuldverschreibungen aus Gesamtemissionen, deren Schuldner nicht der Bund, ein Sondervermögen des Bundes, ein Land oder eine Gemeinde ist oder für die solche Rechtsträger haften (§ 1 SchVG), können Gläubiger deren Schuldverschreibungen zusammen 5 % der ausstehenden Schuldverschreibungen erreichen, nach § 9 Abs. 1 S. 2 SchVG verlangen, dass eine Gläubigerversammlung zu den in dieser Bestimmung beschriebenen Zwecken einberufen wird. Wird diesem Verlangen nicht entsprochen, besteht für sie nach § 9 Abs. 2 SchVG die Möglichkeit zu beantragen, dass sie selbst durch das Gericht zur Einberufung der Versammlung ermächtigt werden; zugleich kann das Gericht einen Vorsitzenden der Versammlung bestimmen. Funktionell zuständig ist der Rechtspfleger (§ 17 Nr. 2 lit. a RPflG). Die örtliche Zuständigkeit ergibt sich aus § 9 Abs. 3 S. 1 SchVG sowie §§ 376, 377. Mangels Sitz des Schuldners im Inland ist gegebenenfalls das Amtsgericht Frankfurt am Main zuständig (§ 9 Abs. 3 Satz 1 SchVG).

---

[86] *Fahr/Kaulbach/Bähr* § 104 VAG Rn. 31.

Abschnitt 2. Zuständigkeit

§ 376 Besondere Zuständigkeitsregelungen

(1) Für Verfahren nach § 374 Nr. 1 und 2 sowie § 375 Nummern 1, 3 bis 14 und 16 ist das Gericht, in dessen Bezirk ein Landgericht seinen Sitz hat, für den Bezirk dieses Landgerichts zuständig.

(2) ¹ Die Landesregierungen werden ermächtigt, durch Rechtsverordnung die Aufgaben nach § 374 Nr. 1 bis 3 sowie § 375 Nummern 1, 3 bis 14 und 16 anderen oder zusätzlichen Amtsgerichten zu übertragen und die Bezirke der Gerichte abweichend von Absatz 1 festzulegen. ² Sie können die Ermächtigung nach Satz 1 durch Rechtsverordnung auf die Landesjustizverwaltungen übertragen. ³ Mehrere Länder können die Zuständigkeit eines Gerichts für Verfahren nach § 374 Nr. 1 bis 3 über die Landesgrenzen hinaus vereinbaren.

Schrifttum: *Fleischhauer/Preuß,* Handelsregisterrecht, 2006; *Krafka,* Einführung in das Registerrecht, 2. Aufl. 2008; *ders./Willer,* Registerrecht, 7. Aufl. 2007; *Müther,* Das Handelsregister in der Praxis, 2. Aufl. 2007.

I. Allgemeines

1   Die Vorschrift beschränkt sich auf eine **abstrakte Festlegung der Zuständigkeit** für Registersachen und unternehmensrechtliche Verfahren. Als Vorgängervorschrift enthielt § 125 Abs. 1 FGG aF bis zur Reform der freiwilligen Gerichtsbarkeit im Jahr 2009 zudem die ausschließliche[1] sachliche Zuständigkeit der **Amtsgerichte,** wie dies in regelungstechnisch eigenartiger Weise ausdrücklich in § 376 Abs. 2 S. 1 auch heute noch bestimmt ist, obwohl sich die entsprechende Zuordnung nunmehr bereits aus § 23a Abs. 2 Nr. 3 und Nr. 4 GVG ergibt. Die Ermächtigung zur abweichenden Bestimmung durch Landesverordnung erlaubt ein hinreichend großes Maß an Flexibilität, wie es für die Spezialmaterien von Buch 5 angemessen ist.

II. Zuständigkeit in Registersachen

2   **1. Regelzuständigkeit.** Als Regelzuständigkeit sieht Abs. 1 vor, dass zentral das Gericht zuständig ist, in dessen Bezirk ein Landgericht seinen Sitz hat, und zwar für dessen gesamten Landgerichtsbezirk. Die damit verbundene **Zuständigkeitskonzentration** galt bereits nach § 125 Abs. 1 FGG aF seit 1. 1. 2002 und erlaubt die Entstehung größerer Registereinheiten, die auf Grund der damit verbundenen Sachkompetenz die teils technisch anspruchsvollen, teils rechtlich stark spezialisierten Aufgaben gut wahrnehmen können. Kraft Gesetzes gilt diese Zuständigkeitskonzentration nur für die Führung des Handels- und des Genossenschaftsregisters. Jedoch erlaubt die fakultative Konzentration nach Abs. 2 dasselbe auch für die Führung des Partnerschaftsregisters. Für Vereinsregistersachen gilt dagegen die allgemeine Konzentrationsermächtigung des § 23d GVG iVm. § 23a Abs. 2 Nr. 3 GVG und § 374 Nr. 4, ebenso für Güterrechtsregistersachen nach § 374 Nr. 5.

3   **2. Abweichende Zuständigkeiten.** Nach Abs. 2 können durch Landesrechtsverordnung andere oder zusätzliche Gerichte als registerführende Stellen bestimmt werden. Damit ist es möglich, landesweit weniger, gegebenenfalls auch nur ein einziges oder aber viele weitere Registergerichte einzurichten. Von dieser Möglichkeit wurde in den einzelnen Bundesländern in sehr unterschiedlicher Weise Gebrauch gemacht, beispielsweise ist in Sachsen-Anhalt nur das Amtsgericht Stendal,[2] in Thüringen nur das Amtsgericht Jena,[3] hingegen in Nordrhein-Westfalen und Niedersachsen eine große Zahl weiterer Registergerichte zuständig.[4] Die Zuständigkeitskonzentration oder -dekonzentration ist – anders als noch im Rahmen des § 125 Abs. 2 Nr. 1 FGG aF, der die **„schnellere und**

---

[1] Vgl. OLG Hamm OLGZ 1967, 333, 339.
[2] § 15 Grundbuch- und RegisterVO vom 13. 12. 2004 (GVBl. LSA S. 829) in der Fassung der VO vom 18. 7. 2006 (GVBl. LSA S. 416).
[3] § 2 Thüringer VO über gerichtliche Zuständigkeiten in der ordentlichen Gerichtsbarkeit vom 12. 8. 1993 (GVBl. S. 563), neu gefasst durch VO vom 19. 4. 2006 (GVBl. S. 233).
[4] S. im Einzelnen samt Nachweisen *Krafka/Willer,* Registerrecht, Rn. 13 (Handels- und Genossenschaftsregister) und Rn. 2020 (Partnerschaftsregister).

rationellere Führung des Registers" zur Voraussetzung der Schaffung von Alternativzuständigkeiten enthielt – für das Handels-, Genossenschafts- und Partnerschaftsregister gemäß Abs. 2 an keine Voraussetzungen mehr geknüpft. Dies ist unglücklich, weil damit sachfremde Erwägungen für eine Dekonzentration sogar dann ausschlaggebend sein dürfen, wenn diese der Abwicklung des Registerverkehrs offensichtlich abträglich wäre. Allerdings macht Abs. 2 S. 3 deutlich, dass mit der Möglichkeit **länderübergreifender Registerbezirke** der Gesetzgeber die Realisierung größerer und funktionellerer Registereinheiten im Blick hat und dieser Gesichtspunkt daher auch bei der Ausnutzung der Ermächtigung nach Abs. 2 S. 1 eine Rolle spielen sollte. Für Vereinsregistersachen ist zudem nach der allgemeinen Vorschrift des § 23d GVG eine Konzentration nur möglich, wenn die Zusammenfassung der sachlichen Förderung der Verfahren dient oder zur Sicherung der einheitlichen Rechtsprechung geboten erscheint.

3. Funktionelle Zuständigkeit. Für Registersachen nach § 374 Nr. 1 bis 3 (Handels-, Genossenschafts- und Partnerschaftsregistersachen) ist gemäß § 3 Nr. 2 lit. d RPflG grundsätzlich der **Rechtspfleger** zuständig, ebenso nach § 3 Nr. 1 lit. e RPflG für Güterrechtsregistersachen. Ausdrücklich benennt allerdings § 17 die dem **Richter** vorbehaltenen Geschäfte, wobei den Bundesländern auf Grund der Öffnungsklausel in § 19 Abs. 1 S. 1 Nr. 6 RPflG die weitergehende Übertragung auf Rechtspfleger in dort genau beschriebenem Umfang möglich ist. Die Vermutung spricht daher in Registersachen grundsätzlich für die Zuständigkeit des Rechtspflegers.[5] Uneingeschränkt entscheidet der Rechtspfleger über Anträge und Anmeldungen auf Eintragung in Abteilung A des Handelsregisters (s. näher § 374 Rn. 12), über Eintragungen in das Genossenschafts-, Partnerschafts- und Vereinsregister und über Anträge und Anmeldungen auf Eintragung in Abteilung B des Handelsregisters, jedenfalls soweit nicht nach § 17 Abs. 1 RPflG der Richter zuständig ist, wie etwa bei der Eintragung einer AG, KGaA, GmbH, eines VVaG oder bei der Eintragung von Satzungsänderungen dieser Rechtsträger. Für den **Urkundsbeamten der Geschäftsstelle** sehen §§ 28 bis 31 HRV vor- und nachgelagerte Verwaltungsaufgaben vor.

III. Zuständigkeiten in unternehmensrechtlichen Verfahren

Auch für unternehmensrechtliche Verfahren gilt im Umfang des Abs. 1 die Konzentration bei den registerführenden Gerichten. Da allerdings die fakultativen Konzentrations- und Dekonzentrationsmöglichkeiten des Abs. 2 unterschiedlich genutzt werden können, sind abweichende Zuständigkeiten theoretisch denkbar. Praktisch sinnvoll ist allein der Zuständigkeitsgleichlauf, um eine einheitliche und kompetente Sachbehandlung zu gewährleisten.

§ 377 Örtliche Zuständigkeit

(1) Ausschließlich zuständig ist das Gericht, in dessen Bezirk sich die Niederlassung des Einzelkaufmanns, der Sitz der Gesellschaft, des Versicherungsvereins, der Genossenschaft, der Partnerschaft oder des Vereins befindet, soweit sich aus den entsprechenden Gesetzen nichts anderes ergibt.
(2) Für die Angelegenheiten, die den Gerichten in Ansehung der nach dem Handelsgesetzbuch oder nach dem Binnenschifffahrtsgesetz aufzumachenden Dispache zugewiesen sind, ist das Gericht des Ortes zuständig, an dem die Verteilung der Havereischäden zu erfolgen hat.
(3) Die Eintragungen in das Güterrechtsregister sind bei jedem Gericht zu bewirken, in dessen Bezirk auch nur einer der Ehegatten oder Lebenspartner seinen gewöhnlichen Aufenthalt hat.
(4) § 2 Abs. 1 ist nicht anzuwenden.

Schrifttum: *Borsch,* Die Zulässigkeit des inländischen Doppelsitzes für Gesellschaften mbH, GmbHR 2003, 258; *Fleischhauer/Preuß,* Handelsregisterrecht, 2006; *Krafka,* Einführung in das Registerrecht, 2. Aufl. 2008; *ders./Willer,* Registerrecht, 7. Aufl. 2007.

I. Örtliche Zuständigkeit

1. Ausschließliche Zuständigkeit. Die Ausschließlichkeit der örtlichen Zuständigkeit in Registersachen ist nunmehr in Abs. 1 ausdrücklich normiert. Es handelt sich um einen **von Amts wegen**

---
[5] *Krafka/Willer,* Registerrecht, Rn. 21.

§ 377 2–6　　　　　　　　　　　　　　　　　　Buch 5. Abschnitt 2. Zuständigkeit

in jeder Lage des Verfahrens zu beachtenden Umstand. Für § 7 FGG aF, die bis zur Reform der freiwilligen Gerichtsbarkeit bis 31. 8. 2009 geltende Vorgängervorschrift des § 2 Abs. 3, war früher teilweise umstritten, ob diese Bestimmung auch für Registereintragungen Wirkung entfaltet. Nach zutreffender Ansicht[1] kann diese Frage nur für alle Registerarten einheitlich in der Weise beantwortet werden, dass § 2 Abs. 3 auch diesbezüglich unumschränkt gilt.

2　Allerdings kann gegebenenfalls die amtswegige Beseitigung der durch das **unzuständige Gericht** vorgenommenen Eintragung seitens des zuständigen Gerichts nach § 395 in Betracht kommen. Damit sind allgemein auch in Registersachen und unternehmensrechtlichen Verfahren nach § 2 Abs. 3 vorgenommene gerichtliche Handlungen nicht schon deswegen unwirksam, weil sie von einem unzuständigen Gericht vorgenommen wurden. Sie sind – mit Ausnahme allerdings der kraft § 383 Abs. 3 unanfechtbaren Registereintragungen – nur mit dem jeweils einschlägigen Rechtsbehelf beseitigbar, regelmäßig also mit der Beschwerde (§§ 58 ff.).

3　**2. Anknüpfungspunkte. a) Allgemeines.** Der Anknüpfungspunkt für die örtliche Zuständigkeit für Registersachen und unternehmensrechtliche Verfahren ist nunmehr einheitlich durch die **Niederlassung** beziehungsweise den **Sitz** des jeweiligen Rechtsträgers beschrieben. Die offensichtlich nicht abschließend gemeinte Aufzählung benennt nicht alle eingetragenen Rechtsträger und vernachlässigt etwa die in Abteilung A des Handelsregisters einzutragenden juristischen Personen nach § 33 HGB.

4　**b) Handelsniederlassung.** Für die Handelsniederlassung des Kaufmanns ist bei der Bestimmung der Handelsniederlassung nach § 29 HGB auf den Ort abzustellen, an dem auf Dauer die **Verwaltung des Unternehmens** eingerichtet ist, ohne dass es auf die Lage einzelner Betriebsstätten ankommt.[2] Gibt es keine besondere Verwaltungsniederlassung, gilt bei Kaufleuten notfalls deren Wohnsitz (§ 7 BGB) als Ort der Handelsniederlassung. Im Übrigen ist mit Eintragung der inländischen Geschäftsanschrift im Handelsregister nach § 29 HGB auch bei Kaufleuten ein Präjudiz für die entsprechende Zuständigkeit verbunden. Für juristische Personen nach § 33 HGB ist ebenfalls die Handelsniederlassung maßgeblich, auch wenn das für die Organisation des Rechtsträgers zugrunde liegende öffentliche Recht als „Sitz" des Rechtsträgers mehrere Orte benennt.[3]

5　**c) Sitz.** Für Gesellschaften, Vereine und sonstige registerfähige Vereinigungen ist – mit Ausnahme der juristischen Personen nach § 33 HGB (s. hierzu Rn. 4) – jeweils der Sitz des Rechtsträgers maßgeblich. Gemeint ist damit der im Register eingetragene **„Satzungssitz"**, auch wenn dieser vom Verwaltungssitz – gegebenenfalls auch erst durch eine spätere rein faktische Verlegung[4] – abweicht. Daher bleibt die registerlich vermerkte **inländische Geschäftsanschrift** im Hinblick auf die gerichtliche Zuständigkeit maßgebend, auch wenn etwa bei einer inländischen Kapitalgesellschaft allein im Ausland geschäftliche Aktivitäten entfaltet werden.[5] Für Personengesellschaften ist zur Bestimmung des Sitzes im Zweifel der **Ort der Geschäftsleitung** des Unternehmens maßgeblich. Eine besondere Zuständigkeit für rein inländische Zweigniederlassungen gibt es im Übrigen nicht, da diese keine selbständigen Rechtssubjekte sind und sie nur noch im Register der Hauptniederlassung vermerkt werden (s. § 13 Abs. 1 HGB); Zweigniederlassungen ausländischer Rechtsträger werden im Rahmen deutscher Verfahren nach dem Buch 5 gemäß § 13d HGB wie eigenständige Rechtsträger mit Sitz am Ort der Zweigniederlassung behandelt.

II. Sonderfälle

6　**1. Mehrfachsitz.** Eine zunächst auf Grund der deutschen Teilung zwischen 1945 und 1990 geduldete Praxis erlaubte insbesondere in der BR Deutschland und West-Berlin für Kapitalgesellschaften einen Doppelsitz und fand letztlich ihren Niederschlag in einzelnen, mittlerweile außer Kraft gesetzten Währungs- und Devisengesetzen. Da mit dieser Konstruktion vor allem für Publizitätsfragen und konstitutive Eintragungen erhebliche Rechtsunsicherheit verbunden ist, überwiegt mittlerweile die Auffassung, nach der ein Mehrfachsitz nicht nur bei Personengesellschaften, sondern auch bei Kapitalgesellschaften **grundsätzlich ausgeschlossen** ist.[6] Zwar wird teilweise angeführt,

---

[1] *Jansen/Steder* § 125 FGG Rn. 30 m. weit. Nachw. zum Streitstand zu § 7 FGG; *Keidel/Heinemann* Rn. 2; *Bumiller/Harders* Rn. 2.
[2] S. MünchKommHGB/*Krafka* § 29 Rn. 8.
[3] OLG Frankfurt FGPrax 2001, 86; BayObLGZ 2000, 210 = FGPrax 2000, 209; MünchKommHGB/*Krafka* § 33 Rn. 13 a.
[4] Hierzu BGH NJW 2008, 2914 = NZG 2008, 707.
[5] S. hierzu EuGH Rs. 212/97, Slg. 1999, I-1459 = NJW 1999, 2027 – Centros; EuGH Rs. 167/01, NJW 2003, 3331 – Inspire Art.
[6] MünchKommHGB/*Krafka* § 13 Rn. 33 f.; *Keidel/Heinemann* Rn. 13.

Örtliche Zuständigkeit   7–15 § 377

dass besondere wirtschaftliche oder politische Gründe in extrem gelagerten Ausnahmefällen die Billigung eines Mehrfachsitzes von Kapitalgesellschaften für den wirtschaftlichen Fortbestand des Unternehmens unumgänglich machen sollen.[7] Die hierfür angeführten Argumente leuchten unter registerrechtlicher Perspektive allerdings nicht ein, weil die Fortführung als Zweigniederlassung sogar unter der Weiterführung der bisherigen Firmierung möglich ist. Schließlich lässt die Regelung des Abs. 4 erkennen, dass solche örtliche Zuständigkeitskonkurrenzen nach der nunmehr geltenden Verfahrensordnung des FamFG von vornherein unerwünscht sind (vgl. Rn. 24).

2. Angelegenheiten in Ansehung einer Dispache (Abs. 2). a) Allgemeines. Der Abs. 2 **7** übernimmt die früher in § 149 FGG aF enthaltene Regelung zur örtlichen Zuständigkeit für die den Gerichten im Zusammenhang mit einer aufzumachenden Dispache übertragenen Aufgaben. Die Angelegenheiten der Dispache (§ 403 Rn. 5) sind Teil der Regeln über die große Haverei (verkehrssprachlich auch Haverie-Grosse genannt), die in den §§ 700 bis 733 HGB und in den §§ 78 bis 91 BinSchG niedergelegt sind.

Der Tatbestand der großen Haverei (§ 403 Rn. 3) liegt vor, wenn der Kapitän oder Schiffsführer **8** in einer für Schiff und Ladung gemeinsamen Gefahr vorsätzlich dem Schiff oder/und der Ladung einen Schaden zufügt (§ 700 HGB und § 78 BinSchG) und dadurch Schiff und Ladung ganz oder teilweise gerettet werden. Die Gefahrengemeinschaft von Schiff und Ladung führt im Falle einer großen Haverei zu einem gesetzlichen Schuldverhältnis mit dem Inhalt, dass der Schaden unter den Beteiligten anteilig geteilt wird.

Die Berechnung und Verteilung des Schadens einer großen Haverei unter den Beteiligten werden **9** in der Dispache vorgenommen. Die Dispache ist also eine Aufstellung und ein Verteilungsplan, in der die Beitragspflichten und Vergütungen der Beteiligten einer großen Haverei festgelegt werden.

Die Dispache wird von einem Sachverständigen, dem Dispacheur (§ 403 Rn. 7) nach den Vor- **10** gaben der §§ 700 bis 733 HGB sowie der §§ 78 bis 91 BinSchG „aufgemacht". Auch wenn eine Dispache nicht nach den gesetzlichen Regeln erstellt wird, sondern gem. Vereinbarungen zwischen den Beteiligten, zB den York-Antwerp Rules (YAR) der Seeschifffahrt oder den Haverie-Grosse-Regeln der Internationalen Vereinigung des Rheinschiffsregisters (IVR) der Binnenschifffahrt, sind die gesetzlichen Verfahrensregeln des FamFG (§ 377 Abs. 2 und §§ 403 bis 409) anzuwenden.[8]

Die Lösung der im Zusammenhang mit der Dispache auftretenden Streitigkeiten ist den Gerichten **11** übertragen. Abs. 2 regelt die örtliche Zuständigkeit der Gerichte im Falle solcher Streitigkeiten. Weitere Verfahrensvorschriften sind §§ 403 bis 409.

b) Angelegenheiten der Dispache, bei denen ein Gericht tätig wird. aa) Die gerichtliche **12** **Bestellung eine Dispacheurs, § 729 HGB.** Im Fall der großen Haverei, § 700 HGB und § 78 BinSchG (§ 403 Rn. 3) ist ein Dispacheur (§ 403 Rn. 7) mit der Erstellung einer Dispache (§ 403 Rn. 5) zu beauftragen (§ 728 HGB und § 87 BinSchG). Der Dispacheur ist ein amtlich „ein für allemal" bestellter Sachverständiger. Kann ein solcher nicht gefunden werden, können die Personen, die zur Aufmachung einer Dispache berechtigt sind, beim Amtsgericht den **Antrag stellen, eine geeignete Person für den konkreten Fall als Dispacheur zu bestellen (729 Abs. 1 HGB).**

Der § 375 Abs. 2 bezeichnet die gerichtliche Bestellung eines Dispacheurs nur **in Seeschiff-** **13** **fahrtssachen als unternehmensrechtliches Verfahren,** indem er allein auf § 729 Abs. 1 HGB verweist, jedoch über die gleichartige **binnenschifffahrtsrechtliche** Vorschrift, den § 87 Abs. 2 BinSchG schweigt. Gleichwohl ist auch die Bestellung eines Dispacheurs nach **§ 87 Abs. 2 BinSchG ein unternehmensrechtliches Verfahren** (§ 375 Rn. 19) und damit eine Angelegenheit im Sinne dieser Vorschrift.

bb) Weigerung des Dispacheurs, § 403. Hat sich eine große Haverei (§ 403 Rn. 3) ereignet, **14** ist die Dispache (§ 403 Rn. 5) unverzüglich von dem Kapitän oder dem Schiffsführer „aufzumachen", dh. ein Dispacheur (§ 403 Rn. 7) ist ohne schuldhaftes Verzögern mit der Erstellung der Dispache zu beauftragen (§ 728 Abs. 1 HGB und 87 Abs. 2 BinSchG). Im Fall, dass die genannten Personen ihrer Pflicht nicht nachkommen, kann auch jeder anderer Beteiligter die Dispache aufmachen, § 728 Abs. 2 HGB und § 87 Abs. 2 BinSchG (§ 403 Rn. 10).

Der Dispacheur hat das Recht, nicht die Pflicht, den Tatbestand der großen Haverei zu prüfen.[9] **15** Kommt er zum Ergebnis, dass **kein Fall der großen Haverei** vorliegt und lehnt er die Aufmachung der Dispache aus diesem Grund ab, kann der Beteiligte, der den Dispacheur beauftragte, das **Gericht**

---

[7] Für eine noch weitergehende Zulässigkeit des Mehrfachsitzes ist *Borsch* GmbHR 2003, 258; s. ferner LG Essen ZIP 2001, 1632.
[8] OLG Hamburg VersR 1996, 393; *Rabe* Anhang § 729 HGB Rn. 7; aA *Keidel/Heinemann* Rn. 36 m. weit. Nachw.
[9] *Keidel/Heinemann* Rn. 5.

§ 377 16–21 Buch 5. Abschnitt 2. Zuständigkeit

anrufen, § 403. **Antragsberechtigt** ist also nur der Auftraggeber des Dispacheurs. Andere Beteiligte sind nicht antragsberechtigt.[10] Verweigert der Dispacheur die Aufmachung der Dispache **aus anderen Gründen,** ist die Anrufung des Gerichts **unzulässig.**

16 cc) **Aushändigung von Schriftstücken an den Dispacheur, § 404 Abs. 1.** Auf Antrag des Dispacheurs (§ 403 Rn. 7) kann das Gericht einen an der großen Haverei (§ 403 Rn. 3) Beteiligten verpflichten, dem Dispacheur die in seinem Besitz befindlichen Schriftstücke, zu deren Mitteilung er gesetzlich verpflichtet ist, auszuhändigen. Der Dispacheur braucht für die rechnerische Aufstellung und die Verteilung der Schäden Unterlagen, die die Beteiligten besitzen (zB Versicherungspolicen, Frachtbriefe u. ä.), ohne die er seine Aufgabe nicht erfüllen kann. Ein Gericht muss entscheiden, ob ein Beteiligter **konkret benannte Unterlagen** an den Dispacheur herausgeben muss. Die Rechtsgrundlagen für die **Herausgabepflicht** sind **die § 729 Abs. 2 HGB** für die Seeschifffahrt und **§ 87 Abs. 2 BinSchG** für die Binnenschifffahrt.

17 dd) **Einsichtsrecht in die Dispache und das Recht auf Abschriften, § 404 Abs. 2.** Mit der Pflicht der Beteiligten der Urkundenvorlage an den Dispacheur korrespondiert deren Recht, Einsicht in die Dispache und deren Unterlagen sowie Abschriften davon verlangen zu können. Die Beteiligten können nur so die Richtigkeit und Vollständigkeit der Dispache überprüfen und entscheiden, ob sie gegen die Dispache Widerspruch einlegen. Weigert sich der Dispacheur diesen Verpflichtungen nachzukommen, hat das Gericht darüber zu entscheiden, das zuständig ist, für Angelegenheiten in Ansehung einer aufzumachenden Dispache.[11]

18 ee) **Gerichtliche Verhandlung über die Dispache, §§ 405, 406.** Hat der Dispacheur (§ 403 Rn. 7) die Dispache (§ 403 Rn. 5) fertig aufgemacht und die Schadensverteilung der großen Haverei (§ 403 Rn. 3) durch Beitragspflichten und Vergütungsansprüche geregelt, kann jeder an der großen Haverei Beteiligter eine mündliche Verhandlung über die Dispache verlangen, um durch die **gerichtliche Bestätigung der Dispache** einen **Titel** zu erhalten (§ 409). Ziel des Antrages auf mündliche Verhandlung kann aber auch sein, die gerichtliche Bestätigung der Dispache in der vorliegenden Form zu verhindern.

19 ff) Die Zuständigkeit des Gerichts zur **Verfolgung des Widerspruchs gegen die Dispache (§ 407)** wird durch § 407 Abs. 1 S. 2 iVm. § 879 geregelt, **nicht durch § 377 Abs. 2.** Dieses Verfahren beschäftigt sich zwar mit der Dispache, ist aber kein Bestandteil des Dispacheverfahrens des FamFG. Erhebt im Dispacheverfahren nach §§ 405, 406 ein Beteiligter einen Widerspruch gegen die Dispache und kann der Widerspruch nicht bereinigt werden, muss der Widersprechende seine Rechtsposition in einem streitigen Verfahren, dem Dispachewiderspruchsverfahren klären lassen. Die Zuständigkeit des Streitgerichts ist in § 407 Abs. 1 S. 2 iVm. § 879 geregelt. Danach ist das Gericht zuständig bei dem das Dispacheverfahren anhängig ist und, wenn der Streitwert die Zuständigkeit des Amtsgerichts übersteigt, das Landgericht.

20 c) **Ort der Verteilung der Havereischäden. aa) Die örtliche Zuständigkeit des Gerichts,** das über die Angelegenheiten der Dispache zu entscheiden hat, ist der Ort, an dem die Schäden der großen Haverei verteilt werden („Dispachierungsort"). Für die **Seeschifffahrt** ist das der Bestimmungsort des Schiffes und, wenn dieser nicht erreicht wird, der Hafen, wo die Reise endet **(§ 727 HGB).** Ist die Ladung eines Seeschiffes für verschiedene Häfen bestimmt, ist an jedem Bestimmungsort eine Teildispache aufzumachen. Bei Angelegenheiten dieser Teildispachen ist das Gericht des Ortes zuständig, an dem die Teildispache aufgestellt wurde. Im Bestimmungshafen der letzten Teilladung ist die Schlussdispache aufzumachen mit der entsprechenden Folge für die örtliche Zuständigkeit.[12] Im **Binnenschifffahrtsrecht** ist es nur der Ort, wo die Reise endet **(§ 86 BinSchG).** Mit Erreichen des Bestimmungsortes endet die Gefahrengemeinschaft von Schiff und Ladung. Deshalb sind spätestens hier die Schäden der großen Haverei festzustellen und zu verteilen.

21 bb) **Vereinbarungen über die örtliche Zuständigkeit** des Gerichts sind **nicht zulässig,** auch nicht durch rügelose Einlassung. Das FamFG schließt einen gewillkürten Gerichtsstand aus.[13] Die Vorschriften über den **Dispachierungsort** (§ 727 HGB und § 86 BinSchG) sind dagegen disponibel

---

[10] Keidel/Heinemann Rn. 12.
[11] Nach hM, Keidel/Heinemann Rn. 14 m. weit. Nachw., muss die Einsichtnahme in die Dispache und ihren Unterlagen mit einer Klage vor dem Zivilgericht (auch einstw. Verfügung) gegen den Dispacheur durchgesetzt werden. Es gibt keinen Grund, das Einsichtsrecht der Beteiligten in die Dispache, nicht als eine Angelegenheit in Ansehung einer aufzumachenden Dispache im Sinne des § 375 Nr. 2 und § 377 Abs. 2 zu qualifizieren.
[12] Das hat heute keine praktische Bedeutung mehr, weil sich die Beteiligten sehr oft auf einen anderen Dispachierungsort einigen vgl. Rabe § 727 HGB Rn. 2 f. und § 714 HGB Rn. 5.
[13] Zimmermann FamFG Rn. 9.

und **Vereinbarungen** zugänglich.[14] Da die örtliche Zuständigkeit an den Dispachierungsort geknüpft ist, können Vereinbarungen darüber, den Gerichtsstand mittelbar bestimmen.

cc) Zuständigkeitskonzentration. Die Landesregierungen haben die Möglichkeit die örtliche Zuständigkeit zu konzentrieren (§ 23d GVG).[15] Diese Vorschrift ersetzt § 149 S 2 FGG. 22

dd) Die sachliche Zuständigkeit ist den Amtsgerichten zugewiesen (§ 23a Abs. 1 Nr 4 GVG). Hier entscheidet **funktional zuständig** der Richter, nicht der Rechtspfleger (§ 17 Nr. 2 lit. a RPflG). 23

3. Güterrechtsregistersachen. Abs. 3 wiederholt wortgleich unter zusätzlicher Benennung der eingetragenen Lebenspartner die Vorschrift des **§ 1558 Abs. 1 BGB** und belässt es daher bei der überaus schwerfälligen, wohl aber unter Berücksichtigung der gebotenen Registerpublizität für potenziell Einsichtnehmende notwendigen Bestimmung, wonach Eintragungen im Güterrechtsregister bei jedem Gericht zu erfolgen haben, in dessen Bezirk einer der Ehegatten seinen gewöhnlichen Aufenthalt hat. Ferner ist nach **Art. 4 EGHGB** für Kaufleute zusätzlich am Ort der Handelsniederlassung ein weiteres zuständiges Gericht für die Eintragungen im Güterrechtsregister zu berücksichtigen. 24

4. Mehrere zuständige Gerichte. In Abs. 4 wird allgemein für die Verfahren nach Buch 5 bestimmt, dass § 2 Abs. 1 keine Anwendung findet. Der Gesetzgeber geht damit erkennbar davon aus, dass in diesen Angelegenheiten eine Zuständigkeitskonkurrenz mehrerer Gericht nicht denkbar ist. Sieht man vom mittlerweile abschlägig zu beurteilenden Fall des Mehrfachsitzes einer Kapitalgesellschaft (s. Rn. 6) ab, trifft dies zu. Der Gesetzesbegründung, dass die entsprechende Regelung des Allgemeinen Teils nicht geeignet ist,[16] ist somit zuzustimmen. Im Übrigen spricht Abs. 4 dafür, dass der Gesetzgeber Situationen, die einen entsprechenden Zuständigkeitskonflikt herbeiführen, generell vermieden wissen will. Hieraus lässt sich zwanglos ein weiteres Argument **gegen die Zulässigkeit eines Mehrfachsitzes** ebenso herauslesen, wie die **Ablehnung vorzeitiger Satzungsänderungen** im Vorgriff einer späteren Sitzverlegung bei Kapitalgesellschaften.[17] 25

---

[14] *Rabe* § 727 HGB Rn. 3; *v. Waldstein/Holland* Anhang zu §§ 87, 88 BinSchG Rn. 5.
[15] BT-Drucks. 16/6308, S 285.
[16] BT-Drucks. 16/6308, S. 285.
[17] Unzutreffend ist daher jedenfalls unter Berücksichtigung der neuen Gesetzeslage das Gutachten in DNotI-Report 2008, 25 zur Zulässigkeit der Eintragung einer künftigen Sitzverlegung im Handelsregister einer Aktiengesellschaft.

Abschnitt 3. Registersachen

Unterabschnitt 1. Verfahren

§ 378 Antragsrecht der Notare

(1) ¹ Für Erklärungen gegenüber dem Register, die zu der Eintragung erforderlich sind und in öffentlicher oder öffentlich beglaubigter Form abgegeben werden, können sich die Beteiligten auch durch Personen vertreten lassen, die nicht nach § 10 Abs. 2 vertretungsberechtigt sind. ² Dies gilt auch für die Entgegennahme von Eintragungsmitteilungen und Verfügungen des Registers.

(2) Ist die zur Eintragung erforderliche Erklärung von einem Notar beurkundet oder beglaubigt, gilt dieser als ermächtigt, im Namen des zur Anmeldung Berechtigten die Eintragung zu beantragen.

Schrifttum: *Eylmann/Vaasen*, Bundesnotarordnung und Beurkundungsgesetz, 2. Aufl. 2004; *Fleischhauer/ Preuß*, Handelsregisterrecht, 2006; *Krafka*, Einführung in das Registerrecht, 2. Aufl. 2008; *ders./Willer*, Registerrecht, 7. Aufl. 2007; *Müther*, Das Handelsregister in der Praxis, 2. Aufl. 2007.

I. Bevollmächtigte in Registersachen

1   **1. Allgemeines.** Die generelle Beschränkung der Vertretungspersonen nach § 10 Abs. 2 wird durch Abs. 1 für Registersachen insoweit für unanwendbar erklärt, als es um Erklärungen gegenüber „dem Register", genauer der jeweils das Register führenden Stelle geht und es sich um Dokumente handelt, die in öffentlicher oder öffentlich beglaubigter Form einzureichen sind. Ausweislich der Beschlussfassung des Rechtsausschusses ist eine **„Klarstellung"** bezweckt, für die ein erhebliches praktisches Bedürfnis bestand, insbesondere um die allgemeine Praxis der Registervollmachten bei Publikumspersonenhandelsgesellschaften unverändert fortführen zu können.[1] Jedenfalls gab es für die ursprüngliche Fassung des § 10 Abs. 2 im Rahmen des Registerverfahrens „normzweckorientierte Zweifel" über den Anwendungsbereich dieser Vorschrift, die durch Abs. 1 behoben werden sollen.[2]

2   **2. Vertretungshandlungen.** Die Unanwendbarkeit des § 10 Abs. 2 beschränkt sich auf in öffentlicher oder öffentlich beglaubigter Form bezüglich einer Registereintragung abzugebende Erklärungen (Abs. 1 S. 1) sowie auf die Entgegennahme von Eintragungsmitteilungen und Verfügungen, etwa solche nach § 382 Abs. 4. Betroffen sind damit insbesondere Anmeldungen zur Eintragung in das Handels-, Genossenschafts-, Partnerschafts- oder Vereinsregister (vgl. § 12 Abs. 1 HGB, § 157 GenG, § 5 Abs. 2 PartGG, § 77 BGB), für deren Vornahme damit insbesondere in Handelsregistersachen die nach § 12 Abs. 1 S. 2 HGB formgerechte Bevollmächtigung beliebiger Personen möglich ist. Sofern die Einreichung von Dokumenten in einfacher Schriftform ausreicht (vgl. etwa in Handelsregistersachen § 61 S. 1 UmwG, § 106 AktG, § 130 Abs. 5 Alt. 2 AktG) und eine Registereintragung damit nicht verbunden ist, verbleibt es dagegen bei der Beschränkung möglicher Vertretungspersonen nach § 10 Abs. 2. Im Rahmen des Abs. 1 S. 1 ist neben der Vertretung bei Eintragungsanträgen auch die bei einer etwaigen Rücknahme der Registeranmeldung möglich, da es sich insoweit um den entsprechenden Gegenakt handelt.[3] Der mit der Regelung des Abs. 1 S. 1 verbundene Wertungswiderspruch, dass die Vertretungsmöglichkeiten umso größer sind, je strenger die vorgeschriebene Form der abzugebenden Erklärung und je einschneidender die registerliche Folge – im Sinne der bloßen Hinterlegung oder aber der Eintragung im Register – ist, lässt sich allenfalls im Hinblick auf die für die Bevollmächtigung vorgesehene Form (s. etwa § 12 Abs. 1 S. 2 HGB) erklären, die allerdings etwa für Vereinsregistersachen nicht vorgesehen ist.

3   **3. Anwendung von § 10 Abs. 2.** Soweit in Abs. 1 S. 2 die Entgegennahme von „Verfügungen" vorgesehen ist, kann diesbezüglich angesichts des eindeutigen Wortlauts der Vorschrift nicht jede weitere Entscheidungsform des Gerichts eingeordnet werden. Insbesondere für die Entgegennahme von **Be-**

---

[1] S. BT-Drucks. 16/12717, S. 73, Erl. zu Art. 8 Nr. 1 lit. y), zitiert nach der elektronischen Vorabfassung.
[2] BT-Drucks. 16/12717, S. 76, Erl. zu Art. 9 Abs. 4, zitiert nach der elektronischen Vorabfassung.
[3] *Bumiller/Harders* Rn. 2.

schlüssen verbleibt es daher bei der Anwendung des § 10 Abs. 2.[4] Ferner ist zu beachten, dass es auch für die **Einlegung von Rechtsmitteln** bei der Anwendung des § 10 Abs. 2 verbleibt. Inwiefern damit etwaige unter Beachtung des Abs. 1 S. 1 erteilte Vollmachten „ins Leere laufen"[5] ist nicht zu erkennen, zumal die Erteilung einer allgemeinen Vollmacht für Registersachen rein verfahrensrechtlich eingeordnet werden kann und keineswegs zwingend die Einlegung etwaiger Rechtsmittel umfassen muss.

II. Anwendungsbereich von Abs. 2

1. Allgemeines. Wie die bis zur Reform der freiwilligen Gerichtsbarkeit im Jahr 2009 geltende Vorgängervorschrift des § 129 S. 1 FGG aF sieht § 378 Abs. 2 in Anlehnung an § 15 GBO eine **Vollmachtsvermutung zugunsten des deutschen**[6] **Notars** – entsprechend anzuwenden auch auf Notariatsverwalter (§§ 56 ff. BNotO) – vor, der im Rahmen eines registerlichen Eintragungsverfahrens tätig geworden ist. Die Vermutung gilt für alle Registersachen des § 374, mithin in Handels-, Genossenschafts-, Partnerschafts-, Vereins- und Güterrechtsregistersachen und hat den Sinn, durch Einschaltung der mutmaßlich sachkundigen Beurkundungsperson auf eine korrekte Antragstellung hinzuwirken und den hierbei bereits ohnehin befassten Notar als zur Einreichung Verpflichteten (s. § 53 BeurkG) in das weitere Verfahren mit einzubeziehen.

2. Zur Eintragung erforderliche Erklärung. Voraussetzung des Abs. 2 ist zunächst, dass eine für die Vornahme einer Eintragung erforderliche Erklärung vorliegt. Einigkeit besteht darüber, dass hierunter alle Erklärungen fallen, die Grundlage der beantragten Registereintragung sind.[7] Dazu zählen etwa Gesellschafterbeschlüsse, Gesellschaftsverträge und Unternehmensverträge. Nach zutreffender Ansicht gilt dieser aber auch bezüglich der für die Eintragung unabdingbaren **Anmeldung** zur Eintragung im Register gemäß § 12 Abs. 1 HGB, § 157 GenG, § 5 Abs. 2 PartGG und § 77 BGB.[8] Hierbei spielt es keine Rolle, ob die zugrunde liegende Erklärung notariell beurkundet oder lediglich **unterschriftsbeglaubigt** wurde und von wem der **Entwurf der Erklärung** erstellt wurde. Nur dieses weitgehende Verständnis der Ermächtigung wird der in der Gesetzesbegründung gezogenen Parallele zu § 15 GBO[9] gerecht, da auch dort bereits die Unterschriftsbeglaubigung hinsichtlich erforderlicher Bewilligungserklärungen genügt, um die Vollmachtsvermutung zur Antragstellung zu begründen. Stets gilt die Ermächtigung nur für den Notar, der letztlich die einschlägige Amtshandlung der Beglaubigung oder Beurkundung vorgenommen hat; bloße Vorbereitungen, wie zum Beispiel die Entwurfserstellung, genügen also nicht.

3. Antragsberechtigter. Hinsichtlich § 129 S. 1 FGG aF war umstritten, ob die gesetzliche Vollmachtsvermutung nur für solche Eintragungen galt, zu deren Anmeldung die Beteiligten registerrechtlich verpflichtet waren, zu deren Erfüllung sie also insbesondere nach § 14 HGB durch Auferlegung eines Zwangsgelds angehalten werden konnten. Durch die Neuformulierung dieser Regelung in § 378 Abs. 2 wurde im Rahmen der Reform der freiwilligen Gerichtsbarkeit klargestellt, dass die entsprechende Vermutung auch **für alle** übrigen **Eintragungsverfahren** gilt, indem nun nicht mehr auf die Verpflichtung zur Eintragung, sondern allein auf die Berechtigung hierzu abzustellen ist.[10]

4. Vorlage als Bote. Für den Notar besteht **keine Verpflichtung,** die Antragstellung als Vertreter im Rahmen des § 378 zu übernehmen. Er muss lediglich nach den beurkundungsrechtlichen Bestimmungen die Vorlage an das Registergericht nach § 53 BeurkG veranlassen, wenn er eine registerrechtlich relevante Beurkundung nach §§ 6 ff. BeurkG vorgenommen hat,[11] was bei Registeranmeldungen in der Regel nicht der Fall sein wird, weil diese lediglich unterschriftsbeglaubigt sein müssen (vgl. § 12 Abs. 1 HGB, § 77 BGB, § 1560 S. 2 BGB). Im Übrigen steht es dem Notar stets frei, die Registeranmeldung der Beteiligten nicht als Vertreter, sondern nur als Bote zu überbringen.

III. Ermächtigungswirkung von Abs. 2

1. Vollmachtsvermutung. Die gesetzliche Vollmachtsvermutung des § 378 Abs. 2 findet ausweislich des Wortlauts der Bestimmung für die Antragstellung Anwendung. **Für höchstpersönliche**

---

[4] AA *Bumiller/Harders* Rn. 2.
[5] So *Bumiller/Harders* Rn. 2.
[6] Vgl. *Keidel/Heinemann* Rn. 4.
[7] *Jansen/Steder* § 129 FGG Rn. 12 m. weit. Nachw.
[8] Ebenso *Keidel/Heinemann* Rn. 6; *Jansen/Steder* § 129 FGG Rn. 13; *Krafka/Willer*, Registerrecht, Rn. 123; *Fleischhauer/Preuß*, Handelsregisterrecht, Teil A Rn. 111; aA *Ebenroth/Boujong/Joost/Strohn/Schaub* § 12 HGB Rn. 114.
[9] BT-Drucks. 16/6308, S. 285.
[10] BT-Drucks. 16/6308, S. 285.
[11] Siehe *Eylmann/Vaasen/Limmer* § 53 BeurkG Rn. 3.

§ 379

Erklärungen, die im Zusammenhang mit der Anmeldung abzugeben sind, wie zum Beispiel Versicherungserklärungen[12] nach § 8 Abs. 2 und 3 GmbHG oder § 39 Abs. 3 GmbHG oder im Rahmen von Umwandlungsvorgängen nach § 16 Abs. 2 UmwG, findet die Vorschrift naturgemäß **keine Anwendung**, da in diesen Fällen eine Vertretung von vornherein ausgeschlossen ist. Will der Beteiligte die Wirkung des § 378 Abs. 2 vermeiden, so genügt eine dahingehende formlose Erklärung gegenüber dem Registergericht.[13] Die hiervon abweichende Auffassung der Rechtsprechung zu § 15 GBO[14] überzeugt für das Registerverfahren nicht, da es sich bei § 378 Abs. 2 nicht um eine gesetzliche Vertretungsmacht, sondern um eine vermutete gewillkürte Stellvertretung handelt, die jederzeit entkräftet und damit auch im Voraus untersagt beziehungsweise eingeschränkt werden kann.

9   **2. Antragstellung durch Notar.** Zugunsten des Notars, der mit der Angelegenheit in der dargestellten Weise (s Rn. 5) befasst war, gilt die Vermutung, dass er ermächtigt ist, die entsprechende Registereintragung zu beantragen, also förmlich im Wege der **Eigenurkunde**[15] die entsprechende registerfähige Tatsache zur Eintragung anzumelden. Einen **Nachweis** der Vollmacht darf das Gericht im Anwendungsbereich des § 378 Abs. 2 nicht verlangen. Gleichwohl handelt es sich nicht um ein eigenes Antragsrecht des Notars, der in diesem Rahmen lediglich als kraft Amtes ermächtigter gewillkürter Vertreter tätig wird. Von Bedeutung ist dies zum Beispiel für die Frage eines eigenen Beschwerderechts des den Antrag stellenden Notars (vgl. Rn. 11).

10 **3. Antragsrücknahme durch Notar.** Gemäß § 24 Abs. 3 BNotO ist der am Verfahren beteiligte Notar ohne weitere Vollmachtsvorlage zur Rücknahme von Eintragungsanträgen berechtigt. Dies gilt auch für solche Anträge, die er selbst im Rahmen des § 378 Abs. 2 gestellt hat, da andernfalls die Möglichkeit zur Rücknahme teilweise ins Leere liefe. Generell ist in diesem Zusammenhang fest zu halten, dass eine Registeranmeldung bis zur tatsächlichen Vornahme der Eintragung frei zurücknehmbar ist.[16]

11 **4. Beschwerde des Notars.** Gemäß §§ 58 ff. kann gegen einen die gewünschte Eintragung ablehnenden Beschluss oder gegen eine Zwischenverfügung nach § 382 Abs. 4 Beschwerde eingelegt werden. Wie im Rahmen des § 129 S. 1 FGG aF gilt auch nach § 378 Abs. 2, dass hierzu der Notar als ermächtigt gilt, der mit den zugrunde liegenden Erklärungen amtlich befasst war (s. Rn. 5). Zu beachten ist allerdings, dass die Beschwerde nur namens der Beteiligten, **nicht als im eigenen Namen** zulässig ist, da der Notar durch die Entscheidung des Gerichts nicht in eigenen Rechten verletzt sein kann.[17] Im Zweifel gilt jedoch die Beschwerde als im Namen all derer eingelegt, die beschwerdeberechtigt sind.[18] Zur Einlegung einer Rechtsbeschwerde ist der Notar jedenfalls dann berechtigt, wenn er im ersten Rechtszug einen Antrag gestellt hat.[19]

§ 379 Mitteilungspflichten der Behörden

(1) Die Gerichte, die Staatsanwaltschaften, die Polizei- und Gemeindebehörden sowie die Notare haben die ihnen amtlich zur Kenntnis gelangenden Fälle einer unrichtigen, unvollständigen oder unterlassenen Anmeldung zum Handels-, Genossenschafts-, Vereins- oder Partnerschaftsregister dem Registergericht mitzuteilen.

(2) ¹**Die Finanzbehörden haben den Registergerichten Auskunft über die steuerlichen Verhältnisse von Kaufleuten oder Unternehmen, insbesondere auf dem Gebiet der Gewerbe- und Umsatzsteuer, zu erteilen, soweit diese Auskunft zur Verhütung unrichtiger Eintragungen im Handels- oder Partnerschaftsregister sowie zur Berichtigung, Vervollständigung oder Löschung von Eintragungen im Register benötigt wird.** ²**Die Auskünfte unterliegen nicht der Akteneinsicht (§ 13).**

---

[12] Allgemein hierzu *Krafka*, Einführung in das Registerrecht, Rn. 262 ff.
[13] Vgl. *Jansen/Steder* § 129 FGG Rn. 26; *Keidel/Kuntze/Winkler* § 129 FGG Rn. 4.
[14] OLG Jena Rpfleger 2002, 516; OLG Düsseldorf Rpfleger 2001, 123.
[15] Hierzu BGHZ 78, 36 und MünchKommHGB/*Krafka* § 12 Rn. 13.
[16] MünchKommHGB/*Krafka* § 12 Rn. 11; *Keidel/Heinemann* Rn. 13; *Bumiller/Harders* Rn. 6.
[17] BayObLG NZG 2000, 1232; BayObLGZ 1984, 29; OLG Köln OLGZ 1983, 267; *Jansen/Steder* § 129 FGG Rn. 32; *Krafka/Willer*, Registerrecht, Rn. 125.
[18] S. OLG Zweibrücken MittRhNotK 2000, 440; *Jansen/Steder* § 129 FGG Rn. 38; *Krafka/Willer*, Registerrecht, Rn. 125.
[19] Vgl. *Keidel/Heinemann* Rn. 14 f.

I. Allgemeines

1. Allgemeine Mitwirkungspflichten. Die Vorschrift des § 379 enthält Mitteilungs- und Auskunftspflichten von Stellen, die mit registerrelevanten Informationen betraut sein können und soll im Sinne einer **effektiven Registerführung** helfen, den Registerinhalt auf möglichst aktuellem Stand zu halten. Da das Registergericht nur selten von sich aus Informationen erhält, die zum Beispiel ein Zwangsverfahren zur Herbeiführung einer Eintragung im Sinne des § 14 HGB iVm. §§ 388 ff. (oder § 79 Abs. 1 GmbHG, §§ 407 f. AktG, § 160 GenG, § 16 VAG, § 78 BGB) rechtfertigen können, ist es auf die Hilfe weiterer Behörden angewiesen. Ergänzt wird § 379 durch die allgemeine Regelung des **§ 15 EGGVG,** nach der die Übermittlung personenbezogener Daten in Zivilsachen und in Angelegenheiten der freiwilligen Gerichtsbarkeit zulässig ist, wenn die Kenntnis der Daten zur Berichtigung oder Ergänzung einer Registereintragung aus Sicht der übermittelnden Stelle erforderlich ist. Die Erfüllung der Mitwirkungspflichten kann gegebenenfalls nur mit Hilfe der **Dienstaufsichtsbeschwerde** durchgesetzt werden.

2. Besondere Mitwirkungspflichten. Weitere besondere Übermittlungspflichten in Registersachen sieht insbesondere **§ 31 InsO** für das Insolvenzgericht vor, wenn der Schuldner im Handels-, Genossenschafts-, Partnerschafts- oder Vereinsregister eingetragen ist. Damit soll die amtswegige Eintragung der Insolvenzvermerke nach § 32 HGB und § 75 BGB sichergestellt werden. Ferner ist nach der Anordnung über **Mitteilungen in Zivilsachen** XVII § 4 vorgesehen, dass das Nachlassgericht eine Benachrichtigung an das Registergericht übermittelt, wenn ihm aus Anlass einer Testaments- oder Erbvertragseröffnung beziehungsweise der Erteilung eines Erbscheins zur Kenntnis gelangt, dass der Erblasser Inhaber eines Handelsgeschäfts, Gesellschafter einer Personenhandelsgesellschaft oder Mitglied einer Partnerschaft beziehungsweise einer Genossenschaft war. Im Übrigen enthalten Sonderbestimmungen jeweils weitere Mitwirkungspflichten von Gerichten und Behörden (s. zum Beispiel §§ 396, 398 AktG, § 87 Abs. 2 VAG).

II. Mitteilungspflichten

1. Allgemeines zur Mitteilungspflicht. Sinn der Mitteilungspflicht nach Abs. 1 ist es, möglichst sachlich und rechtlich zutreffende Registereintragungen zu bewirken (s. Rn. 1). Allerdings besteht Einigkeit darüber, dass die Erfüllung der Mitteilungspflichten nach Abs. 1 ausschließlich im Allgemeinen und öffentlichen Interesse an einer effektiven Registerführung erfolgt, mithin hieraus also **keine Amtspflichten gegenüber Dritten oder Beteiligten** abgeleitet werden können.[1] Die Mitteilungspflichten gelten für alle Rechtsträgerregistersachen, mithin für Eintragungen in Handels-, Genossenschafts-, Partnerschafts- und Vereinsregistern, und gehen insoweit über die allgemeinen Amtshilfeanforderungen hinaus, als sie von den betroffenen Stellen ein von sich aus zu initiierendes Tätigwerden fordern. In Güterrechtsregistersachen besteht dagegen keine erzwingbare Anmeldepflicht, so dass diesbezüglich die Anwendung des Abs. 1 ausgeschlossen ist. Im Übrigen sind lediglich solche Tatsachen mitteilungspflichtig, die zu einer **Registereintragung** führen sollen, nicht also Umstände oder Dokumente, die nur mitgeteilt oder eingereicht werden müssen. Dies macht die Bezugnahme in Abs. 1 auf die „Anmeldung" deutlich, die erkennbar im Kontext des § 12 Abs. 1 HGB verwendet wurde und gegen die Dokumenteneinreichung gemäß § 12 Abs. 2 HGB abzugrenzen ist. Daher fällt die bloße Einreichung einer neuen Gesellschafterliste nach § 40 GmbHG nicht in den Anwendungsbereich des Abs. 1, weil eine Registereintragung damit nicht verbunden ist; hiervon unberührt bleibt naturgemäß die für den Notar nach dieser Vorschrift bestehende Einreichungspflicht. Dagegen ist ein wichtiger Fall der nunmehr eintragungspflichtigen und damit auch nach Abs. 1 mitteilungspflichtigen Tatsache die **inländische Geschäftsanschrift,** die seit 1. 11. 2008 in das Handelsregister eingetragen wird und bei Kapitalgesellschaften für die Möglichkeit einer öffentlichen Zustellung gemäß § 15a HGB und § 185 Nr. 2 ZPO von Bedeutung ist.

2. Mitteilungspflichtige Stellen. Mitteilungspflichtig sind Staatsanwaltschaften, Polizei- und Gemeindebehörden sowie Notare. Für letztere entfällt damit die Schweigepflicht gemäß § 18 BNotO. Gelangt einem Anwaltsnotar im Rahmen seiner anwaltlichen Tätigkeit ein registerpflichtiger Umstand zur Kenntnis, so findet hierauf Abs. 1 angesichts der insoweit eindeutig trennbaren Tätigkeitskreise und dem Wortlaut der Bestimmung keine Anwendung. Als Gemeindebehörden sind nicht nur die kommunalen Träger selbst zu verstehen, sondern vielmehr alle öffentlich-rechtlichen Gebietskörperschaften wie etwa Kreise, Bezirke oder kommunalrechtliche Zusammenschlüsse.

---

[1] *Jansen/Steder* § 125a FGG Rn. 10; *Keidel/Heinemann* Rn. 7.

§ 380   Buch 5. Abschnitt 3. Registersachen

5   **3. Mitteilungspflichtige Vorgänge.** Mitteilungspflichtig sind nach dem Zweck der Vorschrift (s. Rn. 1) nur solche Vorgänge, denen eine mit Zwangsmitteln zu bewirkende **Anmeldepflicht** – insbesondere also nach § 14 HGB iVm. §§ 388 ff. – zugrunde liegt. Schließt also das Gesetz für einzelne im Register eintragbare Tatsachen ausdrücklich die Erzwingbarkeit aus (s. § 79 Abs. 2 GmbHG, § 407 Abs. 2 S. 1 AktG, § 316 Abs. 2 AktG), so besteht diesbezüglich auch keine Mitteilungspflicht nach Abs. 1.[2] Darüber hinaus sind solche Vorgänge mitteilungspflichtig, die Anlass geben können, ein Löschungsverfahren nach §§ 394 ff. zu eröffnen, da auch hierdurch unmittelbar die Richtigkeit des Registerinhalts gefördert wird.

III. Auskunftspflichten

6   **1. Allgemeines zur Auskunftspflicht.** Eine Auskunftseinholung nach Abs. 2 setzt voraus, dass diese zur Vermeidung unrichtiger Eintragungen im Handels- oder Partnerschaftsregister sowie zur Berichtigung, Vervollständigung oder Löschung im Register benötigt wird. Relevant ist die Auskunftspflicht vor allem dann, wenn ermittelt werden muss, ob ein im Register eingetragener Rechtsträger vermögenslos ist und damit seine **Löschung nach § 394** vorzunehmen ist.[3] Darüber hinaus wird als Beispiel die Ermittlung des Vorliegens eines Gewerbebetriebs nach **§ 1 Abs. 2 HGB** und damit die Vorbereitung der möglichen Anmeldungserzwingung gemäß §§ 14, 29 HGB genannt.[4] Gemäß Abs. 3 S. 2 unterliegen die Auskünfte nicht der Akteneinsicht nach § 13 und sind daher gemäß § 24 Abs. 6 AktO zu unter Verschluss zu haltenden Sammelakten zu nehmen, die ausschließlich den registerführenden Personen zur Verfügung stehen. Abschriften von diesen Auskünften dürfen daher gleichfalls nicht erteilt werden.

7   **2. Auskunftspflichtige Behörden.** Auskunftspflichtig sind alle **Finanzbehörden,** insbesondere auf dem Gebiet der Gewerbe- und Umsatzsteuer. Regelmäßig betroffen sind damit Finanzämter aller Art, nicht aber die Finanzgerichte, die naturgemäß auf dem Gebiet der Rechtsprechung tätig sind und damit nicht als Behörden im Sinne des Abs. 2 eingeordnet werden können.

8   **3. Auskunftspflichtige Umstände.** Abs. 2 hebt besonders Auskünfte aus dem Bereich der Gewerbe- und Umsatzsteuer hervor. Abschließend soll diese Beschreibung erkennbar nicht sein, so dass insbesondere auch Anfragen in Bezug auf etwaige körperschafts- oder einkommensteuerliche Umstände beantwortet werden müssen, wenn sie im Zusammenhang mit dem im Register eingetragenen Rechtsträger stehen.

§ 380 Beteiligung der berufsständischen Organe; Beschwerderecht

(1) Die Registergerichte werden bei der Vermeidung unrichtiger Eintragungen, der Berichtigung und Vervollständigung des Handels- und Partnerschaftsregisters, der Löschung von Eintragungen in diesen Registern und beim Einschreiten gegen unzulässigen Firmengebrauch oder unzulässigen Gebrauch eines Partnerschaftsnamens von
1. den Organen des Handelsstandes,
2. den Organen des Handwerksstandes, soweit es sich um die Eintragung von Handwerkern handelt,
3. den Organen des land- und forstwirtschaftlichen Berufsstandes, soweit es sich um die Eintragung von Land- oder Forstwirten handelt,
4. den berufsständischen Organen der freien Berufe, soweit es sich um die Eintragung von Angehörigen dieser Berufe handelt,

(berufsständische Organe) unterstützt.

(2) [1] Das Gericht kann in zweifelhaften Fällen die berufsständischen Organe anhören, soweit dies zur Vornahme der gesetzlich vorgeschriebenen Eintragungen sowie zur Vermeidung unrichtiger Eintragungen in das Register erforderlich ist. [2] Auf ihren Antrag sind die berufsständischen Organe als Beteiligte hinzuzuziehen.

(3) In Genossenschaftsregistersachen beschränkt sich die Anhörung nach Absatz 2 auf die Frage der Zulässigkeit des Firmengebrauchs.

(4) Soweit die berufsständischen Organe angehört wurden, ist ihnen die Entscheidung des Gerichts bekannt zu geben.

(5) Gegen einen Beschluss steht den berufsständischen Organen die Beschwerde zu.

---

[2] *Jansen/Steder* § 125a FGG Rn. 4; *Keidel/Heinemann* Rn. 4.
[3] BT-Drucks. 16/6306, S. 285.
[4] *Jansen/Steder* § 125a FGG Rn. 11.

I. Allgemeines

1. Unterstützungspflicht. Nach Abs. 1 haben berufsständische Organe die Pflicht zur Unterstützung der Registergerichte bei der Erfüllung ihrer Aufgaben. Dies gilt sowohl zur **Vermeidung unrichtiger Registereintragungen,** wie bei deren **Berichtigung oder Vervollständigung** und der **amtswegigen Löschung** von Eintragungen und bei einem Einschreiten wegen unzulässigen Firmen- beziehungsweise Namensgebrauchs eines registerlich vermerkten Rechtsträgers. Die Unterstützungspflicht besteht für diese Organe **von Amts wegen** und damit ohne vorheriges Ansuchen von Seiten des Registergerichts. Die entsprechenden Stellen haben daher von sich aus die ihnen verschafften Erkenntnisse in Bezug auf registerliche Vorgänge dem Gericht unaufgefordert mitzuteilen. Neben dieser allgemeinen Unterstützungspflicht besteht das formalisierte Anhörungsverfahren nach den Absätzen 2 und 3 (s. hierzu Rn. 6 ff.), das die Möglichkeit der Anforderung eines Gutachtens bei der Industrie- und Handelskammer nach § 23 HRV aF in der Fassung vor der Reform der freiwilligen Gerichtsbarkeit im Jahr 2008 ersetzt hat (vgl. Rn. 4). Eine weitere Form gegenseitiger Unterstützung ist die Mitteilung über die Anlegung oder Änderungen von Registerblättern, die nach **§ 37 HRV** in Ausführung der Ermächtigung des § 387 Abs. 3 vorgesehen ist. Die Stellung der berufsständischen Organe wurde im Zuge der genannten Reform erkennbar abgesichert, indem nunmehr für amtswegige Verfahren ausdrücklich Antragsrechte und Anhörungspflichten vorgesehen wurden (s. § 393 Abs. 1 S. 1, § 394 Abs. 1 S. 1 und Abs. 2 S. 3, § 395 Abs. 1 S. 1, § 399 Abs. 1 S. 1), die zuvor teilweise zwar anerkannt, aber nicht kodifiziert waren.

2. Berufsständische Organe. Als mitwirkende berufsständische Organe zählt Abs. 1 abschließend auf: die Organe des Handelsstands, also die Industrie- und Handelskammern gemäß den Bestimmungen des IHK-Gesetzes **(Nr. 1)**, die Organe des Handwerksstands, also die Handwerkskammern gemäß §§ 90 ff. HandwO **(Nr. 2)**, die Organe des land- und forstwirtschaftlichen Berufsstands, also die Landwirtschaftskammern, sowie zum Beispiel in Baden-Württemberg die Landwirtschaftsämter für landwirtschaftliche Betriebe, in Bayern der Bauernverband und in Berlin der Senator für Wirtschaft **(Nr. 3)**, sowie die berufsständischen Organe der freien Berufe **(Nr. 4)**. Die Kammern der freien Berufe haben hierbei das Registergericht nicht nur bei der Führung des Partnerschaftsregisters, sondern insbesondere bei Rechtsanwalts-, Steuerberatungs- oder Architektenkapitalgesellschaften auch bei der Führung des Handelsregisters durch Gutachten oder Stellungnahmen im Wege der Anhörung nach Abs. 2 zu unterstützen. Weitere Organe wie die Handwerksinnungen (§§ 52 ff. HandwO) können zwar im Rahmen der Ermittlungen nach § 26 gehört werden. Ihnen stehen aber nicht die Rechte aus § 380 zu.

Sind **mehrere berufsständische Organe** im selben Registerverfahren zuständig, so ist jedes von ihnen unabhängig von den anderen zur Unterstützung und Anhörung berechtigt oder verpflichtet,[1] so dass beispielsweise bei Eintragungen von Handwerkern sowohl die Industrie- und Handelskammer, als auch die Handwerkskammer zuständig ist. Sind mehrere berufsständische Organe tätig, mag sich zwar eine Abstimmung untereinander anbieten. Da das Registergericht allerdings ohnehin nicht an die Äußerungen der Organe gebunden ist (s. Rn. 4), besteht keine Pflicht zur Abgabe einer einheitlichen Stellungnahme.

3. Gutachtenerstellung. Darüber hinaus bestand bis zur Reform der freiwilligen Gerichtsbarkeit im Jahr 2009 für die Industrie- und Handelskammern die Verpflichtung zur Erstellung von Gutachten. Die Grundvorschrift auf untergesetzlicher Ebene enthielt hierzu § 23 HRV aF, wonach das Registergericht bei der Handelsregisterführung in zweifelhaften Fällen das Gutachten der Industrie- und Handelskammer einholen konnte; der Gehalt dieser Regelung wird nunmehr einheitlich und an zentraler Stelle durch Abs. 2 und 3 für alle Registersachen mittels Regelung des **Anhörungsverfahrens** beschrieben.[2] Gebrauch gemacht wird von dieser Möglichkeit seitens der Registergerichte in der Praxis insbesondere bei Fragen zur Zulässigkeit einer Firmierung, bei der Bewertung von Sacheinlagen bei Kapitalgesellschaften, bei der Feststellung des Vorliegens einer Zweigniederlassung sowie gegebenenfalls bei Umwandlungsvorgängen. Darüber hinaus kann das Registergericht auch in anderen Angelegenheiten, wie etwa der Bestellung eines Notgeschäftsführers oder eines Prüfers (s. etwa § 33 Abs. 3 AktG, § 318 Abs. 3 HGB), sofern keine geeigneten Personen benannt wurden oder bekannt sind, um Mithilfe bei den berufsständischen Organen ansuchen.[3]

4. Verhältnis zum Registergericht. Sinn der Unterstützungspflicht ist es, dem Registergericht unmittelbar einen Rückgriff auf die Sach- und Fachkenntnis der jeweiligen berufsständischen

---

[1] Keidel/Heinemann Rn. 16.
[2] BT-Drucks. 16/9733, S. 302.
[3] OLG Hamm FGPrax 1996, 70.

§ 380 6–10   Buch 5. Abschnitt 3. Registersachen

Organisationen einzuräumen. Ergangene Stellungnahmen sind vom Registergericht somit zur Kenntnis zu nehmen und gegebenenfalls aufzugreifen; eine **Pflicht zur Anhörung** ergibt sich aber weder aus Abs. 1, noch aus den Absätzen 2 und 3, sondern allenfalls aus weiteren Bestimmungen, wie zum Beispiel bei der Eintragung von Partnerschaftsgesellschaften aus § 4 PRV zur Anhörung der Berufskammern der freien Berufe. Wie allerdings die Hinweise und Auskünfte der berufsständischen Organe im Verfahren berücksichtigt werden, liegt stets im **Ermessen des Registergerichts,** das gemäß § 26 alleine für die Ausgestaltung des Verfahrens zuständig ist.

II. Anhörung berufsständischer Organe

6 **1. Anhörungsmöglichkeit. a) Fälle der Anhörung.** Für zweifelhafte Fälle sieht Abs. 2 S. 1 vor, dass das Registergericht die berufsständischen Organe anhören kann. Es liegt somit im **pflichtgemäßen Ermessen,** ob es von dieser Möglichkeit Gebrauch macht. Die Ausübung dieses Ermessens soll dazu dienen, das Gericht bei der Vornahme gesetzlich vorgeschriebener Eintragungen und zur Vermeidung unrichtiger Eintragungen mit Sach- und Fachkunde zu unterstützen. Der unterschiedliche Wortlaut von Abs. 1 und Abs. 2 S. 1 lässt sich dadurch erklären, dass die „Vornahme der gesetzlichen Eintragungen" als Oberbegriff sowohl die Fälle der Berichtigung und Vervollständigung des Registers, als auch des Einschreitens gegen unzulässigen Firmen- und Namensgebrauch umfasst.[4] Letzteres lässt sich mittelbar aus der Verweisung des Abs. 3 erschließen. Unklar ist dagegen, ob sich Abs. 2 auch auf den Fall der Einbeziehung in Fällen der Löschung von Eintragungen bezieht. Da aber auch die Löschung nur durch Vornahme einer registerlichen „Eintragung" vollzogen werden kann (vgl. § 395 Abs. 1 S. 2), lässt sich die unvollständige Aufzählung in Abs. 2 S. 1 daher als zusammenfassende Beschreibung aller Mitwirkungsmöglichkeiten nach Abs. 1 deuten.

7 **b) Durchführung der Anhörung.** Besondere Formalien für die Anhörung sieht das Gesetz nicht vor. Sie kann daher auf jedem Weg vorgenommen werden, der aus Sicht des Registergerichts geboten ist, gegebenenfalls auch telefonisch. Lediglich im Rahmen des Verkehrs mit den Industrie- und Handelskammern sieht § 23 S. 2 HRV die elektronische Einholung und Übermittlung von Stellungnahmen vor. Empfehlenswert ist stets die Verwendung von Kommunikationswegen, die eine aktenmäßige Darstellung erlauben (vgl. § 29 Abs. 3), da in Bezug auf das Erfordernis einer Beschlusszustellung (s. Rn. 10) von Bedeutung ist, ob das Gericht der eingegangenen Stellungnahme gefolgt ist. Wie sich Abs. 5 entnehmen lässt, ist das Registergericht nicht an die Stellungnahme des berufsständischen Organs gebunden.

8 **c) Genossenschaftsregistersachen.** Die Regelung in Abs. 3 beschränkt die Anhörungsmöglichkeiten (Abs. 2) für Genossenschaftsregistersachen auf die Frage der Zulässigkeit des Firmengebrauchs. Dies erklärt sich nur unter Berücksichtigung des Umstands, dass zwar einerseits vor der Reform der freiwilligen Gerichtsbarkeit im Jahr 2008 eine Mitwirkung insbesondere der Industrie- und Handelskammern in Genossenschaftsregistersachen gar nicht vorgesehen war, andererseits aber kein sachlicher Grund erkennbar ist, warum die Expertise dieser Einrichtungen in Angelegenheiten der Firmierung nicht auch für eingetragene Genossenschaften genutzt werden sollte, zumal sich dort gemäß § 3 GenG, §§ 6 Abs. 1, 17 ff. HGB genau dieselben Probleme wie im allgemeinen Handels- und Gesellschaftsrecht stellen. In rechtspolitischer Hinsicht ist allerdings zu beanstanden, dass die Möglichkeit der Anhörung berufsständischer Organe nicht auf alle Bereiche des Abs. 2 erstreckt wurde.

9 **2. Hinzuziehung auf Antrag.** Gemäß Abs. 2 S. 2 sind die berufsständischen Organe – auf ihren Antrag hin – im jeweiligen Verfahren als Beteiligte gemäß § 7 Abs. 3 hinzuzuziehen. Die Anhörung allein macht sie also noch nicht ohne weiteres zu einem Beteiligten, sondern erst die Stellung eines dahingehenden Antrags.[5] Wird allerdings ein solcher Antrag gestellt, so hat das Registergericht keinen Ermessensspielraum und muss zwingend das berufsständische Organ für das weitere Verfahren als Beteiligten behandeln. Einer vorherigen Anhörung bedarf es hierfür nicht.

10 **3. Entscheidungsbekanntgabe.** Nach Abs. 4 besteht eine Verpflichtung des Registergerichts, den berufsständischen Organen, die im Laufe eines Verfahrens angehört wurden, die Entscheidung bekannt zu geben. Gemäß § 41 Abs. 1 S. 1 ist bei einer erkennbaren Abweichung der Entscheidung des Gerichts von der Stellungnahme des berufsständischen Organs diesem ein gefasster Beschluss förmlich bekannt zu geben (§ 15 Abs. 1 und 2), da gemäß Abs. 5 die Möglichkeit der Beschwerdeeinlegung besteht. Weil für das berufsständische Organ der Fortgang und Abschluss des Verfahrens stets von Belang ist, umfasst die Entscheidungsbekanntgabe nach Abs. 4 auch die Übermittlung der

---

[4] S. BT-Drucks. 16/6308, S. 286.
[5] So BT-Drucks. 16/6308, S. 286.

Eintragungsbekanntgabe im Sinne einer Vollzugsmitteilung (§ 383 Abs. 1), obwohl die entsprechend vorgenommene Registereintragung nach § 383 Abs. 3 nicht anfechtbar ist. Nicht zuletzt ist dies aus dem Wortlaut der Vorschrift erkennbar, die neutral den Begriff der „Entscheidung" verwendet und mithin sowohl den Beschluss einer **Zwischenverfügung** oder **Antragsablehnung** (§ 383 Abs. 3 und Abs. 4) sowie die stattgebende Eintragung (§ 383 Abs. 1) umfasst.

III. Beschwerdemöglichkeit

1. Allgemeines. Nach Abs. 5 steht den berufsständischen Organen gegen einen Beschluss des Gerichts die Beschwerde zu. Im Eintragungsverfahren ist dies denkbar, wenn der Antrag des Beteiligten entweder vorläufig beanstandet (s. § 382 Abs. 4) oder endgültig abgelehnt (vgl. § 382 Abs. 3) wird. Da die vorgenommene Eintragung gemäß § 383 Abs. 3 nicht anfechtbar ist, kann hiergegen auch von den berufsständischen Organen kein Rechtsmittel eingelegt werden. 11

Ebenso kann von den Organen gegen einen Aussetzungsbeschluss gemäß § 21 Abs. 2 sofortige Beschwerde eingelegt werden, da auch diese Beschwerde durch Beschluss ergeht und Abs. 5 lediglich die Möglichkeit eines Rechtsmittels, nicht aber dessen konkrete Gestalt umschreibt. Dies war das Ergebnis einer „redaktionellen Anpassung", die im Sinne der Beschlüsse des Rechtsausschusses anstelle der Beschwerde nur „gegen eine einen Eintragsantrag ablehnende Entscheidung" nun allgemein die Beschwerde „gegen einen Beschluss" des Gerichts vorsieht. 12

2. Beschwerdemöglichkeit. Das eigene Beschwerderecht nach Abs. 5 soll den berufsständischen Organen unabhängig davon zustehen, ob sie im Rahmen der Anhörung nach Abs. 2 S. 2 die Hinzuziehung als Beteiligter beantragt haben. Nach Auffassung der Gesetzesbegründung wurde damit vermieden, dass ein solcher Antrag nur gestellt wird, um das Beschwerderecht zu erhalten.[6] Da allerdings eine Mitteilung über die Entscheidung an das berufsständische Organ gemäß § 41 Abs. 1 S. 1 nur ergeht, wenn es als Beteiligter zugezogen wurde, kann im Rahmen des § 380 das Beschwerderecht sinnvoll lediglich dann ausgeübt werden, wenn ein entsprechender Antrag gemäß Abs. 2 S. 2 gestellt ist. 13

3. Beschwerdeberechtigung. Abs. 5 ist eine Vorschrift im Sinne des § 59 Abs. 3. Dies bedeutet, dass die Beschwerdeberechtigung des berufsständischen Organs auch dann besteht, wenn eine das Verfahren abschließende Entscheidung nur auf Antrag zu ergehen hat (§ 59 Abs. 2) und sie unabhängig davon vorliegt, ob das Organ durch den Beschluss im Sinne des § 59 Abs. 1 in seinen Rechten verletzt ist. Damit wird unterstellt, dass das berufsständische Organ im Rahmen seiner Befugnisse **zur Wahrnehmung öffentlicher Interessen** tätig ist. So kann zum Beispiel ein berufsständisches Organ ohne weiteres Beschwerde einlegen gegen die Entscheidung des Registergerichts, ein durch das Organ beantragtes Zwangsgeldverfahren nicht zu eröffnen (s. hierzu § 388 Rn. 20). 14

§ 381 Aussetzung des Verfahrens

[1] Das Registergericht kann, wenn die sonstigen Voraussetzungen des § 21 Abs. 1 vorliegen, das Verfahren auch aussetzen, wenn ein Rechtsstreit nicht anhängig ist. [2] Es hat in diesem Fall einem der Beteiligten eine Frist zur Erhebung der Klage zu bestimmen.

Schrifttum: *Fleischhauer/Preuß*, Handelsregisterrecht, 2006; *Krafka*, Einführung in das Registerrecht, 2. Aufl. 2008; *ders./Willer*, Registerrecht, 7. Aufl. 2007; *Müther*, Das Handelsregister in der Praxis, 2. Aufl. 2007.

I. Allgemeines

1. Ausgangslage. Im regulären Verfahrensablauf liegt der Registeranmeldung eine von den Beteiligten selbst herbeigeführte oder jedenfalls durch die Eintragung zustande kommende Rechtstatsache zugrunde. Allerdings kann unter ihnen beziehungsweise vor allem bei Kapitalgesellschaften gegenüber anderen Organen sowie Gesellschaftern, Mitgliedern oder Aktionären streitig sein, ob der angemeldete Umstand rechtmäßig zustande gekommen ist. So können zugrunde liegende **Beschlüsse** nichtig oder anfechtbar sein sowie **Anteilsübertragungen** unwirksam sein oder unter Umständen angenommene **Rechtsnach- oder Erbfolgen** anders eingetreten sein, als dies von einzelnen Beteiligten vorgetragen wird. Anwendbar ist die Vorschrift auf alle Registersachen im Sinne des § 374, und hierbei nicht nur auf Eintragungs-, sondern auch auf Zwangsgeld- und Amtslöschungsverfahren. Für unternehmensrechtliche Verfahren (§ 375) gilt § 381 dagegen nicht. 1

---

[6] BT-Drucks. 16/6308, S. 204.

§ 381 2–6 Buch 5. Abschnitt 3. Registersachen

2 **2. Prüfungspflicht des Registergerichts.** Das Registergericht hat die Aufgabe, die eingereichten Dokumente nicht nur entgegenzunehmen und bekannt zu machen, sondern im Regelfall erst nach Vornahme einer entsprechenden formellen und **materiellen Kontrolle** (s. § 374 Rn. 9) die angemeldete Tatsache im Register einzutragen. Kommt es dabei zu dem Ergebnis, dass Zweifel am Vorliegen der zugrunde liegenden Umstände und damit an den Eintragungsvoraussetzungen bestehen, so hat es von Amts wegen nach § 26 weitere Ermittlungen anzustellen. Dabei kann das Registergericht auch zu dem Ergebnis kommen, dass ein vorgreifliches Rechtsverhältnis unter den Beteiligten streitig und eine entsprechende justizielle Klärung geboten ist. In diesem Sinne muss es sich nicht zwingend um ein zivilprozessuales Verfahren handeln. Als vorgreiflich kommen vielmehr auch sonstige Verfahren der freiwilligen Gerichtsbarkeit, beispielsweise ein Verfahren beim Nachlassgericht im Rahmen der Erteilung eines Erbscheins sowie ein straf- oder insolvenzrechtliches Verfahren oder ein Verwaltungsverfahren in Betracht.[1]

3 **3. Aussetzung des Verfahrens.** Ist insbesondere bezüglich eines für den Vollzug einer Registeranmeldung maßgeblichen Umstands bereits ein Rechtsstreit bei Gericht anhängig, so liegen ohne weiteres die Voraussetzungen des **§ 21 Abs. 1** vor und das Registerverfahren ist durch Beschluss (§ 38) auszusetzen, der gemäß § 21 Abs. 2 mit der sofortigen Beschwerde nach §§ 567 bis 572 ZPO anfechtbar ist. Eine Aussetzungsentscheidung kommt hierbei auch für das Beschwerdeverfahren in Betracht, sofern zunächst die Eintragung durch das Registergericht abgelehnt wurde. Im Übrigen ist die Aussetzung nach § 21 Abs. 1 oder nach § 381 nicht nur im Eintragungsverfahren, sondern ebenso bei Berichtigungen, amtswegigen Löschungen und im Zwangsgeldverfahren anwendbar,[2] wobei stets und vor allem bei Löschungsverfahren gegebenenfalls der Vorrang amtswegiger Ermittlungen nach § 26 zu berücksichtigen ist.

4 **4. Freigabeverfahren.** Für besondere Fälle besteht für die Beteiligten auf Grund eines speziellen, gesetzlich geregelten Freigabeverfahrens die Möglichkeit, trotz streitiger Rechtsverhältnisse die Herbeiführung der Registereintragung zu bewirken. Dies gilt einerseits im Rahmen umwandlungsrechtlicher Vorgänge gemäß **§ 16 Abs. 3 UmwG** und andererseits bei einzelnen Beschlussgegenständen im Rahmen aktiengesellschaftlicher Hauptversammlungen nach **§ 246 a AktG**. In diesen Fällen kann das Prozessgericht auf entsprechenden Antrag hin im Rahmen eines summarischen Verfahrens die Vornahme der Registereintragung anordnen, mit der Folge, dass die Eintragung zwar später auch durch eine amtswegige Löschung nicht mehr beseitigbar, gegebenenfalls aber die Gesellschaft, die die Eintragung erwirkt hat, zum Schadensersatz verpflichtet ist (s. § 16 Abs. 3 S. 6 UmwG und § 246a Abs. 4 AktG).

II. Aussetzung ohne anhängigen Rechtsstreit

5 **1. Voraussetzungen der Aussetzung.** Voraussetzung für die Aussetzung nach § 381 ist, dass zwar ein Rechtsstreit noch nicht anhängig ist, die Entscheidung des Registergerichts aber möglicherweise von einem solchen abhängt, weil in diesem über das Bestehen oder Nichtbestehen eines verfahrensrelevanten Rechtsverhältnisses zu entscheiden wäre. Damit müssen zwingend **mehrere Beteiligte** vorhanden sein, wobei alleine die weitere Beteiligung berufsständischer Organe im Anhörungsverfahren nach § 380 Abs. 2 nicht ausreicht.[3] Ferner müssen zwischen den Beteiligten **unterschiedliche Auffassungen** in Bezug auf ein für das Registerverfahren vorgreifliches Rechtsverhältnis bestehen. Beispiele sind der Streit über die Wirksamkeit etwaiger Gesellschafter- oder Hauptversammlungsbeschlüsse sowie Fragen der berechtigten Firmenführung. Im Rahmen eines Verfahrens zur Entscheidung über die Anmeldung zur Eintragung im Register kommt im Übrigen eine Aussetzung erst dann in Betracht, wenn bei unterstellter Klärung des Rechtsverhältnisses alle sonstigen Eintragungsvoraussetzungen gegeben sind.

6 **2. Fristsetzung zur Klageerhebung.** Da eine Klageerhebung nicht durch Zwangsmittel erreichbar und somit im freien Belieben der Beteiligten steht, hat das Registergericht mit der Möglichkeit einer Fristsetzung zur Klageerhebung im Sinne einer Sicherung des weiteren Verfahrensablaufs ein Mittel zur Herstellung klarer Verhältnisse. Läuft die gerichtlich gesetzte Frist ohne Klageerhebung oder Einlegung eines Rechtsmittels ab, so hat das Registergericht notfalls selbst nach § 26 weitere Ermittlungen anzustellen und am Ende nach eigener Überzeugung über den zugrunde liegenden streitigen vorgreiflichen Sachverhalt implizit zu entscheiden.[4] Hält es die Eintragungsvoraussetzungen für nicht ausreichend nachgewiesen, hat es daher die Eintragung nach § 382 Abs. 3 durch **Beschluss**

---

[1] Vgl. *Jansen/Steder* § 127 FGG Rn. 7; *Krafka/Willer,* Registerrecht, Rn. 170; *Keidel/Heinemann* Rn. 4.
[2] *Jansen/Steder* § 127 FGG Rn. 1; *Keidel/Heinemann* Rn. 2.
[3] *Keidel/Heinemann* Rn. 6.
[4] BayObLG DB 1995, 2517; OLG Zweibrücken Rpfleger 1990, 77; *Ebenroth/Boujong/Joost/Strohn/Schaub* § 8 HGB Rn. 184.

abzulehnen.⁵ Eine Aussetzung samt Fristsetzung nach § 381 kann hierbei auch das Beschwerdegericht anordnen, sofern gegen den zunächst die Eintragung ablehnenden Beschluss das Rechtsmittel nach § 58 eingelegt wurde.

3. Ermessensentscheidung. Die Entscheidung über die Vornahme der Aussetzung samt Fristsetzung gemäß § 381 steht im Ermessen des Registergerichts⁶ und ergeht von Amts wegen; sie kann von den Beteiligten allenfalls angeregt, nicht aber förmlich beantragt oder erzwungen werden. Ebenso steht es im Ermessen des Registergerichts, **welchem** von gegebenenfalls mehreren **Beteiligten die Frist** zur Erhebung einer Klage **gesetzt wird.** Die Einhaltung der Frist setzt jedenfalls die Erhebung einer Klage voraus, die abstrakt geeignet ist, die aufgeworfene vorgreifliche Rechtsfrage zu klären. Die Frist muss durch das Gericht naturgemäß so angemessen gewählt sein, dass für den Betroffenen die praktisch umsetzbare Möglichkeit besteht, Rechtsrat einzuholen und alle Formalien verfahrensgemäß einzuhalten. Unter vier Wochen wird dies nur in seltenen Ausnahmefällen möglich sein.

Stets sind im Rahmen der Ermessensausübung die sachlichen Gründe pflichtgemäß abzuwägen und dabei insbesondere zu prüfen, ob die Streitigkeit des Rechtsverhältnisses ausreichend glaubhaft gemacht wurde. Hierzu sind gegebenenfalls Vorerhebungen erforderlich, die eine **summarische Beurteilung der Sachlage** erlauben. Ist sodann im überwiegenden Interesse eines Beteiligten eine sofortige Entscheidung geboten, sollte das Registergericht von einer Aussetzung Abstand nehmen. Dies kann zum Beispiel der Fall sein, wenn andernfalls die Haftung eines Beteiligten etwa nach § 176 HGB droht.⁷ In solchen Fällen, in denen die endgültige Entscheidung keine weitere Verzögerung verträgt, darf das Registergericht daher eine Aussetzung ermessensgerecht nur anordnen, wenn die Entscheidung nicht ohne weitere schwierige und zeitintensive Ermittlungen getroffen werden kann oder von der Beurteilung von zweifelhaften Rechtsfragen abhängt, die in Rechtsprechung und Rechtslehre unterschiedlich behandelt werden.⁸

4. Entscheidung und Bekanntmachung. Die Aussetzung erfolgt gemäß § 38 durch zu begründenden **Beschluss,** der mit seiner förmlichen Bekanntgabe (§ 15 Abs. 1 und 2) nach § 41 Abs. 1 an die Beteiligten wirksam wird (§ 40 Abs. 1). Denjenigen, die den Eintragungsantrag gestellt haben, ist er zuzustellen, da die Aussetzungsentscheidung erkennbar im Widerspruch zu dem geäußerten Willen der Anmeldenden steht (vgl. § 41 Abs. 1 S. 2), im Übrigen genügt eine einfache Bekanntgabe. Auch nach der Entscheidung ist das Registergericht berechtigt, die Aussetzung jederzeit zurück zu nehmen und sodann die Entscheidung in der Sache vorzunehmen;⁹ ein etwaiges Rechtsmittelverfahren wird damit automatisch gegenstandslos und erledigt.

5. Rechtsmittel. Der Aussetzungsbeschluss ist entsprechend § 21 Abs. 2 nur mit der **sofortigen Beschwerde** nach §§ 567 bis 572 ZPO angreifbar und damit als Ausnahme vom Grundsatz des § 58 Abs. 1 als Zwischenentscheidung isoliert anfechtbar. Einer besonderen Verweisung auf diese Vorschriften bedurfte es nicht, da § 381 ausdrücklich nur eine weitere Aussetzungsmöglichkeit vorsieht („das Verfahren auch aussetzen") und damit der unmittelbare Rückgriff auf die Vorschriften des Allgemeinen Teils geboten ist. Sofern das Registergericht die nach § 571 Abs. 1 ZPO zu begründende Beschwerde für nicht durchgreifend erachtet und ihr daher nicht abhilft, hat es die Beschwerde unverzüglich dem Beschwerdegericht vorzulegen (§ 572 Abs. 1 S. 1 ZPO). Im Rahmen der Beschwerde ist die Ermessensentscheidung des Registergerichts als erste Instanz nach allgemeinen Grundsätzen hinsichtlich etwaiger Ermessensfehler nur eingeschränkt überprüfbar.¹⁰ **Beschwerdeberechtigt** ist jeder, der ein Interesse am Ausgangsverfahren hat, insbesondere also der Antragsteller, ebenso aber auch etwaige Gesellschafter oder Aktionäre des betroffenen Rechtsträgers, da es im Rahmen der Beschwerde nach §§ 567 ff. ZPO nicht auf eine Rechtsverletzung im Sinne des § 58 Abs. 1 ankommt; die entgegenstehenden früheren Entscheidungen zu dieser Frage¹¹ sind mit Inkrafttreten des FamFG zum 1. 9. 2009 hinfällig. Das Beschwerdegericht kann im Rahmen der Rechtsmittelentscheidung nur über die Rechtmäßigkeit des Aussetzungsbeschlusses entscheiden, nicht aber über die Vornahme der Eintragung selbst, da dies nicht Gegenstand dieses Rechtsmittelverfahrens ist.¹²

---

⁵ *Keidel/Kuntze/Winkler* § 127 FGG Rn. 42.
⁶ Vgl. zu § 127 FGG: OLG Düsseldorf FGPrax 2009, 123; OLG Hamm FGPrax 1998, 190 = Rpfleger 1998, 522; KG NJW 1967, 401; *Jansen/Steder* § 127 FGG Rn. 12.
⁷ OLG Hamm FGPrax 1998, 190 = NJW-RR 1999, 761; *Keidel/Heinemann* Rn. 10.
⁸ *Keidel/Heinemann* Rn. 10.
⁹ *Keidel/Heinemann* Rn. 18.
¹⁰ OLG Karlsruhe NJW-RR 1997, 169 = Rpfleger 1996, 461; *Jansen/Steder* § 127 FGG Rn. 34; aA OLG Düsseldorf FGPrax 2009, 123.
¹¹ OLG Hamm NJW-RR 1997, 1326; s. a. *Keidel/Kuntze/Winkler* § 127 FGG Rn. 44.
¹² BayObLG NJW-RR 2000, 181 = NZG 1999, 1063.

III. Beendigung der Aussetzung

11 **1. Allgemeines.** Die Aussetzung ist erledigt, wenn entweder innerhalb der gesetzten Frist keine Klage erhoben wird, nach entsprechender Klageerhebung eine rechtskräftige Entscheidung über das vorgreifliche Rechtsverhältnis ergangen ist oder wenn das Registergericht von sich aus den Aussetzungsbeschluss aufhebt (s. Rn. 9). Sodann ist das Verfahren durch das Registergericht von Amts wegen fortzusetzen und abzuschließen.

12 **2. Bindung des Registergerichts.** Zwar ist das Registergericht grundsätzlich in der Beurteilung bestehender Rechtsverhältnisse auf Grund der Verpflichtung zur amtswegigen Ermittlung nach § 26 frei und daher an streitige rechtskräftige Entscheidungen, insbesondere der ordentlichen Gerichte nicht gebunden, zumal dort auf Grund des Dispositionsgrundsatzes und der Verhandlungsmaxime nicht zwingend materiell gerechte Entscheidungen getroffen werden. Allerdings ist auch das Registergericht an **rechtsgestaltende Entscheidungen,** wie zum Beispiel solche im Rahmen des § 133 HGB gebunden, soweit sie allgemeine Wirkung haben. Dasselbe gilt für Entscheidungen über die Auflösung einer Kapitalgesellschaft (vgl. § 275 AktG) und für Urteile über die Verpflichtung zur Abgabe einer Willenserklärung, wie etwa auch einer Registeranmeldung (s. § 894 ZPO). Weitere Fälle einer entsprechenden Bindung sehen § 75 GmbHG und § 94 ff. GenG vor. Zu berücksichtigen ist in diesem Zusammenhang, dass Entscheidungen des Prozessgerichts gemäß § 16 HGB unter Umständen auch durch das Registergericht zu beachten sind, sofern Streitgegenstand die Mitwirkung bei einer Anmeldung zum Handelsregister oder ein Rechtsverhältnis war, bezüglich dessen eine Eintragung zu erfolgen hat.

§ 382 Entscheidung über Eintragungsanträge

(1) ¹Das Registergericht gibt einem Eintragungsantrag durch die Eintragung in das Register statt. ²Die Eintragung wird mit ihrem Vollzug im Register wirksam.

(2) Die Eintragung soll den Tag, an welchem sie vollzogen worden ist, angeben; sie ist mit der Unterschrift oder der elektronischen Signatur des zuständigen Richters oder Beamten zu versehen.

(3) Die einen Eintragungsantrag ablehnende Entscheidung ergeht durch Beschluss.

(4) ¹Ist eine Anmeldung zur Eintragung in die in § 374 Nr. 1 bis 4 genannten Register unvollständig oder steht der Eintragung ein anderes durch den Antragsteller behebbares Hindernis entgegen, hat das Registergericht dem Antragsteller eine angemessene Frist zur Beseitigung des Hindernisses zu bestimmen. ²Die Entscheidung ist mit der Beschwerde anfechtbar.

Schrifttum: *Fleischhauer/Preuß,* Handelsregisterrecht, 2006; *Krafka,* Registerrechtliche Neuerungen durch das FamFG, NZG 2009, 650; *ders.,* Die gesellschafts- und registerrechtliche Bedeutung des geplanten FamFG, FGPrax 2007, 51; *ders.,* Einführung in das Registerrecht, 2. Aufl. 2008; *ders./Willer,* Registerrecht, 7. Aufl. 2007; *Melchior/Schulte,* Handelsregisterverordnung, Online-Version 2008; *Müther,* Das Handelsregister in der Praxis, 2. Aufl. 2007.

Übersicht

	Rn.		Rn.
I. Allgemeines	1–3	5. Vollzug und Wirksamkeit der Eintragung	10
1. Ausgangslage	1	6. Wirkung der Eintragung	11, 12
2. Zwischenentscheidungen	2	a) Deklaratorische und konstitutive Eintragungen	11
3. Abschluss des Verfahrens	3	b) Heilungswirkung von Eintragungen	12
II. Eintragung im Register	4–14	7. Bekanntgabe und Anfechtbarkeit	13, 14
1. Voraussetzungen der Eintragung	4	a) Allgemeines	13
2. Begriff der Eintragung	5	b) Fassungsbeschwerde	14
3. Gestaltung der Eintragung	6	**III. Ablehnung der Eintragung**	15–17
4. Vornahme der Eintragung	7–9	1. Allgemeines	15
a) Allgemeines	7	2. Form der Antragsablehnung	16
b) Mehrere Eintragungen	8	3. Bekanntgabe und Rechtsmittel	17
c) Sonderfälle	9		

	Rn.		Rn.
IV. Zwischenverfügung	18–24	4. Anderes behebbares Hindernis	21
1. Allgemeines	18	5. Fristsetzung zur Hindernisbeseitigung	22
2. Anwendbarkeit	19	6. Sonstiger Inhalt	23
3. Unvollständigkeit der Anmeldung	20	7. Beschwerdemöglichkeit	24

I. Allgemeines

1. Ausgangslage. Das registerliche Eintragungsverfahren beginnt regelmäßig mit der Stellung eines Antrags auf Vornahme der begehrten Eintragung, der vom Gesetz als **„Anmeldung"** bezeichnet wird (vgl. § 12 Abs. 1 HGB, § 77 BGB). Sofern alle Eintragungsvoraussetzungen gegeben sind, erhält es seinen Abschluss durch den Vollzug der beantragten Registereintragung (s. Abs. 1 S. 2, s. hierzu Rn. 4 ff.), zu deren Vornahme das Gericht verpflichtet ist. Das Verfahren in einer Handelsregistersache ist hierbei mit besonderem Nachdruck zu betreiben, da das Gericht über die Eintragung gemäß § 25 S. 2 HRV unverzüglich zu entscheiden hat.

2. Zwischenentscheidungen. Das Registergericht kann als Zwischenentscheidung zunächst **das Verfahren aussetzen,** insbesondere dann, wenn die Vornahme der Eintragung von einem vorgreiflichen streitigen Rechtsverhältnis abhängt (s. hierzu §§ 21, 381). Ferner ist das Verfahren zunächst noch nicht abschliessbar, wenn einzelne, noch beizubringende Dokumente fehlen oder dem gestellten Eintragungsantrag sonstige Vollzugshindernisse entgegenstehen; in diesem Fall hat das Registergericht bei behebbaren Hindernissen im Sinne einer effektiven Verfahrensabwicklung den Beteiligten rechtliches Gehör im Sinne der gemäß Abs. 4 vorgesehenen **Zwischenverfügung** (s. hierzu Rn. 18 ff.) zu geben.

3. Abschluss des Verfahrens. Neben dem regelmäßigen Fall des Abschlusses durch Vornahme der gewünschten Eintragung (Abs. 1), besteht auch die Möglichkeit einer endgültigen **Ablehnung des Antrags** (Abs. 3; s. hierzu Rn. 15 ff.). Im Übrigen wird das begonnene Eintragungsverfahren durch Rücknahme des Eintragungsantrags beendet (§ 22 Abs. 1). Diese kann nur bis zur **Vornahme der Registereintragung** erklärt werden (s. Abs. 1 S. 2), bedarf nicht der Form der Anmeldung selbst und führt nur dann zur unmittelbaren Verfahrensbeendigung, wenn sie durch alle Antragsteller erfolgt. Ein Antragsverbrauch tritt mit der Rücknahme der Anmeldung nicht ein, so dass sie formgerecht erneut eingereicht werden kann, falls zu einem späteren Zeitpunkt doch noch die Vornahme der zunächst beantragten Eintragung gewünscht wird.[1]

II. Eintragung im Register

1. Voraussetzungen der Eintragung. Ausschlaggebend für den erfolgreichen Abschluss des Anmeldeverfahrens ist, dass die gewünschte Eintragung abstrakt gesehen zulässig ist, da die Justizregister im Sinne des § 374 keine umfassenden Datensammlungen sind, sondern nur die Darstellung bestimmter eintragungsfähiger Tatsachen bezwecken. Der Kreis dieser Tatsachen ist eng gezogen, weil ein Übermaß bekannt gemachter Umstände der Publizitätswirkung des Registers abträglich wäre. Die Register gemäß § 374 Nr. 1 bis 4 geben daher im Grundsatz nur Auskunft über solche Tatsachen, die für die **Existenz, Vertretung und Haftung des jeweils vermerkten Rechtsträgers** von Belang sein können. Es ist allerdings nicht erforderlich, dass die gewünschte Eintragung ausdrücklich gesetzlich vorgesehen ist. Vielmehr kann gegebenenfalls die Notwendigkeit einer Eintragung durch Analogie oder richterliche Rechtsfortbildung abgeleitet werden, jedoch nur, wenn sie im Interesse des Rechtsverkehrs oder des eingetragenen Rechtsträgers dringend geboten und unumgänglich ist, damit das Register seinen Zweck erfüllen kann.[2] In diesem Sinne hat die Rechtsprechung zum Beispiel die Eintragung eines Sonderrechtsnachfolgervermerks bei der Übertragung von Kommanditbeteiligungen[3] und die Eintragung von Unternehmensverträgen bei Gesellschaften mit beschränkter Haftung[4] begründet.

2. Begriff der Eintragung. Eintragungen im Sinne des Abs. 2 sind vor allem Neueintragungen bei Anlegung eines Registerblattes und Änderungen, die auf bestehenden Blättern auf Grund entsprechender Anmeldungen der Beteiligten erfolgen. Darüber hinaus lässt die Verweisung des § 384 Abs. 1 erkennen, dass auch amtswegige Eintragungen dieser Bestimmung zuzuordnen sind,

---

[1] KG FGPrax 2005, 130; *Krafka/Willer,* Registerrecht, Rn. 84; *Melchior/Schulte,* HRV, Online-Version 2008, § 26 Rn. 3 [www.melchior-schulte.de; Abruf vom 10. 11. 2008].
[2] MünchKommHGB/*Krafka* § 8 Rn. 32 m. weit. Nachw.
[3] Vgl. zuletzt BGH NZG 2006, 15 sowie OLG Köln FGPrax 2004, 88 = Rpfleger 2004, 356.
[4] BGHZ 105, 324; BGH NJW 1992, 1452 = DNotZ 1993, 176.

§ 382 6–8

mithin also **auch Löschungen.** Der Wortlaut des § 395 Abs. 1 S. 2 („Die Löschung geschieht durch *Eintragung* eines Vermerks") und des § 16 Abs. 1 S. 1 HRV („Löschungen sind unter einer neuen laufenden Nummer *einzutragen*") macht dies gleichfalls deutlich.[5]

6   **3. Gestaltung der Eintragung.** Das Gericht ist bei der Fassung des Registereintrags im Sinne einer Ermessensentscheidung frei und nicht an den Wortlaut des Antragstellers gebunden. Der Grund hierfür ist die zur Wahrnehmung seiner Funktion zu empfehlende **Standardisierung** des Registers, da identische Tatsachen möglichst auch gleich lautend publiziert werden sollten, damit der Rechtsverkehr Eintragungen zutreffend verstehen kann. Entsprechend sieht § 12 HRV programmatisch vor, dass Registereintragungen „deutlich, klar verständlich sowie in der Regel ohne Verweis auf gesetzliche Vorschriften und ohne Abkürzungen herzustellen" sind; vergleichbar formuliert § 10 Abs. 1 S. 1 VRV, Eintragungen seien deutlich und in der Regel ohne Abkürzungen herzustellen. Da die Registereintragungen – mit Ausnahme allenfalls des Güterrechtsregisters und teilweise noch des Vereinsregisters – elektronisch zu führen sind, werden die Eintragungen großteils aus Textbausteinen generiert, wobei naturgemäß das Registergericht selbstständig und unabhängig den jeweils gewählten Eintragungstext zu verantworten hat. Dass das genutzte Datenverarbeitungsprogramm die rechtlich vorgeschriebene Eintragung nicht zulässt, kann daher kein Argument dafür sein, einen solchen Eintragungsantrag abzulehnen. Vielmehr ist dies Anlass zur entsprechenden Umprogrammierung der verwendeten Software.[6] Das Ermessen des Gerichts bei der Abfassung der Eintragung hat zur Folge, dass kein Anspruch der Beteiligten auf eine bestimmte Darstellung der Registereintragung etwa einer Firma besteht, somit zum Beispiel das Gericht bei der Verwendung von Groß- und Kleinschreibweise oder bei der Aufnahme von erlaubten Sonderzeichen in der Ausgestaltung frei ist.[7]

7   **4. Vornahme der Eintragung. a) Allgemeines.** Gibt das Gericht dem Antrag auf Eintragung statt, erfolgt dies unmittelbar durch die Vornahme der entsprechenden Registereintragung (Abs. 1 S. 1), sodass die formalisierten Vorschriften zur Beschlussform samt Begründungspflicht hierfür keine Anwendung finden, wie sich aus § 38 Abs. 1 S. 2 ausdrücklich ersehen lässt.[8] Nach Abs. 2, der insoweit der bis zum Inkrafttreten der Reform der freiwilligen Gerichtsbarkeit zum 1. 9. 2009 geltenden Vorgängervorschrift des § 130 Abs. 1 FGG aF entspricht, soll die Eintragung den Tag, an dem sie vollzogen wurde, angeben und mit Unterschrift oder elektronischer Signatur der registerführenden Person versehen sein; präzisiert wird dies durch § 27 Abs. 4 HRV, wonach der entsprechende Tag stets bei jeder Eintragung zwingend anzugeben ist. Nach § 27 HRV und ebenfalls § 27 VRV nimmt hierbei diese Person regelmäßig die Eintragung selbst vor, auch wenn ihr die Möglichkeit verbleibt, zunächst den Wortlaut der Eintragung zu verfügen und durch den Urkundsbeamten den Vollzug der Eintragung zu veranlassen. Nach Abschluss der Eintragung muss die Wirksamkeit der Eintragung von der eintragenden Person gegebenenfalls durch einen probeweisen Datenabruf aus dem Speicher überprüft werden (§ 27 Abs. 3 HRV). Was im Register an welcher Stelle eingetragen wird, ist im Übrigen ausreichend detailliert in den jeweils einschlägigen Registerverordnungen (s. hierzu § 387 Rn. 1) bestimmt, und zwar für das Handelsregister Abteilung A in § 40 HRV, für Abteilung B in § 43 HRV, für das Genossenschaftsregister in § 26 GenRegV, für das Partnerschaftsregister in § 5 PRV und für das Vereinsregister in § 3 VRV.

8   **b) Mehrere Eintragungen.** In der Vornahme der Reihenfolge vorliegender Anträge ist das Registergericht im Rahmen des sachgemäß Gebotenen frei, soweit nicht – wie etwa nach § 13 h Abs. 2 HGB – eine bestimmte Reihenfolge gesetzlich vorgeschrieben ist. Insbesondere gibt es anders als im Grundbuchrecht keine Prioritätsregelung entsprechend § 17 GBO, da die Rechtsträgerregister nicht zur Wahrung dort zu vermerkender Rechte dienen. Werden durch einen Schriftsatz mehrere verschiedene registerfähige Umstände zur Eintragung angemeldet oder liegen mehrere Eintragungsanträge zur gemeinsamen Erledigung gleichzeitig vor, so sind sie grundsätzlich **in einem Akt** durch das Registergericht zu vollziehen, so zum Beispiel die gleichzeitige Abberufung des einen und die Neubestellung eines anderen Geschäftsführers derselben Gesellschaft mit beschränkter Haftung. Voraussetzung ist allerdings, dass zu diesem Zeitpunkt alle Eintragungsvoraussetzungen für sämtliche vorzunehmenden Eintragungen bereits vorliegen. Besteht nur bezüglich einer Tatsache ein Hindernis, stellt sich die Frage, ob die andere vollzugsfähige Anmeldung nunmehr isoliert im Wege des **„Teilvollzugs"** vorab zu erledigen ist. Von einer solchen Befugnis des Registergerichts muss jedenfalls dann ausgegangen werden, wenn ein derartiger Teilvollzug ausdrücklich beantragt ist oder

---

[5] *Jansen/Steder* § 130 FGG Rn. 1; *Keidel/Heinemann* Rn. 3.
[6] Vgl. OLG Köln FGPrax 2004, 88 = Rpfleger 2004, 356.
[7] KG FGPrax 2000, 248 = NJW-RR 2001, 173; *Jansen/Steder* § 130 Rn. 2; *Melchior/Schulte*, HRV, § 27 Rn. 3; *Krafka/Willer*, Registerrecht, Rn. 194.
[8] *Krafka* FGPrax 2007, 51 (53) zu den vergleichbaren Bestimmungen des Referentenentwurfs.

gegebenenfalls von den Beteiligten auch erst nachträglich gewünscht wird. Ist dies nicht der Fall, wird der gesamte Vollzug aller Anmeldungen zunächst zurückgestellt und im Wege der Zwischenverfügung nach Abs. 4 den Beteiligten die Beseitigung des festgestellten Hindernisses aufgegeben.[9]

c) Sonderfälle. Für Spezialfälle sind besondere Eintragungsvermerke vorgesehen. So ist bei einer Sitzverlegung in einen anderen Gerichtsbezirk gemäß § 20 S. 2 HRV und § 6 Abs. 1 S. 7 VRV auf dem alten und auf dem neuen Registerblatt auf das jeweils andere Blatt zu verweisen, damit die Herkunft und der Verbleib des betroffenen Rechtsträgers aus dem Register selbst – also ohne Heranziehung weiterer Dokumente – erkennbar wird. Zudem ist bei Eintragungen auf Grund rechtskräftiger oder vollstreckbarer Entscheidungen des Prozessgerichts nach § 16 HGB dieser Umstand bei der diesbezüglich einzutragenden Tatsache unter Angabe des Gerichts, des Datums und des Aktenzeichens der Entscheidung (§ 18 S. 1 HRV) zu vermerken. 9

5. Vollzug und Wirksamkeit der Eintragung. Allgemein werden bei elektronisch geführten Registern entsprechend § 8a Abs. 1 HGB Eintragungen wirksam, sobald sie in den für die Eintragungen bestimmten Datenspeicher aufgenommen sind und auf Dauer inhaltlich unverändert in lesbarer Form wiedergegeben werden können. Nähere Bestimmungen hierzu finden sich in den Regelungen der §§ 47 ff. HRV und §§ 18 ff. VRV, die letztlich den Zeitpunkt konkretisieren, den Abs. 1 S. 2 allgemein mit dem Begriff des „Vollzugs" der Eintragung umschreibt. Für **Schreibversehen** und ähnliche offensichtliche Unrichtigkeiten erlaubt § 17 HRV – und ebenso § 24 GenRegV und § 12 Abs. 2 VRV – die spätere Vornahme der entsprechenden Korrektur, die sodann den Beteiligten mitzuteilen ist (s. § 17 Abs. 2 S. 1 HRV, § 12 Abs. 3 VRV; vgl. hierzu auch § 395 Rn. 2). 10

6. Wirkung der Eintragung. a) Deklaratorische und konstitutive Eintragungen. Für die Frage, welche Wirkung die Eintragung im Register hat, gibt es keine einheitliche gesetzliche Lösung. Einerseits gibt es deklaratorisch wirkende Eintragungen, die das Vorliegen der publizierten Tatsache nur nach Außen verlautbaren, andererseits kann die Eintragung selbst konstitutive Wirkung haben und damit die angemeldete Rechtstatsache erst herbeiführen. Beispiele für nur deklaratorische Eintragungen sind §§ 1 Abs. 2, 29, § 31 Abs. 1, §§ 53, 106 Abs. 1 HGB sowie §§ 39 Abs. 1, 67, 74 GmbHG und §§ 81, 201, 266 und 273 AktG. Fälle konstitutiver Eintragungen finden sich bei fakultativen Eintragungen (§ 2 S. 2 und § 25 Abs. 2 HGB) und vor allem bei Errichtungsakten und Satzungsänderungen von Kapitalgesellschaften (§§ 7, 54 GmbHG, §§ 36, 181 AktG) sowie bei grundlegenden Strukturveränderungen (§§ 16 Abs. 1, 38, 129 UmwG). Zu beachten ist jedoch, dass teilweise die Bewirkung einzelner rechtlicher Folgen auch bei an sich nur deklaratorischen Eintragungen erst mit deren Vornahme eintreten, wie insbesondere bei Haftungstatbeständen (vgl. § 25 Abs. 2 HGB, § 176 Abs. 1 und Abs. 2 HGB) oder dem Anlauf von Enthaftungsfristen im Personengesellschaftsrecht (s. § 159 Abs. 2 und § 160 Abs. 1 S. 2 HGB). 11

b) Heilungswirkung durch Eintragung. Nur vereinzelt beschreibt das Gesetz, dass mit Vornahme der Eintragung im Register etwaige formelle oder materielle Mängel des zugrunde liegenden Vorgangs heilen. Ausdrücklich ist dies nach § 20 Abs. 1 Nr. 4 UmwG (Verschmelzung), § 131 Abs. 1 Nr. 4 UmwG (Spaltungen) und § 202 Abs. 1 Nr. 3 UmwG (Formwechsel) für Umwandlungsmaßnahmen der Fall. Darüber hinaus lässt sich der – für Gesellschaften mit beschränkter Haftung entsprechend anzuwendenden[10] – Vorschrift des § 242 Abs. 1 und Abs. 2 AktG entnehmen, dass nach Ablauf der dort vorgesehenen Frist bestimmte Mängel der Wirksamkeit des eingetragenen Beschlusses nicht mehr entgegenstehen, allerdings gleichwohl die Vornahme einer amtswegigen **Löschung nach § 398** möglich bleibt (vgl. hierzu § 398 Rn. 5). Zudem kann vor allem bei Personenhandelsgesellschaften eine Eintragung im Handelsregister als In-Vollzug-Setzung im Sinne der Lehre fehlerhafter Gesellschafterverhältnisse anzusehen sein, sodass gerade die eigentlich nur deklaratorische Eintragung im Register erst die Unmöglichkeit der rückwirkenden Beseitigung der damit eingetretenen Rechtsfolge bewirkt.[11] 12

7. Bekanntgabe und Anfechtbarkeit. a) Allgemeines. Für den Fall des Vollzugs der Anmeldung sieht § 383 einerseits die Bekanntgabe der Eintragung an die Beteiligten vor, sofern sie nicht ausnahmsweise und ausdrücklich hierauf verzichtet haben, und beschreibt die auf Grund der mit Vornahme der Eintragung bereits eingetretenen Publizitätswirkungen angeordnete Unanfechtbarkeit der Eintragung (s. im Übrigen hierzu die Kommentierung zu § 383). Eine gleichwohl eingelegte Beschwerde, die sich gegen die Eintragung richtet und nicht als **Fassungsbeschwerde** (hierzu Rn. 14) zu deuten ist, kann allenfalls als Anregung (s. § 24 Abs. 1) auf Eröffnung eines von Amts wegen durchzuführenden Löschungsverfahrens nach § 395 ausgelegt werden. 13

---

[9] S. *Krafka/Willer*, Registerrecht, Rn. 188; *Bumiller/Harders* Rn. 16; *Keidel/Heinemann* Rn. 10.
[10] BGHZ 144, 365 = NJW 2000, 2819.
[11] Vgl. *Krafka*, Einführung in das Registerrecht, Rn. 47.

§ 382 14–18

14 **b) Fassungsbeschwerde.** Die Unanfechtbarkeit der Eintragung nach Abs. 5 betrifft ausschließlich die Tatsache ihrer Vornahme, nicht aber deren exakten Inhalt. Hält ein Beteiligter die Fassung der Eintragung für irreführend oder unzutreffend, so kann er daher gegen die Eintragung Beschwerde mit dem Ziel einlegen, dass das Registergericht die Eintragung entsprechend den Vorstellungen des Beschwerdeführers korrigiert.[12] Die Gesetzesbegründung hat ausdrücklich hervorgehoben, dass diese Möglichkeit auch unter Berücksichtigung des § 383 Abs. 3 weiterhin besteht[13] (s. ferner § 383 Rn. 12).

III. Ablehnung der Eintragung

15 **1. Allgemeines.** Ein Antrag ist im Sinne des Abs. 3 insbesondere dann abzulehnen, wenn eine nicht eintragbare Tatsache (vgl. Rn. 4) angemeldet wird. Zur Antragsablehnung kann es auch dann kommen, wenn im Zuge des Verfahrens eine Zwischenverfügung nach Abs. 4 ergeht und die beanstandeten Hindernisse nicht innerhalb der gesetzten Frist beseitigt wurden. Auch ohne Zwischenverfügung muss ein gestellter Antrag abgelehnt werden, sofern der Eintragung ein von vornherein nicht beseitigbares Hindernis entgegensteht. Oftmals wird das Registergericht in diesen Fällen die **Rücknahme des Antrags anregen;** ein Anspruch auf diese für die Beteiligten kostengünstigere Vorgehensweise besteht jedoch nicht.[14] Zu beachten ist, dass weder eine Ablehnung, noch eine Antragsrücknahme einen Antragsverbrauch bewirkt (s. Rn. 3) und damit die entsprechende Eintragungsanmeldung zu einem späteren Zeitpunkt erneut vorgelegt werden kann, sofern dies nicht missbräuchlich ist. Eine rechtsmissbräuchliche Antragstellung wird man jedenfalls dann annehmen können, wenn sich die Sach- und Rechtslage seit der letzten Ablehnung erkennbar nicht geändert hat.

16 **2. Form der Antragsablehnung.** Die Ablehnung eines Anmeldungsantrags zur Erreichung einer Registereintragung erfolgt gemäß Abs. 3 durch einen **Beschluss.** Dieser hat neben der Beschlussformel insbesondere die Beteiligten zu bezeichnen (s. § 38 Abs. 2), ist gemäß § 38 Abs. 3 inhaltlich zu begründen und nach § 39 mit einer Rechtsbehelfsbelehrung, also einem Hinweis auf die Möglichkeit der Beschwerde (vgl. hierzu Rn. 17) zu versehen.

17 **3. Bekanntgabe und Rechtsmittel.** Wirksam wird der Ablehnungsbeschluss nach § 40 Abs. 1 mit seiner Bekanntgabe an den Beteiligten, für den er seinem wesentlichen Inhalt nach bestimmt ist, in einem Anmeldeverfahren also an den oder die Antragsteller. Der Ablehnungsbeschluss widerspricht erkennbar dem Willen des Antragstellers und ist diesem gemäß § 41 Abs. 1 S. 2 **zuzustellen,** da er mit dem Rechtsmittel der Beschwerde gemäß §§ 58 ff. anfechtbar ist. **Beschwerdeberechtigt** ist insoweit nach § 59 Abs. 2 grundsätzlich nur der Antragsteller. Zwar handelt es sich bei der durch den Anmeldenden begehrten Entscheidung gerade nicht um einen Beschluss, sondern im Sinne des § 38 Abs. 1 S. 2 in Verbindung mit § 382 Abs. 1 um den „Vollzug" durch Vornahme der Eintragung. Jedoch war ausweislich der Gesetzesbegründung mit der Neukodifizierung des § 59 Abs. 2 lediglich die Übernahme der bis dahin geltenden Regelung des § 20 Abs. 2 FGG aF beabsichtigt, nicht aber eine Neuausrichtung der Beschwerdeberechtigung in Registersachen.[15] Auch wenn dies im Wortlaut des § 59 Abs. 2 nur unvollständig deutlich wird, soll diese Vorschrift ihrem Sinn nach alle Verfahren betreffen, die nur auf Antrag hin eingeleitet werden, und zwar letztlich unabhängig davon, welche Form der Endentscheidung aus dem Verfahren resultiert.

IV. Zwischenverfügung

18 **1. Allgemeines.** Mit der Möglichkeit der Zwischenverfügung im Registerrecht hält das FamFG in bewusster Abweichung zu § 58 Abs. 1 – wonach an sich Zwischenentscheidungen nicht isoliert, sondern nur gemeinsam mit der Endentscheidung anfechtbar sind – an dem bis dahin registerrechtlich bewährten Verfahrensmittel der angreifbaren Zwischenentscheidung fest. Damit steht dem Gericht und den Beteiligten ein Instrument zur Verfügung, mit dessen Hilfe eine **zügige und effektive Abwicklung des Eintragungsverfahrens** erreicht werden kann, indem in zurückhaltend formalisierter Weise den Beteiligten rechtliches Gehör gewährt wird. Da die Zwischenentscheidung nicht als Beschluss, sondern als Verfügung ergeht (§ 38 Abs. 1 S. 2), bedurfte es der Regelung des

---

[12] *Krafka/Willer,* Registerrecht, Rn. 2442 ff.; BayObLG DNotZ 1986, 48.
[13] BT-Drucks. 16/6308, S. 286.
[14] Vgl. *Melchior/Schulte,* HRV, Online-Version 2008, § 26 Rn. 3 [www.melchior-schulte.de, Abruf vom 10. 11. 2008]; *Krafka/Willer,* Registerrecht, Rn. 192; aA unter Berufung auf § 28 Abs. 1 und 2 ist *Keidel/Heinemann* Rn. 16.
[15] Vgl. BT-Drucks. 16/6308, S. 204.

Abs. 4 S. 2, der die ausdrückliche Anfechtbarkeit dieser Entscheidungen vorsieht und damit über eine bloße formlose Anhörung hinausgeht. Eine rechtsstaatlich fragwürdige Verkürzung der formalen Vortragsmöglichkeiten ist damit nicht verbunden, da es den Beteiligten unbenommen bleibt, durch eigenes Untätigbleiben den Ablehnungsbeschluss des Gerichts herbeizuführen und hiermit keine verfahrensmäßige Präklusion von Einwänden verbunden ist.

2. Anwendbarkeit. Denkbar ist eine Zwischenverfügung nur im Rahmen der Verfahren nach § 374 Nr. 1 bis 4, mithin in Handels-, Genossenschafts-, Partnerschafts- und Vereinsregistersachen, nicht aber in Güterrechtsregistersachen. Zudem setzt Abs. 4 S. 1 voraus, dass dem Vollzug der Anmeldung ein **behebbares Hindernis** entgegensteht. Ist das Hindernis ein endgültiges, so darf also keine Zwischenverfügung ergehen. Der Antrag ist in diesem Fall vielmehr unmittelbar durch Beschluss nach Abs. 3 abzulehnen. Das Gericht ist zwar im Sinne einer effektiven Verfahrensabwicklung dazu angehalten, nicht aber unbedingt verpflichtet, von vornherein alle Hindernisse in einer Zwischenverfügung zu benennen. Es ist daher für die Beteiligten zwar unerfreulich, aber verfahrensmäßig rechtens, wenn nach Erledigung der Beanstandungen der ersten solchen Verfügung erneut eine Zwischenverfügung ergeht mit weiteren, zunächst noch nicht bemängelten Fehlern der Anmeldung.

3. Unvollständigkeit der Anmeldung. Als typischen Fall des Vollzugshindernisses hebt Abs. 4 S. 1 die Unvollständigkeit der Anmeldung hervor. Dies kann einerseits daran liegen, dass die Anmeldung nicht durch alle Anmeldeverpflichteten erfolgt ist, beispielsweise bei einer Kapitalerhöhung einer Gesellschaft mit beschränkter Haftung die Antragstellung nicht durch alle Geschäftsführer (vgl. § 78 GmbHG). Andererseits kann die vorliegende Anmeldung den registerpflichtigen Vorgang unvollständig abbilden, zum Beispiel die Anmeldung der inländischen Geschäftsanschrift (vgl. etwa § 29 HGB) oder bei der Erstanmeldung einer Personenhandelsgesellschaft der allgemeinen Vertretungsregelung (s. zum Beispiel § 106 Abs. 2 Nr. 4 HGB) unterblieben sein. Derartige Mängel können ohne weiteres im Rahmen einer Nachtragsanmeldung, in den zuletzt genannten Fällen der inhaltlichen Unvollständigkeit gegebenenfalls auf Grund Vollmacht nach § 378 durch den involvierten Notar, behoben werden, sodass der Erlass einer Zwischenverfügung nach Abs. 4 seitens des Gerichts geboten ist.

4. Anderes behebbares Hindernis. Als andere behebbare Hindernisse, die ebenfalls dem sofortigen Vollzug der Anmeldung entgegenstehen, fällt in der Praxis vor allem der Fall fehlender oder inhaltlich unpassender mit **einzureichender Dokumente** ins Gewicht. Wird zum Beispiel bei der Anmeldung eines Geschäftsführerwechsels einer Gesellschaft mit beschränkter Haftung der zugrunde liegende Gesellschafterbeschluss nicht mit eingereicht (s. § 39 Abs. 3 GmbHG), ist dies durch eine entsprechende Zwischenverfügung zu beanstanden. Dasselbe gilt, wenn zwar der Beschluss mit eingereicht wird, aber dessen Nichtigkeit nahe liegend ist, weil die abstimmenden Personen nicht in der zum Handelsregister eingereichten Gesellschafterliste nach § 40 GmbHG vermerkt sind.[16]

5. Fristsetzung zur Hindernisbeseitigung. Die obligatorisch in der Zwischenverfügung zu setzende Frist soll helfen, Klarheit für den weiteren Fortgang des Verfahrens zu schaffen und dessen **zügige Erledigung** zu erreichen. Ein Anspruch auf **Verlängerung der Frist** wird nur dann zu bejahen sein, wenn das hierbei bestehende Ermessen des Gerichts insoweit reduziert ist. Denkbar wäre dies, wenn die zu befürchtende Verzögerung von den Beteiligten nicht zu vertreten ist, wie etwa bei der Mitwirkung etwaiger Behörden, auf deren Verfahren nicht unmittelbar Einfluss genommen werden kann.[17]

6. Sonstiger Inhalt. Eine Begründung der Zwischenverfügung ist nicht zwingend vorgeschrieben, da es sich nicht um einen Beschluss gemäß §§ 38 ff. handelt. Zur bis zum 31. 8. 2009 geltenden Vorgängervorschrift des § 26 S. 2 HRV bestand zudem Einigkeit darüber, dass das Gericht keine Pflicht hat, **Wege zur Beseitigung der bestehenden Hindernisse** aufzuzeigen.[18] Plausibel ist es dagegen, zum Inhalt der Zwischenverfügung entsprechend § 39 auch die Beifügung einer Rechtsbehelfsbelehrung zu zählen, da es sich insoweit um einen allgemeinen Verfahrensgrundsatz handelt, der übergreifend im Rahmen der Reform 2009 in der gesamten freiwilligen Gerichtsbarkeit verankert wurde.

---

[16] S. allgemein zur Kontrolle von Gesellschafterbeschlüssen *Krafka/Willer,* Registerrecht, Rn. 1025 ff. und MünchKommHGB/*Krafka* § 8 Rn. 76 f.

[17] *Melchior/Schulte,* HRV, Online-Version 2008, § 26 Rn. 9 [www.melchior-schulte.de, Abruf vom 10. 11. 2008]; für einen Anspruch auf Fristverlängerung nach § 16 Abs. 2 iVm. § 225 ZPO ist *Keidel/Heinemann* Rn. 26.

[18] *Melchior/Schulte,* HRV, Online-Version 2008, § 26 Rn. 5 [www.melchior-schulte.de, Abruf vom 10. 11. 2008]; aA *Keidel/Heinemann* Rn. 25 unter Berufung auf § 38 Abs. 3 S. 1.

§ 383 1–4 Buch 5. Abschnitt 3. Registersachen

24 **7. Beschwerdemöglichkeit.** Gemäß Abs. 4 S. 2 kann gegen die Zwischenverfügung Beschwerde nach §§ 58 ff. eingelegt werden. Beschwerdeberechtigt ist nach § 59 Abs. 2 wiederum nur derjenige, der den Antrag auf Vornahme der mit der Zwischenverfügung vorläufig abgelehnten Eintragung gestellt hat (s. zur Problematik Rn. 17). Die Vorschrift kodifiziert damit die zur Vorgängervorschrift des § 26 S. 2 HRV bestehende allgemeine Meinung, dass Zwischenverfügungen durch ein Rechtsmittel angreifbar und damit inhaltlich kontrollierbar sind.

§ 383 Bekanntgabe; Anfechtbarkeit

(1) Die Eintragung ist den Beteiligten bekannt zu geben; auf die Bekanntgabe kann verzichtet werden.

(2) Die Vorschriften über die Veröffentlichung von Eintragungen in das Register bleiben unberührt.

(3) Die Eintragung ist nicht anfechtbar.

Schrifttum: *Fleischhauer/Preuß,* Handelsregisterrecht, 2006; *Krafka,* Registerrechtliche Neuerungen durch das FamFG, NZG 2009, 650; *ders.,* Die gesellschafts- und registerrechtliche Bedeutung des geplanten FamFG, FGPrax 2007, 51; *ders.,* Einführung in das Registerrecht, 2. Aufl. 2008; *ders./Willer,* Registerrecht, 7. Aufl. 2007; *Müther,* Das Handelsregister in der Praxis, 2. Aufl. 2007.

I. Bekanntgabe

1 **1. Begriff der Bekanntgabe.** Die Eintragungsbekanntgabe an die Beteiligten erfolgt durch die Mitteilung über den Vollzug der Registeranmeldung. Diese **„Vollzugsmitteilung"** gibt nicht den gesamten aktuellen Registerstand wieder, sondern enthält nur die vorgenommenen Eintragungen, die zwar regelmäßig aus sich heraus verständlich, als Nachweis gegenüber Dritten aber normalerweise nicht verwendbar sind. Hierfür wird entweder der gesamte Registerauszug benötigt oder eine Bescheinigung nach § 386. Die Vorschrift des Abs. 1 geht auf die vor der Reform der freiwilligen Gerichtsbarkeit bis 31. 8. 2009 geltende Regelung des § 130 Abs. 2 FGG aF zurück, allerdings mit der Änderung, dass die Mitteilungspflicht nunmehr **zwingend** gilt („ist") und nicht wie in der Vorgängerregelung als Soll-Bestimmung ausgestaltet ist. Gleichwohl gilt unverändert, dass es sich zwar um einen das Eintragungsverfahren abschließenden Akt handelt, der jedoch für die Wirksamkeit der bereits erfolgten Eintragung keine Bedeutung hat. Damit lässt sich § 383 Abs. 1 als reine Ordnungsvorschrift charakterisieren.[1]

2 **2. Form der Bekanntgabe.** Grundsätzlich kann die Bekanntgabe durch Übersendung der Vollzugsmitteilung entsprechend § 15 Abs. 2 erfolgen, also entweder durch **Zustellung** nach den §§ 166 bis 195 ZPO oder dadurch, dass sie „unter der Anschrift des Adressaten zur Post gegeben wird". Regelmäßig erfolgt die Bekanntgabe in Registersachen allerdings gemäß § 38a Abs. 2 S. 1 HRV **auf elektronischem Weg.** Die Vorschrift des § 15 steht dem nicht entgegen. Dies liegt daran, dass auf die Übermittlung von Vollzugsmitteilungen § 15 nicht direkt anwendbar ist, weil durch diese keine Frist zu laufen beginnt. Die einschränkende Erwähnung des Vorrangs von § 15 in § 38a Abs. 2 S. 2 HRV bezieht sich somit nur auf sonstige Beschlüsse, insbesondere auf die Ablehnung des Eintragungsantrags nach § 382 Abs. 3 und Zwischenverfügungen nach § 382 Abs. 4, bei deren Bekanntgabe die Beschwerdefrist des § 63 Abs. 1 zu laufen beginnt (s. § 63 Abs. 3).

3 **3. Adressat der Bekanntgabe.** Die Bekanntgabe erfolgt an die Beteiligten, also an den Antragsteller (§ 7 Abs. 1) und die gegebenenfalls als Beteiligte Hinzugezogenen (§ 7 Abs. 2). Wurde ein berufsständisches Organ nach § 380 Abs. 4 angehört, so ist auch ihm eine Vollzugsmitteilung zuzusenden. Wenn die Anmeldung durch einen Notar im Rahmen des § 378 als Vertreter eingereicht wurde, ist die Vollzugsmitteilung auch an den Notar zu richten. Wurde er dagegen als Bote tätig (s. § 378 Rn. 4), so erhält er grundsätzlich keine Vollzugsmitteilung.

4 **4. Verzicht auf die Bekanntgabe.** Wie bislang nach § 130 Abs. 2 Halbs. 2 FGG aF kann auch nach Abs. 1 Halbs. 2 formlos[2] auf die Bekanntgabe der Eintragung verzichtet werden. Gemäß § 36 S. 2 HRV soll in Handelsregistersachen der Urkundsbeamte in geeigneten Fällen sogar darauf hinweisen, dass auf die Benachrichtigung verzichtet werden kann. Ein solcher Verzicht ist allerdings regelmäßig nicht im Interesse der Registerführenden, da es den Beteiligten dann nicht möglich wäre,

---

[1] *Keidel/Heinemann* Rn. 2.
[2] *Keidel/Kuntze/Winkler* § 130 FGG Rn. 9.

den Inhalt der vorgenommenen Eintragung zu kontrollieren. Zwar ist die Eintragung an sich gemäß Abs. 3 unanfechtbar; nur teilweise vollzogene Anmeldungen können allerdings weiterhin nur verfolgt werden, wenn die fehlende Erledigung erkannt wird. In diesem Sinne drohen Schäden auf Grund der negativen Publizitätswirkung des Registers (s. § 15 Abs. 1 HGB, §§ 68, 1412 BGB), mit deren Geltendmachung der Beteiligte im Rahmen der Amtshaftung nach § 839 Abs. 3 BGB möglicherweise präkludiert ist, wenn ihm eine Vollzugsmitteilung zugeht.[3]

II. Veröffentlichung

1. Begriff der Veröffentlichung. Abs. 2 benutzt die Bezeichnung der Veröffentlichung in Abgrenzung zur Bekanntgabe an die Beteiligten nach Abs. 1. Damit soll nach der Gesetzesbegründung klargestellt werden, dass die spezialgesetzlichen Veröffentlichungsvorschriften – die regelmäßig die Bezeichnung der **„Bekanntmachung"** verwenden (vgl. § 10 HGB, § 27 HRV) – vorrangig sind und nicht etwa von den Vorschriften des Buches 5 verdrängt werden.[4] Andererseits ist eine Zentralkodifikation aller registerrechtlichen Bekanntmachungs- und Veröffentlichungsvorschriften im FamFG bewusst unterblieben, weil damit angesichts des Umfangs und der Vielgestaltigkeit der Vorschriften keine Verbesserung der Übersichtlichkeit verbunden gewesen wäre.[5] Erst diese öffentliche Bekanntmachung, die im Sinne des Abs. 2 als **„Veröffentlichung"** zu verstehen ist, erlaubt in der Theorie dem Rechtsverkehr die Kenntnisnahme von den im Register vorgenommenen Eintragungen. Daher stellt im Sinne dieses Modells die Zentralvorschrift der Registerpublizität des § 15 HGB nicht auf die Eintragung im Handelsregister ab, sondern auf deren Bekanntmachung respektive Veröffentlichung.[6] Etwas anderes gilt nur, wenn eine durchgehende Veröffentlichung der Registereintragungen nicht vorgesehen ist, wie etwa im Vereinsregister, so dass dort zu Recht für die Publizität des Registers auf die Eintragung abgestellt wird (§ 68 BGB).

2. Spezialgesetzliche Veröffentlichungen. a) Handelsregister. Der Hauptfall vorgesehener Veröffentlichungen betrifft das Handelsregister. Für dieses ist in § 10 HGB vorgesehen, dass vom Registergericht alle Eintragungen bekannt zu machen sind. In Umsetzung der Öffnungsklauseln der europäischen **Publizitätsrichtlinie** (s. § 374 Rn. 2) wurde hierzu mit dem Unternehmensregister ein einheitliches Zugangsportal geschaffen, über das bundesweit auf alle seit 1. 1. 2007 ergehenden Bekanntmachungen der in Länderverantwortung geführten Handelsregister zugegriffen werden kann (s. § 8b Abs. 2 Nr. 1 HGB und § 9 Abs. 6 S. 1 HGB), ebenso auf diejenigen der Eintragungen im Genossenschafts- und Partnerschaftsregister (§ 8b Abs. 2 Nr. 2 und 3 HGB). Daneben besteht die Möglichkeit des direkten Zugriffs auf die Bekanntmachungen im jeweils von der Landesjustizverwaltung verwendeten Informations- und Kommunikationsmedium nach § 10 HGB. Die Veröffentlichung ist unverzüglich nach der Eintragung zu veranlassen (§ 32 HRV, § 4 GenRegV) und wird auf Grund der elektronischen Registerführung automatisch aus dem Eintragungstext generiert.

b) Sonstige Register. Hinsichtlich der Eintragungen im Genossenschaftsregister ist eine Veröffentlichung nur nach § 156 Abs. 1 S. 2 GenG vorgesehen, das heißt insbesondere für die Errichtung (§ 12 GenG), Satzungsänderungen (§ 16 Abs. 5 GenG), Vorstandsänderungen (§ 28 S. 3 GenG) und die Prokura (§ 42 Abs. 1 S. 3 GenG). In Partnerschaftsregistersachen werden dagegen auf Grund der Globalverweisung des § 5 Abs. 2 PartGG auf die Vorschrift des § 10 HGB sämtliche Eintragungen veröffentlicht. Für das Vereinsregister ist im Übrigen eine öffentliche Bekanntmachung nur für die Gründung eines eingetragenen Vereins vorgesehen (§ 66 Abs. 1 BGB, § 14 VRV), nicht aber für spätere Vorstands- oder Satzungsänderungen. Eintragungen im Güterrechtsregister wiederum werden stets, allerdings in Bezug auf den Güterstand nur schlagwortartig, veröffentlicht (§ 1562 BGB).

c) Umwandlungsrecht. Besondere Bekanntmachungspflichten sieht das Umwandlungsrecht vor. Hier sind einerseits auf Grund europarechtlicher Vorgaben Umstände, wie zum Beispiel die Einreichung eines Verschmelzungsvertrags (§ 61 UmwG), zu veröffentlichen, auch wenn diesbezüglich zunächst noch keine Eintragung im Register erfolgt. Andererseits sind Umwandlungsmaßnahmen nach § 19 Abs. 3 UmwG stets unabhängig davon öffentlich bekannt zu machen, ob dies für den betroffenen Rechtsträger generell vorgesehen ist, so dass zum Beispiel auch die Eintragung einer Verschmelzung im Vereinsregister entsprechend öffentlich bekannt gemacht wird. Ferner bestehen

---

[3] Vgl. *Keidel/Heinemann* Rn. 9; *Bumiller/Harders* Rn. 2; *Melchior/Schulte*, HRV, Online-Version 2008, § 36 Rn. 1 [www.melchior-schulte.de, Abruf vom 10. 11. 2008].
[4] BT-Drucks. 16/6308, S. 286.
[5] BT-Drucks. 16/6308, S. 286.
[6] S. eingehend zu den verschiedenen Arten der Registerpublizität *Krafka*, Einführung in das Registerrecht, Rn. 140 ff.

erweiterte Bekanntmachungspflichten aus Gründen des Gläubigerschutzes (vgl. § 22 Abs. 1 S. 3 UmwG).

9 **3. Form der Veröffentlichung.** Die Veröffentlichung erfolgt nach § 10 HGB in dem von der Landesjustizverwaltung bestimmten Informations- und Kommunikationsmedium, im Übrigen nach §§ 66, 1558 BGB durch das Amtsgericht in dem für seine Veröffentlichungen bestimmten Blatt. Damit soll gewährleistet werden, dass diejenigen, die sich für die entsprechenden Eintragungen interessieren, von ihnen sicher und zuverlässig Kenntnis erlangen können, ohne von sich aus den Registerinhalt erforschen zu müssen. Der Text der Veröffentlichung soll **knapp gefasst** und **leicht verständlich** sein (vgl. § 33 Abs. 1 HRV), damit er seiner Aufgabe der Publizitätsbewirkung gerecht werden kann. In den Ausnahmefällen der EWIV und SE kann daneben auch noch eine Veröffentlichung im Amtsblatt der Europäischen Union erforderlich sein (vgl. § 34a HRV); die Veröffentlichungspflichten ergeben sich hierzu aus Art. 11 und Art. 39 Abs. 2 der Verordnung (EWG) Nr. 2137/85 hinsichtlich der Europäischen wirtschaftlichen Interessenvereinigung (EWIV) sowie aus Art. 14 der Verordnung (EG) Nr. 2157/2001 hinsichtlich der Europäischen Gesellschaft (SE).

III. Unanfechtbarkeit

10 **1. Anwendungsbereich.** Abs. 3 bestimmt in aller gewünschten[7] Klarheit, dass Registereintragungen nicht durch Rechtsmittel angreifbar sind. Der einzige Weg sie zu beseitigen führt gegebenenfalls über eine amtswegige Löschung der Eintragung, insbesondere auf Grund der allgemein hierfür bestehenden Löschungsvorschrift des § 395 und gegebenenfalls über die vorrangigen Sondervorschriften der §§ 397, 398. Dies entspricht der allgemeinen Ansicht aus der Zeit vor Inkrafttreten des FamFG.[8] Zu beachten ist hierbei, dass die Unanfechtbarkeit für alle Fälle der „Eintragung" im Register gilt, mithin nicht nur für **Ersteintragungen,** sondern auch für **Änderungseintragungen** und **Löschungen** (s. § 382 Rn. 5), und zwar unabhängig davon, ob sie im Wege des Antragsverfahrens angestoßen oder von Amts wegen vorgenommen werden sind. Letzteres ergibt sich aus der Verweisung des § 384 Abs. 1 auf die hier einschlägige Regelung des Abs. 3.

11 **2. Bedeutung der Unanfechtbarkeit.** Der Grund für die Unanfechtbarkeit von Registereintragungen ist die mit ihnen verbundene und zwangsläufig automatisch eintretende **Publizitätswirkung.** Ist mit einer Registereintragung eine positive Publizität verbunden, wie nach § 15 Abs. 2 HGB für das Handelsregister, können die damit eintretenden Folgen nicht mehr beseitigt werden. Zudem wäre für den Rechtsverkehr die Bedeutung der Rechtsträgerregister stark eingeschränkt, wenn der Fortbestand einer Eintragung im Belieben der Beteiligten stünde, die nicht gezwungen sind, die Rechtslage durch Einlegung einer Beschwerde zu korrigieren. Darüber hinaus wirkt es zumindest im Antragsverfahren wenig sinnvoll, demjenigen ein Rechtsmittel zur Beseitigung der Eintragung in die Hand zu geben, der sie selbst veranlasst hat.

12 **3. Fassungsbeschwerde.** Zu Recht geht die Gesetzesbegründung davon aus, dass die so genannte Fassungsbeschwerde durch die Unanfechtbarkeit der Eintragung nach Abs. 3 nicht ausgeschlossen ist.[9] Mit dieser Form des Rechtsmittels kann die Korrektur von im Register eingetragenen Tatsachen, wie zum Beispiel der Namensangaben eingetragener Personen, oder die Klarstellung einer Eintragung, etwa der Verlautbarung eingetragener rechtlicher Verhältnisse, erreicht werden.[10] Damit soll letztlich nicht der Inhalt der vorgenommenen Eintragung beseitigt, sondern nur deren äußere Gestaltung beeinflusst werden. Angesichts des eindeutigen Wortlauts von Abs. 3 bedarf es in diesem Fall zunächst eines entsprechenden Antrags eines Beteiligten, mit dem die Klarstellung der bereits vollzogenen Eintragung verlangt wird. Da mit diesem Antrag nicht die erstmalige Eintragung einer Tatsache, sondern lediglich die Klarstellung einer bereits erfolgten Eintragung erreicht werden soll, bedarf dieser Antrag im Sinne des § 23 nicht der sonst vorgeschriebenen Form für etwaige Eintragungsanträge nach § 12 Abs. 1 HGB oder § 77 BGB. Wird der Korrekturantrag abgelehnt, so geschieht dies durch Beschluss nach §§ 38 ff., der nunmehr im Wege der Beschwerde nach §§ 58 ff. angreifbar ist. Die auf diesem Weg erhobene Fassungsbeschwerde stellt sich damit letztlich als reguläres Rechtsmittel gegen den Beschluss dar, mit dem die beantragte Neufassung der Registereintragung abgelehnt wurde.[11]

---

[7] S. *Krafka* FGPrax 2007, 51 (54).
[8] OLG Köln FGPrax 2004, 88; BayObLGZ 1991, 337 (339); BayObLGZ 1988, 170 (173); *Jansen/Steder* § 130 FGG Rn. 39.
[9] Vgl. BT-Drucks. 16/6308, S. 286.
[10] BT-Drucks. 16/6308, S. 286; s. ferner *Krafka/Willer,* Registerrecht, Rn. 2442 ff.
[11] *Krafka* FGPrax 2007, 51 (54); *Keidel/Heinemann* Rn. 24; *Bumiller/Harders* Rn. 5.

§ 384 Von Amts wegen vorzunehmende Eintragungen

(1) Auf Eintragungen von Amts wegen sind § 382 Abs. 1 Satz 2 und Abs. 2 sowie § 383 entsprechend anwendbar.

(2) Führt eine von Amts wegen einzutragende Tatsache zur Unrichtigkeit anderer in diesem Registerblatt eingetragener Tatsachen, ist dies von Amts wegen in geeigneter Weise kenntlich zu machen.

Schrifttum: *Fleischhauer/Preuß,* Handelsregisterrecht, 2006; *Krafka,* Die gesellschafts- und registerrechtliche Bedeutung des geplanten FamFG, FGPrax 2007, 51; *ders.,* Einführung in das Registerrecht, 2. Aufl. 2008; *ders./Willer,* Registerrecht, 7. Aufl. 2007; *Müther,* Das Handelsregister in der Praxis, 2. Aufl. 2007; *Ries,* Elektronisches Handels- und Unternehmensregister, Rpfleger 2006, 233.

I. Amtswegige Eintragungen

1. Begriff der amtswegigen Eintragungen. Eintragungen im Register werden durch das Gericht im Normalfall auf Grund einer entsprechenden Anmeldung der Beteiligten vorgenommen. Nur ausnahmsweise darf in den gesetzlich vorgeschriebenen Ausnahmefällen eine Eintragung von Amts wegen erfolgen.[1] Der Begriff der Eintragung meint in diesem Zusammenhang jede **Veränderung** auf einem bereits bestehenden Registerblatt und – wie die Vorschriften der §§ 393 ff. zeigen – auch **Löschungen** (vgl. § 382 Rn. 5). Weil eine amtswegige Eintragung in den privatautonomen Gestaltungsbereich des betroffenen Rechtsträgers und der daran Beteiligten eingreift, ist hierfür aus rechtsstaatlichen Gründen jeweils eine besondere Rechtsgrundlage erforderlich. Insbesondere im Rahmen der Löschung vorhandener Eintragungen gilt hierbei der Grundsatz der Eintragungserhaltung, so dass die Prüfungs- und Korrekturmöglichkeiten des Gerichts stark eingeschränkt sind.[2] Fehlt es an einer einschlägigen Grundlage für eine amtswegige Eintragung, steht dem Registergericht allenfalls die Möglichkeit offen, durch Androhung und Anwendung von Zwangsmitteln (s. § 14 HGB, § 78 BGB) die gebotenen Anmeldungen der Beteiligten zu bewirken.

2. Beispiele. a) Bestimmungen im FamFG. Die wesentlichen Vorschriften zur Vornahme amtswegiger Registereintragungen wurden im Abschnitt 3 Unterabschnitt 3 in den Bestimmungen der **§§ 393 bis 398** zusammengefasst. Die Grundvorschrift enthält hierbei § 395 Abs. 1 S. 1, wonach eine Registereintragung wegen Mangels einer wesentlichen Voraussetzung zu löschen ist. Weitere Fälle sind die Löschung unzulässiger oder faktisch nicht mehr existenter Firmen und Rechtsträger (§ 393 Abs. 1 und § 394 Abs. 1) und die Beseitigung von Eintragungen, deren Grundlagen rechtlich nichtig und damit unwirksam sind (§ 397 für Rechtsträger und § 398 für Beschlüsse). Hat eine von Amts wegen vorzunehmende Eintragung eine Änderung einer weiteren in diesem Registerblatt enthaltenen Information zur Folge, so sieht Abs. 2 vor, dass auch diese Folgeänderung von Amts wegen kenntlich zu machen ist (s. hierzu Rn. 10 ff.).

b) Sondergesetzliche Bestimmungen. Weitere Rechtsgrundlagen für amtswegige Eintragungen finden sich in den einzelnen handels- und gesellschaftsrechtlichen Spezialgesetzen sowie in besonderen Regelungen des Wirtschaftsverwaltungsrechts. Zur Abgrenzung gegenüber amtswegigen Eintragungen ist hierbei festzuhalten, dass das Registergericht Schreibfehler und andere **offensichtliche Unrichtigkeiten** nach § 17 HRV, die als Ausdruck eines allgemeinen Grundsatzes anzusehen ist (vgl. § 24 GenRegV, § 12 VRV), der auch in den sonstigen Registersachen gilt, in Form einer neuen Eintragung korrigieren darf. Ein wesentlicher praxisrelevanter Fall echter amtswegiger Registereintragungen ist dagegen die Anbringung von **Insolvenzvermerken** nach § 31 InsO, § 32 HGB und § 75 BGB, wobei Insolvenzmaßnahmen gegebenenfalls die Auflösung des eingetragenen Rechtsträgers bewirken und daher weitere Folgeeintragungen nach Abs. 2 erforderlich sind (s. hierzu Rn. 10 ff.). Weitere Amtseintragungen erfolgen zum Beispiel bei der **gerichtlichen Auflösung** einer Aktiengesellschaft oder einer KGaA durch Urteil (s. § 398 AktG), im Fall des Widerrufs der Erlaubnis für den Geschäftsbetrieb eines Versicherungsvereins auf Gegenseitigkeit (§ 87 Abs. 5 VAG), bei der Auflösung eines Kreditinstituts (§ 38 KWG) und im Rahmen etwaiger unternehmensrechtlicher Verfahren nach § 375, sowie bei staatlichen Maßnahmen gegen Gesellschaften, Genossenschaften und Vereinen nach § 17 VereinsG und §§ 3, 13 VereinsG. All diese Eintragungen finden ihren Grund darin, dass die deklaratorisch wirkende Eintragung auf ein Ereignis zurück zu führen ist, an dem eine andere staatliche Stelle beteiligt war, die damit ihrerseits durch eine Mitteilung an das Registergericht die Vornahme der Eintragung veranlassen kann. Zudem ist andererseits zu befürch-

---

[1] Vgl. *Krafka,* Einführung in das Registerrecht, Rn. 196.
[2] *Keidel/Heinemann* Rn. 2.

§ 384 4–9   Buch 5. Abschnitt 3. Registersachen

ten, dass die Beteiligten selbst an der Vornahme dieser Eintragung wenig Interesse haben und ihrer Anmeldepflicht nicht nachkommen würden. Schließlich bringt die amtswegig einzutragende Tatsache nicht selten eine Änderung weiterer, bereits im Register eingetragener Tatsachen mit sich, so dass erst mit der Amtseintragung und der Folgeänderung nach Abs. 2 die Rechtslage auf dem betroffenen Registerblatt weiterhin zutreffend dargestellt werden kann.

4 **c) Eintragungen in Übergangsfällen.** Ein weiterer praxisrelevanter Fall amtswegiger Eintragungen wird oftmals durch den Gesetzgeber in Übergangsvorschriften vorgesehen, wenn durch eine Gesetzesänderung eine neue Eintragungspflicht geschaffen wird, die zwingend zur Erreichung einer einheitlichen Registerdarstellung auch bei bereits vorhandenen Rechtsträgern bewirkt werden soll. So war die Abschaffung des gesonderten Zweigniederlassungsblattes durch die Änderung des § 13 HGB zum 1. 1. 2007 ebenso von Amts wegen durch die Registergerichte zu vollziehen (s. Art. 61 Abs. 6 EGHGB), wie die Eintragung der inländischen Geschäftsanschrift im Handelsregister zum 31. 10. 2009 (vgl. § 3 Abs. 4 EGGmbHG, Art. 64 EGHGB).

5 **3. Anzuwendende Vorschriften. a) Wirksamkeit der Eintragung.** Durch die Verweisung nach Abs. 1 auf § 382 Abs. 1 S. 2 wird eine amtswegige Eintragung mit ihrem Vollzug im Register wirksam (s. hierzu Rn. 6 sowie allgemein § 382 Rn. 10). Allerdings hat diese Verweisung regelmäßig keine Bedeutung für das Vorliegen und die Wirksamkeit der einzutragenden Tatsache. So tritt naturgemäß die Auflösung im Verfahren gemäß § 399 mit Rechtskraft des entsprechenden Feststellungsbeschlusses ein (s. § 60 Abs. 1 Nr. 6 GmbHG, § 262 Abs. 1 Nr. 5 AktG), sodass die nachfolgende Eintragung nur deklaratorische Wirkung hat. Die mit § 1 im Verweis auf § 382 Abs. 1 S. 2 in Bezug genommene Wirksamkeit der Eintragung kann somit in diesen Fällen nur Bedeutung im Rahmen der publizitätsrechtlichen Folgen der Eintragung haben (vgl. § 15 HGB, § 68 BGB, § 1412 BGB).

6 **b) Vollzug der Eintragung.** Für den Vollzug der Eintragung verweist Abs. 1 auf die für alle Eintragungen geltende Vorschrift des § 382 Abs. 2 (vgl. hierzu § 382 Rn. 7). Im Übrigen ist nach den einzelnen Registerverordnungen (s. hierzu § 387 Rn. 1) vorgesehen, dass bei amtswegigen Löschungen nach § 395 der Vermerk „Von Amts wegen gelöscht" (s. § 19 Abs. 1 HRV, § 11 Abs. 3 VRV) und bei sonstigen amtswegigen Eintragungen der Zusatztext „Von Amts wegen eingetragen" mit aufgenommen wird (§ 19 Abs. 2 S. 1 HRV; § 10 Abs. 4 S. 3 VRV), nicht jedoch bei Insolvenzvermerken nach § 32 HGB (s. § 19 Abs. 2 S. 2 HRV, § 10 Abs. 4 S. 4 VRV).

7 **c) Bekanntgabe der Eintragung.** Eine von Amts wegen vorgenommene Eintragung ist auf Grund der Verweisung des Abs. 1 gemäß § 383 Abs. 1 den Beteiligten bekannt zu geben. Schwierigkeiten kann in diesem Zusammenhang der Begriff des Beteiligten verursachen. Zwar sind bei Löschungsverfahren regelmäßig die Betroffenen (s. § 393 Abs. 1 S. 2) oder die organschaftlichen Vertreter der betroffenen Rechtsträger (§ 394 Abs. 2) anzuhören (s. ferner allgemein § 395 Abs. 2). In anderen Fällen, wie etwa Eintragungen nach § 32 HGB oder Folgeänderungseintragungen nach Absatz 2 ist dagegen nur nach den allgemeinen Bestimmungen des § 7 festzulegen, wer als Beteiligter anzusehen ist. Wird etwa infolge eines Insolvenzvermerks gemäß Abs. 2 eine Prokura gelöscht, so ist dies ferner dem Prokuristen als Beteiligten gemäß § 7 Abs. 2 Nr. 1 mitzuteilen, auch wenn seine Vertretungsbefugnis ohnehin bereits durch die Insolvenzmaßnahme erloschen ist, weil aus Publizitätsgründen gegenüber gutgläubigen Dritten die Wirkung seiner materiell-rechtlich nicht mehr bestehenden Vertretungsmacht erst mit der Löschung im Handelsregister erlischt (vgl. § 15 Abs. 1 HGB).

8 **d) Veröffentlichung der Eintragung.** Die Verweisung des Abs. 1 auf § 383 Abs. 2 macht deutlich, dass auch amtswegige Eintragungen nach den einschlägigen Vorschriften (s. hierzu § 383 Rn. 6 ff.) vorzunehmen sind, sofern nicht etwas Abweichendes geregelt ist. Ein wichtiger Fall des Unterbleibens der amtswegigen Registereintragung ist in § 32 Abs. 2 S. 1 HGB enthalten, wonach bei Insolvenzvermerken keine öffentliche Bekanntmachung nach § 10 HGB erfolgt. Der Grund hierfür ist darin zu sehen, dass die entsprechende Information bereits im Rahmen des Insolvenzverfahrens veröffentlicht wurde (s. §§ 9, 23 Abs. 1, § 30 Abs. 1 und § 277 Abs. 3 S. 1 InsO) und der Gesetzgeber eine nochmalige Verlautbarung an die Öffentlichkeit für unnötig erachtet. Zu berücksichtigen ist in diesem Zusammenhang, dass allerdings etwaige Folgeänderungen, die auf Grund der eingetragenen Insolvenzmaßnahme auf dem Handelsregisterblatt nach Abs. 2 vorzunehmen sind, naturgemäß nach § 10 HGB zu veröffentlichen sind.[3]

9 **e) Unanfechtbarkeit der Eintragung.** Die vorgenommene amtswegige Eintragung ist gemäß § 383 Abs. 3 auf Grund der entsprechenden Verweisung des Abs. 1 auf diese Vorschrift unanfechtbar. Der Grund hierfür ist ebenso wie bei Eintragungen auf Antrag hin die mit der Eintragung auto-

---

[3] MünchKommHGB/*Krafka* § 32 Rn. 12.

matisch verbundene Publizitätswirkung, die nicht mehr durch ein Rechtsmittel beseitigt werden kann. Aus diesem Grund sehen die einzelnen amtswegigen Löschungsvorschriften bereits innerverfahrensmäßige Rechtsmittel vor, die es den Beteiligten erlauben, die beabsichtigte Löschung vor ihrer Vornahme im Instanzenzug gerichtlich klären zu lassen (s. § 393 Abs. 3 S. 2, § 394 Abs. 3 und § 395 Abs. 3). Ist eine amtswegige Eintragung zu Unrecht, insbesondere unter Begehung eines wesentlichen Verfahrensverstoßes, erfolgt, so besteht im Übrigen die Möglichkeit, deren Beseitigung im Verfahren nach § 395 anzuregen und gegebenenfalls durchzusetzen.[4]

II. Änderungseintragungen

1. Ausgangssituation. Auch wenn eine nicht auf Antrag hin, sondern ausnahmsweise von Amts 10 wegen vorgenommene Registereintragung nur deklaratorisch wirkt, besteht dennoch die Gefahr, dass durch ihren Vollzug die auf dem betroffenen Registerblatt wiedergegebene **Rechtslage in sich widersprüchlich dargestellt** ist. Deutlich wird dies zum Beispiel für die Eintragung der Eröffnung des Insolvenzverfahrens bei einem im Handelsregister eingetragenen Rechtsträger und dem damit verbundenen automatischen Erlöschen etwaiger Prokuren (s. § 117 Abs. 1 InsO). Da auch während des Insolvenzverfahrens neue Prokuren erteilt werden können, ist bei einer unveränderten Fortführung des Registerblatts ohne Entfernung der kraft Gesetzes erloschenen Prokuren für Dritte nicht erkennbar, dass die zunächst noch eingetragenen Prokuristen nicht mehr zur Vertretung befugt sind. Da infolge der nunmehr elektronischen Registerführung der regelmäßig zu erteilende aktuelle Ausdruck aus dem Register nicht die chronologische Folge der Eintragungen wiedergibt (vgl. § 30a Abs. 4 S. 3 HRV), erlaubt eine solche Einsichtnahme nunmehr ebenfalls keine Rückschlüsse zur Auflösung der Problematik. Der Gesetzgeber hat daher im Zuge der Umstellung der Registerführung auf obligatorisch elektronische Handelsregister § 144c FGG aF als gleich lautende Vorgängervorschrift des Abs. 2 eingeführt, um den Gerichten eine einheitliche und sicherere Grundlage zur Anpassung des Registerstandes bei amtswegigen Eintragungen zu verschaffen.

2. Voraussetzung für Änderungseintragungen. a) Allgemeines. Die Möglichkeit einer Än- 11 derungseintragung nach Abs. 2 besteht nur, wenn zunächst eine andere Eintragung – die naturgemäß auch eine Löschung sein kann (s. Rn. 1) – auf dem betroffenen Registerblatt von Amts wegen vorgenommen wurde. Die in der Praxis relevantesten Fälle sind hierbei Eintragungen nach §§ 395, 397 ff. und § 32 HGB. Wie beschrieben (vgl. Rn. 10) muss hierbei die von Amts wegen eingetragene Tatsache aus sich heraus eine weitere auf diesem Registerblatt eingetragene Tatsache unrichtig machen, so dass die registerliche Darstellung der Rechtslage unrichtig wird. Dabei ist nicht erforderlich, dass die Darstellung rechtlich gar nicht mehr zutreffen kann, sondern – wie im Beispiel in Rn. 10 beschrieben – gerade durch den von Amts wegen eingetragenen Umstand im konkreten Fall unrichtig wird. Das Gericht muss also selbst bei der Vornahme einer amtswegigen Eintragung die weitere Stimmigkeit des Registerinhalts bewahren. Als amtswegige Eintragung, die ein Tätigwerden nach Abs. 2 erforderlich macht, kann auch eine Folgeeintragung nach Abs. 2 in Frage kommen (vgl. das Beispiel in Rn. 12).

b) Keine Rückabwicklung. Abs. 2 bezweckt dagegen keine Rückabwicklung sonstiger Eintra- 12 gungen, deren Verfahren infolge der amtswegigen Korrektur sich nachträglich als fehlerhaft erweist. Ist zum Beispiel die Eintragung eines Geschäftsführers einer Gesellschaft mit beschränkter Haftung nach § 395 gelöscht worden, weil dieser von Anfang an nicht amtsfähig war (s. § 6 Abs. 2 GmbHG), so sind nicht etwa nach Abs. 2 automatisch auch alle Eintragungen zu löschen, die dieser Geschäftsführer mit angemeldet hat.[5] Allenfalls ist für diese Eintragungen zu prüfen, ob Anlass besteht, für diesbezügliche Eintragungen gleichfalls ein weiteres Löschungsverfahren nach § 395 zu eröffnen, da andernfalls die Gefahr bestünde, dass die ausdifferenzierten Voraussetzungen und Anhörungsbestimmungen dieser Vorschrift teilweise leer laufen würden, da nach Abs. 2 die amtswegige Korrektur ohne weiteres vorzunehmen ist.

c) Folgen bei Insolvenzvermerken. In der Praxis der Gerichte ist Abs. 2 insbesondere bei der 13 Eintragung von Insolvenzvermerken zu beachten. Als Beispiel hierfür wurde bereits die Behandlung der durch Eröffnung des Insolvenzverfahrens nach § 117 Abs. 1 InsO **erloschenen Prokuren** beschrieben (s. Rn. 10). Darüber hinaus können Folgeeintragungen nach Insolvenzvermerken erforderlich sein, wenn durch die Maßnahme die Auflösung der Gesellschaft eintritt, zum Beispiel bei einem rechtskräftigen Beschluss zur Ablehnung der Eröffnung eines Insolvenzverfahrens mangels

---

[4] Vgl. KG FGPrax 2006, 225 = Rpfleger 2006, 474; OLG Düsseldorf FGPrax 2006, 226; *Krafka/Willer*, Registerrecht, Rn. 438 a.
[5] S. *Krafka/Willer*, Registerrecht, Rn. 450 b.

§ 385 1

Masse bezüglich einer Gesellschaft mit beschränkter Haftung (s. § 60 Abs. 1 Nr. 5 GmbHG und ausdrücklich § 65 Abs. 1 S. 3 GmbHG). In diesen Fällen ist sodann auch die allgemeine Vertretungsregelung dem damit erreichten gesellschaftsrechtlichen Abwicklungsstadium anzupassen (s. Rn. 14).

14   **d) Folgen bei Auflösungen.** Ein weiterer wichtiger Anwendungsbereich des Abs. 2 sind Folgeeintragungen nach amtswegigen Gesellschaftsauflösungen. Zum Beispiel ist bei der Eintragung der Auflösung wegen rechtskräftiger Abweisung eines Antrags auf Eröffnung des Insolvenzverfahrens bei Personenhandelsgesellschaften nach § 131 Abs. 2 HGB zu beachten, dass mit dem Eintritt in das Abwicklungsstadium sich zugleich die **allgemeine Vertretungsregelung** ändert und die Gesellschaft nicht mehr durch jeden persönlich haftenden Gesellschafter einzeln (s. § 125 Abs. 1 HGB), sondern nunmehr durch alle Liquidatoren gemeinsam (vgl. § 150 Abs. 1 HGB) vertreten wird.[6] Ebenso ändert sich bei amtswegigen Auflösungen von Kapitalgesellschaften die allgemeine Vertretungsregelung der Gesellschaftsorgane. So sieht beispielsweise § 68 Abs. 1 S. 2 GmbHG vor, dass mehrere Liquidatoren einer Gesellschaft mit beschränkter Haftung grundsätzlich nur gemeinschaftlich vertretungsbefugt sind; dasselbe gilt gemäß § 269 Abs. 2 S. 1 AktG für mehrere Abwickler einer Aktiengesellschaft. Daher kann auch dann, wenn die Liquidation oder Abwicklung durch die bisherigen Geschäftsführer/Vorstandsmitglieder als geborene Liquidatoren/Abwickler erfolgt (s. § 66 Abs. 1 GmbHG, § 265 Abs. 1 AktG) eine Änderung der Vertretungsverhältnisse eintreten und somit eine dahingehende Korrektur der bisherigen Registereintragung geboten sein.

15   **3. Inhalt der Änderungseintragung.** Umstritten ist bislang, mit welchem Inhalt die Kenntlichmachung gemäß Abs. 2 zu erfolgen hat. Ist die betroffene Eintragung unwirksam geworden, so kann dies sinnvollerweise nur durch ihre Löschung deutlich gemacht werden. In diesem Rahmen ist damit Abs. 2 eine verdrängende Sondervorschrift gegenüber § 395.[7] Allerdings ist damit der Zweck des Abs. 2 (s. Rn. 10) nicht in allen Fällen erreicht. Wird etwa bei einer Amtsauflösung (Rn. 13) nur die hinfällige allgemeine Vertretungsregelung der Geschäftsführer oder des Vorstands gelöscht, so würde das Register keinerlei Aussage zur organschaftlichen Vertretung der Gesellschaft mehr treffen. Dies ließe sich einerseits dadurch vermeiden, dass die bisherige – nun falsche – Vertretungsregelung nicht gelöscht wird, sondern ihr nur eine Art negativer „Hinweisvermerk" beigefügt wird, der deutlich macht, dass die entsprechende Eintragung nicht mehr aktuell ist.[8] Der Nachteil dieser Lösung ist allerdings, dass für nicht rechtskundige Dritte der Inhalt des Registers damit zwar nicht mehr falsch ist, aber weitgehend unverständlich wird. Vermeiden lässt sich dies, wenn man mit der zutreffenden Ansicht auf Grund Abs. 2 eine **positive Eintragung als Kenntlichmachung** vorsieht, mit der etwa im gegebenen Fall nur eine allgemeine Aussage über die Vertretungslage gegeben wird, wie etwa durch die Eintragung „Die Gesellschaft wird durch den/die Liquidatoren vertreten." Sodann sind auch die bisherigen organschaftlichen Vertreter mit ihrer nunmehrigen Funktion als Liquidatoren/Abwickler neu vorzutragen.[9] Stets ist bei der vorgenommen Eintragung der Vermerk „Von Amts wegen eingetragen" mit aufzunehmen (s. § 19 Abs. 2 HRV, § 10 Abs. 4 S. 3 VRV).

16   **4. Weiteres Vorgehen des Gerichts.** Da die Kenntlichmachung nach Abs. 2 im Wege der Vornahme einer Eintragung im Register zu geschehen hat, gelten hierfür die Bestimmungen des Abs. 1. Somit ist auch diese Eintragung den Beteiligten bekannt zu geben (s. Rn. 7) und ihre Veröffentlichung zu veranlassen (vgl. Rn. 8).

§ 385 Einsicht in die Register

Die Einsicht in die in § 374 genannten Register sowie die zum jeweiligen Register eingereichten Dokumente bestimmt sich nach den besonderen registerrechtlichen Vorschriften sowie den auf Grund von § 387 erlassenen Rechtsverordnungen.

Schrifttum: *Fleischhauer/Preuß*, Handelsregisterrecht, 2006; *Krafka*, Einführung in das Registerrecht, 2. Aufl. 2008; *ders./Willer*, Registerrecht, 7. Aufl. 2007; *Müther*, Das Handelsregister in der Praxis, 2. Aufl. 2007.

I. Einsichtnahme in die Register

1   **1. Allgemeines.** Zur Klarstellung und Abgrenzung gegenüber der Bestimmung des § 13 sieht die Vorschrift des § 385 vor, dass es für die Einsichtnahme in das Handels-, Genossenschafts-, Part-

---

[6] *Krafka/Willer*, Registerrecht, Rn. 407–409.
[7] aA *Keidel/Heinemann* § 385 Rn. 19.
[8] So etwa *Ries* Rpfleger 2006, 233 (236); *Keidel/Heinemann* Rn. 18 mit einer Parallele zu § 58 GBO.
[9] *Krafka/Willer*, Registerrecht, Rn. 450 e.

nerschafts-, Vereins- und Güterrechtsregister bei den jeweiligen Spezialvorschriften verbleibt, diese also entsprechend vorrangig sind. Eine zusammenfassende Normierung anstelle der leerformelhaften Verweisung ist bewusst unterblieben, da nach der Gesetzesbegründung die Ausgestaltung der Einsichtnahmemöglichkeiten sehr vielgestaltig seien, so dass die Detailregelungen besser in den Spezialgesetzen aufgehoben sein sollen.[1] Diese Auffassung überrascht, weil die Hauptregelung in § 9 Abs. 1 bis 3 HGB als Grundlage für die bloßen Verweisungsvorschriften in § 156 Abs. 1 GenG sowie § 5 Abs. 1 PartGG dient. Die Sonderbestimmung für das Vereinsregister in § 79 BGB ist sachlich überholt, sobald auch dieses in elektronischer Form geführt wird. Auch für das noch herkömmlich in Papierform geführte Güterrechtsregister hätte die Regelung des § 1563 BGB ohne Schwierigkeiten an dieser Stelle des FamFG konzentriert werden können. Bei elektronischer Registerführung – stets also beim Handels-, Genossenschafts- und Partnerschaftsregister sowie teilweise beim Vereinsregister – gibt es die Möglichkeit, auch die Einsichtnahme auf elektronischem Weg zu erledigen. Denkbar ist hierbei die elektronische Übermittlung eines Ausdrucks aus dem Register (§ 30a Abs. 5 HRV), gegebenenfalls unter Verwendung einer qualifizierten elektronischen Signatur nach dem Signaturgesetz.

2. Registerrechtliche Vorschriften. Die bereits in Rn. 1 genannten Spezialvorschriften des § 9 Abs. 1 bis 3 HGB samt den hierauf bezogenen Verweisungen in § 156 Abs. 1 GenG und § 5 Abs. 1 PartGG sehen ebenso wie § 79 Abs. 1 BGB und § 1563 S. 1 BGB vor, dass die Einsicht in das Register jedem gestattet ist. Für das Handels-, Genossenschafts- und Partnerschaftsregister ist dies kraft Gesetzes insofern eingeschränkt, als die Einsichtnahme nur **„zu Informationszwecken** gestattet" ist (s. § 9 Abs. 1 HGB). Ausgeschlossen wird damit allerdings lediglich ein allgemeines Recht zur kommerziellen Auswertung von Daten dieser Register.[2] In diesem Sinne kann nur bei der erkennbaren Verfolgung unlauterer, rechtswidriger, also letztlich rechtsmissbräuchlicher Ziele die Einsichtnahme abgelehnt werden.[3]

3. Rechtsverordnungen. Die nähere Ausgestaltung der Einsichtnahme ist im Rahmen der Rechtsverordnungen nach § 387 Abs. 2 erfolgt (s. hierzu § 387 Rn. 11 f.). Einschlägig sind ferner die Vorschriften des §§ 30, 30a und 31 HRV und § 16 VRV und §§ 31, 32 VRV. Da in Papierform nur noch historische, also bereits geschlossene Registerblätter vorhanden sind, spielt für aktuelle Daten die Möglichkeit der Einsichtnahme durch Übermittlung einer Abschrift gemäß § 30 Abs. 1 und 2 HRV für das Handelsregister keine Rolle mehr. Der Regelfall ist vielmehr die Übersendung eines Ausdrucks nach § 30a HRV, der üblicherweise als **„aktueller Ausdruck"** nur den letzten Stand der Eintragungen und somit nicht die bereits wieder gelöschten Zwischeneintragungen wiedergibt (§ 30a Abs. 4 S. 3 HRV). Nur auf gesonderte Anforderung (vgl. § 30a Abs. 4 S. 6 HRV) erhält der Einsichtnehmende einen **„chronologischen Ausdruck"**, der alle – und demnach auch bereits hinfällige – Eintragungen enthält (§ 30a Abs. 4 S. 2 HRV). Als Nachweis in öffentlicher Form kann der mit aufgedrucktem Dienstsiegel versehene **„amtliche Ausdruck"** (s. § 30a Abs. 3 HRV verwendet werden, der einer beglaubigten Abschrift des Registerinhalts gleichstehen soll. Für das in Papierform geführte Vereinsregister besteht die Möglichkeit einer unmittelbaren Einsichtnahme in das Registerblatt (§ 16 VRV) oder der Erteilung einer Abschrift, gegebenenfalls mit Beglaubigung durch den Urkundsbeamten (§ 17 VRV). Für das elektronisch geführte Vereinsregister gelten nach §§ 31, 32 VRV dieselben Bedingungen wie bei der Einsichtnahme in das Handelsregister.

4. Eingeschränkte Einsichtnahme. Die Bestimmungen zur umfänglichen Einsichtnahme gelten, sobald eine Eintragung im Register erfolgt ist. Solange das Eintragungsverfahren noch nicht durch den Vollzug der Eintragung abgeschlossen ist (§ 382 Abs. 1), kommt eine Einsichtnahme ohnehin allenfalls in die bereits eingereichten Dokumente in Betracht (s. hierzu Rn. 6 ff.). Allerdings ist hier die unbeschränkte Einsichtnahme nur dann zu gewähren, wenn das Eintragungsverfahren erfolgreich war, so dass bis dahin die allgemeine Vorschrift zur Akteneinsicht (§ 13) einschlägig ist.[4]

5. Gebühren. Die für die Einsicht in das Handelsregister zu erhebenden Gebühren bestimmen sich gemäß §§ 79, 79a KostO nach den Bestimmungen der Handelsregistergebührenverordnung. (HRegGebVO). Danach fällt für den Abruf von Daten aus dem Handelsregister eine Gebühr in Höhe von 4,50 Euro an (vgl. Nr. 400 des Gebührenverzeichnisses der HRegGebVO). Im Übrigen gilt für die Erteilung von Abschriften und Ausdrucken aus den Registern § 89 KostO.

---

[1] BT-Drucks. 16/6308, S. 287.
[2] Vgl. MünchKommHGB/*Krafka* § 9 Rn. 7.
[3] Vgl. *Ebenroth/Boujong/Joost/Strohn/Schaub* § 9 HGB Rn. 3; s. ferner BGHZ 108, 32 = NJW 1989, 2818; OLG Köln NJW-RR 1991, 1255; *Keidel/Heinemann* Rn. 4.
[4] S. *Krafka/Willer,* Registerrecht, Rn. 52; *Bumiller/Harders* Rn. 3; *Keidel/Heinemann* Rn. 6.

II. Einsichtnahme in Dokumente

6 **1. Allgemeines.** § 374 spricht ebenso wie die entsprechende Spezialvorschrift des § 9 Abs. 1 HGB für das Handelsregister von den „zum Register eingereichten Dokumenten". Bei elektronischer Registerführung sind diese Dokumente entsprechend § 12 Abs. 2 S. 1 HGB in elektronischer Form zu übermitteln und zur Einsichtnahme in zeitlicher Folge ihres Eingangs und nach der Art des jeweiligen Dokuments in den **Registerordner** (§ 9 HRV) einzustellen. Da auf der Grundlage der im Jahr 2003 reformierten Publizitätsrichtlinie seit 1. 1. 2007 die Einsichtnahme in das Handelsregister und in die hierzu eingereichten Dokumente für Aktiengesellschaften und Gesellschaften mit beschränkter Haftung zwingend auf elektronischem Weg möglich sein muss, besteht gegebenenfalls gegenüber dem Gericht ein Anspruch darauf, nur in Papierform vorliegende Dokumente einzuscannen und als elektronische Dateien zu übermitteln (vgl. Art. 61 Abs. 3 EGHGB). Das Registergericht hat daher gegebenenfalls vor dem 1. 1. 2007 eingereichte Schriftstücke zur Ersetzung der Urschrift in ein elektronisches Dokument umzuwandeln (§ 9 Abs. 2 HRV).

7 **2. Einsichtnahme. a) Registerakte und Registerordner.** Hinsichtlich der Einsichtnahme in zum Register eingereichte Dokumente ist auf die Ausführungen zur Einsicht in das Register selbst zu verweisen (s. Rn. 1 ff.). Zu beachten ist, dass die registerliche Aktenführung zwischen den Dokumenten, die dieser unbeschränkten Einsichtsmöglichkeit durch Dritte unterliegen und hierfür in den Registerordner (§ 9 HRV) eingestellt werden, und den Schriftstücken, Unterlagen sowie Dokumenten unterscheidet, die nur eingeschränkt nach den Bestimmungen des § 13 zur Akteneinsicht zur Verfügung stehen und daher in die Registerakte (§ 8 HRV) aufzunehmen sind. Den Ausgangspunkt hierfür bildet § 9 Abs. 1 HGB mit seiner Bezugnahme auf die „zum Handelsregister eingereichten Dokumente" und dem seinem Kontext zu entnehmenden einschränkenden Zusammenhang mit einer Eintragung im Register. Aus letzterem lässt sich folgern, dass zum Beispiel eingereichte Dokumente, die nicht zu einem erfolgreichen Abschluss des Eintragungsverfahrens geführt haben, sondern letztlich gemäß § 382 Abs. 3 durch Beschluss die Eintragung abgelehnt wurde, nicht der unbeschränkten Einsichtnahme unterliegen und daher nicht in den Registerordner aufzunehmen sind.

8 **b) Einzelfälle.** Als Dokumente im Sinne des § 9 HRV sind die Unterlagen anzusehen, die Grundlage eines erfolgreich abgeschlossenen Eintragungsverfahrens sind, also insbesondere Registeranmeldungen, Beschlüsse, Verträge, Satzungen und etwaige Bilanzen. Ebenso ist die Liste der Gesellschafter einer Gesellschaft mit beschränkter Haftung nach § 40 GmbHG in den Registerordner einzustellen. Dagegen gehören in die **Registerakte** (§ 8 HRV) Kostenrechnungen, Stellungnahmen der berufsständischen Organe (s. § 380) und jeder sonstige Schriftwechsel, insbesondere in Bezug auf etwaige Zwangsgeldverfahren, sowie Zwischenverfügungen (§ 382 Abs. 4) und Dokumente, die sich auf eine abgelehnte Eintragung beziehen (§ 382 Abs. 3). In solche Bestandteile der Registerakte darf den Beteiligten jederzeit Einsicht gewährt werden (§ 13 Abs. 1), anderen Personen aber durch das Gericht nur dann, wenn ein berechtigtes Interesse glaubhaft gemacht wird und schutzwürdige Interessen eines Beteiligten oder eines Dritten nicht entgegenstehen (§ 13 Abs. 2).

9 **3. Grenzen der Einsichtnahme.** Gar nicht der Einsichtnahme unterliegen Auskünfte, die von den Finanzbehörden gemäß § 379 Abs. 2 an das Registergericht erteilt haben. In diese Unterlagen kann – was aus rechtsstaatlicher Sicht bedenklich ist – nicht einmal im Rahmen der allgemeinen Vorschrift des § 13 Akteneinsicht verlangt werden.

§ 386 Bescheinigungen

Das Registergericht hat auf Verlangen eine Bescheinigung darüber zu erteilen, dass bezüglich des Gegenstands einer Eintragung weitere Eintragungen in das Register nicht vorhanden sind oder dass eine bestimmte Eintragung in das Register nicht erfolgt ist.

I. Allgemeines

1 **1. Negativzeugnisse.** Zum öffentlichen Nachweis des Registerinhalts kann neben einem amtlichen Ausdruck aus dem Register (vgl. § 385 Rn. 3) insbesondere gegenüber Behörden eine Bescheinigung nach § 386 verwendet werden, an die jedoch kein öffentlicher Glaube anknüpft[1] (zum

---

[1] Vgl. *Bumiller/Harders* Rn. 2; *Keidel/Heinemann* Rn. 5; *Keidel/Kuntze/Winkler* § 162 FGG Rn. 3; *Jansen/Ries* § 162 FGG Rn. 2.

Beweiswert siehe Rn. 2). Die Erteilung der Bescheinigung aus dem Handels-, Genossenschafts-, Partnerschafts-, Vereins- oder Güterrechtsregister kann von jedermann ohne Darlegung oder Nachweis eines berechtigten Interesses verlangt werden. Sinn der Normierung im FamFG ist die allgemeine Geltung auch für Vereins- und Güterrechtsregister, wie dies bislang bereits nach der Vorschrift des § 162 FGG der Fall war. Für Handels-, Genossenschafts- und Partnerschaftsregister gilt weiterhin die wortgleiche und damit inzwischen überflüssige Regelung des § 9 Abs. 5 HGB unter Berücksichtigung der Verweisungen in § 156 Abs. 1 GenG und § 5 Abs. 2 PartGG.

2. Beweiswert. Der Beweiswert des Negativzeugnisses wird unterschiedlich eingeordnet. Teilweise wird angenommen, es erbringe einen Beweis ersten Anscheins, der erschüttert werden könne, ohne dass eine Beweislastumkehr eintritt.[2] Zutreffend ist jedenfalls, dass das Zeugnis **vollen Beweis** für die in ihm bezeugten Tatsachen begründet (§ 418 Abs. 1 ZPO), aber der Beweis der Unrichtigkeit nach § 418 Abs. 2 ZPO offen steht. 2

3. Positivzeugnisse. Ein Zeugnis mit positivem Inhalt darf das Registergericht nur auf einer dahin gehenden Rechtsgrundlage erteilen, wie insbesondere aus dem Vereinsregister nach § 69 BGB als Nachweis für die Personen des Vorstands eines eingetragenen Vereins (s. ferner § 26 Abs. 2 GenG) und gemäß § 33 GBO als Nachweis dafür, dass bezüglich des Güterstands der Ehegatten Gütertrennung besteht, kein vertragsmäßiger Güterstand gilt oder für die Vorbehaltsgutzuordnung eines Gegenstands. Stets kann durch die Vorlage eines amtlichen Ausdrucks aus dem elektronischen Register – oder einer beglaubigten Abschrift bei Führung des Vereins- oder Güterrechtsregisters in Papierform – der positive Beweis des Vorhandenseins einer bestimmten Eintragung im Register erbracht werden.[3] 3

II. Erteilung der Bescheinigung

1. Zuständigkeit. Zuständig für die Erteilung der Bescheinigung ist regelmäßig der Urkundsbeamte der Geschäftsstelle (vgl. § 29 Abs. 1 Nr. 2 HRV iVm. § 1 GenRegV und § 1 PRV), gegebenenfalls auf Grund entsprechender Verfügung durch den Rechtspfleger (§ 3 Nr. 1 lit. a und e RPflG); dieser haftet für die Richtigkeit der Bescheinigung.[4] 4

2. Inhalt. Die Bescheinigung hat nur negativ wiederzugeben, dass bezüglich einer zu beschreibenden Registereintragung keine weitere Eintragung vorhanden ist oder dass hinsichtlich einer zu bezeichnenden Eintragungsart überhaupt nichts vermerkt ist. 5

3. Form. Regelmäßig wird das Zeugnis in Papierform durch den Urkundsbeamten der Geschäftsstelle ausgefertigt und unter Angabe von Ort und Datum unterschrieben (siehe zum Beispiel § 31 S. 1 HRV). Vorgesehen ist zudem, dass die Bescheinigung auch in elektronischer Form (§ 126a BGB) übermittelt werden kann, also unter Beifügung einer qualifizierten elektronischen Signatur nach dem Signaturgesetz. 6

4. Kosten. Die Gerichtskosten der Bescheinigung bestimmen sich nach § 89 Abs. 2 und § 33 KostO, so dass stets eine pauschale Gebühr von 10 Euro anfällt. 7

§ 387 Ermächtigungen

(1) ¹**Die Landesregierungen werden ermächtigt, durch Rechtsverordnung zu bestimmen, dass die Daten des bei einem Gericht geführten Handels-, Genossenschafts-, Partnerschafts- oder Vereinsregisters auch bei anderen Amtsgerichten zur Einsicht und zur Erteilung von Ausdrucken zugänglich sind.** ²**Die Landesregierungen können diese Ermächtigung durch Rechtsverordnung auf die Landesjustizverwaltungen übertragen.** ³**Mehrere Länder können auch vereinbaren, dass die bei den Gerichten eines Landes geführten Registerdaten auch bei den Amtsgerichten des anderen Landes zur Einsicht und zur Erteilung von Ausdrucken zugänglich sind.**

(2) ¹**Das Bundesministerium der Justiz wird ermächtigt, durch Rechtsverordnung mit Zustimmung des Bundesrates die näheren Bestimmungen über die Einrichtung und Führung des Handels-, Genossenschafts- und Partnerschaftsregisters, die Übermittlung der Daten an das Unternehmensregister und die Aktenführung in Beschwerdeverfahren, die Einsicht in das Register, die Einzelheiten der elektronischen Übermittlung nach § 9**

---

[2] *Baumbach/Hopt* § 9 HGB Rn. 4.
[3] S. *Keidel/Kuntze/Winkler* § 162 FGG Rn. 5.
[4] *Keidel/Heinemann* Rn. 5; *Jansen/Ries* § 162 FGG Rn. 2.

des Handelsgesetzbuchs und das Verfahren bei Anmeldungen, Eintragungen und Bekanntmachungen zu treffen. ²Dabei kann auch vorgeschrieben werden, dass das Geburtsdatum von in das Register einzutragenden Personen zur Eintragung anzumelden sowie die Anschrift der einzutragenden Unternehmen und Zweigniederlassungen bei dem Gericht einzureichen ist; soweit in der Rechtsverordnung solche Angaben vorgeschrieben werden, ist § 14 des Handelsgesetzbuchs entsprechend anzuwenden.

(3) ¹Durch Rechtsverordnung nach Absatz 2 können auch die näheren Bestimmungen über die Mitwirkung der in § 380 bezeichneten Organe im Verfahren vor den Registergerichten getroffen werden. ²Dabei kann insbesondere auch bestimmt werden, dass diesen Organen laufend oder in regelmäßigen Abständen die zur Erfüllung ihrer gesetzlichen Aufgaben erforderlichen Daten aus dem Handels- oder Partnerschaftsregister und den zu diesen Registern eingereichten Dokumenten mitgeteilt werden. ³Die mitzuteilenden Daten sind in der Rechtsverordnung festzulegen. ⁴Die Empfänger dürfen die übermittelten personenbezogenen Daten nur für den Zweck verwenden, zu dessen Erfüllung sie ihnen übermittelt worden sind.

(4) Des Weiteren können durch Rechtsverordnung nach Absatz 2 nähere Bestimmungen über die Einrichtung und Führung des Vereinsregisters, insbesondere über das Verfahren bei Anmeldungen, Eintragungen und Bekanntmachungen sowie über die Einsicht in das Register, und über die Aktenführung im Beschwerdeverfahren erlassen werden.

(5) Die elektronische Datenverarbeitung zur Führung des Handels-, Genossenschafts-, Partnerschafts- oder Vereinsregisters kann im Auftrag des zuständigen Gerichts auf den Anlagen einer anderen staatlichen Stelle oder auf den Anlagen eines Dritten vorgenommen werden, wenn die ordnungsgemäße Erledigung der Registersachen sichergestellt ist.

Schrifttum: *Krafka/Willer,* Registerrecht, 7. Aufl. 2007.

I. Allgemeines

1 **1. Sinn der Ermächtigung.** Zur Erhaltung eines übersichtlichen Rahmens an registerrechtlichen Regelungen ist mit der umfangreichen Ermächtigungsvorschrift des § 387 die funktionsgerechte Möglichkeit gegeben, die detaillierten Beschreibungen der Ausgestaltung des Registers und des Eintragungsverfahrens näher ausführenden Rechtsverordnungen zu überlassen. Auf dieser Grundlage wurden die Handelsregisterverordnung (HRV), die Genossenschaftsregisterverordnung (GenRegV), die Partnerschaftsregisterverordnung (PRV) und die Vereinsregisterverordnung (VRV) erlassen.[1]

2 **2. Bedeutung der Registerverordnungen.** Insbesondere die Bestimmungen der auf der Ermächtigung des § 387 Abs. 2 beruhenden Registerverordnungen sind naturgemäß bindende Vorgaben, nicht etwa nur intern verbindliche Verwaltungsvorschriften. Eine Verletzung dieser Bestimmungen ist daher gegebenenfalls im Wege der Beschwerde überprüfbar.

3 **3. Weitere Ermächtigungen.** Die sehr umfangreich geratenen Ermächtigungen des § 387 werden hinsichtlich Abs. 2 maßgeblich ergänzt durch die weitere Ermächtigung des § 8a Abs. 2 HGB für das Handelsregister, samt den Verweisungen hierauf in § 156 Abs. 1 GenG und § 5 Abs. 2 PartGG für das Genossenschafts- und das Partnerschaftsregister. Während allerdings § 387 Abs. 2 die Verordnungsermächtigung dem Bundesministerium der Justiz erteilt, sehen die spezialgesetzlichen Vorschriften die Ermächtigung der Landesregierungen – delegierbar auf die Landesjustizverwaltungen – vor.

II. Verordnungsermächtigungen

4 **1. Zugänglichkeit der Registerdaten.** Nach der Ermächtigung des Abs. 1 S. 1 besteht die Möglichkeit durch Landesverordnung vorzusehen, dass die Daten der Rechtsträgerregister (§ 374 Nr. 1 bis 4) auch bei anderen Amtsgerichten als dem registerführenden Gericht zur Einsicht und zur Erteilung von Ausdrucken zugänglich sind. Gemäß Abs. 1 S. 2 können auch länderübergreifende Einsichtnahmen vereinbart werden. Eine Notwendigkeit zu solchen Regelungen besteht angesichts der zentralen bundesweiten Vernetzung aller Registerdaten allerdings nicht mehr, zumal über das Unternehmensregister (vgl. § 8b HGB) ein weiteres einheitliches Zugangsportal für den Rechtsverkehr zur Verfügung steht (zur Einsichtnahme in das Unternehmensregister s. § 9 Abs. 6 S. 1 HGB).

---

[1] Die Registerverordnungen sind abgedruckt im Anhang bei *Krafka/Willer,* Registerrecht.

2. Einrichtung und Führung des Registers. a) Allgemeines. Die Einrichtung und Führung 5
der Register, die nach Abs. 2 S. 1 und Abs. 4 sowie nach der weiteren Ermächtigung des § 8a Abs. 2
HGB iVm. § 156 Abs. 1 GenG und § 5 Abs. 2 PartGG durch eine Verordnung des Bundesministeriums
der Justiz mit Zustimmung des Bundesrats geregelt werden können, ist auf Bundesebene der Hauptgegenstand der **vier Registerverordnungen** (HRV, GenRegV, PRV und VRV, s. Rn. 1). Auf Landesebene finden sich diesbezüglich im Einzelfall Regelungen zur örtlichen Zuständigkeit (s. § 376 Abs. 2).

b) Handelsregister. Die Einrichtung des Handelsregisters ist in den §§ 2 bis 10 HRV geregelt, 6
die Führung des Handelsregisters ist Gegenstand der §§ 12 bis 22 HRV. In diesem Rahmen
findet sich in § 3 HRV die nur aus historischen Gründen noch zu erklärende Aufteilung des Handelsregisters in die Abteilungen A und B (s. § 374 Rn. 12) und die im Rahmen des Einsichtsrechts (vgl.
§ 385 Rn. 7 f.) wichtige Unterscheidung zwischen den Registerakten (§ 8 HRV) und dem Registerordner (§ 9 HRV). Für die elektronische Registerführung bestehen in den §§ 47 bis 50 HRV
weiterhin verschiedene Sonderbestimmungen.

c) Genossenschaftsregister. Zur Führung des Genossenschaftsregisters nimmt § 1 GenRegV 7
pauschal auf die Bestimmungen zum Handelsregister Bezug, so dass die hierfür einschlägigen Vorschriften entsprechende Anwendung finden (s. dazu Rn. 6).

d) Partnerschaftsregister. Hinsichtlich der Einrichtung und Führung des Partnerschaftsregisters 8
verweist § 1 PRV gleichfalls auf die entsprechenden Bestimmungen der HRV (s. Rn. 6) und nimmt
als Vorbild die offene Handelsgesellschaft in Bezug (§ 1 Abs. 2 PRV). Als einzige Sondervorschrift
besteht für das Partnerschaftsregister § 2 PRV zu dessen Einteilung und Gestaltung.

3. Übermittlung der Daten. Da das Unternehmensregister weitgehend keine eigenständige 9
Datensammlung ist, sondern lediglich auf die Daten der Justizregister zurückgreift, sieht Abs. 2 S. 1
vor, dass durch Rechtsverordnung des Bundesministeriums der Justiz mit Zustimmung des Bundesrats
nähere Einzelheiten zur Übermittlung der Daten an das Unternehmensregister – richtigerweise an
den Betreiber des Unternehmensregisters – regeln kann. Geschehen ist dies im Rahmen der Unternehmensregisterverordnung (URV)[2] durch die Bestimmungen der §§ 4 ff. URV.

4. Aktenführung in Beschwerdesachen. Die Verordnungsermächtigung nach Abs. 2 S. 1 und 10
Abs. 4 wurde für Handelsregistersachen in § 8 Abs. 3 S. 3 bis 5 HRV und § 9 Abs. 6 HRV genutzt.
Aufgrund der Pauschalverweisungen in § 1 GenRegV und § 1 PRV gelten diese Bestimmungen auch
bei Beschwerden in Genossenschafts- und Partnerschaftsregistersachen.

5. Einsicht in das Register. Besondere Regelungen zur Einsicht in das Register finden sich auf 11
Grund der Ermächtigung des Abs. 2 S. 1 und Abs. 4 für das Handelsregister in den §§ 10, 52, 53
HRV. Diese Bestimmungen finden gleichfalls auf Grund der Generalverweisungen des § 1 GenRegV
und § 1 PRV auch auf das Genossenschafts- und das Partnerschaftsregister Anwendung. Die Einsicht
in das elektronische Register erfolgt daher entweder im Wege des automatisierten Datenabrufs (§ 52
HRV) oder über ein Datensichtgerät bzw. durch Einsicht in einen aktuellen oder chronologischen
Ausdruck (§ 10 Abs. 2 S. 1 HRV, vgl. ferner §§ 30, 30a HRV).

6. Einzelheiten der elektronischen Übermittlung. Für den Fall der Einsichtnahme im Wege 12
des automatisierten Datenabrufs im Rahmen des § 9 HGB wurde – beruhend auf der Ermächtigung
des Abs. 2 S. 1 – eine nähere Regulierung des Verfahrens in § 53 HRV vorgesehen. Danach werden
alle Abrufe von der zuständigen Stelle protokolliert, um die ordnungsgemäße Datenverarbeitung zu
sichern (§ 53 Abs. 1 S. 1 HRV). Die Protokolle sind vier Jahre nach Ablauf des Jahres, in dem die
Zahlung der Kosten erfolgt ist, zu vernichten (§ 53 Abs. 3 S. 1 HRV).

7. Verfahren bei Anmeldungen, Eintragungen und Bekanntmachungen. a) Allgemeines. 13
Nach Abs. 2 S. 1 und Abs. 4 können durch Verordnung des Bundesministeriums der Justiz mit
Zustimmung des Bundesrats Regelungen zum Verfahren bei Registeranmeldungen, -eintragungen
und deren Bekanntmachungen getroffen werden. Ergänzt wird diese Grundlage durch die Ermächtigung der Landesregierungen durch § 8a Abs. 2 S. 1 HGB iVm. § 156 Abs. 1 GenG und § 5 Abs. 2
PartGG hinsichtlich der Befugnis zu Regelungen zur elektronischen Einreichung von Dokumenten
sowie deren Aufbewahrung samt Festlegung der Form zu übermittelnder elektronischer Dokumente
(s. § 8a Abs. 2 S. 2 HGB).

b) Handelsregister. Für das Verfahren bei Anmeldung, Eintragung und Bekanntmachung enthält 14
das Hauptstück der Handelsregisterverordnung in den §§ 23 bis 38a HRV allgemeine Vorschriften
und in den §§ 40 bis 46 HRV Sondervorschriften für die Abteilungen A und B des Handelsregisters.

c) Genossenschaftsregister. Für das Genossenschaftsregister enthalten die Bestimmungen der 15
§§ 6 bis 8 GenRegV Sondervorschriften für das Anmeldungsverfahren, §§ 3, 4 GenRegV Regelun-

---

[2] Verordnung vom 26. 2. 2007 (BGBl. I S. 217).

§ 387 16–20   Buch 5. Abschnitt 3. Registersachen

gen zur Benachrichtigung der Beteiligten und zur öffentlichen Bekanntmachung sowie §§ 15, 16, 18 und 20 ff. GenRegV zur Vornahme der Eintragungen im Register.

16   **d) Partnerschaftsregister.** Für den Inhalt der Anmeldung zur Eintragung einer Partnerschaftsgesellschaft enthält § 3 PRV verschiedene gesetzlich nicht vorgesehene, weitere Formalien, wie die Angabe des freien Berufs, den jeder Partner in der Partnerschaft ausübt (§ 3 Abs. 1 PRV) und eine Erklärung darüber, dass bei verschiedenen Berufen ihrer Zusammenarbeit in einer Partnerschaft keine berufsrechtlichen Vorschriften entgegenstehen (§ 3 Abs. 2 PRV). Ferner sind bei der Anmeldung gegebenenfalls erforderliche berufsrechtliche Zulassungsnachweise mit vorzulegen (§ 3 Abs. 1 S. 2 PRV), ebenso eine unter Umständen erforderliche Zulassung des partnerschaftlichen Zusammenschlusses (§ 3 Abs. 3 PRV). Für die Vornahme der Eintragungen enthält § 5 PRV eine detaillierte Sondervorschrift. Gemäß § 7 PRV sind die Bekanntmachungen in dem für das Handelsregister gemäß § 10 HGB vorgesehenen Veröffentlichungssystem vorzunehmen.

17   **8. Eintragung von Geburtsdaten.** Nach der Ermächtigung des Abs. 2 S. 2 kann das Bundesministerium der Justiz mit Zustimmung des Bundesrats bestimmen, dass das Geburtsdatum von in das Register einzutragenden Personen zur Eintragung angemeldet werden muss, also in der Form des § 12 Abs. 1 HGB gegebenenfalls iVm. § 156 Abs. 1 GenG oder § 5 Abs. 2 PartGG in den Eintragungsantrag mit aufgenommen werden muss. Die Einhaltung dieser Anordnung kann nach Abs. 2 S. 2 Halbs. 2 durch Androhung und Festsetzung von Zwangsgeld gemäß § 14 HGB durch das Registergericht bewirkt werden. In den Registerverordnungen wurde von dieser Ermächtigung hinsichtlich aller einzutragenden natürlichen Personen Gebrauch gemacht (s. § 24 Abs. 1 HRV, § 18 GenRegV, § 5 Abs. 2 S. 2 PRV).

18   **9. Anschriften der Unternehmen und Zweigniederlassungen.** In Umsetzung der Ermächtigung nach Abs. 2 S. 2 ist in § 24 Abs. 2 S. 1 HRV in jeder Registeranmeldung die Lage der Geschäftsräume anzugeben. Für die Einhaltung dieser Verpflichtung sieht Abs. 2 S. 2 Halbs. 2 die Anwendung von Zwangsmitteln nach § 14 HGB vor. Durch die Änderungen der registerrechtlichen Spezialvorschriften des HGB, GmbHG, AktG und GenG im Zuge des MoMiG[3] werden nunmehr zu allen im Handels- und Genossenschaftsregister eingetragenen Rechtsträgern spätestens mit Ablauf der Übergangsfrist zum 31. 10. 2009 (s. § 3 Abs. 1 EGGmbH und Art. 64 EGHGB) **inländische Geschäftsanschriften** im Register selbst eingetragen. Die Registerverordnungen wurden entsprechend angepasst (vgl. §§ 40 Nr. 2 und 43 Nr. 2 HRV sowie 26 Nr. 3 GenRegV). Bedeutung hat die Eintragung der Anschrift vor allem für die Möglichkeit einer öffentlichen Zustellung nach § 185 Nr. 2 ZPO bei Kapitalgesellschaften, wenn eine reguläre Zustellung an die eingetragene Geschäftsanschrift nicht durchgeführt werden kann (s. § 15a HGB). Abweichendes gilt für das Partnerschaftsregister, für das ausdrücklich die Pflicht zur Anmeldung einer inländischen Geschäftsanschrift gesetzlich ausgeschlossen ist (§ 5 Abs. 2 Halbs. 2 PartGG), so dass es insoweit bei der Pflicht zur bloßen Mitteilung nach § 1 PRV iVm. § 24 Abs. 3 HRV – der keine Eintragung im Register folgt – verbleibt.

19   **10. Mitwirkung der berufsständischen Organe.** Die Ermächtigung des Abs. 3 sieht vor, dass hinsichtlich der Beteiligung der berufsständischen Organe im Registerverfahren insbesondere durch Rechtsverordnung nach Abs. 2 bestimmt werden kann, diesen Organen die zur Erfüllung ihrer Aufgaben erforderlichen Daten aus dem Handels- oder Partnerschaftsregister und den zu diesen Registern eingereichten Dokumenten zu übermitteln. In Ausfüllung dieser Ermächtigung sieht § 37 Abs. 1 HRV vor, dass das Gericht den Industrie- und Handelskammern und gegebenenfalls auch den Handwerkskammern und den landwirtschaftlichen Berufskammern oder -verbänden jede Neuanlegung oder Änderung eines Registerblatts mitzuteilen hat. Nach § 38a Abs. 3 HRV kann dies durch maschinell erstellte Schreiben (§ 38a Abs. 1 HRV) oder auf elektronischem Weg (s. § 38a Abs. 2 S. 1 HRV) erfolgen. Für das Partnerschaftsregister ergibt sich die Mitteilung an die zuständige Berufskammer aus § 6 PRV.

20   **11. Auslagerung der Datenverarbeitung.** Abschließend sieht Abs. 5 vor, dass die elektronische Datenverarbeitung zur Führung der Rechtsträgerregister im Sinne des § 374 Nr. 1 bis 4 im Auftrag des zuständigen Gerichts auf den Anlagen einer anderen staatlichen Stelle erfolgen kann. Sogar die Auslagerung auf eine Anlage eines Dritten ist gestattet, wenn die ordnungsgemäße Erledigung der Registersachen sichergestellt ist. Die Gesetzesbegründung hebt zu Letzterem ausdrücklich hervor, dass damit nunmehr auch Personengesellschaften mit der Verarbeitung der Registerdaten beauftragt werden können.[4]

---

[3] Gesetz zur Modernisierung des GmbH-Rechts und zur Bekämpfung von Missbräuchen (MoMiG) vom 23. 10. 2008 (BGBl. I S. 2026).
[4] BT-Drucks. 16/6308, S. 287.

Unterabschnitt 2. Zwangsgeldverfahren

§ 388 Androhung

(1) Sobald das Registergericht von einem Sachverhalt, der sein Einschreiten nach den §§ 14, 37a Abs. 4 und § 125a Abs. 2 des Handelsgesetzbuchs, auch in Verbindung mit § 5 Abs. 2 des Partnerschaftsgesellschaftsgesetzes, den §§ 407 und 408 des Aktiengesetzes, § 79 Abs. 1 des Gesetzes betreffend die Gesellschaften mit beschränkter Haftung, § 316 des Umwandlungsgesetzes oder § 12 des EWIV-Ausführungsgesetzes rechtfertigt, glaubhafte Kenntnis erhält, hat es dem Beteiligten unter Androhung eines Zwangsgelds aufzugeben, innerhalb einer bestimmten Frist seiner gesetzlichen Verpflichtung nachzukommen oder die Unterlassung mittels Einspruchs zu rechtfertigen.

(2) In gleicher Weise kann das Registergericht gegen die Mitglieder des Vorstands eines Vereins oder dessen Liquidatoren vorgehen, um sie zur Befolgung der in § 78 des Bürgerlichen Gesetzbuchs genannten Vorschriften anzuhalten.

Schrifttum: *Bassenge*, Tatsachenermittlung, Rechtsprüfung und Ermessensausübung in den registergerichtlichen Verfahren nach §§ 132 bis 144 FGG, Rpfleger 1974, 173; *Krafka/Willer*, Registerrecht, 7. Aufl. 2007.

Übersicht

	Rn.		Rn.
I. Allgemeines	1–7	3. Aktienrechtliche Pflichten	14
1. Bedeutung des Zwangsgeldverfahrens	1–3	4. Umwandlungsrechtliche Pflichten	15
a) Justizverwaltungsverfahren	1	5. Vereinsregistersachen	16
b) Praktische Bedeutung	2	**III. Einschreiten des Registergerichts**	17–20
c) Zwecksetzung	3	1. Allgemeines	17
2. Abschließende Anordnung	4	2. Zuständigkeit	18, 19
3. Verhältnis zu Löschungsverfahren	5	a) Sachliche und örtliche Zuständigkeit	18
4. Faktischer Registerzwang	6	b) Funktionelle Zuständigkeit	19
5. Reform der freiwilligen Gerichtsbarkeit	7	3. Einleitung des Verfahrens	20
II. Einzelfälle	8–16	**IV. Androhung von Zwangsgeld**	21–29
1. Anmeldungen und Einreichungen zum Handelsregister	8–10	1. Allgemeines	21
a) Allgemeines	8	2. Androhung	22–27
b) Kapitalgesellschaften	9	a) Beteiligte	22
c) Ausnahmen vom Registerzwang	10	b) Form der Androhung	23
2. Angaben auf Geschäftsbriefen	11–13	c) Inhalt der Androhung	24–26
a) Handelsrechtliche Bestimmungen	11	d) Bekanntgabe	27
b) Gesellschaften mit beschränkter Haftung	12	3. Rechtsmittel	28
c) Aktiengesellschaften	13	4. Änderung der Androhung	29

I. Allgemeines

1. Bedeutung des Zwangsgeldverfahrens. a) Justizverwaltungsverfahren. Die zwangsweise Bewirkung der Einhaltung vorgeschriebener Pflichten gegenüber dem Registergericht sorgt dafür, dass die im öffentlichen Interesse bestehenden staatlichen Anordnungen erfüllt werden. Hierzu sieht eine Vielzahl von Einzelvorschriften (s. Rn. 8 ff.) die Möglichkeit vor, von Seiten des Registergerichts ein Zwangsgeld anzuordnen. Die §§ 388 bis 391 enthalten die hierfür speziell ausgestalteten Vorschriften der Durchführung des registergerichtlichen Zwangsgeldverfahrens und ergänzen damit die jeweiligen materiell-rechtlichen Vorschriften zur Verhängung von Zwangsmitteln im Registerverfahren. Die allgemeine Regelung des § 35 wird durch diesen Normenkomplex verdrängt; zudem ist die Anordnung der Zwangshaft oder gar die Anwendung unmittelbaren Zwangs im Rahmen des Anwendungsbereichs der §§ 388 ff. ausgeschlossen. Es handelt sich um ein ausschließlich im **öffentlichen Interesse** betriebenes Justizverwaltungsverfahren zur Erzwingung öffentlich-rechtlicher Pflichten, nicht also zur Klärung in diesem Zusammenhang gleichfalls denkbarer privatrechtlicher Streitigkeiten.[1]

1

---

[1] Vgl. *Jansen/Steder* § 132 FGG Rn. 1; anders akzentuierend *Keidel/Heinemann* Rn. 2.

§ 388 2–7 Buch 5. Abschnitt 3. Registersachen

2 **b) Praktische Bedeutung.** Die **praktische Bedeutung** des Registerzwangs **ist gering,** weil das Registergericht nur in seltenen Fällen Kenntnis davon erlangt, dass eine entsprechende Pflicht besteht, aber nicht erfüllt wurde. Am ehesten geschieht dies durch eine Handlung der Beteiligten selbst, die auf ein sanktionierbares Fehlverhalten schließen lässt, zum Beispiel die Übermittlung einer formwidrigen oder unvollständigen Registeranmeldung. Ein weiterer – allerdings faktisch seltener – Anlass für die Einleitung eines Zwangsgeldverfahrens ist die Meldung einer behördlichen Stelle gemäß § 379 oder eines berufsständischen Organs im Rahmen der allgemeinen Unterstützungspflicht gemäß § 380. Im Ergebnis führt daher die regelmäßige Uninformiertheit des Registergerichts dazu, dass das Zwangsgeldverfahren eine „stumpfe Waffe" ist, die nur selten zum Einsatz kommt.[2]

3 **c) Zwecksetzung.** Die gegebenenfalls abschließende Verhängung und Beitreibung von Zwangsgeld ist **nicht Selbstzweck** des Zwangsgeldverfahrens und ist **weder Strafe, noch Sühne** für die vorangegangene mangelnde Pflichterfüllung. Es dient vielmehr **ausschließlich als Beugemittel** dazu, die Beteiligten zur Einhaltung ihrer Pflichten gegenüber dem Registergericht zu bewegen. Entsprechend ist bei der Verhängung eines Zwangsgelds ein Verschulden bezüglich der fraglichen Pflichtverletzung nicht erforderlich[3] und allenfalls bei der Höhe des festzusetzenden Zwangsgeldes zu berücksichtigen.

4 **2. Abschließende Anordnung.** Da die Erzwingung der gesetzlichen Pflichten ein Eingriff in die Freiheitssphäre der Beteiligten ist, bedarf es stets einer dahingehenden Rechtsgrundlage. Regelmäßig findet sich diese in den jeweiligen handels- und gesellschaftsrechtlichen Spezialgesetzen. Zulässig ist jedoch auch eine entsprechende Ausfüllung auf Verordnungsebene, sofern die Anordnung selbst bereits formell-gesetzlich vorgeschrieben wird, wie dies in § 387 Abs. 2 S. 2 Halbs. 2 geschehen ist. Im Übrigen sprechen keine durchgreifenden Gründe dagegen, die Erzwingbarkeit einer Anmeldung auch bei solchen Tatsachen anzunehmen, deren Eintragung im Register nicht ausdrücklich im Gesetz normiert, sondern lediglich auf Grund Analogie oder richterlicher Rechtsfortbildung angenommen wird.[4]

5 **3. Verhältnis zu Löschungsverfahren.** Für das Erlöschen einer Firma hat das Registergericht nach § 31 Abs. 2 S. 2 HGB zunächst die Anmeldung des Erlöschens gemäß § 14 HGB iVm. §§ 388 ff. zu erzwingen. Nur dann, wenn dieser Weg nicht zum Erfolg führt, darf eine Amtslöschung nach § 393 veranlasst werden. Da diese Reihenfolge des **Vorrangs der Anmeldungserzwingung** den das Registerrecht als Teil der freiwilligen Gerichtsbarkeit prägenden Grundsatz des Antragsvorrangs verwirklicht, ist der teilweise geäußerten Ansicht, das Gericht hätte ein freies Wahlrecht zwischen einem Vorgehen nach §§ 388 ff. und §§ 393 ff. zu widersprechen.[5]

6 **4. Faktischer Registerzwang.** Das Registergericht darf ein Zwangsgeldverfahren nicht dadurch umgehen, dass es im Rahmen eines Eintragungsverfahrens eine andere fehlende Anmeldung zum Anlass einer Zwischenverfügung (§ 382 Abs. 4) nimmt.[6] Eine solche rechtswidrige „**faktische Registersperre**" könnte für die Beteiligten insbesondere bei etwaigen Enthaftungsfristen (vgl. § 159 Abs. 2, § 160 Abs. 1 S. 2 HGB), aber auch bereits im Rahmen der sonstigen Registerpublizität (§ 15 HGB, § 68 BGB) erhebliche negative Folgen mit sich bringen und muss daher ausdrücklich gesetzlich angeordnet sein. Dies ist allerdings nur in bestimmten Sonderfällen geschehen, wie etwa für Satzungsänderungen einer Gesellschaft mit beschränkter Haftung im Zuge der Bilanzrichtlinieneingesetzes in Art. 12 § 7 Abs. 3 GmbHÄndG 1980[7] oder gleichfalls für Kapitalmaßnahmen solcher Gesellschaften und Aktiengesellschaften nach der Währungsumstellung auf Euro (§ 1 EGGmbHG, § 3 Abs. 5 EGAktG).

7 **5. Reform der freiwilligen Gerichtsbarkeit.** Die Neufassung der Regelungen zum Zwangsgeldverfahren im Rahmen der Reform der freiwilligen Gerichtsbarkeit hat im Jahr 2009 keine wesentlichen Veränderungen zur Folge gehabt, da die Vorgängerbestimmungen der §§ 132 ff. FGG aF weitgehend unverändert in das FamFG übernommen wurden. Lediglich verschiedene systema-

---

[2] *Rowedder/Schmidt-Leithoff/Koppensteiner* § 40 GmbHG Rn. 10.
[3] *Jansen/Steder* § 132 FGG Rn. 2.
[4] KG FGPrax 1999, 156 = GmbHR 1999, 861; *Jansen/Steder* § 132 FGG Rn. 53; MünchKommHGB/*Krafka* § 14 Rn. 2; *Koller/Roth/Morck* § 14 HGB Rn. 2.
[5] S. MünchKommHGB/*Krafka* § 14 Rn. 5; ähnlich unter Hinweis auf den „Verhältnismäßigkeitsgrundsatz" *Keidel/Heinemann* Rn. 8; aA *Ebenroth/Boujong/Joost/Strohn/Schaub* § 14 HGB Rn. 20; *Röhricht/v. Westphalen/Ammon* § 14 HGB Rn. 11; *Bumiller/Harders* Rn. 2.
[6] Vgl. OLG Hamm OLGZ 1977, 438 = Rpfleger 1977, 318.
[7] Gesetz zur Änderung des Gesetzes betreffend Gesellschaften mit beschränkter Haftung und anderer handelsrechtlicher Vorschriften vom 4. 7. 1980 (BGBl. I S. 836) in der Fassung des Bilanzrichtlinien-Gesetzes vom 19. 12. 1985 (BGBl. I S. 2355).

tische Änderungen und Anpassungen an die neue Terminologie des Allgemeinen Teils waren erforderlich.[8]

II. Einzelfälle

1. Anmeldungen und Einreichungen zum Handelsregister. a) Allgemeines. Allgemein sieht § 14 HGB vor, dass die Verletzung einer Pflicht zur Anmeldung oder zur Einreichung von Dokumenten zum Handelsregister durch das Registergericht mittels Zwangsgeld in Höhe von bis zu 5000 Euro sanktioniert werden kann. Die im Einzelnen relevanten Pflichtverletzungen sind über die verschiedenen handels- und gesellschaftsrechtlichen Gesetze verteilt und werden nachstehend nicht vollständig, sondern nur beispielhaft aufgezählt. In diesem Sinne erzwingbar sind allgemein bei allen Rechtsträgern die Eintragungen zu Zweigniederlassungen (§ 13 Abs. 1 HGB) und Prokuren (§ 53 HGB). Bei Einzelkaufleuten kraft Größe und Umfang des Gewerbes kommen hinzu die Ersteintragung (§ 29 HGB) sowie die Änderung von Firma, Niederlassung oder Inhaber (§ 31 Abs. 1 HGB) und das Erlöschen der Firma (§ 31 Abs. 2 HGB). Bei juristischen Personen nach § 33 HGB sind erzwingbar insbesondere die Bewirkung der Ersteintragung (§ 33 Abs. 2 HGB), Änderungen von Firma, Sitz und Unternehmensgegenstand sowie der Vertretungsorgane (§ 34 Abs. 1 HGB), die Auflösung (§ 34 Abs. 1 HGB) und das Erlöschen der Firma (§ 31 Abs. 2 HGB). Für Personenhandelsgesellschaften sind zu beachten die Verpflichtungen zur Ersteintragung bei Vorliegen eines Gewerbebetriebs (§ 106 HGB), der Änderungen von Firma, Sitz oder Vertretungsregelung sowie Gesellschafterwechseln (§§ 107, 143 HGB) und wiederum die Auflösung (§ 143 Abs. 1 HGB) und das Erlöschen der Firma (§ 157 Abs. 1 HGB) sowie gegebenenfalls die Fortsetzung der Gesellschaft nach Auflösung durch Eröffnung des Insolvenzverfahrens (§ 144 Abs. 2 HGB).

b) Kapitalgesellschaften. Bei Gesellschaften mit beschränkter Haftung können folgende Anmeldepflichten erzwungen werden: Änderungen in der Besetzung oder der Vertretungsbefugnis der Geschäftsführer (§ 39 GmbHG), die Auflösung der Gesellschaft (§ 65 Abs. 1, § 67 Abs. 1 GmbHG) und der Schluss der Liquidation (§ 74 Abs. 1 GmbHG). Hinsichtlich der Einreichung von Dokumenten sind erzwingbar die Beibringung der Liste der Gesellschafter (§ 40 GmbHG, gegebenenfalls auch durch Zwangsgeldandrohung gegenüber dem an einer Veränderung im Gesellschafterbestand mitwirkenden Notar, s. § 40 Abs. 2 GmbHG), die Übermittlung eines die Gesellschaft rechtskräftig für nichtig erklärenden Urteils (§ 75 Abs. 2 GmbHG iVm. § 248 Abs. 1 S. 2) und gegebenenfalls der Liste der Aufsichtsratmitglieder nach § 52 Abs. 2 S. 2 GmbHG. Bei Aktiengesellschaften sind erzwingbar die Anmeldepflichten bezüglich Vorstandsänderungen (§ 78 Abs. 3 S. 2 AktG), der Ausgabe von Bezugsaktien bei einer bedingten Kapitalerhöhung (§ 201 AktG) sowie die Durchführung der Kapitalherabsetzung nach §§ 227, 229 Abs. 3 und 237 Abs. 4 AktG und unter anderem die Einreichungspflichten hinsichtlich des Berichts der Gründungsprüfer (§ 34 Abs. 3 AktG), der Liste der Aufsichtsratmitglieder (§ 106 AktG), der Niederschrift über eine Hauptversammlung (§ 130 Abs. 5 AktG) und des Prüfungsberichts eines Sonderprüfers (§ 145 Abs. 4 AktG). Bei Versicherungsvereinen auf Gegenseitigkeit ergeben sich die erzwingbaren Pflichten aus den Bestimmungen des VAG. Erzwingbar sind danach vor allem die Anmeldung und Einreichungen im Rahmen der Errichtung nach §§ 30, 31 VAG,[9] Satzungsänderungen (§ 40 Abs. 1 VAG) und Vorstandsänderungen (§ 34 S. 2 VAG iVm. § 81 AktG).

c) Ausnahmen vom Registerzwang. Über einige gesellschaftsrechtliche Spezialgesetze verteilt finden sich ausdrückliche Regelungen dazu, welche Anmeldungen für Registereintragungen nicht durch Zwangsmittel bewirkt werden dürfen. Zusammenfassen lässt sich dies mit der formelhaften Beschreibung, dass in diesem Bereich konstitutiv wirkende Registereintragungen nicht erzwungen werden können, weil deren Herbeiführung im Belieben der Beteiligten steht und daher kein öffentliches Interesse an ihrer Herbeiführung ersichtlich ist.[10] So erklärt sich, dass die Ersteintragung bei Kapitalgesellschaften (§ 7 GmbHG, § 36 AktG) ebenso wie deren Satzungsänderungen (§ 54 GmbHG, § 181 AktG) und grundsätzlich auch Kapitalmaßnahmen (§ 57 Abs. 1, § 58 Abs. 1 Nr. 3 GmbHG; §§ 188, 195, 210, 223 AktG) sowie Umwandlungsvorgänge – insbesondere also Verschmelzungen, Spaltungen und Formwechsel (s. die Aufzählung in § 316 Abs. 2 UmwG) – nicht erzwungen werden dürfen (s. ferner § 79 Abs. 2 GmbHG, § 407 Abs. 2 AktG). Eine Ausnahme von diesem Grundsatz gilt auf Grund § 78 BGB nur für die gleichfalls konstitutiv wirkende Ersteintragung und bei Satzungsänderungen von eingetragenen Vereinen (s. Rn. 16). Mangels öffentlichem

---

[8] BT-Drucks. 16/6308, S. 287.
[9] S. *Jansen/Steder* § 132 FGG Rn. 16.
[10] Vgl. MünchKommHGB/*Krafka* § 14 Rn. 3; aA ist *Ebenroth/Boujong/Joost/Strohn/Schaub* § 14 HGB Rn. 11 ohne Begründung.

§ 388   11–18   Buch 5. Abschnitt 3. Registersachen

Interesse ist im Übrigen bei Kommanditgesellschaften die Herabsetzung der Haftsumme von Kommanditisten (§ 175 S. 3 HGB) nicht erzwingbar.

11   **2. Angaben auf Geschäftsbriefen. a) Handelsrechtliche Bestimmungen.** Gemäß Abs. 1 ist die Erfüllung der nach § 37a Abs. 4 HGB und § 125 Abs. 2 HGB erzwingbaren allgemeinen handelsrechtlichen Pflicht zur Aufnahme bestimmter Angaben auf Geschäftsbriefen (s. § 37a Abs. 1 und § 125a Abs. 1 HGB) im Wege des Zwangsgeldverfahrens nach §§ 388 ff. durchzusetzen. Dies gilt auf Grund der Verweisungen in § 5 Abs. 2 PartGG und § 12 EWIV-AusfG auch für Partnerschaftsgesellschaften und Europäische wirtschaftliche Interessenvereinigungen.

12   **b) Gesellschaften mit beschränkter Haftung.** Für Gesellschaften mit beschränkter Haftung nimmt Abs. 1 auf § 79 Abs. 1 GmbHG Bezug, der seinerseits auf die einschlägigen Vorschriften zur Aufnahme von Angaben auf Geschäftsbriefen und Bestellscheinen von inländischen Zweigniederlassungen einer Gesellschaft mit beschränkter Haftung mit Sitz im Ausland (§ 35a Abs. 4 GmbHG), sowie auf Geschäftsbriefen einer Gesellschaft in Liquidation (§ 71 Abs. 5 GmbHG) verweist. Hierbei ist vorgesehen, dass das einzelne Zwangsgeld den Betrag von 5000 Euro nicht übersteigen darf.

13   **c) Aktiengesellschaften.** Nach der Verweisung des § 407 AktG auf §§ 80, 268 Abs. 4 AktG gilt für die Pflichtangaben auf Geschäftsbriefen von Aktiengesellschaften und Kommanditgesellschaften auf Aktien Vergleichbares wie bei Gesellschaften mit beschränkter Haftung (s. Rn. 12).

14   **3. Aktienrechtliche Pflichten.** Für Vorstandsmitglieder und Abwickler von Aktiengesellschaften sowie für persönlich haftende Gesellschafter von Kommanditgesellschaften auf Aktien sehen §§ 407, 408 AktG neben § 14 HGB weitere Pflichten vor, deren Erfüllung durch ein Zwangsgeld bewirkt werden kann. Danach sind zum Beispiel die Erfüllung der Pflichten zur Auslegung von Verträgen und sonstigen Unterlagen in der Hauptversammlung und der Erteilung entsprechender Abschriften an die Aktionäre (s. § 52 Abs. 2 AktG, 179a Abs. 2 AktG sowie §§ 293f, 293g AktG) sowie der Bekanntmachungspflichten hinsichtlich gerichtlicher Verfahren zur Anfechtung eines Hauptversammlungsbeschlusses (§ 246 Abs. 4 AktG) erzwingbar.

15   **4. Umwandlungsrechtliche Pflichten.** Die Spezialvorschrift des § 316 UmwG benennt im Wege der Verweisung weitere Pflichten eines Vertretungsorgans, von vertretungsberechtigten Gesellschaftern, Partnern oder Abwicklern, die im Wege des Zwangsgelds erwirkt werden sollen. Im Einzelnen geht es um die Verpflichtungen gegenüber jedem Anteilsinhaber des betroffenen Rechtsträgers, diesem auf Verlangen eine Abschrift des Vertrags(entwurfs) und der Beschlussniederschrift zu erteilen. Dies gilt sowohl für Verschmelzungen (§ 13 Abs. 3 S. 3 UmwG), als auch für Spaltungen (§ 125 Abs. 1 S. 1 iVm. § 13 Abs. 3 S. 3 UmwG), Vermögensübertragungen (§§ 174 ff. UmwG iVm. § 13 Abs. 3 S. 3 UmwG) und Formwechsel (§ 193 Abs. 3 S. 2 UmwG).

16   **5. Vereinsregistersachen.** In Abs. 2 wird für die Möglichkeit des registergerichtlichen Einschreitens gegenüber Vorstandsmitgliedern und Liquidatoren eines eingetragenen Vereins gemäß § 78 BGB ausdrücklich auf Abs. 1 verwiesen. Die einzige erwähnenswerte Besonderheit im Vereinsrecht ist, dass hierbei Zwangsmittel auch zur Bewirkung der Anmeldung zur konstitutiven Ersteintragung und zur gleichfalls konstitutiven Eintragung von Satzungsänderungen zulässig sind, was bei den übrigen Rechtsträgerregistern ausdrücklich ausgeschlossen ist (vgl. Rn. 10).

III. Einschreiten des Registergerichts

17   **1. Allgemeines.** Die Einleitung eines Zwangsgeldverfahrens darf nur in den gesetzlich vorgeschriebenen Situationen (s. dazu Rn. 8 ff.) erfolgen und nur dann, wenn die Voraussetzungen hierfür gegeben sind. Ist dies der Fall, so besteht allerdings für das Registergericht die **Pflicht, das Verfahren einzuleiten,** ohne dass ihm hierbei ein Ermessen zusteht[11] und ohne dass es der Anregung oder einer Antragstellung bedarf.[12] Das Gericht hat sodann die vorgesehenen Maßnahmen nach §§ 388 ff. zu ergreifen, zunächst also eine Zwangsgeldandrohung zu erlassen. Weist das Gericht dagegen die Beteiligten zunächst ohne konkrete Androhung dazu an, die seiner Ansicht nach fehlende Eintragung formgerecht anzumelden, so hat dies keine rechtliche Bedeutung.

18   **2. Zuständigkeit. a) Sachliche und örtliche Zuständigkeit.** Nach der ausdrücklichen Anordnung des § 388 Abs. 1 ist sachlich das Registergericht, mithin nach § 23a Abs. 2 Nr. 3 und Nr. 4 GVG das Amtsgericht zuständig; auch im Beschwerdeverfahren ist das Beschwerdegericht nicht zum Erlass einer Entscheidung nach § 388 befugt, kann aber das Amtsgericht entsprechend

---

[11] OLG Hamm OLGZ 1989, 148 (150); *Bassenge* Rpfleger 1974, 174; *Keidel/Heinemann* Rn. 27; *Keidel/Kuntze/Winkler* § 132 FGG Rn. 22.
[12] *Keidel/Heinemann* Rn. 26; *Krafka/Willer*, Registerrecht, Rn. 2360.

Androhung 19–22 § 388

anweisen.¹³ Örtlich zuständig ist das Gericht der Hauptniederlassung und zwar auch für registerpflichtige Vorgänge der inländischen Zweigniederlassung,¹⁴ zumal für diese seit dem 1. 1. 2007 ohnehin kein eigenständiges Registerblatt mehr geführt wird; allerdings sind auch in diesem Rahmen die inländischen Zweigniederlassungen ausländischer Rechtsträger als Hauptniederlassungen zu behandeln (vgl. § 13d Abs. 3 HGB, vgl. ferner Rn. 22). Zur Geltung der Vorgängerregelung des § 132 FGG aF war anerkannt, dass es sich um eine ausschließliche Zuständigkeit handelt.¹⁵

b) Funktionelle Zuständigkeit. Funktionell zuständig für das Zwangsgeldverfahren ist der **Rechtspfleger** (s. § 3 Nr. 2 lit. d RPflG). Auch über den gegebenenfalls zu erhebenden Einspruch der Verpflichteten entscheidet der Rechtspfleger, der ferner die Festsetzung des Zwangsgelds nach § 389 vorzunehmen hat.¹⁶

3. Einleitung des Verfahrens. Das Zwangsgeldverfahren beginnt mit der **Aufforderung,** der bisher versäumten gesetzlichen Pflicht nachzukommen oder die Unterlassung mittels Einspruchs zu rechtfertigen (s. hierzu näher § 389 Rn. 8 ff.). Voraussetzung hierfür ist die glaubhafte Kenntnis von Tatsachen, die eine solche Versäumung nahe legen. Woher das Gericht die Kenntnis für die insoweit erforderlichen Anhaltspunkte erhalten hat, spielt keine Rolle. Denkbar ist vor allem eine Mitteilung der Beteiligten selbst oder der Behörden nach § 389 beziehungsweise der berufsständischen Organe nach § 390. Volle Gewissheit der Tatsache muss das Registergericht für die Einleitung des Verfahrens nicht erlangen.¹⁷ Sollte das Verfahren durch den Antrag eines Dritten im Sinne einer dahin gehenden Anregung (vgl. § 24 Abs. 1) veranlasst worden sein, so ist das Verfahren naturgemäß von Amts wegen auch dann fortzuführen, wenn der „Antrag" zurück genommen wird, da dieser nicht Verfahrensvoraussetzung ist;¹⁸ hält es das Gericht für nicht gerechtfertigt, so hat es diesen durch Beschluss – der als Endentscheidung mit der Beschwerde gemäß § 58 Abs. 1 angreifbar ist – abzulehnen. Es besteht allerdings keine Verpflichtung des Registergerichts, von sich aus Nachforschungen anzustellen, ob ein registerpflichtiger Vorgang bisher nicht angemeldet wurde. Nur dann, wenn ein entsprechender Anfangsverdacht besteht, ist das Gericht nach § 26 von Amts wegen dazu verpflichtet, den Sachverhalt auszuklären, um sich davon zu überzeugen, ob ein Zwangsgeldverfahren zu eröffnen ist. Auch in diesem Rahmen ist allerdings der vollständige Nachweis letztendlich dem Einspruchsverfahren vorbehalten.¹⁹

IV. Androhung von Zwangsgeld

1. Allgemeines. Mit der Androhung von Zwangsgeld soll die Erfüllung der versäumten Pflicht erreicht werden. Dabei können zur Durchsetzung mehrerer selbstständiger Verpflichtungen diese in einer gemeinsamen Androhung auch durch ein einheitliches Zwangsgeld sanktioniert werden.²⁰

2. Androhung. a) Beteiligte. Ein Zwangsgeldverfahren ist stets **gegen die natürlichen Personen** zu richten, die letztlich die Erfüllung der angemahnten Pflicht zu leisten haben; der betroffene Rechtsträger ist hierbei zunächst nicht, sondern erst ab dem Einspruchsverfahren beteiligt.²¹ Zunächst sind somit ausschließlich die gesetzlichen Vertreter beteiligt.²² Ist dies selbst wiederum eine Gesellschaft, zum Beispiel bei einer „GmbH & Co. KG", so richtet sich das Zwangsgeldverfahren gegen die natürlichen Personen, die ihrerseits Vertreter der Organgesellschaft sind.²³ Stets unzulässig ist dagegen ein Zwangsgeldverfahren gegen rechtsgeschäftliche Vertreter und damit auch gegen etwaige Prokuristen, sofern das Gesetz – wie etwa bei ständigen Vertretern der Zweigniederlassung einer ausländischen Kapitalgesellschaft (s. § 13e Abs. 2 S. 5 Nr. 3 HGB iVm. § 13e Abs. 3 S. 1 und Abs. 4 S. 1 HGB) – nicht eigenständige Anmeldpflichten für solche Personen vorsieht.²⁴ Dem am Verfahren mitwirkenden Notar kann ein Zwangsgeld daher nur angedroht werden, wenn er eine ihm originär zukommende Pflicht, wie zum Beispiel diejenige nach § 40 Abs. 2 GmbHG zur Einrei-

---

¹³ *Keidel/Kuntze/Winkler* § 132 FGG Rn. 29 unter Bezugnahme auf KG RJA 6, 194; ebenso *Keidel/Heinemann* Rn. 24.
¹⁴ *Keidel/Heinemann* Rn. 24; *Keidel/Kuntze/Winkler* § 132 FGG Rn. 3.
¹⁵ KGJ 31 A 206, *Keidel/Kuntze/Winkler* § 132 FGG Rn. 3.
¹⁶ S. *Krafka/Willer,* Registerrecht, Rn. 2357 f.
¹⁷ *Keidel/Kuntze/Winkler* § 132 FGG Rn. 13.
¹⁸ *Keidel/Heinemann* Rn. 26; *Keidel/Kuntze/Winkler* § 132 FGG Rn. 14.
¹⁹ OLG Frankfurt OLGZ 1979, 5 = DNotZ 1979, 620; BayObLGZ 1978, 319 (322); *Keidel/Kuntze/Winkler* § 132 FGG Rn. 14.
²⁰ BayObLGZ 1967, 458 (463), *Keidel/Kuntze/Winkler* § 132 FGG Rn. 24.
²¹ BayObLGZ 1962, 107 (111); BayObLGZ 1955, 197 (198); *Keidel/Heinemann* Rn. 33; *Keidel/Kuntze/Winkler* § 132 FGG Rn. 18.
²² BayObLGZ 2000, 11 = NJW-RR 2000, 771 = FGPrax 2000, 74.
²³ Vgl. KG JFG 10, 86; *Keidel/Kuntze/Winkler* § 132 FGG Rn. 15.
²⁴ BayObLG Rpfleger 1982, 289; *Keidel/Kuntze/Winkler* § 132 FGG Rn. 15.

chung der Liste der Gesellschafter einer Gesellschaft mit beschränkter Haftung, versäumt. Wenn nur einzelne von mehreren Anmeldepflichtigen säumig sind, darf das Zwangsgeldverfahren nur gegen die Personen eröffnet werden, die ihrer Pflicht noch nicht nachgekommen sind.[25] Umgekehrt darf ein Verfahren nicht nur gegen einzelne Organmitglieder begonnen werden, wenn alle von ihnen säumig sind. Sofern eine inländische Zweigniederlassung eines ausländischen Rechtsträgers betroffen ist, kann eine diese betreffende Rechtshandlung nur erzwungen werden, wenn sich die verpflichtete Person in Deutschland befindet.[26]

23 **b) Form der Androhung.** Für die Androhung von Zwangsgeld ist gesetzlich keine besondere Form vorgesehen. Ein Beschluss mit den Förmlichkeiten der §§ 38 ff. ist nicht geboten, da keine Entscheidung vorliegt, mit welcher der Verfahrensgegenstand auch nur teilweise erledigt wird (vgl. § 38 Abs. 1). Es handelt sich daher um eine bloße verfahrenseinleitende Verfügung als vorbereitende Nebenentscheidung.[27]

24 **c) Inhalt der Androhung. aa) Allgemeines.** Die Androhung des Registergerichts hat als notwendigen Inhalt zu enthalten einerseits die genaue Bezeichnung der zu erfüllenden **Verpflichtung** und andererseits die **Bestimmung einer Frist** (Rn. 25), innerhalb der der Verpflichtete entweder die Nichterfüllung der Verpflichtung rechtfertigt, oder die bezeichnete Verpflichtung endgültig erfüllt. Ferner ist der **Hinweis auf die Möglichkeit des Einspruchs** zwingend und führt im Fall seines Fehlens zur Aufhebung der Androhung und gegebenenfalls der späteren Zwangsgeldfestsetzung auf Grund einer entsprechenden späteren Beschwerde.[28]

25 **bb) Fristsetzung.** Die vom Registergericht zu setzende Frist muss so bemessen sein, dass die Verpflichtung unter Berücksichtigung der jeweils üblichen Gegebenheiten – die dem Registergericht regelmäßig aus eigener Praxis bekannt sind – erfüllt werden kann.[29] Eine **zu kurze Fristbestimmung** führt ebenfalls zur Aufhebung der Androhung und Festsetzung im Wege der dahin gehenden Beschwerde. Die Beteiligten können vor Ablauf der Frist gemäß § 16 Abs. 2 iVm. § 224 Abs. 2 ZPO deren Verlängerung beantragen; nach Ablauf der Frist ist dies nicht mehr möglich. Eine gleichwohl unzulässigerweise erteilte Nachfrist macht aber die Zwangsgeldfestsetzung nicht unwirksam.[30]

26 **cc) Androhung eines Zwangsgeldes.** Abschließend muss das Registergericht für den Fall der Nichterfüllung der angemahnten Verpflichtung die **Festsetzung eines bestimmten Zwangsgeldes androhen**. Das in Aussicht gestellte Zwangsgeld muss daher zahlenmäßig jedenfalls seiner Obergrenze nach bestimmt sein. Diesem Bestimmtheitsgebot ist genügt, wenn die Androhung einen Höchstbetrag angibt („bis zu 3500 Euro"), wenn das Gericht die Verhängung dieses Höchstbetrags ernsthaft in Betracht zieht.[31] Grund hierfür ist, dass es dem Gericht stets überlassen bleibt, im Rahmen seiner Ermessensausübung den angesetzten Betrag im Lauf des Verfahrens noch herabzusetzen (vgl. § 390 Abs. 4 S. 2).

27 **d) Bekanntgabe.** Die Zwangsgeldandrohung ist den Beteiligten (s. Rn. 21) gemäß § 15 Abs. 1 und 2 bekannt zu geben, da in der Verfügung eine Frist gesetzt wird. Die Bekanntgabe kann somit durch Zustellung nach den §§ 166 bis 195 ZPO oder dadurch bewirkt werden, dass die Verfügung unter der Anschrift des Adressaten zur Post gegeben wird (§ 15 Abs. 2).

28 **3. Rechtsmittel.** Gegen die das Zwangsgeldverfahren einleitende Entscheidung der Androhungsverfügung besteht nur die Möglichkeit des Einspruchs. Eine Beschwerde ist zunächst ausgeschlossen, da es sich nicht um eine Endentscheidung im Sinne des § 58 Abs. 1 handelt. Erst gegen den im **Einspruchsverfahren** ergehenden Beschluss (s. § 389 Abs. 1) kann Beschwerde eingelegt werden. Dies gilt auch dann, wenn geltend gemacht wird, dass ein Zwangsgeldverfahren im vorliegenden Fall a priori unzulässig war, da Gründe für eine abweichende Behandlung dieser Situation nicht erkennbar sind.[32] Ebenso ist Einspruch gegen die erneute Androhung einzulegen, die gemäß § 389 Abs. 1 zugleich mit der gegebenenfalls erfolgenden Zwangsgeldfestsetzung ergeht; wird gegen diese Verbundentscheidung ein Rechtsmittel eingelegt, so ist es im Zweifel als Beschwerde gegen die Festsetzung und zugleich als Einspruch gegen die erneute Androhung zu behandeln.[33] Wird ein Antrag

---

[25] BayObLG MittBayNot 1978, 115; *Keidel/Heinemann* Rn. 19; *Keidel/Kuntze/Winkler* § 132 FGG Rn. 15.
[26] BayObLGZ 1978, 121 (127); *Keidel/Kuntze/Winkler* § 132 FGG Rn. 17; *Staub/Hüffer* § 14 HGB Rn. 14.
[27] Vgl. dazu BT-Drucks. 16/6308, S. 195.
[28] OLG Hamm Rpfleger 1986, 390; *Keidel/Heinemann* Rn. 37; *Keidel/Kuntze/Winkler* § 132 FGG Rn. 25.
[29] BGHZ 135, 107 (115) = NJW 1997, 1855.
[30] *Keidel/Heinemann* Rn. 37; *Keidel/Kuntze/Winkler* § 132 FGG Rn. 25.
[31] S. BGH NJW 1973, 2277; *Krafka/Willer*, Registerrecht, Rn. 2365; aA *Jansen/Steder* § 132 FGG Rn. 105.
[32] AA ohne Argument *Keidel/Kuntze/Winkler* § 132 Rn. 28; wie hier dagegen nun *Keidel/Heinemann* Rn. 40.
[33] OLG Karlsruhe NJW-RR 2000, 411 = GmbHR 1999, 1144; *Keidel/Heinemann* Rn. 40; *Keidel/Kuntze/Winkler* § 132 FGG Rn. 28.

auf Eröffnung eines Zwangsgeldverfahrens durch Beschluss abgelehnt, kann insbesondere ein berufsständisches Organ (vgl. § 380 Abs. 5) hiergegen Beschwerde einlegen. Andere Dritte als berufsständische Organe (vgl. § 380 Rn. 14) müssen allerdings im Sinne des § 59 Abs. 1 durch die Ablehnung in ihren Rechten beeinträchtigt sein, was jedenfalls nicht allein dadurch der Fall ist, dass für den Dritten eine Durchsetzung eigener Rechte durch die unterbliebe Erzwingung einer Registereintragung möglicherweise erschwert ist oder der Wettbewerb als Konkurrent beeinträchtigt sein kann.[34]

4. Änderung der Androhung. Da für die Androhung keine besondere Form vorgesehen ist, insbesondere nicht die gegebenenfalls in Rechtskraft erwachsende Beschlussform, kann eine Zwangsgeldandrohung jederzeit auch ohne Einhaltung der Voraussetzungen des § 48 Abs. 1 geändert werden. Dies kann sogar vor oder ohne Einlegung eines Einspruchs geschehen.[35] Sofern das angedrohte Zwangsgeld im Rahmen dieser Änderung sich erhöhen soll, ist darin allerdings eine neue Androhung zu sehen, mit der entsprechend eine neue Einspruchsfrist zu setzen ist, um den Betroffenen ausreichend rechtliches Gehör zu geben. 29

§ 389 Festsetzung

(1) Wird innerhalb der bestimmten Frist weder der gesetzlichen Verpflichtung genügt noch Einspruch erhoben, ist das angedrohte Zwangsgeld durch Beschluss festzusetzen und zugleich die Aufforderung nach § 388 unter Androhung eines erneuten Zwangsgelds zu wiederholen.

(2) Mit der Festsetzung des Zwangsgelds sind dem Beteiligten zugleich die Kosten des Verfahrens aufzuerlegen.

(3) In gleicher Weise ist fortzufahren, bis der gesetzlichen Verpflichtung genügt oder Einspruch erhoben wird.

Schrifttum: *Krafka/Willer,* Registerrecht, 7. Aufl. 2007.

I. Verfahrensfortgang

1. Allgemeines. Für den Fall, dass innerhalb der in der Androhungsverfügung gesetzten Frist (s. hierzu § 388 Rn. 25) weder die angemahnte registerrechtliche Pflicht erfüllt wird (hierzu Rn. 5 ff.), noch ein form- und fristgerechter Einspruch eingelegt ist (vgl. Rn. 8 ff.), sieht § 389 Abs. 1 vor, dass sodann das angedrohte **Zwangsgeld festzusetzen** ist und zugleich die Aufforderung nach § 388 unter **Androhung eines erneuten Zwangsgelds** zu wiederholen ist. Dasselbe gilt, falls ein zunächst eingelegter Einspruch später zurück genommen wird oder sich im weiteren Verfahren als nicht fristgerecht eingelegt erweist. Ein verspäteter Einspruch muss hierbei nicht erst verworfen werden, da das Verfahren durch den Beschluss über die Festsetzung des Zwangsgeldes ohnehin seinen regulären Fortgang findet.[1] Die Vorschriften des § 389 Abs. 1 und 3 entsprechen hierbei exakt den bis zur Reform der freiwilligen Gerichtsbarkeit bis 31. 8. 2009 geltenden Vorgängerregelungen des § 133 FGG aF.[2] Im Übrigen ist das **Zwangsgeldverfahren** so oft **zu wiederholen** – in der Terminologie des § 389 Abs. 3 fortzusetzen –, **bis die** angemahnte **Verpflichtung** abschließend **erfüllt wurde.** Eine Höchstsumme des hierbei einzufordernden Zwangsgelds ist nicht vorgesehen. Gegen die hierbei stets erneut vorzunehmenden Androhungen ist jeweils der Einspruch gegeben, nur gegen die Zwangsgeldfestsetzung die Beschwerde, und zwar auch dann, wenn der gesetzlichen Vorgabe nach beide Maßnahmen in einer Entscheidung verbunden sind. 1

2. Beschluss. Wird weder die Pflicht erfüllt, noch Beschwerde eingelegt und ist auch kein Grund ersichtlich, von der weiteren Durchführung des Verfahrens Abstand zu nehmen (s. Rn. 4), hat das Registergericht nach § 389 das **Zwangsgeld** durch Beschluss (§§ 38 ff.) innerhalb des angedrohten Höchstbetrags – wobei das Gericht einen niedrigeren Betrag bestimmen darf – **festzusetzen** und dem Beteiligten die Kosten des Verfahrens gemäß Abs. 2 (hierzu Rn. 3) aufzuerlegen. Zugleich ist nach Abs. 1 die Aufforderung nach § 388 zu wiederholen, also eine erneute Zwangsgeldandrohung vorzunehmen; auch hier bedarf es wieder der Einräumung einer Frist, die mit der Bekanntgabe der Entscheidung nach § 389 zu laufen beginnt. Bei der Wiederholung der Zwangsgeldandrohung gibt 2

---

[34] S. *Keidel/Heinemann* Rn. 42; *Keidel/Kuntze/Winkler* § 132 FGG Rn. 30.
[35] *Jansen/Steder* § 132 FGG Rn. 18; *Keidel/Heinemann* Rn. 45.
[1] *Keidel/Kuntze/Winkler* § 133 FGG Rn. 2.
[2] S. BT-Drucks. 16/6308, S. 287.

§ 389 3–8   Buch 5. Abschnitt 3. Registersachen

es kein Höchstmaß der Summe der Zwangsgelder. Der Beschluss wird mit Bekanntgabe an den Beteiligten wirksam (§ 40 Abs. 1); soweit mit ihm ein Zwangsgeld festgesetzt wird oder der Einspruch verworfen wird, ist er mit der Beschwerde gemäß § 391 Abs. 1 anfechtbar.

3 **3. Kostentragung.** Abweichend von den sonstigen Verfahrensvorschriften des FamFG enthält eine Entscheidung im registerrechtlichen Zwangsgeldverfahren ausnahmsweise eine ausdrückliche Kostenentscheidung. Diese bezieht sich nur auf die Gerichtskosten und liegt nicht im Ermessen des Gerichts, sondern ist nach Abs. 2 – ebenso wie nach der Vorgängervorschrift des § 138 FGG aF[3] – zwingend, wenn nicht zum Beispiel nach § 390 Abs. 4 S. 2 von der Festsetzung eines Zwangsgelds abgesehen wird. Sollte zunächst in der Zwangsgeldfestsetzung die Kostenauferlegung unterblieben sein, so kann das Registergericht oder gegebenenfalls auch das Beschwerdegericht diese nachholen.[4] Wird die rechtskräftige Zwangsgeldfestsetzung erst später wegen veränderter Umstände aufgehoben, ändert sich an der beschlossenen Kostentragungspflicht nichts.[5] Kostenschuldner (vgl. § 3 Nr. 1 KostO) ist stets der von der Zwangsgeldfestsetzung Betroffene, also zum Beispiel der zur Anmeldung anzuhaltende Geschäftsführer, nicht aber die Gesellschaft selbst. Die Höhe der Gerichtskosten bestimmt sich im Übrigen nach der Vorschrift des § 119 KostO.

4 **4. Absehen vom Verfahren.** Das Registergericht hat jederzeit die Möglichkeit, die Rechtfertigung des Zwangsgeldverfahrens erneut zu überprüfen oder gegebenenfalls infolge der Erkenntnis neuer Tatsachen oder etwa auch auf Grund eines verspäteten Einspruchs zu dem Ergebnis zu gelangen, dass die bereits erlassene Androhungsverfügung nicht rechtens war. Sodann hat es nicht nur von der Festsetzung des Zwangsgeldes abzusehen, sondern darüber hinaus die bereits ergangene Verfügung durch einen das Verfahren beendenden Beschluss aufzuheben[6] und dies den Beteiligten zur Kenntnis zu bringen (§ 15).

II. Pflichterfüllung

5 **1. Erfüllung der Pflicht.** Die Erfüllung der versäumten Pflicht hat zwingend die Beendigung des darauf gerichteten Zwangsgeldverfahrens zur Folge, da dieses nicht zur Strafe des Verpflichteten durchgeführt wird, sondern das Zwangsgeld allein als **Beugemittel** dient (s. § 388 Rn. 3). Der Erfüllung der Pflicht steht es im Übrigen gleich, wenn diese nachträglich entfällt, sei es durch Änderung der rechtlichen oder durch Änderung der tatsächlichen Verhältnisse, zum Beispiel durch das Ausscheiden des Beteiligten aus der bisherigen organschaftlichen Funktion für den betroffenen Rechtsträger. Insbesondere im Fall des Todes des Beteiligten ist das Verfahren ohne weiteres beendet.[7] Einer gesonderten Aufhebung der Androhungsverfügung gemäß § 388 bedarf es in diesen Fällen nicht. Nur dann, wenn bereits durch Beschluss nach § 389 das Zwangsgeld festgesetzt wurde, ist diese Entscheidung ebenso durch Beschluss entsprechend § 48 wieder aufzuheben.

6 **2. Scheinbare Erfüllung.** Hat der Beteiligte im Fall einer Anmeldungsverpflichtung diese zwar vorgenommen, kann infolge sonstiger Mängel allerdings die angestrebte Registereintragung nicht vorgenommen werden, ist zunächst der gestellte Eintragungsantrag nach § 382 Abs. 3 abzulehnen. Das hiergegen zu richtende Rechtsmittel ist zutreffend die Beschwerde, nicht etwa der Einspruch (vgl. § 382 Rn. 17).

7 **3. Zeitpunkt der Erfüllung.** Auch eine verspätete, also nach Ablauf der in der Androhungsverfügung gesetzten Frist vorgenommene Pflichterfüllung durch den Beteiligten ist vom Registergericht zu beachten, da das Zwangsgeld nicht als Strafe, sondern allein als Beugemittel dient (s. Rn. 5). Das Verfahren ist damit wie im Fall rechtzeitiger Erfüllung durch die Vornahme der geforderten Handlung beendet, ohne dass eine Aufhebung der Androhungsverfügung erforderlich ist. Abweichendes gilt wiederum nur, wenn zwischenzeitlich durch Beschluss nach § 389 das Zwangsgeld bereits festgesetzt wurde. Dann muss diese Entscheidung durch Beschluss nach § 48 wieder aufgehoben werden.[8]

III. Einspruch

8 **1. Allgemeines.** Gegen die Androhungsverfügung besteht ausschließlich der Rechtsbehelf des Einspruchs, dessen Bedeutung sich darauf beschränkt, das Verfahren nach § 390 fortzusetzen, bevor

---

[3] BT-Drucks. 16/6308, S. 287.
[4] OLG Hamm Rpfleger 1955, 241; *Keidel/Heinemann* Rn. 11; *Bumiller/Harders* Rn. 8; *Keidel/Kuntze/Winkler* § 138 FGG Rn. 2.
[5] *Keidel/Heinemann* Rn. 13; *Keidel/Kuntze/Winkler* § 138 FGG Rn. 4.
[6] Vgl. *Keidel/Kuntze/Winkler* § 133 FGG Rn. 10.
[7] S. *Keidel/Kuntze/Winkler* § 134 FGG Rn. 7.
[8] *Keidel/Heinemann* Rn. 4; aA *Bumiller/Harders* Rn. 2.

eine Zwangsgeldfestsetzung durch Beschluss ergehen kann. Das Verfahren fällt also nicht etwa einer höheren Instanz an und hat hinsichtlich des angedrohten Zwangsgelds nur insoweit aufschiebende Wirkung, als die Endentscheidung zur Festsetzung durch Beschluss im nachgeordneten Verfahren gemäß § 390 zu ergehen hat, also insbesondere erst nach dem Erörterungstermin zur Behandlung des Einspruchs (§ 390 Abs. 4 S. 1).

2. Form. Der Einspruch ist gemäß § 25 Abs. 1 schriftlich oder zur Niederschrift der Geschäftsstelle einzulegen. Eine Begründung ist nicht erforderlich, sofern aus der Erklärung verständlich wird, dass die rechtliche Überprüfung der angegriffenen Androhung gewünscht wird.[9]

3. Frist. Der Einspruch muss grundsätzlich in der vom Registergericht in der Androhungsverfügung festgesetzten Frist (s. § 388 Rn. 25) eingehen. Im Fall einer Versäumung dieser Frist besteht nach den Vorschriften des Allgemeinen Teils die Möglichkeit einer Wiedereinsetzung in den vorigen Stand (§§ 17 bis 19). Im Übrigen hat das Registergericht einen verspäteten Einspruch nicht förmlich zu verwerfen,[10] weil die Entscheidung über den unzulässigen Einspruch inzident durch die **Festsetzung des Zwangsgelds** erfolgt. Das Gericht muss aber die im verfristeten Einspruch vorgebrachten Umstände sachlich im Rahmen seiner amtswegigen Ermittlungen berücksichtigen, da neben der sonst angezeigten Zwangsgeldfestsetzung nach § 389 Abs. 1 samt erneuter Zwangsgeldandrohung (s. Rn. 1) auch die Möglichkeit des Absehens vom weiteren Betreiben des Verfahrens in Betracht kommt (s. Rn. 4).

§ 390 Verfahren bei Einspruch

(1) Wird rechtzeitig Einspruch erhoben, soll das Gericht, wenn sich der Einspruch nicht ohne weiteres als begründet erweist, den Beteiligten zur Erörterung der Sache zu einem Termin laden.

(2) Das Gericht kann, auch wenn der Beteiligte zum Termin nicht erscheint, in der Sache entscheiden.

(3) Wird der Einspruch für begründet erachtet, ist die getroffene Entscheidung aufzuheben.

(4) ¹Andernfalls hat das Gericht den Einspruch durch Beschluss zu verwerfen und das angedrohte Zwangsgeld festzusetzen. ²Das Gericht kann, wenn die Umstände es rechtfertigen, von der Festsetzung eines Zwangsgeldes absehen oder ein geringeres als das angedrohte Zwangsgeld festsetzen.

(5) ¹Im Fall der Verwerfung des Einspruchs hat das Gericht zugleich eine erneute Aufforderung nach § 388 zu erlassen. ²Die in dieser Entscheidung bestimmte Frist beginnt mit dem Eintritt der Rechtskraft der Verwerfung des Einspruchs.

(6) Wird im Fall des § 389 gegen die wiederholte Androhung Einspruch erhoben und dieser für begründet erachtet, kann das Gericht, wenn die Umstände es rechtfertigen, zugleich ein früher festgesetztes Zwangsgeld aufheben oder an dessen Stelle ein geringeres Zwangsgeld festsetzen.

Schrifttum: *Krafka/Willer*, Registerrecht, 7. Aufl. 2007.

I. Allgemeines

1. Vorgängervorschriften. In § 390 wurden mit geringfügigen Änderungen die bis zum Inkrafttreten des FamFG zum 1. 9. 2009 geltenden Regelungen des § 134 FGG aF, nunmehr als § 390 Abs. 1 und 2, des § 135 FGG aF, nunmehr als § 390 Abs. 3, 4 und 5, und des § 136 FGG aF, nunmehr als § 390 Abs. 6, übernommen. Sie behandeln das Vorgehen des Registergerichts im Fall der Einlegung eines zulässigen Einspruchs gegen die Zwangsgeldandrohung im Sinne des § 388.

2. Offensichtlich begründeter Einspruch. Erweist sich der fristgerecht eingelegte Einspruch als offensichtlich begründet (vgl. Abs. 1), so hat das Gericht das Zwangsgeldverfahren sofort zu beenden. Dies gilt aber nur, wenn der Sachstand nach den bisherigen Ermittlungen unter Berücksichtigung des Einspruchsvorbringens ohne weitere Nachforschungen geklärt ist und danach eine Zwangsgeldverhängung ausgeschlossen ist. Es muss also ausgeschlossen erscheinen, dass weitere

---

[9] *Jansen/Steder* § 133 FGG Rn. 14; *Krafka/Willer*, Registerrecht, Rn. 2370.
[10] Vgl. *Bumiller/Winkler* § 133 FGG Rn. 4; *Jansen/Steder* § 135 FGG Rn. 10.

Aufklärungen zur Feststellung einer mittels Zwangsgeld zu erwirkenden Verpflichtung führen.[1] Die ergangene Androhungsverfügung nach § 388 ist ohne weiteres durch das Registergericht nach Abs. 3 aufzuheben. Die Aufhebung erfolgt als Verfahrensendentscheidung durch **Beschluss** (§ 38 Abs. 1), der dem Betroffenen gemäß § 15 Abs. 3 formlos mitzuteilen ist. Hat ein berufsständisches Organ mitgewirkt, ist ihm der Beschluss nach § 15 Abs. 1 und 2 bekannt zu geben, da hierdurch die Beschwerdefrist (§ 63) zu laufen beginnt (s. § 380 Abs. 5).

3 **3. Terminfestsetzung.** Wenn die Sache nicht sofort zur Entscheidung reif ist, soll vom Gericht von Amts wegen nach Abs. 1 ein Termin festgesetzt werden, zu dem die Beteiligten zur Erörterung der Sache geladen werden. Die Beteiligten können auf die Abhaltung des Termins nicht verzichten.[2] Der **Zweck des Termins** ist es nicht, den Beteiligten in obrigkeitsstaatlicher vormoderner Art „von der Unvermeidlichkeit seiner Verpflichtung zu überzeugen".[3] Vielmehr soll die freie Besprechung der Angelegenheit genutzt werden können zur gegebenenfalls weiteren Aufklärung des Sachverhalts und unter Umständen auch zur Erörterung und Erläuterung der dem Verfahren zugrunde liegenden Sach- und Rechtslage. Verwirft das Gericht den Einspruch ohne Terminsbestimmung, ist auf Grund entsprechender Beschwerde die Sache ohne weiteres an das Registergericht zur Durchführung des regulären Einspruchsverfahrens nach § 390 zurück zu verweisen,[4] da das Beschwerdegericht den Erörterungstermin nicht nachholen oder ersetzen kann.[5]

II. Erörterungstermin

4 **1. Ladung.** Zunächst hat das Gericht im Fall eines rechtzeitigen Einspruchs gegen die Zwangsgeldandrohung den Beteiligten zu dem anberaumten Erörterungstermin zu laden. Weder gegen die Terminanberaumung, noch gegen die Ladung besteht ein Rechtsmittel.[6] Einem Antrag auf Terminsverlegung sollte im Sinne der effektiven Gewährung rechtlichen Gehörs möglichst stattgegeben werden, auch wenn gegen dessen Ablehnung unmittelbar kein Rechtsmittel besteht, sondern erst gegen den das Verfahren abschließenden Beschluss gemäß § 391 die Beschwerde gegeben ist.

5 **2. Verfahren.** Die Verhandlung zu dem angeordneten Erörterungstermin über den Einspruch ist **nicht öffentlich.** Für die Möglichkeit der Vertretung ist § 10 zu berücksichtigen. Gegebenenfalls kann nach § 33 das **persönliche Erscheinen** angeordnet und auch durch ein Ordnungsgeld nach § 33 Abs. 3 erwirkt werden. Stellt sich im Erörterungstermin heraus, dass **weitere Ermittlungen** erforderlich sind, ist dem Beteiligten gegebenenfalls erneut rechtliches Gehör zu gewähren, allerdings nicht zwingend in der Form eines weiteren Verhandlungstermins. Erscheint der Beteiligte zu dem Erörterungstermin nicht, treten keine unmittelbaren Säumnisfolgen ein, insbesondere hat das Gericht nicht allein deshalb bereits den Einspruch zu verwerfen. Vielmehr ist bei Entscheidungsreife in der Sache zu entscheiden (Abs. 2). Andernfalls sind die angezeigten Ermittlungen von Amts wegen weiter zu betreiben (§ 26). Sodann ist entweder nach Abs. 3 oder nach Abs. 4 zu entscheiden, wobei alle Tatsachen- und Rechtsfragen zu prüfen sind und gegebenenfalls auch eine Aussetzung nach § 381 in Betracht kommt.[7]

6 **3. Entscheidung. a) Begründeter Einspruch.** Stellt sich der Einspruch nach dem Erörterungstermin als begründet heraus, so ist gemäß Abs. 3 die Androhungsverfügung nach § 388 aufzuheben. Die Aufhebung erfolgt als Verfahrensendentscheidung durch **Beschluss** (§ 38 Abs. 1). Sind mehrere Verpflichtungen in einer Androhungsverfügung zusammengefasst worden und erweist sich auch nur eine der darin behandelten Verpflichtungen als ungerechtfertigt, muss jedenfalls dann die gesamte Verfügung aufgehoben werden, wenn ein einheitliches Zwangsgeld angedroht war, weil dieses seiner Höhe nach nicht ohne weitere Erklärung des Gerichts auf die anderen Verpflichtungen verteilt werden kann.[8] Ist dagegen für jede Verpflichtung ein eigenes Zwangsgeld in bestimmter Höhe angedroht worden, muss die Verfügung nur teilweise hinsichtlich der unzutreffenden Verpflichtung aufgehoben werden.[9] Die Aufhebung ist den Beteiligten nach § 15 Abs. 3 formlos **mitzuteilen;** möglichen beschwerdeberechtigten Beteiligten ist die Entscheidung **bekannt zu geben** (§ 15

---

[1] Jansen/Steder § 134 FGG Rn. 1.
[2] OLG Düsseldorf FGPrax 1998, 149; Keidel/Heinemann Rn. 9; aA Bumiller/Harders Rn. 3.
[3] So aber Jansen/Steder § 134 FGG Rn. 5.
[4] OLG Düsseldorf FGPrax 1998, 149; OLG Hamm Rpfleger 1985, 302.
[5] Jansen/Steder § 134 FGG Rn. 7; Krafka/Willer, Registerrecht, Rn. 2372; aA BayObLG FGPrax 1998, 223 = Rpfleger 1999, 78.
[6] Jansen/Steder § 134 FGG Rn. 6.
[7] Vgl. KG DNotZ 1955, 418 (422); Jansen/Steder § 135 FGG Rn. 1.
[8] BayObLG NJW 1988, 2051 = Rpfleger 1988, 193; Keidel/Heinemann Rn. 20.
[9] Jansen/Steder § 135 FGG Rn. 4.

Abs. 1). Gegen den Aufhebungsbeschluss besteht gegebenenfalls auch für berufsständische Organe nach § 380 Abs. 5 die Möglichkeit der **Beschwerde** (§§ 58 ff.). Das Beschwerdegericht kann zwar im Rahmen des Rechtsmittelverfahrens an Stelle des Registergerichts den Einspruch verwerfen und das Zwangsgeld festsetzen, muss aber für die erneute Androhung eines weiteren Zwangsgelds die Sache wieder dem Registergericht überlassen.[10]

b) Einspruchsverwerfung und Zwangsgeldfestsetzung. Ein unzulässiger Einspruch ist nicht **7** gesondert zu verbescheiden, da die entsprechende Behandlung inzident in der Zwangsgeldfestsetzung enthalten ist (s. § 389 Rn. 10). Eine gleichwohl diesbezüglich erfolgende Entscheidung ist nicht gesondert durch ein Rechtsmittel angreifbar, da sich die Beschwerde allein gegen die Zwangsgeldfestsetzung als nunmehr relevanten Verfahrensgegenstand zu richten hat (§ 391 Abs. 1). Ist der Einspruch dagegen zwar zulässig, aber sachlich unbegründet, ist zum einen der Einspruch nach Abs. 4 S. 1 durch **Beschluss** zu verwerfen. Zudem ist das angedrohte Zwangsgeld – vorbehaltlich eines etwaigen Vorgehens nach Abs. 4 S. 2 (dazu Rn. 9) – im selben Beschluss als einheitliche Entscheidung festzusetzen. Unzulässig wäre es, nur den Einspruch zu verwerfen und sich eine spätere Zwangsgeldfestsetzung vorzubehalten oder zunächst hierüber gar keine Entscheidung zu treffen.[11] Notfalls ist daher eine versehentlich unterbliebene Zwangsgeldfestsetzung in Ergänzung des unvollständigen Beschlusses nachzuholen. Des Weiteren ist eine erneute Aufforderung nach § 388 zu erlassen (Abs. 5, s. Rn. 10 f.).

c) Bekanntgabe, Rechtsmittel, Kosten. Der Beschluss zur Einspruchsverwerfung samt **8** Zwangsgeldfestsetzung ist dem Beteiligten gemäß § 15 Abs. 1 förmlich **bekannt zu geben,** da hierdurch die Frist für das hiergegen statthafte Rechtsmittel der Beschwerde zu laufen beginnt (§ 391 Abs. 1, § 63 Abs. 3). Gegen die wiederholte Androhungsverfügung besteht dagegen ausschließlich die Möglichkeit des erneuten **Einspruchs.** Wird im zweiteiligen Beschluss der Einspruch verworfen und ein Zwangsgeld festgesetzt (sonst s. Rn. 7), fallen die Gebühren nach § 119 Abs. 1 Nr. 1 und 2 KostO nebeneinander an;[12] als Geschäftswert ist nach § 119 Abs. 2 KostO der Betrag des festgesetzten Zwangsgelds heranzuziehen.

d) Absehen vom Verfahren oder verminderte Zwangsgeldfestsetzung. Gemäß Abs. 4 S. 2 **9** kann das Gericht nach den Umständen des Falles von der Festsetzung eines Zwangsgelds absehen oder ein geringeres Zwangsgeld festsetzen, allerdings auf Grund des systematischen Zusammenhangs zu Abs. 4 S. 1 nur dann, wenn es durch Beschluss den zulässigen Einspruch verwirft. Damit stehen dem Gericht alle Möglichkeiten offen, auf das Ergebnis des Erörterungstermins flexibel reagieren zu können. Die Umstände rechtfertigen das Absehen vom Verfahren aber **allenfalls in Ausnahmefällen,** wenn die Zwangsgeldfestsetzung eine unbillige Härte wäre, zum Beispiel weil das Bestehen der angemahnten Verpflichtung rechtlich oder tatsächlich nicht sicher war und deren sofortige Erfüllung unter Umständen mit nicht beseitigbaren Nachteilen verbunden gewesen wäre, ebenso wenn es sich generell um eine zweifelhafte oder schwierige Rechtsfrage handelt, ob die verfolgte Verpflichtung besteht. In diesem Fall ist im Einspruchsverwerfungsbeschluss ausdrücklich festzustellen, dass ein Zwangsgeld nicht festgesetzt wird, da andernfalls offen bliebe, ob die entsprechende Teilentscheidung nur versehentlich unterblieben ist. Die Herabsetzung des Zwangsgelds wird dagegen regelmäßig schon dann in Betracht kommen, wenn sich der Betroffene einsichtig zeigt und keine grobe Nachlässigkeit bei der Nichterfüllung der Verpflichtung erkennbar ist.[13] Für die Gerichtskosten fällt nur die dreifache Gebühr nach § 119 Abs. 1 Nr. 2 KostO an, wenn ausschließlich der Einspruch verworfen wird, eine Zwangsgeldfestsetzung allerdings nach Abs. 4 S. 2 unterbleibt.

III. Wiederholte Androhung

1. Allgemeines. Neben dem Beschluss über die Verwerfung des Einspruchs und der Zwangsgeld- **10** festsetzung hat das Registergericht erneut eine Androhungsverfügung nach § 388 zu erlassen (Abs. 5). Diese wiederholte Androhungsverfügung ist nicht Teil des Beschlusses nach Abs. 4 S. 1, sondern eine eigenständige Verfügung, für die wiederum ausschließlich die **Möglichkeit des Einspruchs** besteht. Ihre einzige Besonderheit ist darin zu sehen, dass die Einspruchsfrist der wiederholten Androhungsverfügung nach Abs. 5 erst mit dem Eintritt der Rechtskraft des Beschlusses beginnt, mit dem der Einspruch gegen die vorangegangene Androhungsverfügung eintritt (vgl. § 45). Damit bleibt es dem Betroffenen möglich, zunächst die Entscheidung der höheren Instanz abzu-

---

[10] Vgl. *Jansen/Steder* § 135 FGG Rn. 7.
[11] BayObLGZ 1970, 317; *Jansen/Steder* § 135 FGG Rn. 13.
[12] *Jansen/Steder* § 135 FGG Rn. 23; *Keidel/Heinemann* Rn. 27.
[13] Vgl. *Jansen/Steder* § 135 FGG Rn. 14.

11 **2. Begründeter Einspruch.** Für den Fall, dass gegen eine wiederholte Androhungsverfügung ein sich als begründet herausstellender Einspruch eingelegt wird, kann das Gericht nach Abs. 6 zugleich als weitere Teilentscheidung mit dem Beschluss über die entsprechende Aufhebung (s. Abs. 3, hierzu Rn. 6) zugleich ein **früheres Zwangsgeld aufheben oder** dieses **ermäßigen**. Allerdings gilt dies nur, wenn die in Frage stehenden Zwangsgeldfestsetzungen bislang noch keiner sachlichen Prüfung unterzogen wurden, mithin – wie es der Wortlaut von Abs. 6 ausdrücklich beschreibt – nur, wenn die wiederholte Androhungsverfügung wegen nicht oder nicht zulässiger Einspruchseinlegung gemäß § 389 ergangen ist, nicht aber im Fall des § 390 Abs. 5.[14] Diese besondere Abänderungsbefugnis steht nicht nur dem Registergericht, sondern auch dem Beschwerdegericht zu.[15] In Betracht kommt eine solche Anordnung durch einen das Verfahren erneut beendenden **Beschluss** nur, wenn dies die Umstände des Einzelfalles rechtfertigen. Das setzt zumindest voraus, dass das Gericht den Einspruch gegen die wiederholte Verfügung für begründet erachtet und damit mittelbar seine eigene frühere Auffassung nunmehr für falsch hält. Allerdings steht es im pflichtgemäßen Ermessen des Gerichts, daraus auch für bereits rechtskräftige Zwangsgeldfestsetzungen Konsequenzen zu ziehen. Hierbei kann zum Beispiel berücksichtigt werden, ob der Betroffene oder sein Vertreter das etwa vorangegangene Fristversäumnis bei der Einspruchseinlegung verschuldet hat. Geht das Gericht nach Abs. 6 vor, ist in diesem Fall auch die Kostentragungspflicht nach § 389 Abs. 2 hinfällig und daher ebenfalls förmlich aufzuheben.[16] Ein bereits geleistetes Zwangsgeld ist bei vollständiger Aufhebung ganz, im Übrigen teilweise zurück zu erstatten.[17]

§ 391 Beschwerde

(1) Der Beschluss, durch den das Zwangsgeld festgesetzt oder der Einspruch verworfen wird, ist mit der Beschwerde anfechtbar.

(2) Ist das Zwangsgeld nach § 389 festgesetzt, kann die Beschwerde nicht darauf gestützt werden, dass die Androhung des Zwangsgelds nicht gerechtfertigt gewesen sei.

Schrifttum: *Krafka/Willer*, Registerrecht, 7. Aufl. 2007.

I. Allgemeines

1 **1. Bedeutung der Beschwerde.** Während der Einspruch sich gegen die Androhungsverfügung richtet und lediglich zur Behandlung durch das erstinstanzliche Registergericht führt, besteht für den Beteiligten als **echtes Rechtsmittel mit Anfallswirkung** an das Beschwerdegericht die Beschwerde erst **gegen den Beschluss über die Einspruchsverwerfung oder gegen die Zwangsgeldfestsetzung.** Dies sieht § 391 Abs. 1 in Ablösung der bis zum Inkrafttreten der Reform der freiwilligen Gerichtsbarkeit am 1. 9. 2009 geltenden, vergleichbaren Vorschrift des § 139 FGG aF vor. Relevanz hat die Möglichkeit der Beschwerdeeinlegung vor allem im Fall der Verwerfung des Einspruchs gegen die Androhungsverfügung samt Zwangsgeldfestsetzung durch einen Beschluss nach § 390 Abs. 4 S. 1. Statthaft ist die Beschwerde hierbei allerdings auch dann, wenn kein Zwangsgeld festgesetzt wurde oder umgekehrt isoliert nur gegen die Zwangsgeldfestsetzung (s. Rn. 4).

2 **2. Verhältnis zum Einspruchsverfahren.** Wird gegen eine Zwangsgeldfestsetzung Beschwerde eingelegt und zugleich Einspruch gegen die wiederholte Zwangsgeldandrohung nach § 389 Abs. 1, führt dies im Fall des erfolgreichen Einspruchs zur Erledigung des Beschwerdeverfahrens, wenn das Gericht zugleich auch die frühere Zwangsgeldfestsetzung nach § 390 Abs. 6 aufhebt. In diesem Fall sollte daher das Beschwerdeverfahren sinnvoller Weise ausgesetzt werden (§ 21), bis über den Einspruch entschieden wurde.[1]

---

[14] S. BayObLGZ 1967, 458 (463); BayObLGZ 1955, 124 = Rpfleger 1955, 239; *Keidel/Heinemann* Rn. 30 ff.; *Bumiller/Winkler* § 136 FGG Rn. 1; *Keidel/Kuntze/Winkler* § 136 FGG Rn. 2.
[15] *Keidel/Heinemann* Rn. 30; *Bumiller/Winkler* § 136 FGG Rn. 2.
[16] *Keidel/Heinemann* Rn. 35; *Keidel/Kuntze/Winkler* § 138 FGG Rn. 3.
[17] BayObLGZ 1955, 124 (130).
[1] BayObLGZ 1978, 54 (61); *Keidel/Heinemann* Rn. 5.

3. Keine Erledigung durch Zahlung. Die Beschwerdeeinlegung ist nicht dadurch ausgeschlossen, dass das festgesetzte Zwangsgeld bereits bezahlt oder beigetrieben wurde,[2] da andernfalls die Möglichkeiten zur Kontrolle der Maßnahmen im Zwangsgeldverfahren unverhältnismäßig eingeschränkt wären. Ebenso hat eine **zwischenzeitliche Leistung des Zwangsgelds** während des laufenden Beschwerdeverfahrens auf dieses keinen Einfluss.

4. Beschränkung der Beschwerde. Für die Beteiligten besteht die Möglichkeit, die einzulegende Beschwerde im Fall einer vorangegangenen Beschlussfassung über die Einspruchsverwerfung samt Zwangsgeldfestsetzung auf den zuletzt genannten Bestandteil zu beschränken und geltend zu machen, dass das Registergericht zu Unrecht von den Möglichkeiten des § 390 Abs. 4 S. 2 keinen Gebrauch gemacht hat.[3] In diesem Fall ist das tatsächliche Bestehen der zu erzwingenden Verpflichtung durch das Beschwerdegericht nicht zu überprüfen, sondern lediglich die Ermessensentscheidung des Registergerichts hinsichtlich des Absehens von der Festsetzung oder Herabsetzung des Zwangsgelds neu vorzunehmen.

II. Beschwerdeverfahren

1. Zuständigkeit. Über die Beschwerde entscheidet das örtlich zuständige Oberlandesgericht (§ 119 Abs. 1 Nr. 1 lit. b GVG iVm. § 23a Abs. 2 Nr. 3 GVG), da auch das Zwangsgeldverfahren ausweislich seiner systematischen Stellung als Unterabschnitt 2 des Abschnitts 3 von Buch 5 zu den „Registersachen" gehört und es sich damit um ein Verfahren der freiwilligen Gerichtsbarkeit handelt.

2. Beschwerdeberechtigung. Beschwerdeberechtigt ist, wer durch den fraglichen Beschluss in seinen Rechten beeinträchtigt ist (§ 59 Abs. 1). Ohne Frage sind dies die unmittelbar von einem festgesetzten Zwangsgeld Betroffenen, also die **natürlichen Personen,** gegen die es verhängt wurde als diejenigen, gegen die sich das Verfahren richtet. Darüber hinaus wird als möglicherweise Beeinträchtigter **auch der Rechtsträger** gesehen, bezüglich dessen die Einreichung oder Registereintragung erfolgen soll.[4] Diese Ansicht ist richtig, weil durch die gegebenenfalls infolge der Zwangsgeldfestsetzung vorzunehmende Handlung auch Rechte oder Pflichten der involvierten Gesellschaft oder des betroffenen Vereins gegenüber Organmitgliedern oder Dritten in Frage stehen können. Entsprechend kann auch eine Kommanditgesellschaft Beschwerde einlegen, wenn gegen die Geschäftsführer ihrer Komplementärin Zwangsgeldfestsetzungen in Bezug auf eine Anmeldung oder Einreichung der Kommanditgesellschaft erfolgen.[5] Die Beschwerde eines Betroffenen wirkt hierbei nicht zugunsten anderer Beteiligter, da das Zwangsgeld jeweils individuell festgesetzt und beigetrieben wird. Unabhängig von einer etwaigen Rechtsbeeinträchtigung sind die berufsständischen Organe nach § 380 Abs. 5 stets beschwerdeberechtigt.

3. Beschwerdeverfahren. Der Ablauf des Beschwerdeverfahrens bestimmt sich nach den Vorschriften des Allgemeinen Teils, insbesondere also nach § 68. Nach verweigerter Abhilfe durch das Registergericht – bei dem die Beschwerde nach § 64 Abs. 1 einzulegen ist – hat daher das Beschwerdegericht zunächst die **Zulässigkeit** der Beschwerde, vor allem also die Einhaltung von Form und Frist ihrer Einlegung zuprüfen und bei etwaigen dahingehenden Fehlern die Beschwerde als unzulässig zu verwerfen (§ 68 Abs. 2). Im Übrigen ist das Beschwerdegericht eine **zweite Tatsacheninstanz,** in deren Verfahren die Berechtigung der Zwangsgeldfestsetzung auf ihre Rechtmäßigkeit hin umfassend zu prüfen ist. Hierbei sind auch nachträglich eingetretene Umstände, die zum Wegfall der zu erzwingenden Verpflichtung führen oder deren spätere Erfüllung zu berücksichtigen.[6] Die Anberaumung eines Erörterungstermins in mündlicher Verhandlung ist dem Beschwerdegericht allerdings nicht zwingend vorgeschrieben (s. § 68 Abs. 3 S. 2).

4. Beschwerdegründe. a) Allgemeines. Im Rahmen des Verfahrens hat das Beschwerdegericht alle rechtlichen und tatsächlichen Gründe zu berücksichtigen. Dabei sind nicht nur etwaige Ermessensfehler zu überprüfen; vielmehr ist das Beschwerdegericht befugt, gegebenenfalls eine **eigene Ermessensentscheidung** zu treffen und auf deren Grundlage in Verbindung mit der Androhungsverfügung das Zwangsgeld neu festzusetzen.

---

[2] BayObLG Rpfleger 1974, 17; *Jansen/Steder* § 139 FGG Rn. 4; *Krafka/Willer,* Registerrecht, Rn. 2385.
[3] Vgl. *Jansen/Steder* § 139 FGG Rn. 8.
[4] BayObLG Rpfleger 1984, 105; BayObLGZ 1962, 107 (111); BayObLGZ 1955, 197; *Jansen/Steder* § 139 FGG Rn. 16.
[5] BayObLG Rpfleger 2002, 31 = GmbHR 2001, 984; BayObLGZ 1987, 399 (402).
[6] *Jansen/Steder* § 139 FGG Rn. 11.

b) Beschränkung der Gründe. Nach Abs. 2 kann eine Beschwerde gegen die Zwangsgeldfestsetzung nach § 389 nicht darauf gestützt werden dass die zugrunde liegende Androhungsverfügung nicht gerechtfertigt war. Damit sind die Beteiligten zur Meidung des Zwangsgelds unbedingt gehalten, **gegen die ursprüngliche Androhung fristgemäß Einspruch einzulegen,** da nur auf diesem Weg die materiellen Voraussetzungen der Zwangsgeldentscheidung einer rechtsförmigen Kontrolle unterzogen werden können. Bei unterbliebener oder verspäteter Einspruchseinlegung (s. § 389 Rn. 1) kann dagegen die Beschwerde nur mit etwaigen **Verfahrensfehlern**[7] begründet werden, wie zum Beispiel der zu kurzen Bemessung der Einspruchsfrist, der unterbliebenen oder mangelhaften Bekanntgabe der Androhungsverfügung oder der Zwangsgeldfestsetzung vor Ablauf der Einspruchsfrist. Eine Aufhebung der Zwangsgeldfestsetzung hat sodann zu unterbleiben, wenn das Beschwerdegericht der Auffassung ist, dass die zu erzwingende Verpflichtung nicht oder nicht mehr besteht.[8] Zu beachten ist somit von der Beschwerdeinstanz die inzwischen erfolgte Erfüllung der zu erzwingenden Verpflichtung[9] und ferner die Höhe des Zwangsgelds, soweit es den gesetzlich vorgegebenen Rahmen und den angedrohten Betrag überschreitet.

III. Entscheidung über die Beschwerde

1. Aufhebung. Sollte die durch Zwangsgeld zu bewirkende Verpflichtung nicht bestehen, zwischenzeitlich erfüllt oder die Beschwerde aus anderen Gründen begründet sein, erklärt das Beschwerdegericht den Einspruch für begründet und **hebt die Zwangsgeldfestsetzung auf,** und zwar auch dann, wenn dieses schon bezahlt sein sollte. Sollte zwischenzeitlich eine wiederholte Androhungsverfügung ergangen sein, ist auch diese aufzuheben.

2. Zurückverweisung. Bei wesentlichen Verfahrensfehlern hat gegebenenfalls das Beschwerdegericht nach § 69 Abs. 1 S. 3 die Möglichkeit, die Sache unter Aufhebung des angefochtenen Beschlusses an das Registergericht **zurück zu verweisen.** Dies wird vor allem dann in Betracht kommen, wenn das Gericht erster Instanz irrtümlich einen Einspruch übersehen oder für verspätet erachtet hat.[10] Das Registergericht hat sodann das Verfahren erneut durchzuführen und zwischenzeitlich eingetretene Änderungen der Sachlage zu berücksichtigen.

3. Zurückweisung. Wird die Beschwerde rechtskräftig zurückgewiesen, steht den Beteiligten gleichwohl die Möglichkeit offen, gegen die wiederholte Zwangsgeldandrohung **erneut Einspruch** und gegebenenfalls bei Verwerfung des Einspruchs gegen diesen Beschluss **wiederum Beschwerde** einzulegen. Zudem kann das Beschwerdegericht von der Möglichkeit des § 390 Abs. 4 S. 2 Gebrauch machen und durch Beschluss von dem Verfahren absehen oder das festgesetzte Zwangsgeld herabsetzen. Im Fall eines Einspruchs oder einer Beschwerde bezüglich einer wiederholten Zwangsgeldandrohung kann auch das Beschwerdegericht nach § 390 Abs. 6 verfahren (s. dazu § 390 Rn. 11).

4. Gerichtskosten. Setzt das Beschwerdegericht ein Zwangsgeld fest oder bestätigt die Verwerfung des Einspruchs durch das Registergericht, so fallen Gebühren nach § 119 Abs. 1 KostO an. Für sonstige Beschwerdegegenstände gilt gegebenenfalls § 131 KostO. Hat die Beschwerde Erfolg, so fallen entsprechend § 131 Abs. 5 KostO keine Gebühren an.

§ 392 Verfahren bei unbefugtem Firmengebrauch

(1) Soll nach § 37 Abs. 1 des Handelsgesetzbuchs gegen eine Person eingeschritten werden, die eine ihr nicht zustehende Firma gebraucht, sind die §§ 388 bis 391 anzuwenden, wobei

1. dem Beteiligten unter Androhung eines Ordnungsgelds aufgegeben wird, sich des Gebrauchs der Firma zu enthalten oder binnen einer bestimmten Frist den Gebrauch der Firma mittels Einspruchs zu rechtfertigen;
2. das Ordnungsgeld festgesetzt wird, falls kein Einspruch erhoben oder der erhobene Einspruch rechtskräftig verworfen ist und der Beteiligte nach der Bekanntmachung des Beschlusses diesem zuwidergehandelt hat.

---

[7] OLG Hamm Rpfleger 1955, 241; *Keidel/Heinemann* Rn. 11; *Bumiller/Harders* Rn. 4; *Bumiller/Winkler* § 139 FGG Rn. 5.
[8] KG GmbHR 1999, 861; *Jansen/Steder* § 139 FGG Rn. 6.
[9] BayObLG Rpfleger 1979, 215; *Jansen/Steder* § 139 FGG Rn. 7.
[10] Vgl. OLG Hamm Rpfleger 1985, 302.

(2) Absatz 1 gilt entsprechend im Fall des unbefugten Gebrauchs des Namens einer Partnerschaft.

Schrifttum: *Bassenge,* Tatsachenermittlung, Rechtsprüfung und Ermessensausübung in den registergerichtlichen Verfahren nach §§ 132 bis 144 FGG, Rpfleger 1974, 175; *Krafka/Willer,* Registerrecht, 7. Aufl. 2007.

I. Allgemeines

1. Normzweck. Als nahezu identische Nachfolgevorschrift des bis zum Inkrafttreten der Reform der freiwilligen Gerichtsbarkeit zum 1. 9. 2009 geltenden § 140 FGG aF enthält § 392 die Ausführungsregelungen zur Abwicklung eines Verfahrens nach § 37 Abs. 1 HGB. Dieses wiederum dient im öffentlichen Interesse der Einhaltung der firmenrechtlichen Vorgaben im Geschäftsverkehr.[1] Das Ziel des Verfahrens ist hierbei die allgemein zu fassende **Unterlassung des Gebrauchs einer bestimmten unzulässigen Firma** als Ganzem in der konkreten im Geschäftsverkehr benützten Fassung.[2] Nur dieses **negative Ziel,** nicht aber etwa die positive Verwendung einer bestimmten anderen Firma ist somit Gegenstand des Verfahrens. Hierbei ist zunächst Voraussetzung für die Verfahrenseinleitung, dass ein unzulässiger Firmengebrauch stattgefunden hat. Geahndet wird sodann mit dem Ordnungsgeld gemäß § 392 die etwaige Fortsetzung dieses Verhaltens entgegen einer entsprechenden Verbotsverfügung des Registergerichts. 1

2. Anwendungsbereich. Das Ordnungsgeldverfahren kann sowohl gegen firmierende Kaufleute und Handelsgesellschaften, wie auch gegenüber Nichtkaufleuten[3] und Freiberuflern[4] angewendet werden, wenn sie durch ihr Verhalten firmenrechtliche Vorschriften (§§ 17 ff. HGB, s. Rn. 9) verletzen; eine Verletzung der namensrechtlichen Regelungen für **Partnerschaftsgesellschaften** (§ 2 PartGG) steht dem gemäß Abs. 2 gleich. Ferner verweist § 43 Abs. 2 S. 2 KWG für die unerlaubte Verwendung der Bezeichnungen „**Bank**" und „**Sparkasse**" auf § 392. Gegenüber eingetragenen **Vereinen** kann ein Ordnungsgeldverfahren eröffnet werden, wenn sie selbst eine Firma im Rechtsverkehr verwenden, nicht aber wegen einer unrichtigen Namensverwendung als Verein.[5] Ob der jeweils die Firma faktisch benutzende Rechtsträger bereits in einem Register eingetragen ist, spielt für die Möglichkeit der Einleitung eines Ordnungsgeldverfahrens keine Rolle.[6] Ebenso ist die erfolgte Eintragung der Firma im Register kein Hindernis für die Einleitung eines Ordnungsgeldverfahrens nach § 37 Abs. 1 HGB,[7] da hierdurch kein schutzwürdiger Vertrauenstatbestand geschaffen wird, der sich gegen das öffentliche Interesse an einer gesetzmäßigen Firmenbildung durchsetzen könnte. 2

3. Ordnungsgeld. Während das Zwangsgeld als Beugemittel zur Durchsetzung einer bestimmten Verpflichtung gegenüber dem Registergericht dient (s. § 388 Rn. 3), ist das Ordnungsgeld eine **repressive Sanktionsfolge** in Bezug auf einen zuvor begangenen Ordnungsverstoß.[8] Entsprechend setzt die Verhängung eines Ordnungsgeldes grundsätzlich voraus, dass ein schuldhafter Verstoß gegen die zugrunde liegenden Vorschriften vorliegt. So kommt eine Ordnungsgeldfestsetzung auch im Rahmen des § 392 nur in Betracht, wenn die Zuwiderhandlung gegen die firmenrechtlichen Vorschriften zurechenbar verschuldet erfolgt ist, sodass beispielsweise das Verhalten von Angestellten ohne Kenntnis der organschaftlichen Vertreter nicht genügt. 3

4. Verhältnis zu anderen Verfahren. a) Zwangsgeldverfahren. Ein Ordnungsgeldverfahren nach § 392 wegen unzulässigem Firmengebrauch kann **neben dem Zwangsgeldverfahren** nach §§ 388 ff. betrieben werden, sofern zum Beispiel zugleich die Eintragung im Handelsregister nach § 29 HGB erzwungen werden soll. Sofern in diesem Rahmen die Anmeldung einer vermeintlich unzulässigen Firma erfolgt, hat das Registergericht den Eintragungsantrag abzulehnen und gemäß §§ 388 ff. die Anmeldung zu erzwingen; das unter Umständen zugleich geführte Ordnungsgeldverfahren nach § 392 ist in diesem Fall auszusetzen (§ 21) und zunächst das Einspruchs- und gegebenenfalls Beschwerdeverfahren in der Zwangsgeldangelegenheit abzuwarten. 4

---

[1] *Baumbach/Hopt* § 37 HGB Rn. 1.
[2] MünchKommHGB/*Krebs* § 37 Rn. 36; *Baumbach/Hopt* § 37 HGB Rn. 5.
[3] OLG Hamm OLGZ 1968, 17; s. auch *Jansen/Steder* § 140 FGG Rn. 32.
[4] Vgl. BayObLG NJW 1999, 297; *Baumbach/Hopt* § 37 HGB Rn. 2; *Keidel/Heinemann* Rn. 3; aA *Canaris,* Handelsrecht, § 11 Rn. 50.
[5] *Keidel/Heinemann* Rn. 3; *Keidel/Kuntze/Winkler* § 140 FGG Rn. 3; *Krafka/Willer,* Registerrecht, Rn. 2389.
[6] BayObLG NJW 1999, 297; OLG Hamm OLGZ 1979, 1 (4).
[7] *Keidel/Heinemann* Rn. 3; *Keidel/Kuntze/Winkler* § 140 FGG Rn. 6.
[8] *Jansen/Steder* § 140 FGG Rn. 45.

5 **b) Verfahren nach § 37 Abs. 2 HGB.** Gemäß § 37 Abs. 2 S. 1 HGB kann derjenige, der durch den unbefugten Firmengebrauch eines anderen in seinen Rechten verletzt ist, von diesem die Unterlassung des Gebrauchs der Firma verlangen. Dieser in rein privatem Interesse geführte Rechtsstreit hat grundsätzlich keinen Einfluss auf das im öffentlichen Interesse von Amts wegen zu betreibende Verfahren nach § 392 iVm. § 37 Abs. 1 HGB. Allerdings besteht unter Umständen Anlass, das **Ordnungsgeldverfahren** gemäß § 21 so lange **auszusetzen,** bis über den Rechtsstreit gemäß § 37 Abs. 2 S. 1 HGB entschieden wurde, wobei das Registergericht an den Ausgang jenes Verfahrens aber nicht gebunden ist, da dort anders als im Rahmen des Ordnungsgeldverfahrens der Amtsermittlungsgrundsatz (§ 26) nicht gilt.

6 **c) Löschungs- und Auflösungsverfahren.** Im Gegensatz zum Löschungsverfahren nach § 395 und zum Auflösungsverfahren nach § 399 zielt das Ordnungsgeldverfahren gemäß § 37 Abs. 1 HGB nicht zwingend auf eine Änderung des Registerstands, sondern auf die **Änderung des unzulässigen Firmengebrauchs im Rechtsverkehr.** Zu einer Konkurrenz kann es dann kommen, wenn zusätzlich die unerlaubte Firma als solche im Handelsregister eingetragen ist und damit auch deren Beseitigung beziehungsweise Änderung zu veranlassen ist. Da zwar das Ziel beider Verfahren dasselbe, letztlich aber die Mittel grundverschieden sind, stehen beide Verfahren selbstständig nebeneinander. In diesem Sinne hat das Registergericht nicht nur zu wählen, welchen Weg es beschreitet, sondern kann gegebenenfalls auch beide Verfahren zunächst parallel betreiben.

II. Einschreitensvoraussetzungen

7 **1. Firmengebrauch. a) Allgemeines.** Als Gebrauch einer Firma gelten alle solchen Handlungen, aus denen der Wille ableitbar ist, sich der Firma im Geschäftsverkehr zu bedienen. Das ist im Zweifel jede Handlung, die unmittelbar zum Betrieb des Geschäfts in Beziehung steht.[9] Voraussetzung des registergerichtlichen Einschreitens ist, dass der Gebrauch positiv festgestellt wird, so dass bloße Vermutungen, Vorbereitungshandlungen oder Glaubhaftmachungen nicht genügen.[10] Stets reicht dagegen die **Verwendung der Firma** beim Abschluss von Rechtsgeschäften aus, etwa bei der Unterzeichnung von Dokumenten, auf Hinweisschildern, in e-mails als Abschlussvermerk, auf Rechnungen oder in Verzeichnissen, wie zum Beispiel Telefonbüchern. Als Gebrauch gilt ferner die **Eintragung im Handelsregister** selbst, die wie in Rn. 2 beschrieben kein Hindernis für ein Ordnungsgeldverfahren nach § 392 ist. Dagegen ist allein die Anmeldung einer unzulässigen Firma noch nicht deren Gebrauch, da in diesem Verfahren gerade erst die Zulässigkeit der Firmierung geprüft werden soll.[11] Keine Rolle spielt es, wo der Gebrauch stattfindet, so dass auch eine **Verwendung im Ausland** genügt.[12] Allerdings ist stets ein **öffentliches Interesse** an der Durchsetzung des Firmenrechts erforderlich, so dass bei Bagatellfällen und vor allem bei nur vereinzelten Verstößen, die keinen Ansatz für eine Fortsetzung oder Wiederholung bieten, ein Einschreiten nicht geboten ist.[13] In diesem Sinne ist auch bei Werbemaßnahmen eine verkürzte und schlagwortartige Firmenverwendung zulässig, da der Rechtsverkehr in diesen Fällen oftmals keine vollständige Bezeichnung erwartet.[14] Dasselbe gilt für Bezeichnungen von **Websites** (domaines) und **e-mail-Adressen** – nicht aber, wie beschrieben, bei Abschlussvermerken im Text einer elektronischen Nachricht –, da in diesen Fällen ohnehin auf Grund der gemäß § 5 Abs. 1 Nr. 1 und 4 TMG vorgeschriebenen Angaben im Impressum die korrekte Firmierung feststellbar ist.

8 **b) Abgrenzung zur Geschäftsbezeichnung.** Keine Rechtfertigung für das Einschreiten des Registergerichts nach § 392 ist die bloße Verwendung einer **geschäftlichen Bezeichnung** (§ 5 Abs. 1 MarkenG). Anders als eine Firma darf eine solche geschäftliche Bezeichnung von jedem ohne weitere Einschränkung benützt werden. Die im Einzelfall schwierige Grenzziehung ist danach vorzunehmen, ob die von dem Beteiligten benutzte Bezeichnung abstrakt gesehen von einem Kaufmann als Firma verwendet werden könnte.[15] In diesem Sinne ist darauf abzustellen, ob nach der im Firmenrecht auch für die Irreführungseignung maßgeblichen Auffassung der angesprochenen Verkehrskreise (vgl. § 18 Abs. 2 S. 1 HGB) die Bezeichnung lediglich als Hinweis auf ein bestehendes Geschäft oder bereits als Name des das Unternehmen betreibenden Rechtsträgers anzusehen ist.

---

[9] S. BGH NJW 1991, 2023; BayObLGZ 1972, 310 (314).
[10] *Jansen/Steder* § 140 FGG Rn. 50; *Keidel/Heinemann* Rn. 9.
[11] Zutreffend *Winkler* DNotZ 1989, 245, *Keidel/Heinemann* Rn. 10 und *Jansen/Steder* § 140 FGG Rn. 19 gegen BayObLGZ 1988 128 = NJW-RR 1989, 100.
[12] *Staub/Hüffer* § 37 HGB Rn. 11; *Jansen/Steder* § 140 FGG Rn. 27; aA OLG Karlsruhe WRP 1985, 104.
[13] Vgl. BayObLG BB 1992, 943; *Jansen/Steder* § 140 FGG Rn. 20.
[14] BGH NJW 1991, 2023; *Keidel/Heinemann* Rn. 11.
[15] Vgl. *Jansen/Steder* § 140 FGG Rn. 13.

2. Unzulässigkeit der Firma. a) Allgemeines. Mit der Bezeichnung der „ihm nicht zustehen- 9
den Firma" und der Bezugnahme auf § 37 Abs. 1 HGB ist klar gestellt, dass Voraussetzung für ein
Einschreiten des Registergerichts die Verwendung einer nicht den rechtlichen Vorgaben entsprechenden Firma ist. Die Unzulässigkeit der Firma muss hierbei auf einem **Verstoß gegen die allgemeinen firmenrechtlichen Vorschriften** der §§ 17 bis 19, §§ 21 bis 24 und § 30 HGB sowie der
einzelnen jeweils **einschlägigen Spezialvorschriften** beruhen, insbesondere also bezüglich der
Führung des zutreffenden Rechtsformzusatzes (s. § 4 GmbHG, § 4 AktG und § 3 GenG) und der
Firmenbildung bei Umwandlungsmaßnahmen (§§ 18, 200 UmwG) sowie weiteren Sonderbestimmungen (vgl. etwa §§ 39, 40 KWG, § 3 Abs. 1 InvG, § 6 REITG, § 43 Abs. 4 StBerG). Ein Verstoß
gegen sonstige Vorschriften des **gewerblichen Rechtsschutzes,** wie zum Beispiel gegen marken-
rechtliche Bestimmungen, ist im Zuge des Ordnungsgeldverfahrens nach § 37 Abs. 1 HGB dagegen
irrelevant.[16]

b) Unrichtige Verwendung. Der Rechtsträger einer Firma hat diese im Geschäftsverkehr unver- 10
ändert zu führen. Er darf daher weder Zusätze verwenden, noch Kürzungen vornehmen.[17] Andernfalls stünde es im Belieben des Rechtsträgers, seine Firma je nach Bedarf so zu verändern, dass sie
gegebenenfalls nicht wieder erkannt werden kann. Lediglich die **Firmenzusätze** zur Bezeichnung
der Rechtsform können in der Firmierung selbst abgekürzt werden (zum Beispiel eK, OHG, KG,
GmbH), müssen dann aber so verwendet werden, wie sie im Register eingetragen sind.

c) Ausnahmen. Nur für besondere Ausnahmefälle wird in diesem Zusammenhang zu Unrecht 11
die allgemein formulierte Ansicht vertreten, dass eine **besonders traditionsreiche Firmierung** bei
nur geringfügigen Verstößen gegen das Firmenrecht weiter benutzt werden kann.[18] Dieser Auffassung ist nur eingeschränkt zu folgen. Zwar erkennt das Firmenrecht grundsätzlich das Prinzip der
Verkehrsgeltung an, jedoch ist es stets Sache des Registergerichts, die Rechtmäßigkeit der gesamten
Firmenbildung zu kontrollieren. Es mag daher allenfalls in besonders gelagerten Einzelfällen in
Betracht kommen, im Rahmen der Ermessensausübung bei der Einleitung eines Verfahrens nach
§ 37 Abs. 1 HGB Bagatellverstöße unverfolgt zu belassen, da andernfalls die **Verhältnismäßigkeit**
zwischen Verstoß und staatlicher Reaktion nicht gewahrt ist und zudem kein ausreichendes öffentliches Interesse an einem Einschreiten des Gerichts besteht.[19]

3. Zuständigkeit. Für das Verfahren ist auf Grund der Verweisung auf §§ 388 ff. das Registerge- 12
richt, mithin das Amtsgericht **sachlich zuständig.** Die **örtliche Zuständigkeit** bestimmt sich nach
§ 377 Abs. 1, so dass ausschließlich das Gericht am Ort der Niederlassung oder des Sitzes zu handeln
hat. Funktionell ist für die Androhung wie für die Festsetzung des Ordnungsgelds der **Rechtspfleger**
zuständig (§ 3 Nr. 2 lit. d RPflG).

III. Ordnungsgeldverfahren

1. Verfahrenseinleitung und -ablauf. Die Einleitung des Verfahrens nach § 37 Abs. 1 HGB 13
erfolgt von Amts wegen und regelmäßig auf Anregung Dritter, wie zum Beispiel berufsständischen
Organen (§ 380). Beginnen darf das Verfahren allerdings erst, wenn das Registergericht festgestellt
hat, dass die **Einschreitensvoraussetzungen** (s. Rn. 7 ff.) vorliegen. Das Einschreiten liegt sodann
im pflichtgemäßen Ermessen des Gerichts, das in besonderem Maße die **Verhältnismäßigkeit** des
Verfahrens zu berücksichtigen hat. Sodann finden für das Ordnungsgeldverfahren auf Grund des
Verweises in Abs. 1 die Bestimmungen der §§ 388 bis 391 entsprechende Anwendung.

2. Beteiligte. Beteiligter des Ordnungsgeldverfahrens ist bei Kaufleuten der **Inhaber,** sonst aber 14
nur im Rahmen des § 7 Abs. 2 Nr. 1 auch der im Register eingetragene Rechtsträger selbst, sondern
dessen vertretungsberechtigte Gesellschafter oder die **Mitglieder des Vertretungsorgans.**[20] Heranzuziehen sind somit die natürlichen Personen, denen für den fraglichen Rechtsträger die unzulässige
Firmenverwendung organschaftlich zuzurechnen ist.[21]

3. Verbots- und Androhungsverfügung. Das Ordnungsgeldverfahren beginnt gemäß Abs. 1 15
Nr. 1 mit der diesen nach § 15 Abs. 1 bekannt zu gebenden Aufforderung an die Beteiligten, sich
des Gebrauchs der beanstandeten Firma zu enthalten oder binnen einer bestimmten Frist Einspruch

---

[16] S. *Jansen/Steder* § 140 FGG Rn. 9; *Keidel/Heinemann* Rn. 13.
[17] BayObLG DStR 1992, 439; BayObLGZ 1967, 353 (355).
[18] BayObLGZ 1986, 150 (154); OLG Zweibrücken OLGZ 1972, 392 (395); KG NJW 1965, 254 = Rpfleger 1965, 146; *Keidel/Heinemann* Rn. 17.
[19] Vgl. *Bassenge* Rpfleger 1974, 175; *Bumiller/Winkler* § 140 FGG Rn. 8.
[20] *Krafka/Willer,* Registerrecht, Rn. 2389.
[21] *Jansen/Steder* § 140 FGG Rn. 56.

mit dem Ziel einzulegen, den Firmengebrauch zu rechtfertigen. In dieser Verfügung ist zugleich entsprechend § 388 Abs. 1 ein **Ordnungsgeld in bestimmter Höhe** anzudrohen. Die Weisung des Registergerichts muss sich hierbei allgemein auf die **Unterlassung des Firmengebrauchs** beziehen und darf nicht etwa einzelne konkrete Verwendungsweisen oder bestimmte Teile der Firmierung hervorheben, so dass die Verbotsverfügung die gesamte Bezeichnung der beanstandeten Firmierung anzugeben hat. Ebenso ist die **Einforderung bestimmter Maßnahmen,** wie zum Beispiel eine Anmeldung zur Firmenänderung oder die Vernichtung von Briefpapier mit dem Abdruck der unzulässigen Firmierung, **nicht erlaubt.** Sinn der Verfügung ist es, dem Betroffenen die Unzulässigkeit des eigenen Firmengebrauchs vor Augen zu führen und ihn entweder zu dessen Unterlassung zu bringen oder sie im Rahmen des Einspruchsverfahrens zu rechtfertigen. Für die diesbezüglich zu setzende Frist gelten die Ausführungen zu § 388 entsprechend (s. § 388 Rn. 25). Diese Verbotsverfügung unter Androhung eines Ordnungsgelds samt Fristsetzung ist dem Beteiligten bekannt zu geben (§ 15 Abs. 1 und 2). Die Unterlassungsverpflichtung besteht hierbei ab sofort, da die Fristsetzung nur die Einlegung des Einspruchs betrifft.[22] Ferner ist das Ordnungsgeld der Höhe nach entsprechend den Bestimmungen im Zwangsgeldverfahren zu bestimmen.

16   **4. Ordnungsgeldfestsetzung. a) Voraussetzungen.** Zu beachten ist zunächst die **Sanktionswirkung des Ordnungsgelds** (s. Rn. 3), die zur Folge hat, dass seine Festsetzung nur zulässig ist, wenn den Betroffenen ein Verschulden an dem zugrunde liegenden Verstoß trifft.[23] Die hierzu erforderlichen Umstände hat das Registergericht durch eigene Ermittlungen von Amts wegen positiv festzustellen (§ 26). Zudem bedarf es stets der Fortsetzung des unzulässigen Firmengebrauchs, so dass eine entsprechende Festsetzung des Ordnungsgelds erst erlaubt ist, wenn das Gericht wiederum auf Grund von Amts wegen gemäß § 26 durchzuführender Ermittlungen Kenntnis davon erlangt hat, dass der unzulässige Gebrauch auch nach der Aufforderungsverfügung andauert (vgl. § 392 Abs. 1 Nr. 2). In diesem Zusammenhang sind die Betroffenen gegebenenfalls erneut anzuhören.

17   **b) Verfahren ohne Einspruch.** Wird kein Einspruch eingelegt, so ist nach Ablauf der Frist durch Beschluss nach § 389 das angedrohte Ordnungsgeld festzusetzen. Dies gilt allerdings nur, wenn die allgemeinen Voraussetzungen der Festsetzung gegeben sind, also der Beteiligte schuldhaft den Firmengebrauch auch nach Bekanntgabe der Verbotsverfügung fortgesetzt hat. Die Formulierung des Abs. 1 Nr. 2, nach der eine Zuwiderhandlung nach **„Bekanntgabe des** *Beschlusses*" erforderlich ist, bezieht sich unmittelbar nur auf die Einspruchsverwerfungsentscheidung entsprechend § 390 Abs. 4 S. 1, beruht jedoch letztlich auf einer zu allgemeinen Anpassung der Vorgängerbestimmung des § 140 Nr. 2 FGG aF im Rahmen der Reform der freiwilligen Gerichtsbarkeit, bei der zu kurz geschlossen das Wort „Verfügung" durch den Begriff des *Beschlusses* ersetzt wurde. Dabei blieb außer Acht, dass die ursprüngliche Verbotsentscheidung weiterhin in Form einer Verfügung ergeht. Dem Zweck der Vorschrift lässt sich allerdings entnehmen, dass auch im Fall eines unterbliebenen oder verspäteten Einspruchs die **Ordnungsgeldfestsetzung nur erlaubt** ist, **wenn der unzulässige Firmengebrauch** nach Bekanntgabe der Verbotsverfügung **fortgesetzt wird.** Sodann ist auch eine wiederholte Ordnungsgeldfestsetzung zulässig, ohne dass es jeweils einer erneuten „Androhungsverfügung" im Sinne des § 389 Abs. 1 bedarf, da im Gegensatz zu der im Zwangsgeldverfahren erforderlichen Vorgehensweise die Verbotsverfügung als Unterlassungsverpflichtung wirksam fortbesteht und bei entsprechend fortgesetzten Verstößen eine beliebige Zahl an Ordnungsmaßnahmen rechtfertigt. Allerdings ist eine Erhöhung des Ordnungsgelds nur im bereits angekündigten Rahmen zulässig und daher unter Umständen aus diesem Grund eine erneute Androhung erforderlich.[24]

18   **c) Verfahren bei Einspruchseinlegung.** Wird von dem Beteiligten ein zulässiger, insbesondere also form- und fristgerechter (hierzu § 389 Rn. 9 f.) Einspruch eingelegt, ist das Verfahren entweder nach § 390 Abs. 1 unmittelbar erledigt, weil sich der Einspruch ohne weiteres als begründet erweist, oder vom Gericht ein Erörterungstermin anzusetzen. Nach diesem Termin hat das Registergericht entweder die Androhungsverfügung entsprechend § 390 Abs. 3 durch verfahrensbeendenden Beschluss aufzuheben oder den Einspruch gleichfalls durch Beschluss gemäß § 390 Abs. 4 S. 1 zu verwerfen. Im Unterschied zum Zwangsgeldverfahren (s. § 390 Abs. 4 S. 1) ist im Verwerfungsbeschluss allerdings nicht zugleich das Ordnungsgeld festzusetzen, da gemäß Abs. 1 Nr. 2 zunächst dieser Beschluss rechtskräftig werden muss und ferner nach der Bekanntmachung dieses Beschlusses (§ 15 Abs. 1) der unzulässige Firmengebrauch weiter fortgesetzt worden sein musste. Unabhängig

---

[22] BayObLG FGPrax 1998, 233 = Rpfleger 1999, 78.
[23] *Keidel/Heinemann* Rn. 25; unklar *Bumiller/Harders* Rn. 7, der ein „pflichtwidriges Tun" verlangt.
[24] *Jansen/Steder* § 140 FGG Rn. 63; *Keidel/Heinemann* Rn. 28.

davon steht es zudem im Ermessen des Registergerichts, vom Verfahren nach § 390 Abs. 4 S. 2 abzusehen.

5. Nachträgliche Änderung, Absehen vom Verfahren. Eine nachträgliche Änderung der Ordnungsgeldfestsetzung kommt nicht deswegen in Betracht, weil der Betroffene später sein Zuwiderhandeln gegen die Verbotsverfügung eingestellt hat, da das die Sanktionierung rechtfertigende Verhalten zu diesem Zeitpunkt bereits eingetreten ist. Die Aufhebung einer rechtskräftigen Ordnungsgeldfestsetzung kommt daher allenfalls dann in Betracht, wenn sich die ursprüngliche **Verbotsverfügung** nachträglich als **sachlich unzutreffend** erweist.[25] Das Gericht kann im Übrigen im Lauf des Einspruchsverfahrens nach § 390 Abs. 4 S. 2 von der Festsetzung des Ordnungsgelds absehen oder seine Höhe herabsetzen. 19

6. Rechtsmittel. Gegen den Beschluss über die Ordnungsgeldfestsetzung besteht die Möglichkeit der Einlegung einer **Beschwerde** (§ 58). Dagegen kann gegen die Verbots- wie auch gegen die Androhungsverfügung nur im Wege des Einspruchs vorgegangen werden. 20

7. Gerichtskosten. Die Gerichtkosten bestimmen sich nach § 119 Abs. 1 KostO. Danach kann die Kostentragungspflicht eines Beteiligten erst dann ausgesprochen werden, wenn es zu einer Festsetzung des angedrohten Ordnungsgelds kommt. Dies gilt auch im Fall eines Einspruchs, so dass im Beschluss zu seiner Verwerfung noch keine Kostenentscheidung ergehen darf (s. Rn. 19). Der Geschäftswert ist nach § 119 Abs. 2 KostO zu bestimmen. 21

Unterabschnitt 3. Löschungs- und Auflösungsverfahren

§ 393 Löschung einer Firma

(1) ¹Das Erlöschen einer Firma ist gemäß § 31 Abs. 2 des Handelsgesetzbuchs von Amts wegen oder auf Antrag der berufsständischen Organe in das Handelsregister einzutragen. ²Das Gericht hat den eingetragenen Inhaber der Firma oder dessen Rechtsnachfolger von der beabsichtigten Löschung zu benachrichtigen und ihm zugleich eine angemessene Frist zur Geltendmachung eines Widerspruchs zu bestimmen.

(2) Sind die bezeichneten Personen oder deren Aufenthalt nicht bekannt, erfolgt die Benachrichtigung und die Bestimmung der Frist durch Bekanntmachung in dem für die Bekanntmachung der Eintragungen in das Handelsregister bestimmten elektronischen Informations- und Kommunikationssystem nach § 10 des Handelsgesetzbuchs.

(3) ¹Das Gericht entscheidet durch Beschluss, wenn es einem Antrag auf Einleitung des Löschungsverfahrens nicht entspricht oder Widerspruch gegen die Löschung erhoben wird. ²Der Beschluss ist mit der Beschwerde anfechtbar.

(4) Mit der Zurückweisung eines Widerspruchs sind dem Beteiligten zugleich die Kosten des Widerspruchsverfahrens aufzuerlegen, soweit dies nicht unbillig ist.

(5) Die Löschung darf nur erfolgen, wenn kein Widerspruch erhoben oder wenn der den Widerspruch zurückweisende Beschluss rechtskräftig geworden ist.

(6) Die Absätze 1 bis 5 gelten entsprechend, wenn die Löschung des Namens einer Partnerschaft eingetragen werden soll.

Schrifttum: *Bassenge,* Tatsachenermittlung, Rechtsprüfung und Ermessensausübung in den registergerichtlichen Verfahren nach §§ 132 bis 144 FGG, Rpfleger 1974, 175; *Krafka/Willer,* Registerrecht, 7. Aufl. 2007.

I. Allgemeines

1. Normzweck. Gemäß § 31 Abs. 2 S. 1 iVm. Abs. 1 HGB ist das Erlöschen einer Firma zur Eintragung in das Handelsregister anzumelden. Für den Fall, dass diese Anmeldung durch die hierzu Verpflichteten auch im Wege des Zwangsgeldverfahrens nach § 14 HGB nicht erreicht werden kann, hat das Gericht nach § 31 Abs. 2 S. 2 HGB das Erlöschen von Amts wegen im Register einzutragen. Die **verfahrensrechtliche Ausführungsvorschrift** für diese Löschung enthält § 393. Da mit der 1

---

[25] S. *Jansen/Steder* § 140 FGG Rn. 67.

hiernach erfolgenden amtswegigen Löschung die Beseitigung der Firma aus dem Register bewirkt wird und damit im Fall einer unzutreffenden Amtshandlung ein schwerwiegender Eingriff in die Rechte der Betroffenen verbunden ist, muss das Registergericht bei der Durchführung des Verfahrens besondere Sorgfalt walten lassen.

2 **2. Verhältnis zum Zwangsgeldverfahren.** Die Möglichkeit einer amtswegigen Registerbereinigung ist erforderlich, da das Erlöschen einer Firma aus tatsächlichen oder rechtlichen Gründen auch ohne Registereintragung eintritt. Weil oftmals die Beteiligten an der Herbeiführung der entsprechenden lediglich **deklaratorischen Eintragung** kein Interesse mehr haben, bestünde andernfalls die Gefahr, dass dauerhaft Firmen im Register eingetragen bleiben, die nicht mehr existieren. Allerdings beschreibt § 31 Abs. 2 S. 2 HGB, dass die amtswegige Löschung nur subsidiär in Betracht kommt, wenn die Herbeiführung einer entsprechenden Anmeldung im Zwangsgeldverfahren nach §§ 388 ff. keinen Erfolg hat.

3 **3. Anwendungsbereich.** Anwendung findet das Löschungsverfahren nach § 393 insbesondere bei Einzelkaufleuten und Personenhandelsgesellschaften sowie gemäß Abs. 6 auch bei der Löschung des Namens einer Partnerschaftsgesellschaft. Soweit nach § 394 eine **Löschung wegen Vermögenslosigkeit** in Betracht kommt, also bei Aktiengesellschaften, Kommanditgesellschaften auf Aktien, Gesellschaften mit beschränkter Haftung und eingetragenen Genossenschaften, ist nach dieser Vorschrift vorzugehen, da zwar ein Erlöschen der Firma vorliegt, jedoch die spezielleren Vorschriften dieses Verfahrens **gegenüber der allgemeinen Regelung des § 393 vorrangig** sind;[1] in diesen Fällen kann daher im Verfahren des § 393 nur die Löschung einer Zweigniederlassung nach § 31 Abs. 2 S. 2 HGB in Betracht kommen, sofern diese eine eigenständige Firma führt.

II. Verfahrensvoraussetzungen

4 **1. Erlöschen der Firma.** Bei Einzelkaufleuten erlischt die Firma, wenn der **Geschäftsbetrieb endgültig aufgegeben** wird, sei es auch zum Beispiel infolge der Veräußerung des Geschäftsbetriebs ohne Fortführung der Firma. Bei Gesellschaften ist die endgültige Aufgabe des Geschäftsbetriebs noch nicht mit deren Auflösung verbunden, sondern erst nach vollständiger Durchführung der Liquidation mittels Schlussverteilung. Nur der **dauerhafte Nichtgebrauch der Firma** mit Aufgabewillen führt also zu deren Erlöschen.[2] Der Tod des Inhabers eines einzelkaufmännischen Unternehmens hat dagegen nicht zwingend das Erlöschen der Firma zur Folge, weil den Erben die Fortführung möglich ist (vgl. § 27 HGB).

5 **2. Erfolgloses Erzwingungsverfahren.** Grundsätzlich muss vor der Einleitung des Amtslöschungsverfahrens nach § 393 ein erfolgloses Erzwingungsverfahren nach §§ 388 ff. bezüglich der Anmeldung des Firmenerlöschens durchgeführt worden sein. Dies bedeutet, dass **trotz Festsetzung von Zwangsgeld** die geforderte Anmeldung nicht erreicht wurde, zum Beispiel wegen dauerhaften Widerstands des Beteiligten oder weil das Zwangsgeld wegen Vermögenslosigkeit nicht beizutreiben war. Von der gesetzlichen Konzeption her darf von der **Subsidiarität des Löschungsverfahrens** nur in Ausnahmefällen abgewichen werden, die jedoch in der Praxis wiederum die Hauptanwendungsfälle der Löschung nach § 393 darstellen. Insbesondere kommt ein Absehen von der Subsidiarität des Löschungsverfahrens in Betracht, wenn ein **Erzwingungsverfahren offensichtlich wirkungslos** bleiben würde oder wenn **kein Anmeldepflichtiger vorhanden** ist, zum Beispiel weil bei einer Gesellschaft kein Liquidator mehr bestellt ist. Ebenso darf unmittelbar das Amtslöschungsverfahren eingeleitet werden, wenn der Anmeldepflichtige nicht gefunden werden kann, wie etwa bei unbekanntem Aufenthalt oder dauerndem Wegzug ins Ausland.[3]

6 **3. Amtstätigkeit oder Antragstellung.** Die Löschung nach § 393 wird vom Gericht nach Abs. 1 S. 1 von Amts wegen oder auf Antrag der berufsständischen Organe im Register eingetragen. Letzteres beruht auf den Beschlussvorschlägen des Rechtsausschusses und dient vor allem dazu, im Fall einer Abweisung des Antrags den berufsständischen Organen die Möglichkeit einzuräumen, gegen den entsprechenden Beschluss des Gerichts nach Abs. 3 Beschwerde einzulegen (s. auch § 380 Abs. 5).

---

[1] *Jansen/Steder* § 141 FGG Rn. 24; *Keidel/Heinemann* Rn. 4; *Ebenroth/Boujong/Joost/Strohn/Zimmer* § 31 HGB Rn. 13 f.; *Baumbach/Hopt* § 31 HGB Rn. 6; *Krafka/Willer*, Registerrecht, Rn. 422; aA *Koller/Roth/Morck* § 31 HGB Rn. 5.
[2] Vgl. BayObLGZ 1996, 459; BayObLG Rpfleger 1990, 56.
[3] MünchKommHGB/*Krafka* § 31 Rn. 20.

III. Verfahrensablauf

1. Einleitung des Verfahrens. Das Registergericht hat durch den zuständigen **Rechtspfleger** (§ 3 Nr. 2 lit. d RPflG) zunächst infolge eigener Ermittlung nach § 26 positiv festzustellen, ob die Voraussetzungen für ein Löschungsverfahren vorliegen, vor allem ob die fragliche Firma erloschen ist. Die **Sachlage muss** diesbezüglich klar und **eindeutig sein.**[4] Angesichts der einschneidenden Folge der Entfernung aus dem Register reicht es im Gegensatz zur Formulierung des § 388 keinesfalls für den Erlass einer Löschungsankündigung aus, dass das Gericht nur glaubhafte Kenntnis vom Erlöschen hat, wie letztlich auch der abweichende Wortlaut der einschlägigen Bestimmungen des § 31 Abs. 2 S. 2 HGB und des § 393 Abs. 1 zeigt.

2. Benachrichtigung (Löschungsankündigung). a) Allgemeines. Hat das Gericht das Vorliegen der Voraussetzungen hierfür festgestellt, so erlässt es eine Löschungsankündigung in der Form einer Verfügung; ein Beschluss nach § 38 ist nicht erforderlich, da mit der **Ankündigung** das Verfahren weder ganz noch teilweise erledigt ist. Sodann benachrichtigt es den Inhaber der Firma beziehungsweise dessen Rechtsnachfolger von der beabsichtigten Löschung gemäß § 15 Abs. 1 und 2 (s. Rn. 9). Zugleich ist eine angemessene Frist zur Einlegung eines Widerspruchs gegen die Löschung zu setzen (s. Rn. 10). Inhalt der Löschungsankündigung muss neben der Fristsetzung die Absicht sein, eine bestimmte Firma von Amts wegen aus dem Register zu löschen.

b) Adressat der Löschungsankündigung. Die Löschungsankündigung ist allen Beteiligten nach § 15 Abs. 1 bekannt zu geben, da mit der Benachrichtigung die Widerspruchsfrist zu laufen beginnt. **Beteiligte** sind nach § 7 Abs. 2 Nr. 1 diejenigen, deren Recht durch das Verfahren unmittelbar betroffen wird. Dies ist bei einem einzelkaufmännischen Unternehmen dessen Inhaber, bei Personengesellschaften diese selbst und deren Gesellschafter, bei einer Kommanditgesellschaft einschließlich der Kommanditisten,[5] und bei juristischen Personen ausschließlich diese. Im Fall einer Einzelrechtsübertragung oder einer Gesamtrechtsnachfolge ist anstelle des im Register eingetragenen Inhabers gemäß Abs. 1 S. 2 der Rechtsnachfolger zu benachrichtigen.

c) Fristsetzung für Widerspruch. Nach Abs. 1 S. 2 ist dem Betroffenen eine **angemessene Frist** zur Geltendmachung eines Widerspruchs gegen die Löschungsankündigung zu setzen. Nach der Gesetzesbegründung soll dies im Gegensatz zu der bis zur Reform der freiwilligen Gerichtsbarkeit im Jahr 2009 geltenden Mindestfrist von drei Monaten (§ 141 Abs. 1 S. 2 FGG aF) ausreichend sein.[6] So ist nunmehr die Frist nach dem jeweiligen Einzelfall festzulegen, wobei sie aber zumindest so lang bemessen sein muss, dass dem Betroffenen **ausreichend Reaktionszeit** verbleibt, um die Löschung vermeiden zu können. Als untere Grenze der Fristsetzung scheint es auch bei einem vorangegangenen Erzwingungsverfahren, sich an der Beschwerdefrist von einem Monat (§ 63 Abs. 1) zu orientieren. Eine zu kurze Fristsetzung ist jedenfalls dann unschädlich, wenn die Beteiligten sich damit einverstanden erklären oder innerhalb dieser Frist ein Widerspruch geltend gemacht wird.

3. Bekanntmachung statt Benachrichtigung. Gemäß Abs. 2 erfolgt die Benachrichtigung samt Fristsetzung durch Bekanntgabe nach § 10 HGB, wenn die Beteiligten oder deren Aufenthalt nicht bekannt ist. Ersteres ist kaum denkbar, da das Gericht auch im Fall des Todes des Inhabers gegebenenfalls nach den Erben zu forschen hat. Im Fall einer **unrichtigen Bekanntmachung** der Löschungsankündigung liegt ein so wesentlicher Verfahrensfehler vor, dass die gleichwohl vorgenommene Löschung ihrerseits nach § 395 wieder zu beseitigen und das Registerblatt wieder herzustellen ist.[7]

4. Widerspruchsverfahren. a) Einlegung des Widerspruchs. Als Rechtsmittel gegen die Löschungsankündigung besteht nur der Widerspruch, der gemäß § 25 Abs. 1 schriftlich oder zur Niederschrift der Geschäftsstelle einzulegen ist. Einer **Begründung bedarf es nicht.** Eingehen muss er innerhalb der gesetzten Frist, wobei unter Umständen bis zum Vollzug der Löschung Wiedereinsetzung in den vorigen Stand nach den allgemeinen Vorschriften gewährt werden kann (§§ 17 bis 19),[8] da gerade in diesem Fall die unverschuldete Fristversäumnis zur Wahrung elementarer Rechte der Beteiligten geboten ist. Zur Einlegung des Widerspruchs ist jeder Adressat der Löschungsankündigung berechtigt (s. Rn. 9). Auch den Angestellten des betroffenen Unternehmens steht ein Widerspruchsrecht zu, da mittelbar auch deren Rechte betroffen sind.[9]

---

[4] *Bassenge* Rpfleger 1974, 175; *Bumiller/Harders* Rn. 2 mwN.; *Bumiller/Winkler* § 141 FGG Rn. 4.
[5] KG Rpfleger 1978, 323 = DNotZ 1978, 370; aA *Keidel/Heinemann* Rn. 14.
[6] BT-Drucks. 16/6308, S. 288.
[7] OLG Düsseldorf FGPrax 1998, 231 = Rpfleger 1999, 29; *Keidel/Heinemann* Rn. 18; *Jansen/Steder* § 141 FGG Rn. 41.
[8] Ebenso *Keidel/Heinemann* Rn. 22; aA *Jansen/Steder* § 141 FGG Rn. 47.
[9] AA *Jansen/Steder* § 141 FGG Rn. 45; *Keidel/Heinemann* Rn. 21.

13 b) **Verfahrensablauf.** Für die Entscheidung über den Widerspruch ist das Registergericht und hier wiederum der **Rechtspfleger** zuständig (§ 3 Nr. 2 lit. d RPflG), wobei anders als im Zwangsgeldverfahren die Anordnung eines Erörterungstermins nicht vorgeschrieben ist, so dass die Gewährung rechtlichen Gehörs und die sonstigen Ermittlungen im Aktenweg erledigt werden können.

14 c) **Entscheidung des Gerichts.** Hält das Gericht den Widerspruch für begründet, hebt es die Löschungsankündigung gemäß Abs. 3 S. 1 durch **Beschluss** auf, der von den berufsständischen Organen durch Beschwerde angefochten werden kann (Abs. 3 S. 2, s. auch § 380 Abs. 5). Ebenso ist die Zurückweisung des Widerspruchs gemäß Abs. 3 S. 1 durch **Beschluss** vorzunehmen, der von den Beteiligten ebenfalls durch Beschwerde angreifbar ist (Abs. 3 S. 2, § 58). Wird der Widerspruch zurückgewiesen, sind dem Beteiligten gemäß Abs. 4 zugleich die Kosten des Widerspruchsverfahrens aufzuerlegen, soweit dies nicht – zum Beispiel wegen der Schwierigkeit der zugrunde liegenden tatsächlichen oder rechtlichen Fragen – unbillig ist.

15 5. **Vornahme der Löschung.** Nach Abs. 5 setzt der Vollzug der Löschung voraus, dass entweder ein Widerspruch nicht erhoben oder rechtskräftig zurückgewiesen worden ist; letzteres ist auch dann erforderlich, wenn der Widerspruch verspätet erhoben wird. Die **Rechtskraft des Zurückweisungsbeschlusses** tritt dabei gemäß § 45 ein, wenn die Beschwerde gegen ihn nicht rechtzeitig eingelegt wird. Es gibt keinen Grund, hiervon eine Ausnahme und somit die sofortige Löschung trotz Widerspruchs für den Fall zuzulassen, dass die Unbegründetheit des Widerspruchs auf Grund Urteils eines Prozessgerichts „feststeht",[10] weil das Registergericht stets zu eigenen Ermittlungen verpflichtet ist (s. § 26). Im Übrigen ist die Löschung jedenfalls dann nicht geboten, sondern der Beschluss entsprechend § 48 Abs. 1 abzuändern, wenn sich nach Erlass des Beschlusses die Sachlage geändert hat[11] und die Löschung unter den neu bekannt gewordenen Umständen nicht mehr gerechtfertigt wäre.

16 6. **Gerichtskosten.** Nach § 88 Abs. 1 KostO sind für das Löschungsverfahren keine Gebühren zu erheben. Wird aber Widerspruch eingelegt und dieser zurückgewiesen, so ist das Doppelte der vollen Gebühr zu erheben (§ 88 Abs. 2 KostO); der Geschäftswert richtet sich nach § 30 Abs. 2 KostO. Im Übrigen besteht mit § 393 Abs. 4 eine von § 81 abweichende Regelung (vgl. § 81 Rn. 56).

IV. Beseitigung der Löschung

17 1. **Rechtsmittel gegen die Löschung.** Gegen die Vornahme der Löschung besteht **entsprechend § 383 Abs. 3** kein Rechtsmittel. Wird dennoch durch die Beteiligten versucht, die vom Registergericht vollzogene Löschung rückgängig zu machen, kommt nur die Anregung (§ 24 Abs. 1) einer amtswegigen Beseitigung der vorgenommenen Löschung nach den hierfür vorgesehenen Regelungen des § 395 in Betracht (s. Rn. 18). Wird gleichwohl ein dahin gehender Antrag gestellt, so ist er in eine entsprechende Anregung umzudeuten.[12]

18 2. **Amtswegige Löschung.** Eine amtswegige Beseitigung der Löschung kann gemäß § 395 vorgenommen werden. Als Grund hierfür reicht es nach der bisher überwiegend vertretenen Ansicht mangels erhobenen Widerspruchs nicht bereits, dass tatsächlich die Firma noch nicht erloschen war, also kein die Löschung nach § 31 Abs. 2 HGB rechtfertigender Grund vorlag, da in diesem Fall die Löschung jedenfalls nach Abs. 5 – bis Inkrafttreten des FamFG nach § 141 Abs. 4 FGG – gerechtfertigt war.[13] Angesichts des geänderten Wortlauts der Löschungsbestimmung des § 395 ist diese Ansicht zu verwerfen, da nunmehr für die Beurteilung der wesentlichen Voraussetzungen nicht nur auf den Zeitpunkt der Eintragung abzustellen ist, sondern gegebenenfalls auf den Zeitpunkt der nochmaligen Überprüfung. Ebenso ist es als **wesentlicher Mangel** zu werten, wenn nicht nur in materieller Hinsicht kein Grund zur Löschung bestand, sondern grundlegende Fehler bei der Abwicklung des Verfahrens nach § 393 begangen wurden. War zum Beispiel in der Benachrichtigung **keine oder eine unverhältnismäßig kurze Widerspruchsfrist** gesetzt oder die Frist bei Vornahme der Löschung noch nicht abgelaufen beziehungsweise der entsprechende Beschluss über die Widerspruchszurückweisung noch nicht rechtskräftig, so ist die Löschung ihrerseits nach § 395 rückgängig zu machen, allerdings nur dann, wenn die dadurch zu bewirkende Wiedereintragung der Firma sachlich richtig ist, mithin die Firma auch tatsächlich noch fortbesteht, da die erneute Eintragung nur deklaratorisch wirkt.[14]

---

[10] So aber BayObLGZ 1989, 81; *Jansen/Steder* § 141 FGG Rn. 57.
[11] Vgl. BT-Drucks. 16/6308, S. 198.
[12] OLG Zweibrücken FGPrax 2002, 132 = NJW-RR 2002, 825; OLG Düsseldorf Rpfleger 1999, 29; BayObLGZ 1986, 540.
[13] S. *Jansen/Steder* § 141 FGG Rn. 61 m. weit. Nachw.; vgl. nun *Keidel/Heinemann* Rn. 29.
[14] S. OLG München OLGZ 1971, 475; *Jansen/Steder* § 141 FGG Rn. 61.

§ 394 Löschung vermögensloser Gesellschaften und Genossenschaften

(1) ¹Eine Aktiengesellschaft, Kommanditgesellschaft auf Aktien, Gesellschaft mit beschränkter Haftung oder Genossenschaft, die kein Vermögen besitzt, kann von Amts wegen oder auf Antrag der Finanzbehörde oder der berufsständischen Organe gelöscht werden. ²Sie ist von Amts wegen zu löschen, wenn das Insolvenzverfahren über das Vermögen der Gesellschaft durchgeführt worden ist und keine Anhaltspunkte dafür vorliegen, dass die Gesellschaft noch Vermögen besitzt.

(2) ¹Das Gericht hat die Absicht der Löschung den gesetzlichen Vertretern der Gesellschaft oder Genossenschaft, soweit solche vorhanden sind und ihre Person und ihr inländischer Aufenthalt bekannt ist, bekannt zu machen und ihnen zugleich eine angemessene Frist zur Geltendmachung des Widerspruchs zu bestimmen. ²Auch wenn eine Pflicht zur Bekanntmachung und Fristbestimmung nach Satz 1 nicht besteht, kann das Gericht anordnen, dass die Bekanntmachung und die Bestimmung der Frist durch Bekanntmachung in dem für die Bekanntmachung der Eintragungen in das Handelsregister bestimmten elektronischen Informations- und Kommunikationssystem nach § 10 des Handelsgesetzbuchs erfolgt; in diesem Fall ist jeder zur Erhebung des Widerspruchs berechtigt, der an der Unterlassung der Löschung ein berechtigtes Interesse hat. ³Vor der Löschung sind die in § 380 bezeichneten Organe, im Fall einer Genossenschaft der Prüfungsverband, zu hören.

(3) Für das weitere Verfahren gilt § 393 Abs. 3 bis 5 entsprechend.

(4) ¹Die Absätze 1 bis 3 sind entsprechend anzuwenden auf offene Handelsgesellschaften und Kommanditgesellschaften, bei denen keiner der persönlich haftenden Gesellschafter eine natürliche Person ist. ²Eine solche Gesellschaft kann jedoch nur gelöscht werden, wenn die für die Vermögenslosigkeit geforderten Voraussetzungen sowohl bei der Gesellschaft als auch bei den persönlich haftenden Gesellschaftern vorliegen. ²Die Sätze 1 und 2 gelten nicht, wenn zu den persönlich haftenden Gesellschaftern eine andere offene Handelsgesellschaft oder Kommanditgesellschaft gehört, bei der eine natürliche Person persönlich haftender Gesellschafter ist.

Schrifttum: *Fleischhauer/Preuß*, Handelsregisterrecht, 2006; *Krafka/Willer*, Registerrecht, 7. Aufl. 2007; *Müther*, Die Löschung juristischer Personen wegen Vermögenslosigkeit – ein Problemkind der Praxis?, Rpfleger 1999, 10.

Übersicht

	Rn.		Rn.
I. Allgemeines	1–3	a) Allgemeines	11
1. Normzweck	1	b) Adressat der Löschungsankündigung	12
2. Verhältnis zu anderen Verfahren	2	c) Fristsetzung für Widerspruch	13
3. Anwendungsbereich	3	d) Anhörungspflicht	14
II. Löschungsvoraussetzungen	4–8	3. Öffentliche Bekanntmachung	15
1. Vermögenslosigkeit	4–6	4. Widerspruchsverfahren	16–18
a) Allgemeines	4	a) Einlegung des Widerspruchs	16
b) Besonderheiten bei Personenhandelsgesellschaften	5	b) Verfahrensablauf	17
c) Keine Besonderheiten bei Unternehmergesellschaften	6	c) Entscheidung des Gerichts	18
2. Amtstätigkeit oder Antragstellung	7	5. Vornahme der Löschung	19
3. Löschung nach Insolvenzverfahren	8	6. Gerichtskosten	20
III. Verfahrensablauf	9–20	**IV. Beseitigung der Löschung**	21, 22
1. Einleitung des Verfahrens	9, 10	1. Möglichkeit der Beseitigung	21
a) Allgemeines	9	2. Voraussetzungen des § 395	22
b) Zuständigkeit	10	**V. Nachtragsliquidation**	23–25
2. Benachrichtigung der gesetzlichen Vertreter (Löschungsankündigung)	11–14	1. Allgemeines	23
		2. Verfahrensablauf	24
		3. Eintragung im Register	25

I. Allgemeines

1. Normzweck. Zweck des § 394 ist es, Gesellschaften mit kraft ihrer Rechtsform beschränkter Haftungsmasse aus dem Handels- und Genossenschaftsregister zu entfernen, wenn sie tatsächlich über kein Vermögen verfügen und damit **für den Rechtsverkehr allenfalls eine Gefahr darstellen.** 1

§ 394 2–4　　　　　　　　　　　　　　　　　　　　　　　　　Buch 5. Abschnitt 3. Registersachen

Mittelbar soll damit zugleich verhindert werden, dass solche Gesellschaften weiterhin am Geschäftsverkehr teilnehmen.[1] Die Vorschriften übernehmen im Wesentlichen den Regelungsgehalt des § 141a FGG aF samt der Verweisung für Genossenschaften aus § 147 Abs. 1 S. 2 FGG aF, die ihrerseits im Rahmen der Insolvenzrechtsreform aus dem Jahr 1994 an die Stelle der Bestimmungen des Löschungsgesetzes[2] von 1934 getreten sind. Trotz der historisch belasteten Herkunft der Regelungen aus der Zeit des Nationalsozialismus erfüllen sie nach allgemeiner Auffassung auch heute noch den beschriebenen anerkennenswerten Zweck. Die Löschung des Rechtsträgers hat für ihn schwerwiegende Folgen, so dass seitens des Registergerichts eine besonders sorgsame Prüfung der Voraussetzungen und ordentliche Verfahrensabwicklung oberstes Gebot ist.[3]

2　**2. Verhältnis zu anderen Verfahren.** Sofern auf Grund der Vermögenslosigkeit **keine Geschäftstätigkeit** des betroffenen Rechtsträgers mehr entfaltet wird, könnte daran gedacht werden, **vorrangig das Löschungsverfahren nach § 31 Abs. 2 HGB** iVm. § 393 durchzuführen. Allerdings ist dieses Verfahren auf Grund der Besonderheiten des Gesellschaftsrechts zur Löschung der Firma und der Spezialregelung des § 394 gegenüber der Löschung auf Grund Vermögenslosigkeit nachrangig (s. § 393 Rn. 3).

3　**3. Anwendungsbereich.** Anwendbar ist die Vorschrift gemäß Abs. 1 S. 1 zunächst auf **Aktiengesellschaften, Kommanditgesellschaften auf Aktien, Gesellschaften mit beschränkter Haftung** – damit auch auf Unternehmergesellschaften (haftungsbeschränkt) nach § 5a GmbHG – und für **Genossenschaften**. Abs. 4 S. 1 erweitert diesen Kreis auf **offene Handelsgesellschaften und Kommanditgesellschaften,** bei denen keiner der persönlich haftenden Gesellschafter eine natürliche Person und denen gemäß Abs. 4 S. 3 keine andere offene Handelsgesellschaft oder Kommanditgesellschaft als persönlich haftender Gesellschafter angehört, bei der keine natürliche Person ihrerseits persönlich haftender Gesellschafter ist. Für solche Personenhandelsgesellschaften sieht Abs. 4 S. 2 vor, dass eine Löschung nach § 394 nur zulässig ist, wenn auch die letztendlich persönlich haftenden Kapitalgesellschaften vermögenslos sind, da auf Grund der persönlichen Haftung andernfalls deren Vermögen als Haftungsmasse auch für die in Frage stehende Personengesellschaft zur Verfügung stehen würde (vgl. Rn. 5).[4]

II. Löschungsvoraussetzungen

4　**1. Vermögenslosigkeit. a) Allgemeines.** Der Begriff der **Vermögenslosigkeit** bedeutet das Fehlen jeglicher praktisch einen Wert darstellender Aktivvermögensgegenstände, so dass die **Lebensunfähigkeit der Gesellschaft** feststeht.[5] Entscheidend für die Beurteilung der Vermögenslosigkeit ist der Zeitpunkt der Löschungsankündigung[6] (s. hierzu Rn. 11). Forderungen gegen die Gesellschaft ändern naturgemäß nichts an der Vermögenslosigkeit der Gesellschaft.[7] Hingegen **hindert jede** auch nur formale **Rechtsposition die Annahme der Vermögenslosigkeit,** wie zum Beispiel das Bestehen einer im Grundbuch eingetragenen Vormerkung, da zu deren Löschung regelmäßig noch die Mitwirkung der Berechtigten erforderlich ist und allein dieser Stellung ein Vermögenswert zukommen kann.[8] Die entsprechenden Feststellungen hat das Registergericht von Amts wegen zu treffen (§ 26) und kann sich hierbei nicht ohne weitere Ermittlungen auf die gegebenenfalls fehlenden Beschreibungen der Organe des Rechtsträgers verlassen (s. Rn. 9).[9] Allein die Abweisung eines Antrags auf Eröffnung des Insolvenzverfahrens mangels Masse begründet jedenfalls dann nicht die Vermögenslosigkeit, wenn bekannt ist, dass weitere Abwicklungsmaßnahmen notwendig sind, wie zum Beispiel die Auseinandersetzung bezüglich eines Grundstücks.[10] Zudem wäre die Löschung einer Gesellschaft nach § 394 verfrüht, wenn klar ist, dass sie als Vertreterin eines anderen Rechtsträgers noch weitere Erklärungen abzugeben hat.[11]

---

[1] Vgl. *Keidel/Heinemann* Rn. 1; *Bumiller/Winkler* § 141a FGG Rn. 2.
[2] Gesetz über die Auflösung und Löschung von Gesellschaften und Genossenschaften vom 9. 10. 1934 (RGBl. I S. 914).
[3] S. OLG Karlsruhe FGPrax 1999, 235.
[4] BT-Drucks. 12/3803, S. 71.
[5] BayObLG FGPrax 1999, 114; OLG Düsseldorf Rpfleger 1997, 171 = GmbHR 1997, 131; BayObLG FGPrax 1995, 203; BayObLG FGPrax 1995, 46; OLG Frankfurt DB 1983, 1088.
[6] OLG Schleswig FGPrax 2000, 160.
[7] BayObLGZ 1995, 9 = Rpfleger 1995, 419.
[8] *Krafka/Willer,* Registerrecht, Rn. 432; aA *Jansen/Steder* § 141a FGG Rn. 15.
[9] OLG Düsseldorf Rpfleger 1997, 171 = GmbHR 1997, 131.
[10] OLG Frankfurt FGPrax 2006, 83.
[11] OLG Frankfurt FGPrax 2005, 269.

b) Besonderheiten bei Personenhandelsgesellschaften. Bei der Löschung einer offenen Handelsgesellschaft oder einer Kommanditgesellschaft im Sinne des Abs. 4 S. 1 und 3 muss nicht nur diese Gesellschaft vermögenslos sein, um die Löschung nach § 394 durchführen zu können, sondern ferner **zugleich auch deren persönlich haftende Gesellschafter** (Abs. 4 S. 2). Diese doppelte Vermögenslosigkeit ist erforderlich, da auf Grund der akzessorischen Haftung dieser Gesellschafter gemäß §§ 124 Abs. 1, 128 S. 1 HGB auch deren Vermögen zur Befriedigung etwaiger Forderungen gegen die Personenhandelsgesellschaft zur Verfügung steht und sie daher wirtschaftlich gesehen noch nicht vermögenslos ist, solange auf Vermögenswerte der für sie Haftenden zugegriffen werden kann.

c) Keine Besonderheiten bei Unternehmergesellschaften. Unklar ist bislang, ob für den Begriff der Vermögenslosigkeit besondere Voraussetzungen bei der Behandlung einer Gesellschaft mit beschränkter Haftung zu beachten sind, die als **Unternehmergesellschaft (haftungsbeschränkt)** errichtet wurde (vgl. § 5a GmbHG). Solche Gesellschaften müssen über kein Mindestkapital verfügen und können daher von Beginn an vermögenslos sein. Lediglich im Rahmen ihrer Geschäftätigkeit erzielte Gewinne sind thesaurierungspflichtig, indem sie zu einem bestimmten Teil als Rücklage in der Gesellschaft verbleiben müssen. Da allerdings im Zusammenhang mit der Einführung dieser gesellschaftsrechtlichen Möglichkeit im Jahr 2008 trotz ersichtlicher Kenntnis[12] von den zugleich bestehenden Möglichkeiten des registerrechtlichen Einschreitens keine Änderung der einschlägigen Vorschriften vorgenommen wurde, muss davon ausgegangen werden, dass gegebenenfalls sofort nach Errichtung der Unternehmergesellschaft (haftungsbeschränkt) ein Löschungsverfahren nach § 394 eingeleitet werden kann, wenn das Gericht davon überzeugt ist, dass sie im Sinne des Abs. 1 S. 1 kein Vermögen besitzt und die Gesellschafter dem Rechtsträger nicht sofort Vermögenswerte zur Verfügung stellen werden (s. Rn. 11).

2. Amtstätigkeit oder Antragstellung. Gemäß Abs. 1 S. 1 erfolgt die Löschung wegen Vermögenslosigkeit entweder von Amts wegen sowie auf Antrag der Finanzbehörde oder der berufsständischen Organe (s. § 380 Abs. 1). Stellt die **Finanzbehörde** einen entsprechenden Antrag, soll es sich hierbei nicht um einen Verwaltungsakt handeln.[13] Da die berufsständischen Organe nunmehr – anders als noch in § 141a Abs. 1 FGG aF – ausdrücklich benannt sind, ist die Frage zu deren Antragsrecht nun positiv beantwortet und durch den Wortlaut der Vorschrift klargestellt worden, dass es keine weiteren Antragsberechtigten gibt. Bedeutung hat das Antragsrecht vor allem in verfahrensrechtlicher Hinsicht, da der Antragsteller nach § 7 Abs. 1 stets Beteiligter ist. Wird der Antrag auf Löschung durch Beschluss nach Abs. 3 iVm. § 393 Abs. 3 zurückgewiesen, so kann der Antragsteller hiergegen **Beschwerde** einlegen (s. § 393 Abs. 3 S. 2). Ebenso sind Anregungen Dritter (vgl. § 24 Abs. 1), zum Beispiel von Gläubigern oder von vertretungsberechtigten Personen oder Gesellschaftern des betroffenen Rechtsträgers für das Registergericht Anlass zur Aufnahme von Ermittlungen (§ 26), ob eine Löschung nach Abs. 1 S. 1 in Betracht kommt. Führt eine solche Anregung nicht zur Einleitung des Löschungsverfahrens, steht solchen Personen aber kein Beschwerderecht zu,[14] weil weder ein Beschluss ergeht, noch eine Beeinträchtigung in ihren Rechten vorliegt.

3. Löschung nach Insolvenzverfahren. Für den Sonderfall eines durchgeführten, also **abgeschlossenen Insolvenzverfahrens** sieht ferner Abs. 1 S. 2 vor, dass der betroffene Rechtsträger zu löschen ist, wenn keine Anhaltspunkte dafür vorliegen, dass die Gesellschaft noch Vermögen besitzt. Bei diesem Sachstand ist somit die Einleitung des Löschungsverfahrens für das Registergericht zwingend, wobei das Gericht zunächst gemäß § 26 – insbesondere etwa durch Befragung des Insolvenzverwalters – noch Ermittlungen darüber anzustellen hat, ob gegebenenfalls Anhaltspunkte in Bezug auf weitere Vermögenswerte des Rechtsträgers bestehen. Das Registergericht hat in diesem Fall also kein Entscheidungsermessen.

III. Verfahrensablauf

1. Einleitung des Verfahrens. a) Allgemeines. Die Einleitung des Verfahrens steht grundsätzlich im pflichtgemäßen Ermessen des Registergerichts, wobei auch dann, wenn seitens eines berufsständischen Organs ein Antrag auf Löschung gestellt wurde,[15] die zugrunde liegenden öffentlichen und privaten Interessen untereinander abzuwägen sind. Bei der Beurteilung der erforderlichen

---

[12] Durch dasselbe Gesetz, mit dem § 5a GmbHG eingefügt wurde, ist § 144b FGG aF, eine Vorschrift also aus demselben Abschnitt des Gesetzes, aufgehoben worden, vgl. Art. 1 Nr. 6 und Art. 12 des Gesetzes zur Modernisierung des GmbH-Rechts und zur Bekämpfung von Missbräuchen vom 23. 10. 2008 (BGBl. I S. 2026).
[13] *Jansen/Steder* § 141a FGG Rn. 30.
[14] BayObLGZ 1968, 276 = Rpfleger 1969, 56; *Krafka/Willer*, Registerrecht, Rn. 433; aA *Keidel/Heinemann* Rn. 16.
[15] OLG Karlsruhe FGPrax 1999, 235 = NZG 2000, 150; OLG Frankfurt OLGZ 1978, 48 = Rpfleger 1978, 22.

Verfahrensvoraussetzungen besteht seitens des Gerichts ein **Beurteilungsspielraum,** bei dessen Ausfüllung der Grundsatz der Verhältnismäßigkeit zu beachten ist.[16] Für den Fall des durchgeführten **Insolvenzverfahrens** sieht Abs. 1 S. 2 vor, dass die Löschung von Amts wegen erfolgen muss und reduziert damit das Ermessen hinsichtlich der Entscheidung zur Einleitung des Verfahrens auf Null. Für das Registergericht besteht im Übrigen die Pflicht, bei der Ermittlung der Umstände, welche die Vermögenslosigkeit begründen sollen, angesichts der drastischen Folgen der Löschung **besonders gewissenhaft und genau** vorzugehen.[17] Allein unterbliebene Angaben von Seiten des betroffenen Rechtsträgers können daher nicht Grundlage eines Löschungsverfahrens sein.[18] Dagegen genügt das Registergericht seiner Ermittlungspflicht regelmäßig schon dann, wenn Erkenntnisse darüber bestehen, dass ein Antrag auf Eröffnung des Insolvenzverfahrens mangels Masse abgelehnt wurde, die Finanzbehörden berichten, dass kein pfändbares Vermögen mehr vorhanden ist und die Gesellschaft selbst keine belastbaren Hinweise über etwa noch vorhandene Werte beibringt.[19]

10 **b) Zuständigkeit.** Sachlich zuständig ist als Registergericht das Amtsgericht. Die örtliche Zuständigkeit bestimmt sich nach § 377 Abs. 1. Für die funktionelle Zuständigkeit sieht § 17 Nr. 1 lit. e und Nr. 2 lit. b RPflG vor, dass für Kapitalgesellschaften (Aktiengesellschaften, Kommanditgesellschaften und Gesellschaften mit beschränkter Haftung) der **Richter** und im Übrigen, also bei offenen Handelsgesellschaften und Kommanditgesellschaften nach Abs. 4 sowie bei eingetragenen Genossenschaften der **Rechtspfleger** verantwortlich ist.

11 **2. Benachrichtigung der gesetzlichen Vertreter (Löschungsankündigung). a) Allgemeines.** Ein bestimmter Inhalt der zu verfügenden Löschungsankündigung ist gesetzlich nicht vorgeschrieben. Zur **Gewährung rechtlichen Gehörs** sollte allerdings nicht nur die beabsichtigte Löschung des Rechtsträgers und deren gesellschaftsrechtliche Folge der Auflösung samt liquidationslosem Erlöschen beschrieben werden, sondern gegebenenfalls sind auch konkrete Ermittlungsergebnisse zu behandeln.[20] Den Betroffenen bleibt sodann nicht nur die Möglichkeit, diese Ergebnisse zu entkräften, sondern unter Umständen der Gesellschaft neues Vermögen zukommen zu lassen um damit die amtswegige Löschung abzuwenden.

12 **b) Adressat der Löschungsankündigung.** Die Löschungsankündigung ist den **gesetzlichen Vertretern** des betroffenen Rechtsträgers nach Abs. 2 S. 1 bekannt zu machen, also gemäß § 15 Abs. 1 und 2 entweder nach den Bestimmungen der §§ 166 bis 195 ZPO zuzustellen oder dadurch zu bewirken, dass die Verfügung unter der Anschrift des Adressaten zur Post gegeben wird. Die Bekanntmachung an die gesetzlichen Vertreter unterbleibt, wenn solche nicht vorhanden sind – so dass also nicht etwa ein Notvorstand oder Notgeschäftsführer allein hierfür zu bestellen ist – und falls ihr inländischer Aufenthalt nicht bekannt ist.

13 **c) Fristsetzung für Widerspruch.** Im Rahmen der Löschungsankündigung ist den gesetzlichen Vertretern des betroffenen Rechtsträgers nach Abs. 2 S. 1 eine **angemessene Frist** zur Geltendmachung des Widerspruchs zu setzen. Wie in § 393 ist eine Mindestdauer dieser Frist gesetzlich nicht mehr vorgesehen, so dass deren Festlegung anhand der Umstände des Einzelfalls nach dem Ermessen des Gerichts erfolgt. Auch hier wird regelmäßig die Beschwerdefrist von einem Monat (§ 63 Abs. 1) einen passenden Anhaltspunkt für die Untergrenze einer angemessenen Fristsetzung darstellen (s. § 393 Rn. 10). Wird innerhalb der gesetzten Frist Widerspruch eingelegt, so spielt es für das weitere Verfahren keine Rolle mehr, ob sie angemessen war, da sie ihren Zweck im konkreten Fall offensichtlich erfüllt hat.

14 **d) Anhörungspflicht.** Im Rahmen des Löschungsverfahrens sind gemäß Abs. 2 S. 3 vor der Löschung die **berufsständischen Organe** und bei der Löschung einer Genossenschaft der zuständige **Prüfungsverband** anzuhören. Im Fall eines Verstoßes gegen diese Anhörungspflicht besteht jedenfalls dann kein Anlass dazu, die Löschung nach § 395 rückgängig zu machen, wenn nach dem gesamten Verfahrensablauf sich mit großer Sicherheit ausschließen lässt, dass durch die Anhörung relevante Tatsachen hätten ermittelt werden können.[21] Darüber hinaus bietet es sich zur ordnungsgemäßen Abwicklung des Verfahrens an, auch die zuständigen Finanzbehörden anzuhören.[22]

---

[16] S. *Fleischhauer/Preuß,* Handelsregisterrecht, Teil A Rn. 249.
[17] KG FGPrax 2006, 225; OLG Düsseldorf FGPrax 2006, 226; OLG Düsseldorf FGPrax 1997, 36 = Rpfleger 1997, 171; OLG Köln FGPrax 1995, 41.
[18] OLG Düsseldorf FGPrax 2006, 226; OLG Düsseldorf FGPrax 1997, 36 = Rpfleger 1997, 171.
[19] *Krafka/Willer,* Registerrecht, Rn. 433.
[20] *Jansen/Steder* § 141a FGG Rn. 45; KG FGPrax 2006, 225; *Keidel/Heinemann* Rn. 19.
[21] KG FGPrax 2006, 225 = Rpfleger 2006, 474; *Krafka/Willer,* Registerrecht, Rn. 438 a; strenger OLG Frankfurt NJW-RR 1998, 612 = Rpfleger 1998, 348.
[22] *Müther,* Rpfleger 1999, 10 (13); *Fleischhauer/Preuß,* Handelsregisterrecht, Teil A Rn. 251.

3. Öffentliche Bekanntmachung. Das Registergericht hat nach Abs. 2 S. 2 die Möglichkeit, 15
die Löschungsankündigung und Fristbestimmung für die Geltendmachung eines Widerspruchs nach
§ 10 HGB **öffentlich bekannt zu machen.** Dies hat zwingend dann zu erfolgen, wenn eine
Bekanntgabe nach Abs. 2 S. 1 mangels gesetzlicher Vertreter oder bei unbekanntem inländischen
Aufenthalt unmöglich ist, ferner aber auch neben der Bekanntgabe, wenn das Registergericht die
öffentliche Bekanntmachung nach pflichtgemäßem Ermessen anordnet.

4. Widerspruchsverfahren. a) Einlegung des Widerspruchs. Die Geltendmachung eines 16
Widerspruchs gegen die Löschungsankündigung steht nicht nur den **gesetzlichen Vertretern** des
betroffenen Rechtsträgers als Adressaten zu, sondern jedenfalls im Fall der öffentlichen Bekanntmachung nach Abs. 2 S. 2 vielmehr nach Halbs. 2 dieser Vorschrift jedem, der an der Nichtvor-
nahme der Löschung ein berechtigtes Interesse hat. Die **aktuellen Gläubiger** des betroffenen
Rechtsträgers können stets der Löschung widersprechen, und zwar auch dann, wenn eine öffentliche
Bekanntmachung nicht vorgenommen wurde.[23] In jedem Fall ist unabhängig von der öffentlichen
Bekanntmachung die Gesellschaft selbst, jeder Gesellschafter und jedes Mitglied des Rechtsträgers
zum Widerspruch berechtigt.[24] Als Widerspruch ist hierbei jede Erklärung zu deuten, aus der sich
ergibt, dass die Unterlassung der Löschung gewünscht ist. Solange die Löschung noch nicht vollzogen
ist, kann gegebenenfalls bei einer Fristversäumung Wiedereinsetzung in den vorigen Stand (§§ 17 bis
19) zur Vermeidung der schwerwiegenden Konsequenzen einer ungerechtfertigten Beseitigung des
Rechtsträgers gewährt werden.[25]

b) Verfahrensablauf. Bei Geltendmachung des Widerspruchs muss das Registergericht den 17
Sachverhalt **erneut umfassend prüfen,** unter Umständen neue Ermittlungen von Amts wegen
(§ 26) anstellen und hierbei auch gegebenenfalls neuen Hinweisen der Beteiligten und des Widersprechenden nachgehen.

c) Entscheidung des Gerichts. Sollte das Registergericht im Rahmen des Widerspruchsver- 18
fahrens zu dem Ergebnis kommen, dass die Vornahme der Löschung nach Abs. 1 S. 1 nicht gerechtfertigt ist, hat es gemäß Abs. 3 iVm. § 393 Abs. 3 durch Beschluss die **Löschungsankündigungs-
verfügung aufzuheben.** Der Beschluss ist den Verfahrensbetroffenen nach § 15 Abs. 3 mitzuteilen
und den etwaigen Antragstellern nach Abs. 1 S. 1 auf Grund der damit zu laufen beginnenden
Beschwerdefrist (vgl. Abs. 3 iVm. § 393 Abs. 3 S. 2) förmlich bekannt zu geben (§ 15 Abs. 1). Hält
das Gericht den Widerspruch für unbegründet, weist es ihn nach Abs. 3 iVm. § 393 Abs. 4 zurück
und legt gegebenenfalls dem Widersprechenden die Kosten des Widerspruchsverfahrens auf, soweit
dies nicht unbillig ist, zum Beispiel weil die zu klärenden Sach- oder Rechtsfragen schwierig waren
und daher den Beteiligten die unterschiedliche Beurteilung nicht vorgeworfen werden kann.

5. Vornahme der Löschung. Gemäß Abs. 3 iVm. § 393 Abs. 5 darf die Löschung des Rechtsträgers 19
nur erfolgen, wenn entweder kein Widerspruch erhoben wurde oder der den Widerspruch zurückweisende **Beschluss rechtskräftig geworden** ist. Dem steht es gleich, wenn der erhobene Widerspruch
zum Beispiel mangels Fristwahrung unzulässig war. Zum **Zeitpunkt der Löschung** müssen weiter die
Verfahrensvoraussetzungen vorliegen, das heißt der zu beseitigende Rechtsträger muss immer noch
vermögenslos sein. Der Vollzug und damit das Wirksamwerden der Löschung (vgl. § 382 Abs. 1 S. 2)
erfolgt sodann gemäß § 19 Abs. 2 HRV und ist den Verfahrensbeteiligten nach § 383 Abs. 1 mitzuteilen.
Die Löschung führt zur Auflösung des Rechtsträgers (s. § 262 Abs. 1 Nr. 5 AktG, § 60 Abs. 1 Nr. 7
GmbHG, § 131 Abs. 2 S. 1 Nr. 2 HGB, § 81a Nr. 2 GenG) und mangels Verteilungsmasse zugleich zu
dessen liquidationslosem Erlöschen. Die Vornahme der Löschung ist wiederum gegebenenfalls nach
den allgemeinen Vorschriften öffentlich bekannt zu machen (vgl. § 383 Abs. 2 und § 10 HGB).

6. Gerichtskosten. Für die Gerichtskosten gilt § 88 Abs. 1 KostO, wonach für das Löschungs- 20
verfahren gemäß § 394 keine Gebühren erhoben werden.

IV. Beseitigung der Löschung

1. Möglichkeit der Beseitigung. Eine Beseitigung der Löschung nach § 395 wegen des Mangels 21
einer wesentlichen Voraussetzung kann nicht allein schon aus dem Grund erfolgen, dass nachträglich
doch noch Vermögensgegenstände gefunden werden,[26] da für diesen Fall die Möglichkeit einer
Nachtragsliquidation besteht (s. § 273 Abs. 4 AktG, hierzu Rn. 23 und § 375 Rn. 30). Als

---

[23] BayObLG FGPrax 1995, 46 = DNotZ 1995, 973; *Keidel/Heinemann* Rn. 25; *Jansen/Steder* § 141a FGG Rn. 53.
[24] BayObLG Rpfleger 1995, 337 = DNotZ 1995, 217.
[25] *Keidel/Heinemann* Rn. 26; aA *Jansen/Steder* § 141a FGG Rn. 50 unter Bezugnahme auf KG JW 1936, 2835.
[26] KG FGPrax 2006, 225 = Rpfleger 2006, 474; OLG Düsseldorf FGPrax 2006, 226; OLG Hamm NJW-RR 2002, 324; *Krafka/Willer*, Registerrecht, Rn. 438 a; *Jansen/Steder* § 141a FGG Rn. 77 m. weit. Nachw.

Gründe für eine amtswegige „Löschung der Löschung" kommen somit nur wesentliche Verfahrensverstöße in Betracht, wie zum Beispiel die Löschung vor Eintritt der Rechtskraft eines den geltend gemachten Widerspruch zurückweisenden Beschlusses (vgl. Abs. 3 iVm. § 393 Abs. 5),[27] die Unterlassung einer Bekanntgabe der Löschungsankündigung an die gesetzlichen Vertreter nach Abs. 2 S. 1[28] oder die Unterlassung der gebotenen öffentlichen Bekanntmachung nach Abs. 2 S. 2.[29] Dagegen genügt in der Regel ein Verstoß gegen die Anhörungspflicht nach Abs. 2 S. 3 nicht, um eine amtswegige Beseitigung der Löschung nach § 395 zu rechtfertigen (s. Rn. 14).

22 **2. Voraussetzungen des § 395.** Im Rahmen des Verfahrens zur Beseitigung der Löschung nach § 395 muss das Registergericht erneut prüfen, ob die Voraussetzungen für eine Löschung nunmehr gegeben wären, vor allem also, ob der gelöschte **Rechtsträger tatsächlich weiterhin vermögenslos** ist, da eine Beseitigung der Eintragung in diesem Fall nur möglich ist, wenn sie nicht nur verfahrensmäßig unkorrekt, sondern zudem auch noch sachlich unrichtig war. Daher kann allein der nachgewiesene Verfahrensmangel die Beseitigung der Löschung nicht rechtfertigen.[30]

V. Nachtragsliquidation

23 **1. Allgemeines.** Es ist denkbar, dass sich nach Löschung einer Kapitalgesellschaft im Register nachträglich das Vorhandensein von Vermögensgegenständen herausstellt, die im Rahmen des Löschungsverfahrens übersehen wurden. Insbesondere im Fall von im Grundbuch eingetragenen Rechtspositionen bedarf es in diesem Fall gegebenenfalls einer erneuten Mitwirkung des gelöschten Rechtsträgers, da die Vertretungsbefugnis der früheren Organmitglieder nicht automatisch wieder auflebt. Als **nachträglicher Vermögenswert** kommt ferner ein zunächst unbeachtet gebliebener Anspruch auf Einzahlung von Geschäftsanteilen in Betracht.[31] In diesem Fall findet gemäß **§ 66 Abs. 5 GmbHG** eine Nachtragsliquidation statt. Im Übrigen genügen allerdings zur Bestellung eines Nachtragsliquidators bereits Tatsachen, die eine gesetzliche Vertretung der Gesellschaft erforderlich erscheinen lassen, auch ohne dass noch zu verteilendes Vermögen hieraus resultiert.[32] Besondere Regelungen zu einem entsprechenden Vorgehen sieht für Aktiengesellschaften **§ 273 Abs. 4 AktG** vor, wonach das Gericht auf Antrag eines Beteiligten die bisherigen Abwickler neu zu bestellen oder andere Abwickler zu berufen hat (vgl. § 375 Nr. 3, hierzu § 375 Rn. 38). Diese Vorschrift findet entsprechende Anwendung auch auf sonstige Kapitalgesellschaften und Publikumspersonengesellschaften (s. ebenfalls § 375 Rn. 38).

24 **2. Verfahrensablauf.** Das Gericht bestellt – durch den zuständigen **Richter** (§ 17 Nr. 2 lit. b RPflG) – einen Nachtragsliquidator nach § 66 Abs. 5 GmbHG nur, wenn noch zu verteilendes Vermögen vorhanden ist, im Übrigen ist bei einem Vertretungsbedarf in anderen Fällen entsprechend § 273 Abs. 4 AktG vorzugehen.[33] Hierzu kann auch eine Beteiligung an einer vermeintlich erloschenen Gesellschaft gehören, bei der ihrerseits nachträglich Vermögen entdeckt wurde, oder ein **Vertretungsbedarf,** zum Beispiel für die Entgegennahme eines Steuerbescheids.[34] Hierbei genügt stets das Vorhandensein beweisbarer Anhaltspunkte im Sinne eines diesbezüglich schlüssigen Vortrags, insbesondere wenn der Antrag auf Bestellung eines Nachtragsliquidators von einem Gesellschaftsgläubiger gestellt wird, da es letztlich erst Aufgabe des Abwicklers ist, gegebenenfalls bestehende tatsächliche und rechtliche Fragen zu klären.[35]

25 **3. Eintragung im Register.** Die bestellten Abwickler oder Liquidatoren sind im Fall des § 66 Abs. 5 GmbHG **von Amts wegen** in das Register **einzutragen.** Hierzu bedarf es nach zutreffender Ansicht der Wiederherstellung des geschlossenen Registerblatts und der Neueintragung des gelöschten Rechtsträgers als Liquidationsgesellschaft. Dies ist allerdings nur geboten, wenn es auf Grund der vorzunehmenden Rechtshandlungen erforderlich ist (vgl. § 375 Rn. 38). Beschränkt sich dagegen die Tätigkeit des entsprechend § 273 Abs. 4 AktG zu bestellenden Nachtragsliquidators auf einzelne bestimmte Handlungen, genügt ein **Beschluss des Registergerichts** und die Aushändigung einer Ausfertigung hiervon an den neuen organschaftlichen Vertreter des Rechtsträgers.[36]

---

[27] OLG Düsseldorf FGPrax 2006, 226; *Krafka/Willer,* Registerrecht, Rn. 438 a.
[28] OLG Düsseldorf FGPrax 1998, 231 = Rpfleger 1999, 29; OLG Hamm NJW-RR 1993, 547 = Rpfleger 1993, 249; *Jansen/Steder* § 141a FGG Rn. 43 und 78.
[29] OLG Frankfurt GmbHR 1997, 1004; *Keidel/Heinemann* Rn. 33; *Jansen/Steder* § 141a FGG Rn. 78.
[30] OLG Hamm NJW-RR 1993, 547 = Rpfleger 1993, 249; *Jansen/Steder* § 141a FGG Rn. 78.
[31] BayObLG GmbHR 1985, 215 = Rpfleger 1985, 69.
[32] OLG München FGPrax 2008, 171 = NZG 2008, 555.
[33] Vgl. OLG München FGPrax 2008, 171 = NZG 2008, 555.
[34] OLG München FGPrax 2008, 171 = NZG 2008, 555.
[35] S. OLG Celle GmbHR 1997, 752.
[36] OLG Düsseldorf DNotZ 1980, 170; *Krafka/Willer,* Registerrecht, Rn. 438.

§ 395 Löschung unzulässiger Eintragungen

(1) ¹Ist eine Eintragung im Register wegen des Mangels einer wesentlichen Voraussetzung unzulässig, kann das Registergericht sie von Amts wegen oder auf Antrag der berufsständischen Organe löschen. ²Die Löschung geschieht durch Eintragung eines Vermerks.

(2) ¹Das Gericht hat den Beteiligten von der beabsichtigten Löschung zu benachrichtigen und ihm zugleich eine angemessene Frist zur Geltendmachung eines Widerspruchs zu bestimmen. ²§ 394 Abs. 2 Satz 1 und 2 gilt entsprechend.

(3) Für das weitere Verfahren gilt § 393 Abs. 3 bis 5 entsprechend.

Schrifttum: *Canaris*, Handelsrecht, 24. Aufl. 2006; *Fleischhauer/Preuß*, Handelsregisterrecht, 2006; *Krafka*, Die gesellschafts- und registerrechtliche Bedeutung des geplanten FamFG, FGPrax 2007, 51; *ders.*, Einführung in das Registerrecht, 2. Aufl. 2008; *ders./Willer*, Registerrecht, 7. Aufl. 2007; *Müther*, Das Handelsregister in der Praxis, 2. Aufl. 2007.

I. Allgemeines

1. Normzweck und Anwendungsbereich. Registereintragungen unterliegen auf Grund der mit ihnen einhergehenden Publizitätswirkungen einem erhöhten Bestandsschutz. So sieht zum einen § 383 Abs. 3 vor, dass sie nicht anfechtbar sind. Zum anderen können sie nur auf Grund der sehr eingeschränkt wirkenden gesetzlichen Vorschriften, insbesondere der §§ 395, 397 und 398 gelöscht werden. Hierbei stellt § 395 – wie vor der Reform der freiwilligen Gerichtsbarkeit im Jahr 2009 die Bestimmung des § 142 FGG aF – die **zentrale Löschungsvorschrift** dar, die durch Spezialregelungen für die Beseitigung von Kapitalgesellschaften (§ 397) und bei diesen im Register eingetragenen Beschlüssen (§ 398) ergänzt wird. **Anwendung** findet § 395 in sämtlichen Registersachen, ferner auf Grund entsprechender Anwendung auch in den Fällen des § 43 Abs. 2 KWG zur etwaigen Löschung der Firmenbestandteile „Bank" und „Sparkasse" (§§ 39f. KWG) und des § 3 Abs. 4 InvG zur Löschung der Bezeichnungen „Kapitalanlagegesellschaft", „Investmentfonds", „Investmentgesellschaft" und „Investmentaktiengesellschaft" (§ 3 Abs. 1 und Abs. 2 InvG). 1

2. Amtswegige Berichtigungen. a) Schreibfehler. Keine Löschung im Sinne des § 395 ist die bloße Berichtigung einer Eintragung. Insoweit ist für Schreibversehen und ähnliche **offensichtliche Unrichtigkeiten** in § 17 HRV sowie in § 24 GenRegV und § 12 Abs. 2 VRV vorgesehen, dass die spätere Vornahme der entsprechenden Korrektur zulässig ist und diese anschließend den Beteiligten mitzuteilen ist (§ 17 Abs. 2 S. 1 HRV, § 12 Abs. 3 VRV). Die Grenze zur Löschung nach § 395 verläuft dort, wo nicht mehr in diesem Sinne die Richtigstellung der zulässigen und sachlich zutreffenden Eintragung in Frage steht, sondern es vielmehr um die Entfernung einer unzulässigen, auf einem Mangel beruhenden Eintragung aus dem Register geht. Während es also bei § 17 HRV um **Fehler rein äußerlicher Art** geht, wie zum Beispiel die Eintragung an einer falschen Stelle oder der Vermerk eines falschen Geburtsdatums, behandelt § 395 Eintragungen, die auf Grund Verfahrensfehlern oder sachlicher Unrichtigkeiten im Register nicht hätten vorgenommen werden dürfen. 2

b) Berichtigung nach § 384 Abs. 2. Im Gegensatz zur Löschung nach § 395, die rein negativ die Beseitigung einer unzulässigen Registereintragung bewirkt, zielt die Möglichkeit der **Folgeberichtigung** nach § 384 Abs. 2 auf einen weiteren aktiv vom Gericht in das Register aufzunehmenden Vermerk (s. hierzu § 384 Rn. 10ff.). Anlass zu einer solchen Folgeberichtigung kann allerdings auch eine Löschung nach § 395 sein, zum Beispiel die amtswegige Beseitigung der eingetragenen Auflösung einer Gesellschaft, bei der sich auf Grund dieser Löschung zugleich die allgemeine Vertretungsregelung ändert, was mit einer dahin gehenden Korrektur nach § 384 Abs. 2 durch das Registergericht von Amts wegen deutlich zu machen ist. 3

3. Verhältnis zu §§ 397, 398. Gegenüber § 395 enthalten §§ 397, 398 vorrangige Spezialvorschriften für die Löschung von Kapitalgesellschaften und bei diesen im Register **eingetragenen Beschlüssen,** für die ein nochmals stärkerer Bestandsschutz für die Beseitigung des Rechtsträgers wegen Nichtigkeitsgründen (s. § 397) und für die Löschung im Register eingetragener Beschlüsse (s. § 398) vorgesehen ist (vgl. § 397 Rn. 1 und 3). Es bestand zu den Vorgängervorschriften des FGG allgemein Einigkeit darüber, dass diese Regelungen in ihrem Anwendungsbereich abschließende Bestimmungen treffen, die für diese Fälle einen Rückgriff auf § 395 ausschließen.[1] Ein solches Verständnis verstößt nicht gegen die verfassungsrechtlichen Vorgaben des Art. 19 Abs. 4 GG und 4

---

[1] OLG Düsseldorf NZG 2004, 824 = RNotZ 2004, 41; OLG Frankfurt FGPrax 2003, 231 = Rpfleger 2003, 512; OLG Karlsruhe FGPrax 2001, 161 = Rpfleger 2001, 498; *Jansen/Steder* § 142 FGG Rn. 4.

§ 395 5–7   Buch 5. Abschnitt 3. Registersachen

Art. 14 Abs. 1 GG.[2] Da allerdings §§ 397, 398 nur **inhaltliche Mängel** betreffen, bleibt ein Rückgriff auf § 395 dann möglich, wenn die zu löschende Eintragung materiell-rechtlich fehlerhaft ist und zugleich besonders **wesentliche Verfahrensmängel** in Frage stehen (s. hierzu Rn. 10)[3] oder im Rahmen des § 398 überhaupt das Vorliegen des eingetragenen Beschlusses,[4] zum Beispiel wegen Nichtigkeit auf Grund Verstoßes gegen § 16 Abs. 1 GmbHG (s. ferner § 398 Rn. 6). Dies ist im Sinne einer ordnungsgemäßen Abwicklung der Registersachen im Interesse des Rechtsverkehrs wie auch zum Schutz der am Verfahren Beteiligten geboten. Ein Wertungswiderspruch zu §§ 397, 398[5] kann dadurch vermieden werden, dass im Fall der Löschung nach § 395 neben dem beschriebenen relevanten Verfahrensmangel auch bei **konstitutiv wirkenden Eintragungen** zugleich gefordert wird, dass die zu löschende Eintragung zugleich auch materiell-rechtlich fehlerhaft ist. Im Übrigen betrifft § 398 nur im Register einzutragende Beschlüsse, bei Gesellschaften mit beschränkter Haftung also zum Beispiel Änderungen des Gesellschaftsvertrags, nicht aber – entgegen der bis dahin herrschenden Auffassung zur früheren Regelung des § 144 Abs. 2 FGG aF (s. § 398 Rn. 3) – Fälle, in denen ein Gesellschafterbeschluss nur die Grundlage für eine vorzunehmende Eintragung ist, wie beispielsweise bei Änderungen in der Geschäftsführung einer Gesellschaft mit beschränkter Haftung. Daher bemisst sich die Löschung eines nach § 6 Abs. 2 GmbHG ungeeigneten Geschäftsführers – dessen Bestellung kraft Gesetzes nichtig ist – zutreffend nach § 395 und nicht etwa nach § 398.[6]

5 **4. Abgrenzung zu § 399.** Auch § 399 ist gegenüber § 395 die speziellere Vorschrift, die in ihrem Anwendungsbereich die allgemeine Regelung verdrängt. Daher ist etwa bei einer **unzulässigen Firmierung** durch eine Kapitalgesellschaft nicht das Löschungsverfahren nach § 395 durchzuführen. Vielmehr müssen die Besonderheiten des Auflösungsverfahrens nach § 399 eingehalten werden.

II. Löschungsvoraussetzungen

6 **1. Unzulässige Eintragung. a) Allgemeines.** § 395 behandelt die Möglichkeit der Löschung von Registereintragungen, die wegen des Mangels einer wesentlichen Voraussetzung unzulässig sind. Ohne weiteres werden hiervon **Eintragungen** erfasst, **die rechtlich nicht erlaubt sind,** da die Aussagekraft des Registers maßgeblich davon bestimmt wird, dass die Eintragungspraxis einheitlich gehandhabt wird. Daher ist etwa die Erteilung einer Handlungsvollmacht nach § 54 HGB nach ganz herrschender Auffassung nicht im Handelsregister eintragbar.[7] Eine gleichwohl erfolgte Eintragung ist nach § 395 zu beseitigen. Ferner sind Eintragungen unzulässig, die von **unbefugten Personen** vorgenommen wurden oder solche, die ungültig sind. Neben diesen eindeutigen Fällen unzulässiger Eintragungen erfasst die Vorschrift ferner zwar abstrakt gesehen mögliche Eintragungen, die aber entweder verfahrensfehlerhaft bewirkt wurden (s. hierzu Rn. 10) oder inhaltlich unzutreffend sind, weil sie mit der materiellen Rechtslage nicht übereinstimmen (vgl. dazu Rn. 11). Der Löschung unterliegen nicht nur positive Eintragungen, sondern – wie beispielhaft Abs. 1 S. 2 erkennen lässt – auch ihrerseits Löschungen, egal ob sie auf Antrag oder von Amts wegen vorgenommen wurden.[8]

7 **b) Maßgeblicher Zeitpunkt.** Die Neufassung der Vorgängervorschrift im Jahr 2008 durch das MoMiG[9] hatte die Klarstellung zum Ziel, dass es für die Unzulässigkeit der Eintragung nicht auf die Vornahme der Eintragung, sondern auf den **Zeitpunkt der später beabsichtigten Löschung** ankommen soll. Daher stellt § 395 darauf ab, dass die Eintragung im Zeitpunkt der Löschung unzulässig „ist", nicht mehr darauf, ob sie bei ihrer Vornahme unzulässig „war", wie zuvor die

---

[2] S. OLG Karlsruhe FGPrax 2001, 161 = Rpfleger 2001, 498 hinsichtlich der Vorgängervorschrift des § 398.
[3] OLG Zweibrücken GmbHR 1995, 723; *Jansen/Steder* § 142 FGG Rn. 4 und § 144 Rn. 8; aA OLG Hamm OLGZ 1994, 415 = NJW-RR 1994, 548; OLG Hamm BB 1981, 259; OLG Karlsruhe FGPrax 2001, 161 = Rpfleger 2001, 498.
[4] Vgl. BayObLGZ 1991, 337 = NJW-RR 1992, 295; BayObLG GmbHR 1992, 672; *Jansen/Steder* § 142 FGG Rn. 4.
[5] S. *Keidel/Kuntze/Winkler* § 142 FGG Rn. 5 der zu Recht darauf hinweist, dass es widersprüchlich wäre, einen sachlich zutreffenden Beschluss nach § 395 wegen eines Verfahrensfehlers löschen zu können, zugleich aber einen inhaltlich fehlerhaften Beschluss wegen der zu hohen Anforderungen des § 398 im Register eingetragen lassen zu müssen; ebenso *Keidel/Heinemann* § 398 Rn. 4.
[6] AA *Keidel/Heinemann* Rn. 7; *Jansen/Steder* § 142 FGG Rn. 42.
[7] S. *Krafka/Willer*, Registerrecht, Rn. 104; OLG Hamburg GmbHR 2009, 252; aA *Canaris*, Handelsrecht, § 4 Rn. 11.
[8] Vgl. BGH NJW 1979, 1987; OLG Hamm FGPrax 2001, 210 = NJW-RR 2002, 324; BayObLG NJW-RR 2000, 1348; *Keidel/Heinemann* Rn. 12; *Jansen/Steder* § 142 FGG Rn. 13 m. weit. Nachw.
[9] Art. 12 Nr. 1 des Gesetzes zur Modernisierung des GmbH-Rechts und zur Bekämpfung von Missbräuchen vom 23. 10. 2008 (BGBl. I S. 2026).

Regelung des § 142 FGG aF in der bis 31. 10. 2008 geltenden Fassung. Sinn der Löschungsvorschrift ist es, den Registerstand möglichst mit der materiellen Rechtslage in Einklang zu bringen. Dies hat zur Folge, dass bei **deklaratorischen Eintragungen** eine Löschung dann nicht mehr in Betracht kommt, wenn die im Register verlautbarte Tatsache inzwischen der wahren Rechtslage entspricht.[10] Bei **konstitutiv wirkenden Eintragungen** kommt es in diesem Zusammenhang entscheidend darauf an, ob der vorliegende Mangel durch die Eintragung, durch schlichten Zeitablauf oder durch sonstige Umstände geheilt worden und seine Geltendmachung damit auch im Wege des Löschungsverfahrens mittlerweile ausgeschlossen ist (s. Rn. 8). Im Gegenschluss kann eine Eintragung auch dann nachträglich gelöscht werden, wenn sie bei ihrer ursprünglichen Vornahme ordnungsgemäß erfolgt ist, nachträglich durch Änderung der Sachlage mit der materiellen Rechtslage aber nicht mehr im Einklang steht. Ein Anwendungsfall – der Anlass der Gesetzesänderung war[11] – ist die Beseitigung der inländischen Zweigniederlassung eines ausländischen Rechtsträgers, der in seinem Heimatregister gelöscht wurde.

2. Heilungsvorschriften. Die amtswegige Löschung einer Registereintragung hat keinen praktischen Sinn, wenn sie zwar ursprünglich an einem wesentlichen Mangel litt, dieser jedoch gerade durch die Eintragung oder später geheilt wurde. In diesem Sinne beschreibt das Gesetz ausdrücklich in § 20 Abs. 1 Nr. 4 UmwG (Verschmelzung), § 131 Abs. 1 Nr. 4 UmwG (Spaltungen) und § 202 Abs. 1 Nr. 3 UmwG (Formwechsel) für **Umwandlungsmaßnahmen,** dass mit Vornahme der Eintragung im Register etwaige formelle oder materielle Mängel des zugrunde liegenden Vorgangs heilen. Entsprechend sehen § 242 Abs. 1 und Abs. 2 AktG vor, dass nach Ablauf der dort beschriebenen Fristen bestimmte Mängel der Wirksamkeit von eingetragenen Beschlüssen nicht mehr geltend gemacht werden können. Für Gesellschaften mit beschränkter Haftung sind diese Regelungen entsprechend anzuwenden.[12] Zu beachten ist allerdings, dass diese Heilungswirkung eine nach § 398 vorzunehmende amtswegige Löschung gemäß § 242 Abs. 2 S. 5 Halbs. 2 AktG nur hindert, wenn die Eintragung auf einer Entscheidung im **Freigabeverfahren** nach § 246a Abs. 1 AktG erfolgt ist; im Übrigen stellt § 242 Abs. 2 S. 3 AktG fest, dass allein der Zeitablauf eine amtswegige Löschung nicht hindert. Diese ausdrücklich nur auf § 398 Bezug nehmende Regelung hat paradigmatischen Charakter und ist daher auch im Rahmen der Anwendung des § 395 zu berücksichtigen.

3. Mangel einer wesentlichen Voraussetzung. a) Allgemeines. Indem der Gesetzgeber bei § 395 den Begriff der „wesentlichen Voraussetzung" verwendet, ohne ihn näher zu umschreiben, macht er einerseits deutlich, dass nicht jeder Mangel die Beseitigung rechtfertigen kann und überlässt es andererseits der Rechtspraxis diesen unbestimmten Ausdruck auszufüllen. Einigkeit besteht insoweit darüber, dass **bloße Ordnungsvorschriften,** wie Soll-Bestimmungen, und geringfügige Fehler eine Löschung der Eintragung nicht begründen können.[13] Neben den in Rn. 6 genannten eindeutigen Fällen der unzulässigen Eintragungen lässt sich abstrakt beschreiben, dass eine Löschung nach § 395 nur dann möglichst ist, wenn die gesetzlichen Erfordernisse der Eintragung fehlen und – in Anlehnung an § 398 – ihre Beseitigung im öffentlichen Interesse oder im Interesse der Beteiligten geboten erscheint.[14]

b) Verfahrensmängel. Für die Berücksichtigung von Verfahrensmängeln ist zunächst von Belang, ob es sich bei dem vorliegenden Fehler nur um den Verstoß gegen eine im Rahmen des § 395 unbeachtliche Ordnungsvorschrift handelt. In diesem Sinne ist zum Beispiel die fehlende Einhaltung der **Formvorschriften** in § 12 HGB und § 77 BGB kein wesentlicher Verfahrensmangel.[15] Ein schwerwiegender Verfahrensfehler liegt dagegen zum Beispiel vor, wenn die Anmeldung der Eintragung von Unbefugten vorgenommen wurde. Zu beachten ist allerdings, dass eine **deklaratorisch wirkende Eintragung** wegen eines wesentlichen Verfahrensmangels auch dann nach § 395 nicht mehr gelöscht werden kann, wenn sie die materielle Rechtslage zutreffend wiedergibt, weil dies dem Sinn des Löschungsverfahrens widersprechen würde (s. Rn. 7) und als nächste Reaktion ein Zwangsgeldverfahren angestrengt werden müsste, demzufolge die Anmeldung für exakt die Eintragung erzwungen werden müsste, die zuvor gelöscht wurde. Hingegen genügt bei konstitutiv wirkenden

---

[10] BayObLG NZG 2001, 889 = Rpfleger 2001, 599; KG OLGZ 1986, 296 = NJW-RR 1986, 1240; *Keidel/Heinemann* Rn. 13; *Keidel/Kuntze/Winkler* § 142 FGG Rn. 13; *Jansen/Steder* § 142 FGG Rn. 30; *Krafka/Willer,* Registerrecht, Rn. 443.
[11] Vgl. BT-Drucks. 16/6140, S. 73 und S. 79.
[12] BGHZ 144, 365 = NJW 2000, 2819.
[13] OLG Frankfurt OLGZ 1994, 39 = Rpfleger 1993, 249; BayObLGZ 1971, 266; *Jansen/Steder* § 142 FGG Rn. 15.
[14] OLG Zweibrücken NJW-RR 2001, 1689; *Jansen/Steder* § 142 FGG Rn. 15 m. weit. Nachw.
[15] *Jansen/Steder* § 142 FGG Rn. 28 m. weit. Nachw.; *Keidel/Heinemann* Rn. 17; *Krafka/Willer,* Registerrecht, Rn. 443.

Eintragungen das Vorliegen eines Verfahrensfehlers jedenfalls dann, wenn dieser nicht durch die Vornahme der ursprünglichen Eintragung geheilt wurde, was letztlich eine Frage der zugrunde liegenden gesellschaftsrechtlichen Regelungen ist[16] (s. Rn. 8). In besonderem Maße haben Verfahrensfehler Bedeutung für die Beseitigung amtswegig vorgenommener Löschungen nach § 393 und § 394 (s. hierzu die Erläuterungen in § 393 Rn. 17 f. und § 394 Rn. 21 f.).

11 c) **Inhaltliche Mängel.** Ein sachlicher Mangel rechtfertigt die Eintragung dann, wenn sie die materielle Rechtslage unrichtig darstellt und – wie in Rn. 9 allgemein beschrieben – eine **Beseitigung im öffentlichen Interesse oder im Interesse der Beteiligten** geboten erscheint. Ein Beispiel hierfür ist etwa eine offensichtlich unzulässig gebildete Firma eines Einzelkaufmannes oder einer Personenhandelsgesellschaft; für Kapitalgesellschaften wären in diesem Fall die Sondervorschriften der §§ 397 ff. zu beachten. Ebenso ist die Eintragung einer **Kapitalerhöhung** zu löschen, wenn der tatsächlich beschlossene und angemeldete Betrag ein anderer war.[17] Wurde ein **Organmitglied** bestellt, obwohl es die gesetzlichen Voraussetzungen nicht erfüllt (vgl. zB § 6 Abs. 2 GmbHG), so ist der zugrunde liegende Beschluss nichtig und die Eintragung daher gleichfalls nach § 395 zu löschen; § 398 ist in diesem Fall nicht einschlägig (vgl. Rn. 4). Dagegen stellt es zunächst keinen Mangel im Sinne des § 395 dar, wenn für die ausgeübte Tätigkeit des im Register eingetragenen Rechtsträgers eine nach öffentlichem Recht erforderliche **Genehmigung** fehlt (s. § 7 HGB). In diesem Fall muss vielmehr die zuständige Behörde nach den gewerberechtlichen Vorschriften vorgehen und danach die Einstellung des Gewerbebetriebs durchsetzen. Sofern dies erfolgreich geschehen ist, kann gegebenenfalls nach § 31 Abs. 2 S. 2 HGB iVm. § 393 das Erlöschen der Firma von Amts wegen eingetragen oder bei Kapitalgesellschaft nach § 397 vorgegangen werden (s. § 397 Rn. 8).[18]

III. Löschungsverfahren

12 **1. Einleitung des Verfahrens. a) Beginn von Amts wegen und auf Antrag.** Ein Löschungsverfahren nach § 395 wird entweder von Amts wegen, unter Umständen auch auf Anregung eines Beteiligten (§ 24 Abs. 1), oder auf Antrag der berufsständischen Organe (§ 380) eingeleitet. Unabhängig davon, aus welchem Anlass das Verfahren eröffnet wird, handelt es sich nicht um ein streitiges. Die Einleitung des Verfahrens steht im **Ermessen des Gerichts** („kann"), sodass eine Pflicht zur Löschung nur besteht, wenn eine dahin gehende Ermessensreduktion zu bejahen ist. Dies ist nur anzunehmen, wenn es im öffentlichen Interesse an der Richtigkeit und Vollständigkeit des Registers oder im Interesse der Beteiligten geboten ist, auf diese Weise einzuschreiten.[19] Das Gericht hat von Amts wegen die relevanten Umstände zu ermitteln (§ 26) und sich hierbei angesichts der gravierenden Folgen vor der Durchführung der Löschung, gegebenenfalls auf Grund des Widerspruchsverfahrens, volle Gewissheit zu verschaffen. Kommt das Registergericht zu keiner unzweifelhaften Feststellung der Sach- oder Rechtslage, so muss die Löschung unterbleiben.

13 b) **Zuständigkeit.** Sachlich zuständig ist ausschließlich das betroffene **Registergericht.** Eine konkurrierende Zuständigkeit des übergeordneten Landgerichts, wie sie bis zur Reform der freiwilligen Gerichtsbarkeit zum 1. 9. 2009 in § 143 FGG aF vorgesehen war, sollte nach dem Regierungsentwurf inhaltsgleich als § 396 in das FamFG übernommen werden. Nachdem bereits frühzeitig bemerkt wurde, dass diese Vorschrift allenfalls Zuständigkeitsverwirrungen, angesichts des Wegfalls der Zuständigkeit des Landgerichts als Beschwerdeinstanz aber keinen praktischen Nutzen entfalten kann und daher als „sachliche Leerstelle" anzusehen ist,[20] wurde die Bestimmung im weiteren Gesetzgebungsverfahren gestrichen. Selbstverständlich bleiben die Landgerichte gleichwohl dazu berechtigt, die Löschung einer Eintragung anzuregen.[21] Die **örtliche Zuständigkeit** bestimmt sich nach § 377 Abs. 1. In **funktioneller Hinsicht** ist das Verfahren gemäß § 17 Nr. 1 lit. e RPflG dem Richter nur insoweit vorbehalten, als es um die Löschung von Eintragungen in der Abteilung B des Handelsregisters (s. hierzu § 374 Rn. 12) geht. Im Übrigen ist der Rechtspfleger zuständig. Den Ländern steht im Übrigen auf Grund § 19 Abs. 1 Nr. 5 RPflG die Möglichkeit offen, sämtliche Löschungsverfahren auf den Rechtspfleger zu verlagern.

---

[16] S. eingehend *Krafka*, Einführung in das Registerrecht, Rn. 84 ff.
[17] RGZ 85, 206.
[18] OLG Zweibrücken GmbHR 1995, 723; *Keidel/Heinemann* Rn. 16; *Keidel/Kuntze/Winkler* § 142 FGG Rn. 16; *Staub/Hüffer* § 7 HGB Rn. 9; *Jansen/Steder* § 142 FGG Rn. 24.
[19] BayObLG FGPrax 2002, 82 = NJW-RR 2002, 679; OLG Düsseldorf FGPrax 1998, 231 = Rpfleger 1999, 29; *Jansen/Steder* § 142 FGG Rn. 45.
[20] *Krafka* FGPrax 2007, 51 (55).
[21] BT-Drucks. 16/9733, S. 298.

§ 396

2. Benachrichtigung. a) Löschungsankündigung. Vergleichbar der Löschungsankündigungen 14
in den Fällen der §§ 393, 394 hat auch bei der Löschung nach § 395 das Registergericht zunächst gemäß Abs. 2 S. 1 durch entsprechende **Verfügung** die Beteiligten von der beabsichtigten Löschung zu benachrichtigen und dabei eine Frist zur Geltendmachung eines Widerspruchs zu bestimmen. Die zu löschende Eintragung und die angenommenen Gründe ihrer Unzulässigkeit sind dabei so genau zu bezeichnen, dass es den Beteiligten möglich ist, im Rahmen eines etwaigen Widerspruchs dazu substantiiert vortragen zu können. Die spätere Löschung muss sich im Rahmen dieser Löschungsankündigung halten.[22] Die Einhaltung dieser Verfahrensvorschriften dienen dem Schutz der Beteiligten. Verzichten diese auf deren Einhaltung, so ist es dem Registergericht gestattet, die Löschung gegebenenfalls sofort, also ohne entsprechende Ankündigung oder Bekanntmachung vorzunehmen.[23]

b) Verfahrensbeteiligte. Beteiligter im Sinne des Abs. 2 S. 1 ist stets der betroffene Rechts- 15
träger, ferner auch gemäß Abs. 2 S. 2 iVm. § 394 Abs. 2 S. 1 dessen gesetzliche Vertreter, zudem aber auch ein von der zu löschenden Eintragung Betroffener (vgl. § 7 Abs. 2 Nr. 1). Soll die Eintragung eines Prokuristen, Geschäftsführers[24] oder Vorstandsmitglieds gelöscht werden, ist dieser nach der genannten Vorschrift als Beteiligter hinzuzuziehen, ebenso der andere Vertragsteil bei einem Verfahren zur Löschung der Eintragung eines Unternehmensvertrags. Sollten Zweifel an der ordnungsgemäßen Vertretung des Rechtsträgers bestehen, muss gegebenenfalls allein für die Durchführung des Verfahrens ein Notgeschäftsführer oder Notvorstand bestellt werden.[25]

c) Fristsetzung. Die **angemessen zu wählende Frist** zur Geltendmachung eines Widerspruchs 16
muss in der Löschungsankündigung enthalten sein. Sie gewährt den Beteiligten nicht nur rechtliches Gehör und gibt damit die Gelegenheit zum Vortrag ergänzender Umstände, sondern räumt ihnen zudem die Möglichkeit ein, den gegebenenfalls vorliegenden Mangel zu beseitigen, soweit dies nachträglich noch möglich ist. Die Dauer der Frist bestimmt sich nach dem jeweiligen Einzelfall. Auch hier dürfte es angemessen sein, als Mindestfrist die Beschwerdefrist des § 63 Abs. 1 anzusetzen.

d) Bekanntgabe, keine Anhörungspflicht. Die Löschungsverfügung ist den Beteiligten nach 17
§ 15 Abs. 1 und 2 bekannt zu geben, also entweder nach den Vorschriften der ZPO zuzustellen oder durch Aufgabe zur Post abzusenden. Ferner verweist Abs. 2 S. 2 auf § 394 Abs. 2 S. 2, so dass das Registergericht die Möglichkeit hat, die Löschungsankündigung gemäß § 10 HGB **öffentlich bekannt zu machen**, allerdings mit der Folge, dass auch beliebige Dritte, die an der Unterlassung der Löschung ein Interesse haben, Widerspruch gegen die Verfügung einlegen können (s. § 394 Abs. 2 S. 2 Halbs. 2). Da auf § 394 Abs. 2 S. 3 nicht verwiesen wird, besteht im Rahmen des Löschungsverfahrens nach § 395 **keine generelle Pflicht zur Anhörung** der berufsständischen Organe. Gleichwohl kann das Registergericht ihnen gemäß § 380 Abs. 2 Gelegenheit zur Äußerung geben, sofern es sich aus Sicht des Gerichts um einen zweifelhaften Fall handelt.

3. Widerspruchsverfahren und Rechtsmittel. Für das **Widerspruchsverfahren** gelten die 18
Ausführungen zu § 393 Abs. 3 bis 5 entsprechend, auf die in Abs. 3 verwiesen wird (s. dazu § 393 Rn. 12 ff.). Dies trifft ebenso für das **Rechtsmittel** der Beschwerde zu, das sowohl gegen den nach § 393 Abs. 3 S. 2 zur Aufhebung der Löschungsankündigung ergehenden Beschluss, als auch gegen den Beschluss denkbar ist, mit dem der Widerspruch zurückgewiesen wird (vgl. § 393 Abs. 4 und Abs. 5).

4. Vornahme der Löschung. Die **Löschung,** die nach Abs. 3 iVm. § 393 Abs. 5 bei Geltend- 19
machung eines Widerspruchs erst nach Eintritt der Rechtskraft des Beschlusses erfolgen darf, mit dem dieser zurückgewiesen wurde, geschieht gemäß Abs. 1 S. 2 „durch Eintragung eines Vermerks". Die entsprechenden Ausführungsvorschriften sehen in § 19 Abs. 1 HRV und § 11 Abs. 3 VRV vor, dass die Löschung durch die Eintragung des Vermerks „Von Amts wegen gelöscht" erfolgt.

5. Gerichtskosten. Nach § 88 Abs. 1 KostO werden für Löschungen nach § 395 **keine Gebüh-** 20
ren erhoben. Allerdings wird gemäß § 88 Abs. 2 KostO im Fall der Zurückweisung eines Widerspruchs gegen die angedrohte Löschung das Doppelte der vollen Gebühr erhoben; der Geschäftswert bestimmt sich in diesem Fall nach § 30 Abs. 2 KostO.

§ 396 (weggefallen)

---

[22] *Jansen/Steder* § 142 FGG Rn. 54.
[23] BayObLG Rpfleger 1990, 200; KG JFG 16, 189; *Jansen/Steder* § 142 FGG Rn. 72.
[24] S. BayObLG NJW-RR 1986, 1362; *Jansen/Steder* § 142 FGG Rn. 50.
[25] BayObLG ZIP 1994, 1767; BayObLGZ 1981, 227; *Keidel/Kuntze/Winkler* § 142 FGG Rn. 25.

§ 397 Löschung nichtiger Gesellschaften und Genossenschaften

¹ Eine in das Handelsregister eingetragene Aktiengesellschaft oder Kommanditgesellschaft auf Aktien kann nach § 395 als nichtig gelöscht werden, wenn die Voraussetzungen vorliegen, unter denen nach den §§ 275 und 276 des Aktiengesetzes die Klage auf Nichtigerklärung erhoben werden kann. ² Das Gleiche gilt für eine in das Handelsregister eingetragene Gesellschaft mit beschränkter Haftung, wenn die Voraussetzungen vorliegen, unter denen nach den §§ 75 und 76 des Gesetzes betreffend die Gesellschaften mit beschränkter Haftung die Nichtigkeitsklage erhoben werden kann, sowie für eine in das Genossenschaftsregister eingetragene Genossenschaft, wenn die Voraussetzungen vorliegen, unter denen nach den §§ 94 und 95 des Genossenschaftsgesetzes die Nichtigkeitsklage erhoben werden kann.

Schrifttum: *Baumbach/Hueck,* GmbH-Gesetz, 18. Aufl. 2006; *Fleischhauer/Preuß,* Handelsregisterrecht, 2006; *Krafka/Willer,* Registerrecht, 7. Aufl. 2007; *Lutter/Hommelhoff,* GmbH-Gesetz, 16. Aufl. 2004; *Rowedder/Schmidt-Leithoff,* GmbH-Gesetz, 4. Aufl. 2002.

I. Allgemeines

1 **1. Anwendungsbereich.** Nach Prüfung des Gerichts vorgenommene Registereintragungen sind nur in Ausnahmefällen zu löschen und genießen besonderen Bestandsschutz. Somit gilt der **Grundsatz der Erhaltung der Eintragung**.[1] In besonderem Maße hat dies bei der Eintragung von Kapitalgesellschaften und Genossenschaften seinen Niederschlag gefunden, die daher nicht bereits auf Grund der regulären Löschungsvorschrift des § 395 beseitigt werden können, sondern lediglich unter Einhaltung der besonderen Anforderungen des § 397. Anders als nach der allgemeinen Löschungsvorschrift (hierzu § 395 Rn. 10) sind daher **Fehler des Anmeldungsverfahrens** im Rahmen der Frage zur Löschung der Gesellschaft oder Genossenschaft nach § 397 irrelevant,[2] was allerdings nach zutreffender Ansicht in diesem Fall den **Rückgriff auf § 395** nicht zwingend ausschließt (s. Rn. 3 und § 395 Rn. 4). Die Vorschrift übernimmt die bis zur Reform der freiwilligen Gerichtsbarkeit zum 1. 9. 2009 in § 144 Abs. 1 FGG aF enthaltene Regelung. Für die Löschung von Beschlüssen tritt an die Stelle des § 144 Abs. 2 FGG aF die Bestimmung des § 398. Für beide Verfahren gilt, dass ein etwaiges Verfahren zur Löschung des Rechtsträgers nach § 397 parallel neben einem Verfahren zur Löschung eines eingetragenen Beschlusses nach § 398 möglich ist.[3]

2 **2. Normzweck, betroffene Rechtsträger.** Im Sinne des Grundsatzes der Eintragungserhaltung verfolgt der Gesetzgeber mit der Sonderregelung des § 397 zum **Schutz des Vertrauens der Öffentlichkeit** das Ziel, den Bestand eingetragener Gesellschaften möglichst zu erhalten. Damit müssen gegebenenfalls die privaten Interessen der an dem Rechtsträger Beteiligten und sonstiger Dritter, die durch die Eintragung einer fehlerhaften Gesellschaft nachteilig betroffen sind, hintangestellt werden.[4] Anwendung findet allerdings § 397 ausschließlich auf die darin genannten Gesellschaftsformen, also auf **Aktiengesellschaften, Kommanditgesellschaften auf Aktien, Gesellschaften mit beschränkter Haftung** – naturgemäß einschließlich derjenigen, die als Unternehmergesellschaft (haftungsbeschränkt) firmieren müssen – und **Genossenschaften.** Bei anderen Gesellschaften, auch zum Beispiel bei einer „Kapitalgesellschaft & Co. KG" ist gegebenenfalls § 395 unmittelbar anzuwenden. Ein Ziel der Sondervorschrift des § 397 ist im Übrigen die geregelte Liquidation oder Abwicklung des betroffenen Rechtsträgers, da entgegen der missverständlichen Formulierung in § 397, wonach die Gesellschaft oder Genossenschaft „als nichtig gelöscht" wird, dies nicht sofort zu deren vollständiger Beseitigung führt, sondern lediglich in ein Stadium einmündet, das dem der Abwicklung oder Liquidation entspricht (s. Rn. 20).

3 **3. Verhältnis zu § 395.** Im Verhältnis zur allgemeinen Löschungsbestimmung des § 395 handelt es sich bei § 397 um eine **vorrangige Spezialvorschrift,** die in ihrem Anwendungsbereich die Möglichkeiten zur Löschung der entsprechenden Gesellschaften und der Genossenschaften grundsätzlich abschließend beschreibt (vgl. § 395 Rn. 4).[5] Ein **Rückgriff auf § 395** ist daher in Bezug auf

---

[1] OLG Zweibrücken GmbHR 1995, 723; *Keidel/Heinemann* Rn. 1; *Bumiller/Harders* Vor § 397 Rn. 1; *Bumiller/Winkler* Vor § 144 FGG Rn. 1; *Keidel/Kuntze/Winkler* § 144 FGG Rn. 1.

[2] BayObLG GmbHR 1996, 441 = DNotZ 1997, 81; OLG Zweibrücken GmbHR 1995, 723; BayObLG GmbHR 1992, 304 = BB 1991, 1729; *Jansen/Steder* § 144 FGG Rn. 3; *Keidel/Kuntze/Winkler* § 144 FGG Rn. 1.

[3] *Jansen/Steder* § 144 FGG Rn. 10 unter Verweis auf KG DNotV 2939, 281.

[4] OLG Frankfurt FGPrax 2002, 78 = Rpfleger 2002, 208; KG FGPrax 2001, 31.

[5] OLG Hamm OLGZ 1979, 313 = Rpfleger 1979, 308; *Keidel/Heinemann* Rn. 4; *Keidel/Kuntze/Winkler* § 144 FGG Rn. 1.

die Löschung der Gesellschaft nur dann möglich, wenn die Eintragung materiell-rechtlich fehlerhaft ist und zugleich auf einem besonders schwer wiegenden Verfahrensmangel beruht – da solche Mängel im Rahmen des § 397 irrelevant sind (s. Rn. 1) –, wie zum Beispiel bei einer Eintragung ohne Anmeldung der befugten Personen. Solche Mängel sind für die Richtigkeit des Registers nicht weniger wichtig, als die in § 397 behandelten Fehler, so dass der Grundsatz der Eintragungserhaltung insoweit zugunsten des Interesses der Öffentlichkeit und der Beteiligten an einem ordnungsgemäßen Registerverfahren eingeschränkt werden muss. Etwas anderes gilt nur, wenn gesetzlich eine entsprechende Heilung solcher Mängel vorgesehen ist, wie bei der Entstehung der Gesellschaft oder Genossenschaft durch eine Umwandlungsmaßnahme (§ 20 Abs. 1 Nr. 4, § 131 Abs. 1 Nr. 4 und § 202 Abs. 1 Nr. 3 UmwG).

4. Abgrenzung zu § 399. Für **Genossenschaften** gilt § 399 nicht, so dass sich hier die Frage der Konkurrenz von vornherein nicht stellt. Ein Konkurrenzverhältnis des Löschungsverfahrens nach § 397 zum Amtsauflösungsverfahren nach § 399 besteht im Übrigen auch für **Kapitalgesellschaften** (Aktiengesellschaften, Kommanditgesellschaften auf Aktien und Gesellschaften mit beschränkter Haftung) nicht, da es keine Überschneidungen der Tatbestände zur Einleitung des jeweiligen Verfahrens gibt. Während nämlich die Löschung der Kapitalgesellschaften durch den Verweis auf die Nichtigkeitsgründe nur bei Fehlen einer Bestimmung über das Grund- und Stammkapital sowie Fehlen oder Nichtigkeit der Regelung des Unternehmensgegenstands in Frage kommt (s. § 75 Abs. 1 GmbHG, § 275 Abs. 1 AktG), steht das Auflösungsverfahren zur Verfügung bei Fehlen oder Nichtigkeit der Bestimmungen zu Firma, Sitz und Einteilung des Grund- oder Stammkapitals sowie Nichtigkeit der Bestimmung zu dessen Höhe und weiterer aktienrechtlicher Besonderheiten (s. im Einzelnen die Verweisung in § 398).

II. Löschungsvoraussetzungen

1. Nichtigkeitsgründe bei Kapitalgesellschaften. a) Allgemeines. Nach § 397 kann das Registergericht bei Vorliegen eines Grundes, der die **Nichtigkeitsklage** insbesondere eines Gesellschafters oder eines Geschäftsführers beziehungsweise Aktionärs oder Vorstands-/Aufsichtsratsmitglieds rechtfertigen würde, von Amts wegen die Gesellschaft löschen. Eine Erweiterung dieser Gründe kommt angesichts der Regelung des Amtsauflösungsverfahrens in § 399 und der damit erkennbar abschließenden Aufzählung der Löschungsgründe in § 397 nicht in Betracht,[6] und würde auch der europarechtlichen Grundlage dieser Bestimmungen in Art. 11 Nr. 2 der Publizitätsrichtlinie (s. § 374 Rn. 2) nicht gerecht werden. Ebenso darf nicht über die Annahme einer Gesamtnichtigkeit gemäß § 139 BGB auf Grund der Unwirksamkeit anderer gesellschaftsvertraglicher oder satzungsmäßiger Bestimmungen das Vorliegen eines Löschungsgrundes bejaht werden, da andernfalls die eindeutige gesetzgeberische Entscheidung zur Beschränkung der insoweit relevanten Mängel unterlaufen wird.[7] Daher sind vorhandene Fehler wie etwa eine fehlende oder unwirksame Beurkundung (§ 2 Abs. 1 GmbHG, § 23 Abs. 1 AktG), Mängel im Gründungsverfahren oder Fehler bei der Kapitalaufbringung für die Einleitung eines Löschungsverfahrens nach § 397 nicht ausreichend.

b) Mängel bei Grund- oder Stammkapital. Als Grund für ein Löschungsverfahren sieht § 397 iVm. § 75 Abs. 1 GmbHG und § 275 Abs. 1 AktG das Fehlen einer Bestimmung über das **Grund- oder Stammkapital** (vgl. § 3 Abs. 1 Nr. 3 GmbHG und § 23 Abs. 3 Nr. 3 AktG) vor. Es dürfte sich um einen nur in extrem seltenen Ausnahmefällen vorliegenden Mangel handeln. Ist eine Bestimmung vorhanden, aber – zum Beispiel bei einer Aktiengesellschaft wegen Unterschreitens der Mindesthöhe von 50 000 Euro (§ 7 AktG) oder allgemein bei Angabe einer anderen Währung als Euro – nichtig, so ist kein Löschungsgrund gegeben, sondern das Amtsauflösungsverfahren nach § 399 durchzuführen.

c) Kein Unternehmensgegenstand. Ebenfalls selten dürfte der Fall des Fehlens einer Bestimmung über den **Unternehmensgegenstand** (§ 3 Abs. 1 Nr. 2 GmbHG und § 23 Abs. 3 Nr. 2 AktG) sein. Die Unwirksamkeit der getroffenen Regelung ist allerdings, insoweit abweichend von den Bestimmungen zur Höhe des Stamm- oder Grundkapitals (s. Rn. 6), ebenfalls Nichtigkeits- und daher Löschungsgrund im Sinne des § 397 (s. Rn. 8). Sollte allerdings der vorhandene und im Register eingetragene Unternehmensgegenstand ungenügend individualisiert sein (s. für Industrie- und Handelsunternehmen § 23 Abs. 3 Nr. 3 AktG),[8] so kommt nur in offensichtlichen Missbrauchs-

---

[6] *Jansen/Steder* § 144 FGG Rn. 24; *Keidel/Heinemann* Rn. 8; *Keidel/Kuntze/Winkler* § 144 FGG Rn. 12; *Baumbach/Hueck/Schulze-Osterloh/Zöllner* § 75 GmbHG Rn. 12.
[7] RGZ 114, 80; RGZ 128, 1; *Jansen/Steder* § 144 FGG Rn. 14; *Keidel/Kuntze/Winkler* § 144 FGG Rn. 12.
[8] Zu den hier gestellten Anforderungen s. *Krafka/Willer*, Registerrecht, Rn. 928 ff. (zur GmbH).

fällen die Annahme eines Löschungsgrundes in Betracht, namentlich dann, wenn es sich um eine Scheinregelung handelt (§ 117 Abs. BGB) und damit ein Fall des nichtigen Unternehmensgegenstands vorliegt (s. Rn. 8).[9]

8 **d) Nichtiger Unternehmensgegenstand.** Ferner kann die **Nichtigkeit des Unternehmensgegenstands** der Kapitalgesellschaft, der zwingend im Gesellschaftsvertrag oder in der Satzung enthalten sein muss (§ 3 Abs. 1 Nr. 2 GmbHG und § 23 Abs. 3 Nr. 2 AktG), Grund für die Eröffnung eines Löschungsverfahrens nach § 397 sein. Hierbei spielt es keine Rolle, ob der fragliche Gegenstand im Rahmen der Gesellschaftserrichtung oder durch spätere Änderung des Gesellschaftsvertrags (§§ 53f. GmbHG) beziehungsweise der Satzung (§§ 179, 181 AktG) vereinbart wurde,[10] da es für das Löschungsverfahren allein auf den Zeitpunkt der Löschung ankommt (s. Rn. 10). Die Nichtigkeit kann sich aus einem Verstoß gegen ein gesetzliches Verbot (§ 134 BGB) oder aus einem Verstoß gegen die guten Sitten (§ 138 BGB) ergeben.[11] Hierbei ist ausreichend, dass die Unwirksamkeit zum Beispiel durch ein erst später in Kraft getretenes Gesetz ausgelöst wird, da wiederum für das – möglichst effektiv auszugestaltende – Löschungsverfahren **gleichgültig ist, ob** die fragliche Bestimmung des Unternehmensgegenstands **von Anfang an unwirksam** ist. Entsprechend § 397 darf auch dann das Löschungsverfahren eingeleitet werden, wenn der im Gesellschaftsvertrag oder in der Satzung enthaltene und im Register eingetragene Unternehmensgegenstand von der tatsächlich ausgeübten Geschäftstätigkeit vollständig abweicht, also keine Überschneidung besteht, auch wenn diese Situation erst nachträglich eingetreten ist. Die zutreffende Gleichbehandlung dieses Falles mit der Nichtigkeit der Regelung ist zwar umstritten, lässt sich aber auf der Wertung des § 117 Abs. 1 BGB nachvollziehen und ist aus Gläubigerschutzgründen geboten.[12] Das Fehlen einer für das tatsächliche Betreiben des Unternehmens notwendigen Genehmigung führt im Übrigen gleichfalls zur Unwirksamkeit der entsprechenden Regelung im Gesellschaftsvertrag oder in der Satzung (vgl. § 395 Rn. 11).

9 **2. Nichtigkeitsgründe bei Genossenschaften.** Für Genossenschaften zieht **§ 94 GenG** den Bereich der Nichtigkeitsgründe erheblich weiter, als § 75 GmbHG und § 275 AktG für Kapitalgesellschaften. Dies beruht maßgeblich darauf, dass für Genossenschaften ein Auflösungsverfahren nach § 399 nicht vorgesehen ist. In diesem Sinne sind Löschungsgründe im Rahmen des § 397 das Fehlen oder die Nichtigkeit der Bestimmungen über Firma, Sitz und Unternehmensgegenstand (s. hierzu Rn. 7 f.) der Satzung (§ 6 Nr. 1 und 2 GenG), darüber ob die Mitglieder für den Fall der Insolvenz Nachschüsse zu leisten haben (§ 6 Nr. 3 GenG), über die Form der Einberufung der Generalversammlung (§ 6 Nr. 4 GenG) und der Bekanntmachungen der Genossenschaft samt Veröffentlichungsblatt (§ 6 Nr. 5), über die Geschäftsanteile sowie Einzahlungen (§ 7 Nr. 1 GenG), über die Bildung einer gesetzlichen Rücklage (§ 7 Nr. 2 GenG) sowie etwaige Regelungen über die Haftsumme (§ 119 GenG).

10 **3. Maßgeblicher Zeitpunkt.** Für das Vorliegen der Nichtigkeitsgründe kommt es für die Möglichkeit der Löschung nach § 397 nicht darauf an, ob der fragliche Mangel bereits bei Vornahme der Eintragung des Rechtsträgers vorlag oder erst später entstanden ist.[13] Daher können auch Gründe berücksichtigt werden, die zum Beispiel erst **nachträglich** die Unwirksamkeit der Bestimmung des Unternehmensgegenstands herbeigeführt haben. Wurde etwa nach Eintragung eine bestimmte Tätigkeit für den fraglichen Rechtsträger gesetzlich verboten und damit die dahin gehende Bestimmung des Gesellschaftsvertrags nach § 134 BGB nichtig, so kommt ein Löschungsverfahren nach § 397 in Betracht, wenn gesellschaftsvertraglich ausschließlich die nunmehr verbotene Tätigkeit als Unternehmensgegenstand vorgesehen ist. Dasselbe gilt bei einer fehlenden erforderlichen staatlichen Genehmigung für die Ausübung des Betriebs der Gesellschaft (s. Rn. 8 und § 395 Rn. 11). Umgekehrt genügt allein das Vorliegen des Mangels bei der ursprünglichen Eintragung der Gesellschaft nicht, wenn der Fehler inzwischen geheilt wurde (s. Rn. 12).

11 **4. Verhältnis zur Nichtigkeitsklage.** Nach den gesellschaftsrechtlichen Vorschriften steht den dort Genannten die Nichtigkeitsklage zur Verfügung (§ 75 Abs. 1 GmbHG, § 275 Abs. 1 AktG, § 94 GenG). Während diese **privatautonome Klagemöglichkeit** von der Entscheidungsfreiheit der klageberechtigten Gesellschafter und Organmitglieder abhängt, besteht zudem ein **öffentliches**

---

[9] Ähnlich *Jansen/Steder* § 144 FGG Rn. 22 m. weit. Nachw., wonach grundsätzlich bei mangelnder Individualisierung kein Nichtigkeitsgrund vorliegt.
[10] *Lutter/Hommelhoff/Kleindiek* § 75 GmbHG Rn. 3; aA BayObLG BB 1982, 578.
[11] BayObLGZ 1996, 188 = NJW 1996, 3217; *Keidel/Kuntze/Winkler* § 144 FGG Rn. 10.
[12] *Jansen/Steder* § 144 FGG Rn. 20; *Baumbach/Hueck/Schulze-Osterloh/Zöllner* § 75 GmbHG Rn. 16; aA *Rowedder/Schmidt-Leithoff/Zimmermann* § 75 GmbHG Rn. 19; *Keidel/Heinemann* Rn. 10.
[13] *Keidel/Kuntze/Winkler* § 142 FGG Rn. 3 m. weit. Nachw.

Interesse an der Löschung von Rechtsträgern, die an elementaren gesellschaftsrechtlichen Mängeln leiden. Daher steht das Löschungsverfahren nach § 397 gleichberechtigt neben der jeweiligen Nichtigkeitsklage, sodass auch eine bereits erhobene solche Klage die Eröffnung des amtswegigen Löschungsverfahrens nicht ausschließt.[14] Allerdings wird regelmäßig die **Aussetzung** des Löschungsverfahrens nach § 21 geboten sein, da ein der Nichtigkeitsklage stattgebendes Urteil das Verfahren erledigt und bei Kapitalgesellschaften von Amts wegen in das Register eingetragen wird (s. § 75 Abs. 2 GmbHG, § 275 Abs. 4 AktG, jeweils iVm. § 248 Abs. 1 S. 3 AktG); bei Genossenschaften besteht die Pflicht des Vorstands. die entsprechende Eintragung herbeizuführen (§ 96 iVm. § 53 Abs. 5 GenG). Im Übrigen führt umgekehrt das erfolgreich abgeschlossene Löschungsverfahren nach § 397 zur Hauptsacheerledigung der Nichtigkeitsklage,[15] sodass auch das Prozessgericht gemäß § 148 ZPO die Verhandlung aussetzen kann. Schließlich ist zu beachten, dass ein die Nichtigkeitsklage abweisendes Urteil für das Registergericht keine Bindungswirkung entfaltet und damit gleichwohl eine amtswegige Löschung gemäß § 397 in Betracht kommt.[16]

5. Heilung der Nichtigkeit. Für einzelne ein Löschungsverfahren auslösende Nichtigkeitsgründe sehen die gesellschaftsrechtlichen Spezialvorschriften die Möglichkeit einer **nachträglichen Heilung** vor (s. § 76 GmbHG, § 276 AktG und § 95 Abs. 2 GenG). Erforderlich ist jeweils die Einhaltung der dort vorgesehenen Formalien, bei Kapitalgesellschaften also die Vornahme einer ordnungsgemäßen Gesellschaftsvertrags- beziehungsweise Satzungsänderung, bei Gesellschaften mit beschränkter Haftung unter Zustimmung aller Gesellschafter. Die Heilung des Mangels tritt mit Wirksamwerden dieses Vorgangs ein, also erst mit Eintragung der Änderung im Register (§ 54 Abs. 3 GmbHG, § 181 Abs. 3 AktG, § 16 Abs. 6 GenG). Wurde der Mangel nach diesen Vorschriften geheilt, kommt eine Löschung des Rechtsträgers nach § 397 nicht mehr in Betracht,[17] und zwar auch dann nicht, wenn die gesetzte Widerspruchsfrist abgelaufen oder ein den erhobenen Widerspruch zurückweisender Beschluss rechtskräftig geworden ist.[18]

III. Löschungsverfahren

1. Einleitung des Verfahrens. Für die Eröffnung des Verfahrens verweist § 397 auf die allgemeine Löschungsregelung des § 395. Danach leitet das Registergericht das Verfahren entweder **von Amts wegen oder auf Antrag** der berufsständischen Organe (§ 380 Abs. 1) ein (s. § 395 Rn. 12). Ausweislich des Wortlauts handelt es sich bei der Verfahrenseröffnung um eine Entscheidung, die im Ermessen des Gerichts steht („kann").[19] Im gesellschaftsrechtlichen Schrifttum wird allerdings überwiegend angenommen, das Registergericht sei zur Eröffnung des Löschungsverfahrens nach § 397 von Amts wegen verpflichtet.[20] Zutreffend ist hieran, dass es im Rahmen der Ermessensausübung **keines überwiegenden öffentlichen Interesses für die Löschung bedarf,** um das Verfahren einzuleiten, sondern auch private Interesse hierbei ausreichend sind. Bestehen also greifbare Anhaltspunkte für das Vorliegen eines Löschungsgrunds (hierzu Rn. 5 ff.), wird für das Registergericht keine andere Entscheidung ermessensgerecht sein, als die Eröffnung des Verfahrens. Im Rahmen des Verfahrens hat sodann das Gericht den Sachverhalt von Amts wegen zu klären (§ 26).

2. Zuständigkeit. Für die Vornahme des Verfahrens ist ausschließlich das Amtsgericht-Registergericht sachlich zuständig. Die **örtliche Zuständigkeit** ist verfahrensübergreifend in § 377 Abs. 1 geregelt. In funktioneller Hinsicht besteht nach § 17 Nr. 1 lit. e RPflG ein **Richtervorbehalt,** der allerdings auf Grund der Öffnungsklausel des § 19 Abs. 1 Nr. 5 RPflG zur Disposition der Länder steht.

3. Weiterer Verfahrensablauf. a) Allgemeines. Die Abwicklung des Verfahrens richtet sich auf Grund der Verweisung nach § 395 (s. allgemein daher § 395 Rn. 14 ff.) und letztlich auf Grund der Bestimmung in § 395 Abs. 3 nach den allgemeinen Regelungen in § 393 Abs. 3 bis 5 (vgl. zum Widerspruchsverfahren § 393 Rn. 12 ff.). Im Rahmen der erforderlichen Löschungsankündigung hat das Registergericht im Wege der **Verfügung** die „Löschung als nichtig" in Aussicht zu stellen und – wenn der Mangel geheilt werden kann – nach § 45 Abs. 1 HRV und § 22 Abs. 1 GenRegV auf diese

---

[14] Baumbach/Hueck/Schulze-Osterloh/Zöllner, GmbHG, Anh. § 77 Rn. 26 m. weit. Nachw.
[15] Jansen/Steder § 144 FGG Rn. 57.
[16] Keidel/Heinemann Rn. 7; Keidel/Kuntze/Winkler § 144 FGG Rn. 31; Baumbach/Hueck/Schulze-Osterloh/Zöllner, GmbHG, Anh. § 77 Rn. 26.
[17] KG JFG 11, 159 = JW 1934, 1124; Baumbach/Hueck/Schulze-Osterloh/Zöllner, GmbHG, Anh. § 77 Rn. 24.
[18] KG JFG 11, 159; Jansen/Steder § 144 FGG Rn. 25.
[19] S. Jansen/Steder § 144 FGG Rn. 48; Keidel/Heinemann Rn. 17; Keidel/Kuntze/Winkler § 144 FGG Rn. 31.
[20] Baumbach/Hueck/Schulze-Osterloh/Zöllner, GmbHG, Anh. § 77 Rn. 25 m. weit. Nachw.

§ 398   Buch 5. Abschnitt 3. Registersachen

Möglichkeit ausdrücklich hinzuweisen. Da es sich nicht um eine Entscheidung handelt, mit welcher der Verfahrensgegenstand ganz oder teilweise erledigt wird, ergeht die Löschungsankündigung samt Fristsetzung als Verfügung, die nicht den Beschlussformalien unterliegt (vgl. § 38 Abs. 1).

16   **b) Beteiligte.** Als Verfahrensbeteiligter kommt im Fall der Löschung des Rechtsträgers nur dieser selbst in Betracht. Die Löschungsankündigung ist daher **an die Gesellschaft** oder Genossenschaft zu richten, **vertreten durch ihre Organe.**[21] Die Verweisung auf § 394 Abs. 2 S. 1 in § 395 Abs. 2 S. 2, auf den § 397 Bezug nimmt, bestätigt dies mittelbar, indem die Löschungsankündigung den gesetzlichen Vertretern der Gesellschaft bekannt zu machen ist. Das amtswegige Löschungsverfahren nach § 397 ist kein kontradiktorisches, so dass die insoweit für die Nichtigkeitsklage einschlägige Vorschrift, nach der die Aktiengesellschaft von Vorstand und Aufsichtsrat gemeinsam vertreten wird (s. § 275 Abs. 4 S. 1 iVm. § 246 Abs. 2 S. 2 AktG), keine Anwendung findet.[22]

17   **c) Benachrichtigung, Fristsetzung.** Die Benachrichtigung des Beteiligten von der Löschungsankündigung hat nach § 15 Abs. 1 und 2 durch Zustellung nach den Vorschriften der ZPO oder durch Aufgabe zur Post zu erfolgen. Darüber hinaus besteht im Rahmen des § 395 Abs. 2 S. 2 iVm. § 394 Abs. 2 S. 2 die Möglichkeit einer öffentlichen Bekanntgabe gemäß § 10 HGB. Eine Mindestdauer für die **zu setzende Frist** zur Geltendmachung eines Widerspruchs, wie sie bis zur Reform der freiwilligen Gerichtsbarkeit in § 144 Abs. 3 FGG aF mit drei Monaten enthalten war, ist nicht mehr vorgesehen. Wie sonst auch scheint es zunächst nahe liegend, sich insoweit an der Beschwerdefrist von einem Monat (§ 63 Abs. 1) zu orientieren. Zu bedenken ist aber, dass die Fristsetzung auch dem Ziel gerecht werden muss, Gelegenheit zur Heilung des Mangels zu geben, sofern dies möglich ist. Etwaige Einberufungsfristen für hierfür erforderliche Versammlungen sind daher bei der Fristbestimmung mit einzukalkulieren.

18   **d) Rechtsmittel, Gerichtskosten.** Gegen die Löschungsankündigung besteht die Gelegenheit des Widerspruchs (s. Rn. 15). Bei Zurückweisung des Widerspruchs – die durch Beschluss zu erfolgen hat (s. § 393 Abs. 3 iVm. § 395 Abs. 3) – kann hiergegen Beschwerde eingelegt werden. Für das Verfahren werden Gerichtskosten nach den Bestimmungen der Handelsregistergebührenverordnung erhoben (§§ 79, 79a KostO). Bei Einlegung eines Widerspruchs findet § 88 Abs. 2 KostO Anwendung.

19   **4. Löschung im Register.** Die Vornahme der **Löschung** ist nach Ablauf der Frist ohne Widerspruch sofort, im Übrigen erst nach Eintritt der Rechtskraft des Beschlusses, mit der ein Widerspruch zurückgewiesen wurde, zulässig (§ 393 Abs. 5 iVm. § 395 Abs. 3). Nach § 45 Abs. 2 S. 1 HRV und § 22 Abs. 2 GenRegV erfolgt der Vollzug der Löschungsankündigung durch die Vornahme einer Eintragung im Register. Der Vermerk muss einen Inhalt haben, der die Gesellschaft beziehungsweise Genossenschaft „als nichtig" bezeichnet. Da hiermit der automatische Übergang in ein Stadium verbunden ist, das bei regulären Rechtsträgern dem der Abwicklung oder Liquidation entspricht, sind die damit verbundenen gesellschaftsrechtlichen Folgen, die Einfluss auf bereits bestehende Registereintragungen haben, vom Registergericht nach § 384 Abs. 2 gleichfalls von Amts wegen einzutragen. Sollte die Eintragung der Löschung als nichtig ihrerseits an schwerwiegenden Mängeln leiden, so kann sie nach § 395 gelöscht werden.

20   **5. Rechtsfolge.** Die im Register vollzogene „Amtslöschung als nichtig" **wirkt konstitutiv** und hat dieselbe Wirkung wie eine erfolgreiche Nichtigkeitsklage nach § 75 GmbHG, § 275 AktG oder § 94 GenG. Die Gesellschaft ist somit durch den entsprechenden Vermerk noch nicht erloschen, sondern tritt wie bei der Auflösung in das **Liquidations- oder Abwicklungsstadium** ein (§ 77 Abs. 1 GmbHG, § 277 Abs. 1 AktG und § 97 Abs. 1 GenG). Erst nach Beendigung der Liquidation/Abwicklung ist durch die Liquidatoren/Abwickler das Erlöschen der Firma zur Eintragung in das Handelsregister anzumelden, wobei gegebenenfalls die entsprechende Mitwirkung zu erzwingen ist (§ 31 Abs. 2 S. 1 HGB). Hat das Erzwingungsverfahren keinen Erfolg, so steht das Verfahren nach § 393 zur Verfügung, um die Gesellschaft endgültig zu löschen.

§ 398 Löschung nichtiger Beschlüsse

Ein in das Handelsregister eingetragener Beschluss der Hauptversammlung oder Versammlung der Gesellschafter einer der in § 397 bezeichneten Gesellschaften sowie ein in das Genossenschaftsregister eingetragener Beschluss der Generalversammlung einer Genossenschaft kann nach § 395 als nichtig gelöscht werden, wenn er durch seinen Inhalt

---
[21] OLG Düsseldorf GmbHR 1995, 593; *Keidel/Heinemann* Rn. 21; *Jansen/Steder* § 144 FGG Rn. 51.
[22] *Jansen/Steder* § 144 FGG Rn. 51.

zwingende gesetzliche Vorschriften verletzt und seine Beseitigung im öffentlichen Interesse erforderlich erscheint.

Schrifttum: *Baumbach/Hueck,* GmbH-Gesetz, 18. Aufl. 2006; *Baums,* Eintragung und Löschung von Gesellschafterbeschlüssen, 1981; *Fleischhauer/Preuß,* Handelsregisterrecht, 2006; *Krafka/Willer,* Registerrecht, 7. Aufl. 2007.

I. Allgemeines

1. Normzweck. Auch § 398 ist neben §§ 395 und 397 eine weitere Bestimmung, die dem **erhöhten Bestandsschutz erfolgter Registereintragungen** Ausdruck verleiht (s. bereits § 395 Rn. 1 und § 397 Rn. 1 f.). Daher sind im Register eingetragene Beschlüsse der Haupt- oder Gesellschafterversammlung einer Aktiengesellschaft, Kommanditgesellschaft auf Aktien, Gesellschaft mit beschränkter Haftung – auch wenn sie als „Unternehmergesellschaft (haftungsbeschränkt)" firmiert – oder einer Genossenschaft nur in Ausnahmefällen zu löschen Da in dieser Spezialvorschrift einschränkende Voraussetzungen für die amtswegige Löschung statuiert werden, ist in ihrem Anwendungsbereich ein **Rückgriff auf** die allgemeine Löschungsvorschrift des **§ 395 unzulässig** (s. § 395 Rn. 4). Das Löschungsverfahren nach § 398 verfolgt erkennbar nicht das Ziel, alle im Register eingetragenen, aber unrichtig zustande gekommenen oder unwirksamen Beschlüsse zu beseitigen. Es hat vielmehr ausschließlich den Zweck, solche **Eintragungen zu löschen, deren Entfernung im öffentlichen Interesse geboten ist.** Das Verfahren nach § 398 dient somit keines Falls dazu, alle etwaigen Fehler, die dem Registergericht unter Umständen bei der vorgenommenen Eintragung des Beschlusses und bei der dieser vorangehenden Kontrolle unterlaufen sind, zu korrigieren. Insbesondere Fehler, die im Anmeldungsverfahren geschehen sind, spielen im Löschungsverfahren keine Rolle.[1] Daher ist es beispielsweise im Rahmen einer Löschung nach § 398 irrelevant, ob bei einer im Register eingetragenen Eingliederung die Registersperre nach § 319 Abs. 5 S. 2 AktG beachtet wurde.[2] Dem entspricht eine dahin gehend nur eingeschränkte Ermittlungspflicht des Registergerichts im Rahmen des Verfahrens nach § 398.[3]

2. Anwendungsbereich. a) Abgrenzung nach Rechtsträgern. Der Anwendungsbereich des § 398 ist in mehrfacher Hinsicht eingeschränkt. Die **Sperrwirkung des § 398** reicht hierbei nur soweit wie sein Anwendungsbereich, so dass es im Übrigen bei der Löschungsmöglichkeit nach der allgemeinen Vorschrift des § 395 verbleibt. Zum einen gilt dies bei der Eintragung von Beschlüssen bei anderen Rechtsträgern als Kapitalgesellschaften und Genossenschaften (s. Rn. 1), wie etwa für die Löschung bei Personengesellschaften, beispielsweise im Rahmen von Unternehmensverträgen, und bei Satzungsänderungen eingetragener Vereine.

b) Einzutragende Beschlüsse. Ausdrücklich behandelt § 398 nur solche **Beschlüsse, die in das Register eingetragen werden.** Beispiele hierfür sind Beschlüsse zur Änderung des Gesellschaftsvertrags (§ 53 GmbHG) oder der Satzung (§ 179 AktG, § 16 GenG), Zustimmungsbeschlüsse zu Unternehmensverträgen (§§ 293, 294 AktG) und Eingliederungsbeschlüsse nach § 320 Abs. 1 AktG. Nach herrschender Auffassung sollte allerdings § 144 Abs. 2 FGG aF, also die Vorgängerregelung zur Reform der freiwilligen Gerichtsbarkeit zum 1. 9. 2009, auch auf solche **Eintragungen im Register** Anwendung finden, bei denen zwar der Beschluss nicht vermerkt wird, **die aber letztlich auf einem Gesellschafterbeschluss beruhen.**[4] Dies überzeugt nicht, da die Einschränkungen des § 398 nur dort Sinn machen, wo im vorangegangenen Eintragungsverfahren entsprechende Prüfungsmöglichkeiten und -pflichten des Registergerichts bestanden und Dritte auf die erfolgte Eintragung vertrauen konnten. Andernfalls käme auf Grund § 46 Nr. 7 GmbHG auch eine amtswegige Prokuralöschung bei einer Gesellschaft mit beschränkter Haftung nur nach § 398 in Betracht, obwohl für die ursprüngliche Eintragung der Beschluss dem Registergericht nicht zur Prüfung vorzulegen war. Daher beurteilt sich entgegen der herrschenden Ansicht etwa die amtswegige Löschung einer Geschäftsführerbestellung nicht nach den engen Voraussetzungen des § 398, sondern nach der allgemeinen Löschungsvorschrift des § 395.

---

[1] OLG Hamburg RNotZ 2004, 41; OLG Frankfurt FGPrax 2002, 35 = Rpfleger 2002, 211; BayObLG GmbHR 1996, 441 = DNotZ 1997, 81; OLG Zweibrücken GmbHR 1995, 723; BayObLG GmbHR 1992, 304 = BB 1991, 1729; *Jansen/Steder* § 144 FGG Rn. 3; *Krafka/Willer,* Registerrecht, Rn. 459.
[2] OLG Karlsruhe FGPrax 2001, 161 = Rpfleger 2001, 498; *Jansen/Steder* § 144 FGG Rn. 38.
[3] BayObLG GmbHR 1992, 304 = BB 1991, 1729; *Jansen/Steder* § 144 FGG Rn. 49.
[4] BayObLG GmbHR 1996, 441 = DNotZ 1997, 81; BayObLG GmbHR 1992, 304 = BB 1991, 1729; OLG Karlsruhe OLGZ 1986, 155 = Rpfleger 1986, 140; *Keidel/Heinemann* Rn. 11; *Jansen/Steder* § 144 FGG Rn. 27 und 35; MünchKommAktG/*Hüffer* § 241 Rn. 75.

§ 398 4–8

c) Entsprechende Anwendung. Im Gegensatz zu den Eintragungen, die zwar auf Beschlüssen beruhen, nicht aber solche selbst vermerken, gebietet der Zweck des § 398 dessen entsprechende Anwendung in Fällen, in denen eine Tatsache im Register eingetragen wird, mit der **ein im Register einzutragender Beschluss durchgeführt wird.** In diesem Fall lassen sich die vorgenommenen Eintragungen nicht sinnvoll trennen, so dass bei der amtswegigen Löschung eine gleiche Behandlung geboten ist. Daher wird zu Recht angenommen, dass bei einer Aktiengesellschaft die Durchführung einer regulären Kapitalerhöhung[5] ebenso wie die Ausnutzung eines genehmigten Kapitals[6] ebenfalls nur unter den Voraussetzungen des § 398 gelöscht werden und auch insoweit § 395 verdrängt wird.

3. Heilungsvorschriften. Die Löschung eines im Register eingetragenen Beschlusses nach § 398 kann nicht mehr vorgenommen werden, wenn der **Mangel geheilt wurde.** So gibt es zum Beispiel für umwandlungsrechtliche Maßnahmen Sonderregelungen, denen zufolge mit Vornahme der Eintragung im Register nach § 20 Abs. 1 Nr. 4 UmwG (Verschmelzung), § 131 Abs. 1 Nr. 4 UmwG (Spaltungen) und § 202 Abs. 1 Nr. 3 UmwG (Formwechsel) etwaige formelle oder materielle Mängel des zugrunde liegenden Vorgangs heilen. Ebenso können bestimmte Beschlussmängel nicht mehr im Rahmen einer amtswegigen Löschung nach § 398 berücksichtigt werden, wenn die Eintragung auf der Grundlage einer im Freigabeverfahren nach 246a Abs. 1 AktG ergangenen Entscheidung beruht (s. § 242 Abs. 2 S. 5 Halbs. 2 AktG). Wie sich der Bestimmung in § 242 Abs. 2 S. 3 AktG entnehmen lässt, schränkt dagegen der Ablauf der Heilungsfristen nach § 242 Abs. 1 und Abs. 2 AktG die Befugnisse des Registergerichts nach § 398 nicht ein. Allenfalls kann ein längerer Zeitablauf dazu führen, dass das öffentliche Interesse an einer Beseitigung der Eintragung geringer geworden ist.[7]

4. Verhältnis zu § 395. Grundsätzlich ist im Anwendungsbereich des § 398 ein Rückgriff auf die weniger strenge Vorschrift des § 395 nicht gestattet (s. Rn. 1). Eine Ausnahme hiervon wird allerdings für geboten erachtet, wenn ausnahmsweise bei Vornahme der Eintragung ein so **schwer wiegender Verfahrensfehler** begangen wurde, dass der Fortbestand der Eintragung aus rechtsstaatlichen Gründen nicht hinnehmbar ist (s. ferner § 395 Rn. 4). Ist in diesem Fall einerseits der Beschluss mit inhaltlichen Mängeln behaftet und andererseits das Verfahren schwer wiegend fehlerhaft gewesen (vgl. § 395 Rn. 4 und 10), spricht nichts dagegen, ausnahmsweise die Beseitigung des Beschlusses nach § 395 auch dann zu gestatten, wenn die strengeren Anforderungen des § 398 nicht erfüllt sind. Ferner bleibt § 395 anwendbar, wenn es um die Löschung eines Scheinbeschlusses geht, also gerade um das Fehlen des eingetragenen Aktes.[8]

II. Löschungsvoraussetzungen

1. Fehlerhafte Beschlüsse. Die Voraussetzungen, unter denen ein im Register eingetragener Beschluss als nichtig gelöscht werden kann, beschreibt § 398 abschließend dadurch, dass er **durch seinen Inhalt zwingende gesetzliche Vorschriften verletzt** (hierzu Rn. 8) und seine **Beseitigung im öffentlichen Interesse** (hierzu Rn. 9) erforderlich erscheint. Damit ist ausgeschlossen, dass allein Fehler im Zustandekommen des Beschlusses ausreichen können, um die Löschung zu rechtfertigen.[9] Wurden also nur die Bestimmungen über die Einberufung der Versammlung (s. § 241 Nr. 1 AktG) verletzt oder erfolgte die Stimmberechtigung nicht korrekt, wurden die Stimmberechtigungen unzutreffend festgestellt, falsche Mehrheitserfordernisse angenommen oder ist der Beschluss nicht korrekt beurkundet (§ 242 Abs. 1 AktG), kann hierauf eine amtswegige Löschung nach § 398 nicht gestützt werden.

2. Inhaltliche Mängel. Im Rahmen des § 398 sind nur solche **inhaltlichen Mängel** von Bedeutung, die zwingende gesetzliche Voraussetzungen verletzen, also solche, die nicht zur Disposition der Beteiligten stehen. Beispiele hierfür sind Beschlüsse, die gegen die guten Sitten verstoßen (vgl. § 241 Nr. 4 AktG). Der Verstoß muss die **Nichtigkeit des Beschlusses** zur Folge haben (s. § 241 Nr. 3 und 4 AktG). Die bloße Anfechtbarkeit genügt im Rahmen des § 398 nicht,[10] da

---

[5] OLG Karlsruhe OLGZ 1986, 155 = Rpfleger 1986, 140.
[6] OLG Frankfurt FGPrax 2002, 35 = Rpfleger 2002, 211.
[7] *Jansen/Steder* § 144 FGG Rn. 45.
[8] *Keidel/Heinemann* Rn. 5; *Keidel/Kuntze/Winkler* § 144 FGG Rn. 22.
[9] BayObLGZ 1956, 303 (310); *Keidel/Heinemann* Rn. 9 ff.; *Keidel/Kuntze/Winkler* § 144 FGG Rn. 18 m. weit. Nachw.; *Jansen/Steder* § 144 FGG Rn. 38 m. weit. Nachw.
[10] OLG Karlsruhe FGPrax 2001, 161 = Rpfleger 2001, 498; OLG Hamm OLGZ 1994, 415 = NJW-RR 1994, 548; BayObLGZ 1956, 303; *Keidel/Heinemann* Rn. 10; *Jansen/Steder* § 144 FGG Rn. 36; anderer Ansicht MünchKommAktG/*Hüffer* § 241 Rn. 77.

andernfalls die gesetzgeberische Entscheidung, es den Aktionären zu überlassen, ob der vorliegende Mangel zur Vernichtung des Beschlusses führen soll, unterlaufen wird. Als verletzte Vorschriften kommen nicht nur Bestimmungen des GmbHG, AktG und des GenG in Betracht, sondern alle Normen, die Vorgaben für den Inhalt eines Beschlusses machen, wie etwa auch Vorschriften des Mitbestimmungsrechts.[11] Dagegen genügt ein Verstoß gegen gesellschaftsvertragliche oder satzungsmäßige Vorgaben auch dann nicht, wenn sie sich auf den Inhalt des Beschlusses und nicht nur auf sein Zustandekommen beziehen, da für die amtswegige Löschung § 398 nur Verstöße gegen zwingende **gesetzliche Vorschriften** für relevant erklärt.[12] Sollte der Mangel zwischenzeitlich geheilt worden sein, so kommt naturgemäß eine amtswegige Löschung nicht mehr in Betracht.[13]

3. Öffentliches Interesse. Weitere Voraussetzung für die Löschung des Beschlusses von Amts wegen ist neben den massiven inhaltlichen Mängeln (hierzu Rn. 8) zusätzlich, dass seine **Beseitigung im öffentlichen Interesse** erforderlich erscheint. Das Registergericht hat diesen unbestimmten Rechtsbegriff auszulegen und dabei je nach Lage des Falles als öffentliches Interesse nicht nur die Bedürfnisse der Allgemeinheit zu berücksichtigen, sondern auch die Interessen von Gesellschaftsgläubigern oder potenziell künftigen Aktionären, Gesellschaftern und Mitgliedern; dagegen spielen die Belange der bei Beschlussfassung vorhandenen Teilhaber keine Rolle, da sie stets die Möglichkeit haben, durch rechtzeitige Klage, die in ihrem Belieben steht, den Beschluss zu beseitigen.[14] Das öffentliche Interesse an einer amtswegigen Löschung kann mit zunehmendem **Zeitablauf,** insbesondere nach Verstreichen der Fristen gemäß § 242 Abs. 1 und 2 AktG geringer werden, ist hierdurch jedoch nicht per se ausgeschlossen (vgl. § 242 Abs. 2 S. 3 AktG). Zu Recht wird davon ausgegangen, dass der gravierende inhaltliche Verstoß das Vorliegen eines öffentlichen Interesses an der Beseitigung des Beschlusses indiziert.[15] Dagegen widerspricht die Behauptung, das öffentliche Interesse sei stets durch den inhaltlichen Gesetzesverstoß unwiderleglich gegeben,[16] dem eindeutigen Wortlaut des § 398.

III. Löschungsverfahren

1. Einleitung des Verfahrens. Für die Einleitung des Verfahrens verweist § 398 wie bereits § 397 auf die allgemeine Löschungsregelung des § 395. Das Registergericht hat demgemäß das Verfahren entweder von Amts wegen oder auf Antrag der berufsständischen Organe (§ 380 Abs. 1) einzuleiten (vgl. § 395 Rn. 12). Auch diesbezüglich, wie bereits für § 397 (s. § 397 Rn. 13) bestand zur Vorgängervorschrift des § 144 Abs. 2 FGG aF im Rahmen der Reform der freiwilligen Gerichtsbarkeit zum 1. 9. 2009 Streit darüber, ob die Verfahrenseröffnung im **Ermessen des Gerichts** steht – wie das verfahrensrechtliche Schrifttum annahm[17] – oder – wie die überwiegende Ansicht der gesellschaftsrechtlichen Literatur meinte[18] – das Gericht das Verfahren zwingend einzuleiten hatte, wenn die Voraussetzungen für die Löschung vorliegen. Im Ergebnis ist davon auszugehen, dass es sich zwar um eine intendierte Ermessensentscheidung handelt, die jedoch pflichtgemäß regelmäßig dahingehend zu treffen ist, das Verfahren zu eröffnen, wenn die Löschungsvoraussetzungen (s. Rn. 7 ff.) vorliegen. Im Rahmen des Verfahrens gilt für das Gericht der Amtsermittlungsgrundsatz (§ 26).

2. Zuständigkeit. Das Amtsgericht-**Registergericht** ist für das Verfahren nach § 398 ausschließlich sachlich zuständig. Für die örtliche Zuständigkeit ist die allgemeine Vorschrift des § 377 Abs. 1 einschlägig. In funktioneller Hinsicht ist nach § 17 Nr. 1 lit. e RPflG der Richter zuständig, wobei es den Ländern auf Grund der Öffnungsklausel des § 19 Abs. 1 Nr. 5 RPflG möglich ist, den **Richtervorbehalt** abzubedingen, so dass die Zuständigkeit dem Rechtspfleger zufällt.

3. Weiterer Verfahrensablauf. a) Allgemeines. Der weitere Ablauf des Verfahrens bestimmt sich nach der Verweisung auf § 395 nach dieser Vorschrift (s. allgemein daher § 395 Rn. 14 ff.) beziehungsweise gemäß § 395 Abs. 3 nach den allgemeinen Regelungen in § 393 Abs. 3 bis 5 (vgl. zum Widerspruchsverfahren § 393 Rn. 12 ff.). Die Ankündigung der Löschung nach § 395 Abs. 1

---

[11] MünchKommAktG/*Hüffer* § 241 Rn. 77; *Jansen/Steder* § 144 FGG Rn. 37.
[12] BayObLG GmbHR 1996, 441 = DNotZ 1997, 81; BayObLG GmbHR 1992, 304 = BB 1991, 1729; *Jansen/Steder* § 144 FGG Rn. 38; *Keidel/Heinemann* Rn. 15.
[13] BayObLGZ 1956, 303; *Keidel/Heinemann* Rn. 18; *Keidel/Kuntze/Winkler* § 144 FGG Rn. 30.
[14] OLG Frankfurt FGPrax 2002, 35 = Rpfleger 2002, 211; OLG Karlsruhe OLGZ 1986, 155 = Rpfleger 1986, 140; *Jansen/Steder* § 144 FGG Rn. 44.
[15] *Keidel/Kuntze/Winkler* § 144 FGG Rn. 29: „gewisse Vermutung für die Löschungsbedürftigkeit"; ebenso *Keidel/Heinemann* Rn. 17.
[16] So *Baums,* Eintragung und Löschung von Gesellschafterbeschlüssen, 1981, S. 116.
[17] S. *Jansen/Steder* § 144 FGG Rn. 48; *Keidel/Kuntze/Winkler* § 144 FGG Rn. 31.
[18] *Baumbach/Hueck/Schulze-Osterloh/Zöllner,* GmbHG, Anh. § 77 Rn. 25 m. weit. Nachw.

§ 399   Buch 5. Abschnitt 3. Registersachen

wird samt Fristsetzung als Verfügung erlassen, da sich mit dieser Maßnahme der Verfahrensgegenstand noch nicht erledigt und damit die Beschlussformalien nicht zu berücksichtigen sind (vgl. § 38 Abs. 1).

13   **b) Beteiligte. Verfahrensbeteiligter** ist im Fall der Löschung eines Beschlusses grundsätzlich der fragliche Rechtsträger. Die Löschungsankündigung ist daher an die Gesellschaft oder Genossenschaft zu adressieren, vertreten durch deren Organe.[19] Nur in Ausnahmefällen, wie zum Beispiel bei der Löschung der Zustimmung zu einem Unternehmensvertrag (§§ 293, 294 AktG) ist auch der andere Vertragspartner nach § 7 Abs. 2 Nr. 1 als Beteiligter hinzuzuziehen. Vergleichbares gilt für die Löschung einer Eingliederung (§§ 319 ff. AktG). Bei der etwaigen Löschung eines nach § 327e AktG im Register eingetragenen Beschlusses zum Ausschluss von Minderheitsaktionären sind alle bei Beschlussfassung vorhanden gewesenen Aktionäre hinzuzuziehen, da im Sinne des § 7 Abs. 2 Nr. 1 auch deren Rechte von der Löschung unmittelbar betroffen sind. Ebenso sind bei der Löschung von Kapitalmaßnahmen nicht nur die Altaktionäre, sondern auch die in Frage gestellten neuen Anteilsinhaber beteiligt.[20]

14   **c) Benachrichtigung, Fristsetzung.** Nach § 15 Abs. 1 und 2 ist die Löschungsankündigung allen Beteiligten förmlich **bekannt zu geben.** Zudem besteht im Rahmen des § 395 Abs. 2 S. 2 iVm. § 394 Abs. 2 S. 2 die Möglichkeit einer **öffentlichen Bekanntgabe** in der Form des § 10 HGB. Als Mindestdauer für die zu setzende Frist zur Geltendmachung eines Widerspruchs sah § 144 Abs. 3 FGG aF bis zur Reform der freiwilligen Gerichtsbarkeit drei Monate vor. Nunmehr muss die Frist angemessen sein und kann sich an der Beschwerdefrist von einem Monat (§ 63 Abs. 1) orientieren.

15   **d) Rechtsmittel, Gerichtskosten.** Gegen die Löschungsankündigung kann **Widerspruch** erhoben werden (zum Widerspruchsverfahren s. § 393 Rn. 12 ff.). Die Zurückweisung des Widerspruchs erfolgt durch Beschluss (s. § 393 Abs. 3 iVm. § 395 Abs. 3); gegen sie kann Beschwerde eingelegt werden. Für das Löschungsverfahren fallen Gerichtskosten nach den Bestimmungen der Handelsregistergebührenverordnung an (§§ 79, 79a KostO). Im Fall der Einlegung eines Widerspruchs sind gleichfalls nach § 88 Abs. 2 KostO Gerichtskosten zu erheben.

16   **4. Löschung im Register.** Die **Löschung** des Beschlusses gemäß § 398 „als nichtig" erfolgt gemäß § 44 HRV und ist erst zulässig, wenn entweder kein fristgemäßer Widerspruch eingelegt wurde oder der den Widerspruch zurückweisende Beschluss rechtskräftig geworden ist (§ 393 Abs. 5 iVm. § 395 Abs. 3). Eine vorzeitige Löschung wird man dann für zulässig erachten können, wenn sämtliche Widerspruchsberechtigten die Löschung angeregt oder ihr zugestimmt haben. Sodann geschieht der Vollzug der Löschungsankündigung durch einen Vermerk in der Registerspalte, in der der Beschluss eingetragen war (§ 44 HRV, § 23 GenRegV). Bei der Eintragung ist zu vermerken, dass sie von Amts wegen vorgenommen wurde (§ 19 Abs. 2 S. 1 HRV).

17   **5. Rechtsfolge.** Durch die im Register vollzogene Löschung des Beschlusses „als nichtig" ist dieser ohne weiteres **mit Rückwirkung beseitigt** (vgl. § 241 Nr. 6 AktG).[21] Dies gilt unabhängig davon, ob die Voraussetzungen des § 398 vom Registergericht zu Recht bejaht wurden.[22] Allenfalls können Dritte auf Grund der Publizitätswirkungen des Registers (§ 15 HGB) Rechte aus dem zwischenzeitlich eingetragenen Beschluss herleiten.

§ 399 Auflösung wegen Mangels der Satzung

(1) [1]**Enthält die Satzung einer in das Handelsregister eingetragenen Aktiengesellschaft oder einer Kommanditgesellschaft auf Aktien eine der nach § 23 Abs. 3 Nr. 1, 4, 5 oder Nr. 6 des Aktiengesetzes wesentlichen Bestimmungen nicht oder ist eine dieser Bestimmungen oder die Bestimmung nach § 23 Abs. 3 Nr. 3 des Aktiengesetzes nichtig, hat das Registergericht die Gesellschaft von Amts wegen oder auf Antrag der berufsständischen Organe aufzufordern, innerhalb einer bestimmten Frist eine Satzungsänderung, die den Mangel der Satzung behebt, zur Eintragung in das Handelsregister anzumelden oder die Unterlassung durch Widerspruch gegen die Aufforderung zu rechtfertigen.** [2]**Das Gericht hat gleichzeitig darauf hinzuweisen, dass andernfalls ein nicht behobener Mangel im Sinne des Absatzes 2 festzustellen ist und dass die Gesellschaft dadurch nach § 262 Abs. 1 Nr. 5 oder § 289 Abs. 2 Nr. 2 des Aktiengesetzes aufgelöst wird.**

---

[19] OLG Düsseldorf GmbHR 1995, 593; *Jansen/Steder* § 144 FGG Rn. 51; *Keidel/Heinemann* Rn. 22.
[20] OLG Karlsruhe OLGZ 1986, 155 = Rpfleger 1986, 140; *Keidel/Kuntze/Winkler* § 144 FGG Rn. 34.
[21] *Keidel/Kuntze/Winkler* § 144 FGG Rn. 30 m. weit. Nachw.; *Keidel/Heinemann* Rn. 28; *Jansen/Steder* § 144 FGG Rn. 63 m. weit. Nachw.
[22] *Jansen/Steder* § 144 FGG Rn. 61; MünchKommAktG/*Hüffer* § 241 Rn. 74.

(2) ¹ Wird innerhalb der nach Absatz 1 bestimmten Frist weder der Aufforderung genügt noch Widerspruch erhoben oder ist ein Widerspruch zurückgewiesen worden, hat das Gericht den Mangel der Satzung festzustellen. ² Die Feststellung kann mit der Zurückweisung des Widerspruchs verbunden werden. ³ Mit der Zurückweisung des Widerspruchs sind der Gesellschaft zugleich die Kosten des Widerspruchsverfahrens aufzuerlegen, soweit dies nicht unbillig ist.

(3) Der Beschluss, durch den eine Feststellung nach Absatz 2 getroffen, ein Antrag oder ein Widerspruch zurückgewiesen wird, ist mit der Beschwerde anfechtbar.

(4) Die Absätze 1 bis 3 gelten entsprechend, wenn der Gesellschaftsvertrag einer in das Handelsregister eingetragenen Gesellschaft mit beschränkter Haftung eine der nach § 3 Abs. 1 Nr. 1 oder Nr. 4 des Gesetzes betreffend die Gesellschaften mit beschränkter Haftung wesentlichen Bestimmungen nicht enthält oder eine dieser Bestimmungen oder die Bestimmung nach § 3 Abs. 1 Nr. 3 des Gesetzes betreffend die Gesellschaften mit beschränkter Haftung nichtig ist.

Schrifttum: *Baumbach/Hueck,* GmbH-Gesetz, 18. Aufl. 2006; *Fleischhauer/Preuß,* Handelsregisterrecht, 2006; *Hüffer,* Aktiengesetz, 8. Aufl. 2008; *Krafka/Willer,* Registerrecht, 7. Aufl. 2007; *Rowedder/Schmidt-Leithoff,* GmbH-Gesetz, 4. Aufl. 2002; *Spindler/Stilz,* Aktiengesetz, 2007.

I. Anwendungsbereich

1. Allgemeines. In Ergänzung zu dem in § 397 verankerten Amtslöschungsverfahren sieht § 399 **weitere Mängel von Satzungen** bei Aktiengesellschaften und Kommanditgesellschaften auf Aktien **sowie von Gesellschaftsverträgen** bei Gesellschaften mit beschränkter Haftung vor, die ein Einschreiten des Registergerichts von Amts wegen zur Folge haben. Im Gegensatz zu § 397 steht dem Registergericht hierbei **kein Ermessen** zu. Vielmehr formuliert Abs. 1 die unmissverständliche Pflicht des Gerichts zur Eröffnung des Auflösungsverfahrens. Ziel des Verfahrens ist es, entweder die Gesellschafter beziehungsweise Aktionäre zur Beseitigung des Satzungsmangels anzuhalten oder die Gesellschaft alternativ in das Liquidations- oder Abwicklungsstadium zu befördern, um unmittelbar deren geregelte Beendigung herbeizuführen. Die Vorschrift entspricht damit inhaltlich der Regelung des § 144a FGG aF, der Vorgängervorschrift des § 399, die bis zum Inkrafttreten der Reform der freiwilligen Gerichtsbarkeit zum 1. 9. 2009 galt.

2. Anwendungsfälle. Die Vorschrift erfasst ausschließlich die in Rn. 1 genannten Kapitalgesellschaften und gilt daher **nicht für Genossenschaften und eingetragene Vereine.** Für letztere kann bei massiven Satzungsmängeln § 395 angewandt werden. Hinsichtlich der Genossenschaften ist § 397 einschlägig, da die Nichtigkeitsgründe nach §§ 94, 95 GenG die denkbaren relevanten Satzungsmängel umfassend und abschließend behandeln. Dagegen nimmt § 397 für Kapitalgesellschaften nur auf einzelne bestimmte Satzungs- beziehungsweise Gesellschaftsvertragsmängel Bezug; für die verbleibenden zwingenden Bestandteile nach § 3 Abs. 1 GmbHG und § 23 Abs. 3 AktG gibt daher § 399 dem Registergericht das Instrument an die Hand, die Beteiligten zur Herstellung rechtmäßiger Verhältnisse anzuhalten.

3. Abgrenzung zu §§ 395, 397. Gegenüber § 395 enthält § 399 eine in seinem Anwendungsbereich abschließende Spezialregelung, die den **Rückgriff auf die allgemeine Löschungsvorschrift ausschließt.**[1] Wie in § 397 Rn. 4 beschrieben, besteht dagegen zum Löschungsverfahren nach § 397 von vornherein kein Konkurrenzverhältnis, da sich die Tatbestände beider Normen nicht überschneiden. Zudem ist die Rechtsfolge (scheinbar) unterschiedlich, da das Verfahren nach § 399 nicht auf die Löschung des Rechtsträgers aus dem Register zielt, sondern durch Feststellung des Satzungsmangels lediglich dessen Auflösung bewirken soll (s. Abs. 1 S. 2 iVm. § 262 Abs. 1 Nr. 5 AktG, § 289 Abs. 2 Nr. 2 AktG und § 60 Abs. 1 Nr. 6 GmbHG). In der Sache führt allerdings auch die „Löschung als nichtig" gemäß § 397 nur zur Abwicklung der betroffenen Gesellschaft und nicht unmittelbar zu deren Erlöschen (s. § 397 Rn. 20).

II. Auflösungsvoraussetzungen

1. Allgemeines. Das Amtsauflösungsverfahren nach § 399 setzt voraus, dass die Satzung beziehungsweise der Gesellschaftsvertrag an einem der in der Vorschrift beschriebenen Mängel leidet.

---

[1] BayObLGZ 1989, 44 = Rpfleger 1989, 398; KG Rpfleger 1991, 255; *Keidel/Heinemann* Rn. 3; *Jansen/Steder* § 144a FGG Rn. 5.

§ 399 5–7

Dabei spielt es keine Rolle, ob der **Mangel** bereits **bei Errichtung** der Gesellschaft **oder** erst später **durch Änderung der Satzung** oder des Gesellschaftsvertrags eingetreten ist. Rein **tatsächliche spätere Veränderungen,** wie nach früherem Recht die faktische nachträgliche Sitzverlegung (s. Rn. 6), führen keinesfalls zur Nichtigkeit der einschlägigen Satzungsbestimmung, können aber zu einem – dem gleichartigen anfänglichen Nichtigkeitsgrund vergleichbaren – nachträglichen Satzungsmangel führen, der die entsprechende Anwendung des § 399 rechtfertigt.[2] Dies ist jedenfalls dann anzunehmen, wenn es hinsichtlich der gesetzgeberischen Zielsetzung der vorgeschriebenen Satzungsregelung, wie etwa einem **effektiven Gläubigerschutz,** keinen Unterschied macht, ob die in der Satzung enthaltene Bestimmung von Anfang an rechtsgeschäftlich unwirksam war oder später auf Grund faktischen Verhaltens missachtet und daher irrelevant wird.[3]

5   2. **Mängel des Gesellschaftsvertrags oder der Satzung. a) Firma.** Das **Fehlen einer Firma** im Gesellschaftsvertrag (§ 3 Abs. 1 Nr. 1 GmbHG) oder in der Satzung (§ 23 Abs. 3 Nr. 1 AktG) ist allenfalls auf Grund eines Redaktionsversehens im Rahmen einer Neufassung denkbar. **Nichtig ist die Firmenbezeichnung** dagegen bereits dann, wenn sie den gesetzlichen Vorschriften nicht entspricht, insbesondere also bei einem Verstoß gegen §§ 17f. HGB, § 30 HGB oder § 4 AktG sowie § 4 GmbHG. Hierbei können auch nachträgliche faktische Änderungen berücksichtigt werden (vgl. Rn. 4), durch die beispielsweise die ursprünglich zutreffende Firma nunmehr zur Irreführung geeignet ist (§ 18 Abs. 2 HGB). Ebenso ist ein Verstoß gegen § 5a Abs. 1 GmbHG ein die Amtsauflösung nach § 399 begründender Umstand, wobei insoweit nur die im Gesellschaftsvertrag angegebene Firma von Bedeutung ist. Wurde diese korrekt gebildet, verwendet die Gesellschaft im Rechtsverkehr aber nicht die im Register eingetragene Firma, führt dies nicht zur Amtsauflösung nach § 399, da insoweit das Ordnungsgeldverfahren nach § 392 einschlägig ist. Tritt somit im Rechtsverkehr also eine Gesellschaft, die zutreffend im Register als „**Unternehmergesellschaft (haftungsbeschränkt)**" firmiert, als „GmbH" auf, kommt allein ein Einschreiten nach § 392 in Betracht; ein Amtsauflösungsverfahren ist in diesem Fall somit nicht durchzuführen. Im Übrigen betrifft § 399 nicht den Fall, dass die im Gesellschaftsvertrag oder in der Satzung enthaltene Firma von der im Register eingetragenen abweicht, da insoweit entweder eine Schreibfehlerberichtigung nach § 17 HRV vorzunehmen (s. § 395 Rn. 2) oder eine Amtslöschung nach § 395 zu veranlassen ist.[4]

6   **b) Sitz.** Gemäß § 3 Abs. 1 Nr. 1 GmbHG und § 23 Abs. 3 Nr. 1 AktG muss im Gesellschaftsvertrag beziehungsweise in der Satzung der Sitz der Gesellschaft bestimmt sein. Denkbar ist hierbei nach § 4a GmbHG und § 5 AktG jeder beliebige Ort im Inland. Die Wahl des **Satzungssitzes** ist damit unabhängig von der Bestimmung des tatsächlichen Verwaltungssitzes. Die Frage, ob ein nachträgliches Auseinanderfallen von Satzungssitz und Verwaltungssitz ein Amtsauflösungsverfahren nach § 399 rechtfertigt, hat sich unmittelbar nach ihrer Entscheidung durch den Bundesgerichtshofs[5] mit Inkrafttreten der Änderungen des GmbHG und des AktG durch das MoMiG[6] erledigt. Ein Auflösungsverfahren wegen der Sitzbestimmung kommt daher nur noch in Wesentlichen in Betracht, wenn eine wirksame Bestimmung fehlt – was unter Umständen auf Grund einer entsprechenden versehentlichen Änderung des Gesellschaftsvertrags oder der Satzung im Rahmen einer Neufassung vorstellbar ist – oder wenn die Bestimmung nichtig ist, was bei der Angabe eines Orts im Ausland denkbar und sogar für den Fall anzunehmen ist, dass unzulässigerweise der ausländische Ort im Wege einer Satzungsänderung im Handelsregister eingetragen wurde.[7]

7   **c) Grund- oder Stammkapital, Stammeinlagen.** Die Satzung beziehungsweise der Gesellschaftsvertrag muss Bestimmungen über die **Höhe des Grundkapitals** (§ 23 Abs. 3 Nr. 3 AktG) oder zum **Betrag des Stammkapitals** (§ 3 Abs. 1 Nr. 3 GmbHG) enthalten. Fehlen sie völlig, ist das Löschungsverfahren nach § 397 einschlägig, sind sie dagegen nichtig, so ist nach § 399 vorzugehen. Nichtig kann die Bestimmung nur sein, wenn sie entweder nicht den Mindestbetrag von 50 000 Euro bei Aktiengesellschaften (§ 7 AktG) beziehungsweise 1 Euro bei Gesellschaften mit beschränkter Haftung, sofern sie als Unternehmergesellschaft (haftungsbeschränkt) firmiert (s. § 5a Abs. 1 GmbHG), sonst 25 000 Euro (§ 5 Abs. 1 GmbHG) beachten – wobei im letztgenannten Fall auch ein Fall der unzulässigen Firmierung als GmbH statt als UG (haftungsbeschränkt) im Sinne der Ausführungen in Rn. 5 vorliegt –, oder gegen die Vorschrift des § 5 Abs. 2 S. 1 GmbHG verstößt,

---

[2] BGH NJW 2008, 2914 = NZG 2008, 707.
[3] BGH NJW 2008, 2914 Tz. 13 = NZG 2008, 707.
[4] *Jansen/Steder* § 144a FGG Rn. 9; *Keidel/Heinemann* Rn. 10.
[5] BGH NJW 2008, 2914 = NZG 2008, 707.
[6] Gesetz zur Modernisierung des GmbH-Rechts und zur Bekämpfung von Missbräuchen (MoMiG) vom 23. 10. 2008 (BGBl. I S. 2026), in Kraft seit 1. 11. 2008.
[7] Vgl. *Hüffer*, AktG, § 5 Rn. 12; *Spindler/Stilz/Drescher*, AktG, § 5 Rn. 17.

indem das Stammkapital nicht auf volle Euro lautet und keine zulässige Währungsüberleitung von DM auf Euro vorliegt (vgl. § 1 EGGmbHG). Bei Aktiengesellschaften ist ferner als ein die Amtsauflösung rechtfertigender Verstoß denkbar, dass die Summe der anzugebenden **Nennbeträge von Nennbetragsaktien** von dem Betrag des Grundkapitals abweicht.[8] Als weiterer Grund für ein Amtsauflösungsverfahren ist das Fehlen oder die Nichtigkeit der Bestimmung über die Zahl und die Nennbeträge der Stammeinlagen der Gründungsgesellschafter (§ 3 Abs. 1 Nr. 4 GmbHG) zu nennen. Als Nichtigkeitsgründe denkbar sind hier, dass die übernommenen Geschäftsanteile der Teilungsvorschrift des § 5 Abs. 2 GmbHG nicht entsprechen oder die Summe der Geschäftsanteile nicht mit dem Betrag des Stammkapitals übereinstimmt. Dabei ist zu beachten, dass diese Angaben nur bei Gründung der Gesellschaft zutreffen müssen, später also dem jeweiligen Sachstand nicht angepasst werden müssen und sogar bei fehlender Einzahlung im Rahmen einer Gesellschaftsvertragsänderung vollständig entfallen können.[9]

3. Sonstige Mängel. a) Angaben zu Aktien. Die Satzung einer Aktiengesellschaft oder Kommanditgesellschaft auf Aktien (s. § 278 Abs. 3 AktG) muss gemäß § 23 Abs. 3 Nr. 4 AktG die **Zerlegung des Grundkapitals** entweder in Nennbetragsaktien oder in Stückaktien bestimmen (vgl. § 8 AktG). Bei Nennbetragsaktien ist die Zahl der Aktien des jeweiligen Nennbetrags samt diesem anzugeben, bei Stückaktien nur deren Anzahl. Sofern verschiedene Gattungen an Aktien (vgl. § 11 AktG) bestehen, sind auch die Gattungen und die jeweilige Zahl der Aktien zu bezeichnen. Ferner muss die Satzung nach § 23 Abs. 3 Nr. 5 AktG angeben, ob es sich um Inhaber- oder Namensaktien handelt. 8

b) Regeln zur Vorstandszahl. Nach § 23 Abs. 3 Nr. 6 AktG muss die Satzung entweder die **Zahl der Vorstandsmitglieder** festlegen oder Regeln enthalten, nach denen diese Zahl festgelegt wird. Ausreichend ist hierbei, dass die Satzung die Mindest- und Höchstzahl der Vorstandsmitglieder[10] oder eine Bestimmung enthält, die dem Aufsichtsrat die Bestimmung der Zahl der Vorstandsmitglieder überlässt.[11] Ist eine solche Bestimmung nicht in der Satzung enthalten, ist nach Abs. 1 S. 1 das Amtsauflösungsverfahren zu eröffnen. 9

4. Maßgeblicher Zeitpunkt; Behebung des Mangels. Maßgeblicher Zeitpunkt des Fehlens oder der Nichtigkeit der entsprechenden Satzungsbestimmung oder Regelung im Gesellschaftsvertrag **ist die Eröffnung des Verfahrens,** wobei auch spätere Ereignisse bis zum Ausspruch der Feststellung des Satzungsmangels zu berücksichtigen sind. Insbesondere besteht stets die Möglichkeit der Behebung des beanstandeten Mangels durch Vornahme einer entsprechenden Änderung der Satzung oder des Gesellschaftsvertrags, und zwar auch noch nach Ablauf der Widerspruchsfrist, sofern nur der Feststellungsbeschluss nach Abs. 2 noch nicht ergangen ist.[12] Das Verfahren hat in diesem Fall sein Ziel, den vorhandenen gesellschaftsrechtlichen Mangel zu beseitigen, erreicht. 10

III. Auflösungsverfahren

1. Einleitung des Verfahrens. Die Einleitung des Auflösungsverfahrens erfolgt entweder von Amts wegen oder auf Grund Antrags der berufsständischen Organe (§ 380 Abs. 1). Das Gericht hat hierbei **kein Ermessen,** sondern muss das Verfahren eröffnen, wenn es nach entsprechender Vorprüfung zu der Auffassung gelangt, dass ein Satzungsmangel im Sinne von Abs. 1 S. 1 oder Abs. 4 vorliegt. Anregungen Dritter, insbesondere von Behörden nach § 379, sind vom Registergericht aufzugreifen und nach entsprechenden Ermittlungen (§ 26) pflichtgemäß zu überprüfen. Angesichts der schwer wiegenden Folgen der Feststellung des Satzungsmangels (s. Rn. 19) muss das Registergericht bei der Verfahrensabwicklung besonders sorgfältig vorgehen. Verbleiben erhebliche Zweifel daran, ob ein Satzungsmangel wirklich vorliegt, ist die Einleitung des Verfahrens abzulehnen.[13] Allerdings genügen für die Eröffnung des Verfahrens plausible Anzeichen, die nach der Überzeugung des Gerichts den festzustellenden Mangel begründen. Sichere Beweise hierfür sind gegebenenfalls im nachfolgenden Widerspruchsverfahren zu gewinnen.[14] 11

---

[8] MünchKommAktG/*Hüffer* § 262 Rn. 68; *Jansen/Steder* § 144a FGG Rn. 13.
[9] BayObLG ZIP 1996, 2109 = MittBayNot 1997, 49; *Baumbach/Hueck/Fastrich* § 3 GmbHG Rn. 18; *Krafka/Willer*, Registerrecht, Rn. 1016; *Keidel/Heinemann* Rn. 12.
[10] LG Köln AG 1999, 137; *Hüffer*, AktG, § 23 Rn. 31; MünchKommAktG/*Pentz* § 23 Rn. 136.
[11] MünchKommAktG/*Pentz* § 23 Rn. 138; *Jansen/Steder* § 144a FGG Rn. 17.
[12] *Jansen/Steder* § 144a FGG Rn. 36.
[13] BayObLG NJW-RR 1997, 485; Rpfleger 1997, 167; KG Rpfleger 1991, 255; *Keidel/Heinemann* Rn. 18; *Jansen/Steder* § 144a FGG Rn. 25 f.
[14] *Jansen/Steder* § 144a FGG Rn. 26.

12   **2. Zuständigkeit.** Die **sachliche Zuständigkeit** des Amtsgerichts als Registergericht ergibt sich aus Abs. 1 und zusätzlich aus der Stellung der Vorschrift im Abschnitt 3 von Buch 5 („Registersachen") gemäß § 23a Abs. 1 Nr. 2 und Abs. 2 Nr. 3 GVG. Für die **örtliche Zuständigkeit** gilt § 377 Abs. 1. Funktionell zuständig ist auf Grund des Vorbehalts in § 17 Nr. 1 lit f RPflG der **Richter**, wobei die Länder auf Grund der Öffnungsklausel in § 19 Abs. 1 Nr. 5 RPflG die Möglichkeit haben, auch die Verfahren nach § 399 auf den Rechtspfleger zu verlagern.

13   **3. Aufforderungsverfügung. a) Aufforderung.** Der nach Außen erkennbare formelle Beginn des Verfahrens erfolgt durch den Erlass einer Verfügung durch das Registergericht an die Gesellschaft, in welcher der vom Registergericht zu beanstandende Satzungsmangel konkret bezeichnet wird, verbunden mit der Aufforderung, entweder innerhalb einer bestimmten Frist den Satzungsmangel zu beseitigen oder die Unterlassung durch einen Widerspruch zu rechtfertigen (Abs. 1 S. 1). In der **Aufforderungsverfügung** ist gemäß Abs. 1 S. 2 darauf hinzuweisen, dass vom Gericht andernfalls ein nicht behobener Mangel festzustellen ist und dass die die Gesellschaft dadurch aufgelöst wird (§ 262 Abs. 1 Nr. 5 AktG, § 289 Abs. 2 Nr. 2 AktG, § 60 Abs. 1 Nr. 6 GmbHG). Für die Androhung bedarf es nicht der Form des Beschlusses, weil es sich nicht um eine den Verfahrensgegenstand ganz oder teilweise erledigende Entscheidung handelt (s. § 38 Abs. 1). Auf die Möglichkeit des Widerspruchs muss in der Verfügung zwingend hingewiesen werden, ebenso ist der Inhalt des Abs. 2 möglichst wortgetreu wiederzugeben, da andernfalls die Feststellung des Mangels nicht rechtmäßig erfolgen kann.[15]

14   **b) Fristsetzung.** Die zur Einlegung eines Widerspruchs beziehungsweise zur Beseitigung des Mangels zu setzende Frist muss so bemessen sein, dass sie ihren Zweck erfüllen kann. Der Gesellschaft und ihren Anteilsinhabern muss also genug Zeit zur Verfügung stehen, zunächst das Vorliegen des angegebenen Mangels zu klären und sodann gegebenenfalls den Gesellschaftsvertrag oder die Satzung in einer ordnungsgemäß einzuberufenden Versammlung zu ändern und im Handelsregister zur Eintragung zu bringen. In diesem Sinne wird bei Aktiengesellschaften eine **ordnungsgemäße Frist** von unter zwei Monaten und bei Gesellschaften mit beschränkter Haftung unter einem Monat nicht denkbar sein, obwohl § 399 keine starre Mindestfrist vorsieht. Auf begründete Anforderung hin ist die gesetzte Frist gegebenenfalls zu verlängern. Im Übrigen ist ein Widerspruch zur Gewährung rechtlichen Gehörs auch dann im Rahmen der Ermittlungen nach § 26 zu beachten, wenn er zwar nach Ablauf der Frist, aber vor Beschlussfassung zur Mangelfeststellung (hierzu Rn. 17) eingelegt wird.

15   **c) Benachrichtigung der Beteiligten.** Gemäß § 15 Abs. 1 und 2 ist die Aufforderungsverfügung den **Beteiligten** wegen der darin gesetzten Frist förmlich bekannt zu geben. An dem Verfahren ist als Adressat dieser Verfügung die Gesellschaft, vertreten durch den Vorstand beziehungsweise die Geschäftsführung beteiligt, ferner gemäß § 7 Abs. 1 gegebenenfalls der Antragsteller.[16] Die Aktionäre oder Gesellschafter sind in ihren Interessen nur mittelbar und in ihren Rechten zunächst gar nicht betroffen und daher auch nicht als Beteiligte nach § 7 Abs. 2 Nr. 1 hinzuziehen. Die berufsständischen Organe sind Beteiligte, sofern sie nach Abs. 1 S. 1 den Antrag auf Verfahrenseinleitung gestellt haben.

16   **4. Widerspruchsverfahren.** Gegen die Aufforderungsverfügung kann die Gesellschaft **Widerspruch** durch eine Erklärung gemäß § 25 Abs. 1 schriftlich oder zur Niederschrift der Geschäftsstelle einlegen (allgemein zum Widerspruchsverfahren s. § 393 Rn. 10 ff.). Der Widerspruch muss innerhalb der gesetzten Frist eingehen, wobei bis zum Ergehen des Feststellungsbeschlusses nach Abs. 2 Wiedereinsetzung in den vorigen Stand nach den allgemeinen Vorschriften gewährt werden kann (§§ 17 bis 19). Stellt sich im Verlauf des Widerspruchsverfahrens beim Registergericht heraus, dass der Satzungsmangel nicht besteht, ist die Aufforderungsverfügung durch Beschluss aufzuheben, der allenfalls von den berufsständischen Organen durch Beschwerde angegriffen werden kann. Erweist sich der Widerspruch als unbegründet, wird er gemäß Abs. 2 S. 1 durch Beschluss zurückgewiesen, in dem nach Abs. 2 S. 3 der Gesellschaft zugleich die sich nach § 88 Abs. 2 KostO bestimmenden Kosten des Widerspruchsverfahrens aufzuerlegen sind (vgl. § 81 Rn. 56); letzteres unterbleibt, wenn die Auferlegung der Kosten unbillig wäre, insbesondere weil die Widerspruchseinlegung mit einer vertretbaren, letztlich aber nicht durchgreifenden Rechtsansicht begründet wurde.

17   **5. Feststellungsbeschluss. a) Allgemeines.** Bleibt die Gesellschaft untätig, legt keinen Widerspruch ein oder wird der Widerspruch zurückgewiesen, hat das Gericht nach Abs. 2 S. 1 den

---

[15] *Jansen/Steder* § 144a FGG Rn. 28; *Keidel/Heinemann* Rn. 21.
[16] *Jansen/Steder* § 144a FGG Rn. 30; *Keidel/Heinemann* Rn. 20.

Mangel der Satzung durch Beschluss (vgl. Abs. 3) festzustellen und den Beschluss dem Beteiligten, grundsätzlich also nur der Gesellschaft (vgl. Rn. 15) bekannt zu geben (§ 15 Abs. 1 und 2). Das Gericht hat bei der Entscheidung über die Feststellung kein Ermessen, sondern muss zwingend bei Vorliegen eines entsprechenden Mangels den **Feststellungsbeschluss** nach § 399 erlassen. Voraussetzung ist allerdings, dass der **Mangel nach wie vor besteht,** also nicht zwischenzeitlich beseitigt wurde. Für den Erlass des Feststellungsbeschlusses muss das Gericht nicht bis zum Eintritt der etwaigen Rechtskraft des Beschlusses über die Zurückweisung eines eingelegten Widerspruchs warten, da jener nach Abs. 3 gleichfalls durch Beschwerde anfechtbar ist. Abs. 2 S. 2 sieht vor, dass die Entscheidung über die Feststellung des Satzungsmangels mit der Zurückweisung des Widerspruchs verbunden werden kann; diese rein verfahrensrechtliche Möglichkeit erlaubt es dem Registergericht, nicht erst das Wirksamwerden der einen Widerspruch zurückweisenden Entscheidung mit deren Bekanntgabe an die Beteiligten (§ 40 Abs. 1) abwarten zu müssen, bevor der Feststellungsbeschluss ergeht.

b) Beschwerde. Gemäß Abs. 3 kann gegen den Feststellungsbeschluss und gegen die den etwaigen Widerspruch zurückweisende Entscheidung Beschwerde eingelegt werden. Legt eine betroffene Gesellschaft allgemein Beschwerde gegen die getroffene Entscheidung ein, so wird dies – um verfahrensrechtliche Unzuträglichkeiten zu vermeiden[17] – ohne Weiteres dahin gehend zu verstehen sein, dass sowohl die Widerspruchszurückweisung, als auch der Feststellungsbeschluss angegriffen wird. **Beschwerdeberechtigt** ist die Gesellschaft selbst und sind die berufsständischen Organe (s. § 380 Abs. 5). Ein durchgreifender Beschwerdegrund ist stets, dass der beanstandete Mangel inzwischen beseitigt wurde, so dass in diesem Fall das Beschwerdegericht den Feststellungsbeschluss aufzuheben hat; gegebenenfalls hat dies aus Gründen der Verfahrensökonomie auch das Gericht der Rechtsbeschwerde zu beachten.[18] Dritte sind nur nach Maßgabe des § 58 Abs. 1 zur Beschwerde befugt, also wenn sie durch die Feststellung des Satzungsmangels in ihren Rechten beeinträchtigt sind, was für Gesellschafter, Aktionäre und Dritte regelmäßig nicht der Fall ist.[19] Es gibt im Übrigen unter Berücksichtigung des Amtsermittlungsgrundsatzes (§ 26) **keine Präklusion,** so dass die Beteiligten daher im Beschwerdeverfahren uneingeschränkt Tatsachen und Gründe vortragen können, die gegen die Amtsauflösung sprechen, auch wenn sie zunächst keinen Widerspruch eingelegt haben.

6. Rechtsfolgen (Auflösung, Registereintragungen). Mit Rechtskraft der Entscheidung über die Feststellung eines Mangels des Gesellschaftsvertrags beziehungsweise der Satzung nach § 399 tritt ohne weiteres nach § 60 Abs. 1 Nr. 6 GmbHG oder § 262 Abs. 1 Nr. 5 AktG **rechtsgestaltend** die **Auflösung der betroffenen Gesellschaft** mit der Folge ihrer künftigen Liquidation/Abwicklung ein. Die Auflösung ist vom Registergericht gemäß § 65 Abs. 1 S. 2 GmbHG und § 263 S. 2 AktG **von Amts wegen in das Handelsregister einzutragen;** die Eintragung wirkt lediglich deklaratorisch. Ferner sind daraus folgende Änderungen bezüglich der bereits im Register vermerkten Tatsachen, insbesondere hinsichtlich der allgemeinen Vertretungsregelungen und der Vorstands- beziehungsweise nunmehr Abwicklerfunktionen nach § 384 Abs. 2 von Amts wegen zu berichtigen (s. § 384 Rn. 10 ff.). Die Eintragung der Auflösung im Handelsregister kann nicht unterbleiben, wenn nach Eintritt der Rechtskraft der Mangel beseitigt wurde, weil die Rechtsfolge der Auflösung zu diesem Zeitpunkt bereits eingetreten ist.

7. Fortsetzung, amtswegige Löschung der Auflösung. Den Betroffenen steht es frei, nach der amtswegigen Auflösung die Fortsetzung der Gesellschaft nach den hierfür zu beachtenden Vorschriften zu beschließen (§ 274 Abs. 2 Nr. 2 AktG). Dies gilt trotz fehlender ausdrücklicher Regelungen hierzu ebenso für Gesellschaften mit beschränkter Haftung.[20] Hingegen kommt eine nachträgliche **Löschung der** nach § 399 erfolgten **Auflösung** auf Grund der allgemeinen Vorschrift des § 395 – wie stets bei deklaratorisch wirkenden Eintragungen (s. § 395 Rn. 10) – nur in Betracht, wenn die Eintragung sachlich unrichtig war, also insbesondere weil der Feststellungsbeschluss nicht rechtskräftig geworden ist (vgl. § 262 Abs. 1 Nr. 5 AktG). Hierbei spielt es im Rahmen der Ermessensausübung des Gerichts eine Rolle, ob der Beschluss im Übrigen zu Recht ergangen ist, ob also der festgestellte Satzungsmangel vorliegt oder nicht.

---

[17] S. *Jansen/Steder* § 144a FGG Rn. 49.
[18] Vgl. BayObLG NJW-RR 2001, 1047 = GmbHR 2001, 347.
[19] S. KG Rpfleger 1991, 255; *Jansen/Steder* § 144a FGG Rn. 41 ff.; *Keidel/Heinemann* Rn. 33.
[20] *Rowedder/Schmidt-Leithoff/Rasner*, GmbHG, § 60 Rn. 78; *Krafka/Willer*, Registerrecht, Rn. 470.

Unterabschnitt 4. Ergänzende Vorschriften für das Vereinsregister

§ 400 Mitteilungspflichten

Das Gericht hat die Eintragung eines Vereins oder einer Satzungsänderung der zuständigen Verwaltungsbehörde mitzuteilen, wenn Anhaltspunkte bestehen, dass es sich um einen Ausländerverein oder eine organisatorische Einrichtung eines ausländischen Vereins nach den §§ 14 und 15 des Vereinsgesetzes handelt.

Schrifttum: *Sauter/Schweyer/Waldner,* Der eingetragene Verein, 18. Aufl. 2006.

I. Mitteilungspflicht

1   Eingetragene Vereine standen lange Zeit unter strenger **staatlicher Kontrolle.** Ein Relikt dieser Einschränkung privatautonomer Gestaltungsfreiheit war bis 1998 ein Einspruchsrecht der Verwaltungsbehörde gegen die Ersteintragung eines Vereins sowie gegen spätere Satzungsänderungen.[1] Diesem grundlegenden obrigkeitspolitischen Misstrauen[2] entstammt nunmehr nur noch die in das Bild der Zeit nicht mehr passende Bestimmung des § 400, der die bis zum Inkrafttreten der Reform der freiwilligen Gerichtsbarkeit zum 1. 9. 2009 geltende Vorgängervorschrift des § 159 Abs. 2 FGG aF wortgleich übernommen hat. Danach ist der zuständigen Verwaltungsbehörde in den gesetzlich umschriebenen Fällen eine Mitteilung über die Eintragung eines Vereins oder einer Satzungsänderung zu geben, damit dieser die Möglichkeit eingeräumt wird, die **Kontrollbefugnisse** im Sinne der erleichterten Beschlagnahme und Einziehungen durchzuführen und gegebenenfalls ein Verbotsverfahren nach § 14 Abs. 2 iVm. § 15 Abs. 1 VereinsG prüfen zu können. Änderungen des Vorstands, die Auflösung oder sonstige registerpflichtige Umstände sind dagegen nicht zu melden.

II. Ausländerverein

2   Nach der Bestimmung des § 14 Abs. 1 VereinsG sind **Ausländervereine** solche, deren Mitglieder oder Leiter sämtlich oder überwiegend Ausländer sind, wobei Personen, die Staatsangehörige eines Mitgliedsstaats der Europäischen Union sind insoweit nicht als Ausländer gelten (s. § 14 Abs. 1 S. 2 VereinsG). Die Mitteilungspflicht nach § 400 gilt hierbei nur wenn Anhaltspunkte bestehen, dass es sich um einen Ausländerverein in diesem Sinne handelt. Das Registergericht muss daher keine volle Gewissheit haben und vor allem keine eigenen Ermittlungen in diese Richtung anstellen.[3]

III. Einrichtung eines ausländischen Vereins

3   **Ausländische Vereine** sind solche mit Sitz im Ausland (§ 15 Abs. 1 S. 1 VereinsG). Sollten für das Registergericht Anhaltspunkte dafür bestehen, dass der im Inland errichtete Verein eine organisatorische Einrichtung eines derartigen ausländischen Vereins sein, so besteht ebenfalls die Verpflichtung zur Mitteilung an die Verwaltungsbehörde gemäß § 400. Auch hier ist keine volle Gewissheit des Registergerichts erforderlich; auch hat dieses keine eigenen Ermittlungen dahin gehend anzustellen.

§ 401 Entziehung der Rechtsfähigkeit

Der Beschluss, durch den einem Verein nach § 73 des Bürgerlichen Gesetzbuchs die Rechtsfähigkeit entzogen wird, wird erst mit Rechtskraft wirksam.

1   Nach § 73 BGB hat das Amtsgericht für den Fall, dass die **Zahl der Vereinsmitglieder unter drei** herabsinkt, auf Antrag des Vorstands und – wenn der Antrag nicht binnen drei Monaten gestellt wird – von Amts wegen nach Anhörung des Vorstands dem Verein die Rechtsfähigkeit zu entziehen. § 401 stellt implizit klar, dass die Entziehung durch das Registergericht im Wege eines **Verfahrens**

---

[1] Vgl. §§ 61 bis 63 und § 71 Abs. 2 BGB in der Fassung vor Inkrafttreten des Justizmitteilungsgesetzes vom 18. 6. 1997 (BGBl. I S. 1430) am 1. 6. 1998; s. hierzu *Keidel/Kuntze/Winkler* Vor § 159 FGG Rn. 9 ff. obwohl diese Vorschriften zurzeit des Erscheinens dieses Buches schon nicht mehr in Kraft waren.

[2] S. *Sauter/Schweyer/Waldner,* Der eingetragene Verein, Rn. 25.

[3] *Sauter/Schweyer/Waldner,* Der eingetragene Verein, Rn. 25; *Keidel/Heinemann* Rn. 5.

Entziehung der Rechtsfähigkeit **1** § 401

der freiwilligen Gerichtsbarkeit nach den Bestimmungen des FamFG erfolgt und das Verfahren im Fall der Entziehung durch Beschluss (§§ 38 ff.) beendet wird. Gegen den Beschluss besteht das Rechtsmittel der Beschwerde (§§ 58 ff.), die innerhalb eines Monats nach der schriftlichen Bekanntgabe des Beschlusses zu laufen beginnt (§ 63). Die Rechtskraft des Beschlusses tritt entweder mit dem erfolglosen Abschluss des Rechtsmittelverfahrens oder mit Ablauf der Beschwerdefrist ein, sofern das Rechtsmittel nicht eingelegt wurde (§ 45). Zugunsten des Fortbestands der Rechtsfähigkeit des betroffenen Vereins ist der Beschluss zu deren Entziehung nach § 401 abweichend von der allgemeinen Bestimmung des § 40 nicht bereits mit Bekanntgabe der Entscheidung, sondern erst bei Eintritt der Rechtskraft wirksam.

Abschnitt 4. Unternehmensrechtliche Verfahren

§ 402 Anfechtbarkeit

(1) Der Beschluss des Gerichts, durch den über Anträge nach § 375 entschieden wird, ist mit der Beschwerde anfechtbar.

(2) Eine Anfechtung des Beschlusses, durch den einem Antrag nach den §§ 522 und 729 Abs. 1 des Handelsgesetzbuchs sowie den §§ 11 und 87 Abs. 2 des Binnenschifffahrtsgesetzes stattgegeben wird, ist ausgeschlossen.

(3) Die Vorschriften des Handelsgesetzbuchs, des Aktiengesetzes und des Publizitätsgesetzes über die Beschwerde bleiben unberührt.

I. Allgemeines

1   Die **Durchführung unternehmensrechtlicher Verfahren** nach § 375 richtet sich nach den allgemeinen Vorschriften des FamFG, da sich in Buch 5 diesbezüglich keine speziellen Bestimmungen finden. Lediglich Abs. 1 und 3 übernehmen die entsprechenden Formulierungen des § 146 Abs. 2 und 2 FGG aF. Für die Zuständigkeit gelten im Übrigen §§ 375 bis 377. Die Sondervorschriften für Registersachen, insbesondere §§ 380, 381 gelten für unternehmensrechtliche Verfahren mangels dahingehender Verweisung nicht (s. § 375 Rn. 2).[1]

II. Beschwerdemöglichkeit (Abs. 1 und 3)

2   **1.** Vorbehaltlich der Sonderregelung des Abs. 2 (s. Rn. 4 ff.) besteht gemäß Abs. 1 gegen alle Endentscheidungen in unternehmensrechtlichen Verfahren die Möglichkeit, **Beschwerde** nach §§ 58 ff. einzulegen. Dies gilt unabhängig davon, ob die Entscheidung antragsgemäß erfolgt ist oder der gestellte Antrag zurückgewiesen wurde. Für die Beschwerdeberechtigung ist § 59 maßgeblich. Bei einer Antragsrückweisung ist somit nur der Antragsteller beschwerdeberechtigt (§ 59 Abs. 2). Über die Beschwerde entscheidet gemäß § 119 Abs. 1 Nr. 1 lit. b GVG das örtlich zuständige Oberlandesgericht.

3   **2.** Die in einzelnen **Spezialgesetzen** vorgesehenen Regelungen zur Beschwerdemöglichkeit in unternehmensrechtlichen Verfahren sind nach Abs. 3 vorrangig. Die als nicht abschließend anzusehende Aufzählung[2] verweist generalisierend auf die Bestimmungen des HGB, AktG und PublG. Sondervorschriften bestehen insoweit vor allem bezüglich des Ausschlusses der Rechtsbeschwerde zum Bundesgerichtshof in § 318 Abs. 5 S. 3 und 4 HGB, § 35 Abs. 3 S. 3 und 4, § 85 Abs. 3 S. 3 und 4, § 104 Abs. 6 S. 3 und 4, § 142 Abs. 6 S. 3 und 4, § 147 Abs. 2 S. 7 und 8, § 258 Abs. 5, § 265 Abs. 4, § 273 Abs. 4 S. 3 und 4 AktG sowie in § 2 Abs. 3 S. 4 PublG. Ferner wären diesbezüglich weitere einschlägige Vorschriften des UmwG, SEAG, KWG, VAG, KWG und PfandBG zu nennen, die ihrem Sinn nach ebenfalls durch die allgemeinen Bestimmungen des FamFG nicht berührt werden.[3] Im Übrigen sieht für Meinungsverschiedenheiten zwischen Gründern und Gründungsprüfern § 35 Abs. 2 S. 2 AktG und für die erteilte Genehmigung der Kraftloserklärung von Aktien § 73 Abs. 1 S. 4 Halbs. 2 AktG den Ausschluss der Beschwerde vor.

III. Beschränkte Anfechtbarkeit (Abs. 2)

4   **1.** Der Abs. 2 enthält den Regelungsgehalt des § 146 Abs. 3 FGG aF sowie des § 148 Abs. 2 S. 2 FGG aF. Er befasst sich mit der **Anfechtbarkeit** der unternehmensrechtlichen **Verfahren** des **§ 375 Nr. 2 aus dem Bereich des Seeschifffahrts- und Binnenschifffahrtsrechts.**

5   Zwei Verfahrensgegenstände sind demnach nur **beschränkt anfechtbar:** Der Beschluss im **Verklarungsverfahren,** § 522 HGB und § 11 BinSchG (§ 375 Rn. 11 ff) und der Beschluss im **Verfahren zur Bestellung eines Dispacheurs,** § 729 Abs. 1 HGB und 87 Abs. 2 BinSchG (§ 375

---

[1] *Keidel/Heinemann* Rn. 4.
[2] *Keidel/Heinemann* Rn. 19.
[3] S. *Keidel/Heinemann* Rn. 21.

Rn. 18 ff.). Beide Verfahren sind Antragsverfahren (§ 522 Abs. 1 HGB und § 11 Abs. 1 BinSchG sowie § 729 Abs. 1 HGB und § 87 Abs. 2 BinSchG). Lehnt der Gerichtsbeschluss einen Antrag auf Einleitung eines Verklarungsverfahrens oder auf Bestellung eines Dispacheurs ab, ist er jeweils für den **Antragsteller anfechtbar.** Wird dem Antrag stattgegeben, ist für **Dritte eine Anfechtung ausgeschlossen.**

2. Die beiden **anderen unternehmensrechtlichen Gegenstände aus dem Bereich der Schifffahrt** (§ 375 Nr. 2) unterliegen nicht der beschränkten Anfechtung des Abs. 2. Die gerichtliche **Festsetzung des spätesten Abreisetermin bei der Stückgutfracht** (§ 590 HGB) ist **unbeschränkt anfechtbar** nach § 402 Abs. 1 (§ 375 Rn. 15). Die gerichtlichen **Entscheidungen zur Dispache** (§ 375 Rn. 14) haben **spezielle Anfechtungsvorschriften** (§§ 403 und 408). 6

§ 403 Weigerung des Dispacheurs

(1) Lehnt der Dispacheur den Auftrag eines Beteiligten zur Aufmachung der Dispache aus dem Grund ab, weil ein Fall der großen Haverei nicht vorliege, entscheidet über die Verpflichtung des Dispacheurs auf Antrag des Beteiligten das Gericht.

(2) Der Beschluss ist mit der Beschwerde anfechtbar.

I. Normzweck

Das Dispacheverfahren (Rn. 10 ff.) hat den Zweck, die Schäden an Schiff und Ladung im Falle einer großen Haverei (§ 700 HGB und § 78 BinSchG) unter den Beteiligten zu verteilen. Die Vorschrift will unbegründete Dispachen in einer Art Vorfahren ausfiltern. Denn die Dispache ist nur aufzumachen, wenn der Tatbestand der großen Haverei vorliegt. Ist das nicht der Fall, kann der Aufwand für die Aufmachung der Dispache erspart werden, ebenso wie das gerichtliche Dispacheverfahren (§§ 405–407). Allerdings hat die Vorschrift wenig praktische Bedeutung, da der Dispacheur den Auftrag regelmäßig übernimmt, bevor er die Einzelheiten der großen Haverei kennt.[1] 1

Der § 403 entspricht bis auf die Terminologie dem bisherigen § 150 FGG aF.[2] Die Entscheidungen nach dem FamFG ergehen nur durch Beschluss (§ 38 Abs. 1). Der „Beschluss" ist daher an die Stelle der „Verfügung" des FGG getreten. Der Begriff „sofortige Beschwerde" im § 150 FGG aF konnte durch „Beschwerde" ersetzt werden, da das FamFG nur „die Beschwerde" (§ 58) als Rechtsmittel gegen die im ersten Rechtszug ergangenen Endentscheidungen kennt. Durch die Einfügung des Abs. 2 wurde die Vorschrift auch übersichtlicher gestaltet. 2

II. Begriffe

1. Die große Haverei (Haverie-Grosse). Sowohl das **Seerecht** (§ 700 HBG) als auch das **Binnenschifffahrtsrecht** (§ 78 BinSchG) kennen das Rechtsinstitut der großen Haverei (verkehrssprachlich auch Haverie-Grosse genannt). Der § 700 HGB und der § 78 BinSchG sind inhaltlich weitgehend identisch.[3] Beide Regelungen definieren die große Haverei dahin, dass Schäden, die von einem Schiffsführer oder auf seine Anordnung hin vorsätzlich dem Schiff und/oder der Ladung zugefügt werden, um beide aus einer **gemeinschaftlichen Gefahr** zu retten, auch grundsätzlich gemeinschaftlich getragen werden.[4] Gelingt die Rettung nicht, liegt kein Fall der großen Haverei vor (§ 703 HGB, 78 Abs. 2 BinSchG). Das Schiff, die Fracht (§§ 614–627 HGB) und die Ladung bilden beim Transport auf See, nur das Schiff und die Ladung bilden bei der Binnenschifffahrt eine Gefahrengemeinschaft, die es verlangt, die Schäden und Kosten zur Rettung des Schiffes und/oder der Ladung anteilig zu tragen (§ 700 Abs. 2 HGB, 78 Abs. 2 BinSchG). Durch die große Haverei entsteht somit ein gesetzliches Schuldverhältnis unter den Beteiligten.[5] 3

Die Vorschriften über die große Haverei finden Anwendung auch wenn die gemeinschaftliche Gefahr von einem Dritten oder sogar von einem Beteiligten **schuldhaft herbeigeführt** wurde, etwa durch grobes nautisches Verschulden oder durch unrichtige Angaben zur Ladung. Es soll ermöglicht 4

---

[1] *v. Waldstein/Holland* Anhang zu §§ 87 und 88 BinSchG Rn. 6.
[2] BT-Drucks. 16/6308, S. 289 § 403.
[3] In der näheren rechtlichen Ausgestaltung unterscheiden sich die seerechtlichen und die binnenschifffahrtsrechtlichen Regelungen allerdings, da die Rahmenbedingungen, unter denen Schifffahrt auf See und auf Flüssen/Kanälen stattfindet, unterschiedlich sind.
[4] § 705 HGB zählt beispielhaft Fälle der großen Haverei auf. Eine solche Auflistung kennt das BinSchG nicht.
[5] *Rabe* Vor § 700 HGB Rn. 4.

§ 403   5–10   Buch 5. Abschnitt 4. Unternehmensrechtliche Verfahren

werden, die Verteilung der Schäden unter den Beteiligten vorzunehmen ohne auf einen verschuldensabhängigen und mit der Beweislast belegten Schadensersatzanspruch angewiesen zu sein (§ 702 HGB und 79 BinSchG).[6] Hat ein Dritter die Gefahr schuldhaft verursacht, so findet die Verteilung nach den üblichen Regeln der großen Haverei statt (§ 702 Abs. 1 HGB und 79 Abs. 1 BinSchG). Hat der Dritte Schadensersatz geleistet, so ist dieser anteilig unter den Geschädigten zu verteilen. Hat ein Beteiligter die gemeinsame Gefahr schuldhaft herbeigeführt, werden alle Schäden und Kosten verteilt, die des Schuldigen aber nicht; diese hat er selbst zu tragen. Er bleibt aber beitragspflichtig und hat den anderen Beteiligten den Verlust zu ersetzen, den sie dadurch erleiden, dass der Schaden als große Haverei zur Verteilung kommt (§ 702 Abs. 2 HGB und 79 Abs. 2 BinSchG). Bei einem Streit über das Verschulden eines Beteiligten ist die Dispache aufzumachen und die Frage uU im gerichtlichen Dispacheverfahren (§§ 405, 406) und eventuell im Dispachewiderspruchsverfahren (§ 407) zu klären.[7]

5   **2. Die Dispache.** Die Dispache ist eine **rechnerische Aufstellung und ein Verteilungsplan,** der die Ansprüche und Verbindlichkeiten der an der großen Haverei Beteiligten auflistet und die Beiträge und Vergütungen festsetzt.[8] Ihr Inhalt gliedert sich regelmäßig in **vier Teile:** (1) Es wird der Tatbestand der großen Haverei festgestellt. (2) Dann folgt die Aufstellung über die Passivmasse, dh. es wird die Höhe der auszugleichenden Schäden festgestellt. (3) Daran schließt sich die Aufstellung über die Aktivmasse an, dh. die anrechenbaren Werte von Schiff und Ladung werden aufgelistet. (4) Zum Schluss wird daraus der „Haverie-Grosse-Prozentsatz" berechnet und die sich ergebenden Beitragspflichten oder Vergütungsansprüche der Beteiligten festgestellt.[9]

6   Die **Dispache** wird von einem Dispacheur (§ 729 HGB, § 87 Abs. 2 BinSchG) aufgestellt. Sie ist ein **gutachterlicher Vorschlag,** wie die durch die große Haverei entstandenen schuldrechtlichen Beziehungen gem. den maßgebenden Grundsätzen ausgeglichen werden sollen. Bringt einer der Beteiligten während der Aufstellung der Dispache schon Einwendungen vor, etwa zur Bewertung von Schiff und Ladung, hat der Dispacheur über sie zu entscheiden und seine Entscheidung in der Dispache zu begründen.[10] Wenn die Dispache von allen Beteiligten akzeptiert wird, kann nach ihr abgerechnet werden. Wird eine streitige Dispache gerichtlich rechtskräftig bestätigt, kann aus ihr vollstreckt werden (§ 409). Die Kosten der Dispache sind Kosten der großen Haverei (§ 706 Nr. 7 HGB[11] und § 84 BinSchG).

7   **3. Der Dispacheur.** Der Dispacheur wird „ein für allemal" amtlich bestellt (§ 729 HGB, § 87 Abs. 2 BinSchG). Die Bestellung der Dispacheure ist Ländersache. Steht ein **amtlich bestellter** Dispacheur nicht zur Verfügung, ist eine geeignete Person vom Gericht als Dispacheur besonders zu bestellen (§ 729 HGB, § 87 Abs. 2 BinSchG). Zuständig für die **besondere Bestellung eines Dispacheurs ist das Amtsgericht,** in dessen Bezirk die Dispache aufzumachen ist (§ 377 Rn. 12 f.).

8   Der Dispacheur ist kein öffentlich-rechtliches Organ, sondern ein **Sachverständiger,** der im Rahmen eines privatrechtlichen **Geschäftsbesorgungsvertrages** nach § 675 BGB tätig wird. Dieser Vertrag entfaltet gleichzeitig eine **Schutzwirkung zugunsten aller Beteiligten,** die an der großen Haverei tatsächlich beteiligt sind. Der Auftraggeber hat gegenüber dem Dispacheur im Rahmen der Dispache keine Weisungsbefugnis.[12]

9   Nach § 87 Abs. 1 BinSchG hat der Binnenschiffer die Dispache selbst aufzumachen. Er ist aber berechtigt und auf Verlangen eines Beteiligten verpflichtet, die Aufstellung der Dispache einem Dispacheur zu übertragen. Eine vergleichbare Regelung kennt das HGB für das Seerecht nicht.

III. Das Dispacheverfahren

10 **1. Sinn und Zweck. Sinn und Zweck des Dispacheverfahren** ist es, den Beteiligten unter Mitwirkung des sachkundigen Dispacheurs im Fall des besonderen Schadensereignisses der großen Haverei eine zügige Schadensverteilung zu ermöglichen und durch das gerichtliche Dispacheverfahren die **Schadensverteilung auch titulieren zu lassen.** Die Beteiligten werden durch das Dispacheverfahren in ihren Rechten nicht beschnitten. Widerspricht ein Beteiligter der Schadensverteilung der Dispache, wird in einem streitigen Zwischenverfahren, dem Dispachewiderspruchs-

---

[6] *v. Waldstein/Holland* § 79 BinSchG Rn. 1 f.
[7] *Wüst,* Havereiausgleich und Beteiligtenverschulden TranspR 1987, 365; *Rabe* § 702 HGB Rn. 4 ff.
[8] OLG Hamburg TranspR 1995, 445.
[9] BGH v. 23. 9. 1996 – II ZR 157/95 Rn. 6 = NJW-RR 1997, 22–23.
[10] *Rabe* § 728 HGB Rn. 5.
[11] *Rabe* § 706 HGB Rn. 59.
[12] BGH v. 23. 9. 1996 – II ZR 157/95 Rn. 6 = NJW-RR 1997, 22.

verfahren (§ 407) über den Widerspruch entschieden. Die Dispache wird dann unter Beachtung der Entscheidung im Dispachewiderspruchsverfahren tituliert (§ 407 Abs. 2 und § 409). Daneben und unabhängig vom Dispacheverfahren kann jeder Beteiligte an der großen Haverei seine Rechte auch mit einer allgemeinen Klage geltend machen, § 407 Abs. 1 S. 2 iVm. § 878 Abs. 2 ZPO (§ 407 Rn. 21).

2. Das vorgerichtliche Dispacheverfahren. a) Das Dispacheverfahren wird mit der **Beauftragung des Dispacheurs** eingeleitet. Die Dispache ist **unverzüglich** aufzumachen, dh. der Dispacheur ist ohne schuldhaftes Zögern (§ 121 Abs. 1 BGB) nach der großen Haverei zu beauftragen. Diese Pflicht trifft den **Kapitän** (§ 728 Abs. 1 HGB) bzw. den **Schiffer** (§ 87 Abs. 1 BinSchG). Verletzt er diese Pflicht, macht er sich gegenüber den anderen an der großen Haverei Beteiligen uU **schadensersatzpflichtig** (§ 728 Abs. 1 HGB bzw. § 88 und § 7 Abs. 2 BinSchG). 11

Wird die Dispache nicht unverzüglich von dem zunächst zuständigen Kapitän bzw. Schiffsführer aufgemacht, kann jeder andere **Beteiligte** die Dispache veranlassen (§ 728 Abs. 2 HGB und § 88 BinSchG). Beteiligte sind alle Personen, die durch die große Haverei beitragspflichtig und vergütungsberechtigt sind. Da die große Haverei von Schiff, Fracht und Ladung gemeinschaftlich getragen werden (§ 700 Abs. 2 HGB), sind die Beteiligten insbesondere der **Schiffseigentümer,** als Beteiligter für das Schiff, der **Verfrachter,** als Beteiligter für die Fracht[13] und als Beteiligter für die Ladung der **Eigentümer der Ladung** (§ 725 HGB). Der **Versicherer** von Ladung oder Schiff ist grundsätzlich nicht Beteiligter der großen Haverei. Jedoch ist es möglich, dass er im Wege der Rechtsnachfolge die Stellung eines Beteiligten erlangt. Das ist dann der Fall, wenn ein Beteiligter seine Vergütungsansprüche an seinen Versicherer abtritt oder die Ansprüche auf ihn übergehen (§ 86 VVG).[14] 12

b) Die **Beteiligten** haben die **Pflicht,** an der Aufstellung der **Dispache mitzuwirken** und dem Dispacheur zuzuarbeiten, indem sie ihm Urkunden und Schriftstücke, zB Frachtbriefe, Ladescheine, Konnossemente auszuhändigen (§ 729 Abs. 2 HGB, § 88 Abs. 3 BinSchG). Die Vorlage kann gerichtlich beim Dispachegericht nach § 404 Abs. 1 erzwungen werden. 13

c) Der Ort, an dem die Dispache aufzumachen ist, ist gem. § 727 HGB für die Seeschifffahrt der Bestimmungsort der Fahrt und, wenn dieser nicht erreicht werden kann, der Ort, wo die Reise endet. Nur letzterer ist im Binnenschifffahrtsrecht der **Dispachierungsort** (§ 86 BinSchG). Diese gesetzlichen Regeln sind nicht zwingend und können durch eine Vereinbarung aller Beteiligten abgeändert werden (§ 377 Rn. 20). 14

3. Weigerung des Dispacheurs. Der vom Kapitän bzw. Schiffsführer oder einem anderen Beteiligten beauftragte Dispacheur hat das Recht, nicht die Pflicht, den Tatbestand der großen Haverei zu prüfen.[15] Kommt er zum Ergebnis, dass kein Fall der großen Haverei vorliegt und lehnt er die Aufmachung der Dispache aus diesem Grund ab, kann der Beteiligte, der den Dispacheur beauftragte, das **Gericht anrufen. Antragsberechtigt** ist also nur der Auftraggeber des Dispacheurs. Andere Beteilige sind nicht antragsberechtigt.[16] Verweigert der Dispacheur die Aufmachung der Dispache aus anderen Gründen, ist die Anrufung des Gerichts unzulässig. Der Dispacheur kann dadurch seine Pflichten aus dem amtlichen Bestallungsverhältnis verletzen und sich uU den Beteiligten gegenüber schadensersatzpflichtig machen. 15

a) Die örtliche Zuständigkeit des Gerichts, das über die Frage, ob der Dispacheur zu Recht die Aufmachung der Dispache ablehnt, weil ein Fall der großen Haverei nicht vorliegt, bestimmt sich nach **§ 377 Abs. 2**. Danach ist das Gericht des Ortes zuständig, an dem die Verteilung der Havereischäden zu erfolgen hat (Dispachierungsort), § 727 HGB, § 86 BinSchG (§ 377 Rn. 20). Die Zuständigkeit des Gerichts kann nicht vereinbart werden, weil das FamFG Gerichtsstandvereinbarungen, auch durch rügelose Einlassungen nicht kennt.[17] Vereinbarungen zum Dispachierungsort (§ 727 HGB und § 86 BinSchG) sind jedoch zulässig und beeinflussen mittelbar dann die örtliche Zuständigkeit (§ 377 Rn. 21). 16

Der § 23 a Abs. 2 Nr. 4 GVG bestimmt das **Amtsgericht als sachlich zuständiges** Gericht. Hier entscheidet funktional der **Richter,** nicht der Rechtspfleger (§ 17 Nr. 2 lit. a RPflG). 17

b) Das Gericht entscheidet durch **Beschluss** (§ 38) und stellt von Amts wegen fest, ob ein Fall der großen Haverei vorliegt und ob der Dispacheur verpflichtet ist, die Dispache aufzumachen. Die **Gebühren** des Verfahrens sind in § 123 Abs. 1 KostO geregelt. Der Beschluss hindert die Beteiligten 18

---

[13] Im Seeschifffahrtsrecht wird die große Haverei von Schiff, Ladung und Fracht gemeinschaftlich getragen (§ 700 Abs. 2 HGB); zur Fracht im Seerecht: §§ 614 bis 627 HGB; Im Binnenschifffahrtsrecht tragen nur das Schiff und die Ladung die Folgen der großen Haverei (§ 78 Abs. 2 BinSchG).
[14] BGHZ 67, 383.
[15] *Bumiller/Harders* Rn. 1.
[16] *Bumiller/Harders* Rn. 2; *Keidel/Heinemann* Rn. 12.
[17] *Zimmermann* FamFG Rn. 9.

nicht, in einem späteren gerichtlichen Verfahren das Fehlen oder Vorliegen des Tatbestandes einer großen Haverei geltend zu machen (§§ 405 ff) und bindet die Zivilgerichte im Rahmen des Widerspruchsverfahrens (§ 407) nicht. Insoweit entfaltet er keine **Rechtskraft.** Es wird nur festgestellt, ob der Dispacheur verpflichtet ist, die Dispache aufzumachen oder nicht.

19   Der Beschluss muss den Formalien des § 38 entsprechen, insbesondere muss er begründet werden (§ 38 Abs. 3), außer es liegen die Voraussetzungen des § 38 Abs. 4 Nr. 3 vor. Er ist darüber hinaus mit einer Rechtsbehelfsbelehrung zu versehen (§ 39).

20   c) Der Beschluss ist mit der **Beschwerde** anfechtbar, **Abs. 2.** Es gelten die allgemeinen Regeln des Beschwerderechts (§ 58 ff.). **Beschwerdeberechtigt** ist der, der durch den Beschluss in seinen Rechten beeinträchtigt ist (§ 59 Abs. 1). Wird die Weigerung des Dispacheurs bestätigt ist, ist nur der **Antragsteller** beschwerdeberechtigt (§ 59 Abs. 2). Wird der Antrag stattgegeben kann der **Dispacheur**[18] Beschwerde einlegen. Ob auch die **anderen Beteiligten** beschwerdeberechtigt sind, ist fraglich.[19] Dagegen spricht, dass die anderen Beteiligten nach Erstellung der Dispache einen Antrag auf mündliche Verhandlung über die Dispache beim Dispachegericht stellen und ihre Einwendungen auch zum Vorliegen des Tatbestandes der großen Haverei geltend machen können. Durch die gerichtlich festgestellte Pflicht des Dispacheurs, die Dispache aufzustellen, sind sie auch nicht beschwert, weil erst die noch aufzumachende Dispache ihre Beitragspflichten zur großen Haverei feststellt.

21   Das **Beschwerdegericht** ist das **Oberlandesgericht** (§ 119 Abs. 1 Nr. 1 lit. b GVG). Gegen die Entscheidung des Oberlandesgerichts ist **Rechtsbeschwerde** unter den engen Voraussetzungen des § 70 statthaft. Über sie entscheidet der **Bundesgerichtshof** (§ 133 GVG). Gegen die erstinstanzliche Entscheidung hat das FamFG ebenfalls unter engen Voraussetzungen auch die **Sprungrechtsbeschwerde** zum Bundesgerichtshof eröffnet (§ 75).

22   **4. Das gerichtliche Dispacheverfahren.** Ist die Dispache erstellt und wird sie von allen an der großen Haverei Beteiligten akzeptiert, wird die Verteilung der Beitrags- und Vergütungspflichten nach der Dispache vorgenommen. **Jeder Beteiligter** kann aber in einem gerichtlichen Verfahren (Dispacheverfahren §§ 405, 406) die **Titulierung der Dispache verfolgen.** Sind einer oder mehrere Beteiligte mit der Dispache nicht einverstanden – sei es dass der Tatbestand der großen Haverei oder das Rechenwerk als solches angezweifelt wird –, können sie verlangen, dass über ihren Widerspruch ebenfalls beim Dispachegericht mündlich verhandelt wird (§ 405). In dem Termin (§ 406) befasst sich das Gericht mit den Widersprüchen gegen die Dispache. Erledigen sich diese oder werden sie anerkannt oder werden einvernehmlich andere Lösungen gefunden, so ist die **Dispache** – eventuell inhaltlich verändert – durch das Gericht durch Beschluss **zu bestätigen.** Das Gericht trifft dabei keine streitige Entscheidung; es moderiert nur zwischen Beteiligten. Die Bestätigung der Dispache macht aus der gutachterlichen Dispache einen **vollstreckbaren Titel (§ 409 Abs. 1).**

23   **5. Die Dispachewiderspruchsklage (Klageverfahren).** Können in dem Dispacheverfahren Widersprüche gegen die Dispache nicht geklärt werden, müssen die Widersprechenden in einem Zwischenverfahren bei dem Zivilgericht die Dispachewiderspruchsklage erheben gegen die Beteiligten, deren Rechte durch den Widerspruch betroffen werden (§ 407). In diesem ZPO-Verfahren wird streitig über die Widersprüche entschieden. Auf der Basis des rechtskräftigen Ergebnisses dieses Verfahrens bestätigt das Dispachegericht dann die Dispache mit ihrem ursprünglichen oder einem geänderten Inhalt. Das Ergebnis kann aber auch sein, dass die Bestätigung der Dispache abgelehnt wird, wenn zB der Tatbestand der großen Haverei nicht vorliegt. Mit der rechtskräftigen Entscheidung des Dispachegerichts ist – erforderlichenfalls nach Durchführung des Dispachewiderspruchsverfahren vor dem Zivilgericht – das Dispacheverfahren beendet.

§ 404 Aushändigung von Schriftstücken; Einsichtsrecht

(1) Auf Antrag des Dispacheurs kann das Gericht einen Beteiligten verpflichten, dem Dispacheur die in seinem Besitz befindlichen Schriftstücke, zu deren Mitteilung er gesetzlich verpflichtet ist, auszuhändigen.

---

[18] Vgl. LG Hamburg Beschl. v. 23. 9. 1959 – Az 26 T 18/85 = HANSA 60, 1798. Das LG geht unkommentiert von der Beschwerdeberechtigung des Dispacheurs aus.

[19] Für eine Beschwerdeberechtigung spricht sich *Bumiller/Harders* Rn. 3, in früheren Auflagen unter Berufung auf § 20 FGG aus, dem der § 59 inhaltlich vergleichbar ist.

(2) ¹ Der Dispacheur ist verpflichtet, jedem Beteiligten Einsicht in die Dispache zu gewähren und ihm auf Verlangen eine Abschrift gegen Erstattung der Kosten zu erteilen. ² Das Gleiche gilt, wenn die Dispache nach dem Binnenschifffahrtsgesetz von dem Schiffer aufgemacht worden ist, für diesen.

I. Normzweck

Die Vorschrift fasst den Regelungsgehalt der §§ 151 und 152 FGG aF zusammen. Sie bringt in Abs. 1 zum Ausdruck, dass alle an der großen Haverei (§ 403 Rn. 3) Beteiligten an der Aufstellung der Dispache (§ 403 Rn. 5) mitwirken müssen. Ein Dispacheur (§ 403 Rn. 7) braucht für die rechnerische Aufstellung des Schadens und seiner Verteilung unter den Beteiligten alle Unterlagen, die dazu aussagekräftig sind. Diese Mitwirkungspflicht kann auch zwangsweise durchgesetzt werden. 1

Auf der anderen Seite muss der Dispacheur den Beteiligten in die Dispache und die ihr zu Grunde liegenden Urkunden Einsicht gewähren, damit sie das Rechenwerk effektiv überprüfen und eventuelle Einwände geltend machen können. 2

II. Die Aushändigung von Schriftstücken (Abs. 1)

1. Schriftstücke. Die Pflicht zur Vorlage von Schriftstücken ist materiell-rechtlich für die Beteiligten in § 729 Abs. 2 HGB (Seeschifffahrt) und in § 87 Abs. 3 BinSchG (Binnenschifffahrt) inhaltlich identisch festgelegt. Danach haben die Beteiligten die zur Aufstellung der **Dispache erforderlichen Urkunden** dem Dispacheur vorzulegen. Es werden insbesondere genannt, Charterverträge, Konnossemente, Fakturen, Frachtbriefe und Ladescheine. Die Aufzählung ist nicht abschließend. So können auch noch andere Urkunden für die Schadensaufstellung erheblich sein, wie zB Versicherungspolicen, die Anhaltspunkte für den Wert des Schiffes oder der Ladung sein können. 3

2. Besitz. Nur solche **Urkunden und Schriftstücke** hat der Beteiligte vorzulegen, die sich in seinem **Besitz** befinden. Die materiellen-rechtlichen Grundlagen (§ 729 Abs. 3 HGB und § 87 Abs. 3 BinSchG) sehen wortgleich eine Vorlagepflicht von Schriftstücken vor, „soweit er sie zu seiner Verfügung hat." Auch wenn diese Formulierung eine weitergehendere Vorlagepflicht vermuten lässt als die Formulierung „in seinem Besitz befindliche", sind nach allgemeiner Meinung nur Urkunden und Schriftstücke vorzulegen, die der **Beteiligte** in seinem **unmittelbaren Besitz** hat.¹ 4

3. Vorlage an Dispacheur oder Schiffer. Die Urkunden sind dem **Dispacheur** auf dessen Verlangen **vorzulegen.** Der Dispacheur entscheidet, welche Urkunden er für die Dispache benötigt. Wenn nach Binnenschifffahrtsrecht der **Schiffsführer** die Dispache selbst aufmacht (§ 87 Abs. 1 BinSchG), so sind ihm die Schriftstücke auf sein Verlangen vorzulegen (§ 87 Abs. 3 BinSchG). Haben sich die Parteien auf einen **privaten Dispacheur** geeinigt, der nicht „ein für allemal" amtlich bestellt oder für den Einzelfall gerichtlich benannt ist (§ 729 Abs. 1 HGB, § 87 Abs. 2 BinSchG), kann er die Vorlage von Urkunden nicht unter Berufung auf § 404 Abs. 1 verlangen, sondern nur auf Grund der vertraglichen Vereinbarung. Verweigert ein Beteiligter die Mitwirkung, bleibt den anderen Beteiligten nur der Klageweg über das Zivilgericht, um die Herausgabe von Urkunden zu erzwingen. 5

4. Das Verfahren. Die Herausgabe von Schriftstücken kann nur der **Dispacheur** an sich verlangen, nicht ein anderer der Beteiligten. Nur er ist **antragsberechtigt.** Es sind die allgemeinen Verfahrensregeln anzuwenden, insbesondere hat das Gericht hat **von Amts wegen** Ermittlungen anzustellen (§ 26). Das Gericht hat insbesondere die **Voraussetzungen des § 404 Abs. 1** zu prüfen: 6
– Der **Dispacheur** muss dem Gericht darlegen, dass er von einem Beteiligten den **Auftrag** erhalten hat, eine Dispache zu erstellen. Er hat auch zumindest in groben Zügen den zu Grunde liegenden Sachverhalt darzustellen.
– Der Antragsgegner muss ein **Beteiligter** (§ 403 Rn. 12) der großen Haverei sein, für die die Dispache aufgemacht werden soll.
– Der Tatbestand der **großen Haverei** ist die Voraussetzung für die Aufmachung einer Dispache. Es ist umstr., ob das Gericht das Vorliegen einer großen Haverei hier prüfen muss.² Bei der Lösung der Frage ist zu beachten, dass die große Haverei nicht immer leicht festzustellende Voraussetzungen hat.³ Selbst bei einem Antrag auf mündliche Verhandlung prüft das Gericht deshalb nur, ob offensichtlich der Tatbestand der großen Haverei nicht vorliegt (§ 405 Abs. 2). Es ist kein Grund

---

¹ *Rabe* § 729 HGB Rn. 7; *v. Walstein/Holland* Anhang §§ 87, 88 BinSchG Rn. 7.
² Bejahend: *Keidel/Kuntze/Winkler* § 151 FGG Rn. 4; aA *Bassenge/Roth* § 151 FGG Rn. 2 und *Keidel/Heinemann* Rn. 3, der von keiner Prüfpflicht des Tatbestandes der großen Haverei ausgeht.
³ *Rabe* § 700 HGB Rn. 3 ff.; s. a. § 403 Rn. 3.

ersichtlich, in diesem Verfahren, das eine möglichst zügige Aufstellung der Schäden und deren Verteilung durch die Vorlage von Schriftstücken bezweckt, einen umfangreicheren Prüfmaßstab anzulegen, als bei der Prüfung der Zulässigkeit des gerichtlichen Dispacheverfahren. Daher wird nur bei einem **offensichtlichen Fehlen** des Tatbestandes der großen Haverei das Gericht den Antrag des Dispacheurs ablehnen.

– Weiter hat das Gericht zu prüfen, ob der Beteiligte die vom Dispacheur verlangten **Schriftstücke** im unmittelbaren Besitz hat (Rn. 4) und ob es sich um Schriftstücke im Sinne von § 729 Abs. 2 HGB oder § 87 Abs. 3 BinSchG handelt (Rn. 3).

7 Als **örtlich zuständiges Gericht** bestimmt § 377 Abs. 2 den Ort an dem die Verteilung der Havereischäden zu erfolgen hat (§ 377 Rn. 18). **Sachlich zuständig** ist das **Amtsgericht** (§ 23a Abs. 1 Nr. 4 GVG). Dort entscheidet funktional der **Richter** (§ 17 Nr. 2 lit. a RPflG) durch **Beschluss** (§ 38). Die **Höhe der Gebühren** des Verfahrens sind in § 123 Abs. 1 KostO geregelt. Zwar ist das Verfahren zur Aushändigung von Schriftstücken in § 123 Abs. 1 KostO nicht aufgeführt.[4] Die Vorschrift bestimmt aber, dass eine volle Gebühr **für alle Verfahren** vor dem Verfahren über die Bestätigung der Dispache (§§ 405 ff.) nur einmal anfällt.[5] Da das Verfahren nach § 404 Abs. 1 ein Verfahren im Rahmen der Erstellung einer Dispache ist, kommt auch § 123 Abs. 1 KostO zur Anwendung. Der Beschluss ist mit der **Beschwerde** anfechtbar (§ 408).

8 Die gerichtlich beschlossene Aushändigung der Schriftstücke kann zwangsweise durch Verhängung von Zwangsgeld durchgesetzt werden. Für das **Zwangsgeldverfahren** gilt § 35.[6]

III. Einsicht in die Dispache (Abs. 2)

9 **1. Berechtigung.** Mit der Pflicht zur Herausgabe von Schriftstücken korrespondiert das Recht jedes **an der großen Haverei Beteiligten** (§ 403 Rn. 12) Einsicht in die Dispache nehmen zu können. Das Einsichtsrecht umfasst nicht nur die **Dispache** selbst, sondern **alle Schriftstücke und Unterlagen,** die dem Dispacheur zur Erstellung der Dispache zur Verfügung standen (§ 405 Abs. 3 S. 2). Nur so können die Beteiligten die Echtheit der Schriftstücke, ihre vollständige und korrekte Berücksichtigung sowie die Richtigkeit der Dispache überprüfen. Der § 404 Abs. 2 ist lex specialis zu § 13; deshalb ist jedem an der großen Haverei Beteiligten Einsicht zu gewähren, ohne dass ein besonderes Interesse dargetan werden muss. Auch können die **Interessen** eines anderen Beteiligten oder **Dritter** die Einsicht nicht verhindern.

10 Das Einsichtsrecht ist ergänzt durch den Anspruch, Abschriften zu erhalten gegen Erstattung der Kosten. Die **Abschriften** werden heute in aller Regel in Form von Photokopien erstellt. Erst dieser Anspruch ermöglicht eine sinnvolle und wirksame Prüfung der Dispache sowie der Schriftstücke und der Unterlagen.

11 **2. Verpflichtung.** Die Pflicht, Einsicht zu gewähren und Abschriften gegen Kostenerstattung zu erteilen, trifft den **Dispacheur.** Die gleiche Pflicht hat in der Binnenschifffahrt der **Schiffer,** wenn er nach § 87 Abs. 1 BinSchG die Dispache aufgestellt hat. Sie sind berechtigt, die **Einsicht** nur in ihren **Geschäftsräumen** zu gewähren, auch wenn Rechtsanwälte für ihre Mandanten die Einsicht beantragen. Sie müssen die Originale weder versenden noch übergeben. Das ergibt sich schon aus den praktischen Erwägungen, dass bei mehreren Beteiligten ansonsten die „Akten" über längere Zeit nicht zur Verfügung stünden. Deshalb haben der Dispacheur oder der Schiffer die Pflicht, gegen Kostenerstattung **Abschriften** der Dispache und der Schriftstücke sowie der Unterlagen zu fertigen und den beantragenden **Beteiligten auszuhändigen.**

12 Kommen der Dispacheur oder der Schiffer dieser Verpflichtung gegenüber einem Beteiligten nicht nach, kann auf Antrag der Beteiligten durch das zuständige Dispachegericht (Rn. 7) die Einsichtnahme angeordnet und durchgesetzt werden (§ 35).[7] Ein anderer Weg ist jedoch, bei Gericht eine mündliche Verhandlung über die Dispache gem. § 405 zu beantragen. Im Rahmen des gerichtlichen Verfahrens können dann die Dispache und ihre Unterlagen auf der Geschäftsstelle des Gerichts eingesehen werden (§ 405 Abs. 3 S. 2). Für den aus der Verweigerung der Einsicht entstehenden Schaden können Dispacheur oder Schiffer ersatzpflichtig sein.

---

[4] Es sind nur genannt: Die Bestellung eines Dispacheurs (§ 729 Abs. 1 HGB und 87 Abs. 2 BinSchG) sowie die Ablehnung der Aufmachung der Dispache durch den Dispacheur (§ 403).
[5] *Hartmann*, Kostengesetze § 123 KostO Rn. 2.
[6] BT-Drucks. 16/6308, S. 289 § 404.
[7] AA *Keidel/Heinemann* Rn. 14 m. weit. Nachw. Danach soll die Einsichtnahme mittels einer Klage vor dem Zivilgericht (auch einstw. Vfg.) durchgesetzt werden. Nach § 375 Nr. 2 gehören die Vorschriften über die Dispache zu den unternehmensrechtlichen Verfahren, für das FamFG gilt. § 404 Abs. 2 ist davon nicht ausgenommen.

§ 405 Termin; Ladung

(1) ¹Jeder Beteiligte ist befugt, bei dem Gericht eine mündliche Verhandlung über die von dem Dispacheur aufgemachte Dispache zu beantragen. ²In dem Antrag sind diejenigen Beteiligten zu bezeichnen, welche zu dem Verfahren hinzugezogen werden sollen.

(2) Wird ein Antrag auf mündliche Verhandlung gestellt, hat das Gericht die Dispache und deren Unterlagen von dem Dispacheur einzuziehen und, wenn nicht offensichtlich die Voraussetzungen der großen Haverei fehlen, den Antragsteller sowie die von ihm bezeichneten Beteiligten zu einem Termin zu laden.

(3) ¹Die Ladung muss den Hinweis darauf enthalten, dass, wenn der Geladene weder in dem Termin erscheint noch vorher Widerspruch gegen die Dispache bei dem Gericht anmeldet, sein Einverständnis mit der Dispache angenommen wird. ²In der Ladung ist zu bemerken, dass die Dispache und deren Unterlagen auf der Geschäftsstelle eingesehen werden können.

(4) Die Frist zwischen der Ladung und dem Termin muss mindestens zwei Wochen betragen.

(5) ¹Erachtet das Gericht eine Vervollständigung der Unterlagen der Dispache für notwendig, hat es die Beibringung der erforderlichen Belege anzuordnen. ²§ 404 Abs. 1 gilt entsprechend.

I. Normzweck

Betreffen die §§ 403, 404 das Verfahren über die Aufmachung der Dispache (§ 403 Rn. 5) durch den Dispacheur (§ 403 Rn. 7), so widmen sich die **§§ 405 bis 409** dem **gerichtlichen Verfahren** über die vom Dispacheur fertig **aufgestellte Dispache** mit dem Ziel, aus ihr einen rechtskräftigen **vollstreckungsfähigen Titel zu schaffen** (§ 409). Denn die vom Dispacheur aufgestellte Dispache ist kein Titel, aus dem vollstreckt werden kann. Ihr Vollzug lebt vom Einvernehmen der Beteiligten. Das **Dispacheverfahren** nach §§ 405, 406 ist eine **Art Güteverfahren**, bei dem es darum geht, über **Widersprüche** der Beteiligten gegen die Dispache zu verhandeln und, wenn möglich, sie durch ein **Einvernehmen** der Beteiligten zu bereinigen. Das Gericht hat dann die Dispache – auch in geänderter Fassung – teilweise oder ganz zu bestätigen. Im Umfang der gerichtlichen Bestätigung ist dann ein Titel geschaffen. **Das Gericht trifft keine streitige Entscheidung,** es ist moderierend tätig. Aber auch wenn kein Widerspruch gegen die Dispache erhoben wird, kann das Gericht angerufen werden, um die Dispache unverändert bestätigen und damit titulieren zu lassen (§ 406 Abs. 1). Am Dispacheverfahren nehmen nur die Beteiligten teil, die der Antragsteller in seinem Antrag anführt. Nur sie nehmen auch an der Bestätigungswirkung teil (§ 409). Die Rechte anderer Beteiligter der großen Haverei werden durch dieses Dispacheverfahren nicht berührt (§ 409 Rn. 3). Gelingt es im Dispacheverfahren nicht, die Widersprüche gegen die Dispache einvernehmlich zu klären, sind sie durch **Erhebung der Klage (Dispachewiderspruchsklage)** gegen die Beteiligten, deren Rechte von den Widersprüchen betroffen sind, weiter zu verfolgen (**§ 407**). Das Ergebnis des streitigen Urteils hat das Dispachegericht bei seiner endgültigen Bestätigung zu beachten. 1

Der § 405 befasst sich mit dem gerichtlichen Verfahren bis zum Gerichtstermin. Er enthält die Regelungen der §§ 153 und 154 FGG aF. Verzichtet wird auf die ausdrückliche Regelung zur Verbindung mehrerer Anträge (§ 153 Abs. 2 S. 2 FGG aF), weil die Verbindung von Verfahren in § 20 allgemein geregelt ist. 2

II. Antrag

1. Antragsberechtigung. Antragsberechtigt ist **jeder, der an der großen Haverei (§ 403 Rn. 3) beteiligt ist** (§ 403 Rn. 12). Voraussetzung ist nicht, dass der Antragsteller in der Dispache genannt ist. Auf der anderen Seite ist auch der antragsberechtigt, der nach seiner Meinung zu Unrecht von der Dispache als Beteiligter benannt ist. Hat jemand als Nichtbeteiligter an der großen Haverei zu Unrecht eine Dispache aufgemacht (zB Bergungsunternehmen), ist er nicht antragsberechtigt,[1] weil im Dispacheverfahren nur die gegenseitigen Verpflichtungen der an der großen Haverei Beteiligten geregelt werden, nicht aber streitige Ansprüche **Dritter.**[2] Der **Versicherer** von Ladung oder Schiff ist grundsätzlich nicht Beteiligter der großen Haverei. Jedoch ist es möglich, dass er im Wege der Rechtsnachfolge die Stellung eines Beteiligten erlangt. Das ist dann der Fall, wenn 3

---

[1] *v. Waldstein/Holland* Anhang §§ 87, 88 BinSchG Rn. 10.
[2] BGH NJW 1959, 723.

ein Beteiligter seine Vergütungsansprüche an seinen Versicherer abtritt oder die Ansprüche auf ihn übergehen (§ 86 VVG).[3] Der **Dispacheur** ist nicht antragsberechtigt, weil er an der großen Haverei nicht beteiligt ist; er muss aber uU im Verfahren gehört werden (§ 26).

4 **2. Die am Verfahren Beteiligten.** In dem **Antrag** hat der Antragsteller, die **Beteiligten zu benennen,** die **zum Verfahren hinzugezogen werden sollen.** Nur für die **formal am Verfahren Beteiligten** erzeugt das **Dispacheverfahren** auch **Rechtswirkungen.** Die Bestätigung der Dispache ist ausschließlich für diese Beteiligten wirksam (§ 409 Abs. 2). Die Beteiligten an der großen Haverei, die nicht im Antrag genannt werden, können ihrerseits einen Antrag auf mündliche Verhandlung stellen und ein eigenes Dispacheverfahren damit in Gang setzen. Es ist also möglich, dass zwei oder mehrere Dispacheverfahren hintereinander oder nebeneinander durchgeführt werden, die wegen der Interdependenz der Beitragspflichten und Vergütungsansprüche, zu unterschiedlichen Ergebnissen ein und desselben Beteiligten führen können. Kommt es im Verhältnis zu einem Beteiligten zu einer Einigung mit einem gerichtlichen Bestätigungsbeschluss, kann es im Verhältnis zu einem anderen zu einem Dispachewiderspruchsverfahren kommen (§ 407) mit einem streitigen Urteil, das eine andere Verteilung vornimmt, als es die Einigung der Parteien getan hat. Es ist also sinnvoll gleichzeitig anhängige Dispacheverfahren zu verbinden (§ 20).

5 **3. Formalien des Antrags.** Der Antrag ist **nicht an eine Frist gebunden.** Es gelten die allgemeinen Regeln über verfahrenseinleitende Anträge (§§ 23 ff). Erforderlich ist, dass ein gerichtliches Verfahren über die Dispache **beantragt** wird. Es ist aber nicht notwendig, dass ein Antrag auf **mündliche Verhandlung** gestellt wird. Das Verfahren der §§ 405, 406 kann auch im **schriftliches Verfahren** sein.[4] Der Antragsteller muss neben der Bezeichnung der Dispache, um die es geht, mitteilen, **welchen Beteiligten** (Rn. 4) gegenüber die Dispache bestätigt werden soll. Sei es, dass er mit der Dispache nicht einverstanden ist und eine andere Verteilung des Schadens anstrebt, sei dass er mit der Dispache einverstanden ist und sie unverändert bestätigt haben will. Der häufigste Fall für die Einleitung des Verfahrens ist der Antrag, die Dispache uneingeschränkt zu bestätigen, um möglichst zügig mit der gerichtlichen Bestätigung einen Titel gegen andere Beteiligten zu erhalten (§ 409 Abs. 2).[5] Sollten anfangs nicht alle Beteiligten an der großen Haverei Beteiligten benannt worden sein, können **im Laufe des Verfahrens** noch **weitere** zum Verfahren hinzuziehende **Beteiligte** genannt werden.

III. Gang des Verfahrens

6 **1. Allgemeines.** Die **Zuständigkeit** des angerufenen Gerichts ergibt sich aus § 377 Abs. 2 (§ 377 Rn. 20). Funktional ist der Richter zuständig, nicht der Rechtspfleger (§ 17 Nr. 2 lit. a RPflG). Er wird sinnvollerweise immer prüfen, ob noch weitere Widersprüche oder Bestätigungsanträge für dieselbe Dispache vorliegen. Wenn das Fall ist, wird er die **Verfahren verbinden** (§ 20). Eine **außergerichtliche Einigung** der Beteiligten nimmt dem Antragsteller nicht das berechtigte Interesse an einer Bestätigung und dadurch Titulierung der Dispache.[6]

7 **2. Gegenstand des Verfahrens** muss eine bereits aufgemachte **Dispache eines Dispacheurs** sein. Es ist dies der „ein für allemal" amtlich bestellte oder ein für den konkreten Fall gerichtlich ernannter Dispacheur (§ 729 Abs. 1 HGB oder § 87 Abs. 2 BinSchG). Gleichzustellen damit ist die Dispache, die der **Schiffer** nach § 87 Abs. 1 BinSchG aufgestellt hat.[7] Er ist kein Dispacheur im eigentlichen Sinne, weil er kein Sachverständiger ist. Der Gesetzgeber hielt ihn aber für sachverständig genug, eine Dispache aufzumachen. Eine Gleichstellung verlangen auch Sinn und der Zweck der Dispache, den Beteiligten an der großen Haverei eine im Verhältnis zum üblichen Erkenntnisverfahren zügige und gerichtlich bestätigte Schadensabwicklung zu ermöglichen. Das Verfahren ist aber unzulässig für Dispachen, die von **Dispacheuren** aufgestellt wurden, auf die sich die **Beteiligten geeinigt** haben.[8] In diesen Fällen muss die Schadensabwicklung der großen Haverei im Streitfall vor den ordentlichen Gerichten stattfinden.

8 **3. Einziehung der Dispache.** Das Gericht hat **die Dispache** vom Dispacheur **und deren Unterlagen** einzuziehen **(Abs. 2).** Die gerichtliche Anordnung kann mit den in § 35 Abs. 4 angedrohten Zwangsmitteln durchgesetzt werden. Der Wortlaut des Abs. 2 macht diese Maßnahme

---

[3] BGHZ 67, 383.
[4] BT-Drucks. 16/6308, S. 289 § 405.
[5] *v. Waldstein/Holland* Anhang § 87, 88 BinSchG Rn. 11.
[6] *Bassenge/Roth* § 153 FGG Rn. 4.
[7] AA *Keidel/Heinemann* Rn. 12; *Bassenge/Roth* § 153 FGG Rn. 6; das Problem ist heute mehr theoretischer Art, weil eine vom Schiffer aufgemachte Dispache nicht mehr die Praxis ist.
[8] *Keidel/Heinemann* Rn. 12.

davon abhängig, dass ein Antrag auf mündliche Verhandlung gestellt ist. Wenn nur der Antrag gestellt wird, über die Dispache ein Dispacheverfahren durchzuführen, ohne den Zusatz, es solle eine mündliche Verhandlung stattfinden, kann der Richter gleichwohl die Dispache und deren Unterlagen vom Dispacheur einziehen, wenn er die Vorlage für erforderlich hält.

Kommt der Richter zu dem Schluss, dass zur Beurteilung der Dispache **weitere Unterlagen** 9 notwendig sind, hat er Anordnungen nach § 404 Abs. 1 zu erlassen und **von den Beteiligten** die Vorlage anzufordern **(Abs. 5).** Die **Vorlagepflicht** trifft nicht nur den Antragsteller, Dispacheur oder die zum Verfahren hinzugezogenen Beteiligten, sondern **jeden Beteiligten** der streitgegenständlichen großen Haverei, der im Besitz des betreffenden Schriftstückes ist (§ 404 Abs. 1). Auch hier stehen die Zwangsmittel des § 35 Abs. 4 zur Verfügung. Wenn sich während des **laufenden Verfahrens** herausstellt, dass noch weitere Unterlagen benötigt werden, so können sie ebenfalls nach Abs. 5 herausverlangt werden.

4. Die Große Haverei. Der Tatbestand der großen Haverei (§ 403 Rn. 3) ist die Voraussetzung 10 für eine Schadensverteilung durch eine Dispache. Gleichwohl kann der Richter das Verfahren im Rahmen der Zulässigkeitsprüfung nur scheitern lassen, wenn **offensichtlich** die Voraussetzungen der großen Haverei **nicht vorliegen.** Es sind also keine Ermittlungen zu den Voraussetzungen der großen Haverei anzustellen. Auch bloße Zweifel genügen nicht, um den Antrag zurückzuweisen.

5. Zurückweisung des Antrags. Liegen die Voraussetzungen für die Durchführung des Ver- 11 fahrens nicht vor, ist der Antrag zurückzuweisen. Der Abs. 2 nennt ausdrücklich als Zurückweisungsgrund das offensichtliche Fehlen der Voraussetzungen der großen Haverei. Stellt sich erst im Laufe des Verfahrens heraus, dass offensichtlich kein Fall der großen Haverei vorgelegen hat, ist der Antrag auch dann noch zurückzuweisen. Aber auch das Fehlen anderer Zulässigkeitsvoraussetzungen (Rn. 3 bis 7) führt zur Unzulässigkeit des Antrages und seiner Zurückweisung. Die ist für den Antragsteller mit der **Beschwerde** anfechtbar (§ 408 Abs. 1).

6. Terminierung und Ladung. Sind alle Zulässigkeitsvoraussetzungen erfüllt und ist ein Antrag 12 auf mündliche Verhandlung gestellt, hat der Richter einen **Termin zur mündlichen Verhandlung** zu bestimmen. Wird von den Beteiligten eine mündliche Verhandlung nicht beantragt, so kann das Gericht über die Dispache auch im **schriftlichen Verfahren** entscheiden. Das kommt in aller Regel dann in Betracht, wenn es den Beteiligten nur um die Bestätigung der Dispache geht. Der Richter kann aber auch ohne Antrag eine mündliche Verhandlung durchführen, wenn er das für sachdienlich hält (§ 32 Abs. 1).[9] Der Richter wird in aller Regel vor dem Termin den Beteiligten die Möglichkeit einräumen, den Streitstoff schriftlich vorzutragen (§ 28 Abs. 1 bis 3), um den Termin vorzubereiten.

Zum Termin sind der **Antragsteller und die Beteiligten** zu laden. Es sind die Personen als 13 Beteiligte zu laden, **die in dem Antrag auf Durchführung des Dispacheverfahrens genannt sind (Abs. 2).** Andere Beteiligte an der großen Haverei werden nicht geladen,[10] auch wenn der Richter der Auffassung ist, dass die Änderungen im Sinne des Antragstellers auch Auswirkungen auf andere Beteiligte haben. Wenn sie nicht mit den vom Antragsteller eingebrachten Änderungen an der Dispache einverstanden sind, wird er aber auf deren Beteiligung drängen. Denn die Bestätigung der Dispache, sei es in der ursprünglichen Form, sei es in einer einvernehmlich geänderten Fassung, wirkt nur unter den Beteiligten des Verfahrens (§ 409 Abs. 1). Ein im Antrag als Beteiligter genannter, aber ganz offensichtlich nicht an der großen Haverei Beteiligter muss nicht, kann aber geladen werden. Ist ein ausländischer Staat Beteiligter, so kann gegen ihn die Dispache nicht wirksam bestätigt werden. Die Rechtsposition der nicht am gerichtlichen Dispacheverfahren Beteiligten, wird durch das Dispacheverfahren nicht berührt. Ihre Vergütungsansprüche aus der großen Haverei oder ihre Beitragspflichten aus derselben müssen im Streitfall von den Zivilgerichten geklärt werden (§ 407 Rn. 21).

Der **Dispacheur** ist kein Beteiligter des Verfahrens. Seine Anhörung, sei es schriftlich oder mündlich, kann sich aus der Pflicht zur Amtsermittlung des § 26 ergeben, was im Regelfall bei Widersprüchen gegen die Dispache der Fall sein wird.

Die **Frist** zwischen Ladung und Termin muss mindestens **zwei Wochen** betragen (Abs. 4). Diese 14 Frist ist auch im Falle einer Verlegung des Termins einzuhalten. Die Bestimmung von Fortsetzungsterminen ist an die Frist nicht gebunden. Ist die Frist nicht eingehalten, darf einem Beteiligten aus seiner Abwesenheit im Termin kein Nachteil entstehen, genauso wenig wie aus seiner Weigerung im Termin sich in Erörterungen einzulassen. Es muss ein neuer Termin unter Wahrung der Frist anberaumt werden. Die Beteiligten können aber auf die Einhaltung der Frist verzichten. Die Frist-

---

[9] BT-Drucks. 16/6308, S. 289 § 405.
[10] *Keidel/Heinemann* Rn. 3; *Bumiller/Harders* Rn. 22; *Rabe* Anhang zu § 729 HGB Rn. 17.

setzung wird durch Bekanntgabe des Termins nach § 15 Abs. 1 und 2 den Beteiligten gegenüber wirksam. Für die Berechnung der Frist gilt § 16.

15 **Zum Inhalt der Ladung** gehören neben den Terminsdaten auch **zwei Hinweise (Abs. 3).** Der erste Hinweis (Abs. 3 S. 1) weist die Beteiligten darauf hin, dass ihre **Zustimmung** zur Dispache fingiert wird, wenn sie **weder** vor dem Termin einen **Widerspruch** gegen die Dispache **anmelden noch im Termin erscheinen.** Der Widerspruch vor dem Termin kann schriftlich oder zur Niederschrift der Geschäftsstelle abgegeben werden (§ 25). Der schweigende Beteiligte wird behandelt, als ob er mit der Dispache einverstanden wäre. Die Fiktion des Einverständnisses gilt aber nur für die vom Dispacheur aufgemachte Dispache. Sollten sich die anderen Beteiligten im Termin auf eine Änderung der Dispache einigen, so erstreckt sich die Fiktion des Einverständnisses nicht darauf.

Der **Hinweis ist zwingend** in die Ladung aufzunehmen („muss"). Fehlt ein solcher Hinweis und hat ein Geladener vor dem Termin keinen Widerspruch erhoben und ist er im Termin nicht anwesend, ist die Ladung unwirksam mit der Folge, dass eine Verhandlung nicht stattfinden kann. Wenn trotz des Mangels verhandelt und die Dispache bestätigt wird, kann dieser Fehler mit der Beschwerde gerügt werden (§ 408). Sind alle Geladenen im Termin anwesend, kann verhandelt werden, auch wenn der Hinweis in der Ladung fehlt.

16 Als **zweiten Hinweis** hat die Ladung zu enthalten, dass die **Dispache** und ihre Unterlagen auf der Geschäftsstelle **eingesehen** werden können (Abs. 3 S. 2). Fehlt der Hinweis in der Ladung kann der Geladene die Erörterungen zur Dispache ohne Rechtsnachteil verweigern, bis ihm Einsicht mit angemessener Bedenkzeit gewährt wurde. Sollte über die Dispache verhandelt werden und ein Geladener hatte keine Einsicht nehmen können, ist dies ein Verstoß gegen das Recht auf rechtliches Gehör (Art. 103 Abs. 1 GG), der mit der Beschwerde gerügt werden kann.

§ 406 Verfahren im Termin

(1) Wird im Termin ein Widerspruch gegen die Dispache nicht erhoben und ist ein solcher auch vorher nicht angemeldet, hat das Gericht die Dispache gegenüber den an dem Verfahren Beteiligten zu bestätigen.

(2) ¹Liegt ein Widerspruch vor, haben sich die Beteiligten, deren Rechte durch ihn betroffen werden, zu erklären. ²Wird der Widerspruch als begründet anerkannt oder kommt anderweitig eine Einigung zustande, ist die Dispache entsprechend zu berichtigen. ³Erledigt sich der Widerspruch nicht, so ist die Dispache insoweit zu bestätigen, als sie durch den Widerspruch nicht berührt wird.

(3) Werden durch den Widerspruch die Rechte eines in dem Termin nicht erschienenen Beteiligten betroffen, wird angenommen, dass dieser den Widerspruch nicht als begründet anerkennt.

I. Normzweck

1 Zum Gerichtstermin kann es aus zwei Gründen kommen. Entweder ein oder mehrere Beteiligte wollen die Dispache zum Titel bestätigen lassen oder es wurde Widerspruch gegen die Dispache erhoben. Im letzteren Fall wird der **moderierende Richter** in der Verhandlung versuchen, die Streitpunkte der Beteiligten zur Dispache aufzuarbeiten und durch eine Einigung zu bereinigen. Erreicht der Richter dieses Ziel, hat er die Dispache mit dem Inhalt der Einigung zu bestätigen mit der Folge, dass unter den am Verfahren Beteiligten ein Titel geschaffen ist (§ 409 Abs. 1). Gelingt das nicht, muss der Beteiligte, der mit der Dispache in der vorliegenden Form nicht einverstanden ist, seinen Widerspruch vor dem Zivilgericht weiter verfolgen (§ 407 „Dispachewiderspruchsklage"). Es wird im Termin des Dispacheverfahrens also **kein Streit** durch den Richter **entschieden,** aber es können einvernehmlich Streitpunkte beseitigt werden, so dass vor das Zivilgericht nur die verbleibenden strittigen Fragen kommen. Der **Termin** dient also dem **Zweck,** sowohl die **Dispache zu titulieren** als auch ein **streitiges Verfahren vorzubereiten** durch Konzentration auf nicht einigungsfähige Streitpunkte und die verbleibenden Streitbeteiligten. Ist über die Widersprüche rechtskräftig in dem Dispachewiderspruchsverfahren (§ 407) entschieden, hat das Dispachegericht auf dessen Basis die Dispache endgültig zu bestätigen und damit zu titulieren.

2 Die Vorschrift **entspricht inhaltlich** dem **§ 155 FGG** aF. Lediglich § 155 Abs. 1 FGG aF, in dem stand, dass mit den im Termin Erschienen über die Dispache zu verhandeln ist, wurde als entbehrlich und überflüssig weggelassen.[1] Auch sprachlich wurde § 155 FGG aF durch § 406 modernisiert.

---

[1] BT-Drucks. 16/6308, S. 289 § 406.

II. Verfahren

1. Termin. Die Verhandlung ist **nicht öffentlich.** Das Gericht kann aber die Öffentlichkeit 3 zulassen, wenn kein Beteiligter widerspricht (§ 170 Abs. 1 GVG). Die **Angelegenheit** ist mit den Beteiligten zu **erörtern** und zu besprechen. Die Pflicht in einem Termin, die Angelegenheit zu erörtern, ergibt sich aus §§ 405 Abs. 1 und 32 Abs. 1. Der Richter hat zu prüfen, ob die **Ladungsfrist** von **zwei Wochen** (§ 405 Abs. 4) eingehalten ist. Ist das nicht der Fall, kann die Verhandlung nicht stattfinden. Der Richter muss den Termin vertagen (§ 32 Abs. 1, § 227 Abs. 1 ZPO) und die Beteiligten unter Einhaltung der Ladungsfrist von zwei Wochen erneut laden. Die Beteiligten können aber auf die **Einhaltung der Ladungsfrist verzichten.** Verzichtet auch nur eine Partei nicht, muss vertagt und erneut geladen werden. Sind mehrere Beteiligte ordnungsgemäß geladen und erscheinen nicht alle oder gar nur einer, ist gleichwohl in die Verhandlung über die Dispache einzutreten.

Ist zwar ein gerichtliches Verfahren über die die Dispache, aber keine mündliche Verhandlung 4 beantragt, kann der Richter auch **im schriftlichen Verfahren entscheiden.** Das Gericht kann auch ohne den Antrag nach § 32 Abs. 1 eine mündliche Verhandlung durchführen, wenn es dies für sachdienlich hält.[2]

Die Ladung zum Termin muss die Beteiligten darauf hinweisen, dass die Zustimmung zur Dis- 5 pache fingiert wird, wenn der Geladene weder im Termin erscheint noch vorher Widerspruch gegen die Dispache bei dem Gericht anmeldet (§ 405 Abs. 3 S. 1). Fehlt der Hinweis in der Ladung, können die **Folgen der Säumnis** oder **Untätigkeit** nicht eintreten. Auch wenn die Ladung den Hinweis enthielt, aber die **Ladungsfrist** nicht eingehalten wurde, können die Säumnis- und Untätigkeitswirkungen nicht eintreten.

In der Ladung muss auch der **Hinweis,** dass die **Dispache** und deren Unterlagen auf der 6 Geschäftsstelle **eingesehen** werden können, enthalten sein (§ 405 Abs. 3 S. 2). Ist das nicht der Fall und beruft sich ein Beteiligter darauf, dass er die Dispache nicht kenne und deshalb nicht ausreichend auf die Verhandlung vorbereitet sei, ist ebenfalls zu vertagen und neu unter Einhaltung der Ladungsfrist und der Hinweispflichten zu laden. Hat der Beteiligte aber auf andere Weise Kenntnis von der Dispache und ihren Unterlagen erhalten, ist eine Rüge des fehlenden Hinweises in der Ladung unbeachtlich.

Im Grundsatz gelten die **allgemeinen Regeln** des § 28 für den Verlauf des Verfahrens, insbeson- 7 dere ist an die **Verbindung mehrere anhängiger Verfahren** über dieselbe Dispache zu denken (§ 20), um in einem Beschluss die Rechtsbeziehungen möglichst vieler, wenn nicht aller, der an der großen Haverei Beteiligten zu regeln (§ 409 Abs. 1). Ansonsten sind mehrere Bestätigungsbeschlüsse denkbar, die wegen der gegenseitigen Abhängigkeit der Beitragspflichten und Vergütungsansprüche zu sich widersprechenden Ergebnissen für ein und denselben Beteiligten im Verhältnis zu unterschiedlichen Beteiligten kommen können (§ 405 Rn. 4).

2. Keine sachliche Prüfung durch den Dispacherichter. Es ist die Besonderheit des Dis- 8 pacheverfahrens, dass der Richter keine Sachentscheidung über die Richtigkeit der Dispache trifft, sondern im Streitfall Schlichter und Moderator ist. Der Grundsatz der sachlichen Amtsermittlung (§ 26) kommt daher nicht zum Tragen. Das gilt auch für den Fall, dass Widerspruch gegen die Dispache erhoben wird. Der Richter bestätigt nur das einvernehmliche Ergebnis der mündlichen Verhandlung oder setzt das Urteil des Dispachewiderspruchsverfahrens um (§ 407 Abs. 2). Die streitigen Widersprüche der Beteiligten werden durch die Dispachewiderspruchsklage im ZPO-Verfahren geklärt, nicht durch den Richter. Eine **Ausnahme** ist in § 405 Abs. 2 geregelt. Er verlangt die Zurückweisung des Antrags auf gerichtliche Überprüfung der Dispache, wenn die **Voraussetzungen der großen Haverei offensichtlich fehlen.** Das hat der Richter während des gesamten Verfahrens zu beachten. Auch wenn sich am Schluss des Verfahrens herausstellen sollte, dass offensichtlich der Tatbestand der großen Haverei fehlt, muss der Antrag auf Durchführung des gerichtlichen Dispacheverfahrens zurückgewiesen werden (§ 405 Rn. 10).

3. Kein Widerspruch. Auch wenn ein Beteiligter mit der Dispache des Dispacheurs einverstan- 9 den ist, kann er eine mündliche Verhandlung beantragen (§ 405 Abs. 1). Der Beteiligte hat dann das Ziel, dass durch die gerichtliche Bestätigung der Dispache zügig ein vollstreckungsfähiger Titel entsteht (§ 409 Abs. 1). Die vom Antragsteller bezeichneten Beteiligten haben das Recht der Dispache zu widersprechen. Widerspricht keiner der Beteiligten der Dispache, **so ist die Dispache zu bestätigen** (Abs. 1), wie sie vom Dispacheur aufgemacht ist. Die Bestätigungswirkung erfasst nur die

---
[2] BT-Drucks. 16/6308, S. 289 § 405.

10 **4. Widerspruch.** Der Widerspruch ist eine **Verfahrenserklärung**[3] eines Beteiligten, sei es dass sie verbunden ist mit einem Antrag auf Durchführung des gerichtlichen Dispacheverfahrens, sei es dass sie im Rahmen eines bereits eingeleiteten Verfahrens erklärt wird. Mit dem Widerspruch macht der Beteiligte geltend, dass er mit der vom Dispacheur aufgemachten Dispache nicht einverstanden ist. Er kann sich gegen die Berechtigung der Aufmachung einer Dispache insgesamt richten oder er kann anzweifeln, dass ein Beteiligter nicht an der großen Haverei beteiligt sei, genauso wie, dass das Rechenwerk mit seinen Beitrags- und Vergütungspflichten im Ganzen oder im Detail unrichtig sei. Für die **Erklärung des Widerspruchs** gelten die allgemeinen Vorschriften (§§ 23 und 25). Der Widerspruch muss nicht begründet werden (§ 23 Abs. 1 „sollen"). Auch ein Widerspruch ohne Begründung, der bis zum Schluss aufrechterhalten wird, führt dazu, dass die Dispache gegen diesen Beteiligten nicht bestätigt werden kann. Solange und soweit die Dispache (noch) nicht bestätigt ist, kann ein Widerspruch gegen sie erhoben werden. Ein erhobener Widerspruch kann auch wieder zurückgenommen werden.

11 Liegen ein oder mehrere Widersprüche gegen die Dispache vor, haben sich die **Beteiligten,** deren Rechte durch den Widerspruch betroffen sind, **zu erklären** (Abs. 2 S. 1). Im Regelfall wird der Richter den Termin durch schriftliche Stellungnahmen vorbereiten (§ 28 Abs. 1), so dass **im Termin** die dann schon bekannten **Streitpunkte erörtert** werden können (§ 405 Rn. 12).

12 Der **Widerspruch** ist die **einzige Möglichkeit** eines am Verfahren Beteiligten, eine **Änderung der Dispache** herbeizuführen (§ 408 Abs. 2). Er ist auch Verfahrensvoraussetzung für die Dispachewiderspruchsklage nach § 407. Deshalb muss ein Beteiligter, der die Dispachewiderspruchsklage erheben will, selbst Widerspruch einlegen, auch wenn ein anderer Beteiligter, schon inhaltlich denselben Widerspruch erhoben hat.

13 Werden die gegen die Dispache vorgebrachten **Widersprüche** im Rahmen der Verhandlung von **allen Beteiligten als unbegründet angesehen,** dann kann die Dispache, wie sie vom Dispacheur aufgestellt ist, bestätigt werden (Abs. 1), auch mit Wirkung für die Beteiligten, die vor dem Termin keinen Widerspruch erhoben haben und **nicht im Termin erschienen** sind. Für sie wird unterstellt, dass sie mit der Dispache einverstanden sind (§ 405 Abs. 3 S. 1). Haben Beteiligte vor dem Termin einen Widerspruch erhoben, sind aber im Termin nicht erschienen, kann die Dispache nicht mit Wirkung gegen Sie bestätigt werden.

14 Werden ein oder mehrere **Widersprüche** von allen Beteiligten in der Verhandlung **als begründet anerkannt,** wird die **Dispache,** mit dem durch die Widersprüche **geänderten Inhalt bestätigt.** Dasselbe gilt, wenn die Beteiligten sich anderweitig einigen (Abs. 2 S. 2). Berührt der Widerspruch die Rechte eines Beteiligten, der nicht zur Verhandlung erschienen war, so kann die Dispache nicht auch mit Wirkung für ihn bestätigt werden, weil nicht angenommen werden kann, dass der nicht Erschienene den Widerspruch als begründet anerkennt (Abs. 3). Die Fiktion des Einverständnisses nach § 405 Abs. 3 S. 1 gilt nur hinsichtlich der unveränderten Dispache.

15 Wird ein **Widerspruch** in der mündlichen Verhandlung nicht bereinigt, kann die **Dispache** im sachlichen und personellen Umfang des Widerspruchs **nicht bestätigt werden** (Abs. 2 S. 3). Der Widersprechende hat seinen Widerspruch durch die **Dispachewiderspruchsklage,** einem Streitverfahren nach der ZPO, klären zu lassen (§ 407 Abs. 1). In diesem Verfahren vor einem Zivilgericht wird über die Widersprüche verbindlich entschieden. Das Dispachegericht hat danach auf der Basis des rechtskräftigen Ergebnisses, wiederum ohne Sachprüfung, die Dispache endgültig zu bestätigen – sei es mit dem ursprünglichen Inhalt, sei es mit einem geänderten Inhalt – oder die Bestätigung abzulehnen. Solange das Dispachewiderspruchsverfahren anhängig ist, ruht das Dispacheverfahren (§ 21).

16 Erhebt der Widersprechende keine oder eine unzulässige Dispachewiderspruchsklage wird die Dispache ohne Rücksicht auf den Widerspruch bestätigt (§ 407 Abs. 1 S. iVm. § 878 Abs. 1 S. 2 ZPO).

17 **Einigen sich nur einige der Beteiligten,** kann die Dispache für deren Rechtsbeziehungen bestätigt werden, soweit sie durch den Widerspruch nicht berührt wird (Abs. 2 S. 3). Eine **Teilbestätigung kommt nicht in Betracht,** wenn ein verbleibender Widerspruch sich gegen die Dispache als Ganzes richtet, indem zB das Fehlen des Tatbestandes der großen Haverei eingewendet wird. Dasselbe gilt, wenn der Widerspruch wegen der **gegenseitigen Abhängigkeit der Rechte und Pflichte der Beteiligten** Auswirkungen auf das ganze Verteilungsergebnis hat.

---

[3] Sie ist kein Rechtsbehelf, so aber *Keidel/Heinemann* Rn. 6, weil die Dispache, gegen die sich der Widerspruch richtet, weder eine Entscheidung mit Bindungswirkung ist noch einen nachteiligen Rechtszustand darstellt. Sie ist ein Gutachten. Bindungswirkung soll sie erst im gerichtlichen Dispacheverfahren erhalten.

5. Vermerk über den Termin. Der Richter hat über den Verhandlungstermin einen Vermerk 18
zu fertigen. In dem Vermerk sind die wesentlichen Vorgänge des Termins aufzunehmen (§ 28
Abs. 4). Die Protokollvorschriften der §§ 159 ff. ZPO sind nur für die förmliche Beweisaufnahme
vorgesehen (§ 30 Abs. 1).[4] Zu den **wesentlichen Vorgängen** zählen eine **Einigung** von Beteiligten
und die Aufrechterhaltung von **Widersprüchen.** Sie sind also „zu vermerken". Zur Vermeidung
von Missverständnissen wird der Richter solche wesentlichen Vorgänge **nach den Regeln der
§§ 160 und 162 ZPO** im Termin protokollieren. Unterbleibt dies, hat das nicht die Unwirksamkeit
einer Einigung zur Folge, weil sie an keine Form gebunden ist und sie auch keine vollstreckungsfähigen Rechte und Pflichten bewirkt. Die entstehen erst durch den gerichtlichen Beschluss.[5]

III. Die Beschlussfassung über die Dispache

1. Beschluss. Das Gericht entscheidet durch Beschluss. Der Beschluss ist zu begründen (§ 38 19
Abs. 3) und muss eine Rechtsbehelfsbelehrung enthalten (§ 39).

Die **Beschlussformel** enthält, mit welchem **sachlichen Inhalt und personellen Umfang** die 20
verfahrensgegenständliche Dispache bestätigt wird. Der **Beschluss entfaltet nur Wirksamkeit
unter den formal am Verfahren Beteiligten (§ 409 Abs. 1).** Daher ist von wesentlicher Bedeutung, dass der Beschluss klar und deutlich die am Dispacheverfahren Beteiligten bezeichnet. Für
die nicht formal am Verfahren Beteiligten erzeugt das Dispacheverfahren keine Rechtswirkungen (§ 405
Rn. 5). Die **Bestätigung** der Dispache kann nur die **Beteiligten an der großen Haverei gegenseitig verpflichten.** Wird ein Beteiligter verpflichtet, Zahlungen an einen Dritten, nicht an der
großen Haverei Beteiligten (Bergunternehmer) zu leisten, so ist dieser Beschluss nichtig. Die
Nichtigkeit kann mit der Feststellungsklage des Verpflichteten gegen den Berechtigten geltend
gemacht werden.[6]

Kommt der Richter zu der Auffassung, dass **offensichtlich kein Fall der großen Haverei** 21
vorliegt, hat er den **Antrag** auf gerichtliche Verhandlung über die Dispache **zurückzuweisen.**

2. Nebenentscheidungen und Sonstiges. Der Beschluss ist eine Endentscheidung und ist daher 22
mit einer **Kostenentscheidung** zu versehen (§ 81 und § 82). Zu den Kosten zählen die Gerichtskosten (Gebühren und Auslagen) und die zur Durchführung des Verfahrens notwendigen Aufwendungen der Beteiligten (§ 80). Das Gericht kann die Kosten des Verfahrens nach billigem Ermessen
den Beteiligten ganz oder zum Teil auferlegen (§ 81 Abs. 1). Nach § 81 Abs. 5 gehen andere
bundesrechtliche Kostenregelungen denen des FamFG vor. Der § 123 Abs. 2 S. 3 KostO bestimmt,
dass für den Fall der Bestätigung der Dispache alle an dem Verfahren Beteiligten für die bei Gericht
anfallenden Kosten (Gebühren und Auslagen) als Gesamtschuldner haften. In der Regel werden beim
Dispacheverfahren die Gerichtskosten anteilig auf die Beteiligten verteilt. Ihre notwendigen Aufwendungen tragen die Beteiligten selbst.[7]

Die gerichtlichen Gebühren für das Dispacheverfahren sind in § 123 Abs. 2 KostO geregelt. 23
Danach bestimmt sich der **Geschäftswert** durch die Summe der Anteile, die die an der Verhandlung
Beteiligten an dem Schaden zu tragen haben (§ 123 Abs. 2 S. 2 KostO). Für das gerichtliche
Dispacheverfahren wird eine volle Gebühr erhoben (§§ 123 Abs. 1 S. 1 und 32 KostO). Die Rechts-
anwaltsgebühren sind im Teil 3, Nr. 3100 ff. VV RVG geregelt.

Die Kosten des gerichtlichen Dispacheverfahrens sind **keine Kosten der großen Haverei** und 24
können nicht durch die Dispache verteilt werden.[8]

§ 407 Verfolgung des Widerspruchs

(1) ¹Soweit ein Widerspruch nicht nach § 406 Abs. 2 erledigt wird, hat ihn der Widersprechende durch Erhebung der Klage gegen diejenigen an dem Verfahren Beteiligten,
deren Rechte durch den Widerspruch betroffen werden, zu verfolgen. ²Die §§ 878 und 879
der Zivilprozessordnung sind mit der Maßgabe entsprechend anzuwenden, dass das Gericht einem Beteiligten auf seinen Antrag, wenn erhebliche Gründe glaubhaft gemacht
werden, die Frist zur Erhebung der Klage verlängern kann und dass an die Stelle der
Ausführung des Verteilungsplans die Bestätigung der Dispache tritt.

---

[4] *Zimmermann* FamFG Rn. 77.
[5] *Bassenge/Roth* § 155 FGG Rn. 4.
[6] BGH NJW 1959, 723.
[7] *v. Waldstein/Holland* Anhang §§ 87, 88 BinSchG Rn. 18.
[8] *Rabe* Anhang § 729 HGB Rn. 25 und *v. Waldstein/Holland* § 84 BinSchG Rn. 6.

(2) Ist der Widerspruch durch rechtskräftiges Urteil oder in anderer Weise erledigt, so wird die Dispache bestätigt, nachdem sie erforderlichenfalls von dem Amtsgericht nach Maßgabe der Erledigung der Einwendungen berichtigt ist.

I. Normzweck

1   Der § 407 regelt, wie mit den im Dispacheverfahren nicht bereinigten Widersprüchen gegen die Dispache verfahren werden soll. Die Vorschrift verlangt in einem Zwischenschritt von den Widersprechenden, ihre Widersprüche in einem streitigen Zivilprozess klären zu lassen (**Dispachewiderspruchsverfahren**). Solange die streitige Klärung andauert, ruht das Dispacheverfahren. Nach Beendigung des Rechtsstreits setzt sich das Dispacheverfahren fort und die Dispache wird unter Beachtung des Ergebnisses des Rechtsstreits bestätigt oder die gerichtliche Bestätigung wird abgelehnt. Die Vorschrift entspricht dem § 156 FGG aF.

II. Nachweis der Klageerhebung

2   **1. Allgemeines.** Die nähere Ausgestaltung des Dispachewiderspruchsverfahrens orientiert sich am gerichtlichen Verteilungsverfahren der ZPO zur Verteilung des Erlöses, der nicht ausreicht, um alle Gläubiger, die wegen Geldforderungen gegen den Schuldner vollstreckt haben, zu befriedigen. Auch hier gilt es, einen für mehrere Beteiligte (Gläubiger) aufgestellten Verteilungsplan gerichtlich zu überprüfen, weil Widersprüche gegen ihn erhoben worden sind (**§§ 878, 879 ZPO**). Der § 407 Abs. 1 verweist auf diese Vorschriften und erklärt sie für **entsprechend anwendbar**. Nach § 878 Abs. 1 S. 1 ZPO muss der Widersprechende ohne vorherige Aufforderung binnen einer Frist von einem Monat, die mit dem Terminstag des Dispacheverfahrens beginnt, dem Dispachegericht nachweisen, dass er gegen die Beteiligten Klage erhoben hat, **um zu verhindern, dass die Dispache bestätigt wird** ohne Rücksicht auf den Widerspruch.

3   **2. Erhebung der Klage.** Die Klage wird durch die Zustellung einer Klageschrift an die Beklagten erhoben (§ 253 Abs. 1 ZPO). Der Termin der Einreichung der Klageschrift bei Gericht liegt in der Hand des Klägers. Nicht mehr beeinflussen kann er, wann das Gericht die Klage zustellt. Deshalb reicht es zur Klageerhebung Sinne des Abs. 1 aus, dass der Kläger alles getan hat, damit das Gericht die Klage zustellen kann. Er muss die Klage beim Streitgericht eingereicht und einen entsprechenden Gerichtskostenvorschuss bezahlt (§ 12 GKG) oder einen Prozesskostenhilfeantrag (§ 14 GKG) gestellt haben. Auf eine Zustellung der Klage „demnächst" (§ 167 ZPO) kommt es nicht an.[1]

4   **3. Nachweis.** Der Nachweis der Klageerhebung muss binnen eines Monats beim Dispachegericht eingegangen sein. Nur der fristgerechte Eingang des Nachweises hat die Wirkung, dass das Dispacheverfahren ruht. Der Nachweis ist unaufgefordert und durch schriftliche Erklärung oder zu Protokoll der Geschäftsstelle des Dispachegerichts zu erbringen (§ 25), zB durch eine Bestätigung des Streitgerichts. Ist das Amtsgericht das Dispachegericht und das Streitgericht kann auf die Zivilakten Bezug genommen werden.[2]

5   **4. Frist.** Die Frist von einem Monat beginnt mit dem Tag der mündlichen Verhandlung über die Dispache. Die Berechnung der Frist regelt § 16 Abs. 2. Über eine Verweisungskette (§ 222 Abs. 1 ZPO) sind die Vorschriften des BGB zur Fristenberechnung anwendbar. Wegen der Formulierung „... beginnt mit dem Tag der mündlichen Verhandlung ..." gilt nicht die übliche Fristberechnung der §§ 187 Abs. 1, 188 Abs. 2 BGB, sondern die Berechnungsweise der §§ 187 Abs. 1, 188 Abs. 2 BGB; die Frist endet also mit Ablauf des Tages des nächsten Monats, der dem Tag vorausgeht, der durch seine Zahl dem Anfangstag entspricht. Die Frist beginnt auch dann am Tag der mündlichen Verhandlung, wenn diese mehrere Tage dauern und der Widerspruch erst in einer der folgenden Verhandlungstage erklärt werden sollte (§ 407 Abs. 1 S. 2).

6   **Auf Antrag** kann der Dispacherichter die **Frist** zur Erhebung der Klage **verlängern,** wenn erhebliche Gründe glaubhaft gemacht werden. Bei Auslegung des Begriffes „**erhebliche Gründe**" bietet es sich an, auf die Kasuistik zur gleich lautenden Formulierung des § 224 Abs. 2 ZPO (Fristverlängerung) zurückzugreifen, die auch für § 227 Abs. 1 ZPO (Terminsänderung) und § 520 Abs. 2 S. 3 ZPO (Verlängerung der Berufungsbegründungsfrist) gilt. Die vorgetragenen erheblichen Gründe für eine Verlängerung der Frist zur Erhebung der Klage sind glaubhaft zu machen (§ 31). Ein nach abgelaufener Frist eingehender Verlängerungsantrag ist abzuweisen. Nur eine noch laufende Frist kann verlängert werden.

---

[1] AllgM *Musielak/Becker* § 878 ZPO Rn. 2; *Bassenge/Roth* § 156 FGG Rn. 2.
[2] *Musielak/Becker* § 878 ZPO Rn. 2.

Die **Entscheidung** über den Antrag auf Fristverlängerung ergeht als **Verfügung**. Die Entscheidung in der Form des Beschlusses ist in § 38 nur für die Endentscheidungen vorbehalten; darüber hinaus für solche Fälle, in denen das Gesetz ausdrücklich die Beschlussfassung vorschreibt.[3] Zudem ist der Beschluss an umfangreiche Formvorschriften (§ 38, 39) gebunden, was eine Entscheidung über eine Fristverlängerung überfordern würde. 7

Anfechtbarkeit der Entscheidung über den Fristverlängerungsantrag: Das FamFG lässt **Beschwerden** nur gegen im ersten Rechtszug ergangene Endentscheidungen zu oder in den Fällen, in denen das Gesetz sie ausdrücklich vorsieht. Zwischen- und Nebenentscheidungen sind grundsätzlich **unanfechtbar,** außer im Gesetz ist ausdrücklich eine Ausnahme angeordnet.[4] Das bedeutet, dass sowohl gegen die Verlängerung der Frist als auch gegen die Ablehnung der Verlängerung **Beschwerden unzulässig** sind.[5] 8

Anders dagegen unter dem Regime des **FGG**. Es waren alle Verfügungen des Gerichts anfechtbar, auch Zwischenverfügungen, wenn durch die Verfügung in die Rechtssphäre eines Beteiligten eingegriffen wurde. Deshalb konnte nach hM[6] jeder beschwerte Beteiligte gegen die Entscheidung des Dispachegerichts zur Fristverlängerung Beschwerde erheben. Wegen der Übergangsvorschrift des Art. 111 FGG-Reformgesetzes gilt dies für vor dem 1. September 2009 eingeleitete Verfahren auch noch nach diesem Zeitpunkt. 9

Versäumt ein Beteiligter die Frist zur Klageerhebung, kommt eine **Wiedereinsetzung in den vorigen Stand** in Betracht. Das FamFG hat im Gegensatz zum FGG in §§ 17 bis 19 eine Regelung für die Wiedereinsetzung in den vorigen Stand getroffen. Danach ist auf Antrag Wiedereinsetzung zu gewähren, wenn ein Beteiligter ohne sein Verschulden verhindert war, eine gesetzliche Frist einzuhalten. Die Frist des § 878 Abs. 1 ZPO zur Erhebung der Klage ist eine gesetzliche und verliert diesen Charakter auch nicht dadurch, dass sie durch den Richter verlängert werden kann.[7] Nach § 17 Abs. 2 wird das Fehlen des Verschuldens vermutet, wenn eine Rechtsbehelfsbelehrung unterblieben ist. Diese Vermutung kann nicht für den Fall gelten, wie diesen hier, für den es keinen Rechtsbehelf gibt und deshalb auch keine Rechtsbehelfsbelehrung. 10

Das **FGG** kannte keine eigenständige Regelung für die Wiedereinsetzung in den vorigen Stand. Die hM ging deshalb davon aus, dass eine Wiedereinsetzung gegen die Säumnis der Frist zur Erhebung der Dispachewiderspruchsklage nicht zulässig ist.[8] Hinsichtlich der Fortgeltung dieser Rechtslage über den 1. September 2009 hinaus ist Art. 111 FGG-Reformgesetz zu beachten. 11

5. Folge der Einhaltung der Frist. Die Folge der Einhaltung der Frist zur Klageerhebung ist, dass das Dispachegericht sein **Bestätigungsverfahren nicht weiter betreiben** kann und zwar in dem sachlichen und personellen Umfang der Dispachewiderspruchsklage. Es tritt insoweit ein tatsächliches Ruhen des Verfahrens ein bis zur rechtskräftigen Erledigung der Klage. Eines förmlichen Aussetzungsbeschlusses (§ 21) bedarf es nicht. In dem Umfang, in dem der Dispache durch die Klage nicht widersprochen wird, kann die Dispache bestätigt werden. 12

Ist das **Dispachewiderspruchsverfahren rechtskräftig beendet,** sei es durch Klageabweisung, sei es durch eine Anordnung auf Änderung der Dispache, sei es durch einen Vergleich, ist das Dispacheverfahren wieder aufzunehmen. Die Dispache ist entsprechend der Tenorierung im Urteil entweder zu bestätigen – in unveränderter oder veränderter Form – oder der Dispache ist die Bestätigung zu versagen. Das Dispachegericht hat dabei keine eigene Sachentscheidungsbefugnis. Es setzt nur das Ergebnis des Dispachewiderspruchsverfahrens um. 13

6. Folge der Nichteinhaltung der Frist. Die Folge der Nichteinhaltung der Frist zur Klageerhebung ist, dass **das Dispacheverfahren weiter zu betreiben ist ohne Rücksicht auf den Widerspruch** (Abs. 1 S. 2 iVm. § 878 Abs. 1 S. 2 ZPO). Das Dispachegericht ist an diese Rechtsfolge gebunden, auch wenn zum Zeitpunkt der Bestätigung der Dispache der Nachweis der nicht fristgerechten Klageerhebung vorliegt. Der Säumige kann im Beschwerdeverfahren über die bestätigte Dispache die Gründe, auf denen der Widerspruch gestützt wurde, nicht mehr vorbringen (§ 408 Abs. 2). Die Befugnis, seine Rechte in einer allgemeinen Klage nach Abs. 1 S. 2 iVm. § 878 Abs. 2 ZPO geltend zu machen, bleiben aber unberührt (Rn. 21). 14

---

[3] Zimmermann FamFG Rn. 99.
[4] Zimmermann FamFG Rn. 148.
[5] Auch in der ZPO sind Entscheidungen über Anträge auf Fristverlängerung unanfechtbar: §§ 224, 225 Abs. 3 ZPO; *Musielak/Ball* § 520 ZPO Rn. 13.
[6] *Keidel/Kuntze/Winkler* § 156 FGG Rn. 4.
[7] OLG HH MDR 1952, 561; *Musielak/Stadler* § 224 ZPO Rn. 3.
[8] *Bumiller/Winkler* § 156 FGG Rn. 4.

III. Dispachewiderspruchsklage (§ 878 Abs. 1 ZPO)

15 **1. Allgemeines.** Es gelten die **allgemeinen Regeln der ZPO** zur Klageerhebung und die Durchführung des Klageverfahrens. Die Widerspruchsklage ist eine prozessuale **Gestaltungsklage,** die eine Änderung der Dispache erreichen will. Sie ist keine Leistungsklage oder Feststellungsklage,[9] da in der Dispache die Vergütungen, die der eine Beteiligte beanspruchen kann, und die Beiträge, die der andere Beteiligte zu leisten hat, beziffert sind. Der Klageantrag wird daher auf Ablehnung der gerichtlichen Dispache lauten oder auf Ablehnung „mit der Maßgabe, dass ...", während die Beklagten beantragen werden, die Dispache gerichtlich zu bestätigen.[10] Mit der Klage soll die streitgegenständliche Dispache verändert und anders „gestaltet" werden.

16 **2. Klagebefugnis.** Soweit ein Widerspruch gegen die Dispache nicht nach § 406 Abs. 2 erledigt ist, kann **der Widersprechende** die Dispachewiderspruchsklage erheben. Der Beteiligte, der die Klage erhebt, muss der Dispache im Dispacheverfahren selbst widersprochen haben, sei es im Termin der mündlichen Verhandlung des Dispacheverfahrens, sei es vor dem Termin in schriftlicher Form. Es genügt nicht, dass ein Widerspruch gleichen Inhalts von einem anderen Beteiligten erhoben wurde. Der Kläger muss im Dispacheverfahren zumindest erklärt haben, dass er sich diesem Widerspruch anschließt. Der Beklage der bisher keinen Widerspruch gegen die Dispache erhoben hat, kann daher nicht im Wege der **Widerklage** eine Änderung der Dispache anstreben. Die Möglichkeiten, die ihm der Verweis auf § 878 Abs. 2 ZPO bietet, bleiben aber unberührt.

17 **3. Beklagte.** Soll die Dispache vollumfänglich im Sinne des Widersprechenden geändert werden, muss er alle **Beteiligten verklagen, in deren Rechte** sein Widerspruch eingreift und die den Widerspruch nicht als begründet anerkannt haben. Zu verklagen ist auch der Beteiligte, der nicht in der mündlichen Verhandlung erschienen ist. Denn die Abwesenheit im Termin zur mündlichen Verhandlung gilt nicht als Einverständnis mit dem Widerspruch (§ 406 Abs. 3). Mehrere Beklage sind einfache Streitgenossen (§ 61 ZPO). Die Rechtskraft des Dispachewiderspruchsverfahrens bindet nur die Parteien des Rechtsstreits und gestaltet die Dispache nur bezüglich dieser Parteien. Der Widersprechende kann aber nur die **Beteiligten verklagen, die an dem Dispacheverfahren beteiligt sind.** An diesem Verfahren nehmen nicht automatisch und von Amts wegen alle an der großen Haverei Beteiligten teil, sondern nur der oder die Antragsteller, die den Antrag auf gerichtliche Überprüfung der Dispache gestellt haben, und diejenigen, die sie als Beteiligte benannt haben (§ 405 Abs. 1).

18 **4. Zuständigkeit.** Die gerichtliche Zuständigkeit für die Dispachewiderspruchsklage ist in Abs. 1 S. 2 iVm. § 879 ZPO geregelt. Örtlich und sachlich zuständig ist danach das Amtsgericht, bei dem das Dispacheverfahren anhängig ist. Gehört der Streitgegenstand nicht zur Zuständigkeit der Amtsgerichte, ist die Klage bei dem Landgericht zu erheben, in dessen Bezirk das Dispachegericht liegt (Abs. 1 S. 2 iVm. § 879 Abs. 1 ZPO). Das Landgericht ist somit zuständig, wenn der Streitwert der Klage 5000,00 Euro übersteigt (§§ 23 Nr. 1 und 71 Abs. 1 GVG). Der Streitwert ergibt sich aus der Differenz der Beträge in der Dispache und dem Antrag. Sind mehrere Widerspruchsklagen anhängig und gehört eine zur Zuständigkeit des Landgerichts, so ist das Landgericht für sämtliche Widerspruchsklagen zuständig. Etwas anderes gilt, wenn sämtliche Kläger und Beklagte, die Zuständigkeit des Amtsgerichts vereinbaren (Abs. 1 S. 2 iVm. § 879 Abs. 2 ZPO).

19 **5. Rechtsschutzbedürfnis.** Das Rechtsschutzbedürfnis für die Dispachewiderspruchsklage besteht ab dem Ende der mündlichen Verhandlung im Dispacheverfahren, in der feststeht, dass der Widerspruch gegen die Dispache nicht bereinigt werden kann. Hat der Widersprechende **nicht rechtzeitig den Nachweis der Klageerhebung bei dem Dispachegericht geführt** und ist gleichwohl eine **Dispachewiderspruchsklage anhängig,** so entfällt das Rechtsschutzbedürfnis für die Klage spätestens, wenn wegen der Säumnis das Dispacheverfahren fortgeführt wird und die Dispache rechtskräftig bestätigt wird ohne Rücksicht auf den Widerspruch. Die Klage ist dann unzulässig. Der Widersprechende kann aber durch eine **Änderung des Klageantrages (§ 264 Nr. 3 ZPO),** die Widerspruchsklage überleiten in eine allgemeine Klage nach Abs. 1 S. 2 iVm. § 878 Abs. 2 ZPO.

20 **6. Urteil.** Das Gericht entscheidet entsprechend den Regeln der ZPO durch Urteil.[11] Ist der Widerspruch begründet, stellt es – je nach Klageantrag – fest, dass die Dispache gerichtlich nicht bestätigt werden kann oder dass, die Dispache nur mit einem im Tenor aufgeführten geänderten

---

[9] BGH NJW 2001, 2477; aM *Keidel/Heinemann* Rn. 6.
[10] *v. Waldstein/Holland* Anhang §§ 87, 88 BinSchG Rn. 19; *Musielak/Becker* § 878 ZPO Rn. 3; *Schuler* NJW 61, 1601 (1602).
[11] S. a. §§ 880, 881, ZPO.

IV. Allgemeines Klageverfahren (§ 878 Abs. 2 ZPO)

1. Allgemeines. Jedem Beteiligten eröffnet Abs. 1 S. 2 iVm. § 878 Abs. 2 ZPO die Möglichkeit, in einem **normalen Klageverfahren** seine Rechte bei der Schadensverteilung im Rahmen einer großen Haverei wahrzunehmen. Diese Klage ist das materiell-rechtliche Korrektiv zu dem Dispacheverteilungsverfahren. Dass der Beteiligte die **Frist für die Dispachewiderspruchsklage versäumt hat, hindert die Klage nicht (§ 878 Abs. 2 ZPO). Das Dispacheverfahren bleibt aber von einer solchen Klage unberührt** und wird zu Ende geführt. Mit der Bestätigung der Dispache entsteht ein rechtskräftiger Titel, aus dem vollstreckt werden kann (§ 409 Abs. 1 und 2), unabhängig vom Ausgang der Klage.

2. Klagearten. Nach § 878 Abs. 2 ZPO kann ein Gläubiger gegen andere Gläubiger Klage erheben, wenn die anderen Gläubiger zu Unrecht Geld zu Lasten des ersten Gläubigers aus dem Vollstreckungserlös erhalten haben; zu Unrecht deshalb, weil der erste Gläubiger ihnen zB auf Grund eines „besseren" Rechts bei der Verteilung des Erlöses vorgegangen wäre.

Im Falle des Schadensausgleichs im Rahmen der großen Haverei geht es um die gesetzlich vorgegebene Aufteilung der Schäden (§§ 706 bis 726a HGB und §§ 80 bis 85 BinSchG) mit daraus resultierenden Beitragspflichten (Zahlungspflichten) und Vergütungsansprüchen unter den Beteiligten. Da das Dispacheverfahren ungeachtet der Klage fortgeführt und beendet wird, kann der Beteiligte, der meint zu Unrecht zu zu hohen Beitragspflichten durch die gerichtlich bestätigte Dispache verpflichtet zu sein, die **Vollstreckungsgegenklage (§ 767 ZPO)** gegen die Beteiligten erheben, die ihm gegenüber mit der rechtskräftigen Dispache als Gläubiger auftreten. Der Beteiligte, der die Auffassung vertritt, dass ihm höhere Vergütungsansprüche zustehen, hat die Beteiligten mit den zu seinen Lasten zu hohen Vergütungen oder zu geringen Beiträgen mit einer **Leistungklage** zu verklagen. Der materielle Anspruch ist der der ungerechtfertigten Bereicherung (**§ 812 Abs. 1 BGB).**[13]

3. Klagebefugnis. Die Formulierung des § 878 Abs. 2 ZPO „Die Befugnis des Gläubigers, der dem Plan widersprochen hat ..." bedeutet nicht, dass nur die Beteiligten die Klage nach materiellem Recht erheben können, die am Dispacheverfahren beteiligt waren und der Dispache widersprochen haben. Die Klage kann **auch** von **Beteiligten** der großen Haverei, die **nicht am Dispacheverfahren beteiligt** waren (§ 405 Abs. 1), erhoben werden. Ebenso von Beteiligten des Dispacheverfahrens, die in diesem Verfahren der Dispache nicht widersprochen haben.[14] Die o. a. Formulierung stellt nur klar, dass das Nichtbetreiben der Dispachewiderspruchsklage keinen Hinderungsgrund für eine allgemeine Klage auf der Basis des materiellen Rechts darstellt. Hat aber ein Beteiligter das **Dispachewiderspruchsverfahren** abschließend durchlaufen, steht einer Klage nach materiellem Recht, die **Rechtskraft des Urteils** des Dispachewiderspruchsverfahrens **entgegen.**

4. Zuständigkeit. Da es sich bei der allgemeinen Klage nach materiellem Recht nicht um eine Klage im Rahmen des Dispacheverfahrens handelt, finden für die **Zuständigkeit** des anzurufenden Gerichts auch nicht die Zuständigkeitsregeln des Dispacheverfahren Anwendung, sondern die **allgemeinen Regeln der ZPO.** Eine **Ausnahme** bildet die **Vollstreckungsgegenklage** nach § 767 ZPO, die sich gegen die rechtskräftig bestätigte Dispache richtet, in diesem Fall ist die Klage bei dem Gericht zu erheben, das die Dispache erlassen hat und, wenn der Streitwert die Zuständigkeit des Amtsgerichts übersteigt, bei dem zuständigen Landgericht (§ 409 Abs. 3).[15]

---

[12] Vgl. § 882 ZPO.
[13] BGH NJW-RR 1987, 890; BGH NJW 2001, 2477.
[14] Für den Fall, dass dem Vollstreckungsplan im Verteilungsverfahren nicht widersprochen wurde: BGH NJW-RR 1987, 890 Rn. 40.
[15] § 409 Rn. 6.

§ 408 Beschwerde

(1) Der Beschluss, durch den ein nach § 405 gestellter Antrag auf gerichtliche Verhandlung zurückgewiesen, über die Bestätigung der Dispache entschieden oder ein Beteiligter nach § 404 zur Herausgabe von Schriftstücken verpflichtet wird, ist mit der Beschwerde anfechtbar.

(2) Einwendungen gegen die Dispache, die mittels Widerspruchs geltend zu machen sind, können nicht mit der Beschwerde geltend gemacht werden.

I. Normzweck

1 Der § 408 regelt abschließend die Rechtsmittel gegen Entscheidungen des Dispachegerichts im Rahmen des Dispacheverfahrens (§§ 404 bis 406). Eine Ausnahme bildet die Entscheidung über die Weigerung des Dispacheurs, die Dispache aufzumachen. Das Rechtsmittel gegen diese Entscheidung findet sich in § 403 Abs. 2. Diese Sonderbehandlung ist aber rein redaktioneller Natur.

2 Der § 408 ersetzt den § 157 FGG aF. Der Abs. 1 wurde ergänzt durch die Aufnahme der Beschwerden gegen die Entscheidung über die Herausgabe von Schriftstücken. Das wurde notwendig, weil diese Entscheidung im Rahmen des FGG durch die einfache Beschwerde anfechtbar war, die das FamFG nicht mehr kennt.[1]

II. Beschwerdegegenstände

3 **1. Aushändigung von Schriftstücken an den Dispacheur (§ 404 Abs. 1).** Das Dispachegericht hat auf Antrag des Dispacheurs zu entscheiden, ob und welche Urkunden und Schriftstücke an ihn zur Aufmachung der Dispache von einem Beteiligen auszuhändigen sind. **Beschwerdeberechtigt** sind im Falle der Ablehnung der Dispacheur und im Falle, dass für einen Beteiligten eine Herausgabepflicht angeordnet wurde, der Beteiligte.

4 **Beschwerdegründe** können insbesondere sein: Der Dispacheur hat keinen Auftrag zur Aufmachung einer Dispache von einem Beteiligten an der großen Haverei erhalten (§ 404 Rn. 6), der Beteiligte hat die vorzulegende Urkunde nicht „zu seiner Verfügung", § 729 Abs. 2 HGB und § 87 Abs. 3 BinSchG (§ 404 Rn. 4), der zur Herausgabe Verpflichtete ist nicht an der großen Haverei beteiligt (§ 403 Rn. 12), es liegt der Tatbestand der großen Haverei nicht vor (§ 404 Rn. 6) oder der beantragende Dispacheur ist weder „ein für allemal bestellt", noch ist er vom Dispachegericht ernannt, sondern auf Grund einer Vereinbarung der Beteiligten als privater Dispacheur tätig (§ 404 Rn. 5).

5 **2. Antrag auf mündliche Verhandlung (§ 405 Abs. 1).** Der Antrag, auf mündliche Verhandlung über die Dispache wird abgelehnt (§ 405 Abs. 1). Über die vom Dispacheur aufgestellte Dispache kann jeder Beteiligte eine mündliche Verhandlung vor dem Dispachegericht verlangen, sei es um die Dispache bestätigen zu lassen, sei es um ihr zu widersprechen. Lehnt das Dispachegericht den Antrag auf mündliche Verhandlung ab, ist nur der Antragsteller **beschwerdeberechtigt**, nicht andere Beteiligte, die keinen Antrag gestellt hatten. Wird auf Antrag **ein Dispacheverfahren durchgeführt**, gibt es dagegen **keine Beschwerde**, weil keine beschwerdefähige Entscheidung des Dispachegerichts vorliegt.[2]

6 **Beschwerdegründe** können insbesondere die abgelehnte Antragsberechtigung (§ 405 Rn. 4) sein oder die Frage, ob offensichtlich der Tatbestand einer großen Haverei (§ 403 Rn. 3) vorliegt (§ 405 Abs. 2).

7 **3. Entscheidung über die Bestätigung der Dispache (§ 406 Abs. 1).** Hat das Gericht über die Dispache entschieden, sei es auf Grund einer mündliche Verhandlung, sei es im schriftlichen Verfahren sind die Beteiligten **beschwerdeberechtigt**, die am **gerichtlichen Verfahren I. Instanz beteiligt** waren und in ihren Rechten „beeinträchtigt" sind (§ 59 Abs. 1). Die Bestätigung der Dispache ist nur für das gegenseitige Verhältnis der an dem Verfahren Beteiligten wirksam (§ 409 Abs. 1). Sollte der Bestätigungsbeschluss irrtümlich die Beitragspflichten Dritter zur großen Haverei einbezogen haben, obwohl sie nicht am Verfahren beteiligt waren, sind sie ebenfalls berechtigt,

---

[1] BT-Drucks. 16/6308, S. 289 § 408.
[2] AA *Keidel/Heinemann* Rn. 3. Dem ist entgegenzuhalten: Der § 408 als spezielle Beschwerdevorschrift für das Dispacheverfahren sieht eine Beschwerde für diesen Fall nicht vor. Auch mit den allgemeinen Beschwerdevorschriften des FamFG lässt sich diese Auffassung nicht begründen; denn danach ist eine Beschwerde nur zulässig gegen Endentscheidungen der ersten Instanz. Zwischen- und Nebenentscheidungen sind grds. unanfechtbar, außer das Gesetz lässt sie zu. Auch ist für eine solche Beschwerde kein praktisches Bedürfnis zu erkennen.

Beschwerde einzulegen. Andere **Dritte,** auch wenn sie Beteiligte an der großen Haverei sind, sind **nicht beschwerdeberechtigt,** weil sie durch den Bestätigungsbeschluss, der sie nicht bindet (§ 409 Abs. 1), in ihren Rechten nicht beeinträchtigt sind.³ Diese können selbst ein Verfahren nach § 405 beantragen und auch die daran beteiligen, die schon in dem ersten Verfahren beteiligt waren und für die ein Bestätigungsbeschluss ergangen ist (§ 409 Rn. 3). Es steht ihnen auch die Möglichkeit offen, eine „allgemeine Klage" gegen die anderen Beteiligten zu erheben, auch wenn das Dispacheverfahren schon abgeschlossen ist, § 407 Abs. 1 S. 2 iVm. § 878 Abs. 2 ZPO (§ 407 Rn. 21 ff.).

Die Beschwerdegründe sind sehr eingeschränkt, weil alle Gründe, die mit der Richtigkeit der 8 Dispache zu tun haben, ausgeschlossen sind (Rn. 9), was der Beschleunigung des Verfahrens dient. Es kommen daher vor allem formale Rügen am erstinstanzlichen Verfahren in Betracht, zB Einhaltung von Ladungsfristen.⁴ Der Ausschluss der materiellen Rügen durch Abs. 2 umfasst nicht die Beschwerde, dass der Bestätigungsbeschluss das Ergebnis der mündlichen Verhandlung nicht richtig wiedergibt, insbesondere dass aufrechterhaltene Widersprüche übersehen oder einvernehmliche Bereinigungen nicht berücksichtigt wurden.⁵ Kein Beschwerdegrund für sich alleine ist die Rüge, es habe entgegen dem Antrag keine mündliche Verhandlung, sondern ein schriftliches Verfahren stattgefunden. Es muss ein weiterer Beschwerdegrund hinzukommen, zB Verstoß gegen das Recht auf rechtliches Gehör (Art. 103 Abs. 1 GG).

4. Ausgeschlossene Beschwerdegründe (§ 408 Abs. 2). Wird die Dispache bestätigt, so 9 schließt der Abs. 2 alle **Einwendungen** gegen den Beschluss von der Beschwerde aus, die **mittels eines Widerspruchs** (§ 406 Rn. 10 ff.) im Dispacheverfahren hätten geltend gemacht werden können. Der Ausschluss erfasst alle **Widersprüche gegen die Dispache, die zum ersten Mal mit der Beschwerde vorgebracht werden.** Etwas anderes gilt, wenn der Widerspruch im erstinstanzlichen Verfahren schon vorgebracht war und der Bestätigungsbeschluss berücksichtigt ihn nicht. Dann ist der Beschluss anfechtbar (Rn. 8). Mit dem Widerspruch sind geltend zu machen Einwendungen gegen das Rechenwerk der Dispache (§ 403 Rn. 5) im einzelnen, also gegen die Festlegung der Beitrags- und Vergütungspflichten. Ebenfalls als Widerspruch ist die Auffassung vorzubringen, fälschlicherweise als Beteiligter der großen Haverei in der Dispache aufgeführt zu sein oder zu Unrecht nicht am Verteilungsverfahren der Dispache als Beteiligter teilzunehmen. Mit dem Widerspruch kann auch eingewendet werden, dass der Tatbestand der großen Haverei nicht vorliegt.⁶ Mit allen diesen Einwendungen gegen den Dispachebeschluss ist der Beschwerdeführer ausgeschlossen. Er hätte sie mit der Dispachewiderspruchsklage geltend machen müssen (§ 407). Wird ein **Bestätigungsbeschluss** insgesamt **abgelehnt,** weil ein Fall der großen Haverei offensichtlich nicht vorliegt, so ist die Beschwerde zulässig, weil die Entscheidung auf Grund von Amts wegen zu prüfender Voraussetzungen (§ 405 Abs. 2) ergeht (§ 405 Rn. 10 f.). Erfolgt die Ablehnung der gerichtlichen Bestätigung der gesamten Dispache, weil sich alle Beteiligten einig waren, dass kein Fall der großen Haverei vorlag, kann ein Beteiligter in der Beschwerde nicht mehr gehört werden, die Schäden seien doch im Rahmen einer großen Haverei entstanden.

III. Das Beschwerdeverfahren

1. Allgemeines. Es gelten die allgemeinen Regeln der §§ 58 ff. Da Dispacheverfahren vermögensrechtliche Angelegenheiten sind, ist die Zulässigkeit vom Wert der Beschwerde abhängig. 10 Der muss 600,00 Euro übersteigen oder die Beschwerde muss vom Gericht des ersten Rechtszugs zugelassen worden sein (§ 61). Der § 408 sieht keine besondere **Beschwerdefrist** vor, so dass die Monatsfrist des § 63 Abs. 1 maßgeblich ist. Die Beschwerde ist auch zulässig, wenn sie nicht begründet wird (§ 65 Abs. 1).⁷ Die Beschwerde ist bei dem Gericht einzulegen, dessen Entscheidung angefochten wird (§ 64 Abs. 1). Hält dieses Gericht die Beschwerde für begründet, hat es ihr abzuhelfen; andernfalls hat es die Beschwerde dem Beschwerdegericht vorzulegen (§ 68 Abs. 1).

2. Zuständigkeit. Zuständig für die Entscheidung der Beschwerde ist das Oberlandesgericht 11 (§ 119 Abs. 1 Nr. 1 lit. b GVG). Zu beachten ist allerdings, dass für Dispacheverfahren, die vor dem 1. 9. 2009 beantragt waren, die vor dem Inkrafttreten des FGG-Reformgesetzes geltenden Vorschriften des FGG weiter anzuwenden sind (Art. 111 FGG-Reformgesetz). Unter der Geltung des FGG ist das Landgericht das Beschwerdegericht (§ 19 Abs. 2 FGG aF).

---

³ *Bassenge/Roth* § 157 FGG Rn. 2; *Keidel/Heinemann* Rn. 10 m. weit. Nachw.
⁴ Soweit teilweise in der Literatur zu den beschwerdefähigen Fehlern auch Formverstöße der Protokollierung einer Einigung der Beteiligten gezählt werden, vgl. § 406 Rn. 13.
⁵ *Keidel/Heinemann* Rn. 12; *Bassenge/Roth* § 157 FGG Rn. 4.
⁶ *v. Waldstein/Holland* Anhang §§ 87, 88 BinSchG Rn. 15.
⁷ *Zimmermann* FamFG Rn. 165.

12 3. **Rechtsbeschwerde.** Die Rechtsbeschwerde ist statthaft, wenn das Beschwerdegericht sie in seiner Entscheidung zugelassen hat (§ 70). Zuständig für die Entscheidung der Rechtsbeschwerde ist der Bundesgerichtshof (§ 133 GVG). Auch hier gilt für Verfahren, die vor dem 1. 9. 2009 beantragt waren, dass bis zum Ende des Verfahrens das FGG weiter gilt (Art. 111 FGG-Reformgesetz). Das bedeutet, dass für die Entscheidung der weiteren Beschwerde das Oberlandesgericht zuständig ist (§ 28 I FGG aF).

§ 409 Wirksamkeit; Vollstreckung

(1) Die Bestätigung der Dispache ist nur für das gegenseitige Verhältnis der an dem Verfahren Beteiligten wirksam.

(2) Der Bestätigungsbeschluss wird erst mit Rechtskraft wirksam.

(3) ¹Für Klagen auf Erteilung der Vollstreckungsklausel sowie für Klagen, durch welche Einwendungen gegen die in der Dispache festgestellten Ansprüche geltend gemacht werden oder die bei der Erteilung der Vollstreckungsklausel als eingetreten angenommene Rechtsnachfolge bestritten wird, ist das Gericht zuständig, das die Dispache bestätigt hat. ²Gehört der Anspruch nicht vor die Amtsgerichte, sind die Klagen bei dem zuständigen Landgericht zu erheben.

I. Normzweck

1 Die Vorschrift befasst sich mit der Vollstreckung von gerichtlich bestätigten Dispachen. In Abs. 1 stellt sie den **Umfang der personalen Bindungswirkung** fest. In den Abs. 2 und 3 werden **Einzelheiten der Vollstreckung** geregelt.

2 Der § 409 entspricht weitgehend dem § 158 FGG aF. Der Verweis auf die Zwangsvollstreckungsvorschriften der ZPO (§ 158 Abs. 2 FGG aF) konnte im Hinblick auf die Regelung des § 95 entfallen.[1]

II. Wirkung der bestätigten Dispache

3 Die **bestätigte Dispache** ordnet die **Verteilung** der Beitragspflichten und Vergütungsansprüche aus der großen Haverei rechtswirksam nur **mit Wirkung** für die **formal** an dem Dispacheverfahren **Beteiligten** an. Wer sie sind, ergibt sich aus dem Bestätigungsbeschluss des Dispachegerichts (§ 406 Rn. 15). Der Abs. 1 entspricht dem § 325 Abs. 1 ZPO. **Für die anderen Beteiligten** an der großen Haverei wird die Schadensverteilung durch den Beschluss nicht berührt. Jeder von ihnen hat aber die Möglichkeit **selbst ein Verfahren nach § 405 zu beantragen** auch mit den Beteiligten, für die ein Bestätigungsbeschluss schon vorliegt. Kommt im späteren Verfahren der Bestätigungsbeschluss zu einem anderen Verteilungsergebnis, sei es auch nach Durchführung eines streitigen Dispachewiderspruchsverfahrens (§ 407), so behält jeder Beschluss seine Wirkung „inter partes". Die Auflösung des Widerspruchs kann dann in einer „allgemeinen Klage" nach § 407 Abs. 1 S. 2 iVm. § 878 Abs. 2 ZPO gesucht werden (§ 407 Rn. 21 ff.).

III. Zwangsvollstreckung

4 1. **Rechtskraft und Vollstreckbarkeit.** Die **Zwangsvollstreckung** aus der Dispache ist nur mit dem **rechtskräftigen Bestätigungsbeschluss** möglich **(Abs. 2).** Diese Klarstellung ist erforderlich, weil nach den allgemeinen Regeln des FamFG aus gerichtlichen Beschlüssen bereits mit ihrem Wirksamwerden (§ 40) vollstreckt werden kann (§ 86 Abs. 2). Die **Rechtskraft** tritt nach Ablauf der für die Einlegung des zulässigen Rechtsmittels bestimmten Frist ein (§ 705 ZPO). Für die Bestätigungsbeschlüsse des Dispachegerichts (Amtsgericht) tritt die Rechtskraft nach Ablauf der Beschwerdefrist ein. Sie beträgt einen Monat nach Bekanntgabe (idR durch Zustellung § 41) des Beschlusses an die Beteiligten (§ 63). Für die Beschlüsse der Beschwerdeinstanz (Oberlandesgericht) gelten die gleichen Regeln (§ 71), auch wenn die Rechtsbeschwerde nicht zugelassen wurde.[2]

5 2. **Die Vollsteckung** ist nach **§ 95 durchzuführen,**[3] weil es sich bei der Schadensverteilung der großen Haverei durch die Dispache um Geldforderungen handelt (§ 95 Abs. 1 Nr. 1). Danach sind

---

[1] BT-Drucks. 16/6308, S. 289 § 409.
[2] GemS BGH NJW 84, 1027.
[3] BT-Drucks. 16/6308, S. 289.

für die Vollstreckung aus einem rechtskräftigen Bestätigungsbeschluss die **Vorschriften der ZPO** über die Zwangsvollstreckung **entsprechend anzuwenden.**

Für bestimmte Klagen im Rahmen der Vollstreckung trifft **Abs. 3 klarstellende Zuständig-** 6 **keitsregeln.** Es sind dies die:
– Klagen auf Erteilung der Vollstreckungsklausel (§ 731 ZPO)
– Klagen wegen Einwendungen gegen die in der Dispache festgestellten Ansprüche (§ 767 ZPO). Das können auch „allgemeine Klagen" nach § 407 Abs. 1 S. 2 iVm. § 878 Abs. 2 ZPO sein (§ 407 Rn. 23). Der § 767 Abs. 2 ZPO steht dem nicht entgegen
– Klagen, die bei der Erteilung der Vollstreckungskausel im Falle der Rechtsnachfolge, die vom Vollstreckungsgericht angenommene Rechtsnachfolge bestreiten (§ 727, § 768 ZPO analog[4]).

Für alle diese Klagen ist nach den Regeln der ZPO das Prozessgericht erster Instanz zuständig. 7 **Abs. 3** setzt für das Prozessgericht erster Instanz das **Gericht, das die Dispache bestätigt hat.** Falls der Streitwert einer Klage die Zuständigkeitsgrenze des Amtsgerichts übersteigt (§ 23 Nr. 1 GVG), ist die Klage beim **zuständigen Landgericht** zu erheben.

---

[4] *Musielak/Lackmann* § 727 ZPO Rn. 5.

Buch 6. Verfahren in weiteren Angelegenheiten der freiwilligen Gerichtsbarkeit

§ 410 Weitere Angelegenheiten der freiwilligen Gerichtsbarkeit

Weitere Angelegenheiten der freiwilligen Gerichtsbarkeit sind
1. die Abgabe einer nicht vor dem Vollstreckungsgericht zu erklärenden eidesstattlichen Versicherung nach den §§ 259, 260, 2028 und 2057 des Bürgerlichen Gesetzbuchs,
2. die Ernennung, Beeidigung und Vernehmung des Sachverständigen in den Fällen, in denen jemand nach den Vorschriften des bürgerlichen Rechts den Zustand oder den Wert einer Sache durch einen Sachverständigen feststellen lassen kann,
3. die Bestellung des Verwahrers in den Fällen der §§ 432, 1217, 1281 und 2039 des Bürgerlichen Gesetzbuchs sowie in Festsetzung der von ihm beanspruchten Vergütung und seiner Aufwendungen,
4. eine abweichende Art des Pfandverkaufs im Fall des § 1246 Abs. 2 des Bürgerlichen Gesetzbuchs.

Übersicht

	Rn.		Rn.
I. Normzweck	1	f) Rechtsmittel	22
II. Erläuterungen der einzelnen Fälle	2–36	g) Kosten	23
1. Eidesstattliche Versicherung	2–15	3. Bestellung eines Verwahrers	24–30
a) Fallgruppe § 410	2–5	a) Anwendungsfälle	24
b) Sonstige Fälle eidesstattlicher Versicherungen	6–10	b) Vergütungsfestsetzung	25, 26
		c) Verfahren	27
c) Verfahren	11	d) Entscheidung	28
d) Entscheidung	12, 13	e) Rechtsmittel	29
e) Rechtsmittel	14	f) Kosten	30
f) Kosten	15	4. Art des Pfandverkaufs	31–36
2. Ernennung eines Sachverständigen	16–23	a) Allgemeines	31
a) Normzweck	16	b) Anwendungsbereich	32
b) Anwendungsfälle	17	c) Verfahren	33
c) Keine Anwendungsfälle	18	d) Entscheidung	34
d) Verfahren	19	e) Rechtsmittel	35
e) Entscheidung	20, 21	f) Kosten	36

I. Normzweck

Die Vorschrift definiert, was unter „weitere Angelegenheiten der freiwilligen Gerichtsbarkeit" zu **1** verstehen ist. Diese „weiteren" Angelegenheiten werden in § 23a Abs. 2 Nr. 5 GVG als Angelegenheiten der freiwilligen Gerichtsbarkeit bezeichnet, was an sich selbstverständlich ist. Die Zuweisung hat zur Folge, dass auch für die in § 410 genannten Verfahren das Amtsgericht zuständig ist (§ 23a Abs. 1 GVG) und §§ 1 bis 111 dafür gelten. Ferner wird in § 3 Nr. 1 lit. b RPflG auf § 410 Bezug genommen. Die Regelung in § 410 entspricht weitgehend den früheren §§ 163 bis 166 FGG.

II. Erläuterungen der einzelnen Fälle

1. Eidesstattliche Versicherung. a) Fallgruppe § 410. Die eidesstattliche Versicherung ist ein **2** Mittel der Glaubhaftmachung (§ 31). Die Abgabe einer *nicht* vor dem Vollstreckungsgericht zu erklärenden eidesstattlichen Versicherung nach den §§ 259, 260, 2028 und 2057 BGB ist eine Sache der freiwilligen Gerichtsbarkeit. In den Fällen der §§ 259, 260, 2028 und § 2057 BGB will der Antragsteller an die für seine Rechtsverfolgung erforderlichen Informationen herankommen. Dafür gibt es **zwei Möglichkeiten:** der Verpflichtete gibt die Versicherung **freiwillig** ab (dann sind §§ 410 bis 414 einschlägig); oder er **weigert** sich (dann kann er verklagt werden und das Urteil wird durch das Vollstreckungsgericht nach § 889 ZPO vollstreckt. Gegen den Willen des Auskunftsberechtigten konnte nach früherer Rechtsprechung eine Abnahme der eidesstattlichen Versicherung in den Fällen des § 410 Nr. 1 nicht erfolgen;[1] § 413 S. 1 stellt jetzt klar, dass sowohl der Verpflichtete als auch der Berechtigte die Abgabe der eidesstattlichen Versicherung beantragen kann. Auch wenn schon Klage auf Abgabe der eidesstattliche Versicherung vor dem Prozessgericht erhoben ist, selbst wenn der Beklagte bereits Klageabweisung beantragt hat, kann er es sich anders überlegen und die eidesstattliche Versicherung freiwillig nach § 410 abgeben.[2] Ist der Verpflichtete zur Abgabe der eidesstattlichen Versicherung verurteilt, will er sie aber dann freiwillig abgegeben,[3] ist das Gericht der freiwilligen Gerichtsbarkeit beim AG (anstelle des Vollstreckungsgerichts beim AG) nur zuständig, wenn der Gläubiger damit einverstanden ist.[4]

3 **aa)** Unter **§§ 259, 260 BGB** fallen die Verpflichtungen, einen Inbegriff von Gegenständen herauszugeben, oder über den Bestand eines solchen Inbegriffs Auskunft zu erteilen; der Verpflichtete hat in diesen Fällen ein Verzeichnis vorzulegen. Auf Verlangen ist unter den in § 259 BGB genannten Voraussetzungen die Richtigkeit eidesstattlich zu versichern. Anwendungsfälle sind zB die Verpflichtung des Beauftragten (§§ 666, 675 BGB), des Geschäftsführers ohne Auftrag (§ 681 BGB), des geschäftsführenden Gesellschafters (§ 713 BGB), des Gesellschafters im Fall des § 740 BGB, der Ehegatten (§ 1379 BGB), von Vater/Mutter (§§ 1667, 1698 BGB), des Betreuers, Vormunds, Pflegers (§§ 1890, 1891, 1915, 1908i BGB), des Erben (§ 1978 BGB), des Erbschaftsbesitzers (§§ 2018, 2027, 2028 BGB), des Vorerben (§§ 2127, 2130 BGB), des Testamentsvollstreckers (§ 2218 BGB), des Erben gegenüber den Pflichtteilsberechtigten (§ 2314 BGB), des Besitzers eines unrichtige Erbscheins (§ 2362 Abs. 2 BGB), des Erbschaftsverkäufers (§ 2374 BGB).

4 **bb) § 2028 BGB:** Der Hausgenosse des Erblassers ist dem Erben gegenüber auskunftspflichtig und hat seine Angaben, wenn die Voraussetzungen des § 2028 Abs. 2 BGB vorliegen, eidesstattlich zu versichern.

5 **cc) § 2057 BGB:** Bei Miterben auf Grund gesetzlicher Erbfolge oder gesetzesvertretender Erbfolge (§ 2052 BGB) ist jeder Miterbe verpflichtet, den übrigen Miterben Auskunft über die Zuwendungen zu erteilen, die er nach §§ 2050 bis 2053 BGB zur Ausgleichung zu bringen hat; die Richtigkeit ist gegebenenfalls eidesstattlich zu versichern.

6 **b) Sonstige Fälle eidesstattlicher Versicherungen.** Vor dem **Vollstreckungsgericht** (Abteilung des Amtsgerichts) sind eidesstattliche Versicherungen abzugeben im Falle des § 889 ZPO. Hier wurde der Schuldner zur Abgabe einer eidesstattlichen Versicherung *verurteilt;* materiellrechtliche Rechtsgrundlagen sind zB §§ 259, 260, 2028 BGB.

7 Vor dem **Gerichtsvollzieher** (§ 899 ZPO) sind eidesstattliche Versicherungen abzugeben in den Fällen der Zwangsvollstreckung nach §§ 807, 836, 883 ZPO. Es handelt sich um keine Sache der freiwilligen Gerichtsbarkeit. Jedoch verweist § 94 FamFG auf § 883 Abs. 2 bis 4 ZPO.

8 Erfolgt die Abgabe der eidesstattlichen Versicherungen zu Protokoll des Nachlassgerichts durch den Erben auf Verlangen eines Nachlassgläubigers zur Vermeidung des Eintritts der unbeschränkbaren Erbenhaftung **(§ 2006 BGB)** regelt § 361 das Verfahren. Es handelt sich um eine Nachlasssache, sie fällt nicht unter § 410. Weigert sich der Erbe, die eidesstattliche Versicherung abzugeben, scheidet eine Erzwingung oder Vollstreckung aus; denn die Folge (volle Haftung) ergibt sich aus § 2006 Abs. 3 BGB.

9 Muss der **Erbscheinsantragsteller** auf Verlangen des Nachlassgerichts die Richtigkeit seiner Angaben eidesstattlich versichern (§ 2356 Abs. 2 BGB), handelt es sich um eine Nachlasssache, sie fällt aber nicht unter § 410. Weigert sich der Antragsteller, wird die Versicherung entweder erlassen oder der Erbscheinsantrag zurückgewiesen.

10 Auch im **Aufgebotsverfahren** kann die Abgabe einer eidesstattlichen Versicherung angeordnet werden, zB nach § 439 Abs. 1; sie fällt ebenfalls nicht unter § 410.

11 **c) Verfahren.** Zuständig ist der Rechtspfleger (§ 3 Nr. 1 lit. b RPflG). Der Antrag eines Berechtigten ist Voraussetzung; antragsberechtigt ist sowohl der nach materiellem Recht Berechtigte (zB der Erbe; 2028 BGB) wie auch der nach materiellem Recht Verpflichtete (zB der Hausgenosse des Erblassers); vgl. ferner § 412 Rn. 1. Eine Glaubhaftmachung entfällt.[5] Den anderen Beteiligten ist der Antrag zur Stellungnahme zuzuleiten.

---

[1] *Keidel/Kuntze/Winkler* § 163 FGG Rn. 3.
[2] BayObLGZ 1953, 135.
[3] Vgl. KG Rpfleger 1993, 84.
[4] OLG Hamm Rpfleger 1958, 187; OLG Düsseldorf MDR 1060, 590; *Keidel/Kuntze/Winkler* § 163 FGG Rn. 3; *Schlegelberger* § 163 FGG Rn. 5.
[5] KG OLGZ 42, 197; *Keidel/Kuntze/Winkler* § 163 FGG Rn. 5.

d) Entscheidung. Sie besteht darin, dass der Rechtspfleger einen Termin zur Abnahme der 12 eidesstattlichen Versicherung bestimmt und hierzu den Verpflichteten sowie die anderen Beteiligten (§ 412) lädt. Das Gericht darf nicht prüfen, ob die materiellen Voraussetzungen für die Abnahme der eidesstattlichen Versicherung vorliegen, ob also etwas für eine unsorgfältige Auskunft spricht.[6] Die Terminsbestimmung wird aber abgelehnt, wenn überhaupt noch keine Auskunft erteilt ist.[7] Die Unterlagen für die zu leistende Versicherung hat der Verpflichtete vorzulegen.[8] Bei Unvollständigkeit hat das Gericht auf Ergänzung hinzuwirken.[9] Der Berechtigte kann Fragen stellen und Vorhaltungen machen. Die Abnahme der eidesstattlichen Versicherung kann aber auch erfolgen, wenn der Berechtigte vom Termin rechtzeitig verständigt wurde, aber nicht erschienen ist. Die Formel der eidesstattlichen Versicherung ergibt sich aus §§ 259, 260, 2028 Abs. 2 BGB.

Erscheint der Verpflichtete nicht oder **weigert er sich**, die Versicherung abzugeben, kann er nicht 13 im Verfahren der freiwilligen Gerichtsbarkeit hierzu gezwungen werden (etwa nach § 35 oder §§ 86 ff), denn § 410 Nr. 1 betrifft nur die **freiwillige** Abgabe. Hier muss der Berechtigte den Verpflichteten im Zivilprozess verklagen und dann das Urteil nach § 889 ZPO vollstrecken; dann kann auch eine Erzwingung durch Zwangsgeld bzw Zwangshaft erfolgen (§ 888 ZPO).

e) Rechtsmittel. Eine Beschwerde des Verpflichteten gegen die Terminsbestimmung oder die 14 Ladung findet nicht statt,[10] weil eine Endentscheidung fehlt. Die Ablehnung der Terminsbestimmung ist dagegen beschwerdefähig (§§ 11 Abs. 1 RPflG, 58 ff. FamFG).[11]

f) Kosten. Für die Gerichtskosten gilt § 124 KostO; Ermäßigungstatbestand § 130 KostO. Ge- 15 schäftswert § 30 KostO. Wert ist ein Bruchteil des Werts der Hauptsache. Kostenschuldner ist der Antragsteller (§ 2 KostO). Bei Antragsablehnung kann eine Kostenentscheidung nach §§ 81 ff. in Frage kommen. Die materiellrechtliche Kostentragungspflicht ergibt sich zB aus § 261 Abs. 2 BGB. Darüber wird aber im Verfahren der freiwilligen Verfahren nicht entscheiden, auch nicht nach §§ 81 ff. Eine eventuelle materiellrechtliche Erstattungspflicht ist im Prozessweg durchzusetzen.[12]

2. Ernennung eines Sachverständigen. a) Normzweck. In einigen Fällen regeln BGB/HGB, 16 dass ein Beteiligter den Zustand bzw Wert einer Sache durch einen Sachverständigen feststellen lassen kann. Nun kann jedermann auch ohne gesetzlichen Ermächtigung den Wert seiner Sachen durch Gutachten feststellen lassen, ohne dass er das Gericht einschaltet. Der Sinn der Regelung in § 412 ist deshalb, dass der Beweiswert eines Gutachtens erhöht werden kann, wenn das Verfahren nach § 410 beachtet wird: Auswahl des Sachverständigen durch das Gericht und nicht durch den Beteiligten; Pflicht des Gegners, in diesem Fall die Sachen vorzulegen und die Besichtigung zu dulden; rechtliches Gehör für den Gegner, Mitwirkungsmöglichkeiten des Gegners bei der Begutachtung. Ein privat erholtes Gutachten ohne Beachtung des § 410 ist aber deswegen nicht wertlos, weil der Sachverständige dann jedenfalls als sachverständiger Zeuge zur Verfügung steht.

b) Anwendungsfälle. § 410 Nr. 2 betrifft Fälle, in denen auf Grund *ausdrücklicher* Vorschrift einen 17 Art Beweissicherungsverfahren (ähnlich § 485 ZPO) erlaubt ist. Insbesondere in folgenden Fällen kann jemand nach den Vorschriften des bürgerlichen Rechts den Zustand oder den Wert einer Sache (nicht eines Rechts; nicht die Höhe der Schulden) durch einen Sachverständigen feststellen lassen:
- **Nießbrauch.** Sowohl der Nießbraucher wie der Eigentümer können den Zustand der Sache feststellen lassen (§ 1034 BGB); ist eine verbrauchbare Sache (§ 92 BGB) Gegenstand des Nießbrauchs können sowohl der Nießbraucher wie der „Besteller" den Zustand der Sache feststellen lassen (§ 1067 Abs. 1 S. 2 BGB); dasselbe gilt beim Nießbrauch an Rechten (§ 1075 Abs. 2 BGB).
- **Ehegatten.** Jeder Ehegatte kann den Wert seiner Vermögensgegenstände und seiner Verbindlichkeiten (ebenso die entsprechenden Werte beim Partner) durch Sachverständige feststellen lassen (§ 1377 Abs. 2 BGB), um seine Beweislage bei späterer Scheidung zu verbessern. Können sich die Partner nicht auf einen Gutachter einigen dann entscheidet das Gericht nach § 410.
- **Vorerbe/Nacherbe.** Sowohl der Vorerbe wie der Nacherbe kann den Zustand der Erbschaft durch Sachverständige feststellen lassen (§ 2122 BGB).
- **Frachtgüter:** Feststellung des Zustandes (§ 438 Abs. 3 HGB), §§ 608, 609 HGB, § 61 BinSchG beim Schiffsfrachtgut.

---

[6] MünchKommBGB/*Helms* § 2028 Rn. 9.
[7] *Keidel/Kuntze/Winkler* § 163 FGG Rn. 6; *Schlegelberger* § 163 FGG Rn. 7.
[8] KG OLGZ 43, 207.
[9] *Kößler* BayZ 1932, 388.
[10] OLG Hamm Rpfleger 1995, 161; BayObLGZ 4, 229; KGJ 28 A 305.
[11] *Jansen/v. König* § 163 FGG Rn. 21.
[12] KG Rpfleger 1993, 84; KG Rpfleger 1970, 243; LG Bonn Rpfleger 1994, 451; BayObLG OLGR 25, 413.

18 c) **Keine Anwendungsfälle** sind landesrechtliche Angelegenheiten des bürgerlichen Rechts,[13] ferner die Fälle, in denen nicht ausdrücklich das Recht der Feststellung durch Sachverständige bestimmt ist, wie § 738 Abs. 2 BGB (Schätzung des Gesellschaftsvermögens), § 1477 Abs. 2 und § 1502 Abs. 2 BGB (Recht zur Übernahme gegen Wertersatz). Die Zuständigkeit des Gerichts zur Sachverständigenernennung kann im Übrigen nicht vereinbart werden.[14]

19 d) **Verfahren.** Zuständig ist der Rechtspfleger (§ 3 Nr. 1 lit. b RPflG). Ein Berechtigter (zB der Nacherbe) muss einen Antrag stellen. Der Gegner (§ 412 Nr. 2) ist dazu zu hören. In der Auswahl des Sachverständigen ist das Gericht frei (§ 404 ZPO); es ist nicht an Vorschläge eines Beteiligten gebunden und auch nicht auf „öffentlich bestellte" Sachverständige beschränkt.

20 e) **Entscheidung.** Das Gericht ernennt nur den Sachverständigen; es bleibt dem Antragsteller überlassen, ob er dann dem Sachverständigen dann tatsächlich einen Gutachtensauftrag erteilt. Auftraggeber ist also nicht das Gericht, weshalb sich auch die Vergütung des Sachverständigen nicht nach dem JVEG richtet, sondern nach Vereinbarung etc. Auch ist das Gericht nicht für die Festsetzung der Vergütung des Sachverständigen (oder die Auszahlung) zuständig ist, fordert auch keinen Kostenvorschuss ein. Wegen des möglichen weiteren Verfahrens ist aber eine Abschrift des Gutachtens an das Gericht zu leiten. Das Gutachten trifft nicht die Partei bindende Feststellungen.[15]

21 Der Sachverständige kann **abgelehnt** werden (§ 406 ZPO). Auf Antrag eines Beteiligten hat das Gericht den Sachverständigen zur Erläuterung des Gutachtens zu **vernehmen**, §§ 29, 30 FamFG, §§ 404 ff. ZPO (insbesondere § 411 Abs. 3 ZPO). Auf Antrag kann er **beeidigt** werden (§§ 410, 478 ff. ZPO), wofür der Richter zuständig ist (§ 4 Abs. 2 Nr. 1 RPflG).

22 f) **Rechtsmittel.** Der die Ernennung ablehnende Beschluss ist nur für den Antragsteller mit befristeter Beschwerde anfechtbar (§§ 58, 59 Abs. 2 FamFG; § 11 Abs. 1 RPflG; Frist: ein Monat; Beschwerdegericht ist das LG bzw. OLG (§§ 72, 119 Abs. 1 GVG); der stattgebende Beschluss ist, falls Richterbeschluss, unanfechtbar (§ 414), falls Rechtspflegerbeschluss ist er mit befristeter Erinnerung anfechtbar (§ 11 Abs. 2 RPflG).

23 g) **Kosten.** Gerichtsgebühr vgl. § 120 Nr. 1 KostO (für die Ernennung und Beeidigung). Wird der Sachverständige vom Gericht vernommen fällt zusätzlich die Gebühr nach §§ 49 Abs. 1 und 50 Abs. 1 Nr. 4 KostO an.

24 **3. Bestellung eines Verwahrers. a) Anwendungsfälle.** Gerichtlich eingesetzte Verwahrer (Sequester) gibt es auch bei der Zwangsvollstreckung (§ 848 ZPO) und der einstweiligen Verfügung (§ 938 ZPO); die Verwahrung der Nießbrauchssache richtet sich nach § 1052 Abs. 1 BGB. Die Bestellung des Verwahrers erfolgt in diesem Fall durch das Vollstreckungsgericht (§ 764 ZPO). Nur für die Verwahrerbestellung nach §§ 432, 1217, 1281 und 2039 BGB ist § 410 Nr. 3 anwendbar; die Regelung entspricht dem früheren § 165 FGG. Diese vier Fälle setzen jeweils voraus, dass sich eine Sache nicht zur Hinterlegung beim Amtsgericht eignet (vgl. § 372 BGB; § 5 HinterlegungsO). Anwendungsfälle von § 410 Nr. 3 sind:

– **§ 432 BGB:** Mehrere Gläubiger einer unteilbaren Leistung; eignet sich die Leistung nicht zur Hinterlegung kann jeder Gläubiger verlangen, dass die geschuldete Sache an einen gerichtlich bestellten Verwahrer abgeliefert wird.
– **§ 1217 BGB:** Der Pfandgläubiger verletzt die Rechte des Verpfänders in erheblichem Maße; der Verpfänder kann daher (falls Hinterlegung ausscheidet) verlangen, dass die Sache an einen gerichtlich bestellten Verwahrer abgeliefert wird.
– **§ 1281 BGB:** Der Schuldner kann nur an den Pfandgläubiger und den Gläubiger gemeinschaftlich leisten; jeder kann verlangen, dass (falls Hinterlegung ausscheidet) die Sache an einen gerichtlich bestellten Verwahrer abgeliefert wird.
– **§ 2039 BGB:** Gehört ein Anspruch zum Nachlass und liegt eine Erbengemeinschaft vor, kann jeder Miterbe verlangen, dass der Verpflichtete die zu leistende Sache (falls Hinterlegung ausscheidet) an einen gerichtlich zu bestellenden Verwahrer abliefert.

25 b) **Vergütungsfestsetzung.** Während in den sonstigen Vergütungsfällen der freiwilligen Gerichtsbarkeit ein Vergütungsgesetz existiert (VBVG) und § 168 das Festsetzungsverfahren regelt, besteht hier weder ein Vergütungsgesetz noch ist § 168 anwendbar. § 410 bezeichnet lediglich die Festsetzung der Vergütung und des Auslagenersatzes in den vier Fällen, in denen es selbst den Verwahrer bestellt hat, als Angelegenheit der freiwilligen Gerichtsbarkeit, so dass §§ 1 bis 111 gelten. § 165 Abs. 2 FGG hielt die Festsetzung des Auslagenersatzes noch für unzulässig und beschränkte sich auf die Festsetzung der Vergütung. Haben **die Beteiligten** selbst den Verwahrer bestellt, dann

---

[13] BayObLG JW 1923, 759; *Bumiller/Harders* § 410 Rn. 6; *Jansen/v. König* § 164 FGG Rn. 1.
[14] RGZ 94, 172; *Keidel/Kuntze/Winkler* § 164 FGG Rn. 1.
[15] BayObLG OLG 43, 107.

konnten sie mit ihm Vergütung und Auslagenersatz vereinbaren und sind, wenn die Höhe streitig ist, auf den Prozessweg angewiesen;[16] eine Festsetzung durch das Gericht der freiwilligen Gerichtsbarkeit scheidet aus. Hat **das Gericht** den Verwahrer bestellt, ist es nicht sinnvoll, das Gericht der freiwilligen Gerichtsbarkeit lediglich die Höhe der Vergütung durch Beschluss festsetzen zu lassen, den Verwahrer aber dann auf den Zivilprozess zu verweisen, damit er einen Vollstreckungstitel erlangt. So war es vor Schaffung von § 56g Abs. 5 FGG. Jetzt wird man den Festsetzungsbeschluss zugleich als Vollstreckungstitel im Sinn von §§ 86 Abs. 1 Nr. 1, 95 Nr. 1 ansehen müssen.

Den Vergütungsfestsetzungsantrag kann ein Beteiligter, aber auch der Verwahrer stellen. Stellt der Verwahrer den Antrag muss er ihn beziffern. Hierzu ist den anderen Beteiligten (§ 412) rechtliches Gehör zu gewähren.

Für die **Höhe der Vergütung** gibt es keine Tabelle; die Literatur stellt auf die „Üblichkeit" ab [17] **26** (die gibt es aber mangels Fallmenge nicht), oder auf „die Umstände des Einzelfalls".[18] Bei Anwälten ist das RVG nicht anwendbar (§ 1 Abs. 2 RVG). Im Falle des § 848 Abs. 2 ZPO hat der BGH[19] (bei einer Immobilie) auf § 26 ZwVwV und den Zeitaufwand abgestellt. Der **Aufwendungsersatz** richtet sich nach den Auslagen des Verwahrers, zB für einen Platz im Lagerhaus, den Versicherungskosten usw (vgl. § 1835 BGB). Der Festsetzungsbeschluss ist ein Vollstreckungstitel (§ 86).[20]

c) Verfahren. Zuständig ist der Rechtspfleger (§ 3 Nr. 1 lit. b RPflG). Ein Antrag eines Betei- **27** ligten (§ 412) auf Bestellung eines Verwahrers ist erforderlich. Es gelten §§ 1 bis 111 gilt. Das Gericht prüft nicht, ob tatsächlich ein Anspruch nach § 2039 BGB besteht, sondern nur, ob die Bestellung eines Verwahrers gesetzlich zulässig ist. Es ist nicht zu prüfen, ob der in Anspruch genommene Miterbe zur Herausgabe eines Nachlassgrundstücks oder nur zur Einräumung des Mitbesitzes verpflichtet ist; dies zu entscheiden ist Aufgabe der Prozessgerichte im streitigen Verfahren.[21] Bei Festsetzung von Vergütung und Auslagenersatz wird im Beschluss auch der Zahlungspflichtige bestimmt.

d) Entscheidung. In der Auswahl des Verwahrers ist das Gericht frei; eine bestimmte Höhe der **28** Vergütung kann es dem Verwahrer nicht zusagen. Das Gericht ist an Vorschläge der Beteiligten nicht gebunden. Eine Kostenentscheidung ist nach § 81 möglich. Das Gericht der freiwilligen Gerichtsbarkeit ersetzt nur die Einigung über die Person des Verwahrers; es kann daher nicht anordnen, dass ein Beteiligter bestimmte Gegenstände an den Verwahrer herzugeben hat und dies durch Zwangsgeld erzwingen.[22] Die Ernennung wird wirksam mit Zugang beim Verwahrer (§ 40 Abs. 1).

e) Rechtsmittel. Der ablehnende Beschluss ist nur für den Antragsteller mit befristeter Beschwer- **29** de anfechtbar (§§ 58, 59 Abs. 2 FamFG; § 11 Abs. 1 RPflG; Frist: ein Monat); der stattgebende Beschluss ist für jeden Beteiligten anfechtbar. Der ernannte Verwahrer ist nicht beschwerdeberechtigt, weil er das „Amt" nicht übernehmen muss; er ist aber beschwerdeberechtigt, wenn Vergütung und Auslagenersatz nicht in der begehrten Höhe festgesetzt werden. Die Beschwer muss 600 Euro übersteigen (§ 61 FamFG), oder die Beschwerde muss zugelassen worden sein. Beschwerdegericht ist das LG bzw. OLG (§§ 72, 119 Abs. 1 GVG). Wurde die Beschwerde vom Amtsgericht (Rechtspfleger, Richter) nicht zugelassen und ist der Beschwerdewert nicht erreicht, ist jedenfalls die befristete Erinnerung gegen die Rechtspflegerentscheidung statthaft (§ 11 Abs. 2 RPflG).

f) Kosten. Gerichtsgebühr vgl. § 120 Nr. 2 KostO. **30**

4. Art des Pfandverkaufs. a) Allgemeines. Der Verkauf eines Vertragspfandes erfolgt nach **31** §§ 1235 bis 1240 BGB, also grundsätzlich durch öffentliche Versteigerung am Orte, wo das Pfand aufbewahrt wird. Das ist oft unzweckmäßig, etwa wenn demzufolge wertvolle Gemälde in einem kleinen Bauerndorf versteigert werden müssten. Die Beteiligten könnten sich auf eine abweichende Verwertung einigen, etwa auf Versteigerung in der Großstadt, einigen (§ 1235 Abs. 1 BGB); kommt keine Einigung zustande, entscheidet das Amtsgericht (§ 1246 Abs. 2 BGB), gleichgültig wie hoch der Streitwert; § 410 Nr. 4. Diese Regelung entspricht dem früheren § 166 FGG. Der Prozessweg ist ausgeschlossen, das wird bei Klagen vor dem Landgericht meist übersehen (andernfalls erfolgt nach Hinweis und Antrag formlose Abgabe, sonst Vorgehen nach § 17a GVG).

b) Anwendungsbereich. § 410 Nr. 4 gilt nicht nur für das Vertragspfand, sondern wegen § 1257 **32** BGB auch für das gesetzliche Pfandrecht, also bei Hinterlegung (§ 233 BGB), Vermieterpfandrecht

---

[16] *Keidel/Kuntze/Winkler* § 165 FGG Rn. 7; *Josef* ZZP 1952, 248.
[17] *Jansen/v. König* § 165 FGG Rn. 4.
[18] *Keidel/Kuntze/Winkler* § 165 FGG Rn. 7.
[19] BGH NJW-RR 2005, 1283; dazu *Zimmermann*, Anwaltsvergütung außerhalb des RVG, 2007, Rn. 531 ff.
[20] Anders die Rechtslage unter Geltung des FGG.
[21] OLG Stuttgart Rpfleger 1999, 130.
[22] *Keidel/Kuntze/Winkler* § 165 FGG Rn. 8.

(§ 562 BGB), Pächterpfandrecht (§ 583 BGB), Verpächterpfandrecht (§ 592 BGB), Pfandrecht des Werkunternehmers (§ 647 BGB), des Gastwirts (§ 704 BGB), des Spediteurs (§ 410 HGB), des Lagerhalters (§ 421 HGB) sowie des Frachtführers §§ 440 HGB). Die Regelung gilt ferner,[23] wenn ein gemeinschaftlicher Gegenstand zwecks Aufhebung der Gemeinschaft verkauft werden soll (§§ 753,[24] 755, 756 BGB; denn nach § 753 BGB sind die Vorschriften über den Pfandverkauf anzuwenden), wenn eine Erbengemeinschaft auseinandergesetzt werden soll und deshalb ein Nachlassgegenstand zu verkaufen ist (§ 2042 BGB; § 2042 Abs. 2 verweist auf § 753 BGB), Verkauf eines Gegenstandes mit kaufmännischem Zurückbehaltungsrecht (§ 371 HGB), Verkauf eines Kommissionsguts auf Grund eines Pfandrechts (§§ 397, 398 HGB). Auf die Verwertung durch einen Insolvenzverwalter ist § 410 aber nicht anwendbar,[25] weil der Verwalter nach § 166 InsO in der Art der Verwertung nicht beschränkt ist.

33 c) **Verfahren.** Zuständig ist der Rechtspfleger (§ 3 Nr. 1 lit. b RPflG). Antragsberechtigt sind die in § 412 Nr. 4 genannten Personen. Der Antragsteller muss darlegen, dass noch kein Verkauf des Pfandes ausgeführt ist, weshalb die gesetzlich vorgesehene Art der Pfandverwertung nicht den Interessen der Beteiligten (§ 412) entspricht, weil dadurch zu wenig erlöst wird. Er muss die fehlende Einigung (§ 1246 Abs. 1 BGB) darlegen, weil der Antrag sonst nicht zulässig ist.[26] Er muss Vorschläge für eine andere Art der Verwertung machen und sie begründen. Dazu werden die anderen Beteiligten gehört. Das Gericht kann von Amts wegen ermittelt werden (§ 26). Das Gericht prüft aber nicht, ob ein Recht zum Pfandverkauf besteht; ist dies streitig, ist der Antrag zurückzuweisen.[27]

34 d) **Entscheidung.** Das Gericht kann sich in seiner Entscheidung (Beschluss, § 38) nur dem einen oder anderen Vorschlag anschließen und nicht eine neue Art der Verwertung beschließen;[28] allerdings kann dies vorher den Beteiligten nahe gelegt werden, so dass der Antrag geändert werden kann. Die abweichende Art des Verkaufs muss nach billigem Ermessen den Interessen der Beteiligten entsprechen (§ 1246 Abs. 1 BGB); diese Voraussetzung ist erfüllt, wenn an der abweichenden Art des Verkaufs keiner einen Nachteil, mindestens aber einer der Beteiligten einen Vorteil hat bzw wenn sie den anerkennenswerten Interessen eines Beteiligten entspricht und die Interessen der anderen Beteiligten dem nicht entgegenstehen.[29] Das Gericht kann auch den freihändigen Verkauf eines gemeinschaftlichen Gegenstands anordnen.[30] Im Übrigen ist es an § 1245 Abs. 2 BGB gebunden. Die Entscheidung wird mit Bekanntgabe an die Beteiligten wirksam (§ 40 Abs. 1 FamFG). Die Aufhebung des Beschlusses im Rechtsmittelverfahren hat auf die Wirksamkeit des Pfandverkaufs keinen Einfluss (§ 47).

35 e) **Rechtsmittel.** Der ablehnende Beschluss ist nur für den Antragsteller mit befristeter Beschwerde anfechtbar (§§ 58, 59 Abs. 2; § 11 Abs. 1 RPflG; Frist: ein Monat); der stattgebende Beschluss ist für jeden Beteiligten anfechtbar. Die Beschwer muss 600 Euro übersteigen (§ 61), oder die Beschwerde muss zugelassen worden sein; die Beschwer errechnet sich nach der geschätzten betragsmäßigen Verbesserung bzw Verschlechterung des Beschwerdeführers. Beschwerdegericht ist das OLG (§ 119 Abs. 1 GVG). Das OLG kann anordnen, dass die Vollziehung des angefochtenen Beschlusses auszusetzen ist (§ 64 Abs. 3). Wenn aber ein Beteiligter das Pfand während des Beschwerdeverfahrens verwertet, ist Erledigung der Hauptsache eingetreten. Wurde die Beschwerde vom Amtsgericht (Rechtspfleger, Richter) nicht zugelassen und ist der Beschwerdewert nicht erreicht, ist jedenfalls die befristete Erinnerung gegen die Rechtspflegerentscheidung statthaft (§ 11 Abs. 2 RPflG).

36 f) **Kosten.** Gerichtsgebühr § 120 Nr. 3 KostO; Wert § 30 KostO. Für den Rechtsanwalt gilt § 3100 ff RVG VV. Die Kostenentscheidung des Gerichts richtet sich nach § 81. Für die Kosten des Pfandverkaufs haftet das Pfand (§ 1210 Abs. 2 BGB).

---

[23] *Keidel/Kuntze/Winkler* § 166 FGG Rn. 2; *Jansen/v. König* § 166 FGG Rn. 1; *Bassenge/Roth* § 166 FGG Rn. 1.
[24] Beispiel: BayObLG Rpfleger 1983, 393: Hopfenpflückgemeinschaft beendet, Streit über Aufteilung der Halle und der Hopfenpflückmaschine.
[25] AA *Keidel/Kuntze/Winkler* § 166 FGG Rn. 3; *Jansen/v. König* § 166 FGG Rn. 1.
[26] BayObLG Rpfleger 1983, 393.
[27] KG KGJ 24, 1.
[28] AA *Jansen/v. König* § 166 FGG Rn. 3.
[29] BayObLG Rpfleger 1983, 393.
[30] KG KGJ 24 A 3/5; BayObLG Rpfleger 1983, 393.

§ 411 Örtliche Zuständigkeit

(1) ¹In Verfahren nach § 410 Nr. 1 ist das Gericht zuständig, in dessen Bezirk die Verpflichtung zur Auskunft, zur Rechnungslegung oder zur Vorlegung des Verzeichnisses zu erfüllen ist. ²Hat der Verpflichtete seinen Wohnsitz oder seinen Aufenthalt im Inland, kann er die Versicherung vor dem Amtsgericht des Wohnsitzes oder des Aufenthaltsorts abgeben.

(2) ¹In Verfahren nach § 410 Nr. 2 ist das Gericht zuständig, in dessen Bezirk sich die Sache befindet. ²Durch eine ausdrückliche Vereinbarung derjenigen, um deren Angelegenheit es sich handelt, kann die Zuständigkeit eines anderen Amtsgerichts begründet werden.

(3) In Verfahren nach § 410 Nr. 3 ist das Gericht zuständig, in dessen Bezirk sich die Sache befindet.

(4) In Verfahren nach § 410 Nr. 4 ist das Gericht zuständig, in dessen Bezirk das Pfand aufbewahrt wird.

I. Sachliche Zuständigkeit

Für alle Angelegenheiten nach § 410 ist das Amtsgericht zuständig (§ 23a Abs. 1 Nr. 2, Abs. 2 Nr. 5 GVG). Beschwerdeinstanz ist das LG bzw. OLG (§§ 72, 119 Abs. 1 Nr. 1 lit. b GVG). **1**

II. Funktionelle Zuständigkeit

Für alle Angelegenheiten nach § 410 ist der Rechtspfleger zuständig (§ 3 Nr. 1 lit. b RPflG), ausgenommen Verhaftung und Beeidigung (§ 4 RPflG). Gegen seine Entscheidungen ist die befristete Beschwerde nach §§ 11 Abs. 1 RPflG, 58 ff. FamFG gegeben. Wäre die Entscheidung, falls vom Richter getroffen, unanfechtbar (wie bei § 414), ist wegen § 11 Abs. 2 RPflG die befristete Erinnerung gegeben, über die der nach der Geschäftsverteilung zuständige Richter des Amtsgerichts entscheidet; erst dessen Entscheidung ist unanfechtbar. Der Rechtspfleger kann der Erinnerung abhelfen. **2**

III. Örtliche Zuständigkeit

1. § 410 Nr. 1. Die Regelung entspricht dem früheren § 261 Abs. 1 BGB, welcher durch das FGG-RG aufgehoben wurde. Dem Verpflichteten werden drei Zuständigkeiten zur Wahl gestellt: wo die Hauptverpflichtung zu erfüllen ist (vgl. § 269 BGB) oder wo der Verpflichtete seinen Wohnsitz oder[1] wo er seinen Aufenthalt hat. Es handelt sich um eine selbstständige Zuständigkeit und nicht um einen Fall der Rechtshilfe durch das Gericht der Hauptverpflichtung.² Das Nachlassgericht ist auch im Falle des § 2057 BGB oder in den sonstigen erbrechtlichen Fällen (wie etwa Abgabe der eidesstattlichen Versicherung durch Nachlasspfleger, Testamentsvollstrecker) nicht zuständig,³ was dann von Bedeutung ist, wenn Nachlassgericht und Wohnsitzgericht des Verpflichteten sich an verschiedenen Orten befinden. Hat der Verpflichtete seinen Wohnsitz oder Aufenthalt im Ausland ist aber nur das Amtsgericht zuständig, in dessen Bezirk die Hauptverpflichtung zu erfüllen ist. Da sowohl der Berechtigte wie der Verpflichtete den Antrag stellen können (§ 413 S. 1) ist denkbar, dass der Berechtigte den Antrag dort stellt, wo die Verpflichtung zu erfüllen ist, und sodann der Berechtigte seinen (für ihn günstiger gelegenen) Aufenthaltsgerichtstand wählt. Nach § 2 Abs. 1 bleibt es dann bei der örtlichen Zuständigkeit des zuerst angerufenen Gerichts.⁴ Abgabe vor einem Rechtshilfegericht ist denkbar (§ 413 S. 3 FamFG, § 479 ZPO). **3**

2. § 410 Nr. 2. Die Regelung entspricht dem früheren § 164 Abs. 1 FGG. Soll das Gericht auf Antrag einen Sachverständigen ernennen, ist dafür das Gericht zuständig, in dessen Bezirk sich die Sache befindet. Befinden sich die zu bewertenden Gegenstände (zB mehrere Grundstücke) in verschiedenen Gerichtsbezirken, ist die Rechtslage nicht einfach. Eine dem § 36 Abs. 1 Nr. 4 ZPO entsprechende Bestimmung fehlt in § 5. Wenn sich die materiell Beteiligten (zB die Ehegatten im Fall des § 1377 Abs. 2 BGB) nicht einigen können (S. 2), dann ist jedes Amtsgericht für die Ernennung eines Sachverständigen für die in seinem Bezirk gelegenen Grundstücke etc. örtlich **4**

---

[1] Nach MünchKommBGB/*Krüger* § 261 Rn. 3 ist das Aufenthaltsgericht nur hilfsweise zuständig.
[2] *Keidel/Kuntze/Winkler*, 15. Aufl. 2003, § 163 FGG Rn. 4; *Jansen/v. König* § 163 FGG Rn. 11.
[3] BayObLGZ 5, 221; *Keidel/Kuntze/Winkler*, 15. Aufl. 2003, § 163 FGG Rn. 4.
[4] AA *Jansen/v. König* § 163 FGG Rn. 14 (Abgabe sei erforderlich).

§ 412 1–3　　Buch 6. Verfahren in weiteren Angelegenheiten der freiwilligen Gerichtsbarkeit

zuständig. Die Erennung eines Sachverständigen auch für die anderen Grundstücke wäre aber nicht nichtig (§ 2 Abs. 3). Erstreckt sich dasselbe Grundstück, zB ein großer Wald, über den Bezirk mehrerer Amtsgerichte, so dass eine Doppelzuständigkeit besteht, ist § 4 einschlägig.

5　Nach S. 2 ist eine ausdrückliche **Vereinbarung** der materiell Beteiligten zulässig. Eine konkludente Vereinbarung scheidet also aus. Eine bestimmte Form ist nicht vorgeschrieben. Diejenigen, die sich einigen können, sind die Ehegatten im Falle des § 1377 Abs. 2 BGB, Vorerbe und Nacherbe im Falle des § 2122 BGB; auf die Zustimmung des Sachverständigen kommt es in keinem Fall an. Eine solche Gerichtsstandsvereinbarung kann zB sinnvoll sein, wenn die zu bewertenden Gegenstände sich in verschiedenen Gerichtsbezirken befinden (Rn. 4).

6　**3. § 410 Nr. 3.** Die Regelung entspricht dem früheren § 165 Abs. 1 FGG. Örtlich zuständig für die Bestellung des Verwahrers und die Entscheidung über dessen Vergütung/Aufwendungsersatz ist das Gericht, in dessen Bezirk sich die Sache (bei Eingang des Antrags) befindet. Unbeachtlich ist eine nachfolgende Entfernung der Sache (§ 4 kann einschlägig sein) oder der beabsichtigte Verwahrungsort. Eine Gerichtsstandsvereinbarung ist hier (im Gegensatz zu §§ 411 Nr. 2, 410 Nr. 2) nicht zulässig.

7　**4. § 410 Nr. 4.** Die Regelung entspricht dem früheren § 166 Abs. 1 FGG. Örtlich zuständig ist das Amtsgericht, in dessen Bezirk das Pfand aufbewahrt wird. Eine Gerichtsstandsvereinbarung ist hier (im Gegensatz zu §§ 411 Nr. 2, 410 Nr. 2) nicht zulässig.

§ 412 Beteiligte

Als Beteiligte sind hinzuzuziehen:
1. in Verfahren nach § 410 Nr. 1 derjenige, der zur Abgabe der eidesstattlichen Versicherung verpflichtet ist, und der Berechtigte;
2. in Verfahren nach § 410 Nr. 2 derjenige, der zum Sachverständigen ernannt werden soll, und der Gegner, soweit ein solcher vorhanden ist;
3. in Verfahren nach § 410 Nr. 3 derjenige, der zum Verwahrer bestellt werden soll, in den Fällen der §§ 432, 1281 und 2039 des Bürgerlichen Gesetzbuchs außerdem der Mitberechtigte, im Fall des § 1217 des Bürgerlichen Gesetzbuchs außerdem der Pfandgläubiger und in einem Verfahren, das die Festsetzung der Vergütung und der Auslagen des Verwahrers betrifft, dieser und die Gläubiger;
4. in Verfahren nach § 410 Nr. 4 der Eigentümer, der Pfandgläubiger und jeder, dessen Recht durch eine Veräußerung des Pfands erlöschen würde.

I. Normzweck

1　Das FamFG stellt an vielen Stellen auf den „Beteiligten" ab. Wer Beteiligter ist regelt § 7; nach § 7 Abs. 1 ist der Antragsteller zwingend Beteiligter. § 7 Abs. 2 Nr. 2 erlaubt ergänzende Regelungen; dazu gehört § 412. Es steht nicht im Ermessen des Gerichts, die dort genannten Personen hinzuziehen; die Zuziehung ist zwingend.

II. Rechtstellung des Beteiligten

2　Ein Beteiligter hat im Verfahren der freiwilligen Gerichtsbarkeit umfangreiche Rechte, aber auch (geringe) Mitwirkungspflichten: hervorzuheben ist, dass er sich durch Anwälte vertreten lassen kann (§ 10 Abs. 2), zum Termin uU einen Beistand mitbringen kann (§ 12), ein Recht auf Akteneinsicht hat (§ 13), ihm eine Abschrift des verfahrenseinleitenden Antrags zugeleitet werden soll (§ 23 Abs. 2), er Anträge stellen und Erklärungen abgeben kann (§ 25 Abs. 1), ihn Mitwirkungspflichten treffen können (§§ 27, 28), Entscheidungen ihm bekannt zu geben sind (§ 41 FamFG), eine Kostenauferlegung denkbar ist (§ 81 FamFG).

III. Beteiligte

3　**1. § 410 Nr. 1.** Der Berechtigte und der Verpflichtete sind Beteiligte. Antragsteller kann sowohl der Berechtigte wie der Verpflichtete sein (§ 413 S. 1). Der Berechtigte hat ein Recht darauf, anwesend zu sein, wenn der Verpflichtete die eidesstattliche Versicherung abgibt.[1] Ein Verfahren, in

---
[1] OLG Zweibrücken MDR 1979, 492/493; MünchKommBGB/*Krüger* § 261 Rn 3; *Staudinger/Bittner* § 261 BGB Rn. 3.

dem der Verpflichtete *von sich aus* beim Amtsgericht erscheint und *sogleich* die eidesstattliche Versicherung abgibt („einseitige Versicherung"), ohne dass der Berechtigte die Möglichkeit hat, anwesend zu sein und Fragen zu stellen, scheidet deshalb aus. Eine solche einseitige Versicherung genügt nicht den Anforderungen[2] und muss wiederholt werden. Anders ist es nur, wenn der Berechtigte mit einem solchen Verfahren einverstanden ist.

2. § 410 Nr. 2. Beteiligter ist der Antragsteller (§ 7 Abs. 1). Beteiligter ist ferner sowohl die Person, die zum Sachverständigen ernannt werden soll wie auch der Gegner des Antragstellers; dass entspricht dem früheren § 163 Abs. 3 FGG. Das bedeutet, dass der Sachverständige vor seiner Ernennung schriftlich oder telefonisch anzuhören ist. Wer Gegner ist ergibt sich aus der jeweiligen materiellrechtlichen Bestimmung. Beim Antrag des Nacherben, den Zustand der Erbschaft durch einen Sachverständigen festzustellen (§ 2122 S. 2 BGB), ist Gegner der Vorerbe. Beim Antrag des Vorerben (§ 2122 S. 1 BGB) ist Gegner der Nacherbe. Beim Antrag eines Ehegatten, den Wert des Anfangsvermögens durch einen Sachverständigen festzustellen (§ 1377 Abs. 2 S. 3 BGB) ist Gegner der andere Ehegatte. Den jeweiligen Gegner soll der Antragsteller im Antrag angeben (§ 23 Abs. 1 S. 2). Der Antrag ist ihm in Abschrift zuzuleiten. Er hat Anspruch auf rechtliches Gehör. Er kann Anträge stellen, ist von der Entscheidung über die Ernennung zu verständigen (zur Anfechtbarkeit vgl. § 414) und darf bei der Begutachtung anwesend sein; die Ladung des Sachverständigen zur mündlichen Erläuterung des schriftlichen Gutachtens kann er beantragen (§ 411 Abs. 3 ZPO).

3. § 410 Nr. 3. Die Regelung entspricht teilweise dem früheren § 165 Abs. 3 FGG. Zwingend Beteiligter ist jeweils der Antragsteller (§ 7 Abs. 1). Bei Verwahrerbestellung ist die als Verwahrer vom Gericht in Aussicht genommene Person vor Beauftragung anzuhören; in Fällen der Mitberechtigung außerdem der Mitberechtigte; im Fall des § 1217 BGB außerdem der Pfandgläubiger; in allen Verfahren, das die Festsetzung der Vergütung und der Auslagen des Verwahrers betrifft, der Verwahrer und die Gläubiger.

4. § 410 Nr. 4. Beteiligte sind außer dem Antragsteller der Eigentümer, der Pfandgläubiger und jeder, dessen Recht durch eine Veräußerung des Pfands erlöschen würde. Der persönliche Schuldner ist kein Beteiligter, kann aber nach dem Ermessen des Gerichts beteiligt werden. Der Verpfänder ist ebenfalls kein Beteiligter.

§ 413 Eidesstattliche Versicherung

¹ **In Verfahren nach § 410 Nr. 1 kann sowohl der Verpflichtete als auch der Berechtigte die Abgabe der eidesstattlichen Versicherung beantragen.** ² **Das Gericht hat das persönliche Erscheinen des Verpflichteten anzuordnen.** ³ **Die §§ 478 bis 480 und 483 der Zivilprozessordnung gelten entsprechend.**

§ 413 entspricht teilweise den bisherigen §§ 163, 79 FGG. Die Verfahren nach § 410 Nr. 1 betreffen die Abgabe der eidesstattlichen Versicherung in den dort genannten Fällen. Aus S. 1 folgt, dass die Abnahme der eidesstattlichen Versicherung nicht von Amts wegen erfolgt, sondern nur auf Antrag. **Antragsberechtigt** ist sowohl der Verpflichtete wie der Berechtigte sowie deren gesetzliche Vertreter (Nachlasspfleger des unbekannten Erben, §§ 1960, 1961 BGB; Nachlassverwalter im Sinne des § 1975 BGB; Testamentsvollstrecker; Nachlassinsolvenzverwalter; Betreuer mit dem zutreffenden Aufgabenkreis). Die frühere Rechtsprechung,[1] wonach der Verpflichtete nur mit Zustimmung des Berechtigten die eidesstattliche Versicherung abgeben konnte, ist deshalb überholt. Da aber der Berechtigte Beteiligter ist (§ 412) ist er vom Termin zur Abgabe der eidesstattlichen Versicherung zu verständigen, wenn der Verpflichtete deren Abgabe begehrt.

Ist der Antrag zulässig, ordnet das Gericht (Rechtspfleger, § 3 Nr. 1 lit. b RPflG) das persönliche Erscheinen des Verpflichteten an (S. 2). Das **weitere Verfahren** ergibt sich aus § 33 Abs. 2 bis 4: der Verpflichtete wird selbst geladen, auch wenn er einen Bevollmächtigten hat. Die Ladung muss nicht unbedingt mit Zustellung erfolgen. Eine Rechtsmittelbelehrung entfällt (§ 414), ein Hinweis auf die Folgen des Ausbleibens ist erforderlich (§ 33 Abs. 4). Einem Bevollmächtigten ist eine Abschrift der Ladung zu übermitteln. Auch der Berechtigte ist (formlos) zu laden. Er hat das Recht der Anwesenheit, aber keine Pflicht dazu; er darf dem Verpflichteten Fragen stellen und Vorhaltungen machen. Bei der Abgabe der eidesstattlichen Versicherung kann sich der Verpflichtete nicht von einem gewillkürten Vertreter vertreten lassen (auch nicht von einem Vorsorgebevollmächtigten), § 478 ZPO; ist ihm ein Betreuer mit einem entsprechenden Aufgabenkreis bestellt (§§ 1896 ff., 1902 BGB) wird er

---

[2] MünchKommBGB/*Krüger* § 261 Rn 3.
[1] BayObLGZ 1953, 135/7.

von diesem bei der Abgabe der eidesstattlichen Versicherung vertreten. Bleibt der ordnungsgemäß geladene Verpflichtete unentschuldigt ist, kann gegen ihn mit Ordnungsgeld bzw Vorführung vorgegangen werden (§ 33 Abs. 3); für die Anordnung der Vorführung dürfte der Richter zuständig sein (§ 4 Abs. 2 RPflG).

3 Die **Verweisung** (S. 3) auf §§ 478 bis 480 und 483 ZPO bedeutet: die eidesstattliche Versicherung kann nicht durch einen Vertreter geleistet werden (§ 478 ZPO); möglich ist eine Abgabe vor einem beauftragten bzw ersuchten Richter (Rechtspfleger), § 479 ZPO: Über die Bedeutung der eidesstattlichen Versicherung ist der Verpflichtete zu belehren (§ 480 ZPO); bei sprach- oder hörbehinderten Personen gelten Besonderheiten (§ 483 ZPO).

§ 414 Unanfechtbarkeit

Die Entscheidung, durch die in Verfahren nach § 410 Nr. 2 dem Antrag stattgegeben wird, ist nicht anfechtbar.

1 Gegen die Ablehnung des Antrags auf **Ernennung des Sachverständigen** steht dem Antragsteller die befristete Beschwerde zu (§§ 58, 59 Abs. 2 FamFG; § 11 RPflG). Wird dem Antrag stattgegeben, also ein Sachverständiger in den Fällen des § 410 Nr. 2 ernannt, beeidet oder vernommen, ist der Beschluss, falls vom Richter erlassen, unanfechtbar (§ 414 entspricht dem früheren § 164 Abs. 2 FGG). Hat der Rechtspfleger entschieden ist allerdings die befristete Erinnerung nach § 11 Abs. 2 RPflG gegeben.[1]

2 Unanfechtbarkeit besteht auch dann, wenn die Entscheidung von unzutreffenden Voraussetzungen ausgeht.[2] Als Endentscheidung mit Dauerwirkung wird man den Beschluss nicht ansehen können, so dass eine Änderung nach § 48 Abs. 1 FamFG ausscheidet (früher wurde eine Abänderbarkeit nach § 18 FGG bejaht). Jedoch kann ein Beteiligter den Sachverständigen (wenn die Voraussetzungen vorliegen) wegen Befangenheit ablehnen (§§ 29, 30 FamFG; 406 ZPO) und gegen die Zurückweisung des Antrags Rechtsmittel einlegen.[3] Er kann ferner beantragen, dass der Gutachter geladen wird, damit er das schriftliche Gutachten erläutert (§ 411 Abs. 3 ZPO).

---

[1] *Jansen/v. König* § 164 FGG Rn. 8.
[2] KG KGJ 43, 9.
[3] *Keidel/Winkler*, 13. Aufl. 2003, § 164 FGG Rn. 10; *Jansen/v. König* § 164 FGG Rn. 9.

Buch 7. Verfahren in Freiheitsentziehungssachen

§ 415 Freiheitsentziehungssachen

(1) Freiheitsentziehungssachen sind Verfahren, die die aufgrund von Bundesrecht angeordnete Freiheitsentziehung betreffen, soweit das Verfahren bundesrechtlich nicht abweichend geregelt ist.

(2) Eine Freiheitsentziehung liegt vor, wenn einer Person gegen ihren Willen oder im Zustand der Willenlosigkeit insbesondere in einer abgeschlossenen Einrichtung, wie einem Gewahrsamsraum oder einem abgeschlossenen Teil eines Krankenhauses, die Freiheit entzogen wird.

I. Normzweck und Inhalt

Die Bestimmung in Art. 2 Abs. 2 S. 2 GG garantiert die Freiheit der Person, in die nach Art. 2 Abs. 2 S. 3 GG nur auf Grundlage eines Gesetzes eingegriffen werden darf. Art. 104 Abs. 1 GG wiederholt und ergänzt diesen Gesetzesvorbehalt für alle Freiheitsbeschränkungen (vgl. Rn. 6). Für den schwersten Eingriff, die **Freiheitsentziehung,** enthält Art. 104 Abs. 2 GG allerdings einen weiteren verfahrensrechtlichen Vorbehalt, indem die Vorschrift bestimmt, dass über die Anordnung einer auf gesetzlicher Grundlage iSv. Art. 2 Abs. 2 S. 3 GG beruhender Freiheitsentziehung der Richter zu entscheiden hat. Die Gewährleistung dieser grundsätzlich vorgängig zu treffenden und nur notfalls unverzüglich nachzuholenden (vgl. § 428) richterlichen Entscheidung ist somit die einzige Sicherung für die Freiheit der Person, die auch den Gesetzgeber bindet; durch ihre Nichtbeachtung wird notwendig zugleich das **Grundrecht auf Unverletzlichkeit der Freiheit** der Person verletzt.[1] Das zur Einhaltung dieses **Richtervorbehalts** erforderliche **Verfahren** ist nach Art. 104 Abs. 2 S. 4 GG gesetzlich zu regeln. Diese gesetzliche Regelung findet sich in den Bestimmungen der §§ 415 ff. **1**

Die Vorschrift enthält eine **Definition** der Freiheitsentziehungssachen und bestimmt den sachlichen **Anwendungsbereich** der §§ 415 ff. in Anlehnung an die Bestimmung in § 1 FEVG aF.[2] **2**

II. Freiheitsentziehungssachen

1. Freiheitsentziehung. a) Begriff. Das Grundrecht des Art. 2 Abs. 2 S. 2 GG schützt die im Rahmen der geltenden allgemeinen Rechtsordnung gegebene tatsächliche körperliche Bewegungsfreiheit vor staatlichen Eingriffen. Der Gewährleistungsinhalt dieses Grundrechts umfasst allerdings schon von vornherein nicht die Befugnis des Einzelnen, sich unbegrenzt überall aufhalten und überall hin bewegen zu dürfen. Eine Freiheitsentziehung als die schwerste Form der Freiheitsbeschränkung[3] liegt demgemäß nur dann vor, wenn die durch die **körperliche Bewegungsfreiheit** des Betroffenen **gegen seinen Willen** durch die öffentliche Gewalt **nach jeder Richtung hin aufgehoben** wird.[4] **3**

Eine Freiheitsentziehung liegt schon tatbestandlich nicht vor, wenn der Betroffene, der über den hierfür maßgeblichen natürlichen Willen[5] verfügt, in die Aufhebung seiner Bewegungsfreiheit einwilligt.[6] Für die Annahme einer solchen **Einwilligung des Betroffenen** haben allerdings sehr strenge Maßstäbe zu gelten. Bei der Beurteilung der Frage, ob eine Freiheitsentziehung vorliegt oder nicht, kommt es nämlich nicht maßgeblich darauf an, ob sich der Betroffene überhaupt fortbewegen will, sondern darauf, dass er daran gehindert wird, wenn er es will.[7] Nur wenn sich die wirksame **4**

---

[1] BVerfG NJW 1960, 811, 812.
[2] Gesetz über das gerichtliche Verfahren bei Freiheitsentziehungen (FEVG) v. 29. 6. 1956 (BGBl. I S. 599) zul. geändert durch Art. 6 Abs. 2 Gesetz v. 19. 8. 2007 (BGBl. I S. 1970), gem. Art. 112 Gesetz zur Reform des Verfahrens in Familiensachen und in den Angelegenheiten der freiwilligen Gerichtsbarkeit (FGG-Reformgesetz – FGG-RG) v. 17. 12. 2008 (BGBl. I S. 2586), außer Kraft seit 1. 9. 2009.
[3] Vgl. BVerfG NJW 2002, 3161; BVerfG NJW 1960, 811.
[4] BVerfG NJW 2002, 3161; BVerfG NVwZ 1996, 678, 681.
[5] Vgl. BVerfG NJW 1960, 811.
[6] Vgl. *Bumiller/Harders* Rn. 10.
[7] Vgl. MünchKommBGB/*Schwab* § 1906 Rn. 30.

Einwilligung des Betroffenen insgesamt auch hierauf bezieht, liegt eine gegen seinen Willen angeordnete Freiheitsentziehung nicht vor. In Zweifelsfällen ist der Umfang der natürlichen Willensfähigkeit durch Einholung eines Sachverständigengutachtens zu klären; kann die freiheitsentziehende Maßnahme nicht bis zur Fertigstellung eines solchen Gutachtens zurückgestellt werden, kann sie durch das Gericht auf Antrag der zuständigen Behörde zunächst durch Erlass einer entsprechenden einstweiligen Regelung angeordnet werden (§ 427).

5 Die Einwilligung des Betroffenen (Rn. 3) kann nicht durch die **Einwilligung des gesetzlichen Vertreters** ersetzt werden. Das von Art. 2 Abs. 2 S. 2, 104 Abs. 2 GG geschützte Grundrecht ist höchstpersönlicher Natur, sodass es für die Einwilligung in seine Verletzung ausschließlich auf den eigenen tatsächlichen, natürlichen Willen des Betroffenen, und nicht auf den Willen seines gesetzlichen Vertreters ankommt.[8]

6 Anders als noch nach früherem Recht[9] verzichtet die Legaldefinition in Abs. 2 der Vorschrift auf den Begriff der „Unterbringung", um den systematischen Unterschied zu den **Unterbringungssachen** nach §§ 312 ff. hervorzuheben; eine inhaltliche Änderung gegenüber der früheren Rechtslage ist damit aber nicht verbunden.[10] Erfasst werden damit auch weiterhin alle Fälle des Einsperrens bzw. Einschließens von Menschen in einer abgeschlossenen Einrichtung.[11] Sehr kurzfristige, von vornherein als vorübergehend angesehene polizeiliche **Maßnahmen des unmittelbaren Zwangs** (zB Festhalten zur Identitätsprüfung, Vorführung) werden nach wie vor[12] nicht erfasst,[13] wobei an die hier im Einzelfall vorzunehmende Abgrenzung strenge Anforderungen zu stellen sind; eine längere, über mehrere Stunden dauernde Ingewahrsamnahme, die dem Einschließen in einem abgeschlossenen Raum gleichkommt, stellt – unabhängig vom Motiv der handelnden Behörde[14] – idR jedenfalls dann eine Freiheitsentziehung dar, wenn sie nach ihrer Intensität über den zur kurzfristigen Durchführung der vorübergehenden Maßnahme erforderlichen Umfang hinausgeht (vgl. auch Rn. 6).

7 b) **Abgrenzung zur Freiheitsbeschränkung.** Eine vom Tatbestand der Vorschrift nicht erfasste Freiheitsbeschränkung (Art. 104 Abs. 1 GG) liegt vor, wenn jemand durch die öffentliche Gewalt gegen seine Willen daran gehindert wird, einen Ort aufzusuchen oder sich an einem Ort aufzuhalten, der ihm an sich (tatsächlich und rechtlich) zugänglich ist. Eine Freiheitsentziehung (Art. 104 Abs. 2 GG) iSd. Vorschrift liegt hingegen stets dann vor, wenn die – tatsächlich und rechtlich an sich gegebene – körperliche Bewegungsfreiheit des Betroffenen nach jeder Richtung hin aufgehoben wird.[15] Die im Einzelfall fließende Grenze zwischen diesen beiden Begriffen wird dabei von der Rspr. nach dem von Art. 104 Abs. 2 GG verfolgten Zweck anhand der **Intensität** des jeweils in Rede stehenden Eingriffs gezogen.[16] Eine Freiheitsentziehung iSv. Art. 104 Abs. 2 GG und damit iSd. Vorschrift liegt hiernach dann nicht vor, wenn der Eingriff in die persönliche Freiheit des Betroffenen nicht auf ein Festhalten bzw. Einsperren auf Dauer zielt, sondern nur kurzfristig der vorübergehenden Durchführung einer anderen, rechtlich gebotenen Maßnahme (wie zB der polizeilichen Sistierung, Vorführung zu einer ersten medizinischen Untersuchung o. Ä.) bzw. zur Durchsetzung eines Verhaltens dient, zu dem der Betroffene verpflichtet ist.[17] Im Zweifelsfall ist allerdings bei der Frage, ob lediglich eine Freiheitsbeschränkung oder doch schon eine Freiheitsentziehung anzunehmen ist, diejenige Auslegung zu wählen, die den stärksten Grundrechtsschutz des Betroffenen ermöglicht.[18]

8 2. **Erfasste Freiheitsentziehungsverfahren.** Von den Verfahrensregelungen in §§ 415 ff. erfasst werden Freiheitsentziehungen, die auf Grund von **Bundesrecht** angeordnet werden, soweit das Verfahren bundesrechtlich nicht abweichend geregelt ist. Fälle von Freiheitsentziehungssachen iSd. Vorschrift sind zB die Abschiebungshaft nach § 62 AufenthG, die Inhaftnahme nach §§ 59 Abs. 2, 89 Abs. 2 AsylVfG und die Freiheitsentziehung nach § 30 InfSG[19] sowie Freiheitsentziehungen auf Grund der Ermächtigungen in § 23 Abs. 3 S. 4, § 25 Abs. 3, § 39 Abs. 1, 2 und § 43 Abs. 5

---

[8] BVerfG NJW 1960, 811.
[9] Vgl. § 2 Abs. 1 FEVG (vgl. Fn. 2).
[10] BT-Drucks. 16/6308, S. 290.
[11] BT-Drucks. 16/6308, S. 290.
[12] Zur früheren Rechtslage vgl. BGH NJW 1982, 753, 755; *Marschner,* in: *Marschner/Volckart* § 2 FEVG Rn. 1.
[13] BT-Drucks. 16/6308, S. 290.
[14] Vgl. *Marschner,* in: *Marschner/Volckart* § 2 FEVG Rn. 1.
[15] BVerfG NJW 2002, 3161; BVerfG NVwZ 1996, 678, 681.
[16] Vgl. BGH NJW 1982, 753, 755; BVerwG NJW 1982, 537.
[17] Vgl. BGH NJW 1982, 753, 755; BVerwG NJW 1982, 537.
[18] Vgl. BGH NJW 1982, 753, 755; idS auch BVerfG NJW 1979, 1539, 1540 (Wohnungsdurchsuchung).
[19] Gesetz zur Verhütung u. Bekämpfung von Infektionskrankheiten beim Menschen – Infektionsschutzgesetz (InfSG) v. 20. 7. 2000 (BGBl. I S. 1045), zul. geänd. durch Art. 2 Gesetz v. 13. 12. 2007 (BGBl. I S. 2904).

BPolG[20] sowie Ingewahrsamnahmen nach § 20p oder § 21 Abs. 7 BKAG[21] und nach § 23 Abs. 1 S. 2 Nr. 8 ZFdG.[22] Daneben sind die Vorschriften über das Verfahren in Freiheitsentziehungssachen auch im Fall einer ausdrücklichen **landesrechtlichern Verweisung** auf Freiheitsentziehungen nach Landesrecht anwendbar; insb. die Polizeigesetze der Länder verweisen nahezu durchweg auf die Bestimmungen in den §§ 415 ff.

3. Abweichende Regelungen. Bei einer abweichenden **bundesrechtlichen Regelung** des Verfahrens sind die Vorschriften in den §§ 415 ff. nicht anwendbar. Das ist insb. der Fall bei den freiheitsentziehenden Verfahren der zivil- und öffentlich-rechtlichen Unterbringung (zB nach §§ 312 ff.), der strafrechtlichen Freiheitsentziehung (insb. Untersuchungshaft, Freiheitsstrafe, Jugendstrafe, freiheitsentziehende Maßregeln der Besserung, Sicherungshaft) sowie bei der zivilrechtlichen Haft (Ordnungs-, Sicherungs-, Zwangs- und Erzwingungshaft). 9

§ 416 Örtliche Zuständigkeit

¹ Zuständig ist das Gericht, in dessen Bezirk die Person, der die Freiheit entzogen werden soll, ihren gewöhnlichen Aufenthalt hat, sonst das Gericht, in dessen Bezirk das Bedürfnis für die Freiheitsentziehung entsteht. ² Befindet sich die Person bereits in Verwahrung einer abgeschlossenen Einrichtung, ist das Gericht zuständig, in dessen Bezirk die Einrichtung liegt.

Schrifttum: *Hoppe,* Änderungen im aufenthaltsrechtlichen Freiheitsentziehungsverfahren durch das Gesetz zur Reform des Verfahrens in Familiensachen und in den Angelegenheiten der freiwilligen Gerichtsbarkeit, ZAR 2009, 209; *Jennissen,* Die Neuregelung des Freiheitsentziehungsverfahrens im FamFG – Licht und Schatten, FGPrax 2009, 93.

I. Normzweck und Anwendungsbereich

Die auf Fälle der nachträglichen Feststellung der Rechtswidrigkeit einer Freiheitsentziehung (vgl. § 62) entsprechend anwendbare[1] Vorschrift entspricht der Regelung in § 4 Abs. 1 FEVG aF. Der von jener früheren Bestimmung abweichende Wortlaut ist vom Gesetzgeber lediglich aus sprachlichen bzw. redaktionellen Gründen gewählt worden, ohne dass damit zugleich eine Änderung des Regelungsinhalts verbunden ist.[2] Die Bestimmung regelt **abschließend**[3] die **örtliche Zuständigkeit** der erstinstanzlichen Gerichte für Freiheitsentziehungssachen iSv. § 415; die sachliche Zuständigkeit der Amtsgerichte folgt aus § 23a Abs. 1 Nr. 2, Abs. 2 Nr. 6 GVG. 1

II. Örtliche Zuständigkeit

1. Ort des gewöhnlichen Aufenthalts. Grundsätzlich zuständig für die Anordnung freiheitsentziehender Maßnahmen ist das Gericht, in dessen Bezirk der Betroffene seinen gewöhnlichen Aufenthalt hat. Abzustellen ist dabei allerdings nicht in erster Linie auf den Wohnsitz iSv. § 7 BGB; vorrangig maßgeblich ist der Ort des **tatsächlichen Lebensmittelpunkts** des Betroffenen.[4] Zum Begriff des Orts des gewöhnlichen Aufenthalts vgl. i.Ü. § 122 Rn. 8 ff. 2

2. Ort des Bedürfnisses für die Freiheitsentziehung. a) Allgemeines. Hat der Betroffene **keinen gewöhnlichen Aufenthalt** bzw. tatsächlichen Lebensmittelpunkt im Inland oder ist dieser nicht feststellbar, ist für die Anordnung einer freiheitsentziehenden Maßnahme das Gericht zuständig, in dessen Bezirk das Bedürfnis für die Freiheitsentziehung entsteht; dieser Begriff ist weit auszulegen.[5] 3

---

[20] Gesetz über die Bundespolizei (BPolG) v. 19. 10. 1994 (BGBl. I S. 2978), zul. geänd. durch Art. 1 Gesetz v. 26. 2. 2008 (BGBl. I S. 215).
[21] Gesetz über das Bundeskriminalamt und die Zusammenarbeit des Bundes und der Länder in kriminalpolizeilichen Angelegenheiten (Art. 1 Gesetz über das Bundeskriminalamt und die Zusammenarbeit des Bundes und der Länder in kriminalpolizeilichen Angelegenheiten) – BKAG – v. 7. 7. 1997 (BGBl. I S. 1650), zul. geänd. durch Art. 15 Gesetz v. 17. 12. 2008 (BGBl. I S. 2586).
[22] Gesetz über das Zollkriminalamt und die Zollfahndungsämter – Zollfahndungsdienstgesetz (ZFdG) – v. 16. 8. 2002 (BGBl. I S. 3202), zul. geänd. durch Art. 88 Gesetz v. 17. 12. 2008 (BGBl. I S. 2586).
[1] BT-Drucks. 16/6308, S. 291; aA *Jennissen* FGPrax 2009, 93, 94.
[2] BT-Drucks. 16/6308 S. 291.
[3] *Marschner,* in: *Marschner/Volckart* § 4 FEVG Rn. 1.
[4] *Marschner,* in: *Marschner/Volckart* § 4 FEVG Rn. 2.
[5] BT-Drucks. 16/6308, S. 200.

§ 416 4–9   Buch 7. Verfahren in Freiheitsentziehungssachen

4   b) **Eilzuständigkeit.** In besonders dringenden Fällen, in denen die Notwendigkeit für ein sofortiges Handeln besteht, kommt nach § 50 Abs. 2 S. 1 ausnahmsweise neben der Zuständigkeit des Gerichts am Ort des gewöhnlichen Aufenthalts (Rn. 2) auch diejenige des Gerichts in Betracht, in dessen Bezirk das **Erfordernis des sofortigen Tätigwerdens** entstanden ist. Um die grundsätzliche Zuständigkeitsregelung (vgl. Rn. 3) hierdurch nicht zu unterlaufen, sind an die Voraussetzungen für das Erfordernis eines sofortigen Handelns idS allerdings **hohe Anforderungen** zu stellen.[6] In Betracht kommen deshalb nur solche Fälle, in denen die Anordnung der freiheitsentziehenden Maßnahme nicht den geringsten Aufschub duldet, das an sich örtlich zuständige Gericht aber – zB wegen großer räumlicher Entfernung – nicht sofort angerufen werden kann.

5   Beruht die Zuständigkeit des Gerichts, in dessen Bezirk das Erfordernis für ein gerichtliches Tätigwerden hervorgetreten ist (Rn. 3), auf besonderer Eilbedürftigkeit (Rn. 4), hat es die Sache nach Vornahme der unaufschiebbaren Handlung **unverzüglich** von Amts wegen. (§ 50 Abs. 2 S. 2) an das Gericht **abzugeben,** in dessen Bezirk der Betroffene seinen Lebensmittelpunkt hat (Rn. 2). Die Abweichung von den allgemeinen Zuständigkeitsregeln darf nicht länger als unbedingt nötig aufrechterhalten bleiben;[7] über das weitere Verfahren, insb. über Verlängerung oder Aufhebung der Freiheitsentziehung (§§ 425, 426) oder – im Falle der Abschiebungshaft – über eine Abgabe nach § 106 Abs. 2 S. 2 AufenthG hat der nach den allgemeinen Bestimmungen zuständige Richter zu befinden.

6   **3. Ort der bereits bestehenden Verwahrung.** Befindet sich der Betroffene bereits in Verwahrung einer geschlossenen Anstalt, zB in Strafhaft, ist **vorrangig**[8] neben[9] dem Gericht, in dessen Bezirk der Betroffene seinen Lebensmittelpunkt hat (Rn. 2) oder das Bedürfnis für die Freiheitsentziehung hervorgetreten ist (Rn. 3) auch das Gericht örtlich zuständig, in dessen Bezirk die Anstalt bzw. der Gewahrsamsort belegen ist. Auf die Dauer der bereits bestehenden Verwahrung kommt es dabei nicht maßgeblich an; die Zuständigkeit des Gerichts am Ort der bereits bestehenden Verwahrung ist auch dann begründet, wenn sich der Betroffene zB nur kurzfristig auf Grund einer Ausschreibung der zuständigen Ausländerbehörde in Polizeigewahrsam befindet.[10] Wegen der örtlichen Zuständigkeit des Gerichts für die **Rechtsmitteleinlegung** vgl. § 429 Abs. 4 (dort: Rn. 5).

7   **4. Zuständigkeitskonzentration.** Nach **§ 23 d S. 1 GVG** sind die Landesregierungen ermächtigt, durch Rechtsverordnung die örtliche Zuständigkeit für die Bezirke mehrerer Gerichte bei einem Gericht ganz oder teilweise zu konzentrieren. Ist das der Fall, bestimmt sich die örtliche Zuständigkeit danach, ob sich der Lebensmittelpunkt des Betroffenen (Rn. 2), der Ort, an dem das Bedürfnis für die Freiheitsentziehung hervorgetreten ist (Rn. 3), oder der Ort der bereits bestehenden Verwahrung (Rn. 6) in einem der Bezirke befindet, für die die örtliche Zuständigkeit beim angerufenen Gericht zusammengefasst ist.

8   **5. Fortbestand der begründeten Zuständigkeit.** Die nach Maßgabe der Vorschrift einmal begründete örtliche Zuständigkeit des **erstinstanzlichen Gerichts** bleibt grds. bestehen, und zwar auch dann, wenn der Betroffene durch die richterliche Anordnung in einer Anstalt untergebracht wird, die im Bezirk eines anderen Gerichts belegen ist.[11] Etwas anderes gilt allerdings für die **Verlängerung der Freiheitsentziehung,** für die abweichend hiervon nach § 425 Abs. 3 iVm. S. 2 stets das Gericht zuständig ist, in dessen Bezirk die zunächst angeordnete Freiheitsentziehung vollzogen wird, und zwar ohne dass es zuvor einer entsprechenden Abgabeentscheidung – etwa nach § 106 Abs. 2 S. 2 AufenthaltsG – bedarf.[12]

9   **6. Unzuständiges Gericht.** Wird der Antrag auf Freiheitsentziehung (§ 417) bei einem nach dieser Bestimmung örtlich unzuständigen Gericht angebracht, hat es sich **von Amts wegen** durch unanfechtbaren Beschluss für unzuständig zu erklären und die Sache bindend an das zuständige Gericht zu **verweisen** (§ 3). Bei **Ungewissheit über die Zuständigkeit** verschiedener Gerichte hat das im Instanzenzug nächsthöhere gemeinsame Gericht das für die in Rede stehende Sache zuständige Gericht durch unanfechtbaren Beschluss zu bestimmen (§ 5). Die dem Betroffenen durch die Anrufung des unzuständigen Gerichts ggf. zusätzlich entstandenen Auslagen sind entsprechend § 430 der antragstellenden Behörde aufzuerlegen.

---

[6] BT-Drucks. 16/6308, S. 200.
[7] BT-Drucks. 16/6308, S. 200.
[8] BT-Drucks. 16/6308, S. 291; vgl. auch OLG Hamm FGPrax 2006, 183, 184.
[9] Vgl. OLG Düsseldorf FGPrax 1998, 200.
[10] Vgl. OLG Frankfurt/M. InfAuslR 1992, 13; *Jennissen* FGPrax 2009, 93 f.
[11] Vgl. OLG Zweibrücken FGPrax 2000, 212.
[12] *Hoppe* ZAR 2009, 209, 211.

§ 417 Antrag

(1) Die Freiheitsentziehung darf das Gericht nur auf Antrag der zuständigen Verwaltungsbehörde anordnen.

(2) ¹Der Antrag ist zu begründen. ²Die Begründung hat folgende Tatsachen zu enthalten:
1. die Identität des Betroffen,
2. den gewöhnlichen Aufenthaltsort des Betroffenen,
3. die Erforderlichkeit der Freiheitsentziehung,
4. die erforderliche Dauer der Freiheitsentziehung sowie
5. in Verfahren der Abschiebungs-, Zurückschiebungs- und Zurückweisungshaft die Verlassenspflicht des Betroffenen sowie die Voraussetzungen und die Durchführbarkeit der Abschiebung, Zurückschiebung und Zurückweisung.

³Die Behörde soll in Verfahren der Abschiebungshaft mit der Antragstellung die Akte des Betroffenen vorlegen.

Schrifttum: *Beichel-Benedetti/Gutmann,* Die Abschiebungshaft in der gerichtlichen Praxis, NJW 2004, 3015; *Jennissen,* Die Neuregelung des Freiheitsentziehungsverfahrens im FamFG – Licht und Schatten, FGPrax 2009, 93.

I. Normzweck und Inhalt

Abs. 1 der Vorschrift entspricht inhaltlich der Regelung des § 3 S. 1 FEVG aF. Die Bestimmung stellt klar, dass die Anordnung einer Freiheitsentziehung **nicht von Amts wegen,** sondern nur auf Antrag der zuständigen Verwaltungsbehörde erfolgen darf, wobei die richterliche Anordnung der Freiheitsentziehung grds. vorauszugehen hat (§ 428 Rn. 3). **Abs. 2** ergänzt den in § 23 Abs. 1 bestimmten Mindestinhalt eines verfahrenseinleitenden Antrags um die Konkretisierung der im Freiheitsentziehungsverfahren zur **Antragsbegründung** erforderlichen Angaben. 1

II. Antrag

1. Allgemeines. Abs. 1 der Vorschrift bestimmt, dass das Gericht eine Freiheitsentziehung nicht von Amts wegen sondern nur auf (schriftlichen) Antrag der **zuständigen Behörde** anordnen darf. Die Zuständigkeit der Behörde bestimmt sich dabei nach Maßgabe des materiellen Rechts (vgl. zB § 71 AufenthG für die Fälle iSv. Abs. 2 S. 2 Nr. 5). Der Antrag ist nach § 23 Abs. 1 S. 4 durch einen Vertreter der zuständigen Behörde zu **unterzeichnen.** Die Antragstellung durch eine andere als die zuständige Behörde ist – idR auch im Wege der Amtshilfe – unzulässig.[1] Das Gericht hat das Vorliegen eines zulässigen Antrags iSd. Vorschrift als Voraussetzung für sein (weiteres) Tätigwerden **in jeder Lage des Verfahrens** zu prüfen[2] (vgl. auch Rn. 3). Zur Gewährung rechtlichen Gehörs ist die Antragsschrift nach § 23 Abs. 2 vom Gericht grds. an alle übrigen Beteiligten zu übermitteln; eine förmliche Zustellung iSv. §§ 166 ff. ZPO ist zwar nicht erforderlich, aber idR zweckmäßig. Von der **Übermittlung** kann im Einzelfall abgesehen werden, wenn der Antrag unzulässig oder offensichtlich unbegründet ist; in diesen Fällen kann ihn das Gericht ohne weiteres sofort zurückweisen.[3] Die Einreichung von Antragsabschriften in der für die Übermittlung an alle Beteiligten notwendigen Anzahl ist nicht erforderlich, weil die Anzahl der zu beteiligenden Personen (vgl. § 418) im Zeitpunkt der Antragstellung aus Sicht der Behörde idR ohnehin noch gar nicht verlässlich feststehen kann. Die Einzahlung eines **Kostenvorschusses** ist nicht erforderlich, vgl. § 128c Abs. 4 S. 1 KostO. 2

2. Antragsbegründung. a) Allgemeines. Die Behörde hat ihren Antrag nach Abs. 2 S. 1 zu begründen. Die Bestimmung begründet damit eine **spezielle Mitwirkungspflicht** (§ 27) für die den Antrag stellende Behörde. Diese hat die den Antrag begründenden Tatsachen und Beweismittel anzugeben, um das Gericht bei der Ermittlung des entscheidungserheblichen Lebenssachverhalts zu unterstützen. Nach Abs. 2 S. 2 umfasst die erforderliche Begründung die Identität des Betroffenen und seinen gewöhnlichen Aufenthalt (Rn. 4), die Erforderlichkeit der Freiheitsentziehung und ihre notwendige Dauer (Rn. 5) sowie in Verfahren der Abschiebungs-, Zurückschiebungs- und Zurückweisungshaft die Verlassenspflicht sowie die Voraussetzungen und die Durchführbarkeit der Abschiebung, Zurückschiebung und Zurückweisung (Rn. 6 ff.). Durch diese **Mindestanforderungen** an den Inhalt des Freiheitsentziehungsantrages soll eine hinreichende Tatsachengrundlage für die Ein- 3

---
[1] Vgl. OLG Köln FGPrax 2009, 137 f.; OLG Karlsruhe FGPrax 2008, 228 f.; *Jennissen* FGPrax 2009, 93, 94.
[2] Vgl. *Marschner,* in: *Marschner/Volckart* § 3 FEVG Rn. 4.
[3] BT-Drucks. 16/6308, S. 186.

leitung weiterer Ermittlungen iSv. § 26 bzw. für die gerichtliche Entscheidung sichergestellt werden. Die Begründung iSv. Abs. 2 S. 1 ist **Zulässigkeitsvoraussetzung**[4] für den Antrag auf Freiheitsentziehung. Ist sie unvollständig, weil sie nicht den Mindestanforderungen nach Abs. 2 genügt, hat das Gericht zunächst auf eine entsprechende Ergänzung hinzuwirken;[5] erfolgt diese nicht bzw. nicht im erforderlichen Umfang, ist der Antrag als **unzulässig** zurückzuweisen.[6]

4   b) **Bezeichnung des Betroffenen.** Die materiell-rechtlichen Voraussetzungen der Freiheitsentziehung müssen für **eine bestimmte Person** vorliegen;[7] diese ist im Antrag so konkret zu bezeichnen, dass die Gefahr von Verwechslungen ausgeschlossen ist. In Zweifelsfällen hat die Behörde zunächst die Identität des Betroffenen festzustellen[8] oder zumindest seine **zweifelsfreie Identifikation** sicherzustellen. Die Rechtsgrundlagen für die zu diesem Zweck zulässigen Maßnahmen (zB Einholung eines daktyloskopischen Gutachtens, Anfertigung von Lichtbildern, medizinische Untersuchung usw.) folgen aus dem für das jeweilige Verfahren maßgeblichen materiellen Recht (zB § 49 AufenthG). Um dem Gericht die Prüfung seiner örtlichen Zuständigkeit zu ermöglichen, muss im Antrag zwingend auch der **Ort des gewöhnlichen Aufenthalts** des Betroffenen (vgl. § 416) bezeichnet sein.

5   c) **Grund und Dauer der beantragten Freiheitsentziehung.** Die Behörde hat die Tatsachen vorzutragen, die **Art und Zweck** der beantragten Freiheitsentziehung erkennen lassen. Eine vollständige Darlegung aller erdenklichen ggf. entscheidungserheblichen Tatsachen ist nicht erforderlich. Es genügt, wenn der Vortrag erkennen lässt, aus welchem Grund die Behörde die Freiheitsentziehung für erforderlich hält, und dem Gericht hinreichende Anhaltspunkte bietet, um sie zur sachdienlichen Ergänzung ihres Vorbringens aufzufordern bzw. noch erforderliche Tatsachenermittlungen von Amts wegen selbst vorzunehmen (§ 26). Die Behörde hat weiter die konkrete Dauer der beantragten Freiheitsentziehung anzugeben und hierbei darzulegen, dass die von ihr bezeichnete **Zeitspanne** zur Erreichung des mit der Maßnahme verfolgten Zwecks erforderlich ist. Wegen der besonderen Anforderungen (ärztliches Gutachten) an den Antrag auf Unterbringung in einem abgeschlossenen Teil eines Krankenhauses vgl. § 420 Rn. 11 ff.

6   **3. Abschiebungs-, Zurückschiebungs- und Zurückweisungshaft.** In Verfahren der Abschiebungs- (§ 62 AufenthG), Zurückschiebungs- (§§ 57 Abs. 3, 62 AufenthG) und Zurückweisungshaft (§ 15 Abs. 5 AufenthG) hat die Behörde nach Abs. 2 S. 2 Nr. 5 darüber hinaus die vollziehbare Verlassenspflicht des betroffenen Ausländers sowie die Voraussetzungen und die konkrete Durchführbarkeit seiner Abschiebung, Zurückschiebung oder Zurückweisung darzulegen. Die Verlassens- bzw. Ausreisepflicht des Betroffenen und die Notwendigkeit seiner Abschiebung folgen aus dem entsprechenden **Verwaltungsakt** der hierfür nach § 71 AufenthG **zuständigen Behörde**. Dieser Verwaltungsakt und seine Vollziehbarkeit sind dem Gericht mitzuteilen. Das Gericht hat den Inhalt des Verwaltungsakts seiner Entscheidung ohne weiteres – insb. ohne Überprüfung seiner Rechtmäßigkeit – zugrunde zu legen, soweit Anhaltspunkte für seine **Nichtigkeit** nicht ersichtlich sind.[9] Die Gewährung von Rechtsschutz für den Bereich der Abschiebung, Zurückschiebung und Zurückweisung obliegt auch in Fällen der hier in Rede stehenden Art ausschließlich den Verwaltungsgerichten.[10]

7   Eine Weigerung des Betroffenen, freiwillig auszureisen, mag zwar seine Abschiebung rechtfertigen (vgl. § 58 Abs. 1 AufenthG), gestattet aber noch keine Haftanordnung.[11] Abschiebungs-, Zurückschiebungs- und Zurückweisungshaft dürfen – vom Fall der Vorbereitungshaft (§ 62 Abs. 1 AufenthG) abgesehen – deshalb nur angeordnet werden, wenn die Haft zur Sicherung der Maßnahme erforderlich ist und der **begründete Verdacht** besteht, dass sich der Betroffene seiner Ausreisepflicht entziehen will[12] (vgl. § 62 Abs. 2 S. 1 Nr. 5 AufenthG). Es muss also die Gefahr bestehen, dass der Betroffene seine Abschiebung, Zurückschiebung oder Zurückweisung in einer Weise behindern wird, die nicht durch einfachen Zwang überwunden werden kann. Die Annahme, der Betroffene werde sich wahrscheinlich ohne Festnahme der Abschiebung, Zurückschiebung oder Zurückweisung entziehen oder diese anderweit erheblich behindern, muss sich auf **konkrete Umstände** stützen, die von der antragstellenden Behörde darzulegen sind.[13]

---

[4] BT-Drucks. 16/9733, S. 376; *Jennissen* FGPrax 2009, 93, 94.
[5] BayObLG InfAuslR 1991, 345, 346.
[6] BT-Drucks. 16/9733, S. 376.
[7] BayObLG InfAuslR 1991, 345, 346.
[8] BayObLG InfAuslR 1991, 345, 346.
[9] BGH NJW 1986, 3024, 3025; BVerwG NJW 1982, 537.
[10] BGH NJW 1986, 3024, 3025; BayObLG DÖV 1979, 830, 831.
[11] BGH NJW 1986, 3024, 3025.
[12] BayObLG InfAuslR 1991, 345.
[13] BGH NJW 1986, 3024, 3025; BayObLG InfAuslR 1991, 345, 346.

Abschiebungs-, Zurückschiebungs- und Zurückweisungshaft dürfen **nur zur Sicherung** der 8
jeweiligen Maßnahme (Rn. 7) angeordnet werden und scheiden deshalb aus, wenn die zuständige
Behörde die Abschiebung, Zurückschiebung oder Zurückweisung trotz Vorliegens der hierfür
erforderlichen Voraussetzungen nicht oder nicht in gehöriger Weise, insb. nicht mit der gebotenen
Zügigkeit, betreibt oder betreiben kann. Besteht zB ein Abschiebungshindernis (vgl. zB § 60
AufenthG) oder kann die zuständige Behörde die Abschiebung aus sonstigen tatsächlichen Gründen
nicht betreiben, etwa wegen Personalknappheit oder weil die Staatsangehörigkeit des Betroffenen
oder ein zu seiner Aufnahme bereiter sicherer Drittstaat nicht ermittelt werden kann, liegt die
Durchführung eines Abschiebungsverfahrens, zu dessen Sicherung die Anordnung von Abschiebungshaft in Betracht kommen kann, nicht vor. Die Behörde hat deshalb in ihrem Antrag den
aktuellen Stand des jeweiligen Verfahrens und seine **konkrete Durchführbarkeit** nachvollziehbar
darzulegen.

Die wesentlichen Informationen für die Ermittlungen (§ 26) und die Entscheidung des Gerichts 9
ergeben sich idR aus der **Ausländerakte des Betroffenen,** die deshalb bei den hier in Rede
stehenden Verfahren ohnehin regelmäßig von Amts wegen beigezogen[14] werden muss. Aus diesem
Grund bestimmt Abs. 2 S. 3, dass die antragstellende Behörde dem Gericht die Ausländerakte zur
Verfahrensbeschleunigung auch **ohne besondere Aufforderung** vorzulegen hat. Zweckmäßigerweise sollte die Akte **zeitgleich mit dem Antrag** bei Gericht eingehen, sie kann aber auch zeitnah
nachgereicht werden. Der Wortlaut der Bestimmung („soll") soll der Behörde die Möglichkeit lassen,
von der Übersendung der Akte abzusehen, wenn sich aus ihr im Einzelfall keine weiteren entscheidungserheblichen Erkenntnisse für das Gericht gewinnen lassen.[15] Weil aber die rechtliche Beurteilung, ob der Akteninhalt entscheidungserhebliche Informationen enthält oder nicht, nur dem
Gericht und nicht der antragstellenden Behörde obliegt, ist das der Behörde durch die Bestimmung
eingeräumte Ermessen von vornherein auf Null reduziert, sodass die Ausländerakte **in jedem Fall
vorzulegen** ist.[16] Gleichwohl stellt die erforderliche Vorlage der Ausländerakte keine Zulässigkeitsvoraussetzung dar.[17]

§ 418 Beteiligte

(1) Zu beteiligen sind die Person, der die Freiheit entzogen werden soll (Betroffener),
und die Verwaltungsbehörde, die den Antrag auf Freiheitsentziehung gestellt hat.

(2) Der Verfahrenspfleger wird durch seine Bestellung als Beteiligter zum Verfahren
hinzugezogen.

(3) Beteiligt werden können im Interesse des Betroffenen

1. dessen Ehegatte oder Lebenspartner, wenn die Ehegatten oder Lebenspartner nicht
dauernd getrennt leben, sowie dessen Eltern und Kinder, wenn der Betroffene bei diesen
lebt oder bei Einleitung des Verfahrens gelebt hat, die Pflegeeltern sowie
2. eine von ihm benannte Person seines Vertrauens.

Schrifttum: *Beichel-Benedetti/Gutmann,* Die Abschiebungshaft in der gerichtlichen Praxis, NJW 2004, 3015;
Gusy, Freiheitsentziehung und Grundgesetz, NJW 1992, 457; *Jennissen,* Die Neuregelung des Freiheitsentziehungsverfahrens im FamFG – Licht und Schatten, FGPrax 2009, 93.

I. Normzweck und Inhalt

Die Regelung knüpft an den Beteiligtenbegriff in § 7 sowie in §§ 274 und 315 an.[1] Die Art der 1
verschiedenen Verfahren der freiwilligen Gerichtsbarkeit mit der jeweiligen Vielzahl der handelnden
Personen und der Vielfalt der beteiligten Interessen lässt einen umfassenden Beteiligtenbegriff, der
allen Konstellationen gerecht wird, nicht zu.[2] Der in § 7 allgemein definierte Beteiligtenbegriff ist
deshalb für die einzelnen Verfahren weiter zu konkretisieren.[3] Die Bestimmung nimmt diese Konkretisierung für das Verfahren in Freiheitsentziehungssachen vor und unterscheidet dabei – der allge-

---

[14] BVerfG InfAuslR 2008, 358, 360; BVerfG InfAuslR 2008, 133, 136; OLG Frankfurt/M. InfAuslR 1997, 313, 314; *Beichel-Benedetti/Gutmann* NJW 2004, 3015, 3017.
[15] BT-Drucks. 16/9733, S. 376.
[16] AA wohl *Bumiller/Harders* Rn. 10.
[17] *Jennissen* FGPrax 2009, 93, 94; *Bumiller/Harders* Rn. 10.
[1] BT-Drucks 16/6308, S. 291.
[2] BT-Drucks 16/6308, S. 178.
[3] BT-Drucks 16/6308, S. 178.

§ 418 2–7   Buch 7. Verfahren in Freiheitsentziehungssachen

meinen Struktur in § 7 folgend[4] – aus Gründen der Rechtsklarheit zwischen **Beteiligten kraft Gesetzes** (Abs. 1) und **kraft Hinzuziehung** (Abs. 2 u. 3). Die damit in der Vorschrift enthaltene Aufzählung ist **abschließend;** die Beteiligung anderer als der ausdrücklich bezeichneten Personen im Freiheitsentziehungsverfahren kommt nicht in Betracht.

II. Beteiligte

2 **1. Beteiligte kraft Gesetzes (Abs. 1). a) Betroffener.** Nach § 7 Abs. 2 ist kraft Gesetzes stets derjenige als Beteiligter am Verfahren hinzuziehen, dessen Rechte durch das Verfahren unmittelbar betroffen sind. Im Freiheitsentziehungsverfahren ist das naturgemäß derjenige, dem die Freiheit entzogen werden soll. Betroffener iSd. Regelung ist demnach die von der Behörde in ihrem Antrag (§ 417) bezeichnete Person, gegen die sich die von ihr beantragte freiheitsentziehende Maßnahme richten soll. Die Vorschrift stellt ausdrücklich klar, dass der Betroffene stets zwingend am Freiheitsentziehungsverfahren zu beteiligen ist, und zwar auch dann, wenn er nicht verfahrensfähig (vgl. § 9 Abs. 1) ist[5] und deshalb sein gesetzlicher Vertreter für ihn zu handeln hat (vgl. § 9 Abs. 2).

3 **b) Verwaltungsbehörde.** Beim Freiheitsentziehungsverfahren handelt es sich um ein Antragsverfahren (§ 417). Nach § 7 Abs. 1 ist der Antragsteller in Antragsverfahren stets Beteiligter kraft Gesetzes. Vor diesem Hintergrund stellt die Bestimmung auch hier lediglich noch einmal ausdrücklich klar, dass die den **Antrag stellende Behörde** am Freiheitsentziehungsverfahren zu beteiligen ist. Darauf, ob es sich bei der den Antrag stellenden auch um die hierfür iSv. § 417 zuständige Behörde handelt, kommt es dabei nicht an. Weil das Gericht auch den Antrag einer unzuständigen Behörde zu bescheiden hat, ist diese in jedem Fall – zumindest formell – von der Entscheidung betroffen, sodass sie auch trotz fehlender Antragsbefugnis jedenfalls am Verfahren zu beteiligen ist.

4 **2. Beteiligte kraft Hinzuziehung. a) Allgemeines.** Die Bestimmungen in Abs. 2 u. 3 eröffnen die Möglichkeit, im Interesse des Betroffenen weitere Beteiligte zum Verfahren hinzuziehen. Über diese Möglichkeit ist der Betroffene vom Gericht zu **belehren,**[6] um ihm Gelegenheit zu geben, sich hierzu zu äußern und zB eine Person seines Vertrauens iSv. Abs. 3 Nr. 2 zu benennen. Ausländische Betroffene sind zusätzlich darauf hinzuweisen, dass sie sich nach Art. 36 Abs. 1 lit. b) WÜK[7] im gegen sie gerichteten Freiheitsentziehungsverfahren auch von einem Vertreter des Generalkonsulats ihres Heimatlands unterstützen lassen können.[8]

5 **b) Verfahrenspfleger (Abs. 2).** Unter den Voraussetzungen von § 419 Abs. 1 hat das Gericht dem Betroffenen einen Verfahrenspfleger zu bestellen. Liegen diese Voraussetzungen vor (vgl. § 419 Rn. 2 ff.) und ist ein Verfahrenspfleger bestellt, ist er **durch seine Bestellung** eo ipso als Beteiligter zum Verfahren hinzugezogen (vgl. Rn. 10).

6 **c) Angehörige (Abs. 3 Nr. 1).** Nach Abs. 3 Nr. 1 können im Interesse des Betroffenen seine Angehörigen beteiligt werden. Es handelt sich bei den hier in Betracht kommenden Personen um den nicht dauernd getrennt lebenden Ehegatten oder Lebenspartner und Eltern, Pflegeeltern und Kinder des Betroffenen, soweit er mit diesen im selben Haushalt lebt bzw. bei Einleitung des Verfahrens gelebt hat. Das ist der Personenkreis, der zwar idR durch die in Rede stehende Freiheitsentziehung nicht selbst in seinen Rechten verletzt werden kann, dessen ideelles Interesse am Ausgang des Verfahrens aber gleichwohl als besonders schützenswert anzusehen ist. Die Bezeichnung der als zu beteiligende Angehörige in Betracht kommenden Personen ist **abschließend;**[9] andere als die in Abs. 3 Nr. 1 ausdrücklich genannten Personen können, auch wenn es sich bei ihnen um nahe Verwandte (zB Geschwister) des Betroffenen handeln sollte, allenfalls nach Maßgabe von Abs. 3 Nr. 2 zum Verfahren hinzugezogen werden (vgl. Rn. 9).

7 Ein besonderer Antrag auf Beteiligung eines Angehörigen ist nicht erforderlich. Das Gericht hat im Einzelfall von Amts wegen zu prüfen, ob die Hinzuziehung eines der in Abs. 3 Nr. 1 bezeichneten Angehörigen sachgerecht und verfahrensfördernd ist. Ist das der Fall, darf die Beteiligung nur erfolgen, wenn sie darüber hinaus auch **im Interesse des Betroffenen** liegt. Abzustellen ist dabei in erster Linie auf seinen **subjektiven** Willen; es soll vermieden werden, dass seine in ihren eigenen Rechten nicht betroffenen Angehörigen auch dann Einfluss auf das Verfahren nehmen können, wenn dies der Befindlichkeit des Betroffenen zuwiderläuft.[10] Das Gericht hat deshalb die in diesem

---

[4] *Jennissen* FGPrax 2009, 93, 94; BT-Drucks. 16/6308, S. 178.
[5] *Jennissen* FGPrax 2009, 93, 94; *Gusy* NJW 1992, 457, 462.
[6] *Beichel-Benedetti/Gutmann* NJW 2004, 3015, 3017.
[7] Wiener Konsularrechtsübereinkommen – WÜK vom 24. 4. 1963 (BGBl. 1969 II S. 1585).
[8] *Beichel-Benedetti/Gutmann* NJW 2004, 3015, 3017; vgl. auch BVerfG NJW 2007, 499 ff.
[9] BT-Drucks. 16/6308, S. 179.
[10] BT-Drucks. 16/6308, S. 265.

Zusammenhang bestehenden Wünsche und Belange des Betroffenen vor Beteiligung einer der in Abs. 3 Nr. 1 genannten Personen zu erforschen und bei ihrer Hinzuziehung zu berücksichtigen.[11] Daraus folgt, dass dem Betroffenen vor Beteiligung eines seiner Angehörigen Gehör zu gewähren ist[12] (vgl. auch Rn. 4). Läuft sein geäußerter subjektiver Wille seinen objektiven Interessen in erheblichem Maße zuwider und sind überwiegende Gründe, die gegen eine Hinzuziehung von Angehörigen sprechen, nicht ersichtlich, kommt deren Beteiligung ausnahmsweise auch gegen seinen Willen in Betracht;[13] an das Vorliegen der hierfür erforderlichen Voraussetzungen (Erheblichkeit des Auseinanderfallens von subjektivem Willen und objektivem Interesse des Beteiligten) sind allerdings besonders hohe Anforderungen zu stellen.

Bejaht das Gericht die Voraussetzungen für die Beteiligung eines Angehörigen, ist ein **formeller** 8 **Hinzuziehungsakt nicht erforderlich.**[14] Die Beteiligung kann vielmehr formlos – etwa durch die Übersendung von Schriftsätzen oder einer Terminsladung – erfolgen. Eine Entscheidung des Gerichts durch Beschluss hat nur im Fall der Zurückweisung eines ausdrücklichen Hinzuziehungsantrags zu erfolgen (§ 7 Abs. 5 S. 1); der Zurückweisungsbeschluss ist durch den Antragsteller mit der sofortigen Beschwerde (§§ 567 ff. ZPO) anfechtbar (§ 7 Abs. 5 S. 2). Dem Betroffenen steht gegen die Beteiligung eines Angehörigen, insb. gegen dessen Anhörung nach erfolgter Hinzuziehung ein förmliches Widerspruchs- bzw. Beschwerderecht nicht zu;[15] seine ggf. entgegenstehenden Interessen sind vielmehr schon vor der Beteiligung zu berücksichtigen (Rn. 7).

d) **Vertrauensperson.** Im Interesse des Betroffenen (vgl. Rn. 7) kann auch eine Person seines 9 Vertrauens am Verfahren beteiligt (vgl. Rn. 8) werden. Diese Regelung ermöglicht es dem Gericht, im Einzelfall auch entferntere Angehörige, einen getrennt lebenden Ehegatten oder Lebenspartner oder **sonstige Personen** (zB enge Freunde, Lebensgefährten o. Ä.) hinzuzuziehen, wenn sie **mit dem Betroffenen eng verbunden** sind. An die erforderliche enge Verbundenheit mit dem Betroffenen sind dabei allerdings keine überspannten Anforderungen zu stellen; maßgeblich ist das subjektive Verbundenheitsgefühl des Betroffenen und seiner Vertrauensperson zueinander. Um den Kreis der kraft Hinzuziehung am Verfahren zu beteiligenden Personen allerdings nicht endlos ausufern zu lassen und um Missbräuchen entgegenzuwirken, scheiden jedenfalls solche Personen aus, die sich nicht auf eine nachvollziehbar dargelegte persönliche Beziehung zum Betroffenen und ein daraus folgendes eigenes ideelles Interesse am Ausgang des Verfahrens berufen können. Ein formeller Hinzuziehungsakt ist auch hier nicht erforderlich (vgl. Rn. 8).

III. Rechtsstellung der Beteiligten

1. Beteiligte kraft Gesetzes (Abs. 1). Der von der beantragten Freiheitsentziehung Betroffene 10 und die sie beantragende Behörde haben ohne weiteres **alle verfahrensrechtlichen Beteiligtenrechte** und -pflichten; insb. ist ihnen rechtliches Gehör zu gewähren, sind sie zu anberaumten Terminen zu laden, haben sie das Recht auf Akteneinsicht (§ 13), trifft sie die Mitwirkungspflicht nach § 27 und können ihnen **Kosten und Auslagen** (vgl. § 430, § 128c KostO) auferlegt werden. Bei Vorliegen der gesetzlichen Voraussetzungen haben sie einen Anspruch auf Bewilligung von Verfahrenskostenhilfe (§§ 76 ff.). Der Betroffene ist persönlich anzuhören; im Fall seiner Säumnis im Anhörungstermin kann seine Vorführung angeordnet werden (§ 420).

2. Beteiligte kraft Hinzuziehung. a) Verfahrenspfleger (Abs. 2). Der Verfahrenspfleger ist 11 ein Pfleger eigener Art.[16] Er soll die Belange des Betroffenen im Verfahren wahren. Er hat dessen (subjektiven) Willen zu beachten, ohne sich allerdings diesem unterwerfen zu müssen oder an Weisungen des Betroffenen gebunden zu sein; er hat vielmehr die objektiven Interessen des Betroffenen wahrzunehmen (vgl. § 419 Rn. 10). Mit seiner Bestellung (vgl. § 419 Rn. 2 ff.) erhält der Verfahrenspfleger eo ipso alle Rechte und obliegen ihm alle Pflichten eines Beteiligten (vgl. Rn. 4), zB das Akteneinsichtsrecht nach § 13 Abs. 1 und die Mitwirkungspflicht nach § 27;[17] hiervon ausgenommen ist nach § 419 Abs. 5 S. 2 allerdings die Pflicht zur Kostentragung. Der Verfahrenspfleger ist ab dem Zeitpunkt seiner Bestellung notwendig an allen Verfahrenshandlungen zu beteiligen, insb. ist er zu Verhandlungs- und Anhörungsterminen zu laden, hat er ein eigenes Recht auf Gewährung rechtlichen Gehörs, sind ihm gerichtliche Entscheidungen bekannt zu machen und steht

---

[11] BT-Drucks. 16/6308, S. 265, 267.
[12] BT-Drucks. 16/6308, S. 179.
[13] BT-Drucks. 16/6308, S. 266.
[14] BT-Drucks. 16/6308, S. 179.
[15] BT-Drucks. 16/6308, S. 267.
[16] BT-Drucks. 16/6308, S. 265.
[17] BT-Drucks. 16/6308, S. 265.

ihm, soweit er bereits im ersten Rechtszug hinzugezogen war, nach § 429 Abs. 3 ein **eigenes Beschwerderecht** zu. Für den Anspruch des Verfahrenspflegers auf **Vergütung und Aufwendungsersatz** gilt § 277 entsprechend (§ 419 Abs. 5 S. 1). Weil er nach § 419 Abs. 5 S. 2 ohnehin von der Kostentragungspflicht befreit ist (vgl. § 419 Rn. 11), steht ihm Anspruch auf Verfahrenskostenhilfe nicht zu.

12 b) **Angehörige und Vertrauensperson (Abs. 3 Nr. 1 u. 2).** Durch ihre Hinzuziehung (Rn. 7, 9) erhält der Angehörige bzw. die Vertrauensperson alle Rechte und Pflichten eines Beteiligten, zB das Akteneinsichtsrecht nach § 13 Abs. 1, die Mitwirkungspflicht nach § 27 und die Kostentragungspflicht nach Maßgabe von § 81 (vgl. insoweit aber auch § 430, § 128c KostO) sowie – bei Vorliegen der gesetzlichen Voraussetzungen – einen Anspruch auf Bewilligung von Verfahrenskostenhilfe (§§ 76 ff.). War der Angehörige bzw. die Vertrauensperson bereits im ersten Rechtszug hinzugezogen, steht ihm bzw. ihr im Interesse des Betroffenen ein eigenes Beschwerderecht zu (§ 429 Abs. 2 Nr. 1 u. 2); er bzw. sie trägt in diesem Fall aber das Kostenrisiko für ein erfolglos eingelegtes Rechtsmittel nach § 84.

IV. Kosten

13 Wegen der Kosten und Auslagen bei Bestellung eines **Verfahrenspflegers** vgl. § 419 Rn. 12. Für die grds. formlos mögliche Hinzuziehung eines Angehörigen oder einer Vertrauensperson (vgl. Rn. 8 u. 9) fallen gesonderte Gebühren und Auslagen nicht an; das gilt auch dann, wenn das Gericht den **Angehörigen** oder die **Vertrauensperson** im Einzelfall durch förmlichen Beschluss hinzugezogen hat.

14 Weist das Gericht einen **Antrag des Betroffenen** auf Hinzuziehung eines Angehörigen oder einer Vertrauensperson durch Beschluss zurück, ist eine gesonderte Kostenentscheidung nicht veranlasst, weil es sich insoweit um Kosten des Hauptsacheverfahrens (§ 80) handelt. Hat die hiergegen gerichtete Beschwerde Erfolg, ist das Beschwerdeverfahren gebührenfrei (§ 131 Abs. 3 KostO), bei Erfolglosigkeit des Rechtsmittels folgt die Kostenentscheidung aus § 84. Der Gegenstandswert bemisst sich nach Maßgabe von § 30 Abs. 2 KostO, zur Gebührenhöhe vgl. § 131 Abs. 1 KostO; für die Rechtsbeschwerde vgl. § 131 Abs. 2 KostO.

15 Im Fall der Zurückweisung eines **Antrags des Verfahrenspflegers** auf Hinzuziehung eines Dritten ist eine Kostenentscheidung weder im ersten noch im zweiten Rechtszug veranlasst (vgl. Rn. 14); das gilt auch bei Erfolglosigkeit der von ihm eingelegten Beschwerde (§ 429 Abs. 3), weil ihm auch insoweit Kosten nicht auferlegt werden können (§ 419 Abs. 5 S. 2). Für den Gegenstandswert gilt § 30 Abs. 2 KostO, zur Gebührenhöhe vgl. § 131 Abs. 1 KostO; für die Rechtsbeschwerde vgl. § 131 Abs. 2 KostO.

16 Beantragt ein **Angehöriger** oder ein sonstiger Dritter (Vertrauensperson) zum Freiheitsentziehungsverfahren erst hinzugezogen zu werden, ist er (noch) nicht Beteiligter iSd. Vorschrift. Weist das Gericht seinen Antrag zurück, handelt es sich deshalb ihm gegenüber nicht um eine Zwischenentscheidung im Freiheitsentziehungsverfahren, an dem er nicht beteiligt ist, sondern um eine Endentscheidung über seinen Hinzuziehungsantrag, weshalb eine Kostenentscheidung nach Maßgabe von § 81 zu ergehen hat. Hat die hiergegen gerichtete Beschwerde Erfolg, ist das Rechtsmittelverfahren gebührenfrei (§ 131 Abs. 3 KostO), bei Erfolglosigkeit des Rechtsmittels folgt die Kostenentscheidung aus § 84. Der Wert des Verfahrensgegenstands ist auch in diesen Fällen nach § 30 Abs. 2 KostO zu bestimmen, zur Gebührenhöhe vgl. § 131 Abs. 1 KostO; für die Rechtsbeschwerde vgl. § 131 Abs. 2 KostO.

§ 419 Verfahrenspfleger

(1) ¹Das Gericht hat dem Betroffenen einen Verfahrenspfleger zu bestellen, wenn dies zur Wahrnehmung seiner Interessen erforderlich ist. ²Die Bestellung ist insbesondere erforderlich, wenn von einer Anhörung des Betroffenen abgesehen werden soll.

(2) Die Bestellung eines Verfahrenspflegers soll unterbleiben oder aufgehoben werden, wenn die Interessen des Betroffenen von einem Rechtsanwalt oder einem anderen geeigneten Verfahrensbevollmächtigten vertreten werden.

(3) Die Bestellung endet, wenn sie nicht vorher aufgehoben wird, mit der Rechtskraft des Beschlusses über die Freiheitsentziehung oder mit dem sonstigen Abschluss des Verfahrens.

(4) Die Bestellung eines Verfahrenspflegers oder deren Aufhebung sowie die Ablehnung einer derartigen Maßnahme sind nicht selbständig anfechtbar.

(5) ¹ Für die Vergütung und den Aufwendungsersatz des Verfahrenspflegers gilt § 277 entsprechend. ² Dem Verfahrenspfleger sind keine Kosten aufzuerlegen.

Schrifttum: *Gusy*, Freiheitsentziehung und Grundgesetz, NJW 1992, 457.

I. Normzweck und Inhalt

Die Vorschrift regelt die **Bestellung und Funktion des Verfahrenspflegers** in Anlehnung an die Bestimmung in §§ 276u. 317.[1] Die Notwendigkeit der Bestellung eines Verfahrenspflegers in Freiheitsentziehungssachen stellt sich jedoch anders dar als in Unterbringungs- und Betreuungssachen.[2] IdR befinden sich die Betroffenen in Freiheitsentziehungssachen – insb. in solchen nach dem AufenthG und AsylVfG oder bei der Ingewahrsamnahme nach § 39 Abs. 1 Nr. 2 BPolG[3] oder nach § 30 Abs. 2 InfSG[4] – nicht in einem Zustand, in dem ihre freie Willensbetätigung beeinträchtigt oder gar ausgeschlossen ist.[5] Deshalb ist hier die Bestellung eines Verfahrenspflegers **nur in besonderen Ausnahmefällen** erforderlich,[6] etwa dann, wenn von der Anhörung des Betroffenen (Rn. 4) oder davon abgesehen werden soll, ihm die Gründe des Beschlusses über die beantragte freiheitsentziehende Maßnahme mitzuteilen (vgl. § 423 Rn. 4).

1

II. Bestellung des Verfahrenspflegers

1. Voraussetzungen. a) Allgemeines. Wegen der Schwere des mit einer Freiheitsentziehung verbundenen Grundrechtseingriffs[7] hat das Gericht die sachgerechte Wahrnehmung der Verfahrensrechte des Betroffenen sicherzustellen; in den Fällen, in denen er hierzu nicht persönlich in der Lage ist, hat es ihm deshalb nach pflichtgemäßem Ermessen einen Verfahrenspfleger zu bestellen,[8] soweit seine Interessen **nicht bereits von einem Rechtsanwalt** oder einem anderen geeigneten Verfahrensbevollmächtigten vertreten werden (Abs. 2); unnötige Bestellungen sollen – nicht zuletzt auch im Kosteninteresse des Betroffenen (vgl. § 277 Rn. 24) – vermieden werden.

2

Liegen die Voraussetzungen für die Bestellung eines Verfahrenspflegers nicht vor, was im Freiheitsentziehungsverfahren idR der Fall sein dürfte (vgl. Rn. 1), hat das Gericht in diesem Zusammenhang weitere Veranlassungen von Amts wegen nicht zu treffen, insb. auch grds. nicht die Gründe für das Absehen von der Verfahrenspflegerbestellung darzulegen; wegen des **Ausnahmecharakters der Vorschrift** (vgl. Rn. 1) besteht keine den Regelungen in §§ 276 Abs. 2 u. 317 Abs. 2 entsprechende ausdrückliche **Begründungspflicht**. Gleichwohl sind die maßgeblichen Gründe im Einzelfall – soweit dieser hierfür Anlass bietet – zumindest knapp in der Endentscheidung darzulegen. Das gilt insb. in den Fällen, in denen einer der am Verfahren Beteiligten, namentlich der Betroffene selbst, die Bestellung eines Verfahrenspflegers beantragt und das Gericht über die **Ablehnung** durch gesonderten Beschluss (arg e Abs. 4), der ggf. auch mit der Endentscheidung verbunden werden kann, zu entscheiden hat. Art. 103 Abs. 1 GG gibt den Verfahrensbeteiligten einen Anspruch darauf, dass das Gericht ihre Ausführungen zur Kenntnis nimmt und in Erwägung zieht;[9] deshalb hat es im Einzelfall deutlich zu machen, dass es sich mit einer Frage, die für das Verfahren von zentraler Bedeutung ist (hier: sachgerechte Wahrnehmung der Verfahrensrechte des Betroffenen), jedenfalls bei entsprechendem Antrag eines Beteiligten in den Gründen seiner Entscheidung zu befassen.[10] Das Absehen von der Verfahrenspflegerbestellung oder ihre ausdrückliche Ablehnung ist zwar nicht selbständig anfechtbar (Abs. 4) aber im Rahmen der

3

---

[1] BT-Drucks. 16/6308, S. 291.
[2] BT-Drucks. 16/6308, S. 291.
[3] Gesetz über die Bundespolizei (BPolG) v. 19. 10. 1994 (BGBl. I S. 2978), zul. geänd. durch Art. 1 Gesetz v. 26. 2. 2008 (BGBl. I S. 215).
[4] Gesetz zur Verhütung u. Bekämpfung von Infektionskrankheiten beim Menschen – Infektionsschutzgesetz (InfSG) – v. 20. 7. 2000 (BGBl. I S. 1045), zul. geänd. durch Art. 2 Gesetz v. 13. 12. 2007 (BGBl. I S. 2904).
[5] So auch *Zimmermann* FamFG Rn. 783.
[6] BT-Drucks. 16/6308, S. 292.
[7] Vgl. hierzu insb. *Gusy* NJW 1992, 457 ff.
[8] Vgl. EGMR NJW 1992, 2945, 2946 („anwaltlicher Beistand"); *Gusy* NJW 1992, 457, 462 („Beistand eines Dritten").
[9] Vgl. BVerfG NJW-RR 1995, 1033, 1034; BVerfG NJW 1992, 2877.
[10] Vgl. BVerfG NJW-RR 1995, 1033, 1034; LG München NJW-RR 2004, 353, 354.

§ 419 4–10   Buch 7. Verfahren in Freiheitsentziehungssachen

Entscheidung über eine gegen die Endentscheidung eingelegten Beschwerde **durch das Rechtsmittelgericht überprüfbar** (Rn. 9).

4   **b) Absehen von persönlicher Anhörung.** Nach Abs. 1 S. 2 ist dem nicht schon anderweitig (zB durch einen Rechtsanwalt, vgl. Rn. 2) vertretenen Betroffenen ein Verfahrenspfleger zu bestellen, wenn **im ersten Rechtszug** unter den Voraussetzungen von § 34 Abs. 2 und § 420 Abs. 2 (vgl. § 420 Rn. 7 ff.) aus gesundheitlichen Gründen von seiner Anhörung abgesehen werden soll (Abs. 1 S. 2). Wird hingegen nach § 68 Abs. 3 S. 2 **in der Beschwerdeinstanz** aus Gründen der Verfahrenseffizienz[11] nur von einer Wiederholung der bereits im ersten Rechtszug ordnungsgemäß erfolgten Anhörung abgesehen (vgl. § 420 Rn. 3), ist die erstmalige Bestellung eines Verfahrenspflegers für den zweiten Rechtszug allein aus diesem Grund nicht erforderlich.[12] Ebenfalls nicht erforderlich ist die Bestellung eines Verfahrenspflegers, wenn im Falle von § 427 Abs. 2 ohne vorherige aber grds. nachzuholende Anhörung (vgl. § 427 Rn. 9) des Betroffenen über den Erlass einer **einstweiligen Anordnung** entschieden werden soll.

5   **2. Zeitpunkt und Form der Bestellung.** Über den Zeitpunkt der Bestellung entscheidet das Gericht von Amts wegen nach pflichtgemäßem Ermessen. Liegen die Voraussetzungen für die Bestellung eines Verfahrenspflegers vor, ist hierüber allerdings unverzüglich zu entscheiden, um dem Betroffenen **so früh wie möglich** den erforderlichen Beistand zu gewähren. Die Bestellung erfolgt durch nicht selbständig anfechtbaren **Beschluss** (Abs. 4, vgl. aber Rn. 9), in dem der Verfahrenspfleger mit ladungsfähiger Anschrift zu bezeichnen ist.

6   **3. Auswahl des Verfahrenspflegers.** Im Kosteninteresse des Betroffenen (vgl. § 277 Rn. 24) soll das Gericht einen berufsmäßigen Pfleger nur dann bestellen, wenn eine andere Person, die zur ehrenamtlichen Übernahme der Verfahrenspflegschaft bereit ist, nicht zur Verfügung steht (entsprechend §§ 276 Abs. 3, 317 Abs. 3; § 1897 Abs. 6 S. 1 BGB). Als Verfahrenspfleger kommt grds. jede hierfür geeignete Person in Betracht.[13] Die Auswahl liegt im durch das Rechtsbeschwerdegericht nur eingeschränkt überprüfbaren[14] **pflichtgemäßen Ermessen** des Gerichts; uU sollte zB in Freiheitsentziehungssachen nach dem AufenthG oder AsylVfG eine Person bestellt werden, die die Sprache des Betroffenen beherrscht. Bei der Auswahl des Verfahrenspflegers ist grds. der – ggfs. zu erfragende – Wille des Betroffenen, unabhängig von seiner Geschäftsfähigkeit, zu berücksichtigen, soweit seine objektiven Interessen dem nicht entgegenstehen.[15]

7   **4. Aufhebung, Beendung.** Die Bestellung endet mit Rechtskraft (vgl. § 422 Rn. 2) des Beschlusses über die Freiheitsentziehung oder mit sonstigem **Abschluss des Verfahrens,** zB auf Grund Antragsrücknahme durch die zuständige Verwaltungsbehörde; einer besonderen gerichtlichen Feststellung der Beendigung der Pflegschaft bedarf es in diesen Fällen nicht.

8   **Vor Abschluss des Verfahrens** endet die Bestellung des Verfahrenspflegers nur auf Grund jederzeit möglicher Aufhebung durch das Gericht. Über die Aufhebung hat das Gericht nach pflichtgemäßem Ermessen durch nicht selbständig (aber zusammen mit der Endentscheidung, vgl. Rn. 9) anfechtbaren Beschluss (Abs. 4) zu entscheiden. Sie kommt in Betracht, wenn die Voraussetzungen für die Bestellung im Laufe des Verfahrens weggefallen sind, zB weil dem Betroffenen ein Rechtsanwalt beigeordnet worden ist (§ 78), seine Interessen zwischenzeitlich von einem anderen geeigneten Verfahrensbevollmächtigten (Abs. 2) vertreten werden oder wenn der zunächst bestellte Verfahrenspfleger der ihm obliegenden Pflicht zur Wahrnehmung der objektiven Interessen des Betroffenen (vgl. Rn. 10) nach Überzeugung des Gerichts nicht in gehöriger Weise nachkommt; in diesem Fall ist dem Betroffenen allerdings zur Sicherstellung einer fortwährend sachgerechten Wahrnehmung seiner Verfahrensrechte umgehend ein anderer Verfahrenspfleger zu bestellen.

9   **5. Anfechtbarkeit.** Die Entscheidung über die Bestellung (Rn. 5) eines Verfahrenspflegers, ihre Ablehnung (Rn. 3) oder Aufhebung (Rn. 8) stellt jeweils eine den Rechtszug nicht abschließende **Zwischenentscheidung** dar, die nicht gesondert (Abs. 4), sondern nur zusammen mit der Endentscheidung angefochten werden kann.

III. Funktion des Verfahrenspflegers

10 **1. Aufgaben.** Der Verfahrenspfleger ist ein Pfleger eigener Art. Er soll die **objektiven Interessen des Betroffenen** im Verfahren wahren, dessen Willen er in diesem Rahmen zwar zu beachten hat,

---

[11] Vgl. *Baumbach/Lauterbach/Hartmann* § 68 ZPO Rn. 1.
[12] BT-Drucks. 16/6308, S. 291.
[13] Vgl. BayObLG FamRZ 1994, 530, 531.
[14] Vgl. BayObLG FamRZ 1994, 530, 531.
[15] Vgl. BayObLG FamRZ 1994, 530, 531.

an dessen Weisungen er aber nicht gebunden ist. Durch seine Bestellung wird die Verfahrensfähigkeit des Betroffenen nicht berührt. Deshalb können sich einzelne Verfahrenshandlungen und uU auch Rechtsmittel des Betroffenen und seines Verfahrenspflegers widersprechen. Ist das der Fall, hat das Gericht die widerstreitenden Interessen bei seiner Entscheidungsfindung gleichrangig zu berücksichtigen.

2. Rechtsstellung. Durch seine Bestellung wird der Verfahrenspfleger zugleich als **Beteiligter** 11 am Freiheitsentziehungsverfahren hinzugezogen (§ 418 Abs. 2) und ist deshalb ab diesem Zeitpunkt vom Gericht an allen Verfahrenshandlungen zu beteiligen und über den bisherigen Verfahrensverlauf zu unterrichten; auch i. Ü. hat er alle Rechte und treffen ihn alle Pflichten eines Beteiligten, etwa das Akteneinsichtsrecht nach § 13 oder die Mitwirkungspflicht nach § 27, er ist nach Maßgabe von § 420 Abs. 3 S. 1 anzuhören, und ihm steht nach § 429 Abs. 3 ein eigenes Beschwerderecht zu. Abs. 5 S. 2 bestimmt allerdings, dass ihm nicht die **Kosten** des Verfahrens auferlegt werden können; das ist sachgerecht, da er allein im Interesse des Betroffenen handelt, dessen Rechte er wahrnimmt. Verursacht der Verfahrenspfleger nicht gerechtfertigte Kosten, kann das Gericht seine Bestellung aufheben (vgl. Rn. 8), wenn es aus diesem Grund zu der Überzeugung gelangt, dass er seiner Pflicht zur Wahrnehmung der objektiven Interessen des Betroffenen nicht in gehöriger Weise nachkommt. Ein Anspruch auf Verfahrenskostenhilfe (§§ 76 ff.) steht ihm deshalb nicht zu. Wegen der **Vergütung** und des **Aufwendungsersatzes** des Verfahrenspflegers vgl. § 277 Rn. 3 ff., 11 ff.

IV. Kosten

Die Bestellung des Verfahrenspflegers und ihre Aufhebung sind nach § 93a Abs. 1 KostO **ge-** 12 **richtsgebührenfrei;** wegen der Auslagen iSv. § 137 Abs. 1 Nr. 16 KostO (an den Verfahrenspfleger gezahlte Vergütung und Auslagen[16]) vgl. § 93a Abs. 2 KostO u. insb. auch § 277 Rn. 23 f. Wird ein Antrag der Verwaltungsbehörde auf Freiheitsentziehung **abgelehnt oder zurückgenommen** und hat das Verfahren ergeben, dass ein begründeter Anlass zur Stellung des Antrags nicht vorlag, sind die durch die Bestellung des Verfahrenspflegers entstandenen Auslagen der Körperschaft aufzuerlegen, der die Verwaltungsbehörde angehört, § 430.

§ 420 Anhörung; Vorführung

(1) ¹Das Gericht hat den Betroffenen vor der Anordnung der Freiheitsentziehung persönlich anzuhören. ²Erscheint er zu dem Anhörungstermin nicht, kann abweichend von § 33 Abs. 3 seine sofortige Vorführung angeordnet werden. ³Das Gericht entscheidet hierüber durch nicht anfechtbaren Beschluss.

(2) Die persönliche Anhörung des Betroffenen kann unterbleiben, wenn nach ärztlichem Gutachten hiervon erhebliche Nachteile für seine Gesundheit zu besorgen sind oder wenn er an einer übertragbaren Krankheit im Sinne des Infektionsschutzgesetzes leidet.

(3) ¹Das Gericht hat die sonstigen Beteiligten anzuhören. ²Die Anhörung kann unterbleiben, wenn sie nicht ohne erhebliche Verzögerung oder nicht ohne unverhältnismäßige Kosten möglich ist.

(4) ¹Die Freiheitsentziehung in einem abgeschlossenen Teil eines Krankenhauses darf nur nach Anhörung eines ärztlichen Sachverständigen angeordnet werden. ²Die Verwaltungsbehörde, die den Antrag auf Freiheitsentziehung gestellt hat, soll ihrem Antrag ein ärztliches Gutachten beifügen.

Schrifttum: *Gusy,* Freiheitsentziehung und Grundgesetz, NJW 1992, 457; *Zimmermann* FamFG 2009.

I. Normzweck und Inhalt

Die Vorschrift regelt die Anhörung des Betroffenen und der sonstigen Beteiligten sowie die 1 Anhörung eines ärztlichen Sachverständigen, wenn dem Betroffenen in einem abgeschlossenen Teil eines Krankenhauses die Freiheit entzogen werden soll. Zudem regelt sie die sofortige Vorführung, falls der Betroffene zu dem Anhörungstermin nicht erscheint.

---

[16] *Hartmann* § 137 KostO Rn. 5.

II. Anhörung des Betroffenen

1. Allgemeines. Abs. 1 S. 1 entspricht inhaltlich § 5 Abs. 1 S. 1 FEVG aF; die Änderung des Wortlauts gegenüber dieser bisherigen Vorschrift ist lediglich redaktioneller Natur und dient der sprachlichen Anpassung an die entsprechenden Bestimmungen in § 278 Abs. 1 S. 1 und § 319 Abs. 1 S. 1.[1]

Das Gericht hat den Betroffenen vor der Entscheidung über die Anordnung der Freiheitsentziehung **persönlich** zu hören. Die persönliche Anhörung gehört zu den wesentlichen Verfahrensgarantien aus Art. 104 GG,[2] gewährleistet das rechtliche Gehör iSv. Art 103 Abs. 1 GG, dient der amtswegigen Sachverhaltsermittlung[3] gem. § 26 und hat den Zweck, dass sich der entscheidende Richter zuvor einen unmittelbaren persönlichen Eindruck vom Betroffenen verschafft,[4] weshalb die Anhörung durch einen ersuchten Richter idR ausgeschlossen ist.[5] Ist der Betroffene anwaltlich vertreten, ist auch sein **Rechtsanwalt** zum Anhörungstermin zu laden.[6]

Die Verpflichtung des Gerichts, den Betroffenen vor der Entscheidung persönlich anzuhören, gilt grds. auch im **Beschwerdeverfahren**,[7] in dem gem. § 68 Abs. 3 S. 2 von der Wiederholung einer erstinstanzlichen Anhörung nur dann abgesehen werden kann, wenn mit Sicherheit feststeht, dass hierdurch neue Erkenntnisse nicht zu gewinnen sind[8] (vgl. auch § 68 Rn. 5). An das Vorliegen dieser Voraussetzung sind allerdings in dem hier in Rede stehenden Verfahren strenge Anforderungen zu stellen; weil die persönliche Anhörung insb. auch dem Zweck dient, dass sich das erkennende Gericht einen **unmittelbaren Eindruck** vom Betroffenen verschaffen soll (Rn. 3), werden idR nur solche Fälle in Betracht kommen, in denen nicht nur der Zugewinn weiterer Erkenntnisse in der Sache ausgeschlossen ist, sondern auch der Betroffene dem Beschwerdegericht (ggf. aus einer zeitnahen früheren Anhörung) bereits bekannt ist. Ist die Anhörung des Betroffenen im ersten Rechtszug **unterblieben,** ohne dass die Voraussetzungen vorgelegen haben, nach denen hiervon ausnahmsweise abgesehen werden kann, ist die gleichwohl angeordnete Freiheitsentziehung **rechtswidrig;** dieser Mangel kann im Rechtsmittelrechtszug durch eine dort (erstmals) erfolgende Anhörung nicht rückwirkend, sondern nur für die Zukunft (ex nunc) **geheilt** werden.[9]

Die Anhörung eines **Ausländers** erfordert grds. die Anwesenheit eines Dolmetschers (vgl. Art. 5 Abs. 2 EMRK, § 185 GVG); etwas anderes kann ausnahmsweise allenfalls dann in Betracht kommen, wenn der Betroffene die deutsche Sprache fließend in Wort und Schrift beherrscht, wovon sich das Gericht allerdings im Einzelfall zu überzeugen hat. Einem nicht fließend deutschsprachigen Ausländer ist der Freiheitsentziehungsantrag vor seiner Anhörung vollständig zu übersetzen.[10]

2. Sofortige Vorführung. Abs. 1 S. 2 entspricht inhaltlich weitgehend § 5 Abs. 1 S. 2 FEVG aF.[11] Erscheint der Betroffene trotz **ordnungsgemäßer Ladung,** mit der ihm der Freiheitsentziehungsantrag und gem. § 34 Abs. 3 S. 2 die Folgen seines Ausbleibens mitzuteilen sind, nicht zum Anhörungstermin, kann das Gericht seine Vorführung anordnen. Weil die Verfahren nach §§ 415 ff. idR eilbedürftig sind,[12] hat die Anhörung kurzfristig zu erfolgen. Diese Kurzfristigkeit könnte durch das verhältnismäßig zeitaufwändige Verfahren nach § 33 Abs. 3 nicht gewährleistet werden,[13] weshalb Abs. 1 S. 2 abweichend von jener Vorschrift bestimmt, dass das Gericht in diesen Fällen ohne Weiteres – also ohne Einhaltung des Verfahrens nach § 33 Abs. 3 – die sofortige Vorführung des Betroffenen durch nicht anfechtbaren Beschluss (Abs. 1 S. 3) anordnen kann.[14] Die Vollstreckung

---

[1] BT-Drucks. 16/6308, S. 292.
[2] BVerfG InfAuslR 2008, 308 ff.; BVerfGE 58, 208, 220 ff. = NJW 1982, 691; *Jennissen* FGPrax 2009, 93, 95; *Gusy* NJW 1992, 457, 462.
[3] Vgl. BVerfG InfAuslR 1996, 198, 201; BVerfG NJW 1991, 1283, 1284.
[4] Vgl. OLG Frankfurt/M. NJW 1985, 1294.
[5] Vgl. OLG Frankfurt/M. FGPrax 1995, 167, 168.
[6] Vgl. OLG Frankfurt/M. InfAuslR 1998, 114, 115.
[7] Vgl. BayObLG InfAuslR 1991, 345, 346; OLG Frankfurt/M. InfAuslR 1998, 114, 115.
[8] Vgl. BayObLGZ 1999, 12, 13; OLG Naumburg FGPrax 2000, 211, 212; OLG Düsseldorf FGPrax 1998, 200; OLG Karlsruhe FGPrax 1998, 116; KG FGPrax 1998, 242, 243; OLG Hamm FGPrax 1997, 77 f.; OLG Dresden InfAuslR 1995, 162, 163.
[9] BVerfG InfAuslR 1996, 198, 201; BVerfG NJW 1990, 2309, 2310; vgl. auch BVerfG InfAuslR 2008, 308, 310.
[10] Vgl. OLG Frankfurt/M. InfAuslR 1998, 114, 115.
[11] Vgl. Fn. 1.
[12] Vgl. BVerfG NJW 1991, 1283, 1284.
[13] BT-Drucks. 16/6308, S. 292.
[14] So auch *Zimmermann* FamFG Rn. 784.

dieser Anordnung erfolgt durch den Gerichtsvollzieher, ggf. mit Unterstützung durch die Polizei (§§ 86 Abs. 1 Nr. 1, 87 Abs. 3).

3. Absehen von der persönlichen Anhörung (Abs. 2). a) Allgemeines. Die Bestimmung in Abs. 2 entspricht § 5 Abs. 2 S. 1 FEVG aF; die gegenüber jener früheren Vorschrift vorgenommenen sprachlichen Änderungen sind lediglich redaktioneller Natur.[15] Das Gericht hat über das Unterbleiben der Anhörung nach **pflichtgemäßem Ermessen** zu befinden und seine Entscheidung zu begründen. Unterbleibt die Anhörung des Betroffenen, hat ihm das Gericht nach Maßgabe von § 419 Abs. 1 S. 2 einen **Verfahrenspfleger** zu bestellen, wenn er nicht schon anderweitig – zB durch einen von ihm beauftragten Rechtsanwalt – hinreichend vertreten ist (vgl. § 419 Rn. 4). 7

b) Erhebliche Nachteile für den Betroffenen. Der Betroffene ist grds. vor der Entscheidung über die Anordnung seiner Freiheitsentziehung persönlich zu hören, und zwar unabhängig davon, ob er einen Verfahrensbevollmächtigten oder Verfahrenspfleger (§ 419) hat oder nicht;[16] um diesen verfassungsrechtlich garantierten Anspruch auf rechtliches Gehör (Art. 103 Abs. 1 GG) zu wahren, darf von der persönlichen Anhörung nur in wirklichen **Ausnahmefällen** abgesehen werden. Die Bestimmung setzt deshalb voraus, dass durch die persönliche Anhörung derart erhebliche Nachteile für die Gesundheit des Betroffenen zu besorgen sind, dass sie die Nichtgewährung des rechtlichen Gehörs überwiegen. Für die Annahme solcher erheblichen Nachteile genügen deshalb weder bloße Zweckmäßigkeitserwägungen noch zu befürchtende Schwierigkeiten auf Grund zB einer möglichen Reaktion des Betroffenen.[17] Als ernsthaft zu erwartende Nachteile iSd. Vorschrift kommen nur solche in Betracht, die deutlich über das Maß dessen hinausgehen, was im Regelfall an Beeinträchtigungen mit dem persönlichen Erscheinen vor Gericht in eigener Sache verbunden ist. In Betracht kommen bei entsprechender physischer oder psychischer Disposition des Betroffenen zB etwa die Gefahr einer Herzattacke wegen übermäßiger Aufregung oder eine konkrete Suizidgefahr. Die ernsthafte Gefahr solcher erheblicher Nachteile hat das Gericht in seiner zu begründenden Entscheidung durch Bezugnahme auf ein von ihm bei Vorliegen entsprechender Anhaltspunkte von Amts wegen einzuholendes **ärztliches Sachverständigengutachten** zu belegen, das schriftlich einzuholen oder mündlich zu Protokoll zu erstatten ist. Von einer Bekanntgabe des Inhalts des Gutachtens – insb. auch in den Gründen der gerichtlichen Entscheidung – an den Betroffenen kann unter den Voraussetzungen von § 423 (vgl. dort) abgesehen werden. 8

c) Gesundheitsgefährdung des Anhörenden. In Betracht kommt hier nur die Gefahr der Ansteckung mit einer Krankheit iSd. InfSG.[18] Ob eine solche die Nichtgewährung des rechtlichen Gehörs in jedem Fall überwiegende Ansteckungsgefahr gegeben ist oder nicht, hat das Gericht von Amts wegen durch Einholung eines medizinischen Sachverständigengutachtens (vgl. Rn. 8) zu klären. Auf ein besonderes Maß der **Ansteckungsgefahr** kommt es dabei nicht an. Es genügt grds. die ernsthafte Gefahr, dass der Betroffene an einer entsprechenden Krankheit leiden kann. Ist das der Fall, kann von der persönlichen Anhörung einer (mit hinreichender Wahrscheinlichkeit) an einer **übertragbaren Krankheit** leidenden Person grds. allerdings auch nur dann abgesehen werden, wenn ausreichender Schutz vor Ansteckung während der Anhörung nicht gewährleistet werden kann;[19] auch hierüber hat sich das von Amts wegen einzuholende **ärztliche Gutachten** zu verhalten. 9

III. Anhörung sonstiger Beteiligter

Die Bestimmung in Abs. 3 S. 1 ordnet die Anhörung der zum Verfahren hinzugezogenen **sonstigen Beteiligten iSv. § 418** (vgl. dort) an. Angehört werden müssen deshalb insb. auch die Angehörigen und die Vertrauensperson des Betroffenen, soweit sie nach § 418 Abs. 3 Nr. 1 u. 2 zum Verfahren hinzugezogen worden sind. Nach Abs. 3 S. 2 kann die Anhörung eines sonstigen Beteiligten iSv. § 418 allerdings **ausnahmsweise unterbleiben**, wenn sie zu einer **erheblichen Verzögerung** des Verfahrens führen würde oder mit **unverhältnismäßigen Kosten** verbunden wäre. Das kann zB dann der Fall sein, wenn sich der sonstige Beteiligte nicht kurzfristig im Ausland aufhält oder unbekannten Aufenthalts ist. Auch hierüber hat das Gericht nach pflichtgemäßem Ermessen zu entscheiden und seine Entscheidung zu begründen. 10

---

[15] BT-Drucks. 16/6308, S. 292.
[16] Vgl. BayObLG NJW-RR 2001 583, 584 (Betreuungsverfahren).
[17] Vgl. BayObLG NJW-RR 2001 583, 584; OLG Frankfurt/M. FGPrax 2003, 221.
[18] Gesetz zur Verhütung u. Bekämpfung von Infektionskrankheiten beim Menschen – Infektionsschutzgesetz (InfSG) – v. 20. 7. 2000 (BGBl. I S. 1045), zul. geänd. durch Art. 2 Gesetz v. 13. 12. 2007 (BGBl. I S. 2904).
[19] BT-Drucks. 16/6308, S. 292.

IV. Unterbringung in abgeschlossenem Krankenhaus

11 Bei der Unterbringung in einem abgeschlossenen Teil eines Krankenhauses ist nach Maßgabe von Abs. 4 S. 1 vor der Anordnung der Freiheitsentziehung ein ärztlicher Sachverständiger zu hören. Die Bestimmung entspricht § 5 Abs. 4 FEVG aF. Als Anwendungsbereich kommt in erster Linie die **Freiheitsentziehung nach dem InfSG**[20] in Betracht.[21] Der ärztliche Sachverständige hat sich in seinem Gutachten zur Erforderlichkeit der beantragten freiheitsentziehenden Maßnahme zu äußern. Das **von Amts wegen durch das Gericht** in Auftrag zu gebende **Gutachten** ist nach Untersuchung des Betroffenen schriftlich zu erstellen und den Beteiligten zur Kenntnis zu geben oder in einem Termin, zu dem alle Beteiligten zu laden sind, mündlich zu Protokoll zu erstatten.

12 Von diesem von Amts wegen durch das Gericht einzuholenden Sachverständigengutachten zu unterscheiden ist das nach Abs. 4 S. 2 mit dem Antrag auf Unterbringung **von der zuständigen Behörde vorzulegende Gutachten,** aus dem sich die Notwendigkeit der Unterbringung iSv. § 417 Abs. 2 Nr. 3 u. 4 (vgl. § 417 Rn. 5) ergibt. Hierbei handelt es sich um das Gutachten, das die Behörde in Fällen der hier in Rede stehenden Art regelmäßig bereits im vorangegangenen Verwaltungsverfahren hat erstellen lassen, um die Erforderlichkeit der beantragten Unterbringung zuvor in eigener Zuständigkeit zu prüfen. Liegt ein entsprechendes Gutachten dem Antrag nicht bei, liegt ein ordnungsgemäßer Antrag der zuständigen Behörde nicht vor; wird dieser Mangel nach entsprechendem Hinweis des Gerichts nicht innerhalb einer hierfür gesetzten angemessenen Frist behoben, ist der Antrag als unzulässig zurückzuweisen (vgl. § 417 Rn. 3); dasselbe gilt, wenn sich das dem Antrag beigefügte oder diesem kurzfristig nachgereichte behördliche Gutachten lediglich formelhaft für die beantragte Maßnahme ausspricht, ohne dass sein Inhalt eine individuelle Betrachtung des konkreten Falls zumindest dergestalt erkennen lässt, dass es in tatsächlicher Hinsicht Grundlage für einen nach Abs. 4 S. 1 durch das Gericht zu erteilenden Gutachterauftrag sein kann.

13 Das nach Abs. 4 S. 2 von der Behörde vorzulegende Gutachten (Rn. 12) ersetzt nicht die nach Abs. 4 S. 1 vom Gericht von Amts vorzunehmende Anhörung eines ärztlichen Sachverständigen (Rn. 11). Die **Verwertung** des von der Behörde im Verwaltungsverfahren eingeholten und mit dem Antrag vorgelegten Gutachtens ist im Rahmen der durch das Gericht eigenständig zu erfolgenden Prüfung allerdings nicht ausgeschlossen. Das Gericht kann deshalb in geeigneten Fällen grds. auch den Verfasser des **behördlichen Gutachtens** iSv. Abs. 4 S. 1 anhören. Das kommt aber nur dann in Betracht, wenn die im Verwaltungsverfahren veranlasste Untersuchung des Betroffenen erst kurze Zeit zurückliegt und das auf dieser Grundlage erstellte behördliche Gutachten seinem Gegenstand nach **maßnahmespezifisch** – also unter dem Gesichtspunkt der konkret beantragten Unterbringung in einem abgeschlossenen Teil eines Krankenhauses – durchgeführt worden ist, weil nicht jede beliebige (zeitlich länger zurückliegende oder in anderem Zusammenhang erfolgte) ärztliche Untersuchung ohne weiteres hinreichende Grundlage für die nach Abs. 4 S. 1 erforderliche Anhörung sein kann.[22] Im Regelfall erfordert die Bestimmung in Abs. 4 S. 1 freilich die Einholung eines neuen – aktuellen und maßnahmespezifischen – Gutachtens durch einen nicht schon zuvor in derselben Sache für die antragstellende Behörde tätig gewesenen medizinischen Sachverständigen.

V. Kosten

14 Wegen der Kosten bei Hinzuziehung **sonstiger Beteiligter** vgl. § 418 Rn. 13 ff.; wegen der Kosten und Auslagen bei Bestellung eines **Verfahrenspflegers** vgl. § 419 Rn. 12. Die durch seine **Vorführung** entstandenen Gerichtskosten (Auslagen) iSv. § 80 hat gem. § 128c Abs. 3 KostO grds. der Betroffene zu tragen. Bei den Kosten für die Anhörung eines ärztlichen **Sachverständigen** nach Abs. 4 S. 1 handelt es sich nach § 137 Abs. 1 Nr. 5 KostO ebenfalls um Auslagen, die nach § 128c Abs. 3 KostO grds. der Betroffene zu tragen hat.

§ 421 Inhalt der Beschlussformel

Die Beschlussformel zur Anordnung einer Freiheitsentziehung enthält auch
1. **die nähere Bezeichnung der Freiheitsentziehung sowie**
2. **den Zeitpunkt, zu dem die Freiheitsentziehung endet.**

---

[20] Vgl. Fn. 19.
[21] BT-Drucks. 16/6308, S. 292.
[22] Vgl. BVerfG NJW 1995, 3047 (Unterbringung in einem psychiatrischen Krankenhaus); OLG Düsseldorf FamRZ 1995, 118 (Unterbringung wegen notwendiger Heilbehandlung).

Schrifttum: *Hoppe,* Änderungen im aufenthaltsrechtlichen Freiheitsentziehungsverfahren durch das Gesetz zur Reform des Verfahrens in Familiensachen und in den Angelegenheiten der freiwilligen Gerichtsbarkeit, ZAR 2009, 209.

Wegen der allgemeinen Anforderungen an den Beschlussinhalt vgl. §§ 38f.; die Vorschrift entspricht inhaltlich derjenigen in § 323 und bestimmt, dass die **Beschlussformel** (§ 38 Abs. 2 Nr. 3) die nähere Bezeichnung der Freiheitsentziehung (Nr. 1) und des genauen Zeitpunkts zu enthalten hat, zu dem sie endet (Nr. 2). Die Bestimmung gilt auch für **einstweilige Anordnungen** nach § 427[1] und Entscheidungen über die **Verlängerung** der Freiheitsentziehung nach § 425 Abs. 3. 1

In die Beschlussformel aufzunehmen ist zunächst die nähere Bezeichnung der **konkret angeordneten Freiheitsentziehung** zB als Ingewahrsamnahme iSv. § 39 Abs. 1 Nr. 2 BPolG[2] oder § 30 Abs. 2 InfSG[3] oder als Abschiebungs- (§ 62 AufenthG), Zurückschiebungs- (§§ 57 Abs. 3, 62 AufenthG) oder Zurückweisungshaft (§ 15 Abs. 5 AufenthG), als Inhaftnahme nach § 59 Abs. 2, 89 Abs. 2 AsylVfG oder als Gewahrsam nach § 20p bzw. § 21 Abs. 7 BKAG[4] oder nach § 23 Abs. 1 S. 2 Nr. 8 ZFdG.[5] 2

Darüber hinaus hat die Beschlussformel auch den **genauen Zeitpunkt** zu enthalten, zu dem die Freiheitsentziehung endet. Der grundgesetzlich garantierte Schutz der persönlichen Freiheit (Art. 2 Abs. 1, 104 GG) erfordert eine klare und eindeutige Grundlage für die konkrete Dauer des Vollzugs einer angeordneten Freiheitsentziehung.[6] Diesem Erfordernis wird die Anordnung einer Freiheitsentziehung nur gerecht, wenn sie den Anfangs- und den Endzeitpunkt der Ingewahrsamnahme ausdrücklich **kalendermäßig** bestimmt.[7] Eine nur **nach Wochen oder Monaten** bestimmte Anordnung der Freiheitsentziehung (zB Anordnung von Abschiebungshaft „für 3 Wochen") genügt nicht.[8] Die Unterbrechung des Gewahrsams zB durch zwischenzeitliche Verbüßung einer Strafhaft ist ohne Einfluss auf den Ablauf der Frist, für die die Freiheitsentziehung angeordnet ist.[9] 3

§ 422 Wirksamwerden von Beschlüssen

(1) Der Beschluss, durch den eine Freiheitsentziehung angeordnet wird, wird mit Rechtskraft wirksam.

(2) ¹Das Gericht kann die sofortige Wirksamkeit des Beschlusses anordnen. ²In diesem Fall wird er wirksam, wenn der Beschluss und die Anordnung der sofortigen Wirksamkeit

1. dem Betroffenen, der zuständigen Verwaltungsbehörde oder dem Verfahrenspfleger bekannt gegeben werden oder
2. der Geschäftsstelle des Gerichts zum Zweck der Bekanntgabe übergeben werden.

³Der Zeitpunkt der sofortigen Wirksamkeit ist auf dem Beschluss zu vermerken.

(3) Der Beschluss, durch den eine Freiheitsentziehung angeordnet wird, wird von der zuständigen Verwaltungsbehörde vollzogen.

(4) Wird Zurückweisungshaft (§ 15 des Aufenthaltsgesetzes) oder Abschiebungshaft (§ 62 des Aufenthaltsgesetzes) im Wege der Amtshilfe in Justizvollzugsanstalten vollzogen, gelten die §§ 171, 173 bis 175 und 178 Abs. 3 des Strafvollzugsgesetzes entsprechend.

Schrifttum: *Jennissen,* Die Neuregelung des Freiheitsentziehungsverfahrens im FamFG – Licht und Schatten, FGPrax 2009, 93; *Rittstieg,* Beendigung des Aufenthaltes im Rechtsstaat, NJW 1996, 545.

---

[1] Vgl. idS auch BVerfG NJW 2007, 3560, 3562.
[2] Gesetz über die Bundespolizei (BPolG) v. 19. 10. 1994 (BGBl. I S. 2978), zul. geänd. durch Art. 1 Gesetz v. 26. 2. 2008 (BGBl. I S. 215).
[3] Gesetz zur Verhütung u. Bekämpfung von Infektionskrankheiten beim Menschen – Infektionsschutzgesetz (InfSG) – v. 20. 7. 2000 (BGBl. I S. 1045), zul. geänd. durch Art. 2 Gesetz v. 13. 12. 2007 (BGBl. I S. 2904).
[4] Gesetz über das Bundeskriminalamt und die Zusammenarbeit des Bundes und der Länder in kriminalpolizeilichen Angelegenheiten (Art. 1 Gesetz über das Bundeskriminalamt und die Zusammenarbeit des Bundes und der Länder in kriminalpolizeilichen Angelegenheiten) – BKAG – v. 7. 7. 1997 (BGBl. I S. 1650), zul. geänd. durch Art. 15 Gesetz v. 17. 12. 2008 (BGBl. I S. 2586).
[5] Gesetz über das Zollkriminalamt und die Zollfahndungsämter – Zollfahndungsdienstgesetz (ZFdG) – v. 16. 8. 2002 (BGBl. I S. 3202), zul. geänd. durch Art. 88 Gesetz v. 17. 12. 2008 (BGBl. I S. 2586).
[6] BGH NJW 1990, 1417, 1418.
[7] *Hoppe* ZAR 2009, 209, 211.
[8] *Hoppe* ZAR 2009, 209, 211.
[9] OLG Hamm NVwZ 1993, 814.

I. Normzweck und Inhalt

1 Die Vorschrift bestimmt den Zeitpunkt der **Wirksamkeit** des die Freiheitsentziehung anordnenden Beschlusses (Abs. 1 u. 2) und regelt seinen **Vollzug** (Abs. 3 u. 4). Die Bestimmung entspricht inhaltlich weitgehend § 8 FEVG aF.[1]

II. Wirksamkeit

2 **1. Allgemeines.** Nach der Bestimmung in Abs. 1 werden Beschlüsse, durch die eine Freiheitsentziehung angeordnet oder abgelehnt wird, abweichend von der allgemeinen Regelung in § 40 Abs. 1 grds. (vgl. Rn. 3) erst mit Eintritt ihrer **formellen Rechtskraft,** also erst dann, wenn sie durch alle Beschwerdeberechtigten (§ 429 Abs. 1, 2 u. 3) nicht mehr angefochten werden können, wirksam. Für alle übrigen Entscheidungen die in Freiheitsentziehungssachen iSv. §§ 415 ff. ergehen, gilt der Grundsatz in § 40 Abs. 1, sodass sie mit ihrer Bekanntgabe an denjenigen, für den sie ihrem Inhalt nach bestimmt sind (zB bei der Bestellung eines Verfahrenspflegers an diesen) wirksam werden.

3 **2. Anordnung der sofortigen Wirksamkeit.** Die Bestimmung in Abs. 2 S. 1 eröffnet dem Gericht allerdings die Möglichkeit, nach pflichtgemäßem Ermessen auch die sofortige Wirksamkeit des Beschlusses anzuordnen. In diesem Fall wird die Entscheidung in dem Zeitpunkt wirksam, in dem sie und die Anordnung ihrer sofortigen Wirksamkeit dem Betroffenen, der zuständigen Verwaltungsbehörde oder dem Verfahrenspfleger bekannt gemacht (Abs. 2 S. 2 Nr. 1) oder der Geschäftsstelle zum Zweck ihrer **Bekanntmachung** (vgl. Rn. 6) übergeben worden sind (Abs. 2 S. 2 Nr. 2), wobei dieser Zeitpunkt auf der Entscheidung zu vermerken ist (Abs. 3 S. 3). Zur Vermeidung von Zweifeln über die Vollziehbarkeit bereits vor formeller Rechtskraft (vgl. Rn. 4) muss die Anordnung der sofortigen Wirksamkeit **ausdrücklich** erfolgen; die Feststellung eines entsprechenden Willens des Gerichts nur anhand der Umstände genügt nicht.[2] Ist die ausdrückliche Anordnung der sofortigen Vollziehbarkeit trotz aus den Beschlussgründen ersichtlichen entsprechenden Willens des Gerichts versehentlich unterblieben, bedarf es deshalb der Berichtigung bzw. Ergänzung des Beschlusstenors.[3]

4 Ist die sofortige Wirksamkeit des Beschlusses angeordnet, kann die für die Vollstreckung der Freiheitsentziehung zuständige Verwaltungsbehörde (vgl. Rn. 7) die Maßnahme bereits **vor formeller Rechtskraft** (vgl. Rn. 2) des Beschlusses **vollziehen.** Im Falle der Abschiebungshaft kann die Anordnung der sofortigen Wirksamkeit zB geboten sein, wenn sich der Betroffene bislang in Freiheit befunden hat und zu befürchten steht, dass er in der Zeit bis zum Eintritt der formellen Rechtskraft untertauchen wird; bei Freiheitsentziehungen nach dem InfSG[4] zB auch dann, wenn wegen einer vom Betroffenen ausgehenden Ansteckungsgefahr seine sofortige Unterbringung in einem abgeschlossenen Teil eines Krankenhauses geboten ist.

5 Die Anordnung der sofortigen Wirksamkeit ist ebenso wie ihre Ablehnung **nicht selbstständig anfechtbar;** sie kann im Falle der Rechtsmitteleinlegung gegen die Entscheidung in der Hauptsache auch (erstmalig) durch das Beschwerdegericht angeordnet oder aufgehoben werden.

6 Nach Abs. 2 S. 2 Nr. 2 wird der Eintritt der angeordneten sofortigen Wirksamkeit ausnahmsweise bereits auf den Zeitpunkt der **Übergabe der Entscheidung an die Geschäftsstelle** zum Zweck ihrer (unverzüglichen) Bekanntgabe vorverlegt, wenn die Bekanntgabe an den Betroffenen, die zuständige Verwaltungsbehörde oder den Verfahrenspfleger (vgl. Rn. 3) nicht sofort möglich ist und Gefahr im Verzug vorliegt; das Vorliegen dieser Voraussetzungen hat das Gericht in der Entscheidung oder durch besonderen Beschluss konkret zu begründen. Auch in diesen Fällen ist der Zeitpunkt des Eintritts der sofortigen Wirksamkeit (Eingang bei der Geschäftsstelle) auf dem Beschluss zu vermerken (Abs. 3 S. 3).

III. Vollzug

7 **1. Zuständige Verwaltungsbehörden.** Die Bestimmung in Abs. 3 stellt klar, dass die Freiheitsentziehung nicht durch die Justiz, sondern von der zuständigen Verwaltungsbehörde iSv. § 417 zu

---

[1] Gesetz über das gerichtliche Verfahren bei Freiheitsentziehungen (FEVG) v. 29. 6. 1956 (BGBl. I S. 599) zul. geändert durch Art. 6 Abs. 6 Gesetz v. 19. 8. 2007 (BGBl. I S. 1970), gem. Art. 112 Gesetz zur Reform des Verfahrens in Familiensachen und in den Angelegenheiten der freiwilligen Gerichtsbarkeit (FGG-Reformgesetz – FGG-RG) v. 17. 12. 2008 (BGBl. I S. 2586) außer Kraft seit 1. 9. 2009.
[2] *Jennissen* FGPrax 2009, 93, 95; aA OLG Zweibrücken NVwZ-Beil. 2002, 15, 16.
[3] OLG Hamm FGPrax 2009, 135, 137; BayObLG FPR 2002, 94, 96; idS wohl auch *Keidel/Kuntze/Winkler/Budde* § 324 Rn. 3.
[4] Gesetz zur Verhütung u. Bekämpfung von Infektionskrankheiten beim Menschen – Infektionsschutzgesetz (InfSG) – v. 20. 7. 2000 (BGBl. I S. 1045), zul. geänd. durch Art. 2 Gesetz v. 13. 12. 2007 (BGBl. I S. 2904).

vollziehen ist. Hierbei hat die Behörde zu beachten, dass über den bloßen Freiheitsentzug hinausgehende **Grundrechtseingriffe** unzulässig, insb. von der Anordnung der Freiheitsentziehung nicht umfasst sind, soweit besondere Vollzugsvorschriften wie zB in § 30 Abs. 3 InfSG (Postkontrolle) nicht bestehen.[5] Für Einwendungen gegen den Vollzug der freiheitsentziehenden Maßnahme durch die zuständige Behörde ist der Verwaltungsrechtsweg gegeben. Wegen der Möglichkeit der Aussetzung der Vollziehung des Freiheitsentzugs durch die Behörde vgl. § 424 Rn. 5.

2. Abschiebungshaft. a) Vollzug in Justizvollzugsanstalten. Auch in den Fällen der Abschiebungshaft ist die Freiheitsentziehung nicht durch die Justiz, sondern von der antragstellenden Behörde zu vollstrecken. Weil einige Bundesländer nicht oder nicht in hinreichender Kapazität über besondere Abschiebungshaftanstalten verfügen, wird der Abschiebegewahrsam allerdings häufig im Wege der Amtshilfe in Justizvollzugsanstalten vollzogen. Für diese Fälle bestimmt die Vorschrift in Abs. 4, dass auf die Abschiebungshaft in Form der Vorbereitungshaft (§ 62 Abs. 1 AufenthG), der Sicherungshaft (§ 62 Abs. 2, 3 AufenthG) und der Zurückschiebungshaft (§ 57 Abs. 3 iVm. § 62 AufenthG) sowie die Zurückweisungshaft (§ 15 Abs. 5, 6 AufenthG) die Bestimmungen in §§ 171, 173 bis 175 u. 178 **StVollzG** anzuwenden sind. Diese Bestimmungen betreffen im Wesentlichen die Unterbringung, die Erlaubnis zur Benutzung eigener Kleidung und Wäsche, den Einkauf, die Freistellung von der Arbeitspflicht und das Verbot des Schusswaffengebrauchs zur Fluchtvereitelung oder Wiederergreifung. Auch Vollzugslockerungen wie zB Ausführung sind hiernach im Rahmen der Abschiebungshaft denkbar,[6] allerdings gelten hier vorrangig die Bestimmungen in § 424. Für Einwendungen gegen den Vollzug der Abschiebungshaft in Justizvollzugsanstalten ist der **Rechtsweg zu den Strafvollstreckungskammern** der Landgerichte gem. §§ 109 ff. StVollzG gegeben. 8

b) Vollzug außerhalb von Justizvollzugsanstalten. Soweit die Abschiebungshaft außerhalb von Justizvollzugsanstalten (in besonderen Abschiebungshaftanstalten) vollzogen wird, fehlen in den meisten Bundesländern Vollzugsvorschriften[7] mit der Folge, dass über die Freiheitsentziehung hinausgehende Grundrechtseingriffe unzulässig sind[8] (vgl. Rn. 7). Für Einwendungen gegen den Vollzug der Abschiebungshaft ist in diesen Fällen der **Verwaltungsrechtsweg** gegeben.[9] 9

§ 423 Absehen von der Bekanntgabe

Von der Bekanntgabe der Gründe eines Beschlusses an den Betroffenen kann abgesehen werden, wenn dies nach ärztlichem Zeugnis erforderlich ist, um erhebliche Nachteile für seine Gesundheit zu vermeiden.

I. Normzweck und Bedeutung

Grds. sind alle Entscheidungen, die im Rahmen eines Freiheitsentziehungsverfahrens ergehen, dem Betroffenen bekannt zu geben[1] (vgl. § 41 Abs. 1 S. 1). Die Vorschrift bestimmt eine Ausnahme von diesem Grundsatz für die Fälle, in denen die Bekanntgabe der Gründe für die Freiheitsentziehung eine erhebliche Gesundheitsgefährdung nach sich zu ziehen drohen; sie knüpft damit an § 6 Abs. 4 S. 1 FEVG aF[2] und § 69a Abs. 1 S. 2 FGG aF[3] an und entspricht inhaltlich den Regelungen in **§ 288 Abs. 1 und § 325 Abs. 1** (vgl. auch dort). Die Wahrscheinlichkeit gesundheitlicher Gefährdung des 1

---

[5] Vgl. BVerfG NJW 1972, 811 (Grundrechtseinschränkungen von Strafgefangenen).
[6] Vgl. OLG Frankfurt NStZ 1984, 477, 478.
[7] Entspr. landesrechtliche Bestimmungen für den Vollzug der Abschiebungshaft außerhalb von Justizvollzugsanstalten haben die Länder Berlin (AbschGG v. 12. 10. 1995, GVBl. S. 657, zul. geänd. durch Art. IV Gesetz v. 8. 4. 2004, GVBl. S. 175), Brandenburg (AbschhVG v. 19. 3. 1996,GVBl. I S. 98, zul. geänd. durch Art. 1 Gesetz v. 17. 3. 2005, GVBl. I S. 131), Schleswig-Holstein (AbschJVZG v. 23. 6. 1994, Amtsbl. S. 1214, zul. geänd. durch Art. 5 Abs. 51 Gesetz v. 21. 11. 2007, Amtsbl. S. 2393) und Rheinland-Pfalz (§ 5 LAufnG v. 21. 12. 1993, GVBl. S. 627, zul. geänd. durch Gesetz v. 16. 12. 2005, GVBl. S. 516) erlassen.
[8] Vgl. *Rittstieg* NJW 1996, 545, 551.
[9] Vgl. BayObLG NJW 1975, 2147, 2148; KG InfAuslR 1985, 9 ff.; LG Berlin InfAuslR 1999, 239, 242.
[1] Vgl. BayObLG NJW-RR 2001 583, 584 (Betreuungsverfahren).
[2] Gesetz über das gerichtliche Verfahren bei Freiheitsentziehungen (FEVG) v. 29. 6. 1956 (BGBl. I S. 599) zul. geändert durch Art. 6 Abs. 6 Gesetz v. 19. 8. 2007 (BGBl. I S. 1970), gem. Art. 112 Gesetz zur Reform des Verfahrens in Familiensachen und in den Angelegenheiten der freiwilligen Gerichtsbarkeit (FGG-Reformgesetz – FGG-RG) v. 17. 12. 2008 (BGBl. I S. 2586) außer Kraft seit 1. 9. 2009.
[3] Gesetz über die Angelegenheiten der freiwilligen Gerichtsbarkeit (FGG) v. 20. 5. 1898 (RGBl. S. 771), zul. geändert durch Gesetz v. 19. 2. 2007 (BGBl. I S. 122), gem. Art. 112 Gesetz zur Reform des Verfahrens in Familiensachen und in den Angelegenheiten der freiwilligen Gerichtsbarkeit (FGG-Reformgesetz – FGG-RG) v. 17. 12. 2008 (BGBl. I S. 2586) außer Kraft seit 1. 9. 2009.

Betroffenen durch die Mitteilung der Gründe für seine Ingewahrsamnahme stellt sich jedoch in Freiheitsentziehungssachen anders dar als in Unterbringungs- und Betreuungssachen. IdR befinden sich die Betroffenen in Freiheitsentziehungssachen – insb. in solchen nach dem AufenthG und AsylVfG – in einem gesundheitlich (insb. psychisch) hinreichend stabilem Zustand, sodass sie die im Allgemeinen mit der Bekanntgabe gerichtlicher Entscheidungen verbundenen Nachteile ohne weiteres zu verkraften in der Lage sind. Der Vorschrift kommt damit nur **geringe praktische Bedeutung** zu.[4]

II. Absehen von der Bekanntgabe

2   **1. Erhebliche Nachteile.** Dem Betroffenen sind grds. alle Entscheidungen im Zusammenhang mit seiner Freiheitsentziehung unabhängig davon, ob er einen Verfahrensbevollmächtigten oder Verfahrenspfleger (§ 419) hat,[5] persönlich bekannt zu machen (§ 41); um seinen verfassungsrechtlich garantierten Anspruch auf rechtliches Gehör (Art. 103 Abs. 1 GG) zu wahren, darf hiervon nur in **wirklichen Ausnahmefällen** abgesehen werden. Die Bestimmung setzt deshalb voraus, dass durch die Bekanntgabe der Gründe für seine Freiheitsentziehung derart erhebliche Nachteile für die Gesundheit des Betroffenen zu besorgen sind, dass sie die Nichtgewährung des rechtlichen Gehörs überwiegen. Für die Annahme solcher erheblichen Nachteile genügen deshalb weder bloße Zweckmäßigkeitserwägungen noch zu befürchtende Schwierigkeiten auf Grund der Reaktion des Betroffenen.[6] Als ernsthaft zu erwartende Nachteile iSd. Vorschrift kommen nur solche in Betracht, die deutlich über das Maß dessen hinausgehen, was im Allgemeinen an gesundheitlichen Nachteilen mit der Bekanntgabe der Gründe gerichtlicher Entscheidungen verbunden ist, zB etwa eine konkrete Suizidgefahr.

3   Der Grund für die Befürchtung eines erheblichen Nachteils iSd. Vorschrift muss im Zeitpunkt der Bekanntgabe der Entscheidung (noch) bestehen. Zwischenzeitlich weggefallene Umstände, die eine entsprechende Besorgnis nur zu einem früheren Zeitpunkt gerechtfertigt hätten, genügen nicht. Es muss sich um eine (physische oder psychische) Gesundheitsgefährdung des Betroffenen selbst handeln; die Gefährdung eines Dritten genügt nicht. Erforderlich ist weiter, dass der zu erwartende gesundheitliche Nachteil durch ein **ärztliches Zeugnis** belegt sein muss, in dem die konkrete Gefährdung nachvollziehbar dargelegt ist. Ein formelhaftes Attest, in dem inhaltsleer und ohne Bezug auf konkrete Befundtatsachen lediglich allgemein von einer möglichen Gesundheitsbeeinträchtigung die Rede ist, genügt nicht.[7] Der Inhalt des ärztlichen Zeugnisses, in dem das Vorliegen der Voraussetzungen der Bestimmung bejaht wird, ist dem Betroffenen nicht mitzuteilen, soweit mit seiner Bekanntgabe dasselbe Risiko verbunden wäre, dessen Eintritt nach dem Zweck der Vorschrift verhindert werden soll.

4   **2. Verfahren.** Die tatsächlichen Voraussetzungen für ein Absehen von der Bekanntgabe der Entscheidungsgründe an den Betroffenen hat das Gericht **von Amts wegen** zu prüfen, bei Vorliegen entsprechender Anhaltspunkte ggf. durch Einholung eines medizinischen Sachverständigengutachtens. Sind hiernach erhebliche Nachteile iSd. Vorschrift zu besorgen, hat es zunächst weiter zu prüfen, ob der konkret festgestellten Gefahr nicht durch eine ggf. weniger starke Beeinträchtigung der Rechte des Betroffenen als der Nichtgewährung rechtlichen Gehörs (vgl. Rn. 2) begegnet werden kann.[8] Ist auch das nicht der Fall, hat das Gericht durch **gesonderte Entscheidung**[9] auszusprechen, dass von der Bekanntgabe der Gründe für seine Freiheitsentziehung an den Betroffen abgesehen wird. Diese Entscheidung ist grds. nicht gesondert zu begründen (vgl. aber Rn. 5), weil sie allen Beteiligten – einschließlich dem Betroffenen[10] – bekannt zu geben ist, und der Zweck der Bestimmung nicht dadurch vereitelt werden darf, dass der Betroffene durch die Bekanntgabe einer solchen Begründung mittelbar derselben Gefahr ausgesetzt wird, die für ihn mit der Mitteilung der Gründe für seine Freiheitsentziehung verbunden wäre. Zeitgleich ist – falls bis dahin noch nicht geschehen – dem Betroffenen ein **Verfahrenspfleger** zum Zweck der Bekanntmachung der Endentscheidung zu bestellen[11] (vgl. § 419 Rn. 1), soweit er nicht durch einen Rechtsanwalt oder einen anderen geeigneten Verfahrensbevollmächtigten vertreten ist (vgl. § 419 Rn. 2).

---

[4] So auch schon *Marschner*, in: *Marschner/Volckart* § 6 FEVG Rn. 2.
[5] Vgl. BayObLG NJW-RR 2001 583, 584 (Betreuungsverfahren).
[6] Vgl. BayObLG NJW-RR 2001 583, 584; OLG Frankfurt/M. FGPrax 2003, 221.
[7] Vgl. BayObLG NJW-RR 2001 583, 584; OLG Frankfurt/M. FGPrax 2003, 221.
[8] Vgl. BayObLG NJW-RR 2001 583, 584; OLG Frankfurt/M. FGPrax 2003, 221.
[9] Vgl. *Bumiller/Winkler* § 69a FGG Rn. 1.
[10] Vgl. *Bumiller/Winkler* § 69a FGG Rn. 1.
[11] Vgl. *Marschner*, in: *Marschner/Volckart* § 6 FEVG Rn. 2.

Dem Betroffenen ist hiernach **nur der Tenor** der Entscheidung über die beantragte Freiheitsentziehung mitzuteilen; die den übrigen Beteiligten bekannt zu gebende Endentscheidung ist hingegen – auch hinsichtlich der Voraussetzungen des Absehens von ihrer Bekanntgabe an den Betroffenen – zu begründen.

3. Anfechtbarkeit. Die gesonderte Entscheidung (vgl. Rn. 4) über das Absehen von der Bekanntgabe der Gründe für seine Freiheitsentziehung an den Betroffenen stellt eine den Rechtszug nicht abschließende **Zwischenentscheidung** dar, die nicht gesondert, sondern nur zusammen mit der Endentscheidung (vgl. § 58 Abs. 1) angefochten werden kann.

4. Kosten. Für die Zwischenentscheidung über das Absehen von der Bekantgabe der Gründe für seine Freiheitsentziehung an den Betroffenen (Rn. 4) fällt eine besondere Gebühr nicht an; ggf. kann aber wegen besonderer Bedeutung der Sache eine Erhöhung des Geschäftswerts nach §§ 128c Abs. 2, 30 Abs. 1 S. 2 KostO erfolgen. Wegen der Auslagen für ein ggf. erforderliches Sachverständigengutachten (Rn. 4) vgl. § 137 Abs. 1 Nr. 5 KostO, wegen der Kosten für die ggf. erforderliche Bestellung eines Verfahrenspflegers (Rn. 4) vgl. § 137 Abs. 1 Nr. 16 KostO.

§ 424 Aussetzen des Vollzugs

(1) ¹Das Gericht kann die Vollziehung der Freiheitsentziehung aussetzen. ²Es hat die Verwaltungsbehörde und den Leiter der Einrichtung vorher anzuhören. ³Für Aussetzungen bis zu einer Woche bedarf es keiner Entscheidung des Gerichts. ⁴Die Aussetzung kann mit Auflagen versehen werden.

(2) Das Gericht kann die Aussetzung widerrufen, wenn der Betroffene eine Auflage nicht erfüllt oder sein Zustand dies erfordert.

Schrifttum: *Jennissen,* Die Neuregelung des Freiheitsentziehungsverfahrens im FamFG – Licht und Schatten, FGPrax 2009, 93.

I. Normzweck und Inhalt

Die an § 328 angelehnte Vorschrift entspricht in ihrem wesentlichen Kern dem Regelungsinhalt von § 10 Abs. 3 FEVG aF[1] und ermöglicht die **Aussetzung** der freiheitsentziehenden Maßnahme bzw. die **Beurlaubung** des Betroffenen aus dem Freiheitsentzug in den Fällen, in denen dies zwar nicht (mehr) dem ursprünglichen Zweck der angeordneten Freiheitsentziehung zuwider läuft, die Voraussetzungen für eine vollständige Aufhebung der Freiheitsentziehung nach § 426 aber (noch) nicht vorliegen.

II. Aussetzung der Freiheitsentziehung

1. Allgemeines. Die Bestimmung in Art. 2 Abs. 2 S. 2 GG garantiert die Freiheit der Person, in die nach Art. 2 Abs. 2 S. 3 GG nur auf Grundlage eines Gesetzes eingegriffen werden darf. Die Schwere des mit der Freiheitsentziehung verbundenen Eingriffs in die Rechte des Betroffenen gebietet dabei eine besondere Beachtung der **Verhältnismäßigkeit** der Maßnahme in Bezug auf den mit ihr verfolgten Zweck. Bleibt dieser auch bei kurzfristiger Unterbrechung der Freiheitsentziehung gewahrt oder wird er hierdurch evtl. sogar gefördert, kann die Fortdauer der Maßnahme während der in Betracht kommenden Frist ihrer Unterbrechung ggf. vorübergehend nicht (mehr) gerechtfertigt sein, sodass hier ausnahmsweise im Einzelfall sogar ein **Anspruch** des Betroffenen auf Beurlaubung bzw. Aussetzung in Betracht kommen kann.[2]

2. Voraussetzungen. Solange der Zweck der angeordneten Freiheitsentziehung noch besteht, liegt es in der Natur der Sache, dass dies idR ihre Fortdauer erfordert; ist der Zweck hingegen entfallen oder kann er künftig auch ohne Freiheitsentziehung erreicht werden, ist die Maßnahme nach § 426 aufzuheben. Damit ist der Anwendungsbereich der Vorschrift nur auf solche Ausnahmefälle beschränkt, in denen die Notwendigkeit der Freiheitsentziehung zwar grds. noch fortbesteht, ihr Zweck durch eine Unterbrechung der Maßnahme aber nicht gefährdet und eine solche Unter-

---

[1] Gesetz über das gerichtliche Verfahren bei Freiheitsentziehungen (FEVG) v. 29. 6. 1956 (BGBl. I S. 599) zul. geändert durch Art. 6 Abs. 6 Gesetz v. 19. 8. 2007 (BGBl. I S. 1970), gem. Art. 112 Gesetz zur Reform des Verfahrens in Familiensachen und in den Angelegenheiten der freiwilligen Gerichtsbarkeit (FGG-Reformgesetz – FGG-RG) v. 17. 12. 2008 (BGBl. I S. 2586) außer Kraft seit 1. 9. 2009.
[2] Vgl. *Marschner,* in: *Marschner/Volkart* § 10 FEVG Rn. 4.

brechung auf Grund besonderer Umstände geboten ist. In Betracht kommen etwa Fälle, in denen – etwa im Rahmen der Prüfung der Aufhebungsvoraussetzungen nach § 426 – das Verhalten des Betroffenen erprobt werden soll,[3] oder Sachverhalte, in denen die Unterbrechung – zB um dem Betroffenen die Teilnahme an der Beerdigung eines nahen Angehörigen zu ermöglichen – zur Vermeidung einer unverhältnismäßigen Härte geboten ist.

4   **3. Verfahren. a) Allgemeines.** Das Gericht entscheidet über die Aussetzung der freiheitsentziehenden Maßnahme von Amts wegen oder auf Antrag eines Beteiligten iSv. § 418 nach pflichtgemäßem Ermessen durch **Beschluss**. Hat ein Beteiligter einen entsprechenden Antrag bei Gericht gestellt, hat ihn dieses zwingend zu bescheiden; das gilt auch bei Anträgen auf Aussetzung der Freiheitsentziehung für eine Dauer von bis zu einer Woche, zu deren Bescheidung grds. auch die zuständige Verwaltungsbehörde befugt ist (vgl. Rn. 5). Vor der Entscheidung hat das Gericht nach Abs. 1 S. 2 dem Leiter der Vollzugseinrichtung Gelegenheit zur Stellungnahme zu geben und die für die Beantragung der Freiheitsentziehung zuständige Behörde – soweit diese nicht selbst den Antrag auf Aussetzung der Freiheitsentziehung gestellt hat – **anzuhören.** Vor der Zurückweisung eines von ihm selbst gestellten Aussetzungsantrags ist auch der Betroffene grds. persönlich zu hören. Der Beschluss über die Aussetzung oder Zurückweisung eines entsprechenden Antrags wird mit seiner Bekanntgabe wirksam (§ 40 Abs. 1). Die Entscheidung ist **nicht anfechtbar**, weil es sich bei ihr weder um eine instanzbeendende Endentscheidung iSv. § 58 handelt noch ihre Anfechtbarkeit besonders durch Gesetz bestimmt ist. Wird die Aussetzung angeordnet, hat das Gericht den Leiter der abgeschlossenen Einrichtung, in der sich der Betroffene befindet, hierüber umgehend zu **unterrichten** (§ 431 S. 2); auf welche Weise diese Unterrichtung erfolgt, liegt im pflichtgemäßen Ermessen des Gerichts.

5   **b) Aussetzung durch die Behörde.** Bei Aussetzungen der Freiheitsentziehung für die Dauer von **bis zu einer Woche** bedarf es keiner förmlichen Entscheidung durch das Gericht (Abs. 1 S. 3), sodass hierüber die für den Vollzug der freiheitsentziehenden Maßnahme zuständige Behörde (vgl. § 422 Rn. 7) – ggf. im Rahmen der für ihr Tätigwerden geltenden besonderen gesetzlichen Vorschriften[4] – nach eigenem Ermessen entscheiden kann. Auch in diesem Fall ist der Leiter der Vollzugseinrichtung zuvor anzuhören und für den Fall der Aussetzung umgehend zu unterrichten (§ 431 S. 2). Lehnt die Behörde den nach Maßgabe von Abs. 1 S. 3 an sie gerichteten Antrag ab, ist der **Verwaltungsrechtsweg** gegeben.[5]

6   **c) Auflagen, Widerruf.** Die Aussetzung der Freiheitsentziehung kann durch die anordnende Stelle, also das Gericht (Rn. 4) oder die Behörde (Rn. 5), mit Auflagen verbunden werden (Abs. 1 S. 4), zB etwa hinsichtlich des Aufenthalts des Betroffenen. In den Fällen, in denen die Aussetzung der Freiheitsentziehung **durch das Gericht** erfolgt ist (Rn. 4), kann dieses die von ihm angeordnete Aussetzung durch Beschluss widerrufen, wenn der Betroffene eine ihm gemachte Auflage nicht erfüllt oder sein Zustand – zB bei Aussetzung einer Freiheitsentziehung nach dem InfSG[6] insb. sein gesundheitlicher Zustand – dies erfordert (Abs. 2).

III. Kosten

7   Eine **Kostenentscheidung** ist nicht veranlasst. Gebühren fallen für die gerichtliche Entscheidung über einen Antrag auf Aussetzung der Freiheitsentziehung (Rn. 4) nicht an; einer der Gebührentatbestände in § 128c Abs. 1 KostO ist nicht erfüllt.

§ 425 Dauer und Verlängerung der Freiheitsentziehung

(1) In dem Beschluss, durch den eine Freiheitsentziehung angeordnet wird, ist eine Frist für die Freiheitsentziehung bis zur Höchstdauer eines Jahres zu bestimmen, soweit nicht in einem anderen Gesetz eine kürzere Höchstdauer der Freiheitsentziehung bestimmt ist.

---

[3] Vgl. *Marschner*, in: *Marschner/Volckart* § 10 FEVG Rn. 4.
[4] In den Ländern Berlin und Brandenburg ist zB im Falle der Abschiebungshaft die Gewährung von Urlaub oder Ausgang nach § 2 S. 2 AbschGG (Gesetz über den Abschiebungsgewahrsam im Land Berlin) v. 12. 10. 1995 (GVBl. S. 657) zul. geänd. durch Art. IV Gesetz v. 8. 4. 2004 (GVBl. S. 175) bzw. § 2 Abs. 4 S. 1 AbschhVG (Abschiebungshaftvollzugsgesetz des Landes Brandenburg) v. 19. 3. 1996 (GVBl. I S. 98), zul. geänd. durch Art. 1 Gesetz v. 17. 3. 2005 (GVBl. I S. 131) durch die Vollzugsbehörde unzulässig.
[5] *Jennissen* FGPrax 2009, 93, 96; aA *Keidel/Kuntze/Winkler/Budde* Rn. 2.
[6] Gesetz zur Verhütung u. Bekämpfung von Infektionskrankheiten beim Menschen – Infektionsschutzgesetz (InfSG) – v. 20. 7. 2000 (BGBl. I S. 1045), zul. geänd. durch Art. 2 Gesetz v. 13. 12. 2007 (BGBl. I S. 2904).

(2) ¹Wird nicht innerhalb der Frist die Verlängerung der Freiheitsentziehung durch richterlichen Beschluss angeordnet, ist der Betroffene freizulassen. ²Dem Gericht ist die Freilassung mitzuteilen.

(3) Für die Verlängerung der Freiheitsentziehung gelten die Vorschriften über die erstmalige Anordnung entsprechend.

I. Normzweck und Inhalt

Der grundgesetzlich garantierte Schutz der persönlichen Freiheit (Art. 2 Abs. 1, 104 GG) erfordert eine klare und eindeutige Grundlage für die **genaue Dauer des Vollzugs** einer angeordneten Freiheitsentziehung.¹ Deshalb muss in jedem Beschluss, der eine Freiheitsentziehung anordnet, auch deren Dauer konkret bezeichnet sein (vgl. § 421 Nr. 2). Die Vorschrift bestimmt zunächst, dass diese Dauer die maximale **Höchstfrist** von einem Jahr nicht überschreiten darf (Abs. 1), und stellt zugleich klar, dass der Betroffene nach Ablauf der durch Beschluss festgesetzten Dauer seiner Freiheitsentziehung freizulassen ist, wenn das Gericht nicht zuvor durch einen weiteren Beschluss eine – ebenfalls konkret zu befristende – **Verlängerung** der Maßnahme anordnet (Abs. 2).

II. Dauer und Verlängerung der Freiheitsentziehung

1. Fristbestimmung. In jedem Beschluss, der eine Freiheitsentziehung anordnet, ist die konkrete Dauer der Maßnahme (vgl. § 421 Nr. 2) und damit die Frist festzulegen, vor deren Ablauf gem. Abs. 2 über die Fortdauer der Freiheitsentziehung zu entscheiden ist (vgl. Rn. 3). Dabei ist der Fristablauf **kalendermäßig** festzulegen (vgl. § 421 Rn. 3). Bei der in Abs. 1 bezeichneten Jahresfrist handelt es sich um eine **Höchstfrist,** die unter Berücksichtigung der konkreten Umstände des jeweiligen Einzelfalls nur ausnahmsweise ausgeschöpft werden darf. Die Dauer der Freiheitsentziehung ist jeweils nach Maßgabe der entsprechenden spezialgesetzlichen Eingriffsermächtigungen (vgl. § 415 Rn. 7) einzelfallbezogen festzulegen und zu begründen. Bei der Unterbringung etwa nach dem InfSG² hat sich zB die Dauer der Freiheitsentziehung an der voraussichtlichen Behandlungsdauer bzw. an dem künftigen Zeitpunkt des voraussichtlichen Wegfalls der Ansteckungsgefahr zu orientieren. Für die Abschiebungshaft ist die Befristung in § 62 AufenthG besonders geregelt. Erfolgt innerhalb der festgesetzten Frist keine Entscheidung über die Fortdauer der Freiheitsentziehung (vgl. Rn. 3), ist der Betroffene von der zuständigen Behörde, oder falls diese nicht tätig wird, von der Einrichtung, in der dem Betroffenen die Freiheit entzogen ist, in eigener Verantwortung zu entlassen (Abs. 2 S. 1) und die **Entlassung** dem Gericht mitzuteilen (Abs. 2 S. 2).

2. Fristverlängerung. Die durch Beschluss angeordnete Dauer der Freiheitsentziehung kann durch richterlichen **Beschluss** verlängert werden. Der Beschluss muss **vor Ablauf** der in der Ausgangsentscheidung angeordneten ursprünglichen Dauer der Freiheitsentziehung wirksam (§ 422) werden; ist über die Verlängerung bei Fristablauf noch nicht wirksam entschieden, ist der Betroffene freizulassen (Abs. 2). Für die Verlängerung der Freiheitsentziehung gelten die Vorschriften über die erstmalige Anordnung entsprechend (Abs. 3). Das Gericht entscheidet deshalb auch über die Verlängerung nur auf **Antrag** der zuständigen Behörde (§ 417) und hat u. a. insb. die Vorschriften über die Beteiligten (§ 418) und die Anhörung (§ 420) zu beachten. Weil sich die Bezugnahme in Abs. 3 auf die Gesamtheit der Vorschriften über die erstmalige Anordnung erstreckt, gilt hier auch die Bestimmung in Abs. 1 entsprechend, sodass auch in diesen Fällen die Höchstdauer der konkret zu bezeichnenden Frist (vgl. § 421 Rn. 3), um die die Freiheitsentziehung verlängert wird, maximal ein Jahr betragen darf.

III. Kosten

Für die Entscheidung über die **Fortdauer** der Freiheitsentziehung fällt nach § 128c Abs. 1 KostO eine volle Gebühr (§ 30 Abs. 2 KostO) an; Kostenschuldner ist grds. der Betroffene (§ 128c Abs. 3 KostO). Wird der Antrag auf Verlängerung der Freiheitsentziehung **zurückgewiesen,** sind Gerichtskosten wegen § 128c Abs. 3 S. 2 KostO nach § 81 Abs. 1 S. 2 idR nicht zu erheben; Auslagen, einschließlich der ggf. durch die Bestellung eines Verfahrenspflegers entstandenen (vgl. § 419 Rn. 12), hat in diesem Fall die Körperschaft zu tragen, der die den Antrag stellende Verwaltungsbehörde angehört, § 430.

---

[1] BGH NJW 1990, 1417, 1418.
[2] Gesetz zur Verhütung u. Bekämpfung von Infektionskrankheiten beim Menschen – Infektionsschutzgesetz (InfSG) – v. 20. 7. 2000 (BGBl. I S. 1045), zul. geänd. durch Art. 2 Gesetz v. 13. 12. 2007 (BGBl. I S. 2904).

§ 426 Aufhebung

(1) ¹Der Beschluss, durch den eine Freiheitsentziehung angeordnet wird, ist vor Ablauf der nach § 425 Abs. 1 festgesetzten Frist von Amts wegen aufzuheben, wenn der Grund für die Freiheitsentziehung weggefallen ist. ²Vor der Aufhebung hat das Gericht die zuständige Verwaltungsbehörde anzuhören.

(2) ¹Die Beteiligten können die Aufhebung der Freiheitsentziehung beantragen. ²Das Gericht entscheidet über den Antrag durch Beschluss.

I. Normzweck und Inhalt

1   Die Vorschrift regelt die Aufhebung der Freiheitsentziehung **vor Fristablauf** (vgl. §§ 421 Nr. 2, 425). Jede Freiheitsentziehung nach den Bestimmungen in §§ 415 ff. ist an einen ihr zugrunde liegenden Zweck gebunden, bei dessen Erledigung zugleich die Rechtfertigung für den Eingriff in das nach Art. 2 Abs. 2 GG garantierte Freiheitsrecht des Betroffenen entfällt. Abs. 1 S. 1 der Vorschrift stellt insoweit lediglich klar, dass die Anordnung der Freiheitsentziehung in solchen Fällen durch das Gericht unverzüglich von Amts wegen **aufzuheben** ist.

II. Voraussetzungen

2   Erforderlich ist, dass die Voraussetzungen für die Freiheitsentziehung vor dem Zeitpunkt, bis zu dessen Ablauf sie angeordnet ist (§ 421 Nr. 2) **entfallen** sind oder von vornherein nicht bestanden haben.[1] Das kommt zB bei Freiheitsentziehungen nach dem InfSG[2] bei Wegfall der Ansteckungsgefahr oder bei solchen nach dem AufenthG in Betracht, wenn sich die Abschiebung zwischenzeitlich aus tatsächlichen oder rechtlichen Gründen als undurchführbar erweist.

III. Verfahren

3   Die Aufhebung hat unverzüglich **von Amts wegen** zu erfolgen, sobald das Gericht positive Kenntnis vom Wegfall der die Freiheitsentziehung rechtfertigenden Umstände erlangt. Liegen dem Gericht nur hinreichende Anhaltspunkte dafür vor, dass die Voraussetzungen für eine Aufhebung der angeordneten freiheitsentziehenden Maßnahme vorliegen könnten, hat es diesen nachzugehen und die maßgeblichen Umstände von Amts wegen zu ermitteln (§ 26). Eine Verpflichtung zu andauernder amtswegiger Ermittlung dergestalt, dass das Gericht auch ohne konkrete Veranlassung laufend zu prüfen hat, ob der Grund für die von ihm angeordnete Maßnahme noch fortbesteht, folgt hieraus allerdings nicht; es obliegt vielmehr in erster Linie der zuständigen Behörde, das Gericht sofort zu unterrichten, wenn ihr Umstände bekannt werden, die den Wegfall der Voraussetzungen der Freiheitsentziehung begründen könnten. Über die Aufhebung entscheidet das Gericht durch zu begründenden **Beschluss,** der mit Bekanntgabe (§ 40 Abs. 1) wirksam wird und gegen den der zuständigen Behörde das Rechtsmittel der Beschwerde zusteht (§ 429 Abs. 1). Vor der Aufhebung ist der Behörde möglichst kurzfristige aber zeitlich jedenfalls hinreichende **Gelegenheit zur Stellungnahme** zu geben (Abs. 1 S. 2), soweit sie dem Gericht nicht selbst die Umstände, die den Wegfall der Voraussetzungen der Freiheitsentziehung begründen, unter förmlicher Beantragung (Rn. 4) oder zumindest formloser Anregung einer amtswegigen Aufhebung der Maßnahme mitgeteilt hat. Von der Aufhebung der angeordneten Freiheitsentziehung – unabhängig davon, ob sie von Amts wegen oder auf Antrag (Rn. 4) erfolgt – ist der Leiter der abgeschlossenen Einrichtung, in der sich der Betroffene befindet, umgehend zu **unterrichten** (§ 431 S. 2); auf welche Weise diese Unterrichtung erfolgt, liegt im pflichtgemäßen Ermessen des Gerichts.

4   Obwohl das Gericht die Anordnung der Freiheitsentziehung ohnehin von Amts wegen aufzuheben hat, sobald es (auch formlos) Kenntnis vom Wegfall der die Maßnahme rechtfertigenden Voraussetzungen erlangt, räumt Abs. 2 S. 1 allen **Beteiligten** iSv. § 418 zusätzlich auch ein auf dasselbe Ziel gerichtetes förmliches Antragsrecht ein. Über einen solchen **Antrag** hat das Gericht nach Anhörung der zuständigen Behörde (Abs. 1 S. 2) – soweit diese nicht selbst Antragstellerin ist – durch zu begründenden Beschluss (Abs. 2 S. 2) zu entscheiden, der vom Betroffenen (§ 59 Abs. 1) und von den in § 429 bezeichneten Beteiligten mit der Beschwerde angegriffen werden kann.

5   Welches Verfahren im Fall der **Aufhebung** der angeordneten Freiheitsentziehung gewählt wird, insb. ob zuvor noch einmal eine **persönliche Anhörung des Betroffenen** erforderlich ist, liegt im

---

[1] BGH NJW 2009, 299, 300.
[2] Gesetz zur Verhütung u. Bekämpfung von Infektionskrankheiten beim Menschen – Infektionsschutzgesetz (InfSG) – v. 20. 7. 2000 (BGBl. I S. 1045), zul. geänd. durch Art. 2 Gesetz v. 13. 12. 2007 (BGBl. I S. 2904).

pflichtgemäßen Ermessen des Gerichts. Beabsichtigt das Gericht hingegen den vom Betroffenen selbst gestellten Aufhebungsantrag abzulehnen, ist idR zuvor seine persönliche Anhörung geboten, es sei denn, dass hierdurch – etwa im Fall der wiederholten Anhörung nach erneuter Antragstellung aus demselben Grund – mit hinreichender Wahrscheinlichkeit neue Erkenntnisse nicht gewonnen werden können.

IV. Kosten

Für eine vorfristige **Aufhebung der Freiheitsentziehung** fallen gesonderte Kosten nicht an. **6** Dasselbe gilt bei **Zurückweisung** eines Antrags des **Betroffenen** nach Abs. 2 (arg e § 128c Abs. 1 KostO); bei Zurückweisung des Antrags eines **anderen Beteiligten** iSv. § 418 entsteht hingegen eine volle Gebühr (§ 30 Abs. 2 KostO), die nach § 128c Abs. 3 S. 1 KostO zwar grds. der Betroffene zu tragen hat, idR aber nach billigem Ermessen gem. § 81 Abs. 1 S. 1 dem jeweiligen Beteiligten aufzuerlegen sein wird, der den erfolglosen Antrag gestellt hat, soweit es sich bei ihm nicht um den **Verfahrenspfleger** (vgl. § 419 Abs. 5 S. 2) oder die **Behörde** (§ 128c Abs. 3 S. 2 KostO) handelt; in diesen Fällen kann allerdings – um den Betroffenen nicht in unbilliger Weise mit von ihm nicht veranlassten Kosten zu belasten – nach § 81 Abs. 1 S. 2 von der Erhebung der entsprechenden Kosten abgesehen werden. Eine Anwendbarkeit von § 430 scheidet hier idR aus, weil die Gründe, die der Fortdauer der angeordneten Freiheitsentziehung entgegenstehen, in den hier in Rede stehenden Fällen regelmäßig erst nach Antragstellung (vgl. § 430 Rn. 3) entstanden sind.

§ 427 Einstweilige Anordnung

(1) ¹**Das Gericht kann durch einstweilige Anordnung eine vorläufige Freiheitsentziehung anordnen, wenn dringende Gründe für die Annahme bestehen, dass die Voraussetzungen für die Anordnung einer Freiheitsentziehung gegeben sind und ein dringendes Bedürfnis für ein sofortiges Tätigwerden besteht.** ²**Die vorläufige Freiheitsentziehung darf die Dauer von sechs Wochen nicht überschreiten.**

(2) **Bei Gefahr im Verzug kann das Gericht eine einstweilige Anordnung bereits vor der persönlichen Anhörung des Betroffenen sowie vor Bestellung und Anhörung des Verfahrenspflegers erlassen; die Verfahrenshandlungen sind unverzüglich nachzuholen.**

I. Normzweck und Inhalt

Die Bestimmung ermöglicht in Eilfällen die einstweilige Anordnung einer **vorläufigen Freiheits-** **1** **entziehung.** Abs. 1 S. 1 der Vorschrift knüpft inhaltlich an die Regelungen in §§ 300 Abs. 1, 331 an und erfasst die Fälle der „gewöhnlichen einstweiligen Anordnung" (Rn. 2 ff. u. 7). Der an die Bestimmungen in §§ 301 u. 332 angelehnte Abs. 2 der Vorschrift erfasst die „eilige einstweilige Anordnung" (Rn. 5 u. 8 ff.), die bei **Gefahr in Verzug** unter erleichterten Voraussetzungen erlassen werden kann.

II. Einstweilige Anordnung

1. Voraussetzungen. a) „Gewöhnliche einstweilige Anordnung" (Abs. 1 S. 1). Die Be- **2** stimmung erfasst Sachverhalte, in denen die Voraussetzungen für eine Freiheitsentziehung zwar noch nicht abschließend festgestellt werden können, vorab aber schon sofort eine **vorläufige Regelung** benötigt wird. Das kann etwa dann der Fall sein, wenn sich ein Krankheitsverdächtiger iSv. § 30 InfSG[1] seiner stationären Untersuchung widersetzt, sodass die Anordnung seiner vorläufigen Einweisung in ein geeignetes Krankenhaus nötig ist, um den Verdacht seiner Erkrankung auszuräumen oder bestätigen zu lassen.

Erforderlich ist, dass dringende Gründe für die Annahme der Voraussetzungen für die Anordnung **3** einer Freiheitsentziehung vorliegen. Es genügt, wenn das Gericht hinreichende Anhaltspunkte für die **erhebliche Wahrscheinlichkeit** eines Lebenssachverhalts hat, der die Freiheitsentziehung rechtfertigt; eine vollständige Überzeugung iSd. Vollbeweises der entsprechenden Tatsachen ist nicht erforderlich.[2] Das Gericht darf sich dabei allerdings auch nicht nur auf eine bloße Plausibilitätsprüfung der von

---

[1] Gesetz zur Verhütung u. Bekämpfung von Infektionskrankheiten beim Menschen – Infektionsschutzgesetz (InfSG) – v. 20. 7. 2000 (BGBl. I S. 1045), zul. geänd. durch Art. 2 Gesetz v. 13. 12. 2007 (BGBl. I S. 2904).
[2] Vgl. OLG Frankfurt/M. InfAuslR 1998, 114, 115 f.

der antragstellenden Behörde vorgetragenen Gründe beschränken, sondern hat die Tatsachen, die eine einstweilige Anordnung der Freiheitsentziehung rechtfertigen, selbst festzustellen;³ als Mittel eigener richterlicher Sachaufklärung stehen idR selbst bei eilbedürftigen Entscheidungen u. a. die Akten, ggf. die Aussagen beteiligter Beamten und insb. die persönliche Anhörung des Betroffenen zur Verfügung.⁴

4 Hinzukommen muss ein dringendes Bedürfnis für ein **sofortiges Tätigwerden,** dem nicht rechtzeitig auf andere Weise – insb. nicht durch ein milderes Mittel – als durch die Anordnung einer vorläufigen Freiheitsentziehung noch vor abschließender Ermittlung aller für eine endgültige Entscheidung erforderlichen Umstände Rechnung getragen werden kann.

5 b) „**Eilige einstweilige Anordnung**" (Abs. 2). Die Bestimmung in Abs. 2 ist inhaltlich an § 11 Abs. 2 S. 2 FEVG aF⁵ angelehnt. Neben den Voraussetzungen für eine gewöhnliche einstweilige Anordnung (Rn. 2 f.) ist hier noch das Hinzutreten von **Gefahr in Verzug** als gesteigerte Form des dringenden Bedürfnisses für ein sofortiges Tätigwerden iSv. Abs. 1 S. 1 erforderlich. Erfasst werden also diejenigen Fälle, in denen die Anordnung der vorläufigen Regelung so eilbedürftig ist, dass sie keinerlei Aufschub duldet, der damit verbunden wäre, den Betroffenen zuvor ordnungsgemäß zu belehren und anzuhören. In Betracht kommt etwa – zB im Falle von § 30 Abs. 2 InfSG⁶ – der dringende Verdacht einer vom Betroffenen ausgehenden akuten Ansteckungsgefahr mit einer besonders gefährlichen Krankheit oder – zB im Falle der Abschiebungshaft – die ernsthafte Gefahr, dass sich der Betroffene ansonsten sofort durch Flucht bzw. (erneutes) Untertauchen⁷ nachhaltig der Durchführung des Abschiebungsverfahrens entziehen wird⁸ (vgl. Rn. 8). Auch insoweit darf das Gericht den Vortrag der antragstellenden Behörde nicht ungeprüft zugrunde legen, sondern hat die Voraussetzungen der besonderen Eilbedürftigkeit anhand aller ihm zur Verfügung stehenden Erkenntnisquellen selbst festzustellen (vgl. Rn. 3).

6 **2. Verfahren. a) Allgemeines.** Aus der Bestimmung in § 51 Abs. 3 S. 1 folgt der Grundsatz der Unabhängigkeit des einstweiligen Anordnungsverfahrens von einem Hauptsacheverfahren (vgl. § 51 Rn. 9); das Verfahren der einstweiligen Anordnung ist ein **selbständiges Verfahren,** auch wenn eine entsprechende Hauptsache bereits anhängig ist (§ 51 Abs. 3 S. 1). Die Anordnung einer vorläufigen Freiheitsentziehung nach Maßgabe der Vorschrift kann auch erfolgen, ohne dass ein auf die endgültige Entscheidung über eine dauerhafte Freiheitsentziehung gerichtetes Verfahren eingeleitet wird. Ist ein Hauptsacheverfahren nicht anhängig, kann allerdings der beschwerte Betroffene (oder ggf. sein Verfahrenspfleger) nach § 52 Abs. 2 beantragen, dass das Gericht der antragstellenden Behörde eine Frist zur Einleitung des Hauptsacheverfahrens setzt (vgl. Rn. 14).

7 b) „**Gewöhnliche einstweilige Anordnung**" (Abs. 1 S. 1). Nach § 51 Abs. 2 S. 1 richtet sich das Verfahren über die einstweilige Anordnung grds. nach den Vorschriften, die für eine entsprechende Hauptsache gelten. Daraus folgt insb., dass das Gericht **nur auf Antrag** der zuständigen Behörde tätig werden darf (§ 51 Abs. 1 S. 1 iVm. § 417 Abs. 1). Der Betroffene ist ordnungsgemäß zu belehren, insb. über die Möglichkeit der Hinzuziehung einer Vertrauensperson (vgl. § 418 Rn. 4) und eines Antrags nach § 52 Abs. 2 (vgl. Rn. 14); er muss idR persönlich angehört werden (§ 420) und ihm ist ggf. ein Verfahrenspfleger zu bestellen (§ 419). Dem Betroffenen und allen ggf. übrigen Beteiligten ist rechtliches Gehör zu gewähren. Das Gericht entscheidet hiernach durch **Beschluss,** der den Anforderungen insb. von § 421 zu genügen hat, eine konkret auf den Einzelfall bezogene Begründung enthalten muss, aus der sich die tatsächlichen Feststellungen und die den Beschluss tragenden rechtlichen Erwägungen ergeben,⁹ und mit einer Rechtsmittelbelehrung (§ 39) zu versehen ist. Der Beschluss wird gem. § 422 Abs. 1 erst **mit Rechtskraft wirksam** (vollziehbar), es sei denn, das Gericht ordnet gem. § 422 Abs. 2 die sofortige Wirksamkeit an;¹⁰ ist das der Fall, hat der Beschluss auch die für die **Anordnung der sofortigen Wirksamkeit** maßgebenden Gründe zu enthalten.¹¹ Der **Vollzug** der einstweiligen Anordnung erfolgt durch die zuständige Behörde (§ 422 Abs. 3); einer Vollstreckungsklausel bedarf es idR nicht (§ 53 Abs. 1)

---

³ BVerfG NJW 1991, 1283, 1284; OLG Frankfurt/M. InfAuslR 1998, 114, 116.
⁴ BVerfG NJW 1991, 1283, 1284.
⁵ Gesetz über das gerichtliche Verfahren bei Freiheitsentziehungen (FEVG) v. 29. 6. 1956 (BGBl. I S. 599) zul. geändert durch Art. 6 Abs. 2 Gesetz v. 19. 8. 2007 (BGBl. I S. 1970), gem. Art. 112 Gesetz zur Reform des Verfahrens in Familiensachen und in den Angelegenheiten der freiwilligen Gerichtsbarkeit (FGG-Reformgesetz – FGG-RG) v. 17. 12. 2008 (BGBl. I S. 2586) außer Kraft seit 1. 9. 2009.
⁶ Vgl. Fn. 1.
⁷ Vgl. BayObLG NJW 1997, 1713, 1714.
⁸ Vgl. OLG Schleswig FGPrax 2008, 229, 230.
⁹ BVerfG InfAuslR 2008, 308, 309.
¹⁰ Vgl. OLG Celle, NdsRpfl 2006, 249 = InfAuslR 2005, 422.
¹¹ Vgl. KG InfAuslR 1985, 9, 12.

c) „Eilige einstweilige Anordnung" (Abs. 2). Auch hier gelten grds. dieselben Bestimmungen **8** wie für eine entsprechende Hauptsache (vgl. Rn. 7). Wegen der besonderen Eilbedürftigkeit (Rn. 5) kann in diesen Fällen allerdings **vorerst** von der Belehrung und Anhörung des Betroffenen sowie der im Einzelfall ggf. erforderlichen (vgl. § 419 Rn. 1) Bestellung und Anhörung eines Verfahrenspflegers abgesehen werden. Die Anhörung ist zeitaufwändig und wird der Eilbedürftigkeit der Situation bei Gefahr im Verzug idR nicht gerecht. Das gilt zB in Abschiebungshaftsachen, in denen ein für die vorherige Anhörung erforderlicher Dolmetscher nicht umgehend erreichbar ist, und die ernsthafte Gefahr besteht, dass der Betroffene ohne sofortige Inhaftierung untertaucht. Entsprechendes gilt zB auch dann, wenn die Anhörung deshalb nicht sofort erfolgen kann, weil der flüchtige Betroffene derzeit noch untergetaucht ist, die den Antrag stellende Behörde (vgl. § 51 Abs. 1 S. 1 iVm. § 417 Abs. 1) aber Anhaltspunkte für seinen möglichen Aufenthalt hat und versuchen will, ihn dort festzunehmen,[12] oder wenn zB ein Verfahrenspfleger zwar bestellt ist, aber wegen vorübergehender Ortsabwesenheit nicht sofort angehört werden kann.

Die vorerst wegen der besonderen Dringlichkeit der Entscheidung aus Zeitgründen unterlassenen **9** Verfahrenshandlungen (Rn. 8) hat das Gericht von Amts wegen **unverzüglich nachzuholen.** Hierbei gilt ein strenger Maßstab. Die Vorschrift gestattet nur die zeitliche Verzögerung bis zur Behebung des entgegenstehenden Hinderungsgrundes. Im Falle zB der nicht umgehenden Erreichbarkeit eines benötigten Dolmetschers in einer Abschiebungshaftsache (Rn. 8) ist die unterlassene Anhörung des Betroffenen sofort in dem Zeitpunkt nachzuholen, ab dem ein geeigneter Übersetzer erstmals zur Verfügung steht. Im Fall von Abs. 2 ist die Bestellung eines Verfahrenspflegers nach Maßgabe von § 419 Abs. 1 S. 2 allein wegen der nur vorerst unterbliebenen Anhörung des Betroffenen nicht erforderlich; soll allerdings unter den Voraussetzungen von § 34 Abs. 2 und § 420 Abs. 2 (vgl. § 420 Rn. 7 ff.) auch von der Nachholung der Anhörung abgesehen werden, muss für ihn ein Verfahrenspfleger bestellt werden.

Das Gericht entscheidet auch in den Fällen von Abs. 2 durch **Beschluss,** der denselben Anforde- **10** rungen wie bei einer Entscheidung nach Abs. 1 (vgl. Rn. 7) zu genügen hat, insb. also eine auf den Einzelfall bezogene Begründung enthalten muss, aus der sich die tatsächlichen Feststellungen und die den Beschluss tragenden rechtlichen Erwägungen ergeben müssen.[13] Zusätzlich müssen hier allerdings die zwingenden Gründe dargelegt werden, aus denen von der Vornahme der unterlassenen Verfahrenshandlungen (Rn. 8) vorerst abgesehen worden ist. Auch dieser Beschluss wird, wenn das Gericht nicht die **sofortige Wirksamkeit anordnet** (vgl. Rn. 7), erst mit seiner Rechtskraft (vgl. § 422) wirksam.[14] Ordnet das Gericht die sofortige Wirksamkeit der Entscheidung an, kann in diesen Fällen zur Begründung idR auf die Umstände Bezug genommen werden, aus denen sich die besondere Eilbedürftigkeit (Gefahr im Verzug) folgt. Der **Vollzug** der einstweiligen Anordnung erfolgt durch die zuständige Behörde (§ 422 Abs. 3); einer Vollstreckungsklausel bedarf es idR nicht (§ 53 Abs. 1).

3. Geltungsdauer. Die einstweilig angeordnete Freiheitsentziehung tritt durch ihre **Aufhebung** **11** (§ 54 Abs. 1), bei Wirksamwerden einer **anderweitigen gerichtlichen Regelung** (§ 56 Abs. 1) – zB durch Endentscheidung in einem entsprechenden Hauptsacheverfahren (vgl. Rn. 14) – oder durch ihre sonstige **Erledigung** – in Abschiebungshaftsachen zB durch Vollzug der Abschiebung – außer Kraft. In allen übrigen Fällen endet sie ohne weiteres mit **Ablauf** ihrer vom Gericht im Beschlusstenor festgesetzten Dauer (vgl. § 421 Rn. 3), die nach Abs. 1 S. 2 eine maximale Zeitspanne von sechs Wochen nicht überschreiten darf. Diese zulässige Höchstdauer für eine einstweilige Anordnung ist an die Regelung in § 333 S. 1 angelehnt[15] und entspricht damit der Bestimmung in § 70h Abs. 2 S. 1 FGG aF. War die vorläufige Freiheitsentziehung zunächst auf eine Zeitspanne von weniger als 6 Wochen befristet, kann sie bei Fortdauer der ihre einstweilige Anordnung rechtfertigenden Umstände auf Antrag der zuständigen Behörde bis auf die zulässige Gesamtdauer verlängert werden; eine Verlängerung über einen Zeitraum von maximal 6 Wochen hinaus ist allerdings nicht zulässig.

4. Rechtsmittel. Das einstweilige Anordnungsverfahren ist ein selbständiges Verfahren (Rn. 6); **12** der die vorläufige Freiheitsentziehung anordnende Beschluss stellt deshalb eine Endentscheidung iSv. § 58 Abs. 1 dar, die mit der **Beschwerde** nach Maßgabe von §§ 58 ff., 429 angefochten werden kann. Hat sich die einstweilige Anordnung durch Zeitablauf oder auf sonstige Weise erledigt, bleibt die Beschwerde mit dem Ziel statthaft, nachträglich die Rechtswidrigkeit der vorläufigen Freiheitsentziehung festzustellen.[16] Tritt die Erledigung erst nach Beschwerdeeinlegung aber vor Entschei-

---

[12] Vgl. BayObLG InfAuslR 1991, 345, 346; OLG Schleswig FGPrax 2008, 229, 230.
[13] BVerfG InfAuslR 2008, 308, 309.
[14] Vgl. OLG Celle NdsRpfl 2006, 249 = InfAuslR 2005, 422.
[15] BT-Drucks. 16/6308, S. 275.
[16] BVerfG NJW 2002, 2456; KG BeckRS 2008, 23397.

§ 428 1 Buch 7. Verfahren in Freiheitsentziehungssachen

dung des Rechtsmittelgerichts ein, hat der Beschwerdeführer seinen ursprünglichen Antrag auf einen entsprechenden **Feststellungsantrag** abzuändern; belässt er es hingegen – trotz entsprechenden Hinweises durch das Gericht – bei seinem auf Abänderung der erledigten Entscheidung gerichteten Antrag, ist die Beschwerde wegen des durch die Erledigung eingetretenen Wegfalls des Rechtsschutzinteresses unzulässig.[17] Die **Anordnung der sofortigen Wirksamkeit** des Beschlusses (Rn. 5, 8) oder deren Versagung sind nicht gesondert anfechtbar (vgl. § 422 Rn. 5).

13 **5. Kosten.** Das einstweilige Anordnungsverfahren ist ein **selbständiges Verfahren** (Rn. 6) bzw. eine besondere Angelegenheit iSv. § 18 Nr. 1, 2 RVG. Die Kostenentscheidung folgt für den ersten Rechtszug aus § 81, für die Beschwerdeinstanz aus § 84. Für die Kosten des ersten Rechtszugs gilt § 128c KostO; für das Beschwerdeverfahren vgl. § 131 KostO. Zum Auslagenersatz vgl. § 430; wegen der Kosten und Auslagen für einen ggf. bestellten Verfahrenspfleger vgl. § 419 Rn. 12; wegen ggf. erforderlicher Dolmetscherkosten (Anhörung in Abschiebungshaftsachen) vgl. § 59 KostO.

III. Hauptsacheverfahren

14 Ist ein Hauptsacheverfahren nicht anhängig, kann jeder Beteiligte – insb. der beschwerte Betroffene – nach § 52 Abs. 2 S. 1 beantragen, dass das Gericht der antragstellenden Behörde eine Frist zum Antrag auf Einleitung des Hauptsacheverfahrens setzt. Der Ablauf der Frist wird nach pflichtgemäßem Ermessen idR auf einen Zeitpunkt **vor Ablauf der angeordneten Haftdauer** zu bestimmen sein. Eine Ausschöpfung der nach § 52 Abs. 2 S. 2 vorgesehenen Maximalfrist von 3 Monaten könnte ansonsten angesichts der höchstzulässigen Dauer der vorläufigen Freiheitsentziehung von maximal 6 Wochen wegen zwischenzeitlich eintretender Erledigung der Sache zum Leerlaufen der Fristsetzung führen.

§ 428 Verwaltungsmaßnahme; richterliche Prüfung

(1) ¹**Bei jeder Verwaltungsmaßnahme, die eine Freiheitsentziehung darstellt und nicht auf richterlicher Anordnung beruht, hat die zuständige Verwaltungsbehörde die richterliche Entscheidung unverzüglich herbeizuführen.** ²**Ist die Freiheitsentziehung nicht bis zum Ablauf des ihr folgenden Tages durch richterliche Entscheidung angeordnet, ist der Betroffene freizulassen.**

(2) **Wird eine Maßnahme der Verwaltungsbehörde nach Absatz 1 Satz 1 angefochten, ist auch hierüber im gerichtlichen Verfahren nach den Vorschriften dieses Buches zu entscheiden.**

I. Normzweck und Inhalt

1 Die Vorschrift dient der Umsetzung der in **Art. 104 Abs. 2 GG** normierten verfassungsrechtlichen Garantien, indem sie bestimmt, dass die für jede freiheitsentziehende Maßnahme erforderliche richterliche Entscheidung in den Fällen, in denen sie wegen besonderer Eilbedürftigkeit der Maßnahme nicht sofort bzw. schon vor der Freiheitsentziehung eingeholt werden kann, unverzüglich nachgeholt werden muss (Abs. 1). Die Bestimmung stellt darüber hinaus klar, dass jede (vorläufige) behördliche Freiheitsentziehung der nachträglichen gerichtlichen Kontrolle unterliegt (Abs. 2). Es handelt sich bei der Bestimmung um eine **Verfahrensvorschrift** und nicht um eine Rechtsgrundlage für den Eingriff in das Freiheitsgrundrecht iSv. Art. 104 Abs. 1 GG; die nicht auf richterlicher Anordnung beruhende Freiheitsentziehung iSd. Vorschrift bedarf deshalb in jedem Fall einer gesonderten gesetzlichen Ermächtigung.[1] Die Vorschrift entspricht inhaltlich § 13 FEVG aF;[2] die geringfügigen sprachlichen Abweichungen von jener früheren Bestimmung sind lediglich redaktioneller Art.[3]

---

[17] OLG Celle FGPrax 2007, 189, 190.
[1] *Marschner*, in: *Marschner/Volckart* § 13 FEVG Rn. 1.
[2] Gesetz über das gerichtliche Verfahren bei Freiheitsentziehungen (FEVG) v. 29. 6. 1956 (BGBl. I S. 599) zul. geändert durch Art. 6 Abs. 6 Gesetz v. 19. 8. 2007 (BGBl. I S. 1970), gem. Art. 112 Gesetz zur Reform des Verfahrens in Familiensachen und in den Angelegenheiten der freiwilligen Gerichtsbarkeit (FGG-Reformgesetz – FGG-RG) v. 17. 12. 2008 (BGBl. I S. 2586) außer Kraft seit 1. 9. 2009.
[3] BT-Drucks. 16/6308, S. 294.

II. Behördliche Freiheitsentziehung

1. Allgemeines. Zum Begriff der Freiheitsentziehung iSd. Vorschrift vgl. § 415 Rn. 3 ff. Erfasst werden nur Freiheitsentziehungen auf Grund **behördlicher Maßnahmen.** In Betracht kommen alle behördlichen, also auch polizeilichen Freiheitsentziehungen, unabhängig davon, ob sie materiell-rechtlich auf Bundes- oder Landesrecht, insb. auf allgemeinen ordnungsrechtlichen oder polizeirechtlichen Vorschriften[4] beruhen.

2. Unverzügliche Nachholung der richterlichen Entscheidung. a) Richtervorbehalt. Nach der Bestimmung in Art. 104 Abs. 2 S. 1 GG hat über die Zulässigkeit und Fortdauer einer Freiheitsentziehung nur der Richter zu entscheiden. Die Freiheitsentziehung setzt danach grds. eine **vorherige richterliche Anordnung** voraus,[5] und zwar unabhängig von ihrem Zweck und ihrer Dauer.[6] So ist zB die Ausländerbehörde nicht befugt, den Betroffenen ohne vorherige richterliche Entscheidung – ggf. im Wege der einstweiligen Anordnung nach § 427 – auch nur vorläufig selbst festzunehmen, um etwa seine Abschiebung zu sichern[7] oder ihn dem Haftrichter vorzuführen.[8] Die Bestimmungen in Art. 104 Abs. 2 S. 2 u. 3 GG ermächtigen die Verwaltung nämlich gerade nicht, von den allein dem Richter vorbehaltenen Eingriffsbefugnissen vorläufig selbst Gebrauch zu machen; sie setzen vielmehr nur solche Freiheitsentziehungen ausnahmsweise[9] ohne vorherige richterliche Entscheidung als zulässig voraus, die auf einer besonderen gesetzlichen Ermächtigung, insb. dem Polizeirecht, beruhen, und knüpfen daran das Erfordernis der unverzüglichen Nachholung einer richterlichen Entscheidung, damit der polizeiliche Gewahrsam umgehend in eine iSv. Art. 104 Abs. 2 S. 1 GG gerichtlich angeordnete Freiheitsentziehung übergehen kann.[10]

b) Unverzügliche Nachholung (Abs. 1 S. 1). Eine ausnahmsweise (vgl. Rn. 3) nur nachträgliche richterliche Entscheidung iSv. Abs. 1 S. 1 genügt nur dann, wenn der mit der Freiheitsentziehung verfolgte verfassungsrechtlich zulässige Zweck nicht erreichbar wäre, sofern der Festnahme die richterliche Entscheidung vorausgehen müsste.[11] Liegt diese Voraussetzung vor, ist die ohne vorherige gerichtliche Anordnung erfolgte Freiheitsentziehung zunächst zulässig, soweit sie auf einer besonderen gesetzlichen Ermächtigung, insb. dem Polizeirecht, beruht (vgl. Rn. 3). In einem solchen Fall ist dann aber die erforderliche richterliche Entscheidung nach Abs. 1 S. 1 iVm. Art. 104 Abs. 2 S. 2 GG unverzüglich nachzuholen.[12] Unverzüglich iSd. Vorschrift ist die richterliche Entscheidung nur dann herbeigeführt, wenn sie von der zuständigen Behörde so schnell wie nach den konkreten Umständen des Einzelfalls nur möglich, dh. **ohne jede Verzögerung,** die sich nicht aus sachlichen Gründen rechtfertigen lässt, beantragt wird,[13] woran ein besonders **strenger Maßstab** anzulegen ist. Nicht vermeidbar sind Verzögerungen, die durch höhere Gewalt oder allenfalls zB durch die Länge des Wegs, sonstige Schwierigkeiten beim Transport, die notwendige Registrierung und Protokollierung, ein renitentes Verhalten des Festgenommenen oder vergleichbare Umstände[14] bedingt sind.[15] Der „Dienstschluss" der zuständigen bzw. der für sie im Wege der Amtshilfe tätigen Behörde ist hingegen ebenso wenig ein sachlich gerechtfertigter Hinderungsgrund[16] wie eine vermeintliche oder tatsächliche personelle Unterbesetzung der Verwaltung. Gleichfalls nicht gerechtfertigt sind Verzögerungen, die auf rechtlich und organisatorisch unnötigem behördeninternem Verwaltungsaufwand beruhen.

Auch bei Vorliegen einer aus sachlichem Grund gerechtfertigten Verzögerung (Rn. 4) hat die zuständige Verwaltungsbehörde die nachträgliche richterliche Entscheidung jedenfalls vor Ablauf des auf die Festnahme folgenden Tages herbeizuführen. Steht fest, dass die richterliche Entscheidung über die Anordnung der Freiheitsentziehung nicht zumindest im Wege der einstweiligen Anordnung spätestens vor Ablauf des ihr folgenden Tages vorliegen kann, ist der Betroffene gem. Abs. 1 S. 2 iVm. Art. 104 Abs. 2 S. 3 GG **sofort zu entlassen.**

---

[4] BVerwG NJW 1982, 536.
[5] BVerfG InfAuslR 2008, 308, 310; BVerfG NJW 2002, 3161, 3162.
[6] BVerwG NJW 1982, 536.
[7] BGH NJW 1993, 3069, 3979; BVerwG NJW 1982, 536; OLG Frankfurt/M. InfAuslR 1997, 313, 315.
[8] *Marschner,* in: *Marschner/Volckart* § 13 FEVG Rn. 2.
[9] BVerfG NJW 2002, 3161, 3162.
[10] BVerwG NJW 1982, 536.
[11] BVerfG NJW 2002, 3161, 3162.
[12] BVerfG NJW 2002, 3161, 3162.
[13] BVerfG NJW 2002, 3161, 3162.
[14] Vgl. OLG Celle BeckRS 2004, 12345 (Identitätsfeststellung und Vernehmung des Betroffenen).
[15] BVerfG NJW 2002, 3161, 3162.
[16] OLG Celle BeckRS 2004, 12345; vgl. insoweit insb. auch BVerfG NJW 2002, 3161.

6 Der zuständige (vgl. § 416) Richter entscheidet über den nach Maßgabe von Abs. 1 zu stellenden Antrag (§ 417) über die Rechtmäßigkeit der Freiheitsentziehung für **die Zukunft** und nicht über die Rechtmäßigkeit der vorausgegangenen Ingewahrsamnahme[17] (vgl. aber Rn. 8) durch Beschluss.

7 **3. Nachträgliche gerichtliche Überprüfung, Anfechtung. a) Zuständigkeit.** Bei der Freiheitsentziehung ohne vorherige richterliche Entscheidung iSv. Abs. 1 S. 1 handelt es sich um eine **Verwaltungsmaßnahme;** Abs. 2 bestimmt ausdrücklich, dass die gerichtliche Überprüfung eines solchen Verwaltungshandelns gleichwohl den für Freiheitsentziehungsachen zuständigen (vgl. § 416) Gerichten der **ordentlichen Gerichtsbarkeit** zugewiesen ist.

8 **b) Verfahren.** Die Bestimmung ermöglicht die gerichtliche Kontrolle einer (vorläufigen) behördlichen Freiheitsentziehung insb. in den Fällen, in denen es nicht zu einer (nachträglichen) gerichtlichen Anordnung der Freiheitsentziehung (Rn. 4 ff.) gekommen ist, etwa weil das Gericht die hierfür erforderlichen Voraussetzungen verneint oder weil sich die Sache zwischenzeitlich schon auf andere Weise – etwa durch Freilassung des Betroffenen – **erledigt** hat. Das Verfahren betrifft also in erster Linie die **nachträgliche Feststellung der Rechtswidrigkeit** einer behördlichen Freiheitsentziehung. Die Anfechtung ist an keine Form oder Frist gebunden; weil es sich hier nicht um eine Überprüfung einer gerichtlichen Entscheidung handelt, gelten die §§ 58 ff. u. 429 nicht. Es genügt, wenn der Betroffene gegenüber dem Gericht zum Ausdruck bringt, sich gegen die freiheitsentziehende Verwaltungsmaßnahme wenden zu wollen;[18] erklärt er diesen Willen – etwa noch während der behördlichen Freiheitsentziehung – gegenüber der Behörde, hat diese von Amts wegen dafür Sorge zu tragen, dass sein Antrag auf gerichtliche Überprüfung unverzüglich an das zuständige Gericht weitergeleitet wird. Das Gericht entscheidet durch Beschluss, der durch Beschwerde (§§ 58 ff. u. 429) anfechtbar ist. Das Gericht weist den Antrag auf nachträgliche Feststellung der Rechtswidrigkeit der behördlichen Maßnahme entweder als unbegründet zurück oder stellt die Rechtswidrigkeit und die genaue Dauer der vom Betroffenen zu Unrecht erlittenen Freiheitsentziehung fest. Der Ausspruch über die zeitliche Dauer der rechtswidrigen Freiheitsentziehung ist für eine ggf. durch den Betroffenen in einem gesonderten Prozess geltend zu machende **Haftentschädigung** von Bedeutung, über die das Gericht im Verfahren nach Abs. 2 nicht mit zu entscheiden hat. In diesen Fällen kommt nämlich Schadensersatz oder Entschädigung nur nach den allgemeinen Staatshaftungsgrundsätzen in Betracht (§ 839 BGB, Aufopferung, Art. 5 EMRK); solche Ansprüche sind vor den allgemeinen Zivilkammern der Landgerichte zu erheben und nicht vor den Gerichten der freiwilligen Gerichtsbarkeit.[19]

9 **4. Kosten.** Kostenschuldner im Fall der **nachträglichen gerichtlichen Anordnung** nach Abs. 1 (Rn. 6) oder der **erfolglosen Anfechtung** nach Abs. 2 (Rn. 8) ist der Betroffene, § 128c Abs. 3 S. 1 KostO. Für den Fall der **Zurückweisung** der nachträglichen gerichtlichen Anordnung (Abs. 1) oder **erfolgreichen Anfechtung** sind Gerichtskosten wegen § 128c Abs. 3 S. 2 KostO nach § 81 Abs. 1 S. 2 idR nicht zu erheben; Auslagen, einschließlich der ggf. durch die Bestellung eines Verfahrenspflegers entstandenen (vgl. § 419 Rn. 12), hat die Körperschaft zu tragen, der die freiheitsentziehende Verwaltungsbehörde angehört, § 430.

§ 429 Ergänzende Vorschriften über die Beschwerde

(1) Das Recht der Beschwerde steht der zuständigen Behörde zu.

(2) Das Recht der Beschwerde steht im Interesse des Betroffenen

1. dessen Ehegatten oder Lebenspartner, wenn die Ehegatten oder Lebenspartner nicht dauernd getrennt leben, sowie dessen Eltern und Kindern, wenn der Betroffene bei diesen lebt oder bei Einleitung des Verfahrens gelebt hat, den Pflegeeltern sowie
2. einer von ihm benannten Person seines Vertrauens

zu, wenn sie im ersten Rechtszug beteiligt worden sind.

(3) Das Recht der Beschwerde steht dem Verfahrenspfleger zu.

(4) Befindet sich der Betroffene bereits in einer abgeschlossenen Einrichtung, kann die Beschwerde auch bei dem Gericht eingelegt werden, in dessen Bezirk die Einrichtung liegt.

---

[17] OLG Frankfurt/M. InfAuslR 1997, 313, 315.
[18] *Marschner*, in: *Marschner/Volckart* § 13 FEVG Rn. 4.
[19] OLG Hamm BeckRS 2006, 02957.

I. Normzweck und Inhalt

Die Bestimmung ergänzt die allgemeinen Vorschriften über die Beschwerde in §§ 58 ff. (vgl. zunächst dort) für den Bereich der Anordnung freiheitsentziehender Maßnahmen iSv. §§ 415 ff., indem sie für diese Fälle den **Kreis der Beschwerdeberechtigten** erweitert (Abs. 2 u. 3) und von den allgemeinen Regelungen (vgl. § 64 Abs. 1) abweichend bestimmt, dass die Beschwerde **nicht nur beim Ausgangsgericht,** sondern auch bei dem Gericht eingelegt werden kann, in dessen Bezirk die angefochtene Freiheitsentziehung vollzogen wird (Abs. 4). 1

II. Beschwerdeberechtigte

1. Behörde (Abs. 1). Da die Behörde durch die Zurückweisung ihres Antrags auf Anordnung der Freiheitsentziehung idR nicht iSv. § 59 Abs. 1 in ihren Rechten verletzt sein kann, stellt die Bestimmung gem. § 59 Abs. 3 klar, dass ihr in einem solchen Fall gleichwohl ein Beschwerderecht zusteht. 2

2. Angehörige, Vertrauensperson (Abs. 2). Nach Abs. 2 sind auch die gem. § 418 Abs. 3 im ersten Rechtszug beteiligten Personen zur Beschwerdeeinlegung berechtigt, allerdings nur soweit, wie dies dem **subjektiven Interesse** des Betroffenen entspricht; hierdurch soll vermieden werden, dass ein in seinen eigenen Rechten nicht betroffener Beteiligter auch dann in zulässiger Weise ein Rechtsmittel einlegen kann, wenn dies der Befindlichkeit oder gar dem erklärten Willen des Betroffenen zuwiderläuft (vgl. § 418 Rn. 7). 3

3. Verfahrenspfleger (Abs. 3). Beschwerdeberechtigt ist nach Abs. 3 auch der Verfahrenspfleger; er soll die **objektiven Interessen** des Betroffenen wahren, dessen Willen er dabei zwar zu beachten hat, an dessen Weisungen er aber nicht gebunden ist. Deshalb können sich einzelne Verfahrenshandlungen und uU auch Rechtsmittel des Betroffenen und seines Verfahrenspflegers widersprechen (vgl. § 419 Rn. 10 f.). Der Verfahrenspfleger kann deshalb – anders als am Verfahren beteiligte Angehörige oder Vertrauenspersonen (vgl. Rn. 3) – eine Beschwerde grds. auch dann in zulässiger Weise einlegen, wenn das mit ihr verfolgte Ziel dem subjektiven Interesse des Betroffenen zuwiderläuft. 4

III. Beschwerdeeinlegung (Abs. 4)

Allgemein zur Einlegung der Beschwerde vgl. § 64; grds. ist das Rechtsmittel bei dem Gericht einzulegen, dass die angefochtene Entscheidung erlassen hat (vgl. § 64 Abs. 1). Nach der Bestimmung in Abs. 4 kann die Beschwerde in Freiheitsentziehungssachen allerdings auch bei dem Gericht eingereicht werden, in dessen Bezirk die angefochtene Freiheitsentziehung vollzogen wird. Befindet sich der Betroffene bereits **in einer abgeschlossenen Einrichtung** und wird die Beschwerde gem. Abs. 4 bei dem Gericht eingelegt, in dessen Bezirk die Einrichtung liegt, kommt es für die **Fristwahrung** (vgl. § 63) auf den Eingang bei diesem Gericht an. Weil die Bestimmung in Abs. 4 nur eine vom Grundsatz des § 64 Abs. 1 abweichende Regelung enthält,[1] verbleibt es im Übrigen bei den allgemeinen Vorschriften, sodass für die Entscheidung über die Abhilfe bzw. Nichtabhilfe des Rechtsmittels auch in diesen Fällen das Gericht zuständig bleibt, dessen Entscheidung angefochten wird (§ 68 Abs. 1 S. 1). Das Gericht, bei dem die Beschwerde nach Maßgabe von Abs. 4 eingelegt worden ist, hat das Rechtsmittel deshalb an das Gericht, das den angefochtenen Beschluss erlassen hat, weiterzuleiten. Wegen der damit in jedem Fall verbundenen zeitlichen Verzögerung, die dem idR vorhandenen Interesse des Beschwerdeführers an einer möglichst raschen Befassung mit seinem Rechtsmittel entgegensteht, dürfte die praktische Bedeutung der Bestimmung allenfalls gering sein. 5

IV. Kosten

Kostenvorschüsse werden auch für das Beschwerdeverfahren nicht erhoben, § 128c Abs. 4 S. 2 KostO. Wegen der **Gebühren** vgl. § 131 KostO. Die Kosten eines **erfolglosen** Rechtsmittels hat idR der Beteiligte zu tragen, der es eingelegt hat (§ 84); handelt es sich bei dem erfolglosen Beschwerdeführer um den Verfahrenspfleger (Abs. 3), sind die Kosten dem Betroffenen aufzuerlegen (§ 419 Abs. 5 S. 2, 128c Abs. 3 KostO), soweit in einem solchen Fall nicht von der Erhebung von Kosten abgesehen wird (§ 81 Abs. 1 S. 2). Ist das erfolglose Rechtsmittel durch die Behörde (Abs. 1) eingelegt worden, werden von ihr zwar Gebühren nicht erhoben (§ 128c Abs. 3 S. 2), wohl aber hat die Körperschaft, der sie angehört, die zur zweckentsprechenden Rechtsverfolgung des Betroffenen entstandenen **Auslagen** zu tragen (§ 430). Hat das Rechtsmittel **Erfolg,** ist das Beschwerdeverfahren 6

---

[1] BT-Drucks. 16/6308, S. 294.

§ 430 1–4   Buch 7. Verfahren in Freiheitsentziehungssachen

gebührenfrei (§ 131 Abs. 3 KostO); die Auslagen des mit seiner Beschwerde erfolgreichen Betroffenen oder eines Beteiligten, der das Rechtsmittel in seinem Interesse eingelegt hat (Abs. 2 u. 3), hat die Körperschaft zu tragen, der die im Beschwerdeverfahren unterlegene Verwaltungsbehörde angehört (§ 430). Die bei einem erfolgreichen Rechtsmittel der Behörde ggf. entstandenen Auslagen sind dem Betroffenen aufzuerlegen.

7   Für die **Anhörung** des Betroffenen durch das an Stelle des Ausgangsgerichts nach Abs. 4 mit der Abhilfentscheidung befasste Gericht (vgl. Rn. 3) entstehen keine weiteren Kosten, soweit der Betroffene im selben Rechtszug bereits durch das Gericht, dessen Entscheidung angefochten wird, angehört worden war; wegen der Kosten eines ggf. auf Grund der Bestimmung in § 420 Abs. 4 in einem solchen Fall erneut anzuhörenden ärztlichen **Sachverständigen** (Rn. 3) vgl. § 420 Rn. 14.

§ 430 Auslagenersatz

Wird ein Antrag der Verwaltungsbehörde auf Freiheitsentziehung abgelehnt oder zurückgenommen und hat das Verfahren ergeben, dass ein begründeter Anlass zur Stellung des Antrags nicht vorlag, hat das Gericht die Auslagen des Betroffenen, soweit sie zur zweckentsprechenden Rechtsverfolgung notwendig waren, der Körperschaft aufzuerlegen, der die Verwaltungsbehörde angehört.

Schrifttum: *Jennissen,* Die Neuregelung des Freiheitsentziehungsverfahrens im FamFG – Licht und Schatten, FGPrax 2009, 93.

I. Normzweck und Anwendungsbereich

1   Nimmt die Behörde einen aussichtslosen Antrag auf Freiheitsentziehung zurück oder lehnt das Gericht einen solchen Antrag als unbegründet ab, wäre es unbillig, den Betroffenen mit den Kosten zu belasten, die ihm durch seine Rechtsverteidigung gegen den grundlosen Versuch der Beeinträchtigung seines Freiheitsrechts (Art. 2 Abs. 2 GG) durch den Staat entstanden sind. Die Vorschrift bestimmt deshalb, dass das Gericht die dem Betroffenen in einem solchen Fall durch das Verfahren entstandenen notwendigen Aufwendungen derjenigen Körperschaft aufzuerlegen hat, der die antragstellende Behörde angehört, was inhaltlich dem wesentlichen Kern der Regelung in § 16 FEVG aF[1] entspricht. Die Bestimmung gilt nur für die zur zweckentsprechenden Rechtsverteidigung **notwendigen Auslagen des Betroffenen** iSv. § 80; Gerichtsgebühren werden von der Verwaltungsbehörde auch in den hier erfassten Fällen (Rn. 2 f.) nicht erhoben (§ 128c Abs. 3 S. 2 KostO).

II. Voraussetzungen der Auslagenerstattung

2   Erfasst werden die Fälle, in denen entweder das Gericht den auf Freiheitsentziehung gerichteten Antrag der Behörde **ablehnt** oder die Behörde den Antrag **zurücknimmt.** Nimmt die Behörde im zweiten Rechtszug das von ihr gegen die erstinstanzliche Ablehnung ihres Antrags gerichtete Rechtsmittel zurück, ist die Bestimmung **entsprechend anwendbar.** Für den Fall der **Erledigung** der Hauptsache gelten die allgemeinen Bestimmungen (§§ 83 Abs. 2, 81).

3   Hinzukommen muss, dass für den abgelehnten oder zurückgenommenen Antrag ein **begründeter Anlass nicht vorgelegen** hat. Der „begründete Anlass" iSd. Vorschrift ist hierbei allerdings vom Vorliegen der materiell-rechtlichen Voraussetzungen für die Anordnung der Freiheitsentziehung zu unterscheiden; es kommt vielmehr darauf an, wie die Behörde den Sachverhalt im Zeitpunkt der Antragstellung bei Durchführung aller zuzumutenden Ermittlungen zu beurteilen gehabt hätte.[2] Maßgeblich abzustellen ist also darauf, ob die Behörde bei objektiver Betrachtung aller ihr nach gehöriger Anstrengung erkennbarer Umstände zurzeit der Antragstellung von der Notwendigkeit der Freiheitsentziehung ausgehen durfte.

4   **Nicht erfasst** werden die Fälle, in denen das Rechtsmittelgericht eine freiheitentziehende Maßnahme wegen eines **unheilbaren Verfahrensverstoßes** des erstinstanzlichen Gerichts aufhebt. Weil für das Freiheitsentziehungsverfahren eine den Regelungen in §§ 307, 337 Abs. 1 entsprechende

---

[1] Gesetz über das gerichtliche Verfahren bei Freiheitsentziehungen (FEVG) v. 29. 6. 1956 (BGBl. I S. 599) zul. geändert durch Art. 6 Abs. 6 Gesetz v. 19. 8. 2007 (BGBl. I S. 1970), gem. Art. 112 Gesetz zur Reform des Verfahrens in Familiensachen und in den Angelegenheiten der freiwilligen Gerichtsbarkeit (FGG-Reformgesetz – FGG-RG) v. 17. 12. 2008 (BGBl. I S. 2586) außer Kraft seit 1. 9. 2009.
[2] *Volckart,* in: *Marschner/Volckart* § 16 FEVG Rn. 3.

Bestimmung nicht besteht, bleibt dem Betroffenen in Ansehung der ihm entstandenen Kosten nur ein Entschädigungsanspruch aus Art. 5 EMRK.[3]

III. Gerichtskosten

Die Bestimmung eröffnet lediglich die Möglichkeit, den Betroffenen von den ihm zur Abwehr eines ungerechtfertigten Antrags auf Entziehung seiner persönlichen Freiheit entstandenen Auslagen zu befreien; von der Erhebung der grds. auch in solchen Fällen nach § 128c Abs. 3 S. 1 KostO von ihm zu tragenden Gerichtskosten wird idR allerdings durch gesonderten Ausspruch nach § 81 Abs. 1 S. 2 **abzusehen** sein. 5

§ 431 Mitteilung von Entscheidungen

[1] Für Mitteilungen von Entscheidungen gelten die §§ 308 und 311 entsprechend, wobei an die Stelle des Betreuers die Verwaltungsbehörde tritt. [2] Die Aufhebung einer Freiheitsentziehungsmaßnahme nach § 426 Satz 1 und die Aussetzung ihrer Vollziehung nach § 424 Abs. 1 Satz 1 sind dem Leiter der abgeschlossenen Einrichtung, in der sich der Betroffene befindet, mitzuteilen.

Die Vorschrift regelt in S. 1 die **Mitteilungen an Gerichte und Behörden,** wie sie auch in Betreuungs- und Unterbringungssachen vorgesehen sind, indem sie die Bestimmungen in §§ 308 und 311 (vgl. jeweils dort) für entsprechend anwendbar erklärt, insoweit allerdings klarstellt, dass hier an die Stelle des Betreuers die zuständige Verwaltungsbehörde iSv. § 417 tritt. 1

Die Bestimmung in S. 1 ist an die Regelung in § 338 S. 2 angelehnt (vgl. dort); die Vorschrift beinhaltet die Verpflichtung des Gerichts, den Leiter der abgeschlossenen Einrichtung, in der sich der Betroffene befindet, von der **Aufhebung** (§ 426) oder **Aussetzung** (§ 424) der angeordneten Freiheitsentziehung zu **unterrichten;** auf welche Weise diese Unterrichtung erfolgt, liegt im pflichtgemäßen Ermessen des Gerichts bzw. – im Fall der Aussetzung bis zu einer Woche – der für die Aussetzung zuständigen Behörde (vgl. § 424 Rn. 5). Erforderlich ist allerdings die Sicherstellung einer in jedem Fall unverzüglichen Unterrichtung, damit gewährleistet ist, dass dem Betroffenen nicht länger als nach Maßgabe der konkreten Aufhebung bzw. Aussetzung zulässig die Freiheit entzogen bleibt. 2

§ 432 Benachrichtigung von Angehörigen

Von der Anordnung der Freiheitsentziehung und deren Verlängerung hat das Gericht einen Angehörigen des Betroffenen oder eine Person seines Vertrauens unverzüglich zu benachrichtigen.

Die Vorschrift übernimmt die Vorgabe von **Art. 104 Abs. 4 GG,** nach der von jeder richterlichen Entscheidung über die erstmalige Anordnung oder Verlängerung der Freiheitsentziehung unverzüglich ein Angehöriger (vgl. § 418 Rn. 6) des Betroffenen oder eine Person seines Vertrauens (vgl. § 418 Rn. 9) zu benachrichtigen ist. Diese an das Gericht adressierte Benachrichtigungspflicht dient dem Zweck, die Möglichkeit des „Verschwindens" von Menschen innerhalb des staatlichen Machtapparates zu verhindern.[1] Vor dem Hintergrund dieses Schutzzwecks der Norm besteht die Pflicht zur Benachrichtigung eines Angehörigen oder einer Vertrauensperson selbst in den Fällen, in denen der Betroffene hierauf ausdrücklich verzichtet.[2] Die **Benachrichtigungspflicht** obliegt dem Gericht freilich nur gegenüber solchen Personen iSd. Vorschrift, die ihm bekannt sind oder die von ihm ohne weiteres mit zumutbarem Aufwand sofort ermittelt werden können (vgl. Rn. 2). 1

Auf die dem Gericht obliegende Benachrichtigungspflicht ist der Betroffene – zweckmäßigerweise zugleich mit der entsprechenden **Belehrung** nach § 418 (vgl. § 418 Rn. 4) – hinzuweisen, um ihm Gelegenheit zu geben, einen zu benachrichtigenden Angehörigen oder eine Person seines Vertrauens zu benennen. Unterlässt er dies und ergeben sich für das Gericht auch nach dem Akteninhalt oder anderen **nahe liegenden Erkenntnisquellen** (zB Auskunft der antragstellenden Behörde) keine Anhaltspunkte für das Vorhandensein einer von der Freiheitsentziehung nach Maßgabe der Vorschrift in Kenntnis zu setzenden Person, besteht eine darüber hinausgehende besondere **Nachforschungs-** 2

---

[3] BGH NVwZ 2006, 960, 961; *Jennissen* FGPrax 2009, 93, 99.
[1] BeckOK-GG /*Radtke* Art. 104 Rn. 17.
[2] Str., iE so wie hier BeckOK-GG /*Radtke* Art. 104 Rn. 18.

pflicht nicht; entsprechendes gilt bei unbekanntem Aufenthalt der an sich zu benachrichtigenden Person. Ist der Aufenthalt des zu Benachrichtigenden zwar bekannt aber seine Erreichbarkeit (etwa im Ausland) mit hoher Wahrscheinlichkeit nicht innerhalb der angeordneten Dauer der Freiheitsentziehung (vgl. § 425 Abs. 1) gewährleistet, entfällt die Benachrichtigungspflicht ebenfalls; nach dem Zweck der Vorschrift (vgl. Rn. 1) ist es sinnlos, einen Angehörigen oder eine Vertrauensperson über die Freiheitsentziehung des Betroffenen zu unterrichten, wenn die Nachricht den Empfänger erst erreichen kann, nachdem die Maßnahme bereits beendet ist. Eine besondere Benachrichtigungspflicht besteht auch dann nicht, wenn die zu benachrichtigende Person ohnehin bereits nach Maßgabe von § 418 Abs. 3 am Verfahren beteiligt ist.[3]

Die Benachrichtigung hat **unverzüglich** (iSv. § 121 BGB) durch das Gericht zu erfolgen, idR also zeitgleich mit der Bekanntgabe (§ 40 Abs. 1) des die Freiheitsentziehung anordnenden oder verlängernden Beschlusses an die Beteiligten. Die **Form** der Benachrichtigung steht im pflichtgemäßen Ermessen des Gerichts. Erforderlicher Mindestinhalt der Benachrichtigung ist allerdings grds. die Mitteilung dass, auf welcher Grundlage und für welche Zeitdauer die konkrete Freiheitsentziehung des Betroffenen angeordnet bzw. verlängert worden ist; um dem Zweck der Vorschrift (vgl. Rn. 1) zu genügen, ist auch der genaue Ort, an dem die Freiheitsentziehung vollzogen wird, bzw. die Stelle (idR die antragstellende Behörde) zu bezeichnen, die über den genauen Aufenthalt des Betroffenen während der Dauer seiner Freiheitsentziehung Auskunft geben kann.

---

[3] Vgl. BT-Drucks. 16/6308, S. 276.

Buch 8. Verfahren in Aufgebotssachen

Abschnitt 1. Allgemeine Verfahrensvorschriften

§ 433 Aufgebotssachen

Aufgebotssachen sind Verfahren, in denen das Gericht öffentlich zur Anmeldung von Ansprüchen oder Rechten auffordert, mit der Wirkung, dass die Unterlassung der Anmeldung einen Rechtsnachteil zur Folge hat; sie finden nur in den durch Gesetz bestimmten Fällen statt.

Übersicht

	Rn.		Rn.
I. Normzweck	1	3. Landesrechtliche Regelungen	11, 11 a
II. Die Legaldefinition	2–7	4. Bundesrechtliche Sonderregelungen	12–18
1. Definition	2	a) Zwangsversteigerung	13
2. Die einzelnen Begriffselemente	3–7	b) Grundpfandrechte	14
a) Aufforderung	3	c) Staatliche Einwirkungen	15
b) Öffentlich	4	d) Postbank	16
c) Gegenstand	5	e) Grundbuchamt	17
d) Unterlassen	6	f) AROV	18
e) Gerichtliches Verfahren	7	5. Außergerichtliche Aufgebote	19
III. Regelungsbereich; ähnliche Verfahren	8–19	**IV. Die gerichtliche Zuständigkeit**	20–22
1. Zuordnung	8	1. Sachliche Zuständigkeit	20
2. Regelungsbereich	9, 10	2. Örtliche Zuständigkeit	21
		3. Funktionelle Zuständigkeit	22

I. Normzweck

Die Norm beschreibt den Begriff der Aufgebotssachen (Rn. 2) und regelt die – an sich selbstverständliche – Gesetzesgebundenheit der Verfahrenszulassung. **1**

II. Die Legaldefinition

1. Definition. Als Aufgebotsverfahren im Sinne des 8. Buches ist anzusehen die öffentliche **2** gerichtliche Aufforderung an unbestimmte oder unbekannte Beteiligte zur Anmeldung bestimmter Rechte, wobei für den Fall der Nichtanmeldung (Verschweigung) ein bestimmter Rechtsnachteil, insbesondere der Verlust oder die Minderung des Rechts angedroht wird.

2. Die einzelnen Begriffselemente. a) Aufforderung. Die Aufforderung muss vom **Gericht 3** (der freiwilligen Gerichtsbarkeit, s. Rn. 8) ausgehen, ohne dass es auf die Rechtsnatur des infrage stehenden Rechtsverhältnisses ankäme. Zur gerichtlichen Zuständigkeit s. Rn. 20 ff.

b) Öffentlich. Die Aufforderung muss **öffentlich** sein, dh. sie muss sich allgemein an die Öffent- **4** lichkeit wenden, weil der Betroffene unbestimmt oder unbekannt ist. Das Öffentlichkeitsgebot wird durch die Bekanntmachungs-(Veröffentlichungs-)regeln der §§ 435, 436 konkretisiert.

c) Gegenstand. Die Aufforderung muss die Anmeldung von Ansprüchen oder Rechten bei dem **5** Gericht zum **Gegenstand** haben. Zur Anmeldung s. § 438 Rn. 2. Sie ist die bloße Behauptung der Rechtsinhaberschaft; Geltendmachung, die Glaubhaftmachung oder gar der Nachweis des Rechts werden grundsätzlich nicht verlangt, vgl. jedoch § 439 Abs. 1. Die Anmeldung muss beim Aufgebotsgericht geschehen; die Anmeldung innerhalb eines anderen Verfahrens, wenngleich bei demselben Amtsgericht, genügt nicht.

d) Unterlassen. Das **Unterlassen** der Anmeldung muss einen – in der öffentlichen Bekannt- **6** machung genau zu bezeichnenden (vgl. § 434 Abs. 2 Nr. 3) – **Rechtsnachteil** zur Folge haben. Er kann in der künftigen Erschwerung der Rechtsverfolgung bestehen, oder aber in einem Verlust des

§ 433 7–12   Buch 8. Abschnitt 1. Allgemeine Verfahrensvorschriften

Rechts. Der Eintritt des Rechtsnachteils ist nicht zwingend mit dem Erlass eines Ausschlussbeschlusses verknüpft; bei Verfahren auf Grund landesrechtlicher Vorschriften (s. Rn. 11) wird zuweilen auf eine gerichtliche Entscheidung verzichtet und der Rechtsnachteil tritt von selbst ein.

7   **e) Gesetzliches Verfahren.** Das Verfahren muss **gesetzlich** (§ 12 EGZPO), dh. durch Rechtsnorm angeordnet bzw. zugelassen sein. Dies ist freilich die geradezu selbstverständliche Voraussetzung jedes gerichtlichen Verfahrens. Man könnte die Norm deshalb auch dahin verstehen, dass sie nur in den in den §§ 442–484 geregelten Fällen und in Fällen in denen auf die §§ 433 ff. verwiesen wird, das hier geregelte Verfahren Platz greifen lässt.

III. Regelungsbereich; ähnliche Verfahren

8   **1. Zuordnung.** Bis zum Inkrafttreten des FamFG war das Aufgebotsverfahren in den §§ 946–1024 ZPO geregelt und damit ein Teil der ordentlichen streitigen Gerichtsbarkeit. Es wurde jedoch immer wieder darauf hingewiesen, dass es seiner Konzeption nach der Freiwilligen Gerichtsbarkeit zuzuordnen sei.[1] Da es angesichts der Vielgestaltigkeit der Vorgänge kaum möglich ist, eine Definition im materiellen Sinne zu finden,[2] wird heute allgemein angenommen, dass die Zuordnung sich an der verfahrensmäßigen Unterstellung orientiere.[3] Das Aufgebotsverfahren ist mithin **nunmehr,** da im FamFG geregelt, ein Verfahren der Freiwilligen Gerichtsbarkeit. Soweit das FamFG keine eigenständigen Regelungen enthält, ist auf eine Anwendung von Normen der ZPO verwiesen; für Altverfahren und Übergangsfälle s. Art 111 FGG – RG.

9   **2. Regelungsbereich.** Das Gesetz regelt in den §§ 433–441 das **Verfahren allgemein,** dh. für alle Aufgebotsarten; soweit keine speziellen Regelungen bestehen, gelten die des ersten Buches.

10 Sodann regelt das Gesetz verschiedene **Aufgebotsarten:**
– in den §§ 442–445 die Ausschließung von Grundstückseigentümern,
– in § 446 die Ausschließung von Schiffseigentümern,
– in den §§ 447–451 die Ausschließung von Grundpfandrechtsgläubigern,
– in § 452 die Ausschließung von Schiffshypothekengläubigern,
– in § 453 die Ausschließung anderer dinglich Berechtigter,
– in den §§ 454–463 die Ausschließung von Nachlassgläubigern,
– in § 464 die Ausschließung von Gesamtgutsgläubigern,
– in § 465 das Aufgebot von Schiffsgläubigern,
– in §§ 465–483 das Aufgebot zur Kraftloserklärung von Urkunden.

11 **3. Landesrechtliche Regelungen.** Wie kein anderen Verfahren wird das Aufgebotsverfahren durch landesrechtliche Besonderheiten beeinflusst. Dabei ist zu unterscheiden: In vielen Fällen ist das Verfahren zwar den §§ 433 ff. zugeordnet; es bestehen jedoch in Bezug auf **Einzelheiten** besondere **landesrechtliche Regelungen.** Darauf wird in der Kommentierung der betroffenen Vorschriften jeweils hingewiesen.

11a Daneben bestehen, auf Grund der Ermächtigung in § 11 EGZPO, einige wenige eigenständige **landesrechtliche Verfahren** besonderer Art, auf die die §§ 946 ff. insgesamt nicht anwendbar sind. Zu den landesrechtlich beeinflussten bzw. gestalteten Verfahren gehören in erster Linie die Vorschriften für die Kraftloserklärung der in § 808 BGB genannten Urkunden (Art. 102 Abs. 2 EG-BGB),[4] für Kuxscheine[5] oder für Fischereigerechtigkeiten.[6]

12 **4. Bundesrechtliche Sonderregelungen.** Kraft Bundesrechts bestehen Sonderverfahren, für die zum Teil die §§ 433 ff. insgesamt unanwendbar oder doch teilweise durch Sonderregelungen suspendiert sind. Zu nennen sind:

---

[1] LG Frankenthal Rpfleger 1983, 413; *Meyer-Stolte* Rpfleger 1981, 321; *Wenckstern* DNotZ 1993, 556.
[2] *Keidel/Zimmermann* § 1 Rn. 4.
[3] Vgl. § 23a GVG; *Keidel/Zimmermann* Rn. 6.
[4] Baden-Württemberg: § 34 SparkassenG v. 19. 7. 2005 (GBl. S. 587); Bayern: Art. 33 ff. AGBGB v. 20. 9. 1982 (GVBl. S. 803 u. 2003 S. 497); Berlin: § 7 AGZPO v. 6. 10. 1899 (PrGS S. 325, geänd. dch. G. v. 17. 3. 1994, GVBl. S. 86); Bremen: § 2 AGZPO u. AGZVG v. 19. 3. 1963 (GBl. S. 51, geänd. dch. G. v. 28. 5. 2002, GBl. S. 131); Hamburg: § 4 AGZPO v. 22. 12. 1899 (Slg. I 3210–6, geänd. dch. G. v. 1. 7. 1993 GVBl. S. 141); Niedersachsen: § ##2 G. v. 18. 12. 1959 (GVBl. S. 149), §§ 53 ff. StaatsbankG v. 20. 12. 1919 (GVBl. Sb II, S. 760); Nordrhein-Westfalen: § 7 AGZPO v. 24. 3. 1879 (SGV NW 321, geänd. dch. G. v. 18. 5. 2004 GVBl. S. 248); Rheinland-Pfalz: § 2 AGZPO v. 30. 8. 1974 (GVBl. S. 371, geänd. dch. G. v. 5. 4. 2005, GVBl. S. 95); Saarland: § 38 AGJusG v. 5. 2. 1997 (ABl. S. 258, geänd. dch. G. v. 7. 11. 2001, ABl. S. 2158); Schleswig-Holstein: § 7 AGZPO v. 24. 3. 1879 (GS S. 310, geänd. dch. G. v. 17. 12. 1991, GS S. 693).
[5] § 10 PreußAGZPO, fortgeltend in Berlin, Nordrhein-Westfalen und im Saarland.
[6] § 9 PreußAGZPO (vgl. Fn. 5).

a) Zwangsversteigerung. Das dem Vollstreckungsgericht zugewiesene **Aufgebotsverfahren** 13 zur Ausschließung eines **unbekannten Berechtigten** nach §§ 138, 140, 141 ZVG. Es wird von dem im Verteilungsplan des Zwangsversteigerungs- oder Zwangsverwaltungsverfahrens als sog. Hilfsberechtigtem bezeichneten Inhaber eines nachrangigen, nicht gedeckten Befriedigungsanspruches betrieben, um den unbekannten Berechtigten eines vorrangigen Anspruches ausschließen zu lassen und damit die eigene Befriedigung zu ermöglichen.

b) Grundpfandrechte. Ist der für ein **Grundpfandrecht** erteilte **Brief** infolge **Kriegseinwir-** 14 **kung**, im Zusammenhang mit besatzungsrechtlichen oder besatzungshoheitlichen Enteignungen von Banken oder Versicherungen im Beitrittsgebiet, oder, was gleichgestellt wird,[7] anlässlich der Vertreibung der Deutschen aus den Gebieten östlich der Oder-Neiße-Linie oder bei einer Plünderung durch Besatzungstruppen vernichtet worden oder abhanden gekommen, so kann vor dem Grundbuchamt gem. § 25 GBMaßnG v. 20. 12. 1963 (BGBl. I S. 986) ein vereinfachtes Verfahren zur Erteilung eines neuen Briefes betrieben werden. Eines Verfahrens nach § 1162 BGB bedarf es nicht; für einen darauf gerichteten Antrag fehlt das Rechtsschutzbedürfnis.

c) Staatliche Einwirkungen. Kann ein **Grundpfandrechtsbrief** nicht vorgelegt werden, weil 15 ihn der Berechtigte infolge von **Maßnahmen anderer Staaten** (insbesondere Enteignungsmaßnahmen), die im Bundesgebiet nicht wirksam sind, nicht mehr in Besitz hat, so bietet das „Gesetz über die Kraftloserklärung von Hypotheken-, Grundschuld- und Rentenschuldbriefen in besonderen Fällen" v. 18. 4. 1950 (BGBl. I S. 88), v. 20. 12. 1951 (BGBl. I S. 830), v. 25. 12. 1955 (BGBl. I S. 867) und v. 29. 4. 1960 (BGBl. I S. 287) ein besonderes Verfahren.[8]

d) Postbank. Für **Postsparbücher** besteht nach Nr. 8 der Bedingungen f. d. Sparverkehr der 16 Postbank ein vereinfachtes Verfahren bei dieser;[9] der Kunde kann dem jedoch widersprechen, dann ist das Verfahren nach §§ 433 ff. zulässig.

e) Grundbuchamt. Wird für ein bisher nicht gebuchtes Grundstück ein Grundbuchblatt ange- 17 legt, so kann das Grundbuchamt gemäß §§ 120, 121 GBO zur **Ermittlung des Eigentümers** ein Aufgebotsverfahren besonderer Art (von Amts wegen) anordnen und durchführen.

f) AROV. In § 15 GBBerG ist ein Aufgebotsverfahren vor dem Bundesamt zur Regelung offener 18 Vermögensfragen vorgesehen. Es dient der Ausschließung unbekannter Eigentümer von restitutionsbefangenen Vermögensgegenständen im Falle von § 10 Abs. 1 S. 1 Nr. 7 EntschG.

5. Außergerichtliche Aufgebote. Ungeachtet der vereinzelten Bezeichnung als „Aufgebot" 19 oder „Aufgebotsverfahren" fallen die nachstehenden Verfahren, die nicht vor dem Gericht, sondern vor Verwaltungsbehörden oder gar ohne hoheitliche Mitwirkung durchzuführen sind, nicht unter die Bestimmungen der §§ 433 ff.:
– das Aufgebot bei **Kraftfahrzeugbriefen** nach § 25 Abs. 2 StVZO;
– die **öffentlichen Aufforderungen** (Aufgebote) nach § 267 AktG, § 82 Abs. 2 GenG, § 65 Abs. 2 GmbHG;
– das Aufgebot der **Nachlassgläubiger** nach § 2061 BGB;
– die auf Grund Art. 102 Abs. 2 EGBGB nach Landesrecht zulässigen Aufgebote von **Sparbüchern** bei den jeweiligen Kreditinstituten.

IV. Die gerichtliche Zuständigkeit

1. Sachliche Zuständigkeit. Zuständig ist das Amtsgericht nach § 23a Abs. 1 Nr. 2, Abs. 2 20 Nr. 7 GVG.

2. Örtliche Zuständigkeit. Sie ist bei den einzelnen Aufgebotsarten unterschiedlich geregelt, 21 vgl. § 442 Abs. 2, § 446 Abs. 2, § 447 Abs. 2, § 452 Abs. 2, § 454 Abs. 2; § 465 Abs. 2; § 466 Abs. 1, 2.

3. Funktionelle Zuständigkeit. Nach § 3 Nr. 1 lit c RpflG ist der Rechtspfleger zuständig. Der 22 bisherige Vorbehalt in § 20 Nr. 2 RpflG ist weggefallen, da ein obligater Aufgebotstermin nicht mehr vorgeschrieben ist und das bisherige Ausschlussurteil (§ 952 Abs. 2 aF ZPO) durch einen im Büroweg ergehenden Beschluss ersetzt wurde, vgl. Erl. zu § 439.

---

[7] Vgl. MünchKommBGB/*Eickmann* § 1162 Rn. 16 m. weit. Nachw.
[8] Vgl. dazu *Fabian* NJW 1952, 925 und *Dohse* HW 1955, 463 (allgemein) sowie BGH MDR 1959, 100; LG Kiel DNotZ 1950, 343; LG Nürnberg-Fürth DNotZ 1950, 477; LG Berlin DNotZ 1951, 87 (Einzelfragen).
[9] *Wieczorek/Schütze/Weber* Vor § 946 ZPO Rn. 22.

§ 434 Antrag; Inhalt des Aufgebots

(1) Das Aufgebotsverfahren wird nur auf Antrag eingeleitet.

(2) ¹Ist der Antrag zulässig, so hat das Gericht das Aufgebot zu erlassen. ²In das Aufgebot ist insbesondere aufzunehmen:
1. Die Bezeichnung des Antragstellers;
2. die Aufforderung, die Ansprüche und Rechte bis zu einem bestimmten Zeitpunkt bei dem Gericht anzumelden (Anmeldezeitpunkt);
3. die Bezeichnung der Rechtsnachteile, die eintreten, wenn die Anmeldung unterbleibt.

I. Normzweck

1 Die Norm regelt, dass das Aufgebotsverfahren als **Antragsverfahren** ausgestaltet ist. Charakteristisch für die gesetzliche Regelungssystematik ist jedoch, dass die Regelungen von Antragsberechtigung und Antragsinhalt sich nicht hier, sondern bei den Vorschriften über die einzelnen Aufgebotsverfahren finden.

2 In Abs. 2 enthält die Norm Mindesterfordernisse (vgl. Rn. 16) des **Aufgebotsinhaltes;** Ergänzungen ergeben sich aus dem materiellen Recht oder aus landesrechtlichen Vorschriften zu den verschiedenen Aufgebotsarten.

II. Der Antrag

3 **1. Antragsberechtigung. a) Grundsatz.** Das Gesetz regelt, der Vielgestaltigkeit der Aufgebotsfälle entsprechend, die Antragsberechtigung nicht einheitlich, sondern bei den einzelnen Aufgebotsarten. Entscheidender Zeitpunkt ist der der Antragstellung.

4 **b) Gleichartige Antragsberechtigte.** Sind **mehrere gleichartige Antragsberechtigte** (zB mehrere Eigentümer im Falle des § 448 Abs. 1) vorhanden, so üben sie ihr Antragsrecht grundsätzlich selbstständig aus; bei gesamthänderischer Berechtigung freilich müssen sie – ausgenommen §§ 460, 462 – gemeinsam handeln.

5 Davon zu unterscheiden ist die vereinzelte Zulassung **verschiedenartiger Antragsberechtigter** (zB in §§ 448 Abs. 2, 455 Abs. 2); sie handeln stets selbstständig und unabhängig von anderen Antragsberechtigten, auch wenn das Verfahren notwendig ein einheitliches ist.

6 **c) Unterbrechung.** Beim **Tod** eines Antragstellers oder Eintritt **anderer Unterbrechungsfälle** ist § 21 grundsätzlich anzuwenden. Tritt das maßgebliche Ereignis nach Antragstellung aber vor dem Anmeldezeitpunkt (Abs. 2 Nr. 2) ein, so bedarf es jedoch keiner Unterbrechung, weil eine weitere Mitwirkung des Antragstellers weder notwendig noch möglich ist.[1] Mit dem Anmeldezeitpunkt beginnt die Frist des § 437. Von jetzt an unterbricht der Tod (die Insolvenz usw.). Tritt der Unterbrechungsgrund vor Fristbeginn ein, wird die Frist nicht in Lauf gesetzt.

7 **d) Beitrittsrecht.** Sind mehrere Antragsberechtigte vorhanden, betreiben aber nicht alle das Verfahren, so war bis zur Übernahme der Todeserklärung in das VerschG in § 967 ZPO aF (heute gleichlautend: § 17 VerschG) ein Beitrittsrecht der anderen statt des ursprünglichen Antragstellers oder neben ihm vorgesehen. Eine entsprechende Anwendung dieses § 17 VerschG auf alle Aufgebotsarten ist im Hinblick auf die ausdehnende Wirkung des Verfahrens und die Notwendigkeit einheitlicher Erledigung geboten.[2]

8 **2. Form.** Die Antragsform entspricht § 23: Der Antrag kann schriftlich oder zu Protokoll der Geschäftsstelle gestellt werden, § 25 Abs. 1.

9 **3. Inhalt des Antrages.** Auch hier trifft das Gesetz neben § 23 keine allgemeine Regelung, sondern differenziert zwischen den Aufgebotsarten, wobei die erforderlichen Erklärungen auch häufig dem materiellen Recht zu entnehmen sind. Hinweise darüber finden sich bei den einzelnen Erläuterungen.

10 **4. Antragsrücknahme.** Der Antrag kann zurückgenommen werden; eine Zurücknahme nach Erlass des Aufgebots ist jedoch begrifflich nicht möglich, weil dann die Antragswirkung bereits eingetreten ist. Wird erst nach diesem Zeitpunkt die „Zurücknahme" erklärt, so ist dies als Verzicht auf den Verfahrensfortgang zu werten.

---

[1] Ebenso *Baumbach/Lauterbach/Hartmann* Einf. 5 vor § 433; *Keidel/Zimmermann* Rn. 6.
[2] *Stein/Jonas/Schlosser* Vor § 946 ZPO Rn. 10–12 (noch für §§ 946 ff. ZPO; das Problem besteht jedoch nach wie vor).

Zu beachten ist jedoch, dass bei einem Nebeneinander mehrerer Antragsteller bzw. Beigetretener 11
(s. Rn. 4 bis 8) die Antragsrücknahme durch einen von ihnen, nur dessen Verfahrensrechtsverhältnis
betrifft, so dass der Verfahrensfortgang als solcher nicht gehindert ist.

III. Die gerichtliche Prüfung und Entscheidung

1. Prüfung. Das Gericht hat nach Abs. 2 die Zulässigkeit des Antrages zu prüfen. Diese Ent- 12
scheidung geschieht grundsätzlich **ohne mündliche Verhandlung.** Es gibt jedoch durchaus Fälle,
in denen eine mündliche Verhandlung (Erörterung) mit dem Antragsteller sachgerecht erscheint, so
zB in den erfahrungsgemäß nicht seltenen Fällen, in denen dem Gericht erkennbar der Antragsteller
die Vor- und Nachteile der unterschiedlichen Aufgebotsarten nach §§ 1170 bzw. 1171 BGB nicht
gegeneinander abzuwägen verstand. Hier ist eine Belehrung nach § 139 geboten, die zwar auch
durch Hinweisverfügung geschehen kann, jedoch in bestimmten Fällen besser mündlich geschieht.
In solchen Fällen sollte von § 32 Gebrauch gemacht werden.

Die **Zulässigkeitsprüfung** umfasst 13
- die Zulässigkeit der begehrten Aufgebotsart schlechthin;
- die gerichtliche Zuständigkeit;
- die Antragsberechtigung des Antragstellers (vgl. Rn. 3);
- die allgemeinen Handlungsvoraussetzungen beim Antragsteller, wie Beteiligten- und Verfahrensfähigkeit, sowie ordnungsgemäße Vertretung;
- schließlich den vorgeschriebenen Antragsinhalt (Rn. 9).

2. Die möglichen Entscheidungen. a) Negativentscheidung. Bei **Zulässigkeitsmängeln** 14
hat das Gericht, nachdem dem Antragsteller Gelegenheit zur Ergänzung gegeben war, den Antrag
durch begründeten Beschluss zurückzuweisen. Gegen ihn ist die Beschwerde (§§ 58 ff.) statthaft. Der
zurückgewiesene Antrag kann jederzeit mit besserer Begründung und zulässigem Inhalt wiederholt
werden.

b) Positiventscheidung. Ist der Antrag zulässig, so ergeht die Positiventscheidung durch **Anord-** 15
nung des – inhaltsmäßig festzulegenden – **Aufgebots.** Auch sie ergeht in Beschlussform; sofern sie
nicht ausnahmsweise verkündet wurde (vgl. Rn. 12), ist sie gemäß § 41 Abs. 1 Satz 1 bekannt zu
geben.

IV. Der Inhalt des Aufgebots

Soweit **Abs. 2** Inhalte des Aufgebots festlegt, sind dies nur die nach allgemeiner Auffassung 16
unerlässlichen Mindestinhalte.[3] Fehlen sie oder sind sie falsch, so darf ein Ausschlussbeschluss nicht
ergehen.

Im Einzelnen ist zu bemerken: 17
- **Nr. 1:** Die Bezeichnung des Antragstellers sollte den Regeln des § 23 entsprechen, damit eine
eindeutige Identifizierung möglich ist.
- **Nr. 2:** Die Anmeldungsaufforderung kann mit den Worten des Gesetzes vorgenommen werden, sie kann
aber auch – durch Erläuterung und durch Hinweis auf die Zulässigkeit schriftlicher Anmeldungen
– ausführlicher gestaltet werden. Der Anmeldezeitpunkt ist konkret zu bezeichnen.
- **Nr. 3:** Die Rechtsnachteile, die beim Unterbleiben einer Anmeldung eintreten, sind je nach
Aufgebotsart zu bezeichnen. Das Aufgebot muss genau den entsprechenden Hinweis enthalten;
allgemein gefasste Hinweise auf den „Verlust des Gläubigerrechts" o. Ä. sind unzureichend.

§ 435 Öffentliche Bekanntmachung

(1) ¹Die öffentliche Bekanntmachung des Aufgebots erfolgt durch Aushang an der
Gerichtstafel und durch einmalige Veröffentlichung in dem elektronischen Bundesanzeiger, wenn nicht das Gesetz für den betreffenden Fall eine abweichende Anordnung getroffen hat. ²Anstelle des Aushangs an der Gerichtstafel kann die öffentliche Bekanntmachung
in einem elektronischen Informations- und Kommunikationssystem erfolgen, das im
Gericht öffentlich zugänglich ist.

(2) Das Gericht kann anordnen, das Aufgebot zusätzlich auf andere Weise zu veröffentlichen.

---

[3] *Stein/Jonas/Schlosser* § 946 ZPO Rn. 5, für hier übernehmbar. Wie hier: *Bumiller/Harders* Rn. 5.

I. Normzweck

1   Die Norm regelt die erforderliche öffentliche Bekanntmachung des Aufgebots. Die Regelungen gelten jedoch nur subsidiär; sie werden in großem Umfang durch die in der Norm selbst, sowie in den vorbehaltenen Sonderregeln des Bundes- und Landesrechts überlagert. Auf diese Sonderregelungen wird bei der Kommentierung der jeweiligen Aufgebotsarten hingewiesen.

II. Die öffentliche Bekanntmachung

2   **1. Zuständigkeit.** Die Bekanntmachung wird vom Urkundsbeamten der Geschäftsstelle auf Grund der Verfügung des Gerichts ausgeführt; Nachweise darüber sind zu den Akten zu bringen.

3   **2. Art.** Die Bekanntmachung geschieht – vorbehaltlich der in Rn. 1 angesprochenen Sonderregelungen – wie folgt:
   (1) durch Anheftung des Aufgebots an die Gerichtstafel;
   (2) durch einmalige Einrückung in den elektronischen Bundesanzeiger, wobei das Aufgebot vollständig einzurücken ist;
   (3) anstelle von (1) kann in einem im Gericht allgemein (!) zugänglichen Informationssystem publiziert werden;
   (4) außerdem kann gemäß Abs. 2, wenn das Gericht das besonders anordnet, wiederholt in den BAnz. oder (einmalig oder wiederholt) in andere Blätter eingerückt werden.

4   **3. Weitere Bekanntmachungen.** Neben der öffentlichen Bekanntmachung sind gesonderte Mitteilungen nur vorgesehen an den Antragsteller sowie in § 450 Abs. 5.

5   **4. Verstöße.** Wird die vorgeschriebene Form der Veröffentlichung nicht eingehalten, so darf ein Ausschlussbeschluss nicht ergehen.

§ 436 Gültigkeit der öffentlichen Bekanntmachung

Auf die Gültigkeit der öffentlichen Bekanntmachung hat es keinen Einfluss, wenn das Schriftstück von der Gerichtstafel oder das Dokument aus dem Informations- und Kommunikationssystem zu früh entfernt wurde oder wenn im Fall wiederholter Veröffentlichung die vorgeschriebenen Zwischenfristen nicht eingehalten sind.

I. Normzweck

1   Es soll verhindert werden, dass Irrtümer der Geschäftsstelle, insbesondere bei der Fristberechnung, die öffentliche Bekanntmachung zu Fall bringen.

II. Norminhalt

2   Die öffentliche Bekanntmachung (§ 435) ist wirksam, auch wenn landes- oder bundesrechtlich vorgeschriebene Aushangfristen nicht ausgeschöpft oder sog. Zwischenfristen nicht beachtet werden. Zwischenfristen sind die für den Fall mehrfacher Bekanntmachung vorgeschriebenen Fristen zwischen den einzelnen Bekanntmachungen. Sie sind nicht mit den Aufgebotsfristen (vgl. § 437) oder den in §§ 471 bis 475 vorgesehenen Fristen zu verwechseln.

§ 437 Aufgebotsfrist

Zwischen dem Tag, an dem das Aufgebot erstmalig in einem Informations- und Kommunikationssystem oder im elektronischen Bundesanzeiger veröffentlicht wird, und dem Anmeldezeitpunkt muss, wenn das Gesetz nicht eine abweichende Anordnung enthält, ein Zeitraum (Aufgebotsfrist) von mindestens sechs Wochen liegen.

I. Normzweck

1   Die Norm schreibt eine **Mindestfrist** vor, die zwischen der ersten Einrückung der öffentlichen Bekanntmachung und dem Anmeldezeitpunkt (§ 434 Abs. 2 Nr. 2) liegen muss, und bezeichnet diese Frist im Wege der Legaldefinition als **Aufgebotsfrist**. Sie soll, angesichts der meist weitreichenden Folgen des Ausschlusses, die Chance der Kenntniserlangung und Rechtswahrung gewähren.

Die Regelung gilt jedoch nur **subsidiär**; sie wird in großem Umfange durch die vorbehaltenen **Sonderregeln** des Landesrechts überlagert. Auch in den §§ 451 Abs. 2, 453 Abs. 1, 458 Abs. 2, 465 Abs. 5, 471 ff, 483, 484 finden sich Sonderregelungen. Auf die für die verschiedenen Aufgebotsarten geltenden Fristen wird bei deren Kommentierung jeweils hingewiesen.

II. Die Aufgebotsfrist

Aufgebotsfrist ist der Zeitraum, der zwischen der einmaligen oder der Ersten von mehreren Einrückungen in den elektronischen Bundesanzeiger (§ 435) bzw. das anderweitig bestimmte Publikationsorgan und dem Anmeldezeitpunkt liegt. Ohne Belang ist der Aushang an der Gerichtstafel oder die fakultative Einrückung nach § 435 Abs. 2.

Die **Verletzung** der Vorschriften über die Aufgebotsfrist ist Beschwerdegrund für eine Anfechtung des Ausschließungsbeschlusses. Vor dessen Erlass kann Wiedereinsetzung nach § 439 Abs. 4 beantragt werden.

§ 438 Anmeldung nach dem Anmeldezeitpunkt

Eine Anmeldung, die nach dem Anmeldezeitpunkt, jedoch vor dem Erlass des Ausschließungsbeschlusses erfolgt, ist als rechtzeitig anzusehen.

I. Normzweck

Das Gesetz regelt die zeitliche Zulässigkeit von Anmeldungen, ohne diesen Begriff selbst jedoch zu erläutern (vgl. dazu Rn. 2).

II. Der Begriff der Anmeldung

1. Rechtsnatur. „Anmeldung" ist die dem Gericht gegenüber abzugebende Erklärung, dass dem Anmeldenden ein Recht zustehe, das durch das Verfahren ausgeschlossen werden soll.[1] Sie hat die Rechtsfolgen des § 440 oder die Aufrechterhaltung des angemeldeten Rechts zum Ziel, ist also Verfahrenshandlung in der Form der sog. Erwirkungshandlung.

2. Voraussetzungen. a) Allgemein. Der Anmeldende muss die allgemeinen **Handlungsvoraussetzungen** erfüllen.

b) Zuständigkeit. Die Anmeldung muss gegenüber dem **Aufgebotsgericht** geschehen; „Anmeldungen" in anderen Verfahren (zB von Nachlassgläubigern im Nachlassverfahren) genügen nicht.[2]

c) Form. Die Anmeldung kann schriftlich oder zu **Protokoll** der Geschäftsstelle erklärt werden.

d) Inhalt. Inhalt der Anmeldung ist die bloße Rechtsbehauptung; eine Begründung wird grundsätzlich nicht verlangt, vgl. jedoch §§ 459 Abs. 1, 477.

e) Zeitpunkt. Die Anmeldung muss **rechtzeitig** geschehen. Sie kann angebracht werden, solange der Ausschließungsbeschluss noch nicht nach § 45 Wirksamkeit erlangt hat; der Begriff „Erlass" findet sich in § 34 Abs. 3 S. 3. Man hat die Regelung dahin zu verstehen, dass der Begriff den innergerichtlichen Vorgang der Beschlussabsetzung (vor dessen Hinausgabe oder Bekanntgabe) anspricht; in diesem Fall bedürfte eine Abänderung jedoch keiner gesetzlichen Regelung. Trotz gewisser praktischer Erschwernisse wird man an den Zeitpunkt des § 45 anknüpfen müssen.[3]

§ 439 Erlass des Ausschließungsbeschlusses; Beschwerde; Wiedereinsetzung und Wiederaufnahme

(1) Vor Erlass des Ausschließungsbeschlusses kann eine nähere Ermittlung, insbesondere die Versicherung der Wahrheit einer Behauptung des Antragstellers an Eides statt, angeordnet werden.

---

[1] *Stein/Jonas/Schlosser* Rn. 1 (zu § 951 ZPO; der Begriff ist auch im geltenden Recht derselbe).
[2] OLG Karlsruhe OLG Rspr. 42, 22; *Stein/Jonas/Schlosser*, wie Rn. 1 (beide zum alten Recht); *Baumbach/Lauterbach/Hartmann* Rn. 1.
[3] Ebenso *Baumbach/Lauterbach/Hartmann* Rn. 1, der jedoch auf § 40 abstellt. Auf § 38 Abs. 3 stellt *Keidel/Zimmermann* (Rn. 4) ab.

§ 440   Buch 8. Abschnitt 1. Allgemeine Verfahrensvorschriften

(2) Die Endentscheidung in Aufgebotssachen wird erst mit Rechtskraft wirksam.
(3) § 61 Abs. 1 ist nicht anzuwenden.
(4) ¹ Die Vorschriften über die Wiedereinsetzung finden mit der Maßgabe Anwendung, dass die Frist, nach deren Ablauf die Wiedereinsetzung nicht mehr beantragt oder bewilligt werden kann, abweichend von § 18 Abs. 3 fünf Jahre beträgt. ² Die Vorschriften über die Wiederaufnahme finden mit der Maßgabe Anwendung, dass die Erhebung der Klagen nach Ablauf von zehn Jahren, von dem Tag der Rechtskraft des Ausschließungsbeschlusses an gerechnet, unstatthaft ist.

I. Normzweck

1   Die Norm enthält sehr verschiedenartige Regelungen. Abs. 1 enthält eine Vorschrift für die Amtsermittlung des Sachverhalts, Abs. 2 und 3 regeln das Wirksamwerden der Endentscheidung, Abs. 4 befasst sich mit Ergänzungen von §§ 17–19, 48 Abs. 2. Insgesamt versucht der Gesetzgeber mit diesen Regelungen die doch recht weitgehenden Auswirkungen des Verfahrens durch eine gewisse Verfahrensstrenge zu rechtfertigen.

II. Die Tatsachenermittlung

2   Abs. 1 ermöglicht dem Gericht „nähere Ermittlungen". Wie *Hartmann* richtig bemerkt,[1] wäre dies – ohne dass es erneut geregelt werden müsste – schon aus §§ 26, 27, 31 ableitbar. Der Sinn der Regelung kann deshalb wohl nur dahin verstanden werden, dass es zur grundsätzlichen Pflicht des Gerichts gehört, die angesprochene Versicherung an Eides statt anzuordnen; die Norm enthält mithin gegenüber dem in der allgemeinen Normen eingeräumten Ermessen eine Ermessensreduzierung, die ein Absehen von der Glaubhaftmachung nur in Ausnahmefällen erlaubt.
3   Ausnahmen sind unzulässig in §§ 444, 449, 450.
4   Soweit das Gesetz allgemein die Glaubhaftmachung anordnet (zB § 468 Nr. 2) gilt § 31.

III. Entscheidungswirksamkeit

5   Abs. 2 enthält eine Ausnahme von § 40. Dass die Endentscheidung erst mit ihrer Rechtskraft wirksam wird, folgt aus der rechtsgestaltenden Wirkung des Ausschließungsbeschlusses. Für die Negativentscheidung (Antragsablehnung, Aussetzung nach § 440) wäre eine solche Regelung nicht erforderlich, ist aber möglich.
6   Gegen die Endentscheidung ist die Beschwerde des § 58 statthaft. Der in § 61 Abs. 1 für vermögensrechtliche Angelegenheiten vorgeschriebene Beschwerdewert ist in Aufgebotssachen nicht anzuwenden.

IV. Wiedereinsetzung und Wiederaufnahme

7   **1. Wiedereinsetzung.** Sie ist nach §§ 17–19 bei Versäumung gesetzlicher Fristen statthaft. Die in § 18 Abs. 3 vorgesehene Frist beträgt in Aufgebotssachen fünf Jahre.
8   Angesprochen ist in erster Linie die Anfechtung der Endentscheidung. Zweifelhaft ist, ob eine Wiedereinsetzung auch bei § 438 möglich ist. Man wird das bejahen müssen, freilich ist dann zur Durchsetzung des geltend gemachten Rechts in den meisten Fällen die Anfechtung (Wiederaufnahme) der Endentscheidung erforderlich.
9   **2. Wiederaufnahme.** Sie findet gem. § 48 Abs. 2 in entsprechender Anwendung der §§ 578 ff. ZPO gegen rechtskräftig gewordene Endentscheidungen statt. Die Frist des § 586 Abs. 2 Satz 2 ZPO beträgt hier 10 Jahre ab Rechtskraft des Ausschließungsbeschlusses.

§ 440 Wirkung einer Anmeldung

Bei einer Anmeldung, durch die das von dem Antragsteller zur Begründung des Antrags behauptete Recht bestritten wird, ist entweder das Aufgebotsverfahren bis zur endgültigen Entscheidung über das angemeldete Recht auszusetzen oder in dem Ausschließungsbeschluss das angemeldete Recht vorzubehalten.

---

[1] *Baumbach/Lauterbach/Hartmann* Rn. 2.

I. Normzweck

Die Norm unterscheidet zunächst die in ihr angesprochenen **rechtsbestreitenden Anmeldungen** (s. Rn. 4) von den nur in ihrer Rechtsfolge („Beschränkungen") geregelten **einschränkenden** Anmeldungen (vgl. Rn. 3). Für die erstgenannte Anmeldeart regelt sie deren Auswirkungen auf das Verfahren.

II. Anmeldungsarten

1. Uneigentliche Anmeldung. Sie liegt dann vor, wenn der „Anmelder" kein eigenes Recht behauptet, das vom angedrohten Rechtsnachteil erfasst würde, sondern Verfahrensvoraussetzungen bestreitet oder den Verfahrensgang rügt. In einem solchen Falle liefert sein Vorbringen lediglich Material für die ohnehin gebotene Amtsprüfung.

2. Echte Anmeldungen. a) Einschränkungen. Eine lediglich **einschränkende** Anmeldung liegt vor, wenn das behauptete Recht das des Antragstellers nicht ausschließt, also mit dessen Recht nicht kollidiert. Hauptfall ist die Anmeldung einer Nachlassverbindlichkeit im Verfahren nach §§ 454 ff. Hier liegt kein Fall des § 440 vor.

b) Kollisionen. Die hier angesprochene **rechtsbestreitende** Anmeldung ist dadurch gekennzeichnet, dass sie mit dem Recht des Antragstellers kollidiert: nur eine der beiden Rechtsbehauptungen kann richtig sein (Beispiel: Im Falle des § 455 meldet sich ein näherer Erbe),[1] oder das angemeldete Recht – besteht es – ist stärker als das Recht des Antragstellers (Beispiel: Im Falle des § 442 meldet sich der wahre Eigentümer). Nur diese Fälle regelt § 440.

III. Verfahrensfolge der echten Anmeldungen

1. Einschränkende Anmeldung. Eine wirksame einschränkende Anmeldung (zum Begriff Rn. 3) führt dazu, dass der Ausschließungsbeschluss mit einer Beschränkung versehen wird. Es wird also zB der Rechtsnachteil des § 458 ausgesprochen, jedoch beschränkt auf die Gläubiger, die sich verschwiegen haben, dh. mit Ausnahme der namentlich zu benennenden Anmelder.

Diese Beschränkung kann mit der Beschwerde angefochten werden. Im Beschwerdeverfahren kann jedoch angesichts des Ausschlusses jeder materiellen Rechtsprüfung aus dem Angebotsverfahren[2] nur gerügt werden, es habe keine wirksame Anmeldung vorgelegen oder der angemeldete Anspruch sei zweifelsfrei keine Nachlassverbindlichkeit.

2. Rechtsbestreitende Anmeldungen. a) Entscheidung. Auch hier gilt, dass das Aufgebotsverfahren nicht über die geltend gemachten bzw. behaupteten materiellen Rechte zu entscheiden hat; dies bleibt auf jeden Fall dem ordentlichen Zivilprozess vorbehalten. Dem Gericht stehen bei Vorliegen einer wirksamen rechtsbestreitenden Anmeldung (zum Begriff s. Rn. 4) **zwei Entscheidungsmöglichkeiten** zur Verfügung: Aussetzung (Rn. 8) oder Erlass des Ausschließungsbeschlusses mit Vorbehalt (Rn. 11).

b) Aussetzung. Auszusetzen ist dann, wenn Antrag und Anmeldung dergestalt kollidieren, dass von den beiden Rechtsbehauptungen nur eine richtig sein kann.[3] Die Aussetzung geschieht durch Beschluss. Nach § 58 kann die Aussetzung mit der Beschwerde angefochten werden. Im Beschwerdeverfahren kann nur gerügt werden, dass überhaupt keine wirksame Anmeldung vorliege, oder dass die Anmeldung zwar wirksam sein aber nach oben Rn. 7 bzw. nach unten Rn. 11 zu behandeln gewesen wäre.

Die Aussetzung gibt den Beteiligten Gelegenheit, im **ordentlichen Verfahren** die Rechtslage einer Klärung zuzuführen. Regelmäßig wird der Anmelder Kläger sein, denn Streitgegenstand ist das Recht des Anmeldenden, nicht das des Antragstellers (vgl. den Wortlaut der Norm: „... Entscheidung über das angemeldete Recht ..."); die Zulässigkeit einer negativen Feststellungsklage des Antragstellers wird jedoch allgemein bejaht.[4]

Obsiegt der **Anmelder,** so wird der Antrag auf Erlass des Ausschlussbeschlusses zurückgewiesen. Obsiegt der **Antragsteller,** so ergeht ein vorbehaltloser Beschluss.

---

[1] *Stein/Jonas/Schlosser* § 953 ZPO Rn. 2.
[2] BGHZ 76, 169 = NJW 1980, 1521.
[3] *Stein/Jonas/Schlosser* § 935 ZPO Rn. 3; *Keidel/Zimmermann* Rn. 7.
[4] RG JW 1892, 496; *Stein/Jonas/Schlosser* § 953 ZPO Rn. 3; *Bumiller/Harders* Rn. 5.

11 c) **Vorbehalt.** Liegt eine wirksame rechtsbestreitende Anmeldung vor, die jedoch **nicht** zur **Aussetzung** nötigt (Rn. 8) so ergeht **Ausschlussbeschluss,** in dem das angemeldete Recht vorbehalten wird.

12 Gegen den **Vorbehalt** ist die **Beschwerde** statthaft. Auch hier kann jedoch das Beschwerdegericht nicht in der Sache entscheiden; der Beschwerdeführer kann nur vorbringen, es habe keine wirksame Anmeldung vorgelegen oder, die Anmeldung hätte wie in Rn. 8 behandelt werden müssen. Der Vorbehalt verschafft dem Anmelder keine materielle Position, die er nicht ohnehin innehat; sie wahrt ihm diese nur gegenüber dem Antragsteller, so sie besteht. Auch hier kann endgültige Klärung nur im ordentlichen Zivilprozess gesucht werden. Dessen Gegenstand sind nicht die Ausschlussvoraussetzungen,[5] sondern das angemeldete Recht. Ist es stärker als das Recht des Antragstellers, so obsiegt der Anmelder, die Ausschlusswirkung tritt ihm gegenüber nicht ein und er kann sein Recht weiter verfolgen. Obsiegt der Antragsteller, so wird er so behandelt, als ob zu seinen Gunsten ein vorbehaltloser Ausschlussbeschluss ergangen wäre.[6]

§ 441 Öffentliche Zustellung des Ausschließungsbeschlusses

[1] Der Ausschließungsbeschluss ist öffentlich zuzustellen. [2] Für die Durchführung der öffentlichen Zustellung gelten die §§ 186, 187, 188 der Zivilprozessordnung entsprechend.

I. Normzweck

1 Die Norm beschränkt die Bekanntgabe des Ausschließungsbeschlusses auf die öffentliche Zustellung. Wenigstens an den Antragsteller und an die Anmelder sollte man eine persönliche Bekanntgabe vorsehen. Der Gesetzgeber verzichtet darauf, vielleicht mit Rücksicht auf die Tatsache, dass in dem Aufgebotstermin des bisherigen Rechts erfahrungsgemäß niemand erschien, mithin ein gesteigertes Interesse der Beteiligten nicht erkennbar ist. Dem einfachen Informationsbedürfnis mag die öffentliche Zustellung genügen.

II. Regelungsgegenstand

2 Die Norm erfasst nur den Ausschließungsbeschluss, jede andere Endentscheidung ist mithin nach den allgemeinen Regeln bekannt zu geben.

III. Durchführung

3 Für die öffentliche Zustellung ist auf die §§ 186–188 ZPO verwiesen. Das bedeutet, dass zunächst – überflüssigerweise – das Gericht einen Beschluss nach § 186 Abs. 1 ZPO erlassen muss.

4 Sodann ist die in § 186 Abs. 2 ZPO geregelte Benachrichtigung auszuhängen oder in ein elektronisches Informationssystem einzustellen. Zusätzliche Veröffentlichungen der Bekanntmachung sind nach § 187 ZPO möglich. Sie empfehlen sich, wenn es sich um ein Aufgebot von überregionaler Bedeutung (Wertpapiere, evtl. Nachlassgläubiger) handelt. Die Zustellung gilt nach Ablauf eines Monats seit dem Aushang als bewirkt, § 188 ZPO. Von diesem Zeitpunkt an läuft die Rechtsmittelfrist.

---

[5] BGH (Fn. 2).
[6] RGZ 67, 95, 100; *Keidel/Zimmermann* Rn. 10.

Abschnitt 2. Aufgebot des Eigentümers von Grundstücken, Schiffen und Schiffsbauwerken

§ 442 Aufgebot des Grundstückseigentümers; örtliche Zuständigkeit

(1) Für das Aufgebotsverfahren zur Ausschließung des Eigentümers eines Grundstücks nach § 927 des Bürgerlichen Gesetzbuchs gelten die nachfolgenden besonderen Vorschriften.

(2) Örtlich zuständig ist das Gericht, in dessen Bezirk das Grundstück belegen ist.

§ 443 Antragsberechtigter

Antragsberechtigt ist derjenige, der das Grundstück seit der in § 927 des Bürgerlichen Gesetzbuchs bestimmten Zeit im Eigenbesitz hat.

§ 444 Glaubhaftmachung

Der Antragsteller hat die zur Begründung des Antrags erforderlichen Tatsachen vor der Einleitung des Verfahrens glaubhaft zu machen.

§ 445 Inhalt des Aufgebots

In dem Aufgebot ist der bisherige Eigentümer aufzufordern, sein Recht spätestens zum Anmeldezeitpunkt anzumelden, widrigenfalls seine Ausschließung erfolgen werde.

§ 446 Aufgebot des Schiffseigentümers

(1) Für das Aufgebotsverfahren zur Ausschließung des Eigentümers eines eingetragenen Schiffes oder Schiffsbauwerks nach § 6 des Gesetzes über Rechte an eingetragenen Schiffen und Schiffsbauwerken (BGBl. III 403–4) gelten die §§ 443 bis 445 entsprechend.

(2) Örtlich zuständig ist das Gericht, bei dem das Register für das Schiff oder Schiffsbauwerk geführt wird.

I. Materielle Voraussetzungen

Nach **§ 927 BGB** kann der Eigentümer eines Grundstücks (grundstücksgleichen Rechts, Miteigentumsanteiles)[1] mit seinem Recht ausgeschlossen werden. Auf das fortgeltende Gebäudeeigentum ist § 927 BGB nicht anwendbar, Art. 233 § 4 Abs. 1 EGBGB. Voraussetzungen dafür sind: 1

1. Eigenbesitz (§ 872 BGB) des Antragstellers (§ 434 Rn. 3), der seit mindestens 30 Jahren andauert. Für die Fristberechnung gelten nach § 927 Abs. 1 S. 2 BGB die §§ 989 ff. BGB entsprechend. Besitzzeiten von Rechtsvorgänger und Rechtsnachfolger im Besitz werden zusammengerechnet (§ 943 BGB).[2] 2

2. Grundbuchinhalt. Hinzukommen muss ein im Hinblick auf das Eigentum entweder **unrichtiges** bzw. inhaltlich **unzulässiges Grundbuch,** dann bestehen über die Erfordernisse in Rn. 2 hinaus keine weiteren Voraussetzungen. Unrichtig ist das Grundbuch, wenn ein Nichteigentümer eingetragen ist.[3] Dies kann auch der Eigenbesitzer sein; ist er jedoch bereits seit 30 Jahren einge- 3

---

[1] AllgM; vgl. MünchKommBGB/*Kanzleiter* § 927 Rn. 3; str. bei „Anteil" eines Gesamthänders: bejahend *Kanzleiter* u. *Soergel/Stürner* § 927 BGB Rn. 1; ablehnend LG Aurich NJW-RR 1994, 1170; *Palandt/Bassenge* § 927 BGB Rn. 1; *Stein/Jonas/Schlosser* § 977 ZPO Rn. 1.
[2] OLG Bamberg NJW 1966, 1413 für Erbfolge.
[3] BGH WM 1978, 194; OLG Schleswig SchlHA 1954, 52; LG Bielefeld RdL 1960, 185.

tragen, so erwirbt er das Eigentum gemäß § 900 BGB, so dass es eines Aufgebotsverfahrens nicht bedarf. Inhaltlich unzulässig ist das Grundbuch, wenn überhaupt kein oder ein nach der Rechtsordnung nicht möglicher Eigentümer eingetragen ist, was freilich kaum vorkommen dürfte.

4 **3. Weitere Voraussetzungen.** Ist der **wahre Eigentümer** (oder sein Rechtsvorgänger) **eingetragen,** so treten zum Eigenbesitz- und Zeiterfordernis (Rn. 2) gemäß § 927 Abs. 1 S. 3 BGB **weitere Voraussetzungen:** der Eigentümer muss tot[4] oder verschollen sein (ohne dass es bei Verschollenheit eines förmlichen Todeserklärungsverfahrens bedürfte) und es darf seit 30 Jahren keine Eintragung im Grundbuch vorgenommen worden sein, die der Zustimmung des Eigentümers bedurfte. Dabei ist unerheblich, ob eine solche Zustimmung vorlag oder ob sie ordnungswidrig nicht eingeholt wurde, es genügt, dass sie nach den Vorschriften des Grundbuchverfahrensrechts erforderlich war.[5] Vom Sinn und Zweck der Regelung her muss es zur Fristunterbrechung auch genügen, dass für den Eigentümer ein Bevollmächtigter (auch mit über den Tod hinaus fortgeltender Vollmacht) gehandelt hat,[6] denn dann hat der Eigentümer Einfluss auf die Verwaltung des Grundstücks genommen, weil das Bevollmächtigtenhandeln ihm unmittelbar zugerechnet wird. Anderes gilt deshalb beim Handeln eines Abwesenheitspflegers,[7] es unterbricht den Fristablauf nicht.

II. Voraussetzungen des Aufgebots

5 **1. Zuständigkeit.** Nach § 442 Abs. 2 ist zuständig das Gericht, in dessen Bezirk das Grundstück gelegen ist.

6 **2. Antrag. a) Besitzer. Antragsberechtigt** ist nach § 443 der die Voraussetzungen oben Rn. 2 erfüllende Besitzer. Mehrere Antragsberechtigte handeln grundsätzlich selbstständig.

7 Im Gegensatz zur Rechtslage beim Aufgebot von Grundpfandrechtsgläubigern kann hier die **Pfändbarkeit** der Antragstellerrechte bejaht werden,[8] denn es handelt sich nicht nur um ein Abwehr-, sondern um ein Erwerbsrecht. Nach Überweisung (§ 835 ZPO) kann auch der Pfandgläubiger den Antrag stellen.

8 **b) Inhalt.** Der Antrag muss neben den allgemeinen inhaltlichen **Voraussetzungen** (Bezeichnung des Antragstellers, Bezeichnung des Grundstückes in grundbuchmäßiger Form, Aufgebotsbegehren) nach § 444 eine Glaubhaftmachung der materiellen Aufgebotsvoraussetzungen (Rn. 1 bis 4) enthalten bzw. anbieten, dh. er muss entsprechenden Sachvortrag enthalten und Mittel der Glaubhaftmachung (§ 31) dafür bezeichnen.

III. Das Aufgebot

9 **1. Inhalt.** Neben dem allgemein vorgeschriebenen Inhalt (vgl. § 434) enthält das Aufgebot die Androhung des in § 445 bezeichneten Rechtsnachteiles.

10 **2. Bekanntmachung.** Grundsätzlich gilt § 435; vgl. Erl. dort. Durch **Landesrecht** ist jedoch auf Grund der Ermächtigung in § 484 überwiegend Abweichendes bestimmt:
Bayern: Anheftung an Gerichtstafel und Gemeindetafel sowie Veröffentlichung im Amtsblatt des jeweiligen Gerichts (Art. 59 bayAGBGB);
Baden-Württemberg: Anheftung an Gerichtstafel und Veröffentlichung im Staatsanzeiger (§§ 24, 30 bwAGGVG);
Berlin: Anheften an Gerichtstafel und Veröffentlichung im Berliner Amtsblatt (§§ 7, 8 berlAGZPO);
Bremen: AGZPO, ZVG und KO enthält lediglich Fristregelung (unten Rn. 11);
Hamburg: Anheftung an Gerichtstafel und Veröffentlichung im Amtsblatt (§§ 4, 6 hambAGZPO;
Niedersachsen: G zur Ergänzung der Vorschriften über das Aufgebotsverfahren, enthält lediglich Fristregelung (unten Rn. 11);
Nordrhein-Westfalen: Anheftung an Gerichtstafel und Veröffentlichung im Amtsblatt (§§ 7, 8 PrAGZPO idF d. BerGes. v. 7. 11. 1961);
Rheinland-Pfalz: Anheftung an Gerichtstafel und Veröffentlichung im Amtsblatt (§ 2 rhpfAGZPO, ZVG u. KO);

---

[4] Bei Handelsgesellschaften ist maßgebend der Tod des letzten Gesellschafters, LG Köln RhNotZ 1931, 71 u. MittRhNotK 1985, 215. Bei juristischen Personen kann auf das Erlöschen abgestellt werden, so *Stein/Jonas/Schlosser* § 977 ZPO Rn. 1; *Keidel/Zimmermann* § 442 Rn. 4.
[5] MünchKommBGB/*Kanzleiter* § 927 Rn. 4; *Staudinger/Pfeifer* § 927 Rn. 11.
[6] MünchKommBGB/*Kanzleiter* § 927 Rn. 4.
[7] AG Berlin-Schöneberg MittBayNot 1975, 22.
[8] RGZ 76, 357; MünchKommBGB/*Kanzleiter* § 927 Rn. 5.

Saarland: §§ 38, 39 AGJusG;
Sachsen: § 13 JustAG. Anheften an Gerichtstafel und Veröffentlichung im Amtsblatt;
Schleswig-Holstein: wie Berlin.

3. Frist. Auch hier wird die grundsätzliche Regelung in § 437 durch das Landesrecht weitgehend verdrängt. **Drei Monate** beträgt die Frist in Bayern, Baden-Württemberg, Berlin, Hamburg, Niedersachsen, Nordrhein-Westfalen, Saarland, Sachsen, Schleswig-Holstein (s. die in Rn. 10 genannten Fundstellen); in Bremen und Rheinland-Pfalz beträgt sie mindestens **6 Wochen** (s. Rn. 10). 11

IV. Der Ausschließungsbeschluss

1. Inhalt. Der Beschluss schließt den Eigentümer aus. Wird das Eigentümerrecht angemeldet, so ist nach § 440 zu verfahren, vgl. dort Rn. 4. Die Geltendmachung rein schuldrechtlicher Ansprüche auf Eigentumsverschaffung ist unbehelflich und führt nicht zu einer Einschränkung der Entscheidung.[9] 12

2. Wirkung. Mit der Rechtskraft des Beschlusses wird das Grundstück **herrenlos,** es sei denn, der **Antragsteller** war als Eigentümer **eingetragen,** dann geht das Eigentum zum gleichen Zeitpunkt ohne weiteres auf ihn über.[10] An dem herrenlosen Grundstück erwirbt der Antragsteller das Eigentum, indem er sich **eintragen** lässt, § 927 Abs. 2 BGB. Enthält der Beschluss einen Vorbehalt (§ 440), so setzt die Eintragung des Antragstellers (oder der Eigentumserwerb des bereits Eingetragenen) voraus, dass der Dritte zustimmt oder rechtskräftig zur Zustimmung verurteilt wurde.[11] 13

Der Beschluss wirkt jedoch auch dann nicht gegen den Dritten, der das Eigentum beansprucht, wenn er vor Erlass **seine** Eintragung als Eigentümer oder doch jedenfalls die Eintragung eines **Widerspruchs** gegen den Eingetragenen erwirkt, § 927 Abs. 3 BGB. 14

V. Besonderheiten im Beitrittsgebiet

Soweit ein ehemals volkseigener Betrieb an einem vertraglich genutzten Grundstück durch Erweiterungs- und Erhaltungsmaßnahmen gem. § 459 ZGB einen volkseigenen Miteigentumsanteil begründete, besteht nach § 114 SachenRBerG ein besonderes Aufgebotsverfahren, das den noch nicht eingetragenen Anteil zum Erlöschen bringt.[12] 15

VI. Besonderheiten bei Schiffen

1. Materielle Voraussetzungen. Nach dem mit § 927 BGB im Wesentlichen inhaltsgleichen § 6 SchiffsRG kann der Eigentümer eines Schiffes ausgeschlossen werden, wenn das Schiff sich zehn Jahre im Eigenbesitz eines anderen befunden hat. Nach § 6 Abs. 1 S. 2 SchiffsRG wird auch hier die Frist nach den Regeln der §§ 938 ff. BGB berechnet. 16

Die Norm des § 446 gilt nur für **eingetragene** Schiffe oder Schiffsbauwerke; eintragungsfähige, aber nicht eingetragene Schiffe oder Schiffsbauwerke unterliegen dem Fährnisrecht. 17

Das Verfahren setzt, wie in § 927 BGB, voraus, dass der eingetragene Eigentümer **verstorben** oder **verschollen** ist und eine Eintragung, die seiner Zustimmung bedurft hätte, seit zehn Jahren nicht erfolgt ist. Zu diesen Eintragungen vgl. §§ 29, 30, 31, 32, 35 SchiffsregO. 18

2. Verfahren. Zuständig ist das Gericht, bei dem das Register für das Schiff oder Schiffsbauwerk geführt wird. 19

---

[9] BGHZ 76, 169 = NJW 1980, 1521 = LM § 953 Nr. 1.
[10] *Wolff* § 62 Nr. 5; *Süß* AcP 151 (1950), 1, 13; MünchKommBGB/*Kanzleiter* § 927 Rn. 7; Staudinger/*Pfeifer* § 927 Rn. 26; *Palandt/Bassenge* § 927 BGB Rn. 7.
[11] BGH (Fn. 9); RGZ 67, 95; 76, 360.
[12] Vgl. dazu: *Böhringer* Rpfleger 1995, 51 und NotBZ 2003, 85.

Abschnitt 3. Aufgebot des Gläubigers von Grund- und Schiffspfandrechten sowie des Berechtigten sonstiger dinglicher Rechte

§ 447 Aufgebot des Grundpfandrechtsgläubigers; örtliche Zuständigkeit

(1) Für das Aufgebotsverfahren zur Ausschließung eines Hypotheken-, Grundschuld- oder Rentenschuldgläubigers auf Grund der §§ 1170 und 1171 des Bürgerlichen Gesetzbuchs gelten die nachfolgenden besonderen Vorschriften.

(2) Örtlich zuständig ist das Gericht, in dessen Bezirk das belastete Grundstück belegen ist.

§ 448 Antragsberechtigter

(1) Antragsberechtigt ist der Eigentümer des belasteten Grundstücks.

(2) [1] Antragsberechtigt im Fall des § 1170 des Bürgerlichen Gesetzbuchs ist auch ein im Rang gleich- oder nachstehender Gläubiger, zu dessen Gunsten eine Vormerkung nach § 1179 des Bürgerlichen Gesetzbuchs eingetragen ist oder ein Anspruch nach § 1179a des Bürgerlichen Gesetzbuchs besteht. [2] Bei einer Gesamthypothek, Gesamtgrundschuld oder Gesamtrentenschuld ist außerdem derjenige antragsberechtigt, der aufgrund eines im Rang gleich- oder nachstehenden Rechts Befriedigung aus einem der belasteten Grundstücke verlangen kann. [3] Die Antragsberechtigung besteht nur, wenn der Gläubiger oder der sonstige Berechtigte für seinen Anspruch einen vollstreckbaren Schuldtitel erlangt hat.

§ 449 Glaubhaftmachung

Der Antragsteller hat vor der Einleitung des Verfahrens glaubhaft zu machen, dass der Gläubiger unbekannt ist.

§ 450 Besondere Glaubhaftmachung

(1) Im Fall des § 1170 des Bürgerlichen Gesetzbuchs hat der Antragsteller vor der Einleitung des Verfahrens auch glaubhaft zu machen, dass eine das Aufgebot ausschließende Anerkennung des Rechts des Gläubigers nicht erfolgt ist.

(2) [1] Ist die Hypothek für die Forderung aus einer Schuldverschreibung auf den Inhaber bestellt oder der Grundschuld- oder Rentenschuldbrief auf den Inhaber ausgestellt, hat der Antragsteller glaubhaft zu machen, dass die Schuldverschreibung oder der Brief bis zum Ablauf der in § 801 des Bürgerlichen Gesetzbuchs bezeichneten Frist nicht vorgelegt und der Anspruch nicht gerichtlich geltend gemacht worden ist. [2] Ist die Vorlegung oder die gerichtliche Geltendmachung erfolgt, so ist die in Absatz 1 vorgeschriebene Glaubhaftmachung erforderlich.

(3) [1] Zur Glaubhaftmachung genügt in den Fällen der Absätze 1, 2 die Versicherung des Antragstellers an Eides statt. [2] Das Recht des Gerichts zur Anordnung anderweitiger Ermittlungen von Amts wegen wird hierdurch nicht berührt.

(4) In dem Aufgebot ist als Rechtsnachteil anzudrohen, dass der Gläubiger mit seinem Recht ausgeschlossen werde.

(5) Wird das Aufgebot auf Antrag eines nach § 448 Abs. 2 Antragsberechtigten erlassen, so ist es dem Eigentümer des Grundstücks von Amts wegen mitzuteilen.

§ 451 Verfahren bei Ausschluss mittels Hinterlegung

(1) Im Fall des § 1171 des Bürgerlichen Gesetzbuchs hat der Antragsteller vor der Einleitung des Verfahrens die Hinterlegung des dem Gläubiger gebührenden Betrags anzubieten.

(2) In dem Aufgebot ist als Rechtsnachteil anzudrohen, dass der Gläubiger nach der Hinterlegung des ihm gebührenden Betrages seine Befriedigung statt aus dem Grundstück nur noch aus dem hinterlegten Betrag verlangen könne und sein Recht auf diesen erlösche, wenn er sich nicht vor dem Ablauf von 30 Jahren nach dem Erlass des Ausschließungsbeschlusses bei der Hinterlegungsstelle melde.

(3) Hängt die Fälligkeit der Forderung von einer Kündigung ab, erweitert sich die Aufgebotsfrist um die Kündigungsfrist.

(4) Der Ausschließungsbeschluss darf erst dann erlassen werden, wenn die Hinterlegung erfolgt ist.

§ 452 Aufgebot des Schiffshypothekengläubigers, örtliche Zuständigkeit

(1) ¹Für das Aufgebotsverfahren zur Ausschließung eines Schiffshypothekengläubigers auf Grund der §§ 66 und 67 des Gesetzes über Rechte an eingetragenen Schiffen und Schiffsbauwerken (BGBl. III 403-4) gelten die §§ 448 bis 451 entsprechend. ²Anstelle der §§ 1170, 1171 und 1179 des Bürgerlichen Gesetzbuchs sind die §§ 66, 67, 58 des genannten Gesetzes anzuwenden.

(2) Örtlich zuständig ist das Gericht, bei dem das Register für das Schiff oder Schiffsbauwerk geführt wird.

§ 453 Aufgebot des Berechtigten bei Vormerkung, Vorkaufsrecht, Reallast

(1) Die Vorschriften des § 447 Abs. 2, des § 448 Abs. 1, der §§ 449, 450 Abs. 1 bis 4 und der §§ 451, 452 gelten entsprechend für das Aufgebotsverfahren zu der in den §§ 887, 1104, 1112 des Bürgerlichen Gesetzbuchs, § 13 des Gesetzes über Rechte an eingetragenen Schiffen und Schiffsbauwerken (BGBl. III, 403-4) für die Vormerkung, das Vorkaufsrecht und die Reallast bestimmten Ausschließung des Berechtigten.

(2) ¹Antragsberechtigt ist auch, wer auf Grund eines im Range gleich- oder nachstehenden Rechts Befriedigung aus dem Grundstück oder dem Schiff oder Schiffsbauwerk verlangen kann, wenn er für seinen Anspruch einen vollstreckbaren Schuldtitel erlangt hat. ²Das Aufgebot ist dem Eigentümer des Grundstücks oder des Schiffes oder Schiffsbauwerks von Amts wegen mitzuteilen.

Übersicht

	Rn.		Rn.
I. Materielle Voraussetzungen	1–8	**III. Das Aufgebot**	19–23
1. Aufgebot nach § 1170 BGB	1–5	1. Inhalt	19–21
a) Unbekannter Gläubiger, Frist	1	2. Bekanntmachung	22
b) Unbekanntsein	2	3. Frist	23
c) Fälligkeit	3	**IV. Der Ausschlussbeschluss**	24–30
d) Anerkennende Eintragung	4	1. Inhalt	24
e) Anerkennende Handlung	5	2. Wirkungen	25–30
2. Aufgebot nach § 1171 BGB	6–8	a) Bei § 1170 BGB	25
a) Grundsatz	6	b) Bei § 1171 BGB	26–30
b) Eigentümerberechtigung	7	**V. Besonderheiten**	31–33
c) Hinterlegung	8	1. Verfahren nach §§ 1170, 1171 BGB	31, 32
II. Voraussetzungen des Aufgebots	9–18	2. Ablösungshinterlegung	33
1. Zuständigkeit	9	**VI. Materiell-rechtliche Voraussetzungen bei § 452**	34, 35
2. Antrag	10–17		
a) Antragsberechtigung	10–12		
b) Weitere Inhalte	13–17	**VII. Das Verfahren bei § 452**	36–39
3. Rechtsschutzbedürfnis	18		

	Rn.		Rn.
VIII. Materielle Voraussetzungen bei § 453	40, 41	X. Besonderheiten bei § 453	46, 47
		1. Vorkaufsrechte	46
IX. Verfahren bei § 453	42–45	2. Andere Rechte in Abt. II	47

I. Materielle Voraussetzungen

1 **1. Aufgebot nach § 1170 BGB. a) Unbekannter Gläubiger, Frist.** Vorausgesetzt ist, dass der Gläubiger der Hypothek oder Grundschuld **unbekannt** ist (Rn. 2) und dass eine **Zehnjahresfrist** verstrichen ist, die entweder mit kalendermäßiger Fälligkeit (Rn. 3), mit der Letzten sich auf das Grundpfandrecht beziehenden Eintragung (Rn. 4) oder mit der Letzten, das Gläubigerrecht anerkennenden Eigentümerhandlung (Rn. 5) beginnt, § 1170 Abs. 1 BGB. Fristbeginn ist der **späteste** der genannten Zeitpunkte.[1]

2 **b) Unbekanntsein.** Unbekannt ist der Gläubiger nach Auffassung des BGH **nur,** wenn er in der Person nicht bekannt ist, nicht jedoch dann, wenn er zwar der Person nach bekannt, aber **unbekannten Aufenthalts** ist.[2] Der Hinweis bei unbekanntem Aufenthalt könne die Grundbuchberichtigungsklage öffentlich zugestellt werden, ist wenig hilfreich, weil § 1170 BGB bei einer Hypothek keineswegs voraussetzt, dass die Forderung bereits erloschen ist, was jedoch Voraussetzung eines Berichtigungsanspruches wäre. Bei einer Grundschuld wäre der Eigentümer weitgehend schutzlos, denn vor Rückgewähr des Rechts ist das Buch ohnehin nicht unrichtig, sieht man von den – seltenen – Fällen der Leistung „auf die Grundschuld" ab. Der Hinweis des BGH, es könne die Rückgewähr durch eine Klage nach § 894 BGB herbeigeführt werden, hilft jedenfalls bei einer Briefgrundschuld nicht weiter, weil ohne Briefvorlage die Berichtigung des Grundbuchs nicht möglich ist (bei Verzicht) und Abtretung bzw. Aufhebung ohnehin erst mit Eintragung wirksam werden, die ebenfalls Briefvorlage voraussetzt.[3] Die Auffassung des BGH ist abzulehnen.

3 **c) Fälligkeit.** Kalendermäßige Fälligkeit liegt vor, wenn der Fälligkeitszeitpunkt nach dem Kalender bestimmt oder berechenbar ist. § 1170 Abs. 1 S. 2 BGB liegt somit nie vor, wenn die Fälligkeit erst durch Kündigung herbeigeführt werden muss.

4 **d) Anerkennende Eintragung.** Eintragungen iSv. § 1170 Abs. 1 S. 1 BGB sind solche, an denen der Gläubiger des Rechts in irgendeiner Form mitgewirkt hat.[4] Ein Mitwirken liegt vor, wenn der Gläubiger den Antrag stellte, die Eintragung bewilligte, wenn er eine Zustimmungserklärung abgab oder auch nur den Brief vorlegte.

5 **e) Anerkennende Handlung. Anerkennungshandlungen** sind solche Handlungen, aus denen sich ergibt, dass der Eigentümer den Handlungsadressaten als Gläubiger anerkennt. Hierunter fällt somit nicht eine Hinterlegung, die gerade wegen des Unbekanntseins des Gläubigers geschah.

6 **2. Aufgebot nach § 1171 BGB. a) Grundsatz. Voraussetzung** ist auch hier das Unbekanntsein des Gläubigers (dazu Rn. 2). Hinzu kommt, dass der Eigentümer zur Befriedigung des Gläubigers berechtigt sein muss (s. Rn. 7) und dass er den (noch) geschuldeten Betrag hinterlegt (s. Rn. 8).

7 **b) Eigentümerberechtigung.** Der Eigentümer muss zur **Befriedigung** des Gläubigers oder zur **Kündigung berechtigt** sein. Das Befriedigungsrecht ist in § 1142 BGB geregelt. Ob der Eigentümer zur Kündigung berechtigt ist, ergibt sich aus den im Grundbuch eingetragenen entsprechenden Vereinbarungen. Fehlen solche, so gelten die gesetzlichen Kündigungsregeln (§§ 489, 490, 1193 BGB).

8 **c) Hinterlegung.** Der Eigentümer hat den geschuldeten Betrag zu **hinterlegen.** Zinsen, die für eine frühere Zeit als das vierte Kalenderjahr vor Erlass des Ausschlussurteils geschuldet werden, sind nicht zu hinterlegen, § 1171 Abs. 1 S. 2 BGB. Die Hinterlegung muss unter Rücknahmeverzicht (§ 376 Abs. 2 Nr. 1 BGB) geschehen. Nach § 451 Abs. 4 genügt es, wenn die Hinterlegung vor Erlass des Ausschlussbeschlusses geschieht: das Aufgebotsverfahren als solches setzt zunächst nur voraus, dass sich der Eigentümer zur Hinterlegung erbietet, § 451 Abs. 1 (vgl. dazu auch Rn. 17).

---

[1] KG Rpfleger 1970, 90.
[2] BGH NJW-RR 2004, 664. Ebenso: LG Bückeburg Rpfleger 1958, 320; *Keidel/Zimmermann* § 449 Rn. 3; *Palandt/Bassenge* § 1170 BGB Rn. 2; *Zöller/Geimer* § 982 ZPO Rn. 1; *Wenckstern* DNotZ 1993, 547, 549; *Schöne* Rpfleger 2002, 131. Wie hier in Kenntnis der BGH-Entsch.: *Musielak/Ball* § 982 ZPO Rn. 2; *Baumbach/Lauterbach/Hartmann* § 985 ZPO Rn. 1. Wie hier noch vor der gen. Entsch.: *Staudinger/Wolfsteiner* § 1170 BGB Rn. 9; *Stein/Jonas/Schlosser* § 985 ZPO Rn. 2.
[3] So dezidiert *Staudinger/Wolfsteiner* § 1170 BGB Rn. 8.
[4] *v. Lübtow* JW 1929, 2120; *Staudinger/Wolfsteiner* § 1170 BGB Rn. 11; *MünchKommBGB/Eickmann* § 1170 Rn. 9; aA (genügend ist jede sich auf das Recht beziehende Eintragung auch ohne Mitwirkung): *Soergel/Konzen* § 1170 BGB Rn. 3; *RGRK/Thumm* § 1170 BGB Rn. 4.

II. Voraussetzungen des Aufgebots

1. Zuständigkeit. Zuständig ist nach § 447 Abs. 2 das Gericht, in dessen Bezirk das belastete Grundstück liegt. Eine Anwendung von § 2 Abs. 1 kann insbesondere bei einem Gesamtrecht in Frage kommen, bei dem die belasteten Grundstücke in verschiedenen Gerichtsbezirken liegen.

2. Antrag. a) Antragsberechtigung. Antragsberechtigt ist in allen Fällen der Eigentümer des belasteten Grundstücks; bei einem Gesamtrecht jeder Eigentümer für sich, § 984 Abs. 1 ZPO.

Für die **Fälle des § 1170 BGB** (Rn. 1–5) sind in § 448 Abs. 2 **weitere** Antragsberechtigungen geregelt: Das Recht steht jedem dinglichen Berechtigten zu, der gegen das betroffene Recht auch nur auf einem der Grundstücke einen Vormerkungsgesicherten (§ 1179 BGB) oder gesetzlichen (§ 1179a BGB) Löschungsanspruch hat.

Bei einem Gesamtgrundpfandrecht steht das Antragsrecht ferner jedem zu, der an einem der belasteten Grundstücke ein Recht auf Befriedigung aus dem Grundstück hat, das nach § 10 ZVG dem Gesamtrecht im Range gleichsteht oder nachgeht. Das sind zunächst natürlich alle gleich- oder nachrangigen Grundpfandrechte. Hierher gehört jedoch auch derjenige, der durch Beschlagnahme ein Befriedigungsrecht in der Rangklasse 5 des § 10 ZVG erworben hat,[5] denn auch sein Anspruch „rückt auf", wenn das Gesamtrecht gem. § 1175 Abs. 2 BGB erlischt. Der in § 448 Abs. 2 Satz 3 verlangte vollstreckbare Titel ist grundsätzlich ein Titel über den dinglichen Anspruch. Bei dem persönlichen Gläubiger in Rangklasse 5 gibt es jedoch einen solchen nicht; hier genügt der Titel über die schuldrechtliche Forderung in Verbindung mit dem Beschlagnahmebeschluss. Auch der Gläubiger einer nach dem 31. 12. 1998 eingetragenen **Zwangshypothek** bedarf zur Befriedigung aus dem Grundstück keines dinglichen Titels mehr, § 867 Abs. 3 ZPO. Mithin muss auch hier der persönliche Titel genügen, auf dem die Eintragung vermerkt ist.

b) Weitere Inhalte. Der Antrag muss neben den **allgemeinen Inhalten weiteres** erhalten:

aa) Nach § 449 ist glaubhaft zu machen, dass der Gläubiger **unbekannt** (vgl. Rn. 2) ist.

bb) In den **Fällen des § 1170 BGB** (Rn. 1 bis 5) sind dessen Voraussetzungen glaubhaft zu machen. Dazu gehört auch die negative Tatsache, dass keine das Aufgebot ausschließende Anerkennungshandlung (Rn. 5) geschehen ist, § 450 Abs. 1.

Handelt es sich um **Rechte gemäß §§ 1188, 1195 BGB** (Inhaberrechte), so bedarf es nach § 450 Abs. 2 der Glaubhaftmachung, das die Vorlegungsfrist (§ 801 BGB) abgelaufen ist, ohne dass der Anspruch geltend gemacht oder Urkunde vorgelegt wurde. Geschah eines von beiden, so muss glaubhaft gemacht werden, dass seither die Verjährung eingetreten ist. Dazu vgl. § 801 BGB.

Für die in § 450 vorgeschriebenen Fälle der **Glaubhaftmachung** genügt nach Abs. 3 die eidesstattliche Versicherung des Antragstellers. Das Gericht ist zwar befugt, weitere Ermittlungen von Amts wegen anzustellen, kann jedoch vom Antragsteller weitere Nachweise nicht verlangen. Die Versicherung des Antragstellers wird freilich regelmäßig dann nicht ausreichen, wenn er nicht der Eigentümer ist, weil er dann zu den Voraussetzungen des § 1170 BGB zumeist keine eigenen Kenntnisse haben kann. In diesen Fällen sollte das Gericht den Eigentümer als Zeugen vernehmen.

cc) In den **Fällen des § 1171 BGB** (Rn. 6 bis 8) ist auch glaubhaft zu machen, dass der Antragsteller zur Befriedigung oder Kündigung berechtigt ist (Rn. 7). Außerdem hat er sich gemäß § 451 Abs. 1 zur Hinterlegung des geschuldeten Betrages (Rn. 8) zu erbieten. Die Hinterlegung ist somit nicht Verfahrensvoraussetzung, sondern erst Ausschlussvoraussetzung, vgl. § 451 Abs. 4.

3. Rechtsschutzbedürfnis. Während grundsätzlich der Antragsteller das Vorliegen eines Rechtsschutzbedürfnisses nicht dartun muss, dieses vielmehr bei Vorliegen der Aufgebotsvoraussetzungen unterstellt wird, sind in den **Fällen des § 1171** weitergehende Überlegungen veranlasst: Bei einem Buchrecht (§ 1116 Abs. 2 BGB) kann der Gläubiger des Rechts nur der Eingetragene oder dessen Erbe sein. Ist der Eingetragene unbekannten Aufenthaltes oder verschollen, so kann für ihn ein Abwesenheitspfleger (§ 1911 BGB) bestellt werden; ist der Erbe unbekannt, so ist eine Nachlasspflegschaft (§§ 1960, 1961 BGB) einzuleiten. In beiden Fällen kann dann, ggf. nach Kündigung, die (noch) geschuldete Leistung gegenüber dem Pfleger erbracht werden, so dass für das Aufgebotsverfahren das Rechtsschutzbedürfnis fehlt.[6] Können die allgemeinen Hinterlegungsvoraussetzungen (§ 372 BGB) dargetan werden, so ist sogar die mit Befriedigungsfiktion (§ 378 BGB) ausgestattete einfache Hinterlegung genügend.

---

[5] Wie hier wohl auch *Baumbach/Lauterbach/Hartmann* § 984 ZPO Rn. 1. AA *Stein/Jonas/Schlosser* § 984 ZPO Rn. 2 („... jeder dinglich Berechtigte..."); *Musielak/Ball* § 984 ZPO Rn. 1.

[6] *Keidel/Zimmermann* § 449 Rn. 3. AA *Staudinger/Wolfsteiner* § 1171 BGB Rn. 2.

III. Das Aufgebot

19 **1. Inhalt.** Im Falle des § 1170 BGB ist gemäß § 450 Abs. 4 als Rechtsnachteil anzudrohen, dass der Gläubiger mit seinem Recht ausgeschlossen werde.

20 Im Falle des § 1171 BGB ist gemäß § 451 Abs. 2 anzudrohen die Verweisung des Gläubigers auf den hinterlegten Betrag anstelle der Befriedigung aus dem Grundstück sowie das Erlöschen des Rechts auf den hinterlegten Betrag nach Ablauf von 30 Jahren.

21 Im Übrigen hat das Aufgebot die in § 434 vorgeschriebenen allgemeinen Inhalte, vgl. dort Rn. 17 bis 21.

22 **2. Bekanntmachung.** Die Grundsatzregelung des § 435 wird auch hier weitgehend von Landesrecht verdrängt:
In Baden-Württemberg, Bayern, Berlin, Hamburg, Nordrhein-Westfalen, Rheinland-Pfalz, Saarland, Schleswig-Holstein gelten die in §§ 442–446 Rn. 10 dargestellten Veröffentlichungsformen auf Grund der dort zitierten landesrechtlichen Vorschriften.

23 **3. Frist.** Auch hier gilt, dass die grundsätzliche Regelung des § 437 weitgehend durch Landesrecht verdrängt wird. Es gelten die in §§ 442–446 Rn. 11 dargestellten Fristen. Hinzu kommt Niedersachsen (Ges. v. 18. 12. 1959, GVBl. S. 149), gleichfalls mit der Frist von 3 Monaten. Ist im Falle des § 1171 BGB eine **Kündigung** erforderlich, so verlängert sich die Aufgebotsfrist um die Kündigungsfrist, § 451 Abs. 3.

IV. Der Ausschlussbeschluss

24 **1. Inhalt.** Er spricht die in Rn. 19, 20 bezeichneten Rechtsnachteile (§ 450 Abs. 4, § 451 Abs. 2) aus. Anmeldungen Dritter werden nach § 440 behandelt.

25 **2. Wirkungen. a) Bei § 1170.** In den Fällen des § 1170 BGB erwirbt der Eigentümer mit der Beschlusswirksamkeit das dingliche Recht, § 1170 Abs. 2 S. 1 BGB. Zugleich wird der Brief kraftlos, Abs. 2 S. 2. Die **Forderung** bleibt bestehen;[7] sie unterliegt den allgemeinen Regeln über Verjährung und Verwirkung. **Rechte Dritter** am dinglichen Recht (Nießbrauch, Pfandrecht) werden vom Ausschlussurteil gleichfalls erfasst, sie müssen angemeldet werden, damit sie gemäß § 440 vorbehalten werden können. Der Beschluss ist **Berichtigungsgrundlage** gemäß § 22 GBO zur Umschreibung des Rechts auf den Eigentümer. Enthält der Beschluss einen Vorbehalt, so muss der Dritte der Umschreibung zustimmen.[8]

26 **b) Bei § 1171.** In den Fällen des § 1171 BGB ist zu unterscheiden, ob nur der Hinterlegungsgrund des § 1171 BGB vorlag, oder ob auch die Hinterlegungsvoraussetzungen des § 372 BGB erfüllt waren.

27 Im **letzteren Falle** galt der Gläubiger bereits im Zeitpunkt der Hinterlegung als befriedigt (§ 378 BGB), das dingliche Recht ging dann in diesem Zeitpunkt gemäß § 1163 Abs. 1 S. 2 BGB (= Hypothek) bzw. nach den Regeln über die dingliche Ablösung der Grundschuld auf den Eigentümer über. Der Beschluss ist dann nur für das Kraftloswerden des Briefes (§ 1171 Abs. 2 S. 2 BGB) von Bedeutung.

28 Konnte sich die Hinterlegung **nicht** auf § 372 BGB stützen, so tritt mit der Hinterlegung die Wirkung des § 378 BGB nicht ein. In diesem Fall bewirkt **erst** der **Erlass** des Ausschlussbeschlusses, dass der Gläubiger als befriedigt gilt, § 1171 Abs. 2 S. 1 BGB. In diesem Zeitpunkt erwirbt der Eigentümer das dingliche Recht.

29 Wegen der **Berichtigung** des Grundbuches vgl. MünchKomm/*Eickmann* § 1171 BGB Rn. 12, 13.

30 Erscheint der **frühere Gläubiger** wieder (oder ein Rechtsnachfolger), so kann er Befriedigung nur mehr aus dem hinterlegten Betrag, nicht jedoch aus dem Grundstück verlangen. Auch der Anspruch auf den hinterlegten Betrag erlischt nach 30 Jahren, § 1171 Abs. 3 BGB. Nach Ablauf eines weiteren Jahres (§ 19 HintO) kann der Hinterleger trotz seines Rücknahmeverzichtes die Rückgabe verlangen, § 1171 Abs. 3, 2. Halbs. BGB.[9]

---

[7] *Staudinger/Wolfsteiner* § 1170 BGB Rn. 25.
[8] Vgl. ausf. MünchKommBGB/*Eickmann* § 1170 Rn. 23.
[9] Wie hier: *Staudinger/Wolfsteiner* § 1171 BGB Rn. 15; *Erman/Wenzel* § 1171 BGB Rn. 3. AA (= bereits nach 30 Jahren): *Stein/Jonas/Schlosser* § 984 ZPO Rn. 3.

V. Besonderheiten

1. Verfahren nach §§ 1170, 1171 BGB. Für die in den **neuen Bundesländern** nach dem Einigungsvertrag **fortgeltenden Hypotheken** des ZGB (vgl. Art. 233 § 3 Abs. 1, Art. 233 § 7 Abs. 2 S. 3 EGBGB) war zwar im ZGB ein Aufgebotsverfahren nicht vorgesehen; nach den allgemeinen Regeln des Einigungsvertrages findet es – wie in § 6 Abs. 1a GBBerG klargestellt wird – auch in Bezug auf solche Rechte statt. 31

Rechtsfolge des Ausschlussbeschlusses ist jedoch nicht der Übergang des Rechts auf den Eigentümer (Rn. 25, 28), sondern das **Erlöschen** des Rechts. Die Hypotheken des ZGB gehen in keinem Falle auf den Eigentümer über; bei Gläubigerbefriedigung erlöschen sie, § 454 Abs. 2 ZGB. Da sie mit diesem wesenstypischen Inhalt in das BGB integriert wurden (Art. 233 § 3 Abs. 1 EGBGB), kann als Aufgebotsfolge auch nur das Erlöschen und nicht der diesen Rechten wesensfremde Eigentümererwerb eintreten. 32

2. Ablösungshinterlegung. Ein vor dem 1. 7. 1990 in den **neuen Bundesländern** bestelltes Grundpfandrecht erlischt gem. § 10 GBBerG auch ohne Aufgebot, wenn sein umgerechneter Nennbetrag nicht höher als 6000,– Euro ist **und** der Eigentümer den umgerechneten Nennbetrag zuzüglich einer Zinspauschale iH eines Drittels des Nennbetrages unter Rücknahmeverzicht hinterlegt. Das Verfahren setzt weder Verzug des Gläubigers noch dessen Unbekanntsein voraus. Für Rechte mit höherem Nennbetrag oder nach dem 30. 6. 1990 liegendem Bestellungszeitpunkt gelten die §§ 1170, 1171 BGB. 33

VI. Materiell-rechtliche Voraussetzungen bei § 452

Nach **§ 66 SchiffsRG** kann der Gläubiger einer Schiffshypothek ausgeschlossen werden, wenn er unbekannt ist, seit der Letzten auf das Recht sich beziehenden Eintragung zehn Jahre verstrichen sind und das Recht des Gläubigers in der Zwischenzeit auch nicht gem. § 212 Abs. 1 Nr. 1 BGB anerkannt worden ist. Die Norm ist somit inhaltlich übereinstimmend mit § 1170 BGB. 34

Nach **§ 67 SchiffsRG** kann der Gläubiger ferner ausgeschlossen werden, wenn der befriedigungs- oder kündigungsberechtigte Eigentümer den Forderungsbetrag nebst Zinsen hinterlegt. Die Norm stimmt mit § 1171 BGB überein. 35

VII. Das Verfahren bei § 452

Zuständig ist das Gericht, bei dem das Register für das Schiff oder Schiffsbauwerk geführt wird. 36
Wegen der **Verweisung** auf die §§ 448–451 gilt das dazu Gesagte entsprechend. 37
Landesrechtliche Sonderregelungen in Bezug auf Angebotsveröffentlichung und Aufgebotsfrist sind unanwendbar. 38
Unterschiede ergeben sich hinsichtlich der Beschlusswirkungen einmal daraus, dass die Schiffshypothek stets ein briefloses Recht ist, zum anderen aber insbesondere hinsichtlich der Folgen für das dingliche Recht: Im Falle des § 66 SchiffsRG **erlischt** das Recht mit dem Erlass des Beschlusses, § 66 Abs. 2 SchiffsRG. Freilich gilt auch hier das für das Schiffsrecht typische Rangstellen-Wiederbelegungsrecht des § 57 Abs. 3 SchiffsRG. Im Falle des § 67 SchiffsRG gilt der Gläubiger gemäß Abs. 2 mit Beschlusserlass als befriedigt, sofern er dies nicht schon früher nach Hinterlegungsrecht war. Die Befriedigung führt nach § 57 Abs. 1 SchiffsRG gleichfalls das Erlöschen der Hypothek herbei. 39

VIII. Materielle Voraussetzungen bei § 453

Das BGB sieht vor, dass der Gläubiger einer Vormerkung, eines subjektiv-persönlich bestellten Vorkaufsrechts und einer subjektiv-persönlich bestellten Reallast, jeweils unter den Voraussetzungen des § 1170 BGB ausgeschlossen werden kann, §§ 887, 1104, 1112 BGB. Auch hier muss Unbekanntsein des Aufenthaltes, entgegen der herrschenden Meinung, genügen. Die Möglichkeit einer öffentlich zuzustellenden Berichtigungsklage hilft nicht in allen Fällen, weil eine solche Klage den Nachweis des Nichtbestehens des Rechts voraussetzt, während das Aufgebotsverfahren, wie sich aus §§ 887 S. 2, 1104 Abs. 1 S. 2 BGB ergibt, gerade auch zum Ziele hat, das Recht erst zum Erlöschen zu bringen. 40

In §§ 13, 77 SchiffsRG ist für die Vormerkung im Schiffsregister und Schiffsbauregister gleichfalls das Aufgebot vorgesehen. 41

IX. Verfahren bei § 453

42 Es finden nach **Satz 1** alle Vorschriften der §§ 447 Abs. 2, 448 Abs. 1, §§ 449, 450 Abs. 1–4, 451, 452 entsprechende Anwendung.

43 In **Abs. 2** wird gleich- oder nachrangigen Befriedigungsberechtigten ein Antragsrecht eingeräumt, sofern ihr Anspruch bereits vollstreckbar tituliert ist.

44 Für **Aufgebot** und **Frist** gelten auch hier die oben Rn. 22, 23 dargestellten landesrechtlichen Besonderheiten, ansonsten die allgemeinen Vorschriften.

45 Als **Wirkung** des Ausschlussbeschlusses bestimmen § 887 S. 2, § 1187 Abs. 1 S. 2 BGB das Erlöschen der dinglichen Rechte. § 1112 BGB enthält keine eigene Regelung, die herrschende Meinung nimmt wegen der Verweisung auf § 1104 BGB auch hier das Erlöschen des Rechts an.[10]

X. Besonderheiten bei § 453

46 **1. Vorkaufsrechte.** Von den in der Norm angesprochenen Rechtstypen kennt das in den **neuen Bundesländern** insoweit fortgeltende Recht der ehem. DDR (vgl. Art. 233 § 3 Abs. 1 EGBGB) nur das **Vorkaufsrecht,** § 3 Abs. 1 lit. b der Grundstücksdokumentationsordnung. Insoweit gelten die vorstehenden Ausführungen.

47 **2. Andere Rechte in Abt. II.** Nach § 6 GBBerG ist bei Nießbrauch, beschränkter persönlicher Dienstbarkeit, Grunddienstbarkeit oder Mitbenutzungsrecht ein Aufgebotsverfahren im Falle eines nach Person oder Aufenthalt unbekannten Berechtigten zulässig, für das die §§ 982–986 ZPO sinngemäß anzuwenden sind. Die Regelung ist auf das Gebiet der **neuen Bundesländer** beschränkt, sie kann aber als Landesrecht auch im übrigen Bundesgebiet eingeführt werden. Geschehen ist dies bisher in **Bayern** (VO v. 6. 9. 1994, GVBl 928, VO v. 5. 4. 1995, GVBl. 157, geänd. dch. VO v. 27. 12. 1996, GVBl. 577) und in **Nordrhein-Westfalen** (VO v. 13. 2. 2001, GVBl. 69).

---

[10] *Stein/Jonas/Schlosser* § 988 ZPO Rn. 1.

Abschnitt 4. Aufgebot von Nachlassgläubigern

§ 454 Aufgebot von Nachlassgläubigern; örtliche Zuständigkeit

(1) Für das Aufgebotsverfahren zur Ausschließung von Nachlassgläubigern auf Grund des § 1970 des Bürgerlichen Gesetzbuchs gelten die nachfolgenden besonderen Vorschriften.

(2) ¹Örtlich zuständig ist das Amtsgericht, dem die Angelegenheiten des Nachlassgerichts obliegen. ²Sind diese Angelegenheiten einer anderen Behörde als einem Amtsgericht übertragen, so ist das Amtsgericht zuständig, in dessen Bezirk die Nachlassbehörde ihren Sitz hat.

§ 455 Antragsberechtigter

(1) Antragsberechtigt ist jeder Erbe, wenn er nicht für die Nachlassverbindlichkeiten unbeschränkt haftet.

(2) Zu dem Antrag sind auch ein Nachlasspfleger, Nachlassverwalter und ein Testamentsvollstrecker berechtigt, wenn ihnen die Verwaltung des Nachlasses zusteht.

(3) Der Erbe und der Testamentsvollstrecker können den Antrag erst nach der Annahme der Erbschaft stellen.

§ 456 Verzeichnis der Nachlassgläubiger

Dem Antrag ist ein Verzeichnis der bekannten Nachlassgläubiger mit Angabe ihres Wohnorts beizufügen.

§ 457 Nachlassinsolvenzverfahren

(1) Das Aufgebot soll nicht erlassen werden, wenn die Eröffnung des Nachlassinsolvenzverfahrens beantragt ist.

(2) Durch die Eröffnung des Nachlassinsolvenzverfahrens wird das Aufgebotsverfahren beendet.

§ 458 Inhalt des Aufgebots; Aufgebotsfrist

(1) In dem Aufgebot ist den Nachlassgläubigern, die sich nicht melden, als Rechtsnachteil anzudrohen, dass sie von dem Erben nur insoweit Befriedigung verlangen können, als sich nach Befriedigung der nicht ausgeschlossenen Gläubiger noch ein Überschuss ergibt; das Recht, vor den Verbindlichkeiten aus Pflichtteilsrechten, Vermächtnissen und Auflagen berücksichtigt zu werden, bleibt unberührt.

(2) Die Aufgebotsfrist soll höchstens sechs Monate betragen.

§ 459 Forderungsanmeldung

(1) ¹In der Anmeldung einer Forderung sind der Gegenstand und der Grund der Forderung anzugeben. ²Urkundliche Beweisstücke sind in Urschrift oder in Abschrift beizufügen.

(2) Das Gericht hat die Einsicht der Anmeldungen jedem zu gestatten, der ein rechtliches Interesse glaubhaft macht.

§ 460 Mehrheit von Erben

(1) ¹Sind mehrere Erben vorhanden, kommen der von einem Erben gestellte Antrag und der von ihm erwirkte Ausschließungsbeschluss auch den anderen Erben zustatten; die Vorschriften des Bürgerlichen Gesetzbuchs über die unbeschränkte Haftung bleiben unberührt. ²Als Rechtsnachteil ist den Nachlassgläubigern, die sich nicht melden, auch anzudrohen, dass jeder Erbe nach der Teilung des Nachlasses nur für den seinem Erbteil entsprechenden Teil der Verbindlichkeit haftet.

(2) Das Aufgebot mit Androhung des in Absatz 1 Satz 2 bestimmten Rechtsnachteils kann von jedem Erben auch dann beantragt werden, wenn er für die Nachlassverbindlichkeiten unbeschränkt haftet.

§ 461 Nacherbfolge

Im Fall der Nacherbfolge ist § 460 Abs. 1 Satz 1 auf den Vorerben und den Nacherben entsprechend anzuwenden.

§ 462 Gütergemeinschaft

(1) ¹Gehört ein Nachlass zum Gesamtgut der Gütergemeinschaft, kann sowohl der Ehegatte, der Erbe ist, als auch der Ehegatte, der nicht Erbe ist, aber das Gesamtgut allein oder mit seinem Ehegatten gemeinschaftlich verwaltet, das Aufgebot beantragen, ohne dass die Zustimmung des anderen Ehegatten erforderlich ist. ²Die Ehegatten behalten diese Befugnis, wenn die Gütergemeinschaft endet.

(2) Der von einem Ehegatten gestellte Antrag und der von ihm erwirkte Ausschließungsbeschluss kommen auch dem anderen Ehegatten zustatten.

(3) Die Absätze 1 und 2 finden auf Lebenspartnerschaften entsprechende Anwendung.

§ 463 Erbschaftskäufer

(1) ¹Hat der Erbe die Erbschaft verkauft, so können sowohl der Käufer als auch der Erbe das Aufgebot beantragen. ²Der von dem einen Teil gestellte Antrag und der von ihm erwirkte Ausschließungsbeschluss kommen, unbeschadet der Vorschriften des Bürgerlichen Gesetzbuchs über die unbeschränkte Haftung, auch dem anderen Teil zustatten.

(2) Diese Vorschriften gelten entsprechend, wenn jemand eine durch Vertrag erworbene Erbschaft verkauft oder sich zur Veräußerung einer ihm angefallenen oder anderweitig von ihm erworbenen Erbschaft in sonstiger Weise verpflichtet hat.

§ 464 Aufgebot der Gesamtgutsgläubiger

§ 454 Abs. 2 und die §§ 455 bis 459, 462 und 463 sind im Fall der fortgesetzten Gütergemeinschaft auf das Aufgebotsverfahren zur Ausschließung von Gesamtgutsgläubigern nach § 1489 Abs. 2 und § 1970 des Bürgerlichen Gesetzbuchs entsprechend anzuwenden.

I. Materielle Voraussetzungen, Zweck

1   Das in **§ 1970 BGB** vorgesehene Aufgebot der Nachlassgläubiger dient zunächst dazu, dem Erben eine zuverlässige Übersicht über den Stand des Nachlasses zu verschaffen, damit er sich zwischen der Selbstabwicklung oder einer amtlichen Liquidation entscheiden kann. Die sog. Ausschlusseinrede oder Erschöpfungseinrede (§ 1973 BGB, vgl. dazu Rn. 24) sichert den Erben gegenüber sich verschweigenden Gläubigern insoweit, als er, sofern er nicht schon allen Gläubigern gegenüber unbeschränkbar haftet, die ausgeschlossenen Gläubiger auf den Nachlassüberschuss verweisen kann, der nach Befriedigung der nicht betroffenen und nicht ausgeschlossenen Gläubiger verbleibt.

2   Aus § 1970 BGB ergibt sich somit die **Zulässigkeit** des Aufgebotsverfahrens. Die Einschränkung des § 455 Abs. 1, dass nur der noch nicht unbeschränkt haftende Erbe das Verfahren in Anspruch nehmen kann (vgl. Rn. 6) folgt aus dem Aufgebotszweck. **§ 2013 Abs. 1 BGB** schließt deshalb für

den Fall unbeschränkter Haftung das Verfahren aus, soweit der Erbe es betreiben will. Anderes gilt für Nachlassverwalter und Testamentsvollstrecker, bei denen nach herrschender Meinung bereits das Unterrichtungsinteresse genügt, das Verfahren zuzulassen.[1]

Die Verfahrensvoraussetzungen **fallen weg,** wenn der Erbe in einem von ihm betriebenen Verfahren während dessen Anhängigkeit die Beschränkbarkeit der Haftung verliert. Der Antrag auf Erlass des Ausschlussbeschlusses ist dann abzulehnen, es sei denn es wird auf das Verfahren nach § 460 Abs. 2 (vgl. Rn. 6, 18) übergegangen. 3

Adressaten des Aufgebots sind grundsätzlich alle Nachlassgläubiger. Ausgenommen sind nur die in den §§ 1971, 1972 BGB genannten Gläubiger. Nicht ausgenommen sind, wenn sie nicht unter §§ 1971, 1972 BGB fallen, jedoch die im Inventar (Rn. 12) aufgeführten oder sonst bekannten Gläubiger, auch nicht diejenigen, die bereits einen Vollstreckungstitel gegen den Erben erwirkt haben. 4

II. Voraussetzungen des Aufgebots

1. Zuständigkeit. Nach § 454 Abs. 2 ist zuständig das **Nachlassgericht,**[2] das ist nach § 343 das Amtsgericht, in dessen Bezirk der Erblasser im Todeszeitpunkt seinen Wohnsitz oder, in Ermangelung eines solchen, seinen Aufenthalt hatte. Bei Fehlen von Wohnsitz und Aufenthalt im Inland vgl. § 343 Abs. 1 Halbs. 2. Sofern die Landesgesetzgebung auf Grund Art. 147 EGBGB die Verrichtungen des Nachlassgerichts anderen Behörden überträgt (vgl. § 38 bawüLFGG) ist das Amtsgericht zuständig, in dessen Bezirk die Behörde ihren Sitz hat. 5

2. Antrag. a) Berechtigte. Die Antragsberechtigung ist in den §§ 455, 460, 462, 463 geregelt. Daraus ergibt sich, dass antragsberechtigt sind: 6

aa) Der noch nicht unbeschränkt haftende **Erbe,** § 455 Abs. 1. Ist die unbeschränkte Haftung gegenüber allen Gläubigern bereits eingetreten, so gestattet § 460 Abs. 2 nur noch das sog. beschränkte („kleine") Aufgebot, das nur den in § 460 Abs. 1 S. 2 (§ 2060 Nr. 1 BGB) genannten Rechtsnachteil zur Folge hat (vgl. dazu Rn. 18). Der Antrag des Erben kann erst nach **Annahme** der Erbschaft gestellt werden, § 455 Abs. 3.

bb) Der **Nachlasspfleger** (§§ 1960, 1961 BGB) – § 455 Abs. 2 – und zwar auch schon vor Annahme der Erbschaft. Entsprechendes gilt auch für den **Nachlassverwalter.** Wegen des Vorliegens unbeschränkter Haftung beim Erben s. Rn. 6. 7

cc) Der **Testamentsvollstrecker,** dem die Verwaltung des Nachlasses zusteht, jedoch erst von der **Annahme** der Erbschaft an, § 455 Abs. 2 und 3. Wegen des Vorliegens unbeschränkter Haftung beim Erben vgl. Rn. 6. 8

dd) Gehört der Nachlass zum **Gesamtgut** einer Gütergemeinschaft, so kann neben dem Ehegatten, der Erbe ist (§ 455), auch der **Ehegatte,** der nicht Erbe ist, aber das Gesamtgut alleine verwaltet oder mitverwaltet, ohne Zustimmung des anderen das Aufgebot beantragen, § 462. Das Antragsrecht besteht auch nach Beendigung der Gütergemeinschaft fort, § 462 Abs. 1 S. 2. 9

ee) Ist die Erbschaft **verkauft** oder sonst rechtsgeschäftlich **veräußert,** so gibt § 463 (mit Rücksicht auf § 2382 Abs. 2 BGB) neben dem Erben auch dem **Erwerber** das Antragsrecht, sofern nicht bereits zurzeit der Veräußerung für beide oder später für einen von ihnen die unbeschränkte Haftung eingetreten ist.[3] 10

b) Inhalt. Neben den allgemeinen **inhaltlichen Voraussetzungen** muss der Antrag auch dartun, ob der Antragsteller das uneingeschränkte Aufgebotsverfahren oder das nur beschränkte („kleine") Verfahren nach § 460 Abs. 2 begehrt. Er muss sich also insbesondere zur Frage der unbeschränkten oder noch **beschränkten Haftung** erklären. Ggf. sind dazu Ermittlungen erforderlich. Die zum Antrag berechtigende **Rechtsstellung** ist darzutun, auf Verlangen des Gerichts durch Versicherung an Eides Statt zu bekräftigen; andere Ermittlungen (insbesondere die wohl unerlässliche Beiziehung der Nachlassakten) bleiben unberührt. 11

Nach § 456 ist dem Antrag ein **Verzeichnis** der bekannten Nachlassgläubiger beizufügen, soweit sie von dem Aufgebot erfasst werden, dazu vgl. Rn. 4. Das Gericht kann den Antragsteller die Vollständigkeit des Verzeichnisses an Eides Statt versichern lassen. 12

---

[1] *Lange/Kuchinke* § 48 IV 3 Rn. 59; *Staudinger/Marotzke,* 2002, § 1970 Rn. 7; MünchKommBGB/*Siegmann* § 1970 Rn. 4; aA *Stein/Jonas/Schlosser* § 991 ZPO Rn. 4; *Soergel/Stein* § 1970 BGB Rn. 1.
[2] Nach neuerer Auff. soll § 454 Abs. 2 (früher: § 990 ZPO) nur die örtliche u. sachliche Zuständigkeit regeln; funktionell sei die allgem. Zivilabteilung zuständig (*Harder* ZEV 2002, 90; *Palandt/Edenhofer* § 1970 BGB Rn. 4, dagegen überzeugend MünchKommBGB/*Siegmann* § 1970 Rn. 3. Vgl. weit. Nachw. bei *Staudinger/Marotzke* § 1970 BGB Rn. 3).
[3] *Stein/Jonas/Schlosser* § 1000 ZPO Rn. 1.

13 3. **Aufgebotssperre bei Insolvenzverfahren.** Nach § 1975 BGB hat die Eröffnung der Nachlassinsolvenz die Beschränkung der Erbenhaftung zur Folge. Das Aufgebotsverfahren, das ja nur der Herbeiführung dieser Beschränkung dienen soll, verliert dann seinen Sinn. Ist das Insolvenzverfahren **beantragt,** so soll nach § 457 Abs. 1 das Aufgebot nicht erlassen werden. Ob dies bereits zur Antragszurückweisung nötigt,[4] erscheint zweifelhaft. Es ist zweckmäßiger, zunächst die Entscheidung des Insolvenzgerichts abzuwarten.

14 Durch die **Eröffnung** des Nachlassinsolvenzverfahrens wird das Aufgebotsverfahren beendigt, § 457 Abs. 2. Ist das Aufgebot noch nicht erlassen (so auch Rn. 13), so wird der Antrag zurückgewiesen. Ist das Aufgebot bereits erlassen, so ist die Beendigung durch Beschluss festzustellen.

III. Das Aufgebot

15 1. **Inhalt. a) Allgemein.** Das Aufgebot enthält zunächst die in § 434 Abs. 2 bezeichneten **allgemeinen Angaben** nach den Nrn. 1, 2 und 4.

16 b) **Bei Alleinerben.** Ist nur ein **Alleinerbe** vorhanden, so enthält das Aufgebot den in § 458 (§ 1973 BGB) formulierten Rechtsnachteil.

17 c) **Bei mehreren Erben.** Sind **mehrere Erben** vorhanden, so tritt zu dem in § 1973 BGB beschriebenen und gemäß § 458 auch hier anzudrohenden Rechtsnachteil noch die Wirkung des **§ 2060 Nr. 1 BGB,** dass die Miterben von der Teilung an dem ausgeschlossenen Gläubiger nicht mehr gesamtschuldnerisch, sondern nur noch für einen ihrem Erbteil entsprechenden Teil der Verbindlichkeit haften. Auch dieser Rechtsnachteil ist deshalb nach **§ 460 Abs. 1 S. 2** anzudrohen.

18 d) „**Kleines**" **Verfahren.** In **§ 460 Abs. 2** wird eine spezielle Aufgebotsart zugelassen, die im BGB nicht vorgesehen ist: Haftet der Antragsteller bereits endgültig **unbeschränkt,** so kann er das reguläre Aufgebot nicht mehr beantragen (vgl. Rn. 2, 3). Er kann jedoch gegenüber allen Gläubigern, die vom Aufgebot erfasst werden, immer noch die Rechtswohltat des § 2060 Nr. 1 BGB herbeiführen. In einem solchen Falle ist dann nur der Rechtsnachteil der **Teilhaftung** anzudrohen. Die Teilhaftung erfasst auch die in § 1972 BGB genannten Gläubiger.

19 2. **Bekanntmachung.** Es gilt § 435: landesrechtliche Besonderheiten bestehen nicht.

20 3. **Frist.** Es gelten §§ 437, 458: Mindestfrist **sechs Wochen,** Höchstdauer sind 6 Monate. **Landesrechtliche** Besonderheiten bestehen **nicht.** Eine Fristüberschreitung ist, wie schon im bisherigen Recht unschädlich.

IV. Der Ausschlussbeschluss

21 1. **Inhalt.** Er enthält die angedrohten **Rechtsnachteile,** dazu Rn. 16–18. Liegen ordnungsgemäße **Anmeldungen** (dazu Rn. 22) vor, so handelt es sich um sog. einschränkende Anmeldungen; es ist gem. § 440 Rn. 5 zu verfahren.

22 Für die **Anmeldung** von Nachlassverbindlichkeiten gelten neben den in den Erläuterungen zu § 438 dargestellten Voraussetzungen noch die in § 459 geregelten: Die Anmeldung muss die in Anspruch genommene Forderung individualisieren[5] und urkundliche Beweisstücke (Schuldscheine, Rechnungen, Verträge usw.) mit vorlegen.

23 2. **Wirkungen.** Sie bestehen zunächst in der **Erschöpfungseinrede** des § 1973 BGB, die der Erbe jedem vom Aufgebot erfassten (Rn. 4) und nicht durch eine Beschränkung gesicherten Gläubiger entgegenhalten kann. Nach § 2060 Nr. 1 BGB haftet jeder Miterbe nach der Teilung nur für den seinem Erbteil entsprechenden Teil einer Nachlassverbindlichkeit; dieser Rechtsnachteil tritt auch hinsichtlich solcher Gläubiger ein, die in § 1972 BGB genannt sind oder denen der Miterbe unbeschränkt haftet.

24 Sind **mehrere Erben** vorhanden, so ordnet § 460 Abs. 1 S. 1 an, dass – vergleichbar § 2063 Abs. 1 BGB – der von einem Miterben erwirkte Ausschluss zugunsten aller anderen wirkt, soweit sie nicht schon für ihre Person unbeschränkt haften. Auch die Teilhaftung des § 2060 Nr. 1 wird durch einen Miterben für alle herbeigeführt.

25 Ist **Nacherbfolge** angeordnet, so schreibt § 461 vor, dass der vom Vorerben erwirkte Ausschluss auch zugunsten des Nacherben wirkt.

26 Vergleichbare Rechtsfolgen regelt § 462, wenn der Nachlass zum **Gesamtgut** einer Gütergemeinschaft gehört und § 463 für den **Erbschaftskauf** im Verhältnis Erbe/Erbschaftskäufer.

---

[4] So *Stein/Jonas/Schlosser* § 993 ZPO Rn. 1.
[5] Da der Wortlaut des § 459 Abs. 1 weitgehend mit § 174 InsO übereinstimmt, werden die dort entwickelten Grundsätze auch hier angewendet, so *Stein/Jonas/Schlosser* § 996 ZPO Rn. 1.

Daneben erlangt jeder Erbe schon bei Einleitung des Verfahrens die sog. **Aufgebotseinrede** des § 2015 BGB, er kann bis zum Abschluss des Aufgebotsverfahrens den Aufschub der Auseinandersetzung verlangen (§ 2045 BGB). 27

V. Besonderheiten im Beitrittsgebiet

Für Erbfälle **vor dem 3. 10. 1990** gelten nach Art. 235 § 1 Abs. 1 EGBGB die „bisherigen erbrechtlichen Verhältnisse" fort. Das Erbrecht des ZGB sieht ein Aufgebotsverfahren für Nachlassgläubiger nicht vor. Da jedoch nach § 409 ZGB der Erbe grundsätzlich beschränkt haftet, besteht die Rn. 1 dargestellte Interessenlage hier nicht.[6] 28

---

[6] Vgl. *Staudinger/Marotzke*, 2002, Vorbem. 55 zu §§ 1967–2017 BGB für den vergleichbaren Fall der Nachlassverwaltung.

Abschnitt 5. Aufgebot der Schiffsgläubiger

§ 465 Aufgebot der Schiffsgläubiger

(1) Für das Aufgebotsverfahren zur Ausschließung von Schiffsgläubigern auf Grund des § 110 des Binnenschifffahrtsgesetzes gelten die nachfolgenden Absätze.

(2) Örtlich zuständig ist das Gericht, in dessen Bezirk sich der Heimathafen oder der Heimatort des Schiffes befindet.

(3) Unterliegt das Schiff der Eintragung in das Schiffsregister, kann der Antrag erst nach der Eintragung der Veräußerung des Schiffes gestellt werden.

(4) Der Antragsteller hat die ihm bekannten Forderungen von Schiffsgläubigern anzugeben.

(5) Die Aufgebotsfrist muss mindestens drei Monate betragen.

(6) In dem Aufgebot ist den Schiffsgläubigern, die sich nicht melden, als Rechtsnachteil anzudrohen, dass ihre Pfandrechte erlöschen, wenn ihre Forderungen dem Antragsteller nicht bekannt sind.

I. Materielle Voraussetzungen

1 Nach § 110 BinnSchG kann der rechtsgeschäftliche Erwerber eines **Binnenschiffes** den Ausschluss der ihm unbekannten Schiffsgläubiger mit ihren Pfandrechten (§ 103 Abs. 1 BinnSchG) beantragen. Für **Seeschiffe** fehlt seit der Aufhebung von § 765 HGB durch das SeerechtsÄndG v. 21. 6. 1972 ein entsprechendes Verfahren; **§ 759 HGB** regelt anstelle dessen ein automatisches Erlöschen der Pfandrechte, wenn sich der Gläubiger über bestimmte Zeit hinweg verschweigt. Die von der Norm erfassten **Schiffsgläubigerforderungen** sind in § 102 BinnSchG aufgezählt.

II. Das Verfahren

2 **1. Zuständigkeit.** Nach Abs. 2 ist zuständig das Gericht des Heimathafens oder Heimatorts, vgl. dazu § 6 BinSchG.

3 **2. Antragsrecht, Antragsinhalt.** Antragsberechtigt ist nur der Erwerber. Der Antrag muss neben den allgemeinen Angaben die dem Antragsteller bekannten Gläubiger bezeichnen, Abs. 4. Ist das Schiff im **Binnenschiffsregister** eingetragen oder eintragungsbedürftig, so setzt das Verfahren voraus, dass die Eintragung geschehen ist, Abs. 3

4 **3. Aufgebot.** Das Aufgebot enthält neben den allgemeinen Voraussetzungen als Rechtsnachteil das Erlöschen der Pfandrechte. Wegen der persönlichen Haftung des Schiffsveräußerers bzw. Erwerbers vgl. §§ 113, 114 BinnSchG.

5 Nach § 1024 ZPO kann auch hier das **Landesrecht** für Aufgebotsveröffentlichung und Aufgebotsfrist Sonderregelungen enthalten. Solche Regelungen sind getroffen – an den in §§ 442 bis 446 Rn. 10, 11 genannten Fundstellen – in Baden-Württemberg, Bayern, Berlin, Hamburg, Nordrhein-Westfalen, Rheinland-Pfalz, Saarland und Schleswig-Holstein.

Im Übrigen gilt **Abs. 5** mit der dort genannten Mindestfrist von drei Monaten.

Abschnitt 6. Aufgebot zur Kraftloserklärung von Urkunden

§ 466 Örtliche Zuständigkeit

(1) ¹Für das Aufgebotsverfahren ist das Gericht örtlich zuständig, in dessen Bezirk der in der Urkunde bezeichnete Erfüllungsort liegt. ²Enthält die Urkunde eine solche Bezeichnung nicht, ist das Gericht örtlich zuständig, bei dem der Aussteller seinen allgemeinen Gerichtsstand hat, und in Ermangelung eines solchen Gerichts dasjenige, bei dem der Aussteller zur Zeit der Ausstellung seinen allgemeinen Gerichtsstand gehabt hat.

(2) Ist die Urkunde über ein im Grundbuch eingetragenes Recht ausgestellt, ist das Gericht der belegenen Sache ausschließlich örtlich zuständig.

(3) Wird das Aufgebot durch ein anderes als das nach dieser Vorschrift örtlich zuständige Gericht erlassen, ist das Aufgebot auch durch Aushang an der Gerichtstafel oder Einstellung in das Informationssystem des letzteren Gerichts öffentlich bekannt zu machen.

§ 467 Antragsberechtigter

(1) Bei Papieren, die auf den Inhaber lauten oder die durch Indossament übertragen werden können und mit einem Blankoindossament versehen sind, ist der bisherige Inhaber des abhandengekommenen oder vernichteten Papiers berechtigt, das Aufgebotsverfahren zu beantragen.

(2) Bei anderen Urkunden ist derjenige zur Stellung des Antrags berechtigt, der das Recht aus der Urkunde geltend machen kann.

§ 468 Antragsbegründung

Der Antragsteller hat zur Begründung des Antrags
1. eine Abschrift der Urkunde beizubringen oder den wesentlichen Inhalt der Urkunde und alles anzugeben, was zu ihrer vollständigen Erkennbarkeit erforderlich ist,
2. den Verlust der Urkunde sowie diejenigen Tatsachen glaubhaft zu machen, von denen seine Berechtigung abhängt, das Aufgebotsverfahren zu beantragen, sowie
3. die Versicherung der Wahrheit seiner Angaben an Eides statt anzubieten.

§ 469 Inhalt des Aufgebots

¹In dem Aufgebot ist der Inhaber der Urkunde aufzufordern, seine Rechte bei dem Gericht bis zum Anmeldezeitpunkt anzumelden und die Urkunde vorzulegen. ²Als Rechtsnachteil ist anzudrohen, dass die Urkunde für kraftlos erklärt werde.

§ 470 Ergänzende Bekanntmachung in besonderen Fällen

¹Betrifft das Aufgebot ein auf den Inhaber lautendes Papier und ist in der Urkunde vermerkt oder in den Bestimmungen, unter denen die erforderliche staatliche Genehmigung erteilt worden ist, vorgeschrieben, dass die öffentliche Bekanntmachung durch bestimmte andere Blätter zu erfolgen habe, so muss die Bekanntmachung auch durch Veröffentlichung in diesen Blättern erfolgen. ²Das Gleiche gilt bei Schuldverschreibungen, die von einem deutschen Land oder früheren Bundesstaat ausgegeben sind, wenn die öffentliche Bekanntmachung durch bestimmte Blätter landesgesetzlich vorgeschrieben ist. ³Zusätzlich kann die öffentliche Bekanntmachung in einem von dem Gericht für Be-

kanntmachungen bestimmten elektronischen Informations- und Kommunikationssystem erfolgen.

§ 471 Wertpapiere mit Zinsscheinen

(1) Bei Wertpapieren, für die von Zeit zu Zeit Zins-, Renten- oder Gewinnanteilscheine ausgegeben werden, ist der Anmeldezeitpunkt so zu bestimmen, dass bis zu dem Termin der erste einer seit der Zeit des glaubhaft gemachten Verlustes ausgegebenen Reihe von Zins-, Renten- oder Gewinnanteilscheinen fällig geworden ist und seit seiner Fälligkeit sechs Monate abgelaufen sind.

(2) Vor Erlass des Ausschließungsbeschlusses hat der Antragsteller ein nach Ablauf dieser sechsmonatigen Frist ausgestelltes Zeugnis der betreffenden Behörde, Kasse oder Anstalt beizubringen, dass die Urkunde seit der Zeit des glaubhaft gemachten Verlustes ihr zur Ausgabe neuer Scheine nicht vorgelegt sei und dass die neuen Scheine an einen anderen als den Antragsteller nicht ausgegeben seien.

§ 472 Zinsscheine für mehr als vier Jahre

(1) ¹ Bei Wertpapieren, für die Zins-, Renten- oder Gewinnanteilscheine zuletzt für einen längeren Zeitraum als vier Jahre ausgegeben sind, genügt es, wenn der Anmeldezeitpunkt so bestimmt wird, dass bis dahin seit der Zeit des glaubhaft gemachten Verlustes der zuletzt ausgegebenen Scheine solche für vier Jahre fällig geworden und seit der Fälligkeit des letzten derselben sechs Monate abgelaufen sind. ² Scheine für Zeitabschnitte, für die keine Zinsen, Renten oder Gewinnanteile gezahlt werden, kommen nicht in Betracht.

(2) ¹ Vor Erlass des Ausschließungsbeschlusses hat der Antragsteller ein nach Ablauf dieser sechsmonatigen Frist ausgestelltes Zeugnis der betreffenden Behörde, Kasse oder Anstalt beizubringen, dass die für die bezeichneten vier Jahre und später fällig gewordenen Scheine ihr von einem anderen als dem Antragsteller nicht vorgelegt seien. ² Hat in der Zeit seit dem Erlass des Aufgebots eine Ausgabe neuer Scheine stattgefunden, so muss das Zeugnis auch die in § 471 Abs. 2 bezeichneten Angaben enthalten.

§ 473 Vorlegung der Zinsscheine

¹ Die §§ 470 und 471 sind insoweit nicht anzuwenden, als die Zins-, Renten- oder Gewinnanteilscheine, deren Fälligkeit nach diesen Vorschriften eingetreten sein muss, von dem Antragsteller vorgelegt werden. ² Der Vorlegung der Scheine steht es gleich, wenn das Zeugnis der betreffenden Behörde, Kasse oder Anstalt beigebracht wird, dass die fällig gewordenen Scheine ihr von dem Antragsteller vorgelegt worden seien.

§ 474 Abgelaufene Ausgabe der Zinsscheines

Bei Wertpapieren, für die Zins-, Renten- oder Gewinnanteilscheine ausgegeben sind, aber nicht mehr ausgegeben werden, ist der Anmeldezeitpunkt so zu bestimmen, dass bis dahin seit der Fälligkeit des letzten ausgegebenen Scheines sechs Monate abgelaufen sind; das gilt nicht, wenn die Voraussetzungen der §§ 471 und 472 gegeben sind.

§ 475 Anmeldezeitpunkt bei bestimmter Fälligkeit

Ist in einer Schuldurkunde eine Verfallzeit angegeben, die zur Zeit der ersten Veröffentlichung des Aufgebots im elektronischen Bundesanzeiger noch nicht eingetreten ist, und sind die Voraussetzungen der §§ 471 bis 474 nicht gegeben, ist der Anmeldezeitpunkt so zu bestimmen, dass seit dem Verfalltag sechs Monate abgelaufen sind.

§ 476 Aufgebotsfrist

Die Aufgebotsfrist soll höchstens ein Jahr betragen.

§ 477 Anmeldung der Rechte

Meldet der Inhaber der Urkunde vor dem Erlass des Ausschließungsbeschlusses seine Rechte unter Vorlegung der Urkunde an, hat das Gericht den Antragsteller hiervon zu benachrichtigen und ihm innerhalb einer zu bestimmenden Frist die Möglichkeit zu geben, in die Urkunde Einsicht zu nehmen und eine Stellungnahme abzugeben.

§ 478 Ausschließungsbeschluss

(1) In dem Ausschließungsbeschluss ist die Urkunde für kraftlos zu erklären.

(2) ¹ Der Ausschließungsbeschluss ist seinem wesentlichen Inhalt nach durch Veröffentlichung im elektronischen Bundesanzeiger bekannt zu machen. ² § 470 gilt entsprechend.

(3) In gleicher Weise ist die auf eine Beschwerde ergangene Entscheidung bekannt zu machen, soweit durch sie die Kraftloserklärung aufgehoben wird.

§ 479 Wirkung des Ausschließungsbeschlusses

(1) Derjenige, der den Ausschließungsbeschluss erwirkt hat, ist dem durch die Urkunde Verpflichteten gegenüber berechtigt, die Rechte aus der Urkunde geltend zu machen.

(2) Wird der Ausschließungsbeschluss im Beschwerdeverfahren aufgehoben, bleiben die auf Grund des Ausschließungsbeschlusses von dem Verpflichteten bewirkten Leistungen auch Dritten, insbesondere dem Beschwerdeführer, gegenüber wirksam, es sei denn, dass der Verpflichtete zur Zeit der Leistung die Aufhebung des Ausschließungsbeschlusses gekannt hat.

§ 480 Zahlungssperre

(1) ¹ Bezweckt das Aufgebotsverfahren die Kraftloserklärung eines auf den Inhaber lautenden Papiers, so hat das Gericht auf Antrag an den Aussteller sowie an die in dem Papier und die von dem Antragsteller bezeichneten Zahlstellen das Verbot zu erlassen, an den Inhaber des Papiers eine Leistung zu bewirken, insbesondere neue Zins-, Renten- oder Gewinnanteilscheine oder einen Erneuerungsschein auszugeben (Zahlungssperre). ² Mit dem Verbot ist die Benachrichtigung von der Einleitung des Aufgebotsverfahrens zu verbinden. ³ Das Verbot ist in gleicher Weise wie das Aufgebot öffentlich bekannt zu machen.

(2) Ein Beschluss, durch den der Antrag auf Erlass einer Zahlungssperre zurückgewiesen wird, ist mit der sofortigen Beschwerde in entsprechender Anwendung der §§ 567 bis 572 der Zivilprozessordnung anfechtbar.

(3) Das an den Aussteller erlassene Verbot ist auch den Zahlstellen gegenüber wirksam, die nicht in dem Papier bezeichnet sind.

(4) Die Einlösung der vor dem Verbot ausgegebenen Zins-, Renten- oder Gewinnanteilscheine wird von dem Verbot nicht betroffen.

§ 481 Entbehrlichkeit des Zeugnisses nach § 471 Abs. 2

Wird die Zahlungssperre angeordnet, bevor seit der Zeit des glaubhaft gemachten Verlustes Zins-, Renten- oder Gewinnanteilscheine ausgegeben worden sind, so ist die Beibringung des in § 471 Abs. 2 vorgeschriebenen Zeugnisses nicht erforderlich.

§ 482 Aufhebung der Zahlungssperre

(1) ¹Wird das in Verlust gekommene Papier dem Gericht vorgelegt oder wird das Aufgebotsverfahren ohne Erlass eines Ausschließungsbeschlusses erledigt, so ist die Zahlungssperre von Amts wegen aufzuheben. ²Das Gleiche gilt, wenn die Zahlungssperre vor der Einleitung des Aufgebotsverfahrens angeordnet worden ist und die Einleitung nicht binnen sechs Monaten nach der Beseitigung des ihr entgegenstehenden Hindernisses beantragt wird. ³Ist das Aufgebot oder die Zahlungssperre öffentlich bekannt gemacht worden, so ist die Erledigung des Verfahrens oder die Aufhebung der Zahlungssperre von Amts wegen durch den elektronischen Bundesanzeiger bekannt zu machen.

(2) Wird das Papier vorgelegt, ist die Zahlungssperre erst aufzuheben, nachdem dem Antragsteller die Einsicht nach Maßgabe des § 477 gestattet worden ist.

(3) Der Beschluss, durch den die Zahlungssperre aufgehoben wird, ist mit der sofortigen Beschwerde in entsprechender Anwendung der §§ 567 bis 572 der Zivilprozessordnung anfechtbar.

§ 483 Hinkende Inhaberpapiere

¹Bezweckt das Aufgebotsverfahren die Kraftloserklärung einer Urkunde der in § 808 des Bürgerlichen Gesetzbuchs bezeichneten Art, gelten § 466 Abs. 3, die §§ 470 und 478 Abs. 2 Satz 2 sowie die §§ 480 bis 482 entsprechend. ²Die Landesgesetze können über die Veröffentlichung des Aufgebots und der in § 478 Abs. 2, 3 und in den §§ 480, 482 vorgeschriebenen Bekanntmachungen sowie über die Aufgebotsfrist abweichende Vorschriften erlassen.

§ 484 Vorbehalt für die Landesgesetzgebung

(1) Bei den Aufgeboten auf Grund der §§ 887, 927, 1104, 1112, 1162, 1170, 1171 des Bürgerlichen Gesetzbuchs, des § 110 des Binnenschiffahrtsgesetzes, der §§ 6, 13, 66, 67 des Gesetzes über Rechte an eingetragenen Schiffen und Schiffsbauwerken (BGBl. III 403-4) und der §§ 13, 66, 67 des Gesetzes über Rechte an Luftfahrzeugen können die Landesgesetze die Art der Veröffentlichung des Aufgebots und des Ausschließungsbeschlusses sowie die Aufgebotsfrist anders bestimmen als in den §§ 435, 437 und 441 vorgeschrieben ist.

(2) Bei Aufgeboten, die auf Grund des § 1162 des Bürgerlichen Gesetzbuchs ergehen, können die Landesgesetze die Art der Veröffentlichung des Aufgebots, des Ausschließungsbeschlusses und des in § 478 Abs. 2 und 3 bezeichneten Beschlusses sowie die Aufgebotsfrist auch anders bestimmen, als in den §§ 470, 475, 476 und 478 vorgeschrieben ist.

Übersicht

	Rn.		Rn.
I. Materielle Voraussetzungen	1–10	b) Keine Regelung	13
1. Aufbietbare Papiere	1–8	c) Grundpfandrechtsbriefe	14
a) Wechsel, Art. 90 WG	1	d) Anleihen	15
b) Schecks, Art. 59 ScheckG	2	e) Zuweisung	16
c) Schuldverschreibungen auf den Inhaber, § 799 BGB	3	2. Antrag	17–23
d) Aktien und Zwischenscheine	4	a) Grundsatz	17–20
e) Kaufmännische Orderpapiere, §§ 363, 365 HGB	5	b) Antragsinhalt	21–23
f) Öffentliche Orderpapiere	6	III. Das Aufgebot	24–34
g) Qualifizierte Legitimationspapiere, § 808 BGB	7, 8	1. Inhalt	24
2. Die Aufgebotsgründe	9, 10	2. Bekanntmachung	25, 26
II. Voraussetzungen des Aufgebots	11–23	a) Bundesrecht	25
1. Zuständigkeit	11–16	b) Landesrecht	26
a) Grundsatz	11, 12	3. Fristen	27–34
		a) Bundesrecht	27
		b) Landesrecht	28
		c) Nachweisfrist	29–34

	Rn.		Rn.
IV. Der Ausschließungsbeschluss	35–46	c) Urkundenersatz	44
1. Besondere Voraussetzungen	35–37	d) Vorwirkung, Kondiktion	45, 46
2. Inhalt	38–41	**V. Zahlungssperre**	47–53
3. Wirkungen	42–46	**VI. Landesrecht**	54
a) Allgemein	42		
b) Keine Drittwirkung	43		

I. Materielle Voraussetzungen

1. Aufbietbare Papiere. Unter §§ 466 ff. fallen neben den in der Praxis dominierenden **Grundpfandrechtsbriefen:**

a) **Wechsel, Art. 90 WG.** Er kann aufgeboten werden, wenn er abhanden gekommen oder 1 vernichtet ist (dazu Rn. 10). Es ist ohne Belang, ob der Wechsel akzeptiert, protestiert, verfallen oder verjährt ist.

b) **Schecks, Art. 59 ScheckG.** Auch hier sind Aufgebotsgründe Abhandenkommen oder Vernichtung. Die Norm gilt auch für Blankoschecks.[1] Strittig ist, ob sie auch für Euroschecks und Euroscheckkarten gilt.[2] Da Art. 59 ScheckG nur gegen die spezifisch wertpapierrechtlichen Gefahren schützen will, ist er nicht anwendbar, wenn mangels Unterschrift des Ausstellers keine wertpapierrechtliche Haftung begründet ist. Sind Schecks im Einzugsverkehr **verloren gegangen,** so haben die Kreditinstitute ein vereinfachtes Verfahren vereinbart, das das Aufgebotsverfahren entbehrlich macht;[3] wird trotzdem in einem solchen Fall das Aufgebot beantragt, so fehlt an dem Aufgebot das Rechtsschutzbedürfnis. 2

c) **Schuldverschreibungen auf den Inhaber, § 799 BGB.** Hierunter fallen: Bankschuldverschreibungen (Pfandbriefe, Kommunalobligationen); Industrieobligationen; öffentliche Anleihen, sofern sie noch verbrieft und nicht nur im Schuldbuch eingetragen sind; Grundpfandrechtsbriefe, die ausnahmsweise auf den Inhaber ausgestellt sind (§§ 1195, 1199 BGB); Investmentzertifikate; auf den Inhaber ausgestellte Lagerscheine; Lotterielose nach Ziehung und darauf entfallenem Gewinn. Kraft Gesetzes **ausgenommen** sind gemäß § 799 Abs. 1 S. 2 BGB die auf Sicht zahlbaren unverzinslichen Schuldverschreibungen sowie Zins-, Renten- und Gewinnanteilscheine. Erneuerungsscheine (Talons) gehören nicht hierher, weil sie einfache Legitimationspapiere sind.[4] Aufgebotsgründe sind auch hier Abhandenkommen oder Vernichtung, dazu Rn. 9, 10. Das Verfahren ist ausgeschlossen, wenn dies in der Urkunde ausdrücklich bestimmt ist. 3

d) **Aktien und Zwischenscheine** (sofern nicht in der Urkunde etwas anderes bestimmt ist, § 72 4 AktG). Zu den Aufgebotsgründen vgl. Rn. 9, 10.

e) **Kaufmännische Orderpapiere, §§ 363, 365 HGB.** Hierher gehören: Kaufmännische Anweisung, § 363 Abs. 1 S. 1 HGB; kaufmännische Verpflichtungsscheine, § 363 Abs. 1 S. 2 HGB; Konossemente, §§ 642 ff. HGB; Ladescheine der Frachtführer, §§ 444 ff. HGB, § 72 BinnSchG; Lagerscheine der Lagerhäuser, § 475c HGB; Bodmereibriefe, §§ 682 ff. HGB; Beförderungsversicherungsscheine, § 784 HGB, § 3 VVG. Aufgebotsgründe s. unten Rn. 9, 10. 5

f) **Öffentliche Orderpapiere.** Auf den Namen oder an Order lautende **Schuldverschreibungen** und **Schatzanweisungen** des Reiches und des Bundes. Zu den Aufgebotsgründen vgl. Rn. 9, 10. 6

g) **Qualifizierte Legitimationspapiere, § 808 BGB.** Es handelt sich um Urkunden, die ein 7 Recht derart verbriefen, dass der Schuldner nicht jedem Inhaber, sondern nur einer bestimmten Person zur Leistung verpflichtet ist, aber durch Leistung an den Inhaber grundsätzlich frei wird. Hierher gehören: Fahrkarten, wenn sie den Berechtigten namentlich bezeichnen[5] (Wochen-, Monats-, Netzkarten; Flugscheine,[6] Sparbücher [dazu Rn. 8]; Versicherungsscheine mit Inhaberklausel; Leihhausscheine [Pfandscheine].

Bei **Sparbüchern** findet sich auf Grund des Vorbehalts in Art. 102 Abs. 2 EGBGB vielfach eine 8 abweichende **landesrechtliche** Regelung, die die Ablösung des gerichtlichen Verfahrens durch ein

---

[1] BGH WM 1974, 558; *Pleyer/Müller-Wüsten* WM 1975, 1102.
[2] Bejahend: *Zöller/Geimer* § 1003 ZPO Rn. 1; verneinend: *Pleyer/Müller-Wüsten* WM 1975, 1102; *Kümpel* NJW 1975, 1549; *Stein/Jonas/Schlosser* § 1003 ZPO Rn. 10; *Musielak/Ball* § 1003 ZPO Rn. 5; *Thomas/Putzo/ Reichold* § 1003 ZPO Rn. 1.
[3] RGJW 1912, 861.
[4] *Wieczorek/Weber* § 1003 ZPO Rn. 11.
[5] MünchKommBGB/*Hüffer* § 808 Rn. 10.
[6] BGHZ 62, 71 = LM § 631 Nr. 26 = NJW 1974, 852, 853.

diesem nachgebildetes Verfahren der Sparkassen bestimmt.[7] Sie verdrängt dann die Regelungen des FamFG generell. Für Postsparbücher s. § 433 Rn. 16.

9 **2. Die Aufgebotsgründe.** Sie sind übereinstimmend in den verschiedenen Vorschriften als **Abhandenkommen** und **Vernichtung** bezeichnet. Der Begriff des **Abhandenkommens** ist umstritten. Nach der einen Ansicht wird er, in Anlehnung an § 935 BGB, mit dem unfreiwilligen Verlust unmittelbaren Besitzes bezeichnet.[8] Nach anderer Auffassung ist die Urkunde abhanden gekommen, wenn der Inhaber den Besitz derart verloren hat, dass er nicht mehr auf sie zugreifen, insbesondere sie auch im Wege der Zwangsvollstreckung nicht mehr erlangen kann.[9] Letztere Auffassung ist sachgerechter, weil sie den wertpapierrechtlichen Gegebenheiten besser entspricht und auch bei bekanntem Verbleib der Urkunde die Schaffung der Voraussetzungen für eine Neuausstellung ermöglicht.

10 **Vernichtet** ist die Urkunde im Falle völligen Substanzverlustes (zB Verbrennen) sowie dann, wenn sie derart beschädigt ist, dass die wesentlichen Unterscheidungsmerkmale nicht mehr zuverlässig feststellbar sind. Ist die Urkunde trotz Beschädigung noch identifizierbar, so besteht ein Umtausch- bzw. Erneuerungsanspruch, vgl. § 798 BGB, § 74 AktG, § 67 GBO.

II. Voraussetzungen des Aufgebots

11 **1. Zuständigkeit. a) Grundsatz.** Nach § 466 Abs. 1 S. 1 ist **grundsätzlich** zuständig das Amtsgericht des Ortes, den die Urkunde als **Erfüllungsort** bezeichnet. Diese Bezeichnung muss freilich keine ausdrückliche sein; es genügt, wenn die Urkunde Angaben enthält, die es nach den allgemeinen Regeln (Art. 2 Abs. 3, Art. 4 WG; § 269 BGB) gestatten, den Erfüllungsort festzustellen.

12 Wird am Sitz des bezeichneten Gerichts **keine deutsche Gerichtsbarkeit** mehr ausgeübt, so ist das Amtsgericht Berlin-Schöneberg zuständig, § 11 Gesetz v. 7. 8. 1952 (BGBl. I S. 407). § 466 Abs. 1 S. 2 ist nicht anwendbar, wenn die Urkunde eine Regelung enthält.

13 **b) Keine Regelung.** Ist aus der Urkunde **kein Erfüllungsort** zu entnehmen, oder scheidet das schon deswegen aus, weil sie (wie zB die Aktie) keine Verpflichtung beurkundet,[10] dann gilt gemäß § 466 Abs. 1 S. 2 der **allgemeine Gerichtsstand** des Ausstellers. Bei mehreren Ausstellern gilt § 3 Abs. 2.

14 **c) Grundpfandrechtsbriefe.** Bei Urkunden über **eingetragene Rechte,** also Grundpfandrechtsbriefe, ist nach § 466 Abs. 2 das Gericht der Grundstücksbelegenheit zuständig. Bei Zuständigkeit mehrerer Gerichte (insbesondere bei Gesamtrechten auf unterschiedlich belegenen Grundstücken) ist § 2 Abs. 1 anwendbar.[11]

15 **d) Anleihen.** Für **Anleihen** des Bundes, der ehem. Bundesbahn und Bundespost ist das Amtsgericht Bad Homburg zuständig, § 16 Gesetz v. 13. 2. 1924 (RGBl. S. 95) i. V. m. Gesetz v. 13. 7. 1948 (WiGBl. S. 73) u. VO v. 13. 12. 1949 (BGBl. 1950 I S. 1).

16 **e) Zuweisung.** Die bisher in § 1006 Abs. 1 ZPO vorgesehene Zuständigkeitszuweisung ist auch ohne spezielle Vorschrift nach wie vor möglich; die Ermächtigung dazu folgt aus § 23d GVG. Bestehende landesrechtliche Konzentrationsvorschriften bleiben nach § 491 unberührt. Vgl. dazu Art. 26 bayAGGVG (AG München für Schuldverschreibungen des Freistaates Bayern; AG des allgemeinen Gerichtsstandes des Ausgebers bei den Körperschaften usw.); § 27 bawü AGGVG (AG Karlsruhe für Schuldverschreibungen des Landes, Gericht des Sitzes des Ausgebers bei Körperschaften usw.).

17 **2. Antrag. a) Grundsatz.** Der Grundsatz für die **Antragsberechtigung** findet sich in § 467 Abs. 2: antragsberechtigt ist, wer das Recht aus der Urkunde geltend machen kann. Das sind: beim Wechsel dessen legitimierter Inhaber (Art. 16 WG); beim **Scheck** der Inhaber oder die ausdrücklich benannte Person (Art. 5 SchG), bei einem Scheck mit Indossament der Indossator (Art. 19 SchG); bei **Aktien** die in ihnen bezeichnete Person (§ 10 AktG), wegen der Inhaberaktie s. Rn. 19; bei **Grundpfandrechtsbriefen** der Inhaber des dinglichen Rechts, das kann auch der Eigentümer des Grundstücks sein oder der persönliche Schuldner, wenn auf sie ein Rechtsübergang

---

[7] Zusammenstellung vorne § 433 Fn. 4.
[8] RGZ 101, 224; RGRK/*Steffen* § 808 BGB Rn. 5.
[9] OLG Stuttgart NJW 1955, 1155; LG Koblenz NJW 1955, 506; LG Frankfurt/M. Rpfleger 1986, 187; *Erman/Heckelmann* § 799 BGB Rn. 1; *Palandt/Sprau* § 799 BGB Rn. 3; MünchKommBGB/*Hüffer* § 808 Rn. 19, § 799 BGB Rn. 5; MünchKommBGB/*Eickmann* § 1162 Rn. 2.
[10] So zu Recht *Stein/Jonas/Schlosser* § 1005 ZPO Rn. 2.
[11] Eine Zuständigkeitsbestimmung (bisher § 36 Nr. 4 ZPO) scheidet aus, weil keiner der Fälle des § 5 vorliegt.

gemäß §§ 1153, 1163, 1164 BGB stattgefunden hat; dasselbe gilt, wenn dem Eigentümer in Erfüllung der Rückgewährpflicht die Löschungsunterlagen ausgehändigt worden sind;[12] bei **kaufmännischen Orderpapieren** der legitimierte Inhaber (§ 365 Abs. 1 HGB, Art. 16 WG).

Den genannten Personen stehen gleich der rechtsgeschäftliche Pfandgläubiger (§ 1293 BGB) und der **Pfändungsgläubiger** nach Überweisung, § 936 Abs. 1. **18**

Bei **Inhaberpapieren** und indossablen Papieren mit Blankoindossament gilt § 467 Abs. 1, der dem bisherigen Inhaber das Antragsrecht zuweist, ohne dass es auf seine Legitimation ankäme. **19**

Für die **qualifizierten Legitimationspapiere** des § 808 BGB (Rn. 7) findet sich in § 483 eine Verweisung auf verschiedene Vorschriften für Inhaberpapiere; § 467 ist dabei insgesamt nicht in Bezug genommen. Da es aber auch hier einen Antragsberechtigten geben muss, ist der Grundsatz des § 467 Abs. 2 anzuwenden. **20**

b) Inhalt. Für den **Antragsinhalt** gelten neben den allgemeinen Grundsätzen folgende Besonderheiten: Der Antragsteller hat entweder eine **Abschrift** der Urkunde beizubringen oder sie sonst erschöpfend inhaltlich und tatsächlich zu beschreiben, § 468 Nr. 1. **21**

Der **Verlust** der Urkunde (zum Begriff s. Rn. 9, 10) sowie die das Antragsrecht rechtfertigenden **Tatsachen** sind **glaubhaft** zu machen, § 468 Nr. 2. Der Antragsteller hat sich zur Versicherung an Eides Statt zu erbieten, Nr. 3. **22**

Wegen **weiterer** Erfordernisse, die jedoch erst **vor Ende** der Ausschlussentscheidung vorliegen müssen, vgl. Rn. 35 bis 37. **23**

III. Das Aufgebot

1. Inhalt. Nach § 469 ist der Inhaber aufzufordern, seine Rechte anzumelden und die Urkunde vorzulegen. Als Rechtsnachteil ist die Kraftloserklärung der Urkunde anzudrohen. **24**

2. Bekanntmachung. a) Bundesrecht. Bundesrechtlich gilt § 470. Zu den in § 435 vorgeschriebenen Maßnahmen tritt neben § 470 Abs. 1 die **Anheftung** im Lokal der Börse hinzu, sofern eine solche am Sitz des Aufgebotsgerichts besteht. Weitergehende **Einrückungen** können nach § 470 angeordnet werden. Ist in einem Inhaberpapier oder in der staatlichen Emissionsgenehmigung eine **Veröffentlichung** in anderen Blättern angeordnet, so hat sie – neben Abs. 1 – auch dort zu geschehen. **25**

b) Landesrecht. Landesrechtlich bestehen Sondervorschriften auf Grund der **Vorbehalte** in § 484. **26**

Baden-Württemberg: Bei Grundpfandrechtsbriefen und Urkunden nach § 808 BGB Veröffentlichung neben der Anheftung im Staatsanzeiger (§§ 25, 26, 30 AGGVG); bei landesrechtlichen Schuldverschreibungen in Staats- und Bundesanzeiger (§ 27 AGGVG).

Bayern: Bei Grundpfandrechten u. Urkunden nach § 808 BGB neben Anheftung der Bekanntmachung im Amtsblatt (Art. 27 bayAGGVG).

Berlin: Bei Grundpfandrechtsbriefen und Urkunden nach § 808 GBG neben Anheftung die Bekanntmachung im Amtsblatt (§ 8 blnAGZPO).

Hamburg: Bei Grundpfandrechtsbriefen und Urkunden nach § 808 BGB neben Anheftung Veröffentlichung im Amtsblatt sowie – bei Verfahren vor dem AG Hamburg – Anheftung in der Börse (§§ 4, 5 hamAGZPO).

Nordrhein-Westfalen: Bei Grundpfandrechtsbriefen und Urkunden nach § 808 BGB neben Anheftung Veröffentlichung im Amtsblatt (§§ 7, 9 PrAGZPO idF BereinG v. 7. 11. 1961).

Rheinland-Pfalz: Bei Grundpfandrechtsbriefen und Urkunden nach § 808 BGB neben Anheftung die Bekanntmachung im Amtsblatt (§ 2 rhpfAGZPO, ZVG, KO).

Saarland §§ 38, 39 AGJustG.

Schleswig-Holstein wie Nordrhein-Westfalen.

3. Fristen. a) Bundesrecht. Bundesrechtlich beträgt die **Aufgebotsfrist** (§ 476) höchstens ein Jahr. Für Schecks ist die Mindestfrist in Art. 59 ScheckG auf zwei Monate festgesetzt. **27**

b) Landesrecht. Für **Urkunden nach § 808 BGB** und **Grundpfandrechtsbriefe** kann die Aufgebotsfrist auf Grund der Vorbehalte in § 484 **landesrechtlich** bestimmt werden: Überwiegend sind drei Monate bestimmt (*Baden-Württemberg, Bayern, Berlin, Hamburg, Nordrhein-Westfalen, Saarland, Schleswig-Holstein;* je in den oben Rn. 26 bezeichneten Fundstellen). In Rheinland-Pfalz gelten mindestens sechs Wochen (Fundstelle Rn. 26). In Niedersachsen, wo zur öffentlichen Bekanntmachung nichts Abweichendes bestimmt ist, gilt gleichfalls eine Dreimonatsfrist (§ 2 Gesetz v. 18. 12. 1959, GVBl. S. 149). **28**

---

[12] LG Flensburg SchlHA 1969, 200.

29 c) **Nachweisfrist.** Neben der Aufgebotsfrist enthält das Gesetz für das Urkundenaufgebot noch eine besondere Nachweisfrist, die teils positiv, teils negativ formuliert ist.

30 aa) In § 471 befasst sich das Gesetz mit Papieren, für die **Zins-, Renten- oder Gewinnscheine** ausgegeben werden.[13] Ausgehend vom Verlustzeitpunkt bezüglich der Urkunde ist nach dem Emissionsplan festzustellen, wann neue Scheine ausgegeben werden und wann der Erste von ihnen fällig wird; vom letzteren Zeitpunkt an laufen sechst Monate, die bis zum Anmeldezeitpunkt (§ 438) verstrichen sein müssen.

31 bb) In § 472 werden Regelungen getroffen für Papiere, bei denen (periodisch oder nicht)[14] Zinsscheine u. a. für **mehr als 4 Jahre** ausgegeben werden. Hier genügt es, wenn vom Verlust bis zum Anmeldezeitpunkt vier Jahrgänge fällig geworden sind und seit der Fälligkeit des letzten Scheines noch sechs Monate verflossen sind. Stehen nur noch Scheine für weniger als vier Jahre aus, so findet die Norm keine Anwendung;[15] es ist die Erneuerung abzuwarten. Sind die Scheine **nicht registriert** worden, so gilt § 471.

32 cc) Ist **nur** der **Mantel** verloren gegangen, so sind nach § 473 die §§ 470, 471 nicht anwendbar (dh. es muss nur § 476 beachtet werden!), wenn entweder der Antragsteller die Scheine vorlegt, die fällig geworden sein müssen oder durch ein Zeugnis der Behörde, Kasse oder Anstalt nachweist, dass er sie ihr nach Fälligkeit vorgelegt hat, § 472 Abs. 2. Zuständig ist die Behörde usw. der nach Gesetz oder Statut die Kontrolle der Ausgabe und Einlösung obliegt.[16]

33 dd) Handelt es sich um ein Papier, bei dem die oben Rn. 30 genannten Scheine zwar **ausgegeben wurden,** bei denen aber **keine neuen** Scheine mehr ausgegeben werden und auch nicht mehr Scheine als für vier Jahre vorhanden sind,[17] so gilt § 474. Der Ausschluss ist möglich, wenn seit der Fälligkeit des letzten ausgegebenen Scheines sechs Monate verstrichen sind.

34 ee) In § 475 werden Urkunden erfasst, die eine **konkrete Verfallzeit** enthalten und für die auch keine Scheine ausgegeben werden. Es ist zu unterscheiden: Lag der Verfalltag vor der ersten Einrückung, so gilt lediglich § 476 bzw. die landesrechtliche Frist. Tritt die Verfallzeit erst später ein, so müssen seit dem Verfalltag sechs Monate verstrichen sein. Auch hier kann das **Landesrecht** auf Grund der Ermächtigung in § 484 Abs. 2 (Grundpfandrechtsbriefe) Sonderregeln vorsehen; vgl. oben Rn. 28.

IV. Der Ausschließungsbeschluss

35 1. **Besondere Voraussetzungen.** In den Fällen der §§ 471, 472 (s. Rn. 30, 31) darf der Beschluss nur erlassen werden, wenn die in **Abs. 2** bezeichneten **Zeugnisse** der verwaltenden Behörde usw. vorgelegt werden. Sie begründen die tatsächliche Vermutung, dass die in den Vorschriften bezeichneten Scheine nicht im Besitz eines gutgläubigen Dritten sind.

36 Im Falle des **§ 471** hat das Zeugnis zu bekunden, dass die Haupturkunde (Mantel) seit dem Zeitpunkt des Verlustes nicht vorgelegt wurde und dass die neuen Scheine entweder gar nicht oder nicht an einen anderen als den Antragsteller ausgegeben wurden. Das Zeugnis ist entbehrlich, wenn § 473 (Rn. 32) erfüllt ist. Das Zeugnis ist weiter entbehrlich, wenn die Zahlungssperre (Rn. 46 ff.) angeordnet war, bevor weitere Scheine ausgegeben wurden.

37 Im Falle des § 472 muss das Zeugnis bekunden, dass die ausgegebenen Scheine nicht von einem anderen als dem Antragsteller vorgelegt worden sind. Wenn eine Kontrolle über die Einlösung der Scheine nicht stattfindet und somit die Erteilung des Zeugnisses nicht möglich ist, kann nicht nach § 472 verfahren werden. Sofern nicht § 473 eingreift, gelten § 471 bzw. § 474[18] (s. Rn. 33).

38 2. **Inhalt.** Im Beschluss ist die Urkunde für kraftlos zu erklären, § 478 Abs. 1.

39 Liegt eine zulässige **Anmeldung** vor, so ist nach § 440 zu verfahren, s. dort Rn. 5 ff. Dies gilt freilich nur, wenn der Antragsteller die gem. § 477 vom Anmelder vorgelegte Urkunde nicht anerkennt, oder wenn der Anmelder zur Urkundenvorlage **nicht imstande** ist. Wie immer, kann das Aufgebotsgericht die Fragen der Echtheit der Urkunde und der an ihr bestehenden Berechtigung nicht klären; sie bleiben dem Prozessgericht vorbehalten.

40 **Erkennt** der Antragsteller **die Urkunde** als die verlorene **an,** so ist das Verfahren **erledigt;** eine Entscheidung ergeht nicht, denn der Urkundenverbleib ist ja jetzt bekannt. Der Antragsteller hat jetzt

---

[13] *Stein/Jonas/Schlosser* § 1010 ZPO Rn. 1.
[14] *Stein/Jonas/Schlosser* § 1011 ZPO Rn. 1.
[15] *Stein/Jonas/Schlosser* § 1011 ZPO Rn. 1.
[16] OLG München NJW 1979, 2317.
[17] *Stein/Jonas/Schlosser* § 1013 ZPO Rn. 1.
[18] *Stein/Jonas/Schlosser* § 1011 ZPO Rn. 2.

die Möglichkeit, die Herausgabe der Urkunde im Prozesswege zu erzwingen; für das Aufgebotsverfahren ist kein Raum mehr.

Da für den Fortgang des Verfahrens die Frage der **Urkundenidentität** ausschlaggebend ist, ordnet **41** § 477 an, dass dem Antragsteller die Einsicht der Urkunde zu ermöglichen ist. Die Einsicht kann auf der Geschäftsstelle des Gerichts innerhalb einer zu bestimmenden Frist geschehen. Will der Anmelder die Urkunde nicht aus der Hand geben, so kann er die Anberaumung eines **Einsichtstermins** beantragen.

3. Wirkungen. a) Allgemein. Die **Kraftloserklärung** der Urkunde **ersetzt** für den Antrag- **42** steller in seinem Verhältnis zum **Verpflichteten** (!) den **Besitz** der Urkunde.[19] Demgemäß ist der Antragsteller berechtigt, gegenüber dem Verpflichteten die Rechte aus der Urkunde so geltend zu machen (§ 479 Abs. 1), als besäße er die Urkunde. Die Beständigkeit und den Umfang der Verpflichtung bestimmt jedoch allein das materielle Recht,[20] so dass die Entscheidung weder den Verpflichteten seiner materiellen Einreden (mit Ausnahme der der fehlenden Urkundenvorlage!) beraubt noch den Berechtigten von den vorgeschriebenen Durchsetzungsvoraussetzungen (zB Protesterhebung bzw. deren Nachweis)[21] befreit.

b) Keine Drittwirkung. Dritten gegenüber ist der Beschluss **ohne Wirkung;** sie werden in **43** ihren Rechten an oder aus der Urkunde nicht berührt.[22] Das folgt daraus, dass Gegenstand des Verfahrens hier, im Gegensatz zu den anderen Aufgebotsarten, nicht das materielle Recht ist, sondern lediglich die **Ausgleichung** des **Besitzverlustes**. Deshalb schafft die Entscheidung auch keine materielle Berechtigung des Antragstellers im Verhältnis zum tatsächlich Berechtigten.[23] Das folgt aus dem Verfahrensgegenstand des Aufgebotsverfahrens und der Nichtbeteiligung des Rechtsträgers. § 479 befreit nur von der Urkundenvorlage bei Geltendmachung des Rechts; wer kein solches Recht hat, muss sich das – nach Maßgabe des materiellen Rechts – auch bei Urkundenbesitz entgegenhalten lassen.

c) Urkundenersatz. Ob der Antragsteller die **Ausstellung** einer **neuen Urkunde** verlangen **44** kann, entscheidet das sachliche Recht bzw. dessen Verfahrensvorschriften. Probleme entstehen in der Praxis zuweilen bei der Neuerteilung von **Grundpfandrechtsbriefen** nach § 67 GBO. Da die Norm die Erteilung nur an „den Berechtigten" gestattet und der Ausschluss im Verhältnis zum Grundbuchamt nicht wirkt,[24] muss der Antragsteller seine Rechtsinhaberschaft nachweisen.[25] Behauptet der Antragsteller einen Grundpfandrechtserwerb durch Zession außerhalb des Buches (§ 1154 Abs. 1 BGB), so muss er die Abtretungserklärung vorlegen (§ 26 GBO) und die seinerzeitige Briefübergabe oder das Vorliegen eines Übergabesurrogats (§§ 1154 Abs. 1 S. 1, 1117 Abs. 1 S. 2 BGB) beweisen. Ist das nicht möglich, so muss der noch Eingetragene eine Berichtigungsbewilligung abgeben, wozu er wohl auf Grund des der Abtretung zugrundeliegenden Rechtsgeschäfts verpflichtet ist. Die Übergabe des Beschlusses vermag eine Zession nicht zu bewirken, weil er nur den alten Brief kraftlos macht, nicht aber einen neuen Brief – außer im Verhältnis zum Verpflichteten – fingiert.

d) Vorwirkung, Kondiktion. Der Ausschlussbeschluss wirkt nach Erlass aber vor Rechtskraft- **45** eintritt bereits, denn sonst wäre § 479 Abs. 2 nicht verifizierbar. Der Verpflichtete muss deshalb an den Antragsteller leisten. Da jedoch andererseits eine Aufhebung des Beschlusses zurückwirkt, bedarf der Verpflichtete des Schutzes. **§ 479 Abs. 2** bestimmt, dass Leistungen des Verpflichteten zwischen Erlass und Rechtskraft des Beschlusses jedem gegenüber wirksam bleiben, es sei denn, es könne bewiesen werden, dass der Leistende im Zeitpunkt der Leistung die Aufhebung (nicht nur die Anfechtung) gekannt hat.

Der materielle Berechtigte hat dann gegenüber dem Antragsteller einen **Kondiktionsanspruch 46** nach § 816 Abs. 2 BGB.[26] Dass in solchen Fällen ein Bereicherungsausgleich stattfindet, folgt aus der Erwägung, dass in den anderen Aufgebotsarten Verfahrensgegenstand das materielle Recht ist, so dass gegen denjenigen, der zB das Grundstückseigentum verliert, der Beschluss zugunsten des neuen Eigentümers einen Rechtsgrund im Sinne des Kondiktionsrechts darstellt. Das Verfahren nach §§ 466 ff. hat jedoch, wie mehrfach betont, nicht das materielle Recht, sondern lediglich den Ausgleich des Besitzverlustes zum Gegenstand.

---

[19] BGH NJW-RR 1990, 166, 168; *Stein/Jonas/Schlosser* § 1018 ZPO Rn. 2.
[20] BGH JZ 1958, 746 = LM WG Art. 1 Nr. 3.
[21] RGZ 49, 132.
[22] RGZ 168, 1, 9; *Stein/Jonas/Schlosser* § 1018 ZPO Rn. 2.
[23] RGZ 168, 1, 9; *Stein/Jonas/Schlosser* § 1018 ZPO Rn. 2; MünchKomm BGB/*Hüffer* § 799 Rn. 8, 9.
[24] BayObLG Rpfleger 1987, 363; 1987, 493.
[25] *Demharter* § 67 Rn. 3; *Kuntze/Ertl/Hermann/Eickmann,* Grundbuchrecht, 6. Aufl., § 67 GBO Rn. 2.
[26] *Stein/Jonas/Schlosser* § 1018 ZPO Rn. 4; *Musielak/Ball* § 1018 ZPO Rn. 6. Anders *Wieczorek/Weber* § 1018 ZPO Rn. 16: Anspruchsgrundlage § 812 Abs. 1 S. 1, 2. Alt. BGB.

V. Zahlungssperre

47 Die in den §§ 480–482 geregelte Zahlungssperre soll denjenigen, dem ein Inhaberpapier abhanden gekommen ist, vor **Leistungen** des Verpflichteten an den Inhaber **schützen.** Sie findet Anwendung bei allen Inhaberpapieren (s. Rn. 3); bei **Grundpfandrechtsbriefen** somit nur, wenn sie gemäß §§ 1195, 1199 BGB auf den Inhaber lauten. Anwendbar ist das Verfahren gem. **§ 483** auch bei den Papieren des **§ 808 BGB.**

48 **Inhalt** der Zahlungssperre ist das **Verbot** an den Aussteller und die im Papier bezeichneten Zahlstellen an den Inhaber zu leisten, dh. zu zahlen oder neue Zins-, Renten oder Gewinnanteilscheine oder einen Erneuerungsschein auszugeben. Es handelt sich um ein gerichtliches Veräußerungsverbot iSv. **§§ 135, 136 BGB.** Die gegen das Verbot verstoßende Leistung befreit somit gegenüber dem Antragsteller nicht, sofern später der Ausschluss ergeht. Für den Leistungsempfänger gilt § 135 Abs. 2 BGB.

49 Das Verbot ergeht auf **Antrag,** der zweckmäßig zusammen mit dem Aufgebotsantrag gestellt wird, jedoch auch später gestellt werden kann. Wird die Zahlungssperre erlassen, so ist sie dem Aussteller und den bekannten Zahlstellen von Amts wegen **bekannt zu geben.** Damit ist die Benachrichtigung von der Einleitung des Aufgebotsverfahrens zu verbinden. Die Zahlungssperre ist stets **öffentlich bekannt** zu machen. Es gelten dabei die – auch landesrechtlichen – Regeln für die Aufgebotsveröffentlichung (dazu Rn. 27, 28).

50 Wird der Erlass einer Zahlungssperre abgelehnt, so ist dagegen die sofortige Beschwerde nach den Vorschriften der ZPO statthaft, § 480 Abs. 2.

51 Während die Anordnung der Zahlungssperre einen Antrag vorsieht, geschieht ihre Aufhebung in bestimmten Fällen gemäß § 482 **von Amts wegen**
– wenn die **Urkunde** gemäß § 477 **vorgelegt** wird **und** der Antragsteller sie als die richtige **anerkannt** hat. Die Auffassung, dass es genüge, wenn der Antragsteller Gelegenheit hatte, Einsicht in die Urkunde zu nehmen,[27] kann nicht geteilt werden, weil gerade bei einem Bestreiten der Nämlichkeit der Antragsteller weiter schutzbedürftig bleibt.
– wenn sich das Verfahren **ohne Entscheidung erledigt,** zB durch Antragsrücknahme oder Fristablauf

52 Das Gesetz äußert sich nicht zum Schicksal der Zahlungssperre **nach Erlass** des **Ausschlussbeschlusses.** Man wird annehmen müssen, dass sie mit Rechtskraft des Beschlusses ihre Kraft verliert, ohne dass es einer förmlichen Aufhebung bedürfte.

53 Wird eine **Aufhebung** gemäß § 482 beschlossen, so ist sie an den Antragsteller und die seinerzeitigen Anordnungsadressen förmlich **zuzustellen,** da sie mit der sofortigen Beschwerde anfechtbar ist, § 482 Abs. 3. Die Aufhebung ist ferner in der Form **öffentlich bekannt** zu machen, in der die Anordnung der Zahlungssperre bekannt gemacht worden ist.

VI. Landesrecht

54 § 484 enthält Vorbehalte für die Landesgesetzgebung. Soweit landesrechtliche Vorschriften ergangen sind, ist auf sie in den einzelnen Kommentierungsabschnitten verwiesen.

---

[27] *Stein/Jonas/Schlosser* § 1022 ZPO Rn. 1.

Buch 9. Schlussvorschriften

§ 485 Verhältnis zu anderen Gesetzen

Artikel 1 Abs. 2 und die Artikel 2 und 50 des Einführungsgesetzes zum Bürgerlichen Gesetzbuche sind entsprechend anzuwenden.

I. Normzweck

Die Norm übernimmt § 185 Abs. 2 FGG. Es wird das Verhältnis zwischen dem FamFG und anderem Bundes- bzw. Landesrecht klargestellt. **1**

II. Umfang der Kompetenz des Landesgesetzgebers

Soweit dem Landesgesetzgeber durch den abschließenden Katalog von Vorbehalten in den §§ 486–491 die Kompetenz eingeräumt wird, vom FamFG abweichende Regelungen zu treffen, bestimmt Art. 1 Abs. 2 EGBGB, dass nicht nur derartige Regelungen, die vor Inkrafttreten des FamFG in Kraft gesetzt wurden, **in Kraft bleiben,** sondern dass der Landesgesetzgeber auch die volle Kompetenz behält diese abzuschaffen, zu ändern, zu ersetzen oder im Rahmen der eingeräumten Vorbehalte **neue Regelungen zu erlassen.**[1] Die gemachten Vorbehalte können jedoch durch einfaches Bundesgesetz zugunsten oder zuungunsten der Länder geändert werden[2] (s. zB § 486 Rn. 4). **2**

§ 485, Art. 1 Abs. 2 EGBGB drückt einen **allgemeinen Rechtsgedanken des Föderalismus** aus. Die Norm ist daher über die Vorbehalte des FamFG hinaus auch bei Landesvorbehalten in anderen Bundesgesetzen, die im FamFG geregelte Materien betreffen, anwendbar.[3] **3**

III. Definition Gesetz

Mit dem Verweis auf Art. 2 EGBGB wird die dort gegebene Definition des Begriffes „Gesetz" Bestandteil des FamFG. Gesetz iSd. FamFG ist danach neben dem FamFG jede **Rechtsnorm.** Einschränkungen werden nicht gemacht, so dass Rechtsnormen sowohl **im formellen wie im materiellen Sinn** erfasst werden.[4] Dazu zählen auch Rechtsverordnungen, Staatsverträge, autonome Satzungen, Gewohnheitsrecht und im Rahmen des § 31 Abs. 2 BVerfGG Entscheidungen des BVerfG sowie die Regeln des allgemeinen Völkerrechts (Art. 25 GG).[5] Das Kirchenrecht hingegen ist kein Gesetz in diesem Sinne, da die von den Religionsgemeinschaften als Körperschaften des öffentlichen Rechts erlassenen Vorschriften allein deren Mitglieder binden.[6] **4**

IV. Reichsgesetze

Mit der Einbeziehung von Art. 50 EGBGB wird der allgemeine intertemporale Grundsatz normiert. Grundsätzlich hat das Inkrafttreten des FamFG keine Auswirkungen auf die **Weitergeltung** bereits in Kraft befindlicher **anderer Reichs- bzw. Bundesgesetze** (Art. 50 S. 1 EGBGB). Bestehende Regelungen treten jedoch dann mit dem Inkrafttreten des FamFG außer Kraft, wenn sich aus ihm deren Aufhebung, mithin ein Aufhebungswille[7] ergibt. Eine explizite Aufzählung der außer Kraft tretenden Regelungen ist nicht erforderlich. Ob eine Vorschrift durch das FamFG aufgehoben wurde, ist durch Auslegung zu ermitteln, für die der Zweck des alten Gesetzes und die Absicht der betreffenden Vorschrift des FamFG heranzuziehen sind.[8] **5**

---

[1] BVerfGE 7, 120 (124 ff.); *Staudinger/Merten,* 2005, Art. 1 EGBGB Rn. 53.
[2] *Staudinger/Merten,* 2005, Art. 1 EGBGB Rn. 55.
[3] MünchKommBGB/*Säcker* Art. 1 EGBGB Rn. 5.
[4] *Jansen/v. König* § 185 FGG Rn. 5.
[5] *Bumiller/Harders* Rn. 3; *Keidel/Engelhardt* Rn. 2; ausführlichst zum Gesetzesbegriff mit zahlreichen Einzelfallbetrachtungen *Staudinger/Merten,* 2005, Art. 2 EGBGB Rn. 1–113.
[6] *Jansen/v. König* § 185 FGG Rn. 6.
[7] *Staudinger/Merten,* 2005, Art. 50 EGBGB Rn. 7.
[8] *Bumiller/Harders* Rn. 4; aA *Keidel/Engelhardt* Rn. 2.

§ 486   1–5   Buch 9. Schlussvorschriften

6   Soweit bestehende Vorschriften nach der Kodifizierung durch das FamFG fortgelten, sind sie für die **Auslegung** systematisch als Teil des FamFG zu behandeln.[9] Sie müssen **im Zusammenhang** mit den FamFG-Regelungen derart interpretiert werden, dass sich ein kohärentes Ganzes zusammenfügt.[10]

§ 486 Landesrechtliche Vorbehalte; Ergänzungs- und Ausführungsbestimmungen

(1) Soweit das Einführungsgesetz zum Bürgerlichen Gesetzbuche Rechtsgebiete der Landesgesetzgebung vorbehält, gilt dieser Vorbehalt auch für die entsprechenden Verfahrensvorschriften, soweit sie Gegenstand dieses Gesetzes sind.

(2) ¹Durch Landesgesetz können Vorschriften zur Ergänzung und Ausführung dieses Gesetzes, einschließlich der erforderlichen Übergangsvorschriften erlassen werden. ²Dies gilt auch, soweit keine Vorbehalte für die Landesgesetzgebung bestehen.

I. Landesvorbehalte

1   Abs. 1 übernimmt die Regelung des § 189 FGG und **erweitert** ausdrücklich die im EGBGB enthaltenen **Landesvorbehalte** auf die entsprechenden Verfahrensvorschriften, soweit diese in den Regelungsbereich des FamFG fallen. Sinn und Zweck der Vorschrift ist es, den Ländern, soweit sie das materielle Recht gestalten können, auch die damit verbundene Ausgestaltung des Verfahrens zu ermöglichen. Dieser Grundsatz kann **nicht auf** die Vorbehalte des **EGBGB beschränkt** werden. Es ist daher über den Wortlaut hinaus die gleiche Ermächtigung anzunehmen, wenn landesrechtliche Vorbehalte in anderen Bundesgesetzen gemacht werden.

2   Im Rahmen des sachlichen Anwendungsbereichs der landesrechtlichen Vorbehalte werden vom FamFG **abweichende Bestimmungen** in den einzelnen Bundesländern zugelassen. Dem Landesgesetzgeber ist es insoweit möglich, das Verfahren in allen seinen Teilen selbständig und unabhängig vom FamFG zu regeln.

3   Landesrechtliche Vorbehalte sind zum einen in den **Art. 55–152 EGBGB** enthalten. Dabei handelt es sich auf Grund § 485, Art. 1 Abs. 2 EGBGB um **dauerhafte dynamische Vorbehalte** die dort benannten Materien betreffend; es bleiben nicht allein landesrechtliche Bestimmungen in Kraft, diese können auch vom Landesgesetzgeber geändert oder neu erlassen werden. Abs. 1 erfasst jedoch auch Vorbehalte, die sich aus den Übergangsbestimmungen der Art. 153 ff. EGBGB ergeben, wobei auch hier die maßgeblichen Landesgesetze auf Grund Art. 218 EGBGB nicht statisch sind, sondern vom Landesgesetzgeber geändert werden können.

4   Herauszuheben ist **Art. 147 EGBGB,** der die Länder ermächtigt, dem Betreuungsgericht oder dem Nachlassgericht zugewiesene Aufgaben anderen, nichtgerichtlichen Stellen zu übertragen. Die Ermächtigung des Landesgesetzgebers wurde durch das FGG-RG hinsichtlich der familienrechtlichen Sachverhalte erneut eingeschränkt: Ursprünglich waren alle dem Vormundschaftsgericht zugewiesenen Verrichtungen erfasst. Fielen bereits in der Vergangenheit ehemalige Verrichtungen des Vormundschaftsgerichts mit der Übertragung auf das Familiengericht aus dem Vorbehalt des Art. 147 EGBGB heraus,[1] so können vom Landesgesetzgeber ab dem 1. 9. 2009 allein noch die nunmehr dem Betreuungsgericht zugewiesenen Aufgaben auf nichtgerichtliche Stellen übertragen werden. Die bisher noch dem Vormundschaftsgericht, nunmehr aber dem Familiengericht zugewiesenen Verrichtungen werden ausdrücklich nicht mehr erfasst. und verbleiben daher zwingend in der Zuständigkeit der Amtsgerichte.[2] Der Vorbehalt betrifft allein die **Zuständigkeitsbestimmung**, im Übrigen bleibt es zwingend bei dem Verfahren nach dem FamFG. Dieses ist daher auch vor diesen Stellen anwendbar, jedoch mit den in § 488 gemachten Einschränkungen und Besonderheiten.

II. Landesrechtliche Ergänzungs- und Ausführungsbestimmungen

5   Grundsätzlich besitzen die Länder allein dann eine Gesetzgebungskompetenz im Regelungsbereich des FamFG, wenn ihnen ein Vorbehalt eingeräumt wird (s. Abs. 1, §§ 487, 490, 491). Unabhängig von einem derartigen Vorbehalt räumt ihnen Abs. 2, der § 200 FGG übernimmt, insgesamt die **Kompetenz** zum Erlass von Ergänzung- und Ausführungsbestimmungen ein, soweit das FamFG

---

[9] RGZ 63, 346 (349); BGHZ 2, 355 (357); KG NJW 1958, 27 (28).
[10] MünchKommBGB/*Säcker* Art. 50 EGBGB Rn. 1.
[1] Vgl. *Staudinger/Mayer,* 2005, Art. 147 EGBGB Rn. 3.
[2] BT-Drs. 16/6308, S. 344.

keine vollständige Regelung der von ihm behandelten Materien enthält. Insoweit hat der Landesgesetzgeber freie Hand, kann mithin auch zwingende Vorschriften erlassen.³ Nach dem FGG erhebt damit auch das FamFG trotz seines deutlich gewachsenen Umfanges und einer erhöhten Regelungsdichte keinen Anspruch, eine abschließende und damit vollständig kodifizierte Regelung bereit zu stellen.⁴

Soweit auf Grund § 200 FGG **von den Ländern Vorschriften erlassen** wurden, werden diese nunmehr grundsätzlich von Abs. 2 erfasst und **gelten fort.** Anderes muss jedoch gelten, wenn das FamFG die Regelungsdichte erhöht hat und im Bereich von landesrechtlichen Ergänzungs- und Ausführungsbestimmungen zum FGG nunmehr eine Regelung im FamFG enthalten ist. Der Landesgesetzgeber ist daher gefordert, zur Rechtsklarheit seine Ausführungsbestimmungen entsprechend durchzusehen. **6**

§ 487 Nachlassauseinandersetzung, Auseinandersetzung einer Gütergemeinschaft

(1) Unberührt bleiben die landesrechtlichen Vorschriften, nach denen
1. das Nachlassgericht die Auseinandersetzung eines Nachlasses von Amts wegen zu vermitteln hat, wenn diese nicht binnen einer bestimmten Frist erfolgt ist;
2. für die den Amtsgerichten nach § 373 obliegenden Aufgaben andere als gerichtliche Behörden zuständig sind;
3. in den Fällen der §§ 363 und 373 anstelle der Gerichte oder neben diesen Notare die Auseinandersetzung zu vermitteln haben.

(2) Auf die Auseinandersetzung nach Absatz 1 Nr. 1 sind die §§ 364 bis 372 anzuwenden.

I. Normzweck

Die Vorschrift erhält besondere landesrechtliche Vorschriften zur Auseinandersetzung von Nachlässen und Gütergemeinschaften aufrecht. Dabei entspricht die Regelung **1**
– des Abs. 1 Nr. 1 dem früheren § 192, Halbs. 1 FGG,
– des Abs. 1 Nr. 2 dem früheren § 193, Halbs. 1 FGG,
– des Abs. 1 Nr. 3 dem früheren § 193, Halbs. 2 FGG,
– des Abs. 2 dem früheren § 192 Halbs. 2 FGG.

II. Die Einzelnen landesrechtlichen Bestimmungen

1. Amtliche Vermittlung der Auseinandersetzung (Abs. 1 Nr. 1). Der Vorbehalt des Abs. 1 Nr. 1 hält die landesrechtlichen Bestimmungen über die von Amts wegen erfolgende Auseinandersetzung des Nachlasses durch das **Nachlassgericht** aufrecht. Von der Vermittlung der Auseinandersetzung nach den §§ 363 ff. (Teilungssachen) unterscheidet sich das Verfahren der „**amtlichen Vermittlung**" grundsätzlich nur dadurch, dass bei ersterem ein **Antrag** erforderlich ist, während letzteres von Amts wegen eingeleitet werden.¹ Absatz 2 macht dies nochmals dadurch deutlich, dass auf § 363 ausdrücklich nicht verwiesen wird. Für das Verfahren der amtlichen Vermittlung der Nachlassauseinandersetzung gelten im Übrigen die Bestimmungen der §§ 364 bis 372 für die auf Antrag erfolgende Vermittlung der Auseinandersetzung. Wenn Abs. 2 dies ausdrücklich bestimmt wird damit zugleich deutlich gemacht, dass der Landesgesetzgeber diesbezüglich keine abweichenden Regelungen treffen kann.² Er kann daher nur über das „Ob" der amtlichen Vermittlung der Auseinandersetzung des Nachlasses bestimmen, nicht aber über das „Wie". **2**

Während *Bayern*³ und *Baden-Württemberg*⁴ von dieser Ermächtigung zunächst Gebrauch gemacht hatten, haben sie diese Vorschriften mittlerweile wieder aufgehoben.⁵ **3**

---
³ Keidel/Engelhardt Rn. 3.
⁴ Vgl. Jansen/v. König § 200 FGG Rn. 1.
¹ Bumiller/Harders Rn. 2; Jansen/Baronin v. König § 192 FGG Rn. 1.
² Bumiller/Harders Rn. 5; Schulte-Bunert/Weinreich/Tschichoflos Rn. 6.
³ Art. 3 ff NachlG vom 9. 8. 1902.
⁴ Art. 87 ff. AGBGB vom 29. 12. 1931.
⁵ Baden-Württemberg: § 54 BWLFGG vom 12. 2. 1975; Bayern: Art. 56 BayAGGVG vom 23. 6. 1981; vgl. dazu auch Jansen/Baronin v. König § 192 FGG Rn. 2.

4 **2. Auseinandersetzung der Gütergemeinschaft (Abs. 1 Nr. 2).** Abs. 1 Nr. 2 enthält einen landesrechtlichen Vorbehalt für die Auseinandersetzung der Gütergemeinschaft im Verfahren nach § 373. Dieses Verfahren kann der Landesgesetzgeber auf andere als gerichtliche Behörden übertragen. § 487 ergänzt **in sachlicher Hinsicht** insoweit Art. 147 EGBGB, welcher nur die dem Nachlassgericht obliegenden Verrichtungen betrifft, und erstreckt diesen Vorbehalt auch auf die Auseinandersetzung des Gesamtguts nach der Beendigung der ehelichen, lebenspartnerschaftlichen oder fortgesetzten Gütergemeinschaft. In **funktioneller Hinsicht** liegt eine zusätzliche Erweiterung darin, dass Art. 147 EGBGB nur eine Übertragung auf eine Behörde zulässt,[6] während § 487 diese Einschränkung gerade nicht übernimmt.[7]

5 **3. Vermittlung der Auseinandersetzung durch Notare (Abs. 1 Nr. 3).** Abs. 1 Nr. 3 enthält einen landesrechtlichen Vorbehalt dahingehend, dass für die **antragsbedingte Vermittlung** der Auseinandersetzung des Nachlasses und der Gütergemeinschaft die Notare neben dem Gericht oder sogar – exklusiv – an dessen Stelle bestimmt werden können. Demgegenüber richtet sich die Zuständigkeit der *Notare* nach § 20 Abs. 4 BNotO nur nach den jeweiligen landesrechtlichen Vorschriften, so dass es etwa in Bremen und Hamburg an einer solchen fehlt.[8]

6 **Landesrecht:** *Baden-Württemberg:* Nach §§ 1 Abs. 2, 38, 43 LFGG vom 12. 2. 1975 (GBl. S. 116), zuletzt geändert durch Artikel 2 des Gesetzes vom 28. 7. 2005 (GBl. S. 580), sind die staatlichen Notariate unter Mitwirkung der Gemeinde zuständig. Dabei bestehen zwei Unterformen: Die Bezirksnotare im Bezirk des OLG Stuttgart, wobei es sich um besonders ausgebildete Beamte des gehobenen Dienstes handelt, und den beamteten Notaren im Bezirk des OLG Karlsruhe, welche die Befähigung zum Richteramt haben müssen;[9] *Bayern:* Nach Art. 38 BayAGBGB vom 23. 6. 1981 (GVBl. S. 188; BayRS 300–1–1-J) zuletzt geändert durch Artikel 209 Abs. 1 des Gesetzes vom 10. 12. 2007 (GVBl. S. 866), sind neben den Amtsgerichten auch die Notare für diese Verfahren zur Auseinandersetzung des Nachlasses und des Gesamtguts der ehelichen oder fortgesetzten Gütergemeinschaft zuständig.[10] *Brandenburg:* Gemäß § 19 BbgAGBGB vom 28. 7. 2000 (GVBl. I S. 114), geändert durch Artikel 5 des Gesetzes vom 18. 12. 2001 (GVBl. I S. 282), sind neben den Amtsgerichten ebenfalls auch die Notare für diese Verfahren zuständig. *Hessen:* Nach Art. 24 HessFGG vom 12. 4. 1954 (GVBl. I S. 59), zuletzt geändert durch Artikel 5 des Gesetzes vom 20. 6. 2002 (GVBl. I S. 342), sind die Notare neben den Amtsgerichten ebenfalls für diese Verfahren zuständig, jedoch mit einem Vorbehalt des Gerichts nach Art. 24 Abs. 3 hinsichtlich der dort explizit genannten Verfahren. *Niedersachsen:* Nach Art. 14 NdsFGG idF der Bekanntmachung vom 24. 2. 1971 (Nds. GVBl. S. 43), zuletzt geändert durch Artikel 2 des Gesetzes vom 17. 12. 1998 (Nds. GVBl. S. 710), sind auch die Notare neben den Amtsgerichten für solche Verfahren zuständig, jedoch ebenfalls mit einem Vorbehalt zugunsten des Gerichts nach Art. 15.

§ 488 Verfahren vor landesgesetzlich zugelassenen Behörden

(1) Sind für die in § 1 genannten Angelegenheiten nach Landesgesetz andere als gerichtliche Behörden zuständig, gelten die Vorschriften des Buchs 1 mit Ausnahme der §§ 6, 15 Abs. 2, der §§ 25, 41 Abs. 1 und des § 46 auch für diese Behörden.

(2) ¹Als nächsthöheres gemeinsames Gericht nach § 5 gilt das Gericht, welches das nächsthöhere gemeinsame Gericht für die Amtsgerichte ist, in deren Bezirk die Behörden ihren Sitz haben. ²Durch Landesgesetz kann bestimmt werden, dass, wenn die Behörden in dem Bezirk desselben Amtsgerichts ihren Sitz haben, dieses als nächsthöheres gemeinsames Gericht zuständig ist.

(3) ¹Die Vorschriften des Gerichtsverfassungsgesetzes über die Gerichtssprache, die Verständigung mit dem Gericht sowie zur Rechtshilfe sind entsprechend anzuwenden. ²Die Verpflichtung der Gerichte, Rechtshilfe zu leisten, bleibt unberührt.

I. Normzweck

1 Die Norm geht zurück auf § 194 FGG und übernimmt im Wesentlichen dessen Regelungsgehalt. Soweit der Landesgesetzgeber von der Ermächtigung der §§ 486, 487 Gebrauch gemacht hat und in

---

[6] Eingehend dazu *Staudinger/J. Mayer*, 2005, Art. 147 EGBGB Rn. 5 ff.
[7] *Bumiller/Harders* Rn. 3.
[8] *Jansen/Baronin v. König* § 193 FGG Rn. 5.
[9] *Jansen/Baronin v. König* § 193 FGG Rn. 3 m. weit. Nachw.
[10] Eingehend hierzu *Bracker* MittBayNot 1984, 114.

diesem Rahmen die Zuständigkeit abweichend vom FamFG nicht bei den Gerichten belassen, sondern anderen Behörden zugewiesen hat, bestimmt § 488, welche Verfahrensvorschriften vor diesen Behörden zur Anwendung gelangen. Darüber hinaus werden Anpassungen vorgenommen, soweit die allgemeinen Regelungen des FamFG die (auf Grund der landesrechtlichen Regelung nunmehr fehlende) Zuständigkeit eines Gerichts voraussetzen.

II. Grundsatz

Für das Verfahren vor den nichtgerichtlichen Behörden wird von Abs. 1 der Allgemeine Teil des FamFG für anwendbar erklärt. Nichtgerichtliche Behörde in diesem Sinne sind auch die Notare.[1] Anwendbar sind nach Abs. 3 auch die Vorschriften des GVG über Gerichtssprache, Verständigung mit dem Gericht und Rechtshilfe.

III. Ausnahmen

Abs. 1 **nimmt** die Vorschriften zur Ausschließung und Ablehnung von Gerichtspersonen (§ 6), zur Durchführung einer förmlichen Bekanntgabe (§ 15 Abs. 2), zur Aufnahme von Anträgen und Erklärungen zu Protokoll der Geschäftsstelle (§ 25), zu den Anforderungen an die förmliche Bekanntgabe eines Beschlusses (§ 41 Abs. 1) und zur Erteilung von Rechtskraftzeugnissen (§ 46) von der Anwendung in Verfahren vor nichtgerichtlichen Behörden **aus.** Es bleibt dem Landesgesetzgeber überlassen für diese Gegenstände Regelungen zu treffen.

Zudem **passt** Abs. 2 die Regelung des § 5, der zwingend das Tätigwerden eines Gerichts voraussetzt, so **an,** dass dessen Regelung auch vor Behörden anwendbar ist. **Grundsätzlich** werden die Behörden wie ein Amtsgericht behandelt, diesen mithin gleichgestellt. So ist das nächsthöhere gemeinsame Gericht das Gericht, welches dem Amtsgericht oder den Amtsgerichten, in dessen Bezirk bzw. Bezirken die Behörden ihren Sitz haben, gemeinsam übergeordnet ist. Die Zuständigkeitsbestimmung wird so bei den Landgerichten und Oberlandesgerichten belassen, die auch ohne besondere landesrechtliche Regelung diese vornehmen würden. Dem Landesgesetzgeber wird jedoch von Abs. 2 S. 2 die **Möglichkeit zur Abweichung** eingeräumt. Die Behörden können auf Grund landesgesetzlicher Regelung als in der Hierarchie den Amtsgerichten untergeordnet angesehen werden, so dass das Amtsgericht gegenüber der Behörde bereits das nächsthöhere Gericht darstellt. Es kann durch Landesgesetz bestimmt werden, dass dieses, soweit alle Behörden in seinem Bezirk ihren Sitz haben, es mithin auch das gemeinsame nächsthöhere Gericht ist, die Zuständigkeitsbestimmung vornimmt.

IV. Rechtshilfe

Die Verpflichtung zur Rechtshilfe durch die Gerichte bleibt auf Grund Abs. 3 S. 2 unberührt. Dies gilt allseitig. Die nunmehr zuständigen **Landesbehörden treten neben die Gerichte.** Rechtshilfe kann verlangt werden und muss geleistet werden von allen auf Grund des FamFG zuständigen Gerichten, den auf Grund landesgesetzlicher Regelung nicht mehr zuständigen Gerichten und den auf Grund landesrechtlicher Regelung zuständigen Behörden in jedem denkbaren Verhältnis zueinander. So sind die Behörden zueinander zur Rechtshilfe ebenso berechtigt und verpflichtet, wie die nicht mehr zuständigen Gerichte zu anderen Gerichten.[2]

§ 489 Rechtsmittel

(1) ¹Sind für die in § 1 genannten Angelegenheiten nach Landesgesetz anstelle der Gerichte Behörden zuständig, kann durch Landesgesetz bestimmt werden, dass für die Abänderung einer Entscheidung dieser Behörde das Amtsgericht zuständig ist, in dessen Bezirk die Behörde ihren Sitz hat. ²Auf das Verfahren sind die §§ 59 bis 69 entsprechend anzuwenden.

(2) **Gegen die Entscheidung des Amtsgerichts findet die Beschwerde hat.**

---
[1] BayObLGZ 1983, 101 (103); *Keidel/Engelhardt* Rn. 3.
[2] RGZ 69, 271 (273); OLG Karlsruhe Rpfleger 1994, 255.

I. Normzweck

1 Soweit durch landesrechtliche Vorschriften Familiensachen und Angelegenheiten der freiwilligen Gerichtsbarkeit anderen als gerichtlichen behörden zugewiesen sind, stellt § 489 klar, dass für diese landesgesetzlich zugelassenen Behörden die allgemeinen Verfahrensvorschriften und insbesondere die Vorschriften über das Beschwerdeverfahren gelten, soweit diese Behörden „Verfügungen" erlassen.[1]

II. Regelungsbereich

2 Gegenüber den Verfügungen der landesgesetzlich nach § 488 zuständigen Behörden einschließlich der Notare, unabhängig, ob sie ausschließlich oder neben den Amtsgerichten zuständig sind, kann durch die Landesgesetzgebung bestimmt werden, dass zunächst eine unterste richterliche, nicht Beschwerdeinstanz, anzurufen ist, und zwar durch die Bestimmung, dass vor Einlegung der Beschwerde zum Landgericht die Entscheidung des Amtsgerichts, in dessen Bezirk die Behörde ihren Sitz hat, anzurufen ist.[2]

3 Abs. 1 entspricht dem Regelungsinhalt des bisherigen § 195 Abs. 1 FGG aF. Die Vorschrift wurde jedoch neu formuliert und die Verweise auf die Vorschriften über die Beschwerde angepasst.[3] Abs. 2 ist identisch mit dem bisherigen § 195 Abs. 2 FGG aF.[4]

4 Hinsichtlich der Legitimation zur Anrufung der amtsgerichtlichen Entscheidung, für Form, Frist, Begründung und aufschiebende Wirkung derselben finden die für die Beschwerde geltenden Vorschriften der §§ 59 bis 69 Anwendung. Das Beschwerdeverfahren verläuft so, als ob das Amtsgericht die erste Instanz wäre. Die Beschwerde richtet sich folglich gegen dessen Entscheidung, über die die Beschwerdeinstanz zu befinden hat, soweit das Amtsgericht nicht von der Abhilfemöglichkeit des § 68 Gebrauch macht.

5 Soweit eine Verfügung nach ihrem Inhalt der sofortigen Beschwerde unterliegt, ist sowohl bei der Anrufung des Landgerichts als auch bei der Beschwerde gegen dessen Entscheidung die Frist des § 63 Abs. 2 zu wahren. An dem eigentlichen Beschwerdeverfahren ändert sich dadurch nichts. Die Einreichung der Beschwerde hat beim Amtsgericht zu erfolgen, § 64.

6 In Bayern ist von der Befugnis, die sich bislang aus § 195 FGG aF ergab, in der Vergangenheit kein Gebrauch gemacht worden, ebenso wenig in Baden-Württemberg durch das LFGG v. 12. 2. 1975,[5] so dass die Beschwerde gegen die Verfügungen unmittelbar zum Landgericht geht.

§ 490 Landesrechtliche Aufgebotsverfahren

Die Landesgesetze können bei Aufgeboten, deren Zulässigkeit auf landesgesetzlichen Vorschriften beruht, die Anwendung der Bestimmungen über das Aufgebotsverfahren ausschließen oder diese Bestimmungen durch andere Vorschriften ersetzen.

1 Mit dem Inkrafttreten der Norm wurde der bisherige – wortgleiche – § 11 EGZPO aufgehoben. Die Norm gestattete und gestattet dem Landesgesetzgeber völlig eigenständige Regelungen (hinsichtlich Gegenstand und Verfahren) zu treffen. Von der Norm ist bisher kein Gebrauch gemacht worden.

§ 491 Landesrechtliche Vorbehalte bei Verfahren zur Kraftloserklärung von Urkunden

[1]Unberührt bleiben die landesgesetzlichen Vorschriften, durch die für das Aufgebotsverfahren zum Zweck der Kraftloserklärung von Schuldverschreibungen auf den Inhaber, die ein deutsches Land oder früherer Bundesstaat oder eine ihm angehörende Körperschaft, Stiftung oder Anstalt des öffentlichen Rechts ausgestellt oder für deren Bezahlung ein deutsches Land oder früherer Bundesstaat die Haftung übernommen hat, ein bestimmtes Amtsgericht für ausschließlich zuständig erklärt wird. [2]Bezweckt das Aufgebot die Kraftloserklärung einer Urkunde der in § 808 des Bürgerlichen Gesetzbuchs bezeichneten Art gilt Satz 1 entsprechend.

---

[1] BayObLGZ 1983, 101/103.
[2] *Bumiller/Winkler* § 195 FGG.
[3] BT-Drucks. 16/6308, S. 298.
[4] BT-Drucks. 16/6308, S. 298.
[5] *Keidel/Kuntze/Winkler* § 195 Rn. 6.

Die Norm regelt das Aufgebot, das Schuldverschreibungen auf den Inhaber betrifft, die die Öffentliche Hand ausgegeben hat oder für die die Öffentliche Hand die Haftung übernommen hat. **1**

Der Landesgesetzgeber kann insoweit ein bestimmtes Amtsgericht für ausschließlich zuständig erklären. **2**

Das gilt nach Satz 2 auch für Hinkende Inhaberpapiere, sofern Satz 1 erfüllt ist. **3**

Anhang

Gesetz zur Reform des Verfahrens in Familiensachen und in den Angelegenheiten der freiwilligen Gerichtsbarkeit (FGG-Reformgesetz – FGG-RG)

Vom 17. Dezember 2008 (BGBl. I S. 2586)
zuletzt geändert durch Gesetz vom 30. 7. 2009 (BGBl. I S. 2449)

Art. 1 Gesetz über das Verfahren in Familiensachen und in den Angelegenheiten der freiwilligen Gerichtsbarkeit (FamFG) *(abgedruckt und kommentiert in diesem Band)*

Art. 2 Gesetz über Gerichtskosten in Familiensachen (FamGKG) *(nicht abgedruckt)*

Art. 3–110a *(betreffen Änderungen sonstigen Bundesrechts)*

Art. 111 Übergangsvorschrift

(1) Auf Verfahren, die bis zum Inkrafttreten des Gesetzes zur Reform des Verfahrens in Familiensachen und in den Angelegenheiten der freiwilligen Gerichtsbarkeit eingeleitet worden sind oder deren Einleitung bis zum Inkrafttreten des Gesetzes zur Reform des Verfahrens in Familiensachen und in den Angelegenheiten der freiwilligen Gerichtsbarkeit beantragt wurde, sind weiter die vor Inkrafttreten des Gesetzes zur Reform des Verfahrens in Familiensachen und in den Angelegenheiten der freiwilligen Gerichtsbarkeit geltenden Vorschriften anzuwenden. Auf Abänderungs-, Verlängerungs- und Aufhebungsverfahren finden die vor Inkrafttreten des Gesetzes zur Reform des Verfahrens in Familiensachen und in den Angelegenheiten der freiwilligen Gerichtsbarkeit geltenden Vorschriften Anwendung, wenn die Abänderungs-, Verlängerungs- und Aufhebungsverfahren bis zum Inkrafttreten des Gesetzes zur Reform des Verfahrens in Familiensachen und in den Angelegenheiten der freiwilligen Gerichtsbarkeit eingeleitet worden sind oder deren Einleitung bis zum Inkrafttreten des Gesetzes zur Reform des Verfahrens in Familiensachen und in den Angelegenheiten der freiwilligen Gerichtsbarkeit beantragt wurde.

(2) Jedes gerichtliche Verfahren, das mit einer Endentscheidung abgeschlossen wird, ist ein selbständiges Verfahren im Sinne des Absatzes 1 Satz 1.

(3) Abweichend von Absatz 1 Satz 1 sind auf Verfahren in Familiensachen, die am 1. September 2009 ausgesetzt sind oder nach dem 1. September 2009 ausgesetzt werden oder deren Ruhen am 1. September 2009 angeordnet ist oder nach dem 1. September 2009 angeordnet wird, die nach Inkrafttreten des Gesetzes zur Reform des Verfahrens in Familiensachen und in den Angelegenheiten der freiwilligen Gerichtsbarkeit geltenden Vorschriften anzuwenden.

(4) [1] Abweichend von Absatz 1 Satz 1 sind auf Verfahren über den Versorgungsausgleich, die am 1. September 2009 vom Verbund abgetrennt sind oder nach dem 1. September 2009 abgetrennt werden, die nach Inkrafttreten des Gesetzes zur Reform des Verfahrens in Familiensachen und in den Angelegenheiten der freiwilligen Gerichtsbarkeit geltenden Vorschriften anzuwenden. [2] Alle vom Verbund abgetrenn-

ten Folgesachen, werden im Fall des Satzes 1 als selbständige Familiensachen fortgeführt.

(5) Abweichend von Absatz 1 Satz 1 sind auf Verfahren über den Versorgungsausgleich, in denen am 31. August 2010 im ersten Rechtszug noch keine Endentscheidung erlassen wurde, sowie auf die mit solchen Verfahren im Verbund stehenden Scheidungs- und Folgesachen ab dem 1. September 2010 die nach Inkrafttreten des Gesetzes zur Reform des Verfahrens in Familiensachen und in den Angelegenheiten der freiwilligen Gerichtsbarkeit geltenden Vorschriften anzuwenden.

Übersicht

	Rn.		Rn.
I. Normzweck	1	4. Wirkungen	16
II. Grundregel	3	III. Ausnahmen	18
1. Stichtag	3	1. Verfahrensunterbrechungen in Familiensachen	18
2. Einleitung des Verfahrens	4	2. Versorgungsausgleichsverfahren	20
a) Antragsverfahren	5	a) Isolierte Verfahren	21
b) Amtsverfahren	6	b) Verbundverfahren	23
c) Einstweilige Maßnahmen	7	c) Betroffene Scheidungs- und Folgesachen	25
3. Selbständige und unselbständige Verfahrensteile	10	3. Verbundverfahren	27
a) Dauerverfahren	10		
b) Abänderungs-, Verlängerungs- und Aufhebungsverfahren	15		

I. Normzweck

1 Art. 111 FGG-RG regelt **intertemporal,** in welchen Verfahren die Regelungen des FGG-RG und somit auch das **FamFG** zur Anwendung gelangen. Die Vorschrift wurde durch Art. 22 VAStrRefG,[1] der die Abs. 2–5 anfügte, erheblich erweitert. Aufgrund Art. 112 FGG-RG und Art. 23 VAStrRefG treten beide Regelungswerke am 1. 9. 2009 in Kraft; so wird das Überleitungsrecht unmittelbar in der erweiterten Fassung wirksam.

2 Durch die Einstellung der Übergangsvorschrift unmittelbar im FGG-RG und nicht im FamFG selbst bzw einem „EGFamFG" wird ein **Gleichlauf** der intertemporalen Regelung hinsichtlich der Reformen im **Verfahrensrecht** und der durch das FGG-RG im **materiellen Recht** vorgenommenen Änderungen gewährleistet.[2] Soweit neues Recht anzuwenden ist, bezieht sich dies neben dem verfahrensrechtlichen FamFG einschließlich dem FamGKG auch auf die Änderungsvorschriften der Art. 3–110 FGG-RG; soweit hingegen über das Inkrafttretensdatum des 1. 9. 2009 hinaus noch altes Recht Anwendung findet, betrifft dies nicht allein das Verfahrensrecht, sondern alle durch die Art. 3–110 FGG-RG geänderten Rechtsnormen.

II. Grundregel

3 **1. Stichtag.** Entgegen der sonst im Verfahrensrecht üblichen Regel, in einem Verfahren stets das aktuelle Verfahrensrecht anzuwenden,[3] bestimmt Abs. 1, dass das neue Verfahrensrecht des FamFG allein in **nach 1. 9. 2009** eingeleiteten Verfahren, dem Datum des Inkrafttretens des FGG-RG und mithin des FamFG (Art. 112 FGG-RG), anzuwenden ist. Dadurch soll ein Wechsel des Verfahrensrechts in laufenden Verfahren grundsätzlich ausgeschlossen werden.

4 **2. Einleitung des Verfahrens.** Maßgebliches Kriterium ist mithin die Einleitung des Verfahrens. Der freiwilligen Gerichtsbarkeit ist die Unterscheidung zwischen Anhängigkeit und Rechtshängigkeit fremd.[4]

---
[1] Gesetz zur Strukturreform des Versorgungsausgleichs v. 3. 4. 2009, BGBl. I S. 700
[2] BT-Drucks. 16/6308, S. 359.
[3] MünchKommZPO/*Rauscher* Einl. Rn. 408; *Lüke,* FS Lüke, 1997, S. 391 (393 f.); *Hartmann* NJW 2009, 321.
[4] *Friederici/Kemper/Friederici* § 1 FamFG Rn. 12.

a) Antragsverfahren. Für Antragsverfahren stellt Abs. 1 S. 1 selbst deutlich heraus, dass 5
Stellung des Antrages, mithin die Einreichung des Antrags bei Gericht mit dem Ziel der
dortigen Erledigung,[5] der maßgebliche Zeitpunkt ist. Entscheidend ist der **Eingang der
Antragsschrift bei Gericht.** Genügt jedoch die Einreichung bei einem Gericht allein zur
Weiterleitung an ein anderes Gericht bereits nicht, um ein Befassen des zweiten Gerichts
auszulösen,[6] so kann hierin erst Recht noch keine Verfahrenseinleitung gesehen werden.
Entscheidend ist der Eingang bei dem bestimmten Gericht. Nicht genügend ist ein Antrag auf
Prozesskostenhilfe verbunden mit einer unter die Bedingung der PKH-Bewilligung gestellten
Antragsschrift.[7] Der Antrag wird erst mit Bewilligung der PKH wirksam, dies ist der Moment
der Verfahrenseinleitung und mithin der entscheidende Stichtag.

b) Amtsverfahren. In Amtsverfahren ist fraglich, wann von einer Einleitung des Verfahrens 6
gesprochen werden kann. Noch nicht ausreichend kann der Moment sein, in dem das Gericht
mit der Angelegenheit befasst ist. Zu diesem Zeitpunkt hat das Gericht lediglich von Tatsachen
Kenntnis erlangt, die ein Einschreiten gebieten.[8] Ein Verfahren selbst hat dagegen bei dem
Gericht noch nicht begonnen. Zudem wäre die Unterscheidung in Abs. 1 zwischen „eingeleitet worden sind" und „deren Einleitung beantragt wurde" überflüssig, da mit dem Antrag
auch das Gericht mit der Sache befasst ist. Andererseits kann es auch nicht auf ein nach außen in
Erscheinung treten ankommen. Das Verfahren kann zunächst auch bereits allein gerichtsintern
geführt werden. Ziel des Art. 111 ist es grundsätzlich einen Wechsel des anwendbaren Verfahrensrechts auszuschließen. Entscheidend muss daher der Moment sein, in dem das **Gericht
erstmals tätig wird,**[9] mithin eine wenn auch nicht nach außen in Erscheinung tretende
Förderung der Sache erfolgt.[10] Dies ist der Übergang von der bloßen Kenntnis der Umstände zu
einer Arbeit in der Sache. Hier ist die Verfahrenseinleitung anzunehmen.

c) Einstweilige Maßnahmen. Werden allein Maßnahmen des einstweiligen Rechtschutzes 7
beantragt, so muss differenziert werden. Soweit diese nach altem Recht allein **unselbständig
ausgestaltet** waren, sind sie Teil der Hauptsache. Entscheidend ist dann die Einleitung des
Hauptsacheverfahrens, die gleichzeitig mit der einstweiligen Anordnung erfolgen kann. Unterliegt dieses altem Recht, so ist das gesamte Verfahren einschließlich einstweiliger Anordnungen
nach altem Recht durchzuführen.[11]

Soweit einstweilige Maßnahmen **selbständig ausgestaltet** und somit unabhängig von der 8
Durchführung eines Hauptsacheverfahrens möglich waren (vgl. § 620a Abs. 2, 621g ZPO, es
genügte das ein Antrag auf PKH eingereicht war), ist auch intertemporal für einstweiliges
Verfahren und Hauptsacheverfahren getrennt zu entscheiden und in jedem Verfahren das entsprechend bestimmte Recht anzuwenden.

Ist eine **nach altem Recht** unselbständige **einstweilige Maßnahme ohne Hauptsache-** 9
verfahren beantragt worden und ist diese nach dem Stichtag noch nicht beschieden, so wäre
grundsätzlich altes Recht anwendbar und der Antrag als unzulässig abzuweisen. Aus prozessökonomischen Gründen muss hier jedoch anders entschieden werden. Nach neuem Recht ist
die einstweilige Anordnung nunmehr selbständig ausgestaltet (§§ 49 ff. FamFG). Der Antrag
könnte daher unmittelbar nach Abweisung zulässig erneut gestellt werden. Wird ein unzulässiges Verfahren durch eine Rechtsänderung nunmehr zulässig, so ist dieses nicht abzuweisen,
sondern neues Recht anzuwenden.[12]

3. Selbständige und unselbständige Verfahrensteile. a) Dauerverfahren. Abs. 2 stellt 10
zudem klar, dass jedes **Verfahren,** welches **zu einer eigenen Endentscheidung** führt, selb-

---

[5] Vgl. KG MDR 1957, 366; OLG Hamm FGPrax 2006, 222; *Bumiller/Harders* § 2 FamFG Rn. 5; *Bassenge/Roth* § 5 FGG Rn. 5; *Schulte-Bunert* Rn. 64; *Büte* FuR 2009, 121 (124).
[6] S. o. § 2 FamFG Rn. 16; KG MDR 1957, 366; KG Rpfleger 1968, 227; BayObLGZ 1992, 123 (124).
[7] *Friederici/Kemper/Friederici* Einl. Rn. 20, § 1 FamFG Rn. 11.
[8] OLG Karlsruhe NJW 1955, 1885; OLG Frankfurt Rpfleger 1998, 27; *Bumiller/Harders* § 2 FamFG Rn. 5; *Schulte-Bunert* Rn. 64; *Büte* FuR 2009, 121 (124).
[9] *Friederici/Kemper/Friederici* Einl. Rn. 18.
[10] BayObLGZ 1996, 18; *Bassenge/Roth* § 4 FGG Rn. 16.
[11] BT-Drucks. 16/6308, S. 359.
[12] *Friederici/Kemper/Friederici* § 1 FamFG Rn. 13.

ständig zu betrachten ist. Dies hat insbesondere für Dauerverfahren wie Vormundschaften, Betreuungen und Pflegschaften Bedeutung. Das Dauerverfahren selbst ist, wenn vor dem Stichtag eingeleitet, weiter nach altem Recht durchzuführen. Im Rahmen des Dauerverfahrens nach dem Stichtag auf eine selbständige Endentscheidung gerichtete eingeleitete Verfahrensteile werden nach Abs. 2 selbständig betrachtet. Auf diese ist das neue Recht anwendbar. Hierunter fallen ua. einzelne gerichtliche Genehmigungen,[13] die Abberufung eines Vormundes oder die Genehmigung einer freiheitsentziehenden Unterbringung eines Minderjährigen.[14] Dies kann zu unterschiedlichen Zuständigkeiten für das Dauerverfahren und die Einzelverrichtung führen.

11 Dem Vorschlag des Bundesrates, Dauerverfahren ab einem zweiten, späteren Stichtag generell neuem Recht zu unterstellen,[15] wurde nicht gefolgt. Der Bundesrat wies in diesem Zusammenhang zu Recht darauf hin, dass zB für den Fall einer im August 2009 angeordneten Vormundschaft für ein neugeborenes Kind dies im Extremfall zu einer Übergangsfrist verbunden mit der Anwendung alten Rechts von 18 Jahren führen kann. Die Bundesregierung kündigte allein eine weitere Prüfung an,[16] im weiteren Gesetzgebungsverfahren wurde die Problematik sodann jedoch nicht wieder aufgegriffen. Für **Dauerverfahren** ist daher ebenfalls die **allgemeine Regelung des Abs. 1** anzuwenden.

12 Nunmehr erkennt das BMJ neben der Brisanz der Regelung auch die Gefahr, dass über Jahre die abzuschaffenden Vormundschaftsgerichte aufgrund anhängiger Altverfahren nicht aufgelöst werden können.[17] Mit der Begründung, dass die Auflösung der Vormundschaftsgerichte „unverhältnismäßig lange verzögert" würde, will das **BMJ** die Überleitungsregel des Abs. 1 nicht auf Dauerverfahren anwenden. Man mag das praktische Bedürfnis nachvollziehen können, jedoch rechtfertigen allein pragmatischer Erwägungen nicht die Außerachtlassung der gesetzlichen Regelung. Diese ist vom Gesetzgeber ohne Einschränkung gerade auch für die in der freiwilligen Gerichtsbarkeit üblichen Dauerverfahren getroffen worden. Mit der Schaffung des Art. 111 wich der Gesetzgeber gerade von der allgemeinen intertemporalen Regel des Verfahrensrechts ab. Durch den Hinweis des Bundesrates war die damit verbundene Problematik der Dauerverfahren auch in das Gesetzgebungsverfahren eingeführt. Dennoch entschloss man sich, keine besondere Überleitungsvorschrift für Dauerverfahren zu schaffen und es auch für diese bei der Regelung des Abs. 1 zu belassen. Entgegen den Ausführungen des BMJ[18] kann daher dem Art. 111 **kein Wille des Gesetzgebers** entnommen werden, anhängige Dauerverfahren (auch wenn derzeit keine konkreten Verfahrenshandlungen des Gerichts absehbar sind) in das neue Recht überzuleiten. Vielmehr ist der Gesetzgeber gefordert, die Überleitungsvorschriften im Sinne des Vorschlags des Bundesrates entsprechend zu modifizieren und die Problematik so korrekt zu lösen. Die hierzu bestehende Gelegenheit wurde nicht nur im VAStrRefG, sondern auch im sogenannten „FGG-Reparaturgesetz"[19] nicht genutzt. Dies sollte in Kürze nachgeholt werden!

13 Zur Lösung des Problems im Einzelfall kann **nicht** der neu eingeführte **§ 17a Abs. 6 GVG genutzt** werden. Hiernach ist für die zuständigen Spruchkörper in ihrem Verhältnis zueinander § 17 Abs. 1–5 GVG entsprechend anzuwenden. Die in Frage kommenden Spruchkörper wären hier das Vormundschaftsgericht und das Familien- bzw. Betreuungsgericht. Da jedoch § 17a Abs. 1–5 GVG entsprechend anzuwenden ist, müssen auch dessen Voraussetzungen entsprechend herangezogen werden. Für eine Verweisung ist gemäß § 17a Abs. 2 GVG eine Unzulässigkeit des Rechtswegs, hier mithin die Unzulässigkeit des Verfahrens vor dem Spruchkörper notwendig. Dies ist gerade nicht gegeben, da das Vormundschaftsgericht nach dem anwendbaren alten Recht zuständig ist.

14 Selbst wenn eine Möglichkeit zur **Übertragung des Dauerverfahrens** von einem Spruchkörper (Vormundschaftsgericht) auf einen anderen (Familien- oder Betreuungsgericht) uU

---

[13] *Bumiller/Harders* Rn. 2.
[14] *Keidel/Kuntze/Winkler/Engelhardt* Rn. 3.
[15] BT-Drucks. 16/10144, S. 120.
[16] BT-Drucks. 16/10144, S. 127.
[17] Schreiben des BMJ an die Justizverwaltungen v. 21. 6. 2006, Az 3800/9-1-R543/2009 S. 2.
[18] Schreiben des BMJ an die Justizverwaltungen v. 21. 6. 2006, Az 3800/9-1-R543/2009 S. 3.
[19] Gesetz vom 30. 7. 2009, BGBl. I S. 2449.

analog den Abgabevorschriften zugelassen wird, würde zwar die Zuständigkeit wieder parallel mit den auf eine selbständige Endentscheidung gerichteten, nach dem Stichtag eingeleiteten Verfahrensteilen herbeigeführt werden. Jedoch würde dies keinen Wechsel vom alten zum neuen Recht im Dauerverfahren selbst nach sich ziehen. Vor dem neuen Spruchkörper wäre immer noch **entsprechend Abs. 1 altes Recht anzuwenden.** Die Übertragung auf einen anderen Spruchkörper ändert den Zeitpunkt der Einleitung des Verfahrens nicht ab.

b) Abänderungs-, Verlängerungs- und Aufhebungsverfahren. Soll mit einem Verfahren die Abänderung, Verlängerung oder Aufhebung einer früheren Entscheidung erreicht werden, so wird dieses **Verfahren selbständig** und unabhängig von dem in Bezug genommenen Verfahren betrachtet. Um diesbezüglich jeden Zweifel auszuschließen und Rechtssicherheit zu schaffen[20] wurde auf Anregung des Bundesrates[21] durch den Rechtsausschuss des Bundestages[22] eine ausdrückliche Regelung (Abs. 1 S. 2) aufgenommen. Es kommt daher nicht auf die Einleitung des Verfahrens an, dessen Entscheidung geändert, verlängert oder aufgehoben werden soll. Entscheidend ist allein die **Einleitung des Abänderungs-, Verlängerungs- oder Aufhebungsverfahrens** (Abs. 1 S. 2). Dies betrifft insbesondere Verfahren zur Abänderung von in Altverfahren ergangenen Titeln in Unterhalts-, Sorge- oder Umgangsrechtsachen. Gleiches gilt für die Abänderung, Verlängerung oder Aufhebung begründeter Vormundschaften, Betreuungen und Pflegschaften sowie erlassener Unterbringungs- oder Freiheitsentziehungsmaßnahmen.[23]

4. Wirkungen. Soweit nach Abs. 1 auf ein Verfahren altes Recht anzuwenden ist, betrifft dies das gesamte Verfahren einschließlich möglicher **Rechtsmittelverfahren.**[24] So bleibt für diese Verfahren insbesondere auch der Instanzenzug nach altem Recht erhalten, auch wenn die Rechtsmitteleinlegung erst weit nach dem Stichtag erfolgt.

Die Nichtzulassungsbeschwerde zum Bundesgerichtshof war bis zum 31. 12. 2009 in Familiensachen ausgeschlossen (§ 26 Nr. 9 EGZPO). Da sich in Familiensachen nach neuem Recht die Rechtsmittel generell nach dem FamFG (§§ 58–75 FamFG, vgl auch § 113 Abs. 1 FamFG) richten, wird § 26 Nr. 9 EGZPO zum 1. 9. 2009 aufgehoben (Art. 28 Nr. 3 FGG-RG). Jedoch findet § 26 Nr. 9 EGZPO über den 1. 9. 2009 hinaus in der Fassung, wie er zu diesem Stichtag in Kraft war, Anwendung, wenn nach Abs. 1 altes Recht anzuwenden ist. Es ist nun aber nicht gewollt, dass in Altverfahren ab dem 1. 1. 2010 die Nichtzulassungsbeschwerde zum BGH eröffnet wird. Eine solche wird auch nach neuem Recht nicht vorgesehen.[25] Eine Rechtsänderung im Vergleich zum bisherigen Recht soll auch in Altverfahren nicht erfolgen. Deshalb wird durch Art 9 Abs. 3 Gesetz vom 30. 7. 2009[26] das Datum in § 26 Nr. 9 EGZPO auf den 1. 1. 2020 geändert. Mit einem Inkrafttreten des Änderungsbefehls am 5. 8. 2009 (Art 10 S. 2 Gesetz vom 30. 7. 2009, BGBl. I S. 2449), mithin vor der Aufhebung des § 26 Nr. 9 EGZPO durch das FGG-RG am 1. 9. 2009 wird gesichert, das über den 1. 1. 2010 hinaus Rechtsmittelverfahren, in denen **altes Recht** anzuwenden ist, die **Nichtzulassungsbeschwerde ausgeschlossen bleibt.** Der Gesetzgeber geht davon aus, dass am 1. 1. 2020 keine nach altem Recht durchzuführenden Verfahren mehr anhängig sein werden.[27] Dies kann jedoch nicht als gesichert angenommen werden (s. Rn. 10).

III. Ausnahmen

1. Verfahrensunterbrechungen in Familiensachen. Im Rahmen des Gesetzgebungsverfahrens zum VAStrRefG erkannte der Gesetzgeber, dass bei alleiniger Anwendung der Grundregel gerade in Familiensachen Verfahren über Jahre dem alten Recht unterfallen könnten.[28]

---

[20] BT-Drucks. 16/9733, S. 306.
[21] BT-Drucks. 16/6308, S. 401.
[22] BT-Drucks. 16/9733, S. 282.
[23] BT-Drucks. 16/9733, S. 359.
[24] BT-Drucks. 16/6308, S. 359.
[25] BT-Drucks. 16/6308, S. 225.
[26] BGBl. I S. 2449.
[27] BT-Drucks. 16/12717, S. 76.
[28] BT-Drucks. 16/10144, S. 127.

Mit Abs. 3 werden daher **ausgesetzte oder ruhende Verfahren,** bei einer **Wiederaufnahme nach dem Stichtag neuem Recht** unterstellt. So soll vermieden werden, dass bei Wiederaufnahme nach uU mehreren Jahren erneut altes Recht zur Anwendung kommt. Bereits im Zeitpunkt der Entscheidung über eine mögliche Aussetzung bzw. ein Ruhen des Verfahrens sollten sich Gericht und Beteiligte bewußt sein, dass bei der späteren Wiederaufnahme in diesem Verfahren neues Recht zur Anwendung gelangen wird.

19 Erforderlich ist, dass die Aussetzung oder das Ruhen des Verfahrens **aufgrund einer formellen gerichtlichen Entscheidung** erfolgte. Eine Anknüpfung an bloße faktische, gerichtsinterne Vorgänge, die für die Verfahrensbeteiligten nicht ohne weiteres erkennbar sind, wurde abgelehnt.[29] Die Regelung ist auf Familiensachen (Verfahren nach dem 2. Buch FamFG) beschränkt, in allen anderen Verfahren bleibt es bei der Grundregel des Abs. 1, bei Wiederaufnahme ist altes Recht anzuwenden, wenn das Verfahren vor dem Stichtag eingeleitet wurde.

20 **2. Versorgungsausgleichsverfahren.** Mit den Abs. 4 und 5 will der Gesetzgeber, **abweichend von der Grundregel** des Abs. 1, sicherstellen, dass in Versorgungsausgleichssachen neues Recht möglichst schnell weitgehend zur Anwendung gelangt.[30] Begründet wird diese unterschiedliche Behandlung mit verfassungsrechtlichen Bedenken der nach altem Recht anwendbaren Barwertverordnung und dem Aufwand die Umrechnungsfaktoren zur Anpassung eines Anrechts an die Dynamik der gesetzlichen Rentenversicherung gemäß § 1587a Abs. 3 und 4 BGB noch lange fortführen zu müssen.[31] Das Argument des Bundesrates, die Rechtsanwendung in den Altverfahren würde Grund mangelnder Gewohnheit für Rechtsanwälte und Richter immer schwieriger, je länger das Inkrafttreten des FGG-RG zurückliegt,[32] trägt jedenfalls eine Sonderregelung für einen Teil der vom FGG-RG betroffenen Verfahren nicht. Vielmehr wurde dies mit der Schaffung einer von allgemeinen intertemporalen Grundsätzen des Verfahrensrechts abweichenden Regelung (s. Rn. 3) vom Gesetzgeber gerade billigend in Kauf genommen.

21 **a) Isolierte Verfahren.** Versorgungsausgleichssachen, die vom Verbund abgetrennt wurden, unabhängig ob dies vor oder nach dem 1. 9. 2009 erfolgte, werden gemäß Abs. 4 **ab dem Stichtag** bzw. ab Abtrennung, wenn diese später erfolgt, **neuem Recht** unterstellt. Der Wortlaut von Abs. 4 formuliert als Kriterium die Abtrennung vom Verbund. Da jedoch auch vor dem Stichtag abgetrennte, mithin nunmehr **isoliert betriebene Verfahren** ab 1. 9. 2009 neuem Recht unterstellt werden, muss auch in Versorgungsausgleichssachen, die bereits in der Vergangenheit isoliert eingeleitet wurden, mithin nie in einem Verbund standen, ab dem Stichtag neues Recht angewandt werden. Abs. 4 ist entsprechend erweiternd auszulegen. Sinn und Zweck der Norm ist die Umstellung der Rechtsanwendung in isolierten, mithin keine anderen Sachen betreffenden Versorgungsausgleichsverfahren. Isoliert eingeleitete Versorgungsausgleichssachen sind vom Gesetzgeber bei der Schaffung der Norm übersehen worden.

22 Erfolgt eine Abtrennung vom Verbund, so stellt Abs. 4 S. 2 klar, dass jede Folgesache als selbständige Familiensache fortgeführt wird. Es kommt somit zu **keinem Restverbund** der abgetrennten Folgesachen.[33] Die Versorgungsausgleichssache ist somit nach einer Abtrennung stets ein isoliertes Verfahren, auf welches neues Recht anzuwenden ist. In den übrigen Familiensachen bleibt es dagegen bei der Regelung des Abs. 1.

23 **b) Verbundverfahren.** Befindet sich das Versorgungsausgleichsverfahren in einem Verbund, so soll abweichend von der Grundregel ab dem **1. 9. 2010**, mithin mit einem Jahr Verzögerung, das **neue Recht** zur Anwendung gelangen, wenn noch keine erstinstanzliche Endentscheidung zum Versorgungsausgleich getroffen wurde.

24 Altes Recht bleibt so in Versorgungsausgleichsverfahren im **erstinstanzlichen Verfahren** höchstens für ein weiteres Jahr anwendbar. Mit Ablauf dieser Jahresfrist nicht beendete erstinstanzliche Versorgungsausgleichsverfahren werden neuem Recht unterstellt. Ist hingegen eine

---

[29] BT-Drucks. 16/10144, S. 127.
[30] BT-Drucks. 16/10144, S. 85, 119.
[31] BT-Drucks. 16/10144, S. 119.
[32] BT-Drucks. 16/10144, S. 119.
[33] BT-Drucks. 16/11903, S. 128; *Bumiller/Harders* Rn. 4.

erstinstanzliche Entscheidung vor dem 1. 9. 2010 ergangen, die Sache nach diesem Stichtag mithin allein im **Rechtsmittelverfahren** anhängig, so bleibt es bei der Anwendung alten Rechts.

c) Betroffene Scheidungs- und Folgesachen. Da innerhalb eines Verbundverfahrens schwer altes und neues Recht nebeneinander angewandt werden kann, ist in den Fällen, in denen auf das Versorgungsausgleichsverfahren nach Abs. 5 **ab dem 1. 9. 2010 neues Recht** anzuwenden ist (s. Rn. 17), auch auf **Scheidungs- und Folgesachen,** die mit der Versorgungsausgleichssache im Verbund stehen, neues Recht anzuwenden. In diesen Scheidungs- und Folgesachen kommt es mithin am 1. 9. 2010 zu einem Wechsel des anwendbaren Rechts. 25

Erging jedoch eine Entscheidung zum Versorgungsausgleich vor dem 1. 9. 2010, so bleibt es auch für an diesem Tag noch nicht beendete erstinstanzliche Scheidungs- und Folgesachen, die mit dem Versorgungsausgleich **im Verbund standen,** bei der Anwendung **alten Rechts.** Ebenso werden Altverfahren in Scheidungs- und Folgesachen nicht am 1. 9. 2010 in neues Recht übergeleitet, wenn mit ihnen **keine Versorgungsausgleichssache verbunden** war. 26

3. Verbundverfahren. Weitere Sonderregelungen hat der Gesetzgeber nicht vorgesehen. Damit können sich im Rahmen von Verbundverfahren erhebliche intertemporale Probleme ergeben. Fraglich ist, wie in einem Verbund zu verfahren ist, in dem **einzelne Teile vor dem Stichtag 1. 9. 2009 und andere Teile erst nach dem Stichtag** eingeleitet wurden. Grundsätzlich bleiben die einzelnen in einen Verbund einbezogenen Verfahren selbständig, so dass sie intertemporal auch eigenständig entsprechend der Grundregel des Abs. 1 zu beurteilen wären. Dies würde jedoch dazu führen, dass innerhalb des Verbundes sowohl altes wie auch neues Recht anzuwenden wäre.[34] Hat sich der Gesetzgeber bei der Schaffung des FGG-RG mit dieser Problematik gar nicht auseinandergesetzt, so machte er zumindest mit der Schaffung des Abs. 5 durch Art 22 VAStrRefG deutlich, dass eine solche Situation nicht eintreten soll (s. Rn. 20). Die Korrekturen des Gesetzgebers bezogen sich jedoch allein auf Verbundverfahren, in denen eine Versorgungsausgleichssache enthalten ist. Eine generelle Lösung des Problems wurde im Rahmen der vor dem Inkrafttreten erfolgten „Reparaturen"[35] nicht vorgenommen. Es muss davon ausgegangen werden, dass dem Gesetzgeber hier aufgrund des hohen Zeitdruckes, unter dem das gesamte Projekt abgeschlossen werden sollte, eine **Regelungslücke** unterlaufen ist. Der Gedanke des Gesetzgebers zur intertemporalen Behandlung von Verbundsachen, der Abs. 5 zugrunde liegt, muss daher entsprechend verallgemeinert werden. 27

Zur Lösung der Problematik ist intertemporal der gesamte **Verbund als ein Verfahren** zu betrachten. Das die Rechtsanwendung entscheidende Verfahren muss dabei das den Verbund vermittelnde Verfahren sein. Allein ist es möglich, dem Willen des Gesetzgebers eine gemeinsame Verhandlung und Entscheidung über den Verbund zu sichern (s. § 137 Abs. 1 FamFG) gerecht zu werden. 28

Wurde mithin das **Scheidungsverfahren vor dem Stichtag** eingeleitet, so sind alle mit ihm im Verbund durchzuführenden Folgesachen nach altem Recht zu entscheiden, unabhängig, ob diese vor oder nach dem Stichtag anhängig werden. Wird dagegen das **Scheidungsverfahren nach dem Stichtag** eingeleitet, so ist diese nach neuem Recht durchzuführen. In bereits anhängigen (isolierten) Folgesachen, die vor dem Stichtag eingeleitet wurden und in denen mithin altes Recht zur Anwendung kommt, tritt mit der Herstellung des Verbundes ein Rechtswechsel ein. Mit der Herstellung des Verbundes ist auch in diesen Folgesachen neues Recht anzuwenden.[36] Ein derartiger Rechtswechsel ist dem Überleitungsrecht des FGG-RG auch nicht systemfremd; er wird in Verbundverfahren mit Versorgungsausgleichssachen auch in Abs. 5 vorgesehen. 29

---

[34] S. dazu auch § 137 FamFG Rn. 102.
[35] Art. 22 VAStrRefG v. 3. 4. 2009, BGBl. I S. 700; Art. 8 Gesetz vom 30. 7. 2009, BGBl. I S. 2449.
[36] So auch oben § 137 FamFG Rn. 101, f.

Art. 112 Inkrafttreten, Außerkrafttreten

(1) Dieses Gesetz tritt, mit Ausnahme von Artikel 110a Abs. 2 und 3, am 1. September 2009 in Kraft; gleichzeitig treten das Gesetz über die Angelegenheiten der freiwilligen Gerichtsbarkeit in der im Bundesgesetzblatt Teil III, Gliederungsnummer 315–1, veröffentlichten bereinigten Fassung, zuletzt geändert durch Artikel 12 des Gesetzes vom 23. Oktober 2008 (BGBl. I S. 2026), und das Gesetz über das gerichtliche Verfahren bei Freiheitsentziehungen in der im Bundesgesetzblatt Teil III, Gliederungsnummer 316–1, veröffentlichten bereinigten Fassung, zuletzt geändert durch Artikel 6 Abs. 6 des Gesetzes vom 19. August 2007 (BGBl. I S. 1970), außer Kraft.

(2) Artikel 110a Abs. 2 und 3 tritt an dem Tag in Kraft, an dem das Gesetz zur Umsetzung des Haager Übereinkommens vom 13. Januar 2000 über den internationalen Schutz von Erwachsenen vom 17. März 2007 (BGBl. I S. 314) nach seinem Artikel 3 in Kraft tritt, wenn dieser Tag auf den 1. September 2009 fällt oder vor diesem Zeitpunkt liegt.

I. Inkrafttreten

1   Abs. 1 legt das Datum des Inkrafttretens auf den **1. 9. 2009** fest. Ab diesem Zeitpunkt gelangen das FamFG, das FamGKG sowie die umfangreichen durch die Art. 3–110a Abs. 1 FGG-RG vorgenommenen Änderungen des Bundesrechts in Geltung. Ob in einem Verfahren sodann das **neue Recht oder noch altes Recht** anzuwenden ist, bestimmt hingegen **Art. 111 FGG-RG**.

2   Im Gesetzgebungsverfahren wurde über den **Zeitpunkt des Inkrafttretens** der umfangreichen Reformen **gestritten.** Anerkannt wurde, dass Anpassungen der Landesgesetzgebung notwendig sein werden und daher ein gewisser Zeitrahmen zwischen Verkündung des Gesetzes und Inkrafttreten liegen müsse.[1] Von der Bundesregierung wurden hierfür gute 12 Monate vorgesehen,[2] der Bundesrat hielt gut 24 Monate für notwendig. Zudem verlangte der Bundesrat nach einem vorgezogenen Inkrafttreten für die an die Landesregierungen gerichteten Verordnungsermächtigungen, damit darauf basierende Verordnungen bereits vor dem Inkrafttreten des FGG-RG erlassen werden und sodann gleichzeitig in Kraft treten können.[3] Dieses durchaus nachvollziehbare Interesse der Länder wurde jedoch bereits von der Bundesregierung negiert. Mit sehr scharfen Worten wurden die Änderungswünsche zurückgewiesen.[4]

3   Die Situation verschärfte der sodann Gesetz gewordene Änderungsvorschlag des Rechtsausschusses des Bundestages. Die bereits knappe Übergangsfrist der Bundesregierung wurde hier noch einmal verkürzt. Der 1. 9. 2009 wurde als *sachgerechtes Inkrafttretensdatum* erachtet, da der Gesetzesbeschluss des Deutschen Bundestages mehr als ein Jahr zuvor gefasst wurde.[5] Dies vermittelt den Eindruck, dass sich der Bundestag als alleiniger Gesetzgeber begreift. Dem ist unter der Geltung des Grundgesetzes jedoch keineswegs so. Der Bundesrat ist entscheidend an der Gesetzgebung zu beteiligen. Ob das FGG-RG zustimmungsbedürftig ist, war zwischen den Verfassungsorganen strittig. Die Bundesregierung hielt eine Zustimmungsbedürftigkeit nicht für gegeben,[6] der Bundesrat jedoch schon.[7] Auch wenn letztendlich das FGG-RG den Bundesrat zügig passieren konnte, konnte die Praxis nicht uneingeschränkt davon ausgehen, dass mit dem Beschluss des Bundestages bereits die Verabschiedung feststünde.

4   Die Ausfertigung erfolgte erst am 17. 12. 2008, die Verkündung am 22. 12. 2008, so dass gerade einmal 9 Monate bis zum Inkrafttreten verblieben. Eine Vorbereitung der Praxis ist in diesem kurzen Zeitraum nahezu unmöglich. Die Organisation und Durchführung von Fort-

---

[1] BT-Drucks. 16/6308, S. 359, 401.
[2] BT-Drucks. 16/6308, S. 160 „erster Tag des zwölften auf die Verkündung folgenden Kalendermonats".
[3] BT-Drucks. 16/6308, S. 401.
[4] BT-Drucks. 16/6308, S. 427.
[5] BT-Drucks. 16/9733, S. 306.
[6] BT-Drucks. 16/6308, S. 403.
[7] BT-Drucks. 16/6308, S. 361.

bildungsmaßnahmen für Richter und Rechtsanwälte kann bis zum 1. 9. 2009 keinen befriedigenden Grad erreicht haben. Gerade bei derartig umfangreichen Reformen ist eine entsprechende Übergangszeit zu gewähren. Das Verbuchen des **politischen Erfolgs** der Durchführung einer Reform wurde hier vom Gesetzgeber höher gestellt als der geordnete und mit geschulten Praktikern ausgestattete Übergang in ein neues Zeitalter des Verfahrensrechts in Familiensachen und in den Angelegenheiten der freiwilligen Gerichtsbarkeit.

Zwar mag der Bundesregierung zuzugeben sein, dass von den Ländern zum FGG erlassene 5 Rechtsverordnungen auch bei Wegfall der Ermächtigungsgrundlage fortgelten und das FamFG die Verordnungsermächtigungen des FGG weitgehend lediglich übernimmt und modifiziert.[8] Dennoch bedeutet ein geordneter Übergang zum neuen Recht auch, dass entsprechende **Länderverordnungen** bis zum Inkrafttreten der Reform **angepasst** werden können und sodann mit dem Inkrafttreten bereits auf das neue Recht abgestimmt sind. Dies wurde durch das Verweigern eines früheren Inkrafttretens der Verordnungsermächtigungen verhindert. Es kommt daher nunmehr zu der weiteren Schwierigkeit, dass zum Start der Arbeit mit dem neuen Recht zunächst die alten Verordnungen auf eine Weitergeltung zu prüfen sind und die Anpassung durch den Landesgesetzgeber erst in den kommenden Monaten vorgenommen werden kann. Ein solches Vorgehen kann nicht als Beispiel für eine gute Zusammenarbeit zwischen Bundes- und Landesgesetzgeber gelten.

II. Außerkrafttreten

Gemäß Abs. 1 treten am 1. 9. 2009 das **FGG** und das **FrhEntzG** außer Kraft. Die Materien 6 beider Gesetze wurden vollständig in das FamFG übernommen. Darüber hinaus treten insbesondere auch das **6. und 9. Buch der ZPO** (Verfahren in Familiensachen, Aufgebotsverfahren) aufgrund Art 29 Nr. 15, 27 FGG-RG außer Kraft, da auch deren Materien nunmehr vollständig im FamFG geregelt werden.

III. HaagErwSÜ 2000

Die Bundesrepublik hatte durch Gesetz vom 17. 3. 2007[9] das Haager Übereinkommen vom 7 13. Januar 2000 über den internationalen Schutz von Erwachsenen ratifiziert. Damit war Deutschland der zweite Ratifikationsstaat des Übereinkommens, für ein Inkrafttreten des Übereinkommens bedurfte es jedoch der Ratifikation durch 3 Staaten (Art. 57 HaagErwSÜ). Das **Datum des Inkrafttretens war** daher **ungewiss**.

1. Folgeprobleme des ungewissen Inkrafttretens des HaagErwSÜ. Das mit der Ratifi- 8 kation beschlossene Umsetzungsgesetz[10] änderte in Art. 2 Abs. 2 und 4 das RPflegerG und die JVKostO, welche auch durch das FGG-RG entsprechend der neuen Systematik des FamFG geändert wurden. Aufgrund des ungewissen Datums des Inkrafttretens des UmsetzungsG musste die **richtige Regelung** sowohl **für den Fall des Inkrafttretens vor als auch nach dem FGG-RG** sichergestellt werden. Bei einem Inkrafttreten bis zum 1. 9. 2009 mussten die durch das Umsetzungsgesetz vorgenommenen Änderungen in RPflegerG und JVKostO durch das FGG-RG in die neue Systematik überführt werden; bei einem Inkrafttreten nach dem 1. 9. 2009 durften die Vorschriften durch das Umsetzungsgesetz geplanten Änderungen jedoch noch nicht erfolgen, zudem musste gesichert werden, dass die Änderungsbefehle beim späteren Inkrafttreten entsprechend der neuen Systematik erfolgen.

Dies wird durch Art. 110a Abs. 2, 3 iVm. Art. 112 Abs. 2 FGG-RG erreicht. Tritt das 9 Umsetzungsgesetz **bis zum 1. 9. 2009 in Kraft,** so werden dessen Reformen durch den im gleichen Moment in Kraft tretenden Art. 110a Abs. 2 in das FGG-RG eingepflegt. Am 1. 9. 2009 erfolgt so die Änderung des RPflegerG und der JVKostO einschließlich der für das HaagErwSÜ erforderlichen Ergänzungen. Die durch Art. 110a Abs. 1 FGG-RG am 1. 9. 2009 geplanten Anpassungen im UmsetzungsG werden aufgehoben (Art 110a Abs. 3).

---

[8] BT-Drucks. 16/6308, S. 427.
[9] BGBl. II S. 323.
[10] Gesetz v. 17. 3. 2007, BGBl. I S. 314.

10 Tritt das HaagErwSÜ erst **nach dem 1. 9. 2009 in Kraft,** so muss das FGG-RG ohne die entsprechenden Anpassungen in Kraft treten, Art. 110a Abs. 1 FGG-RG nimmt dann die entsprechend der neuen Systematik erforderlichen Anpassungen an den durch das UmsetzungsG am RPflegerG und der JVKostO vorgenommenen Änderungen vor. Art. 110a Abs. 2, 3 FGG-RG würden entsprechend Art. 112 FGG-RG nie in Kraft treten.

11 **2. Änderungen aufgrund des Inkrafttretens des HaagErwSÜ.** Mit der Ratifikation des HaagErwSÜ durch Frankreich am 18. 11. 2008 ist die 1. Variante (Rn. 9) eingetreten. Das Übereinkommen und damit das Umsetzungsgesetz sowie **Art. 110a Abs. 2, 3 FGG-RG traten am 1. 1. 2009 in Kraft.**[11] Art. 110a Abs. 1 FGG-RG wurde dadurch aufgrund Art. 110a Abs. 3 FGG-RG vor seinem geplanten Inkrafttreten am 1. 9. 2009 aufgehoben. Art. 110a Abs. 2 Nr. 1 FGG-RG ersetzte die Änderungsbefehle in **Art. 23 Nr. 5 FGG-RG,** durch den am 1. 9. 2009 ein **§ 15 RPflegerG** eingefügt wurde, und Art. 110a Abs. 2 Nr. 2 FGG-RG ersetzte **Art. 47 Abs. 4 Nr. 2 lit. c FGG-RG,** durch den am 1. 9. 2009 die **JVKostO** geändert wurde.

---

[11] Bekanntmachung v. 12. 12. 2008, BGBl. 2009 II S. 39.

Sachregister

Bearbeiter: Bettina Resch LL.M. Eur.
Fett gedruckte Zahlen ohne Zusatz bezeichnen die Paragraphen des FamFG.

Abänderungsbefugnis des Gerichtes **166** 5 ff.
Abänderungsgründe bei einstweiliger Anordnung **54** 10
Abänderungshindernisse bei einstweiliger Anordnung **54** 8
Abänderungsverfahren 48 4 ff.; **166** 3 ff.
– bei Annahme als Kind **198** 34 f., 47 ff.
– bei einstweilige Anordnung **166** 16
– bei Unterhaltssachen, Entscheidung **238** 5 ff., Urkunden **239** 5 ff., Vaterschaftsfeststellungsunterhalt **240** 3 ff., Vergleiche **239** 5 ff.
– in Versorgungsausgleichssachen, bei Scheidung **Vor §§ 225 ff.** 7 ff., Anrecht **225** 5 ff., Entscheidung **225** 1 ff., Veränderung **225** 14 ff., Verfahren **225** 35; **226** 1 ff., Wartezeiterfüllung **225** 29, Wertänderung **225** 26
– in Versorgungsausgleichssachen, nach Scheidung, Verfahren **227** 2
Abgabe bei Anhängigkeit mehrerer Ehesachen **123** 3; bei Aufenthaltswechsel, Betreuungssache **273** 3 ff.; ins Ausland, Vormundschafts- Pflegschaftssachen **99** 75 ff.; an Gericht der Ehesache, sonstige Familiensache **268** 2 ff.; des Gerichts **2** 22; gesetzliche Vermutung **4** 22; Kosten **4** 36; rechtliches Gehör **4** 27; Rechtsfolge **4** 30 ff.; Rechtsmittel **4** 34; aus wichtigem Grund **4** 4 ff.; kein Zustimmungserfordernis **4** 29
Abgabeentscheidung 4 30 ff.; Rechtsmittel **4** 34
Abgabewirkung 4 31
Abhilfe durch Erstgericht **68** 2; bei Verletzung rechtliches Gehör **44** 1 ff.
Ablehnung von Gerichtspersonen **6** 6
Abschiebungshaft 422 8
Abschlussprüfer, Bestellung **375** 9
Abschlussprüfung, Befreiung von der **375** 37, 46
Abstammungserklärung, private **184** 12
Abstammungsgutachten, Abschriftsaushändigung **169** 63; Aussetzung des Verfahrens **21** 9; Duldung/Einwilligung **169** 44; Einsichtsrecht **169** 63; Verfahrenskostenhilfe **76** 18
Abstammungssachen, Anhörung **175** 4; Antrag **171** 2 ff.; Beteiligte **172** 8 ff.; Definition **111** 11; **169** 4 ff., 18 ff.; Entscheidung bei Vaterschaftsklage **182** 3 ff.; Erörterungstermin **175** 4; internationale Zuständigkeit **100** 1; Jugendamt **172** 17; Ordre public **109** 46; Statut, ausländisch **169** 12; unmittelbarer Zwang **96 a** 8; Untersuchung, Duldung **178** 3 ff.; Verfahren **177** 3 ff.; Verfahrensbeistand **172** 22; Vollstreckung **96 a** 2 ff.; Zuständigkeit **140** 4 ff.; **170** 2 ff.; **179** 9 ff.
Abtrennung in Verbundsachen wegen Abtrennung einer Kindschaftsfolgesache **140** 30; Anfechtung **140** 87 ff.; Antrag **140** 85 f.; nach Aussetzung des VA-Verfahrens **140** 27; nach Mitwirkung im Versorgungsausgleich **140** 35; wegen Unmöglichkeit einer Entscheidung **140** 24; wegen unzumutbarer Härte **140** 49; Wirkung **140** 73
Abweichungsverbot 48 21
Abwesenheitspflegschaft 363 3 ff.
Abwickler, Bestellung/Abberufung **375** 36, 56
Adoptionssachen, Adoptionswirkungsgesetz **199** 2; Anfechtung **Vor §§ 186 ff.** 10, 42 ff.; Anhörung **Vor §§ 186 ff.** 18; Anhörungsrüge **Vor §§ 186 ff.** 48; Auslandsbezug **189** 21; Beteiligte **188** 2; Beteiligtenfähigkeit **Vor §§ 186 ff.** 11; Beweisaufnahme **Vor §§ 186 ff.** 18; Definition **111** 12; **186** 2; Einführung **Vor §§ 186 ff.** 1 ff.; Eltern-Kind-Zuordnung **169** 9; Entscheidung **Vor §§ 186 ff.** 26 ff.; internationale Zuständigkeit **101** 4 ff.; Kosten **Vor §§ 186 ff.** 37 ff.; Ordre public **109** 41 ff.; Rücknahme des Antrags **Vor §§ 186 ff.** 35; Tod eines Beteiligten **Vor §§ 186 ff.** 32; Übergangsrecht **§§ 186 ff.** 52 f.; Verfahren **Vor §§ 186 ff.** 13 ff.; Verfahrensbeistand **191** 2 ff.; Verfahrensfähigkeit **Vor §§ 186 ff.** 11; Verfassungsbeschwerde **Vor §§ 186 ff.** 49; völkerrechtliche Vereinbarung **97** 34; Zuständigkeit **Vor §§ 186 ff.** 6 ff.; **187** 2 ff.
Adoptionsvermittlungsstelle 189 6; Kosten **189** 9; rechtliches Gehör **189** 20
Adoptionswirkungsgesetz 199 2
Adressat 41 4; Bekanntgabe Beschlüsse **40** 6
Akteneinsicht 13 1 ff.; von Beteiligten **13** 5 ff.; von Dritten **13** 9 ff.
Aktenführung, elektronische **13** 12
Aktien, Aufgebot **484** 4; Kraftloserklärung **375** 27
Aktiengesellschaft 375 24 ff.; Geschäftsbrief **388** 13; Löschung **394** 3 ff.; Pflichten, sonstige **388** 14
Altersvorsorge, betriebliche, Versorgungsausgleich **220** 26 ff.
Amtliche Verwahrung 342 3; Annahme **346** 4 ff.; Herausgabe **346** 12 f.; Kosten **346** 14; Mitteilung **347** 1 ff.; Rechtsmittel **346** 15; Zuständigkeit **344** 3 ff.
Amtsbetrieb Vor §§ 23 ff. 18; eingeschränkter, bei Ehesachen **127** 6 ff.
Amtsermittlungspflicht in Abstammungssachen **177** 3; bei Verfahrensbeistandsbestellung **158** 13; in Versorgungsausgleichssachen **220** 4; siehe *Ermittlungen*
Amtsverfahren, Befassen des Gerichts **2** 17; Begriff **Vor §§ 23 ff.** 1; Beteiligte **7** 5; Stichtagsregelung **Anh Art. 111** 6; Verweisung bei Rechtswegunzuständigkeit **3** 25; Verweisung bei Verfahrensunzuständigkeit **3** 30
Amtsverschwiegenheit 29 15 f.
Änderung von Verfahrensgegenstand **Vor §§ 23 ff.** 36

1845

Sachregister

fett = §§

Änderungseintragung 384 10 ff.
Anderweitige Regelung zum Außerkrafttreten der einstweiligen Anordnung 56 2
Anerkenntnisbeschluss Vor §§ 38 ff. 5; Begründungsverzicht 38 20
Anerkennung
– , ausländischer Entscheidung 107 1 ff.
– , automatische 108 8 ff.
– , formelle, ausländische Entscheidung Ehesachen 107 12 f.
– , Grundlagen 98 85
– , materielle, ausländische Entscheidung Ehesachen 107 14
– der Vaterschaft, zur Niederschrift des Gerichts 180 4 ff.
– , Verfahren, anderer ausländischer Entscheidungen 108 5 ff., ausländische Entscheidung Ehesachen 107 1 f., völkerrechtliche Vereinbarungen 107 10 f.
Anerkennungsfähigkeit von Eheanspruch 98 80, 86
Anerkennungsfeststellungsverfahren für ausländische Entscheidungen 108 21 ff.
Anerkennungshindernisse 109 1 ff.
Anerkennungsverfahren, formelles 107 1
Anerkennungsvoraussetzungen 109 7 ff.
Anfangsverdacht, Verfahrenseinleitung 24 5, 7
Anfechtung
– der Abtrennung, Scheidungsverbund 140 87 ff.
– der Annahme als Kind 198 30, 43 ff.
– durch berufsständische Organe 380 11 ff.
– von Beschluss 37 17
– der Einstellung/Beschränkung der Vollstreckung 93 15
– bei Einziehung des Erbscheins 353 3 ff., 13 ff.
– von Erklärungen 25 10
– im Eröffnungsverfahren der Verfügung von Todes wegen 348 35
– der Kostenentscheidung 81 86
– bei Krafterklärung des Erbscheins 353 3 ff., 18 f.
– von Nebenentscheidung 58 8
– der sofortigen Wirksamkeit 40 15
– des Testaments 343 3, internationale Zuständigkeit 344 21, Zuständigkeit 344 12
– der Vaterschaft 169 69
– von Verfahrensbeistandsbestellung in Adoptionssachen 191 24
– des Vergleichs 36 20
– der Zurückverweisung in Scheidungssachen 146 6
– der Zwangsmittel 35 23
– von Zwischenentscheidung 58 8
Angelegenheit, „dieselbe" 2 10
Anhängigkeit, Beendigung 4 4; Definition 4 4; der Ehesache 124 5; 218 11; 261 5; der Kindschaftssache 153 5 ff.; mehrfache 2 6
Anhörung
– bei Anordnung persönliches Erscheinen 128 11
– der Beteiligten, Adoptionssache 192

– der Beteiligten, Unterbringungssache 167 32
– in Betreuungssachen 298 8 ff.
– des Betroffenen, Betreuungssachen 283 8, Unterbringungssachen 319 4
– der Bezugsperson, Kindschaftssachen 161 9
– zur elterlichen Sorge 128 17
– der Eltern 160 3 ff.
– , getrennte, Ehesachen 128 15
– des Jugendamtes, Abstammungssachen 176 2 ff., Ehewohnungssachen 205 3, Gewaltschutzsachen 213 5, Kindschaftssachen 162 4
– des Kindes 159 3 ff., Unterbringungssache 167 9, im Vermittlungsverfahren 165 10
– des Landesjugendamtes, Adoptionssache 195 11 ff., 29 f.
– , persönliche 34 4 ff.
– der Pflegeperson, Kindschaftssachen 161 9
– in Sterilisationsgenehmigungsverfahren 297 13 ff.
– zum Umgangsrecht 128 17
– vor Vollstreckung 92 2 f.
Anhörungsrüge in Adoptionssachen Vor §§ 186 ff. 48; Begründetheit 44 13; Form 44 11; Frist 44 12; Rechtsnatur 44 6
Anhörungsrügengesetz 44 2
Anknüpfung
– , internationalen Zuständigkeit, Abstammungssachen 100 8 ff., Adoptionssachen 101 14 ff., Betreuungssachen 104 18, Ehesachen 98 42 ff., Kindschaftssachen 99 47 ff., Lebenspartnerschaftssachen 103 10 ff., Pflegschaftssachen für Erwachsene 104 18, Unterbringungssachen 104 18, Versorgungsausgleichssachen 102 7 ff.
– , Kriterium 2 6
Anlagen des Antrags 23 38
Annahme als Kind
– als Adoptionssache 186 2
– , Aufhebung 186 6, Beschluss 198 63, Beteiligte 188 15, Rechtsmittel 198 64
– , Beschluss 198 4 ff., 12 ff., Anfechtung 198 30, Berichtigung 198 28 f., Ergänzung 198 28 f.
– , Beteiligte 188 9
– , Ersetzung der Einwilligung 186 4, Beschluss 198 53, Beteiligte 188 12, Rechtsmittel 198 56 ff.
– , Rechtsmittel 198 43 ff.
– , Versagung 198 38 f.
Annerkennungsprognose 98 73
Annexzuständigkeit, Unterhaltssache 232 18
Anordnung
– , einstweilige, Vollstreckung 86 33 f.
– , persönlichen Erscheinens in Ehesachen 128 7, in Kindschaftssachen 155 64
– des persönlichen Erscheinens 33 3
– , sofortiger Wirksamkeit 40 14, Vollstreckung 86 27
– , Versorgungsausgleichssachen, Anfechtung 220 68 ff., Ordnungsmittel 220 70
– in Versorgungsausgleichssachen 220 66 f.
Anordnungsanspruch, einstweiliger Rechtsschutz 49 4
Anpassungsverfahren, Vermögensausgleich Vor §§ 217 ff. 32 ff.
Anregung 23 8, 10; 24 1 ff.

1846

mager = Randnummer

Anregungsrecht 24 3
Anscheinsbeweis 37 10
Anschlussberufung 66 8
Anschlussbeschwerde 66 2 ff.; bei Versorgungsausgleichsentscheidung 228 8
Anschlussrechtsbeschwerde 73 1
Anschlussrechtsmittel, Kosten 84 23
Anspruch auf Begründung eines Mietverhältnisses 200 47 ff.
Anspruch aus Veröffentlichungen als Familiensache 266 10
Antrag
– auf Abänderung einstweilige Anordnung 54 11
– auf Abänderung Versorgungsausgleichssache 226 1
– auf Abstammungsverfahren 171 2 ff.
– in Adoptionssachen Vor §§ 186 ff. 13
– auf Außerkrafttreten der einstweiligen Anordnung 56 6
– auf Aussetzung der Vollstreckung 55 4
– auf Beschlussergänzung 43 9 ff.
– auf Ehescheidung 133 5 ff., Mangelbehebung 133 19 f.
– auf Ehewohnungssache 203 4 ff., 14
– auf einstweilige Anordnung 51 1
– , Fehlerbehebung 23 42 f.
– , Form 23 36 ff.
– auf Haushaltssache 203 4 ff., 9
– , Hilfeleistung des Gerichts 28 19 ff.
– , Inhalt 23 28 ff.
– , Kosten 23 50
– auf Rechtskraftzeugnis 46 3
– im Rechtsmittelverfahren 23 15
– , Sachdienlichkeit 28 21
– , Verbindung 250 11
– auf Verfahren in Ehesachen 124 5 ff., durch Dritte 129 3
– zur Verfahrenseinleitung 23 5 ff.
– auf Verfahrenskostenhilfe 76 10
– in Versorgungsausgleichssachen 223 3
– , Vollmacht 23 40
– in Vormundschaftssache 190 10
– auf Wiederaufnahme 48 15
– auf Wiedereinsetzung 18 5 ff.
– , Wirkung 23 41
– auf Wohnungsdurchsuchung 91 5
Antragsbefugnis 23 16 ff.; 171 6; für Abstammungssachen 169 27; in Adoptionssachen **Vor §§ 186 ff.** 14
Antragshäufung Vor §§ 23 ff. 38; in Abstammungssachen 179 3 ff.
Antragsrücknahme 22 3 ff.; in Adoptionssachen **Vor §§ 186 ff.** 35; Wirkung 22 8
Antragstellung, Hilfeleistung des Gerichts 28 19 ff.
Antragsverfahren, Befassen des Gerichts 2 16; Begriff **Vor §§ 23 ff.** 1; Beteiligte 7 3; Stichtagsregelung **Anh Art. 111** 5; Verweisung bei Rechtswegunzuständigkeit 3 25; Verweisung bei Verfahrensunzuständigkeit 3 30
Antrittszuständigkeit, Definition 98 55
Anwaltszwang 10 3; und Beiordnung 78 1; bei einstweiligem Rechtsschutz **Vor §§ 49 ff.** 11

Anwendbares Verfahren Vor §§ 2 ff. 10
Anwendung unmittelbaren Zwangs 90 2
Anwendungsbereich des FamG 1 2
Anwesende, Bekanntgabe Beschluss 41 7
Arbeitgeber, Auskunftspflicht Einkünfte 236 8; Versorgungsausgleichssachen 219 29
Arbeitsmigration und gewöhnlicher Aufenthalt 98 61
Architektenvertrag als Familiensache 266 13
Arrest in Familienstreitsachen 119 9
Ärztliches Zeugnis in Betreuungssachen 281 2 ff.; in Unterbringungssachen 319 14; 321 5 ff., 16; 331 7
Asylberechtigte, internationale Zuständigkeit 98 45
Asylbewerber, örtliche Zuständigkeit Ehesache 122 19
Aufenthaltsbestimmungsbeschränkung 309 6
Aufenthaltswille 122 14
Auffangzuständigkeit, Versorgungsausgleichssachen 218 23
Aufgebot 434 16 f.
Aufgebotsfrist 437 3; 438 2 ff.
Aufgebotssachen
– , Anmeldung, echte 440 3, 5 ff., uneigentliche 440 2
– , Antrag 434 3 ff.
– , Ausschließungsbeschluss 439 5, Anfechtung 439 6, Zustellung 441 3 ff.
– , Definition 433 2 ff.
– von Dinglichen Rechten 453 40 ff.
– , Entscheidung 434 14 f.
– , Frist 437 3; 438 2 ff.
– von Grundpfandrechten 453 1 ff.
– von Grundstücken 446 1 ff.
– , Inhalt 434 16 f.
– , internationale Zuständigkeit 105 46
– , Kraftloserklärung von Urkunden 484 1 ff., 11 ff., Aktien 484 4, Kaufmännische Orderpapiere 484 5, Qualifizierte Legitimationspapiere 484 7, Schatzanweisungen 484 6, Scheck 484 2, Schuldverschreibungen 484 6, Schuldverschreibungen auf den Inhaber 484 3, Sparbücher 484 8, Vorbehalte 491 1 ff., Wechsel 484 1, Zwischenscheine 484 4
– , landesrechtliche 490 1
– von Nachlassgläubigern 464 1 ff.
– , öffentliche Bekanntmachung 435 2 ff.; 436 2
– von Schiffen 446 16 ff.
– von Schiffsbauwerken 446 17
– von Schiffsgläubigern 465 1 ff.
– von Schiffspfandrechten 453 34 ff.
– , Verfahren 434 12 f.
– , Wiederaufnahme 439 8
– , Wiedereinsetzung 439 7
– , Zahlungssperre 484 47 ff.
– , Zuständigkeit 433 20 ff.
Aufhebung der Annahme als Kind 186 6, siehe dort; der Gemeinschaft 266 100; des Rechtsmachterweiterungsbeschlusses 47 10; von Verbindung/Trennung 20 27
Auflagenerteilung durch Gericht in Ehewohnungssachen 206 4 ff.

Sachregister

fett = §§

Auflösungsverfahren, Feststellungsbeschluss **399** 17; von Gesellschaften **399** 4 ff.; Löschung **399** 20; Widerspruch **399** 16
Aufnehmendes Gericht nach Unzuständigkeitsverweisung **3** 32
Aufrechnung gegen Kosten **85** 22
Aufschiebungshaft 417 6
Aufsichtsratmitglied, Abberufung **375** 30; Ergänzung **375** 31 ff.
Aufwandsentschädigung, Ausschlussfrist **168** 12; gerichtliche Festsetzung **168** 4
Aufwendungen der Beteiligten, Kostenpflicht **80** 8; des Verfahrensbeistands **158** 43 f.
Aufwendungsersatz, Ausschlussfrist **168** 12; gerichtliche Festsetzung **168** 4
Augenschein 30 30
Auseinandersetzungsplan 368 2 ff.; Genehmigung **368** 13 ff.
Ausführungsbestimmung, Normhierarchie **97** 18
Ausgleichsanspruch, familienrechtlicher **266** 118; nach Scheidung **Vor §§ 217 ff.** 31 ff.; **217** 5; vor Scheidung **217** 4
Ausgleichsforderung, Güterrechtssache **264** 10
Ausgleichsreife, fehlende, Versorgungsausgleich **224** 40
Auskunftsanspruch
– gegen Ehegatten zum Versorgungsausgleich **220** 17
– als Familiensache **266** 69
–, Unterhaltssache **236** 5 ff., Verweigerungsrecht **236** 23
– in Unterhaltssache **231** 24
– in Unterhaltssachen, Dritter **236** 5 ff., Gericht **235** 4 ff.
– bei Verfahrenskostenhilfe **77** 6
– bei Versorgungsausgleich **217** 9
– gegen Versorgungsträger **220** 3, 6, 12 ff., 18
Auskunftsverweigerungsrecht in Unterhaltssache **236** 21
Auslagen für Gründerprüfer **375** 26
Ausländer, Bekanntgabe von Beschluss **41** 7; örtliche Zuständigkeit Ehesache **122** 18; Verfahrensfähigkeit **9** 4
Ausländische juristische Personen, Beteiligtenfähigkeit **8** 10
Ausländischer Verein 400 2 f.
Auslandsbezug 97 1 ff.
Auslandsverkehr 97 1 ff.; Beschlussgeltendmachung **38** 25; Vollstreckung **86** 7
Auslegung von Erklärungen **25** 9
Ausschlagungserklärung 343 3; Zuständigkeit **344** 12
Ausschließliche Zuständigkeit 2 20
Ausschließung der Berechtigten nach § 1357 BGB **266** 144 ff.; von Gerichtspersonen **6** 7 ff.
Außergerichtliche Streitbeilegung, Kindschaftssachen **156** 9; Scheidungssache **135** 16; durch Vermittlungsverfahren **165** 15
Außergerichtliche Vereinbarung in Teilungssachen **366** 3 ff.
Außerkrafttreten der einstweiligen Anordnung **56** 2 ff.

Außerordentliche Beschwerde 44 17
Aussetzung der Vollstreckung **55** 2
Aussetzung des Verfahrens 21 4 ff.; Anfechtung **21** 24; Beendigung **21** 22; Definition **21** 1; Einzelfälle **21** 5 ff.; Kosten **21** 25 f.; in Scheidungssachen **136** 6 ff., 13 ff.; in Versorgungsausgleichssachen **221** 9 ff., 14 ff., 21 ff.; wichtiger Grund **21** 4
Automatische Anerkennung 108 8 ff.
AVAG 97 62, 65

Babyklappe 168 a 8
Bank- und Finanzgeschäfte als Familiensache **266** 11
Bauverträge als Familiensache **266** 13
Beendigungserklärung, übereinstimmende **22** 12 ff.
Befangenheit des Gerichts **28** 10
Befassung im Amtsverfahren **2** 17; im Antragsverfahren **2** 16; erstmaliges **2** 28; des Gerichts **2** 14
Befreiung
–, **Eheverbot,** Beschluss **198** 67, Definition **198** 65, Rechtsmittel **198** 68
– **vom Eheverbot 186** 7
Befristung von Rechtsmittelerweiterung, Scheidungssache **145** 13
Beginn der Zwangsvollstreckung **87** 5
Begründung des Beschlusses **38** 14; Beschwerde **65** 2 ff.; der Beschwerdeentscheidung **69** 7; als Sollinhalt **23** 34
Begründungsfrist, Beschwerde **65** 3
Begründungspflicht, Beschluss **38** 14, Ausnahmen **38** 19; Beschwerdeentscheidung **69** 7; Rechtsbeschwerde **71** 6
Behauptungen ins Blaue hinein **27** 20
Behörden, Beschwerdeberechtigung **162** 16; Beteiligungsfähigkeit **8** 13; Bevollmächtigte **10** 11; Kostenerstattung **80** 14; Verfahrensfähigkeit **9** 11; als Verfahrenspfleger **277** 19 f.
Beiordnung, Rechtsanwalt **78** 1 ff.; **138** 4 ff.
Beistand in Abstammungssachen **173** 2; Definition **12** 3; siehe auch *Verfahrensbeistand*
Beistandschaft siehe *Verfahrensbeistand*
Beistandsfähigkeit 12 7 ff.
Bekanntgabe
–, Arten **15** 9
– des Beschlusses **40** 5; **41** 4 ff., gegenüber Anwesenden **41** 7
– der Beschwerdeentscheidung **69** 10
– der Betreuungsentscheidung **288** 3 ff.
– von Dokumenten **15** 5 ff.
–, Fehler **41** 16
– des Gutachtens in Betreuungssachen **280** 24 f.
– an Kind **164** 4
– der Rechtsbeschwerde **71** 8
–, schriftliche **41** 11
– durch Verlesung **41** 9
–, Wirkung **41** 15
Bekanntgabemängel 41 16
Belästigung als Gewaltschutzsache **210** 32
Belegenheitszuständigkeit 343 25 ff.
Belehrungspflicht zur Einleitung des Hauptsacheverfahrens **52** 4; über Rechtsbehelfe **39** 2; Verfahrensbeteiligung **7** 28

mager = Randnummer

Sachregister

Benachrichtigungspflicht, Verfahrensbeteiligung **7** 23
Benutzungsvergütung für Haushaltsgegenstände **200** 73
Beratung, Kindschaftssachen **156** 9, gerichtliche Anordnung **156** 10
Beratungshilfe 76 8
Bereiterklärung des Gerichts **4** 25
Berichtigung des Beschlusses **42** 4 ff.
Berufsständische Organe 380 2; Anfechtungsrecht **380** 11 ff.
Beschäftigte als Bevollmächtigte **10** 9
Bescheinigung über Eintritt der Vormundschaft **190** 2 ff.
Beschleunigungsgebot, Kindschaftssache **155** 26
Beschluss Vor §§ **38 ff. 1** ff.
–, Abänderungsbefugnis **166** 13
–, Abänderungsverfahren **48** 4 ff.
– in Adoptionssachen Vor §§ **186 ff.** 26 ff.
–, Anfechtbarkeit Vor §§ **38 ff.** 17
–, Aufbau **38** 4 ff.
–, Begründung **38** 14 ff.
–, Bekanntgabe **41** 4 ff.
–, Berichtigung **42** 4, 4 ff.
–, Ergänzung **43** 4 ff.
– zur Erweiterung der Rechtsmacht **47** 7
–, Fehler **38** 30 ff.
–, Fehlerhaftigkeit Vor §§ **38 ff.** 10 ff.
– bei Feststellung der Vaterschaft **182** 3 ff.
– zur Herausgabe **89** 6
– zur Kostenfestsetzung **85** 31 ff.
–, unvollständiger **43** 4
– zur Verfahrensaussetzung **21** 20
– für Verfahrensbeistandsbestellung in Adoptionssachen **191** 22
– zur Verfahrenstrennung **20** 19
– zur Verfahrensverbindung **20** 10
– für Verweisung **3** 14
– als Vollstreckungstitel **86** 15
– in Vormundschaftssachen **190** 13
–, Wirksamkeit **40** 5
– zur Wohnungsdurchsuchung **91** 9
– zur Zwangsvollstreckung, Rechtsmittel **87** 9; siehe auch *Entscheidung*
Beschlussabschluss 38 26
Beschlussarten Vor §§ **38 ff.** 4 ff.
Beschlussergänzung, Antrag **43** 9 ff.; Verfahren **43** 12 ff.
Beschlussergänzungsantrag, Form **43** 9; Frist **43** 10
Beschlussformel 38 12
Beschränkte Geschäftsfähigkeit in Abstammungssachen **172** 29 f.; Verfahrensfähigkeit **125** 3 f.
Beschränkung der Berechtigung nach § 1357 BGB **266** 144 ff.
Beschwerde
–, außerordentliche **44** 17
–, Begründung **65** 2
–, Begründungsfrist **65** 3
–, Form **64** 3
–, gegen Kostenfestsetzungsbeschluss **85** 37
–, Rücknahme **67** 9 ff.

–, sofortige **76** 41; **91** 10
–, Statthaftigkeit **58** 4 ff., nach Erledigung der Hauptsache **62** 2 ff.
–, Verfahren **68** 2 ff.
– gegen Versorgungsausgleichsentscheidung **228** 3
–, Verzicht **67** 3 ff.
–, Zuständigkeit **64** 2
Beschwerdebegründungsfrist 65 3
Beschwerdeberechtigung 59 2; in Abstammungssachen **184** 13 f.; Behörden **162** 16; Bezugsperson, Kindschaftssachen **161** 10; in Ehewohnungssachen **205** 9; Jugendamt **162** 15; Minderjähriger **60** 2; Pflegeperson, Kindschaftssachen **161** 10; Verfahrensbeistand **158** 38
Beschwerdeentscheidung 69 2 ff.; Begründung **69** 7; Bekanntgabe **69** 10
Beschwerdefrist 63 2
Beschwerdeinstanz, Säumnis der Beteiligten, Ehesachen **130** 10 f.
Beschwerdeverfahren 68 2 ff.; Anwaltszwang **10** 4; Kindschaftssache, Beschleunigungsgebot **155** 41; Verfahrenskostenhilfe **76** 17
Beschwerdewert 61 2 ff.
Bestandsfeststellungsverfahren 129 15 f.
Bestätigungsbeschluss 366 29 f.; **371** 3 ff.
Bestellung, Betreuer **289** 3 ff.; Verfahrenspfleger **78** 6
Bestimmung der Zuständigkeit **2** 23
Bestreiten, ausdrücklich **30** 15; einfaches **30** 15; von Tatsachen **30** 12
Beteiligte bei Abstammungsgutachten **169** 47; in Abstammungssachen **169** 27; **172** 8 ff.; in Adoptionssachen **188** 2, 4, 8; in Betreuungssachen **274** 2 ff.; in Ehewohnungssachen **204** 3 ff.; in Gewaltschutzsachen **212** 3 ff.; durch Hinzuziehung **7** 6 ff.; Jugendamt **162** 11 f.; **172** 17; kraft Gesetzes **7** 3 ff.; kraft Hinzuziehung **161** 7; Mitwirkungslast **27** 3 ff.; in Nachlasssachen **345** 5 ff.; persönliches Erscheinen **33** 3 ff.; Säumnis in Ehesachen **130** 4 ff.; in Teilungssachen **363** 31; Tod in Abstammungssachen **183** ff.; in Unterbringungssachen **315** 2 ff.; in Unterhaltssachen **231** 17; bei Verfahrensbeistandsbestellung in Adoptionssachen **191** 19; Vernehmung **30** 33; in Versorgungsausgleichssachen **219** 8; in Vormundschaftssache **190** 11
Beteiligtenfähigkeit in Abstammungssachen **172** 23 ff.; in Adoptionssachen Vor §§ **186 ff.** 11; Definition **8** 3 f.
Beteiligtenvernehmung in Ehesachen **128** 19 ff.
Betreuer
–, Anhörung in Betreuungssachen **271** 5; **279** 7 ff.
–, Aufgabenunterrichtung **289** 6
–, Beschwerdeverfahren **303** 15 ff., 20 ff.
–, Bestellungsurkunde **290** 4 ff.
–, Einführungsgespräch **289** 9
–, einstweilige Anordnung, Bestellung/Entlassung **300** 5 ff., Dauer **302** 2 f., gesteigerte Dringlichkeit **301** 2 ff.
–, Entlassung **296** 3 ff.
–, mehrere Betreuer **294** 12
–, Neubestellung **297** 7 ff.

1849

Sachregister

fett = §§

–, Überprüfung **291** 2 ff.
– in Unterbringungssache **315** 4
–, Verpflichtungen **289** 4 ff.
–, Zahlungen an **292** 1 f.
Betreuung, Aufhebung **271** 7; **294** 3; Einschränkung **294** 6; einstweilige Anordnung **300** 5 ff.; Erweiterung **293** 3; Heilbehandlung/Untersuchung des Gesundheitszustandes **298** 4 ff.; bei Kindschaftssachen **161** 5; sonstige Entscheidungen **299** 1 ff.; Verfahrensführung in Ehesachen **125** 20; Verlängerung **295** 2 f.; Zuständigkeit **272** 3 ff.
Betreuungsbehörde, Anhörung **279** 9 ff.; Bekanntgabe der Entscheidung **288** 7; Beschwerdeverfahren **303** 11; Beteiligung **274** 8; Unterbringungssache **315** 7
Betreuungsgerichtliche Zuweisungssachen, Definition **340** 2 ff.; Zuständigkeit **341** 1
Betreuungssache
–, Abgabe, Aufenthaltswechsel **273** 3 ff.
–, Anhörungspflicht **278** 7 ff., Absehen **278** 35 ff., Dritter **279** 7 ff., Erzwingung **278** 43 ff.
–, ärztliches Zeugnis **281** 2 ff.
–, Auslandsbezug **272** 14
–, Beschwerdeverfahren **303** 3 ff., der Staatskasse **304** 3 f., des Untergebrachten **305** 1
–, Beteiligte **274** 2 ff., 10 ff.
–, Beteiligung Dritter **278** 18 ff.
–, Definition **271** 3 ff.
–, Eilmaßnahmen **272** 15 ff.
–, Entscheidung **286** 4 ff., Bekanntgabeerfordernisse **288** 3 ff., Mitteilungen **308** 2 ff.; **309** 2 ff.; **310** 2 f.; **311** 2 f., Wirksamkeit **287** 4, 5
– als gesetzliche Vermutung **4** 22
–, Gutachteneinholung **280** 4 ff., Anfechtung **280** 27 f., Bekanntgabepflicht **280** 24 f., Verzicht auf **281** 7, Vorhandene Gutachten **282** 2 ff.
–, Informationspflichten **274** 17 ff.
–, internationale Zuständigkeit **104** 3 ff.
–, Kosten **286** 12; **307** 2 ff.
–, Rechtshilfe **278** 30 ff.
–, Schlussgespräch **278** 26 ff.
–, Unterbringung **284** 2 ff.
–, Unterrichtungspflicht **278** 22 ff.
–, Untersuchung, Betreten der Wohnung **283** 10, Gewaltanwendung **283** 9, Rechtsmittel **283** 11, Vorführung **283** 3 ff.
–, Verfahren Vor §§ **271** ff. 7 ff.
–, Verfahrensfähigkeit **275** 4 ff.
–, völkerrechtliche Vereinbarung **97** 29
–, Zuständigkeit **272** 3 ff.
Betreuungsverfügung, Herausgabepflicht **285** 1 ff.
Betriebliche Altersvorsorge, Versorgungsausgleichssache **220** 26
Beurkundungsfunktion, Sachbericht **38** 16
Bevollmächtigte **10** 3 ff.; Benachrichtigung **33** 7; Entscheidung über **10** 24 ff.
Beweisantrag **29** 9
Beweisanwalt **78** 16
Beweisaufnahme **30** 1 ff.; Erörterung **30** 38; förmliche **30** 20 ff.; in Versorgungsausgleichssachen **220** 5

Beweisbedürftigkeit **29** 5
Beweisbeschluss **30** 35
Beweiserhebung **29** 4 ff.; in Abstammungssachen **177** 9 ff.
Beweislastverteilung **37** 14 f.; in Abstammungssachen **177** 9 ff.; in Adoptionssachen **Vor §§ 186 ff.** 18; Vaterschaftsanfechtung **169** 84
Beweismaß **37** 13
Beweismittel, Arten **30** 20 ff.; Auswahl **29** 8
Beweisregeln **30** 29
Beweistermin **30** 36
Beweisverfahren **30** 3 ff.
Beweisverwertungsverbot **37** 24
Bewilligung, Verfahrenskostenhilfe **77** 1 ff.
Bewirkungshandlung **25** 6, 10
BGB-Gesellschaft, Beteiligtenfähigkeit **8** 7
Bilaterale Gleichstellung **98** 51
Bild- und Tonübertragung **32** 11 ff.
Billigkeitsgesichtspunkte bei Kosten bei Eheaufhebung **132** 6 ff.; bei Kostenentscheidung **81** 11 ff.; bei Kostenentscheidung Unterhaltssache **242** 4 f.; bei Wiedereinsetzungsantrag **17** 10
Bindung an Anträge **23** 14; innerprozessuale **48** 20 ff.
Bindungswirkung, Verweisungsbeschluss **3** 19
Binnenschifffahrt **375** 11 ff.
Börsengeschäft **375** 62
Brüssel IIa-VO **97** 43; Anerkennung **107** 8; Kindschaftssachen **99** 13 ff.; Vormundschafts- und Pflegschaftssachen **99** 61 ff.
Brüssel I-VO **97** 39
Bücher, Verwahrung **375** 38, 47

Daseinsmittelpunkt für örtliche Zuständigkeit Ehesache **122** 11 ff.
Daten, Akteneinsicht **13** 3; Übermittlung **22a** 15 ff.
Datenschutzgesetz bei Akteneinsicht **13** 3
Datenträgerarchiv **14** 31
Dauerverfahren, Anhängigkeit **4** 4
Dauerwirkung des Beschlusses **48** 5 f.
DDR-Grundstücke **2** 59
Derogationsvereinbarung Vor §§ **2** ff. 2
Dienstaufsichtsbeschwerde gegen Jugendamt **88** 11; in Kindschaftssachen **155** 74
Dieselbe Angelegenheit **2** 10
Direktor, Bestellung des geschäftsführenden **375** 42
Direktversicherung, Versorgungsausgleichssachen **219** 31
Direktzusage, Versorgungsausgleichssachen **219** 30
Dispache **375** 21; **376** 7 ff.; **403** 5 f.; Antrag **405** 3; Einsicht **404** 9 ff.; Einziehung **405** 8
Dispacheur, Aushändigung von Schriftstücken **404** 3 ff.; Einsichtsrecht **404** 9 ff.; gerichtliche Bestellung **375** 18; **376** 12 ff.; **403** 7 ff.; Weigerung des **403** 3 ff., 15
Dispacheverfahren **403** 10 ff.; Anfechtung **408** 3 ff.; Antrag **405** 4; Entscheidung **406** 19 ff.; Kosten **406** 22; Verfahren **405** 6 ff.; **406** 3 ff.; Vollstreckung **409** 4 ff.; Widerspruch **406** 10 ff.;

1850

mager = Randnummer

Sachregister

407 2 ff.; Widerspruchsklage **407** 15 ff.; Wirksamkeit **409** 3
Dispachewiderspruchsverfahren 407 15 ff.
Dispositionsbefugnis der Beteiligten **36** 8; Eingeschränkte **36** 10
Dispositionsmaxime Vor §§ 23 ff. 8
Divergenzvorlage bei Zuständigkeitsbestimmung **5** 24
Dokumentation, Amtsverschwiegenheit **29** 25 ff.; Beschlusserlass **38** 28; Hinweise des Gerichts **28** 24; der persönlichen Anhörung des Kindes **159** 12; Zeugnisverweigerung **29** 25 ff.
Dolmetscher, Kostenpflicht **80** 11
Doppelnatur des Vergleichs **36** 6
Doppelstaater, internationale Zuständigkeit **98** 79
Dritter, Kostenpflicht **81** 58 ff.
Duldungspflicht bei Abstammungsuntersuchung **178** 3 ff.; immaterielle, Zuständigkeit **266** 65
Durchsuchungsbeschluss 91 2 ff.
Dynamisierter Unterhaltstitel und Auslandsbezug **245** 4 ff.

EG-BagatellVO 97 57
EG-BeweisVO 97 61
EG-MahnVO 97 58
EG-UnterhaltsVO 97 59; **105** 11
EG-Verordnungen, Normhierarchie **97** 12 ff.
EG-VollstreckungstitelVO 97 53
EG-ZustellVO 97 61
Eheaufhebungssachen, Definition **121** 5; eingeschränkter Untersuchungsgrundsatz **126** 15 ff.; internationale Zuständigkeit **98** 16; Kosten **132** 4 f., 10; Vorrang vor Ehescheidung **126** 11
Ehebezogene Zuwendung 266 108
Ehegatten, Auskunftspflicht, Versorgungsausgleich **220** 17
Ehegatteninnengesellschaft 266 102 ff.
Ehegattenunterhalt 231 7; nachehelicher **231** 10
Eheherstellungsklage, internationale Zuständigkeit **98** 20
Ehelicherklärung, Eltern-Kind-Zuordnung **169** 10
Ehename, Mitteilung des Standesamtes **168 a** 9
Ehesachen
–, Anerkenntnis **113** 20
–, Anerkennungsverfahren **107** 1, Ordre public **109** 48, spiegelbildliche Zuständigkeit **109** 17 ff.
–, Anfechtung **117** 4
–, Anhängigkeit **218** 11; **231** 3
–, Anhörung **128** 12 ff.
–, Antrag **124** 5 ff., durch Dritte **129** 3, durch Verwaltungsbehörde **129** 5 ff.
–, Beeidigung im Verfahren **113** 22
–, Besonderheiten Vor §§ **121 ff.** 13
–, Definition **111** 9; **121** 4 ff.; **218** 10
–, gerichtliches Geständnis **113** 19
–, Geständnisfiktion **113** 10
–, Klageänderung **113** 11
–, Kosten Vor §§ **121 ff.** 17
–, Kumulation von Anträgen **126** 3 f.
–, persönliches Erscheinen **128** 7 ff.
–, Postulationsfähigkeit **114** 7 ff.; **Vor §§ 121 ff.** 16

–, Tod eines Ehegatten **131** 5 ff.
–, Urkunden **113** 21
–, Verfahrensbesonderheiten, Güteverhandlung **113** 18, Termine **113** 17
–, Verfahrensfähigkeit **125** 3 ff.
–, völkerrechtliche Vereinbarung **97** 19
–, Vollmacht **114** 18 ff.
–, Vollstreckung **86** 5, 35 ff.; **120** 3 ff.
–, Wiederaufnahme **118** 1
–, Wiedereinsetzung in den vorigen Stand **117** 25 ff.
–, Zurückweisung von Angriffs- und Verteidigungsmitteln **115** 4 ff.
Ehescheidung, Definition **121** 4; Vorrang der Aufhebung **126** 11; siehe auch *Ehesachen*
Eheschließung als Eltern-Kind-Zuordnung **169** 11
Ehestörungsverfahren keine Ehesache **121** 21
Ehetrennung ohne Auflösung des Ehebandes als Ehesache **121** 18
Eheverbot, Befreiung vom **186** 7; Beteiligte **188** 18
Ehevertrag 261 9
Ehewohnung, Legaldefinition **200** 16; Überlassung **200** 8
Ehewohnungssachen
–, Abgabe an Gericht der Ehesache **202** 2 ff.
–, Auslandsbezug **200** 78 ff.
–, Beteiligte **204** 3 ff.
–, Definition **111** 13; **200** 6, 8 ff., 21, 43 ff.
–, Entscheidung **209** 5, 9
–, internationale Zuständigkeit **200** 84 f.
–, Kosten **200** 86
–, Mietverhältnisbegründung **200** 47
–, Nutzungsvergütung **200** 34
–, unbillige Härte **200** 26
–, Unterlassungspflichten **200** 33
–, verbotene Eigenmacht **200** 27
– als Verbundsache **137** 67
–, Verfahren, Antrag **203** 4 ff., Erörterungstermin **206** 3
–, Vollstreckung **209** 16 ff.
–, Zuständigkeit **201** 4 ff.
Ehewohnungsüberlassung als Ehewohnungssache **200** 8
Eidesstattliche Versicherung 94 2 ff.
–, Erbrecht **345** 14; **361** 2 ff.
–, freiwillige Gerichtsbarkeit **410** 2 ff.; **413** 1 f., Beteiligte **412** 3, Zuständigkeit **411** 3
Eilgerichtsstand 2 8
Eilrechtschutz, Verletzung rechtliches Gehör **44** 22
Eilzuständigkeit für Betreuungs- und Unterbringungssachen, internationale Zuständigkeit **104** 17; nach KSÜ **99** 44; nach MSA **99** 28
Einbauküche als Haushaltsgegenstand **200** 64
Einbaumöbel als Haushaltsgegenstand **200** 64
Eingang, elektronische Dokumente **14** 22
Eingangsinstanz Vor §§ 2 ff. 13
Einigungsförderpflicht des Gerichts **36** 4
Einigungsmangel, Zuständigkeit **5** 14
Einsichtsrecht bei Akteneinsicht, Umfang **13** 16 ff.

1851

Sachregister

fett = §§

Einspruch gegen Versäumnisentscheidung in Scheidungssache **143** 2 ff.; gegen Versäumnisurteil, Scheidungsverfahren **143** 2 ff.; gegen Zwangsgeld, Registersachen **389** 8 ff.; **390** 1 ff.
Einstellung der Vollstreckung **93** 2 ff.
Einstweilige Anordnung
– im Abänderungsverfahren **166** 16
–, Anfechtung **57** 2 ff.
–, Aufhebung oder Änderung **54** 1 ff.
–, Außerkrafttreten **56** 2 ff.
– für Betreuerbestellung/-entlassung **300** 5 ff.; **302** 2 f., gesteigerte Dringlichkeit **301** 2 ff.
– in Betreuungssachen **272** 15 ff.
–, Definition **49** 1 ff.
– und Einleitung Hauptsacheverfahren **52** 2 ff.
– in Familienstreitsachen **119** 4 ff.
– in Freiheitsentziehungssachen **427** 2 ff.
– in Gewaltschutzsachen **214** 4 ff.
– in Güterrechtssachen **264** 5
– bei Kindeswohlgefährdung **157** 14 ff.
– in Kindschaftssachen **156** 19
–, Neuerungen Vor §§ **49 ff.** 1
–, Stichtagsregelung Anh Art. **111** 7
– in Unterbringungssachen **331** 5 ff.; **332** 2; **333** 2 f.
– in Unterhaltsauskunftssachen **235** 6
– in Unterhaltssachen **246** 3 ff., bei Feststellung der Vaterschaft **248** 3 ff., vor Geburt des Kindes **247** 3 ff.
–, Vollstreckung **86** 33 f.
Einstweilige Einstellung der Vollstreckung, Unterhaltssache **242** 2 ff.
Einstweilige Maßregeln, Unterbringungssache **334** 2 ff.
Einstweilige Verfügung Vor §§ **49 ff.** 3
Eintragung von Amts wegen **384** 1 ff.; ins Register **382** 4
Eintritt der Rechtskraft **45** 3
Einvernehmen der Eltern **163** 6
Einwand der Volljährigkeit **244** 2 f.
Einwendung gegen Kostenentscheidung **85** 18 ff.
Einwilligung der Annahme als Kind **186** 4
Einwilligungsvorbehalt **271** 8; Aufhebung **294** 3; **306** 2 ff.; Einschränkung **294** 6 ff.; Erweiterung **293** 3; Verlängerung **295** 2 f.
Elektronische Aktenführung **13** 12; **14** 6 ff.
Elektronische Dokumente **14** 3 ff.
Elektronischer Rechtsverkehr, Versorgungsausgleichssachen **229** 7 ff.
ELP-Modell **103** 7
Elterliche Sorge, Anhörung in Ehesachen **128** 17; Entziehung, Verfahrensbeistand **158** 9; Kindeswohlgefährdung **157** 7; als Kindschaftssache **151** 8
Eltern
– in Abstammungssachen **172** 21
–, Anhörung **160** 3 ff., Absehen **160** 7 ff., Zwang **160** 12
–, Anhörung im Unterbringungsverfahren **167** 33
–, Einvernehmen mit Sachverständigen **163** 6
– im Vermittlungsverfahren **165** 8
Eltern-Kind-Verhältnis als Familiensache **266** 127; Klärung **169** 5, 18

Endentscheidung Vor §§ **38 ff.** 1
Entgegennahme von Erklärungen durch Gericht, Fristwahrung **2** 43
Entgeltlichkeit **10** 14
Entlassung des Betreuers **296** 3 ff.
Entscheidung über Annahme als Kind **198** 12 ff.; ausländische, Wirkungserstreckung **108** 16; durch Beschluss **38** 4 ff.; in Betreuungssachen **286** 4 ff.; in Gewaltschutzsachen **215** 2; bei Verletzung rechtliches Gehör **44** 19; in Vormundschaftssachen **190** 13
Entscheidungsarten des Gerichts **Vor §§ 38 ff.** 1
Entscheidungserheblichkeit von Gehörsverletzung **44** 15; von Tatsachen **26** 12
Entscheidungsgrundlage des Gerichts **37** 3 ff.
Erbbiologisches Gutachten **178** 5
Erben, Versorgungsausgleichssachen **219** 27
Erbenermittlung **342** 3
Erbschein **342** 3; Ausfertigung **357** 14; Beteiligte **345** 9
Erbscheinsverfahren
–, Anfechtung **352** 22
–, Antragsbindung **23** 14
–, Einziehung **353** 10 ff., Anfechtung **353** 3 ff., 13 ff., Kosten **353** 2
–, Erteilungsverfahren **352** 2 ff.
–, internationale Zuständigkeit **105** 29 ff.
–, Kraftloserklärung **353,** Anfechtung **353** 3 ff., 18 ff., Kosten **353** 2
Erbstreitigkeiten als Familiensache **266** 24
Erfolgsaussicht für Verfahrenskostenhilfe **76** 13
Erforderlichkeit zur Sachverhaltserforschung **26** 14; zum Verfahrensbeistand **158** 6
Erinnerung **58** 9
Erklärungen, Aufnahme ins Protokoll **28** 31; Entgegennahme des Gerichts **2** 41; zur Niederschrift **25** 11 ff.; vor unzuständigem Gericht **25** 18 ff.; im Verfahren **25** 6 ff.
Erlass von Beschlüssen **38** 27 ff.
Erledigung der Hauptsache, Begriff **83** 16; Beschwerde **62** 2 ff.; Kosten **83** 21
Ermessen, Abgabe des Gerichts **4** 24; bei Bekanntgabe **41** 5; bei Beweiserhebung **30** 4; bei eidesstattlicher Versicherung **94** 5; bei Kostenentscheidung **81** 29 f., 63; bei Ordnungsmittelfestsetzung **89** 17 ff.; in Unterhaltssachen **235** 23 f.
Ermessensausschluss bei Kostenentscheidung **81** 50
Ermessensbindung bei Beweisaufnahme **30** 18
Ermessensfehler bei Beweiserhebung **30** 8 f.
Ermessenskontrolle bei Kostenentscheidung **81** 90
Ermessensleitlinien **30** 5
Ermittlungen von Amts wegen **26** 1 ff.; Durchführung **26** 19
Ermittlungsgrenzen **26** 20; Überschreitung **26** 21 ff.
Ermittlungspflicht des Gerichts **26** 6 ff.; Grenzen **26** 12; **27** 8; Verletzung **26** 20
Eröffnung von letztwilliger Verfügung von Todes wegen siehe dort
Eröffnungsfrist **351** 3
Erörterung der Beweisaufnahme **30** 38

mager = Randnummer

Erörterungstermin **32** 3 ff.
Ersatzvornahme **35** 18
Ersetzungsverfahren siehe *Annahme als Kind*
Erstmaliges Befassen des Gerichts **2** 28
Ersuchen
–, Versorgungsausgleichssachen **220** 66 f., Anfechtung **220** 68 ff., Ordnungsmittel **220** 70
Ersuchter Richter in Ehesachen **128** 23 ff.
Erteilung einer Vollmacht **11** 4
Erweiterung, formeller Begriff fG-Sache **1** 19
Erwirkungshandlung **25** 6, 10
EuroEGRpfl Vor §§ 249 ff. 2
Europäische Aktiengesellschaft **375** 40 ff.
Europäische Genossenschaft **375** 51
Europäischer Rechtsanwalt, Vertretung **10** 8
Europäisches Sorgerechtsübereinkommen **89** 2
Europarecht, Normhierarchie **97** 11
Eventualvorbringen **27** 21
Exequaturverfahren **110** 5
Externe Teilung, Anrechte aus öffentlichem Dienst **222** 13; Einverständnis Versorgungsträger **222** 35 ff.; gerichtliche Prüfung **222** 25 ff.; Postulationsfähigkeit **222** 24; Vereinbarung **222** 3; Verlangen von Versorgungsträger **222** 7; Wahlrecht **222** 14 ff.

Familienangehörige als Bevollmächtigte **10** 15
Familiengericht
–, Genehmigung für Ehesachen Geschäftsunfähiger **125** 13
–, örtliche Zuständigkeit, Ehesachen **122** 6 ff., Kindschaftssachen **151** 3 ff.
Familienpflege, Definition **161** 4
Familienrechtlicher Ausgleichsanspruch **266** 118
Familiensachen
– als Adoptionssache Vor §§ 186 ff. 5
–, Anerkennung, Verbürgung der Gegenseitigkeit **109** 54
–, Definition **1** 3 ff.; **111** 4 ff., Abstammungssachen **111** 11; **169** 4, Adoptionssachen **111** 12; **186** 2, Ehesachen **111** 9; **121** 4, Ehewohnungssachen **111** 13; **200** 6, 8, 21 ff., Gewaltschutzsachen **111** 14; **210** 5, 40, Güterrechtssachen **111** 17; **261** 4, Haushaltssachen **111** 13; **200** 7, 58 ff., 67 ff., 74 ff., Kindschaftssachen **111** 10; **154** 4, Lebenspartnerschaftssachen **111** 19; **269** 4, 8 ff., sonstige Familiensachen **111** 18; **266** 1, 4 ff., Unterhaltssachen **111** 16; **231** 4, Versorgungsausgleichssachen **111** 15; **217** 2
–, Entscheidung **116** 4
–, internationale Zuständigkeit siehe dort
–, internationale Zuständigkeit, sonstige **105** 4 ff., 20
–, kraft Sachzusammenhang **111** 23
–, örtliche Zuständigkeit Vor §§ 2 ff. 17
–, sonstige, Abgabe **268** 2 ff., Definition **111** 18; **112** 8; **266** 1, 4, Kosten **266** 150 f., Zuständigkeit **266** 26 ff.; **267** 4 ff.
–, Verweisung von **3** 31
–, völkerrechtliche Vereinbarung **97** 25

–, Wirksamkeit **116** 8
–, Zwangsvollstreckung **86** 5 f., 35 ff.
Familienstreitsache
–, Anfechtung **117** 4
–, Arrest **119** 9
–, Definition **112** 3 ff.; **231** 2, 4 ff., Güterrechtssache **112** 7, Lebenspartnerschaftssachen **112** 9, sonstige Familiensachen **112** 8, Unterhaltsache **112** 6
–, einstweilige Anordnung **119** 4 ff.
–, Entscheidung **116** 4, 6
–, Mahnverfahren **113** 7
–, Schadensersatz **119** 8
–, sonstige, arbeitsgerichtliches Verfahren **266** 7
–, Urkunden- und Wechselprozess **113** 7
–, Vollstreckung **120** 3 ff.
–, Wiederaufnahme **118** 1
–, Wiedereinsetzung in den vorigen Stand **117** 25 ff.
–, Wirksamkeit **116** 9 ff.
–, Zurückweisung von Angriffs- und Verteidigungsmitteln **115** 4 ff., 6 ff., Entscheidung **115** 13
Familienunterhalt **231** 8
Fassungsbeschwerde **383** 12
Fehler des Beschlusses Vor §§ 38 ff. 10; **38** 30 ff.; der Niederschrift **25** 17; in Rechtsbehelfsbelehrung **39** 10 ff.; des Vergleichs **36** 17
Festsetzungsverfahren für Ansprüche, gerichtliches **168** 9 ff., verwaltungsrechtliches **168** 6 ff.; für Unterhaltsansprüche im vereinfachten Verfahren **253** 1 ff.
Feststellung
– der Auflösung einer Gesellschaft **399** 17 f.
– der Mutterschaft **169** 8
– der Vaterschaft, Unterhalt **237** 1 ff.
Feststellungsinteresse, Beschwerde **62** 5
Feststellungslast **37** 14
Feststellungsvereitelung **37** 11
Feststellungsverfahren Bestehen/Nichtbestehen der Ehe, Definition **121** 12; internationale Zuständigkeit **98** 17
Finanzamt, Auskunftspflicht, Unterhaltssache **236** 13
Finanzgeschäfte als Familiensache **266** 12
Finanzholdinggesellschaft **375** 57
Flüchtlinge, internationale Zuständigkeit **98** 45
Folgesachen
– bei Abgabe **137** 82 ff.
–, Abtrennung **140** 4 ff., 19 ff.
–, Antrag, Rücknahme **141** 23 ff.
–, Definition **137** 18, 25 ff., Ehewohnungssachen **137** 67, Güterrechtssachen **137** 70, Hausratssachen **137** 67, Kindschaftssachen **137** 73 ff., Unterhaltssachen **137** 64, Versorgungsausgleichssachen **137** 56
–, Entscheidung **148** 1 f.
–, Kosten **150** 3 ff., 15
–, Rechtskraft **148** 1 f.
–, Verbindung mit Scheidungssachen **137** 18 ff., 25 ff.
–, Verbundzuständigkeit **98** 97 ff.

1853

Sachregister

fett = §§

– bei Verweisung **137** 82 ff.
–, Wegfall **137** 87 ff.
Formalwirkung von Beschlüssen **Vor §§ 38 ff.** 13
Formelle Rechtskraft 44 1 ff.
Formeller Begriff, Einschränkung **1** 20; Erweiterung **1** 19; freiwillige Gerichtsbarkeit **1** 8
Formfehler bei Vermerk **28** 37
Formlose Mitteilung von Dokumenten **15** 3
Formular, Versorgungsausgleich **220** 37 ff.
Formwechsel, Gesellschaften **375** 44
Fortsetzungsantrag nach Tod eines Verfahrensbeteiligten, Abstammungssachen **181** 12
Forum non conveniens 101 21
Frachtgeschäft als Familiensache **266** 18
Freibeweis Vor §§ 23 ff. 17; **29** 10, 12 ff.
Freie Berufe, berufsständisches Organ **380** 2
Freie Tatsachenwürdigung 37 8
Freiheitsentziehung, behördliche **428** 2; als Gewaltschutzsache **210** 11, siehe auch dort; als Unterbringungssache **312** 3
Freiheitsentziehungssachen
–, Anfechtung **423** 6; **429** 2 ff., Kosten **429** 6
–, Anhörung **420** 2 ff., Absehen **420** 7 ff.
–, Antrag **417** 2 ff.
–, Auslagenersatz **430** 2
–, Benachrichtigungspflicht **432** 1 ff.
–, Beteiligte **418** 2 ff.
–, Dauer der Freiheitsentziehung **425** 2
–, Definition **415** 3 ff.
–, einstweilige Anordnung **427** 2 ff.
–, Entscheidung **421** 1 ff.; **423** 2 ff., Aufhebung **426** 2, Mitteilung **431** 1 f.
–, internationale Zuständigkeit **105** 45
–, Kosten **418** 13 ff.; **423** 7; **425** 4; **426** 6
– für Minderjährige **151** 42, 44
–, Unterbringung **420** 11 ff.
–, Verfahrenspfleger **418** 5; **419** 2 ff.
–, Verlängerung der Freiheitsentziehung **425** 3
–, Vollzug **422** 7 ff., Aussetzung **424** 2 ff., Kosten **424** 7, Widerruf **424** 6
–, Wirksamkeit **422** 2 ff.
–, Zuständigkeit **416** 2 ff.
Freiwillige Gerichtsbarkeit, Begriffsbeschränkung **1** 20; Begriffserweiterung **1** 19; Definition **1** 6; formeller Begriff **1** 8; und Güterrechtssachen **261** 17 ff.; und Unterhaltssache **231** 33 ff.; und VAStrRefG **Vor §§ 217 ff.** 5 f.; Vollstreckung **86** 6
Fremdrechtserbschein, internationale Zuständigkeit **105** 3
Frist
–, Arten **16** 4
–, Beginn **16** 6 f.; **64** 6 f.
–, Berechnung **16** 8
– zur Einleitung Hauptsacheverfahren **52** 6
–, Veränderung **16** 9
–, Versäumung, Wiedereinsetzung **17** 4 ff.
Fristwahrung bei unzuständigem Gericht **2** 43
Früher erster Termin, Kindschaftssache **155** 45 ff.
Funktionelle Zuständigkeit Vor §§ 2 ff. 21 ff.; Unzuständigkeit **2** 62

Fürsorgeangelegenheit, Abgabe und Zuständigkeit **4** 9; Einzelfälle **1** 24; gerichtliche **25** 2; materieller Begriff **1** 10 ff.; örtliche Zuständigkeit **Vor §§ 2 ff.** 18; bei Unzuständigkeit **2** 49, 53, 55
Fürsorgebedürfnis 272 13; im Inland **99** 54
Fürsorgemaßregeln, örtliche Zuständigkeit **152** 21 ff.
Fürsorgezweck 1 13

Gefährdung des Kindeswohls **89** 5
Gegenbetreuer 293 12
Gegenvorstellung 44 17
Genehmigung eines Rechtsgeschäfts **40** 8, Bekanntgabe **41** 12
Generalversammlung, Einberufung **375** 48
Genossenschaften, eingetragene 375 48 ff.; Löschung **394** 3 ff.; Nichtigkeit **397** 2 f., 9
Genossenschaftsregister 374 13; Anhörungsbeschränkung **380** 8; Verordnungsermächtigung **387** 7, 15; siehe auch *Rechtsträgerregister*
Genussmittel als Haushaltsgegenstand **200** 65
Gericht
–, Belehrungspflicht **38** 1
–, Einigungsförderpflicht **36** 4
–, Fürsorgepflicht **25** 2
–, Hilfeleistung **28** 19 ff.
–, Hinweispflicht **28** 4
–, Hinwirkungspflicht **28** 4
–, Informationspflichten, Betreuungssache **274** 17
Gerichtliche Auslagen, Kostenpflicht **80** 6
Gerichtliche Fürsorge 25 2; Belehrungspflicht **39** 1
Gerichtliche Handlungen, Definition **2** 38; bei Unzuständigkeit **2** 37 ff.
Gerichtliche Übermittlung, Antrag **23** 44 ff.
Gerichtliche Verfügung Vor §§ 38 ff. 2
Gerichtliche Zuständigkeit Vor §§ 2 ff. 1 ff.; Bestimmung durch Gericht **5** 5 ff.
Gerichtsakten, Einsicht **13** 16
Gerichtsinterne Dokumente, Einsicht **13** 19
Gerichtskosten, Definition **80** 5; Verweisungsbeschluss **3** 21
Gerichtspersonen, Ausschließung und Ablehnung **6** 4 ff.
Gerichtsvollzieher, Geschäftsanweisung **90** 27; und Gewaltschutzgesetz **96** 3; Vollstreckung **86** 6 ff.
Gerichtszuweisung 1 21 f.
Gesamtgutsauseinandersetzung 373 2 ff.; Zeugnisse **373** 8
Gesamtschuldnerausgleich 266 80 ff.; der Ehegatten **261** 14
Geschäftsbriefangaben, Zwangsgeldverfahren **388** 11
Geschäftsführung, Bestellung **375** 58
Geschäftsstelle, Verfahren **25** 12
Geschäftsunfähigkeit, Abstammungssachen **172** 32; familiengerichtliche Genehmigung **125** 13; unerkannte **125** 18; Verfahrensführung in Ehesachen **125** 8 f.
Geschäftsverteilung, Unzuständigkeit **2** 64

mager = Randnummer

Sachregister

Gesellschaft mit beschränkter Haftung 375 45 ff.; Geschäftsbrief **388** 12; Löschung **394** 3 ff.
Gesetzliche Frist, Verlängerung **16** 10
Gesetzliche Vermutung, Abgabeentscheidung **4** 22
Gesetzlicher Güterstand 261 6; Durchführung **261** 21; Verfügungsbeschränkung **261** 18
Gesetzlicher Richter bei Zuständigkeitsbestimmung **5** 3
Gesetzlicher Vertreter, Verfahrensfähigkeit **9** 13
Gesundheitsverletzung als Gewaltschutzsache **210** 10, siehe auch dort
Getrenntleben, Legaldefinition **200** 23; Recht auf **266** 70
Gewaltanwendung in Betreuungssachen **283** 9; in Unterbringungssachen **326** 3; bei Vollstreckungshandlung **90** 17
Gewaltschutzgesetz, Vollstreckung **96** 2
Gewaltschutzsachen, Anhörung Jugendamt **213** 5; Auslandsbezug **210** 59 ff.; Beteiligte **212** 3 ff.; Definition **111** 14; **210** 5, 40; Einstweilige Anordnung **214** 4 ff.; Entscheidung **215** 2 ff.; internationale Zuständigkeit **105** 7; **210** 10 f.; Maßnahmenkatalog **210** 20 ff.; Mitteilungspflichten **216 a** 2 ff.; Verfahren **210** 28; Vollstreckung **216** 8; Zuständigkeit **210** 1; **211** 4 ff.
Gewerkschaften, Beteiligtenfähigkeit **8** 7
Gewöhnlicher Aufenthalt 88 4; als Anknüpfungskriterium **98** 59 ff.; des Antragsgegners **218** 19; des Antragstellers **218** 22; in Betreuungssache **272** 8; der Ehegatten **122** 32; **218** 15; für internationale Zuständigkeit **98** 70; des Kindes **122** 25; für örtliche Zuständigkeit **122** 8 f.; in Unterhaltssache **232** 10
Glaubhaftmachung Vor §§ 23 ff. 16; **31** 1 ff.; bei Antrag auf Festsetzung **168** 10; bei einstweiliger Anordnung **51** 3
Grenzwert nach VersAusglG **222** 11
Gründerprüfung, Auslagen/Vergütung **375** 25; Bestellung von Prüfern **375** 23; Meinungsverschiedenheiten **375** 24
Grundrechtsbeeinträchtigung, Beschwerde **62** 6; siehe auch *rechtliches Gehör*
Gültigkeitstheorie Vor §§ 38 ff. 16
Günstigkeitsprinzip 97 10
Gutachten
–, **Betreuungssachen,** Bekanntgabe **280** 24 f.; Rechtsmittel **280** 27 f.
– in Betreuungssachen **280** 4 ff.
– für Einwilligung in Heilbehandlung/Untersuchung des Gesundheitszustandes in Betreuungssachen **298** 5 f.
– in Kindschaftssachen, Fristsetzung **163** 3, schriftliches **163** 3 ff.
– für Sterilisationsgenehmigung **297** 7 ff.
–, Unterbringungssachen **321** 5 ff.
– in Unterbringungssachen **319** 14
Gutachtenvorbereitungsunterbringung 334 5
Gütergemeinschaft 261 8; Auseinandersetzung **487** 4; freiwillige Gerichtsbarkeit **261** 22; Vermittlung durch Notare **487** 5

Güterrechtsregister 374 16 ff.
Güterrechtsregistersachen 374 16 f.; **377** 24
Güterrechtssachen
–, Abgabe **268** 2 ff.
–, Definition **111** 17; **112** 7; **261** 4
– als Familienstreitsache **261** 5
– der freiwilligen Gerichtsbarkeit **261** 17 ff.
–, internationale Zuständigkeit **105** 15 ff.
– als Verbundsache **137** 70
–, Zuständigkeit, Ehesache anhängig **262** 2 ff., isolierte Güterrechtssache **262** 9 ff.
Gütertrennung 261 12

Haager Adoptionsübereinkommen 101 13
Haager ErwSÜ 104 6
Haager Kindesentführungsübereinkommen 89 2; **99** 8
HaagErwSÜ 2000 Anh Art. 112 7 ff.
HaagVormAbk 99 45 ff.
Haftbefehl, Vollstreckung **91** 19 f.
Handelsregister 374 12; Veröffentlichung **383** 6; Verordnungsermächtigung **387** 6, 14; Zwangsgeldverfahren **388** 8; siehe *Rechtsträgerregister*
Handelssachen als Familiensachen **266** 17
Handwerkskammer 380 2
Härtefälle bei Änderung Versorgungsausgleich **226** 9; bei Perpetuation fori **2** 31
Hauptsacheverfahren, Einleitung **52** 2 ff.
Hauptversammlung, Einberufung **375** 34, 40
Haushaltsachen als Verbundsache **137** 67
Haushaltsgegenstand, Benutzungsvergütung **200** 73; Definition **200** 60; Einzelfälle **200** 62 ff.
Haushaltssachen
–, Abgabe an Gericht der Ehesache **202** 2 ff.
–, Auflagenerteilung durch Gericht **206** 4 ff.
–, Auslandsbezug **200** 84 ff.
–, Beteiligte **204** 3 ff.
–, Definition **111** 13; **200** 7, 58 ff., 67 ff., 74 ff.
–, Entscheidung **209** 5, 7
–, Kosten **200** 86
–, Präklusionsfrist **206** 11
–, Verfahren, Antrag **203** 4 ff., Erörterungstermin **206** 3
–, Verteilung **200** 71 ff.
–, Vollstreckung **209** 16 ff.
–, Zuständigkeit **201** 4 ff., internationale **201** 12
Hausratssachen, internationale Zuständigkeit **105** 5; als Verbundsache **137** 67; siehe auch *Haushaltssachen*
Haustier als Haushaltsgegenstand **200** 66
Havarei-Grosse, Definition **403** 3; **405** 10
Havarieschäden 377 20
Heilbehandlung als Familiensache **266** 15
Hemmung der formellen Rechtskraft **45** 8
Hemmung der Verjährung durch Übermittlung Antrag **23** 49
Herausgabe, Betreuten, unmittelbarer Zwang **90** 23; des Betreuten **89** 4; des Kindes **89** 3
Herausgabeanspruch des Eigentümers, Haushaltssachen **200** 68 ff.
Herausgabebeschluss 89 6
Herausgabevollstreckung, Grundsatz **88** 2; Zuständigkeit **88** 3

1855

Sachregister

fett = §§

Herstellung der ehelichen Lebensgemeinschaft keine Ehesache **121** 19; als Familiensache **266** 50 ff.
Hilfestellung zur Antragstellung **28** 19 ff.
Hinterbliebene, Versorgungsausgleichssachen **219** 27
Hinterlegung in Unterhaltssachen **247** 11
Hinweispflicht, Dokumentation **28** 24; des Gerichts **28** 4, 16; in Unterhaltssachen **235** 20; im vereinfachten Unterhaltsverfahren Minderjähriger **251** 3; Zeitpunkt **28** 23
Hinwirkungspflicht des Gerichts **28** 4, 12
Hinzuziehung von Amtswegen **7** 22; auf Antrag **7** 23 ff.; Beteiligte **7** 6 ff.; des Jugendamtes **162** 11; von Verfahrensbeteiligten **161** 7 ff.
Hinzuziehungsakt 7 6
Homoehe-Modell 103 7
Hörgeschädigte, Bekanntgabe von Beschluss **41** 7

Industrie- und Handelskammer 380 2
Informationstechnologie als Familiensache **266** 20
Ingenieurvertrag als Familiensache **266** 13
Innengesellschaft der Ehegatten 266 102 ff.
Innerprozessuale Bindung 48 20 ff.
Interessenkonflikt in Kindschaftssachen, Verfahrensbeistand **158** 8
Interlokale Zuständigkeit, fehlende **2** 59
Internationale Verbundzuständigkeit 98 97 ff.
Internationale Zuständigkeit Vor §§ **2** ff. 11 f.; **2** 25, 33, 57; **98** 21 ff.; Abänderung Unterhaltssachen **238** 69; Adoptionssachen **101** 4 ff.; **Vor §§ 186 ff.** 6; Aufgebotssachen **105** 46; Betreuungssachen **104** 3 ff.; Eheaufhebung **98** 16; Eheherstellungsklagen **98** 20; Ehesachen **98** 12 ff.; Ehewohnungssachen **200** 84 ff.; Familiensachen, sonstige **105** 4 ff.; Feststellungsverfahren über Bestehen der Ehe **98** 17; Folgesachenzuständigkeit **98** 96; Freiheitsentziehungssachen **105** 45; Fremdrechtserbschein **105** 3; Haushaltssachen **200** 84 f.; Kindschaftssachen **99** 3 ff.; Lebenspartnerschaftssachen **105** 5 ff.; Nachlasssachen **105** 2, 23 ff.; Pflegschaftssachen für Erwachsene **104** 3 ff.; Registersachen **105** 42; Scheidungssachen **98** 15; Teilungssachen **105** 2, 23 ff.; Unterbringungssachen **104** 3 ff.; Verbundzuständigkeit **98** 96 ff.; Versorgungsausgleichssachen **102** 3 ff.; **218** 8; Vormundschafts- und Pflegesachen **99** 61 ff.
Internationale Zuständigkeit Internationale Zuständigkeit, Abstammungssachen **100** 5 ff.
Internationaler Entscheidungseinklang, Erbscheinsverfahren **105** 35
Intertemporal FGG-RG Anh Art. 111 1
IntFamRVG 97 63, 66
Inventarfrist 345 14; **360** 3
Inzidentanerkennung 107 2
Inzidentfeststellung, Vaterschaftsanfechtung **169** 72; Vaterschaftsfeststellung **184** 11
Isolierte Auskunftsklage, Unterhaltssache **231** 24
Iurisdictio contentiosa 1 7
Iurisdictio voluntaria 1 7

Jugendamt
– in Abstammungssachen **172** 17; **176** 2 ff.
– in Adoptionssachen **194**
–, Beschwerdeberechtigung **162** 15
–, Dienstaufsichtsbeschwerde **88** 11
–, Ehewohnungssachen, Anhörung **205** 3 ff., Beschwerdeberechtigung **205** 9
– in Ehewohnungssachen **204** 10
–, Gespräch bei Kindeswohlgefährdung **157** 9
– in Gewaltschutzsachen **213** 5
–, Mitwirkung in Kindschaftssachen **162** 3 ff.
–, Unterbringung von Minderjährigen **167** 8, 12, 40
–, Unterstützungsleistung **88** 8 f.
– als Verfahrensbeteiligter **162** 11
– im Vermittlungsverfahren **165** 9; siehe auch *Landesjugendamt*
Jugendgerichtsgesetz 151 45
Juristische Personen
–, ausländische, Beteiligtenfähigkeit **8** 10
–, Beteiligtenfähigkeit **8** 6
– als Bevollmächtigte **10** 22
–, Öffentlichen Rechts, Bevollmächtigte **10** 11
– des Öffentlichen Rechts, Beteiligtenfähigkeit **8** 8
Justizgewährungsanspruch 23 45
Justizverwaltungsverfahren zur Festsetzung von Ansprüchen **168** 6 f.

Kann-Beteiligte 7 14 ff.
Kapitalbetrag, Festsetzung, Versorgungsausgleich **222** 40 ff.
Kapitalwert, Versorgungsausgleich **Vor §§ 217 ff.** 42 ff.
Kaufmännische Orderpapiere, Aufgebot **484** 5
Kind
–, Anhörung im Vermittlungsverfahren **165** 10
–, Bekanntgabe der Entscheidung **164** 4
–, gewöhnlicher Aufenthalt **122** 25
–, Persönliche Anhörung **159** 3 ff.
–, Unterbringung **167** 4 ff.
–, Unterhaltssache, Volljährige **232** 13 ff.
–, Verfahrensbeistand **158** 4 ff.
–, Vernehmung als Zeuge **163** 12
Kindergeld, Unterhalt nach Feststellung der Vaterschaft **237** 12
Kindergeldsurrogate, Unterhalt nach Feststellung der Vaterschaft **237** 13
Kindesherausgabe 89 3; internationale Zuständigkeit **99** 9 ff.; als Kindschaftssache **151** 35 ff.; sträubende Kinder **90** 17 ff.; Unmittelbarer Zwang **90** 3 ff., 17 ff.; Verfahrensbeistandsbestellung **158** 11
Kindesrückgabe, internationale Zuständigkeit **99** 9 ff.
Kindesschutzrechtliche Maßnahmen, Überprüfung **166** 17
Kindeswohl und Abgabe an Gericht **4** 13; Anhörung Kind **156** 14; und Einvernehmen **156** 7, 14; und Ordnungsmittel **89** 18; persönliches Erscheinen, Absehen **159** 5 ff.; und Verfahrensbeschleunigung **155** 31 ff.
Kindeswohlgefährdung 89 5; **157** 4 ff.

mager = Randnummer

Kindschaftssache, Abgabe an Gericht der Ehesache **153** 1 ff.; Anhängigkeit **153** 5 ff.; Anordnung persönliches Erscheinen **155** 64; ausschließliche Zuständigkeit **152** 15; Beschleunigungsgebot **155** 26; Definition **111** 10; **151** 6 ff.; Dienstaufsichtsbeschwerde **155** 74; einstweilige Anordnung **156** 19; **157** 14 ff.; Einvernehmen **156** 6 ff.; als gesetzliche Vermutung **4** 23; Hinwirken auf Einvernehmen **156** 6 ff.; internationale Zuständigkeit **98** 103, 108; **99** 3 ff.; **151** 5; örtliche Zuständigkeit **152** 7 ff.; Schadensersatz **152** 73; Untätigkeitsbeschwerde **155** 69; als Verbundsache **137** 73 ff.; Verfahrensbeistand **159** 11; Vergleich **156** 13; Vertretung, angemessene **158** 15; völkerrechtliche Vereinbarung **97** 25; Vollstreckung **156** 18; Vorranggebot **155** 23; Zuständigkeit **151** 3 f.

„**Klagen**"**häufung,** Familiensachen **111** 21; objektive **Vor §§ 23 ff.** 38; subjektive **23** 20

Klausel siehe *Vollstreckungsklausel*

Kommanditgesellschaft 375 4 ff.; Geschäftsbrief **388** 11; Löschung **394** 3 ff.

Kommanditgesellschaft auf Aktien, Löschung **394** 3 ff.

Kommanditisten, Mitteilung und Vorlage von Dokumenten **375** 7

Kommunikationstechnologie als Familiensache **266** 20

Kompetenzkonflikt, Zuständigkeit **5** 10

Konkurrierende Entscheidung und Anerkennungsvoraussetzung **109** 31 ff.

Konkurrierende Zuständigkeit 2 6

Konzentrationsermächtigung bei Zuständigkeitsbestimmung **5** 19

Körperverletzung als Gewaltschutzsache **210** 9, siehe auch dort

Kosten
– bei Abgabe der Unterhaltssache an Gericht der Ehesache **233** 8
–, Abgabeentscheidung **4** 36
– bei Abgabeentscheidung, Güterrechtssache **263** 8
– für Abstammungssachen **169** 17, 36
– für Adoptionssache **Vor §§ 186 ff.** 37 ff.
– der Adoptionsvermittlungsstelle **189** 9
– bei Akteneinsicht **13** 21 ff.
– bei amtlicher Verwahrung **347** 14
– für Änderung einstweiliger Anordnung **54** 4
– für Anerkennungsverfahren **107** 51
– bei Anfechtung der Vaterschaft **183** 4 ff.
– für Anfechtung einstweilige Anordnung **57** 10
– bei Antragsrücknahme **22** 18 f.
– für Antragsübermittlung **23** 50
– bei Anwendung unmittelbaren Zwangs **90** 26
– bei Aufhebung/Beschränkung der Vollstreckung **93** 19
–, Ausschließungs-/Ablehnungsentscheidung **6** 13 ff.
– für Außerkrafttreten der einstweiligen Anordnung **56** 9
– bei Beschlussberichtigung **42** 17
– bei Beschlussergänzung **43** 15
– für Betreuungssachen **286** 12

–, Definition **80** 4 ff.
– des Dispacheverfahrens **406** 22
– bei Eheaufhebung **132** 4 f.
– in Ehesachen **Vor §§ 121 ff.** 17
– bei einstweiliger Anordnung **51** 10 f.
– bei Einziehung des Erbscheins **353** 2
– bei Folgesachen **150** 15
– in Freiheitsentziehungsmaßnahmen **419** 13 ff.
– in güterrechtliche Ausgleichsforderung **264** 11
– bei Kraftloserklärung des Erbscheins **353** 2
– für Lebenspartnerschaftssachen **270** 10
– für Löschungsverfahren, Registersachen **395** 20
–, Mediation, Scheidungssache **135** 11
– der Nachlassverwaltung **359** 12
– für Niederschrift bei Gericht in Abstammungssachen **180** 14 f.
–, Rechtskraftzeugnis **46** 13
– bei Rücknahme der Beschwerde **67** 10
– in Scheidungsfolgesachen **150** 3 ff.
– bei Scheidungssachen **150** 3 ff.
– in Scheidungsverfahren **150** 3 ff.
– in sonstigen Familiensachen **266** 150 ff.
– der Teilung, Vermögensausgleichssachen **Vor §§ 217 ff.** 12
– bei Übereinstimmender Beendigungserklärung **22** 18 f.
– für Übergeleitetes Verfahren von Kindschaftssache auf Ehesache **153** 15
– der Unterbringungssache **337** 1 ff.
– für Unterbringungsverfahren Minderjähriger **167** 50 f.
– in Unterhaltssachen **242** 4 ff.
–, Vaterschaftsanfechtung **169** 89
– für vereinfachtes Unterhaltsverfahren Minderjähriger **249** 20 f., Beschluss **256** 4
– bei Verfahrensaussetzung **21** 25 f.
– des Verfahrensbeistandes **158** 43 ff.
– bei Verfahrenskostenhilfebeschwerde **76** 59
– für Verfahrenspflegerbestellung **276** 27
– für Verfahrenstrennung **20** 26
– für Verfahrensverbindung **20** 14
– bei Vergleich **36** 21
– bei Verletzung rechtliches Gehör **44** 23
– für Vermittlungsverfahren **165** 21
– für Versorgungsausgleichssachen **224** 16 ff., 42 ff.
–, Verweisungsbeschluss **3** 21
– bei Verzicht auf Beschwerde **67** 10
– in Vormundschaftssache **190** 19
– für Wohnungsdurchsuchung **91** 26
– bei Zuführung zur Unterbringung **326** 5
–, Zuständigkeitsbestimmung **5** 32
– der Zwangsmittelanordnung **92** 4 ff.
– bei Zwangsvollstreckung **87** 12 f.
– der Zwangsvollstreckung **35** 24

Kostenentscheidung, Anfechtung **81** 78, 80; Einwendungen gegen **85** 18 ff.; Ermessen **81** 29 f., 82; Ermessensausschluss **81** 50; Inhalt **81** 70 ff.; Rechtsbehelfe **85** 36 ff.; Übergehen, Beschluss **43** 8; Zeitpunkt **82** 1 ff.

Sachregister

fett = §§

Kostenfestsetzung 85 2 ff.; Beschluss 85 31 ff.; Verfahren 85 27 ff.; Zuständigkeit 85 14
Kostenfestsetzungsbeschluss 85 31 ff.
Kostengrundentscheidung, Auslegung 85 15
Kostenpflicht 81 4 ff.
Kraftloserklärung von Aktien 375 26
Kreditinstitut 375 54 ff.
KSÜ, Kindschaftssachen 99 29 ff.; Vormundschafts- und Pflegesachen 99 64

Ladung 32 8; der Eltern zum Vermittlungstermin 165 8; des Jugendamtes zum Vermittlungstermin 165 9; persönliches Erscheinen 33 4
Lagergeschäfte als Familiensache 266 17
Landesjugendamt, Anhörung in Adoptionssachen 195 4 ff., 11, 29 ff.
Landesrechtlicher Vorbehalt 1 23
Landwirtschaftsgericht 343 31
Landwirtschaftskammer 380 2
Lebenspartnerschaftssachen
–, Anerkennungsverfahren 107 3 ff., spiegelbildliche Zuständigkeit 109 20, Verbürgung der Gegenseitigkeit 109 55
–, Annahme als Kind 269 6
–, Aufhebung 269 10; 270 3 ff.
–, Auslandsbezug 269 9, 12 f.
–, Besonderheiten Vor §§ 121 ff. 15
–, Definition 111 19; 112 9; 269 4, 8 f.
–, Feststellung 269 11; 270 5
–, Fürsorgeverpflichtung 269 38; 270 6
– und gemeinschaftliche Kinder 269 14 ff.
–, Gütergemeinschaft 269 34
– und Güterrecht 269 30
–, Hausratssachen 269 24
–, internationale Zuständigkeit 103 5 ff.
–, Kosten Vor §§ 121 ff. 17; 270 10
–, sonstige 269 7, 36 ff.
–, Unterhaltpflicht 269 28
– und Verbindung 137 17
–, „Verlobung" 269 37
–, vermögensrechtliche Auseinandersetzung 269 39
–, Versorgungsausgleich 269 26
–, völkerrechtliche Vereinbarung 97 23 f.
–, Wohnungszuweisungssachen 269 22
–, Zugewinnausgleich 269 32
Lehre von der Einheitlichkeit der Entscheidung in Ehesachen 126 12 ff.
Letztwillige Verfügung 343 3; Zuständigkeit 344 11; Zwang zur Ablieferung 358 1 ff.
Liquidatoren, Abberufung 375 5, 45, 50; Bestellung 375 4, 45, 50
Löschungsverfahren
–, Firma, Beseitigung 393 17 ff.; 394 21 ff., Widerspruch 393 12 ff.; 394 16 ff.
– für Firma 393 4 ff.
–, Kosten 395 20
–, nichtige Gesellschaften und Genossenschaften 397 5 ff.
–, nichtiger Beschlüsse 398 7 ff.
–, unzulässiger Eintragungen 395 12 ff.
Lügeverbot 27 19

Mahnverfahren in Familienstreitsachen 113 7
Maschinelle Bearbeitung, vereinfachtes Unterhaltsverfahren Minderjähriger 258
Materielle Rechtskraft Vor §§ 23 ff. 39; 48 24 ff.
Materieller Begriff, freiwillige Gerichtsbarkeit 1 10
Mediation, Kindschaftssache 156 9; in Scheidungssache 135 3, 7 ff., 11; durch Verfahrensbeistand 158 32
Mediations-Richtlinie 97 61; 135 3
Mehrkosten bei Unzuständigkeit 3 21 ff.
Mehrstaater, internationale Zuständigkeit 98 79
Mietverhältnis, Anspruch auf Begründung 200 47 ff.
Mikrofilme 14 31
Minderjähriger, Beschwerdeberichtigung 60 2; Unterbringung 167 4 ff.; Verfahrensfähigkeit 167 27 ff.
Mitarbeit im Betrieb, Zuständigkeit 266 55 ff., 115
Mitbenutzung, Ehewohnung, Haushaltsgegenstände, Zuständigkeit 266 53
Mitteilungspflicht in Adoptionssachen Vor §§ 186 ff. 51 ff.; in Ehewohnungssachen 205 8; an Gerichte 22 a 4 ff.; Gewaltschutzsachen 216 a 2 ff.; in Gewaltschutzsachen 213 9; des Standesamtes 168 a 5 ff.
Mitwirkungslast 27 3 ff.
Mitwirkungspflicht der Beteiligten 27 1 ff.; zur Sachverhaltsermittlung 26 17; Unterlassung 27 7; in Versorgungsausgleichssachen 220 41 ff.
Möglichkeit zur Sachverhaltserforschung 26 15
Montan-Mitbestimmung 375 53
Morgengabe 231 32
MSA, Kindschaftssachen 99 19; Vormundschafts- und Pflegschaften 99 63
Mündlichkeitsgrundsatz Vor §§ 23 ff. 17, 24
Mutterschaftsprätendenten 169 15
Mutwilligkeit, Verfahrenskostenhilfe 76 29

Nachehelicher Unterhalt 231 10; 238 52
Nachholung der Verfahrenshandlung, Wiedereinsetzung 18 4
Nachlassauseinandersetzung 387 2 ff.
Nachlasspfleger als Beteiligter 345 14
Nachlasssachen 343 27 ff.
–, amtliche Verwahrung der Verfügung von Todes wegen 346 4 ff., 12 f., Kosten 346 14, Mitteilung über 347 1 ff., Rechtsmittel 346 15
–, Beteiligte 345 5 ff.
–, Definition 342 2 ff., 6
–, eidesstattliche Versicherung 361 2 ff.
–, Erbscheinsverfahren 352 2 ff.; 353 3 ff., 13 ff., 18 f., Anfechtung 352 22, Einziehung 353 10 ff., Erteilungsverfahren 352 2 ff., Kosten 353 2, Kraftloserklärung 353 1, Mitteilungspflichten 356 2 ff.
–, Eröffnung der Verfügung von Todes wegen 348 2 ff., Anfechtung der Eröffnungsentscheidung 348 35, Bekanntgabe der Eröffnung 348 27 ff., Eröffnung durch anderes Gericht 350 1 ff., Eröffnungsfrist 351 3, Eröffnungsverfahren 348 2 ff., Gemeinschaftliche Testamente, Besonder-

mager = Randnummer

heiten **349** 2 ff., Kosten der Eröffnung **348** 38, Prozesskostenhilfe **348** 40, Stille Eröffnung **348** 20, Wirkung der Eröffnung **348** 37
–, internationale Zuständigkeit **105** 2, 23 ff.
–, Inventarfrist **360** 3 f.
–, Nachlassverwaltung **359** 1 ff.
–, Stundung Pflichtteilsanspruch **362** 2 ff.
–, Testamentsvollstreckung **355** 2 ff., Außerkraftsetzen von Anordnungen **355** 12 f., Meinungsverschiedenheiten **355** 8 f., Mitteilungspflichten **356** 2 ff., sonstiges **355** 15
–, völkerrechtliche Vereinbarung **97** 25
–, Zuständigkeit **343** 3 ff., Auslandsbezug **343** 15 ff., 18 ff., Belegenheitszuständigkeit **343** 25 ff., besondere **344** 2 ff., Landwirtschaftsgericht **343** 31
Nachlasssicherung 343 3; Zuständigkeit **343** 7
Nachlassspaltung 105 30
Nachlassverwalter als Beteiligter **345** 14
Nachlassverwaltung 342 3; **359** 1 ff.; Anfechtung **359** 3 ff.; Anordnung der **359** 9 ff.; Kosten **359** 12
Nachtragsabwickler 375 39
Nachtragsliquidation 394 23 ff.
Nachweis einer Vollmacht **11** 8 ff.
Nahrungsmittel als Haushaltsgegenstand **200** 79
Nasciturus, Verfahrensbeteiligung **172** 24
Natürliche Personen, Beteiligtenfähigkeit **8** 5; Verfahrensfähigkeit **9** 3 ff.
Nebenentscheidung 38 13; Anfechtung **58** 8; Übergehen **43** 8
Negative Feststellungsklage und Unterhaltssache **238** 27
Negativer Kompetenzkonflikt, Zuständigkeit **5** 11
Negativzeugnis 386 1
Neue Tatsachen- und Beweismittel 65 6
Nichtbeschlüsse Vor §§ **38 ff.** 12
Nicht-Beteiligte 7 19 ff.
Nichtdurchführungsbeschluss, Versorgungsausgleich **224** 29 ff.
Nichteheliche Lebensgemeinschaft, internationale Zuständigkeit **103** 7
Nichthandlungen 2 40
Nichtöffentlichkeit Vor §§ **23 ff.** 28
Nichtstreitiges Verfahren, Definition **Vor §§ 23 ff.** 2
Niederlegung von Urkunden **2** 45
Niederschrift, Fehler **25** 17; Form **25** 15; der Geschäftsstelle **25** 6 ff., 11 ff.
Non liquet 37 14
Notanwalt 10 6; **78** 17
Notar, Antragsberechtigung Registersachen **378** 3; als Bevollmächtigter **10** 21
Notzuständigkeit
–, Abgabeentscheidung **4** 37
– bei Erbscheinsverfahren **105** 37
–, internationale, Ehesachen **98** 95
–, internationale Betreuungs- und Unterbringungssachen **104** 17
– nach KSÜ **99** 44
– nach MSA **99** 28
Nutzungsvergütung in Ehewohnungssachen **200** 37 ff.

Obhutsperson, Trennung von der, Verfahrensbeistand **158** 10
Offenbare Unrichtigkeit 42 6
Offene Handelsgesellschaft 375 4 ff.; Geschäftsbrief **388** 11; Löschung **394** 3 ff.
Öffentliche Bekanntmachung 436 2; in Aufgebotssachen **435** 2 ff.
Öffentlicher Dienst, Versorgungsausgleichssache **220** 27 f., externe Teilung **222** 12
Öffentlichkeitsgrundsatz Vor §§ **23 ff.** 28
Öffentlichrechtliche Unterbringung Vor §§ 312 ff. 7 ff.; **312** 10; Anfechtung **330** 7; Aufhebung **330** 5; Aussetzung **328** 2; Widerruf der Aussetzung **328** 5; Zuständigkeit **313** 12 f.
Offizialmaxime Vor §§ **23 ff.** 8 ff.
ordentliche Gerichtsbarkeit 1 1
Ordnungsgeld 33 11; **89** 20 ff.; bei Duldung der Abstammungsuntersuchung **178** 10; bei persönlichem Erscheinen der Eltern **160** 12; bei Versorgungsausgleichssachen **220** 70 f.; Vollstreckung **89** 30
Ordnungsgeldverfahren bei unbefugtem Firmengebrauch **392** 2
Ordnungshaft 89 28 ff.; bei Duldung der Abstammungsuntersuchung **178** 10; Versorgungsausgleichssachen **220** 70 f.; Vollstreckung **89** 31
Ordnungsmittel 33 11; Definition **89** 3 ff.; bei Duldung der Abstammungsuntersuchung **178** 10; in Ehesachen **128** 26 ff.; und Vermittlungsverfahren **92** 8; Vollstreckung **89** 30
Ordre public und Anerkennung **109** 35 ff.
Originalunterlagen, Aufbewahrungsfrist **14** 12; Aufbewahrungspflicht **14** 11
Örtliche Zuständigkeit Vor §§ **2 ff.** 16 ff.; **2** 9 ff.
OSCI Protokoll 229 35

PACS-Modell 103 7
Partnerschaftsgesellschaft 375 63
Partnerschaftsregister 374 14; Verordnungsermächtigung **387** 8, 16; siehe *Rechtsträgerregister*
Pauschalentschädigung, Fälligkeit **277** 18; Festsetzungsverfahren **277** 21 f.; Verfahrenspfleger **277** 16
Pensionsfond, Versorgungsausgleichssachen **219** 31
Pensionskasse, Versorgungsausgleichssachen **219** 31
Perpetuatio fori 2 27
–, Ehesachen **231** 7
– bei Gewaltschutzsachen **211** 2
– in Güterrechtssachen **261** 6
–, internationaler Zuständigkeit, Lebenspartnerschaftssachen **103** 17, Pflegschaft für Erwachsene **104** 12, Versorgungsausgleichssachen **102** 13
– bei internationaler Zuständigkeit, Adoptionssachen **101** 22, Kindschaftssachen **99** 58
– bei Verfahrenstrennung **20** 21
– bei Versorgungsausgleichssachen **218** 13
Personengesellschaften, Beteiligtenfähigkeit **8** 7
Personenmehrheiten, Beteiligungsfähigkeit **8** 11; Verfahrensfähigkeit **9** 11
Personenstandsgesetz 133 15

Sachregister

fett = §§

Persönliche Anhörung 34 4 ff.
–, Absehen hiervon 34 13 ff.
– in Abstammungssachen 175 4
– in Adoptionssachen Vor §§ 186 ff. 18
– in Betreuungssachen 278 8 ff.
– der Eltern 160 3 ff., 11 ff., Absehen 160 7 ff.
– des Jugendamtes 162 6
– des Kindes 159 3 f., 9 ff., Absehen hiervon 159 5 ff., in Unterbringungssachen 167 9
Persönliche und wirtschaftliche Verhältnisse, Verfahrenskostenhilfe 76 21 ff.
Persönlicher Eindruck in Betreuungssachen 278 12 f.
Persönliches Erscheinen 33 3 ff.; in Abstammungssachen 175 4; in Ehesachen 128 7 ff.; in Ehewohnungssachen 207 6; in Haushaltssachen 207 6; des Jugendamtes 162 6; bei Kindeswohlgefährdung 157 7; in Kindschaftssachen 155 64; in Versorgungsausgleichssachen 220 72; 221 5
Persönlichkeitsrecht als Familiensache 266 9
Pfandbriefgeschäft 375 59 ff.
Pfandverkauf 410 31; Beteiligte 412 6; Zuständigkeit 411 7
Pflegegutachten 282 1
Pflegeperson, Mitwirkung am Verfahren 161 3 ff.
Pflegschaftssachen und Festsetzungsverfahren 168 27; internationale Zuständigkeit 99 61 ff.; 104 3 ff.; als Kindschaftssache 151 41
Pflichtgemäßes Ermessen
– bei Abgabe des Gerichts 4 24
– bei Anhörung des Kindes 159 9
– bei Aufhebung von Verbindung/Trennung 20 27
– bei Aussetzung der Vollstreckung 55 2
– bei Aussetzung des Verfahrens 21 19
– bei Beweiserhebung 30 3
– bei Glaubhaftmachung 31 5
– zur Terminierung 32 3
– bei Überprüfung kindesschutzrechtlicher Maßnahmen 166 21
– bei Unterbringung Minderjähriger, Sachverständigenbestellung 167 46
– bei Verfahrensbeistandsbestellung 158 18
– bei Verfahrenstrennung 20 18
– bei Verfahrensverbindung 20 4
Pflichtteilsanspruch, Stundung 362 2 ff.
PKH-Richtlinie 97 61
PKW als Haushaltsgegenstand 200 62
Politische Parteien, Beteiligtenfähigkeit 8 7
Polizeiliche Unterstützung, Unterbringung Minderjähriger 167 44; Zwangsvollstreckung 87 6
Positiver Kompetenzkonflikt, Zuständigkeit 5 10
Postmortales Persönlichkeitsrecht 178 7
Postulationsfähigkeit 10 3 ff.; in Ehesachen Vor §§ 121 ff. 16; bei einstweiligem Rechtsschutz Vor §§ 49 ff. 11; bei Verfahrenskostenhilfe 76 10; in Versorgungsausgleichssachen 219 11
Präklusionsfrist, Ehewohnungssachen 206 11 ff.
Prestation compensatoire 231 31
Prioritätsgrundsatz, örtliche Zuständigkeit 2 18; bei Rechtshängigkeit mehrerer Ehesachen 123 6 ff.

Privatgutachten als Beweismittel 177 11 ff.
Prorogationsvereinbarung Vor §§ 2 ff. 2
Prozessbeschluss Vor §§ 38 ff. 4
Prozesskostenhilfe siehe *Verfahrenskostenhilfe*
Prozesskostenvorschuss 76 21 ff.; Anrechnung auf Kostenerstattung 85 25; Unterhaltssache 231 23
Prozessstandschaft siehe *Verfahrensstandschaft*
Prozesszinsen, Beginn 23 49
Prüfung einer Vollmacht 11 5 ff.
Prüfverband, Bestellung 375 49

Qualifikation 98 13
Qualifizierte Legitimationspapiere, Aufgebot 484 7

Räumlich-gegenständlicher Bereich der Ehe 266 63
Reaktionszeitraum nach gerichtlichem Hinweis 28 25
Realsplitting, Unterhaltssache 231 26
Rechnungslegung, Verpflichtung 375 52
Rechtliches Gehör
–, Abgabeentscheidung 4 27
–, Abhilfe bei Verletzung 44 1 ff.
– in Adoptionssachen Vor §§ 186 ff. 24 f.
– und Adoptionsvermittlungsstelle 189 20
–, allgemein Vor §§ 23 ff. 20; 37 17 ff.
–, Anhörungspflicht 34 6
– bei Anordnung des Persönlichen Erscheinens, Ehesachen 128 11
– durch Antragstellung 23 44 f.
– durch Beweisantrag 29 9
– in Ehesachen 127 14
–, Eilrechtsschutz 44 22
– vor Ordnungsmittelfestsetzung 89 16
– bei Verfahrenskostenhilfe 77 7
– bei Wohnungsdurchsuchung 91 7
Rechtsansicht, Berücksichtigungsumfang 26 13
Rechtsanwalt, Beiordnung 78 1 ff., Scheidungssachen 138 4 ff.; als Familiensache 266 15
Rechtsanwaltsgesellschaft als Bevollmächtigte 10 23
Rechtsanwaltskosten, Kostenpflicht 80 10
Rechtsbehelf gegen Anregungsablehnung 24 13 f.; gegen Außerkrafttreten einstweilige Anordnung 56 11 f.; Definition 39 4; gegen Kostenfestsetzungsbeschluss 85 37; gegen Rechtskraftzeugnis 46 12; gegen Wohnungsdurchsuchung 91 10; siehe auch *Anfechtung*
Rechtsbehelfsbelehrung 39 5 ff.
Rechtsbeschwerde, Bekanntgabe 71 8; Entscheidung 74 2 ff.; Form 71 5 f.; Frist 71 2; Gründe 72 2 ff.; gegen Kostenentscheidung 81 88; Statthaftigkeit 70 4 ff.; gegen Verfahrenskostenhilfebeschwerdeentscheidung 76 60; gegen Versorgungsausgleichsentscheidung 228 10; siehe auch *Anfechtung*
Rechtsbeschwerdeentscheidung 74 2 ff.
Rechtsbeschwerdeverfahren, Anwaltszwang 10 5; Säumnis der Beteiligten, Ehesachen 130 12
Rechtsdienstleistung, unentgeltliche 10 12
Rechtsfürsorgende staatliche Verwaltungstätigkeit 1 17

mager = Randnummer

Sachregister

Rechtsgeschäft, Genehmigung **40** 8; **48** 17 ff.; Wirksambleiben trotz Beschluss **47** 4 ff.
Rechtsgründe 38 17
Rechtshängigkeit in Ehesachen **124** 8 ff.
Rechtshilfe in Betreuungssachen **278** 30 ff.
Rechtskraft der Abstammungsentscheidung **184** 8 f.; bei Beschluss mit Dauerwirkung **48** 5; der Entscheidung **40** 8 ff.; Folgen **45** 11; formelle **45** 1 ff.; materielle **Vor §§ 23 ff. 39**; **48** 24; der Versorgungsausgleichsentscheidung **224** 22; und Vollstreckung **86** 25 f.
Rechtskraftzeugnis 46 3; bei Versorgungsausgleichsentscheidung **224** 24
Rechtsmacht, Entzug **47** 15; Erweiterung **47** 4 ff.
Rechtsmissbrauch bei Kostenerstattung **85** 24
Rechtsmittel
–, Abgrenzung Berichtigung **42** 3
– in Abstammungssachen **184** 2
– gegen Adoptionssachen **Vor §§ 186 ff. 10**, 42 ff.
– gegen Anordnung eidesstattliche Versicherung **94** 19
–, Antrag **23** 15
– gegen Ausschließungs-/Ablehnungsentscheidung **6** 11 f.
– gegen Aussetzungsbeschluss **21** 24
– gegen Beschluss zur einstweiligen Anordnungsaufhebung **52** 1
– gegen Beschlussberichtigung **42** 5 f.
– gegen Beschlussergänzung **43** 14
– gegen Betreuungssachen, Untersuchung **283** 11
–, Definition **39** 3
– gegen Einstweilige Anordnung **57** 2 ff.
– gegen Einstweilige Anordnung Betreuerbestellung/entlassung **300** 18
– gegen Entscheidungen bei amtlicher Verwahrung **346** 15
– gegen gerichtliches Festsetzungsverfahren **168** 28
– gegen Ordnungsmittel **89** 32 ff.
– gegen Sterilisationsgenehmigungsentscheidung **297** 23
– gegen Trennungsbeschluss **20** 24
– gegen Unmittelbaren Zwang **90** 25
– gegen Unterbringung zur Begutachtung **284** 9
– gegen Unterbringungsentscheidung, Minderjähriger **167** 17 f.
– gegen Verbindungsbeschluss **20** 13
– gegen Verfahrensbeistandsbestellung **158** 23
– wegen Verfahrensbeteiligung **7** 31
– gegen Verfahrenskostenhilfe **76** 41 f.
– und Verfahrenskostenhilfe **76** 11
– gegen Verfahrenspflegerbestellung **276** 26
– gegen Versorgungsausgleichssachen **228** 2
– gegen Vollzug der Unterbringung **327** 15
– gegen Vormundschaftssachenbeschluss **190** 16
– gegen Wiedereinsetzung **19** 9
– gegen Zwangsvollstreckung **87** 9; siehe auch *Anfechtung*
Rechtsmittelkosten 84 3 ff.

Rechtsmittelverzicht, Begründungsverzicht **38** 22
Rechtsschutzbedürfnis bei Eltern-Kind-Zuordnung **169** 30
Rechtsträgerregister 374 7
Rechtsweg Vor §§ 2 ff. 5 ff.; Unzuständigkeit **2** 51; Verweisung **3** 24 ff.; bei Zuständigkeitsbestimmung **5** 20
RegelbetragsVO Vor §§ 249 ff. 1
Regelungsbedürfnis, einstweiliger Rechtsschutz **49** 5
Registergericht 374 8
Registersachen 2 1
–, Änderungseintragung **384** 10 ff.
–, Anfechtung **380** 11 ff.
–, Anhörung **380** 6 ff.
–, Antragsberechtigung, Notar **378** 3
–, Auflösungsverfahren **399** 4 ff., Aufforderungsverfügung **399** 13 f., Feststellungsbeschluss **399** 17 f., Löschung **399** 20, Widerspruch **399** 16, Zuständigkeit **399** 12
–, Auskunftspflichten **379** 6 ff.
–, Aussetzung des Verfahrens **21** 17; **381** 3, 5, Anfechtung **381** 10, Beendigung **381** 11 f.
–, Bekanntgabe **383** 1 ff.
–, Berufsständische Organe **380** 2
–, Bescheinigungen **386** 1 ff.
–, Definition **374** 1
–, Einsichtnahme **385** 1 ff.
–, Eintragung von Amts wegen **384** 1 ff.
–, Entscheidung **Vor §§ 38 ff. 1**
–, Entscheidung, Ablehnung der Eintragung **382** 15 ff., Anfechtung **382** 17
–, Entscheidung , Eintragung **382** 4 ff., Anfechtung **382** 13
–, Entscheidung, Zwischenverfügung **382** 18 ff.
–, Freigabeverfahren **381** 4
–, Gutachtenerstellung **380** 4
–, Güterrechtsregister **374** 16 f.
–, internationale Zuständigkeit **105** 42
–, Löschungsverfahren **393** 4 ff., Beseitigung der Löschung **393** 17 ff.; **394** 21 ff., Insolvenzverfahren **394** 8, Nachtragsliquidation **394** 23 ff., nichtige Beschlüsse **398** 7 ff., nichtige Gesellschaften/Genossenschaften **397** 5 ff., Unzulässiger Eintragungen **395** 2 ff., Vermögensloser Gesellschaften und Genossenschaften **394** 4 ff., Widerspruch **393** 12; **394** 16 ff.
–, Mitteilungspflichten **379** 3 ff.
–, Nachtragsliquidation **394** 23 ff.
–, Rechtsträgerregister **374** 7
–, Unternehmensrechtliche Verfahren **375** 4 ff.
–, Unterstützungspflichten **380** 1
–, unzulässige Eintragungen **395** 2 ff.
–, Veröffentlichung **383** 5 ff., Anfechtung **383** 10 ff.
–, Verordnungsermächtigung **387** 4 ff.
–, Zuständigkeit **376** 2 ff.; **377** 1
–, Zwangsgeldverfahren **388** 1 ff.; **389** 8 ff.; **390** 1 ff., Anfechtung **391** 5 ff.
–, Zwischenverfügung **382** 18 ff.
Rentenversicherung, Auskunftspflicht Unterhaltssachen **236** 11; ausländische Versorgungsträ-

1861

Sachregister

fett = §§

ger **220** 32; Berufsständige Versorgungsträger **220** 29; betriebliche, Versorgungsausgleichssache **220** 26 ff.; gesetzliche, Versorgungsausgleichssache **220** 19; öffentlicher Dienst **220** 27 f.; privater Versorgungsträger **220** 30
Reproduktionsmedizin 169 1, 8, 21, 47
Restitutionsgründe 48 14
Révision au fond 109 10
Richteramtsbefähigte als Bevollmächtigte **10** 17
Richterliche Fürsorge Vor §§ 23 ff. 19
Rubrum 38 5, 9; Fehler **38** 30
Rückforderung, Unterhalt **231** 27
Rückgriffsanspruch des Staates 168 24 ff.
Rückkehrabsicht in Ehewohnungssachen **200** 40
Rücknahme
- des Antrags **22** 3 ff., Adoptionssachen **Vor §§ 186 ff.** 35, Kosten **83** 26 ff.
- der Beschwerde **67** 9
- des Rechtsmittels, Kosten **84** 19

Rücknahmefiktion in Ehesachen **130** 4
Rügelose Einlassung, Ehesachen **124** 11
Rügeverlust bei Rechtsbeschwerde **72** 5
Rügeverzicht Vor §§ 2 ff. 2

Sachantrag 23 5, 11 ff.
Sachbericht 38 14, 15
Sachbeschluss Vor §§ 38 ff. 4
Sachdienlichkeit 20 4; des Antrags **28** 21
Sachentscheidungsvoraussetzung, Antragsbefugnis **23** 16
Sachliche Zuständigkeit Vor §§ 2 ff. 13 ff.; Unzuständigkeit **2** 60
Sachverhaltsermittlung, Erforderlichkeit **26** 14; Mitwirkungsverpflichtung **26** 17; Möglichkeit **26** 15
Sachverständige 30 24
- in Betreuungsverfahren **278** 19
- , Ernennung, freiwillige Gerichtsbarkeit **410** 16, Anfechtung **414** 1 f., Beteiligte **412** 4, Zuständigkeit **411** 4
- in Kindschaftssache **163** 10
- , Kostenpflicht **80** 11
- in Unterbringungssache Minderjähriger **167** 45 ff.

Sachwalterbestellung, Kreditinstitut **375** 55; Pfandbriefgeschäfte **375** 59 f.
Sanktionen bei Nichtreaktion **28** 26
Säumnis
- , Ehesachen, Beschwerdeinstanz **130** 10 f., Rechtsbeschwerdeinstanz **130** 12
- in Ehesachen, erste Instanz **130** 4 ff.
- , entschuldigte **34** 23
- , unentschuldigte **34** 17 f.

Säumnisbeschluss, Begründungsverzicht **38** 20
Schadensersatzanspruch nach einstweiligem Rechtsschutz **Vor §§ 49 ff.** 10; **56** 13; in Familienstreitsachen **119** 8; nach fehlerhafter Vollstreckung **86** 28; bei Kindschaftssachen **155** 73; des Scheinvaters **231** 21; **248** 11 ff.; nach Trennung/ Scheidung **266** 121; aus Umgangsrecht **266** 135 ff.; aus Verlöbnis **266** 31 ff.
Schatzanweisungen, Aufgebot **484** 6
Scheck, Aufgebot **484** 2

Scheidung, Ausgleichsansprüche **Vor §§ 217 ff.** 31 ff.; **217** 4, 5
Scheidungssache
- , Anfechtung **144** 2; **145** 3 ff.; **147** 2 ff.
- , Antrag **133** 5 ff., Rücknahme **134** 22 ff.; **141** 4 ff.
- , außergerichtliche Streitbeilegung **135** 16
- , Aussetzung des Verfahrens, auf Antrag **136** 13 ff., von Amts wegen **136** 6 ff.
- , Beiordnung Rechtsanwalt **138** 4 ff.
- , eingeschränkter Untersuchungsgrundsatz **127** 21
- , Entscheidung **142** 4 ff.; **148** 1 f.
- , Folgeantrag, Rücknahme **141** 23 ff.
- , internationale Zuständigkeit **98** 15 ff.
- , Kosten **150** 3 ff.
- , Mediation **135** 3, 7 ff.
- , Urkundenvorlage **133** 13 ff.
- , Verbindung mit Folgesachen **137** 4 ff., Abtrennung **140** 4 ff.
- , Verfahren **Vor §§ 133 ff.** 1 ff., Aussetzung **136** 6 ff.
- , Verfahrenshilfe **149** 2 f.
- , Verfahrenskostenhilfe **133** 21; **150** 2
- , Versäumnisentscheidung **142** 14, Einspruch **143** 2 ff.
- , Vorrang der Eheaufhebung **126** 11
- , Zurückverweisung **146** 4 ff.
- , Zustimmung **134** 5, 12 ff., 15 ff., Widerruf **134** 6, 18 ff., 21 ff.

Scheidungsverbund, Abgabeentscheidung **4** 39; Verbindung/Trennung **20** 28
Schenkung Ehegatten, Widerruf **266** 114
Schiedsfähigkeit Vor §§ 2 ff. 3
Schiedsgerichtsvereinbarung Vor §§ 23 ff. 3; Offizialmaxime **Vor §§ 23 ff.** 10
Schlussgespräch in Betreuungssachen **278** 26 ff.
Schriften, Verwahrung **375** 38, 47
Schriftform des Antrags **23** 36 ff.
Schuldverschreibung, Aufgebot **484** 3, 6
Schweigen des Antragsgegners im Verfahrenskostenhilfeverfahren **76** 23
Seeschifffahrt 375 11 ff.
Seeversicherung, Bestellung Sachverständiger **375** 23
Sicherung des Nachlasses 342 3
Sofortige Beschwerde 76 41; gegen Kostenfestsetzungsbeschluss **85** 37; gegen Versorgungsausgleichsentscheidung **228** 11; siehe auch *Anfechtung*
Soldat, Örtliche Zuständigkeit Ehesache **122** 17
Sonderzuweisung Vor §§ 2 ff. 14
Sorgerechtsverfahren, Ordre public **109** 38; Verfahrenskostenhilfe **76** 14
Sozialhilfeträger, Vereinfachtes Unterhaltsverfahren **249** 11
Sozialleistungsträger, Auskunftspflicht Einkünfte, Unterhaltssachen **236** 10
Sparbuch, Aufgebot **484** 4
Speditionsgeschäft als Familiensache **266** 18
Spiegelbildliche Zuständigkeit 109 11 ff.
Sprache des Beschlusses **38** 7
Sprungrechtsbeschwerde 75 2 f.

1862

mager = Randnummer

Staatenlose, internationale Zuständigkeit 98 47
Staatsangehörigkeit als Anknüpfungskriterium 98 42
Standesamt, Mitteilungspflicht, Kindschaftssache 168 a 5 ff.
Statusverfahren, ausländisches Vor §§ 169 ff. 3; deutsches Vor §§ 169 ff. 2
Sterilisation
–, Anhörung 297 13 ff.
–, Entscheidung 297 20, Bekanntgabe 297 22, Rechtsmittel 297 23
–, Genehmigungsverfahren 297 3, 5 ff.
–, Gutachten 297 7 ff.
–, Rechtshilfe(verbot) 297 19
– und Verfahrenspfleger 276 11
Steuerrechtliche Ansprüche der Ehegatten 261 13; 266 60, 117
Stichtagsregelung FGG-RG Anh Art. 111 3
Stille Eröffnung der Verfügung von Todes wegen 348 20
Stille Gesellschafter, Mitteilung und Vorlage von Dokumenten 375 8
Strafverfolgungsmitteilung 311 2 f.
Streithelfer, Kostenpflicht 80 13
Streitiges Verfahren, Definition Vor §§ 23 ff. 2
Streitschlichtung durch Gericht 36 4; durch Verfahrensbeistand 158 32
Strengbeweis 29 10 f.; in Abstammungssachen 177 9
Stückgutfracht, Abreiseterminfestsetzung 375 22
Stundung der Ausgleichsforderung, Anfechtung 264 8; einstweilige Anordnung 264 5; als Güterrechtssache 264 3
Subjektive „Klagen"häufung 23 20
Subsidiarität der Zwangsvollstreckung 35 8
Substantiiertheit 30 15

talaq 231 32
Tarifparteien, Beteiligtenfähigkeit 8 7
Tatsachen und Beweismittel, neue 65 6
Tatsachenvergleiche 36 9
Tatsachenverwertungsverbot 37 24
Tatsachenwürdigung, freie 37 8
Teilbeschluss Vor §§ 38 ff. 7
Teilung, Absehen von, Vermögensausgleichssachen Vor §§ 217 ff. 21 ff.; externe, Vermögensausgleichssachen Vor §§ 217 ff. 13 ff.; interne, Vermögensausgleichssachen Vor §§ 217 ff. 8 ff.; durch Versorgungsträger 220 64
Teilungssachen
–, Abwesenheitspflegschaft 364 3 ff.
–, Anfechtung 371 15; 372 2 ff.
–, Antrag 363 25 ff.
–, Antragsberechtigung 363 19 ff.
–, Auseinandersetzungsplan 368 2 ff., Genehmigung 368 13 ff.
–, außergerichtliche Vereinbarung 366 3 ff., Bestätigungsbeschluss 366 29 f., Wirkung 371 3 ff.
–, Aussetzung, bei Streit 370 2 ff.
–, Aussetzung des Verfahrens 21 17
–, Beteiligte 363 31
–, Definition 342 4 f.

Sachregister

–, Gütergemeinschaft, Besonderheiten 373 2 ff.
–, internationale Zuständigkeit 105 2, 23 ff.; 343 27 ff.
–, Ladung 365 2 ff., Anfechtung 365 10, Frist 365 8, Säumnis 365 9
–, Teilauseinandersetzung 370 9
–, Verfahrensvoraussetzungen 363 8 ff.
–, Verteilung durch Los 369 3 ff.
–, Wiedereinsetzung 367 2 ff.
–, Zuständigkeit 343 3; 363 4 ff., Auslandsbezug 343 15 ff., 18 ff., Belegenheitszuständigkeit 343 25 ff., Landwirtschaftsgericht 343 31; 363 7
–, Zwangsvollstreckung 371 11 ff.
Termin 32 1 ff.
Terminverlegung 32 7; Kindschaftssache 155 54 ff.
Testamentsvollstrecker als Beteiligter 345 14; Kündigung 355 15; Vergütung 355 15
Testamentsvollstreckerernennung, Beteiligte 345 11
Testamentsvollstreckerzeugnis 342 3; 355 15; Beteiligte 345 12
Testamentsvollstreckung 342 3
–, Fristen 355 2, Anfechtung 355 5
–, Meinungsverschiedenheiten der 355 8
–, Verwaltungsanordnungen, Außerkraftsetzen 355 12 f.
Tod eines Beteiligten in Abstammungssachen 181 3 ff.; eines Beteiligten in Adoptionssachen Vor §§ 186 ff. 32; eines Beteiligten in Ehewohnungssachen 208 3 ff.; eines Beteiligten in Haushaltssachen 208 3 ff.; eines Ehegatten in Ehesachen 131 5 ff.; eines Ehegatten in Versorgungsausgleichssachen 226 17 ff.
Ton- und Bildübertragung 32 11 ff.
Tragezeitgutachten 178 5
Treuhänderbestellung, Finanz-Holdinggesellschaft 375 57; Kreditinstitut 375 54

Übereinstimmende Beendigungserklärung 22 12 ff.
Überlassung der Ehewohnung als Ehewohnungssache 200 8
Überlassung der Haushaltsgegenstände als Ehewohnungssache 200 69
Übermittlung, fehlerhafte, Risikoverteilung 14 26; Wirkung 23 49
Übermittlungspflicht bei Erklärung vor unzuständigem Gericht 25 18; des Gerichts 23 44; bei Verfahrenskostenhilfeantrag 77 5
Übernahme der ausländischen Pflegschaft 99 79
Überprüfungsverfahren bei Absehen von Maßnahmen in Kindschaftssachen 166 23 ff.; kindesschutzrechtlicher Maßnahmen 166 17 ff.
Übertragung eines Vermögensgegenstandes, einstweilige Anordnung 264 5; Güterrechtssache 264 4; Rechtsmittel 264 8
Überzeugung des Gerichts 30 13
Umgangsrecht als Familiensache 266 127 ff.
Umgangsregelung, Unmittelbarer Zwang 90 21 ff.; Vollstreckung 89 14

Sachregister

fett = §§

Umgangsverfahren, Anhörung in Ehesachen **128** 17 f.; einstweilige Anordnung **156** 20; als Kindschaftssache **151** 31 ff.; Verfahrensbeistandsbestellung **158** 12; Verfahrenskostenhilfe **76** 15; Vermittlungsverfahren **165** 4
Umwandlung, Gesellschaften **375** 44; Pflichten **388** 15; Veröffentlichung **383** 8
Unbefugter Firmengebrauch 392 7 ff.
Unbenannte Zuwendung 266 108 f.
Unbillige Härte in Ehewohnungssachen **200** 26, 53
Unentgeltliche Vertretung 10 12
Unentgeltlichkeit, Definition **10** 13
Ungewissheit über Zuständigkeit **5** 9
Unmittelbarer Zwang 90 2; Abstammungssachen **96 a** 8
Unmittelbarkeitsgrundsatz Vor §§ 23 ff. 24 f.
Unparteilichkeit des Gerichts **28** 10
Unselbständige Anschließung 44 8
Untätigkeitsbeschwerde, Kindschaftssache **155** 69
Unterbrechung bei Tod eines Abstammungsverfahrensbeteiligten **181** 9
Unterbringung im abgeschlossenen Krankenhaus **420** 11 ff.; Aufhebung **330** 2 ff.; Beendigung **329** 2 ff.; Rechtsmittel **330** 7; Verlängerung **329** 8 ff.
Unterbringungssache
–, **Abgabe 314** 2 ff.
–, **Anfechtung 335** 3 ff.; **336**
–, **Anhörung,** Ausnahmen **319** 13 ff., Betroffener **319** 4 ff., sonstige **320** 3 ff.
–, **Befristung 323** 6
–, **Begutachtung,** Anfechtung **284** 9
– zur Begutachtung **284** 2 ff.
–, **Bekanntgabe 324** 4 f.; **325** 2
–, **Beteiligte 315** 2 ff.
–, **Definition 312** 3 ff.
–, **einstweilige Anordnung 331** 5 ff., Dauer **333** 2, Entscheidung **331** 12, gesteigerte Dringlichkeit **332** 2 ff., Rechtsmittel **331** 13, Verfahrenspflegerbestellung **331** 9, Verlängerung **333** 3
–, **einstweilige Maßregeln 334** 2 ff.
–, **Entscheidung 323** 3 ff., Benachrichtigung **339** 1, Mitteilung **338** 1
– **als gesetzliche Vermutung 4** 22
–, **Gewaltanwendung 326** 3 f.
–, **Gutachten 319** 14; **321** 5 ff.
–, **internationale Zuständigkeit 104** 3 ff.; **105** 17 f.
– **als Kindschaftssache 151** 42
–, **Kosten 167** 50 f.; **337** 1 ff.
–, **Minderjähriger 167** 4 ff.
–, **Mitteilungspflicht 313** 14
–, **Rechtshilfe(verbot) 319** 11
–, **Rechtsmittel 324** 8
–, **Unterbringung,** Aufhebung **330** 2 ff., Beendigung **329** 3 ff., Verlängerung **329** 8 ff.
–, **Unterbringungsformen Vor §§ 312 ff.** 5 ff., 7 ff.
–, **Unterrichtungspflicht 319** 10
–, **Verfahrensbeistandsbestellung 167** 21
–, **Verfahrensfähigkeit 316** 2
–, **Verfahrenspfleger 317** 3 ff.; **331** 9, Vergütung **318** 1 ff.

–, **Vollzug 327** 2 ff., Aussetzung **328** 2 ff., Entscheidung **327** 9, 14, Rechtsmittel **327** 15
–, **Vorführung des Betroffenen 319** 16
–, **Wirksamkeit 324** 2 f.
–, **Zuführung zur Unterbringung 326** 2 ff., Kosten **326** 5
–, **Zuständigkeit 312** 11 f.; **313** 4 ff., 12 f.
Unterhalt
–, **Anpassungsverfahren Vor §§ 217 ff.** 35
–, **Ausschluss der Abänderung 238** 37
–, **Befristung 238** 57 ff.
–, **Begrenzung 238** 57 ff.
– **für Ehegatten 231** 7
–, **Erhöhung 238** 34
– **bei Feststellung der Vaterschaft,** Abänderung der Entscheidung **237** 15, Entscheidung **237** 1 ff., Wirksamkeit der Entscheidung **237** 16
–, **gesetzlicher 231** 12 f.
–, **Herabsetzung 238** 35
– **für nichteheliches Kind 231** 11
–, **Rückforderung 231** 27
– **für Verwandtschaft 231** 5
Unterhaltssache
–, **Abänderung der Entscheidung 238** 6 ff., Änderung der Umstände **238** 48, Auslandsbezug **238** 67 ff., Ausschluss **238** 37, Präklusion **238** 40 ff., Rechtsmittel **238** 28, Verhältnis zu anderen Klagearten **238** 15 ff., Versäumnisurteil **238** 44, Zuständigkeit **238** 5
–, **Abgabe an Gericht der Ehesache 233** 2 ff.
–, **Annexzuständigkeit 232** 18
–, **Auskunftspflicht Dritter 236** 5 ff.
–, **Auskunftsrecht Gericht 235** 4 ff., Anfechtung der Entscheidung **235** 40, Auslandsbezug **235** 7, einstweilige Anordnung **235** 6, Fristen **235** 17, Zwangsmittel **235** 41
–, **Auslandsbezug 231** 29 ff.
–, **Beistand 234** 1
–, **Bemessung der Höhe 235** 24
–, **Beteiligte 231** 17
–, **Definition 111** 16; **112** 6; **231** 4 ff.
–, **Dynamisierter Unterhaltstitel,** Auslandsbezug **245** 4 ff.
–, **einstweilige Anordnung 246** 3 ff.; **247** 3 ff.; **248** 3 ff.
–, **Entscheidung 116** 4, 11
– **nach Feststellung der Vaterschaft 237** 1 ff., Zuständigkeit **237** 8
– **und freiwillige Gerichtsbarkeit 231** 33 ff.
–, **internationale Zuständigkeit 98** 104, 109; **105** 10; **232** 9, 20
–, **Ordre public 109** 47
–, **Qualifikation 231** 16 f.
–, **Steuerrecht 231** 25
– **als Verbundsache 137** 64
–, **vereinfachtes Verfahren 249** 2 ff., Kosten **249** 20, Prozesskostenhilfe **249** 22, Zuständigkeit **249** 19
–, **Versicherung der Richtigkeit 235** 12
–, **Völkerrechtliche Vereinbarung 97** 30
– **und Vollstreckungsgegenklage 232** 15
–, **Zuständigkeit 232** 3 ff.

Unterhaltsvorschusskasse, vereinfachtes Unterhaltsverfahren 249 11
Unterlassungspflicht in Ehewohnungssachen 200 33
Unternehmensrechtliche Verfahren 375 1 ff.; 376 5
Unterrichtungspflicht in Betreuungssachen 278 22 ff.; des Gerichts 24 8 ff.
Untersagungsbeschluss für Beistand 12 12
Unterschrift unter Beschluss 38 26
Unterstützung durch Jugendamt 88 8 f.
Unterstützungskasse, Versorgungsausgleichssachen 219 31
Untersuchungsgrundsatz, eingeschränkter Vor §§ 23 ff. 14; 26 3
Unverzüglich 23 48
Unzulässige Verbindung von Ehesachen 126 7 ff.
Unzuständiges Gericht 2 37 ff.; Einzelfälle 2 66; Funktionell 2 62; in Fürsorgeangelegenheiten 2 49; nach Geschäftsverteilung 2 64; internationales 2 57; zur Niederschrift 25 18; Rechtsfolgen 2 46 f.; Rechtsweg 2 51; Sachliches 2 60; Verfahren 2 54; Verweisung 3 3 ff.
Urheberrechte als Familiensache 266 20
Urkunden, Beweismittel 30 26; Niederlegung 2 45; Vorlage im Scheidungsverfahren 133 13 ff.
Urkunden- und Wechselprozess in Familienstreitsachen 113 7
Urkundsbeamter, Niederschrift 25 11 ff.

VAStRefG Vor §§ 217 ff. 1 f.
Vaterschaft
–, **Anfechtung** 169 69 ff., Beweislast 169 84, fehlender Zeugungswille 169 82, Verzicht 169 81, Voraussetzung 169 76 ff.
–, **Auslandsbezug** 169 74
–, **Unterhalt nach Feststellung** 237 1 ff.
Vaterschaftsanerkennung, Auslandsbezug 180 10; Entscheidung 182 3 ff.; Feststellung 169 37 ff.; Kosten 180 14 f.; Wirkung 180 8 ff.
Vaterschaftsanfechtung, Entscheidung 182 3 ff.; Kosten 183 4; Verfahrenskostenhilfe 76 18
Vaterschaftsprätendenten 169 15
Vaterschaftstest, heimliche 177 12
Verbindung
– von Adoptionssachen 196 2 ff.
– von Ehesachen 126 3 ff., 7 ff.
– von Scheidungssachen mit Folgesachen, Auflösung 137 93 ff., Definition 137 4, Wirkung 137 9 f.
Verbindungsbeschluss 20 10; Anfechtung 20 13
Verbotene Eigenmacht in Ehewohnungssachen 200 27 ff.
Verbundsachen, Entscheidung 142 4 ff.; Stichtagsregelung Anh Art. 111 27; völkerrechtliche Vereinbarung 97 19 ff.; Zuständigkeit 2 29
Verbundzuständigkeit 2 29; Abgabeentscheidung 4 39; international 98 97 ff.; internationale Zuständigkeit 105 4
Verbürgung der Gegenseitigkeit 107 7; 109 6, 53 ff.
Verein als Verfahrenspfleger 277 19 f.

Vereinbarung, Vermögensausgleich, Abänderung 227 10 ff.; über Vermögensausgleich Vor §§ 217 ff. 27 ff.
Vereinfachtes Verfahren
–, **Unterhalt Minderjähriger** Vor §§ 249 ff. 1 ff., Antrag 250 2, Auslandsbezug 251 5, Beschwerde 256 1 ff., Einwendungen 252 4 ff., 13 ff., Einwendungsfrist 252 21, Festsetzungsbeschluss 253 1 ff., Formulare 259 1, Hinweise des Gerichts 251 3, Mitteilung über Einwendungen 254 1 ff., streitiges Verfahren 255 1 ff., Verbindung 250 10
Vereinsregister 374 15; Anfechtung 402 2 ff.; Auslandsbezug 400 2; Entziehung der Rechtsfähigkeit 401 1 f.; Mitteilungspflichten 400 1; Zwangsgeldverfahren 388 16; siehe *Rechtsträgerregister*
Verfahren, Anwendbarkeit Vor §§ 2 ff. 10; über Beistand 12 10 ff.; bei einstweiliger Anordnung 51 1 ff.; bei Kostenfestsetzung 85 27; bei Verfahrenskostenhilfe 76 8; über Vertretungsbefugnis 10 24 ff.; zur Zuständigkeitsbestimmung 5 15 ff.
Verfahrensarten Vor §§ 23 ff. 1 ff.
Verfahrensaussetzung 21 4 ff.
Verfahrensbeistand in Abstammungssachen 172 22; 174 3 ff.; in Adoptionssachen 191 2 ff., 16 ff.; Anfechtung 158 23; Anwesenheit bei Anhörung des Kindes 159 11; Aufgaben 158 25 ff.; Beendigung 158 40; Bestellungsverfahren 158 16 ff.; für Kind, Bestellung 158 4 ff.; für Kind im Unterbringungsverfahren 167 21; für Kind im Vermittlungsverfahren 165 11; Kosten 158 43 ff.; Rechtsstellung 158 34; Unterbleiben der Bestellung 158 15; in Unterhaltssachen 234 1; im Vermittlungsverfahren 158 5
Verfahrensbeschleunigung Vor §§ 23 ff. 26; 63 3
Verfahrensbeteiligte, Verfahrensbeistand 158 36; siehe auch *Beteiligte*
Verfahrensbevollmächtigter und Verfahrensbeistand 158 39
Verfahrenseinleitendes Dokument als Anerkennungsvoraussetzung 109 22 ff.
Verfahrenseinleitung, Allgemein 28 1 ff.; Antrag 23 5 ff.; Verpflichtung zur 24 7
Verfahrenserklärung 25 6 ff.
Verfahrensfähigkeit 9 3 ff.; Abstammungssachen 172 27 ff.; in Abstammungssachen 171 4; bei Adoptionssachen Vor §§ 186 ff. 11; bei Betreuungssachen 275 4 ff.; in Ehesachen 125 3 ff.; bei Unterbringung von Minderjährigen 167 4
Verfahrensfehler bei Vermerk 28 37
Verfahrensgegenstand Vor §§ 23 ff. 29 ff.; Änderung Vor §§ 23 ff. 36; Übergehen, Beschluss 43 5
Verfahrensgenossenschaft 23 21
Verfahrensgrundsätze Vor §§ 23 ff. 7 ff.; Einstweiliger Rechtsschutz Vor §§ 49 ff. 7 ff.; Verletzung 44 16
Verfahrenskonzentration 232 5; 262 4
Verfahrenskostenhilfe 76 1 ff.; in Abstammungssachen 169 17, 36; Anfechtung 76 41 ff.; in Scheidungssachen 149 2 ff.; bei Vaterschaftsanfechtung 169 89; im vereinfachten Unterhalts-

Sachregister

fett = §§

verfahren Minderjähriger **249** 22; im Vermittlungsverfahren **165** 21; Zuständigkeit **76** 40
Verfahrenskostenvorschuss bei Vaterschaftsanfechtung **169** 91
Verfahrenspfleger 78 6
–, **Betreuungssachen,** Aufwendungsersatz **277** 3 ff., Beendigung **276** 25, Beschwerdeverfahren **303** 14, Bestellung **276** 5 ff., Beteiligung **274** 7, Kosten **276** 27, Nichtbestellung **276** 20 f., Pauschalentschädigung **277** 16, Rechtsanwalt als **277** 8, Rechtsmittel **276** 26, Sterilisation **297** 6, Unterbleiben der Bestellung **276** 22, Untersuchung des Gesundheitszustandes/Heilbehandlung des Betreuten **298** 11, Vergütung **276** 23 f.; **277** 11 ff., Vergütungsfestsetzungsverfahren **277** 21 f., Vergütungsschuldner **277** 23
–, **Freiheitsentziehungssachen 418** 5, Beschwerdeberechtigung **429** 4, Bestellung **419** 2 ff., Funktion **419** 10 ff., Kosten **419** 12
–, **Unterbringungssache,** Berufsverfahrenspfleger **317** 8, Bestellung **317** 3 ff., Beteiligung **315** 6, einstweilige Anordnung **331** 9, Kosten **317** 11, Rechtsmittel gegen Bestellung **317** 10, Vergütung **318** 1 ff.
Verfahrensstandschaft 23 25 ff.; gesetzliche **23** 26; gewillkürte **23** 27
Verfahrenstrennung 20 16 ff.
Verfahrensveranlassung, Kostenpflicht **81** 58
Verfahrensverbindung 20 3 ff.
Verfahrensvereinfachung 63 4
Verfahrensvollmacht 11 4 ff.
Verfahrensvoraussetzung, allgemein **Vor §§ 23 ff.** 5 ff.; Beteiligungsfähigkeit **8** 3 ff.; Verfahrensfähigkeit **9** 3 ff.; Zuständigkeit **Vor §§ 2 ff.** 1
Verfahrenszuständigkeit Vor §§ 2 ff. 8; Unzuständigkeit **2** 54; Verweisung **3** 28 ff.; bei Zuständigkeitsbestimmung **5** 21
Verfassungsbeschwerde in Adoptionssachen **Vor §§ 186 ff.** 49; Rechtswegerschöpfung **44** 4
Verfügung von Todes wegen 342 3
–, **Anfechtung 348** 35
–, **Bekanntgabe der Eröffnung 348** 27 ff.
–, **Einsichtsrecht 357** 2
–, **Eröffnung durch anderes Gericht 350** 1 ff.
–, **Eröffnungsfrist 351** 3
–, **Eröffnungsverfahren 348** 2 ff.
–, **gemeinschaftliches Testament,** Trennbarkeit der Verfügungen **349** 2 f., Wiederverwahrung **349** 5 f.
–, **Kosten 348** 38
–, **Mitteilungspflicht 356** 2 ff.
–, **Prozesskostenhilfe 348** 40
–, **stille Eröffnung 348** 20
–, **Wirkung der Eröffnung 348** 37
Vergleich 36 1 ff., 6; Abänderungsbefugnis **166** 14; Anerkennungsfähigkeit **108** 12; im Einstweiligen Rechtsschutz **Vor §§ 49 ff.** 9; Fehlerkorrektur **36** 17; in Kindschaftssachen **156** 13, 15; Kosten **36** 21; **81** 24; **83** 11; durch Vermittlungsverfahren **165** 16; als Vollstreckungstitel **86** 18; **156** 15; Wirkungen **36** 14; Zustandekommen **36** 11; **83** 3

Vergleichsverhandlungen, Aussetzung des Verfahrens **21** 10
Vergütung, Nutzungsberechtigung **200** 34; Verfahrensbeistand **158** 45
Verhinderung der Ausübung der Gerichtsbarkeit **5** 5 ff.; ohne Verschulden **17** 6 ff.
Verklarungsverfahren 375 12
Verlagsrecht als Familiensache **266** 19
Verlesung von Beschluss **41** 9
Verletzung, Eilrechtschutz **44** 22; des Persönlichkeitsrechts **266** 10; Rechtliches Gehör **44** 1 ff.
Verlobte, Auslandsbezug **266** 46; Zuständigkeit **266** 28 ff.
Verlustigerklärung der Beschwerde **67** 11
Vermerk über Termine/Anhörungen **28** 28 ff.; Verfahrensfehler **28** 37
Vermittlungstermin 165 12
Vermittlungsverfahren 165 3 ff.; Bestellung Verfahrensbeistand **165** 11; Erfolg **165** 14 ff.; Scheitern **165** 18 ff.
Vermögensrechtliche Ansprüche der Ehegatten keine Ehesache **121** 22; Familiensache **266** 74 ff.
Vermögensverzeichnis 356 2
Vernehmung der Beteiligten **128** 19 ff.
Versagung der Annahme als Kind **198** 38 f., siehe dort
Versagungsverfahren siehe *Annahme als Kind*
Versäumnisbeschluss Vor §§ 38 ff. 6
Versäumnisentscheidung in Scheidungssache **142** 14, Einspruch **143** 2 ff.
Versäumnisurteil, Abänderung in Unterhaltssachen **238** 44
VersAusglG 222 2, 43
Verschulden Dritter und Kostenpflicht **81** 60
Versicherung an Eides statt 31 7; **94** 2 ff.
Versicherung der Richtigkeit 235 12
Versicherungsleistung, Unterhaltssache **231** 28
Versicherungsunternehmen, Auskunftspflicht, Unterhaltsrecht **236** 12; Treuhänderbestellung **375** 61
Versicherungsvertrag als Familiensache **266** 19
Versorgungsausgleich, Anfechtung **228** 2; Anpassung **Vor §§ 217 ff.** 34 ff.; externe Teilung **Vor §§ 217 ff.** 13 ff.; **222** 2 ff.; interne Teilung **Vor §§ 217 ff.** 8 ff.; materiell **Vor §§ 217 ff.** 6 ff.; Teilungskosten **Vor §§ 217 ff.** 12; Vereinbarung **Vor §§ 217 ff.** 27 ff.; Verrechnung **Vor §§ 217 ff.** 11; Wertermittlung **Vor §§ 217 ff.** 38 ff.
Versorgungsausgleichssachen
–, **Anrechtsbegründung 219** 25 ff.
–, **Ausgleichsreife 219** 19 f.
–, **Auskunftsanspruch 220** 3, 6, 12 ff.
–, **Aussetzung des Verfahrens 21** 17
–, **Beteiligte 219** 8
–, **Beweiserhebung 220** 5
–, **Definition 111** 15; **217** 2
–, **Entscheidung 224** 2 ff., Abänderung **Vor §§ 225 ff.** 6 ff.
–, **Erben 219** 27, 34
–, **Festsetzung Kapitalbetrag 222** 40
–, **Formular 220** 37 ff.

mager = Randnummer

–, Hinterbliebene **219** 27, 34
–, internationale Zuständigkeit **98** 106, 111; **102** 3 ff.; **217** 8
–, Kosten **224** 16 ff., 42 ff.
–, Kostenabzug Versorgungsträger **224** 9
–, Mitwirkungspflicht **220** 41 ff.
–, Nichtdurchführungsbeschluss **224** 29 ff.
–, Postulationsfähigkeit **219** 11
–, Rechtskraft **228** 12
–, Stichtagsregelung Anh Art. **111** 20
–, Übermittlungsverfahren (elektronischer Rechtsverkehr) **229** 7
–, verbleibende Anrechte **224** 38 ff.
– als Verbundsache **137** 56
–, Verfahren **220** 4, 7 ff., 36, 37 ff., abgetrennte **221** 4, 19, Antrag **223** 3, Aussetzung **221** 9 ff., 14 ff., 21 ff., Erörterungstermin **221** 2 ff., im Verbundverfahren **221** 3, selbständige **221** 4
–, Verfahrenskostenhilfe **76** 19; **149** 3
–, Versorgungsträger **219** 17 ff., 23 ff.
–, Zuständigkeit **217** 11; **218** 2 ff.
Versorgungsträger **219** 17 ff., 23 ff.; Arten **220** 18 ff.; Auskunftsanspruch **220** 6; ausländische **220** 32; Berufsständige **220** 29; Einverständnis mit externer Teilung **222** 35 ff.; Kostenabzug bei interner Teilung **224** 9; private **220** 30; Verlangen der externen Teilung **222** 7
Verteilung der Haushaltsgegenstände **200** 71 ff.
Vertragsadoption **101** 7; automatische Anerkennung **108** 11
Vertreter, besondere, Aktiengesellschaft **375** 35
Vertretung mit Anwaltszwang **10** 7 ff.; ohne Anwaltszwang **10** 7 ff.; von Kreditinstitut **375** 58; unentgeltliche **10** 12
Verwahrer, Bestellung **410** 24 ff.; Beteiligte **412** 5; Zuständigkeit **411** 6
Verwahrung von Büchern/Schriften **375** 6, 47
Verwaltungsbehörde, Antrag in Ehesachen **129** 5 f.; Beteiligung in Ehesachen **129** 12 f.
Verwaltungsrat, Abberufung Mitglied **375** 41; Ergänzung **375** 42
Verwaltungstätigkeit, Fürsorgende, staatliche **1** 17
Verweisung bei Aufenthaltsänderung des Kindes **154** 5 ff.; bei Rechtswegunzuständigkeit **3** 24 ff.; bei Unzuständigkeit **3** 3 ff.; bei Verfahrensunzuständigkeit **3** 28 ff.
Verweisungsbeschluss **3** 14; Kosten **3** 21; Unanfechtbarkeit **3** 15; Wirkung **3** 17
Verwertungsverbot **29** 24; **37** 6
Verwirkung **23** 23; der Kostenerstattung **85** 24
Verzicht **23** 23; auf Anschlussbeschwerde **67** 6; auf Anschlussrechtsmittel nach Scheidung **144** 1 f.; auf Beschwerde **67** 3 ff.; Eintritt der Rechtskraft **45** 7; auf Kostenerstattung **85** 23
Verzichtsbeschluss Vor §§ **38** ff. 5; Begründungsverzicht **38** 20
Völkerrechtliche Vereinbarung, Anerkennung von Entscheidungen **107** 10; Ehesachen **97** 19 ff.; Normhierarchie **97** 4, 15; Verbundsachen **97** 19 ff.
Vollmacht, Einreichung **23** 40
Vollständigkeitspflicht **27** 1, 12, 16

Vollstreckbarerklärung nach FamFG **110** 8 ff.; nach ZPO **110** 13 ff.
Vollstreckung
– zur Abgabe Willenserklärung **95** 13
– in Abstammungssachen **96 a** 2 ff.
–, ausländische Entscheidung **110** 5 ff.
– von ausländischen Entscheidungen **86** 7
–, Beschränkung **93** 2 ff.
– aus Dispacheentscheidung **409** 4 ff.
– auf Duldung **95** 11
– in Ehesachen **86** 5
– in Ehewohnungssachen **209** 16 ff.
–, Einstellung **93** 2 ff.
–, einstweilige Anordnung **53** 1 ff.
– in Familiensachen **86** 6
– in Familienstreitsachen **86** 5
– der freiwilligen Gerichtsbarkeit **86** 6
– wegen Geldforderung **95** 4, Ausschluss **95** 16 ff., Einstellung **95** 29 ff.
– im gerichtlichen Festsetzungsverfahren **168** 29
– nach Gewaltschutzgesetz **96** 2 ff.
– in Gewaltschutzsachen **216** 8
– wegen Handlung **95** 9
– in Haushaltssachen **209** 16 ff.
– wegen Herausgabe Sache **95** 7
–, Rechtsmittel **87** 9
– im Teilungsverfahren **371** 11 ff.
– auf Unterlassung **95** 11
–, Verfahren **87** 2 ff.
–, Verfahrenskostenhilfe **77** 8 f.
– in Wohnungszuweisung **96** 6
Vollstreckungsantrag 89 7
Vollstreckungsbeginn 87 5
Vollstreckungsfähiger Inhalt 35 7
Vollstreckungsgegenklage als Ehesache **121** 17; und Unterhaltssache **238** 19 ff.
Vollstreckungsklausel, Definition **86** 29 ff.; Entbehrlichkeit **53** 2
Vollstreckungsmaßnahmen 35 9 ff.
Vollstreckungsmaßregeln, Aufhebung **93** 18
Vollstreckungstitel
–, Definition **86** 2, 15 ff.; **89** 12 ff.
–, Ordnungsmittel **89** 30
–, sonstige **85** 3 ff.; **95** 41
–, Vergleich **36** 2; **85** 5 ff., Kindschaftssachen **156** 18
Vollstreckungsverfahren 87 2 ff., 10; **92** 2 ff.
Vollstreckungsvoraussetzungen 35 4 ff.
Vollzug
– der Unterbringung **327** 2 ff., Aussetzung **328** 2 ff., Entscheidung **327** 9, 14, Rechtsmittel **327** 15
–, Wohnungsdurchsuchung **91** 11
Vorbescheid Vor §§ **38** ff. 4, 8
Vorermittlung, gerichtliche **24** 5 ff.
Vorführung 33 13; des Betroffenen in Betreuungssachen **278** 43 ff.; des Betroffenen in Unterbringungssachen **319** 16; **322;** der Ehegatten, Versorgungsausgleichssachen **220** 72; zur Untersuchung in Betreuungssachen **283** 3 ff.
Vorgreifliches Verfahren 21 14
Vorläufige Anordnung Vor §§ **49** ff. 4

1867

Sachregister

fett = §§

Vorläufige Vollstreckbarkeit 86 24
Vormundschaftssachen, Anfechtung **190** 16; Bescheinigung über Eintritt **190** 2 ff.; Beteiligte **190** 11; Entscheidung **190** 13; internationale Zuständigkeit **99** 61 ff.; als Kindschaftssache **151** 38 ff.; Kosten **190** 19; Verfahren **190** 7 ff.; Zuständigkeit **190** 8 f.
Vorranggebot, Kindschaftssache **155** 23 ff.
Vorschuss, Ausschlussfrist **168** 12; gerichtliche Festsetzung **168** 4
Vorsorgebevollmächtigter
–, Betreuungssache, Anhörung **279** 7 ff., Beschwerdeverfahren **303** 15 ff., 20 ff., Beteiligung **274** 5
–, Unterbringungssache, Beteiligung **315** 5
Vorsorgevollmacht **278** 25; Herausgabepflicht **285** 1 ff.
Vorstandsmitglied, Bestellung **375** 27 ff.

Waffengleichheit **78** 7
Wahlrecht
– nach einstweiliger Anordnung **52** 5
–, externer Teilung, Versorgungsausgleich, Ausübungsfrist **222** 17 ff., Einverständnis Versorgungsträger **222** 35 ff., Gerichtliche Prüfung **222** 25 ff., Postulationsfähigkeit **222** 24
– bei externer Teilung, Versorgungsausgleich **222** 14 ff.
–, örtliche Zuständigkeit **2** 24
– der Zuständigkeit in Unterhaltssachen **232** 19
Wahlrechtsverlust, Betreuungssache **309** 2
Wahrheitspflicht **27** 1, 12, 19
Wechsel, Aufgebot **484** 1
Wertausgleich bei Scheidung **217** 4
Wertmitteilung durch Versorgungsträger **220** 44 ff.
Wichtiger Grund
–, Abgabe an Gericht **4** 1 ff., Definition **4** 12, Einigungsmangel **5** 14, Einzelfälle **4** 15 ff., gesetzliche Vermutung **4** 22, Maßgeblicher Zeitpunkt **4** 14
–, Aussetzung des Verfahrens **21** 4
Widerlegung von Zugangsfiktion **15** 15
Widerrechtliche Drohung In Gewaltschutzsachen **210** 30
Widerruf der Anerkennung der Vaterschaft, zur Niederschrift des Gerichts **180** 4 ff.
Widerrufsvorbehalt bei Vergleich **36** 12
Wiederaufnahme **48** 14; in Abstammungssachen **185** 4 ff.; bei Annahme als Kind **198** 37; im Aufgebotsverfahren **439** 9; als Ehesache **121** 16; des Verfahrens **48** 12 ff.
Wiedereinsetzung **17** 1 ff.; bei Abänderung in Unterhaltssachen **238** 46; Antrag **18** 1 ff.; ohne Antrag **18** 9; im Aufgebotsverfahren **439** 7 f.; Entscheidung **19** 3 ff.; bei fehlerhafter Rechtsbehelfsbelehrung **39** 12; bei fehlerhafter Übermittlung **14** 26; Frist **18** 13 ff.; Fristveränderung **16** 11; Nachholung der Verfahrenshandlung **18** 4; bei Teilungssachen **367** 2 ff.; in Wiedereinsetzungsfrist **18** 15; Wirkung **19** 11 ff.
Wiederholungsgefahr, Beschwerde **62** 7; in Gewaltschutzsachen **210** 18

Willenserklärung **25** 6
Willensmängel **25** 10
Wirkungserstreckung der ausländischen Entscheidung **108** 16
Wirkungsminderung durch Beschlüsse **Vor §§ 38 ff.** 13 ff.
Wirtschaftliche und persönliche Verhältnisse, Verfahrenskostenhilfe **76** 21
Wohnmobil als Haushaltsgegenstand **200** 63
Wohnung, Begriff **91** 2; Durchsuchung **91** 9 ff.; Eindringen als Gewaltschutzsache **210** 31; Eindringen für Betreuungssache **283** 10
Wohnungseigentum als Familiensache **266** 22
Wohnungssachen siehe *Ehewohnungssachen*
Wohnungszuweisungssachen **96** 6 ff.; internationale Zuständigkeit **105** 5
Wohnwagen als Haushaltsgegenstand **200** 63

Zahlungssperre, Aufgebotsverfahren **484** 47 ff.
Zeugen **30** 21
Zeugniserteilung, Ausfertigung **357** 14; Beteiligte **345** 10; bei Gesamtgutsauseinandersetzung **373** 8; Nachlassgericht **343** 3; **354** 1 ff.
Zeugnisverweigerungsrecht **29** 15, 20 ff.
Zeugungsfähigkeitsgutachten **178** 5
Zeugungswille, fehlender **169** 82
Zivilrechtliche Unterbringung Vor §§ 312 ff. 6; **312** 4; ähnliche Maßnahmen **312** 7; Zuständigkeit **313** 4 ff.
Zuführung zur Unterbringung **326** 2 ff.
Zugangsfiktion **15** 14
Zugewinnausgleichsansprüche nach Tod Ehegatte **261** 13
Zulassung, Rechtsbeschwerde **71** 4 ff.
Zulassungsbeschwerde **61** 4
Zurückschiebungshaft **417** 6
Zurückverweisung
– bei abgewiesenem Scheidungsantrag **146** 1 ff., Anfechtung **146** 6, Erweiterung **147** 2 ff.
Zurückweisungsbeschluss, Beistand **12** 10; bei Rechtsbeschwerde **74 a** 2 ff.
Zurückweisungshaft **417** 6
Zusammenveranlagung, Unterhaltssache **231** 25
Zuständigkeit
–, Abgabe **2** 22
–, Abgabe aus wichtigem Grund **4** 4 ff.
– bei Abstammungssachen **170** 3 ff.; **179** 9 ff.
–, Adoptionssachen **Vor §§ 186 ff.** 7 ff.; **187** 2 ff.
–, Adoptionsvermittlungsstelle **189** 6
–, Ausschließliche **2** 20
–, Beschwerde **64** 2
–, Ehewohnungssachen **201** 4 ff.
–, eidesstattliche Versicherung **94** 18
–, einstweilige Anordnung **50** 1 ff.
– für Festsetzungsverfahren für Ansprüche **168** 9
– in Freiheitsentziehungssachen **416** 2 ff.
–, funktionelle **Vor §§ 2 ff.** 21 ff.
–, gerichtliche **Vor §§ 2 ff.** 1 f.
– durch gerichtliche Bestimmung **5** 4 ff.
– in Güterrechtssachen **262** 2 ff.
–, Haushaltssachen **201** 4 ff.
– bei Herausgabevollstreckung **88** 3

1868

mager = Randnummer

Sachregister

–, internationale Vor §§ 2 ff. 11 f.; **2** 25, 33, siehe dort
–, konkurrierende **2** 6
–, Kostenfestsetzung **85** 14
–, örtliche Vor §§ 2 ff. 16 ff.; **2** 9 ff., siehe dort
– bei Rechtsmittel, Adoptionssachen **Vor §§ 186 ff.** 44
–, sachliche Vor §§ 2 ff. 13 f.
– in sonstigen Familiensachen **267** 4 ff.
– im Überprüfungsverfahren für kindesschutzrechtliche Maßnahmen **166** 20
–, Ungewissheit über **5** 9
– in Unterbringungssachen von Minderjährigen **167** 6
– in Unterhaltssachen **232** 3 ff.
– in Unterhaltssachen nach Feststellung der Vaterschaft **237** 8
– in unternehmensrechtlichen Verfahren **275** 2 ff.; **276** 5; **277** 1 ff.
–, Verbundzuständigkeit **2** 29
– im Vereinfachten Verfahren Minderjährigenunterhalt **249** 19
– bei Verfahrensbeistandsbestellung, Adoptionssachen **191** 17
– in Versorgungsausgleichssachen **218** 2 ff.
– in Vormundschaftssachen **190** 8 f.
–, Wahlrecht **2** 24
–, Wiederaufnahme des Verfahrens in Abstammungssachen **185** 14
– bei Wohnungsdurchsuchung **91** 4
–, Zweckmäßigkeitsbestimmung **2** 23
Zuständigkeitsänderung bei Aufenthaltsänderung des Kindes **154** 5
Zuständigkeitsbestimmung, Kosten **5** 32; Rechtswegzuständigkeit **5** 20; Verfahren **5** 15; Verfahrenszuständigkeit **5** 21

Zuständigkeitskonzentration 25 3; in Adoptionssachen **187** 14
Zustellung bei Anordnung des persönlichen Erscheinens **33** 5; durch Aufgabe zur Post **15** 10; von Dokumenten **15** 9; durch Gericht **23** 44 ff.
Zustimmung zur Scheidung **134** 5, 12 f., 15 ff.; Widerruf **134** 6, 18 ff., 21 ff.
Zustimmungserfordernis bei Abstammungssachen, zur Niederschrift des Gerichts **180** 4 ff.; bei Antragsrücknahme **22** 4; bei Verfahrensverbindung **20** 8
Zuweisung an Gerichte **1** 21 f.
Zwangsgeld 35 15
Zwangsgeldverfahren
– in Registersachen **388** 1 ff.; **390** 1 ff., Androhung **388** 21, Androhung, wiederholte **390** 10 f., Anfechtung **388** 28; **391** 5 ff., Einspruch **389** 8 ff., Erfüllung **389** 5 ff., Festsetzung **389** 1 ff., Zuständigkeit **388** 18
Zwangshaft 35 16
Zwangsmittel 35 1 ff., 10; Anfechtung **35** 23; in Unterhaltsauskunftssachen **236** 23; und Vermittlungsverfahren **92** 8
Zwangsvollstreckung siehe *Vollstreckung*
Zweckmäßigkeitsbestimmung, Zuständigkeit **2** 23
Zweckmäßigkeitserwägung, Abgabe an Gericht **4** 12
Zweifel nach Beweisaufnahme **30** 14
Zwischenentscheidung 58 8
Zwischenfristen, Abkürzung **16** 13
Zwischenscheine, Aufgebot **484** 4
Zwischenverfügung in Registersachen **382** 18 ff.